D0930765

OXFORD LATIN DICTIONARY

FASCICLE I

A–Calcitro

OXFORD
LATIN DICTIONARY

OXFORD LATIN DICTIONARY

OXFORD
AT THE CLARENDON PRESS
1968

Oxford University Press, Ely House, London W. 1

GLASGOW NEW YORK TORONTO MELBOURNE WELLINGTON
CAPE TOWN SALISBURY IBADAN NAIROBI LUSAKA ADDIS ABABA
BOMBAY CALCUTTA MADRAS KARACHI LAHORE DACCA
KUALA LUMPUR HONG KONG TOKYO

PRINTED IN GREAT BRITAIN
AT THE UNIVERSITY PRESS, OXFORD
BY VIVIAN RIDLER
PRINTER TO THE UNIVERSITY

PUBLISHER'S NOTE

In May 1931 the Delegates of the Press instructed their officers to investigate the possibility of preparing an entirely new Latin Dictionary. Some eighteen months later draft plans were approved for the compilation of a dictionary independent alike of Lewis & Short on the one hand and of the *Thesaurus Linguae Latinae* on the other, which would treat classical Latin from its beginnings to the end of the second century A.D., and which was to be approximately one-third longer than Lewis & Short; the work was to be carried out by a staff directly responsible to the Delegates. Professor A. Souter of the University of Aberdeen was appointed Editor, and Mr. J. M. Wyllie was seconded from the *Oxford English Dictionary* to the new venture as Assistant Editor.* It was then estimated that such a dictionary would take twelve years to prepare.

Full-time work began in the autumn of 1933. Quotations, ultimately numbering well over a million, were collected partly by the staff in Oxford, and partly by some fifty outside volunteers working closely with the Oxford staff. A start was made on editorial work, but by 1939 it was clear that progress, whether measured in terms of quality or quantity, was unsatisfactory. In the same year Professor Souter retired from the editorship, and Dr. Cyril Bailey, a Delegate of the Press, and Mr. Wyllie were appointed co-editors, with Dr. Bailey as the senior.

Credit for the scheme of the dictionary and organization of the work in its early years is due principally to Mr. Wyllie. With the outbreak of war, work on the Dictionary inevitably slowed down, and as members of the staff went off on war service it was virtually suspended, though a skeleton staff under Dr. Bailey kept the project alive. On Mr. Wyllie's return work was resumed more actively, and the team was further strengthened by the appointment of Mr. John Chadwick in July 1946. In March 1949 Mr. Wyllie was appointed sole Editor, and at the same time steps were taken to form an academic advisory committee. Professor W. M. Edwards joined the staff in 1950 as reader and critic; Mr. Chadwick left to take an academic post at Cambridge in 1952 and was replaced by Mr. (later Professor) C. L. Howard.

Mr. Wyllie's editorship terminated in April 1954, and Mr. P. G. W. Glare, who had joined the team in 1950, became Acting Editor. A fresh study of the situation in this year showed that a thorough revision of most of the material, including what had been hitherto thought approximately ready for the Printer, would be necessary before printing could begin, and that the final work would substantially exceed the limits laid down. The Delegates decided that efforts must be made to complete the Dictionary on the existing plan, though they authorized a further increase in length. In the autumn of 1955 Mr. Glare was appointed Editor, with an enlarged team that included Mr. R. H. Barrow and Mr. G. E. Turton (both of whom had joined in 1954), and Mr. R. C. Palmer (from 1957), and with occasional help from Mr. Chadwick in Cambridge. Since that date progress has been consistent and smooth, and the Delegates' confidence in the undertaking is such that publication by fascicle has been sanctioned. The work will be completed in eight fascicles, and it is hoped to publish one every two years.

The *Oxford Latin Dictionary* is based on an entirely fresh reading of the Latin sources. It follows, generally speaking, the principles of the *Oxford English Dictionary*, and its formal layout of articles is similar. Within each section or sub-section, quotations are arranged in chronological order, the first example showing, where practicable, the earliest

* A list of members of the editorial staff, with the dates of their service, is appended.

known instance of that particular sense or usage. Accidents of transmission and the concentration of much of the available material within a very short space of time have, however, made it difficult to trace the history of many words; in consequence, not too much reliance should be placed on chronology in the arrangement of senses.

The later limit of the period covered by this dictionary is necessarily imprecise. In practice it means that most of the jurists quoted in Justinian's Digest have been included, although they run over into the third century, while patristic writings from the last years of the second century have not been drawn upon. (A proposal that the Dictionary should be extended to include Christian Latin had been finally rejected in 1951.) A further complication is that there are many texts of uncertain date whose inclusion or rejection must be arbitrary. But within these limits an attempt has been made to treat thoroughly all known words from any source, literary or non-literary. In addition, proper names have been included where their intrinsic importance appears to warrant it, or where their inclusion was thought to help in the understanding of literary texts. Only brief etymological notes have been given; readers should refer to the standard etymological dictionaries for further information. The inclusion of articles on the principal suffixes used in word-formation is an innovation in Latin lexicography.

LIST OF EDITORIAL STAFF

A. SOUTER	1933–9
J. M. WYLLIE	1933–54
C. O. BRINK	1938–42
E. A. PARKER	1939–46
C. BAILEY	1939–57
MARGARET ALFORD	1942–5
J. CHADWICK	1946–52
B. V. SLATER	1947–9
D. C. BROWNING	1949–50
P. G. W. GLARE	1950–
W. M. EDWARDS	1950–
J. D. CRAIG	1952–3
C. L. HOWARD	1952–8
G. E. TURTON	1954–
R. H. BARROW	1954–
SOPHIE TRENKNER	1955–7
R. C. PALMER	1957–

AIDS TO THE READER

I. AUTHORS AND WORKS

THE references given in column one are normally the last possible for each work. This will make clear which system of chapter, paragraph, etc., division, or of pagination, is being followed, where two or more exist. *Authors* used as secondary sources are printed in lower case. The full form of post-classical or modern collections, anthologies, etc., is given in the Supplementary List (II) below. The abbreviations for these are usually printed with a lower-case initial (e.g. *anth.*, *poet.*, *trag.*). In the indication of date Roman numerals refer to centuries.

In the description of Editions used OCT, T, and L refer to Oxford Classical Texts (Scriptorum Classicorum Bibliotheca Oxoniensis), Bibliotheca Teubneriana, and the Loeb Classical Library respectively. The editions cited are normally those used for the original excerpting of material. Important changes in later editions have been taken into account wherever possible.

ABBREVIATION	NAME OF AUTHOR	TITLE OF WORK	DATE	EDITION
ACC. *poet.* 26 (28)	L. Accius		170–*c.* 85 B.C.	
praet. 42				
trag. 696				
Act. Triumph. 37 (*CIL* I. p. 50)		Acta Triumphalia		
AED. *poet.* 2. 6	Valerius Aedituus		ii–i B.C.	
Aetna 646			before A.D. 63	Poetae Latini Minores Vollmer T 1930
AFRAN. *com.* 432	L. Afranius		b. *c.* 150 B.C.	
AFRIC. *dig.* 50. 16. 208	Sex. Caecilius Africanus		ii A.D. (mid)	
AGEN. *agrim.* p. 51	Agennius Vrbicus		? ii A.D. (early)	
ALF. *dig.* 50. 16. 203	P. Alfenus Varus		cos. 39 B.C.	
iur. 1				
gram. 4				
AMP. 50. 2	L. Ampelius	Liber Memorialis	? ii A.D.	Assmann T 1935
ANDR. *com.* 8	L. Liuius Andronicus		*c.* 284–204 B.C.	
poet. 45				
trag. 41				
ANNIAN. *poet.* 3. 4	Annianus		ii A.D.	
ANNIUS *orat.* 5	T. Annius Luscus		cos. 153 B.C.	
ANT. *Fro.* 1. p. 126 (163N)	Antoninus Pius		Emp. A.D. 138–61	see FRO.
ANT. *Att.* 10. 8a. 2	M. Antonius		*c.* 82–30 B.C.	see CIC. *Att.*
orat. 13				
AP. CLAUD. PULCH. *gram.* 3	Appius Claudius Pulcher		cos. 54 B.C.	
APP. *poet.* 2. 2	Appius Claudius Caecus		cos. 307, 296 B.C.	
APRIS. *com.* 10	? Aprissius		quoted in Varro	
APUL. *Apol.* 103	Apuleius	Apologia	b. *c.* A.D. 123	Helm T 1912
Fl. 23		Florida		,, ,, 1921
Met. 11. 30		Metamorphoses		,, ,, 1931
Mun. 38		de Mundo		Thomas T 1921
Pl. 2. 28		de Platone		,, ,, ,,
poet. 7				
Soc. 24		de Deo Socratis		Thomas T 1921
ARB. *poet.* 2	Arb(r)onius Silo		time of Augustus	
Arg. Pl. Truc. 11		Argumentum Plauti, etc.	post-Plautine (variously dated)	see PL.
ARR. *hist.* 7	L. Arruntius		cos. 22 B.C.	
AS. GAL. *poet.* 2	C. Asinius Gallus		cos. 8 B.C.	
ASC. *Corn.* 72	Q. Asconius Pedianus	in Cornelianam	9 B.C.–A.D. 76	Clark OCT 1907
Mil. 49		in Milonianam		
Pis. 15		in Pisonianam		
Sc. 25		in Scaurianam		
Tog. 84		in orationem in toga candida		
ASEL. *hist.* 14	Sempronius Asellio		ii–i B.C.	
ATEIUS *gram.* 14	L. Ateius Praetextatus		i B.C.	
ATIL. *com.* 4	Atilius		ii B.C.	
ATTA *com.* 24	T. Quinctius Atta		d. 77 B.C.	
poet. 1				
AUFUST. *gram.* 3	Aufustius		i B.C.	

ABBREVIATION	NAME OF AUTHOR	TITLE OF WORK	DATE	EDITION
AUG. *Anc.* 6. 43	C. Iulius Caesar (Octauianus Augustus)	Monumentum Ancyranum	63 B.C.–A.D. 14	Ehrenberg & Jones Oxf. 1949
hist. 20				
poet. 6				
AUGUR. *poet.* 8	Sentius Augurinus		ii A.D. (early)	
August. *C.D.* 22. 30	Aurelius Augustinus (St. Augustine)	de Ciuitate Dei	A.D. 354–430	Dombart T 1892
AUR. *Fro.* 1. p. 14 (49N)	M. Aurelius Antoninus		emp. A.D. 161–180	see FRO.
poet. 1				
AUR. OP. *gram.* 28	Aurelius Opillus		ii–i B.C.	
AVIT. *poet.* 3. 2	Alfius Auitus		ii A.D.	
BALB. *Att.* 9. 13a. 2	L. Cornelius Balbus		cos. 40 B.C.	see CIC. *Att.*
BALB. *grom.* p. 108La	Balbus		time of Trajan	
BALB. OPP. *Att.* 9. 7a. 2	see BALB.(1)/OPP.(1)			see CIC. Att.
BAS. *gram.* 10	Gauius Bassus		i B.C.	
BAS. *poet.* 10	Caesius Bassus		i A.D.	
B. Afr. 98. 2		de Bello Africo	*c.* 40 B.C.	see CAES. *Civ.*
B. Alex. 78. 5		de Bello Alexandrino	*c.* 40 B.C.	see CAES. *Civ.*
B. Hisp. 42. 7		de Bello Hispaniensi	*c.* 40 B.C.	see CAES. *Civ.*
BIB. *poet.* 17. 2	M. Furius Bibaculus		b. 103 B.C.	
BITH. *Fam.* 6. 16	A. Pompeius Bithynicus		praet. 45 B.C.	see CIC. *Fam.*
BRUT. *ad Brut.* 3. 6	M. Iunius Brutus		85–42 B.C.	see CIC. *ad Brut.*
orat. 31				
BRUT. *iur.* 3	M. Iunius Brutus		ii B.C. (late)	
BRUT. CAS. *Fam.* 11. 3. 4	see BRUT.(1)/CAS.			see CIC. *Fam.*
Buc. Eins. 2. 38		Bucolica Einsidlensia	time of Nero	see CALP. *Ecl.*
CAECIL. *com.* 294	Caecilius Statius		d. 168 B.C.	
CAECIN. *Fam.* 6. 7. 6	A. Caecina		i B.C.	see CIC. *Fam.*
CAEL. *Att.* 10. 9a. 5	M. Caelius Rufus		i B.C.	see CIC. *Att.*
Fam. 8. 17. 2				,, ,, *Fam.*
orat. 34				
CAEL. *iur.* 2	Cn. Arulenus Caelius Sabinus		cos. A.D. 69	
CAEP. *orat.* 9	Q. Seruilius Caepio		d. 90 B.C.	
CAES. *Att.* 10. 8b. 2	C. Iulius Caesar		102–44 B.C.	see CIC. *Att.*
Civ. 3. 112. 12		de Bello Ciuili		du Pontet OCT 1900
Gal. 7. 90. 8		de Bello Gallico		,, ,, ,, ,,
gram. 31				
orat. 47				
poet. 2. 6.				
CAESEL. in Gel. 6 (7). 2. 4	L. Caesellius Vindex		ii A.D. (early)	
CALID. *orat.* 13	M. Calidius		praet. 57 B.C.	
CALL. *dig.* 50. 16. 220. 3	Callistratus		ii–iii A.D.	
CALP. *Decl.* 53	Calpurnius Flaccus	Declamationes	ii A.D.	Lehnert T 1903
CALP. *Ecl.* 7. 84	T. Calpurnius Siculus	Eclogae	i A.D. (mid)	Giarratano Turin 1924
CALP. *hist.* 45	L. Calpurnius Piso Frugi		cos. 133 B.C.	
CALV. *orat.* 37	C. Licinius Macer Caluus		82–47 B.C.	
poet. 19				
CAN. *orat.* 5	P. Cannutius		i B.C.	
CAP. *gram.* 14	C. Ateius Capito		cos. A.D. 5	
iur. 34				
CARBO *orat.* 9	C. Papirius Carbo		cos. 120 B.C.	
CARBO ARV. *orat.* 3	C. Papirius Carbo Aruina		i B.C. (early)	
Carm. Bell. Aeg. 67		Carmen de Bello Aegyptiaco	contemp. Ovid	Poetae Latini Minores Baehrens T 1879
Carm. Nelei 5 (*trag.* p. 271)		Carmen Nelei	? iii B.C.	
Carm. Sal. 21 (*poet.* p. 5)		Carmen Saliare	uncertain	
CAS. *Fam.* 15. 19. 4	C. Cassius Longinus		d. 42 B.C.	see CIC. *Fam.*
CAS. SEV. in Quint. *Inst.* 11.1.58.	Cassius Seuerus		d. *c.* A.D. 34	
CASC. *iur.* 2	A. Cascellius		i B.C. (early)	
CATO *Agr.* 162. 3	M. Porcius Cato	de Agri Cultura	234–149 B.C.	Goetz T 1922
Dict. 83 (J)		Dicta Memorabilia		Jordan Leipzig 1860
Ep. 5 (J)		Epistulae		,, ,, ,,
Fil. 16 (J)		libri ad Filium		,, ,, ,,
hist. 143				
inc. 77 (J)				
iur. 2				
Mil. 15 (J)		de Re Militari		Jordan Leipzig 1860
Mor. 3 (J)		Carmen de Moribus		,, ,, ,,
orat. 249				

ABBREVIATION	NAME OF AUTHOR	TITLE OF WORK	DATE	EDITION
CATO *Fam.* 15. 5. 3	M. Porcius Cato Vticensis		95–46 B.C.	see CIC. *Fam.*
CATO nep. *orat.* 3	C. Porcius Cato		cos. 114 B.C.	
CATUL. 116. 8	C. Valerius Catullus		*c.* 84–*c.* 54 B.C.	Mynors OCT 1958
CELS. 8. 25. 5	A. Cornelius Celsus		contemp. Tiberius	Marx Leipzig 1915
CELS. *dig.* 50. 17. 193	P. Iuuentius Celsus		cos. II. A.D. 129	
Char. p. 532K	Flauius Sosipater Charisius	Ars Grammatica	iv A.D.	Barwick T. 1925
CIC. *Ac.* 1. 46	M. Tullius Cicero	Academica	106–43 B.C.	Plasberg T 1922
ad Brut. 2. 5. 6		Epistulae ad Brutum		Purser OCT 1902
Aer. Al. Mil. fr. 24		Interrogatio de aere alieno Milonis		Mueller T 1898
Agr. 3. 16		de Lege Agraria		Clark OCT 1909
Alcyon. fr. 2		Alcyones		Mueller T 1898
Alex. fr. 13		de Rege Alexandrino		,, ,, ,,
Amic. 104		de Amicitia		Simbeck T 1917
Arat. 733(480)		Arati Phaenomena		Mueller T 1898
Arat. Progn. 425		Arati Prognostica		,, ,, ,,
Arch. 32		pro Archia		Clark OCT 1911
Att. 16. 16f. 18		Epistulae ad Atticum		Purser OCT 1903
Aug. fr. 5		de Auguriis		Mueller T 1898
Balb. 65		pro Balbo		Peterson OCT 1911
Brut. 333		Brutus		Wilkins OCT 1903
Caec. 104		pro Caecina		Clark OCT 1909
Cael. 80		pro Caelio		,, ,, 1905
Catil. 4. 24		in Catilinam		,, ,, ,,
Cato fr. 15		Cato		Mueller T 1898
Chorog. fr. 1		Chorographia		,, ,, ,,
Clod. fr. 33		in P. Clodium et C. Curionem		,, ,, ,,
Clu. 202		pro Cluentio		Clark OCT 1905
Cons. fr. 11		de Consulatu suo		Mueller T 1898
Consil. fr. 4		de Consiliis suis		,, ,, ,,
Consol. fr. 17		Consolatio		,, ,, ,,
Corn. 2 fr. 18		pro Cornelio		,, ,, ,,
de Orat. 3. 230		de Oratore		Wilkins OCT 1903
Deiot. 43		pro Rege Deiotaro		Clark OCT 1918
Div. 2. 150		de Diuinatione		Ax T 1938
Div. Caec. 73		Diuinatio in Q. Caecilium		Peterson OCT 1917
Dom. 147		de Domo sua		,, ,, 1911
Eleg. fr. 1		Elegia Talemastis (dub. title)		Mueller T 1898
Ep. fr. 18. 5		fragmenta epistularum		Purser OCT 1902
Epigr. 3		Epigrammata		Mueller T 1898
Facet. 53		Facete Dicta		,, ,, ,,
Fam. 16. 24. 2		Epistulae ad Familiares		Purser OCT 1901
Fat. 48		de Fato		Ax T 1938
Fin. 5. 96		de Finibus Bonorum et Malorum		Schiche T 1915
Flac. 106		pro Flacco		Clark OCT 1909
Font. 49		pro Fonteio		,, ,, 1911
Fund. fr. 7		pro Fundanio		Mueller T 1898
Gal. fr. 7		pro Q. Gallio		,, ,, ,,
Glor. fr. 14		de Gloria		Plasberg T 1917
Har. 63		de Haruspicum Responso		Peterson OCT 1911
Hort. fr. 103		Hortensius		Mueller T 1898
inc. orat. fr. 34		incertarum orationum fragmenta		,, ,, ,,
Inv. 2. 178		de Inuentione		Stroebel T 1915
Iur. Civ. fr. 3		de Iure Ciuili in artem redigendo		Mueller T 1898
Leg. 3. 49		de Legibus		Vahlen T 1883
lib. inc. fr. 43		fragmenta librorum incertorum		,, ,, ,,
Lig. 38		pro Ligario		Clark OCT 1918
Lim. 4		Limon		Mueller T 1898
Luc. 148		Lucullus		Plasberg T 1922
Man. 71		pro Lege Manilia		Clark OCT 1905
pro Man. fr. 1		pro C. Manilio		Mueller T 1898
Mar. 4. 2		Marius		,, ,, ,,
Marc. 34		pro Marcello		Clark OCT 1918
Met. fr. 10		contra Contionem Q. Metelli		Mueller T 1898
Mil. 105		pro Milone		Clark OCT 1918
Mur. 90		pro Murena		,, ,, ,,
N.D. 3. 95		de Natura Deorum		Ax T 1933
Oecon. fr. 18		Oeconomicus		Mueller T 1898
Off. 3. 121		de Officiis		Atzert T 1932
Op. fr. 12		pro Oppio		Mueller T 1898
Opt. Gen. 23		de Optimo Genere Oratorum		Wilkins OCT 1903
Orat. 238		Orator		,, ,, ,,
Parad. 52		Paradoxa Stoicorum		Mueller T 1898

ABBREVIATION	NAME OF AUTHOR	TITLE OF WORK	DATE	EDITION
Cic. (*cont.*)				
Part. 140		Partitiones Oratoriae		Wilkins OCT 1903
Phil. 14. 28		Philippicae		Clark OCT 1918
Pis. 99		in Pisonem		,, ,, 1909
Planc. 104		pro Plancio		,, ,, 1911
poet. 40(55). 2				
Prot. fr. 5		Protagoras		Mueller T 1898
Prov. 47		de Prouinciis Consularibus		Peterson OCT 1911
Q. fr. 3. 9. 9		Epistulae ad Quintum fratrem		Purser OCT 1902
Q. Rosc. 56		pro Q. Roscio comoedo		Clark OCT 1909
Quinct. 99		pro Quinctio		,, ,, ,,
Rab. Perd. 38		pro Rabirio Perduellionis Reo		,, ,, ,,
Rab. Post. 48		pro Rabirio Postumo		,, ,, ,,
Red. Pop. 25		post Reditum ad Populum		Peterson OCT 1911
Red. Sen. 39		post Reditum in Senatu		,, ,, ,,
Rep. 6. 29		de Republica		Ziegler T 1929
S. Rosc. 154		pro S. Roscio Amerino		Clark OCT 1905
Scaur. 51		pro Scauro		,, ,, 1911
Sen. 85		de Senectute		Simbeck T 1917
Sest. 147		pro Sestio		Peterson OCT 1911
sing. voc. ex inc. lib. 37		singulae uoces ex incertis libris		Mueller T 1898
Sul. 93		pro Sulla		Clark OCT 1911
Tim. 52		Timaeus		Ax T 1938
Tog. Cand. fr. 28		in Toga Candida		Mueller T 1898
Top. 100		Topica		Wilkins OCT 1903
Tul. 56		pro Tullio		Clark OCT 1911
Tusc. 5. 121		Tusculanae Disputationes		Pohlenz T 1918
Var. fr. 19		pro L. Vareno		Mueller T 1898
Vat. 41		in Vatinium		Peterson OCT 1911
Ver. 56		in Verrem (actio prima)		,, ,, 1917
Ver. 5. 189		in Verrem (actio secunda)		,, ,, ,,
Virt. fr.		de Virtutibus		Plasberg T 1932
[Cic.] *Sal.* 22		in Sallustium		Kurfess T 1914
Exil. 30		oratio pridie quam in exilium iret		Mueller T 1898
Cic. fil. *Fam.* 16. 25	M. Tullius Cicero		b. 65 B.C.	see Cic. *Fam.*
Cinc. *gram.* 34 *iur.* 35	L. Cincius		i B.C.	
Cinna *poet.* 12	C. Heluius Cinna		i B.C.	
Ciris 541		(in Appendix Vergiliana)	time of Augustus	Ellis OCT 1907
Clem. *dig.* 50. 16. 153	Terentius Clemens		ii A.D.	
Cloat. *gram.* 16	Cloatius Verus		i B.C. (late)	
Clod. *hist.* 4	M. Clodius Licinus		cos. suff. A.D. 4	
Coel. *hist.* 67	L. Coelius Antipater		ii B.C. (late)	
Col. 12. 59. 5	L. Iunius Moderatus Columella	de Re Rustica	i A.D. (mid)	Books 1, 2, 6–11 Lundström-Josephson Uppsala 1897–1955 Books 3–5, 12 Ash, Forster–Heffner L 1941–55
Arb. 30. 2		de Arboribus		Forster–Heffner L 1955
Copa 38		(in Appendix Vergiliana)	time of Augustus	Ellis OCT 1907
Corn. Sev. *poet.* 13. 25	Cornelius Seuerus		,, ,, ,,	
Cornelia Nep. fr. 2	(mother of Gracchi)		ii B.C.	see Nep.
Cornif. *gram.* 17	Cornificius Longus		i B.C.	
Cornif. *poet.* 3	Q. Cornificius		i B.C.	
Cornif. Gal. *poet.* 1	Cornificius Gallus		time of Augustus	
Cotta *orat.* 18	C. Aurelius Cotta		cos. 75 B.C.	
Cras. *orat.* 49	L. Licinius Crassus		cos. 95 B.C.	
Crem. *hist.* 6	A. Cremutius Cordus		d. A.D. 25	
Culex 414		(in Appendix Vergiliana)	time of Augustus	Ellis OCT 1907
Cur. *Fam.* 7. 29. 2	M'. Curius		trib. 58 B.C.	see Cic. *Fam.*
Curio av. *orat.* 4	C. Scribonius Curio (auus)		praet. 121 B.C.	
Curio pat. *orat.* 14	C. Scribonius Curio (pater)		cos. 76 B.C.	
Curt. 10. 10. 20	Q. Curtius Rufus	Historiae Alexandri Magni	i A.D. (mid)	Hadicke T 1908

ABBREVIATION	NAME OF AUTHOR	TITLE OF WORK	DATE	EDITION
D. BRUT. *Fam.* 11. 26	D. Iunius Brutus Albinus		d. 43 B.C.	see CIC. *Fam.*
Dirae 103		(in Appendix Vergiliana)	i B.C. (late)	Ellis OCT 1907
DOLAB. *Fam.* 9. 9. 3	P. Cornelius Dolabella		d. 43 B.C.	see CIC. *Fam.*
DOM. in Plin. *Ep.* 10. 58(66). 6	T. Flauius Domitianus		emp. A.D. 81–96	
DOM. AF. in Quint. *Inst.* 11. 3. 126	Domitius Afer		d. A.D. 59	
DOM. MARS. *poet.* 7. 4	Domitius Marsus		time of Augustus	
DON. Ter. *Ph.* 1055	Aelius Donatus	Commentum Terenti	iv A.D.	Wessner T 1902–5
DORC. *poet.* 2	Dorcatius		time of Augustus	
Ed. aed. cur. (*Font. iur.* p. 238) 3		Edicta aedilium curulium		
Ed. pr. (*Font. iur.* p. 237) 45. 13		Edicta praetorum		
EGN. *poet.* 2. 2	Egnatius		i B.C.	
Eleg. Maec. 178		Elegia in Maecenatem (in Appendix Vergiliana)	i A.D. (early)	Ellis OCT 1907
Elog. 48 (*CIL* 1. p. 202)		Elogium		
Elog. Cal. (*poet.* p. 7)		A. Atilii Calatini elogium	A. was cos. 258, 254 B.C.	
ENN. *Ann.* 628	Q. Ennius	Annales	239–169 B.C.	Vahlen Leipzig 1928
inc. 53				,, ,, ,,
Sat. 70		Satirae		,, ,, ,,
scen. 430		scenica		,, ,, ,,
var. 146		uaria		,, ,, ,,
Epic. Drusi 474		Epicedion Drusi (Consolatio ad Liuiam)	i A.D.	Poetae Latini Minores Vollmer T 1923
EPICAD. *gram.* 3	Cornelius Epicadus		i B.C. (early)	
Epigr. Pac. 4 (*poet.* p. 32)		Epigramma Pacuui	(Pacuvius d. *c.* 130 B.C.)	
Epigr. Plaut. 3 (*poet.* p. 32)		Epigramma a Varrone Plauto attributum		
FAB. MAX. *hist.* 4	Q. Fabius Maximus Seruilianus		cos. 142 B.C.	
FAB. PICT. *hist.* 6	Ser. Fabius Pictor		ii B.C. (mid)	
iur. 9				
FAN. *hist.* 9	C. Fannius		cos. 122 B.C.	
orat. 5				
Fast. Col. (*CIL* 1. p. 64)		Fasti Consulares Colotiani		
Fast. Cos. Cap. 46 (*CIL* 1. p. 29)		Fasti Consulares Capitolini		
*Fast. Praen.** (*CIL* 1. p. 72)		Fasti Consulares Praenestini		
FAV. *orat.* 1	? Fauorinus		ii or i B.C.	
FEN. *hist.* 30	Fenestella		? 52 B.C.–? A.D. 19	
FEST. p. 376M	Sex. Pompeius Festus		ii A.D. (late)	Lindsay T 1913
FLOR. *anth.* 252. 2	? L. Annius Florus		ii A.D.	
Epit. 3. 34 (4. 12. 66)		Epitome bellorum omnium annorum DCC		Rossbach T 1896
poet. 4				
Verg. p. 187R		Vergilius orator an poeta		Rossbach T 1896
FLORENT. *dig.* 50. 16. 211	Florentinus		iii A.D. (early)	
FRO. *Amic.* 2. p. 244 (188N)	M. Cornelius Fronto	Epistulae ad Amicos	*c.* A.D. 100–*c.* 166	Haines L 1919–20
Ant. 1. p. 262 (170N)		ad Antoninum Pium		
Ar. 1. p. 54 (237N)		Arion		
Aur. 2. p. 222 (232N)		ad Aurelium		
Parth. 2. p. 238 (136N)		de Bello Parthico		
Ver. 2. p. 238 (136N)		ad Verum		
FRON. *agrim.* p. 19	Sex. Iulius Frontinus		*c.* A.D. 30–104	
Aq. 130		de Aquis Vrbis Romae		Krohn T 1922
Str. 4. 7. 24		Strategemata		Gundermann T 1888
Fulg. *serm. ant.* 62	Fabius Planciades Fulgentius Afer	expositio sermonum antiquorum	v–vi A.D.	Helm T 1898
FUR. ANT. *poet.* 6	A. Furius Antias		fl. 100 B.C.	
GAET. *poet.* 3	Cn. Cornelius Lentulus Gaetulicus		cos. A.D. 26	

* Other Fasti in *CIL* 1 are referred to similarly.

ABBREVIATION	NAME OF AUTHOR	TITLE OF WORK	DATE	EDITION
GAIUS *dig.* 50. 17. 158	(other names unkn.)		ii A.D.	
Inst. 4. 187		Institutiones		Kuebler T 1935
GAL. *poet.* 1	C. Cornelius Gallus		*c.* 69–26 B.C.	
GAL. *gram.* 28 *iur.* 3	C. Aelius Gallus		i B.C. (late)	
GALBA *Fam.* 10. 30. 5	Ser. Sulpicius Galba		i B.C.	see CIC. *Fam.*
GAN. *poet.* 3	Gannius		unkn.	
GEL. 20. 11. 5	A. Gellius	Noctes Atticae	A.D. 123–*c.* 165	Hosius T 1903
GEL. *hist.* 33	Cn. Gellius		ii B.C. (late)	
GERM. *Arat.* 725	Germanicus Iulius Caesar	Aratea	15 B.C.–A.D. 19	Breysig T 1899
Epig. 2. 8		Epigrammata		,, ,, ,,
fr. 6. 2				,, ,, ,,
GNIPHO *gram.* 4	M. Antonius Gnipho		ii–i B.C.	
GRACCH. *orat.* 68	C. Sempronius Gracchus		trib. pl. 123, 122 B.C.	
GRACCH. *trag.* 4	Gracchus		? time of Augustus	
GRACCHAN. *iur.* 11	M. Iunius Gracchanus		ii B.C. (late)	
GRAN. FL. *gram.* *iur.* 8	Granius Flaccus		i B.C.	
GRAT. 541	Grattius	Cynegetica	contemp. Ovid	Poetae Latini Minores Vollmer T 1911
HADR. *poet.* 3. 5	P. Aelius Hadrianus		emp. A.D. 117–38	
HEM. *hist.* 40	L. Cassius Hemina		ii B.C. (mid)	
HIRT. *Att.* 15. 6. 3	A. Hirtius		cos. 43 B.C.	see CIC. *Att.*
Gal. 8. 55. 2				see CAES. *Gal.*
HOR. *Ars* 476	Q. Horatius Flaccus	Ars Poetica	65–8 B.C.	Garrod OCT 1912
Carm. 4. 15. 32		Carmina		,, ,, ,,
Ep. 2. 2. 216		Epistulae		,, ,, ,,
Epod. 17. 81		Epodi		,, ,, ,,
S. 2. 8. 95		Sermones		,, ,, ,,
Saec. 76		Carmen Saeculare		,, ,, ,,
HORT. *orat.* 46	Q. Hortensius Hortalus		114–50 B.C.	
HOST. *poet.* 5	Hostius		ii B.C.	
HYG. *gram.* 23 *hist.* 17	C. Iulius Hyginus		time of Augustus	
HYG. *Fab.* 277. 5	Hyginus	Fabulae (Genealogiae)	? ii A.D.	Rose Leyden 1934
Astr. 4. 19		Astronomica		Bunte Leipzig 1875
HYG. *agrim.* p. 98	Hyginus		time of Trajan	
HYG. GR. *agrim.* p. 171	Hyginus Gromaticus		ii A.D.	
Ilias 1070		Baebi Italici Ilias	i A.D. (late)	Poetae Latini Minores Vollmer T 1913
IMBR. *com.* 2	Licinius Imbrex		? ii B.C.	
Inst. Dac. 25 (*CIL* 3. p. 959)		Instrumenta Dacica		
Isid. *Orig.* 20. 16. 8	Isidorus Hispalensis	Origines	Bp. of Seville A.D. 602–36	Lindsay OCT 1911
JAVOL. *dig.* 50. 17. 202	Iauolenus Priscus			
JULIAN. *dig.* 50. 17. 67	Saluius Iulianus		ii A.D. (mid)	
JUV. 16. 60	D. Iunius Iuuenalis		i–ii A.D.	Owen OCT 1907
JUVENT. *com.* 10	Iuuentius		before Varro	
L. CAES. *iur.* 4	L. Iulius Caesar		cos. 64 B.C.	
LABEO *dig.* 50. 16. 244 *gram.* 25 *iur.* 31	M. Antistius Labeo		d. before A.D. 22	
LABEO *poet.* 1	Attius Labeo		(mentioned by Persius)	
LABER. *com.* 158	D. Laberius		*c.* 115–43 B.C.	
LAEL. *orat.* 14	C. Laelius Sapiens		cos. 140 B.C.	
LAEL. FEL. *iur.* 4	Laelius Felix		? ii A.D. (mid)	
LAEV. *poet.* 32. 2	Laevius		i B.C. (early)	
LANUV. *com.* 2	Luscius Lanuuinus		contemp. Terence	
LARG. 271	Scribonius Largus		i A.D. (first half)	Helmreich T 1887
LAUREA *poet.* 10	M. Tullius Laurea		freedman of Cicero	
Laus Pis. 261		Laus Pisonis	i A.D. (mid)	Poetae Latini Minores Baehrens T 1879
Leg. pub. (*Font. iur.* p. 119)26		Leges Publicae		
LENT. *Fam.* 12. 15. 7	P. Cornelius Lentulus Spinther		cos. 57 B.C.	see CIC. *Fam.*
LEP. *Fam.* 10. 35. 2	M. Aemilius Lepidus		Triumvir 43 B.C.	see CIC. *Fam.*

ABBREVIATION	NAME OF AUTHOR	TITLE OF WORK	DATE	EDITION
Lep. *orat.* 6	M. Aemilius Lepidus Porcina		cos. 137 B.C.	
Lex XII (*Font. iur.* p. 40)		Leges (or Lex) XII tabularum		
Lic. Ruf. *dig.* 50. 17. 210	Licinius Rufinus		ii–iii A.D.	
Liv. 45. 44. 21	T. Liuius	ab Vrbe Condita	? 59 B.C.–? A.D. 17	Bks. 1–10, 21–30 Conway etc. OCT 1914–35 Bks. 31–38 Mueller T 1929–30 Bks. 39–40 Heraeus T 1931 Bks. 41–45 Giarratano Rome 1933 fragmenta Weissenborn T. 1931
Luc. 10. 546	M. Annaeus Lucanus	Bellum Ciuile	A.D. 39–65	Housman Oxf. 1926
Lucc. *Fam.* 5. 14. 3	L. Lucceius		i B.C. (mid)	see Cic. *Fam.*
Lucil. 1350	C. Lucilius		*c.* 180–*c.* 102 B.C.	Marx Leipzig 1904
Lucil. Jun. *poet.* 4	C. Lucilius Iunior		i A.D. (mid)	
Lucr. 6. 1286	T. Lucretius Carus	de Rerum Natura	*c.* 94–55 B.C.	Bailey OCT 1922
Lutat. *poet.* 2. 4	Q. Lutatius Catulus		cos. 102 B.C.	
Lydia 80		(in Appendix Vergiliana)	i B.C. (late)	Ellis OCT 1907
Macer *poet.* 17	Aemilius Macer		d. 16 B.C.	
Macer *dig.* 50. 5. 5	Aemilius Macer		iii A.D. (early)	
Macer *hist.* 27 *orat.* 4	C. Licinius Macer		trib. pl. 73 B.C.	
Macr. 7. 16. 34	Ambrosius Theodosius Macrobius	Saturnalia	iv A.D. (late)	Eyssenhardt T 1893
Maec. *poet.* 9	C. Maecenas		d. 8 B.C.	
Maecian. *dig.* 49. 17. 18 *iur.* 81	L. Volusius Maecianus		ii A.D. (late)	
Man. *poet.* 3. 2	Manilius		i B.C. (early)	
Man. *iur.* 11	M'. Manilius		cos. 149 B.C.	
Man. 5. 745	M. Manilius	Astronomica	i A.D. (early)	Housman Camb. 1932
Manc. *orat.* 1	Heluius Mancia		i B.C. (early)	
Marc. *Fam.* 4. 11. 2	M. Claudius Marcellus		cos. 51 B.C.	see Cic. *Fam.*
Marcel. *dig.* 50. 17. 192	Vlpius Marcellus		ii A.D. (late)	
Marcius *poet.* 3	Cn. Marcius		? iii B.C.	
Marian. *poet.* 5	Marianus		ii A.D.	
Mart. 14. 223. 2	M. Valerius Martialis	Epigrammata	? A.D. 40–? 101	Lindsay OCT 1929
Sp. 33. 2		Spectacula		" " "
Mat. *poet.* 17	Cn. Matius		i B.C. (early)	
Mat. *Fam.* 11. 28. 8	C. Matius		i B.C.	see Cic. *Fam.*
Maur. 2981	Terentianus Maurus	de Litteris de Syllabis de Metris	ii A.D. (late)	in *G.L.*
Maur. *dig.* 49. 14. 15. 6	Iunius Mauricianus		ii A.D. (mid)	
Mela 3. 107	Pomponius Mela	de Chorographia	wrote *c.* A.D. 40	Frick T 1880
Mem. *orat.* 14 *poet.* 1	C. Memmius		praet. 58 B.C.	
Men. *dig.* 49. 18. 1	Arrius Menander		ii–iii A.D.	
Mes. Cor. *gram.* 5 *hist.* 10 *orat.* 33	M. Valerius Messalla Coruinus		64 B.C.–A.D. 8	
Mes. Ruf. *gram.* 8 *hist.* 3 *iur.* 2	M. Valerius Messalla Rufus		cos. 53 B.C.	
Met. Cel. *Fam.* 5. 1. 2	Q. Caecilius Metellus Celer		cos. 60 B.C.	see Cic. *Fam.*
Met. Mac. *orat.* 9	Q. Caecilius Metellus Macedonicus		cos. 143 B.C.	
Met. Nep. *Fam.* 5. 3. 2	Q. Caecilius Metellus Nepos		cos. 57 B.C.	see Cic. *Fam.*
Met. Num. *orat.* 5	Q. Caecilius Metellus Numidicus		cos. 109 B.C.	
Met. Pius in Macr. 3. 13. 12	Q. Caecilius Metellus Pius		cos. 52 B.C.	
Met. vers. (*poet.* p. 28)		Metellorum uersus	iii B.C. (late)	
Mod. *dig.* 50. 17. 197	Herennius Modestinus		iii A.D. (early)	
Modestus in Macr. 1. 16. 28	Iulius Modestus		time of Augustus	
Mont. *poet.* 2. 3	Iulius Montanus		time of Tiberius	
Mor. 124		Moretum (in Appendix Vergiliana)	time of Virgil	Ellis OCT 1907

ABBREVIATION	NAME OF AUTHOR	TITLE OF WORK	DATE	EDITION
MUC. *hist.* 32	C. Licinius Mucianus		cos. A.D. 70, 72	
MUM. *com.* 7	Mummius		i B.C.	
NAEV. *com.* 138	Cn. Naeuius		*c.* 270–201 B.C.	
poet. 64. 4				
praet. 8				
trag. 62				
Naev. Cyp. Il. 2 (*poet.* p. 51)		Naeuii Cypria Ilias	? i B.C.	
NAM. *iur.* 1	P. Aufidius Namusa		i B.C.	
NEP. *Ag.* 8. 7	Cornelius Nepos	Agesilaus	*c.* 99–24 B.C.	Winstedt OCT 1904
Alc. 11. 6		Alcibiades		,, ,, ,,
Ar. 3. 3		Aristides		,, ,, ,,
Att. 22. 4		Atticus		,, ,, ,,
Ca. 3. 5		Cato		,, ,, ,,
Cha. 4. 3		Chabrias		,, ,, ,,
Cim. 4. 4		Cimon		,, ,, ,,
Con. 5. 4		Conon		,, ,, ,,
Dat. 11. 5		Datames		,, ,, ,,
Di. 10. 3		Dion		,, ,, ,,
Ep. 10. 4		Epaminondas		,, ,, ,,
Eum. 13. 4		Eumenes		,, ,, ,,
Ham. 4. 3		Hamilcar		,, ,, ,,
Han. 13. 4		Hannibal		,, ,, ,,
Iph. 3. 4		Iphicrates		,, ,, ,,
Lys. 4. 3		Lysander		,, ,, ,,
Milt. 8. 4		Miltiades		,, ,, ,,
Paus. 5. 5.		Pausanias		,, ,, ,,
Pel. 5. 5		Pelopidas		,, ,, ,,
Phoc. 4. 4		Phocion		,, ,, ,,
Reg. 3. 5		de Regibus		,, ,, ,,
Them. 10. 5		Themistocles		,, ,, ,,
Thr. 4. 4		Thrasybulus		,, ,, ,,
Timol. 5. 4		Timoleon		,, ,, ,,
Timoth. 4. 6		Timotheus		,, ,, ,,
NERAT. *dig.* 50. 5. 4	L. Neratius Priscus		ii A.D. (early)	
NERO *poet.* 5	Nero Claudius Caesar		emp. A.D. 56–68	
NERVA Plin. *Ep.* 10. 58. 7	M. Cocceius Nerva		emp. A.D. 96–98	
NIGID. *gram.* 48	P. Nigidius Figulus		praet. 58 B.C.	
NIN. *poet.* 2	Ninnius Crassus		i B.C. (early)	
NIPS. *grom.* p. 301La	M. Iunius Nipsus		? ii A.D.	
NON. p. 557M	Nonius Marcellus	de Conpendiosa Doctrina	iv A.D. (early)	Lindsay T 1903
NOV. *com.* 118	Nouius		i B.C. (early)	
NOV. *orat.* 1	L. Nouius		trib. pl. 58 B.C.	
NUM. *poet.* 2. 2	Numitorius		contemp. Virgil	
Nux 182			? i A.D. (early)	Poetae Latini Minores Vollmer T 1923
Obtr. Verg. (*poet.* p. 105) 3		Obtrectatores Vergilii		
OPP. *hist.* 8	C. Oppius		i B.C.	
OPP. in Macr. 3. 19. 4	Oppius Chares	de Siluestribus Arboribus	i B.C.	
ORB. *gram.* 3	L. Orbilius Pupillus		b. *c.* 113 B.C.	
OV. *Am.* 3. 15. 20	P. Ouidius Naso	Amores	43 B.C.–A.D. ? 17	Ehwald T 1916
Ars 3. 812		Ars Amatoria		,, ,, ,,
Ep. 20. 248		Epistulae (Heroides)		,, ,, ,,
Fast. 6. 812		Fasti		Lenz T 1932
Hal. 134		Halieutica		Owen OCT 1915
Ib. 642		Ibis		,, ,, ,,
Med. 100		Medicamina Faciei Femineae		Ehwald T 1916
Met. 15. 879		Metamorphoses		,, ,, 1915
poet. 11				
Pont. 4. 16. 52		Epistulae ex Ponto		Owen OCT 1915
Rem. 814		Remedia Amoris		Ehwald T 1916
Tr. 5. 14. 46.		Tristia		Owen OCT 1915
[Ov.] *Ep. Sapph.* 220		Epistula Sapphus		see Ov. *Ep.*
P. POMPON. *trag.* 12	P. Pomponius Secundus		cos. suff. A.D. 44	
PAC. *praet.* 5	M. Pacuuius		220–*c.* 130 B.C.	
trag. 425				
PACON. *poet.* 4	S. Paconianus		unkn.	
PAP. *poet.* 4	Papinius		i B.C. (early)	
PAP. JUST. *dig.* 50. 12. 13	Papirius Iustus		ii B.C. (late)	
PAPIN. *dig.* 50. 17. 74	Aemilius Papinianus		ii B.C. (late)	
PAUL. *dig.* 50. 17. 211	Iulius Paulus		ii–iii A.D.	
PAUL. *Fest.* p. 379M	Paulus Diaconus	Epitoma Festi	viii A.D.	Lindsay T 1913
PAUL. *orat.* 2	L. Aemilius Paullus		cos. 182, 168 B.C.	

ABBREVIATION	NAME OF AUTHOR	TITLE OF WORK	DATE	EDITION
Pedo *poet.* 23	Albinouanus Pedo		contemp. Ovid	
Pers. 6. 80	A. Persius Flaccus	Saturae	A.D. 34–62	Owen OCT 1907
Petr. 141. 11	Petronius Arbiter		i A.D. (mid)	Buecheler–Heraeus Berlin 1922
Phaed. 5. 10. 10	Phaedrus	Fabulae	*c.* 15 B.C.–A.D. 50	Postgate OCT 1919
Planc. *Fam.* 10. 24. 8	L. Munatius Plancus		cos. 42 B.C.	see Cic. *Fam.*
orat. 2				
Pl. *Am.* 1146	T. Maccius Plautus	Amphitruo	d. 184 B.C.	Lindsay OCT 1903
As. 947		Asinaria		,, ,, ,,
Aul. 831		Aulularia		,, ,, ,,
Bac. 1211		Bacchides		,, ,, ,,
Capt. 1036		Captiui		,, ,, ,,
Cas. 1018		Casina		,, ,, ,,
Cist. 787		Cistellaria		,, ,, ,,
Cur. 729		Curculio		,, ,, ,,
Epid. 733		Epidicus		,, ,, ,,
Men. 1162		Menaechmi		,, ,, ,,
Mer. 1026		Mercator		,, ,, ,,
Mil. 1437		Miles Gloriosus		,, ,, ,,
Mos. 1181		Mostellaria		,, ,, ,,
Per. 858		Persa		,, ,, ,,
Poen. 1422		Poenulus		,, ,, ,,
Ps. 1335		Pseudolus		,, ,, ,,
Rud. 1423		Rudens		,, ,, ,,
St. 775		Stichus		,, ,, ,,
Trin. 1189		Trinummus		,, ,, ,,
Truc. 968		Truculentus		,, ,, ,,
Vid. 91		Vidularia		,, ,, ,,
Plin. *Nat.* 37. 205	C. Plinius Secundus	Naturalis Historia	*c.* A.D. 23–70	Mayhoff T 1892–1909
Plin. *Ep.* 9. 40. 3	C. Plinius Caecilius Secundus	Epistulae	*c.* A.D. 61–114	Schuster T 1952
Ep. Tra. 10. 120 (121). 2		Epistulae ad Traianum		,, ,, ,,
Pan. 95. 5		Panegyricus		,, ,, ,,
Pol. *Fam.* 10. 33. 5	C. Asinius Pollio		76 B.C.–A.D. 5	see Cic. *Fam.*
gram. 12				
hist. 8				
orat. 50				
poet. 1				
Pomp. *Att.* 8. 12d. 2	Cn. Pompeius Magnus		106–48 B.C.	see Cic. *Att.*
orat. 22				
Pomp. Ruf. *orat.* 4	Q. Pompeius Rufus		cos. 88 B.C.	
Pompil. *poet.* 1. 2	Pompilius		before Varro	
trag. 1				
Pompon. *com.* 195	L. Pomponius (Bononiensis)		ii–i B.C.	
Pompon. *dig.* 50. 17. 206	Sex. Pomponius		ii A.D. (mid)	
iur. 1				
Porc. *gram.* 6	Porcius Licinus		ii B.C. (late)	
poet. 7				
Post. *hist.* 3	A. Postumius Albinus		cos. 151 B.C.	
Praec. 5. 5 (*poet.* p. 31)		Praecepta Rustica et Medica		
Prec. Herb. 21		Precatio Omnium Herbarum	i A.D.	Poetae Latini Minores Baehrens T 1879
Prec. Ter. 32		Precatio Terrae	i A.D.	Poetae Latini Minores Baehrens T 1879
Priap. 86. 21		Priapea	time of Augustus	Buecheler–Heraeus Berlin 1922
Prisc. in *G.L.* 3. 515	Priscianus		vi A.D.	
Priv. Mil. Vet. 58 (*CIL* 3. p. 901)		Priuilegia Militum Veteranorumque		
Prob. *iur.* 6. 77	ascribed to M. Valerius Probus (time of Nero)	Notae Iuris	dub.	
Proc. *dig.* 50. 16. 126	Proculus		i A.D. (early)	
Prop. 4. 11. 102	Sex. Propertius	Elegiae	i B.C. (late)	Barber OCT 1953
Pub. *com.* 20	Publilius Syrus		i B.C.	
Sent. V. 35		Sententiae		Meyer Leipzig 1880
Pup. *poet.* 2	P. Pupius		time of Augustus	
Q. Cic. *Fam.* 16. 27. 2	Q. Tullius Cicero		102–43 B.C.	see Cic. *Fam.* in Cic. *Q. fr.*
Pet. 58		Commentariolum Petitionis		
poet. 20				
Q. Scaev. *dig.* 50. 17. 73	Q. Mucius Scaeuola		cos. 95 B.C.	
iur. 21				
Quad. *hist.* 96	Q. Claudius Quadrigarius		i B.C. (early)	

ABBREVIATION	NAME OF AUTHOR	TITLE OF WORK	DATE	EDITION
QUINT. *Decl.* 388 (p. 441, l. 23)	M. Fabius Quintilianus	Declamationes	b. *c.* A.D. 35–40	Ritter T 1884
Inst. 12. 11. 31		Institutio Oratoria		Radermacher T 1907–35
[QUINT.] *Decl.* 19. 16		Declamationes Maiores	? ii A.D. (late)	Lehnert T 1905
RAB. *poet.* 5	C. Rabirius		time of Augustus	
Rhet. Her. 4. 69		Rhetorica ad Herennium	i B.C. (early)	Marx T 1925
RUT. LUP. 2. 20	P. Rutilius Lupus	Schemata Lexeos	? i B.C. (late)	Rhetores Latini Minores Halm Leipzig 1863
RUT. RUF. *hist.* 15	P. Rutilius Rufus		cos. 105 B.C.	
S. CLOD. *gram.* 8	Seruius Clodius		d. *c.* 60 B.C.	
SAB. *dig.* 33. 7. 18. 14 *iur.* 28	Masurius Sabinus		i A.D. (early)	
SAL. *Cat.* 61. 9	C. Sallustius Crispus	Catilina	86–*c.* 34 B.C.	Ahlberg T 1919
Hist. 5. 27		Historiae		Maurenbrecher Leipzig 1893
Jug. 114. 4		Iugurtha		Ahlberg T 1919
Rep. 2. 13. 8		Epistulae ad Caesarem senem de re publica		Kurfess T 1921
[SAL.] *Cic.* 7		in Ciceronem	before Quintilian	Kurfess T 1914
SAN. *gram.* 16 *trag.* 4	Santra		i B.C.	
SAT. *dig.* 48. 19. 16. 10	Claudius Saturninus		ii A.D. (mid)	
SCAEV. *poet.* 2	Q. Mucius Scaeuola		trib. pl. 54 B.C.	
SCAEV. *dig.* 50. 17. 92	Q. Ceruidius Scaeuola		ii A.D. (late)	
SCAEV. MEM. *trag.* 2	? Scaeua Memor		contemp. Martial	
SCAUR. gram. in *G.L.* 7. 33	Q. Terentius Scaurus		ii A.D. (early)	
SCAUR. *hist.* 7 *orat.* 10	M. Aemilius Scaurus		cos. 115 B.C.	
SCIP. *orat.* 6	P. Cornelius Scipio Africanus Maior		236–184 B.C.	
SCIP. min. *orat.* 23	P. Cornelius Scipio Aemilianus Africanus		185–129 B.C.	
SEN. *Con.* 10. 6. 2	L. Annaeus Seneca	Controuersiae	b. *c.* 55 B.C.	Mueller Vienna 1887
Suas. 7. 14		Suasoriae		Edward Camb. 1928
SEN. *Ag.* 1012	L. Annaeus Seneca	Agamemnon	*c.* 5 B.C.–A.D. 65	Richter T 1921
Apoc. 15. 2		Apocolocyntosis		Buecheler–Heraeus Berlin 1922
Ben. 7. 31. 5		de Beneficiis		Hosius T 1914
Cl. 2. 7. 5		de Clementia		" " "
Dial. 12. 20. 2		Dialogi		Hermes T 1923
Ep. 124. 24		Epistulae		Beltrami Rome 1937
fr. (Haase p. 457)				Haase T 1878
Her. F. 1344		Hercules Furens		Richter T 1921
Her. O. 1996		Hercules Oetaeus		" " "
hist. 1				
Med. 1027		Medea		Richter T 1921
Nat. 7. 32. 4		Naturales Quaestiones		Gercke T 1907
Oed. 1061		Oedipus		Richter T 1921
Phaed. 1280		Phaedra		" " "
Phoen. 664		Phoenissae		" " "
Thy. 1112		Thyestes		" " "
Tro. 1179		Troades		" " "
[SEN.] *Oct.* 983		Octauia	after A.D. 68	Richter T 1921
SEPT. *poet.* 23. 5	Septimius Serenus		ii A.D.	
SERV. *A.* 12. 952	Maurus (Marius) Seruius Honoratus	in Vergilium Commentarius	iv–v A.D.	Thilo T 1878–87
SEV. *poet.* 2	Seuius Nicanor		ii–i B.C.	
SEXTIL. *poet.* 1	Sextilius Ena		i B.C. (late)	
SIC. FL. *agrim.* p. 130	Siculus Flaccus		unkn.	
SIL. 17. 654	Silius Italicus	Punica	*c.* A.D. 26–101	Duff L 1934
SINN. *gram.* 27	Sinnius Capito		time of Augustus	
SIS. *hist.* 143	L. Cornelius Sisenna		praet. 78 B.C.	
Mil. 9		Milesiae		in *hist.*
STAT. *Ach.* 2. 167	P. Papinius Statius	Achilleis	*c.* A.D. 45–96	Garrod OCT 1906
Germ. 4		de Bello Germanico		" " "
Silv. 5. 5. 87		Siluae		Phillimore OCT 1918
Theb. 12. 819		Thebais		Garrod OCT 1906
STILO *gram.* 78	L. Aelius Stilo		ii–i B.C.	
STRAB. *orat.* 14 *trag.* 5	C. Iulius Caesar Strabo		d. 87 B.C.	

ABBREVIATION	NAME OF AUTHOR	TITLE OF WORK	DATE	EDITION
SUEIUS *poet.* 8			i B.C.	
SUET. *Aug.* 101. 4	C. Suetonius Tranquillus	Augustus	? A.D. 70–? 140	Ihm T 1933
Cal. 60		Caligula		,, ,, ,,
Cl. 46		Claudius		,, ,, ,,
Dom. 23. 2		Domitianus		,, ,, ,,
fr. 207 (p. 353Re)				Reifferscheid Leipzig 1860
Gal. 23		Galba		Ihm T 1933
Gram. 24 (p. 118Re)		de Grammaticis		Reifferscheid Leipzig 1860
Jul. 89		Iulius		Ihm T 1933
Nero 57. 2		Nero		,, ,, ,,
Otho 12. 2		Otho		,, ,, ,,
Poet. 47 (p. 52Re)		de Poetis		Reifferscheid Leipzig 1860
Rhet. 30 (p. 127Re)		de Rhetoribus		Reifferscheid Leipzig 1860
Tib. 76		Tiberius		Ihm T 1933
Tit. 11		Titus		,, ,, ,,
Ves. 25		Vespasianus		,, ,, ,,
Vit. 18		Vitellius		,, ,, ,,
SULLA *hist.* 21	L. Cornelius Sulla		138–78 B.C.	
SULPICIA *poet.* 2			i A.D. (late)	
SULP. *peri. Ter. Ad.* 12	C. Sulpicius Apollinaris	Periochae Terentii Comoediarum	ii A.D.	see TER.
SULP. RUF. *Fam.* 4. 5. 6	Ser. Sulpicius Rufus		cos. 51 B.C.	see CIC. *Fam.*
iur. 18				
orat. 12				
gram. 14				
Tab. Aem. poet. 1		Tabula M. Aemilii	*c.* 179 B.C.	
Tab. Cer. 25 (*CIL* 3. p. 959)		Tabellae Ceratae	ii A.D. (mainly)	
Tab. Glab. poet. 1		Tabula Acilii Glabrionis	*c.* 190 B.C.	
Tab. Triump. (*CIL* 1. p. 77)		Tabula Triumphalis Barberiniana		
TAC. *Ag.* 46. 4	Cornelius Tacitus	Agricola	b. *c.* A.D. 55	Furneaux–Anderson OCT 1939
Ann. 16. 35		Annales		Fisher OCT 1906
Dial. 42. 2		Dialogus de Oratoribus		Furneaux OCT 1939
Ger. 46. 6		Germania		Furneaux–Anderson OCT 1939
Hist. 5. 26		Historiae		Fisher OCT 1910
TARR. PAT. *dig.* 50. 6. 7(6)	Tarruntenus Paternus		ii A.D. (late)	
TER. *Ad.* 997	P. Terentius Afer	Adelphi	*c.* 195–159 B.C.	Kauer–Lindsay OCT 1926
An. 981		Andria		
Eu. 1094		Eunuchus		
Hau. 1067		Heauton Timorumenos		
Hec. 880		Hecyra		
Ph. 1055		Phormio		
TERT. *dig.* 49. 17. 4. 2	Tertullianus		ii A.D. (late)	
TIB. 2. 6. 54	Albius Tibullus	Elegiae	? 48–19 B.C.	Postgate OCT 1914
[TIB.] 3. 20. 4		var. elegies incl. in MSS. of Tibullus	contemp. w. prec.	
TIC. *poet.* 2. 1	Ticidas		contemp. Catullus	
TIRO *gram.* 14	M. Tullius Tiro		freedman of Cicero	
TIT. *gram.* 3	Titius		? i B.C. (late)	
TIT. *orat.* 2	C. Titius		ii B.C. (mid)	
TITIN. *com.* 188	Titinius		ii B.C.	
TRA. Plin. *Ep.* 10. 121 (122)	M. Vlpius Traianus		emp. A.D. 98–117	
TRAB. *com.* 6	Q. Trabea		contemp. Caecilius	
TREB. *iur.* 10	C. Trebatius Testa		i B.C. (late)	
TREBON. *Fam.* 12. 16. 4	C. Trebonius		cos. 45 B.C.	see CIC. *Fam.*
TROG. in Plin. *Nat.* 11. 276	Pompeius Trogus		time of Augustus	
TRYPH. *dig.* 50. 16. 225	Claudius Tryphoninus		ii–iii A.D.	
TUB. *hist.* 13	Q. Aelius Tubero		i B.C.	
iur. 2				
TURN. *poet.* 2	Turnus		i A.D. (late)	
TURP. *com.* 218	Sex. Turpilius		d. 103 B.C.	
ULP. *dig.* 50. 17. 209	Domitius Vlpianus		d. A.D. 228	
V. FL. 8. 467	C. Valerius Flaccus	Argonautica	d. *c.* 92 A.D.	Kramer T 1913
V. MAX. 9. 15. ext. 2	Valerius Maximus	Facta et Dicta Memorabilia	i A.D. (early)	Kempf T 1888

ABBREVIATION	NAME OF AUTHOR	TITLE OF WORK	DATE	EDITION
V. Ruf. *poet.* 5. 3	Varius Rufus		time of Augustus	
trag. 9				
V. Sor. 4. 2	Q. Valerius Soranus		trib. pl. 82 B.C.	
Vag. *poet.* 2. 2	Vagellius		i A.D. (mid)	
Val. *com.* 1	Valerius		? i B.C. (mid)	
Val. *dig.* 50. 8. 6(4)	Aburnius Valens		ii A.D. (mid)	
Val. Ant. *hist.* 66	Valerius Antias		i B.C. (early)	
Valg. *poet.* 6	Valgius Rufus		cos. 12 B.C.	
Var. *gram.* 461	M. Terentius Varro		116–27 B.C.	
hist. 23				
hist. Ann. 2		Annales		
hist. Urb. 1		Res Vrbanae		
L. 10. 84		de Lingua Latina		Goetz–Schoell Leipzig 1910
Men. 591		Menippeae		Buecheler–Heraeus Berlin 1922
R. 3. 17. 10		Res Rusticae		Goetz T 1929
Var. At. *poet.* 23	P. Terentius Varro Atacinus		82–*c.* 35 B.C.	
Vat. *Fam.* 5. 10b	P. Vatinius		cos. 47 B.C.	see Cic. *Fam.*
Vel. gram. in *G.L.* 7. 81	Velius Longus		ii A.D. (early)	
Vell. 2. 131. 2	C. Velleius Paterculus		b. *c.* 19 B.C.	Ellis OCT 1898
Ven. *dig.* 50. 17. 99	Venuleius Saturninus		i A.D. (mid)	
Ver. *Fro.* 2. p. 236 (132N)	L. Verus		A.D. 130–69	see Fro.
Ver. Fl. *gram.* 35	M. Verrius Flaccus		time of Augustus	
hist. 2				
Veran. *gram.* 13	Veranius		i B.C. (late)	
iur. 14				
Verg. *A.* 12. 952	P. Vergilius Maro	Aeneis	70–19 B.C.	Hirtzel OCT 1900
Cat. 14. 2		Catalepton (in Appendix Vergiliana)		Ellis OCT 1907
Ecl. 10. 77		Eclogae		Hirtzel OCT 1900
G. 4. 566		Georgica		" " "
Vers. pop. in Suet. *Dom.* 23. 2 (*poet.* p. 133)		uersus populares		
Vers. sacr. (*poet.* p. 5)		uersus sacrorum		
Vib. Crisp. in Quint. *Inst.* 8.5.17	Q. Vibius Crispus		i A.D.	
Vitr. 10. 16. 2	Vitruuius Pollio	de Architectura	time of Augustus	Krohn T 1912
Vol. *poet.* 1	Volumnius		i B.C.	
Volc. *poet.* 4	Volcacius Sedigitus		ii–i B.C.	

II. SUPPLEMENTARY LIST OF MODERN COLLECTIONS, ETC.

A.Epig.	*L'Année Épigraphique*	Paris 1888–
agrim.	*Corpus Agrimensorum*	Thulin T 1913
anth.	*Anthologia Latina*	Riese T 1894
Atel.	*Fabulae Atellanae*	see *com.*
BGU	Aegyptische Urkunden aus d. Kgl. Museen zu Berlin. Griechische Urkunden	Berlin 1895–1926
BIFAO	*Bulletin de l'Institut français d'Archéologie orientale*	Cairo 1901–
BMCI	Coins of the Roman Empire in the British Museum	Mattingly, etc. London 1923–
BMCR	Coins of the Roman Republic in the British Museum	Grueber London 1910
CIL	*Corpus Inscriptionum Latinarum*	Berlin 1863–
com.	*Comicorum Romanorum Fragmenta*	Ribbeck T 1898
CPL	*Corpus Papyrorum Latinarum*	Cavenaile Wiesbaden 1958
dig.	*Digesta Iustiniani*	Mommsen–Krueger Berlin 1922
FJRA	*Fontes Iuris Romani Anteiustiniani*	Riccobono, etc. Florence 1940–3
Font. iur.	*Fontes Iuris Romani Antiqui*	Bruns Tübingen 1909
G.L.	*Grammatici Latini*	Keil Leipzig 1855–80
gram.	*Grammaticae Romanae Fragmenta*	Funaioli T 1907
grom.	*Die Schriften der römischen Feldmesser*	Lachmann, etc. Berlin 1848
hist.	*Historicorum Romanorum Reliquiae*	Peter T 1914, 1906
Inscr. Dessau	*Inscriptiones Latinae Selectae*	Dessau Berlin 1892–1916
Inscr. Rev. Arch.	(Inscription in) *Revue Archéologique*	Paris 1844–

iur.	*Iurisprudentia Anteiustiniana*	Seckel–Kuebler T 1908
mim.	*Mimi*	see *com.*
orat.	*Oratorum Romanorum Fragmenta*	Malcovati Turin 1930
P. Gen.	*Les Papyrus de Genève*	Nicole Genève 1896–1900
P. Freib.	*Mitteilungen aus der Freiburger Papyrussammlung*	Heidelberg 1914
P. Mich.	*Michigan Papyri*	Dunlap, etc. Ann Arbor 1936–
P. Oxy.	*The Oxyrhynchus Papyri*	Grenfell, etc. London 1898–
P. Ryl.	*Catalogue of the Greek and Latin Papyri in the J. Rylands Library*	Manchester 1911–52
P. Tebt.	*The Tebtunis Papyri*	Grenfell, etc. London 1902–38
pall.	*Fabulae Palliatae*	see *com.*
poet.	*Fragmenta Poetarum Latinorum*	Morel T 1927
praet.	*Fabularum Praetextarum Reliquiae*	see *trag.*
Raccolta Lumbroso	*Raccolta di scritti in onore di Giacomo Lumbroso*	Milan 1925
Stud. Pal.	*Studien zur Paläographie und Papyruskunde*	Wessely Leipzig 1901–24
tog.	*Fabulae Togatae*	see *com.*
trag.	*Tragicorum Romanorum Fragmenta*	Ribbeck T 1897

III. GENERAL ABBREVIATIONS

a., adj. adjective
abbrev. abbreviation(s)
abl. ablative
absol. absolute(ly)
abst. abstract(ly)
acc. accusative, according to
act. active(ly)
ad. (in etym.) adaptation of
adj. adjective
adjl. adjectival
adv. adverb
advl. adverbial(ly)
agr. agriculture
anal. analogy
app. apparently
appel. appellative(ly)
appos. apposition
Arab. Arabic
arch. archaic
archit. architecture
Arm. Armenian
AS. Anglo-Saxon
astrol. astrology, astrological
astron. astronomy, astronomical
attrib. attributive(ly)
Av. Avestan

c. *circiter*, about
card. cardinal
catachr. catachrestically
cf. *confer*, compare
cj. conjecture
cl. clause
class. classical
cod., codd. *codex*, *codices*
cogn. cognate
collat. collateral
collect. collective(ly)
colloq. colloquial
comp. compound, composition
compar. comparative
compl. complement
concr. concrete
conj. conjunction, conjugation
const. construction, construed with
contemp. contemporary with
contr. contracted

Corn. Cornish
cos. consul

dat. dative
def. definition
dep. deponent
deriv. derivative, derivation
dim. diminutive
dir. direct
dissim. dissimilated, dissimilation
dist. distinguish, distinguishable, distinct
disyll. disyllabic
dub. *dubi(us)*, doubtful

Ed. edict
ed., edd. edited by, editor(s)
ellipt. elliptical(ly)
emph. emphasis, emphatic
Eng. English
ep. epithet
erron. erroneous(ly)
esp. especially
Etr. Etruscan
etym. etymology
euphem. euphemism, euphemistic(ally)
ex. example
exc. except: (in refs.) *excerpta*
exclam. exclamation, exclamatory
expl. explanation, explained
expr. expression, expressing, expressed

f., fem. feminine
facet. facetious(ly)
fig. figurative(ly)
foll. following, followed.
fr. fragment
Fr. French
freq. frequent(ly)
fut. future

Gael. Gaelic
Gall. Gallic
gd., gdve. gerund, gerundive
gen. genitive
geog. geography, geographical
geom. geometry, geometrical
Ger. German

Gk.	Greek
Goth.	Gothic
gram.	grammar, grammatical
Heb.	Hebrew
heter.	heteroclite
hyperb.	hyperbolically
IE.	Indo-European
imp.	imperative
impers.	impersonal
impf.	imperfect
inanim.	inanimate
inc.	*incerta*, *incertorum*, uncertain
ind.	indicative
indecl.	indeclinable
indir.	indirect
inf.	infinitive
inscr.	inscription(s)
instr.	instrument(al)
interj.	interjection
interp.	interpolated
interr.	interrogative
intr.	intransitive
Ir.	Irish
iron.	ironical(ly)
irreg.	irregular(ly)
It.	Italian
L.	Latin
leg.	legal(ly), in legal use
Let.	Lettish
LG.	Low German
lit.	literal(ly)
Lith.	Lithuanian
loc.	locative
log.	logic(al)
m., masc.	masculine
math.	mathematics
med.	medical
metath.	metathesis
meton.	metonymical(ly)
MHG.	Middle High German
mil.	in military usage
monosyll.	monosyllabic
mus.	musical, in music
mythol.	mythology, mythological
n., neut.	neuter
naut.	nautical(ly)
neg.	negative
nom.	nominative
num.	numeral
O.	Old (of language)
obj.	object(ive)
obs.	obsolete
obsc.	obscene
occ.	occasional(ly)
OHG.	Old High German
OIce.	Old Icelandic
OIr.	Old Irish
ON.	Old Norse
onomat.	onomatopoeic(ally)
opp.	opposite
or. obl.	*oratio obliqua*
ord.	ordinal
orig.	origin, original(ly)
orthog.	orthography
Osc.	Oscan
OSl.	Old (Church) Slavonic
parenth.	parenthetic(ally)
part.	partitive(ly)
pass.	passive(ly)
perh.	perhaps
periphr.	periphrastic(ally)
Pers.	Persian
pers.	person
pf.	perfect
Pg.	Portuguese
phil.	in philosophy
phon.	phonetic(ally)
phr.	phrase
pl.	plural
pleon.	pleonastic(ally)
plpf.	pluperfect
poet.	poetic
poss.	possessive
ppl.	participial
pple.	participle
pr.	preface, proem, prologue
Pr.	Provençal
praet.	praetor
prec.	preceding, preceded
pred.	predicate, predicative(ly)
pregn.	pregnant(ly)
prep.	preposition
pres.	present
prob.	probably, probable
prol.	proleptic
pron.	pronoun, pronominal
prop.	proper(ly)
pros.	(in) prosody
prov.	proverb, (proverbially)
qu.	question
quot.	quotation
ref.	reference, referring
refl.	reflexive
rel.	relative
relig.	(in) religion, religious
repr.	representing
ret.	retained
rhet.	in rhetoric
Rom.	Romance
rptd.	repeated
Russ.	Russian
Sam.	Samnite
sb.	substantive
S.C.	*Senatus Consultum*
sc.	*scilicet*
Sem.	Semitic
sg.	singular
sim.	similar
Skt.	Sanskrit
Sl.	Slavonic
Sp.	Spanish
sp.	speech
spec.	specific(ally)
sts.	sometimes
sub. cl.	subordinate clause
subj.	subject(ive); subjunctive
suff.	suffix
sup.	supine
superl.	superlative
surv.	(in) surveying
s.v.l.	*si uera lectio*
syll.	syllable
syn.	synonym
synec.	synecdoche
tech.	technical(ly)
term.	termination
tm.	(in) tmesis

topog.	topographical(ly)
tr.	transitive
transf.	(in) transferred (sense)
transf. ep.	transferred epithet
transl.	translating, translation of
trisyll.	trisyllabic
Umb.	Umbrian
unkn.	unknown
usu.	usual(ly)
var.	variant (of)
vb.	verb
vbl.	verbal
Ved.	Vedic
v.l.	*uaria lectio*
voc.	vocative
w.	with
wd.	word

IV. SIGNS AND OTHER CONVENTIONS

.. indicates an omitted part of a quotation.

— indicates a subdivision within a section as specified in a parenthesis immediately following, or corresponding to a semicolon in the definition. Also, when spaced, it indicates a change of speaker in passages of dialogue.

~ represents a fixed (unchangeable) portion of a word throughout an article. It has no etymological significance. In other cases a hyphen indicates a detached part of a word.

* indicates a hypothetical word, or a word no longer extant.

< indicates a root form.

[ ] enclose etymological remarks.

[ ] enclose author's name in cases of doubtful ascription.

⟨ ⟩ enclose restored portions of text. (Supplements to abbreviations are shown by ordinary parenthesis.)

Small capitals are used in two ways: (i) for printing inscriptions, (ii) as a form of cross-reference, indicating that further information will be found under the word so printed.

Vowel quantities. Normally only long vowels in a metrically indeterminate position are marked (e.g. audītus, auē). Final 'o's, though frequently scanned short in Silver Latin, are regularly given their original value.

Main senses indicated by numbers may be followed by one or more subsections; these are introduced by letters thus: **1**..**b**..**c**, etc. Some senses consist of two or more equally important elements and in these the letter **a** also is employed, e.g. **2a**..**b**, etc.

Alternative spellings, declensions, etc. are sometimes indicated by Greek letters. Again, equally important forms are shown by **α**, **β**, **γ**, etc., minor variants by **β**, **γ**, etc.

V. ORTHOGRAPHY

Consonantal and vocalic 'i' and 'u' respectively are not distinguished. Where assimilation of consonants takes place in a compound word, the more common form, as printed in the editions, is normally used for the lemma. For example, compounds of *ad-* and *p-* appear under *adn-*. while compounds of *ad-* and *n-*, in which assimilation is not common, appear under *adn-*. General cross-references are provided thus: **adp-:** see APP-; **ann-:** for cpds. of *ad-* see ADN-.

VI. NOTE ON SUFFIXES

The articles on suffixes are not intended as a complete historical account of all Latin formations; they are no more than an indication of the principal elements regarded from a synchronistic point of view. One of the most characteristic features of Latin suffixes is their growth by misdivision: for instance, the elementary suffix *-nus* gives rise to a group of secondary suffixes *-ānus*, *-īnus*, *-ernus*, *-tinus*. All such, if sufficiently common, are listed separately; where there may be doubt about the correct allocation, words are treated as containing the more specific, or longer, form of the suffix (e.g. *arcanus* is analysed as ARCA+-ANUS, even though historically a more correct analysis might be +-NVS). It is in many cases impossible to determine the historical facts, since in the classical period *-anus* was clearly felt as a living suffix, whereas *-nus* was no longer employed in new formations. Some apparent discrepancies in the analysis of suffixes will be explained in the articles in question: thus the analysis of *defensio* as DEFENDO+-TIO depends upon the historical fact that two dental sounds in contact developed into a sibilant. The examples quoted in the articles on suffixes are only a small selection.

A

A[1], a. The first letter of the Latin alphabet, representing both long and short vowels; it was also doubled to indicate the long vowel. **b** the regular abbreviation of the praenomen *Aulus*. **c** (as a written character).

'rabonem'? quam esse dicam hanc beluam? quin tu 'arrabonem' dicis? 'a' facio lucri Pl.*Truc.*690; A primum est, hinc incipiam Lucil.351; ne in a quidem atque s litteras exire temere masculina Graeca nomina recto casu patiebantur Quint.*Inst.*1.5.61; Neria dicit per a litteram, non 'Nerio' neque 'Nerienes' Gel.13.23(22).15;—aa primum longa, ⟨a⟩ breuis syllaba Lucil.352; AA CETERIS VIATORIBVS *CIL* 1.587.2.29; P PAACILI 1.1438. **b** L. PISONE A. GABINIO cos *CIL* 1.756.2. **c** sus rostro si humi A litteram inpresserit Cic.*Div.*1.23; erit..in exaequata planitie centrum, ubi est littera A, gnomonis autem antemeridiana umbra, ubi est B Vitr.1.6.12.

ā[2], āh, *interj.* [cf. Gk. αἴ, etc.] An interjection expr. any of various feelings, e.g. **a** (distress, regret, pity). **b** (appeal, entreaty). **c** (surprise, joy). **d** (objection). **e** (contempt).

a a! ne fle Pl.*Mil.*1324; ah! cepisti me istoc uerbo, miseretur tui Pac.*trag.*353; a peribo, non possum pati Pompon.*com.*173; a te infelicem Cic.*Rep.*1.59; a uirgo infelix, herbis pasceris amaris Calv.*poet.*9; gemellos, spem gregis, a, silice in nuda conixa reliquit Verg.*Ecl.*1.15; quem fugis, a, demens? 2.60; Eurydicen..a miseram Eurydicen! anima fugiente uocabat *G.*4.526; nostri cura subit memores a! ducere noctes? Prop.1.11.5; a! quotiens aliquo dixi properante 'quid urges?' Ov.*Tr.*1.3.51; a miser, extremum cui mortis munus inique eripitur Luc.6.724. **b** ah, ne di siuerint! Pl.*Mer.*323; ah ne me obsecra Ter.*An.*543; a, nimium ne sit mihi fertilis illa Verg.*G.*2.252; a pereat, si quis lentus amare potest! Prop.1.6.12; assiduas a fuge blanditias! 1.9.30; a pereant, si quos ianua clausa iuuat! 2.23.12; procul, a procul inde puellae lenonum Juv.14.45; (*repeated*) ah ah! abi atque caue sis a cornu Pl.*Per.*316. **c** ah, salus mea, seruauisti me Pl.*Bac.*879; (*repeated*) a! a! solutus ambulat ueneficae scientioris carmine Hor.*Epod.*5.71. **d** mihi enim—ah, non id uolui dicere Pl.*Cas.*366; meum receptas filium ad te Pamphilum.—ah.—sine dicam Ter.*Hec.*743; o mi germane! ah uereor coram in os te laudare amplius, ne id adsentandi..existumes *Ad.*269. **e** ah fulica, paene perdidisti Afran.*com.*264; sectaris..ceruos, qui tibi mali nihil fecerunt, uerutis: a artem praeclaram Var.*Men.*361.

-a[1], *m. suff.* Formed from vbl. bases to denote agent (*scriba*), usu. in comps. (*aduena, agricola, parricida*).

-ā[2], *advl. suff.* Old Latin *-ād* (in origin abl. of fem. adjs.); forms advs. which are also used as preps. (*supra*); mainly from adjs. in -TER[1] (*citra, extra, intra, ultra*).

ab, abs, ā, *prep.* Also **aps, af.** [cf. Gk. ἀπό, Skt. *ápa*, Eng. *of*] Const.: w. abl., also w. acc. (irreg.) *CIL* 4.2155, etc., w. adv. Vitr.5.6.8, Hyg.*Fab.*254.8. Forms: *ab* used normally before vowels and h, commonly before liquids, sibilants, nasals, and consonantal i, occasionally before other consonants; *abs* or *aps* sometimes before t, also c and q; *af* found in early inscriptions, e.g. *CIL* 1.586.11, 808.7, 1471, 1522, 2444; see also Cic.*Orat.*158; for *aa* (*CIL* 1.587) see A[1].

A. Motion away, Distance, Separation.

1 (after vbs., etc., of motion) From, away from, off. **b** (after words implying motion). **c** (in phrs. w. prons., proper names, etc.) from the house of —.

caput a ceruice reuulsum Enn.*Ann.*472; aps te abire Pl.*Mil.*974; ab Thermopulis atque ex Asia..tumultus..disieci Cato *orat.*51; ab sua palaestra exit foras Ter.*Ph.*484; a causa ad causam ire Cic.*de Orat.*2.101; me..a porta in Capitolium..comitatum *Dom.*76; a Vestae ad tabulam Valeriam ducta esses *Fam.*14.2.2; ceu puluere ab alto cum uenit..uiator Verg.*G.*4.96; a ceteris..omnium in se auerterant oculos Liv.2.5.6; ut a superioribus locis urbem adgrederetur 40.22.13; bracchia linquentes..a manibus cecidere suis Luc.3.668; reiciunt..ab stomacho ramenta Larg.191; (*ellipt.*) magis ac magis anxia Agrippina quod nemo a filio Tac.*Ann.*14.8;—(*after nouns, adjs.*) nullum commeatum hinc esse a nobis Pl.*Mil.*339; a Pyrrho perfuga Cic.*Off.*1.40; qua sit aditus ab terra Caes.*Civ.*2.16.2; discessio plebis a patribus (fuit) Sal.*Hist.*1.11; ab Hermandica profugi Liv.21.5.7; ut a rationali ad rationale (translatio) Quint.*Inst.*8.6.13; (*w. adv.*) quae efficiunt una a foro, altera a peregre aditus in scaenam Vitr.5.6.8;—(*in fig. phr.*) labor ille a uobis cito recedet Cato *orat.*20; ut ab iure non abeat Cic.*Ver.*1.114; a uero longe derrasse Lucr.1.711; ab scientia gubernatorum..ad uirtutem montanorum confugiebant Caes.*Civ.*1.58.2. **b** (*after* nuntio *and sim.*) ab eo ut nuntiatumst Pl.*Truc.*203; ab Suessa nuntiatum est Liv.32.1.10; quae ab Roma renuntiarent 40.23.6;—(sum, *etc.*) credo..te esse ab illo Pl.*Cur.*452; adest a milite *Ps.* 924a;—ab Andriast..haec Ter.*An.*756; (*w. acc.*) FANATICI TRES A PVLVINAR SYNETHAEI HIC FVERVNT *CIL* 4.2155;—(*after nouns*) postquam abs te..tetigit aures nuntius Enn.*scen.*230; a uilla mercennarium uidi Ter.*Ad.*541; legationes..a regibus..pecunias maximas praebent Gracch.*orat.*41; a Marco tabellarius Cic.*Phil.*2.77. **c** iussero cadum unum uini ueteris a me adferrier Pl.*Aul.*571; uenit etiam ad me in Cumanum a se Cic.*Att.*4.9.1.

2 (expr. a condition, attitude, activity, etc., which is abandoned or changed; freq. after vbs. of going away, etc., used figuratively) From. **b** (a stage of development, etc.). **c** (in appeals). **d** from (a grammatical form).

(*w. vbs. of motion and sim.*) abeatis ab ignauia Naev.*com.*92; ille ad famem hunc a studio studuit reicere Ter.*Ph.*19; ab optimis artibus fugit Cato *orat.*81; a regendis ciuitatibus totos se ad cognitionem rerum transtulerunt Cic.*de Orat.*3.56; neque..de ceteris damnis ab lege Aquilia recedit *Tul.*41; neque ab amicitia populi Romani defecturos Caes.*Gal.*5.3.3; Thebas ab interitu retraxit Nep.*Ep.*8.4; reuocatum a morte Dareta Verg.*A.*5.476; ab caede ad diripiendam urbem discursum Liv.27.16.7; a rectis in uitia, a uitiis in praua, a prauis in praecipitia peruenitur Vell.2.10.1; mens a metu ad fortunam transierat Tac.*Hist.*2.80;—(*w. vbs. indicating change*) quantum mutatus ab illo Hectore Verg.*A.*2.274; a proelio ad preces uersi Liv.3.28.9; uoltum ab antiquo rigore uariare Plin.*Nat.*35.58;—(*w. adjs.*) ingeniumst omnium hominum ab labore procliue ad lubidinem Ter.*An.*78;—(*w. nouns*) hanc aberrationem a dolore Cic.*Att.*12.38a.1(3). **b** neque admodum a pueris abscessit Naev.*com.*26; te ab libertate in seruitutem contra leges uindicias non dedisse Liv.3.56.4; a caliga peruenit usque septimum consulatum Amp.18.15. **c** rem ab subselliis ad rostra detulit Cic.*Clu.*111; dictatorem, a quo prouocatio non est, creemus Liv.2.29.11; prouocationem ad populum etiam a regibus fuisse Sen.*Ep.*108.31; qui a priuatis iudicibus ad senatum prouocauissent Tac.*Ann.*14.28. **d** dicimus ab Terentius Terentium Var.*L.*9.38; ut..quaedam a primis statim positionibus tota mutentur, ut 'Iuppiter' Quint.*Inst.*1.6.25.

3 a (expr. absence) From. **b** (expr. separation, division, and sim.). **c** (poet.) apart from.

a dum abs te absum Ter.*Hau.*399; quod absis a tuis tam diu Cic.*Fam.*6.4.3; metu perculsi a periculis aberant Sal.*Cat.*6.4; cum..uester ab intacta circulus extet humo Ov.*Tr.*4.3.6;—(*in fig. phrs.*) at unum a praetura tua..abest Pl.*Epid.*27; siue a meo sensu post mortem (memoria) afutura est Cic.*Arch.*30; ab hoc (*masc.*) nulla fraus aberit *Off.*3.75; iamque paulum a fuga aberant Sal.*Jug.*101.8; tam prope ab exule fuit quam postea a principe Tac.*Hist.*1.10. **b** ius atque aecum se a malis spernit procul Enn.*scen.*189; cupit illum (agrum) ab se abalienarier Pl.*Trin.*557; seniores..a iunioribus diuisit Cic.*Rep.*2.39; prius quam Caesar..me abs te excludere posset Pomp.*Att.*8.12b.1; flumen..quod Macedoniam a Thessalia diuidit Caes.*Civ.*3.36.3; amnem, qui Eleum agrum ab Dymaeo dirimit Liv.27.31.11; segreget..equestrem a pedestri pugnam 28.33.11; tuis..Aquilam designat ab astris Man.1.626; pauci..utilia ab noxiis discernunt Tac.*Ann.*4.33; (*w. vbs. implying separation*) cum uir uxori si a liberis ne nubserit..aliquid legauit Clem.*dig.*35.1.62.2; (*after nouns, adjs.*) ab eo, quod est dictum, seiunctio Cic.*de Orat.*3.203; a totidem natis orba sit illa Ov.*Ep.*6.156. **c** stabula a uentis hiberno opponere soli Verg.*G.*3.302; equis, pater armento quos diues ab omni nutrierat V.Fl.6.204.

4 (expr. distance) From, away from. **b** at a distance of.

(*w. advs. of distance*) longinque ab domo bellum gerentes Enn.*scen.*80; uti statuatur pariter ab labris Cato *Agr.*22.1; tam prope a domo..detineri Cic.*Ver.*2.6; flumen Rhenum transierunt non longe a mari Caes.*Gal.*4.1.1; greges pecorum..haud procul a muris..reliquit Ov.*Met.*11.277;—(*after adjs.*) erat ea (stella) minima quae ultima a caelo citima ⟨a⟩ terris luce lucebat aliena Cic.*Rep.*6.16; quisquis ab igne propior stetit Sen.*Ep.*74.4;—(*w. acc. of distance*) ad portam mille a porta est Lucil.124; pontem..qui erat ab oppido milia passuum circiter III Caes.*Civ.*1.16.2; tantum interualli ab hoste fecerat ut..Liv.27.45.1;—(*w. abl. of distance*) tanto interuallo ab hostibus consedit ut..10.20.7. **b** Cassius noster..a milibus passuum XX castra habet posita Πάλτῳ Cas.*Fam.*12.13.4; quod tanta machinatio ab tanto spatio instrueretur Caes.*Gal.*2.30.3; positis castris a milibus passuum quindecim 6.7.3; Liv.24.46.1; 44.4.9.

5 (expr. distance in time) After, from, since. **b** from (in a temporal series). **c** reckoning back from, before (a specified time).

salutem primum iam a principio propitiam..nuntio Pl.*Men.*1; non multis ab eo tempore mensibus eiectus est Cic.*de Orat.*3.11; ibi mihi tuae litterae binae redditae sunt tertio abs te die *Att.*5.3.1; Homerus, qui recens ab illorum aetate fuit *N.D.*3.11; et satis longo spatio temporis a Dyrrachinis proeliis intermisso Caes.*Civ.*3.84.1; tertius ab eo casu dies Liv.10.11.2; classem Duilli..ab arbore LX die nauigauisse Plin.*Nat.*16.192; Scipionis classis XL die a securi nauigauit 16.192; septem a Neronis fine menses sunt Tac.*Hist.*1.37; a plebeis longe Megalesia Juv.6.69;—(*cf. w. sense 1*) septimo die ab Hibero Carthaginem uentum est Liv.26.42.6. **b** qui est septumus (dies) a primo Var.*L.*10.46; Carneadem..qui quartus ab Arcesila fuit Cic.*Ac.*1.46; censores uicesimi sexti a primis censoribus Liv.10.47.2; a Ioue quintus eris Ov.*Ep.*8.48; quartus ab his serie temporis ipse fui *Tr.*4.10.54. **c** et deinceps retro usque ad Romulum, qui ab hoc tempore anno sescentesimo rex erat Cic.*Rep.*1.58.

6 (expr. relief or freedom) From, of: **a** (physical objects). **b** (activities, and sim.). **c** (conditions, experiences, and sim.).

a eum locum..depurgato ab herba Cato *Agr.*151.2;—(*after adjs.*) neque hic locus uacuus fuit umquam ab eis qui uestram causam defenderent Cic.*Man.*2; (oppidum) uacuum ab defensoribus esse Caes.*Gal.*2.12.2; uacua ab hostibus castra Liv. 23.36.4; purus ab arboribus..campus Ov.*Met.*3.709;—(*after nouns*) erat ab oratoribus quaedam in foro solitudo Cic.*Brut.*227. **b** aliquando ab hac contentione disputationis animos nostros..laxemus Cic.*de Orat.*3.230; cum Romae a iudiciis forum refrixerit *Att.*1.1.2; quorum mentis nondum ab superiore bello resedisse sperabat Caes.*Gal.*7.64.7; paulum respirat ab armis Stat.*Theb.*7.778;—(*after adjs.*) si animus a talibus factis uacuus et integer esse dicetur Cic.*Inv.*2.24; hora nulla uacua a furto, scelere..reperietur *Ver.*1.34; ab seditione et a bello quietis rebus Liv.7.1.7;—(*after nouns*) tantumne ab re tuast oti tibi? Ter.*Hau.*75; nulla..ab armis quies dabatur Liv.1.31.5. **c** postea quam respirare uos a metu caedis..uidit Cic.*Har.*48; desertus ab officiis tuis *Fam.*5.2.10; nunquamne quiescet ciuitas nostra a suppliciis? Liv.3.53.8; a qua destitutus spe 31.24.3; quae..animum..a satietate..renouat Quint.*Inst.*6.3.1;—(*after adjs.*) nos esse a culpa castas Pl.*Poen.*1186; loca..aperta ab umbra Cato *Agr.*34.2; consulis soluti a cupiditatibus, liberi a delictis Cic.*Agr.*1.27; mihi a spe metu..animus liber erat Sal.*Cat.*4.2; (*after nouns*) quorum impunitas fuit..etiam a sermone Cic.*Rab.Post.*27.

7 a (w. vbs., etc., of keeping back, restraining, and sim.) From (a specified or implied action, condition, etc.). **b** (w. vbs., etc., of defending or protecting) from, against.

a ab inpudicis dictis auorti uolo Pl.*Am.*927; neque te..omina..a simili furore deterrent Cic.*Agr.*2.92; neque ab exitio res ulla refrenat Lucr.1.850; tardabant (eos) ab accessu *B.Hisp.*38.5; quis talia fando..temperet a lacrimis? Verg.*A.*2.8; ut a caedibus et ab incendiis parceretur Liv.25.25.6; tanto periculo nihil moti sunt ab obsidione 26.13.10;—(*implied actions*) cum a seruis eorum tam caste me habuerim Gracch.*orat.*26; hunc..a uita fortunisque ciuium omnium arcebis Cic.*Catil.*1.33; (*after a noun*) prodest..ab omni re abstinentia Larg.52. **b** quem Capitolium seruasse a Gallis..ostendi Quad.*hist.*7; ut laudem eorum..ab obliuione hominum..uindicarem Cic.*de Orat.*2.7; a quo periculo prohibete rem publicam *Man.*19; ego tibi a ui..praestare nihil possum *Fam.*1.4.3; qui portus ab Africo tegebatur Caes.*Civ.*3.26.4; ab incendio..urbem uigiliis munitam Sal.*Cat.*32.1; teneras defendo a frigore myrtos Verg.*Ecl.*7.6; quonam modo pauci a multis..castra tutati sitis Liv.25.38.13; ea potio corpus a cruciatu..uindicabit 26.13.18; Vulcatium..canis a grassatore defendit Plin.*Nat.*8.144; (*cf.*) claudit..uias luctamine ab imo *Aetna* 376;—(*after adjs.*) tutus ab infestis latronibus Hor.*S.*2.1.42; satis tuta a fraude Punica Liv.27.33.9;—(*after adv.*) fluctibus a uentisque aduersis firmiter essent Lucil.390.

8 (expr. disinclination, aversion) From, (a policy, etc.).

abhorrere animum huic uideo a nuptiis Ter.*Hec.*714; ab hac ratione dissentiunt Cic.*Man.*51; a studiis nostris non abhorret *Fam.*13.22.1; quam remotus sit ab omni crudelitate Balb.*Att.*9.7b.1; quom ab reliquorum malis moribus dissentirem Sal.*Cat.*3.5;—(*after adj.*) ab re auersus Liv.26.38.7; Larg.186.

9 a (expr. difference in kind or quality, distinction, etc.) From. **b** (difference in views, meaning, etc.). **c** (lack of connexion, irrelevance); *haud ab re*, opportunely, relevantly, favourably. **d** (inconsistency, incompatibility).

a quae uaria sint genera poematorum..quamque longe distantia alia ab aliis Acc.*poet.*13(8f); compositio..ab utroque differt Cic.*Orat.*182; uera a falsis..diiudicare et distinguere *Part.*139; non abhorret a mea suspicione eius oratio *Att.*11.17a.2; nullo..modo poterat causa Lepidi distingui ab Antonio *ad Brut.*1.12.1; ut culta..ab incultis notaret Liv.27.8.18;—(*after nouns, adjs.*) hanc habet ab illis rebus dissimilitudinem Cic.*de Orat.*1.252; haec..esse a proposita oratione diuersa *Brut.*307. **b** ut abs te seorsus sentiam Afran.*com.*85; semper a bonis dissedisti Cras.*orat.*17; ab iis..magnopere dissentimus Cic.*Inv.*1.6; id a tuis litteris..discrepabat *Att.*2.1.11;—(*after a noun*) dissensio..Zenonis a superioribus *Ac.*1.42. **c** uide..ne..istuc sit ab hoc Var.*R.*1.2.18;—(*after adjs.*) humani nil a me alienum puto Ter.*Hau.*77; me esse in hac re..abs te extrarium Afran.*com.*324; de rebus ab ciuilibus controuersiis remotissimis Cic.*de Orat.*1.49;—haud ab re..tibi istic obuenit labos Pl.*Truc.*521; haud ab re duxi..referre Liv.8.11.1; Gel.18.14.6. **d** in tantum..a se discordante fortuna Vell.2.53.3;—(*after adjs.*) (defensionem) seiunctam a uoluntate ac sententia legis Cic.*Ver.*3.193; mihi nihil uidetur alienius a dignitate disciplinaque maiorum *Prov.*36.

B. Point of Origin, Source, Agency.

10 (expr. the beginning of, or one limit of, spatial extensions or series) From. **b** (expr. the lower limit of a category, and sim.).

a terra ad caelum, quidlubet (*anything whatsoever*) Pl.*Per.*604; ab stipite extremo ad parietem..P. XX Cato *Agr.*18.3; ⟨VIA GLA⟩REA STERNENDA AF MIL⟨IARIO LXXVIII⟩ *CIL* 1.808.7; a primo capite legis usque ad extremum reperio..nihil aliud cogitatum Cic.*Agr.*2.15; has..terras ab oriente ad occidentem colunt *N.D.*2.164; (silua) ab ripis Rheni..ad Neruios pertinet Caes.*Gal.*6.29.4; iterum ab alio principio..sursum procedit (terebra) Cels.8.3.1; ramulis..a radice statim foliosis Plin.*Nat.*27.74; mixtos expauit ab inguine piscis Stat.*Theb.*7.337; incipiat (gens) a Frisiis Tac.*Ger.*35.1;—(*of roads*) a supero mari Flaminia Cic.*Phil.*12.22; ad insidendam ab Tarento uiam Liv.27.26.5;—(*after a noun*) podii altitudo ab libramento pulpiti..duodecumam orchestrae diametri Vitr.5.6.6;—(*series*) hoc est sextum a porta proxumum angiportum Pl.*Ps.*960; ad quintum a Bedriaco lapidem consedit Tac.*Hist.*2.45; in septimo signo fit solstitium a bruma Gel.3.10.4. **b** interminatust a minimo ad maxumum (*young and old*) Pl.*Ps.*776; a minoribus ad maiora ascendimus Cic.*Part.*12; iuniores ab annis septemdecim..scribunt Liv.22.57.9; ab quindecim ad sexaginta annos coniurant 26.25.11; dantur a tribus pilulis usque ad septem Larg.138.

11 (expr. the earlier limit of a period of time) Beginning at, from.

sol semper hic est usque a mani ad uesperum Pl.*Mos.*767; ego iam a principio in..industria omnem adulescentiam meam abstinui Cato *orat.*69; uerbi crebra..a primo repetitio Cic.*de Orat.*3.206; qui a C. Graccho usque ad Q. Varium seditiosis omnibus restitit *Sest.*101; Ludi..futuri sunt a IIII ad pr. Nonas Maias *Att.*2.8.2; perpetuus sermo nigrai noctis ad umbram aurorae perductus ab exoriente nitore Lucr.4.538; a pueris nullo officio..assuefacti Caes.*Gal.*4.1.9; ita ad hoc aetatis a pueritia fui Sal.*Jug.*85.7; primis et te miretur ab annis Verg.*A.*8.517; ab ouo usque ad mala Hor.*S.*1.3.6; regnatum Romae ab condita urbe ad liberatam annos ducentos quadraginta quattuor Liv.1.60.3; ab decima diei hora..corpora curare 23.35.16; primaque ab origine mundi..perpetuum deducite..carmen! Ov.*Met.*1.3; a toga uirili adsuetus commilitio..ducis Vell.2.29.5; uerrucas abolent a uicensima luna Plin.*Nat.*28.48; a tenero nandi rudis Stat.*Silv.*2.3.37; casus prima ab infantia ancipites Tac.*Ann.*6.51; (*w.* inde, usque) iam inde usque amicus fuit mihi a puero puer Pl.*Capt.*645; dissimili studiost iam inde ab adulescentia Ter.*Ad.*41; exercitatio..iam inde ab Aristotele constituta Cic.*Orat.*127.

12 (expr. the point or stage where an action, process, or condition begins or occurs) At, with. **b** (the starting-point or basis of an argument). **c** (expr. time of beginning). **d** (the leading part of a moving object).

(*after vbs., etc., of beginning*) a principiis primum ordiar Cic.*Part.*28; initium..defectionis ortum est ab Ambiorige Caes.*Gal.*5.26.1; ab Ioue principium musae Verg.*Ecl.*3.60; bellum ab repentina populatione coeptum Liv.7.28.1; ab hoc epigrammate coepit poetarum esse mentio Petr.55.4; dignus eram a quo res publica inciperet Tac.*Hist.*1.16;—(*after other words*) da (*sc.* uinum), puere, ab summo (*sc.* lecto) Pl.*As.*891; progeniem..usque ab auo atque atauo proferens Ter.*Ph.*395; omnia ab integro paranda erant Cato *orat.*29; columnam efficere ab integro nouam Cic.*Ver.*1.147; tuas..epistulas a primo lego *Att.*9.6.5; funditus humanam qui uitam turbat ab imo Lucr.3.38; arcem..a fundamentis disiecit Nep.*Timol.*3.3; non a stirpe ualent Verg.*G.*2.312; tenuis a fonte (grammatice) Quint.*Inst.*2.1.4; aedicvlam dirvitam a novo refecervnt *CIL* 6.626;—(*ellipt.*) ponite ante oculos unumquemque ueterum uoltis a Romulo? Cic.*Parad.*11. **b** eius, qui a scripto dicet Cic.*Inv.*2.143; *Off.*1.7; ut reor a facie, Calliopea fuit Prop.3.3.38; ab hac (*sc.* uoluntate)..est actio Sen.*Ep.*95.57. **c** multum improbiores sunt quam a primo (*at first*) credidi Pl.*Mos.*824; a frigore fecere summo septem Saturnalia Mum.*com.*4; raptum illum uirginis, quem iam a pueris accepimus Cic.*Ver.*4.107; statuit ab initio..ius publicano non dicere *Prov.*10; Caes.*Civ.*1.27.2; pariter prima concepta ab origine mundi Lucr.5.548; me..in arma pater primis huc misit ab annis Verg.*A.*2.87; imber ab nocte media coortus Liv.24.46.4. **d** cornicem a cauda de ouo exire Plin.*Nat.*10.38; exeunt (oua) a rotundissima sui parte 10.145.

13 **a** Next to (in position), following on. **b** following on (in time), after. **c** next to (in order of rank, merit, preference, etc.)

a a conisterio in uersura porticus frigida lauatio Vitr.5.11.2; maxillares, qui sunt a caninis Plin.*Nat.*11.166; longus..a Caesare puluis Mart.10.6.5. **b** umor aquae porro ferrum condurat ab igni Lucr.6.968; ab eo magistratu alium, post alium sibi peperit Sal.*Jug.*63.5; maius ab exsequiis nomen in ora uenit Prop.3.1.24; a sermone senis..surrexere toro Ov.*Met.*12.578; poterit..a balineo..dulcius dari uinum Cels.3.6.14; candidis uestibus saxum utilius a sulpure Plin.*Nat.*35.198; peteretque militibus missionem ab sedecim annis Tac.*Ann.*1.19;—(*w.* recens, statim, *etc.*) recentem ab excidio opulentissimae urbis Liv.21.16.5; panem ex aqua esse ieiunis statim a balineis Plin.*Nat.*22.139. **c** tu..eris alter ab illo Verg.*Ecl.*5.49; Aiax, heros ab Achille secundus Hor.*S.*2.3.193; dignus..habitus quem secundum a Romulo conditorem..ferrent Liv.7.1.10; a Veneris facie non est prior ulla Ov.*Ep.*17.69; post haec..ouillum et ab hoc caprinum est (stercus) Col.2.14.4; dulcissimum ab hominis (*sc.* lacte) camelinum Plin.*Nat.*28.123; a Ioue primus honos Stat.*Theb.*4.842.

14 (partly causal) After and because of, 'on', 'at'. **b** after and by contrast with.

si hic uestimenta eleuit luto, ab eo risum magnum..subicit Lucil.648; ab eodem scelere illae triennio post habitae Larini quaestiones Cic.*Clu.*191; ab aestu relictae Caes.*Gal.*3.13.7; equo..lassus ab indomito Hor.*S.*2.2.10; cum mihi somnus ab exsequiis penderet amoris Prop.4.7.5; corpora..a febri sunt timidiora Vitr.6.1.4; inopi tum urbe ab longinqua obsidione Liv.2.14.3; ab recenti clade superstitiosis principibus 6.5.6; a caede tepebat (ferrum) Ov.*Met.*4.163; si mulier a partu uehementes dolores habet Cels.2.7.8; in Lycia..semper a terrae motu quadraginta dies serenos esse Plin.*Nat.*2.211; madidas a tempestate cohortes Juv.7.164; (*cf.*) mammosa Ceres est ipsa ab Iaccho Lucr.4.1168. **b** caperet fasces a curuo consul aratro Ov.*Fast.*3.781; digna deae sedes, nitidis nec sordet ab astris Stat.*Silv.*1.2.147; Caesar..a summa spe nouissima expectabat Tac.*Ann.*6.50.

15 (causal) Because of, as a result of; from (specified motives). **b** (w. vbs. of naming).

nihil ei acceptumst a peiiuris supplici Pl.*Rud.*25; tantum poterit a facundia Ter.*Hau.*13; rerum effectarum ab efficientibus causis Cic.*Top.*58; P. Clodius a crocota..a stupro est factus repente popularis *Har.*44; ea uero..non sunt ab obsequio nostro *Att.*10.11.3; in lucem tremulo rarescit ab aestu Lucr.6.875; ab ea uictoria perterritis Alexandrinis *B.Alex.*30.3; ut..animus ab ignauia..corruptus sit Sal.*Jug.*31.2; esset..idem si robur ab annis Verg.*A.*11.174; periturus..a qua morte Prop.2.27.11; lenta sunt ab humore (saxa) Vitr.2.5.2; linguam etiam ab inrisu exserentem Liv.7.10.5; ut fit ab nimia fiducia 33.14.9; tenerum molli torquet ab arte latus Ov.*Am.*2.4.30; damnis diues ab ipsa suis *Ep.*9.96; ab eo motu..solueretur Sen.*Nat.*7.9.4; (uenam) ab ictu uirgae tumentem Col.7.10.2; semen (caucalis)..bilem..a partu siccat Plin.*Nat.*22.83; amphitheatrali nos commendamus ab usu Mart.14.135(137).1; initium coniurationi non a cupidine ipsius fuit Tac.*Ann.*15.49; minorem a confessione sua restituemus Ulp.*dig.*42.2.6.6;—(*w. act. vbs.*) beniuolos auditores facere quattuor modis possumus; ab nostra..persona *Rhet.Her.*1.8; semper ab insidiis, Cynthia, flere soles Prop.3.25.6. **b** puero..ab inopia Egerio inditum nomen Liv.1.34.3; diemque a. d. xv Kal. Sextiles..a posteriore clade Alliensem appellarunt 6.1.11; a pecoris lux est ipsa notata metu Ov.*Fast.*1.328.

16 (expr. the physical position from which an action is performed). **b** (ind. the origin of a sound). **c** (expr. point of attachment) from, proceeding from.

Pompeiana legio..ab decumana porta resistere Caes.*Civ.*3.69.2; iam fragilis poteram a terra contingere ramos Verg.*Ecl.*8.40; ab equo..oppugnare sagittis..satis Prop.3.11.13; locum..qui..ab Carthagine conspici..possit Liv.30.9.12; ut..uideas populos altus ab arce tuos Ov.*Ep.*7.20; infunditur a contraria aure in dolore dentium Plin.*Nat.*22.70;—(*w. adv.*) exclamat..a longe, 'sustine carnifex' Hyg.*Fab.*254.8. **b** conclamat ab agmine Volcens Verg.*A.*9.375; intimo gratus puellae risus ab angulo Hor.*Carm.*1.9.22; tubae cornuaque ab Romanis cecinerunt Liv.30.33.12; quidquid et a niuea grandius aure sonat Mart.9.59.18; sonus a tergo Stat.*Theb.*10.387; (*cf.*) cum prima quies silentiumque ab hostibus fuit Liv.21.5.9; (*from the house of*) concrepuit a Glycerio ostium Ter.*An.*682; *Hau.*174. **c** sagittae pendebant ab umero Cic.*Ver.*4.74; ab utroque portus cornu moles iacimus *Att.*9.14.1; pendetque..narrantis ab ore Verg.*A.*4.79; columbam..malo suspendit ab alto 5.489; religauit ab aggere classem 7.106; fata..hominum suspendit ab astris Man.3.58; ab arbore..nectent..uittas Stat.*Theb.*2.737; (*after adj.*) hac ab orno pendulum..collum Hor.*Carm.*3.27.58; (*in fig. phr.*) factio a Mose..et Iudaeis pendens Plin.*Nat.*30.11.

17 (expr. origin, source) From, of. **b** (birth, descent). **c** (teacher, instructor) from the school of, a disciple of. **d** (source of payments, favours, and sim.) from, through, by a draft on. **e** (the writer or sender of a letter). **f** (spec., the derivation of words).

hunc esse Sancum ab sabina lingua Var.*L.*5.66; Zeno..ille, a quo disciplina Stoicorum est Cic.*Orat.*113; ea sunt omnia non a natura uerum a magistro *Mur.*61; neque fulgorem reuerentur ab auro Lucr.2.51; dulces..a fontibus undae Verg.*G.*2.243; miles ab Etruscis saucius aggeribus Prop.1.21.2; fontalis ab Camenis (aqua) Vitr.8.3.1; coloni a Velitris Liv.6.13.8; in ulcus penetrat iniuria omnis a foris Plin.*Nat.*17.227; coriandrum..apparet..ab odore spirationis Larg.185; uis, frater, ab ipsis ilibus? Juv.5.135; (*ellipt.*) amat ab lenone hic Pl.*Poen.*1092. **b** quid ipsus hic? quo honore est illic? — summo, atque ab summis uiris (? *sc.* est) Pl.*Capt.*279; Decius, ab illis, ut opinor, Muribus Deciis Cic.*Phil.*13.27; a Venere Iulii Caes.*orat.*28; Troianoque a sanguine clarus Acestes Verg.*A.*1.550; Hor.*Carm.*3.17.1; ab Albanorum stirpe regum oriundi Romani essent Liv.1.23.1;—(*in fig. phr.*) consilium..a quo ipsa exempla nata sunt Cic.*Phil.*9.3. **c** erat enim ab isto Aristotele Cic.*de Orat.*2.160; i qui sunt ab ea disciplina *Tusc.*2.7; scriptores..qui sunt ab Isocrate Quint.*Inst.*4.2.31. **d** uiaticum ut dem a tarpezita tibi Pl.*Capt.*449; da sodes aps te *Men.*545; sumptum..suppeditat a sociis Cic.*Agr.*2.32; nummos a Dolabella fore *Att.*16.15.5; scribe decem a Nerio Hor.*S.*2.3.69. **e** redditae mihi litterae sunt a Pompeio Cic.*Att.*8.1.1; cedo..si quid ab Attico 16.13(a).1. **f** ab equo equiso Var.*L.*8.14; quorum..nomen a Marte est Cic.*Phil.*14.32; Mnestheus, genus a quo nomine Memmi Verg.*A.*5.117; domita nomen ab Africa lucratus Hor.*Carm.*4.8.18; Liv.1.43.13; Ov.*Tr.*3.1.28; a 'pinno'..'bipennis' Quint.*Inst.*1.4.12.

18 (expr. the source of fear, danger, or the like) From, at the hands of. **b** (w. *cauere*).

quid ab hac metuis? Pl.*Bac.*65; iniuria orta in nos est..ab nostro ero *Rud.*670; ut periclum etiam a fame mihi sit Ter.*Hau.*980; ab aqua periculum est Cato *Agr.*155.1; nisi..formidines ab nostris magistratibus..impendebunt Cic.*Ver.*5.157; meae..uitae nullas ab illis insidias fuisse *Planc.*71; quae est..uita dies et noctes timere a suis? *Phil.*2.116; a te metuo Catul.15.9; nullum..poterat uniuersis ab perterritis..periculum accidere Caes.*Gal.*6.34.3; dum metus a Tarquinio et bellum..positum est Sal.*Hist.*1.11; bellum ab Tarquiniis imminere Liv.2.3.1; omnes minas periculaque ab deis..in se unum uertit 8.10.7; cum..minus..iam terroris a Poenis..esset 26.22.1; ex optimis periculum sibi, a pessimis dedecus publicum metuebat Tac.*Ann.*1.80. **b** quid est quod caueam? — em! a crasso infortunio Pl.*Rud.*833; Cic.*Sest.*133; Liv.25.16.4; (*after the abl.*) nec (esse) quo ab caueas aegrius Pl.*As.*119.

19 **a** (w. vbs. of asking, seeking, requesting, exacting, and sim.) From. **b** (w. vbs. of hoping, expecting, etc.). **c** (w. vbs. of receiving, accepting, having, etc.). **d** (w. vbs. of learning). **e** (w. vbs. of taking, seizing, borrowing, transferring, etc.).

a ab iis drachumam..petunt Enn.*scen.*322; si me fas est opsecrare aps te Pl.*Bac.*1025; si quid expalpare possim ab illo Pompon.*com.*32; ab dis immortalibus..hoc idem..opto Cic.*Ver.*50; quae precatus a dis..sum *Mur.*1; si abs te summa officia desiderem *Fam.*5.5.2; ab Cn. Pompeio proconsule petit..iuberet Caes.*Gal.*6.1.2; ab eo uitam paciscatur Sal.*Jug.*26.1; petatur a uirtute..uindicta Liv.26.15.14; si a reo mihi stipulatus sim Paul.*dig.*46.1.34. **b** a Syracusanis prorsus nihil adiumenti..exspectabam Cic.*Ver.*4.137. Gabinium..spem habere a tribuno pl..a senatu quidem desperasse *Pis.*12; *Att.*2.3.3; a quo genere hominum uictoriam sperasset Caes.*Civ.*3.96.4. **c** nec a quoquam acciperes alio mercedem annuam nisi ab sese Pl.*Bac.*14; a me, quae roget, non impetret Lucil.685; decem talenta a rege accepi Gracch.*orat.*41; si quid haberet a natura boni Cic.*Clu.*112; ne quam a finitimis Bellouacis calamitatem accipiant Caes.*Gal.*7.90.5; deprecandi potestatem a me habueritis Liv.6.26.2; in solo..a privatis empto Aug.*Anc.*4.22; (*ellipt.*) tangam nullum (agrum) ab inuito Cic.*Agr.*2.67. **d** disce ab aliis Ter.*Ad.*125; a maioribus memoria sic accepi Cato *orat.*1.98; si quid ab hac arte didicerunt Cic.*de Orat.*2.37; ab aliis te de me..malo cognoscere *Fam.*12.25a.7; crimine ab uno disce omnis Verg.*A.*2.65; id animaduertere possumus ab antiquis statuariis Vitr.3.pr.2; Liv.30.11.4; Ov.*Pont.*1.4.42; hoc ego traxi ab aquis caldis Larg.146. **e** me aps te redimet Pl.*Per.*654; quod ab illo abstulit Turp.*com.*203; qui hunc minorem Scipionem a Paullo adoptauit Cic.*Brut.*77; tabula..ab hostibus uictis capta *Ver.*5.127; furatum me abs te esse diceres *Att.*2.1.1; nouom illud exemplum ab dignis..ad indignos..transfertur Sal.*Cat.*51.27; a quibus magnas praedas Agesilaus,..faciebat Nep.*Cha.*2.3; (uocem) primam..loquentis ab ore eripuit pater Verg.*A.*7.118; frumentum..ab ore rapi Liv.2.35.1; culpam omnem belli a publico consilio in Hannibalem uertentes 30.22.1; iram atque animos a crimine sumunt Juv.6.285;—(*w. acc.*) svmsit siricas a mvthvnivm *CIL* 4.194.

20 (expr. agent or doer) By, at the hands of. **b** (w. vbs. pass. in implication). **c** (w. adjs.). **d** (w. nouns of action and sim.).

laetus sum laudari me abs te, pater, a laudato uiro Naev.*trag.*15; amari mauolo..me aps te Pl.*As.*836; si ab eo nil fiet Ter.*Ph.*605; si quid peruerse..factum est a muliere Cato *orat.*218; de eieis rebvs af vobeis peccatvm non esse *CIL* 1.586.11; paean..numerus a quibusdam..habetur Cic.*Orat.*218; qui relicti..fuissent a Paulo et a Varrone consulibus *Off.*3.114; Aeduos a Caesare in seruitutem redactos Caes.*Gal.*2.14.2; ut..ab exercitu suo lapidibus cooperiretur Liv.4.50.5; a serpente percussis Plin.*Nat.*32.45; hostilia ab illo coepta, a me aucta erant Tac.*Hist.*5.26;—(*ellipt.*) cur ab hoc potius quam ab illo (*sc.* factum sit) Cic.*Inv.*2.45;—(*w. attribute standing for person*) Murena ab senatus auctoritate defenditur *Mur.*73; scimus ab inperio fieri nil tale Dianae Ov.*Pont.*1.1.41; a noxiorum premitur insolentiis Phaed.3.*epil.*31;—(*w. things personified*) ab ipsa re publica est interfectus Cic.*Brut.*103; (*facet.*) uinceris a dolio Sen.*Ep.*83.24. **b** merito tibi ea euenerunt a me Pl.*Capt.*415; a te mihi omnia..iucunda ceciderunt Cic.*Q.fr.*1.3.1; quamuis fortunam a populo Romano pati Caes.*Gal.*2.31.5; nunquam ab equite hoste laborauimus Liv.9.19.15; occidit a forti..Achille Ov.*Met.*13.597; ea condicione a domino veneat *Lex Vip.*34 (*Font.iur.*p.295); semper..a sapiente restabit, quod inueniat Sen.*Ep.*109.3; (*poet.*) Graia uictus cecidisset ab hasta V.Fl.8.317; (*cf.*) optime essis meritus a nobis Acc.*praet.*16. **c** quae..abs te uiduae et uastae uirgines sunt Enn.*scen.*233; tam a me pudica est quasi soror mea sit Pl.*Cur.*51; ab hoc..facile, praestant inuictum Romanum imperium Liv.9.17.4; nec quisquam est a quo certior esse queam Ov.*Tr.*3.14.44. **d** reum Publium..fore a Milone Cic.*Att.*4.3.5; hoc nescio quid gratulationis et honoris a senatu *Fam.*15.4.13; illi a uobis pacem, uobis ab illo bellum suadet Sal.*Hist.*1.77.18; metu poenae a Romanis Liv.32.23.9.

21 (expr. inanim. or impers. agent).

ab arte adiuuari potuit Cic.*de Orat.*2.220; restingui..posse ab eodem corpore flammam Lucr.4.1087; cum..aquilifer..a uiribus deficeretur Caes.*Civ.*3.64.3; hic iaculo pisces, illic capiuntur ab hamis Ov.*Ars* 1.763; operitur ab aequore moto *Met.*4.732; (*w. adjs., nouns, etc.*) qui inuictum se a labore praestiterit Cic.*Off.*1.68; portus ab accessu uentorum immotus Verg.*A.*3.570.

22 On the part of, so far as concerns (a specified person).

nihil tibi..a me defuit Cic.*Mur.*7; pacemque iis..ab se..praestitit Liv.40.34.14; quantum odii fore ab iis Tac.*Ann.*2.36; sed hoc a Maurico nouum non est Plin.*Ep.*4.22.4.

23 **a** (w. nouns of direction) In the direction of, on, in. **b** (w. other words) in a line or direction extending from, by, near; off (a coast). **c** in, on, at, by (a part of the body).

a ab laeua rite probatum Enn.*Ann.*613; nequis aut hinc aut ab laeua aut a dextera..adsit Pl.*Mil.*607; ab dextra parte Cato *orat.*39; sinistra (pars) ab oriente, dextra ab occasu Var.*L.*7.7; Vincla uidebis..caudarum a parte locata Cic.*Arat.*395(151); ab alia porta..Sabinus ager *Agr.*2.66; si est calor a sole se opponant *N.D.*2.129; uirum..saecla..quae cum quattuor..uidemus quattuor a uentis et caeli partibus esse Lucr.6.1111; attingit etiam ab Sequanis et Heluetiis flumen Rhenum Caes.*Gal.*1.1.5; unus (exercitus) ab urbe, alter a Gallia obstant Sal.*Cat.*58.6; hos tota armenta sequuntur a tergo Verg.*A.*1.185; munimentum a planioribus aditu locis Liv.1.33.7; et a fronte et ab tergo urgerent 4.33.10; Romani a maritima arce (oppugnabant) 31.46.9; Sardoa..regna sinistris respicit a remis Ov.*Fast.*4.290; ab occasu refulgens nuncupatur uesper Plin.*Nat.*2.36; dulcis..respicitur tellus comitesque a puppe relicti Stat.*Theb.*7.144; tempestatem ab Ostia atrocem Tac.*Ann.*11.31; Andromachen a fronte uidebis Juv.6.503;—(*w. adv.*) ne qvis..ab ante aliam ponat *CIL* 11.147. **b** collis..infimus apertus, ab superiore parte siluestris Caes.*Gal.*2.18.2; uox ab imis morata Vitr.5.2.2; castra ab regione urbis..posita Liv.26.42.6; abietis quae pars a terra fuit Plin.*Nat.*16.196; ut ab omni parte saturentur Larg.227; oppositis Semelen a uentre lacertis Stat.*Theb.*4.564; qui ab utraque parte fluminis..praedia possident Gaius *Inst.*2.72;—(*in fig. phr.*) ipsa..natura eius affectionis..quietissima ab parte explicanda Cic.*Inv.*2.25; nihil est ab omni parte beatum Hor.*Carm.*2.16.27;—a Germania immensas insulas non pridem compertas cognitum habeo Plin.*Nat.*2.246; (Sardinia) habet..a Gorditano promunturio duas insulas 3.83. **c** utrum hac me feriam an ab laeua latus? Pl.*Cist.*641; eripe oculum istic, ab umero qui tenet *Men.*1011; Antonium..frustra a ceruicibus tollebant Cael.*orat.*15; ut liquor arenti fallat ab ore sitim Prop.2.17.6; a posteriore parte caput eius..minister contineat Cels.7.7.14.c; ossa..eius ab exterioribus partibus dura 8.1.1; dominae niueis a uultibus obstas Stat.*Silv.*1.2.23.

24 At the side of, beside, among. **b** on the side of, supporting, with (in thought or action). **c** (indicating the posts or duties of slaves, and other servants).

nunc aps te stat Pl.*Rud.*1101; prius ab illis (*sc.* suis) inuictum animum praestat Liv.22.15.1; ducenti ab Romanis, octingenti hostium cecidere 22.16.3; sinistra ala ab Romanis et cohortes..pugnabant 27.14.3; calet omne nocens a Caesare ferrum Luc.7.503. **b** dum hic hinc a me sentiat Pl.*Rud.*1100; quod..multi ab reo faciunt *Rhet.Her.*2.43;

uir. . ab innocentia clementissimus CIC.*S.Rosc.*85; coacti sunt cum iis pugnare, ad quos transierant, ab iisque stare, quos reliquerant NEP.*Dat.*6.6; PLIN.*Ep.*6.2.2. **c** Pollicem seruum a pedibus meum Romam misi CIC.*Att.*8.5.1; Thallo a manu SUET.*Aug.*67.2; Polybium ab studiis *Cl.*28.1; TI. CLAVDI AVG. L. ABASCANTI A RATIONIBVS *CIL* 6.8411; EQ R A CENSIBVS ACCIPIENDIS 13.1680; M AEMILIVS LAETVS A STVDIIS AVGVSTI 13.1779; (*w. ellipsis of noun*) cum. . etiam a latere ipsius pecunia sollicitaret hostis CURT.3.5.15; (*cf.*) inter libertos habere quos ab epistulis et libellis et rationibus appellet TAC.*Ann.*15.35.

25 In respect of, as regards, as to, in. **b** on the basis of. **c** in accordance with.

ego hau perbene a pecunia (ualeo) PL.*Aul.*186; doleo ab animo, doleo ab oculis *Cist.*60; otiosum ab animo TER.*Ph.* 340; perfunctas esse (*sc.* sues) a febri et a foria VAR.*R.*2.4.5; ex qua parte oporteat simile esse uerbum, a uoce an a significatione *L.*9.40; ne denudetur a pectore CIC.*Ver.*5.32; tuto consedimus copioso a frumento. . loco *Att.*5.18.2; a populi suffragiis integer SAL.*Hist.*1.86; otium. . inde, quantum a Volscis fuisset LIV.6.30.8; a gloria non periuit APUL.*Met.*4.21. **b** neue haec nostris spectentur ab annis VERG.*A.*9.235; a domini potestate impensae laudabuntur VITR.6.8.9; a censu. . iudices legit LIV.34.51.6; OV.*Fast.* 6.83; SUET.*Jul.*65. **c** gregis numerum pastor ab sua utilitate constituit VAR.*R.*2.4.22; id quoque enim non ab nulla ratione uidetur LUCR.1.935; etsi non ab arte sunt posita VITR.7.5.8.

ab-, abs-, ā-, *prefix.* [prec.] Before initial f produces *auf-* (*aufero, aufugio*) and before p *asp-* (*aspello, asporto*). It gives the sense of 'from, away from' (*abduco, abeo, aufugio*), 'off' (*abrumpo, abscido*), 'at a distance' (*abnocto, absum*), 'completely, thoroughly' (*absorbeo, absurdus, abutor*) and other senses of the preposition; in *absimilis* it expresses difference in quality; in *absonus* and *amens* the absence of what the nouns imply; in *abauus, abnepos*, etc., it expresses a more remote degree of relationship.

abactīu(u)s ~a ~um, *a.* [ABIGO + -IVVS] (of cattle) stolen. *CIL* 9.2438.

abactor ~ōris, *m.* [ABIGO+-TOR] A cattle thief.

meum. . Bellerofontem, ~orem indubitatum. . criminantes APUL.*Met.*7.26.

abactus ~ūs, *m.* [ABIGO+-TVS[3]] A stealing of cattle.

si. . transitus ille, non populatio fuit, cum ~us hospitum exerceret (alter princeps) PLIN.*Pan.*20.4.

abacus ~ī, m. [Gk. ἄβαξ]

1 A slab-topped table, side-board.

mensas II, ~um I, arcam uestiariam I CATO *Agr.*11.3; ~um argento ornari VAR.*L.*9.46; ab hoc ~i uasa omnia. . abstulit CIC.*Ver.*4.35; *Tusc.*5.61; ii primum. . monopodia et ~os Romam aduexerunt LIV.39.6.7; PLIN.*Nat.*34.14; urceoli sex ornamentum ~i JUV.3.204.

2 An ornamental slab or panel on a wall. **b** a slab at the top of a column.

ueteribus parietibus nonnulli crustas excidentes pro ~is utuntur VITR.7.3.10; supra podia ~i ex atramento sunt subigendi et poliendi 7.4.4; ad ~os non nisi marmoroso (sile utuntur) PLIN.*Nat.*33.159; 35.32. **b** ~i latitudo quanta ima crassitudo columnae VITR.4.7.3.

3 a A counting-board or sand-table. **b** a board for playing games on.

a qui ~o numeros et secto in pulvere metas scit risisse uafer PERS.1.131; si. . ~o et puluisculo te dedisses APUL. *Apol.*16. **b** cum. . eburneis quadrigis cotidie in ~o luderet SUET.*Nero* 22.1.

abaestumō ~āre (Invented as the hypothetical basis of the word AVTVMO).

NIGID.in Gel.15.3.4.

ābaetō: see ABITO.

abaliēnātiō ~ōnis, *f.* [ABALIENO+-TIO] A legal transfer of property.

~o est eius rei quae mancipi est aut traditio alteri nexu aut in iure cessio inter quos ea iure ciuili fieri possunt CIC.*Top.*28; AGEN.*agrim.*p.35.

abaliēnātus ~a ~um, *a.* [pple. of next]

1 Unfriendly, estranged.

sin (auditores) erunt uehementer ~i CIC.*Inv.*1.21; mirandum in modum est animo ~o *Att.*1.3.3.

2 (med., of tissues) Dead, mortified.

sensim temptare mouere ~as (haemorrhoidas) oportet LARG.227; ut medici ~a morbis membra praecidant QUINT. *Inst.*8.3.75.

abaliēnō ~āre ~āuī ~ātum, *tr.* [AB-+ALIENO]

1 To transfer (property) to another legally, give up possession of. **b** (transf.) to remove, take away, dispose of.

uelit ille illam necne ~arier PL.*Mer.*457; QVOD EIVS POSSESSOR. . AGRVM LOCVM. . NON ~AVERIT *CIL* 1.585.11; ea quae accepisset a maioribus uendidisse atque ~asse CIC. *Ver.*4.134; ille (ager) ~ari potest et alteri tradi SEN.*Ep.*117 15; (*w.* ab) cupit illum (agrum) ab se ~arier PL.*Trin.*557; uenire nostras res proprias et in perpetuum a nobis ~ari. . licebit? CIC.*Agr.*2.55;—(*absol.*) PAUL.*dig.*4.7.8.5. **b** ni in quadriduo (picturam) ~arit PL.*As.*765;—(*w.* ab) nisi mors meum animum aps te ~auerit *Cur.*174; istuc crucior, a uiro me tali ~arier *Mil.*1321.

2 To turn away (persons, their minds, etc.), alienate (from).

qui nos. . inuidendo ~arunt CIC.*Fam.*1.7.7; quod pro cupita uoluntate plebes ~ata fuerat SAL.*Hist.*2.47;—(*w.* ab) utrum animos sociorum ab re p. remouebas et ~abas an non? *Rhet.Her.*4.22; eaque omnia. . ualde beneuolentiam conciliant ~antque ab eis, in quibus haec non sunt CIC.*de Orat.* 2.182; aratorum. . maximum numerum abs te ~asti *Ver.* 2.155; reliqua omnis multitudo ab illis ~etur necesse est *Att.* 2.16.1; omnium ab se ~auit animos LIV.45.6.1; (*refl.*) totum se a te ~auit Dolabella CIC.*Att.*14.18.1;—(*w. abl.*) quod Tissaphernes periurio suo. . homines suis rebus ~aret NEP. *Ag.*2.5; sua sponte iam infidos colonos Romanis ~auit LIV. 3.4.4.

3 To detach, abstract (one's mind from something).

~auerant ab sensu rerum suarum animos LIV.5.42.8.

4 To make insensate, deaden, numb.

mentem soporat sensusque ~at (opium) LARG.180.

5 *mente ~ari*, To wander in mind.

altercum. . qui biberunt. . mente ~antur LARG.181.

abambulō ~āre, *intr.* [AB-+AMBVLO] To go away.

~antes abscedentes PAUL.*Fest.*p.26M.

abamita ~ae, *f.* [AB-+AMITA] A great-great-great-aunt.

abpatruus ~a (id est abaui frater et soror) GAIUS *dig.*38. 10.3; PAUL.*dig.*38.10.10.17.

abante, *adv.* [AB-+ANTE] In front.

MONIMENTVM. . CVM TERRVLA PVRA ~ ET DEXTRA LAEVAQVE AD MVRVM *CIL* 6.2899.

Abantēus ~a ~um, *a.* Of or connected with Abas.

~is. . in Argis OV.*Met.*15.164.

Abantiadēs ~ae, *m.*

1 A son or descendant of Abas, esp. his son, Acrisius; his great-grandson, Perseus.

~es. . Acrisius OV.*Met.*4.607;—uictor ~es alite fertur equo *Am.*3.12.24; *Met.*4.673.

2 (pl.) A people of Euboea.

STAT.*Theb.*7.370.

Abantias ~adis, *f.* An old name for Euboea.

PLIN.*Nat.*4.64.

Abantius ~a ~um, *a.* Abantian (i.e. Euboean).

STAT.*Silv.*4.8.46.

abarceō ~ēre, *tr.* Also **-erc-.** [AB-+ARCEO] To keep away.

arcere prohibere est. similiter ~et prohibet PAUL.*Fest.* p.15M; ~et prohibet p.25M; *CIL* 13.485.

Abas ~ntis, *m.* The name of various mythological characters, esp. a king of Argos.

VERG.*A.*3.286.

Abatos, (acc.) ~on, *f.* An island in the Nile.

~on quam nostra uocat ueneranda uetustas LUC.10.323.

abauia ~ae, *f.* [AB-+AVIA] A great-great-grandmother.

GAIUS *dig.*38.10.1.6; PAUL.*dig.*38.10.10.15.

abauunculus ~ī, *m.* [AB-+AVVNCVLVS] A great-great-great-uncle.

GAIUS *dig.*38.10.3; PAUL.*dig.*38.10.10.17.

abauus ~ī, *m.* [AB-+AVVS] A great-great-grandfather. **b** (applied to a remote ancestor).

~OS PATRIS MEI *CIL* 1.573; pater, auos, proauos, ~os, atauos, tritauos PL.*Per.*57; duorum ~orum quam est inlustre nomen CIC.*Brut.*213; diuo Augusto, ~o Neronis TAC. *Ann.*13.34; GAIUS *dig.*38.10.1.6. **b** ignouit ~us tuus (*sc.* Caesar) uictis SEN.*Cl.*1.10.1; sed defendi aequum est ~os PLIN.*Nat.*18.39.

abbibo ~ere: form of ADBIBO.

Abdēra ~ōrum, *n. pl.* **Abdēra** ~ae, *f.*

1 A town in the south of Thrace, famous for the stupidity of its people.

(*neut.*) LIV.45.29.6; is (*i.e.*Protagoras). . ~a in oppidum . . caudices. . portabat GEL.5.3.3;—(*fem.*) aut te deuoueat certis ~a diebus OV.*Ib.*465.

2 (transf., of the senate) 'Bedlam'.

hic ~a non tacente me CIC.*Att.*4.17.3.

Abdērītānus ~a ~um, *a.* Of Abdera.

~ae pectora plebis habes MART.10.25.4.

Abdērītēs ~ae, *m.* A native or inhabitant of Abdera; (also as adj.).

Protagoras ~es CIC.*Brut.*30; VITR.9.6.3; per ~arum agrum LIV.38.41.10; QUINT.*Inst.*3.1.10;—(*adj.*) ~ae legati LIV.43. 4.8.

abdicātiō ~ōnis, *f.* [ABDICO[1]+-TIO]

1 (w. gen.) Abdication, resignation (from an office).

amotus. . post triumphum ~one dictaturae terror LIV. 6.16.8.

2 Disinheriting, disowning (of a son or adopted son).

(*w. obj. gen.*) ~o Postumi Agrippae post adoptionem PLIN. *Nat.*7.150; (*absol.*) patrem. . ~onis iniungentem notam V.MAX.6.9.ext.2; habeo ius, quia ~o actio non est QUINT. *Inst.*3.6.77.

abdicātus ~ī, *m.* [pple. of next] A disinherited son.

~us ne quid de bonis patris capiat QUINT.*Inst.*3.6.96; 7.2.17.

abdicō[1] ~āre ~āuī ~ātum, *tr.* [AB-+DICO[1]]

1 (refl., w. abl.) To abdicate, resign (from an office); to withdraw (from an activity). **b** (non-refl., w. abl. or absol.) to resign. **c** to depose (a king).

dicitur tabulas posuisse, scriptu sese ~asse CALP.*hist.*27; cum se praetura ~asset CIC.*Catil.*3.14; aut tutela cogito me ~are *Att.*6.1.4; dictatura. . se ~at CAES.*Civ.*3.2.1; ~auit se consulatu LIV.2.2.10; cum ex senatus consulto consules magistratu se ~assent 5.31.8; SUET.*Cl.*29.2; legatus Caesaris . . ~ando se non amittit imperium PAPIN.*dig.*1.18.20; (*cf.*) se non modo consulatu sed etiam libertate ~auit CIC.*Phil.* 3.12;—nam siquis ea (*sc.* bona) possidens usu se ~et APUL. *Pl.*2.12. **b** (*w. abl.*) SEI IS PRAETOR. . <EO MAGISTRATV> IOVDICIOVE INPERIOVE ABIERIT ~AVERIT MORTVOSVE ERIT *CIL* 1.583.72; (*absol.*) EX S.C. ~ARVNT *Fast.Cos.Cap.*10a (*CIL* 1.p.20); senatus ut ~arent consules; ~auerunt CIC.*N.D.* 2.11; LIV.9.33.4. **c** eligi regem. . liberos non habentem, et, si postea gignat, ~ari PLIN.*Nat.*6.89.

2 To resign (an office).

~ato magistratu SAL.*Cat.*47.3; inter priorem dictaturam ~atam nouamque. . initam LIV.6.39.1; ~atis omnibus magistratibus AMP.29.2.

3 (w. acc. and inf., app.) To deny, refuse to acknowledge.

mortem ostentant, regno expellunt, consanguineam esse ~ant PAC.*trag.*55.

4 To disown, repudiate (one's relations). **b** (spec.) to disinherit (a son or other heir).

eum sibi te ~ato patre in locum tuum substituit LIV. 40.11.2; parentis, quem fugit et factis ~at ipse suis OV.*Ep.* 4.128;—(*ellipt.*) placare natis. — ~o eiuro abnuo. SEN.*Med.*507. **b** uetante patruo alit illum. ~atur SEN. *Con.*1.1; si uersus facit, ~es poetam MART.5.56.7; ter ~atum a diuite iuvenem QUINT.*Inst.*4.2.95; (nepotem) Agrippam breui ob ingenium sordidum ac ferox ~auit SUET.*Aug.*65.1; (*ellipt.*) poteram. . ~are tamquam bonus pater QUINT.*Decl.*256(p.47,l.19).

5 a To abolish, renounce, discard (an existing practice, etc.); to condemn (things or practices) as unsuitable, disapprove of; to reject (a bill). **b** (of inanim. subj.) to show aversion to, be unsuitable for.

a Marius in totum ea. . (*sc.*standards) ~auit PLIN.*Nat.*10. 16; aurum. . utinam. . posset e uita in totum ~ari 33.6; (*perh. cf.*) te repudio nec recipio: naturam ~o: facesse! PAC.*trag.* 343;—gens. . sine ulla femina, omni uenere ~ata PLIN.*Nat.* 5.73; plerique austros optant, Cato ~at 17.170; Democritus in totum ea (*i.e.* rapa) ~auit in cibis 20.19;—te dicente legem agrariam, hoc est alimenta sua, ~arunt tribus 7.117. **b** laurus. . manifesto ~at ignes crepitu et quadam detestatione PLIN.*Nat.*15.135; lacunosa et crispa in omni genere glutinum ~ant 16.226.

6 To throw away as useless; (of inanim. subj.) to cast off, reject, expel.

(thapsia) incisa lacte manat et contusa suco nec corticem ~ant PLIN.*Nat.*13.124;—ne ~ata quidem sui parte in diuinis cessante operibus 2.82; accipit (Penius) amnem Horcon nec recipit, sed olei modo supernatantem. . breui spatio portatum ~at 4.31.

abdīcō[2] ~cere ~xī ~ctum, *tr.* [AB-+DICO[2]]

1 (tech., of omens) To be against, reject.

cum in quattuor partes uineam diuisisset trisque partes aues ~xissent CIC.*Div.*1.31.

2 To withhold (a right from somebody).

cum animaduertisset Appium Claudium. . uindicias filiae suae a se ~xisse POMPON.*dig.*1.2.2.24.

abditīuus ~a ~um, *a.* [ABDO+-IVVS] (See quot.)

~i abortiui PAUL.*Fest.*p.22M.

abditus ~a ~um, *a.* [pple. of ABDO]

1 (w. *a conspectu* or absol.) Hidden from sight, concealed. **b** (of places) out of the way, remote, secluded. **c** (neut. as sb.).

(bestias). . non nullas ~as terraque tectas CIC.*Tusc.*5.38; (*in fig. phr.*) ascensu ~o a conspectu LIV.10.14.14. **b** quis . . locus. . tam fuit ~us ut lateret? CIC.*Man.*31; deorum. . ~os ac penetralis focos *Har.*57; haec loca uenusta sunt, ~a certe et. . ab arbitris libera *Att.*15.16a; replentur loca uocibus ~a retro LUCR.4.607; ualles ~a CAES.*Gal.*6.34.2; in ~am partem aedium secedit SAL.*Cat.*20.1; quos. . ex conspectu in ~os specus abripiant LIV.39.13.13; nefandos. . dirimat. . tellus ~a SEN.*Oed.*1016; uicturum in aliquo ~o et longinquo rure TAC.*Ann.*2.34; eum in locum ~um res contulisse ULP.*dig.*10.4.11.1; (*in fig. phr.*) quia ceterarum artium studia fere reconditis atque ~is e fontibus hauriuntur CIC.*de Orat.*1.12. **c** terrai penitus scrutantes ~a ferro LUCR. 6.809; sonum tympanorum. . ~is delubri editum V.MAX.1.6. 12; subita ex ~o uasti amnis eruptio SEN.*Ep.*41.3; pudore numquam nisi in ~o coeunt PLIN.*Nat.*8.13; ~a scrutari, defossa eruere TAC.*Hist.*3.33;—(*in fig. phr.*) acutae crebraeque sententiae. . et nescio unde ex ~o erutae CIC.*Orat.*79.

2 Hidden from knowledge, abstruse, recondite. **b** (of expressions) obscure in meaning, out of the way.

de ~is rebus et obscuris CIC.*Luc.*30; ~arum. . causarum notitiam CELS.1.pr.13. **b** ipsae illae contiones. . multas habent obscuras ~asque sententias CIC.*Orat.*30; quotiens aliquid ~um quaero PLIN.*Ep.*1.22.2.

abdō ~ere ~idī ~itum, *tr.* [AB-+*do* (< **dhe*- cf. Skt. *dadhati*, Gk. τίθημι)] FORMS: *absdedit* (= *abdidit*) Nov. *com.* 34 (cj.; MSS. *absedet*).

1 To place out of sight, hide, conceal, cover. **b** (spec.) to place in ambush.

nequiquam ~idi, apscondidi, apstrusam habebam (amicam) PL.*Mer.*360; simulacra..deorum, quae..iacent in tenebris ab isto retrusa atque ~ita CIC.*Ver.*1.7; quosdam riuos congestu harenae ~idit TAC.*Ann.*15.3;—(*w. place where or whither expr.*) uidere corpora mirando sub terras ~ita caelo LUCR.4.419; natam frondosis montibus ~it VERG.*A.* 7.387; reclusae..~ere terrae manantem..cruorem SIL. 13.406; ~itis pecuniis per occultos aut ambitiosos sinus TAC.*Hist.*2.92; gladio quem sinu ~iderat *Ann.*5.7; diuersis et contectis uehiculis ~untur 12.47;—(*of natural agencies*) eas (*sc.* partes corporis) contexit atque ~idit (natura) CIC.*Off.* 1.126; non uetustas multa ~idit loca? SEN.*Ep.*90.17. **b** ibi ~itis armatis LIV.10.4.7; in huius siluae medio ferme spatio cohors Romana..~itur 25.39.1; ~iti post tumulum..ab Scipione equites 28.13.6; caetratos..loco opportuno inter bina castra in insidiis ~iderat 31.36.1.

2 (refl. or pass.) To conceal oneself, go and hide (in a place); (of the sun) to set. **b** (fig.) to immerse oneself (in an activity).

(*w. place where or whither expr.*) senex rus ~idit se TER. *Hec.*175; domum se ~idit CIC.*Pis.*92; cum se ille fugiens in scalarum tenebras ~idisset *Mil.*40; neque me Arpinum.. ~am *Att.*9.6.1; ~o me in bibliothecam *Fam.*7.28.2; ~it in tabernaculis CAES.*Gal.*1.39.4; se..in solitudinem ac siluas ~iderant 4.18.4; penitus in Threciam se..~idit NEP.*Alc.*9.1; Veianius..latet ~itus agro HOR.*Ep.*1.1.5; ~iti intra muros LIV.4.56.5; se in suis quisque tectis~iderunt 9.7.11; donec.. paludibus ~erentur TAC.*Hist.*1.79; ~iti per tentoria 4.72; ignotis locis sese ~it *Ann.*2.39; Capreas se in insulam ~idit 4.67; (*astron.*) hic se iam totum caecas Equus ~it in umbras CIC.*Arat.*659(411);—(*absol.*) ~imus nos quantum licet *Off.*3.3; illa sibi..praemetuens..~iderat sese VERG.*A.*2.574; ipsum regem tradunt..operatum his sacris se ~idisse LIV.1.31.8; ~untur (delphini) tricenis diebus PLIN.*Nat.*9.22; filio ~ito TAC.*Hist.*2.13;—(*w.* ex) ex conspectu eri si sui se ~iderit PL.*Ps.*1106;—ante quam se ~eret (sol) CIC.*Phil.*14.27;—(*in exprs. which are virtually refl.*) cum claram speciem..luna ~idit *Cons.fr.*2.19; iam uallibus~unt corpora *Culex* 48; fuga timidum caput ~idit alte (coluber) VERG.*G.*3.422; iam.. gurgite currum~iderat Titan STAT.*Theb.*12.229. **b** qui.. se litteris ~iderunt CIC.*Arch.*12; me totum in litteras ~ere *Fam.*7.33.2.

3 To enclose, wrap up, cover, sheathe. **b** to plunge, bury (a weapon in a body).

seu caput ~iderat..casside OV.*Met.*8.25; hic ferrum ~idit SEN.*Phoen.*498; acetum..uesica ~itum et ita extra inpositum LARG.132; (*of the covering medium*) haec (spes) captat harundine pisces, cum tenues hamos ~idit ante cibus TIB.2.6.24. **b** lateri capulo tenus ~idit ensem VERG.*A.* 2.553; cum aculeus sagittae..~itae introrsus..urit LIV.38. 21.11; cum gladium in pectus ~idisset SEN.*Suas.*6.2.

4 To remove (to a distant place), put away (from public view), banish.

(*w. destination expr.*) hunc (equum)..ubi..iam segnior annis deficit, ~e domo VERG.*G.*3.96; militia simul fessas cohortis ~idit oppidis HOR.*Carm.*3.4.38; haud impune licet formosas tristibus agris ~ere TIB.2.3.66; ~ito in interiora exercitu VELL.2.110.3; ea..in insulam Seriphon ~ita est TAC.*Ann.*2.85;—(*w. place whence expr.*) pone sagittas et procul ardentes hinc precor ~e faces TIB.2.1.82.

5 To refrain from mentioning (a subject); to keep (knowledge) secret. **b** to conceal the meaning of, disguise (beneath something else). **c** to suppress, hide (a feeling, etc.).

dialogos, cum eos de quibus scribis, tum illum quem ~is CIC.*Att.*2.9.1;—ius ciuile per multa saecula inter sacra.. deorum inmortalium ~itum V.MAX.2.5.2. **b** uerum ambage remota ~idit OV.*Fast.*3.338;—(*w. abl.*) blanda.. compositis~ere uerba notis TIB.1.2.22; (*ellipt.*) OV.*Ars* 1.490. **c** retro reuocanda et ~enda cupiditas erat LIV.2.45.7; introrsus ~e dolorem..ne appareat SEN.*Dial.*11.5.5; occultare et ~ere pauorem TAC.*Hist.*1.88; nitenti ut sensus suos penitus ~eret *Ann.*1.11.

abdōmen ~inis, *n.* [dub.]

1 (in animals, as an article of food) The fat underpart of the body, belly.

pernam, ~en, sumen suis, glandium PL.*Cur.*323; primum hisce ~ina tunni aduenientibus priua dabo LUCIL.49; medium ~en tecum diuidam POMPON.*com.*180; auide..~ine deuorato V.MAX.3.5.3; interdicta..cenis ~ina, glandia, testiculi PLIN.*Nat.*8.209; hi (*i.e.* thynni) membratim caesi ceruice et ~ine commendantur 9.48; bonam tenerae placant ~ine porcae..deam JUV.2.86.

2 (in human beings) The belly, paunch, abdomen; the abdominal wall. **b** (as indicative of obesity). **c** (as the seat of the appetites, esp. gluttony).

iamdudum gestit (culter) moecho hoc ~en adimere PL. *Mil.*1397;—a quibus (*sc.* ilibus)..~en susum uersus ad praecordia peruenit CELS.4.1.13; ubi tenuis fistula ~en perrumpit 7.4.3.B. **b** Montani..uenter adest~ine tardus JUV.4.107. **c** cupidinem atque adpetitus..infernas ~inis sedes tenere APUL.*Pl.*1.13;—manebat insaturabile ~en, copiae deficiebant CIC.*Sest.*110; ille gurges atque helluo natus ~ini suo non laudi et gloriae *Pis.*41; alius libidine insanit, alius ~ini seruit SEN.*Ben.*7.26.4.

abdūcō ~ere ~xī ~ctum, *tr.* [AB-+DVCO] ORTHOG.: *abdoucit CIL* 1.7. FORMS: *abduxti* PL.*Cur.*614, *Rud.*862; imper.: *abduce* PL.*Cur.* 693, TER.*Ph.*410, *Ad.*482; *abduc Eu.*377.

1 To lead away (usu. persons), carry off, remove. **b** (w. emphasis on the place, etc., from which one is removed). **c** (w. emphasis on the place, etc., to which one is removed). **d** (for a purpose or to a place, etc., implying a purpose).

SVBIGIT OMNE LOVCANAM OPSIDESQVE ABDOVCIT *CIL* 1.7; nisi tu properas mulierem ~cere, ego illam eiciam TER.*Ph.* 437; cum illa ~cturam se filiam..minaretur CIC.*Clu.*181; squalent ~ctis arua colonis VERG.*G.*1.507; (*property*) quod ibidem recte custodire..non poterunt, id auferre et ~cere licebit *Law* in Cic.*Quinct.*84; exposita omni..praeda, ut suum quisque..cognitum ~ceret LIV.3.10.1; (*w.* secum, *etc.*) is secum~xit mulierem PL.*Ps.*1094; uellem eum tecum ~xisses CIC.*Fam.*7.16.2. **b** proin tu me hinc ~cas PL.*Men.* 782; mihi non liceat meas ancillas Veneris de ara ~cere? *Rud.*723; quo minus e fano Dianae seruum suum..~ceret CIC.*Ver.*1.85; tu (*sc.* Musa) nos~cis ab Histro, in medioque mihi das Helicone locum OV.*Tr.*4.10.119. **c** male cubandum est: iudicatum me uxor ~cit domum PL.*As.*937; ~cite hunc intro atque astringite ad columnam fortiter *Bac.*822; me usque quaerere illam quoquo hinc ~ctast gentium *Mer.*858; Iugurtham in praetorium ~xit ibique secreto monuit SAL. *Jug.*8.2; tollite me..quascumque ~cite terras VERG.*A.*3.601; ~cto in secretum uiro LIV.1.39.3; (*in a specified capacity*) quando ego eam mecum rus uxorem ~xero PL.*Cas.*109; amicus quidam me a foro ~xit modo huc—aduocatum sibi TER. *Ad.*645; (*to persons*) ~cite istum actutum ad Hippolytum fabrum PL.*Capt.*733; ad tuam matrem ~cetur TER.*Hau.*335; inde..eum ad regem ~ctum NEP.*Con.*5.4. **d** ~ce istum in malam crucem PL.*Cur.*693; meretrix huc ad prandium me~xit *Men.*1141; ut minam mi argenti reddas prius quam in neruom ~cerem *Poen.*1399; seruitum tibi me~cito *Ps.*520; aduenientem..~xi ad cenam TER.*Hau.*183; ipsos in lautumias ~ci imperabat CIC.*Ver.*5.146; ~xit legatos ad cenam in Academiam *Tusc.*5.91; liberi eorum in seruitutem~ci CAES. *Gal.*1.11.3; eo die in hospitium~cti LIV.27.17.16; Romam.. reges captiui..in custodiam..~cti 45.35.1; in carcerem ~ctus PLIN.*Nat.*21.8; (*cf.*) ~cite istos..caede ciuium saginatos *B.Afr.*46.2; LIV.45.34.5; (*things*) pluteos ad alia opera ~xerunt CAES.*Civ.*2.9.6.

2 To remove, withdraw (troops, etc.). **b** (a person from a place, etc., which implies an activity).

ut posses partem exercitus ~cere SCIP.min.*orat.*5; ~ctis praesidiis CIC.*Att.*7.15.2; si agro Samnitium decederetur, coloniae ~cerentur LIV.9.4.4; uiribus cohortium ~ctis TAC. *Hist.*4.15; (*w.*secum) cohortis..secum ~cere conatus CAES. *Civ.*1.153; (*w. place whence expr.*) ~ctis..legionibus ex agro Romano LIV.2.40.10; paciscitur..cum Celtiberorum principibus ut copias inde ~cant 25.33.3; ~cto e Moesia exercitu TAC.*Hist.*3.46;—(*w. place whither expr.*) ~xi exercitum ad infestissimam Ciliciae partem CIC.*Fam.*2.10.3; reliquos Catilina per montis asperos..in agrum Pistoriensem ~cit SAL. *Cat.*57.1;—(*w. place whither and place whence expr.*) exercitus inde domos ~cti LIV.1.26.1. **b**, NEIVE QVIS EVM..AB EO IVDICIO..NEIVE ~CITO NEIVE ~CIER IVBETO *CIL* 1.583.71; Q..Catulum filium ~camus ex acie, id est a iudiciis CIC. *Brut.*222; ut a magistris (Ciceronem) ne ~cam *Q.fr.*3.9.9; te..durae cupiens ~cere pugnae V.FL.6.298.

3 To attract away (from a place, allegiance, etc.) entice away. **b** (w. moral implications) to entice (a person to a place); to cause to deviate (from the truth); to seduce (from a right course or attitude); to pervert (to a wrong course).

ne discipulum (tuum) ~cam, times CIC.*Fin.*5.86; nec (te) sinet ~ci PROP.1.13.28; (*w. place, etc., whence expr.*) ut.. hos a te discipulos ~cerem CIC.*de Orat.*2.40; dura seges, Nemesim quae ~cis ab urbe TIB.2.3.61; ne deducendi sui causa populum de foro ~ceret LIV.23.23.8; ~cet superos alienis Thessalis aris LUC.6.451; (*mil.*) equitatum ad se ~xit Dolabellae CIC.*Phil.*11.27; ~ctum illum a mari atque ab eis copiis quas Dyrrachi comparauerat CAES.*Civ.*3.78.3. **b** credo (illum) ~ctum in ganeum aliquo TER.*Ad.*359;—sensus nostros..non multitudinis consensus ~cit a uero CIC. *Leg.*1.47;—~cuntur homines..etiam ab institutis suis magnitudine pecuniae *Ver.*4.12;—animis..in pessima ~ctis SEN.*Ep.*97.12.

4 To attract, captivate, charm.

placet honores..non..purpura aut uirgis~ctum capessere SEN.*Dial.*9.1.10; (Gallionis)..suauitatem, quae illos quoque quos transit ~cit *Nat.*4a.pr.11.

5 To appropriate (property, etc.), esp. by force or fraud, go off with, take away (from), abduct. **b** (poet. or of non-physical things).

hominem P. Quincti..conaris ~cere CIC.*Quinct.*61; quae mancipia uoluit ~xit *Ver.*1.91; IIII ex his (nauibus) ~xit, reliquas incendit CAES.*Civ.*3.40.3; camelis XXII regis ~ctis *B.Afr.*68.4; perfidus alta petens ~cta uirgine praedo VERG. *A.*7.362;—~cta Lyrneside tristis Achilles OV.*Tr.*4.1.15; cuius armenta Hercules ~xerit PLIN.*Nat.*4.120;—(*w.* ab) per fallaciam quam amabam ~xit ab lenone mulierem PL.*As.*70; sese ab simia capram ~xisse *Mer.*250; ab hac praefectus Antoni quidam symphoniacos seruos ~cebat per iniuriam CIC.*Div.Caec.*55; Tertiam..ui ~ctam ab Rhodio tibicine *Ver.*3.78; iam pridem (capreolos) a me illos ~cere Thestylis orat VERG.*Ecl.*2.43; (*from a general's command*) legiones II, quae ab se..sint ~ctae CAES.*Civ.*1.9.4;—(*w.* ex) adduxit.. uirginem, furtiuam, ~ctam ex Arabia penitissuma PL.*Per.* 522;—(*w. abl.*) gremiis ~cere pactas VERG.*A.*10.79; Liuiam Drusillam matrimonio Tiberi Neronis..~xit SUET.*Aug.*62.2; —*w. dat.*) ~cta Neroni uxor TAC.*Ann.*1.10. **b** pluraque.. signa..~cent..simul Phoebum texentque tenebras MAN.3. 354; (*w.* secum) ut secum fugiens somnos ~xit imago OV. *Fast.*5.477; omnia sternet ~cetque secum uetustas SEN. *Dial.*6.26.6; (*absol.*) ~xisse..non tantum is uidetur, qui per uim ~xit, uerum is quoque, qui persuasit comiti, ut eam desereret ULP.*dig.*47.10.15.18.

6 (geog., of land-masses) To draw back; (pass.) to recede; ~*ctus* (*ab*), removed, distant (from).

duobus promunturiis euecta in altum, medium litus ~cit (insula) MELA 3.46;—ad septentrionem, nisi ubi..grandi recessu ~citur..extenta est (Europa) 1.16; Pharos..ab eisdem oris cursu diei totius ~cta 2.104.

7 To cause to be separated, sunder (from). **b** (pass., of places) to recede (from the sight of an observer). **c** to pull away or aside; to divert (a watercourse); ~*cere in se* (of a river), to absorb into itself. **d** to draw (one's head, etc.) away (from the impact of a weapon, etc.), withdraw. **e** ~*cere gradus*, to withdraw, retreat.

uincula prensa manu saxis ~xerat imis V.FL.5.159; (*the soul from the body*) corpori ~ctus (animus) SEN.*Ep.*88.34. **b** coeperat..~ctis montibus unda ferre ratem V.FL.4.677. **c** pollice inpresso membranas innatantes ~cere LARG.37; (*w.* ab) minister..scrotum..debet..quam maxime ab inguinibus ~cere CELS.7.19.2;—NEVE CVI EORVM PER QVORVM AGROS EA AQVA DVCITVR, EVM AQVAE DVCTVM CORRVMPERE ~CERE AVERTERE..LICEAT *CIL* 10.4842; quamuis..aquam mihi ~cas ULP.*dig.*39.2.26; (*w. abl.*) ~ctaque flumina ponto V.FL.5.162;—Peneon, qui paludes.. siccauit~ctis in se, quae sine exitu stagnauerant, aquis SEN. *Nat.*6.25.2. **d** (*w.* ab) ~xere retro longe capita ardua ab ictu VERG.*A.*5.428; excipiendum hamo retuso est, ~cendum a scalpello CELS.7.5.1.C;—(*absol.*) ~cto uitantem cornua uultu STAT.*Theb.*12.671. **e** in terga relatos ~xere gradus SIL.10.18.

8 To withdraw, detach (the mind from its physical environment); to rescue (from a harmful condition). **b** to keep mentally separate, distinguish (from). **c** to cause to be different, make divergent (from).

nihil est difficilius quam a consuetudine oculorum aciem mentis ~cere CIC.*N.D.*2.45; nisi animum ad se ipsum aduocamus..maximeque a corpore ~cimus *Tusc.*1.75;—a malis ..mors ~cit 1.83; cum ab eo statu mens, in quo fuerat, ~cta est CELS.3.18.22. **b** ab iis rebus quae sensibus.. perciperentur ~cere diuinationem CIC.*Div.*2.13. **c** etiamsi natura puerum a paternis uitiis..~ceret CIC.*Ver.*3.159; animum eius natura a patre ~xerat SEN.*Con.*1.6.2.

9 To turn (a person or his attention) aside (from one occupation, aim, etc., to another), distract, divert, side-track. **b** to lead (a discussion) away (from one subject to another), divert; to twist, distort (an author's meaning from its obvious sense). **c** to remove (from a function); (pass.) to be hindered (from the exercise of a faculty).

aut occultabit..aut ~cet animos aut aliud adferet CIC. *Orat.*49; qui nulla specie paterni nominis nec pietate~ctus umquam est *Phil.*13.46; quaedam arma nequitiae per quae ~cantur iudicum animi QUINT.*Decl.*334 (p.316,l.11);—(*w.* ab) uos a uostris~xi negotiis PL.*Rud.*89; ne illum ab studio ~cerem TER.*Hec.*19; mi admodum causam grauem fore, quae me ab ullo commodo ~cat tuo LUCIL.904;—cere animos a contraria defensione et ad nostram conor deducere CIC.*de Orat.*2.293; ut..~cam animum ab querelis *Att.*9.4.1; nec enim ab isto officio..~ci incommodo meo debui *Amic.*8; (*refl.*) ut a fide se ~ceret *Flac.*83; (*w. abst. subj.*) te adipiscendi magistratus leuissimi..praepropera festinatio ~cet a tantis laudibus? *Fam.*10.26.2; illa quoque uocatur auersio, quae a proposita quaestione~cit audientem QUINT. *Inst.*9.2.39; (*ellipt.*) sunt qui ~cant a malis ad bona, ut Epicurus CIC.*Tusc.*3.76; officiorum negotiorumque acerui omnes a contemplatione..~cunt PLIN.*Nat.*36.27;—(*w.* ad) ~cendus..est..ad alia studia CIC.*Tusc.*4.74;—(*w.* ab *and* ad) ab illis hominibus..ad hanc hominum libidinem ac licentiam me ~cis *Ver.*3.210; quo tempore illum a quaestione ad nullum aliud rei publicae munus~ci licebat *Clu.*89; quod se a cognitione media ad ueterem fabulam ~ceret SEN.*Ben.* 5.24.2. **b** sic Fauorinus sermones..a rebus paruis..~cebat ad ea, quae magis utile esset audire GEL.4.1.19;—a uerbis uoluntatem et sententiam scriptoris ~cere CIC.*Part.*108. **c** e consiliis ~cant quos uelint CIC.*Agr.*2.34;—temporale uitium aut ualetudo, propter quam ~catur homo a generandi facultate PAUL.*dig.*28.2.9.

10 To cause to descend, bring down, lower.

omnes hos fertiles campos..in subitam cauernam considentis soli lapsus ~cet SEN.*Ep.*71.15; laeua a faucibus ac summo pectore ~cere (sinum togae) licet QUINT.*Inst.*11.3. 145.

11 To reduce (to an altered condition).

imagines..turbant et in speciem coloris unius~cunt SEN. *Nat.*1.7.3.

Abella ~ae, *f.* A town in Campania, noted for its fruit-trees and filberts.

maliferae..moenia~ae VERG.*A.*7.740; pauper sulci cerealis ~a SIL.8.543.

Abellānus ~a ~um, *a.* Auel-.

1 Of Abella, Abellan; esp. *nux* ~*a*, the filbert or hazel nut; also *nucleus* ~*us*. **b** (as an indication of size or taste).

nuces caluas, ~as CATO *Agr.*8.2; nucem..longam, quam uocant ~am *Priap.*51.12; CELS.3.27.4.B; PETR.137.10; PLIN.*Nat.*17.96. **β** nucem Graecam et ~am Tarentinam facere COL.5.10.14; LARG.120. **b** fructus magnitudine ~ae nucis PLIN.*Nat.*12.100; magnitudine..~i nuclei 37.56; LARG.135;—(staphylodendron) fert..nucleos sapore nucis ~ae PLIN.*Nat.*16.69.

2 (fem. as sb.) **a** A filbert or hazel nut. **b** a hazel tree.

a ceteris quidquid est solidum est, ut in ~is, et ipso nucum genere, quas antea Abellinas patriae nomine appellabant PLIN.*Nat.*15.88. **b** ferunt et ~ae iulos compactili callo, ad nihil utiles PLIN.*Nat.*16.120.

abemō ~ere, *tr.*: (see quot.).

~ito significat demito uel auferto PAUL.*Fest.*p.4M.

abeō ~īre ~iī (~īuī) ~itum, *intr.* [AB-+EO¹] FORMS: *~ei* (imp.) PL.*Mer.*749, *~eis Mil.*1085; *~ī* (for *~iī*) STAT.*Ach.*2.152; *~it* (for *~iit*) *Priap.*70.4, OV.*Met.*7.487, etc.; *~isse* (for *~iisse*) OV.*Pont.*3.4.60, STAT.*Theb.*8.173, etc.; *~isset* (for *~iisset*) STAT.*Theb.*6.490. CONST. w. abl., preps., or advs., also sup. or inf. (2).

1 To go away, depart. **b** (w. place whence expr.); *ab oculis, e conspectu ~ire*, etc., to go out of (a person's) sight. **c** (w. destination expr.). **d** (w. emphasis on circumstances, etc.).
~i, actutum redi PL.*Mil.*864; ensem..quem Orestes ~iens reliquisse dicitur CATO *hist.*71; ne ~eas longius TER.*Ad.*882; ut..nusquam uentum aut ~itum..sine causa putetur *Rhet.Her.*2.3; ~iit, excessit, euasit, erupit CIC.*Catil.* 2.1; uina..quae dederat..~euntibus heros VERG.*A.*1.196; tempus ~ire tibi est HOR.*Ep.*2.2.215; non ~ituros neque ex ordine recessuros LIV.22.38.4; OV.*Fast.*3.474; cum rauca dabunt ~euntibus armis signa tubae STAT.*Theb.*3.708; (*w. advl. acc.*) tu~i tacitus tuam uiam PL.*Rud.*1027. **b** ~iisse eum aps te PL.*Capt.*679; hinc ad legionem ~iit domo *Epid.* 46; te illinc~isse constabat CIC.*Dom.*8; se de Sicilia~iturum *Att.*10.4.9; quo feror? unde~ii? VERG.*A.*10.670; ex concilio ~iit LIV.1.51.1; ~ire finibus Volcianorum iussi 21.19.11; ut limine cogat ~ire iactantem..sistra OV.*Pont.*1.1.37; in prouincia de Roma~ire ULP.*dig.*3.3.35.2; (*in fig. phr.*) cum uehementius in mouendo ut ab se~eat (mens) foras fertur, formido VAR.*L.*6.48;—~ite ab oculis PL.*Truc.*477; ex conspectu omnium~iit Graeciam in terram ultimam PORC.*poet.* 3.6(4F). **c** Athenas protinam~ibo tecum PL.*Mil.*1193; ~i rus, abi directe *Mos.*8; hinc~iit intro huc *Per.*200; tu, Daue, ~i domum TER.*An.*978; domum suam quemque inde ~ituros LIV.1.50.6; clam nocte in Siciliam~iit 27.5.18; (*poet.*) at uos quo lubet hinc ~ite, lymphae CATUL.27.5; iners..Somnus..alias ~it in urbes STAT.*Silv.*1.6.92; (*in fig. phr.*) nunc..in caelum~iit et Trimalchionis topanta est PETR.37.4. **d** sublimis ~iit LIV.1.16.8; ut..cum singulis ~irent uestimentis 22.52.3; amicus ~i 2.2.7; primus ~it..Capaneus STAT.*Theb.*8.745; (*in a race*) primus ~it..Nisus VERG.*A.*5. 318.

2 To go with a purpose; **a** (w. co-ordinate vb.) to go and —. **b** (w. sup., inf., or preps.). **c** (spec.) to go away (into hibernation, etc.).
a ~i atque opsonium adfer PL.*Men.*220; ~i domum ac suspende te *Poen.*309; TER.*Ad.*699; ~i, tange *Ph.*994; ~i, nuntia..patribus urbem. muniant LIV.22.49.10. **b** cubitum hinc ~iimus PL.*Am.*807; uos in aram ~ite sessum *Rud.*707; exsulatum Tarquinios ~iit LIV.26.3.12; (*poet.*) exsolatum ~iit salus PL.*Mer.*593;—in arcem ~iuit aedem uisere Mineruae *Bac.*900;—~i dierectus tuam in prouinciam *Cas.*103; ad mercatum hinc~iit *Mos.*971; QVEI..IN EXILIVM ~IERIT *CIL* 1.583.29; LIV.5.32.9. **c** milui..hibernis mensibus latent, non tamen ante hirundinem~euntes PLIN. *Nat.*10.28; 10.70; ~eunt et merulae..in uicina 10.72.

3 To go away (from), forsake, desert.
(*w.* ab) ei causa alia quae fuit quamobrem abs te~iret? TER.*Hec.*696; quod si~ire ab Romanis liceat, redire ad eos non liceat LIV.24.45.6;—(*w. abl.*) quid..mutatum domina cogis~ire mea? PROP.1.4.2;—(*absol.*) et quasi pro derelicta sim, ~ituru's PL.*Truc.*867; sed illam spero..~ituram denique TER.*Hec.*156; (*poet.*) uerba labris~eunt AED.*poet.*2; diuum..~eunte fauore SIL.2.206.

4 To go away and join, go over (to).
~iit ad deos Hercules CIC.*Tusc.*1.32; Corcyram ad Romanos ~irent LIV.33.16.6; qui conuenerant ~ire ad Pompeium VELL.2.50.1;—(*in phrs. referring to death*) qui nunc ~ierunt hinc in communem locum PL.*Cas.*19; ~iit ad plures PETR.42.5;—(*transf., of things*) inter labores ignis Herculeos ~it SEN.*Her.O.*1616.

5 To pass away, die.
insperato ~iit, quem una angina sustulit hora LUCIL. 1093; heu, heu, ~istis dulcis caricae PETR.64.3; ~ire paratum STAT.*Silv.*2.2.128;—(*w.* e uita) sic~iit e uita CIC.*Tusc.*1.74; —(*of flowers*) ~eunt et hi (flores) marcescuntque PLIN.*Nat.* 21.67.

6 (colloq.) **a** *~i in malam rem (cum)*, go to the devil, to hell (with you and your —)! *~i hinc cum*, hence with your —! **b** *~i*! away with you! enough! **c** (w. exprs. of approval) good for you!
a ~i in malam rem, ludis me PL.*Capt.*877; quin tu ~is in malam pestem malumque cruciatum? CIC.*Phil.*13.48;—~i in malam rem maxumam a me cum istac condicione PL. *Epid.*78; TER.*An.*317;—LIV.1.26.4; ~i hinc cum tribunatibus ac rogationibus tuis 6.40.12. **b** ~i, ludis me PL. *Mil.*324; ~i sis, nugator *Trin.*972; ~i~i iam, Aeschine, satis diu dedisti uerba TER.*Ad.*620. **c** ~i, laudo, nec te equo magis est equos ullus sapiens PL.*As.*704; *Trin.*830; ~i, uirum te iudico TER.*Ad.*564; 765; non es auarus: ~i HOR. *Ep.*2.2.205.

7 (w. pred.) To come off (from an encounter, etc.). **b** to get off (with impunity, etc.). **c** (of incidents, actions, etc.) to be allowed to pass, escape criticism, go by.
saepe incolumis ~ii CATO *orat.*127; ita palaestritas defendebat ut ab illis ipse unctior ~iret CIC.*Ver.*2.54; omnia malle quam uicti~ire SAL.*Jug.*79.7; nemo..mihi non donatus ~ibit VERG.*A.*5.305; mulcatus nudatusque ~ibat LIV. 3.11.8; 27.12.12; cedendo uictor ~ibis OV.*Ars* 2.197; Penelope uenit, ~it Helene (*sc. from Baiae*) MART.1.62.6; (*cf.*) nec quisquam ex illo (*sc. Cupid's*) uulnere sanus ~it PROP.2.12. 12; nec tu carminibus nostris indictus ~ibis, Oebale VERG.*A.* 7.733; (*impers. pass.*) ne infecta re ~iretur LIV.9.32.6. **b** si quis contra exierit, ne impune~eat VAR.*R.*1.16.5; multa..dixi cur excusatus~irem HOR.*Ep.*1.9.7. **c** mirabar hoc si sic ~iret TER.*An.*175; non posse istaec sic ~ire CIC.*Att.* 14.1.1; *Fin.*5.7; non hoc tibi..sic ~ibit CATUL.14.16; tantum..scelus..inultum ~iit V.MAX.9.7.mil.Rom.2; si..sic illum amicum uocasti..hac~ierit SEN.*Ep.*3.1.

8 (of inanim. things) To go away, depart. **b** to fall away, sink; to go (below a surface). **c** (of stationary things) to disappear (among).
ea aqua omnis~eat in mare PL.*Truc.*564; quo aqua de uia ~iret CATO *orat.* 136; cunctane in aequoreos ~ierunt irrita uentos? OV.*Tr.*1.8.35; quonam ~it tegimen meum? SEN. *Her.F.*1151; (carduus) florem purpureum emittit..celeriter canescentem et ~euntem cum aura PLIN.*Nat.*20.262; retro noster..Achelous ~ibit STAT.*Theb.*7.553; (*in fig. phr.*) alioqui ~ibunt in uanum monentium uerba SEN.*Ep.*94.17; —(*of the setting sun*) sol ~it PL.*Mer.*873; (heliotropium) ~euntem solem intueri semper PLIN.*Nat.*2.109. **b** quando ~iit rete pessum, adducit lineam PL.*Truc.* 36; neue..terra.. ~eat per inane profundum LUCR.1.1108; in inmensas cineres ~iere cauernas LUC.5.135; florem uespera mergi..totumque ~ire in altum PLIN.*Nat.*13.109;—(*fig.*) luxuria atque inopia praeceps ~ierat SAL.*Cat.*25.4; incipis..primo lapsus ~ire gradu PROP.1.13.8;—sensus ~it..alte LUCR.4.949; cornus.. stomacho..infixa sub altum pectus ~it VERG.*A.*9.700; introrsus dolor femineus ~eat SEN.*Her.O.*1675; V.FL.6.654; num totum ~iit in corpora ferrum? STAT.*Theb.*11.631. **c** terra ~it in nimbos imbremque LUCIL.1308; in nubes ~iere Ceraunia LUC.2.626; ~eunt..in nubila montes SIL.3. 493.

9 To extend away (from).
Arabia..qua in altum ~it MELA 1.61; (scopulus) qui montibus altis summus ~it V.FL.4.203.

10 (w. *in*+acc.) To pass into, spread through, mingle with; (of wine) to go (to the head).
in radices uires oleae~ibunt CATO *Agr.*61.1; nec penetrare et ~ire in corpus corpore toto LUCR.4.1111; in aëra sucus corporis omnis ~it OV.*Met.*3.398; non omnis populus..in.. feras discerptus ~it LUC.7.842;—uinus mihi in cerebrum ~iit PETR.41.12.

11 To change or be transformed into, become; to degenerate into, disappear into. **b** to end in, merge with. **c** (of possessions) to be changed (into), be expended (on).
turma terima, (*E in U* ~iit) VAR.*L.*5.91; ~eunt..illuc omnia unde orta sunt CIC.*Sen.*80; in uillos ~eunt uestes OV. *Met.*1.236; siue ~eunt studia in mores [OV.]*Ep.Sapph.*83; adeone..ad omnem patientiam saeculi mos ~iit? SEN.*Con.* 2.7.8; omnia..quae ceteris uidentur mala..in bonum ~ibunt SEN.*Ep.*71.5; maior in unam orbis ~it Asiam LUC. 9.417; cum succus omnis in corpus ~eat PLIN.*Nat.*15.10;— praemia sunt pietatis ubi?..in uanas ~iere uices *Culex* 226; id (oppidum) deleuit quod nunc in uillam ~iit PLIN.*Nat.*3. 70; in cineres ~iere ruinae SIL.14.315. **b** promunturium ..~it in paene insulae faciem MELA 1.89;—(*of the rainbow*) ultima in tenebras ~it SEN.*Oed.*320. **c** in quos..sumptus ~eunt fructus praediorum? CIC.*Att.*11.2.2.

12 To disappear by decaying, coming to an end, ceasing to exist, etc.; also, to be reduced, fall back.
in conmissura ~ibit P III, rel. erit P XLVI CATO *Agr.*135.4; nausea iamne plane~iit? CIC.*Att.*14.10.2; de loco..iam~iit pestilentia *Fam.*14.1.3; quamquam..sensus ~ierit *Tusc.* 1.109; sucos herbasque dedi quis liuor ~iret TIB.1.6.13; adulescentes..quorum uetustate memoria ~iit LIV.2.4.2; timor sibi cuique futurae inopiae~iit 2.52.1; ~isse illam uim uigoremque 23.45.3; et color et Theseus et uox ~iere puellae OV.*Ars* 1.551; ~iit corpusque colorque *Ep.*3.141; temeraria crescunt bella, modusque ~it *Met.*11.14; non sic ~ibunt odia SEN.*Her.F.*27; necessitas ~it TAC.*Hist.*4.47;—ad nihil moles~it SEN.*Her.O.*1760; ut reditus agrorum sic etiam pretium~iit PLIN.*Ep.*3.19.7.

13 (of time) To pass, go by, end. **b** to be a thing of the past; *~iturus*, ephemeral.
CONSVLIS TEMPVS ~IT IAM *CIL* 1.2185; dum haec dicit~iit hora TER.*Eu.*341; praesens quod fuerat malum in diem~iit *Ph.*781; ~iit huius tempus querelae CIC.*Cael.*74; ~iit ille annus *Sest.*71; hic dies hoc modo~iit D.BRUT.*Fam.*11.13.1; sed moraris, ~it dies CATUL.61.90; dum mula ligatur, tota ~it hora HOR.*S.*1.5.14; tot iam ~iere dies PROP.2.16.33; nullum uobis tempus ~ibit iners OV.*Ars* 3.60; ~iit iam et transuectum est tempus TAC.*Hist.*2.76. **b** illa mea, quae solebas antea laudare, 'o hominem facilem! o hospitem non grauem!' ~ierunt CIC.*Fam.*9.20.1; iam stropha talis ~it MART.11.7.4;—quod et pauca nobis et incerta et ~itura contingant SEN.*Ep.*74.11.

14 To give up, cease to perform (a task, course of action, etc.); to leave (a topic). **b** to resign or retire (from an office).
(*w.* ab) ad uirtutem ut redeatis, ~eatis ab ignauia NAEV. *com.*92; ab opere..te ~ire iussi PL.*Vid.*71; si iubeatur a domino seruus~ire a societate POMPON.*dig.*17.2.18; (*impers.*) ~iri a tota emptione potest 18.1.6.2; (*w. abl.*) ne societate ~eatur ULP.*dig.*17.2.14; (*w.* ex) quasi..ex hoc matrimonio ~ierim PL.*Mil.*1165;—sed ~eo a sensibus CIC.*Luc.*91; six iuuat ~ire a Publicola V.MAX.4.1.2. **b** (*w.* ex) QVEI EORVM EX EO MAG(ISTRATV) INPERIOVE ~IERIT *CIL* 1.583.9; —(*w. abl.*) DICTATVRA ~IIT *Fast.Cos.Cap.*16a (*CIL* 1.p.22); ~ire magistratu LIV.5.9.6; C.Claudius flamen Dialis..flamonio ~iit 26.23.8; V.MAX.1.1.4; dum accusator consulatu ~iret TAC.*Ann.*4.19; SUET.*Aug.*26.3;—(*at the end of one's term*) frequentia quacum..~iens consulatu sum domum reductus CIC.*Att.*1.16.5; consulatu ~iit LIV.2.52.6; 29.15.10.

15 To go off, launch (into a course of action, etc.). **b** to lapse (into a condition).
~it in somnum grauis LUCR.3.1066; in aui mores atque instituta regem ~iturum LIV.1.32.2; non in aliam partem ~ibis? SEN.*Ben.*2.10.3; ~isti in tantam miser esuritionem MART.1.99.9. **b** ne in ora hominum pro ludibrio ~iret LIV.2.36.3; res in iocos ~iit SEN.*Con.*4.pr.10; illa..duo genera testamentorum in desuetudinem~ierunt GAIUS *Inst.* 2.103.

16 To pass, be transferred (from a person's control). **b** (of an action) to pass (from its original condition or method).
eatenus~eunt a fabris PL.*Mos.*131; si res~iret ab eo mancipe CIC.*Ver.*1.141; id quod ab ipsis ~isset pecuniae 2.55; si quidem in creditum ei ~iit (*sc.* merx mea) ULP.*dig.*14.4.5. 18; longe res ~ibit 42.1.15.7; ea, quae nobis ~ire possint POMPON.*dig.*50.17.205;—(*w.* ad) ad sanos ~eat tutela propinquos HOR.*S.*2.3.218. **b** in proelii concursu ~it res a consilio ad uires..pugnantium NEP.*Thr.*1.4; iam magna ex parte ad pedes pugna ~ierat LIV.21.46.6.

17 To go or turn aside, deviate; *praeceps ~ire*, to fall over. **b** (of things) to move away, depart (from a proper position); *in latus ~ire*, to heel over. **c** to deviate, depart (from legality, accuracy).
accede illuc, Parmeno (nimium istoc ~isti) TER.*Ad.*169; quo diuersus ~is? VERG.*A.*5.166; spretis..Sancti promissis ..Mogontiacum ..eunt TAC.*Hist.*4.62;—praeceps Fabius in uolnus ~iit LIV.2.46.4. **b** si male arabit, radices susum ~ibunt CATO *Agr.*61.1; omnis in uile hoc caput~eat procella SEN.*Thy.*997; tecta..quasi emota sedibus suis nunc huc, nunc illuc ~ire aut referri uidebantur PLIN.*Ep.*6.16.15;— si inclinata sunt et ~ierunt in latus (nauigia) SEN.*Nat.*6.6.2. **c** de suis bonis ita dat ut ab iure non ~eat CIC.*Ver.*1.114; ab initio bellorum ciuilium, unde primum ueritas retro ~iit SEN.*hist.*1; ~itum ab iure pristinae obligationis AFRIC.*dig.* 39.6.24.

18 To digress or wander (from a subject), leave off. **b** (w. *ad, in*) to digress or turn (to). **c** *longe ~ire*, to go far afield (e.g. for examples).
sed ~eo a mimis CIC.*de Orat.*2.259; ~eamus a fabulis *Div.* 2.22;—(*w.* unde) illuc unde ~ii redeo HOR.*S.*1.1.108;—(*w. abl.*) ne..incepto longius ~ierim TAC.*Ann.*6.22;—(*absol.*) longius ~ii, libens tamen PLIN.*Ep.*4.22.7. **b** quid ad istas ineptias ~is? CIC.*S.Rosc.*47; in illas cogitationes ~ii SEN. *Con.*7.3.1;—(*of a speech*) ~it enim causa in laudes Cn. Pompei QUINT.*Inst.*9.2.55. **c** ut ne longius ~eam CIC. *Caec.*95; *Fam.*7.19; audi, ne longe~eam, moriens quid dicat Epicurus*Fin.*2.96; (*cf.*)quid attinet in Pontum~ire? PLIN. *Nat.*16.138; ne in infinitum ~eamus 17.243.

abequitō ~āre ~āuī, *intr.* [AB-+EQVITO] To ride away.
ut praetores inter tumultum pauidi ~auerint Syracusas LIV.24.31.10.

aberceo: var. ABARCEO.

aberrātiō ~ōnis, *f.* [ABERRO+-TIO] Diversion, relief.
siue hanc ~onem a dolore delegerim quae maxime liberalis sit CIC.*Att.*12.38a.1(3); aliam ~onem a molestiis nullam habemus *Fam.*15.18.1.

aberrō ~āre ~āuī ~ātum, *intr.* [AB-+ERRO¹]
1 To wander away, stray, get lost. **b** (of a ship) to leave its formation; (of a stream) to overflow (to); (of a garment) to be displaced; (of the feet) to overstep.
puer ~auit inter homines a patre PL.*Men.*31; quidam ~arunt decepti clamoribus LIV.31.37.2; tauro, qui a pecore ~asset 41.13.2; puer in balneo paulo ante ~auit PETR.97.2; si qua (apis) lassata defecit aut forte ~auit PLIN.*Nat.*11.54; EQVA..ABERAVIT *CIL* 4.3864. **b** si quas ~antis ex agmine naues posset (adoriri) LIV.37.13.1; torrens..abluit uillas.. tandem in maiora (tecta) uiolentus ~at SEN.*Nat.*3.27.7; ~ante tunica super genua PETR.67.13; ne uestigia quidem pedum extra mensuram ~antia 126.2.

2 To wander from one's subject, digress. **b** (of discourse); also, to digress (to).
animus ~at a sententia suspensus curis maioribus CIC. *Phil.*7.1; a proposito..~amus *Fin.*5.83; ad Othonem redeo, a quo longius ~aui SEN.*Con.*2.1.36;—(*absol.*) quare non.. si ab agro..ad agricolam peruenero, ~aro VAR.*L.*5.13; ne saepius dicas me ~are CIC.*Fin.*5.90. **b** ne..ab eo quod propositum est longius ~et oratio CIC.*Caec.*55; sed redeat, unde ~auit oratio *Tusc.*5.66;—(*w.* ad) etiamsi ~are ad alia coeperit, ad haec reuocetur oratio *Off.*1.135.

3 To stray from one's purpose, go wide of the mark.
ab eo, quo profecti sunt, ~arunt *Rhet.Her.*4.15; utrisque.. partim consiliis, partim studiis a communi utilitate ~antibus CIC.*Lig.*19.

4 To depart from or differ from (a standard, model, etc.); to vary. **b** to disagree (with).
naturae, a qua qui ~auisset CIC.*Luc.*140; Pylades in comoedia, Bathyllus in tragoedia multum a se ~ant SEN. *Con.*3.pr.10; a qua (*sc.* similitudine) rogo ut artificem..ne in melius quidem sinas ~are PLIN.*Ep.*4.28.3;—adeo in diuersum ~at SEN.*Ep.*120.21. **b** a quo..homine..non ~at oratio tua CIC.*de Orat.*2.152; attendite num ~et a coniectura suspicio periculi mei *Phil.*12.23; non multum ab Erilli leuitate ~abimus *Fin.*4.40.

5 To go wrong, make a mistake, be wrong. **b** to do wrong; to be unfaithful.
uereor ne nihil coniectura ~em CIC.*Att.*14.22.1; quam (*sc.* naturam) si sequemur ducem, numquam~abimus *Off.*1.100; hiems numquam ~auit, aestas suo tempore incaluit SEN. *Nat.*3.16.3; nec longe ~auit suspicio mea PETR.54.5. **b** timor, qui si quando paululum ~auit, statim spe impunitatis exultat CIC.*Hort.*fr.72;—maritum ~antem SEN.*Ben.*5.22.4.

6 To get away from, get rid of. **b** to get one's mind off (grief, etc.).
~are a fortuna tua non potes SEN.*Cl.*1.8.2; si a se ~arent *Ep.*104.8. **b** scribendo dies totos nihil equidem leuor sed tamen~o CIC.*Att.*12.38.1;—(*cf.*) nullo..alio modo a miseria quasi~are possum 12.44.4.

abferō ~rre: wrong form of AVFERO. (CIC. *Orat.*158.)

abfluō ~ere: form of AFLVO.

abfugiō ~ere: wrong form of AVFVGIO. (CIC. *Orat.*158.)

abgregō ~āre, *tr.* [AB-+GREX+O[3]] (See quot.)
~are est a grege ducere PAUL.*Fest.*p.23M.

abhibeō ~ēre, *tr.* [AB-+HABEO] ?To hold at a distance.
mille modis, Amor, ignorandust, procul ~endust (*MSS.* adh-) atque apstandust PL.*Trin.*265.

abhinc, *adv.* [AB-+HINC]

1 Back from the present, ago.
hoc factumst ferme ~ biennium PL.*Bac.*388; quasi ~ ducentos annos fuerim mortuos *Truc.*341; memini ~ mensis decem fere ad me..confugere anhelantem TER.*Hec.*822; quaestor..fuisti ~ annos quattuordecim CIC.*Ver.*1.34; *Phil.* 2.119; scriptor ~ annos centum qui decidit HOR.*Ep.*2.1.36; —(*followed by* cum *cl.*) ~ annos factum est sedecim quom conspicatust PL.*Cas.*39; ~ ferme triennium est cum..tuli APUL.*Apol.*55;—(*w. ordinal number*) dies ~ quintus an sextus est cum me..insimulare..coepere 1;—(*w. abl. of time*) qui ~ sexaginta annis occisus foret PL.*Mos.*494; quo tempore? ~ annis xv CIC.*Q.Rosc.*37; GEL.1.10.2; (*w. ordinal number*) centesimo usque ~ saeculo 14.1.20.

2 From now on, henceforth.
se..ad ludos iam inde ~ exerceant PAC.*trag.*12; APUL.*Fl.* 16 (*see* 3).

3 From this place, hence.
aufer ~ lacrimas, balatro LUCR.3.955;—(*note*) uti per omnis prouincias eat (liber) totoque ~ orbe totoque ~ tempore laudis benefacti tui..repraesentet APUL.*Fl.*16.

abhorreō ~ēre ~uī, *intr.* (*tr.*). [AB-+HORREO] CONST.: usu. w. *ab*; also w. abl. (5), dat. (5), acc. (1); w. *inter se* (5); also absol. Note: this word is commonly used in litotes in all senses.

1 To shrink back from, recoil from, shun. **b** (w. neg., in litotes) to be attracted (to).
ab Atticis ~eo PL.*Mer.*837; de Drusi hortis, quamuis ab iis ~eas ut scribis CIC.*Att.*12.38a.2(4); quoniam..retro.. uulgus ~et ab hac (ratione) LUCR.1.945; uxore ab Octauia.. ~ebat TAC.*Ann.*13.12; (*absol.*) omnes aspernabantur, omnes ~ebant, omnes ut aliquam immanem..bestiam..fugiebant CIC.*Clu.*41;—(*transf.*) quid..te opsecro, tam ~et hilaritudo? PL.*Cist.*54; a quo mea longissime ratio uoluntasque ~ebat CIC.*Ver.*2.10; ut non solum animus a factis sed aures quoque a commemoratione ~eant CIC.fil.*Fam.*16.21.2;—(*w. acc.*) hanc domum ~eo TITIN.*com.*40; pumilos atque distortos.. ~ebat SUET.*Aug.*83. **b** neque ~ebat a Berenice iuuenilis animus TAC.*Hist.*2.2;—(*absol.*) delphini amantis et pueri non ~entis..lusus GEL.6(7).8.4.

2 To be averse to or opposed to, have no taste for (a course of action, etc.). **b** (in litotes).
ut homini adulescentulo..~enti ab re uxoria, filiam ut darem TER.*An.*829; qui..a negotiis animi quodam iudicio ~erent CIC.*de Orat.*3.59; mitem hominem et a caede ~entem *Sest.*132; *Att.*14.13.5; ipsos duces a pace ~uisse CAES.*Civ.* 1.85.3; NEP.*Milt.*3.5; ab nocturno utique ~ens certamine LIV.22.18.1; TAC.*Hist.*3.65;—(*of the mind, opinions, etc.*) omnino ~ere animum huic uideo a nuptiis TER.*Hec.*714; CIC.*Att.*2.6.1; sententiae ~ebant a caede LIV.4.6.7; (*cf.*) animo illos ~uisse semper ab optimo ciuitatis statu CIC. *Phil.*7.4. **b** homo..ab iuris studio non ~ens CIC.*de Orat.* 1.179; *Fam.*13.22.1; animo..non ~ente a quietis consiliis LIV.30.30.9; non ~ens a litteris GEL.13.20(19).3;—(*w. abl.*) neque ipse ~ebat talibus studiis TAC.*Ann.*1.54; 14.21.

3 (of persons, character) To be incompatible with, 'be above'. **b** (of things) to be quite incapable (of).
uti a tali culpa non uideatur ~uisse (animus eius) CIC.*Inv.* 2.32; huius Staieni persona..ab nulla turpi suspicione ~ebat *Clu.*78; longe ab ista suspicione ~ere debet *Cael.*10; ab suspicione..parum ~ens LIV.4.44.11; natura eius a crimine ~ebat TAC.*Ann.*13.47; nec ~ebat moribus uxor Tullia FLOR.*Epit.*1.1(1.7.3). **b** Punicum ~ens ab Latinorum nominum locutione os LIV.22.13.6.

4 To be uncongenial or repugnant (to), jar (on).
orationis..genus habent..~ens ab auribus uulgi CIC.*de Orat.*3.66; consilio haud ~ente ab ingeniis hominum eos adgrediuntur LIV.9.30.7; inconditum et ~ens peregrinis auribus carmen CURT.6.2.5; paria..a similibus non ~ent APUL.*Pl.*2.22;—(*w. abl.*) quid potissimum ~eret asino *Met.* 10.16;—(*absol.*) sin plane ~ebit et erit absurdus CIC.*de Orat.* 2.85; carmen..~ens et inconditum LIV.27.37.13; falsa quidem, sed non ~ens neque inconcinna..significatio GEL. 7(6).12.4.

5 To be completely out of accordance, be at variance (with). **b** (of actions, etc.) to be inconceivable (of a person), 'be beneath'.
illa..~ere ab usu oratorio CIC.*Inv.*1.77; a meis consiliis ratio tua non ~et *Att.*1.20.2; non ~et a mea suspicione eius oratio 11.17a.2; nostram aetatem a castris..~ere 14.19.1; ~ebat ab fide quemquam externum Ciminios saltus intraturum LIV.9.36.6; spem ab effectu haud ~entem 29.6.8; neque a ratione ~et etiam penicillo potissimum uti expresso CELS.6.6.1.L; etiam horum possessio non ~et a cura boni rustici COL.8.8.1; materiae ~enti a ueritate TAC.*Dial.*35.4; (*of characters*) qui..ita..a fide non ~eant QUINT.*Inst.*9.2.30; —(*w.* inter se) orationes..P. Scipionis et Ti. Gracchi ~ent inter se LIV.38.56.5;—(*w. abl.*) neque ~et uero TAC.*Hist.* 5.24;—(*w. dat.*) huic tam pacatae profectioni ab urbe regis Etrusci ~ens mos LIV.2.14.1;—(*absol.*) bellus ille..Suffenus unus..fossor rursus uidetur: tantum ~et ac mutat CATUL. 22.11. **b** ut hoc tantum ab eo facinus non ~ere uideatur CIC.*Clu.*167; id quod ~et a meis moribus *Catil.*1.20; qui terror..a Fabio ~et LIV.10.3.7; (*cf.*) nullum..consilium iniri posse quod a tuo scelere ~eat CIC.*Catil.*1.18.

6 To be different from, be unlike. **b** to deviate (from a standard).
quod..genus ab hoc quod proposuimus ~et CIC.*Brut.*31; tanta temeritas ut non procul ~eat ab insania *S.Rosc.*68; quaedam ⟨a⟩ concreto sanguine non ~entia CELS.7.27.1; (uehiculum) haud sane a uilioribus..~ens CURT.3.1.14; quae..adiecta fuerint, non multum ab his ~ebunt QUINT. *Inst.*5.12.1;—(*absol.*) per eosdem Gallos, haud sane multum lingua moribusque ~entes LIV.21.32.10; PLIN.*Nat.*37.113. **b** ut..in dicendo..uitium..sit a uulgari genere orationis.. ~ere CIC.*de Orat.*1.12; inlusio a praeceptis Caesaris non ~ens 3.202; si quis est qui..putet..~et..ab huius saeculi licentia *Cael.*48.

abhorridus ~a ~um, *a.* [AB-+HORRIDVS] (app.) Rough, unsightly.
nihil habent in se (*sc.* hi rami) ~um aut triste SEN.*Ep.* 86.19.

abiciō ~cere ~ēcī ~ectum, *tr.* [AB-+IACIO]

1 a To throw away from one, hurl; to push away. **b** to throw or drop down; to sow (seed).
a monet ut tragulam cum epistola ad ammentum deligata intra munitionem castrorum ~ciat CAES.*Gal.*5.48.5; leuiter digitis imbelle solutis ~ecit iaculum STAT.*Theb.*8.585;— repulsoque et ~ecto alueo APUL.*Met.*9.27;—(*poet.*) ut primum tenebris ~ectis indalbabat ENN.*Ann.*212. **b** demam hanc coronam atque ~ciam ad laeuam manum PL.*Men.* 555; in sepulcrum eius (*sc.* combusti) ~ecta gleba non est VAR.*L.*5.23; elephas milite ~ecto..se recepit *B.Afr.*84.4; omnibus sarcinis ~ectis aqua modo se..onerare SAL.*Jug.* 91.2; ~ecto ex equo frumento LIV. 9.13.10; eos (*sc.* seruos).. in uiuarium..~ci iubebat SEN.*Cl.*1.18.2; in imum scrobem.. glaream..~cere COL.*Arb.*17.2; hanc (laruam) cum super mensam semel iterumque ~ecisset PETR.34.9; Liuiae.. gallinam..sedenti aquila ex alto ~ecit in gremium PLIN. *Nat.*15.136; (*refl., of a suicide*) e muro se in mare ~ecisse CIC. *Tusc.*1.84;—~ecta..semina in limo degressi amnis PLIN. *Nat.*18.169.

2 To hurl to the ground, throw down; (pregn.) to slay. **b** to raze to the ground. **c** to make prostrate in form.
qua (*sc.* statua) ~ecta basim..manere uoluerunt CIC.*Ver.* 2.160; inpelluntur feriuntur ~ciuntur cadunt (Lacaenae uirgines) *Tusc.*2.36; in eum locum conpulso murmillone et ~ecto V.MAX.1.7.8; luctator ter ~ectus perdidit palmam, non tradidit SEN.*Ben.*5.3.1; (*w.* ad) ciuem Romanum..ad tribunal ante pedes tuos ad terram uirgis et uerberibus ~ectum CIC.*Ver.*5.140;—haec (dextra) uastificam ~ecit beluam *Tusc.*2.22. **b** uictoriae decus modo ~ectae urbis ruinis infundi V.MAX.1.5.1. **c** quom ceteras animantes ~ecisset ad pastum solum hominem erexit CIC.*Leg.*1.26; (*cf.*) sic te ipse ~cies atque prosternes *Parad.*14.

3 (refl.) To throw oneself (on the ground), fall down. **b** (w. *ad pedes* and sim.) to throw oneself at the feet of.
ut se ~ceret in herba CIC.*de Orat.*1.28; qui doloris speciem ferre non possunt ~ciunt se *Tusc.*2.54; de industria se ~ecit terramque..osculatus est V.MAX.7.3.2; (*w.* humi) ~ciunt se humi refrigerationem quaerentes PLIN.*Nat.*21.75; (*w.* corpus *as obj.*) laceratis..crinibus humi corpus ~ecit CURT. 10.5.19. **b** uxor illius..ad istius pedes ~ecit sese *Rhet. Her.*4.65; cum..se ad lenonis impudicissimi pedes ~ecissent CIC.*Red.Sen.*12; *Att.*4.2.4;—(*w.* supplex) ego me plurimis pro te supplicem ~eci *Mil.*100; supplex te ad pedes ~ciebas *Phil.*2.86; (*cf.*) ut ~cere se tam suppliciter..cogeretur V.MAX.8.1.absol.6;—(*pass.*) querelae, preces, socer ad pedes ~ectus CIC.*Sest.*74; supplicem..~ectum non tam ad pedes quam ad mores sensusque uestros *Cael.*79.

4 To vanquish, discomfit, overthrow. **b** to reduce to despair, cow, depress.
agrariae legi, quae tota a me reprehensa et ~ecta est CIC. *Sul.*65; si uinci dignitas non potest, fracti certe et ~ecti *Fam.* 4.7.2; quanta..contentione Titium intercessorem ~ecerim 10.12.4; non adeo cecidi, quamuis ~us, ut infra te quoque sim OV.*Tr.*5.8.1; ~ecerat inimicum, eundem..erexit V.MAX. 8.1.absol.7; commilitonem..in loco peregrino destituit ~ectum PETR.80.8. **b** debilitatus atque ~ectus conscientia repente conticuit CIC.*Catil.*3.10; exanimata uxor et ~ecta metu filia 4.3; neque..ulli magis ~ciunt animos, quam qui inprobe tollunt SEN.*Ben.*3.28.6.

5 To debase, degrade. **b** to understate, undervalue, belittle.
dignitatem..ordinis contemptam et ~ectam CIC.*Ver.*3.95; ille annus..senatus auctoritatem ~ecit *Att.*1.18.3; qui pudor frangit animum et ~cit QUINT.*Inst.*1.3.16;—(*w.* in+*acc.*) qui suas omnes cogitationes ~ecerunt in rem tam humilem (*sc.* uoluptatem) CIC.*Amic.*32. **b** augendis..rebus et contra ~ciendis CIC.*Orat.*127; tu labores tuos..fractos esse et ~ectos et repudiatos putas? *Planc.*9; hoc tu quam lubet ~ce eleuaque CATUL.24.9.

6 To throw away as useless or unwanted, discard. **b** *arma ~cere*, to throw away or lay down one's arms, stop fighting; also, to give up the struggle. **c** to cease to wear, take off.
haec et alia Scipio non neglegenter ~ecerat ut..Verres auferre posset CIC.*Ver.*2.87; anulum..in mari ~ecerat *Fin.* 5.92; statuas aeneas..sua pecunia complet easque in propatulo domi ~cit NEP.*Han.*9.3; singula..capitum..contempta..passim spargit humi atque ~cit *Mor.*96; HOR.*S.* 1.3.131; errat et ~ecta Cerberus ipse sera PROP.4.7.90; pilis..~ectis temere magis quam emissis LIV.2.46.3; 23.9.13; OV.*Fast.*6.702; quae passim uelut ~ecta et quodam aceruo confusa sunt COL.3.21.2; STAT.*Theb.*2.479; (*w.* de) insigne regium, quod ille de suo capite ~ecerat CIC.*Sest.*58. **b** arma plerique ~ciunt QUAD.*hist.*22; si armis aut condicione positis aut defetigatione ~ectis aut uictoria detractis ciuitas respirauerit CIC.*Fam.*6.2.2; hostes ~ectis armis terga uerterunt CAES.*Gal.*4.37.4; 5.37.1; LIV.4.29.4; TAC.*Hist.*4.2; —(*cf.*) ut non modo non ~ecto, sed ne reiecto quidem scuto fugere uidear CIC.*de Orat.*2.294; LIV.28.3.11;—tu arma ~cienda censes ut seruiamus? CIC.*Phil.*8.12; OV.*Pont.*2.2. 77;—(*fig.*) iacet, diffidit, ~ecit hastas CIC.*Mur.*45;—(*poet.*) immoti iacent tranquilla pelagi, uentus ~ecit minas SEN. *Tro.*200. **c** cum toga praetexta, quam omnes praetores aedilesque tum ~ecerant CIC.*Red.Sen.*12; insignibus ~ectis, ueste mutata *Planc.*98; ~ectis peruigilat tunicis CATUL.88.2; ~ectis, uix quae portauerat, armis nudus STAT.*Theb.*9.46.

7 To leave (a corpse) unburied, abandon; to expose (a child, etc.).
cruentum cadauer eiecisti domo, tu in publicum ~ecisti CIC.*Mil.*33; responde..ubi cadauer ~eceris TAC.*Ann.*1.22; —uernulas..omine infausto editos..~ciunt SEN.*Con.*10.4. 16; partus ~ecti in publicum TAC.*Ann.*15.47; (*cf.*) hominem tantum nudum et in nuda humo natali die ~cit (natura) ad uagitus statim PLIN.*Nat.*7.2.

8 To throw away, sell too cheaply, waste, sacrifice. **b** to do or express carelessly or perfunctorily.
nusquam..me scio uidisse umquam ~ectas aedis nisi modo hasce PL.*Mos.*906; pecuniam..dum uolt in praedio ponere, non posuit, sed ~ecit CIC.*Tul.*15; multo citius meam salutem pro te ~ecero *Planc.*79; omnes fortunae ~ciendae *Rab.Post.* 26; inpensa ~ecta VITR.10.pr.2; agros ~ciet moecha ut ornatum gerat PHAED.4.5.42; qui beneficium..superbe ~ecit SEN. *Ben.*1.1.7;—(*w.* in+*acc.*) si pecuniam in fraudem ~ecisset AFRIC.*dig.*38.5.10;—(*w.* aliquo) quae (*sc.* psaltria)..aliquo ~ciundast, si non pretio at gratiis TER.*Ad.*744. **b** (officium) aut propter perfidiam ~cere aut propter infirmitatem animi deponere CIC.*S.Rosc.*10; sensus meos..quos nec exornassem nec ~ecissem SEN.*Ep.*75.2.

9 To give up, abandon, drop, rid oneself of (attitudes, emotions, intentions, practices, etc.). **b** to give up hope of. **c** *uitam*, or *animam*, *~cere*, to die. **d** to set aside, disregard (advice, laws, etc.); to decline (an offer).
~cio superbiam PL.*Mer.*851; nuptias ~eci TURP.*com.*164; deposita atque ~ecta petitione CIC.*Mur.*48; ~ecta quaestoria persona comitisque sumpta *Planc.*100; omnem se amorem ~ecisse illim atque in hanc transfudisse *Phil.*2.77; ut omnem..beneficiorum memoriam ~ecerint 8.32; dolorem.. quem..iam ~eceram *Att.*11.21.1; te ~ecisse illam aedificationem *Fam.*13.1.3; sapere est ~ectis utile nugis HOR.*Ep.* 2.2.141; spe ~ecta Saticulae tuendae LIV.9.21.6; ~ectis belli consiliis 28.34.3; abiecerat alter timorem V.MAX.8.11.2; qui curam referendae gratiae ~ecit SEN.*Ben.*7.14.6; TAC. *Ann.*16.11. **b** (Pompeium) Aegyptum..cogitare, iam Hispaniam ~ecisse CIC.*Att.*9.11.4; domum Sullanam desperabam..sed tamen non ~eci *Fam.*9.15.5. **c** nusquam facilius hanc miserrimam uitam uel sustentabo uel..~ecero CIC.*Att.*3.19.1; aut aliquis in uicinia animam ~ciet PETR.74.2. **d** ~cio legem CIC.*Clu.*149; noli me putare ἐγκελεύσματα illa tua ~ecisse *Att.*6.1.8;—licere uenditor imeliorem condicionem oblatam ~cere ULP.*dig.*18.2.9.

abiectē, *adv.* *compar.* ~ius. [ABIECTVS+-E] **a** In a spiritless manner, unworthily. **b** in humble circumstances. **c** negligently.
a nec ~e nec sine aliqua dignitate casum illum temporum et dolorem tuli CIC.*Phil.*3.28; in dolore maxume est prouidendum, ne quid ~e, ne quid timide..faciamus *Tusc.*2.55. **b** quo sordidius et ~ius nati sunt..eo clariora..exempla sunt TAC.*Dial.*8.3. **c** grammatici..reprehendunt (Vergilium) quasi incuriose et ~e uerbum positum in his uersibus GEL.2.6.1.

abiectiō ~ōnis, *f.* [ABICIO+-TIO] Dejection.
debilitatio atque ~o animi tui Macedonia praetoria nuntiata CIC.*Pis.*88.

abiectus ~a ~um, *a.* *compar.* ~ior, *superl.* ~issimus. [pple. of ABICIO]

1 Dejected, downcast.
~um afflictum exanimum expectorant ACC.*trag.*595; matremne ut miseram..uideam et ~am? GRACCH.*orat.*58; uidit quam ~us, quam confectus esset CIC.*Phil.*13.17; (*w.* animi) cum..multo sibi maestiores et ~iores animi uisos referrent LIV.9.6.11;—(*of the mind*) plura scribere non possum; ita sum animo perculso et ~o CIC.*Att.*3.2.1; LIV. 25.37.7;—(*transf.*) aliud metus, demissum et haesitans et ~um CIC.*de Orat.*3.218; gemitus..~us *Tusc.*2.87.

2 a Humble, undistinguished. **b** inconsiderable, unimportant. **c** (of speakers, language, etc.) unelevated, commonplace, mean.
a uestram familiam ~am et obscuram e tenebris in lucem euocauit CIC.*Deiot.*30; nullus..tam ~ae condicionis tamque extremae sortis fuit SUET.*Cal.*35.3. **b** non quo..causam pecuniae publicae contemptam atque ~am putarent CIC. *Clu.*94; sed eam (*sc.* inimicorum multitudinem)..esse turpem iudico et infirmam et ~am *Catil.*4.20; pecora..neque pauca neque ~i pretii APUL.*Apol.*93. **c** uerbis non.. quidem ornatis utebatur sed tamen non ~is CIC.*Brut.*227; comicorum senarii propter similitudinem sermonis sic saepe sunt ~i *Orat.*184; Menestrati cuiusdam, declamatoris non ~i suis temporibus SEN.*Suas.*1.13; QUINT.*Inst.*2.12.7; nihil humile, nihil ~um eloqui poterat TAC.*Dial.*36.1.

3 a Sordid, mean, despicable, base. **b** grovelling, subservient.
a si quid..fuit in isto studio admirationis, id..totum est contemptum et ~um CIC.*Mur.*25; quem hominem..Romae contemptum, ~um uidebamus *Agr.*2.93; quid ~ius tarditate et stultitia dici potest? *Leg.*1.51; nihil ~um, nihil humile cogitant *Fin.*5.57; omnibus scortis ~iorem et obsceniorem uitam V.MAX.3.5.4; parua illa, quae ~issimus quisque animus utilia credit QUINT.*Inst.*11.1.13. **b** quis umquam apparitor tam humilis, tam ~us? CIC.*Phil.*2.82; neque summissum et ~um neque se ecferentem *Off.*1.124; ut est, cum timet, ~issimus PLIN.*Ep.*1.5.8.

abiegnus ~a ~um, *a.* Also **-gne-** or **-gni-**, **-gine-**. [next; term. app. after SALIGNVS] Of, or made of, silver fir, deal. **b** (poet., prob. as a typical wood).
utinam ne..securibus caesa accidisset ~a ad terram trabes ENN.*scen.*247; num ista aut populna sors aut ~ast tua? PL.*Cas.*384; hastili ~o LIV.21.8.10; uerba..~is scripta tabellis OV.*Ars* 3.469; populnea uel ~a scobe COL.12.44.4. β ASSERIBVS ~IEIS *CIL* 1.698.2.1; OPERCVLA ~EA 1.698.2.3; ~ei (asseres) VITR.7.3.1. γ TRABICVLAS ~EAS II *CIL* 1.698.

1.19. **b** caerula uerrentes ~is aequora palmis (*i.e. oars*) CATUL.64.7; quis equo pulsas ~o nosceret arces? PROP.3.1.25; induit ~ae cornua falsa bouis 3.19.12; 4.1.42.

abies ~etis, *f.* [dub.] PROS.: i consonantal in oblique cases in dactylic verse.

1 The silver fir, (prob.) *abies pectinata.* **b** (w. *supernas*, 'upper', or *infernas*, 'lower', according to where it has been grown; cf. *mare superum, inferum*).
~es consternitur alta ENN.*Ann.*189; casus ~es uisura marinos VERG.*G.*2.68; ut in arboribus teretibus, ~ete, cupresso, pinu VITR.5.1.3; lucus..proceris ~etis arboribus saeptus LIV.24.3.4; enodis..~es OV.*Met.*10.94; JUV.3.255.

2 The wood of the silver fir.
ENN.*scen.*91; equum..aedificant, sectaque intexunt ~ete costas VERG.*A.*2.16; pictas ~ete puppis 5.663; ~etem in fabricandas naues LIV.28.45.18.

3 A species of sea-weed.
PLIN.*Nat.*13.137.

4 An article made of fir-wood: **a** a pair of writing tablets. **b** a ship or 'bark'. **c** an oar. **d** a spear or javelin. **e** a protective case for a papyrus roll.
a opsignatam ~etem PL.*Per.*248; nec '~etem' pro tabellis (recipiet prosa) QUINT.*Inst.*8.6.20. **b** labitur uncta uadis ~es VERG.*A.*8.91. **c** pulsumque marmor ~ete imposita gemit PETR.89,1.34. **d** cuius apertum aduersi longa transuerberat ~ete pectus VERG.*A.*11.667; STAT.*Theb.*9.552. **e** haec ~es chartis tempora longa dabit MART.14.84.2.

abietārius ~a ~um, *a.* [ABIES+-ARIVS] Of or concerned with timber; (masc. as sb.) a timber merchant.
~a negotia dicebantur, quam materi⟨ari⟩am nunc dicimus PAUL.*Fest.*p.27M;—C ROIVS C L EROS ~VS *CIL* 6.9104.

abiga ~ae, *f.* [ABIGO]=CHAMAEPITYS.
Chamaepitys Latine ~a uocatur propter abortus PLIN.*Nat.*24.29.

abigeātus ~ūs, *m.* [next+-ATVS[1]] Cattle-stealing.
~us..furtum magis est MACER *dig.*47.14.2.

abigeus ~ī, *m.* [next+-EVS] A cattle-stealer.
oues pro numero abactarum aut furem aut ~um faciunt CALL.*dig.*47.14.3; ULP.*dig.*47.14.1.

abigō ~igere ~ēgī ~actum, *tr.* [AB-+AGO]

1 To drive away (cattle, etc.). **b** to drive off, take away, steal (cattle, booty, etc.).
greges ouium longe ~iguntur ex Apulia in Samnium aestiuatum VAR.*R.*2.1.16; 2.5.11; 2.10.11;—(*poet.*) medio iam noctis ~actae curriculo VERG.*A.*8.407; STAT.*Theb.*1.231. **b** greges equarum eius istum ~igendos curasse CIC.*Ver.*1.28; praedae ~actae hominum pecorumque LIV.4.21.1; naues inde longae ~actae 8.14.8; siluis occultat ~actas (boues) OV.*Met.*2.686; citius me tigris ~actis fetibus orbatique uelint audire leones STAT.*Silv.*2.1.8.

2 To move further away, cut back; *~actus* (of eyes), deep-set. **b** (spec., of a lodestone) to repel.
longe lateque diffusum (mare) ~igit uaste cedentia litora MELA 1.6; omni procul ~acto frutice PLIN.*Nat.*16.3; uelut ~acto amne TAC.*Hist.*5.19;—sedet intus ~actis ferrea lux oculis STAT.*Theb.*1.104. **b** ferrum ad se trahente magnete lapide et alio rursus ~igente a sese PLIN.*Nat.*20.2.

3 To drive or send away, frighten away. **b** to spurn, reject (from an association). **c** to drive or ward off (dangers).
bacillum propter me (*sc.* mortuum), quo ~igam (feras), ponitote CIC.*Tusc.*1.104; nempe ~igeris (*sc. a fly*) quom uenis PHAED.4.24(25).16; uolucris (*sc. the Harpies*) ut sensit ~actas STAT.*Theb.*8.256;—(*w. place whence expr.*) ~igam.. illunc aduenientem ab aedibus PL.*Am.*150; stabulis mater ~acta suis PROP.3.15.30; se ut consceleratos..ab ludis.. ~actos esse LIV.2.37.9; o uir conloquio non ~igende deum OV.*Fast.*3.344; aquila inde (auem) ictu ~igente alae PLIN.*Nat.*10.9;—(*poet.*) Otia uestibulo..sedent ~iguntque truces a culmine uentos STAT.*Theb.*10.92;—(*w. destination expr.*) ~igam hunc rus TER.*Ad.*401; pecus siluis ~egit imber STAT.*Theb.*3.47. **b** turpe putas ~igi, quia sit miserandus, amicum OV.*Pont.*2.3.37; socium..benignos adfatus et ~acta prius solacia passum STAT.*Theb.*8.245; Agrippinam..~egisse post diuortium doluit SUET.*Tib.*7.3. **c** pestem ~ige a me ENN.*scen.*29; mater insidias et hinc et rursus illinc ~iget SEN.*Phoen.*496.

4 To deter (from an activity). **b** to seduce from allegiance. **c** to remove from office.
~acta nulla Veia conscientia..humum exhauriebat HOR.*Epod.*5.29; nec Boreae finitimum latus durataeque solo niues mercatorem ~igunt *Carm.*3.24.40; nec deformitas corporis talem ~igere poterit adpetitum APUL.*Pl.*2.22. **b** impia lotos, impia, quae socios Ithaci maerentis ~egit *Culex* 125. **c** ~acti magistratus dicebantur, qui coacti deposuerant imperium PAUL.*Fest.*p.23M.

5 To remove, dispel, relieve (conditions). **b** to keep away, safeguard against. **c** *~igere partum*, to cause an abortion.
~ige aps te lassitudinem PL.*Mer.*113; (uinum) quod curas ~igat HOR.*Ep.*1.15.19; hodie famem a labris non ~igeret PETR.46.8; (uinum ex myrto) inueteratum..fastidium ~igit PLIN.*Nat.*23.161; nec serus ~egit uesper (lacrimas) STAT.*Theb.*12.44. **b** si illa (*sc.* concupita) ad turpissimos defert, ab optimis ~igit (deus) SEN.*Dial.*1.5.2; has (*sc.* formicas) ~igunt rubrica..perunctis caudicibus PLIN.*Nat.*17.266; pestem a milio..scio ~igi herba 18.160; uenenatorum morsus ~igit (inula) 20.38. **c** quod..partum sibi ipsa medicamentis ~egisset CIC.*Clu.*32; fluuialis aqua..partum ~igit COL.6.22.2; ULP.*dig.*48.8.8.

abinde, *adv.* [AB-+INDE] From that source, thence; (in quot., as the correlative of *hinc*).
(h)inc abindee (*sic*) collexi paucum aes *P.Mich.*471.12.

abitiō ~ōnis, *f.* [ABEO+-TIO] A going away, departing.
quid..hinc ~o? quidue in nauem inscensio? PL.*Rud.*503; propter eam haec turba atque ~o euenit TER.*Hau.*190; (*euphem.*) ~onem antiqui dicebant mortem PAUL.*Fest.*p.23M.

ābitō ~ere, *intr.* **ābaetō** [AB-+BITO] To go away.
ne ~as PL.*Epid.*304; ne quo ~at *Rud.*777. **β** nequis aduentor grauior ~at (*MSS.* abeat) quam adueniat *Truc.*96.

abitus ~ūs, *m.* [ABEO+-TVS[3]]

1 A going away, departure.
plus aegri ex ~u uiri, quam ex aduentu uoluptatis cepi PL.*Am.*641; sumptum sibi..leuatum esse harunc ~u TER.*Hau.*746; post ~um..huius importunissimae pestis CIC.*Ver.*3.125; cum iam..~um..pararet VERG.*A.*8.214; concedebant liberos ~us APUL.*Met.*7.8;—(*of migrant birds*) hirundinum ~us PLIN.*Nat.*18.311; (*fig.*) libertas bellum concordia, cetera quorum aduentu manet incolumis natura ~uque LUCR.1.457; 1.677.

2 (concr.) A way out, exit.
omnem..~um custode coronant VERG.*A.*9.380; difficili effugio, quia circumiecta uehicula saepserant ~us TAC.*Ann.*14.37.

abiūdicō ~āre ~āuī ~ātum, *tr.* [AB-+IVDICO]

1 To take away by a judicial verdict.
numquam..~abit ab suo triobolum PL.*Rud.*1039; ~ata a me modo est Palaestra 1283; nulla res tam patria cuiusquam..fuit quae non ab eo imperio istius ~aretur CIC.*Ver.*13; Ardeatium populum ob iniuriam agri ~ati descisse LIV.4.1.4; TAC.*Ann.*14.18; ULP.*dig.*30.1.50.2;—(*transf.*) opinione populi Romani rationem ueritatis, integritatis..ab hoc ordine ~ari CIC.*Ver.*1.4; *Caec.*99; (*facet.*) apud Orcum te uidebo. nam..me iam..a uita ~abo PL.*As.*607.

2 To reject.
hunc (locum) iudico esse dicendum; ubi plus mali quam boni reperio, id totum ~o atque eicio CIC.*de Orat.*2.102.

abiugō ~āre, *tr.* [AB-+IVGO[1]] To separate.
quae res te ab stabulis ~at? PAC.*trag.*222.

abiungō ~gere ~xī ~ctum, *tr.* [AB-+IVNGO]

1 To separate, detach. **b** to unyoke.
~cto Labieno atque..legionibus..uehementer timebat CAES.*Gal.*7.56.2; ~ctae..comae mea fata sorores lugebant CATUL.66.51;—(*w. dat.*) haec domus Egeriae Nemoralem ~gere Phoeben..possit STAT.*Silv.*1.3.76;—(*in fig. phr.*) teque tibi credet semperque..~get thalamis MAN.5.242. **b** it tristis arator maerentem ~gens fraterna morte iuuencum VERG.*G.*3.518; ~ctos..equos PROP.2.18b.10.

2 To detach (from an activity).
se ab hoc refractariolo iudiciali dicendi genere ~xerat CIC.*Att.*2.1.3; per quod iuuenum mentes ~gas ab aliis.. meretricibus [QUINT.]*Decl.*14.6.

3 To make by splitting or rending.
~ctis regemunt tabulata cauernis STAT.*Theb.*5.389.

abiurgō ~āre ~ātum, *tr.* [AB-+IVRGO] (app.) To take away in settlement of a quarrel.
(arma Achillis) quae ira Mineruae ei ~ata sunt ab Agamemnone et Menelao HYG.*Fab.*107.2.

abiūrō ~āre ~āuī ~ātum, *tr.* [AB-+IURO]

1 To deny knowledge (of) falsely on oath.
qui..in iure ~ant pecuniam PL.*Rud.*14; fidem prodiderat, creditum ~auerat SAL.*Cat.*25.4; ~atae..rapinae VERG.*A.*8.263;—(*absol.*) PL.*Per.*487; QVEIVE IN IVRE ~AVERIT *CIL* 1.593.113; (*facet.*) Tulliola..tuum munusculum flagitat et me ut sponsorem appellat; mi autem ~are certius est quam dependere CIC.*Att.*1.8.3.

2 To repudiate (an obligation or duty).
quam ferale putemus ~asse sacrum STAT.*Theb.*6.151; (*ellipt.*, *w. dat.*) animus humanus emeritis stipendiis uitae corpori suo ~ans APUL.*Soc.*15.

ablacuō: var. ABLAQVEO.

ablaqueātiō ~ōnis, *f.* [next+-TIO] The act or process of loosening the soil at the roots of a tree.
exaltare..orbem ~onis COL.4.4.2; (murra) satiua..gaudet rastris atque ~onibus PLIN.*Nat.*12.66.

ablaqueō ~āre ~āuī ~ātum, *tr.* Also **-cuo.** [AB-+LAQVEO] To loosen and weed the soil at the roots of (trees).
si ibi olea erit, simul ~ato stercusque addito CATO *Agr.*29; ubi uites ~antur 114.1; COL.*Arb.*10.4; quae ~antur celeriora neglectis PLIN.*Nat.*16.116; (*absol.*) circum oleas autumnitate ~ato et stercus addito CATO *Agr.*5.8. **β** circum uites ~ari VAR.*R.*1.29.1.

ablātiuus ~a ~um, *a.* [AVFERO+-IVVS] (gram.) Ablative; (masc. as sb.) the ablative case.
ostendit (Lucilius) 'mille' et uocabulum esse..et casum etiam capere ~um GEL.1.16.13; cum dico 'hasta percussi', non utor ~i natura QUINT.*Inst.*1.4.26; accusatiui geminatione facta amphibolia soluitur ~o 7.9.10.

ablēgātiō ~ōnis, *f.* [ABLEGO+-TIO] A sending away, dispatch on a duty.
~one iuuentutis ad Veliternum bellum LIV.6.39.7; (*iron.*) pudenda Agrippae ~o PLIN.*Nat.*7.149.

ablegmina *n. pl.* (See quot.)
~ partes extorum, quae dis immolabant PAUL.*Fest.*p.21M.

ablēgō ~āre ~āuī ~ātum, *tr.* [AB-+LEGO[1]]

1 To send away on a mission.
hinc adulescentem peregre ~auit pater PL.*Cas.*62; hunc subcustodem suom foras ~auit *Mil.*869; aliquo mihist hinc ~andus TER.*Hec.*414; causam sese dimisso atque ~ato consilio defensurum negauit CIC.*Ver.*2.73; eam (*sc.* plebem) procul urbe haberi atque ~ari, ne domi per otium..consilia agitet LIV.4.58.12; remotam in perpetuum et ~atam ab urbe et ab re publica iuuentutem 5.2.4; (eum) ab Romanis extra Italiam in exsilium uerius quam in militiam ~ari 27.9.3; per hanc causam Thracibus ~atis 44.44.8; nisi rus.. diu ~atus est in longinquos agros APUL.*Apol.*44;—(*w. sup.*) (comitiis) indictis sub tempus pueros uenatum ~auit LIV.1.35.2.

2 To send away, banish, get rid of. **b** to remove or delete (a word).
et pecus ab prato ~andum et omne iumentum, etiam hominem VAR.*R.*1.47; ~arent..procul ab Syracusis (stirpem regiam) LIV.24.26.9; in longinqua pascua (equum) marem placet ~ari COL.6.27.8; illa..Idalias procul ~asse uolucres fertur STAT.*Theb.*5.63; ~ato equo..primam in aciem procurrit FLOR.*Epit.*2.13(4.2.82); nec te fastidia mercis ullius subeant ~andae Tiberim ultra JUV.14.202; ~ari eum ob seditionis periculum SUET.*Cal.*9; (*fig.*) praecepta quae affectus nostros uelut edicto coercent et ~ant SEN.*Ep.*94.47. **b** unum uerbum de oratione ~a FRO.*Aur.*1.p.188(78N).

abligūr(r)iō ~īre ~īuī or ~ iī, *tr.* [AB-+LIGVRRIO]

1 To eat up (dainties).
iucundiora eligens~ibam dulcia APUL.*Met.*10.14; (*obsc.*) uis tu..magister, quotiens haesitantem aliquem uides, ~ire? SUET.*Gram.*23(p.118Re).

2 To waste, squander.
cum alterius ~ias bona ENN.*Sat.*17; patria qui ~ierat bona TER.*Eu.*235; patrimonium omne iam pridem ~iuit APUL.*Apol.*59.

ablocō ~āre ~āuī ~ātum, *tr.* [AB-+LOCO] To place a contract for (work); to let (a house).
ea quae ad epulum pertinerent..macellaris ~ata SUET.*Jul.*26.2;—ut..domum in reliquam partem anni ~aret *Vit.*7.2.

ablūdō ~ere, *intr.* [AB-+LVDO] To differ from, fall short of.
haec a te non multum ~it imago HOR.*S.*2.3.320; nostrum mediocre ingenium quantum ab illo eximiae eloquentiae uiro ~at (*cj.*) FRO.*Amic.*2.p.100(184N).

abluō ~uere ~uī ~ūtum, *tr.* [AB-+LVO]

1 To wash off, out, or away. **b** to wash away, dispel (affections).
lymphis flauis fuluum ut puluerem manibus..~uam PAC.*trag.*245; laetum sociis ~uta caede remisit (amnis) VERG.*A.*9.818; ora artusque pingunt..isdem..notis et sic ut ~ui nequeant MELA 2.10; culpant ~ui usu (*sc. vegetable dyes*) PLIN.*Nat.*22.4; inarescere eum (*sc.* sanguinem) oportet lenteque ~ui 32.35; quibus (*sc.* lacrimis) ~uendis cubiculo egrediens TAC.*Ann.*11.2; sudorem porro et puluerem ~uere non lauare; sed maculam elegantius eluere quam ~uere FRO.*Aur.*1.p.8(64N);—(*of water*) puluinos..quos inrigationes et pluuiae tempestates ~unt VAR.*R.*1.35.1; deuolutus torrens altissimis montibus..~uit uillas SEN.*Nat.*3.27.7;—(*in var. fig. uses*) quantum (sceleris) non ultima Tethys.. ~uit CATUL.88.6; facile et spoliatur lumine terra et repletur item nigrasque sibi ~uit umbras LUCR.4.378; ~ue praeteriti periuria temporis OV.*Fast.*5.681; maculam ueteris industriae laudabili otio ~uerat PLIN.*Ep.*3.7.3. **b** omnis eius modi perturbatio animi placatione ~uatur CIC.*Tusc.*4.60; sic.. tibi anhela sitis de corpore nostro ~uitur LUCR.4.876.

2 To wash clean, cleanse, bathe, flush. **b** (poet., of water) to bathe, refresh, flow past.
perfricant (oua)..muria..eaque ~uta condunt in furfures VAR.*R.*3.9.12; donec me flumine uiuo ~uero VERG.*A.*2.720; nostros ~uere hic artus lassataque membra OV.*Met.*6.353; etiam carnifices cenaturi manus ~unt SEN.*Con.*9.2.3; aqua frigida nares diutius ~uere LARG.8; uehiculum et uestes et.. numen ipsum secreto lacu ~uitur TAC.*Ger.*40.5; ad utilitatem cloacarum ~uendarum FRON.*Aq.*111;—(*w. abl. of matter removed*) tabo..medullas ~uit LUC.6.669. **b** fluitantibus undis Solis anhelantes ~uit amnis equos TIB.2.5.60; fumantia..~uit ora OV.*Met.*2.324; (harundines) quas ipse Cephisus ~uisset PLIN.*Nat.*16.172.

abluuiō ~ōnis, *f.* [ABLVO+-IO[1]] Erosion.
qui (*sc.* riuus) si alicuius terras minutatim ex alia parte abstrahat et alii contrario relinquat, quod uocant ~onem et alluuion⟨e⟩m SIC.FL.*agrim.*p.114.

abluuium ~iī, *n.* [ABLVO+-IVM] Flooding of rivers, inundation.
LABER.*com.*151; quod..apud illum..harenae, lapides et limum ~io inuectum remanserit AGEN.*agrim.*p.42.

abmātertera ~ae, *f.* [AB-+MATERTERA] A great-great-great-aunt.
GAIUS *dig.*38.10.3; PAUL.*dig.*38.10.10.17.

abnatō ~āre, *intr.* [AB-+NATO] To swim away.
(Thetis) excepta freto longe..~at STAT.*Ach.*1.383.

abnegō ~āre ~āuī ~ātum, *tr.* [AB-+NEGO]
FORM: *amn-* *CIL* 6.14672.9.

1 a (w. inf.) To refuse, decline (to). **b** to refuse to give, deny; (w. pred. acc.) to reject (as).
a medicas adhibere manus ad uulnera pastor ~at VERG. *G*.3.456; ~at excisa uitam producere Troia *A*.2.637;—(*absol.*) 2.654. **b** rex tibi coniugium et quaesitas sanguine dotes ~at VERG.*A*.7.424;—te Spes et..rara Fides colit.. nec comitem ~at HOR.*Carm*.1.35.22; ME POS MVLTAS INIVRIAS PARENTEM SIBI ~AVERIT *CIL* 6.14672.9.

2 To deny that one has received or possesses. **b** to withhold (what is due).
non..depositum committet ei, qui iam pluribus ~auit SEN.*Ben*.4.26.3; dummodo..teneam quos ~o nummos JUV. 13.94; nec..conuenit bonae fidei ~are id quod quis accepit ULP.*dig*.16.3.11. **b** ~atam ei pecuniae partem QUINT. *Inst*.11.2.11;—(*poet.*) tellus..renatum fonte nouo flumen pelagi non ~at undis LUC.3.263.

abnepōs ~ōtis, *m.* [AB-+NEPOS] A great-great-grandson; an indefinitely distant descendant.
SEN.*Apoc*.10.4; quippe et Silanus diui Augusti ~os erat TAC.*Ann*.13.1; SUET.*Tib*.3.2; quarto gradu (cognationis) sunt..infra ~os abneptis GAIUS *dig*.38.10.1.6;—natis longior ~otibusque STAT.*Silv*.4.3.148; IMPERATORI CAESARI..DIVI TRAIANI PARTHICI ~OTI (*addressed to Commodus*) *A.Epig*. 36.37.

abneptis ~is, *f.* [AB-+NEPTIS] A great-great-granddaughter.
Messalinam Tauri..~em SUET.*Nero* 35.1; GAIUS *dig*.38. 10.1.6; *CIL* 8.1648.

Abnoba ~bae, *f.* **Abnoua.**

1 A mountain range in S. Germany, the Black Forest. **b** *Diana ~ba*, a German goddess identified with Diana.
ortus hic (*sc.* Hister) in Germania iugis montis ~uae PLIN. *Nat*.4.79; edito montis ~bae iugo TAC.*Ger*.1.3. **b** DIANAE ~BAE *CIL* 13.5334; 13.6283.

2 = *Diana ~ba* (see above).
CIL 13.6357; ~BAE SACRVM 13.11746.

abnoctō ~āre, *intr.* [AB-+NOX+-O³] To spend the night away from home or away from Rome.
alius (*sc.* poeta) adulterum illum induxit et ~antem SEN. *Dial*.7.26.6; ius ~andi (tribunis) ademptum GEL.13.12.9.

abnormis ~is ~e, *a.* [AB-+NORMA+-IS] Belonging to no school of philosophy.
quae praecepit Ofellus rusticus, ~is sapiens crassaque Minerua HOR.*S*.2.2.3.

Abnoua ~ae: see ABNOBA.

abnueō ~ēre: Old form of ABNVO.
certare ~eo: metuo legionibus labem ENN.*Ann*.279; ~ebunt *scen*.329.

abnumerō ~āre, *tr.* [AB-+NVMERO] To count up, total.
quasi 'abaestumo', quod significaret 'totum aestumo' tamquam '~o' GEL.15.3.4.

abnuō ~ere ~ī, *tr., intr.* [AB-+NVO] FORMS ~*uiturus* (fut. pple.) SAL.*Hist*.1.50; see also ABNVEO.

1 To move the head (or eyes) upwards or away in token of refusal, 'shake one's head' 'say no'. **b** (w. acc. and inf.) to forbid (the occurrence of an event).
'ubi cenamus?' inquam. atque illi ~ont PL.*Capt*.481; quid si de uostro quippiam orem? ~ont *Truc*.6; cum adnuimus et ~imus, motus quidam ille uel capitis uel oculorum a natura rei quam significat non abhorret NIGID.*gram*.23. **b** (*of Jupiter*) ~eram bello Italiam concurrere Teucris VERG. *A*.10.8.

2 To refuse to do something, decline: **a** (absol.). **b** (w. acc.) to refuse to undertake or perform (a duty, task, etc.); to decline (battle), to refuse to commit (a crime). **c** (w. inf.). **d** (w. *quin*).
a quid habeo quod faciam..nisi ut eam fortunam quaecumque erit tua ducam meam? non~o, non recuso CIC.*Mil*. 100; huius..redimendi et Epicydae cura erat ingens, nec~it Marcellus LIV.25.23.9; 42.17.8; Marcum Silanum accusare iussus et, quia~erat, interfectus est TAC.*Ag*.4.1; adsciuit uel ~entis interfici iussit *Hist*.2.8; *Ann*.11.12. **b** milites fessos..et iam ~entis omnia SAL.*Jug*.68.3; labores, quos nequiquam ~itis *Hist*.2.47.14; participem praedae fore exercitum cum militiam non ~isset LIV.4.53.10; et ipse quidem Sisimithres deditionem non ~ebat CURT.8.2.28; scio quosdam..prudentis agricolas pecoris ~isse curam COL.6.pr.1; egregium quemque..~ere id munus TAC.*Ann*.6. 27;—(*w. gdve.*) quamquam suscipiendum bellum~isset 2.78; —cum..~ere certamen uererentur LIV.7.10.1; 27.4.1; 28. 21.4; si proelium mallet, ne id quidem~ere TAC.*Hist*.4.75; —nihil ~entem, dum dominationis apisceretur *Ann*.6.45. **c** haud ~entibus et illis bibere LIV.8.18.9; nec ~ebant.. melioribus parere 22.13.11; profugo quin agmina iungere Phrixo ~it V.FL.1.521; STAT.*Ach*.1.917; aliis redire in castra ~entibus TAC.*Hist*.4.35. **d** non~ere se quin cuncta infelicis domus mala patefierent TAC.*Ann*.13.14.

3 To reject, refuse (an offer or sim.). **b** to reject the use of, disapprove, spurn; to disown (children).
ille probare partim, alia ~ere SAL.*Jug*.83.3; quis talia demens ~at VERG.*A*.4.108; cum mandata plebis patribus exposuissent, alii decemuiri..haud quicquam ~ere LIV.3. 54.2; nullius alterius consilio quam Scipionis accipiendam ~endamue pacem esse 30.23.4; nec ~endum, si dat imperium deus, nec appetendum est SEN.*Thy*.471;—(*ellipt.*) ut merito..inuitatus ad cenam ~eres LIV.40.13.6;—(*an omen*) nec maximus omen ~it Aeneas VERG.*A*.5.531. **b** Bruti quoque haud ~it cognomen LIV.1.56.8; ~ente Saserna genus id ruris COL.3.3.2; qui modo linguam Romanam ~ebant TAC.*Ag*.21.2;—(*a person as a companion*) mene..~is inceptis comitem? SIL.3.110;—abdico (*sc.* natos) eiuro ~o SEN.*Med*. 508.

4 To deny (an assertion, allegation, etc.). **b** (spec.) to deny (one's guilt), repudiate responsibility for (a crime, etc.). **c** (w. acc. and inf.); also, to signify denial (by a gesture); *non ~ere*, not to deny, to admit. **d** (w. refl. pron. and fut. inf.).
cum..intellegas quid quisque concedat, quid ~at CIC.*Fin*. 2.3; arte quadam nec ~endi tale quicquam nec palam adfirmandi LIV.26.19.8. **b** ut ex euentu rerum aduersa ~eret uel prospera agnosceret TAC.*Hist*.3.52; minus expediat adgnoscere crimen quam ~ere *Ann*.6.8; neque culpam ~ere ausus est VER.*Fro*.1.p.296(116N); (*absol.*) Lucanus Quintianusque et Senecio diu ~ere TAC.*Ann*.15.56. **c** nemo tam audax umquam fuit, quin..~eret a se commissum esse facinus CIC.*Leg*.1.40; has pacis leges ~ente Alcone accepturos Saguntinos LIV.21.12.6; Scipione ~ente..sibi ullum cum Poeno odium esse 28.18.3; qui se uictos ~ebant TAC.*Hist*.2. 66; (*absol.*) ~it Ampycides OV.*Met*.12.524; si me interroges concupiscamne bonam ualetudinem, ~am FRO.*Aur*.2.p.60 (143N);—(*w. indir. qu., in anacoluthon*) aspexeritne matrem exanimem Nero..sunt qui tradiderint, sunt qui ~ant TAC. *Ann*.14.9;—manu..~it quicquam opis in se esse LIV.36.34. 6;—(*of inanim. subj.*) quod sciniditur..aeternam sibi naturam ~it esse LUCR.3.641;—equidem haud ~erim Clusium Gallos..adductos LIV.5.33.4; ne Romani quidem ~unt magna sua cum clade fuisse pugnaturos 42.55.3; COL.2.8.2; QUINT.*Inst*.5.8.3; facultate..eloquentiam contineri, nec tu puto ~es et hi significare uultu uidentur TAC.*Dial*.33.3; (*impers. pass.*) nec ~itur ita fuisse, si ad iudices alios itum foret LIV.3.72.7. **d** id..quidam ~entes iuraturos se obtruncati..sunt LIV.10.38.11; ~ere furoris eorum se futuros socios 28.24.12; 30.20.6.

5 To refuse to grant or provide. **b** (intr., w. *de*).
cum conloquium haud ~isset LIV.30.29.8; quod palam ~erat, inter secreta conuiuii largitur TAC.*Hist*.2.57; Dolabellae petenti~it triumphalia Tiberius *Ann*.4.26; ut ueniam culpae non ~at JUV.6.540; (*of inanim. subj.*) ~ente natura utriusque boni largitionem V.MAX.9.12.ext.10;—(*w. dat.*) nihil..umquam~it meo studio uoluntas tua CIC.*Fat*.3; regi pacem..neque~ere neque polliceri SAL.*Jug*.47.4. **b** neque illi senatus..de ullo negotio ~ere audebat SAL.*Jug*. 84.3; de societate haud ~unt barbari LIV.10.10.8.

6 To refuse to accept or submit to (authority, orders, etc.), repudiate, reject.
sic plebs~at dilectum LIV.3.38.10; qui imperium auspiciumque~istis 28.27.4; 31.40.2; neque prouinciae illum rerum statum ~ebant TAC.*Ann*.1.2; Seleucensibus dominationem eius ~entibus 11.8; ~eratque contra ritum militiae iussa ducis 14.37.

7 (of inanim. subj.) Not to admit of, make impossible, rule out, forbid.
quod spes ~it [TIB.]3.7.25; quando impetus et subita belli locus ~eret TAC.*Hist*.5.13; (*ellipt.*) Arabica..hoc (*sc.* ebur) uideretur, nisi ~eret duritia PLIN.*Nat*.37.145;—(*w. inf.*) descendere fauces ~erant siccae..alimenta SIL.14.600.

8 (intr., w. abl.) To desist (from an enterprise).
Thebanis conatibus ~entes APUL.*Met*.4.13; Venus terrenis remediis inquisitionis ~ens 6.6.

abnūtiuus ~a ~um. [prec.+-IVVS] Negative.
qui spondet 'dolum malum abesse afuturumque esse', non simplex~um spondet, sed curaturum se, ut dolus malus absit PAUL.*dig*.45.1.83.

abnūto ~āre, *intr.* [AB-+NVTO] To shake the head; to express disapproval thus, forbid.
(*w. dat.*) quid mi ~as? — tibi ego ~o? PL.*Capt*.611;—(*w. acc. and inf.*) quidnam est obsecro quod te adiri ~as? ENN. *scen*.352.

aboleō ~ēre ēuī ~itum, *tr.* [perh. cf. ADOLEO] FORM: ~*uerit* (= ~*euerit*) *CIL* 6. 10407 c.

1 To destroy, efface, obliterate. **b** (spec.) to kill; (pass.) to die.
nec uiscera quisquam aut undis ~ere potest aut uincere flamma VERG.*G*.3.560; ~ere nefandi cuncta uiri monimenta iuuat *A*.4.497; ingens..corpus (arcus)..celeriter~etur SEN. *Nat*.1.4.2; totam officinam artificis eius ~itam PLIN.*Nat*. 36.195; corpus non igni~itum, ut Romanus mos TAC.*Ann*. 16.6; ~iti finis querella AGEN.*agrim*.p.28; (*cf.*) scilicet illo igne..conscientiam generis humani~eri arbitrabantur TAC. *Ag*.2.2. **b** ferro..tuos ~ere nepotes STAT.*Theb*.3.270;— multi exstitere qui non nasci optimum censerent aut quam ocissime ~eri PLIN.*Nat*.7.4.

2 To banish, dispel (conditions, emotions, etc.); *~ere memoriam* (+gen.), to efface the memory (esp. of something disgraceful).
eadem pestis..cedrino liquore~etur COL.7.13.2; cum sint castrati libidinis ~endae causa 8.2.3; halitus oris (iris) commanducata ~et PLIN.*Nat*.21.142; coquitur, donec odor omnis ~eatur 28.143; Sinuessanae aquae sterilitatem feminarum et uirorum insaniam ~ere produntur 31.8; luctus~ere..uates..iubet STAT.*Theb*.6.221; hos~ere metus ..iubet *Ach*.1.135;—ut nos..~ere flagitii memoriam noua gloria patereris LIV.7.13.4; pristinae imaginis ~et memoriam (equa) COL.6.35.2; ceteri ~ete memoriam foedissimae noctis TAC.*Hist*.1.84.

3 To efface the memory of, banish from the mind. **b** to efface or wipe out (disgrace, etc.).
ille (*sc.* Cupido)..paulatim ~ere Sychaeum incipit VERG. *A*.1.720; ~et..domos, conubia, natos STAT.*Theb*.8.384; incipit..datis ~ere Menoecea regnis 11.660; de ~endo dolore iraque et priorum temporum necessitatibus TAC.*Hist*.4.44. **b** da, pater, hoc nostris ~eri dedecus armis VERG.*A*.11.789; quo maturius ignominia ~eretur LIV.10.4.4; auet Aegates ~ere, parentum dedecus SIL.1.61; ~ere labem prioris ignominiae TAC.*Hist*.3.24; ~endae..infamiae *Ann*.1.3.

4 To put an end to (institutions, laws, etc.), abolish, suppress, rescind; to prohibit, ban. **b** (usu. in pass.) to allow (a practice, charge, etc.) to lapse, drop; *~ere reum*, to abandon the prosecution of a person.
temptationem..eam fore~endi sibi magistratus LIV.3.38. 7;~endam societatem Romanam 8.27.5; uti..omnem disciplinam sacrificandi praeterquam more Romano ~erent 39. 16.8; testamentum..Caesaris ~endum VELL.2.58.2; Titus praua certamina communi utilitate ~euerat TAC.*Hist*.2.5; carnificem et laqueum pridem ~ita *Ann*.14.48; Druidarum religionem..~euit SUET.*Cl*.25.5; decretum Vespasianus ~euit *Gal*.23.1;—libellos epistulasque studio erga se..insignis ~et TAC.*Hist*.2.48; imaginibus suis noscuntur, quas ne uictor quidem ~euit *Ann*.4.35; 11.35; PLIN.*Ep*.7.19.6. **b** nec iam in secreto modo..~ebantur Romani ritus LIV. 25.1.7; ~ita saeculis nomina per successores nouos fulgent SEN.*Con*.2.1.17; Roma ipsa, cuius nomen alterum..optima ..et salutari fide ~itum enuntiauit Valerius Soranus PLIN. *Nat*.3.65;~itos paulatim patrios mores TAC.14.20; nonnulla ..ex antiquis caerimonis paulatim ~ita restituit SUET.*Aug*. 31.4;—Polyaenus causas ~itae accusationis exposuit PLIN. *Ep*.7.6.6; ULP.*dig*.38.2.14.2;—(*neut.pl. of pple. as sb.*) quin.. ~ita pro..recentibus puniret TAC.*Ann*.6.38;—quod de feriis et ~endis reis dicitur PAUL.*dig*.48.16.16; (*cf.*) si libelli inscriptionum legitime ordinati non fuerint, rei nomen ~etur 48.2.3.1.

abolescō ~escere ~ēuī, *intr.* [prec.+-sco]

1 To shrivel up, wilt.
eadem (*sc.* uitis)..nec imbribus putrescit, nec siccitatibus ~escit COL.3.2.4.

2 (of the memory of something) To be effaced; (of things) to be forgotten, pass away.
etsi omnis diuini humanique moris memoria ~euit LIV.8. 11.1; aliis omnibus cladis Caudinae nondum memoria ~euerat 9.36.1;—nec..tanti..~escet gratia facti VERG.*A*. 7.232; donec cum re nomen quoque uetustate ~euit LIV. 1.23.3.

3 (of a law) To cease to be observed, fall into disuse.
praetores postea hanc (*sc.* legem) ~escere et relinqui censuerunt LABEO *iur*.25.

abolitiō ~ōnis, *f.* [ABOLEO+-TIO]

1 The destruction, obliteration (of something).
indocilitas..quae non~onem infert scientiae APUL.*Pl*.2.4.

2 The cancellation, annulment (of a law, judgement, etc.). **b** the withdrawal (of a charge), dropping (of a prosecution).
neque ut ultra ~onem sententiae suaderet TAC.*Ann*.6.2; ut tributorum ~o expostularetur 13.50; ~onem eius (*sc.* legis)..postulante equite SUET.*Aug*.34.2. **b** petiit.. iudicii ~onem QUINT.*Decl*.249 (p.19,l.18); post ~onem idem crimen ab eodem in eundem instaurari non potest PAPIN.*dig*.23.16.4.1.

3 An amnesty.
tyrannum, qui sub pacto ~onis dominationem deposuerat QUINT.*Inst*.9.2.97; Ciceronis consiliis ~one decreta FLOR. *Epit*.2.17(4.7.4);—(*w. gen. of the crime*) Caesare occiso, cunctis..~onem facti decernentibus SUET.*Tib*.4.1;—(*w.* reorum) ex qua (causa) senatus censuit ~onem reorum fieri ULP.*dig*.48.16.12.

abolla ~ae, *f.* [dub.] A cloak. **b** (meton.) the wearer of a cloak.
(*as worn by soldiers*) toga tractata est et~a data est VAR. *Men*.223;—(*by philosophers*) cerea quem..tegit..~a MART. 4.53.5;—(*by persons of rank and fashion*) STRATVI IBI SIT.. II LODICES..ET~AE II ET TVNICA *CIL* 13.5708.1.7; nescit cui dederit Tyriam Crispinus~am MART.8.48.1; rapta properabat~a Pegasus JUV.4.76; fulgore purpureae ~ae SUET.*Cal*. 35.1. **b** transi gymnasia atque audi facinus maioris~ae JUV.3.115.

abōminandus ~a ~um, *a.* [gdve. of ABOMINOR]

1 Of evil omen, ill-omened.
increpans nomen ~um fluminis, 'iure Acheros uocaris' inquit LIV.8.24.11; Atrium Vmbrum..nominis etiam ~i ducem 28.28.4; ciues Romanos alia quam per portas egredi non licet, cum illud hostile et ~um sit POMPON.*dig*.1.8.11.

2 Detestable, odious, execrable.
~ae..necessitatis amarissimae leges V.MAX.7.6 intro.; ~um remedi genus est sanitatem debere morbo SEN.*Dial*. 3.12.6; liberatis obsidione ~oque exitu totis castris PLIN. *Nat*.22.7; cum in parentes ~a crimina spargentur QUINT. *Inst*.9.2.80;—(*neut. pl. as sb.*) si~a casus optanda efficit SEN. *Phaed*.1120.

abōminor ~ārī ~ātus, *tr.* Also **abōminō.** [AB-+OMINOR]

1 To (seek to) avert (an omen or eventuality) by prayer.
an exitum Cassi Maelique exspectem? bene facitis quod ~amini LIV.6.18.9; id prodigium ~antes arceri Romano agro (semimarem)..iusserunt 39.22.5; si mea mors redimenda tua, quod ~or, esset OV.*Pont*.3.1.105; CURT.7.4.12; incendia inter epulas nominata aquis sub mensam profusis ~amur PLIN.*Nat*.28.26;—(*absol.*) cum dixisset sepulcrum

dirutum proram spectare, ~atus. . ad Leptim adpulit classem LIV.30.25.12; 'accessisse ad finem mortalitatis', quanquam ~antibus qui audiebant. . pronuntiauit SUET.*Cl.*46.1;—(*pple. in pass. sense*) ~i semimares LIV.31.12.8; bubo, funebris et maxime ~us puplicis praecipue auspiciis, deserta incolit PLIN.*Nat.*10.34; parentibus. . ~us Hannibal HOR.*Epod.*16.8.

2 To loathe, abhor, detest. **b** (foll. by inf.).
non aspernatos modo sed ~atos etiam nomen tyranni LIV.32.38.5; arator ~etur, at contra pastor optet herbarum prouentum COL.6.pr.1; illa, quae in tantum ~atur, uitia PLIN.*Nat.*17.34; ut filios, uelut indices aetatis suae ~entur? (turpissimae feminae) QUINT.*Decl.*277 (*act.*) (p.132,l.5). **b** haec uniuersa habere. . ~abitur (sapiens) SEN.*Ben.*7.8.2; QVAE OB DESIDERIVM. . FILI SVI. . VIVERE ~AVIT *CIL* 9.2229.

Aborīginēs ~um, *m. pl.*

1 A race of pre-Roman inhabitants of Italy.
primo Italiam tenuisse quosdam, qui appellabantur ~es CATO *hist.*5; VAR.*L.*5.53; ut in agrum Rutulorum ~umue procederet (Romulus) CIC.*Rep.*2.5; SAL.*Cat.*6.1; LIV.1.2.2; ~is (*acc.*) COL.1.3.6; PLIN.*Nat.*3.56; Fauno ~um rege SUET. *Vit.*1.2; GEL.5.21.7.

2 The original founders (of a city).
Erythea dicta est, quoniam Tyri ~es earum orti ab Erythro mari ferebantur PLIN.*Nat.*4.120.

aborīgineus ~a ~um, *a.* [prec.+-EVS] Aboriginal.
Iane pater. . tibi uetus ara caluit ~o sacello SEPT.*poet.*23.5.

aborior ~īrī ~tus, *intr.* [AB-+ORIOR]

1 To pass away, disappear, be lost.
terrae, ubi omnia oriuntur †ui ~iuntur VAR.*L.*5.66; (*of the voice*) infringi linguam uocemque ~iri LUCR.3.155.

2 (of a foetus) to miscarry, be aborted. **b** (of a woman).
geminatur (coitus) propter facilitatem ~iendi PLIN.*Nat.* 8.205; nituntur, ut fetus quoque ipsi in corpore suo concepti ~iantur GEL.12.1.8. **b** uinum. . si praegnans biberit, fieri ut ~iatur VAR.in Non.p.71M.

aboriscor ~ī, *intr.* [ABORIOR+-SCO] To fade or pass away.
cur nequeat semper noua luna creari. . inque dies priuos ~i quaeque creata LUCR.5.733.

abortiō ~ōnis, *f.* [ABORIOR+-TIO] Procuring of miscarriage, abortion; a miscarriage.
ut ~oni operam daret puerumque ut enicaret PL.*Truc.* 201; qui pecuniam pro ~one dederit CIC.*Clu.*125; qui ~onis . . poculum dant PAUL.*dig.*48.19.38.5;—cum ~o quibusdam, non partus, uideretur mensis octaui intempestiuitas GEL. 3.16.21.

abortīuum ~ī, *n.* [next] An abortifacient.
ego nec ~a dico ac ne amatoria quidem PLIN.*Nat.*25.25; ~o non est opus JUV.6.368.

abortīuus ~a ~um, *a.* [ABORIOR+-IVVS]

1 Born prematurely. **b** addled.
male paruus si cui filius est, ut ~us fuit olim Sisyphus HOR. *S.*1.3.46. **b** pullus ~o nec cum putrescit in ouo MART.6.93.5.

2 Causing abortion, abortifacient. **b** preventing conception, contraceptive.
(maluas) ~as esse cum adipe anseris PLIN.*Nat.*20.226; 28.81. **b** sternuisse a coitu ~um (est) PLIN.*Nat.*7.42; ~um fieri in uenere (cedri sucum) ante perfusa uirilitate 24.18.

abortō ~āre, *intr.* [ABORTUS+-O³] (of a beast) To cast its young.
haram facere oportet. . ea altitudine abs terra, ne, dum exilire uelit praegnas, ~et VAR.*R.*2.4.14.

abortum ~ī, *n.* [ABORIOR] A miscarriage, abortion; also a dead foetus.
si. . ~um factum est ULP.*dig.*29.2.30.4;—abortum grauidae mulieris dicitur quod non sit tempestiue ortum PAUL.*Fest.*p.29M.

abortus ~ūs, *m.* [ABORIOR+-TVS³]

1 Premature delivery, miscarriage, abortion; *~um facere*, to have or to cause a miscarriage. **b** the procuring of abortion.
Tertullae nollem ~um CIC.*Att.*14.20.2; grauidae. . feminae . . ~u periclitantur CELS.2.1.14; si. . aut partu aut ~u equa laborauit COL.6.27.11; iidem. . pecorum fetus ~u uitiant PLIN.*Nat.*28.32; uidua ~u periit PLIN.*Ep.*4.11.6; (*cf.*) granum. . adflatu noxio cassum et inane in spica euanescit quodam ~u PLIN.*Nat.*18.150;—grauidae. . statim nausiant . . ac deinde ~um faciunt 32.8; PLIN.*Ep.*8.10.1; (*fig.*) audio et Stoicos et dialecticos. . ~us facere iam decem annis PLIN. *Nat.*28;—grauidis ~um facit (elaterium) 20.9; ouum corui . . transgressis ~um per os faciat 30.130. **b** Milesiam quandam. . pro ~u pecuniam accepisse QUINT.*Inst.*8.4.11.

2 A dead foetus. **b** (applied to other forms of arrested growth).
~us non exeuntes trahit (galbanum) PLIN.*Nat.*24.22; (leporis coagulum). . ~us mortuos expellit 28.248. **b** in ficis mirabiles sunt et ~us qui numquam maturescunt PLIN. *Nat.*16.95; (*trees*) arborum etiam ~us inuenimus 12.13; (*pearls*) (conchas) pauidas ac repente conpressas quae uocant physemata efficere. . hos esse concharum ~us 9.108; (*cf.*) fit in fauis. . qui uocatur clauus, amarae duritia cerae, cum fetum inde non eduxere. . hic est ~us apium 11.50.

3 Failure to fertilize.
liquitur extemplo et reuocatum cedit ~u (semen) LUCR. 4.1243.

abpatruus ~ī, *m.* [AB-+PATRVVS] A great-great-great-uncle.
~us abamita (id est abaui frater et soror) GAIUS *dig.*38. 10.3.

abrādō ~dere ~sī ~sum, *tr.* [AB-+RADO]

1 To remove by rubbing, rub or scrape off, wipe away. **b** to remove by erosion, wash away. **c** to scrape clean.
quae (radix) propius ~ditur COL.*Arb.*5.3;—(*w. abl.*) nec manibus quicquam teneris ~dere membris possunt LUCR. 4.1103; stultissimum existimare aut decidere stellas. . aut aliquid illis auferri et ~di SEN.*Nat.*1.1.9; leuiter. . decidentis ~sit lacrimas nitente plectro STAT.*Silv.*2.7.106. **b** Nilus. . nihil exedit nec ~dit SEN.*Nat.*4a.2.10; 6.22.3. **c** pendentia corpora carpsit ~sitque cruces LUC.6.545.

2 To shave or shave off.
supercilia illa penitus ~sa CIC.*Q.Rosc.*20; barba ~ditur (*MSS.* adr-) praeterquam in superiore labro PLIN.*Nat.*6.162.

3 To injure by scraping, scarify, abrade.
quaeque per ~sas utero demittere fauces (queunt) LUC. 6.115; ita genum mihi simul ~sum et ambustum est FRO. *Aur.*1.p.246(89N).

4 To take, 'knock off' (from a person or property).
(*w.* unde) aliis aliundest periclum unde aliquid ~di potest TER.*Ph.*333; (*w.* ab) uidet nihil se ab A. Caecina posse litium terrore ~dere CIC.*Caec.*19; (*w.* ex) tristem me facit uicinus impotens et aliquid ex meo ~dens SEN.*Ep.*88.11; (*w. abl.*) non laturi homines essent destringi aliquid et ~di bonis PLIN.*Pan.*37.2.

abripiō ~ipere ~ipui ~eptum, *tr.* [AB-+RAPIO]

1 To remove by force, drag or snatch away. **b** (pregn.) to remove (by death).
non potui ~eptum diuellere corpus VERG.*A.*4.600; (discum) ~eptum nullo conamine iecit in latus STAT.*Theb.* 6.659; centuriones. . impetu militum ~epti uinctique TAC. *Hist.*1.56; ~eptum crede hunc grauiore catena JUV.13.175; (*w. abst. subj.*) cum dispersos. . pauor fugientium ~iperet TAC.*Hist.*2.26;—(*w. place, etc., whence expr.*) e complexu parentum ~eptos filios CIC.*Ver.*1.7; ut inde (*sc.* domo) ~ipi neminem fas sit *Dom.*109; Cappadocem modo ~eptum de grege uenalium diceres *Red.Sen.*14; uirginem ingenuam. . ab complexu patris ~eptam LIV.3.57.3; ~ipitur miserae permissus Achilles STAT.*Ach.*1.939;—(*w. destination expr.*) ~ipite hunc intro actutum inter manus PL.*Mos.*385; hanc iam oportet in cruciatum hinc ~ipi TER.*An.*786; ad quaestionem ipse ~eptus est CIC.*Clu.*89; inde multa milia hominum in seruitutem abripuisse LIV.43.5.2; ~ipi coniuges ad libita Caesarum TAC.*Ann.*12.6. **b** tot et tam bene meritos. . indigna causa impetu inuidiae ~ipi V.MAX.3.8. ext.3.

2 To carry or convey away, remove; (refl.) to hurry away. **b** (fig.) to rescue (from a condition).
Lentulum in tumultu ~ipuit equus LIV.22.49.12; aliae (naues) in terram remis ~eptae (*sc. rowed*) 26.39.18; ~ipitur longe moderamine liber currus STAT.*Theb.*6.506;—uix foras me ~ipui atque ecfugi PL.*Cur.*598; ~ipuit repente sese subito *Mil.*177; quam citatissimo poterant agmine sese ~ipuerunt LIV.22.6.10. **b** etiamsi natura (eum) a parentis similitudine ~iperet CIC.*Ver.*5.30.

3 (of tempests, rivers, etc.) To drive, blow, or wash away. **b** (pass., of a path) to be interrupted or come to an end.
(naues) tris Notus ~eptas in saxa latentia torquet VERG.*A.* 1.108; ~eptam tempestate ab Africa classem ad insulam Aegimurum LIV.29.27.14; PLIN.*Nat.*2.170; Asopos. . ~reptis cum torrentissimus exit pontibus STAT.*Theb.*7.316;—(*in fig. phr.*) repente te quasi quidam aestus ingeni tui procul a terra ~ipuit CIC.*de Orat.*3.145. **b** qua sacer ~ipitur caeco descensus hiatu PROP.4.8.5.

4 To abduct or kidnap; to remove as booty, seize; *mordicus ~ipere*, to bite off.
rus. . ne quis eam (*sc.* nouam nuptam) ~ipiat PL.*Cas.*784; familias ~ipuerunt, pecus abegerunt CIC.*Pis.*84; ergastula soluit, homines ~ipuit D.BRUT.*Fam.*11.13.2;—(*w.* ex) puellam. . ex Attica hinc ~eptam TER.*Eu.*110; CIC.*Ver.*4.107;— id illa uniuorsum ~ipiet TER.*Ph.*45; quae regi portarentur ~ipiebat NEP.*Dat.*4.2; arma equosque ~ipere TAC.*Hist.*3.17; Germani. . nauem ~ipiunt 4.27;—iam oportebat nassum ~eptum mordicus PL.*Men.*195.

abrōdō ~dere ~sī ~sum, *tr.* [AB-+RODO] To gnaw off.
quae (uincla) si ~dere conantur (canes) VAR.*R.*2.9.13; uiperae mas caput inserit in os quod illa ~dit uoluptatis dulcedine PLIN.*Nat.*10.169; ~sa parte corporis 37.82.

abrogātiō ~ōnis, *f.* [ABROGO+-TIO] Repeal.
neque enim ulla est (lex) quae non ipsa se saepiat difficultate ~onis CIC.*Att.*3.23.2; ~oni legis Oppiae intercedere parati erant V.MAX.9.1.3.

abrogō ~āre ~āuī ~ātum, *tr.* [AB-+ROGO]

1 To repeal (a law). **b** (transf.) to disregard, ignore, repudiate; *~atus*, obsolete. **c** (other sbs. coupled w. *lex*).
an non saepe ueteres leges ~atae nouis cedunt? VAR.*L.* 9.20; ut legem Semproniam frumentariam populi frequentis suffragiis ~auerit CIC.*Brut.*222; *Prov.*46; *Phil.*8.27; huic legi nec obrogari fas est, neque derogari aliquid ex hac licet, neque tota ~ari potest *Rep.*3.33; ut quidquid Romae ui tribunicia rogatum esset id comitiis ibi ~aretur LIV.3.20.6; plebei scitum. . antiquo ~oque 22.30.4;—(*of circumstances*) quae in pace lata sunt, plerumque bellum ~at 34.6.6. **b** populi scita ex magna parte sapientes ~ant SEN.*Dial.*12.5.6; unum hominem. . repente leges salutis humano generi dedisse, quas tamen postea ~auere multi PLIN.*Nat.*26.15; quae. . censuerint patres, iusserit populus intra penatis ~ari TAC.*Ann.*12.41; spernit religiones, ~at leges 16.22;—abolita atque ~ata retinere insolentiae cuiusdam est QUINT.*Inst.*1.6.20. **c** ne cum ea (*sc.* lege) pudorem sanctitatemque feminarum ~emus LIV.34.6.8; Lycurgi leges moresque ~arent, 38.34.3.

2 To cancel, rescind, revoke (an office or honour).
imperium quod plebes per saturam dederat, id ~atum est ANNIUS *orat.*5; consulatu qui ~abatur LIV.21.63.2; de ~ando Q.Fabi imperio 22.25.10; Macedonicae legiones suo ~ato triumphos alienos spectabunt? 45.39.4; numquam antea non ~ato magistratu. . alium suffectum TAC.*Hist.*3.37; —(*w. dat. of person*) conlegae magistratum per seditionem ~auit CIC.*Mil.*72; potestatem intercedenti collegae ~auit *Leg.*3.24; ut imperium regi ~aret LIV.1.59.11; LIV.33.16.5; VELL.2.20.3; aliquis uult irato committi ultionem, cum Plato sibi ipse imperium ~auerit? SEN.*Dial.*5.12.7;—(*w. inanim. subj.*) quamuis. . nec furor ei magistratum ~et ULP. *dig.*26.5.8.1.

3 To take away (from). esp. **b** *fidem ~are*, to take away credit (from).
paternum nomen ~auit V.MAX.7.7.3; nec minus hebetis (est) beneficiis ~are uires PLIN.*Nat.*2.141. **b** altera (lege) fidem ~ari cum qua omnis humana societas tollitur LIV.6. 41.11;—(*w. dat.*) male fidem seruando illis quoque ~ant etiam fidem PL.*Trin.*1048; argumentando famae fidem poterimus ~are *Rhet.Her.*2.12; quibus ~es fidem iuris iurandi CIC.*Q.Rosc.*44; *Luc.*36; LIV.8.18.3; SUET.*Tib.*61.2; —(*w.inanim. subj.*) quae res fidem ~at orationi *Rhet.Her.* 1.17; PLIN.*Nat.*28.20.

abrotonum (-tanum): var. HABRO-.

abrumpō ~umpere ~ūpī ~uptum, *tr.* [AB-+RVMPO]

1 To break (a bond, fetter, etc.); *frenos ~umpere*, to throw off all restraint.
equus qui. . uincla suis magnis animis ~upit ENN.*Ann.* 515; VERG.*A.*11.492; HOR.*Carm.*4.7.27; fugam ~umpentium uincula iumentorum LIV.26.6.10; ~uptis Catilina minax fractisque catenis exultat LUC.6.793; TAC.*Ann.*1.66;—(*w. abl.*) sua quaeque continuo puppes ~umpunt uincula ripis VERG.*A.*9.118;—~umpet. . frenos pudicitia SEN.*Ben.*1.10.2; *Cl.*1.4.2;—(*cf.*) Furor, ~uptis ceu liber habenis PETR.124, l.258.

2 To break or burst apart. **b** to cause to break through; (in quot. fig.) to blurt out.
ingeminant ~uptis nubibus ignes VERG.*A.*3.199; missis ~umpitur ignibus aether OV.*Fast.*2.495; dispulsas manu ~umpe tenebras SEN.*Her.F.*280; ~upta terrarum mole sub astris constitit STAT.*Theb.*11.72; laxati ordines ~ umpuntur TAC.*Hist.*3.25. **b** tacitas. . suspiciones palam ~umpere APUL.*Apol.*98.

3 To break (something thought of as having a continuous line); to rupture (part of the body); to sever (veins, etc.). **b** to interrupt (light).
uerberibus corpus ~umpitur SEN.*Con.*2.5.4; ~upto ponte instanti hosti uiam abstulerunt TAC.*Hist.*3.6; (*cf.*) more ignis, qui. . interueniente flumine ~umpitur FLOR.*Epit.* 1.18(2.2.1.); (*fig.*) rerum. . diuersitas aciem intentionis ~umpit FLOR.*Epit.*1.1(1.pr.3);—pondere ~umpitur (scrotum) CELS.7.18.3; morsu. . conantes auellere (urticae radicem) ante colla sua ~umpunt PLIN.*Nat.*10.163;—solet. . ~upta cruor e ceruice profundi OV.*Met.*8.764; per ~uptas uenas sanguinem effudit TAC.*Ann.*6.29; (*in fig. phr.*) ~uptis . . uenis uulnus hiat STAT.*Silv.*2.1.3. **b** ubi ad terras ~upto sidere nimbus it mare per medium VERG.*A.*12.451; caligantis ~upto sole Mycenas STAT.*Theb.*1.325.

4 To break off short.
locus iam ante praeceps recenti lapsu terrae in pedum mille admodum altitudinem ~uptus erat LIV.21.36.2; multo uulnere ~uptum undique SEN.*Phaed.*1266; ~umpi statim (fila mellis) et resilire guttas uilitatis indicium habetur PLIN.*Nat.*11.39; nec totam (*sc.* radicem) refossam, sed ~uptam 16.129; 25.27; 36.199; ~um mirantur iter STAT. *Theb.*10.523; (*cf.*) ~upit stolidae regalia tempora uitae (Clotho) SEN.*Apoc.*4.1.

5 To put an end to, cut short, break off (an action, policy, condition, process, etc.).
posset ut ~upto uiuere coniugio CATUL.68.84; nec somnos ~umpit cura salubris VERG.*G.*3.530; inuisam. . quam primum ~umpere lucem *A.*4.631; omnibus inter uictoriam mortemue certa desperatione ~uptis LIV.21.44.8; non ego te iubeo medias ~umpere curas OV.*Rem.*495; ille inchoatum sermonem cito ~upit SEN.*Dial.*4.24.1; medios herbis ~umpimus annos LUC.6.610; ~upere oculi noctem (*sc. he awoke*) STAT.*Theb.*9.600; ~umpe moras, celeremus! 11. 201; postquam. . spes ~uptae SIL.8.51; ~uptis uoluptatibus TAC.*Hist.*4.64; ~umpi dissimulationem *Ann.*11.26; quod (*sc.* otium) ego non ~umpi, sed intermitti uolo PLIN.*Ep.* 7.3.4; M. Antoni societatem. . ~upit SUET.*Aug.*17.1;—(*of time*) licet ingentis ~uperit actus festinata dies fatis LUC. 5.659; huius actionem uespera inclusit, non tamen sic, ut ~umperet PLIN.*Ep.*2.11.18.

6 To break or pull off, separate, detach. **b** (topog.) to separate, cut off. **c** (refl.) to detach or dissociate oneself from (an action or policy).
et teneros manibus ramos ~umpit OV.*Met.*2.359; non emittente eo (*sc.* uoluae ore) infans ~umpitur CELS.7.29.5; ~uptis (*cj.* abreptis) quae supererant nauibus TAC.*Hist.*2.36; ~upta parte corporis *Ann.*4.62;—(*w. dat.*) non ~umpendos ut corpori ualidissimos artus TAC.*Hist.*2.28;—(*w. abl.*) ~upti nubibus ignes concursant LUCR.2.214; pars ~umpi corpore uisa suo est OV.*Tr.*1.3.74; ~uptam credas radicibus ire Ortygiam STAT.*Theb.*5.338;—(*w.* ab) ~umperent cornua a cetera acie LIV.28.14.20; a reliquo exercitu ~upta legio Romana V.MAX.7.4.ext.2;—(*fig., w. abl.*) Karthaginis imperio ~upta Hispania 2.8.5; (*w.* ex) ciues. . ex eodem corpore ~upti SEN.*Cl.*1.12.3. **b** sperat tellus ~upta reuerti STAT. *Theb.*3.597. (*w. abl.*) ~uptum est nostro mare LUC.8.293; (*w. dat.*) donec Asiam ~umpat Europae (mare) PLIN.*Nat.*5.141. **c** (*w. abl.*) haec (legio) se prima latrocinio ~upit Antoni

Cic.*Phil.*14.41; (*w.* ab) bello ciuili quo se..a Caesaris concordia..~uperat V.Max.1.8.10; 7.7.7; (*cf.*) ~umperet uitam ab ea ciuitate Tac.*Ann.*16.28.

7 To break, violate, infringe (a law, undertaking, or sim.).

fas omne ~umpit Verg.*A.*3.55; foederis ~upti Stat. *Theb.*3.655; increpante Germanos tamquam fidem per scelus ~umperent Tac.*Hist.*4.60.

abruptē, *adv.* [abrvptvs+-e] Abruptly, suddenly.

neque enim ~ nec unde libuit incipiendum Quint.*Inst.* 3.8.6; 4.1.79.

abruptiō ~ōnis, *f.* [abrvmpo+-tio] A breaking. **b** a break (of friendly relations).

pedis offensio nobis et ~o corrigiae et sternumenta erunt obseruanda Cic.*Div.*2.84. **b** graue est..dubio rerum exitu ista quam scribis ~o Cic.*Att.*11.3.1.

abruptus ~a ~um, *a. compar.* ~ior, *superl.* ~issimus. [abrvmpo] In senses of vb., esp.:

1 Precipitous, sheer, steep.

te..aestus in ~um detulerat barathrum (*in fig. context*) Catul.68.108; ~as Scironis..arces *Ciris* 465; quid tam ~um undique quam hoc saxum (inueniri potest)? Sen.*Dial.*12. 6.5; rupis in ~ae scopulos Luc.8.46; nihil altius ~iusque (*sc.* superciliis) inuenit in corpore (superbia) Plin.*Nat.*11. 138; ~a reuolutus aqua V.Fl.8.330; Tac.*Hist.*5.11; ~issimis ripis Plin.*Ep.*9.39.5; (*of a path*) super ardua ducit saxa.. ~to limite signa Luc.4.740; (*of a river, w. dat.*) linquitur ~us pelago Tyra V.Fl.6.84; (*of a leap*) eminus ~o quatiunt noua litora saltu Stat.*Theb.*5.423;—(*neut. as sb.*) fertur in ~um magno mons improbus actu Verg.*A.*12.687; lapsus ~a uiarum excepere tuos (*sc.* Nili) Luc.10.317; deiectum..per scopulosa et ~a (Gangem) Plin.*Nat.*6.65; iter extremum caelique ~a tenebat Stat.*Theb.*3.262; cum orta tempestas raperet in ~a Tac.*Ann.*2.55; quibus..praecepit, ipsam oram maris legerent, ~iora tranarent Fron.*Str.*1.4.7;—(*fig.*) imus in ~um Stat.*Silv.*3.2.69; eo laudis excedere, quo plerique per ~a..inclaruerunt Tac.*Ag.*42.5; (Vinius) Galbae amicitia in ~um tractus *Hist.*1.48.

2 Uncompromising, haughty, aloof.

~tum..Torquatum Man.5.107; inter ~am contumaciam et deforme obsequium pergere iter Tac.*Ann.*4.20.

3 a (of style, etc.) Cut too short, over-brief, abrupt. **b** of small duration, short-lived.

a quaedam tam subito desinunt, ut non breuia sint, sed ~a Sen.*Con.*2.pr.2; ~ae sententiae et suspiciosae Sen.*Ep.* 114.1; illa Sallustiana..breuitas et ~um sermonis genus Quint.*Inst.*4.2.45. **b** oua parientibus sibilus, serpentibus longus, testudini ~us Plin.*Nat.*11.267; nec ~is adeo lacrimabilis annis Stat.*Theb.*10.357; media cecidere ~a iuuenta gaudia *Silv.*3.3.126.

4 a (of storms, etc.) Sudden. **b** (of people) precipitate.

a ~is turbata procellis nocte natat caeca serus freta Verg. *G.*3.259; ~a tremescunt fulgura Stat.*Theb.*1.353. **b** feruida si nobis corda ~umque putassent ingenium patres Sil. 7.219.

abs: see ab.

abscēdō ~dere ~ssī ~ssum, *intr.* **aps-** [ab-+cedo[1]]

1 To go away. **b** (of heavenly bodies) to move (further) away.

~de etiam nunc Pl.*Aul.*55; ~dite ergo *Mil.*1198; ne uir quisquam ad eam adeat et mihi ne ~dam imperat Ter.*Eu.* 578; minas..ni procul ~dat..addunt Ov.*Met.*6.362; non haec ego pectora liqui Graiorum ~dens Stat.*Theb.*12.592;—(*w. place whence expr.*) iuben hanc hinc ~dere? Pl.*As.*939; quom extemplo meo e conspectu ~sseris *Capt.*434; ~de ab ista *Cas.*627; ego ~ssi sciens paullum ab illis *Epid.*237; ~de ab aedibus *Mos.*7; luco..~de uerendo Prop.4.9.53;—(*w. destination expr.*) nei a meis oculis ~dat in malam magnam crucem Pl.*Men.*849; ego hinc ~ssero aps te huc *Mil.*200; illuc ~de procul e conspectu *Per.*727; (*of a ship*) illorum nauis longe in altum ~sserat *Rud.*66. **b** cur Veneris stella numquam longius xlvi partibus, Mercurii xxiii ab sole ~dant Plin.*Nat.*2.72; ~dit et sol (*sc.* hieme) 18.277.

2 (mil.) To go away, withdraw, retire.

~sserant..metu hostes Liv.21.26.2; ~sserat..Tantalidum uenerata cohors Stat.*Theb.*10.784; (*impers. pass.*) quanto longius ~debatur Tac.*Ann.*2.67;—(*w. place whence expr.*) conspexit Labienum ab suis copiis longius iam ~ssisse *B.Afr.* 39.5; non prius Thebani Sparta ~ssissent Nep.*Iph.*2.5; quanto longius ab urbe hostium ~derent Liv.3.8.8; adeo turbatis inde ordinibus ~ssere 7.7.2; Regio..~ssum est 24.1.12; non ~dentes ab ripa Penei 42.62.1; ut ~deret a finibus Armeniis Tac.*Ann.*12.48; ~ssere Armenia Parthi 13.7;—(*w. destination expr.*) legiones in Mediomatricos, sociam ciuitatem, ~ssere *Hist.*4.70; in iuga Tauri montis ~ssit *Ann.*6.41;—(*w. result, manner, etc., expr.*) quonam modo alter (consul) ab Hannibale ~ssisset Liv.27.47.5; manibus aequis ~ssum Tac.*Ann.*1.63; (*in fig. phr.*) triumpho si licet me latere tecto ~dere Ter.*Hau.*672.

3 To vanish, disappear.

caput est in iecore, cor in extis: iam ~det simul ac molam et vinum insperseris Cic.*Div.*2.37; interdiu..quamquam ~sserat imago (*the ghost*) Plin.*Ep.*7.27.6; more fulminis, quod uno eodemque momento uenit percussit ~ssit Flor. *Epit.*2.13(4.2.63).

4 (med.): **a** To separate off, slough. **b** to cause congestion, form an abscess.

a quo crassior squama ~dat Cels.7.7.7.c; caruncula, quae quod ~ssit, expellat 8.3.10; (*cf.*) fracto capiti aranei tela..non nisi uulnere sanato ~dit Plin.*Nat.*29.114. **b** in inferioribus partibus aliquid ~det Cels.2.7.8; sub lingua.. interdum aliquid ~dit 7.12.5;—(*pple. as sb.*) satisque omnia ~dentia digerit murex combustus 5.18.21.

5 (of parts of structures, coasts, etc.) To recede.

frontis et laterum ~dentium Vitr.1.2.2; alia ~dentia, alia prominentia esse uideantur 7.pr.11; (Galliae) ora..tantundem paene in pelagus excedens quantum retro Hispania ~sserat Mela 3.16.

6 To leave, give up, abandon (an enterprise, contest, business, or the like), retire (from work). **b** (w. dat.) to cease to support; *non ~dere a corpore,* to be in constant attendance on a person.

uniuersi in unum impetum fecerunt neque prius ~sserunt, quam..ipsum..concidere uiderunt Nep.*Ep.*9.1; Ov.*Pont.* 1.8.19; nec ideo ~debat, ni..Vitellius..metum Romani belli fecisset Tac.*Ann.*6.36;—(*w. business, etc., expr.*) ~dere inrito incepto Liv.26.7.2; nunquam..senator quisquam a curia atque ab magistratibus ~ssit aut populus e foro 27.50.4. **b** Pallada nonne uides iaculatricemque Dianam ~ssisse mihi (*sc.* Veneri)? Ov.*Met.*5.376; neque ~dere a corpore Tac.*Ann.*1.7; 3.5.

7 a To pass out of (a class or category). **b** to depart (from truth).

a neque admodum a pueris ~ssit Naev.*com.*26. **b** ne illud quidem a uero nimium ~sserit Mela 1.54.

8 To be removed or taken away.

~dent enim, non accedent Pl.*Per.*670; bona inuasit suppresso testamento, ne quid ~deret Suet.*Nero* 34.5; nulla utilitas erit nudae proprietatis semper ~dente usu fructu Gaius *dig.*33.2.8;—(*w. source, etc., expr.*) repperi haec te qui ~dat suspicio Pl.*Epid.*285; bene factum a uobis, dum uiuitis, non ~det Cato *orat.*20; cui aliquid ~dere potest, id inperpetuum est Sen.*Ep.*72.7; credens..~dere uitae quod sopor eripiat tempus Sil.12.560.

9 (of illness, feelings, conditions) To pass off or away.

aegritudo ~sserit Pl.*Mer.*140; somnus ut ~ssit Ov.*Fast.* 3.307; uiris paulatim ~dere sensit Stat.*Theb.*9.853; ubi metus ~sserit Tac.*Hist.*4.76;—(*w. pers. expr.*) huic ducendi interea ~sserit lubido Pl.*Trin.*745; cito ab eo haec ira ~det Ter.*Hec.*781.

abscessiō ~ōnis, *f.* [abscedo+-tio] Removal, loss.

cum..ad corpora tum accessio fieret, tum ~o Cic.*Tim.*44.

abscessus ~ūs, *m.* [abscedo+-tvs[3]]

1 Departure, withdrawal. **b** absence.

Rutulum ~u Verg.*A.*10.445; indutias habet gens Pygmaea ~u gruum Plin.*Nat.*10.58; sumpto ad proelium loco, ut aditus ~us..suis in melius essent Tac.*Ann.*12.33; Armeniam ~u Vologesis infirmatam 15.17. **b** ipsi fluxam senio mentem et continuo ~u uelut exilium obiectando Tac. *Ann.*6.38.

2 (of things): **a** Going away. **b** remoteness.

a aut..aduentu solis occultantur stellae..aut eiusdem ~u proferunt se Plin.*Nat.*18.218. **b** pars obriguerit niue pruinaque longinquo solis ~u Cic.*N.D.*1.24.

3 (med.) Congestion, abscess.

quibus..longae febres sunt, iis..~us aliqui..erunt Cels. 2.7.27; ~us corporis 2.1.6.

abscīdō ~dere ~dī ~sum, *tr.* **aps-.** [ab-+caedo]

1 To remove by cutting, cut off, away, or out. **b** (med.) to amputate. **c** to fell, cut down, lop off.

quibus (*sc.* funibus) ~sis antemnae necessario concidebant Caes.*Gal.*3.14.7; stat moles ~sa in profundum Sen.*Con.* 1.3.3; latera montium ~dere Sen.*Cl.*1.19.6; incuriosos milites..quidam spoliauere, ~sis furtim balteis Tac.*Hist.* 2.88; (*poet.*) ~dis frustra ferro tua pignora Luc.3.33;—(*parts of the body*) ceruicibus fractis caput ~dit Cic.*Phil.* 11.5; falciferos..currus ~dere membra Lucr.3.642; militi ceruices ~sae (sunt) *B.Hisp.*20.5; Verg.*A.*12.511; Hor.*S.* 2.3.303; brachium ~sum Liv.4.28.8; quamuis..non ~sus neruus est Cels.5.26.28b; cum toto manus est ~sa lacerto Luc.3.617; manum..acie sua ~dat (concha) Plin.*Nat.*9.110; ~sa seruom cur figis, Pontice, lingua? Mart.2.82.1; ~so.. collo Sil.15.470; (*cf.*) ~sa..scelere Antoni uox publica est Vell.2.66.2; ~sis crinibus nudatam..expellit domo maritus Tac.*Ger.*19.2;—(*w. abl.*) caput ~sum calido uiuenteque trunco Lucr.3.654;—(*w. dat.*) tibi istam scelestam..linguam ~dam Pl.*Am.*557; pede leporis uiuenti ~so Plin.*Nat.*28.220;—(*w.* ex) ne..ex anguloq uoque caruncula ~datur Cels.7.7. 4.c;—(*in fig. phr.*) Siciliae caput ~sum, Syracusae V.Max. 2.8.5; quidquid erat, quo mihi cohaereret (natura), intercisa iuris humani societas ~dit Sen.*Ben.*7.19.8. **b** membrum, quod paulatim emoritur, ~dere Cels.5.26.34.d; Sen.*Dial.* 3.15.2. **c** ramis ~sis Caes.*Gal.*7.73.2; ~sa frondosus ab arbore ramus Ov.*Met.*8.410; surculos ~sos serere Plin.*Nat.* 17.67.

2 To separate, remove, cut off; to divide. **b** to cut off, destroy (supplies, resources, etc.).

quidquid..~sum uasto iam tuta profundo credideras V.Fl.8.314; (*w. dat.*) intersaeptis munimentis hostium pars parti ~sa erat Liv.8.25.5; paeninsula..opere accolarum ~sa continenti Plin.*Nat.*4.5; (*w.* inde) quod inde ~dit ratione Falcidiae Afric.*dig.*30.1.108.5;—(*w.* in+*acc.*) ~sum in duas partis exercitum Caes.*Civ.*3.72.2. **b** Volscos et Aequos, etsi ~sae res sint, reficere exercitus Liv.3. 10.8; miraculo..~sae aquae 41.11.4; qui..uitae bona proiecit atque ~dit Sen.*Phoen.*194; ~sis omnibus praesidiis cessurus imperio uidebatur Tac.*Hist.*3.78.

3 To expel or banish (from the mind). **b** to cut off, destroy (hope, possibilities, etc.).

(*w. dat.*) nos omnium rerum respectum praeterquam uictoriae nobis ~damus Liv.9.23.12; quaedam ~duntur facilius animo quam temperantur Sen.*Ep.*108.16. **b** exiguam spem in armis alia undique ~sa Liv.4.10.4; Paul.*dig.* 21.2.35;—(*w. dat.*) ne spem regibus ~derent auxilii sui Liv.45.25.9; illa enim tibi tota ~sa oratio esset 45.37.9.

4 To cut out, prune away (superfluities, etc.). **b** to cut short (in aposiopesis); to cut short i.e. cause to lose (the voice).

~dit nostrae multum fors inuida laudi Luc.4.503; cum haec exercitatio..sibi magnam partem sermonis ~derit Quint.*Inst.*8.3.23; 12.1.20. **b** in uoce aut omnino suppressa aut etiam ~sa..~ditur per ἀποσιώπησιν Quint.*Inst.* 8.3.85;—altera arteriace..ad tussim et ~sum sonum uocis Larg.74.

abscindō ~ndere ~di ~ssum, *tr.* [ab-+scindo]

1 To tear (clothing, hair, etc.) off or away.

illa ruit, qualis..Strymonis ~sso pectus aperta sinu Prop.4.4.72; Ov.*Fast.*4.448; (*w. retained acc.*) flauentisque ~ssa comas Verg.*A.*4.590; (*w.* ab) tunicam..eius a pectore ~dit Cic.*Ver.*5.3; (*w. abl.*) umeris ~ndere uestem Verg.*A.*5. 685;—(*poet.*) fulgure rupta corusco intremuit nubes elisosque ~dit ignes Petr.122,l.123.

2 To break, cut, off or away. **b** to break (a continuous thread or flow); to sever (one's veins). **c** to break (a tradition).

Coclitis ~ssos testatur semita pontis Prop.3.11.63; nexus donec celer alueus omnis ~dit Stat.*Theb.*10.869; (*w.* de) plantas tenero ~ndens de corpore matrum deposuit sulcis Verg.*G.*2.23. **b** ~derunt tristes crudelia Parcae stamina Stat.*Theb.*5.274; inde nullo iuuante influit(bitumen)..donec ~ndas Tac.*Hist.*5.6;—praesto est medicus, ~nduntur uenae *Ann.*15.69. **c** Hortensianae eloquentiae tanta hereditas una feminae actione ~ssa non esset V.Max.8.3.3.

3 (usu. topog.) To separate, cut off (from); to divide. **b** to separate (mentally), distinguish. **c** to alienate, estrange. **d** to cut off or renounce.

ubi sola manet uerbi uocalis in imo, et breuis haec ~ssa etiam comitemque requirens Maur.1136;—(*w. dat. or abl.*) caelo terras et terris ~dit undas Ov.*Met.*1.22; quis rude et ~ssum miseris animantibus aequor fecit iter? Stat.*Silv.* 3.2.61; cum uideret opulentissimam in proximo praedam quodam modo Italiae suae ~ssam (*v.l.* abscisam) Flor. *Epit.*1.18(2.2.2);—(*w.* ab) Gades..ueluti flumine a continenti ~ssa Mela 3.46;—(*of the separating medium or agency*) pontus..Hesperium Siculo latus ~dit Verg.*A.*3. 418; rupes quam uertice montis ~dit inpulsu uentorum adiuta uetustas Luc.3.471;—nequiquam deus ~dit prudens Oceano dissociabili terras Hor.*Carm.*1.3.21. **b** inane ~ndere soldo Hor.*S.*1.2.113. **c** ~ndit..illum tanta prauitas animi..(et) inuisum mihi efficit Sen.*Ben.*7.19.9. **d** quae poterunt reditus ~ndere dulcis Hor.*Epod.*16.35.

4 To stop, cut short (speaking, etc.).

sic fata querellas ~dit V.Fl.2.161; media orsa loquentis ~derat plenum capulo latus Stat.*Theb.*3.88.

abscīsē, *adv.* [abscisvs+-e] Abruptly, brusquely.

si uerba numeres, breuiter et ~ (*sc.* locutus est) V.Max. 3.7.ext.6; demonstratur uarie nec ~ Call.*dig.*50.6.6(5).2.

abscīsiō ~ōnis, *f.* [abscido+-tio] **a** Aposiopesis. **b** loss (of voice).

a per ~onem (*sc.* fit significatio) si cum incipimus aliquid dicere deinde praecidamus *Rhet.Her.*4.67. **b** facit bene haec conpositio ad suspirium..et ad uocis ~onem Larg.100.

abscīsus ~a ~um, *a. compar.* ~ior. [pple. of abscido]

1 Steep, sheer, precipitous.

nec natura quicquam satis arduum aut ~um erat, quod hosti aditum..difficilem praeberet Liv.25.36.6; rupes..ita ~ae sunt 44.6.8; Sen.*Dial.*2.1.2; Luc.6.473; ~is..cautibus Stat.*Theb.*2.556.

2 Abrupt, curt, brusque.

aspero..et ~o castigationis genere militaris disciplina indiget V.Max.2.7.14; aliquanto Charondae Thurii praefractior et ~ior iustitia 6.5.ext.4; cur..alia (spatia) pluribus (uerbis) breuia et ~a sint Quint.*Inst.*9.4.118.

3 Restricted.

nec promiscuam habere ac uolgarem clementiam oportet nec ~am Sen.*Cl.*1.2.2.

abscondītē, *adv.* [next+-e] Abstrusely, profoundly.

(pars) quae ipsa in se, non ut negotialis implicite et ~, sed patentius et expeditius recti et non recti quaestionem continet Cic.*Inv.*2.69; ea nec acutissime nec ~ disseruntur *Fin.*3.2.

absconditus ~a ~um, *a.* [pple. of abscondo]

1 Hidden, concealed.

si qui se fontes maximos penitus ~os aperuisse dicat *Rhet.Her.*4.9; erant fortasse gladii, sed ~i Cic.*Phil.*2.108; (apes) contra industriam suam ~ae (*sc. in the hive*) Plin. *Nat.*18.364.

2 Covert, disguised.

salsa sunt etiam, quae habent suspicionem ridiculi ~am Cic.*de Orat.*2.278; ~is insidiis *Catil.*3.3; nullam..fuisse ~am maleuolentiam *Fam.*3.12.1; musicam, quae sit ~a, eam esse nulli rei Gel.13.31.3.

3 Abstruse, recondite.

quid est igitur quod fieri possit? Non obscurum, opinor, neque ~um Cic.*Ver.*32; dixi..nihil me..de ~o pontificum iure dicturum *Dom.*138.

abscondō ~ere ~ī (~idī) ~itum, *tr., intr.* **aps-.** [ab-+condo] Forms: *~idī* Pl.*Mer.*360,fr.49, Caecil.*com.*40, Pompon.*com.*67, Sil.8.191, etc.; *absconsum* (pf. pple.) [Quint.]*Decl.*17.15.

1 To conceal from view, hide. **b** to cover mask, 'shelter'. **c** to hide below the horizon.

neu persentiscat aurum ubi est ~itum PL.*Aul*.63; nequiquam (amicam) abdidi, ~idi *Mer*.360; uoltus ~ite nostros Ov.*Fast*.6.615; (*w. abl. of place*) si facta foret siluis ~ita flamma LUCR.1.904; HOR.*S*.2.3.173; (*w.* in+*abl.*) in uicina silua nocte..copias ~unt FRON.*Str*.2.5.31; (*w.* inter) numquid..~idisti inter nates? POMPON.*com*.67;—(*hyperb.*) fluuium et campos ~it caede uirorum SIL.11.519. **b** quemadmodum luna..(solem) subiecto corpore ~at SEN.*Nat*.1.12.1; crassum..trabes ~erat aurum LUC.10.113; nigrum flauo crinem ~ente galero JUV.6.120;—(*poet.*) parua me ~at casa? SEN.*Phoen*.593. **c** ante tibi Eoae Atlantides ~antur VERG.*G*.1.221; nec quibus ~it nec siquibus exerit orbem totus erat (Titan) LUC.8.160; idem (*sc.* septentrio) a Rhodo ~itur PLIN.*Nat*.2.178; (*poet.*) protinus aërias Phaeacum ~imus arces VERG.*A*.3.291; (*fig.*) in hoc cursu rapidissimi temporis primum pueritiam ~imus SEN.*Ep*.70.2.

2 To conceal (from danger or sim.); (refl. or pass.; also intr.) to hide.
proscriptum dominum seruus ~it SEN.*Ben*.3.25; illam..uitreis..~idit antris SIL.8.191; FLOR.*Epit*.2.13(4.2.87); (*of a vine*) quo melius contra iniuriam..fructum~at COL.5.5.19;—(*refl.*) hic in tenebris intus sese ~idit CAECIL.*com*.40; si..~isti te, ne te occidam ULP.*dig*.47.2.7.1;—(*pass.*) extrahi ardoris ui (amnem) et suspensum abundare ac, ne deuoretur ~i PLIN.*Nat*.5.55;—(*intr.*) poteris sub illa..platano..latenter ~ere APUL.*Met*.6.12; 8.5.

3 To bury, immerse, plunge, (in, into). **b** to cover, enfold, engulf, swallow up.
(*w. abl.*) cadauera..humo tegere ac foueis ~ere VERG.*G*.3.558; (*w.* in+*abl.*) huc..summersa..pontus corpora saepe tulit caecisque ~it in antris LUC.4.458; permissum uentis ~it in aere telum SIL.1.316;—(*w.* in+*acc.*) iam pugiones in sinum amicorum ~erat SEN.*Cl*.1.9.1. **b** non te ignobilis tumulus ~et SEN.*Suas*.6.5; antequam Burin et Helicen mare ~eret SEN.*Nat*.7.5.3; pastorum casas ignis ille et flamma paupertatem Romuli ~it FLOR.*Epit*.1.7(1.13.18).

4 To shroud (in darkness); to make inconspicuous.
densa tellus ~itur umbra [TIB.]3.7.154; horridae tempestates ~erant diem SEN.*Con*.7.1.4; densae caelum ~ere tenebrae nube una JUV.12.18; (*in fig. phr.*) illum umbra adoptiui patris ~it SEN.*Ben*.3.32.5; (sol) sidera ~it *Nat*.7.1.3.

5 To keep from the knowledge of others, keep secret, conceal. **b** to state abstrusely or obscurely.
quod quo studiosius ab istis opprimitur et ~itur, eo magis eminet et apparet CIC.*S.Rosc*.121; bonum non ~is amorem CATUL.61.198; neque ego hanc ~ere furto speraui..fugam VERG.*A*.4.337; optime miserias ferunt, qui ~unt CURT.5.5.11; uitiis suis sapientiam inscribit et ~enda profitetur SEN.*Dial*.7.12.3; non aliter manifesta potens ~ere mentis gaudia quam lacrimis LUC.9.1040; elaborata iis (*sc.* prisci) ~ere ac supprimere cupimus PLIN.*Nat*.25.1; Octauia..dolorem caritatem, omnis adfectus ~ere didicerat TAC.*Ann*.13.16; libros, quos editos quereris et non proinde ut arcana ~itos GEL.20.5.9; (*w.* in+*acc.*, *abl.*) in latebras (stultitiam) ~as pectore penitissumo PL.*Cist*.63; (*w. dat. of person*) nihil mihi ipse ~o, nihil transeo SEN.*Dial*.5.36.3;—(*w. inanim. subj.*) uelut ~ente turpitudinem loco PLIN.*Nat*.8.50; nox et ignotum rus fugam Neronis ~erant TAC.*Hist*.3.68. **b** ne quid Heraclitus ~eret FRO.*Aur*.2.p.50(114N).

absconsē, *adv.* [pple. of prec.+-E] Secretly.
filium..eius infantem..mater..~ ad hospitem in Aetoliam mandauit HYG.*Fab*.137.2.

absdō: see ABDO.

absegmen ~inis, *n.* [AB-+SECO+-MEN] Collop, gobbet.
penitam offam Naeuius appellat ~en carnis cum coda FEST.p.242 M.

absens ~ntis, *a.* **aps-.** [pple. of ABSVM]

1 Not present in person, absent; in one's absence; (coupled w. *praesens*); *praesens ~ns*, whether present or absent. **b** (spec. of accused persons, candidates for office, and the like). **c** absent in mind or spirit.
deos~ntis testis memoras PL.*Mer*.627; idem~ns facere te hoc uolt filius TER.*Hau*.164; cui nomen meum~entis honori fuisset CIC.*Planc*.26; *Phil*.5.20; ut eius rem et fortunas ~entis tuerere *Fam*.13.19.1; quod..~ntis..Ariouisti crudelitatem..horrerent CAES.*Gal*.1.32.4; *Civ*.1.61.3; inter quos C. Seruilium magistrum equitum ~ntem nominatum LIV.6.20.8; VELL.2.107.2; ut erga principem nouum et ~ntem TAC.*Hist*.1.4;—ne quid ~ns acciperet calamitatis CIC.*Att*.3.9.1; iam sum tibi carior~ns? Ov.*Met*.11.424; (*sing. w. pl. noun*) nescioquid..~nte nobis turbatumst domi TER.*Eu*.649; AFRAN.*com*.6;—cum milite istoc praesens~ns ut sies TER.*Eu*.192; amorem tui ~ntis praesentes tui cognoscent CIC.*Fam*.1.1.4; SAL.*Jug*.46.8; abutendum..errore hostium ~ntium praesentiumque LIV.27.46.11;—postulo ut mihi tua domus te praesente ~nte pateat TER.*Eu*.1059. **b** iubet eum de litteris publicis in ~ntem Sthenium dicere CIC.*Ver*.2.92; Magonem eadem..~ntem adfecerunt poena NEP.*Han*.8.2; LIV.5.32.9; ~ns accusatus, ~ns absolutus est TAC.*Ag*.41.1; ULP.*dig*.50.16.199;—ITERVM COS..~NS FACTVS EST *Elog*.15 (*CIL* 1.p.194);—~ntium rationem sacerdotum comitiis posse haberi CIC.*ad Brut*.1.5.3; CAES.*Civ*.3.82.4; LIV.10.22.9; DICTATVRAM ET ~NTI ET PRAESENTI MIHI DELATAM AUG.*Anc*.1.31; VELL.2.3.1. **c** nec socios nec castra uidet, sed caecus et ~ns..superum magnos deprendit in aethere coetus STAT.*Ach*.1.517.

2 (emph.) Though absent, in spite of being absent, without meeting (the other party).
mearum me ~ns miseriarum commones PL.*Rud*.743; nemini umquam praesenti..maiores honores habuerunt..quam ~nti M. Caelio CIC.*Cael*.5; non quo haberem magno opere quod scriberem sed ut loquerer tecum~ns *Att*.7.15.1; Atticam nostram cupio ~ntem suauiari 16.3.6; Philippum, quem ~ns hostem reddidit Romanis NEP.*Han*.2.1; magna pars ~nti hosti cessit LIV.7.36.13; 29.11.12; PHAED.4.22(23).21; (*poet.*) nunc ~ns (*sc. in the person of her husband*) perii, iactor quoque fluctibus ~ns et sine me me pontus habet Ov.*Met*.11.700; (*pleon.*) illum~ns~ntem auditque uidetque VERG.*A*.4.83; Ov.*Tr*.5.2.45.

3 (of things) Physically elsewhere; non-existent.
Romae rus optas, ~ntem rusticus urbem tollis ad astra leuis HOR.*S*.2.7.28; respice Thestiaden: flammis ~ntibus arsit Ov.*Fast*.5.305; MAN.5.176; ~ntemque patri rettulit urna rogum MART.9.76.8; ~ntem..ferit grauis ungula campum STAT.*Theb*.6.401; hos uersus ex octauo annali ~ntes dixi GEL.20.10.4; uentis..~ntibus Aegon motus STAT.*Theb*.5.88.

absenthium ~iī, *n.*: var. ABSINTHIVM.

absentia ~ae, *f.* **aps-.** [ABSENS[1]+-IA]

1 Absence, esp. absence from Rome or absence from duty. **b** absence from a transaction where presence is normally required; non-appearance in court.
confer..~am tuam cum mea CIC.*Pis*.37; SVBINDE FAMILIA NVMMIS FRVCTIBVS..~AM MEAM LOCVPLETASTI *CIL* 6.1527.2.4; nobis tam longae ~ae condicione ante quadriennium amissus est TAC.*Ag*.45.5; longam et continuam ~am paulatim meditans *Ann*.3.31; qui sibi recepissent propugnaturos ~am suam SUET.*Jul*.23.2;—occasione et ~a custodum corruptus QUINT.*Inst*.4.2.70; ~a legati remoto metu TAC.*Ag*.15.1;—(*of mutual absence*) in nobis, quantum molestiae ~a, tantum commodi adfert desiderium inritatum FRO.*Aur*.1.p.186(71N). **b** uereor ne~a mea leuior sit apud te ANT.*Att*.14.13a.1;—pro diffidentia premitur~a QUINT.*Inst*.5.7.1.

2 Absence (of things), lack.
egestatem..non ~a pecuniae sed praesentia inmoderatarum cupidinum gignit APUL.*Pl*.2.21.

absentīuos, *a.* (dub.) [ABSENS[1]+-IVVS] Absent.
ne diutius~os morae uobis essem PETR.33.1 (*s.v.l.*)

absiliō ~ire, *intr.*, (*tr.*) [AB-+SALIO[2]]

1 To rush or fly away (from).
alituum genus atque ferarum..procul ~iebat, ut acrem exiret odorem LUCR.6.1217;—(*w. acc.*) nidos..tepentis ~iunt (metus urget) aues STAT.*Theb*.6.98.

2 To burst or fly apart.
ubi nocturnum tonitru malus aethera frangit Iuppiter, ~iunt nubes STAT.*Theb*.10.374;~iunt pontes 10.879.

absimilis ~is ~e, *a.* [AB-+SIMILIS] Dissimilar, unlike; usu. *non ~is*.
compositio pedum..quattuor uel complurium similium atque ~ium [VAR.]*gram*.287;—(*w.* non *and dat.*) temperatur ita surculus, ut calamo non ~is sit COL.4.29.8; rostrum (chamaeleonis)..haut ~e suillo PLIN.*Nat*.8.121; 16.28; (*w. abl. of respect*) quod arte formaque non ~is magistro uidebatur SUET.*Dom*.10.1;—(*in compendiary comp.*) fructum..non ~em minori germanae gerit COL.3.2.11; LARG.186;—(*w. gen.*) non ~is (quaestio) est prioris casus PAPIN.*dig*.30.90; (*cf.*) falces praeacutae..non ~i forma muralium falcium CAES.*Gal*.3.14.5; (*w. abl.*) quaestio..non ~is illa, quae..agitari solet MARCEL.*dig*.17.1.38.

absinthītēs, absinthium (-us): see APSINTH-.

absis ~idis, *f.*: see APSIS.

absistō ~istere ~titī, *intr.* [AB-+SISTO]

1 To stand back, retire, withdraw (from). **b** (of things) to move apart (from).
'~istamus' ait VERG.*A*.9.355; Fabius medius inter hostium agmen urbemque Romam iugis ducebat nec ~istens nec congrediens LIV.22.18.6; quem..ego..(modo uos ~istite) cogam Ov.*Met*.3.557; ~istunt procul STAT.*Theb*.6.660; caede uisa miles ~titit TAC.*Ann*.2.31;—(*w. abl.*) procul o, procul este, profani..totoque ~istite luco VERG.*A*.6.259; nunquam Nero uestigiis hostis ~titerat LIV.27.42.17; tuis alacres ~istimus undis STAT.*Theb*.5.23; MART.7.15.1;—(*w.* ab) ad pabulatores aduolauerunt, sic uti ab signis legionibusque non ~isterent CAES.*Gal*.5.17.2; LIV.27.45.11. **b** licet alti uolneris orae ~titerint GRAT.353; ~istunt fluctus V.FL.4.404;—(*w.* ab) toto..ardentis ab ore scintillae ~istunt VERG.*A*.12.102; a sole numquam ~istens partibus sex atque quadraginta longius PLIN.*Nat*.2.38.

2 To stop (doing), refrain (from), cease. **b** to stop talking about.
hic tibi certa domus, certi (ne~iste) penates VERG.*A*.8.39; neque prius, quam debellauero, ~istam LIV.44.39.9; STAT.*Theb*.6.812; Vitellium..preces parantem peruicere ut ~isteret TAC.*Hist*.3.74;—(*w. abl.*) nec uicti possunt ~istere ferro VERG.*A*.11.307; ut..~isteret obsidione LIV.9.15.3; si non~isteretur bello 21.6.8; non ante precibus~titit quam..23.9.9; TAC.*Hist*.4.32;—(*w. gd. and gdve.*) nec ante continuando ~stitit magistratu quam..LIV.9.34.2; fessum ~istere sequendo coegit 29.33.8;—(*w. inf.*) nullae hic insidiae tales (~iste moueri) VERG.*A*.6.399; ~iste morari 1 2.676; ~isterent imperare iis quorum auxilio egerent LIV.7.25.5; cum haud ~isteret petere 32.35.7; Ov.*Met*.12.534; COL.12.19.4. **b** (*w. abl.*) parantibus iis antiqua iura foederum ordiri..~istere iis Flaccus iussit, quae ipsi uiolassent ac rupissent LIV.36.27.5.

absoluō ~uere ~uī ~ūtum, *tr.* **aps-** [AB-+SOLVO]

1 To free from bonds, release; to open (a door).
(*w. abl.*) illi uinclis ~uti TAC.*Ann*.12.37; eum nodo cerui-cis~utum APUL.*Met*.9.30; cum corpore fuerit~uta (anima) *Pl*.1.9;—ualuas stabuli ~ue *Met*.1.15.

2 To find not guilty of a charge, acquit. **b** (of single jurors, etc.) to vote for the acquittal of. **c** to secure the acquittal of.
innocens, si accusatus sit, ~ui potest CIC.*S.Rosc*.56; *Ver*.4.100; Valerius ~utus est Hortensio defendente *Att*.2.3.1; lege Iunia et Licinia scis (eum) ~utum 4.16.5; LIV.1.26.7; primi..rei facti aduersus nobilium testimonia egregie ~uuntur 9.26.20; per eos dies apud Domitianum absens accusatus, absens~utus est TAC.*Ag*.41.1; *Ann*.4.13; (*w. dat. of advantage*) hunc hominem Veneri ~uit, sibi condemnat CIC.*Ver*.2.22;—(*w. gen. of charge*) IS EX HACE LEGE EIVS REI ~VTVS ESTO *CIL* 1.583.55; iudex ~uit iniuriarum eum *Rhet.Her*.2.19; maiestatis ~uti sunt permulti CIC.*Clu*.116; capitis ~utus pecunia multatus NEP.*Milt*.7.6; Antistium..~utum adulterii TAC.*Ann*.3.38;—(*w. abl.*) iudicio ~uti adulescentes..sunt CIC.*S.Rosc*.65; quod eum..crimine stupratae matrisfamiliae ~uisset LIV.8.22.3; ~ui reum criminibus maiestatis TAC.*Ann*.1.74;—(*w.* de) Drusus erat de praeuaricatione a tribunis aerariis ~utus in summa quattuor sententiis CIC.*Q.fr*.2.15.3;—(*absol.*) datam et ~uendi licentiam TAC.*Ann*.14.49;—(*transf.*) renuntio..tibi te hodiernis comitiis esse ~utum CIC.*Ver*.19;—(*cf.*) ter abdicatum a diuite iuuenem et~utum QUINT.*Inst*.4.2.95. **b** alter a Staieno solo~utus est CIC.*Clu*.62; illi quinque qui..tum illum~uerunt 105; totam culpam..in praedamnatum collegam transferentem omnes tribus ~uerunt LIV.4.41.11; (*w. abl.*) mos erat antiquus niueis atrisque lapillis, his damnare reos, illis ~uere culpa Ov.*Met*.15.42;—(*absol.*) ~uerunt XXII, condemnarunt XXVIII CIC.*Att*.4.15.4; (*cf.*) senatorum..urna copiose~uit, equitum adaequauit, tribuni aerarii condemnarunt *Q.fr*.2.4.6. **c** in reo pecunia ~uto CIC.*Part*.124; poteritne te ipse Alba..~uere? *Ver*.3.148.

3 To acquit of a charge or imputation, show or declare to be innocent, justify.
cedo inuidiae dummodo ~uar cinis PHAED.3.9.4; sospes ~uit manus Polybus meas SEN.*Oed*.662; se iudice nemo nocens ~uitur JUV.13.3; (*refl.*) ego me etsi peccato ~uo, supplicio non libero LIV.1.58.10; (*w. gen.*) ne audacem quidem timoris ~uimus SEN.*Ben*.4.27.2;—(*w. abl.*) commotae crimine mentis ~ues hominem HOR.*S*.2.3.279; latae deinde leges..quae regni suspicione consulem ~uerent LIV.2.8.1; quo dedecore tota~uta proscriptio est PLIN.*Nat*.13.25; ~uis lepidos nimirum, Auguste, libellos MART.11.20.9;—(*w.* de) de amicitia et officiis idem finis..nos ~uerit TAC.*Ann*.6.8.

4 To free (from an obligation). **b** to free (from discomfort, worry, etc.).
ferreum..anulum..uelut uinculum gestat, donec se caede hostis ~uat TAC.*Ger*.31.3; is ~uendi..potestatem habet PAUL.*dig*.42.1.3;—(*w. abl.*) is..annus populum Romanum longo..bello ~uit TAC.*Ann*.4.23;—(*w. gen.*) me sponsionis et restipulationis..~uit GAIUS *Inst*.4.166. **b** (*w. abl.*) neque ~uit cura familiari tam parua res SAL.*Hist*.3.48.19; pristinis aerumnis ~utus APUL.*Met*.11.15; (*w.* hinc) ~uito hinc me extemplo, quando satis deluseris PL.*Am*.1097.

5 To settle one's account with, pay off. **b** (transf.) to settle with, have done with **c** to finish with, dispose of (a business, etc.).
ducuntur, datur aes. iam ~utos censeas PL.*Aul*.520; te ~uam qua aduenisti gratia *Cur*.454; ~ue hunc quaeso, uomitu ne hic nos enicet *Mos*.652; ego ad forum ibo ut hunc ~uam TER.*Ad*.277; 282. **b** diu ego hunc cruciabo, non uno ~uam die PL.*Capt*.731; nusquam equidem quicquam deliqui: hoc primum te~uo, pater *Men*.780; omnino, ut te ~uam, nullam pictam conspicio hic auem *Mos*.839. **c** uno ut labore ~uat aerumnas duas PL.*Am*.488; cum hic liber id quod pollicitus est demonstraturum ~uerit, faciam finem VAR.*L*.9.115; diuisio est quae rem semouens ab re utramque ~uit ratione subiecta *Rhet.Her*.4.52; unum quidque transigere, expedire, ~uere CIC.*Div.Caec*.45; uestram itaque de eis curam quam primum ~ui..oportet LIV.8.13.17; spectaculis ~utis SUET.*Tit*.10.1; prioris emptoris causa ~uta est JAVOL.*dig*.18.2.19; (*ellipt.*) diu quo bene erit, die uno ~uam PL.*Per*.264.

6 (w. *uerbo*, *paucis*, or sim.) To sum up, state briefly; to describe briefly.
inpurus, inuerecundissumus, uno uerbo ~uam, lenost PL.*Rud*.653; de Catilinae coniuratione quam uerissume potero paucis ~uam SAL.*Cat*.4.3; cetera quam paucissumis ~uam *Jug*.17.2; paucis sententiam ~uit LIV.33.12.2; ut..de uniuersitate, quod sentio, breuiter ~uam APUL.*Mun*.19.

7 To finish, complete (an operation, task, transaction, etc.). **b** to put the finishing touch to (an operation, etc., left incomplete). **c** (usu. in pass.) to bring to perfection or maturity.
arationes~ui VAR.*R*.1.32.1; si qua tardius haec..~uentur *Rhet.Her*.1.27; ut hac aestate fanum ~utum sit CIC.*Att*.12.19.1; quod scribo, cum~uero *Att*.15.21.2; operi inchoato, prope tamen~uto, tamquam fastigium imponimus *Off*.3.33; ~utis operibus HIRT.*Gal*.8.15.3; CURT.8.10.31; hunc (fructum) ~uto opere percipit (artifex) SEN.*Ben*.2.33.2; miraris, quod tot uolumina..homo occupatus ~uerit PLIN.*Ep*.3.5.7; ne concusso quidem..theatro ante cantare destitit, quam incohatum ~ueret nomon SUET.*Nero* 20.2. **b** Phidias..potest ab alio inchoatum (signum) accipere et ~uere CIC.*Fin*.4.34; eiecisti reges; ~ue beneficium tuum, aufer hinc regium nomen LIV.2.2.7; ille inchoatum ante tres et sexaginta annos a Druso aggerem..~uit TAC.*Ann*.13.53; opera sub Tiberio semiperfecta..~uit SUET.*Cal*.21. **c** septima..fere hebdomade..totus homo in utero~uitur VAR.in Gel.3.10.7; nec appellatur omnino uita (beata), nisi confecta atque ~uta CIC.*Fin*.2.87; Varro quater nouenis diebus fruges~ui tradit PLIN.*Nat*.18.56; TAC.*Ann*.11.13.

absolūtē, *adv. superl.* ~issime. [ABSOLVTVS+-E]

1 Completely, absolutely, perfectly (in quantity or quality).
hisce..quinque partibus ut ~issime utamur *Rhet.Her*.2.28; quot eius formae sint, subiungitur~e CIC.*Top*.34; nec sententia ulla est quae fructum oratori ferat, nisi apte exposita atque~e *Orat*.227; omnes sapientes semper feliciter, ~e, fortunate uiuere *Fin*.3.26; uacuus animus perfecte atque ~e beatos efficit *Tusc*.4.38; qui..illum quidem ~e, hunc mediocriter doctum existiment SUET.*Gram*.4(p.103Re).

2 Without qualification, simply, unreservedly.
nihil libere uolumus, nihil ~e, nihil semper Sen.*Ep*.52.1; tria non amplius..~e traduntur inscripta 'ille fecit' Plin.*Nat*.pr.27; qui ~e donaret Papin.*dig*.39.6.42.1; respondi non posse ~e responderi Scaev.*dig*.33.1.13.1.

absolūtiō ~ōnis, *f.* [ABSOLVO+-TIO]
1 Finishing, completion. **b** completeness, exhaustiveness.
tria genera nobis reliqua sunt..quibus praetermissis caeli ~o perfecta non erit Cic.*Tim*.41. **b** continuatio est et densa ⟨et continens⟩ frequentatio uerborum cum ~one sententiarum *Rhet.Her*.4.27; partitio rerum..haec habere debet: breuitatem, ~onem, paucitatem Cic.*Inv*.1.32.
2 Qualitative completeness, perfection.
habitus..in aliqua perfecta et constanti animi aut corporis ~one consistit Cic.*Inv*.2.30; hanc..~onem perfectionemque in oratore desiderans *de Orat*.1.130; uirtus..quae rationis ~o definitur *Fin*.5.38; manifesta iam tunc claritate artis, adeo ~one Plin.*Nat*.35.55.
3 Acquittal. **b** release (from an obligation).
de ~one istius neque ipse iam sperat Cic.*Ver*.1.6; sententiis XVI ~o confici poterat *Clu*.74; si causam quaeris ~onis egestas iudicum fuit *Att*.1.16.2; Quint.*Inst*.6.1.12; Acilia.. sine ~one, sine supplicio dissimulata Tac.*Ann*.15.71; nocentibus ~ones uenditare Suet.*Ves*.16.2; si lite contestata condicio exstiterit, ~o sequi debebit Julian.*dig*.13.1.14;—(*w. gen. of charge*) de ~one maiestatis Cic.*Fam*.3.11.1. **b** si iam petitae sunt operae, liberis sublatis ~onem faciendam Paul.*dig*.38.1.37.6.

absolūtōrius ~a ~um, *a.* [ABSOLVO+TORIVS]
1 Favouring or securing acquittal.
graues (sententias) habuit XVIIII, ~as duas et XXX Asc.*Mil*.49; duas tabellas, damnatoriam et ~am Suet.*Aug*.33.2; placere omnia iudicia ~a esse Gaius *Inst*.4.114.
2 Effecting a cure.
clauum ferreum defigere in quo loco primum caput fixerit corruens morbo comitiali, ~um eius mali dicitur Plin.*Nat*.28.63.

absolūtus ~a ~um, *a. compar.* ~ior, *superl.* ~issimus. [ABSOLVO].
1 Complete, fully developed, finished, perfect; *annus ~us*, the great year. **b** (as a term of commendation) accomplished, finished.
ipsum..conuiuium constat..ex rebus quattuor et tum denique omnibus suis numeris ~um est Var.*Men*.333; ut conuersiones habeat ~as Cic.*de Orat*.3.190; nihil erat ~i *Att*.1.16.18; quod ex omni parte ~issimum est *Tim*.12; ~a libertas Sen.*Ep*.75.18; formam eius in speciem orbis ~i globatam Plin.*Nat*.2.5; adeo..his (*sc.* pupillis) ~a uis speculi 11.148; meditationes..non omnibus oratoriis numeris sunt ~ae Quint.*Inst*.10.1.70; quae (effigies) hoc diuturnior erit, quo uerior, melior, ~ior fuerit Plin.*Ep*.3.10.6; tu perfectus atque omnibus bonis artibus ~us Fro.*Aur*.1.p.72(59N); quot lucis habet annus ~us Var.in Non.p.528 M; ~um annum perfectumque tum compleri Cic.*Tim*.33. **b** pinxit..heroa ~issimi operis Plin.*Nat*.35.74; Saleium Bassum, cum optimum uirum tum ~issimum poetam Tac.*Dial*.5.2; quae ~iora mihi uidebantur Plin.*Ep*.2.5.2; recitabatur liber ~issimus 6.17.2; legi..librum omnibus numeris ~um 9.38; leges..eleganti atque ~a breuitate uerborum scriptas Gel.20.1.4.
2 (of substances) Pure. **b** (of an argument, etc.) complete in itself, self-contained.
nec ullum ~ius aurum est Plin.*Nat*.33.66; fossili natura (specularis), ~us in se caementi modo 36.161; Histra nec minus ~a testa Mart.12.63.2; non ignem neque aquam nec aliud de principiis et ~is elementis esse Apul.*Pl*.1.5. **b** ~a (*sc.* pars iuridicialis constitutionis) est cum id ipsum quod factum est..recte factum esse..dicemus *Rhet.Her*.1.24; Cic.*Inv*.1.15; Quint.*Inst*.7.4.4.
3 Unqualified, unconditional; unambiguous.
mortis causa donatio longe differt ab illa uera et ~a donatione Paul.*dig*.39.6.35.2;—si ~am causam inuenerit Ulp.*dig*.37.10.3.4.
4 (gram.) In the positive degree.
utimur uulgo et comparatiuis pro ~is, ut cum se quis inferiorem esse dicet Quint.*Inst*.9.3.19; 'pluria' siue 'plura' ~um esse et simplex, non..comparatiuum Gel.5.21.13.
5 (of utterance, app.) Free, fluent.
quo sit ~ius os et expressior sermo Quint.*Inst*.1.1.37; uox expedita, uox ~a Fro.*Aur*.2.p.72(149N).

absonē, *adv.* [ABSONVS+-E] Harshly, discordantly.
Cn. Matius..non absurde neque ~ finxit 'recentatur' Gel.15.25.1; quod eos (uersus) ~ et indocte pronuntiarent Apul.*Apol*.5.

absonō ~are, *intr.* [ABSONVS+O³] To have an unpleasant sound.
cernis pariter quattuor ~are longas Maur.2024.

absonus ~a ~um, *a.* **aps-.** [AB-+SONVS]
1 Of unpleasant sound, harsh, discordant.
sunt quidam..ita uoce ~i Cic.*de Orat*.1.115; in praepositione b litterae ~am et ipsam s subiciendo Quint.*Inst*.12.10.32; si mutes 'haec' et 'hic finis' dicas, durum atque ~um erit Gel.13.21 (20).12; illius ~o clamore experrectus Apul.*Met*.1.17; (*neut. pl. as sb.*) neque se tam insignite locuturum, ut ~a inauditaque diceret Gel.7(6).15.6.
2 Unpleasing in effect, in bad taste, jarring.
illa est urbanitas, in qua nihil ~um, nihil agreste..possit deprehendi Quint.*Inst*.6.3.107; omnia rudia fecerunt atque ~a Gel.19.9.7.
3 (w. dat. or *ab*) Not in keeping (with), inconsistent, discordant. **b** askew, awry.
si dicentis erunt fortunis ~a dicta Hor.*Ars* 112; gesta, quorum nihil ~um fidei diuinae originis..fuit Liv.1.15.6; Fro.*Ver*.2.p.198(202N); (*w.* ab) nec ~i a uoce motus erant Liv.7.2.5. **b** praua cubantia prona supina atque ~a tecta Lucr.4.517.

absorbeo ~bēre ~buī (or ~psī) ~ptum, *tr.* **aps-.** [AB-+SORBEO] Forms: *~psi* Luc.4.100.
1 To swallow down, devour.
ut decies solidum ~beret Hor.*S*.2.3.240; Porcius..ridiculus totas simul ~bere placentas 2.8.24; angues..immanes ..hiant, superuolantesque aues..~bent Mela 1.99; Sil.15.788.
2 a (of water) To engulf, submerge. **b** (of solid things) to swallow up; also, to soak up, absorb. **c** (of heat) to dry up.
a Oceanus..uix uidetur tot res..tam cito ~bere potuisse Cic.*Phil*.2.67; ~beri terras et maria siccari Sen.*Suas*.1.9; quidquid ingerebatur, praealtum ~bebat mare Curt.4.2.22; Plin.*Nat*.6.1;—(*in fig. phrs.*) (meretricem) acerrume aestuosam: ~bet ubi quemque attigit Pl.*Bac*.471; ne aestus nos consuetudinis ~beat Cic.*Leg*.2.9; tanto te ~bens uertice amoris aestus in abruptum detulerat barathrum Catul.68.107. **b** Tigrim subito tellus ~bet hiatu Luc.3.261; (*cf.*) Juv.6.126;—si quid lacrimae processit, ~bet (panis) Cels.6.6.1.K; lens optima..quae maxime aquam ~bet Plin.*Nat*.22.142. **c** omnem..naturalem ~bet humorem siccitas Curt.7.5.5.

absque, *prep.* **aps-.** [AB-+-QVE²] Const.: w. abl.
1 ~ (*te*) *esset, foret*, Were it not for, but for (you).
nam ~ te esset, ego illum haberem rectum ad ingenium bonum Pl.*Bac*.412; quod ~ hoc esset..usque offrenatum suis me ductarent dolis *Capt*.754; *Trin*.1127; ~ eo esset, recte ego mihi uidissem Ter.*Ph*.188; quam fortunatus ceteris sum rebus, ~ una hac foret *Hec*.601.
2 Separately from, apart from, without, with the exception of.
nullam a me uolo epistulam ad te ~ argumento ac sententia peruenire Cic.*Att*.1.19.1; impetu raptus sit et ~ sententia Quint.*Inst*.7.2.44; Gel.2.2.7; aput Aeschylum.. et aput Euripidem..eundem esse uersum ~ paucis syllabis 13.19(18).4.

abstantia ~ae, *f.* [pple. of ABSTO+-IA] Distance.
aiunt solem, cum longius absit ~a quadam..errantia.. sidera..inpedire Vitr.9.1.11.

abstēmius ~a ~um, *a.* [AB-+TEM(ETVM)+-IVS]
1 Refraining from wine, abstaining. **b** self-restrained, abstemious.
sororem lanificam dici, siccam atque ~am ubi audit Lucil.239; quantopere ~as mulieres uoluerint esse Var. in Non.p.68M; aqua, e qua qui biberint, fiunt ~i Vitr.8.3.21; Ov.*Met*.15.323; Quint.Inst.1.7.9; ante horam diei secundam ieiunus adhuc et ~us Apul.*Apol*.58; (*w. gen.*) mulieribus uini ~is Plin.*Nat*.22.115; (*transf.*) prandium.. ~um, in quo nihil uini potatur, caninum dicitur Gel.13.31.16. **b** si forte in medio positorum ~us herbis uiuis et urtica Hor.*Ep*.1.12.7.
2 Careful with one's means, saving.
~us est, immo scit quo rete leporem teneat lupum non teneri Var.in Non.p.68M; culpabilium..uirorum quattuor formae sunt quarum prima honoripetarum est, sequens ~orum Apul.*Pl*.2.15.

abstergeō ~ gēre ~ sī ~ sum, *tr.* **aps-.** Also **~gō** ~gere [AB-+TERGEO].
1 To clean by wiping, wipe clean.
tu labellum ~geas potius quam quoiquam sauium faciat palam Pl.*As*.797; qui ~gerem uolnera? Ter.*Eu*.779; multis diluta labella guttis ~sisti omnibus articulis Catul.99.8; ~sos gladios V.Max.2.8.7; at ille ~sit faciem Sen.*Dial*.12.13.7. **β** quod destinatum erit tollere, id ipsum..ex interuallo penicillo ~getur Larg.228.
2 To remove by wiping, wipe off. **b** to wipe away (tears). **c** to strip off.
sume laciniam atque ~ge sudorem tibi Pl.*Mer*.126; euerrite aedis, ~gete araneas Titin.*com*.36; quasi fuligine ~sa Cic.*Phil*.2.91; ~so cruore Liv.1.41.5; si..defluens pituita ~geatur (*sc.* amygdalae) Plin.*Nat*.17.252; (*cf. w. sense 3*) cretast profecto horum hominum oratio. ut mi ~serunt omnem sorditudinem! Pl.*Poen*.970. **b** ~ge lacrimas Lucil.206; utinam his omnibus ~gere fletum sententiis nostris..possemus Cic.*Phil*.14.34; V.Max.1.1.15. **c** conlidi inter se naues ~gerique inuicem remi..coeperunt Curt.9.9.16.
3 To banish or dispel (feelings, affections).
uolo ~gere animi tui metum Cic.*Fam*.9.16.9; consolabor te et omnem ~gebo dolorem *Q.fr*.2.8.4; ita iucunda huius libri confectio fuit, ut..omnes ~serit senectutis molestias *Sen*.2;—(*of remedies*) siser erraticum..fastidium ~get Plin.*Nat*.20.34; ~gendae lippitudini 31.125.

absterreō ~ēre ~uī ~itum, *tr.* **aps-.** [AB-+TERREO]
1 To keep away by frightening, frighten away, drive off. **b** to keep away or withhold (from), deny (to).
orare ut patrem aliquo ~eres modo Pl.*Mos*.421; hanc simulant parere, quo Chremetem ~eant Ter.*An*.472; alii e turribus portae murisque saxis sudibus pilis ~ent hostem Liv.27.28.12; adcurrentem ancillam uulnere ~et Tac.*Ann*.13.44;—(*w.* ab) ut illos a me ~eam Pl.*Men*.832; ut canis a corio numquam ~ebitur uncto Hor.*S*.2.5.83; ~endo singulos a coitionibus conciliisque Liv.2.35.4; (*cf. w. sense 2*) neminem a congressu meo neque ianitor meus neque somnus ~uit Cic.*Planc*.66; (*w. abl.*) (eum) aedibus ~ui Titin.*com*.45; (*w.* inde) inde..ipsa solitudine ~iti Liv.5.41.6;—(*w. inanim. obj.*) ictu fustium aliisque uerberibus ut feras ~rebant (flammas) Tac.*Ann*.13.57. **b** natura ~uit auctum Lucr.5.846;—(*w. dat.*) decet simulacra et pabula amoris ~ere sibi 4.1064; 4.1234.
2 To deter, discourage (from an act or policy).
cum uirtus nec lucro inuitet nec ~eat damno Sen.*Ben*.4.1.2; ~itus non tam paenitentia quam perficiendi desperatione Suet.*Nero* 43.2; Gel.1.6.3;—(*w.* ab) a pecuniis capiendis homines ~ere Cic.*Ver*.2.142; Liv.27.9.8;—(*of inanim. subj.*) ab urbe oppugnanda Poenum ~uere conspecta moenia 23.1.10; Suet.*Jul*.59;—(*w. abl.*) teneros animos aliena opprobria saepe ~ent uitiis Hor.*S*.1.4.129; Luc.5.129; Tac.*Ann*.12.45.

abstinax ~ācis, *a.* [ABSTINEO +-AX] Abstemious.
et quid si non ~ax fuisset! quinque dies aquam in os suum non coniecit, non micam panis Petr.42.5.

abstinens ~ntis, *a. superl.* ~ntissimus. [ABSTINEO]
1 (w. gen. or abl.) Showing restraint (in respect of), not covetous (of).
~ns ducentis ad se cuncta pecuniae Hor.*Carm*.4.9.37; alieni ~ntem, sui non auare tenacem Sen.*Ben*.4.11.1; somni et uini sit ~ntissimus Col.11.1.13;—(*w. abl.; masc. as sb.*) nisi aut ab impubi aut certe ~ntissimo rebus uenereis 12.4.3.
2 (absol.) Self-restrained, temperate (esp. in financial dealings). **b** chaste, continent.
is ceteroqui ~ns sed Iulia lege transitans..facit ut mihi excipiendus sit, cum terruncium nego sumptus factum Cic.*Att*.5.21.5; esse ~ntem, continere omnis cupiditates *Q.fr*.1.1.32; ~ns erit, qui id ipsum quid sit abstinentia ignoret Quint.*Inst*.12.2.2; ~ntissimi fidelissimique custodis principalium opum Plin.*Ep*.8.6.7; (*cf.*) praetorem..decet non solum manus sed etiam oculos ~ntes habere Cic.*Off*.1.144; (*w. dat.*) mancipibus liberalis, sociis ~ns *Planc*.64. **b** Magnessam Hippolyten dum fugit ~ns Hor.*Carm*.3.7.18.

abstinenter, *adv.* [prec.+-TER²] With self-restraint (esp. in financial dealings), scrupulously.
homine..in causa populari si non moderate at certe populariter ~que uersato Cic.*Sest*.37; tu quidem orbis terrarum rationes administras tam ~ quam alienas Sen.*Dial*.10.18.3.

abstinentia ~ae, *f.* [ABSTINENS+-IA]
1 (w. gen. or *ab*) Restraint (in respect of), abstention (from). **b** (absol.) self-control, restraint.
de pudicitia..illa, cui alieni corporis ~a est Sen.*Ep*.49.12; inter argumenta superstitionis ponebatur quorundam animalium ~a 108.22;—(*w.* cibi, uini, *etc.*) ~am cibi alias uini Plin.*Nat*.26.13; 28.224; 'abstemius', quia ex ~a temeti composita uox est Quint.*Inst*.1.7.9;—(*w.* ab) prodest..ab omni re ~a Larg.52;—(*ellipt.*) spe balinei..dimissa ad ~am rursus..animum uultumque composui Plin.*Ep*.7.1.6. **b** neque uero sat est summam praestare ~am Quint.*Inst*.2.2.4.
2 Restraint in financial dealings, freedom from covetousness, integrity, incorruptibility.
ut dignissimus sit curia propter ~am Cic.*Q.Rosc*.17; qui innocentiae ~aeque (meae periculum) fecissent *Ver*.1.34; laus ~ae non hominis est solum, sed etiam temporum illorum *Off*.2.76; cum modesto pudore, cum innocente ~a certabat Sal.*Cat*.54.6; tentata..eius est ~a a Diomedonte Cyziceno: namque is..Epaminondam pecunia corrumpendum susceperat Nep.*Ep*.4.1; integritatem atque ~am in tanto uiro referre iniuria uirtutum fuerit Tac.*Ag*.9.4; (*w. adj.*) de prouinciali in eo magistratu ~a Cic.*Sest*.7; (*iron.*) nec solum in Papinio fuit hac ~a *Ver*.4.46.
3 Restraint in eating and drinking, abstemiousness; refraining from eating and drinking, fasting.
ubi ad cibum uentum est..saepe inutilis nimia ~a Cels.1.2.8;—interdicit cibis et ~a corpus exonerat (medicus) Sen.*Dial*.3.6.2; radix eius..post unius diei ~am bibitur Plin.*Nat*.27.80; febrem quiete et ~a..mitigauit Quint.*Inst*.2.17.9; uitam ~a finiuit Tac.*Ann*.4.35.
4 Niggardliness, parsimony.
Milonis ~ae cognitor Apul.*Met*.1.26.

abstineō ~ēre ~uī abstentum, *tr.*, *intr.* **aps-.** [AB-+TENEO] Forms: *~i* (= *~ui*) Pl.*Am*.926.
A. (tr. uses):
1 To keep (something) physically distant (from something else), keep away.
dubiis ueritus se credere regnis ~uit tellure rates Luc.9.1010.
2 To keep (a person, etc., from an action or something which implies an action), restrain. **b** (absol.) to cause to abstain from food or drink, cause to fast.
(*w.* ab *or abl.*) quos ignauia aut praua calliditas..armis ~uit Sal.*Hist*.4.69.12; recens ad Regillum lacum accepta cladis Latinos..ne ab legatis quidem uiolandis ~uit Liv.2.22.4; a cetera praeda Fabius militem ~uit 4.59.8; consul.. direptione praedaque ~et militem 38.23.2; tutorem, qui pupillum hereditate patris ~uit Papin.*dig*.26.7.39.4; (*poet.*) non..ferrum Triopeius illa (*sc.* silua) ~uit Ov.*Met*.8.752;—(*absol.*) nemo adeo adfinis fuit..quem pietas ~eret (*sc. from*

cannibalism) [QUINT.]*Decl.*12.10; abstento pupillo solum se hereditati miscuisse AFRIC.*dig.*16.1.19.1. **b** ~eri debet aeger CELS.2.12.2.D; urendus, secandus, ~endus sum SEN. *Ep.*75.7; non se, conuiuas ~et ille suos MART.9.85.2.

3 To hold back (prospective or possible violence, etc., from people); (esp.) *~ere manum* (*-us*) *ab*, to keep one's hands off. **b** to restrain (actions, impulses, etc.), check.

(*w.* ab *or abl.*) orare se consulem ut bellum ab innoxio populo ~eat LIV.8.19.12; ab uno eo ferrum ignemque et uim omnem..~eri iussit 22.23.4; qui ab sociis suis non ~eret iniuriam 42.26.6; ~uit uim uxore et gnato HOR.*S.*2.3.202;—(*w. dat.*) Aeneae Antenorique..omne ius belli Achiuos ~uisse LIV.1.1.1;—(*w. adv.*) hinc..malas ~ete rapinas *Priap.* 86.19; a me ut ~eat manum PL.*Am.*340; alieno manum ~eat, sua seruet diligenter CATO *Agr.*5.1; LUCIL.901; ut manus ab illo appellatore ~erentur CIC.*Ver.*4.146; unum efficis ut a me manus ~eam (*i.e. from suicide*) *Att.*3.7.2; LIV.9.5.6; (*cf.*) nostra tueri, ab alienis mentis, oculos, manus ~ere CIC.*de Orat.*1.194; si..a facinoribus manus, mentem a fraudibus ~uissent LIV.39.16.1;—(*absol.*) non manum ~es, mastigia? TER.*Ad.*781; si quicquam caelati aspexerat, manus ~ere.. non poterat CIC.*Ver.*4.48; ~eas auidas Mors modo nigra manus TIB.1.3.4; ~erent manus, deam sua defensuram LIV.29.18.16;—(*fig.*) multa ab illis..pulchre dicta sunt, a quibus non ~uerunt nostri manus SEN.*Con.*10.4.18. **b** quaeso hercle ~e iam sermonem de istis rebus PL.*Mos.* 897; gemitus screatus tussis risus ~e TER.*Hau.*373.

B. (refl. uses).

4 To keep away (from a place).

usque ad lucem portu se ~uerunt LIV.21.49.11.

5 To keep away (from an action or something which implies an action), refrain, abstain. **b** (from food or drink); (absol.) to abstain from food or drink, fast.

(*w.* ab *or abl.*) quando factis me inpudicis ~i PL.*Am.*926; cum uirgine una adulescens cubuerit plus potus sese illa ~ere ut potuerit? TER.*Hec.*139; quod te ~ueris nefario scelere CIC.*Phil.*2.5; ut litibus et iurgiis se ~erent *Div.*1.102; diceris male te a tuis..glabris..~ere, sed ~e CATUL.61.136; ne Campani quidem..his se armis ~uere LIV.8.2.7; ~entes..se cantu PLIN.*Nat.*10.155; his..praetor permittit ~ere se ab hereditate GAIUS *Inst.*1.158; ut..urbani magistratus ab omni sorde se ~eant VEN.*dig.*48.11.6.2; VT ABSTINERENT SE A TAM FOEDO GENERE NEGOTIATIONIS *CIL* 10.1401.2.41;—(*absol.*) morticinae ouis non patiuntur (canes) uesci carne, ne ..minus se ~eant VAR.*R.*2.9.10; multum..consules se ~ebant LIV.3.11.5; siue extiterint heredes siue sese ~eant ULP.*dig.*11.7.6; (*cf.*) in parsimonia atque in duritia..omnem adulescentiam meam ~ui agro colendo CATO *orat.*69. **b** qui me ostreis et murenis facile ~ebam CIC.*Fam.*7.26.2; cum biduum cibo se ~uisset NEP.*Att.*22.3; ~ere se cibo omni aut potu PLIN.*Nat.*28.53;—biduo proximo se ~ere CELS.3.15.2.

6 To keep one's hands (off a prospective victim).

dum ted ~eas nupta, uidua, uirgine PL.*Cur.*37;—(*fig.*) confugis ad physicos eos..a quibus ne tu quidem iam te ~ebis CIC.*Luc.*55; cum se plurimi disertorum ne Publio a quidem Scipione..~erent TAC.*Dial.*40.1.

C. (intr. uses).

7 To stay or keep away (from a place).

utile finitimis ~uisse locis OV.*Rem.*626; cur ~uerit spectaculo ipse TAC.*Ann.*1.76.

8 To refrain, abstain (from an action or something which implies an action); (w. *de*) to desist (from). **b** (foll. by inf.; by *quin* or *quominus*). **c** (from food or drink); (absol.) to abstain from food or drink, fast.

(*w.* ab *or abl.*) ~e maledictis PL.*Rud.*1108; temperantia.. cernitur..ab eis quae in potestate sunt ~endo CIC.*Part.*77; ut his ~eant maxime uitiis in quibus alterum reprehenderint *Ver.*3.4; Labienus..nostros exspectabat proelioque ~ebat CAES.*Gal.*1.22.3; neque facto ullo neque dicto ~ere, quod modo ambitiosum foret SAL.*Jug.*64.5; ~uit tactu pater VERG.*A.*7.618; inuentis miser ~et ac timet uti HOR.*Ars* 170; tu tamen ~eas aliis TIB.1.2.57; ne domus quidem Hieronis tota ab defectione ~uit LIV.23.30.10; uocis usurpatione ~erent 27.19.5; regio..nomine ~uit 29.29.11; est uirtus placitis ~uisse bonis OV.*Ep.*16.98; Capitonem..cogitatione rerum nouarum ~uisse TAC.*Hist.*1.7; quamquam neque insignibus lugentium ~erent *Ann.*2.82; ~eas igitur damnandis JUV.14.38; ~uit..congressu hominum diu prae pudore SUET.*Aug.*65.2; mox ~uit hereditate paterna SCAEV.*dig.* 42.8.24; si ~ere ordine iussus sit ULP.*dig.*49.7.1.4; (*poet.*) scis artibus illis auctoris mores ~uisse sui OV.*Tr.*1.9.60;—(*w. gen.*) ~eto..irarum calidaeque rixae HOR.*Carm.*3.27.69; Mantuanus poeta, qui..~ens nominum sese quidem Corydonem, puerum uero Alexin uocat APUL.*Apol.*10;—(*impers. pass.*) monitum ut seditionibus ~eretur LIV.3.10.7; in hac frictione a uentre ~endum est CELS.3.21.10; non igni, non ferro ~etur SEN.*Ben.*7.27.1; biennio a putatione ~eri..conuenit COL.5.9.5;—(*absol.*) odorare hanc quam ego habeo pallam. quid olet? ~es? PL.*Men.*166; non tamen ~uit nec uoci iraeque pepercit VERG.*A.*2.534;—desistere..est de negotio ~ere, quod calumniandi animo instituerat ULP.*dig.* 5.1.10. **b** dum mi ~eant inuidere PL.*Cur.*180; non tamen ~uit uenturos prodere casus..Fortuna LUC.7.151; quando ita praefari non ~uerit SUET.*Tib.*23;—~ere quin attingas non queas PL.*Bac.*915; ut ne clarissimi quidem uiri ~uerint quo minus et ipsi aliquid de ea scriberent VAR.*gram.*320; aegre ~ent quin castra oppugnent LIV.2.45.10; (*also w. abl.*) Agrippina..neque principis auribus ~ere quo minus testaretur adultum iam esse Britannicum TAC.*Ann.*13.14. **c** faba quidem Pythagorei..~ere CIC.*Div.*2.119; ~ere eo quod uitale sit LIV.6.40.12; is..~ere..cibo debet CELS.5. 26.25; ut facile ~ere ab aqua..possint LARG.105. damnatis auidum pecus ~et herbis STAT.*Theb.*2.520; sue ~ent TAC. *Hist.*5.4; JUV.15.173; (*impers. pass.*) anseres..quibus..in summa inopia cibi tamen ~ebatur LIV.5.47.4;—triduo ~uit SEN.*Ep.*77.9; debent..ii omnes pridie ~ere LARG.6; Sauromatas..cibum capere semper diebus tertiis, medio ~ere GEL.9.4.6.

9 To keep one's hands (off people or property), refrain from attacking.

(*w.* ab *or abl.*) agros uastare, urere, pecuniis locupletum non ~ere CIC.*Att.*9.7.4; neu..ne a mulieribus quidem atque infantibus ~erent CAES.*Gal.*7.47.5; ut Capua urbe Campanoque agro ~erent LIV.7.31.10; qui cum..Hannibali denuntiarent ut ab Saguntinis..~eret 21.6.4; puellis ut saltem parcerent..a qua aetate etiam hostes iratos ~ere 24.26.11; non sacro, non profano ~ebant TAC.*Hist.*2.56;—(*w. abst. subj.*) ne ab obsidibus quidem..ira belli ~uit LIV.2.16. 9; feruet et a trepido uix ~et ira magistro LUC.4.242;—(*impers. pass.*) abunde libertatem rati, scilicet quia tergis ~etur SAL.*Hist.*3.48.26; solis boues uidit, sed ~uit (Ulixes) APUL.*Soc.*24.

10 To keep clear (of), avoid.

qui ea curabit ~ebit censione bubula PL.*Aul.*601; haud ~ent saepe culpa *Men.*768; ~ebatur a patribus LIV.3.36.7; ab horum aetatibus dignitatibusque et honoribus uiolandis dum ~ebatur 5.25.3; maior res magnis ~uisse fuit *Eleg. Maec.*32; ne Capitolio quidem ~eri TAC.*Hist.*3.70; nec domesticis ~ebatur *Ann.*1.10;—(*absol.*) quod te scio facile ~ere posse, si nihil obuiam est PL.*Aul.*345.

abstō ~āre, *intr.*, *tr.* **aps-.** [AB-+STO]

1 (intr., w. *longe*) To stand at a distance.

erit quae si propius stes te capiat magis, et quaedam si longius ~es HOR.*Ars* 362.

2 (tr., w. *procul*) To hold or keep at a distance.

mille modis Amor ignorandust, procul abhibendust atque ~andust PL.*Trin.*265.

abstrahō ~here ~xī ~ctum, *tr.* **aps-.** [AB-+TRAHO] FORMS: *-xe* (perf. inf.) LUCR.3.650.

1 To drag away, remove forcibly; (pregn.) to carry off to destruction or execution. **b** (w. emphasis on destination). **c** (w. emphasis on loss of possession). **d** (w. emphasis on separation of two people, etc.).

et istam psaltriam una illuc mecum hinc ~ham TER.*Ad.* 843; uos istum..ocius ~hite ACC.*trag.*383; manibus ~ctam piis CIC.*Tusc.*2.20; sequi..se iubebat: cunctantem ui ~cturum LIV.3.44.6; ~hor a patriis pedibus OV.*Ep.*14.83; captiua olim mancipia aut iumenta adgnoscentes ~hentesque TAC.*Ann.*15.15; (*w. instr. abl.*) hanc (nauem) remulco ~xit CAES.*Civ.*2.23.5; (*of abstr. subj.*) non illum Cereris, non illum cura quietis ~here inde potest OV.*Met.*3.438; (*from sight; in quot. in fig. phr.*) repente te quasi quidam aestus ingeni tui..in altum a conspectu paene omnium ~xit CIC. *de Orat.*3.145;—claritudine infausti generis..foret ~ctus TAC.*Ann.*4.13. **b** (fluuius) ~xit..hominem in maxumam malam crucem PL.*Men.*66; liberos, coniuges in seruitutem ~hi CAES.*Gal.*7.14.10; ab iis..quidam..Locrenses circumuenti Regiumque ~cti fuerant LIV.29.6.4. **c** e Tartarea tenebrica ~ctum plaga tricipitem..canem CIC.*Tusc.*2.22; ~ctaeque boues..caelo ostenduntur VERG.*A.*8.263; (*poet. of an implement*) amissam laeuam..inter equos ~xe rotas falcesque rapaces LUCR.3.650. **d** ut me a Glycerio miserum ~hat TER.*An.*243; num etiam de matris hunc complexu..auellet atque ~het? CIC.*Font.*46; accedebat quod suos ab se liberos ~ctos obsidum nomine dolebant CAES.*Gal.*3.2.5; ut ea specie Germanicum suetis legionibus ~heret TAC.*Ann.*2.5; (*cf.*) quamquam..se..per inuidiam parto iam decori ~hi intellegeret 2.26.

2 (pass., in fig. uses) **a** To be dragged or forced (into a conflict). **b** to be carried or swept away (by an impulse).

quandoquidem in partes..~hor accipe, Phineu, quem fecisti hostem OV.*Met.*5.93. **b** impetu irae ~ctus V.MAX. 5.9.1; adfectibus effrenatissimis ~hi SEN.*Ep.*88.19.

3 To remove from the control or possession of others, appropriate, take away. **b** to detach (from a loyalty or sim.).

quod si Asiae quoque partem aliquam ~here uelint LIV. 37.35.7; (*pass., by death*) cum Q. Metellus ~heretur e sinu gremioque patriae CIC.*Cael.*59. **b** si quas copias a Lepido ~xissent CIC.*Fam.*10.18.3; quae..ea est disciplina ad quam me deducas si ab hac ~xeris? *Luc.*114; quam uereor, ne te.. abstrahat a nostro puluere iniquus Amor PROP.1.19.22.

4 (geog., of a country) To draw back (its coastline).

obliqua retro latera ~hit (Britannia), altero Galliam altero Germaniam spectans MELA 3.50.

5 To set free, remove (from a situation, etc.).

(*w. situation, etc., specified*) uix me illi⟨m⟩ ~xi atque inpeditum in ea expediui animum meum TER.*Hec.*297; ut eum uis quaedam ~xisse a sensu mentis uideretur CIC.*Div.*1.80; neque desistam ~here a seruitio ciuitatem nostram BRUT.*ad Brut.*1.16.9;—(*refl.*) qui se ualde dilatandis litteris a similitudine Graecae locutionis ~xerat CIC.*Brut.*259.

6 To separate, split (into parts). **b** to separate mentally, abstract (from).

omnia in duas partis ~cta sunt, res publica, quae media fuerat, dilacerata SAL.*Jug.*41.5. **b** occultam..fidem manifestis ~he rebus *Aetna* 145.

7 To deduct, subtract. **b** to exclude, except (from a category).

haec (*sc.* sors) ter uicenos geminat, tris ~hit annos MAN. 3.605. **b** nihil est quod ex tanto comitatu uirorum amplissimorum me unum ~has CIC.*Sul.*9.

8 To turn aside, divert, distract (from one course of action, purpose, etc., to another).

(*w.* ab) illud etiam uerendum est ne ~hamur ab hac exercitatione et consuetudine dicendi populari et forensi CIC.*de Orat.*1.81; non dubito quin tuis litteris..se..ab omni..sollicitudine ~xerit *Deiot.*38; is ab hoc impetu ~ctus consilio et copiis Caesaris *Phil.*3.31; a rebus gerendis senectus ~hit *Sen.*15; ratio..~hit ab acerbis cogitationibus *Tusc.*3.33; etsi..a maiore re ~hebatur NEP.*Dat.*4.3; Romanos ne oppugnatione quidem urbis Romanae ~hi a Capua obsidenda potuisse LIV.26.12.12; magnam partem iuuentutis ~ctam a cultu agrorum bellum occupauerat 28.12.8; 38.27.5;—(*w.* ad) nisi eum maioris gloriae cupiditas ad bellicas laudes ~xisset CIC.*Brut.*239;—(*w.* ab *and* ad *or* in+*acc.*) magnitudine pecuniae a bono honestoque in prauom ~ctus est SAL.*Jug.*29.2; ad iuuandas sociorum urbes longius a castris ~ctos deprehendi Romanos posse LIV.42 56.9;—(*ellipt.*) rationem reddere auentem ~hit inuitum patrii sermonis egestas LUCR.3.260.

abstrūdō ~dere ~sī ~sum, *tr.* **aps-.** [AB-+TRVDO]

1 To conceal from view, hide. **b** (pass.) to be concealed (by intervening objects).

se aulam..~sisse hic intus in fano Fidi PL.*Aul.*617; sub gemmane ~sos habeo tuam matrem et patrem? *Cur.*606; clauis ilico ~di iubeo TITIN.*com.*44; (*ellipt.*) alicubi ~dam foris PL.*Aul.*577;—(*refl. or pass. in refl. sense*) cum..mane me in siluam ~si densam et asperam CIC.*Att.*12.15; tectum inter et laquearia tres senatores..sese ~dunt TAC.*Ann.*4.69; ~sus gestatoria sella SUET.*Vit.*16.1; (*w. dat.*) uelut serpentem ~sam terrae VELL.2.129.3.—(*poet.*) ~sa caeco carcere et saxo exigat aeuum SEN.*Ag.*988;—(*in fig. phr.*) naturam.. quae in profundo ueritatem..penitus ~serit CIC.*Luc.*32; —(*hyperb.*) in cerebro colaphos ~dam tuo PL.*Rud.*1007. **b** ualuarum aspectus ~ditur columnarum crebritate VITR. 3.3.3; ~sum fibris uitalibus omne morte patet LUC.9.778.

2 To prevent (an emotion) from becoming apparent, suppress, conceal.

ut quondam diuus Iulius amissa unica filia, ut diuus Augustus ereptis nepotibus ~serint tristitiam TAC.*Ann.*3.6; metu ~so mitiora obtendens 15.5.

abstrūsus ~a ~um, *a.* **aps-.** [pple. of ABSTRVDO]

1 Concealed from view by human, etc., agency, hidden. **b** (living) remote from human society, in seclusion.

num quisnam tam ~us usquam nummus uidetur quem non architecti huiusce legis olfecerint? CIC.*Agr.*1.11; ut laudatio mea non in Actis Senatus ~a lateat FRO.*Aur.*1. p.110(26N). **b** bonos..otio aut situ ~os et quasi sepultos PLIN.*Pan.*45.2; abstineas..comitiis ~us atque abditus 63.5.

2 Naturally concealed from view, hidden; secluded, remote. **b** (neut. as sb.) an underground region; a secluded or remote place.

~um, abditum dubiumque an essem SEN.*Phoen.*251; ~a..flumina quaerunt LUC.4.293;—(*in fig. phr.*) erutaque ~a penitus caligine fata MAN.2.766;—omnes latebras.. ~os sinus PAC.*trag.*394; ~o in flumine ACC.*trag.*462; utque latet uitatque tuas ~a carinas..terra petita OV.*Ep.*7.147. **b** ~a..et sine possessore deserta liberius undis uacant SEN. *Nat.*6.7.5;—proba mers facile emptorem reperit, tam etsi in ~o sitast PL.*Poen.*342; longinqua clausa ~a diuersa inuia emetiemur SEN.*Phaed.*939.

3 Concealed by human agency from knowledge, secret.

dum patefacio uobis quas isti penitus ~as insidias se posuisse arbitrantur CIC.*Agr.*2.49; excitatus..aliquando Cn. Pompei nimium diu reconditus et penitus ~us animi dolor *Dom.*25; quam diu ~o..pectus eius flagrauit incendio VELL.2.130.4.

4 Recondite, abstruse.

exercitationem mentis a reconditis ~isque rebus ad causas forensis..traduxerat CIC.*Brut.*44; disputatio copiosa..sed paulo ~ior *Luc.*30.

5 Secretive, reserved.

quid enim illo inertius, quid sordidius..quid stultius, quid ~ius? CIC.*Pis.*fr.6; haec audita quamquam ~um et tristissima quaeque maxime occultantem Tiberium perpulere TAC.*Ann.*1.24.

abstulō, *tr.* [AB-+*tulo* (cf. TOLLO)] (app.) To take away.

aullas ~as PL.*Rud.*fr.1.

absum abesse āfuī, *intr.* **aps-.** [AB-+SVM] FORMS: *absiet* (= *absit*) CATO *Agr.*19.1. PROS.: *afuĕrunt* CORN.SEV.*poet.*13.24; OV.*Met.*10.55.

1 To be physically absent (from a place, etc.), be away, be elsewhere, be not available; *ab oculis meis*, etc., *abesse*, to be out of my, etc., sight; (pres., w. expr. of duration) to have been absent (for a specified period). **b** (euphem.) to be absent from Rome as an exile. **c** (of things, pregn.) to have been removed, be missing.

ut quom apsim me ames PL.*Am.*542; Hortensium.. maxime..probaui pro Messalla dicentem, cum tu afuisti CIC.*Brut.*328; eius qui in Italia non sit absitue rei publicae causa *Caec.*57; timeo ne absim cum adesse me sit honestius *Att.*16.13b(c).1; afuturus mense Aprili *Fam.*7.18.3; omnia.. quae absunt uehementius hominum mentis perturbant CAES.*Gal.*7.84.5; sed tum afuit, eoque peius res administrata est NEP.*Con.*1.2; 'Aeneas ignarus abest': ignarus et absit VERG.*A.*10.85; pars exercitus aberat LIV.22.24.9; tempore abest aberitque diu Neptunius heros OV.*Ep.*4.109; quanto facilius afuturum ad unius anni proconsulare imperium? TAC.*Ann.*3.58;—(*w.* ab, ex, *advs. of separation, etc.*) ne balant quidem, quom a pecu cetero apsunt PL.*Bac.*1138a; quarum uiri hinc apsunt *St.*4; cum..afuissem domo adulescens CIC.*Orat.*146; numquam ex urbe is afuit nisi sorte, lege, necessitate *Planc.*67; unde quidem quam diu afuisti, magis a me abesse uidebare quam si domi esses *Att.*6.5.1; ab hoc concilio Remi..afuerunt CAES.*Gal.*7.63.7; quia neuter consulum potuerat bello abesse LIV.9.44.2; qui fugati metu inde afuerint 27.5.4;—(*w.* in+*abl.*) afuisse me in altercationibus quas in senatu factas audio CIC.*Att.*4.13.1;

—(*w. loc.*) dum rur iipsa abest PL.*Mer.*924; Velitris in exercitu plebis magnam partem abesse LIV.6.36.9;—(*w. abl. of espect*) Psyche, quamuis praesenti corpore, sensibus tamen aberat APUL.*Met.*6.14;—(*pple. as sb.*) si afuturo rei publicae causa soluit ULP.*dig.*46.3.14.4;—afuit ab oculis uestris et..ipse se exsilio paene multauit CIC.*Sul.*74; numquam..ab oculis meis afuerunt (*sc.* libri) *Att.*13.21a.2(5);—clam me profectus mensis tris abest TER.*Hau.*118; percontantibus, ut mos est qui diu absunt, quae domi agerentur LIV.29.6.6. **b** si censor tum esset cum ego aberam CIC.*Dom.*84; me, qui nulla lege abessem, non restitui lege..oportere *Sest.*73; cum abessem atque in magnis periculis essem *Fam.*11.29.2; (*w.* in+*abl.*) in minus hostili iussus abesse loco OV.*Pont.*3.1.4; (*cf. sense* 3) ut ab urbe abesset (L. Lamia) milia passuum ducenta CIC.*Sest.*29. **c** quo ex loco terminus aberit *Leg. pub.*15 (*Font.iur.*p.96); unus abest, medio in fluctu quem uidimus ipsi summersum VERG.*A.*1.584; uicini queror has (capellas) abesse furto MART.6.19.3; 'aureos' tot..furto ei abesse ULP.*dig.*47.2.19.3.

2 To absent oneself (from), fail or refuse to take part (in) or appear (at). **b** (spec., of advocates, helpers, etc.) to fail in assisting, not be present.

(*w.* ab) eadem..tum fuit (causa) cum ab eorum consiliis abesse iudicasti CAES.*Att.*10.8b.1;—(*w. abl.*) primoribus qui iam diu publicis consiliis aberant LIV.26.13.1;—(*absol.*) si reticeat et absit CIC.*Ver.*1.2; non adesse eram iussus, non citatus afueram *Dom.*62; quod non in fraudem libertatis absint ULP.*dig.*40.5.28.5. **b** si cum isdem me in hac causa uides adesse cum quibus in ceteris intellegis afuisse CIC.*Sul.*7; facile etiam absentibus nobis ueritas se ipsa defendet *Ac.*2.36; nusquam abero et tutum patrio te limine sistam VERG.*A.*2.620; iam moenibus patriae metuens ne abesset in discrimine extremo LIV.22.9.6; nec numen abest STAT.*Theb.*10.282;—(*w.* ab) neque animus neque corpus a uobis aberit SAL.*Cat.*20.16;—(*w.* hinc, illim) et hinc abero et illim CIC.*Att.*10.1.2;—(*w. dat.*) nec dextrae erranti deus afuit VERG.*A.*7.498.

3 To be (a specified distance) away, be distant. **a** (with *longe, procul,* and sim.). **b** (w. acc. of distance). **c** (w. abl. of distance).

a quid agat, si apsis longius? PL.*Capt.*611; TER.*Ad.*524; quoniam propius abes CIC.*Att.*1.1.2; neque..Antonius procul aberat SAL.*Cat.*57.4;—(*w.* procul+*abl.*) ut quam maxime procul abesset urbe Pandosia LIV.8.24.3; quia nec procul Thessalia..aberat (Anticyra) 32.18.5; nec procul afuerunt telluris margine summae OV.*Met.*10.55;—(*w.* ab) oues illius hau longe apsunt a lupis PL.*Truc.*657; cur hic potissimum irascare qui longissime a te afuit CIC.*Planc.*17; illud..oppidum ab Italia non satis abesse *Att.*3.7.1; ad eam partem munitionum..quae..longissime..a maximis castris Caesaris aberat CAES.*Civ.*3.62.2; haud procul a Gadibus is locus abest LIV.28.37.1; procul a Geticis finibus arbor abest OV.*Tr.*3.12.16;—(*w.* hinc, inde) longe hinc abest unde aduectae huc sumus PL.*Rud.*267; nec longius abfuit inde, quam quantum nouies mittere funda potest OV.*Fast.*3.583. **b** non minus XV milia Anien abest CATO *orat.*92; pedem quaeque uti absiet *Agr.*19.1; nos in castra properabamus quae aberant tridui (*sc.* iter) CIC.*Att.*5.16.4; neque se plus tridui itinere afuisse TAC.*Ann.*15.16;—(*w.* ab) dicere quot milia fundus suus abesset ab urbe CIC.*Caec.*28; in castra..a quibus aberam bidui (*sc.* iter) *Att.*5.17.1; hic locus abest a Clupeis passuum XXII CAES.*Civ.*2.23.2; septem milia passuum cum abessent a Cominio LIV.10.43.9; exiguum spatii uallum a uallo aberat 22.24.8;—(*w. abl.*) is locus aberat nouis Pompei castris circiter passus quingentos CAES.*Civ.*3.67.1;—(*w.* inde) Hamae inde tria milia passuum absunt LIV.23.35.12;—(*w.* inter sese) sed ubi iam haud plus quingentos passus acies inter sese aberant 28.14.13. **c** (*w.* ab) Ariouisti copias a nostris milibus passuum quattuor et XX abesse CAES.*Gal.*1.41.5; Hybanda..ducentis nunc a mari abest stadiis PLIN.*Nat.*2.204; ab hoc diei nauigatione abesse insulam Abalum 37.35;—(*w.* inter se) nec longis inter se passibus absunt VERG.*A.*11.907.

4 (of time) To be distant; (of events, etc.) to be distant in time. **b** (of persons, etc.) to be distant in time (a specified amount from a date or period).

cum longe tempus muneris abesset CIC.*Sul.*54; omni antiquitate, quae quo propius aberat ab ortu et diuina progenie *Tusc.*1.26; quod tempus haud longe aberat SAL.*Jug.*36.1;—non aberit longius (*sc. the solution to the problem*) TER.*Hau.*984; (*w.* ab) haud multum a me aberit infortunium 668; (*w.* tempore) sunt enim omnia, sed tempore absunt CIC.*Div.*1.128. **b** non longe ab eo tempore absumus in quo res diiudicabitur CIC.*Att.*3.17.2; nomen fama tot ferre per annos Tithoni prima quot abest ab origine Caesar VERG.*G.*3.48; is puer nec multum a puberi aetate aberat MAECIAN.*dig.*29.5.14; (*cf. sense 7b*) tantum abes a perfectione maximorum operum ut fundamenta nondum..ieceris CIC.*Marc.*25;—(*of a person's age*) cuius aetas a senatorio gradu longe abesset *Man.*61;—(*of crops*) neque multum a maturitate aberant (frumenta) CAES.*Civ.*1.48.5.

5 (also impers., or w. neut. pron.; w. *ab, procul* and abl., acc. and inf., *ab eo..ut* or *ut* alone) To be removed or distant (from a condition, course of action, etc.). **b** (*procul*) *absit,* God forbid!

illud uereor ne tibi illum suscensere aliquid suspicere: quod abest longissime CIC.*Deiot.*35;—a qua suspicione ille aberat plurimum *Ver.*2.60; C. Marius, cum a spe consulatus longe abesset *Off.*3.79; multum ab spe adeundi ualli res Hernicis afuit LIV.7.7.2; (*w. abl. of distance*) camporum limite paruo absumus a uotis LUC.7.299; (*w.* prope) prope abest ab infirmitate, in quo sola sanitas laudatur TAC.*Dial.*23.4;—nec procul caede aberant *Hist.*3.32;—multum abest Pythagorae philosophi statuam esse APUL.*Fl.*15;—quod si geometricis rationibus non est crediturus..ne ille longe aberit ut argumentis credat philosophorum CIC.*Luc.*117;—(*w.* tantum *and foll. by consecutive cl.*) tantum..abest ab eo ut malum mors sit..ut uerear ne homini nihil sit non malum aliud certius *Tusc.*1.76; LIV.25.6.11;—tantumque abest ut..eneruetur oratio compositione uerborum, ut aliter in ea nec impetus ullus nec uis esse possit CIC.*Orat.*229; *Fin.*2.54; hoc detrimento milites nostri tantum afuerunt ut perturbarentur, ut..magnas accessiones fecerint *B.Alex.*22.1; cui ego rei tantum abest ut impedimento sim ut contra te..adhorter LIV.6.15.5; (*cf.*) me uel plurima uincla tecum summae coniunctionis optare..tantum abest ut ego..laxari aliquid uelim CIC.*Att.*6.2.1; tantum porro aberat ut binos scriberent; uix singulos confecerunt 13.21a.2(5). **b** tu sordida tecta iugumque seruitii uulgare feres? procul absit STAT.*Silv.*3.4.34; si diuini puelli—quod absit—haec mater audierit APUL.*Met.*5.16; (*foll. by* ut) procul absit ut ista uindictae sit summa tuae LUC.10.525; absit..ut Milonem hospitem..deseram APUL.*Met.*2.3.

6 *abesse non potest* (*nihil abest,* etc.) *quin,* It cannot be but that.., nothing prevents (something being the case); *non multum* (*paulum,* etc.) *abest quin,* little is wanting for (something to happen). **b** *non longe,* etc., *abest quin,* little time intervenes before (something happens).

abesse non potest quin eiusdem hominis sit probos improbare qui improbos probet GRACCH.*orat.*23; prorsus nihil abest quin sim miserrimus CIC.*Att.*11.15.3; nihil afore credunt quin omnem Hesperiam penitus sua sub iuga mittant VERG.*A.*8.147; nihil abesse..quin Romanos..dimicare..cogant LIV.10.16.7; si quis nunc Valerium appellans..acuerit primam (syllabam), non aberit, quin rideatur GEL.13.26(25).2; (*in interrog. sentence*) quid abest quin..dicto pareamus? LIV.8.4.2; V.MAX.5.3.ext.3;—umerum apertum gladio appetit paulumque afuit quin Varum interficeret CAES.*Civ.*2.35.2; ut haud multum afuerit quin impetu populi Caeso interiret LIV.3.13.3; res repetentes legatos nostros haud procul afuit quin uiolarent 5.4.14; ut non multum abesset quin opera ac uineae desererentur 21.7.10; non multum afuit, quin sutrinum quoque inuentum a sapientibus diceret SEN.*Ep.*90.23; minimum afuit quin periret concursu..turbae militaris SUET.*Aug.*14. **b** aberit non longe quin hoc a me decerni uelit CIC.*Att.*9.9.3; (*cf., w.* ab eo quin) neque multum abesse ab eo quin paucis diebus deduci possint CAES.*Gal.*5.2.2.

7 a To be distant (from something regarded as an extreme). **b** to fall short (of anything regarded as a standard), be inferior (to); (absol.) to be inadequate or defective (in quot. impers.).

a quae figura non procul abesse putatur a uitae periculo, si accedit labor CIC.*Brut.*313; sin..est aliquis amor..qui nihil absit aut non multum ab insania *Tusc.*4.72; iamque paulum a fuga aberant SAL.*Jug.*101.8; tantum afuit ab insolentia gloriae NEP.*Ag.*5.2; cursus clamorque uocantium ad arma haud multum a pauore captae urbis abesse LIV.3.3.4; haud multum ab exitio legati aberant TAC.*Ann.*1.23. **b** etsi..a forma ueritatis et ab Atticorum regula absunt CIC.*Orat.*231; Clodium qui tantum abest a principibus quantum a puris, quantum ab religiosis *Har.*53; multum a Cicerone absum SEN.*Suas.*7.1; ab his Statana (*sc.* uina) non longo interuallo afuerunt PLIN.*Nat.*23.36; a nitore et iucunditate Ciceronis..longe abest (Asinius Pollio) QUINT.*Inst.*10.1.113;—gentiles sunt inter se qui eodem nomine sunt. non est satis;..quorum maiorum nemo seruitutem seruiuit. abest etiam nunc CIC.*Top.*29.

8 To keep clear (of a policy or pursuit), refrain (from), be averse (to).

(*w.* ab) scias abesse ab lustris ingenium procul AFRAN.*com.*242; se..omni tempore a tali ratione afuturum CIC.*Inv.*2.106; qui se afuisse ab istis studiis confitentur *Planc.*62; tantum..aberat a bello ut..defuerit ciuium studiis *Phil.*10.14; ego a consilio fugiendi..absum *Att.*7.24; qui glorietur a gloria se afuisse! *Tusc.*5.104; ab hoc..genere largitionis..aberunt ii, qui rem publicam tuebuntur *Off.*2.85; ab hoc consilio afuisse existimabantur CAES.*Gal.*6.3.5; in tantum a conficiendis medicaminibus absunt PLIN.*Nat.*34.108;—(*poet.; w. abl.*) afuit ferro manus SEN.*Med.*264.

9 To be free (from blame, defects, etc.). **b** to be safe (from harm), be free (from pain).

ut..illi, qui audient, a culpa absint *Rhet.Her.*4.49; quamquam abest a culpa, suspicione tamen non caret CIC.*S.Rosc.*56; dum..a reprehensione temeritatis absim PLANC.*Fam.*10.23.1;—(*of things*) a ui tamen periculoque afuit (*sc.* colloquium) CIC.*Phil.*12.27; ferendam esse fortunam, praesertim quae absit a culpa *Fam.*6.2.3; a culpa facinus scitis abesse mea OV.*Tr.*1.2.98; aliae (*sc.* foods) inflant, aliae ab hoc absunt CELS.2.19.1. **b** nedum in mari..sit facile abesse ab iniuria temporis CIC.*Fam.*16.8.2; afuimus solito, dum scribimus ista, dolore OV.*Pont.*4.10.69; (*cf.*) tantum ab iniuria se abesse rati..a coetu quantum impotentium dominorum se amouissent LIV.3.38.11.

10 To be distinct, differ (from).

probus..ab illo segni et iacente plurimum aberit QUINT.*Inst.*1.3.2; haec..oratio..nihil profecto abest a cotidianis sermonibus GEL.10.3.6; (*cf.*) non multum ab hoc fine abest Apollodorus QUINT.*Inst.*2.15.12.

11 (of abst. qualities, circumstances, etc.) To be absent, be lacking; also (w. *procul,* etc.) to be far removed. **b** (in litotes). **c** (pregn.) to be removed, be dispelled, disappear.

nam si curent, bene bonis sit, male malis, quod nunc abest ENN.*scen.*318; ita boues et corpore curatiores erunt, et morbus aberit CATO *Agr.*103; fugit eos..numerus; qui tamen si abesset, illa ipsa delectarent minus CIC.*Orat.*197; timor omnis abesto VERG.*A.*11.14; publica fraus absit LIV.21.10.6; nunc pulli uelleris usus abest OV.*Fast.*4.620; corporum uerbera, ademptiones bonorum aberant TAC.*Ann.*4.6;—(*w. abl.*) absint inani funere neniae HOR.*Carm.*2.20.21;—(*w.* ab, *advs. of separation*) haec unde aberunt, ea urbs moenita muro sat erit simplici PL.*Per.*559; quae ab nobis absunt omnes difficultates *Rhet.Her.*4.69; uoluntas a faciendo demonstrabitur afuisse CIC.*Inv.*2.35; querellae..ab initio certe tantae ordiendae rei absint LIV.*pr.*12; quid a nobis uulnus miraris abesse? OV.*Met.*12.87; apsit hoc a uirtute malum SEN.*Dial.*3.10.2; ULP.*dig.*13.6.5.12;—(*w. dat.*) ita mihi animus etiam nunc abest PL.*Am.*1081; fraudem et sermoni et rei abesse ratus LIV.25.16.15;—(*w.* in+*abl.*) in..triumphato ludibria cuncta Iugurtha afuerunt CORN.SEV.*poet.*13.24;—si id non fecissent, longe his fraternum nomen populi Romani afuturum CAES.*Gal.*1.36.5; procul absit gloria uulgi [TIB.]3.19.7. **b** neque abest suspicio..quin ipse sibi mortem consciuerit CAES.*Gal.*1.4.4; at secura quies et nescia fallere uita..non absunt VERG.*G.*2.471; nullum crimen abest facinusque libidinis ex quo paupertas Romana perit JUV.6.294;—(*w.* ab) neque ab ipso periculum abfuit VELL.2.79.4;—(*w.dat.*) nec mihi ius ciuis nec mihi nomen abest OV.*Tr.*5.2.56; (*cf.*) quid..abesse censes mali in eo bello? CIC.*ad Brut.*1.18.2. **c** praeter formam omnia (corporis commoda) ipsius culpa et intemperantia afuisse dicemus *Rhet.Her.*3.14; si dolor afuerit, crede, redibit amor PROP.2.5.10.

12 To be lacking (in a person's character, etc.), be absent.

aberat tertia illa laus, qua permoueret..animos CIC.*Brut.*276; studium semper adsit, cunctatio absit *Amic.*44; prorsus, si auaritia abesset, antiquis ducibus par TAC.*Hist.*2.5;—(*w.* ab) ab hoc uis aberat Antoni CIC.*Brut.*203; si culpa a quibusdam afuisset *Fam.*12.28.3;—(*w. dat.*) quid huic abest nisi res et uirtus? *de Orat.*2.281; ULP.*dig.*21.1.17.20;—(*w. dat. or abl.*) ferae, quibus abest..intellegendi astutia PAC.*trag.*358; quidam artem abesse legentibus arbitrantur TAC.*Ag.*12.7.

13 To be missing or absent (from a total, whole, group, etc.).

ut uis eius rei..sic exprimatur, ut neque absit quicquam neque supersit CIC.*de Orat.*2.108; praeter idoneum ducem nihil abest ad subuertendum imperium SAL.*Hist.*1.77.8; sequitur..annus..multiplici clade..insignis..; unum afuit bellum externum LIV.4.12.7; asperitas frigorum abest TAC.*Ag.*12.3; quaesitum est, an familiae erciscundae iudicio consequatur, quod ex duplae stipulatione abest ULP.*dig.*10.2.49;—(*foll. by* ut+*subj.*) tres aberant noctes, ut cornua tota coirent OV.*Met.*7.179;—(*w.* ab, de, *or advs. of separation*) nummus abesse hinc non potest, quod nunc dicam PL.*Per.*663; tegula..unde quarta pars aberit CATO *Agr.*14.4; quid huic abesse poterit de maximarum rerum scientia? CIC.*de Orat.*1.48; de numero tauros sentit abesse duos OV.*Fast.*1.548;—(*w. dat.*) curtae nescio quid semper abest rei HOR.*Carm.*3.24.64;—(*w. dat. or abl.*) abest..historia litteris nostris CIC.*Leg.*1.5; Hercules..cum gregem perlustrasset oculis et partem abesse numero sensisset LIV.1.7.6.

14 To be inconsistent or incompatible (with), be foreign (to), be unsuitable (for); also, to be unrelated (to).

se planum facturum ab eo maleficium non abesse *Rhet.Her.*2.5; abest enim totum (genus illud orationis) a causa CIC.*de Orat.*2.213; reliquarum..scriptionum..quae absunt a forensi contentione *Orat.*37; scimus..musicen nostris moribus abesse a principis persona NEP.*Ep.*1.2;—a quo (*sc.* ardore) ipsa area non abest VAR.*L.*5.38.

absūmēdō ~inis, *f.* **aps-.** [next+-EDO] An act of squandering or using up.

quanta pernis pestis ueniet, quanta labes larido, quanta sumini~o, quanta callo calamitas PL.*Capt.*904.

absūmō ~ere ~psī ~ptum, *tr.* [AB-+SVMO]

1 To use up (money, resources, etc.), esp. wastefully, spend, squander, waste. **b** (w. time, etc., as obj.); (also, of things) to take up (time, etc.).

iam ista quidem ~pta res erit PL.*Mos.*235; ita diuidito, cum ter uni cuique dederis, omnem ~as CATO *Agr.*70.2; adde quod ~unt uiris (*sc.* lovers) LUCR.4.1121; ~ptae in Teucros uires caelique marisque VERG.*A.*7.301; rebus maternis atque paternis fortiter ~ptis HOR.*Ep.*1.15.27; tabulas..in quibus~ptas fleret auaras opes OV.*Am.*1.12.26; florem iuuentae pro re publica ~pserat V.MAX.7.7.1; ~ptis quae iaciuntur TAC.*Hist.*5.18; edicat, quid ~pserit. ita fiet, ut non absumat, quod pudeat edicere PLIN.*Pan.*20.5; (*ellipt.*) quaerere, ut ~ant, ~pta requirere certant OV.*Fast.*1.213; (*of plants*) ramorum, qui sint superuacui et ~ant alimenta PLIN.*Nat.*17.214;—(*w. abl.*) pytissando modo mihi quid uini ~sit TER.*Hau.*458;—(*w.* in+*abl.*) si tu plus tertia parte pecuniae paternae perdidisti atque ~psisti in flagitiis SCIP.min.*orat.*11. **b** mihi si defendendi essent Alexandrini..multa oratio frustra ~eretur *B.Alex.*7.2; diebus aliquot frustra ibi~ptis LIV.24.20.14; temporis~pti tam male testis OV.*Am.*1.6.70; hilares..ioci brumalem ~ere noctem suaserunt STAT.*Silv.*4.6.13;—(*w. abl., esp. gdvl.*) a me postularat ne dicendo tempus~am CIC.*Quinct.*34; aliquot dies uastando agro~pti LIV.6.32.11; iidem sunt hi hostes quos uincendo..priorem aestatem ~psistis 27.13.3; festa uenatione ~i (dicebant) PLIN.*Nat.*6.91; et alter et tertius dies cunctatione coeuntium~itur TAC.*Ger.*11.3; quot dies quam frigidis rebus ~psi PLIN.*Ep.*1.9.3;—(*w. preps.*) inter has cogitationes biduo~pto CURT.3.6.8; quidquid morae est, in exploratione surculi ~itur COL.3.9.5; quid, pater, in uanos ~is tempora questus? V.FL.4.25; biduum super hac imagine cognitionis ~ptum TAC.*Ann.*3.17; triduo..per inritas altercationes~pto SUET.*Jul.*23.1;—(*w. pres. pple.*) dies..quadraginta sine ullo conatu sedentes in conspectu hostium ~pserant LIV.32.10.1; singulos..retinens aut dimittens partem diei~psit TAC.*Ann.*5.7;—quae res quot operas ~at parum certum est COL.*Arb.*1.6; quod..minimum operarum ~it (lupinum) 2.10.1.

2 To consume, devour (food).

ei (piscatores) pisciculos minutos aggerebant..qui maioribus~erentur VAR.*R.*3.17.6; quo tempore Glauci Potniades malis membra ~psere quadrigae VERG.*G.*3.268; non..tantum subuehi oppidanis..poterat quantum frumenti classis ipsa..~ebat LIV.26.20.9; ea (*sc.* lens) ne curculionibus ~atur COL.2.10.16; palmas excelsiores fronte prosternunt atque ita iacentium ~unt fructum (elephanti) PLIN.*Nat.*8.29; ~ptis iumentis TAC.*Hist.*4.60.

3 (of exertion, worry, etc.) To wear out, exhaust; (also w. personal subj.) (of disease, etc.) to eat up, consume.

quom ille et cura et sumptu ~itur TER.*Ph.*340; lacrimis..luctuque ~or inerti V.FL.4.169; (*cf.*) lacrimis..~itur omnis OV.*Met.*5.427;—anxia in assiduos ~ens lumina fletus CATUL.64.242;—iam iam ~or: conficit animam uis uolneris, ulceris aestus ACC.*trag.*564; sic corpus clade horribili~ptum extabuit CIC.*Tusc.*2.20; cadauera..tabes~ebat LIV.41.21.6.

4 (of fire) To destroy, consume; also, to consume (by fire). **b** (of other destructive agencies).

si..flamma magnam partem urbis ~at LIV.5.54.1; cum penates ignis ~psit SEN.*Ben*.7.31.5; quamuis.. centum alias (nauis)..fortuitus ignis ~psisset TAC.*Ann*.15.18; uastissimum incendium multas priuatorum domos..~psit PLIN.*Ep.Tra*.10.33(42).1;—obsidionem..cuius..immemores..quod in urbe fuerat frumentum incendiis urbis ~pserant LIV.5.43.4; ne..iisdem..flammis Carthaginem quibus castra conflagrassent ~i sineret 30.7.9; scribimus et scriptos ~imus igne libellos OV.*Tr*.5.12.61; aedes quasdam ..~ere igni parabat GEL.15.31.2; (*ellipt.*) cum cinis ~pto corpore factus ero OV.*Pont*.3.2.28. **b** omnia eis, nisi quae primus tumultus captae urbis ~pserat, restituebantur LIV. 24.30.7; in purpura, quae teritur ~itur 34.7.4; scuto crebris foraminibus ~pto V.MAX.3.2.23.

5 (usu. pass.) To be entirely used up, be eliminated, disappear; (also, act.) to eliminate. **b** (w. *in*+acc.) to be entirely used up (in producing something else), disappear (into).

sin ~pta salus, et te..pontus habet VERG.*A*.1.555; tertius ~pto ductus non sufficit orbe MAN.2.394; in Meroe..bis anno ~i umbras PLIN.*Nat*.2.184; ~pta hac obseruatione senectus in equis..intellegitur dentium brocchitate 11.169; questibus ~ptis STAT.*Theb*.11.646;—quo pacto satietatem amoris ait se uelle ~ere (*v.l.* sumere)? TER.*Ph*.834. **b** ungula..in quinos dilapsa ~itur ungues OV.*Met*.1.742; qui putant eos (*sc.* dentes) in cornua ~i PLIN.*Nat*.11.128; in pediculi corpus ~itur (tunica boleti) 22.93.

6 To absorb (moisture); (med.) to dispel by absorption.

aut..arida est (terra) et ~it in se quicquid infusum est SEN.*Nat*.3.7.2; ut quod euocauit ~at (solis calor) 5.9.2; (umorem) quem solis radii ~ant PLIN.*Nat*.2.45;—febris, quae umorem noxium ~at CELS.5.28.4.C; sanguinem concretum uentris..~it (heliochrysum) PLIN.*Nat*.21.169.

7 (of a cause of death) To carry off, take away. **b** (pass.) to be carried off; (facet., in pf.) to be done for. **c** (of a person) to remove by death, make away with.

plus..hostium fuga quam proelium ~psit LIV.2.42.4; cum tantum senatorum..sui quemque casus per quinquennium ~psissent 23.22.3; Iasonem..an satis iusta ultio ~pserit V.MAX.9.10.ext.2; ne infirmum corpus..neruorum distentio ~at CELS.5.27.2.D; eos bellum ~psit TAC.*Hist*.4.65; (*cf.*) illa (prouincia) tot consularis..~psit duces VELL.2.90.3. **b** ~pti fata gemens Ityli CATUL.65.14; ubi auunculus eius nuper..~ptus erat LIV.9.17.17;—(*w.* in+*acc.*) miseratio oriebatur, tamquam..in saeuitiam unius ~erentur TAC.*Ann*. 15.44;—(*w. means indicated*) fratribus morbo ~ptis SAL.*Jug*. 5.6; pars magna flumine ~pta LIV.21.5.15; ueneno ~pti Hannibal et Philopoemen 39.52.8; insula..in qua nullum non animal ~itur incertis causis PLIN.*Nat*.6.97; ibi saeuitia hiemis aut uulnerum ~pti TAC.*Hist*.1.79; miles..fame ~ptus *Ann*.2.24;—nisi quid tibi in tete auxili est, ~ptus es PL.*Epid*.82; *Mos*.365. **c** populatores Capenatis agri reliquias pugnae ~psere LIV.5.13.12;—(*w. means indicated*) non potui..ipsum ~ere ferro Ascanium? VERG.*A*.4.601; cum tam forti lege mortis omnis ~psisset V.MAX.3.2.ext.7; me..uestris ~ite uotis SIL.4.798.

absumptiō ~ōnis, *f.* [ABSVMO+-TIO] A using-up or spending.

pecunia..uel ceterae res quae in ~one sunt ULP.*dig*.7.5.5.1.

absurdē, *adv.* **aps-.** [next+-E]

1 So as to be out of tune, discordantly.

si..~ canat is qui se haberi uelit musicum CIC.*Tusc*.2.12.

2 Preposterously, ridiculously, absurdly, inappropriately.

iuuentus nomen indidit 'Scorto' mihi..scio ~ dictum hoc derisores dicere, at ego aio recte PL.*Capt*.71; ~ facis qui angas te animi *Epid*.326; praetori imperat. quam id ipsum ~, nihil ad me attinet CIC.*Agr*.2.28; me ipsum commouerat; sic ~ et aspere uerbis uultuque responderat *Att*.5.1.4; facile eos sermo prodidit ~ quaedam percunctantis LIV.31.14.8; ~ facit qui tacere se dicit APUL.*Apol*.80;—(*in litotes*) nec ~ ..respondisse uisus est LIV.35.50.1; qui haud ~, cum in naui Caesaremque et Antonium cena exciperet, dixit in carinis suis se cenam dare VELL.2.77.1; araneorum his (*sc.* bombycibus) non ~ iungatur natura PLIN.*Nat*.11.79; haec ..haud ~ memorabimus TAC.*Hist*.3.51; ferebatur..non ~ dixisse, ire Pallantem ut eiuraret *Ann*.13.14; si..non ~ dici possit mandati actionem futuram AFRIC.*dig*.28.5.47(46); (*cf.*) magistratibus creandis haud mihi quidem ~ placet lex SAL.*Rep*.2.8.1.

absurdus ~a ~um, *a.* *compar.* ~ior, *superl.* ~issimus. [AB-+SVRDVS]

1 (of sound) Out of tune, discordant.

mollis uox aut muliebris aut quasi extra modum absona atque ~a CIC.*de Orat*.3.41; ~oque sono fontis et stagna cietis (*sc.* ranae) *Div*.1.15.

2 (of persons or their characters) Awkward, uncouth, uncivilized.

sin plane abhorrebit et erit ~us, ut se..ad aliud studium transferat, admonebo CIC.*de Orat*.2.85;—(*in litotes*) ingenium haud ~um: posse uersus facere, iocum mouere SAL.*Cat*.25.5; sermo comis nec ~um ingenium TAC.*Ann*.13.45; (*w. abl.*) procax moribus neque ~us ingenio *Hist*.3.62.

3 Preposterous, ridiculous, absurd. **b** (esp. in litotes) out of place, inappropriate; (w. dat.) irrelevant or unsuitable (to); (w. *ab*) unrelated (to).

est hercle inepta (*sc.* ratio)..atque ~a TER.*Ad*.376; hinc discidium illud exstitit quasi linguae atque cordis, ~um sane et inutile et reprehendendum CIC.*de Orat*.3.61; L. Caesarem uidi Menturnis..cum ~issimis mandatis *Att*.7.13a.2; quo quid ~ius quam..homines iam morte deletos reponere in deos? *N.D*.1.38; quid..tam ~um quam sapientis uitam adpetendam non esse? SEN.*Ep*.92.20; Iudaeorum mos..~us sordidusque TAC.*Hist*.5.5; ~am in adulationem progressus *Ann*.3.47; recepta uulgo interpretatio est ~issima GEL. 12.13.14;—(*in litotes*) illud..quidem paulo obscenius, sed non ~a sententia est *Tusc*.5.112;—(*foll. by acc. and inf.*) ~um erat..recto casu solum Graece loqui *Orat*.160; iam uero illud quam incredibile, quam ~um, qui Romae caedem facere..uellet, eum familiarissimum suum dimittere ab se! *Sul*.57; si ea locutos finxerimus, quae cogitasse eos non sit ~um QUINT.*Inst*.9.2.30; ~um fuerit non cedere imperio ei cuius filium adoptaturus essem TAC.*Hist*.2.77;—(*foll. by* ut+*subj.*) erat enim sane ~um, ut x seruorum domino quinque liberare liceret..XII seruos habenti non plures liceret manumittere quam IIII GAIUS *Inst*.1.45;—(*neut. pl. as sb.*) QUINT.*Inst*.6.3.99. **b** pulchrum est bene facere rei publicae, etiam bene dicere haud ~um est SAL.*Cat*.3.1; quam uestrae istae ~ae atque abhorrentes lacrimae sunt LIV.30.44.6; initium condendi..noscere haud ~um reor TAC. *Ann*.12.24; (*w. abl. sup.*) plura ambigua, sed cognitu non ~a promere libet 6.28;—haud ~um uidetur propositi operis regulae paucis percurrere VELL.2.38.1; despondere Octauiam Domitio, quod aetati utriusque non ~um..erat TAC.*Ann*. 12.9;—si pauca supra repetiero ab initio causisque talium facinorum non ~a *Hist*.4.48.

absus ~ī, *m.* [Gk. ἄψος] A wad (of wool).

circumdare..oportet latus ~o lanae sulpuratae CELS.4. 13.3; inducendus..~us lanae mollis tepido oleo repletus 7.26.5.C.

Absyrtis ~idis, *f.* **Apsyrtos.** One or other of two islands in the Adriatic.

in Hadria Apsoros, Dyscelados, ~is MELA 2.114; ~ides, Grais dictae a fratre Medeae ibi interfecto PLIN.*Nat*.3.151; —(*meton.*) Colchis et Hadriaca spumans ~os in unda (*sc.* uenit in arma) LUC.3.190.

Absyrt(i)us ~ī, *m.* The brother of Medea, whom she killed and dismembered during her flight with Jason.

huius (*sc.* Medeae) ~io (*v.l.* Absyrto) fratri CIC.*N.D*.3.48; ab ~i caede OV.*Tr*.3.9.6; V.FL.5.457.

abtorqueō ~ēre, *tr.* [AB-+TORQVEO] To turn aside. (MSS. reading in Acc.*trag*.575; cj. *obt-*.)

abundans ~ntis, *a.* *compar.* ~ntior, *superl.* ~ntissimus. [pple. of ABVNDO]

1 (of rivers) Overflowing, in flood, full. **b** (of liquids generally) copious, excessive. **c** (of places) having an abundance or excess of moisture. **d** (of letters) over-running the edge of the page.

apud ~ntem antiquam amnem et rapidas undas Inachi ACC.*trag*.297; incertis si mensibus amnis ~ns exit VERG.*G*. 1.115; summis Amasenus ~ns spumabat ripis *A*.11.547; ~ntior aestate PLIN.*Nat*.2.227;—(*in fig. phr.*) influxit..non tenuis quidam e Graecia riuulus in hanc urbem sed ~ntissimus amnis illarum..artium CIC.*Rep*.2.34. **b** ~ntes (menses) sistit PLIN.*Nat*.22.147; cum tenuis ~nsque fluit lacrima LARG.24. **c** ex umidis et ~ntibus (locis) excitat umores VITR.5.9.6. **d** nec ab extrema parte uersuum ~ntis litteras in alterum transfert SUET.*Aug*.87.3.

2 (w. gen. or abl.) Having an abundance or excess (of), abounding or rich (in).

(*w. gen.*) hominem laudem egentem uirtutis, ~ntem felicitatis? *Rhet.Her*.4.28; illa (uia)..erat copiosa omniumque rerum ~ns NEP.*Eum*.8.5; niuei quam lactis ~ns (sim) VERG.*Ecl*.2.20;—(*w. abl.*) Graecos homines non solum ingenio et doctrina, sed etiam otio studioque ~ntis CIC.*de Orat*.1.22; ~ntior consilio, ingenio, sapientia quam Crassus *Pis*.62; ad illam ~ntem bonis uitam beatissimam *N.D*.1. 114; uir ~ns bellicis laudibus *Off*.1.78; herba cubile praebebat multa et molli lanugine ~ns LUCR.5.817; Veiens multitudine ~ns LIV.4.18.4; in agrum Picenum..copia..omnis generis frugum ~ntem LIV.22.9.3; ignibus usque adeo natura est omnis ~ans MAN.1.858; neque est ~ns mercibus (emporium) PLIN.*Nat*.6.104;—(*as sb.*) defluere eas (*sc.* palpebras).. uenere ~ntibus tradunt 11.154.

3 Plentiful, extensive, abundant; *~ns super necessitatem*, superfluous, pleonastic. **b** (phr.) *ex ~nti*, over and above what is required, as an extra, superfluously.

~ntes uoluptates desiderium perl uxum..pereundi perdendique omnia inuexere LIV.pr.12; ~nte multitudine freti 2.47.4; cum ~ntissima rerum omnium copia VELL.2.106.3; ut..'errabundus' (is dicatur), qui longo atque ~nti errore sit GEL.11.15.8;—πλεονασμός..id est ~ns super necessitatem oratio QUINT.*Inst*.9.3.46. **b** insidiatorem primum Clodium ostendit, tum addidit ex ~nti..talem..ciuem cum summa uirtute interfectoris..necari potuisse QUINT. *Inst*.4.5.15; adiciet ex ~nti hanc quoque conscientiae suae fiduciam 5.6.2; quia ex ~nti hanc stipulationem interposui ULP.*dig*.3.5.5.3; cum species ex ~nti per imperitiam enumerentur PAPIN.*dig*.33.10.9.

4 (rhet., w. abl.) Rich (in), copiously supplied (with). **b** (absol.) having an excessively copious or exuberant style; (of style) excessively copious.

Timaeus..rerum copia et sententiarum uarietate ~ntissimus CIC.*de Orat*.2.58; qui cum esset nec peracutus..nec ~ns uerbis *Brut*.234; ~ntem sonantibus uerbis uberibusque sententiis (eloquentiam) *Tusc*.1.64. **b** non erat ~ns, non inops tamen CIC.*Brut*.238; neque enim Attice pressi neque Asiane sunt ~ntes (Rhodii) QUINT.*Inst*.12.10.18;—(*neut. pl. as sb.*) et tumida et pusilla et praedulcia et ~ntia ..sub idem nomen cadunt 8.3.56.

5 Wealthy, affluent.

multa et lauta supellex..non illa quidem luxuriosi hominis, sed tamen ~ntis CIC.*Phil*.2.66;—(*as sb.*) haec utrum ~ntis an egentis signa sunt? *Parad*.43.

abundanter, *adv.* *compar.* ~tius, *superl.* ~tissimē. [prec.+-TER[2]]

1 In large volume or measure, abundantly: **a** (of liquids). **b** (of other things).

a incipit crescere (Nilus) luna noua..sensim modiceque cancrum sole transeunte, ~tissime autem leonem PLIN.*Nat*. 5.57; sanguis, qui cum ~ter fluxit..periculum adfert LARG. 46. **b** haec (*sc.* brya) fert..~ter lignosum fructum PLIN. *Nat*.24.69; illud (papauer)..cum magno labore exiguum conficitur, hoc sine molestia et ~ter LARG.22.

2 (w. vbs. of speaking or sim.) Copiously, profusely.

satis ~ter arbitror superioribus libris demonstratum *Rhet.Her*.3.1; res..de qua copiose et ~ter loquantur CIC.*de Orat*.2.151; aliis disputationibus ~tius occurrunt (loci) aliis angustius *Top*.41; ~ter an presse (dicere) QUINT.*Inst*.8.3.40.

3 On a lavish scale.

cenam ternis ferculis aut cum ~tissime senis praebebat SUET.*Aug*.74.

abundantia ~ae, *f.* (ABVNDANS+-IA]

1 An overflowing, overflow. **b** an excessive amount (of a liquid); (med.) a discharge (of blood, etc.).

excipientur aquarum ~ae VITR.5.9.7; cum ipse fecunditatis parens..isdem ubertatem eius angustiis quibus ~am suam cohibuisset PLIN.*Pan*.30.3;—(*in fig. phr.*) magna uis Graecae iuuentutis ~a uirium sedis quaeritans in Asiam se effudit VELL.1.4.3. **b** aliqui narrant..eas (spongeas) contrahi..ad sonum, exprimentes ~am umoris PLIN.*Nat*. 31.124; (*without gen.*) nec corporibus copia uitiosi umoris intentis morbus incrementum est sed pestilens ~a SEN. *Dial*. 3.20.1; illa (sidera) nimio alimento tracti umoris ignea ui ~am reddunt PLIN.*Nat*.2.29;—contra ~am mensum 23.138; haemorrhoidum..~am leniter sistit (aloe) 27.19; sanguinis ~am ex uolneribus 27.32.

2 A large amount (of anything), an abundance. **b** an excessive amount or number, a superabundance, (w. *cibi*, etc., or absol.) a surfeit; excessive expenditure, lavishness.

amplitudo (est) potentiae aut maiestatis aut aliquarum copiarum magna ~a CIC.*Inv*.2.166; non se praetulisse aliis propter ~am fortunae *de Orat*.2.342; ex summa egestate in eandem rerum ~am traducti *Agr*.2.97; haec ad te pluribus uerbis scripsi quam soleo, non oti ~a sed amoris erga te *Fam*. 7.1.6; ~a quadam ingenii praestabat..Aristoteles *Ac*.1.18; si quis..aestumauerit ~am aquarum in publico, balineis, piscinis PLIN.*Nat*.36.123; neque enim nobis..commeatuum eadem ~a TAC.*Ag*.33. **b** bella seruilia unde nobis nisi ex ~a familiarum? FLOR.*Epit*.1.47(3.12.10);—cibi uinique ~a CELS.1.pr.53;—ut quasi ~a laboranti etiam hoc genere egestionis subueniretur SUET.*Cl*.44.3;—ludos..medio rationis atque ~ae duxit TAC.*Ag*.6.4.

3 Luxuriance or exuberance of style, redundancy.

eos quorum uitiosa ~a est, qualis Asia multos tulit CIC. *Opt.Gen*.8; illi (*sc.* oratores), qui tument, qui ~a laborant SEN.*Con*.9.2.26; se ipse multa ex illa iuuenili ~a coercuisse testatur QUINT.*Inst*.12.1.20.

4 An abundant harvest or yield, abundance; the quality of being well stocked.

feracitatem..sequemur, quae non eadem portione uincitur pretio quam uincit ~a COL.3.2.31; in regione Transpadana ~a, sed par uilitas nuntiatur PLIN.*Ep*.4.6.1;—descripsit.. ~am ueterum tabernarum, unde solitus esset uinum olim et ipse petere SUET.*Cl*.40.1.

5 Wealth, affluence.

eadem..illa quae erat in ~a libido permanet CIC.*Catil*.2 10; potius tenuitatem cum bona fama quam ~am cum infamia sequendam probaui VITR.6.pr.5; tamquam in summa ~a pecuniae inludere TAC.*Hist*.2.94; (*cf. prec. sense*) magnae..oportunitates ad cultum hominum atque ~am.. reperiuntur CIC.*N.D*.2.130.

abundātiō ~ōnis, *f.* [ABVNDO+-TIO] An overflowing, overflow.

ostia..omnia ex Philistinae fossae ~one nascentia PLIN. *Nat*.3.121; ~one uerni fluminis commeatibus prohibetur FLOR.*Epit*.2.13(4.2.27).

abundē, *adv.* Also **hab-.** [ABVNDVS+-E]

1 (w. vbs.) In abundance, amply, with plenty to spare, fully.

profuse atque ~ semper usi magnum pondus auri argentique SIS.*hist*.101; iis (*sc.* rebus) quibus senectus etiamsi non ~ potitur, non omnino caret CIC.*Sen*.48; quibus mala ~ omnia erant SAL.*Cat*.21.1; quia parentis ~ habemus SAL. *Jug*.102.7; cui gratia, fama, ualetudo contingat ~ HOR.*Ep*. 1.4.10; humano generi, superi, faustis ~ OV.*Met*.15.759; ~ te..profecturam putas SEN.*Con*.2.7.5; actum est ~ SEN. *Thy*.105; ~ intellegitur amplitudo PLIN.*Nat*.35.126; cum ~ expertus esset, quam bene umeris tuis sederet imperium PLIN.*Pan*.10.6; hoc uno se..~ defendisse APUL.*Apol*. 90; (*combined w.* satis) tamquam satis ~que ad solida legata soluenda sufficiat hereditas GAIUS *dig*.4.3.23;—(*ellipt.*) τρισαρειοπαγίτας..patrem familias..occidi nolle, neque tamen id ipsum ~; nam absoluerunt XXII, condemnarunt XXVIII CIC.*Att*.4.15.4; ~ libertatem rati..quia tergis abstinetur SAL.*Hist*.3.48.26;—(*w. emphasis on the satisfaction of a requirement or sim.*) eorum..se..spem ~ expleturum LIV.35.44.4; quis..~ mirari potest? VELL.1. 16.2; de cultu agrorum ~ primo uolumine praecepisse uidemur COL.*Arb*.1.1.

2 (as quasi-sb. or quasi-adj.) **a** ~ *est* (+gen.), there is enough and to spare, there is an abundance (of something); (also w. dat. of person or equiv.) somebody has an abundance (of something). **b** ~ *est* (+inf.), it is amply sufficient (to do something, in order to achieve an objective). **c** ~ (as pred.) *esse*, to be amply sufficient (for a purpose).

a terrorum et fraudis ~ est VERG.*A*.7.552; (*combined w.* satis) satis ~que honorum est, quos mihi cottidiano tribuis

Fro.in *G.L.* 1.197(fr.2N);—in eo (*sc.* Lucilio)..libertas atque inde acerbitas et ~ salis Quint.*Inst.*10.1.94; quibus ~ et ingenii et otii et uerborum est Gel.7(6).8.4. **b** sed ~ erit ex his duo exempla..retulisse V.Max.4.3.14; ~ est iubere spiritum continere Cels.7.14.6; istos..~ est semel audisse Sen.*Ep.*40.6;—(*w. dat.*) huic ~ est..demittere se..in aquam calidam Cels.1.3.5; nobis ~ est..maximam partem tradidisse Col.5.1.2;—(*ellipt.*) nunc ~ arbitrantur paleato luto sarcire Plin.*Nat.*17.112;—(*foll. by* a *si cl.*) ipse ~ ratus si praesentibus frueretur, Tac. *Hist.*2.95; mihi ~ est, si satis expressi, quod efficitur Plin.*Ep.*4.30.11; (*combined w.* satis) satis ~que est, si opifex rerum imperitus ad legem innocens est Sen.*Con.*10.5.15. **c** ~ sint haec de domesticis V.Max. 9.14.5; bene est, ~ est Sen.*Thy.*279;—(*w. dat.*) maximae arbori..urna ~ erit Col.5.9.16;—(*w.* ad) si honesta..actio ex praeceptis uenit, ad beatam uitam praecepta ~ sunt Sen. *Ep.*95.6.

3 (w. adjs., advs., etc.) Fully, exceedingly, quite; very; (w. prep.) well.

(*w. adjs.*) qui (*i.e.* animus) ubi ad gloriam uirtutis uia grassatur, ~ pollens..et clarus est Sal.*Jug.*1.3; qui, quam potuit, dat maxima, gratus ~ est Ov.*Pont.*4.8.37; ~ constantis animi Curt.6.7.13; etiam non assecutis uoluisse ~ pulchrum atque magnificum est Plin.*Nat.*pr.15; quamquam..~ multa rettulimus 31.21; (*w. emphasis on the attainment of a required standard*) erat genus omne ~ bello Samnitibus par Liv.8.29.4; ut..se ~ similes putent, si uitia magnorum consequantur Quint.*Inst.*10.1.25;—(*w. advs.*) ~ dixit bene quisquis rei satisfecit Quint.*Inst.*12.9.7;—(*w. nouns*) quicquid ad mortem trahit telum est ~ Sen.*Her.O.* 860;—(*w.* satis) an tibi ~ personam satis est..euitare? Hor. *S.*1.2.59; satis ~ uidetur fecisse Vitr.1.1.16;—cum ~ super dentes eam (*sc.* linguam) promeret Cels.7.12.4.

abundō ~āre ~āuī ~ātum, *intr.*, (*tr.*). [ab-+vndo]

1 To overflow; (also transf. and fig.). **b** (w. *ex, de*, etc.) to flow or ooze (out of); (transf.) to emanate, issue, or spring forth (from); (absol.) to flow copiously. **c** (w. abl.) to be full (of any liquid). **d** (w. *in*+acc., of a robe) to billow out.

flumina ~are ut facerent camposque natare Lucr.6.267; qualis et..fertilis aestiua Nilus ~et aqua Tib.1.7.22; aqua..crescens ~at Vitr.8.3.3; nam ita ~auit Tiberis ut ludi Apollinares circo inundato extra portam Collinam..parati sint Liv.30.38.10; quid ita Nilus aestiuis mensibus ~et Sen. *Nat.*4a.1.1; late..deae Spercheos ~at obuius Stat.*Ach.*1. 102;—(*fig.*) ripisque superat mi atque ~at pectus laetitia meum Pl.*St.*279; cor dolet, atque ira mixtus ~at amor Ov. *Ep.*6.76. **b** ut ex his potius plagis umor defluat, quam ex insitione ipsa ~et Col.*Arb.*8.3;—omnis odor fumus uapor atque aliae res consimiles ideo diffusae e rebus ~ant Lucr. 4.91; semper..summum quicquid de rebus ~at quod iaculentur 4.145; quae de terris..~ant herbarum genera ac fruges 5.920; unde repente queat..ignis ~are Aetnaeus 6. 669;—(eryngе) auxiliatur..mulierum mensibus, siue subsidant siue ~ent Plin.*Nat.*22.21; cum per utrasque nates sanguis ~auit Larg.47. **c** umore nouo mare flumina fontis semper ~are Lucr.5.262; quo..anguis ~at spumatu Stat.*Silv.*1.4.102;—(*in fig. phr.*) meretricem ego item esse reor, mare ut est: quod des deuorat nec datis umquam ~at Pl.*Truc.*569. **d** ueste muliebri florida, in sinus flaccidos ~ante Apul.*Met.*7.8.

2 (w. abl. or gen.) To be plentifully supplied (with), be rich or abound (in). **a** (of places, etc.). **b** (of persons). **c** (of abstr. subjs.).

a multa pinu ac myrtetis ~ant Sis.*hist.*60; quibus rebus ~at ista prouincia Cic.*Q.fr.*1.1.8; uilla..~at porco haedo agno *Sen.*56; multitudine hominum regnum ~are Liv.24.48. 7; signa tabulasque quibus ~abant Syracusae 25.40.1; illa (*i.e.* Asia)..diues ~at equis Ov.*Ep.*15.356; quis enim non uicus ~at tristibus obscenis? Juv.2.8;—(*w. gen.*) in populo scelus est et ~ant cuncta furoris Man.2.600. **b** quasi is non ditiis ~et Ter.*Hau.*527; si quis..fortunae muneribus et naturae commodis omnibus ~abit *Rhet.Her.*4.60; exponit ae, quibus ~abat.., uasa argentea Cic.*Ver.*4.62; qui sagis non ~ares *Fam.*7.10.2; earum rerum quibus ~aremus exportatio..nulla esset *Off.*2.13; id esse facile, quod equitatu ipsi ~ent Caes.*Gal.*7.14.3; apibus fetis idem atque examine multo primus ~are Verg.*G.*4.140; ~abat multitudine hominum Poenus Liv.21.8.3; semper eget liquidis semper ~at aquis (Tantalus) Ov.*Ib.*178; Plin.*Nat.*26.18; unde factum, ut auro ~aret Suet.*Jul.*54.2;—(*w. abst. qualities, etc.*) amore ~as, Antipho Ter.*Ph.*163; mira lenitudine ac suauitate ~at Turp.*com.*190; orationis..copia uidemus ut ~ent philosophi Cic.*de Orat.*2.151; mulier ~at audacia, consilio et ratione deficitur *Clu.*184; uerba tantum adfero quibus ~o *Att.*12.52.3; omnibus..amplissimis honoribus ~abis *Fam.*10.10.2; uidesne ~are me otio? *Tusc.*2.26; quod inpudentia ~abat V.Max.8.3.2; uitia, quibus ~abat Sen.*Dial.*2. 18.1; ~are debet orator exemplorum copia Quint.*Inst.*12. 4.1;—(*w. gen.*) quarum et ~emus rerum et quarum indigeamus Lucil.308. **c** cum aequitate causa ~abit Cic.*Inv.* 2.143; Cn. Pompeius, cuius oratio omnibus ornamentis ~auit *Balb.*17; *Att.*7.3.5; barbaria noster ~at amor Ov.*Ars* 2. 552; poetis et uatibus ~abat Tac.*Dial.*12.3.

3 (absol.) To have plenty (of money); to have an excess (of any commodity).

cum..~are debeam, cogor mutuari Cic.*Att.*15.15.3;—Caietam, si quando ~are coepero, ornabo 1.4.3;—(*fig.*) neu desis operae neue immoderatus ~es Hor.*S.*2.5.89.

4 To be plentiful or numerous; to be superfluous.

siue deest naturae quippiam siue ~at atque affluit Cic. *Div.*1.61; uelut ~arent omnia, munera eius..respuebantur Liv.2.41.9; copiosa ~at rerum uarietas Phaed.4.epil.2; ~abant et praemia et opera uitae Plin.*Nat.*14.4; ~nte patrimonio Suet.*Aug.*2.2;—(*w.* ad) non est..mirum, si ~at umor ad flumina profundenda Sen.*Nat.*3.14.1;—(*w. dat.*) tenuioribus magis sanguis, plenioribus magis caro ~at Cels. 2.10.5;—is quod eius ex populis ~abat, Bituriges, Aruernos, Senones..exciuit Liv.5.34.5; quidquid huc additum fuerit, frustra ~abit Fro.*Amic.*2.p.182(196N); non solent quae ~ant uitiare scripturas Ulp.*dig.*50.17.94.

5 (tr.) To exceed.

sic et tua pars coartabitur, ut non ~et mandati quantitatem Nerat.*dig.*17.1.35.

abundus ~a ~um, *a.* [abvndo] Having plenty of water.

propulsabamus incommoda caloris..lauacris nitidis et ~is Gel.1.2.2.

abūsiō ~ōnis, *f.* [abvtor+-tio] The use of a wrong synonym, catachresis; a loose use (of a term).

~o est quae uerbo simili et propinquo pro certo et proprio abutitur, hoc modo 'uires hominis breues sunt' aut 'parua statura' *Rhet.Her.*4.45; ~onem..ut cum minutum dicimus animum pro paruo Cic.*Orat.*94;—per ~onem sicarios etiam omnis uocamus, qui caedem telo quocumque commiserunt Quint.*Inst.*10.1.12; quod in consuetudine nepotes cognati appellantur etiam eorum, post quorum mortem concepti sunt, non proprie, sed per ~onem..accidit Julian.*dig.*38. 16.8.

abūsīuē, *adv.* [abvtor+-ivvs+-e] Catachrestically, loosely.

poetae solent ~ etiam in his rebus, quibus nomina sua sunt, uicinis potius uti Quint.*Inst.*8.6.35; 9.2.35; cum plerumque ~ loquantur nec propriis nominibus ac uocabulis semper utantur Marcel.*dig.*32.1.69.1; Ulp.*dig.*50.1.1.1.

abusque, *prep.* (Also written as two words.) [ab-+vsqve] const: w. abl.

1 All the way from.

laetum Aenean..Siculo prospexit ~ Pachyno Verg.*A.*7. 289; cui..cani..quicquam ~ Oeensium finibus oboleat? Apul.*Apol.*57;—(*after its obj.*) animalia maris Oceano ~ petiuerat Tac.*Ann.*15.37.

2 Ever since the time of.

ea gloria genti..fractis durat ~ axibus Oenomai Stat. *Theb.*4.243;—(*after its obj.*) usu et senecta Tiberio ~ domum principum edoctus Tac.*Ann.*13.47.

abūsus ~ūs, *m.* [abvtor+-tvs³] Misuse, wasting.

usus enim, non ~us, legatus est Cic.*Top.*17; rerum, in quibus usus fructus propter ~um constitui non potest Ulp. *dig.*12.2.11.2.

abūtor ~tī ~sus, *intr.*, (*tr.*). [ab-+vtor] Const.: w. acc. or abl. N.B.: used in passive sense: Pl.*As.*196, Hort.*orat.*45, Var. in *G.L.* 2.381, Suet.*Gal.*14.2.

1 To exhaust by using, use up. **b** (spec.) to squander, waste.

(*w. acc.*) donec omne caseum cum melle ~sus eris Cato *Agr.*76.4;—(*w. abl.*) qui non meminissem me ~sum isto prohoemio Cic.*Att.*16.6.4; proprio tritico ~sos Fron.*Str.* 3.4.6;—(*pass.*) ubi illaec quae dedi ante? — ~sa Pl.*As.*196. **b** (*w. acc.*) hoc argentum alibi ~tar Pl.*Per.*262; qui ~sus sum tantam rem patriam *Trin.*682; in prologis scribundis operam ~titur Ter.*An.*5;—(*w. abl.*) neque se umquam ~ti militum sanguine..uoluisse Caes.*Civ.*3.90.2; ad bella externa prope supererant uires, ~tebantur iis inter semet ipsos certando Liv.2.42.9.

2 To make full use of, utilize. **b** to turn to a use, use; to make use of, adopt (a name).

(*w. acc.*) itidem ut meretricem ubi ~sus sis, mercedem dare lex iubet ei atque amittere Ter.*Ph.*413;—(*w. abl.*) uos me uestro..utamini atque ~tamini licebit *Rhet.Her.*4.39; nisi omni tempore quod mihi lege concessum est ~sus ero Cic. *Ver.*1.25; iis (*sc.* studiis) concedente re p. cur non ~tamur? *Fam.*9.6.5; de Philippo..libero mendacio ~tebatur Liv. 35.12.17; ut..et aquis ~ti possint Col.7.9.7; potuit uestro Pompeius ~ti sanguine Luc.9.263;—(*w.* ad) ut omni suo scelere et perfidia ~terentur ad exitium meum Cic.*Att.*3.13.2. **b** potest uideri (Cicero) hoc nomine recte ~sus Quint. *Inst.*5.10.6;—~tens nomine ex formae similitudine Amp.30.2.

3 To use unscrupulously, take advantage of, exploit.

(*w. acc.*) iam diu..sapientiam tuam haec quidem ~sast Pl.*Poen.*1199;—(*w. abl.*) quo usque tandem ~tere, Catilina, patientia nostra? Cic.*Catil.*1.1; noli hac noua lenitate ~ti mea *Sul.*47; ut tibi persuadeas non fore illi ~tendum gloria tua ut adipiscatur honores paternos Brut.*ad Brut.*2.3 and 5. 6; qui..Academici appellamur an ~timur gloria nominis? *Luc.*143; ~titur uestra socordia Sal.*Hist.*1.77.11; ~tendum..errore hostium Liv.27.46.11; cuidam scaenico placenti nuntium misit ~ti eum occupationibus suis Suet.*Nero* 42.2; (*also w.* ad *or* in+*acc.*) legibus ac maiestate uestra ~ti ad quaestum atque ad libidinem Cic.*S.Rosc.*54; istum decumanorum nomine ad suos quaestus esse ~sum *Ver.*3.61; ut ignoratione tua ad hominis miseri salutem ~terer *Lig.*1; pudet dicere, in quae probra nefandi homines isto caedendi iure ~tantur Quint.*Inst.*1.3.17; ne publicis malis ~ti ad occasionem priuati odii uideretur Tac.*Ann.*15.73;—(*pass.*) his..se ~tendum permisit et tradidit Suet. *Gal.*14.2.

4 To put to a wrong use, misapply, abuse; to misinterpret, misrepresent (instructions, etc.). **b** (spec.) to misuse (language), use catachrestically or loosely. **c** to drag (a name) into a discussion.

(*w. abl.*) nihilo minus eloquentiae studendum est, etsi ea quidam..~tuntur Cic.*Inv.*1.5; opera eorum in seruilibus ~ti ministeriis Liv.39.25.8; (*foll. by* pro) ne ornamentis eius omnibus Sex. Naeuius pro spoliis ~tatur Cic.*Quinct.*99; prorsus ut..hoc conuentu pro summa solitudine ~teretur *S.Rosc.*59;—nisi forte..hic sermone aliquo arrepto pro mandatis ~sus est *Att.*7.13a.2; (*ellipt.*) ~si sunt obliti praeceptorum Labieni *B.Afr.*50.3. **b** cum ea re, quae plures res significat, ~timur pro certo unius rei signo *Rhet.Her.*2.39; ~timur uerbis propinquis, si opus est Cic.*Orat.*94; equi uirtus, quae dicitur, in quo ~timur nomine *Leg.*1.45; communi..consuetudine sermonis ~timur, cum ita dicimus, uelle aliquid quempiam..sine causa *Fat.*24; siquis..Bacchi nomine ~ti mauult quam laticis proprium proferre uocamen Lucr.2.656; cum hoc dicimus,..gratias agentium uerbis ~timur Sen.*Ben.*5.11.2; Ulp.*dig.*15.1.41. **c** iste Crassus, quoniam eius ~teris nomine, quid efficit? Cic.*de Orat.*3.171.

5 To perform (a sacrifice).

(*w. acc.*) loci..in quo sacrificium ~ti conmode possint Agen.*agrim.*p.33.

Abȳdēnus¹ ~a ~um, *a.* Of or connected with Abydos (esp. in relation to Leander and the Hellespont); ~*a urbs*, Abydos.

ne..inpar dicar ~o Thressa puella toro (*i.e. marriage with Leander*) Ov.*Ep.*18.100; omnis ~a sit tibi peior aqua *Ib.*588; nimium opportuna carinis Sestos ~ique sinus Stat.*Ach.* 1.204; litore ~o 1.411; ~i iuuenis certantia remis bracchia *Silv.*1.2.87;—quod..Seston ~a separat urbe fretum Ov.*Tr.* 1.10.28.

Abȳdēnus² ~ī, *m.* (usu. pl.) A native or inhabitant of Abydos; (sg., poet.) Leander.

Liv.31.16.6; 32.21.22;—mittit ~us, quam mallet ferre salutem Ov.*Ep.*17.1.

Abȳdos ~ī, ~**us** ~ī, *f.*, ~**um** ~ī, *n.* A town on the south-east side of the Hellespont, the home of Leander. **b** (meton.) the people of Abydos.

mures sunt Aeni asperaque ostrea plurima ~i Enn.*var.*35; ~um oppugnabat Liv.31.14.4; siquis ~on eat Ov.*Ep.*18.30; Mela 1.97; iungere Seston ~o Luc.6.55;—(*fem.*) uel tua me Sestus, uel te mea sumat ~os Ov.*Ep.*17.127; V.Fl.1.285;—(*neut.*) ostriferi fauces..~i Verg.*G.*1.207; ab eo x̄ p. ~um oppidum, ubi angustiae vii stadiorum Plin.*Nat.*5.141. **b** in speculis omnis ~os erat Ov.*Ep.*17.12.

ac: see atqve.

-āca, *suffix*, occurring chiefly in the names of plants as *lingulaca, pastinaca, porcillaca, portulaca, proserpinaca, scorpinaca, uerbenaca.*

acacia ~ae, *f.* [Gk. ἀκακία]

1 The acacia or gum arabic tree, *Acacia arabica.*

~ae chylismatis p𝔛vi Larg.23; ~ae suci pondo uncia 85.

2 The gum of this or related trees, gum arabic, catechu.

~a ex aceto liquata Cels.4.25.2; sanguinem supprimunt chalcitis, ~a 5.1; Plin.*Nat.*20.48; ~a e spina fit in Aegypto, alba nigraque arbore 24.109; Larg.113;—(*as a dressing for the hair*) profluebant per frontem sudantis ~ae riui Petr.23.5.

Acadēmia ~ae, *f.*

1 The gymnasium near Athens where Plato and his successors taught and talked.

inque ~a umbrifera nitidoque Lyceo Cic.*Cons.*2.73; *Att.* 6.1.26; Platonis instituto in ~a..coetus erant et sermones habere soliti *Ac.*1.17; limes..in ~ae gymnasium ferens Liv.31.24.9; ad..accersendum ex ~a Platonem Sen.*Ben.* 6.11.1; (platani)..in ambulatione ~ae Plin.*Nat.*12.9; Tac. *Dial.*32.6.

2 The school of philosophy founded by Plato and modified by his successors, its members or their views. **b** (distinguished as the 'old' and the 'new' Academy). **c** the dialectical training of the Academy.

instaret ~a, quae, quicquid dixisses, id te ipsum negare cogeret Cic.*de Orat.*1.43; si una omnium (deorum) facies est, florere in caelo ~am necesse est *N.D.*1.80; subtilitatem..ab ~a mutuatur *Fat.*3; Arcesilan..nihil adfirmantis ~ae clarissimum antistitem Mela 1.90;—(*followed by Cicero*) oratoriae partitiones, quae..e media illa nostra ~a effloruerunt Cic.*Part.*139; *Off.*3.20. **b** hinc haec recentior ~a manauit, in qua exstitit..Carneades Cic.*de Orat.*3.68; cum omnis uirtus sit, ut uestra..uetus ~a dixit, mediocritas *Brut.*149; nosti..os illius adulescentioris ~ae *Fam.*9.8.1; relictam a te ueterem ~am..tractari autem nouam *Ac.* 1.13; (*pl.*) Philo..negaret in libris..duas ~as esse 1.13. **c** ~am quidam utilissimam credunt Quint.*Inst.*12.2.25.

3 A gymnasium built by Cicero on one or other of his estates.

est ornamentum ~ae proprium meae (*sc.* Hermathena) Cic.*Att.*1.4.3; post meridiem in ~am descendimus *Tusc.*2.9.

4 Cicero's exposition of the views of the Academy, his 'Academics'.

totam ~am ab hominibus nobilissimis abstuli, transtuli ad nostrum sodalem et ex duobus libris contuli in quattuor Cic.*Att.*13.13,14.1.

Acadēmicus¹ ~a ~um, *a.*

1 Of the Academy, of Academic philosophy, Academic.

qui..Peripatetici philosophi aut ~i nominantur Cic.*de Orat.*3.109; quid et quantum Pyrronios et ~os philosophos intersit Gel.11.5.6; curriculis istis disputationum uestrarum ~is 20.1.21; utrumque meditationibus ~is didici Apul. *Fl.*15.

2 Dealing with or discussing the views of the Academy. **b** (neut. pl. as sb.) Cicero's 'Academics'.

Cic.*N.D.*1.11; *Tusc.*2.4; quod genus philosophandi minime adrogans..arbitraremur quattuor ~is libris ostendimus *Div.*2.1. **b** haec '~a', ut scis, cum Catulo, Lucullo, Hortensio contuleram Cic.*Att.*13.19.5; haec explanata sunt in ~is nostris satis..diligenter *Off.*2.8; *Tim.*1.

Acadēmicus² ~ī, *m.* An Academic philosopher. **b** (w. *uetus, minor*).

quamquam ~orum nomen est unum, sententiae duae CIC.*de Orat*.3.67; *Luc*.11; *Fin*.2.343; Stoicum Diogenen et ~um Carneadem *Tusc*.4.5; modo Stoicum illum faciunt.. modo ~um, omnia incerta dicentem SEN.*Ep*.88.5; QUINT. *Inst*.12.1.35. **b** legimus omnes Crantoris ueteris ~i de luctu CIC.*Luc*.135; sententia ueterum ~orum et Peripateticorum *Fin*.2.34; *Off*.3.20; ~i et ueteres et minores nullum antistitem reliquerunt SEN.*Nat*.7.32.2.

Acadēmus ~ī, *m*. The Attic hero in whose grove Plato's Academy was situated; *siluae ~i*, the groves of Academus, the Academy.
inter siluas ~i quaerere uerum HOR.*Ep*.2.2.45.

acalanthis ~idis, *f*. [Gk. ἀκαλανθίς] A small song-bird.
litoraque alcyonen resonant, ~ida dumi VERG.*G*.3.338.

acanthicos ~on, *a*. [Gk. ἀκανθικός] Only in *~ē mastichē*, mastich or gum obtained from the pine-thistle, *Atractylis gummifera* (Pliny confuses ἐλξίνη w. ἰξίνη).
huius (*sc*. helxines) uertex summus lacrimam continet iucundi saporis, ~en mastichen appellatam PLIN.*Nat*.21.96.

acanthinus ~a ~um, *a*. [Gk. ἀκάνθινος]
1 Of bearsfoot; resembling those of bearsfoot.
caules, ~i COL.9.4.4;—inuenit eam (*i.e*. euphorbeam) in monte Atlante, specie thyrsi, foliis ~is PLIN.*Nat*.25.78.
2 *cummi ~um*, Gum arabic.
glutinant uulnus murra, tus, cummi, praecipueque ~um CELS.5.2.
3 Of, or made from, some species of cotton-plant, prob. *Gossypium arboreum*.
esse arbores quae lanam ferant..hinc uestimenta ~a appellata VAR.*in* Serv.*A*.1.649.

acanthion ~(i)ī, *n*. [Gk. ἀκάνθιον] (in quot. there appears to be a confusion between Gk. ἀκάνθιον in the sense 'cotton-thistle' and a species of cotton-plant, prob. *Gossypium arboreum*; cf. ACANTHINVS, sense 3.)
est huic (*i.e*. spinae albae) similis quam Graeci ~ion uocant,..foliis aculeatis per extremitates et araneosa lanugine obductis PLIN.*Nat*.24.108.

acanthis ~idis, *f*. [Gk. ἀκανθίς]
1 A small song-bird.
si uincat ~ida cornix CALP.*Ecl*.6.7; ~is (gignit) duodenos, auis minima PLIN.*Nat*.10.175; ~is in spinis uiuit 205.
2 Groundsel, *Senecio vulgaris*.
caput eius (*sc*.erigerontis) numerose diuiditur lanugine,.. quare Callimachus eam ~ida appellauit, alii pappum PLIN. *Nat*.25.168.

acanthius[1] ~a ~um, *a*. Of, or made from, some species of cotton-plant (cf. ACANTHINVS, sense 3).
hanc arborem (acanthum)..quae in floris sui colorem lanam tinguat, unde uestis ~a appellatur GNIPHO *gram*.1.

Acanthius[2] ~a ~um, *a*. Of Acanthus, exported from Acanthus.
in igni nec crepitat nec exilit Tragasaeus neque ~us (sal) PLIN.*Nat*.31.85.

acanthus[1] **(-os)** ~ī, *m*. [Gk. ἄκανθος]
1 A plant of the genus *Acanthus*; (esp.) bearsfoot, *Acanthus mollis*. **b** the leaf of the acanthus as a motif in sculpture, carving, embroidery, etc.
~i..duo genera sunt: aculeatum et crispum PLIN.*Nat*. 22.76;—hic et ~os et rosa *Culex* 398; mixtaque ridenti colocasia fundet ~o VERG.*Ecl*.4.20; flexi..uimen~i *G*.4.123; (cinara) pallida nonnunquam tortos imitatur ~os COL.10. 241; quem..rutilo spargebat ~o Nais CALP.*Ecl*.4.68. **b** duo pocula fecit, et molli circum est ansas amplexus ~o VERG.*Ecl*.3.45; circumtextum croceo uelamen ~o *A*.1.649; Myos exiguum flectit ~us iter PROP.3.9.14; ~os eleganter scalptos VITR.2.7.4; summus inaurato crater erat asper ~o OV.*Met*.13.701; tibi Sidonio celsum puluinar ~o texitur STAT.*Silv*.3.1.37.
2 The gum arabic tree, *Acacia arabica*. **b** the timber of this, 'shittim wood'.
bacas semper frondentis ~i VERG.*G*.2.119. **b** quinque egit triumphos: Gallici apparatus ex citro, Pontici ex ~o.. constitit VELL.2.56.2.

Acanthus[2] ~ī, *f*. A town of Chalcidice in Macedonia.
LIV.31.45.15; MELA 2.30; PLIN.*Nat*.4.38.

acanthyllis ~idis, *f*. [Gk. ἀκανθυλλίς] A small song-bird.
~is appellatur (nidum) ex lino intexens PLIN.*Nat*.10.96.

acanus ~ī, *m*. [Gk. ἄκανος] The pine-thistle, *Atractylis gummifera*.
sunt qui et ~um eryngio adscribant, spinosam breuemque et latam herbam PLIN.*Nat*.22.23.

acapnus ~a ~um, *a*. [Gk. ἄκαπνος]
1 (of honey) Obtained without using smoke.
cum melle ~o COL.6.33.2; inter genera seruatur quod ~um (*sc*.mel) uocant PLIN.*Nat*.11.45.
2 (of wood) Burning without smoke.
ligna ~a MART.13.15.

acarna ~ae, *f*.: see ACHARNA.

Acarnān (~ānos), *m*. A native or inhabitant of Acarnania; (also as adj.).
quorum alter ~an VERG.*A*.5.298; ~anas..restituturum se LIV.26.24.6; excitis ~anum principibus 33.16.1; Alexandrum ..~ana 36.11.6; amnis ~anum (*i.e. the Achelous*) OV.*Met*. 8.570; Philippus, natione ~an CURT.3.6.1;—(*collect. sg*.) dat bello pedites Aetolus et asper ~an STAT.*Ach*.1.418; SIL.15. 288;—legati ~anes LIV.42.38.2; frontemque minor nunc amnis ~an (*i.e. the Achelous*) SIL.3.42.

Acarnānia ~ae, *f*. A state in the north-west of Greece.
CIC.*Pis*.96; CAES.*Civ*.3.56; ~a..inter Aetoliam atque Epirum posita..mare Siculum spectat LIV.33.17.1; PLIN.*Nat*. 4.5.

Acarnānicus ~a ~um, *a*. Of Acarnania, Acarnanian.
coniurationis fama ~ae LIV.26.25.16.

Acarnānus ~a ~um, *a*. Acarnanian.
is uxorem ~am ciuem duxit NEP.*Them*.1.2.

Acastus ~ī, *m*. An Argonaut, son of Pelias and father of Laodamia.
OV.*Ep*.13.25; iaculoque insignis ~us *Met*.8.306; V.FL. 6.720.

acation ~(i)ī, *n*. [Gk. ἀκάτιον]
1 A kind of light sailing boat.
concham (*sc*. of the nautilus) esse ~i modo carinatam PLIN. *Nat*.9.94.
2 (app.) A large sail.
⟨supparum ap⟩pellant dolonem, ⟨uelum minus in naui ut⟩ ~ion, maius FEST.p.340M.

acaunumarga ~ae, f. [Celt.: cf. MARGA] A red marl used as a fertilizer by the ancient Gauls and British.
proxima est rufa (marga), quae uocatur ~a, intermixto lapide terrae minutae, harenosae PLIN.*Nat*.17.44.

acaustos ~on, *a*. [Gk. ἄκαυστος] Incombustible.
carbunculi,..cum ipsi non sentiant ignes, a quibusdam ob hoc ~oe appellati PLIN.*Nat*.37.92.

Acbarus ~ī, *m*. A title of Arabian kings.
TAC.*Ann*.12.12.

Acca ~ae, *f*.
1 *Acca* (*Larentia*), the shepherd's wife who brought up Romulus and Remus.
Larentinae, quem diem quidam..Larentalia appellant, ab ~a Larentia nominatus VAR.*L*.6.23; maestas ~a soluta comas OV.*Fast*.4.854; STAT.*Silv*.2.1.100; GEL.7(6).7.1.
2 A companion of Camilla.
VERG.*A*.11.820; 11.897.

accadō ~ere: see ACCIDO[1].

accanō ~ere, *intr*. [AD-+CANO] (See quot.)
canere, ~it et succanit ut canto et cantatio ex Camena permutato pro M N VAR.*L*.6.75.

accantō ~āre, *tr*., *intr*. Also **accentō**. [AD-+CANTO] (tr.) To sing to (a person); (intr.) to sing (at a place).
dabitur homini amica, noctu quae in lecto ~et senem PL. *St*.572;—magni tumulis ~o magistri STAT.*Silv*.4.4.55.

accēdentia ~ae, *f*. [pple. of ACCEDO+-IA] (app.) An additional quality.
esse uero illam naturae ~am..etiam in locis quibusdam, adposito occurret exemplo PLIN.*Nat*.32.19.

accēdō ~dere ~ssī ~ssum, *intr*., *tr*. **ad-**. [AD-+CEDO] FORMS: *accesset* (= *accessisset*) TURP.*com*.60; *accestis* (= *accessistis*) VERG.*A*. 1.201. CONST.: w. *ad*, *in*+acc., dat. and advs.; absol.; w. acc.; w. *prope*, etc., foll. by *ad* or dat. or acc., or absol.
1 To go or come (to), draw near, approach, reach (a person or place). **b** (w. further action expr.). **c** (w. *in*+acc.) to go (into), enter.
(*w. destination specified*) inde optume aspellam uirum de supero, quom huc ~serit PL.*Am*.1001; tum ~dam hunc, quando quid agam inuenero *Mos*.689; ~de ad ignem hunc, iam calesces plus satis TER.*Eu*.85; Graece ergo praetor Athenis..te, cum ad me ~dis, saluto LUCIL.92; omnes hoc mihi qui Messanam ~sserunt facile concedunt CIC.*Ver*.4.3; in eo loco..qua naues ~dere possent 5.85; si non sum ex eo loco deiectus quo prohibitus sum ~dere *Caec*.84; Rhodum.. ~ssurum (*sc*. me) puto *Fam*.2.17.1; Iugurtham placandi gratia ~dit SAL.*Jug*.71.5; Ditis..infernas ~de domos VERG.*A*.5.732; qui simul ex inferiore loco ad tribunal ~ssit LIV.8.32.2; ut ante lucem ~derent Lilybaeum 21.49.9; ingenuum nasci tam facile est quam '~de istoc' PETR.57.11; maria ipsa carinae ~dunt STAT.*Theb*.5.343; pessumo pede domum nostram ~ssit APUL.*Met*.6.26; (*cf*.) quocunque domini praesentis oculi..~ssere COL.3.21.4;—(*w*. prope, iuxta, *etc*., *as advs*.) ingentia..horrent funera, et astrictis ~dunt comminus armis STAT.*Theb*.9.539; ~dunt iuxta *Ach*.1.695;—(*absol*.) PL.*Capt*.11; numquam ~do quin abs te abeam doctior TER. *Eu*.791; negat se, quia uillae incensae sint, ~dere posse *Rhet.Her*.4.63; abiturum eum non esse, si ~ssisset CIC.*Caec*. 20; te..nolo ad me uenire, ego potius ~dam CIC.*Att*.12.16; VERG.*A*.1.509; quo magis ~dunt (lintea) minus et minus utilis adsto OV.*Ep*.2.129; a, quotiens dixi..'ite, patet castis uersibus ille locus!' non tamen ~dunt *Pont*.1.1.9;—(*w. abl. expr. means or instrument*) cum procul aspiciunt hostes ~dere uentis nauibus ueliuolis ENN.*Ann*.387; quas uento ~sserit oras VERG.*A*.1.307;—(*impers*.) non potest ~di ENN. *scen*.166; ad eas (*sc*. oleas) cum ~deretur CIC.*Caec*.22;—(*pres. pple. as sb*.) si irascamur..intempestiue ~dentibus *Off*. 1.88. **b** ~dam atque hanc appellabo PL.*Am*.515; si tibi aliquis ad aurem ~ssisset et dixisset CIC.*Ver*.3.133; ~ssit ad argentum, contempalri unum quidque..coepit 4.33; iuuat integros ~dere fontis atque haurire LUCR.1.927;—~de rogaque OV.*Tr*.5.2.37; (*as purpose*) siquando ad eam ~sserat confabulatum TER.*Hec*.181; ut..neque ad auxilium patriae nudi..~deremus PLANC.*Fam*.10.8.3; ~dere pluris ad numerandum HOR.*S*.2.3.149; dum cunctanter ~do decerpere (*sc*. uenenum rosarium) APUL.*Met*.4.3. **c** dicat in senatum se Caesare consule non ~dere CIC.*Brut*.219; ipse in oppidum noluit ~dere *Ver*.4.51; Agesilaus..~ssit in colles FRON.*Str*. 1.10.3.
2 (pregn.) To go or come (to), resort (to). **a** (w. purpose implied by the person or object approached). **b** (w. purpose implied by subj.).
a ne ~dam ad Bacchidem TER.*Hau*.809; nullam profecto ~ssi ad aram, quin deos suppliciis..nequiquam defetigarem AFRAN.*com*.170; me ad famosas uetuit mater ~dere CIC.*de Orat*.2.277; cum quidam..iurandi causa ad aras ~deret *Balb*.12; non audebit ~dere ad ludos *Pis*.65; Bibulus ne cogitabat quidem..in prouinciam suam ~dere *Att*.5.16.4; Pittacus omnino ~dere quemquam uetat in funus aliorum *Leg*.2.66; alia animalia gradiendo alia serpendo ad pastum ~dunt *N.D*.2.122; iuuenes..ad iugum ~sserunt *Tusc*.1.113; quo potissumum infelix ~dam? SAL.*Jug*.14.15; ad hastam publicam numquam ~ssit NEP.*Att*.6.3. **b** si quis de populo redemptor ~ssisset CIC.*Ver*.1.150; ad Valerium.. lictorem ~dere iussit LIV.3.41.3; si inter initia medicus ~ssit CELS.3.1.4; si uero ~ssit consiliator maleficus PHAED. 2.6.2.
3 To go or come in a hostile manner (towards or against), advance. **a** (of military or naval forces). **b** (of other subjs.). **c** (w. *prope*) to come to (close) grips (with a subject).
a (*w. destination specified*) ~dit muros Romana iuuentus ENN.*Ann*.537; quem in locum classes hostium saepe ~sserint CIC.*Ver*.4.104; piraticus myoparo..usque ad forum Syracusanorum et ad omnis crepidines urbis ~ssit 5.97; homo uerecundus in Macedoniam non ~dit *Phil*.10.13; ipse triplici instructa acie usque ad castra hostium ~ssit CAES. *Gal*.1.51.1; pleraque loca hostiliter cum equitatu ~dit SAL. *Jug*.20.3; cum prope moenibus ~ssisset LIV.24.20.11;—(*w*. prope *as adv*.) exercitum p. R. non modo non cedere iis nuntiis adlatis sed etiam propius ~dere CIC.*Fam*.15.1.3;—(*absol*.) ad Herdoneam contendit et, quo plus terroris hosti obiceret, acie instructa ~ssit LIV.27.1.6; ab Dipylo (*sc. on the Dipylon side*) ~ssit 31.24.9;—(*impers*.) ~ssum est ad Britanniam omnibus nauibus CAES.*Gal*.5.8.5. **b** quisquam ad meam pecuniam me inuito adspirat, quisquam ~dit? CIC.*Ver*.1.142; satisne uobis..uideor ad singulos testis ~dere neque..tantum modo cum uniuerso genere confligere? *Flac*.50; qui me epistula petiuit, ad te..comminus ~ssit *Att*.2.2.2; hic..consurrexit senatus..sic ut ad corpus eius ~deret *Q.fr*.3.2.2. **c** ut propius ad ea..~dam, quae a te dicta sunt, pressius agamus *Fin*.4.24;—(*absol*.) uel ut propius ~damus, fingamus ita stipulationem factam JULIAN. *dig*.34.5.13(14).2.
4 (of moving objects, rivers, routes, etc.) To approach, reach; to approach reciprocally, draw near to one another. **b** (pregn., of natural forces, weapons, etc.) to get (to or at), penetrate or obtain access (to). **c** (w. *ad auris*, *ad animos*, etc.) to reach (the ears, mind, etc.).
(*w. destination specified*) non sic moderator equorum.. cogit inoffensae currus ~dere metae LUC.8.201; qua rapidus Ganges et qua Nysaeus Hydaspes ~dunt pelago 8.228; hieme..ad nos per aestiuum circulum ~dat (luna) PLIN.*Nat*. 18.277; ductus donec Marciae ~dat FRON.*Aq*.12; (*poet*.; *cf. sense 5*) nullo..a uertice tellus altius intumuit propiusque ~ssit Olympo LUC.2.398;—(*absol*.) (sol) modo ~dens tum autem recedens CIC.*N.D*.2.102; aestus maritimi †multum ~dentes et recedentes 2.132; cum ex alto se aestus incitauisset, quod bis ~dit semper horarum XII spatio CAES.*Gal*.3.12.1; aestus maris ~dere ac reciprocare maxime mirum (est) PLIN. *Nat*.2.212;—tunc faciles saltus uisaeque ~dere ripae STAT. *Theb*.7.440. **b** (*w. destination, etc., specified*) uentus ad praefurnium caueto ne ~dat CATO *Agr*.38.4; nequid uiti in uinum ~dat 107.1; sin ad nudum..uiri corpus ~sserit (gladius) CIC.*Sest*.24; quo neque sol neque luna ~dit LARG. 13; qualis ubi..Tirynthius..sensit..Oetaeas membris ~dere uestis STAT.*Theb*.11.235; (*fig*.) cuius generis error ita manat ut non uideam quo non possit ~dere CIC.*Luc*.93;—(*absol*.) amphoras operito, ne aqua ~dat CATO *Agr*.113.2; quae iacerent in tenebris omnia, nisi litterarum lumen ~deret CIC.*Arch*.14. **c** haud inuito ad auris sermo mi ~ssit tuos TER.*Hec*.482; ne illa..oratio ad animos uestros sensim ac leniter ~deret CIC.*Cael*.25; ablegandum eo unde nec ad nos nomen famaque eius ~dere..possit LIV.21.10.12; cum.. erectas extremus uirginis auris ~ssit sonus STAT.*Theb*.12. 362.
5 (topog.) To be nearer (to), approach.
quantum ad Indum ~dunt, tantum colore praeferunt PLIN.*Nat*.6.70.
6 To come or proceed (to a subject, etc., in speech or writing); (of a reading) to reach a particular point).
deinde ad nostram causam pedetemptim ~demus *Rhet. Her*.1.9; eam disputationem, ad quam te..cupiunt ~dere CIC.*de Orat*.1.106; quibus rebus explicatis tum denique ad hoc horribile..crimen ~dam *Scaur*.22; Antiochus ad istum locum pressius uidebatur ~dere *Luc*.29; quoniam..ipsa materia ~dimus ad reputationem eiusdem parientis et noxia PLIN.*Nat*.18.2;—~sserat dehinc lectio ad eum locum in quo maritus senex..querebatur GEL.2.23.8.
7 To attach oneself (to a group, alliance, etc.), join. **b** (of military or political attachments).
(*w. group, etc., expr*.) illis ~das socius HOR.*S*.2.5.71; (Callisto)..sensit abesse dolos numerumque ~ssit ad harum

Ov.*Met.*2.446; (*poet.*) Caesar dis ~ssure *Tr.*5.5.61; adfines signant gradibusque propinquis ~dunt (*sc.* signa) MAN.2.672; fatis ~de deisque, et cole felices, miseros fuge LUC.8.486;—(*absol.*) protinus ~dunt Charites nectuntque coronas Ov. *Fast.*5.219; plures ~dant et pilulas faciant LARG.75; ~sserunt conuiuae Vinicius et Silius pater SUET.*Aug.*71.2. **b** (*w. side or party specified*) Pompeius ad L. Sullae maximum imperium..~ssit CIC.*Phil.*5.44; ad quos ego pacis spe.. adductus ~sseram *Fam.*4.14.2; ciuitates quae ad Caesaris amicitiam ~sserant CAES.*Civ.*1.48.4; alam Silianam..sacramento Vitellii ~ssisse TAC.*Hist.*1.70; quia societatem nostram uolentes ~sserant *Ann.*12.31;—(*absol.*) ante idus Iulias Syria omnis in eodem sacramento fuit. ~ssere cum regno Sohaemus..Antiochus uetustis opibus ingens *Hist.* 2.81.

8 To agree, side (with a person); assent (to a proposition or sim.). **b** to submit (to persons offering advice, etc.); to agree (to a request); to comply (with conditions). **c** to follow in accordance (with a prediction).

libenter..iis, qui ita prodiderunt, ~sserim VELL.1.8.5; neque enim ~do Celso, qui ab oratore uerba fingi uetat QUINT.*Inst.*8.3.35;—proposito ~do, argumento non consentio SEN.*Nat.*1.8.4; tu..~dis huic fabulae? APUL.*Met.* 1.20; (*facet.*) postquam hanc rationem uentri cordique edidi, ~ssit animus ad meam sententiam PL.*Aul.*383; (*w. abst. subj.*) ~dere etiam ratio prauitati uidetur PLIN.*Nat.*15.14. **b** Galba..speciosiora suadentibus ~ssit TAC.*Hist.*1.34; (*poet.*) stupet ipsa ratis..nec ~dit domino tutela minori STAT.*Theb.*10.186; (*absol.*) anne illis obsessa negarem? ~ssi 5.323;—~dit dictis pater *Ach.*1.363;—condemnari..malebant quam ad eius condiciones pactionesque ~dere CIC.*Ver.* 3.69. **c** (*w. dat.*) 'luce mea Marso consul ab hoste cades.' exitus ~ssit uerbis Ov.*Fast.*6.565; carminibusque meis ~dent pondera rerum *Ib.*247.

9 To begin to occupy oneself (with a task or activity), turn, take or resort (to), join (in); to become an accessory (to a legal obligation). **b** to go to face (dangers, etc.), brave.

uti in eandem tute ~deres infamiam PL.*Trin.*121; utrum.. auaritiae causa an egestatis..~ssit ad maleficium? *Rhet. Her.* 4.50; aut senes ad eas (*sc.* artes) ~sserunt..aut sunt tardissimi CIC.*de Orat.*3.89; me ad meas fortunas defendendas ~dere non sines *Ver.*1.142; qui ad illud scelus sectionis auderet ~dere *Phil.*2.64; statui ad nullam medicinam rei publicae sine magno praesidio ~dere *Q.fr.*2.15.2; iratus qui ~det ad poenam *Off.*1.89; has ne possim naturae ~dere partis VERG.*G.*2.483; ad gubernacula rei publicae ~dere LIV.4.3.17; ~ssi sacris Baccheaque sacra frequento Ov.*Met.*3.691; ~ssi quotiens ad opus MART.7.18.5; stilo quem ~ssimus APUL. *Met.*1.1; si emptor ad emptionem rei..non ~sserat PAUL.*dig.* 17.1.22.4;—(*ellipt.*) quod si non ~ssit is cui mandatum est ULP.*dig.*26.7.5.3;—illi (*sc.* sponsor et fide promissor) quidem nullis obligationibus ~dere possunt nisi uerborum GAIUS *Inst.* 3.119; omni obligationi fideiussor ~dere potest ULP.*dig.*46. 1.1. **b** ego istuc ~dam periclum potius atque audaciam PL.*Epid.*149; ad periculum ~dere CIC.*Div.Caec.*63; uos et Scyllaeam rabiem penitusque sonantis ~stis scopulos VERG. *A.*1.201; tum magis Armenias cupies ~dere tigris PROP. 1.9.19; placet..comminus infandi leges ~dere regni STAT. *Theb.*12.180.

10 To succeed (to an existing situation); to enter (upon an inherited status); to find (something) ready for use.

ne ipse quidem ad securas res ~ssi TAC.*Hist.*1.16;—non aliter quisque ad patris condicionem ~dit, quam si inter patrem et matrem eius conubium sit GAIUS *Inst.*1.67;—si prata ~ssimus COL.2.17.3.

11 (esp. w. *prope, proxime*, etc.) To come near in quality, status, etc. (to), approach. **b** to come near in age or time; (of age) to come near, approach. **c** to approach in kinship.

(*of persons*) Crasso et Antonio L. Philippus proximus ~debat, sed longo interuallo tamen proximus CIC.*Brut.*173; me huic tuae uirtuti proxime ~dere *Fam.*11.21.4; eorum.. qui ad sapientiam proxume ~dunt *Amic.*38; interroganti quem Homero crederet maxime ~dere QUINT.*Inst.*10.1.86;—(*of things, qualities, etc.*) id in dicendo numerosum putatur ..quod ad numeros proxime ~dit *Orat.*198; uos, Quirites, quorum potestas proxime ad deorum immortalium numen ~dit *Rab.Perd.*5; aliquid quod aut uerum sit aut ad id quam proxime ~dat *Luc.*7; Graeci parhelia appellant..quia ~dunt ad aliquam similitudinem solis SEN.*Nat.*1.11.2; flore ad purpuram ~dente PLIN.*Nat.*16.145; cytiso, quae proxime ~dere hebenum uidetur 16.204; iucundum sit illud (*the taste of water*) licet..et..ad uiciniam lactis ~dens 31.37; nectare Cecropias Hyblaeo ~dere ceras SIL.14.26; fictis nec ullo modo ad ueritatem ~dentibus controuersiis TAC.*Dial.*31.1; quia ista (*sc.* neglegentia) prope fraudem ~dit ULP.*dig.*26.10. 7.1;—(*impers. pass.*) adnominatio est, cum ad idem uerbum et nomen ~ditur commutatione..litterarum *Rhet.Her.*4.29. **b** quo propius ad mortem ~dam CIC.*Sen.*71; proxime aetatem praetextati ~dere eum dicimus, qui puberem aetatem nunc ingressus est ULP.*dig.*43.30.3.6;—ubi aetas ~ssit ad annos XXXVI CATO *Agr.*3.1. **c** ut inter omnes esset societas quaedam, maior autem, ut quisque proxume ~deret CIC.*Amic.*19.

12 (esp. w. *prope*, etc.) To get close (to a writer's meaning, a purpose, etc.); (of a law) to be closely relevant (to a case).

multo propius ~dere ad scriptoris uoluntatem eum, qui ex ipsius eam litteris interpretetur CIC.*Inv.*2.128; inclusas eius libidines qui paulo propius ~sserant intuebantur *Sest.*22; ad hanc (*i.e.* accipientis utilitatem) ~damus sepositis commodis nostris SEN.*Ben.*4.9.1;—quae in certam quandam rem scripta est (lex), propius ad causam ~dere uidetur CIC. *Inv.*2.146.

13 (of conditions, feelings, etc.) To come on, set in, supervene, become operative. **b** to come on additionally.

aliud est..amor, longe aliud est cupido ~ssit ilico alter, ubi alter recessit CATO *orat.*89; alteram quartanam.. decessisse et alteram leuiorem ~dere CIC.*Att.*7.2.2; de ipsa atomo dici potest..sine causa moueri, quia nulla causa ~dat extrinsecus *Fat.*24; si sic somnus non ~ssit..medicamentis arcessendus est CELS.3.18.15; omne..os, ubi iniuria ~ssit, aut uitiatur..aut frangitur 8.2.1; cum ~sserit dolor LARG.162;—(*w.* ab) si..a precibus tumidos ~dere fastus senseris Ov.*Ars* 1.715. **b** postquam in dies dolores accrescere febresque ~ssisse sensit NEP.*Att.*21.4; haec.. cum sine febre quoque..futurarum rerum notas habeant, multo certiora sunt, ubi febris accessit CELS.2.7.23.

14 (of events or periods of time) To draw near, arrive.

tribus exactis ubi quarta ~sserit aestas VERG.*G.*3.190; lenior et melior fis ~dente senecta? HOR.*Ep.*2.2.211; ualida mox ~dente iuuenta STAT.*Ach.*2.88; (*w.* ex) ut..dies e nocte ~dat PL.*Am.*550;—(*w.* prope *as adv.*) quo propius ea contentio..~dit CAEL.*Fam.*8.14.2.

15 To be added (to elements already present), constitute an addition, accrue (to); (phr.) *ex ~denti*, as a result of addition. **b** (of incidental appurtenances, etc.) to be thrown in, be included (with). **c** to come to appertain (to a person or thing), be given (to), be acquired (by), accrue (to).

homini misero si ad malum ~dit malum PL.*Men.*82; etiam pro uestimentis huc decem ~dant minae *Per.*669; quae cum ~deret ad sortem usu, usura dicta VAR.*L.*5.183; studium dicendi, nisi ~ssit os, nullum potest esse CIC.*de Orat.*2.29; ~dant eo..HS $\overline{XC}$ *Ver.*3.116; ~sserint in cumulum manubiae uestrorum imperatorum *Agr.*2.62; tu es testis, quoi iam..~dit Phania *Fam.*2.13.2; ut ad eam uoluntatem ..tantus cumulus ~dat commendatione mea 6.9.2; quibus (*sc.* centuriis)..octo solae si ~sserunt *Rep.*2.39; cum ad has suspiciones certissimae res ~derent CAES.*Gal.*1.19.1; quod mihi detractum est, uestros ~dat ad annos PROP.4.11.95; ad summam indolem ~sserat Cn. Scipionis disciplina LIV. 25.37.3; eo ut ~dant regum auxilia 42.52.9; in lustrum ~dere debet..una dies Ov.*Fast.*3.165; huc ~dat Hylas Iliacusque puer *Tr.*2.406; cum peruenit in uentrem..tunc demum corpori ~dit SEN.*Ep.*90.22; nox ad diem ~dat *Nat.*3.pr.2; uana quoque ad ueros ~ssit fama timores LUC.1.469; binas drachmas ponderi ad quinquagensimum annum ~dere PLIN.*Nat.*11.184; ad cuius summam eruditionem..cura quoque et meditatio ~ssit TAC.*Dial.*16.1; cui gloriae amplior adhuc ex oportunitate cumulus ~ssit SUET.*Tib.*17.1; (*cf.*) scis tu ~ssisse pretium agris, praecipue suburbanis PLIN.*Ep.*6.19.1; (*foll. by* quod) gloriae..eorum ~ssurum quod modica manus uniuersi exercitus famam adipiscerentur TAC.*Ann.*14.36;|| (*impers. act.*) si alluuione paulatim ~sserit fundo tuo POMPON.*dig.*43.20.3.2;—(*absol. or ellipt.*) quin ~dat faenus, id non postulo PL.*Vid.*88; ubi extentus erit (funis), ~dent P. V CATO *Agr.*135.4; ea est..ratio instructarum..nauium ut..ne singuli quidem possint ~dere CIC. *Ver.*5.133; o si angulus ille proximus ~dat qui nunc denormat agellum HOR.*S.*2.6.9; nouus..terror ~sserat defectione Latinorum LIV.6.2.3; nec ulli exiguus populo est (Tartarus) turbamue ~dere sentit Ov.*Met.*4.442;—alias duas ad easdem tabulas adiecerunt: et ita ex ~denti appellatae sunt leges duodecim tabularum POMPON.*dig.*1.2.2.4. **b** atque etiam fides, ei quae ~ssere, tibi addam dono gratiis PL.*Epid.*474; tibi nos ad id quod..dare debuimus ornamenta quaedam uoluimus non debita ~dere CIC.*Top.*100; quod effigies eius.. uenditionibus hortorum et domuum ~dant TAC.*Ann.*1.73; cum ~dat alii rei homo GAIUS *dig.*21.1.32; HVIVS MONIMENTI EMPTIONI ~SIT ITER *CIL* 5.3849.2;—(*absol.*) donata est regia Lagi, ~ssit Magni iugulus LUC.5.63; si quis, cum fundum uenderet, dolia centum..~ssura dixisset ALF.*dig.* 19.1.26. **c** num tibi..stultitia ~ssit? PL.*Am.*709; uoluntas uostra si ad poetam ~sserit TER.*Ph.*30; quia paullum uobis ~ssit pecuniae, sublati animi sunt *Hec.*506; solet..Roscius dicere se, quo plus sibi aetatis ~deret, eo tardiores tibicinis modos..esse facturum CIC.*de Orat.*1.254; ab eo inuidiam discedere aliquando ad quem numquam ~ssisse culpam uidetis *Clu.*83; opus est nobis et uoluntatem et auctoritatem et imperium tuum ~dere *Fam.*13.42.2; his rebus tantum fiduciae ac spiritus Pompeianis ~ssit ut non de ratione belli cogitarent CAES.*Civ.*3.72.1; ni..ingens ~dit stomacho fultura ruenti HOR.*S.*2.3.154; ~ssit ripae laus, Aniene, tuae PROP.4.7.86; dictatori ac Romanis..animi ~ssere LIV.4.18.3; templis..~dere dotem hanc iussere meis Ov.*Met.*10.646; quamuis iam eis (*sc.* morbis) spatium aliquod ~ssit CELS.2.11.4; id uinum, cui nihil adhuc aetatis ~ssit 2.26.1; his rura colonis ~dunt donante Pado LUC.6. 278; plus socordiae quam fiduciae ~ssisse uictoribus TAC. *Hist.*3.2; BIS DENIS MIHI MORS ANNIS ~SSIT INIQVA *CIL* 13.7105;—(*absol.*) sperabam consilia nostra diuidiae tibi, cum aetas ~sset, non fore TURP.*com.*60; ubi..~dent anni HOR. *S.*2.2.85; (*foll. by* ut *cl.*) postea id quoque ~ssit, ut saeuitiae causam auaritia praeberet VELL.2.22.5.

16 To be added (to the other members of a category); to be included (within a whole). **b** (of an expense) to fall (within a period).

~demus et nos his ciuitatibus, quae..insipientes sunt iudicatae VITR.7.5.6;—quia uniuerso pars continetur, non utique ~dit parti quod uniuersum est QUINT.*Inst.*12.2.18. **b** id ille annus habeat in quem itineris sumptus ~ssit CIC. *Att.*16.1.5.

17 To be an additional factor, exist as well. **b** (impers., foll. by *quod*+indic., *ut*+subj.).

cum ad causam caritatis ~deret iste speculator communium miseriarum CIC.*Dom.*18; sed ~dit cupiditas *Att.* 13.31.4; ~ssit etiam ex improuiso aliud incommodum, quod Domitius..discesserat CAES.*Civ.*3.79.3; insuper ~dunt, te non adimente, paternae..opes Ov.*Tr.*2.129; praeter gaudium..saltus superati contemptus quoque hostium..~ssit LIV.42.55.4; super omnia ~ssit difficultas mari Romam deuehendi PLIN.*Nat.*36.69;—(*w. dat. of possessor*) ad haec mala hoc mi ~dit etiam: haec Andria..grauida e Pamphilost TER.*An.*215; cum aduersario eius ad ius accusationis summa uis potestatis ~deret CIC.*Clu.*94; omnibus..his seni pedes. araneis quibusdam praelongi ~dunt bini PLIN.*Nat.* 11.258. **b** ~dit quod orationis etiam genus habent.. acutum CIC.*de Orat.*3.66; huc ~debat quod L. Sulla exercitum ..luxuriose..habuerat SAL.*Cat.*11.5; PLIN.*Ep.*8.24.8;—ad Appi Claudi senectutem ~debat etiam ut caecus esset CIC. *Sen.*16; ad hoc detrimentum ~ssit ut..aquari prohiberentur CAES.*Civ.*3.24.4; eo ~debat ut..metu regnum tutandum esset LIV.1.49.4; (*cf.*) ~dit, si quid hoc ad rem, εὐγενέστερος est etiam quam pater CIC.*Att.*13.21a.4(7).

accelerātiō ~ōnis, *f.* **adc-.** [next+-TIO] Speeding up, acceleration.

continuatio est orationis enuntiandae ~o clamosa *Rhet. Her.*3.23.

accelerō ~āre ~āuī ~ātum, *tr.*, *intr.* **adc-.** [AD-+CELERO]

1 To quicken (one's pace). **b** to cause to travel faster. **c** to speed up (an action).

celebri gradu gressum ~asse ACC.*trag.*23,24; equites sequi iubet sese iterque ~at CAES.*Civ.*2.39.6; gradum ~are LIV. 2.43.8; non quia ~ent tardentue naturales motus PLIN.*Nat.* 2.64; ~ate uiam V.FL.8.265; ~ate fugam STAT.*Theb.*5.278; ~ato uestigio APUL.*Met.*2.2. **b** nullo credente sic ~ari quae tristis audiret TAC.*Ag.*43.3;—(*cf. w. sense 2*) calamis mortem ~ant pinna addita PLIN.*Nat.*16.159. **c** in lectione ..non properare ad continuandam eam uel ~andam QUINT. *Inst.*1.1.31.

2 To hasten the occurrence or conclusion of, accelerate.

multaque..mortem quae possint ~are LUCR.6.772; ne id quod natura cogeret ipse quoque sibi ~aret (*sc.* mortem) NEP.*Att.*22.2; partus ~at scordotis pota drachma suci PLIN. *Nat.*26.161; ~et partu decimum bona Cynthia mensem STAT.*Silv.*1.2.268; ~ata..Vespasiani coepta..exercitus studio TAC.*Hist.*2.85; consulatum ei ~auerat Augustus *Ann.* 3.75; occasum rei publicae ~at PLIN.*Pan.*26.6.

3 (intr.) To go or act quickly, hurry.

si ~are uolent, ad uesperam consequentur CIC.*Catil.*2.6; ~at Caesar, ut proelio intersit CAES.*Gal.*7.87.3; ~a, et fratrem..eripe morti VERG.*A.*12.157; LIV.3.27.8; ~a et euade SEN.*Ep.*32.3; talis..Cadmeius heros ~at STAT.*Theb.* 1.377; (*of ships*) ne..uacuo mari classis ~et TAC.*Hist.*2.14; —(*w. advl. acc.*) quantum maxime ~are poterat LIV.23.28.3; (*impers.*) quantum ~ari posset 3.46.5;—(*w. destination expr.*) lembi..duae ad nostram ~arunt ratem TURP.*com.*98; ~are legiones Cremonam..iussae TAC.*Hist.*2.100;—(*w.* ad+*gdve.*) consulem ad sese opprimendum ~asse LIV.27.47.8;—(*w. inf.*) dictis parere ministri certatim ~ant STAT.*Theb.*1.516.

accendō ~dere ~dī ~sum, *tr.* [AD-; for *-cendo* cf. CANDEO, etc.]

1 To set on fire, kindle, ignite; *~us*, on fire, burning. **b** to cause to blaze up; (pass.) to flare up; to burn with a flame.

ut Pergama ~sa et praeda..partita est ANDR.*trag.*3; linum ..~dier ante quam tetigit flammam LUCR.6.901; odoratam stabulis ~dere cedrum VERG.*G.*3.414; utraeque fauces congestis lignis ~sae LIV.10.1.5; ~so ture 29.14.13; miserum est ..surgentis..~dere natos (*sc. on a pyre*) STAT.*Silv.*2.6.3; (*w. fire as obj.*) quae tantum ~derit ignem causa latet VERG. *A.*5.4; (*absol.*) ignis ~dit CIC.*Top.*58;—(*fig., or in fig. phrs.*) faces iam ~sas ad huius urbis incendium..exstinxi *Pis.*5; numquam..amoris ignis..clara ~disset saeui certamina belli LUCR.1.475; crimen magiae..ad inuidiam mei ~sum APUL.*Apol.*25;—Phaëthon cunctis e partibus orbem adspicit ~sum Ov.*Met.*2.228; in rogum ~sum eius iniecisse sese (aquilam) PLIN.*Nat.*10.18. **b** hinc..lassam..~dere quercum STAT.*Theb.*10.926;—flamma ter ~sa est Ov.*Met.* 10.279; aquis et ~ditur (maltha) PLIN.*Nat.*2.235; (Falerno) solo uinorum flamma ~ditur 14.62;—~di (hebenum) Fabianus negat, uritur tamen odore iucundo 12.20.

2 To kindle, light (a lamp, etc.); *lumina ~sa*, lamp-lighting (as a time), dusk. **b** to make bright; to give a fiery colour to.

quasi lumen de suo lumine ~dat ENN.*scen.*399; lampades ~dite PL.fr.58; deus ipse solem quasi lumen ~dit CIC.*Tim.* 31; ~sis..taedis PROP.2.32.9; faces..infectas geminis ~dit in aris Ov.*Met.*7.260; lucernam fur ~dit ex ara Iouis PHAED. 3.11.1; PLIN.*Nat.*18.358;—(*poet.*) pronuba nec castos ~det pinus honores *Ciris* 439; sera rubens ~dit lumina Vesper VERG.*G.*1.251;—(*in fig. phrs.*) ita res ~dent lumina rebus LUCR.1.1117; nos quoque et extinguimur et ~dimur (*sc. like lamps*) SEN.*Ep.*54.5; cui genetrix facem ~dit [SEN.]*Oct.*154; STAT.*Silv.*3.5.70;—occasione capta nocte iam luminibus ~sis..perfugiunt *B.Afr.*56.3; 89.5. **b** luna radiis solis ~sa CIC.*Rep.*6.17; regalisque accensa comas, ~sa coronam VERG.*A.*7.75; Venus ~so cum ducit uespere noctem MAN. 1.872; quae uestis roseos ~dere uultus apta STAT.*Silv.*3.4.51; gemmis galeam clipeumque ~derat auro SIL.15.678;—Chattica Teutonicos ~dit spuma capillos MART.14.26.1.

3 To make hotter, heat, warm. **b** (of pungent substances) to irritate, burn. **c** to heighten, intensify; to raise (prices, value).

~duntur aestatis uaporibus (aluearia fictilia) COL.9.6.2; spumeus ~so non sic exundat aeno undarum cumulus LUC. 9.798; marinas (aquas)..celerius ~di PLIN.*Nat.*2.234; ~ditque (Canis) solem 18.270; ~sis sole uenenis SIL.1.284; angulus, qui..solem continet et ~dit PLIN.*Ep.*2.17.7; (*poet.*) ~sus..mero sopor aestuat STAT.*Theb.*10.321;—(*periods of time*) medios cum sol ~derit aestus VERG.*G.*4.401; LIV.44. 36.2; ~ditur aestas GERM.*Arat.*336; ante..quam maturis ~derit annum ignibus..Plias GRAT.58. **b** cuius gustatu ~datur os PLIN.*Nat.*15.132; etiam leui gustu os ~sum 25.79; alypon cauliculus est..acre gustu ac lentum mordensque uehementer et ~dens 27.22. **c** mixtura uersicolori florum quae inuicem odores coloresque ~deret PLIN.*Nat.*21.4; (actiones) quas soleant commendare simul et ~dere iudicum consessus, celebritas aduocatorum PLIN.*Ep.*2.19.2;—crystallina, quorum ~dit fragilitas pretium SEN.*Ben.*7.9.3; uestium (pretia) ~dunt (institores) PLIN.*Nat.*18.225.

4 To stir up, arouse: **a** (feelings, affections, etc.). **b** (battles, strife, etc.).

a quid potuit nouitatis amorem ~dere tali? LUCR.5.173; ne polluta licentia inuidiam ~deret SAL.*Jug.*15.5; hic laeta extremis spes est ~a duobus VERG.*A.*5.183; ea ⟨res⟩.. curam ingentem ~dit patribus LIV.28.46.12; ille (uermiculus)..aestiuos uibrans ~sis febribus ignes GRAT.389; nunc inuidia, nunc admiratio imitationem ~dit VELL.1.17. 5; equinae cupidini similem mortalibus amorem ~dit COL.

6.27.3; haec (febris)..sitim ~dit CELS.3.6.1; ~dere sagaces in subitum curas SIL.7.526; (*w.* in, pro, *and* aduersus) studia Numidarum in Iugurtham ~sa SAL.*Jug*.6.3; ~sis studiis pro Scipione et aduersus Scipionem LIV.29.19.10. **b** ex qua omnes discordiae ~sae SAL.*Hist*.1.77.14; atrox pugna utrimque ~sa est LIV.27.32.5; a paucis proelio ~so 30.11.8; mundi celeritate discordia ~ditur PLIN.*Nat*.2.104.

5 To fan the flame of, intensify, aggravate: **a** (feelings, conditions). **b** (battles, etc.).

a Iugurthae non mediocrem animum pollicitando ~debant SAL.*Jug*.8.1; nunc prece, nunc dictis uirtutem ~dit amaris VERG.*A*.10.368; inuidiam..eam..insignis unius calamitas ~dit LIV.2.23.2; quin etiam ~das uitia inritesque uetando OV.*Rem*.133; forensis gloria ~ditur V.MAX.8.7; augere morbum et febres ~dere CELS.3.9.4; si parum bibitur, ~ditur uulnus 7.27.5; poma..desuper insultant foliis..~duntque famem (*sc*.Tantali) SEN.*Thy*.165; utriusque sexus ~denda uenus est COL.8.11.6; ~sae stimulis maioribus irae STAT.*Theb*.11.497; ~sum populi fauorem TAC.*Ann*.14.13; ~debat dolorem eorum Monobazus 15.1; (*refl*.) quo Martia..paret sese..~dere uirtus STAT.*Theb*.6.4; (*w.* in+*acc*.) ut adfectus uestros in amorem mei ~derem TAC.*Hist*.1.83. **b** occurrere duces et proelium ~dere SAL.*Hist*.2.59; aere ciere uiros Martemque ~dere cantu VERG.*A*.6.165; haec sua sponte agitata insuper tribuni plebis ~dunt LIV.4.58.11; gladiis pugna coepit et acerrime commissa ipso certamine..~sa est 9.39.6; certamen ~debant fratres candidatorum 35.10.5; duces partium ~dendo ciuili bello acres TAC.*Hist*. 4.1.

6 To rouse the feelings, passions, ambitions, or the like of (a person, etc.), make keen, work up, incite: **a** (to action, etc.). **b** (w. feelings indicated; also implied by context). **c** (w. cause, etc., indicated). **d** to kindle (the senses).

a (*w.* ad) quam illi ad dominationem ~si sunt SAL.*Jug*. 31.16; omnium animi ad oppugnandum ~duntur LIV.23.18.7; si ad fortiter faciendum ~datur aliquis QUINT.*Inst*. 5.11.10; ut..praeda ad uirtutem deretur (miles) TAC. *Hist*.4.26;—(*w.* in+*acc*.) animos militum hortando in pugnam ~debat LIV.44.36.4; VELL.2.98.1; his magnam uictor in iram uocibus ~sus LUC.3.134; miles secundis aduersisque perinde in exitium ducum ~debatur TAC.*Hist*. 4.36;—(*w. dat*.) bello..animos ~dit agrestis VERG.*A*.7.482. **b** (*w. adv*.) placare hostem ferocem inimiciterque ~sum ACC.*poet*.7(3F); multitudo..uehementer ~sa SAL.*Jug*.34.1; —hos ira, odium, ultionis cupiditas ad uirtutem ~dit TAC. *Hist*.2.77; (*w. abl*.) ~sum..praemiorum spe SAL.*Hist*.3.49; furiisque ~sas pectore matres VERG.*A*.7.392; Romanus odio ~sus LIV.4.32.12; ut ~sum cupiditate..sensit 29.23.4; quo dolore ~sa legio TAC.*Hist*.2.43; in quos..ira magis quam ex usu praesenti ~sus 11.8;—non uerba magis suadentia frangunt ~os STAT.*Theb*.11.436; (*poet*.) integrato..resultant ~sae clamore fores 6.43. **c** natura serpentium ipsa perniciosa siti..~ditur SAL.*Jug*.89.5; pugnae ~dit maioris imago VERG.*A*.12.560; ~sae Dryades candore puellae PROP.1.20.45; atrox ingenium ~derat eo facto magis quam conterruerat LIV.3.11.9; ne fames quidem, quae mutas ~deret bestias 25.13.7; illa etiam res ~dit, quod..Dolopiae..bellum inferebant 37.49.6; harena alias (feminas) ~dit aut perfusus puluere mulio PETR.126.6; ~sum laudibus STAT.*Theb*.6.428; hac (causa) ~debantur illi magis QUINT. *Inst*.1.pr.2; erant quos memoria Neronis ac desiderium prioris licentiae ~deret TAC.*Hist*.1.25; praeter paternos spiritus uxoris quoque Plancinae nobilitate et opibus ~debatur 2.43; (*w.* in+*acc*.) propriis in Cartimanduam reginam stimulis ~debatur *Hist*.3.45; (*w.* contra, pro) quae res Marium quom pro honore..tum contra Metellum uehementer ~derat SAL.*Jug*.64.4; (*ellipt*., *w.* quare) ~dis, quare cupiam magis illi proximus esse HOR.*S*.1.9.53. **d** motus, quibus omnituentes ~si sensus LUCR.2.943; paene amissos ~dere sensus 2.959.

accenseō ~ēre ~um, *tr*. [AD-+CENSEO] To attach as attendant, etc. (to).

his ~si cornicines..in duas centurias distributi LIV.1.43.7; de dis..minoribus unus numine sub dominae lateo atque ~eor illi OV.*Met*.15.546.

accensitus ~ī, m. (Hypothetical form of next, VAR.*gram*.117.)

accensus[1] ~ī, *m*. [pple. of ACCENSEO]

1 (usu. pl., mil.) A supernumerary; *~us uelatus*, a class of supernumerary whose function is not known.

ubi rorarii estis?..ubi sunt ~i? PL.fr.78; magister equitum, quod summa potestas huius in equites et ~os VAR.*L*. 5.82; in Non.p.520M; primum uexillum triarios ducebat..secundum rorarios..tertium ~os, minimae fiduciae manum LIV.8.8.8;—is uelatis cornicinibus proletariis CIC.*Rep*.2. 40; L VARRONIO..~O VELATO *CIL* 10.6094.

2 An attendant, orderly.

ubi primum ~us clamarat meridiem PL.fr.30; ~os ministratores Cato esse scribit VAR.*L*.7.58; CIC.*Ver*.1.71; dominus ..funeris utatur ~o atque lictoribus *Leg*.2.61; collegis nouem singuli ~si apparebant LIV.3.33.8; 8.31.4; PLIN.*Nat*. 7.212; IIS IIVIRIS..LICTORES BINOS, ~OS SING(VLOS), SCRIBAS BINOS *CIL* 1.594.

accensus[2] ~ūs, *m*. [ACCENDO+-TVS[3]] A lighting, kindling.

Niceratus..repraesentauit..lampadum..~u..Demaraten sacrificantem PLIN.*Nat*.34.88.

accentiuncula ~ae, *f*. [**accentio* (cf. ACCENTVS)+-VNCVLA] (gram.) An accent.

quas Graeci προσῳδίας dicunt, eas ueteres docti tum 'notas uocum', tum 'moderamenta', tum '~as', tum 'uoculationes' appellabant GEL.13.6.1.

accentō ~āre: see ACCANTO.

accentus ~ūs, *m*. [ACCANO+-TVS[3]] Accent, intonation.

~us, quos Graeci προσῳδίας uocant QUINT.*Inst*.1.5.22; 12. 10.33; GEL.4.7; 'quem cor' dictum putauit et 'quem' ~u acuto legit 6(7).2.11; Italum si quando mutat Graius ~us sonum MAUR.1433.

accepta ~ae, *f*. [ACCIPIO] A portion of land assigned to one person, allotment.

agitur..ut secundum ~am eius ueterani, qui in illud solum deductus est, modus restituatur AGEN.*agrim*.p.35; SIC.FL.*agrim*.p.120.

acceptārius ~a ~um, *a*. [prec.+-ARIVS] Allotment-holding.

T FLAVIVS QVIR BREVCVS VETERANVS ~VS *A.Epig*.15.69.

acceptātor ~ōris, *m*. (agent-noun from *accepto* or *accepta*; of uncertain meaning in quot.)

HERCVLI NVMINI SANCTO CVM BASI MARMORATA ~ORIBVS ET TERRARIS C. SENTIVS PORTESIS S.P.D.D. *CIL* 14.16.9.

acceptātus ~a ~um, *a*. *compar*. ~ior. [ACCEPTO] Acceptable.

omni genere, quod des, quo sit ~ius, adornandum est SEN.*Ben*.2.7.3.

acceptilātiō ~ōnis, *f*. [ACCEPTVM+LATIO] A formal verbal release from an obligation.

at si (mulier)..per ~onem uelit debitorem sine tutoris auctoritate liberare, non potest GAIUS *Inst*.2.85; per ~onem tollitur obligatio, ~o autem est ueluti imaginaria solutio 3.169; ULP.*dig*.4.3.38;—(*w. tmesis*) per accepti quoque lationem egens debitor liberatus GAIUS *dig*.39.6.31.4.

acceptiō ~ōnis, *f*. [ACCIPIO+-TIO] A taking over, accepting, receiving.

neque deditionem neque donationem sine ~one intellegi posse CIC.*Top*.37; quoius rei species erat ~o frumenti SAL. *Jug*.29.4; SIC.FL.*agrim*.p.120.

accepto ~āre ~āuī ~ātum, *tr*. [ACCIPIO+-TO]

1 To receive regularly, take (payment). **b** to be given (food).

qui res rationesque eri Ballionis curo, argentum ~o PL. *Ps*.627; cum..Zenon, Cleanthes, Chrysippus mercedes a discipulis ~auerint QUINT.*Inst*.12.7.9; stipes ~ans (*sc. for admission*) APUL.*Met*.10.19. **b** duobus..aut tribus mensibus ~ant conditiua cibaria COL.8.8.2.

2 a To receive, be given (a name). **b** to submit to, accept (a condition). **c** (of things) to admit of (a procedure or operation).

a qua diffunditur (*sc.* nostrum mare) alia aliis locis cognomina ~at MELA 1.7. **b** Veientum populi..negabant ~are iugum SIL.7.41. **c** agi cuniculos iussit facili ac leui humo ~ante occultum opus CURT.4.6.8.

3 To grasp mentally.

quae bene cum propriis simul ~aueris horis MAN.3.439.

acceptor[1] ~ōris, *m*. [ACCIPIO+-TOR]

1 One who accepts as true, believer.

qui illorum uerbis falsis ~or fui PL.*Trin*.204.

2 A receiver, collector.

SALVIVS DE SACRA VIA AVRI ACEPTOR *CIL* 6.9212.

acceptor[2] ~ōris, *m*. = ACCIPITER.

exta ~oris et unguis LUCIL.1170.

acceptōrius ~a ~um, *a*. [ACCIPIO+-TORIVS] Designed for receiving.

cum in erogatorio modulo minus inuenitur, in ~o plus FRON.*Aq*.34.

acceptrix ~īcis, *f*. [ACCIPIO+-TRIX] She that receives.

des quantumuis, nusquam apparet neque datori neque ~ici PL.*Truc*.571.

acceptum ~ī, *n*. [pple. of ACCIPIO]

1 Receipts as opposed to expenditure. **b** (transf.) favours or other things received. **c** *pignori ~um*, a pledge.

bene..ratio ~i atque expensi inter nos conuenit PL.*Mos*. 304; *Truc*.749; nomen in codicem ~i et expensi relatum CIC.*Q.Rosc*.5; ad sociorum tabulas ~i et expensi *Ver*.2.186. **b** ut par sit ratio ~orum et datorum CIC.*Amic*.58; data magno aestumas, accepta paruo SEN.*Dial*.5.31.3; *Ep*.81.28. **c** dolum et culpam (recipiunt) mandatum, commodatum..pignori ~um ULP.*dig*.50.17.23.

2 The receipt side of an account: (in phrs.) *in ~um referre*, to record as having been received, acknowledge receipt of; *~o ferre*, *facere* (+dat.), to ascribe to (a person), credit one with, release (a person) from (an obligation).

negabat se opus in ~um referre posse CIC.*Ver*.1.149; hoc..opus in ~um ut referas, nihil postulo *Parad*.5;—honorem eius tibi laturus ~o est STAT.*Silv*.2.pr.; ut tota stipulatio ~o fiat JULIAN.*dig*.12.7.3; si quis ~o tulerit debitori suo ULP. *dig*.12.4.4.

3 A written or other receipt.

quae..cum marito de exigenda dote egit, ~o liberata est PAPIN.*dig*.17.2.81.

acceptus ~a ~um, *a*. *compar*. ~ior, *superl*. ~issimus. [pple. of ACCIPIO]

1 a (of persons) Well-liked, welcome, popular, acceptable. **b** (of things) acceptable, pleasing, welcome, esteemed.

a nemo quisquam ~ior: serui liberique amabant PL.*Per*. 648; Polum ex ~issimis libertis SUET.*Aug*.67.2;—(*w. dat*.) si tibi ambo ~i sumus PL.*St*.741; CIC.*reg.Alex*.fr.9; Diuiciaci, qui..maxime plebi ~us erat CAES.*Gal*.1.3.5; SAL.*Jug*.12.3; Phoebus ~us..nouem Camenis HOR.*Saec*.62; longe ante alios ~issimus militum animis LIV.1.15.8; OV.*Ep*.20.50; sanctos ~osque numinibus Claudios TAC.*Ann*.4.64;—(*w.* apud) essetne apud te is seruos ~issumus? PL.*Cap*.714;—(*w.* ad) NEC AD DEOS NEC AD HOMINES ~VS EST *CIL* 1.1012.8. **b** ut illud ~um sit prius quod perdidi PL.*Truc*.894; ut ~o ueneretur carmine diuos CATUL.90.5; PLIN.*Nat*.19.37;—(*w. dat*.) nihil ei ~umst a peiiuris supplici PL.*Rud*.25; eam ..rem senatui..gratam ~amque esse CIC.*Phil*.13.50; *Rep*.6.13; te, dis et mensis ~a secundis..Rhodia (*sc.* uua) VERG.*G*.2.101; PROP.2.9.43; LIV.1.19.5; ~us geniis..December OV.*Fast*.3.58; STAT.*Silv*.2.6.92;—(*w.* in+*acc*.) milies sestertium in munificentia..conlocatum, tanto ~ius in uulgum TAC.*Ann*.6.45.

2 (of moneys, etc.) Received, credited. **b** (phrs.) *~um referre* (+dat.), to set down to the credit of, have (him, etc.) to thank for; so *~um ferre*; *~um facere*, to treat (a debt or obligation) as discharged; *~um fieri* (+dat.), to be set down to the credit of, be ascribed to.

(aera) ~a dico, expensa ne qui censeat PL.*Truc*.73; librum, quo ~ae et expensae summae continebantur V.MAX.3.7.1d. **b** non..si quid..profectus domino, agri culturae ~um referre debet VAR.*R*.1.2.23; minus Dolabella Verri ~um rettulit quam Verres illi expensum tulerit CIC.*Ver*.1.100; uirtutem..nemo umquam ~am deo rettulit *N.D*.3.86; salutem imperi uni omnis ~am relaturos CAES.*Civ*.3.57.4; HOR.*Ep*.2.1.234; quod rettulere secum praedae..Liciniae familiae..~um referebant LIV.5.22.2; ~um refero uersibus esse nocens OV.*Tr*.2.10; SEN.*Con*.10.4.3; PLIN.*Nat*.14.60; philosophiae ~um fero..quod conualui SEN.*Ep*.78.3; PLIN.*Nat*.2.22; APUL.*Apol*.96;—acceptum face redditumque uotum CATUL.36.16;—quod si uerum est, homini ~um fieri oportere conueniat PLIN.*Nat*.28.10; quidquid mihi pater tuus debuit, ~um tibi fieri iubebo PLIN.*Ep*.2.4.2.

accersītor, accersītus, accersō: see ARCESS-.

accessiō ~ōnis, *f*. **adc-**. [ACCEDO+-TIO]

1 Approaching, coming (to).

quid tibi interpellatio aut in consilium huc ~o est? PL. *Trin*.709; quid tibi ad hasce ~o aedis est prope aut pultatio? *Truc*.258.

2 An attack, onset (of fever, etc.); a paroxysm (of rage).

ea febris..quae..ante alteram ~onem ex toto quieuit CELS.2.2.3; in ipso ~onis impetu 2.12.2.C; aegra corpora..minima interdum mergit ~o SEN.*Ep*.85.12; quorum ~ones cum frigore extremitatum fient PLIN.*Nat*.23.48; contra ~ones frigidas 31.122; si..~onibus uexabuntur LARG.99;—cum ~o illa, quae animum inflammabat, remiserit SEN.*Ben*. 2.14.3.

3 The fact of having something added, accession, addition, increase (in size, value, etc.); (leg.) the existence of an accessory. **b** an increase (in degree), intensification. **c** addition to one's resources, help. **d** *~onem facere*, to gain ground, make progress.

quantaecumque tibi ~ones fient et fortunae et dignitatis CIC.*Fam*.2.1.2; quanta in singulos reges rerum bonarum..fiat ~o *Rep*.2.37; neque deficiat umquam ex infinitis corporibus similium ~o *N.D*.1.105; in dies..meritorum meorum fieri ~ones PLANC.*Fam*.10.9.1; cum tanta pecuniae facta esset ~o NEP.*Att*.14.2; non quia magna ~o ea regni futura esset LIV.39.28.2; si ille non erit sensurus ullam ~onem recepto eo SEN.*Ben*.4.40.5; horae nunc in omni ~one aequinoctiales..significantur PLIN.*Nat*.18.221; neque ~onem neque decessionem in eos (*sc.* lacus) uicinis facere licet ALF *dig*.39.3.24.3;—accessio..in obligatione aut personae aut rei fit PAUL.*dig*.44.7.44.4. **b** ut quanta ad rem tanta ad orationem fiat ~o CIC.*Orat*.124; nisi..frater insuper, ~o inuidiae, mactetur LIV.38.54.10; quod..~onem indignationis non recipit V.MAX.9.8.3; tormenta..ulteriorem doloris ~onem non recipientia SEN.*Ep*.66.47. **c** quae..tanta ..ad minuendas uitae molestias ~o potest fieri? CIC.*Fin*.1. 51; eas uires..quae non ~o tantum ad Romanum esse bellum, sed per se ipsae nuper sustinere potuerint Romanos LIV.36.7.6. **d** (Aristoteles ait) se uidere, quod paucis annis magna ~o facta esset, breui tempore philosophiam plane absolutam fore CIC.*Tusc*.3.69; ut incensi atque incitati magnas ~ones fecerint in operibus hostium oppugnandis *B.Alex*.22.1.

4 Something added, an extra, addition. **b** an additional payment, bonus. **c** (leg. also *~o temporis*) an extra period of time added to the time of *possessio*. **d** (med.) a complication.

qui id percipi posse diceret 'quod inpressum esset e uero' neque adhaerere illam magnam ~onem 'quo modo inprimi, non posset a falso' CIC.*Luc*.112; hanc (domum) Scaurus demolitus ~onem adiunxit aedibus *Off*.1.138;—(*w. dat*.) haud parua..~o bonis rebus uestris in amicitiam uenimus uestram LIV.7.30.6; Syphacis filium, quae parua bene gestae rei ~o erat, deuictum 30.40.3;—(*w. gen*.) hoc non inperfecti officii reliqua pars est, sed perfecti ~o SEN.*Ben*.2.33.1; Aetoli belli ~o fuerunt FLOR.*Epit*.1.25.(2.9.4);—(*w.* ad) tibi etiam ~o fuit ad necem Platoris Pleuratus eius comes CIC. *Pis*.84; *Att*.12.23.2. **b** ~ones: in M̄ ∞ CC accedit oleae salsae M̄ V CATO *Agr*.144.5; is suo labore suisque ~onibus..consequebatur ut ad istum..summa pecuniae referretur CIC. *Ver*.2.133; ad singula medimna multi HS binos..~onis cogebantur dare 3.116; lignis et ceteris paruis ~onibus exigendis COL.1.7.2; quanta pecunia pro eo homine soluta ~onis nomine data erit ULP.*dig*.21.1.25.9. **c** de ~onibus possessionum nihil in perpetuum..definire possumus SCAEV.*dig*.44.3.14; PAUL.*dig*.41.4.2.16;—quaesitum est, quid de ~one tui temporis putares AFRIC.*dig*.44.3.6.1; si res in dote dentur, puto..~onem..temporis mariti ex persona mulieris concedendam ULP.*dig*.23.3.7.3. **d** dum febris ceteraeque ~ones huius morbi absint CELS.2.8.13.

5 A subsidiary person or thing, appendage, accessory, appurtenance. **b** an (additional) surety, accessory.

minima ~o semper Epirus regno Macedoniae fuit LIV. 31.7.9; tantum ~o Punici belli fuerat (Syphax), sicut

Gentius Macedonici: Perseus caput belli erat Liv.45.7.2; nec ~o gloriosae illius pompae, sed auctor spectatus est V.Max.5.7.1; Lepidus..alienae semper dementiae ~o Sen.*Suas.*7.6; utrum aliqua res propositum sit an propositi alterius ~o Sen.*Dial.*8.7.2; non uacat de pretio queri; plus in ~onibus fuit *Ep.*97.5; nullo (*sc.* medico) idem censente, ne uideatur ~o alterius Plin.*Nat.*29.11; octo nimirum legiones unius classis ~onem fore Tac.*Hist.*3.13; plerasque..res..propter ~ones ememus, sicuti cum domus propter marmora.. ematur Paul.*dig.*18.1.34. **b** Ulp.*dig.*46.3.43; hi, qui ~onis loco promittunt, in leuiorem causam accipi possunt, in deteriorem non possunt Paul.*dig.*46.1.34.

accessitō ~āre ~āuī, *intr.* [ACCEDO+-ITO] To approach repeatedly, keep on coming.
eodem conuenae conplures ex agro ~auere Cato *hist.*20.

accessus ~ūs, *m.* **adc-.** [ACCEDO+-TVS[3]]

1 The act or fact of approaching, approach, arrival, visit. **b** (of heavenly bodies). **c** rising or flowing (of tide); blowing (of wind). **d** (fig.) an approach (to a task), undertaking.
bestiis..dedit (natura)..~um ad res salutares, a pestiferis recessum Cic.*N.D.*2.34; ~us molliet illa (*sc.* ancilla) tuos Ov.*Ars* 1.352; ~us prohibet..uiriles *Met.*14.636; Stat.*Theb.*12.153;—(*w.* ad) illi..~um ad urbem nocturnum fuisse metuendum Cic.*Mil.*52; Liv.28.43.17;—(*w.* in+*acc.*) haud facilis erat in insulam classi ~us 28.7.1. **b** ut luna ~u et recessu solis lumen accipiat Cic.*de Orat.*3.178; solis ~us discessusque *N.D.*2.19; ~u stellarum et recessu *Div.*2.89; Plin.*Nat.*2.106. **c** de marinis aestibus..quorum ~us et recessus lunae motu gubernantur Cic.*Div.*2.34; obuius oceani exaestuantis ~ibus Mela 3.21;—portus ab ~u uentorum immotus Verg.*A.*3.570. **d** ita pedetemptim et gradatim tum ~us a te ad causam facti, tum recessus Cic.*Fam.*9.14.7.

2 Hostile approach, attack. **b** method or form of attack.
signo dato ~um hostium aucupabatur *B.Afr.*58.3; tota Aegyptus maritimo ~u Pharo, pedestri Pelusio uelut claustris munita existimatur *B.Alex.*26.2; *B.Hisp.*30.6. **b** nisi et ~us et agendi tempora belli nouerit Grat.334; fati uarios esse ~us Sen.*Ep.*70.27.

3 Right of approach, audience.
nullius inopiam..illo populari ~u ac tribunali..esse exclusam Cic.*Q.fr.*1.1.25; da..~um lacrimis..nostris Ov.*Pont.*2.2.39; placidas ~us ad auris Stat.*Theb.*5.732.

4 Means or mode of approach or entry, access, way in. **b** a boarding-bridge.
inter eas piscinas tantummodo ~us semita in tholum Var.*R.*3.5.12; una (pars), quam liberum ~um habere demonstraui *B.Alex.*30.5; omnem..~um lustrans Verg.*A.*8.229; alium infra nauibus ~um petere Liv.29.27.9; ~us terra paterna negat Ov.*Ep.*10.64; Luc.3.44; nobiles palustri ~u uillae Plin.*Nat.*35.117; castellum..in quod duo..erant ~us Fron.*Str.*3.9.9;—(*fig.*) omnis ad ~us Heliconos semita trita est Man.2.50; nullum illa (*sc.* tristitia) ad te inueniet ~um Sen.*Dial.*11.8.1. **b** de ~u, quae ἐπιβάθρα graece dicitur Vitr.10.13.8.

5 Attack, onset (of fever or disease).
~u febrium Plin.*Nat.*28.46; quod 'uitium' perpetuum 'morbus' cum ~u decessuque sit Gel.4.2.13.

6 Addition, accession.
Rhodanus..~u..aliorum amnium iam grandis Mela 2.79; quare tot fluminum cotidiano ~u maria non crescant Plin.*Nat.*2.166; (dactylus) sentiet ~um momenti et temporis auctum Maur.1115.

Accheruns ~ntis, *m.*: var. ACHERVNS.

Acciānus ~a ~um, *a.* Of Accius, written or created by Accius.
uersus ~os Cic.*Fam.*9.16.4; ille Agamemno Homericus et idem ~us *Tusc.*3.62; Gel.14.1.34.

accidens ~ntis, *n.* [pple. of next]

1 An accidental happening, chance event; contingency.
numquam ~ntia tristis excepit Sen.*Ep.*120.12; similium ~ntium prouidi metus [Quint.]*Decl.*5.6;—idque ex ~ntibus apparet Gaius *Inst.*3.146; scindi ex ~nti condicio non debet Javol.*dig.*35.1.56.

2 A contingent attribute, accident, circumstance.
de eo an sit et de ~ntibus ei . . existimat quaeri Quint.*Inst.*3.6.36; 4.2.130; ut causa, tempus locus . . et cetera rerum sint ~ntia 5.10.23; Apul.*Pl.*2.2.

accidō[1] ~ere ~ī, *intr.* (*tr.*) [AD-+CADO] Orthog.: *acced-* Enn.*scen.*247 and elsewhere in codd.; *accad-* Sen.*Suas.*6.3.

1 To fall down, descend, light; (also fig. of fortune). **b** (of water) to fall or flow down.
ut quisque ~erat, eum necabam Pl.*Poen.*486; tela ab omni parte ~ebant Liv.2.50.7; terras..spiritus extrinsecus ~ens quassat Sen.*Nat.*6.24.4;—(*w.* ad) alia signa de caelo ad terram ~unt Pl.*Rud.*8;—(*w.* in+*acc.*) quam puncto tempore imago aetheris ex oris in terrarum ~at oras Lucr.4.215; ~ere in mensas ut rosa missa solet Ov.*Fast.*5.360;—(*w. dat.*) terrae repente corpus exanimum ~it Sen.*Phaed.*585;—(*fig.*) namque regnum suppetebat mi, ut scias, quanto e loco.. lapsa fortuna ~at Enn.*scen.*356. **b** quo Castalia per struices saxeas lapsu ~it Andr.*trag.*37; usque ad os molestus umor ~ere Petr.60.6; quae (aqua) ex lacu humum ~it *Leg.inc.*(*Font.iur.*p.289).

2 To fall down (at a person's feet), prostrate oneself.
(*w.* quo) quo ~am, quo applicem? Enn.*scen.*88;—(*w.* ad) ad genua ~it Ter.*Hec.*378; ad pedes omnium singillatim ~ente Clodio Cic.*Att.*1.14.5; ad genua ~o supplex, Vlixe Sen.*Tro.*691; Suet.*Jul.*20.4;—(*w. dat.*) genibus praetoris ~ens Liv.44.31.13; filium eius sinu complexus et genibus ~ens Tac.*Hist.*3.38.

3 To fall upon, attack.
id simulaueritne, quo inprouisus grauior ~eret.., parum exploratum est Sal.*Jug.*88.6.

4 a (of sound, news, etc.) To fall on (the ears of), be heard. **b** to impinge on (the eyes, mind, etc.). **c** to appear to, 'strike' (a person). **d** (of fire) to catch on.
a (*w. acc.*) paternae uocis sonitus auris ~it Pl.*St.*88; uox ~it aures flebile succedens V.Fl.2.452; MEAS QVOQVE AVRIS MEMNONIS VOX ~IT *CIL* 3.47;—(*w.* ad) nilne ad te de iudicio armum ~it? Pac.*trag.*34; nihil ut umquam uideretur tam populare ad populi Romani auris ~isse Cic.*Sest.*107; tibi uementer noua res molitur ad auris ~ere Lucr.2.1024; ita ut uox etiam ad hostes ~eret Liv.10.41.7; Fro.*Aur.*1.p.204 (73N);—(*w. dat.*) imber..lentior..aequaliorque ~ens auribus magnam partem hominum sopiuit Liv.24.46.4; nihil.. grauius auribus Neronis ~isse constitit Tac.*Ann.*15.67;—(*w. adv.*) quo uerba ~erent, fuga uastitas 4.70;—(*absol.*) clamor deinde ~it nouus Liv.4.33.9; repente fama ~it classem Punicam aduentare 27.29.7; iam clamor suorum uincentium ~ebat 40.32.2. **b** (*w.* ad) nihil..quod ad oculos animumque ~erit Cic.*Ver.*4.2; in luci quae poterit res ~ere ad speciem quadrata Lucr.4.236; ut notae..litterarum ..totae ad oculos legentium ~erent Petr.105.2;—(*w. dat.*) dico animo nostro primum simulacra meandi ~ere Lucr.4.882; ne maioris multitudinis species ~ere hostibus posset Hirt.*Gal.*8.8.4. **c** quid iucundius auribus nostris umquam ~it huius oratione Catuli? Cic.*de Orat.*3.29; quod (tibi hominum) insolentia praeter opinionem ~ebat *Q.fr.*1.1.40; quam res noua miraque menti ~at exitium caeli terraeque futurum Lucr.5.98. **d** (*w. acc.*) segetes stipulamque uidemus ~ere ex una scintilla incendia passim Lucr.5.609.

5 To happen, occur, come to pass, arise. **b** (of situation) to come about, arise. **c** (w. advs.) to turn out, result. **d** (w. emphasis on cause) to happen (as the result of).
insperata ~unt magis saepe quam quae speres Pl.*Mos.*197; interea aliquid ~erit boni Ter.*An.*398; speremus quae uolumus, sed quod ~erit feramus Cic.*Sest.*143; *Phil.*1.14; si quid ~erit noui, facies ut sciam *Fam.*14.8; si quid grauius ~isset Caes.*Civ.*2.30.3; quae ~erunt ~ere possunt Liv.28.41.13; si quid aduersi ~isset 32.38.2; in his per aliquam uim ~entibus Sen.*Ep.*74.4; sed quod in seditionibus ~it, unde plures erant omnes fuere Tac.*Hist.*1.56; uitium..aedium.. esse..quod ~ens extrinsecus infirmiores eas facit Ulp.*dig.*39.2.24.2;—(*w. pred. adjs.*) horum nil quicquam ~et animo nouom Ter.*Ph.*250; quae aspera aduersaque tunc ~erunt Liv.23.42.8; Tac.*Ann.*2.5;—(*w.* de) quaeris ex me quid ~erit de iudicio Cic.*Att.*1.16.1;—(*w.* ex) in omnibus poenis pecuniariis quae ex publicis iudiciis ~unt Paul.*dig.*17.2.56;—(*impers.*) sperans Pompeium aut Dyrrachium compelli.. posse..; ut ~it Caes.*Civ.*3.41.3. **b** si quod tempus ~isset, quo tempore..requirerent Cic.*Div.Caec.*2; si quando dubitatio ~it, quale sit id *Off.*3.18; quod saepe ~eret causa cur non uteretur Q.Cic.*Pet.*47; senectam quadragesimo (anno) ~ere Plin.*Nat.*7.29; qui (*sc.* timor aquae) cum ~it Larg.171. **c** misera timeo 'incertum' hoc quorsus ~at Ter.*An.*264; euentus..tum fallit, cum aliter ~it, atque ii..arbitrati esse dicuntur Cic.*Inv.*2.23; quod consilium..incommode ~it Caes.*Gal.*5.33.4; Sal.*Rep.*2.11.4. **d** (*w. abl.*) ea..multis istius et uariis iniuriis ~erunt Cic.*Ver.*4.114; contra ea quorum ueneno tremores et frigus ~unt Plin.*Nat.*21.162; ~erat sane pietate Seruiliae Tac.*Ann.*16.30; (*w.* propter) quae omnis propter auaritiam ipsius ~isset Cic.*Ver.*5.106.

6 (w. person etc. affected expr.) To happen to, be the lot of, befall. **b** *si quid* (*mihi*) *~erit*, should anything happen to (me), should (I) die. **c** (w. emphasis on cause or agent).
(*w. dat.*) ea si cui in somno ~unt Acc.*praet.*30; tantum flagitium ciuitati ~ere Quad.*hist.*10b; neque turpis mors forti uiro potest ~ere Cic.*Catil.*4.3; si tibi euenerit quod metuis ne ~at *Pis.*99; mihi omnia quae iucunda ex humanitate alterius..homini accidere possunt ex illo ~ebant *Att.*1.5.1; singularis huic municipio calamitates ~isse *Fam.*13.7.2; si quid grauius illis ~isset *B.Alex.*11.2; illis merito ~et quicquid euenerit Sal.*Cat.*51.26; quae captis ~erint apud Hannibalem..iustius..quererentur Liv.26.31.8; contusione quae frequenter gladiatoribus ~ere solet in luctationibus Larg.101; Tac.*Hist.*3.72; ~it et nostro similis fortuna Catullo Juv.12.29;—(*w. inf.*) quodquomque homini ~it lubere, posse retur Pl.*Am.*171;—(*w. pred. adjs.*) cum hoc illi improuisum atque inopinatum ~isset Cic.*Ver.*2.69; hoc mihi..~it iucundissimum *Att.*7.2.5; laetius id decemuiris ~it Liv.3.38.12; (*cf.*) narrare quae necopinanti ~unt Ter.*Hec.*362;—(*w.* aduersus) quod..et aduersus eundem ~et Pompon.*dig.*26.1.5.1;—(*w.* in+*acc.*) in quos id animi uitium ex corporis uitio ~it Ulp.*dig.*21.1.4.1. **b** si quid pupillo ~isset Cic.*Inv.*2.64; si quid mihi ~erit *Mil.*99; si quid mihi humanitus ~isset *Phil.*1.10; (*cf.*) si quid ~at Romanis..in spem..regni obtinendi uenire Caes.*Gal.*1.18.9; uiuere Vitellium..et, si quid fato ~at, filium habere Tac.*Hist.*3.38. **c** (*w. abl.*) querentem id sibi..perfidia..tua ~isse Manc.*orat.*1;—(*w.* ab) si quicquam mutis gratum acceptumque sepulcris ~ere a nostro, Calue, dolore potest Catul.96.2; si quid ei a Caesare grauius ~isset Caes.*Gal.*1.20.4; 6.34.3; nihil regente eo triste rei publicae ab externis ~isse Tac.*Ann.*13.3.

7 a *~it ut* (+subj.), it happens or comes about that, it is the case that; (also w. *ne*, *quominus*). **b** *~it quod* (+indic.), it happens that.
a capitis nostri saepe potest ~ere ut causae uersentur in iure Cic.*de Orat.*1.181; si quando accidit, ut ei subueniatur, qui..urgeri..uideatur *Off.*2.51; ~it ut una nocte omnes Hermae..deicerentur Nep.*Alc.*3.2; forte ita ~it, ut..consulem T. Manlium haberent Liv.8.5.7; forte ~erat ut eam gentem..auus Agrippa in fidem acciperet Tac.*Ann.*12.27;—(*w. dat.*) mihi ipsi ~it ut cum duobus patriciis..peterem Cic.*Mur.*17; fere plerisque ~it ut ..diligentiam..remittant Caes.*Gal.*6.14.4;—(*w.* hoc, id) si mihi..nauiganti hoc ..~isset, ut multi..praedones..minitarentur Cic.*Sest.*45; id aliquot de causis ~erat, ut subito Galli..consilium caperent Caes.*Gal.*3.2.2; Liv.28.43.6;—nihil..est pro certo futurum, quod potest aliqua procuratione ~ere ne fiat Cic.*Div.*2.21; si quid ne in rerum natura esset, per furorem eius ~isset Pompon.*dig.*26.7.61; si dolo ~erit eius..quo minus.. secundum libertatem pronuntietur Ulp.*dig.*4.3.24. **b** hoc loco percommode ~it quod non adest is Cic.*Caec.*77; ~it fortuitum, sed non tamquam fortuitum, quod..decessit Plin.*Ep.*9.13.24; (*cf.*) nihil noui ~isse..quod duo senatores ..dissentirent Tac.*Hist.*2.91.

8 a To be applicable (to), be assigned (to). **b** to be accidents (of), be accidental (to). **c** (gram.) to be inflectional parts (of).
a (*w.* in+*acc.*) istuc uerbum uere in te ~it Ter.*An.*885; (*w. dat.*) haec aduentoribus ~unt Var.*Men.*263; in iis, quae rebus aut personis ~unt Quint.*Inst.*5.8.5. **b** omnium quae sint naturam esse corpora et inane quaeque is ~ant Cic.*N.D.*2.82; cetera, quae ei generi ~unt Quint.*Inst.*5.13.9. **c** quia plurima huic (*sc.* uerbo) ~unt Quint.*Inst.*1.5.41.

accīdō[2] ~dere ~dī ~sum, *tr.* [AD-+CAEDO]

1 To cut nearly through; to cut back.
~dunt arbores, tantum ut summa species earum stantium relinquatur Caes.*Gal.*6.27.4; ornum cum ferro ~sam.. instant eruere agricolae certatim Verg.*A.*2.627;—suboli imperatorum uestrorum uelut..~sis recrescenti stirpibus Liv.26.41.22.

2 To reduce by slaughter, cut up. **b** to reduce the military power of, weaken.
copias esse ~sas sciebat Hirt.*Gal.*8.31.1; Latinorum ets pariter ~sae copiae sint Liv.8.11.8; humili fossa ~sae iam reliquiae consedisse intellegebantur Tac.*Ann.*1.61. **b** res et..quamquam sunt ~sae, tamen efferent se aliquando et ad renouandum bellum reuirescent Cic.*Prov.*34; nuper Camilli ductu atque auspicio ~sae res erant Liv.6.12.6; robore iuuentutis suae ~so 7.29.7; ~sis..populis Sil.2.392; ~sas eius (ciuitatis) uires..uitio contionantium Quint.*Decl.*268(p.96,l.9).

3 To cut down, diminish (resources).
te..fames..~sis coget dapibus consumere mensas Verg.*A.*7.125; integris opibus noui non latius usum quam nunc ~sis Hor.*S.*2.2.114.

accingō ~gere ~xī ~ctum, *tr.* [AD-+CINGO]

1 To gird, surround; also, to gird up (one's clothing).
quinque aethereis zonis ~gitur orbis Var.At.*poet.*16(14); ~ctum gemmis fulgentibus ensem V.Fl.5.513; suam.. orbibus ~gi solitis iubet Irin Stat.*Theb.*10.81; feminae pellibus ~ctae adsultabant Tac.*Ann.*11.31;—deiecti in pectora crines ~ctique sinus Stat.*Theb.*12.109;—(*w. retained acc.*) ipsa sinus ~cta Ceres *Silv.*4.2.34.

2 To gird (with a sword, etc.). **b** to gird on (a sword). **c** to equip (with aids, support, etc.).
(*w. abl.*) ferro ~gor Verg.*A.*2.671; omnis facibus pubes ~gitur atris 9.74; telo..~gitur unco Ov.*Met.*4.666; ferro ~us reperitur in coetu salutantum principem Tac.*Ann.*11.22;—(*absol.*) paludatus ~usque *Hist.*2.89; *Ann.*3.34; militem quia uallum non ~us, atque alium quia pugione tantum ~us foderet, morte punitos 11.18. **b** (*w. dat.*) lateri..~xerat ensem Verg.*A.*11.489; Stat.*Theb.*1.428. **c** qua (*sc.* eloquentia) ~ctus..disertam..Helvidii sapientiam elusi Tac.*Dial.*5.6; se quoque ~geret iuuene partem curarum capessituro *Ann.*12.25; iuuenem..studio popularium ~ctum 12.44;—(*w. retained acc.*) magicas inuitam ~gier artis Verg.*A.*4.493;—(*w.* ad) ornat Phraaten ~gitque paternum ad fastigium Tac.*Ann.*6.32.

3 To gird oneself, get ready (for action, etc.): **a** (pass.). **b** (refl.; also ellipt. or absol.).
a tibi omnest exedendum: ~gere Ter.*Ph.*318; quin ~geris? Liv.1.47.4; ~gere et omnem pelle moram! Ov.*Met.*7.47; ~gere ira Sen.*Med.*51; simul Domitianus Mucianusque ~gebantur Tac.*Hist.*4.68;—(*w.* contra) dede manus, aut, si falsum est, ~gere contra Lucr.2.1043;—(*w.* ad) iam ad consulatum uolgi turbatores ~gi Liv.4.2.7; Quint.*Inst.*1.12.16; Tac.*Ann.*11.28; ad expugnandam..disciplinam totis ~gitur uiribus Apul.*Met.*9.18;—(*w.* in+*acc.*) in hoc discrimen, si iuuat, ~gere Liv.2.12.10; magnos ~ctus in usus.. animus Stat.*Silv.*4.4.48; tamquam in auxilium Vitellii ~geretur Tac.*Hist.*3.35;—(*w. dat.*) sceleri..~gitur Apul.*Met.*8.2;—(*w. inf.*) ardentis ~gar dicere pugnas Caesaris Verg.*G.*3.46; Tac.*Ann.*15.51. **b** (*w. dat.*) illi se praedae ~gunt dapibusque futuris Verg.*A.*1.210; magnis se ~gere rebus [Tib.]3.7.179; ~gunt se meo funeri Apul.*Met.*8.30;—(*ellipt.*) age, anus, ~ge ad molas Pompon.*com.*66; ~gunt omnes operi Verg.*A.*2.235.

acciō ~īre ~īuī or ~iī ~ītum, *tr.* [AD-+CI(E)O] Forms: *acciebo* (fut.) Pl.*Mil.*935; *accibant* (imperf.) Lucr.5.996.

1 To summon, send for, fetch, invite. **b** to cause (a thing) to be fetched, send for.
cuius uos tumulti causa ~ierim Acc.*trag.*485; tu inuita mulieres, ego uiros ~iuero Cic.*Att.*5.1.3; horriferis ~ibant uocibus Orcum Lucr.5.996; quamquam ~iti ibant, tamen placuit uerba apud regem facere Sal.*Jug.*102.3; Aenean ~iri omnes..exposcunt Verg.*A.*9.192; ~itis qui Tusculi erant Liv.4.46.12; 8.18.8; 25.14.3; placuit Tuscos de more uetusto ~iri uates Luc.1.585; quin prodi Othonem et ~itum Caecinam clamitabant Tac.*Hist.*2.18; *Ann.*4.64;—(*w. destination expr.*) illum..huc ~iebo Pl.*Mil.*935; qui hunc Alexandro filio doctorem ~ierit Cic.*de Orat.*3.141; ~itis ad se principibus Latinorum Liv.1.51.3; ~itis domum tribulibus clientibusque 5.32.8; mensis..~ita deorum turba Stat.*Silv.*3.1.108; igitur accita est in senatum Tac.*Ann.*16.30;—(*w. place whence expr.*) haruspices ~iendos ex Etruria Cic.*Har.*25; ~ito exercitu a Veiis Liv.4.31.9; naues indidem ~itae erant 27.25.11; ATHLETARVM VNDIQVE ~ITORVM SPECTACVLVM Aug.*Anc.*4.33; Hispania auxilia Vitellius ~iuerat Tac.*Hist.*3.15;—(*w. abst. subj.*) quos e proximis coloniis..eius rei fama ~iuerat *Ann.*15.33;—(*ellipt. and absol.*) ut praeco accensus ~iebat Var.*L.*6.89; is igitur si ~ierit, accurram Cic.*Att.*13.48.1. **b** ut fidissimis amicorum in Pontum missis effigiem suam ~iret Tac.*Hist.*4.83; ~itis quae usquam egregia compositae duodecim tabulae *Ann.*3.27.

2 (w. purpose, task, or condition specified). (*w.* ad) quod ad necessarias res saepius ~iantur Var. *gram.*117; eum..ad regnandum..Romam Curibus ~iuit (populus) Cic.*Rep.*2.25; nauibus undique ~itis..ad custodiam Liv.2.11.2; ~iri..C. Terentium consulem ad dictatorem dicendum iusserunt 23.22.10; quem..Caesar ad sacrificandum ~iuerat Suet.*Aug.*94.9;—(*w.* in) Numam..in regnum ultro ~itum Liv.1.35.3;—(*w.* ut) litteris Q. Fabi ~itus et ipse collega eius..ut exercitus ab se..acciperent 22.31.7.

3 *mortem* (*sibi*) *~ire*, to commit suicide. regis morte, quam ille conscientia ~iuerat Vell.2.38.6; mortem sibi etiam laetus ~iuit Flor.*Epit.*2.13(4.2.71).

accipiō ~ipere ~ēpī ~eptum, *tr.* [ad-+capio] Forms: *accipier* (pres. inf.) Nov.*com.*97; *accepso* (fut. ind.) Pac.*trag.*325; *acepisse* (pf. inf.) *CIL* 4.3340.45; *acipiant* (pres. subj.) 1.584.26; *aciptum* 1.364.

1 To take in one's grasp (a thing offered or given), receive. **b** to receive in or on the body; (also, of a part of the body). **c** to take (food, drink, medicine, etc.).

cette manus uestras measque ~ipite Enn.*scen.*283; ex tua ~epi manu pateram Pl.*Am.*764; cuius abaui manibus (mater Idaea) esset ~epta Cic.*Har.*22; hic sceptra ~ipere..regibus omen erat Verg.*A.*7.173; ~ipe, si uis, ~ipe iam tabulas Hor.*S.*1.4.15; ferrum..~epit Tac.*Ann.*11.38; Juv.14.191; qui..orationem ipsam totam Catonis ~eperit in manus Gel.6(7).3.55; (*of bees*) onera ~ipiunt uenientum Verg.*G.*4.167;—(*poet.*) dulces exuuiae..~ipite hanc animam *A.*4.652; lacrimas ~ipe, harena, meas! Ov.*Fast.*3.472;—(*fig.*) erumpentibus (*sc.* dentibus) morbi corpora infantium ~ipiunt Plin.*Nat.*11.170;—(*ellipt.*) aps ted ~ipiat tibi propinet Pl.*As.*772. **b** ~ipite..hoc onus in uestros collos Cato *orat.*227; per haec blandimenta triduo fere mansuescunt iugumque quarto die ~ipiunt Col.6.2.7; galea capite ~epta Sil.15.666; Juv.3.103; munus feminarum est ~ipere ac tueri conceptum Ulp.*dig.*21.1.14.1;—(*cf.*) saeuas mente ~epere catenas Stat.*Theb.*10.562;—fusos ceruix cui lactea crinis ~ipit Verg.*A.*10.138. **c** ~ipientem ex ea terna coclearia in die Larg.16; qui~eperunt medicamentum 101;—(*ellipt.*) nunc minus grauate iam ~ipit Pl.*St.*763;—(*pple. as sb.*) ut ~epturi corpus umidius sit Cels.2.13.3.

2 To take into one's possession or control, receive. **b** to take (as a bribe). **c** to take (a name, statement, etc.).

egon ab lenone quicquam mancupio ~ipiam? Pl.*Cur.*495; mihi illam ut tramittas, argentum ~ipias *Epid.*463; quotiens cuique..sagum dabis, prius ueterem ~ipito Cato *Agr.*59; Ter.*Ph.*699; qvo setivs eam peqvniam acipiant *CIL* 1.584.26; cum fundum a Flauio ~epit Cic.*Q.Rosc.*35; ~ipe quod numquam reddas mihi Hor.*S.*2.3.66; ~iperent eam (*sc.* statuam) tenerentque Liv.22.37.5; sestertium centies ~ipere potui Petr.74.15; terga urorum delegit quorum ad formam ~iperentur (coria) Tac.*Ann.*4.72; si animalia in dotem ~eperit (maritus) Ulp.*dig.*23.3.10;—(*w.* sibi) utrum tantum numerum tritici..sibi ~eperit an huic exegerit Cic.*Ver.*3.86;—(*ellipt. or absol.*) uinum honorarium dabant: nunquam ~epi Cato *orat.*73; hos tibi dant calamos, en ~ipe, Musae Verg.*Ecl.*6.69. **b** quae Romae..pretio ~epto edixeras Cic.*Ver.*1.118; quia nummos ~eperint *Planc.*54; pecunia, ut fama est, ab rege ~epta Liv.31.32.1; id gratis an ~epto centiens sestertio fecerit..in medio relinquemus Vell.2.48.4;—(*ellipt.*) si hic gratiis condemnauit, quis ~epit? Cic.*Clu.*113. **c** qvaestorqve ea nomina ~ipito *CIL* 1.582.21; cum..nomen..extra ordinem esset ~eptum Cic.*Inv.* 2.58; neque ~ipi nomen quia scriptum faceret Liv.9.46.2; in censibus..~ipiendis 39.44.1;—(*ellipt.*) aedilem qui comitia habebat, negat ~ipere Calp.*hist.*27.

3 To have given to one, acquire, get; *actionem ~ipere*, to have an action granted one. **b** to receive (pledges, greetings, etc.); *~ipere dareque* (or sim.), to exchange. **c** to receive (orders, etc.). **d** to be provided with, have (a quality) imparted, acquire. **e** to conceive, become possessed with (a state of mind).

neque pol nos satis ~epimus Pl.*Truc.*240; liberos prius uita priuauit quam illi hanc a natura lucem ~ipere potuerunt Cic.*Clu.*31; qui a uobis nihil potestatis ~eperint *Agr.*2.31; eodem die Capua litteras ~epi ab Q.Pedio *Att.*9.14.1; unde omnes animos haustos aut ~eptos aut libatos haberemus *Div.*2.26; ex populo Romano..multo plura bona ~episses Sal.*Jug.*102.8; ille deum uitam ~ipiet Verg.*Ecl.*4.15; libertasque recurrentis ~epta per annos lusit amabiliter Hor.*Ep.*2.1.147; ut stipendium miles de publico ~iperet Liv.4.59.11; bina iugera agri ~eperunt 8.21.11; Procris ut ~epit nomen, quasi paelicis, Aurae Ov.*Ars* 3.701; deducta es in lupanar, ~episti locum Sen.*Con.*1.2.1; collega Certi consulatum, successorem Certus ~epit Plin.*Ep.*9.13.23;—etiam actiones utiles aduersus inquilinos ~ipiet cautionis exemplo Ulp.*dig.*20.1.20. **b** salutem ~ipio mihi et meis Pl.*Epid.*548; iure iurando ~epto Caes.*Civ.*3.28.4; ~epta fallit uterque fide Prop.1.4.16; in hoc fidem, quam uoltis ipsi, ~ipite Liv.23.2.9; mercedis nomine fideiussorem a colono ~episti Labeo *dig.*20.6.14; (*cf.*) priusquam conplexum ~ipio Liv.2.40.5;—~ipe daque fidem Enn.*Ann.*32; Sal.*Cat.*44.3; Verg.*A.*8.150; salute ~epta redditaque Liv.7.5.4; Ov.*Met.*14.11. **c** ii qui..testimonium publicum mandataque ~eperant Cic.*Ver.*2.14; praeceptorum quae..ab suis ~eperant Caes.*Civ.*2.6.1; ante quam signum aut imperium ullum ~ipere quiuit Sal.*Jug.*97.4; puer hic non laeue iussa Philippi ~ipiebat Hor.*Ep.*1.7.53; prae strepitu..nec consilium nec imperium ~ipi poterat Liv.22.5.3; ut idem sacramentum ~iperent Tac.*Hist.*4.21. **d** ut leo, materno cum raptus ab ubere mores ~epit Stat.*Ach.*1.859. **e** regina quietum ~ipit in Teucros animum mentemque benignam Verg.*A.*1.304; ille repente ~epit solitam flammam 8.389; Aiax furia ~epta..pecora sua..occidit Hyg.*Fab.*107.3.

4 To take over from another, take charge of; satis *~ipere*, to obtain a satisfactory receipt or guarantee for. **b** to undertake (a task), accept (a post). **c** to borrow.

argentum ~ipiam ab damnoso sene Pl.*Epid.*319; ~epistin puerum tu ab hac? *Truc.*791; ~ipit nauis sociorum Cic.*Ver.*5.83; rem publicam illis ~epi temporibus eam quae paene amissa est *Red.Pop.*5; serius poëticam nos ~epimus *Tusc.*1.3; milites..ex eius exercitu ~eptos Caes.*Civ.*3.103.5; per munitionem, quam uti defenderet ~eperat Sal.*Jug.*38.6; genus ludorum ab Oscis ~eptum Liv.7.2.12; integri ~epere pugnam 10.5.8; partes obscenas..quarum apud Graecos uocabula..~epta iam usu sunt Cels.6.18.1; quod illa (*sc.* memoria)..~eptum ab inuentione tradit elocutioni Quint.*Inst.*11.2.3; neque ipse imperium ambitione ~epi Tac.*Hist.*1.15; (saltum) ~eptum pignori Ulp.*dig.*13.7 25; (*poet.*) alter ab undecimo tum me iam ~eperat annus Verg.*Ecl.*8.39;—(*w.* in+*acc.*) a quo eam ciuitatem et in quam condicionem ~episset Liv.32.39.1;—(*hostages*) ab iis Pindenisso capto obsides ~epi Cic.*Fam.*15.4.10; Caes.*Gal.*7.7.2. **b** ~ipe hanc ⟨tute⟩ ad te litem Pl.*Mos.*1144; cum is iudicium ~eperit pro Quinctio Cic.*Quinct.*62; me ille ut quinqueuiratum ~iperem rogauit *Prov.*41; nisi dum a populo auspicia ~epta habemus *Div.*2.76; si umquam regnandam ~eperit Albam Verg.*A.*6.770;—(*a patient*) ut sanari uelit eum, quem ~epit Cels.7.pr.4.1. **c** ibi sunt qui dant quique ~ipiunt faenore Pl.*Cur.*480; pecuniam..a publicanis faenore ~eptam Cic.*Ver.*3.169; nec umquam sine usura reddit quod ~epit (terra) *Sen.*51; ~eptis cum fulsit armis..falsus Achilles Sen.*Ag.*618.

5 To have handed down to one, inherit.

M. Pisone, qui cognomen frugalitatis, nisi ~episset, ipse peperisset Cic.*Flac.*5.fr.10; hoc..ius a patribus ~eptum amittetis? *Rab.Post.*18; libertatem..quam a maioribus ~eperint reciperare Caes.*Gal.*7.1.8; morem..eum posteri ~eperunt Liv.1.32.14; a fratre maiore..principatu ~epto 28.21.7; reliquos..deos ~epimus, Caesares dedimus V.Max.1pr.; gloriam..adeptos, tamquam reppererint quae ~eperant Tac.*Ann.*11.14; (*w. pred. adj.*) quos ita adflictos a uestris patribus maioribusque ~episseti Cic.*Font.*34;—(*absol.*) mittetur in possessionem, quia..etiam contra tabulas cum ipsis potest ~ipere Ulp.*dig.*37.9.1.12.

6 To find on meeting, taking over, or the like.

(*w. adj. or pple.*) quot ~eperit aratores agri Leontini Verres Cic.*Ver.*3.120; quos dimidio redderet stultiores quam ~eperat *Flac.*47; senatui..quem exstinctum ~eperam *Mil.*94; quos et quam humilis ~episset Caes.*Gal.*7.54.3; ~ipiunt ciuitatem placidiorem consules Liv.3.15.1; ~ipient alios, facient te bella nocentem Luc.2.259;—(*w. noun*) restitue in quem me ~episti locum Ter.*An.*681; tamquam non ~eperim, sed fecerim hostes Gallos? Liv.38.48.6; ea..in quibus uulnus facit medicus, non ~ipit Cels.7.pr.5.

7 To receive (a blow, etc.); to be pierced by (a weapon). **b** to sustain (an attack).

quo in proelio..graue uolnus ~epit Cic.*Phil.*8.14; ~ipere plagam malunt quam turpiter uitare *Tusc.*2.41; multis et inlatis et ~eptis uulneribus Caes.*Gal.*1.50.3; Verg.*A.*3.243; Liv.24.7.6; Ov.*Fast.*2.212; sin cerebrum membranaue eius uulnus ~epit Cels.5.26.14; grandem subiti..fulminis ictum, ..~ipit exanimis Stat.*Theb.*10.620; Tac.*Ann.*3.43;—(*fig.*) ne quod ~ipiat famae uolnus Cic.*Rab.Perd.*fr.36; ~episset res publica plagam *Sest.*78;—iugulo..~ipit ensem Verg.*A.*10.907; inter duo lumina ferrum..~ipis Ov.*Met.*12.315. **b** cedendo sensim impetus eorum ~ipiebat Liv.29.34.13.

8 To sustain, suffer, (a loss, hardship, etc.). **b** to experience (relief).

~ipiunda et mussitanda iniuria adulescentiumst Ter.*Ad.*207; maximis priuatis et publicis calamitatibus ~eptis *Rhet.Her.*4.48; cum uenit calamitas, tum detrimentum ~ipitur Cic.*Man.*15; ~epi..magnum..dolorem *Dom.*97; ne quid res publica detrimenti ~ipiat *Phil.*5.34; etsi nullam potest ~ipere iniuriam (res familiaris tua) *Fam.*4.7.5; semper angi aut ~ipiendo aut cogitando malo *Tusc.*3.32; tot continuis incommodis..~eptis Caes.*Gal.*7.14.1; Sal.*Jug.*31.21; plus itaque ignominiae quam cladis est ~eptum Liv.4.31.4; plurimum..Thermi morte damni est ~eptum 38.41.3; clades rei naualis ~ipitur Tac.*Ann.*15.46;—(*w.* in me) hancin ego ut contumeliam..in me ~ipiam? Ter.*Eu.*771. **b** minuitur cotidie impetus uitiorum et sedatur interuallaque maiora ~ipit Larg.99.

9 To receive (sense impressions). **b** (spec.) to hear (sounds).

nec potest ullo sensu iucunda ~ipere non ~ipere contraria Cic.*N.D.*3.32; animus ~ipit, quae uidemus *Tusc.*5.111; cum aeger..quasdam uarias imagines ~ipit Cels.3.18.3. **b** clamorem hostilem a tergo ~epit Sal.*Jug.*58.4; gemitum ..cadentum ~ipio? Verg.*A.*10.675; Liv.37.42.6; quae pater haud aliter quam cautes murmura ponti ~ipit Ov.*Met.*11.331; (psittacus) quae ~ipit uerba pronuntiat Plin.*Nat.*10.117; impasti fremitum ~epere leonis Stat.*Theb.*6.599; Tac.*Ann.*4.48;—(*of the ears*) ne externum sonum ~ipiant (aures) Cels.6.7.8.

10 (of things) To have put in or on, have added, acquire. **b** (a shape or form). **c** (qualities, conditions, etc.). **d** *initium* (*originem*, *ortum*) *~ipere*, to begin or be begun; originate, be introduced; also, to make a beginning; *finem ~ipere*, to come to an end, end.

uinxit et ~eptas altera uitta comas Prop.4.11.34; tertia nudandas ~eperat area messes Ov.*Fast.*3.557; quinta (pars) in quinos numeros reuocata duasque ~ipiens Man.4.497; altera (fascia)..super caput data ibi ~ipit nodum Cels.8.10.2; exiguam testam media parte ~ipiat (lactuca) Col.11.3.27; (cupressus) deputatur..et ~ipit uitem Plin.*Nat.*16.141; uile cadauer, ~ipit infelix qualia mille rogus Mart.8.75.10; ~eptos longe nemora auia frangunt multiplicantque sonos Stat.*Theb.*6.29; idem annus nouas caerimonias ~epit addito sodalium Augustalium sacerdotio Tac.*Ann.*1.54;—(*as ingredients*) emplastrum utique liquati aliquid ~ipit Cels.5.17.2.B; hoc (collyrium)..~ipit..haec Larg.23; (*in fig. phr.*) (uirtus) cum..ostendit suum lumen..~ipit illud quod in altero est Cic.*Amic.*100. **b** curui formam ~ipit ulmus aratri Verg.*G.*1.170; (plaga) quae..litterae x figuram ~ipit Cels.8.4.9; Sen.*Nat.*1.2.2; diuisionem ~epit dominium Gaius *Inst.*2.40. **c** quos inter se dent motus ~ipiantque Lucr.1.910; uiam, qua redeat, a scalpello ~ipit (telum) Cels.7.5.1; cuius (uini) dulci admixto reliquorum duritia suauitatem ~ipiat simul et aetatem Plin.*Nat.*14.74; testamenta uim ex institutione heredis ~ipiunt Gaius *Inst.*2.229. **d** a te malignitas ~epit ortum [Quint.]*Decl.*18.8; postea modulus (non) ab uncia..originem ~ipiens inductus Fron.*Aq.*25; unde exactionem dotis initium ~ipere ponamus? Ulp.*dig.*24.3.24;—initio ab eadem caluaria ~epto Cels.8.3.11;—illud 'aliquatenus'..(non) ubi uis ~ipit finem Sen.*Ep.*116.4; Call.*dig.*26.7.33.1.

11 To be entered or reached by, let in. **b** (topog.) to admit (an inlet, the sea, etc.). **c** to have (a river) flowing into it. **d** to have room for.

laxis laterum compagibus omnes ~ipiunt inimicum imbrem Verg.*A.*1.123; cumba sutilis..multam ~epit rimosa paludem 6.414; ut..aliquantum aquae (nauis) ~iperet Liv.24.34.11; tunicis..fluentibus auras ~ipit Ov.*Ars* 3.302; ~ipiunt uentos a tergo mille carinae *Met.*12.37; uentos..~epit aperto pectore *Fast.*3.15; longis uasis angusto foramine spiritum ~ipientibus Plin.*Nat.*28.133; leuis ~epta spongea turget aqua Mart.13.47.2. **b** Syrtis sinus est centum fere millia passuum qua mare ~ipit patens Mela 1.35; Asia grandem sinum inflexo tractu litoris ~ipit 1.68; ubi feruida tellus ~ipit Oceanum demisso sole calentem Luc.9.625. **c** quem (*sc.* amnem)..~ipit Thesprotius sinus Liv.8.24.3; (Sangaris fluuius)..~ipit uastos amnes Plin.*Nat.*6.4; nec Iordanes pelago ~ipitur Tac.*Hist.*5.6. **d** uix ~ipientibus quibusdam opera locis Liv.21.8.2.

12 To give access to, let in, admit; to take (on to). **b** (w. place as subj.). **c** to receive, accept (into a class). **d** to admit of.

portisque patentibus omnis ~ipiunt socios Verg.*A.*2.267; tradita urbs Poeno praesidiumque ~eptum est Liv.23.1.3;—(*w.* in+*acc.*) armatos..in urbem ~eperunt 9.16.8; Hannibal frenatos equites in medium ~ipit 21.46.5; in praetorium ~epti Tac.*Hist.*4.46;—(*w.* intra) bellum..intra fines nostros ~ipimus Liv.5.5.3;—(*w.* quo) flumen opportunum..quo maritimi commeatus ~ipiantur 5.54.4;—(*poet.*) neque umquam soluitur in somnos oculisue aut pectore noctem ~ipit Verg.*A.*4.531; isto pro crimine..quo te fama loquax omnis ~epit in annos? Luc.8.782;—eos singulos in equos suos ~ipientes Liv.26.4.5. **b** quae me tellus..quae me aequora possunt ~ipere? Verg.*A.*2.70; 7.211; castra propinqua turbatos..~epere Liv.4.31.3; nisi naues litori adpulsae trepidos ~episset 28.36.10; torum..qui nos ~eperat ambos Ov.*Ep.*10.51; *Fast.*2.785; colles erant clementer adsurgentes ~ipiendis peditum ordinibus Tac.*Ann.*13.38; (*cf.*) Helicen Burinque totas mare ~epit Sen.*Nat.*6.32.8. **c** inter has (arbores) atque frugiferas..~ipitur ulmus Plin.*Nat.*16.72 **d** parere nescit (adfectus), consilium non ~ipit Sen.*Ep.*85.8; hanc scripturam illam interpretationem ~ipere posse Afric.*dig.*28.5.48(47).2.

13 To receive, greet, welcome, entertain.

in prandio nos lepide ac nitide ~episti apud te Pl.*Cist.*11; ego te hodie faxo recte ~eptum ut dignus es *Rud.*800; pulchre inuitati ~eptique benigne Lucil.1269; sic hominem ~ipiemus ut moleste ferat se de uia decessisse Cic.*Clu.*163; te eius di penates ~eperunt *Deiot.*8; quas ego te terras et quanta per aequora uectum ~ipio! Verg.*A.*6.693; quem aduenientem laeti omnes ~epere Liv.10.18.10; Altini laetis animis ~ipiuntur Tac.*Hist.*3.6;—(*iron.*) ~ipimus, ueniant Stat.*Theb.*12.691;—(*w. abl. of means*) suopte utrosque decuit ~eptos cibo Naev.*com.*22; hominem ~ipiam quibus dictis meret Pl.*Men.*707; aqua et igni mariti uxores ~ipiebant Var.in Serv.*A.*4.167; te..hospitio agresti ~ipiemus Cic.*Att.*2.16.4; Tarquinius iuuenis socios dapibusque meroque ~ipit Ov.*Fast.*2.726; Scaev.*dig.*24.1.66.1;—(*w. abl. of place*) cum te gremio ~ipiet laetissima Dido Verg.*A.*1.685; rusticus urbanum murem mus paupere fertur ~episse cauo Hor.*S.*2.6.81; te sancte precor, haec arma et hunc militem propitio flumine ~ipias Liv.2.10.11;—(*w.* ad) ut lepide..timidas, egentis..~epit ad sese Pl.*Rud.*410;—(*w.* in+*acc.*) paruom ego te..in meum regnum ~epi Sal.*Jug.*10.1;—(*of a place*) iam iam non domus ~ipiet te laeta Lucr.3.894; ~ipiat te Gallia Juv.7.147.

14 To receive, admit (a person to a status, on a condition, or the like).

(*w. pred. acc.*) me sponsorem ~ipere noluerit Cic.*Att.*16.5 2;—(*w.* in+*acc.*) Siciliae ciuitates..in amicitiam fidemque ~epimus *Ver.*3.12; *Att.*2.22.7; reliquos omnis..in deditionem ~epit Caes.*Gal.*1.28.2; quem ipse Romulus..in societatem regni ~epit Liv.4.3.12; in ciuitatem ~epti 6.4.4; militaturos..se..nulla alia mercede quam ut in partem agri ~ipiantur 10.10.10; in haec munera uxor ~ipitur Tac.*Ger.*18.2; Vellocatum in matrimonium regnumque ~epit *Hist.*3.45; utrum in deteriorem causam ~eptus est..an in meliorem? Paul.*dig.*46.1.34;—(*w.* inter) plerique Epirotarum uoluntarii inter auxilia ~epti Liv.32.14.8;—(*w. abl.*) Caesar ..Claudiam..coniugio ~epit Tac.*Ann.*6.20.

15 To receive, deal with, handle (in a specified manner). **b** to take, regard, consider (in a specified manner).

(*w. abl.*) te..miseris iam ~ipiam modis Pl.*Aul.*630; Spartae..pueri ad aram sic uerberibus ~ipiuntur Cic.*Tusc.*2.34;—(*w. adv.*) cruciabiliter carnufex me ~ipito Pl.*Ps.*950; iste..male ~ipit uerbis Habonium Cic.*Ver.*1.140; Quintum puerum ~epi uehementer *Att.*10.7.3; suis male ~eptis, occisis conuulneratisque *B.Afr.*41.1; quid si non illam optime ~episset Petr.42.6;—(*med.*) post rabiosi canis morsum..multo meracoque uino ~ipiunt Cels.5.27.2.B;—(*transf.*) adeo male me ~piunt decimae et proueniunt male Lucil.667; Aristonis libri me hac tempestate bene ~ipiunt Aur.*Fro.*1.p.216(75N). **b** (*w. advs.*) quod facinus..seuere ~iperet Cic.*Cael.*54; durius ~ipere hoc mihi uisus est quam uellem *Att.*1.1.4; ille tertius ~ipiat quaedam clementius aequo Lucr.3.313; moleste et acerbe ~ipiebant se impediri *B.Hisp.*30.4; de me hoc tibi persuadeas me ita ~epturum ut ..putem Liv.3.21.7; quo seditio mollius ~iperetur Tac.*Hist.*1.12;—(*w. advl. phr.*) tempto enim te quo animo ~ipias Cic.*Fam.*15.16.3; haec cum ab optimo quoque pro atrocitate rei ~epta essent Liv.25.4.7.

16 To agree to, accept (an offer, proposal, or the like). **b** to submit to, obey (instructions). **c** *iudicium*, etc. *~ipere*, to accept the

jurisdiction of a court, (hence) to join issue; so *iudicem ~ipere*.
tu condicionem hanc ~ipe PL.*Aul*.237; minus ab nemine ~ipiet *Mil*.1062; ne hanc legem ~ipiatis GRACCH.*orat*.41; QVAESTOR(ES) AB EIS VICARIOS ~IPIVNTO *CIL* 1.587.2.28; ~ipio quod datur CIC.*de Orat*.2.187; sponsionem ~eptam facere? *Ver*.3.139; id Democritus..~ipere maluit, necessitate omnia fieri *Fat*.23; neque ullam condicionem pacis ~epturos CAES.*Gal*.2.15.5; ne societates, ne foedera noua ~iperemus SAL.*Jug*.14.18; lex est ~epta HOR.*Ars* 283; dextra Hercules data ~ipere se omen..ait LIV.1.7.11; ~eperunt relationem patres 2.39.10; ~epta..paene prius quam promulgata est (rogatio) 24.25.10; OV.*Met*.4.704; cum libentius uitam uictor iam daret, quam uicti ~iperent VELL.2.52.6; sequitur ut omnes seruitutem ~ipiant TAC.*Ann*. 12.37; cum omnis dotis promissio futuri matrimonii tacitam condicionem ~ipiat PAPIN.*dig*.23.3.68;—(*ellipt*.) dos, Pamphile, est decem talenta. — ~ipio TER.*An*.951; ~ipio (*sc*. augurium) agnoscoque deos VERG.*A*.12.260;—(*w*. ut) si.. ~epit ut negotium faceret ULP.*dig*.3.6.3.1;—(*w. pred. adj*.) quos..sacrosanctos ~epissent LIV.4.6.7. **b** minus turbidos et imperia ~ipientes TAC.*Hist*.2.19; dicta imperatorum ~ipere *Ann*.2.45. **c** iudicium se ~epturum esse dicebat CIC.*Ver*.3.55; QVOS INTER IO IVDICIVM ~IPIETVR *CIL* 1.592. 1.48; SEN.*Ep*.121.1; legitima sunt iudicia, quae in urbe Roma..sub uno iudice ~ipiuntur GAIVS *Inst*.4.104; quod si ..quasi possessor actionem de usu fructu ~epit PAUL.*dig*. 7.6.6;—iudicibus ~eptis in senatu remansit PLIN.*Ep*.6.29. 10; tutores..iudicem aduersus Titium ~eperunt MARCEL. *dig*.17.1.38.

17 To accept as valid, or satisfactory, admit, allow.
cum excusationem oculorum a me non ~iperet CIC.*de Orat*.2.275; cum de plebe consulem non ~ipiebat *Brut*.55; si ob eam rem moraris, ~ipio causam *Fam*.16.19; docere.. uellent quae uisa ~ipi oporteret quae repudiari *Luc*.29; Vbiorum satisfactionem ~epit CAES.*Gal*.6.9.8; ~eptam parce mouere fidem OV.*Fast*.4.204; ~ipit ille preces indignaturque moueri STAT.*Theb*.8.123.

18 To learn by listening, hear, be told, learn. **b** (w. *auribus*; also *aures* as subj.).
hanc laetitiam ~ipe a me quam fero PL.*Capt*.872; quem cum istoc sermonem habueris..~epi, uxor TER.*Hec*.607; 'ubi lubet, ire licet accubitum' ~epto VAR.*Men*.521; nihil humile de Tarquinio, nihil sordidum ~epimus CIC.*Phil*.3.10; nunc Romanas res ~ipe *Att*.4.15.4; rationem consili mei ~ipite CAES.*Civ*.3.86.2; ~ipe nunc Danaum insidias VERG. *A*.2.65; Punicum..os, Casilinum pro Casino dux ut ~iperet, fecit LIV.22.13.6; (domos)..cuius ut ~epi dominum OV.*Tr*. 3.1.37; nec quidquam nisi iucundum et laesurum ~iperet TAC.*Hist*.3.56; PLIN.*Ep*.5.6.3;—(*w. advs*.) nos a patribus num aliter ~epimus? CIC.*Phil*.8.14; de bono auctore Hortensio sic ~eperam ut apud Brutum est *Att*.12.5b(5.3);—(*w. abl*.) a maioribus memoria sic ~epi CATO *orat*.198; reliquos ne fama quidem ~eperunt CAES.*Gal*.6.21.2;—(*w. reaction indicated*) singuli casus humanarum miseriarum grauiter ~ipiuntur CIC.*de Orat*.2.211; quae sibi quisque facilia factu putat, aequo animo ~ipit SAL.*Cat*.3.2;—(*w. acc. and inf*.) quom multos multa admisse ~eperim inhonesta propter amorem PL.*Mil*.1287; ipsum Scipionem ~epimus non infantem fuisse CIC.*Brut*.77; LIV.6.39.4; TAC.*Ann*.15.23;— (*w. indir. qu*.) nemo..ius aequabile quid utilitatis haberet ~eperat CIC.*Inv*.1.2; ~ipe, quis merser fortunae fluctibus ipse CATUL.68.13; CAES.*Gal*.6.25.4; HOR.*S*.2.3.233;—(*absol*.) '~ipe' ait 'Macareu' OV.*Met*.14.318; SIL.8.152. **b** partim quae perspexi hisce oculis, partim quae ~epi auribus TER. *Hec*. 363; CIC.*Phil*.8.28; tonitrum fit uti post auribus ~ipiamus LUCR.6.164; OV.*Tr*.4.1.90;—(*w. adjs*.) adporto uobis Plautum..quaeso ut benignis ~ipiatis auribus PL.*Men*.4; omnia..quae magistratus ille dicet secundis auribus, quae ab nostrum quo dicentur aduersis ~ipietis? LIV.6.40.14;— nunc primum hoc aures tuae crimen ~ipiunt? CIC.*Ver*.2.24.

19 To apprehend, grasp.
mihi..quaerenti ex te ea quae parum ~epi CIC.*N.D*.3.4; quae quo facilius ~ipi possit CELS.8.1.1; (*w. indir. qu*.) te iam bene ~episse quid dicam CIC.*Ac*.2.fr.11.

20 To interpret, construe (in a specified way).
(*w. pred. sb*.) id miles..omen praesentium ~epit TAC.*Ann*. 1.28;—(*w. pple*.) omnes eam rogationem..in contumeliam eius latam ~eperunt LIV.22.26.5;—(*w. advs*.) aliter tuom amorem atque est ~ipis TER.*Hau*.264; id..omen auguriumque ita ~eptum est non motam Termini sedem..firma stabiliaque cuncta portendere LIV.1.55.4; omnes..~ipiebant priuatos eos a Claudio iudicatos 3.40.6; proprietas ipsa non simpliciter ~ipitur QUINT.*Inst*.8.2.1; neque hunc meum sermonem sic ~ipi uolo, tamquam eos..deterream TAC. *Dial*.10.3; (*ellipt*.) non recte ~ipis TER.*An*.367; ut uolet quisque, ~ipiat CIC.*Deiot*.26;—(*w*. ad) ad contumeliam omnia ~ipiunt magis TER.*Ad*.606; cum ad uerbum, non ad sententiam rem ~ipere uideare CIC.*de Orat*.2.259;—(*w*. in+ *acc*.) id a plerisque in omen magni terroris ~eptum LIV.21. 63.14; ~ipiens..cuncta in contumeliam PHAED.3.8.8; in maius omnia ~ipiebantur TAC.*Hist*.1.52;—(*w*. in partem, *etc*.) equidem pol in eam partem ~ipio TER.*Eu*.876; ut hoc in bonam partem ~ipias CIC.*S.Rosc*.45; bonas in partes, lector, ~ipias uelim PHAED.2.pr.11; PLIN.*Ep*.5.7.2;—(*w*. pro) ut aliquod signum dubii datum pro certo sit ~eptum CIC.*Div*.1.124; si quae similia ueri sint pro ueris ~ipiantur LIV.5.21.9; TAC.*Hist*.4.40;—(*w*. loco) funesti ominis loco ~eptum est 2.91;—(*w*. tamquam) reum esse tamquam suum crimen ~ipiebant 1.8.

21 To take as the meaning, understand. **b** to infer, conclude.
cata dicta, ~ipienda acuta dicta VAR.*L*.7.46; cum..hoc sumebas..illud ~ipiebam CIC.*Inv*.1.88;—(*w*. ex) quoniam ex eodem (uerbo) duo uel plura ~ipi possunt GEL.11.12. 1;—(*w*. ita, sic, *etc*.) sic ~ipi uelim, ut si uidua fama sua nomina..nuncupentur PLIN.*Nat*.3.2; et ita ~epi PAUL.*dig*. 42.5.23;—(*w. acc. and inf*.) ut ego te~ipio dicere CIC.*Leg*.2.5; is..~ipitur scire, qui scit et potuit prohibere ULP.*dig*.47.6. 1.1. **b** tacuit enim illud, quod nihilo minus ~ipimus QUINT.*Inst*.8.3.85; non..ex eo ~ipi me necesse est exornari ..ad speculum solere APUL.*Apol*.13;—(*impers*., *w*. ut) semper ~eptum est, ut libertorum appellatione etiam hi contineri intellegantur SCAEV.*dig*.50.16.243.

accipiter ~tris, *m*., (f.) [prob. < **acu-peter* 'swift-flying' (for *acu-*, cf. perh. *acupedius*; for *-peter*, cf. Skt. *patram* 'bird') later assoc. w. *accipio*]

1 Any of several species of hawk. **b** *~ter pecuniae*, a rapacious person.
non rete ~tri tennitur neque miluo TER.*Ph*.330; CIC.*N.D*. 3.47; quam facile ~ter..consequitur pennis..columbam VERG.*A*.11.721; HOR.*Carm*.1.37.17; ~ter..in omnes saeuit aues OV.*Met*.11.344; pallam..aurei ~tres (*i.e. representations*)..adornabant CURT.3.3.17; caueam retibus emunitam, quae excludat ~tres COL.8.8.4; ~trum genera sedecim inuenimus PLIN.*Nat*.10.21; STAT.*Theb*.3.509; TAC.*Ann*.12.64; ~trum (est) plipiare SUET.fr.161(p.251Re);—(*fem*.) ~tres somno in leni si proelia pugnas edere sunt..uisae LUCR.4. 1009. **b** pecuniai ~ter auide atque inuide PL.*Per*.409; APUL.*Pl*.2.15.

2 A fish, (perh.) the flying gurnard.
si dicas..aucupandis uolantibus piscem ~trem (quaesitum) APUL.*Apol*.34.

accipitrīna ~ae, *f*. [prec.+-INA] The act of a hawk, rapacity.
em, ~a (*s.v.l*.) haec nunc erit PL.*Bac*.274.

accipitrō ~āre, *tr*. [ACCIPITER+-O[3]] To tear, rend.
~et posuit (Laeuius) pro laceret GEL.19.7.11.

accītus[1] ~a ~um, *a*. [pple. of ACCIO] Brought in from abroad, imported.
scientiam artemque haruspicum ~am et Cilicem Tamiram intulisse TAC.*Hist*.2.3; patrios mores funditus euerti per ~am lasciuiam *Ann*.14.20.

accītus[2] ~ūs, *m*. [ACCIO+-TVS[3]] A summons.
Agyrio magistratus..~u istius euocantur CIC.*Ver*.3.68; ~u cari genitoris ad urbem Sidoniam puer ire parat VERG.*A*. 1.677; TAC.*Ann*.2.80.

Accius ~(i)ī, *m*. Also **Att-**. The name of a Roman gens, esp. *L. Accius*, the tragic poet.
V.SOR.*poet*.2(3F); *Rhet.Her*.1.24; CIC.*de Orat*.3.27; HOR. *S*.1.10.53; animosi..~ius oris OV.*Am*.1.15.19; MART.11.90.6.

acclāmātiō ~ōnis, *f*. **adc-**. [next+-TIO]

1 Shouting, bawling.
fit..uulnus arteriae acuta atque attenuata nimis ~one *Rhet.Her*.3.21; mores huius pecudis probabiles habentur.. qui sunt uerentes plagarum et ~onum COL.6.2.14.

2 A shout of comment. (spec.) **b** of disapproval. **c** of approval.
uitanda est ~o aduersa populi CIC.*de Orat*.2.339; ~onis secundae fauor SEN.*Ep*.59.15. **b** quanto iam leuior est ~o! CIC.*Rab.Perd*.18; non modo ut ~one sed ut conuicio et maledictis impediretur *Q.fr*.2.3.2; CURT.10.7.6; animi praestantia, quam nec metus frangat nec ~o terreat QUINT. *Inst*.12.5.1. **c** significationibus ~onibusque multitudinis LIV.31.15.2; ullo loco, qui ~onem non petierit QUINT.*Inst*.8. 5.14; licentia ~onum TAC.*Hist*.1.32; PLIN.*Pan*.71.4; SUET. *Jul*.79.1.

3 (w. *summa*) A triumphant concluding expression, final flourish.
est enim epiphonema rei narratae uel probatae summa ~o QUINT.*Inst*.8.5.11.

acclāmō ~āre ~āuī ~ātum, *intr*., (*tr*.) **adc-**. [AD-+CLAMO]

1 To shout (at a person or in comment).
(*w. dir. sp*.) paras ~are: 'haec sunt quae auctoritatem.. detrahant' SEN.*Dial*.2.3.1; congruentissima uoce 'insigniter' ~ant APUL.*Apol*.73; (*impers*.) ~ari..libenter audiit: domino et dominae feliciter! SUET.*Dom*.13.1;—(*w. acc. of words used*) prosequentibus cunctis, seruatorem liberatoremque ~antibus LIV.34.50.9; TAC.*Ann*.1.44;—(*w. dat*.) Othoni..miles, tamquam..decus adstruerent, Neroni Othoni ~auit *Hist*.1.78;—(*w. adv*.) si..benigne..~assent LIV.45.40.5;—(*w. acc.+inf*.) cum dixisset minus ↀↀ, populus cum risu ~auit ipsa esse CIC.*Caec*.28; LIV.34.50.4; —(*w. indir. qu*.) cum undique (legionarii equites) ~assent, quin ederet, quid fieri uellet 40.40.4;—(*w. indir. command*). ~auere ut filius Blaesi tribunus legatione ea fungeretur TAC. *Ann*.1.19;—(*cf*.) in extremo agmine per uices qui ~ent dispositos habent (grues) PLIN.*Nat*.10.58.

2 To raise an outcry (against), protest.
homo..hostis omnibus qui ~assent CIC.*Ver*.2.48; cum omnis contio ~asset VELL.2.4.4;—(*w. dat*.) non metuo ne mihi ~etis; CIC.*Brut*.256;—(*impers*.) ne ~etur times? *Pis*. 65; (*w*. ad) cum..ad singula..ab uniuersis..~aretur LIV. 34.37.3.

3 To shout approval, applaud.
admirantur, ~ant SEN.*Ep*.108.12;—(*impers*.) consurgenti ad censendum ~atum est PLIN.*Ep*.4.9.18.

acclārō ~āre ~āuī, *tr*. **adc-**. [AD-+CLARO] To reveal, make manifest.
uti tu signa nobis certa ~assis LIV.1.18.9.

acclīnis ~is ~e, *a*. **adc-**. [next+-IS]

1 (usu. w. dat.) Leaning on or against. **b** resting on.
corpus..leuabat arboris ~is trunco VERG.*A*.10.835; erigitur serpens summoque ~ia malo colla mouet OV.*Met*.15.737; achlin..~em arbori in somno PLIN.*Nat*.8.39; V.FL.2.92; quae ..~ia monti fixerat, intorquet iacula STAT.*Theb*.2.578;— (*w*. inter se) crates pastorales..inter se ~es COL.12.15.1. **b** gradibus..~is eburnis stat torus LUC.2.356.

2 (of ground) Sloping, inclined.
leniter ~i..iugo OV.*Fast*.5.154.

3 Having an inclination (for), disposed (to)
~is falsis animus meliora recusat HOR.*S*.2.2.6.

acclīnō ~āre ~āuī ~ātum, *tr*. **adc-**. [AD-+ **clino*, cf. Gk. κλίνω, AS. *hlinon*]

1 (usu. w. dat.) To lay down, rest (on); *~atus*, resting, leaning (on). **b** to place (on sloping ground).
saucia dilectis ~ant pectora muris STAT.*Theb*.7.598; gau debat strato latus ~are leoni *Silv*.4.2.51; (*of trees*) ~ant intonsa cacumina terrae *Theb*.6.105;—~ataque colla mollibus in plumis..reponit OV.*Met*.10.268; 14.666; ~atus lateri nauis PETR.103.5; (Venus) pectora summo ~ata iugo STAT. *Theb*.3.266. **b** castra tumulo..sunt ~ata LIV.44.3.6.

2 (refl.) To lean towards or on. **b** to incline (to the support of).
(*w*. ad) circumspexit Athin seque ~auit ad illum OV.*Met* 5.72; (*w. dat*.) in eo saxo, cui se uulneratus ~auerat FRON. *Str*.4.5.5. **b** haud grauate ~aturos se ad causam senatus LIV.4.48.9.

acclīuis ~is ~e, *a*. Also ~**us** ~a ~um. **adc-**. [AD-+CLIVVS+-IS] Sloping upwards, inclined. **b** (neut. pl. as sb.) upward slopes.
stadium..~e tolutim LUCIL.313; ea uiae pars ualde ~is est CIC.*Q.fr*.3.1.4; leniter ~is aditus CAES.*Gal*.2.29.3; 3.19.1; sin tumulis ~e solum VERG.*G*.2.276; placide ~es ad quendam finem colles LIV.38.20.4; ~is..formam litoris OV.*Met*. 9.334; siluae paulatim ~es TAC.*Ann*.1.63. **b** qua summa ~ia finem inueniunt MAN.2.918. **β** ~is pariter decliuia iungit MAN.1.233.

acclīuitās ~ātis, *f*. **adc-**. [prec.+-TAS] Upward inclination, steepness.
ab eo flumine pari ~ate collis nascebatur CAES.*Gal*.2.18.2; hac ratione difficultas ~atis infringitur COL.2.4.10.

accognoscō ~ere, *tr*. **adc-**. [AD-+COGNOSCO] To recognize (visually or by other means).
dum ~ant matrem agni VAR.*R*.2.2.15; unde ~itur bonum? SEN.*Ep*.118.12; ~o Cappadocem PETR.69.2.

accola ~ae, *m.f*. **adc-**. [next+-A] One who lives near by, a neighbour. **b** (w. gen. or dat.) one who dwells beside. **c** an inhabitant.
ciues, populares, incolae, ~ae aduenae omnes PL.*Aul*.406; *Rud*.616; LIV.1.2.3; Philippum eis et Macedonas graues ~as esse 26.24.5; credunt magis quam sciunt ~ae CURT.5.7.9; PLIN.*Nat*.2.175; solito inter ~as odio TAC.*Hist*.5.1; pontes ~ae ruperant *Ann*.2.68; (*w. noun*) semper..eos in armis ~ae Galli habebant LIV.10.2.9; subnixos Thracum ~arum.. auxiliis 41.19.7; cunctam formicarum ~arum classem APUL *Met*.6.10;—(*cf*., *of rivers*) Tiberim..~is fluuiis orbatum TAC.*Ann*.1.79. **b** (*w. gen. of place*) amnis..uadosi ~a Volturni VERG.*A*.7.729; pastor ~a eius loci, nomine Cacus LIV.1.7.5; principes ~ae Macedonum 31.28.1; locorum ~as MELA 1.26;—(*of a god, temple, or the like*) ut mihi..omnes ~ae atque antistites Cereris esse uideantur CIC.*Ver*.4.111; LIV.26.11.9;—(*w. dat*.) fatidicis Garamanticus ~a lucis SIL. 1.414. **c** frequentius ~is..solum SEN.*Ep*.102.21.

accolō ~ere ~uī accultum, *tr*. **adc-**. [AD-+COLO]

1 To live near or by (a place or person). **b** (absol.); *~entes*, the people of the neighbourhood.
uos qui ~itis Histrum fluuium NAEV.*trag*.62; ea gens quae illum locum ~it CIC.*Rep*.6.19; dum domus Aeneae Capitoli immobile saxum ~et VERG.*A*.9.449; populos..qui Etruscum mare quique Tiberim ~unt LIV.4.52.5; ab sociis qui ~unt uiam 28.13.4; PLIN.*Nat*.3.12; seu tu..Maeonium Ascraeumque senem non segnior umbra ~is STAT.*Silv*.5.3.27; gentibus, quae Pontum ~unt TAC.*Hist*.3.47;—(*pass*.) (Baetis)..crebris dextra laeuaque ~itur oppidis PLIN.*Nat*. 3.9. **b** uicine Apollo, qui aedibus propinquos nostris ~is PL.*Bac*.173; toto..mari ad Scaldim usque fluuium Germaniae ~unt gentes PLIN.*Nat*.4.98;—sphinx..numen ~entium 36.77; cum incommodo ~entium ULP.*dig*.43.13.1.3.

2 (of inhabited territory) To be near.
oppido..quod fuit emporium non procul ~entis Phrygiae PLIN.*Nat*.5.144; pars Galliarum, quae Rhenum ~it TAC. *Hist*.1.51.

accommodātē, *adv*. *compar*. ~ius, *superl*. ~issimē. **adc-**. [ACCOMMODATVS+-E] In a suitable manner, fittingly.
id..uelle quam ~issime posse facere *Rhet.Her*.3.15; id quidem absurdum est, sed usurpatum concinnius..aut ~ius FRO.*Aur*.2.p.114(162N);—(*w*. ad) uocabuli sententia..ad utilitatem ~e causae describitur *Rhet.Her*.2.17; dicere ad persuadendum ~e CIC.*de Orat*.1.138; 1.149; *Orat*.117.

accommodātiō ~ōnis, *f*. **adc-**. [ACCOMMODO+-TIO]

1 A fitting or adapting.
elocutio est idoneorum uerborum et sententiarum ad inuentionem ~o *Rhet.Her*.1.3; CIC.*Inv*.1.9.

2 Willingness to oblige, complaisance.
ex liberalitate et ~one magistratuum consuetudo aestimationis introducta est CIC.*Ver*.3.189.

accommodātus ~a ~um, *a*. *compar*. ~ior, *superl*. ~issimus. **adc-**. [pple. of next] Suitable, appropriate, fitted. **b** suiting the interests (of). **c** favourably disposed (to).
(*w*. ad) eiusmodi..studia ad delectationem quam ad ueritatem uidentur ~iora *Rhet.Her*.4.32; funebrem contionem, quae ad orationis laudem minime ~a est CIC.*de Orat*.2.341; *Ver*.1.63; *Agr*.3.13; *Att*.2.4.2; puppes ad magnitudinem fluctuum tempestatumque ~ae CAES.*Gal*.3.13.3; QUINT.*Inst*.10.5.14; uarius sermo et ad metum atque iram ~us TAC.*Ann*.14.62; (+*gd. or gdve*.) arte quadam..ad libidines adulescentulorum excitandas ~a CIC.*Clu*.36; *Fam*. 5.16.1; ~iorem ad fallendum TAC.*Ann*.2.66;—(*w*. aduersus)

sunt etiam aduersus morsus quaedam (emplastra) ~a CELS. 5.19.20;—(*w. dat.*) ut..mihi detis hanc ueniam ~am huic reo CIC.*Arch.*3; illi enim non optumas, sed sibi ~issimas fabulas eligunt *Off.*1.114; in eas uenas, quae spiritui ~ae sunt CELS.1.pr.15; nuces uocamus et castaneas, quamquam ~iores glandium generi PLIN.*Nat.*15.92; QUINT.*Inst.*4.2.80; TAC.*Ann.*13.3; (*dat. of gd. or gdve.*) reliqua..tempora demetendis fructibus et percipiendis ~a sunt CIC.*Sen.*70; quodlibet puri mouendo ~um CELS.5.28.8; PLIN.*Nat.*10.98; —(*absol.*) ordinem sic definiunt, compositionem rerum aptis et ~is locis CIC.*Off.*1.142; non aliud auspicandi tempus ~ius uideretur SUET.*Nero* 8.1. **b** (*w. dat.*) te..confido ea facturum, quae mihi intelleges maxime esse ~a CIC.*Fam.* 3.3.2; reliqua pro loci natura..illis essent aptiora et ~iora CAES.*Gal.*3.13.5; LIV.38.59.1. **c** (*w. dat.*) quo sit (auditor) nobis in ceteris partibus ~ior QUINT.*Inst.*4.1.5.

accommodō ~āre ~āuī ~ātum, *tr.* **adc-.** [AD-+COMMODO]

1 To fit or fasten on, attach, apply. **b** to fit together, assemble.

ut..ad insignia ~anda..tempus defuerit CAES.*Gal.*2.21.5; cutem incidere et cucurbit⟨ul⟩am ~are oportet CELS.7.2.1; —(*w.* ad) uti..clupeum ad dorsum ~em PL.*Trin.*719; Africano..coronam sibi in conuiuio ad caput ~anti CIC.*de Orat.*2.250; (medicamenta) quae ad uulnera ~antur CELS. 7.4.2.B;—(*w.* in+*acc.*) ferrei forfices..quorum dentes in saxa forata ~antur VITR.10.2.2;—(*w. dat.*) frena..ori equorum ~ant ACC.*trag.*686; cum calautica capiti ~aretur CIC.*Clod.*fr.24; lateri..~at ensem VERG.*A.*2.393; ignotas umeris ~at alas OV.*Met.*8.209; SIL.5.146. **b** trapetum hoc modo ~are oportet CATO *Agr.*22.1; 135.7.

2 a To make to agree (in time), synchronize. **b** to fit (in amount), keep down (to). **c** (gram.) to make to agree (in form). **d** to relate (to), link up (with).

a cur haec arbor..arandi maturitatem ad signum floris ~et CIC.*Div.*1.16; annum..ad cursum solis ~auit SUET.*Jul.* 40.1. **b** hinc ex Kal. Apr. ad HS $\overline{\text{LXXX}}$ ~etur CIC.*Att.* 16.1.5; ut sumptus huius peregrinationis..~et ad mercedes Argileti et Auentini 12.32.2. **c** formam, ad quam in declinando ~ari debeant uerba VAR.*L.*9.37; ut media primis et summa mediis ~entur QUINT.*Inst.*9.3.78. **d** ut..testis ad crimen ~em CIC.*Ver.*55.

3 To make suitable, fit, adapt; (pass., also) to be suitable. **b** (refl.) to adjust or adapt oneself. **c** to accommodate (to a theory, etc.).

morem ~ari prout conducat TAC.*Ann.*12.6;—(*w.* ad) hanc rationem praeceptionis ad exercitationem ~ari oportere *Rhet.Her.*1.1; publicae..formulae, ad quas priuata lis ~atur CIC.*Q.Rosc.*24; *Cael.*17; illud si scissem, ad id meas litteras ~auissem *Fam.*4.15.1; suos potius mores ad ea ~abat LIV.3.20.5; quae condicio ad certas personas ~ata fuerit JAVOL.*dig.*35.1.39; (*w. gd. or gdve.*) ad uos..exacuendos ~aui orationem meam CIC.*de Orat.*1.131; FRO.*Aur.* 1.p.6(63N);—(*w.* in+*acc.*) ut ii dem uersus alias in aliam rem posse ~ari uiderentur CIC.*Div.*2.111;—(*w. dat.*) ad Pompei rationem, quae fuit ~ata L. Sullae discriptioni *Flac.*32; uulgatae opinioni..mendacio probabili ~ata fide LIV.40. 29.8; Arabus lapis..dentifriciis ~atur crematus PLIN.*Nat.* 36.153;—(*w. acc., dub.*) inuentione perpolita atque omne causae genus ~ata *Rhet.Her.*3.15; 4.11;—an dispares numeri cuique orationis generi ~entur CIC.*Orat.*180;— (*impers. pass.*) ad cuiusque uitam institutam ~andum est, a multisne opus sit..diligi *Off.*2.30. **b** ad eorum arbitrium et nutum totos se fingunt et ~ant CIC.*Orat.*24; (belua) ad id solum, quod adest..se ~at *Off.*1.11; humanitati qui se non ~at PHAED.3.16.1; tibi ualetudo an pro meo uoto se ~et, fac sciam AUR.*Fro.*1.p.202(72N). **c** fabellas ~are ad ea quae ipse..dixerit CIC.*N.D.*1.41; ne ad eam (sententiam) non possim ~are Torquatos nostros *Fin.*1.34.

4 To make available, provide, furnish, lend. **b** (refl.) to devote oneself, lend one's support (to); also, *animum*, etc., *~are*.

quom imagine utriculi ad exemplum ~andum usus esses FRO.*Aur.*2.p.38(97N); in quo..ministerium qualequale ~auerunt ULP.*dig.*50.14.3; qui tacitam fidem ~auerat, ut non..daret PAUL.*dig.*28.6.43.3; LACRIMAM ~A *CIL* 10.1275; —(*w. dat.*) purpura fulgorem pictis ~at uvis OV.*Met.*4.398; ut sibi paulisper locum residendi ~aret V.MAX.1.5.4; effecit ira, ut tyrannus tyrannicidae manus ~aret SEN. *Dial.*4.23.1; interdictum ~atur bonorum possessori GAIUS *Inst.*4.144; (*ellipt.*) ut ei de habitatione ~es CIC.*Fam.*13.2. **b** qui se ad rem publicam et ad magnas res gerendas ~auerunt CIC.*Off.*1.70; quod Seiano se non ~assent SUET.*Tib.* 48.2;—anilibus..fabulis ~are operam potest QUINT.*Inst.* 1.8.19; neque post ulli maiori negotio animum ~auit SUET. *Aug.*98.5; MARCEL.*dig.*37.15.3.

accommodus ~a ~um, *a.* **adc-.** [AD-+COMMODVS] (w. dat.) Suitable for, adapted to.

ualles, ~a fraudi VERG.*A.*11.522; Stygiis ~a..terra cris STAT.*Theb.*4.443; 10.192; *Silv.*4.4.65.

accrēdō ~ere ~idī, *tr.*, *intr.* **adc-.** [AD-+CREDO] FORMS: *~uas* (pres. subj.) PL.*As.*854.

1 (w. dat. of person, acc. of thing) To give credence to, believe.

quisnam istuc ~at tibi..? PL.*As.*627; facile hoc ~ere possis LUCR.3.856; HOR.*Ep.*1.15.25; id..etiam..Saserna uidetur ~idisse COL.1.1.4;—(*absol.*) vix ~ens communicaui cum Dionysio CIC.*Att.*6.2.3; NEP.*Dat.*3.4.

2 (w. dat.) To put faith (in), trust.

nec quisquam prudentissimae feminae consiliis potius ~eret quam uaticinationibus Sibyllae FRO.*Aur.*1.p.90(8N).

accrescō ~escere ~ēuī ~ētum, *intr.* **adc-.** [AD-+CRESCO]

1 To increase in size, grow larger. **b** (of animals, plants, etc.) to grow big, grow up. **c** (of abst. subj.) to increase. **d** (w. dat.) to grow (to the level of).

quantum demas, tantum ~escit CATO *hist.*93. **b** si ~euere (tineae), faciunt chrysallidem PLIN.*Nat.*11.117; cum in tantum ~euere (arbores), ut Ilium aspiciant, inarescunt 16.238; ingemit..gremio miseros ~escere natos STAT.*Theb.*4.355; sed nobis iam paulatim ~escere puer.. incipiat QUINT.*Inst.*1.2.1. **c** ualetudo decrescit, ~escit labor PL.*Cur.*219; amicitiam..quae..cum aetate ~eit simul TER.*An.*539; in dies dolores ~escere NEP.*Att.*21.4; inuidia ~euit HOR.*S.*1.6.26; ~escente certamine LIV.22.28.11; SEN.*Ben.*1.10.4. **d** aggerabatur..caespes iamque pectori usque ~euerat TAC.*Ann.*1.19; (*poet.*) meumque poenae semper ~escat iecur SEN.*Phaed.*1234; (*compend.*) fraternae ..~escere famae V.FL.1.178.

2 (of rivers, tides) To rise.

flumen..subito ~euit CIC.*Inv.*2.97; amnem..solstitio ~escere MELA 1.54; nec litore tenus ~escere aut resorberi (mare) TAC.*Ag.*10.7.

3 (of increments) To be added. **b** to fall to the share of, accrue; *ius ~escendi*, the right of accrual.

ueteribus negotiis noua ~escunt PLIN.*Ep.*2.8.3; quicquid ..intercapiebatur..quasi noua inuentione fontium ~euit FRON.*Aq.*87; praeteritae istae personae scriptis heredibus in partem ~escunt GAIUS *Inst.*2.124; si..decem iugera alluuione ~euerint ULP.*dig.*19.1.13.14. **b** trimetris ~escere i ussit nomen iambeis HOR.*Ars* 252; sibi enim ~escere putat, quod cuique adstruatur PLIN.*Pan.*62.8; deficientis portionem collegatario ~escere GAIUS *Inst.*2.199; —NERAT.*dig.*29.2.59; inter fructuarios est ius ~escendi ULP.*dig.*7.2.1.

accrētiō ~ōnis, *f.* **adc-.** [prec.+-TIO] Increase.

lunam..~one et deminutione luminis quasi fastorum notantem..dies CIC.*Tusc.*1.68.

accrētus ~a ~um, *a.* **adc-.** [pple. of ACCRESCO] (w. abl.) Overgrown with, encased in.

uruca..immobilis, duro cortice..araneo ~a, quam chrysallidem appellant PLIN.*Nat.*11.112.

accubitiō ~ōnis, *f.* **adc-.** [ACCVMBO+-TIO[1]] Lying, reclining (at meals).

maiores ~onem epularem amicorum..conuiuium nominauerunt CIC.*Sen.*45; *Off.*1.128.

accubitus ~ūs, *m.* **adc-.** [ACCVMBO+-TVS[3]] = prec.

ieiunum Phlegyan..aeterno premit ~u STAT.*Theb.*1.714; *Ach.*1.110.

accubō ~āre, *intr.*, *tr.* **adc-.** [AD-+CVBO] FORMS: All exx. of the pf. form *~ui* are given under ACCVMBO.

1 To lie, recline: **a** (at table). **b** (in bed or resting); also to lie by one's side. **c** (in a prone position). **d** (of beasts).

a si forte ~antem tuom uirum conspexeris cum corona amplexum amicam PL.*As.*878; dum ~abam quam uidebar mi esse pulchre sobrius! TER.*Eu.*728; CIC.*Ver.*3.23; haec conscripsi x Kal. ~ans apud Vestorium *Att.*14.12.3; epulati sunt, alii ~antes, alii stantes LIV.24.16.18; nec nisi sacris diebus ~ans cenet (uilicus) COL.11.1.19; MART.5.70.6;—(*w. position expr.*) summi ~ent, ego infumatis infumus PL.*St.* 493; furiarum maxima iuxta ~at VERG.*A.*6.606. **b** cum catello ut ~es, ferreo ego dico PL.*Cur.*691; ~ans uir tuus Tyrio in toro CATUL.61.164; unum esse ex iis qui tum ~abant NEP.*Ag.*8.3; humi sedentes ~antesque LIV.25.39.8; (*of a corpse*) hostilis super ipse, ut uictor, aceruos..~at STAT. *Theb.* 12.66;—inde quieti uacabat, ~ante aliqua pallacarum SUET.*Ves.*21.1. **c** ~antes effodiunt (melinum)..ibi inter saxa uenam scrutantes PLIN.*Nat.*35.37. **d** quin tu illam (*sc.* canem) aspice ut placide ~at PL.*Mos.*855; sic aspera tigris..~at STAT.*Theb.*10.822.

2 (of things) To rest, be situated (by or on).

sicubi..sacra nemus ~et umbra VERG.*G.*3.334; cadum, qui nunc Sulpiciis ~at horreis HOR.*Carm.*4.12.18; theatrum ..summae magnitudinis Tarpeio monti ~ans SUET.*Jul.*44.1.

3 (tr.) To lie on.

lectum maritus ~ans APUL.*Met.*5.6.

accubuō, *adv.* [pun on *adsiduo*] In a prone or recumbent position.

tecum, mea uoluptas, usque ero adsiduo. — immo hercle uero ~ mauelim PL.*Truc.*422.

accūdō ~ere, *tr.* **adc-.** [AD-+CVDO] To coin in addition.

dantur septem et uiginti minae..— tris minas ~ere etiam possum, ut triginta sient PL.*Mer.*432.

accumbō ~mbere ~buī ~bitum, *intr.*, (*tr.*). **adc-.** [AD-+**cumbo* (cf. CVBO)]

1 To lie down (i.e. take one's place) at table. **b** (tr.) to take one's place at (table). **c** to recline at table.

quid postquam laui? — ~buisti PL.*Am.*802; ubi ego tum ~bam? — apud me *Bac.*81; iube ire ~bitum *Men.*225; VAR.*Men.*521; ut muliebria cotidie conuiuia essent, uir ~mberet nemo praeter ipsum CIC.*Ver.*5.81; tu das epulis ~mbere diuum VERG.*A.*1.79; eodem..lecto Scipio atque Hasdrubal..~buerunt LIV.28.18.5; MART.14.136(135).2; (*impers.*) ubi erit ~bitum semel PL.*Bac.*757;—(*w. position expr.*) non omnes possunt..superiores ~mbere *Mos.*43; ~mbe in summo *Per.*767; locus hic tuos est, hic ~mbe *Per.* 792; qui in conuiuiis adulescentulus cum amatore..inferior ~buerit SCIP.min.*orat.*10; infra Eutrapelum Cytheris ~buit CIC.*Fam.*9.26.2; super flaminem Dialem in conuiuio..haut quisquam alius ~mbit GEL.10.15.21. **b** ne cum tyranno quisquam epulandi gratia ~mbat mensam ACC.*trag.*218; APUL.*Met.*8.8. **c** Lacedaemonii..qui cotidianis epulis in robore ~mbunt CIC.*Mur.*74; nos ~mbimus otiosa turba MART.2.37.9; bos..procidit ad ipsos ~mbentis pedes SUET. *Ves.*5.4.

2 To lie down (in bed or elsewhere). **b** to lie or rest (on).

face ut ~mbam, accede, adiuta PL.*Truc.*478; qualis.. ~buit primo Cepheia somno..Andromede PROP.1.3.3; occupaui..eum (*sc.* scorpionem) occidere priusquam ~mberem AUR.*Fro.*1.p.196(79N). **b** impastus..leo ceu ..haeret uisceribus super ~mbens (*v.l.* inc-)VERG.*A.*10.727; flores, quos insuper ~mbebat *Lydia* 170; (*of a swimmer*) summis..~mbet in undis MAN.5.429.

3 (pregn.) To go to bed (with a person). **b** to lie (with).

si..Oeagri quaedam compressa figura Bistoniis olim rupibus ~buit PROP.2.30.36; nescia se furiis ~buisse nouis 4.4.68; ~mbit cum pare quisque sua OV.*Fast.*3.526. **b** (*w. acc.*) prandi, potaui, scortum ~bui PL.*Men.*476; 1142; —(*w. dat.*) huic..~buit noster puer TIB.1.9.75; Romana ~mbes prima puella Ioui PROP.2.3.30;—(*ellipt.*) inter pecudes ~buisse deam 2.32.36.

4 To fall prone.

Mopso iaculante biformis ~buit..Hodites OV.*Met.*12.457.

accumulātē, *adv.* *superl.* ~issimē. **adc-.** [ppl. of ACCVMVLO+-E] Copiously, superabundantly.

ut..munus hoc ~issume tuae largiamur uoluntati *Rhet. Her.*1.27; omnia prolixe ~eque pollicetur APUL.*Met.*10.27.

accumulātiō ~ōnis, *f.* **adc-.** [ACCVMVLO+-TIO] A heaping or piling up (with earth).

communia (remedia sunt) ablaqueatio, ~o, adflari radices PLIN.*Nat.*17.246.

accumulātor ~ōris, *m.* **adc-.** [next+-TOR] One who accumulates or amasses.

ipse..opum..primus ~or TAC.*Ann.*3.30.

accumulō ~āre ~āuī ~ātum, *tr.* **adc-.** [AD-+CVMVLO]

1 To heap up, pile up, accumulate. **b** to pile up (facts), add by way of exaggeration. **c** to add (a further number).

uix iam uidetur locus esse qui tantos aceruos pecuniae capiat; auget, addit, ~at CIC.*Agr.*2.59; quo magis aestu confertos ita aceruatim mors ~abat LUCR.6.1263;—(*immaterial things*) tanta ~at praeconia leto..uirum SIL.2.336. **b** his super excisam..Saguntum et iuga Pyrenes et Hiberum ..~ant SIL.11.146; uacanter hoc etiam..~auit et inaniter FAVORINUS in Gel.17.10.16. **c** dena quater reuocat uertentis tempora solis ~atque duos cursus MAN.3.610.

2 To add to, increase, enhance.

VIRTVTES GENERIS MIEIS MORIBVS ~AVI *CIL* 1.15; caedem caede ~antes LUCR.3.71; ~at curas filia parua meas [Ov.] *Ep.Sapph.*70; ~at ecce liberum funus parens PETR.89,l.48; STAT.*Theb.*4.369.

3 a To load (with gifts, offerings, etc.). **b** to heap (gifts) on.

a animam..nepotis his saltem ~em donis VERG.*A.*6.885; sertis..solutos ~ant artus STAT.*Theb.*10.789. **b** quibus non suae redditae res..~atae satis sint LIV.9.1.9; TAC.*Dial.* 8.3;—(*w. abst. obj.*) maximus his fastis ~atur honor OV. *Fast.*2.122.

4 To heap soil over or round the roots of (plants).

feruentibus..locis ~ant aestate radices PLIN.*Nat.*17.139; arbores circumfodere aut..~are 18.295.

accūrātē, *adv.* *compar.* ~ius, *superl.* ~issime. **adc-.** [ACCVRATVS+-E] With attention to detail, meticulously, carefully.

ut hoc..~e agatur, docte et diligenter PL.*Capt.*226; bellum..ita magnum ut ~issime sit administrandum CIC. *Man.*49; ne ~ius ad frigora atque aestus uitandos aedificent CAES.*Gal.*6.22.3; eum Iugurtha..~issume recepit SAL.*Jug.* 16.3; quo quaeque ~ius celantur LIV.44.35.3; potantibus ergo nobis et ~issime lautitias mirantibus PETR.34.8; Eponae deae simulacrum..quod ~e corollis roseis..fuerat ornatum APUL.*Met.*3.27;—(*w. verbs of speaking, writing, etc.*) causam..~e..eleganterque dixisse Laelium CIC.*Brut.*86; quae uero ~e cogitateque scripsisset *Arch.*18; ~e agam de Buthroto *Att.*14.19.4; ~ius agebant LIV.42.45.2; SEN.*Ep.* 75.1; PLIN.*Ep.*1.1.1.

accūrātiō ~ōnis, *f.* **adc-.** [ACCVRO+-TIO]

1 Carefulness, painstakingness.

magnitudinem uocis..maxime amplificat ~o (*s.v.l.*) *Rhet. Her.*3.20; in inueniendis componendisque rebus mira ~o CIC.*Brut.*238.

2 (med.) Treatment.

ut ad scalpelli ~onem..ueniendum sit CELS.7.4.4.C.

accūrātus ~a ~um, *a.* *compar.* ~ior, *superl.* ~issimus. **adc-.** [pple. of next] Carefully performed or prepared, studied, meticulous.

eam nunc malitiam ~am miles inueniat uolo PL.*Truc.*473; ~a confirmatio rationis *Rhet.Her.*2.38; genere orationis in eius modi causis ~iore est utendum CIC.*de Orat.*2.49; ista admonitio tua tam ~a *Att.*6.1.20; *Luc.*35; dilectum..nihilo ~iorem quam ad media bella haberi solitus erat..habebant LIV.5.37.3; sollicitas et ~as actiones QUINT.*Inst.*4.1.57; TAC.*Dial.*6.5; me..uel magis silentio quam oratione ~issima profuisse PLIN.*Ep.*7.6.7; uestitu ceteroque cultu corporis nitido..nimisque ~o GEL.1.5.1.

accūrō ~āre ~āuī ~ātum, *tr.* **adc-.** [AD-+CVRO] FORMS: *~assis* (= *~aueris*) PL. *Per.*393.

1 To give attention to, perform with care. **b** (w. subj., *ut*, *ne*) to see to it (that). **c** to attend to the provision of.

meum pensum ego lepide ~abo PL.*Bac.*1152; illud praecauendumst atque ~andumst mihi *Men.*860; quo ~es magis *Poen.*669; melius ~antur, quae consilio geruntur CIC.*Inv.*1.58;—(*impers. pass.*) epistula..per aliquem fidelem missa, ut in re tali ~ari solet APUL.*Apol.*87. **b** ~atum habuit quod posset mali faceret in me PL.*Bac.*550; ~atote ut sine talis domi agitent conuiuium *Mil.*165; omnis res cautius ne temere faciam ~o TER.*Hec.*738. **c** iube..tribus nobis apud te prandium ~arier PL.*Men.*208; uictus et cultus humanus..domi sub tecto ~andus erat COL. 12.pr.2.

2 To attend to (guests).
remeabo intro, ut ~entur aduenientes hospites PL.*Epid.* 662.

accurrō ~rrere ~rrī *or* ~currī ~rsum, *intr.*, (*tr.*). **adc-.** [AD-+CVRRO] On the spellings *acc-* and *adc-* see LUCIL.375.

1 To run or hurry to or up to, esp. to help. **b** (w. purpose expr.). **c** (w. subsequent action introduced by *et*, *atque*, etc.; also w. asyndeton).
enim nequeo solus: ~rre TER.*Ph.*983; nauarchos uocari iubet..statim ~rrunt CIC.*Ver.*5.106; ~rrit Halaesus Auruncaeque manus VERG.*A.*10.352; OV.*Fast.*6.147; incertus undique clamor ~rrentium, uocantium TAC.*Hist.*2.41; (*of visions*) istae imagines ita nobis dicto audientes sunt ut simul atque uelimus ~rrant? CIC.*Div.*2.138;—(*w. goal expr.*) ~rres in Tusculanum CIC.*Att.*15.3.1; ~rrisse Romam *Off.*3. 112; nisi celeriter ad Caesarem ~currisset *B.Afr.*85.7;—(*fig.*) ad omnes honores meos ex secessibus ~currit PLIN. *Ep.*2.1.8;—(*w. acc.*) passim iacentes epulas ~rrunt APUL. *Met.*4.14. **b** (*w.* ut, ne) ~rro, ut sciscam quid uelit PL.*Am.* 1069; amabo, ~rrite, ne se interemat *Cist.*643;—(*w.* ad) illum cupide ad praetorem quasi ad laudem atque ad praemium ~currisse CIC.*Ver.*5.7; ad uisendum..cadauer ~rrisse SUET.*Nero* 34;—(*w.* in) ad primum tumultum lecticari..in auxilium ~currerunt *Cal.*58.3;—(*w. dat.*) Marius..~rrit auxilio suis SAL.*Jug.*101.10;—(*w.* suppetias) ut eius..ululatum cognouere..~rrunt suppetias APUL.*Met.*9.37. **c** quom ego ~rro teque eripio PL.*Men.*1054; ad Galbam ~rrunt atque..docent CAES.*Gal.*3.5.2; ~rrit Acestes aequaeuumque ..attollit amicum VERG.*A.*5.451; ~rrit claraque uoce.. inquit LIV.4.33.4; (*w. dat.*) cui..rapidis ~rrunt passibus Horae, frenaque..deripiunt STAT.*Theb.*3.410;—(*w. acc.*) percita Fotis..me ~rrit indicatque APUL.*Met.*3.21; (*cf.*) tum iacentem..tribuni..~rrerent trucidarentque TAC.*Ann.*15. 53;—puer ad me ~rrit Mida, pone reprendit pallio TER.*Ph.* 862; ~rrit Venerius; iubet me scyphos..adferre CIC.*Ver.* 4.32.

2 To rush to the attack, charge.
una pariterque cum equitibus ~rrere et refugere consueuerant *B.Afr.*69.4; quanto..ferocius ~currerant TAC. *Ag.*37.1;—(*naut.*) Didius classe ~rrit, nauis incendit *B.Hisp.* 37.3.

3 (of inanim. subj.) To rush up.
coeunt ipsae sine flamine nubes ~rruntque imbres STAT. *Theb.*10.915.

accursus ~ūs, *m.* **adc-.** [prec.+-TVS[3]]

1 A rushing up (to see or give assistance).
posse enim celeri eius ~u se inminenti periculo subtrahi V.MAX.1.7.ext.10; stuprator ciuium ~um timens SEN. *Phaed.*897; erigit ~u comitum caput STAT.*Theb.*6.511; negotia urbis, populi ~us..increpat TAC.*Ann.*4.41; ut et ipsi inhibeant (ignes), ac si res poposcerit, ~u populi ad hoc uti TRA.*Plin.Ep.*10.34(43).2.

2 An attack, onset.
cum..captura incidit, quam uigilans et paratus ~us (aranei)! PLIN.*Nat.*11.83; circumuenti plurium ~u quartadecimani TAC.*Hist.*2.43.

accūsābilis ~is ~e, *a.* [ACCVSO+-BILIS] Reprehensible.
stupra dico et corruptelas et adulteria..quorum omnium ~is est turpitudo CIC.*Tusc.*4.75.

accūsātiō ~ōnis, *f.* [ACCVSO+-TIO]

1 The act or occasion of bringing an accusation; *quarta ~o*, the fourth (and final) hearing of a trial before the comitia. **b** an accusation by informers.
iudiciale (genus dicendi) quod..habet in se ~onem et defensionem CIC.*Inv.*1.7; uti..res publica..una hac ~one mea contenta sit *Ver.*5.189; quin..suscipienda ~o fuerit *Clu.*48; uereor ne homo taeter et ferus..ad ~onem ueniat *Q.fr.*2.11.2; iactari..magis quam peragi ~o eius poterat LIV.10.46.16; stellionatus uel expilatae hereditatis iudicia ~onem..habent ULP.*dig.*47.11.3; (*w.* mutua) mutuam ~onem (ἀντικατηγορία uocatur) QUINT.*Inst.*3.10.4; cur mutua ~one intenta nunc silerent TAC.*Ann.*6.4;—(*w. obj. gen.*) inuisum..plebi ~one Sp. Cassi LIV.2.42.7; nobilissima ..Dolabellae ~o VELL.2.43.3;—(*w. gen. of charge*) diuus Hadrianus..differendam ~onem adulterii rescripsit PAUL. *dig.*37.9.8;—(*as something to be faced*) citauit ad ~onem nostri ordinis uirum FRO.*Amic.*1.p.286(174N);—quarta sit ~o trinum nundinum prodicta die CIC.*Dom.*45. **b** ea cognitione renouari odia ~onum uidebantur TAC.*Hist.*4.10; Vitellius..~one corripitur, deferente Iunio Lupo senatore *Ann.*12.42.

2 (The matter or substance of) a formal indictment or accusation.
firmamentum..sine quo ~o stare non posset CIC.*Part.* 103; haec primae actionis erit ~o *Ver.*56; ~o crimen desiderat, rem ut definiat, hominem notet, argumento probet, teste confirmet *Cael.*6; maiestatis crimine, quod tum omnium ~onum complementum erat TAC.*Ann.*3.38.

3 A published speech of accusation.
ut illa sunt in quarto ~onis CIC.*Orat.*167; 210; in omnium studiosorum manibus uersantur ~ones quae in Vatinium inscribuntur TAC.*Dial.*21.2.

4 A reproof or rebuke.
principium orationis ab ~one stultitiae orsus suae LIV. 44.31.13.

accūsātiuus ~ī, *a.*, *m.* [ACCVSO+-IVVS] The accusative or objective (case).
cum horum (*sc.* gens, mens, dens) casus patricus et ~us in multitudine sint disparilis VAR.*L.*8.67;—(*ellipt. or as sb.*) ~i geminatione facta amphibolia soluitur ablatiuo QUINT. *Inst.*7.9.10.

accūsātor ~ōris, *m.* [ACCVSO+-TOR]

1 The prosecutor in a public trial, accuser, plaintiff.
in L. Libonem ~or uenio MANC.*orat.*1; ~oris officium est inferre crimina *Rhet.Her.*4.47; ~orem pro omni actore et petitore appello CIC.*Part.*110; in reum de seruo ~oris cum quaeritur, uerum inueniri potest? *Mil.*59; nihil ~ore Lentulo subscriptoribusque eius infantius *Q.fr.*3.4.1; ut uictos armis ~ores habeamus LIV.26.30.12; quodsi ~or alius Seiano foret PHAED.3.pr.41; qui partem..cicutae ~ori nollet dare JUV.13.187;—(*w. charge expr.*) per ~orem criminum capitalium PAUL.*dig.*50.1.21.5.

2 An habitual or professional prosecutor. **b** an informer.
is magistratus non petiuit, sed fuit ~or uehemens et molestus CIC.*Brut.*130; queruntur ~ores se idoneos non habere *Div.Caec.*8; an ~ori maiores nostri maiora praemia quam bellatori esse uoluerunt? *Balb.*54; (*cf.*) hoc in Graecia fit publice constitutis ~oribus *Leg.*3.47. **b** censuerant patres, ut ~orum causae noscerentur TAC.*Hist.*2.10; celebre inter ~ores Trionis ingenium erat *Ann.*2.28; ~or erit qui uerbum dixerit 'hic est' JUV.1.161.

accūsātōriē, *adv.* [next+-E] In the manner of a prosecutor, accusingly.
neque..uereor ne quis hoc me magis ~ quam libere dixisse arbitretur CIC.*Ver.*2.176; 4.2; iam illud quam ~, quod noctis huius crimen miscuit cum cetera insectatione uitae meae LIV.40.12.6; maligne et ~ nihil..ego isti narraueram SEN.*Con.*2.5.20.

accūsātōrius ~a ~um, *a.* [ACCVSO+-TORIVS]

1 Of, or belonging to, a public or professional prosecutor.
non tu in isto artificio ~o callidior es quam hic in suo CIC. *S.Rosc.*49; quoniam ~o iure et more sunt facta *Flac.*14; ~am uitam uiuere QUINT.*Inst.*12.7.3.

2 Characteristic of, resembling that of, a prosecutor, denunciatory.
non utar ista ~a consuetudine CIC.*Ver.*5.19; Cluentium non ~o animo..adductum *Clu.*11; uoltu truci et ~a uoce LIV.45.10.8; ~a usus pugnacitate SEN.*Con.*1.2.16; [QUINT.] *Decl.*15.4.

3 Of, or connected with, prosecutions.
lex..quaedam ~a CIC.*Mur.*11.

4 Containing an accusation, accusatory.
libellos ~os dedit ULP.*dig.*48.5.18(17).1.

accūsātrix ~īcis, *f.* [ACCVSO+-TRIX] A female accuser or prosecutor.
ego te uolui castigare, tu mihi ~ix ades PL.*As.*514; PLIN. *Ep.Tra.*10.59(67).

accūsitō ~āre, *tr.* [next+-ITO] To accuse repeatedly, go on accusing.
nil erit quod deorum nullum ~es PL.*Mos.*712.

accūsō ~āre ~āuī ~ātum, *tr.*, (*intr.*). [AD-+CAVSA+-O[3]] FORMS: ACCVSSASSE *CIL* 1.593. 120.

1 To blame, find fault with, censure, upbraid. **b** (w. fault or charge expr.). **c** (w. actions or faults as obj.). **d** to impugn.
quid me ~as, si facio officium meum? PL.*As.*173; me miseram, quae..quam ob rem ~er nescio TER.*Hec.*205; me ..ipsum multo magis ~o CIC.*Att.*3.15.4; equidem non desino..per litteras rogare, suadere, ~are regem 6.1.3; senectus quam ut adipiscantur omnes optant, eandem ~ant adepti CIC.*Sen.*4; tali modo ~atus CAES.*Gal.*7.20.3; non fortunam aut quemquam deorum sed hos duces ~antem LIV.5.11.14; nemo eorum, qui illam (*sc.* mortem) ~ant, expertus est SEN.*Ep.*91.21;—(*ellipt.*) cotidie ~abam TER. *Hau.*102. **b** (*w. gen.*) Alcumenae, quam uir insontem probri..~at PL.*Am.*870; fuere, qui..consulem segnitiae ~arent LIV.31.38.1;—(*w.* de) de litterarum missione sine causa abs te ~or CIC.*Att.*1.5.3; *Fam.*10.26.3;—(*w.* in+*abl.*) in qua re ~at Volcacium *Att.*14.9.3; *Q.fr.*2.2.1;—(*w.* quod) ~abant amici quod spe pacis legationem suscepissem *Phil.* 12.5; grauiter eos ~at quod..ab eis non subleuetur CAES. *Gal.*1.16.6; ~are senatum, quod in eo auxili nihil esset SAL. *Cat.*40.3; LIV.28.7.8;—(*w.* tamquam, quasi) atriplex.. ~atum Pythagorae, tamquam faceret hydropicos PLIN.*Nat.* 20.219; a quibusdam ignorantibus eius (*sc.* pastilli) usus ~atur quasi nocuus LARG.114;—(*w. advl. acc.*) si id non me ~as, tute ipse obiurgandus es PL.*Trin.*96; eam, quam nihil ~as, damnas *Inc.trag.*200; nihil ~o hominem CIC.*Att.*10.5.3; haec ~ans querensque LIV.30.20.9. **c** quod inertiam ~as adulescentium CIC.*de Orat.*1.246; nostrorum institutorum neglegentiam ~at *Rep.*4.3; quoniam uostra consilia ~antur SAL.*Jug.*85.28; tribuni plebis nunc fraudem, nunc neglegentiam consulum accusabant LIV.4.12. 7. **d** haud ~o fidem PL.*Epid.*549; de uirtute eorum ~anda SIS.*hist.*108; CIC.*Att.* 3.15.7; non tam mihi molestum fuit ~ari abs te officium meum CIC.*Fam.*2.1.1; LIV.9.11.5.

2 To charge with a crime, offence, or legal liability. **b** to make (things) the substance of a charge.
non modo indemnati sed ne ~ati quidem CIC.*Dom.*26; monui..eum..ut cum alios ~asset cautius uiueret *Att.*6.1. 21; ~ando apud uos eum LIV.3.56.3; miserius sit ob amicitiam accusari an amicum ~are haud discreuerim TAC.*Ann.* 5.6;—(*w. var. abls.*) hominem tabulis, testibus, priuatis publicisque litteris auctoritatibusque ~emus CIC.*Ver.*33; suis eum certis propriisque criminibus ~abo 1.43; hac lege accusatum fuisse oportuit qua ~atur Habitus *Clu.*90;—(*ellipt. or absol.*) non ~abis: perpusillum rogabo *de Orat.*2. 245; si quis..miratur me ad ~andum descendere *Div.Caec.* 1; ut..consul dicturus causam ~antibus Graecis fuerim LIV.26.31.1; qui nomen detulit, ~asse intellegendus est CLEM.*dig.*37.14.10;—(*w.* quod) qui eum absentem ~arent, quod societatem cum rege Perse..fecisset NEP.*Them.*8.2;—(*w. gen. of charge, etc.*) cum ipse a Demosthene esset capitis ~us CIC.*Opt.Gen.*21; qui alterum coniurationis ~et *Sul.*31; aliquot matronas apud populum probri ~arunt LIV. 25.2.9; CLEM.*dig.*37.14.10; (*ellipt.*) ~auit maiestatis CIC. *Q.fr.*3.2.3; ~at dementiae SEN.*Con.*2.3;—(*w.* de, inter) sescenti sunt qui inter sicarios et de ueneficiis ~abant CIC. *S.Rosc.*90; ~aui de pecuniis repetundis *Rab.Post.*9;—(*w.* ut) an possit ut ingratum ~are ULP.*dig.*40.9.30;—(*w. advl. acc.*) si non id, quod ~abitur, defendet CIC.*Inv.*1.94. **b** uiro atque uxore mores inuicem ~antibus PAPIN.*dig.*24.3.39; si filius familias falsum ~auerit testamentum PAUL.*dig.* 34.9.5.5.

3 (gram.) *casus ~andi*, the accusative case.
item quod in patrico casu hoc genus dispariliter dicuntur.. in ~andi hos montes fontes et hos montis fontis VAR.*L.*8.66.

acentētus ~a ~um, *a.* [Gk. ἀκέντητος] Flawless.
quae (*sc.* crystalla)..sine uitio sint, pura esse malunt, ~a appellantes PLIN.*Nat.*37.28; neque enim me decet..calicem ~um appellare FRO.*Aur.*2.p.6(224N).

aceō ~ēre, *intr.* [cf. ACER[2]] (of wine) To be sour.
(uinum) quod neque ~eat neque muceat CATO *Agr.*148.1

acephalus (-os), *a.* [Gk. ἀκέφαλος] Lacking the first syllable.
a magistris uersus iste dicitur ~us MAUR.2349; trimetrus ..hic potest ~os esse, prima quando demitur 2420.

acer[1] ~ris, *n.* (cf. Gk. ἄκαστος) The maple. **b** the wood of the maple.
~r..coloribus inpar OV.*Met.*10.95; ramis ~ris maxime Pontici PLIN.*Nat.*12.56; ~r..operum elegantia ac subtilitate citro secundum 16.66. **b** nuper uile fuistis ~r (*sc.* tabellae) OV.*Am.*1.11.28; (repositoria) quadrata et compacta aut ~re operta aut citro PLIN.*Nat.*33.146.

ācer[2] ācris ācre, *a.* *compar.* ācrior, *superl.* ācerrimus. [cf. ACVO, Gk. ἄκρος] FORMS: *acris* (nom. sg. masc.) ENN.*Ann.*369; *acer* (nom. sg. fem.) 424, NAEV.*poet.*33; *acrum* (acc. sg. masc.) MAT.*poet.*5.

1 Sharp, pointed. **b** (of features) pinched, sharp. **c** (of a bite) fierce, sharp.
acri (*peaked*) monte MART.10.103.1; repertae sunt et in Italia (cotes) aqua trahentes aciem acerrimae effectu PLIN. *Nat.*36.165; frameas gerunt angusto et breui ferro, sed.. acri TAC.*Ger.*6.1; spinas acerrumas APUL.*Met.*7.18;—(*in fig. phrs.*) usque quaque sapere oportet: id erit telum acerrimum *Inc.trag.*78; Mars..Latinis..stimulos acris sub pectore uertit VERG.*A.*9.718; qua lege tribuniciis rogationibus telum acerrimum datum est LIV.3.55.3; acris irarum mouit stimulos LUC.2.323; secundae res acrioribus stimulis animos explorant TAC.*Hist.*1.15. **b** triste supercilium, furiosus uultus et acer LUCR.6.1184; acrior ipse est uultus OV.*Met.*9.788. **c** passer, deliciae meae puellae..cui ..acris solet incitare morsus CATUL.2.4;—(*fig.*) acriores ..morsus sunt intermissae libertatis quam retentae CIC.*Off.* 2.24.

2 **a** (of light, colour, etc.) Bright, vivid, dazzling. **b** (of sounds) strident, shrill, harsh, sharp. **c** having a strong taste, bitter, acid; (of taste) strong. **d** having a strong smell, pungent, acrid; (of smell) strong. **e** producing a smarting effect on the skin, stinging, strong. **f** (neut. pl. as sb.) bitter or acid foods as affecting the stomach; acid secretions; (also applied to the stomach).
a splendor quicumque est acer adurit saepe oculos LUCR. 4.329; quidam (colores) ruboris acerrimi (*sc.* sunt) SEN. *Nat.*1.14.2; PLIN.*Nat.*33.117;—(*in fig. phr.*, *cf. sense 6*) susceptis Vespasiani partibus acerrimam bello facem praetulit TAC.*Hist.*2.86. **b** acri inductum cantu LUCIL.1005; laeditur arteria, si..acri clamore completur *Rhet.Her.*3.21; ita perfurit acri cum fremitu..uentus LUCR.1.275; acrem flammae sonitum VERG.*G.*4.409; lyra uel acri tibia HOR. *Carm.*1.12.1; (tonitruum) aliud genus est acre quod acerbum magis dixerim SEN.*Nat.*2.27.3; cicadas acerrimi cantus esse PLIN.*Nat.*22.86; tubas acris STAT.*Silv.*5.3.193; quasdam (litteras) uelut acriores parum efficimus QUINT.*Inst.*1.11.4. **c** arida simul et umida et dulcis et amara et acris (brassica) CATO *Agr.*157.1; si..acre potet acetum HOR.*S.*2.3.116; cibi ..esse debent neque nimium acres neque asperi CELS.4.9(3). 3; PLIN.*Ep.*7.3.5; acri..Falerno JUV.13.216; (*w.* sapore) acerrimum sapore..sinapi PLIN.*Nat.*19.170; (*in fig. phr.*) experiar sitne aceto tibi cor acre in pectore PL.*Bac.*405;—gustu acriore PLIN.*Nat.*20.255; (*cf.*) quaeque trahunt acri uultus nasturtia morsu *Mor.*85. **d** acri sulpure LUCR.6. 747;—quaecumque..odorem exspirant acrem LUCR.4.124; saepe uiri naris acer iaculatur apertas spiritus *Mor.*107; citreis odor acerrimus, sapor asperrimus PLIN.*Nat.*15.110. **e** collyrium acre LARG.35;—(*as sb.*) si intus plaga est, inunguendum primum lenibus, deinde acrioribus CELS.7.7.3. **f** ut uitet acria, ut est sinapi, cepa, alium VAR.in Non. p.201M; inimica sunt..acria omnia CELS.4.11.8;—ut.. leniantur..intus latentia acria 6.6.8.c; ad colligenda acria uiscerum PLIN.*Nat.*19.85; colocasia Glaucias acria corporis leniri putauit 21.174;—lactuca innatat acri post uinum stomacho HOR.*S.*2.4.59.

3 (of the sense faculties) Keen, sharp, acute.
acerrimum..ex omnibus nostris sensibus esse sensum uidendi CIC.*de Orat.*2.357; necesse est quod animal in eo (*i.e.*

aetherio loco) gignatur id..sensu acerrumo..esse *N.D.* 2.42;—(*of sight*) postea quam sensi populi Romani auris hebetiores, oculos autem esse acris atque acutos *Planc.*66; cum..sustulit acre..ad Cipi cornua lumen Ov.*Met.*15.579; prout cuique acrior acies aut hebetior est Sen.*Nat.*7.11.3; (imago Iustitiae) luminibus oculorum acribus Gel.14.4.2; (*in fig. phr.*) non stulta..et acrioribus oculis intuenti ridicula (sint themata) Quint.*Inst.*2.10.6;—(*of hearing*) cum (cerui) erexere aures, acerrimi auditus, cum remisere, surdi Plin.*Nat.*8.114.

4 Alert, vigilant, keen; *naribus acer*, keen-scented.
excubat ille acer custos Prop.2.30.9; acribus..custodiis domum et uias saepserat Liuia Tac.*Ann.*1.5; nullius acrior custos quam libertatis fuit Flor.*Epit.*1.171(1.26.6);—(*of dogs*) canes interdiu clausos esse oportet, ut noctu acriores et uigilantiores sint Cato *Agr.*124; Cic.*S.Rosc.*56; acrem ..Molossum Verg.*G.*3.405; canis acer Hor.*Epod.*12.6;—naribus acres..canes Ov.*Met.*7.806.

5 Shrewd, penetrating, acute.
qui autem..tacent, hi uel acerrimi sunt Gracch.*orat.*41; quis in rebus uel inueniendis uel iudicandis acrior Aristotele fuit? Cic.*Orat.*172; acrem..se et bonorum et uitiorum suorum iudicem praebeat *Off.*1.114; uigore animi acerrimus Vell.2.41.1; ille praeceptor acer atque subtilis Quint.*Inst.* 1.4.25;—(*of the mind or judgement*) cum ea, quae praeterierunt acri animo et attento intuemur Cic.*Fin.*1.57; acri iudicio perpende Lucr.2.1041; acerrimi iudicii Quint.*Inst.*8.3.24; non aduersus diui Augusti acerrimam mentem Tac.*Hist.* 2.76;—(*transf. ep.*) uerba togae sequeris iunctura callidus acri Pers.5.14.

6 Acting vigorously, energetic, active, brave. **b** (w. constructions).
credo ad summos bellatores acrem — fugitorem fore Pl. *Trin.* 723; Q..Caepio, uir acer et fortis Cic.*Brut.*135; L. Sulla..pugnax et acer et non rudis imperator *Mur.*32; cum acerrimis nationibus..proeliis felicissime decertauit *Prov.*33; ipse acer, bellicosus Sal.*Jug.*20.2; genus acre uirum, Marsos Verg.*G.*2.167; arma acri facienda uiro *A.*8.441; auro repensus scilicet acrior miles redibit Hor.*Carm.*3.5.25; Ap. Claudius..uir acer et ambitiosus Liv.10.15.8; uosne, acrior aetas, o iuuenes Ov.*Met.*3.540; (*cf.*) quippe regno Arsacis acrior est Germanorum libertas Tac.*Ger.*37.3;—(*of animals*) ubi in medio nobis equus acer obhaesit flumine Lucr.4.420; ut fremit acer equus Ov.*Met.*3.704;—(*applied to a metrical foot*) iambus, pes uirilis acer et raptim citus Maur.1383;—(*neut. sg. as adv.*) est prope te ignotus cubito qui tangat et acre despuat Pers.4.34. **b** (*w.* ad) ab homine..ad efficiendum acerrimo Cic.*Clu.*67; ad cuncta belli munia acres erant Tac.*Hist.*3.59;—(*w.* in+*abl.*) tam uehemens uir tamque acer in ferro Cic.*Att.*2.21.4;—(*w. abl.*) genere illustres (*sc.* Gracchos)..pectore fortes, legibus acres [Sen.]*Oct.*886; —(*w. gen. or loc.*) acer..belli iuuenis Vell.1.3.1; Vespasianus acer militiae anteire agmen Tac.*Hist.*2.5;—(*w. dat. of gdve.*) duces partium accendendo ciuili bello acres 4.1;—(*w. inf.*) acer et indomitus, quo..ira uocasset, ferre manum Luc. 1.146; iuga Pyrenes uenatibus acer metiri Sil.3.338.

7 Excited, keen, eager, enthusiastic; (of the mental faculties, etc.) passionate, excitable.
Bacchides non Bacchides, sed Bacchae sunt acerrumae Pl.*Bac.*371; bibliothecam tuam caue cuiquam despondeas, quamuis acrem amatorem inueneris Cic.*Att.*1.10.4; laetus Mnestheus successuque acrior ipso Verg.*A.*5.210; quod tam acer ultor uiolatae pudicitiae fuisset Liv.2.7.4; acerrimus quisque sequentium fugae ultimus erat Tac.*Hist.*3.16;—eo magis acrem irritat animi uirtutem Lucr.1.69; quibus acria corda iracundaque mens facile efferuescit in ira 3.294; ubi acres incaluere animi Ov.*Met.*2.86.

8 Strict, stern, severe, harsh.
ut sciat lenem patrem illum factum me esse acerrimum Ter.*Ph.*262; M. Crepereius ex acerrima illa equestri familia et disciplina Cic.*Ver.*30; cum ciuitate mihi res est acerrima et conficientissima litterarum *Flac.*44; dominos acris adsciscunt Lucr.5.87; sunt quibus in satira uideor nimis acer Hor.*S.*2.1.1;—(*w. abst. sb.*) quae sit omnium mortalium ..cupiditas ut acria ac seuera iudicia fiant intellegis Cic. *S.Rosc.*11; non acerrimas dicit sententias *Fam.*10.28.3; uoce increpet acri Lucr.3.954; documen mortalibus acre 6.392; decernunt ut dilectum quam acerrimum habeant Liv.2.28.5; (*of punishments*) acrioribus suppliciis Cic.*Catil.* 1.3; tormentorum acerrimorum *Clu.*177; acriora ex eo uincla Tac.*Ann.*3.28; —(*neut. sg. as sb.*) ridiculum acri fortius et melius magnas plerumque secat res Hor.*S.*1.10.14.

9 Intensely hostile, bitter, relentless, fierce. **b** (of animals) fierce, savage, wild.
conciuit hostis domi: uxor acerrumast Pl.*Mer.*796; inimicum..acerrimum *Rhet.Her.*2.28; hostem acerrimum ..populi Romani Cic.*Ver.*5.76; ecquem..Caesare nostro acriorem in rebus gerendis, eodem in uictoria temperatiorem..audisti? Cael.*Fam.*8.15.1; in ius acres procurrunt Hor.*S.*1.7.21; acer Amor, fractas utinam tua tela sagittas.. aspiciam Tib.2.6.15;—(*applied to the countenance*) acer et Mauri peditis cruentum uultus in hostem Hor.*Carm.*1.2.39; si uoltus eorum indignitate rerum acrior uictorem offendisset Liv.9.6.2; insita mortalibus natura recentem aliorum felicitatem acribus oculis introspicere Tac.*Hist.*2.20;—(*transf. ep.*) acribus inter se cum armis configere cernit Lucil.449; quae nox omnium temporum coniurationis acerrima fuit atque acerbissima Cic.*Sul.*52; Romani arma in omnis habent, acerrima in eos, quibus uictis spolia maxima Sal. *Hist.*4.69.20; acria bella Ov.*Ib.*642;—(*w.* contra) non minus acres contra me fuerunt Cic.*Ver.*2.12; consulem..acerrimum contra seditionem *Mur.*90;—(*w.* in+*acc.*) litterae Romam..acriores in Praenestinum quam in Veliternum hostem missae Liv.6.22.3;—(*neut. sg. as adv.*) nunc mite conuenientibus, nunc acre comminantibus..pupulis Apul. *Met.*10.32. **b** genus acre leonum Lucr.5.862; Nep.*Eum.* 11.1; aut acris uenabor apros Verg.*Ecl.*10.56; ut pauet acris agna lupos Hor.*Epod.*12.25; Ov.*Fast.*4.215; sequi cursu feras..acres [Sen.]*Oct.*410; (*w. abl.*) acer..ictu Scorpios Man.2.236.

10 (of natural forces, etc.) Severe, violent, strong. **b** (of fire, etc.). **c** (of cold, etc.) sharp, biting, keen; (of wind) strong, high; (of storms, etc.) wild, fierce. **d** (of rivers; also of other things) rapid, swift.
incolumi remanent res corpore, dum satis acris uis obeat Lucr.1.246; ut quod ali cibus est aliis fuat acre uenenum 4.637; serpentibus, quarum uis..inopia cibi acrior Sal.*Jug.*89.5. **b** qui (mundus)..acerrimo et mobilissimo ardore teneatur Cic.*N.D.*2.31; ut..Chimaera ore foras acrem flaret de corpore flammam Lucr.5.906; hunc homines fontem..acri sole putant..feruescere 6.850; sol acrior Hor.*S.*1.6.125; haec.. nec acrem flammam..timet Tib.1.6.45; Plin.*Nat.*17.229; coquatur pruna non nimis acri Larg.220;—(*in fig. phrs.*) ut multo mihi maior acriorque ignis mollibus ardet in medullis Catul.45.15; tui oculi .. meis medullis acerrimum commouent incendium Apul.*Met.*10.3. **c** post acer hiemps it Enn.*Ann.*424; nix acri concreta pruina Lucr.3.20; cum acre fluit frigus 4.260; Hor.*Carm.*1.4.1; adflabat acrior frigoris uis Liv.21.54.8;—acer..septentrio ortus 26.45.8; (uentus) in nos cadit uehemens et acer Sen.*Nat.*5.12.2;—Arcturus signum sum omnium ⟨unum⟩ acerrumum Pl.*Rud.*70; erumpentis eo maxime tempore acerrimas tempestates Hirt.*Gal.* 8.5.2;—(*fig. or in fig. phr.*) suae senectuti is acriorem hiemem parat Pl.*Trin.*398; cum pars utraque acrior aliquanto coorta esset Liv.6.18.3; ne..uulgi acrior uis ingrueret Tac.*Ann.*14. 61; (*cf.*) mare haud est mare, uos mare acerrumum Pl.*As.* 134. **d** ut..cum ripa simul auulsos ferat Aufidus acer Hor.*S.*1.1.58; flumine perpetuo torrens solet acrior ire Ov. *Rem.*651;—et acri fingendus sine fine rota Pers.3.23; uelocissimum omnium animalium..est delphinus, ocior uolucre, acrior telo Plin.*Nat.*9.20; (*w. abst. sb.*) acri carpere prata fuga Verg.*G.*3.141; acri ambulatione utendum Cels. 3.27.3.A; idem (*sc.* leo)..acerrimo cursu fertur Plin.*Nat.*8.50.

11 (w. abst. sbs.) Vehement, violent, intense, severe. **a** (of actions, etc.). **b** (of emotions). **c** (of illness, hunger, pain, etc.). **d** (of other qualities). **e** (of incentives, etc.) strong, powerful. **f** (in compar.) worse.
prima coitiost acerrima Ter.*Ph.*346; incursio ita erat acris Acc.*trag.*320; omne illud tempus meridianum Crassum in acerrima atque attentissima cogitatione posuisse Cic.*de Orat.*3.17; primum illud Punicum acerrimum bellum *Brut.* 76; acerrimum..impetum *Ver.*2.159; uis eius et impetus acer Lucr.6.128; Caes.*Civ.*3.72.3; acrem militiam paras.. Sabaeae regibus Hor.*Carm.*1.29.2; lenissima est (gestatio) naui..uehementior..lectica, etiamnum acrior uehiculo Cels.2.15.3; acri..mole retorquebat..hastas Sil.4.448; (*as opposed to* longus) ut fit longo magis quam acri bello Liv. 1.57.4;—(*of speech, style, etc.*) acris postulatio haec est Pl. *Bac.*449; contentiost oratio acris *Rhet.Her.*3.23; in quo et compositum dicendi genus et acre et expeditum fuit Cic. *Brut.*271; 'usque adeone mori miserum est?' (acrius hoc ..quam per se 'mors misera non est') Quint.*Inst.*8.5.6; Marcellum Eprium acri eloquentia Tac.*Ann.*16.22; acres enim esse, non tristes uolebamus Plin.*Ep.*1.2.4. **b** animi acrem acrimoniam Naev.*trag.*35; odium..acerrimum patris in filium ex hoc..ostenditur Cic.*S.Rosc.*52; quin procliuius hic iras decurrat ad acris Lucr.3.311; acri..captus amore Verg.*A.*12.392; ubi acris inuidia atque uigent ubi crimina Hor.*S.*1.3.60; cuius desiderium plebi multo acrius quam consularis imperii rebantur esse Liv.3.41.5; acrior ira subit Luc.3.142; tanto acrior apud maiores..flagitiis paenitentia fuit Tac.*Hist.*3.51. **c** eu hercle morbum acrem ac durum! Pl.*Men.*872; fames acer augescit hostibus Naev.*poet.*33(54); mors amici subigit, quod mi est senium multo acerrumum Acc.*trag.*316; demitis acris pectore curas cantu Var.*Men.* 394; prematur etiam doloribus acerrumis corporis Cic.*Tusc.* 5.117; acris egestas Lucr.3.65; acrem iam iam poturi deserit unda sitim Tib.1.3.77; seruitium acre te nihil inpellit Pers. 5.127. **d** studium illud discendi acerrimum defuit Cic. *de Orat.*1.79; uerborum grauitate acriore *Off.*1.136; Syriam ingruente Vologese acriore in discrimine esse Tac.*Ann.*15.3; id (arrabonem) maluit quam pignus dicere, quoniam uis huius uocabuli..grauior acriorque est Gel.17.2.21. **e** nullum contemptu mortis incitamentum ad uincendum homini ..acrius datum est Liv.21.44.9; acerrima seditionum ac discordiae incitamenta Tac.*Hist.*2.23; odiis quorum causae acriores quia iniquae *Ann.*1.33. **f** male dictum interpretando facias acrius Pub.*Sent.*M.23.

12 (of remedies, etc.) Drastic; (neut. as sb.) a drastic medicine; (pl.) drastic measures.
acrioribus saluti suae remediis subueniendum putauit Cic. *Clu.*67; acrior fit (medicina) adiecto..oleo Cels.2.12.2.E; aluus acri clysmo mane trahenda est Larg.155;—sine ullo acri ducenda est Cels.8.9.1.D;—longe maiora et acriora repetens Vell.2.6.2.

13 Serious, critical; formidable, dangerous.
non solum meminit, sed, quod multo acrior est res, irata est Catul.83.5;—dedit acre decus fecundaque monstris cingula V.Fl.6.470; ulcus acre Mart.11.98.4.

14 (colloq., of things) Huge, 'terrific'; (of drink) strong.
Baeticarum pondus acre lanarum Mart.12.65.5;—seu quis capit acria fortis pocula seu modicis uuescit laetius Hor.*S.*2.6.69; (*cf.*) nil sic metuentis ut acris potores 2.8.36.

acerātus ~a ~um, *a.* [acus²+-atus²] (of clay for brickmaking) Mixed with chaff or husks.
commune lutum a paleis cenoque ~um (*dub.*) Lucil.325; ~um lutum cum paleis mixtum Paul.*Fest.*p.20M.

acerbē, *adv.* *compar.* ~ius, *superl.* ~issimē. [acerbus+-e]

1 With a harsh sound, stridently.
furialis illa uox..secum et illos et consules facere ~issime personabat Cic.*Planc.*86.

2 Cruelly, unfeelingly, bitterly, harshly.
si in homines caros..~ius et contumeliosius inuehare Cic. *de Orat.*2.304; cur..in senatum tam ~e cogerer *Phil.*1.11; quos ~issime ceteri oderunt 10.4; Quintum filium ad me ~issime scripsisse *Att.*11.16.4; postea quam Pompeius..in senatu..a Catone aspere et ~e..est accusatus *Fam.*1.5b.1; ea bella..minus ~e gerenda sunt *Off.*1.38; quem nemo grauius nec ~ius urget Catul.73.5; ~issime imperatae pecuniae tota prouincia exigebantur Caes.*Civ.*3.32.1; dum..uictos ~ius ulcisci uolunt Sal.*Jug.*42.4; in Tarquinienses ~e saeuitum Liv.7.19.2; haec ~e postremi (*sc.* dixerunt) 39.25. 14; Quint.*Inst.*1.1.20; ~e..increpuit eos qui diuinas occupationes..dixerant Tac.*Ann.*2.87; (*w. adj.*) magnus uir.. et qui perindulgens in patrem, idem ~e seuerus in filium Cic.*Off.*3.112.

3 (w. verbs of suffering, feeling, etc.) With pain or annoyance, bitterly; *~e ferre*, to be indignant at.
quod cum peraeque omnes, tum ~issime..Thessalonica sensit Cic.*Pis.*86; de quibus ~issime adflictor *Att.*11.1.1;—hoc ab isto praedone ereptum esse grauiter tum et ~e homines ferebant *Ver.*1.152; *Clu.*59; ~issime discidium nostrum tulisse *Att.*4.1.1; si ~ius inopiam ferrent Caes.*Gal.* 7.17.4; Apul.*Apol.*100.

4 With severity, rigorously, strictly.
uigiliae ~ius et diligentius circumitae sunt Liv.45.37.9; dilectibus ubique ~issime actis Suet.*Cal.*43.

5 (w. vbs. of dying, etc.) Before one's time, prematurely.
ut aut iuste pieque accusaret aut ~e indigneque moreretur Cic.*Clu.*42; non pluris captiuos ~e quam praedones necatos *N.D.*3.82.

acerbitās ~ātis, *f.* [acerbus+-tas]

1 Harshness of taste, sourness.
(*in fig. phr.*) fructus..non..laetos et uberes, sed magna ~ate permixtos tulissem Cic.*Planc.*92.

2 (of persons, actions, etc.) Harshness, severity, cruelty. **b** (of writings, etc.) satirical quality, asperity.
fortitudinem audacia imitatur..et iustitiam ~as Cic. *Part.*81; legis ~atem mitigandam putauit *Sul.*64; ~atem inimicorum Caes.*Civ.*1.32.5; exemplo ~atis censoriae offensos Liv.4.24.8; qui duo populi, dilectus ~ate consternati 21.11.13; iudicis ~as Suet.*Jul.*12. **b** eruditio in eo (*sc.* Lucilio) mira et libertas atque inde ~as et abunde salis Quint.*Inst.*10.1.94; 10.1.117; Bruti contiones falsa quidem in Augustum probra set multa cum ~ate habent Tac.*Ann.* 4.34.

3 A painful experience, suffering, distress.
sin tamquam illi ipsi ~atis aliquid acciderit angimur Cic. *Brut.*5; ut omnis ~ates, omnis dolores cruciatusque perferrem *Catil.*4.1; huius acerbitatis euentum altera ~ate non uidendi fratris uitaui *Att.*3.9.1; Caes.*Gal.*7.17.7; hic omnem ~atem seruitutis futurae descripsit Sen.*Suas.*6.8; praeter ~atem parentis erepti Tac.*Ag.*45.4; ne curas imperatoris conquisitis insuper ~atibus augerent *Ann.*6.4.

4 Ill-feeling, bitterness, spleen.
concedatur haec quoque ~atis et odi magnitudo Cic. *Deiot.*30; apud quem euomat uirus ~atis suae *Amic.*87.

acerbitūdō ~inis, *f.* [acerbus+-tudo] = prec.
nihil quicquam interest, 'suauitudo' dicas an 'suauitas'.. '~o' an 'acerbitas' Gel.13.3.2.

acerbō ~āre, *tr.* [next+-o³] To make (a person) bitter, embitter. **b** to render (something pleasant) disagreeable. **c** to make (misfortunes, pains, etc.) worse, aggravate.
dolor..~ans otia quaerentem frustratibus *Culex* 244. **b** uenientia qui nunc gaudia et ingratum regni mihi munus ~as Stat.*Theb.*.12.75. **c** mortemque cadentis ~at V.Fl. 6.655;—(*w. abl.*) uel cum..formidine crimen ~at Verg.*A.* 11.407; ~at uulnera dictis Stat.*Theb.*9.302.

acerbus ~a ~um, *a.* *compar.* ~ior, *superl.* ~issimus. [cf. acer²]

1 Having a sour flavour, acid, bitter; (of taste) sour. **b** (of sounds) harsh, strident, discordant.
Neptuni corpus ~um Lucr.2.472;—(*in fig. phr.*) facta atque corda in felle sunt sita atque ~o aceto Pl.*Truc.*179; —sensum progignere ~um Lucr.4.670; cultus et in pomis sucos emendat ~os Ov.*Med.*5; Plin.*Nat.*15.106. **b** si (citharoedus)..uocem mittat ~issimam *Rhet.Her.*4.60; serrae stridentis ~um horrorem Lucr.2.410; Sen.*Nat.*2.27.3 (see acer); est (stelio)..stridoris ~i Plin.*Nat.*29.90;—(*w.* auditu) propter nimiam exilitatem ~am auditu uocem suam V.Max.8.7.ext.1;—(*neut. as advl. acc.*) asper, ~a sonans (*sc.* oestrus) Verg.*G.*3.149; quod ~um Naeuia tussit Mart.2. 26.1;—(*transf., of style*) uideri tamen ea sibi duriora paulum et ~iora Gel.13.2.3.

2 (of fruit) Unripe, 'green'; (of a person) immature. **b** in an unfinished state.
quam ~issima olea oleum facies, tam oleum optimum erit Cato *Agr.*65.1; xxx mala Punica ~a sumito 126; quid.. poma..crudeli uellis ~a manu? Ov.*Am.*2.14.24; nondum matura es (uua); nolo ~am sumere Phaed.4.3.4; uuae Amineae ~ae Larg.64;—(*in fig. phr.*) ut neque praepropere destringatur immatura frons et quicquid est illud adhuc ~um proferatur Quint.*Inst.*12.6.2;—uirginis ~ae Var.*Men.*11. **b** impolitae..res et ~ae si erunt relictae Cic.*Prov.*34.

3 Bitterly hostile, pitiless, cruel, harsh: **a** (of persons, etc.). **b** (of speech, etc.).
a qui illius ~um cor contundam Acc.*trag.*201; accusatores acres atque ~i Cic.*Brut.*136; sin ea crudelitas..uestros quoque animos..duriores ~ioresque reddit *S.Rosc.*150; erat ipse immani ~aque natura *Clu.*44; ~issimis faeneratoribus *Att.*6.1.6; eo die ~um habuimus Curionem *Fam.*1.4.1; quandoquidem fatis urgetur ~is Verg.*A.*11.587; paulum deliquit amicus,..~us odisti et fugis Hor.*S.*1.3.85; ignescentia cernunt per galeas odia et uultus rimantur ~o lumine Stat.*Theb.*11.526.—(*of an animal*) coluber..(pestis ~a boum) Verg.*G.*3.419;—(*w. dat.*) med esse ~um sibi, uti sim dulcis mihi *Inc.pall.*49;—(*w.* in+*acc.*) in partus mater ~a suos Ov.*Fast.*2.624;—(*neut. pl. advl.*) asper, ~a tuens,..serpens Lucr.5.33. **b** uocem ~am atque inimicam bonis Cic.*Red.Sen.*26; eius de me ~issimae contiones *Phil.*12.19; Quintus filius ad patrem ~issimas litteras misit *Att.*14.17.3; quid miserum torques, rumor ~e? tace [Tib.]

3.20.4; Liv.27.13.1; Liberium ~is acetiis nridere solitus Tac.*Ann*.5.2; (filium) castigabis ~o clamore Juv.14.54.

4 (esp. of death, etc.) Untimely, premature.
quos..ab ubere raptos abstulit atra dies et funere mersit ~o Verg.*A*.6.429; Persephone nostras pulsat ~a fores Ov. *Ep*.20.46; unicum bonum diuturnam uitam existimantes saepe ~a mors occupat Curt.9.6.19; quoniam nullum non ~um funus est, quod parens sequitur Sen.*Dial*.6.17.7; caedis ~ae Stat.*Theb*.6.146; Quint.*Inst*.6.pr.4; subtrahere oculis ~a funera Tac.*Ann*.13.17; Juv.11.44;—(*transf. ep.*) Troia uirum et uirtutum omnium ~a cinis Catul.68.90;—pecus ante diem partus edebat ~os Ov.*Fast*.4.647.

5 (of feelings, etc.) Keen, bitter.
ubi cura est, ibi anxitudo ~ast Acc.*trag*.154; quantum et quam ~um dolorem Cic.*Ver*.2.163; hic..nihil possit offensionis accipere sine ~issimo animi sensu *Clu*.10; ira ~ior *Tusc*.4.21; Lucr.5.1195; ~a meorum circumstare odia Verg.*A*.10.904; ~iores (inimicitias) Liv.27.35.7;—(*neut. pl. advl.*) ululantem et ~a gementem Ov.*Ep*.8.107.

6 Painful to the senses, grievous; (of cold, etc.) bitter.
omnis ~issimas impiorum poenas pertulerunt Cic.*Agr*. 2.92; non inuenio qui non sit ~um..calidis torrescere flammis Lucr.3.889; ~ior huius quam uespae ictus Plin. *Nat*.29.84; (*fig.*) mente iacens et ~o saucius ictu Ov.*Pont*. 1.3.7;—qui queritur salebras et ~um frigus et imbris Hor. *Ep*.1.17.53.

7 Grievous, bitter, distressing; (in weakened sense) uncongenial, disagreeable, irksome.
earum hic alteram ecflictim perit neque eam incestauit umquam. — ~a amatiost Pl.*Poen*.1096; non uidit..~issimam C. Mari fugam Cic.*de Orat*.3.8; et praeteritorum recordatio est ~a et acerbior exspectatio reliquorum *Brut*. 266; coniungitur impudens gratificatio cum ~a iniuria *Agr*. 3.6; nolite..hunc illi ~um nuntium uelle perferri *Balb*.64; multas ciuitates ~issimis tributis..liberaui *Fam*.15.4.2; abstrahit (ratio) ab ~is cogitationibus *Tusc*.3.33; casu.. oppressus ~o Catul.68.1; haec si grauia aut ~a uideantur Caes.*Gal*.7.14.10; dies..quem semper ~um..habebo Verg. *A*.5.49; mors quam matura tam ~a M. Furi Liv.7.1.8; nec quicquam ad nostras peruenit ~ius aures Ov.*Pont*.1.9.5; pro lux ~a Sen.*Her.O*.1419; Stat.*Theb*.2.690;—quod in aduorsis rebus optauerant otium, postquam adepti sunt, asperius ~iusque fuit Sal.*Jug*.41.4; retracto..actiunculas quasdam, quod post intercapedinem temporis et frigidum et ~um est Plin.*Ep*.9.15.2; (*of a person*) indoctum doctumque fugat recitator ~us Hor.*Ars* 474;—(*w. dat.*) illa..expugnatio fani..quam luctuosa Samiis fuit, quam ~a toti Asiae Cic.*Ver*.1.50; o multis ~am..praeturam tuam! 1.137; ne aut diligentia tua mihi molesta aut ueritas ~a sit *Att*.3.17.3; consilio neutri parti ~o Liv.3.1.4;—(*w. abl.*) patefacite ~am caede funesta domum Sen.*Phaed*.1275;—(*w. sup.*) etsi erit uel ~um auditu uel incredibile a M. Cicerone esse dictum Cic.*Phil*.7.8;—(*neut. as sb.*) nemini plura ~a credo esse ex amore homini umquam oblata Ter.*Hec*.281; quis mihi nunc tot ~a deus..expediat? Verg.*A*.12.500; si uitare uelis ~a quaedam Mart.12.34.8; omnis ~i inpatiens Juv.7.57.

8 Strict, severe, morose.
conueniet..cum in dando munificum esse, tum in exigendo non ~um Cic.*Off*.2.64; apud quosdam ~ior in conuiciis narrabatur Tac.*Ag*.22.4;—(*masc. pl. as sb.*) posse ..~os e Zenonis schola exire Cic.*N.D*.3.77.

acerneus ~a ~um, *a.*: var. of next.
cancellos ~os *CIL* 14.2794.14.

acernus ~a ~um, *a.* [acer[1]+-nvs] Of, or belonging to, a maple-tree. **b** (made of) maple-wood.
lucus..trabibus..obscurus ~is Verg.*A*.9.87; stipes ~us eram Prop.4.2.59; sub ~is..ramis Ov.*Fast*.1.423. **b** solio ..~o Verg.*A*.8.178; ~am..mensam Hor.*S*.2.8.10; uallo.. ~o Prop.4.4.7; uacca deceptus ~a Ov.*Ars* 1.325; fores..~as *Met*.4.487.

acerōsus ~a um, *a.* [acvs[2]+osvs] (of flour or bread) Having the husks included.
farre ~o Lucil.502; et frumentum et panis non sine paleis ~us dicitur Paul.*Fest*.p.187M.

acerra ~ae, *f.* [dub.]

1 A box or casket for incense.
ne longae coronae nec ~ae praetereantur Cic.*Leg*.2.60; Larem..farre pio et plena supplex ueneratur ~a Verg.*A*. 5.745; ~a turis plena Hor.*Carm*.3.8.2; Ov.*Fast*.4.934; Pers.2.5; Plin.*Nat*.35.70; Mart.4.45.1 :Suet.*Gal*.8.2.

2 (See quot. ?erron.)
~a ara, quae ante mortuum poni solebat, in qua odores incendebant Paul.*Fest*.p.18M.

Acerrae ~ārum, *f. pl.* A town in Campania.
uacuis Clanius non aequus ~is Verg.*G*.2.225; Liv.23.17.7; Sil.8.535.

Acerrānī ~ōrum, *m. pl.* The people of Acerrae.
Liv.27.3.6.

acersecomēs, *m.* [Gk. ἀκερσεκόμης] A long-haired youth.
si nemo tribunal uendit ~es Juv.8.128.

acertās ~ātis, *f.*: (perh.) = acritas.
ex..his qvi gregari appellantvr qvi meliori[s] ~atis erit *CIL* 2.6278.36.

aceruālis ~is ~e, *a.* [acervvs+-alis] Characterized by piling up (transl. Gk. σωρίτης).
quem ad modum soriti resistas, quem..Latino uerbo liceat ~em appellare Cic.*Div*.2.11.

aceruātim, *adv.* [acervo+-im]

1 In heaps or piles.
id (*i.e.* stercus columbinum)..non ut de pecore ~ poni (oportere) Var.*R*.1.38.1; quo magis aestu confertos ita ~ mors accumulabat Lucr.6.1263; Col.9.13.4; si..congeries lapidum ~ congestae sint Sic.Fl.*agrim*.p.106; Apul.*Met*. 4.8;—(*of a method of planting*) uicenae fere ~ seruntur (lauri) Plin.*Nat*.17.61; 19.120.

2 In large quantities, profusely, on a large scale.
plagas ingerentes ~ Apul.*Met*.9.11.

3 In a disorderly mass, all together. **b** in a summary manner.
quod periculum plerique Alexandrini fugientes ~ se de uallo praecipitarunt *B.Alex*.31.4; non ~, sed ordine structum opus Vitr.2.8.4; Plin.*Nat*.4.69; ~ ex eo Annius Pollio, Appius Silanus Scauro Mamerco simul ac Sabino Caluisio maiestatis postulantur Tac.*Ann*.6.9; hactenus populo Romano bellum cum singulis gentibus, mox ~ Flor.*Epit*. 1.12(1.17.1). **b** nec ~ multa frequentans una complexione deuinciet Cic.*Orat*.85; ~ reliqua iam..dicam *Clu*.30.

aceruātiō ~ōnis, *f.* [next+-tio] A heaping up, piling together, accumulation.
quaedam corpora sint composita (illa constant aut nexu aut ~one) Sen.*Nat*.2.2.3; ~o saporum pestifera Plin.*Nat*. 11.282; utrumque horum ~o est aut iuncta aut dissoluta Quint.*Inst*.9.3.53.

aceruō ~āre ~āuī ~ātum, *tr.* [next+-o[3]]

1 To make into heaps, pile up. **b** (in fig. use).
promisce ~atos cumulos hominum urebant Liv.5.48.3; structum ~ans nemore congesto aggerem Sen.*Her.F*.1216. **b** in hoc immenso aliarum super alias ~atarum legum cumulo Liv.3.34.6; tantum rerum aliarum super alias ~atarum Sen.*Ben*.2.29.5; in lichenis remediis..plura undique ~a⟨b⟩imus Plin.*Nat*.26.21; haec senior, multumque nefas Eteoclis ~at (*v.l.* acerbat) crudelem infandumque uocans Stat.*Theb*.3.214; nec uerba modo, sed sensus quoque idem facientes ~antur Quint.*Inst*.9.3.47; ne frustra neue temere uerborum strues ~entur Fro.*Aur*.2.p.52(139N).

2 (pass., of things in natural groups) To be massed together. **b** (w. abl.) to be covered thickly (with).
neque alia (radix) numerosior lxxx simul ~atis saepe bulbis Plin.*Nat*.21.109; (myaces) ~antur muricum modo 32.95. **b** panicum..praedensis ~atur granis Plin.*Nat*. 18.53.

aceruus ~ī, *m.* [dub.]

1 A heap, pile, stack; (w. *feralis, tristis,* applied to a funeral pile). **b** a (large) quantity (of money, etc.), pile; a treasure, stock, repository.
codicillos domino in ~um conpone Cato *Agr*.37.5; ~os.. corpore expleui hostico Acc.*trag*.323; oportet stramenta desecari et ~os constitui Var.*R*.1.33; miseros atque insepultos ~os ciuium Cic.*Catil*.4.11; magnum ~um Dicaearchi (*i.e. of his works*) mihi ante pedes exstruxeram *Att*.2.2.2; ut ~us ex sui generis granis (*sc.* efficitur) *Tusc*.5.45; ut prope summam muri..altitudinem ~i armorum adaequarent Caes.*Gal*.2.32.4; papaueris..altus ~us Lucr.3.197; scutorum..incendi uictor aceruos Verg.*A*.8.562; Hor.*S*.1.1.34; natalis Iuno, sanctos cape turis ~os [Tib.]3.12.21; in ~um conicere sarcinas Liv.5.49.3; cocus ingentem piperis consumet ~um Mart.7.27.7;—(*w. ref. to the rhet. fig.* congeries) etiam si non per gradus ascendant, tamen uelut ~o quodam adleuantur (*sc.* uerba ac sententiae) Quint.*Inst*.8.4.26;—(*applied to a bundle*) ~um illum et quasi orbem caudicum Gel.5.3.5;—(*of a naturally formed mass*) si plurium ~o nubium..oppressus est (ignis) Sen.*Nat*.2.20.2;—crescit donis feralis ~us V.Fl.5.31; tristes crepuisse..~os Stat. *Theb*.4.469. **b** uix iam uidetur locus esse qui tantos ~os pecuniae capiat Cic.*Agr*.2.59; quisquis ingentis oculo irretorto spectat ~os Hor.*Carm*.2.2.24; non aeris ~us et auri aegroto domini deduxit corpore febris *Ep*.1.2.47; delibante eo..summarum ~os Suet.*Aug*.57.2; Ulp.*dig*.45.1.29;—heu magnum alterius frustra spectabis ~um Verg.*G*.1.158; ego composito securus ~o dites despiciam Tib.1.1.77; casus..e medio fortunae ductus ~o Juv.13.9.

2 (of immaterial things) A (large) quantity, mass.
quantos ~os scelerum reperietis Cic.*Sul*.76; praecepta.. in unum contrahe: de multis grandis ~us erit Ov.*Rem*.424; quorum (*i.e.* miraculorum) e magno ~o in primis illud occurrit V.Max.1.8; officiorum negotiorumque ~i omnes a contemplatione..abducunt Plin.*Nat*.36.27.

3 A confused or disordered mass. **b** (fig., applied to the 'masses', i.e. common people).
lucidus hic aer et..ignis, aquae, tellus, unus ~us erat Ov.*Fast*.1.106;—(*fig.*) prima mihi luxuriae spolia propone siue illa uis per ordinem expandere siue..in unum ~um dare Sen.*Ben*.7.9.2. **b** e plebe ~oque ignobili Sen.*Ben*.3.38.1.

4 A cluster, group.
omnes..in ~um contrahit (pauo) pinnarum..oculos Plin.*Nat*.10.43.

5 (phil., transl. Gk. σωρίτης).
dum cadat elusus ratione ruentis ~i Hor.*Ep*.2.1.47; depunge ubi sistam. inuentus, Chrysippe, tui finitor ~i Pers.6.80; (*cf.*) soritas hoc uocant, qui ~um efficiunt uno addito grano Cic.*Luc*.49.

acescō ~escere ~uī, *intr.* [aceo+-sco] To turn sour.
sincerum est nisi uas, quodcumque infundis ~escit Hor. *Ep*.1.2.54; aliae (res) facile in stomacho ~escunt Cels.2.19. 2; quinetiam diligenter factum defrutum..solet ~escere Col.12.20.1; mella, uel minimo contactu roris ~escentia Plin.*Nat*.11.45; ipsa (menta) ~escere..lac non patitur 20. 147; si uinum uenditum ~uerit Ulp.*dig*.18.6.1.

acesis, *f.* [Gk. ἄκεσις] A form of malachite.
hanc chrysocollam medici ~im appellant, quae non est orobitis Plin.*Nat*.33.92.

Acesta ~ae, *f.* A town of NW. Sicily = Segesta.
Verg.*A*.5.718; Sil.14.220.

Acestēs ~ae, *m.* A king of Sicily.
Verg.*A*.1.195; 5.30; Ov.*Met*.14.83.

acētābulum ~ī, *n.* [acetvm+-bvlvm]

1 A small cup (orig. used for vinegar). **b** (as a measure) one eighth of a pint.
dicuntur..patellae, salini, ~a Var. in Non.p.546M; Petr. 56.8; '~a' (dicimus) quicquid habent Quint.*Inst*.8.6.35; Ulp.*dig*.34.2.19.9;—(*in thimble-rigging*) praestigiatorum ~a et calculi, in quibus me fallacia ipsa delectat Sen.*Ep*. 45.8. **b** melanthi ~um..conterito in uini ueteris hemina Cato *Agr*.102; habet (malagma) gallae..lacrimae aridae, cummis, singulorum plenum ~um Cels.5.18.1; cum ~i mensura dicitur, significat heminae quartam, id est drachmas xv Plin.*Nat*.21.185; ~i parte dimidia 26.56.

2 **a** A cup-shaped part of a plant. **b** a sucker of a polyp. **c** the socket of the hip-joint.
a urtica maxime noscitur ~is in flore purpuream lanuginem fundentibus Plin.*Nat*.21.92; radix..acetabulis cauernosa ceu polyporum cirri 26.58. **b** ~is siue caliculis urnalibus peluium modo Plin.*Nat*.9.93; 29.53. **c** ossa ex ~is pernarum, circa quae coxendices uertuntur Plin.*Nat*.28.179.

acētāria ~ōrum, *n. pl.* [acetvm+-arivs] Salad prepared with vinegar.
horti maxime placebant quae non egerent igni..unde et ~a appellantur Plin.*Nat*.19.58; stomachum (porcillaca) in ~is sumpta corroborat 20.213.

acetō ~āre: (see quot.).
~are dicebant, quod nunc dicimus agitare Paul.*Fest*. p.23M.

acētum ~ī, *n.* [aceo] Forms: pl. is not used Var.*L*.9.66.

1 Sour wine, vinegar; also, the flavour or tang of vinegar. **b** (in fig. exprs., w. ref. to sourness of disposition or sharpness of wit).
puppis ~o madefactis centonibus integuntur Sis.*hist*.107; ardentia..saxa infuso ~o putrefaciunt Liv.21.37.2; lanae,.. si addatur ~um, etiam ferro resistunt Plin.*Nat*.8.192; Tac. *Hist*.5.6; montem rumpit ~o Juv.10.153; Ulp.*dig*.33.7.12. 18;—(*as a drink or condiment*) hic rex cum ~o pransurust et sale sine bono pulmento Pl.*Rud*.937; ubi oleae comesae erunt, hallecem et ~um dato Cato *Agr*.58; nec cibus ipse iuuat morsu fraudatus ~i Mart.7.25.5; (*contempt., of inferior wine*) qui faece rubentis ~i..et nigro pane carere potes Mart.11.56.7;—(*used medicinally*) Cels.6.7.2.d;—(*w. variety specified*) ~um Aegyptium Cic.*Hort*.fr.89; ~i scillitis cyathi tres Larg.175;—apio eximunt coqui obsoniis ~um Plin.*Nat*.19.188. **b** experiar sitne ~o tibi cor acre in pectore Pl.*Bac*.405; ecquid is homo habet ~i in pectore? — atque acidissumi *Ps*.739; facta atque corda in felle sunt sita atque acerbo ~o *Truc*.179; Graecus, postquam est Italo perfusus ~o, Persius exclamat Hor.*S*.1.7.32; aurem mordaci lotus ~o Pers.5.86.

2 (See quot.; perh. a different word altogether; referred by some to Gk. ἄκοιτος.)
in omni melle quod per se fluxit ut mustum oleumque, appellatur ~um Plin.*Nat*.11.38.

-āceus ~a ~um, *adjl. suff.* The form *-acius* found in later authors appears to be a misspelling; formed from sbs., usu. meaning 'made of' or 'resembling' (*hederaceus, hordeaceus, mustaceus, uinaceus; gallinaceus*).

Achaeī ~ōrum, *m. pl.* **a** The people of Achaea in the northern Peloponnese. **b** (in full ~ī *Phthiōtae*) the people of Achaia Phthiotis in southern Thessaly. **c** the people of the Roman province of *Achaea*, the Greeks. **d** a people in the Black Sea and Caucasus region.
a Liv.27.29.9; 31.25.2. **b** ~os Phthiotas Liv.33.32.5; 33.34.7. **c** Cic.*Div.Caec*.64; quota portio faecis ~i? Juv. 3.61. **d** Ov.*Pont*.4.10.27; Mela 1.13.

Achaeias ~adis, *f. adj.* Greek.
inter ~adas longe pulcherrima matres Ov.*Ep*.3.71.

Achaemenēs ~is, *m.* The founder of the Persian dynasty, the *Achaemenidae*.
quae tenuit diues ~es Hor.*Carm*.2.12.21; magni ~is Tac. *Ann*.12.18.

Achaemenidēs ~ae, *m.* The follower of Ulysses who was left behind in Sicily.
Verg.*A*.3.614; Ov.*Met*.14.161; *Ib*.413.

achaemenis ~idis, *f.* [Gk. ἀχαιμενίς] A plant alleged to have magical properties.
~ida..colore electri sine folio nascentem Plin.*Nat*.24. 161; 26.18.

Achaemenius ~a ~um, *a.* Achaemenian (i.e. Persian or Parthian).
~o..nardo Hor.*Epod*.13.8; ~is..sagittis Prop.2.13.1; ~as urbes Ov.*Met*.4.212; gentis ~ae Stat.*Theb*.1.718; ~o uelocior arcu Sil.15.570.

Achaeus[1] ~a ~um, *a.*

1 Of, or connected with, Achaia (in sense 1), Achaean.
Atthide temptantur gressus oculique in ~is finibus Lucr. 6.1116; omnis ~i ora maris Stat.*Theb*.1.116; duo gentis ~ae tres Ephyreiadae 6.651.

2 Greek, Grecian.
terris..~is V.Fl.3.697; ~a..praemia Stat.*Silv*.5.3.141.

Achaeus² ~ī, *m.* A king of Syria.
Ov.*Ib*.297.

Achāia ~ae, *f.* Prosod.: quadrisyllabic (Prop.2.28.53, Ov.*Ep*.8.13, *Met*.4.606, etc.).

1 ~*a P(h)thiotis*. A district in Greece south of Thessaly.
per Pthiotidem ~am Thessaliamque Liv.41.22.6; 42.67.9.
2 The district forming the north-western part of the Peloponnese. **b** (applied to the area covered by the Achaean League or to the whole of the Peloponnese, later a Roman province).
~a Peloponnesoque tota Vitr.4.1.3; Mela 2.39. **b** restituti Argi in commune ~ae concilium Liv.34.41.4;—~a capta *CIL* 1.626; Cic.*Div.Caec*.6; Vitr.2.6.5; ~ae nomen prouinciae ab Isthmo incipit Plin.*Nat*.4.12;—(*dist. fr.* Graecia) totam denique Asiam, ~am, Graeciam Cic.*Ver*. 5.127; *Prov*.7.
3 Greece.
et quot Troia tulit uetus et quot ~a formas Prop.2.28.53; ~a uictrix Ov.*Ep*.8.13; *Met*.4.606.

Achāicus ~a ~um, *a.*

1 Of or concerned with Achaia (in sense 2b).
ille ~us inquisitor Cic.*Ver*.6; ~o bello *Phil*.11.17; hoc ~um negotium *Fam*.4.4.2; Liburnicae atque ~ae classi Caes.*Civ*.3.5.3; duae ciuitates, Messene et Elis, extra concilium ~um erant Liv.36.31.2;—(*as the agnomen of L. Mummius*) Vell.1.13.2; Amp.23.
2 (poet.) Greek; esp. of the Greeks that fought against Troy.
inflata †rhoso non ~o uerba Verg.*Cat*.5.2; curru..~o Hor.*Carm*.4.3.5;— ~a castra Verg.*A*.2.462; uret ~us ignis Iliacas domos Hor.*Carm*.1.15.35; quid ~a dextera posset Ov.*Met*.12.70.

Achāis¹ ~idos, *f. adj.* (poet.) Greek.
per ~idas urbes Ov.*Met*.3.511; 5.306; 15.293.

Achāis² ~idos, *f.* (poet.) Greece.
imperium..totius ~idos Ov.*Met*.7.504.

acharistum ~ī, *n.* [Gk. ἀχάριστον] An eye-salve.
ipsius Theodoti (collyrium) quod a quibusdam ~um nominatur Cels.6.6.6; *CIL* 13.10021(81).

ac(h)arna ~ae, *f.* Also ~**ē.** [Gk. ἀχάρνα] An edible fish.
caluaria pinguia ~ae Enn.*var*.43; cephalaea..~ae Lucil. 50; Plin.*Nat*.32.145.

achātēs¹ ~ae, *f.* (*m.*) [Gk. ἀχάτης] The agate. Gender: masc. in Plin.*Nat*.1.37.54.
stabat..sibi non segnis ~es Luc.10.115; ~en, in qua nouem Musae..spectarentur Plin.*Nat*.37.5; 37.139.

Achātēs² ~ae, *m.* The companion of Aeneas.
fortis ~ae Verg.*A*.1.120; fidus..~es 1.188; Ov.*Fast*. 3.603.

Achelōias ~adis, *f.* A daughter of Achelous, i.e. a Siren.
~adum..relinquit Sirenum scopulos Ov.*Met*.1.4.87; Sirenum..una..Parthenope..~as Sil.12.34.

Achelōis ~idis, *f.* A daughter of Achelous: **a** a Siren. **b** a water-nymph.
a uobis, ~ides, unde pluma pedesque auium, cum uirginis ora geratis? Ov.*Met*.5.552. **b** et quae..~is..lilia uimineis attulit in calathis *Copa* 15; Pegasidum comites ~idas Col. 10.263.

Achelōius ~a ~um, *a.*

1 Of, or connected with, the river Achelous. **b** of Achelous (as a god); descended from Achelous.
~a..arua Stat.*Theb*.1.453; per stagna ~a 9.214;—(*of Achelous, as typifying water*) poculaque inuentis ~a miscuit uuis Verg.*G*.1.9. **b** ut ferus Alcides ~a cornua fregit Ov.*Ep*.15.267;— ~a..Callirhoe *Met*.9.413.
2 Aetolian.
~us heros (*i.e. Tydeus*) Stat.*Theb*.2.142; 8.522.

Achelōus ~ī, *m.* Also ~**os.** A Greek river, flowing between Aetolia and Acarnania. **b** the god of this river.
Aetoli..~i Prop.2.34.33; ~on et Inachon amnem Ov. *Am*.3.6.103; *Met*.8.549; Mela 2.53; Plin.*Nat*.11.267;—(*typifying water in general*) donec eras mixtus nullis, ~e, racemis Ov.*Fast*.5.343. **b** cornua si tua nunc ubi sint, ~e, requiram Ov.*Am*.3.6.35; Sen.*Her.O*.496; ~on utroque deformem cornu Stat.*Theb*.7.416.

Acherōn ~ontis (~ontos), *m.*

1 One of the rivers of the underworld. **b** the god of this river.
~ontem obibo, ubi Mortis thesauri obiacent Enn.*scen*. 245; strepitum..~ontis auari Verg.*G*.2.492;—(*as the boundary of the underworld*) Cocyti fremitus, trauectio ~ontis Cic.*Tusc*.1.10; Verg.*A*.6.295; perrupit ~onta Herculeus labor Hor.*Carm*.1.3.36; ni superos ~on excluderet Stat.*Theb*.8.513. **b** Ascalaphus..quem quondam dicitur Orphne..ex ~onte suo..peperisse Ov.*Met*.5.541; Stat. *Theb*.4.456.
2 The underworld, esp. as the abode of the dead.
omnis Metellos..paene ex ~onte excitatos Cic.*Red.Sen*. 25; hac Quirinus Martis equis ~onta fugit Hor.*Carm*.3.3.16; monstrum..~onte sub imo conceptum Stat.*Theb*.1.597; ~ontos in vmbris *CIL* 8.212;—(*meton.*) flectere si nequeo superos, ~onta mouebo Verg.*A*.7.312; sollicitare umbras imumque ~onta mouere Man.1.93.
3 A river in Epirus.
Liv.8.24.3; Plin.*Nat*.4.4.

Acherontēus ~a ~um, *a.* Of Acheron.
non ~is transvehar vmbra vadis *CIL* 6.21521.

Acherontia ~ae, *f.* A town in Lucania.
quicumque celsae nidum ~ae..tenent Hor.*C*.3.4.14.

Acheros, *m.* A river in Bruttium.
'iure ~os uocaris' inquit Liv.8.24.11.

Acheruns ~ntis, *m.*, *f.* **Acch-.** Gender: masc. in Lucr.3.978; fem. in Pl.*Capt*.999, *Inc.trag*.77(cj.). The underworld, Hades.
nec secus est quasi si ab ~nte ueniam Pl.*Am*.1078; hunc ~ntem praemittam prius *Cas*.448; adsum atque aduenio ~nte *Inc.trag*.73; uti tenebras omnis ~nta rearis liquisse Lucr.4.170; ut eum..ab ~nte..cuperent redimere Nep.*Di*. 10.2; (*loc. abl.*) facito ergo ut ~nti clueas gloria Pl.*Capt*.689; —(*in facet. abusive exprs.*) uerbero, etiam quis ego sim me rogitas, ulmorum ~ns? *Am*.1029; ~ntis pabulum..stabulum nequitiae *Cas*.159;—(*transf.*) nulla adaeque est ~ns atque ubi ego fui, in lapicidinis *Capt*.999.

Acheruntīcus ~a ~um, *a.* **Acch-.** Of the underworld.
regiones colere mauellem ~as Pl.*Bac*.199;—(*facet.*) quid tibi ego aetatis uideor? — ~us, senex uetus, decrepitus *Mer*. 290; *Mil*.627.

Acherūsis ~idos, *f.* The region in Bithynia where the Acherusian cave was situated.
tristes ~idos oras V.Fl.5.73.

Acherūsius ~a ~um, *a.* **Acch-.**

1 Of the underworld; (fem. as sb., as an appellation of Proserpine). **b** similar to that in the underworld, hellish.
~a templa alta Orci Enn.*scen*.107; Lucr.1.120;—tibi..proserpina, seive me proserpina, seive me achervosiam dicere oportet *CIL* 1.2520.11. **b** hic ~a fit stultorum denique uita Lucr.3.1023.
2 (applied to various lakes or caves supposed to lead to the underworld).
(*in Bithynia*) iuxta specus est ~a Mela 1.103; Plin.*Nat*. 6.4;—(*in Campania*) ab ~o lacu Sen.*Ep*.55.6; ~a palus Cumis uicina Plin.*Nat*.3.61; stagnans ~us umor Sil.13.398; —(*in Thesprotia*) amnis Acheron, e lacu Thesprotiae ~a profluens Plin.*Nat*.4.4.
3 Of the river Acheros.
caueret ~am aquam Liv.8.24.2.

ācheta(s) ~ae, *m.* [Doric Gk. ἀχέτας] The male cicada, the 'chirper'.
sequens est uolatura earum (*sc.* cicadarum) quae canunt; uocantur ~ae Plin.*Nat*.11.92.

Achillās ~ae, *m.* The Egyptian who murdered Pompey.
~am, praefectum regium, singulari hominem audacia Caes.*Civ*.3.104; Luc.8.618.

Achillēa ~ae, *f.* Also ~**īa** and ~**ēos.** [Gk. Ἀχίλλειος] One or other of various plants supposed to possess wound-healing properties.
aluum sistit et ~ea Plin.*Nat*.26.51;—sanguinis profluuia..sistit..et ~ia 26.131; 26.151;—inuenisse et Achilles ..qua uolneribus mederetur—quae ob id ~eos uocatur 25.42; 25.43.

Achillēs ~is or ~ī (~eī), *m.* Also ~**eus.** Forms: nom. ~*eus* Brut.*ad Brut*.1.6.2 (not the hero); voc. ~*es* Pl.*Mil*.1054ᵃ, ~*ē* Ov. *Met*.12.363, etc.; acc. ~*em* or ~*en* (both common), also ~*ea* Luc.1.523 (for acc. of Achillas); gen. ~*is* or ~*i* (both common), ~*ei* (quadrisyll.) Hor.*Epod*.17.14, *Carm*.1.15.34, ~*eos* Brut.*ad Brut*.1.6.2; abl. ~*ĕ* Hor.*S*.2.3. 193, Prop.4.11.40 (*s.v.l.*), ~*ē* Ov.*Pont*.3.3.43; acc. pl. ~*eas* Plin.*Nat*.34.18.

1 The son of Peleus and Thetis, Greek hero in the Trojan War. **b** the (hero of the) Achilleid of Statius. **c** (typifying a great warrior). **d** (see quot.).
Enn.*scen*.179; Acc.*trag*.145; principibus heroum Ulixi Diomedi Agamemnoni ~i Cic.*N.D*.2.166; magni currus ~i Verg.*G*.3.91; *A*.2.29; Hor.*Carm*.1.15.34; iratum ~en Ov.*Am*.2.18.1; Stat.*Silv*.3.4.85; loricam..~is Juv.11.30. **b** Troia quidem magnusque mihi temptatur ~es Stat.*Silv*. 4.4.94; primis meus ecce metis haeret ~es 4.7.24. **c** mi ~es, fiat quod te oro Pl.*Mil*.1054ᵃ; alius Latio iam partus ~es Verg.*A*.6.89; Petr.129.1; L. Sicinium Dentatum.. appellatum..esse ~em Romanum Gel.2.11.1. **d** placuere et nudae (effigies) tenentes hastam ab epheborum e gymnasiis exemplaribus; quas ~eas uocant Plin.*Nat*.34.18.
2 (as the name of various other Greeks, esp.) **a** A friend of Brutus. **b** = Achillas.
qui sororem ~eos nostri in matrimonio habet Brut.*ad Brut*.1.6.2. **b** famulum..tyranni..iusto transegit ~ea ferro Luc.10.523.

Achillēus ~a ~um, *a.*

1 Of Achilles.
stirpis ~ae (*sc.* Neoptolemi) fastus..tulimus Verg.*A*.3. 326; ~os..manes Ov.*Met*.13.448; ~a..cuspide 13.580; qui mihi uulnera fecit solus ~o tollere more potest *Tr*.1.1.100; ~is..bustis Stat.*Silv*.5.1.36.
2 Resembling those of Achilles, Achillean.
te..tuosque laudat ~os..pedes Mart.2.14.4; ~as..comas 12.82.10.

Achillīa ~ae, *f.* See Achillea.

Achillīdēs ~ae, *m.* A son or descendant of Achilles.
Pyrrhus ~es, animosus imagine patris Ov.*Ep*.8.3; ut ~en cognato nomine clarum *Ib*.299.

Achillīus ~a ~um, *a.* (applied to a variety of sponge) 'Achillean'.
tenue densumque (spongearum genus), ex quo penicilli, ~um (uocatur) Plin.*Nat*.9.148.

Achīuī ~ōrum, *m. pl.*

1 The Greeks, esp. the Greeks who fought against Troy, the Achaeans.
qui rem cum ~is gesserunt Enn.*scen*.17; Cic.*Div*.1.24; Verg.*A*.2.45; quidquid delirant reges plectuntur ~i Hor. *Ep*.1.2.14; Liv.1.1.1; Ov.*Ep*.1.21; Mela 1.93; Stat.*Silv*. 1.1.14.
2 (spec.) The Greeks inhabiting the Peloponnese.
Inachidae uosque o socio de sanguine ~i Stat.*Theb*.3.608.

Achīuus ~a ~um, *a.*

1 Of the Greeks, Greek, Achaean.
~is classibus ductor Acc.*trag*.522; nescios fari pueros ~is ureret flammis Hor.*Carm*.4.6.18; pubis ~ae Ov.*Met*.7.56; Alcides turba comitatus ~a *Fast*.5.645; duci..~o V.Fl.6. 450.
2 (spec.) Of the Greeks inhabiting the Peloponnese.
turmae ductor..~ae Stat.*Theb*.10.235.

achlis, *f.* (app.) The moose or elk.
natam in Scadinauia insula..~in haud dissimilem illi (*sc.* alci) set nullo suffraginum flexu Plin.*Nat*.8.39.

achnē, *f.* [Gk. ἄχνη] Only in *pyros achne*, the same as chamelaea.
Plin.*Nat*.13.114.

Achradīna ~ae, *f.* A town forming part of Syracuse.
Cic.*Ver*.4.119; Liv.24.21.12.

achras ~adis, *f.* [Gk. ἀχράς] A wild pear-tree, *Pirus amygdaliformis*.
pomiferisque siluestribus, ut sunt albae spinae..et paliurus atque ~ades piri Col.7.9.6;—(*collect. sg.*) 10.15.

achynops, *m.* [Gk. ἀχύνωψ] A plant, perh. a species of *Plantago*.
Plin.*Nat*.21.89; spicatarum genus, ex quo est ~ops 21.101.

acia ~ae, *f.* [cf. acvs¹] A thread or yarn; (phr.) *ab ~a et acu*, in great detail (see acvs¹).
reliqui acus ~asque ero atque erae nostrae Titin.*com*.5; utraque (*sc.* sutura uel fibula) optima est ex ~a molli non nimis torta Cels.5.26.23.c;—Petr.76.11.

Acīdalius ~a ~um, *a.* Of, or connected with, Venus; *mater ~a*, (sc. of Cupid) Venus.
~a quae condidit alite muros *Laus Pis*.91; ludit ~o..nodo Mart.6.13.5; ~a..harundine pingi 9.12(13).3;—memor ille matris ~ae Verg.*A*.1.720.

acidē, *adv. compar.* ~ius. [acidvs + -e] Unpleasantly.
negat sibi unquam ~ius fuisse Petr.92.5.

Acidīnus ~ī, *m.* A Roman cognomen; (pl.) as a type of good citizen.
cum haberet haec res publica Luscinos, Calatinos, ~os Cic.*Agr*.2.64; omnis Catilinas ~os postea reddidit *Att*.4.3.3.

acidulus ~a ~um, *a.* [next + -vlvs] Slightly sour, tart. **b** (as the proper name of a spring).
Lyncestis aqua quae uocatur ~a uini modo temulentos facit Plin.*Nat*.2.230; Aniciana (pira) postautumnalia, ~o sapore iucunda 15.54. **b** calculosis mederi (aquae produntur) et quae uocatur Acidula..et in Venafrano ex fonte ~o Plin.*Nat*.31.9.

acidus ~a ~um, *a.* *compar.* ~ior, *superl.* ~issimus. [aceo + -idvs]

1 Tasting sour or bitter, tart, acid; (of taste) sour. **b** (of breath, etc.) sour-smelling. **c** soaked in vinegar.
(*of fruit, vegetables, etc.*) pocula..~is imitantur uitea sorbis Verg.*G*.3.380; cum rapula plenus (stomachus) atque ~as mauult inulas Hor.*S*.2.2.44; ualentius (medicamentum est) ~i Punici mali (sucus) Cels.4.12.10; si ~um..fructum feret Col.5.10.15; (silaus) coquitur ut holus ~um Plin.*Nat*.26.88; —(*of turned foods or liquids*) casei ouilli p. xiiii ne ~um..in aquam indito Cato *Agr*.76.2; ~o lacte addito in recens Plin.*Nat*.28.135; si uina emerim exceptis ~is et mucidis Pompon.*dig*.18.6.6;—(*of mineral waters*) sunt nonnullae ~ae uenae fontium Vitr.8.3.17; nonnullae (aquae) etiam ~a salsaeue mixtura Plin.*Nat*.31.5;—(*fig.*) ecquid is homo habet aceti in pectore? — atque ~issumi Pl.*Ps*.739;—(*prov.; cf. sense 5*) ideo..pungunt (apes) quia ubicunque dulce est, ibi

et ~um inuenies PETR.56.6;—(*neut. pl. as sb.*) culices ~a petunt, ad dulcia non aduolant PLIN.*Nat*.10.195;—siue dulcis esset sapor uuae siue ~us COL.11.2.68. **b** exhalas tum ~os ex pectore ructus LUCIL.136; ~um halitum PLIN.*Nat*.30.27;—(*neut. pl. as sb.*) stomacho ~a ructanti 20.176. **c** quotiens..~a latet oblita creta (Thais) MART.6.93.9.

2 (neut. pl. as sb.) Acid substances (considered as solvents).
quare..discutiantur ex ~is eae res VITR.8.3.18.

3 Harsh-sounding, grating, shrill.
puer non minus me ~o cantico excepit PETR.31.6; nullus sonus unquam ~ior percussit aures meas 68.5.

4 Using biting language, sharp-tongued; (of the tongue) sharp.
(*w. dat.*) illum..superioribus ~um ac molestum SEN.*Dial*.5.43.1;—cum Timagene..homine ~ae linguae et qui nimis liber erat SEN.*Con*.10.5.22.

5 Unpleasant, disagreeable.
faxo..sentias ~as et amaras istas nuptias APUL.*Met*.5.30;—(*w. dat.*) id sane est inuisum ~umque duobus HOR.*Ep*.2.2.64.

acieris: (see quot.).
~is securis aerea, qua in sacrificiis utebantur sacerdotes PAUL.*Fest*.p.10M.

aciēs ~ēī, *f*. [cf. ACER², ACVO] FORMS: ~*e* (gen.) CAES.*Gal*.2.23.1, SAL.*Hist*.1.41; ~*i* (gen.) MAT.*poet*.7, GEL.9.14.9; the gen., dat., and abl. pl. do not occur.

1 A sharp edge, the edge of a weapon, etc.; the head of a spear or arrow, the blade of a sword. **b** (fig. or in fig. phr.) edge.
quorum lingua gladiorum ~em praestringit domi PL.*Truc*.492; ~em securium tuarum CIC.*Ver*.5.113; ipsa ~e nondum falcis temptanda VERG.*G*.2.365; (*of a stone*) seruans ~em *Aetna* 410; ~em ferramenti hebetat CELS.8.3.3; culter oblongus ex utraque parte ~e lata COL.9.15.4; rostri ~e comminuit omnia (testudo marina) PLIN.*Nat*.11.180; (*cf.*) neque alia genera ferri ex mera ~e temperantur 34.145;—corripit..ferrum Aeneas strictamque ~em uenientibus offert VERG.*A*.6.291; ~es apparuit hastae OV.*Met*.3.107; punctu pollicis extremam ~em periclitabunda APUL.*Met*.5.23. **b** orationis ~em contra conferam PL.*Epid*.547; patimur hebescere ~em horum auctoritatis CIC.*Catil*.1.4; hebetare ~em imperii sui SEN.*Cl*.1.11.2.

2 (orig. w. *oculorum* and sim.) The sight of the eyes, one's vision. **b** beam of sunlight or starlight.
ut (splendor clupei)..praestringat oculorum ~em in ~e hostibus PL.*Mil*.4; LUCIL.1094; hebes ~es est cuipiam oculorum CIC.*Fin*.4.65; LUCR.1.324; radiis solis ~em effodit luminis LABER.*com*.75; quantum ~e possent oculi seruare sequentum VERG.6.200; LIV.40.58.4; pupilla..dilatatur, ~esque eius hebetescit CELS.6.6.37A; PLIN.*Nat*.20.28;—(*absol.*) bonum incolumis ~es: misera caecitas CIC.*Fin*.5.84; stupet insanis ~es fulgoribus HOR.*S*.2.2.5; quibusdam coloribus infirma ~es adquiescit SEN.*Dial*.5.9.2; uox, ~es sanguisque perit STAT.*Theb*.10.472. **b** neque stellis ~es obtunsa uidetur VERG.*G*.1.395; radium solis inmissum cauae nubi repulsa ~e in solem refringi PLIN.*Nat*.2.150.

3 Look, glance. **b** the direction of one's sight, i.e. a straight line from the eye; also, field of vision.
cupit ipsa pupula ad te sibi dirigere ~em CATUL.63.56; ne uultum quidem atque ~em oculorum..ferre potuisse CAES.*Gal*.1.39.1; ~em partes dimittit in omnes OV.*Met*.3.381; quos omnes ~e..torua uidit 4.464; undecumque ex aequo ad caelum erigitur ~es SEN.*Dial*.12.8.5; ~es huc errat et illuc STAT.*Theb*.10.168. **b** quemadmodum oporteat ad ~em oculorum..lineas..respondere VITR.7.pr.11; his collis procul ~em patenti liberam praebet loco SEN.*Tro*.1079.

4 a The pupil of the eye. **b** the eye.
a ~es..ipsa qua cernimus, quae pupula uocatur CIC.*N.D*.2.142; dummodo..circum caedas ~em LUCR.3.411; 4.691; in Albania gigni quosdam glauca oculorum ~e PLIN.*Nat*.7.12. **b** qui (*sc.* colores) compungunt ~em lacrimareque cogunt LUCR.2.420; sanguineam uoluens ~em VERG.*A*.4.643; huc geminas nunc flecte ~es 6.788; aut uidet aut ~es nostra uidere putat OV.*Ep*.17.32; ut Polyphemi lata ~es JUV.9.65.

5 (usu. w. *animi*, *ingeni*, *mentis*, etc.) Mental perception, discernment, acuteness.
eadem ~e mentis, qua rerum omnium uim naturamque uiderat CIC.*de Orat*.2.160; ne..gestu..corporis praestringat ~em ingeni tui *Div.Caec*.46; sic mentis ~es se ipsa intuens non numquam hebescit *Tusc*.1.73; altius est ~es animi mittenda sagacis MAN.4.368; rerum..diuersitas ~em intentionis abrumpit FLOR.*Epit*.1.1(1.pr.3); APUL.*Fl*.2;—(*absol.*) ad eam rem habeo omnem ~em PL.*Mil*.1028.

6 An army, etc., engaged, or about to engage, in battle. **b** a single line of such an array; (also) a particular arm or group. **c** battle-formation. **d** (pl., usu. poet.) ranks, lines.
ad hostium..~em SIS.*hist*.32; ~em hostium profligare CIC.*Rab.Post*.42; *B.Hisp*.23.3; SAL.*Jug*.52.5; non me Philippis uersa ~es retro..exstinxit HOR.*Carm*.3.4.26; ex una ~e imperatorem..Deis Manibus..deberi LIV.8.6.10; a quo tot ~es Romanas fusas stratasque esse sciam 23.42.12; LUC.7.327; protrita hostium ~e TAC.*Hist*.2.26; (*cf.*) infestior coorta optumatium ~es LIV.4.9.8;—(*of ships*) Massilienses..producta longius ~e circumuenire nostros aut pluribus nauibus adoriri singulas..contendebant CAES.*Civ*.1.58.1; LUC.3.559; (*of horses*) neque enim generosior umquam alipedum conlata ~es STAT.*Theb*.6.298;—(*poet.*) extenditur una horrida per latos ~es Volcania campos VERG.*A*.10.408; mille modis ~es tua (sc. *of chessmen*) dimicat *Laus Pis*.197; saepe dimicant..duasque ~es contrarias..instruunt (apes) PLIN.*Nat*.11.58; totiens..Eumenidum bellasse ~em STAT.*Theb*.1.229; stat caeli diuersa ~es 8.425. **b** instruebantur..~es a consulibus ?QUAD.*hist*.12; qui in superiore ~e constiterant CAES.*Gal*.1.24.3; prima et secunda ~es, ut uictis ac summotis resisteret; tertia, ut uenientis sustineret 1.25.7; accensos ab nouissima ~e LIV.8.10.2; subsidiariam ~em 30.33.6; quintam et quintam decimam (legiones)..mediam ~em..complesse TAC.*Hist*.3.22;—(*poet. pl.*) VERG.*A*.9.27; dum primae perstant ~es LUC.4.30;—(*of ships*) rostratis..in postremam ~em receptis LIV.30.10.4;—(*fig.*) in quo..genere in primis adamantina saxa prima ~e constant LUCR.2.448;—~e..equestri instructa *B.Afr*.38.3; ~es inferre pedestris VERG.*A*.10.364; equitum ~es LIV.8.39.1; elephantorum ~em conspectu ipso debellaturam 35.35.7; sociarum cohortium ~es TAC.*Hist*.5.18. **c** ~e..triplici instructa CAES.*Gal*.1.49.1; legiones in ~e pro castris constituit 4.35.1; in ~em copias eduxit LIV.1.2.5; illa phalanx immobilis et unius generis, Romana ~es distinctior 9.19.8; ~es per cuneos componitur TAC.*Ger*.6.6;—(*dist. fr.* agmen) magis agmina quam ~es in uia concurrerunt LIV.21.57.12. **d** medias ~es mediosque per ignis inuenere uiam VERG.*A*.7.296; quae quemque secutae complerint campos ~es 7.643; haud aliter Troianae ~es ~esque Latinae concurrunt 10.360; his praeter Latias ~es erat inpiger Astur LUC.4.8; Danaas ~es STAT.*Theb*.10.714.

7 A battle, fighting (not always dist. fr. 'an army engaged in battle'). **b** (fig., of contests in the law-courts, etc.) 'the fray'.
hostis uiuos rapere soleo ex ~e PL.*Ps*.655; aliud..pugna et ~es, aliud ludus campusque noster desiderat CIC.*de Orat*.2.84; qui in ~e cecidit *Marc*.31; *Fam*.6.3.2; in ~e..interfici CAES.*Gal*.7.1.8; in illius prospera ~e *B.Hisp*.17.2; quantas ~es stragemque ciebunt VERG.*A*.6.829; cum Veientibus nuper ~e dimicatum..fuerat LIV.4.30.14; fratres ciuili..cadunt ~e OV.*Met*.7.142; ~em Pharsalicam VELL.2.52.2; (galli) iubent ~es aut prohibent PLIN.*Nat*.10.49; fraternas ~es STAT.*Theb*.1.1; TAC.*Hist*.2.13; *Ann*.12.32;—(*of bees*) ubi ductores ~e reuocaueris ambo VERG.*G*.4.88;—(*of fish caught in nets*) expectantque nouas ~es ferroque necantur MAN.5.665. **b** quantum in hac ~e cotidiani muneris spati nobis datur CIC.*de Orat*.1.252; Q...Catulum..abducamus ex ~e, id est a iudiciis *Brut*.222; noxios..inter cotidianas ~es semper inuicti SEN.*Con*.10.1.7; pudet in ~em descendere..subula armatum SEN.*Ep*.85.1;—(*cf.*) quorum neminem Aper nominare et uelut in ~em educere sustinuit TAC.*Dial*.26.6.

Acīliānus ~a ~um, *a*. Of Acilius, esp. of the historian, C. Acilius Glabrio.
secutus Graecos ~os libros LIV.35.14.5.

Acīlius ~a ~um, *a*.

1 A Roman gentile name.
CIC.*Fam*.7.30.3; *Off*.3.115; LIV.37.57.10.

2 *Lex Acilia*, a law introduced by the tribune M'. Acilius Glabrio in 123 B.C. forbidding *ampliatio* and *comperendinatio* in trials for extortion.
CIC.*Ver*.51.

acīnacēs ~is, *m*. [Gk. ἀκινάκης] The short sword of the Persians, etc.
Medus ~es HOR.*Carm*.1.27.5; CURT.4.15.30; insignis ~e dextro V.FL.6.701; TAC.*Ann*.12.51.

acinārius ~a ~um, *a*. [ACINVS+-ARIVS] Designed for (holding) grapes.
dolia..~a uiginti VAR.*R*.1.22.4.

acinātīcius ~a ~um, *a*. [ACINVS+-ATVS²+-ICIVS²] (app.) Prepared from dried grapes.
~um plane uino continebitur ULP.*dig*.33.6.9.

acinos ~on (*acc.*), *f*. [Gk. ἄκινος] (perh.) A kind of basil.
~on..Aegyptii serunt, eademque erat quae ocimum, nisi hirsutior ramis ac foliis esset PLIN.*Nat*.21.174.

acinōsus ~a ~um, *a*. [next+-OSVS] Like grapes, resembling that of the vine.
est..(asarum) hederae foliis..semine ~um PLIN.*Nat*.12.47; caulis ~i 21.109.

acinus ~ī, *m*. **~um** ~ī, *n*. [unkn.] FORMS: chiefly ambiguous; neut. declension certain in CATO *Agr*.112.2, VAR.*R*.1.54.3, COL.12.39.1, 12.44.8. A grape or other berry; (app. also) a pip or seed.
siqua ~a corrupta erunt, depurgato CATO *Agr*.112.2; VAR.*R*.1.68.1; ex ~ uinaceo CIC.*Sen*.52; aridum..ore ferens ~um HOR.*S*.2.6.85; semina..eligito grandi ~o COL.*Arb*.3.1; ~um praegrandem unum alterumue (nucleum) habens PLIN.*Nat*.14.41; AUR.*Fro*.1.p.176(67N); (*of other berries*) aliis (hederis) densus ~us et grandior PLIN.*Nat*.16.146; (cucullus) ~os habet nigros 27.68;—Anacreon..~o uuae passae..strangulatus 7.44; semen simile Punici mali ~is 27.44.

acipenser (acup-) ~eris, *m*. Also **~is** ~is. [dub.] A fish, prob. the sturgeon.
qui mi in mari ~er latuit antehac PL.*fr*.19; LUCIL.1240; nec lapathi suauitatem ~eri Galloni Laelius anteponebat CIC.*Fin*.2.25; *Tusc*.3.43; HOR.*S*.2.2.47; peregrinis ~er nobilis undis OV.*Hal*.134; PLIN.*Nat*.9.60;—ad Palatinas ~em mittite mensas MART.13.91.1.

Ācis ~idis, *m*. A son of Faunus loved by Galatea.
cur..~in amas? OV.*Met*.13.861; (*as changed into a river*) ripas, herbifer ~i, tuas *Fast*.4.468.

acisculārius ~(i)ī, *m*. [*acisculus* (cf. ASCIA, ACIES)+-ARIVS] (app.) A worker with an adze.
~is *P.Tebt*.686.

aclassis: (see quot.).
~is tunica ab humeris non consuta PAUL.*Fest*.p.20M.

aclys ~ydis, *f*. [cf. Gk. ἀγκυλίς] A kind of javelin.
teretes sunt ~ydes illis tela, sed haec lento mos est aptare flagello VERG.*A*.7.730; SIL.3.363.

acnua ~ae, *f*. **agn-**. [dub.] A square *actus* as a measure of land, 120 yards square.
is modus (*sc.* actus quadratus) ~a latine appellatur VAR.*R*.1.10.2; hunc actum prouinciae Baeticae rustici ~am uocant COL.5.1.5; *CIL* 2.3361.

acoenonoētus, *a*. [Gk. ἀκοινονόητος] Lacking in common feeling.
ex hoc..discipuli custos praemordet ~us JUV.7.218.

acoetis ~is, *f*. [Gk. ἄκοιτις] A wife.
Amphitryonis ~in Alcmenam LUCIL.542.

aconae ~ārum, *f. pl*. [Gk. ἀκόνη 'whetstone'] (see quot.).
nascitur (aconitum) in nudis cautibus, quas ~as nominant PLIN.*Nat*.27.10.

aconītum (**~on**) ~ī, *n*. [Gk. ἀκόνιτον] A plant of the genus *Aconitum*, aconite. **b** this used as a poison.
nec miseros fallunt ~a legentis VERG.*G*.2.152; fas..erit..monstrare quale sit ~um PLIN.*Nat*.27.9. **b** quod olim adtulerat secum Scythicis ~on ab oris OV.*Met*.7.407; LUC.4.323; portus Acone, ueneno ~o dirus PLIN.*Nat*.6.4; 27.4; ~i gustus est auster atque subamarus LARG.188; dedit..tribus patruis ~a JUV.1.158.

acontiās ~ae, *m*. [Gk. ἀκοντίας] A type of meteor resembling a dart in flight.
~ae iaculi modo uibrantur PLIN.*Nat*.2.89.

Acontius ~(i)ī, *m*. The lover of Cydippe.
Priap.16.5; OV.*Ep*.19.1; *Tr*.3.10.73.

acopos ~ī, *f*. [Gk. ἄκοπος]

1 = ANAGYROS.
PLIN.*Nat*.27.30.

2 A stone used in a cure for fatigue.
~os nitro colore similis est, pumicosa, guttis aureis stellata PLIN.*Nat*.37.143.

acopum ~ī, *n*. [as prec.] A salve for the relief of pain or fatigue.
sic ut..~o..articuli perfricentur CELS.4.31.8; ~a..utilia neruis sunt 5.24.1; PLIN.*Nat*.23.89; ~um ad perfrictionem, lassitudinem, tensionem neruorum LARG.268.

acor ~ōris, *m*. [ACEO+-OR] Bitter or tart flavour, sourness. **b** tart or sour substance.
ea res emendauit ~orem malorum COL.5.10.15; 12.13.1; uitia (picis)..~or aut fumidum uirus PLIN.*Nat*.14.127; in cibis interim ~or ipse iucundus est QUINT.*Inst*.9.3.27; periculum ~oris et mucoris ad uenditorem (uini) pertinebit ULP.*dig*.18.6.4.1. **b** densantes id (*sc.* lac)..in ~orem iucundum (*i.e. curds*) et pingue butyrum PLIN.*Nat*.11.239; ut iucundissimum genus uitae non nullis interdum quasi ~oribus condias PLIN.*Ep*.7.3.5.

acorion ~iī, *n*. = ACORON b.

acorna ~ae, *f*. [Gk. ἄκορνα] A kind of thistle.
~a a cneco colore tantum rufo distinguitur et pinguiore suco PLIN.*Nat*.21.95.

acoron (~um) ~ī, *n*. [Gk. ἄκορον] **a** (perh. either) Sweet flag or yellow flag, also its root. **b** (perh.) butcher's broom, *Ruscus aculeatus*, or its root. **c** = ANAGALLIS.
a CELS.3.21.7; ~on iridis folia habet..radices nigras..gustu acres PLIN.*Nat*.25.157; 26.137; LARG.121. **b** siluestris (myrtus)..quam quidam oxymyrsinen..uocant, aliqui ~on a similitudine PLIN.*Nat*.15.27; inueniuntur qui oxymyrsinae radicem ~on uocant, ideoque quidam hanc acorion uocare malunt 25.158.

acosmos ~os ~on, *a*. [Gk. ἄκοσμος] Unadorned, careless.
immunda et fetida ~os (est) LUCR.4.1160.

acquiescō ~escere ~ē(u)ī, *intr*. **adq-**. [AD-+QVIESCO]

1 To rest (by sleep or otherwise), relax, take repose. **b** (of parts of the body, the senses, etc.).
placide, uolo ~escere PL.*Mer*.137; uitandi..caloris causa Lanuui tris horas ~eueram CIC.*Att*.13.34; *Fin*.1.53; uenimus larem ad nostrum desideratoque ~escimus lecto CATUL.31.10; pauci sub pellibus ~escebant *B.Afr*.47.5; si lassitudine cuperet ~escere NEP.*Dat*.11.3; ut fessa tam diutino bello ~esceret ciuitas LIV.5.23.12; somno quisquis facile ~escit CELS.4.18.5; gemmarum scalptores contuitu eorum (*sc. green objects*) ~escunt PLIN.*Nat*.29.132; TAC.*Hist*.3.22; (*w.* ab) commeatum ~escendi a continuatione laborum petiit VELL.2.99.2;—(*in fig. phr.*) qui hoc deuersorio sermonis mei libenter ~eturum te esse dixisti CIC.*de Orat*.2.290;—(*transf.*) ab uno uerbo omnes sententiae incipiunt et in uno nouissimo ~escunt RUT.LUP.1.9. **b** arteriae reticendo ~escunt *Rhet.Her*.3.21; agitatio mentis, quae numquam ~escit CIC.*Off*.1.19; quibusdam coloribus infirma acies ~escit SEN.*Dial*.5.9.2; (*w.* ab) aliquid laxamenti, quo hominum oculi ab humano cruore ~escant *Ep*.7.3; (*w.* in) cum aures extremum semper expectent in eoque ~escant CIC.*Orat*.199.

2 (pregn.) **a** To die; (also) to repose in death. **b** (w. *cum*) to lie with.
a anno ~euit septuagesimo NEP.*Han*.13.1; in..conspectu summi imperii exoptata securitate ~euit V.MAX.

9.12.ext.1;—MVSA HIC ~ESCIT *CIL* 6.22735; 12.855a. **b** ut cum illa ~eui APUL.*Met*.1.7; immanem colubrum.. tecum noctibus latenter ~escere 5.17; (*ellipt.*) nec toro adquiescas 8.8.

3 a (of pain, passion) To subside. **b** (of things critically situated) to be relieved.
a ut tum grauis ~escat ardor CATUL.2.8; magno tamen fomento dolor meus ~escet PLIN.*Ep*.4.21.4; ut..labor hic uigiliarum..suauitate paulisper uocum..~esceret GEL.19. 9.5. **b** cum commoditas iuuaret rem familiarem saltem ~escere LIV.4.60.2.

4 To find (mental) peace; to find comfort or relief (in).
~esco..et scribens ad te et legens tua CIC.*Att*.7.11.5; summum otium forense sed senescentis magis ciuitatis quam ~escentis *Q.fr*.2.13.5;—(*w.* in+*abl.*) qui..in nostris libris ~escunt *Div*.2.5; in tuis oculis, in tuo ore uoltuque ~esco *Deiot*.5; in unico filio ~escentem CURT.6.10.31;—(*w. abl.*) qui maxime P. Clodi morte ~erunt CIC.*Mil*.102; parua spe cum ~euisset LIV.34.30.2; ~esce..filii dignitate SEN.*Dial*.12.18.2; PLIN.*Ep*.6.7.2;—(*w. condition put for person*) in quo calamitas ~escat SEN.*Ben*.3.12.2.

5 To be satisfied (with); (of a plant) to 'take' (to). **b** to obey willingly, trust (in).
negante eo destinatos magistratus abesse oportere, ut praesentes honori ~escerent SUET.*Tib*.31; amicos elegit, quibus etiam post eum principes..~euerunt *Tit*.7.2; Pomponius..uidetur ~escere distinguentibus ULP.*dig*.4.4. 7.3;—teneram uineam melius adminiculo modico quam uehementi palo ~escere COL.4.12.1. **b** huic ~escebant homines *B.Afr*.10.4; uaticinante Chatta muliere, cui uelut oraculo ~escebat SUET.*Vit*.14.5.

acquīrō ~rere ~sī(u)ī ~sītum, *tr.* **adq-.** [AD-+QVAERO]

1 To add to one's possessions, acquire (goods, money, etc.). **b** to acquire, obtain (other things, adherents, positions, qualities, etc.).
nos ita uiuere in pecunia tenui ut prorsus nihil ~rere uelimus CIC.*Ver*.3.9; nihil sibi ~rentem *Tusc*.5.9; ut aliquid ~reret proelioque hostis lacesseret CAES.*Gal*.7.59.4; plus.. amitti in iis quam ~ri LIV.32.35.12; SI QVIS..EMISSET QVOD AEDIFICIVM, VT DIRVENDO PLVS ~RERET QVAM QVANTI EMISSET *CIL* 10.1401.1.11; siue quid ex eo post uenditionem natum ~situm fuerit *Ed.Aed.Cur.*(*Font.iur*.p.238)66.1; iners uidetur sudore ~rere quod possis sanguine parare TAC.*Ger*.14.3;—(*absol.*) hunc..egregium populus putat ~rendi artificem JUV.14.115;—(*cf.*) (uer et autumnus) ut nihil de die perdunt, de nocte paruulum ~runt PLIN.*Ep*. 9.40.3. **b** omnis gratias non modo retinendas uerum etiam ~rendas CIC.*Att*.1.1.4; omnem tibi reliquae uitae dignitatem ex optimo rei p. statu ~res *Fam*.10.3.2; uti ueteres amicos muneribus expleant, deinde nouos ~rant SAL.*Jug*.13.6; Fama..uiris..~rit eundo VERG.*A*.4.175; sperat..tantos..~rere manes LUC.6.586; ~rit..fidem simulati fronte doloris 9.1063; ~sita facultate et quasi reposita QUINT.*Inst*.8.pr.29; uictoriam ~siuit FRON.*Str*. 2.8.14; quorum fauorem ut largitione et ambitu male ~ri TAC.*Hist*.1.17; triumphos de populis regnisque integris ~i *Ann*.12.20; uitiosam..possessionem, id est aut vi aut clam ..ab aduersario ~sitam GAIUS *Inst*.4.151; (*dat. of purpose*) bello uires ~rit amicas OV.*Met*.7.459;—(*w.* ad) dubites de possessione detrahere, ~rere ad finem? CIC.*Catil*.2.18; quod iam ad uitae fructum possit ~ri 3.28;—(*of things*) ut uetustate ~rat bonitatem (uinum) COL.3.21.10.

2 To add (to a stock, property, etc.), acquire (for); (*pass.*) to accrue to.
~rere pauca si possum HOR.*Ars* 55; ut quam longissimam perennitatem stirpi ~rat COL.4.24.1; per incessum definitionis loca quaedam alteri fundo ~rit AGEN.*agrim*.p.29; (*of qualities*) quae..illi..plurimum uenerationis ~runt PLIN. *Ep*.1.10.6;—condictionem furioso ~ri Iulianus ait POMPON. *dig*.12.1.12; quodcumque per seruum ~ritur, id domino ~ritur GAIUS *Inst*.1.52; (*impers. pass.*) sicut..nobismet ipsis ex re nostra per eos..~ratur AFRIC.*dig*.12.1.41.

acquīsītiō ~ōnis, *f.* **adq-.** [prec.+-TIO]

1 Acquisition.
quia hereditatis ~onis similis est haec restitutio MAECIAN. *dig*.36.1.67; SCAEV.*dig*.33.2.36.1; ULP.*dig*.44.4.4.31.

2 An additional source of supply.
(Virgo) adiuuatur et conpluribus aliis ~onibus FRON.*Aq*. 10; ex pluribus ~onibus constat 69.

acquīsītrix ~īcis, *f.* **adq-.** [ACQVIRO+-TRIX] A (female) acquirer.
NVM VENERIS ADQVISITRICIS AVG SACRVM *A.Epig*.52.62.2.

acquīsītus ~a ~um, *a.* **adq-.** [pple. of ACQVIRO] Strained, recherché.
erat explicatio Fusci Arelli..operosa et implicata, cultus nimis ~us SEN.*Con*.2.pr. 1.

Acraeus ~a ~um, *a.* (title of gods) Dwelling on the heights.
Iunonis, quam uocant ~am LIV.32.23.10; templum Iouis ~i 38.2.5.

Acragantīnus ~a ~um, *a.* **Agr-.** Of Acragas.
~us..Empedocles LUCR.1.716; ~a ciuitas V.MAX.4.8. ext.2. **β** ad portas ~as (*i.e. leading to A.*) CIC.*Tusc*.5.65.

Acragās ~antos, *m.* **Agr-.** Poetic and Gk. name of AGRIGENTVM.
VERG.*A*.3.703; OV.*Fast*.4.475. **β** MELA 2.118.

acrātophorum ~ī, *n.* [Gk. ἀκρατοφόρον] A vessel for holding unmixed wine.
uinea quae sine iugo ministrat ~o uinum VAR.*R*.1.8.5; CIC.*Fin*.3.15.

acrēdula ~ae, *f.* [transl. Gk. ὀλολυγών] An unknown beast or bird.
matutinis ~a uocibus instat CIC.*Arat.Progn*.220.

ācriculus ~a ~um, *a.* [ACER²+-CVLVS] Shrewd, acute.
hoc dicit (Epicurus), et hoc ille ~us..senex Zeno CIC. *Tusc*.3.38.

ācrimōnia ~ae, *f.* [ACER²+-MONIA]

1 Caustic or irritant quality, pungency. **b** corrosive quality.
si ulcus ~am eius (*sc.* brassicae) ferre non poterit CATO *Agr*.157.5;—(*of smell*) abstineat a foetentibus ~is allii COL. 9.14.3; PLIN.*Nat*.27.133;—(*of taste*) blitum iners uidetur ac sine sapore aut ~a ulla 20.252; 24.128. **b** maiorem esse ~am nitri apparet PLIN.*Nat*.31.115.

2 Acidity (of the stomach), indigestion.
sedant..~am stomachi PLIN.*Nat*.23.142; 28.104.

3 (of feeling) Harshness, bitterness.
mei feri ingeni iram atque animi acrem ~am NAEV.*trag*. 35; ACC.*trag*.468.

4 Vigour, energy.
simul forma, factis, eloquentia, dignitate, ~a, confidentia pariter praecellebat QUAD.*hist*.8; conuenit..in uultu pudorem et ~am esse *Rhet.Her*.3.26; CIC.*Inv*.2.143; si Glabrionis patris uim et ~am ceperis *Ver*.52.

Acrisiōnē ~ēs, *f.* The daughter of Acrisius, Danae.
Inachis ~e VERG.*Cat*.9.33.

Acrisiōnēus ~a ~um, *a.* Of Danae, the daughter of Acrisius; *~i muri*, Ardea, which was founded by Danae. **b** of Argos (to which Danaë belonged), Argive.
~os ueteres imitatus amores COL.10.205;—~is..muris SIL.1.661. **b** VERG.*A*.7.410; ~as..arces OV.*Met*.5.239.

Acrisiōniadēs ~ae, *f.* A descendant of Acrisius, (in quot.) Perseus, the son of Danaë.
uertit in hunc harpen..~es OV.*Met*.5.70.

Acrisius ~iī, *m.* A king of Argos, the father of Danaë and grandfather of Perseus.
VERG.*A*.7.372; HOR.*Carm*.3.16.5; OV.*Met*.4.608.

ācritās ~ātis, *f.* [ACER²+-TAS] Force, keenness.
uis ueritatis..atque ~as ACC.*trag*.467.

ācriter, *adv. compar.* ~rius, *superl.* ~errimē. [ACER²+-TER²]

1 Strongly, violently, forcefully.
sues moriuntur angina ~errume PL.*Trin*.540; si quas.. aedes ignis cepit ~riter *Inc.pall*.46; minus oblato ~iter ictu LUCR.2.954; amnem, qui retentus ~rius..inliditur CURT. 5.1.30; aluus ~rius ducitur CELS.7.30.3; (*of sound*) uere quod placet ut non ~riter elatrem HOR.*Ep*.1.18.18;—(*w. adjs.*) multo ~rius oti et communis salutis inimici CIC.*Sest*. 15; ~riter infesto sensu LUCR.6.782; (*in fig. phr.*) ~riter nos tuae supplicationes torserunt CAEL.*Fam*.8.11.1.

2 In a distinct manner, clearly. **b** vividly (of colour). **c** precisely.
adest..nemo, quin acutius atque ~rius uitia in dicente quam recta uideat CIC.*de Orat*.1.116; dicit me ~rius uidere quam illos pisces *Luc*.81; si quid pro sua parte ~riter excogitauit QUINT.*Inst*.5.13.44. **b** Aethiopici (smaragdi) laudantur..~riter uirides PLIN.*Nat*.37.69. **c** permities adulescentum. — ~errume PL.*Ps*.364.

3 Closely, attentively, vigilantly.
omnia..exputamus ~riter et criminose et diligenter *Rhet.Her*.2.49; attendam ~riter CIC.*Scaur*.18; qui ~riter oculis deficientem solem intuerentur *Tusc*.1.73; cauit nihil ~rius HOR.*S*.2.3.92; pro se quisque ~riter intendat animum LIV.pr.9.

4 (w. vbs. of acting, etc.) With vigour or enthusiasm, keenly, strongly, forcefully.
tanto..angues ~rius persequi PL.*Am*.1113; ita uxor ~riter tua instat ne mihi detur *Cas*.340; postquam ~rius pater instat TER.*Hec*.120; ~errime aduorsus eos dicit CATO *hist*.95d; omnia, quae fiunt quaeque aguntur ~errime CIC. *de Orat*.2.317; se ~riter ipsos morti offerentis *Mil*.92; parari ..~errime bellum *Att*. 10.1.4; ~riter in eo loco pugnatum est CAES.*Gal*.2.10.2; ~rius hoc Teucri clamore incumbere magno VERG.*A*.9.791; ~rius inuasere Galli dextrum cornu LIV.7.15.1; sonipes..~rius attollit uultus STAT.*Silv*.1.1.47; studium philosophiae ~rius..hausisse TAC.*Ag*.4.4; Marsus ..~rius tendenti Sentio concessit *Ann*.2.74;—(*w. vbs. of excitation*, etc.) ea quae..sensus nostros..specie prima ~errime commouent CIC.*de Orat*.3.98; ut..~errime accenderent..plebem LIV. 6.39.5.

5 (w. vbs. of suffering, feeling, etc.) Intensely, keenly, exceedingly. **b** (w. vbs. of grieving, etc.) bitterly.
amatur atque egetur ~riter PL.*Ps*.273; (te) multo ~rius uehementiusque diligo CIC.*Fam*.15.9.1; quod non licet, ~rius urit OV.*Am*.2.19.3; MART.8.81.7. **b** uxor amans flentem flens ~rius ipsa tenebat OV.*Tr*.1.3.17; quasi rursum ereptum ~rius doluit TAC.*Ann*.2.82.

6 Harshly, with severity.
nolito ~riter eum inclamare PL.*Cist*.108; caedunt (eum) ~errime uirgis CIC.*Ver*.5.142; quem in senatu ~errime nominarat *Att*.2.24.3; ad monendum..etiam ~riter, si res postulabit *Amic*.44; ~errume uictoriam nobilitatis in plebem exercuerat SAL.*Jug*.16.2; uexari..multo ~rius quam Veientes LIV.5.2.6; sarta tecta ~riter et cum summa fide exegerunt 29.37.2; eo ~rius torquentium ne a femina spernerentur TAC.*Ann*.15.57.

ācritūdō ~inis, *f.* [ACER²+-TVDO]

1 Pungency, bitterness.
amarum saporem, qui propter ~inem non patitur penetrare cariem VITR.2.9.12; 8.3.18.

2 Keenness, energy.
par quondam fuit uigor et ~o amplitudoque populi Romani atque Poeni GEL.10.27.1.

3 Harshness, fierceness, cruelty.
haut quisquam potis est tolerare ~inem ACC.*trag*.466; quem Scorpionem prae morum ~ine uulgus appellat APUL. *Met*.9.17.

acroāma ~atis, *n.* [Gk. ἀκρόαμα] An item in an entertainment, act, 'turn'.
hic tamquam festiuum ~a..conuiuis spectantibus emblemata euellenda curauit CIC.*Ver*.4.49; *Sest*.116; nemo in conuiuio eius aliud ~a audiuit quam anagnosten NEP.*Att*. 14.1; nouum ~a, cornicines, in triclinium iussit adduci PETR.78.5; ludis..uetera quoque ~ata reuocauerat SUET. *Ves*.19.1; (*w. heterocl. abl. pl.*) OMNIBVS ~ATIS PANTOMIMISQ OMNIBVS *CIL* 10.1074.

acroāsis ~is, *f.* [Gk. ἀκρόασις] A public lecture.
quod..~i bellorum hominum (satis esset) VAR.*Men*.517; ut eas (*sc.* litteras) uel in ~i audeam legere CIC.*Att*.15.17.2; quidam architectus..~in fecit VITR.10.16.3; SUET. *Gram*. 2(p.100 Re).

acroāticus ~a ~um, *a.* [Gk. ἀκροατικός] Of or designed for lectures only, esoteric.
ut alii exoterici dicerentur partim ~i (*sc.* libri) GEL.20.5.6; quod disciplinas ~as..libris foras editis inuolgasset (*sc.* Aristoteles) 20.5.7.

acrobatēs ~ae, *m.* [Gk. ἀκροβάτης] An acrobat.
plures..effectus ostenduntur, uti merularum..uoces atque ~ae (*cj.*: angubatae *MS.*) VITR.10.7.4.

Acroceraunium ~iī, *n.* (usu. pl. **~ia** ~iōrum). A rocky promontory in N. Epirus; (fig.) a spot where one meets disaster.
infamis scopulos ~ia HOR.*Carm*.1.3.20; sinus..~io Epiri finitus promunturio PLIN.*Nat*.3.97;—haec tibi sint Syrtes; haec ~ia uita OV.*Rem*.739.

acrochordōn ~ona (*acc.*), *f.* [Gk. ἀκροχορδών] A type of wart.
~ona uocant, ubi sub cute coit aliquid durius CELS.5. 28.14.A.

Acrocorinthus (~os) ~ī, *f.* The citadel of Corinth.
LIV.34.49.5; MELA 2.48; e summa sua arce, quae uocatur ~os PLIN.*Nat*.4.11; STAT.*Theb*.7.106.

acrolithos ~os ~on, *a.* Also **~us** ~a ~um. [Gk. ἀκρόλιθος] (of statues) Having extremities of marble.
statuam colossicam ~on VITR.2.8.11; SIMVLACRVM DEAE ~VM *CIL* 8.8309; *A.Epig*.40.62.

acropodium ~iī, *n.* [Gk. ἀκροπόδιον] Base or pedestal (of a statue).
gladium..sub ~io Mineruae abscondit HYG.*Fab*.88.4.

acrōtērium ~iī, *n.* [Gk. ἀκρωτήριον]

1 An ornament on the angle of a pediment.
~ia..mediana altiora octaua parte quam angularia (facienda sunt) VITR.3.5.12.

2 A projection acting as a breakwater.
hi autem (*sc.* portus)..si..habeant..~ia siue promunturia procurrentia VITR.5.12.1.

acrufolius ~a ~um, *a.*: var. AQVIFOLIVS.
uectes..~os..facito uti sient parati CATO *Agr*.31.1.

acta ~ae, *f.* [Gk. ἀκτή] The sea-shore. **b** (as a pleasure resort). **c** a party at the seaside.
in ~a coperta alga TURP.*com*.23; cum..in ~a cum suis accubuisset NEP.*Ag*.8.2; in sola..~a..flebant VERG.*A*. 5.613; qua..~a..spectat Euboicum mare SEN.*Her.O*.102. **b** in ~a cum mulierculis iacebat ebrius CIC.*Ver*.5.63; tu me iam rebare..in ~is esse nostris *Att*.14.8.1; *Fam*.9.6.4. **c** adulteria, Baias, ~as..nauigia iactant CIC.*Cael*.35; 49.

actaea ~ae, *f.* [Gk. ἀκταία] (perh.) Baneberry, *Actaea spicata*.
~a graui foliorum odore, caulibus asperis, geniculatis, semine nigro PLIN.*Nat*.27.43.

Actaeōn ~onis, *m.* A grandson of Cadmus who was torn to pieces by his own hounds.
OV.*Met*.3.230; *Tr*.2.105; HYG.*Fab*.180.

Actaeus ~a ~um, *a.* Of or connected with Attica, Attic, Athenian; *~a uirgo*, Athene; *~i imbres*, Hymettan or Attic honey.
in ~o Aracyntho VERG.*Ecl*.2.24; ~o texta de uimine cista OV.*Met*.2.554; gentis ~ae decus SEN.*Phaed*.900; ~i mellis Hymeti COL.10.386; ~as acies Marathoniaque arma STAT. *Theb*.12.196; (*fem. as sb.*) gelidi coniunx ~a (*sc.* Orithyia) tyranni et genetrix facta est OV.*Met*.6.711.—Mauors ~aque uirgo STAT.*Silv*.5.2.128;—munera uerni lactis et ~os imbris *Theb*.4.453.

actē[1] ~ēs, *f.* [Gk. ἀκτή] (perh.) Dwarf-elder, *Sambucus ebulus*.
hydropicos sanat..~e, quam esse ebulum putant quidam PLIN.*Nat*.26.120.

Actē[2] ~ēs, *f.* Old name of Attica.
Attice, antiquitus ~e uocata PLIN.*Nat.*4.23.

Actē[3] ~ēs, *f.* A freedwoman, mistress of Nero.
TAC.*Ann.*13.12; SUET.*Nero* 28.50.

Actiacus ~a ~um, *a.*

1 Of, or connected with, Actium.
~um..mare PROP.2.15.44; bellum..~um VELL.2.86.3; ~os..sinus PETR.121,l.115; PLIN.*Nat.*7.148; quod..nec ~a fecit Cleopatra carina JUV.2.109; (*as title of Apollo*) OV.*Met.*13.715.

2 Celebrating the victory of Actium.
frondibus ~is..redimita capillos Pax OV.*Fast.*1.711; ~ae religionis TAC.*Ann.*15.23.

Actias ~adis, *fem. a.* **a** Attic. **b** of Actium.
a ~as Orithyia VERG.*G.*4.463. **b** ~as..Cleopatra STAT.*Silv.*3.2.120.

actīnophoros ~ī, *m.* [Gk. ἀκτινοφόρος] Ray-bearing (kind of shell-fish).
item helices (ab aliis ~oe dicuntur) quibus radii PLIN.*Nat.*32.147.

actiō ~ōnis, *f.* [AGO+-TIO]

1 Activity, action, doing (of an action); *~o uitae*, the conduct or business of life; *gratiarum ~o*, an expression of thanks; see GRATIA. **b** the describing of a figure. **c** *naturales ~ones*, physiological functions.
minime putat uolgus esse ~onem cogitationem VAR.*L.*6.42; mercaturam alienam ~one tribunicia CIC.*Agr.*2.65; periculosae..rerum ~ones partim is sunt, qui eas suscipiunt *Off.*1.83; qui aut uisum aut adsensum tollit is omnem ~onem tollit e uita *Luc.*39; natura nos ad utrumque genuit, et contemplationi rerum et ~oni SEN.*Dial.*8.5.1; (*as a virtue*) quae uirtus, ~o, grauitas P. Lentuli consulis fuerit CIC.*Sest.*72; uirtute atque ~one Anni Milonis tribuni pl. dignitati patriaeque restitutus est VELL.2.45.3;—ad eas res parandas tuendasque, quibus ~o uitae continetur CIC.*Off.*1.17. **b** in singulis tetrantorum ~onibus VITR.3.5.6. **c** naturales..corporis ~ones appellant, per quas spiritum trahimus et mittimus CELS.1.pr.19; 1.pr.48.

2 An act, deed. **b** a dramatic incident.
in eo (somno) et formae uersantur et ~ones CIC.*Div.*2.139; recte facta sola in bonis ~onibus ponens *Ac.*1.37; non enim res est (beneficium), sed ~o SEN.*Ben.*6.2.1;—(*in politics, etc.*) tegere..improbitatem et legis et ~onis tuae CIC.*Dom.*23; octo..mensis uariarum ~onum CAES.*Civ.*1.5.2; tribunus plebis contione habita quereretur de ~onibus Ciceronis SAL.*Cat.*43.1; approbantibus sex tribunis ~onem collegae LIV.9.34.26. **b** ut..secernas hanc quasi fabulam..euentorum..nostrorum. habet enim uarios actus multasque ~ones et consiliorum et temporum CIC.*Fam.*5.12.6.

3 A proposal, measure; a course of action, policy.
eadem ~o de prouinciis introibit CAEL.*Fam.*8.5.3; huic ~oni gratissimae plebi cum summa ui resisterent patres LIV.2.56.4; finiendae censurae inter legitimum tempus ~onem susceperat 9.33.5; cum ~ones eius magis uellet impedire VELL.2.44.5;—tua..omnis ~o posterioribus mensibus fuit, omnia..rescindi oportere CIC.*Dom.*40; quae..uidentur tuae dignitati, non Caesaris ~oni esse utilissima BALB.OPP.*Att.*9.7a.2; dictator contionibus se abstinuit in ~one minime populari LIV.22.25.12.

4 Action (of an orator), delivery.
accedat oportet ~o uaria, uehemens, plena animi, plena spiritus, plena doloris, plena ueritatis CIC.*de Orat.*2.73; *Orat.*55; accedet ~o non tragica nec scaenae 86; pronuntiatione siue ~one QUINT.*Inst.*3.3.1; GEL.1.11.11.

5 A speech, speaking.
ipsis scriptis..~ones nostras mandaremus CIC.*Off.*2.3; nulla toto anno uehementior ~o consulis fuit LIV.3.21.3; huic..~oni eius pro Lamia SEN.*Suas.*6.15; extemporalis ~o auditorum frequentia..excitatur QUINT.*Inst.*10.7.16; TAC.*Dial.*17.5; PLIN.*Ep.*2.5.1.

6 Legal process, action, suit. **b** any of two or more processes in a trial. **c** the right to bring a suit.
praetoris exceptionibus multae excluduntur ~ones CIC.*Inv.*2.57; mihi..~onem perduellionis intenderat *Mil.*36; neque instituere litium ~ones malebat quam controuersias tollere *Phil.*9.11; LIV.39.18.1; in ~onibus demendae, malae tractationis, rei publicae laesae QUINT.*Inst.*7.3.2; inquieta urbs ~onibus TAC.*Hist.*1.20; hanc..~onem deposuit SUET.*Jul.*15; praetor..ei, qui uindicauerit, eam rem addicit; idque legis ~o uocatur GAIUS *Inst.*2.24; ULP.*dig.*13.4.2; (*as the title or subject of a book*) hoc idem Cosconius in ~onibus scribit VAR.*L.*6.89. **b** C. Verrem altera ~one responsurum non esse CIC.*Ver.*1.1; causa duabus ~onibus perorata *Font.*37; in priore ~one ex amicis quinquaginta uades dederat SAL.*Jug.*35.9; QUINT.*Inst.*4.1.4. **c** ⟨QVEI EX H.L. CONDEMNATVS⟩ AVT APSOLVTVS ERIT, QVOM EO ⟨H.⟩L., NISEI QVOD POST EA FECERIT,..~O NEI ES⟨TO⟩ *CIL* 1.583.56; ipsi..nullius ~onem rei se daturum CIC.*Ver.*2.66; ignominioso non est ~o QUINT.*Inst.*3.6.77; et iis, qui..formula excidissent, restituit ~ones SUET.*Cl.*14.1; non est apud eum legis ~o ULP.*dig.*1.16.3.

7 A plea in prescribed form, statement of claim.
plus secum agi, quam quod erat in ~one CIC.*de Orat.*1.167; aut muta ~onem aut noli mihi instare ut iudicem tamen *Caec.*8; ut in ~onibus praescribi solet *Fin.*5.88; in quibus non de culpa quaeretur, sed de ~one QUINT.*Inst.*4.2.68;—(*specimen statements*) expositis a Cn. Flauio primum ~onibus CIC.*de Orat.*1.186; *Att.*6.1.8.

actitō ~āre ~āuī ~ātum, *tr.* [AGO+-ITO]

1 To do repeatedly; to perform (an act).
illic eadem ~ando recentia ueteraque odia aduertit TAC.*Ann.*4.21;—cum inter praesentes et conuenientes res ~ata sit PAUL.*dig.*22.4.3.

2 To make a practice of pleading (cases), plead frequently.
M. Pontidius..multas priuatas causas ~auit CIC.*Brut.*246; MART.1.17.1; PLIN.*Ep.*3.5.7.

3 To take parts in (plays) as an actor, be an actor in.
cum adulescens tragoedias ~auisset CIC.*Rep.*4.13; mimos ~auit, scite magis quam probe TAC.*Hist.*3.62; GEL.6(7).5.2.

Actium ~iī, *n.* A promontory on the north of Acarnania, where Octavian defeated Antony and Cleopatra, 31 B.C.
CIC.*Att.*5.9.1; MELA 2.54; PLIN.*Nat.*11.195.

actiuncula ~ae, *f.* [ACTIO+-CVLA] A short or unimportant speech.
retracto..~as quasdam PLIN.*Ep.*9.15.2.

Actius ~a ~um, *a.* Of, or connected with Actium. **b** (spec., as epithet of Apollo). **c** of the battle of Actium.
~aque Iliacis celebramus litora ludis VERG.*A.*3.280; ~a bella 8.675; MAN.1.914. **b** VERG.*A.*8.704; ~us..Phoebus PROP.4.6.67; APOLLINI ~O *BMCR*2.p.55, No.4489 (*c.* 16 B.C.); (*ellipt. or as sb.*) ~us ipse lyram plectro percussit eburno *Eleg.Maec.*51. **c** ~aque in Sacra currere rostra Via PROP.2.1.34.

actīuus ~a ~um, *a.* [AGO+-IVVS] Practical, active. **b** (gram.) active.
philosophia..et contemplatiua est et ~a SEN.*Ep.*95.10; quia maxime eius (*sc.* rhetorices) usus actu continetur..dicatur ~a uel administratiua QUINT.*Inst.*2.18.5; 3.5.11. **b** ~um est quod alio patiente facimus PLIN.in *G.L.*5.227.

actor ~ōris, *m.* [AGO+-TOR]

1 A herdsman, drover.
pecoris..Melanthius ~or OV.*Ep.*1.95; Tirynthius ~or..tauros sentit abesse duos *Fast.*1.547.

2 A wielder; *~or habenae*, a slinger.
flexae Balearicus ~or habenae STAT.*Ach.*2.420.

3 (w. *rei*, *rerum*, etc., and alone) Performer, doer, transactor, agent.
non res, sed ~or mihi cor odio sauciat PL.*Bac.*213; ut rei ~ores, non uiuendi praeceptores uideamur esse *Rhet.Her.*4.25; dux, auctor, ~or rerum illarum fuit CIC.*Sest.*61; ast quid turbassitur in agendo, fraus ~oris esto *Leg.*3.11; hunc..in omni procuratione rei publicae ~orem auctoremque habebant NEP.*Att.*3.2; ~ores restituendae tribuniciae potestatis..enixissime iuuit SUET.*Jul.*5.

4 (w. *causae* and alone) A pleader, advocate, prosecuting or defending counsel; (also spec.) the prosecutor or plaintiff.
uostrum iudicium fecit; me ~orem dedit TER.*Hau.*12; ~orem in ueris causis CIC.*Brut.*316; ~or hic defensorque causae meae nihil progreditur *Sest.*75; consultus iuris et ~or causarum mediocris HOR.*Ars* 369; QUINT.*Inst.*2.17.40; SUET.*Jul.*39.1;—accusatorem pro omni ~ore et petitore appello CIC.*Part.*110; depulsio incipit esse] ~oris QUINT.*Inst.*3.6.17; cum..tam ab ~ore quam a possessore concessum sit QUINT.*Inst.*7.1.38; GAIUS *Inst.*4.13.

5 An actor in a play.
TER.*Ph.*10; ~oribus manuleos baltea machaeras ACC.*poet.*12(7F); in theatro ~ores malos perpeti CIC.*de Orat.*1.118; HOR.*Ars* 193; tragici et comici ~ores VITR.5.7.2; Liuius..idem scilicet..suorum carminum ~or LIV.7.2.8; quid caueas, ~or, quid iuuet, arte docet OV.*Rem.*756; scaenicis ~oribus QUINT.*Inst.*6.1.26.

6 A steward, manager, bailiff, agent. **b** (in titles of various imperial officials).
ita fit ut ~or et familia peccent COL.1.7.7; utraque (praedia)..sub eodem procuratore ac paene isdem ~oribus habere PLIN.*Ep.*3.19.2; CONDVCTORI SOCIO ~ORIVE EIVS *CIL* 2.5181.5; ~orem summarum SUET.*Dom.*11.1; L ANTONIO CALLISTRATO MANC IIII MERC GALENVS ACTOR *A.Epig.*47.180; ULP.*dig.*11.3.1.5. **b** mancipari singulos ~ori publico iubet TAC.*Ann.*2.30; PLIN.*Ep.*7.18.2; ~or ciuitatis nec ipse cauet, nec magister uniuersitatis ULP.*dig.*46.8.9; C IVLIO BASSO AEMILIANO ~ORI CAESARIS AD CASTOR ET AD LORICATA *CIL* 6.8688; NITORI DOMITIAES AVG ~ORI A FRVMENTO 6.8850; AB ~ORIBVS HISTONIENSIVM 9.2827.8.

Actoridēs ~ae, *m.* **a** A son of Actor, king of Phthia. **b** a grandson of Actor, sc. Patroclus.
a ~ae pares (sc. *Eurytus and Cleatus*) OV.*Met.*8.308; ~es (sc. *Menoetius*) V.FL.1.407. **b** OV.*Ars* 1.743; *Fast.*2.39.

actrix ~īcis, *f.* [AGO+-TRIX] A stewardess.
PRASTINIA MAXIMINA ~IX C DOMVS *CIL* 11.1730.

actuāria ~ae, *f.* [ACTVARIVS] A fast passenger vessel having both sails and oars.
~is..minutis Patras accedere sine impedimentis non satis uisum est decorum CIC.*Att.*5.9.1; ~ae, quas Graeci ἱστιοκώπους uocant uel ἐπακτρίδας GEL.10.25.5; MARCEL.*dig.*49.15.2.

actuāriola ~ae, *f.* [prec.+-OLA] Dim. of prec.
quid duro tempore anni ~a fore censes?, CIC.*Att.*10.11.4; tribus ~is decemscalmis 16.3.6; 16.6.1.

actuārius[1] ~a ~um, *a.* [ACTVS+-ARIVS]

1 *~a nauis* and sim. = prec.; (also app.) of such a vessel.
~as ad uiginti nauis..incendunt SIS.*hist.*39; ~a nauigia CAES.*Civ.*1.27.6; *B.Alex.*9.4; pauca piratica, ~a nauigia SAL.*Hist.*2.90; LIV.21.28.9;—prores ~ae SIS.*hist.*105.

2 Constituting an *actus* or road between fields. **b** serving to mark an *actus*.
alii limites sunt ~i, atque alii linearii HYG.GR.*agrim.*p.133; p.170. **b** ~os palos suo quemque numero inscriptos inter centenos uicenos pedes defigemus HYG.GR.*agrim.*p.155.

actuārius[2] ~(i)ī, *m.* [prec.]

1 A short-hand writer.
haec (uox)..~i uice fungitur SEN.*Ep.*33.9; ab ~is exceptam (orationem) SUET.*Jul.*55.3.

2 A keeper of records or accounts.
~ius. qui tanquam urbis acta recitauit PETR.53.1; M VALERIO FLORENTIO ~IO COMITVM IMP *CIL* 11.6168.

actum ~ī, *n.* [pple. of AGO] Usu. pl. in all senses.

1 An act, deed, transaction. **b** great actions, achievements, exploits; *Herculis ~a*, the labours of Hercules; also, a record of exploits.
in rebus magnis..consilia primum, deinde ~a, postea euentus exspectentur CIC.*de Orat.*2.63; obtestatur per amicitiam perque sua antea fideliter ~a SAL.*Jug.*71.5; ~a deos numquam mortalia fallunt OV.*Tr.*1.2.97; STAT.*Theb.*8.556; (*sg.*) pater Aeacidae promiserat inscius ~i OV.*Ep.*8.33. **b** milites alius alium laeti appellant, ~a edocent SAL.*Jug.*53.8; humilis tantis sim conditor ~is [TIB.]3.7.4; dicere magnorum..~a ducum OV.*Pont.*3.3.32; Dione Caesaris ~a sui ducit PETR.124,l.267; STAT.*Silv.*4.7.44; (*cf.*) nocturnis titulos inponimus ~is OV.*Ars* 2.625;—Nemea..quam tu non Herculis ~is dura magis STAT.*Theb.*4.827;—claraque dispositis ~a subesse uiris OV.*Fast.*5.566.

2 Official acts, decrees, enactments (of a magistrate, general, etc.).
acta Caesaris seruanda censeo CIC.*Phil.*1.16; et uos ~a Caesaris defenditis qui leges eius euertitis? 1.19; *Att.*16.14.1; ~a M. Marcelli quae is gerens bellum..egisset rata habenda esse LIV.26.32.6; cum in ~a principum iurarent magistratus TAC.*Ann.*13.11.1; Gai..~a omnia rescidit SUET.*Cl.*11.3;—(*sg.*) ecquid est quod tam proprie dici possit ~um eius..quam lex? CIC.*Phil.*1.18.

3 A written record of events; esp. the official gazette or record of business transacted by the senate, emperor, etc.; also *libri ~orum*; *in ~a mittere*, to publish as news; *ab ~is*, a clerk responsible for records.
dum ~a mensis Mai ad nos perferantur CIC.*Att.*3.8.3; rerum urbanarum ~a tibi mitti certo scio *Fam.*12.23.2;—actuarius, qui tanquam urbis ~a recitauit PETR.53.1; lateribus coctis pluisse in ~a eius anni relatum est PLIN.*Nat.*2.147; QUINT.*Inst.*9.3.17; quos tum Claudius terminos posuerit, facile cognitu et publicis ~is perscriptum TAC.*Ann.*12.24;—libris ~orum spargere gaudes argumenta uiri JUV.9.84;—SEN.*Ben.*2.10.4; quae uos..et in publica ~a mittenda et incidenda in aere censuistis PLIN.*Pan.*75.1;—ARRIO..AEDIL CVRVL AB ~IS SENATVS *CIL* 5.1874; C OPPIO..EVOC AVG AB ~IS FORI 9.5839.

actuōsē, *adv.* [next+-E] In an active manner, energetically.
quam remisse, quam non ~! CIC.*de Orat.*3.102.

actuōsus ~a ~um, *a.* [next+-OSVS] Marked by or full of activity, energetic, busy. **b** (app.) acting with extravagant gesture.
orationis..sunt maxime luminosae et quasi ~ae partes duae CIC.*Orat.*125; uirtus..~a *N.D.*1.110; ~am uitam V.MAX.2.1.10; iracundos feruida animi natura faciet: est enim ~us et pertinax ignis SEN.*Dial.*4.19.2; in ~osa..ciuitate APUL.*Pl.*2.27. **b** (actus significant) motum corporis, ut histrionum et saltatorum, qui etiam ex hoc ipso ~i dicuntur PAUL.*Fest.*p.17M.

actus ~ūs, *m.* [AGO+-TVS[3]]

1 Driving of cattle or carts. **b** right of way (for driving).
quia non ueniant pecudes, sed agantur, ab ~u nomen Agonalem credit habere diem OV.*Fast.*1.323. **b** aqua, itinere, ~u domini usioni recipitur CATO *Agr.*149.2; aquae ductus, haustus, iter, ~us a patre sumitur CIC.*Caec.*74; ITVS ~VSQVE EST IN HOCE DELVBRVM FERONIAI *CIL* 1.1847.1; de itinere ~uque priuato *Ed.pr.*(*Font.iur.*p.233)43.9; ULP.*dig.*8.3.1.

2 A road for cattle, etc., cart-track. **b** path, course, direction; the annual path of the sun.
VAR.*L.*5.22; ~us minimus (ut ait M. Varro) latitudinis pedes quattuor, longitudinis habet pedes CXX COL.5.1.5; utrumne ~us sit an iter an ambitus AGEN.*agrim.*p.49; (*fig.*) studia sapientiae non iam in ~u suo atque in hac fori luce uersantur QUINT.*Inst.*12.2.8. **b** non occursantibus ullis nec per iter socios commune regentibus ~us MAN.2.140;—metamque uolantis solis et extremos designat feruidus ~us (circulus aestiuus) 1.573; bis quadragenos occasus dues in ~us solis (*sc. years*) erat 3.595.

3 A linear land measure, 120 ft. **b** *~us quadratus*, an area 120 ft. square. **c** (app.) measurement, dimension. **d** a square, block.
puteique ita sint facti, uti inter duos sit ~us VITR.8.6.3; pes multiplicatus in passus et ~us COL.5.1.4; PLIN.*Nat.*31.57; FRON.*agrim.*p.13; SIC.FL.*agrim.*p.116. **b** ~us quadratus, qui et latus est pedes CXX et longus totidem VAR.*R.*1.10.2; COL.5.1.5. **c** lateri non amplior ~us, quam surgit malus GERM.*Arat.*352. **d** limitibus binis circa singulos ~us, ut aliis intrent, aliis exeant PLIN.*Nat.*11.22.

4 A series, sequence (of numbers). **b** process of waxing or diminishing; progress.
~us primus est ab uno ad nongenta, secundus a mille ad nongenta milia VAR.*L.*9.87. **b** similique redit, quam creuerat, ~u MAN.3.482; qui in dies quanto potentior

eodem ~u inuisior erat Tac.*Hist.*1.12;—quas ne..colligeret rapido uictoria Caesaris ~u Luc.9.31.

5 Physical movement, motion. **b** drawing (of breath). **c** (app.) passage (of time).

linguae bisulcis ~u crispo fulgere Pac.*trag.*229; mellis.. pigri latices magis et cunctantior ~us Lucr.3.192; fertur in abruptnm magno mons improbus ~u Verg.*A.*12.687; pocula, quae facili uilis rota finxerat ~u Petr.135.8,l.5; primo qui caedis in ~u deriguit Luc.2.77. **b** nec strigare in ~u spiritus Plin.*Nat.*18.177. **c** finxit in ~u (*cj.*) temporis Stat.*Theb.*6.496.

6 Mode of action, movement.

(*of an orator*) in pronuntiando suum cuique eorum, quae dicet, colori adcommodare ~um sciat Quint.*Inst.*2.12.10;—(*of an actor*) sine imitandorum carminum ~u ludiones.. saltantes Liv.7.2.4;—(*in ritual*) multiplicantque gradum, modo quo Curetes in ~u..eunt Stat.*Ach.*1.831;—(*of a horse*) quanto..uenit spectabilis ~u Ov.*Hal.*72;—(*of a statue*) flexus ille et, ut sic dixerim, motus dat ~um quendam Quint.*Inst.*2.13.9.

7 Action, activity, doing. **b** duty, work; (of heavenly bodies) function. **c** transaction, performance (of business); administration, conduct (of a function); method. **d** the state of being occupied, employment.

saepe est et subdolus ~us: Scorpius aspergit noxas sub nomine amici Man.2.635; nihil accidere sine ~u potest Sen.*Ep.*117.7; totius..corporis et sequentis ~us in paruo occultoque liniamenta sunt *Nat.*3.29.3; cum rebus sensu carentibus ~um quendam et animos damus Quint.*Inst.* 8.6.11; ~us histrionum (minor est) ueris adfectibus 10.2.11; continuus ~us stipulantis et promittentis esse debet Ven. *dig.*45.1.137; (*opp. words*) Scaev.*dig.*46.8.5. **b** hic restat ~us, in hoc elaborandum est ut rem publicam constituas Cic.*Marc.*27; cum ad pristinum ~um reuersus fuerit Tra. Plin.*Ep.*10.28(37);—ut..~us suos explicet (mundus) Sen. *Nat.*2.45.2. **c** inter medios rerum ~us Quint.*Inst.*10.6.1; Plin.*Ep.*9.25.3; triginta amplius dies..~ui rerum accommodauit Suet.*Aug.*32.2;—quasi obseruatores ~us eius Ulp.*dig.*26.7.3.2; 26.7.19;—Plin.*Pan.*45.6; ~um quem debuisti..secutus es Tra.Plin.*Ep.*10.97(98).1. **d** uirum ..~u otiosis simillimum Vell.2.127.4; usque ad ultimum uitae finem in ~u erimus Sen.*Dial.*8.1.4.

8 a The performance (of a play, etc.), representation; delivery (of a speech). **b** the carrying out (of measurements).

a fabulae ad ~um scaenarum compositae argumenta dicuntur Quint.*Inst.*5.10.9;—felices quibus haec ipso cognoscere in ~u..contigit Ov.*Pont.*3.5.15; longioris..~us controuersiae Quint.*Inst.*2.10.9; 9.3.101. **b** reliquarum mensurarum ~u Fron.*agrim.*p.3; Hyg.Gr.*agrim.*p.168.

9 An act of a play; *deducere in ~us*, to dramatize. **b** a session of a discussion, an episode. **c** (transf.) an act or episode in the drama of life.

primo ~u placeo Ter.*Hec.*39; neu sit quinto productior ~u fabula Hor.*Ars* 189; in tertio ~u Apul.*Fl.*16; (*in fig. phr.*) non solum unum ~um sed totam fabulam confecissem Cic.*Phil.*2.34;—Iliacum carmen deducis in ~us Hor.*Ars* 129; (*cf.*) forsitan ipse etiam Cepheus referetur in ~us Man. 5.469. **b** nos interea secundum ~um de maioribus (pecudibus) adtexamus Var.*R.*2.5.2; 2.8.1. **c** qualis iste in quarto ~u improbitatis futurus esset Cic.*Ver.*2.18; a qua (*sc.* natura) non ueri simile est..extremum ~um tamquam ab inerti poeta esse neglectum *Sen.*5; (*cf.*) secernas hanc quasi fabulam rerum euentorumque nostrorum. habet enim uarios ~us *Fam.*5.12.6.

10 Moral conduct (of life), behaviour.

huic uicinus erit, uitae qui continet ~um Man.3.134; ut humanae uirtutis ~um exequamur V.Max.3.2.20; ne ad opiniones uestras ~um uitae meae flecterem Sen.*Dial.* 7.26.4.

11 An act, deed, exploit, performance.

inhonesta est..in ullo ~u pigritia Sen.*Ep.*74.30; adde ~us tantos Luc.8.807; ne claros Minyis inuideris ~us V.Fl. 5.507; ~usque egressa uirilis..Sappho Stat.*Silv.*5.3.154; paulum regressus tamquam ad alios ~us Fron.*Str.*3.11.2.

actūtum, *adv.* [<actvs; (cf. *astu, astutus*)] Forthwith, immediately, without delay.

ite ~ in frondiferos locos Naev.*trag.*22; nisi ~ hinc abis Pl.*Am.*354; iube sis ~ aperiri fores *Bac.*1118; Caecil.*com.*5; ipsust, congredere ~ Ter.*Ph.*852; ~ regia cernit uestibula Stat.*Theb.*1.386; Quint.*Inst.*4.3.13;—(*after fut. vbs.*) nescioqui animus mihi dolet. — ~ apscesserit Pl.*Mer.*389; aut hic est aut hic adfore ~ autumo Pac.*trag.*118; tum cetera reddet ~ pius Aeneas Verg.*A.*9.255; quam (*sc.* matrem Idaeam) ~ in Italia fore nuntiauerat Liv.29.14.5; Ov.*Ep.* 12.207; Apul.*Met.*5.24; (*cf.*) redibo ~. — id '~' diu est Pl.*Am.*530.

acuārius ~(i)ī, *m.* [acvs[1]+-arivs] A maker or seller of needles.

l accavo l l phileroti ~io *CIL* 9.3189.

acula: see aqvola.

aculeātus ~a ~um, *a.* [next+-atvs[2]]

1 a (of insects, etc.) Having a sting, telson, or the like. **b** (of fishes) having spines or rays. **c** (of plants) having sharp points, prickles, stinging hairs, etc.

a ~a animalia, ut crabrones et similia Plin.*Nat.*20.247; —(*neut. pl. as sb.*) pro eo (*sc.* ore habent) quiddam ~orum linguis simile 11.93; contra..omnium ~orum uenena 23.55. **b** plani piscium ~ique Plin.*Nat.*9.158; 32.145. **c** paruulam bacam uiridem, cacumine ~am Plin.*Nat.*16.18; pilosioribus ramis et ~is 20.172; cum medicinas dederit etiam ~is (herbis) 22.15; (*cf.*) his (*sc.* urticarum)..omnibus foliis inest ~a mordacitas 21.91.

2 Inflicted with a sting, etc.

(maluae) contra omnes ~os ictus efficaces Plin.*Nat.*20. 233.

3 (of words, etc.) Stinging, 'barbed'. **b** (of arguments) acute, pungent.

quia istaec lepida sunt memoratui: eadem in usu..~a sunt, animum fodicant Pl.*Bac.*63; satis ~as ad Dolabellam litteras dedi Cic.*Att.*14.18.1. **b** contorta et ~a quaedam sophismata Cic.*Luc.*75.

aculeus ~ī, *m.* [acvs[1]+-levs]

1 a The sting, telson, proboscis (of insects or other animals). **b** (in fishes) a spine or ray. **c** the sharp point (of a fowl's spur). **d** (in plants) a sharp point, thorn, stinging hair, etc.

a cornibus uti uidemus boves, nepas ~is Cic.*Fin.*5.42; apis ~um sine clamore ferre non possumus *Tusc.*2.52; apes ..~os in uolnere relinquunt, rex ipse sine ~eo est Sen.*Cl.* 1.19.3; infestis ~is armata gignit (palus) animalia Col.1.5.6; Plin.*Nat.*11.52; (*astron.*) turibulum sub scorpionis ~o Vitr.9.5.1. **b** plani piscis..~us torretur Cels.6.9.6; ~os in branchiis habet ad caudam spectantes Plin.*Nat.*32. 148. **c** etiam cum incubat (gallina), calcis ~is oua perfringit Col.8.2.8. **d** id (genus foliorum)..respuitur a pecore propter ~os Col.6.3.7; recisis..~is rubi Plin.*Nat.* 16.176; ~i (carduorum) arescente folio desinunt pungere 21.96.

2 The barb (of an arrow); a pointed implement, spike.

cum ~us sagittae aut glandis abditae introrsus tenui uulnere in speciem urit Liv.38.21.11;—robustam tabulam configunt ~is Col.7.3.5; et ipsa (stuppa)..pectitur ferreis ~is (c.j.) Plin.*Nat.*19.17.

3 (in various fig. and semi-fig. uses) **a** (where the image is that of a weapon) A dart, sting. **b** (of something painful) a prick, sting, pang (of anxiety, doubt, etc.). **c** (of a spur) a stimulus (to action). **d** (of anything pointed) a sharp point or edge. **e** (special phrs.) *~um emittere*, to leave one's sting behind in the wound, spend one's venom; *~um in mentibus* (*animis*) (+gen.) *relinquere*, to leave one's sting behind in the minds (of an audience).

a sine sententiarum forensibus ~is Cic.*de Orat.*2.64; hoc metu proposito euellere se ~um seueritatis uestrae posse confidunt *Clu.*152; noli ~os orationis meae, qui reconditi sunt, excussos arbitrari *Sul.*47; eodem etiam M. Lurco.. conuertit ~um testimoni sui *Flac.*86; (illorum ista ipsa, *sc. arguments*) pungunt quasi ~is interrogatiunculis angustis *Fin.*4.7. **b** iam dudum meum ille pectus pungit ~us, quid illi negoti fuerit ante aedis meas Pl.*Trin.*1000; domesticarum..sollicitudinum ~os omnis et scrupulos occultabo Cic.*Att.*1.18.2. **c** haec (*sc.* uerba) sicut ad militum animos stimulandos aliquem ~um habent Liv.45.37.11; ultionis..quem ad modum acres, ita iusti ~i sunt V.Max. 9.10; Rhodii..comparationis ~is excitabantur Plin.*Ep.* 4.5.3. **d** confido..me non sic auribus duci, ut omnes ~i iudicii mei illarum delenimentis refringantur Plin.*Ep.*3.15.3. **e** mortuus est ~o iam emisso ac dicto testimonio Cic.*Flac.* 41; glorienturque Romani te..uelut ~o emisso torpere Liv. 23.42.5; Curt.4.14.13;—ut in eorum mentibus, qui audissent, quasi ~os quosdam relinqueret Cic.*de Orat.*3.138; Plin.*Ep.*1.20.18.

aculos ~ī, *f.* [Gk. ἄκυλος] The acorn of the ilex.

glans utriusque (ilicis generis) breuior et gracilior quam Homerus ~on appellat Plin.*Nat.*16.19.

acūmen ~inis, *n.* [acvo+-men]

1 A sharp point, peak, tip.

a (of parts of the body, etc.). **b** (of weapons or implements). **c** (topog.) a peak, a promontory. **d** (math.).

a nasi primoris ~en tenue Lucr.6.1193; tenet os sine ~ine rostrum Ov.*Met.*2.376; ~en eius (*sc.* ossis), si longius est, praecidendum Cels.8.10.7.f; alia rostri ~ine excauant Plin.*Nat.*10.196;—(*in a plant*) crescit..in ~ina radix *Mor.* 77; (*cf.*) fallet et (littera), umiduli quae fiet ~ine lini Ov.*Ars* 3.629; pedum digitos..traxit et in solidam detrusit ~ina terram *Met.*11.72. **b** ferri stridit ~en Enn.*Ann.*363; uerba..omnia..sub ~en stili subeant..necesse est Cic.*de Orat.*1.151; lignum sine ~ine uenit Ov.*Met.*8.354; uncus.. leuis, ~inis breuis Cels.7.29.4; cuius aspectu..~inis sacrilegi nouacula praenitebat Apul.*Met.*5.22;—(*in fig. phr.*) quod faciat longe uulnus, ~en habes Ov.*Ep.*20.210;—(*w. ref. to augury from light flashing from spear-points*) ex ~inibus ..quod totum auspicium militare est Cic.*Div.*2.77; *N.D.*2.9. **c** ab ancipiti delapsus ~ine montis Ov.*Met.*12.337; —prominet in pontum cuneatus ~ine longo collis 13.778. **d** in obscurum coni..~en Lucr.4.431.

2 The sting (of insects or other animals), esp. as contained in the tip of the tail.

(*pl.*) mortem uitare monet per ~ina *Culex* 184;—(*in fig. phr., cf. sense* 4) dialectici..ad extremum ipsi se compungunt suis ~inibus Cic.*de Orat.*2.158;—(*astron.*) Nepae..propter fulgentis ~en *Arat.*427(183); elatae metuendus ~ine caudae Scorpios Ov.*Fast.*4.163.

3 (pl.) Sharpness, pungency (of flavour).

ut odor uino contingat et saporis quaedam ~ina Plin. *Nat.*14.124.

4 (w. or without *ingenii*, etc.) Mental acuteness, intellectual penetration, shrewdness of judgement; (pl.) clever tricks. **b** incisiveness, pointedness (of language).

~ine ingenii Cic.*Luc.*16; Vitr.6.2.4; temptant..~en animorum et intentionem excitant Sen.*Ben.*4.12.2; Plin. *Nat.*2.97; (*w. gen. of gd.*) ~ine disserendi Quint.*Inst.*10.1.81; —illi in quibus, si non tantum ~inis, at plus litterarum Var.*L.*6.2; ~en dialecticorum Cic.*de Orat.*1.128; πιθανὰ Antiochia; quae diligenter a me expressa ~en habent Antiochi *Att.*13.19.5; quem esse negas, eundem esse dicis. ubi est ~en tuum? *Tusc.*1.12; iudicis argutum quae non formidat ~en Hor.*Ars* 364; inque ⟨ea re⟩ sollertia ~inibusque fuerunt magnis Vitr.9.6.2; Chrysippus..penes quem subtile illud ~en Sen.*Ben.*1.3.8; expliciti ~ine Gitonis sumus Petr.79.3; summum (ei) est ~en Plin. *Ep.*4.19.2; quis priscum illud miratur ~en, Brute, tuum? Juv.4.102;—nota refert meretricis ~ina Hor.*Ep.*1.17.55. **b** prima (pars) lenitatem orationis, secunda ~en, tertia uim desiderat Cic.*de Orat.*2.129; 244.

acūminātus ~a ~um, *a.* [prec.+-atvs[2]] Sharp, pointed, tapering.

ut fodiendo ~um..esset (telum culicis) Plin.*Nat.*11.3; (lunae) cornu superius ~um septentrionalem..praesagit uentum 18.347.

acuō ~uere ~uī ~ūtum, *tr.* [cf. acer[2], acvs[1]] Forms: *aquitur* (for *acuitur*) *CIL* 6. 2305.

1 To cut or sharpen to a point. **b** to sharpen (weapons, teeth, etc., as a prelude to fighting). **c** (pass., of a boil) to come to a head.

palvs aqvitvr *CIL* 6.2305; ne stridorem quidem serrae, tum cum ~uitur (audiunt) Cic.*Tusc.*5.116; Col.4.26.1; palos..caedere et exputatos ~uere 11.2.12; duorum digitorum spatium in modum cunei tenuissimo scalpello ~uito *Arb.*8.1. **b** aspice..quae moenia..ferrum ~uant..in me Verg.*A.*8.386; haec (*sc.* leaena) dentis ~uit timendos Hor.*Carm.*3.20.10; nec tibi sit duros ~uisse in proelia dentes [Tib.]3.9.3; en ~ui sceleratos cernitis enses? Ov. *Met.*15.776; ~uens exsertos..unguis Stat.*Theb.*2.513; (*poet.*) uertex..calidis ~uit fulmen fornacibus intus Lucr. 6.278; (*cf. w. sense 4*) in haec ferrum, in haec iras ~uant Liv.9.9.18;—(*in simile*) sicut e cauea leo emissus..uolitabit ..~ens dentes in unius cuiusque fortunam *Rhet.Her.*4.51; —(*w. abst. subj.*) haec (*i.e.* cupiditas)..sicas percussorum ~uit Quint.*Decl.*321(p.262,l.21). **c** eae (suppurationes) tolerabiles sunt quae in exteriorem partem feruntur et ~uuntur Cels.2.8.4.

2 To make (the sight, the mental faculties) keener, sharpen; to make (musical instruments) shriller.

~uentis lumina rutas Ov.*Rem.*801;—quod consuetudo exercitatioque intellegendi prudentiam ~ueret Cic.*de Orat.* 1.90; quamquam tu quidem..uini exhalandi, non ingeni ~uendi causa declamitas *Phil.*2.42; longa dies ~uit mortalia corda Man.1.79; Quint.*Inst.*1.3.11; (*w.* ad) quod et furandi sollertia et adsuetudo ~ueret firmaretque animos adulescentium..ad insidiarum astus Gel.11.18.17;—~cuit.. tubas et sibila miscet Tisiphone Stat.*Theb.*8.345.

3 To stir emotionally, rouse, incite.

adtentiores sumus ad rem omnes quam sat est: quod illos sat aetas ~uet Ter.*Ad.*835; illum ~uere, hos qui simul erant missi fallere Cic.*S.Rosc.*110; auditis..lupos ~uunt balatibus agni Verg.*G.*4.435; quam Iuno his ~uit uerbis *A.*7.330; libertas..quae uirorum fortium tantum pectora ~uit Liv.28.19.14; gloria uos ~uat Ov.*Pont.*1.5.57; Bataui..truces, quos aere recuruo stridentes ~uere tubae Luc.1.432; Stat.*Silv.*5.2.25;—(*refl.*) hic se illa moles (*i.e. the sea-monster*) ~uit atque iras parat Sen.*Phaed.*1059;— (*w. result or purpose indicated*) eorum ipsorum ad crudelitatem te ~uet oratio? Cic.*Lig.*10; dictator..ceteros ad aemulandas uirtutes ~uit Liv.7.7.3; nec enim opus esset in id comparari et ~ui, in quod instinctu quodam uoluntario iremus Sen.*Ep.*36.8;—(*ellipt.*) nec ira magis publica quam priuatum compendium in hostem ~uebat Liv.8.36.10; non praecipue ~uit ad cupiditatem litterarum amor laudis? Quint.*Inst.*12.1.8.

4 To stimulate, stir up, intensify (actions, emotions, or qualities). **b** to speed up, accelerate. **c** to intensify (the force of a word).

(auctoritas antiquorum) erigit omnium cupiditates et ~uit industriam *Rhet.Her.*4.2; idem tum tristis ~uebat paruulus iras Iunonis magnae *Ciris* 138; hae..~uunt.. metum mortalibus aegris Verg.*A.*12.850; curam ~uebat quod aduersus Latinos bellandum erat Liv.8.6.15; ~uebat hac moderatione tam iusta studia 10.13.8; tunc audaciam ~uit (animus) Sen.*Ep.*10.2; (Lemniae)..fletus ~uunt V.Fl.2.172; odia illa, quae contra me cotidie ~cuit Quint. *Decl.*337(p.329,l.17); (*cf.*) ignauiam quoque necessitas ~uit Curt.5.4.31;—(*w.* ad) quo magis iram hosti ad uindicandas sociorum iniurias ~uat Liv.22.4.1;—(*refl.*) ut.. ~uat..sese diligens industria Phaed.2.pr.4. **b** ubi quod teneat uentos ~uatque (*cj.*) morantis in uacuo defit *Aetna* 165; citatos explorant ~uuntque gradus Stat.*Theb.*6.588. **c** 'fuluus' enim et 'flauus' et 'rubidus' et 'poeniceus'.. appellationes sunt rufi coloris aut ~uentes eum quasi incendentes aut cum colore uiridi miscentes Gel.2.26.8.

5 To accent (a syllable in a word).

ut in hoc 'Cámillus', si ~uitur prima Quint.*Inst.*1.5.22; in eo..quod 'exaduersum' dicimus, secundam syllabam debere ~ui existimabat Gel.6(7).7.4; 13.26(25.2).

acupedius ~a ~um, *a.* [app. **acu-* (cf. acer[2], acies)+pes+-ivs] (See quot.).

~us dicebatur, cui praecipuum erat in currendo acumen pedum Paul.*Fest.*p.9M.

acus[1] ~ūs, *f.* [cf. acer[2]] Forms: *~os* (acc. pl.) Mart.10.37.6 (*v.l. ~us*); *~ubus* (abl. pl.) Cels. 7.16.5.

1 A needle or pin. **b** (phrs.) *~u tangere*, to be exactly right, hit the nail on the head; *ab acia et ~u*, in great detail. **c** (meton.) embroidery.

producit ~u stuppas umore carentis *Mor.*11; quod ~u traiecit aena, obsutum maenae torret in igne caput Ov.*Fast.* 2.577; fimum..ad eum usum ~us aereae punctu tolli iubent Plin.*Nat.*28.198; qui grana ciceris ex spatio distante missa in ~um..inserebat Quint.*Inst.*2.20.3; supercilium madida fuligine tinctum obliqua producit ~u Juv. 2.94;—(*as used in sewing or embroidery*) reliqui ~us aciasque ero atque erae nostrae TITIN.*com.*5; pictus ~u tunicas VERG. *A.*11.777; SEN.*Her.O.*665;—(*in surgical use*) quo saepius ~us corpus transuit CELS.5.26.23.D; 5.28.4.D;—(*as typical small object or weapon*) si ~um..quaereres, ~um inuenisses..iam diu PL.*Men.*239; volnus in latere quod ~u punctum uideretur pro ictu gladiatoris probari CIC.*Mil.*65;—(*in fig. phr.*) neque ~u quaedam enucleata argumenta conquiram *Scaur.* 20. **b** una littera plus sum quam medicus — tum tu mendicus es? — tetigisti ~u PL.*Rud.*1306;—ab acia et ~u mi omnia exposuit PETR.76.11. **c** barbarica chlamys ardet ~u V.FL.6.526.

2 a A hair-pin; also *~us comatoria* (*crinalis*). **b** a curling-iron.

a non ~us abrupit, non uallum pectinis illos (*sc.* capillos) OV.*Am.*1.14.15; comarum anulus, incerta non bene fixus ~u MART.2.66.2; ornamentorum haec (sunt): uittae..~us cum margarita ULP.*dig.*34.2.25.10;—Psyche ~u comatoria.. mihi..malas pungebat PETR.21; mulier ~u crinali capite depromta Thrasylli conuulnerat tota lumina APUL.*Met.*8.13. **b** non est, qui debeat uri: erudit admotas ipse capillus ~us OV.*Am.*1.14.30.

3 (prob.) The pipefish or needlefish, *Syngnathus acus*.

~us siue belone..dehiscente propter multitudinem utero parit PLIN.*Nat.*9.166; tenues..~os MART.10.37.6.

4 (pl.) Husks, chaff. (= ACVS²)

durissimae..~us reiectae separataeque erunt a cudentibus COL.2.10.14.

acus² ~eris, *n.* [cf. ACER²] Husks of grain or beans; chaff.

stercus unde facias: stramenta, lupinum, paleas, fabalia, ~us CATO *Agr.*37.2; ~us fabaginum 54.2;—ex argilla mixta ~ere e frumento et amurca VAR.*R.*1.57.2; condunt (oua) in furfures aut ~us 3.9.12; (*dist. from* palea) ~us uocatur, cum per se pisitur spica tantum..si uero in area teritur cum stipula, palea PLIN.*Nat.*18.99.

acūtē, *adv. compar.* ~ius, *superl.* ~issimē. [ACVTVS+-E]

1 (of sound) In a high pitch, shrilly.

ueluti si quando..uenatica..uoce sua nictit ululatque.. ~e ENN.*Ann.*342.

2 (of seeing) Clearly, distinctly.

nec sine eo fieri posse ut cernamus ~e LUCR.4.810.

3 With intellectual penetration, acutely.

at quam ~e conlecta crimina! CIC.*Deiot.*33;—(*w. vbs. of perceiving*) adest..fere nemo, quin ~ius atque acrius uitia in dicente quam recta uideat *de Orat.*1.116; qui..~issime et celerrime potest et uidere et explicare rationem *Off.*1.16; quia tenuia sunt, nisi quae contendit, ~e cernere non potis est animus LUCR.4.802;—(*of reasoning, etc.*) id, quod ~e sit excogitatum *Rhet.Her.*2.13; inueniebat..~e Cotta CIC. *Brut.*202; excogitat sane ~e quid decernat *Ver.*4.147; mouemur..saepe aliquo ~e concluso *Tusc.*1.78;—(*of speaking, writing, etc.*) eum statuebam disertum, qui posset satis ~e atque dilucide..dicere *de Orat.*1.94; ~issime ac diligentissime scriptam (legem) *Ver.*3.20; ~e testis interrogabat *Flac.*82; Antipatro hoc idem postulanti..Carneades ~ius resistebat *Luc.*28; QUINT.*Inst.*6.3.7.

acūtulus ~a ~um, *a.* [next+-VLVS.] (contempt.) Smart, subtle, clever.

Zenonis..breuis et ~as conclusiones CIC.*N.D.*3.18; rhetoricus quidam sophista..ex istis ~is et minutis doctoribus GEL.17.5.3.

acūtus ~a ~um, *a. compar.* ~ior, *superl.* ~issimus. [pple. of ACVO]

1 Artificially sharpened, pointed, sharp.

~um cultrum habeo PL.*Epid.*185; deuolsit ili ~o sibi pondera silice CATUL.63.5; in ~a ac tenuia posse mucronum duci fastigia procudendo LUCR.5.1264; ripa..erat ~is sudibus praefixisque munita CAES.*Gal.*5.18.3; ferro..faces inspicat ~o VERG.*G.*1.292; iaculis..~is *A.*3.46; tela ~a HOR.*Epod.*17.10; hastile fragmento ipso ~o inter spicula integrarum hastarum uelut uallum explebat LIV.32.17.14; ~o..ense OV.*Fast.*2.13; digitum suum bene ~o graphio pungebat SEN.*Nat.*4b.6.3; Calusidius strictum obtulit gladium, addito ~iorem esse TAC.*Ann.*1.35; (*cf., of a clenched fist*) caput miserantis stricto ~oque articulo percussi PETR.96.3.

2 (Naturally) pointed, relatively sharp, tapering. **b** (of parts of the body). **c** (spec. of pine and similar trees) having sharp needles.

lunae..cuius..alias hebetiora alias ~iora uidentur cornua CIC.*Ac.*2.fr.2; non e perplexis sed ~is esse elementis LUCR.2.463; spinis..paliurus ~is VERG.*Ecl.*5.39; stabat ~a silex praecisis undique saxis VERG.*A.*8.233; scopulis.. ~is PROP.3.7.61; ipse collis est..in ~um cacumen..fastigatus LIV.37.27.7; uallis erat..~a densa cupressu OV.*Met.* 3.155; haerent ~is rupibus fixae rates SEN.*Ag.*571; ~iore folio ac rubriore PLIN.*Nat.*20.231; STAT.*Theb.*1.376; luna globosa an plana an ~a QUINT.*Inst.*7.2.6;—(*w. dat. expr. purpose*) siue te rupes et ~a leto saxa delectant HOR.*Carm.* 3.27.61;—(*poet. of the sun's rays*) auus radiis frontem uallatus ~is OV.*Ep.*4.159. **b** macilento ore, naso ~o PL. *Capt.*647; ~os (dentes) quos habeant (canes) labro tectos VAR.*R.*2.9.3; hic (*sc.* Lepus) fugit ictus horrificos metuens rostri tremebundus ~i CIC.*Arat.*366(122); eorum (*sc.* dentium) aduersi ~i morsu diuidunt escas *N.D.*2.134; auris capripedum Satyrorum ~as HOR.*Carm.*2.19.4; num contra dens aliquis ~ior sit CELS.6.12; ~i aluei (apes) COL.9.3.2; hunc..~o capite MART.6.39.15; (*cf.*) ~as manus habes APUL.*Met.*5.30. **c** quas..tulit folio pinus ~a nuces OV. *Ars* 2.424; *Ep.*5.137; APUL.*Mun.*36.

3 (of curves) Of small radius, sharp; (of angles) acute; (perh. also, as applied to *meta*) at an acute angle (sc. to a driver turning round it).

spinae..~iore curuatura..distans PLIN.*Nat.*28.112;—numquam non..anguli, non tantum recti uerum etiam hebetes aut ~i AGEN.*agrim.*p.31; APUL.*Mun.*18;—meta currere ~a MAN.5.83.

4 (of sounds, etc.) High-pitched, piercing, shrill. **b** (in spec. contrast w. *grauis*, etc.) treble; (of accent) acute; (of a syllable) having an acute accent.

lituus sonitus effudit ~os ENN.*Ann.*530; ~as uocis exclamationes uitare debemus *Rhet.Her.*3.21; ~issimus clamor CIC.*de Orat.*3.227; ~is ululatibus CATUL.63.24; hinnitu..~o VERG.*G.*3.94; non ~a sic geminant Corybantes aera HOR.*Carm.*1.16.7; sonuit tinnitibus ensis ~is OV.*Met.* 5.204; quod se facere gallinae testantur crebris singultibus interiecta uoce ~a COL.8.5.3;—(*neut. as adv.*) quo pacto.. umbrae..resonarent triste et ~um HOR.*S.*1.8.41. **b** uocis, cuius quidem e tribus omnino sonis, inflexo ~o graui tanta sit..uarietas perfecta in cantibus CIC.*Orat.*57; ad graues ~os mediosque neruorum sonos QUINT.*Inst.*5.10.125; (*neut. as sb.*) sonus..~a cum grauibus temperans CIC.*Rep.* 6.18;—natura..in omni uerbo posuit ~am uocem *Orat.*58; accentus, quas Graeci προσῳδίας uocant, cum ~a et grauis alia pro alia ponuntur QUINT.*Inst.*1.5.22; 'quem cor' dictum putauit et 'quem' accentu ~o legit GEL.6(7).2.11;— ultima syllaba nec ~a umquam excitatur nec flexa circumducitur QUINT.*Inst.*12.10.33;—(*neut. as sb.*) altitudinem (uocis) discernit accentus, cum pars uerbi in graue deprimitur aut sublimatur in ~um VAR.*gram.*278.

5 (of the senses and sense-organs) Keen, sharp; sensitive, discriminating. **b** (of movement) nimble, quick.

~is oculis PL.*Ps.*1219; postea quam sensi populi Romani auris hebetiores, oculos autem esse acris atque ~os CIC. *Planc.*66; nos elephantorum ~issumis sensibus..ad utilitatem nostram abutimur *N.D.*2.151;—minus aptus ~is naribus horum hominum HOR.*S.*1.3.29; siluestre licet uideatur ~is auribus CALP.*Ecl.*4.12;—(*advl. acc.*) cur in amicorum uitiis tam cernis ~um quam aut aquila aut serpens Epidaurius? HOR.*S.*1.3.26. **b** motu Spartanus ~o mille cauet..mortis STAT.*Theb.*6.792.

6 (of visual perceptions) Clear, well-defined; (of smell and taste) pungent, acrid, sharp. **b** piercingly cold, keen; fiercely hot.

aer..aciem tenuem et ~am speciem relinquit VITR.5.9.5;—omnia autem ~iora fiunt costo, amomo PLIN.*Nat.*13.16; sua et in odore miracula: malis ~us, Persicis dilutus 15.110; dulcibus cibis acres ~osque miscerem PLIN.*Ep.*7.3.5; (*w.* sapore) Bruttiani (caules)..sapore ~i PLIN.*Nat.*19.140. **b** uides ut..gelu..flumina constiterint ~o HOR.*Carm.*1.9.4; qua gelidus Boreas aquilonibus instat ~is MAN.5.70;—cum semel accepit solem furibundus ~um HOR.*Ep.*1.10.17; hominum corpora..alia propter regionis ardorem ~um spiritum aeris exprimunt ~um (*codd.* tactu) VITR.6.1.8.

7 (of diseases) Acute, violent; (also of dangers or crises).

quod..renes morbo temptentur ~o HOR.*S.*2.3.163; haec ..genera morborum, modo ~a esse, modo longa CELS.1.pr. 55; inter haec..febris ~a oritur 5.26.31.E;—in ~is..periculis nullis (uinum dandum) PLIN.*Nat.*23.48;—(*neut. pl. as sb.*) Claudiae..manus, quas..curae sagaces expediunt per ~a belli HOR.*Carm.*4.4.76.

8 (of persons) Keen-witted, shrewd, acute. **b** (of the mind) keen, shrewd. **c** (applied to speech, ideas, etc.).

fretus Chrysippo, homine ~issimo VAR.*L.*9.1; Pericles atque Alcibiades et..Thucydides, subtiles, ~i, breues CIC. *de Orat.*2.93; quis omnium doctior, quis ~ior..Aristotele fuit? *Orat.*172; Hannibal aut si quis ~ior imperator fuit *Phil.*13.25; Antisthenis, hominis ~i magis quam eruditi *Att.* 12.38a.2(4); ~i hebetesne..simus *Fat.*9; homines ingeniosi atque ~issimi *B.Alex.*3.1; (Valerius Martialis) erat homo ingeniosus, ~us, acer PLIN.*Ep.*3.21.1; (*iron.*) exspecto quid tribunus plebis uigilans et ~us excogitet CIC.*Agr.*1.3; o ~os homines! quam paucis uerbis confectum negotium putant! *Div.*2.103;—(*w.* ingenio *or sim.*) homo omnium..ingenio prudentiaque ~issimus *de Orat.*1.180; quis sententiis aut ~ior aut crebrior? *Ep.fr.*2.4; erat..~us natura, usu exercitatus PLIN.*Ep.*5.5.1;—(*w.* ad) ab homine ad excogitandum ~issimo CIC.*Clu.*67; homo et callidus et ad fraudem ~us NEP.*Di.*8.1; Alabandis satis ~os ad omnes res ciuiles haberi VITR.7.5.6; ut ~ior quis atque habilior sit ad inueniendum QUINT.*Inst.*6.3.12. **b** hominem ~issimo omnium ingenio CIC.*de Orat.*1.191; animus acer et praesens et ~us 2.84. **c** quid..subtilius quam crebrae ~aeque sententiae? CIC. *de Orat.*2.34; orationes..~as prudentiaeque plenissimas *Brut.*104; accipite aliquid etiam ~ius. dicet se non gladiatores, sed unum gladiatorem dare *Sest.*135; hanc (philosophiam)..~iorem repertam quam ceteras *Fin.*5.96; istum enim locum totum illa uetus Zenonis breuis et..~a conclusio dilatauit *N.D.*3.22; NEP.*Dat.*6.8; iuris consultorum istae ~ae ineptiae sunt SEN.*Ben.*6.5.3; ~a..interrogatio QUINT.*Inst.*5.7.29; uides, quam ~a omnia, quam apta PLIN.*Ep.*4.27.5;—(*neut. pl. as sb.*) hic plura et ~iora dicebat CIC.*Brut.*226; (*w. abl.*) principia uerecunda..sed ~a sententiis *Orat.*124.

9 (of a distinction) Subtle, fine.

similitudines dissimilitudinesque et earum tenuis et ~a distinctio CIC.*Luc.*43.

ad, *prep.* Also **at** [cf. Umb. *ar-*, Eng. *at*] FORMS: *at* FLOR.*Epit.*1.45(3.10.21), *CIL* 4. 1880, 8.14683, 26582, 10.7570; cf. QUINT.*Inst.* 1.7.5. CONST.: w. acc.; freq. combined w. *usque*, esp. in senses 7–11; where *usque* follows *ad* immediately it is treated as a single word under ADVSQVE. Rarely followed by *-que*; CATO *orat.*31 also possibly ENN.*inc.*14, SIS. *hist.*125, V.MAX.3.7.3, *CIL* 1.1166.

A. MOTION, DIRECTION.

1 (expr. the point to which a person or thing moves) To, up to, into. **b** to the house of, to —'s; (ellipt., w. gen.) to the temple of.

~ aedis uenimus Circae ANDR.*poet.*26(28).1; amicos iit salutatum ~ forum PL.*Bac.*347; ~ quem Dio confugit CIC. *Ver.*2.24; omnis ~ portum Itium conuenire iubet CAES.*Gal.* 5.2.3; has..Lethaeum ~ fluuium deus euocat VERG.*A.*6. 749; ~ Cimbios..classe adpulsa LIV.28.37.1; (*in fig. phr.*) Daphnimque tuum tollemus ~ astra VERG.*Ecl.*5.51; (*after the acc.*) robur legionum..ripam ~ Euphratis ducit TAC. *Ann.*6.37; (*w.* -que) Illiberim ~que Ruscinonem deferimur CATO *orat.*31;—(*after nouns implying motion*) hunc ..reditu ~ Antonium prohiberi negabant oportere CIC.*Phil.* 8.32; quid uult concursus ~ amnem? VERG.*A.*6.318; (*cf.*) non locus ~ terram telis STAT.*Theb.*8.419;—(*repeated*) abi ~ forum ~ erum PL.*As.*367; ~ tumulum ~ castra..perfugiunt LIV.31.42.6;—(*coupled w.* in, domum, *etc.*) ex seruitute..reducem fecisse liberum in patriam ~ patrem PL.*Capt.*686; ~ matrem eiius deuenias domum *Cist.*301; filius..currens ~ matrem Neapolim CIC.*Att.*9.3.1. **b** eamus ~ me PL.*Mil.*1437; alterum ~ cauponem deuertisse, ~ hospitem alterum CIC.*Div.*1.57;—(*ellipt.*) cum ille dubitaret, quod ~ fratrem promiserat CIC.*de Orat.*2.27;—(*also w.* domum) cum..~ me domum uenisses *Fam.*13.7.1;— ~ Veneris profectust POMPON.*com.*133.

2 (expr. connexion or contact) On to, to; into contact with, against. **b** (w. organs of sense).

surculos uitigineos..artito ~ medullam CATO *Agr.*41.3; ~ uerbum..syllabam adiunxit CIC.*Orat.*190; nauiculam deligatam ~ ripam CAES.*Gal.*1.53.3; ~ palum deligatus LIV. 26.13.15;—flucti..taetra ~ saxa adlidere ACC.*trag.*34; cum corpora..frangeret ~ saxum VERG.*A.*3.625; exercitus.. gladiis ~ scuta concrepuit LIV.28.29.10; ~ scopulos lineam terit PLIN.*Nat.*9.182; (*cf.*) stirpes..radicesue ~ quas pede aut manu quisquam eniti posset LIV.21.36.7. **b** uox mi ~ auris uenit PL.*Rud.*234; nisi sonitus ~ artificis aures.. aequales fecerint VITR.1.1.8; nihil..non modo ~ animum sed ne ~ aures quidem admittebat LIV.25.21.7; (*ellipt.*) quis tantus clangor ~ auris? VERG.*A.*6.561;—ut quae in aqua conspiciuntur, maiora ~ oculos fiant GEL.16.18.3.

3 (expr. direction of motion) Towards; *ad omnia*, in every direction. **b** (expr. direction of aspect) towards, so as to face. **c** (expr. aim, goal, etc., in fig. phrs.). **d** (after words indicating exposure) to.

ito ~ dextram TER.*Ad.*583; altero ~ frontem sublato, altero ~ mentum depresso supercilio CIC.*Pis.*14; fax..~ columen flammato ardore uolabat *Cons.fr.*2.21; ~ Alesiam proficiscuntur CAES.*Gal.*7.76.5; stat ferrea turris ~ auras VERG.*A.*6.554; ~ laeuam uersi LIV.1.14.5; ~ stellas..talia uerba iacit OV.*Fast.*6.786; arripit..notum iter ~ Thebas STAT.*Theb.*1.101; (*cf.*) ni praecipiti iam ~ uesperum die nox interuenisset LIV.25.34.14; (*w.* uersus) Labienum..~ Oceanum uersus..proficisci iubet CAES.*Gal.*6.33.1;—incertis iactatur ~ omnia uentis *Ciris* 478. **b** huc ~ me specta PL.*Mos.*835; eam partem..~ speciem uertit nobis LUCR.5.724; eam materiam..conuersam ~ hostem collocabat CAES.*Gal.*3.29.1; VERG.*A.*12.671; ~ incertos uentos.. obliqua transferentes uela LIV.26.39.19;—(*in fig. phr.*) si ~ desiderium populi respicis SEN.*Suas.*6.4. **c** ~ summam laudem..contenderet CIC.*Phil.*14.32; mihi totum eius consilium ~ bellum spectare uidetur *Att.*15.4.1; ~ altiora et non concessa tendere LIV.4.13.4. **d** expositum nimia propinquitate ~ pericula classium externarum LIV.5.54.4; in (elephantos) ancipites ~ ictum utrimque coniciebant hastas 30.33.15; ut ~ ictum..ceruicem daret VELL.2.69.2.

4 To the presence of, before (a magistrate, etc.). **b** (in fig. phrs.) to the decision of, before.

~ plebem pergitur CAECIL.*com.*185; neque..quisquam ~ uos prodit nisi ut aliquid auferat GRACCH.*orat.*41; ~ Caesarem in ius adierunt CAES.*Civ.*1.87.2; dictator..~ milites..processit LIV.6.12.7. **b** ut..maiestatis damnati ~ populum prouocent, si uelint CIC.*Phil.*1.21; ut bellum iuberent, latum ~ populum est LIV.6.21.5; 8.33.8; 27.22.6.

5 (expr. progress towards or attainment of a condition, situation, etc.). **b** (progress to a further stage). **c** (expr. change of procedure, policy, status, etc.).

~ paupertatem protractum esse se PL.*Trin.*109; me haec deambulatio..~ languorem dedit TER.*Hau.*807; si (uerba) ~ rem conferentur, vapulabit *Eu.*742; ubi aetas accessit ~ annos XXXVI CATO *Agr.*3.1; ut..~ nihilum omnia recidant CIC.*Orat.*233; quae..proxume ~ uerum accedant *Luc.*47; res ~ paucitatem defensorum peruenerat CAES.*Gal.*5.45.1; ~ somnum si res redit atque quietem LUCR.3.910; uulneraque ~ sanum nunc coiere mea PROP.3.24.18; LIV.2.7.8; nostram festinet ~ hastam V.FL.1.270; legionem..pugnandi ardore usque ~ seditionem progressam TAC.*Hist.*2.23;—(*after adj.*) iam pridem ~ poenam exitiumque praeceps CIC.*Har.*51; SUET.*Aug.*47;—(*after noun*) aditus ~ mortem est miser *Inc.trag.*203. **b** ~ caput et ~ fontem generis utriusque ueniamus CIC.*Planc.*18; ueniamus ~ uiuos *Phil.*2.13; quando ~ me uenient? JUV.13.102;—(*ellipt.*) nunc ~ propositum CIC.*Off.*3.119; *Luc.*13; protinus ~ censum JUV.3. 140. **c** mitte ista atque ~ rem redi TER.*Ad.*185; conpeditis..panis P. V, usque adeo dum ficos esse coeperint, deinde ~ P. IIII redito CATO *Agr.*56; cum te..fortuna tua ~ otium..inuitet CIC.*Phil.*10.3; eo magis delabor ~ Clodiam *Att.*12.47.1; ~ pedes pugna abierat LIV.21.46.7; ab armis ~ uoluptates..conuersa ciuitas VELL.2.1.1.

6 (after words of urging, resorting, etc.) To (an act or policy).

harum..lacrumae..redducunt animum aegrotum ~ misericordiam TER.*An.*559; illum ~ suas condiciones perducere CIC.*Quinct.*27; ~ manendum hiems..~ fugam hortatur amicitia Gnaei *Att.*7.20.2; quod me ~ meam consuetudinem reuocas *Att.*12.28.2; illectos ~ proditionem SAL.*Jug.*47.4; omnes Etruriae populi..~ arma ierant LIV. 9.32.1; mortales solent..~ paenitendum rebus manifestis agi PHAED.5.5.3; ~ medicamentorum decurrit uim LARG. pr.p.3,l.14; arguentibus ~ perniciem plus fidei fuit TAC. *Ann.*3.49;—(*after adjs.*) ~ iniuriam tardiores CIC.*Off.*1.34; piger ad poenas princeps, ~ praemia uelox OV.*Pont.*1.2.121; —(*after nouns*) cohortationes ~ defendendam rem publicam CIC.*Top.*86; ne..hanc causam habeat ~ iniuriam *Off.*3.31; faciliore inter malos consensu ~ bellum quam in pace ~ concordiam TAC.*Hist.*1.54.

B. Limit.

7 (expr. spatial limit) As far as, to.

Auis ~ summam caudam primasque recedit pinnas Cic. *Arat.*629(383); intima pars..flagrabat ~ ossa Lucr.6.1168; Arduennam siluam, quae..ab ripis Rheni..~ Neruios pertinet Caes.*Gal.*6.29.4; sin..locus erit congesticius ~ imum Vitr.3.4.2; regiones ab oriente ~ occasum determinauit Liv.1.18.7; tonderi ~ cutem conuenit Cels.6.6.8.e; cum ~ dentem peruenit pugnus Larg.214; —(*w.* usque) prolato pede (*sc. sheet*) usque ~ scaphonem Caecil.*com.*257; Latinus ager..usque ~ Volturnum flumen plebi Romanae diuiditur Liv.8.11.13; Italiae..dextram sinuantis in undam usque canes ~, Scylla, tuos Man.4.605; Larg.230; (*cf.*) usque istuc ~ lignum dele Cato *orat.*171.

8 (expr. one limit of a series or group) Up or down to and including, to.

uolo ego hanc percontari. — a terra ~ caelum, quidlubet Pl.*Per.*604; aut a minoribus ~ maiora ascendimus aut a maioribus ~ minora delabimur Cic.*Part.*12; de seruis liberisque omnibus ~ impuberes supplicium sumit Caes. *Civ.*3.14.3; ab quindecim ~ sexaginta annos coniurant nisi uictores se non redituros Liv.26.25.11; (*w.* usque) de sceptro quod a Ioue ~ Agamemnonem usque deducit Quint.*Inst.* 9.3.57.

9 Up to or down to (a specified total or amount). **b** *ad summum*, at (the) most. **c** *ad summam*, in short, in a word.

si..ea mercatus esses..~ eam summam quam uolueram Cic.*Fam.*7.23.1; obsides ~ numerum..miserunt Caes.*Gal.* 5.20.4; si dolia..plura erunt quam ~ eum numerum Labeo *dig.*19.1.54.1; si..nomina sint ~ dotis quantitatem neque amplius Scaev.*dig.*24.3.43; (*size*) fossas..~ eandem magnitudinem perfici iubet Caes.*Civ.*1.42.1; (cedrus) crassitudinis..~ trium hominum complexum Plin.*Nat.*16.203; (*volume*) haec omnia decoquito usque ~ sextarios iii iuris Cato *Agr.*158.2; hoc decoquitur..~ dimidias Larg.65; (*price*) uolo..monumentum exstrui usque ~ quadringentos aureos Scaev.*dig.*32.1.42;—(*down to*) statuis..quid eis ~ denarium solueretur Cic.*Quinct.*17; familiam..~ paucos redactam *Marc.*10; ex sescentis ~ tris senatores.. sese redactos esse dixerunt Caes.*Gal.*2.28.2; Liv.10.6.7; pretium..frumenti minutum usque ~ ternos nummos Tac. *Ann.*15.39. **b** iterum uel ~ summum tertio hoc accepto medicamento Larg.122. **c** iurabat ~ summam..amicissimum mihi Caesarem esse debere Cic.*Att.*10.4.11; ~ summam, quaeris quid putem futurum Cael.*Fam.*8.14.4; ~ summam, sapiens uno minor est Ioue Hor.*Ep.*1.1.106; Petr.37.5.

10 To (a point of time), until. **b** (w. an occurrence or circumstance). **c** *ad extremum, ad ultimum*, to the very end.

~ hoc diei tempus dormitasti in otio Pl.*As.*253; ~ noctem multam expectasse *Rhet.Her.*4.64; ex ea die ~ hanc diem quae fecisti Cic.*Ver.*1.34; dum ero Laodiceae, id est ~ Idus Maias *Att.*6.1.24; haec ~ id tempus Caesar ignorabat Caes. *Civ.*3.79.3; ex k·ivl·~·k·ivl *Fast.Ven.*(*CIL* 1.p.66); ~ quartam iaceo; post hanc uagor Hor.*S.*1.6.122; Hannibali.. ~ multum diei in acie stanti Liv.23.16.10; quinta ab hora diei ~ noctem Tac.*Ann.*2.18; (*w. advl. exprs.*) hic manebo potius ~ meridie Pl.*Mos.*582; non duraturam bonitatem eorum (uinorum) usque ~ in eum diem quo tolli deberent Gaius *dig.*18.6.16(15). **b** uixit ~ summam senectutem Cic. *Brut.*179; me tibi ~ extremas mansurum, uita, tenebras Prop.2.20.17; ab condita urbe Roma ~ captam eandem Liv.6.1.1; quia consules..~ id locorum prospere rem gererent 25.22.1; Tac.*Ger.*37.2; *Ann.*12.38;—(*w.* usque) usque ~ hanc aetatem ab ineunte adulescentia Pl.*Trin.*301; frondem (bubus dato) usque ~ pabula matura Cato *Agr.*30; Cic.*Ver.*1.60. **c** Cic.*Caec.*46; ne sit ~ extremum Caesaris ira tenax Ov.*Pont.*1.9.28;—cum ~ ultimum perseuerasset negando Liv.3.64.11; 26.38.13.

11 Throughout, for, to the end of.

ut mihi uideamur omne iam ~ tempus..tuti futuri Cic. *Fam.*12.1.1; ~ breue quoddam tempus cura et metu.. releuati *Catil.*1.31; (bestiae) ex se natos..amant ~ quoddam tempus *Amic.*27; reposito ~ breue tempus Larg.213; quanto facilius afuturum ~ unius anni proconsulare imperium? Tac.*Ann.*3.58.

12 (expr. the limit to which a thought, action, etc. proceeds) To, to the point or pitch of; *ad quo* (= *quoad*), as far as, how far. **b** *ad unum* (*-am*), one and all; *ad assem*, to the last penny. **c** *ad prima*, in the highest degree; *ad ultimum*, utterly.

depuit me miseram ad necem Naev.*com.*134; cui nihil..intolerabile ~ demittendum animum..uideri potest Cic.*Tusc.* 4.37; donec ~ extremum crescendi perfica finem omnia perduxit Lucr.2.1116; Hispaniam..~ internecionem uastauimus Sal.*Hist.*2.98.9; potentia sua..raro ~ inpotentiam usus Vell.2.29.4; (tofacea)..~ infinitum fertilis Plin.*Nat.*17. 44; Quint.*Inst.*10.1.20; hos sectatus ~ aliquid est Cato Pompon.*dig.*1.2.2.38;—(*w.* usque) edas de alieno quantum ueis usque ~ fatim Pl.*Poen.*534; fidem socialem usque ~ perniciem suam coluerunt Liv.21.7.3;—iratus essem ~ quo liceret Afran.*com.*249; 278. **b** deletionem nostri ~ unum exercitus Lucil.823; cui sunt adsensi ~ unum Cic. *Fam.*10.16.1; de amicitia omnes ~ unum idem sentiunt *Amic.*86; omnibus nauibus ~ unam incolumibus Caes.*Civ.* 3.6.3; Liv.9.3.7;—uiatica..~ assem perdiderat Hor.*Ep.* 2.2.27. **c** flos ~ prima tenax Verg.*G.*2.134;—ne se ~ ultimum perditum irent Liv.26.27.10.

C. Position, Situation.

13 At, near, beside; (spec.) outside the walls of (Rome or other towns). **b** (ellipt.) situated at; occurring near. **c** on, against (a line or surface). **d** near, 'off' (a port or shore). **e** *ad manum*, at hand, readily available. **f** *ad aurem*, in one's ear.

tuas aerumnas, ~ portum mihi quas memorasti Pl.*Capt.* 929; emuntur ~ Rufri maceriis Cato *Agr.*22.4; cum istos libros ~ Misenum..studiosius legerim Cic.*de Orat.*2.60; dominum esse ~ uillam *Tul.*20; pontem qui erat ~ Genauam iubet rescindi Caes.*Gal.*1.7.2; obiciunt equites sese ~ diuortia nota hinc atque hinc Verg.*A.*9.379; ~ latus (*sc.* uiri) ire uolet Tib.2.6.4; Paraetonio..et Casio ~ Aegyptum lacus sunt palustres Vitr.8.3.7; in parte Italiae quae iacet ~ Alpes Liv.30.19.6; asellum liquerat ~ ripas Ov.*Fast.*6. 340; theatrvm ~ aedem apollinis..feci Aug.*Anc.*4.22; *FJRA* 3.25.7 (*SB* 3.6223); (*in fig. phr.*) Pyrrhi ~ nostros gloria fracta pedes Prop.3.11.60;—(*of battlefields*) fatum fuit..exercitum populi R. ~ lacum Trasumennum interire Cic.*Div.*2.21; nihil ~ Caudium..humanis consiliis gestum est Liv.9.9.10; quisquis ~ Troiam iacet Sen.*Ag.*514;—(*w. ellipsis of* aedem *or sim. word*) ~ Herculis, ut intro eat, nemo se excalceatur Var.*Men.*439; supplicationem ~ Vestae haberi placuit Liv.28.11.7;—(*spec.*) se..~ urbem exercitum habiturum Cic.*Phil.*3.27; Caes.*Gal.*6.1.2; ~ Vticam tum castra Scipio ferme mille passus ab urbe habebat Liv.29.34.3. **b** salicta ~ Minturnas Cic.*Agr.*2.36; —tanti ~ Pergama belli..causa puella fuit Prop.2.3.35. **c** deus ipse solem..accendit ~ secundum supra terram ambitum Cic.*Tim.*31; ~ eius..lineae..longitudinem locus quadratus..describatur Vitr.9.pr.5; facilis ~ lubrica lapsus est Fro.*Aur.*2.p.112(161N). **d** nauibus..quae stabant ~ Vticam Caes.*Civ.*2.25.6; qui ~ Aegates pugnauerunt insulas Liv.21.41.6. **e** quod cocti ~ manum fuit cibi Liv.3.23.3; habere ~ manum centuriones Tac.*Ann.* 3.33; Fro.*Aur.*2.p.158(107N); ~ manum nummos non habebam Afric.*dig.*16.1.19.5. **f** gannire ~ aurem.. dominicam Afran.*com.*283; sonas ~ aurem Mart.3.44.12.

14 On the side next to, in the direction of, *ad dextram, laeuam*, etc., on the right, left, *ad hanc manum*, on this side.

(ora) sub axe posita ~ stellas septem Acc.*trag.*566; Asia ..iacet ~ meridiem et austrum, Europa ~ septentriones et aquilonem Var.*L.*5.31; Saturno..quem..colunt ~ occidentem Cic.*N.D.*3.44; Liv.1.18.7; Plin.*Nat.*2.180;—templum Cereris ~ laeuam aspice Enn.*scen.*288; est ~ hanc manum sacellum Ter.*Ad.*576; (uillam) proxumam esse huic fundo ~ dextram *Hau.*732; Cic.*Phil.*12.26; Liv.28.5.18; (*cf.*) maris Euxini positos ~ laeua Tomitas Ov.*Tr.*4.10.97.

15 In contact with, on, at.

id (labrum) habeat ~ summum ansas iiii Cato *Agr.*154; existit tamquam ~ articulos sarmentorum ea quae gemma dicitur Cic.*Sen.*53; ~ frontem sparsos errare capillos Prop. 2.1.7; Cels.8.1.11; uinosae mordacitatis ~ linguam (*sc.* iuncus) Plin.*Nat.*21.120; Sil.10.534.

16 a At the house of, with, at —'s. **b** among, in the company of.

a ~ amicam de die potare Pl.*As.*825; ~ fabrum ferrarium ..recte seruantur Cato *Agr.*7.2; fuit ~ me sane diu Cic.*Att.* 10.4.8; ~ regem remansit Liv.24.48.9; Phaed.3.4.1; ~ qvem non ceno barbarvs ille mihi est *CIL* 4.1880. **b** quasi ~ hostis captus liber seruio Caecil.*com.*146; multum fleti ~ superos..Dardanidae Verg.*A.*6.481; si..retinerer miles ~ Indos Prop.2.9.29; Liv.1.36.5; aeternas esse animas uitamque alteram ~ manes Mela 3.19.

17 In front of, before (a judge, tribunal, etc.). **b** (w. words expr. fame, regard, etc.) among, in the eyes of.

uiri ius suom ~ mulieres optinere hau queunt Pl.*Cas.*192; causam coicere hodie ~ te uolo Afran.*com.*216; ⟨praedes⟩ ~ q(vaestorem) vrb(anvm) det *CIL* 1.582; mandata.. exponenda..aut ~ imperatorem aut ~ regem aut ~ populum aliquem a senatu Cic.*de Orat.*2.49; quis umquam ~ arbitrum, quantum petiit, tantum abstulit? *Q.Rosc.*12; patrum superbiam ~ plebem criminatus Liv.3.9.2; 24.43.2. **b** nomen ~ omnis nationes sanctum inuiolatumque Caes. *Gal.*3.9.3; Liv.3.21.4; his ut maior apud suos caritas, ita minor ~ externos gratia erat 45.31.5; hoc est ~ nostros non leue crimen auos Ov.*Tr.*2.472.

18 At, before (and taking part in an implied activity). **b** (mil.) *ad legionem, ad exercitum*, in or with the army, on active service; formed on (a standard); hence, *ad Martia signa*, on active service; *ad locum*, at duty stations. **c** in the army of.

destituit omnes seruos ~ mensam ante se Caecil.*com.* 195; ~ uinum diserti sint Cic.*Cael.*67; Spartae..pueri ~ aram sic uerberibus accipiuntur *Tusc.*2.34; ~ pii rogum fili lugetur Catul.39.4; 'bene Messallam' sua quisque ~ pocula dicat Tib.2.1.31; eos sub uno tecto esse atque ~ eosdem penates Liv.28.18.2; cum desederint ~ sellam Larg.227; ~ aerarivm apparere oportet *CIL* 1.587.1.23; **b** quae illi ~ legionem facta sunt memorat pater Pl.*Am.* 133; totam hiemem..~ exercitum manere Caes.*Gal.*5.53.3; Liv.24.9.9;—eos qui ~ prima signa erant auertit 27.1.11;— ~ Martia signa..a rigido teritur centurione liber Mart. 11.3.3;—ut ~ locum miles esset paratus Liv.27.27.2;—(*cf.*) paucis ~ arma et ordines relictis dilapsi ceteri 37.20.5. **c** qui primum pilum ~ Caesarem duxerat Caes.*Gal.*6.38.1.

19 a At, on (an implement, instrument, etc.). **b** by the light of.

a ut incipiebat Princeps ~ baculum ingredi Phaed.5.7. 17; suam..imaginem ~ speculum (pinxit) Plin.*Nat.*35.147. **b** hanc scripsi..~ lychnuchum ligneolum Cic.*Q.fr.*3.7.2; seros hiberni ~ luminis ignis peruigilat Verg.*G.*1.291; messae ~ lunam..herbae *A.*4.513; Hor.*S.*2.8.32; ~ funalem cereum..domum reuerti solitus est V.Max.3.6.4; Phaed.4.11.2; Juv.10.21; ~ lunae splendorem..cognitos Apul.*Met.*6.29; (*cf.*) extinctam liceat quid ~ lucernam Mart.12.43.10.

20 a (w. numbers) Round about, approaching, approximately. **b** up to in quality or degree, approaching.

a ~ quadraginta fortasse eam posse emi minimo minis Pl.*Epid.*296; actuarias ~ uiginti nauis..incendunt Sis. *hist.*39; sane frequentes fuimus, omnino ~ cc Cic.*Q.fr.*2.1.1; occisis ad hominum milibus quattuor Caes.*Gal.*2.33.5; ad locum, qui est ab ostio ~ milia clx Vitr.8.3.11; ~ uiginti matronis..accitis Liv.8.18.8; arbori altitudo ~ quinque cubita Plin.*Nat.*12.67; Tac.*Hist.*1.63. **b** quaero..alterum ~ istanc capitis albitudinem Pl.*Trin.*874; uestitus comitatusque ~ uix priuati modice locupletis habitum Liv.38.14.9; resinae terebenthinae ~ nucis iuglandis magnitudinem simul incocuntur Cels.5.24.2; diluculum..gelidum, ~ Algidum maxime Aur.*Fro.*1.142(31N); (*cf.*) quae..corpora ..quasi proxima sunt ~ uiris principiorum Lucr.2.135.

21 On, in, at, towards (a point of time). **b** (w. an occurrence indicating the time). **c** *ad diem*, on the right day, promptly; *ad tempus*, in time. **d** *ad extremum, ad postremum, ad ultimum*, lastly, in the end.

~ noctem..intromittar domum Pl.*Men.*965; ~ uer diffundito in amphoras Cato *Agr.*105.2; eandem ~ quartam (*sc.* horam) Lucil.572; si accelerare uolent, ~ uesperam consequentur Cic.*Catil.*2.6; si ~ constitutam diem decedemus *Fam.*2.11.1; ~ idem forte tempus..accessit Liv.35.37.3; opperiri debere tempus suum, ~ quod..prosiliat Sen.*Ben.* 2.25.3; (*after* qui) tibi..est olim dies, quam ~ dares huic, praestituta Ter.*Ph.*524;—(*w.* hoc, id) te ~ hoc noctis natare tantum profundi Fro.*Aur.*1.p.222(51N); accipiebat nos..~ id diei, ubi iam uesperauerat Gel.17.8.1. **b** cum combiberint oculi ~ singulas iunctiones Larg.20; quod.. ~ cantum galli facit Juv.9.107; aelurorum..oculi ~ easdem uices lunae aut ampliores fiunt aut minores Gel.20.8.6; (*in a speech*) ~ extremam orationem confirmatis militibus Caes.*Gal.*7.53.1. **c** Cic.*Ver.*2.5; quae omnia ab his diligenter ~ diem facta sunt Caes.*Gal.*2.5.1; quod stipendium serius quam ~ diem praestaret Liv.42.6.6;— accurrunt..~ tempus tutores Cic.*Ver.*1.141; *Att.*5.9.2; ut Puteolos excurrere possem et ~ tempus redire 13.45.2. **d** ~ postremum nihil apparet: male partum male disperit Pl.*Poen.*844; Cic.*de Orat.*2.79; ~ extremum tamen agris expulsi Caes.*Gal.*4.4.1; plurimae turbae, seditiones et ~ postremum bella ciuilia Sal.*Hist.*1.12; solue senescentem.. equum, ne peccet ~ extremum ridendus Hor.*Ep.*1.1.9; cessit ~ ultimum maiestati consulis tribunus et destitit Liv.3. 10.3; Tac.*Ann.*13.22; (*cf.*) ~ postrema cantus..(Arion) iecit sese procul in profundum Gel.16.19.15.

22 At the end of (a period of time), after.

comissatum omnes uenitote ad me ~ annos sedecim Pl. *Rud.*1422; feruit aqua et feruet, feruit nunc, feruet ~ annum Lucil.357; Cic.*Att.*12.46.1; ~ decem milia annorum gentem aliquam urbe nostra potituram *Tusc.*1.90; faciamus ~ annum..grandia liba Pali Ov.*Fast.*4.775; si..seruum tuum ~ certum tempus statuliberum relinquere uis Labeo *dig.*40.7.41; Julian.*dig.*40.4.18.2.

D. Addition, Increment, Application.

23 (w. vbs. of adding, associating, etc.) To; (ellipt.) in addition to, along with. **b** *ad hoc* or *haec*, in addition to this or these, besides, moreover; *ad id*, in addition to this or to the fact (that).

id ponito ~ compendium Pl.*Cas.*517; adde ~ istam gratiam unum *Trin.*385; si ~ grauem ualetudinem labor accessisset Cic.*Phil.*9.2; ne quid mihi ~ hanc prouinciam.. temporis prorogetur *Fam.*15.14.5; ~ haec peditum auxilia additi equites Liv.21.22.3; 28.12.7; (*cf.*) complecti uis amplissimos uiros ~ tuum..scelus Cic.*Pis.*75;—~ hanc mortem repentinam..omnia praeterea..indicia et uestigia ueneni in illius mortuae corpore fuerunt *Clu.*30; ~ loci angustias..genus armorum..hosti aptius erat Liv.32.17.12; sanguinem ~ urinam reddentes Larg.93. **b** praeclara facies, magnae diuitiae, ~ hoc uis corporis Sal.*Jug.*2.2; illud ~ haec iubeo Hor.*S.*2.5.70; cum mille equitibus..~ hoc elephantis duobus et uiginti Liv.42.62.2; Tac.*Ann.*15.38; —~ id pastores quoque accesserant Liv.1.6.3; ~ id, quod ..aestu trahebatur aqua, acer etiam septentrio ortus.. stagnum eodem..ferebat 26.45.8.

24 (w. vbs. of giving, surrendering, condemning, etc.) To, into the hands of. **b** (w. vbs. of ascribing, attributing, etc.) to. **c** *attinere* or *pertinere ad*, to be of concern to; *quod attinet*, etc., *ad*, as far as concerns: see attineo, pertineo; (also w. other verbs of sim. sense, or ellipt.); *quantum ad*, as far as . . . is concerned.

in seruitutem pauperem ~ ditem dari Ter.*Ph.*653; uoluntas uostra si ~ poetam accesserit 29; ~ praetores.. uinum honorarium dabant Cato *orat.*73; honos ~ patrem, insignia honoris ~ te delata sunt Cic.*Sul.*50; ab Sidicinis deditio prius ~ Romanos coepta fieri est Liv.8.2.6; dispensatorem ~ bestias dedit Petr.45.8;—(*to a condition*) ~ inertiam..pessum datus est Sal.*Jug.*1.4; ~ mortem si te.. prodiderim Verg.*A.*12.41. **b** origines suas..~ deos referre auctores Liv.pr.7; decus..~ seruum..delegat 21.46. 10; (*cf.*) eosdem illos sermones ~ Catonem Brutumque transtuli Cic.*Att.*13.16.1. **c** quid id ~ me aut ~ meam rem refert? Pl.*Per.*513; nil ~ hanc rem est Ter.*Ph.*861; rebus quae..adfectae sunt ~ id de quo quaeritur Cic.*Top.*8; magni ~ honorem nostrum interest *Fam.*16.1.1; quid refert? nihil ~ auspicia *Div.*2.72;—nihil ~ me Lucil.378; quod ~ loca quaeque his coniuncta fuerunt dixi Var.*L.*5.57; quorum consilium quale fuerit, nihil sane ~ hoc tempus Cic.*de Orat.* 2.5;—(*interr.*) hae quid ~ me? Pl.*Per.*497; Cic.*Dom.*21; Catul.10.31; gaudeat an doleat, cupiat metuatne, quid ~ rem? Hor.*Ep.*1.6.12;—quantum ~ Pirithoum, Phaedra pudica fuit Ov.*Ars* 1.744; quantum ~ te, redii *Pont.*2.8.11.

25 (indicating a change of allegiance) To the side of, over to.

ut possit aliquis suspicari C. Verrem..~ nobilitatem.. transisse Cic.*Ver.*1.35; qui se ~ senatus auctoritatem.. contulerunt, hostem illum..patriae reliquerunt *Phil.*4.5; Boios..receptos ~ se socios sibi asciscunt Caes.*Gal.*1.5.4; ab hoc..uiro..desciit ~ regemque transiit Nep.*Dat.*7.1; Liv. 6.20.3; defectionis ab Romanis ~ Hasdrubalem 28.10.5.

26 Into the control or possession of. **b** *ad se redire*, to come to one's senses; *ad se recipere*, to take upon oneself.

cum ~ te redierit res..post mortem patris Turp.*com.*193; nonne ~ seruos uidetis rem uenturam fuisse? Cic.*Sest.*47; ab consulibus ~ decemuiros..translato imperio Liv.3.33.1; filius, ~ quem codicillus factus est Marcel.*dig.*29.7.19. **b** expulit elleboro morbum..et redit ~ sese Hor.*Ep.*2.2.

138;—tute unus si recipere hoc ~ te dicis Pl.*Mil.*229; Ter. *Hau.*1056; recepta..~ se prope omnium officiorum cura Suet.*Tit.*6.

27 (indicating addressee, or recipient of information, etc.). **a** (after words of speaking and sim.) To. **b** (ref. to a book, letter, etc.) written or dedicated to. **c** (of other communications).

a ~ me magna nuntiauit..gaudia Pl.*Truc.*702; si ~ saxa et ~ scopulos haec conqueri ac deplorare vellem Cic.*Ver.* 5.171; canet frondator ~ auras Verg.*Ecl.*1.56; ~ duram uerbis mollibus usus erat Ov.*Fast.*6.120; (*ellipt.*) magistratus ..adsurgit et ~ populum talia Apul.*Met.*3.8;—(*w. nouns*) haec nec hominis nec ~ hominem uox est Cic.*Lig.*16; nullis uerborum contumeliis parcere de uiro ~ fratrem, de sorore ~ uirum Liv.1.46.7;—(*cf.*) dulce rideat ~ patrem Catul. 61.212. **b** historiam..scribis ~ amores tuos Lucil.612; ~ Brutum nostrum..epistulas scripsi Cic.*Att.*14.17.4; in eo libro quem ~ C. Lucilium scripsit poetam *Luc.*102; Volturcio litteras ~ Catilinam dat Sal.*Cat.*44.4; proximum est lyricum carmen ~ Septimium Seuerum, Stat.*Silv.*4.pr.; extremas preces P. Quirinio..~ principem mandauit Tac. *Ann.*2.30; Suet.*Tib.*70.2; (*ellipt.*) exemplum epistulae Balbi ~ me et Caesaris ~ eum Cic.*Att.*9.14.1. **c** conferunt consilia ~ adulescentes Ter.*Hau.*474; nilne ~ te de iudicio armum accidit? Pac.*trag.*34; ecquid ~ eum umquam de re publica rettulisti? Cic.*Phil.*2.14; ~ consilium rem deferunt Caes.*Gal.*5.28.2; (*after* qui) senatus quos ~ soleret referendum censuit Cic.*N.D.*2.10; (*ellipt.*) res ~ senatum *Att.* 4.17.3(16.6).

28 (after words denoting application or attention) To.

ubi..causas multas dixit, ~ rationem operum..uilicum reuoca Cato *Agr.*2.2; me..~ eundem, quem Romae audieram, Molonem applicaui Cic.*Brut.*316; cum respectum ~ senatum et ~ bonos non haberet *Phil.*5.49; ~ quas (*sc.* rationes) ego nihil adhibui praeter lectionem *Fam.*5.20.2; ~ famam intentus hostium Liv.9.41.10; suam ~ id curam pollicitus est Tac.*Ann.*1.81.

E. Response, Opposition, Dealing with.

29 In reply to. **b** on the subject of.

quid ~ haec respondere cogitas? Cic.*Ver.*3.169; ~ istam omnem orationem breuis est defensio *Cael.*9; mea..~ omnia postulata una sententia *Phil.*12.28; ~ Epicuri consolationem satis est ante dictum *Tusc.*3.79; cras scribam plura et ~ omnia *Att.*9.10.8; cum ~ nomen nemo responderet Liv.2.28.6; ~ haec a consulibus rescriptum 22.33.10; reddidit ~ nostros talia uerba sonos Ov.*Pont.*3.2.42; ~ ea Caesar ueniam ipsique et coniugi..tribuit Tac.*Ann.* 12.37;—(*ellipt.*) habes ~ omnia Cic.*Att.*5.4.4; Turnus ~ haec Verg.*A.*12.631. **b** argumenta dum dico ~ hanc rem Pl.*Mos.*99; dixi ~ ea omnia..de quibus rettulistis Cic.*Phil.*5.53; ~ haec..cogita..uel potius excogita *Att.* 9.6.7; Prop.2.13.42; in libris, quos ~ praetoris edictum scripsit Gel.13.10.3.

30 In dealing with, in face of, to.

~ mandata claudus, caecus Pl.*Mer.*630; nouisti ~ has res quam sit perspicax Ter.*Hau.*370; ipsi illi C. Mario qui durior ~ haec studia uidebatur iucundus fuit (poeta) Cic. *Arch.*19; ~ ista obduruimus *Att.*13.2.(1); perdit et immutat sensus ~ pristina quaeque Lucr.5.1415; cupiditate atque amore, quae maxime ~ muliebre ingenium efficaces preces sunt Liv.1.9.16; ~ omnia interritus Curt.4.10.4; Tiburtini (lapides), ~ reliqua fortes, uapore dissiliunt Plin.*Nat.*36. 167; Tac.*Hist.*2.35.

31 In opposition to, against.

~ bestias depugnare se locauit *Leg.pub.*20(*Font.iur.*p.111); nec quem dolum ~ eum..commoliar scio Caecil.*com.* 207; quod iter adfectet uidetis, ~ fidem, ~ ius iurandum, ~ iudicia uestra Cic.*S.Rosc.*140; bonum ~ uirum cito moritur iracundia Pub.*Sent.*B.31; arma deus Caesar dites meditatur ~ Indos Prop.3.4.1; ut ~ omnes hostium motus posset occurrere Liv.28.5.16.

32 In preparation for, in expectation of; to deal with.

uenimus coctum ~ nuptias Pl.*Aul.*429; munio me ~ haec tempora Cic.*Fam.*9.18.2; ~ hos omnis casus prouisa erant praesidia Caes.*Gal.*7.65.1; repostum Caecubum ~ festas dapes Hor.*Epod.*9.1; Prop.4.5.47; Ov.*Am.*1.6.19; taciti.. sedent ~ iussa ministri V.Fl.1.689; Mart.14.130.2; o homines ~ seruitutem paratos! Tac.*Ann.*3.65;—summum uirum saepe ~ extrema rei publicae discrimina delectum Cic.*Dom.*24; ~ hunc tumultum accitus Liv.4.50.4.

33 (expr. occasion or cause) At, in response to; at the sight of; at the thought of. **b** as a (physical) result of, on or by the application of.

~ singulos..nuntios..consilia mutat Pol.*Fam.*10.32.1; uenales..~ munus amicae Prop.2.16.21; talia demissae pallent ~ sacra puellae 4.8.9; ~ primum conspectum redeuntis filii gaudio..exanimatam Liv.22.7.13; 33.7.2; stetit ~ modos (*sc.* Orphei) torrentis rapidi fragor Sen. *Her.O.*1036; expauescere ~ nocturnas imagines Plin.*Nat.* 29.67; Tac.*Hist.*2.68; Juv.13.223; o celeres ~ mala vota dei *CIL* 10.7570;—trepidante tota ciuitate ~ excipiendum Poenum uisendumque Liv.23.7.10; cum..timidus fuerit ~ sectionem Larg.229;—freta..~ subitam stupuere ratem V.Fl.4.712. **b** surgentem ~ Zephyrum paleae iactantur inanes Verg.*G.*3.134; (nebula) dilabente ~ primum teporem solis Liv.41.2.4; dicunt laudes ~ tua uina tuas Ov.*Tr.*5.3.4; Sen.*Nat.*2.6.3; ne ~ tactum diffugiant (apes) Col.9.9.8; quaedam..terrae ~ ingressus tremunt Plin.*Nat.*2.209; si ~ hos (*sc.* cibos) non responderit curatio Larg.pr.p.3,l.13; Stat.*Silv.*2.1.106.

F. Accordance, Comparison, Standard.

34 In obedience to, in accordance with. **b** so as to suit, to conform to.

~ tua praecepta..nihil his nouom adposiui Pl.*Mil.*905; hanc..~ legem..formanda nobis oratio est Cic.*de Orat.*3. 190; ne totum edictum ~ Chelidonis arbitrium scriptum uideretur *Ver.*1.106; in rebus prosperis et ~ uoluntatem nostram fluentibus *Off.*1.90; cuius ~ arbitrium quoque copia materiai cogitur Lucr.2.281; uerna ministeriis ~ nutus aptus erilis Hor.*Ep.*2.2.6; Tib.2.3.79; parum ~ regulam artis grammaticae Vitr.1.1.18; Liv.21.21.8. **b** ~ pudicos mores facta haec fabula est Pl.*Capt.*1029; corrigimus..~ consuetudinem communem Var.*L.*9.9; quae..uita maxime est ~ naturam Cic.*Att.*4.18.2; format..nos intus ~ omnem fortunarum habitum Hor.*Ars* 108; uasa aerea..~ symphonias musicas..componuntur Vitr.1.1.9; Papirio..breui ~ spem euentus respondit Liv.9.15.3; Tac.*Ann.*12.18; Plin.*Ep.*4.27.5; nil..simulabitur, omnia fient ~ verum Juv.6.325.

35 So as to agree with, according to, by (a specified standard). **b** so as to match (in size, number, quality, etc.), in proportion to; *ad portionem*, proportionately.

columellam ferream..rectam stare oportet in medio ~ perpendiculum Cato *Agr.*20; Cic.*Ver.*1.133; meas cogitationes sic dirigo, non ~ illam paruulam Cynosuram..sed Helicen et clarissimos septentriones *Luc.*66; ut..suo pondere ~ paris angulos in terram..ferantur *Tusc.*1.40; conlocatur ~ libellam marmoreum amusium Vitr.1.6.6; nauigantibus ~ aliquod sidus derigendus est cursus Sen.*Ep.* 95.45; Larg.73; annum ciuiliter non ~ momenta temporum sed ~ dies numeramus Paul.*dig.*50.15.134. **b** an hanc analogian ~ diem seruant, ~ mensem non item? Var.*L.* 9.26; quod plus permutasti quam ~ fructum insularum Cic. *Att.*16.1.5; turris ~ altitudinem ualli..facere Caes.*Gal.* 5.42.5; praemia ~ ueram meritorum aestimationem tribui Liv.28.16.10; (medicamentum) datur..~ cuiusque uires Larg.106;—satiant equos denae librae et ~ portionem minora animalia Plin.*Nat.*13.133.

36 After (a pattern, example, fashion, etc.); in (a manner or way); *quem ad modum*, see also quemadmodum. **b** (expr. a meaning, interpretation, etc.) as, in. **c** *ad uerbum*, word for word; *ad nomen*, by name.

~ istam faciem est morbus qui me..macerat Pl.*Cist.*71; ~ Graecorum consuetudinem disputasse Cic.*de Orat.*2.13; neque facta manu sunt unius ~ certam formam Lucr.2.379; ~ speciem sideris in orbem fulgentis spargens radios Plin. *Nat.*37.181; fruges nostrum ~ morem praeterque eas.. palmae Tac.*Hist.*5.6; ~ exemplum emptae et uenditae hereditatis Gaius *Inst.*2.257;—conseruis ~ eundem istunc praecipio modum Ter.*Ad.*424; qui ~ hunc modum locuti Caes.*Gal.*2.31.1; (*cf.*) qui pignori dedit, ~ usucapionem tantum possidet Javol.*dig.*41.3.16. **b** ~ contumeliam omnia accipiunt magis Ter.*Ad.*606; id..non [~ perniciem, uerum ~ salutem interpretamur Cic.*Scaur.*30; haec scribunt ..~ laudem *Fat.*10; ~ auspicium et praesagium futurae ultionis trahebatur Tac.*Ann.*15.74. **c** ~ uerbum ediscendus libellus Cic.*Luc.*135; Quint.*Inst.*10.6.4; Plin.*Ep.* 9.36.2; cuius..ex oratione..~ uerbum nonnulla transtulit Suet.*Jul.*55.2;—sidera ~ nomen expungere Plin.*Nat.*2.95.

37 In point of, in respect of (a quality); (gram.) in relation to.

nihil mihi ~ existimationem turpius..accidere posse Cic. *de Orat.*2.200; insignis ~ deformitatem puer *Leg.*3.19; modestus ~ alia omnia, nisi ~ dominationem Sal.*Hist.*2.17; si..carmina..~ Priami uera fuere caput Prop.4.1.52; uirum..~ cetera egregium Liv.37.7.15; exacta aetate feminas, uilis ~ praedam Tac.*Hist.*3.33; Plin.*Ep.*9.13.8; ~ neutrum ei repudiatio nocebit Ulp.*dig.*29.2.17.1;—illud nomen positum, hoc ~ aliquid esse contendunt Quint.1.6. 13.

38 In terms of, by the standard of. **b** in comparison with, measured against.

omnia ~ uoluptatem corporis doloremque referens Cic. *de Orat.*1.226; est enim (*sc.* mea pecunia) ~ uolgi opinionem mediocris, ~ tuam nulla, ~ meam modica *Parad.*47; cum plurima ~ alieni sensus coniecturam, non ~ suum iudicium scribantur Caecin.*Fam.*6.7.4; Nep.*Ep.*2.3; nolite ~ uestras leges..exigere ea, quae Lacedaemone fiunt Liv.34.31.17; Ov.*Ars* 2.502; ~ legem innocens est Sen.*Con.*10.5.15; principatus tuus ~ gustum exigitur Sen.*Cl.*1.1.6. **b** ~ tuam formam illa una dignast Pl.*Mil.*968; hominem? quid ~ aurum? Lucil.559; ut in aetate puer ~ senem, puella ~ anum Var.*L.*8.25; nihil ~ tuum equitatum Cic.*Deiot.*24; Lucr.6.679; uti crassitudines earum sint partis octauae ~ altitudines Vitr.3.3.10; Liv.22.22.15; (*cf.*) similitudinem (habere)..cubiculum ~ equile Var.*L.*8.29.

39 In time with, to the sound of (music, etc.); *ad numerum*, rhythmic(ally).

Nerei simum pecus ludens ~ cantum Andr.*trag.*6; ~ praeconem et ~ tibicinem immolabantur Cic.*Agr.*2.93; *Leg.*2.62; ~ strepitum citharae Hor.*Ep.*1.2.31; Phrygis insanos caeditur ~ numeros Prop.2.22.16; ~ manum cantari histrionibus coeptum Liv.7.2.10; Trimalchio ~ symphoniam allatus est Petr.32.1;—uerborum quasi structura et quaedam ~ numerum conclusio Cic.*Brut.*33; *Orat.*59.

G. Function, Purpose, Result.

40 (ref. to a task or activity) To take part in, to, for. **a** (after words expr. motion). **b** (after other words).

a ut ~ censum nemini necessus sit uenire Scip.min.*orat.*7; putatur ~ bellum Parthicum esse uenturus Cic.*Att.*6.1.3; si ~ comitia ipse uenire Romam non posset Liv.27.29.5; donec..grex..concurrat ~ oscula Pollae Stat.*Silv.*3.1.179; cum Metellus dimicasset, ~ uictoriam Mummius uenit Flor.*Epit.*1.32(2.16.4);—(*w. activity implied*) iamne iit ~ legionem? Pl.*Truc.*508; legatum..~ exercitum misit in locum..praetoris Liv.27.6.1. **b** unum..~ id bellum imperatorem deposci Cic.*Man.*5; ~ obsignandum tu adhibitus non sine causa uideris *Att.*14.3.2; dimissos ~ iter se comparare.. iubet Liv.28.33.1; Natalis particeps ~ omne secretum Pisoni erat Tac.*Ann.*15.50; (*cf.*) me ~ se ad prandium, ad cenam uocant Pl.*Mil.*712;—(*w. activity implied*) accinge ~ molas Pompon.*com.*66; seruos ~ remum..dabamus Liv. 34.6.13.

41 (indicating the goal of an inclination or tendency) To, towards, for.

ingenio egregio ~ miserias natus sum Ter.*Hau.*420; populi Romani..~ communis fortunas conseruandas uoluntate Cic.*Catil.*4.14; paulo ~ lenitatem propensior *Mur.* 64; ~ spem libertatis exarsimus *Phil.*4.16; quidnam Pompeius propositi aut uoluntatis ~ dimicandum haberet Caes.*Civ.*3.84.1; inclinata magis plebe ~ id consilium Liv. 5.49.8; auidas ~ futile uotum spes iuuenis frenare parat Sil.10.339; Tac.*Hist.*2.27.

42 For, at, in (an employment or function). **b** (after words expr. suitability, usefulness, adequacy, etc.).

tu poeta es prosus ~ eam rem unicus Pl.*As.*748; ~ cubituram..magis sum exercita fere quam ~ cursuram *Cist.*379; ut potior sit qui prior ~ dandumst Ter.*Ph.*533; homine ~ excogitandum acutissimo, ~ audendum impudentissimo Cic.*Clu.*67; sobrius ~ lites Prop.4.2.29; animo ~ contumeliam inexperto Liv.6.18.4; 26.47.2; rudis.. miles ~ arma Ov.*Pont.*3.4.32; reliqui sudant ~ bella Furores Stat.*Theb.*9.833; Quint.*Inst.*11.2.29; prosperis Vitellii rebus certaturi ~ obsequium Tac.*Hist.*2.97; formonsa nec Herculis uxor ~ cyathos Juv.13.44; otio ~ laborem abuti Fro.*Ver.*2.p.210(207N). **b** inutiles et ~ pudicitiam et ~ rem tutandam Ter.*An.*288; neque ~ auxilium copiam (habeo) 320; stercus ouillum..est optimum ~ eam rem Cato *Agr.*161.4; ~ instituendos adulescentulos magis aptum Cic.*de Orat.*2.117; uisum est hoc mihi ~ multa quadrare *Att.*4.19.2(18.3); ~ sensum quae corpora conueniebant Lucr.4.668; cohortis.. minime firmas ~ dimicandum Caes.*Gal.*7.60.2; gentis ~ furta belli peridoneae Sal.*Hist.*1.112; nobis ~ belli auxilium ..exiguae uires Verg.*A.*8.472; quae ~ bellum opus erant Liv.27.10.11; ~ cetera loco opportuno 30.29.9;—(*in advl. const.*) breuiter et ~ utilitatem adcommodate causae describitur *Rhet.Her.*2.17; loquamur..~ rerum dignitatem apte Cic.*de Orat.*1.144;—(*w.* satis) dies..mi ut sati' sit uereor ~ agendum Ter.*An.*705; Cic.*Quinct.*68; Caes.*Gal.* 4.19.4.

43 Towards the attainment of, in the direction of. **b** (after words expr. difficulty, etc.) for.

quin eum restituis, quin ~ frugem corrigis? Pl.*Trin.*118; omnes homines ~ suom quaestum callent *Truc.*932; nil aderat adiumenti ~ pulchritudinem Ter.*Ph.*105; animum ~ uirtutem..confirmauit *Rhet.Her.*4.31; plurimum..auctoritatis habere ~ probandum Cic.*Ver.*3.209; enitamur ut aliquid ~ id quod cupio excogitemus *Att.*12.42.2; multis rebus laetus annus uix ~ solacium unius mali..sufficit Liv. 10.47.6; huius amentia ~ perniciem tantum ipsius ualuit 25.29.7; ~ iudiciorum euentus pollere Plin.*Nat.*28.114. **b** difficillima ~ portandum loca Cic.*Ver.*3.190; neque loculetibus ~ sua..tenenda..obsit inuidia *Off.*2.85; magno ~ pugnam erat impedimento Caes.*Gal.*1.25.3; (uino) ~ laborem ferendum remollescere homines 4.2.6; cuicumque.. deest aliquid ~ bonum Sen.*Ep.*92.29.

44 For the purpose of, to be used for. **b** (med.) for the treatment or cure of, for. **c** *ad tempus*, for the occasion; *ad praesens*, for the present.

(*after words of giving, etc.*) operam meam..hodie locaui ~ artis nugatorias Pl.*Trin.*844; pecuniam..datam ~ frumentum Cic.*Ver.*3.164; Caes.*Civ.*2.32.14; ~ somnos.. praebere cubile Luc.4.603; datae ~ id uires Tac.*Ag.*38.4; (*cf.*) mvlsvm et crvstlvm mvlieribvs vicanis ~ bonam deam..dedimvs *CIL* 11.3303;—(*after other words*) lora retinacula..~ aratrum Cato *Agr.*135.5; denarii treceni ~ statuam praetoris imperati sunt Cic.*Ver.*2.137; aquam poposcit ~ manus Petr.27.6; factae..~ rura bipennis, Sil.8.550. **b** (murta) est ~ aluum crudam Cato *Agr.*125; hoc inuenisse unum ~ morbum illum Lucil.803; si quis medicamentum cuipiam dederit ~ aquam intercutem Cic. *Off.*3.92; ~ pedum dolores..membranulam inlitam imponebat Cels.5.18.34; hysopi fasciculus..decoquitur ~ tussim Plin.*Nat.*26.31; non facit ~ stomachum..tuum Mart.10.45.6; ad iecur et lienem prodest Larg.260; (*w. noun*) ille tenet medicas artes ~ membra ferarum Man.5. 354; (*w. adj.*) malagma ~ strumas..mirificum Larg.82. **c** Cic.*Planc.*74; ~ tempus consilium capiam Planc.*Fam.* 10.9.3; potueritne sine illo uiscere hostia uiuere an ~ tempus amiserit Plin.*Nat.*11.186;—non solum ~ praesens perfugium Cic.*Fam.*12.8.1; ~ praesens nominibus tantum indicabuntur Plin.*Nat.*13.3.

45 With a view to achieving, acquiring, or bringing about, for.

(*after words expr. motion*) aduolarat..~ direptionem pestemque sociorum Cic.*Phil.*10.12; regressi ~ faciliores ictus loco cedebant Sal.*Hist.*inc.4; Tarpeias Diodorus ~ coronas Romam cum peteret Mart.9.40.1; (*gdve.*) cum ~ uim faciendam ueniretur Cic.*Caec.*45; legati..~ dedendas urbes uenerunt Liv.37.44.4;—(*after other words*) ~ eam rem facere uolt nouom gynaeceum Pl.*Mos.*759; ne nos ~ certationem censeas haec incepisse Quad.*hist.*59; hoc simulat ~ quasdam senatorum sententias Cic.*Att.*9.9.3; ~ uolubilitatem rotundauit *Tim.*35; a nobis ~ societatem, ab illis ~ praedam peteris Sal.*Hist.*4.69.16; quos instructos ~ hoc Hannibal tenuerat Liv.25.11.5; Ov.*Fast.*2.282; singulis uestibus ~ uerecundiam uelati Tac.*Ann.*16.11; (+*gdve.*) relictum..~ tribunicias seditiones comprimendas Liv.5.2. 13; quod..in imo subsederit, ~ semen reseruandum Col. 2.9.11; (*ellipt.*) Nomentanus ~ hoc, qui si quid forte lateret ..monstraret digito Hor.*S.*2.8.25; (*cf.*) deis ~ uenerationem aduocatis Var.*R.*1.1.7.

46 So as to produce or promote.

omnia quae ~ deum pacem oportet adesse Pl.*Poen.*254; quae resecanda erunt non patiar ~ perniciem ciuitatis manere Cic.*Catil.*2.11; ~ communem salutem dignitatemque consentiunt 4.15; ~ innocentium periculum tempus illud exarserat *Rab.Post.*13; pestis ac belua..quales fretum ..~ perniciem nauigantium circumsedisse fabulae ferunt Liv.29.17.12; proditores ferre arma ~ suum patriaeque seruitium incusabantur Tac.*Ann.*4.48; si separari non possint sine magno incommodo uel ~ pietatis rationem offensam Ulp.*dig.*21.1.35.

ad- *prefix.* [prec.] Forms: Before words beginning with *c*, *f*, *g*, *l*, *n*, *p*, *s*, *t* assimilation commonly takes place (*acc-*, *aff-*, *agg-*, etc.);

adq- is often written as *acq-*, and *amm-* for *adm-* is found in codd.; before *sc*, *sp*, *st* the *d* is often dropped (*asc-*, *asp-*, *ast-*), also before *gn* (*agn-*). In early Latin the form *ar-* is found (*aruorsum*, *arfuisse*, etc.).

ad- is usually combined with vbs. or vbl. derivatives and adds one or more of the senses of the preposition, e.g. motion to or against (*adeo*, *aggredior*) or to oneself (*accipio*), direction towards (*adverto*), placing on or against (*acclino*, *alligo*), reaching (*aduenio*, *attingo*), nearness or presence (*adsum*, *alluo*), attention, response, etc. (*admiror*, *adnuo*), adjustment (*adapto*, *assuesco*), inception (*adedo*, *aduro*), intensification (*adamo*, also the advs. *apprime*, *affabre*).

adactiō ~ōnis, *f.* [ADIGO+-TIO] The action or process of administering (an oath).
id ex uoluntario inter ipsos foedere ad tribunos ac legitimam iuris iurandi ~ionem translatum LIV.22.38.5.

adactus ~ūs, *m.* [ADIGO+-TVS³] Thrust.
transuersa feros exibant dentis ~us iumenta LUCR.5.1330.

Adadus ~ū, *m.* The Syrian god Hadad; *~u digitus*, *nephros* (*renes*), *oculus*, various unknown gems.
membris corporis habent nomina (gemmae)..~u nephros siue renes, eiusdem oculus, digitus PLIN.*Nat.*37.186.

adaequē, *adv.* [AD-+AEQVE]

1 Equally, to the same extent, as, so.
(*w. adjs. or sbs.*) alii, quos incunctanter ~ latrones arbitrarere APUL.*Met.*4.8; quidam colonus partem uenationis..cerui..femus domino illi suo muneri miserat, quod..canis ~ uenaticus..inuaserat 8.31; (*foll. by* atque, ut) nulla ~ est Accherus atque ubi ego fui, in lapicidinis PL.*Capt.*999; neque munda ~ es, ut soles *Cist.*55;—(*w. abl. of comparison*) neque est..me senex quisquam amator ~ miser *Cas.*685; quo nemo ~..est habitus parcus *Mos.*30; (*pleon. w. compar.*) qui homine ⟨homo⟩ ~ nemo uiuit fortunatior *Capt.*828; (*ellipt.*) pacis artibus uix quisquam Traiano ad populum, si qui ~, acceptior extitit FRO.*Ver.*2.p.216 (210N);—(*w. vbs.*) numquam..ullo die risi ~ PL.*Cas.*857.

2 Also, likewise.
filium..alium, qui ~ iam duodecimum annum aetatis supercesserat APUL.*Met.*10.2.

adaequō ~āre ~āuī ~ātum, *tr.*, (*intr.*) [AD-+AEQVO] CONST.: w. acc.; also w. dat. or *cum*; intr. (3,5).

1 To make equal in height, etc., (to), make level (with). **b** *~are* (*solo*), to level to the ground, raze. **c** to make of equal duration (with).
(*w. dat.*) atque his (*sc.* molibus) oppidi moenibus ~atis CAES.*Gal.*3.12.2; dorso fluctus trieris ~ata SAL.*Hist.*inc.11; alter (surculus) ita recidatur, ut ~etur plaga trunco COL.4.29.11;—(*ellipt.*) ante aequinoctium uernum..ablaqueationem ~ato *Arb.*5.5; tenui sarcimine summas oras eius (*sc.* corii) ~ans APUL.*Met.*4.15; nec tabulas..parietibus adiunctas uel singula sigilla ~ata legari posse ULP.*dig.*30.1.41.13. **b** Romanus..omnia tecta ~at solo LIV.1.29.6;—Alesiam..flammis ~auit FLOR.*Epit.*1.45(3.10.23). **c** (*w.* cum) commemorationem nominis nostri..cum omni posteritate ~andam CIC.*Arch.*29.

2 To put on an equal footing (with); to treat as, assert to be, equal (to); to have or enjoy in equal measure.
(*w.* cum) in summa amicorum copia cum familiarissimis eius est ~atus CIC.*Balb.*63;—(*w. dat.*) repulsam honori ~auit V.MAX.6.4.ext.5; erant qui formam, aetatem, genus mortis..magni Alexandri fatis ~arent TAC.*Ann.*2.73; se..diuo Augusto ~abat 12.11; senes illos prouocare uirtute, quibus nunc honore ~atus est PLIN.*Ep.*2.7.4; (*poet.*) Martis ~ant Marcellum decori SIL.12.278;—Magnus qui cum uirtute fortunam ~auit CIC.*Arch.*24.

3 (w. acc. or dat.) To come up to the level of (a height or high object), to be as high as. **b** to equal the range of (a missile). **c** to achieve equality with (a speed, number), equal.
ut prope summam muri..altitudinem acerui armorum ~arent CAES.*Gal.*2.32.4; nostrarum turrium altitudinem..commissis suarum turrium malis ~abant 7.22.4;—(*w. dat.*) collocatur in eo (*sc.* aggere) turris..non quidem quae moenibus ~aret HIRT.*Gal.*8.41.5. **b** in quos saxa..longius permeabant quam ut contrario sagittarum iactu ~arentur TAC.*Ann.*15.9. **c** ut iubis equorum subleuati cursum ~arent CAES.*Gal.*1.48.7; qui uectoriis..nauigiis..longarum nauium cursum ~arunt 5.8.4;—prostratos uerberibus mulcant, sexageni singulos ut numerum centurionum ~arent TAC.*Ann.*1.32.

4 (absol., of votes) To be equally balanced (i.e. equally divided between votes for acquittal and for condemnation). **b** (w. abl.) to be on a par or equal (in a given respect).
senatorum..urna copiose absoluit, equitum ~auit, tribuni aerarii condemnarunt CIC.*Q.fr.*2.4.6. **b** quos quod ~are apud Caesarem gratia intellegebatur CAES.*Gal.*6.12.7.

5 (w. acc. or dat.) To be or show oneself equal in status, quality, etc., to, come up to, rival. **b** (w. acc. and abl.) to equal (in some respect), do justice to.
(*w. acc.*) quae ⟨si⟩ a me ipso effecta sint, deorum uitam possint ~are CIC.*Tim.*41; prius..quam uirtus eorum famam atque gloriam ~auerit SAL.*Jug.*4.6; turpe comitatui uirtutem principis non ~are TAC.*Ger.*14.1; quando quis sine sollicitudine parens..longa patrum uota repente ~aret *Ann.*15.19; sic pulcherrimo exitu..Leonidae famam ~auit (Calpurnius) FLOR.*Epit.*1.18(2.2.14);—(*w. dat.*) se uirtute nostris ~are non posse intellegunt CAES.*Civ.*2.16.3; *B.Alex.*16.5. **b** arduum erat has precationes tuas laudibus ~are (*applaud adequately*) PLIN.*Pan.*72.4.

adaerātiō ~ōnis, *f.* [next+-TIO; perhaps in interpolated passage] The calculation (of the area of a piece of land).
instrumentis..ueteribus continebitur..~o AGEN.*agrim.* p.36.

adaerō ~āre ~āuī ~ātum, *tr.* [AD-+*aera* 'a given number as the basis of a calculation'; perhaps in interpolated passage] To calculate (the area of a piece of land).
subiectas deinde extremitatium partes, are⟨as⟩ tangentium nostrarum postulationum, podismis suis ~amus FRON.*agrim.*p.16.

adaestuō ~āre, *intr.* [AD-+AESTVO] (of water) To seethe or foam up.
squamis..(serpentis) incisus ~at amnis STAT.*Theb.*5.517.

adaggerō ~āre ~āuī ~ātum, *tr.* [AD-+AGGERO²] To heap (earth, etc.) up (round or over). **b** to add to, extend by sedimentation.
fici uti grossos teneant..terram ~ato bene CATO *Agr.*94; nitro ac sale ~atis cum crescente opera..dilutis PLIN.*Nat.*36.81; (*w. dat.*) huius..terram ~ari radicibus (iubet) PLIN.*Nat.*17.263; (*w.* circa) terram circa arborem ~ato usque ad ipsum insitum COL.5.11.8; PLIN.*Nat.*17.77. **b** terram (*sc.* Aegyptum)..postea ~atam Nilo PLIN.*Nat.*13.70.

adagiō ~ōnis, *f.* [cf. AD- and AIO.] A proverb.
uetus ~o est V.SOR.*poet.*1; VAR.*L.*7.31.

adagium ~(i)i, *n.* = prec.
uetus ~ium est: nihil cum fidibus graculost, nihil cum amaracino sui GEL.pr.19; APUL.*Mun.*14; ~ia ad agendum apta PAUL.*Fest.*p.12M.

adalligō ~āre ~āuī ~ātum, *tr.* [AD-+ALLIGO] To tie on, attach. **b** (esp. as a charm, 'cure' for disease, etc.).
traduces.., si breuitas non patiatur ipsorum, ~ato protenduntur in uiduam arborem unco PLIN.*Nat.*17.211. **b** semina eius..in linteo ~ata febribus liberare dicuntur PLIN.*Nat.*20.15; ~andum (polium) contra oculorum suffusiones 21.147;—(*w. dat.*) illius (crocodili)..dentes ~ati dextro lacerto coitus..stimulant 28.107; 32.24.

adamantēus ~a ~um, *a.* [ADAMAS+-EVS] Of adamant or steel, adamantine.
~is Vulcanum naribus efflant aeripedes tauri OV.*Met.*7.104; ~is Discordia uincta catenis MAN.1.923; HYG.*Fab.*22.2.

adamantinus ~a ~um, *a.* [ADAMAS+-INVS]

1 Of (mythological) adamant or steel, i.e., the hardest of all substances. **b** equal to that of adamant.
Martem tunica tectum ~a HOR.*Carm.*1.6.13; Colchis flagrantis ~a sub iuga tauros egit PROP.3.11.9; APUL.*Met.*9.18;—(*in fig. phr.*) si figit ~os summis uerticibus dira Necessitas clauos HOR.*Carm.*3.24.5. **b** muri ~a firmitate APUL.*Mun.*26.

2 Like that of diamonds; *~a saxa*, diamonds.
chalazias..~ae duritiae, ut narrent in ignes etiam additae manere suum frigus PLIN.*Nat.*37.189;— ~a saxa..ictus contemnere sueta LUCR.2.447.

adamantis ~idos, *f.* [Gk.] An unidentified plant.
aliam..~ida, Armeniae Cappadociaeque alumnam PLIN.*Nat.*24.162.

adamās ~antis (-os), *m.* Also **~ans** [Gk. ἀδάμας].

1 (mythol.) The hardest of all substances, 'adamant', (perh.) hard steel. **b** an object made of adamant (in quot. 'a bit').
solido..~ante columnae VERG.*A.*6.552; carceris ante fores clausas ~ante sedebant OV.*Met.*4.453; facta ex ~ante securi *Fast.*3.805; asperat..durum uinclis ~anta LUC.6.801; STAT.*Theb.*4.534;—(*typifying durability, inexorability, etc.*) non exorato stant ~ante uiae PROP.4.11.4; lacrimis ~anta mouebis! OV.*Ars* 1.659; nec rigidas silices solidumue in pectore ferrum aut ~anta gerit *Met.*9.615; duro nec enim ex ~ante creati, sed tua turba sumus STAT.*Silv.*1.2.69. **b** spumantem proni mandunt ~anta iugales STAT.*Theb.*3.268.

2 The precious stone diamond, a diamond.
~as, punctum lapidis, pretiosior auro est MAN.4.926; maximum pretium habet ~as PLIN.*Nat.*37.55; sardonychas, zmaragdos, ~antas, iaspidas MART.5.11.1; ~ans notissimus et Berenices in digito factus pretiosior JUV.6.156.

adambulō ~āre, *intr.* [AD-+AMBVLO] (w. *ad* or dat.) To walk beside or near.
~abo ad ostium PL.*Bac.*768; lateri eius ~abam obtectus APUL.*Met.*3.12; circumgestantibus deam..~abat 8.26.

adamō ~āre ~āuī ~ātum, *tr.* [AD-+AMO]

1 To (come to) love or admire greatly. **a** (persons). **b** (qualities, opinions, occupations, etc.).
a quem (*sc.* Platonem) Dion adeo admiratus est atque ~auit, ut se ei totum traderet NEP.*Di.*2.3; sit licet antiquo Nireus ~atus Homero OV.*Ars* 2.109; APUL.*Pl.*2.22. **b** qui patientiam et duritiam in Socratico sermone maxime ~arat CIC.*de Orat.*3.62; non est ueri simile ut Chrysogonus horum litteras ~arit *S.Rosc.*121; eam..sententiam quam ~auerunt pugnacissime defendere *Luc.*9; si campum, si canes, si equos..~are solemus *Fin.*1.69; cum alter uoluptatem ~auisset, alter uacuitatem doloris 5.73; si..uirtutem ~aueris,—amare enim parum est SEN.*Ep.*71.5; ut praedulce illud genus (*sc.* dicendi) et puerilibus ingeniis hoc gratius, quo propius est, ~ent QUINT.*Inst.*2.5.22;—(*poet.*) deliciae somnusque solent ~are querellas *Buc.Eins.*2.10.

2 To conceive a sexual passion for, fall in love with. **b** to love adulterously.
Endymionis a Luna..~ati MELA 1.86; SUET.*Ves.*22.1; (*an animal*) equum ~atum a Samiramide usque in coitum Iuba auctor est PLIN.*Nat.*8.155; (*a statue*) ~auit..Alcetas Rhodius (nudum Cupidinem) 36.22. **b** uxor mea heres esto, quod peregrinante me ~ata est SEN.*Con.*2.7.9; QUINT.*Decl.*325(p.278,l.11).

3 To form a desire to possess, covet, aspire to.
cum signa quaedam pulcherrima atque antiquissima..uidisset, ~auit CIC.*Ver.*2.85; cum..laudem patriae in libertatem uindicandae praetor ~arit *Flac.*25; qui..serius honores ~auerunt *Ac.*2.fr.13; posteaquam agros..Gallorum homines feri ac barbari ~assent CAES.*Gal.*1.31.5; non foret Eumedes orbus, si filius eius stultus Achilleos non ~asset equos OV.*Tr.*3.4.28; PLIN.*Nat.*34.47; Isaurici cognomen ~auit FLOR.*Epit.*1.41(3.6.5).

adampliō ~āre ~āuī ~ātum, *tr.* [AD-+AMPLIO] To enlarge; to embellish.
ARAM ~AVIT ET..DEDICAVIT *CIL* 3.6423;—(AEDICVLAM) VETVSTATE CORRVPTAM ~AVIT COLVMNIS PVRPVRITICIS 6.222.

adamussim: see AMVSSIS.

adaperiō ~īre ~uī ~tum, *tr.* [AD-+APERIO]

1 To open wide (a door, one's mouth, etc.); also, to depict as open. **b** to unroll, open (a book). **c** (fig.) to open (the ears to information).
ut eorum qui e labore febrem habent ~tum ⟨os⟩ VAR.*R.*2.1.22; ianua per nostras est ~ta manus OV.*Am.*3.12.12;—plurimum..picturae primus contulit, siquidem instituit os ~ire, dentes ostendere PLIN.*Nat.*35.58. **b** librum tuum..~ui SEN.*Ep.*46.1. **c** ad criminationem inuidorum ~tae sunt regis aures CURT.9.724.

2 To break open, open up. **b** (med.) to loosen (the bowels).
ut ~to cuniculo exta raperent LIV.5.21.8; si nondum ~tum ulcus CELS.5.28.6.B; cuius rei argumentum..hoc potest esse, quod..~tum ingenti ruina solum est SEN.*Nat.*6.24.5; quorum pulli iam sedes suas ~iunt COL.9.13.10; cum (terra) feta suos nexus ~ta resoluit 10.145. **b** aluum et uesicas exinanire..omnia ~ire PLIN.*Nat.*32.96.

3 To make by opening, open up.
ore uenae alicuius ~to CELS.4.11.2; ceriales..auras inmittunt foribus ~tis PLIN.*Nat.*15.80.

4 To remove the covering of, expose to the air or light; to uncover (the head, as a sign of respect, etc.). **b** to disclose to view, make visible; (pass.) to become distinct. **c** to reveal to knowledge, make manifest.
quia, cum paulatim summa pellicula excisa est, ~iuntur pilorum radiculae CELS.6.4.3; nisi esset quod..latentem frugem ruptis uelamentis suis..~iret SEN.*Nat.*5.18.3; ~tas uites relinquere (*i.e. with roots uncovered*) COL.5.5.6; (*poet.*) ingenuo confusa rubore uirgineas ~ta genas rosa 10.261;—caput ~iam SEN.*Ep.*64.10; (*w. dat.*) dictator..priuato etiam Pompeio..caput ~uit V.MAX.5.2.9. **b** ~tis forte quae uelanda erant LIV.45.39.17; nubes discussae ~uere caelum PLIN.*Nat.*2.129; subito acies Romana ~ta cum clamore procurrit FRON.*Str.*2.5.34;—propius adeuntibus eadem illa, quae in unum congesserat error oculorum, paulatim ~iuntur SEN.*Dial.*2.1.2. **c** mox ~ta fides STAT.*Theb.*1.396.

adapertilis ~is ~e, *a.* [ADAPERIO+-ILIS] That can be opened.
aspicis a dextra latus hoc ~le tauri? OV.*Tr.*3.11.45.

adapertus ~a ~um, *a.* (pple. of ADAPERIO]

1 (of doors, flowers, etc.) Open, expanded. **b** (of honey cells) not sealed off.
adorti..~as fores portae LIV.25.30.10; pars ~a fuit, pars altera clausa fenestrae OV.*Am.*1.5.3; nunc ~a manet, nunc pinea uertice pungit (cinara) COL.10.239. **b** (faui)..sine operculis ~i sunt COL.11.2.50.

2 Done in the open, overt.
(uirtus) siue..in angusto circumsaepta (est), siue ~a SEN.*Dial.*9.4.7.

adaptō ~āre ~āuī ~ātum, *tr.* [AD-+APTO] To adapt or modify; (w. dat.) to fit (to).
solitus etiam in gestatione (aleam) ludere, ita essedo alueoque ~atis ne lusus confunderetur SUET.*Cl.*33.2;—galericulo capiti propter raritatem capillorum ~ato *Otho* 12.1.

adaquō ~āre, *tr.*, *intr.* [AD-+AQVO(R)] **a** (tr.) To supply with water, water. **b** (intr.) to obtain water.
a denis diebus (amygdalas iubet) ~ari PLIN.*Nat.*17.63; ita decreuit ut (iumentum) ad lacum ubi ~ari solebat, duceretur SUET.*Gal.*7.2. **b** eis qui ~andi (*s.v.l.*) causa longius a castris processerant CAES.*Civ.*1.66.1.

adarca ~ae, *f.* [Gk. ἀδάρκη] A salty deposit or efflorescence on reeds.
PLIN.*Nat.*16.167; 20.241; inter aquatilia dici debet et calamochnus Latine ~a appellata 32.140.

adārescō ~escere ~uī, *intr.* [AD-+ARESCO] To become dry.
ea (*i.e.* amurca) unguito fundum arcae; ubi ea ~uerit, uestimenta condito CATO *Agr.*98.1.

adasia ~ae, *f.* (See quot.)
~a ouis uetula recentis partus PAUL.*Fest.*p.12M.

adauctō ~āre ~āuī ~ātum, *tr.* [AD-+AVCTO] To add to the resources of, increase.
quibus rem summam et patriam nostram..~auit pater ACC.*praet.*14.

adauctus ~ūs, *m.* [next+-TVS³] Increase, growth.
quaecumque uides hilaro grandescere ~u LUCR.2.1122.

adaugeō ~gēre ~xī ~ctum, *tr.* [AD-+AVGEO]
1 To make greater, augment, increase; (w. abl.) to supplement (with). **b** to make more numerous.
Hercules, decumam esse ~ctam tibi quam uoui gratulor PL.*St.*386; sese (nauium) numerum ~cturum *B.Alex.* 12.2; (sol) e capricorno..transiens in aquarium ~get..diei spatium VITR.9.3.3;—(pabulum) hordeo ~gere CAES.*Civ.* 3.58.4. **b** numquam..ut possint (primordia)..crescere ~cta LUCR.2.564; in dies..naues longae ~geri *B.Afr.*1.5.

2 (w. abst. obj.) To add to, increase, intensify. **b** (w. abl.) to crown (with).
ne tua duritia antiqua illa etiam ~cta sit TER.*Hau.*435; nonnihil illiusmodi signa ~gent suspicionem *Rhet.Her.*2.39; non modo..nihil minuam de libertate mea pristina, sed etiam ~gebo CIC.*Red.Sen.*36; ipsae..columnae..auctoritatem operi ~gere uidentur VITR.5.1.10. **b** haec (*sc.* maleficia) aliis nefariis cumulant atque ~gent CIC.*S.Rosc.* 30; facto..egregio magnifica uerba ~xit LIV.10.23.6.

3 To add by way of increment.
quod detrahitur de corpore scapi, striarum numero adiecto ~gebitur VITR.4.4.2.

4 To represent as greater than it is, magnify.
locus communis, per quem facti utilitas aut honestas ~getur CIC.*Inv.*2.55; maleficii magnitudinem..~gere 2.75.

adaugescō ~ere, *intr.* [AD-+AVGESCO] To become greater, increase.
densus stridor cum..~it scopulorum saepe repulsus CIC. *Arat.Progn.*182; neque ~it quicquam neque deperit inde LUCR.2.296.

adaugmen ~inis, *n.* [AD-+AVGMEN] An additional quantity, increase.
ad maris omnia summam guttai uix instar erunt unius ~en LUCR.6.614.

adbibō ~ere ~ī, *tr.*, (*intr.*). **abb-.** [AD-+BIBO] ORTHOG.: see LUCIL.374.
1 To drink (in addition).
is mi, ubi ~it plus paullo, sua quae narrat facinora! TER. *Hau.*220; GEL.2.22.25;—(*absol.*) quando ~ero, adludiabo PL.*St.*382.

2 To drink in, absorb (a person's words).
postquam ~ere aures meae tuam oram orationis PL.*Mil.* 883; ~e puro pectore uerba puer HOR.*Ep.*1.2.67.

adbītō ~ere, *intr.* [AD-+BITO] To approach.
si ~es propius, os denasabit tibi mordicus PL.*Capt.*604.

adc-: see ACC-.

addax ~acis, *m.* [native name] An African antelope with twisted horns, the addax.
cornua..data sunt..strepsiceroti, quem ~acem Africa appellat PLIN.*Nat.*11.124.

addecet ~ēre, *impers.* [AD-+DECET] It is fitting or proper.
(*w. acc. and inf.*) uirum uera uirtute uiuere animatum ~et ENN.*scen.*300; peculi probam nil habere ~et clam uirum PL.*Cas.*199; quod tarda fatu est lingua..haut te quidem.. mirari ~et SEN.*Oed.*294;—(*w. inf.*) necessitatem ferre non flere ~et PUB.*Sent.*N.58;—(*ellipt., w. acc.*) ego emero matri tuae ancillam..non malam..ut matrem ~et familias PL. *Mer.*415.

addenseō ~ēre, *tr.* [AD-+DENSEO] To make more dense, close up (the ranks).
extremi ~ent acies VERG.*A.*10.432.

addensō ~āre, *tr.* [AD-+DENSO] To thicken.
mirum aquam radice ea addita ~ari sub diu PLIN.*Nat.* 20.230.

addīcō ~īcere ~ixī ~ictum, *tr.* [AD-+DICO²]
1 (w. dat., etc.) To assign (property, etc.) legally (to a person), adjudge. **b** (spec.) to assign the custody of (a debtor to his creditor, a thief to his victim); *in seruitutem ~icere*, to sentence to slavery. **c** to award (a case). **d** *liberum ~icere*, to give legal freedom to.
~icet praetor familiam totam tibi PL.*Poen.*186; mihi det possessionem..mihi bona ~icat CIC.*Ver.*1.137; a praetore uindicanti filius ~citur GAIUS *Inst.*1.134; (*cf.*) eo tempore quo corpus ~ictum..rei publicae esset LIV.4.60.2;—(*w.* in publicum) eorum bona in publicum ~icebat CAES.*Civ.*2.18. 5; ut ex priuato in publicum ~icant et ex publico in priuatum POMPON.*dig.*41.1.30.3;—(*absol.*) nefasti, per quos dies nefas fari praetorem 'do dico ~ico' VAR.*L.*6.30. **b** cum iudicatum non faceret, ~ictus Hermippo et ab hoc ductus est CIC.*Flac.*48; nonne..creditorem debitoribus suis ~ixisti? *Pis.*86; se nec ~ici quemquam ciuem Romanum ob creditam pecuniam passuros neque dilectum haberi LIV.6.27.8;—liber uerberatus ~icebatur ei, cui furtum fecerat GAIUS *Inst.*3.189; GEL.11.18.8; (*w. monetary amount indicated; in pun w. sense 2*) quanti ~ictust? — mille nummum. — nihil addo: ducas licet NOV.*com.*115;—qui liberum corpus in seruitutem ~ixisset LIV.3.56.8; (*cf.*) addictos in sua regna Patres PROP.3.11.32. **c** ~ixit iudicium VAR.*L.*6.61; post meridiem praesenti litem ~icito *Lex XII* (*Font.iur.*p.19). **d** usurpaui uetus illud Drusi..praetoris..me istos liberos non ~ixisse CIC.*Att.*7.2.8.

2 To make over (to a person) by sale or auction (esp. involving corrupt practices), sell, knock down (to).
~icebas tribuno pl. consulatum tuum CIC.*Pis.*56; uectigalia diuendidit..regna ~ixit pecunia *Phil.*7.15; ~ixti..tres agellos MART.12.16.1; SI INSTITVTA AVCTIONE VNIVERSALITER OMNIA ~ICTA FVERINT *CIL* 2.5181.4; (*w. price specified*) ~icitur opus HS DLX milibus CIC.*Ver.*1.144; uel minoris pallium ~icere placuit PETR.14.4; ~ixti seruum nummis here mille ducentis MART.10.31.1; amplissima praedia ex auctionibus hastae minimo ~ixit SUET.*Jul.*50.2;—(*facet.*) quasi fundum uendam, meis me ~icam legibus PL. *Capt.*181; eum..~ictum iam totum puto esse Calui Licini Hipponacteo praeconio CIC.*Fam.*7.24.1;—(*ellipt.*) ut ciuis optime meriti fortunas prouinciarum foedere ~iceres *Red. Sen.*16; uitam suam quam maximis praemiis propositam et paene ~ictam sciebat *Mil.*56; huic tu dic..seu fundi siue domus sit emptor, gaudentem nummo te ~icere HOR.*S.* 2.5.109;—(*w. dat.*) fundus ~icitur Aebutio CIC.*Caec.*16; cccc nummum emptori ~icta pendente uindemia PLIN.*Nat.* 14.50.

3 To award, assign (provinces, prizes, etc., to a person); to appoint (a person to an office). **b** (of the lot) to assign (to some fate); (of augural birds) to designate (for a particular function). **c** to ascribe (to an author, a category).
lege..ea..omnis erat tibi Achaia, Thessalia, Athenae, cuncta Graecia ~icta CIC.*Pis.*37; aquas salubritate..nobilis agrosque omnis ~ixit deae VELL.2.25.4; si sibi praemium decoris ~ixisset APUL.*Met.*10.31;—iudex, qui huic actioni ~ictus est ULP.*dig.*13.4.4.1; (*absol.*) QVO MINVS IBEI D.E.R. IVDEX ARBITERVE ~ICATVR *CIL* 1.600.7; si ex conuentione litigatorum is iudex ~ictus esset POMPON.*dig.*5.1. 80. **b** ducite me et cui sors ~ixit scopulo sistite APUL. *Met.*4.34;—militem..illum quem aues ~ixerant, praetorem salutare solitum FEST.p.241M. **c** istaec, quae scriptae a Plauto non uidentur et nomini eius ~icuntur GEL.3.3.13; —ea (sacra), quae inter noctem fiunt, diebus ~icuntur, non noctibus 3.2.8.

4 (of the sacred fowls, omens) To speak favourably, indicate approval, be propitious.
id..negare Attus Nauius..neque mutari neque nouum constitui nisi aues ~ixissent posse LIV.1.36.3; cum ei sua sponte cunctanti pulli quoque auspicio non ~ixissent 22. 42.8; SEN.*Dial.*10.13.8; auctus omine, ~icentibus auspiciis, uocat contionem TAC.*Ann.*2.14.

5 (refl. or pass.) To attach oneself (to a party, opinion, etc.), give one's support (to).
quem si..conseruatis, ~ictum, deditum, obstrictum uobis ..habebitis CIC.*Cael.*80; senatus, cui me semper ~ixi *Planc.* 93; huic (*sc.* classi) me, quaecumque fuisset, ~ixi VERG.*A.* 3.653; neque enim me cuiusquam sectae..~ixi QUINT.*Inst.* 3.1.22; quidam (*sc.* populi)..se eis ~ixerunt et frequenter aduersus hostes eorum arma tulerunt SIC.FL.*agrim.*p.98.

6 To give over (to), hand over, surrender. **b** (esp.) to make a slave, enslave (to). **c** to devote (an organ of the body to a particular task).
crudele suos ~icere amores, non dare suspectum est OV. *Met.*1.617; tanquam legitimi gladiatores domino corpora animasque religiosissime ~icimus PETR.117.5. **b** (*to persons*) quos improbitas tribuno plebis constrictos ~ixerat CIC.*Sest.*38; leges quae nos seruis nostris ~icerent *Mil.* 87; quod sic patriam carosque penatis hostibus immitique ~ixi ignara tyranno *Ciris* 420; (*ellipt.*) si..femina..trahit ~ictum sub sua iura uirum PROP.3.11.2;—(*to passions, etc.*) eam quae suum corpus ~ixerit turpissimae cupiditati *Rhet.* 4.23;—(*refl.*) mens hebes et quae se corpori ~ixerit SEN. *Ep.*71.14. **c** inconiuae uigiliae luminibus ~ictis APUL. *Met.*6.14.

7 To sentence, condemn, doom (to a fate or condition).
is, qui morti ~ictus esset CIC.*Off.*3.45; ~ictum feris alitibus atque canibus homicidam Hectorem HOR.*Epod.*17.11; uxor eius, quae bestiis..fuerat ~icta APUL.*Met.*10.24; (*territory*) quamquam mihi ista omnia iam ~icta uastitati uidentur CIC.*Att.*9.9.4.

addictiō ~ōnis, *f.* [prec.+-TIO] **a** The adjudging, assignment (of disputed property). **b** the assigning of a debtor to the custody of his creditor.
a in iure dicundo bonorum possessionumque contra omnium instituta ~o et condonatio CIC.*Ver.*12; deque ea re curatoris..datio ~o esto *Leg.pub.*15(*Font.iur.*p.96). **b** utrum..seruus efficeretur ex ~one an adiudicati loco constitueretur GAIUS *Inst.*3.189.

addictus¹ ~a ~um, *a.* [pple. of ADDICO] (in senses of vb., esp.) Addicted (to), a slave (of); bent upon (a disgraceful course). **b** (w. inf.) bound (to do something).
imperita ingenia et nimis corporibus suis ~a SEN.*Dial.* 12.11.5; ~us mathematicae SUET.*Tib.*69; his (*sc.* libertis) uxoribusque ~us *Cl.*29.1;—(*masc. as sb.*) atqui improbamus gulae ac libidini ~os SEN.*Ep.*124.3;—ipse confidens, impotens, gladiatorio generi mortis ~us CIC.*Phil.*11.16. **b** nullius ~us iurare in uerba magistri HOR.*Ep.*1.1.14.

addictus² ~ī, *m.* Also **addicta** ~ae, *f.* [prec.] A person enslaved for debt or theft.
ducite nos quo lubet tamquam quidem ~os PL.*Bac.*1205; ut..~orum etiam et capitali crimine damnatorum sex milia conscriberentur V.MAX.7.6.1; QUINT.*Decl.*311(p.233, l.16); *Inst.*7.3.26;—(*as the title of a play of Plautus*) GEL.3.3. 14;—(*fem.*) an is quem dum ~a est mater peperit, seruus sit natus QUINT.*Inst.*3.6.25.

addiscō ~scere ~dicī, *tr.* [AD-+DISCO]
1 To learn in addition, learn further. **b** (with little or no emphasis on the idea of addition).
quae ego ex te audire uolui..ut aliquid ~iscerem CIC.*de Orat.*3.147; quiddam uisast ~dicisse noui OV.*Am.*2.5.56; nihil ~sci noua inquisitione PLIN.*Nat.*2.117; hoc cunctae (*sc.* aues) miserandum ~scite carmen STAT.*Silv.*2.4.23; nonnullos ex principibus..coegit..sermonem Germanicum addiscere SUET.*Cal.*47. **b** si..hoc maiores docerent, hoc minores ~scerent SEN.*Nat.*7.32.4; quo celerius quod ignoret ~scat COL.1.pr.12; (hyaenam) nomen..alicuius ~iscere quem euocatum foris laceret PLIN.*Nat.*8.106;—(*w. inf.*) ~dici regimen dextra moderante carinae flectere OV.*Met.* 3.593.

additāmentum ~ī, *n.* [ADDO+-MENTVM] An additional factor or amount; (w. gen.) something added (to), an additional element (in).
in quibus sicut in titulo praeter bonum nomen nihil est ~i SAL.*Rep.*2.9.4; portio dotis ~i causa data PAPIN.*dig.* 23.4.26.2;—intercessit Ligus iste nescio qui, ~um inimicorum meorum CIC.*Sest.*68; haec (*sc.* sapientia) erit ultimum uitae instrumentum et, ut ita dicam, ~um SEN.*Ep.*17.8; ~o pretii laetus maritus APUL.*Met.*9.6.

additīcius ~a ~um, *a.* [ADDO+-ICIVS²] Additional, extra.
Cato putat mensem intercalarem ~um esse CELS.*dig.* 50.16.98.1.

additiō ~ōnis, *f.* [ADDO+-TIO] The act of adding, addition.
(commutatio) litterarum..fit demptione aut ~one VAR. *L.*5.6.

addō ~ere ~idī ~itum, *tr.* [AD-+*do* (cf. ABDO)] FORMS: ~*uit* (= ~*iderit*) *Leg.pub.*3 (*Font.iur.*p.46) (GRACCHAN. *iur.*11); ~*uint* PL. *Aul.*fr.5(cj.); ~*es* PAUL.*Fest.*p.27M.
1 To attach (to), place (along with), put or fit (on to). **b** to add by way of extension (to a building, site, etc.); to pile (on top of). **c** to attach or add (to) as an embellishment, etc. **d** to apply, attach (a name or epithet to); add (a preface).
neue aurum ~ito. at cui auro dentes iuncti escunt *Lex XII* (*Font.iur.*p.37); uiti adminicula ~enda PLIN.*Nat.*17. 215; (*clothing, etc.*) quod uelamenta his (*sc.* hostiis) e lana quae ~untur, infulae VAR.*L.*7.24; tenero soleam deme uel ~e pedi OV.*Ars* 2.212; (*bonds*) captiuis ~ita collis uincula *Pont.* 2.1.43. **b** Sinuessae magalia ~enda murumque circum ea HEM.*hist.*38; pluteos..uallo ~ere CAES.*Gal.*7.41.4; ~am urbes Asiae domitas VERG.*G.*3.30; Iliacam..iugis hanc ~idit arcem *A.*3.336; montibus ~ita Roma PROP.4.4.35; forumque et Capitolium..a Tito Tatio ~itum urbi credidere TAC.*Ann.*12.24;—precantem defodit alta..humo tumulumque super grauis ~it harenae OV.*Met.*4.240. **c** pallam illam..ut deferas, ut reconcinnetur atque ut opera ~antur quae uolo PL.*Men.*427; ne cui album in uestimentum ~ere petitionis causa liceret LIV.4.25.13; argumenta magis sunt Mentoris ~ita formae PROP.3.9.13; mittere ad hunc carmen, frondes erat ~ere siluis OV.*Pont.*4.2.13; ob res..prospere gestas laurum fascibus imperatoriis ~i TAC.*Ann.*13.9; (*cf.*) uno tenore..in dicendo fluit nihil adferens praeter facilitatem..aut ~it aliquos ut in corona toros CIC.*Orat.*21. **d** nouercae nomen huc ~e impium AFRAN.*com.*57; aut propria sumuntur rerum uocabula aut ~ita ad nomen CIC.*Part.* 17; puer Ascanius, cui nunc cognomen Iulo ~itur VERG.*A.*1. 268;—his libris noua prohoemia sunt ~ita CIC.*Att.*13.32.3.

2 To insert, put (into a container, etc.). **b** to put (a person's hands in bonds).
eadem ratione mensura (aquae) ~ita inuenit..VITR.9. pr.12; (*a letter in a word*) si plura haec feceris pila..~es e 'peila' ut plenius fiat LUCIL.361;—(*w.* in+*acc.*) cum alterum ~amus in bulgam, alterum in uesicam VAR.*Men.*343; eas (*sc.* epistulas) in eundem fasciculum uelim ~as CIC.*Att.*12.53; id..in uas fictile ~itum CELS.6.6.31.B; in eam (*sc.* medullam uitis) surculos exacutos..~i PLIN.*Nat.*17.115;—(*w. dat.*) ~ere sulco semina SIL.3.350;—(*w.* in+*abl.*) ueluti si frumentum in his (*sc.* doliis) ~atur JULIAN.*dig.*50.16.206;—(*w. adv.*) (irio) medetur..fistulis cum axungia uetere ita, ne intus ~atur PLIN.*Nat.*22.158. **b** ~e manus in uincla meas OV.*Am.*1.7.1; *Fast.*3.306.

3 To apply or add (anything appropriate for the purpose in view). **b** to put in, add (ingredients to food, etc.). **c** to serve (drink to a person). **d** to bring (activities, qualities, etc.) into operation, apply.
facito uti aquam ~as CATO *Agr.*151.4; ~itus aris laetior eluxit..ignis [TIB.]3.7.133; tura..pacalibus ~ite flammis OV.*Fast.*1.719; septimam..uestris ~imus hanc focis acerram MART.10.24.5;—(*in fig. phrs.*) quoniam ad amorem meum aliquantum olei discedens ~idisti CIC.*Fam.*15.20.2; adde poemata nunc, hoc est, oleum ~e camino HOR.*S.*2.3. 321; (*weapons, spurs*) uatibus ~ere calcar, ut studio maiore

petant Helicona uirentem *Ep.*2.1.217; lictor, uiro forti ~e uirgas LIV.26.16.3; intorquet iacula et fugientibus ~it STAT. *Theb.*2.579; quae..cuncta stimulos ~idere iuueni TAC.*Ag.* 5.4; (*cf.*) pedibus timor ~idit alas VERG.*A.*8.224;—(*w.* in+ *acc. expr. purpose*) res nouae in usum quom ~itae erant VAR. *L.*6.60; aut fera belligeras ~ite in arma manus OV.*Ars* 2.672. **b** qui mi holera cruda ponunt, hallec ~uint PL.*Aul.*fr.5; nucemque Thasiam ~e et fauum quantum libet ATTA *com.* 15; modus in utroque quod duobus digitis tritum ~atur in potionem PLIN.*Nat.*20.258; Caepio..negauit centifoliam in coronas ~i 21.18. **c** ~at cum mihi Caecubum minister MART.10.98.1. **d** sedulo ubi operam ~idit ENN.*var.*32; quom sibi nimis placent minusque ~unt operam uti placeant uiris PL.*Poen.*1204; si quis magistratus..pondera.. minora maioraue faxit iusseritue fieri dolumue ~uit, quo ea fiant *Law* in Gracchan.*iur.*11; aspirare uiro propioremque ~ere Martem (*to come to close quarters*) haud ausum cuiquam SIL.5.442;—(*w. dat.*) haec mala..ipse tibi ~idisti CIC.*Tusc.* 3.26; graues pedibus moras ~am et tenebo SEN.*Oed.*656; uos etiam nostris, Heliconia turba, uenitis ~ere rebus opem STAT.*Theb.*7.283; ~e modum dextrae SIL.4.666; ~ere bello haud ultra licuit dextram 10.232; non loco neque munimentis labor ~itus TAC.*Hist.*4.23.

4 To assign, attach (in a specified capacity). **b** (w. or without *collegam*, etc.) to associate as a colleague (in official duties). **c** (w. dat.) to associate, involve (in a situation or action).

(*w. dat. of person, etc.*) Argus..quem quondam Ioni Iuno custodem ~idit PL.*Aul.*556; an mihi tutor ~itu's? *Vid.*23; singulis non amplius singulos ~itos seruos *B.Afr.*54.6; his ego te, Aenea, ductorem milibus ~am VERG.*A.*8.496; comitem Ascanio pater ~idit (Buten) 9.649; ales, nequitiae ~itus custos HOR.*Carm.*3.4.78; nemori Latonia cultrix ~itur STAT.*Theb.*4.426;—(*w. dat. of purpose*) centurio is praetoriae cohortis, a Galba custodiae Pisonis ~itus TAC. *Hist.*1.43; (*refl.*) ~it se sociam timidisque superuenit Aegle VERG.*Ecl.*6.20. **b** qui in eorum locum suppositi, sublecti; ~iti, allecti VAR.*L.*6.66; res ad Camillum..rediit; collegae ~iti quinque LIV.6.6.3; quattuor progeneri Caesaris..delecti ~itusque nominatione consulum P.Petronius TAC.*Ann.* 6.45;—(*w. dat.*) ~itur orator Cornelius..Tuditano collega ENN.*Ann.*303; Titus et Arruns profecti; comes iis ~itus L. Iunius Brutus LIV.1.56.7; magister equitum dictatori ~itus M. Valerius 7.12.9; ~itus Voculae in partem curarum Herennius Gallus legatus TAC.*Hist.*4.26. **c** si.. periturae..~ere Troiae teque tuosque iuuat VERG.*A.*2.660; pollicito testes quoslibet ~e deos! OV.*Ars* 1.632; quid deos probro ~imus? SEN.*Ag.*297; quid te autem luctibus ~o? STAT.*Theb.*11.706.

5 To cause to appertain (to), give (to), confer, bestow or inflict (on). **b** to assign (a penalty, duty); to attribute (a quality to a person). **c** to impart, arouse (emotions, states of mind, etc.) (in some cases merging into the sense 'increase', 'intensify'). **d** *~ere* (opp. *demere*) *fidem*, to give one's credence, believe.

(*w. dat.*) quia pudicitiae huiius uitium..est ~itum PL. *Am.*811; eo pacto ~ideris nostrae lepidam famam familiae *Trin.*379; fletus muliebri ingenio ~itus PAC.*trag.*269; postea ..quam Tyrannio mihi libros disposuit, mens ~ita uidetur meis aedibus CIC.*Att.*4.8.2; nomen gloriamque sibi ~idere SAL.*Jug.*18.12; angustis hunc ~ere rebus honorem VERG. *G.*3.290; naturas apibus quas Iuppiter ipse ~idit expediam 4.150; tu (*sc.* uinum)..uiris..et ~is cornua pauperi HOR. *Carm.*3.21.18; rorarii procurrerant..~iderantque uires hastatis LIV.8.9.14; qua (*sc.* testudine)..Orpheus et sensus scopulis et siluis ~idit aures MAN.5.327; Brutus in aequore uictor primus Caesareis pelagi decus ~idit armis LUC.3. 762; ~untur Primo Antonio consularia..insignia TAC. *Hist.*4.4; Quirinius..adhuc infensius quamuis infami ac nocenti miserationem ~iderat *Ann.*3.22; (*w. non-personal subj.*) huic seueritas dignitatem ~iderat SAL.*Cat.*54.2; quale manus ~unt ebori decus VERG.*A.*1.592; (*ellipt.*) qui saepe propter inuidiam adimunt diuiti aut propter misericordiam ~unt pauperi TER.*Ph.*277. **b** morbi excusationi poena ~ita est CIC.*Mur.*47; posuisse dapes his ~ita cura, his adolere focos SIL.11.275;—tu ~is quod uitio est, demis quod laudi datur ACC.*trag.*7. **c** uerba uirtutem non ~ere SAL.*Cat.*58.1; recitatae pro contione epistulae ~idere fiduciam TAC.*Hist.*3.9;—(*w. dat.*) ibi nostris animus ~itust PL. *Am.*250; in iis libris quos tu laudando animos mihi ~idisti CIC.*Att.*7.2.4; ea..res multum animis eorum ~idit SAL. *Jug.*75.9; saepius eadem ascendens..ceteris audaciam ~ere 94.2; sic animis iuuenum furor ~itus VERG.*A.*2.355; uerbis quae timido quoque possent ~ere mentem HOR.*Ep.* 2.2.36; ille..fauore multorum ~ito animo euadit LIV.1.12. 10; ut..strenuis uel ignauis spem metumue ~eret TAC. *Hist.*1.62. **d** ex ingenio suo quisque demat uel ~at fidem TAC.*Ger.*3.4.

6 To add (one measurable thing, quantity, etc., to another). **b** to add (troops, etc.) as support. **c** (pass.) to be added as an additional fact or circumstance. **d** (pass., of periods of time) to be added, supervene.

summam sumtus duc atque aeris alieni simul ~e LUCIL. 885; CIC.*Ver.*3.116; ut nihil possit neque ~itum neque detractum de re familiari latere *Clu.*82; ubi..ordo principiis mutatus et ~ita demptaque quaedam LUCR.2.770; scribe decem a Nerio; non est satis: ~e Cicutae nodosi tabulas centum HOR.*S.*2.3.69; (*cf.*) nil adeo ut possis plus aut minus ~ere LUCR.5.573;—(*w.* ad) si quam partem tuae praedae ad summam decumarum ~idisses CIC.*Ver.*3.48; milium VI ad iter ~ito ad uadum circuitu CAES.*Civ.*1.64.7; latitudinis dimidia ~ita altitudines educantur VITR.6.3.8; (*poet., in giving a person's age*) ter ad quinos unum Cephisius annum ~iderat (*i.e. was 16*) OV.*Met.*3.352;—(*w. dat.*) ludis..quoniam dies est ~itus CIC.*Att.*4.8a.1; ut quantum generi demas uirtutibus ~as HOR.*Ep.*1.20.22; una..uiginti numeris pars ~ita laedit MAN.4.447;—(*absol.; in fig. phr.*) ut boni ratiocinatores officiorum esse possimus et ~endo deducendoque uidere, quae reliqui summa fiat CIC.*Off.*1.59. **b** praesidio legionum ~ito nostris animus augetur CAES. *Gal.*7.70.3; multa huc minora nauigia ~unt *Civ.*1.56.2; Marcellus Euryalo recepto praesidioque ~ito una cura liber erat LIV.25.26.1. **c** aut hanc unam ob causam quod ratio non habeatur aut ~ita causa si forte tribunus pl...notatus.. sit CIC.*Att.*7.9.2; insigni magnis rebus anno ~itur..quod Carthaginienses..in Siciliam exercitum traiecere LIV.4.29.8; uestra quidem uis et gloria in integro est, ~ita modestiae fama TAC.*Ann.*15.2. **d** ~ita insequens nox spatium dedit et alios emittendi LIV.26.17.10; nox..~ita curas obruit STAT. *Theb.*8.216.

7 a To add (to what is given or offered), give additionally; to add (a period of time as an extension or respite), allow additionally. **b** to add (to what is demanded), require additionally.

a iubet quinque me ~ere..minas PL.*Mer.*434–5; mille dabo nummum. — somnias. — nihil ~o *Rud.*1327; dixit se (fundum) pluris aestumare; ~idit centum milia CIC.*Off.*3.62; primo quinque naues..ei traditae erant: postea rem impigre saepe gerenti tres ~itae quinqueremes LIV.26.39.4; quingena pondo data consulibus..~itumque Fabio consuli centum pondo auri praecipuum 27.10.13; ~it equos, ~itque duces VERG.*A.*3.470; ~ita praeterea uitae quoque multa tuendae munera OV.*Pont.*4.5.37; Lucceius Albinus a Nerone Mauretaniae Caesariensi praepositus, ~ita per Galbam Tingitanae prouinciae administratione TAC.*Hist.*2.58; (*w.* ad) ad haec non modo adiumenta salutis sed etiam ornamenta dignitatis meae reliqua uos idem ~idistis CIC.*Red. Sen.*27; ad ea dona consilium quoque ~ebant ut praetor.. classem in Africam traiceret LIV.22.37.9; (*w. adv.*) huc ut ~as auri pondo unciam PL.*Men.*526; (*absol.*) quod si incertum sit, ad utrius pretium ~iderit JULIAN.*dig.*18.2. 17;—non satis habes quod tibi dieculam ~o? TER.*An.*710; dies feriarum mihi ~itos uideo CIC.*Att.*13.45.1; *Off.*3.112. **b** eis non modo imperasti, uerum etiam..haec sexagena milia modium, quae Mamertinis remiseras, ~idisti CIC.*Ver.* 5.53; Aeduis Segusiauisque..decem milia peditum imperat; huc ~it equites octingentos CAES.*Gal.*7.64.4.

8 To do or suffer in addition (to other actions or experiences), add.

idque a me recte factum puto, quod non statim, ut appellatus imperator sim, sed aliis rebus ~itis..litteras miserim CIC.*Fam.*3.9.4; quod..natura pondera deorsum omnia nituntur, cum plagast ~ita uero, mobilitas duplicatur LUCR.6.336; tum Alfenus Varus.., deflagrante paulatim seditione, ~it consilium, uetitis obire uigilias centurionibus TAC.*Hist.*2.29; (*cf. sense 13*) mixtaque cum saxis ~ite uerba mala! PROP.4.5.78;—(*w.* ad) unum..si ~is ad praeclarissimas res consulatus tui CIC.*Fam.*15.9.2; hunc laborem ad cotidiana opera ~ebant CAES.*Civ.*3.49.4; in sacrarium ad penates confugit..resolutis crinibus miserabilique alio habitu, et ad ea ~idit preces LIV.24.26.2;—(*w.* in+*acc.*) in scelus ~endum scelus est, in funera funus OV.*Met.*8.484.

9 To add (a person, etc., to a group), attach (to), include (in).

pistricem ualidam, si nummi suppeditabunt, ~as LUCIL. 1251; ~o etiam Philotimum tertium CIC.*Att.*12.5.1; tribus quattuor ex nouis ciuibus ~itae LIV.6.5.8;—(*w. dat.*) anne nouum tardis sidus te mensibus ~as VERG.*G.*1.32; Medum.. flumen gentibus ~itum uictis HOR.*Carm.*2.9.21; quibus ~e Catonem sub iuga Pompei, toto iam liber in orbe solus Caesar erit LUC.2.279;—(*w.* ad) quem tu mihi ~idisti sane ad illum σύλλογον personam idoneam CIC.*Att.*13.32.3;—(*w. adv.*) esset una C. Glaucia, C. Saufeius, etiam ille..Gracchus; ~am..eodem Q. Labienum, patruum tuum *Rab.Perd.*20.

10 To add (to) by way of enhancement or intensification, pile (one thing) on (another), join (to). **b** (spec., in phrs. such as *quo nihil ~i potest*). **c** to add by way of exaggeration (to the truth).

cum meus me maeror cotidianus lacerat..tum uero haec ~ita cura uix mihi uitam reliquam facit CIC.*Att.*3.8.2;—(*w. dat.*) summae diligentiae summam imperi seueritatem ~it CAES.*Gal.*7.4.9; flagitio ~itis damnum HOR.*Carm.*3.5.26; scelesto facinori scelestiorem sermonem ~it LIV.5.27.3; crudelitatem quoque auiditati ~idit 24.45.14; ~idit et uoltum uerbis OV.*Fast.*5.503; iniuriae qui ~ideris contumeliam PHAED.5.3.5; hoc placet, o superi,..nostris erroribus ~ere crimen? LUC.7.59; (*of non-personal subj.*) ~unt..frigori umbras (siluae) PLIN.*Nat.*16.5; (*w.* ut) Atticinus flagitiis ~idit, ut, quem deceperat, accusaret PLIN.*Ep.*6.22.2;—(*w.* ad) ad tuum..iudicium..~idisti Peducaei auctoritatem CIC.*Att.*15.13.3; si..ad id, quod..te uelle arbitror, ~ideris cumulum commendationis meae *Fam.*13.15.3; ~it ad metum dedecus LIV.1.58.4;—(*absol.,* *w.* quod *cl.*) prouisum hoc legibus..~iderunt Baetici, quod simul socios ministrosque Classici detulerunt PLIN.*Ep.*3.9.6. **b** quale mihi uideatur illud (eloquentiae genus), quo nihil ~i possit CIC. *Orat.*3; quid ad hanc impudentiam ~i potest? *Ver.*3.225; eo sum miserior, etsi nihil uidebatur ~i posse, quod mihi.. ne dolere quidem impune licet *Att.*11.24.1; tametsi nihil uidebatur ad meum..pristinum studium ~i posse *Fam.*3.12. 3. **c** ~ebat ueris multa fauentis amor OV.*Tr.*4.3.58; neque dempsit aut ~idit uero TAC.*Ann.*3.47.

11 To make larger or more intense, increase; to increase the speed of, quicken (one's pace).

lassitudinem hercle uerba tua mihi ~unt PL.*Mer.*157; luna ..muribus fibras et iecur ~it LUCIL.1202; lucrum, cum ille magno praesertim emisset, non ~ituros CIC.*Ver.*3.68; ~ebat alacritatem quod dictator praedam omnem edixerat militibus LIV.8.36.10; ~idere difficultatem et auctores diuersis in locis obseruando PLIN.*Nat.*18.210; ~idere uiuendi pretia deliciae luxusque 22.14; (*absol.*) uix iam uidetur locus esse qui tantos aceruos pecuniae capiat; auget, ~it, accumulat CIC.*Agr.*2.59;—~e gradum, adpropera PL.*Trin.*1010; LIV. 3.27.6; LUC.4.760; PLIN.*Ep.*6.20.12; (*absol.*) ~unt in spatio (quadrigae) VERG.*G.*1.513; SIL.16.376.

12 To consider additionally, take into account as well. **b** (esp. in imper., the sg. being used sts. even to pl. audiences).

si..mihi Stati fidelitas est tantae uoluptati, quanti esse in isto haec eadem bona debent ~itis litteris, sermonibus! Q.CIC.*Fam.*16.16.2; quod si quis altitudinem tectorum ~at, dignam profecto aestimationem concipiat PLIN.*Nat.*3.67; —(*w.* ad) non ad haec ~ebant non ex concursu acri facto, non proelio dimicatum CAES.*Civ.*3.72.3. **b** ~ite nunc eodem istius edicta, instituta, iniurias CIC.*Ver.*3.200; ~e istuc sermones hominum, ~e suspiciones, ~e inuidiam *Phil.* 11.23; ~e eodem exilia luctus orbitates *Tusc.*5.16; ~e uagos imbris tempestasque uolantis LUCR.6.611; ~e tot egregias urbes VERG.*G.*2.155; ~e defectionem Italiae LIV.26.41.12; (*cf.*) quid si non ἑταίρῳ solum sed etiam εὐεργέτῃ, ~e tali uiro talem causam agenti? CIC.*Att.*9.5.3;—(*w. acc. and inf.*) ~e nurum..ceteraque Augustae membra ualere domus OV. *Pont.*2.2.73;—(*w.* quod *cl.*) ~e huc quod mihi..prodigium misit ACC.*trag.*209; POL.*Fam.*10.31.4; ~e quod absumunt uiris pereuntque labore LUCR.4.1121; ~e quod pubes tibi crescit omnis HOR.*Carm.*2.8.16; ~e quod Romanis ad manum domi supplementum esset LIV.9.19.6; QUINT.*Inst.* 1.3.16; ~e quod et facilis uictoria de madidis JUV.15.47.

13 To add in speech or writing (to), say or write additionally, go on to say or write. **a** (w. acc.). **b** (w. dir. sp.). **c** (w. acc. and inf.). **d** (w. dep. cl.). **e** (absol., w. *de*).

a oculum ego ecfodiam tibi, si uerbum ~ideris PL.*Trin.* 464; cetera de genere hoc adfingere et ~ere..desiperest LUCR.5.164; nil uerbi, pereas quin fortiter, ~am HOR.*S.*2.3. 42;—(*parenth.*) homo..summa prudentia, multa etiam doctrina..~o urbanitatem CIC.*Fam.*3.7.5; splendor omnis, amplitudo, ~o etiam utilitatem *Off.*1.67;—(*w.* in+*acc.*) in illam orationem Metellinam ~idi quaedam *Att.*1.13.5;—(*w. adv.*) dic hominem lepidissumum esse me.. — dico: homo lepidissume. — ecquid audes de tuo istuc ~ere? — atque hilarissume PL.*Men.*149; huc pauca ad spem..~idit CAES. *Civ.*2.28.3. **b** 'cano capite' 'aetate aliena' eo ~ito ad compendium PL.*Cas.*518; tantummodo non ~it: 'ubi ego hinc abiero, uel occidito' TER.*Ph.*143; quam quod ~iderim 'in' CIC.*Att.*7.3.10;—(*w. anticipatory* illud, *etc.*) LUCR.3.900; VERG.*A.*12.358. **c** ~ebant praeterea..rem conuenturam CIC.*Phil.*1.8; ad cetera ~iderunt falsum ab his equitum numerum deferri CAES.*Civ.*3.59.4;—(*w. anticipatory* illud, *etc.*) mercator hoc ~ebat: e praedonibus.. se audisse abreptam e Sunio TER.*Eu.*114; fortasse etiam illud ~erent, senatum eos uoluisse prouinciis praeesse CIC. *Fam.*2.15.4; ~itum etiam indicio..et alios..Numidas uagari in castris Romanis LIV.26.12.18. **d** nihil dicitur dissimile quin ~atur quoius sit dissimile VAR.*L.*10.3; illud ~idit, ut..redirem in patriam CIC.*Sest.*129; qui et ~idit epistulae suae, quod in rationes suas eadem pecunia peruenit SCAEV.*dig.*13.5.31. **e** ~unt etiam de Sabini morte CAES.*Gal.*5.41.4.

14 (spec.) To add (to a law) as a special stipulation, proviso, etc., insert (in).

ille, quicum agitur, exceptionem ~i ait oportere CIC.*Inv.* 2.60; hoc..de populis liberis sine causa ~itum *Att.*1.19.9; IS IN ID DECRETVM INTERDICTVM SPONSIONEM IVDICIVM EXCEPTIONEM ~ITO ~IVE IVBETO *CIL* 1.592.1.5;—(*w.* ad) publicani postularunt quasdam res ut ad legem ~erent CIC. *Ver.*3.18;—(*w.* ut, ne) ~it praeterea ut, quos ipse..dederit agros, teneant ei quibus dati sint *Phil.*8.25; ~it etiam ut, quod quisque eorum in bello amiserit..restituatur CAES. *Civ.*1.87.1; quam ob rem in sententiam non ~idisti, uti prius uerberibus in eos animaduorteretur? SAL.*Cat.*51.21; ~itum..legi ne quis..postea ordinum ductor esset LIV. 7.41.4; ~itum decreto, ut binas legiones nouas scriberent 41.14.10; (*in abl. absol.*) similiter (praecipiunt) deligi (poma) ..ante perfectam maturitatem, ~ito ut luna infra terram sit PLIN.*Nat.*15.62;—(*w. acc. and inf.*) cum in Lutati foedere diserte ~itum esset ita id ratum fore si populus censuisset LIV.21.19.2.

15 To add (something new to one's routine, vocabulary, etc.), introduce.

haec tria..~idi praeter naturam: 'o noster! quid fit? quid agitur?' TER.*Ad.*884; propter intermissionem forensis operae et lucubrationes detraxi et meridiationes ~idi CIC. *Div.*2.142; res secernere apertas ab dubiis, animus quas ab se protinus ~it LUCR.4.468; Germaniae uocabulum recens et nuper ~itum TAC.*Ger.*2.5; nouas litterarum formas ~idit *Ann.*11.13.

addoceō ~ēre ~uī, *tr.* [AD-+DOCEO] To teach new or additional (accomplishments).

(ebrietas) operta recludit..,sollicitis animis onus eximit, ~et artis HOR.*Ep.*1.5.18.

addormiscō ~ere, *intr.* [AD-+DORMIO+ -SCO] To fall asleep.

quotiens post cibum ~eret..olearum..ossibus incessebatur SUET.*Cl.*8.

addubānus ~a ~um, *a.* (See quot.)

~um dubium PAUL.*Fest.*p.21M.

addubitō ~āre ~āuī ~ātum, *intr., tr.* [AD-+ DVBITO]

1 (intr.) To feel doubtful, be uncertain. **b** (w. inf.) to hesitate (to).

si ~as, ad Brutum transeamus CIC.*Att.*13.25.3; Appium ~asse ferunt cernentem..fore collegae uictoriam LIV.10.19. 13; (id) faciam, quia hortaris, quamuis uehementer ~em PLIN.*Ep.*2.19.1; (*w. internal acc.*) si quid ~arem CIC.*Fam.* 6.6.12; APUL.*Soc.*20;—(*w.* de) euenturum..id de quo Panaetium ~are dicebant CIC.*N.D.*2.118; LIV.2.4.7;—(*w. interr. cl.*) ut ~et ecquid potius aut quo modo dicat CIC. *Orat.*137; NEP.*Con.*5.4; an hoc inhonestum et inutile factu necne sit ~es? HOR.*S.*1.4.125; LIV.8.10.2. **b** nec..tonsis aptare lacertos ~at SIL.14.359.

2 (w. acc. or dat.) To feel doubt about. **b** to hesitate over a situation.

~ato salutis augurio CIC.*Div.*1.105;—rex homini credere, miraculo ~are FRO.*Ar.*1.p.56(238N). **b** si plus adipiscare re explicata boni quam ~ata mali CIC.*Off.*1.83.

addūcō ~cere ~xī ~ctum, *tr.* [AD-+DVCO] FORMS: imp. (2nd pers. sg.) ~*c*, also ~*ce* PL. *As.*355, TER.*Ph.*309; ~*xe* (= ~*xisse*) PL.*Rud.* 1047, ~*xti* (= ~*xisti*) TER.*Hau.*819, etc.

1 To lead or bring (a person or animal to a place). **b** to bring with one, bring along.

c to sail (a ship to); (also pass., of persons). **d** to bring (water to a town). **e** (of circumstances) to cause to come, attract, draw. **f** to introduce from abroad, import; to bring in, introduce (arguments, etc.). **g** to lead (the mind, etc., to).

attuli hunc. — quid, attulisti? — '~xi' uolui dicere PL.*Ps.*711; te ut requirerem atque ~cerem TER.*Ph.*881; ~citur a Veneriis atque adeo attrahitur Lollius CIC.*Ver.*3.61;—(*w. destination specified*) quid si ~co tuom cognatum huc a naui Naucratem? PL.*Am.*849; ~cit iste..in saltum homines electos CIC.*Tul.*18; principum..liberos obsides ad se ~ci iussit CAES.*Gal.*2.5.1; Carthaginienses Romam ~xit LIV. 30.21.12; (*cf.*) dicas ~ctum propius frondere Tarentum HOR. *Ep.*1.16.11. **b** si erum uis Demaenetum, quem ego noui, ~ce PL.*As.*355; ~c, si me amas, Marium CIC.*Q.fr.*2.8.4;—(*w.* mecum, *etc.*) ego huc ab naui mecum ~cam Naucratem PL.*Am.*854; in fanum Veneris qui mulierculas duas secum ~xit *Rud.*129. **c** inanem te nauem esse illam in Italiam ~cturum? CIC.*Ver.*5.46; LIV.27.22.7;—dextris ~cor litora remis OV.*Met.*3.598. **d** AQVAM IN VRBEM ~XIT *Elog.*10 (*CIL* 1.p.192); CIC.*Cael.*34; LIV.40.51.7; Q.Marcius Rex.. nouam (aquam)..cuniculis per montes actis..~xit PLIN. *Nat.*36.121. **e** ista..me res ~cebat CIC.*Att.*13.33a.1(4); hoc (*sc.* sacramentum) patria extorrem in tuam regiam ~xit LIV.35.19.4; 38.32.3; (*cf.*) Alcimus sollertibus coeptis.. saeuum Fortunae nutum non potuit ~cere APUL.*Met.*4.12. **f** ut Alexandrea camelopardalis nuper ~cta VAR.*L.*5.100;—tertium genus ex iis, quae extrinsecus ~cuntur in causam QUINT.*Inst.*5.11.1. **g** ratio quae ex rebus perceptis ad id quod non percipiebatur ~cit CIC.*Luc.*26; (memoria) saepe subiecto uno..uerbo ad contextum reddendae orationis ~cta est SEN.*Ben.*5.25.6; (*cf.*) bene testem interrogauit;.. quo uoluit ~xit CIC.*Flac.*22.

2 To bring for a particular purpose. **a** (w. purpose expr.). **b** (w. purpose implied).

a hunc..ad te diripiundum ~cimus PL.*Poen.*647; ~cti qui illam hinc ciuem dicant TER.*An.*892; ubi cohortes ad dilectum consuli ~ctae considant VAR.*R.*3.2.4; ad eum filiam eius ~xit, ut ille insperato aspectu..aliquam partem maeroris sui deponeret CIC.*Sest.*7;—(*w.* pro) quem ~xti pro eunucho adulescentulum TER.*Eu.*949; CIC.*Sest.*116;—(*w. pred. acc.*) testem quem dudum te ~cturum dixeras PL.*Am.* 919. **b** negas nouisse me? negas patrem meum? — idem hercle dicam si auom uis ~cere PL.*Men.*751;—(*by object*) nemon medicum ~xit? TER.*Hec.*323; scortum adducere *Ad.*965; psaltriam ~camus CIC.*Tusc.*3.46; (*by sex of obj.*) tua mater me mouet..haec mihi te ~cit TIB.1.6.59;—(*by pred.*) iubet omnis perfugas uinctos ~ci SAL.*Jug.*62.6;—(*by the destination*) facta sponsione ad iudicem (*sc.* illum) ~xi SCIP.min.*orat.*23.

3 (mil.): **a** To bring (troops, reinforcements, etc., to a place or person). **b** to lead (troops, etc.) with hostile intention.

a gentis barbaras secum ~cere CIC.*Phil.*5.5; PLANC.*Fam.* 10.9.3; ipse..integros subsidio ~cit CAES.*Gal.*7.87.1; in Numidiam copias ~ceret SAL.*Jug.*97.1; L. Valerium a Veiis ~cere exercitum iubet LIV.5.48.5; TAC.*Hist.*5.1; (*ships*) tres (nauis) quas nos ~ximus CAS.*Fam.*12.13.4. **b** Antonius contra populum Romanum exercitum ~cebat CIC.*Phil.*3.11; ad eos exercitus noster ~ceretur CAES.*Gal.*2.1.2; 3.28.1; quonam modo enim Hasdrubalem..sine certamine ~cere exercitus LIV.25.35.5.

4 (leg.) To bring (before a court, the people, etc.); *in iudicium ~cere,* to bring to trial, prosecute. **b** (without *in iudicium,* etc.) to bring before a court; to put on trial, prosecute.

nec possum..in forum ~cere lucubrationes meas CALP. *hist.*33; ut nemo ad populum Romanum uos ~cere, nemo producere..posset CIC.*Agr.*2.99;—crudelissimum carnificem ciuium..in uestrum iudicium ~ximus *Ver.*1.9; (*w.* quod) Ctesiphontem in iudicium ~xit Aeschines quod contra leges scripsisset *Opt.Gen.*20; (*cf. sense 9*) non L. Saturninus quod C. Memmium occidit, in discrimen aliquod atque in uestrae seueritatis iudicium ~citur *Catil.*4.4; (*w.* de) ~ctus est in iudicium..de dolo malo *Flac.*74; (*w. pred.*) reus in iudicium ~ctus est C. Verres *Ver.*2;—(*a matter*) in hoc homine rem ~ctam in iudicium uidetis 3.218. **b** uti..a consiliis.. ~cere liceret *S.C.* in Cael.*Fam.*8.8.5;—nemo umquam reus tam nocens ~cetur qui ista defensione non possit uti CIC. *Ver.*2.27; 3.4; condemnatum ~cebam *Clu.*81; (*w.* lege) si propria lege huius peccati ~cti essent 114; (*w.* quod) AVT TVTELAE SVO NOMINE QVODVE IPSE EARVM RERVM QVID GESSISSE DICETVR, ~CETVR *CIL* 1.600.2.

5 (of time, conditions) To bring on, bring in its train.

ut ille alter annus etiam tertium posset ~cere CIC.*Q.fr.* 1.1.2; ~xere sitim tempora HOR.*Carm.*4.12.13; opella forensis ~cit febris *Ep.*1.7.9; non fatis ~ctus amor LUC.6. 453.

6 To induce or cause (to adopt a course of action, attitude, etc.), lead (into). **b** *~ctus* (w. abl.), influenced in one's view or attitude by.

mihi quidem uidetur posse hic ad nequitiam ~cier PL. *Bac.*112; ad misericordiam ambos ~ces cito TER.*Hau.*995; in eam opinionem Caesenniam ~cebat ut..putaret CIC.*Caec.* 13; *Phil.*13.8; moderatione consulum..posse in obliuionem tribunorum plebem ~ci LIV.3.41.6; VELL.2.110.2; SEN. *Ben.*2.5.2; TAC.*Ann.*15.50; PLIN.*Ep.*3.18.9; (*of impers. agencies*) in consuetudinem equos patientia bestiarum ~xerat *B.Afr.*72.5;—(*w.* ad+*gd. or gdve.*) ~ci ad suspicandum nullo modo possum CIC.*Prov.*39; non facile ad credendum ~cebatur NEP.*Con.*3.1;—(*w. inf.*) quanto facilius ego.. ~cor ferre humana humanitus AFRAN.*com.*290;—(*w.* ut+*subj.*) sponte ipsam suapte ~ctam ut tunicam..reiceret LUCIL.926; ~cis me, ut tibi adsentiar CIC.*Tusc.*5.32; CAES. *Gal.*1.31.8;—(*w.* quin) ~ci..nequeo quin existimem.. prudentissimum principem..nihil temere fecisse SUET.*Tib.* 21.3;—(*w. advs.*) quoad possunt ~cito CIC.*Att.*12.29.2; filiam necessitate huc ~ctam fateor TAC.*Ann.*1.58. **b** neque id ambitione ~ctus facio CIC.*Fam.*13.31.2; his rebus ~cti.. constituerunt CAES.*Gal.*1.3.1; obuius huic primum fatis ~ctus iniquis fit Lagus VERG.*A.*10.380; LIV.7.3.4; GEL.3.3.3.

7 To induce to believe, convince, persuade.

(*w. acc. and inf.*) ~cti iudices sunt..potuisse honeste ab eo reum condemnari CIC.*Clu.*104; *Att.*11.16.2; COL.2.1.4;—(*w.* ut+*subj.*) non posse ⟨se⟩ ~ci, ut inter eas res..nihil interesset CIC.*Fin.*4.55; uix ~cor ut..non quierint LUCR. 5.1341; (*w. internal acc.*) illud ~ci uix possum ut ea..tibi non uera uideantur CIC.*Fin.*1.14.

8 To bring (into), reduce (to a specified state or position); defer (till a time). **b** to divert, canalize. **c** to bring (to a close or to completion). **d** to bring (into good or bad repute, etc.), cause to be regarded in a specified way.

nondum Myronis (signa) satis ad ueritatem ~cta CIC. *Brut.*70; id..ex inordinato in ordinem ~xit *Tim.*9; ubi eos in ciuitatem ~xeris SAL.*Rep.*2.7.2; auxilia..quorum pleraque..in obliuionem ~cta LIV.42.55.8; ea, quae sic resoluimus, in unum ~cere CELS.7.9.2; indurata uitia et in statum inemendabilem ~cta SEN.*Ep.*106.6;—non patiar rem in id tempus ~ci CIC.*Ver.*53. **b** omnis in uiris ~cta Venus STAT.*Theb.*6.335. **c** haec..paene ad exitum ~cta quaestio est CIC.*Tusc.*5.15; prius..quam ad finem sermo esset ~ctus NEP.*Ep.*3.3; inceptos..iambos ad umbilicum ~cere HOR.*Epod.*14.8; SEN.*Ep.*64.1. **d** si eos in odium, in inuidiam, in contemptionem ~cemus *Rhet.Her.*1.8; ut in aliquam suspicionem facinoris Curio filius ~ceretur CIC.*Att.* 2.24.2; in crimen ~ctos (boletos) PLIN.*Nat.*22.92.

9 To bring (into a situation), plunge, land (in danger or some other predicament).

qui hunc in summas angustias ~ctum putaret CIC.*Quinct.* 19; siue..ad concordiam res ~ci potest *Att.*7.3.2; rei frumentariae ad summam inopiam ~cti CAES.*Civ.*2.22.1; unde ..in eum statum rem publicam ~xerant LIV.3.37.1; ut rem ad mucrones ac manus ~cerent TAC.*Ag.*36.1; (*w. cause as subj.*) causa..quae tuam salutem in discrimen ~xit CIC. *Fam.*6.13.4; LIV.23.19.2;—(*w.* eo..ut) eo rem iam ~cam ut nihil diuinatione opus sit CIC.*S.Rosc.*96; LIV.37.49.3.

10 To move towards or on to. **b** to close, shut to (a door).

ubi manus manicae complexae sunt atque ~ctae ad trabem PL.*As.*304; ~cta tympana pulsa manu *Priap.*27.4; ~cta..claua trinodis OV.*Fast.*1.575; *Pont.*2.9.32; ter quater ~cto per terga, per ilia telo transigit STAT.*Theb.*7.594. **b** ~xit repente ostium cellae PETR.94.7; ~cta fore pessulisque firmatis APUL.*Met.*1.11.

11 To draw in to the body, pull towards one. **b** to pull taut; to shorten (rein). **c** to draw back (bowstring, arrow) before releasing; bend (a bow). **d** to draw (the hands or arms) towards one in pulling, etc. **e** to draw up, absorb (air, fluids).

ramulum ~ctum ut remissus esset in oculum suum recidisse CIC.*Div.*1.123; ~cto pomum decerpere ramo OV.*Pont.* 3.5.19; conquisitus..pes eius ~cendus CELS.7.29.8; effusos ..crines..~cto reuocare nodo SEN.*Oed.*417. **b** quando abiit rete pessum, ~cit lineam PL.*Truc.*36; stridentem fundam..ter ~cta circum caput egit habena VERG.*A.*9.587; quin tu ~ces lorum..? LIV.10.19.7;—~ctis..amens subsistit habenis VERG.*A.*12.622; (*in fig. phr.*) commodissimum esse quam laxissimas habenas habere amicitiae, quas uel ~cas cum uelis, uel remittas CIC.*Amic.*45. **c** ut..tormenta telorum eo grauiores emissiones habent, quo sunt contenta atque ~cta uehementius CIC.*Tusc.*2.57; effugit horrendum stridens ~cta sagitta VERG.*A.*9.632; ~cto flectentem cornua neruo OV.*Met.*1.455;—~cto constitit arcu VERG. *A.*5.507; OV.*Ep.*2.131. **d** ~ctis spumant freta uersa lacertis VERG.*A.*5.141; fila per ~ctas saepe recepta manus OV.*Ep.* 10.104; ~cta..bracchia soluit *Met.*9.52; (*cf.*) umerus ⟨commodius⟩ continetur, si ~ctus ad latus..deligatur CELS.8. 15.7. **e** ore spiritus ~ctus est CELS.2.21.12; terra cum exaruit, plus ad se umoris ~cit SEN.*Nat.*4a.2.29.

12 To cause to shrink, draw together, contract. **b** to contract, pucker up, knit (the brows) in frowning, etc.

sitis miseros ~xerat artus VERG.*G.*3.483; ~citque cutem macies OV.*Met.*3.397; GEL.16.3.3; (*poet.*) ossaque nondum ~xere cutem LUC.4.288. **b** quis non..frontem ~xit? SEN.*Ben.*1.1.5; si, cum daret, suspirauit, uoltum ~xit 6.4.6; *Laus Pis.*140; SUET.*Tib.*68.3.

adductē, *adv. compar.* ~ius. [next+-E] With close control, strictly.

trans Lygios Gotones regnantur, paulo iam ~ius quam ceterae Germanorum gentes TAC.*Ger.*44; *Hist.*3.7.3.

adductus ~a ~um, *a. compar.* ~ior. [pple. of ADDVCO]

1 Drawn together, contracted. **a** (topogr.). **b** (of the brow) contracted, frowning; (transf.) with gathered brow, grave. **c** (of style) compressed, terse.

a ex spatio paulatim ~ior ubi finitur ibi maxime angusta est (Africa) MELA 1.20. **b** cum Secundum..tristem forte uidisset, interrogauit quae causa frontis tam ~ae QUINT. *Inst.*10.3.13;—modo familiaritate iuuenili..et rursus ~us, quasi seria consociaret TAC.*Ann.*14.4. **c** in contionibus eadem..uis est, pressior tantum..et ~ior PLIN.*Ep.*1.16.4.

2 (of control, bondage) Close, strict, severe.

~um et quasi uirile seruitium TAC.*Ann.*12.7.

adedō ~edere ~ēdī ~ēsum, *tr.* [AD-+EDO¹] FORM: *adesso* (= *adeso*) *Mor.*98 (cj.).

1 To eat away at, eat into, nibble. **b** (transf.) to 'eat into' (resources). **c** (poet.) to wear down the strength or resources of, exhaust.

cum..~esum inflatu renouatumst iecur (*sc. of Prometheus*) CIC.*Tusc.*2.24; LUCR.5.994; fauos..~edit stellio VERG.*G.*4.242; angues duo..~edere iocur LIV.25.16.2; COL.2.10.3; QUINT.*Inst.*6.3.90;—(*poet.*) trux ille (*sc.* Typhoeus) eiectat ~esi fundamenta iugi V.FL.2.30. **b** non ~esa iam sed abundanti etiam pecunia CIC.*Quinct.*40. **c** peterem cum uictor ~esum cladibus Hasdrubalem SIL.13. 679.

2 a (of fire) To eat into, scorch. **b** (of water) to erode.

a (flamma) corripuit tabulas et postibus haesit ~esis VERG.*A.*9.537; PROP.4.7.9;—(*w. retained acc.*) cuncti.. fumosis tenebris uaporosae caliginis palpebras ~esi APUL. *Met.*9.12. **b** fluminis ritu..lapides ~esos..uoluentis HOR.*Carm.*3.29.36; scopulus raucis..~esus aquis OV.*Ep.* 10.26; LUC.6.267; SIL.3.470.

3 To consume the whole of, eat up. **b** (transf., of fire). **c** to consume (resources) wholesale, squander.

frumento ~eso SIS.*hist.*16; euenit ut..Pinarii extis ~esis ad ceteram uenirent dapem LIV.1.7.13. **b** cum me supremus ~ederit ignis OV.*Am.*1.15.41; SIL.1.363. **c** qui ~esis bonis per dedecus Neronis alebantur TAC.*Hist.*1.4; *Ann.*13.21.

Adelphī (~oe) ~ōrum, *m. pl.* The name of plays by Terence and others ('The Brothers').

ex iis fratribus qui in ~is sunt CIC.*Sen.*65.

adelphis ~idis, *f.* [Gk.] A kind of date.

sapore caryotarum sorores et ob hoc ~ides dictae PLIN. *Nat.*13.45.

ademptiō ~ōnis, *f.* [ADIMO+-TIO] A taking away, deprivation, removal; a revocation (of a legacy). **b** the withholding (of a right).

non ~one ciuitatis, sed tecti et aquae et ignis interdictione CIC.*Dom.*78; TAC.*Ann.*2.76; ~ones bonorum 4.6;—codicilli..qui ~onem continent legatorum solutorum ULP. *dig.*12.6.2.1. **b** si usu fructu legato iter ademptum sit, inutilis est ~o ULP.*dig.*7.6.1.1.

adeō¹ ~īre ~(i)ī ~itum, *intr., tr.* [AD-+EO¹] FORMS: *adiese, adieset, adiesent* (for *adiisse,* etc.) *CIL* 1.581; *adeitur CIL* 1.1215; *adiuit* (pf.) APUL.*Met.*8.1. CONST.: w. *ad, in*+acc., or advs.; or w. acc.; or absol.

1 To come or go near or to approach (a person or place): **a** (w. *ad, in,* etc.). **b** (w. acc.). **c** (usu. pass.) to approach or enter (by specified means).

a nolite, hospites, ad me ~ire ENN.*scen.*349; prius..quam Romam atque in horum conuentum ~iretis CIC.*Ver.*4.26; neque quisquam est..qui se..~isse ad initium eius siluae dicat CAES.*Gal.*6.25.4; (*w.* prope) nec quemquam prope ad se sinit ~ire PL.*Cas.*663; (*w. internal acc.*) immaturum mortis ~imus iter PROP.3.7.2; (*w. advs.*) accede huc modo, ~i modo huc PL.*Truc.*620; cum..Bosphorum confugisset quo exercitus ~ire non posset CIC.*Mur.*34; (*w. route expr.*) qua sit mors ~itura uia PROP.2.27.2;—(*impers.*) PRIVATUM PRECARIO ~EITVR *CIL* 1.1606; nec ~iri..ad iusti cursum poterat amnis LIV.1.4.4;—(*absol. or ellipt.*) tanto..tumultu populi ad fores curiae concursum est ut ~ire nuntius non posset 27.50.9;—(*pres. pple. as sb.*) ingens fit animo, plenus fiduciae, inexsuperabilis et maior ~eunti SEN.*Ep.*111.2. **b** quidnam est obsecro quod te ~iri abnutas? ENN.*scen.*352; CIC.*Ver.*2.52; omnibus uicis aedificiisque quos ~ire potuerant incensis CAES.*Gal.*2.7.3; ut tristis sine sole domos, loca turbida, ~ires VERG.*A.*6.534; HOR.*Carm.*2.6.1; LIV.23.2.10; OV. *Fast.*3.266; LUC.8.252; et Vlixen..longo illo..errore..~isse Germaniae terras TAC.*Ger.*3.3; (*w.* mente) isque licet caeli regione remotos mente deos ~iit OV.*Met.*15.63; (*cf. w. sense 9b*) cum tibi contigerit uultum Iunonis ~ire *Pont.*3.1.145;—(*cf. w. sense 11*) ne tibi sit duros montes..neque expertos semper ~ire lacus PROP.1.20.14;—(*pple. as sb.*) amnibus..ignobilibus, quia non ~ita interfluunt CURT.8.9.11. **c** summissa quaedam et quae planis uallibus ~iri possent LIV.24.34.3; granaria..scalis ~eantur COL.1.6.10; qua Tarpeia rupes centum gradibus ~itur TAC.*Hist.*3.71; (*poet.*) qua..meos ~eas est uia nulla modos OV.*Pont.*4.12.6.

2 a (of inanim. things) To approach, carry, penetrate (to). **b** (of abst. things). **c** (fig.) to approach, rise to (a status). **d** to reach, attain (an age).

a (stellae errantes) tum ~eunt tum recedunt, tum antecedunt tum autem subsecuntur (solem) CIC.*N.D.*2.51; est nemus..atrum, uix illuc radiis solis ~ire licet OV.*Ep.*12.68; (*cf.*) quo numquam radiis..Phoebus ~ire potest *Met.*11.595;—(*w. acc.*) quae ~it riuus saxa in altitudinem crescunt PLIN. *Nat.*31.29; summos nec praepetis alae plausus ~it collis STAT.*Theb.*2.40; Danuuius..Abnobae iugo effusus pluris populos ~it TAC.*Ger.*1.3. **b** quo non liuor ~it? OV.*Fast.* 4.85;—(*w. acc.*) hic..attonitas ut nuntius auris matris ~it STAT.*Theb.*1.591. **c** exstinctus pudor et, qua sola sidera ~ibam, fama prior VERG.*A.*4.322. **d** annos..quos fertur placidos ~isse Nestor STAT.*Silv.*4.3.150.

3 To approach with hostile intent, move up to attack.

deposito ~eundae Syriae consilio CAES.*Civ.*3.103.1; SAL. *Jug.*89.1; nulla regione maris Hadriatici prospere ~ita LIV.10.2.14; VELL.2.40.2; CURT.7.6.13; (*absol.*) ~eundi tempus definiunt cum meridies esse uideatur CAES.*Gal.*7. 83.5.

4 To go to, approach (a place), accost, visit (a person) (for a purpose indicated or implied by the context). **a** (w. *ad,* advs., or absol.). **b** (w. acc.).

a cum istacin te oratione huc ad me ~ire ausum, inpudens! PL.*Aul.*746; TER.*Eu.*578; coram qui ad nos intempestiue

~eunt molesti saepe sunt Cic.*Fam.*11.16.1; Themistocles.. ~ire ad magistratus noluit Nep.*Them.*7.1; Tib.1.5.61;—(*w. purpose indicated*) eone tu seruos ad spoliandum fanum immittere ausus es quo liberos ~ire ne ornandi quidem causa fas erat? Cic.*Ver.*4.101; Caes.*Gal.*7.14.5; (*impers.*) ad quos ..sic ~ibatur..ut de iure ciuili ad eos..referretur Cic.*de Orat.*3.133;—(*w. sense amplified by further vb.*) ~ei atque appella quid uelit Pl.*Poen.*992; Cic.*Ver.*4.113; (*w. instr. abl.*) quanto satius est ~ire blandis uerbis atque exquirere Pl.*Ps.*450. **b** neque ut hinc abeam neque ut hunc ~eam scio Pl.*Truc.*824; Cic.*Fam.*3.9.2; Caes.*Gal.*7.4.3; Sol ~itus 'quam quaeris' ait '..tertia regna tenet' Ov.*Fast.*4.583; (*w.* de) ~ii te heri de filia Ter.*Hec.*251; (*w.* siquid) ego hunc ~ibo, siquid me uelit 429;—(*w. purpose indicated*) quom patrem ~eas postulatum Pl.*Bac.*442; castra ut Danaum speculator ~iret Verg.*A.*12.349; socios ad retinendos in fide animos eorum..~iit Liv.25.40.6;—(*w. sense amplified by further vb. or phr.*) istam ~ii atque amans ego animum meum isti dedi Pl.*As.*141; Cic.*Att.*1.19.2; Caes.*Gal.*3.11.2; ibi eum legati..~ierunt iubentes..in Africam traicere Liv. 30.19.2; pontificis maximi auris ~ire, clementiam expetere Tac.*Ann.*11.32.

5 *manum ~ire* (+dat.). To cheat, hoax: see manvs¹.

6 a (of a commander, emperor, etc.) To visit (for the purpose of inspection and the like). **b** to go to see, visit (a place or object of interest).

a Gnaeus..dicebatur..~ire cohortis legionum Appianarum non firmissimarum Cic.*Att.*7.20.1; Liv.10.20.13; 26.20.1; hiberna legionum cum cura ~ierat Tac.*Hist.*1.52;—(*provinces*) quas..urbis ~isti legationis iure et nomine Cic.*Ver.*1.54; Tac.*Ann.*3.34. **b** quos locos ~iisti? Pl. *Trin.*931; ~ii casas aratorum Cic.*Scaur.*25; *Q.fr.*3.9.7; Caes.*Gal.*4.20.2; non cuiuis homini contingit ~ire Corinthum Hor.*Ep.*1.17.36; Tac.*Ann.*2.53.

7 To go to for help, redress, etc., appeal or apply to: **a** (w. *ad* or absol.); also, to go over to, put oneself under (a general). **b** (w. acc.). **c** (spec.) to consult (an oracle, the Sibylline books).

a ad nos ~eant primo qvoqve die..*CIL* 1.584.45; ~iimus ad Caesarem, uerba fecimus pro Buthrotiis Cic.*Att.* 16.16a.5; isqve censor..diebvs v proxvmeis, qvibvs legatei..~ierint, eos libros censvs..accipito *CIL* 1. 593.154; Liv.2.25.6;—(*impers.*) ~itum est ad Metellum Cic. *Ver.*3.152; (*w.* de) ad quos de ea re in iure ~itum erit *S.C.*50 (*Font.iur.*p.194);—qui ab armis discesserint et.. ad C. Caesarem pro praetore ante Idus Martias primas ~ierint Cic. *Phil.*8.33; *Ep.*fr.5(4).1. **b** per epistulam aut per nuntium, quasi regem, ~iri eum aiunt Pl.*Mil.*1225; neque praetores diebus aliquot ~iri possent Cic.*Qfr.*1.2.15; Caes.*Civ.*3.59. 4; Liv.37.6.7; quem..Cleopatra sine ullis tristis ~it lacrimis Luc.10.83; Tac.*Ann.*15.19; Hadrianus, ~itus per libellum Call.*dig.*42.1.33; (*w. abl.*) nullo..non principe ~ito querimoniis prouincialibus Plin.*Nat.*8.135; Tac.*Ann.*4.39; (*cf.*) nisi nouum et nutantem adhuc principem precibus uel armis ~irent 1.17;—(*w.* aduersus) ~iri..aduersus eos..potest (praefectus urbi) Paul.*dig.*1.12.2; (*w.* de) forte prior ea de causa ~ito rege Tac.*Ann.*13.9; (*w.* ex) sciebam..ex eius modi causa collegium pontificum ~iri solere Plin.*Ep.Tra.* 10.68(73). **c** oracula Fauni..~it Verg.*A.*7.82; Liv. 29.11.5; Tac.*Hist.*5.3;—libri per duumuiros sacrorum ~iti Liv.3.10.7; Tac.*Ann.*15.44;—(*impers. pass.*; *w.* ad) P. Mucio L. Calpurnio consulibus ~itum est ad libros Sibyllinos Cic. *Ver.*4.108;—(*w. indir. qu.*) libri ~iti quinam finis..eius mali ab dis daretur Liv.10.47.6.

8 (w. *ad, in*) To go (to law), have recourse (to arbitration).

qvei eorvm de ea re ante eidvs martias primas in iovs ~ierit ad evm, qvem.. *CIL* 1.585.17; ad arbitrium hoc animo ~imus Cic.*Q.Rosc.*10; eum de suis controuersiis in ius ~euntem *Att.*11.24.4; Caes.*Civ.*1.87.2;—(*impers. pass.*) Cic.*Ver.*2.55; (*w.* quo) is pr(aetor) consolve, qvo de ea re in iovs ~itvm erit *CIL* 1.585.24.

9 To approach as a worshipper or for religious purposes: **a** (w. *ad* or adv.); also, to go to (religious games). **b** (w. acc.); also, to seek by prayer.

a ab eorum aris ad quas togati ~ierimus Cic.*Phil.*14.2; ad diuos ~eunto caste *Leg.*2.19;—quo matrona nulla ~iit propter uim..seruorum *Har.*24. **b** bacas vir neqvis ~iese velet ceivis romanvs *CIL* 1.581.7; quod templum ~eam? Acc.*trag.*232; Cic.*N.D.*1.77; nec delubra deum placido cum pectore ~ibis Lucr.6.75; Caes.*Civ.*2.5.3; Verg. *A.*8.544; Liv.21.63.8; Tac.*Ann.*15.36; (*w. abl.*) undisonos ..prece adire deos Prop.3.21.18; Sen.*Phaed.*108;— ~ire cuiuscumque dei ueniam Apul.*Met.*6.3.

10 To apply oneself to, engage in, take up, begin (an activity). **b** *ad rempublicam ~ire*, to go into politics, embark on a political career. **c** to accept the responsibilities of, enter upon, come into (an inheritance). **d** to meet in battle, etc., engage, tackle.

(*w.* ad) hic eam rem uolt..mecum ~ire ad pactionem Pl. *Aul.*202; ad causas et priuatas et publicas ~ire coepimus Cic.*Brut.*311;—(*w. acc.*) cum gaudia ~irem Tib.1.5.39; omnibus quae ~eunda agendaque erant mature ~itis peractisque Liv.26.20.4; physica ~ire Gel.17.19.3; (*impers., absol.*) nimium longis ambagibus est ~eundum Lucr.6.919. **b** deos..qui..mentis eorum qui ad rem publicam ~eunt maxime perspiciunt Cic.*Man.*70; *Rep.*1.12; (*w. capacity expr.*) ~iit ad rem publicam tribunus plebis Milo *Sest.* 87. **c** si hereditatem iustam ~i<i>t Var.*R.*2.10.4; *Rhet. Her.*1.23; Cic.*Phil.*2.42; *Att.*14.10.3; Sen.*Cl.*1.15.4; post ~itam hereditatem Gaius *Inst.*2.163. **d** (*w. acc.*) nec quisquam ex agmine tanto audet ~ire uirum Verg.*A.*5.379; non ~eunda senectus (*sc.* leonis) Stat.*Theb.*11.744; (*ellipt.*) Aeneas mortem..minatur..si quisquam ~eat Verg.*A.*12. 761;—(*w.* ad) ad quemuis numerum ephippiatorum equitum quamuis pauci ~ire audent Caes.*Gal.*4.2.5.

11 To meet, incur, undergo, submit to (danger, etc.).

capitis periclum ~ire Ter.*An.*677; ~eundae inimicitiae, subeundae..tempestates Cic.*Sest.*139; se maximos labores summaque ~isse pericula Nep.*Timol.*5.2; Verg.*A.*1.10; ad omnem ~eundam simul fortunam Liv.25.10.7; Vell.2.82. 2; uictus uoluntariam seruitutem ~it Tac.*Ger.*24.3;—(*of things*) quae in usu sunt..numquam periculum situs ~eunt Sen.*Ben.*3.2.3; (*cf.*) ut tempestatum periculum non ~iret gula *Ep.*90.7;—(*w.* ad) non enim has (*sc.* naues)..propinquorum praecepta ad extremum uitae periculum ~ire cogebant Caes. *Civ.*2.7.1.

adeō², *adv.* [ad-+eo²] Form: *uteo CIL* 1. 594.3.2.1.

1 To the point or place (where). **b** (fig.) to such a pass.

(*w.* usque) (surculum)..artito usque ~, quo praeacueris Cato *Agr.*40.3. **b** (*followed by* ut) ~n rem redi<i>sse ut periclum etiam a fame mihi sit! Ter.*Hau.*980;—(*w. parataxis*) praesertim ut nunc sunt mores: ~ res redit: siquis quid reddit magna habendast gratia Ter.*Ph.*55.

2 (w. *dum, donec*, etc.) To the point of time (when); also, so long (as).

nauim..parasse atque ea se mercis uectatum undique ~dum..peperisset bona Pl.*Mer.*77; exploratorem hunc faciamus ludos..~ donicum ipsus sese ludos fieri senserit *Ps.*1168; (*cf. sense 1*) qui..~ passus est hostem castris succedere, donec..adimeret usum sagittarum Flor.*Epit.*2.19 (4.9.6);—(*w.* usque) neque defetiscar usque ~ experirier donec..effecero Ter.*Ph.*589; usque ~ dum ficos esse coeperint Cato *Agr.*56; scitis..usque ~ hominem in periculo fuisse quoad scitum est Sestium uiuere Cic.*Sest.*82; Verg. *G.*4.84; Suet.*Gram.*22(p.116Re); (*cf. sense 4*) nei istunc istis inuitassitis usque ~ donec qua domum abeat nesciat Pl.*Rud.*812; (*ellipt.*) per sementim primum incipiunt maturae esse, postea usque ~ sunt plus menses viii Cato *Agr.*17.2;—usque ~ ego illi(u)s ferre possum..magnifica uerba, uerba dum sint Ter.*Eu.*741.

3 To the end (that), with the purpose (that).

(*w.* ut, ne+*subj.*) quem hercle ego litem ~ perdidisse gaudeo, ne me nequiquam sibi hodie aduocauerit Pl.*Cas.* 568; id ego continuo huic dabo ~ me ut hic emittat manu *Rud.*1388.

4 To (such) a high degree, to (such) a great extent, (so) very, extremely; *non ~*, not so, otherwise. **b** (w. *ut, qui*, or *quin*+subj.). **c** ~ *non..ut* (+subj.), so far (is somebody) from (doing something) that..; also, ~ *nihil, nondum*, etc. **d** (after a neg.) so much (as you might suppose), so very much, all that much.

(*w. adjs.*) edictiones aedilicias hicquidem habet, mirumque ~st ni hunc fecere sibi Aetoli agoranomum Pl.*Capt.*824; adulescentem ~ nobilem Ter.*Eu.*204; idque ~ haud scio mirandumne sit Caes.*Gal.*5.54.5; nec sum ~ informis Verg. *Ecl.*2.25; Stat.*Theb.*1.649; Juv.13.59; (*followed by* ut, quam, tamquam) ~n hominem esse inuenustum..quemquam ut ego sum! Ter.*An.*245; ~que laetis inde animis profecti sunt, tamquam uictoriam..nuntiaturi..essent Liv.29.22.6; risum..qui tamen nequaquam ~ est intempestiuus quam uestrae istae..lacrimae sunt 30.44.6;—(*w. advs.*) nolo ego hanc ~ efflictim amare Naev.*com.*37; id ~ mature posse euenire, si ipse consul ad id bellum missus foret Sal.*Jug.*65. 3;—(*w. vbs.*) quod ~ festinatum ad supplicium neque locus paenitendi..relictus esset Liv.24.26.15;—sunt quaedam, quae in hominibus quidem morbum faciunt, in iumentis non ~ Ulp. *dig.* 21.1.38.7. **b** ~n me fuisse fungum ut qui illi crederem Pl.*Bac.*283; et uoltu..~modesto, adeo uenusto ut nil supra Ter.*An.*120; neminem..~ infatuare potuit ut ei nummum ullum crederet Cic.*Flac.*47; *Fam.*7.13.1; *Tusc.* 1.10; quod non ~ sit imperitus rerum ut..confidat Caes. *Gal.*5.27.4; Verg.*A.*11.436; Prop.3.16.14; res Romana ~ erat ualida ut cuilibet..bello par esset Liv.1.9.1; 23.26.8; Ov. *Pont.*4.4.1; Stat.*Theb.*9.791; Tac.*Hist.*2.45;—(*w.* usque) ~ ego illam cogam usque ut mendicet—meus pater Pl.*Bac.* 508; Cic.*S.Rosc.*26; Lucr.1.412; quis..temerarius usque ~ ..ut dicat regi 'bibe'? Juv.5.129;—(*immediately before* ut) maxumas opimitates..suis eris ille una mecum pariet..~ ut aetatem ambo..nobis sint obnoxii Pl.*As.*284; concedatur haec..odi magnitudo: ~ ne omnia uitae..iura uiolentur? Cic.*Deiot.*30; Tac.*Ann.*16.14;—nil ~ magnum..quod non.. minuant mirarier omnes Lucr.2.1028; Caes.*Gal.*7.47.3; quis ~ iuris fetialium expers est qui ignoret? Liv.9.9.3; Vell.2. 115.5; (*w.* usque) Stat.*Silv.*1.1.89;—Ter.*Ad.*221; nemo erat ~ tardus..quin..putaret Caes.*Civ.*1.69.3. **c** cui..~ non succubuerunt ut extemplo agitaretur Liv.23.38.6; famam.. ~ non abstulisti, ut auxeris Vell.2.66.4;—haec dicta ~ nihil mouerunt quemquam ut legati prope uiolati sint Liv. 3.2.6; ~..nullodum certamine inclinatis uiribus..animi mutauerant, ut clariorem..deditio Postumium..faceret 9.12.3; mihi quidem..munus ~ peregisse nondum uideris, ut incohaste tantum..uidearis Tac.*Dial.*33.1. **d** nec me ~ fallit..te..suspectas habuisse domos Karthaginis altae Verg.*A.*4.96; neque luxus in iuuene ~ displicebat Tac.*Ann.* 3.37; Suet.*Aug.*65.2; Apul.*Met.*11.10.

5 (introducing an explanation, usu. of a preceding statement) To such an extent, so completely, so true is it that.

non..amori neque desidiae in otio operam dedisse..~ arte cohibitum esse <se> a patre Pl.*Mer.*64; Ter.*Hau.*245; Naeuius in manibus non est et mentibus haeret paene recens? ~ sanctum est uetus omne poema Hor.*Ep.*2.1.54; Liv.1.10.7; 21.11.1; Ov.*Tr.*2.30; Plin.*Nat.*27.3; uerba mea..arguuntur: ~ factorum innocens sum Tac.*Ann.*4.34;—(*w. following neg.*) Fidenas inde aut Gabios..transmigremus? ~ nihil tenet solum patriae? Liv.5.54.2; Augustum..obsidionali (*sc.* corona) donauit; ~ ciuica non satis uidebatur Plin.*Nat.*22.13; Juv.11.131;—(*w.* usque) in os salsi uenit umor saepe saporis..usque ~ omnibus ab rebus res quaeque fluenter fertur Lucr.6.931;—(*w. expl. occurring parenthetically*) quae audita—~ duas ex una ciuitate discordia fecerat—longe aliter patres ac plebem adfecere Liv.2.24.1; Tac.*Ann.*12.42.

6 In addition to that, likewise, moreover, besides. **b** (used to re-emphasize, elaborate, or modify a statement, etc.) yes and, and what is more, or rather. **c** (after *aut* or *uel, neque, siue, niue*) for that matter, even, either, rather; (after *sed*) on the contrary, rather.

ibi uoster cenat cum uxore ~ et Antipho, ibidem erus est noster Pl.*St.*664; hanc ~ habebo gratiam illi Caes.Cic.*Att.* 9.16.3; in tertianis..sinistra manu euulsam (polygonon) adalligant, ~ contra profluuia sanguinis Plin.*Nat.*27.117; (*w.* etiam) ~ etiam argenti faenus creditum audio Pl.*Mos.* 629;—(*after* -que) Iuppiter tuque ~, summe Sol Enn.*scen.* 284; Verg.*G.*1.24. **b** interdum mussans conloqui: abnuere, negitare ~ me natum suom Pl.*Mer.*50; hoc nouomst aucupium; ego ~ hanc primus inueni uiam Ter. *Eu.*247; manifesta iam tunc claritate artis, ~ absolutione Plin.*Nat.*35.55;—(*after* atque, et, -que) pater salueto, amboque ~ Pl.*Rud.*103; tuos esse ego illi mores morbum.. arbitror, et merito ~ Ter.*Hec.*240; tot annis atque ~ saeculis tot Cic.*Ver.*3.21; posco atque ~ flagito crimen *Planc.* 48; Verg.*A.*11.369; non petentem atque ~ etiam absentem creatum Liv.10.5.14; Ov.*Tr.*3.1.77; Plin.*Ep.*1.18.4. **c** Poenus dum iudex siet uel Graecus ~, uel mea caussa Apulus Pl.*Cas.*77; tu uirum me aut hominem deputas ~ esse? Ter.*Hec.*524;—ego te non noui neque nouisse ~ uolo Pl.*Men.*296; Ter.*Ad.*987; Phaed.1.4.7; (*cf.*) non ille minis Polynicis..inferior, dubiumque ~ cui bella gerantur Stat. *Theb.*4.115;— si quasi bibit siue ~ caret temeto Pl.*Truc.* 833; Cic.*Ver.*3.110; copia ferretur..siue ~ potius numquam concreta creasset ullam rem Lucr.1.1019;—di me perdant, si ego tui quicquam apstuli, niue ~ apstulisse uellem Pl. *Aul.*646;—non modo ineptum hoc non est,..sed festiuissimum ~ et facetissimum est Gel.17.1.10.

7 (after *ne..quidem*, etc.) All the more, still more; ~ *non*, much less, still less. **b** (w. no preceding neg.) still more.

ipsum Vitellium ne prosperis quidem parem, ~ ruentibus debilitatum Tac.*Hist.*3.64; ne paratis quidem corrumpi facilis, ~ metuens incerta 4.39;—sanctus, inturbidus, nullius repentini honoris, ~ non principatus adpetens 3.39; *Ann.* 3.34; (*cf.*) uiri aequalium quoque, ~ superiorum intolerantis *Hist.*4.80; ne tecta quidem urbis, ~ publicum consilium numquam adiit *Ann.*6.15. **b** uenerem, etiam si omnino manu teneatur radix, stimulari, ~ si bibatur in uino austero Plin.*Nat.*26.98.

8 (as an ancillary particle giving emphasis or prominence to a word or sentence) Indeed, in fact, just, quite, actually, 'you know'. **b** (esp. after *nunc* or *iam*, sometimes w. slight inferential force). **c** (w. numbers, etc.) fully, quite, without exception; (w. *multi, pauci*) very.

haec curata sint fac sis, proinde ~ ut uelle med intellegis Pl.*Am.*982; fac sis nunc promissa adpareant, si ~ digna rest ubi tu neruos intendas tuos Ter.*Eu.*312; numquam mihi minus quam hesterno die placui; magis ~ id facilitate quam alia ulla culpa mea contigit Cic.*de Orat.*2.15; *Ver.*5.9; cuncta plebes..Catilinae incepta probabat. id ~ more suo uidebatur facere Sal.*Cat.*37.2; Verg.*A.*4.533; Liv.9.26.12; Plin.*Ep.*7.17.8;—(*w. vbs. in imp.*) propera ~ puerum tollere hinc ab ianua Ter.*An.*759; nulla mora est; uerte hunc ~.. cornipedem Stat.*Theb.*12.596;—(*w. ellipsis of vb.*) num illi molestae quidpiam haec sunt nuptiae?..—nil hercle; aut, si ~, biduist aut tridui haec sollicitudo Ter.*An.*440. **b** quin mihi quoque etiamst ad portum negotium. nunc ~ ibo illuc Pl.*Mer.*329; miles, nunc ~ edico tibi ne uim facias ullam in illam Ter.*Eu.*806; nunc ~ quae sit dubiae sententia menti, expediam Verg.*A.*11.314;—iamne ~? manta Caecil. *com.*34; iamque ~ super unus eram Verg.*A.*2.567; Stat. *Ach.*1.551. **c** omne ~ genus in terris hominumque ferarumque..in furias..ruunt Verg.*G.*3.242; tris ~ incertos.. soles erramus pelago *A.*3.203; quinque ~ magnae..urbes tela nouant 7.629; etsi ~ omnes ditescant Pers.6.14;— multa ~ gelida melius se nocte dedere Verg.*G.*1.287; paucae ~ Cereris uittas contingere dignae Juv.6.50.

adeps ~ipis, *m.f.* Also **adips.** [cf. Gk. ἄλειφα] Gender: masc. in Cels.5.24.1, Plin.28.142, Larg.201, etc.; fem. in Var.*R.*2.2.16, Dom. Mars.*poet.*6, Cels.5.21.7, Col.6.2.7, etc. Orthog.: *~ips* Plin.*Nat.*11.213, 28.254, etc.

1 (opp. to sebvm) Soft animal fat as used for various purposes, lard, grease. **b** (w. source indicated).

cuminum, ~ipis p. ii, casei libram..eodem addito Cato *Agr.*121; ~ipis pondo bis dena uetustae Dom.Mars.*poet.*6; librales..offas praesulsae ~ipis in gulam dimittito Col.6.2.7; cum ~ipe purgato Larg.201; aena..lavare tergere vngvereqve ~ipe et recenti *CIL* 2.5181.26; (*of a man*) Tisiphone Titini pulmonibus atque ~ipe unguen excoctum attulit Lucil.169; (*pl.*) illi (*sc.* ursae) sunt ~ipes medicaminibus apti Plin.*Nat.*8.127. **b** labra agni unguere.. ~ipe suilla Var.*R.*2.2.16; ~eps ex fele Cels.2.33.5; ~ipis anserini..5.21.4; ipsa (colocynthis)..trita cum ~ipe anseris uulneribus medetur Plin.*Nat.*20.16; prodest..gallinae ~eps Larg.39.

2 Fatty tissue in the body of a human being or animal. **b** (pl.) obesity, fat; (also fig., of style).

cornigera..sebo pinguescunt, bisulca..et non cornigera ~ipe Plin.*Nat.*11.212; ~ips cunctis sine sensu 11.213; —(*transf.*) pro cute cortex..proximi plerisque ~ipes. hi uocantur a colore alburnum 16.182; spissior ubertas in ea (*sc.* marga) intellegitur et quidam terrae ~ipes 17.42. **b** non mihi esse P. Lentuli somnum nec L. Cassi ~ipes nec C. Cethegi furiosam temeritatem pertimescendam Cic.*Catil.* 3.16; ueratrum..capris ~ipes et coturnicibus auget Lucr. 4.641; corporatura pecoris operarii debet esse..non ~ipibus obesa Col.6.2.15;—ita sibi quoque (*sc.* sciat declamator) tenuandas ~ipes Quint.*Inst.*2.10.6.

adeptiō ~ōnis, *f.* [ADIPISCOR+-TIO] The act or fact of obtaining, acquiring.
ex ~one alicuius commodi uitationeque incommodi CIC. *Part.*113; nos beatam uitam non depulsione mali, sed ~one boni iudicemus *Fin.*2.41; QUINT.*Inst.*5.10.33.

adequitō ~āre ~āuī ~ātum, *intr.* [AD-+EQVITO] **a** (w. *ad*, etc.) To ride (towards). **b** (w. *circa, iuxta*) to ride (around, near by).
a (*w.* ad) equites Ariouisti..ad nostros ~are CAES.*Gal.* 1.46.1; CURT.4.9.23; (*also w.* in) morem..in dextrum cornu ad suos ~andi LIV.35.35.14;—(*w. dat.*) ~ando ipsis prope portis LIV.1.14.7; ~are castris TAC.*Ann.*6.34; FRON.*Str.* 1.5.16;—(*absol.*) quingenti ferme Numidae..specie transfugarum cum ab suis parmas post terga habentes ~assent LIV. 22.48.2; 35.11.10. **b** nisi ut uehiculo anteirent aut circa ~arent SUET.*Aug.*64.3; ut (Caesoniam)..galea ornatam ac iuxta ~antem militibus ostenderit *Cal.*25.3.

aderrō ~āre, *intr.* [AD-+ERRO[1]] (w. dat.) To stray towards or near.
blandi scopulis delphines ~ant STAT.*Silv.*2.2.120.

adēs(s)uriō ~īre ~īuī, *intr.* [AD-+ESURIO] To be very hungry.
~iuit magis..inhiauit acrius lupus PL.*Trin.*169.

adg-: see AGG-.

adhaereō ~ēre ~sī ~sum, *intr.* [AD-+HAEREO] CONST.: w. dat.; also w. *in*+abl. or absol. N.B.: examples of the pf. form are also included under ADHAERESCO.

1 To cling (with the hands, etc.), adhere (to). **b** to be attached (through some natural physical property), stick, adhere (to); (of atoms) to combine together, coalesce. **c** *caelo ~rere,* (of stars) to be fixed. **d** to be attached by artificial means, be fastened (to). **e** (of a name) to cling (to a person); *~rere memoriae,* to stick in one's memory. **f** to hold on with difficulty, cling precariously (to).
saxa quibus ~rebant manibus amplexos LIV.5.47.5; uincto..in corpore ~rent OV.*Met.*4.694; editissimis quibusque ~rebant reliquiae generis humani SEN.*Nat.*3.27.12; (*of leeches and the like*) bestiolas ~rentes saxis quasi uerrucas LARG.151; hirudinem..~rentem faucibus 199;—(*w. abl. of means*) cum tu..in uerba iurabas mea..lentis ~rens bracchiis HOR.*Epod.*15.6; non ~rere ancoris..poterant (naues) TAC.*Ann.*2.23. **b** unus (anellus) ubi ex uno dependet subter ~rens LUCR.6.914; et alius sucus inuenitur caulibus ~rens PLIN.*Nat.*25.118; siccis cruor aeger ~ret uisceribus STAT.*Theb.*4.728;—quae (*sc.* semina) cum..in taedai corpore ~rent LUCR.6.897. **c** de iis..stellis, quas ~rere ..diximus PLIN.*Nat.*18.219. **d** lignum id, quod ad emundanda obscena ~rente spongia positum est SEN.*Ep.*70. 20; si mihi proponas ~rentia esse membro armaria uel adfixa ULP.*dig.*32.52.7*a*. **e** Auidienus, cui Canis..cognomen ~ret HOR.*S.*2.2.56;—Demosthenis..sententia..quae.. quasi quaedam cantilena rhetorica facilius ~rere memoriae tuae potuit GEL.10.19.2. **f** iumento ~rens GEL.20.1.11; —(*fig.*) cum P. Sestius quaestor sit..factus, tunc te uix, inuitis omnibus..beneficio..consulis, extremum ~sisse CIC.*Vat.*11; plena reliquit cera manum summusque in margine uersus ~sit OV.*Met.*9.565.

2 To form a continuous or organic whole (with), be attached (to). **a** (of parts of the body). **b** (geog., of land masses).
a quandoquidem conexu corpus ~ret (*sc.* animo) LUCR. 3.557; lateri qua pectus ~ret OV.*Met.*6.641; (cornua) ceterorum ossibus ~rent PLIN.*Nat.*11.128; (*absol.*) (lingua) piscibus paulo minus quam tota ~rens, crocodilis tota 11.171. **b** in promunturio, quod tenui iugo continenti ~rens in aliquantum maris spatium extenditur LIV.29.35.13; qua continenti ~ret (Atho mons) MELA 2.32.

3 To be contiguous or near (to), adjoin. **b** *~rens tempus,* the immediately succeeding time (see quot.).
~ret Asia PLIN.*Nat.*5.47; modica silua ~rebat TAC.*Hist.* 2.25; Euboean insulam continenti ~rentem tenui freto.. Euripus abscindit FLOR.*Epit.*1.24(2.8.9); (*poet.*) utinam.. nostra..~rerent ossibus ossa tuis OV.*Ep.*12.122; (*prosod.*) dactylus in primo positus, spondeus ~rens, non oberit primis, officiet reliquis MAUR.1741. **b** ut esset iuncti (temporis) 'sonus auditus est', ~rentis 'clamor sublatus est' QUINT.*Inst.*5.10.46.

4 To keep close, remain near (to a place). **b** to remain constant, cleave (to an occupation, etc.).
pronus ~ret humo (serpens) STAT.*Theb.*5.526; inligatus praeda statiuis castris ~rebat TAC.*Ann.*3.21; quae claustris ~rens excubabit aduentui tuo APUL.*Met.*8.10. **b** adeo.. nulli fortunae ~rebat animus per omnia genera uitae errans LIV.41.20.2; (*ellipt.*) quo quisque fere studio deuinctus ~ret LUCR.4.962.

5 To attach oneself, keep close (to a person). **b** *lateri ~rere,* to stick close to a person's side (as an incubus).
meo de studio studia erant uostra omnia, usque ~rebatis PL.*As.*211; (anser) comes perpetuo ~sisse Lacydi philosopho dicitur PLIN.*Nat.*10.51; crispulus iste quis est, uxori semper ~ret qui, Mariane, tuae? MART.5.61.1; regebatur trium arbitrio, quos una..habitantis nec umquam non ~rentis paedagogos uulgo uocabant SUET.*Gal.*14.2; (*of abst. subj.*) quam sit adsidua eminentis fortunae comes inuidia altissimisque ~reat VELL.1.9.6. **b** quam pestem (*sc.* hostem) ~rentem lateri suo tot ..bellis exhauriri nequisse LIV.6.10.8; lateri ~rens tyrannus 34.41.4.

6 **a** (of persons) To have a concern (in), be connected (with). **b** (of abst. things) to be attached (to), be inherent or involved (in).
a non potest filia tam anguste paternis tabulis ~rere SEN. *Con.*9.5.16. **b** non ideo per se non est expetendum, cui aliquid extra quoque emolumenti ~ret SEN.*Ben.*4.22.4; incommodis, quae exilio ~rent *Dial.*12.8.1.

7 To stick (on account of some obstruction) get stuck.
spinam aliudue quid faucibus ~rens PLIN.*Nat.*28.190.

adhaerescō ~rescere ~sī ~sum, *intr.* [prec. +-SCO] CONST.: w. dat., abl., *in*+abl., *ad,* or absol.

1 To stick, adhere, or become attached (to). **b** (of weapons, fire, etc.) to become lodged (in), fasten or take hold (on). **c** to make a lasting impression, stick (in the memory).
ne ad fundas uiscus ~resceret PL.*Poen.*479; ne faex in lateribus (*sc.* doliorum) ~rescat CATO *Agr.*152; cum tonsis (ouibus) inlotus ~sit sudor VERG.*G.*3.443; siue grauis ueteri craterae limus ~sit HOR.*S.*2.4.80; (*facet.*) ~sit homini ad infumum uentrem fames PL.*St.*236; (*poet.*) ut dextrae iusti gladius dissuasor ~sit LUC.4.248; (*of floating islands*) saepe minores (insulae) maioribus uelut cumbulae onerariis ~rescunt PLIN.*Ep.*8.20.7;—(*absol.*) per bracchia uelut acetabulis dispersis haustu quodam ~rescunt (polypi) PLIN. *Nat.*9.85; conchae ~rescentes..tempestatis signa sunt 18. 361;—(*fig.*) si non omnia, quae proponerentur a me, ad omnium uestrum studium..~rescerent CIC.*de Orat.*3. 37. **b** haec (*sc.* tragula) casu ad turrim ~sit CAES.*Gal.* 5.48.7; ne quid emineret ubi ignis hostium ~resceret *Civ.* 2.9.1; fronte..Rhoeti non inrita cuspis ~sit OV.*Met.*5.38; lappa, quae ~rescit PLIN.*Nat.*21.104;—(*in fig. phr.*) ne in hanc tantam materiem seditionis ista funesta fax ~resceret? CIC.*Dom.*13; in me omnia..coniurationis nefaria tela ~serunt 63. **c** dixisti..non tam ea, quae recta essent, probari, quam quae praua, fastidiis ~rescere CIC.*de Orat.*1.258; argumentum..simul atque emissum est, ~rescit 2.214; utinam..horum te offeras mentibus et in horum animis ~rescas! *Scaur.*49.

2 To stick close (to a person or place) as a hanger-on or the like, attach oneself (to). **b** to become devoted, cleave (to a moral quality).
clarissimi..sunt habiti, qui etiam minimae parti tantae fortunae ~serunt CURT.10.5.37; his (*i.e.* uxoribus)..~rescere deterrimum quemque prouincialium TAC.*Ann.*3.33; illa non furtim sed multo comitatu uentitare domum, egressibus ~rescere 11.12. **b** ita iustitiae honestatique ~rescet CIC. *Off.*1.86.

3 To become fixed (in a place).
Colchos denique delatus ~si *Inc.trag.*182; quod (lumen) superest..spinigeram subter caudam Pistricis ~sit CIC. *Arat.*422(178); nactus..hoc litus ~si OV.*Met.*14.440; (*colloq.*) ipse..utique fac uenias, si potes in his locis ~rescere CIC. *Att.*4.4a.2.

4 To run aground, be shipwrecked (on). **b** to come to a standstill, get into difficulties, stick.
ut homines ad earum (*sc.* Sirenum) saxa discendi cupiditate ~rescerent CIC.*Fin.*5.49; *Luc.*8; duas..nauis..quae ad moles Caesaris ~serant CAES.*Civ.*1.28.4; hic ubi Deucalion..parua rate uectus ~sit OV.*Met.*1.319; (*in pun w. sense 1*) ne in Scyllaeo illo aeris alieni tamquam fretu ad columnam ~resceret CIC.*Sest.*18. **b** maxime in celeritate et continuatione uerborum ~rescens CIC.*Brut.*320; (illius comprensio uerborum)..ita libere fluebat ut nusquam ~resceret 274.

adhaesē, *adv.* [pple. of ADHAEREO+-E] In a tongue-tied manner, stammeringly.
is oris uinculo solutus..non turbide neque ~ locutus est GEL.5.9.6.

adhaesiō ~ōnis, *f.* [ADHAEREO+-TIO] An act of adhering or combining, a linkage.
ita effici complexiones et copulationes et ~ones atomorum inter se CIC.*Fin.*1.19; (septem stellae) uicissim mutuis ~onibus nexae APUL.*Mun.*2.

adhaesus ~ūs, *m.* [ADHAEREO+-TVS[3]] The act or fact of adhesion.
neque pulueris interdum sentimus ~um corpore LUCR. 3.381; tenue (semen) locis quia non potis est adfigere ~um 4.1242; uincta..membrorum per totum corpus ~u 5.842; uestes suspensae, cum concipiunt umoris ~um 6.472.

adhālō ~āre ~āuī ~ātum, *tr.* [AD-+HALO] To breathe upon.
si patescentem primo (boletum) ~auerit (serpens) PLIN. *Nat.*22.95.

Adherbal ~is, *m.* The elder son of Micipsa of Numidia, assassinated by his cousin Jugurtha.
SAL.*Jug.*5.7.

adhibeō ~ēre ~uī ~itum, *tr.* [AD-+HABEO] CONST.: absol., w. dat., w. *ad* or *in*+acc.; also, w. advs. (2, 6, 10); w. *de* (8); w. *erga* (8); w. *in*+abl. (3,8,9); w. indir. qu. (5).

1 To hold or stretch out (esp. the hands) towards, bring into contact with, put to. **b** (w. *uincula*) to apply, attach (fetters) to. **c** to apply (spurs and sim.) to.
(*w. dat.*) genibus..manus ~ere parantem OV.*Met.*9.216; SEN.*Her.O.*1078;—(*w.* ad) dum medicas ~ere manus ad uulnera pastor abnegat VERG.*G.*3.455; Alcibiades..traditas sibi tibias, cum ad os ~uisset GEL.15.17.1; (*absol., in fig. phr.*) tenebit uenas animorum, et prout cuiusque natura postulabit, ~ebit manum et temperabit orationem TAC. *Dial.*31.4. **b** ~e tu uincula captis OV.*Fast.*3.293; (*cf. sense* 5b) qui ciuibus Romanis..carnificem, qui uincla ~eri putas oportere CIC.*Rab.Perd.*11. **c** (*in fig. phrs.*) alteri se calcaria ~ere alteri frenos CIC.*Brut.*204; (res, quas malas esse opinemur)..stimulos admouent, ignis ~ent *Tusc.*3.35.

2 (w. *animum, aures,* etc.) To direct, turn, give (one's mind, attention, etc.) to.
(*w. dat.*) ut nostris animos adtendere dictis atque ~ere uelis LUCIL.852; nullam ~uit memoriam contumeliae NEP. *Ep.*7.2;—(*w.* ad) animum nobis ~e ueram ad rationem LUCR.2.1023; OV.*Am.*2.1.37;—(*w.* huc) huc aures magis sunt ~endae mihi PL.*Cas.*475; huc ~e uultus OV.*Am.*2.13.15; —(*ellipt.*) paucis (animos ~ete) docebo VERG.*A.*11.315.

3 To bring in, call in, have present (as a witness, audience, etc.). **b** to seek or have the assistance of, call upon; to call (a faculty) into play. **c** to attach (a person) to oneself.
quin mihi testis ~eam TER.*Ph.*714; VAR.*L.*6.81; cupio uos..~ere arbitros CIC.*Mur.*7; meminerit deum se ~ere testem id est..mentem suam *Off.*3.44; Dumnorigem ad se uocat, fratrem ~et CAES.*Gal.*1.20.6; ab utroque tantummodo fidi interpretes ~entur SAL.*Jug.*109.4; ~itis legatis tribunisque LIV.8.6.12; paucis familiarium ~itis sermo coeptus a Caesare TAC.*Ann.*2.57; (*w.* ad) ad id consilium ~itis centurionibus CAES.*Gal.*1.40.1; nec testamentum facere poterit nec ad testamentum ~eri ULP.*dig.*28.1.18.1; —(*w. dat.*) si uel sensu percipiat quis, cui rei ~itus sit 28.1. 20.9. **b** quantum est ~ere hominem amicum ubi quid geras! PL.*Per.*595; ut C. Marius L. Valerius consules ~erent tribunos pl. et praetores CIC.*Rab.Perd.*20; *Tusc.*5.112; Petreiano auxilio ~ito equitibus MDC *B.Afr.*19.4; SEN.*Ben.* 2.3.2; finitimas ~ere manus STAT.*Theb.*3.386; (*gods*) ut in domo sit (quae nubit), ~etur deus Domitius VAR.*gram.*155; OV.*Fast.*4.829;—(*w. dat.*) hos castris ~e socios VERG.*A.*8.56; —(*w.* ad) cum ad suum scelus..homines improbos duces atque adiutores ~uisset CIC.*Ver.*4.93;—animo..multis modis..delectari licet, etiamsi non ~eatur aspectus *Tusc.* 5.111; (*w.* ad) ad inuestigandum ~et oculos aduocatos 5.111. **c** quod amici genus ~ere omnino leuitatis est CIC.*Amic.*93; si concubinam sibi ~uerit ULP.*dig.*24.2.11.2.

4 To invite (as a guest), summon (to a feast, etc.), have present.
(*w. dat.*) cui conuiuio neminem Campanum..~iturus erat LIV.23.8.5; his ~et coniunx ignarum Terea mensis OV.*Met.* 6.647; COL.11.1.19; QUINT.*Inst.*11.2.12; ~ebamur cottidie cenae PLIN.*Ep.*6.31.13; SUET.*Cl.*32.1; (*gods*) ~ete penatis.. patrios epulis VERG.*A.*5.62; HOR.*Carm.*4.5.32;—(*w.* ad) ad ea conuiuia matres familias ~uisti CIC.*Ver.*5.137; LIV.23. 9.4;—(*w.* in+*acc.*) non nullae ex eo numero in conuiuium ~ebantur palam CIC.*Ver.*5.28; NEP.pr.7;—(*ellipt.*) nubit amicus nec multos ~et JUV.2.135.

5 To call upon the advice of, consult; *in consilium,* etc., ~ere, to call into consultation. **b** to call upon the services of (professional men, experts, etc.), call in, engage, employ. **c** to cite (an authoritative opinion).
~itis omnibus Marcellis qui tum erant, de eorum sententia leges Halaesinis dedit CIC.*Ver.*2.122; *Att.*4.2.4; locorum peritos ~ent CAES.*Gal.*7.83.1; consilio propinquorum ~ito LIV.2.36.6; 34.57.5; paucis amicorum ~itis cuncta utrimque perlustrat TAC.*Hist.*2.1; (*cf.*) consilium..~etur in urbe Roma quidem quinque senatorum et quinque equitum Romanorum GAIUS *Inst.*1.20; (*w. abst. subj.*) aequam.. pronuntiabit sententiam ratio ~ita..diuinarum humanarumque rerum scientia CIC.*Fin.*2.37;—(*w.* ad) Theophrastum (*i.e. his works*)..~eamus ad pleraque 5.12;—(*w. dat. of gdve.*) in ea ciuitate, quae..omnibus rebus incipiendis.. deos ~et LIV.38.48.14;—(*w. indir. qu.*) uter auspicaretur et regeret ~ere placuit deos FLOR.*Epit.*1.1(1.1.6);—illis ~itis in consilium quos ablegarat CIC.*Ver.*2.74; neque hos habendos ciuium loco neque ad concilium ~endos censeo CAES. *Gal.*7.77.3; LIV.1.54.1; PLIN.*Ep.*5.1.5; (*in fig. phr.*) CIC. *Fam.*6.1.2. **b** proba materies data est, si probum ~es fabrum PL.*Poen.*915; cum Cotta princeps ~itus esset, priores tamen agere partis Hortensium CIC.*Brut.*317; bona Q. Metelli..consecrauit foculo posito in rostris ~itoque tibicine *Dom.*123; homo ~endus est, qui id uulnus exsugat CELS.5.27.3B; uates..~ere coepit CURT.5.4.1; Sosigene perito scientiae eius ~ito PLIN.*Nat.*18.211; desperantibus de eo ceteris medicis ~itus sanaturum se dixit QUINT.*Inst.* 7.2.17;—(*w. dat.*) illum sacris ~ete nefastis STAT.*Theb.*4.630; tonsorem capiti non est ~ere necesse MART.6.57.3;—(*w.* ad *or* in+*acc.*) qui in auspicium ~etur CIC.*Div.*2.72; cum ad publica prodigia Etrusci tantum uates ~erentur LIV.1.56.5; non hos ~endus ad usus OV.*Met.*5.111; (*cf.*) si quis ~ere uolet, non modo ut architectos uerum etiam ut fabros ad aedificandam rem publicam CIC.*Fam.*9.2.5. **c** ~ebat nobis auctoritates nobilium medicorum GEL.19.5.3.

6 To bring in (from outside), introduce (an extraneous feature). **b** to have recourse to, make use of, employ; to invoke (outside aid). **c** to bring (a character) on to the stage, introduce. **d** (w. *in*+acc.) to bring into, admit to (a position).
Aristoteles..quintum genus (principiorum) ~et uacans nomine CIC.*Tusc.*1.22; *Div.*1.3; auctionibus ~ere eam (*sc.* fabam) lucrosum putat PLIN.*Nat.*18.119;—(*w. dat.*) fato adsensionibus ~ito CIC.*Fat.*40;—(*w.* in+*acc.*) non ego, quas.. sibi..inferias praemittit olor..in patrios ~ebo rogos STAT. *Silv.*5.3.83;—(*w. adv.*) quid igitur huc ~etis iram? CIC.*Tusc.* 4.50. **b** ea (*i.e.* ignis et aqua) nuptiis in limine ~entur VAR.*L.*5.61; nec enim Graecam litteram ~ebant CIC.*Orat.* 160; ut in sole..lucernam ~ere *Fin.*4.29; eam glaebam signis ~itis notari conuenit COL.2.9.9; columbinum (cicer)..quod religio peruigiliis ~et PLIN.*Nat.*18.124; ueterum..Romanorum epulis fides ac tibias ~ere moris fuit QUINT.*Inst.* 1.10.20;—(*w.* ad) Persarum..quos negat ad panem ~ere quicquam praeter nasturcium CIC.*Tusc.*5.99;—(*w. dat. of gdve.*) ut occultando facinori nox ~eretur TAC.*Ann.*14.4; —deorum etiam ~uerunt opes ritu quodam sacramenti uetusto uelut initiatis militibus LIV.10.38.2. **c** quicumque ~ebitur heros HOR.*Ars* 227. **d** nec uult Alcyonen in partem ~ere pericli OV.*Met.*11.447.

7 To apply, administer (medicine, treatment, etc.) to; to take (food).
(*w. dat.*) ut..aliquando medicinam ~eretis rei publicae CIC.*Sest.*135; desperatis etiam Hippocrates uetat ~ere medicinam *Att.*16.15.5; neminem putant his ~ere posse remedia CELS.1.pr.23; SEN.*Dial.*11.14.1; LARG.67; uiperarum morsibus tibicinium..~itum mederi refert GEL.4.13.3; REDINTEGRATIONEM THEATRALIBVS SIGNIS ~VIT *CIL* 8.24588;—(*absol.*) cum salutis causa tristiora remedia ~ent LIV.42.40.3;—tantum cibi et potionis ~endum ut reficiantur uires CIC.*Sen.*36.

8 To bring (qualities, etc.) into play, bring to bear, apply, use, put into practice, adopt. **b** to apply, set (a limit); also, to enjoin such an action. **c** (w. ellipsis of *uerbera* or sim., in imp.) lay it on, pitch into them!
muliebris ~enda mihi malitia nunc est PL.*Epid.*546; si confidentiam ~es, confide omnia CAECIL.*com.*247; ordinem hunc ~ere in demonstranda uita debemus *Rhet.Her.*3.13; desinunt..suum iudicium ~ere CIC.*N.D.*1.10; ~ita audacia et uirtute CAES.*Civ.*3.26.1; uim ~eri ac metum placuit LIV.7.39.13; cum..suis fratris uires ~ebit OV.*Pont.*1.9.29; SEN.*Ben.*5.25.3; uocem precesque ~ere non ausi TAC.*Hist.*4.72; cum rescissio, quo magis admittantur, non quo minus, ~eatur ULP.*dig.*37.4.3.5; (*cf. sense* 7) cum est concupita pecunia nec ~ita continuo ratio quasi quaedam Socratica medicina CIC.*Tusc.*4.24;—(*w. dat.*) metum id mihi ~eam PL.*Men.*982; ~eant manus uectigalibus uestris CIC.*Agr.*2.47; quasi uero forti uiro uis possit ~eri *Off.*3.110; munitae..~e uim sapientiae HOR.*Carm.*3.28.4; LIV.1.28.9; OV.*Met.*9.654; nutricum illi quae ~etur infantibus adlectationi QUINT.*Inst.*1.10.32; TAC.*Dial.*22.2; talis custodia..qualem bonus pater familias suis rebus ~et GAIUS *dig.*18.1.35.4;—(*w.* ad) ut omnis ~eam machinas ad tenendum adulescentem CIC.*ad Brut.*1.18.4; *Tusc.*4.59; non ope ulla ad arcendum frigus ~ita LIV.21.54.8;—(*w.* in+*abl.*) hoc praedandi genus ab isto in illo uno ~itum ac temptatum CIC.*Ver.*5.24; *Att.*1.1.2; qui celeritatem in transportandis legionibus ~eret CAES.*Civ.*3.8.2; est..in ea quaedam paulo subtilior obseruatio ~enda CELS.1.3.18;—(*w.* de) de pecunia..uideo a te omnem diligentiam ~eri uel potius iam adhibitam esse CIC.*Att.*13.1.2;—(*w.* erga) hoc eius officium, quod ~etur erga illos *Fam.*13.6.2. **b** modus ~endus est NEP.*Ep.*4.6; LIV.3.19.3; SUET.*Vit.*15.1; (*w. abst. subj.*) ~eat oratio modum CIC.*Tusc.*5.80;—(*w. dat.*) is..rebus..modum quendam et ordinem ~entes *Off.*1.17; PLIN.*Ep.*2.5.13;—ordo..a Iuliano ~etur, ut prius legata praestentur, deinde ex superfluo fideicommissa ULP.*dig.*29.4.6. **c** adeo de magna turba '~ete' acceperant PETR.45.12.

9 To provide, supply; (also, w. dat.) to render, offer, contribute. **b** (w. *fidem*) to accord, lend (credence) to.
dii..uirtutem adprobare, non ~ere debent MET.MAC.*orat.*9; tu gubernacula rei publicae petas fouendis hominum sensibus..et ~endis uoluptatibus? CIC.*Mur.*74; *Arch.*5; nec immerito factum eorum praestat, cum ipse eos suo periculo ~uerit ULP.*dig.*4.9.7;—(*w.* ad) ad quas (*sc.* rationes) ego nihil ~ui praeter lectionem CIC.*Fam.*5.20.2;—(*w.* in+*acc.*) ipsis quas in nouissimam uoluptatem ~uerat epulis excruciatus TAC.*Ann.*2.31;—(*w.* in+*abl., or dat., and gdve.*) at primordia gignundis in rebus oportet naturam clandestinam caecamque ~ere LUCR.1.779; debent primordia rerum non ~ere suum gignundis rebus odorem nec sonitum 2.855;—quid est quod ullos deis..cultus honores preces ~eamus? CIC.*N.D.*1.3; TAC.*Ann.*14.53. **b** neque adeo fidem quaestioni ~endam ULP.*dig.*48.18.1.

10 a (w. abl.) To supply, furnish (a person) with. **b** (w. advs.) to treat, use (a person) in a specified way.
a ut is uictu ceterisque rebus quam liberalissime commodissimeque ~eretur CIC.*Ver.*5.70. **b** Quintum filium seuerius ~ebo CIC.*Att.*10.12.3; quos ego uniuersos ~eri liberaliter..dico oportere *Q.fr.*1.1.16.

11 (refl.) To conduct oneself, behave.
permagni hominis est..sic se ~ere in tanta potestate ut nulla alia potestas..desideretur CIC.*Q.fr.*1.1.22.

adhinniō ~ire ~iuī ~ītum, *intr., tr.* [AD-+HINNIO] **a** (intr., w. dat.) To whinny (to); (w. *ad*) to whinny (at). **b** (tr.) to whinny to.
a femina cornipedi semper ~it equo OV.*Ars* 1.280; Apellis tantum equo ~iuere (equae) PLIN.*Nat.*35.95;—(*w. internal acc.*) uirgini delicatas uoculas ~ire temptabam APUL.*Met.*6.28;—(*in fig. phr.*) admissarius iste..sic ad illius hanc orationem ~iuit ut..auctorem libidinis a se illum inuentum arbitraretur CIC.*Pis.*69. **b** (*in fig. phr.*) quamquam uetus cantherius sum, etiam nunc..~ire equolam possum ego hanc PL.*Cist.*308.

adhōc: see ADHVC.

adhorreō ~ēre ~uī, *intr.* [AD-+HORREO] To shudder (in addition).
ipse pater flauis Tiberinus ~uit undis *Epic.Drusi* 221.

adhortāmen ~inis, *n.* [ADHORTOR+-MEN] An encouragement, incentive.
an non multa mihi apud uos ~ina suppetunt? APUL.*Fl.*18.

adhortātiō ~ōnis, *f.* [ADHORTOR+-TIO] A persuasive speech or discourse, appeal. **b** (mil.) a speech, or words, of encouragement, an exhortation.
omissa nostra ~one ad..sermonem..ueniamus CIC.*de Orat.*2.11; haec ~o praetoris..ne fremitum quidem aut murmur contionis..mouit LIV.32.20.7; ut..aliquis..laborem..suscipiat..~onibus impetrandum est PLIN.*Ep.*1.8.11;—(*w. gen. of gdve.*) in litteris..erat..ad postremum ~o capessendi belli LIV.31.15.4. **b** in utroque agmine quas tempus ipsum poscebat ~ones erant LIV.3.27.6; uersae inde ~ones ad agmen iuuenum 5.40.1; ~o in uicem totam alacri clamore peruasit aciem 6.24.7; uaria ~o erat in exercitu inter tot homines quibus non lingua..eadem esset 30.33.8.

adhortātor ~ōris, *m.* [ADHORTOR+-TOR] One who encourages or exhorts.
tum sibi quisque dux ~orque factus ad rem gerendam LIV.22.5.6; Socrates..nullo ~ore umquam indigebat APUL.*Soc.*19; (*cf.*) suus cuique animus memor ignominiae ~or aderat LIV.9.13.2;—(*w. gen.*) si ~or operis adesset 2.58.7.

adhortātus ~ūs, *m.* [ADHORTOR+-TVS³] The act of urging, encouragement, exhortation.
principes uiri..~u principis ad ornandam urbem inlecti sunt VELL.2.89.4; APUL.*Apol.*102.

adhortor ~ārī ~ātus, *tr.* [AD-+HORTOR]

1 To give encouragement to, urge on (in an activity); (pple. also in pass. sense). **b** (mil.) to utter a speech, or words, of encouragement to, exhort.
nos..opera consilioque ~atur, iuuat PL.*Mil.*137; cum te ultro mihi idem illud deferentem numquam sim ~atus CIC.*Phil.*2.49; (*refl., of a lion*) ferus ipse sese ~ans rapidum incitat animo CATUL.63.85;—adulatique erant ab amicis et ~ati HEM.*hist.*40. **b** faciam..ut imperatores instructa acie solent..ut eos (*sc.* milites)..~entur CIC.*Phil.*4.11; legatus omnis cohortis ordinesque ~ans..funda uulneratur CAES.*Gal.*5.35.8; Caesar illum ~atus..dat signum pugnae *B.Alex.*15.5; paucis suos ~atus ne nouum bellum eos..terreret LIV.7.32.6; pudet Lacedaemonios sic ~ari SEN.*Suas.*2.1;—(*ellipt.*) consulem in prima acie pugnantem, ~antem LIV.4.41.4; TAC.*Hist.*1.38.

2 To urge or exhort (to an aim, policy, or course of action). **b** (of habits, circumstances, etc.).
(*w.* ad) nos M. Lepidus..ad pacem ~atur CIC.*Phil.*13.7; ut (te) ad certam laudem ~or *Fam.*1.7.5; (+*gdve.*) ad pericula pro patria subeunda ~antur *Red.Sen.*14; ~ari ad urbem tradendam LIV.24.1.5;—(*w.* in+*acc.*) nullo in bellum ~ante TAC.*Hist.*3.61;—(*w.* ut, ne) quos..Pompeius erat ~atus ne noua Caesaris officia ueterum suorum beneficiorum in eos memoriam expellerent CAES.*Civ.*1.34.3; ~or ut..ipse populum Romanum hac licentia arceas LIV.3.21.7;—(*w. subj.*) ~or properent TER.*Eu.*583; P. Sempronius..non destitit..~ari eos..se ducem sequerentur LIV.22.60.10;—(*w. inf.*) non ~abimur ferre imperia carnificum SEN.*Dial.*5.15.3;—(*w.* de) de re frumentaria Boios..~ari non destitit CAES.*Gal.*7.17.2;—(*ellipt.*) uoluntariorum quos ~ando incitauerant coacta manu LIV.5.16.5. **b** cum meae uitae perpetua consuetudo ad C. Rabirium defendendum est ~ata CIC.*Rab.Perd.*2; ne posset..ad bellum faciendum locus ipse ~ari *Off.*1.35;—(*ellipt.*) quod mihi uidere..facere..praeter quam res te ~atur tua TER.*Hau.*60.

adhūc, *adv.* Also **adhōc.** [AD-+HVC; cf. ADEO] ORTHOG.: *adhoc Rhet.Her.*2.48; SEN.*Dial.*3.6.2, *Ep.*124.8; APUL.*Met.*5.11, 9.4; *adhucine* (in question) APUL.*Met.*9.3.

1 Up to the present time, as yet, so far; up to that time, still (only). **b** (in neg. sentences or equiv.; also in sentences w. *solus*) so far, (as) yet. **c** (emph.) before this happened, previously. **d** up to the present point (in a narrative, argument, etc.), so far.
quom ~ naso odos opsecutust meo, da uicissim meo gutturi gaudium PL.*Cur.*105; tacui ~: nunc non tacebo *Truc.*817; si abduxeris, celabitur, itidem ut celata ~ est TER.*Hau.*698; multo⟨s⟩ alacriores ad maleficium futuros, quod ~ expectatio iudicii remoratur *Rhet.Her.*2.48; aget ipse per sese, ut ~ quoque fecit CIC.*Phil.*11.26; utinam illum diem uideam cum tibi agam gratias quod me uiuere coegisti! ~ quidem ualde me paenitet *Att.*3.3.1; ego ~..magis commode quam strenue nauigaui 16.6.1; de meis in uos meritis..quae sunt ~ et mea uoluntate et uestra expectatione leuiora CAES.*Civ.*2.32.11; gangrenam..si nondum plane tenet, sed ~ incipit, curare non difficillimum est CELS.5.26.34; solebam ego dicere pueris aliquid ausis licentius..laudare illud me ~: uenturum tempus, quo idem non permitterem QUINT.*Inst.*2.4.14; hic ~ infantilis uterus gestat nobis infantem alium APUL.*Met.*5.11;—(*w.* usque) quod celatum..est usque ~, nunc non potest PL.*Aul.*277; TER.*Ad.*631; cuius aditum exspectans peruisi usque ~ ACC.*trag.*417;—(*w.* locorum) ut ~ locorum feci, faciam sedulo PL.*Capt.*385;—quamquam communis ~ Mars belli erat necdum discrimen fortuna fecerat LIV.10.28.1; matrem in orbe uicto ~ magis quam pacato relinquis SEN.*Suas.*1.4; rudis ~ antiquitas credebat..attrahi cantibus imbres SEN.*Nat.*4b.7.3; sedit ~ Romanus eques LUC.7.19; in quantum ~ profecerant QUINT.*Inst.*9.4.16; (*foll. by* ante) quod (uitium) ~ ante antidotum Celsi inter omnes quasi insanabile constitit LARG.171. **b** nihil ~ peccauit etiam PL.*Per.*630; nil ~ est quod uereare TER.*Hau.*175; disertos cognosse me non nullos, eloquentem ~ neminem CIC.*de Orat.*1.94; cupidissimi ueniendi, maximis iniuriis adfecti, ~ non uenerunt *Ver.*2.65; de quo ~ nihil certi habebamus *Att.*6.5.3; ego ~ emi nihil *Q.fr.*2.2.1; qua pugna nihil ~ exstitit nobilius NEP.*Milt.*5.5; nam neque ~ Vario uideor nec dicere Cinna digna VERG.*Ecl.*9.35; sanctius his animal mentisque capacius altae deerat ~ OV.*Met.*1.77; ~ non sum ex ulla parte Atheniensium similis SEN.*Suas.*2.6; uera negotia numquam ~ habuerunt hanc silentii necessitatem QUINT.*Inst.*9.2.68; (*ellipt.*) nos ~ Brundisio nihil CIC.*Att.*9.6.1;—qui ordo a uobis ~ solis contemptus est *Ver.*4.26; solus ~ ego sum uestris immunis in oris OV.*Pont.*4.14.53. **c** si quis ~ dubitare potuit quin nulla societas huic ordini..cum illa..belua posset esse, desinet profecto dubitare his cognitis litteris CIC.*Phil.*13.22; ~ caesis legionibus Romanis gloriabatur: uos illi hodierno die primum fugati exercitus dedistis decus LIV.27.13.7. **d** conueniunt ~ utriusque uerba PL.*Truc.*794; quid ~ habent infirmitatis nuptiae? — nunc audies TER.*Hec.*176; hereditas est pecunia. commune ~; multa enim genera pecuniae CIC. *Top.*29; hic Timarchides quantam pecuniam fecerit plane ~ cognoscere non potuistis *Ver.*2.133; non igitur ~..intellego deos esse *N.D.*3.15;—(*ellipt.*) haec ~. sed ad praeterita reuertamur *Att.*5.20.6.

2 Already, by now.
sat ~ tua nos frustratast fides TER.*Ad.*621; nos ~..splendorem nostrum illum forensem..consecuti sumus CIC.*Att.*4.1.3.

3 (w. ref. to a process, etc., that continues, though a cessation might have been expected or is imminent) Still. **b** (w. vb. in past tense); *et*..~, and yet..still. **c** (w. vb. having ref. to the future).
etiam si rediturus ille est qui ~ bellum gerere dicitur CIC.*Att.*11.16.1; haec ego suspicans ~ Romae maneo *Fam.*9.2.3; (arma) sanguine cernis ~ sparsoque infecta cerebro VERG.*A.*5.413; uiuit ~ OV.*Pont.*4.5.31; erat in Sicilia, est ~ in Syria stagnum, in quo natant lateres SEN.*Nat.*3.25.5; nec iam arma aut frena tenentem portat ~ STAT.*Theb.*7.638; quod ~ optinent Graeci, a Latinis omissum est QUINT.*Inst.*2.1.13; utrum Arauisci..ab Osis an Osi ab Arauiscis..commigrauerint, cum eodem ~ sermone..utantur, incertum est TAC.*Ger.*28.3; operire luctum amissoque filio matrem ~ agere PLIN.*Ep.*3.16.6; ~ine miserum istum asinum iugi furore iactari credimus? APUL.*Met.*9.3; ego puto, etsi absoluta sit post deprehensionem (*sc.* in adulterio), ~ tamen notam illi obesse debere ULP.*dig.*23.2.43.12; (*cf.*) ueterum comicorum ~ libris inuenio QUINT.*Inst.*1.7.22; (*cf. next sense*) huic..emplastro..dum ~ modice calet, adicito turis pollinis pondo trientem LARG.207;—(*in conditional cl.*) istam oro, si quis ~ precibus locus, exue mentem VERG.*A.*4.319; has saltem..si quis ~ undis honor, obrue puppis STAT.*Ach.*1.72;—(*w. adj.*) papaueris siluatici iam maturi, uiridis tamen ~ LARG.73; turbatumque Lacon et ~ inuadit inermem V.FL.6.255; in ciuitate ~turbida et nouis sermonibus laeta TAC.*Hist.*4.11;—(*foll. by* et) ardet ~, et iam accurrit qui marmora donet JUV.3.215. **b** erat..~frequens senatoribus, si quid e re publica crederent, loco sententiae promere TAC.*Ann.*2.33;—sexta resurgebant orientis cornua lunae, et pendebat ~ belli fortuna OV.*Met.*8.12; PLIN.*Ep.*6.20.6;—(*foll. by temporal cl.*) ~ loquebatur, cum crepuit ostium impulsum PETR.99.5; ~ currus..tenebam, cum tua subter equos iacuit..ceruix! STAT.*Theb.*7.356. **c** audentem..iam aliquid penicillum—de hoc enim ~ loquamur—ad magnam gloriam perduxit (Zeuxis) PLIN.*Nat.*35.61.

4 (w. pple. or adj., w. ref. to synchronization or contemporaneity of two events) Whilst still.
haec utraque coniciuntur in sapam factam ex musti ~ in dolio feruentis sextariis triginta sex LARG.111; oleo..~ calenti cerae Ponticae bessem miscere 268; teneris ~ in annis ludes Hectora STAT.*Silv.*2.7.54; de quo genere optime C. Caesarem praetextatum ~ accepimus dixisse QUINT.*Inst.*1.8.2.

5 Even when one has gotto this stage (in a process), still. **b** (w. fut. vb.) even in those (hypothetical) circumstances, still.
ne id quidem satis est: facite ut ceteris posthac idem liceat. licebit: ~ parum est CIC.*Ver.*3.221. **b** omnes ueluti uenientia fata, non transmissa, legent et ~ tibi, Magne, fauebunt LUC.7.213.

6 For a further period (in the future), longer, further; (in neg. sentence) any longer, further. **b** (w. vb. of motion) to a further point or stage, further.
haesitanti mihi, omnia..uobis exhiberem an ~ aliqua differrem PLIN.*Ep.*3.10.4; ipse pauculis ~ diebus in Tusculano commorabor 4.13.1; tu in scholam reuocas, ego ~ Saturnalia extendo 8.7.1;—magna et iam longa exspectatio est, quam frustrari ~ et differre non debes 2.10.2. **b** quodsi ~ penetrare in Indiam certum est CURT.9.3.13; tu procedere ~ et ire quaeris MART.4.89.3.

7 a (w. vbs.) To a greater degree, still further; in greater numbers. **b** (w. compar. adjs. and sim.) even, yet, still.
a insatiabilis..auaritiae est ~ implere uelle, quod iam circumfluit CURT.8.8.12; crescit hoc ~ QUINT.*Inst.*8.3.33; uariauit hic ~ 5.14.18; id ipsum ~ diuiditur 7.1.62; Agricola quamquam laetum..militem accendendum ~ ratus TAC.*Agr.*33.1; qui ~ eas dissensiones auxerunt POMPON.*dig.*1.2.2.48;—sed mihi nec omnis persequi materias in animo est (fingi enim ~ possunt) QUINT.*Inst.*7.4.40. **b** quemadmodum serenitas caeli non recipit maiorem ~ claritatem SEN.*Ep.*66.46; aliquid ~ quaerite illa frigidius *Nat.*4b.13.11; uis dare maius ~ et inenarrabile munus? MART.2.10.3; ~ difficilior obseruatio est per tenores QUINT.*Inst.*1.5.22; alia..magis ~ fabulosa 2.10.5; liberior ~..disputatio 7.2.14; plus ~ habitura gratiae, si intra uersus trimetros stetissent 10.1.99; ut certiorem ~ indolem ostenderet SUET.*Nero* 10.1; (*cf.*) minus peccabit qui longis breues subiciet, et ~ (*still less*) qui praeponet longae breuem QUINT.*Inst.*9.4.34.

8 (w. *adicio*) To this, besides; (w. numerals, *alius*, etc.) besides, yet; in addition to this, furthermore. **b** in this case also, similarly.
pauca ~ adiciam ad enarrandam uim fulminis SEN.*Nat.*2.52.1; QUINT.*Inst.*3.5.16;—quodam loco..alio uero..atque ~ alibi 2.21.6; si aliud ~, quo idem intellegatur, eius rei nomen inuenerit 3.6.21; tertium ~ illud 6.3.64; scripsit, et deinceps ~ multa 9.3.38;—usus utriusque maxime per hiemem est et ~ uere ante aestiuos uapores COL.2.14.3; et ~ omnium probationum quadruplex ratio est QUINT.*Inst.*5.8.7; (*ellipt.*) uidesne ut ipsa rerum necessitas diducat defensionem? ~: aut utique occidere insidiatorem Clodium aut non 7.1.36. **b** soluitur ~ societas etiam morte socii GAIUS *Inst.*3.152; *dig.*7.1.6.1; si plures dolo fecerint et unus restituerit, omnes liberantur: quod si unus quanti ea res est praestiterit, puto ~ ceteros liberari ULP.*dig.*4.3.17.

Adiabēnicus ~a ~um, *a.* Of, or connected with, Adiabene, a region of Assyria.
(*as an imperial title*) ARAB ADIABENIC *BMC* I5.p.110; (Septimius Severus); *CIL* 13.8979; *FIRA* 3.25.10(*SB* 3.6223).

Adiabēnus ~a ~um, *a.* = prec.
TAC.*Ann.*15.14.

adiacens ~ntis, *a.* [pple. of next] Neighbouring, adjacent. **b** (neut. pl. as sb.) neighbouring parts or regions.

~ntem compitum CAECIL.*com.*226; oculos, quibus ~ntem umorem perpremit et expellit SEN.*Ep.*99.18; FRON.*Aq.*11; ~ntium populorum miseratione TAC.*Ann.*13.55; cum breuis duas habebit ~ntes consonas MAUR.1320; ULP.*dig.*39.2.15.14. **b** aliquo..ante se proiecto nitore ~ntia inlustrare PLIN.*Nat.*37.137; TAC.*Hist.*5.14.

adiaceō ~ēre ~uī, *intr.* (*tr.*) [AD-+IACEO]

1 To lie beside or near (to).

(*w. dat.*) consul ~uit Libycis..ruinis MAN.4.47; cum..ipsi passim ~erent uallo TAC.*Ann.*1.65; 4.48; (*cf.*) uillicum..complexibus ~entem feminae COL.12.1.2;—(*absol.*) ~ebant fragmina telorum equorumque artus TAC.*Ann.*1.61; 4.49.

2 (topog.) To be contiguous or adjacent (to); (poet.) to live near (to).

(*w.* ad) ad eam regionem quae ad Aduatucos ~et CAES.*Gal.*6.33.2; *Civ.*2.1.2;—(*w. dat.*) tota regione qua Tuscus ager Romano ~et LIV.2.49.9; 26.42.4; ~et antiquos Tiberino lucus Helerni OV.*Fast.*6.105; aurigae pedibus trux ~et ..taurus GERM.*Arat.*174; SEN.*Nat.*1.10; PLIN.*Nat.*5.121;—(*w. acc.*) gentes, quae mare illud ~ent NEP.*Timoth.*2.1; LIV.7.12.6;—(*absol.*) ~ent insulae Rhypara, Nymphaea, Achillea PLIN.*Nat.*5.135;— Tyriis qui Gadibus hospes ~et LUC.7.188.

adiantum ~ī, n. [Gk. ἀδίαντον] A kind of fern, maidenhair.

aeterna folia, sicut..~o PLIN.*Nat.*21.100; 22.62.

adiciō: see ADIICIO.

adiectāmentum ~ī, *n.* [*adiecta-* (ADIICIO)+ -MENTVM] An appendage, appurtenance.

artemo..magis adiectamento quam pars nauis est JAVOL.*dig.*50.16.242.

adiectiō ~ōnis *f.* [ADIICIO+-TIO]

1 An act of adding, addition; (w. *poenae*) the infliction (of a penalty) in addition; (med.) treatment which builds up the body; (rhet.) the repetition of a word. **b** anything added, an addition; an additional amount, increase of price; an additional clause or proviso; (archit.) an additional thickness (in the middle of a column), swelling.

haec his proportionibus aut ~onibus aut detractionibus comparantur VITR.10.10.6; paulatim illiberali ~one..ad centum talenta est perductus LIV.38.14.14; (quaecumque uidemus aut tangimus) fluunt et in assidua deminutione atque ~one sunt SEN.*Ep.*58.22; QUINT.*Inst.*8.4.6;—(*w. obj. gen.*) Romanam rem nuper etiam ~one populi Albani auctam LIV.1.30.6; detractu aut ~one syllabae SEN.*Suas.*7.11; ~one caloris SEN.*Ep.*109.9; FRON.*Aq.*25; SUET.*Tib.*26.1;—(*pl.*) cuneorum ~onibus et detractionibus VITR.9.8.7;—cum et alia poenae ~one ULP.*dig.*26.7.7.8;—grauitudo arteriace..sanguinis eiectio et cetera, quae non detractionibus sed ~onibus curantur VITR.1.6.3;—ex eadem parte figurarum..et ~o est illa..'nam neque Parnasi uobis iuga, nam neque Pindi' QUINT.*Inst.*9.3.18; 9.3.28. **b** ut sententiam ~one superuacua atque tumida perderet SEN.*Suas.*1.16; rem urbanam facit aliqua ex nobis ~o QUINT.*Inst.*6.3.71; ~ONE A SE FACTA DEXTROS DVOS SVA PEC(VNIA) POSVIT *CIL* 8.7990;—(*pl.*; *w. gen. of definition*) Hispalensibus et Emeritensibus familiarum ~ones..dedit TAC.*Hist.*1.78; POMPON.*dig.*41.3.30.2;—~o inpensae V.MAX.1.1.8; is serus inemptus erit, cuius pretio ~o facta fuerit JULIAN.*dig.*18.2.17;—alia ~one opus est adiuuandi actoris gratia. quae ~o replicatio uocatur GAIUS *Inst.*4.126; haec ~o doli mali ULP.*dig.*4.6.5;—de ~one, quae adicitur in mediis columnis, quae apud Graecos ἔντασις appellatur VITR.3.3.13; 3.5.14.

2 (leg.) Assignment, adjudication.

inter primam licitationem et sequentem ~onem PAUL.*dig.*49.14.50.

3 A mode of appellation, term.

quos nos hostes appellamus, eos ueteres 'perduelles' appellabant, per eam ~onem indicantes, cum quibus bellum esset GAIUS *dig.*50.16.234.

adiectus ~ūs, *m.* [ADIICIO+-TVS[3]]

1 The putting in, insertion (of something additional).

cuneorum ~us aut exemptus VITR.9.8.6.

2 Impact, contact.

rei quae corpora mittere possit sensibus et nostros ~u tangere tactus LUCR.1.689; 4.673.

adigō ~igere ~ēgī ~actum, *tr.* [AD-+AGO] FORM.: *adaxint* (= *adegerint*) PL.*Aul.*50, PAUL.*Fest.*p.28M.

1 To drive (cattle, etc.) to (a place). **b** to drive, impel (a person) to (a place). **c** to drive (w. dat.) to consign (with curses).

quis has huc ouis ~egit? PL.*Bac.*1121[a]; pecore ex longinquioribus uicis ~acto CAES.*Gal.*7.17.3; GEL.11.1.2;—(*in fig. phr.*) duo greges uirgarum inde ulmearum ~egero PL.*Ps.*333. **b** Venus..quom hos huc ~igit lucrifugas PL.*Ps.*1132; noctu te ~iget horsum insomnia TER.*Eu.*219;—(*cf., w.* ad) ~actus ad illud infelix lignum SEN.*Ep.*101.14;—(*w. acc., of destination*) quis deus Italiam, quae uos dementia ~egit? VERG.*A.*9.601; (*fugitives*) usque ad collem hostibus ~actis *B.Afr.*78.8;—(*cf.*) at pater omnipotens..telum contorsit..praecipitemque immani turbine ~egit (*sc. Salmoneus*) VERG.*A.*6.594. **c** quis..genus humanum..sepelire conatum profundo debitae execrationis satis efficacibus uerbis ~egerit? V.MAX.9.11.ext.4.

2 (w. *ad iugum, iugo*) To force to submit to (the yoke); to reduce to (a state). **b** (w. *in*+acc.) to force into, reduce to (a shape).

(*fig.*) subactis iam ceruicibus omnium et ad Seianianum iugum ~actis SEN.*Dial.*6.1.3; bis..iugo Rhenum, bis ~actum legibus Histrum STAT.*Theb.*1.19;—tu homo ~igis me ad insaniam! TER.*Ad.*111; uilicum Aristocraten..ad incita ~egit LUCIL.513. **b** in faciem prorae pinus ~acta nouae PROP.3.22.14; truncis arborum in cuneum ~actis HYG.*Fab.*14.4.

3 To bring near or into contact (esp. w. hostile intent); to bring forward (a siege-engine). **b** to bring up, assemble (ships).

utinam..manibus..~actis omne qua uoces meant..eruere possem SEN.*Phoen.*227; uirque uirum galeis adflauit ~actis V.FL.6.183;—quodam loco turri ~acta CAES.*Gal.*5.43.6. **b** dum ~iguntur naues TAC.*Ann.*2.7; 11.18;—(*w. acc. of destination*) classem e Ponto Byzantium ~igi iusserat *Hist.*2.83; 3.47.

4 To shoot, hurl (a missile) so that it reaches its target.

neque propter altitudinem facile telum ~igebatur CAES.*Gal.*3.13.6; *Civ.*3.51.7; uiro..adlapsa sagitta est, incertum..quo turbine ~acta VERG.*A.*12.320; STAT.*Theb.*10.927;—(*w. dat.*) cratis uineasque parantibus ~actae tormentis ardentes hastae TAC.*Hist.*4.23;—(*w.* in+*acc.*) uti ex locis superioribus in litus telum ~igi posset CAES.*Gal.*4.23.3;—(*w. adv.*) non longius hostes aberant quam quo telum ~igi posset 2.21.3.

5 To force or drive (a pile, wedge, etc.) into or through (the ground, wood, etc.); (med.) to insert (an instrument, medicament). **b** to force (air) into.

(taleam)..malleo aut mateola ~igito CATO *Agr.*45.2; haec (*sc.* tigna) cum..defixerat fistucisque ~egerat CAES.*Gal.*4.17.4; VITR.3.4.2; OV.*Met.*15.562; cuneis..~actis V.FL.3.164;—(*w. dat.*) ~actos cauernis eorum a pastore cuneos PLIN.*Nat.*10.40;—(*w.* ad) scalper ab altero foramine ad alterum malleolo ~actus CELS.8.3.4;—(*w.* in+*acc.*) crucibus..in quas unusquisque..clauos suos..~igit SEN.*Dial.*7.19.3; PLIN.*Nat.*16.51;—(nigrities) manifestior..~acta terebra fit CELS.8.2.4; PLIN.*Nat.*34.115. **b** si quis incisa cute spiritum harundine in uiscera ~igat PLIN.*Nat.*8.178.

6 To thrust or plunge (a weapon) into. **b** to inflict (a wound, death); *penitus ~actus*, (of a disease) deep-seated.

uis horrida teli ossibus ac neruis disclusis intus ~acta LUCR.3.171; VERG.*A.*9.431; scalprum..ipsa in compage..quanto maximo poterat ictu ~igebat LIV.27.49.1; OV.*Ib.*303; quam alte ~actus est gladius! SEN.*Con.*7.5.4; LUC.4.288;—(*w. dat.*) *B.Afr.*72.4; ferrata..collo fraxinus..~acta est OV.*Met.*12.324;—(*w.* in+*acc.*) ~igitque in pectus (*sc.* harpen) 5.70; ferrum ~egit in uiscera SEN.*Ep.*4.4;—(*w.* per) quidam etiam per obscaena ferrum ~egerunt SUET.*Cal.*58.3;—(*a sting*) in tantum ~acto (aculeo) ut intestini quippiam sequatur PLIN.*Nat.*11.60. **b** nunc alte uulnus ~actum VERG.*A.*10.850; uulnus per galeam ~egit TAC.*Ann.*6.35; FLOR.*Epit.*1.23(2.7.9);—mortem ferro ~actam (uicit) Cato SEN.*Ep.*98.12;—signum erat morbi penitus ~acti APUL.*Apol.*51.

7 To drive, impel, stimulate (to an action, policy, etc.).

(*w.* ad) utinam me diui ~axint ad suspendium PL.*Aul.*50; tribunus, a quo ad mortem ~igeretur TAC.*Ann.*12.22;—(*w. inf.*) quaenam te ~igunt, hospes, stagna capacis uisere Auerni? *Inc.trag.*249; tua me, genitor, tua tristis imago..haec limina tendere ~egit VERG.*A.*6.696; auaritiam..ira calcauit ~acta opes suas spargere SEN.*Dial.*4.36.6; SIL.2.473; cum tormentis edere conscios ~igeretur TAC.*Ann.*4.45; APUL.*Mun.*21;—(*w. subj.*) quae uis uim mi adferam ipsa ~igit PL.*Rud.*681;—(*w. adv.*) Seruium exspecto ad Nonas, et ~igit ita Postumia et Seruius filius CIC.*Att.*10.9.3;—(*ellipt.*) ut aliquis..nullo ~igente dicat 'ego patrem occidi' QUINT.*Decl.*314(p.234,l.6).

8 (w. acc. and *arbitrum*) To compel (a person) to appear before (an arbitrator).

cur non arbitrum pro socio ~egeris Q. Roscium quaero CIC.*Q.Rosc.*25; *Off.*3.66;—(*w. ellipsis of obj.*) finibus re gendis ~igere arbitrum non possis *Top.*43.

9 To cause (a person) to take (an oath); bind (a person) by (an oath). **b** (w. *in uerba*, etc.) to administer an oath to (a person, in specified terms).

(*w. two accs.*) NEVE EVM COGITO NEVE IVS IVRANDVM ~IGITO NEVE ~IGI IVBETO *CIL* 1.594.1.3.29; CIC.*Luc.*116; prouinciam omnem in sua et Pompei uerba ius iurandum ~igebat CAES.*Civ.*2.18.5; facile cetera..mandantur ius iurandum ~actis SEN.*Ep.*95.35; GEL.6(7).18.3; (*w. ellipsis of obj.*) cuius nondum iusta missio uisa esset, ita iusiurandum ~igebant LIV.43.15.8;—(*w. acc. and* ad) quom ad ius iurandum popularis sceleris sui ~igeret SAL.*Cat.*22.1; SEN.*Dial.*7.15.7;—(*w. acc. and abl.*) omnibus iure iurando ~actis CAES.*Gal.*7.67.1; tu..consul sacramento iuniores ~iges? LIV.4.5.2; 24.16.12; V.MAX.7.6.1; QUINT.*Inst.*7.2.3; barbaro ritu et patriis execrationibus uniuersos ~igit TAC.*Hist.*4.15; SUET.*Gal.*16.2; (*w. ellipsis of obj.*) ~igere iureiurando, ne nubat liberta PAUL.*dig.*37.14.6. **b** pauidus tribunus..adiurat in quae ~actus est uerba LIV.7.5.6; prouinciae..in uerba Vitellii ~actae TAC.*Hist.*2.14; *Ann.*1.34; ~igendum te praebes in uerba principibus ignota, nisi cum iurare cogerent alios PLIN.*Pan.*64.1; in uerba Vespasiani legiones ~egit SUET.*Ves.*6.3.

ad(i)iciō ~(i)icere ~iēcī ~iectum, *tr.* [AD-+IACIO] PROS.: *ăd-* MAN.1.666; 4.44; MART.10.82.1.

1 To throw at or towards. **b** to direct or aim towards; to hurl (threats) at; *manum ~icere* (+dat.), to lay violent hands upon, make an attack on. **c** (phr.) *album calculum ~icere* (+dat.), to assign the white pebble to, i.e. give one's approval to. **d** (w. dat.) to hurl on top of.

alii manibus eminentia saxa conplexi leuauere semet, alii ~iectis funium laqueis suasere CURT.7.11.15;—(*w.* ad; *cf. sense 6*) Brennus..ad pondera ~iecit gladium FEST.p.372M. **b** extra..eminent quae appellantur aures..factae..ne ~iectae uoces laberentur CIC.*N.D.*2.144; quibus e spatiis cumque ignes lumina possunt ~icere LUCR.5.567;—et discam Getici quae norunt uerba iuuenci adsuetas illis ~iciamque minas OV.*Pont.*1.8.56;—Parthus..~iecit Armeniae manum VELL.2.100.1. **c** si modo tu fortasse errori nostro album calculum ~ieceris PLIN.*Ep.*1.2.5. **d** sua cuique arma, quorundam igni et equus ~icitur TAC.*Ger.*27.2.

2 (w. *oculum, -os*) To turn (the eyes) towards, cast (glances) at, esp. covetously. **b** (w. *animum*) to turn (one's thoughts) towards, set (one's mind or heart) on; also, *animum ~icere* (+acc.).

illa..ad eorum ne quem oculos ~iciat suos PL.*As.*769; APUL.*Met.*10.2;—(*fig.*) plane uidebant ~iectum esse oculum hereditati CIC.*Ver.*2.37; *Agr.*2.25. **b** (*w.* ad) ad uirginem animum ~iecit TER.*Eu.*143; ad consilium prima specie temerarium..animum ~iecit LIV.25.37.18; ad rem atrocem animum ~iecit 40.4.6; GEL.11.16.1;—(*w. dat.*) qui amabilitati animum ~iceret PL.*Poen.*1174; ~iecit extemplo animum fatis suis LIV.8.24.11; tu dictis ~ice mentem! OV.*Met.*14.319; SEN.*Ep.*83.8; (*w. gdve.*) sacerdotibus creandis animum ~iecit LIV.1.20.1; 22.22.8;—ne hic illam me animum ~iecisse aliqua sentiat PL.*Mer.*334.

3 To attach, affix. **b** to assign to (a sphere of responsibility). **c** to bring to bear, apply.

(*w. dat.*) quo nomine id insigne simulacro capitis eius..~iectum est AUG.*hist.*4; (*topog.*) unum latus erat ~um flumini Nilo *B.Alex.*28.3;—(*transf.*) quidam Caesonem, alii Gaium praenomen Quinctio ~iciunt LIV.7.22.3;—(*fig.*) ~iectae mortuo notae sunt 6.20.13. **b** ~iecta..numina signis MAN.2.434. **c** idque et sibi et cunctis egregium si modus ~iceretur TAC.*Ann.*3.6; (*cf. sense 7*) stimulosque frementi ~iciunt OV.*Met.*1.245.

4 To thrust in, insert. **b** to put, pour, etc., into (a vessel).

(*w.* in+*acc.*) pullos..non expedit plures in singulas haras quam uicenos ~iici COL.8.14.9;—(*w.* in+*abl.*) QVISQVE HERES MEVS CORPVS MEV(M) IN HOC SARCOFAGO NON ~IECERIT *CIL* 9.4822;—(*absol.*) si..serui, quem tonsor habebat, gula sit praecisa ~iecto cultello ULP.*dig.*9.2.11. **b** (*w.* in+*acc.*) ex his mustum ~iicitur in seriam COL.12.38.2; 12.42.3.

5 To mix (further ingredients) in with (a concoction, medicine, etc.), add to.

(*w. dat.*) aquae purae feruenti salem ~icito LARG.160; 216; 259;—(*w.* ad) cucurbitae siluestris ~icimus ad superius dicta pondera pxxx 107;—(*w.* in+*acc.*) in lixiuiae sextarios decem salis tres cyathos..~iiciant COL.12.16.3;—(*w.* in+*abl.*) murteum oleum minutatim in mortario ~iciatur LARG.220;—(*w.* super+*acc.*) cerae pondo libra, resinae..pondo libra..super ea ~iciuntur 204;—(*absol.*) sucos incoquit atros..~icit extremo lapides Oriente petitos OV.*Met.*7.266; PLIN.*Nat.*24.70.

6 To put on or in as an addition, add, attach. **a** (structures, etc.). **b** (amounts, periods of time, etc.) **c** (other things).

a huic (*sc.* aggeri) loricam pinnasque ~iecit CAES.*Gal.*7.72.4; quod..pluris erat legiones habiturus..maiorem ~iecerat munitionem *Civ.*3.66.4; neutris quicquam..ad munimenta ~iectum LIV.27.47.4; si in domo pistrinum aut tabernam ~iecerit PAUL.*dig.*25.1.6; (*topog.*) uicus positus in ualle, non magna ~iecta planitie CAES.*Gal.*3.1.5. **b** altitudo tablini ad trabem ~iecta latitudinis octaua constituatur VITR.6.3.6; si proxima aestas ~iceretur, posse bellum patrari TAC.*Ann.*2.26; (*cf.*) circuitu CXXV colligit, ut ueteres tradidere, Isidorus VIIII ~icit PLIN.*Nat.*5.136; (*w. ellipsis of obj.*) supra ~iecit Aeschrio (*i.e. made a higher bid*) CIC.*Ver.*3.77;—(*w. dat.*) quis scit an ~iciant hodiernae crastina summae tempora di superi? HOR.*Carm.*4.7.17; satis est aut diem aut mensem censurae ~icere? LIV.9.34.16; ~ieci sublato pondera malo OV.*Met.*10.677; altitudo aedibus ~iecta TAC.*Hist.*4.53; (*w. ellipsis of obj.*) ponderibus..antiquis aut ~iecit aut detraxit LARG.97;—(*w.* ad) <hordei> numero ad summam tritici ~iecto CIC.*Ver.*3.188; ut..dies unus ad triduum ~iceretur LIV.6.42.12; PLIN.*Nat.*18.207. **c** qui in scrutando uerbo litteram ~iciunt aut demunt VAR.*L.*7.1; cuius <in> imaginis titulo..si auguratum aut pontificatum ~ieceritis LIV.10.7.12; facilius quod reici quam quod ~ici possit inuenient QUINT.*Inst.*6.3.5; ~iecto Laertae patris nomine TAC.*Ger.*3.3;—(*w. dat.*) dictis facta amiciora ~iecit LIV.2.15.6; CELS.5.28.2F; (*w. ellipsis of obj.*) uir bonus..beneficio ~icit, iniuriae demit SEN.*Ep.*81.6;—(*w.* ad) ~iecti ..genetiua ad nomina Cottae OV.*Pont.*3.2.107; (*impers., w.* ut+*subj.*) utinam..~ici ad consuetudinem pos set, ut nominibus uteremur QUINT.*Inst.*2.10.9;—(*w.* super) cum..nouus..super ueterem luctus tot iactura ciuium ~iectus esset LIV.22.61.3.

7 To give in addition, contribute (something further). **b** to give (a further office or responsibility) to. **c** to contribute (a further feature) to (the existing state of affairs); (pass.) to occur as an additional feature; to introduce (a new custom). **d** (w. inf.) to proceed to (a further action).

auctarium ~icito uel mille nummum plus quam poscet PL.*Mer.*491; oscula cum dederis tua flentibus, ~ice matris PROP.4.11.77; si quid laboris uigiliarumque ~ici possit LIV.6.6.9; OV.*Met.*13.434; *CIL* 2.2150;—(*w. dat.*) unum etiam donis istis..~icias VERG.*A.*11.352; LIV.2.41.2; pusillum temporis ~icere illi uolebam SEN.*Apoc.*3.3; TAC.*Ann.*11.4;—(*w.* ad) Scipio..Masinissam ad regnum paternum Cirta oppido et ceteris urbibus..~iectis donauit LIV.30.44.12. **b** L. Duronio praetori, cui prouincia Apulia euenerat, ~iecta de Bacchanalibus quaestio est LIV.40.19.9; TAC.*Ag.*

9.7;—(*impers.*) proclamat..~ici ceruicibus Atlas Stat.*Theb.*7.4. **c** in maximis meis aerumnis..hoc metu ~iecto maneo Thessalonicae suspensus Cic.*Att.*3.8.2; Hor.*Ep.*2.2.43; felix ~iectum plausibus omen Ov.*Pont.*2.1.35; Tac.*Ag.*26.2;—(*w. dat.*) rei foedissimae per se ~iecta indignitas est Liv.5.48.9; 21.35.6; Ov.*Met.*11.637; huic atrocitati ~iectum scelus unicum Vell.2.7.1; si quid nostra tuis ~icit uexatio rebus Mart.10.82.1; qui..impudentiam paupertati ~icerent Tac.*Ann.*12.52;—(*w.* ad) ad clades..duo nefanda facinora decemuiri..~iciunt Liv.3.43.1; (also *w.* ut+*subj.*) ad id quod..ius non dixisset, ~iceret ut ne dilectum quidem ex senatus consulto haberet 2.27.10;—(*w.* super) fraudem..super tumultum ~iectam 26.6.11;—(*w.* in+*abl.*) cum..ad artes peruenissent tum etiam industria in animis eorum ~iecta perfecit, ut..Vitr.2.1.6;—~icitur miraculum uelut numine oblatum Tac.*Ann.*13.41;—morem ritusque sacrorum ~iciam Verg.*A.*12.836; hanc..superstitionem ~iecit Ambrosius Larg.152. **d** ~IECIT CHLOTO ITERATVM RVMPERE FILVM *CIL* 6.25063.

8 To attach or add (troops, etc.) as support, contribute as reinforcements. **b** (fig.) to add as further support.
ueteres..nauis refecerant..piscatoriasque ~iecerant Caes.*Civ.*2.4.2; ter centum ~iciunt..qui sunt Minionis in aruis Verg.*A.*10.182; Liv.8.8.14; Tac.*Hist.*5.23; (*cf.*) columen partium Abdageses gazam et paratus regios ~icit *Ann.*6.37;—(*w. dat.*) nauibus..quas si ~iecisset missae nuper ad se classi Liv.27.30.16;—(*w.* ad) quinqueremis v confecerunt; ad has minores..~iecerunt *B.Alex.*13.4; Liv.22.11.3; 42.65.13;—(*w.* in+*acc.*) centenis equitibus in singulas (legiones) ~iectis 22.36.3;—(*w. adv.*) huc Dardanos ..item Macedones..~iecerat Caes.*Civ.*3.4.6;—(*poet.*) remis ~ice uela tuis Ov.*Rem.*790. **b** ~iecisse equitum praerogatiuae auctoritatem consules Liv.28.9.20; consilio terrorem ~icere Tac.*Ann.*15.27.

9 To add as a colleague, associate (with). **b** to associate (with), make accessory (to), involve (in). **c** to add (to a class or category).
(*w. dat.*) (dictator) dictus..C. Iulius, cui magister equitum ~iectus L. Aemilius Liv.7.21.9; 32.25.2; Cluuius comitatui principis ~iectus Tac.*Hist.*2.65;—(*w.* ad; *cf. sense 6*) cum ad quattuor quinque ~ieci (sacerdotes) nouem numerum..expleuerunt Liv.10.6.8;—(*absol.*) ut is quaestor cum iure praetorio, ~iecto etiam quaestore, mitteretur Vell.2.45.4; Tac.*Ann.*3.64. **b** (*w. dat.*) ~iecti..poenae ceteri iuxta insontes Liv.24.5.13; Tac.*Ann.*6.9; fideiussor..omnibus obligationibus..~ici potest Gaius *Inst.*3.119a;—(*ellipt.*) si seruus insciente domino fecisse dicetur, in iudicio ~iciam *Ed.pr.*(*Font.iur.*p.218)15.2. **c** (*w. dat.*) ~ice seruatis unum..ciuem Ov.*Tr.*3.1.49; quibus ~icit Cato decidua populea quernaque (folia) Plin.*Nat.*16.92; Tac.*Ann.*5.6;—(*w.* ad) alii peruenerunt usque ad octo (partes) translatione ad septem superiores ~iecta Quint.*Inst.*3.6.55; Suet.*Cl.*6.2;—(*absol.*) iam fratres, iam propinquos..caedibus exhaustos ..~ici coniuges grauidas, liberos paruos Tac.*Ann.*12.10.

10 To add in speech or writing, go on to mention or say. **a** (w. dir. sp.). **b** (w. acc.); also, to attach (a further provision) to (a document, oath, etc.) annex, include. **c** (w. acc. and inf.; also, w. *quod*). **d** (w. indir. qu.). **e** (w. *ut*, *ne*+subj.) to add as a proviso. **f** (absol.).
a cum uerbis quoque increpitans ~iecisset, 'sic deinde, quicumque alius transiliet moenia mea Liv.1.7.2; ~iecisset-que: 'si quid huic acciderit' Vell.2.32.1; Sen.*Suas.*1.9; Quint.*Inst.*2.15.36; Gaius *Inst.*1.30; (*cf.*) consumatque annos..suos. ~iceram et nostros Ov.*Tr.*5.5.25;—(*impers. pass.*) Gaius *dig.*28.5.89(88). **b** quidam non ~iecere numerum Liv.29.25.3; stipis ~ice causam Ov.*Fast.*1.189; quod ~ieci, non ut arguerem, sed ne arguerer Vell.2.53.4; promere sententiam et ~icere rationes iubet Tac.*Ann.*12.1;—(*w. dat.*) sententiam..aeque trucem orationi ~iecit Liv.29.19.4; V.Max.7.8.6;—(*w.* ad) si quis..ad necessaria..aliquid melius ~iecerit Quint.*Inst.*12.10.43;—(*w.* super) super omnia Caci speluncam ~iciunt Verg.*A.*8.303;—(*w. adv.*) quicquid huc sit ~iectum Quint.*Inst.*12.10.40;—(*of writings*) huic pugnae..rem..mirabilem..~iciunt quidam annales Liv.23.47.8;—taxationem iuriiurando ~icere Ulp.*dig.*12.3.4.2; 18.3.3; (*impers. pass.*) Paul.*dig.*4.8.32.21;—*pple. as sb.*) etsi his uerbis non continentur, pro ~iecto tamen debent accipi Ulp.*dig.*3.5.3.6. **c** ~iciam similia non solum a facie dici Var.*L.*9.92; quid ego ~iciam..hortorum in manibus dona probata meis? Prop.4.2.41; ~iciebant sanguinis riuum in porta fluxisse Liv.27.37.3; Tac.*Ann.*4.21; Plin.*Ep.*3.15.1; (*parenth.*) malos esse nos, malos fuisse, inuitus ~iciam, et futuros esse Sen.*Ben.*1.10.3; (*w.* illud) illud ~iciendum uidetur licere consuli..quem uelit..ciuem deuouere Liv.8.10.11;—(*w. dat.*) his ~icio praeceptores ipsos non idem mentis..in dicendo posse concipere Quint.*Inst.*1.2.29;—(*impers.*) fabulae ~iectum est uocem quoque dicentis uelle auditam Liv.5.22.6; Ulp.*dig.*17.2.51;—~iciunt his qui contra sentiunt, quod saepe ..eadem in aliis (litibus) defendant Quint.*Inst.*2.17.40; 12.2.25. **d** quid iis acciderit, non ~ici Liv.39.26.6; Sen.*Nat.*1.4.3;—(*ellipt.*) consulum..alterum—sed utrum auctores non ~iciunt—..prope interfecerunt Liv.2.17.3; Ulp.*dig.*30.1.71. **e** consulibus prorogatum imperium est..~iectumque ne a Capua..abscederent Liv.26.1.2; Vell.2.28.4;—(*w.* ad) ad ea ~iecturum etiam in foedus esse, ut eosdem..amicos atque hostis haberet Liv.38.8.10. **f** ut et Marcellus apud Iulianum ~icit Ulp.*dig.*30.1.53.2.

11 (usu. in imper.) To take into account in addition, consider also.
~ice Troianae suasorem Antenora pacis Ov.*Fast.*4.75; Quint.*Inst.*12.11.18; (*w. dat.*) his ~ice obliquos aduersaque fila trahentis inter se gyros Man.1.666; (*w. advs.*) ~ice isto naufragia Sen.*Ep.*117.31;—(*w.* quod *cl.*) ~ice, quod magna pars hominum est, quae reuerti ad innocentiam possit *Cl.*1.2.1; ~ice quod poetis..relinquenda conuersatio amicorum ..est Tac.*Dial.*9.6.

12 To add (something extra) to (what one already possesses), gain in addition. **b** (spec.) to annex, take in (territory, etc.).
(*w. dat.*) ~iecisse praedam torquibus exiguis renidet Hor.*Carm.*3.6.11; Sulpiciae ac Lutatiae decora nobilitati tuae ~iecisse Tac.*Hist.*1.15;—(*w.* ad) ad eam laudem doctrinae et ingenii gloriam ~iecit Cic.*Off.*1.116; Liv.30.14.6;—(*absol.*) eos uiros..pontificalia..insignia ~icere 10.7.9. **b** (*w. dat.*) ~iectis Britannis imperio Hor.*Carm.*3.5.3; quidquid est terrarum citra Tauri iuga, Gallorum imperio..~iecissetis Liv.38.48.1; Aug.*Anc.*5.24; Plin.*Nat.*3.95;—(*absol.*) Ianiculum quoque ~iectum Liv.1.33.6.

13 To add to the amount of, increase, raise; to intensify, heighten. **b** to hasten the incidence of, accelerate.
praeter errantis barbariae aut ~iectum aut deminutum clamorem Petr.68.5; si postea pretium ~iectum Javol.*dig.*18.2.19; Afric.*dig.*18.2.18;—ex ratione uel ~iectae uel leuatae febris Cels.4.13.5. **b** omnis cura fertilitatem ~icit, fertilitas senectam Plin.*Nat.*16.119.

adimō ~imere ~ēmī ~emptum, *tr.* [ad-+emo] Form: *adempsit* (= *ademerit*) Pl.*Epid.*363.

1 To remove (something) by physical force (from a person), take away; (spec.) to remove (a part of the body), e.g. by castration. **b** to take (a person) away (from someone else); to remove (from a situation); to rescue, save (from death).
cum signifero signum ~emisset Liv.25.14.7; 29.9.3;—gestit (culter) moecho hoc abdomen ~imere Pl.*Mil.*1398; (*cf. w.sense 4*) proximus huic Abdus ~emptae uirilitatis Tac.*Ann.*6.31. **b** hanc nisi mors mi ~imet nemo Ter.*An.*697; ui tibi (hominem) ~imit Cic.*Quinct.*61; Liv.23.15.10; Ov.*Ep.*1.99;—Pompeio rebus ~empto Luc.9.205;—Virgo, quae laborantis utero puellas..audis ~imisque leto Hor.*Carm.*3.22.3.

2 To take (property, etc.) away (from a person), steal, confiscate; also, to take (money obtained by trade) away from or out of (a country). **b** to take (from an enemy), capture, seize (in or as the result of war).
(*w. dat.*) aurum..ei ~emit hospiti Pl.*Mos.*481; Voconium, qui lege sua hereditatem ~emit nulli Cic.*Ver.*1.107; *Att.*3.5.1; Sal.*Cat.*12.5; bona..multis ~empta Liv.26.30.10; deos..quos hosti nuper ~emi Ov.*Met.*13.376; (*cf.*) cani quoque etiam ~emptumst nomen. — qui? — uocant Laconicum Pl.*Epid.*234;—(*w. obj. omitted*) qui saepe propter inuidiam ~imunt diuiti Ter.*Ph.*276;—(*w.* ab) cum iste a Syracusanis quae ille calamitosus dies reliquerat ~emisset Cic.*Ver.*4.151;—Pompeium..etiam quae (bona) ante habuerint ~emisse Caes.*Civ.*1.7.4; anni..multa recedentes ~imunt Hor.*Ars* 176; magnis primum et integris opibus, post ~emptis Tac.*Ann.*15.71;—miliens centena milia sestertium annis omnibus India et Seres..imperio nostro ~imunt Plin.*Nat.*12.84. **b** (*w. dat.*) quibus illi urbis suae partem ~emerunt Cic.*Ver.*5.85; inibantur..consilia..~imendae Campanis Capuae Liv.7.38.5;—aere ..belli miscebant fluctus..et pecus atque agros ~imebant Lucr.5.1291; Liv.8.1.3; quaedam..finibus ~emptis pari dolore commoda aliena ac suas iniurias metiebantur Tac.*Hist.*1.8.

3 To take (armies, commands, functions) out of the hands or control of (a person).
(*w. dat.*) imperium nauium legato populi Romani ~emisti, Syracusano tradidisti Cic.*Ver.*5.137; senatus consultum..quo reductio regis Alexandrini tibi ~empta sit *Fam.*1.7.4; ne forte eae res prouinciam et exercitum sibi ~imerent Liv.41.10.5;—(*ellipt.*) aut exercitus ~imendus aut imperium dandum fuit Cic.*Phil.*11.20.

4 To take away, deprive of: **a** (life, sleep, etc.). **b** (a privilege, honour, name, etc.). **c** (qualities, feelings, states, etc.).
a (*w.dat.*) non uox mea tibi uitam ~emit? *Rhet.Her.*4.65; Cic.*Phil.*2.5; *Parad.*24;—epistula..illa..ita me pupugit ut somnum mihi ~emerit *Att.* 2.16.1; Verg.*A.*4.244;—~imit animam mi aegritudo Pl.*Trin.*1091; di immortales..imperatoribus mentem ~emerunt Liv.9.9.10. **b** (*w. dat.*) hominem..cui repente caelum, solem, aquam terramque ~emerit Cic.*S.Rosc.*71; quod Arretinis ~empta ciuitas esset *Caec.*97; lictoribus..qui mihi incolumi ~imi non possunt *Att.*11.6.2; QVOIVE..INGNOMINIAE CAVSSA ORDO ~EMPTVS EST ERIT *CIL* 1.593.121; huic ego uirgineum dilectaen omen ~emi Ov.*Met.*8.592; censuit..~imendam reo praeturam necandumque Tac.*Ann.*14.48;—⟨NEIVE TRIBV MO⟩VETO, NEIVE EQVOM ~IMITO *CIL* 1.583.28; quaestorem eum..~empto equo tribu mouerant Liv.24.43.3; ~empta..defensione Tac.*Ann.*16.18;—(*w. inf.*) ~imam cantare seueris Hor.*Ep.*1.19.9; Sil.9.425;—(*w.* ut+*subj.*) non esse opus concedi peculium a domino seruum habere, sed non ~imi, ut habeat Ulp.*dig.*15.1.7.1. **c** (*w. dat.*) qui ~imat hanc mi consuetudinem Ter.*Ph.*161; ~imere..omnem recusationem Crasso uolui Cic.*de Orat.*2.364; Cretensibus ..spem deditionis non ~emit *Man.*35; compulsi..intra uallum ~empto rerum omnium usu Liv.25.34.6;—postquam ~empta spes est Ter.*An.*304; Pompeius praesentem facultatem insequendi sui ~emerat Caes.*Civ.*1.29.1; equitum ala non pugnae modo incipiendae sed consistendi ~emit locum Liv.2.49.11; 30.15.5;—(*w. non-personal subj.*) omnem pudorem nox ~emerat Tac.*Hist.*4.36;—(*w.* ne+*subj.*) quoin id ~imatur ne id quod uidit uiderit? Pl.*Mil.*588.

5 To refuse or fail to give, deny (to), withhold (from). **b** to banish (a food) from (the dinner table).
(*w. dat.*) ne..Herodoto praesenti honos ~imeretur Cic.*Ver.*2.128; *Planc.*87; quid..Caecilio Plautoque dabit Romanus ~emptum Vergilio Varioque? Hor.*Ars* 54; pectus, hoc est ossa..uitalibus natura circumdedit, at uentri..~emit Plin.*Nat.*11.207;—nec de armis quicquam mutatum, ocreae tantum ~emptae Liv.1.43.5; ne uno quidem denario, si ~imerentur (*sc.* sex arbores) emptam (*sc.* domum) uolente Domitio Plin.*Nat.*17.4;—(*impers. pass.*) Ulp.*dig.*34.4.3.8. **b** glires, quos censoriae leges..cenis ~emere Plin.*Nat.*8.223.

6 To deprive of force or efficacy, annul.
si post adsignationem..fuerit exheredatus, 'non semper' exheredatio ~imet adsignationem Ulp.*dig.*38.4.1.6.

7 To cut off (light) by interception, shut out; to render (vision) impossible, preclude; (phr.) *nox diem ~imat*, the day would not be long enough. **b** to deprive of (the light of day).
~iment lucem caeca caligine nubes Cic.*Arat.*591(345);—prospectu tenebris ~empto Caes.*Gal.*7.81.5; ante noctem, quae conspectum ~emit Liv.6.9.11; 29.27.10; fluctus prospectum ~imere Tac.*Ann.*2.23;—si ego..memorem quae med erga multa fecisti bene, nox diem ~imat Pl.*Capt.*417. **b** (*by blinding*) monstrum horrendum informe ingens cui lumen ~emptum Verg.*A.*3.658; Ov.*Met.*3.337;—(*in death*) ille..ipse..lumine ~empto animam moribundo corpore fudit Lucr.3.1033.

8 To take away (from somebody) by killing; to remove by death, kill. **b** to remove by exile.
si illam..mihi ~empsit Orcus Pl.*Epid.*363; ten..fortuna mihi crudelis ~emit? *Ciris*313;—deos quaeso ut ~imant et patrem et matrem meos Naev.*com.*95; tu semper urges flebilibus modis Mysten ~emptum Hor.*Carm.*2.9.10; Ov.*Met.*11.273; Stat.*Theb.*7.354. **b** siquis adhuc istic meminit Nasonis ~empti Ov.*Tr.*3.10.1.

9 To remove, take off (fetters). **b** to take away (something unpleasant or undesired), remove, banish, dispel.
(*w. dat.*) ut istas compedis tibi ~imam, huic dem Pl.*Capt.*1028. **b** diem ~imere aegritudinem hominibus Ter.*Hau.* 422; Phaedriae curam ~imere argentariam *Ph.*886;—ea (*sc.* brassica) omnem putorem ~imet Cato *Agr.*157.3; Cic.*Catil.*4.8; dulcia..ingratos ~imant conuiuia somnos Prop.3.10.25.

10 To acquire by purchase, buy.
L MODIVS FORTVNATVS LIB LOCO ~EMPTO SIBI POSTERISQVE SVIS FECIT *CIL* 10.6262.

adimpleō ~ēre ~ēuī ~ētum *tr.* [ad-+impleo]

1 To fill up (with).
(casei frusta) in picato uaso componito: tum..musto ~eto ita ut superueniat Col.12.43.

2 To fulfil, carry out (an obligation, promise, etc.).
si soluisset, fidem testatori suo ~esse uidebatur Marcel.*dig.*39.5.20.1; uenditionem ~ere Paul.*dig.*18.1.57.

adindō ~ere, *tr.* [ad-+indo] To put in, insert.
subscudes iligneas ~ito Cato *Agr.*18.9.

?**adinspectō** ~āre, *tr.* [ad-+inspecto] To watch, guard (a person).
custodias Hispanorum cum gladiis ~antium (*dub.*) se remouisse Suet.*Jul.*86.1.

adinueniō ~enīre ~ēnī ~entum, *tr.* [ad-+invenio] To devise or invent in addition.
quod postea id genus poenae ~entum est Call.*dig.*48.19.28.

adipātum ~ī, *n.* [next] A rich dish.
Mart.14.223; liuida materno feruent ~a ueneno Juv.6.631.

adipātus ~a ~um, *a.* [adeps+-atus²] Containing fat, rich.
~am pultem Lucil.196;—(*fig.*) opimum quoddam et tamquam ~ae dictionis genus Cic.*Orat.*25.

adipiscor ~ipiscī ~eptus, *tr.* [ad-+apiscor] Forms: *adipiscier* (= *adipisci*) Pl.*Capt.*483; Ter.*An.*332, *Ph.*406. In pass. sense: Sal. *Cat.*7.3, *Jug.*101.9; Grat.170; V.Max.3.5.1; Tac.*Ann.*1.7; Suet.*Tib.*38.

1 To overtake, catch up with. **b** to arrive at, reach, gain (a place, position, etc.). **c** to attain to, reach (a stage or period of development, etc.).
Romani..uigentes corporibus facile ~epti fessos Liv.2.30.14; 24.1.11; 44.28.13;—(*ellipt.*) ut apud portum te conspexi, curriculo occepi sequi: uix ~iscendi potestas modo fuit Pl.*Epid.*15;—(*of heavenly bodies*) omnia signa hanc (*sc.* lunam) ~iscuntur circum praeterque feruntur Lucr.5.634. **b** maris ~iscendi Cic.*Att.*8.14.3; collis..uerticem raptim cum parte copiarum ~eptus Fron.*Str.*2.2.4;—quando..sibi quidque eorum siderum cursu decorum est ~eptum Cic.*Tim.*30;—(*as pass.*) quaecunque domi sibi crimina fecit, excutiet silua magnus pugnator ~epta Grat.170. **c** (senectus) quam ut ~iscantur omnes optant, eandem accusant ~epti Cic.*Sen.*4; (melopepones)..maturitatem ~epti Plin.*Nat.*19.67; Col.5.6.17.

2 To obtain, acquire, achieve, win, secure: **a** (concr. things). **b** (quasi-abst. possessions, qualities, conditions, etc.). **c** *mortem ~ipisci*, to bring about one's death, commit suicide.
a dictis..quibus solebam menstrualis epulas ante ~ipiscier Pl.*Capt.*483; 780; armaque et nauis, quibus indigebant, ~epti Tac.*Hist.*4.17;—(*property*) sperat se posse quod ~eptus est per scelus, id per luxuriam effundere Cic.*S.Rosc.*6;—(*a person in a given capacity*) fatebor et fuisse me Seiano amicum et ut essem expetisse et postquam ~eptus eram laetatum Tac.*Ann.*6.8. **b** tibi potestas ~ipiscendist gloriam, laudem, decus Pl.*St.*281; (tibi) soli licet hic de eadem causa bis iudicium ~ipiscier Ter.*Ph.*406; quod tantam iam essent facultatem ~epti Cic.*de Orat.*1.30; ii qui per largitionem magistratus ~epti sunt *Ver.*2.138; *Flac.*43; immortalitatem quandam..esse ~epti uidemur *Red.Sen.*3; se αὐτονομίαν ~eptos putant *Att.*6.1.15;

Fam.4.6.2; Q.Cic.*Pet.*51; hanc ~epti uictoriam Caes.*Gal.* 5.39.4; Sal.*Jug.*41.4; Nep.*Them.*9.4; plebs..aut libertatem aut certe impunitatem ~epta Liv.2.1.4; 7.40.8; 9.46.11; (Parrhasius) in liniis extremis palmam ~eptus Plin.*Nat.* 35.67; Cadmeia ~eptum conubia Stat.*Theb.*11.215; clementiae famam ~ipisceretur Tac.*Ann.*14.23; Ulp.*dig.*5.3. 18.1; (*cf.*) Latini..et Hernici..malis consiliis pares ~epti euentus Liv.6.8.8;—(*w. abst.subj.*) cum..laetitia ut ~epta iam aliquid concupitum ecferatur Cic.*Tusc.*4.12;—(*cf. w. sense 2a*) togam..eius praetextam quam erat ~eptus Caesare consule *Q.fr.*2.10.2;—(*cf. w. sense 1*) nuptias effugere ego istas malo quam tu ~ipiscier Ter.*An.*332;—(*w.* ab) L. Volcatium..M. Pisonem..summos a populo Romano esse honores ~eptos Cic.*Planc.*51; Sal.*Jug.*77.4;—(*w.* ut, ne+*subj.*) per quos illi ~epti sunt ut ceteros dies festos agitare possent Cic.*Ver.*2.51; uos ~epti estis ne quem ciuem metueretis *Mil.*34;—(*w. gen.*) arma quis Seruius Galba rerum ~eptus est Tac.*Ann.*3.55;—(*absol.*) accusandi terrores et minae..populi opinionem a spe ~ipiscendi auertunt Cic. *Mur.*43;—(*as pass.*) ~epta libertate Sal.*Cat.*7.3; *Jug.*101.9; Tac.*Ann.*1.7. **c** quod..Nero in ~ipiscenda morte manu eius adiutus existimabatur Suet.*Dom.*14.4.

3 (of persons) To have given to one or receive by inheritance, come into, succeed to. **b** (of things) to be given, acquire, get (a name **c** (app.) to incur (a charge).

quoad Alexandri filius regnum ~ipisceretur Nep.*Eum.* 6.2; Liv.42.40.4; illae (columbae) credentes tradunt sese miluo. qui regnum ~eptus coepit uesci singulas Phaed. 1.31.11; Flor.*Epit.*1.1(1.6.2); Gaius *Inst.*1.175. **b** quapropter merito maternum nomen ~epta est (terra) Lucr. 2.998; terra tribus scopulis..Trinacris a positu nomen ~epta loci Ov.*Fast.*4.420; fico ~epta uires Plin.*Nat.*17. 138. **c** si..honesti gloria nulla redditur, at nullum crimen ~eptus eram Ov.*Tr.*2.92.

adipsatheon (?~os) ~ī. [Gk.]= aspalathus.

aspalatho siue erysisceptro siue ~o Plin.*Nat.*1.24.69.

adipson (?-os) ~ī, *n.* [Gk. ἄδιψον] A name given to liquorice.

Plin.*Nat.*22.26.

adipsos ~ī, *f.* [Gk. ἄδιψος] A kind of Egyptian date.

palma in Aegypto quae uocatur ~os, uiridis, odore mali cotonei, nullo intus ligno Plin.*Nat.*12.103.

aditiālis ~is ~e, *a.* [*aditus* (pple. of adeo[1]) + -alis] (of a banquet) Given by a magistrate upon entering office, inaugural.

augurali ~i cena Var.*R.*3.6.6; Sen.*Ep.*95.41; ~i cena sacerdotii Plin.*Nat.*10.45; ~ibus..epulis 29.58.

aditiculus ~ī, *m.* [aditvs+-cvlvs] (See quot.)

~um paruum aditum Paul.*Fest.*p.29M.

aditiō ~ōnis, *f.* [adeo[1]+-tio]

1 The act, also, the right, of approaching (a person).

(*w. acc.*) quid tibi hanc ~o est? Pl.*Truc.*622;—nuntiatio ex hoc edicto non habet necessariam praetoris ~onem Ulp. *dig.*39.1.1.2.

2 (w. *hereditatis* or absol.) The act of taking possession of an inheritance.

~o hereditatis non est in opera seruili Julian *dig.*29.2.45; si is..in iure eam (*sc.* hereditatem) alii ante ~onem cedat, id est antequam heres extiterit Gaius *Inst.*2.35; Ulp.*dig.* 28.5.3.2.

aditō ~āre ~āuī, *intr.* [adeo[1]+-ito] To approach often or habitually.

ad eum ~auere Enn.*scen.*425.

aditus ~ūs, *m.* [adeo[1]+-tvs[3]] Const.: frequently foll. by *ad*, *in*+acc., obj. gen., etc.

1 The act or fact of approaching (a place, etc.), approach, entry. **b** a gathering (of pus, etc.).

nocturno ~u occulta coluntur *Inc.trag.*71; qui multitudine coacta non introitu, sed omnino ~u quempiam prohibuerit Cic.*Caec.*39; ne ~us atque incursus ad defendendum impediretur Caes.*Civ.*1.25.9; ad prohibendos urbis ~u hostes Liv.10.43.5; ut ~um ea parte intercluderet Romanis 22.22. 10; prouinciam ~u difficilem Tac.*Hist.*1.11;—(*of atoms*) quorum abitu aut ~u..mutant naturam res Lucr.1.677. **b** auertendus is materiae ~us est per cataplasmata Cels. 5.28.11.b.

2 Right of entry (to a place) access, admission. **b** the right to hold (an office), entry (to a post, status, etc.).

~us..in id sacrarium non est uiris Cic.*Ver.*4.99; huic ~us in senatum fuit *Phil.*8.28; mercatoribus est ~us magis eo ut quae bello ceperint quibus uendant habeant Caes.*Gal.*4.2.1; ut ~us ei in Achaiam daretur Liv.42.12.6; ad fores tantum Iudaeo ~us Tac.*Hist.*5.8; utrum..~us tantum et iter an uero et uia debeatur fructuario Ulp.*dig.*7.6.1.3;—(*fig.*) multa legem non habent..ad quae consuetudo uitae humanae..dat ~um Sen.*Ben.*5.21.1. **b** ut aditus ad consulatum posthac..uirtuti pateret Cic.*Mur.*17; honorum ~us numquam illi faciliores optaui *Planc.*59; hominibus ignominia notatis neque ad honorem ~us neque in curiam reditus esset *Clu.*119; ut..nulli unquam plebeio ad eum honorem ~us fuerit Liv.4.25.10; prompto ad capessendos honores ~u Tac.*Ann.*3.30;—(*w. dat.*) quod remota mora libertati ~um daret Papin.*dig.*40.7.34.1.

3 A possibility or means of approaching or entering, a way in, an opening, access. **b** access (to a state), a path (to); an opportunity (for an action).

manus..data elephantost, quia propter magnitudinem corporis difficiles ~us habebat ad pastum Cic.*N.D.*2.123; in eum locum..quo propter paludes exercitui ~us non esset Caes.*Gal.*2.16.4; qua sit ~us ab terra Caes.*Civ.*2.16.2; fit uia ui; rumpunt ~us Verg.*A.*2.494; ne proxima quaeque amoliendo maioribus grauioribusque ~um ad se facerent Liv.33.12.11; ~u..carentia saxa Ov.*Met.*3.226; uix.. minimo ~us nauigio est Sen.*Suas.*2.1;—(*in fig. phr.*) quoniam uterque uestrum patefecit earum ipsarum rerum ~um, quas quaerimus Cic. *de Orat.*1.98; ut ad hoc nefarium facinus accederet ~um sibi aliis sceleribus ante muniuit *Clu.*31; quaero cur qui ~us ad causam Hortensio patuerit mihi interclusus esse debuerit *Sul.*4; huic ego.. ~tum ad tuam cognitionem patefacio et munio *Fam.*13. 78.2; ut ad officii inuentionem ~us esset *Off.*1.6; C...Caesar, cuius uirtutes ~um sibi in caelum struxerunt V.Max.6.9.15. **b** hoc ~u laudis..me..uitae meae rationes..prohibuerunt Cic.*Man.*1; habes ~um mansurae in saecula famae Luc.8. 74;—si qui mihi erit ~us de tuis fortunis..agendi Cic. *Fam.*6.10.2; nactus ~us ad ea conanda Caes.*Civ.*1.31.2; hos ~us circus..nouo praebebit amori Ov.*Ars* 1.163.

4 (concr.) The way to or into a place, approach, entrance, passage, doorway. **b** an opening or channel in the body. **c** the extent to which a door is opened, opening. **d** the distance from the entrance (of a bay) to the coast, depth.

in primo ~u uestibuloque templi Cic.*Ver.*2.160; Decimus ..Brutus..Acci..carminibus templorum..~us exornauit suorum *Arch.*27; constat..~us insulae esse muratos mirificis molibus *Att.*4.17.6; una ex parte leniter..accliuis ~us.. relinquebatur Caes.*Gal.*2.29.3; in antrum, quo lati ducunt ~us centum, ostia centum Verg.*A.*6.43; ~us complures et spatiosos oportet disponere Vitr.5.3.5; ad omnes ~us stationibus firmatis Liv.5.43.2; ~um..obsedit Erinys Ov. *Met.*4.490; in ~u..ipso stabat ostiarius Petr.28.8; melius ~us portusque per commercia et negotiatores cogniti Tac. *Ag.*24.2; eam domvs partem dimidiam..cvm sv⟨is s⟩aepibvs, saepimentis, finibvs, ~ibvs, clavstris, fienestris *CIL* 3.p.944.6; (*of hives, nests, etc.*) angustos habeant ~us (aluaria) Verg.*G.*4.35; captus..per cauernam lautumiarum euasit angustias, uolpium ~us secutus Plin.*Nat.*11.185. **b** donec fiat ~us per quem membranae custos inmittatur Cels.8.3.8; fructum capere..in uocis ~u locatum (*sc. by kissing*) Fro.*Ver.*2.p.238(136N). **c** ~u fac ianua paruo obliquum capiat semiadaperta latus Ov.*Am.*1.6.3. **d** ipsam (Syrtem) centum milium passuum ~u, trecentorum ambitu Plin.*Nat.*5.26; 5.27.

5 An approach, coming, arrival (of a person). **b** a social approach; *primus ~us*, the first encounter (with a stranger).

cuius ~um expectans peruixi usque adhuc Acc.*trag.*417; ceterasque urbis Ponti..permultas uno ~u aduentuque esse captas Cic.*Man.*21; tantae multitudinis ~u perterriti ex eis aedificiis..demigrauerunt Caes.*Gal.*4.4.3. **b** nemo illum ~u, nemo congressione..dignum iudicabat Cic.*Clu.*41; *Pis.*96; his omnes decedunt, ~um sermonemque defugiunt Caes.*Gal.*6.13.7; (*fig.*) non ergo fastidioso ~u uirtus: excitata uiuida ingenia ad se penetrare patitur V.Max.3.3. ext.7;—in omnibus nouis coniunctionibus interest qualis primus ~us sit Cic.*Fam.*13.10.4.

6 An opportunity or means of approaching or seeing a person, access (to), an audience; also, an opportunity (of meeting). **b** access (to a person's attention, etc.).

eas si adeas, abitum quam ~um malis Pl.*Cist.*53; ad omnis eosdem patere ~us arbitratur Cic.*Ver.*3.156; ita faciles ~us ad eum priuatorum *Man.*41; tu uelim ex Fabio, si quem habes ~um, odorere *Att.*4.8a.4; cura..ut ~us ad te diurni ~nocturnique pateant Q.Cic.*Pet.*44; ne tecto recipiatur, ne ad liberos..ne ad uxorem ~um habeat Caes.*Gal.*7.66.7; sola uiri mollis ~us et tempora noras Verg.*A.*4.423; difficilis ~us primos habet Hor.*S.*1.9.56; ad dominam faciles ~us per carmina quaero Tib.2.4.19; quibus solis ~us in domum familiarior erat Liv.24.5.7; Ov.*Met.*7.726; legati mittuntur..rogantes ~um continuo impetrant Phaed.4. 18(19)21; ~um ad principem postulat Tac.*Ann.*2.28; ~um praeberent 13.4; (*w.* sermonis, gratiae) qui aliquem sermonis ~um..cum Cicerone habebant Caes.*Gal.*5.41.1; qui priuatae gratiae ~um apud regem quaerebat Liv.41.23.4;—~um petentibus conueniundi non dabat Nep.*Paus.*3.3. **b** aliquem se ~um ad auris uestras esse habiturum putauit Cic.*Dom.*3; est alius..quidam ~us ad multitudinem *Off.* 2.31; dum ~um sibi ad aures faciet Quint.*Inst.*4.1.46.

7 A hostile approach, attack. **b** a chance of attacking, 'an opening'.

prohibete ~um matris a fili sanguine Cic.*Clu.*200; occupare urbis ciuium quo facilior sit ~us ad patriam *Att.*7.11.1; quo tumultu facilior ~us ad consulem..fieret Sal.*Cat.*43.2; hos ~us gladiis, hos ignibus arcet Luc.10.489; (*fig.*) bene laudata uirtus uoluptatis ~us intercludat necesse est Cic. *Fin.*2.118. **b** hos ~us iamque hos ~us omnemque pererrat undique circuitum Verg.*A.*11.766; (*for winds*) quo neque sit uentis ~us G.4.9; (*for wounds*) hinc ~um nefas in membra fecit Sen.*Her.O.*1224; ~usque ad uulnera clausi Stat.*Theb.*6.752;—(*in fig. phrs.*) date huic religioni ~um, pontifices: iam nullum fortunis communibus exitum reperietis Cic.*Dom.*123; non est ~us ad huiusce modi res neque potentiae cuiusquam neque gratiae *Caec.*72; ea.. patientia inferioris etiam generis et fortunae hominibus ~um aduersus se dedit V.Max.6.2.7; ad quos..fortunae magnitudo..~um redituris ad se beneficiis clusit Sen.*Ben.* 5.5.1.

adiūdicātiō ~ōnis, *f.* [adivdico+-tio] An act of assignment (by a judge), a vesting order.

iudici finium regundorum permittitur, ut..~one controuersiam dirimat Ulp.*dig.*10.1.2.1; circa ~ones et condemnationes Paul.*dig.*3.3.42.6; (*defined*) ~o est ea pars formulae, qua permittitur iudici rem alicui ex litigatoribus adiudicare Gaius *Inst.*4.42.

adiūdicō ~āre ~āuī ~ātum, *tr.* [ad-+ivdico] orthog.: adiovdico *CIL* 1.585.62.

1 To award as judge, assign (to). **b** (w. dat.) to divide (a case) in favour of.

⟨qvod eiv⟩s agri ex h.l. ~ari licebit *CIL* 1.585.62;—(*w. dat.*) quos P. Africanus populo Romano ~arit Cic.*Agr.* 2.58; nemo..dubitabat quin domus nobis esset ~ata *Att.* 4.2.3; Conuictolitauis Aeduus, cui magistratum ~atum a Caesare demonstrauimus Caes.*Gal.*7.37.1; quem..hoc priuatae rei iudicem fecisse ut sibi controuersiosam ~aret rem? Liv.3.72.5; Quint.*Inst.*5.14.16; Gaius *dig.*10.1.3; (*w.* in+*acc.*) ipsam (mulierem) Veneri in seruitutem ~at Cic.*Div.Caec.*56;—(*poet.*) si quid abest Italis ~at armis Hor. *Ep.*1.18.57;—(*w. obj. cl.*) ~ato cum utro—hanc noctem sies Pl.*Men.*188;—(*ellipt.*) tametsi antequam ~aret, aqua per fossas nunquam fluxisset Alf.*dig.*39.3.24.2. **b** is, qui nobis causam ~aturus sit Cic.*de Orat.*2.129.

2 To attribute or ascribe (to).

ut in senatu..huius mihi salutem imperi atque orbis terrarum ~arit Cic.*Att.*1.19.7; is primus optimum saporem ostreis Lucrinis ~auit Plin.*Nat.*9.168.

adiugō ~āre ~āuī ~ātum, *tr.* [ad-+ivgo] To join, attach (to).

pampinos ~atae (uitis) detergere Plin.*Nat.*17.175;—(*fig.*) mater terrast: parit haec corpus, animam..aeter ~at Pac.*trag.*93; blandam hortatricem ~at uoluptatem 195.

adiūmentum ~ī, *n.* [adivvo+-mentvm] A means of aid, help, support, assistance.

nec mihi plus ~i ades quam ille qui numquam etiam natust Pl.*Epid.*336; hoc ~o (*sc.* memoria) ille tanto sic utebatur Cic.*Brut.*301; a Syracusanis prorsus nihil ~i.. exspectabam *Ver.*4.137; sunt et alia ingenita cuique ~a, uox, latus patiens laboris,..decor Quint.*Inst.*1.pr.27; (*applied to a pretext*) Claudius facilitate solita quod uni concesserat nullis extrinsecus ~is uelauit Tac.*Ann.*12.61;—(*pred. dat.*) cum accesserant ei qui ~o essent alienigenae Var.*L.*5.90; magno etiam ~o nobis Hermogenes potest esse in repraesentando Cic.*Att.*12.31.2; huc accedit item..haec quoque res ~o Lucr.6.1023; (*w.* ad) quod Bruti eruptio.. fuit..maximo ad uictoriam ~o Brut.*ad Brut.*1.4.1;—(*w. defining or sim. gen.*) me quoque..quaesisse ~a doctrinae Cic.*Mur.*63; nec opum ~a feremus? Sil.11.605;—(*w. obj. gen.*) omnia ~a et auxilia petamus bene beateque uiuendi Cic.*Tusc.*4.84; edicto primum ~a ignauiae (Metellum) sustulisse Sal.*Jug.*45.2; reddita belli materia et ~um essent Liv.2.3.5; duos iuuenes, firma ~a parentis Ov.*Pont.* 4.13.31; idem Annaeum Lucanum genuerat, grande ~um claritudinis Tac.*Ann.*16.17;—(*w.* ad) nil aderat ~i ad pulchritudinem Ter.*Ph.*105.

adiunctiō ~ōnis, *f.* [adivngo+-tio]

1 The fact of being united, union, association.

si haec non est, nulla potest homini esse ad hominem naturae ~o Cic.*Att.*7.2.4; quoniam tribus rebus homines maxime ad beneuolentiam..ducuntur beneficio, spe, ~one animi ac uoluntate Q.Cic.*Pet.*21.

2 An admixture, combination. **b** a limiting addition, qualification.

reperta (*sc.* uerba) quae ex eis (*sc.* uerbis natiuis) facta sunt et nouata..aut inflexione aut ~one uerborum Cic. *Part.*16; omnes..simplices sententias eorum, in quibus nulla inest uirtutis ~o *Fin.*2.39. **b** esse quasdam cum ~one necessitudines, quasdam simplices et absolutas Cic. *Inv.*2.171; 2.175.

3 (rhet.) The placing of a verb first or last in its clause.

~o est cum uerbum quo res comprehenditur non interponimus sed aut primum aut postremum conlocamus *Rhet. Her.*4.38; (*perh. also*) Cic.*de Orat.* 3.206.

adiunctiuus ~a ~um, *a.* [adivngo+-ivvs] (app.) Adjectival.

non ut ~o sed appellatiuo est locutus Caper in *G.L.*1.132.

adiunctor ~ōris, *m.* [adivngo+-tor] One who adds.

ille Galliae ulterioris ~or (*i.e proposer that Transalpine Gaul should be added to Caesar's command*) Cic.*Att.*8.3.3.

adiunctum ~ī, *n.* [pple. of adivngo]

1 A concomitant factor, collateral circumstance. **b** (log.) a necessary corollary (as contained in a hypothetical proposition). **c** *ad nomen adiuncta*, epithets.

alia (argumenta) coniugata appellamus..alia ex contrario, alia ex ~is, alia ex antecedentibus, alia ex consequentibus Cic.*Top.*11; uitae..~a esse dicebant quae ad uirtutis usum ualerent *Ac.*1.21; Quint.*Inst.*7.3.28. **b** ex consequentibus siue ~is (est argumentorum locus): 'si est bonum iustitia, recte iudicandum, si malum perfidia, non est fallendum' Quint.*Inst.*5.10.74; quod Graeci συνημμένον ἀξίωμα dicunt id alii nostrorum '~um', alii 'conexum' dixerunt. id 'conexum' tale est: 'si Plato ambulat, Plato mouetur' Gell.16.8.9. **c** ad nomen ~a Quint.*Inst.*8. 3.43.

2 An essential feature or attribute (of).

hostia autem maxima parentare pietatis esse ~um putabat Cic.*Leg.*2.54.

adiunctus ~a ~um, *a. compar.* ~ior. [pple. of adivngo] Forms: *aiuncta CIL* 6.13823.5. In senses of vb.; also:

1 (of a word) Joined in a compound, composite.

~i uerbi prima littera praepositionem commutauit Cic. *Orat.*158.

2 Contiguous, adjacent. **a** (in place). **b** (in time).

a (*w. dat.*) huic fundo uxoris continentia quaedam praedia atque ~a mercatur Cic.*Caec.*11; praeter arcem et insulam

~am oppido Nep.*Di.*5.5; Verg.*A.*9.69; castra..sociorum populorum, quae urbi ~a erant Liv.8.12.8; HORTVS..ET DIETA ~A IANVAE *CIL* 6.13823.5;—(*absol.*) nec habere poterat ~a cubicula Cic.*Q.fr.*3.1.2; decem partes..~as Man.4.321; mare ~um Curt.5.4.9; ~is..castris Stat.*Theb.*10.157. **b** (*w. dat.*) horum aetatibus ~i duo C. Fannii..fuerunt Cic. *Brut.*99; eique proxime ~us C. Drusus frater fuit 109.

3 Associated or connected (with), related (to). **b** etymologically connected, cognate.
(*w. dat.*) negotiis..quae sunt adtributa..partim ~a negotio sunt, partim negotium consequuntur Cic.*Inv.*1.37; 1.41; ex iis..quae non sunt personarum nec causarum, uerum ~a personis et causis Quint.*Inst.*4.1.30;—(*absol.*) σίγμα quis possit negare quod det ~um sonum? Maur.920. **b** si qua (uocabula) erunt ex diuerso genere ~a Var.*L.*6.1.

4 Relevant, pertinent, appropriate (to).
ut ad ea quae propiora huiusce causae et ~iora sunt perueniam Cic.*Clu.*30;—(*neut. pl. as sb.*) semper in ~is aeuoque morabimur aptis Hor.*Ars* 178.

adiungō ~gere ~xī ~ctum, *tr.* [AD-+IVNGO] Form: *~gier* (inf. pass.) V.Fl.2.421.

1 (w. dat. or acc. alone) To connect, link up, attach; (spec.) to yoke, harness.
ulmis..~gere uitis Verg.*G.*1.2; Tib.1.7.33; nec remos in ordinem lateribus ~gunt Tac.*Ger.*44.2;—pars oppidi..mari disiuncta angusto, ponte rursus ~gitur et continetur Cic.*Ver.*4.117; Col.4.17.6;—Cic.*Arat.*97; plostello ~gere mures Hor.*S.*2.3.247; tauros ~git aratro Tib.1.9.7;—(*absol.*) ~xere (*sc.* poetae) feras Lucr.2.604; inque dato curru..~ctas..mouebis aues Ov.*Am.*1.2.26.

2 To bring near or into contact (with), join (to).
ubi ad labra labella ~git Pl.*Ps.*1259; ubi promouendo ~ctam muro uiderunt turrem Liv.23.37.4;—(*poet.*) Ov.*Fast.* 6.799; Roma..caelo..~gitur ipsa Man.4.695.

3 To add, mix in (ingredients).
pluuiali aqua teritur aerugo, postea cetera ~guntur Larg.35;—(*w. dat.*) huic medicamento si anatis sanguinis quasi duae ligulae ~ctae fuerint 230.

4 To add (an extra person or thing) to (a group, class, etc.), include (with or within).
(*w. dat.*) duabus iis personis..tertia ~gitur Cic.*Off.*1.115;—(*w.* ad) qui ad honestatem prima naturae commoda ~gerent *Luc.*138;—(*w.* in+*abl.*) dico pecuniam..in Italico patrimonio ~gendam Ulp.*dig.*28.5.35.4;—(*w. advs.*) tu..conuoces et tuos et tuorum amicorum necessarios..eodemque ~gas quos natura putes asperos Cic.*Planc.*40; ista..me res adducebat. eo ~xeram ceteras *Att.*13.33a.1(4);—(*absol.*) iubet uenire quae Attalensium..fuerint..~git agros Bithyniae regios *Agr.*2.50; *Att.*2.3.4.

5 To contribute as a further factor, add (to), associate, couple, combine (with). **b** to combine, unite (in one's make-up, etc.).
(*w. dat.*) audi atque auditis hostimentum ~gito Enn.*scen.* 133; iam huic uoluptati hoc ~ctumst odium Pl.*Cur.*190; quis..Alexandrini belli tantam moram huic bello ~ctum iri..putaret? Cic.*Fam.*15.15.2; lenibus atque utinam scriptis ~cta foret uis Caes.*poet.*2.3; his aliud maius Iuturna ~git Verg.*A.*12.244; domesticum publico ~xisse foedus Liv.1.1.9; Ov.*Pont.*3.1.83; Tac.*Ann.*13.55; (*w. ellipsis of obj.*) quibus (libris)..de fato si ~xerimus Cic.*Div.*2.3;—(*of concr. things*) simul ~getur huic operi uilla etiam publica *Att.*4.17.7; quicquid id est, ~ge meis (*sc.* scriptis) Ov.*Pont.*1.1.21;—(*w.* ad) ni etiam..ad malam aetatem ~gas cruciatum reticentia Pac.*trag.*278; ut ad falsum auaritiae testimonium uerum malefici crimen ~gat Cic.*Flac.*41; ita magna etiam sollicitudo periculorum ad iacturas..rei familiaris ~gebatur *B.Alex.*49.3;—non loquor de uno pede extremo: ~go..proximum superiorem Cic.*Orat.*216; qui sint in bonis nullo ~cto malo *Tusc.*5.29; (*w.* ut+*subj.*) ~cto uero, ut idem etiam prudentes haberentur *Off.*2.42. **b** (*w.* ad) cum ad res bellicas haec..genera uirtutis ~xeris Cic.*Fam.*15.4.15; ad eam uirtutem..magnum odium Commi ~gebat Hirt.*Gal.*8.48.2;—~xit etiam et litterarum scientiam et loquendi elegantiam Cic.*Brut.*153.

6 To bring in, introduce (e.g. persons into literary works). **b** to bring (skills, etc.) to bear, apply; to apply (the mind).
(*w. dat.*) scito te ei dialogo ~ctum esse tertium Cic.*Att.* 13.14.1(2);—(*w.* ad) ad suos coetus occultos noctem ~gere et solitudinem Cic.*Agr.*2.12; ~ges me quam primum ad tuos sermones Trebon.*Fam.*12.16.4;—ut fati nomen ne ~gas Cic.*Fat.*29. **b** quod uerbis solutis numeros primum ~xerit Cic.*Orat.*174;—ut animum ad aliquod studium ~gant Ter.*An.*56;—(*w. adv.*) huc animum ut ~gas tuom *Hec.*683.

7 a (mil.) To cause to join, attach (to); (refl. or pass.) to attach oneself to, join. **b** to cause (somebody) to join (one's own side, party, etc.), get the support of, win over; (refl.) to attach oneself to (a side, party, etc.). **c** to associate, attach (a person in a capacity specified or implied); *uxorem ~gere*, to marry a wife; to send (something) jointly or simultaneously, attach.
a (*w. dat.*) huic (legioni) sic ~xit octauam ut paene unam ex duabus efficeret Caes.*Civ.*3.89.1; *B.Alex.*34.4; lembis uiginti..quos ut ~geret Carthaginiensium classi miserat in Corinthium sinum Liv.28.8.8; Tac.*Hist.*1.64;—(*w.* ad) hac ~cta ad reliquas nauis Caes.*Civ.*2.3.3;—(*w. adv.*) ut..Domitius cum XII suis cohortibus eodem ~geretur Pomp.*Att.* 8.12a.3;—multas..uiro se ~gere gentis Dardanio Verg. *A.*8.13; Liv.25.16.16; 42.29.11; legio classica nihil cunctata praetorianis ~gitur Tac.*Hist.*1.31;—praesertim cum ~gatur ad Africam etiam Hispania Cic.*Att.*11.12.3; ~ctis de suis comitibus locum tutum reliquit Nep.*Ag.*6.3; ~ctis desertoribus Tac.*Hist.*2.8. **b** (*w. dat.*) tibi gratissimos optimosque adulescentis ~xeris Cic.*Fam.*13.40; Caesar, qui solet infimorum hominum amicitiam sibi qualibet impensa ~gere Cael.*Fam.*8.4.2; Ambiorigem sibi societate et foedere ~gunt Caes.*Gal.*6.2.2; uiros earum uel ~gere sibi uel interficere Sal.*Cat.*24.4; multi nos populi..et petiere sibi et uoluere ~gere Verg.*A.*7.238; Liv.39.25.15; Tac.*Hist.*3.6; (*cf.*) quod auxilium sibi se putat ~xisse cum altero rem communicault Cic.*S.Rosc.*116; (*w. non-pers. subj.*) hic dies me ualde Crasso ~xit *Att.*1.14.4; Liv.23.29.16;—(*w.* ad, in+*acc.*) ut eos..ad nostram causam ~geret Cic.*Att.*3.24.1; quoscumque uelis ~gere ad amicitiam Q.Cic.*Pet.*25; et Patara, caput gentis, in societatem ~genda Liv.37.15.6;—ego..iubeo..unam facere nos hanc familiam, colere adiuuare ~gere Ter.*Ad.*927; has (ciuitates) sua diligentia ~cturum Caes.*Gal.*7.29.6; conciliabat ceteros reges, ~gebat bellicosas nationes Nep.*Han.*10.2; ut..eo pignore parentes propinquosque eorum ~geret Tac.*Ann.*3.43;—Caesar se ad neminem ~xit Cic.*Phil.*5.44; *Fam.*1.8.2. **c** (*w. dat.*) illic homo socium ad malam rem quaerit quem ~gat sibi Pl.*As.* 288; ut ille..ei filio coheredes homines alienissimos ~geret Cic.*Clu.*135; Sal.*Jug.*70.2; hunc tibi praeterea..Pallanta ~gam Verg.*A.*8.515; licet..fidelem libertum lateri filii sui ~gere Quint.*Inst.*1.2.5; Tac.*Dial.*29.1; Ulp.*dig.*26.7.3.4;—(*refl.*) hominis..se corpori ~git (leo) Gel.5.14.12;—socios..idem ~xit Epirotas Nep.*Timoth.*2.1; Turnus..quem regia coniunx ~gi generum..properabat Verg.*A.*7.57; (*cf.*) meus dolor..socium sibi ~git dolorem tuum Cic.*Att.*11.6.1;—(*w.* ad *to express purpose*) ego, qui ad hominum pericula defendenda ~gerer *Clu.*17;—uxorem ~gere et uelle ex ea liberos *Fin.*3.68;—neque domum umquam..litteras mittam, quin ~gam eas, quas tibi reddi uelim *Fam.*3.8.10.

8 To assign (military forces) in addition; also, to attach in a subordinate capacity. **b** to assign, allot; to attribute, ascribe (a quality or characteristic). **c** to confer, bestow (praise, honour, etc.); to accord, give (attention, credence). **d** to impose, enjoin (a penalty).
qui omnis pecuniae dat potestatem (*sc.* Pompeio) et ~git classem et exercitum Cic.*Att.*4.1.7;—ei Sabinum et Cassium cum cohortibus ~git Caes.*Civ.*3.56.2; eidem scaphas de nauibus ~git *B.Afr.*28.1. **b** singulos (animos) ~xit ad singula (sidera) Cic.*Tim.*43;—mentem cur aquae (Thales) ~xit? *N.D.*1.25; o genus infelix humanum, talia diuis cum tribuit facta atque iras ~xit acerbas! Lucr.5.1195. **c** fuit enim..quibusdam summis uiris quaedam..ad res magnas bene gerendas diuinitus ~cta fortuna Cic.*Man.*47; magnus honos populi Romani rebus ~gitur *Arch.*22; mihi uero tantum decoris, tantum dignitatis ~xeris *Fam.*2.6.4;—diligentia uestra nobis ~genda est *Clu.*3; uisis non omnibus ~gebat fidem *Ac.*1.41; *Div.*2.113. **d** ~git grauem poenam municipiis Cic.*Catil.*4.8; ~git etiam publicationem bonorum 4.10.

9 To add in speech or writing, go on to assert or stipulate, mention in addition. **b** to go on to think of, think of as well.
~gis causas inimicitiarum Cic.*Flac.*77; sed quid ~git? 'si legionibus meis sex..praedia..dederitis' *Phil.*8.25; *Off.* 1.30; Nep.*Ep.*10.4; de nobilitate generis multum praefatus, cetera temperanter ~git Tac.*Ann.*15.29;—(*w. dat.*) hisce ego rebus exempla ~gerem Cic.*de Orat.*1.190; *Att.*10.4.7;—(*w.* ad) rectene..hanc tertiam partem ad exquirendum officium ~xerit *Off.*3.11;—(*w.* de) habetis..quid sentiam; ~gam etiam de memoria *de Orat.*2.350; *Clu.*184;—(*w. acc. and inf.*) ~xissetis..salutem eius regis populo senatuique magnae curae esse *Fam.*15.2.4; *N.D.*2.69;—(*w. obj. cl.*) his ~git, Hylan nautae quo fonte relictum clamassent Verg.*Ecl.*6.43;—(*of a document*) quid eadem lex statim ~git? recita Cic. *Clu.*148. **b** cum tibi nihil merito accidisse reputabis et illud ~ges, homines sapientis turpitudine, non casu..commoueri Cic.*Fam.*5.17.5.

10 To connect in thought, associate, relate. **b** (pass.) to follow as a necessary consequence, be a corollary.
crimen et suspicionem potius ad praedam ~gerent quam ad egestatem Cic.*S.Rosc.*86; *Tusc.*5.72; rebus..praesentibus ~git atque adnectit futuras (homo) *Off.*1.11. **b** si coniuncte sit elatum et ~cta sint alia, iudicant, rectene ~cta sint Cic.*de Orat.*2.158; *Top.*18.

11 To connect or relate in any way; also, to implicate or involve.
(*w. dat.*) si illam..partem quaestionum oratori uolumus ~gere Cic.*de Orat.*2.67; Marcellorum nomini tota illa prouincia ~cta est *Div.Caec.*13; si utroque ~cta est (causa) *Parad.*24;—(*w.* ad) *Inv.*2.121; si ad uerbum rem uolumus ~gere *Caec.*49;—Cn. Piso qualicumque fortunae meae non est ~ctus Tac.*Ann.*3.16.

12 To add (territory, etc.) to (what one already possesses), annex, acquire. **b** to secure (advantages, etc.) in addition, acquire.
(*w. dat.*) ea loca finitimae prouinciae ~gere Caes.*Gal.*3.2.5; urbis..imperio suo ~git Sal.*Jug.*13.2; Sen.*Ep.*113.30; (*w. abst. subj.*) agros Attalensium..quos populo Romano P. Seruili..uictoria ~xit Cic.*Agr.*1.5;—(*w.* ad) totam ad imperium populi Romani Ciliciam ~xit *Man.*35;—uectigalia quae Cn. Pompeius ~xerit *Agr.*1.13. **b** sapiens praetor..offensionem uitat aequabilitate decernendi, beniuolentiam ~git lenitate audiendi Cic.*Mur.*41; *Fam.*13.4.2;—(*w. neut. pron. and* ut) ~xit illa ut eos qui domo exire nolebant..terreret, qui domi stare non poterant..commoueret *Flac.*14; Planc.*Fam.*10.23.2.

adiūrātiō ~ōnis, *f.* [next+-TIO] The act of appealing to (by), adjuration.
eum ~one suae salutis ingratis cogebat effari Apul.*Met.* 2.20.

adiūrō ~āre ~āuī ~ātum, *tr.* [AD-+IVRO]

1 To affirm with an oath, swear.
(*w. acc. and inf.*) ~et insuper nolle esse dicta quae in me insontem protulit Pl.*Am.*889; ~as..id te inuito me non esse factum Cic.*Phil.*2.9; ~at Procilius hoc nemini accidisse *Q.fr.*2.6.1; hostis..propinquos ~at Stat.*Theb.*7.130; Suet.*Aug.*31.3; (*also w. dat.*) se..eam peperisse sancte ~abat mihi Pl.*Cist.*569; per omnis tibi ~o deos numquam eam me deserturum Ter.*An.*694; Ov.*Met.*3.659;—(*w. acc.*) quod quidem ego..~are solebam Fro.*Ant.*2.p.36(96N);—(*w. dir. sp.*) ut praeter commune omnium ciuium ius iurandum haec ~arent: 'tu..in dilectum prodibis?' Liv.43.14.5;—(*w.* ut) per omnis deos ~o ut..tua iam uirgis latera lacerentur Pl.*Bac.*777;—(*absol.*) quo modo ~asti? *Mos.*183; ~at in quae adactus est uerba Liv.7.5.6.

2 To swear by.
~o teque tuumque caput Catul.66.40; ~o Stygii caput implacabile fontis Verg.*A.*12.816;—(*w. acc. and inf.*) ~o..tuum mihi carissimum caput nulli me prorsus..posse credere Apul.*Met.*3.14; (*also w. dat.*) ~o..tibi meam..salutem mihi plus gaudii in animo coortum esse Aur.*Fro.*1.p.14 (12N).

adiūtābilis ~is ~e, *a.* [next+-BILIS] Helpful.
date operam ~em Pl.*Mil.*1144.

adiūtō ~āre ~āuī ~ātum, *tr.* (intr.). Also **~or** ~ārī. [ADIVVO+-TO] Orthog.: ADIOVTA *CIL* 1.1805; *aiutare P.Mich.*471.28. To help, assist. **b** to help with (a burden or activity); to help to realize (a purpose).
secreto..eum ~abo Pl.*Truc.*559; Pamphilumne ~em Ter.*An.*209; nec quei te ~em inuenio Acc.*trag.*103; ~amur..atque alimur nos certis ab rebus Lucr.1.812; ut quocumque modo quam primum res publica ~etur Sal.*Rep.*2.12.4;—(*w.* in+*abl.*) ego te ~abo in nuptiis communibus Pl.*Cas.* 807;—(*w.* ad) solere pisces etiam ad magicas potestates ~are Apul.*Apol.*32;—(*w. advl. acc.*) id amabo ~a me Ter.*Eu* 150; si tu aliquid nos ~are potes Cic.*Ep.fr.*11(10)3;—(*absol.*) face ut accumbam, accede, ~a Pl.*Truc.*478; te ~are oportet adulescentuli causa Ter.*Hau.*546; eo (*i.e.* origa)..~ante..celerius admittuntur Var.*R.*2.7.8;—(*of things*) bonitas uostra ~ans Ter.*Ph.*34; et lapis ~at generandis ignibus aptus *Aetna* 437; si quid istae res eum apud militum animos ~abant Gel.15.22.2;—(*w. dat.*) si ante uenisses, saltem nobis ~asses Petr.62.11;—(*dep.*) illum quaero, qui ~atur Pac.*trag.*157; Lucil.708; me ~amini Afran.*com.*201. **b** neque illi beniuolus..quisquam aderat qui ~aret funus Ter.*Ph.*99; tu pueris curre..obuiam atque is onera ~a *Hec.*359;—ut etiam iniquam uoluntatem illius ~emus Gel. 1.3.13.

adiūtor ~ōris, *m.* [ADIVVO+-TOR] Orthog.: ATIVTORI *CIL* 6.33730; AIVTORI 6.37748; AZVTORIBVS 8.18224.

1 A helper or accomplice, a supporter. **b** (in a more or less official capacity).
tune es ~or nunc amanti filio? Pl.*As.*57; hic ~or meus et monitor..Chremes Ter.*Hau.*875; spes celandi quae fuerit quaeritur ex consciis, arbitris, ~oribus *Rhet.Her.*2.7; retinere ~orem, defensorem, socium in re publica Cic.*Mur.*83; quamquam non mihi sed tibi hic uenit ~or *N.D.*1.17; haberes magnum ~orem, posset qui ferre secundas Hor.*S.* 1.9.46; nunc ~or D. Bruti designati consulis..mox eiusdem proditor Vell.2.63.3; A SEPTIMIANO COLLIBERTO ET ~ORE MEO *CIL* 9.2438.10;—(*w. preps.*) te oro..in hac re ~or sis mihi Ter.*Hec.*721; ille ~orem seruum contra dominum repudiauit Cic.*Deiot.*31; se ad eam rem profitetur ~orem Caes.*Gal.*5.38.4;—(*w. gen. of activity, etc.*) ut meae calamitatis non ~or solum, uerum etiam socius uideretur Cic.*Red. Sen.*20; qui..eius crudelissimi..facinoris ministri, socii, ~ores fuerunt *Phil.*11.29; Tyndaridae fratres, qui non modo ~ores in proeliis uictoriae populi Romani..perhibentur *Tusc.*1.28; ~ores quosdam consili sui nactus Caes.*Civ.*3.108.2; singularem principalium onerum ~orem in omnia habuit (Seianum) Vell.2.127.3; Tullius Tiro..~or..in litteris studiorum eius fuit Gel.13.9.1;—(*w. dat. of activity, etc.*) huic meae uoluntati..ut faueas ~orque sis Cic.*Fam.* 15.4.14; cuius ipse..dignitati semper fauerit ~orque fuerit Caes.*Civ.*1.7.1; quaeruntur ~ores consiliis Liv.40.11.3;—(*applied to an abst. noun*) hunc aliquis affectum (*i.e.* iram) uirtuti ~orem comitemque dat Sen.*Dial.*5.3.4. **b** huic..Fuluium Postumum ~orem summiserat Caes.*Civ.*3.62.4; (Chabrias) publice ab Atheniensibus Euagorae ~or datus Nep.*Cha.*2.2; P. Manlius in Hispaniam citeriorem ~or consuli datus Liv.33.43.5; ~orem..Germanico datum..rebus apud Orientem administrandis Tac.*Ann.*3.12;—(*w.* ad) ~orem sibi ad eam rem unum petit Liv.6.25.5; M. Iunius Silanus propraetor ~or ad res gerendas datus est 26.19.10;—(*w. gen. of the activity, etc.*) quos tibi comites et ~ores negotiorum publicorum dedit ipsa res publica Cic.*Q.fr.*1.1.11; si sibi ~orem belli..darent Liv.10.26.2; querens incolumi filio ~orem imperii alium uocari Tac.*Ann.*4.7; Suet.*Cal.* 26.1; est etiam ~or tutelae, quem solet praetor permittere tutoribus constituere, qui non possunt sufficere administrationi tutelae Pompon.*dig.*26.1.13.

2 (in or as the title of various officials).
CN IVLI..DOMATI PRISCI..~ORIS HARVSPICVM *CIL* 6.2161; ~OR COMMENTARIORVM 6.37246; ~OR T DECIDI DOMITIANI PROCVRATORIS CAESARIS AVGVSTI *A.Epig.*35.5;—(*w.* ab) T FLAVIO..FELICI..~ORI A RATIONIBVS *CIL* 6.8422; T AELIO FELICI..~ORI AB ANNONA 6.33730;—(*w.* ad) M AVRELIVS VICTOR..~OR AD FERAS 6.10208.

3 An assistant (in a specified occupation); an assistant master (in a school); a subordinate actor.
summa sumpti HS LXXII praeter ~ores Cato *Agr.*21.5;—scio id fieri apud Graecos, sed magis per ~ores Quint.*Inst.* 2.5.3;—in scaena..postquam solus constitit sine apparatu nullis ~oribus Phaed.5.5.14.

adiūtōrium ~(i)ī, *n.* [ADIVVO+-TORIVM] Help, assistance, support. **b** (spec.) a supplementation (of a water-supply), augmentation.
homo in ~ium mutuum genitus est Sen.*Dial.*3.5.2; quod ~ium in puella esse potuit? Quint.*Decl.*381(p.426,l.6); utetur (orator) his..~iis Quint.*Inst.*12.10.43; tamquam in ~ium exierunt Fron.*Str.*2.5.11; an ~io multitudo eorum necessaria fuit..? Apul.*Apol.*47;—(*w. subj. gen.*) sine deorum immortalium ~io Sen.*Con.*1.2.18; uenti ~io ac fulgoris praestringentis oculos hostium uicit Sen.*Nat.*5.16.4;—(*w. obj. gen.*) saeuientem fortunam in ~ium sui..conuertere V.Max.3.7.10; cibus ~ium corporis..est Sen.*Ep.*88.25; egressio..~ium uel ornamentum partium est earum, ex

quibus egreditur Quint.*Inst*.3.9.4;—(*w. gen. expr. field of activity*) magnam Thracum manum..in ~ium eius belli secum trahebat Vell.2.112.4; ut..~ia senectutis..praepararentur Col.12.pr.1;—(*w. preps.*) in eam rem ~ium ei fecit..Ateius Praetextatus Pol.*gram*.1; lento ~io opus est contra mala continua Sen.*Dial*.4.10.8; ~ium hoc ad causam putatis? [Quint.]*Decl*.9.9. **b** (fons) Albudinus, tantae bonitatis, ut Marciae quoque ~io..sufficiat Fron.*Aq*.14; 67; (*cf.*) amnes, quorum nauigabilis etiam sine ~io imbrium magnitudo est Sen.*Nat*.6.7.1.

adiūtrix ~īcis, *f.* [adivvo+-trix] A female helper or accomplice. **b** (w. abst. nouns of fem. gender). **c** (as the title of certain legions).

non ergo opus est ~ice? Pl.*Cas*.547; aliqua Fortuna fuerit ~ix tibi *Poen*.973; reginae stuprum intulit eaque ~ice regem dominum interemit Cic.*Off*.3.38; sed laborem eius ~ice data leuamus Col.12.1.4;—(*w.* in+*abl.*) matres omnes filiis in peccato ~ices..solent esse Ter.*Hau*.992; qua in re ~icem coniugem cepit sibi Acc.*trag*.213;—(*w. gen. of the activity, etc.*) Minerua, quae semper ~ix consiliorum meorum ..exstitisti Cic.*Dom*.144; (Pallas) laborum socia et ~ix Sen.*Her.F*.900; (*of a city*) hanc sibi iste urbem delegerat quam haberet ~icem scelerum, furtorum receptricem Cic. *Ver*.5.160;—(*w. dat. of the activity*) huic facinori..tua.. hospitalis illa Venus ~ix esse non debuit *Cael*.52; Hecate, quae coeptis conscia nostris ~ixque uenis Ov.*Met*.7.195. **b** ut uostra auctoritas meae auctoritati fautrix ~ixque sit Ter.*Hec*.48; danda est opera ut legem ~icem et testem adhibeamus Cic.*Top*.95; eandem..rem aduersariam esse in iudicio Cn. Plancio quae in petitione fuisset ~ix *Planc*.1; adsentatio uitiorum ~ix *Amic*.89. **c** veteranis qvi militavervnt in legione i ~ice *CIL* 10.770; (legio) prima ~ix Tac.*Hist*.2.43; leg ii ~ic(is) *CIL* 8.3066.

adiuuans ~ntis, *a.* [adivvo] (of causes) Contributory.

quaedam..per se ~ntia, etsi non necessaria Cic.*Top*.59; causarum..aliae sunt perfectae et principales aliae ~ntes et proximae *Fat*.41;—(*w.* ad) conficiens..causa alia est absoluta et perfecta per se, alia ad aliquid ~ns et efficiendi socia quaedam *Part*.94.

?**adiuuātōrium** ~(i)ī, *n.* [adivvo+-torivm] Assistance, co-operation.

nec..ulla regio est..quae non ut hominum ita armentorum ~io (*cj.*) colatur Col.6.pr.3.

adiuuō ~iuuāre ~iūuī ~iūtum, *tr.* [ad-+ivvo] Forms: ~*iuero* (= *adiuuero*) Enn.*Ann*. 335; ~*iuerit* (= *adiuuerit*) Pl.*Rud*.305, Ter. *Ph*.537; ~*iuuaturos* (fut. pple.) Petr.18.3.

1 To help (persons, etc.), assist, aid, abet. **b** (w. abl. expr. the nature of the help).

ut uos..nunc Mars ~iuuet Pl.*As*.15; quod ipsi Leontini publice non sane me multum ~iuuerunt Cic.*Ver*.3.109; se a te postea..~iutum in petitione praeturae *Mil*.68; in eo ego te ~iuuabo *Att*.7.1.9; qui patriam conseruauerint ~iuuerint auxerint *Rep*.6.13; auctus..~iutusque a Demosthene eum..ascenderat gradum Nep.*Phoc*. 2.3; ut..certamen ~iuuandae rei publicae excitet ad aemulandum animos Liv.26.36.8; illa..porta stat funesta Venus ferroque accincta furentis ~iuuat Stat.*Theb*.5.282;—(*w.* de) neque de monimentis meis ab iis ~iutus es Cic.*Fam*.1.9.5;—(*as an occupation*) hic initio circa scenam uersatus est, dum mimographos ~iuuat Suet.*Gram*.18;—(*prov.*) fortis fortuna ~iuuat Ter.*Ph*.202; quoniam, ut aiunt, dei facientes ~iuuant Var.*R*.1.1.4; Cic.*Tusc*.2.11; Liv.34.37.4; fortes ~iuuat ipsa Venus Tib.1.2.16;—(*w. advl. acc.*) si quid ego ~iuero Enn.*Ann*.335; illud ~iuuato, ne quis liminis obseret tabellam Catul.32.4;—(*w.* in+*acc.*) illum..facilis Paean ~iuuit in artes Grat.426; (ut) in id potissimum ingenia, quo tenderent, ~iuuarentur Quint.*Inst*.2.8.3;—(*w. inf.*) (pater) ~iuuat..incubare Plin.*Nat*.11.85;—(*w.* ut, ne) ut illi hoc liceret ~iuui Cic.*Att*.7.1.4; qui se ~iuuari uolent, non ne adfligantur sed ut altiorem gradum ascendant *Off*.2.62;—(*ellipt. or absol.*) ecficiam..ego id, si di ~iuuant Pl.*Capt*. 587; faciam sedulo ac dabo operam, ~iuuabo Ter.*Eu*.363; alterum..spolias eis copiis quas ipse suo labore..per se nullo ~iuuante confecit Cic.*Phil*.10.4; ~iuuat et magna proclamat uoce Diores Verg.*A*.5.345; quia ex tectis ~iuuabat imbellis multitudo Liv.9.12.6; (*pple. as sb.*) uelut in foueas delati hauriebantur et, cum a commilitonibus adleuarentur, trahebant magis ~iuuantes quam sequebantur Curt.5.4.18. **b** si..quemquam di inmortales uoluere esse auxilio ~iutum Pl.*Ps*.905; inrides in re tanta neque me consilio quicquam ~iuuas? Ter.*Hau*.982; pariter nunc opera me ~iuues ac re dudum opitulata es *Ph*.786; si aedificabis, operis, iumentis, materie ~iuuabunt Cato *Agr*. 4; Q. Hortensi..opera et uirtute uehementer rem publicam ~iutam Cic.*Phil*.10.26; pecunia, militibus, et..armis nostros duces ~iuuerunt 12.10; eum uelim rebus omnibus ~iuues *Fam*.12.21; ~iuua nos tua sententia D.Brut.*Fam*. 11.4.2; commeatu..benigne ab Tiburtibus ~iutus Liv.7.11. 1; (*impers. pass.*) postea credo additas moles manuque ~iutum ut tam eminens area firmaque templis quoque.. sustinendis esset 2.5.4; quid..diceremus? pecuniane a nobis ~iutum an frumento? auxiliis terrestribus an naualibus? 45.23.2.

2 (applied to various specific kinds of help). **a** To help with military forces. **b** to help financially, give relief or assistance to; to give help with regard to (expenditure), subsidize. **c** to help medically, relieve. **d** to assist the morale of, encourage; to help in the way of understanding. **e** to help by compensation, compensate.

a Rhodienses..Persen publice numquam ~iuuere Cato *hist*.95b; Chabrias..sua sponte eos ~iutum profectus Nep. *Cha*.2.3; Etruriae..populi pro suis quisque facultatibus consulem ~iuturos polliciti Liv.28.45.14. **b** (dos) dabitur, ~iuuabere a me Pl.*Aul*.193; uiduarum pecuniae ~iuuerunt aerarium Liv.34.5.10; euenit ut..in solidum obligentur, nisi ex epistula diui Hadriani hi quoque ~iuuentur in parte Gaius *Inst*.3.121a;—re publica impensas ~iuuante Liv. 64.6. **c** si..periturus..sit qui laborat, nisi temeraria.. uia fuerit ~iutus Cels.2.10.7; nihil aeque..aegrum.. ~iuuat quam amicorum affectus Sen.*Ep*.78.4; Larg.178. **d** dici non potest, quam sim hesterna disputatione tua.. ~iutus Cic.*Tusc*.2.10; clamore..Romani ~iuuant militem suum Liv.1.25.9; ~iutus omni tempore a te Larg.pr.p.5, l.20; (*w.* ad) qui profecto si nihil ad percipiendum..uirtutem litteris ~iuuarentur Cic.*Arch*.16;—(*poet.*) quisquis adest operis, plus quam pro parte laborat, ~iuuat et fortis uoce sonante manus Ov.*Fast*.4.302;—ad dicendum si quis acuat aut ~iuuet in eo iuuentutem, uituperetur? Cic.*Orat*. 142; heu nihil auguriis ~iuta propinquis Stat.*Theb*.2.302. **e** natura nec ullam rem gigni patitur nisi morte ~iuta aliena Lucr.1.264.

3 (of circumstances, etc.) To be of advantage to, help, benefit, avail. **b** (impers.) ~*iuuat*, it is an advantage, it helps. **c** (of an opinion, testimony, etc.) to help, support (a person or his case or argument).

quid ~iuuerit oratorem in his causis iuris scientia Cic. *de Orat*.1.239; aliquid iam noctes te ~iuuabunt *Fam*.4.4.5; neque minus in ea re prudentia quam felicitate ~iutus est Nep.*Milt*.2.2; ~iuuat in duris aliquos praesentia rebus Ov.*Pont*.2.7.53; nullum bonum ~iuuat habentem, nisi ad cuius amissionem praeparatus est animus Sen.*Ep*.4.6;—(*absol.*) doctrina..quam ego si nihil dicam ~iuuare, mentiar Cic.*de Orat*.1.145; confligitur multum ~iuuante natura loci *B.Alex*.75.3; interdum et leni ~iuuante uento Liv.28.17.12. **b** in re mala animo si bono utare, ~iuuat Pl.*Capt*.202; ~iuuabit, si quis coagulum leporis, hinnuli et porci.. dederit Larg.188; ~iuuat..quod auditor gaudet intellegere Quint.*Inst*.9.2.78; —(*w. advl. acc.*) nihil..~iuuat procedere et progredi in uirtute Cic.*Fin*.4.64; quam ad spem multum eos ~iuuabat quod Liger ex niuibus creuerat Caes.*Gal*.7.55. 10. **c** sin quaestiones habitae..causam ~iuuabunt Cic.*Part*.117; quibus locis in ambiguo defendimus eam significationem quae nos ~iuuat 138; *Clu*.125; Sen.*Nat*. 7.12.4; haec (signa) proinde firma habentur atque extrinsecus ~iuuantur Quint.*Inst*.5.9.11; nec in totum falsum uideri, quod ueritatis primordio ~iuuaretur Papin.*dig*.31. 1.76.3; (*w.* contra) nihil..te contra soritas ars ista ~iuuat Cic.*Luc*.94;—(*absol.*) id, quod neque obest neque ~iuuat, satius est praeterire *Rhet.Her*.1.14; Plin.*Nat*.2.9;—(*impers. pass.*, *w.* aduersus) aduersus exceptionem 'si non eius sit res' replicatione hac ~iuuabitur 'at si res indicata non sit' Julian.*dig*.44.2.24.

4 To be physically beneficial to, strengthen, nourish. **b** to increase the size of, supplement, augment (supplies of water, etc.); to increase the strength or effectiveness of, reinforce, enhance.

nisi nos cibus aridus et tener umor ~iuuet Lucr.1.809; uocem ~iuuat turis p. ✻ i..datum Cels.5.25.15; concoctiones ~iuuant (lactucae) Plin.*Nat*.20.64. **b** Albanus lacus neque caelestibus auctus imbribus neque inundatione ullius amnis ~iutus V.Max.1.6.3; quia nullo imbre ~iuuetur (Nilus) Sen.*Nat*.4a.2.26; sicuti ficus..hiemis temporibus rusticorum cibaria ~iuuat Col.12.14; sanguinis alti uis.. haerentis ~iuuit aquas Luc.2.217; Fron.*Aq*.10;—(expolitio) ~iuuat et exornat orationem *Rhet.Her*.4.58; id eo consilio fecerat quod suum dextrum latus munitionibus ~iuuabatur *B.Afr*.60.4; uiribus nulla arte ~iutis Liv.1.15.4; benignitatem per se gratam comitate ~iuuabat 9.42.5; (Mercurius) cura tamen ~iuuat illam (*i.e.* formam) Ov.*Met*. 2.732; magicis ~iutas cantibus herbas Grat.405; rupes quam..abscidit inpulsu uentorum ~iuta uetustas Luc. 3.471; (luna) parte diei solis lucem ~iuuans Plin.*Nat*.2.42; nodo cursuque leui simul ~iuuat hastam Sil.4.289;—(*ellipt.*) sunt..aliae causae quae plane efficiant nulla re ~iuuante, aliae quae ~iuuari uelint Cic.*Top*.59; ~iuuat incessu tacito progressus..Turnus Verg.*A*.12.219.

5 To facilitate the progress or success of (an action, etc.), promote, forward, help on; to embellish (writings). **b** to aggravate (something bad or disadvantageous).

iam tu quoque huiius ~iuuas insaniam? Pl.*Am*.798; id spero ~iuturos deos Ter.*An*.522; cum C. Marius maerorem orationis meae..multum lacrimis suis ~iuuaret Cic.*de Orat*.2.196; philosophia nascatur Latinis quidem litteris.. eamque nos ~iuuemus *Tusc*.2.5; eam mutationem (*sc.* morum) si tempora ~iuuabant facilius commodiusque faciemus *Off*.1.120; sequente Paulo quia magis non probare quam non ~iuuare consilium poterat Liv.22.45.5; nisi illa (*sc.* beneficia) ~iuueris, perdes Sen.*Ben*.2.11.5; eadem (radix) et uomitiones ~iuuat Plin.*Nat*.22.70; ~iuuat unda fidem Stat.*Theb*.9.338; obsessam ab illis coloniam suam, ~iutos Vindicis conatus Tac.*Hist*.1.65; prima caedes astu ~iuta 5.22; ~iuuante uulgi preces..statione militum Suet. *Nero* 21.1; legem..utilem rei publicae..~iuuandam interpretatione Clem.*dig*.35.1.64.1; (*w. dat. of person*) fac amicos eas et roges..messim hanc nobis ~iuuent Gel.2.29.7;—(*absol. or ellipt.*) expedita curatio in fistula simplici.. ~iuuatque ipsum corpus, si iuuenile, si firmum est Cels. 5.28.12.b; pluuiae si non ~iuuent, rigandum Plin.*Nat*.17. 76; Stat.*Theb*.4.689;—uerbis sententiis numeris cantibus ~iuuentur (fabulae) Cic.*Div*.2.113. **b** ~iuuat rem proclinatam Conuictolitauis plebemque ad furorem impellit Caes.*Gal*.7.42.4; ultro..licentiam in uos auctum atque ~iutum properatis Sal.*Hist*.3.48.16; ut ~iuuantibus ignem, qui alias ad exstinguendum opem ferre solent Liv.34.39.10.

6 (intr., w. *ad* or *in*+acc.) To facilitate progress (towards a goal), contribute (to).

(*w.* ad) ad uerum probandum auctoritatem ~iuuare Cic. *Quinct*.75; (honor et gloria) ~iuuant aliquantum..ad amicitias comparandas *Off*.2.31; multum ad hanc rem probandam ~iuuat adulescentia Caes.*Civ*.2.38.2; id maxime ad fallendum ~iuuit Liv.24.46.4; multum ad fidem ~iuuat audientis uoluptas Quint.*Inst*.5.14.35;—(*w.* in+*acc.*) plurimum in eam rem ~iuuit opinio Hannibalis Liv.27.39.4.

7 To minimize the effects of (an unfortunate situation), compensate for, mitigate.

ad ea, quibus secundae res ornantur, aduersae ~iuuantur Cic.*Fam*.5.13.5; quantum humanis ~iuuari consiliis potuerat res Liv.5.23.1; ut loco paucitatem suorum ~iuuaret 9.35.2; Ulp.*dig*.39.2.15.35.

admātūrō ~āre, *tr.* [ad-+matvro] To hasten (an occurrence).

horum discessu ~ari defectionem ciuitatis existimabat Caes.*Gal*.7.54.2.

admētior ~tīrī ~nsus, *tr.* [ad-+metior] To measure out. **b** (in pass. sense).

dominus uinum ~tietur Cato *Agr*..148.2; frumentum, quod illi ex area.. ~tiri licebat Cic.*Ver*.3.73; frumentum.. nullo pretio uiritim ~nsus est Suet.*Aug*.41.2; ut..in singulos modios quos.. ~nsus eris Gaius *dig*.18.1.35.5;—(*w. dat.*) uinum emptoribus..quo modo ~tiaris Cato *Agr*.154; ut.. tibi..frumentum Hennenses ~tiantur Cic.*Ver*.3.192; frumentum..quod militi ~tiatur Liv.35.49.11; (*cf.*) salutem nostram (*sc.* frumentum) peregrinis ~tiris [Quint.]*Decl*. 12.7. **b** ut non..aliter uideatur perfecta uenditio, quam si ~nsa adpensa adnumerataue sint Gaius *dig*.18.1.35.5.

Admētus ~ī, *m.* A king of Pherae and the husband of Alcestis.

felix ~i coniunx Prop.2.6.23; ~i..Pheraei Ov.*Ars* 2.239; Stat.*Silv*.5.3.272; Hyg.*Fab*.49.2.

admigrō ~āre, *intr.* [ad-+migro] To go and live (with).

(*fig.*) ad paupertatem si ~ant infamiae, grauior paupertas fit Pl.*Per*.347.

adminiculātor ~ōris, *m.* [adminicvlo+-tor] One who supports, an assistant.

eo (*sc.* Tirone)..~ore et quasi administro in studiis litterarum Cicero usus est Gel.6(7).3.8.

adminiculātus ~a ~um, *a.* *compar.* ~ior. [pple. of next] Well-stocked.

ex quo facile adolescant..aut memoria ~ior aut oratio sollertior Gel.pr.16.

adminiculō ~āre ~āuī ~ātum, *tr.* [next]

1 To support with props, prop up. **b** (fig., applied to the gram. function of an adv.).

~andae iugandaeque uineae cura Col.4.26.1; eaedem (*i.e.* uites) modici hominis altitudine ~atae sudibus horrent Plin.*Nat*.14.13;—(*ellipt.*) ars agricolarum, quae circumcidat, amputet..~et Cic.*Fin*.5.39; arbusculam.. a tempestatibus tueri diligenter oportet ~ando Col.*Arb*.17.2. **b** has (*sc.* partes orationis) uocant quidam appellandi, dicendi, ~andi, iungendi.. ~andi (dicitur) ut docte et commode Var.*L*.8.44.

2 To support with authority, etc.: **a** (a person). **b** (a policy or opinion).

a in dierum..diffissionibus..ex Sabini Masurii..commentariis commoniti et ~ati sumus Gel.14.2.1. **b** ut eius consilio..uigilium ~arem nostrum Var.*Men*.105; ~aui tuam uoluntatem scribendo *in* Non.p.77M; id..ipsum, quod dicimus, ex illis..Homericis uersibus..~ari potest Gel.2. 30.6.

adminiculum ~ī, *n.* **(amm-).** [cf. Skt. *minóti*, Lat. *moenia*] Form: *adminiclum* Pl. *Mos*.129.

1 A prop for vines, etc., pole, stake. **b** any object serving as a prop or support.

uites sic clauiculis ~a tamquam manibus adprehendunt Cic.*N.D*.2.120; *Sen*.53; illis (arboribus)..quas aliqua deprauauitc ausa ~a, quibus derigantur, adplicant Sen.*Cl*. 2.7.4; ~o religata (uitis) Col.*Arb*.4.4; Plin.*Nat*.12.112. **b** ut seu manibus in adsurgendo seu genu se adiuuissent, ipsis ~is prolapsis iterum corruerent Liv.21.36.7; solet obrepere..somnus in aliquod ~um reclinatis Sen.*Ep*.36.9; quo modo in militia aut uia fessus ~um orarem Tac.*Ann*. 14.54; (*by a plant*) circumuoluens se ~is quibuscumque (periclymenon) Plin.*Nat*.27.120;—(*w. defining gen.*) alios.. ~o corporis sui excipiens Curt.7.3.17;—(*in fig. phr.*) breuia quaedam demonstranda uestigia, quae persecuti iam suis uiribus sine ~o progredi possint Quint.*Inst*.2.6.5; Plin.*Ep*. 4.21.3.

2 A person or thing on which one relies, support, prop, pillar, bulwark. **b** (w. gen.) an argument that supports (a claim).

~um is danunt..aliquem cognatum suom Pl.*Mos*.129; hanc..partem..explebimus nullis ~is, sed, ut dicitur, Marte nostro Cic.*Off*.3.34; quo ~o erecta erat (urbs) eodem innixa M. Furio principe stetit Liv.6.1.4; Fabi oratio..uersa ..ad collegam P. Decium poscendum: id senectuti suae ~um fore 10.22.2; omnia..instrumenta circumcisa sunt, ~um spei nullum est Sen.*Con*.7.1.2; SEN. *Dial*.12.18.1;—(*w. defining gen.*) non potest res tanta sine ~o numinis stare *Ep*. 41.5; ingenium eius nullis alienarum artium ~is inniti uideretur Tac.*Dial*.2.2; cum officium sponte citra iuris ~um iniuerint Papin.*dig*.27.6.39.9. **b** dummodo praedicatur iudici liberalis causae, ne ullum ~um libertatis ex testamento admittat Ulp.*dig*.5.3.7.2.

3 An instrument, implement, tool.

in homines et ~a hominum, sine quibus rebus colere non possunt Var.*R*.1.17.1; motam (deam)..sede sua parui molimenti ~is Liv.5.22.6; (*cf.*) cum haec amminicula addas ad eruendam uoluntatem impositoris Var.*L*.7.2;—(*w. gen. of gd.*) ~a gubernandi Tiphys (nauibus addidit) Plin.*Nat*. 7.209; 11.162.

administer ~trī, *m.* **(amm-).** [ad-+minister] An assistant, helper, supporter.

quos hi (*sc.* decuriones) primo ~tros ipsis sibi adoptabant, optiones uocari coepti Var.*L*.5.91; ~tri et satellites Sex. Naeui Cic.*Quinct*.80; de tuis librariolis duos aliquos quibus Tyrannio utatur glutinatoribus, ad cetera ~tris *Att*.4.4a.1; Ioui..se consiliarium atque ~trum datum *Leg*.3.43; ~tris.. ad ea sacrificia druidibus utuntur Caes.*Gal*.6.16.2; eo.. (*i.e.* Tirone)..quasi ~tro in studiis litterarum Cicero usus est Gel.6(7).3.8;—(*w. dat. of person*) hinc Casmilus nominatur..dius quidam amminister diis magnis Var.*L*.7.34; —(*w. gen. expr. field of activity*) unus puer uictus cotidiani ~ter Cic.*S.Rosc*.77; procuratores istius quaestus et ~tros rapinarum *Ver.*3.50; socius et ~ter omnium consiliorum adsumitur Scaurus Sal.*Jug.*29.2.

administra ~ae, *f.* [AD-+MINISTRA] A female assistant, 'hand-maiden'.

camillam qui glossemata interpretati dixerunt ~am Var. *L.*7.34;—(*fig.*) multae sunt artes eximiae huius ~ae comitesque uirtutis Cic.*Man.*36.

administrātiō ~ōnis, *f.* [ADMINISTRO+-TIO]

1 Operation, handling, working. **b** a means of carrying out (an operation, etc.), method of dealing with, practical application.

multitudo tormentorum omnem ~onem tardabat Caes. *Civ.*2.2.5; molae quam facillimam patiuntur ~onem Col. 12.52.6;—(*w. subj. gen.*) nec iis sine hominum ~one uteremur Cic.*Off.*2.12;—(*w. obj. gen.*) telarum organicis ~onibus Vitr.10.1.5; in nauis ~one Liv.34.6.6. **b** quod illius rei neque ~o neque exitus ullus exstet Cic.*Inv.*2.118; nec artem gubernatoris deteriorem ulla tempestate fieri nec ipsam ~nem artis Sen.*Ep.*85.33; uerius..iudico non nostram ~onem, sed ipsam rem quam aggredimur..epichirema dici Quint.*Inst.*5.10.4.

2 The performance, conduct, management (of an operation).

si totius ~o negotii ex omnibus partibus pertemptabitur Cic.*Inv.*2.38; cuius..ludorum sumptuosorum curam et ~onem suspicor..ad te pertinere *Att.*15.18.2; quia ~o huius belli mihi cum Bibulo paene est communis *Fam.*15.1.1; Sal.*Rep.*1.4.4; Liv.3.10.9; 42.18.2.

3 The administration (of a country, estate, etc.), management, government. **b** (sg. or pl.) administrative functions or services, official duties; administrative virtues or qualities.

in omni actione atque ~one rei publicae floruissemus Cic.*Fam.*1.9.2; cum illius ~one prouinciae 2.13.2; *Off.*1.92; AD CONSVLES..~O REI P. TRANSLATA EST *CIL* 13.1668.1.27; Quint.*Inst.*11.1.35; prouinciarum ~onem Dialibus non concedi Tac.*Ann.*3.71; rusticorum..praediorum ~o poscit durum aliquem Plin.*Ep.*6.30.4; serui, quibus permittitur ~o pecuniae, dispensatores appellati sunt Gaius *Inst.*1.122; seruus..cui concessa est peculii ~o Ulp.*dig.*12.1.11.2; (*cf.*) cuius (*sc.* naturae)..~o nihil habet in se quod reprehendi possit Cic.*N.D.*2.86. **b** multum se debere ei, cuius ~one ac prouidentia contingit illi pingue otium Sen.*Ep.*73.10; prouinciae Aquitaniae praeposuit (Agricolam Vespasianus), splendidae inprimis dignitatis ~one ac spe consulatus Tac. *Ag.*9.1; officiis et ~onibus..non peccaturos praeponere 19.3; nisi prius ~onum rationes reddiderit, quas cum in seruitute esset gessisset Ulp.*dig.*40.12.34;—M PONTIO..FELICI..OB INNOC ET ADSIDVIT CETERASQ ADMINISTR EIVS *CIL* 14.2636.

administrātīuus ~a ~um, *a.* [ADMINISTRO+-IVVS] Practical.

dicatur (rhetorice) actiua uel ~a Quint.*Inst.*2.18.5.

administrātor ~ōris, *m.* [ADMINISTRO+-TOR[1]] One who has charge (of an operation), a director, manager.

qui cum esset constitutus ~or quidam belli gerendi Cic. *de Orat.*1.210; qui magis ~or rerum, quam curator esse intellegitur Pompon.*dig.*26.1.13.

administrō ~āre ~āuī ~ātum, *intr.*, *tr.* **(amm-).** [AD-+MINISTRO]

1 To be a helper, assist. **b** (w. dat.) to give attention (to), minister (to); (w. final cl.) to contrive (that).

iube famulos rem diuinam mi apparent.. — uin ~em? Pl.*St.*397;—(*w. dat.*) conductam esse eam quae hic ~aret ad rem diuinam tibi *Epid.*418. **b** si..hae copiae non fuerint paratae, ita necessitatibus erit ~andum, ne expectatione morae res retineatur Vitr.7.10.3;—~andum est, uti leuent onus parietum fornicationes cuneorum 6.8.3.

2 To operate, work, manœuvre (ships, etc.).

ex his..quod erat sine militibus priuatoque consilio ~abatur (nauis) Caes.*Civ.*3.14.2; separatim suamque quisque classem ad arbitrium suum ~abat 3.18.2; AD ID HOROLOGIVM ~ANDVM *CIL* 12.2522;—(*absol. or ellipt.*) quae ad ancoras erant deligatae, tempestas adflictabat, neque ulla nostris facultas aut ~andi aut auxiliandi dabatur Caes.*Gal.*4.29.2; neque inter uineas sine periculo ~are Sal.*Jug.*92.9; (*fig.*) ut tuam uirtutem..cognitam in maximis rebus domi togati, armati foris pari industria ~are (*cj.*) gaudeam Cato *Fam.*15.5.1.

3 To perform, carry out, conduct (an operation of any kind). **b** to perform the duties of (an office), hold.

laute..munus ~asti tuom Ter.*Ad.*764; qui quid amministrat Var.*L.*6.78; fuit quoddam tempus, cum in agris homines..pleraque uiribus corporis ~abant Cic.*Inv.*1.2; nullaene..res sunt seniles quae uel infirmis corporibus animo tamen ~entur? *Sen.*15; legationes..per Dionem ~abantur Nep.*Di.*1.4; quia maior pars putationis per id tempus ~atur Col.3.21.7; ab eo..cuius filii postea tutelam ~as Labeo *dig.*18.1.78.1; potuit et per alium societatem ~are Ulp.*dig.*17.2.16; HIC IDEM LVDOS ~AVIT *CIL* 10.1824;—(*pple. as sb.*) ut ~antibus intersit (uillica) Col.12.10.6;—(*in mil. contexts*) quae res pertinet ad bellum ~andum *Rhet.Her.*4.13; pecuniam ex aerario depromptam ad bellum ~andum Cic.*Man.*37; *Div.*2.76; neque ab uno omnia imperia ~ari poterant Caes.*Gal.*2.22.1; caedes a nostris undique ~abatur *B.Hisp.*39.1; Sal.*Jug.*29.1; Liv.8.6.14; num ..obpugnationes urbium et cetera belli per magistros ~ari possent Tac.*Ann.*13.6;—(*absol.*) exercitus equitatusque equitibus Romanis ~antibus..celeriter transmittitur Caes. *Gal.*7.61.2; si celeriter ~auerint, non patientur reliquas partes turrium..hostem penetrare Vitr.1.5.4. **b** eum.. honorem..uolo..a te pro tua..dignitate ~ari Cic.*Fam.* 15.7; honores et adeptus est facile et egregie ~auit Suet. *Aug.*3.1; HONOREM AEDILITAT(IS) LAVDABILITER ~AVIT *CIL* 10.3704.

4 To manage the affairs of, administer (a country, etc.); to administer (laws); to manage (an estate).

quo facilius..rempublicam ~are possitis Gracch.*orat.* 41 (Gel.11.10.3); o condiciones miseras ~andarum prouinciarum Cic.*Flac.*87; ad ~andam ciuitatem restitutus *Dom.*71; pleraque ex Punicis oppida..populus Romanus per magistratus ~abat Sal.*Jug.*19.7; in Sardinia res per T. Manlium praetorem ~ari coeptae Liv.23.40.1; priuata.. pecunia res publica ~ata est 23.49.3; Ciliciam a proconsule egregie ~atam Sen.*Suas.*6.11; [Quint.]*Decl.*19.9; illa.. philosophia, quae..rempublicam..fortiter et perite ~at Gel.10.22.24; (*cf.*) haec..sunt et elementa, quibus hic mundus ~atur, aqua, terra, spiritus Sen.*Ep.*117.23;—fore ut..per homines honestissimos..leges iudiciaque ~entur Cic.*Div.Caec.*68;—patrimonii, quod iam melius ab his ~ari poterat Quint.*Inst.*4.2.73;—(*absol.*) in prouincia, qua quis ~at Paul.*dig.*23.2.38.1;—(*pple. as sb.*) ubi in medio praeda ~antibus esset Liv.45.18.5.

5 (w. dat.) To bestow (on), dispose of (to). **b** to save (food).

inter ceteras sceleris causas..quas illi natura ~abat *S.C.* 57 (*Font.iur.*p.203); nisi id (*i.e.* legatum) totum alii ~auit Marcel.*dig.*5.2.10.1. **b** quod..mel ad principia conuiui et in secundam mensam ~atur Var.*R.*3.16.5.

admīrābilis ~is ~e, *a.* *compar.* ~ior. [ADMIROR+-BILIS]

1 Deserving of wonder, astonishing, remarkable, strange. **b** (phr.) *~e est* (w. obj. cl.), it is remarkable or extraordinary (how, that).

in terris mundoque ~ia quae sunt Cic.*Part.*56; haec ~ia, sed prodigi simile est quod dicam *Lig.*11; o ~em impudentiam *Phil.*3.18; in re noua atque ~i *Div.*2.60; quod omnibus gentibus ~e est uisum Nep.*Di.*5.3; minus ~em crudelitatem gentis ipsius feritas..facit V.Max.9.2.ext.4; Plin.*Nat.*16.201; ~i quodam casu Quint.*Inst.*2.17.31; Adriaci spatium ~e rhombi Juv.4.39;—(*w. abl. sup.*) ~e dictu Sil.3.685. **b** in oratoribus..~e est quantum inter omnis unus excellat Cic.*Orat.*6; non esse ~ius Romanos Graecia pelli quam Hannibalem Italia pulsum esse Liv.42. 50.10.

2 Worthy of admiration, wonderful, admirable.

cur plures in omnibus rebus quam in dicendo ~es exstitissent Cic.*de Orat.*1.6; (philosophus) in edito stat ~is, celsus Sen.*Ep.*111.3; tu cottidie ~ior et melior Plin.*Pan.*24.1;—(*of qualities, actions, etc.*) utrum orationem nostram tolerabilem tantum an etiam ~em esse cupiamus Cic.*Opt.Gen.*12; o clementiam ~em atque omnium laude..decorandam! *Lig.*6; ~i incredibilique uirtute *Phil.*14.36; si..inest in oratione mixta modestia grauitas nihil ~ius fieri potest *Off.* 2.48; in hoc illud in primis fuit ~e..quod nihil umquam domum suam contulit Nep.*Ag.*7.3; magnitudinem populi Romani ~iorem prope aduersis rebus quam secundis esse Liv.22.37.3; illa ~is eloquentia Tac.*Dial.*30.5; quo quid ~ius, quid insignius fieri potest? Flor.*Epit.*1.38(3.3.21);—(*of works of art*) (Arachnes) opus ~e Ov.*Met.*6.14; V.Max.3.7. ext.4; mox Nasamoniaco decus ~e regi possessum Stat. *Silv.*4.6.75;—(*w. dat.*) quid..~ius omnibus gentibus..accidere potuit..? Cic.*Phil.*5.39; Sen.*Suas.*7.8.

3 Contrary to common opinion, paradoxical.

haec παράδοξα illi, nos ~ia dicamus Cic.*Fam.*4.74;—(*rhet.*) ~e (genus causarum), a quo est alienatus animus eorum, qui audituri sunt *Inv.*1.20; Quint.*Inst.*4.1.40.

admīrābilitās ~ātis, *f.* [ADMIRABILIS+-TAS]

1 Wonderful character, remarkableness.

quanta sit ~as caelestium rerum atque terrestrium Cic. *N.D.*2.90; 2.101.

2 Admiration, wonder.

haec animi despicientia ~atem magnam facit Cic.*Off.*2.38.

admīrābiliter, *adv.* [ADMIRABILIS+-TER[2]]

1 In a wonderful manner, admirably.

Isocratem, quem..Plato..~ in Phaedro laudari fecit ab Socrate Cic.*Opt.Gen.*17; omnia..ad salutem omnium..~ administrari *N.D.*2.132; Quint.*Inst.*9.2.29.

2 So as to cause surprise, paradoxically.

quod idem cum Stoici de sapiente dicunt, nimis ~ nimisque magnifice dicere uidentur Cic.*Tusc.*4.36.

admīrandus ~a ~um, *a.* [gdve. of ADMIROR]

1 Astonishing, remarkable, extraordinary.

de quibus ~um scriptum inueni Var.*R.*2.5.14; num me fefellit..non modo res tanta..uerum, id quod multo magis est ~um, dies? Cic.*Catil.*1.7; ~a tibi leuium spectacula rerum..dicam Verg.*G.*4.3; ~o rerum successu Liv.42.11.8;—(*w. acc. and inf. or noun cl.*) ~um (*sc.* est) tantum maiores in posterum prouidisse Cic.*Leg.*3.44; maxime ~um uidebatur, quod Germani..optatissimum Ambiorigi beneficium obtulerunt Caes.*Gal.*6.42.3;—(*neut. pl. as sb., in title of book*) quaedam terrae imbribus sicciores fiunt..quod ~is suis inseruit M. Cicero Plin.*Nat.*31.51.

2 Worthy of admiration, admirable, wonderful.

magis existimator metuendus quam ~us orator Cic.*Brut.* 146; illos quis non ~os spiritus arbitretur Apul.*Mun.*17;—(*of qualities*) qui ~a uirtute..in hostium nauis transilire non dubitabant *B.Alex.*46.4;—(*of works of art*) ~a opera Phidiae Cic.*Rep.*3.44;—(*neut. pl. as sb.*) (uiros) maximae famae et inter ~a propositos Sen.*Ep.*114.12.

admīrātiō ~ōnis, *f.* [ADMIROR+-TIO]

1 Wonder, astonishment, surprise; (pl.) feelings of wonder or astonishment. **b** an expression of astonishment or surprise. **c** *ad* or *in ~onem*, to an astonishing degree.

uide..ne tua diuina uirtus ~onis plus sit habitura quam gloriae Cic.*Marc.*26; quod mihi maximam ~onem mouet *Phil.*10.4; ~o incessit quod nec pugnam inirent nec..opere se..circumdarent Liv.7.34.12; propius adeuntibus insolitum silentium ~onem fecit 22.42.1; minor ~o summis debetur monstris Juv.6.646; tenuit nos grauis quaedam ..~o Gel.2. 12.2;—(*w. obj. gen.*) ex quo tam multarum rerum cognitionis ~o tollitur Cic.*Tusc.*1.58; tam nouae rei ac subitae ~o Liv. 2.2.8;—(*w. acc. and inf.*) fit..~o populi tantam esse in homine impudentiam Cic.*Ver.*5.106; ~o orta est non simul regressum Hannibalem Liv.26.12.3; Tac.*Ann.*6.24;—(*w. indir. qu.*) sum..adfectus..~one quidnam accidisset Cic. *Att.*1.17.1; *B.Alex.*6.2; hostis..~o cepit, quidnam sibi repentinus clamor uellet Liv.44.12.1;—cuius (*i.e.* minii) et res et ratio satis magnas habet ~ones Vitr.7.8.1; 7.13.1. **b** conliguntur a Graecis..exsecrationes, ~ones, minationes Cic.*de Orat.*2.288; in quo haec ~o fiebat: hicine est ille Telamon..? *Tusc.*3.39; Quint.*Inst.*4.2.107. **c** illa, quae minuendi aut augendi causa ad incredibilem ~onem efferuntur Cic.*de Orat.*2.267; Sabellico (oleri) usque in ~onem crispa sunt folia Plin.*Nat.*19.141.

2 Admiration, veneration, regard. **b** (in pl.) an expression of admiration.

ut eos qui audient ad maiorem ~onem possit traducere Cic.*Orat.*192; qui (*sc.* plausus)..non numquam..ipsa ~one compressus est *Deiot.*34; ea..quae ab omnibus summa cum ~one laudentur *Fam.*11.7.3; *Fin.*5.60; turba..fauore et ~one stupens Liv.2.49.5; ~o imitationem accendit Vell. 1.17.5; falsa ~o Sen.*Ep.*95.37; apud milites quam ~onem quemadmodum comparasti? Plin.*Pan.*13.1; ~onem..quae maxima est, non uerba parere, sed silentium Gel.5.1.5;—(*w. obj. gen*). Cic.*Arch.*4; ~one integritatis meae *Att.* 7.3.8; ~one diuitiarum *Off.*2.71; ut ipso aspectu cuiuis iniceret ~onem sui Nep.*Iph.*3.1; iam imbutus uterque quadam ~one alterius Liv.21.39.7; uiuorum ut magna ~o, ita censura difficilis est Vell.2.36.3; propter ~onem naturae Plin.*Nat.*29.140; manebat ~o uiri et fama Tac.*Hist.*2.68;—(*w. subj. gen.*) Bibulus hominum ~one..in caelo est Cic. *Att.*2.20.4; ~one audientium *Off.*2.66; non minore hostium ~one quam uestra Liv.5.52.3; (*w.* de) ut non multos ~onis de te suae paeniteat Sen.*Dial.*11.6.3. **b** si quae ~ones de quibus nos narrabimus (*sc.* inciderint in narrationem) *Rhet. Her.*3.24; Cic.*de Orat.*1.152; qui non approbationes solum sed ~ones, clamores, plausus, si liceat, mouere debet *Orat.* 236.

3 A remarkable circumstance or feature, marvel.

est etiam ~o non nulla in bestiis aquatilibus Cic.*N.D.* 2.124; ea quae rerum nouitate aut ~one nos capiunt Hirt. *Gal.*8.pr.8; alia ~o circa oscines. fere mutant colorem uocemque tempore anni Plin.*Nat.*10.80; Graecae magnificentiae uera ~o exstat templum Ephesiae Dianae 36.95; (*w. acc. and inf.*) alterius tabulae ~o est puberem filium seni patri similem esse 35.28.

admīrātor ~ōris, *m.* [ADMIROR+-TOR] One who admires or venerates, an admirer.

inritamentum est omnium in quae insanimus ~or et conscius Sen.*Ep.*94.71;—(*w. obj. gen.*) Scipio tam elegans liberalium studiorum..~or fuit Vell.1.13.3; uirtutis ~ores V.Max.2.10.2; Simonidis qui..erat..absentis ~or maximus Phaed.4.22(23).21; antiquitatis nimius ~or Quint.*Inst.* 2.5.21; antiquorum ~ores Tac.*Dial.*19.1; (*in appos.*) animus contemplator ~orque mundi Sen.*Dial.*12.8.4.

admīror ~ārī ~ātus, *tr.*, (*intr.*). Also **amm-.** [AD+MIROR] N.B. used in pass. sense: Hem. *hist.*25, Can.*orat.*5.

1 To be surprised or astonished (at), marvel or wonder (at). **a** (w. acc.). **b** (w. acc. and inf., indir. qu., etc.). **c** (absol. or intr. w. *de*).

a ne hunc ornatum uos meum ~emini Pl.*Am.*116; illa.. non ~atur audaciam Cic.*Clu.*27; te, si quid eius modi facis, ..uehementer ~or *Sul.*31; *Off.*3.75; hunc homines fontem nimis ~antur Lucr.6.850; id cum essent plerique ~ati Caes.*Civ.*3.86.2; uel tu Sisyphios licet ~ere labores Prop. 2.17.7; Stat.*Theb.*9.156; (*cf. sense 1b*) Syphacem..idem ~antem quae tam diuturnae morae sit causa Liv.29.24.6;—(*phr.*) haec est illa..diuina sapientia..nihil ~ari, cum acciderit Cic.*Tusc.*3.30; nil ~ari prope res est una..quae possit facere et seruare beatum Hor.*Ep.*1.6.1. **b** (*w. acc. and inf.*) ut non numquam ita factum esse etiam populus ~etur Cic.*Mur.*35; ~atus..sum te tam uehementer sententiam commutasse *Att.*16.7.2; ~abatur Magium..ad se non remitti Caes.*Civ.*1.26.2; Ov.*Pont.*2.3.21; de colore satis ~ari non possum..Cornelium Celsum..sic..deerrasse Col. 2.2.15; se..tunc primum elusum ~ans Tac.*Ann.*16.3;—(*w.* quod) quod haerere in eo (*sc.* equo) senex posset, ~ari solebamus Cic.*Deiot.*28; Prop.2.26.21;—(*w.* si) tu si interuallum longius erit mearum litterarum ne sis ~atus Cic. *Fam.*7.18.3; saeua neque ~or metuunt si fulmina Ov.*Tr.* 1.9.21;—(*w. indir. qu.*) ipsum secum ~antem, quidnam contra dici possit Cic.*Inv.*2.125; cum ~arer quid accidisset noui *Fam.*15.2.6; ne quis sit ~atus cur..nunc ita seiungam (uirtutes) *Off.*2.35; noli ~ari, quare tibi femina nulla..uelit tenerum supposuisse femur Catul.69.1; ~or, quo pacto iudicium illud fugerit Hor.*S.*1.4.99; Vitr.9.pr.1; Minerua ~ans quare sterilis (arbores) sumerent interrogauit Phaed. 3.17.5; (*w. advl. acc.*) caue quicquam ~atus sis qua causa id fiat Ter.*Hau.*826. **c** (*absol.*) ~ratin estis? quasi uero nouom nunc proferatur Iouem facere histrioniam Pl.*Am.*89; ut in proximo (uersu)..incidat, aspiciat, ~etur, stupescat Cic.*de Orat.*3.102; Verg.*A.*2.797;—(*w.* de) quid tu ~ere de multitudine indocta? Cic.*Mur.*39; de altero illo minus sum ~atus *Att.*7.2.8.

2 To feel or show admiration (for), admire, respect.

eorum ingenia ~or Ter.*Eu.*250; quorum ego copiam.. artis non modo non contemno, sed etiam uehementer ~or Cic.*de Orat.*1.219; qui ~abantur hunc, illum probabant *Q.Rosc.*29; ~abere meam βαθύτητα *Att.*5.10.3; turpe est, propter uenustatem uestimentorum ~ari Can.*orat.*5; omnia ..stolidi magis ~antur amantque Lucr.1.641; munitiones ..hostium ~atur Caes.*Gal.*5.52.2; illum (*sc.* regem) ~antur (apes) Verg.*G.*4.215; nobilitatem ~atum gentis (Latinum) Liv.1.1.8; uirtutem (coniugis) ~ans Tac.*Ann.*12.51; sum aeque neminem ammiratus Apul.*Apol.*95;—(*absol.*) ~antibus omnibus 'quanto' inquit 'magis miraremini, si audissetis ipsum!' Cic.*de Orat.*3.213; ~ans ait haec manusque tollens CATUL.53.4; mulierem ~antem et adorantem PLIN. *Nat.*34.78; ~or, stupeo MART.5.63.3; (*pple. as sb.*) centuria ..mota..~antium circa fremitu LIV.26.22.10.

admisceo ~scēre ~scuī ~xtum (~stum), *tr.* [AD-+MISCEO]

1 To add as an ingredient (to), mix (one thing with another). **b** (absol. or ellipt.). **c** to mix (two or more things) together. **d** to produce (from ingredients) by mixtures.

(*w. dat.*) aquae..~xtum esse calorem CIC.*N.D.*2.26; si faciant ~xtum rebus inane LUCR.1.655; ruderi nouo tertia pars testae tunsae ~sceatur VITR.7.1.5; LIV.6.40.12; Cato argillae uel cretae harenam..~scet PLIN.*Nat.*17.111;—(*w.* in+*acc.*) nec..~scent in eorum corpus inane LUCR.1.745; aqua cum oleo in uinum ~xtis LARG.180;—(*w.* in+*abl.*) ~xtum..est in rebus inane LUCR.1.569; in his..minime gypsum debet ~sceri VITR.7.3.3;—(*w.* cum) ~scent torrefacta sesama cum aniso COL.12.15.3;—(*pass., w. abl.*) ille (*i.e.* aer)..multo..calore ~xtus est CIC.*N.D.*2.27; aut..aegre ~scetur muliebri semine semen LUCR.4.1247; (genus radicis) quod ~xtum lacte multum inopiam leuabat CAES.*Civ.*3.48.1; (*cf.*) ipsa auis..parte inferiore..purpurea, candidis ~xta pinnis collo PLIN.*Nat.*10.89. **b** ~xto apiastro VAR.*R.*3.16.23; cum simplex animi esset natura neque haberet in se quicquam ~xtum CIC.*Sen.*78; tunsum gallae ~scere saporem VERG.*G.*4.267; ~xto melle decocto COL.6.6.5; nonnulli et tus masculum ~scent PLIN.*Nat.*34.113; (*refl.*) nulla se alia ~scente natura CIC.*N.D.*3.36. **c** contrahit ~xtos nunc fontes atque farinas *Mor.*44. **d** tertium materiae genus ex duobus in medium ~scuit (deus) CIC.*Tim.*21.

2 To mix so as to contaminate or adulterate. **b** to mix racially.

~scentur..(maritimae urbes) nouis sermonibus ac disciplinis CIC.*Rep.*2.7. **b** a Poenis ~xto Afrorum genere Sardi..amandati..coloni CIC.*Scaur.*42; stirpem ~sceri Phrygiam VERG.*A.*7.579.

3 (without the element of physical fusion) To add or attach (to), combine or include (with); (spec.) to include (in a class with others).

antesignanos ~scuit cccc CAES.*Civ.*3.75.5; ueteranis ~xtis LIV.3.57.9; caput..cremato iam corpori ~xtum est TAC.*Hist.*1.49; ~xtis desertoribus *Ann.*2.80;—(*w. dat.*) his Antonianos milites ~scuerat CAES.*Civ.*3.4.2; his..centum ~scet equites LIV.7.14.8; redeuntibus saturis ouibus ~scere agnos COL.7.3.19; Dacis..Getes ~xtus LUC.3.95;—(*w.* in+*acc.*) ortus ubi atque obitus partem ~scentur in unam CIC. *Arat.*64;—(*ellipt.*) si populneam (frondem) habebis, ~sceto CATO *Agr.*54.4; ubi sata ~xta hordeum et uicia et legumina VAR.*R.*1.31.5; OV.*Fast.*6.687;—Trebatium..meum quod isto ~sceas nihil est CIC.*Q.fr.*3.1.9; ~scerenturne plebeii (*sc.* decemuiris) controuersia aliquamdiu fuit LIV.3.32.7.

4 To add or include (an abst. thing) as an element or ingredient.

neque salsum neque suaue esse potest quicquam, ubi amor non ~scetur PL.*Cas.*222; propter ~xtam ciuium caedem bonorum uictoria maerori fuisset CIC.*de Orat.*3.12; Arabes qui fuerunt ~xto Parthico ornatu *Fam.*3.8.10; mali nihil~scere *Tim.*9;—(*w. dat.*) uersus ab is ~sceri orationi *Tusc.*2.26; ~scenda..Venus est secura timori OV.*Ars* 3.609; bona esse, quibus ~xta uirtus est SEN.*Ep.*31.5; aspera telis dicta ~centem SIL.1.442; QUINT.*Inst.*1.pr.23;—(*w.* in+*abl.*) in illis ueteribus nostris..multa ~xta ex intima philosophia CIC.*Ac.*1.8; in ceteris..~scere temptauimus aliquid nitoris QUINT.*Inst.*3.1.2.

5 (w. *cum*) To mix up, confuse (with).

hoc..Precianum cum iis rationibus quas ille meas tractat ~sceri nolo CIC.*Att.*7.1.9.

6 To involve a person (in a matter); (refl.) to get involved.

ita tu istaec tua misceto ne me ~sceas TER.*Hau.*783;—(*refl.*) ne te ~sce 975; (*w. dat.*) quo minus (animi) se ~scuerint atque implicuerint hominum uitiis et erroribus CIC.*Hort.*97.

admissārius[1] ~a ~um, *a.* [ADMITTO+-ARIVS] (of male animals) Kept for breeding.

(equos) mares, quos ~os habeo VAR.*R.*2.7.1; asinum ~um 2.8.3; PLIN.*Nat.*28.217.

admissārius[2] ~iī, *m.* [prec.] A stallion or he-ass. **b** (of men, in fig. phrs.; also, a sodomite).

VAR.*R.*2.8.3; tam feminis quam ~iis desiderantibus COL. 6.27.3; 6.36.3. **b** tu quidem ad equas fuisti scitus ~ius PL.*Mil.*1112; ~ius iste..ad illius hanc orationem adhinniuit CIC.*Pis.*69;—SEN.*Nat.*1.16.2.

admissiō ~ōnis, *f.* [ADMITTO+-TIO]

1 Controlled mating (of domestic animals).

primum uidendum de ~one VAR.*R.*2.1.18; 2.7.7.

2 (med.) Application.

ad anginam prodest..cucurbitarum ~o LARG.67.

3 Admission to an interview, audience.

non sunt isti amici..qui in primas et secundas ~ones digeruntur SEN.*Ben.*6.33.4; ~ones liberae PLIN.*Nat.*33.41; ~onum tuarum facilitatem PLIN.*Pan.*47.3; quidam ex officio ~onis SUET.*Ves.*14.1; ADIVT(OR) AB ~ONE *CIL* 3. 6107.

admissīuus ~a ~um, *a.* [ADMITTO+-IVVS] (See quot.)

~ae aues dicebantur ab auguribus, quae consulentem iuberent PAUL.*Fest.*p.21M.

admissum ~ī, *n.* [ADMITTO] A crime, offence.

numquod meum ~um nocens hostit uoluntatem tuam? LAEV.*poet.*1; LIV.25.23.5; coniugis ~um OV.*Ars* 2.381; animus turpis ~i memor? SEN.*Ag.*266; de ~is Poppaeae TAC. *Ann.*11.4.

admissūra ~ae, *f.* [ADMITTO+-VRA] Copulation of domestic animals, service. **b** breeding, generation.

ante ~am diebus triginta..tauris datur plus cibi VAR.*R.* 2.1.17; 2.7.15; maiores..quam duodecim annorum prohibentur ~a COL.6.24.1; PLIN.*Nat.*8.164; APUL.*Met.*7.16. **b** pulcher..equus cuius de stemmate longo felix demeritos habet ~a parentis STAT.*Silv.*5.2.24.

admittō ~ittere ~īsī ~issum, *tr.* [AD-+MITTO] FORMS: *admisse* (pf. inf.) PL.*Mil.*1287, *amm-* SIC.FL.*agrim.*p.99.

1 To admit or receive (visitors, etc.), allow to enter. **b** (transf. and poet.).

it uisere ad eam: ~isit nemo TER.*Hec.*189; Casino salutatum ueniebant..~issus est nemo CIC.*Phil.*2.105; facilem se..in hominibus audiendis ~ittendisque praebere *Q.fr.* 1.1.32; LUCR.4.1180; tum Nisus et una Euryalus..~ittier orant VERG.*A.*9.231; cum melius foribus possis, ~itte fenestra OV.*Ars* 3.605; SEN.*Ep.*73.15; promiscuis salutationibus ~ittebat et plebem SUET.*Aug.*53.2;—(*w.* ad) fac ut ~ittar ad illam TER.*Eu.*281; LIV.30.26.2;—(*w.* in+*acc.*) legatum hostium in cubiculum ~ittere CIC.*Phil.*8.29; sic ego..Elysias felix ~ittar in oras STAT.*Silv.*5.1.193;—(*w.* domum) neminem prouincialem domum suam ~isit SEN. *Dial.*12.19.6;—(*app. w. acc.*) ~issus ergo Caesarem est cum suo munere PETR.51.2;—(*w.* in+*abl.*) cum..populum in hortis suis ~isisset V.MAX.9.15.1; PETR.19.2;—(*w. dat.*) uestris periturum ~ittite regnis OV.*Met.*13.881;—(*w.* inter) cum te..balneator..~ittat inter bustuarias moechas MART.3.93. 15;—(*w.* intra) ~issis intra moenia hostibus FLOR.*Epit.*1.1 (1.1.13);—(*w. advs.*) nemo uoluit..te intro ~ittere TER.*Hec.* 237; nec quemquam eo uirum ~itti solitum LIV.39.13.8;—(*w. pred. adj.*) soluite quaeso manus..et medium..~ittite patrem STAT.*Theb.*11.626;—(*fig.*) Flaccus..~issus circum praecordia ludit PERS.1.117. **b** cur numquam reserata..meos ~ittis amores? PROP.1.16.19; ille ego sum, lignum qui non ~ittar in ullum (*i.e. be changed into*) OV.*Pont.*1.2.33; caligo nauigantem tibi uidetur ~ittere SEN.*Suas.*1.4; fores ~iserunt intrantem PETR.16.2; insula, ne..Danaas ~itte carinas STAT.*Ach.*1.392;—(*absol.*) adspicere, ecquid iam mare ~itteret PLIN.*Ep.*6.16.17.

2 To allow to approach or enter for an expressed or implied purpose, let in, admit; also, to allow to remain in a place. **b** (spec.) to receive (a lover). **c** (*marem*) *~ittere* (of females), to copulate; *fetum ~ittere*, to become pregnant, conceive.

non ~ittere ad aucupem uolucres *Priap.*77.5; ubi morbo laborant (agni) ~itti ad matres non debent COL.7.5.20; ad fouendam..prolem familiarius ~ittuntur (fuci) COL.9.15.2; LUC.6.650; (*poet.*) nec sinus ~ittat digitos OV.*Am.*1.4.37;—perire conscientia dicuntur (cetera) homine percusso neque amplius ~itti a Terra PLIN.*Nat.*29.74. **b** nec quemquam..alium ~ittat prosus quam me ad se uirum PL.*As.*236; PROP.2.17.12;—(*absol.*) forma, nisi ~ittas, nullo exercente senescit OV.*Am.*1.8.53. **c** post unum coitum forda non ~ittit taurum COL.6.24.3; 8.2.8; (*absol.*) quem ad modum ~ittant (gallinae) VAR.*R.*3.9.2;—si quadripes fetum non ~ittat PLIN.*Nat.*22.36.

3 To admit (to an activity, ceremony, spectacle, or the like).

ubi censores censu ~ittant populum VAR.*R.*3.2.4; diebus..reliquis ad colloquium non ~ittitur CAES.*Civ.*3.57.5; ad campestres exercitationes suas ~isit et plebem SUET.*Nero* 10.2;—(*w. sup.*) spectatum ~issi HOR.*Ars* 5;—(*w. pred.*) sacris..deos ~ittere testes LUC.2.353; STAT.*Theb.*10.448;—(*of a spectacle, absol.*) et sphaeromachias spectamus et palaris lusio ~ittit STAT.*Silv.*4.pr.

4 To put (the male) with or to the female for purposes of breeding; also, to put (female) with (male). **b** (applied to budding).

tempus optimum ad ~ittendum VAR.*R.*2.2.13; ita eductus (asinus) a trimo potest ~itti 2.8.2; COL.6.37.1; PLIN.*Nat.*8.167; (*w. dat.*) (arietes) ouibus ~isit COL.7.2.4;—(*w.* in+*acc.*) si quis asinum meum..in equas suas..~isisset ULP.*dig.*47.2.52.20;—si equam emisses..ut meo asino..~itteres VAR.*Men.*502; *R.*2.2.14;—(*obsc.*) spectabat ~issos sibi pariter in omnia uiros SEN.*Nat.*1.16.5. **b** qui uer probant ab aequinoctio statim ~ittunt, praedicantes germina parturire PLIN.*Nat.*17.135.

5 To grant access (to), allow (a person) to avail himself of.

si te semel ad meas capsas ~isero? CIC.*Div.Caec.*51; si non ad fastos, non ad commentarios pontificum ~ittimur LIV.4.3.9; SEN.*Ben.*5.13.1; sequens (agnatus) iure legitimo ~ittitur (*sc.* ad hereditatem) GAIUS *Inst.*3.22; PAUL.*dig.* 34.9.5.2;—(*w.* in+*abl.*) si quis..in his bonis non ~ittatur ULP.*dig.*43.4.3.1; (*transf.*) quaesitum est..an id damnum..ad ceterarum nauium superfluum ~itti possit PAUL.*dig.* 22.2.6;—(*to knowledge*) si regem in luce media errantem ad rerum naturam ~isisset (philosophus) SEN.*Ben.*5.6.3.

6 To permit the entrance, access, etc. of (things); to accept. **b** (w. inanim. subj.). **c** to have extending into itself.

nec lucem in thalamos totis ~itte fenestris OV.*Ars* 3.807; *Met.*11.256; sapiens nullum denarium intra limen suum ~ittet male intrantem SEN.*Dial.*7.23.3; tunc ~itte iocos MART.4.8.11; cum pectere barbam coeperit et longae mucronem ~ittere cultri JUV.14.217; (*cf. sense 1*) si dubitas de me, laudes ~itte deorum OV.*Pont.*1.1.29; JUV.4.64;—si fiscus bona ~iserit ULP.*dig.*40.5.4.17. **b** per tenuis ~issa uias incendia nutrit (lapis) *Aetna* 414; OV.*Met.*13.603; omnes ~ittunt aethera luci STAT.*Theb.*4.682;—(*med.*) (corpora) id (*sc.* os), quod expulsum est, difficulter ~ittunt CELS.8.11.7. **c** (*topog.*) Arabia..portum ~ittit Azotum MELA 1.61; 2.91; qua litore curuo molliter ~issum claudit Tarbellicus aequor LUC.1.421.

7 a To admit to the ears, listen to. **b** to admit (to the mind or thoughts). **c** to allow (feelings or states) to affect or get hold of one.

a magnorum laudes ~itte uirorum OV.*Pont.*2.3.47; ~issae uoces et uota precantis SIL.4.606; QUINT.*Inst.*6. 1.10; (*w.* auribus, ad aures) nihil quod salutare esset non modo ad animum sed ne ad aures quidem ~ittebat LIV.25. 21.7; primo eas condiciones..uix auribus ~isit 30.3.7. **b** neque comitiorum curam..plebs ad animum ~ittebat LIV. 7.19.5; non ~ittere in animo mala consilia SEN.*Nat.*3.pr.14; cum ea parte corporis..quam ne ad cognitionem quidem ~ittere..homines solerent PETR.132.12; GEL.12.5.10; si uacat ac placidi rationem ~ittitis JUV.1.21. **c** nullos mater ~ittit metus SEN.*Tro.*588; (nec) duro..~isit gaudia uoltu LUC.2.373; amicitias neque facile ~isit SUET.*Aug.*66.1.

8 To allow to participate (in an activity). **b** to allow to adopt (a course of action).

nec ad consilium casus ~ittitur CIC.*Marc.*7; ~isit..meas ad sua dona manus OV.*Ep.*5.146; qui sapientem in illam rapinam rei publicae ~itterent SEN.*Ep.*14.13;—(*cf.*) ullusne in cladibus istis est locus Aegypto Phariusque ~ittitur ensis? LUC.8.546;—(*w. pursuit as subj.*) equos..quos arma Dianae ~ittant GRAT.498; SEN.*Ben.*3.18.2. **b** sponsum quoque ad iniuriarum actionem ~ittendum puto ULP.*dig.*47.10.15. 24; (*w.* contra) patronus contra ea bona liberti omnino non ~ittitur 38.2.3.6.

9 To admit (to a position, status, or condition). **b** to include in a class or category; (of a term) to include.

qui..serius honores adamauerunt, uix ~ittuntur ad eos CIC.*Ac.*2.13; horum in numero nemo ~ittebatur NEP.*Lys.* 1.5; Iouis arcanis Minos ~issus HOR.*Carm.*1.28.9; hoc scire qui potest nisi interius ~issus? SEN.*Dial.*7.13.3; hominem peregrinum inter cultores ~ittere PETR.127.3; nondum prouinciis ad hoc munus ~issis PLIN.*Nat.*33.30; qui ~ittitur socius ULP.*dig.*17.2.19; (*cf.*) diuitias aliquis ad summum bonum ~ittit SEN.*Ep.*81.31;—(*w. place as subj.*) non omnes curia ~ittit 44.2. **b** neutrum (apium) ad cibos ~ittendum PLIN.*Nat.*20.113; in quibus dolus eius ~itti potest POMPON. *dig.*17.2.40;—licet nomen filiorum ~ittit et ipsum ULP.*dig.*26.2.16.3.

10 To permit, allow, sanction (an act, action, occurrence, or the like). **b** (of omens). **c** to agree to (an arrangement or offer), accept, receive.

quod cauere possis stultum ~ittere est TER.*Eu.*761; fere iudices..si qua in eum lis capitis inlata est, non ~ittunt CIC.*Clu.*116; in eo, quod semel ~issum coerceri reprimique non potest *Fin.*1.2; ~ittitis exemplum TAC.*Hist.*1.30;—(*w. pred.*) confessum ueneficium..non ~ittendum inpunitum uidebatur GEL.12.7.4;—(*of a law*) sententiam, quam leges nostrae non ~ittunt PAPIN.*dig.*26.2.26; (*w.* ut) uerba ~ittunt, ut possit ULP.*dig.*38.17.1.10. **b** quouis ~ittunt aues PL.*As.*259; cum..sacellorum exaugurationes ~itterent aues LIV.1.55.3; 4.18.6. **c** ut..'gratiosus' (dici potest) et qui adhibet gratias et qui ~ittit GEL.9.12.1; antequam legatarius ~ittat legatum GAIUS *Inst.*2.200; qui non ~ittit satisfactionem ULP.*dig.*20.6.6.1.

11 To allow the existence or use of, admit, endure, tolerate; (of things) be susceptible of, admit of; to yield to (treatment). **b** to allow the simultaneous existence of, be compatible with.

solacia tanti perdit Roma mali, nullos ~ittere reges LUC. 8.355; nullas ~ittant gemmas (*sc. in signet-rings*) PLIN. *Nat.*33.23; dum ~ittere auocamenta..possit PLIN.*Ep.*8.5.3; si uerum ~ittimus JUV.3.171;—neque ~ittunt excessus aut orationes (libelli) PLIN.*Nat.*pr.12; QUINT.*Inst.*9.2.5; quae meritoria somnum ~ittunt? JUV.3.235; ULP.*dig.*47.11.9;—id, quod ex spiritu uitium est, medicinam non ~ittit CELS. 7.14.4. **b** calorem..qui horrorem non ~ittit CELS.3.12.4; uirtus malam uitam non ~ittit SEN.*Dial.*7.7.2.

12 To incur (guilt, disgrace).

ne ~ittam culpam, ego meo sum promus pectori PL.*Trin.* 81; commissum facinus et ~issum dedecus confitebor CIC. *Fam.*3.10.2; CAES.*Civ.*3.64.3; PROP.4.8.73; LIV.31.46.11; (*w.* in se) qui homo culpam ~isit in se PL.*Aul.*790; TER.*Ph.* 270.

13 To become guilty of, commit, perpetrate. **b** (of inanim. subj.) to be the cause of.

quom multos multa ~isse acceperim inhonesta propter amorem PL.*Mil.*1287; quid ego tantum sceleris ~isi miser? TER.*Hau.*956; si..fraudem capitalem ~isit CIC.*Rab.Perd.* 26; facinore ~isso CAES.*Gal.*7.42.4; SAL.*Jug.*53.7; HOR.*S.* 2.3.212; ~isso..adulterio PROP.2.29.38; LIV.3.59.3; 29.15. 13; nihil ~isi, nulla est mea culpa, Tomitae OV.*Pont.*4.14.23; quae puellaribus annis stuprum cum Lepido..~iserat TAC. *Ann.*14.2; (*w. adv.*) nequid ob ~issum foede LUCR.5.1224;—(*ellipt.*) quid erat cur Milo non dicam ~itteret, sed optaret? CIC.*Mil.*34;—(*absol.*) si tamen ~ittas, sit precor illa leuis TIB.1.6.56;—(*w.* in+*acc.*) si quid scelerate in fratrem ~isi LIV.40.15.9; CURT.7.6.15; (*cf.*) omnem dolum, quicumque in hanc rem ~issus est ULP.*dig.*50.16.69; (*w.* in se) ut nequid turpe ciuis in se ~itteret TER.*Ph.*415; CIC.*Mil.*103; CAES. *Gal.*3.9.3; (*cf. w. sense 6*) multatas..mulieres refert non minus, si uinum in se, quam si probrum et adulterium ~isissent GEL.10.23.3. **b** etiamsi fortuitus casus ~isit incendium ULP.*dig.*19.2.11.1.

14 To let go, release, give rein to. **b** to direct, send (to).

in Postumium..equum infestus ~isit LIV.2.19.6; 25.19.3; uidimus..Psyllos in certamen e patinis candefactis ~ittentes (rubetas) PLIN.*Nat.*25.123; multi podagris..~ittendas (hirudines) censuere..interemit..Messalinum (adfixum caput hirudinis) cum ad genu ~isisset 32.123; FRO.*Aur.*1. p.172(57N); (*refl.*) ubi se uentis ~iserat unda coortis OV. *Met.*11.152. **b** nec metuunt oculos alieno ~ittere caelo *Aetna* 86; lucus..sublimis..stabat et ~issum caelo nemus STAT.*Ach.*1.594.

admixtiō ~ōnis, *f.* [ADMISCEO+-TIO] Admixture.

in hac (terra) species non minus sunt multae quam in illa communi propter ~ones Var.*R*.1.9.2; summa pars caeli.. suum retinet ardorem tenuem et nulla ~one concretum Cic.*N.D*.2.117; *Sen*.80; Apul.*Soc*.10.

admoderātē, *adv.* [next+-E] Conformably (to).

humanis rationibus ~ tempora mutare annorum Lucr. 2.169.

admoderor ~ārī, *intr.* (dub.) [AD-+MODEROR] (app. w. dat.) To control.

nequeo hercle equidem risu ~arier Pl.*Mil*.1073.

admodum, *adv.* [AD+MODVS]

1 (w. vbs.) To a great extent, in a high degree, very much, greatly.

inridere ne uideare et gestire ~ Pl.*Mos*.812; qui hac ipsa eius subtilitate ~ gaudeant Cic.*Brut*.64; quae huic ~ profuerunt *Mur*.38; ab eo laus..non ~ expectabatur *Luc*.2; qua in re ~ fuit militum uirtus laudanda Caes.*Gal*.5.8.4; ne se ~ animo demitterent 7.29.1; eae litterae quamquam.. ~ mouerunt senatum Liv.23.28.1; cum parere uirilem sexum ~ cuperet Plin.*Nat*.10.154.

2 (w. adjs., advs., etc.) Very, rather, quite. **b** (after a neg.) completely, altogether.

(*w. adjs., pples.*) tristis ~ est Pl.*Men*.622; ~ iratum senem Ter.*Ph*.477; mi ~ causam grauem fore Lucil.903; hominem nobilem, sed ~ stultum Cic.*de Orat*.2.280; *Att*.1.17.8; ~ firmis ramis Caes.*Gal*.7.73.2; Sal.*Jug*.92.7; iam ~ mitigati animi raptis erant Liv.1.10.1; 21.32.5; ~ nimia ubertas Col. 4.21.2;—(*w.* pauci, *etc.*) praeter ~ paucos Cic.*Top*.3; neque ..ii ~ sunt multi Nep.*Reg*.1.1; Liv.8.13.4; ita ut paruo ~ plures caperentur 10.45.11; Sen.*Dial*.10.7.7; Tac.*Ann*. 13.39; (*w. superl.*) paucissima ~..uerba Fro.*Aur*.1.p.6 (63N); —(*w. advs.*) uiaticati..~ aestiue sumus Pl.*Men*.255; ~ sero Cic.*Att*.13.32.3; raro ~ *Luc*.14; (*w.* quam) ex amore hic ~ quam saeuos est Pl.*Am*.541; Gel.19.9.10; (*w. superl.*) elocutio..quae maxime ~ oratori adcommodata est *Rhet.Her*.4.17. **b** me non esse uerborum ~ inopem agnosco Cic.*Fam*.4.4.1; quibusdam, et iis quidem non ~ indoctis *Fin*.1.1; (*cf.*) nec sequitur nos nisi necessarius ~ numerus libellorum Larg.pr.p.6,l.6.

3 (w. *nihil, nullus*) At all, absolutely, whatever.

cum..alter nihil ~ scripti reliquisset Cic.*de Orat*.2.8; Liv. 5.14.6; equestris pugna nulla ~ fuit Liv.23.29.14; neque nuntiari ~ ulla prodigia in publicum 43.13.1; Quint. *Inst*. 9.2.44; Gel.19.12.7.

4 (w. ages, also other amounts, stages, etc.) Completely, altogether, quite.

hic ~ adulescentulust Pl.*Trin*.366; Naev.*com*.26[1]; cum iam ~ esset senex Cic.*Orat*.176; Nep.*Ham*.1.1; puellam ~ Liv.39.12.6; ~ iuuenem Vell.2.2.3; Tac.*Ann*.4.13;— ~ meorum maerorum..summam edictaui tibi Pl.*Epid*.104; exacto ~ mense Februario Liv.43.11.9.

5 (w. numbers): **a** Not less than, fully, quite. **b** not more than, only.

a turres ~ centum xx excitantur incredibili celeritate Caes.*Gal*.5.40.2; sex milia hostium caesa, quinque ~ Romanorum Liv.22.24.14; equites, mille ~ Curt.4.12.6. **b** mille ~ equites praemiserat: quorum paucitate Alexander explorata..Aristona..inuehi iussit Curt.4.9.24.

..**6** (in replies) Very, quite, extremely, precisely.

bellan uidetur specie mulier? — ~ Pl.*Bac*.838; nempe equo ligneo per uias caerulas estis uectae? — ~ *Rud*.269; itane patris ais aduentum ueritum hinc abiisse? — ~ Ter. *Ph*.315; nobis genera et praecepta restant. — ~ Cic.*Part*. 68; *Leg*.3.26.

admoeniō ~īre ~iuī ~ītum, *tr.* [AD-+MOENIA+-O[3]] **a** To bring (a siege-engine) into operation. **b** to lay siege to, besiege (a place).

a (*fig.*) quot illi blanditias, quid illi promisi boni, quot ~iui fabricas, quot fallacias in quaestione! Pl.*Cist*.540. **b** (*in fig. phr.*) hoc ego oppidum ~ire ut hodie capiatur uolo Pl.*Ps*.384; 585[a].

admōlior ~īrī ~ītus, *tr., intr.* [AD-+MOLIOR]

1 (intr., w. *ut*) To struggle or exert oneself (to).

ad hirundininum nidum uisa est simia ascensionem ut faceret ~irier Pl.*Rud*.599.

2 (tr.) To put (one's hand on an object or to a task). **b** to lay violent (hands) on.

nec Psyche manus ~itur inconditae illi et inextricabili moli Apul.*Met*.6.10; siquis uspiam repperiretur alius sanctissimae imagini regis manus ~itus *Fl*.7. **b** ubi sacro manus sis ~itus Pl.*As*.570; Apul.*Met*.1.10.

admoneō ~ēre ~uī ~itum, *tr.* Also **amm-.** [AD-+MONEO]

1 To give a reminder to (a person) about (something), remind (of or that). **b** (of things) to stir the memory of (a person) about (something), put in mind of. **c** to give a reminder of. **d** to prompt (a speaker).

~itum uenimus te, non flagitatum Cic.*de Orat*.3.17; *Fam*. 15.4.11; bene me ~et domina mea Petr.66.5; (*poet.*) dies simul et suus ~et omnes V.Fl.5.12;—(*w. internal acc.*) quae ..hic ~endum esse modo putaui Var.*L*.5.6; Cic.*Fam*.5.8.5; —(*w.* de) *Att*.5.1.3; quantulum istud est de quo aediles ~ent! Tac.*Ann*.3.54;—(*w. gen.*) ~itus huius aeris alieni Cic.*Top*.5; ~ebat alium egestatis, alium cupiditatis suae Sal.*Cat*.21.4; Tib.1.5.40; Liv.1.47.7; Stat.*Theb*.8.36; ueterum recentiumque ~ens Tac.*Hist*.3.24;—(*w. acc. and inf.*) ~emus ciues nos eorum esse Liv.4.3.3; 24.9.2;—(*w. indir. qu.*) 10.22.5; quid possit, ab illo ~ita est Ov.*Met*.6.621;—(*absol. or ellipt.*) quid si ~eam? Pl.*Per*.724; comes ~uit Verg.*A*.6.538; (*perf. pple. as sb.*) quae quoniam ~itus perspicere potest omitto Var.*L*.8.55. **b** ipse dies me ~ebat Cic.*Fam*.2.11.2; [Ov.]*Ep.Sapph*.104; (*poet.*) ~itaeque tument gustato sanguine fauces Luc.4.241;—(*w. internal acc.*) eam rem nos locus ~uit Sal.*Jug*.79.1;—(*w.* de) quoniam de moribus ciuitatis tempus ~uit Sal.*Cat*.5.9;—(*w. gen.*) nomen..quod possit equorum ~uisse Ov.*Met*.15. 543; uitiorum..corporalium, quae subinde ~ent sui Sen.*Ep*. 53.5; (*w.* ut+*subj.*) quae mentio piscinarum ~et, ut paulo plura dicamus Plin.*Nat*.9.167; Tac.*Hist*.2.99;—(*w. indir. qu.*) renouat lectus..Alcyonae lacrimas et quae pars ~et absit Ov.*Met*.11.473; Vell.2.55.1; (*absol.*) quoniam scorpio ~uit Plin.*Nat*.28.24. **c** cum memor ante actos..dolor ~et annos [Tib.]3.7.189; ~itus refricatur amor Ov.*Rem*.729. **d** et ~eri et ad libellum respicere uitiosum Quint.*Inst*.11. 2.45.

2 To give advice to, make a recommendation or suggestion to, advise, urge, bid. **b** (of things) to prompt, admonish (about what one ought to do).

tu me ~uisti recte Pl.*Men*.1092; etiam summi gubernatores in magnis tempestatibus a uectoribus ~eri solent Cic.*Phil*.7.27; *B.Alex*.23.1; non sum is..qui non existumem ~endos duces esse Liv.44.22.11; Ov.*Pont*.3.6.51;—(*w. internal acc.*) illud ~emus..ridiculo sic usurum oratorem ut ..Cic.*Orat*.88;—(*w.* de) putaui ea de re te esse ~endum *Fam*.4.10.1;—(*w.* ut, ne) quod me ~es ut scribam illa Hortensiana *Att*.4.6.3; Liv.22.60.7; ~eo, ueniat ne quis ad illa (sacra) loquax Ov.*Ars* 2.608; (*w. subj.*) hunc ~et iter caute..faciat Caes.*Gal*.5.49.2; *CIL* 9.2438.4;—(*w. inf.*) Cic.*Cael*.34; latices..inferre recentes ~eo Ov.*Met*.3.602; —(*w. gd.*) regrediendumque citra Bodotriam..~ebant Tac. *Ag*.25.3;—(*w. indir. qu.*) gaudet se ab amicis quid respondeat ~eri Cic.*Har*.17; Tac.*Hist*.4.7;—(*absol. or ellipt.*) pulchre ~uisti Pl.*Mil*.537; Verg.*Ecl*.6.4. **b** si qui me forte locus ~uerit Cic.*de Orat*.3.47;—(*w.* ad+*gdve.*) nullo somnio ad thensaurum reperiendum ~entur *Div*.2.134;—(*w.* ut, ne) (signum) ~et, ut mandent mortales semina terris *Arat*.275 (41); haec L. Pauli humanitas ~et me ne de Cn. Pompei clementia taceam V.Max.5.1.9; Tac.*Ann*.3.25;—(*w. indir. qu.*) ubi..eis utare, quaestiones ipsae te ~ebunt Cic.*Top*. 41; *Leg*.3.47;—(*w. inf.*) ut eum suae libidines..facere ~ebant *Ver*.1.63; Verg.*G*.4.187;—(*absol. or ellipt.*) ~ebat ..desiderium usus Liv.6.4.6; Tac.*Ann*.15.45.

3 To warn (of dangers, etc.), caution, admonish. **b** (of things). **c** to provide a warning or lesson to (by one's actions).

ego..incautior fuissem, nisi a te ~itus essem Cic.*Fam*. 9.24.1; Nep.*Paus*.5.1; Phlegyasque miserrimus omnis ~et Verg.*A*.6.619;—(*w. internal acc.*) ridiculumst istuc me ~ere Ter.*Hau*.353; ~ent quiddam quod cauebimus Cic.*Phil*. 1.28; —(*w. final cl.*) ne in unius imperium res recidat ~emur *Har*.54; a multis..~iti sumus ut caueremus ne exciperemur a Caesare *Att*.8.11d.3;—(*w. inf.*) ~et attonitam fidus meminisse Creontis altor Stat.*Theb*.12.278. **b** proximi diei casu ~iti Caes.*Civ*.2.14.6;—(*w.* ut, quo, ne) annus ..octogesimus ~et me ut sarcinas conligam Var.*R*.1.1.1; quibus non frangebantur animi inimicorum Caesaris sed ~ebantur quo maiores pararent necessitates Hirt.*Gal*.8. 53.2; Ov.*Met*.2.565;—(*w. inf.*) nostrique detrimento ~entur..stationes disponere Hirt.*Gal*.8.12.7; Ov.*Met*.6.150. **c** a quo ~iti diligentius..caueamus Antonium Cic.*Phil*. 11.10; ne Parthi quidem saepius ~uere Tac.*Ger*.37.3.

4 To draw the attention of (a person) to (a fact), apprise of, inform, advise (that). **b** (of things). **c** (w. indir. qu.) to raise the question, call attention to the problem (how something is to be done).

quoi si qua re consulere aliquid possum, cupio a te ~eri Cic.*Att*.11.25.3;—(*w. internal acc.*) ~et..illud..in Phalacrum..non posse animaduerti *Ver*.5.105; Liv.3.4.1; sitque uersibus hoc paucis ~uisse satis Ov.*Tr*.5.13.32; (*w.* de) de multitudine quoniam quod satis esset ~ui Var.*L*.6.40;—(*w. gen.*) ~ita..erroris V.Max.4.7.ext.2; Apul.*Met*.5.7;—(*w. acc. and inf.*) ~uimus esse causas conplures, in quas plures constitutiones..adcommodarentur *Rhet.Her*.2.2; Cic. *Ver*.2.36; Verg.*A*.6.293; Tac.*Ann*.4.52;—(*w. indir. qu.*) humanis quae sit fiducia rebus ~et Verg.*A*.10.153; (*absol. or ellipt.*) quorum nihil oportere exquisitis rationibus confirmare, tantum satis esse ~ere Cic.*Fin*.1.30. **b** qui auibus et signis ~iti futura dicebant Cic.*Div*.1.88;—(*w. acc. and inf.*) uirtus, quae..~et non cum uitae tempore esse dimittendam commemorationem nominis nostri *Arch*.29; Lucr.3.1040; quo facto est ~itus Ganymedes posse nostros aqua intercludi *B.Alex*.5.3;—(*w. indir. qu.*) meus..me sensus, quanta uis fraterni sit amoris, ~et Cic.*Fam*.5.2.10; *Tusc*.5.102. **c** ~ente dispensatore, quem ad modum summam rationibus uellet inferri Suet.*Ves*.22.1.

5 To admonish, chide, rebuke. **b** to chastise, correct (a person). **c** to urge on, stimulate (a beast).

me patris Anchisae..~et in somnis et turbida terret imago Verg.*A*.4.353; fidus comes ~et ambas: 'heia agite inceptum potius!' Stat.*Theb*.12.405. **b** digna uisa est quae flagro ~eretur V.Max.1.1.6; liberos..~ere etiam uerberibus Sen.*Cl*.1.14.1; *Dial*.2.12.3. **c** telo ~uit biiugos Verg.*A*.10.587; uerberibus muta ~entur Sen.*Ep*. 47.19; Col.2.2.26.

6 (w. *ad* or *in*+acc.) To summon (to).

multos..et in consilium et ad aleae lusum ~eri iussit Suet.*Cl*.39.1.

7 (app.) To invoke the aid of, appeal to.

Oeagri claro de sanguine uates (*sc.* Orpheus) ~ita genetrice refert casus V.Fl.4.349.

admonitiō ~ōnis, *f.* [prec.+-TIO]

1 The act of reminding or that which reminds, a reminder; (spec.) a cautionary reminder. **b** (med.) a reminder (of disease), recurring symptom.

tanta uis ~onis inest in locis Cic.*Fin*.5.2; excidentes ⟨sensus⟩ unius ~one uerbi in memoriam reponuntur Quint. *Inst*.11.2.19; (*w. gen.*) quia communicatio consili..quasi quaedam ~o uidetur esse offici Cic.*Fam*.5.19.2; Sen.*Ep*. 69.2; (*also w. acc. and inf.*) Plin.*Nat*.21.2;—utilis similium ~o est Quint.*Inst*.5.11.8. **b** quamuis sanatos ~onem eorum (morborum) sentire Plin.*Nat*.24.158; si qua ~o doloris supersit 25.88.

2 The making of a recommendation or suggestion, advice, warning; also, instruction. **b** an act of rebuking, reproof, admonishment.

huic similis est etiam ~o in consilio dando familiaris Cic. *de Orat*.2.282; *Fam*.1.1.2; *Div*.1.55; grata ea patribus ~o fuit Liv.29.16.3; Sen.*Ep*.94.25; (*w. subj. gen.*) nihil offensus libera ~one tam clari adulescentis Liv.44.36.12;—cetera ~one magna egent Quint.*Inst*.1.8.4. **b** ~o quasi lenior obiurgatio Cic.*de Orat*.2.339; ~o tua me reprimere..posset Planc.*Fam*.10.4.2; Vell.2.114.3; irascuntur ~oni Quint. *Inst*.2.6.3; alios poena, alios ignominia notauit, plures ~one Suet.*Aug*.39; (*of corporal punishment*) ueluti fustium, ~o Call.*dig*.48.19.7.

3 The act of directing a person's attention (to a fact), the pointing out (of a truth), a statement. **b** a direction to appear in court.

interesse..inter argumentum conclusionemque rationis et inter mediocrem animaduersionem atque ~onem Cic.*Fin*. 1.30; minutae istae ~ones Gel.pr.16. **b** in quibus protelatur ~o Ulp.*dig*.5.1.2.7.

admonitor ~ōris, *m.* [ADMONEO+-TOR] One who reminds.

(ut..) te.., etsi ~ore non eges, ad memoriam nostrarum rerum excitarem Cic.*Top*.5; (*w. gen.*) ~orque operum. Lucifer ortus erat Ov.*Met*.4.664; (*applied to a book*) misi.. ad te quattuor ~ores (*i.e. the Academica of Cicero*) Cic.*Fam*. 9.8.1.

admonitum ~ī, *n.* [pple. of ADMONEO] Advice, a warning.

oratorum officia..praecepta, consolationes, ~a Cic.*de Orat*.2.64.

admonitus ~ūs, *m.* [ADMONEO+-TVS[3]]

1 The act of reminding, a reminder. **b** the act of reminding oneself or being reminded, remembrance.

(*w. subj. gen.*) ut acrius..de claris uiris locorum ~u cogitemus Cic.*Fin*.5.4. **b** mens fugit ~u Ov.*Ep*.9.135; *Met*.14.465; (*w. obj. gen*) flet..~u motus, Elissa, tui *Fast*. 3.612.

2 Advice, recommendation, prompting, instigation; (spec.) moral advice or guidance. **b** an admonition, word of command (given to *an animal*).

~u tuo perfeci sane argutulos libros ad Varronem Cic. *Att*.13.17.2(18); *Leg*.3.13; id..~u C. Triari fecisse dicebatur Caes.*Civ*.3.92.2; Liv.1.48.5; ~u coepi fortior esse tuo Ov. *Pont*.1.3.8; Curt.4.13.25; ~u modestissimi cuiusque Tac. *Hist*.3.81; (*cf.*) ueteris prouerbii ~u uiuorum memini Cic. *Fin*.5.3;— ~u melior fit tamen illa tuo Ov.*Pont*.2.11.14. **b** leui ~u aut tractu inflectit illam feram Cic.*Rep*.2.67.

3 A warning (of danger, etc.).

nullo haruspicum ~u Cic.*Har*.56; terreor ~u Ov.*Fast*. 3.36; (*of a situation which serves as a warning*) ~u ueteris commota ministrae ingemuit *Met*.9.324.

admordeō ~mordēre ~(me)mordī ~morsum, *tr.* [AD-+MORDEO]

1 To bite at, gnaw.

bracchia..sacris ~morsa colubris Prop.3.11.53; ~morsae immurmurat hastae Sil.5.332.

2 To extract money from, fleece.

ut ~memordit hominem! Pl.*Aul*.fr.2; triparcos homines ..bene ~mordere *Per*.267; *Ps*.1125.

admorsus ~ūs, *m.* [prec.+-TVS[3]] A biting at, gnawing.

~u signata in stirpe cicatrix Verg.*G*.2.379; Sil.16.358.

admōtiō ~ōnis, *f.* [next+-TIO] The act of moving towards or on to, application.

ad neruorum eliciendos sonos ad tibiarum apta manus est ~one digitorum Cic.*N.D*.2.150.

admoueō ~mouēre ~mōuī ~mōtum, *tr.* Also **amm-.** [AD-+MOVEO] Forms: *admorunt* Verg.*A*.4.367, Ov.*Ib*.236; *admorat* *Am*.3.8. 38; *admorint* *Pont*.3.7.36; *admosse* Liv.38.45. 3; *ammossent* *CIL* 8.4635.

1 To move (something) near (to), bring into proximity (to) or contact (with). **b** (mil.) to bring or move (scaling ladders, battering rams, etc., up to or against). **c** to put (a weapon, etc.) to (part of somebody's body); also, to move (towards oneself).

erudit ~motas ipse capillus acus Ov.*Am*.1.14.30; si fimo medullam bubulam misceas, et his incensis nidorem ~moueas Col.9.14.2; qui ea uincla ~mouebat Tac.*Ann*.12.47; —(*w. dat.*) talos ne quoiiquam homini ~moueat nisi tibi Pl.*As*.779; Prop.4.8.11; V.Max.7.2.ext.1; oenophorum.. ~motum pedibus Juv.6.427; (*w.* ad) brassicam ..ad nasum ~moueto Cato *Agr*.157.15; Cic.*Ver*.5.27; nocturna ad lumina linum nuper ubi extinctum ~moueas Lucr.6.901; —(*w. adv.*) siue nimis procul remoueris siue uehementer prope ~moueris id ,quod oportet uideri *Rhet.Her*.3.32; (*pple.*

as sb.) alii contuentur longinqua, alii nisi prope ~mota non cernunt PLIN.*Nat.*11.142;—(*in fig. phr.*) (philosophia) lumen ~mouet, quo discernantur ambigua uitae SEN.*Nat.* 1.pr.2. **b** hoc se Auillio tamquam aliqua machina ~mota capere Asuui adulescentiam..posse CIC.*Clu.*36; scalis ~motis CAES.*Civ.*3.63.6; CURT.4.4.10;—(*w. dat.*) Carthagini nunc Hannibal uineas turresque ~mouet LIV.21.10.10; TAC.*Ann.*13.39;—(*w.* ad) hoc opus ad turrim hostium ~mouent CAES.*Civ.*2.10.7; LIV.32.23.6;—(*w.* aduersus) tria (opera)..aduersus Pyrrheum..~mouit 38.5.2. **c** (*w. dat.*) ~moui iugulo tela paterna tuo OV.*Ep.*14.48; cum mucronem gladii eius..sinistrae ~mouisset mamillae VELL. 2.70.5; TAC.*Ann.*11.38;—(*w.* ad) aspide ad corpus ~mota CIC.*Rab.Post.*23;—inclusum capulo tenus ~mouet ensem STAT.*Theb.*2.534.

2 To move, lead, or guide (persons or animals) towards.

(*w. dat.*) ~mouitque pecus flagrantibus aris VERG.*A.*12. 171; equiti ~moti equi LIV.2.20.12; OV.*Met.*10.463; pratis.. matres (oues) ~mouendae sunt COL.7.3.19; Creon Adrastida leto ~mouet STAT.*Theb.*12.679; TAC.*Ann.*13.54; (*of the wind*) ubi..te ~mouerit orae uentus VERG.*A.*3.410;—(*w.* ad) errantem..adr ectum iter ~mouere SEN.*Dial.*3.14.3; —(*w.* in+*acc.*) ~mouere..in solem aegrum oportet CELS. 4.6.4;—(*w. adv.*) huc..~moue (tauros) SEN.*Oed.*334;—(*absol.*) ~motas hostias TAC.*Ann.*2.69;—(*refl. or pass. in refl. sense*) amotis..ceteris ~mouisse semetipsos lateri suo CURT.7.1.14; Vlixes ~motus lateri STAT.*Ach.*1.867; (*cf.*) gressus ~mouit *Theb.*11.560;—(*fig.*) haec (*sc.* ius fasque) cedo ut ~moueam templis PERS.2.75;—(*w. abst. sub.*) cum tibi sol tepidus pluris ~mouerit auris (*i.e. hearers*) HOR.*Ep.* 1.20.19; admouit iam bruma foco te, Basse, Sabino? PERS. 6.1.

3 (mil.) To move up, bring up (troops, etc.). **b** to bring up (aid), call upon (resources).

exercitu..~moto SAL.*Hist.*1.77.10; LIV.29.35.7; ~motae ..alae LUC.2.466; ~motis sagittariis TAC.*Ann.*2.17;—(*w.* ad) ut ex Vaticano exercitum ad Clusium ~moueant LIV. 10.27.5; fluuium..~mouit LIV.26.10.3;—(*w.* in+*acc.*) in eundem locum rex copias ~mouit 42.57.10;—(*w.* prope) dum ne propius urbem Romam cc milia ~moueret (exercitum)? CIC.*Phil.*6.5; cum propius oppidum copias ~mouisset *B.Afr.*51.3;—(*w. acc. of place*) ut Capuam exercitum ~moueret LIV.24.12.2;—(*w. dat.*) si..Carthagini exercitum ~moueat 29.23.10; V.FL.3.502;—(*w. adv. or adv. phr.*) eodem et dictator alia parte copias ~mouet LIV.4.29.2; usque eo legiones ~mouendas ut..HIRT.*Gal.*8.14.3;—(*absol. or ellipt.*) iam ~mouebat rex CURT.9.4.27. **b** si uolebas rogare, ~mouisses propinquos, amicos, maiorum imagines SEN.*Con.*2.3.6; elephantis aliis ~motis, qui tumultuantem catenis coerceant PLIN.*Nat.*8.27.

4 a *aurem ~mouere*, to put one's ear to; (fig.) to give heed to. **b** *ora*, etc., *~mouere*, to bring the lips, etc., into contact with; also w. *ubera*, etc. **c** (w. *manum*, etc.) to stretch out (the hand, etc.) towards. **d** (fig.) *manus* (*manum*) *~mouere*, to lay hands upon, use violence towards; also, to set one's hand to (a task).

a (*w. dat.*) foraminibus et rimis aurem ~mouent TAC. *Ann.*4.69;—temptabam spirarent an non. — aurem ~motam oportuit PL.*Mil.*1336; TER.*Ph.*868; aure ~mota sonitum fodientium captabant LIV.38.7.8;—pecudis esse, non hominis..non ~mouere aurem CIC.*de Orat.*2.153. **b** nec dum illis (*sc.* poculis) labra ~moui VERG.*Ecl.*3.43; ut.. oscula..~moueam OV.*Met.*10.344; cum plagis omnino ne ferarum quidem ~moueri ora mos sit humanus PLIN.*Nat.* 28.4;—(*in fig. phr.*) ~moram fontibus ora, unde pater sitiens Ennius ante bibit PROP.3.3.5;—genuit te..Caucasus Hyrcanaeque ~morunt ubera tigres VERG.*A.*4.367; FLOR.*Epit.* 1.1(1.1.3). **c** laeuam manum ~mouerat CIC.*Luc.*145; PROP.1.3.16; religiose ~mouentes manus LIV.5.22.4; ~motaque dextera dextrae OV.*Pont.*4.7.43; lacrimas ~moto pollice siccat *Met.*9.395; ~motis tepefecit pectora pennis STAT.*Silv.*1.2.104; (*cf.*) ~moto latrant praecordia tactu 2.1.13. **d** ~mouent manus uectigalibus populi Romani CIC.*Agr.*1.11; si..manus..uestras non horrebitis ~mouere nobis CATUL.14[b].3; nunquam deos ipsos ~mouere nocentibus manus LIV.5.11.16;—quibus Nicias manum ~mouisset PLIN.*Nat.*35.133; ruderibus purgandis manus primus ~mouit SUET.*Ves.*8.5;—artifices natura manus ~mouit OV.*Met.* 15.218.

5 (oft. in fig. phrs.) **a** To apply (a light, fire, etc., to). **b** (w. *calcar, stimulum*) to apply (a spur) to; (also) to apply (a sting) to.

a ignem ~mouit QUAD.*hist.*81; an faces ~mouendae sunt quae excitent tantae causae indormientem? CIC.*Phil.*2.30; dolorum cum ~mouentur faces *Off.*2.37; OV.*Fast.*4.706; TAC.*Ger.*45.8;—(*w. dat.*) cum..quasi faces ei doloris ~mouerentur CIC.*Tusc.*2.61; nec nos sacrilegos templis ~mouimus ignes [TIB.]3.5.11. **b** uentus..calcar ~mouere VAR.*Men.* 472; quasi calcar ~mouet intercessisse se pro iis magnam pecuniam CIC.*Att.*6.1.5; tantos pudor stimulos ~mouit LIV. 7.15.3; equum conscendit eumque uehementer ~motis calcaribus praecipitem in illud profundum egit V.MAX.5.6.2; —(*w. dat.*) quos stimulos ~mouerit homini CIC.*Sest.*12; TAC.*Hist.*5.16; JUV.10.329;—(res, quas malas esse opinemur) lacerant, uexant, stimulos ~mouent CIC.*Tusc.*3.35.

6 a To apply (medicaments) (also w. abst. obj.). **b** to bring (instruments of punishment) into operation, apply, inflict (torture, etc.). **c** to bring into operation, apply (any kind of treatment or behaviour).

a tempestiuam medicinam ~mouens CIC.*Tusc.*3.76; animam ~motis fugientem sustinet herbis OV.*Met.*10.188; cucurbitulam ~mouere a diuersa parte CELS.5.26.21; SEN. *Dial.*5.39.4;—(*w. dat.*) (laser)..~mouetur uuluae ad menses ciendos PLIN.*Nat.*22.101;—(*w.* ad) (lignum) ad dentem, qui doleat, ~moueri remedio esse produnt 28.45; —ad eum ~mouenda curatio CIC.*Tusc.*4.61; OV.*Ep.*11.43; ut..frictio ~moueretur lenis CELS.3.18.14. **b** cum ignes ardentesque laminae ceterique cruciatus ~mouebantur CIC.*Ver.*5.163; tormentis ~motis CURT.6.11.31; uerberibus ~motis SEN.*Dial.*1.4.11;—(*w. dat.*) ut ~moueri sibi catenas uidit SEN.*Con.*10.5.4;—(*in fig. phr.*) tu (*sc.* testa) lene tormentum ingenio ~moues plerumque duro HOR.*Carm.*3.21. 13. **c** (*w. dat.*) nihil..efficient monitiones ~motae grauibus uitiis SEN.*Ep.*94.24; nec nisi ualidae (uiti) putatio ~mouenda PLIN.*Nat.*17.207; nil tale timenti ~mouet insidias STAT.*Ach.*1.568;—prius..quam uim ~moueret LIV. 43.18.6; PLIN.*Ep.*5.16.11.

7 a To bring (fear, etc.) to bear upon, supply (an emotion). **b** to bring (speech, flattery, etc.) to bear upon, employ, avail oneself of. **c** to bring (one's mind, etc.) to bear upon, apply (one's thoughts) to.

a metus tormentorum ~motus LIV.27.43.3; his ubi promissis spes est ~mota recursus OV.*Met.*11.454; Venus ~mouet iras STAT.*Theb.*5.158;—(*w. dat.*) populationibus agri terror est oppidanis ~motus LIV.6.10.3. **b** ita certum uocis ~mouebit sonum CIC.*Orat.*55; cur ~mouet..alter blanditias, rapta silet altera lingua? OV.*Met.*6.631; *Epic. Drusi* 421;—(*w. dat.*) animis iudicum ~mouere orationem tamquam fidibus manum CIC.*Brut.*200; stultum ~mouere tibi preces existimo PHAED.3.epil.20; SEN.*Nat.*2.37.2;—(*w.* ad) num ~moueri possit oratio ad sensus animorum atque motus uel inflammandos CIC.*de Orat.*1.60. **c** (*w.* ad) adhibete animos, et mentis uestras, non solum auris, ad haruspicum uocem ~mouete CIC.*Har.*20;—(*w. dat.*) Graecis ~mouit acumina chartis HOR.*Ep.*2.1.161; si..curam tuam ~moueris..istis PLIN.*Ep.*2.5.9;—(*pass. as refl.*) an satius esset nullis studiis ~moueri quam his implicari SEN.*Dial.* 10.13.9.

8 To bring to the notice of, put before (the mind).

timor, adsiduus..et extrema ~mouens in audaciam iacentes excitat SEN.*Cl.*1.12.4;—(*w. dat.*) necesse est quae totiens animo suo ~mouent nouissime adfigant SEN.*Con.* 1.pr.18.

9 To promote, advance, raise, elevate (to dignity, etc.).

(*w.* ad) ad omnium spes honorum propius ~motum QUINT.*Inst.*6.pr.13; di..festinauerunt uirtutes tuas ad gubernacula rei publicae..~mouere PLIN.*Ep.Tra.*10.1.1;— (*w.* in+*acc.*) patrem in idem fastigium..~moui CURT. 6.9.22;—(*w. dat.*) ~motam per auorum nomina caelo OV. *Ep.*11.17; STAT.*Silv.*5.1.109; TAC.*Ann.*3.56; (*cf.*) ~mouit propius Neronem Caesari VELL.2.96.1.

10 To place, locate near (with no implication of transference); (pass., of a building) to rise towards. **b** (past pple. as quasi-adj.) situated near (to); (of a building) rising towards (the sky).

(*w.* ad) neque..ad mare ~mouit (urbem Romulus) CIC. *Rep.*2.5;—(*w. dat.*) pondera ferri manibus ~morat (humus) OV.*Am.*3.8.38; *Met.*1.139;—puris leniter ~mouentur astris celsae culmina delicata uillae MART.4.64.9. **b** (*w. dat.*) aedificia non sunt ~mota muris, sed fere spatium iugeri unius absunt CURT.5.1.26; Nilo..(Africa) ~mota tepenti JUV.10.149;—in primis culina uidenda ut sit ~mota VAR.*R.* 1.13.2; STAT.*Theb.*5.19;—~mota aetheriis culmina sedibus SEN.*Phaed.*1128;—(*cf.*) genus ~motum superis SIL.8.293.

11 To bring (a place) near to (another) by the improvement of communications, bring within reach of; to bring within the range of (a faculty). **b** (pass., of territory) to be joined to, coalesce with. **c** to make level with.

disiunctissimas terras..ingenio uelut ~mouere PLIN. *Pan.*25.5;—(*w. dat.*) multum cum pontibus ausus Europamque Asiae Sestonque ~mouit Abydo LUC.2.674; arbore sulcamus maria terrasque ~mouemus PLIN.*Nat.*12.5; STAT. *Silv.*4.3.26; (*cf.*) lucro..India ~mota est PLIN.*Nat.*6.101;— ~mouere oculis distantia sidera nostris OV.*Fast.*1.305. **b** (Pharos) continenti ~mota est (*sc. by enlargement of the continent*) SEN.*Nat.*6.26.1; STAT.*Ach.*1.409. **c** ut primum cumulo crescente cadauera murum ~mouere solo LUC.6.181.

12 To bring (an event) near in time (to a person); to bring (a person) near in time (to an event).

~mouere leti diem CURT.8.9.33; LUC.7.50; ~mota sub morte STAT.*Theb.*5.211;—(*w. dat.*) nec se tormento reseruare, sed arcessere sibi miserias et ~mouere SEN.*Ep.*74.33; fatalem populis..horam ~mouet atra dies STAT.*Theb.*8.376; FORSITAN ET SUPERIS ~MOSSENT SAECULA ⟨LETUM⟩ *CIL* 8.4635; (*cf.*) metuenda propinquant tempora et extremis ~mota pericula metis STAT.*Ach.*1.258;—~motus supremis Claudius TAC.*Ann.*12.66.

13 To move (a person) to (a different occupation).

iste decrepitus et merito ad ostium ~motus SEN.*Ep.*12.3; ~motaque lanis emerita quae cessat acu JUV.6.497.

14 To bring (a person or thing) near to (a specified condition); (also vice versa).

Theopompus regnum..quo longius a licentia retraxit hoc ad beniuolentiam ciuium propius ~mouit V.MAX.4.1.ext.8; ULP.*dig.*48.18.1.1;—posse duces..~motum damnare nefas LUC.5.471.

15 To put in as an addition, add.

quos, si per se aspiciantur, aliquid ruboris habeant, si autem ~motis necessitatis uiribus ponderentur, saeuitiae temporis conuenientia praesidia uideantur V.MAX.7.6.1; JUV.2.148.

admūgiō ~īre, *intr.* [AD-+MVGIO] To low (to).

mollibus in pratis ~it femina tauro OV.*Ars* 1.279.

admurmurātiō ~ōnis, *f.* [next+-TIO] A murmur of comment.

factus est in eo strepitus et grata contionis ~o CIC.*Ver.* 45; o diuina senatus frequentis..~o! 5.41; *Man.*37; tamquam reum accusaui..secundis ~onibus cuncti senatus *Q.fr* 2.1.3.

admurmurō ~āre ~āuī ~ātum, *intr.* Also **~or** ~ārī. [AD-+MVRMVRO] To murmur in comment.

quam ualde uniuersi ~auerint CIC.*Ver.*5.41; *Att.*1.13.2; (*impers. pass.*) cum esset ~atum, 'ah,' inquit 'P.C., non ego mihi illum iniquum eiero' CIC.*de Orat.*2.285; (*dep.*) ad hoc pauci ~ati sunt FRO.*Aur.*1.p.118(21N).

admutilō ~āre ~āuī ~ātum, *tr.* [AD-+MVTILO] To cut close, fleece.

(*in fig. phrs.*) nunc senex est in tostrina..si frugist, usque ~abit probe PL.*Capt.*269; inueni..sycophantiam qui ~etur miles usque caesariatus *Mil.*768; me usque ~asti ad cutem *Per.*829.

adnarrō ~āre, *tr.* [AD-+NARRO] To tell or relate (to).

Pandioniae..uolucres..ueteris..exordia fati ~ant tectis STAT.*Theb.*8.619.

adnascor: see AGNASCOR.

adnatō ~āre ~āuī ~ātum, *intr.* **ann-.** [AD-+NATO]

1 To swim (to or up to).

(*w.* ad) pauci..ad proxima nauigia ~arunt *B.Alex.*20.6; (*w. dat.*) fractae rector si forte carinae litoribus..uacuis.. ~et SIL.10.610; (*poet.*) nec Castaliis altaribus anguis, nec sua pinigero magis ~et umbra Lechaeo STAT.*Theb.*7.97; (*absol.*) illae timore posito certatim ~ant PHAED.1.2.19; GEL.16.19.16.

2 To swim beside or alongside.

hydri marini..~antes terruere classem PLIN.*Nat.*6.98; (*w. dat.*) SEN.*Ag.*452.

adnāuigō ~āre ~āuī ~ātum, *intr.* [AD-+NAVIGO] To sail (to or towards).

quo cum Apelles ~asset PLIN.*Nat.*35.81; (pyramides).. sane conspicuae undique ~antibus 36.76.

adnectō ~ctere, ~xuī ~xum, *tr.* [AD-+NECTO]

1 To tie on, fasten, attach. **b** to tie up, moor (a ship).

perticis inclinatis ex humo ad parietem et in eis trauersis ..perticis ~xis VAR.*R.*3.5.4; funiculo, qui..scapham ~xam trahebat CIC.*Inv.*2.154; LIV.21.28.9; (*of a spider*) circinato orbe subtemina ~ctens PLIN.*Nat.*11.81;—(*w. dat.*) linteo ferreas laminas in modum plumae ~xuerant SAL.*Hist.*4.65; firmaque conducta ~ctit licia telis TIB.1.6.79; SUET.*Otho* 12.1. **b** nauem ut..noctem pauentes timidi ~ctunt nauitae CIC.*Tusc.*2.23.

2 To attach (a limb, organ, or the like to or alongside of).

qua subtilitate pinnas ~xuit (natura) PLIN.*Nat.*11.3;— (*w.* ad) paulo supra quam ad linguam stomachus ~ctitur CIC.*N.D.*2.136;—(*w. dat.*) neque tanto opere ~cti potuisse putandumst corporibus nostris extrinsecus insinuatas (*sc.* animas) LUCR.3.688; spinae ~ctitur (ceruix) PLIN.*Nat.*11. 178; (*cf.*) (morbus) qui quodam rigore neruorum..caput scapulis..~ctit CELS.4.6.1.

3 To connect or link (places). **b** to regard as attached to. **c** to annex (territory).

terra..tenui radice litori ~ctitur MELA 2.5; ~ctitur septima (regio), in qua Etruria est PLIN.*Nat.*3.50; 4.5; medius Mosellae pons, qui ulteriora coloniae ~ctit TAC. *Hist.*4.77. **b** sunt qui et ulteriorem ripam Aethiopiae auferant ~ctantque Africae PLIN.*Nat.*6.177. **c** profectus est saluti his prouinciis, quas..Traianus..imperio Romano ~xuerat FRO.*Ver.*2.p.206(206N).

4 a To attach or connect (to a family). **b** to associate (in an action); to implicate (in a charge).

a pars populi integra et magnis domibus ~xa TAC.*Hist.* 1.4; sanguini Augusti per coniunctionem Agrippinae et Germanici ~xa *Ann.*5.1. **b** in ipso mari ut ~xa classis ..minaci fronte praetenderetur TAC.*Hist.*2.14;—~ctebatur criminum Vibia mater eius *Ann.*12.52.

5 To attach, join to (in speech or writing), add. **b** to connect causally, relate.

CIC.*Top.*54; ingratus qui plura ~cto STAT.*Silv.*3.5.109;— (*w. dat.*) recta quaedam collocatio prioribus sequentia ~ctens QUINT.*Inst.*7.1.1;—(*w. indir. sp.*) simul ~ctebat..relinqueret materiem Drusi fratris gloriae TAC.*Ann.*2.26; ~ctebatque Caecilium..ministrauisse pecuniam 4.28. **b** homo.. rebus..praesentibus adiungit atque ~ctit futuras CIC.*Off.* 1.11.

adnegō ~āre ~āuī ~ātum, *tr.* [AD-+NEGO] (dub.) To refuse, withhold.

deposita ei pecunia ~ata (*v.l.* abn-) est ULP.*dig.*12.3.3.

adnepōs ~ōtis, *m.* [AD-+NEPOS] A great-great-great-grandson.

DIVI NERVAE ~OTI..COMMODO *CIL* 6.992; GAIUS *dig.* 38.10.1.7.

adneptis ~is, *f.* (AD-+NEPTIS] A great-great-great-granddaughter.

GAIUS *dig.*38.10.1.7.

adnexus[1] ~a ~um, *a.* [ADNECTO] (in senses of ADNECTO, esp.) **a** Physically attached, linked, joined, contiguous (to). **b** connected by blood or composition, related. **c** associated with, concerned with.

a Tyros aliquando insula, nunc ~a terris deficit MELA 1.66; TAC.*Ann*.2.64; Sardiniam ~amque Corsicam FLOR. *Epit*.1.18(2.2.15). **b** Abdalonymum, longa..cognatione stirpi regiae ~um CURT.4.1.19; mellis naturae ~a cera est PLIN.*Nat*.22.116. **c** in re parua uillisque nostris ~a PLIN. *Nat*.11.52.

adnexus[2] ~ūs, *m*. [ADNECTO+-TVS[3]] Fastening, attaching; connexion.
manus ferreas et alia ~u idonea inicere SAL.*Hist*.3.35;—~u conubiisque gentium adoleuit floruitque (Cremona) TAC. *Hist*.3.34.

adnictō ~āre, *intr*. [AD-+NICTO] To wink (to).
alii adnutat, alii ~at NAEV.*com*.76; PAUL.*Fest*.p.29M.

adnītor ~tī ~sus or ~xus, *intr*. (*tr*.) **ann-**. [AD-+NITOR[1]]

1 To rest or lean (on), support oneself (with); *genibus ~xus*, kneeling.
(*w*. ad) natura..semper..ad aliquod tamquam adminiculum ~titur CIC.*Amic*.88;—(*w. dat*.) stant longis ~xi hastis VERG.*A*.9.229; (uineae) pedaminibus ~xae COL.5.4.1; ubi Latonam..oleae..~sam edidisse ea numina TAC.*Ann*.3.61;—finge accusatorem eius..opem genibus ~xum orasse V.MAX.5.3.3.

2 To exert oneself, try one's hardest. **b** to work (in support of a person or policy).
~timini mecum et capessite rem publicam SAL.*Jug*.85.47; summis ~xus uiribus urget VERG.*A*.5.226; LIV.2.52.4; 27.34.15; SIL.2.123; APUL.*Apol*.98; (*w. advl. acc*.) quod ego..~tar PLIN.*Ep*.6.18.1;—(*w*. ad+*gdve*.) omnes undique ~si ad restituendam pugnam LIV.10.36.12;—(*w*. aduersus) aduersus quam actionem..patres summa ope ~si sunt 4.43.5;—(*w*. de) nisi Bibulus..~teretur de triumpho, aequo animo essem CIC.*Att*.6.8.5;—(*w*. ut) ~tier lucrum ut perenne uobis semper suppetat PL.*Am*.13; LIV.22.58.3;—(*w*. ne) ne ab altera parte prius uictoria incipiat ~tuntur 10.19.18;—(*w. inf*.) ipsas expugnare quaestiones omni ope ~si sunt 9.26.15; TAC.*Hist*.1.47. **b** Piso in citeriorem Hispaniam quaestor pro praetore missus est ~tente Crasso SAL.*Cat*.19.1; onerum..finem aut modum orabant, ~tente principe TAC.*Ann*.12.63.

3 (w. acc.) To strive to obtain.
multaque armatorum milia..uictoriam tibi ~tuntur et adiuuant FRO.*Ver*.2.p.130(120N); in concordia ~tenda GEL. 2.12.5.

adnixus ~a ~um, *a*. [prec.] Vehement, strenuous.
oculos Fotidis meae..~is et sorbillantibus sauiis sitienter hauriebam APUL.*Met*.3.14.

adnō ~āre ~āuī, *intr*., (*tr*.) **ann-**. [AD-+NO]

1 To swim (to or towards), approach or reach by swimming.
(*w. acc*.) pauci milites..qui..nauis ~are possent CAES. *Civ*.2.44.1;—(*w. dat*.) paulatim ~abam terrae VERG.*A*. 6.358; multi..~antes nauibus..foede interierunt LIV.28. 36.12;—(*w*. ad) ubi saepe ad litus solitum ~auit (delphinus) GEL.6(7).8.7;—(*in fig. phr*.) plures ~abunt thynni HOR.*S*. 2.5.44.

2 To sail (to or towards): **a** (of persons). **b** (of ships). **c** (of goods) to be brought by sea.
a huc pauci uestris ~auimus oris VERG.*A*.1.538; 4.613. **b** incipient aliquae tamen huc ~are carinae OV.*Tr*.3.12.31; SIL.14.354. **c** quod ubique genitum est ut ad eam urbem ..possit ~are CIC.*Rep*.2.9.

3 To swim alongside or near, to frequent the sea (near).
equites..altiores inter undas ~antes equis tramisere TAC. *Ann*.14.29;—Trogodytae..ad quos ~ant, (testudines) ut sacras adorant PLIN.*Nat*.9.38.

adnōdō ~āre ~āuī ~ātum, *tr*. [AD-+NODO] To cut (a shoot) right back, cut off flush.
COL.4.11.4; hunc..(palmitem)..diligenter..amputant, et ~ant 4.24.10.

adnōminātiō ~ōnis, *f*. [AD-+NOMINATIO] Punning, a pun.
hae sunt ~ones, quae in litterarum breui commutatione aut productione aut transiectione..uersantur *Rhet.Her*.4. 29; παρονομασία, quae dicitur ~o QUINT.*Inst*.9.3.66.

adnoscō: see AGN-.

adnotāmentum ~ī, *n*. [ADNOTO+-MENTVM] A note or comment.
multam..locutionum talium copiam offendimus atque his uulgo ~is inspersimus GEL.1.7.18; 17.2.1.

adnotātiō ~ōnis, *f*. [ADNOTO+-TIO]

1 The writing or making of notes. **b** a note or comment.
in hoc genere prorsus recipio hanc breuem ~onem libellosque qui uel manu teneantur QUINT.*Inst*.10.7.31. **b** a te librum meum cum ~onibus tuis exspecto PLIN.*Ep*.7.20.2; GEL.pr.3; calumniosa est..illa ~o posse legari seruo et quamdiu seruiat PAUL.*dig*.31.1.82.2.

2 A notice, intimation. **b** notice, attention.
annus exinde computandus est, ex quo ea ~o..publice innotuit MACER *dig*.48.17.4. **b** dignum ~one est quod aquam non nisi ex castello duci permittit FRON.*Aq*.106.

3 Symbolization.
manifestum est eam (*sc*. notam) sedeciens ducendam ex ~one denarii MAECIAN.*iur*.63.

adnotātiuncula ~ae, *f*. [prec.+-VNCVLA] A short note.
cum finem proposuerimus ~is istis bellum Poenorum secundum GEL.17.21.50; 19.7.12.

adnotātor ~ōris, *m*. [ADNOTO+-TOR] One who makes notes.
non..spectator ~orque conuiuis tuis immines PLIN.*Pan*. 49.6.

adnotātus[1] ~ūs, *m*. [ADNOTO+-TVS[3]] Noting, notice.
~u dignum illud..omen V.MAX.1.5.9; 9.12.ext.1.

adnotātus[2] ~ī, *m*. [pple. of next] A person officially announced as 'wanted'.
praescriptio..uiginti annorum, quae etiam circa requirendorum ~orum bona obseruatur CALL.*dig*.49.14.1.3.

adnotō ~āre ~āuī ~ātum, *tr*. [AD-+NOTO]

1 To note (in writing), put on record, state. **b** (transf., of records).
in Q. quoque Considio..liberalitas ~ata est V.MAX.4.8.3; PLIN.*Nat*.18.271; quae libitum erat..promisce ~abam GEL. pr.2;—(*w. acc. and inf*.) ~atum..minus uirium esse nigris (uolucribus) PLIN.*Nat*.29.77; TAC.*Ag*.22.2;—(*w. indir. qu*.) qui non sint in usu moduli, in ipsis est ~atum FRON.*Aq*. 37; et ita Sextus quoque Caecilius ~at ULP.*dig*.40.9.12.2. **b** quod annales ~auere PLIN.*Nat*.34.24.

2 To observe (a fact), notice, become aware of.
in orationibus..minus..~atur iteratio SEN.*Con*.9.5.15; in iis quidem (signis) MDC ~auere stellas PLIN.*Nat*.2.110; QUINT.*Inst*.2.5.7; TAC.*Ann*.14.2; sed caput intactum buxo naresque pilosas ~et JUV.14.195;—(*w. indir. sp*.) coepimus ~are, quis rem aliquam generoso animo fecisset SEN.*Ep*. 120.9; cum ~aueris stillicidium omne glomerari *Nat*.4.b.3.3; PLIN.*Nat*.2.185; ~atusque miles qui fascem lignorum gestabat..praeriguisse manus TAC.*Ann*.13.35;—(*w*. quod) ~atum experimentis, quod fauor et misericordia acres..primos impetus habent PLIN.*Ep*.2.11.6.

3 To make a mark on. **b** to add in writing **c** to mark (passages of a work) with signs of approval or disapproval.
non oportere per aestatem falce pampinos ~are COL.11. ad fin.*arg.lib*.4. **b** HERES ANNOS ~ABIT *CIL* 8.4619. **c** aestate..iacebat in sole, liber legebatur, ~abat excerpebatque PLIN.*Ep*.3.5.10; ~a, quae putaueris corrigenda 3. 13.5; FRO.*Amic*.1.p.308(190N).

4 To register, designate (for specified action). **b** to designate (for a person).
fuerunt alii similis amentiae, quos..~aui in urbem remittendos PLIN.*Ep.Tra*.10.96(97).4; ex noxiis laniandos ~auit SUET.*Cal*.27.1; ULP.*dig*.49.7.1.2; MACER *dig*.48.17.2. **b** deportatos..eos accipere debemus, quibus princeps insulas ~auit ULP.*dig*.32.1.1.3.

adnūbilō ~āre, *intr*. [AD-+NVBILO] (dub.) To bring up clouds (against).
sic..uelis obsibilat (*cod*. ~at) aura secundis STAT.*Silv*.5.1. 149.

adnumerō ~āre ~āuī ~ātum, *tr*. **ann-**. [AD-+NVMERO]

1 To tell out (a sum of money, etc.), pay out. **b** to reckon (time).
argentum ~auit ilico TER.*Ad*.369; grex dominum non mutauit, nisi si est ~atum VAR.*R*.2.2.6; ~asse sese negat, expensum tulisse non dicit CIC.*Q.Rosc*.13; ALF.*dig*.19.2. 31;—(*w. dat. of pers*.) mihi talentum argenti ipsus sua ~at manu PL.*Mer*.89; CIC.*Div.Caec*.56; haec omnia C. Flaminio quaestori appensa ~ataque sunt LIV.26.47.8; V.MAX.4.3. ext.3; APUL.*Met*.4.16;—(*poet*.) illa (*sc*. arbor)..coloris..plenos fructus ~are potest *Nux* 92; SEN.*Phaed*.1264; reducem patriae ~are reuersus..pubem SIL.6.621. **b** populum..Romanum..dies singulos ~are a media nocte ad mediam proximam GEL.3.2.7.

2 To enumerate, run through, count.
non..ea me ~are lectori putaui oportere CIC.*Opt.Gen*.14; uidi tunc ~ari unius scyphi fracti membra PLIN.*Nat*.37. 19; QUINT.*Inst*.11.3.33; GAIUS *dig*.18.1.35.5; (*w. dat*.) inhumata..corpora regi ~at STAT.*Theb*.12.152;—(*cf*.) quas (arbores) perspicuus amnis uelut mersas uiridi imagine ~at PLIN.*Ep*.8.8.4.

3 To include in a total, count in, reckon along with. **b** to count among, classify as, regard as equal to. **c** to assign (to).
enumeratio uitiosa intellegitur si..dicimus..infirmum aliquid ~atum CIC.*Inv*.1.84; nec magis ista ~o APUL.*Soc*.23;—(*w*. in+*abl*.) CIC.*S.Rosc*.89; quartus in exemplis ~abor ego OV.*Ep*.15.330;—(*w. dat*.) his libris ~andi sunt sex de re publica CIC.*Div*.2.3; OV.*Pont*.1.9.56. **b** (*w*. cum) si tu..una cum illis ~ratus esses [CIC.]*Sal*.6; (*w*. in+*abl*.) quem in uatibus et Faunis ~at Ennius CIC.*Brut*.75; (*w*. inter) quos pater familias inter urbanos ~are solitus sit PAUL.*dig*.32.1.99; (*w*. pro) ut agni cordi duo pro una oue ~entur VAR.*R*.2.2.5; (*w*. uelut) ut..~ari uelut particula possit laboris nostri COL.10.pr.4;—(*w. dat*.) his duobus eiusdem aetatis ~abatur nemo tertius CIC.*Brut*.207; OV. *Tr*.2.120; CELS.4.25.1; SEN.*Dial*.3.9.4; bulborum generi quidam ~ant et cypiri..radicem PLIN.*Nat*.21.107; TAC. *Hist*.4.5. **c** sidera..singulis attributa nobis..ac pro sorte cuiusque lucentia ~ata mortalibus PLIN.*Nat*.2.28.

adnuntiō ~āre ~āuī ~ātum, *tr*. **ann-**. [AD-+NVNTIO] To report, bring news, announce.
quibus in circo..desidentibus iam funesta domus est nec ~atum malum SEN.*Dial*.7.28; animam relicto corpore..uagam..e longinquo multa ~are PLIN.*Nat*.7.174;—(*w*. de) de eius exitio..mira ac nefanda..~abat APUL.*Met*.8.1;—(*w. pred*.) pluris..~at hostis maioresque timor STAT.*Theb*. 7.457;—(*w. indir. sp*.) ~atur equites..frumentum..retinuisse CURT.10.8.11; quo celerius..~ari cognoscique posset, quid in prouincia quaque gereretur SUET.*Aug*.49.3.

adnuntius ~a ~um, *a*. [AD-+NVNTIVS] That brings news.
signum illud ~um sensit, ne prius transcenderet APUL. *Soc*.19.

adnuō ~uere ~uī ~ūtum, *ntr*., *tr*. **ann-**. [AD-+NV(T)O] PROS.: ~ūit ENN.*Ann*.133.

1 To make signs, usu. with the head, beckon, nod. **b** to indicate a command or inquiry by a signal. **c** to nod (at an auction), make a bid.
quodsi iste suos hospites rogasset, immo ~uisset modo, facile hoc perfici posset *Rhet.Her*.4.36; LIV.1.12.10;—(*w. dat*.) neque illa ulli homini nutet, nictet, ~uat PL.*As*.784; CIC.*Quinct*.18; (*w. abl*.) mihi commota iam dudum mulio uirga ~uit JUV.3.318; 8.153. **b** seque etiam hoc, si modo Gracchus ~uisset, facturum respondit V.MAX.4.7.1; (*w*. ut) donec ut considerem ~ueres, ipse steti CURT.5.2. 22;—Subrio Flauio adsistenti ~uentique an..caedem..patraret, rennuit TAC.*Ann*.15.58. **c** age licemini. qui cena poscit?..ehem, ~uistin? PL.*St*.224.

2 To nod assent or agreement (to) or confirmation (of). **b** (of things) to be consistent with; to permit.
daturin estis an non? ~uont PL.*Truc*.4; edicit..in interiore parti ut maneam solus cum sola. ~uo TER.*Eu*.579; VAR.*R*.1.2.2; 'potest fieri,..Sile, ut is..iratus dixerit.' ~uit Silus CIC.*de Orat*.2.285; ~uimus pariter HOR.*Ep*.1.10.5; LIV.5.22.5; negamus iis (*sc*. superciliis), ~uimus PLIN.*Nat*. 11.138; STAT.*Ach*.1.671; TAC.*Ann*.11.30;—(*w. dat. of pers. or thing*) non aduersata petenti ~uit..Cytherea VERG.*A*. 4.128; ~uit his Iuno 12.841; ~uimus..uiro OV.*Met*.5.284;—(*w. acc. of thing*) hoc enim mihi significasse et ~uisse uisus est CIC.*Ver*.3.213; quod semel ~uisset NEP.*Att*.15.2; uictis quibusdam ut falsa ~uerent TAC.*Ann*.14.60;—(*w. indir. sp*.) ego autem ueniturum ~uo PL.*Bac*.187; ~uo uisitasse *Cur*.342; amicitiam se Romanorum accipere ~uit LIV.28. 17.8. **b** ibi a fugitiuis, ut aiunt, condita (nomen famae ~uit) Phygela MELA 1.88;—altitudo aedibus adiecta: id solum religio ~uere..credebatur TAC.*Hist*.4.53.

3 (absol. or w. dat.) To grant (a prayer); (also) to grant one's prayer (to).
~uit inuicto caelestum numine rector CATUL.64.204; Iuppiter ~uerat OV.*Fast*.2.489; et audiit preces excusantis et, cum ~uisset, agi sibi gratias passus est TAC.*Ag*.42.3;—(*w. dat*.) ~uendo..uotis meis id egerunt, ut uos..meo casu doleatis PAUL.*orat*.2; precationi ~uisse deos LIV.31.5.7;—quibus facili deus ~uit aure PROP.1.1.31; (*w. cogn. acc*.) ~uite, patres conscripti, nutum..Campanis LIV.7.30.20; (*w*. ut) sterneret ut..Camillam ~uit oranti VERG.*A*.11.797

4 To grant, concede, promise.
(*w. acc*.) caeli quibus ~uis arcem VERG.*A*.1.250; HOR. *S*.1.10.45; TIB.2.2.9; ~uitur thalamis Albani uirgo tyranni V.FL.5.258; MART.9.42.7; dulcia cum dominae dexter conubia ultus ~uit STAT.*Silv*.1.2.212; PAUL.*dig*.24.1.57;—(*w. inf*.) ubi primum uellere signa ~uerint superi VERG.*A* 11.20; absentes cui dudum uincere Thebas ~uimus STAT. *Theb*.2.688.

5 To approve of, give one's approval (to).
responsa ab his (*sc*. piscibus) petunt incolae cibo, quem rapiunt ~uentes PLIN.*Nat*.31.22; (*w. acc*.) ex hac decuria uestra..quos iste ~uerat in suum consilium sine causa subsortiebatur CIC.*Ver*.1.158; (*w. dat*.) ~uite legibus impositis SAL.*Hist*.1.55.25; ne..~uisse facinori uiderentur TAC.*Ann*.12.48.

6 (of the gods) To grant their favour or support.
(*w. dat*.) audacibus ~ue coeptis VERG.*G*.1.40; ingentibus ~uat auis! OV.*Met*.7.178; an blanda ~uerit nascenti Venus SEN.*Suas*.4.2; ubi..magnis..consultis ~uere deam uidet TAC.*Hist*.2.4;—(*absol*.) deus ~uat, oro SIL.3.115; STAT.*Silv*. 3.2.40.

adnūtō ~āre, *intr*. [AD-+NVTO] To nod (to). **b** to order by a nod. **c** to signify assent or bow (to).
alii ~at, alii adnictat NAEV.*com*.76; sensim ~ante capite coepit incedere (Venus) APUL.*Met*.10.32. **b** ibidem mihi etiam nunc ~at addam sex minas PL.*Mer*.437. **c** regum filiis linguis faueant atque ~ent NAEV.*com*.112.

adnūtriō ~īre, *tr*. [AD-+NVTRIO] To train (on).
singulis (arboribus) denas saepe ~iunt uites PLIN.*Nat*. 17.202.

adobruō ~uere ~uī ~utum, *tr*. [AD-+OBRVO] To cover over with earth.
si plus quattuor digitis ~utum est semen COL.2.10.33; 2.11.2; 11.2.54; ~uto trunco *Arb*.6.4.

Adolenda ~ae, *f*. A goddess presiding over the burning of trees struck by lightning.
~AE CONMOLANDAE DEFERVNDAE OVES II *CIL* 6.2099.

adoleō ~ēre adultum, *tr*. [cf. Umb. *uřetu*, Skt. *alātam*]

1 To make a burnt offering of, burn ritually. **b** to cremate.
eo omnes hostiae, uituli..coniecti, et ita omnia adulta sunt VAL.ANT.*hist*.61; qui..nullos aris ~eret odores OV. *Met*.8.740; (phoenicem) subire patrium corpus inque Solis aram perferre atque ~ere TAC.*Ann*.6.28;—(*w*. ad) in mensa..id (*sc*. cibum) reponi ~erique ad Larem piatio est PLIN.*Nat*.28.27;—(*w. dat*.) rite Iunoni..iussos ~emus honores VERG.*A*.3.547;—(*of fires, altars, etc*.) ~ebunt cinnama flammae OV.*Ep*.15.335; *Fast*.1.276. **b** Assyrio cineres ~entur amomo STAT.*Silv*.2.4.34; (*of a pyre*) Licham ..rogus inimicis collatus manibus ~ebat PETR.115.20.

2 (w. abl.) To make or burn offerings on (an altar).
~ent..altaria donis LUCR.4.1237; flammis ~ere penatis VERG.*A*.1.704; STAT.*Theb*.1.514; cruore captiuo ~ere aras TAC.*Ann*.14.30.

3 To destroy by fire, burn. **b** to treat with fire, heat.
ut..leues stipulae demptis ~entur aristis OV.*Met*.1.492; ut Aeneida, quam nondum satis elimauisset, ~erent GEL. 17.10.7;—(*w.* igne, flammis) (corpus) igne ~eatur COL.12. 31.1; flammis adultam facem APUL.*Met*.11.24. **b** flamma gelidos ~ere liquores *Mor*.38.

adolescens, -ntia, *etc.*: see ADVL-.

adolescō[1] ~ere, *intr.* [ADOLEO+-SCO] To burn, blaze.
Panchaeis ~unt ignibus arae VERG.*G*.4.379.

adolescō[2] ~escere ~ēuī (~uī) adultum, *intr.* **adul-.** [cf. AD-, ALO, and PROLES, etc.] CONST.: pf. pple. used in active sense.

1 (of a living organism) To become mature, grow up. **b** (of institutions, states, etc.).
postquam ~uerunt haec iuuentus VAR.in *G.L*.2.489; in eo qui ~euerit CIC.*N.D*.1.98; cum ~euerunt ut munus militiae sustinere possint CAES.*Gal*.6.18.3; QUINT.*Inst*.10.5.13; Artabanus Arsacidarum e sanguine apud Dahas adultus TAC. *Ann*.2.3; pars gignentium, alia ~escentium, cetera occidentium uices sustinent APUL.*Mun*.23;—(*of beasts*) animalia ..noua tellure atque aethere adulta LUCR.5.800; COL.6.27.7; —(*of plants*) et momento..~escunt amissis laetiora SEN. *Dial*.6.16.7; TAC.*Hist*.5.7; (*cf.*) seminibus iactis segetes ~esse uirorum OV.*Ep*.6.11;—(*w.* ad) postquam ea ~euit ad eam aetatem ut uiris placere posset PL.*Cas*.47;—(*w.* in+ *acc.*) [QUINT.]*Decl*.19.2;—(*w. acc. of time*) Martia ter senos proles ~euerat annos OV.*Fast*.3.59;—(*w. dat.*) puerum regno ~escentem APUL.*Apol*.25. **b** non nascentibus Athenis sed iam adultis CIC.*Brut*.27; (philosophia)..ea..serit, quae adulta fructus uberrimos ferant *Tusc*.2.13; res Persarum breui ~euit SAL.*Jug*.18.11.

2 (of age) To reach manhood, mature; (also of character). **b** (of a season or time) to reach its peak.
ubi robustis ~euit uiribus aetas LUCR.3.449; cum matura ~euerit aetas VERG.*A*.12.438; LIV.1.4.8; suam aetatem uergere, Drusi nondum satis ~euisse TAC.*Ann*.2.43; ut.. Domitii pueritia tali magistro ~esceret 12.8;—(*in plants*) dum prima nouis ~escit frondibus aetas VERG.*G*.2.362;— (*w.* ad) si..eorum..aetas..ad munia militaria fungenda ~esceret FRO.*Amic*.1.p.290(177N);—(*w. dat.*) thalamis ubi casta ~esceret aetas STAT.*Theb*.2.254;—inter artis bonas integrum ingenium breui ~euit SAL.*Jug*.63.3; postquam uirtus annis ~euit OV.*Fast*.5.175. **b** donec uer ~esceret TAC.*Ann*.13.36.

3 (of desires, habits, etc.) To become established, grow.
cupiditas agendi aliquid ~escit una cum aetatibus CIC. *Fin*.5.55; mihi durat amor longosque ~escit in annos OV. *Am*.2.19.23; in tantum ~euit haec luxuria PLIN.*Nat*.33.39; legatorum ius ~euit diuturnitate officii TAC.*Hist*.4.48.

4 To increase in physical size, grow bigger. **a** (of living things). **b** (of inanim. things).
a ramos crescendo iungi pariterque ~escere OV.*Met*. 4.376; modum esse..summum ~escendi humani corporis septem pedes GEL.3.10.10; quoad capillus ~esceret 17.9.23; —(*w.* ad) ad immobilem magnitudinem beluae ~escunt PLIN.*Nat*.9.6;—(*w.* in+*acc.*) cum in crassitudinem ~euere (rami) 13.58. **b** ~escente flamma FRON.*Str*.1.5.28; cepetum reuirescit..decedente luna..inarescit ~escente GEL.20.8.7;—(*w.* in+*acc.*) numerus in tantum ~euit VELL. 2.30.6;—(*w. abl.*) auctu imperii ~euisse etiam priuatas opes TAC.*Ann*.2.33.

5 To attain power, become strong.
neque Muciani ope Vespasianum magis ~euisse TAC.*Hist*. 4.24; Macedonibus inualidis, Parthis nondum adultis 5.8; —(*of a law*) ~escebat interea lex maiestatis *Ann*.2.50.

6 To grow on (to) (cf. INOLESCO); adhere.
coria recens detracta quasi glutino ~escebant SAL.*Hist*. 3.103.

Adōn: see ADONIS.

Adōneus[1], *m.* = ADONIS.
PL.*Men*.144; CATUL.29.8.

Adōnēus[2] ~a ~um, *a.* Of or named after Adonis.
SEV TV..LAETVS ~IS LVSIBVS INSERERIS *CIL* 6.21521.

Adōnis ~idis, *m.* **Adōn** ~is, *m.* The son of Cinyras, loved by Venus. **b** a name of the fish EXOCOETVS.
CIC.*N.D*.3.59; VERG.*Ecl*.10.18; ~i (*voc.*) OV.*Met*.10.543. β VAR.*Men*.540; PROP.2.13.53. **b** PLIN.*Nat*.9.70.

Adōnium ~iī, *n.* (Used erron. by Pliny in *Nat*.21.60 in translating Theophrastus *H.P.* 6.7.3 as the name of a plant.)

adoperiō ~īre ~uī ~tum, *tr.* [AD-+OPERIO] To cover over.
(*w. abl.*) trito sale sex horis (oua) ~iunt COL.8.6.1; tum (labellum) labello altero ~ito 12.44.1.

adoperta ~ōrum, *n. pl.* [next] Religious secrets, mysteries.
miserere..per nocturna silentia et ~a Coptitica (*cj.*) APUL.*Met*.2.28.

adopertus ~a ~um, *a.* [ADOPERIO]

1 Covered, overspread. **b** (poet.) clothed.
(flumina) occulta fluont tectis ~a cauernis *Aetna* 126; per iniectis ~am floribus..humum OV.*Met*.15.688; saepe graues pluuias ~us nubibus aether concitat *Fast*.2.71; STAT.*Theb*.9.430. **b** (Inuidia) ~a..nubibus atris OV.*Met*. 2.790; hiems ~a gelu *Fast*.3.235; (*w. retained acc.*) pectus.. ~a cruentum STAT.*Theb*.4.566.

2 Covered (to avoid recognition), veiled. **b** hiding.
purpureo uelare comas ~tus amictu VERG.*A*.3.405; capite ~o uelut sub iugum misit iuuenem LIV.1.26.13; si nocturnus adulter tempora..uelas ~a cucullo JUV.8.145; —(*w. retained acc.*) tenebris Mors ~a caput TIB.1.1.70. **b** latuit clausas post ~a fores (puella) TIB.1.9.44.

3 Shut, closed.
~a..lumina somno OV.*Met*.1.714; foribus ~is SUET. *Otho* 11.2.

adopīnor ~ārī ~ātus, *tr.* [AD-+OPINOR] To conjecture, surmise.
~amur de signis maxima paruis LUCR.4.816.

adoptātīcius ~a ~um, *a.* [ADOPTO+-ICIVS[2]] Adopted (as a son or daughter); (masc. as sb.) an adopted son. **b** (see quot.).
FILIO ~O *CIL* 6.23673; FILIA ~A 33981;—siquidem Antidamai quaeris ~um PL.*Poen*.1045; 1060. **b** ~us ex adoptato filio natus PAUL.*Fest*.p.29M.

adoptātiō ~ōnis, *f.* [ADOPTO+-TIO] Adoption into a family.
~o Theophani agitata est CIC.*Balb*.57; ~ones filiorum *Tusc*.1.31; SAL.*Jug*.11.6;—(*dist. fr.* arrogatio) quod per praetorem fit, '~o' dicitur, quod per populum, 'arrogatio' GEL.5.19.2.

adoptātor ~ōris, *m.* [ADOPTO+-TOR] One who adopts a child.
quod filius adoptiuos patri ~ori inter praemia patrum prodesset GEL.5.19.15; ULP.*dig*.37.9.1.12.

adoptātus ~ī, *m.* [ADOPTO] An adopted son.
non abdicabis ~um QUINT.*Inst*.7.1.21; ULP.*dig*.29.5.1.9.

adoptiō ~ōnis, *f.* [AD-+OPTIO]

1 Adoption into a family, esp. of a person in *patria potestas*.
ius ~onis CIC.*Dom*.34; quem (filium) in ~onem D.Silano emancipauerat *Fin*.1.24; duobus (filiis) datis in ~onem LIV.45.40.7; QUINT.*Inst*.6.pr.13; Germanicum..adsciri.. per ~onem a Tiberio iussit TAC.*Ann*.1.3; PLIN.*Ep*.5.8.4; ~O TRIBVNIC POTEST *BMCI* 2.p.243, unnumbered (Hadrian); GAIUS *Inst*.1.26;—(*w. subj. gen.*) ~onem auunculi stupro meritum SUET.*Aug*.68;—(*w. obj. gen.*) in Neronis ~one VELL.2.104.1; ut tamquam nouae prolis ~one domicilia (*sc. hives*) confirmentur COL.9.13.9.

2 (applied to the process of grafting; also to a grafted plant).
siue illae (*sc.* pomiferae arbores) ultro ab homine didicere blandos sapores ~one et conubio PLIN.*Nat*.16.1; 17.129. —nucibus insitorum (prunorum), quae faciem parentis sucumque ~onis exhibent PLIN.*Nat*.15.41.

adoptīuus ~a ~um, *a.* Also **~os.** [next+ -IVVS]

1 Obtained or constituted by adoption, adoptive.
filium ~um SCIP.min.*orat*.7; neque amissis sacris paternis in haec ~a uenisti CIC.*Dom*.35; mensis..fit ~a nobilitate tuos OV.*Fast*.4.22; ~i patris SEN.*Ben*.3.32.5; TAC.*Ann*.13. 14; ~o (nomine) SUET.*Nero* 41.1; quamdiu..sint in ~a familia GAIUS *Inst*.2.136.

2 (w. ref. to grafting).
firma..~as arbor habebit opes OV.*Ars* 2.652; *Med*.6; nunc in ~is (ramis) Persica cara sumus MART.13.46.2.

adoptō ~āre ~āuī ~ātum, *tr.* [AD-+OPTO] FORMS: ATOPTETVR *CIL* 1.594.3.3.15.

1 To associate (with oneself) in a specified capacity, select or secure (as an ally, advocate, or protector).
sociam te mihi ~o ad meam salutem PL.*Cist*.744; quos hi..administros ipsi sibi ~abant, optiones uocari coepti VAR.*L*.5.91; quem sibi illa (*sc.* prouincia) defensorem sui iuris ~auit CIC.*Div.Caec*.54; QVO QVIS COLON(IS) COLON(IAE) PATRON(VS) SIT ~ETVRVE *CIL* 1.594.3.3.15; V.MAX.9.15. 1; cum singuli..totidem deos faciant Iunones Geniosque ~ando sibi PLIN.*Nat*.2.16;—(*ellipt.*) referentibus centurionibus et decurionibus ~ati in cohortes subibant VAR.*gram*. 214; VAT.*Fam*.5.9.1.

2 To adopt legally (usu. as a son). **b** (transf. and facet.; also as a father, sister, etc.). **c** (applied to grafting).
tuom filium dedisti ~andum mihi TER.*Ad*.114; hora nona illo ipso die tu es ~atus CIC.*Dom*.41; *Off*.1.121; Caesaris.. testamentum..quo C.Octauium..~abat VELL.2.59.1; TAC. *Hist*.2.77;—(*w.* ab) is qui hunc minorem Scipionem a Paullo ~auit CIC.*Brut*.77;—(*w. relationship specified*) ~at illum puerum surrupticium sibi filium PL.*Men*.60; *Poen*.1059;— (*w.* pro) eum..~at sibi pro filio 76;—(*w.* in+*acc.*) Gaium Octauium etiam in familiam nomenque ~auit SUET.*Jul*.83. 2;—(*absol.*) praeses apud se ~are potest ULP.*dig*.1.18.2. **b** frater, pater, adde; ut cuique est aetas, ita quemque facetus ~a HOR.*Ep*.1.6.55; quid prohibet et sororem ~are? PETR.127.2; Felicis sibi cognomen adseruit L. Sulla, ciuili nempe sanguine..~atus PLIN.*Nat*.7.137; (*refl.*) C. Staienus, qui se ipse ~auerat et de Staieno Aelium fecerat CIC.*Brut*. 241. **c** fac, ramum ramus ~et OV.*Rem*.195; mitis ~atis curuetur frugibus arbos COL.10.39; omnium..nuperrime ~ata sunt (mala) parua..quae Petisia nominantur PLIN. *Nat*.15.50.

3 To bring (into a position, possessions, etc.) by adoption. **b** (refl.) to affiliate oneself (to), join.
(*w.* in+*acc.*) is in diuitias homo ~auit hunc PL.*Poen*.904; a Micipsa..in regnum ~atum esse (Iugurtham) SAL.*Jug*. 22.2; non in nomen tantum ~aberis, sed in ipsa bona SEN. *Dial*.10.15.3; PLIN.*Pan*.50.7; si filium habens..in locum filii nepotem ~auero ULP.*dig*.37.4.3.3;—(*refl.*) titulo subdito in familiam ipse se ~abat FLOR.*Epit*.2.4(3.16.1);—(*transf.*) Apion grammaticus..in nomen Homeri ab omnibus ciuitatibus ~atus SEN.*Ep*.88.40; capillos..coniugis suae in hoc nomen ~auerat..sucinos appellando PLIN.*Nat*.37.50. **b** (*w. dat.*) qui se potentiae causa Caesaris libertis ~asset PLIN.*Nat*.12.12;—(*w.* in+*acc.*) iungunt se castris regisque in nomen ~ant STAT.*Theb*.7.259.

4 To take for one's use, take over, assume. **b** to assume (a name).
Epicuri dicta, quae mihi et laudare et ~are permisi SEN. *Ep*.13.17; Brundisina (ostrea)..et suum retinere sucum et a Lucrino ~are creduntur PLIN.*Nat*.32.61;—(*w. dat.*) nunc Clodiana, nunc Gratiana (uasa)—etenim tabernas mensis ~amus—..quaerimus 33.139. **b** Zoilus, qui ~auit cognomen, ut Homeromastix uocitaretur VITR.7.pr.8; aliquod gratum Musis tibi nomen ~a MART.4.31.9.

5 To give one's name to (a thing), name after oneself.
Baetis..oceanum Atlanticum, prouinciam ~ans, petit PLIN.*Nat*.3.9; 25.73;—(*w. dat.*) Hermus amnis campos.. nomini suo ~at 5.119.

ador ~ōris, *n.* [cf. Gk. ἀθήρ] PROS.: ~ŏris GAN.*poet*.1, 2; ~ōris 3. A kind of coarse grain, emmer wheat.
cum pater ipse domus..esset ~or loliumque HOR.*S*.2.6. 89; hic ~oris dat primitias GAN.*poet*.1; ~or farris genus PAUL.*Fest*.p.3M.

adōrābilis ~is ~e, *a.* [ADORO+-BILIS] Worthy of adoration or reverence.
deae prouidentis ~e beneficium APUL.*Met*.11.18.

adōrātiō ~ōnis, *f.* [ADORO+-TIO] An act of worship or prayer.
effascinationibus ~one peculiari occurrimus PLIN.*Nat*. 28.22; propitiatis ~one diis 29.67; Venerem religiosis ⟨uenerabantur⟩ ~onibus APUL.*Met*.4.28.

adōreum ~eī, *n.* Also **~ium.** [next] Emmer wheat.
COL.2.6.3; triticum..et ~ium, cum quattuor fibras habere coeperint..recte sarientur 2.11.4; far, quod ~eum ueteres appellauere PLIN.*Nat*.18.81.

adōreus ~a ~um, *a.* [ADOR+-EVS] Pertaining to or consisting of emmer wheat.
semen ~eum CATO *Agr*.34.2; periti in loco umidiore far ~um potius serunt quam triticum VAR.*R*.1.9.4; ~a liba VERG.*A*.7.109; COL.2.6.1; V.FL.2.448.

adōria ~iae, *f.* Also **~ea.** [perh. cf. ADORO] Glory, destinction.
praedaque agroque ~iaque adfecit popularis suos PL.*Am*. 193; qui primus alma risit ~ea HOR.*Carm*.4.4.41; gloriam.. ipsam a farris honore ~iam appellabant PLIN.*Nat*.18.14; FRO.*Aur*.2.p.20(217N); Manio Curio tot ~eis longe incluto APUL.*Apol*.17; *Met*.3.19.

adorior ~īrī ~tus, *tr.* Also **~iō** ~īre [AD-+ ORIOR] FORMS: *~itur* LUCIL.120; LUCR.3.515; *~eretur* SUET.*Cl*.13.1; APUL.*Soc*.19; *~si* (pl. of past pple.) GEL.9.2.10.

1 To attack, assault, assail. **b** (of mil. forces). **c** (w. ref. to political action). **d** (transf., of plague, tempest, etc.). **e** (fig., of a desire).
in statu stat senex, ut ~iatur moechum PL.*Mil*.1390; seruos M. Tulli nec opinantis ~iuntur CIC.*Tul*.21; tribunum alii gladiis ~iuntur, alii..fustibus *Sest*.79; V.MAX.9.7 mil. Rom.2; genitorem ~tus impia straui nece SEN.*Phoen*.260; TAC.*Ann*.4.45; SUET.*Cl*.13.1; (*facet.*) hoc..ipsum (*sc.* money) continuo ~iamur CIC.*Att*.13.22.4;—(*absol.*) conturbare animam potis est quicumque ~itur LUCIL.120. **b** Galli.. summa arcis ~ti ENN.*Ann*.164; SIS.*hist*.15; postremam.. quamque nauem piratae primam ~iebantur CIC.*Ver*.5.90; (ut) castra naualia de improuiso ~iantur CAES.*Gal*.5.22.1; *Civ*.1.58.1; proficisci in Persas et ipsum regem ~iri NEP.*Ag*. 4.1; castra uallantem Fabium ~ti sunt LIV.9.41.15; 27.40. 10; FRON.*Str*.2.7.9; TAC.*Hist*.3.48;—(*of ships*) quas (naues) ..scaphae aduersariorum..~tae incendebant *B.Afr*.21.3; —(*w. abst. subj.*) inde oppugnatio eos aliquanto atrocior quam ante ~ta est LIV.21.11.6;—(*in act. form*) tunc ipsos ~iant NAEV. *trag*.14;—(*absol.*) siue forte opus sit cuneo..uti ~iare CATO *Mil*.11(J); *B.Afr*.69.1. **c** insidiatum eum et tempore capto ~tum rem publicam LIV.3.9.7; si nouos tribunos per factionis suae consules ~ti essent 3.64.3. **d** pestilentia ciuitatem ~ta LIV.7.27.1; transeuntem Apenninum..atrox ~ta tempestas est 21.58.3; longe maiorem partem classis..~ta uis Africi lacerauit VELL.2.79.3. **e** cupido difficilia faciundi animum ~ta (*cj.*) SAL.*Jug*.93.3.

2 To attack or assail (w. threats, accusations, etc.), to attempt to influence (by improper means). **b** to accost, address (esp. w. a request).
~tust iurgio fratrem..de psaltria ista TER.*Ad*.404; ut.. hominem..quam tumultuosissime ~iantur CIC.*Ver*.2.37; tribunorum Subrium et Cetrium ~ti milites minis TAC. *Hist*.1.31; *Ann*.14.52;—Apuleium dicitis animum Pudentillae magicis illectamentis ~tum APUL.*Apol*.102. **b** cesso

hunc ~iri? TER.*Hau*.757; *Ph*.605; mox ita ~ta Iouem: 'da ..carae munera nuptae' V.FL.4.360.

3 To come to grips with (a task, etc.), tackle, set to work on, attempt. **b** (w. inf.) to set to work (to do something), attempt, begin.

ut omnes simul suum quisque negotium ~ti essent QUAD.*hist*.47; idoneane fuerit (occasio) ad rem ~iendam *Rhet.Her*.2.7; Ἡρακλείδειον, si Brundisium salui, ~iemur CIC.*Att*.16.2.6; maius ~ta nefas VERG.*A*.7.386; protinus hanc (*sc.* putationem) a uindemia..~iuntur PLIN.*Nat*.17.191; STAT.*Ach*.1.477; APUL.*Soc*.19; (*cf.*) illum uestigia ~tum maiorum uoluerum tenerae deponitis alae STAT.*Theb*.3.540;—(*absol.*) hac non successit, alia ~iemur uia TER.*An*.670. **b** si..conuellere ~iamur ea, quae non possint commoueri CIC.*de Orat*.2.205; canere haec suis ~ta est tremebunda comitibus CATUL.63.11; LUCR.3.515; hanc bis tyranni oppugnare sunt ~ti NEP.*Thr*.2.5; VERG.*A*.6.397; LIV.2.51.6; 23.35.2; oppugnare ultro castellum ~ti TAC.*Ag*.25.3; GEL.9.2.10.

adornātē, *adv.* [pple. of next+-E] In a polished manner, elegantly.

(declamare) modo splendide atque ~, tum..circumcise ac sordide SUET.*Rhet*.30(p.126Re).

adornō ~āre ~āuī ~ātum, *tr.* [AD-+ORNO]

1 To get ready, prepare. **b** to make arrangements for (events, etc.), get ready, prepare. **c** (w. *ut*+subj.) to take preliminary measures (to bring about a result); (w. inf.) to prepare (to do something).

iube..uasa pura ~ari mihi PL.*Am*.946; quin tu mihi ~as ad fugam uiaticum? *Epid*.615; armatum ~atumque (Manlium) aduersus Gallum..producunt LIV.7.10.5;—(*w. dat. expr. purpose*) cum..equum placando amni ~asset TAC.*Ann*.6.37; equos uenatui ~atos 12.13. **b** nuptias ~a PL.*Aul*.157; huius ab illa est et inuenta et ~ata comparatio criminis CIC.*Clu*.191; *Mur*.46; triumphus summi ducis ~ari debuerit VELL.2.122.2; TAC.*Ann*.12.56; uelites excursionem ~ant APUL.*Mun*.30. **c** ~at..ut maritus fias PL.*Epid*.361; *Rud*.129; TER.*Eu*.582;—tragulam in te inicere ~at PL.*Epid*.690.

2 a To equip (ships). **b** (w. abl.) to furnish (places, etc.) with (military equipment).

a Pompeius nauis magnas onerarias..~abat CAES.*Civ*.1.26.1; TAC.*Ann*.1.47. **b** Italiae duo maria maximis classibus firmissimisque praesidiis ~auit CIC.*Man*.35; omni opulentia insignium armorum bellum ~auerant LIV.10.38.2.

3 (refl. and pass. in middle sense) To array, attire (oneself). **b** (act.) to beautify.

~antes se feminas PLIN.*Nat*.34.86; ex imperio Charites..~atus APUL.*Met*.8.11. **b** nec cassidis altam compsit ~auitque iubam STAT.*Theb*.8.167.

4 (usu. w. abl.) To decorate, adorn (places, things, etc.); (of things) to constitute the adornment of.

quando stratus auro..amplior aliquot hominibus quam dis immortalibus ~atur FAV.*orat*.1; forum comitiumque ~atum ad speciem magnifico ornatu CIC.*Ver*.1.58; LIV.8.14.12; specula..auro argentoque caelata sunt, gemmis deinde ~ata SEN.*Nat*.1.17.8; PLIN.*Nat*.32.23; SUET.*Aug*.29.4; iubam..monilibus ~abo APUL.*Met*.6.28;—~abat (Scipionem) promissa caesaries LIV.28.35.6; PLIN.*Nat*.16.144.

5 To dignify, honour, adorn (w. gifts, distinctions, etc.). **b** to endow, enrich (w. talents).

insignique eum ueste et curuli regia sella ~auit LIV.1.20.2; VELL.2.121.3; Priscus Tarquinius qui insignibus magistratus ~auit AMP.17;—(*w. abst. sub.*) si nobilitas ac iusti honores ~arent (L. Marcium) LIV.28.42.5. **b** (uir) tantis..~atus uirtutibus VELL.2.2.2;—(*pple. as sb.*) mente maiora concipere, quam quae etiam ingenti animo ~atis effici possunt SEN.*Dial*.7.20.2.

6 To enhance, embellish (w. words).

in his probandi refutandique ratio est, sed adiuuanda uiribus dicentis et ~anda QUINT.*Inst*.5.13.56; 7.1.47; (*w.* uerbis) TAC.*Ann*.1.52; qui benefacta sua uerbis ~ant PLIN.*Ep*.1.8.15;—(*cf.*) omni genere, quod des, quo sit acceptatius, ~andum est SEN.*Ben*.2.7.3.

adōrō ~āre ~āuī ~ātum, *tr.* [AD-+ORO]

1 To plead with, appeal to, address; (absol.) to make a plea, plead. **b** to beg, entreat (a person).

cum gemitu populum sic ~at APUL.*Met*.2.29;—si ~at urto, quod nec manifestum erit *Lex XII*(*Font.iur*.p.33); ad istum modum seniore ~ante APUL.*Met*.10.12; ~are apud antiquos significabat agere PAUL.*Fest*.p.19M. **b** (*w.* per) non te per meritum, quoniam male cessit, ~o OV.*Ep*.10.141; (*cf.*) iuuenum genua contingens sic ~abat: per Fortunas uestrosque Genios..decrepito seni subsistite APUL.*Met*.8.19;—(*w.* ut+*subj.*) hanc (*i.e.* linguam) ego, non ut me defendere temptet, ~o OV.*Pont*.2.2.53; JUV.3.300.

2 To approach (the gods, etc.) as a suppliant or worshipper, make petitions or pay homage to, pray to, worship. **b** (in deprecations).

Venerem ~ans LAEV.*poet*.26; miserescite, uenti;..uoleus uos Turnus ~o VERG.*A*.10.677; uenit ~atus Caducifer OV.*Fast*.5.449; *Tr*.1.3.41; LUC.6.254; ades o mihi, dextera..te solam superum contemptor ~o STAT.*Theb*.9.550; crocodilon ~at pars haec JUV.15.2; (*cf.*) calcatosque Ioui lucos prece..~a SIL.3.676;—(*w. abst. subj.*) dolorque festus quicquid fleuerat ante, nunc ~et STAT.*Silv*.2.7.135;—(*w. abst. obj.*) quo minus uirtutem ~em SEN.*Dial*.7.18.2;—(*w.* pro) non tamen hanc (Inonem) pro stirpe sua pia mater ~et! OV.*Fast*.6.559;—(*w.* ut+*subj.*) ~ati di, ut bene ac feliciter eueniret quod bellum populus Romanus iussisset LIV.21.17.4; OV.*Pont*.2.2.109;—(*w. dat.*) deo magno Mercurio ~auit *CIL* 3.79 (A.D. 109);—(*absol*). qua (*sc*. Aemilia) ~ante..ignis emicuit V.MAX.1.1.7; PLIN.*Pan*.3.5; (*parenth.*) maneat sic semper, ~o PROP.1.4.27. **b** fulgetras poppysmis ~are consensus gentium est PLIN.*Nat*.28.25.

3 To beg, crave (the favour of the gods).

cum..pacem deum ~asset LIV.6.12.7.

4 To pay divine honours to (kings, emperors, etc.), do homage or obeisance to.

quae tam ferae gentes fuerunt quae non Alexandrum posito genu ~arint? SEN.*Suas*.1.2; summus Alexander regum, quem Memphis ~at LUC.10.272; STAT.*Silv*.5.1.74; ~atum populo caput (*sc.* Seiani) JUV.10.62; SUET.*Vit*.2.5;—(*of animals*) regem ~ant, genua submittunt PLIN.*Nat*.8.3; MART.*Sp*.17.1; (*cf.*) ne summissis precibus Pompeius ~et sceptra sua donata manu LUC.8.594; aquilas et signa Romana Caesarumque imagines ~auit SUET.*Cal*.14.3.

5 To treat (things) with quasi-religious veneration, reverence. **b** to marvel at, admire. **c** to pay a tribute to (in verse), celebrate.

fac, Magne, locum..quem ueniens hospes Romanus ~et LUC.8.115; Apellis quam Graeci μονόκνημον appellant, etiam ~aui PETR.83.2; MART.4.49.9; STAT.*Theb*.12.817; pocula ~andae robiginis JUV.13.148; citharae..(*sc.* coronam) a iudicibus ad se delatam ~auit ferrique ad Augusti statuam iussit SUET.*Nero* 12.3; (*cf.*) Ennium sicut sacros uetustate lucos ~emus QUINT.*Inst*.10.1.88. **b** tanto magis ~are priscorum in inueniendo curam PLIN.*Nat*.27.1; cetera pubes ..~ato rediit ingloria disco STAT.*Theb*.6.664. **c** quem in litore tuo consecratum..his uersibus ~aui STAT.*Silv*.3.pr.; septimum decimum Germanici nostri consulatum ~aui 4.pr.

6 To salute, greet, hail.

nec deerat Otho protendens manus ~are uulgum TAC.*Hist*.1.36; cum urbem tantum non ~atam reliquisset (Hannibal) FLOR.*Epit*.1.22(2.6.46); repetita atque ~ata candida ista luce APUL.*Met*.6.20;—(*of animals*) lunam..nouam exultatione ~ari (*sc. by apes*) PLIN.*Nat*.8.215.

adp-: see APP-.

adq-: see ACQ-.

adr-: see also ARR-.

adrādō ~rādere ~rāsī ~rāsum, *tr.* [AD-+RADO]

1 To shave close; (fig.) to fleece.

~rasum quendam uacua tonsoris in umbra HOR.*Ep*.1.7.50; qui labra pressius tondent et ~radunt SEN.*Ep*.114.21; ~rasum..caput PETR.32.2;—scobina ego illunc actutum ~rasi senem PL.fr.91.

2 To scrape, pare, trim.

(semina) ~radenda, et nepotibus..liberanda censemus COL.4.10.2; 5.11.15; ~rasos surculos *Arb*.8.4; PLIN.*Nat*.17.115; (*in fig. phr.*) λιτούργιον..nescio an satis, circumcisum tamen et ~rasum est PLIN.*Ep*.2.12.1.

Adramyt(t)ēnus ~a ~um, *a.* Of or connected with Adramyttium.

~us Xenocles CIC.*Brut*.316; ~us homo *Flac*.31.

Adramyt(t)ium ~iī, *n.* Also **~ion, ~ēum, ~ēos** (*f.*). A city on the coast of Mysia.

CIC.*Flac*.68; LIV.37.19.8; MELA 1.91; PLIN.*Nat*.5.122.

Adrastēa ~ae, *f.* A name of the goddess Nemesis.

Ciris 239.

Adrastēus ~a ~um, *a.* Of or belonging to Adrastus.

~us..Arion STAT.*Silv*.1.1.52.

Adrastis ~idis, *f.* The daughter of Adrastus, Argia.

STAT.*Theb*.12.678.

Adrastus ~ī, *m.* King of Argos, father-in-law of Tydeus and Polynices.

VERG.*A*.6.480; OV.*Fast*.6.433; *Pont*.1.3.79; STAT.*Theb*.1.391; HYG.*Fab*.70.1.

adrēmigō ~āre ~āuī, *intr.* [AD-+REMIGO] To row up to or towards.

(*w. dat.*) ~antes litori Romanas classes FLOR.*Epit*.1.13 (1.18.4); 1.42(3.7.3);—~antibus Rhodis 1.24(2.8.12).

Adria, Adriacus, Adriānus, Adriāticus: see HADR-.

adrūmō ~āre, *intr.*: see quot.

~auit rumorem fecit, siue commurmuratus est PAUL.*Fest*.p.9M.

adruō ~ere ~ī ~tum, *tr.* [AD-+RVO] To heap up (earth). **b** to cover with earth.

necesse est terra ~enda puluinos fieri VAR.*R*.1.35.1. **b** fimum inarari et ~i conuenit COL.2.5.2; 2.10.33.

Adryas ~adis, *f.* A tree-nymph.

non minor Ausoniis est amor ~asin PROP.1.20.12.

ads-: see also A(S)S-.

adsum ~esse ~fuī (**assum**, affui) *intr.* [AD-+SVM] FORMS: ATESSE *CIL* 1.594.3.2.55; (pres. subj.) ~*sies* PL.*Am*.976, ~SIENT *CIL* 1.583.32, 1.698.3.10, ATSINT 1.594.1.5.37; ~ESSINT (perh. for ~*essent*) 1.583.63, ~ESENT (for ~*essent*) 1.581.18; ATFVERIT 1.594.3.3.25; ARFVISE 1.581.21.

1 To be in the same place as the speaker, be present, be here. **b** to be present in a place mentioned or implied, be there. **c** (of things) to be ready at hand.

nunc amo, quia non ~est PL.*As*.900; ubi is homost quem dicis? — ~sum, Callicles *Truc*.826; Priamus si adesset, ipse eius commiseresceret PAC.*trag*.391; CIC.*Att*.6.2.4; ~es celeberrimus absens OV.*Pont*.2.10.49; (*facet.*) aduortito animum. — non ~est. — at tu cita PL.*Ps*.32;—(*w.* hic) 1114; forte fortuna ~fuit hic meus amicus TER.*Eu*.134;—(*w.* apud) ~sum apud te, genitor ACC.*trag*.277. **b** quam uis ridiculus est, ubi uxor non ~est PL.*Men*.318; TER.*Hec*.129; moritur in Gallia Quinctius, cum ~esset Naeuius CIC.*Quinct*.14; *Fam*.9.26.2; ut.. omnium generum frequentia ~sit Q.CIC.*Pet*.50; sequor et qua ducitis ~sum VERG.*A*.2.701; cum..uis militum ultro ducis munia implebat, ut si ~esset imperator TAC.*Hist*.1.62;—(*w.* ad) ubi snmmus imperator non ~est ad exercitum PL.*Am*.504;—(*w.* apud) i apud me ~erunt *Mil*.708;—(*w. adv.*) ibi ~erat una Apoecides *Epid*.612;—(*w.* domi) domi ~esse certumst 664. **c** sunt hic omnia quae ad deum pacem oportet ~esse? PL.*Poen*.254; cultro facito struem et fertum uti ~siet CATO *Agr*.141.4; largitur in seruos quantum ~erat pecuniae TAC.*Ann*.16.11;—(*facet.*) rogitare..~sitne ei animus necne PL.*Cas*.572.

2 To be present (with a person). **b** (pres. graphically used w. ref. to future times).

uisus Homerus ~esse poeta ENN.*Ann*.6; ~es, Luculle, ~es, Seruili, dum dedico domum Ciceronis CIC.*Dom*.133; ubi ui opus erat, cuncti ~erant SAL.*Jug*.55.6;—(*w. dat.*) ~sum praesens praesenti tibi PL.*Mos*.1075; augur consuli ~est tum cum exercitus imperatur VAR.*L*.6.95; CIC.*Fin*.2.54; Q.CIC.*Pet*.46; ante oculos maestissimus Hector uisus ~esse mihi VERG.*A*.2.271; LIV.21.6.2; (*also w.* circum) ipse mihi custos incorruptissimus omnes circum doctores ~erat HOR.*S*.1.6.82;—(*w.* cum) equitibus qui cum eo ~erant LIV.10.20.13; STAT.*Ach*.1.724;—(*w. adv.*) ut quasi coram ~esse uideare CIC.*Fam*.15.16.1; gratia par ac si prope ~essemus SAL.*Jug*.102.7; VERG.*A*.1.595;—(*w.* domi) curate istam diligenter uirginem: domi ~siti' facite TER.*Eu*.506. **b** sed ~sum. coram igitur CIC.*Att*.12.11; ~sum igitur 16.15.6.

3 a To be still in one's present location (i.e. not to have departed), be still here, (imper.) don't go away, stay. **b** to be still (already) in a place mentioned or implied, 'be on the spot'.

a tu, dum ~sumus,..etiam quae futura prouidebis scribas uelim CIC.*Att*.10.16.2; 10.8.10;—Daue, ~es resiste TER.*An*.344; ~este, quaeso, atque audite, ciues! CIC.*Mil*.77. **b** dum ~es, quicquid prouideri poterit prouide CIC.*Att*.5.11.1;—(*w.* in+*abl.*) cum..haec quoque opportunitas adiungatur ut in eis ipsis locis ~sit (Pompeius), ut habeat exercitum *Man*.50.

4 To be present (in a specified capacity).

siquidem..is (*sc.* Iuppiter) precator ~siet, malam rem ecfugies numquam PL.*As*.415; ~esse ultorem nati me credas mei *Inc.trag*.262; cuperem ipse parens spectator ~esset VERG.*A*.10.443; rura colam, frugumque ~erit mea Delia custos TIB.1.5.21; ipse Hannibal..hortator ~erat LIV.21.11.7; ut..ceteri testes ~essent TAC.*Ann*.4.68;—(*w. dat.*) tu mihi accusatrix ~es PL.*As*.513; PROP.1.10.2; TAC.*Ann*.4.24; (*cf.*) suus cuique animus memor ignominiae adhortator ~erat LIV.9.13.2;—(*w.* cum) egomet..in proelio consultor idem et socius periculi uobiscum ~ero SAL.*Jug*.85.47;—(*w. dat. expr. purpose*) rapti qui tributo ~erant milites TAC.*Ann*.4.72; cohortem, quae more militiae excubiis ~est 12.69.

5 To be present (as a spectator, auditor, etc.).

quod egomet solus feci, nec quisquam alius ~fuit in tabernaclo PL.*Am*.425; TER.*Ad*.290; frequens..te audiui atque ~fui CIC.*de Orat*.1.243; *Clu*.23; (*cf.*) ~es parumper uerbaque exaudi mea SEN.*Phaed*.1175;—(*w. dat.*) omnibus unus ~est fatis LUC.9.884; (*poet.*) Lucifer amborum natalibus ~fuit idem OV.*Tr*.4.10.11;—(*w.* ad) mulier ad eam rem diuinam ne ~sit CATO *Agr*.83; SEN.*Med*.58;—(*w.* una) uin ~esse me una dum istam conuenis? TER.*Hec*.725.

6 To attend, be present (at a meeting or sim.). **b** (of an assembly) to convene, meet. **c** (of forces, etc.) to assemble.

DVM NI MINVS VIGINTI ~SIENT, CVM EA RES CONSVLETVR *CIL* 1.698.3.10; patres censeant exquaeras et ~esse iubeas *in* Var.*L*.6.91; senatores ne minus triginta ~essent CIC.*Ver*.2.161; diem meum scis esse III Nonas Ianuarias; ~eris igitur *Att*.13.42.3; edixit ut omnes ciues Romani..in campo Martio..~essent LIV.1.44.1; 22.53.12;—(*w.* ad) sese..te actore ad iudicium non ~futuros CIC.*Div.Caec*.28; *Ver*.1.1;—(*w.* in+*abl.*) utinam ~esset in iudicio! *Q.Rosc*.12; ~erat in senatu Verres pater istius *Ver*.2.95; LIV.26.33.5; (*w. gdvl. phr.*) qua in re decernenda cum ego casu non ~fuissem CIC.*Att*.1.17.8;—(*w. abl.*) uellem ~fuissemus priore concilio LUCIL.28; qui priore actione non ~fuit CIC.*Ver*.1.138;—(*w. dat.*) consilium habitum, cui et L. Porcius Licinus praetor ~fuit LIV.27.46.5. **b** edixit ut ~esset senatus frequens a.d. VIII Kalendas Decembris CIC.*Phil*.3.19; *Att*.9.17.1; *Fam*.11.6.2;—(*w.* ad) ut triduo post frequens senatus ad aedem Bellonae ~esset LIV.28.9.5. **c** primo uere edico ~sitis LIV.21.21.6; ut postero die omnes pedites equites armati ~essent edixit 27.13.9; (*poet.*) ~este, hendecasyllabi, quot estis omnes undique CATUL.42.1;—(*w. place indicated*) dictator omnes luce prima extra portam Collinam ~esse iubet LIV.4.22.1; 21.63.1; 42.27.5.

7 To be present (as a participant). **b** *scribendo* ~*esse*, to be party to the drawing up (of senatus consulta, etc.).

NEVE INTER IBEI VIREI PLOVS DVOBVS MVLIERIBVS PLOVS TRIBVS ~FVISE VELENT *CIL* 1.581.21; quom pugnabant maxume, ego tum fugiebam maxume; uerum quasi ~fuerim tamen simulabo PL.*Am*.200; nemini erat..dubium, si ~fuisset (*i.e. at Aegospotami*), illam Atheniensis calamitatem accepturos non fuisse Nep.*Con.*1.3;—(*w. dat. or abl.*) omnibus ~fuit his pugnis Dolabella Cic.*Phil.*2.75; interim noui milites sine metu pugnae ~esse Sal.*Jug.*87.2; naualibus proeliis..omnibus ~fui Liv.37.53.15; Tac.*Ann.*11.11;—(*w.* in+*abl.*) hunc minimest opus in hac re ~esse Ter.*Hec.*410. **b** sc. arf · (*i.e.* scribendo ~fvervnt) m · clavdi · m · f · valeri · p · f · q · minvci · c · f · *CIL* 1.581.2; eundem.. scribendo ~fuisse Cic.*de Orat.*3.5; *Red.Sen.*8; *Att.*7.1.7; in aede Apollinis scrib. ~fuerunt L. Domitius..Q. Caecilius S.C. in Cael.*Fam.*8.8.5; (*cf.*) decreto scribendo primum uideo ~fuisse Lysaniam Cic.*Flac.*43.

8 To attend (in answer to a summons), appear.
qui nisi ~sint quom citentur Pl.*Men.*454; ⟨in eam rem facito eis⟩ omnes ~sient testimo⟨nivmqve deicant⟩ *CIL* 1.583.32; cum ceteris reus una tradetur Lupo. non ~erit Lucil.786; qui neque ~esse sit iussus neque citatus neque accusatus Cic.*Dom.*45; Vell.2.10.1;—(*w. time, place, or circumstances indicated*) ut Kalendis Decembribus ~sit Sthenius Syracusis Cic.*Ver.*2.94; *Q.fr.*2.3.1; ipse cum die dicta non ~esset Liv.2.35.6; Postumius uadibus datis non ~fuit 25.4.9; Tac.*Ann.*11.37; Gel.16.4.3;—(*w. gen. expr. a charge*) uenefici postridie iussisti ~esse in diem ex die Cato *orat.*199.

9 To be present (implying previous absence), to have come. **b** (w. destination indicated). **c** (w. provenance indicated).
incede, incede, ~sunt, me expetunt Enn.*scen.*28; ecce autem perii, coquos ~est! Pl.*Mer.*748; *St.*577; ~erit continuo hoc ubi ex te audi⟨u⟩erit Ter.*Hec.*813; λαλαγεῦσα iam ~est et animus ardet Cic.*Att.*10.2.1; iamque ~erat..Iapyx Iasides Verg.*A.*12.391; recens nuntius ~erat Tarracinae iam esse (matrem Idaeam) Liv.29.14.5; magnae tibi nuntius ~sum cladis Ov.*Met.*11.349; ~erant legati coloniarum auxilium orantes Tac.*Hist.*2.14;—(*w. purpose expr. by inf.*) non Teucros delere ~eram Sil.9.532;—(*w. dat.*) Phaedria tibi ~est Ter.*Ph.*484; ut ad tabulam Sextiam sibi ~sint hora secunda postridie Cic.*Quinct.*25;—(*w. adv.*) iam hic credo ~erit: arcessiuit illam a naui Pl.*Per.*530; *Ps.*181; si nil mali esset iam hic ~essent Ter.*Hau.*238; iam ego inibi ~ero Pompon.*com.*66. **b** (*w.* huc) tu, diuine Sosia, huc fac ~sies Pl.*Am.*976; Cic.*Clu.*197; huc ~es, o formose puer Verg.*Ecl.*2.45; Pers.3.7; V.Fl.3.82;—(*w.* prope) cum iam prope litus ~essent Ausonium Ov.*Met.*14.76;—(*w. acc.*) cubiculum tuum ~ero Apul.*Met.*2.10; 5.5;—(*poet., of sound*) cum creber ad auris uisus ~esse pedum sonitus Verg. *A.*2.732. **c** (*w.* ab) quisquis illest qui ~est a milite Pl.*Ps.* 924a; dona ~sunt tibi a Phaedria Ter.*Eu.*464; ~sum dirarum ab sede sororum Verg.*A.*7.454;—(*w.* ex) hi autem ex Africa iam ~futuri uidentur Cic.*Att.*11.15.1;—(*w.* de) iamque ~erit multo Priami de sanguine Pyrrhus Verg.*A.*2. 662; de montibus ~sunt Harpyiae 3.225;—(*w.* per) Galli per dumos ~erant 8.657;—(*w. abl.*) unde Mycenis ~foret et uallum coniunx inopina subiret? Stat.*Theb.*11.147.

10 a (of time) To be present, have come. **b** (of circumstances) to be present in time, have arrived.
a iam ~erit tempus quom sese etiam ipse oderit Pl.*Bac.* 417; uesper ~est, iuuenes, consurgite Catul.62.1; patefit quodcumque creatur, dum tempestates ~sunt Lucr.1.178; postquam nox ~erat, in castra..reuortitur Sal.*Jug.*58.7; iamque dies infanda ~erat Verg.*A.*2.132; 9.107; Liv.3.58.6; 22.25.16; Stat.*Theb.*2.361; quod sine ulla sua noxa Idus Martiae ~essent Suet.*Jul.*81.4;—(*impers., w. temporal cl.*) prope ~est quom alieno more uiuendumst mihi Ter.*An.*152; at pol iam ~erit se quoque etiam quom oderit *Hec.*543. **b** nunc ~est occasio bene facta cumulare Pl.*Capt.*423; ea, quae partim iam ~sunt, partim impendent Cic.*Fam.*4.14.1; quod uotis optastis ~est, perfringere dextra Verg.*A.*10.279; quod ~est memento componere aequus Hor.*Carm.*3.29.32; 'quam largus', inquit, 'imber ~erit crastino' Apul.*Met.* 2.11.

11 To be present with assistance, provide aid or support (for). **b** to give support (to an action, process, etc.). **c** to be a party, subscribe (to a view). **d** (of things) to be present as a supporting or additional element.
foras egredier uideo lenonem Lycum. ~este quaeso Pl. *Poen.*743; non tali auxilio..tempus eget; non, si ipse meus nunc ~foret Hector Verg.*A.*2.522; ~este, ciues; ~este, commilitones Liv.2.55.7; 'o geminae' clamauit '~este sorores' Ov.*Met.*3.713; ~fore Britanniam, secutura Germanorum auxilia Tac.*Hist.*1.52; Apul.*Met.*6.15;—(*w. dat.*) ~sum auxilio, Amphitruo, tibi et tuis Pl.*Am.*1131; hi quos uides huic ~esse et in primis Q. Hortensius Cic.*Sul.*12; *Sen.*38; dux hostium Camulogenus suis ~erat atque eos cohortabatur Caes.*Gal.*7.62.5; quamquam rebellantibus non ~fuerant Liv.4.23.4; Ov.*Pont.*2.3.45; V.Max.4.2.7; Tac. *Ann.*4.48; qui..graui supercilio utilitatibus fisci contumaciter ~essent Plin.*Pan.*41.3;—(*w.* contra) contra..nocentia monstra Psyllus ~est populis Luc.9.910. **b** dictator intercessioni ~ero Liv.6.38.6; ille ego, qui..solebam..tibi iucundis primus ~esse iocis Ov.*Pont.*4.3.14; V.Max.2.7.3; ~sum testamento Quint.*Decl.*264(p.78,l.12);—(*of things*) (tibia) adspirare et ~esse choris erat utilis Hor.*Ars* 204; uoltus ~est precibus Luc.10.105. **c** cui sententiae ~est Dicaearchus Plin.*Nat.*2.162; ~sunt huic opinioni meae leges Plin.*Ep.*1.20.11; (*cf.*) quod si fallor, ~est species (*i.e. appearances are on my side*) *Aetna* 349. **d** ut equitum mille..vii milium Pompeianorum impetum, cum ~esset usus, sustinere auderent Caes.*Civ.*3.84.4; inerat..simplicitas ac liberalitas, quae, ni ~sit modus, in exitium uertuntur Tac.*Hist.*3.86;—(*w. dat.*) uimque ~fore uerbo crediderat Verg.*A.*10.547; V.Max.5.7.ext.2.

12 To give support by one's presence in court (to), appear as an advocate (for).
(*w. dat.*) C. Canius..cum Rufo ~esset Cic.*de Orat.*2.280; *Phil.*2.95; ipsum exoratum Vatinio Gabinioque reis ~fuisse Sen.*Suas.*6.13; Sen.*Ben.*5.8.2; ~eratque iis..Boiocalus Tac.*Ann.*13.55; ~eram Arrionillae..Regulus contra Plin. *Ep.*1.5.5; Suet.*Aug.*56.4; (*also w.* contra) ~erat contra Aculeonem Gratidiano L. Aelius Lamia Cic.*de Orat.*2.262;—(*w.* aduersus) etiam aduersus quem ~fuissent, eius filiis.. ~erant Sab.*iur.*6; Suet.*Cl.*38.2;—(*in fig. phr.*) praeuaricor, qui adsidue diei ac noctis somno ~sum, Aur.*Fro.*1.p.90(9N).

13 (of gods) To be at hand with assistance **b** to give one's blessing, be favourable (to a process, action, etc.). **c** to look favourably (on a prayer).
Hymen ~es o Hymenaee Catul.62.5; ~sis, o Tegeaee, fauens Verg.*G.*1.18; ~eritque uocatus Apollo *A.*3.395; Hor. *Epod.*5.53; di regum ultores ~este Liv.2.6.8; Ov.*Met.*4.31; sic numina principis ~sint Stat.*Silv.*5.2.154; deum tunc ~fuisse, cum id euenisset, ueteres oratores,..dictitabant Quint.*Inst.*10.7.14;—(*w. dat.*) dexter ~es ducibus Ov.*Fast.* 1.67; creditum est Martem patrem tunc populo suo ~fuisse V.Max.1.8.6. **b** (*w. dat.*) te precor, Alcide, coeptis ingentibus ~sis Verg.*A.*10.461; origini Romanae et deos ~fuisse Liv.1.9.4; coepto non leue numen ~est Ov.*Ep.*15.18; ~esse..deos iustae uindictae Tac.*Ann.*14.35;—(*w.* in+*abl.*) deos..spero..in rebus gerendis ~futuros esse Liv.44.22.3. **c** quodsi quid..~est uotis Iuppiter ipse meis Ov.*Ep.*6.152; tu (Lucina) uoto parturientis ~es! *Fast.*3.256; *Tr.*3.1.78.

14 To be near by, be at hand. **b** (of time or events) to be imminent, be at hand.
quod senatus in urbe habebatur Pompeiusque ~erat Caes.*Civ.*1.2.1; Troia classis ~est armis instructa uirisque Ov.*Ep.*15.329. **b** quia illud malum ~erat, istuc aberat longius Pl.*Ps.*502; rogito Pamphila quid agat, iam partus ~siet Ter.*Ad.*619; quamquam..~sunt Kalendae Ianuariae, tamen breue tempus longum est imparatis Cic.*Phil.*3.2; quoniam iam ~est meus aduentus *Att.*13.25.2; quom sibi finem uitae ~esse intellegeret Sal.*Jug.*9.4; Liv.30.32.10; alter..de te, Rhene, triumphus ~est Ov.*Pont.*3.4.88; Stat.*Theb.*5.736; feminae in furorem turbatae ~esse exitium canebant Tac. *Ann.*14.32;—(*w. dat.*) nunc ~est exitium Ilio Pl.*Bac.*987; quantus ~est uiris sudor! Hor.*Carm.*1.15.9; ut cui de summa rerum ~esset certamen Liv.33.3.11; Ov.*Am.*2.2.62; feminae, quibus tum ~est partus Cels.2.1.14;—(*w.* prope) iam prope lux ~erat Ov.*Tr.*1.3.5.

15 To be at hand with hostile intent, be upon.
(*w dat.*) frumentatum exeunti Hannibali..opportuni ~erant Liv.22.32.2; 25.34.3; premunt ~eruntque moranti Stat.*Theb.*5.246;—(*w.* aduersum) quod omnes sicut aliis diebus aduorsum hostis ~erant Sal.*Jug.*94.3;—(*w.* in+*acc.*) iam totus ~est in proelia Caesar Luc.5.742; truci clamore ~erant semisomnos in barbaros Tac.*Ann.*4.25;—(*ellipt.*) si paulum modo uos languere uiderint, iam omnes feroces ~erunt Sal.*Cat.*52.18; strictis ensibus ~sunt Verg.*A.*12. 288.

16 To have come close at hand, to be nearly here.
eccam ~est propinque Pl.*Truc.*575; quem iam ego uenire atque ~esse arbitror Cic.*Att.*2.25.2; conferri, comportari, ~esse (frumentum) dicere Caes.*Gal.*1.16.4; 6.4.1; *Civ.*3.36.1.

17 (of conditions, characteristics, etc.) To be present (in circumstances specified or implied), exist. **b** (w. dat.) to belong or appertain (to).
ardor animi non semper ~est Cic.*Brut.*93; 'ne aegrotus sim; si' inquit (Crantor) 'fuero, sensus ~sit' *Tusc.*3.12; *Off.* 1.131; o si solitae quicquam uirtutis ~esset! Verg.*A.*11. 415; si dolus eius ~fuit Ulp.*dig.*23.3.12.1;—(*w.* in+*abl.*) si in te pudor ~sit, non me appelles Pl.*St.*322. **b** quis pudor paullum ~est Ter.*An.*630; Lucr.1.337; illi, quibus uires ~erant Sal.*Hist.*3.23; auctoritate ea quae plerumque ~est uictori *B.Alex.*26.3; quis enim modus ~sit amori? Verg. *Ecl.*2.68; cocto num ~est honor idem? Hor.*S.*2.2.28; [Tib.] 3.11.6; Ov.*Tr.*1.9.38; graue et immutabile sanctis pondus ~est uerbis Stat.*Theb.*1.213; an eandem Romanis in bello uirtutem quam in pace lasciuiam ~esse creditis? Tac.*Ag.* 32.1; *Ann.*4.38;—(*ellipt.*) tantum ad narrandum argumentum ~est (*sc.* mihi) benignitas Pl.*Men.*16; facies ~erat (*sc.* Hippodamiae) nullis obnoxia gemmis Prop.1.2.21.

18 To be present (to the mind).
corpus aberat liberatoris, libertatis memoria ~erat Cic. *Phil.*10.8; Ov.*Tr.*3.4.55; praeteriti temporis omnes (dies), cum iusseritis, ~erunt Sen.*Dial.*10.10.4;—(*w. dat.*) uos animo semper ~esse meo Ov.*Tr.*3.4.74; quoniam memoriae mihi forte ~erant Gel.19.13.5.

19 To pay attention, attend (to). **b** *~esse animo* and sim., to pay attention; also to pull oneself together, collect one's wits.
prius hoc ausculta atque ~es Pl.*Mer.*568; ualete, ~este cum silentio *Trin.*22; ~es, paucis dum uersibus expediamus esse ea quae solido..corpore constent Lucr.1.499; faueamus ..huic proposito aequisque et animis et auribus ~simus Sen. *Dial.*2.9.4;—(*w. dat.*) ego..tuis rebus sic ~ero ut difficillimis Cic.*Fam.*6.14.3; incipe tu lacrimis aequus ~esse nouis Prop.4.1.120; Ov.*Ars* 1.267; (*of the mind*) nihil honeste fit, nisi cui totus animus incubuit atque ~fuit Sen.*Ep.*82.18. **b** ut facile intellegeretis eum non ~fuisse animo Cic.*Caec.* 30; ~este omnes animis..et me..dicentem attendite *Sul.* 33; toto pectore, uulgus, ~es Ov.*Ars* 2.536;—quam ob rem ~este animis, iudices, et timorem..deponite Cic.*Mil.*4; *Rep.*6.10.

20 To be available, be forthcoming (not necessarily implying physical presence).
~sunt fabri architectique..ad eam haud inperiti Pl.*Mil.* 919; Cimmeriis..ignes..~erant quorum illis uti lumine licebat Cic.*Luc.*61; ubi sis ingressus, ~esse studia et ministros Tac.*Ann.*4.7; 4.16.

21 To be present as an additional element, be added or extra (to).
quia peccato facinus non ~fuit illi Ov.*Tr.*5.11.17; modo deest aliis, modo ~est..tempus Man.3.557.

aduectīcius ~a ~um, *a.* [advehō+-icivs²] (of merchandise) Imported, foreign.
ea..mutare cum mercatoribus uino ~o et aliis talibus Sal.*Jug.*44.5.

aduectiō ~ōnis, *f.* [advehō+-tio] Transportation (of goods), carriage.
famem longae ~onis (ostrearum) a Brundisio compascere in Lucrino Plin.*Nat.*9.169.

aduectō ~āre, *tr.* [advehō+-to] To bring (merchandise) from abroad, import.
quibus ex prouinciis..rei frumentariae copiam ~aret Tac.*Ann.*6.13;—(*of a ship*) sicubi..~et ratis..tibi pabula dira V.Fl.4.106.

aduectus¹ ~a ~um, *a.* [pple. of advehō] Introduced from abroad, imported, foreign; (of peoples) immigrant.
spirat in ~o, sed iam piger, aequore mullus Mart.13.79.1; ~am religionem Tac.*Ger.*9.2; Juv.9.23;—Britanniam qui mortales initio coluerint, indigenae an ~i..parum compertum Tac.*Ag.*11.1.

aduectus² ~ūs, *m.* [next+-tvs³] Conveyance (to a place), importation.
Auentinum aliquot de causis dicunt..ego maxime puto, quod ab ~u Var.*L.*5.43; haec de origine et ~u dei celeberrima Tac.*Hist.*4.84.

aduehō ~here ~xī ~ctum, *tr.* **aru-.** [ad-+vehō] Forms: *aruehant* Cato *Agr.*138, *aruectum* 135.7.

1 To convey (to a person or place), bring. **b** (w. destination expr.). **c** (of ships and other forms of conveyance). **d** (of the wind, waves, etc.).
nauclerus..qui illas ~xit Pl.*Mil.*1109; *St.*374; Ter.*Eu.* 161; eos (*sc.* orbes) cum ~xeris Cato *Agr.*22.4; mulio qui ~xerit (pecuniam) Cic.*Ver.*3.183; HS lx, quod ~xerat Domitius Caes.*Civ.*1.23.4; magna uis frumenti ex Sicilia ~cta Liv.2.34.7; 22.37.6; 27.38.12; ~ctis trans maria marmoribus Sen.*Ep.*114.9; Luc.6.442; (auis) ~ctos.. maesto excutit ore cibos Stat.*Theb.*5.602; gladiatorum spectaculum editur, ~cto ex urbe cultu Tac.*Hist.*2.71; *Ann.* 16.2; ~cta fossa onera transponere in flumen Plin.*Ep.* 10.61.2. **b** eam..huc inuitam mulierem in Ephesum ~hit Pl.*Mil.*113; illo..non materies ulla ~cta est Cic.*Ver.* 1.147; quasi praeda sibi ~cta 5.64; Sutrini commeatus.. in castra..~xere Liv.9.32.2; urbi se nostrae ~hendum restituit (anguis) V.Max.1.8.2; mater deum ~cta Romam est Plin.*Nat.*18.16; Aegyptum cum ~heretur (Pythagoras) Apul.*Fl.*15; Paul.*dig.*39.4.4.1. **c** nauis..quae me ~xit Pl.*Am.*405; Liv.23.38.8; nostros ~hit illa (puppis) deos Ov.*Am.*2.11.44;—(*w. pred.*) quod M. Catonem classis illa incolumem ~xerat V.Max.8.15.10;—(boues) ~hant ligna, fabalia, frumentum Cato *Agr.*138. **d** scopulos Sirenum ~cta subibat (classis) Verg.*A.*5.864; nec ultrices ~hit unda rates Ov.*Ep.*5.90; imbres auster ~xit Sen.*Med.*584; Plin. *Nat.*37.35.

2 To bring in or fetch from abroad, import.
caricas Cauno ~ctas Cic.*Div.*2.84; (arbores) quae..de supernatibus ~huntur Vitr.2.10.2; en saperdas ~he Ponto Pers.5.134; caryophyllon..~hitur odoris gratia Plin.*Nat.* 12.30.

3 (of a season, occasion, etc.) To bring.
siue diem festum rediens ~xerit annus Hor.*S.*2.2.83; tu (*sc.* nox) mihi..~his alma fidem Stat.*Theb.*1.503.

4 (pass.) To arrive by travel. spec. **b** (w. *naui*, etc., or absol.) to sail (to a place), come by sea. **c** (w. vehicle specified or alone) to drive (to a place). **d** (w. *equo* or alone) to ride up, arrive on horseback.
quia nec terra olim sed classibus ~hebantur Tac.*Ger.*2.1. **b** uter uostrorum est ~ctus mecum naui Pl.*Men.*1085; horiola ~cti sumus usque aqua aduorsa per amnem *Trin.* 942; ~ctum Aenean classi Verg.*A.*8.11; Liv.8.22.6;—(*w. acc.*) cum ab Epidauro Piraeum naui ~ctus essem Sulp.Ruf. *Fam.*4.12.1; Sal.*Jug.*86.4; ~hitur Teucros Verg.*A.*8.136; Locros hexere ~ctus Liv.29.9.8;—(*w. dat.*) barbaricis Satricus cum rege cateruis ~ctus Sil.9.77;—(*w.* in+*acc.*) qui hac noctu in portum ~cti sumus Pl.*Am.*731; Cic.*Att.* 14.20.1; Verg.*A.*3.108;—(*w. adv.*) eo ex urbe ~hebantur ratibus Var.*L.*5.43; unde huc ~cti Verg.*A.*1.558. **c** (*w. destination indicated*) cisio celeriter ad urbem ~ctus Cic. *Phil.*2.77; sacerdos ~cta in fanum *Tusc.*1.113; senex plaustro in castra..~ctus Liv.9.3.9;—~hitur cum iligna corona Caecil.*com.*269; cum tibi tota cognatio serraco ~hatur Cic.*Pis.fr.*15. **d** (*w. destination indicated*) (consul) in eam partem citato equo ~ctus Liv.2.47.3; in laeuum cornu..arrepto repente equo..~ctus 6.8.6; consul ad ancipitem maxime pugnam ~ctus desilit ex equo 9.31.10; Caesar ~ctus ad uicesimanos Tac.*Ann.*1.51; (*w.* propius) ~ctus deinde equo propius Liv.10.42.3;—tum piscatores..qui ~huntur quadrupedanti, crucianti cantherio Pl.*Capt.*814; Liv.41.18.11; duo iuuenes equis ~cti Quint. *Inst.*11.2.12.

aduēlitātiō: see quot.; perh. misunderstanding of Pl.*Rud.*525.
~o iactatio quaedam uerborum figurata ab hastis uelitaribus Paul.*Fest.*p.28M.

aduēlō ~āre, *tr.* [ad-+velō] To cover, veil.
uiridi..~at tempora lauro Verg.*A.*5.246.

aduena¹ ~ae, *m., f.* [adveniō+-a]

1 A visitor from abroad, immigrant, foreigner. **b** (applied to birds) a migrant, visitor. **c** an exotic species (of tree). **d** (applied, in fig. phr., to a metrical foot).
ciues, populares, incolae, accolae, ~ae omnes Pl.*Aul.*406; in timorem dabo militarem ~am *Ps.*928; ne in nostra patria peregrini atque ~ae esse uideamur Cic.*de Orat.*1.249; *Ver.* 4.130; *Fam.*7.20.1; Senones, recentissimi ~arum Liv.5.35.3; ~a uirgineo caesus ut esse cadat Ov.*Pont.*3.2.58; Curt. 8.2.14; Tac.*Ann.*11.24; '~a' est, quem Graeci ἄποικον appellant Pompon.*dig.*50.16.239.4;—(*in fig. phr.*) neque enim Aonium nemus ~a pulso Stat.*Ach.*1.10;—(*poet.* terris, Alphee, Sicanis ~a *Theb.*4.240. **b** illas (*sc.* ciconias

hiemis, has (*sc.* grues) aestatis ~as PLIN.*Nat.*10.61. **c** cupressus ~a et difficillime nascentium fuit PLIN.*Nat.*16.139. **d** rex et dominus prior ipse (*i.e.* anapaestus) est, hic (*i.e.* spondeus) ~a sumptus et hospes de foedere temporis aequi MAUR.1835.

2 A person or thing recently arrived, newcomer, stranger; (w. gen.) a stranger or newcomer (to). **b** (spec.) an intruder, interloper.

mensae quas ~a primas tunc adiit VERG.*A.*10.516;—(*of plants*) sit..(solum) siccum.., bipalio subactum, ~is hospitale PLIN.*Nat.*17.69;—fani quidem ~a, religionis autem indigena APUL.*Met.*11.26; (*fig.*) Tyrii iuuenis non ~a belli STAT.*Theb.*8.555; APUL.*Met.*1.1. **b** nouus ~a busto.. pellitur STAT.*Theb.*12.430;—(*fig.*) si Zeno Citieus, ~a quidam.., insinuasse se in antiquam philosophiam uidetur CIC. *Tusc.*5.34.

aduena[2] ~ae, *a.* [prec.]

1 That comes from a different country, foreign, alien. **b** (of rivers, as flowing from distant sources). **c** (of birds) migrant, visiting. **d** (of other things) exotic, imported.

nemo habessit deos neue nouos neue ~as CIC.*Leg.*2.19; piscetur nostris in finibus ~a arator *Dirae* 80; ~a nostri.. possessor agelli VERG.*Ecl.*9.2; cum maiores nostri ~as reges non fastidierint LIV.4.3.13; OV.*Fast.*5.21; STAT.*Silv.*4.3.5; —(*poet.*) quam multos ~a torsit amor OV.*Ars* 1.176;—(*w. fem. sb.*) est e Corintho hic ~a anu' paupercula TER.*Hau.*96; PETR.119,l.16. **b** qua petit aequoreas ~a Thybris aquas OV.*Fast.*2.68; ~a Nile 5.268. **c** uolucres cum partim ~ae sint, ut hirundines et grues VAR.*R.*3.5.7; HOR.*Epod.*2.35; ~as..uolucres a. d. VI. Kal. Febr. spem ueris adtulisse PLIN.*Nat.*18.209. **d** a solo impetrari, ut alienas (arbores) alat ~asque nutriat PLIN.*Nat.*16.136.

2 Recently arrived; (w. gen.) recently arrived (in), coming new (to). **b** intrusive.

~am istum asinum..iugula APUL.*Met.*8.31;—ius habet in fluctus magni puer ~a ponti SEN.*Oed.*447. **b** (*of the sea*) Libya cum rumperet ~a Calpen Oceanus V.FL.1.588; APUL.*Mun.*34.

aduenеror ~ārī ~ātus, *tr.* (Also ~o ~āre). [AD-+VENEROR] To worship, adore.

~or Mineruam et Venerem VAR.*R.*1.1.6; prosequiturque oculis puer ~atus euntes (umbras maiorum) SIL.13.704; —(*act. form*) quippe haec sola ~at, quibus propugnabat APUL.*Soc.*5.

aduenientia ~ae, *f.* (dub.) [next+-IA] Arrival, approach.

occulte..~am (*cj.*) cohortium praestolari occipiunt SIS. *hist.*25.

aduenĭō ~uenīre ~uēnī ~uentum, *intr.* [AD-+VENIO] FORMS: *~uenat* (for *~ueniat*) PL.*Ps.*1030.

1 To come (to), arrive (at), reach. **b** (pres. pple.) on my, his, etc., arrival, as I, he, etc., reached.

~ueniet, fera..nauibus complebit manus litora ENN. *scen.*67; eum magnum ~uenisse hostium numerum LIV. 5.17.10;—(*w.* ad, in+*acc.*) quom extemplo ad forum ~uenero PL.*Capt.*786; intemperies (*sc.* parasitus) modo in nostram ~uenit domum 911; quamcumque in prouinciam.. ~uenerit CIC.*Phil.*11.30;—(*w. acc.*) heri Athenis Ephesum ~ueni uesperi PL.*Mil.*439; ut..Luceriam ~uenires POMP. *Att.*8.12b.2; Tyriam qui ~ueneris urbem VERG.*A.*1.388; APUL.*Met.*5.7;—(*w.* aduersus) (phalanx) aduersus instructos ..erat ~uentura LIV.42.66.4; TAC.*Ann.*15.13;—(*w. dat.*) uos..tectis ~uenisse meis V.FL.5.535;—(*w. advs.*) quom intro ~uenero PL.*Rud.*1206; uideo..filium..huc ~uenire TER.*Eu.*289; ei obuiam bubulcus..~uenit GRACCH.*orat.*46. **b** ad uos ~ueniens auxilium..peto ENN.*scen.*161; ~uenienti ei tabellas dem in manum PL.*Bac.*769; ~uenientem, e naui egredientem ilico abduxi ad cenam TER.*Hau.*182; LUCIL.50; CIC.*Sest.*131; *B.Alex.*32.3; auget gloriam ~ueniens LIV.3. 10.1; SUET.*Cl.*6.1.

2 a (w. emphasis on attendant circumstances). **b** (on purpose). **c** (on place whence).

a (*w. adjs.*) laetus lautus cum ~uenis ENN.*Sat.*14; saluos quom ~uenis in Epidaurum PL.*Cur.*561;—(*w. pple.*) expectata ~uenis PAC.*trag.*232; ita territis Sempronius consul ~uenit LIV.21.57.3; STAT.*Theb.*1.644;—(*w. adv.*) optume ~uenis PL.*Mer.*912; per tempus ~uenis TER.*An.* 783. **b** ne tibi suppetias temperi ~ueni modo PL.*Men.* 1020; neque te derisum ~uenio *Trin.*448; ad te ~uenio.. consilium expetens TER.*An.*319; *Ph.*388; (*w. advl. acc.*) animum aduorte ut quod ego ad te ~uenio intellegas PL. *Epid.*456. **c** ~uenio ex Seleucia PL.*Trin.*845; unde ~uenis? 879; pater diuum..~uenit caelo CATUL.64.299; huic..patria de sede uolentes ~uenere uiri STAT.*Theb.*4.77.

3 To come from outside, be imported.

hactenus..nobilitas datur..uernaculis Italiae (uitibus); ceterae ~uenere PLIN.*Nat.*14.25.

4 a (of ships, vehicles) To arrive, put in. **b** (of other things) to reach, be brought, arrive. **c** (of possessions) to come into the hands (of).

a sei qua peregrina nauis in portum ~uenit PL.*Men.* 340; *B.Afr.*7.3; ni classis Punica..in tempore..~uenisset LIV.23.40.6;—duo milia plaustrorum..~uenisse 25.13.10. **b** a uiro ad me rus ~uenit nuntius PL.*Mer.*667; glomerata.. corpora..dissipat adueniens liquor LUCR.4.873; ~uenere litterae fusas..Vitelli copias SUET.*Ves.*7.1;—(*of flowing water*) dextra ac sinistra monumenti ~uenientes duo riui VITR.8.3.16; COL.11.3.8; eaedem (arbores) mari ~ueniente fluctibus pulsatae resistunt inmobiles PLIN.*Nat.*12.37;—(*of wind*) (uenti) ~uenientes ad angulos insularum VITR.1.6.8; PLIN.*Nat.*2.132. **c** Numidiae partem, quam nunc peteret, tum ultro (illi) ~uenturam SAL.*Jug.*111.1.

5 (of circumstances, physical conditions, etc.) To set in, arise, develop, supervene. **b** to come (into a specified condition).

apage istiusmodi salutem <cum> cruciatu quae ~uenit PL.*Mer.*144; arma contra casus et euentus, quibus eorum ~uenientes impetus..frangantur CIC.*Tusc.*3.31; praeter enim quam quod morbis cum corporis aegret, ~uenit id quod eam..macerat LUCR.3.825; ubi periculum ~uenit SAL.*Cat.*23.6; ~uenientem..gratiam LIV.30.21.9; TAC.*Ag.* 11.4; (*cf.*) cocturis crebris..efficiuntur, ut ~ueniant, colores VITR.7.9.1. **b** unde hos ~uenias regno deiecta labores STAT.*Theb.*5.47; rebus quae postea in obligationem ~uenturae sunt JAVOL.*dig.*5.1.35.

6 (of dates or times) To come, arrive. **b** to come (in time).

quando dies ~ueniet ANDR.*poet.*11(12); CIC.*Ver.*2.37; optato finitae tempore luces ~uenere CATUL.64.32; VERG. *A.*10.11; ubi aestas ~uenit TAC.*Agr.*20.2;—(*w. dat.*) haec frementibus hora fatalis ignominiae ~uenit LIV.9.5.11; TAC. *Hist.*4.62. **b** aetas..res plurumas pessumas, quom ~uenit, adfert PL.*Men.*759; qua nullum terris uiolentius ~uenit astrum MAN.1.397.

aduentīcius ~a ~um, *a.* [ADVENIO+-ICIVS[2]]

1 That comes from without, external. **b** (phil.) dependent upon or connected with external circumstances, extrinsic, extraneous, adventitious; *ex ~o*, from an extraneous source.

ut eius honos ab iis qui ex eadem familia sint defendatur, neque ullum ~um auxilium requiratur CIC.*Ver.*4. 81; externus et ~us..tepor *N.D.*2.26; *Div.*2.120; 2.126. **b** adiumentis externis et ~is CIC.*Fin.*5.59; pulcherrima quaeque multis et ~is comitata sunt dotibus SEN.*Ben.* 4.22.4; *Dial.*12.5.1; *Ep.*42.9;—(*neut. as sb.*) ut anteponantur..innata atque insita adsumptis atque ~is CIC.*Top.* 69; SEN.*Ep.*98.1;—quod circa nos ex ~o fulget, liberi, honores, opes *Dial.*6.10.1.

2 That comes from abroad, foreign, alien, imported; (of birds) visiting, migratory.

~is copiis CIC.*Agr.*2.86; inportantur non merces solum ~ae sed etiam mores *Rep.*2.7;—(*of abst. things*) doctrinam transmarinam atque ~am *de Orat.*3.135; ~is uitiis SEN. *Dial.*5.18.1;—de illo genere sunt turdi ~o VAR.*R.*3.5.7.

3 (of property) Obtained otherwise than by direct inheritance from one's parents, coming by an accident of inheritance; accruing accidentally or as a windfall.

non est una pecunia propterea quod altera pupilli iam erat ~a CIC.*Inv.*2.64; in re ~a atque hereditaria *Ver.*1.126; ULP.*dig.*23.3.5.11;—(*neut. sg. as sb.*) quia id ex ~o adquisitum est, non per patrem ad eum peruenit JAVOL.*dig.*42.5.28; —si ~a pecunia petitur ab eo cui sua non redditur CIC.*Rab. Post.*46; LIV.8.28.3; ~o lucro ULP.*dig.*50.17.41.1;—(*neut. sg. as sb.*) PLIN.*Ep.*5.7.3.

4 Produced or occurring accidentally, casual.

umor ~us VAR.*R.*1.8.4; 1.41.3;—(*as sb., of a comet*) si rarus et insolitae figurae ignis apparuit, nemo non..de ~o quaerit SEN.*Nat.*7.1.5.

cena ~a, or fem. as sb., a feast that celebrates an arrival, reception.

cena..~a SUET.*Vit.*13.2; (*iron.*) quoties theatrum..intraui, hac me ~a excipere frequentia solet PETR.90.5.

aduentō ~āre ~āuī ~ātum, *intr.* [ADVENIO+ -TO]

1 To come towards, approach, draw near. **b** (of troops, etc., usu. implying hostile intent).

id quod fertur est in motu atque ~at VAR.*L.*7.92; ~are et prope adesse iam debes CIC.*Att.*4.18.5(17.3); uisae..canes ululare..~ante dea VERG.*A.*6.258; STAT.*Theb.*7.68; TAC. *Ann.*14.4; (*cf.*) crebrescere fragor, ~are et iam ut in limine ..audiri PLIN.*Ep.*7.27.8;—(*w.* ad) nondum erat auditum te ad Italiam ~are CIC.*Fam.*2.6.1;—(*w.* sub+*acc.*) sub ipsam finem ~abant VERG.*A.*5.328;—(*w. acc. of place whither*) postquam Romam ~abant SAL.*Jug.*28.2. **b** Afranium cum magnis copiis ~are CIC.*Att.*8.3.7; Caesar..~are iam iamque et adesse eius equites..nuntiabantur CAES.*Civ.* 1.14.1; timens ne classis regia ~aret NEP.*Milt.*7.4; LIV. 5.43.8; Graias cum milite forti ~are rates OV.*Met.*12.65; CURT.3.7.8; ~antium robur per adulationem attollentes TAC.*Hist.*2.30; Petilio Ceriali legato..in subsidium ~anti obuius fudit legionem *Ann.*14.32;—(*w.* ad) cum ~aret ad Nicopolim *B.Alex.*36.3; VERG.*A.*11.514;—(*w. acc. of place whither*) propinqua Seleuciae ~abat TAC.*Ann.*6.44;—(*w. adv.*) quo cum ~aret HIRT.*Gal.*8.26.2;—(*poet.*) fortior ecce ~at per inane cohors (*sc.* aquilarum) STAT.*Theb.*3.531.

2 To arrive, come on the scene, 'turn up' (at a place). **b** (of things) to arrive, be brought.

multi alii ~ant, paupertas quorum obscurat nomina ENN.*scen.*49; ~abat..cenantibus nobis CIC.*Att.*15.27.3; aut maesta niger ~abat ab urna STAT.*Theb.*8.6; TAC.*Hist.* 2.6; *Ann.*6.42;—(*w.* ad) hic ad conuiuii repotia uespertinus comisator ~at APUL.*Mun.*35;—(*w. acc. of place whither*) miles..ciuitatem ~at *Met.*9.41;—(*w. sup. expr. purpose*) id quod in rem tuam optumum esse arbitror ted id monitum ~o PL.*Aul.*145. **b** commeatus nostros Pontico mari.. ~antis TAC.*Ann.*13.39.

3 a (of the tide) To come in, rise. **b** (of wind, rain, etc.) to get up, threaten, be brewing, be impending.

a recedere atque ~are (maria) conperimus MELA 3.2. **b** ~antibus Euris VERG.*G.*4.192; cum ~at imber SEN.*Nat.* 1.6.1; ~antis ignis indicium PLIN.*Ep.*6.20.16.

4 (of periods of time, events, etc.) To draw near, approach, be imminent, come.

iam decumus mensis ~at prope PL.*Truc.*402; si ante mors ~et quam..CIC.*Tusc.*1.95; ubi lux ~abat SAL.*Jug.* 99.1; SEN.*Dial.*5.10.3; summi..grauem discriminis horam ~are LUC.6.416; TAC.*Ann.*12.68; ~ante congiarii die PLIN. *Pan.*26.1;—(*w.* ad) quanta clades, quanta ~at calamitas hodie ad hunc lenonem! PL.*Poen.*923;—(*w. dat.*) ~ante fatali urbi clade LIV.5.33.1; TAC.*Hist.*4.13.

5 To approximate to, come within measurable distance of (a certain sum or value).

quod quaeris, iamne ad centena Cluuianum, ~are uidetur CIC.*Att.*14.10.3.

aduentor ~ōris, *m.* [ADVENIO+-TOR] ORTHOG.: *atu-* *CIL* 1.594.4.1.31.

1 A newcomer, stranger, visitor; also perh. an incoming tenant.

quo modo argento interuortam..~orem PL.*As.*359; INCOLEIS HOSPITIBVS ~ORIBVS *CIL* 1.1903.4; 11.6167; (*w. gen.*) ~OR HVIVS TEMPLI 3.7728;—haec ~oribus accidunt: cellae claues claustra carnaria dolia VAR.*Men.*263.

2 A customer, client (at a tavern or brothel)

nequis ~or grauior abaetat quam adueniat PL.*Truc.*96; ~ores meos 616; APUL.*Met.*1.9; basiola..meretricum posci-nummia..~orum negantinummia 10.21.

aduentōrius ~a ~um, *a.* [ADVENIO+-ORIVS] = ADVENTICIVS 5.

aures tuas exciperem ~a sua (sc. *a poem of welcome*) MART. 12.pr.22.

aduentus ~ūs, *m.* [ADVENIO+-TVS[3]] FORMS: *~i* (gen.) TER.*Ph.*154; *~o* (abl.) *CIL* 3.6340.

1 An approach, arrival. **b** (pregn. or w. special implications) a coming on the scene, appearance, advent; a coming home. **c** (of deities) an advent, manifestation, epiphany.

quoius nunc ista ~um expetit PL.*Truc.*203; isse..ad portum percontatum ~um Pamphili TER.*Hec.*77; sic eius ~us celebrabantur ut..CIC.*Arch.*4; *Fam.*3.5.3; reliquarum ex Italia legionum ~um CAES.*Civ.*3.13.5; Phyllidis ~u nostrae nemus omne uirebit VERG.*Ecl.*7.59; LIV.6.36.9; M. Cicero sub ~um triumuirorum urbe cesserat SEN.*Suas.* 6.17;—(*abst. for concr., s.v.l.*) nihil est..cur ~ibus te offerre gestias CIC.*Fam.*6.20.1; (*w.* ad) nocturnus ad urbem ~us *Mil.*49; (*w. acc. of place whither*) ante consulis Romam ~um LIV.22.61.13; (*w.* in+*acc., transf.*) ~um in animos et introitum imaginum CIC.*N.D.*1.105. **b** illius opera atque ~u caprae PL.*Mer.*236; inter medici discessum et ~um pollictoris VAR.*Men.*324; paucorum ~u myoparonum CIC.*Ver.* 3.186; CAS.*Fam.*12.12.2; CAES.*Gal.*1.36.4; quam super ~u Teucrum..ardentem curaeque iraeque coquebant VERG.*A.* 7.344; quamquam..ipse..~u suo turbauerat et pactas indutias et spem foederum LIV.30.29.5; OV.*Pont.*2.8.53; Tauri Iphigeniae et Orestis ~u maxime memorati MELA 2.11; —plus aegri ex abitu uiri, quam ex ~u uoluptatis cepi PL. *Am.*641; CATO *Agr.*142; CIC.*Pis.*51. **c** te, dea, te fugiunt uenti..~umque tuum LUCR.1.7; auxilium ~umque dei VERG.*A.*8.201; OV.*Fast.*1.240; cum aut fabularum mutationes sunt futurae seu deorum ~us (*i.e. on the stage*) VITR. 5.6.8.

2 (mil.) An approach with hostile intent, advance, invasion, attack. **b** (applied to the incursions of noxious animals).

ceterasque urbis..permultas uno aditu ~uque esse captas CIC.*Man.*21; *Rep.*2.11; Romanorum ~um exspectare CAES.*Gal.*4.19.3; SAL.*Jug.*59.1; tamquam ad primum ~um Romanorum occursurus LIV.21.61.1; TAC.*Hist.*4.34; (*w.* in+*acc.*) de Hasdrubalis ~u in Italiam LIV.27.36.1;—(*cf.*) ~umque pedum flatusque audiuit equorum VERG.*A.*11.911. **b** spumigeri suis ~u ualidique leonis LUCR.5.985; inuocant et Aegyptii ibis suas contra serpentium ~um PLIN.*Nat.*10.75.

3 The arrival of a person for the purpose of staying or being entertained, a visit. **b** (of magistrates, etc.) an entry into, or visitation of, a province. **c** (of Roman emperors) an official visit, visitation.

(supellectilem) compararat..ad inuitationes ~usque nostrorum hominum CIC.*Ver.*2.83; *Fam.*9.26.3; quibus.. ad hospitium ~um utimur COL.12.3.4; MART.4.15.4. **b** CIC. *Ver.*2.188; ~us noster (in Asiam) nemini..fuit sumptui *Att.*5.14.2; nisi successor ~u suo inhibuisset impetum uictoris LIV.39.21.10. **c** quo maturius..exoptatissimi ~us tui gaudio frui possim PLIN.*Ep.*10.10.2; SUET.*Nero* 35. 5; ~VI AVG BRITANNIAE *BMCI* 2.p.490 (Hadrian).

4 Arrival as a settler, immigration. **b** (of migrating birds, in indicating the season of the year; cf. sense 6 b).

CIC.*Rep.*2.28; Germanos indigenas crediderim minimeque aliarum gentium ~ibus..mixtos TAC.*Ger.*2.1. **b** circa hirundinis ~um COL.11.3.5; ab arcturi sidere ad hirundinum ~um PLIN.*Nat.*10.30.

5 Access, approach (of things).

in petrosis carentibusque aquarum dulcium ~u PLIN.*Nat.* 32.59.

6 (of heavenly bodies and other meteorological phenomena) Appearance, rising, approach. **b** (esp. in indicating a time or season) approach, onset, beginning. **c** (of misfortune, disease, etc.) approach, onset.

quarum (stellarum) ~u fugari..Helenam PLIN.*Nat.*2. 101; ~u solis 18.218; nec tam ~us spectatur quam reditus (fulminis) 2.142;—(*in fig. phr.*) uenit ignauia, ea mi tempestas fuit, mihi ~u suo grandinem..attulit PL.*Mos.* 137. **b** tuo ~u (*i.e. of Hesperus*) uigilat custodia semper CATUL.62.33; ante lucis ~um SAL.*Jug.*91.3; sub ~u.. Fauoni OV.*Met.*9.661; COL.11.2.6; septembris et austri ~um JUV.6.517. **c** ~us mali CIC.*Man.*15; *Tusc.*3.29; aliquid.. quod nos ~u possit temptare recenti LUCR.6.1137.

7 (of fruit) A coming to maturity, ripening.
(malis) primis ~u decerpique properantibus PLIN.*Nat.* 15.52.

8 The accession, addition (of something extraneous).
cetera quorum ~u manet incolumis natura abituque LUCR.1.457.

aduerberō ~āre ~āuī ~ātum, *tr.* [AD-+ VERBERO] To beat upon, strike against.
quem discolor ambit tigris et auratis ~at unguibus armos STAT.*Theb.*9.686.

aduerbium ~iī, *n.* [AD-+VERBVM] An adverb.
ipsis uerbis ~ia (adiecta) QUINT.*Inst.*1.4.19; 9.3.53; ab eo..quod est 'compluria', ~ium est factum 'compluriens' GEL.5.21.15; 12.15.1; non ausim adfirmare alias pro aliter dici, nam neque pronomen est neque ~ium temporis CAPER in *G.L.*1.194.

aduerrō ~ere, *tr.* [AD-+VERRO] To cause to sweep over.
incultos aris ~ere (*cj.*) crinis STAT.*Theb.*4.203.

aduersa ~ae, *f.* [ADVERSVS[1]] A female adversary or opponent.
(*fig.*) si facultatem dicendi sociam scelerum, ~am innocentiae, hostem ueritatis inuenit QUINT.*Inst.*12.1.2.

aduersābilis ~is ~e, *a.* **aduors-.** [AD-VERSOR+-BILIS] (dub.) Prone to opposition, truculent.
peruico Aiax animo atque ~i (*cj.*) ACC.*trag.*158.

aduersāria[1] ~ae, *f.* [ADVERSARIVS[1]] A (female) adversary or opponent.
ab ~a absolui V.MAX.8.2.2; ~am incesti postulaui SEN. *Con.*1.3.6; (*abst. subj.*) est..tibi grauis ~a constituta.. incredibilis quaedam exspectatio CIC.*Fam.*2.4.2.

aduersāria[2] ~ōrum, *n. pl.* [ADVERSARIVS[1]]
A rough book for the preliminary recording of accounts, day-book.
CIC.*Q.Rosc.*5; quid est quod neglegenter scribamus ~a? quid est quod diligenter conficiamus tabulas? qua de causa? quia haec sunt menstrua, illae sunt aeternae 7.

aduersārius[1] ~a ~um, *a.* Also **aduors-.** [ADVERSVS[1]+-ARIVS]

1 (of persons) Opposed (to), hostile, inimical, adverse.
~is ducibus CIC.*Phil.*3.21; habent..genus hominum ~orums editiosum D.BRUT.*Fam.*11.19.2; ~ae factioni NEP. *Pel.*1.2; (*w. dat.*) is (Volcanus) Venerist ~us PL.*Rud.*761; hic tribunus plebis modestus..seditiosis ~us CIC.*Clu.*94; *Att.*1.2.2; MET.MAC.*orat.*9.

2 (of things) Harmful, injurious, prejudicial, inimical; of the opposing party.
siquid est quod ~um inferatur VAR.*R.*1.12.3; ~um (genus argumentationis) est quod ipsi causae aliqua ex parte officit CIC.*Inv.*1.94;—(*w. dat.*) *de Orat.*2.156; quibus rebus nox maxime ~a est CAES.*Civ.*2.31.7; sua confirmare, ~a euertere CIC.*Orat.*122.

aduersārius[2] ~(i)ī, *m.* **aduors-.** [prec.] FORMS: *aruors- CIL* 1.583.20.

1 A personal opponent, antagonist, adversary. **b** (in boxing and other sports). **c** (in business, etc.) a competitor, rival. **d** (in politics).
fortiter..stare adursum ~ios ENN.*scen.*301; ualentiorem nactus ~ium si erit PL.*Capt.*64; TER.*Hec.*22; qui palam est ~ius facile cauendo uitare possis CIC.*Ver.*1.39; *Att.*16.16C. 10; ~ii fiunt et inimici (aduocati) QUINT.*Inst.*12.9.11; (*w. gen.*) quis umquam crederet mulierum ~ium Verrem futurum? CIC.*Ver.*1.106. **b** si ~ius supercilia mihi caestis descobinarit VAR.*Men.*89; CIC.*Tusc.*2.56; diutius illos (*sc.* gladiatores) magister armatos quam ~ius retinet SEN.*Con.* 9.pr.4;—(*in mock fights*) Actia pugna te duce per pueros hostili more refertur, ~ius et frater HOR.*Ep.*1.18.63. **c** qui primo sociorum consilia ~iis enuntiauit CIC.*S.Rosc.*117; *Att.*13.31.4; SEN.*Ep.*86.21. **d** acerrimum ~ium Hermarchi, Theodosium CIC.*Har.*34; *Fam.*1.4.1; Q.CIC.*Pet.*5; obtrectatorem..et ~ium in administranda re publica NEP. *Ep.*5.2; LIV.3.65.10; V.MAX.4.1.ext.5.

2 An opponent in war, adversary, foe. **b** (in fig. phrs.).
tantum bellum suscitare conari ~ios contra bellosum genus! CAECIL.*com.*292; cedentibus ~iis SAL.*Jug.*50.3; expectantes ut ab ~iis..pugna inciperet LIV.9.32.5;—(*w. gen.*) grauem ~ium imperii CIC.*Off.*3.86;—(*in civil war*) cum proscriberentur..ei qui ~ii fuisse putabantur *S.Rosc.*16; cum nullam partem belli contra eum suscipias neque socius eius ~iis fueris BALB.*Att.*9.7b.2; duces ~iorum CAES.*Civ.* 1.66.1. **b** cum sibi cum capitali ~io, dolore, depugnandum uideret CIC.*Fin.*4.31; a tam molli ~io (*sc.* uoluptate) uictus SEN.*Dial.*7.11.1; (*w. gen.*) dolor esse uidetur acerrumus uirtutis ~ius CIC.*Tusc.*5.76.

3 (leg.) The other or opposing party, adversary. **b** (in an argument) an opponent, disputant.
causam tradere ~iis TER.*Ph.*237; ⟨TVM EI PE⟩R EVM PR(AETOREM) ~IVMVE MORA NON ER⟨IT⟩ *CIL* 1.583.25; tris personas unus sustineo..meam, ~i, iudicis CIC.*de Orat.* 2.102; *Ver.*2.59; casu uenit obuius illi ~ius HOR.*S.*1.9.75; actor ~io denuntiabat GAIUS *Inst.*4.18. **b** etsi enim mentitur, tamen est ~ius lenior CIC.*Luc.*12; iratus cito sine ~io desit SEN.*Dial.*5.8.6; cum plura interrogasset (Socrates), quae fateri ~io necesse esset QUINT.*Inst.*5.11.3.

4 (w. gen. or dat.) An opponent (of a state of affairs, policy, etc.).
(*w. gen.*) uictoriae nostrae grauis ~ios paratos CIC.*Planc.* 88; acerrimo ~io legis LIV.2.61.2;—(*w. dat.*) largitioni tribuniciae ~ius quaerebatur 5.26.1; TAC.*Ann.*16.22.

aduersātor ~ōris, *m.* [ADVERSOR+-TOR] An opponent, antagonist.
quem fautorem bonis, quem ~orem malis in omni uita ciebo? APUL.*Soc.*5.

aduersātrix ~īcis, *f.* **aduors-.** [ADVERSOR+ -TRIX] A female opponent or antagonist.
nunc adsentatrix scelesta est, dudum ~ix erat PL.*Mos.* 257; TER.*Hau.*1007.

aduersē, *adv.* [ADVERSVS[1]+-E] In a self-contradictory manner.
id..obscure atque praecise tamquam ~ dictum GEL. 3.16.8.

aduersitās ~ātis, *f.* [ADVERSVS[1]+-TAS] (med.) Power of counteracting, efficacy as an antidote.
magnam ~atem oleo mersis et stellionibus putant esse PLIN.*Nat.*11.90.

aduersitor ~ōris, *m.* **aduors-.** [cf. ADVERSVS[1]] Comic word on the analogy of APPARITOR.
qui nisi temperi ad cenam meat, ~ores pol cum uerberibus decet dari PL.*St.*443.

aduersō ~āre ~āuī ~ātum, *tr.* **aduors-.** [ADVERTO+-TO] (w. *animum*) To apply (the mind), direct (the attention).
animum ~aui sedulo ne erum usquam praeterirem PL. *Rud.*306.

aduersor ~ārī ~ātus, *intr.*, (*tr.*). **aduors-.** [ADVERSVS[1]+-O[3]]

1 To act contrary to (the wishes, interests, etc., of another person), oppose, resist (a person, policy, etc.). **b** (spec.) to oppose with force. **c** to oppose in argument. **d** (of opposition in the law-courts).
(*w. dat.*) disne ~er? PL.*Per.*26; neque tuae lubidini ~abor TER.*Hec.*245; CIC.*Phil.*1.36; non..audent ~ari nostris uoluntatibus *Q.fr.*1.1.16; non ~ata petenti adnuit VERG.*A.* 4.127; semper plebis commodis ~atos esse LIV.6.40.3; VELL.2.48.1; TAC.*Ann.*2.67; ei nulla re ~are APUL.*Apol.*98; —(*w.* aduersum) nolo ~ari tuam aduorsum sententiam PL. *Mer.*377;—(*w.* de) nec tibi ~ari certum est de istac re⟨d⟩ *Aul.*141;—(*ellipt.*) palam aduersatur..Curio CIC.*Att.*2.18.1; LIV.22.35.4;—(*w.* contra *pleon.*) potius ut..id facias quam ~ere contra PL.*Cas.*253. **b** sero..nos iis armis ~ari uidebam CIC.*Fam.*6.1.5; cum Hiceta bellauit, qui ~atus erat Dionysio NEP.*Timol.*2.3;—(*in fig. phr.*) ut non modo inclinantem excipere aut stantem inclinare, sed etiam ~antem ac repugnantem..capere possit (oratio) CIC.*de Orat.*2.187. **c** (*w. dat.*) mos erat patrius Academiae ~ari semper omnibus in disputando CIC.*de Orat.*1.84; *Orat.*172. **d** tot reorum amicis secreto rogantibus negare, ~antibus palam obsistere PLIN.*Ep.*3.9.25; APUL.*Flor.*18.

2 (of abst. subjs.) To act in opposition to, counteract, oppose; (absol.) to be unfavourable. **b** to be inconsistent or incompatible with, be opposed to.
(*w. dat.*) contentionem meam pro Milone ~antem interdum actionibus suis CIC.*Fam.*3.10.10; ~antem libidini (*sc.* frugalitatem) *Tusc.*3.17; nulla enim est (ars), quae non habeat ~antem sibi..malignam professionem LARG.199; —(*ellipt.*) in hac constantia morbo ~ante perseuerauit CIC. *Phil.*9.6; APUL.*Pl.*1.8. **b** (*w. dat.*) CIC.*Inv.*2.117; neque enim est causa ~ata naturae *Sul.*20; huic sententiae ~atur rescriptum imperatoris nostri ULP.*dig.*33.8.6.4;—(*ellipt.*) nec ~atur Catoniana (*sc.* regula) PAUL.*dig.*33.5.13;—(*w.* quominus) non ~atur ius, quo minus suum quidque cuiusque sit CIC.*Fin.*3.67.

3 (of plants or animals considered as natural substances) To be antipathetic or inimical (to) have an adverse effect (upon), counteract the influence (of). **b** to be or act as an antidote (to), neutralize the effect (of poisons, etc.).
(*w. dat.*) (brassicam) uino ~ari ut inimicam uitibus PLIN. *Nat.*20.84; (cera) ~atur lactis naturae 22.116; 29.64. **b** (*w. dat.*) (raphani) cerastis et scorpionibus ~antur PLIN.*Nat.* 20.25; 23.92; scorpionum ictibus ~ari PLIN.*Nat.*27.5;—(*w.* contra) (sanguis anserinus) contra mala medicamenta omnia ~atur 29.104;—(*pres. pple. as sb.*) cetera ~antia 29.76.

4 (of wind or tide) To be contrary.
~ante uento TAC.*Hist.*3.42; ~ante unda *Ann.*1.70; ~antibus uentis obuioque aestu PLIN.*Ep.*4.30.8.

5 (tr.) To treat with hostility, oppress.
hos prosperare et euehere, illos contra ~ari et adfligere APUL.*Soc.*12.

aduersum[1] ~ī, *n.* Also **aduors-.** [ADVERSVS[1]]

1 A point or direction opposite to or facing (something specified or implied); (astron.; only in prep. phrs.) opposition. (in phrs.) **b** *ex ~o*, in a position opposite (to something specified or implied); from an opposite position; (fig.) from or on the opposite side (in a dispute, etc.); also *in ~o*, in a position opposite. **c** *in ~um*, in the direction in which one is facing, forwards; (of several things) in opposite directions; also, of position without ref. to movement; *per ~um*, in the opposite direction.
hic..uentus ab septentrionibus oriens ~um tenet Athenis proficiscentibus NEP.*Mil.*1.5;—ex ~o demum plena (luna) PLIN.*Nat.*2.45; in ~o a partibus CLXXX exortus uespertinos (faciunt stellae) 2.59; 2.80. **b** ex ~o..castra ponit *B.Hisp.*5.2; ex ~o Peloponnesum..habebat (Anticyra) LIV.32.18.5; (*w. gen.*) ex ~o laconici VITR.5.11.2; MAN. 2.446; (*w. dat.*) portus..ex ~o urbi..positus LIV.45.10.4; (*w.* inter se) (folia) densa ex ~o inter se PLIN.*Nat.*22.63;— impressionem..ex ~o factam LIV.2.30.13; CURT.4.16.21; (*w. gen.*) ex ~o aquilonis..Africus flabit PLIN.*Nat.*18.336;— ex ~o dicere PERS.1.44; QUINT.*Inst.*4.2.22;—post haec in ~o collocandus est CELS.7.7.14C. **c** in ~um nitens VERG.*A.*8.237; STAT.*Theb.*9.866; in ~um tergere nares QUINT.*Inst.*11.3.121;—duo in ~um missi..currus PROP. 3.11.23; corpuscula..in ~um ferri SEN.*Nat.*5.1.2;—rupicapris in dorsum adunca (cornua), dammis in ~um PLIN. *Nat.*11.124;—per ~um..redeunte..saxo SEN.*Ag.*16.

2 An uphill slope or direction (in the phr. *in ~um*).
in ~um Romani subiere LIV.1.12.1; scandit in ~um SIL. 1.495; QUINT.*Inst.*11.3.54; (*cf.*) desinit..in ~a niti qui peruenit in summum 12.10.78.

3 An obstacle, hindrance.
(*w. gen.*) per ~a montium..eamus LIV.9.3.1; tempestatum ac fluctuum ~a TAC.*Ag.*25.1.

4 A difficulty, trouble, misfortune, adversity, calamity.
(*pl.*) ~a quoi plura sint sempiterna PL.*Mer.*336; uti ~a eius per te tecta..sient TER.*Hec.*388; ut..~a quasi perpetua obliuione obruamus CIC.*Fin.*1.57; VERG.*A.*9.172; secunda se magis quam ~a timere LIV.22.25.2; OV.*Tr.*5.2.27; VELL. 2.53.2; gaudet in ~is STAT.*Theb.*10.227; TAC.*Hist.*1.89; PLIN.*Ep.*4.9.1;—(*sg., usu. in part. gen.*) si quid ~i populo Romano inmineret PAUL.*orat.*2; TER.*Hau.*355; CIC.*Agr.*2.8.

5 (log. and sim.) An opposite, contrary; an opposite or contrary state of affairs.
holosteon sine duritia est herba, ex ~o appellata a Graecis PLIN.*Nat.*27.91;—paria paribus referunt, ~a contrariis CIC.*Orat.*65; humanarum rerum, quae..mobiles semper in ~a mutantur SAL.*Jug.*104.2; PLIN.*Ep.*8.23.7; (*w. dat.*) qui timet his ~a HOR.*Ep.*1.6.9.

aduersum[2], *adv., prep.*: see ADVERSVS[3,4].

aduersus[1] ~a ~um, *a.* **aduorsus.** *compar.* ~ior, *superl.* ~issimus. [pple. of ADVERTO] FORMS: *aduorsus* in PL., TER., etc., also SAL., APUL.

1 Turned towards, facing (a person, object, locality, etc.). **b** (of objects, structures, physical features) that faces —, opposite; *lectus ~us*, the nuptial bed, *lectus genialis* (from its position opposite the door). **c** lying in one's path, obstructing one's progress.
si tu et ~us et auersus inpudicus es CATO *dict.*67(J); qui sedens ~us..te spectat CATUL.51.3; *Culex* 175; ~i contra stetit ora iuuenci VERG.*A.*5.477; ~am prensis a fronte capillis strauit humi pronam OV.*Met.*2.476; CELS.7.7.4.A; ~um eum (*sc.* bouem) pinxit, non trauersum PLIN.*Nat.* 35.126;—(*of parts of body*) unam (aciem) funditorum contra elephantos, quae..contra eorum frontem ~am lapillos minutos mitteret *B.Afr.*27.1; ~um os in hostem intendit TAC.*Ann.*3.20; (*w. dat.*) ut ne pascentium (ouium) capita sint ~a soli COL.7.3.24; PLIN.*Nat.*11.244. **b** CIC.*Dom.* 146; tum te..~am ascendisse ripam *Div.*1.58;—(*w. dat.*) CAES.*Gal.*2.18.2; ipsum olus quo uitis fugatur ~um cyclamino..arescit PLIN.*Nat.*24.1; quaererent sedem caecorum terris ~am TAC.*Ann.*12.63;—mater familias tua in lecto ~o sedet LABER.*com.*30; PROP.4.11.85. **c** cum se in castra reciperent, ~is hostibus occurrebant CAES.*Gal.*2.24.1; salis ~as procurrere in undas CATUL.64.128; VERG.*A.*11.389; LIV.21.28.3; in ~o uenientem limine sedit exclusura deum OV.*Met.*2.814;—(*fig.*) quo pacto ~am aerumnam ferant TER.*Ph.*242.

2 Mutually opposed in position, opposite, *frontibus ~is*, 'head on'. **b** symmetrically opposite.
si..non ~a sed obliqua iunguntur (ossa) CELS.8.10.1.B; foratis duobus ~is parietibus COL.8.3.7; duo ~a promunturia PLIN.*Nat.*3.73; (*w.* inter se) inter se ~is luctantur cornibus haedi VERG.*G.*2.526;—ut non tam concurrere nubes frontibus ~is possint quam de latere ire LUCR.6.117; LIV.22.47.2; (*in fig. phr.*) pergis pugnantia secum frontibus ~is componere HOR.*S.*1.1.103. **b** ~os pedes..laeuos dexteris partibus, dexteros laeuis PLIN.*Nat.*28.103; (*w.* inter se) foliis lenticulae..~is inter se 27.138.

3 (esp. astr.) Diametrically opposite in position; (also) in opposition; (of times of the year) six months apart. **b** placed at right angles to each other.
nam procul Arcturo est ~a parte locata (Ara) CIC.*Arat.* 430(186); eos..partim obliquos partim transuersos partim etiam ~os stare uobis *Rep.*6.20; LUCR.5.686; Capricornus et illi ~us Cancer MAN.2.555; MELA 1.3; ~a plaga mundi PLIN.*Nat.*2.189;—(sol) lunam numquam implet nisi ~am sibi SEN.*Nat.*7.1.3;—~is idem stat mensibus ordo MAN. 3.234. **b** sunt duo (circuli)..inter se ~i MAN.1.604.

4 Looking forwards, directed to the front; directed against one's front, head-on. **b** that is on the front part of the body, etc., front. **c** (of light, the sun) shining full on (a person or thing), the direct light of; (of wind) blowing full force on.
obuertunt nauem..~amque trahunt optata ad littora puppim CIC.*Arat.*377(133); cur alii pisces squama secunda,

accipenser ~a sit NIGID. in Macr.3.16.7; ut..semper uenientibus ~ae occurrerent *B.Alex.*15.6; obuia Persephone comites heroidas urget ~as praeferre faces *Culex* 262; VERG.*A.*10.579; ubi albo ipsius oculi palpebra inhaesit.. ~o scalpello subsecare CELS.7.7.6.B; LUC.7.155;—magno negotio impetus hostium ~os ex munitionibus sustinere *B.Alex.*8.4; ubi tendentem ~um..uidit Aenean VERG.*A.* 6.684; 11.742; et cadat ~a cuspide fossus aper OV.*Ep.*4.172; nunc Notus ~a proelia fronte gerit *Tr.*1.2.30; ad alligatos boues..~us..uenito COL.6.2.5; pronus in ~os ictus LUC. 3.571;—(*of waters*) redundantibus cloacis ~o aestu maris SAL.*Hist.*4.16. **b** dente ~o eminulo hic est rinoceros LUCIL.117; dentesque ~os discutio omnis 337; CIC.*N.D.* 2.134. **c** intueri solem ~um nequitis CIC.*Rep.*6.19; VERG. *A.*4.701; ~o Phoebi radiatus ab ictu LUC.7.214; PLIN.*Nat.* 36.199; Vitelliani ~o lumine conlucentes TAC.*Hist.*3.23;—procella uelum ~a ferit VERG.*A.*1.103.

5 Presented towards, directly facing (the enemy, the dealer of a blow, etc.). **b** (transf., of wounds, scars, etc.). **c** (of objects) on which light falls, wind blows, or weight presses.

cum..magnam uim telorum ~i sustinerent *B.Alex.*20.5; SAL.*Rep.*1.3.2; ut latera infestiora subeuntibus quam ~a corpora essent LIV.26.46.1; pectore in ~o..sustinet angues OV.*Met.*4.803;—(*as the position of wounds*) cicatrices..~o corpore exceptas CIC.*Ver.*5.3; qui hasce ore ~o..cicatrices ..accepit *Rab.Perd.*fr.36; LIV.2.23.4;—(*of points on which blows fall*) ipse regis..equo ferit pectus ~um CAEL.*hist.*44; CAES.*Gal.*5.35.8; frangere in ~um pocula Pirithoum PROP. 2.6.18; LIV.21.7.10; (*cf.*) ne ~am caedat (oliuam) VAR.*R.* 1.55.2; ~ique infigitur arbore mali (sagitta) VERG.*A.*5.504. **b** multi plagis ~is icti SIS.*hist.*33; iudicibus cicatrices ~as senis imperatoris ostendere CIC.*de Orat.*2.124; SAL.*Hist.*1.88; omnes..~is uolneribus conciderant *Cat.*61.3; OV.*Met.*12. 312; TAC.*Ann.*16.9. **c** ubi sol radiis..~a fulsit nimborum aspergine contra LUCR.6.525; genibusque ~ae obluctor harenae VERG.*A.*3.38; obuiaque ~as uibrabant flamina uestes OV.*Met.*1.528.

6 Sloping, running, lying, etc., in the opposite direction, (of a hill) rising; *~o colle*, uphill; *~o flumine* and sim., upstream; *~a uia*, up the road; (transf. of time) *~a nocte*, in the face of night. **b** approaching each other from opposite directions. **c** (of planetary motion) retrograde.

stantis equi corpus..in ~um flumen contrudere raptim LUCR.4.423; cristam ~o curru quatit aura uolantem VERG. *A.*12.370; dum in ~um cliuum erigitur agmen LIV.9.31.14; ad excipiendum ~i impetum fluminis 21.27.8; quinqueremem..in ~um aestum reciprocari non posse 28.30.6; ferens lassos ~o tramite passus OV.*Met.*14.120; ~o capillo caput inungitur PLIN.*Nat.*25.135; TAC.*Hist.*3.71;—eadem..celeritate ~o colle ad nostra castra..contenderunt CAES.*Gal.* 2.19.8; SAL.*Jug.*52.3;—horiola aduecti sumus usque aqua ~a per amnem PL.*Trin.*943; qui ~o uix flumine lembum remigiis subigit VERG.*G.*1.201; LIV.10.2.6; ~o Tiberi ad urbem est subuectus 45.35.3; OV.*Tr.*4.1.8; (*fig.*) niti contra naturam ~o quod aiunt flumine FRO.*Ver.*2.p.46(113N);—quo nunc capessis ted hinc ~a uia? PL.*Bac.*113;—necessario ~a nocte in altum prouectae CAES.*Gal.*4.28.3. **b** alios ineunt cursus aliosque recursus ~i spatiis VERG.*A.*5.584; legiones..quas Visellius et C. Silius ~is itineribus obiecerant TAC.*Ann.*3.42. **c** ~os stellarum noscere cursus MAN. 1.15; PLIN.*Nat.*2.33.

7 (of winds) Blowing against one, contrary, head. **b** (of weather, storms, etc.) adverse; (also transf., of a journey).

inde Gyarum saeuo uento non ~o CIC.*Att.*5.12.1; etesiis.. qui nauigantibus Alexandria fiunt ~issimi uenti CAES.*Civ.* 3.107.1; *B.Alex.*8.2; LIV.22.46.9; (*cf.*) Eurus ubi ~o desinit ire Noto PROP.3.15.32. **b** ita usque ~a tempestate usi sumus TER.*Hec.*423; solem, auram ~am segetem inmutasse LUCIL.292; CIC.*Inv.*2.95; mare..quo tamen ~is fluctibus ire paras OV.*Ep.*7.40; inpediunt ~ae iussa procellae *Met.*11. 484; *Pont.*3.1.130; (*cf.*) trucem ~o perlabi sidere pontum VERG.*Cat.*9.47;—~am nauigationem perpessus TAC.*Ann.* 2.53;—(*in fig. phr.*) non tamen ~is aetatem ducimus austris HOR.*Ep.*2.2.202.

8 Ranged against in war, drawn up against, opposed in battle. **b** (of weapons, etc.). **c** of the enemy, hostile.

gener ~is instructus Eois VERG.*A.*6.831; ~os telum contorsit in hostis 12.266; TIB.1.10.30; nec secus quam ~a acies caesi (transfugae) LIV.28.3.12; liber in ~os hostes stringatur iambus OV.*Rem.*377; (serpentes) ab auibus quas ibidas appellant ~o agmine excipi MELA 3.82; LUC.7.321;—(*of ships*) naues eorum..nostris ~ae constiterunt CAES. *Gal.*3.14.2;—(*of parts of body*) Niphaei..in equos ~aque pectora tendit VERG.*A.*10.571; (*cf.*) cum centuriones pectore ~o resisterent *B.Afr.*82.4. **b** Ciconumque manus ~is reppulit armis [TIB.]3.7.54; OV.*Tr.*1.5.39; quod signa ~a tulerunt LUC.7.314. **c** auidumque furorem sanguinis ~i STAT.*Theb.*6.916; (*cf.*) fortes quibus ~um bellum incidit HOR.*S.*1.7.11.

9 Opposed in feeling or opinion, hostile, unfriendly (to a person or practice); (in abl.) in spite of. **b** opposed (at law); of the opposing party. **c** (of gods, etc.) unfavourable, unpropitious. **d** (of omens, etc.) presaging misfortune, unfavourable. **e** (of things, places) inimical, harmful, injurious, detrimental.

uitanda est acclamatio ~a populi CIC.*de Orat.*2.339; SAL.*Cat.*52.7; ne causam diceret ~o senatu, infestiore populo LIV.42.22.2; utque haec secundo rumore ita ~is animis acceptum TAC.*Ann.*3.29;—(*w. dat.*) matri ne quid tuae ~us fuas ANDR.*trag.*23; id genus hominum omnibus uniuorsis est ~um PL.*Trin.*1047; omnium mentes improborum mihi..sunt infensae et ~ae CIC.*Sul.*29; SAL.*Jug.*66.2; LIV.30.42.12; TAC.*Ann.*15.63; (*w.* sibi) regiae uoluntates.. saepe ipsae sibi ~ae SAL.*Jug.*113.1;—quia de agro plebis ~a patrum uoluntate senserat agi LIV.1.46.2; restiterunt tamen ~a inuidia 2.35.4. **b** qui praeuaricatur, ex utraque parte constitit quin immo ex ~a ULP.*dig.*3.2.4.4;—cum metus ..iudicem..ab ~o fauore deterreat QUINT.*Inst.*4.1.51. **c** impia in ~os soluimus ora deos [TIB.]3.5.14; PROP.1.1.8; LIV.9.1.11; ~o mouimus ista deo OV.*Ep.*7.4; TAC.*Ann.*2.15; dis ille ~is genitus JUV.10.129; (*cf.*) quis diuitiis ~o gaudet Amore? PROP.1.14.15;—(*w. dat.*) nec quemquam..esse hominem..quoi mage bonae felicitates omnes ~ae sient TER.*Eu.*325; SEN.*Tro.*28. **d** tam ~o augurio et inimico omine ACC.*trag.*583; soluere imperat secundo rumore ~aque aui *Inc.trag.*89; consulem..eum..~is auspiciis cum Hannibale pugnantem V.MAX.5.4.2; TAC.*Ann.*64;—(*w. dat.*) ~a agmini eius fulmina iaciens V.MAX.1.6.12. **e** istoc nil est mage..miis nuptiis ~um TER.*Hau.*699; LUCR.6.1134; ut haerentis ~o litore nauis eriperem HOR.*S.*2.3.205; nauium.. magnitudo modica nec celeritati ~a VELL.2.84.1; neque est testudine aliud salamandrae ~ius PLIN.*Nat.*32.35; TAC. *Ann.*14.51.

10 (of times, events, circumstances) Unfavourable, adverse, bad; *res ~ae*, misfortune, adversity.

ne hic dies peruorsus atque ~us mi optigit PL.*Men.*899; PAC.*trag.*268; tulisse casus sapienter ~os CIC.*de Orat.*2.346; aues euentus significant aut ~os aut secundos *Div.*2.79; in amore mala haec..secundo inueniuntur; in ~o uero..sunt ..innumerabilia LUCR.4.1141; omnia..secundissima nobis, ~issima illis accidisse uidentur CAES.*Att.*10.8b.1; ne.. multis..secundis proeliis unum ~um et id mediocre opponerent *Civ.*3.73.2; infractos ~o Marte Latinos VERG.*A.*12.1; ~us annus frugibus fuit LIV.4.12.7; Postumium ualetudo ~a Romae tenuit 10.32.3; OV.*Pont.*4.6.24; PLIN.*Ep.*2.11.14; POMPON.*dig.*26.1.13;—deserere illum..in rebus ~is pudet PL.*Trin.*344; LUCR.3.56; CIC.*Off.*1.90; ~ae belli res LIV. 10.6.2.

11 Opposite in kind, contrary; antithetical. **b** mutually opposed.

qui sunt in ~a opinione PLIN.*Nat.*9.18; ut candido candidius..non est ~um QUINT.*Inst.*2.17.35; si ipsae elementorum qualitates, uuida et frigida et his duae ~ae, non congruant APUL.*Apol.*49;—nec semper, quod ~um est, contra ponitur QUINT.*Inst.*9.3.84; namque huic ~us ibit, qui tribus longis patet MAUR.1396. **b** sunt etiam ~i generis conexa per orbem mascula femineis MAN.2.388; de uerbis, quae in utramque partem significatione ~a et reciproca dicuntur ut 'formidulosus' GEL.9.12; (*w.* inter se) 'defendere' et 'offendere' inter sese ~a sunt 9.1.9.

aduersus² ~ī, *m.* Also **aduors-**. [prec.] A person facing one with hostile intent, opponent in battle, foe. **b** a political opponent.

multi contra ~os acerrume pugnantes ab tergo circumueniri SAL.*Jug.*97.5; media ~i liquefacto tempora plumbo diffidit VERG.*A.*9.588; LIV.22.48.5; STAT.*Theb.*9.302; trudunt ~os, instant cedentibus TAC.*Ann.*2.11. **b** (*w. gen.*) quamquam ~o populi partium SAL.*Jug.*43.1.

aduersus³ (-um), *adv.* **aduors-.** [prec.] FORMS: *aduors-* in PL., TER., etc.; *-um* usual in PL., TER., also LUCR.5.1319.

1 (of position) Facing, opposite. **b** face to face (with a person).

sin cogare secundum flumen aedificare, curandum ne ~ eam ponas (*sc.* uillam) VAR.*R.*1.12.1; sol occidens ~ habens splendorem VITR.6.4.1. **b** clare ~ fabulabor, auscultet hic quae loquar PL.*Am.*300.

2 (w. *eo, uenio*) To meet (a person).

(*w. dat.*) si huic eam ~ PL.*Am.*675; facito ante solem occasum ut uenias ~ mihi *Men.*437; *Mos.*313;—(*absol.*) ibo ~ atque electabo, quidquid est *As.*295; *Men.*775; TER. *Ad.*27.

3 In opposition (to), against. **a** (w. ref. to physical movements). **b** (w. ref. to policies, etc.).

a (*w. dat.*) capturum spolia ibi illum qui meo ero ~ uenerit PL.*Trin.*724; leae..~ uenientibus ora petebant LUCR.5. 1319;—(*absol.*) qui ~ arma tulerant NEP.*Ag.*4.6; qui ~ resistere auderent *Pel.*1.3; LIV.27.2.9. **b** cum ~ tendendo nihil moueret socios LIV.34.34.1; quamuis utraque haec ~ nitebantur V.MAX.7.7.2;—(*w.* quam) utrum indicare me ei thensaurum aequom fuit, ~ quam eius me opsecrauisset pater? PL.*Trin.*176.

4 In the opposite direction, contrariwise.

necesse erit eas contra rotae uersationem nihilominus ~ itinera perficere VITR.9.1.15; 10.3.3.

aduersus⁴ (-um), *prep.* Also **aduors-.** [prec.] FORMS: *aduors-* in ENN., PL., TER., etc., also SAL., APUL. *atuersus CIL* 1.594.3.1.24, *aruorsum CIL* 1.401, 1.581.24. For *ad..uersus* see VERSVS. CONST.: w. acc. POSITION: sometimes placed after its object, usu. when this is a demon. or rel. pron.

1 Opposite (to), facing, over against; in front of (a mirror).

ex area, quae erat ~ pontem *B.Alex.*19.6; aenei orbes.. positi in sacello Sangus ~ aedem Quirini LIV.8.20.8; Rhodii Peraeam—regio est continentis ~ insulam 32.33.6; PLIN.*Nat.*3.87;—(*of mil. positions*) uirum..addecet fortiter ..innoxium stare ~ aduersarios ENN.*scen.*301; quod omnes ..~ hostis aderant SAL.*Jug.*94.3; LIV.7.14.10; 30.8.6;—qui cotidie unguentatus ~ speculum ornetur SCIP.*min.orat.*10.

2 (of speech) In front of (a person), in the presence of, to; (of correspondence) addressed to. **b** in the eyes or estimation of.

te ipsum hoc oportet profiteri..~ illam mihi ENN.*scen.* 338; ne haec censeret me ~ se mentiri PL.*Mil.*1080; de uita ac morte domini fabulabere ~ fratrem illius AFRAN.*com.*148; BRUT.*ad Brut.*1.16.1; nec gloriandi tempus ~ unum est LIV. 22.39.9;—eo breuior est epistula et ut ~ magistrum morum modestior CIC.*Fam.*3.13.2. **b** id gratum fuisse ~ te habeo gratiam TER.*An.*42.

3 In the direction of (a place or person), towards.

quis haec est quae me ~ incedit? PL.*Per.*200; tendebat ~ oppidum e regione pontis tripertito *B.Hisp.*5.2; SAL. *Jug.*74.1; aliae (naues) ~ urbem ipsam ad Calidas Aquas delatae sunt LIV.30.24.9;—(*w.* spectare) uestigia..omnia te ~ spectantia nulla retrorsum HOR.*Ep.*1.1.75.

4 In the opposite direction to, against. **b** ~ *cliuum* (*montem*, etc.), uphill.

namque inscitiast ~ stimulum calces TER.*Ph.*78; tum splendida signa uidentur labier ~ nimbos LUCR.4.445. **b** agitabo (te) ~ cliuom PL.*As.*708; impetum ~ montem in cohortis faciunt CAES.*Civ.*1.46.1; VITR.8.6.8; (*cf.*) ascendere ~ arduum collem *B.Alex.*74.4.

5 a (after vbs., etc., expr. hostile motion) To meet or face, against. **b** (after other vbs., etc., expr. hostile action) in opposition to, against.

a magnas ~ eum copias misit *B.Alex.*27.2; tertio idem Scipio..apud Trebiam ~ eum uenit NEP.*Han.*4.2; LIV. 6.6.12; instruere naues ac mittere ad Hipponem ~ Romanam classem 29.4.2; CURT.4.15.13; Herculis impetum ~ Meropas QUINT.*Inst.*8.6.71. **b** Germanis, qui nullis ~ Romanos auxilia denegabant HIRT.*Gal.*8.45.1; *B.Alex.*73.2; non ~ patriam, sed inimicos suos bellum gessit NEP.*Alc.*4.6; ~ quos infestior coorta optumatium acies sequitur..iuuenem LIV.4.9.8; decreta..T. Otacilio classis eadem quam ~ Carthaginienses priore anno habuisset 24.10.5; 27.40.14; TAC. *Hist.*1.68; recenti..~ Britanniam militia *Ann.*11.3.

6 In the face of (circumstances), in dealing with (people).

quod ~ diuitias inuictum animum gerebat SAL.*Jug.*43.5; multo obstinatior ~ lacrimas muliebres erat LIV.2.40.3; a quibus cum dilectus intentius quam ~ finitima bella haberetur 8.17.7; 23.18.10; ~ blandientis incorruptus TAC. *Hist.*1.35; *Ann.*3.18.

7 (after words expr. defence or protection) Against. **b** (after vbs. of appointing, etc.) to deal with. **c** (w. ref. to remedies, etc.) to counteract the effects of, against.

ut me ~ populum Romanum..facile possem defendere CIC.*Phil.*1.13; finis meos ~ armatos armis tutatus sum SAL. *Jug.*110.6; appellatio prouocatioque ~ iniuriam magistratuum LIV.3.56.13; parauit amicum ~ uincula laturum opem SEN.*Ep.*9.8; folium..cuius amplitudine fructus suos optime ~ grandinem tuetur COL.3.2.22; uocem ~ pericula poscere TAC.*Ann.*2.29; aliis regibus qui magnitudine nostra proteguntur ~ externa imperia 4.5. **b** si utique nouum aliquem ~ Poenos consulem creari uellent LIV.26.22.12; uos ipsi..Septimum Marcium ducem uobis ~ exsultantes recenti uictoria Poenos delegistis 28.28.13; 30.1.2. **c** cibus illis ~ famem..erat SAL.*Jug.*89.8; ~ chelydri..ictum.. porri..sucus sumendus ‹est› CELS.5.27.8; ~serpentes bibitur PLIN.*Nat.*26.83; medicamentum, quod proprie ~ solutionem stomachi facit LARG.108; si qua alia..~ otium castrorum quaeruntur TAC.*Ann.*1.35; APUL.*Pl.*1.16; (*cf.*) cum sit uirosissimum medicamentum ~ stomachum LARG.103.

8 In criticism of, in opposition to, against. **a** (after vbs. of speaking, etc.). **b** (after words expr. an attitude).

a (*persons*) tu quidem ~ tuam amicam omnia loqueris PL. *Cas.*203; *Mil.*242; ~ne illum causam dicerem quoi uoneram aduocatu'? TER.*Ad.*676; ~ cognatos pro cliente testatur, testimonium ~ clientem nemo dicit CATO *orat.*190; illas ~ senatum uoces TAC.*Hist.*1.84;—(*opinions, behaviour*) postquam haec centurio..~ opinionem eius est locutus *B.Afr.* 46.1; LIV.28.29.11; quis..~ ueritatem hiscere potest? LARG.84. **b** ille..eorum bona, quos sciebat ~ se sensisse, militibus dispertiuit NEP.*Di.*7.1; cum quo ferocissime pro Romana societate ~ Punicum foedus steterat LIV.23.8.3; TAC.*Hist.*2.82; ne uxor..iram populi ~ superbiam auaritiamque matris aperiat *Ann.*14.1.

9 Contrary to (a wish, command, law, etc.), in the face of, in spite of, against.

quae ~ legem accepisti a plurumis pecuniam PL.*Truc.*760; nequid credas me ~ edictum tuom facere esse ausam TER. *Hau.*623; *CIL* 1.582; qui ~ bonos mores conuicium cui fecisse..dicetur *Ed.pr.*(*Font.iur.*p.227)35.2; CIC.*Ver.*3.70; ne quis magistratus ciuem Romanum ~ prouocationem necaret neue uerberaret *Rep.*2.53; quod ~ ius hospitii esset NEP.*Han.*12.3; ad alia discordes in uno ~ patrum uoluntatem consensisse ne dicerent dictatorem LIV.4.26.7; 8.32.7; 9.26.20; V.MAX.2.7.8; radices pilorum ~ naturam natas LARG.230; APUL.*Pl.*2.12; PAPIN.*dig.*5.1.40.1;—(*esp. foll. by* sententiam *or sim.*) id illi uitium maxumumst quod nimi' tardus est ~ mei animi sententiam PL.*Mer.*597; ego te compluris ~ ingenium meum mensis tuli TER.*Ph.*520; *Hec.*534; uti nefas haberes rerum maiorum ~ meam sententiam quicquam facere CORNELIA Nep.fr.2.

10 Against the interests of, to the disadvantage of, against.

condigne is quam techinam de auro ~ meum fecit patrem PL.*Bac.*392; itan es paratu' facere me ~ omnia infelix? TER.*Ph.*427; ~ rem p. uideri ea facere *Rhet.Her.*1.21; meditare ~ Brutum causam meam CIC.*Att.*5.21.13; CAES. *Civ.*1.2.6; ab se ipso ~ se exemplum capi posse LIV.1.49.2; assidua senatus ~ plebem certamina TAC.*Dial.*36.3; ~ quem talia machinatur APUL.*Pl.*2.17;—(*w. inanim. or abst. obj.*) si quis ~ rem suam quid fieri arbitrantur CATO *orat.*163; C. Licinius et L. Sextius promulgauere leges omnes ~ opes patriciorum et pro commodis plebis LIV.6.35.4; SEN.*Ep.* 92.18.

11 (w. ref. to feelings or behaviour) In relation to, with regard to, towards.

(*persons*) ~ hostem aeterna auctoritas ‹esto› *Lex XII* (*Font.iur.*p.21); non igitur simus ~ deos ingrati SCIP.*orat.*3;

quonam modo gererem me ~ Caesarem CIC.*Fam*.11.27.5; pietate ~ deos sublata *N.D*.1.4; Camillus..singulari ~ collegam patientia..insignis LIV.6.27.1; 27.1.5; qui aliquid benigne ~ me fecit SEN.*Ben*.6.4.3; procul ab aemulatione ~ collegas TAC.*Ag*.9.5; APUL.*Apol*.86;—(*things or qualities*) ~ unam quippe naturae partem ingrati sumus PLIN.*Nat*. 2.157; Suedius Clemens..ut ~ modestiam disciplinae corruptus, ita proeliorum auidus TAC.*Hist*.2.12.

12 In relation to (something contrasted), by comparison with. **b** having regard to, for.
quid..esse duo prospera in tot saeculis bella Samnitium ~ tot decora populi Romani LIV.7.32.8; differentiam.. nostrae desidiae et inscientiae ~ acerrima et fecundissima eorum studia demonstrasti TAC.*Dial*.33.2; hoc mihi ~ te usu uenit, quod qui forte constitit in loco lumine conlustrato atque eum alter e tenebris prospectat APUL.*Apol*.16. **b** stultus est ~ aetatem et capitis canitudinem PL.fr.inc.125.

13 In reply to, to. **b** in response to (actions, attitudes, etc.).
~ haec responsum anceps datum LIV.8.2.12; ~ quod ego nihil dicturus sum 21.18.10; 30.42.5; TAC.*Ann*.3.71. **b** ingratus est ~ unum beneficium? SEN.*Ben*.1.2.5; lentae ~ imperia aures TAC.*Ann*.1.65.

aduertō ~tere ~tī ~sum, *tr*. (*intr*.). Also **aduor-**. [AD-+VERTO] CONST.: w. acc.; also w. dat. 1, 2, 3, 4, 5; *ad* 1, 3, 4; *in*+acc. 1, 4, 7, 8; acc. and inf. 6; indir. qu. 6.

1 To turn or direct towards. **b** to direct, steer, guide (a ship, etc.; also seafarers).
iret ut ad muros urbique ~teret agmen VERG.*A*.12.555; Porum quoque agmen suum ei parti..coegit ~tere CURT.8. 13.19; illi (*sc*. Aurorae)..per nubila seras ~tit flammas STAT.*Theb*.2.138;—(*w*. pedem *and sim*.) pedem..~tere ripae VERG.*A*.6.386; huc facili gressu teneras ~tite plantas COL.10.276; citatos ~tit Diana gradus STAT.*Silv*.2.3.21;—(*persons*) illum ego ad incensas..~tam patriae sedes SIL. 16.691; (*refl*.) illa se..huc ~terat in hanc nostram plateam TER.*Eu*.343. **b** terris..~tere proram VERG.*G*.4.117; in portum..classem..~tit LIV.37.9.7; huc..~tere carinam OV.*Met*.15.719; Brundisium nauem ~timus GEL.16.6.1;—(*w*. cursum) ~titis aequore cursum VERG.*A*.7.196; OV.*Met*. 3.636;—(*w. goal implied*) ~tit puppim ripaeque propinquat VERG.*A*.6.410; 10.293;—iussae me ~tite terrae OV.*Tr*. 1.2.89; (*pass. in middle sense*) VERG.*A*.5.34; Scythicas ~titur oras OV.*Met*.5.649.

2 (intr., of ships or persons in them) To draw near, arrive (at).
Mariandynis ~tit puppis harenis V.FL.4.733; (*absol*.) mox profugi ducente Noto ~tere coloni SIL.1.288.

3 (topog., etc.) To cause to face towards, change direction of towards; (pass.) to be turned towards, face towards.
(Galliae) ora..circuitu adflexa ad occidentem lítus ~tit MELA 3.2.16;—balnearia occidenti aestiuo ~tantur COL. 1.6.2; 3.12.6.

4 To direct (the senses) towards: *aures ~tere*, to give ear to, pay attention to; *oculos*, etc., *~tere*, to turn the eyes towards, look at.
si quis monitis tardas ~terit auris PROP.1.1.37; OV.*Fast*. 1.179; MART.6.64.8; SIL.15.63;—in quamcumque domus ~ti lumina partem OV.*Met*.7.180; CURT.5.11.4; (*cf*.) huc ~te fauens uirgineum caput SEN.*Oed*.409; talia dicenti..diua.. ~tit uultus STAT.*Theb*.1.89.

5 (w. *mentes* and sim.) To direct (the mind, etc.) to. **b** *animum ~tere*: see ANIMADVERTO.
laetas..~tite mentes VERG.*A*.5.304; dociles ~tite mentes OV.*Ars* 1.267; lusibus ut possis ~tere numen ineptis *Tr*. 2.223; corda parumper huc ~te STAT.*Ach*.1.897; placidum.. ~tite uotis concilium *Silv*.3.2.3.

6 To pay attention, give heed (to), notice, see. **b** to remark, ascertain, discover.
~tunt grauiter quae non censeas TER.*Hau*.570; diligentius signa morbi ~tunt VAR.*L*.10.46; ~tere quosdam cultu externo in sedibus senatorum TAC.*Ann*.13.54; (*w*. ut = *as being*) neque quod..morte adfecti forent, adsuetudine malorum ut atrox ~tebatur 6.40; (*w*. pro) tantum eos deos appellant, qui..pro numine postea ab hominibus..uulgo ~tuntur APUL.*Soc*.15;—(*w. acc. and inf*.) militem magis.. in suam perniciem ~tit efferari *Met*.9.40; (*also w*. oculis) quae uel caelo accidere oculis ~timus *Mun*.32;—(*w*. animis) quae dicam animis ~tite uestris VERG.*A*.2.712;—(*absol*.) paucis (~te) docebo 4.116; ~tite cuncti! OV.*Fast*.4.829; ~tere proximi TAC.*Hist*.3.25;—(*w. indir. qu*.) ~tere dei.. quid dura iuuentus expediat V.FL.4.667. **b** super lectulis origines quas ~ti, hae VAR.*L*.5.166;—(*w. acc. and inf*.) quae plerosque ~to credidisse PLIN.*Nat*.9.180; 17.19; (*also w*. animo) aliquas exterarum gentium uti herbis quibusdam ~to animo 22.2;—(*w. indir. qu*.) illud est..~tendum..cui parti simile dicatur esse VAR.*L*.10.6; GAIUS *Inst*.2.114.

7 To attract or draw the attention of (a person); (w. *animos, auris*, etc.) to attract (the attention). **b** to draw, attract (feelings) to oneself.
ut uulgum miseratione ~teret TAC.*Ann*.6.44; desiderarturque uir..qui..eos auctoritate ~tat APUL.*Soc*.17;—(*of things*) octo aquilae..imperatorem ~tere TAC.*Ann*.2.17; PLIN.*Ep*.1.10.5;—quae non ~terent animos, si ex consuetudine..decurrerent SEN.*Nat*.7.20.2; ~tit ea res Vespasiani animum TAC.*Hist*.3.48; gemitusque ac planctus etiam militum auris oraque ~tere *Ann*.1.41; (*w*. in+*acc*.) ~tit.. in se omnium animos SEN.*Ep*.120.13; (*absol*.) non docet admonitio, sed ~tit, sed excitat 94.25. **b** illic eadem actitando recentia ueteraque odia ~tit TAC.*Ann*.4.21.

8 (intr.) To inflict a penalty (on).
ne princeps..durius ~teret TAC.*Ann*.3.52; 4.35; ne quid intra domum pro potestate ~terent 13.28; (*w*. in+*acc*.) in P. Marcium consules..more prisco ~tere 2.32; (*impers. pass*.) ut in reliquos Seiani liberos ~teretur 5.9.

aduesperascit ~ascere ~āuit, *intr*. [AD-+VESPERASCIT] It draws towards evening, evening comes on.
iam ~ascit TER.*An*.581; cum iam ~asceret, discessimus CIC.*Ver*.4.147; *N.D*.3.94; *B.Hisp*.24.5; dum ~ascat COL. 9.12.3; cum ~auisset PLIN.*Nat*.7.178; GEL.18.1.3.

aduigilō ~āre ~āuī ~ātum, *intr*. [AD-+VIGILO]

1 To watch by or over.
(*w. dat*.) nec taedebit auum paruo ~are nepoti TIB.2.5.93; (*poet. of things*) impacatis regum ~antia somnis pila STAT. *Theb*.1.147;—(*impers. pass*.) ut ~etur facilius ad custodiam ignis CIC.*Leg*.2.29.

2 To be on the watch, be vigilant, take care.
heus tu, ~a PL.*Per*.615; TER.*An*.673; si ~amus pro rei dignitate Q.CIC.*Pet*.57; (*w. dat. of advantage*) sua quemque ~are sibi iussit fortuna premendo MAN.1.81; (*w*. ne) nequid opere nostro claudat, ~amus AUR.*Fro*.1.p.186(71N).

aduīuō ~uere ~xī ~ctum, *intr*. [AD-+VIVO] FORM: *atuixsi* (= *aduixi*) *CIL* 10.2503.

1 (w. *cum*) To live (with).
CVM QVO ~X(I) *CIL* 6.28005; VT..NOBISCVM ~XERIS VNA 10.2496.

2 To survive, be alive. **b** (poet., of fire).
donec ~uet SCAEV.*dig*.34.3.28.5; ~VENTE EO *CIL* 6. 10215; 8.500; (*w*. super) QVOS SVPER ~XSI ⟨SE⟩PTEMQ DECEMQ DIEBVS 10.2503. **b** tenuem nigris etiamnum ~uere lucem roboribus STAT.*Theb*.12.424.

adūlans ~ntis, *a*. [pple. of ADVLOR] Flattering, adulatory.
~ntia uerba blandasque uoces PLIN.*Pan*.26.1.

adūlātiō ~ōnis, *f*. [ADVLOR+-TIO]

1 (of dogs, etc.) The act of fawning upon; (also applied to the courtship of pigeons).
canum..tam..amans dominorum ~o CIC.*N.D*.2.158; blanda ~one mutorum SEN.*Dial*.6.12.2; QUINT.*Inst*.11.3.66; —circa ueneris preces crebris pedum orbibus ~o PLIN. *Nat*.10.104.

2 Prostrating oneself as an act of homage, obeisance.
desideratas humi iacentium ~ones LIV.9.18.4; 30.16.5.

3 Obsequious or servile flattery, adulation.
nullam in amicitiis pestem esse maiorem quam ~onem CIC. *Amic*.91; CAES.*Civ*.1.4.3; pars altera regiae ~onis erat LIV. 42.30.4; semper magnae fortunae comes adest ~o VELL.2. 102.3; PLIN.*Nat*.13.74; gliscente ~one TAC.*Ann*.1.1; indecoras ~ones repressit SUET.*Aug*.53.1; (*w*. in+*acc*.) multa patrum et in Augustam ~o TAC.*Ann*.1.14; (*w*. aduersus) aduersus superiores tristi ~one 11.21; (*cf*.) (quod Plato) ~onem..medicinae uocet cocorum artificium QUINT.*Inst*. 2.15.25; (*transf*.) cum quadam uocis ~one COL.6.2.5.

adūlātor ~ōris, *m*. [ADVLOR+-TOR] A servile flatterer, adulator, sycophant.
~orum et praua laudantium sermo SEN.*Ep*.123.9; *Nat*. 4.a.pr.3; PETR.83.10; JUV.4.116;—(*w. obj. gen*.) Cicero.. nec Pompeio certus amicus nec Caesari, sed utriusque ~or SEN.*Con*.7.3(18).9; ~ores..praesentis potentiae QUINT.*Inst*. 12.10.13; SUET.*Vit*.1.1.

adūlātōrius ~a ~um, *a*. [ADVLOR+-TORIVS] Of or connected with adulation.
exemplar..~i dedecoris TAC.*Ann*.6.32.

adulescens[1] ~ntis, *a*. *compar*. -ntior. [pple. of ADOLESCO] Young, youthful. **b** (in referring to the younger of two members of a family who bear the same name).
amanti homini ~nti PL.*Trin*.131; ut iure uti senem liceat quo iure sum usus ~ntior TER.*Hec*.11; QUAD.*hist*.87; ~ntibus filiis CIC.*S.Rosc*.64; *Div*.1.36; uti ~ntior..aetati concederet Mamerci SAL.*Hist*.1.86; ~ntes..liberi LIV.2.4.1; *Priap*.86.6. **b** o C. Caesar—~ntem appello CIC.*Phil*. 3.27; Brutum ~ntem CAES.*Gal*.7.87.1; cum ~nte Cn. Pompeio *B.Hisp*.1.1; LIV.8.35.9; SEN.*Suas*.1.5; (*cf*.) os illius ~ntioris Academiae CIC.*Fam*.9.8.1.

adulescens[2] ~ntis, *m*. (*f*.) Also **adol-**. [prec.] A youthful person, young man or woman.
(*masc*.) isti duo ~ntes NAEV.*com*.83; hic habitat..modo ~ns, modo senex PL.*Men*.75; dolet dictum inprudenti ~nti et libero TER.*Eu*.430; non puer, sed ~ns pudens ac bonus CIC.*Ver*.3.159; *Att*.7.2.3; nihil ~nte tuo (*i.e. your son*).. amabilius TREBON.*Fam*.12.16.1; ego ~ns, ego ephebus, ego puer..fui CATUL.63.63; magnus ~ntium numerus CAES.*Gal*. 6.13.4; NEP.*Dat*.6.1; LIV.22.53.3; SEN.*Ep*.121.16; nouem ~ntes totidemque uirgines PLIN.*Nat*.3.102; de moribus ~ntis TAC.*Ann*.1.6;—(*fem*) quia ~ns nupta est cum sene PL.*Mil*.966; optumae ~nti TER.*An*.488.

adulescentia ~ae, *f*. Also **adol-**. [ADVLESCENS+-IA]

1 The period of life when one is young, youth, young manhood.
feci ego istaec itidem in ~a PL.*Bac*.410; prima ~a patrem familiae agrum conserere studere oportet CATO *Agr*. 3.1; qui ~am florem aetatis..uelit definire CIC.*Top*.32; ineunte ~a *Man*.28; ob ~am neglegentem luxuriosamque LIV. 27.8.5; esse..chirurgus debet adulescens aut certe ~ae propior CELS.7.pr.4; laetam uoluptatibus ~am egit TAC. *Hist*.2.2; (*transf., of the second period of Roman history*) hoc (*sc*. a Bruto ad Appium Claudium) fuit tempus uiris armis incitatissimum ideoque quis ~am dixerit FLOR.*Epit*.1.1. (pr.6);—(*of bees*) quibus est earum (*sc*. apium) ~a PLIN.*Nat*. 11.21.

2 The characteristic of being young, youthfulness; (pregn., w. ref. to the impulsiveness and other traits of youth).
cuius spes senectutis omnis in huius ~a posita est *Rhet. Her*.4.51; excipitur hac lege non ~a, non legitimum aliquod impedimentum CIC.*Agr*.2.24; propterea quod..ille minimum propter ~am posset CAES.*Gal*.1.20.2; ~a ferox LIV. 23.40.4;—ego me iniuriam fecisse filiae fateor tuae..impulsu ~ae PL.*Aul*.795; sperabam iam deferuisse ~am TER.*Ad*. 152; ego si quid liberius dixero..ignosci ~ae meae poterit CIC.*S.Rosc*.3; excusantes errorem ~amque LIV.31.11.13.

3 (quasi-personified) Youth; (collect.) youthful persons, the young.
id uitium numquam decreui esse ego ~ae TER.*Hec*.542; genus..orationis Asiaticum ~ae magis concessum quam senectuti CIC.*Brut*.325; in ea quae non uolt, saepe etiam ~a incurrit *Sen*.25; ratione non ui uincenda ~a est PUB. *Sent*.R.1; ~a morbis acutis..maxime obiecta est CELS.2.1. 21; [SEN.]*Oct*.446; (*cf*.) capere Asuui ~am CIC.*Clu*.36;— prospiciendum ergo in senectam iam nunc ~aest LUCIL.743; corruptor ~ae APUL.*Met*.10.33.

adulescentior ~ārī ~ātus, *intr*. [ADVLESCENS[1]+-O[3]] To behave in a youthful manner.
quoniam tu quoque adhuc ~aris VAR.*Men*.550.

adulescentula ~ae, *f*. [next] A young woman.
unam aspicio ~am TER.*An*.118; *Hau*.654; VAR. in Non. p.550M; APUL.*Met*.1.22; (*as term of endearment*) et tu multum salueto, ~a PL.*Rud*.416.

adulescentulus[1] ~a ~um, *a*. [ADVLESCENS+-VLVS] Very youthful, quite young.
captiuam ~am PL.*Epid*.43; meretricem ~am *Mil*.789; filiam ~am TER.*Hau*.602; cum homine ~o CIC.*Cael*.33; ~us miles *Sen*.10; SAL.*Rep*.1.5.5.

adulescentulus[2] ~ī, *m*. [prec.] A young man, mere youth.
quem..dicitur fecisse..ex sene ~um PL.*Ps*.871; TER. *Hau*.477; quae pueris aut ~is nobis ex commentariolis nostris..rudia exciderunt CIC.*de Orat*.1.5; quid..~o duce efficere possent CAES.*Gal*.3.21.1; NEP.4; CELS.7.25.3; ~orum nobilium SEN.*Ep*.97.2; quos alios ~orum sermones excipimus? TAC.*Dial*.29.3; me..~o SUET.*Gram*.4(p.104Re).

adulescenturiō ~īre, *intr*. [ADVLESCENS[1]+-VRIO] To want to behave in a youthful manner.
incipio ~ire et nescio quid nugarum facere LABER.*com*. 137.

adūlō ~āre ~āuī ~ātum, *tr*. [act. form of next]

1 (of dogs) To fawn on.
(canes) longe alio pacto gannitu uocis ~ant LUCR.5.1070; —(*poet*.) (aquila) pinnata cauda nostrum ~at sanguinem ?ACC.*trag*.390[2](cf. CIC.*Tusc*.2.24).

2 To flatter in a servile manner, fawn upon.
~ati..erant ab amicis et adhortati HEM.*hist*.40; (*absol*.) sic ~ant: 'Psyche..' APUL.*Met*.5.14.

adūlor ~ārī ~ātus, *tr*. (*intr*.) [AD-+-*ūlos, cf. Skt. *vālaḥ* 'tail-hair']

1 (of dogs, etc.) To fawn (upon).
aspice..~antis..dominum feras SEN.*Dial*.4.31.6; illi (canes) furem quoque ~antur COL.7.12.5;—(*absol*.) ferarum agmen ~antum OV.*Met*.14.46; (pisces) ~antes scalpuntur PLIN.*Nat*.32.17; GEL.5.14.12;—(*w. dat*.) (aues Diomediae).. Graecis tantum ~antur PLIN.*Nat*.10.127;—(*poet*.) ~antem nunc hoc nunc margine ab illo transit auum (*sc*. Ismenum) STAT.*Theb*.9.324.

2 To make obeisance (to).
mater Darei..Hephaestionem..more Persarum ~ata V. MAX.4.7.ext.2; 6.3.ext.2; (*pres. pple. as sb*.) more ~antium ..procubuerunt LIV.30.16.4.

3 To court or flatter in a servile manner, fawn upon, adulate.
~antem omnis uidere te uolui CIC.*Pis*.99; ~ando aut Romanorum imperium aut amicitiam regum LIV.45.31.4; colimus externos et ~amur TAC.*Ann*.15.21;—(*absol*.) CIC. *Amic*.99; placere ~ando SEN.*Cl*.2.2.2; QUINT.*Inst*.9.2.104; ~andi gens prudentissima JUV.3.86; APUL.*Pl*.2.8; (*pres. pple. as sb*.) consensu ~antium TAC.*Ann*.3.35;—(*w. dat*.) potenti ~atus est Antonio NEP.*Att*.8.6; LIV.3.69.4; CURT. 4.1.19; (*cf*.) 'huic' non 'hunc ~ari' iam dicitur QUINT.*Inst*. 9.3.1.

4 To gratify, please, 'flatter' (the sight).
(*w. dat*.) quid illo blandius uultu? quid magis ~atur oculis? [QUINT.]*Decl*.10.18.

adulter[1] ~erī, *m*. [perh. back-formation from ADVLTERO] An illicit or clandestine lover, paramour, adulterer.
siue uxorem siue ~erum PL.*Am*.1049; non ~erum sed expugnatorem pudicitiae CIC.*Ver*.1.9; *Cael*.38; non hic quam ille magis uorax ~er CATUL.57.8; Dardanius..~er VERG.*A*.10.92; PROP.2.34.7; nocturnis ab ~eris HOR.*Carm*. 3.16.4; ⟨qui⟩ ~erum in domo deprehensum dimiserit *Leg. pub*.21(*Font.iur*.p.112); LIV.1.58.7; OV.*Ars* 1.304; LUC. 10.74; STAT.*Theb*.7.62; ea diu paelex et ~eri Neronis, mox mariti potens TAC.*Ann*.14.60;—(*w. gen. of the partner in adultery*) cum sororis ~ero CIC.*Sest*.39; uxoris suae ~erum SUET.*Jul*.74;—(*w. gen. of the person, etc., wronged*) cuius ~er non fuit, qui etiam tyranni fuit? SEN.*Con*.4.7; illum domus eius ~erum fuisse TAC.*Ann*.13.42; (*fig*.) nominis..~er OV. *Ars* 2.637; (*w*. in+*abl*.) D. Silanus in nepti Augusti ~er TAC.*Ann*.3.24; (*pl., of a pair of lovers*) ~erorum..domum (*sc. of Aegisthus and Clytemnestra*) SEN.*Ag*.955;—(*of animals*) mansuetis..ferus errat ~er in stabulis GRAT.164; STAT.*Silv*. 4.5.18.

adulter² ~era ~erum, *a.* [prec.]

1 Of an adulterer, adulterous, unchaste. ~eros cultus Hor.*Carm.*1.15.19; ~era mens est Ov.*Am.* 3.4.5.

2 (of things) Impure, adulterated; (of plants) mixed, cross-bred; (of coinage) debased. **b** *~era clauis*, a false key, skeleton key, picklock. id (*sc.* minii genus) esse ~erum Plin.*Nat.*33.114; siue sinceram siue ~eram (aeruginem) 34.113;—arbusta uagis essent quod ~era pomis Man.2.22;—ne forte aliquis.. istorum..aureorum nequam uel ~er repperiatur Apul. *Met.*10.9. **b** (*w. pun on sense 1*) nomine cum doceat, quid agamus, ~era clauis Ov.*Ars* 3.643.

adultera ~ae, *f.* [prec.] An unchaste woman, mistress, adulteress. in mala deditus uir ~a Catul.61.98; Lacaenae..~ae Hor.*Carm.*3.3.25; sit facie quamuis insignis, ~a certest Ov.*Ep.*5.125; Sen.*Con.*2.7.1; Quint.*Inst.*5.11.39; quo facilius eas..condemnauit quasi ~as Suet.*Cal.*24.3;—(*w. gen. of the partner in adultery*) ~a patris Ov.*Met.*10.347;—(*of animals*) si..mater ~a non est Grat.285; coitum sentit in ~a leo Plin.*Nat.*8.43.

adulterātiō ~ōnis, *f.* [adulterο+-tio] Adulteration. probatio sinceri (croci), si inposita manu crepitet..; umidum enim, quod euenit ~one, sentit Plin.*Nat.*21.32.

adulterātor ~ōris, *m.* [adultero+-tor] One who counterfeits or debases (the coinage). ut..ubi metalla sunt ~ores monetae Sat.*dig.*48.19.16.9.

adulterātus ~a ~um, *a.* [pple. of adultero]

1 Mixed, adulterated. **b** produced by cross-breeding, of mixed descent or origin. (nitrum)..sincerum..statim resoluitur, ~um pungit calce Plin.*Nat.*31.114. **b** gens Gallograecorum..mixta et ~a est Flor.*Epit.*1.27.(2.11.3).

2 Counterfeit, spurious. ~a opinione (*transl. Gk.* νόθῳ λογισμῷ) Apul.*Pl.*1.5.

adulterīnus ~a ~um, *a.* [adulter+-inus]

1 (of things) Adulterated, impure, synthetic. ne propter similitudinem sint ~a (semina) Var.*R.*1.40.2; alica ~a Plin.*Nat.*18.115; 35.39.

2 (of documents, coinage, etc.) Forged, counterfeit, spurious; *~a clauis*, a false or duplicate key. infit dicere ~um..esse symbolum Pl.*Bac.*266; signis ~is Cic.*Clu.*41; ~os nummos *Off.*3.91; Liv.39.18.4; pluribus.. ueris denariis ~us emitur Plin.*Nat.*33.132; litteris illis ~is Apul.*Met.*4.16; (*of scales*) onerant annonam etiam staterae ~ae Ulp.*dig.*47.11.6.1; (*fig.*) falsa et ~a bona Sen.*Ep.*71.4;—clauis ~as Sal.*Jug.*12.3.

3 (of persons) Adulterous, licentious; (of passions) illicit. **b** adulterine, bastard; (of words, sounds) interpolated, foreign. nec me praeterit huius..facti auctor ~us Apul.*Met.*6.13; (*cf.*) ~o sanguine natos Plin.*Nat.*7.14;—~ae Veneris Apul.*Met.*8.3. **b** (pullum) praecipitat e nido uelut ~um atque degenerem Plin.*Nat.*10.10;—in omnibus his (anguis ..ingenuus) non uerum n sed ~um ponitur Nigid.*gram.*17; (uerba) ~a et barbara Gel.8.2.

adulteriō ~ōnis, *f.* [adulter+-io¹] (see quot.) Laberius in mimis..dicit..~onem adulteritatemque pro 'adulterio' Gel.16.7.2.

adulteritās ~ātis, *f.* [adulter+-tas] (see prec.)

adulterium ~(i)ī, *n.* [adulter+-ium]

1 Adultery. plenus peiiuri atque ~i Pl.*Mil.*90; in ~io uxorem tuam si prehendisses Cato *orat.*219; qui in ~io deprehenditur Cic. *de Orat.*2.275; *Tusc.*4.75; cum quibus illa malum fecit ~ium Catul.67.36; Nep.*Ep.*5.5; Verg.*A.*6.612; Prop.2.29.38; in sordido ~io Liv.1.58.4; Ov.*Ars* 2.367; ne quis posthac stuprum ~ium facito sciens dolo malo *Leg.pub.*21(*Font.iur.* p.112); Sen.*Con.*2.3.14; incerti ~i (*i.e. w. a pers. unknown*) Quint.*Inst.*7.2.52; turpe et ~ium mediocribus Juv.11.177; (*of a representation of adultery*) uasa ~iis caelata Plin.*Nat.* 14.140;—(*w. gen. of the partner in adultery*) quoscumque ob ~ium filiae sine damnauerat Sen.*Cl.*1.10.3; Tac.*Ann.*4.44; Papin.*dig.*34.9.13; (*w.* in+*abl.*) aliud in nepte ~ium Plin. *Nat.*7.149;—(*of animals*) haeret ~io cum cane nexa canis Ov.*Ars* 2.484; Apul.*Met.*7.16.

2 The blending or mixing of different strains or ingredients. **b** mixture with alien elements, adulteration, contamination. ut sit ~io sucorum gratia maior Man.5.266; ob hoc insita et arborum quoque ~ia excogitata sunt Plin.*Nat.*17.8. **b** ipsa adulterare ~ia naturae, sicut testudines tinguere, argentum auro confundere Plin.*Nat.*9.139; 19.44; (*w. gen. of the alien element*) omnia in ~ium mellis excogitata 14.80.

adulterō ~āre ~āuī ~ātum, *tr.* (*intr.*) [perh. <ad-+alter+-o³]

1 (w. acc. or absol.) To commit adultery (with), defile by adultery. si ~ares siue tu ~arere Cato *orat.*219; ius esset latrocinari, ius ~are Cic.*Leg.*1.43; *Off.*1.128; Sen.*Con.*7.6.2; ~ari pauperis uxorem a diuite Quint.*Decl.*325(p.277,l.28); ~are matronas Suet.*Aug.*67; (*of birds*) ut..~etur..columba miluo Hor.*Epod.*16.32; (*cf.*) educat..subditum *sc. the young cuckoo*) ~ato feta nido Plin.*Nat.*10.27.

2 To mix (a substance or kind) with another, adulterate; to impair the purity or strength of. **b** to give a variety of appearances to, change. sacopenium, quo laser ~atur Plin.*Nat.*19.167; (testes) paruos esse..~ari autem renibus eiusdem, qui sint grandes 32.26; (*impers. pass.*) tot modis ~atur 21.19; (*cf.*) oui liquore candido usum eum ~auere 33.100;—(*w. qualities, etc., as obj.*) ipsa ~are adulteria naturae 9.139; aloe mercator saporem coloremque ~at 14.68;—copia tot laticum, quas auget, ~at undas Ov.*Pont.*4.10.59. **b** ille (*i.e.* Proteus) sua faciem transformis ~at arte Ov.*Fast.*1.373.

3 To produce an imitation of, counterfeit (e.g. jewellery). **b** (absol.) to practise counterfeiting. **c** to falsify, tamper with (accounts, etc.). colos mire ~atur iuglande ac piro siluestri tinctis Plin. *Nat.*16.205; gemmas crystallum tinguendo ~are 37.79. **b** ~are eum aibat rebus ceteris Pl.*Bac.*268. **c** si actori suasit..ut rationes dominicas intercideret ~aret Ulp.*dig.* 11.3.1.5; si qvis evm titvl(vm) ~av(e)rit, alienigenvm corpvs..inferre volens *CIL* 6.22915.9.

4 (w. abst. sbs. as obj.) To corrupt, debase, pervert. uoluptas quae..boni..naturam fallaciter imitando ~at Cic.*Part.*90; (ius ciuile) neque ~ari pecunia possit *Caec.*73; *Amic.*92.

adultus ~a ~um, *pple.* and *a.* *compar.* ~ior. [adolesco]

1 (of a living organism) Full-grown, adult. **b** (applied to states, peoples, etc.). (*of persons*) soror illi est ~a uirgo grandis Pl.*Trin.*374; Cic.*Brut.*330; Hor.*Carm.*3.2.8; puerum ~um Liv.27.19.8; Sen.*Phoen.*575; Tac.*Hist.*3.33; Juv.15.138;—(*masc. as sb.*) in causis..~orum licentia erit agentibus uel ipsum ~um praesentem in iudicium uocare Ulp.*dig.*26.7.1.3;(*fem. as sb.*) ferire hostem ~arum stipendium est Mela 3.35;—(*of animals,birds,etc.*) aliae(*sc.* apes)..~os educunt fetus Verg.*G.*4. 162; ~iores (pullos) circumagi docent (hirundines) Plin.*Nat.* 10.92; Quint.*Inst.*2.6.7;—(*of plants, crops, etc.*) ~a uitium propagine Hor.*Epod.*2.9; ~a..seges Sen.*Her.F.*699; pinus ~a Stat.*Theb.*9.410. **b** rem publicam..et nascentem et crescentem et ~am..Cic.*Rep.*2.3; 2.21; res nondum ~ae Liv.2.1.6; (*w. abl.*) Pannonia..~a uiribus Vell.2.110.2.

2 (w. *aetas*, etc.) Adult, mature, ripe. inter eius modi uiros..~a aetate filius uersabatur Cic.*Ver.* 5.30; robur ~um Lucr.2.1131; Sal.*Cat.*15.2; Phaed.3.10. 23; uitae..~ae Stat.*Silv.*2.6.70; (*w. ref. to a state*) Cic.*Rep.* 1.58.

3 (of a season or time) At its peak, at its height; (of the sun) at its full strength. donec ~a nocte luna surgens ostenderet acies Tac.*Hist.* 3.23; aestate iam ~a *Ann.*2.23; 11.31;—solis ~i Sen.*Her. O.*1289; Petr.122,l.148.

4 (of states of affairs, qualities, etc.) Mature, firmly established, in full strength. haec tam ~a rei publicae pestis Cic.*Catil.*1.30; incipiens adhuc et necdum ~a seditio Tac.*Hist.*1.31; praeualida et ~a uitia *Ann.*3.53.

5 Distended, enlarged; (of hair) fully-grown. ~a lacte..ubera *Priap.*85.11;—~um..crinem Stat.*Silv.* 2.1.122.

adumbrātim, *adv.* [adumbro+-im] In shadowy form. quasi ~ paulum simulata uidentur Lucr.4.363.

adumbrātiō ~ōnis, *f.* [adumbro+-tio]

1 A sketching in light and shade; (fig.) a sketch, outline. scaenographia est frontis et laterum abscedentium ~o Vitr.1.2.2;—nulla est..laus..cuius in nostris orationibus non sit aliqua si non perfectio, at conatus tamen atque ~o Cic.*Orat.*103.

2 A false show, pretence. tanti beneficii insidiosa ~o eius V.Max.7.3.ext.8.

adumbrātus ~a ~um, *a.* [pple. of next]

1 Existing in outline only, sketchy, shadowy, unsubstantial. ~a et tenuis analogia Var.*L.*10.30; Cic.*Fin.*5.69; est.. gloria solida quaedam res et expressa, non ~a *Tusc.*3.3; ~i faciem..honoris Calp.*Ecl.*1.69; (*of the Epicurean gods*) istorum ~orum deorum liniamenta Cic.*N.D.*1.75.

2 Pretended, feigned, counterfeit, spurious. Aeschrio, Pipae uir ~us Cic.*Ver.*3.77; rebus fictis et ~is *Amic.*97; ut..aduersas res ~a laetitia abscondant Sen. *Dial.*11.5.4; Petr.106.1; Tac.*Ann.*4.31.

adumbrō ~āre ~āuī ~ātum, *tr.* [ad-+umbro]

1 To shade, screen, cover; (fig.) to obscure (the truth). palmeis tegetibus uineas ~abat Col.5.5.15; 9.7.4; 11.2.61; notae..litterarum non ~atae comarum praesidio Petr. 105.2; (*poet. of sleep*) uigiles quoque somnus ~at *Buc.Eins.* 2.6;—ne imagine naturae ueritas ~etur Papin.*dig.*28.2.23.

2 To depict or represent in light and shade, sketch. **b** to apply shading or colouring to. quod ars ~are non ualuit V.Max.8.11.ext.7; quis pictor omnia, quae in rerum natura sunt, ~are didicit? Quint. *Inst.*7.10.9. **b** scaenam uarietate colorum ~auit V.Max. 2.4.6; (*cf.*) quam certis imaginibus multorum quies ~ata sit 1.7.1.

3 To produce a sketch of, outline, silhouette. **b** to sketch out, outline (in words). **c** to produce a likeness of, imitate. in qua (*sc.* indole) haec honesta..a natura tamquam ~antur Cic.*Fin.*5.61. **b** luctus..imitari atque ~are dicendo Cic.*de Orat.*2.194; 3.16; eloquentiae speciem.. ~abimus *Orat.*43. **c** nec Persis Macedonum morem ~are nec Macedonibus Persas imitari indecorum Curt.10.3.14.

4 To produce the illusory appearance of, feign, counterfeit. neque ueris comitiis..neque illis ad speciem..per xxx lictores auspiciorum causa ~atis Cic.*Agr.*2.31; *Dom.*80; nec potantem ~as, sed bibis Sen.*Con.*2.6.4.

aduncitās ~ātis, *f.* [next+-tas] Inward curvature, hooked shape, hookedness. ~ate rostrorum Cic.*N.D.*2.122; Plin.*Nat.*8.97; 10.136; (*quasi-concr.*) in tantum superiore adcrescenti rostro, ut ~as aperiri non queat 10.15.

aduncus ~a ~um, *a.* [ad-+uncus] Hooked, curved. **a** (of parts of living organisms, esp. the nose, beak, horns, etc.). **b** (of implements, etc.). **a** ~o naso Ter.*Hau.*1062; dentibus ~is *Rhet.Her.*4.62; ~is..unguibus Cic.*Tusc.*2.24; Hor.*S.*1.6.5; fecit (*sc.* Daedaliona) auem..oraque ~a dedit Ov.*Met.*11.342; Cels. 2.7.35; (cornua) aliis ~ca, aliis redunca Plin.*Nat.*11.125; ~ae fulmine malae (*of a boar*) Stat.*Theb.*2.470; Suet.*Gal.* 21.1; (*w.* in+*acc.*) in dorsum ~a (cornua) Plin.*Nat.*11.124; (*transf., of an eagle*) praepes ~a Iouis Ov.*Fast.*6.196;—(*of plants*) minoribus..spinis et minus ~is Plin.*Nat.*16.180; 24.124. **b** tonsillas..~as Enn.*Ann.*499; ~am ex omni parte dentatam et tortuosam..serrulam Cic.*Clu.*180; uersi clauis ~a trochi Prop.3.14.6; baculum..~um Liv.1.18.7; uomer ~us Ov.*Ars* 1.474; arcu..~o *Ep.*4.39; puppis ~a *Fast.*3.588; Sen.*Oed.*733; ~um scalprum Col.9.15.4; forcipe ~a Pers.4.40; (*cf.*) ~o fibula morsu Calp.*Ecl.*7.81.

aduocāta ~ae, *f.* [pple. of aduoco] A female helper or supporter. (*fig.*) adhibes artem ~am..sensibus Cic.*Luc.*86; non.. desiderat fortitudo ~am iracundiam *Tusc.*4.52.

aduocātiō ~ōnis, *f.* [aduoco+-tio]

1 A body of legal advisers or advocates. aduocatio ea est quam propter eximium splendorem ut iudicem unum uereri debeamus Cic.*Q.Rosc.*15; *Caec.*43; ~onem hominis improbissimi *Sul.*81; eorum..aduocationem manibus..discussisti *Dom.*54; *Sest.*119; Verginius..filiam.. cum ingenti ~one in forum deducit Liv.3.47.1; Plin.*Ep.* 6.33.3.

2 The functions or duties of an advocate, pleading in the law-courts, advocacy; *fisci ~o*, the office of advocate to the imperial treasury. tu in re militari multo es cautior quam in ~onibus Cic. *Fam.*7.10.2; V.Max.7.3. ext.5; promisi ~onem Sen.*Ben.* 4.35.2; nec excusatur offensa..fide ~onis Tac.*Dial.*10.6; Ulp.*dig.*6.1.54; (*cf.*) tacita ~one ciues iuuet Sen.*Dial.*9.4.3; (*w.* contra) excusare Baeticis contra unum hominem ~onem Plin.*Ep.*1.7.2;—(*pl.*) forum, ~ones, iudicia fugere Sen. *Dial.*5.9.3; Quint.*Inst.*1.12.18; uenire ~ones et emi uetabantur Plin.*Ep.*5.9(21).4;—ad fisci ~iones promotvs *CIL* 5.4332; 8.2757.

3 (leg.) An adjournment (of a trial, orig. for seeking legal assistance), postponement (of a decision). **b** a postponement, delay, respite; also, an extended duration. ut a singulis interregibus binas ~ones postulent Cic.*Fam.* 7.11.1; Sen.*Apoc.*14.2; Ulp.*dig.*4.6.23.4; (*w.* in+*acc.*) ~onem in unam pugnam petii Sen.*Con.*1.8.1. **b** ratio.. ~onem..sibi petit, ut excutiendae ueritati spatium habeat Sen.*Dial.*3.18.1; 6.10.4; (*w. gen.*) longam praestandi huiusce muneris ~onem estis adsecuti V.Max.2.9.1;—ut des ei (*sc.* turbini) aliquam ~onem Sen.*Nat.*7.10.1.

aduocātus ~ī, *m.* [pple. of aduoco]

1 One who supports or advises a party to a law-suit, a legal assistant or counsellor. **b** a professional pleader, advocate, counsel; *~us fisci*, one who represented the interests of the imperial treasury in the courts. uos quia mihi ~os dixi et testis ducere Pl.*Poen.*531; aduorsumne illum causam dicerem quoi ueneram ~us? Ter.*Ad.*676; orat reus, urgent ~i, ut inuehamur Cic.*de Orat.*2.301; *Ver.*2.74; ex ~is iudices facti erunt Liv.6.19.7; Tac.*Dial.*34.3; (*w. gen.*) ~is partis utriusque Liv.26.48.9; Quint.*Inst.*6.3.78. **b** pro se semper apud praetorem uerba fecit, non quod ~is deficiebatur V.Max.8.3.2; Quint. *Inst.*12.8.5; causidici et ~i et patroni Tac.*Dial.*1.1; ~os accipere debemus omnes omnino, qui causis agendis quoquo studio operantur Ulp.*dig.*50.13.1.11; (*w. gen.*) Varrone diuersae partis ~o Suet.*Gram.*9(p.107Re); (*in fig. phr.*) M. Tullius..per ~um defenditur (*sc. Lucilius, whom he quotes as an authority*) Plin.*Nat.*pr.7; (*fig.*) si ~um idoneum nancta est (ueritas) Sen.*Ep.*108.12;—si fiscus alicui status controuersiam faciat, fisci ~us adesse debet Ulp.*dig.*49.14.7; (*cf., facet.*) ille latronum fisci ~us Apul.*Met.*7.10.

2 A helper, supporter, assistant; (spec.) a mediator; a witness. di tibi bene faciant semper, quom ~us mihi bene's Pl. *Mil.*1419; adiuuantibus ~is repulso lictore Liv.2.55.6; (*w. gen.*) periclitantium ~us Petr.110.6; (*of things*) sapientis.. cogitatio non ferme ad inuestigandum adhibet oculos ~os Cic.*Tusc.*5.111;—sine ~is..in amicitiam..conuortimus Pl. *St.*413;—ueni mi ~us, dum asses soluo..ut testimonium perhibere possis Var.*R.*2.5.1.

aduocitō: see ARVOCITO.

aduocō ~āre ~āuī ~ātum, *tr.* [AD+VOCO] FORM: *aduocapit* (= *aduocabite*) *CIL* 6.2104.

1 To call upon, summon (to go somewhere). **b** to invite (to a meal or entertainment). **c** to summon (to a meeting). **d** to call upon to participate in (an activity), summon to.
eam secum ~ant, eunt ad fontem ENN.*scen*.130; ~ata domum plebe LIV.6.18.3; (*fig.*) animum ad se ipsum ~amus CIC.*Tusc*.1.75. **b** amicos hodie cum inprobo illo audiuimus Lucilio ~asse LUCIL.822; quibus ~eris gaudiis HOR.*Carm*.4.11.13. **c** socios in coetum litore ab omni ~at Aeneas VERG.*A*.5.44; LIV.3.34.2. **d** ~at inde manus operi *Mor*.24; studiis pacis deus utilis armis ~or OV.*Fast*.3.174.

2 To call together, convoke, summon (an assembly).
cum contio ~atur VAR.*L*.6.93; concilio ~ato CIC.*Dom*.79; CAES.*Gal*.7.52.1; SAL.*Cat*.57.6; ~at consilium de oppugnandis Argis LIV.34.26.4; PHAED.1.14.13; (*w. adv.*) eo senatum ~at SAL.*Cat*.46.6.

3 To call in or upon, summon to one's assistance. **a** (to give professional or other advice, help, etc.). **b** (as a witness, audience, etc.).
a Teresiam coniectorem ~abo et consulam quid faciundum censeat PL.*Am*.1128; in consilium istam ~auisti tibi *Mer*.737; nobiles omnes ~andi sunt CIC.*Quinct*.47; contra potens malum..~emus (amicissimum quemque) SEN.*Dial*.5.13.4; *Ep*.104.18; qui aedificare uelint, fabros et architectos ~ent COL.1.pr.4; TAC.*Hist*.2.91; corpore sano ~at Archigenen JUV.6.235; (*cf.*) eum..amorem et eum..fauorem in consilium ~abo CIC.*Ep*.fr.8(7).9; (*poet.*) uentosne uolucris ~et STAT.*Ach*.1.220;—(*w. obj. omitted*) aderat frequens, ~abat CIC.*Clu*.54; in consilium ~auit, quid sibi faciendum esset LIV.37.39.1. **b** hospitem nostrum sibi Mnesilochus ~auit PL.*Bac*.262; uiros bonos compluris ~at CIC.*Quinct*.66; CAES.*Civ*.3.33.1; ~atis hominibus scripta sua recitauit SEN.*Con*.4.pr.2; non tu falsis, non tu iniquis tabulis ~aris PLIN.*Pan*.43.1;—(*w. sup.*) fraudator homines cum ~at sponsum improbos PHAED.1.16.1; (*absol.*) quod non ~aui ad obsignandum CIC.*Att*.12.18a.2; (*cf.*) oculos suos ad illa ~auit SEN.*Nat*.1.16.4.

4 To employ as counsel, have plead one's cause.
quis..nos ~at nisi aut nocens aut miser? TAC.*Dial*.41.2; QUINT.*Inst*.12.1.24; contra quem me ~as PLIN.*Ep*.4.17.2; (*w. abst. subj.*) nonne ei communis utilitas oratorem ~abit? QUINT.*Inst*.12.1.43.

5 To invoke the aid of (gods, etc.), address with prayers, call upon. **b** to invoke (a name).
SEMVNIS ALTERNEI ~APIT CONCTOS *CIL* 6.2104; VAR.*R*.1.1.7; deus..non bene ~atus CATUL.40.3; deos..ab se duobus proeliis haud frustra ~atos LIV.8.33.21; SEN.*Ben*.6.25.5; Iudaeus licet..caeli summas ~et auriculas ?PETR.fr.37.2; patrias coeptis ferus ~at umbras V.FL.6.287; deos testis ~abant TAC.*Hist*.4.41; FRO.*Aur*.1.p.84(5N). **b** senatus populique Romani..nomina sacramento ~abant TAC.*Hist*.1.55.

6 To call upon, summon up (resources, skills, etc.); also, to call upon the resources of (a place). **b** to have recourse to, resort to, fetch in.
omnia..arma ~at VERG.*A*.8.250; secretas..~at artes OV.*Met*.7.138; PHAED.4.5.20; haec (*sc.* societas) fortes nos facit, quod licet contra fortunam ~are SEN.*Ben*.4.18.3; *Phoen*.77;—in alio cibi genere India ~atur, in alio Aegyptus PLIN.*Nat*.15.105. **b** (purpura) dis ~atur placandis PLIN.*Nat*.9.127; asper monitis frustra nitentibus, enses ~at SIL.17.86; (*emotions*) serum est enim, ~are eis rebus adfectum in peroratione, quas securus narraueris QUINT.*Inst*.4.2.115.

7 To bring up, cite (as evidence).
SEN.*Dial*.12.12.7; etesiae..qui in argumentum a quibusdam ~antur *Nat*.5.10.1.

8 To appeal to, attract.
nisi forte tuas melior sonus ~at aures CALP.*Ecl*.4.50.

9 To advocate the use of, recommend.
ceteri auctores..humanas dapes ad hoc in primis ~ant PLIN.*Nat*.17.51.

10 (leg.) To make or secure an adjournment of a case.
interim ueniam, ut ne a forensibus uerbis recedam, ~andi peto PLIN.*Ep*.5.8.11.

aduolātus ~ūs, *m.* [ADVOLO+-TVS[3]] A flying towards or against.
me..tristi ~u..Iouis satelles pastu dilaniat fero CIC.*Tusc*.2.24 (transl. Aeschylus).

aduolitō ~āre ~āuī ~ātum, *intr.* [AD-+VOLITO] To flutter towards.
papilio..luminibus accensis ~ans PLIN.*Nat*.11.65.

aduolō ~āre ~āuī ~ātum, *intr.*, (*tr.*). [AD-+VOLO[2]]

1 (of birds, insects, etc.) To fly towards, approach in flight. **b** transf., of sounds, images, etc.).
coruus..~at et super galeam tribuni insistit? QUAD.*hist*.12; (cicada) cupide ~auit PHAED.3.16.17; CURT.4.8.6; nullum, cui telum in ore, pluribus quam binis ~at pinnis PLIN.*Nat*.11.96;—(*w.* ad) CIC.*N.D*.2.124; uolturios ad tabulam Parrhasi ~are SEN.*Con*.10.5.27;—(*w.* in+*acc.*) turdi..in Italiam trans mare ~ant VAR.*R*.3.5.7; examen uesparum..in forum ~asse LIV.35.9.4; (*w. acc. of place whither*) ~are Ilium ex Aethiopia aues PLIN.*Nat*.10.74; (*w. dat.*) (caprimulgi) caprarum..uberibus ~ant 10.115; (*pres. pple. as sb.*) ne sint ~antibus lubrici (gradus) COL.8.3.6;—(*of winged deities*) TIB.2.2.17; ipse potius amator ~aui tibi APUL.*Met*.5.24. **b** uox mi ad auris ~auit PL.*Am*.325; *Rud*.333; eius εἴδωλον mihi ~abit ad pectus CIC.*Fam*.15.16.2; LUCR.4.315; exornata figuris ~at excusso uelox sententia torno *Laus Pis*.96.

2 To approach swiftly, speed, hasten or fly towards. **b** (mil. and sim.) to rush to the attack, swoop down (on); (w. acc.) to fly at, attack furiously. **c** (fig.) to swoop on, snatch eagerly at.
celerissimus ~at Hector MAT.*poet*.4; si ingrederis curre, si curris ~a CIC.*Att*.2.23.3; equites cum tumultuoso ~ant nuntio LIV.2.24.1; OV.*Met*.11.348; STAT.*Theb*.11.426;—(*w.* ad) ~abat ad urbem a Brundisio homo impotentissimus CIC.*Phil*.5.42; LIV.2.20.10; (*expr. purpose*) ad eius spolia detrahenda ~auerunt CIC.*Sest*.54;—(*w.* in+*acc.*) in agros suburbanos repente ~abit *Mur*.85; (*expr. purpose*) in auxilium ~auerunt SUET.*Gal*.20.1;—(*w. dat.*) certior auctor ~at Aeneae VERG.*A*.10.510; LIV.25.41.2; (*w. acc. of place whither*) ipsa..Romam ~auit CIC.*Clu*.18;—(*w. adv.*) confestim huc ~auit 192;—(*of fish*) ex imo ~abat (delphinus) PLIN.*Nat*.9.25; ~ant pisces cupiditate mira 25.98. **b** neque quisquam potest hostis ~are terra CIC.*Rep*.2.6; repente ex omnibus partibus ad pabulatores ~auerunt CAES.*Gal*.5.17.2; VERG.*A*.12.293; OV.*Tr*.5.10.20; lapsoque cruentus ~at Aesonides V.FL.6.654; (*of an animal*) utque leo..~at VERG.*A*.10.456;—(Pollux)..~at ora uiri (*i.e.* Amyci) V.FL.4.300. **c** CIC.*Phil*.2.50; ab hac perturbatione religionum ~as [in M. Varronis..fundum 2.103; uoluptas..ad quam minima et contemptissima..~ant SEN.*Ep*.123.16.

aduoluō ~uere ~uī ~ūtum, *tr.* [AD-+VOLVO]

1 To roll to or towards.
~unt ingentis montibus ornos VERG.*A*.6.182; STAT.*Theb*.4.455; (*w. dat.*) totas..~uere focis ulmos VERG.*G*.3.378; (*pass. w. middle sense*) ad ignem ~utus lora cum corpore exussit PLIN.*Nat*.11.185;—(*of things*) ~uens..natantia saxa Charadrus STAT.*Theb*.4.712; QUINT.*Decl*.388(p.437,l.27); (*of sound*) magnus..~uitur astris clamor STAT.*Theb*.5.143.

2 (refl. or pass. in middle sense) To prostrate oneself before, grovel at.
(*w. dat.*) tuis humiles ~uimur aris PROP.3.17.1; genibus se omnium ~uens LIV.8.37.9; VELL.2.80.4; V.MAX.3.8.ext.4; Sisigambis ~uta est pedibus eius CURT.3.31.17; SEN.*Dial*.4.34.4; STAT.*Silv*.5.1.73; TAC.*Ann*.1.23;—(*w. acc.*) genua patrum ~uebantur SAL.*Hist*.inc.16; TAC.*Hist*.4.81; Psyche pedes eius ~uta APUL.*Met*.6.2.

aduors-, aduort-: see ADVERS-, ADVERT-.

aduosem: (see quot.).
~, aduersarium, hostem PAUL.*Fest*.p.25M.

adūrens ~ntis, *a.* [pple. of ADVRO] Having caustic properties.
ut neque rodentibus medicamentis, neque ~ntibus..sit utendum CELS.5.26.21.B; (sal) in medendo..mordens ~ns, repurgans PLIN.*Nat*.31.98;—(*neut. pl. as sb.*) possunt succurrere quaedam uel exedentia tantum uel etiam ~ntia CELS.5.28.1.C; 6.4.3.

adurgeō ~ēre, *tr.* [AD-+VRGEO] To press hard upon; (fig.) to pursue closely.
Caesar ab Italia uolantem (reginam) remis ~ens HOR.*Carm*.1.37.17;—is (*sc.* dens)..cotidie digito ~endus CELS.7.12.1.F.

adūrō ~ūrere ~ussī ~ustum, *tr.* [AD-+VRO]

1 To damage by burning, scorch, char, burn. **b** to destroy by burning, burn up or away. **c** to produce excessive heat in.
(gymnosophistae) cum..ad flammam se adplicauerunt, sine gemitu ~uruntur CIC.*Tusc*.5.77; ignes..caelestes..~ussisse..leui adflatu uestimenta maxime dicebantur LIV.39.22.3; OV.*Met*.8.205; laeta..regio est et herbida nihil flammis ~urentibus SEN.*Ep*.79.3; PLIN.*Nat*.7.19; (*cf.*) splendor quicumque est acer ~urit saepe oculos LUCR.4.329; (*facet.*) piper non homo. is quacunque ibat terram ~urebat PETR.44.7;—(*in cooking*) uideto ne ~uras CATO *Agr*.107.2; VAR.*Men*.190;—(*in fig. phr.*) quae te cumque domat Venus, non erubescendis ~urit ignibus HOR.*Carm*.1.27.15; digno quod ~urimur igni OV.*Ep*.4.33. **b** ossa..flammis ~uri Colchicis HOR.*Epod*.5.24; ~uritur dextera (papilla), ut arcus facilius intendant (Amazones) CURT.6.5.28; MELA 3.34; (*fig.*) a quo (*sc.* Caligula) imperium ~ustum atque euersum funditus SEN.*Dial*.11.17.3. **c** (ager) si nimium stercoratus est, ~uritur PLIN.*Nat*.18.194.

2 To make dry or desiccated.
si (uuam) passi essent in sole ~uri VAR.in NON.p.551M; aer conclusus curuatura..~urit excoquitque et inminuit e corporibus umores VITR.5.3.2; PLIN.*Nat*.14.81.

3 a (med.) To cauterize; (of things) to act as a caustic. **b** to prune by burning; to singe (hair).
a uomicam ~urunt CELS.4.15.4; lumbis ~ustis candente ferro PLIN.*Nat*.10.50; (*absol.*) ferro candenti in occipitio..~urere duobus locis CELS.3.23.7;—~urunt auripigmentum, atramentum sutorium 5.8. **b** rosa et quinquennium perfert non recisa nec ~usta PLIN.*Nat*.21.69;—ut candentibus iuglandium putaminibus barbam sibi et capillum ~urerent CIC.*Tusc*.5.58; *Off*.2.25.

4 To imprint as a brand.
(*fig.*) una Philippeo sanguine ~usta nota (*sc.* Cleopatra) PROP.3.11.40.

5 To cause a burning sensation in, burn, sting; also, to blister.
ne stercore ungulas ~urat (pullus equinus) COL.6.27.12; PLIN.*Nat*.27.70; ephemeron potum protinus..os prurire facit..postea etiam ~urit LARG.193; (*in fig. phr.*) tabes..animi contacta ~urit PLIN.*Nat*.18.4; ~usta felle qualis ante carmina dabas amarus MAUR.2186;—faetidis cataplasmatibus manus tam delicatas istas ~urens APUL.*Met*.5.10.

6 (of cold, wind, etc.) To rip, freeze, shrivel up. **b** to blight.
ne..Boreae penetrabile frigus ~urat VERG.*G*.1.93; nil uernum nascentia frigus ~urat poma OV.*Met*.14.763; rigor..niuis multorum ~ussit pedes, plurimorum oculos CURT.7.3.13; COL.5.10.21; (*cf. sense 1*) ~uri..feruore aut flatu frigidiore (*sc.* arbores siluestres) PLIN.*Nat*.17.216. **b** (locustae) multa contactu ~urentes PLIN.*Nat*.11.104; 17.24.

7 To rub, chafe.
femina adteri ~urique equitatu PLIN.*Nat*.28.218.

adusque, *prep. and adv.* (sometimes written as two words) [AD-+VSQVE] CONST.: w. acc.

1 All the way to, as far as; right up to, close to. **b** right up to (a time). **c** up to (a number; one of a series). **d** (of degree) to the point of.
cum ueniret a mari..hunc ~ limpidum lacum CATUL.4.24; Protei Menelaus ~ columnas exsulat VERG.*A*.11.262; HOR.*S*.1.5.96; OV.*Tr*.5.3.21; ab imis unguibus..~ summos capillos APUL.*Met*.3.21; (*ellipt., foll. by* qua) Oriens tibi uictus, ~..extremo qua tingitur India Gange OV.*Met*.4.20;—nudam pressi corpus ~ meum *Am*.1.5.24. **b** ~ supremum tempus HOR.*S*.1.1.97; OV.*Pont*.2.3.4; ~ terminos ultimi spiritus APUL.*Met*.11.6. **c** ~ decem numero crescente uenitur OV.*Fast*.3.125; a trecentis sestertiis ~ duo sestertia sumptus cenarum propagatus est GEL.2.24.15;—principium..sui generis..quaerens..cognatos uenit ~ deos OV.*Fast*.4.30; augurium seros dimisit ~ nepotes STAT.*Theb*.1.185. **d** multa secutura quae ~ bellum eualescerent TAC.*Ann*.14.58; uini libidine ~ ludibria ebriosus GEL.15.2.2; APUL.*Met*.4.3.

2 (adv.) Wholly, completely.
~ deraso capite APUL.*Met*.2.28.

adustiō ~ōnis, *f.* [ADVRO+-TIO]

1 The action or process of burning. **b** the state of being burnt; (med.) a burn.
ut Gallica uteretur terebra quae excauat nec urit—quoniam ~o omnis hebetat PLIN.*Nat*.17.116; ulceribus frigore aut ~one factis 32.34. **b** (uitium) picis..~o PLIN.*Nat*.14.127;—sanat..cicatrices ~onesque omnes 20.61; 28.65.

2 Heatstroke, sunstroke.
~o infantium, quae uocatur siriasis PLIN.*Nat*.30.135.

adustum ~ī, *n.* [neut. of next]

1 A burn. **b** (w. *niuibus*) frostbite.
~orum curatio CELS.5.27.13; pusulas..~o similes PLIN.*Nat*.21.93; 32.119; (*w. sole*) sole ~a sebo asinino..curantur 28.222. **b** sanant..~a niuibus PLIN.*Nat*.28.29.

2 (pl., w. *sole*) Parched areas, deserts.
in desertis ~isque sole Indiae PLIN.*Nat*.19.19.

adustus ~a ~um, *a.* *compar.* ~ior. [pple. of ADVRO]

1 Burnt, scorched, charred; (spec.) scorched by the sun, torrid.
lateri uestis ~a fuit PROP.4.7.8; PLIN.*Nat*.6.149; ~a subibit litora STAT.*Silv*.2.1.187;—(*of things burnt in cooking*) TER.*Ad*.425; panis ~us HOR.*S*.2.8.68;—(*as affecting flavour or smell*) si ligno contingatur uas, ~um et fumosum fieri putant PLIN.*Nat*.18.318; APUL.*Pl*.1.14;—sol omnia incenderat, siccaque et ~a erant ora CURT.4.7.13; SEN.*Her.F*.226.

2 (of the complexion) Dusky, swarthy; (of colour) dark.
hominum ~us color SEN.*Nat*.4a.2.18; ~us corpora Maurus SIL.8.267; (*pl. as sb.*) Aethiopas uicini sideris uapore torreri ~isque similes gigni PLIN.*Nat*.2.189;—si qui forte ~ioris coloris ut ex recenti uia essent LIV.27.47.2; PLIN.*Nat*.2.149.

adynamos ~on, *a.* [Gk. ἀδύναμος] Weakened, diluted.
ex ipso uino quo uocant ~on PLIN.*Nat*.14.100.

adytum ~ī, *n.* [Gk. ἄδυτον] FORM: ~*ūs* (acc. pl. masc.) ACC. *trag*.624. The innermost part of a temple, a shrine, sanctuary.
in occultis ac reconditis templis, quo praeter sacerdotes adire fas non est, quae Graeci ~a appellant CAES.*Civ*.3.105.5; ~is effert penetralibus ignem VERG.*A*.2.297; 2.404; 7.269; HOR.*Carm*.1.16.5; cortinaque reddidit imo hanc ~o uocem OV.*Met*.15.636; *Fast*.4.268; laxantur ~o fata SEN.*Thy*.681; LUC.9.565; prisca fides ~is longo seruatur ab aeuo SIL.3.8; JUV.13.205; APUL.*Met*.11.22; (*cf.*) ex ~o tamquam cordis responsa dedere LUCR.1.737; (*in fig. phr.*) Latiae musae non solos ~is suis Accium et Vergilium recepere COL.1.pr.30.

Aea ~ae, *f.* A region in Colchis. **b** the eponymous nymph of Aea.
V.FL.1.742; 5.51; (*personified*) iuratos in se trahit ~a Batarnas 6.96. **b** sectatur..~an..amore furens V.FL.5.425.

Aeacidēius ~a ~um, *a.* Of or belonging to the descendants of Aeacus.
~a regna (*i.e. Aegina*) OV.*Met*.7.472.

Aeacidēs ~ae, *m.* ?also **~dā** (ENN.*Ann*.275).

1 A son of Aeacus: (spec.) **b** Peleus. **c** Telamon. **d** Phocus.
OV.*Met*.7.494; hic ~as, hic et ueneramur Atridas MAN.1.762; V.FL.4.223; STAT.*Theb*.5.398. **b** OV.*Met*.11.227;

V.FL.1.139. c V.FL.2.511; 3.715. d Ov.*Met.*7.668; 7.798.

2 A descendant of Aeacus: (spec.) b Achilles. c Neoptolemus (Pyrrhus), son of Achilles. d Pyrrhus, king of Epirus. e Perseus, king of Macedon.

inseris ~is alienae nomina gentis Ov.*Met.*13.33;—(*of Pyrrhus and his family*) ENN.*Ann.*180; CIC.*Off.*1.39. b saeuus ubi ~ae telo iacet Hector VERG.*A.*1.99; Ov.*Ars* 1.17; STAT.*Ach.*1.1. c VERG.*A.*3.296; Ov.*Ep.*8.7. d ENN.*Ann.*179; 275. e VERG.*A.*6.839; SIL.1.627.

Aeacidīnus ~a ~um, *a.* Of or connected with a descendant of Aeacus.

~is minis animisque (*i.e. like those of Achilles*) PL.*As.*405.

Aeacius ~a ~um, *a.* Of or connected with a descendant of Aeacus (in quot. w. ref. to Ajax).

~i flores (sc. *hyacinths*) COL.10.175.

Aeacus ~ī, *m.* also **~os.** A son of Jupiter and Aegina (or Europa), king of Aegina, and one of the three judges in the underworld.

ENN.*scen.*325; ad eos uenire, qui uere iudices appellentur, Minoem Rhadamanthum ~um Triptolemum CIC.*Tusc.*1.98; HOR.*Carm.*2.13.22; ~on (*acc.*) Ov.*Met.*9.435; SEN.*Apoc.*14.2; seueri sectus ~i loris MART.10.5.14.

Aeaea ~ae, *f.* also **~ē.** a The island where Circe lived. b the island where Calypso lived. c (dub.) the homeland of Medea in Colchis.

a HYG.*Fab.*127. b circa Siciliam in Siculo freto est ~e, quam Calypso habitasse dicitur MELA 2.120; HYG.*Fab.*125. 16. c PAC.*trag.*218.

Aeaeus ~a ~um, *a.* a Of Aeaea, where Circe lived; (fem. as sb.) Circe. b of Aeaea, where Calypso lived. c of Aeaea (? or Aea), the homeland of Medea.

a ~ae..insula Circae VERG.*A.*3.386; petis ~i moenia Telegoni PROP.2.32.4; Ov.*Met.*4.205;—artibus ~ae *Am.* 2.15.10. b thalamum ~ae..puellae (sc. *Calypso*) PROP. 3.12.31. c ~o..puluere V.FL.1.451; ~i..tyranni 5.547.

Aeas ~antis, *m.* A river in Epirus.

Ov.*Met.*1.580; MELA 2.57; PLIN.*Nat.*3.145.

Aebūtius ~a ~um, *a.* Name of a Roman *gens.* b *Lex ~a*, a law of the 2nd century B.C. which marked an important stage in the development of the formulary system.

CIC.*Caec.*1; *Flac.*93; LIV.3.6.1. b CIC.*Agr.*2.21; GAIUS *Inst.*4.30; GEL.16.10.8.

Aecetia ~ae, *f.* (app. for **Aequitia* = AEQVITAS) The goddess Equity.

~AI · POCOLOM *CIL* 1.439.

aedēs and **aedis** ~is, *f.* [cf. Gk. αἴθω; Skt. *inddhé*] FORMS: *aide* (= *aedem*) *CIL* 1.9; *aidibus CIL* 10.7296.

1 (pl.) A dwelling-place, abode, house. b (meton.) the occupants of a house, household. c (sg.) a room, apartment.

tignum iunctum ~ibus uineaue *Lex XII*(*Font.iur.*p.26); ad ~is uenimus Circae ANDR.*poet.*26(28).1; erus in hara, haud ~ibus, habitat PL.*As.*430; TRUC.522; aderit una in unis ~ibus TER.*Eu.*367; cum ~es fundumue uendiderint CIC.*Top.*100; *Ver.*1.51; LUCR.4.307; VERG.*G.*2.462; hortus erat posticis ~ium partibus LIV.23.8.8; PHAED.3.9.2; superficiarias ~es appellamus, quae in conducto solo positae sunt GAIUS *dig.*43.18.2; (*prov.*) hic, qui in pergula natus est,~es non somniatur PETR.74.13;—(*in pl. sense*) uillae atque ~es CATO *orat.*175; CIC.*de Orat.*2.320;—(*w. adjs.*) ~is sacras et priuatas VAR.*L.*5.81; in liminibus profanarum ~ium CIC. *N.D.*2.67; magnificentiam ~ium regiarum *Tusc.*5.61; ~es liberae (*rent-free*) LIV.30.17.14;—(*in sg.*) quaen erga ~em sese habet? (*s.v.l.*) PL.*Truc.*406; PAUL.*Fest.*p.13M; (*of a beehive*) (apes) intus clausis cunctantur in ~ibus omnes VERG.*G.*4.258; (*of coffins*) in illis ~ibus fidelissimorum mortuorum APUL.*Met.*4.18; (*transf.*) fac sis uociuas..~is aurium PL.*Ps.*469. b has sustollat ~is totas atque hunc in crucem PL.*Mil.*310; *Truc.*638. c excubabant..proximi foribus eius ~is, in qua rex adquiescebat CURT.8.6.3; 8.6.13.

2 A temple, sanctuary, shrine. b the inner part of a temple, the shrine.

~EM BELLONAE FECIT *Elog.*10(*CIL* 1.p.192); *CIL* 1.9; TURP.*com.*72; foris ~is effringunt CIC.*Ver.*4.96; in ~ibus fanisque CAES.*orat.*22; haec ego ludo, quae neque in ~e sonent (sc. *the temple of Apollo, where poems were publicly recited*) HOR.*S.*1.10.38; VITR.3.2.2; ~em Castori uouisse LIV.2.20.12; cum prius apud superiores ~es supplicasset SUET.*Cl.*21.1; (*of a private shrine*) O Venus..te..Glycerae decoram transfer in ~em HOR.*Carm.*1.30.4; (*cf.*) pro rostris aurata ~es ad simulacrum templi Veneris Genetricis collocata; intraque lectus eburneus SUET.*Jul.*84.1; —(*pl. for sg.*) has pono ante tuas tibi, diua, Propertius ~is exuuias PROP.2.14.27; decede..istis ~ibus APUL.*Met.*6.3; (*cf.*) ut in eo..diuina potestas quasi bonis ~ibus digne diuersetur *Apol.*43;—(*w.* sacra, *etc.*) apud omnis ~is sacras PL.*Am.* 1013; CIC.*Ver.*1.130; ~es publicas LIV.43.16.4; id.. scriptum reliquit (Varro) non omnes ~es sacras templa esse GEL.14.7.7;—(*w. gen. of the deity*) ab ~i Veneris PL.*Poen.* 847; CIC.*Ver.*1.45; ~em Opis *Att.*16.14.4; LIV.22.33.7; sacrare Neptuni effigiem ~emque TAC.*Ann.*3.63; (*w. gen. of the builder*) in ~e Pompei Magni PLIN.*Nat.*34.57; (*fig.*) eam (sc. Iustitiam) Caesar..iampridem posuit mentis in ~e suae Ov.*Pont.*3.6.26. b in templo Dianae post ~em PLIN.*Nat.*36.32; IN TEMPLO DIVORVM IN ~E DIVI TITI *CIL* 6.10234.

3 A tomb, sepulchre, mausoleum.

FECERVNT ~EM CVM SVO SIBI HYPOGAEO *CIL* 6.9433; HANC ~EM POSVIT STRVXIDQVE NOVISSIMA TEMPLA MANIBVS ET CINERI 14.480; (*cf.*) ~E SEPVLTVRAE 6.13562.

aedicula ~ae, *f.* [prec.+-CVLA] FORMS: *aidCIL* 10.1478; *aedicla CIL* 5.3634, 10.5779.

1 A small room.

in ~am istanc sorsum concludi uolo PL.*Epid.*402.

2 (pl.) A small house.

TER.*Ph.*663; cuius (*sc.* insulae) hic in ~is habitat CIC. *Cael.*17; habuit..~as in Carinis *Parad.*50; propter cultum ~arum PETR.85.1; 90.71.

3 A small shrine, chapel. b a tomb, sepulchre.

~AM ET BASSIM MAGISTREI DANT *CIL* 1.1549; cum Licinia ..aram et ~am et puluinar..dedicasset CIC.*Dom.*136; candelabra ~arum sustinentia figuras VITR.7.5.3; LIV. 35.41.10; armarium..cuius in ~a erant Lares argentei positi PETR.29.8; si quis in ~a deus unicus JUV.8.111; *CIL* 6.10234.3; Eponae deae simulacrum residens ~ae APUL.*Met.*3.27;—(*w. gen. of the deity*) ~am Victoriae Virginis LIV.35.9.6; in Mineruae delubro supra ~am Iuuentatis PLIN.*Nat.*35.108. b ~A OSSVARIA *CIL* 6. 16624; 14.1472.

aedificātiō ~ōnis, *f.* [AEDIFICO+-TIO]

1 An act or process of building.

si potius ad anticorum diligentiam quam ad horum luxuriam derigas ~onem VAR.*R.*1.13.6; domum tuam atque ~onem omnem perspexi CIC.*Fam.*5.6.3; VITR.1.3.1; modicus priuatis ~onibus TAC.*Ann.*6.45;—(*w. obj. gen.*) uotum patris Capitolii ~one persoluit CIC.*Rep* 2. 44; palaestrarum ~ones VITR.5.11.1; LIV.1.53.3;—(*w. subj. gen.*) quod eorum ~onem..impedissem CIC.*Fam.*3.7.2;—(*of birds*) hirundinum nidos et ~ones earum imitantes VITR.2.1.2;—(*transf. of a gesture*) columnam (*i.e. his arm*) mento suffigit suo. apage, non placet profecto mihi illaec ~o PL.*Mil.*210;—(*in fig. phr.*) eatenus abeunt a fabris..tum specimen cernitur quo eueniat ~o *Mos.*132.

2 A building, edifice; a collection of buildings, built-up area.

neque mihi ~o neque uasum neque uestimentum ullum est manupretiosum CATO *orat.*173; ut ne ulla tua ~o.. arderet GEL.15.1.4;—portus habet prope in ~one amplexuque urbis inclusos CIC.*Ver.*4.117.

aedificātiuncula ~ae, *f.* [prec.+-CVLA] A little building, construction.

ecquid ei de illa ~a Lateri..mandauisses CIC.*Q.fr.*3.1.5.

aedificātor ~ōris, *m.* [AEDIFICO+-TOR]

1 A builder, one who has buildings erected. b (as quasi-adj.) fond of or devoted to building.

de domino bono colono bonoque ~ore melius emetur CATO *Agr.*1.4; distributiones operum..ut sint ~oribus non obscurae, explicui VITR.6.6.7; secundum rationem diligentis ~oris VEN.*dig.*45.1.137.3. b nemo illo minus fuit emax, minus ~or NEP.*Att.*13.1.

2 (w. *mundi*) A maker, creator, architect (of the world).

opificem ~oremque mundi CIC.*N.D.*1.18; *Tim.*7; APUL. *Pl.*1.7; (*pl.*) CIC.*N.D.*1.21.

aedificiolum ~ī, *n.* Also **ēd-.** [next+-OLVM] A little building.

CVM ~O ET MONIMENTO *CIL* 6.10246; HIC LOCVS CVM HORTVLO..ET ~IS SVIS 6.22518.

aedificium ~(i)ī, *n.* [next+-IVM] A building, edifice.

PL.*Mos.*118; AGER LOCVS ~IVM *CIL* 1.585.7; circum huius ~i (*sc.* auiarii) parietes VAR.*R.*3.5.4; ~iis omnibus, publicis priuatis, sacris profanis CIC.*Ver.*4.120; CIC.*Fam.*6.18.5; CAES.*Gal.*2.7.3; QVEMQVOMQVE ANTE SVVM ~IVM VIAM PVBLICAM H · L · TVERI OPORTEBIT *CIL* 1.593.32; VITR.1. pr.2; plebis ~iis obseratis LIV.5.41.7; 8.19.4; TAC.*Ann.*15.39; alueum Tiberis..~iorum prolationibus coartatum SUET. *Aug.*30.1;—(*quasi-abst.*) delectari multis inanibus rebus ut honore ut gloria ut ~io ut uestitu CIC.*Amic.*49; lutei ~ii inuentor PLIN.*Nat.*7.194; (*w. defining gen.*) PER CVRAM EIVS ~IVM TEMPLI REFECTVM EST *CIL* 5.5558; (*of a beehive*) hic (*sc.* apud apes) societas operis et ~iorum (est) VAR.*R.*3.16.4; —(*transf., of the body*) prosiliam ex ~io putri ac ruenti SEN. *Ep.*58.35;—(*in fig. phr.*) ex tuis litteris cum formam rei publicae uiderim, quale ~ium futurum sit scire possim CIC.*Fam.*2.8.1.

aedificō ~āre ~āuī ~ātum, *intr., tr.* [AEDES+ -FICO]

1 To erect a building, engage in building operations.

~are hic uelle aiebat in tuis (aedibus) PL.*Mos.*1028; ab his (*sc.* apibus) opus facere discunt, ab his ~are VAR.*R.* 3.16.4; hi dum ~ant tamquam beati CIC.*Catil.*2.20; CIC.*Att.* 12.2.2; ne accuratius ad frigora atque aestus uitandos ~ent CAES.*Gal.*6.22.3; NEP.*Them.*6.2; erat aeris alieni magna uis..~ando contracta LIV.6.11.9; numquid cenes frugaliter, ~es luxuriose SEN.*Ep.*20.3; ~are te scribis PLIN.*Ep.* 9.7.1; (*cf.*) diruit, ~at, mutat quadrata rotundis HOR.*Ep.* 1.1.100;—(*w. abl. expr. material*) ~ant auro PETR.120,l.87; redemptores, qui suis cementis ~ant ULP.*dig.*6.1.39; (*impers. pass.*) simul atque ~ari coeptum est CIC.*de Orat.*1.179; (*pres. pple. as sb.*) non modo ~antibus sed etiam omnibus sapientibus..praestaturum VITR.1.1.18;—(*transf., of a gesture*) ecce autem ~at: columnam (*i.e. his arm*) mento suffigit suo PL. *Mil.*209; (*in fig. phr.*) mathematice, ut ita dicam, superficiaria est, in alieno ~at SEN.*Ep.*88.28.

2 (*tr.*) To build, construct, erect (houses, rooms, towns, etc.). b (of reconstruction, restoration).

gynaeceum ~are PL.*Mos.*755; CATO *Agr.*18.1; piscinas.. magna pecunia ~atas VAR.*R.*3.17.5; uillam ~are CIC.*Sest.* 93; *Off.*1.138; AEDIVM SACRARVM..~ANDARVM *CIL* 1.593. 58; hibernacula..~ari coepta LIV.5.2.1; 21.13.6; GAIUS *Inst.*2.73;—(*other structures*) instar montis equum..~ant VERG.*A.*2.16; specus si non habuerunt, ramorum fruticumque congerie ~ant (ursi) PLIN.*Nat.*8.127; (*neut. of pf. pple. as sb.*) ~ati tibi in agris nihil reperio CIC.*Att.*4.8.1; —(*in fig. phr.*) non desse..non modo ut architectos uerum etiam ut fabros ad ~andam rem publicam *Fam.*9.2.5; (*fig.*) reges..~ant nomen ENN.*Ann.*412; (*facet.*) tot adhuc compagibus altum ~at caput JUV.6.503. b domo per scelus erepta..sceleratius etiam ~ata quam euersa CIC.*Dom.*147; *Att.*4.2.7; Acerranis permissum ut ~arent, quae incensa erant LIV.27.3.3; *Leg.pub.*22(*Font.iur.*p.113); SCAEV.*dig.* 33.2.32.5.

3 a To build (roads, etc.; also, gardens). b (ships). c (of the deity) to make, create (the world).

a qui eum (cliuum) publice ~arunt VAR.*L.*5.158; VIAS FOSSAS CLOACAS..~ARE *CIL* 1.590.40;—locum ubi hortos ~aret CIC.*Att.*9.13.8. b ~at nauim cercurum PL.*Mer.*87; in ea classe quae contra piratas ~ata sit CIC.*Ver.*1.90; nauis ..longas ~ari..iubet CAES.*Gal.*3.9.1; NEP.*Ar.*3.1; JUV.10. 264. c fabricam..qua construi a deo atque ~ari mundum facit (Plato) CIC.*N.D.*1.19; 3.26; *Tusc.*1.63.

4 To use for building purposes: a to erect buildings upon (a site), build over. b to utilize as building materials.

a posteaquam..~atus locus, appellatum macellum VAR. *L.*5.147; cui..ego non modo seruaui sed etiam ~aui locum CIC.*Att.*4.19.2; priuatis ~anda diuisa sunt loca LIV.1.35.10; uacuas areas occupare et ~are SUET.*Vesp.*8.5. b quae (saxa) non erunt uitiata..durare poterunt supra terram ~ata VITR.2.7.5.

aedīlicius[1] ~a ~um, *a.* [AEDILIS+-ICIVS[1]] Of or connected with an aedile; also, who has held an aedileship.

edictiones ~as PL.*Capt.*823; aecus uel ad ~um modium, purus putus VAR.*Men.*245; comitiis ~is *R.*3.2.1; scribam ~um CIC.*Clu.*126; uectigali aedilicio (*sc. imposed on provincials to pay for aediles' games*) *Q.fr.*1.1.26; *B.Afr.*33.2; ~a largitio LIV.25.2.8; onera..~a FRO.*Ver.*2. p.154(135N); ~a actio ULP.*dig.*21.1.23.4;—(*of municipal aediles*) THEOPOMPO SEVIRO AVG PRIMO AEDILICI IVRIS IN PERPETVVM *CIL* 2.4061; 8.8936;—illum hominem ~um CIC.*Clu.*79; *Phil.*8.24.

aedīlicius[2] ~(i)ī, *m.* Also **ēd-.** [prec.] One who has held an aedileship, an ex-aedile.

Caesar Vopiscus, ~ius VAR.*R.*1.7.10; is..~ius est mortuus CIC.*Brut.*109; qui ~ii, qui tribunicii, qui quaestorii! *Phil.*13.30; consulares quidam praetoriique et ~ii LIV.22.49.16; VELL.2.26.2; C · IVLIO..IVLIANO..ADLECTO A DIVO HADRIANO INTER ~IOS *CIL* 11.3337.7; (*of municipal aediles*) C · BOTTIO MERCATORI ~IO *CIL* 3.4864; *CIL* 8 15497.1c.

aedīlis ~is, *m.* Also **ēd-.** [AEDES+-ILIS[2]] FORMS: *aidilis* (nom.) *CIL* 1.7; *aidiles* (nom.) *CIL* 1.8; ~*e* (abl.) VAR.*R.*1.2.2; CIC.*Har.*24; LIV.3.31.5, 31.50.10; V.MAX. 8.1 *absol.* 7; PLIN. *Nat.*7.158; ~*i* (abl.) TAC.*Ann.*12.64; JULIAN. *dig.*18.6.14(13).

1 A Roman magistrate charged with the supervision of public buildings, games, markets, etc., an aedile. b ~*es plebei*, *plebi* or *plebis*, plebeian aediles; ~*es curules*, curule aediles; ~*es cereales*, aediles in charge of the corn supply. c (w. ref. to the functions of the aedileship, the more important of which are illustrated in the quotations).

CONSOL CENSOR ~IS QVEI FVIT APVD VOS *CIL* 1.7; CALP.*hist.*27; nunc sum designatus ~is CIC.*Ver.*5.36; *Har.* 24; cupio te ~em uidere *Fam.*2.13.3; sex ~es uiderat LABER.*com.*64; qui tribunis plebis ~ibus iudicibus decemuiris nocuisset LIV.3.55.7; 31.50.10; censorem L. Plancum uia sibi decedere ~is coegit SUET.*Nero* 4. b ab ~ibus plebei VAR.*L.*5.158; ~is plebi factus est NEP.*Ca.*1.3; LIV. 26.10.2; plebis ad ~es Ov.*Fast.*5.287;—SCIPIO AFRICANVS ..~IS CVRVLIS *Elog.*37(*CIL* 1.p.201); CALP.*hist.*27; (Iuuentium) primum de plebe ~em curulem factum esse CIC.*Planc.* 58; LIV.7.1.6;—Gaius Iulius Caesar..duos ~es qui frumento praeessent et a Cerere cereales constituit POMPON. *dig.*1.2.2.32; ~I CEREALI DESIGNATO *CIL* 6.1345. c sunto ..~es curatores urbis, annonae ludorumque sollemnium CIC.*Leg.*3.7; (*as responsible for public buildings, etc.*) VAR.*L.* 5.81; accersitus ab ~e, cuius procuratio huius templi est *R.*1.2.2; POMPON.*dig.*1.2.2.21;—(*as organizers of public games*) mures Africanos praedicat in pompam ludis dare se uelle ~ibus PL.*Poen.*1012; CIC.*Mur.*40; *Att.*9.12.3;— (*as controlling theatrical productions*) Menandri Eunuchum, postquam ~es emerunt TER.*Eu.*20; ut Accius isdem ~ibus ait se et Pacuuium docuisse fabulam CIC.*Brut.*229;—(*as exercising legal jurisdiction*) apud ~is..deixei caussam PL. *Men.*590; ~is curulis edictum quod de funeribus habeant Ser. Sulpici..Rufi funeri remittere CIC.*Phil.*9.17; quibus ab ~ibus dicta dies esset LIV.7.28.9; TAC.*Ann.*13.28; GAIUS *Inst.*1.6;—(*as exercising police functions*) PL.*Trin.*990; circa balinea ac sudatoria ac loca ~em metuentia SEN.*Dial.*7.7.3; —(*as inspectors of markets, etc.*) legem..alumentariam, quae iubet ~is metiri CAEL.*Fam.*8.6.5; (*facet.*) Neptunus ita solet, quamuis fastidiosus ~is est: si quae inprobae sunt merces, iactat omnis PL.*Rud.*373;—(*as religious authorities*) datum..negotium ~ibus, ut animaduerterent ne qui nisi Romani di..colerentur LIV.4.30.11; MART.11.102.7.

2 A magistrate in Italian or other towns.

quaestoribus et ~ibus (*sc. of Agrigentum*) CIC.*Ver.*4.93; quique in ea colonia ~es erunt *CIL* 2.5439.1.3.16; Arreti ~is PERS.1.130; PETR.44.3; ~ES AVRELIVS RVFINVS IVL · VALERINVS *CIL* 8.2403.3.25; AED IVRI DIC(undo) 11.4613; JUV.10.102.

3 The president of a college or guild.
AEDIL ET CVRAT SODAL(ium) *CIL* 14.2636; AEDIL IVVENVM TIBVRI 14.3684.

4 A sacristan.
~IS AC SACER(dos) *CIL* 8.1225; AED LVSTR(alis) MON(itoris) SACR(orum) 14.2603; ~I AVGVSTALI 10.1493; VAR.*Men.*150.

aedīlitās ~ātis, *f.* [prec.+-TAS]

1 The office of an aedile at Rome, aedileship. **b** a particular tenure of the aedileship.
duabus ~atis acceptis repulsis CIC.*Planc.*51; ex ~ate gradum ad censuram fecit LIV.27.6.17; ~atem petens consul creatus est VELL.1.12.3; V.MAX.8.15.4; ante..quam ~atem iniret SUET.*Jul.*9.1; (*facet.*) sine suffragio populi tamen ~atem hicquidem gerit PL.*St.*353;—(*w.* plebeia, curulis) curulis ~as CIC.*Har.*27; duabus ~atibus, plebeia et curuli.. perfunctus LIV.22.26.3. **b** quorum ~ates ornatissimas uidimus CIC.*Ver.*4.133; mihi..magnae curae est ~as tua *Fam.*2.11.2; ad ornatum ~atis Varronis et Murenae VITR.2.8.9; PLIN.*Nat.*17.6;—(*considered as a period of time*) in his post ~atem annis CIC.*Brut.*321; inimicitias..priuatas cum Caesare ex ~ate et praetura conceptas CAES.*Civ.*3.16.3.

2 The office of a municipal aedile.
C. Albucius Silus Nouariensis cum ~ate in patria fungeretur SUET.*gram.*30; (senem) pro ~atis imperio uoce asperrima increpans APUL.*Met.*1.25.

aedis: see AEDES.

aeditua ~ae, *f.* [AEDITVVS] A woman who has charge of a temple, female sacristan.
DORIDI..~AE A DIANA *CIL* 6.2209; 6.2213.

aedituens ~ntis, *m.* [AEDES+pple. of TVEOR] One who has charge of a temple.
hospitibus loca quae complerant ~ntes LUCR.6.1275.

aeditumor ~ārī, *intr.* [next+-O³] To be in charge of a temple, act as sacristan.
tibi appareo atque ~or tuo in templo POMPON.*com.*2.

aeditumus ~ī, *m.* Also **-tim-.** [AEDES+-TIMVS] One who has charge of a temple, a sacristan.
audio ~um aperire fanum PL.*Cur.*204; apud aedem Iunonis Lucinae ubi ~us habere solet VAR.*L.*5.50; 7.12; ~i custodesque CIC.*Ver.*4.96; ~os..eius templi GEL.6(7).1.6; ISIDI SACRVM ASTRAGALVS ~VS *CIL* 6.345;—(*w. ref. to the form of the word*) ~o, ut dicere didicimus a patribus nostris, ut corrigimur a recentibus urbanis, ab aedituo VAR.*R.*1.2.1; in finitimo legitimo ~o non plus inesse timum quam in meditullio tullium CIC.*Top.*36; GEL.12.10.1.

aedituō ~āre ~āuī ~ātum, *intr.* [AEDITVVS] To have charge of a temple, act as sacristan.
ALCIMO AEDITVO AB ISEM PELAGIAM..~AVIT AN X *CIL* 6.8707.

aedituus ~ī, *m.* = AEDITVMVS.
corruptis ~is duobus LIV.26.7.13; uti ~i aedes sacras omnes..aperirent 30.17.6; PHILETVS AEDITVS FORTVNARVM *CIL* 10.6638; SEN.*Ep.*41.1; ~orum uocibus parent (pisces) PLIN.*Nat.*32.17; TAC.*Hist.*3.74; ~i Capitolii GEL.2.10.4; ~VS DE MONETA *CIL* 6.675; (*cf.*) esse possessorem ac uelut ~um soli, quod primum Diuus Augustus nascens attigisset SUET.*Aug.*5; (*fig.*) cognoscere, qualis ~os habeat belli spectata domique uirtus HOR.*Ep.*2.1.230;—(*w. ref. to the form of the word*) VAR.*L.*7.12; GEL.12.10.2.

aedoeon: see HERMV AEDOEON.

aēdōn ~onis, *f.* Also **aēdō.** [Gk. ἀηδών] A nightingale.
tristis ~on SEN.*Ag.*671; siluestris ~on PETR.131.8,l.6; uocalem..~ona CALP.*Ecl.*6.8; [SEN.]*Oct.*916; MARATHONIS ..~ON *CIL* 6.9118.

aēdonius ~a ~um, *a.* [prec.+-IVS] Of the nightingale.
~a superantur uoce cicadae *Laus Pis.*79.

Aeduī ~ōrum, *m. pl.* Also **Haed-.** A Gallic tribe occupying territory between the Saône and the Loire.
~i fratres nostri CIC.*Att.*1.19.2; per agrum Sequanorum et ~orum CAES.*Gal.*1.10.1; LIV.5.34.5; MELA 3.20; TAC.*Ann.*11.25; (*sg.*) Diuiciacus ~us CAES.*Gal.*1.32.3.

Aeēta, Aeētēs, or **Aeētās** ~ae, *m.* A king of Colchis, the father of Medea.
*Inc.trag.*164²; VAR.*R.*2.1.6; o stultissime ~a CIC.*Tusc.*3.26; non erat ~es, ad quem..rediret OV.*Ep.*16.231; SEN.*Med.*179; V.FL.3.495; STAT.*Ach.*2.76; HYG.*Fab.*pr.36.

Aeētaeus ~a ~um, *a.* Of or connected with Aeetes.
fines ~os CATUL.64.3.

Aeētias ~adis, *f.* The daugher of Aeetes, i.e. Medea.
OV.*Met.*7.9; 7.326.

Aeētīnē ~ēs, *f.* = AEETIAS.
OV.*Ep.*6.103.

Aeētis ~idis, *f.* = AEETIAS.
~is sucis omniperita *Eleg.Maec.*1.110; V.FL.6.481; 7.445.

Aeētius ~a ~um, *a.* Of or connected with Aeetes.
~a uirgo V.FL.6.267; Aeolii proles ~a Phrixi (*i.e. the sons of Phrixus and Chalciope*) 6.542; ~a tellus 7.565; 8.379.

Aefula ~ae, *f.* A town in Latium.
HOR.*Carm.*3.29.6; LIV.32.29.2.

Aefulānus ~a ~um, *a.* Also **Aefl-.** Of or connected with Aefula.
agrum ~um SAL.*Cat.*43.1; arce ~a LIV.26.9.9; SVB MONTE ~O *CIL* 14.3530.

Aegae ~ārum, *f. pl.* Also **-gaeae, -geae,** and **-giae.**

1 The name of various towns. **a** in Macedonia. **b** in Cilicia. **c** in Mysia. **d** in Euboea.
a NEP.*Reg.*2.1; PLIN.*Nat.*4.33. **b** LUC.3.227; TAC.*Ann.*13.8. **c** PLIN.*Nat.*5.121. **d** STAT.*Theb.*7.371.

2 A group of islands off the coast of Ionia.
PLIN.*Nat.*5.135.

Aegaeōn ~ōnis or ~onis, *m.* PROS.: ~*ōnis*, etc., in oblique cases OV.*Met.*2.10, STAT.*Theb.*5.288; ~*onis* STAT.*Theb.*4.535, *Ach.*1.209.

1 A hundred-handed giant, also called Briareus.
VERG.*A.*10.565; OV.*Met.*2.10; centeni ~onis STAT.*Theb.*4.535; *Ach.*1.209;—(*connected w. Aegean Sea*) Cycladas ~oni amplexo commendo patrem *Theb.*5.288.

Aegaeus ~a ~um, *a.* Also **Aegēus** and **Ēgēus.**

1 ~*um mare* (also *fretum* and other equivalent words; and neut. as sb.), the Aegean Sea.
in ~o mari CIC.*Man.*55; per Cycladas atque ~um uagantium mare LIV.44.29.6; OV.*Ep.*19.222; PLIN.*Nat.*4.9;—in ~o fretu PAC.*trag.*420; ~as..per undas TIB.1.3.1; ~is..aquis OV.*Ep.*15.118; ~is..fluctibus MELA 2.37; ~i..alta profundi V.FL.1.160;—(*neut. as sb.*) alto..~o VERG.*A.*12.366; in patenti prensus ~o HOR.*Carm.*2.16.2; MELA 1.18.

2 Of or connected with the Aegean Sea.
~os tumultus HOR.*Carm.*3.29.63; Cycladas ~as OV.*Tr.*1.9.8; ~as hiemes STAT.*Silv.*1.3.95;—(*as the epithet of a deity*) Neptuno ~o VERG.*A.*3.74; ~ae Veneris STAT.*Theb.*8.477.

Aegātēs, *f. pl.* Also **-tae.** ~*es insulae* (also absol.), the Aegatian islands near Lilybaeum in Sicily, the scene of a Roman victory over the Carthaginians in 241 B.C. **b** the battle of the Aegatian Islands.
ad ~is insulas VAR.in Non.p.552M; NEP.*Ham.*1.3; LIV.22.54.11;—(*absol.*) ~es inter SIL.4.80; geminas..~es 6.865. **b** LIV.21.10.7;—(*absol.*) auet (Hannibal) ~es abolere SIL.1.61; (*w. ref. to the spoils from the battle*) hic Punica bella, ~es cernas 1.622.

Aegeātēs ~is, *m.* An inhabitant of Aegae. **a** in Macedonia. **b** in Mysia.
a VELL.2.70.4. **b** TAC.*Ann.*2.47.

aeger¹ ~gra ~grum, *a.* *compar.* ~grior, *superl.* ~gerrimus. [dub.]

1 Physically ill, unwell, sick, ailing. **b** (of the body or its parts) in an unhealthy state, diseased, afflicted; also, injured, wounded. **c** (w. cause expr.). **d** (w. abl., acc., gen. of respect). **e** (of health, old age). **f** (of the air) tainted, infected.
nunc tibi opust ~gram ut te adsimules PL.*Truc.*500; TER.*Hec.*341; uidere oportet (apes) ualeant an sint ~grae VAR.*R.*3.16.19; cum esset ~ger, tamen omnibus rebus illis interfuit CIC.*Sul.*34; *Tusc.*2.61; complures erant ex legionibus ~gri relicti CAES.*Gal.*6.36.3; VERG.*A.*5.651; HOR.*Ep.*1.7.4; tecum siue ~gra pariter siue ualente sumus PROP.2.21.20; dum ~ger collega erat LIV.21.53.7; OV.*Tr.*3.3.3; SEN.*Dial.*4.12.2; ursos ~gros PLIN.*Nat.*29.133; TAC.*Ann.*3.49; (*of a community*) in ciuitate ~gra LIV.4.52.7; (*transf. ep.*) ~gros in pondere mensis (sc. *of pregnancy*) occuluit STAT.*Ach.*1.672;—(*of plants*) seges ~gra VERG.*A.*3.142; (uitis) tristis atque ~gra PLIN.*Nat.*17.240;—(*in fig. phr.; cf. sense 4*) omnis tibi rei publicae partis ~gras et labantis, ut eas his armis sanares..esse commissas CIC.*Mil.*68; tunc demum uideas..~grae fortunae sana consilia SEN.*Ep.*94.74. **b** qui numquam ~gro corpore fuerunt CIC.*Red.Pop.*4; *Tusc.*3.22; VERG.*A.*3.140; mala copia quando ~grum sollicitat stomachum HOR.*S.*2.2.43; ~gros scimus neruos esse SEN.*Dial.*4.35.2; dentem..~grum MART.10.56.3; cruor ~ger STAT.*Theb.*4.728; (*cf.*) exta..~gra OV.*Met.*7.600; (*transf. ep.*) manus ~gras (*i.e. the hands of the patient*) *Fast.*5.409;—attollit in ~grum se femur VERG.*A.*10.856. **c** (*w. abl.*) puerperio..med esse ~gram adsimulo PL.*Truc.*464; homines ~gri morbo graui CIC.*Catil.*1.31; diutinis morbis ~gra corpora LIV.24.18.2; longa nauigatione ~gros TAC.*Hist.*1.31; (*w. gen.*) conperit cuius morbi ~ger esset V.MAX.5.7.ext.1;—(*w. ex*) ex uulnere ~ger CIC.*Rep.*2.38. **d** pulmonibus ~ger LUCIL.106; pedibus ~ger SAL.*Cat.*59.4; ~ger neruis TAC.*Ann.*15.45;—manum ~ger *Hist.*4.81; pedes..grauiter ~grum GEL.19.10.1;—~gra sanitatis herois LAEV.*poet.*12; uirgo..~gra corporis, animi saucia APUL.*Met.*4.32. **e** infirma atque etiam ~gra ualetudine CIC.*Brut.*180; si..per..~gram ualitudinem rei publicae negotia non gesserit PAPIN.*dig.*50.1.13;—cruciatus ~grae senectae TAC.*Ann.*13.30. **f** (*w. abl.*) diris..uaporibus ~grum aera STAT.*Theb.*12.712.

2 Weary, exhausted, faint, drooping. **b** feeble, weak.
in mediis conatibus ~gri succidimus VERG.*A.*12.910; ~gras secernunt acies STAT.*Theb.*10.8; metae propioribus ~gros urebat finis stimulis SIL.16.512; (*w. abl. of cause*) ~grum planctibus pectus PETR.81.2; ~gram lacrimis STAT.*Ach.*1.686;—(*of the body or its parts*) corpora..~gra VERG.*A.*2.566; genua ~gra trahentem 5.468; uix ~gra leuauit membra solo LUC.8.86; (*w. abl. of cause*) ~gros..sudoribus artus V.FL.4.276. **b** ~grum amore LIV.30.11.3; ut..~gras frangeret uires timor [SEN.]*Oct.*871; ~grae solaque libidine fortes deliciae..spernatur JUV.4.3.

3 Distressed in mind, sick at heart, troubled, disturbed, anxious. **b** (of the mind, etc.).
frugiparos fetus mortalibus ~gris dididerunt LUCR.6.1; capellas..~ger ago VERG.*Ecl.*1.13; ~gram nulli quondam flexere mariti *A.*4.35; silet ~gra STAT.*Ach.*1.668; (*cf.*) a morbo ualui, ab animo ~ger fui PL.*Epid.*129;—(*superl.*) tristi.. Dido ~gerrima uultu SIL.8.166; APUL.*Met.*6.13; (*transf.*) nimis ~gris luctibus LUCR.3.933; ipse caua solans ~grum testudine amorem VERG.*G.*4.464; ~gra quietem pax fugat STAT.*Theb.*12.7;—(*w. abl. of cause*) his ~grum stimulis SIL.3.214; timore ~ger ne..TAC.*Ann.*12.51; (*w. an abst. sb.*) ~gra..laetis inuidia STAT.*Theb.*1.126;—(*w. gen. of cause*) ~ger..morae LUC.7.240; FLOR.*Epit.*2.5(3.17.9);—(*w. abl. of respect*) animo magis quam corpore ~grum LIV.21.53.2;—(*w. gen. of respect*) consilii ~ger SAL.*Hist.*4.84; ~gram animi LIV.1.58.9. **b** animus ~ger semper errat ENN.*scen.*392; SAL.*Jug.*71.2; LIV.2.42.10; 25.38.3; corpore sed mens est ~gro magis aegra OV.*Tr.*4.6.43; SEN.*Oed.*204; pectoris ~gri SIL.13.402.

4 a (of institutions, etc.) Rotten, corrupt, unsound. **b** (of mind or character; also, of persons) depraved, vitiated. **c** (of abst. qualities) weakened, feeble. **d** (of structures) weakened, tottering.
a quomodo conuiuiorum luxuria, quomodo uestium ~grae ciuitatis indicia sunt SEN.*Ep.*114.11; domus ~gra.. est *Thy.*240; ~gra municipia et discordantia TAC.*Ag.*32.4; *Hist.*1.4. **b** percurare mentem ~gram et uitiis liberare SEN.*Ep.*94.13; corruptus simul et corruptor, ~ger et flagrans animus TAC.*Ann.*3.54; JUV.7.52; utrarumque animi partium aut sincerarum aut ~grarum GEL.5.1.4; (*w. abl. of cause*) animus ~ger auaritia SAL.*Jug.*29.1;—hic ~ger est animo..stultitia morbus est animi SEN.*Ben.*7.16.6. **c** ~gra animo uis..cessit STAT.*Theb.*8.531; ~gra lababat.. fides SIL.2.392; spes..~gras 9.543. **d** molem ~gram STAT.*Theb.*10.868.

5 (of actions, utterances, etc.) That is accomplished with pain or difficulty, laboured, painful, sickly. **b** difficult, troublesome. **c** unwilling, reluctant.
uagitibus ~gris LUCR.2.579; ~ger anhelitus VERG.*A.*5.432; balatus..~gros OV.*Met.*7.540; passibus ~gris V.FL.3.357; ~gra..uerba 8.163; STAT.*Theb.*6.796; ~gro scandit ..nisu SIL.1.494; (*superl.*) qui partus difficillimus ~gerrimusque habetur GEL.16.16.1. **b** (*compar.*) nil ~grius est quam res secernere apertas ab dubiis LUCR.4.467. **c** tanti pondus conaminis ~gra..uix aure ferens SIL.11.329.

6 of abst. things) Painful, oppressive, grievous.
doloribus ~gris LUCR.3.905; morte sub ~gra VERG.*G.*3.512; ~gra senectus OV.*Met.*14.143; ~gra..seruitia SIL.13.883.

aeger² ~grī, *m.* [prec.] A sick person, invalid, patient.
medicus..~grum in meliorem (consuetudinem) traducit VAR.*L.*9.11; ~gro adhibere medicinam CIC.*de Orat.*2.186; *Div.*1.9; pes cum dolet ~gri LUCR.3.110; sauciorum..et ~grorum habita ratione CAES.*Civ.*3.75.1; HOR.*Ars* 7; LIV.25.26.11; OV.*Pont.*3.4.8; CELS.3.18.5; qua ratione succurrendum esset ~gro LARG.pr.p.1,l.9; JUV.13.234.

Aegeus¹ ~eī, *m.* A king of Athens, the father of Theseus.
CATUL.64.213; ~ea (*acc.*) OV.*Met.*15.856; SEN.*Phaed.*563; ~eum (*acc.*) HYG.*Fab.*26.1.

Aegēus²: see AEGAEVS.

Aegīdēs ~ae, *m.*

1 The son of Aegeus, i.e. Theseus.
OV.*Ep.*15.327; *Met.*8.174; ~en (*acc.*) *Tr.*5.4.26; ~e (*voc.*) STAT.*Theb.*12.546.

2 (pl.) The descendants of Aegeus.
inter et ~as (*i.e. the statues*) media statuaris in urbe OV.*Ep.*2.67.

Aegiensis ~is ~e *a.* Of or connected with Aegium.
ciuitati..~i TAC.*Ann.*4.13;—(*masc. as sb.*) LIV.38.30.1; APUL.*Met.*1.5.

aegilōpium ~(i)ī, *n.* [Gk. αἰγιλώπιον] An ulcer in the eye, lachrymal fistula.
(nepeta) tusa ~is imponitur PLIN.*Nat.*20.158; 29.125 35.34.

aegilops ~ōpis, *f.* [Gk. αἰγίλωψ]

1 The name of several plants: **a** a species of oak-tree, perh. *Quercus cerris*, the turkey oak. **b** a species of grass, prob. *Aegilops ovata.* **c** a bulbous plant.
a PLIN.*Nat.*16.22. **b** PLIN.*Nat.*18.155; 26.130. **c** PLIN.*Nat.*19.95.

2 An ulcer in the eye, lachrymal fistula.
in angulo, qui naribus propior est, ex aliquo uitio quasi parua fistula aperitur..~opa Graeci uocant CELS.7.7.7.A; PLIN.*Nat.*23.160; 25.146.

Aegimurus ~ī, *f.* Also **-moeroe,** *pl.* An island, or pair of islands, off the coast of Carthage.
*B.Afr.*44.2; LIV.29.27.14; FLOR.*Epit.*1.18(2.2.30);—contra Carthaginis sinum duae ~oe PLIN.*Nat.*5.42.

Aegīna ~ae, *f.* An island in the Saronic Gulf. **b** the nymph after whom the island was named.
cum ab ~a Megaram uersus nauigarem SULP.RUF.*Fam.* 4.5.4; *Ciris* 477; LIV.27.30.11; OV.*Met.*7.474; MELA 2.109 **b** OV.*Ep.*3.73; *Met.*7.616; raptam ~an ab undis STAT. *Theb.*7.319.

Aegīnensēs ~ium, *m. pl.* The inhabitants of Aegina.
V.MAX.9.2.ext.8.

Aegīnētae ~ārum, *m. pl.* = prec.
CIC.*Off.*3.46.

Aegīnēticus ~a ~um, *a.* Of or connected with Aegina.
~i aeris PLIN.*Nat.*34.10; 34.75.

Aegipān ~nis, *m.*

1 Goat-Pan, the offspring of Jupiter and a goat.
HYG.*Fab.*155.3.

2 (pl.) A satyr-like people of Libya (perh. some species of apes).
uix iam homines magisque semiferi ~nes MELA 1.23; ~num Satyrorumque lasciuia PLIN.*Nat.*5.7.

aegis ~idis, *f.* [Gk. αἰγίς]

1 The skin shield of Jupiter or Minerva, the aegis. **a** (carried by Jupiter). **b** (by Minerva).
a cum saepe nigrantem ~ida concuteret dextra VERG.*A.* 8.354; (Iouem) ~ida..quatientem in proelia SIL.12.336; 12.720. **b** ~idaque horriferam, turbatae Palladis arma VERG.*A.*8.435; HOR.*Carm.*3.4.57; castos ~ide uultus nata Iouis texit OV.*Met.*4.799; LUC.7.570; STAT.*Theb.*8.510; (*applied to a cuirass worn by Domitian*) (lorica) pectore cum sacro sederit, ~is erit MART.7.1.4; (*transf., of jewellery used to conceal ugliness*) decipit hac oculos ~ide diues Amor OV. *Rem.*346.

2 Wood nearest the pith of a tree, heart-wood.
larix femina habet quam Graeci uocant ~ida..hoc lignum proximum medullae est PLIN.*Nat.*16.187.

aegisonus ~a ~um, *a.* [prec.+-SONVS] Sounding with the aegis.
~o..fera pectore uirgo (*sc.* Pallas) V.FL.3.88.

Aegisthus ~ī, *m.* The son of Thyestes, paramour of Clytemnestra and murderer of Agamemnon.
PAC.*trag.*140; CIC.*N.D.*3.91; OV.*Rem.*161; HYG.*Fab.*87; *applied by Pompey to Caesar on account of the latter's adultery w. Mucia*) SUET.*Jul.*50.

aegithus ~ī, *m.* [Gk. αἴγιθος] **a** A small bird, perh. the blue tit. **b** a species of hawk.
a ~us auis minima PLIN.*Nat.*10.204. **b** accipitrum genera sedecim inuenimus, ex his ~um PLIN.*Nat.*10.21.

Aegium ~(i)ī, *n.* Also **-ion.** A city in Achaea.
LUCR.6.585; LIV.35.26.6; MELA 2.53; PLIN.*Nat.*4.22; STAT.*Theb.*4.81.

Aegius ~a ~um, *a.* Of or connected with Aegium.
~a et Rhodia (uitis) PLIN.*Nat.*14.42.

aegocephalus ~ī, *m.* [Gk. αἰγοκέφαλος] A bird, possibly the horned owl.
PLIN.*Nat.*11.204.

aegoceras, *n.* [Gk. αἰγόκερας] Fenugreek.
PLIN.*Nat.*24.184.

Aegocerōs ~ōtis, *m.* Also **-ceros** ~ī. [Gk. αἰγόκερως] (astron.) Capricorn.
~otis brumalis..flexus LUCR.5.615; uentre sub ~i GERM. *Arat.*381; gelidus..~os SEN.*Thy.*864; ~on (*acc.*) LUC.10. 213.

aegolethron ~i, *n.* [Gk. αἰγόλεθρος] An unidentified plant supposed to be injurious to goats.
PLIN.*Nat.*21.74.

aegōlios, *m.* [Gk. αἰγωλιός] A species of owl.
PLIN.*Nat.*10.165.

Aegōn ~ōnis, *m.*

1 The Aegean Sea.
quanto fremitu se sustulit ~on! V.FL.1.629; 4.715; spumifer..~on STAT.*Theb.*5.56; 5.88.

2 A conventional shepherd's name.
VERG.*Ecl.*3.2; CALP.*Ecl.*6.83.

aegophthalmos, *m.* [Gk.] A precious stone.
PLIN.*Nat.*37.187.

Aegos flumen, potamī. A river in the Thracian Chersonese, the scene of the Athenian naval disaster of 405 B.C.
NEP.*Alc.*8.1; MELA 2.26; PLIN.*Nat.*2.149;—AMP.14.8.

aegrē, *adv. compar.* ~rius, *superl.* ~errimē. [AEGER+-E]

1 Painfully, with difficulty or effort, hardly, scarcely.
non esse seruos peior hoc quisquam potest..nec quo ab caueas ~rius PL.*As.*119 ;quibus ~re lotium it CATO *Agr.* 156.7; ab asta ea ~re me tenui CIC.*Att.*16.11.1; *Sen.*72; ~re admiscetur muliebri semine semen LUCR.4.1247; CAES.*Gal.* 1.13.2; omne bellum sumi facile, ceterum ~errume desinere SAL.*Jug.*83.1; ~re rastris terram rimantur VERG.*G.*3.534; ~re abstinent quin castra oppugnent LIV.2.45.10; ~re dediscis amare OV.*Rem.*297; quod modo par est, tamen ~rius concoquitur CELS.1.2.9; ab eo, quod uix et ~re mouebatur, processimus ad inmobile SEN.*Ep.*118.17; PLIN. *Nat.*8.77; donec Otho..precibus et lacrimis aegre cohibuit (*sc.* milites) TAC.*Hist.*1.82; GEL.15.4.3; (*cf. sense 2*) uidere quod me passa ~errume ENN.*scen.*100.

2 With pain or displeasure; *~re pati, ferre,* etc., to be vexed about, take ill.
ne ~re quicquam ex me audias TER.*Hec.*765;—lugere atque abductam illam ~re pati PL.*Mer.*251; TER.*Ad.*143; Menelaus ~re id passus diuortium fecit CIC.*Att.*1.18.3; militiam ~re patiens LIV.4.18.1;—quod ego ~re tuli PL. *Poen.*1067; neque moleste atque ~re ferri quam ferundum LAEL.*orat.*13; CIC.*Tusc.*4.40; quam rem nobilitas ~errume tulit SAL.*Jug.*85.10; consequi ut non ~errime id plebs ferret LIV.4.51.3;—Tironem Patris aegrum reliqui..nihil uidi melius. itaque careo ~re CIC.*Att.*7.2.3; ita ~re habuit filium id pro parente ausum LIV.7.5.7; has (*sc.* iniurias) ~re tolerant TAC.*Ag.*13.1; eo ~rius accepit recludi quae premeret *Ann.*4.71; mortem dominus eorum ~errime sustinens APUL.*Met.* 8.22.

3 Grudgingly, reluctantly, unwillingly.
~re id permittente Attalo LIV.37.20.7; VELL.2.85.5; (Dareus) ~re paruit Artabazo CURT.5.9.13; ingratum est beneficium..quod quis ~re dimittere uisus est SEN.*Ben.* 2.1.2; SUET.*Cl.*8.1.

4 So as to cause pain or displeasure; *~re facere* (+dat.), to cause grief or trouble (to), act disagreeably (towards); *~re esse* to be disagreeable or displeasing (to).
cupio tibi..aliquid ~re facere PL.*Cas.*607; uoluit facere contra huic ~re TER.*Eu.*624;—domi et foris ~re quod siet satis semper est PL.*Cas.*176; rursum, Demea, irascere?—~rest TER.*Ad.*137; idne ~re est magis..? LUCIL.474; misere si forte ~reque futurumst LUCR.3.862; (*w. dat.*) si illis ~rest mihi id quod uolup est PL.*Mil.*747; omne quod mihi ~rest TER.*Hec.*515.

aegreō ~ēre, *intr.* [AEGER+-EO] To be sick or ill.
in promptu corpus quod cernitur ~et LUCR.3.106; morbis cum corporis ~et (anima) 3.824.

aegrescō ~ere, *intr.* [prec.+-SCO]

1 To become physically ill, sicken.
nisi quod morbis ~imus isdem LUCR.5.349; corui..~unt sexagenis diebus PLIN.*Nat.*10.32; ne tam promptus in pauorem longiore sollicitudine ~eret TAC.*Ann.*15.25; (*of the mind; cf. sense 2*) animus siue ~it..seu flectitur a medicina LUCR.3.521;—(*poet.*) anhelantes ~unt puluere ripae STAT. *Theb.*4.109.

2 To suffer mental distress. **b** to be dissatisfied, repine.
his anxia mentem ~it furiis STAT.*Theb.*12.194. **b** rebus..~ere laetis STAT.*Theb.*2.18.

3 (of mental or emotional states) To become serious, be aggravated, grow worse.
uiolentia Turni..exsuperat magis ~itque medendo VERG.*A.*12.46; ~it cura parenti STAT.*Theb.*1.400; SIL.8.212.

aegrimōnia ~ae, *f.* [AEGER+-MONIA] Mental distress or anguish, grief, melancholy.
dum apscedat haec a me ~a PL.*Rud.*1190; quos abiens adfeci ~a *St.*406; ferrem grauiter si nouae ~ae locus esset CIC.*Att.*12.38.2; deformis ~ae HOR.*Epod.*13.18; 17.73.

aegritūdō ~inis, *f.* [AEGER+-TVDO]

1 Physical sickness, illness, disease.
priusquam annis aut ~ine in maciem eant MELA 3.64; PLIN.*Nat.*7.171; Augustus lactuca conseruatus in ~ine 19.128; TAC.*Ann.*2.69; corporis ~o FLOR.*Epit.*2.17(4.7.10); ~inem mentis stultitiam esse dicit (Plato) APUL.*Pl.*1.18;—(*of animals*) agnis..uel febricitantibus uel ~ine alia defectis COL.7.5.20; PLIN.*Nat.*8.3;—(*of plants*) macie corticis ex ~ine adstringente se 17.251; (*cf.*) sunt..quaedam ~ines et locorum (*i.e. certain diseases of trees are peculiar to specific localities*) 17.223.

2 Mental distress or anguish, grief, sorrow, anxiety.
PL.*St.*215; magnarum..id remedium ~inumst TER.*Hau.* 539; quae ~o insolens mentem attemptat tuam? PAC.*trag.* 60; oratio..tum exsultantem laetitiam comprimens, tum ~inem abstergens CIC.*Top.*86; *Att.*11.10.1; ~o est opinio magni mali praesentis *Tusc.*3.25; SAL.*Jug.*68.1; LIV.22.8.2; cuius temporis ~inem auxit amissa mater VELL.2.130.5; SEN.*Dial.*12.16.7;—(*w.* animi) CIC.*N.D.*1.9; LIV.1.9.6; per summam ~inem animi expirauit V.MAX.1.1.20; TAC.*Ann.* 5.8;—(*w.* de) de filio ~o TER.*Hau.*424.

aegror ~ōris, *m.* [AEGER+-OR] Sickness, disease.
uenit..pigris balantibus ~or LUCR.6.1132.

aegrōtātiō ~ōnis, *f.* [next+-TIO]

1 Physical sickness, illness, disease.
ut ~o in corpore, sic aegritudo in animo CIC.*Tusc.*3.23; 4.28; diutinam ~onem balneo..laxare SEN.*Ep.*95.22; ~onem grauem GEL.20.1.26; (*of the mind*) nomen insaniae significat mentis ~onem et morbum CIC.*Tusc.*3.8; (*of plants*) et ~o quidem fere in his est PLIN.*Nat.*17.231.

2 (usu. w. *animi*) An unhealthy moral condition, morbid desire or passion.
CIC.*Tusc.*4.26; ~ones..morbique animorum 4.32; ~ones animi, qualis est auaritia, gloriae cupiditas 4.79.

aegrōtō ~āre ~āuī ~ātum, *intr.* [next+-o[3]] ORTHOG.: *egr-* *CIL* 4.5339.

1 To be physically ill or sick. **b** (of the mind or w. *animo*) to be mentally ill.
uel tu ~a uel uale PL.*Rud.*582; CATO *Agr.*2.4; quod.. nonnumquam facit cum ~amus medicus VAR.*L.*5.8; necesse est, quoniam pallet, ~asse *Rhet.Her.*2.39; satis uehementer diuque ~auit CIC.*Clu.*175; HOR.*Ep.*1.7.4; non quo non omni tempore..homines per omnia genera morborum.. ~ent CELS.2.pr.2 SEN.*Ep.*67.4; in pueris ~antibus QUINT. *Inst.*12.1.38; JUV.6.389;—(*pres. pple. as sb.*) qui leuiter ~antes leniter curant CIC.*Off.*1.83; in cibo ~antium leui PLIN.*Nat.*22.110; (*w.* ab) (uinum) non dandum..a libidine ~antibus 23.48;—(*of animals*) bos si ~are coeperit CATO *Agr.*71; HOR.*Ep.*1.8.6;—(*of plants*) res..~antibus (pomis) salutaris COL.12.10.5; PLIN.*Nat.*18.157;—(*transf.; also w. abl. of cause*) natura suismet ~at morbis MAN.5.215; —(*in fig. phr.*) languent officia atque ~at fama uacillans LUCR.4.1124. **b** animo qui ~at, uidemus corpore hunc signum dare LUCIL.638; fit ut animus de se ipse tum iudicet, cum id ipsum, quo iudicatur, ~et CIC.*Tusc.*3.1.

2 To be in an unhealthy moral condition.
ea res ex qua animus ~at CIC.*Tusc.*4.79; nec ~o nec ualeo SEN.*Dial.*9.1.2;—(*w. abl. of cause*) quo me ~are putes animi uitio? HOR.*S.*2.3.307.

3 (of a procedure) To be vicious or improper.
hoc genere declinatio in communi consuetudine uerborum ~at VAR.*L.*10.16.

aegrōtus ~a ~um, *a.* [AEGER]

1 Physically ill, sick, diseased; (masc. as sb.) a sick person, invalid, patient. **b** (of mental illness).
hic qui ~tus incubat in Aesculapi fano PL.*Cur.*61; TER. *Ad.*922; leonem ~um ac lassum LUCIL.981; ut cum de illo (*sc.* Pompeio) ~o uota faciebant CIC.*Att.*8.16.1; *Tusc.*3.12; CATUL.97.12; missum se ad ~um Senecam TAC.*Ann.*15.60; (*cf., w. inf.*) omnibus amicis morbum tu incuties grauem, ut te uidere audireque ~i sient PL.*Trin.*76;—(*of the body or its parts*) ~as..uenas *Ciris* 226; ~o..corpore HOR.*Ep.*1.2. 48;—(*in fig. phr.*) hoc remedium est ~ae ac prope desperatae rei publicae CIC.*Div.Caec.*70;—curato ~os domi PL.*Capt.* 190; facile omnes quom ualemus recta consilia ~is damus TER.*An.*309; VAR.*R.*1.4.5; ut ~o, dum anima est, spes esse dicitur CIC.*Att.*9.10.3; *Div.*2.133; PERS.3.83; APUL.*Met.* 10.9. **b** territa membra animo ~o cunctant subferre laborem ACC.*trag.*71; nomen insaniae significat mentis aegrotationem et morbum, id est insanitatem et ~um animum CIC.*Tusc.*3.8.

2 Love-sick, pining.
ipsum animum ~um ad deteriorem partem plerumque adplicat TER.*An.*193; 559; *Hau.*100.

aegrum ~ī, *n.* [AEGER]

1 A diseased part of the body; diseased state.
(*in fig. phr.*) numquam sine querella ~a tanguntur SEN. *Dial.*5.9.5; (catulis) dissectis..palam fieri ~i causas PLIN. *Nat.*30.64.

2 The feeling of distress, grief.
plus ~i ex abitu uiri, quam ex aduentu uoluptatis cepi PL.*Am.*641; nil..sensimus ~i LUCR.3.832; 5.171.

Aegyptiacus ~a ~um, *a.* Connected with or concerning Egypt.
Apion in libris ~is..dicit GEL.10.10.2; *CIL* 13.10021(135); —(*neut. pl. as sb.*) in libro ~orum quinto GEL.5.14.4.

aegyptilla ~ae, *f.* [AEGYPTVS+-ILLA] A precious stone found in Egypt (applied to sardonyx and nicolo).
PLIN.*Nat.*37.148.

Aegyptini ~ōrum, *m. pl.* The Ethiopians.
atritior multo..quam ~i PL.*Poen.*1291; PAUL.*Fest.* p.28M.

Aegyptius ~a ~um, *a.*

1 Of or connected with Egypt, Egyptian.
regi ~o CIC.*Pis.*48; ~is nauibus CAES.*Civ.*3.5.3; ~a coniunx (*sc.* Cleopatra) VERG.*A.*8.688; VITR.6.3.8; nauigationem ~am (*i.e. to Egypt*) PLIN.*Nat.*24.28;—(*produce, fauna, etc.*) resinam..~am PL.*Mer.*139; palma ~a VAR.*Men.* 403; faba ~a LARG.125; canis ~us SUET.fr.163(p.257Re).

2 (masc. as sb.) An inhabitant of Egypt, Egyptian. **b** an Egyptian sage or prophet.
a Philocle ~o PLIN.*Nat.*35.16; PLIN.*Ep.*10.6.1; GEL.3.11. 6;—(*pl.*) ~orum uocabula VAR.*L.*8.65; CIC.*Tusc.*1.108; CAES.*Civ.*3.110.6. **b** portenta magorum ~orumque CIC. *N.D.*1.43; CURT.4.10.7.

Aegyptus[1] (~os) ~ī, *f.* Egypt. **b** (meton.) the Egyptians.
PL.*Mos.*440; VAR.*R.*1.17.2; CIC.*Ver.*4.61; CAES.*Civ.*3.5.1; VERG.*G.*4.291; MELA 1.49; PLIN.*Nat.*5.48; STAT.*Theb.*4.709. **b** regem non sic ~us et ingens Lydia..obseruant VERG.*G.* 4.210; PLIN.*Nat.*2.107.

Aegyptus[2] ~ī, *m.* A king of Egypt, son of Belus and brother of Danaus.
OV.*Pont.*3.1.121; STAT.*Theb.*6.292; HYG.*Fab.*168.1.

Aeliānus ~a ~um, *a.* Of or connected with Aelius: **a** of L. Aelius Stilo, the grammarian

and speech-writer. **b** of Sex. Aelius Paetus, the jurist.
a haec ~a studia CIC.*de Orat*.1.193; *Brut*.207. **b** ius ~um POMPON.*dig*.1.2.2.7.

aelinon. [Gk. αἴλινον] An exclamation of sorrow, said to signify 'alas for Linus'.
et Linon in siluis idem pater '~!' altis dicitur inuita concinuisse lyra OV.*Am*.3.9.23.

Aelius ~a ~um, *a*.

1 Name of a Roman gens.
catus ~us Sextus ENN.*Ann*.331; VAR.*L*.7.2; CIC.*Brut*.117; V.MAX.4.4.8; GEL.6.9.11;—(*fem*.) SUET.*Cl*.26.2.

2 Of or connected with Aelius or the Aelii; *lex ~a et Fufia*, a pair of laws (*c*. 150 B.C.) regulating the effects of unfavourable auspices upon elections; *lex ~a Sentia*, a law of A.D.4 regulating the manumission of slaves. **b** (applied to military units named after the emperor Hadrian).
quid ~a familia, quam locuples! V.MAX.4.4.8;—CIC.*Red. Sen*.11; solutus est et ~a et Fufia *Att*.1.16.13;—*FIRA* 3.2.scr.ex.7(*P.Mich*.3.167); GAIUS *Inst*.1.13. **b** PRAEF COH I ~AE CLASSICAE *CIL* 14.5347.

aelūrus ~ī, *m*. [Gk. αἴλουρος] A cat.
illic ~os..oppida tota..uenerantur JUV.15.7; ~orum..oculi GEL.20.8.6.

Aemathia: see EMATHIA.

aemidus: (see quot.).
~um tumidum PAUL.*Fest*.p.24M.

Aemiliāna ~ōrum, *n. pl*. A district in the north of Rome, east of the *Campus Martius*.
qui habitant extra portam Flumentanam aut in ~is VAR. *R*.3.2.6; XII K NOV ~A ARSER(unt) *A.Epig*.17–18,122; SUET.*Cl*.18.1.

Aemiliānus ~a ~um, *a*. Also **Aim-**.

1 Connected with Aemilius, built by Aemilius. **b** located in the district of Rome called *Aemiliana*.
in foro Bouario est, ubi ~a aedis est Herculis FEST. p.242M. **b** praediis..~is TAC.*Ann*.15.40.

2 A name taken by persons adopted from the *gens Aemilia* into another *gens*; esp. P. Cornelius Scipio Aemilianus.
stantis in curribus ~os JUV.8.3;—⟨P · C⟩ORNELIVS ⟨P · F · P · N · SCIPIO⟩ AFRICAN · AIMIL · C · LIVIVS M · ~I F · M · ⟨N · D⟩RVSVS *Fast.Cos.Cap*.22(*CIL* 1.p.26); VELL.1.12.3; PLIN. *Nat*.22.13.

Aemilius ~a ~um, *a*. Also **Aim-**.

1 Name of a Roman gens. esp. **b** L. Aemilius Paullus, who defeated Perseus at Pydna in 168 B.C.
L · ~VS L · F · L · N MAMERC PRIVERNAS *Fast.Cos.Cap*.10b (*CIL* 1.p.21); imitemur nostros Brutos, . . Lentulos, ~os CIC. *Sest*.143;—(*fem*.) LIV.38.57.6. **b** L · ~VS L · F · M · N · PAVLLVS *Fast.Cos.Cap*.18b (*CIL* 1.p.25); LIV.37.46.7; VELL. 1.9.3.

2 Of or connected with Aemilius or the Aemilii, built by Aemilius; *Via ~a*, the road from Ariminum to Placentia, built by M. Aemilius Lepidus (consul 187 B.C.); also, an extension of the *Via Aurelia*, built by M. Aemilius Scaurus (consul 115 B.C.). **b** *lex ~a*, a law of Mam. Aemilius Mamercinus, limiting the duration of the censorship to eighteen months; also a sumptuary law. **c** *Aemilia* (as sb.; sc. *Basilica*), the basilica originally built in 179 B.C. by M. Aemilius Lepidus and M. Fulvius Nobilior and often repaired subsequently by Aemilii.
tribum ~am CIC.*Att*.2.14.2; ~a..rate PROP.3.3.8; LIV. 38.36.9;—~um..ludum HOR.*Ars* 32; porticum ~am LIV. 41.27.8;—e uia ~a PLIN.*Nat*.2.199; MART.3.4.2; (*w. ellipse of* uia) in ipsa ~a CIC.*Fam*.10.30.4;—*CIL* 11.6664. **b** LIV. 9.33.4;—GEL.2.24.12. **c** M LEPIDVS — ~A REF *BMCR* 1.p.450,no.3650 (65 B.C.).

aemobolium ~iī, *n*.: see HAEM-.

Aemon-: see HAEMON-.

aemula ~ae, *f*. [AEMVLVS]

1 A woman who strives to equal or excel, female rival or competitor. **b** (of cities).
(*w. gen*.) ~am domesticae laudis in gloria muliebri esse CIC.*Cael*.34; OV.*Met*.6.83; (Psychen) mei nominis ~am APUL.*Met*.5.28; (*of pers*.) ~a Penelopes fieres OV.*Pont*.3.1. 107; (*cf*.) uidere expeto te. — mihi es ~a PL.*Rud*.240. **b** Albam..quamuis parentem, ~am tamen diruit FLOR. *Epit*.1.1(1.3.8);—(*w. gen*.) Carthago ~a imperi Romani SAL. *Cat*.10.1; VELL.2.1.1; MELA 1.34.

2 A female rival in love.
si nulla subest ~a OV.*Ars* 2.436; (*w. gen*.) puellam uelut ~am tori..suspicari APUL.*Met*.10.24.

aemulātiō ~ōnis, *f*. [AEMVLOR+-TIO]

1 Desire to equal or excel others, emulation, ambition.
imitatio uirtutis ~o dicitur CIC.*Tusc*.4.17; alios ~o et certamen ut prouocarent..traxit LIV.28.21.4; aluntur ~one ingenia VELL.1.17.5; nec haec inuidia, uerum est ~o PHAED.2.9.7; PLIN.*Nat*.37.85; QUINT.*Inst*.1.2.21; honestae ~onis PLIN.*Ep*.8.6.13;—(*w. gen*.) inter quos tantae laudis esset ~o NEP.*Att*.5.4; honoris ~o TAC.*Ag*.21.1.

2 Unfriendly rivalry, envious emulation.
cupiditatum et ~onum erimus expertes CIC.*Tusc*.1.44; ~onem..atque odium LIV.26.38.10; ob ~onem infestus CURT.9.7.4; QUINT.*Inst*.11.1.16; municipalem ~onem bellis ciuilibus miscebant TAC.*Hist*.3.57; *Ann*.12.2; FLOR.*Epit*. 1.5.(1.11.1);—(*w. subj. gen*.) regum ~o LIV.44.25.2; erumpere ~onem feminarum TAC.*Ann*.4.40; (*also w*. circa) ~one circa bibliothecas regum PLIN.*Nat*.13.70;—(*w. obj. gen*.) ~one gloriae LIV.35.47.4; quanta aduersariorum ~one SUET.*Nero* 23.2; (*w*. cum) quae..mihi ~o cum eo esse potest LIV.28.40.9; (*w*. inter) ~onem inter collegas TAC. *Ann*.6.4;—(*w. ref. to jealousy in love*) neque enim in amantium esse potestate furiosam ~onem PETR.99.2.

3 An attempt to imitate (a person) or reproduce (a thing), imitation.
ita ut bono etiam..succedenti regi difficilis ~o esset LIV.1.48.8; uirtutes eius (*sc*. Homeri) non ~one, quod fieri non potest, sed intellectu sequi QUINT.*Inst*.10.1.50; PLIN. *Ep*.1.2.3;—(*w. obj. gen*.) pictura fallax est coloribus tam numerosis, praesertim in ~onem naturae PLIN.*Nat*.25.8; TAC.*Hist*.1.13; (*w*. circa) circa eosdem sensus certamen atque ~onem QUINT.*Inst*.10.5.5.

aemulātor ~ōris, *m*. [AEMVLOR+-TOR] One who emulates, an imitator.
Catoni et eius ~ori..Seruilio CIC.*Att*.2.1.10; discipulus eius ~orque SEN.*Dial*.1.1.5; APUL.*Fl*.15; (*applied to* animus) animus..emendatus ac purus, ~or dei SEN.*Ep*.124.23.

aemulātus ~ūs, *m*. [next+-TVS³] Rivalry, emulation.
ne in urbe ~us ageret TAC.*Ann*.13.46.

aemulor ~ārī ~ātus, *tr*., *intr*. Also **aemulō.** [AEMVLVS+-O³] FORMS: *~aueris* APUL.*Met*. 1.23.

1 To vie with, rival, emulate (a person). **b** to imitate the actions of, do the same as. **c** to approach equality (with), rival.
(*w. acc*.) me Agamemnonem ~ari putas NEP.*Ep*.5.6; Pindarum quisquis studet ~ari HOR.*Carm*.4.2.1; TAC.*Ann*. 3.30; (*also w*. in+*abl*.) quem ~ari in studiis cupio PLIN.*Ep*. 4.8.4;—(*w*. cum) tamquam mihi ab infimo quoque periculum sit ne mecum ~etur LIV.28.43.4;—(*absol. or ellipt*.) quia minoribus maior ~andi cura TAC.*Hist*.4.48; (*w. abl*.) uitiis ~abantur *Ann*.12.64; (*w*. inter se) ~antium inter se regum paratus *Hist*.2.81; (*w. inf*.) pleraque municipia.. ~abantur corruptissimum quemque adulescentium pretio inlicere 2.62. **b** (*ellipt*.) quoniam ~ari non licet, nunc inuides PL.*Mil*.839; Pomponius Labeo..per abruptas uenas sanguinem effudit; ~ataque est coniunx Paxaea TAC.*Ann*. 6.29. **c** ~aretur ulmus (*sc*. fraxinum), ni pondus esset in culpa PLIN.*Nat*.16.228; nonne..Caesarum munera illitos cibis hamos..~abantur? PLIN.*Pan*.43.5; APUL.*Met*.2.9.

2 To emulate, imitate, copy, affect (practices, qualities, etc.). **b** to pursue (a study) with the zeal of a disciple; to strive after (an effect).
quorum ~ari exoptat neglegentiam TER.*An*.20; ut omnes eius instituta laudare facilius possint quam ~ari CIC.*Flac*. 63; ut ueteranorum uirtutem ~arentur *B.Afr*.81.2; LIV. 3.61.11; V.MAX.5.8.2; ~ante Agrippina proauiae Liuiae magnificentiam TAC.*Ann*.12.69. **b** quem..iuuenum ~antium studia coetus habuisse constat LIV.1.18.2; studium philosophiae et placita Stoicorum ~atus TAC.*Hist*.3.81; —alii breuitatem ~ati necessaria quoque orationi subtrahunt uerba QUINT.*Inst*.8.2.19.

3 To be animated by rivalry (towards), be jealous or envious (of).
(*w. acc*.) ipse meas solus..~or umbras PROP.2.34.19; (*w. dat*.) quod is ~emur, qui ea habeant quae nos habere cupiamus CIC.*Tusc*.1.44; (*w*. inter se) Xenophon et Plato.. certare ~arique inter sese existimati sunt GEL.14.3.11; (*absol*.) CIC.*Tusc*.3.83; QUINT.*Inst*.12.10.13.

4 To take (a literary work, etc.) as a model, imitate, copy. **b** to make a copy or facsimile of (a work of art), reproduce.
Menippus..cuius libros M. Varro in saturis ~atus est GEL.2.18.7; eum uersum Vergilius ~atus est 13.27(26).2. **b** duo pocula Calamidis manu caelata..~atus est, ut uix ulla differentia esset artis PLIN.*Nat*.34.47.

aemulus¹ ~a ~um, *a*. [perh. cf. IMITOR, IMAGO]

1 (of persons, cities, etc.) Striving to equal or excel, actuated by rivalry, emulous, rival. **b** (of things). **c** (of abst. sbs.).
subruit ~os reges muneribus HOR.*Carm*.3.16.14; illa ~a terrarumque orbis auida Carthagine PLIN.*Nat*.5.76; TAC. *Hist*.2.38; ~as ciuitates PLIN.*Pan*.80.3;—(*w. gen*.) utrum Hannibal hic sit ~us itinerum Herculis LIV.21.41.7; OV. *Met*.1.476;—(*w. dat*.) Cirrhaeis ~us antris..Hammon SIL. 3.9; Labeo oppidano certamine ~us Ciuili TAC.*Hist*.4.18; —(*w. preps*.) ~o ad deterrima Ventidio *Ann*.12.54; ~is inter se per nobilitatem Volusio atque Africano 14.46; in conuiuas ~us APUL.*Met*.1.4; (*w. acc. of respect*) Pompeius.. facta consultaque eius (*sc*. Alexandri) quidem ~us erat SAL.*Hist*.3.88; (*w. abl. of respect*) uirtute ~us *Inc.trag*.54. **b** partim rostro premit ~a Pristis VERG.*A*.5.187; rupit Iarbitam Timagenis ~a lingua HOR.*Ep*.1.19.15; ~a ne starent carmina nostra tuis MART.12.94.2; STAT.*Theb*.6.713; —(*of reflected light*) lux..~a uultum reddidit *Ach*.1.864; (*cf*.) solem longe ferit ~us orbis (*i.e*. clipeus) *Theb*.3.226. **c** spemque meam patriae quae nunc subit ~a laudi VERG.*A*. 10.371; HOR.*Epod*.16.5; fatis nimis ~a nostris fata LUC. 8.307; ars ~a naturae APUL.*Met*.2.4.

2 Jealous, envious.
~us..Triton VERG.*A*.6.173; (Nero) omnium ~us, qui.. animum uulgi mouerent SUET.*Nero* 53; (*poet*.) ~a..senectus VERG.*A*.5.415.

3 Equal in respect of some quality (to), able to rival, comparable (with).
(*w. dat*.) tibia non ut nunc orichalco uincta tubaeque ~a HOR.*Ars* 203; MART.8.28.15; ~a Trinacriis uoluens incendia flammis STAT.*Silv*.4.4.80; Caesar summis oratoribus ~us TAC.*Ann*.13.3; (*w. abl. of respect*) factis et moribus ~a magnis amnibus inueniuntur (uenti corpora) LUCR.1.296; (*w*. in+*acc*.) fluuius..argento uel uitro ~us in colorem APUL.*Met*.1.19;—(*w. gen*.) uillas ~as urbium *Soc*.22;— (*absol*.) origano ~o nusquam utrumque additur, quippe similis effectus PLIN.*Nat*.19.165.

aemulus² ~ī, *m*. [prec.]

1 A rival, competitor, emulator; a rival in combat, etc., antagonist.
Africano..gloria ~os conparauit *Rhet.Her*.4.34; SAL. *Hist*.4.69.18; rumore populi qui neminem sine ~o sinit TAC.*Ann*.14.29;—(*w. field of rivalry specified*) ~o potentatus inimicus LIV.26.38.7; Parthis, Romani imperii ~is TAC. *Ann*.15.13;—(*w. gen. of pers*.) lenonum ~os lanios PL.*Ps*.196; Flacci..~us P. Decius fuit CIC.*Brut*.108; ~um..Thucydidis Sallustium VELL.2.36.2; (*w. dat*.) Tiridaten..~um Artabano ..deligit TAC.*Ann*.6.32;—utinam potius de stirpe ueniret ~us Aonia STAT.*Theb*.6.736; (*of animals*) (equi) omnia.. contra ~os, quae debuissent peritissimo auriga insistente, facientes PLIN.*Nat*.8.160; (*in a game*) OV.*Ars* 3.360; (*in fig phr*.) aduersarii et ~i ferro, non rudibus dimicantes TAC. *Dial*. 34.5.

2 A rival in love.
istum ~um..ab ea pellito TER.*Eu*.214; duo praetoris ~i non molesti CIC.*Ver*.3.78; ~us iste tuus CATUL.71.3; LIV. 30.14.1; OV.*Rem*.768; TAC.*Ann*.14.42; (*cf*.) licebit eum solus ames, me ~um non habebis CIC.*Att*.6.3.7;—(*of animals*) (asini siluestres) timent libidinis ~os PLIN.*Nat*.8.108.

3 A diligent imitator, zealous practitioner (of activities or qualities). **b** a diligent or assiduous follower, disciple.
auctoritatis eius et inuentionis comprobatores atque ~i CIC.*Inv*.1.43; Zeno, cuius inuentorum ~i Stoici nominantur *Mur*.61; CAS.*Fam*.12.13.2. **b** tamquam ~us Lycurgi LIV.34.32.4; accedunt..Asclepiadis ~i CELS.1.pr.20; 3.9.3.

4 One equal in ability (to), a peer, rival.
equis semper sine ~o expressis PLIN.*Nat*.34.71; M. Tullius, qui ubique, etiam in hoc opere Platonis ~us extitit QUINT. *Inst*.10.1.123.

aena ~ae, *f*. [unkn.] A card or comb used in treating cloth, fibres, etc.
~ae fulloniae PLIN.*Nat*.24.111; 27.92.

Aenāria ~ae, *f*. An island off the coast of Campania.
CIC.*Att*.10.13.1; *Aetna* 430; LIV.8.22.6; PLIN.*Nat*.3.82.

aēnātor: see AENEATOR.

Aenēa: see AENEAS.

Aeneadēs ~ae, *m*.

1 (pl.) Persons related to or associated with Aeneas, companions of Aeneas, Trojans.
VERG.*A*.1.157; 1.565; 5.108; 7.284; (*applied to the inhabitants of Aenus*) 3.18.

2 (pl.) The descendants of the companions of Aeneas, i.e. the Romans; (sg.) a Roman.
~um genetrix LUCR.1.1; VERG.*A*.8.648; OV.*Fast*.1.717; SIL.1.2;—Cytherea..~en (*sc. Julius Caesar*) molitur condere nube OV.*Met*.15.804; incipit ~es (*sc. Scipio*) SIL.13.767.

Aenēās ~ae, *m*. FORMS: *~a* (nom.) NAEV. *poet*.23(24).1; cf. QUINT.*Inst*.1.5.61.

1 The son of Venus and Anchises and reputed ancestor of the Romans.
..~A⟨S VEN⟩ERIS ET ANCHISA⟨E FILIVS⟩ *Elog*.1(*CIL* 1.p.189); VAR.*L*.5.144; CIC.*Div*.1.43; pius ~as VERG.*A*.1.220; HOR. *Carm*.4.6.23; LIV.1.1.1; STAT.*Silv*.1.1.13; (*of a statue*) TAC. *Ann*.4.9;—(*meton., of the Aeneid*) de ~a..meo..libenter mitterem VERG.in MACR.1.24.11; OV.*Ars* 3.337.

2 Aeneas Silvius, a son (or descendant) of Aeneas, one of the kings of Alba.
SILVIVS ~AS AENEAE ET LAVINIAE FILIVS *Elog*.3(*CIL* 1. p.189); VERG.*A*.6.769; LIV.1.3.6.

aēneātor ~ōris, *m*. Also **aēnātor** and **aēniātor.** [AENEVS+-TOR] FORMS: *α* = *aenea-* (*aenia-*), *β* = *aena-*. A trumpeter.
α perfectissimos ~ores FRON.*Str*.3.9.3; SUET.*Jul*.32; CONLEGIO ~ORVM *CIL* 6.10221; ~ORES COH I SEQ ET RAVR EQ 13.6503. β ~ORES IN FVNERE CANERE *CIL* 6.32323.88; SEN.*Apoc*.12.1; PAUL.*Fest*.p.20M.

Aenēis ~idis or ~idos, *f*. The Aeneid.
ille tuae felix ~idos auctor OV.*Tr*.2.533; diuinam ~ida STAT.*Theb*.12.816; in tertio ~idis GEL.13.21(20).5.

Aenēius ~a ~um, *a*. Of, or connected with, Aeneas.
~a nutrix VERG.*A*.7.1; ~a puppis 10.156; ~a..arma OV.*Am*.1.15.25; pietas ~a *Fast*.4.799; ~a fata STAT.*Silv*. 5.3.37.

aēneolus ~a ~um, *a*. [AENEVS+-OLVS] Made of bronze.
~os..piscatores PETR.73.5; PAUL.*Fest*.p.28M.

Aenēsī: (see quot.)
~i dicti sunt comites Aeneae PAUL.*Fest*.p.20M.

aēneum ~ī, *n.* **ahēn-.** Also **a(h)ēnum.** [next] FORMS: α = *-eum*, β = *-um*. A vessel made of bronze or copper. **b** (as used in cooking) a pot, cauldron. **c** (as used industrially; esp. in the preparation of dyes) a vat, cauldron. **d** (as used in the giving of oracles).
α ex aere ~a VAR.*R*.1.22.3; ~a..tria..unum caldarium, alterum tepidarium, tertium frigidarium VITR.5.10.1. β unum ~um et octo dolia PL.*Cas*.122; operculum ~i CATO *Agr*.10.2; PLIN.*Nat*.18.358; ~A QVIBVS VTETVR LAVARE.. DEBETO *CIL* 2.5181.25. **b** α musti Q. XX in ~um.. infundito CATO *Agr*.105.1. β plenum ~um sit coquo PL. *Ps*.157; litore ~a locant alii VERG.*A*.1.213; HOR.*Ep*.2.2.169; OV.*Met*.8.645; Peliae senis decocta ~o membra SEN.*Med*. 134; (*fig*.) saeuo Veneris torrebar ~o PROP.3.24.13. **c** β~is polientium PLIN.*Nat*.8.192; JUV.8.86;—Tyrium quae purpura sensit ~um OV.*Met*.6.61; Sidonio..~o SEN.*Her.O*. 663; lacernae Baeticae MART.14.133.1. **d** β ~o Dodonae V.MAX.8.15.ext.3.

aēneus ~a ~um, *a.* **ahēn-.** Also **a(h)ēnus.** [AES+-N(E)VS] FORMS: α = *-eus*, β = *-us*; *-ius CIL* 1.1680.4.64; see also GEL.2.3.3.

1 Made of bronze (or other alloy of copper), brazen. **b** (transf. or fig., w. ref. to the strength and hardness of bronze).
α armillas ~as PL.*Truc*.272; uas ~um CATO *Agr*.95.1; SIGNA ~A *CIL* 1.2093; ~um..equum CIC.*Off*.3.38; coronis aureis ~isque NEP.*Alc*.6.3; HOR.*S*.2.3.183; LIV.1.20.4; 26.34.12; CELS.2.11.1; currus ~us JUV.7.125; libram ~am GAIUS *Inst*.1.119. β crateras ~os ENN.*Ann*.511; ~os anulos PL.*Truc*.274; TABOLAM ~AM *CIL* 1.581.26; falcis ~ae LUCR.5.1294; thoracas ~os VERG.*A*.7.633; acu..~a OV. *Fast*.2.577; equitis..~i MART.11.21.1. **b** α iuga ~a HOR.*Carm*.1.33.11; ter si resurgat murus ~us auctore Phoebo 3.3.65; (*in fig. phr.*) hic murus ~us esto, nil conscire sibi *Ep*.1.1.60; (*of the third of the mythological ages of mankind*) ~a proles OV.*Met*.1.125. β Necessitas clauos trabalis.. manu gestans ~a HOR.*Carm*.1.35.19; STAT.*Silv*.5.3.64.

2 Derived from or connected with bronze, of bronze.
α robiginis ~ae COL.7.5.22. β luce coruscus ~a VERG. *A*.2.470.

3 Bronze-coloured.
α ~am barbam SUET.*Nero* 2.2.

Aenīdēs ~ae, *m.* **a** The son of Aeneas, i.e. Ascanius. **b** (pl.) descendants of Aeneus, i.e. the inhabitants of Cyzicus.
a VERG.*A*.9.653. **b** V.FL.3.4.

aenigma ~atis, *n.* [Gk. αἴνιγμα] An obscure expression or saying, riddle, enigma.
~a..plane non intellexi CIC.*Att*.7.13.5; obscuritates et ~ata somniorum *Div*.2.132; non..~a est sed res aperta PETR.41.3; PLIN.*Nat*.34.48; Thebano ~ate MART.1.90.9; allegoria quae est obscurior '~a' dicitur QUINT.*Inst*.8.6.52; qui iuris nodos et legum ~ata soluat JUV.8.50.

aēnum: see AENEVM.

aēnus: see AENEVS.

Aeolī ~ōrum, *m. pl.* The Aeolians.
MELA 1.90; ~orum colonias 1.93.

Aeolia ~ae, *f.*

a A coastal district in the north-west of Asia Minor, Aeolis. **b** the home of Aeolus, ruler of the winds.
a CIC.*Div*.1.3; NEP.*Con*.5.2. **b** VERG.*A*.1.52; V.FL. 6.354; STAT.*Theb*.1.347; (*facet.*) MART.2.14.12.

Aeolicus ~a ~um, *a.* Of or connected with the Aeolians or Aeolis, Aeolian; *~a littera*, the digamma.
tres tantum gentes Graecas iure dici, Doricam, Ionicam, ~am PLIN.*Nat*.6.7; ~a..dicta QUINT.*Inst*.8.3.60; Aeolicum (*sc.* carmen)..genuit..Sappho MAUR.2148;—nec inutiliter Claudius ~am illam ad hos usus litteram adiecerat QUINT. *Inst*.1.7.26; 12.10.29; (*cf*.) ~um digammon 1.4.8.

Aeolidēs ~ae, *m.*

1 A son or remoter descendant of Aeolus.
at non ~ae thalamos timuere sororum OV.*Met*.9.507;—(*Athamas*) 4.512; STAT.*Theb*.4.571;—(*Sisyphus*) HOR. *Carm*.2.14.20; OV.*Met*.13.26;—(*Misenus*) VERG.*A*.6.164; OV.*Met*.14.103;—(*Salmoneus*) *Ib*.471; (*Cephalus*) *Met*.6.681; 7.672;—(*Ulysses*) VERG.*A*.6.529;—(*Phrixus*) V.FL.1.286.

2 (poet.) An Aeolian.
~ae Dolopesque solum fregere coloni LUC.6.384; (*of an inhabitant of the Aeolian Islands*) ~en..Podaetum SIL.14. 492.

Aeolis[1] ~idis or ~idos, *f.*

1 A region in the north-west of Asia Minor.
NEP.*Mil*.3.1; LIV.35.16.5; CURT.4.5.7; MELA 1.14.

2 A daughter of Aeolus.
(*Alcyone*) OV.*Met*.11.444; 11.573;—(*Canace*) *Ep*.11.5; 11.34.

Aeolīs[2] ~um, *m. pl.* Also **~ēs.** The Aeolians.
CIC.*Flac*.64; 'Ὀδυσσεύς, quem 'Ολυσσέα fecerunt ~es QUINT.*Inst*.1.4.16;—(*in appos.*) Graeci ~is VAR.*L*.5.102; ~is Boeoti *R*.3.1.6.

Aeolius ~a ~um, *a.* FORMS: ~*on* (neut. sg.) APUL.*Fl*.4.

1 Of or connected with Aeolus; descended from Aeolus. **b** of or connected with a descendant of Aeolus (in quots., of Phrixus).
~is..procellis VERG.*A*.5.791; ~os..uentos [TIB.]3.7.58; ~is..antris OV.*Met*.1.262; ~am rabiem LUC.9.454; ~o dimissos carcere uentos STAT.*Theb*.3.432; (*cf*.) ~i..tyranni (*i.e. Aeolus*) OV.*Met*.14.232;—uirgine in ~a (*i.e. Canace*) 6.116; ~am..uirginem (*i.e. Creusa*) SEN.*Med*.105; seni..~o (*i.e. Sisyphus*) *Phaed*.1231. **b** ~o..uellere (*i.e. the Golden Fleece*) V.FL.7.517; ~um..pecus MART.8.28.20; 8.50(51).9.

2 Of or connected with the Aeolian Islands; *~ae insulae*, the Aeolian Islands.
~am..Liparen VERG.*A*.8.416; ~is..incudibus STAT. *Theb*.1.218; JUV.1.8;—inter ~as insulas PLIN.*Nat*.2.203.

3 Of or connected with Aeolis or the Aeolians, Aeolian; (masc. sg. as sb.) the Aeolian musical mode; (masc. pl. as sb.) the Aeolians.
~is..oris VERG.*A*.8.454; ~um carmen HOR.*Carm*.3.30.13; ~ae..puellae (*i.e. Sappho*) 4.9.12; ~o..plectro PROP.2.3.19; OV.*Met*.7.357;—seu tu ~on simplex..seu Lydium querulum APUL.*Fl*.4;—~i eadem profecti Graecia VELL. 1.4.4.

Aeolus ~ī, *m.*

1 The ruler of the winds who lived in the Aeolian (i.e. Lipari) Islands (confused, esp. in respect of his descendants, with the eponym of the Aeolians).
uasto rex ~us antro..luctantis uentos..imperio premit VERG.*A*.1.52; OV.*Met*.14.223; MELA 2.120; MART.10.30.19.

2 A pneumatic mechanism or toy in the shape of a figure of Aeolus, an aeolipyle.
id..uerum esse ex ~is (*s.v.l.*) aereis licet aspicere..fiunt enim ~i pilae (*s.v.l.*) aereae cauae VITR.1.6.2.

aequābilis ~is ~e, *a. compar.* ~ior. [AEQVO+-BILIS]

1 Such as can be equated, in equal proportions, equal.
ἰσονομίαν..id est ~em tributionem CIC.*N.D*.1.50; leuem eum (*sc.* mundum) effecit (deus) et undique ~em *Tim*.20; mixtura..~i uitiorum atque uirtutum SUET.*Dom*.3.2; (*w.* cum) uis hostilis cum istoc fecit meas opes ~is PL.*Capt*.302.

2 Free from variation, uniform, steady: **a** (of motions, continuous actions, phenomena, etc.). **b** (of abst. qualities). **c** (of literary style). **d** (of conduct, temper, etc.) equable, unruffled.
a medimnum..tritici seritur perpetua atque ~i satione CIC.*Ver*.3.112; magno et ~i plausu *Att*.4.15.6; perennis amnis et ~is *Rep*.2.10; ~i calore *N.D*.2.54; SAL.*Jug*.53.1; una semper et ~i pernicitate APUL.*Soc*.2; (*cf*.) equis..ut sit ~is uector *Apol*.21. **b** prospera ~is perpetuaque fortuna CIC.*Red.Pop*.2; fama..~i et inuiolata SAL.*Jug*.43.1; uirium illis (*sc.* animalibus) maior est et ~ior firmitas SEN.*Ep*. 74.15; TAC.*Ann*.4.20. **c** ~e et temperatum orationis genus CIC.*Off*.1.3; (*cf*.) tractu orationis leni et ~i *de Orat*. 2.54; εὐθύμημα..breuibus..et rotundis numeris cum quadam ~i circumactione deiunctum GEL.17.20.4. **d** moderati ~esque habitus CIC.*Fin*.5.36; ut haec patientia dolorum.. in omni genere se ~em praebeat *Tusc*.2.65.

3 Of uniform consistency, texture, or quality, free from irregularities or inequalities.
si opus quod faciunt (apes) est ~e ac leue VAR.*R*.3.16.20; (*of a surface*) quodsi uniuersi corpus planum et ~e explicaretur CIC.*Tim*.14.

4 Equitable, fair, just.
~e ius *Rhet.Her*.3.4; in discriptione ~i sumptus CIC. *Flac*.32; nihil ea iuris dictione ~ius *Att*.5.20.1; (*w.* inter) nihil est quod ~e inter omnis..esse possit *Caec*.70;—(*w.* in+*acc.*) quod non esset in omnis ordines ciuitatis ~is (status reipublicae) *Rep*.2.62; (*of a person*) fidus Romanis, ~is in suos TAC.*Ann*.6.31.

aequābilitās ~ātis, *f.* [prec.+-TAS]

1 Uniformity, evenness, equability.
~atem motus constantissimamque conuersionem caeli CIC.*N.D*.2.15; nocturnorum..spatiorum eadem est ~as quae diurnorum 2.49;—(*of temper, etc.*) opinionum iudiciorumque ~as et constantia *Tusc*.4.31; liberum animum..sine constantia et ~ate nullum esse BRUT.*ad Brut*.1.16.10;—(*of style*) in dicendo fluit nihil adferens praeter facilitatem et ~atem CIC.*Orat*.21; 53.

2 (gram.) Analogy, correspondence.
Aristarchus, de ~ate cum scribit..VAR.*L*.9.1.

3 Equity, fairness.
legitimae..~atis conseruatio CIC.*de Orat*.1.188; 2.345; ~ate decernendi *Mur*.41; *Off*.1.88.

4 Equality of status.
ipsa ~as est iniqua, cum habet nullos gradus dignitatis CIC.*Rep*.1.43; 1.53.

aequābiliter, *adv. compar.* ~ius. [AEQVABILIS+-TER[2]]

1 In equal proportions, equally.
(amurcam) conmixtam cum aqua ~iter CATO *Agr*.103; κύβος dicitur, cum omne latus eiusdem numeri ~iter in sese soluitur GEL.1.20.5.

2 In a regular manner, uniformly; (of rhet. style) regularly, smoothly. **b** without disturbance, peacefully, smoothly.
locus..qui totus ~iter in unam partem urget VAR.*R*. 1.6.6; (genus facetiarum) ~iter in omni sermone fusum CIC.*de Orat*.2.218; primo recedentis oras ~iter impellit (*sc.* Rubrum mare) MELA 3.72; SEN.*Nat*.4b.3.5;—omnes partes orationis ~iter perpolitas *Rhet.Her*.4.18; CIC.*de Orat*.2.64. **b** ~ius atque constantius sese res humanae haberent SAL. *Cat*.2.3.

3 Without distinction or discrimination, equally, alike.
etsi ~iter..in alienos, in suos inruebat CIC.*Mil*.76; uim.. omnem eam..in omnibus corporibus uiuis ~iter esse fusam *Tusc*.1.21.

4 Equitably, fairly, justly; also, in equitable proportions.
abs te ipso ius dici ~iter et diligenter CIC.*Q.fr*.1.1.20; *Off*. 2.40;—frumentum ~iter emi ab omnibus..ciuitatibus *Ver*. 5.52.

aequaeuus ~a ~um, *a.* [AEQVVS+AEVVM+-VS[2]]

1 Of the same age, equal in age, coeval.
regem ~um VERG.*A*.2.561; 5.452; ~i gregis..ducunt turmas SEN.*Ag*.640; ~o..corpore fratres SIL.13.191; (*poet.*) ~am..facem STAT.*Ach*.1.637; (*of plants*) *Silv*.5.1.48; (*w. dat.*) lotos..~a urbi intellegitur PLIN.*Nat*.16.236.

2 Belonging to the same age or period, contemporary.
Protagora..Democriti physici ciuis ~us APUL.*Fl*.18.

aequālis[1] ~is ~e, *a. compar.* ~ior. [AEQVVS+-ALIS]

1 Equal (in magnitude, duration, etc.), identical in amount; (of sounds) equal in pitch. **b** symmetrical.
manipulos ~es tres CATO *Agr*.156.2; interuallis ~ibus CIC.*de Orat*.3.185; qui metopas ~es uolunt facere VITR.4.3.2. quod editissimum inter ~es tumulos occurrebat oculis LIV. 7.24.8; OV.*Met*.2.26; ~i..tempore MAN.4.853; ~i pondere COL.12.4.5; si ~e periculum est POMPON.*dig*.39.2.39; (*cf. sense 2*) ~i..aeuo VERG.*A*.3.491; (*w. dat., of metrical feet*) ne spondeum quidem..esse ~em dactylo CIC.*Orat*.194; (*w. gen., in ellipt. expr.*) reditque (sol) in geminorum ~em cursum VITR.9.3.2;—nisi sonitus ad artificis aures certos et ~es fecerint 1.1.8. **b** (pullus) cruribus rectis ~ibus VAR. *R*.2.7.5; latus ab umeris..ceteris quoque membris..~is et congruens SUET.*Tib*.68.1; (*cf*.) cum medium ~i distinguit limite caelum MAN.1.580.

2 Equal in age, of the same age, coeval. **b** (of things, concr. or abst.) that has been in existence or lasted as long as, of the same age or duration as; also, lasting no longer than. **c** belonging to the same period or generation (as), contemporary (with).
uirgines uereor ~is ENN.*scen*.59; CIC.*Brut*.145; chorus ~is Dryadum VERG.*G*.4.460; OV.*Fast*.4.451; (*cf*.) exercitum ~em stipendiis suis LIV.30.28.5;—(*w. dat.*) Aristides..~is fere fuit Themistocli NEP.*Ar*.1.1; LIV.28.40.9; (*w. gen.*) unum cecidisse..senis Tiresiai ~em LUCIL.227;—(*of bees*) regem..iuuenem ~is turba comitatur PLIN.*Nat*.11.50; (*of plants*) fuit cum ea cupressus ~is 16.236. **b** (*w gen.*) sacrificium..~e huius urbis CIC.*Har*.37; *Mil*.85;—(*w. dat.*) cuius beneuolentia..est ipsius ~is aetati *Phil*.11.33; sacra ~ia urbi, quaedam uetustiora origine urbis LIV.5.52.7;—ne istuc Iuppiter..sirit, urbem..huic fragili et mortali corpori ~em esse 28.28.11. **c** et successit ipse magnis et maximos oratores habuit ~is CIC.*Orat*.105;—(*w. gen.*) hominem..~em temporum illorum *Div*.1.39; VELL.1.7.1; —(*w. dat.*) quoi si ~is fuerit Livius CIC.*Brut*.73;—(*w. abst. sb.*) in memoriam notam et ~em..incurro 244.

3 Equal in status. **b** (of things) of equal importance, on a par, on a level.
ut potius ~em..agere principem VELL.2.124.2; quod ad ius naturale attinet, omnes homines ~es sunt ULP.*dig*.50. 17.32; (*w. dat.*) paupertatem quom diuitiis etiam inter homines esse aequalem uelimus CIC.*Leg*.2.25;—(*w. abl. of respect*) homines aetate, dignitate propemodum ~es PLIN. *Ep*.7.20.3; (*w.* in+*abl.*) ut (amici)..sint..pares in amore et ~es CIC.*Amic*.32. **b** quae ex eo peccata nascantur, ~a sint oportet CIC.*Parad*.20; (*w.* inter se) easque (*sc.* uirtutes) esse inter se ~is et paris *de Orat*.1.83.

4 (of qualities, conditions, etc., not precisely measurable) Equal, similar, comparable.
iis genus aetas eloquentia prope ~ia fuere, magnitudo animi par SAL.*Cat*.54.1; ~i..sorte HOR.*Carm*.3.24.16; ~es urebant pectora flammae OV.*Met*.7.803; illam magnificentiam ~em fuisse et in paruis PLIN.*Nat*.36.19; STAT.*Ach*. 1.177; (*w.* cum) gloria tua cum multis uiris fortibus ~is est SAL.*Rep*.2.13.5; (*cf. sense 2*) fuit huic animis ~is et annis.. Phaëthon OV.*Met*.1.750.

5 Having a smooth, flat or unbroken surface, level, even; (w. dat.) level with, flush with. **b** (w. dat.) at the same height (as), on a level (with); (absol., of scales) evenly balanced, equal; (fig.) at the same level (as), commensurate (with), up to the standard (of). **c** (of a contest) evenly balanced. **d** (w. *ad*) having an equal propensity (for), equally disposed (to).
(pernas) sale insuper obrue, ne caro appareat: ~e facito CATO *Agr*.162.2; per loca ~ia et nuda gignentium SAL.*Jug*. 79.6; ut eae (*sc.* tesserae) omnes angulos habeant ~es VITR.7.1.4; LIV.9.40.2; TAC.*Ann*.4.47;—illud (mare) ~e terris est SEN.*Nat*.3.28.5; (insula) ~is freto PLIN.*Nat*.3.80; (*ellipt.*) si ulcus ~e est (*i.e. level with the skin*) CELS.5.28.2.F. **b** ~is astris gradior..uertice attingens polum SEN.*Thy*. 885;—nostra uel ~i suspendit tempora Libra Parca PERS. 5.47;—erit rebus ipsis par et ~is oratio CIC.*Orat*.123; (Euphranor) in quocumque genere excellens ac sibi ~is

PLIN.Nat.35.128. **c** ~i pugna SIL.15.780. **d** ingenium ad subitas iras facilisque recessus ~e MAN.4.189.

6 Uniform in consistency, texture, etc., homogeneous; uniform in shape, size, etc., regular; (of colour or taste) consistently the same, homogeneous. **b** (of natural phenomena, human actions, etc.) proceeding smoothly or uninterruptedly, regular, continuous, rhythmical; (of weather) settled; (of abst. sbs.) unvarying, constant. **c** (of persons or their characters) stable, consistent. **d** uniform in content or style; (of style) even.

omnia mixtis uiribus et uario consurgunt sidera textu; est ~e nihil MAN.4.416; sputum esse debet..~e totum CELS.2.8.6; PLIN.Nat.19.9;—porticus ~i quamuis est.. ductu LUCR.4.426; uasa..usque ad imum ~ia COL.12.4.5; PLIN.Ep.8.20.4;—(laurum) Delphicam ~i colore uiridiorem PLIN.Nat.15.127; neque ~is amnium plerumque gustus est 31.52. **b** fremitus ~is tenorque idem pugnae LIV.8.38.11; ~i..ictu scindunt freta OV.Met.11.463; si ~is aegro spiritus erit CELS.3.20.3; flammam ~em SEN.Nat.7.5.5; COL.2.20.5;—ex tempestatibus..optimae ~es sunt CELS.2.1.2;—affectus cito cadit, ~is est ratio SEN.Dial.3.17.5. **c** nil ~e homini fuit illi HOR.S.1.3.9; (Socrates) ~is fuit in tanta inaequalitate fortunae SEN.Ep.104.28. **d** ~is liber est, Cretice, qui malus est MART.7.90.4; id..~ius erit, non tumultuosius atque turbidius QUINT.Inst.3.8.60;—fusa et ~is..oratio TAC.Dial.31.5.

7 Proceeding from or affecting all equally, universal, general.

ius..legis ~e CIC.Rep.1.49; ~i..foedere MAN.2.62; quam ~i amore patriae tota ciuitas flagrauit V.MAX.5.6.8; testimonium ~e omnium hominum SEN.Dial.11.3.1; mortem omnibus ex natura ~em TAC.Hist.1.21; iudicium ~e (*i.e. impartial*) PLIN.Ep.6.11.2.

aequālis² ~is, *m.* (*f.*). [prec.]

1 A person, etc., of the same age as another; a companion of one's own age. **b** a contemporary.

Crassum..nostrum minore dignitate aiunt profectum.. quam olim ~em eius L. Paulum CIC.Att 4.13.2; nostri fere ~es Sen.7; Paridisque Mimanta ~em comitemque VERG.A.10.703;—cum Chaeribulo..~i suo PL.Epid.102; TER.Eu.327; (parentem) amat..ut sodalem, ut fratrem, ut ~em CIC.Planc.29; CATUL.62.11; VERG.A.5.468; armant.. iuuenem ~es LIV.7.10.5; SUET.Gal.4.1; (*w. gen. of respect*) ~es aeui SIL.3.404; (*cf. sense 2*) Menander ~esque eius aetatis magis quam operis Philemo ac Diphilus VELL.1.16.3; —(*fem.*) inter suas ~is CAECIL.com.152; OV.Met.5.394;—(*of animals, etc.*) si (pullus)..~is exsuperat COL.6.29.1; PLIN.Nat.9.167. **b** et superioribus et ~ibus suis omnibus praestitit CIC.Brut.177; 205; TAC.Dial.22.1.

2 An equal in rank, ability, etc.

superbia uiri ~ium quoque, adeo superiorum intolerantis TAC.Hist.4.80; Ann.3.66.

3 An equivalent.

creticus..et eius ~is paean CIC.Orat.215.

aequālitās ~ātis, *f.* [AEQVALIS+-TAS]

1 Equality of amount, equal distribution. **b** (of qualities, etc.) an equal degree or intensity.

~ATE PARTIVM CIL 6.10230.5; de ~ate patrimoniorum QUINT.Decl.261(p.70,l.9); frumenti et tributorum exactionem ~ate munerum mollire TAC.Ag.19.4; APUL.Pl.2.7; ~ate quantitatis PAUL.dig.18.1.1. **b** multa..sunt quae ~ate ipsa comparantur CIC.Top.71.

2 Equality of age.

~as uestra et pares honorum gradus CIC.Brut.156; QUINT.Decl.260(p.66,l.11).

3 a Equality of status, esp. political equality. **b** equality of merit or worth.

a societas..hominum et ~as et iustitia per se est expetenda CIC.Leg.1.49; SEN.Ep.30.11; erant plures simul imperatores nec super ceterorum ~atem TAC.Ann.3.74; nihil est ipsa ~ate inaequalius PLIN.Ep.9.5.3. **b** ut..cetera in summa ~ate ponerent CIC.Leg.1.38; sunt ~ate celebrati.. artifices, sed nullis operum suorum praecipui PLIN.Nat.34.85.

4 Uniformity of shape or structure; uniformity of texture, homogeneity. **b** (of motions or processes) regularity; (of the weather) a settled state. **c** (of persons, conditions, etc.) uniformity, even tenor, regularity, consistency; universal application.

SEN.Nat.3.28.5; pilae proprietas est cum ~ate quadam rotunditas 4b.11.3;—materiae ~atem VITR.2.9.3. **b** per omnes (partes) pari ~ate discurrit (febris) SEN.Nat.6.14.2; 7.25.6;—ubi ~as..est, tamen saluberrimi sunt sereni dies CELS.2.1.3. **c** ~atem in illo (*sc.* oratore) mirari non licebat SEN.Con.7.pr.3; ~as uitae SEN.Dial.5.41.2; TAC.Ann.1.32; —ut crudelitatem fati consolaretur ~as SEN.Dial.11.1.4.

5 Evenness, levelness, smoothness; (concr.) an even surface, level ground. **b** (of language, etc.) smoothness, evenness.

~as illa (maris) SEN.Ep.53.2; Nat.1.5.3; carnes.. excrescentes ad ~atem redigit PLIN.Nat.30.113;—ea castella..in perpetua ⟨fiant⟩ ~ate VITR.8.6.7; (*cf.*) (ligna) uiridia..pertinacius resistunt serrarumque dentes replent ~ate inerti PLIN.Nat.16.227; (*fig.*) quantum eminentibus uincimur, fortasse ~ate pensamus QUINT.Inst.10.1.86. **b** similitudinem ~atemque uerborum CIC.Part.21; prima est obseruatio recte pronuntiandi ~as QUINT.Inst.11.3.43.

6 (of a work of art) The proper relation of parts to one another, symmetry, proportion.

non..ex illo (*sc. detached part of statue*) posses congruentiam ~atemque deprendere PLIN.Ep.2.5.11.

aequāliter, *adv. compar.* ~ius. [AEQVALIS+-TER²]

1 To an equal extent, in equal measure, on a basis of equality, equally; *~iter esse* (+gen.), to be equal to. **b** alike, equally, without discrimination, impartially.

praefecerunt ~iter imperio Remum et Romulum HEM.hist.11; quod tum redactum esset ~iter omnes partirentur CIC.Q.Rosc.53; Amic.56; captiuum agrum plebi quam maxime ~iter darent LIV.2.48.2; gratia Pieridum nobis ~iter adsit OV.Fast.5.109; CELS.8.5.2; ciuis Romani liberti hereditas ad duos pluresue patronos ~iter pertinet GAIUS Inst.3.59; (*cf.*) hominem tunc esse perfectum, cum anima et corpus ~iter copulantur APUL.Pl.1.18;—rotundi..axis diametros ~iter erit cheles VITR.10.11.8. **b** is uisis.. ~iter omnibus abrogatur fides CIC.Luc.36; LIV.5.20.6; si ~iter irascetur delictis inaequalibus SEN.Dial.4.6.4; PLIN.Nat.20.157.

2 Uniformly, evenly, symmetrically, regularly; (of movements, etc.) with uniform pressure, with equal force; (of sounds) at an equal or uniform pitch. **b** steadfastly, steadily, consistently.

circum..omne caelum ~iter distribuit CIC.Tim.35; si ~iter aqua canalis summa labra tanget VITR.8.5.2; semina ..in latos ierant ~iter agros OV.Am.3.10.33; V.MAX.1.8 ext.12; in omnes quattuor partes ~iter accipere non potest HYG.GR.agrim.p.145;—(*w. adjs.*) collis ab summo ~iter decliuis CAES.Gal.2.18.1; aequaliter crassa PLIN.Nat.27.64; —(*compar.*) iugata (uinea)..fructum..~ius concoquit COL.Arb.4.2;—omnes..partes eius (*sc.* mundi)..nituntur ~iter CIC.N.D.2.115; VITR.1.1.8;—donec ~iter sonent VITR.10.12.2. **b** reuerentius et ~ius duci parebant TAC.Hist.2.27.

aequāmen ~inis, *n.* [AEQVO+-MEN] An instrument used for levelling.

amussis est ~en, leuamentum, id est aput fabros tabula quaedam, qua utuntur ad saxa coagmentata VAR.gram.51.

aequanimitās ~ātis, *f.* [AEQVVS+ANIMVS+-TAS]

1 Goodwill, favour.

bonitas..uostra adiutans atque ~as TER.Ph.34; Ad.24.

2 Calmness of mind, tranquillity, equanimity.

medicina calamitatis est ~as PUB.Sent.M.34; da ~atem aduersus ineuitabilia SEN.Ep.49.10; 66.13; PLIN.Nat.18.123.

aequanimus ~a ~um, *a.* [AEQVVS+ANIMVS] Mentally calm, composed.

(uirtus) MIHI..QVAMVIS ~O DAT PVER VT LACRIMEM CIL 3.686.

aequātiō ~ōnis, *f.* [AEQVO+-TIO] An equalizing, equal division or distribution.

~onem gratiae, dignitatis, suffragiorum CIC.Mur.47; Off.2.73; si societas ~o iuris est LIV.8.4.3; per ~onem fortunae ac dignitatis 34.31.18.

aequātor ~ōris, *m.* [AEQVO+-TOR] One who equalizes; *~or monetae*, an assayer.

NOBILIS TIB CAESARIS AVG SER AEQ(uator) MONET(ae) CIL 13.1820.

aequē, *adv. compar.* ~ius, *superl.* ~issimē. [AEQVVS+-E]

1 So as to be level, in a level manner.

uti corona summa..~e librata sit capitulis summis columnarum VITR.4.6.1; 8.5.1.

2 In the same relative proportion, uniformly.

(stellae) non ~e peragunt numerum dierum in singulis signis VITR.9.1.7; Nasica..primus aqua diuisit horas ~e noctium ac dierum PLIN.Nat.7.215; murra..ceteris contusis ~e admiscetur LARG.88; HYG.GR.agrim.p.136.

3 To an equal degree or extent (with), as much (as), equally, alike. **a** (followed by *atque, quam, cum*, abl., etc.). **b** (w. members of comparison co-ordinately related, e.g. as subjects, or equivalently w. *omnes* and sim.; also, *~e..~e*). **c** (ellipt., i.e. one member of the comparison being deducible from the context).

a quem uideam ~e esse maestum ut quasi dies si dicta sit? PL.As.838; qui me in terra ~e fortunatus erit..? Cur.141; noui ~e omnia tecum TER.Ph.1032; ~e fruniscor ego ac tu LUCIL.554; quis enim cuiquam inimicior quam Deiotaro Caesar? ~e atque huic ordini CIC.Phil.2.94; Egnati..rem ut tueare ~e a te peto ac si mea negotia essent Fam.13.43.2; mentem..quae uidet ~e nec minus atque oculi LUCR.4.755; metopae..~e altae sint quam longae VITR.4.3.5; rem ~e difficilem atque incredibilem LIV.4.34.6; nihil ~e eos terruit quam praeter spem robur..imperatoris 28.26.14; expalluit ~e quam puer ipse deus OV.Met.10.185; nihil ~e amarum quam diu pendere SEN.Ben.2.5.1; LUC.5.151; ut ~e me mortuum iuuet tamquam uiuum PETR.78.3; (picturae) quibus equidem nullas ~e miror PLIN.Nat.35.17; cum dicente ~e audientem inhorrescere QUINT.Inst.9.4.126; e moribus soceri nihil ~e ac libertatem hausit TAC.Hist.4.5; cui nihil ~e in causis agendis ut breuitas placet PLIN.Ep.1.20.1; ut ad populum prouocanti nihil ~e ac iudicis acerbitas profuerit SUET.Iul.12; (*cf.*) nihil aeque quam timidus ac diffidens fuit Cl.35.1; an ~e praescribi ei possit ab his..quasi aduersus ipsos adquieuerit sententiae ULP.dig.49.1.3.1;—(*illogically, w. compar.*) homo me miserior nullust ~e PL.Mer.335;—(*w. numerical exprs.*) quantum areae pedum numerum duo quadrata..efficiunt, ~e tantum numerum reddit id unum ex quinque descriptum VITR.9.pr.7; ~e..in libram ℔ octoginta quattuor apud nos, quot drachmae apud Graecos incurrunt LARG.pr.p.6,l.15. **b** eadem dicta eademque oratio aequa non ~e ualet ENN.scen.201; non omnia eadem ~e omnibus..suauia esse PL.As.641; ambo ~e amicas habent Bac.1115; quod ~e sunt et breuia et aperta (*sc. the genitival forms* Herculi *and* Herculis) VAR.L.8.26; uersus ~e prima et media et extrema pars attenditur CIC.de Orat.3.192; Mur.28; etsi utrique nostrum prope ~e gratae erant Fam.13.18.1; omnia..debent..~e ponderibus non aequis concita ferri LUCR.2.239; duae..trabes..~e longae CAES.Civ.2.10.2; quod ~e corpus tegeret et leue esset, curauit NEP.Iph.1.4; seruiat ~e iunctus uterque tibi [TIB.]3.11.13; calices duo.. ~e cocti VITR.6.1.8; LIV.10.40.3; OV.Tr.3.8.34; V.MAX.1.5.2; SEN.Ep.66.15;—quod ~e pauperibus prodest, locupletibus ~e HOR.Ep.1.1.25; ~e discordiam propositorum, ~e concordiam subiectis exitiosam TAC.Ag.15.2. **c** quoii (*i.e.* you) ego ~e heres eram PL.Men.493; mage te quam oculos ..amo meos.—quid? quam illam?—~e TER.Ad.702; VAR.L.6.80; ut nullius oratoris ~e in potestate fuerit CIC.Brut.274; quem ~e ipsa tribunalia desiderauerunt? Sest.128; LUCR.1.622; nec gens ulla tuos ~e celebrabit honores VERG.A.12.840; ~e et alia inter auctores discrepant LIV.26.49.2; non isdem artibus ~e concurrunt..Colchi V.FL.6.241;—(*w. adjs.*) nec libens ~e APP.poet.2.2; turbo non ~e citust PL.Ps.745; quod sit aut grauius aut ~e graue CIC.de Orat.2.215; quod magnumst ~e LUCR.1.364; ~e facilis uictoria LIV.7.29.6; modestiores, sed ~e falsum, prodidere..PLIN.Nat.37.33;—(*w. advs.*) ~e..commode TER.Hau.685; ut postea numquam dextro (oculo) ~e bene usus sit NEP.Han.4.2; (*w. compar.*) nec..quisquam est mi ~e melius quoi uelim PL.Capt.700.

4 Likewise, similarly, also; *~e ut*, just as. **b** as much in the one case as in the other, in any event.

quid in confesso est? fulmen ignem esse, et ~e fulgurationem SEN.Nat.2.21.1; quem anus ut uidit, tam magnum ~e clamorem sustulit PETR.136.13; aquatilium mollibus nulla (ossa)..et insectis negatur ~e esse ulla PLIN.Nat.11.215; 33.73; subiit recordatio egisse me iuuenem ~e in quadruplici PLIN.Ep.4.24.1; GAIUS Inst.4.169;—hoc uidetur facere laxatis spiramentis ad satietatem infusus aer, ~e ut feminas quasdam fecundiores facere abortus PLIN.Nat.34.165. **b** quoniam nullam iniuriam..dare uidetur ~e perituris aedibus ULP.dig.43.24.7.4.

5 Equitably, justly; reasonably, fairly, with justice.

lege ~issime scripta CIC.Ver.3.147; animi affectio.. societatem coniunctionis humanae munifice et ~e tuens iustitia dicitur Fin.5.65; ~issime..hoc facit ULP.dig.12.2.34.7;—ferro quam fame ~ius perituros SAL.Hist.3.93; cum de homine morboso agetur, ~e..ita dicetur: 'quanto ob id uitium minoris erit' LABEO in GEL.4.2.5; PLIN.Nat.8.61; ~ius aduersis tecum concurrat in armis Ilias 267.

Aequī ~ōrum, *m. pl.* An ancient people of Latium subdued by the Romans in the fourth century B.C.

CIC.Off.1.35; LIV.2.30.3; OV.Fast.6.721; V.MAX.5.2.2; GEL.17.21.17.

Aequīcolānī ~ōrum, *m. pl.* = next.

PLIN.Nat.3.107.

Aequīculus ~a ~um, *a.* Of the Aequi, Aequian; (masc. pl. as sb.) the Aequi.

gens..~a VERG.A.7.747; ~a rura SIL.8.369;—VITR.8.3.20; LIV.1.32.5; PLIN.Nat.3.108;—(*sg. collect.*) ~us acer OV.Fast.3.93.

Aequicus ~a ~um, *a.* Of or connected with the Aequi, Aequian.

~cum..bellum LIV.2.58.3; 10.1.7.

aequidiālis ~is ~e, *a.* [AEQVVS+DIES+-ALIS] (See quot.)

~e apud antiquos dictum est, quod nunc dicimus aequinoctiale PAUL.Fest.p.24M.

aequidiānus ~a ~um, *a.* [tr. Gk. ἰσημερινός] At the time of the equinox, equinoctial.

apeliotes..uocatur (Eurus) cum ~is (*cj.*) exortibus procreatur APUL.Mun.11.

aequidistans ~ntis, *a.* [AEQVVS+DISTANS] Equidistant, parallel.

ordines ~ntes HYG.agrim.p.93.

aequilātātiō ~ōnis, *f.* [as if from **aequilato*, from AEQVVS+LATVS¹+-O³] An area of uniform width, a space between two parallel straight lines.

ad lineam planitiae ~o signetur VITR.9.7.3.

aequilauium ~iī, *n.*: (see quot.).

~ium significat ex toto dimidium, dictum a lauatione lanae, quae dicitur ~io redire, cum dimidium decidit sordibus PAUL.Fest.p.24M.

aequilībris ~is ~e, *a.* [AEQVVS+LIBRA+-IS] On a level, level.

(*w. ex*) ad ipsam aquam..margines struantur ~es ex planitia VITR.5.12.4.

aequilībritās ~ātis, *f.* [prec.+-TAS] Equal proportion, equilibrium.

confugis ad ~atem (sic enim ἰσονομίαν si placet appellemus) CIC.N.D.1.109.

aequilībrium ~(i)ī, *n.* [AEQVILIBRIS+-IVM]

1 A state of equilibrium or equipoise.

cum undique uelut ~io stabilita in se requiescit (uitis) COL.Arb.5.2;—(*w. gen.*) hoc est, cur..quaedam (tigna) ad ~ium aquae descendant SEN.Nat.3.25.6.

2 Reciprocity, equivalence.
w. gen.) cui membrum ab ilio ruptum est, si ipsi itidem rumpere per talionem uelit, quaero, an efficere possit rumpendi pariter membri ~ium Gel.20.1.15.

aequilībrō ~āre ~āuī ~ātum, *tr.* [AEQVILIBRIS+-O³] To keep in a state of equilibrium or balance.
eo..elementorum natura terrae ~atur Agen.*agrim.*p.22.

Aequim(a)elium ~(i)ī, *n.* An open space in Rome near the Capitol.
~ium quod aequata Meli domus publice, quod regnum occupare uoluit is Var.*L.*5.157; Cic.*Dom.*101; Liv.24.47.16.

aequinoctiālis ~is ~e, *a.* [next+-ALIS] Of or connected with the equinox, equinoctial; *~is circulus*, the celestial equator, equinoctial; *~is hora*, an hour of normal or standard length; also, occurring at or about the equinox.
(uilla) quae posita est ad exortos ~es (*sc. the point where the sun rises at the equinox*) Var.*R.*1.12.1; umbra gnomonis ~is (*sc. at the time of the equinox*) Vitr.9.1.1; 9.7.1; ortus occasusque ~is Sen.*Nat.*5.16.3; Plin.*Nat.*2.119; Hyg.*Fab.*133; Gel.2.22.5; ~i plagae Apul.*Mun.*11;—ab ~i circulo ad solstitialem Var.*L.*9.24; Sen.*Nat.*5.17.2; Hyg.Gr.*agrim.*p.149;—in Meroe longissimus dies XII horas ~es et octo partes unius horae colligat Plin.*Nat.*2.186; 6.212;—caeli furor ~is Catul.46.2; aestus ~is Sen.*Nat.*3.28.6; pluuiis ~ibus Col.2.4.11.

aequinoctium ~(i)ī, *n.* [AEQVVS+NOX+-IVM] One of the two equinoxes, the time or season of the equinox.
quod dies aequus fit ac nox, ~ium dictum Var.*L.*6.8; ex astrologia..cognoscitur..~ium Vitr.1.1.10; (cytisus) seritur per ~ia Plin.*Nat.*13.132; Gel.3.10.4; (*w.* uernum, autumnale, *etc.*) serito secundum ~ium uernum Cato *Agr.* 161.1; Liv.33.3.5; post autumnale ~ium Sen.*Nat.*1.8.6; ~ium uernale Col.*Arb.*25.1; ante ~ium autumni Plin.*Nat.* 2.124;—(*w. ref. to the stormy weather prevailing at the equinoxes*) ~ium nos moratur quod ualde perturbatum erat Cic.*Att.*10.17.3; Caes.*Gal.*4.36.2; Tac.*Ann.*1.70.

aequipar ~aris, *a.* [prob. AEQVVS+PAR] Equal.
seu..oratione seu uersibus..utrubique facundia ~ari Apul.*Fl.*3.

aequiparō: see AEQVIPERO.

aequipedus ~a ~um, *a.* [AEQVVS+PES+-VS] Isosceles.
~um..trigonum Apul.*Pl.*1.7.

aequiperābilis ~is ~e, *a.* Also **~parābilis.** [AEQVIPERO+-BILIS] That may be compared or equated, comparable.
quid uidisti..magis dis ~e? Pl.*Cur.*168; non esse ~is uostras cum nostris factiones *Trin.*466;—(*neut. pl. as sb.*) (Plato) ~ia diis inmortalibus disserens Apul.*Soc.*3.

aequiperātiō ~ōnis, *f.* [next+-TIO] Capacity for being compared, comparable qualities, equality of status or strength.
rex de numero exercitus sui ac de aestimanda ~one (*sc. w. the enemy*) quaesiuerat Gel.5.5.7;—(*w.gen.*) 14.3.8.

aequiperō ~āre ~āuī ~ātum, *tr.*, *intr.* Also **-parō.** [cf. AEQVIPAR]

1 To put on a level, regard as equal, compare. **b** to regard or speak of as similar, liken, compare.
(*w. dat.*) Iouis..equis ~atum dictatorem Liv.5.23.6; Fro.*Ver.*2.p.208(206N);—(*w.* ad) ~are suas uirtutes ad tuas Pl.*Mil.*12;—(*w.* cum) quibus (uerbis) Caedici uirtutem cum Spartano Leonida ~at (Cato) Gel.3.7. **b** mari tranquillo, quod uentis concitaretur, ~ando multitudinem Aetolorum Liv.38.10.5.

2 To make equal, equalize.
(ut) talionem..uel ad amussim ~arent uel in librili perpenderent Gel.20.1.34.

3 To be or become on a level, become equal (with).
(*w. dat.*) nemo est qui factis ~are queat Enn.*var.*22; Pac. *trag.*407; Plato..~auit diuum potestatibus Apul.*Pl.*1.2;—(*w. acc.*) neque esse quemquam hominem..quoi fides fidelitasque amicum erga ~et tuam Pl.*Trin.*1126; ut nemo sociorum uestrorum me ~are possit Liv.37.53.15; Ov.*Pont.* 2.5.44; Aur.*Fro.*1.p.142(31N); (*w. abl. of respect*) ut ipsam urbem dignitate ~aret, utilitate superaret Nep.*Them.*6.1; nec calamis solum ~as, sed uoce magistrum Verg.*Ecl.*5.48;—(*w.* cum) cum concordibus ~are Enn.*Ann.*132;—(*ellipt.*) ut ista sunt promerita uestra, ~are ut queam uereor Pac. *trag.*153;—(*in physical size*) (suboles) adeo in paucis diebus adoleuit, ut..~aret..matricem Suet.*Aug.*94.11.

aequipondium ~(i)ī, *n.* [AEQVVS+PONDVS+-IVM] An equal or counterbalancing weight, the counterpoise of a steelyard.
Vitr.10.3.4.

aequitās ~ātis, *f.* [AEQVVS+-TAS]

1 Evenness, flatness, smoothness.
~as loci *B.Hisp.*29.7.

2 (w. *animi*) Evenness of temper, mental composure, contentment, equanimity.
tris personas unus sustineo summa animi ~ate Cic. *de Orat.*2.102; *Marc.*25; *Fam.*6.12.1; noui..moderationem animi tui et ~atem *Sen.*1; ut animi ~ate plebem contineant Caes.*Gal.*6.22.4.

3 Due proportion, balance, symmetry.
portionum ~ate turbata Sen.*Nat.*3.10.3; commoditate et ~ate membrorum Suet.*Aug.*79.2.

4 Fairness, impartiality, justice; also, impartial indifference. **b** (leg.) equity; a principle, etc., of equity; (w. gen.) a ground of equity (for doing something); an equitable state of affairs; *belli ~as*, just or humane laws of war.
ut simul Africani..humanitatem et ~atem cognoscatis Cic.*Ver.*2.86; si obtinuerit causam Cluentius, sicuti uestra ~ate nixi confidimus *Clu.*156; summa ~ate causae *Att.*14. 14.6; o miram ~atem deorum! *N.D.*3.90; ~ate condicionum perspecta Caes.*Gal.*1.40.3; *Civ.*1.5.5; Sal.*Cat.*9.3; Nep. *Milt.*2.2; ut nihil in ~ate et misericordia ciuium suorum spei habeat Liv.3.56.11; sepultae ac situ obsitae iustitia, ~as, industria ciuitati redditae Vell.2.126.2; fac..quod ~atem tuam decet Sen.*Ep.*63.7; licet uincas..~ate Mauricos Mart.5.28.5; ~ate quam sanguine..retinere parta maioribus malueram Tac.*Ann.*15.2; et tua ~ate et mea innocentia fretus Apul.*Apol.*3; (*pl.*) non capere magnorum pretia meritorum solas ~ates [Quint.]*Decl.*4.6;—(*w.* aduersus) summa aduersus alios ~as erat Liv.3.33.8; Sen.*Dial.* 11.16.4;—(*w.* in+*acc.*) ~as in uos..defuit Cic.*Agr.*2.20;—~ate deum erga bona malaque documenta Tac.*Ann.*16.33. **b** si quis ius in legem morem ~atem diuidat Cic.*Top.*31; iuris et ~atis, quae uincla sunt ciuitatis *Parad.*28; hoc edictum praetor naturalem ~atem secutus proposuit Ulp. *dig.*4.4.1; (*in contrast w. the letter of the law*) multa..pro ~ate contra ius dicere Cic.*de Orat.*1.240; sin..me ex hoc, ut ita dicam, campo ~atis ad istas uerborum angustias.. reuocas *Caec.*84; dubium (ius) ~atis regula examinandum est Quint.*Inst.*12.3.7; haec ex lege manifesta sunt, illa ex ~ate *Decl.*280(p.142,l.22);—iudicem qui de ea ~ate cognoscit Ulp.*dig.*11.7.14.10; occurrit ~as rei Cels.*dig.*37.6.6;—nec ~atem conueniendi eum superesse Scaev.*dig.*14.3.20;—res suae ~ati per praesidem prouinciae restituitur Ulp. *dig.*4.2.23.1;—belli..~as sanctissime fetiali populi Romani iure perscripta est Cic.*Off.*1.36.

5 (as prop. noun) Equity as a goddess; also, as a personified quality of the emperors.
si ipsa ~as hac de re cognosceret V.Max.7.4.4; SIGNVM ~ATIS *CIL* 14.2860;—~AS AVGVSTI *BMCI* 1.p.381,no.69 (A.D. 69); *CIL* 8.26487.

aequiter, *adv.* [AEQVVS+-TER²] In equal proportions, evenly, fairly.
praeda per participes ~ partita est Andr.*trag.*3; Pl.*fr. voc.inc.*; Pac.*trag.*73; ad populum intellego referundum quoniam horum ~ sententiae fuere (i.e. *were evenly divided*) Acc.*trag.*120.

aequō ~āre ~āuī ~ātum, *tr.* [AEQVVS+-O³]

1 To make level, or even, smooth. **b** to spread in an even layer. **c** to set in a horizontal plane; balance (scales). **d** to bring to a state of equilibrium.
pumice omnia ~ata Catul.22.8; antecedebat testudo.. ~andi loci causa Caes.*Civ.*2.2.4; pedibus summas ~abis harenas Verg.*G.*2.232; Ov.*Ars* 1.112; conualles ~atas Plin.*Nat.*36.123; Sil.6.38;—(*a river's surface by freezing*) ~ato siccis Aquilonibus Histro Ov.*Tr.*3.10.53;—(*the cheeks in shaving*) tonsorem..~andas..ad genas..Rufo..commodaui Mart.8.52.4. **b** stercora ~are Col.2.21.3. **c** (mensam) ~atam mentae tersere uirentes Ov.*Met.*8.663;—Iuppiter ipse duas ~ato examine lances sustinet Verg.*A.* 12.725; ~ato genitus sub pondere Librae Man.4.548;—(*absol.*) ~ante fortuna suspensa omnia utrisque erant Liv. 26.37.9. **d** ~atae spirant aurae Verg.*A.*5.844;—(*fig.*) regio..ipsi (reipublicae generi) praestabit id quod erit ~atum et temperatum ex tribus primis rerum publicarum modis Cic.*Rep.*1.69; *Tim.*42; is terror obiectus hosti rem.. inclinatam ~auit Liv.34.14.8.

2 To make even (in number).
numerum deorum imparem ~asti Sen.*Ag.*812.

3 To put on the same plane, make level (with). **b** *solo*, etc., *~are*, to raze to the ground, destroy utterly; (also, without *solo*); also, to cut down. **c** (w. *caelo* and sim.) to raise (to the skies).
ut..ad labra (uasis) ~aretur (aqua) Vitr.9.pr.11;—(*w. dat.*) (donec) ulcus sanae cuti ~etur Cels.5.26.36.c; id.. satius quam foris (medullam) cortici ~ari Plin.*Nat.*17.106. **b** omnibus circa solo ~atis Liv.22.23.4; ut altas ~et humo turres (Aquilo) Ov.*Tr.*3.10.18; Vell.2.4.2; facibus..cruentis ~atura solo turris Bellona Stat.*Theb.*10.855; ~auit moenia terrae Sil.12.425; Quint.*Inst.*3.7.20; deleta..et solo ~ata sunt (Artaxata) Tac.*Ann.*13.41;—Aequimelium, quod ~ata Meli domus publice Var.*L.*5.157; (*cf.*) omnia flammis ac ruinis ~ata Liv.5.42.7;—(*fig.*) solo ~andae sunt dictaturae consulatusque 6.18.14;—imo tellus qua proxima collo necdum umeri uidere diem, prior ense sequaci ~at humo truncos V.Fl.7.620. **c** ~ata..machina caelo Verg.*A.* 4.89; iam Latii montes..quos..summis ~at Germanicus astris Stat.*Silv.*3.4.49; (serpens) caput..montibus ~at Sil. 3.195; (*cf.*) expugnentur licet urbes..nisi foro..uerecundia sua constiterit, partarum rerum caelo cumulus ~atus sedem stabilem non habebit V.Max.2.9;—(*fig.*) quibus caelo te laudibus ~em? Verg.*A.*11.125; Marci Ciceronis libro quo Catonem caelo ~auit Tac.*Ann.*4.34.

4 To make (a line of troops, etc.) straight; to bring level (in a race).
rectus ut ~atis decurrat frontibus ordo [Tib.]3.7.102; cum ~assent aciem Liv.3.62.7; 22.47.8;—fors ~atis cepissent praemia rostris Verg.*A.*5.232; tertius ~ata currebat fronte Peloro Caucasus Sil.16.355.

5 a To make (amounts, etc.) equal, make (things or groups) equal in amount, equalize; to render (a mixture) uniform; *~are gradus*, to keep pace (with somebody else). **b** to make (an amount, etc.) equal (to another one), to make (a thing or group) equal in amount (to another one).
a si pecunias ~ari non placet Cic.*Rep.*1.49; curriculum.. Aries ~at noctisque dieique Q.Cic.*poet.*2; nec..~ari frontes poterant Liv.5.38.2; Liv.6.30.1; ~atis ad iustae pondera Librae temporibus Luc.4.58; Vell.2.101.1; ~atus inter duos beneficiorum numerus Tac.*Hist.*4.48;—ut nimio frigori par feruor inmixtus temperamentum ~et Plin.*Nat.*19.155;—non trahuntur a fortuna, sequuntur illam et ~ant gradus Sen.*Dial.*1.5.4. **b** (*w. dat.*) de philosophia libros, qui iam illis (*sc.* orationibus) fere se ~arunt Cic.*Off.*1.3; Q.Cic.*poet.* 8; felix, si protinus illum ~asset nocti ludum Verg.*A.*9. 338; rarae..scalae altitudini ~ari poterant Liv.26.45.2; dentes ~antur dentibus Indis Ov.*Met.*8.288; ~ata..uolnera membris (*sc. in number*) Luc.2.177; nec notum somno noctes ~are Sil.7.340; (*cf.*) transiens in aquarium adauget et ~at sagittarii longitudine diei spatium Vitr.9.3.3;—(*w.* ad) (sol) contrahit circinationem et ~at ad eam, quam taurus habet, cursus rationem 9.3.2; ut..longiorem lineam ad breuiorem longitudinem..~emus Hyg.Gr.*agrim.*p.155;—(*w.* cum) cum suas quisque opes cum potentissimis ~ari uideat Caes.*Gal.*6.22.4; nec prius absistit quam..numerum (corporum) cum nauibus ~et Verg.*A.*1.193;—(*ellipt.*) non posse ~are ordinem Romanos Liv.37.29.9.

6 a To make (two or more persons or things) equal in condition or character, put on a level. **b** to make equal in condition or character (to).
a ~emus pugnas Verg.*A.*5.419; ~atis legibus Liv.3.61.6; populis..~ata duobus..iura dabas Ov.*Met.*14.805; uirtus ~at inter se quicquid agnoscit Sen.*Ep.*66.44; ~at omnes cinis 91.16; Luc.5.290; macellum certe ~abit quos pecunia separauerit Plin.*Nat.*19.56; [Quint.] *Decl.*5.18; quos non ~asset fides solutionis, hos benignitate remissionis aequari Plin.*Ep.*8.2.6. **b** (*w. dat.*) ~ari summa infimis Liv.2.9.3; Ti. Nero..tribuniciae potestatis consortione ~atus Augusto Vell.2.99.1; Stat.*Theb.*2.572; mors ~arat egenis (Croesum) Sil. 13.777; ut eques Romanus consularibus potentia ~aretur Tac.*Ann.*16.17; Suet.*Tib.*25.2;—(*refl.*) dempto..regio habitu ~auerat ceteris se in speciem Liv.27.31.4; dis ~are se Curt.10.5.33; qua gloria ~abat se Tiberius priscis imperatoribus Tac.*Ann.*2.88;—(*w.* cum) QVOIVS POPVLVS IMPERIVM CVM DICTATORIS IMPERIO ~AVERAT *Elog.*13 (*CIL* 1.p.193); in his primum cum Graecorum gloria Latine dicendi copiam ~atam Cic.*Brut.*138; comica ut ~ato uirtus polleret honore cum Graecis Caes.*poet.*2.4; Liv.22.26.7.

7 To match (with, in respect of worth).
tum merita ~antur donis Sil.15.254; ductor ..~auit meritis pia pectora donis 16.581.

8 To make equally applicable or effective for the parties concerned, establish on equal terms. **b** *~are sortes*, (perh.) to shake lots up fairly (cf. w. sense 1).
~ato omnium periculo Caes.*Gal.*1.25.1; operum.. laborem partibus ~abat iustis Verg.*A.*1.508; foedera regum ..cum rigidis ~ata Sabinis Hor.*Ep.*2.1.25; qui utrisque utilia ferrent quaeque ~andae libertatis essent, sinerent creari Liv.3.31.7; 3.36.7; cur non omnia ~antur? 8.4.3; ~ato timore 22.17.6;—(*battles, etc.*) ~ata ex omni parte uictoria est 3.70.11; cum..ad extremum ~assent certamen 21.52.11; ~atae res ad Tarentum 26.39.23; Man.1.336; ita naturae dimicatio illa ~atur Plin. *Nat.*5.85;Tac.*Hist.*5.18. **b** conicite sortis nunciam ambo huc..uxor, ~a Pl.*Cas.*387; dum ~antur sortes Cic.*Corn.*1.fr.29; *Div.*1.34.

9 To regard or represent as equal in worth, effect, etc. (to), make equivalent, liken.
(*w. dat.*) in eum milites carmina incondita ~antes eum Romulo canere Liv.4.20.2; cum..per somnum uinumque dies noctibus ~arent 31.41.10; Ov.*Pont.*1.2.118; censibus ~antur conchae Man.5.404; non semper numero numerus ~andus est, aliquando una res pro duabus ualet Sen.*Ben.* 7.15.4; si fas est ~are iacentia summis Stat.*Silv.*3.3.56; nec indignetur sibi Herodotus ~ari Titum Liuium Quint.*Inst.* 10.1.101; Plin.*Pan.*86.5; longum inualidi collum ceruicibus ~at Herculis Juv.3.88; (*cf.*) Herophili..qui helleborum fortissimi ducis similitudini ~abat Plin.*Nat.*25.58; (*poet.*) sitis arida..~abat multum paruis umoribus imbrem Lucr. 6.1177;—(*w.* cum) omnium ante damnatorum scelera..uix cum huius parua parte ~ari conferrique posse Cic.*Ver.*1.21;—(*ellipt.*) ita ut nemo sociorum uestrorum ulla parte ~ari posset Liv.37.53.9.

10 To be equal to (in size or number). **b** to reach as high or deep as. **c** to equal in speed, keep pace with.
qui cursus ~at eam circinationem Vitr.9.3.2; argenti pondus quingenta (talenta) ~abat Curt.3.13.16; excelsos cumulis ~antia colles corpora Luc.7.790; guttae quae tertiam partem mnae..~ent Plin.*Nat.*12.62; 19.83; (*cf.*) Marcia, quae capite etiam Claudiae libram ~at Fron.*Aq.*18;—(*w. abl. of resp.*) ut numero..hostem ~arent Liv.31.35.2;—(*in fig. phr.*) cum ipsius uiri maiestas nullius honoris fastigium non ~abat Liv.7.22.9. **b** cum primum sulcos ~ant sata Verg.*G.*1.113; caelum..~are uidetur pontus Ov.*Met.*11.497; foraminibus..quae altitudine uitium ~ent Cels.8.2.4; ~at..residentis consulis ora ipse pedes Sil. 4.237. **c** ille ducem haud timidis uadentem passibus ~at Verg.*A.*6.263; ocior..uentos ~ante sagitta 10.248; deficientibus equis, cursum eorum, quos rex subinde mutabat, ~are non poterant Curt.4.1.2; ubi Sidonicas inter pedes ~at habenas V.Fl.6.95; Tac.*Hist.*3.18.

11 To equal, match, rival.
nondum munia comparis ~are (ualet) Hor.*Carm.*2.5.3; magnos ~abunt ista Camillos iudicia Prop.3.9.31; superauit paternos honores, auitos ~auit Liv.30.26.8; Ov.*Tr.*4.8.52; Calp.*Ecl.*7.16; Tydea..iam pectore fido ~antem curas Stat.*Theb.*2.365; concolor ~abat liuentia currus equorum terga Sil.7.685;—(*w. instr. abl.*) quis..possit lacrimis ~are labores? Verg.*A.*2.362; Liv.39.32.4; haec ~are dicendo arduum Plin.*Ep.*8.4.3;—(*w. abl. of resp.*) quos fortuna non

~arent Liv.45.32.5;—(*w. acc. of respect*) nec femina cessat mentem ~are uiros Sil.12.307;—(*ellipt.*) postquam primo ~are, mox superare etiam est uisus Liv.38.39.3.

aequor ~oris, *n.* [AEQVVS] Forms: *aecor* Var.*Men.*288.

1 A smooth or level surface, expanse. **b** the surface-level (of the sea).

~ora caeli Acc.*trag.*224; summo..cubat ~ore saxi Lucr.3.892; speculorum ex ~ore 4.107; patuli super ~ora mundi 6.108; ne ~or illud uentris inrugetur Gel.12.1.8;—(*w.* campi, humi) tractatus per ~ora campi Enn.*Ann.*137; Babylonii in camporum patentium ~oribus habitantes Cic.*Div.*1.93; summa..~ora dulcis humi Col.10.87; Apul.*Mun.*4;—(*w.* ponti, maris) tibi rident ~ora ponti Lucr.1.8; uastum maris ~or arandum Verg.*A.*2.780; trans maris ~ora Hor.*Carm.*4.5.10; V.Fl.2.375. **b** septem pedibus sublimius esse maris ~or Col.8.17.3; sin..locus..pari libra cum ~ore maris est 8.17.4.

2 A level stretch of ground, plain.

nemini Fortuna currum..labi inoffensum per ~or..siuit Var.*Men.*288; fremit ~ore toto insultans sonipes Verg.*A.*11.599; ~oris Hennaei uernantia lilia carpsit Col.10.270; uolat ~ore aperto Stat.*Theb.*11.203; Sil.4.274;—(*in fig. phr.*) nos immensum spatiis confecimus ~or Verg.*G.*2.541;—(*pl. in sg. sense*) per aperta uolans..~ora 3.195; simul hinc Colchos, hinc fundit in ~ora Persen V.Fl.6.30; Sil.4.243.

3 The sea, esp. considered as calm and flat. **b** a part of the sea, a sea.

~or mare appellatum, quod aequatum cum commotum uento non est Var.*L.*7.23; Cic.*Ac.*2.fr.3; ater quos ~ore turbo dispulerat Verg.*A.*1.511; uentos..arcet Aeolus egressu praestatque nepotibus ~or Ov.*Met.*11.748; *Tr.*1.11.33; Sen.*Ag.*64; ~ore caeruleo Col.10.53; assiduo iactatis ~ore Stat.*Theb.*12.12; spatium uelut ~oris electum Tac.*Hist.*5.23;—(*poet., of sea-water*) egerit hic fluctus ~orque refundit in ~or Ov.*Met.*11.488; hic recipit fluctus, extinguat ut ~ore flammas Luc.3.687; spirat in aduecto..~ore mullus Mart.13.79.1;—(*pl. in sg. sense*) labitur uncta carina per ~ora cana celocis Enn.*Ann.*478; uolitat super ~ora classis Fur.Ant.*poet.*4; Lucr.2.766; interfusa nitentis uites ~ora Cycladas Hor.*Carm.*1.14.20;—(*in fig. phrs.*) quid me scribendi tam uastum mittis in ~or? non sunt apta meae grandia uela rati Prop.3.9.3; coepta tene, quaeso, neque in ~ore desere nauem Ov.*Pont.*2.7.83; mea iam longo meruit ratis ~ore portum Stat.*Theb.*12.809. **b** multa per ~ora uectus Catul.101.1; asperior quouis ~ore frater erat Ov.*Fast.*3.580; ~orum, amnium stagnorumque (animalia) Plin.*Nat.*9.1;—(*hyperb.*) quae inpensa..ad suspensa caldae aquae tantum non ~ora (*sc.* balinea) penetrauit V.Max.9.1.1;—(*w. adjs.*) Phrygium..~or Verg.*A.*1.381; Tyrrhenum per ~or Hor.*Carm.*4.15.3; ~or Atlanticum Mela 3.3; Libyco..in ~ore Luc.8.862.

4 The water(s) of a river.

diuersis lapsi de partibus amnes totaque uertuntur supra caput ~ora nostrum Ov.*Met.*13.955; Stygia ~ora Stat.*Theb.*1.290; ~ORA DANVVII *CIL* 3.3676.

aequoreus ~a ~um, *a.* [prec.+-EVS]

1 Of, belonging to, or connected with, the sea; *~us uitulus*, a sea-calf, seal. **b** (of places, etc.) situated near the sea; (of islands or their inhabitants) surrounded by the sea, sea-girt. **c** like that of the sea.

~ae..Nereides Catul.64.15; in ~o..fluctu *Culex* 357; genus ~um (*sc. fishes*) Verg.*G.*3.243; ~is..aquis Ov.*Ars* 1.528; ~is..in astris (*i.e.* Piscibus) Man.2.194; ~os..triumphos Luc.6.422; qui..dedit ~os..tendere cursus V.Fl.1.483; Hermes ~o minax tridente Mart.5.24.12; ~ae..cautes Stat.*Theb.*3.694; ope ~i funis Sil.14.449;—(*in exprs. denoting sea-gods*) o centum ~ae Nereo genitore puellae Prop.3.7.67; ~i..dei (*i.e. Neptune*) Ov.*Met.*12.197; ~i..senis (*i.e. Proteus*) *Fast.*1.372; pater ~us (*i.e. Oceanus*) Col.10.200; ~ae..sorores (*i.e. the Nereids*) Sil.7.414;—~os..uitulos Calp.*Ecl.*7.65. **b** ab ~i consurgens aggere busti V.Fl.5.91; Anxuris ~i Mart.10.58.1; ~a..Rauenna 13.21.1;—~os..Britannos Ov.*Met.*15.752; et ~am..Lemnon V.Fl.2.127. **c** ~o iactat Teumesius amnis Hippomedonta salo Stat.*Theb.*9.462; fluctuat ~o fremitu..mobile uulgus Sil.16.314.

2 (astron.) *~us iuuenis* = AQVARIVS.

~um iuuenem, Geminos, Taurum Man.2.558; 5.505.

aequum ~ī, *n.* [neut. of next] Forms: *aecum* Enn.*scen.*189, Liv.31.13.6, Sen.3.15.1.

1 Level ground. **b** *descendere in ~um*, to come down to level ground; (also, in fig. phr., cf. sense 2).

maior..manus speratur in ~o Stat.*Theb.*6.690; iussit..equites..in ~um procedere Fron.*Str.*2.3.14; ut primum agmen in ~o, ceteri per adcliue iugum..insurgerent Tac.*Ag.*35.3;—(*w.* campi) facilem in ~o campi..uictoriam fore Liv.5.38.4. **b** quod is in ~um non descenderet *B.Alex.*60.3; (*topog.*) Caelius ex alto qua mons descendit in ~om Ov.*Fast.*3.835;—descendit..in ~um et detraxit muneri suo pompam Sen.*Ben.*2.13.2; tandem..scis, saeue, fidem et descendis in ~um? Stat.*Theb.*11.393.

2 An equal footing, equality, equal terms. **b** *ex ~o*, on a basis of equality, on equal terms, *in ~o*, in a condition of equality. **c** *ex ~o*, to an equal extent, equally; (w. vbs. of apportioning) in equal amounts; equally well or effectively. **d** *in ~o esse*, to be equivalent, have the same force; *in ~o ponere (tenere)*, to regard (treat) as equivalent (to) or as being on a par (with).

proelium..primo par..procedente certamine nihil iam ~i erat Liv.38.21.4; ~um..Mars amat Petr.34.5; Agrippina ~i impatiens, dominandi auida Tac.*Ann.*6.25;—(*pl.*) quia regibus ~a, nedum infima insolita sunt 2.42;—(*w. dat.; cf. sense 1b*) quod diuites in ~um turbae deduceret Sen.*Nat.*4b.13.4. **b** nec obsidio sed bellum ex ~o erat Liv.10.45.12; solus..e numero regum telluris Eoae ex ~o me Parthus adit Luc.8.232; diligis ex ~o, nec te fortuna colentum natalesue mouent *Laus Pis.*113; ut..sciant..omnes quam ex ~o tecum uiuat imperium Plin.*Nat.*pr.2; Quint.*Decl.*267(p.91,l.13); Tac.*Ag.*20.3; mutua..cum Graeculis officia usurpans prope ex ~o Suet.*Tib.*11.1; Apul.*Pl.*2.28;—quod non in ~o illis (*sc.* deis) stetimus Sen.*Ben.*2.29.2; insita mortalibus natura..modum..fortunae a nullis magis exigere quam quos in ~o uiderunt Tac.*Hist.*2.20; Hyg.*agrim.*p.73. **c** quod iuuet, ex ~o femina uirque ferant Ov.*Ars*2.682; ex ~o magnus ac uehemens Sen.*Ep.*66.6; Quint.*Inst.*6.1.8; hi..diuersa arte ex ~o pollebant Tac.*Ann*;13;2;—Iuppiter ex ~o uoluentem diuidit annum Ov.*Met.*5.565; aues ex ~o partiuntur cibos Sen.*Ep.*66.26.;—de omni re in utramque partem disputari posse ex ~o 88.43. **d** omnes aut sunt hostes aut, quod in ~o est, esse possunt Sen.*Dial.*7.2.4; *Ep.*98.6; qui cogit mori nolentem in ~o est quique properantem impedit *Phoen.*99; uulnus in pectore sua manu et aliena perisse dicentibus in ~o est Quint.*Inst.*5.9.11;—in ~o ponimus, utrum aliquis auferat an neget Sen.*Dial.*5.28.4; industrios..aut ignauos pax in ~o tenet Tac.*Ann.*12.12;—(*w. dat.*) adeo in ~o eum duarum potentissimarum gentium summis imperatoribus posuerunt Liv.39.50.11.

3 What is right, fair, or equitable; (opp. to *ius* or sim.) equity. **b** (pl.) fair or equitable action(s); considerations of fairness or equity; equitable treatment (i.e. punishment). **c** (sg. or pl., after vbs. of demanding, etc.). **d** (w. compar. of adj. or adv.) *~o*, (more, etc.) than is right or proper.

ius atque ~um se a malis spernit procul Enn.*scen.*189; Pl.*Am.*16; ~i et recti natura Cic.*Inv.*1.14; *Phil.*2.75; iustissimus unus qui fuit in Teucris et seruantissimus ~i Verg.*A.*2.427; quod medium inter ~um et utile erat Liv.31.13.6; cedit uiribus ~um Ov.*Tr.*5.7.47; ~um colens animus Sen.*Ben.*3.15.1; semper inops ~i Stat.*Theb.*12.445;—(*coupled w.* bonum) qui nec leges neque ~om bonum usquam colunt Pl.*Men.*580; si tu aliquam partem ~i bonique dixeris Ter.*Ph.*637; de ~o et bono Cic.*de Orat.*3.107; *Phil.*2.94; Sen.*Ben.*4.14.3; Gaius *Inst.*3.137;—praetorium ius ad legem et censorium iudicium ad ~um existimabatur Var.*L.*6.71; quid in iure aut in ~o uerum..esset Cic.*Brut.*145; fit reus magis ex ~o bonoque quam ex iure gentium Bomilcar Sal.*Jug.*35.7; iuri magis an ~o sit adpositus (iudex) Quint.*Inst.*4.3.11. **b** (discernere) bona mala, ~a iniqua Cic.*Tusc.*5.114; nec facturum ~a Samnitium populum Liv.7.31.7;—tam maxume uos aequo animo ~a noscere oportet Ter.*Ad.*503; haud ullis..superabilis ~is V.Fl.3.648;—quoniam ab hostibus in se ~a statui quam in se ipsi ferre maluerint Liv.9.15.5. **c** ~om oras, abi Pl.*Cas.*500; ~om has petere intellego *Rud.*702; modo ~i aliquid (*sc.* dicas) Ter.*Ad.*187; rescripsit Attico ~a eum postulare Cic.*Att.*16.16a.4; nil Grosphus nisi uerum orabit et ~um Hor.*Ep.*1.12.23; Liv.21.3.3. **d** quin..tertius accipiat quaedam clementius ~o Lucr.3.313; multi eas grauius ~o habuere Sal.*Cat.*51.11; Hor.*S.*1.3.52; aliis uiolentior ~o uisa dea est Ov.*Met.*3.253; plus ~o dolere te nolo Sen.*Ep.*63.1.

aequus[1] ~a ~um, *a.* Also **aecus.** *comp.* ~ior, *superl.* ~issimus. Forms and Orthog.: *aiquom* *CIL* 1.581.26; *aec-* Cato *orat.*205, Pac.*trag.*32, *Rhet.Her.*2.22, Cic.*N.D.*1.17, Sen.*Dial.*3.14.2, etc.; *~om* (*=orum*) Ter.*Hau.*27.

1 Level, even, smooth, flat. **b** (mil., of ground which, being level, affords no advantage to either side).

aqua, quod ~a summa Var.*L.*5.122; ~o..et plano loco Cic.*Caec.*50; dorsum esse eius iugi prope ~um Caes.*Gal.*7.44.3; collis campis erat altior ~is Ov.*Ars* 2.71; pars equitum ~ioribus iugis circumuecta Tac.*Hist.*4.71; (*w.* in+*acc.*) saxo in adscensum ~o Liv.5.47.2. **b** nisi ~o loco..dimicandum non existimabat Caes.*Gal.*3.17.7; locis ~ioribus Sal.*Cat.*57.4; te comminus ~o mecum crede solo Verg.*A.*11.706; Liv.5.18.8; conlatis..~o campo signis 24.48.12;—(*in fig. phr.*) ~o congressa campo totas uires..explicabit (oratio) Quint.*Inst.*12.9.2.

2 That is in the same horizontal plane, on or to a level (with), as high or tall (as); *ex ~o*, from the same level; *~um solo ponere*, to level with the ground, raze to the ground; (fig.) *~o pede*, on level terms. **b** in or constituting a straight line, in line; esp. in mil. phr. *~a (~o) fronte*.

siue ex inferiore loco (loquitur) siue ex ~o siue ex superiore (*i.e. before the judges on the bench, in the senate, or from the rostra*) Cic.*de Orat.*3.23; et ex superiore et ex ~o loco sermones habitos (*sc. on and off the bench*) *Fam.*3.8.2;—(*w. dat.*) abietibus iuuenes..et montibus ~os Verg.*A.*9.674; urbs erat in summo nubibus ~a iugo Ov.*Pont.*4.7.24; qui ~um arcibus aggerem attollant Sen.*Ep.*94.61; (*also w. abl.*) iamque ~us uertice matri Stat.*Ach.*1.173;—(*w.* cum) TVRREIS..~AS QVM MOIRO FACIVNDVM COIRAVERVNT *CIL* 1.1722.4;—ut pila omnia..non tamquam ex ~o missa uana..caderent Liv.7.23.8;—~a solo fumantia culmina ponam Verg.*A.*12.569;—ut ~o pede cum aduersariis congredi possent *B.Hisp.*38.6. **b** ~i et diducti paulum pedes Quint.*Inst.*11.3.159;—~o fronte..pugnauimus Cato *hist.*99; Liv.36.44.1.

3 Equal in quantity, distance, etc.; *~a pars, portio*, a half; *~a parti*, on a basis of equality (cf. sense 4c). **b** (naut. phr.) *pedibus ~is, pede ~o*, with the sheets let out to an equal extent, i.e. with the wind right aft. **c** *~i facere*, to regard as immaterial, be indifferent about.

Pl.*Rud.*552; utinam esset mihi pars ~a amoris tecum Ter.*Eu.*91; amurcam cum aqua conmisceto ~as partes Cato *Agr.*93; cum ~o numero sententiae fuissent Cael.*Fam.*8.8.3; ad ~os reditta flexus Lucr.4.323; hic locus ~o fere spatio ab castris Ariouisti et Caesaris aberat Caes.*Gal.*1.43.1; sequitur patrem non passibus ~is Verg.*A.*2.724; ~o pondere Vitr.9.pr.11; in pensiones ~as Liv.7.27.3; tempora nocturnis ~a diurna facit Ov.*Tr.*3.12.4; Ulp.*dig.*33.1.3;—(*w.* cum) sextarius ~us ~o cum librario siet *Leg.pub.*3(*Font.iur.*p.46);—(*followed by* atque) cum..~am partem tu tibi sumpseris ac populo Romano miseris Cic.*Ver.*3.49; aggerem..facere..~a fere altitudine atque ille..fuerat agger Caes.*Civ.*2.15.1;—Ter.*Ad.*130; Arctophylax non ~a parte secatur Cic.*Arat.*605(359); Geminos ~a cum profert unda tegitque parte Man.4.525; non tertiam portionem..uerum ~am Plin.*Nat.*3.5; ~a ferme pars hominum in toto mundo calamis superata degit 16.160;—ut ~a parti prodeant ad trisuiros Pl.*Per.*72. **b** pedibus cercurum currere..~is Lucil.316; utrumque (sinum) pedibus ~is tramisimus Cic.*Att.*16.6.1; nancta (*sc.* Anna) ratem..pede labitur ~o Ov.*Fast.*3.565. **c** ~i istuc facio Pl.*Mil.*784.

4 Equally or evenly balanced; (of the hands of a person holding a bow) evenly poised. **b** (of battles, etc.) with no advantage to either side, evenly balanced; esp. in phrs. *~is manibus, ~o Marte*, etc. **c** (of pacts, laws, etc.) based on or acknowledging equality (of rights, etc.), giving equal rights. **d** (of persons) on an equal footing.

stateram..examine ~o Suet.*Ves.*25; (*w. ref. to the equinox*) libra Phoebeos tenet ~a currus Sen.*Her.F.*844; Libra pares examinat horas, non uno plus ~a die Luc.8.468;—(*fig.*) uitam ~a lance pensitabit Plin.*Nat.*7.44;—donec..manibus iam tangeret ~is laeua aciem ferri, dextra..papillam Verg.*A.*11.861. **b** ~a..contentio, ~um certamen proponitur Cic.*Ver.*2.177; erat Romanis nec loco nec numero ~a contentio Caes.*Gal.*7.48.4; ~a pugna iusto proelio erat Liv.31.43.2;—bellum ~is manibus nox intempesta diremit Enn.*Ann.*167; ~o geritur certamine principiorum..bellum Lucr.2.573; si..Catilina superior aut ~a manu discessisset Sal.*Cat.*39.4; agmina concurrunt ducibusque et uiribus ~is Verg.*A.*10.431; cum Volscis ~o Marte discessum est Liv.2.40.14; 27.13.5; Curt.4.15.29; Luc.3.585; Tac.*Ann.*1.63; Flor.*Epit.*2.13(4.2.48). **c** hicin libertatem aiunt esse ~am omnibus? Ter.*Ad.*183; Heraclius..postulat ut sibi cum palaestritis..~o iure disceptare liceat Cic.*Ver.*2.38; 3.54; iudicio ~o Q.Cic.*Pet.*8; ut ~is condicionibus ab armis discedatur Caes.*Civ.*1.26.4; ~eis..legibus Sal.*Rep.*2.3.2; si..sub umbra foederis ~i seruitutem pati possumus Liv.8.4.2; 21.3.6; (animus) neque legum neque libertatis ~ae patiens 45.32.5; Vell.2.25.1; ~um inter omnes ciues ius sit Sen.*Ep.*86.2; Tac.*Ann.*2.82;—(*w.* cum) quando ~a lege pauperi cum diuite non licet Pl.*Cist.*532;—(*poet.*) non ~o foedere amantis Verg.*A.*4.520;—(*w.* aduersus) aduersus amicos ~a ac par sui aestimatio Vell.2.97.3. **d** cum uostra nostra non est ~a factio Pl.*Trin.*452;—(*w.* aduersum) Nero..dictitans, se ~um aduersum aemulos (esse) Tac.*Ann.*16.4.

5 (of qualities, etc.) Matching, equal, alike; (of love) requited, reciprocated. **b** (of verse) uniform, regular. **c** (usu. w. dat.) that matches in quantity or quality, equal (to), as good (as); (of persons) equal (in strength, etc.); (w. inf.) of fit quality (to do something). **d** (hyperb.)

eadem dicta eademque oratio ~a non aeque ualet Enn.*scen.*201; Cic.*Ver.*5.49; laudis societas ~a *Phil.*10.15; ~us uterque labor Verg.*G.*3.118; pictoribus atque poetis quidlibet audendi semper fuit ~a potestas Hor.*Ars* 10; Liv.8.9.3; ~us labor auxerat aras Stat.*Theb.*6.119;—(*w.* cum) ~a parta cum P. fratre gloria Cic.*Mur.*31; ut..sortem ~am sibi cum collega dent Liv.10.24.16; (ut) esset..ei imperium ~um..cum proconsulibus Vell.2.31.2;—(*w.* quam) postulante patre eius, ut ~um ei ius..esset, quam erat ipsi 2.121.1;—quoniam non ignibus ~is ureris [Ov.] *Ep.Sapph.*163. **b** uel inparibus numeris, Montane, uel ~is (*i.e. hexameters*) sufficis Ov.*Pont.*4.16.11; (*cf.*) ite, leues elegi..longa uia est, nec uos pedibus proceditis ~is 4.5.3. **c** sumite materiam uestris..~am uiribus Hor.*Ars* 38; carmina..non putat ~a suis Prop.2.3.22; Ov.*Pont.*2.9.14; huic ~am nosces nec Pallada dextrae Stat.*Theb.*9.837;—numerone an uiribus ~i non sumus? Verg.*A.*12.230; (*in rank*) in superiores contumax, in ~os et pares fastidiosus, in inferiores crudelis *Rhet.Her.*4.52;—inter et Aetnaeos ~us consurgere fratres Stat.*Theb.*3.605. **d** ~a Cannensi clades Liv.27.49.5; ora Dianae ~a ferunt Stat.*Theb.*1.536; 9.125; quamquam..Aiax umbone coruscet..~um moenibus orbem *Ach.*1.471; cum laudatur dis ~a potestas Juv.4.71;—(*absol.*) sic certe paria arma uiris, sic exit in auras cassidis ~us apex Stat.*Theb.*7.293.

6 (of actions, laws, and sim.) Fair, just, reasonable, right; *~um est* (w. acc. and inf., etc.), it is right (that). **b** *~i boni(que) facere*, to take in good part, acquiesce in. **c** (of persons, etc.) fair-minded, impartial, just, reasonable; (poet. of death, destiny, etc.).

hoc optumum atque ~issumum est Pl.*Rud.*1029; 1230; VTEI HOCE IN TABOLAM AHENAM INCEIDERETIS ITA SENATVS ~OM CENSVIT *CIL* 1.581.26; uim in corpus liberum non ~um censuere adferri Cato *orat.*205; Pac.*trag.*32; Acc.*trag.*476; *Rhet.Her.*2.22; in quibus causis quid ~ius atque ~issimum sit quaeritur Cic.*Part.*98; ista iura tam ~a *Quinct.*45; in causa ~issima *Ver.*1.125; *Vat.*27; *Fin.*2.37; quod dubites ~um sit an iniquum *Off.*1.30; ~a facta aestimatione Caes.*Civ.*1.87.1; ~am rem imperito Hor.*S.*2.3.188; Liv.24.37.7; cur ~a plebis recusatio esset 26.35.9; ~o arbitrio 32.10.3; Ov.*Ars* 1.655; *Met.*13.131; Vell.2.64.2; ~issima uox est..'redde, quod debes' Sen.*Ben.*3.14.3; Luc.4.230; Tac.*Ann.*15.1; erat expeditum omnibus (negotiatoribus) remittere aequaliter, sed non satis ~um Plin.*Ep.*8.2.2; Ulp.*dig.*19.2.13.8;—(*w. dat.*) quod illi ~um putet Cael.*Fam.*8.11.3; consanguinitati..hoc dabimus ut condiciones pacis feramus ~as utrisque Liv.8.5.4;—(*w.* ad) quid..facere potuit..~ius ad leuandam mulieris calamitatem? Cic.*Div.Caec.*57;—(*neut. pl. compar. as sb.*) ~iora impetrari Liv.30.29.5;—Enn.*scen.*160; te non ~omst suscensere Pl.*As.*354; *Men.*1010; quae liberum scire ~omst adulescentem Ter.*Eu.*478; EA SENATVS ANIMVM ADVORTIT ITA VTEI ~OM FVIT *CIL* 1.586.4; Cic.*Clu.*118; quod tardius quam est ~um..reciperas fortunam..tuam *Fam.*6.10.1; Catul.62.60; si se inuito Germanos in Galliam transire non ~um existimaret Caes.*Gal.*4.16.4; Nep.*Them.*7.2; tibi me est ~um parere, Menalca Verg.*Ecl.*5.4; *A.*11.115; Hor.*S.*1.3.69; dominum sequi ancillam ~um esse Liv.3.44.10; Plin.*Nat.*18.39; utrum fieri sit melius atque ~ius Quint. *Inst.*7.7.8; Tac.*Dial.*32.7; Gaius *Inst.*1.190; MATER FECI FILIA⟨E⟩ MEAE QVOD ~OM FVERAT FILIA HOC FACERET MIH⟨I⟩ *CIL* 10.5745. **b** istuc..~i bonique facio Ter.*Hau.*788; tranquillissimus..animus meus qui totum istuc ~i boni facit Cic.*Att.*7.7.4; Liv.34.22.13; istud..quod polliceris, ~i bonique facio Apul.*Met.*1.5. **c** adeste ~o animo Ter.*An.*24; magistratus ~us Cic.*Quinct.*10; erat in consilio etiam ~issimus iudex ipse Verres *Ver.*1.73; *Phil.*5.3; *Q.fr.*2.3.4; auditorem..~um *N.D.*1.17; nec Saturnius haec oculis pater aspicit ~is Verg.*A.*4.372; 9.234; (Caesar) reget ~us orbem Hor.*Carm.*1.12.57; Minos..uictor erat quamuis, ~us in hoste fuit Prop.3.19.28; Liv.21.10.9; ~os..deos Ov.*Fast.*6.766; Man.2.77; quisquis ~um se praestiterit Vell.2.76.3; Sen.*Dial.*3.14.2; ~i patrisfamilias modus est annona cuiusque anni uti Plin.*Nat.*18.320;—(*in facet. phr.*) tecum ~om arbitrum (*i.e. his cane*) extra considium captauero Pl.*Cas.*966;—(*w. dat.*) uos qui ~i estis omnibus Cic.*Clu.*202; *Att.*1.4.2; uacuis Clanius non ~us Acerris Verg.*G.*2.225; potentibus ~us supplicibusque Stat.*Theb.*11.721;—(*w.* in+*acc.*) non ~os in me es Pl.*Poen.*359;—(*w.* aduersus) multos inueni ~os aduersus homines, aduersus deos neminem Sen.*Ep.*93.1;—~a tellus pauperi recluditur regumque pueris Hor.*Carm.*2.18.32; non ~a..mors Dom. Mars.*poet.*7.1; Sen.*Her.O.*216; si mihi..thalamos sors ~a tulisset, quos dabat Stat.*Ach.*1.252; FVNERE NON ~O PVER IMMATVRVS OBIVI *CIL* 11.531.

7 (w. dat., also gen.) Inclined towards, sympathetic or favourable (to); (absol.) favourable, kindly, indulgent. **b** (of things) favourable, advantageous.

quo ~ior sum Pamphilo Ter.*An.*429; si ille..~us nobis fuerit Cic.*Sest.*71; homini alienissimo mihi et..non ~issimo Cael.*Fam.*8.12.2; *B.Alex.*70.1; Sal.*Rep.*1.3.3; Faune..abeas..paruis ~us alumnis Hor.*Carm.*3.18.4; Romanos ~iores Lacedaemoniis quam Achaeis esse Liv.39.35.6; ite, precor, nostris ~os uterque locis! Ov.*Fast.*6.548; Sil.2.5; Tac.*Ann.*4.4; mitem animum et mores modicis erroribus ~os Juv.14.15; Apul.*Met.*10.8;—(*w. gen.*) Parthos absentium ~os, praesentibus mobilis Tac.*Ann.*6.36;—ut eos..~os placatosque dimittas Cic.*Orat.*34; meis ~issimis utuntur auribus *Fam.*7.33.2; pauci, quos ~us amauit Iuppiter Verg.*A.*6.129; fortuna..~a Hor.*Ep.*2.1.94; Liv.28.45.1; aliquos..disceptatores non tam ~os quam te..habebam 42.42.4; Sen.*Con.*7.1.4; Curt.8.5.20; ~i caelites Sen.*Phaed.*629; Tac.*Hist.*1.66;—(*poet., of things*) dare non ~is uela ferenda Notis Ov.*Am.*2.16.22; nec cruribus ~a terga rubi Col.10.21; Luc.10.291. **b** qui etiam bona condicione et loco et tempore ~o confligere noluerit Caes.*Civ.*1.85.2; qua ~issimum aditum praebebat mons Liv.38.20.7;—(*w.* ad) facillimum accessum et ~issimum ad dimicandum *B.Alex.*38.3;—(*w. dat.*) (luna) Flauianis ~ior a tergo Tac.*Hist.*3.23; (*also gdve.*) ut locus..satis ~us agendis uineis fuit Liv.21.7.6.

8 (of the mind) Tranquil, calm, unruffled, resigned; *~o animo*, *~a mente*, etc., with calmness, patience, or resignation. **b** (of persons) having an unruffled mind, calm, resigned; (w. dat.) content, satisfied (with). **c** (of movement) calm, steady, tranquil.

~i animi compotem esse App.*poet.*1.1; animus ~os optumum est aerumnae condimentum Pl.*Rud.*402; Cic.*S.Rosc.*145; nunc sum animo ~issimo *Caec.*3; *Att.*15.25; Laber.*com.*65; ~am memento rebus in arduis seruare mentem Hor.*Carm.*2.3.1; *Ep.*1.18.112;—quaeso, ~o animo patitor Pl.*As.*375; *Cas.*377; sumptus quos fecisti in eam quam animo ~o tuli Ter.*Hec.*685; Cato *Agr.*5.5; Lucil.700; Cic.*de Orat.*2.144; quod si solus in discrimen aliquod adducerer, ferrem..animo ~iore *Agr.*2.6; *Sest.*48; *Att.*4.18.5; *Fam.* 6.22.2; sapientissimus quisque ~issimo animo moritur, stultissimus iniquissimo *Sen.*83; neque nos agere hoc patriai tempore iniquo possumus ~o animo Lucr.1.42; Caes.*Gal.*5.52.6; Sal.*Jug.*31.11; Nep.*Di.*6.4; quidquid uita meliore parasti ponendum ~o animo Hor.*S.*2.3.16; id Romani..~o satis, Poenus periniquo animo ferebat Liv.21.52.4; nec facilest ~a commoda mente pati Ov.*Ars* 2.438; Vell.2.48.5; Sen.*Oed.*578; ~ioribus animis accepti sunt qui ad Antonium uenerant Tac.*Hist.*3.80. **b** quod adest memento componere ~us Hor.*Carm.*3.29.33; incipe tu lacrimis ~us adesse nouis Prop.4.1.120; ~ior casum tulit Sen.*Tro.*1029; Tac.*Ann.*5.8;—Aristippum..fere praesentibus ~um Hor.*Ep.*1.17.24. **c** quom iam..(Achelous)..gradu serperet ~o Sen.*Her.O.*589.

9 Reasonable, probable, likely.

quanto mortalis magis ~umst tum potuisse dissimilis alia atque alia res uoce notare! Lucr.5.1089.

āēr āeris, *m.* (*f.*). [Gk. ἀήρ] Gender: fem. in Enn.*Ann.*454(Gel.13.21(20).14), Apul.*Soc.*6. Plural: Lucr.4.291, 5.645. Forms: *aerem* (acc.) Enn.*var.*55, Cato *hist.*46, Var.*L.*5.102, Vitr.8. pr.1, 9.8.3, Cels.3.7.2, 4.14.4, Sen. *Suas.*1.14, Apul.*Mun.*32.

1 Air as a substance, esp. as one of the four elements of the ancients.

aer..et ignis et aqua et terra prima sunt. Cic.*Ac.*1.26; Anaximenes aera deum statuit *N.D.*1.25; aeris..primordia multa Lucr.3.236; habet (terra)..aeris spiritus inmanes Vitr.8.6.12; nihil sine aere frigidum Sen.*Ep.*31.5; spiritus, quem Graeci nostrique eodem uocabulo aera appellant Plin.*Nat.*2.10; Apul.*Mun.*32.

2 The body of air surrounding the earth, the atmosphere, air. **b** *aer apertus* (*patens*), the open air; (also without adj.). **c** (in exprs. indicating loftiness). **d** (applied to the atmosphere of the underworld).

iubeas..me piscari in aere Pl.*As.*99; Var.*L.*5.102; eiusdem aeris sonitus et ardores Cic.*Top.*77; in hoc caelo qui dicitur aer Lucr.4.132; ipsis est aer auibus non aequus Verg.*G.*3.546; pete cedentem aera disco Hor.*S.*2.2.13; stent aere uenti Prop.3.10.5;—(*as a medium for sound*) uox..priusquam in aera elata dissipabitur Vitr.5.2.2; linguaque uix tales icto dedit aere uoces Ov.*Met.*9.584;—(*as the element upon which human life depends*) pars magna uirorum gurgite pressa graui neque in aera reddita fato functa suo est 11.558;—(*opp.* aether) ut dubitare possis, aer an hoc iam aether sit Sen.*Nat.*2.14.2;—(*not exclusive of the upper air*) ipsae..per se mentes aeris altiora prospicientes Vitr. pr.16;—(*as the realm of intermediate spirits*) sunt quaedam diuinae mediae potestates..in isto intersitae aeris spatio Apul.*Soc.*6. **b** cur eadem credis..in aere aperto..aetatem degere posse? Lucr.3.508; frequentiam caeli compressione solidatam extrudens in aerem patentem Vitr.9.8.3; exigua fugimus clausi trabe et aere nudo Stat.*Silv.*3.2.70;—cum esset uinctus nudus in aere, in imbri, in frigore Cic.*Ver.*4.87. **c** aera uincere summum arboris Verg.*G.*2.123; si quis auem summi deducat ab aere rami V.Fl.6.261. **d** tota passim regione uagantur aeris in campis latis Verg.*A.*6.887; monstrate nemus..in quo falsa dies caeloque simillimus aer Stat.*Silv.*5.3.287.

3 The vault of heaven, sky.

hoc caelum appellauere maiores, quod alio nomine aera Plin.*Nat.*2.102; tunc summus uertitur aer Juv.6.99;—(*w. ref. to its colour*) aeris ecce color, tum cum sine nubibus aer Ov.*Ars* 3.173; aeri similem (iaspidem) Plin.*Nat.*37.115.

4 A particular expanse of air (as a measurement of distance), space.

is..duplici geminoque fit aere uisus Lucr.4.274; iam breuis et telo uolucri non utilis aer V.Fl.2.524; ceu..oculos longo querar aere uinci Stat.*Silv.*5.2.7.

5 The air of a particular locality or as affecting human beings, etc., by its character, climate, atmosphere, air.

ideo Grauiscae dictae sunt, quod grauem aerem sustinent Cato *hist.*46; quod..propter aeris crassitudinem de caelo apud eos (*i.e.* Etruscos) multa fiebant Cic.*Div.*1.93; Boeotum in crasso iurares aere natum Hor.*Ep.*2.1.244; ite procul fraudes, alio sint aere noxae Prop.4.6.9; aere non certo corpora languor habet Ov.*Ars* 2.318; Vitr.1.1.10; sin autem aliqua terrae uel aeris repugnat iniuria Col.4.16.1; resoluit aera tabificum Luc.5.111; Juv.10.50;—(*as varying w. the time of day*) aere uespertino Var.*R.*2.2.11; ut sol matutinum aera..tenuet Sen.*Nat.*5.3.3.

6 An air current; (spec.) a gentle wind, breeze.

stellas..putandumst..aeribus posse alternis e partibus ire Lucr.5.645; cum primum..uiolentior aer puppibus incubuit Luc.5.717;—spiritus inflatis (*sc.* uentis) nomen, languentibus aer *Aetna* 213; uehementior..spiritus uentus est, inuicem spiritus leniter fluens aer Sen.*Nat.*5.13.4.

7 A mist, cloud.

caecum..aera pugnaci luctatus rumpere uisu Pedo *poet.*13; dum per caua uiscera terrae uado..et in aere uoluor operto Stat.*Theb.*8.110;—(*as employed by deities to screen their protégés*) Venus obscuro gradientis aere saepsit Verg.*A.*1.411; me per hostis Mercurius celer denso pauentem sustulit aere Hor.*Carm.*2.7.14; V.Fl.5.400; Gel.13.21(20).14.

8 An odour, scent.

(ceruos) odoratae metuentis aera pinnae Luc.4.438; quod nondum euanuit aura cinnamon externa nec perdidit aera terrae 10.167.

aera ~ae, *f.* [Gk. αἶρα] Darnel.

Plin.*Nat.*18.155.

aerācius ~a ~um, *a.* [aes+-*acius* (for -aceus)] Made of copper or bronze.

~ius denarius Vitr.3.1.8.

aerāmentum ~ī, *n.* [aes+-mentum] Prepared copper or bronze; a strip of copper or bronze. **b** (pl.) copper or bronze vessels.

~I LIB(RAM) DONAVIT *CIL* 7.180;—stagnum ~is, stagno argentum (iungitur) Plin.*Nat.*33.94. **b** insistere (oportebit uillicam) atriensibus, ut..~a detersa nitidentur Col.12.3.9; (amurca) ungui..~a contra aeruginem Plin.*Nat.*15.341; ~is inlinitur (bitumen) firmatque ea contra ignes 35.182; LACVM ET ~A *CIL* 2.1071; IN MVLIEBRIB ~IS 11.4206.

aerāria ~ae, *f.* [aerarius]

1 A copper mine.

propterea quod multis locis apud eos ~ae secturaeque sunt Caes.*Gal.*3.21.3.

2 A copper refinery, copper works.

ubi lauetur aes ~as non aerelauinas nominari (debuisse) Var.*L.*8.62; Plin.*Nat.*34.128.

aerārium ~(i)ī, *n.* [next]

1 A place for keeping public funds, archives, etc., treasury, exchequer; *sanctius ~ium*, a special inner treasury. **b** (applied to places which constitutute a source or repository of wealth).

maioribus quidem uestris..cum eo hoste res erat qui haberet rem publicam, curiam, ~ium Cic.*Phil.*4.14; *Att.*7.1.6; ~ium, carcer, curia foro sunt coniungenda Vitr.5.2.1; pateant non parca ~ia dextris, quas emimus bello Sil.11.530;—(*cf.*) id enim commune ~ium esse uoluerunt (*i.e.* *Delos*) Nep.*Ar.*3.1;—litteras publicas, quas in ~io sanctiore conditas habebant (Syracusani) Cic.*Ver.*4.140. **b** Siciliam nobis non pro penaria cella, sed pro ~io illo maiorum uetere ac referto fuisse 2.5; urbem pulcherrimam (*i.e.* Syracusas)..perisse, horreum atque ~ium quondam populi Romani Liv.26.32.3; haec (*i.e.* Carthago Noua) illis arx, hoc horreum ~ium armamentarium 26.43.8.

2 (spec.) The public treasury at Rome situated in the temple of Saturn. **b** *~ium sanctius* (*sanctum*), the part of the treasury at Rome containing a special war reserve. **c** *~ium militare*, the military exchequer instituted by Augustus for the payment of veterans. **d** *priuatum ~ium*, a private treasury (see quot.).

pro scapulis atque ~rio multum rei publicae profuit Cato *orat.*127; QVAE PEQVNIA EX HACE LEGE IN ~IVM POSITA ERIT *CIL* 1.583.66; *Rhet.Her.*1.21; ut..ii pecunias in ~ium referrent Cic.*Ver.*3.81; *Man.*37; cum in leges iurasset C. Claudius et in ~ium escendisset Liv.29.37.11; 41.28.6; QVATER ⟨PE⟩CVNIA MEA IVVI ~IVM Aug.*Anc.*3.34; Vell.2.39.2; hostiarum exta ad quaestores ~ii delata uenibant V.Max.2.2.8; Plin.*Nat.*19.40; resistentibus ~ii praetoribus Tac.*Ann.*1.75; Flor.*Epit.*1.22(2.6.24); cura ~ii a quaestoribus ad praefectos translata est Gel.13.25.30;—(*w.* Saturni) curam ~i Saturni Suet.*Cl.*24.2;—(*dist. fr.* fiscus) bona Seiani ablata ~io ut in fiscum cogerentur Tac.*Ann.*6.2; summa ~ii fiscique inopia Suet.*Ves.*16.3;—(*as a repository for documents*) senatus consulta numquam facta ad ~ium deferebantur Cic.*Phil.*5.12; *Leg.*3.11; tabulae testamenti unae..Romam erant allatae, ut in ~io ponerentur Caes.*Civ.*3.108.6; ne decreta patrum ante diem decimum ad ~ium deferrentur Tac.*Ann.*3.51; (*for military standards*) signa ex ~io prompta Liv.4.22.1;—(*in fig. exprs.*) quae cum..de sanguine detraxisset ~i Cic.*Ver.*3.83; cur ille gurges..exstruit uillam in Tusculano uisceribus ~i *Dom.*124; illa contionalis hirudo ~i, misera ac ieiuna plebecula *Att.*1.16.11. **b** ut..pecuniam de sanctiore ~io auferrent Cic.*Att.*7. 21.2; aperto sanctiore ~io Caes.*Civ.*1.14.1; aurum uicesimarium quod in sanctiore ~io ad ultimos casus seruabatur Liv.27.10.11; ~ium quoque sanctum..iussit effringi Flor.*Epit.*2.13(4.2.21); (*cf.*) opes uelut sanctiore quodam ~io conditae Quint.*Inst.*10.3.3. **c** ~IVM MILITARE QVOD EX CONSILIO MEO CO⟨NSTITVTVM⟩ EST Aug.*Anc.*3.36; edixit Tiberius militare ~ium eo subsidio (*sc.* centesima rerum uenalium) niti Tac.*Ann.* 1.78; Suet.*Aug.*49.2;—(*without* militare) illum indices arguebant claustra ~ii,..et militarem pecuniam rebus nouis obtulisse Tac.*Ann.*5.8. **d** ut priuatum ~ium Caesaris interfectoribus ab equitibus Romanis constitueretur Nep.*Att.*8.3.

3 The funds contained in the treasury.

~ium delargitur Romano populo Gracch.*orat.*59; uendamus uectigalia, effundamus ~ium Cic.*Agr.*1.15; *Tusc.*3.48.

aerārius[1] ~a ~um, *a.* [aes+-arius]

1 Of, or concerned with, copper or bronze. **b** *as ~us*, 'a brass farthing'.

fabri ~i Vitr.2.7.4; 7.9.6; Liv.26.30.6; ~am fabricam Plin.*Nat.*7.197; ~is fornacibus 11.119; ~ae officinae 18.89; ~o lapidi (= chalcitis) 34.116; FLATORVM ARGENTARIORVM ~ORVM *CIL* 2.5181.2.48; NEGOTIATOR ~VS ET FERRARIVS 6.9664. **b** assem ~um nemini debeo Petr.57.5.

2 Of, or connected with, coinage, money, or the treasury. **b** *tribunus ~us*, a paymaster to the troops; a member of a class of persons responsible for jury service (perh. having a census qualification below that of the knights).

quod attinet ad salinatores ~os Cato *orat.*115; hinc dicuntur milites ~i ab aere, quod stipendia facerent Var.*L.*5.181; quod propter ~am rationem non satis erat in tabulis inspexisse quantum deberetur Cic.*Quinct.*17; illa uetus ~a fabula *Cael.*71. **b** quod aes a tribuno ~o miles accipere debebat Cato in Gel.6(7).10.2; quibus attributa erat pecunia, ut militi reddant, tribuni ~i dicti Var.*L.*5.181; Paul.*Fest.*p.2M; (*applied to Persian officials*) (Darius) dispensatores pecuniae..tribunos ~os habebat Apul.*Mun.*26;—Cic.*Catil.*4.15; senatorum..urna copiose absoluit, equitum adaequauit, tribuni ~i condemnarunt *Q.fr.*2.4.6; tribunos ~os, quod erat tertium, sustulit Suet.*Jul.*41.2.

aerārius[2] ~(i)ī, *m.* [prec.]

1 A coppersmith.

CONLEGIA ~IOR(VM) *CIL* 1.977; quia..~ius, a quo emo, Corinthus uocatur Petr.50.4; in ~iorum..officinis Plin.*Nat.*16.23; ~iorum marculi Mart.12.57.6; *CIL* 11.1234.

2 A landless citizen of the lowest class who paid only a poll-tax.

magnum censorem esse ac non studere multos ~ios facere Var.*Men.*196; qui te ex ~iis exemit Cic.*de Orat.*2.268; in ~ios referri aut tribu moueri *Clu.*122; censores..Mamercum..tribu mouerunt octiplicatoque censu ~ium fecerunt Liv.4.24.7; 24.18.6; V.Max.2.9.7; Gel.4.12.1.

aerātus ~a ~um, *a.* [aes+-atus[2]]

1 Fitted or decorated with bronze or brass. **b** (spec., of ships) with bronze fittings or armament. **c** (of troops) bronze-clad.

Rauduscula (*sc.* porta), quod ~a fuit, aes raudus dictum Var.*L.*5.163; lectos ~os Cic.*Ver.*4.60; postis..~os Verg.*A.*2.481; ~a..tela Tib.1.10.25; Liv.39.6.7; ~a per atria Ov.*Fast.*6.363; triclinia ~a Plin.*Nat.*34.14; ~a multus in arca fiscus Juv.14.259. **b** ratem ~am Naev. in Var.*L.*7.23; cum classe nauium XVI, in quibus paucae erant ~ae Caes.*Civ.*2.3.1; quot prius ~ae steterant ad litora prorae Verg.*A.*10.223; ~a triremi Hor.*Carm.*3.1.39; ~as..puppes Ov.*Met.*8.103;—(*fem. as sb.*) cui triremes et ~as non mitterem, lusorias et cubiculatas..mittam Sen.*Ben.*7.20.3. **c** ~as..acies in proelia cogit quisque suas Verg.*A.*9.463; ~as..turmas Sil.8.404.

2 Made of bronze or brass.

~as..compedes Var.*Men.*423; ~am..securim Verg.*A.*

11.656; ~o Danae circumdata muro Prop.2.32.59; ~ae cuspidis hastam Ov.*Met*.5.9; ~is..in armis Stat.*Theb*.2.532.

3 (of audible or visible qualities) Produced by bronze or brass weapons, etc., of bronze or brass.

~o sonitu (tinniunt) galeae Enn.*Ann*.403; ~i radiauit luminis umbo Sil.2.211.

aereus[1] ~a ~um, *a*. [AES+-EVS] Prosod.: *aerei* dissyl. Verg.*A*.7.609, 12.541 (s.v.l.).

1 Made of copper, bronze, or brass.

~a..galea Var.*Men*.169; ~a..limina Verg.*A*.1.448; ~eus ensis 7.743; uasa ~a..Vitr.1.1.9; Liv.35.36.9; arcis ut Actaeae..~a custos bellica Phidiaca stat dea facta manu Ov.*Pont*.4.1.31; tabula..~a Vell.2.25.4; ~um clipeum Curt.9.7.19; titulus ~is litteris Etruscis Plin.*Nat*.16.237; ~um tauri simulacrum Tac.*Ann*.12.24; ~is..nummis Gaius *Inst*.1.122; Apul.*Met*.9.19;—(*neut. pl. as sb.*) hydrargyro argentum inauratur solum nunc prope, cum et in ~a (*s.v.l.*) simili modo duci debeat Plin.*Nat*.33.125;—(*applied to the human beings of the 'bronze age'*) ~a sed postquam proles terris data Germ.*Arat*.133.

2 Bound, armoured, etc., with copper or bronze.

iunctos temo trahat ~us orbis Verg.*G*.3.173; serpens, ~a quem obliquum rota transiit *A*.5.274;—(*of a ship*) ~a puppis 5.198.

3 (of audible or visible qualities) Produced by bronze or brass instruments or weapons, of bronze or brass.

splendore ~o Laber.*com*.74; ~us..clamor Stat.*Theb*.8.263; fragor ~us 8.343; ~us..fulgor Sil.6.357.

4 Of the colour of copper or bronze.

pilus ~o similis agrestibus (subus), ceteris niger Plin.*Nat*.8.212; chalcosmaragdos..turbida ~is uenis 37.74.

aereus[2] ~ī, *m*. [prec.] A copper coin.

~os signatos Vitr.3.1.7.

āereus[3] see AERIVS.

Āeria ~ae, *f*. (See quots.)

Crates (existimauit) primum ~am dictam (Cretam), deinde postea Curetim Plin.*Nat*.4.58; quod Aegyptus (ante appellata fuerit) '~a', quod Creta quoque eodem nomine '~a' dicta sit Gel.14.6.4.

?**aericrepitans** ~ntis, *a*. [AES+CREPITO] Clanging with bronze or brass.

~ntes (*cj*.) melos Acc.*trag*.238.

aerifer ~era ~erum, *a*. [AES+-FER] Carrying bronze (*sc*. cymbals).

~erae comitum (*of Bacchus*) concrepuere manus Ov.*Fast*.3.740.

aerificē, *adv*. [AES+-FICVS+-E] With the art of the worker in bronze.

nil sunt Musae, Polycles, uestrae quas ~ duxti Var.*Men*.201.

āerinus[1] ~a ~um, *a*. [Gk. ἀέρινος] Of air, aerial.

quocumque ire uellemus, obuius flare. ubi corpori ~as compedes impositas uideo Var.*Men*.473.

aerinus[2] ~a ~um, *a*. [Gk. αἴρινος] Connected with, or produced from, darnel.

~a (farina) magis ceteris purgat ulcera uetera et gangraenas Plin.*Nat*.22.125; 24.100.

aeripēs ~edis, *a*. [AES+PES] Having feet of bronze.

Alcides..fixerit ~edem ceruam licet Verg.*A*.6.802; iungis et ~edes inadusto corpore tauros Ov.*Ep*.12.93; V.Fl.7.545; Mart.9.101.7; Sil.3.39; Hyg.*Fab*.22.2.

aerisonus ~a ~um, *a*. [AES+-SONVS] Sounding with bronze or brass (instruments).

~o de monte V.Fl.3.28; ~i lugentia flumina Nili Stat.*Theb*.1.265; ~is Curetum..ab antris Sil.2.93;—(*w. allusion to the rattle of Hercules*) ~um Stymphalon Stat.*Theb*.4.298.

āerius ~ia ~ium, *a*. Also ~**eus.** [Gk. ἀέριος]

1 Of, or produced in, the air or atmosphere. **b** (spec.) *~iae aurae*, the air aloft (in contrast w. the ground); the upper air (in contrast w. the underworld).

nebulas ~eas Catul.30.10; ~ei..uenti 64.142; ~ias auras Lucr.1.771; ~ias quasi dum diuerberat undas 2.152; ~iae..nubes [Tib.]3.6.28; siquis tibi (*sc*. Boreae) claudere uellet ~ios aditus Ov.*Ep*.17.44;—(*applied to honey as supposed to originate from dew*) ~ii mellis caelestia dona Verg.*G*.4.1. **b** qui..~ias telum contorsit in auras Verg.*A*.5.520;—~ias..euectus ad auras Ov.*Met*.14.127.

2 Existing or flying in the air, airborne. **b** (of motion, etc.) performed through the air, aerial.

bos..naribus ~ium patulis decerpsit odorem Var.At.*poet*.22.6; alterum (animantium genus) pinnigerum et ~ium Cic.*Tim*.35; ~iae..uolucres Lucr.1.12; ~iis..sublimem sustulit alis *Ciris* 487; ~iam caelo..Iuppiter Irim demisit Verg.*A*.9.803; ~iae..columbae Ov.*Pont*.3.3.19; ~ios populos (*i.e. birds*) Man.5.568; ~ii plantaria uellet Perseos V.Fl.1.67; ~iae celeberrima gloria gentis psittacus Stat.*Silv*.2.4.24. **b** ~ii uolatus auium Cic.*Top*.77; ut Triuiam ..dulcis amor giro deuocet ~eo Catul.66.6; nec..~ii cursus subpressit habenas Ov.*Met*.6.709;—(*w.* iter, *poet. applied to a ladder*) innumeros..gradus gemina latus arbore clausos ~ium sibi portat iter Stat.*Theb*.10.842.

3 Reaching high into the air, lofty, tall.

~eum niuei montis..cacumen Catul.64.240; ~ea cupressu 64.291; ~ia..ab ulmo Verg.*Ecl*.1.58; ~ias Alpis *G*.3.474; ~ias Phaeacum..arces *A*.3.291; cornibus ~iis Ov.*Fast*.5.119; ~iis..lucis Grat.483; ~iam Pyrenen Luc.1.689; ~ia Capaneus occurrit in hasta Stat.*Theb*.7.669; Sil.1.128.

4 Situated in the sky, heavenly.

nec tu me ~ia solam nunc sede uideres digna indigna pati Verg.*A*.12.810; ~ias temptasse domos Hor.*Carm*.1.28.5.

5 Of, or belonging to, air (as an element).

partibus ~iis mundi Lucr.5.538; terra..~ias leges imitata Man.1.201; alterum (genus animantium) ex ~ia qualitate (est) Apul.*Pl*.1.11.

āerizūsa ~ae, *f*. [Gk. ἀερίζουσα] A kind of jasper.

Plin.*Nat*.37.115; 37.116.

aerō ~ōnis, *m*. [Gk.] Forms: (*h*)*ērō* Alf.*dig*.19.2.31. A kind of basket made of plaited reeds, hamper.

in ~onibus ex ulua palustri factis Vitr.5.12.5; ~onibus harenae plenis Plin.*Nat*.36.96.

āeroīdēs ~ēs ~es, *a*. [Gk. ἀεροειδής] Cloudy.

(*w. ref. to colour*) (berulli) quos ~is uocant Plin.*Nat*.37.77.

Āeropē ~ēs, *f*. Also **Āeropa** ~ae. (mythol.) The wife of Atreus.

si non ~en frater sceleratus amasset Ov.*Tr*.2.391; Quint.*Inst*.11.3.73. **β** quod cum ~a Atrei uxore concubuit Hyg.*Fab*.86.

aerōsus ~a ~um, *a*. [AES+-OSVS] That contains copper.

(aurum) ~um..difficulter feruminatur Plin.*Nat*.33.93; fit (aes) et e lapide ~o quem uocant cadmean 34.2; pecunia ..quasi ~a iussu praesidis sublata est Scaev.*dig*.46.3.102; —(*of a place*) ~am appellauerunt antiqui insulam Cyprum, quod in ea plurimum aeris nascatur Paul.*Fest*.p.20M.

aerūca ~ae, *f*. [var. AERVGO] Verdigris.

aerugine..quam nostri ~am uocitant Vitr.7.12.1.

aerūginōsus ~a ~um, *a*. [next+-OSVS] Covered with verdigris, rusty.

in ~is lamellis Sen.*Dial*.10.12.2;—(*fig., w. ref. to money*) ostende istam ~am manum Sen.*Con*.1.2.21.

aerūgō ~ginis, *f*. [AES+-GO]

1 Copper-rust, verdigris. **b** (w. ref. to money).

~go non erit molesta Cato *Agr*.98; ut aes Corinthium in ~ginem, sic illi in morbum et incidunt tardius et recreantur ocius Cic.*Tusc*.4.32; Vitr.8.3.19; ~ginis rasae Cels.5.18.2; in coctura ~ginem remittunt aenea (uasa) Col.12.20.2; ~ginis..magnus usus est. pluribus fit ea modis Plin.*Nat*.34.110; Larg.34;—(*w.* Cyprius) Cypria ~gine Plin.*Nat*.33.93;—(*w. ref. to metal other than copper*) non robigo ulla, non ~go, non aliud ex ipso (*sc*. auro), quod consumet bonitatem 33.62. **b** si reddat ueterem cum tota ~gine follem Juv.13.61; ~gini semper intentus Apul.*Met*.1.21.

2 A canker, or malignant condition, of the mind.

(*of malice or jealousy*) hic nigrae sucus lolliginis, haec est ~go mera Hor.*S*.1.4.101; nimia..~gine captus Mart.2.61.5; (*cf., in fig. phr*.) uiridi tinctos ~gine uersus Mart.10.33.5; —(*of greed*) an haec animos ~go et cura peculi cum semel imbuerit Hor.*Ars* 330.

aerumna ~ae, *f*. [perh. analogous to Gk. αἰρομένη; cf. ἀορτὴ and AERO, and for the termination ALVMNA, COLVMNA] Orthog.: *erumna* Enn.*inc*.49.

1 A task, labour.

neque sexta ~a acerbior Herculi quam illa mihi obiectast Pl.*Epid*.179; *Per*.2; quibus ~is deluctaui, filio dum diuitias quaero *Trin*.839; Herculis perpeti ~as Cic.*Fin*.2.118; duodecim ~as Herculis Petr.48.7; Juv.10.361;—(*applied to childbirth*) uno ut fetu fieret, uno ut labore apsoluat ~as duas Pl.*Am*.488.

2 Trouble, affliction, distress.

quas ~as tetulisti Enn.*Ann*.55; uenter creat omnis hasce ~as Pl.*Mil*.33; *Rud*.402; Caecil.*com*.86; quo pacto aduorsam ~am ferant Ter.*Ph*.242; ciuium calamitas, sociorum ~a Cic.*Prov*.17; in uiri fortis ~is *Dom*.134; *Att*.3.11.2; si certam finem esse uiderent ~arum homines Lucr.1.108; mortem ~arum requiem..esse Sal.*Cat*.51.20; ~is..Vlixi *Ciris* 58; uti sibi patres..deplorandi..~as suas potestatem facerent Liv.29.16.7; Ov.*Tr*.4.6.25; Sen.*Dial*.12.2.2; fletus ~as leuat *Tro*.765; Antiopa, ~is cor luctificabile fulta Pers.1.78; tu meis iam nunc extremis ~is subsiste Apul.*Met*.11.2;—(*defined*) ~a (est) aegritudo laboriosa Cic.*Tusc*.4.18.

aerumnābilis ~is ~e, *a*. [prec.+-BILIS] Causing misery, distressing.

illud in his rebus miserandum magnopere unum ~e erat Lucr.6.1231; ~i labore Apul.*Met*.1.1; ~i uitae sese subtrahere 8.9; ~is deformitatis meae 9.15.

aerumnōsus ~a ~um, *a*. *compar*. ~ior, *superl*. ~issimus. [AERVMNA+-OSVS]

1 Afflicted with suffering, wretched, distressed.

Vlixem audiui fuisse ~issumum Pl.*Bac*.21; ~am et miseriarum compotem mulierem *Epid*.559; ~um hospitem Acc.*trag*.344; filiam..~o patri..redde Cic.*Flac*.73; ~issimae mulieris Terentiae *Att*.3.19.2; *Parad*.16; si irasci sapiens turpiter factis debet..nihil est ~ius sapiente Sen.*Dial*.4.7.1; ~i animi *Ep*.115.7;—(*contemptuous*) non ego curo esse quod Arcesilas ~ique Solones Pers.3.79;—(*masc. as sb*.) non huic ~issimo uenenum illud fuisset Cic.*Clu*.201; in capricorno (nascuntur) ~i Petr.39.12.

2 Causing distress, calamitous.

nec tam ~o nauigauissem salo Cic.*Tusc*.3.67; o cunctationem fati ~am V.Max.9.13.3; ceteris ~um..uidetur esse hoc ipsum, alicuius officii principem fieri Apul.*Mun*.35.

aerumnula ~ae, *f*. [AERVMNA+-VLA] (See quot.)

~as Plautus refert furcillas, quibus religatas sarcinas uiatores gerebant Paul.*Fest*.p.24M.

aerus ~ī, *m*. (app. Ital. word for a god or class of gods.)

IOVI ~⟨I⟩S ET INDIGETIBV⟨S⟩ *CIL* 10.5779.

aeruscātor ~ōris, *m*. [next+-TOR] A beggar.

id praestigiarum..genus commentos esse homines ~ores Gel.14.1.2.

aeruscō ~āre, *intr*. [cf. Skt. *ésati*, Lith. *ieškóti*] (app.) To beg, go begging.

Musonius..~anti cuipiam id genus..dari iussit mille nummum Gel.9.2.8; ~are aera undique, id est pecunias, colligere Paul.*Fest*.p.24M.

aes aeris, *n*. [cf. Skt. *áyaḥ*; Goth. *aiz*; Ger. *erz*; Eng. *ore*.] Forms: *aerē* (dat. sg., in stereotyped formulae) Cic.*Fam*.7.13.2, Liv.31.13.5, *CIL* 3.6076.12. *aerorum* (gen. pl.) *CIL* 2.5265, 13.1383, 13.6885. *aerus* (gen. sg.) *CIL* 4.2440. Orthog.: *aire CIL* 1.181.7, 383.

1 Copper, bronze, or brass. **b** *~s album* (*candidum*), light-coloured bronze, brass; *~s Corinthium*, a special type of bronze produced at Corinth and widely regarded as an alloy of gold, silver, and copper; *~s Cyprium*, the type of copper found in Cyprus; *~s combustum* (*ustum*), calcined copper (as used in medicine). **c** *flos* (*squama*) *~ris*, red or impure cuprous oxide; *scoria ~ris*, copper dross or slag.

ferrum ~s argentum aurum penitus abditum *Inc.trag*.154; Hispania..ferro plumbo ~re argento auroque etiam abundans Mela 2.86;—(*as material for implements, works of art, etc*.) supellectilem ex ~re elegantiorem et Deliacam et Corinthiam Cic.*Ver*.2.83; frigus item transire per ~s..sentimus Lucr.6.948; earum (nauium) materia atque ~re ad reliquas reficiendas utebatur Caes.*Gal*.4.31.2; Liv.26.47.9; Curt.10.1.19; edixit ne quis ipsum alius..quam Lysippus ex ~re duceret Plin.*Nat*.7.125; ~a domat Temese Stat.*Ach*.1.413; Tac.*Ag*.46.3;—(*typifying hardness or durability*) exegi monumentum ~re perennius Hor.*Carm*.3.30.1; si..pectus mihi firmius ~re Ov.*Tr*.1.5.53;—(*w. ref. to the age of bronze*) ut inquinauit ~re tempus aureum Hor.*Epod*.16.64. **b** uase ~ris albi Plin.*Nat*.16.55; fit ex candido ~re squama longe Cypria inefficacior 34.109;—ut ~s Corinthium in aeruginem, sic illi in morbum et incidunt tardius et recreantur ocius Cic.*Tusc*.4.32; Flor.*Epit*.1.32.(2.16.7); (*in play on words; cf. sense 5a*) Cic.*Att*.2.1.11;—fit..spodium ex plumbo eodem modo quo ex Cyprio ~re Plin.*Nat*.34.172; Larg.206;—rodunt alumen liquidum..~s combustum Cels.5.6.1; quae ex cadmia aut ~re usto..componuntur Larg.21. **c** prosunt (fici) tibiarum ulceribus cum ~ris flore Plin.*Nat*.23.123; Larg.7; ad grauem odorem narium..squamae ~ris pondo quadrantem 50;—scoria ~ris simili modo lauatur Plin.*Nat*.34.107; (*cf*.) exspuitur ~ris palea quaedam 34.134.

2 (sg.) Copper or bronze as a metal of currency, copper or bronze money; *~s graue*, heavy copper or bronze coinage (i.e. *asses* weighing a full pound each). **b** a copper or bronze coin, esp. an *as*. **c** *~s et libra* (*libra et ~s*), a symbolical copper coin and balance used in transactions which concerned transference of property, enslaving of debtors, emancipation of slaves, etc.

quod ~s antiquissimum quod est flatum pecore est notatum Var.*R*.2.1.9; audio capitalis esse; mallem '~re, argento, auro' essent Cic.*Fam*.7.13.2; ~ris magno pondere ..in nauis imposito Caes.*Civ*.3.103.1; Sal.*Cat*.33.2; Plin.*Nat*.18.12; (*cf*.) partes centum dico ad ~s, ad pondus, ad nummum Petr.58.7;—(*in gen., w. ellipsis of* asses) ~ris ccc darier oporteat *Lex Reg*.(*Font.iur*.p.8); Var.*L*.9.83; non amplius..duodecim ~ris Cic.*Q.Rosc*.28; supra trecenta milia usque ad deciens ~ris Liv.24.11.8; qui..quinque milium ~ris patrimonium habebat Gaius *Inst*.2.225; (*w.* minutum) illis (*sc*. pueris)..~ris minuti auaritia est Sen.*Dial*.2.12.2; (*w.* ex) c..ex ~re dato *Lex Reg*.(*Font.iur*.p.8);—(*w.* signatum) ~ris argentique signati aliquantum Liv.24.47.14; 26.36.7;—quia nondum argentum signatum erat, ~s graue..ad aerarium conuehentes speciosam etiam conlationem faciebant 4.60.6; Sen. *Dial*.12.12.6. **b** nauta nec (tibi displiceat) attrita si ferat ~ra manu Prop.4.5.50; curque iuuent uestras ~ra uetusta manus Ov.*Fast*.1.220; *Pont*.1.1.40; nec pueri credunt, nisi qui nondum ~re lauantur Juv.2.152; (*cf*.) amphora uigesis, modius datur ~re quaterno Mart.12.76.1. **c** 'nexum' Manilius scribit, omne quod per libram et ~s geritur, in quo sint mancipia Var.*L*.7.105; is per ~s et libram heredes testamenti soluat Cic.*Leg*.2.51; si proprium est quod quis libra mercatus et ~re est Hor.*Ep*.2.2.158; rem creditori..soluit libraque et ~re liberatum emittit Liv.6.14.5;—(*poet*.) meque tuum libra norit et ~re minus Ov.*Pont*.4.15.42;—(*cf*.) hoc ~re aeneaque libra Var.*L*.9.83; *formula* in Gaius *Inst*.1.119.

3 Money in general, cash (not always clearly distinguishable from sense 2); (monetary) value; (monetary) standard. **b** (pl.) individual sums of money, items in an account. **c** *tribuni* ~*ris* = *tribuni aerarii*.

QVAISTORES ~RE MOLTATICOD DEDERONT *CIL* 1.383; tantum ~s ero dare damnas esto *Leg.pub.*2(*Font.iur.*p.45); uel ~s pro capite dent PL.*Poen.*24; is est enim assiduus, ut ait L. Aelius, appellatus ab ~re dando CIC.*Top.*10; quonam mihi profuisset ~re CATUL.10.8; VERG.*Ecl.*1.35; seruosue tuos quos ~re pararis HOR.*S.*2.3.129; mensis cum ~re in foro positis LIV.7.21.8; SEN.*Ep.*88.1; JUV.11.39; etiam aureos nummos '~s' dicimus ULP.*dig.*50.16.159;—cerae fructus quamuis ~ris exigui non tamen omittendus est COL.9.16.1; GEL.18.5.6;—uirtus..suo ~re censetur SEN. *Ep.*87.17. **b** hoc est ratio? peruersa ~ra, summa est subducta inprobe LUCIL.886; CIC.*Hort.*59; cotidiana eorum ~ra dispungas APUL.*Soc.*22; ULP.*dig.*50.16.27.1. **c** decuriae quoque..fuere, tribunorum ~ris et selectorum et iudicum PLIN.*Nat.*33.31.

4 a ~*s alienum*, Money borrowed from another person, debt; (also, without *alienum*). **b** *suum*, etc., ~*s*, one's own money; *in meo* ~*re sum*, I am free from debt; *in meo* ~*re esse*, to be at my service or disposal.

a perquirunt..alienum ~s cogat an pararit praedium PL.*St.*203; ex ~re alieno..saepissimam discordiam fuisse CATO nep.*orat.*2; summam sumtus duc atque ~ris alieni simul adde LUCIL.884; oppressam esse ~re alieno Galliam CIC.*Font.*11; multae ciuitates omni ~re alieno liberatae *Att.*6.2.4; quos ex ~re alieno laborare arbitrabatur CAES. *Civ.*3.22.1; qui..alienum ~s grande conflauerat SAL.*Cat.* 14.2; neque..inueterascere eorum ~s alienum patiebatur NEP.*Att.*2.5; propter nexos ob ~s alienum LIV.2.23.1; 42.5.9; SEN.*Ep.*119.1; ad uim conuersus est instigante.. magnitudine ~ris alieni SUET.*Otho* 5.1;—(*transf.*) admonitus huius ~ris alieni nolui deesse ne tacitae quidem flagitationi tuae CIC.*Top.*5; SEN.*Ep.*81.17;—~ris confessi rebusque iure iudicatis XXX dies iusti sunto *Lex XII*(*Font.iur.*p.20); professioni ~ris pudorem..obstare CURT.10.2.10. **b** ancillam ~re emptam suo TER.*Ph.*511;—res urget me nulla; meo sum pauper in ~re HOR.*Ep.*2.2.12;—te in meo ~re esse propter Lamiae nostri coniunctionem CIC.*Fam.*13.62; multi ..anni sunt cum ille in ~re meo est 15.14.1.

5 (sg. or pl.) Money given or received for services rendered, a fee; a fare. **b** ~*s militare* (*militum*) or ~*ra militaria*, army (soldiers') pay; (also, without *militare*); (pl., also) years of army service, campaigns; ~*s equestre, hordiarium*, an allowance for the purchase of a horse, of barley.

stat meretrix certo cuiuis mercabilis ~re OV.*Am.*1.10.21; excepit blanda intrantis atque ~ra poposcit JUV.6.125; 7.217;—dum ~s exigitur, dum mula ligatur, tota abit hora HOR.*S.*1.5.13; ubi portitor ~ra recepit PROP.4.11.7. **b** id quod attributum erat ~s militare (dictum) VAR.*L.*5.181; aleatoris Placentini castra..in quibus cum frequens fuisset tamen ~re dirutus est CIC.*Ver.*5.33; cum..~ra..militaria flagitaret miles LIV.5.12.7; hinc (*sc.* ab aere) ~ra militum, tribuni aerarii et aerarium, obaerati, ~re diruti PLIN.*Nat.* 34.1; (*cf.*) castrorum..~ra merentem JUV.16.55;—~RA STIPENDIAQVE O(MNIA EIS MERITA SVNTO) *CIL* 1.583.77; ne eis praeterita ~ra procederent FRON.*Str.*4.1.22; (*in fig. phr.*) OV.*Am.*1.9.44;—IVLIVS LONGINVS..AN XL AER XXII *CIL* 2.2984; SEX CLITERNIVS..~RORVM VII 13.1383;—quin minus duobus milibus ducentis sit ~rum equestrium CATO *orat.*103; quae pecunia (*sc.* ex qua hordeum equis erat comparandum) dicebatur ~s hordiarium GAIUS *Inst.* 4.27.

6 An instrument, implement, etc., made of copper or bronze: **a** (w. specifying adj. or phr.). **b** (w. specific sense to be inferred from the context).

a (*cymbals, etc.*) ~ra rotunda Cybebes PROP.4.7.61; Temesaea..~ra OV.*Med.*41; caua..~ra *Ars* 2.610; LUC.9.288; gemina ~ra sonant STAT.*Theb.*8.221;—(*a trumpet*) siue hic recto cantauerat ~re (*i.e.* tuba) JUV.2.118;—(*a helmet*) uirgineumque cauo protegit ~re caput PROP.3.14.12;—(*the prow of a ship*) nauali surgentis ~re columnas VERG.*G.*3.29; —(*a mirror*) nec rogare qualis sit solet ~s imaginosum CATUL.41.8;—(*a fish-hook*) abdere sub paruis ~ra recurua cibis OV.*Rem.*210. **b** (*cymbals, etc.*) cum pueri..in numerum pulsarent ~ribus ~ra LUCR.2.637; non acuta sic geminant Corybantes ~ra HOR.*Carm.*1.16.8; cum ~ris crepitu qualis in defectu lunae..cieri solet LIV.26.5.9; (*poet.*) mea..pagina..Tartesiaca concrepat ~ra manu MART.11.16.4;—(*a trumpet*) raucum sonus ~re cucurrit ENN.*Ann.*520; ~re ciere uiros VERG.*A.*6.165;—(*arms*) florentis ~re cateruas 11.433;—(*a sword*) prior occupat ~re citato cassidis ima Melas V.FL.6.198;—(*a helmet*) saxis solida ~ra fatiscunt VERG.*A.*9.809; OV.*Met.*8.32; (*cf.*) perfractae cassidis ~ra (*i.e. bronze fragments*) SIL.10.236;—(*a shield*) prolato ~re astitit ENN.*scen.*16;—(*the prow of a ship*) spumas salis ~re ruebant VERG.*A.*1.35;—(*a basin or other vessel*) quaerere..quo uafer ille pedes lauisset Sisyphus ~re HOR.*S.*2.3.21; melligo..Cyprio ~re seruatur PLIN.*Nat.* 12.131;—(*a gong or bell*) redde pilam: sonat ~s thermarum MART.14.163.1;—(*a socket*) ~ra..quae claustris restantia uociferantur LUCR.2.450;—(*a lancet*) uenas, quae sub alis sunt, ~re acuto incidere LARG.16;—(*a token or disc*) ~ra.. a cuneis ulteriora petis MART.1.26.4.

7 A work of art in bronze (e.g. a statue or vase), bronze work.

donarem pateras grataque..meis ~ra sodalibus HOR. *Carm.*4.8.2; exiguo magnus in ~re deus (*sc.* Hercules) MART. 9.43.2; STAT.*Silv.*4.6.20; ut 'urbem' Romam accipimus..et 'Corinthia' ~ra QUINT.*Inst.*8.2.8;—(*w. ref. to Corinthian bronze*) nec miser ~ra paro clade, Corinthe, tua PROP.3.5.6; —(*w. ref. to the brazen bull of Phalaris*) OV.*Ib.*435; clausos urere in ~re uiros *Pont.*3.6.42; PERS.3.39.

8 An inscribed bronze tablet. **b** (spec.) a record of a transaction, or title to property originally inscribed on a bronze tablet.

legum ~ra liquefacta CIC.*Catil.*3.19; cuius ~ra refigere debebamus, eius etiam chirographa defendimus? *Fam.*12.1. 2; *Div.*2.47; leges decemuirales..in ~s incisas LIV.3.57.10; fixo ~re OV.*Met.*1.92; ~ra legum uetustate delapsa TAC. *Hist.*4.40; *Ann.*4.43. **b** ut secundum ~s quidquid uenditum est restituatur emptori HYG.*agrim.*p.88; SIC.FL.*agrim.* p.126; libros ~ris HYG.GR.*agrim.*p.165;—(*w. gen. of the property*) horum..agrorum nullum ⟨est⟩ ~s SIC.FL.*agrim.* p.102.

aesalōn, *m.* [Gk. αἰσάλων] (prob.) A kind of hawk.

~ uocatur parua auis oua corui frangens PLIN.*Nat.*10.205.

Aesar[1] ~aris, *m.* A river of Southern Italy.

lapidosas ~aris undas OV.*Met.*15.22.

aesar[2]**:** (see quot.).

quod ~ar, id est reliqua pars e Caesaris nomine, Etrusca lingua dens uocaretur SUET.*Aug.*97.2.

Aesareus ~a ~um, *a.* Of the river Aesar.

~i fatalia fluminis ora OV.*Met.*15.54.

Aeschinēs ~ī or ~is, *m.* A Greek name, esp. **a** The famous Athenian orator and opponent of Demosthenes. **b** an adherent of Socrates. **c** an Academic philosopher. **d** a Milesian orator contemporary with Cicero.

a CIC. *de Orat.*2.94; *Brut.*36; QUINT.*Inst.*2.17.12; PLIN. *Ep.*2.3.10. **b** apud Socraticum ~en CIC.*Inv.*1.51; SEN. *Ben.*1.8.1; QUINT.*Inst.*5.11.27. **c** CIC.*de Orat.*1.45. **d** CIC.*Brut.*325; SEN.*Con.*1.8.11.

Aeschyleus ~a ~um, *a.* Of, or belonging to, Aeschylus.

~o componere uerba coturno PROP.2.34.41.

Aeschylus ~ī, *m.* The Greek tragic poet.

CIC.*Tusc.*2.23; HOR.*Ars* 279; VITR.7.pr.11; PLIN.*Nat.* 10.7; QUINT.*Inst.*10.1.66; GEL.17.21.10.

aeschȳnomenē ~ēs, *f.* [Gk.] A sensitive plant, perh., a variety of mimosa.

adiecit his Apollodorus ..herbam ~en, quoniam adpropinquante manu folia contraheret PLIN.*Nat.*24.167.

Aesculāpīum ~iī, *n.* A temple of Asclepius.

Arcesius (edidit uolumen) de..ionico Trallibus ~io VITR. 7.pr.12.

Aesculāpius[1] ~(i)ī, *m.* (mythol.) A son of Apollo and Coronis, celebrated for his medical skill (cf. ASCLEPIVS); *insula* ~*i* = the *insula Tiberina* at Rome.

~i liberorum saucii opplent porticus ENN.*scen.*165; PL. *Cur.*217; CIC.*Ver.*4.127; CELS.1.pr.2; LIV.40.37.2; TAC.*Ann.* 12.61; AESCLAPIO *CIL* 3.1766; AESCVLAPEM ET HYGIAM 8.17726;—(*pl.*) CIC.*N.D.*3.57;—cum quidam aegra..mancipia in insulam ~i..exponerent SUET.*Cl.*25.2.

Aesculāpius[2] ~a ~um, *a.* Of, or belonging to, Asclepius.

anguis ~us Epidauro Romam aduectus est PLIN.*Nat.* 29.72.

aesculētum ~ī, *n.* **esc-.** [AESCVLVS+-ETVM] A forest of *aesculus*. **b** (prop.) a district of Rome.

quale portentum neque militaris Daunias latis alit ~is HOR.*Carm.*1.22.14. **b** Q. Hortensius dictator..legem in ~o tulit PLIN.*Nat.*16.37; ⟨MA⟩GISTRI VICI AESCLETI *CIL* 6.30957. **β** ut ~um ab esculo dictum VAR.*L.*5.152.

aesculeus ~a ~um, *a.* [AESCVLVS+-EVS] Of *aesculus*.

~ae capiebat frondis honorem OV.*Met.*1.449.

aesculīnus ~a ~um, *a.* [AESCVLVS+-INVS] Of *aesculus* or its wood.

ne commisceantur axes ~i querco VITR.7.1.2.

aesculnius ~a ~um, *a.* [next+-*nius* (for -NEVS)] = prec.

POSTIBVS ~EIS *CIL* 1.698.2.9.

aesculus ~ī, *f.* **esc-.** [perh. cf. Gk. αἰγίλωψ κράταιγος; ON. *eik*; Ger. *Eiche*; Eng. *oak*] A variety of oak-tree, perh. either durmast or Hungarian oak.

nemorumque Ioui quae maxima frondet ~us VERG.*G.* 2.16; 2.291; OV.*Met.*10.91; ciuica (corona) iligna primo fuit, postea magis placuit ex ~o Ioui sacra PLIN.*Nat.*16.11; annosa..~us SIL.5.481; SUET.*Gal.*3.1;—(*dist. from other kinds of oak*) quippe cum robur quercumque uulgo nasci uideamus, ~um non ubique PLIN.*Nat.*16.17;—(*typifying hardness*) nec rigida mollior ~o nec Mauris animum mitior anguibus HOR.*Carm.*3.10.17. **β** VAR.*L.*5.152.

Aesernia ~ae, *f.* A town in Samnium.

SIS.*hist.*6; CIC.*Att.*8.11d.2; VELL.1.14.8.

Aesernīnus ~a ~um, *a.* Of, or belonging to, Aesernia; (m. pl. as sb.) the Aesernians. **b** (as a personal name).

in ~um (agrum) LIV.10.31.2; duae turmae equitum, Placentina et ~a 44.40.6;—(*as a surname*) Marcelli ~i libertus PLIN.*Nat.*12.12;—SIS.*hist.*16; LIV.27.10.8. **b** (*a famous gladiator*) LUCIL.149; CIC.*Opt.Gen.*17; *Q.fr.*3.4.2.

Aesis ~is, *m.* A river flowing between Umbria and Picenum. **b** the eponymous ruler of the town of Aesis.

LIV.5.35.3; MELA 2.64. **b** SIL.8.444.

Aesōn ~onis (~onos), *m.* (mythol.) A Thessalian prince, the father of Jason.

OV.*Met.*7.84; V.FL.5.48; STAT.*Theb.*5.416.

Aesonidēs ~ae, *m.* The son of Aeson, Jason.

PROP.1.15.17; OV.*Met.*7.60; V.FL.1.161;—(*in a representation*) MART.2.14.6.

Aesonius ~a ~um, *a.* Of, or descended from, Aeson; (also) of Jason.

iret ut ~as aurea lana domos PROP.3.11.12; ~o iuueni OV.*Ep.*12.66; heros ~us *Met.*7.156; SEN.*Med.*83;—uenit in ~os altera nupta sinus OV.*Ars* 3.34; V.FL.6.653.

Aesōpīus (-ēus) ~ia ~ium, *a.* Composed in the style of Aesop, Aesopian.

PHAED.4.pr.11; fabellas..et ~eos logos SEN.*Dial.*11.8.3.

Aesōpus ~ī, *m.* **a** The Greek fabulist, Aesop. **b** a Roman tragic actor contemporary with Cicero.

a ~us auctor PHAED.1.pr.1; PLIN.*Nat.*36.82; QUINT. *Inst.*5.11.19. **b** *Rhet.Her.*3.34; CIC.*de Orat.*1.259; quae grauis ~us..egit HOR.*Ep.*2.1.83.

aessōmus ~a ~um, *a.* [? = Gk. ἔξωμος] sleeveless.

in ueste ~as tuni⟨cas⟩ palliolum et pallium Scyrina *FJRA* 3.17.10(*P.Mich.*3.434.10).

aestās ~ātis, *f.* [<**aidh-* (cf. AEDES)]

1 The warm period of the year, summer. **b** (as one of the seasons into which the year is divided). **c** (as the campaigning season).

quia isti umbram ~ate tibi esse audiuit perbonam PL.*Mos.* 764; per ~atem boues aquam bonam..bibant semper curato CATO *Agr.*73; ita..ut hac ~ate fanum absolutum sit CIC.*Att.*12.19.1; Nilus in ~atem crescit LUCR.6.712; quas legationes Caesar..inita proxima ~ate ad se reuerti iussit CAES.*Gal.*2.35.2; VERG.*A.*10.405; LIV.23.39.4; ad ~atum temperandos calores COL.1.5.4; LUC.6.335; GEL.18.1.3. **b** ~atem autumnus sequitur, post acer hiemps it ENN.*Ann.* 424; huius (*sc.* anni) temporis pars prima hiems..tempus secundum uer..tertium..~as..quartum autumnus VAR. *L.*6.9; CIC.*Man.*35; hic quoque confligunt hiemes ~atibus acres LUCR.6.373; VERG.*G.*2.322; uer proterit ~as HOR. *Carm.*4.7.9; OV.*Ib.*37; VII Id.Mai. ~atis initium COL.11.2.39; ULP.*dig.*43.20.1.32;—(*personified*) stabat nuda ~as OV.*Met.* 2.28. **c** una ~ate in Asia et Graecia gesta SIS.*hist.*127; quin cum omnibus copiis ipse prima ~ate Euphraten transiturus sit CIC.*Att.*5.21.2; una ~ate duobus maximis bellis confectis CAES.*Gal.*1.54.2; LIV.24.20.15; TAC.*Ag.*18.3.

2 The heat of summer, summer weather. **b** (poet.) the summer sky or air.

Faunus..igneam defendit ~atem capellis usque meis HOR.*Carm.*1.17.3; ille etesiarum flatus ~atem frangit SEN. *Nat.*5.10.4; MART.10.30.14. **b** nare per ~atem liquidam ..agmen (apium) VERG.*G.*4.59.

3 (w. ref. to the passage of time) A year, summer.

tribus exactis ubi quarta accesserit ~as VERG.*G.*3.190; *A.*1.756; haec mihi Cimmerio bis tertia ducitur ~as litore OV.*Pont.*4.10.1; SEN.*Her.O.*597; duxit et ~ates synthesis una decem MART.4.66.4.

aestifer ~era ~erum, *a.* [AESTVS+-FER]

1 That causes heat. **b** (of a constellation) that brings hot weather.

~er ignis uti lumen iacit atque uaporem LUCR.1.663; 5.613; criniger ~eris Titan feruoribus auras..oppleuit SIL. 14.585. **b** ~er est pandens feruentia sidera Cancer CIC. *Arat.*566(320); Canis ~er VERG.*G.*2.353; SEN.*Oed.*39; STAT. *Theb.*4.692.

2 (of places) Hot, sultry.

ille ex ~era parti uenit amnis ab austro LUCR.6.721; ~erae Libyes LUC.1.206; ~eri quicquid terit area Nili STAT. *Silv.*3.3.91; SIL.17.447.

aestimābilis ~is ~e, *a.* [AESTIMO+-BILIS] Having worth or value.

~e esse dicunt..id..quod aliquod pondus habeat dignum aestimatione CIC.*Fin.*3.20.

aestimātiō ~ōnis, *f.* **(aestu-)** [AESTIMO+-TIO]

1 The estimation of a thing at its money value, valuation. **b** (spec.) the assessment of goods for the purpose of determining money payments in lieu. **c** the valuation of real estate for the settlement of debts, esp. that decreed by Caesar at pre-war values after the civil war; (concr.) property made over on such a valuation.

pretium quod emptionis ~onisue causa constituitur VAR. *L.*5.177; qui modus est in his rebus cupiditatis, idem est ~onis CIC.*Ver.*4.14; *Att.*4.2.5; pecunias..tantas ex suis bonis ~one facta cum dotibus communicant CAES.*Gal.*6. 19.1; in ~one censoria aes infectum rudus appellatur CINC. *iur.*19; in ~onem urbs agerque uenit LIV.5.25.8; PLIN.*Nat.* 36.110; JULIAN.*dig.*12.1.22;—(*w. obj. gen.*) ~one census CIC.*Parad.*50; LIV.32.10.3; (*cf.*) (Homerus) pecore ~ones rerum..fecit PLIN.*Nat.*33.7. **b** ex..accommodatione magistratuum consuetudo ~onis introducta est CIC.*Ver.* 3.189; 3.194;—(*w. obj. gen.*) 3.202; leuis ~o pecudum in multa lege C. Iuli P. Papiri consulum constituta est *Rep.*2. 60; (*as a right*) impetrarunt, ne frumenti ~onem magistratus Romanus haberet LIV.43.2.12. **c** per eos (*sc.* arbitros) fierent ~ones possessionum et rerum, quanti quaeque earum ante bellum fuisset, atque eae creditoribus traderentur CAES.*Civ.*3.1.2; ut debitores creditoribus satis facerent per ~onem possessionum SUET.*Jul.*42.2;—mihi et res et condicio placet sed ita ut numerato malim quam ~one CIC.*Att.* 12.25.1; si ~ones tuas uendere non potes *Fam.*9.18.4;—(*facet.*) ut, cum me hospitio recipias, ~onem te aliquam putes accipere 9.16.7.

2 (leg.) The assessment (of a penalty, damages, etc.); also, *litis* (*litium*) *~o*.
(*w. gen.*) erat..Athenis reo damnato, si fraus capitalis non esset, quasi poenae ~o Cic.*de Orat.*1.232; legem de multarum ~one Liv.4.30.3;—ad pecuniariam ~onem condemnatio concepta est Gaius *Inst.*4.48; Papin.*dig.*48.19.41; —IOVDICIVM IOVDICATIO LEITISQVE ~o *CIL* 1.583.4; ad communem litium ~onem uenisse Cic.*Ver.*2.45; ~onem litium non esse iudicium *Clu.*116; Gaius *Inst.*4.75.

3 An estimate of expense.
tradita ~one (*sc.* architecti) magistratui bona eius obligantur, donec opus sit perfectum Vitr.10.pr.1.

4 Appraised value, price fixed by valuation. **b** the amount fixed by appraisement, equivalent in money. **c** monetary worth, value.
coquus, uilissimum antiquis mancipium et ~one et usu Liv.39.6.9; uenturasne eas credidisse ad supra dictam ~onem illos Plin.*Nat.*17.7; omnium bonorum usum fructum posse legari, nisi excedat dodrantis ~onem Ulp.*dig.*7.1.29; Gaius *dig.*50.16.232; (*cf.*) infinita ~o est libertatis et necessitudinis Paul.*dig.*50.17.176.1. **b** ad praestandam alteri (patrono) quinque operarum ~onem Julian.*dig.*38.1.23.1; ut heres rem redimere et praestare aut ~onem eius dare debeat Gaius *Inst.*2.202; Ulp.*dig.*23.3.10.6; 48.5.28(27).3; ~onem honoris aut muneris in pecunia pro administratione offerentes Paul.*dig.*50.4.16. **c** linteum..quod me non mouet ~one Catul.12.12.

5 Estimation, reckoning (of size, quantity, etc.). **b** taking into account, reckoning with.
graue..et leue est non aestimatione nostra, sed comparatione eius, quo uehi debet Sen.*Nat.*3.25.6; nec ut mensura..sed ut tantum ~o coniectanti constet animo Plin.*Nat.*2.85; 3.67;—(*w. obj. gen.*) longinquitatis ~one 8.6; Fron.*Aq.*74. **b** quid, quod ~one nocturnae quietis dimidio quisque spatio uitae suae uiuit..? Plin.*Nat.*7.167.

6 Judgement, estimation (of a fact, quality, etc.). **b** good opinion, esteem.
ualetudinis ~onem spatio iudicari Cic.*Fin.*3.47; semper ..infra aliorum ~ones se metientem Vell.2.127.4; aliter deorum numini subiecta uniuscuiusque conscientia est, aliter nostrae ~oni Sen.*Con.*1.2.3; quam placidum amnis os..esset, anceps et caeca ~o augurabatur Curt.9.9.2; Plin.*Nat.*31.45; Piso..~one recta seuerus..habebatur Tac.*Hist.*1.14;—(*w. obj. gen.*) ut praemia ad ueram meritorum ~onem tribui possent Liv.28.16.10; causae..~o saepe morbum soluit Cels.1.pr.69;—(*w. indir. qu.*) quid magis e re publica duceret ~onem sibi permissam Liv. 26.16.4. **b** quae..secundum naturam essent ea..quadam ~one dignanda docebat Cic.*Ac.*1.36; hominem nimia ~one sui furentem Sen.*Ben.*6.31.4.

7 Moral worth, value.
~o, quae *ἀξία* dicitur Cic.*Fin.*3.34.

aestimātor ~ōris, *m.* [AESTIMO+-TOR]

1 A valuer, appraiser.
unus tu dominus, unus ~or, unus uenditor..frumenti omnis fuisti Cic.*Pis.*86; si isti callidi rerum ~ores prata et areas quasdam magno aestimant *Parad.*51.

2 One who judges or appraises (qualities, etc.), an estimator. **b** (spec.) one who thinks well of or esteems.
incautior fidei ~or fuit Liv.34.25.7; Hanno..certior Romani animi ~or V.Max.6.6.2; ut est natura candidissimus omnium magnorum ingeniorum ~or T. Liuius Sen. *Suas.*6.22; Sen.*Ep.*95.58; Col.11.1.9; Plin.*Ep.*6.17.5;—(*of abst. subj.*) est..iniustus dolor rerum ~or Sen.*Tro.*546. **b** immodicus ~or sui Curt.8.1.22; beneficiorum tuorum parcissimus ~or Plin.*Pan.*21.2.

aestimātōrius ~a ~um, *a.* [AESTIMO+-TORIVS] Of, or concerning, the valuation of property; (fem. as sb., w. ellipsis of *actio*) an action concerning the valuation of property.
aut redhibitorio aut ~o..iudicio agere potest Gaius *dig.* 21.1.18; dandam ~am praescriptis uerbis actionem Ulp. *dig.*19.3.1;—si..uelit intra annum ~a agere Pompon.*dig.* 21.1.48.2; Paul.*dig.*21.1.43.6.

aestimātus[1] ~a ~um, *a.* [pple. of AESTIMO] In senses of verb; also, that is under a forfeit.
te quaeso ~um hunc mihi des Pl.*Capt.*340; (*w. amount expr.*) ego te ~um huic dedi uiginta minis 364.

aestimātus[2] ~ūs, *m.* [AESTIMO+-TVS[3]] A valuation (of property).
nihil impediet secundum formas ~um petere Agen. *agrim.*p.35.

aestimia ~ae, *f.* (See quot.)
~as aestimationes Paul.*Fest.*p.26M.

aestimium ~iī, *n.* [next+-IVM] Assessment, valuation.
et possessiones pro ~io ubertatis angustiores sunt adsignatae Hyg.Gr.*agrim.*p.134; p. 169; dedit..in aestimio uestis et in numerato praesens oct[..]as duas dracmas *FJRA*.3.20.8(*P.Mich.*3.442.9).

aestimō ~āre ~āuī ~ātum, *tr.* Also **-tum-**. [unkn.]

1 To estimate the money value of, price, value; also, to estimate the cost of. **b** (w. gen. or abl. of price) to value (at).
lucrum ingens facio praeterquam mihi meu' pater dedit ~atas mercis Pl.*Mer.*96; emit domum..prope dimidio carius quam ~abatur Cic.*Dom.*115; famae . . ac fidei damna maiora esse quam quae ~ari possent Liv.3.72.3; 22.50.6; si bona fide in dotem ~atum praedium maritus accepit Afric. *dig.* 20.4.9.3; Ulp.*dig.*12.3.1;—(*w.* pecunia, pretio) haec expendite atque ~ate pecunia Cic.*Ver.*5.23; ~antur purgamenta exaestuantis freti pretio Curt.8.9.19; (*cf.*) quia non.. pecunia quoque merce ~anda est Javol.*dig.*46.1.42;—(*absol.*) non est iam in lege..positus modus ~andi Cic.*Ver.* 3.220;—(*w. standard indicated*) ego uero (ista) ad meam rationem..non ~o 4.13; nemo..illum ex trunco corporis spectabat sed ex artificio comico ~abat *Q.Rosc.*28; quis.. umquam uestimenta ~auit arcula? Sen.*Ep.*92.13;—(*neut. pple. as sb.*) actio de ~ato proponitur tollendae dubitationis gratia Ulp.*dig.*19.3.1;—in ~ando nouo pariete Pompon. *dig.*39.2.39.4. **b** (*w. gen.*) retines HS XXI; tanti enim est frumentum Siciliense ex lege ~atum Cic.*Ver.*3.174; dixit se pluris ~are (fundum) *Off.*3.62; aurum iuxta plumbum.. nulli ~are Apul.*Flor.*9; (*colloq.*) rumores..senum seueriorum omnes unius ~emus assis Catul.5.3;—(*w. abl.*) tritici modios singulos..denariis ternis ~auit Cic.*Ver.*3.188; trecentis nummis non ~atus ciuis Liv.22.59.18; Sen.*Suas.* 1.6; ~atum lignum senatorio censu Sen.*Ben.*7.9.2; Tac. *Ann.*1.17; Julian.*dig.*30.1.81.4.

2 (w. *pretium*, *damnum*, and the like) To estimate, assess (cost, etc.). **b** (leg.) *litem* (*lites*) *~are*, to assess the damages or penalty in an action: see LIS. **c** (absol.) to make a monetary valuation.
~ate harum omnium rerum pretia Cic.*Ver.*5.23; V.Max. 5.2.ext.1; quemadmodum leno damnum ~aturus sit Quint. *Decl.*385(p.431,l.24); ~ando cuiusque detrimento..delecti Tac.*Ann.*6.45;—(*w. abl. expr. the nature of the estimate*) sic egit (Socrates) ut qui poenam suam honoribus summis esset ~aturus Quint.*Inst.*11.1.10. **c** (*w.* de) de argento et suppellectili..eum cuius notio est ~aturum Paul.*dig.*32.1. 78.1;—(*w.* in+*acc.*) potest..heres..partem legatario dare, in quam uel legatarius consenserit uel iudex ~auerit 30.27.

3 To estimate the worth of, value, assess, weigh. **b** (w. gen. or abl. of value) to assess (at), consider worth.
idem expendunt atque ~ant uoluptates Cic.*Red.Sen.*15; quom facta uostra ~o Sal.*Cat.*58.18; cetera nequaquam simili ratione modoque ~at Hor.*Ep.*2.1.21; est aliquis, qui se inspici, ~ari fastidiat Liv.6.41.2; o graue..dedecus! Lacones se numerant, non ~ant Sen.*Suas.*2.6; et hanc sententiam suo loco ~abimus Col.3.3.2; Quint.*Inst.*10.5.21; Tac.*Ann.*6.12; —(*w. standard indicated by abl.*) qui redit in fastus et uirtutem ~at annis Hor.*Ep.*2.1.48; si magnitudine classis ~ares Liv.29.26.2; Col.2.2.17; Larg.pr.p.2,l.24; (*by preps.*) ex ueritate pauca, ex opinione multa ~at (uolgus) Cic.*Q.Rosc.*29; commodum dicitur a maiore sui parte ~atum Sen.*Ep.*87.37; quibus magnos uiros per ambitionem ~are mos est Tac.*Ag.*40.4; (*by adv.*) hinc primum agricolae ~abant prisci Plin.*Nat.*19.57. **b** (*w. gen.*) quid autem eum accuses qui id parui auditum ~et? *Inc.trag.*180; maximi..~are conscientiam mentis suae Cic.*Clu.*159; ex iis alia pluris esse ~anda, alia minoris *Ac.*1.37; scio, quanti ~entur nostrae apud uos querellae Liv.29.17.1; Sen.*Ben.* 2.28.1; Larg.pr.p.4,l.15;—(*w. abl.*) quia sit (ualere) non nihilo ~andum Cic.*Fin.*4.62; quorum salutem..neque ciuitas leui momento ~are posset Caes.*Gal.*7.39.3; quibusdam honoratis magnoque ~antibus se Liv.41.20.3; Curt. 5.5.18; nisi forte te paruo ~as Sen.*Ben.*1.8.2;—(*foll. by inf.*) magni ~o tibi firmitudinem animi nostri..probari Cic.*Att.* 10.1.1; magno ~asset scire, quibus natus esset parentibus Sen.*hist.*1.

4 To assess, judge (a situation). **b** (w. indir. qu.) to determine, judge.
id quod acciderat per se ~are Liv.22.8.3; hilaritate..et nitore sanitas ~atur Plin.*Nat.*11.64; dolum malum eo iudicio ~ari oportet Pompon.*dig.*19.1.6.8;—(*absol.*) si quis uere ~are uelit Liv.6.11.4; ut uel hinc ~atu facile sit tibi Aur.*Fro.*1.p.184(71N). **b** ~abunt patres utrum plus ante poenae an nunc ueniae meriti sitis Liv.6.26.2; nec satis ~ari potest, quantum Romanis debeatur Plin.*Nat.*30.13; omnes..~are debent an quod inchoatur rei publicae utile.. sit Tac.*Hist.*2.76;—(*also w.* ex) an ea uoluntas fuit patris familias..praetor ~abit ex persona matris Julian.*dig.*36. 1.26(25).

5 To value highly, esteem.
quae Zeno ~anda et sumenda et apta naturae esse dixit Cic.*Fin.*4.60; nemo ~at tempus; utuntur illo laxius quasi gratuito Sen.*Dial.*10.8.2; Tac.*Ann.*15.2;—(*pres. pple. as sb.*) nos bello et ab ~antibus adsciti *Hist.*1.16.

6 To estimate, calculate, reckon, measure (size, quantity, etc.); also, to estimate the size of.
qui numerum copiarum eius..~abant Curt.4.9.11; ceteris (arboribus) ~anda erit portio Col.11.2.29; Plin. *Nat.*36.123; (*w. indir. qu.*) nec quantus numerus sit ~ari potest Liv.10.33.2; 25.23.11;—hinc..totam licet ~are Romam Mart.4.64.11;—(*w. standard expr.*) quisquis mundum mensura sua ~auerit Sen.*Nat.*4.11.4; pro mora temporis ~abis distantiam loci Col.9.8.8; quarum (arborum) amplitudo ac radices ~ari possunt ex orbibus Plin.*Nat.*13. 95; (*cf.*) (luna) mensem suis auctibus ac..dispendiis ~ans Apul.*Soc.*117.

7 To reckon, consider, hold; *nihil ~are*, to reckon as of no importance. **b** (w. pred.) to rate, hold (as).
(*w. indir. sp.*) ~are futurum ut..largiter acerbitatis deuorarent Planc.*orat.*2; multo illa grauius ~are, liberos, coniuges in seruitutem abstrahi, ipsos interfici Caes.*Gal.* 7.14.10; turpe ~antes aliquid commissum a suis Phaed. 4.18(19).15; Sen.*Nat.*1.1.13; subire eas (stellas) aut descendere..oculis ~antibus Plin.*Nat.*2.65; Tac.*Ann.*4.39; si causa cognita ~auerit hoc filiis expedire Gaius *Inst.*1.93; —(*absol.*) Atheniensium res gestae, sicuti ego ~o, satis amplae..fuere Sal.*Cat.*8.2; Plin.*Nat.*28.85;—me esse mortuum nihil ~o Cic.*Tusc.*1.15. **b** omnia alia indelicta ~ant Acc.*trag.*384; eorum ego uitam mortemque iuxta ~o Sal.*Cat.*2.8; quod carum ~ant *Jug.*85.41; (*w.* pro) ut.. modestiam pro socordia ~ent *Rep.*1.5.5; (*w.* loco) despecti et indigni re publica habiti praedae loco ~antur *Hist.*1.77.5.

8 To take into account, consider.
(*w. indir. qu.*) quod quicumque leget..~et ante, compositum quo sit tempore Ov.*Tr.*3.14.27; Plin.*Nat.*18.27; —(*w. acc. and inf.; pres. pple. as sb.*) nihil incredibile sit ~antibus Pyrrho regi quo die periit praecisa hostiarum capita repsisse sanguinem suum lambentia 11.197.

9 (app.) To ascribe, impute.
orbitatem..tibi imputo; tibi ~o illam ex die mei doloris Quint.*Decl.*256(p.48,l.5).

aestīua ~ōrum, *n. pl.* [AESTIVVS]

1 (mil.) A summer camp, summer quarters.
dum in ~is nos essemus Cic.*Att.*5.17.3; Q.Cic.*Fam.*16. 27.2; educto in ~a milite Liv.7.39.1; isdem ~is in finibus Vbiorum habebantur (legiones) Tac.*Ann.*1.31; reliquas (cohortes) in hiberna et ~a..dimittere assuerat Suet.*Aug.* 49.1; (*iron.*) ad illa ~a praetoris accedunt, ipsam illam ad partem litoris ubi iste..castra luxuriae conlocarat Cic.*Ver.* 5.96.

2 The campaigning season. **b** campaigns.
qui (exercitus) ad Tarentum ~a acturus esset Liv.27.8.19; ne..segnia ~a essent 37.5.4; iurisdictionibus agendoque pro tribunali ordine trahebat ~a Vell.2.117.4; eaque ~a agentibus sedes est Curt.5.8.1. **b** nulla ex trinis ~is gratulatio Cic.*Pis.*97; ~is confectis *Att.*5.21.6; sub tempus ~orum Hirt.*Gal.*8.6.1; Liv.23.18.16; anni eius ~a usque in mensem Decembrem perducta Vell.2.105.3.

3 Summer pastures.
~a montanis locis commodiora Var.*R.*1.6.5; lactis herbidos per montium ~a potus Plin.*Nat.*24.28; ~a Lycaei Stat.*Theb.*1.363;—(*meton., of the cattle*) nec singula morbi corpora corripiunt, sed tota ~a repente Verg.*G.*3.472.

4 Summer apartments (in a house).
urbana (uilla)..in hibernacula et ~a..digeratur Col.1.6.1.

aestīuālis ~is ~e, *a.* [AESTIVVS+-ALIS] Of summer, designed for summer use.
THERMARVM ESTIVALIVM *CIL* 10.5348.

aestīuē, *adv.* [AESTIVVS+-E] In a summery fashion, lightly.
(*facet.*) quom inspicio marsuppium, uiaticati hercle admodum ~ (*i.e. scantily*) sumus Pl.*Men.*255.

aestīuō ~āre ~āuī ~ātum, *intr.* [AESTIVVS+-O[3]] To spend the summer.
greges ouium..abiguntur..in Samnium ~atum Var.*R.* 2.1.16; multi (thynni) in Propontide ~ant Plin.*Nat.*9.52; intra saepem eam ~ant pastores 12.22; (Gallus) Latiis ~at in oris Stat.*Silv.*4.4.22; Tusculum, ubi ~are consueuerat (Galba) Suet.*Gal.*4.3.

aestīuus ~a ~um, *a.* [AESTVS+-IVVS]

1 Of or belonging to summer, occurring in summer. **b** (w. advl. force). **c** designed for, or used in, summer. **d** appearing or growing in summer. **e** *occasus* (*oriens*) *~us*, the north-west (-east). **f** *~us annus*, the summer portion of the year.
~is..signis (*i.e. traversed by the sun in summer*) Lucr. 5.639; alas pandere ad ~um solem Verg.*G.*4.28; ubi nulla.. arbor ~a recreatur aura Hor.*Carm.*1.22.18; ~arum expeditionum Vell.2.114.3; in subitas tempestates..agitur ~a tranquillitas Sen.*Ep.*91.5; silua..~as..incohat umbras Calp.*Ecl.*5.20; ~os quo decipis aere soles? Stat.*Silv.*4.4.19; ~is flatibus Tac.*Hist.*4.81; ~arum feriarum Gel.18.5.1; (*cf.*) (alter circulus) ~um medio nomen sibi sumit ab aestu Man.1.571;—(*of time*) ~o tempore Var.*R.*2.8.5; ~os mensis ..rei militari dare, hibernos iuris dictioni Cic.*Att.*5.14.2; ~is noctibus Liv.9.37.9; per ~os..dies Ov.*Pont.*2.10.38;—(*advl. acc.*) ~um tonat Juv.14.295. **b** in quo consistens conuertit curriculum Sol ~us Cic.*Arat.*511(265); Tib.1.2.50; tu..qui ~os spatiosius exigis ignis, Phoebe Prop.3.20.11; ~o nec se magis aequore Triton exserit Stat.*Theb.*9.329; differre in tempora cenae alterius conchem ~am Juv.14.131. **c** praesepis bubus hibernas ~as Faliscas Cato *Agr.*14.1; hiberna triclinia et ~a Var.*L.*8.29; uitri..~a supellex Prop.4.8.37; ceteris conclauibus, id est uernis, autumnalibus, ~is Vitr.7.5.1; nos hic pecorum modo per ~os saltus.. exercitum ducimus Liv.22.14.8; uestimenta ~a Sen.*Ben.* 1.12.3; castris ~is Tac.*Ann.*1.16; cubiculum..altitudine ~um, munimentis hibernum Plin.*Ep.*2.17.10; aquae uel cottidianae uel ~ae Pompon.*dig.*8.3.15. **d** (*of living creatures*) ~as aues Liv.5.6.2; cauponarum..~a animalia (*i.e. fleas*) Plin.*Nat.*9.154; ~as..alites praeposteri..rigores necant Plin.*Nat.*18.208;—(*of plants*) somno..aptum est papauer, lactuca, maximeque ~a Cels.2.32; panicum et sesama et omnia ~a (frumenta) Plin.*Nat.*18.60; (*cf.*) summas partes (uitis), quas ~as rustici appellant Col.*Arb.*5.4;—(*of diseases*) ~a quartana Cels.2.8.16; ad cohibendas epiphoras ~as Plin.*Nat.*25.163. **e** ab occasu ~o erigere agmen Liv.38.20.9; ab umeris arborum orientem ~um spectantibus Plin.*Nat.*17.105. **f** Man.2.202.

2 Having summer-like conditions, summery.
~i clementior aura Lycaei Stat.*Theb.*7.80.

aestuārium ~(i)ī, *n.* [AESTVS+-ARIVM]

1 An inlet, etc., covered by the sea at high tide, tidal opening. **b** a river estuary.
in libro quem de ~iis feci Var.*L.*9.26; pedestria esse itinera concisa ~iis Caes.*Gal.*3.9.4; ~iis..tenui alueo intercursantibus Plin.*Nat.*3.151; ceteras nauium..per ~ia et fossas adegit Tac.*Ann.*11.18;—(*used for supplying fish-ponds*) piscinas eius despiciebat, quod ~ia idonea non haberet Var.*R.*3.17.8; (*cf.*) peculiaria sibi maria excogitauit, ~iis intercipiendo fluctus pisciumque diuersos greges separatim molibus includendo V.Max.9.1.1; ex hoc (stagno) in modum fluminis ~ium emergit Plin.*Ep.*9.33.2. **b** inter ~ia Baetis oppida Nabrissa..et Colobana Plin.*Nat.*3.11; in ~io Tamesae Tac.*Ann.*14.32.

2 An air-shaft, vent.
secundum puteum dextra ac sinistra defodiantur ~ia Vitr.8.6.13; Plin.*Nat.*31.49.

aestuō ~āre ~āuī ~ātum, *intr.* [AESTVS+-O³]

1 To burn fiercely, blaze. **b** to be hot (from the action of fire), boil.

~at ut clausis rapidus fornacibus ignis VERG.*G.*4.263; quo feruida motu ~et Aetna *Aetna* 93;—(*in fig. phr.*) tectus magis ~at ignis OV.*Met.*4.64. **b** dum scribilitae ~ant PL.*Poen.*43; ~at Alpheos OV.*Met.*2.250.

2 To be excessively hot, swelter; **a** (of places, conditions, etc.). **b** (of persons, animals, etc.).

a cum exustus ager morientibus ~at herbis VERG.*G.*1.107; tempus, quo torridus ~at aer PROP.2.28.3; SEN.*Nat.*4a.2.29; qua..dies medius flagrantibus ~at horis LUC.1.16; Pisaeum..domus non ~at annum STAT.*Silv.*1.3.8. **b** CIC.*Tusc.*2.34; si quis ~ans..recordari uelit sese aliquando..gelidis fluminibus circumfusum fuisse 5.74; sub pondere Caeneus ~at OV.*Met.*12.515; non est uita tanti, ut sudem, ut ~em SEN.*Nat.*1.pr.4; si ~auerint (boues) COL.2.3.2; si dixeris '~o,' sudat JUV.3.103; (*in fig. phr.*) ille cum ~aret ..Academicorum umbram secutus est CIC.*Luc.*70; (*impers. pass.*) aestas calores refert: ~andum est SEN.*Ep.*107.7;—(*med., applied to heartburn*) item prodest ei cui pectus ~at CELS.1.3.20; (*cf.*) talia..ulcera..difficile sanescunt algendo nimis ~andoue PLIN.*Nat.*17.214.

3 To burn with love or desire; (of animals) to be sexually excited.

~at intus (Byblis) OV.*Met.*9.465; patriis..in uultibus haerens ~at (Myrrha) 10.360; accendis desiderium ~antis PETR.126.5; (*w.* in+*abl.*) rex Odrysius..in illa ~at OV.*Met.*6.491; (*w. abl.*) ~et ut nostro madidus conuiua ministro MART.9.22.11;—feminae (perdices)..per id tempus ~ant PLIN.*Nat.*10.102.

4 (of water) To be in violent motion, seethe, boil up. **b** (of other things) to be tossed about, whirl about. **c** (spec.) to ebb and flow.

turbidus hic caeno uastaque uoragine gurges VERG.*A.*6.297; Syrtis, ubi Maura semper ~at unda HOR.*Carm.*2.6.4; feruet..et ~at (mare) SEN.*Nat.*3.26.7; ~at scopulis fretum *Ag.*560; STAT.*Silv.*5.2.114;—(*w.* in+*acc.*) ille (*sc.* Nilus)..~at in campos LUC.10.247;—(*in fig. phr.*) ut fluat semper (lingua) et ~et conluuione uerborum GEL.1.15.17;—(*poet.*) teneris tepefactus in ossibus umor ~at VERG.*G.*4.309. **b** cum uentis pulsa uacillans ~at..arbor LUCR.5.1097; CATUL.25.12; qua plurimus undam fumus agit nebulaque ingens specus ~at atra VERG.*A.*8.258; rabidi ceu belua ponti ..~at SIL.15.787; ~ant..intra pectus sepulta uentribus nostris cognata uiscera [QUINT.]*Decl.*12.2. **c** (*quasi-fig.*) in illud quasi ~antis animae iter GEL.17.11.5.

5 To be agitated or restless, fret, chafe; to seethe (with an emotion). **b** (of emotions) to surge up, seethe.

quod ubi auditum est, ~are illi qui pecuniam dederant CIC.*Ver.*2.55; (*w. causal abl.*) (Alexander) ~at infelix angusto limite mundi JUV.10.169; (*w.* ne) uerentis et ~antis, ne in ullo officio sis tardior SEN.*Ben.*6.42.1;—ut desiderio nostri te ~are putarem CIC.*Fam.*7.18.1; pleraque nobilitas inuidia ~abat SAL.*Cat.*23.6; cui feruens ~at occultis animus JUV.3.50; (*poet.*) accensus..mero sopor ~at STAT.*Theb.*10.321. **b** ~at ingens uno in corde pudor VERG.*A.*10.870; sui amor ~at SEN.*Ep.*82.15; ~at angusta rabies ciuilis harena LUC.6.63.

6 To be in an unsettled state of mind, vacillate.

~abat dubitatione CIC.*Ver.*2.74; hunc ~antem et tergiuersantem *Flac.*47; quae quom multos dies noctisque ~ans agitaret SAL.*Jug.*93.2; anceps inter utrumque animus ~at QUINT.*Inst.*10.7.33; SUET.*Cl.*4.2; nos istic uehementer ~amus AUR.*Fro.*1.p.118(30N);—(*w.* in+*abl.*) in eo (*i.e. that puzzle*) ~aui diu CIC.*Att.*7.13a.1; (*cf.*) sententia..~at et uitae disconuenit ordine toto HOR.*Ep.*1.1.99.

aestuōsē, *adv. compar.* ~ius. [next+-E] With fierce heat.

nec munus umeris..Herculis inarsit ~ius HOR.*Epod.*3.18.

aestuōsus ~a ~um, *a. superl.* ~issimus. [next+-OSVS]

1 (of places, conditions, etc.) Excessively hot, sweltering, sultry.

iter conficiebamus ~a et puluerulenta uia CIC.*Att.*5.14.1; Nicaeae..~ae CATUL.46.5; ~ae..Calabriae HOR.*Carm.*1.31.5; sterile atque ~issimum Pupiniae solum V.MAX.4.4.4;—(*transf.*) oraclum Iouis inter ~i et Batti..sepulcrum CATUL.7.5;—(*of weather*) VII Kal. Aug. Canicula apparet, caligo ~a COL.11.2.53; ~us auster PLIN.*Nat.*2.126; (*poet.*) nullius astri gregem ~a torret impotentia HOR.*Epod.*16.62.

2 a Having a high bodily temperature. **b** causing an increase of bodily temperature, heating.

a quia cum sit ~issimum (*sc. the pig*), non est contentum potione aquae COL.7.10.6. **b** (raphanus) cetero ~us (est) PLIN.*Nat.*20.22; melimela..siticulosa, ~a 23.104.

3 (of water) Seething, raging.

per Syrtis..~as HOR.*Carm.*1.22.5; fretis..~is 2.7.16; angusti atque ~i maris V.MAX.9.8.ext.1;—(*fig.*)(meretricem) acerrume ~am: apsorbet ubi quemque attigit PL.*Bac.*471; ~as (*cj.*)..fores, quae opsorbent quidquid uenit intra pessulos *Truc.*350.

aestus ~ūs, *m.* [cf. AESTAS] FORMS: ~ī (for ~ūs) PAC.*trag.*97.

1 (sg. or pl.) Heat (esp. of atmospheric conditions), hot weather.

solis ~u candor cum liquesceret NAEV.*trag.*48; ubi lati campi, ibi magis ~us VAR.*R.*1.6.3; cum grauis exustos ~us hiulcat agros CATUL.68.62; nec calidos ~us tuimur nec frigora quimus usurpare oculis LUCR.1.300; uitandi ~us causa CAES.*Gal.*6.30.3; rapido fessis messoribus ~u VERG.*Ecl.*2.10; quae tellus sit..putris ab ~u PROP.4.3.39; feruore atque ~u anima interclusa LIV.23.7.3; nec Babylon ~um, nec frigora Pontus habebit OV.*Pont.*2.4.27;—(*pl.*) Caniculae uitabis ~us HOR.*Carm.*1.17.18; corpora militum aut Italiae sueta aut ~ibus TAC.*Hist.*2.32.

2 (sg. or pl.) A hot period or season. **b** the hot season of the year, summer; (astron.) the summer solstitial point.

qui..fontes..celeriter ~ibus exarescebant CAES.*Civ.*3.49.4; ~ibus..mediis umbrosam exquirere uallem VERG.*G.*3.331; ~us erat, mediamque dies exegerat horam OV.*Am.*1.5.1; ambulare sub diu ante ~um CELS.1.10.1; seruatur rigor ~ibus PLIN.*Nat.*19.55; ~u anni GEL.1.2.2. **b** (armenta) ~u abiguntur in montes frondosos VAR.*R.*2.5.11; Ceres medio succiditur ~u VERG.*G.*1.297; per..hiemes ~usque OV.*Met.*1.117; uere prius flores, ~u numerabis aristas *Tr.*4.1.57; hiemem inter et ~um MAN.2.429; Nilus..augetur mediis ~ibus SEN.*Nat.*4a.1.2;—(circulus) sua fila reducit ab ~u MAN.1.581.

3 High bodily temperature, heat; (as a result of disease) feverishness, inflamed condition.

cum..ripa..~us uiridante leuaret VERG.*A.*7.495; quae..meos releues ~us..mobilis aura, ueni! OV.*Ars* 3.697; non temporis ~us sed suos sentit SEN.*Nat.*4b.13.5;—ulceris ~us ACC.*trag.*565; homines aegri morbo graui, cum ~u febrique iactantur CIC.*Catil.*1.31; cum furit (*illness*)..,profuit incensos ~us auertere VERG.*G.*3.459; CELS.4.5.1; ex ~u ardentium uiscerum SEN.*Dial.*12.11.3; grauissimis ~ibus atque etiam febriculis uexatus PLIN.*Ep.*10.17a(28).1.

4 The flames and smoke of a fire, blaze.

exsuperant flammae, furit ~us ad auras VERG.*A.*2.759; quid raucos torqueat ~us (Aetna) *Aetna* 3; V.FL.7.647; qua nondum Stygios glomerabat Mulciber ~us SIL.14.450;—(*in fig. phr.*) ad duo templa precor duplici circumdatus ~u carminis et rerum (*i.e. poetry and astronomy*) MAN.1.21;—(*facet.*) ille..Volcani iratist filius:..si astes, ~u calefacit PL.*Epid.*674.

5 a The fire of love, passion. **b** rage, passion, fury.

a semper in absentis felicior ~us amantis PROP.2.33.43; totis perceperat ossibus ~um OV.*Met.*14.700; torretur (Phaedra) aestu tacito SEN.*Phaed.*362; ipse ego te tantos stupui durasse per ~us STAT.*Silv.*1.2.91. **b** pectoris sani parum ~us..comprime et flammas doma SEN.*Her.O.*276; uirus et ~us flammiferae noui mentis SIL.9.476.

6 An effluence, spray, exhalation.

~us ab undis aequoris exesor moerorum LUCR.4.219; ipsa surgere de terra nebulas ~umque uidemus 6.477; fluere e lapide hoc (*sc. magnet*) permulta necessest semina siue ~um 6.1003.

7 The motion of a stormy sea, rough sea, surge, swell.

feruit ~u pelagus PAC.*trag.*416; in pelagi uastos..~us CATUL.64.127; ~u miscentur harenae VERG.*A.*3.557; delphines..aequora uerrebant caudis ~umque secabant 8.674; ~us..arbitrium moderandi naues ademerat LIV.28.30.8; feruentes ~ibus undas OV.*Met.*14.48; LUC.8.462; repercussum Libyco mare ..ab ~u STAT.*Theb.*10.623; fessus..animus de ~u maris GEL.16.6.2;—(*in fig. phr.*) nunc demum uasto fessi resipiscimus ~u PROP.3.24.17; (*cf.*) illae undae comitiorum..efferuescunt quodam quasi ~u CIC.*Planc.*15.

8 The ebb and/or flow of the sea, the tide. **b** a current of water, flood. **c** (transf.) a tidal motion. **d** (fig.) a tide, flood, current.

quam magis te in altum capessis, tam ~us te in portum refert PL.*As.*158; cum sex horis ~us creuerunt, totidem decreuerunt VAR.*L.*9.26; LUCR.5.507; et uentum et ~um..nactus secundum CAES.*Gal.*4.23.6; mare..crescenti adlabitur ~u VERG.*A.*10.292; ut ei nuntiatum est ~um decedere LIV.26.45.7; mare alternis ~ibus reciprocum SEN.*Dial.*11.9.6; ~u recedente PLIN.*Nat.*2.220; modice adlabente ~u TAC.*Ann.*1.70; cum menstruis cursibus lunae detrimenta et accessus fretorum atque ~uum deprehenduntur APUL.*Mun.*19;—(*w.* maritimus) (possentne) ~us maritimi..ortu aut obitu lunae commoueri CIC.*N.D.*2.19;—(*cf. sense 5a*) ab ~ibus fretorum ad ~us amorum APUL.*Apol.*31. **b** Tyrrhenus..fretis immittitur ~us Auernis VERG.*G.*2.164; (pontus) urbes litore diductas angusto interluit ~u *A.*3.419. **c** aeuum debebunt sparsa per omnem disiectare ~u diuersi materiai LUCR.2.562. **d** hunc..absorbuit ~us quidam insolitae adulescentibus gloriae CIC.*Brut.*282; quem Euripum..tam uarias habere putatis agitationes..quantos ~us habet ratio comitiorum? *Mur.*35; *Leg.*2.9; tanto te absorbens uertice amoris ~us CATUL.68.108; saeuit amor magnoque irarum fluctuat ~u VERG.*A.*4.532; HOR.*Ep.*2.2.47; anceps ~us incertam rapit SEN.*Med.*939; in hoc dictorum ~u PETR.6.1; pulsantes..~u laudum exultantia corda SIL.16.479; ~u fertur et uelut rapido flumini obsequitur QUINT.*Inst.*6.2.6; GEL.2.24.15.

9 Commotion, tumult. **b** mental disturbance, disquiet, anxiety, worry. **c** embarrassment, perplexity.

uix ad se redeunt permoti corporis ~u LUCR.4.1023; huc reliquias partium naufragarum quidam fugae ~us expulerat FLOR.*Epit.*2.13(4.2.64). **b** qui tibi ~us, qui error, quae tenebrae..erunt! CIC.*Div.Caec.*45; speras tibi posse..~us curasque grauis e pectore pelli HOR.*S.*1.2.110; OV.*Tr.*4.3.25; uario..turbidus ~u angitur STAT.*Theb.*3.18; qui me metus, qui intus ~us agitant! QUINT.*Decl.*270(p.108,l.24); ~us inuadit animum uesper‹ti›ni recordatione facinoris APUL.*Met.*3.1;—(*w. defining gen.*) stetit ambiguo Thebanus in ~u curarum STAT.*Theb.*12.686; ponat formidinis ~us SIL.2.360;—(*w.* animi, mentis, *etc.*) in terra mentis qui gignitur ~us LUCR.3.173; sollicitos animi..~us *Ciris* 340; mentis..maxime aegrae ~um SEN.*Ep.*104.14; fessos incerti pectoris ~us LUC.8.166. **c** illic maior ~us, ubi quis pudenda queritur QUINT.*Inst.*11.1.84; hic est..deprehensae impietatis ~us [QUINT.]*Decl.*17.2; explica ~um meum PLIN.*Ep.*9.34.1;—(*foll. by indir. qu.*) erat hic quoque ~us ante oculos..an quiescerem sileremque 1.23.3.

aesum ~ī, *n.* = AIZOVM.

herbae, quae appellatur aizoum, in tegulis nascens, et ab aliis ~um, Latine vero sedum aut digitillum PLIN.*Nat.*18.159.

aetās ~ātis, *f.* Also **aeuitās.** [AEVVM+-TAS] FORMS: *aeuitas Lex XII* (*Font.iur.*p.18), VAR.*Men.*544, CIC.*Leg.*3.7.9, APUL.*Pl.*1.12; *et-* CIL 4.1684, etc.

1 The number of years one has lived, one's age. **b** the appropriate age; *suae ~atis*, of full age. **c** the age (of plants and inan. things).

quid tibi ego ~atis uideor? PL.*Mer.*290; ubi ~as accessit ad annos XXXVI CATO *Agr.*3.1; ~atis granditatem SIS.*hist.*115; ~atesque uestrae..nihil aut non fere multum differunt CIC.*Brut.*150; cum.. ate illis anteiret *Phil.*9.1; CAES.*Civ.*3.108.4; FLOR.*Epit.*1.1(1.1.10);—(*as suitable for a particular activity, etc.*) ciuium..in ordines ~atesque discriptorum CIC.*de Orat.*1.58; quod nondum (ei) ad petendum legitima ~as esset LIV.25.2.6. **b** cum primum in ~atem ueni LIV.42.34.3; DVM IN ~ATE‹M› PERVENIRENT CIL 10.5056;—si suae ~atis factus comprobauerit (pupillus) emptionem ULP.*dig.*26.8.5.2; 32.1.50.6. **c** uerborum poeticorum ~atem VAR.*L.*7.3; uina..ueteraria per sapores ~atesque disponere SEN.*Nat.*4b.13.3; suppares esse ~ate..arbores uitesque conuenit COL.5.6.18; alias aliis (*sc.* herbis) uirium ~ates esse PLIN.*Nat.*27.143.

2 Period or time of life (infancy, youth, old age, etc.); *mala ~as*, old age: see MALVS¹. **b** (w. emphasis on what is expected of or appropriate to particular ages); also *id ~is*, *hoc ~is*, etc., at this (my, etc.) time of life.

senecta ~ate PL.*Am.*1032; quibus ~as integra est *Ps.*203; non manebat ~as uirginis meam neglegentiam TER.*Ph.*570; ~ate, puer an adulescens CIC.*Inv.*1.35; puerilis ~as *de Orat.*3.85; homines..omnium..~atum *Catil.*4.14; adulta ~as LUCR.4.1038; puer ~ate CAES.*Civ.*3.103.2; militari ~ate SAL.*Hist.*1.40; prima..~ate PROP.2.8.17; LIV.23.30.6; ~atis mediae PHAED.2.2.3; SEN.*Ep.*47.12; utinam et mihi fortior ~as STAT.*Ach.*1.776; TAC.*Ann.*6.15;—(*of beasts*) dum mobilis ~as VERG.*G.*3.165;—(*transf., of things*) prima imperii ~ate TAC.*Ann.*12.29. **b** non omnis ~as..ludo conuenit PL.*Bac.*129; respice ~atem tuam TER.*Ph.*434; res..aliena nostris ~atibus CIC.*Att.*14.13.2; PLANC.*Fam.*10.4.2; qui per ~atem in armis esse non poterant CAES.*Gal.*5.3.4; dum res et ~as et sororum fila trium patiuntur atra HOR.*Carm.*2.3.15;—neque puduit eum id ~atis sycophantias struere PL.*As.*71; ne nauigarem..hoc ~atis senex *Bac.*343; qui..iam id ~atis et parens esset CIC.*Ver.*1.66; praesertim cum illud esset aetatis *Phil.*8.5; cur id ~atis in castris fuisset LIV.27.19.9; hoc ~atis puer APUL.*Met.*5.29.

3 (concr.) A person or persons of a particular age or period of life, an age group. **b** (w. ref. to what is expected, etc.).

scis solere illanc ~atem tali ludo ludere PL.*Mos.*1158; mala ~as nulla delenimenta inuenit AFRAN.*com.*382; quo tempore ~as nostra..tamquam in portum confugere deberet CIC.*Brut.*8; censores populi ~ates..censento *Leg.*3.7; SAL.*Cat.*3.4; ~as prima canat Veneres, extrema tumultus PROP.2.10.7; omnis militaris ~as excitur LIV.7.7.4; haec ~as bellum suadet, at illa gerit OV.*Fast.*6.86; *Epic. Drusi* 203; SEN.*Con.*7.5.3; LUC.10.134; primarum ~atium ingenia QUINT.*Inst.*2.5.18; TAC.*Ann.*13.56;—(*of animals*) utraque ~as (capellarum) partum edit COL.7.6.8. **b** quod ..in hac ~ate minime reprendendum est CIC.*Cael.*18; non quo..~as nostra ab illius aetate quicquam debeat periculi suspicari *Att.*14.13b.5; quorum ~as ne per otium quidem talis uoluptatis sine dedecore attingeret SAL.*Rep.*1.4.4.

4 (pregn., w. ref. to one or other of the extremes of age): a youth. **b** old or advancing age; greater age.

a suam..~atem spernit PL.*Mos.*250; huiu' formam atque ~atem uides TER.*An.*286; ad dicendum impedimento est ~as CIC.*S.Rosc.*149; errata ~atis meae *Fam.*16.21.2; CAES.*Civ.*3.104.1; uino corrumpitur ~as PROP.2.33.33; LIV.42.29.7; OV.*Met.*10.547; ~ate fruere SEN.*Phaed.*446; tua non ~as umquam cessauit amori PROP.1.6.21; (*of a book*) donec te deserat ~as HOR.*Ep.*1.20.10. **b** si morbus ~asue uitium escit *Lex XII*(*Font.iur.*p.18); ENN.*Ann.*425; ut ~as mala est! PL.*Men.*758; ~ate sapimus rectius TER.*Ad.*832; quos iam ~as a proeliis auocabat CIC.*S.Rosc.*90; confectus ~ate CAES.*Gal.*7.57.3; ~atibus dignitatibusque conspectis LIV. 30.42.11; QUINT.*Inst.*12.11.2; (*poet., of a cave*) partem sua ruperat ~as STAT.*Ach.*1.108;—(*as a quality in wine*) uinum, cui nihil adhuc ~atis accessit CELS.2.26.1; PLIN.*Nat.*14.74; MART.10.36.2;—ut ~ati concederet, fatigatus SAL.*Jug.*11.4; 102.4; deerat robur ~atis TAC.*Ann.*13.29.

5 The whole period of a man's life, the mortal span, one's lifetime. **b** *~atem*, all one's life; (hyperb.) for or during a long time, an age.

ut..uiuas ~atem miser PL.*Am.*1023; *Truc.*22; ~atis extimam attigit metam VAR.*Men.*544; tam longa in ~ate CIC.*Div.*2.141; a primis temporibus ~atis *Tusc.*5.5; uix ~atem Alexandri suffecturam fuisse reor ad unum bellum LIV.9.19.12; SEN.*Ben.*2.29.1; ~atem Priami MART.6.70.12;—(*transf., of things*) longa sit huic (urbi) ~as OV.*Fast.*4.831; (*cf.*) mortales eos..ad ~atem temporis edidit APUL.*Pl.*1.12. **b** at tu aegrota ~atem, si lubet, per me quidem PL.*Cur.*554; med ~atem uiduam esse mauelim *Men.*720; quod solis uapor ~atem non posse uidetur efficere LUCR.6.236;—ut tibi superstes uxor ~atem siet PL.*As.*21; anne abiit iam a milite? — iamdudum, ~atem TER.*Eu.*734; multos mensesque diesque, non tamen ~atem LUCIL.38.

6 Human life and all that goes with it, living life. **b** (var. phrs. meaning to live one's life, spend one's time, etc.; see also the verbs). **c** (phr. expr. var. stages of life). **d** (meton.) one's life, being, person.

in hominum ~ate multa eueniunt huiusmodi PL.*Am*.938; qui ~atis quod reliquom est oblectem meae CAECIL.*com.* 242; unum diem Cinnae (anteponere) multorum..uirorum totis ~atibus CIC.*Tusc*.5.55; HOR.*Ep*.1.18.18; ~as per tacitum fluat SEN.*Thy*.397; (*poet.*) mundi..reuertitur ~as STAT. *Silv*.1.2.187. **b** qui domi ~atem agerent ENN.*scen*.261; ut..in pistrino ~atem conteras PL.*Bac*.781; tecum ~atem exigere *Mil*.1039; ut cum uno ~atem degeret TER.*Ph*.417; omnem teramus in his discendis rebus ~atem CIC.*de Orat.* 3.123; in lustris, popinis..tempus ~atis omne consumpsisses *Phil*.13.24; ut cum aliquo adulescente..coniuncta ~atem gereret SULP.RUF.*Fam*.4.5.3; illic mea carpitur ~as CATUL.68.35; reliquam ~atem a re publica procul habendam SAL.*Cat*.4.1; *Jug*.85.1; CIC.*Brut*.151; non..aduersis ~atem ducimus austris HOR.*Ep*.2.2.202; ~as..inpensa labori LUC.2.569; (*cf., of a soul*) in aere aperto..~atem degere LUCR.3.509. **c** ~ate exacta PAC.*trag*.328; ~atis flexu CIC.*de Orat*.1.1; uitae meae rationes ab ineunte ~ate susceptae *Man*.1; ab initio ~atis *Fam*.4.3.3; ~ate praecipitata MAT.*Fam*.11.28.5; flore fruuntur ~atis LUCR.4.1105; ubi..firmata uirum te fecerit ~as VERG.*Ecl*.4.37; exactae ~atis LIV.30.26.7; mulier..~ate declivis PLIN.*Ep*.8.18.8. **d** uae ~ati tuae! PL.*St*.594; *Men*.675; Neptuno credat sese atque ~atem suam *Rud*.486; exitum ~ati meae LABER. *com*.78; in manibus uestris uita est ~asque parentis OV.*Met.* 7.335;—ut te..Venus eradicet, caput atque ~atem tuam PL.*Rud*.1346; TER.*Hec*.334.

7 The passage or lapse of time. **b** a period or length of time.

longinqua dies (= diei)..~as ENN.*Ann*.413; CIC.*Marc.* 11; ne fugiens..~as..hoc..tegat studium CATUL.68.43; ea saecla..irreuocabilis abstulerit iam praeterita ~as LUCR. 1.468; omnia fert ~as VERG.*Ecl*.9.51; nec, si quid olim lusit Anacreon, deleuit ~as HOR.*Carm*.4.9.10; OV.*Met*.10.519; tropaea..~ate consumi SEN.*Suas*.5.8; QUINT.*Inst*.1.1.2. **b** aeuum ab ~ate omnium annorum VAR.*L*.6.11; in ~ate tredecim annorum LIV.9.18.10; longa..~ate, quae excidium eius secuta est CURT.5.7.9; QUINT.*Inst*.10.7.4.

8 The time or period to which a person or thing belongs, an era, age; the duration of this as a unit of time, a generation. **b** (considered chronologically or in relation to other eras) date. **c** (concr.) the people of a particular era or age, a generation.

oratorum genera distinguere ~atibus CIC.*Brut*.74; huiusce ~atis homines disertissimos *Quinct*.7; heroicis ~atibus *Tusc.* 5.7; superioris ~atis exempla CAES.*Civ*.1.7.6; ultima Cumaei uenit iam carminis ~as VERG.*Ecl*.4.4; HOR.*Carm*.4.15.4; formosi temporis ~as PROP.1.4.7; maximus omnium ~atis suae regum LIV.29.29.5; ueniet felicior ~as LUC.8.869; ~ate Metelli JUV.15.109;—quattuor continuis ~atibus CURT. 8.1.13; obierit una ~ate ante Iliacum bellum PLIN.*Nat*.16.237; regnante Ptolemaeo, quem tertia ~as tulit TAC.*Hist*.4.84. **b** ut in his perturbem ~atum ordinem CIC.*Brut*.223; potissimum Thucydidi credo, quod ~ate proximus de iis.. fuit NEP.*Them*.9.1; plures propioresque ~ate memoriae rerum LIV.25.11.20; raro..magnisque ~atium interuallis SEN.*Dial*.2.7.1; circa captae urbis ~atem PLIN.*Nat*.12.8; quibus quisque ~atibus uiguissent TAC.*Ann*.12.61. **c** neque ulla umquam ~as de tuis laudibus conticescet CIC. *Marc*.9; inuentum..focis omnis quem crediderit ~as VERG. *A*.7.680; quid nos dura refugimus ~as? HOR.*Carm*.1.35.35; quae nostra..uidit ~as LIV.pr.5; quod uotis omnis populi Romani ~as..sacrauerat TAC.*Ann*.15.45;(*transf.*) uerborum uetus interit ~as HOR.*Ars* 61.

aetātula ~ae, *f.* [prec.+-VLA]

1 Early time of life, tender age, youth.

semper..istam quam nunc habes ~am optinebis PL.*Cist.* 49; *Ps*.173; ambas forma scitula atque ~a *Rud*.894; properate uiuere, puerae, qua sinit ~a ludere VAR.*Men*.87;—(*w. defining adj.*) in primis puerorum ~is CIC.*Fin*.5.55; puelli puellaeque uirenti florentes ~a APUL.*Met*.10.29; (*cf. sense 2*) primam illam ~am suam ad scurrarum..libidines detulit CIC.*Har*.42; ueteres uexatores ~ae suae *Sest*.18; diebus ac noctibus inlusit ~am meam APUL.*Met*.1.12.

2 A person of tender age.

temperi hanc uigilare oportet formulam atque ~am PL. *Per*.229; nec..leui pretio distrahi poterit talis ~a APUL. *Met*.7.9.

aeternābilis ~is ~e, *a.* [AETERNO+-BILIS] Everlasting.

~em (*cj.* alternabilem *mss.*) diuitiam partissent ACC.*trag.* 264.

aeternālis ~is ~e, *a.* [AETERNVS+-ALIS] Everlasting, eternal.

SOMNO ~I *CIL* 6.10693; IN HOC CEPOTAPHIO..QVAE EST DOMVS ~IS 10.2066.

aeternitās ~ātis, *f.* [AETERNVS+-TAS]

1 Infinite time, eternity. ORTHOG.: *eternitati CIL* 5.2694.

tempus autem est..pars quaedam ~atis CIC.*Inv*.1.39;—(*of the past*) causarum ex ~ate pendentium *Top*.59; fuit quaedam ab infinito tempore ~as *N.D*.1.21; qui (*i.e.* animus) quia uixit ab omni ~ate *Div*.1.115;—(*of the future*) ad ~atem firmas perficiunt uirtutes VITR.2.8.5; in hac, quae superest, ~ate QUINT.*Inst*.12.1.22; manet mansurumque est in animis hominum in ~ate temporum TAC.*Ag*.46.4; (*hyperb.*) uti..ad ~atem perfectus habeatur..murus VITR. 1.5.8; (*meton.*) illa uita est tua..quam ipsa ~as semper tuebitur CIC.*Marc*.28.

2 Immortality. **b** perpetual continuance. **c** immortality of fame.

dempta..~ate nihilo beatior Iuppiter quam Epicurus CIC.*Fin*.2.88; de animorum ~ate *Tusc*.1.39; cum de animarum ~ate disserimus SEN.*Ep*.117.6; nec mortales ~ate donare (potest deus) PLIN.*Nat*.2.27;—(*of things*) nullum est..genus rerum..quo cetera si careant, uim suam atque ~atem conseruare possint CIC.*de Orat*.3.20; contrariis rerum ~as constat SEN.*Ep*.107.8; mundi..~atem APUL. *Mun*.21;—(*hyperb. attributed to the emperor*) opera non minus ~ate tua quam gloria digna PLIN.*Ep.Tra*.10.41(50). 1; ~ATI AVGVSTORVM ET CAESARVM NOSTRORVM *CIL* 8. 25819. **b** spem..perpetuae securitatis ~atisque Romani imperi VELL.2.103.4; CVM PROVIDENTIA OPTVMI PRINCIPIS TECTIS QVOQVE VRBIS NOSTRAE ET TOTIVS ITALIAE ~ATI PROSPEXERIT *CIL* 10.1401.1.4; ~AS P · R · S · C · *BMCI* 2, p.194, unnumbered (Vespasian); ~as rerum (Romanarum) TAC.*Hist*.1.84. **c** mihi populus Romanus..non unius diei gratulationem sed ~atem immortalitatemque donauit CIC. *Pis*.7; SEN.*Suas*.7.10; multum..perpetuitati eius scriptorum tuorum ~as addet PLIN.*Ep*.6.16.2; (*w.* famae) ut ~atem famae spe praesumat TAC.*Ann*.11.7.

3 (of materials, etc.) Permanence, durability.

quercus..infinitam habet ~atem VITR.2.9.8; ~ati eorum (satorum) sic consulimus COL.4.17.3; materiae..ipsi (*sc.* cedro) ~as PLIN.*Nat*.13.53; 17.129.

aeternō¹ ~āre, *tr.* [AETERNVS] To confer undying fame on, immortalize.

litterisque ac laudibus ~are VAR. in Non.p.75M; quae cura patrum..tuas, Auguste, uirtutes in aeuum..~et..? HOR.*Carm*.4.14.5.

aeternō², *adv.* [AETERNVS] For ever, always; also, constantly.

~ falsum iurare puellis di..concedunt OV.*Am*.3.3.11; —uiret ~ hunc fontem..contegens fraxinus PLIN.*Nat*.2.240.

aeternum, *adv.* [AETERNVS] For ever, eternally; also, perpetually, constantly.

publica uox saeuis ~ obmutuit armis CORN.SEV.*poet.* 13.15; sedet ~que sedebit infelix Theseus VERG.*A*.6.617; salue ~ mihi..~que uale 11.97; HOR.*Ep*.1.10.41; OV.*Met.* 6.369; talis in aduectos..~ furit V.FL.4.151; STAT.*Theb.* 1.599; prouenere dominationes multosque apud populos ~ mansere TAC.*Ann*.3.26; glebae felices ~ libris felicioribus conditae APUL.*Met*.1.1;—glaeba..~ frangenda bidentibus VERG.*G*.2.400.

aeternus ~a ~um, *a.* **aeuiternus** *compar.* ~ior. [AEVVM+-TERNVS] FORMS: *aeuit-* VAR. *L*.6.11, *Men*.437; APUL.*Soc*.3; *CIL* 11.6246; gen. pl. *~um* PAC.*trag*.295.

1 Having no beginning or end in time, eternal, everlasting. **b** (of states, actions, etc.) perpetual, unceasing, everlasting; (spec. of the fire of Vesta) ever-burning. **c** (of abstract things) eternally present or active, immanent in the nature of things, permanent.

quod semper mouetur, ~um est CIC.*Rep*.6.27; materies igitur, solido quae corpore constat, esse ~a potest, cum cetera dissoluantur LUCR.1.519; firma ~o religata est machina uinclo *Aetna* 230; animus incorruptus, ~us, rector humani generis SAL.*Jug*.2.3;—(*of deities*) cur..deum appellet Epicurus beatum et ~um CIC.*Fin*.2.88; dicit in ~os aspera uerba deos [TIB.]3.10.14; ~i numina..Caesaris OV.*Fast*.3.421; summum illud (numen) et ~um neque imitabile neque interiturum TAC.*Hist*.5.5;—(*of the sky, heavenly bodies, etc.*) in domum ~am patris (*sc.* Iouis) ACC. *trag*.671; ~a templa caeli *Inc.trag*.227; per ~am hominum domum, tellurem propero gradum VAR.*Men*.437; haec..~o inuisens loca curriculo nox CIC.*Arat*.433(189); uos ~i ignes ..testor VERG.*A*.2.154; ausus ~os agitare currus SEN.*Med.* 599. **b** septem ~is sonitum dare uocibus orbes VAR.AT. *poet*.14(12).2; ~um..laborem CATUL.64.310; ~o deuictus uulnere amoris LUCR.1.34; qui res hominumque deumque ~is regis imperiis VERG.*A*.1.230; SAL.*Rep*.1.3.2; ~as.. niues MAN.3.358; ~a silentia Lethes STAT.*Silv*.2.4.8;—(*hyperb.*) ~um..uirginitatis amorem VERG.*A*.11.583; ~a.. inuidia PROP.1.16.48; ~i hostes, Volsci et Aequi LIV.3.16.2; ~as..undas OV.*Met*.15.551;—ne ille ignis ~us..sacerdotis uestrae lacrimis exstinctus esse dicatur CIC.*Font*.47; Vestamque potentem ~umque adytis effert penetralibus ignem VERG.*A*.2.297; LIV.5.52.7; (*as transf. ep.*) flammas aditura pias ~a sacerdos OV.*Am*.3.7.21; (*cf.*) oblitus ~ae.. Vestae HOR.*Carm*.3.5.11. **c** quare fit, ut ideo fere omnia sint quadripertita et ea ~a VAR.*L*.5.12; cum..omnia completa et referta sint ~o sensu et mente diuina CIC.*Div*.1.110; *Fat*.19; ~a pollentia simplicitate LUCR.1.612; has leges ~aque foedera certis imposuit natura locis VERG.*G*.1.60; LUC.8.569.

2 Lasting through all future time, everlasting, eternal; *urbs ~a*, the Eternal City, Rome. **b** (spec., of death and sim.). **c** *in ~um* (and sim.), for all time to come, for ever. **d** surviving or not subject to death, immortal; (also, applied to events, etc.) remembered for ever, 'immortal'.

in sermone hominum audaciae suae monumentum ~um relinquere CIC.*Ver*.1.129; sit ~a gloria Marius *Catil*.4.21; *N.D*.1.90; ~as quoniam poenas in morte timendumst LUCR. 1.111; his ~am iniungere seruitutem CAES.*Gal*.7.77.15; se.. gentes ~a in foedera mittant VERG.*A*.12.191; fremebant ~as opes esse Romanas nisi inter semet ipsi seditionibus saeuiant LIV.2.44.8; ~a res ea pressa nota OV.*Fast*.6.610; principes mortalis, rem publicam ~am esse TAC.*Ann*.3.6;— (*in leg. phr., of ownership*) aduersus hostem ~a auctoritas ⟨esto⟩ *Lex XII*(*Font.iur*.p.21); quod subruptum erit, eius rei ~a auctoritas esto *Leg.pub*.6(*Font.iur*.p.47);—(*replacing adv.*) ~umque locus Palinuri nomen habebit VERG.*A*.6.381; qui..~us..tuam pascat, aselle, famem PROP.4.3.22; uinctus ~o..saxo SEN.*Her.O*.1196;—Romulus ~ae nondum formauerat urbis moenia TIB.2.5.23; ~ae tum pater Vrbis ait OV.*Fast*.3.72. **b** o nox illa quae paene ~as huic urbi tenebras attulisti CIC.*Flac*.102; fertur in altum ~umque soporem LUCR.3.466; mors ~a tamen nilo minus illa manebit 3.1091; in ~am clauduntur lumina noctem VERG.*A.* 10.746; OV.*Ep*.10.112; SEN.*Phaed*.835. **c** neque (queunt motus) in ~um sepelire salutem LUCR.2.570; in ~um urbe condita LIV.4.4.4; LUC.10.87; neque enim durassent haec in ~um, nisi uera omnibus uiderentur QUINT.*Inst*.5.11.41; ut perfidum..hostem in ~um exciderent TAC.*Hist*.5.16;— quae ex his generibus opera constituuntur permanent ad ~am diuturnitatem VITR.2.9.12. **d** uirorum bonorum mentes diuinae mihi atque ~ae uidentur esse CIC.*Rab.Perd.* 29; neque quisquam parens liberis, uti ~i forent, optauit SAL.*Jug*.85.49; teque ex ~o patientem numina mortis efficient OV.*Met*.2.653; animos..proelio..peremptorum ~os putant TAC.*Hist*.5.5;—diem quam spero ~am fore CIC.*Catil.* 3.26; etsi..esse Acherusia templa Ennius ~is exponit uersibus edens LUCR.1.121; ~o..Homero OV.*Pont*.2.10.13; ~us carmine Achilles SIL.14.95; ~um exemplar clementiae ero TAC.*Ann*.12.37;—(*neut. pl. as sb.*) ~a moliri, non gloriae cupiditate,..sed uirtutis CIC.*Tusc*.1.91.

3 (of time) Infinite.

ex ~o tempore CIC.*Fin*.1.17; in ~o praeteriti temporis spatio *N.D*.2.36; LUCR.1.578.

4 (in a weakened sense) Permanent, enduring, life-long. **b** (of materials or structures) durable, lasting; (of leaves) persistent (as opp. to caducous).

speroque me ob hunc nuntium ~um adepturum cibum PL. *Capt*.780; stulta es..quae illum tibi ~um putes fore amicum *Mos*. 195; TER.*Eu*.872; quia haec (*sc.* aduersaria) sunt menstrua illae (*sc.* tabulae) sunt ~ae CIC.*Q.Rosc*.7; omnia..sunt faciliora quam peccati dolor qui et maximus est et ~us *Att.* 11.15.2; ipsum ~is uinculis puniendum censuit V.MAX.6.3.3; sibi ~um laborem portendi..lamentantur TAC.*Ann*.1.28. **b** centum aerei claudunt uectes ~aque ferri robora VERG. *A*.7.609; nec est ligno ulli ~ior natura PLIN.*Nat*.14.9; 16.213; sunt..~i (latericii parietes), si ad perpendiculum fiant 35.172;—multis inter haec ~a folia 21.100.

aetēsiae: see ETESIAE.

Aethalia ~ae, *f.* A name for the island of Elba.

Ilua..a Graecis ~a dicta PLIN.*Nat*.3.81.

Aethalis ~idos, *a.* Aethalian (from its Greek name).

~is Ilua OV.*Pont*.2.3.84.

? **aethalus** ~ī, *m.* [Gk.] A variety of grape.

PLIN.*Nat*.14.75.

aethēr ~eris, *m.* [Gk. αἰθήρ] FORMS: *aeter* PAC.*trag*.93; acc. *~era*; gen. *~eros* STAT.*Theb.* 3.525; *Silv*.4.2.25.

1 The upper regions of space, heaven, the ether. **b** ethereal matter surrounding a deity. **c** (meton.) the inhabitants of heaven, the gods.

liquidas..~eris oras ENN.*Sat*.4; PAC.*trag*.89; Zenoni et reliquis fere Stoicis ~er uidetur summus deus CIC.*Luc*.126; unde ~er sidera pascit LUCR.1.231; deus ~ere missus ab alto VERG.*A*.4.574; caret ignibus ~er OV.*Met*.11.520; templa summi..~eris SEN.*Her.F*.3; aeris terminus initiumque ~eris PLIN.*Nat*.2.48; (*applied to the light of the Elysian fields*) largior hic campos ~er..uestit VERG.*A*.6.640;—(*as the home of the gods*) qui..primus iter nostris ostendit in ~era diuis STAT.*Silv*.1.1.24; (*cf.*) Delphos..meos ipsumque recludam ~era OV.*Met*.15.145. **b** ~ere plena corusco Pallas V.FL.5.182. **c** onerauit..~era uotis VERG.*A*.9.24; armatum immensus Briareus stetit ~era contra STAT.*Theb.* 2.596; ni..tibi ductus ab ~ere sanguis 9.445.

2 (personified as a god).

Caeli..parentes dii habendi sunt ~er et Dies CIC.*N.D.* 3.44; (Iouem) alterum patre ~ere (natum) 3.53; (imbres) pater ~er in gremium matris terrai praecipitauit LUCR. 1.250; VERG.*G*.2.325; ipse meas ~er accipe summe preces OV.*Ib*.70; HYG.*Fab*.pr.1.

3 The air, the sky. **b** the upper air (dist. fr. Hades); also, the light of day.

clamor ad caelum uoluendus per ~era uagit ENN.*Ann.* 531; quacumque illa leuem..secat ~era pennis VERG.*G.* 1.406; patuit mihi peruius ~er OV.*Met*.5.654; (canis) ~era per nitidum..sectatur odores V.RUF.*poet*.4.4; LUC.1.391. **b** quam uellent ~ere in alto..pauperiem..perferre VERG. *A*.6.436; 11.104; tanges..~era OV.*Met*.4.251; SEN.*Phaed.* 848;—nec iam amplius ~ere nostro uescitur (*Oedipus*) STAT. *Theb*.1.237.

aetherius ~ia ~ium, *a.* Also **~eus.** [Gk. αἰθέριος]

1 Of or connected with the upper air, sky, or heavens (esp. as the abode of the gods), heavenly, ethereal; also, of the sun. **b** *pater, rex, rector*, etc., *~ius*, the heavenly father, king, ruler, etc. (as titles of Jupiter); also, *Aetherius* absol., as title of Jupiter.

~io flammatus Iuppiter igni CIC.*Cons.fr*.2.1(*Div*.1.17); *N.D*.2.42; aequora substrata ~iis..oris LUCR.4.411; 5.267; per ~ias..umbras CATUL.66.55; *Culex* 42; iam medium ~io cursu traiecerat axem VERG.*A*.6.536; 8.137; post ignem ~ia domo subductum HOR.*Carm*.1.3.29; PROP.2.16.50; VAR.AT. *poet*.16(14); sedibus ~iis spiritus ille uenit OV.*Ars* 3.550; *Ep*.15.72; *Met*.1.424; ~iam seruate deam (*sc. the Palladium fallen from the heavens*) *Fast*.6.427; ~ios per carmina pandere census MAN.1.12; ~io..sonitu (*sc. thunder*) SEN.*Med*.344; ~ias..Arctos *Thy*.476; MART.13.4.1; STAT.*Theb*.8.43; ~ias..compages SIL.1.203;—(*as ep. of Olympus*) quantus ad ~ium caeli suspectus Olympum VERG.*A*.6.579; 11.867; —Virginis ~iis cum caput¦ardet equis OV.*Ars* 3.388; calor ~ius LUC.9.396;—(*transf.*) an fortes animae dignataque nomina caelo..~ios uiuunt annos MAN.1.761. **b** ~ii uindicis igne cadas OV.*Ib*.474; ~io..Tonanti LUC.5.96; ~eo queritur sua uulnera regi *Ilias* 536; ~ius..pater MART. 9.35.10; ~ii..rectoris STAT.*Ach*.2.53; *Silv*.3.1.108;—primus (Iuppiter)..Aetheris filius, cui etiam ~ius cognomen fuit AMP.9.1.

2 Situated in or borne through the sky, in high heaven, aloft; (of rain) coming from the sky, heaven-sent. **b** (of mountains, etc.) reaching to the sky, lofty.

clamor in ~iis dispersus nubibus Lucr.4.182; ~ios..nimbos Verg.*A*.8.608; ~ias..per auras ibimus Ov.*Ars* 2.59; ~ia..Stymphalis Sen.*Her.O*.1390; ~ii felix sic orbita fluxit Triptolemi Stat.*Silv*.4.2.35;—~ea spargite semen aqua Ov.*Fast*.1.682. **b** ~io contingens uertice nubes..Taurus Tib.1.7.15; rupe ab ~ia ferar Sen.*Her.O*.860.

3 Of or belonging to heaven, provided by the gods, heaven-sent, divine. **b** (of inspiration, etc.) heaven-sent; (of persons) divinely inspired.

esse apibus partem diuinae mentis et haustus ~ios Verg.*G*.4.221; geminos..iugalis semine ab ~io *A*.7.281; ~ium..sceptrum Sen.*Her.O*.1509; est palla nobis, munus ~ium *Med*.570; [Sen.]*Oct*.974; ~io..nectare Mart.4.8.9; an ~iae uiuant per membra fauillae (*of one struck by lightning*) Stat.*Theb*.12.43; Sil.13.629. **b** quae simul ~eos animo conceperat ignes Ov.*Fast*.1.473; pius artis alumnus ~iae Stat.*Theb*.6.379;—~ius..Platon Man.1.774.

4 Of the world of the living, esp. as opposed to the underworld, (the light) of day.

~ias uitalis suscipit auras Lucr.3.405; quantum uertice ad auras ~ias tantum radice in Tartara tendit Verg.*G*.2.292; si uescitur aura ~ia *A*.1.547; ~ios ortus Mart.3.6.3; ~ias..reditura sub auras Stat.*Theb*.6.857.

Aethiopia ~ae, *f.* A name applied loosely to the whole inland part of central Africa, Ethiopia; also, more precisely to the kingdom whose capital was at Meroë, corresponding to part of the modern Sudan.

cupere te ex ~a ancillulam Ter.*Eu*.165; ex ~ae iugis Sen.*Nat*.4a.2.17; opinione eorum, qui desertis Africae duas ~as superponunt Plin.*Nat*.5.43; 6.197;—meo iussu..ducti sunt duo exercitus..in ~am et in Arabiam Aug.*Anc*.5.19; Tac.*Ann*.2.60.

Aethiopicus ~a ~um, *a.* Of or connected with Ethiopia, Ethiopian; *~um mare*, *~us oceanus*, the Ethiopian Sea, supposed by the ancients to lie to the south of Africa.

Neroni..inter reliqua bella et ~um cogitanti Plin.*Nat*.6.181;—(*in the names of plants*) sunt qui ~am (*sc. ben-nut*) his praeferant 12.101; ~ae..oleae 23.72; cumini ~i Larg.177;—mare quo cingitur (Africa)..a meridie ~um..dicimus Mela 1.21; haec mensura currit a litore ~i oceani..ad Meroen Plin.*Nat*.2.245.

aethiopis ~idis, *f.* [Gk. αἰθιοπίς] A species of sage; (also app.) another plant.

~is folia habet phlomo similia Plin.*Nat*.27.11;—~ida in Meroe nasci..folio lactucae 24.163.

Aethiops[1] ~pis, *m.*

1 An inhabitant of Ethiopia, Ethiopian; (pl.) the Ethiopians. **b** (poet.) an Egyptian.

Memnonis ~pis Catul.66.52; non est ~pis inter suos insignitus color Sen.*Dial*.5.26.3;—quid inter..~pas et Syros differat corporibus animis Cic.*Div*.2.96; nemora ~pum molli canentia lana Verg.*G*.2.120; Oceani finem iuxta..ultimus ~pum locus est *A*.4.481; Ov.*Met*.2.236; Plin.*Nat*.12.17; uenere..aliter tortis crinibus ~pes Mart.*Sp*.3.10; rubentum ~pum Stat.*Theb*.5.428; uenere ~pes..qui magneta secant Sil.3.265; ~pes utrique (*i.e. both the eastern and the western Ethiopians*) Apul.*Met*.1.8;—(*meton. for the country*) Plin.*Nat*.5.48; stat super occiduae nebulosa cubilia noctis ~pasque alios..lucus iners Stat.*Theb*.10.85. **b** paene occupatam seditionibus deleuit urbem Dacus et ~ps Hor.*Carm*.3.6.14.

2 A black man, negro, blackamoor; a black slave.

si alter est ~ps, alter albus Var.*L*.9.42; Plin.*Nat*.32.141; loripedem rectus derideat, ~pem albus Juv.2.23; esses ~pis fortasse pater 6.600;—(*as a bad omen*) in aciem prodeuntibus obuius ~ps nimis aperte ferale signum fuit Flor.2.17(4.7.7);—ut..ab auunculo ~ps rogetur *Rhet.Her*.4.63; si fruitur tristi Canius ~pe Mart.7.87.2.

Aethiops[2] ~pis, *a.* Of or connected with Ethiopia, Ethiopian.

~pes..lacus Ov.*Met*.15.320; tamquam serui ~pes Petr.102.13; Domitium Ahenobarbum..ursos Numidicos centum et totidem uenatores ~pas in circo dedisse Plin.*Nat*.8.131.

Aethiopus ~a ~um, *a.* Ethiopian.

rhinocerus uelut ~us Lucil.159.

aethōn[1] ~ōnis, *a.* [Gk. αἴθων] (prob.) Red-brown, tawny.

~onem aquilam Hyg.*Fab*.31.5.

Aethōn[2] ~ōnis, *m.* **a** One of the horses of the sun. **b** the war-horse of Pallas.

a uolucres Pyrois et Eous et ~on, solis equi Ov.*Met*.2.153; Mart.3.67.5; 8.21.7. **b** Verg.*A*.11.89.

aethra[1] ~ae, *f.* [Gk. αἴθρα, αἴθρη]

1 Brightness, splendour (of heavenly bodies).

fax occidit oceanumque rubra tractim obruit ~a Enn.*Ann*.435; nec lucidus ~a siderea polus Verg.*A*.3.585.

2 The bright upper air, sky, heavens.

flammeam per ~am late feruidam ferri facem Trab.*trag*.3; surgere in ~am Lucr.6.467; uolans rubra fuluus Iouis ales in ~a Verg.*A*.12.247; Iouis armiger ~a aduenit V.Fl.1.156; ~ae rector (*i.e. Jupiter*) Stat.*Silv*.1.2.135; Sil.11.468.

Aethra[2] ~ae, *f.*

1 The wife of Aegeus and mother of Theseus.

Ov.*Ep*.16.150; nepos ~ae (*sc. Hippolytus*) *Ib*.575; Hyg.*Fab*.37.1.

2 A daughter of Oceanus and mother of Hyas.

hunc stirps Oceani..~a edidit et nymphas Ov.*Fast*.5.171.

3 The wife of Hyperion.

Hyg.*Fab*.pr.12(15).

Aetia ~ōrum, *n. pl.* The title of a poem by Callimachus, 'The Causes'.

legas ~a Callimachi Mart.10.4.12.

Aetina ~ae: see Aetna.

aetiologia ~ae, *f.* [Gk. αἰτιολογία] Inquiry into, or explanation of, causes, aetiology.

causarum inquisitionem, ~an quam quare nos dicere non audeamus..non uideo Sen.*Ep*.95.65.

āetītēs ~ae, *m.* [Gk. ἀετίτης]

1 (w. *lapis*) The eagle-stone.

Plin.*Nat*.10.12; lapis ~es..custodit partus contra omnes abortuum insidias 30.130; 36.149.

2 (?) A species of convolvulus.

Plin.*Nat*.24.139.

āetītis ~idis, *f.* [Gk.] A precious stone.

~is a colore aquilae candicante cauda Plin.*Nat*.37.187.

Aetna ~ae, *f.* Also **~ē**, ~ēs. Forms: *Aetina* (cj.), Pl.*Mil*.1065.

1 A volcano in Sicily, Mount Etna, esp. as the place where the Cyclopes forged the thunderbolts of Jupiter. **b** (poet.) the flames of Etna; (fig., applied to the fire of passion). **c** (considered as a type of height; of ruggedness or inaccessibility; of superincumbent weight). **d** (as the name of a ship).

Pac.*trag*.252; qui Ioui fulmen fabricatos esse Cyclopas in ~a putes Cic.*Div*.2.43; undantem ruptis fornacibus ~am Verg.*G*.1.472; Hor.*Epod*.17.33; ~a mihi..carmen erit *Aetna* 1; ~ae ignibus..satius..esse Liv.26.29.4; degrauat ~a caput; sub qua..harenas eiectat..Typhoeus Ov.*Met*.5.352; Sen.*Med*.410; V.Fl.2.29; Stat.*Theb*.1.458. **b** (ignes) penetrant terras ~amque minantur Olympo Man.1.854;—quamuis..media torreberis ~a Ov.*Rem*.491. **c** argenti montes, non massas, habet ~a non aeque altos Pl.*Mil*.1065;—agilipes montes, ~ae omnes, asperi Athones Lucil.113;—ut onus se ~a grauius dicant sustinere Cic.*Sen*.4. **d** Sil.14.578.

2 A town at the foot of Mt. Etna.

~ae in foro Cic.*Ver*.3.57.

Aetnaeus ~a ~um, *a.*

1 Of or connected with Mt. Etna (esp. as the place where the Cyclopes forged the thunderbolts of Jupiter), made in Etna, Etnaean; *~i fratres*, the Cyclopes; *~us mons*, Mt. Etna. **b** related to or resembling those of Mt. Etna.

eruptione ~orum ignium Cic.*N.D*.2.96; ~i Cyclopes Verg.*A*.8.440; ~o fulmine Prop.3.17.21; ~us..Polyphemus Ov.*Pont*.2.2.113; caminis..~is Sen.*Her.F*.106; ~o..antro *Phaed*.102; ~i..dei (*i.e. Vulcan*) V.Fl.2.420; ensem ~um..(*i.e. forged in Etna*) Sil.9.459;—~os fratres caelo capita alta ferentis Verg.*A*.3.678; Stat.*Theb*.3.605;—nec..~i montis gloriam minuo V.Max.5.4.ext.5. **b** Chimaeram..~os efflantem faucibus ignis Verg.*A*.7.786; 8.419; ~os in caelum efflare uapores Stat.*Theb*.7.327.

2 Of Sicily, Sicilian.

tellus ~a Ov.*Met*.8.260; ab ~is..oris Mart.8.45.1; ad ~os..portus Stat.*Silv*.1.3.69; in ~is..triumphis Sil.9.196.

Aetnensis ~is ~e, *a.* Of or connected with the town of Aetna; (masc. as sb., w. ellipsis of *ager*) the territory of Aetna.

~is..ager Cic.*Ver*.3.47;—qui cum araret in ~i 3.61.

Aetōlia ~ae, *f.* A region in north-west Greece, between Locris and Acarnania.

Pl.*Capt*.94; Q. Ennium, qui..in ~a militauerat Cic.*Brut*.79; *Pis*.91; *Att*.5.20.1; Caes.*Civ*.3.34.2; conuocato concilio ~ae Liv.38.8.2; nec tanti Calydon nec tota ~a tanti Ov.*Am*.3.6.37; Plin.*Nat*.4.1; Apul.*Met*.1.5.

Aetōlicus ~a ~um, *a.* Of or connected with Aetolia, Aetolian.

cum apro ~o (*i.e. the Calydonian boar*) deluctari Pl.*Per*.3; Liv.39.22.1; ~o concilio 42.6.1; Plin.*Nat*.25.49.

Aetōlis ~idis, *f.* An Aetolian woman.

pulsa ~ide Deianira Ov.*Ep*.9.131.

Aetōlius ~a ~um, *a.* Of Aetolia, Aetolian.

uires ~us heros (*i.e. Diomedes*)..excusat Ov.*Met*.14.461; *Ilias* 556.

Aetōlus ~a ~um, *a.*

1 Of Aetolia, Aetolian. **b** (of Diomedes; also, as ep. of places founded by him). **c** (of Meleager; also, equiv. to 'like those of Meleager').

~i ciues Pl.*Poen*.621; ~i..Acheloi Prop.2.34.33; latrones ~os Liv.34.24.2; 37.49.1; Ov.*Met*.14.528; ~ae..ferae (*i.e. the Calydonian boar*) Mart.7.27.2. **b** ut semel ~a Venus est a cuspide laesa Ov.*Rem*.159;—~is surgit ab Arpis Tydides Verg.*A*.10.28; 11.239; ~os..campos (*i.e. of Apulia*) Sil.1.125. **c** (lorica) quam uel ad ~ae securam cuspidis ictus texuit..unguis apri Mart.7.2.3;13.93.2;—~is onerata plagis iumenta Hor.*Ep*.1.18.46.

2 (masc. as sb.) An inhabitant of Aetolia, Aetolian; (pl.) the Aetolians. **b** (of Diomedes or his followers). **c** (of Tydeus).

ab ~o quodam Liv.27.33.2; ~um..Acamanta Stat.*Theb*.7.589;—~os pacem uelle Cato *orat*.71; si propter socios..maiores nostri..cum ~is..bella gesserunt Cic.*Man*.14; Liv.45.31.3; Plin.*Nat*.4.6; (*collect. sg.*) dat bello pedites ~us et asper Acarnan Stat.*Ach*.1.418;—(*meton., for Aetolia*) artifices..abiere in ~os Plin.*Nat*.36.9. **b** non erit auxilio nobis ~us et Arpi Verg.*A*.11.428; Stat.*Ach*.1.698;—spem si quam ascitis ~um habuistis in armis, ponite Verg.*A*.11.308. **c** terrificos umeris ~us amictus exuitur Stat.*Theb*.6.835; 8.690.

āetōma ~atis, *n.* **~a** ~ae, *f.* [Gk. ἀέτωμα] A gable.

cvm..~ate *CIL* 3.6671. **β** coll(egivm) centonarior(vm) scholam cvm ~a pecvnia sva fecit *CIL* 3.1174; ad extrvction(em) ~ae 3.1212.

aeuitās: see Aetas.

aeuiternus: see Aeternvs.

aeuum ~ī, *n.* Also **~us.** [Cf. Skt. *āyuh*, Gk. αἰών, Goth. *aiws*, Ger. *ewig*, E. aye] Gend.: masc. in Pl.*Poen*.1187; Lucr.2.561; 3.605; *CIL* 12.2130.

1 Time regarded as the medium in which events occur, indefinite continuous duration, the time series; (quasi-concr.) the sequence of events in the universe; *ad hoc ~i*, up to this point of time, hitherto. **b** (the whole of) past time, the course of history, the past, the ages. **c** (the whole of) future time, the future, the ages; *in* or *per* (*omne*) *~um*, also *~o*, for ever, for all eternity.

neque..percurrere fulmina..perpetuo possint ~i labentia tractu Lucr.1.1004; tantum ~i longinqua ualet mutare uetustas Verg.*A*.3.415; per idem ~i spatium Vell.2.9.3; sol tempora diuidit ~i Luc.10.201; Stat.*Silv*.4.1.11;—ab condito ~o Plin.*Nat*.7.141; sator ~i..Iuppiter Sil.9.306;—nec libra centenos nummos ad hoc ~i excessit ulla (lana) Plin.*Nat*.8.190; Apul.*Apol*.5. **b** transactum quid sit in ~o Lucr.1.460; si..singuli artifices neque omnes sed pauci ~o perpetuo nobilitatem uix sunt consecuti; Vitr.1.1.14 quicquid nobis dedit, breue est et exiguum, si compares mundi totius ~o Sen.*Ep*.74.10; *Phaed*.742; nullis..aspecta per ~um solibus..aestiua Stat.*Theb*.1.362;—(*w.* prius) nouos omnique ~o priore incognitos..morbos Plin.*Nat*.26.1; Tac.*Hist*.1.1;—(*w.* longum) uersus..est longo hominum ~o probatus Gel.17.12.4;—(*meton. for the persons who have lived in the course of history*) quomodo opiniones totius ~i..euincis? Sen.*Ep*.82.23; Plin.*Nat*.14.44. **c** floreat ut toto carmen Nasonis in ~o Ov.*Fast*.5.377; longo semper in ~o [Sen.]*Oct*.98;—(*w.* uenturum) haud..uenturi..inscius ~i Verg.*A*.8.627;—omnem..durare per ~um Lucr.3.605; quae cura..uirtutes in ~um..aeternet Hor.*Carm*.4.14.3; Prop.3.4.19; mansura..monimenta per ~um Ov.*Met*.5.227; tot tantis..operibus mansuris in omne ~um Sen.*Suas*.6.24; coepere..honores legendi ~o basibus inscribi Plin.*Nat*.34.17; conivgi..et sibi ad propagandam in ~vm memoriam fecit *CIL* 8.4692;—(*meton. for the persons who will live in future ages*) nulla dies..memori uos eximet ~o Verg.*A*.9.447; mens prouida Reguli..trahentis perniciem ueniens in ~um Hor.*Carm*.3.5.16; Tac.*Ann*.4.35.

2 Time as productive of change and decay, the passage or lapse of time.

simul ~o fessa fatisci (animam et corpus) Lucr.3.458; ipso tecum consumerer ~o Verg.*Ecl*.10.43; at non ingenio quaesitum nomen ab ~o excidet Prop.3.2.25; Ov.*Met*.15.235; longa per ~um diminutio Sen.*Nat*.6.22.3; Luc.9.316.

3 A very long period of time, an age; *~o* or *~is*, for ages.

~is omnibus ut maneas Ov.*Met*.2.649; materies (laricis)..incorrupta ~is Plin.*Nat*.16.43;—~o manet (atrum holus) Col.11.3.36; durant..~is tecta talia Plin.*Nat*.16.156;—(*w.* longum) ut longo teneat..~o nomen..Penelopea fides Ov.*Tr*.5.14.35; medio tam longi ~i spatio Tac.*Ger*.37.3.

4 The period to which a particular person belongs, age, generation, century.

is..rem..Romanam..alterum in lustrum meliusque semper prorogat ~um Hor.*Saec*.68; ut se..cum omnis ~i claris uiris comparent Liv.28.43.6; candor, in hoc ~o res intermortua paene Ov.*Pont*.2.5.5; nomina pauperis ~i Luc.10.151; arbores, quae omnibus ex eo ~is..inarescunt rursusque adolescunt Plin.*Nat*.16.238; Massica sulcabat meliore Falernus in ~o..senior iuga Sil.7.166; (*cf. sense 1c*) ~is omnibus ut maneas Ov.*Met*.2.649.

5 The time one lives, lifetime, life; also, the time one may expect to live, mortal span. **b** *~um agere*, *degere*, etc., to pass one's life, live; (w. abl., etc.) to spend one's life (in a specified place, condition, or occupation). **c** (in exprs. indicating some period in, or stage of development of, one's life) esp.: *primum ~um*, one's first youth; *primo ab ~o*, *ex ineunte ~o*, etc., from the beginning of one's life, from one's earliest years; *integer*, *maturus ~i* or *~o*, young, advanced, in years; *~um florens*, *~i flos*, the flower of one's youth.

~um remeare peractum Hor.*S*.1.6.94; quod superest ~i, molle sit omne, tui Ov.*Fast*.6.416; primam ~i horam Sen.*Suas*.4.2; Luc.8.27; gens felix..annoso degit ~o Plin.*Nat*.4.89; Stat.*Theb*.1.319; Tac.*Ag*.44.3;—non ~o exsacto vitai *CIL* 1.1603.3; inbecilla atque ~i breuis (natura generis humani) Sal.*Jug*.1.1; Hor.*S*.2.6.97; altera nunc ratio, quae summam continet ~i, reddenda est Man.3.563; Plin.*Nat*.7.153;—(*w.* humanum, mortale) ad longissimos humani ~i terminos Sen.*Ep*.72.3; mortalis ~i cardinem extremum premens *Tro*.52;—(*w.* uitae) Iouem Patrem..~om ui⟨tae⟩ medium..in duas partes undique pares diffidisse Fro.*Aur*.2.p.12(228N);—(*cf. sense 6b*) uiuet extento Proculeius ~o Hor.*Carm*.2.2.5. **b** qui tum uiuebant homines atque ~um agitabant Enn.*Ann*.307; ualidis saepti degebant turribus ~um Lucr.5.1440; traducere leniter ~um Hor.*Ep.*1.18.97;—(*of the gods*) Romulus in caelo.. ~um degit Enn.*Ann.*115; deos securum agere ~um Lucr. 6.58; Verg.*A.*10.235;—in armis ~om agere Pac.*trag.*262; ut sterili Venere exigat ~um Lucr.4.1235; 5.1145; solis exegit montibus ~um Verg.*A.*11.569; Ov.*Met.*10.243; Phaed.4.20(21).10;—(*of animals, etc.*) magnis..agitant sub legibus ~um (*sc.* apes) Verg.*G.*4.154; quare sollicitum potius ~um ducitis (*sc.* columbae)? Phaed.1.31.7. **c** redire..~i melioris in annos Ov.*Ib.*439; dum firmius ~um Stat.*Theb.*4.335;—haec primo iuuenis canes sub ~o *Silv.* 2.7.73; uiridi..raptus ab ~o 5.3.73;—primo..ab ~o Ov. *Pont.*2.2.97; ab ineunte ~o Apul.*Apol.*5;—(*poet., of things*) aliam naturam subter habere ex ineunte ~o (terram) coniunctam Lucr.5.537;—~i maturus Acestes Verg.*A.* 5.73; integer ~i Ascanius 9.255; (*cf.*) uos o, quibus integer ~i sanguis 2.638; (*cf. sense 2*) deos ~i integros Enn.*scen.* 414;—~o florente puellas Lucr.3.1008; perpetuum..~i florem Ov.*Met.*9.436.

6 Life, existence (esp. as terminated by death); *~um sempiternum*, etc., everlasting life. **b** (poet.) undying fame, immortality.

Iuppiter..per quem uiuimus uitalem ~om Pl.*Poen.*1187; (corpus) perdit..quod non proprium fuit eius in ~o Lucr. 3.357; belli finis et ~i Verg.*A.*10.582; Hor.*Carm.*2.11.5; finit..in odoribus ~um (phoenix) Ov.*Met.*15.400; quis ~i exitus incertum Stat.*Silv.*2.1.224; QVI FLORENTEM ~VM LX EGIT PER ANNOS *CIL* 12.2130;—locum, ubi beati ~o sempiterno fruantur Cic.*Rep.*6.13; immortale ~um *Hort.*fr.50. **b** populis donas mortalibus ~um Luc.9.981; nec..quisquam uir..redemit plus ~i nece magnanima Sil.6.21;—(*cf. sense 1c*) ~um saeculorum omnium consecutus (Socrates) Quint.*Inst.*11.1.10.

7 Vigour (as an aspect of life), health and strength; also, mature powers or the indications of them.

languentis ~i dum sunt aliquae reliquiae Phaed.3.epil.15; bellis consumpsimus ~um Luc.5.276; ~o redeunte manebit Stat.*Silv.*1.4.15; Sil.6.474;—(equus) inscius ~i Verg.*G.* 3.189; cum primo malas signabat Regulus ~o Sil.6.128.

8 The period of time that one has been alive, one's age or years; *hoc ~i* (attrib. w. sb.), of this age, of such years. **b** (of things) age, duration.

aequali tecum pubesceret ~o Verg.*A.*3.491; meum si quis te percontabitur ~um Hor.*Ep.*1.20.26; uir animi magis quam ~i paterni Vell.2.26.1; Stat.*Ach.*1.176; grandis ~o parens Tac.*Ann.*16.30;—puer hoc ~i Apul.*Apol.*98;—(*of animals*) qui uestri maximus ~o est dux gregis inter oues Ov.*Met.*7.310; Plin.*Nat.*9.167. **b** sperare perbreuis ~i Carthaginem esse Liv.28.35.11; proximum bonitate fuit Sallustianum (metallum)..non longi..~i Plin.*Nat.*34.3; Stat.*Silv.*4.6.7;—(*cf. sense 1c*) in totum mundi prosternimur ~um Luc.7.640.

9 Length of years, old age.

trementibus ~o..umeris Verg.*A.*2.509; ~o confectus Acoetes 11.85; uictum ~o robur cecidit Luc.3.729; nec requies ~i nota Sil.2.320;—(*w.* longum) longo iacet exarmatus ab ~o (leo) Stat.*Theb.*11.743;—(*poet., of a city*) fessam ~o..urbem *Silv.*4.8.55.

aex ~gis (or ~gos), *f.* [Gk. *αἴξ*] (pl.) Craggy rocks; (sg. as prop. noun) a rock situated between the islands of Tenedos and Chios.

Var.*L.*7.22;—Aegaeo mari nomen dedit scopulus inter Tenedum et Clium uerius quam insula, ~x nomine a specie caprae Plin.*Nat.*4.51.

afannae ~ārum, *f. pl.* [Cf. *apinae*, Gk. *εἰς Ἀφάνας*] Evasive talk, shifty excuses.

alias..~as frustra blaterantis Apul.*Met.*9.10; balbutiens nescioquas ~as effutire 10.10.

Āfer Afra Afrum, *a.*

1 Of or connected with Africa, African. **b** *Afra auis, uolucris*, the guinea-fowl. **c** *Afer turbo* (poet.) = *Africus uentus*, a south-west wind.

omnia secum armentarius Afer agit Verg.*G.*3.344; te bis Afro murice tinctae uestiunt lanae Hor.*Carm.*2.16.35; Prop.4.11.30; Afri..campi Vitr.8.2.8; Ov.*Ep.*7.169; Liv. 21.22.2; messibus Afris Stat.*Silv.*3.3.90; (poma) credere quae possis subrepta sororibus Afris (*i.e. the Hesperides*) Juv. 5.152. **b** non Afra auis descendat in uentrem meum Hor.*Epod.*2.53; Afrae uolucres placent palato Petr.93; Juv.11.142. **c** cum..Afer..hiberno bacchatur in aequore turbo *Ciris* 480.

2 (masc. as sb.) An inhabitant of the countries, other than Egypt, along the north coast of Africa, African; (pl.) the Africans. **b** (pl., spec.) the Carthaginians or their allies. **c** (pl., dist. from *Carthaginienses, Poeni*) African auxiliaries or allies (of the Carthaginians). **d** (pl.) the inhabitants of the Roman province of Africa.

quis tu es qui ducis me? — mu. — perii hercle! Afer est Pl.fr.44;—si Afris..uirtute adipisci licet ciuitatem Cic. *Balb.*41; sicuti Afri putant Sal.*Jug.*18.3; Verg.*A.*8.724; Liv.29.17.5; Plin.*Nat.*7.200;—(*meton., for Africa*) sitientis ibimus Afros Verg.*Ecl.*1.64; qua medius liquor secernit Europen ab Afro Hor.*Carm.*3.3.47. **b** ut Afri in Hispania, in Africa Hispani..stipendia facerent Liv.21.21.11; regem Afrorum (*i.e. Hannibal*) Sil.4.722; Fron.*Str.*1.8. 11;—(*poet. sg.*) dirus per urbis Afer (*i.e. Hannibal*)..ut Italas..equitauit Hor.*Carm.*4.4.42. **c** Carthaginienses mixti Afris Liv.28.14.4; 29.3.13;—(*collect. sg.*) hinc Poenus hinc Afer urget 23.29.10. **d** reget impiger Afros (*sc. Vespasian*) Sil.3.599; Plin.*Ep.*2.11.2.

3 A Roman cognomen, esp. of: **a** P. Terentius Afer, the playwright (died 159 B.C.). **b** Cn. Domitius Afer, the orator (died A.D. 59).

a Volc.*poet.*2; Publius Terentius Afer..seruiit Romae Terentio Lucano senatori Suet.*poet.*11(p.26Re). **b** maturitatem Afri Quint.*Inst.*12.10.11; Tac.*Ann.*14.19.

affaber ~bra ~brum, *a.* **adf-.** [AD-+FABER] (See quot.)

~brum fabrefactum Paul.*Fest.*p.28M.

affābilis ~is ~e, *a.* **adf-.** *compar.* ~ior. [AFFOR+-BILIS] (of persons) Easy to talk to or approach, affable, courteous. **b** (of feelings or words) manifesting or expressing sympathy, friendly.

meditor esse ~is Ter.*Ad.*896; ~is, blandus Nep.*Alc.*1.3; alius erit ~ior Sen.*Ep.*79.9;—(*w. dat. of pers., and abl. or* in+*abl.*) in omni sermone omnibus ~em..esse se uellet Cic.*Off.*1.113; nec dictu ~is ulli Verg.*A.*3.621; Sen.*Cl.* 1.13.4. **b** rogantibus pestifera largiri blandum et ~e odium est Sen.*Ben.*2.14.4; uidit..ingenia..praecipue adulescentium..~i oratione leniri Fro.*Aur.*1.p.102(53N).

affābilitās ~ātis, *f.* **adf-.** [prec.+-TAS] Affability, friendliness, courtesy.

quantopere conciliet animos comitas ~asque sermonis Cic.*Off.*2.48; delectatus ~ate amici Petr.61.3.

affābiliter, *adv.* **adf-.** *superl.* ~issimē. [AFFABILIS+-TER²] In friendly or informal discourse, conversationally.

multa..alia ~issime dicebat Gel.16.3.5; multa alia lucide ..et ~iter dixit 18.5.12.

affabrē, *adv.* **adf-.** [AFFABER+-E] Skilfully, ingeniously, artistically.

qui (deus) ei paulo magis ~ atque antiquo artificio factus uideretur Cic.*Ver.*14; Gel.6(7).7.5; geometricas formas e buxo..subtiliter et ~ factas Apul.*Apol.*61.

affāmen ~inis, *n.* **adf.-** [AFFOR +-MEN] Greeting, salutation, address.

suo illo uenerando me dignatus ~ine Apul.*Met.*11.30;—(*of birds*) canorae..auiculae..matrem siderum..blando mulcentes ~ine 11.7.

affatim, *adv.* **adf-,** also **ad fatim.** [AD-+ **fatim* (cf. *fatigo, fatisco*)] So as to afford complete satisfaction, amply, sufficiently. **b** (as quasi-sb., w. gen.) an ample supply, a sufficiency. **c** (as quasi-adj.) ample, sufficient; sufficiently numerous.

(*w. vbs.*) ~ edi bibi lusi Andr.*com.*4; dum tu illi quod edit et quod potet praebeas..~ Pl.*Men.*91; *Poen.*534; puto.. me Dicaearcho ~ satis fecisse Cic.*Att.*2.16.3; isdem.. seminibus..homines ~ uescuntur *N.D.*2.127; obsides, frumentum et alia..~ praebita Sal.*Jug.*54.6; saxa, quibus eos ~ locus ipse armabat, ingerere Liv.9.35.4; Sen.*Ep.* 19.7; Col. 7.6.5; de cytiso..~ diximus inter frutices Plin.*Nat.*18.148; suggerunt ~ ligna..siluae Plin.*Ep.*2.17.26; ~ plagis castigatum Apul.*Met.*9.28;—(*w. adjs., etc.*) marinis opibus ~ dites Mela 3.67; frumento..~ onustum Apul.*Met.*9.10; —(*w. sbs.*) praeterita..et instantia, quorum ~ copia, ac nouos terrores cumulat Tac.*Ann.*4.69; quippe qui iam cenae ~ piscatum prospexeramus Apul.*Met.*1.24. **b** ~ est hominum in dies qui singulas escas edint Pl.*Men.*456; *Mil.*980; pecuniae ~ est frumentique Liv.23.5.15; auxilia, quorum ~ erat 34.26.10. **c** miseria ⟨una⟩ uni quidem hominist ~ Pl.*Trin.*1185; HS $\overline{\text{LXXII}}$ satis esse, ~ prorsus Cic.*Att.*16.1.5;—~ sunt, qui..regum filiis, ut Naeuius ait: linguis faueant Fro.*Aur.*1.p.138(33N).

affātus ~ūs, *m.* **adf-.** [AFFOR+-TVS³] A speaking to, address, speech; (w. obj. gen. or equiv.) converse with; (w. subj. gen.) the pronouncement, utterance (of).

quo nunc reginam ambire furentem audeat ~u? Verg.*A.* 4.284; ~us..mali V.Fl.6.473; numina..~u tacito iuuenis Tegeaeus adorat Stat.*Theb.*6.632; ~us..meditataque uerba reddideras (psittace) *Silv.*2.4.7; me..uariis solatur ~ibus Apul.*Met.*3.10;—nostros propius ~us petit Sen. *Med.*187; ad parentum suorum conspectum ~umque perrexerant Apul.*Met.*5.4;—uolucrum ~us Stat.*Theb.* 3.638; ducis ~u per inhospita litora pulsi Sil.2.23.

affectātiō ~ōnis, *f.* **adf-.** [AFFECTO+-TIO]

1 A striving after, aspiration towards.

(*w. obj. gen.*) philosophia sapientiae amor est et ~o Sen. *Ep.*89.4; tanta est decoris ~o Plin.*Nat.*11.154; ~o quietis in tumultum eualuit Tac.*Hist.*1.80; conuictos in ~one imperii Suet.*Tit.*9.1;—(*w. subj. gen. or equiv.*) mire..circa id (aes) multorum ~o furit Plin.*Nat.*34.6; cetera quis mulieres..suas testantur ~ones Apul.*Met.*10.21.

2 (rhet.) A straining after effect, affectation.

(*w. obj. gen.*) nimiae subtilitatis ~one Quint.*Inst.*1.pr.24; scripta..nimia priscorum uerborum ~one oblita Suet.*Gram.* 10(p.108Re);—nihil est odiosius ~one Quint.*Inst.*1.6.40; 10.1.82; 12.10.40; ~one et morositate nimia obscurabat stilum Suet.*Tib.*70.1;—(*w. defining gen.*) adnotata unius ~one uerbi Quint.*Inst.*8.1.2.

3 A laying claim to.

circa ~onem Germanicae originis ultro ambitiosi sunt Tac.*Ger.*28.4.

affectātor ~ōris, *m.* **adf-.** [AFFECTO+-TOR] One who strives to obtain or produce, a zealous seeker (of), an aspirant (to or after).

(*w. obj. gen.*) ~or..sapientiae Sen.*Dial.*2.19.3; regni ~orem Quint.*Inst.*5.13.24; nimius risus ~or 6.3.3;—(*as adj.*) ~or..imperii populus Flor.*Epit.*1.23.(2.7.2).

affectātus ~a ~um *a.* [pple. of AFFECTO] (rhet.) Studied, artificial, affected.

uersus..~ae difficultatis Quint.*Inst.*1.1.37; ~a scurrilitas 11.1.30; ~am gestuum seu uerborum mollitiem [Quint.] *Decl.*3b.5.

affectiō ~ōnis, *f.* **adf-.** [AFFICIO+-TIO]

1 (w. *animi*) A mental condition (esp. of a temporary character), state of feeling, frame of mind, mood. **b** (absol.) a mental or bodily condition, state of feeling, emotion.

in ~onem animi, hoc est molestiam, iracundiam, amorem et cetera Cic.*Inv.*1.41; 2.17; *Top.*99; ad demonstrandam animi hilarem ~onem Sen.*Ep.*59.1. **b** ~o est animi aut corporis ex tempore aliqua de causa commutatio, ut laetitia, cupiditas, metus Cic.*Inv.*1.36; uituperamus laudamus, miseremur irascimur, utcumque praesens mouit ~o Curt.7.1.24; Gel.1.26.11;—(*w. defining gen.*) SINCERA AMORIS ~ONE *CIL* 9.4208.

2 A feeling or attitude evoked by, or considered in relation to, a particular object, situation, etc., reaction; (w. *animi*) a favourable attitude, predilection. **b** a feeling or attitude considered as violent or reprehensible, passion, prejudice. **c** a private or personal feeling, inner sentiment.

egit..Nero grates ea causa patribus atque auo, laetas inter audientium ~ones Tac.*Ann.*4.15;—(*w. gen. expr. the situation*) praesentis..mali sapientis ~o nulla est, stultorum aegritudo est Cic.*Tusc.*4.14;—argentum..magis quam aurum sequuntur, nulla ~one animi, sed quia numerus argenteorum facilior usui est Tac.*Ger.*5.5. **b** quantum efficiat in animis hominum talis ~o (*sc.* ira) Quint.*Inst.* 5.12.6; nunc..summum pontificum etiam summum hominum esse, non aemulationi, non odio aut priuatis ~onibus obnoxium Tac.*Ann.*3.58; duas ferocissimas ~ones amoris atque odii intra modum cautum coercuit Gel.1.3.30. **c** tune..parentis tuae..~ones exploras..? Apul.*Apol.*85; si seruum meum occidisti, non ~ones aestimandas esse puto Paul.*dig.*9.2.33;—(*w.* propria, intima) omnia quae ad causam..adtinent plane proferenda; quae ad tuas proprias ~ones adtinent..reticenda Aur.*Fro.*1.p.68(43N); me uitricum sibi contigisse intimis ~onibus laetabatur Apul.*Apol.* 96.

3 (usu. w. *animi*) A more or less permanent mental or moral characteristic, habitual state, disposition; (w. *corporis*) a similar bodily characteristic or state.

nemo est..quin hanc ~onem animi probet atque laudet, qua..contra utilitatem..conseruatur fides Cic.*Fin.*5.63; *Tusc.*2.43; 5.41; non..mihi est uita mea utilior quam animi talis ~o, neminem ut uiolem commodi mei gratia *Off.*3.29; *Tim.*45; (*cf.*) per se expetendam esse grati animi ~onem Sen.*Ben.*4.18.1;—(*without* animi) uitia..~ones sunt manentes Cic.*Tusc.*4.30;—moderati aequabilesque habitus, ~ones ususque corporis apti esse ad naturam uidentur *Fin.* 5.36; *Tusc.*5.27.

4 Feelings of liking or attachment, affection, love.

cetera ~onis et comitatis tuae subnecte Aur.*Fro.*2.p.128 (106N); Artemisia Mausolum uirum amasse..ultra..~onis humanae fidem Gel.10.18.1; magno et singulari..~onis tuae fructu perfrui Apul.*Met.*3.22; non enim coitus matrimonium facit, sed maritalis ~o Ulp.*dig.*24.1.32.13; captatorias institutiones..quae mutuis ~onibus iudicia prouocauerunt Papin.*dig.*28.5.71(70);—(*w.* circa) cum ~onem tuam circa eos bene perspectam habeo Scaev.*dig.*32.1.39; —(*w.* erga) simiarum generi praecipua erga fetum ~o Plin. *Nat.*8.216;—(*w.* in+*acc.*) quom bene perspectas habeam sincerissimas in me ~ones tuas Ant.*Fro.*1.p.228(167N); —(*w. gen. expr. source of feeling*) quod uenierit possessio, in quam habet patronus ~onem uel opportunitatis uel uicinitatis uel caeli uel quod illic deducatus sit Ulp.*dig.*38.5.1.15.

5 A purpose, intention. **b** an attitude, viewpoint.

ut et modicus locus possit fundus dici, si fundi animo eum habuimus. non etiam magnitudo locum a fundo separat, sed nostra ~o Ulp.*dig.*50.16.60; Paul.*dig.*50.17.168.1; (*w. gen. expr. what is purposed*) cum non ~one societatis incidimus in communionem Ulp.*dig.*17.2.31; quia..gerendi negotii mei habuerit ~onem Paul.*dig.*3.5.18(19).2. **b** zythum et camum et cetera, quae pro hominum ~one atque usu uini numero habebantur Ulp.*dig.*33.6.9.

6 A changed or changing relationship, aspect, phase (of a situation); the position of heavenly bodies relative to one another, aspect. **b** relationship (of one thing to others), bearing.

~o est quaedam ex tempore aut ex negotiorum euentu.. commutatio rerum, ut non tales, quales ante habitae sint.., habendae uideantur esse Cic.*Inv.*2.176;—fac in puero referre ex qua ~one caeli primum spiritum duxerit *Div.*2.99; sic astrorum ~o ualeat, si uis, ad quasdam res *Fat.*8. **b** in quibus spectantur haec: numerus species uis, quaedam etiam ad res aliquas ~o Cic.*Top.*68; 70.

affectō ~āre ~āuī ~ātum, *tr.* **adf-.** [AFFICIO +-TO] Forms: *~atus est* (dep.) Var. in *G.L.* 1.382.

1 (w. *uiam, iter*) To try to accomplish, set out on, attempt (a journey, etc.).

hi gladiatorio animo ad me ~ant uiam Ter.*Ph.*964;—(*in fig. exprs.*) disciplinast..munerarier ancillas primum ad dominas qui ~ant uiam *Hau.*301; uidete..quo ~ent iter apertius quam antea Cic.*Agr.*1.5; uiam..~at Olympo Verg.*G.*4.562;—(*followed by* ut+*subj.*) ut me deponat uino, eam ~at uiam Pl.*Aul.*575; *Men.*686;—(*app. w. ellipsis of* uiam) ille uirtutis spectator..ad eam ~abit Apul.*Pl.*2.11.

2 To try to reach or achieve, strive after; (w. inf.) to endeavour, aspire; (w. indir. qu.)

to contend, vie with one another. **b** (rhet.) to strain after, aspire to (a particular style, etc.). **c** *spem ~are*, to cherish a hope.

pro honore, quem ~abat SAL.*Jug*.64.4; cui..non apparere, ~are eum imperium in Latinos? LIV.1.50.4; 39.24.7; cur opus ~as, ambitiose, nouum? OV.*Am*.1.1.14; in ipsa eloquentia ~anda V.MAX.8.10.2; PHAED.3.18.14; CURT. 4.7.31; hoc ~are, hoc imitari decet SEN.*Cl*.1.19.9; *Nat*. 1.pr.6; summum..columen ~antes COL.1.pr.29; PLIN.*Nat*. 34.15; mimicam uerborum licentiam ~asse MART.8.pr.12; STAT.*Silv*.5.2.99; Galliarum societatem Ciuilis..~abat TAC. *Hist*.4.17; infamiam ~ati etiam regii nominis SUET.*Jul*.79.2; —(*poet.*) fratris uterque furens cupit ~atque cruorem STAT. *Theb*.11.539;—(*w. abst. subj.*) omnis..diligentia munditiam, non affluentiam ~abat NEP.*Att*.13.5; JUV.10.209;—(*pleon., after words signifying effort or aspiration*) regnum clam et dolo ~are conatus sit LIV.24.25.4; spes..~andae eius rei 29.6.2;—(*dep. form*) ~atus est regnum VAR.in *G.L*.1.382; —non ego sidereas ~o tangere sedes OV.*Ars* 2.39; ~as.. dici atque uideri pauper MART.11.32.5; STAT.*Theb*.1.132; JUV.11.33;—cuius id sit decus..~ant MELA 2.19; cum ~are quisque non debeat, in quo..intellegere debet infirmitatem suam alii periculosam futuram GAIUS *dig*.9.2.8.1. **b** effusiorem..cultum ~auerunt QUINT.*Inst*.3.8.58; nec..~anda sunt semper elata et excelsa PLIN.*Ep*.3.13.4; GEL.17.20.7; —(*w. inf.*) sermone..antiquo usus ~auit scribere POMPON. *dig*.1.2.2.46. **c** potiundae Africae spem ~antem LIV. 28.18.10; spes ~at easdem OV.*Met*.5.377.

3 To try to win control or possession of, attempt to conquer.

ciuitatis..formidine aut ostentando praemia ~are SAL. *Jug*.66.1; post ausos caelum ~are Gigantes OV.*Fast*.3.439; Gallias..saepe et ~auimus et omisimus VELL.2.39.1; Ciuilis..proximas ciuitates ~are..statuit TAC.*Hist*.4.66;—(*pres. pple. as sb.*) magnum in omnia momentum Syphax ~anti res Africae erat LIV.28.17.10.

4 (w. *dextra*) To lay one's hand on, seize hold of, grasp; (w. *ore*, etc., or absol.) to take hold of in eating or drinking.

ubi nulla datur dextra ~are potestas VERG.*A*.3.670;—(equus) prata..ore in latus detorto pronus ~at APUL. *Met*.1.2; dumque iam labiis undantibus (rosas) ~o 3.29;—(*without abl.*) auidus ~ans poculum 1.19.

5 To pretend to have, lay claim to, affect; (w. inf.) to pretend (to be or do something); (w. acc. and inf.) to pretend, feign (that something is the case).

qui hanc ~arent scientiam SEN.*Suas*.3.4; carminum.. studium ~auit TAC.*Ann*.14.16; PLIN.*Pan*.20.2; (*cf.*) ~ata amicitiae uestrae specie APUL.*Fl*.17;—qui esse docti ~ant QUINT.*Inst*.10.1.97; FRON.*Str*.1.5.16;—~ans errare manum STAT.*Theb*.10.397.

affector ~ārī, *tr.*: see AFFECTO.

affectus[1] ~ūs, *m.* **adf-.** [AFFICIO+-TVS[3]]

1 (w. *mentis, animi*; or absol.) A mental or emotional state or reaction (esp. temporary), frame of mind, mood, feeling, emotion. **b** (spec.) strong feeling, powerful emotion, passion. **c** feelings for or against, likes and dislikes, sympathies. **d** *~us mentis*, thought (as typifying speed).

nec dicere possum, ~um quem te mentis habere uelim OV.*Tr*.4.3.32; ~usque animi..manet 5.2.8;—nec tamen ~us tales confessa *Met*.7.171; illud..facinus..tranquilliore ~u narrabitur V.MAX.9.11.ext.1; perinde faciat (*sc.* chirurgus) omnia, ac si nullus ex uagitibus alterius ~us oriatur CELS.7.pr.4; quam grate ad nos peruenisse indicemus effusis ~ibus SEN.*Ben*.2.22; *Oed*.207; duo signa..diuersos ~us exprimentia, flentis matronae et meretricis gaudentis PLIN.*Nat*.34.70; me..circa iura morari scio longeque recessisse a paternis ~ibus QUINT.*Decl*.270(p.107,l.26); ut ~us uestros in amorem mei accenderem TAC.*Hist*.1.83; neque est ullus ~us tam erectus et liber (*sc.* quam amor) PLIN.*Pan*.85.3; hospitis ~u dominum regemque salutat JUV.8.161;—(*w. defining gen.*) timidum quidem non esse, timere tamen aliquando, id est uitio timoris carere, ~u non carere SEN.*Ep*.85.15. **b** Thestias..dubius ~ibus errat OV.*Met*.8.473; cuius mansuetudinem potentissimi ~us ira atque gloria, quatere non potuerunt V.MAX.5.1.3; non feci ratione, ~u uictus sum SEN.*Con*.1.1.15; SEN.*Nat*.1.pr.5; TAC.*Ann*.15.16;—(*w. defining gen.*) illos credo..uelut mente captos..erupisse in hunc uoluptatis ~um QUINT.*Inst*.8.3.4. **c** irae uim..quae unius ciuitatis et aetates et ~us diuidere ualuit V.MAX.9.3.4; haec dabit ~us JUV.6.214. **d** ocior ~u mentis pennaque cucurrit (canis) GRAT.204.

2 (w. *corporis*; or alone) A physical state or condition, esp. pathological.

in hoc..~u corporis neque ambulatione neque frictione opus est CELS.4.26.5;—quin..errantis per tot diuertia morbos causasque ~usque canum tua ⟨cura⟩ tuerist GRAT. 346; dum is ~us in pus uertatur CELS.2.7.26.

3 (astrol.) The position of a heavenly body relative to that of others. **b** the influence of a heavenly body as modified by its position relative to others.

(deus) signa per ~us caelique incendia mittit MAN.1.875. **b** modo in ~us totus producitur annus MAN.4.854.

4 An influence or impression (exerted on the senses).

illa (turba)..quae diuitias, quae diligit aurum..dulcemque per aures ~um (*i.e. music*) MAN.2.148.

5 (w. *animi*; or alone) A permanent mental or moral disposition, cast of mind, trait of character.

qualis cuiusque animi ~us esset, talem esse hominem CIC.*Tusc*.5.47;—ubi uultus ille et ficta maiestas uiri.. morumque senium triste et ~us graues? SEN.*Phaed*.917; his quidam probationes adiciunt, quas παθητικάς uocant, ductas ex ~ibus QUINT.*Inst*.5.12.9.

6 Eagerness, zeal; (w. gen.) eager desire, enthusiasm (for). **b** (w. gen.) diligent attention to or preparation for.

omnibus ~ibus prosequenda sunt bona exempla STAT. *Silv*.5.pr.1; opes atque inopiam pari ~u concupiscunt TAC. *Ag*.30.5;—ne Pompeius quidem Magnus ab hoc ~u gloriae auersus V.MAX.8.14.3. **b** philosophiam esse mortis ~um APUL.*Pl*.2.21.

7 Feeling(s) of attachment or affection, devotion, love; (concr.) an object of affection or love, dear one. **b** feelings of sympathy or consideration; (spec.) imaginative sympathy.

quo pius ~u Castora frater amat OV.*Tr*.4.5.30; hac moderatione..quae etiam patrios ~us..superauit V.MAX. 4.1.5; ut experiretur an ~us uxoris permaneret SEN.*Con*. 2.2.7; utrumque quamuis diligam ~u pari SEN.*Phoen*.383; ut te conplexus..~us a te ueteres uitamque rogarem LUC. 9.1100; consummasti amicissimo ~u uota mea LARG.pr. p.6,l.1; QUINT.*Inst*.1.2.15; pessimum ueri ~us uenenum, sua cuique utilitas TAC.*Hist*.1.15; *Ann*.13.21; ille mihi tutor relictus ~um parentis exhibuit PLIN.*Ep*.2.1.8; mutuus ut nos ~us petere auxilium et praestare iuberet JUV.15.150; uel aliquid mancipium, quod non pretio, sed ~u sit aestimandum JAVOL.*dig*.38.2.36; SUET.*Tit*.8.3; INCOMPARABILIS ~VS FEMINAE *CIL* 8.4046;—(*w.* erga) ~um tuum erga fratris filiam PLIN.*Ep*.8.11.1; RARISSIMI ERGA MARITVM ~VS *CIL* 8.16152;—(*of animals*) sunt..quaedam iis (*i.e. animals*) bella amicitiaeque, unde et ~us PLIN.*Nat*.10.203;—carissimis orbatus ~ibus APUL.*Pl*.2.22. **b** accusatorem et ream post centum annos ad se reuerti iusserunt, eodem ~u moti, quo Dolabella V.MAX.8.1.amb.2; de ~u et moderatione FRON.*Str*.4.6;—patris fletum spectantis ~u aestimandum reliquit V.MAX.8.11.ext.6.

8 An intention, purpose; attitude, viewpoint.

~ accusator meus diuersos et inter se contrarios ~us habet SEN.*Con*.2.6.1; occasionem referendae gratiae expectans et ex hoc ipso ~u gaudium grande percipiens SEN.*Ben*.3.17.4; calumnia..in ~u est, sicut furti crimen GAIUS *Inst*.4.178; fugitiuum fere ab ~u animi intellegendum esse, non utique a fuga ULP.*dig*.21.1.17.3;—(*w. gen. expr. what is purposed*) furtum..sine ~u furandi non committitur GAIUS *dig*.41. 3.37;—ut eo ~u negotia gerat, quo tutor gerere debeat JAVOL.*dig*.27.5.3.

affectus[2] ~a ~um, *a.* **adf-.** *compar.* ~ior, *superl.* ~issimus. [pple. of AFFICIO]

1 (w. abl.) Endowed with, possessed of.

tantane ~um quemquam esse hominem audacia! TER.*Ph*. 977; uiri fortes ac magno et libero animo ~i CIC.*Ver*.3.60; cum omnibus uirtutibus me ~um esse cupio *Planc*.80; debent..non omnibus omnia prorsum esse pari filo similique ~a figura LUCR.2.341; terra..quasi in mucronem longa colligens latera facie positi ensis ~a est MELA 2.5; FRO.*Aur*. 2.p.36(95N);—(*as sb.*) his..uitiis ~os et talibus malos aut audacis appellare consuetudo solet CIC.*Phil*.14.7.

2 (w. advs. and advl. exprs.) That has been acted upon or dealt with or that has developed (in a specified way), in a (specified) condition, affected.

quonam modo..nunc te offendam ~am? TER.*Hec*.325; ut mortem, quam etiam beati contemnere debebamus.. nunc sic ~i..debeamus..optare CIC.*Fam*.5.21.4; qui contra ~i sint, hos insanos appellari necesse est *Tusc*.3.11; *Div*. 2.98; duos admouit iuuenes similiter ~os FRON.*Str*.1.10.1; —(*w.* ad+*gdve.*) oculus conturbatus non est probe ~us ad suum munus fungendum CIC.*Tusc*.3.15.

3 (w. advs. or advl. phrs.) Having a (specified) attitude, minded, disposed.

cum ita simus ~i ut non possimus plane simul uiuere CIC. *Att*.13.23.1; non uno modo in disparibus causis ~i esse debemus *Off*.2.61; sic..parte plebis ~a LIV.7.27.4;—(*of the mind*) animi..aut quem ad modum ~i sint, uirtutibus uitiis artibus inertiis, aut quem ad modum commoti, cupiditate metu, uoluptate molestia CIC.*Part*.35;—(*w.* animo) cum ita sis ~us animo, ut supra dixi *Off*.1.66; LIV.21.41.1;—(*w.* erga) eodem modo sapiens erit ~us erga amicum, quo in se ipsum CIC.*Fin*.1.68; *Amic*.56.

4 Harmfully affected, impaired, weakened, debilitated. **b** affected by illness, ailing, indisposed, sick. **c** (of the mind) downcast, dispirited.

iam ~um senectute CIC.*de Orat*.3.68; tertium genus est aetate iam ~um *Catil*.2.20; *Sen*.47; plaustra..exercitum ~um proelio ac uia nocturna excepere LIV.4.41.8; in corpore tamen ~o uigebat uis animi consiliique 9.3.5; ~isque fame uiribus 22.60.23; hinc remiges firmissimi, illinc inopia ~issimi VELL.2.84.1; ~as imperii uires recreauit SEN.*Dial*. 3.11.5; SUET.*Cl*.25.2; ultime ~us APUL.*Met*.1.7;—(*of resources, credit*) ut..tributum ex ~a re familiari pendant LIV.5.10.9; credebatur ~am eius fidem parce iuuisse domo agrisque pignori acceptis TAC.*Hist*.3.65. **b** quem pridie Neapoli ~um grauiter uideram CIC.*Att*.14.17.2; Iuppiter, ~ae..miserere puellae PROP.2.28.1; ~i plerique principum LIV.3.6.8; subit ~o nunc mihi, quicquid abest OV.*Tr*.3.3.14; misit ad me ~us, aeger SEN.*Con*.2.4.4;—(*of the body or its parts*) ut in ~o corpore quamuis leuis causa..grauior sentiretur LIV.22.8.3; ~is oris partibus ceratum..imponere CELS.4.33; ~i oculi SEN.*Dial*.4.25.1;—(*in fig. phr.*) patere illum generi humano iam diu aegro et ~o mederi 11.13.1;— (*as sb.*) non dabo sic ~o, ut spes ei nulla sit conualescendi *Ben*.4.11.2. **c** paulisper..~os animos recreauit repentina profectio Hannibalis LIV.21.11.13.

5 (w. *ad*) Related (to), connected (with).

ex eis rebus quae quodam modo ~ae sunt ad id de quo quaeritur CIC.*Top*.8; 38.

6 Emotional, passionate.

ne illis quidem nimium repugno, qui dandum putant non nihil esse temporibus atque auribus, nitidius aliquid atque ~ius postulantibus QUINT.*Inst*.12.10.45.

afferō ~rre attulī allātum, *tr.* **adf-.** [AD+FERO] FORMS: *adferrier* (inf. pass.) PL.*Aul*. 571; *attulas* (pres. subj.) NOV.*com*.87; *attolat* PAC.*trag*.228.

1 (pass.) To be moved (in the direction of), be brought into contact (with). **b** to be conveyed (to).

(*w.* ad) ex remotione brachii..gladius ad corpus ~rri.. uidetur *Rhet.Her*.4.26. **b** (*of a sound, w. acc.*) uox aures eius ~rtur APUL.*Met*.5.3;—(*w.* in+*abl.*) si..in horreo allatus esset (crabattus) SCAEV.*dig*.33.7.20.8.

2 To bring with one (esp. to somebody), bring along, deliver, fetch. **b** (w. parts of the body as obj.) to bring, come or go with; (also, w. a state or condition as obj.). **c** to bring (qualities, resources, etc.) with one (into a situation specified or implied). **d** to bring with one (something prepared in advance, e.g. a speech). **e** *consulatum*, etc., *in familiam ~rre*, to bring the consulship, etc., into one's family (by being the first member of the family to hold it).

anus attulit..lumen ENN.*Ann*.35; quae anulum istunc attulit PL.*Mil*.988; Tisiphone..unguen..attulit LUCIL.170; ex litteris..et missis et adlatis CIC.*Font*.18; *Div*.2.39; CAES. *Gal*.5.49.4; si nihil attuleris, ibis, Homere, foras OV.*Ars* 2.280;—(*w. abst. obj.*) si pacem ~rent CIC.*Phil*.6.17; LIV. 3.2.3;—(*w.* secum *and sim.*) modo tecum una argentum ~rto PL.*As*.240; CIC.*Ver*.2.52; ad quam nisi fulmina secum Iuppiter ~rret OV.*Fast*.3.716;—(*w. recipient or destination indicated by dat., ad or in+acc., advs., etc.*) i, ~r mihi arma PL.*Cist*.284; huc ad me argentum attulit *Ps*.1091; principio uobis mulier magnam dotem adtulit CATO *orat*.157; librum tibi ~rri CIC.*Att*.8.11.7; HS LX..allatum ad se ab IIIIviris Corfiniensibus Domitio reddit CAES.*Civ*.1.23.4; munera eo ..sunt allata NEP.*Ag*.8.3; ~ret huc unguenta mihi PROP. 3.16.23; apparatum omnem oppugnandae urbis in primam aciem ~rre LIV.23.16.11;—(*w. provenance indicated*) epistulam ab eo adlatam esse..et ad portitores esse delatam TER.*Ph*.149; iis litteris quae Roma ~runtur de Domitio CIC.*Att*.7.26.1; tenuem uiuis fontibus ~r aquam OV.*Fast*. 2.250;—(*w. purpose expr.*) ad quam redimendam satis magnum attulissent auri pondus LIV.26.50.10;—(*ellipt.*) a Caesare Philotimus attulit hoc exemplo CIC.*Att*.10.8a.2. **b** ubi illa altera est furtifica laeua? — domi eccam. huc nullam attuli PL.*Per*.226; plenas auris ~ro TITIN.*com*.151; attulimus longas in freta uestra manus PROP.3.7.60;—(*w. play on senses of* pes) unde malum pedem attulistis CATUL. 14.22;—si quis in balineo sensit maiorem oculorum perturbationem quam attulerat CELS.6.6.8.D; (*cf.*) non potuit animus haec in corpore inclusus adgnoscere, cognita attulit CIC.*Tusc*.1.58. **c** uno tenore..in dicendo fluit nihil ~rens praeter facilitatem et aequabilitatem CIC.*Orat*.21; quam causam ad patronos tuos aut quod os ~res? *Vat*.5; quod.. Moesici exercitus integras uiris attulerint TAC.*Hist*.3.2; ~rebas excusationem adoptati PLIN.*Pan*.44.4;—(*w. situation specified*) qui nihil se arbitrantur ad iudicia..praeter fidem et ingenium ~rre oportere CIC.*Div.Caec*.25; quod.. ad amicitiam populi Romani attulissent CAES.*Gal*.1.43.8; (quas (uires) recentes Poenus..in proelium attulerat LIV. 21.55.8; est quoque non nihilum uires ~rre recentes OV.*Tr*. 4.6.29;—(*w.* secum) hoc secum auctoritatis ad accusandum ~rebat CIC.*Div.Caec*.63. **d** quod uerbum tibi non excidit ..forituto: scriptum, meditatum, cogitatum attulisti CIC. *Phil*.10.6; illa etiam atque etiam cogitata ~rri solent QUINT. *Inst*.6.3.46; se..pro fratre, pro liberis preces lacrimasque attulisse TAC.*Hist*.3.38;—(*w.* domo) uetus se ac familiare consilium domo ~rre LIV.4.48.6. **e** quod primus in familiam ueterem..consulatum attulisset CIC.*Mur*.86; quod primus ille..in eam familiam..sellam curulem attulisset *Planc*.19; *Off*.1.138.

3 To bring (food, a meal) to, set before, serve; to administer (medicine, poison).

~rri quod quisque uolebat LUCIL.1174; cenam ~rri quam optimam imperauit *B.Hisp*.33.3; mihi..~rtur ultro panis PHAED.3.7.11;—per illum qui attulisset uenenum CIC. *Clu*.172;—(*in fig. phr.*) singulis medicinam consili atque orationis meae..~ram *Catil*.2.17; *Att*.12.20.3.

4 To bring (something) as a contribution (to somebody), add (to something), confer, bestow (on). **b** (of abst. subj.); also, to cause (something) to be added. **c** (w. *ad*+gd., gdve.) to contribute (towards a result). **d** *auxilium, opem*, etc., *~rre*, to bring help, assistance, etc. (to). **e** *causam ~rre* (+gen. or dat.), to be the cause (of), furnish the occasion (for).

(*w. dat.*) nisi huic uerri ~rtur merces PL.*Mil*.1058; boni aliquid adtulimus iuuentuti CIC.*Brut*.123; semper..~runt aliquid mihi tuae litterae *Att*.11.12.4; quis tantam Rutulis laudem casusne deusne, attulerit VERG.*A*.12.322; rapta dabit primo, post ~ret ipse roganti (oscula) TIB.1.4.55; matri..salutem adtulit OV.*Met*.6.625;—(*w.* ad) ego ad illum belli ciuilis causam attuli CIC.*Phil*.2.72; TAC.*Dial*.8.3;— (*w.* in+*acc.*) cum eadem omnia in hoc bellum ~ramus quae in priora attulimus LIV.6.7.6;—(*w.* de) multa addunt et ~runt de suo CIC.*Fam*.4.3.1;—(*w. adv.*) illa enim ipsa (*sc.* Praxitelia capita) efficiuntur detractione neque quicquam illuc ~rtur a Praxitele *Div*.2.48;—(*absol.*) quid enim oues aliud ~runt nisi ut earum uillis..homines uestiantur *N.D*. 2.158;—(*phr.*) quod ab illo adlatumst, sibi esse rellatum putet (*i.e. that he has been paid back in his own coin*) TER.*Ph*. 21;—(*to discussions and sim.*) nihil..~runt qui in re gerunda uersari senectutem negant CIC.*Sen*.17; LIV.pr.2. **b** (*w. dat.*) quantam..eis..dignitatem ~rat (eloquentia) CIC.*Brut*.25; facultatis tantum quantum homini uigilanti.. prope cotidiana dicendi exercitatio potuit ~rre *Man*.2;

hoc pugnae tempus magnum attulit nostris ad salutem momentum CAES.*Civ.*1.51.6; magnam famam attulisse Fabio Tarentum rebatur LIV.27.25.11;—(*w.* lumen, *etc., as obj.*) ordinem esse maxime, qui memoriae lumen ~rret CIC. *de Orat.*2.353; tantamne unius hominis..uirtus tam breui tempore lucem ~rre rei publicae potuit? *Man.*33;—quid est, quod ~rre tantum utilitas ista..possit, quantum auferre? *Off.*3.82; magnam ~rt opinionem..cotidiana in deducendo frequentia Q.CIC.*Pet.*36;—si..alluuio per aliam partem fundi ducenta (iugera) attulisset PAPIN.*dig.*21.2.64.2. **c** facta et casus et orationes..facile erit uidere, ecquid ~rant ad confirmandam coniecturam suspicionis CIC.*Inv.*2.31; quid ~rt ad cauendum scire aliquid futurum? *N.D.*3.14; (*cf.*) ad immortalitatem gloriae plus ~rt desideratum esse a suis ciuibus *Dom.*86. **d** ~r domum auxilium mihi PL. *Epid.*660; uide siquid opis potes ~rre huic TER.*Ph.*553; salutem orbi terrarum attulistis CIC.*Man.*64; *Fam.*10.12.1; LIV.25.11.14; si quam salutarem opem periclitanti sorori uestrae potestis ~rre APUL.*Met.*5.19;—(*w. abst. subj.*) Cassio industria Domiti, Fauonio Scipionis celeritas salutem attulit CAES.*Civ.*3.36.8. **e** amori congressio causam attulerat, amor flagitio CIC.*Top.*59; *Fat.*35; spes pacis Domitio in isdem castris morandi attulit causam *B.Alex.*37.2.

5 To put forward, offer, contribute (advice, suggestions, etc.); to recommend (a course of action). **b** to put before, offer (hopes, terms, etc.). **c** to bring forward for discussion.

nec quid consolationis ~rrem..reperiebam CIC.*Fam.*6.22.1; consilium, quod Themistocles ~rret *Off.*3.49; LIV.25.11.14; diuersa consilia ~rebantur TAC.*Ann.*16.24; JUV.4.85;—(*w.* ad = *in reply to*) ad ea quae dixi ~r si quid habes CIC.*Att.*7.9.4;—nam reuocatio illa, quam ~rt (Epicurus)..nulla est *Tusc.*3.35. **b** nisi qui meliorem ~ret (condicionem) PL.*Capt.*179; spe adlata deditionis CIC.*Phil.*12.2; CAES.3.17.6; ea se allaturum quae..ad rem Romanam..pertineant LIV.1.23.5; ULP.*dig.*6.1.41. **c** quin potius..~rs ea, quae digna quaeri tractarique sint? GEL.6(7).17.3.

6 To offer (for sale); to offer (as a bribe).

ille locus Publicianus..erat ad me adlatus CIC.*Att.*12.38a.2(4);—quo uoles..sequar; sed quid ~rs? *Clu.*71.

7 To bring (a person) with one, lead, conduct; (pass.) to be carried or conveyed. **b** (refl. and pass.) to betake oneself, come. **c** to bring forward, produce as a witness.

attuli hunc. — quid, attulisti? — 'adduxi' uolui dicere PL.*Ps.*711; puerum ut ~rret simul TER.*An.*515;—(*w. destination indicated*) illum Cytherea..attulit in nostrum deposuitque sinum [TIB.]3.13.4;—(*w. abst. subj.*) quaecumque uos causa huc attulisset CIC.*de Orat.*2.15; sed te qui uiuum casus..attulerint VERG.*A.*6.532;—aduersa tempestate Stoechadas Massiliensium insulas ~rtur (Valens) TAC. *Hist.*3.43. **b** cum sese a moenibus heros Priamides..Helenus..~rt VERG.*A.*3.346;—(*w. destination indicated*) eius iussu nunc huc me ~ro PL.*Am.*989; hanc..urbem ~rimur pulsi regnis VERG.*A.*7.217; 8.477. **c** si maiorem..hominum honestissimorum copiam ~ram quae huius uirtuti..testimonio possit esse CIC.*Font.*16.

8 *in iudicium*, etc., *~rre*, To bring (a case, accusation, etc.) into court, place before a court. **b** to prefer (a charge).

quicquid ad eos recuperatores Apronius attulisset, illum perfacile probaturum CIC.*Ver.*3.69; quas (*sc.* causas) omnino in iudicium ~rri non oportuit *Clu.*91; 160. **b** quidnam noui sceleris adferret CIC.*Lig.*17; ab aliquo allatas criminationes repellere *Amic.*65; criminibus ab Eumene adlatis LIV.42.17.1.

9 To bring against with hostile intent; to administer (blows). **b** *uim* or *manus ~rre*, to bring force to bear; (w. dat., etc.) to use force towards, lay violent hands on.

obsessum te dicis, ignem adlatum, sarmenta circumdata CIC.*Ver.*1.80;—(*w. dat.*) haec primum ~rtur iam mi ab hoc fallacia TER.*An.*471; non tamen insidias praedator ouilibus ullas ~ret CALP.*Ecl.*1.41;—in uerberibus, quae impunita sunt a magistro allata uel parente SAT.*dig.*48.19.16.2. **b** rerum nouarum cupidi, uictores praesertim et armati, uim et manus ~rent CIC.*Att.*9.12.3; *Amic.*26;—occipito modo illis ~rre uim ioculo pauxillulum PL.*Rud.*729; illine tu templo..manus impias ac sacrilegas ~rre conatus es? CIC.*Ver.*1.47; cum suo corpori uim attulisset *Clu.*32; alienis bonis manus ~rre *Off.*2.54; manus..sibi ~rre conatus est PLANC.*Fam.*10.23.4; Dioni uim allatam NEP.*Di.*10.1; nemo plebeius patriciae uirgini uim ~rret LIV.4.4.8; 39.54.6; uim passast Phoebe, uis est allata sorori OV.*Ars* 1.679; SEN.*Con.*exc.8.4; uim uitae suae attulit TAC.*Ann.*6.38; (*w.* in+*acc.*) uim in corpus liberum non aecum censuere ~rri CATO *orat.*205.

10 *in consuetudinem ~rre*, To bring into use.

nouis nominibus allatis in consuetudinem VAR.*L.*8.6.

11 To bring in, insert (something alien or extraneous); to bring from abroad, import, introduce. **b** to bring into use for the first time, introduce (practices, etc.).

cerarium uero—quid? quo modo hoc nomen..ad pecuniam publicam adlatum est? CIC.*Ver.*3.181; *Att.*3.23.4; tellus non est aliena repente allata LUCR.5.547;—non ut ab illis huc adlata, sed ut ceteris hinc tradita esse uideantur (*sc.* sacra) CIC.*Ver.*5.187; quae inter aromata ~runtur CELS.3.21.7; PLIN.*Nat.*28.119;—(*w. provenance indicated*) sollemne allatum ex Arcadia instituisse LIV.1.5.2; coclea uera Africana, id est inde adlata, sumitur LARG.122. **b** nouom attulerunt, quod fit nusquam gentium PL.*Cas.*70; noster hic Caesar nonne nouam quandam rationem attulit orationis? CIC.*de Orat.*3.30; ut multa in re militari..noua attulerit NEP.*Iph.*1.2.

12 To bring into operation, apply (a remedy). **b** to bring (faculties, etc.) to bear, apply (to a task).

discriminis ultima, quando praesidia ~rimus nauem factura minorem JUV.12.56. **b** hic..adtulit hanc artem ..quasi lucem ad ea quae confuse ab aliis..agebantur CIC. *Brut.*153; ut animum uacuum ad res difficilis scribendas ~ram *Att.*12.38a.1(3).

13 To bring forward, allege, adduce, cite (arguments, explanations, evidence, etc.); to adduce (a circumstance) as a reason or defence. **b** (in conjunction w. an indir. qu.).

quid dicam? quam causam ~ram? TER.*Hau.*701; argumenta ad id..spectantia debent ~rri CIC. *de Orat.*2.132; legi lex contraria ~rtur *Top.*96; ~ret aliquod scelerati hominis exemplum *Phil.*13.34; etsi multa ~ro iusta ad impetrandum *Att.*9.15.3; cum laboris sui..testimonium ~rre uellent CAES.*Civ.*3.53.4; NEP.*Att.*16.1; L. Sullam testem ~rebant (*they cited the case of Sulla as evidence*) TAC.*Ann.*4.56; me iustas excusationis causas attulisse PLIN.*Ep.*3.4.4; Celsus..~rt eum qui uenenum pro medicamento dedit ULP.*dig.*9.2.7.6;—(*w.* ad) illae causae..ad hunc quoque casum..~rri possunt GAIUS *Inst.*1.39;—(*w.* in+*acc.*) aliquam..fictam fabulam in aduersarios ~remus *Rhet.Her.*2.12; ~rendum est in contrariam partem, quod sit..aeque graue CIC.*de Orat.*2.215;—(*w.* contra *prep.*) ea..quae contra rationes defensionis ~runtur *Part.*103;—(*w.* contra *adv.*) contra tamen ille quid ~rt? JUV.9.91;—(*w. acc. and inf.*) ~rs in tauri opimi extis..cor non fuisse CIC.*Div.*2.36;—(*w.* in excusationem, *and foll. by* tamquam *cl.*) non est quod se publico tueatur errore nec in excusationem ~rat, tamquam crediderit et ipse fingentibus [QUINT.]*Decl.*11.6;—an aetatem ~ret? quadriennio minor est CIC.*de Orat.*2.364. **b** quid mi hic ~rs quam ob rem exspectem..non fore? TER. *Ph.*1025; quid ~rtur qua re P. Quinctius negetur absens esse defensus? CIC.*Quinct.*68; iustas causas ~rs quor te hoc tempore uidere non possim *Att.*11.15.1; nihil ~rtur quo minus summa supplicia..subeunda nobis sint *ad Brut.*1.12.1; *Tusc.*2.39.

14 (of messengers, etc.) To bring (news), report; (pass., of a suspicion) to be conveyed. **b** to bring news of, report, announce; to convey (a greeting); (of an author) to relate, report.

ea ~ram..quae maxume in rem uostram..sient PL.*Am.*9; quid..indicat aut quid ~rt aut ipse Cornelius aut uos? CIC.*Sul.*54; cum subito ~rtur nuntius horribilis CATUL.84.10; neque ulla de reditu eius fama ~rebatur CAES.*Gal.*6.36.1; Fabius uera quae ~rrent esse ratus LIV.27.16.13;—(*poet.*) quid repens ~rt sonus? SEN.*Med.*971;—(*w. recipient or destination indicated*) si tu mihi quicquam ~rres noui TER.*Ph.*490; sicubi ad auris fama tuam pugnam..adlata dicasset LUCIL.1081; nemo huc ita ~rt CIC.*Att.*7.25; crebri ad eum rumores ~rebantur CAES.*Gal.*2.1.1;—(*w. provenance indicated*) ut ea quae a te ~rret..cognoscerem CIC.*Fam.*3.4.1; quae mihi istim ~runtur *Att.*14.12.1;—(*w.* de) ex iis quae de Q. Q. ad me ~runtur 11.10.1; *B.Afr.*43;—(*w. abst. subj.*) num uerus nuntius esset, attulerat culpae quem mala fama meae OV.*Pont.*2.3.86; ut quemque nuntium fama attulisset TAC.*Hist.*1.85;—(*impers. pass.*) cum..Rhodum uenissem et eo mihi de Q. Hortensi morte esset adlatum CIC.*Brut.*1; munientibus castra..de aduersa Caecinae pugna adlatum TAC.*Hist.*2.30;—(*ellipt.*) a Bruto tabellarius rediit; attulit et ab eo et Cassio CIC.*Att.*15.5.1;—de quo nulla umquam suspicio durior..ad senatum..adlata..est *Sest.*59; NEP.*Eum.*9.1. **b** rem..non ab aliis tibi adlatam sed a te ipsa compertam CIC.*Cael.*68; ut, si ei..subito sit allatum periculum discrimenque patriae..non illa omnia relinquat *Off.*1.154; Philippo Aetolorum defectio Pellae hibernanti allata est LIV.26.25.1; primus et ignaris dirum scelus attulit umbris V.FL.3.172; ex distantibus terrarum spatiis consilia post res ~rebantur TAC.*Hist.*3.8;—(*w. acc. and inf.*) quod fugientium..agmen..attulit Antiates in armis esse LIV.6.6.4; populi furorem caede paucorum..compressum ~ro [SEN.]*Oct.*847; (*cf.*) quod me miseras, ~ro omne impetratum PL.*Mos.*786; (*also w.* in+*acc.*) ut cessisse Othonem..certi auctores in theatrum attulerunt TAC.*Hist.*2.55;—(*w. purpose expr.*) motum..non tantum ego impendere uideo quantum tu..ad me consolandum ~rs CIC.*Att.*3.8.3;—(*impers. pass.*) ei..~rtur conuentum Cordubensem ab eo defecisse *B.Alex.*57.5; nouos hostes..cum ueteribus iungere..Romam est allatum LIV.4.45.3;—(*w. indir. qu.*) CIC.*Att.*5.2.3; quid sit enim corpus sentire quis ~ret umquam? LUCR.3.354; (*cf.*) perspice quo ista uergant mihique aut scribe aut..~r ipse CIC. *Att.*16.6.2;—(*w. indir. command*) allatum est ut Hasdrubal..duceret LIV.23.27.9;—littera..tibi, Messaline, salutem, quam legis, a saeuis attulit usque Getis OV.*Pont.*1.7.2;—in eodem (*sc.* Gange) esse Statius Sebosus..~rt uermes..caeruleos PLIN.*Nat.*9.46.

15 (of messengers, news, etc.) To cause by one's coming.

quantam obtuli aduentu meo laetitiam Pamphilo hodie! quot commodas res attuli! TER.*Hec.*817; prodigia..nuntiata sub ipsam famam rebellionis attulerant terrorem LIV.30.38.8; (*w. acc. of destination*) Romam Fregellanus nuntius..ingentem attulit terrorem LIV.26.9.6.

16 (of personal subj., usu. w. dat.) To bring (a resultant condition) about (for), bring (upon); to produce, arouse or create (an emotion or state of mind) in (a person). **b** (of inanim. subj., w. dat.); (also, absol.) to bring in its train, bring to pass, give occasion for. **c** (of abst. subj.) to carry with it, involve.

prius quam pultando assulatim foribus exitium ~ro PL. *Capt.*832; illi molestiam ~rt TER.*Hec.*344; ut uno ictu securis ~ram mortem filio tuo CIC.*Ver.*5.118; *Fam.*16.15.1; moram uoto publico Licinius..attulit LIV.31.9.7; fuere qui proficiscenti Othoni moras..~rrent TAC.*Hist.*1.89;—(*without dat.*) is..profecto mortem attulit qui causa mortis fuit CIC.*Phil.*9.7; TAC.*Ann.*11.36;—animum nobis adferre legati debuerunt: timorem attulerunt CIC.*Phil.*8.22; spem nobis non nullam ~rt Pompei uoluntatis *Att.*3.22.2; opinionem ~runt populo eorum fore se similes *Off.*2.46; quantum mihi gaudium attuleris PLIN.*Ep.Tra.*10.2.1;—(*cf. sense 2*) naues inanes, quae praedam praetori non quae praedonibus metum ~rrent CIC.*Ver.*5.63. **b** nulla..res..quae mi aegritudinem ~rat TER.*Hau.*680; suspicionem ~rt auditori meditationis *Rhet.Her.*1.17; quid tandem illi mali mors attulit? CIC.*Clu.*171; litterae tuae mihi somnum attulerunt *Att.*9.7.7; magnam haec res Caesari difficultatem ad consilium capiendum ~rebat CAES.*Gal.*7.10.1; pietas moram rugis et instanti senectae ~ret HOR.*Carm.*2.14.4; quid eam uocem animorum..Volscis et Aequis..allaturam? LIV.4.2.13; quibusdam (arboribus) debilitas sterilitatem..~rt PLIN.*Nat.*17.228; non facile dixerim utrumne locus ipse an condiscipuli an genus studiorum plus mali ingeniis ~rant TAC.*Dial.*35.2; nonnullam..pretio uarietatem loca temporaque ~runt PAUL.*dig.*35.2.63.2; (*ellipt.*) lepus multum somni ~rt qui illum edit CATO *Fil.*3(J);—ut sciam num quid nam haec turba tristitiae ~rat TER.*An.*235; familiaritatem consuetudo attulit CIC.*Deiot.*39; renouatio timoris magnam molestiam ~rebat *Fam.*11.18.3; quod non numquam dubitationem ~rre soleat *Off.*3.18; uideri proelium defugisse magnum detrimentum ~rebat CAES.*Civ.*1.82.2; SAL.*Jug.*7.5; NEP.*Ag.*8.1; LIV.42.49.5; OV.*Tr.*3.6.31; SEN.*Ben.*7.15.1; TAC.*Hist.*1.39;—(*w. subj. understood from context*) interdum..ex inflammatione tumet ipse testiculus, ac febres quoque ~rt CELS.7.18.11;—(*w.* ita) nec recuso, si ita casus attulerit, luere poenas PLIN.*Ep.*9.13.12;—(*w.* ut+*subj.*) quod natura ~rt ut eis faueamus qui eadem pericula..ingrediantur CIC.*Mur.*4. **c** ut id fatum uim necessitatis ~rret CIC.*Fat.*39.

17 (of a period, date, etc.) To bring with it, produce by its passage or duration.

ut aetas mala est!..nam res plurumas pessumas, quom aduenit, ~rt PL.*Men.*759–60; prudentia..quam, ut cetera auferat, ~rt certe senectus CIC.*Tusc.*1.94; multa tempus ~rre CAEL.*Fam.*8.10.4; quod optanti diuum promittere nemo auderet, uoluenda dies en attulit ultro VERG.*A.*9.7; quid haec nox, quid hic dies attulit? LIV.27.13.6;—(*of a season*) donum duit populus Romanus Quiritium quod uer attulerit ex suillo ouillo caprino bouillo grege LIV.22.10.3;—(*w. dat.*) si finem edicto praetoris ~runt Kalendae Ianuariae CIC.*Ver.*1.109; Tiberio mutati in deterius principatus initium ille annus attulit TAC.*Ann.*4.6.

18 (of living things) To grow, put forth; (of the soil) to yield, produce.

eiusmodi surculos, qui nihil attulerint COL.3.10.15; cum quartum agit (equus) annum..alios (dentes) ~rt 6.29.5; *Arb.*17.1;—quia talis ager..laetas segetes ~rt COL.2.17.3; campestria largius unum sed iucundius ~runt collina 3.2.6.

afficiō ~icere ~ēcī ~ectum, *tr.* **adf-**. [AD-+FACIO] FORMS: *~icier* (inf. pass.) *CIL* 11.1129.

1 To produce a physical effect on, make an impression on, affect, influence. **b** (w. abl.) to cause (something) to be affected by (a physical agency); to treat (with a medicament); to suffuse (with light).

sonus..qui tardius ~cit auris quam quae perueniunt oculorum ad lumina nostra LUCR.6.183; ceterae..stellae..terrena..~iciunt SEN.*Nat.*2.11.2; (aconitum) mordet..stomachum et cor ~icit LARG.188;—(*ellipt.*) ita..sentitur (anni temperies), ut caeli locique ~icit natura PLIN.*Nat.*18.226;—(*pass.*) neque se quo quid colore..sit scire sed tantum sentire ~ici se quodam modo CIC.*Luc.*76. **b** quaecumque ~iciet tali medicamine uultum OV.*Med.*67;—coronam..fulgentem gerit luce locum ~iciens VAR.*Men.*121.

2 (w. advs.) To behave towards, deal with, treat (in a specified manner).

ita me mancupia miserum ~ecerunt male PL.*St.*210; Syracusanam..ciuitatem ut abs te ~ecta est ita in te esse animatam uidemus CIC.*Ver.*4.151; corpus..ita ~iciendum est, ut oboedire consilio rationique possit *Off.*1.79; filium, quem pater male contra pietatem ~iciebat PAPIN.*dig.*37.12.5.

3 (w. abl.) To cause (a person) to be endowed with, or to enjoy favour with; *sepultura ~are*, to grant burial to as a favour; to endow (an action, etc.) with (a commendatory description).

praedaque agroque adoriaque ~ecit popularis suos PL. *Am.*193; Stratonem illum..commodis omnibus ~ecerat CIC.*Clu.*184; *Agr.*2.4; *Balb.*61; prouinciam..fidelissimam..laudibus amplissimis ~ecistis *Phil.*7.11; plurimis maximisque muneribus et nos amicos..et rem publicam ~icies *Fam.*2.3.2; quorum patres ~ecerat gloria (Ennius) *Tusc.*1.34; CATUL.66.92; illum Tydides alio..~ecit pretio VERG. *A.*12.352; neque eos aut Otho praemio ~ecit aut puniit Vitellius TAC.*Hist.*2.16; 'Diouis' dictus est (Iupiter) et Lucetius, quod nos die et luce quasi uita ipsa ~iceret et iuuaret GEL.5.12.6; ut maritum lucro dotis ~iciat ULP.*dig.*24.2.5; *CIL* 5.532;—(*pass.*) duplicibus spoliis sum ~ectus PL.*Bac.*641; CIC.*Man.*51; optuma quisque ualetudine ~ectus *Tusc.*4.81; admiratione..~iciuntur ii, qui anteire ceteris uirtute putantur *Off.*2.37; tanto suo (*i.e.* Caesaris) populique Romani beneficio ~ectus CAES.*Gal.*1.35.2;—(*facet.*) octo ualidos lictores, ulmeis ~ectos lentis uirgis PL.*As.*575;—ab eo quem sepultura ~ecerat CIC.*Div.*1.56; quem Uticenses..sepultura ~iciunt *B.Afr.*88.5;—negari potest id..eo nomine adficiendum quo laudator ~ecerit CIC.*Top.*94; a te non postulo, ut dolorem eisdem uerbis ~icias quibus uoluptatem Epicurus *Tusc.*2.18.

4 (w. abl.) To cause (a person) to be involved in (disgrace, misfortune, etc.). **b** (w. *morte, cruciatu, poena*, etc.) to visit with (death, torture, punishment, etc.).

ut..aliquid audiremus potius ex te quam te ~iceremus ulla molestia CIC.*Brut.*11; LENT.*Fam.*12.15.4; dispersos..adoriebatur magnoque incommodo adficiebat CAES.*Gal.*7.16.3; grauibus uariisque casibus ~ecere Italiam VELL.2.30.5; SEN.*Con.*7.2.13; SEN.*Ben.*6.13.2; nec me ipse ~iciam contumelia GEL.4.18.12;—(*pass.*) uereor era ne..indigne iniuria ~iciatur TER.*Ph.*730; cur hunc miserum tanta calamitate ~ici uelis CIC.*S.Rosc.*146; *Ver.*2.139; maximis..damnis ~ectus est *Fam.*13.10.2; *Off.*1.24; magna difficultate ~iciebatur CAES.*Gal.*7.6.2; malo ~icietur si quis quartam tetigerit PHAED.1.5.10. **b** VAR.*L.*9.14; num poena uideatur esse ~iciendus CIC.*de Orat.*2.134; cum ciuis Romanos morte, cruciatu, cruce ~ecerit *Ver.*1.9; *Rep.*1.68; quos leges exilio ~ici uolunt *Parad.*31; perterriti, ne armis traditis supplicio ~icerentur CAES.*Gal.*1.27.4; pari leto ~ectus est Lysimachus ab Seleuco NEP.*Reg.*3.2; LIV.1.52.1; VELL.2.22.2; V.MAX.1.7.7; Mossyni..reges..inedia diei totius ~iciunt MELA 1.106; SIL.2.184; iam primum uxor eius Boudicca uerberibus ~ecta TAC.*Ann.*14.31; GEL.11.18.8; ULP.*dig.*21.1.17.4; (*cf.*) trinoctiali ~ecit domicenio clientem MART.12.77.6.

5 To produce a harmful effect on, cause to suffer, cause hurt to.

compluris uulneribus ~ecere *B.Hisp.*23.2; immanes..serpentes, aliqui ut elephantos morsu atque ambitu corporis ~iciant MELA 3.62;—(*w.* in+*acc., expr. effect*) is praetorem..uno uulnere in mortem ~ecit TAC.*Ann.*4.45;—(*w. non-personal subj.*) cum piaculorum magis conquisitio animos quam corpora morbi ~icerent LIV.7.3.3; ut prius..fames sitisque corpora ~icerent 28.15.4; at non..simplex Damasichthona uulnus ~icit OV.*Met.*6.255; ignis uiolentia urbem ultra solitum ~ecit TAC.*Ann.*4.64; 6.45;—(*w. ellipsis of obj.*) os fractum..grauibus inflammationibus ~icit CELS. 8.4.7;—(*pass.*) alio suspicans morbo me uisurum ~ectam..esse uxorem TER.*Hec.*366; non mortifero ~ectus uomicae uulnere LUCIL.802; maxumis..doloribus ~ectus CIC.*Tusc.*5.88; LUCR.3.496; ~ectum ualetudine filium CAES.*Civ.*1.31.3; corpora..~ecta tabo LIV.4.30.9; (milui) traduntur..a solstitiis ~ici podagra PLIN.*Nat.*10.28; TAC.*Ann.*2.5; (*cf.*) ne alia parte corporis..~iciantur LARG.122.

6 (w. abl.) To cause (a person) to be affected by (an emotion, etc.), affect, stir; (of an emotion) to affect, stir. **b** (of persons, external stimuli, etc.) to stir the emotions of, move strongly, affect; (pass.) to be strongly moved or affected.

quom hac me laetitia ~ecistis tanta et tantis gaudiis PL.*Poen.*1275; quanta me cura et sollicitudine ~icit gnatus! TER.*Ph.*441; ut eos quos luctu ~iceret lugere non sineret CIC.*Pis.*18; *Fam.*2.16.1; in illa re, quae aegritudine Alcibiadem ~iciebat *Tusc.*3.77; CAES.*Gal.*5.48.9; non alia exul uisentium oculos maiore misericordia ~ecit TAC.*Ann.*14.63;—(*cf. sense 4b*) uti..hostes..populi Romani Quiritium terrore formidine morteque ~iciatis LIV.8.9.7;—(*w. non-personal subj.*) magnitudo periculi summo timore hominem ~icit CIC.*Quinct.*6; *Att.*1.18.1; si..peruenit..ad me animus eius ac mutuo gaudio ~ecit SEN.*Ben.*2.31.2; nuntiata ea Tiberium laetitia curaque ~ecere TAC.*Ann.*1.52;—(*w. non-personal obj.*) inlustrium domuum aduersa..solacio ~ecit D.Silanus Iuniae familiae redditus 3.24;—(*pass.*) quanta..~ecta est laetitudine ACC.*trag.*259; non parua ~icior uoluptate CIC.*Prov.*1; *Fam.*5.21.1; quanta delectatione..~icerer *Tusc.*1.98; omnibus aerumnis ~ecti..iuiunt LUCR.3.50; CAES.*Gal.*1.2.4; GEL.9.13.5;—(*w.* ab) 'heus heus pater, heus Hector'; a dolore mentis ~ectae (est) VAR.*gram.*40;—ex te duplex nos ~icit sollicitudo CIC.*Brut.*332; ⟨nil⟩ iam de illis nos ~icit angor LUCR.3.853;—(*w.* in+*acc.*) QUINT.*Inst.*1.10.25; is terror milites hostisque in diuersum ~ecit TAC.*Ann.*11.19. **b** orator..reget et flectet animos et sic ~iciet ut uolet CIC.*Orat.*125; litterae..tuae..sic me ~ecerunt ut non dare tibi beneficium uiderer sed accipere a te *Att.*14.13b.2; quae audita..longe aliter patres ac plebem ~ecere LIV.2.24.1; eius rei fama uarie homines ~ecit 22.8.2; sed me nec sanguis nec tantum uolnera nostri ~ecere senis LUC.9.137; quem mire ~iciunt inscripta, ergastula, carcer JUV.14.24;—uti ei qui audirent sic ~icerentur animis, ut eos adfici uellet orator CIC.*de Orat.*1.87; *Att.*1.5.5; *Amic.*4; cum sic aliquot spectatis paribus ~ectos (milites) dimisisset LIV.21.43.1; possessione et usu (argenti aurique) haud perinde ~iciuntur TAC.*Ger.*5.3; sunt in usu et Corinthia, quibus delectatur nec ~icitur PLIN.*Ep.*3.1.9; ne mortuo quidem (*sc.* Druso) perinde ~ectus est SUET.*Tib.*52.1; neque asinum..talibus cibis ~ici posse APUL.*Met.*10.15;—(*w.* de) auide sum ~ectus de fano CIC.*Att.*12.41.2;—(*absol.*) philosophos minus miror, apud quos uitii loco est ~ici QUINT.*Inst.*6.1.7; duritiam lenitatemue multarum ex bono et aequo, perinde ut ~iceretur, moderatus est SUET.*Cl.*14.1; (*w.* circa) an non pudeat..circa stillicidia ~ici? QUINT.*Inst.*8.3.14.

7 To cause (an activity, etc.) to approach completion, make substantial progress with, advance.

bellum ~ectum uidemus et, uere ut dicam, paene confectum CIC.*Prov.*19; ut ea quae per eum ~ecta sunt perfecta rei publicae tradat 29; '~ecta'..ea proprie dicebantur quae non ad finem ipsum, sed proxime finem progressa deductaue erant GEL.3.16.19;—(*of seasons*) ~ecta iam prope aestate CIC.*Oecon.*fr.17; iamque, hieme ~ecta, mitescere coeperat annus SIL.15.502.

afficticius ~a ~um, *a.* **adf-.** [AFFINGO+-ICIVS²] Attached (to).

actus..~us ad uillam qui solet esse VAR.*R.*3.12.1.

affīgō ~gere ~xī ~xum, *tr.* **adf-.** [AD-+FIGO] FORMS: *~xet* (= *~xisset*) SIL.14.536.

1 To fix by piercing, fasten, nail, or pin (to); to hang up (spoils, etc.); *cruci*, etc., *~gere*, to crucify. **b** to stick or fix (into or on to); *~xus* (pass. for refl.), holding on, clinging, adhering. **c** to chain (as a prisoner or galley slave).

(*w. dat.*) foribus..~xa..ora uirum VERG.*A.*8.196; prope ~xum equo femur LIV.4.28.8; equitem..Manlius..terrae ~xit 8.7.11; irenacei..(poma) ~xa spinis..portant PLIN.*Nat.*8.133;—(*w.* ad) regem..cuspide ad terram ~xit LIV.4.19.5;—domos spoliis hostium ~xis insignes 10.7.9; (*w. dat.*) signa..~xa delubris HOR.*Carm.*3.5.19;—te cruci..~gent PL.*Per.*295; notissimus quisque..patibulo eminens ~gebatur SAL.*Hist.*3.9; LIV.28.37.2; CURT.7.5.40; seruus..patibulo ~xus TAC.*Hist.*4.3; *Ann.*15.44; (*cf.*) seruitutis extremo summoque supplicio ~xum CIC.*Ver.*5.169; (*w.* ubi) ad parietem..ubi malos mores ~gi nimio fuerat aequius PL.*Trin.*1040. **b** caput..~xum gestari iussit in pilo CIC.*Phil.*11.5; adminiculo iuxta ~xo PLIN.*Nat.*17.173; (*w. dat.*) pilum..equi..aduerso pectori ~xit *B.Afr.*16.3; radicem ~gere terrae VERG.*G.*2.318; flammam ~xit lateri (turris) *A.*9.536; (*transf.*) uerbum..quod cupido ~xum cordi uiuescit ut ignis LUCR.4.1138;—leae..morsibus ~xae ualidis atque unguibus uncis 5.1322; spicula caeca relinquunt (apes) ~xae uenis VERG.*G.*4.238; (*cf.*) nimis ~xos unci conuellere morsus LUC.3.699. **c** ~xus ad Caucasum (Prometheus) CIC.*Tusc.*2.23; remo publicae triremis ~xus est V.MAX.9.15.2.

2 To transfix, pierce.

~xa est cum fronte manus OV.*Met.*12.387; (ferrea manus) ~xit Lycidan LUC.3.636; pilo Volsonem..~xa sternit per tegmina nare SIL.10.144.

3 To attach (as an organ, limb, or component part); to fix in position, fit; to attach (as a fixture), fix. **b** to set or place on, rest on, superpose. **c** to apply or insert (as a remedy, etc.).

(*w. dat.*) (os) haeret uerticulis ~xum in posteriore parte LUCIL.161; ei (*sc.* mundo) nec manus ~xit (deus)..nec pedes CIC.*Tim.*19; scopulo..~xa cohaesit OV.*Met.*4.553; ignis ~xus taedis..spargitur LUC.3.682; multus sua uolnera puppi ~xit moriens 3.708; (*cf.*) (semen) locis quia non potis est ~gere adhaesum LUCR.4.1242; (*w.* erga) statuae ~xae basibus structilibus aut tabulae..erga parietem ~xae POMPON.*dig.*50.16.245;—~xis viridis spelunca lapillis PROP.3.3.27; ~guntur regulae duae VITR.10.10.3; (claustra) accuratissime ~xa fuerant APUL.*Met.*3.5;—eae (stellae), quas putamus ~xas PLIN.*Nat.*2.95; statuae ~xae..domus portio sunt ULP.*dig.*33.7.12.23; nec ad rem pertinet, ~xae sunt (tegulae) an tantum positae VEN.*dig.*43.24.8; (*topog.*) Tarraconensis..~xa Pyrenaeo PLIN.*Nat.*3.6. **b** (*w.* in+*abl.*) Ithacam illam in asperrimis saxulis tamquam nidulum ~xam CIC.*de Orat.*1.196;—(*w.* ad) litteram illam..uehementer ad caput ~gent (*i.e. brand*) *S.Rosc.*57;—(*w. dat.*) ~gi..suis..tua pectora sensit *Epic.Drusi* 91; ~gunt proni..corpora terrae SIL.1.674; ~xum pectori mentum QUINT.*Inst.*11.3.82;—~gunt auide corpus iunguntque saliuas LUCR.4.1108. **c** cucurbitam occipitio ~gere LARG.46; cum pro me Fortuna uocatur, ~xit ceras (*sc.* auribus) JUV.9.149.

4 To restrict or confine (a person to a place). **b** *~xus*, (of guards, attendants, etc.), set over, attached to, placed near (a person or place).

si..casus lecto te ~xit HOR.*S.*1.1.81; SEN.*Ep.*67.2; (*cf.*) (corpus) ~git humo diuinae particulam aurae HOR.*S.*2.2.79;—(*w.* in+*abl.*) nos in exigua eius (*sc.* terrae) parte ~xi CIC.*Rep.*1.26;—(*as a punishment*) cum..cautibus..nocentissimus (quisque) ~geretur PLIN.*Pan.*35.2;—(*transf.*) fastigio tuo ~xus es SEN.*Cl.*1.8.3. **b** (*w. dat.*) Pallas..sinistro ~xus lateri (Aeneae) VERG.*A.*10.161; haec foribus..manet noctu me ~xa TIB.1.6.61; iuuenes..~xi..uaiuis expectabant V.MAX.2.1.9;—custos ~xus ibidem JUV.5.40; imagines defuncti..~xo seruitio diuinis percolens honoribus APUL.*Met.*8.7; necessario uespertini lauacri progressu ~xus 9.17.

5 *~xus*: **a** (w. dat.) Attached or devoted (to a person). **b** (usu. w. dat.), intent on, absorbed in (a study, occupation, or the like). **c** (w. *ad*) intrinsically connected or associated.

a me sibi ille ~xum habebit CIC.*Fam.*1.8.5; mihi esse ~xum tamquam magistro *Q.fr.*3.1.19. **b** (*w. dat.*) grauibus pensis ~xa puella TIB.1.3.87; haerete ~xi contionibus LIV.3.68.7; ~xam maestis Aeetida curis V.FL.8.233;-~xus caelo..nauita SIL.7.362;—clauum..~xus et haerens nusquam amittebat VERG.*A.*5.852; intenta in unam rem et toto animo ~xa SEN.*Dial.*6.2.4. **c** quae..~xa esse uidentur ad rem neque ab ea possunt separari CIC.*Inv.*1.37.

6 To fix or impress (on the mind or memory of).

(*w. dat.* animo, *etc.*) clausulam..quam te ~gere animo uolo SEN.*Ep.*11.8; ~xisse animis eam dulcedinem PLIN.*Nat.*30.10; ~xi..animo..dolores STAT.*Theb.*2.192; (*ellipt.*) siue memoriae penitus ~gere uelis QUINT.*Inst.*10.1.19;—(*w. dat. of person*) illud..tibi ~ige SEN.*Ep.*113.32; QUINT.*Inst.*1.1.25;—(*w.* in animo) causa..quae..in animo sensuque meo penitus ~xa atque insita est CIC.*Ver.*5.139;—haec nusquam dimittere, immo ~gere et partem sui facere (iubet) SEN.*Ben.*7.2.1; altius..in animo sedent, quae pronuntiatio..dicentis ~git PLIN.*Ep.*2.3.9.

affigūrō ~āre ~āuī ~ātum, *tr.* **adf-.** [AD-+FIGVRO] To form (a word) by analogy.

'disciplinosus', 'consiliosus', 'uictoriosus', quae M. Cato ita ~auit GEL.4.9.12.

affingō ~ngere ~nxī ~ctum, *tr.* **adf-.** [AD-+FINGO]

1 To add (a part to), make and add, attach; also, to add by way of aggravation or embellishment.

in parietibus circum omnia plena sunt cubilia gallinarum..~cta firmiter VAR.*R.*3.9.7; CIC.*de Orat.*2.325; nullam partem corporis sine aliqua necessitate ~ctam 3.179; paruis..momentis multa natura aut ~ngit aut mutat *Div.*1.118;—(*w. dat.*) saepta, ~cta uillae quae sunt VAR.*R.*3.3.2; quae..procreationis causa natura corpori ~nxit CIC.*N.D.*1.92;—(sapiens) qui nihil opinione ~ngat adsumatque ad aegritudinem *Tusc.*3.80;—(Isocrates) tantum alteri ~nxit, de altero limauit *de Orat.*3.36.

2 To connect, associate (with).

huic generi malorum non ~ngitur illa opinio, rectum esse..aegre ferre, quod sapiens non sis, quod idem ~ngimus huic aegritudini, in qua luctus inest CIC.*Tusc.*3.68.

3 To make (false) additions (to a report or the like), 'embellish'; (also of error and rumour); so *~ngere et addere.*

ne quis..me..~ngere aliquid suspicione hominum arbitretur CIC.*Ver.*4.67; hominum ~ngentium uana auditis LIV.26.9.6; nil ueris ~ngo bonis STAT.*Silv.*2.1.50; non opus ~ngas aliquid aut adstruas PLIN.*Ep.*9.33.11;—quid error ~nxerit CIC.*Clu.*9; multa rumor ~ngebat CAES.*Civ.*1.53.1;—cetera..~ngere et addere,..desiperest LUCR.5.164; addunt..et ~ngunt rumoribus Galli quod res poscere uidebatur CAES.*Gal.*7.1.2.

4 To attribute, ascribe, impute more or less unsuitably (to).

cum probi orationem ~ngit improbo CIC.*Orat.*74; ut neque uera laus ei detracta..neque falsa ~cta esse uideatur *Man.*10; animi uitium hoc oculis ~ngere noli LUCR.4.386; miracula aliqua ~nguntur ut plerumque tam insignibus locis LIV.24.3.7; quae..alia..Graecorum genus incertae uetustati ~ngit TAC.*Hist.*2.4.

5 To simulate, counterfeit; to forge (a letter). **b** to think up, devise (an explanation).

omnia..lugentium officia sollerter ~nxit APUL.*Met.*8.6;—litteras ~ngimus 4.16. **b** ~cto ex tempore absurdo oco APUL. *Met.* 1.17.

affīnis[1] ~is ~e, *a.* **adf-.** [AD-+FINIS] CONST.: w. dat.; also gen., *ad* (4).

1 Situated or lying next (to), bordering (on).

emit agrum de C. Claudio senatore, cui fundo erat ~is M. Tullius CIC.*Tul.*14; Masaesulii, gens ~is Mauris LIV.28.17.5; regionibus, quae ~es barbaris essent 45.29.14.

2 Related by marriage (to). **b** (poet., of kinship or descent).

est his cognatu' proxumus ~i' nobis TER.*Ad.*948; ut essem ~is tibi..tuam petii gnatam ACC.*trag.*502; CIC.*Vat.*29. **b** ius aliquod faciunt ~ia uincula nobis OV.*Pont.*4.8.9; stirpe genus clarum caeloque ~is origo SIL.6.627.

3 (of things) Closely related, akin.

aliut pastio et aliut agri cultura, sed ~is VAR.*R.*1.2.15; haec (*sc.* terra) nobis magis ~is caelestibus astris *Aetna* 254.

4 Connected (with), involved or implicated (in an activity). **b** inclined or given (to a vice); subject (to an affliction).

publicisne ~is fuit an maritumis negotiis? PL.*Trin.*331; ne ~es quidem eius (*sc.* medicinae) professioni LARG.pr.p.1,l.11; ~em..negotio FRO.*Aur.*2.p.12(227N); (*w. gen.*) illarum ~is..rerum quas fert adulescentia TER.*Hau.*215; socius..aut ~is eius conductionis LIV.43.16.2; (*w.* ad) ~es..ad causandum PAC.*trag.*23;—(*in crime, guilt, etc.*) CIC.*Inv.*2.34; duos..uideo..~is ei turpitudini iudicari *Clu.*127; *Sul.*70; ~is ei noxae LIV.39.14.4; huic..~em..culpae V.MAX.3.7.8; (*w. gen.*) *Rhet.Her.*4.12; rei capitalis ~em CIC.*Ver.*2.94; huius ~es suspicionis *Sul.*17. **b** aliis ~em uitiis esse doceas (oportebit) CIC.*Inv.*2.33;—corpus..magis his uitiis ~e laborat LUCR.3.733.

affīnis[2] ~is, *m.* (*f.*). **adf-.** [prec.]

1 A neighbour.

(arbores) inter ~es mouent disputationem FRON.*agrim.*p.10; HYG.GR.*agrim.*p.162; INTER ~ES VIBIVM CALOCAERVM ET POPVLVM *CIL* 6.10234.4.

2 A relation by marriage.

PL.*St.*408; generum nostrum ire eccillum uideo cum ~i suo *Trin.*622; quid Bacchidem ab nostro ~e exeuntem uideo? TER.*Hec.*807; iste qui amicum, socium, ~em fama ac fortunis spoliare conatus est CIC.*Quinct.*26; *Ver.*2.89; maximis opibus, cognatis, ~ibus, necessariis, clientibus plurimis *Clu.*94; cognatorum et ~ium opes SAL.*Jug.*85.4; LIV.6.20.2; OV.*Pont.*4.8.14; (sidera)..~es signant gradibusque propinquis accedunt MAN.2.671; SAB.*iur.*6; TAC.*Ann.*6.8; FRO.*Aur.*1.p.172(57N); (*facet.*) hi..quidam erant ~es istius, quorum iste uxores numquam alienas existimavit CIC.*Ver.*2.36.

3 An accomplice.

eius rei auctores ~esque LIV.38.31.2.

affīnitās ~ātis, *f.* **adf-.** [AFFINIS+-TAS] FORMS.: ATFINITATE *CIL* 1.594.3.2.19.

1 Relationship by marriage or a particular instance of it, a marriage connexion, affinity; (spec.) the relationship between husband and wife. **b** (concr., sg. or pl.) relations by marriage.

inter te atque nos ~atem ut conciliarem et gratiam PL.*Trin.*443; manere ~atem hanc inter nos uolo TER.*Hec.*723; ~atum discidia CIC.*Clu.*190; cum illo maximis uinclis et propinquitatis et ~atis coniunctus *Planc.*27; *Att.*2.17.1; *Fin.*5.65; CAES.*Gal.*2.4.4; PROPIVS..EVM EA COGNATIONE ~ATEVE CONTINGAT *CIL* 1.594.3.2.19; SAL.*Jug.*111.2; plus in amicitia ualere similitudinem morum quam ~atem NEP.*Att.*5.3; regia..~ate LIV.29.28.7; matrimonio sororis suae filiae in artissimam ~atem receperat VELL.2.100.4; V.MAX.2.1.7; CURT.8.1.9; innoxiae ~atis poenas daturum TAC.*Ann.*16.29; PLIN.*Pan.*37.5; SUET.*Nero* 35.4; ~ate sociatum AUR.*Fro.*1.p.136(33N); nuptiae, per quas talis ~as quaesita est GAIUS *Inst.*1.63; GEL.12.8.3;—(*w. gen. of the person w. whom the relationship subsists*) Chremetis..~tatem effugere TER.*An.*247; propter Pisonum ~atem CIC.*Red.Sen.*15; CAEL.*Fam.*8.13.1; CAES.*Civ.*3.83.1; TAC.*Ann.*13.23;—(*w.* cum) cum..Ser. Galba..~ate sese deuinxerat CIC.*Brut.*98; ~atis cum Vitellio TAC.*Hist.*3.4;—(*w.* inter) si ~atis inter uos..piget LIV.1.13.3;—donec maneat inter eos (*sc.* sponsam et sponsum) ~as NERAT.*dig.*12.4.8. **b** patriam deseres, cognatos, ~atem, amicos PL.*Trin.*702; quem..tristis comploraret ~as [QUINT.]*Decl.*15.4; saluis ~atibus et amicitiis TAC.*Ag.*44.4; omnibus ~atibus..gratia relata est PLIN.*Ep.*8.18.7; NEQVE FILIVS NEQVE NEPOTES NEQVE DE ~ATE VLLVS *CIL* 9.984.5.

2 Relationship (between things) connexion, bond of union, affinity.

appendices..pertinent ad culturam propter ~atem VAR.*R.*1.16.1; a fictione ueretri linguam mulieris. ~atem traxit inde obscaenitas PHAED.4.14(15).2; QUINT.*Inst.*1.6.24; GEL.4.13.4; uitia..per ~atem contrariam nata sunt GEL.7(6).1.13; elementorum inter se mutui nexus artis ~atibus inplicantur APUL.*Mun.*5; (*cf.*) sicut ignis aëri cognatione coniungitur, ita umor ~ati terrenae iugatur APUL.*Pl.*1.8; —(*cf. sense 1*) quae..ut Graio tibi congenerat gentum..aut generum ~as? ACC.*trag.*580.

affirmātē, *adv. superl.* ~issimē. **adf-.** [pple. of AFFIRMO+-E] With solemn assertion, with definite affirmation, positively.
quod..~e, quasi deo teste promiseris, id tenendum est CIC.*Off.*3.104; ~issime scripserunt simulacrum columbae..uolasse GEL.10.12.9.

affirmātiō ~ōnis, *f.* **adf-.** [AFFIRMO+-TIO]

1 A strengthening of belief, confirmation, support.
~onem sumit ex homine quicquid non habet ex ueritate [QUINT.]*Decl.*18.6.

2 An act of asserting definitely or dogmatically, positive statement, affirmation. **b** something stated positively, an assertion, affirmation.
sine ulla ~one CIC.*Inv.*2.10; nec spem ex ~one adferre uolui *Fam.*9.17.3; est..ius iurandum ~o religiosa *Off.*3.104; persuadendi uis ~one (constat) QUINT.*Inst.*11.3.154; quis..ferat ignorantiam pariter et ~onem? [QUINT.]*Decl.*8.12; promptior inter tenebras ~o TAC.*Ann.*2.82;—(*w. subj. gen.*) quia numquam eos ~o eius fefellerat CURT.9.1.3;—(*w. acc. and inf.*) frequens ~o, effecturos nos quod dicimus QUINT.*Inst.*4.2.79; (*of writings*) constantissima annalium ~one, transiturum fuisse fatum in Etruriam PLIN.*Nat.*28.15. **b** inducti hac ~one..FRON.*Str.*1.1.6;—(*w. subj. gen. or equiv.*) crediti chirographis eius, ~oni praesentis Laterensis PLANC.*Fam.*10.21.1; in spem ueniebant eius ~one de reliquis adiungendis ciuitatibus CAES.*Gal.*7.30.4; nec fas est ~oni tuae derogare PLIN.*Pan.*91.4.

3 Confident or vigorous assertion, emphasis, conviction.
dixit..eo uultu, ea ~one, ut uideretur non iubere tantum sed occidere SEN.*Con.*10.3.12; illud genus..~onis gratia adhibetur QUINT.*Inst.*8.3.54; (*cf.*) quae adseueratio in uoce, quae ~o in uultu! PLIN.*Pan.*67.1.

affirmātor ~ōris, *m.* **adf-.** [AFFIRMO+-TOR] One who makes a definite assertion or affirmation.
hic (*sc.* mandator)..uelut ~or fuit et suasor ULP.*dig.*4.4.13; ~orum, qui..fideiussorum uicem sustinent 27.7.4.3.

affirmō ~āre ~āuī ~ātum, *tr.* (*intr.*). **adf-.** [AD-+FIRMO]

1 (w. abst. objs.) To add strength or support to, confirm. **b** to strengthen belief in, support (a statement), corroborate (a fact). **c** to confirm, ratify (a grant of territory). **d** to re-establish, restore.
ea res..Troianis spem ~at..finiendi erroris LIV.1.1.10; societas..iure iurando ~atur 29.23.5. **b** res..similes, ex quibus ~etur nostra descriptio CIC.*Inv.*2.55; fortuna tum urbis crimen ~ante LIV.2.12.4; consul ~auit errorem clamitans..captum Cominium 10.41.7; monitos..promissa rebus ~arent 22.13.4; 26.24.7; populi Romani uirtutem (*reputation for valour*) armis ~aui TAC.*Hist.*4.73; secuta..anceps ualetudo iram deum ~auit *Ann.*14.22;—(*w. acc. and inf.*) hanc oram..Romana classis circumuecta insulam esse Britanniam ~auit *Ag.*10.5. **c** Rhodiis ~ata, quae data priore decreto erant LIV.38.39.13. **d** tu fortunam conlapsam ~a APUL.*Met.*11.2.

2 To assert positively or dogmatically, maintain with certainty, aver, affirm, swear, promise. **a** (w. acc.). **b** (w. acc. and inf.; also ellipt.). **c** (w. indir. qu.). **d** (absol. or ellipt.) to express oneself positively, make a dogmatic statement, swear.
a nihil..aliud ~are possum nisi sententiam et opinionem meam CIC.*de Orat.*2.146; *Att.*3.25; *Luc.*8; si quid (Pythagorei) ~arent in disputando *N.D.*1.10; haec..neque ~are neque refellere est operae pretium LIV.5.21.9; neutrum cur ~em habeo 30.29.6; nihil ~antis academiae MELA 1.90; ~emus aliqua renuentes QUINT.*Inst.*11.3.67;—(*w.* certum, pro certo) quis..rem tam ueterem pro certo ~et? LIV.1.3.2; ut uix quicquam satis certum ~are ausus sim 22.36.1. **b** prius..quam te hoc facturum..~as mihi PL.*Per.*141; CALP.*hist.*18; neque hoc meum (iudicium)..umquam ~abo esse uerius quam tuum CIC.*Orat.*237; Fufiorum se ~auit numquam omnino nomen audisse *Flac.*48; *Att.*13.23.3; *Off.*3.105; quorum..strepitu..~ant..silentia rumpi LUCR.4.583; nullos me ~o scribere uersus HOR.*Ep.*2.1.111; mox redituros se legati..~ant LIV.3.54.1; 23.16.15; ~at fore se memorem OV.*Tr.*5.4.43; VELL.2.40.2; ille..~at coniugem esse adulteram PHAED.3.3.9; CURT.4.10.30; PLIN.*Nat.*22.151; nec..~auerim nullam Germaniae uenam argentum aurumue gignere TAC.*Ger.*5.3; *Hist.*2.54; JUV.6.58;—(*of writings*) Georgicum carmen ~at nullam esse praestantiorem medicinam COL.7.5.10;—(*w.* id, hoc, *etc.*) sic illud ~o, praecepta posse quaedam dari CIC.*de Orat.*2.32; *Marc.*4; id tibi ~o, te in istis molestiis..non diutius futurum *Fam.*4.13.4;—(*impers. pass.*) esse mulierem..quae quinque simul peperit..~atum est mihi JULIAN.*dig.*46.3.36; ULP.*dig.*40.5.30.7;—(*w. ellipsis of inf.*) ~at..minus diebus xx tumultum Gallicum CIC.*Att.*14.1.1; clarum Othoni annum obseruatione siderum ~ant TAC.*Hist.*1.22; *Ann.*11.33; (*cf.*) omnes..exceptiones in contrarium concipiuntur, quam ~at is, cum quo agitur GAIUS *Inst.*4.119. **c** quam rem publicam simus habituri non facile ~arim CIC.*ad Brut.*1.15.10; quot pugnauerint..exacto ~are numero LIV.3.5.12; SEN.*Ep.*108.22;—(*w.* pro certo) quot caesa..milia sint, quis pro certo ~et? LIV.27.1.13;—(*impers. pass.*) simulata ea fuerint an retinere saeuientis nequiuerit, parum ~atur TAC.*Hist.*4.60. **d** ~andi arrogantiam uitantem CIC.*Off.*2.8; quare..., si nescit Calchas, ~at? SEN.*Suas.*3.4; sine pudore ~ant QUINT.*Inst.*12.1.12; nemo scire et omnes ~are TAC.*Hist.*1.35; 4.31;—(*parenth.*) non agis, ~o OV.*Tr.*3.3.27;—(*w.* ut, ita) ut Paciaecus ~at CIC.*Att.*12.2.1; ita transfugae ~abant LIV.36.23.7;—(*impers. pass.*) ut..~atur TAC.*Hist.*2.49;—(*w.* per) per..suas..sinit Dictynna sagittas ~es TIB.1.4.26;—(*w.* de) ~are de altero difficile est CIC.*Phil.*13.43; *Att.*7.8.1; tragopana, de qua plures ~ant (fabulosam reor) PLIN.*Nat.*10.136; si..de bonitate eorum (*sc* uinorum) ~auit uenditor GAIUS *dig.*18.6.16(15); APUL.*Apol.*53.

3 (of a word or gesture) To signify affirmation, express emphasis.
alterum (uerbum) est..quod indicat, alterum, quod ~at QUINT.*Inst.*9.3.28; paulum inclinatus (digitus) ~at 11.3.94.

4 (w. physical obj.) To strengthen.
corium ~atum cineris inspersu APUL.*Met.*7.22.

affixa ~ōrum, *n. pl.* **adf-.** [pple. of AFFIGO] Permanent fittings, fixtures.
domum instructam legauit omnibus ~is SAB. in Paul.*dig.* 33.7.18.14.

afflātus ~ūs, *m.* **adf-.** [AFFLO+-TUS[3]]

1 Emission of breath, breathing on; snorting. **b** pestilential or fiery breath. **c** the sounding of the letter 'h', aspiration.
~u terribili canes agebat (polypus) PLIN.*Nat.*9.92; oua eius (*sc.* saepiae)..masculus prosequitur ~u (*actually of fluid*) 9.162;—flagrantia bella cornipedum ~u domat (Mars) SIL.1.436. **b** fulmen ab ore (apri) uenit, frondes ~ibus ardent OV.*Met.*8.289; ~u..ipso (aegrotantium) laborabimus SEN.*Dial.*9.7.4; theriace facit ad omnium serpentium morsus et ictus et ~us mirifice LARG.165; STAT.*Theb.*5.527. **c** Aeolis Boeoti sine ~u uocant collis tebas VAR.*R.*3.1.6.

2 A breeze or wind, esp. from a specified direction or locality. **b** ~*us maris* or *maritimus* and sim., air affected by the proximity of the sea, sea-air; also, a region where sea-air is prevalent. **c** atmospheric air (esp. when in motion). **d** a current of air, draught. **e** (fig.) a slight touch (of some influence), whiff, breath.
regio aprica..omni ~u noxio carens PLIN.*Nat.*4.89; triclinium saluberrimum ~um ex Appenninis uallibus recipit PLIN.*Ep.*5.6.29;—(*w. gen.*) tot montium ~us PLIN.*Nat.*3.41; densiores (arbores) ab ~u eius (*sc.* Aquilonis) 17.10. **b** maritimo ~u paucas coquente amphoras PLIN.*Nat.*14.60; argentum medicatis aquis inficitur atque ~u salso 33.158;—nascitur (paralium)..in ~u maris aut nitroso loco 20.206. **c** deneget ~us uentus et aura suos OV.*Ib.*106; sic conpage densata ut..statim fiat unitas, nec umorem nec ~um recipiens PLIN.*Nat.*17.118; uiuis ~ibus ora serenat (deus) STAT.*Theb.*2.57. **d** ne quo frigore ~uue laedatur (aeger) CELS.6.6.8.C; quem specularia..ab ~u uindicauerunt SEN.*Dial.*1.4.9; ut (materiis) ~us ne noceant PLIN.*Nat.*16.222. **e** bonum, cuius caduca possessio tam leui ~u uiolentiae concussa dilabi potuit V.MAX.9.12.ext.1.

3 A vapour or exhalation. **b** noisome smell, stench.
~us e terra mentem ita mouens ut eam prouidam rerum futurarum efficiat CIC.*Div.*2.117; ~us aeris diri SEN.*Nat.*6.27.4. **b** (corpora) ~u..nocent et agunt contagia late OV.*Met.*7.551; corporis..iacentis pestifero ~u uicina regione polluta V.MAX.1.8.ext.19.

4 The heat proceeding from a fire or the sun, a blast of hot air. **b** gleam (of light).
alii ambusti ~u uaporis LIV.28.23.4; 39.22.3; si..trunci pars senecta solis ~u peraruit COL.4.24.5; APUL.*Mun.*3. **b** translucent..iuncturae tenuissimis capillamentis lenique ~u simulacra refouent PLIN.*Nat.*36.98.

5 A poetic or other impulse considered as divinely imparted, inspiration.
poetam bonum neminem..exsistere posse..sine quodam ~u quasi furoris CIC.*de Orat.*2.194; nemo..uir magnus sine aliquo ~u diuino umquam fuit *N.D.*2.167.

afflectō ~ctere, *tr.* **adf-.** [AD-+FLECTO] To move, influence (to a course of action).
nec tu..inlicita ~ctare pietate APUL.*Met.*6.18.

affleō ~ēre ~ēuī ~ētum, *intr.* **adf-.** [AD-+FLEO] To weep at or as an accompaniment.
ut ~eat quom ea memoret PL.*Per.*152; *Poen.*1109.

afflexus ~a ~um, *a.* **adf-.** [pple. of AFFLECTO] Bent or turned (towards).
ora..grandi circuitu ~a ad occidentem litus aduertit MELA 3.16.

afflictātiō ~ōnis, *f.* **adf-.** [next+-TIO] Grievous suffering, torment, affliction.
(habet aegritudo) tabem cruciatum ~onem CIC.*Tusc.*3.27; 4.18; ~onis inritae superuacua uexatio SEN.*Dial.*12.17.5; APUL.*Pl.*2.22.

afflictō ~āre ~āuī ~ātum, *tr.* **adf-.** [AFFLIGO+-TO]

1 To strike repeatedly, knock about, buffet; (refl.) to beat oneself (in passion). **b** (mil.) to harass, harry.
quid me ~as? PL.*Aul.*632; sacerdos Veneria indigne ~atur *Rud.*645;—(*of waves, storms, etc.*) saeuis fluctibus ubi sum ~ata multum *Mil.*414; onerarias (naues)..tempestas ~abat CAES.*Gal.*4.29.2;—modo semet ~ando, modo singulos nomine ciens TAC.*Ann.*2.81. **b** ne quarta decima legio..~aret Batauos TAC.*Hist.*4.79; quos..propioribus uulneribus pedites ~abant *Ann.*6.35.

2 To oppress, burden; (of disease) to afflict. **b** (of emotions) to vex, distress; (pass. and refl.) to vex oneself, be grievously distressed.
hoc..etiam turpius ~aturres publica CIC.*Har.*40; *Mil.*20; TAC.*Hist.*2.56; quod praefectus remigum..Italiam luxuria saeuitiaque ~auisset *Ann.*13.30;—multo grauius uehementiusque ~antur CIC.*Catil.*1.31; se exercitumque suum graui morbo ~ari LIV.29.10.1. **b** me ~at amor PL.*Mer.*648; quoniam foedo ~entur amore LUCR.4.1158;—ne te ~es TER.*Eu.*76; de quibus acerbissime ~or CIC.*Att.*11.1.1; cum se Alcibiades ~aret *Tusc.*3.77; PETR.111.3.

afflictor ~ōris, *m.* **adf-.** [AFFLIGO+-TOR] One who strikes down or overthrows.
te..~orem ac perditorem..dignitatis et auctoritatis (senatus) CIC.*Pis.*64.

afflictrix ~īcis, *f.* **adf-.** [AFFLIGO+-TRIX] (as adj.) That strikes against or collides with.
nubes nubis ~ix APUL.*Mun.*15.

afflictus[1] ~a ~um, *a.* **adf-.** *compar.* ~ior. [pple. of AFFLIGO] ORTHOG.: *afleicta* (= *afflicta*) *CIL* 1.1531.3. (of persons, countries, affairs, etc.) In a state of ruin, shattered.
RE SVA DIFEIDENS..~A *CIL* 1.1531.3; socii stipendiariique populi Romani ~i, miseri CIC.*Div.Caec.*7; ~iore condicione quam ceteri *Fam.*6.1.6; POMP.*Att.*8.11C; SAL.*Jug.*76.6; ~us uitam in tenebris luctuque trahebam VERG.*A.*2.92; ~as uires suas LIV.3.8.11; ~um non auersatus amicum OV.*Pont.*2.3.5; SEN.*Dial.*9.5.3; numquam magis ~am rem Romanam TAC.*Hist.*4.14; (*cf.*) ex illo obsesso atque ~o tribunatu CIC.*Vat.*16;—(*w. abst. sb.*) ~a et prostrata uirtus maxime luctuosa est *de Orat.*2.211;—(*as sb.*) ~is semper succurrit NEP.*Att.*11.4; saeuiendo in ~os LIV.42.8.8; STAT.*Theb.*11.710; SUET.*Vit.*3.2.

afflictus[2] ~ūs, *m.* **adf-.** [next+-TUS[3]] A striking against, dashing together, collision.
flamma..quam nubium ~us excussit APUL.*Mun.*15.

afflīgō ~gere ~xī ~ctum, *tr.* **adf-.** [AD+FLIGO] FORMS: *~xint* (= *~xerint*) FRO.*Aur.*1.p.64 (42N).

1 To strike, knock or dash (one thing against another). **b** *ad terram* (*terrae, humo*) *~gere*, to dash to the ground, knock or strike down.
(*w. dat.*) a miser alcyonum scopulis ~gar acutis! PROP.3.7.61; hae pectora duro ~xere solo LUC.2.31; STAT.*Theb.*2.518; SIL.11.83; proripuit se custodibus saxoque caput ~xit TAC.*Ann.*4.45;—(*absol.*) dentis inlidunt saepe labellis osculaque ~gunt LUCR.4.1081. **b** ne te ad terram..~gam PL.*Per.*793; PL.*Rud.*1010; Cygnum ui multa uertit terraeque ~xit Achilles OV.*Met.*12.139; [SEN.]*Oct.*685[b].

2 To knock or strike down, hurl to the ground, prostrate; (pass.) to fall down, crash to the ground. **b** to raze to the ground, demolish, destroy.
Gabinius..concursu magno et odio uniuersi populi paene ~ctus est CIC.*Q.fr.*3.1.24; quem (*sc.* anguem)..laceratum ~git in unda *Div.*1.106; LUCR.2.945; si quo ~ctae casu conciderunt CAES.*Gal.*6.27.2; quae (*sc.* bestiae)..leonis ~guntur horrendo impetu PHAED.1.11.10; quid (*sc.* opus est) pocula ~gere? SEN.*Dial.*3.19.4; alios prorutae arbores ~xere TAC.*Ann.*2.17; (*cf.*) donec adsidua rotatum (elephantum) uertigine (canis) ~xit PLIN.*Nat.*8.150; (*w. in* mortem) quos principium stragis in mortem ~xerat TAC.*Ann.*4.62;—tene mulierem, ne ~gatur PL.*Mil.*1331; contra enitentes uertice intorti ~gebantur LIV.21.58.3;—(*fig.*) Pompeius..ipse se ~xit CIC.*Att.*2.19.2. **b** qui Catuli monumentum ~xit CIC.*Cael.*78; huius domum..~gere *Dom.*106.

3 To strike, smite (w. weapons, etc.). **b** to batter, damage, wreck (a ship or those on it).
saxo crus eius ~git CURT.4.6.23; tonat ~cta semper domus ignea massa V.FL.4.612; ut uentis..cum soluit habenas Iuppiter alternoque ~git turbine mundum STAT.*Theb.*8.424. **b** undaeque e gremiis subiectare ~gere (ratem) PAC.*trag.*334; CAES.*Gal.*4.31.2; tempestas..nauis Rhodias ~xit *Civ.*3.27.2; nauem..ita undae ~gebant ut..LIV.24.34.11;—(*in fig. phr.*) nec tuas umquam ratis ad eos scopulos appulisses ad quos Sex. Titi ~ctam nauem..uideres CIC.*Rab.Perd.*25; *Off.*2.19.

4 To damage, injure, impair; to reduce the power of, weaken. **b** to bring into discredit.
quod nec tempestatibus (pratum) ~geretur COL.2.16.2; 4.24.10; corpora infantium nec casus, quo in terram totiens deferuntur, tam grauiter ~git QUINT.*Inst.*1.12.10; Annio Gallo..lapsu equi ~cto TAC.*Hist.*2.33;—(*transf.*) cetera uectigalia belli difficultatibus ~guntur CIC.*Agr.*2.83; pretium siliginis, quae in publicum empta erat, curatori ~ctum esse JULIAN.*dig.*3.5.29(30);—fulgor..dubius solis ~cti SEN.*Her.F.*670. **b** rem augere posse laudando uituperandoque rursus ~gere CIC.*Brut.*47; *Sest.*32.

5 To bring ruin or destruction upon, oppress, crush. **b** (mil. and sim.) to break the power of, crush, overthrow, destroy.
eiusdem uiri mortem, quae tantum potuit ut omnis occisus perdiderit et ~xerit CIC.*S.Rosc.*33; ad..~gendum equestrem ordinem *Sest.*17; testimonio eius praecipue ~ctus, V.MAX.4.2.2; domus inlustres ~ctae (*i.e. by fines*) TAC.*Hist.*4.3; TAC.*Ann.*13.31; Lepidam ream testimonio coram ~xit SUET.*Nero* 7.1;—(*w. abst. obj.*) auctoritas huius ordinis ~cta est: ~xit Antonius CIC.*Phil.*2.55; quom ~xisset principum grauitatem *Leg.*3.19. **b** ~ctos a uestris patribus..accepissetis ut contemnendi essent..CIC.*Font.*34; Themistoclem..in barbariae sinus confugisse quam ~xerat *Rep.*1.5; HIRT.*Gal.*8.21.3; post ~ctam rem Romanam Cannensi pugna LIV.23.11.11; quo die seditione militari prope ~ctus est PLIN.*Nat.*2.24; is primus dies Othonianus partis ~xit TAC.*Hist.*2.33; (*cf.*) Athenienses..una pugna nauali florentem rem publicam suam in perpetuum ~xerunt LIV.28.41.17.

6 To cause grave inconvenience to, vex, afflict (esp. of disease, famine, etc.).

qui cum nouo genere morbi ~gerentur CIC.*Pis*.85; *Sen*.32; illam ~git odore CATUL.71.6; non ira eum torquebit, non morbus ~get SEN.*Dial*.11.9.4; nihil aeque quam fames ~gebat serendis frugibus incuriosos TAC.*Ann*.14.38; me di omnes male ~xint FRO.*Aur*.1.p.64(42N);—(*refl.*) tu Lorii te fame et siti et negotiis agendis ~gere nequibas? 2.p.6 (225N).

7 To make dejected or despondent, distress, afflict; (refl.) to be cast down.
quanto tandem illum maerore esse ~ctum..putatis? CIC.*Catil*.2.2; ut me leuarat tuus aduentus sic discessus ~xit *Att*.12.50.1; me quidem illud etiam ~git et torquet, quod matrem eius..rursus uideor amittere PLIN.*Ep*.7.19.9; extremis ~gebat lamentationibus animum APUL.*Met*.5.25; —neque ego me abdidi..neque ~xi CIC.*Div*.2.6.

afflō ~āre ~āuī ~ātum, *tr. intr.*, **adf-.** [AD-+FLO]

1 (tr.) To emit air or breath on to or towards: **a** (of persons or animals) to breathe or blow upon. **b** (of a wind, the air, etc.)
a (Apollo)..crinem sparsum ceruicibus ~at OV.*Met*.1.542; uir..uirum galeis ~auit adactis V.FL.6.183;—(*poet.*) nosque ubi primus equis Oriens ~auit anhelis VERG.*G*.1.250; Cynthia..fraternis ~ata rotis SIL.4.481. **b** terga tantum ~ante uento LIV.22.43.11; crinales uittas ~abat anhelitus oris OV.*Met*.5.617; aura liberior (te) ~auit SEN.*Ep*.102.26; PLIN.*Nat*.17.246; ~antur uineta Noto STAT.*Silv*.5.1.147; SUET.*Tib*.72.2; FRO.*Aur*.2.p.198(202N); (*cf.*) quidquid aurae fluminis appropinquabant, ~abat acrior frigoris uis LIV.21.54.8;—(*fig.*) aliquo..incommodo ~atur SEN.*Ep*.72.5.

2 (intr., of winds, etc.) To blow. **b** (of the wind of fortune) to blow favourably.
ne in eas partes spectet uilla, e quibus uentus grauior..~are soleat VAR.*R*.1.123;—(*impers. act.*) si roraujt quantulumcumque imbris, aut si ~auit PLIN.*Nat*.17.74. **b** utique ~ante fortuna QUINT.*Inst*.11.3.147.

3 (w. acc. or dat.) To breathe on so as to arouse love, inspiration, etc., inspire (with).
~ata est numine quando iam propiore dei VERG.*A*.6.50; audaci..~ate Cratino PERS.1.123; Cytherea..miseros perituro ~auerat igni STAT.*Theb*.5.194; ~atus fallente Cupidine SIL.11.420;—(*w. dat.*) felix, cui placidus leniter ~at Amor TIB.2.1.80.

4 (w. acc. or dat.) To breathe upon injuriously, breathe poison on; (fig.) to infect, poison.
ut nihil omnino gustaremus, uelut illis Canidia ~asset HOR.*S*.2.8.95; COL.8.5.18; humanoque cadit serpens ~ata ueneno LUC.6.491; HYG.*Fab*.30.3;—(*ellipt.*) ubi (serpens)..fontes sputu inficit et, si ~auit, deurit SEN.*Cl*.1.25.4;—(*neut. pl. of pple. as sb.*) ocius..putrescunt ~ata (*sc.* halitu ursi) PLIN.*Nat*.11.277;—illo (*sc.* animo) uitiato hoc quoque (*sc.* ingenium) ~atur SEN.*Ep*.114.3.

5 (of persons, fire, etc.) To emit a blast of hot air, flame, etc., towards, blow upon injuriously, blast (with heat, lightning, etc.); to set on fire. **b** (of malignant planetary influences, etc.) to blast, blight.
ex quo me diuum pater..fulminis ~auit uentis VERG.*A*.2.649; terras cum letifer ortu Sirius ~auit GERM.fr.4.41; magna pars saucii ~atique incendio LIV.30.6.7; nisi opem tulero, taurorum ~abitur igne OV.*Met*.7.29; SEN.*Her.O*.1443; quati prius omne et ~ari quam percuti (fulmine) PLIN.*Nat*.2.142; STAT.*Silv*.5.3.105; SUET.*Tib*.69;—(*absol.*) (fulmen) aut ~at et leui iniuria laedit aut comburit aut accendit SEN.*Nat*.2.40.4;—(*in fig. phr.*) utrumque nostrum ille..carnifex..in proximum iacto fulmine ~auerat PLIN.*Pan*.90.5; (*w.* ad) ad inferos usque caelesti fulmine ~ata es V.MAX.7.7.4;—aliqua..alimenta ignium, quae non tantum collisa possint ardere, sed etiam ~ata radiis solis SEN.*Nat*.1.1.8;—(*in fig. phr.*) ~arant tepidae pectora uestra faces OV.*Rem*.434. **b** animosque iuuenum..ueluti pestilenti quodam sidere ~auit (istaec loquacitas) PETR.2.7; ~antur alii sidere (*sc.* autumnali aequinoctio) PLIN.*Nat*.2.108; [QUINT.]*Decl*.12.22;—urbem Romam regius terror ~abat FLOR.*Epit*.1.40(3.5.9).

6 (w. acc. and dat.) To convey (an emotion) by breathing it into (a person), to breathe into, inspire in. **b** to infuse (heat, light) into, impart to. **c** to convey (an injurious effect) by breathing upon (a person).
ubi indomitis gregibus Venus ~at amores TIB.2.4.57. **b** quibus e spatiis cumque ignes..possunt..calidum membris ~are uaporem LUCR.5.567; ipsa decoram caesariem nato genetrix lumenque iuuentae purpureum et laetos oculis ~arat honores VERG.*A*.1.591;—(*without dat.*) cum mustulentus autumnus maturum colorem ~auerit APUL.*Met*.2.4. **c** si quem reperiat cui aliquid mali faucibus ~are..possit *Rhet.Her*.4.62.

7 (tr. or intr., of a sound or smell) To waft itself or be wafted towards; (also pass.).
(*w. acc.*) ~auit mollis si quando iuuencas tigridis Hyrcanae ieiunum murmur STAT.*Theb*.12.169;—(*intr.*) Ogygii si quando ~auit Iacchi saeuus odor 2.85; (*w. dat.*) ~abunt tibi non Arabum de gramine odores PROP.2.29.17.—(*pass.*) odorum qui ~arentur e floribus CIC.*Sen*.59;—(*fig.*) rumoris nescio quid ~auerat..frequentiam non fuisse *Att*.16.5.1.

8 To touch lightly, graze.
acies tanta est..ad ossa consecet quidquid ~auerit corporis PLIN.*Nat*.36.193.

affluens ~ntis, *a.* **adf-.** *compar.* ~ntior. [pple. of AFFLVO] N.B. compare AFLVENS.

1 (w. abl.) Flowing (with), abounding or rich (in). **b** (w. abl.) overflowing (with), excessively full (of).
puella Asiatico ornatu ~ns LAEV.*poet*.18; doctissimi homines otio nimio et ingeniis uberrimis ~ntes CIC.*de Orat*.3.57; homo..bonitate ~ns *Q.Rosc*.27; *N.D*.1.51; ipse erat multis corporis animique deliciis ~ns GEL.19.1.7; APUL.*Pl*.2.21. **b** senatorum ~ntem numerum deformi et inconditа turba SUET.*Aug*.35.1.

2 Abundant, plentiful; (of banquets, etc.) rich, sumptuous; *ex ~i*, in abundance. **b** (rhet.) copious.
uberiores et ~ntiores (sunt copiae aquae) VITR.8.1.2;—(*of abst. sbs.*) diuitior mihi et ~ntior uidetur esse uera amicitia CIC.*Amic*.58; securitas alta, ~ns SEN.*Cl*.1.1.8; risus ~ns et ioci liberales APUL.*Met*.2.19;—~ntius solito conuiuium initum TAC.*Ann*.15.54; APUL.*Met*.6.24;—quibus praesentia ex ~nti TAC.*Hist*.1.57. **b** ornatum illud, suaue et ~ns CIC.*Orat*.24.

3 (of persons) Luxurious.
si delicatus adulescens..tempestiua conuiuia..solutus atque ~ns agerem..? [QUINT.]*Decl*.9.10.

4 Prosperous, favourable.
laeta omnia et ~ntia excepit TAC.*Hist*.2.80.

affluenter, *adv.* **adf-.** *compar.* -ius. [AFFLVENS+-TER[2]]

1 Abundantly, copiously.
quo..~ius uoluptates undique hauriat CIC.*Tusc*.5.16; materiam..aliquam, quam deus tantus ~er indueret APUL.*Met*.2.31; 4.7.

2 Luxuriously, extravagantly.
ut..neque in sestertio centies ~ius uixerit quam instituerat NEP.*Att*.14.2.

affluentia ~ae, *f.* **adf-.** [AFFLVENS+-IA]

1 The flow (of a liquid).
inlita..radix genitalibus inhibet..~am geniturae PLIN.*Nat*.26.94.

2 Abundance, copiousness.
ex hac copia atque omnium rerum ~a CIC.*Agr*.2.95; *Rep*.1.39; ~am annonae PLIN.*Pan*.29.1; APUL.*Soc*.22.

3 Sumptuousness, extravagance; (rhet.) opulence, riotousness.
omnis..diligentia munditiam, non ~am affectabat NEP.*Att*.13.5; ~a luxu propior TAC.*Ann*.3.30;—nimiis floribus et ingenii ~a QUINT.*Inst*.12.10.13.

4 (app.) Abundance as productive of satiety, a superfluity of pleasures, etc.
dum nihil amoenum et molle ~a putat, nisi quod ei Petronius adprobauisset TAC.*Ann*.16.18.

affluō ~ere ~xī, *intr.* **adf-.** [AD-+FLVO]

1 To flow towards or into. **b** (of visual images) to stream towards; (of sounds, etc.) to be wafted, float (in a given direction).
(*w. dat.*) (riuus) tacite Tuscis inglorius ~it undis SIL.13.6;—(*app. impers. act.*) pisces in eadem aqua adsidui, si non ~at, exanimantur PLIN.*Nat*.9.56. **b** uoluptas..quae..ad eos (*sc.* sensus) cum suauitate ~eret CIC.*Fin*.1.39; cum infinita simillumarum imaginum species..ad deos ~at *N.D*.1.49;—nihil ex istis locis non modo litterarum sed ne rumoris quidem ~xit *Q.fr*.3.3.1; STAT.*Silv*.2.1.11.

2 (of the tide) To flow in; (fig.) to come flooding in (upon).
ob alternos motus pelagi ~entis ac refluentis MELA 1.35; —quam celeri transitu luxuria ~xerit V.MAX.9.1.5; (*w. dat.*) ~it incautis insidiosus Amor OV.*Rem*.148.

3 (w. dat.) To flow near or hard by; (absol.) to flow past, flow.
Aufidus amnis utrisque castris ~ens LIV.22.44.2; ad Eurotan amnem, qui prope ipsis ~it moenibus 35.29.9;—(Rhenus) ad Gallicam ripam latior et placidior ~ens TAC.*Ann*.2.6.

4 (of people) To come streaming along, come flocking (esp. to join others); also, to drift along.
ingentem comitum ~xisse nouorum inuenio..numerum VERG.*A*.2.796; ~entibus..ad famam eius undique barbaris LIV.24.49.5; Agyrina manus..~it SIL.14.208; ~ere ingens multitudo cum luminibus TAC.*Ann*.14.8;—(*poet., of years; cf. sense* 2) quod ex hac luce Maecenas meus ~entis ordinat annos HOR.*Carm*.4.11.19;—(*w.* ad) ~et..ad te optumus quisque SEN.*Dial*.9.3.6;—~ens et uagus auditor TAC.*Dial*.20.3.

5 (w. abl.) To abound, be rich (in).
sensu in flagitiosa..uita ~eret uoluptatibus CIC.*Fin*.2.93; ut sensu corpus..~at omne LUCR.3.685; diuitiis homines et honore et laude potentis ~ere 6.13.

6 To be present in overflowing measure, be superabundant.
omnium uerum ~entibus copiis CIC.*Off*.1.153; cibo ~ente (eum) euomuisse omnia SUET.*Cl*.44.3;—(*w. dat.*) CIC.*Div*.1.61; quoi quom..domi otium atque diuitiae..~erent SAL.*Cat*.36.4.

7 To have a sense of fullness and well-being, be exuberant.
facio delicias, quod ferme euenit quibus quod cupiunt tandem in manu est: differunt, ~unt, gestiunt AUR.*Fro*.1.p.192(78N).

affodiō ~dere, *tr.* **adf-.** [AD-+FODIO] To add by digging.
furto..uicini caespitem nostro solo ~dimus PLIN.*Nat*.2.175.

affor ~ārī ~ātus, *tr.* **adf-.** [AD-+FOR] FORMS: *~arier* (= *~ari*) SIL.8.199.

1 To speak to, address. **a** (without dir. sp. foll.) **b** (w. dir. sp. foll.).
a deum..~are et famulanter pete ACC.*trag*.642; Tages quidam dicitur..cum ~atus esse qui arabat CIC.*Div*.2.50; sic positum ~ati discedite corpus VERG.*A*.2.644; 9.484; pro contione singulas (gentes) sine interprete ~atus PLIN.*Nat*.7.88; FRO.*Ver*.1.p.298(117N);—(*in books*) libri quo me hic ~atus quasi iacentem excitauit CIC.*Brut*.1.13;—(*w. abl.*) cum hunc nomine esset ~atus 253; placido Teucros ~arier ore SIL.8.199;—(*w. non-pers. subj.*) (non) leuis mens umquam somnurnas imagines ~atur VAR.*Men*.427; CIC.*Phil*.2.33. **b** VERG.*G*.4.530; hostem supplex ~are superbum: non ego cum Danais Troianam exscindere gentem..iuraui *A*.4.424; sic tristis ~atus amicos: 'quo nos cumque feret melior fortuna parente, ibimus' HOR.*Carm*.1.7.24; OV.*Met*.1.350; LUC.2.632; V.FL.5.352; JUV.14.211;—(*w. abl.*) hac ~atus uoce parentem: 'mater.. quid me..inuisum fatis genuisti?' VERG.*G*.4.320; STAT.*Theb*.4.552;—(*w. non-pers. subj.*) hunc simul agnoui..~ata est libera lingua sonis: 'o puer..huc quoque uenisti?' OV.*Pont*.3.3.22.

2 (in pass. senses) **a** To be spoken to or addressed. **b** to be decreed by fate, be destined.
a ~atis..ex officio singulis APUL.*Met*.11.19. **b** hoc quoque..~atum est ut etiam nauiget SEN.*Nat*.2.38.2.

afformīdō ~āre, *intr.* **adf-.** [AD-+FORMIDO[1]] To be afraid, fear.
magis..~o ne is pereat neu corrumpatur PL.*Bac*.1078.

affrangō ~ere, *tr.* **adf-.** [AD-+FRANGO] (w. dat.) To cause to be broken against, crush against.
plenis..~ere paruos uberibus STAT.*Theb*.5.150; (lupi) duris ~unt postibus unguis 10.47; *Silv*.5.1.36.

affremō ~ere, *intr.* **adf-.** [AD-+FREMO] To roar or rage (at). **b** (w. dat.) to assent noisily (to).
stridentibus ~it alis (Boreas) SIL.14.124. **b** ~it his (*sc.* dictis) quassatque caput..Bellipotens V.FL.1.528.

affricō ~āre ~uī ~tum, *tr.* **adf-.** [AD-+FRICO]

1 To rub (one thing against another).
(*w. dat.*) sus..ligneo tibi lutosus ~abit oblitum latus *Priap*.83.18; uitiosum locum pecudes..arbori ~ant COL.7.5.6;—(*ellipt.*) membrana (anguium)..si ~etur (*sc.* oculis), claritatem facit PLIN.*Nat*.29.122;—(*refl., of inanim. subj.*) attritu harenae sese ~antis SEN.*Nat*.2.30.2.

2 To apply by rubbing, smear on.
(unguedine) diu..palmulis suis ~ata APUL.*Met*.3.21;—(*in fig. phr.*) malignus comes quamuis candido et simplici rubiginem suam ~uit SEN.*Ep*.7.7.

affrictus ~ūs, *m.* **adf-.** [prec.+-TVS[3]] Friction, rubbing on.
(spiritus) accendat flammam ipso ~u (*s.v.l.*) necesse est SEN.*Nat*.5.14.4; spuma aquae ~u uerrucas tollit PLIN.*Nat*.31.72.

affriō ~āre, *tr.* **adf-.** [AD-+FRIO] To sprinkle (a powdered substance), crumble, grate.
alius aliut ~at aut aspargit, ut Chalcidicam aut Caricam cretam VAR.*R*.1.57.2.

affulgeō ~gēre ~sī, *intr.* **adf-.** [AD-+FULGEO]

1 To shine forth, appear.
nauium speciem de caelo ~sisse LIV.21.62.4; 43.13.3; nitenti ~sit uultu ridens Venus SIL.7.467;—(*in fig. phr.*) quocumque ~sit (uirtus), ibi quicquid sine illa apparet extinguitur SEN.*Ep*.66.20; (*cf. sense* 2b) hoc senatus consulto facto lux quaedam ~sisse ciuitati uisa est LIV.9.10.2; —(*fig.*) solum illud ~sisse uerum pudicitiae amorisque exemplum PETR.111.5.

2 To look or shine with favour (on). **b** (of circumstances, etc.) to appear opportunely or favourably (for), shine forth, 'dawn'.
(*w. dat.*) uultus ubi tuus ~sit populo HOR.*Carm*.4.5.7; —(*absol.*) natus es infelix..non Venus ~sit, non illa Iuppiter hora OV.*Ib*.209; SEN.*Suas*.4.2. **b** (*w. dat.*) mihi talis aliquando fortuna ~sit LIV.30.30.15; 42.65.11; Cretensibus nihil tale praesidii ~sit V.MAX.7.6.ext.1; (*cf.*) opportune Demosthenes ei patronus ~sit 7.3.ext.5;—cum breue tempus libertas ~sisset LIV.24.32.9; unde spes maior ~sisset potentiae VELL.2.21.2; APUL.*Met*.7.20.

affundō ~undere ~ūdī ~ūsum, *tr.* **adf-.** [AD-+FVNDO[1]]

1 To pour (liquids) on or into. **b** to heap up, pour on (sand, dust, etc.).
(*w. dat.*) uinum..illi (*sc.* arbori) ~undere PLIN.*Nat*.16.242; seu Pansam uenenum uulneri ~usum..abstulerat TAC.*Ann*.1.10; 6.28; (*of a river-mouth*) spatium uelut aequoris electum quo Mosae fluminis os amnem Rhenum Oceano ~undit *Hist*.5.23;—(*w.* ad) ad maiorum arborum radices amphoram..amurcae et aquae..~fundi iubens PLIN.*Nat*.17.263;—(*ellipt.*) alii..~undunt sapam VAR.*R*.3.16.28; hostis spargitur ~uso cornua..mero OV.*Fast*.1.360. **b** alligat et stantis ~usae magnus harenae agger LUC.9.488; ~uso squalent a puluere crines SIL.4.251; 5.66.

2 To shed, spill (blood).
monstrat..piari hospitis ~uso sanguine posse Iouem OV.*Ars* 1.650.

3 (pass., of streams, etc.) To flow alongside or past, wash.

(*w. dat.*) amnis Maeander..plurimis..~usus oppidis PLIN.*Nat.*5.113;—(*ellipt.*) ~unditur..aestuarium e mari flexuoso meatu 5.3; SIL.14.347.

4 (pf. pple. pass.) Washed (by a river); steeped (in a liquid). **b** (fig.) plunged (into an activity).

Caesaraugusta..amne Hibero ~usa PLIN.*Nat.*3.24;—cardinibus ostiorum aceto ~usis (*s.v.l.*) 28.49. **b** inopinato bello ~usus (Domitianus) FRON.*Str.*1.1.8.

5 (esp. in pass.) To cause to be spread (on or over).

(*w. dat.*) ruborem..qui grauissimis quoque uiris subitus ~unditur SEN.*Ep.*11.3; *Nat.*1.8.2; (*in fig. phr.*) huius dignitati adiectis opibus aliquid splendoris ~undam *Ben.* 4.11.6; *Ep.*115.3;—(*ellipt.*) *Dial.*4.1.2; ut..equitum tria milia cornibus ~underentur TAC.*Ag.*35.2; (*of hair*) flagrat..~uso ceruix formosa capillo SEN.*Apoc.*4.1.

6 (pf. pple. pass.) Massed or crowded together, concentrated (on).

equitem modo ulteriora explorantem modo a lateribus ~usum SEN.*Nat.*1.pr.10; *Tro.*1076; [(Laelius) a tergo ~usis cingebat tecta carinis SIL.15.219;—(*of winds*) ~usis puppes procedere uentis..coepere 17.218.

7 (pass.) To prostrate oneself or cast oneself down before (a person, etc.).

(*w. dat.*) ~usi..suae radicibus arboris haerent OV.*Met.* 9.366; uidet aliquem conlabentem et corpori ~usum SEN.*Ep.*99.17; ut..magno..~usa parenti est STAT.*Theb.*3.686; FLOR.*Epit.*2.13(4.2.56);—(*absol.*) potui..amplecti..pedes ~usaque poscere uitam OV.*Met.*9.607; LUC.7.71.

āfluens ~ntis, *a.* [pple. of next] N.B. compare also AFFLVENS. Abundant, copious.

Graecos..περισσὸν in utramque partem ponere, uel quod superuacaneum esset..uel quod abundans nimis et ~ns et exuberans GEL.1.22.9.

āfluō ~ere ~xi, *intr.* **abf-.** [AB-+FLVO]

1 To flow, stream or issue (from); to flow away.

cum..ex ipso (*sc.* deo) imagines semper ~ant (*cj.*) CIC.*N.D.* 1.114; Epicurus ~ere semper ex omnibus corporibus simulacra quaedam corporum ipsorum..putat GEL.5.16.3; de summo uertice fons ~ens APUL.*Met.*4.6;—ut ibi potius consumatur (aqua pluuia) quam ~at (*cj.*) AGEN.*agrim.*p.24.

2 (w. abl.) To abound (in). **b** (absol.) to be abundant, abound.

ut ~at facetiis PL.*Mil.*1322; ut frumento ~am *Ps.*191; CIC.*Div.*1.61. **b** neque honori magno locum neque uirtuti putant esse, nisi ubi effuse ~ant opes LIV.3.26.7; 6.15.9; ~enti copia uoluptatium 23.4.4; [QUINT.]*Decl.*12.22.

Afrāniānus ~a ~um, *a.* Of Afranius; (masc. as sb.) a soldier of Afranius.

~i milites CAES.*Civ.*1.69.1; acies..~a 1.83.1;—1.43.5; captus est..P. Ligarius, ~us *B.Afr.*64.1.

Afrānius ~a ~um, *a.* A Roman gentile name, esp. of: **a** L. Afranius, the comic poet. **b** L. Afranius, one of Pompey's generals.

a L. ~us poeta, homo perargutus CIC.*Brut.*167; HOR.*Ep.* 2.1.57; togatis excellit ~us QUINT.*Inst.*10.1.100. **b** CIC. *Phil.*13.29; CAES.*Civ.*1.37.1; SUET.*Jul.*34.2.

Āfrica ~ae, *f.* The continent of Africa or that part of it known to the ancients. **b** (spec.) the Roman province of Africa. **c** (meton., for the inhabitants).

in diuisione orbis terrae plerique in parte tertia ~am posuere SAL.*Jug.*17.3; cum esset..~a parens et nutrix ferarum bestiarum VITR.8.3.24; MELA 1.8; LUC.9.874; PLIN. *Nat.*2.173. **b** ~am tum praetor ille obtinebat CIC.*Cael.*10; CAES.*Civ.*2.32.3; SUET.*Gal.*7.1. **c** ~a ipsa..quae..cum maioribus nostris bella gessit CIC.*Scaur.*45; consensu ~ae LIV.28.42.12; OV.*Fast.*1.593; PLIN.*Nat.*11.124.

Āfricānus ~a ~um, *a.*

1 Of or connected with Africa, esp. the Roman province, African. **b** (of species of plants or animals); (esp.) *gallina ~a*, a guinea fowl. **c** *bestiae ~ae*, or *~ae* as sb., wild beasts, esp. panthers, hunted or exhibited at the public games.

bellum ~um CIC.*Deiot.*25; ~ae legiones *Fam.*10.24.8; propter magnas eius Africanas possessiones NEP.*Att.*12.4. **b** ~as et Herculaneas (ficos) CATO *Agr.*8.1; tertium locum habet ~a (iris) PLIN.*Nat.*21.41; ~um..spartum 24.65; spongea..~a LARG.158; (*cf., w. facet. ref. to next sense*) mures ~os praedicat in pompam ludis dare se uelle aedilibus PL.*Poen.*1011;—gallinae ~ae sunt grandes, uariae, gibberae VAR.*R.*3.9.18; COL.8.2.11. **c** in circo maximo aedilium sine ~is bestiis cum fiunt uenationes VAR.*R.*3.13.3; AUG. *Anc.*4.40;—quae ad ludos ei aduectae erant ~ae CAEL.*Fam.* 8.8.10; ludis circensibus..sexaginta tres ~as et quadraginta ursos et elephantos lusisse LIV.44.18.8; PLIN.*Nat.*8.64; PLIN.*Ep.*6.34.3.

2 (masc. as sb.) A Roman agnomen, esp. of the two Scipios.

(*the elder Scipio*) P · CORNELIVS · P · F · L · N · SCIPIO QVI · POSTEA · ~VS APELL(ATVS) EST *Fast.Cos.Cap.*17b (*CIL* 1.p.23); cum superiore ~o CIC.*Brut.*77; prior ~us PLIN.*Nat.*7.114;—(*the younger Scipio*) P · CORNELIVS · PAVLLI · F · SCIPIO ~VS *Elog.*25 (*CIL* 1.p.198); CIC.*N.D.* 2.14;—(*pl.*) duo Scipiones duo ~os *Tusc.*1.110; MART.4.14.5; —(*as typically great soldiers, orators, etc.*) ~os mihi et Catones et Laelios commemorabis et eos fecisse idem dices? CIC.*Ver.*3.209; QUINT.*Inst.*12.10.10.

Africus ~a ~um, *a.*

1 Of or connected with Africa, African. **b** *terra ~a*, Africa; *mare* (*pelagus*) *~um*, the sea separating Africa from Sardinia and Sicily. **c** (of species of plants or animals). **d** *uicus ~us*: see quot.

hanc amatricem ~am PL.*Poen.*1304; VAR.*L.*7.40; ille pulueris ~i..subducat numerum prius CATUL.61.199; LIV. 21.22.2; (belli) ~i..incertus auctor est SUET.*Jul.*56.1;—(*as ep. of Jupiter*) IN BASI IOVIS ~I *Priv.Mil.Vet.*10 (*CIL* 3 p.853). **b** lati campi quos gerit ~a terra politos ENN. *Sat.*11; SCIP.*orat.*3; VERG.*A.*4.37; LIV.29.23.10;—SAL.*Hist.* 2.2; Sardinia ~um pelagus adtingens MELA 2.123; TAC.*Ann.* 1.53. **c** (ficus) ~a CLOAT.*gram.*9[13]; ne pari quidem numero Indicis ~i (*sc.* elephanti) resistunt LIV.37.39.13; PLIN.*Nat.*18.66; CELS.*dig.*17.1.50.1. **d** Esquiliis uicus ~us, quod ibi obsides ex Africa bello Punico dicuntur custoditi VAR.*L.*5.159.

2 *uentus ~us* or masc. as sb., a south-west wind.

uolucris anguis ex uastitate Libyae uento ~o inuectas CIC.*N.D.*1.101; PLIN.*Nat.*4.71;—incredibili felicitate Auster ..in ~um se uertit CAES.*Civ.*3.26.5; creber..procellis ~us VERG.*A.*1.86; pestilentem..~um HOR.*Carm.*3.23.5; VITR. 1.6.5; SEN.*Nat.*5.16.5; PLIN.*Nat.*2.119.

agaga ~ae, *m.* (vulg.; perh.) A catamite.

plane non omnia artificia serui nequam narras. ~a est; at curabo stigmam habeat PETR.69.1.

Agamemnō(n) ~onis, *m.* A son of Atreus and brother of Menelaus, king of Mycenae and leader of the Greek forces at Troy.

ENN.*scen.*230; ACC.*trag.*160–1; CIC.*Flac.*72; uixere fortes ante ~ona multi HOR.*Carm.*4.9.25; ~one natum (*i.e. Orestes*) OV.*Tr.*5.6.25; STAT.*Ach.*1.553;—(*as a Homeric character*) ille ~o Homericus CIC.*Tusc.*3.62; QUINT.*Inst.* 9.3.57;—(*as a role*) miles Menelaust, ego ~o PL.*Bac.*946; —(*as a type*) quid ait hic rex atque ~on noster? *Rhet.Her.* 4.46; (*facet.*) hic noster Paris tam Menelaum quam ~onem (*i.e. L. Lucullus*) liberum non putauit CIC.*Att.*1.18.3;—(*as represented in works of art*) si..pictor ille uidit..obuoluendum caput ~onis esse *Orat.*74.

Agamemnonidēs ~ae, *m.* A son of Agamemnon (in quot. = Orestes).

par ~ae crimen JUV.8.215.

Agamemnonius ~a ~um, *a.* Of or connected with Agamemnon; descended from Agamemnon.

res ~as VERG.*A.*3.54; mille nauium ~ae classi LIV. 45.27.9; currus..~os SEN.*Tro.*154; ante ~am..Mycenen SIL.1.27;—~us..Orestes VERG.*A.*4.471; ~ae..puellae (*i.e. Iphigenia*) PROP.4.1.111.

Aganippaeus ~a ~um, *a.* Of Aganippe, Aganippean.

~ae..lyrae (*i.e. of a Muse*) PROP.2.3.20.

Aganippē ~ēs, *f.* A fountain in Boeotia, sacred to the Muses, or the nymph who dwelt there.

CATUL.61.30; Aonie ~e VERG.*Ecl.*10.12; Hyantea ~e OV.*Met.*5.312; PLIN.*Nat.*4.25; desertis ~es uallibus JUV.7.6.

Aganippis ~idos, *f. a.* Of or connected with Aganippe, Aganippean.

fontes ~idos Hippocrenes OV.*Fast.*5.7

agaricum ~ī, *n.* [Gk. ἀγαρικόν] A species of tree-fungus, agaric.

Galliarum glandiferae maxime arbores ~um ferunt. est.. fungus candidus, odoratus..in summis arboribus nascens, nocte relucens PLIN.*Nat.*16.33; 25.103; LARG.106.

agāsō ~ōnis, *m.* [cf. EQVISO] A servant who looks after horses, etc., groom, stable-boy; also, one who drives a horse or ass. **b** (as term of contempt) a serving-man, lackey.

scitus ~o ENN.*Ann.*438; egomet mihi comes, calator, equos, ~o, armiger PL.*Mer.*852; ALF.*dig.*32.60.1; duo equi phalerati cum ~onibus LIV.43.5.8; CURT.8.6.4; FRON.*Str.* 2.4.1;—claudum asinum..cum ~one simili APUL.*Met.*6.18; (*cf.*) ~ones equos agentes, id est minantes PAUL.*Fest.*p.25M. **b** si patinam pede lapsus frangat ~o HOR.*S.*2.8.72; hic Dama est non tresis ~o PERS.5.76.

Agathoclēs ~is or ~ī, *m.* **a** A tyrant of Syracuse and king of Sicily (361–289 B.C.). **b** Greek authors of uncertain date: a historian; a writer on agriculture from Chios.

a siquidem istaec opera..perfeceris, uirtute regi ~i antecesseris PL.*Ps.*532; CIC.*Ver.*4.122; LIV.28.43.21. **b** CIC. *Div.*1.50;—VAR.*R.*1.1.8; COL.1.1.9.

Agathoclēus ~a ~um, *a.* Of or belonging to Agathocles, the tyrant of Syracuse.

~is sedes ornata tropaeis SIL.14.652.

Agathyrsī ~ōrum, *m. pl.* A Scythian people who lived in the region of Transylvania.

picti..~i VERG.*A.*4.146; MELA 2.2; PLIN.*Nat.*4.88; inmanes ~i JUV.15.125.

Agāuē ~ēs, *f.* The wife of Echion, king of Thebes, and mother of Pentheus.

Cadmeis ~e *Culex* 111; HOR.*S.*2.3.303; OV.*Met.*3.725; SEN.*Oed.*616; HYG.*Fab.*184.1;—(*as the title of a play by Statius*) JUV.7.87.

agēa ~ae, f. [cf. Gk. ἄγυια] A gangway between the rowers in a ship.

multa foro ponit et ~a longa repletur ENN.*Ann.*492; ~a uia in naui dicta PAUL.*Fest.*p.10M.

agedum: see AGO.

Agelastus ~ī, *m.* [[Gk. ἀγέλαστος] 'The unlaughing' (a nickname of M. Crassus, grandfather of the triumvir).

PLIN.*Nat.*7.79.

agellulus ~ī, *m.* [next+-VLVS] A very small plot of land.

~um hunc..tuor *Priap.*85.3; *CIL* 10.6720.

agellus ~ī, *m.* [AGER+-LVS] A small plot of land.

~ist hic sub urbe paullum quod locitas foras TER.*Ad.*949; ~us non..maior iugero uno VAR.*R.*3.16.10; qui tot annis ~os suos..redimere a piratis solebant CIC.*Ver.*3.85; *N.D.* 3.86; aliam atque aliam culturam dulcis ~i temptabant LUCR.5.1367; NEP.*Phoc.*1.4; VERG.*Cat.*8.1; macro pauper ~o HOR.*S.*1.6.71; angusti cultor ~i OV.*Fast.*5.499; PHAED. 4.5.23; SEN.*Ep.*88.11; PLIN.*Nat.*18.41; MART.7.31.8; PLIN. *Ep.*1.24.1; ~o..paterno JUV.6.57.

agēma ~atis, *n.* [Gk. ἄγημα] A special division of the Macedonian army, the royal bodyguard.

~a eam (*sc.* alam) uocabant (Macedones); Medi erant, lecti uiri LIV.37.40.6; 42.51.4; CURT.4.13.26.

Agēnor ~oris, *m.* The name of various mythological persons; esp. of a king of Tyre, the father of Cadmus and Europa.

Europa ab Europa ~oris VAR.*L.*5.32; ~oris urbem (*i.e. Carthage*) VERG.*A.*1.338; ~ore natus (*i.e. Cadmus*) OV.*Met.* 3.51; cretus ~ore Phineus V.FL.4.444; turbam non habet otiosiorem..~oris puella (*i.e. the porticus Europae*) MART. 11.1.11;—(*in effigy*) stant marmore maesto effigies..stat gloria gentis ~or SIL.1.88.

Agēnoreus ~a ~um, *a.*

1 Of or connected with Agenor, king of Tyre; descended from Agenor. **b** (w. ref. to persons descended from Agenor).

inexorabile pactum legis ~ae STAT.*Theb.*1.6;—~am.. Ismenen 8.554; (*cf. sense 2b and c*) ~os..nepotes (*i.e. the Thebans*) 7.192; ~os..nepotes (*i.e. the Carthaginians*) SIL. 17.403. **b** (*Cadmus*) domum..intrat (Iuppiter) ~am OV. *Met.*3.307; (*Europa*) ~i..bouis *Fast.*6.712; ~i..tauri GERM. fr.4.145; STAT.*Silv.*3.2.89; (*Phineus*) V.FL.4.522; (*Minos*) ~i..iudicis STAT.*Theb.*11.571.

2 (w. ref. to places connected with Agenor or his descendants): **a** Phoenician. **b** Theban. **c** Carthaginian; (masc. as sb.) a Carthaginian.

a ~as..lacernas MART.2.43.7; purpura Agenoreis saturata..aenis SIL.7.642. **b** arces ~as (*i.e. Thebes*) STAT. *Theb.*2.384; ~us miles 11.26. **c** arces..~as SIL.1.15; ductor ~us (*i.e. Hannibal*) 3.631; 15.343;—cum..misit ~is ductorem..Therapne 6.303; 8.671.

Agēnoridēs ~ae, *m.* A son or descendant of Agenor; (pl.) the Thebans; also, the Carthaginians.

liquit ~es Sidonia moenia Cadmus OV.*Pont.*1.3.77; (*Cadmus*) iram..parentis uitat ~es *Met.*3.8; (*Perseus*) 4.772 (*s.v.l.*); (*Phineus*) V.FL.4.582;—exanimis in terga reducit pallor ~as STAT.*Theb.*12.736;—SIL.8.1.

agens ~ntis, *m.* [pple. of AGO] A pleader, advocate.

siccis ~ntis oculis lacrimas dabit (*sc.* iudex)? QUINT.*Inst.* 6.2.27; ~nti uero quae tanta est..comprehensionis necessitas? 7.3.15; 9.1.21; duplex ius..~ntis et eius quocum agitur JULIAN.*dig.*10.1.10.

ager agrī, *m.* [Skt. *ajrah*, Gk. ἀγρός, Goth. *akrs*, Eng. *acre*]

1 A piece of land, esp. as marked off by political or geographical boundaries, territory, country, region; *ager decumanus*, land on the produce of which tithes are paid; (meton.) the inhabitants of a territory. **b** (considered quantitatively). **c** (considered qualitatively; cf. sense 5) terrain.

(*sg.*) abituros agro (Teleboarum) Argiuos PL.*Am.*208; agrum Setinum TITIN.*com.*121; ut nostri augures publici disserunt, agrorum sunt genera quinque: Romanus, Gabinus, peregrinus, hosticus, incertus VAR.*L.*5.33; qui in agro Larinati praedia..habent CIC.*Clu.*198; Dymaeos agro pulsos *Att.*16.1.3; aqua Albana deducta ad utilitatem agri suburbani *Div.*2.69; agrum Heluetium CAES.*Gal.*1.2.3; hostium agro potiretur SAL.*Jug.*55.1; Arretino..agro [TIB.] 3.14.4; in agro Tusculano LIV.2.19.3; 27.5.15; est..paruos ager, Cameren incola turba uocat OV.*Fast.*3.582;—(*pl.*) (praedium) siet in his agris, qui non saepe dominos mutant CATO *Agr.*1.4; ne..Thebani uastescant agri ACC.*trag.*600; CAES.*Gal.*4.27.7; VERG.*A.*7.206; (*cf.*) fratres Lycia missos et Apollinis agris 12.516;—(*contrasted with* urbs, oppidum, *etc.*) inter se sortiunt urbem atque agros ENN.*scen.*128; CATO *orat.*58; urbs maxuma alienata, ager hostibus cognitus SAL. *Jug.*48.1; MELA 2.33;—(*contrasted w.* montes) Cadmus.. ignotos montes agrosque salutat OV.*Met.*3.25;—(*poet.*) omnis ad arma rudis ager extimulauit alumnos STAT.*Theb.* 12.613;—quod ager decumanus prouinciae Siciliae propter istius auaritiam desertus est CIC.*Ver.*3.120;—ager Picenus uniuersus utrum tribunicium furorem, an consularem auctoritatem secutus est? *Rab.Perd.*22; LIV.28.45.19. **b** LOC · PATET AGREI SESCVNCIAM QVADRATVS *CIL* 1.2137. 5; una ex parte a Suebis circiter milia passuum sescenta agri uacare dicuntur CAES.*Gal.*4.3.2. **c** id (*sc.* frumentum) erat perexiguum..ipsius agri natura, quod sunt loca aspera ac montuosa CAES.*Civ.*3.42.5; Capuam..a campestri agro appellatam LIV.4.37.1.

2 A piece of land privately owned, an estate or farm; also, a park. **b** (spec.) the land pertaining to a country estate, as distinct from the house.

Accheruntis ostium in nostrost agro Pl.*Trin.*525; ager oppositust pignori ob decem minas Ter.*Ph.*661; agrum quem uir habet tollitur Cato *orat.*158; regios agros Mithridatis, Cic.*Agr.*2.51; exigui cultor..rusticus agri *Mor.*3; ager dictatoris Liv.22.23.4; Col.1.pr.12; Flor.*Epit.*1.3.(1.9.1); de Tiburtino ueniet pinguissimus agro haedulus Juv.11.65; 'ager' est, si species fundi ad usum hominis comparatur Javol.*dig.*50.16.115;—(*pl. in sg. sense*) statuam in tuosne agros confugiam Cic.*Att.*3.15.6; praedia agris meis uicina Plin.*Ep.*3.19.1;—cum..nouis turba cucurrit agris (*i.e. the* horti Maecenatis) Prop.4.8.2. **b** ab hac (ambulatione) est in agrum uersus ornithonis locus Var.*R.*3.5.10; quod poteram, si in ipsa uilla facerem..in agro ubicumque fecero (fanum) mihi uideor adsequi posse ut posteritas habeat religionem Cic.*Att.*12.36.1; 13.52.1.

3 Land considered as a species of property, landed estate; (esp.) *ager publicus* (*priuatus*), public (private) land.

praeda atque agro..adfecit popularis suos Pl.*Am.*193; liberos..eius multo agro donarunt (ciuitates) Nep.*Pel.*5.5; (Camers) ditissimus agri Verg.*A.*10.563; Quint.*Inst.*7.9.5; agri ciuitatium alii uectigales uocantur, alii non Paul.*dig.*6.3.1;—PRIMVS FECEI VT DE AGRO POPLICO ARATORIBVS CEDERENT PAASTORES *CIL* 1.638.13; Hem.*hist.*17; aequissimus agri priuati et publici decempedator Cic.*Phil.*13.37; Liv.40.38.3; (*pl.*) omnibus agris publicis pergrande uectigal imponere Cic.*Agr.*1.10.

4 Land considered with respect to agricultural use, the land, the fields; *agri cultura* (*cultio, cultus*), the cultivation of the land, agriculture. **b** (poet.) what grows on a piece of cultivated land, a crop.

(*sg.*) rastros dentefabres capsit causa poliendi agri Enn.*Ann.*320; Cato *orat.*69; Var.*L.*5.34; doctrina et domus..et ager etiam 'fidelis' dici potest Cic.*Fam.*16.17.1;—(*pl.*) agros optime cultos Scip.min.*orat.*12; instrumenta agrorum Cic.*Ver.*3.226; agros colere coeperunt Caes.*Gal.*5.12.2;—quoniam sine aqua omnis arida ac misera agri cultura Var.*R.*1.1.6; Cic.*Off.*1.151; nauigia atque agri culturas..usus..docuit Lucr.5.1448;—quid est enim Sicilia si agri cultionem sustuleris..? Cic.*Ver.*3.226; tempus in agrorum cultu consumere dulce est Ov.*Pont.*2.7.69. **b** ceu circumflantibus Austris alternus procumbit ager Stat.*Theb.*11.43.

5 Land considered with respect to its qualities, kind of land, soil.

uberi dabit agro gracilem uitem Col.3.1.5; 4.31.2; ruderatum agrum amat (rosa) Plin.*Nat.*21.20.

6 The countryside, the country (as opp. to the town).

(*sg.*) neque agri neque urbis odium me umquam percipit Ter.*Eu.*972; eodem conuenae conplures ex agro accessitauere Cato *hist.*20; Veianius..latet abditus agro Hor.*Ep.*1.1.5; qui in agro uel ciuitate rem soli possidet Macer *dig.*2.8.15.1; Apul.*Apol.*88;—(*pl.*) per agros urbesque fere omnes exercent epulas Acc.*poet.*3.3; (Romae siletur) at hercule in agris non siletur Cic.*Att.*2.13.2; Lucr.6.1259; Caes.*Civ.*3.80.3; Venusiam ad consulem..pedites equitesque, qui sparsi fuga per agros fuerant, peruenere Liv.22.54.1;—(*as opp. to the sea*) arx Crotonis, una parte imminens mari, altera uergente in agrum 24.3.8.

7 *in agrum, in agro* (opp. to *in fronte*), In depth (opp. to in frontage).

HOC EST MONVMENTVM NOSTRVM IN FRONTE P · XIII IN AGRVM P · XXIIII *CIL* 1.1319.9; mille pedes in fronte, trecentos cippus in agrum hic dabat Hor.*S.*1.8.12; (rogo) ut sint in fronte pedes centum, in agrum pedes ducenti Petr.71.6;—IN FRONTE P · XII IN AGRO P · XIIX *CIL* 1.1272.9.

agēraton ~ī, *n.* [Gk. ἀγήρατον] A plant not identifiable with certainty, perh. a species of *Achillea*.

~on ferulacea est..origano similis..causa nominis..quoniam diutissime non marcescit Plin.*Nat.*27.13.

? **āgerō** ~ere, *tr.* [AB-+GERO] To take away, remove.

nam ipsi uident quom eorum ~imus (agg- *mss.*) bona atque etiam ultro ipsi aggerunt ad nos Pl.*Truc.*111;—(*refl.*) ubi..me uidebis..id erit adeundi tempus. nunc ~ite (*s.v.l.*) uos *Per.*469.

Agēsilāus ~ī, *m.* A Spartan king of the fourth century B.C.

Cic.*de Orat.*3.139; Nep.*Con.*2.3; Fron.*Str.*1.4.2.

agesīs: see AGO.

aggemō ~ere, *intr.* **adg-.** [AD-+GEMO] (w. dat.) To groan in conjunction, or in sympathy, (with).

uterque (exercitus) loquenti ~it Stat.*Theb.*11.247;—(*poet.*) migrantibus ~it illis (*sc.* semideis) silua Stat.*Theb.*6.112.

agger ~eris, *m.* [conn. w. AGGERO[1]]

1 Material for a mound, earthwork, etc., rubble.

qui paulo longius ~eris petendi causa processerant Caes.*Gal.*2.20.1; ~erem comportari iubet intra munitiones *B.Alex.*73.1; fossas ~ere complent Verg.*A.*9.567; Curt.8.10.27; Tac.*Ann.*1.65.

2 a An offensive earthwork raised by besiegers, a ramp. **b** a defensive earthwork or other fortification, rampart. **c** (spec.) the rampart surrounding Rome built, according to tradition, by Servius Tullius or Tarquinius Superbus, which subsequently became a favourite promenade for the inhabitants.

a ~ere in iaciendo, si quost uineis actis opus Lucil.633; quintum et uicesimum iam diem ~eribus, uiniis, turribus oppugnabam oppidum munitissimum Cic.*Fam.*2.10.3; ~ere ad munitiones adiecto Caes.*Gal.*5.9.6; ~eribus..locus importunus Sal.*Jug.*92.7; hostili..~ere saeptus Verg.*A.*11.398; ~eres..ad moenia admouebantur Liv.32.23.6; legionarius..instruit ~erem Tac.*Hist.*2.22; (*cf.*) ceteri (elephanti) ~eres construunt omnique ui conantur extrahere Plin.*Nat.*8.24; congestis cadaueribus ~er effectus est Flor.*Epit.*2.13(4.2.85);—(*combined w. sense 2b*) miles ab Etruscis saucius ~eribus Prop.1.21.2;—(*in fig. phr.*) esset uel receptaculum pulso Antonio uel ~er (*i.e. a 'springboard'*) oppugnandae Italiae Graecia Cic.*Phil.*10.9;—(*poet.*) construitur magnis ad proelia montibus (*i.e. Ossa and Pelion*) ~er *Aetna* 48; uolanti celsus (*i.e. on elephant-back*) telorum fundit Libys ~ere nimbum Sil.9.580. **b** quod angusto itinere per ~eres ascendebat (equitatus) Caes.*Civ.*3.69.2; castra modo et tutos seruarent ~ere muros Verg.*A.*9.43; ut solidum cocto tolleret ~ere opus Prop.3.11.22; munitiones muri turriumque ~eribus coniunctae maxime sunt tutiores Vitr.1.5.5;—(*w. defining gen.*) dum distinet hostem ~er murorum Verg.*A.*11.382; Stat.*Theb.*5.376;—(*as a boundary*) nisi quod latus unum Angriuarii lato ~ere extulerant, quo a Cheruscis dirimerentur Tac.*Ann.*2.19;—(*applied to protective enclosure of a farm*) tertium militare saepimentum est fossa et terreus ~er Var.*R.*1.14.2. **c** ~ere in aprico spatiari Hor.*S.*1.8.15; ~ere et fossis et muro circumdat urbem (Seruius Tullius) Liv.1.44.3; 3.67.11; (urbs) clauditur ab oriente ~ere Tarquini Superbi Plin.*Nat.*3.67; illi per fora atque ~erem circuli Quint.*Inst.*12.10.74; uentoso..sub ~ere Juv.8.43; Suet.*Cal.*27.2.

3 a A breakwater, mole, pier. **b** a dam, dike). **c** (w. *ripae* or absol.) the bank (of a river).

a qua fauces erant angustissimae portus, moles atque ~erem ab utraque parte litoris iaciebat Caes.*Civ.*1.25.5; tendit ad incuruo munitos ~ere portus Ov.*Met.*15.690. **b** ~eribus ruptis cum spumeus amnis exiit oppositasque euicit gurgite moles Verg.*A.*2.496; caespitum natura castrorum uallis accommodata contraque fluminum impetus ~eribus Plin.*Nat.*35.169; ille inchoatum..a Druso ~erem coercendo Rheno absoluit Tac.*Ann.*13.53; ~eres faciunt ⟨et⟩ excipiunt et continent eam (*sc.* aquam pluuiam) Agen.*agrim.*p.24; Ulp.*dig.*43.13.1.7. **c** cum Laomedontia pubes gramineo ripae religauit ab ~ere classem Verg.*A.*7.106; Stat.*Theb.*5.516;—alternas gemino super ~ere mensas *Silv.*1.3.64; flumineo Libycam turbabat in ~ere pubem Sil.10.92; (*by the sea-shore*) soluitur herboso religatus ab ~ere funis Ov.*Met.*14.445.

4 An elevated strip of land, a ridge; a mound, hill, or mountain. **b** (w. *uiae* or absol.) a road or causeway raised above the level of the surrounding ground, highway; *Moluius ~er*, the Mulvian bridge.

Mesua collis..nisi quod angusto ~ere continenti adnectitum insula Mela 2.80;—~eribus socer Alpinis..descendens Verg.*A.*6.830; quercus erat..~ere camporum medio Stat.*Theb.*2.708; infelix Lemnia..modico super ~ere longe..herbas prospicit 5.589; obiectus geminis umbonibus ~er campum exire uetat 6.257. **b** uiae deprensus in ~ere serpens Verg.*A.*5.273; sistere tertiam decimam legionem in ipso uiae Postumiae ~ere iubet Tac.*Hist.*3.21;—qua nobilis Appia crescit in latus et mollis solidus premit ~er harenas Stat.*Silv.*4.4.3; ut..pontes..et ~eres umido paludum et fallacibus campis inponeret Tac.*Ann.*1.61; 4.73;—agmina Flaminio quae limite Moluius ~er transuehit Stat.*Silv.*2.1.176.

5 A mound or pile of earth, wood, rubble, etc. (esp. of funeral mounds or pyres).

dum..auidis conprenditur ignibus ~er Ov.*Met.*9.234; medio..ex ~ere..uidit auem..exire sub auras 12.524; miles in loco proelii..struxit..~erem et in modum tropaeorum arma..imposuit Tac.*Ann.*2.18;—(*w. gen. indicating material*) ~ere multo telluris tumulus formatum creuit in orbem *Culex* 395; stetit ~ere fulti caespitis Luc.5.316;—(*w. gen. indicating nature or purpose*) pater ut cruore laueret ararum ~eres Var.*Men.*94; ~ere composito tumuli Verg.*A.*7.6; constructo..~ere busti Luc.2.300.

6 A pile, heap, collection. **b** (applied to high waves at sea).

iacet ~eribus niueis informis..terra Verg.*G.*3.354; tris (naues) Eurus..~ere cingit harenae *A.*1.112; quo relinquitur ~ere manet (cinis) Mela 2.31; V.Fl.3.281; ~erem armorum Tac.*Hist.*2.70;—(*of groups of islands*) insularum ~eres maximarum Apul.*Mun.*7. **b** consurgit ingens pontus in uastum ~erem Sen.*Phaed.*1015; nec rursus ab alto ~ere deiecit pelagi..unda Luc.5.674; sub atris aequoris ~eribus Sil.17.270.

aggerātim, *adv.* [pf. pple. of AGGERO[2]+-IM] In heaps or piles.

pulmentis aceruatim, panibus ~, poculis agminatim ingestis Apul.*Met.*4.8.

aggerātiō ~ōnis, *f.* [AGGERO[2]+-TIO] Heaped or piled up material.

naues supra ~onem, quae fuerat sub aqua, sederunt Vitr.10.16.9.

aggerō[1] ~rere ~ssī ~stum, *tr.* **adg-.** [AD-+GERO]

1 To bring, carry, fetch (to or up).

~runda..aqua sunt uiri duo defessi Pl.*Poen.*224; *Rud.*484; ei pisciculos minutos ~rebant frequenter, qui maioribus absumerentur Var.*R.*3.17.6; luta et limum ~rebant Cic.*Ep.*fr.7(6).5; (aquilam) aues primo, mox deinde uenatus ~rentem Plin.*Nat.*10.18;—(*w.* ad) ultro ipsi ~runt (bona) ad nos Pl.*Truc.*111.

2 To push (an object) close up (against another); (perh.) to press (the fingers) close together.

grabatulo..pone cardines supposito et probe ~sto Apul.*Met.*1.11;—quos circulare debueris digitos ~ssisse (*cj.*) *Apol.*89.

3 (w. contamination w. *aggero[2]*) To heap or pile up (on or into); accumulate; to make a pool of (a liquid). **b** to heap on, shower, lavish (accusations, benefits, etc.). **c** to add fuel to (flames), feed, intensify.

terram..~sserat, ut (sublicae) aquam continerent Caes.*Civ.*3.49.3; ni furtim ~reret Siculi uicinia montis materiam..suam *Aetna* 446; uident regem ipsum adhuc ~rentem faces Curt.5.7.7; tumidum..nodis corpus ~stis plicat (serpens) Sen.*Med.*689; Plin.*Nat.*17.27; Mart.8.57.4; primaeuam..platanum..deposuit iuxta uiuamque ~ssit harenam Stat.*Silv.*2.3.41; Fron.*Str.*1.5.5; (*w.* pedibus) eam (*i.e.* urinam) protinus terra pedibus ~sta obruere traditur (lynx) Plin.*Nat.*28.122;—(*w. dat.*) ingens ~ritur tumulo tellus Verg.*A.*3.63; montibus..altis ~stos crescere montes Man.1.426; dolia..quibus terra ~sta est, et in his uiridiaria posita Javol.*dig.*33.7.26; (*fig.*) quid opes opibus ~ritis? Sen.*Dial.*12.10.6;—(cruor) ~ritur, quantum bibit arida tellus Stat.*Theb.*4.454. **b** multa ~rebantur etiam insontibus periculosa Tac.*Ann.*3.67; intendere manus ~rere probra 13.14;—(*w. dat.*) cui (*sc.* animo) siue ~runtur uulgaria bona, supra res suas eminet Sen.*Ep.*36.6. **c** ~ssi manu mea ipse flammas Sen.*Thy.*1064.

aggerō[2] ~āre ~āuī ~ātum, *tr.* [AGGER+-O[3]]

1 To place (a pile of something against another object), heap up over. **b** to add (to) by a process of accumulation.

(*w. dat.*) uiuis (pecudibus) cumulos..undantis harenae ~at Stat.*Theb.*8.341;—(*w.* ad) terram ad uitem ~ato Col.*Arb.*5.5;—(*w.* circa) terram circa arborem ~ato 26.6;—(*ellipt.*) testis..tegit (*sc. the dough*) super ~at ignis *Mor.*51; rutam..differre oportet in apricum et cinerem ~are Col.11.3.38. **b** (*w. dat.*) dum quadrantes ~as patrimonio Phaed.4.20(21).23.

2 To form (a number of things) into a heap, pile up; to build up (bricks) into a structure.

multa..Laurentis praemia pugnae ~at Verg.*A.*11.79; medio campi albentia ossa, ut fugerant, ut restiterant, disiecta uel ~ata Tac.*Ann.*1.61; 15.15; ~atis in cumulum stragulis Apul.*Met.*2.21;—(*fig.*) si diuisa generatim argumenta nectemus, non sparsa nec sine discrimine ~ata Fro.*Aur.*1.p.42(212N);—haec..genera (laterum)..non sunt in opere ponderosa et faciliter ~antur Vitr.2.3.1.

3 To erect (a road or structure) by piling up material, build up.

angustus is trames..et quondam a L. Domitio ~atus Tac.*Ann.*1.63; uiminea cauea, quae..in rectum ~ata cumulum acinias circumdatas suffusa candido fumo sulpuris inalbabat Apul.*Met.*9.24.

4 To put earth, etc., round the roots of (a tree), earth up.

omnes arbores frugiferae circumfossae ~ari debent Col.11.2.46.

5 (w. abl.) To fill or cover plentifully (with).

uirgis ac lapidibus ~aretur (unda) apium causa Col.9.5.5; conualles..nimium spinetis ~atae Apul.*Met.*4.6.

6 To reinforce, intensify. **b** to exaggerate.

incendit..animum dictis atque ~at iras Verg.*A.*4.197; 11.342; dictis impensius ~at omne promissum Inachius pater Stat.*Theb.*2.198. **b** Libyae clades et primi incendia belli ~at..Hannon Sil.2.359.

aggestus ~ūs, *m.* **adg-.** [AGGERO[1]+-TVS[3]]

1 The act of bringing or fetching (to).

locus ipse castrorum placebat, late prospectans, tuto copiarum ~u Tac.*Hist.*3.60; incusant..pabuli materiae lignorum ~us Tac.*Ann.*1.55.

2 A bank of earth, terrace.

magno ~u suspensa uestibula Sen.*Ep.*84.12.

3 The sprinkling of earth over a dead body.

insepultum quodlibet corpus nulla festinatio tam rapida transcurrit, ut non quantulocumque ueneretur ~u [Quint.] *Decl.*5.6.

agglomerō ~āre ~āuī ~ātum, *tr.* **adg-.** [AD-+GLOMERO] (refl. or equiv.) To mass together, join forces (with others). **b** to pile up in masses.

(*w. dat.*) addunt se socios..et lateri ~ant nostro Verg.*A.*2.341;—(*without dat.*) densi cuneis se quisque coactis ~ant 12.458; ~ant latera, et densis thoracibus horrens stat manus V.Fl.3.87; tunc alacres arma ~ant Sil.5.238; (*cf.*) 'axe ~ati uniuersi stantes', id est cohortibus aut legionibus Paul.*Fest.*p.26M. **b** ipsa Venus..~at tenebras V.Fl.2.197; monstriferi mugire sinus Sigeaque pestis ~are fretum 2.499.

agglūtinō ~āre ~āuī ~ātum, *tr.* **adg-.** [AD-+GLVTINO]

1 To cause (an object) to adhere (to another), to stick, glue, or paste on; to form into an adhesive mass, glue together; to solder (metallic objects). **b** to attach (a person) indissolubly (to another); (refl., of persons or circumstances) to attach oneself or fasten on (to a person).

illud desecabis, hoc ~abis Cic.*Att.*16.6.4; pinnis ~atis Apul.*Met.*11.8;—(*w. dat.*) id..in linteolum inlinere (oportet) et fronti ~are Cels.6.6.1.H; 6.18.2.K;—(flumen) eius naturae habet limum ut corpora ~et et obduret Sen.*Nat.*3.20.3; fragmenta (uitri) teporata ~antur tantum, rursus tota fundi non queunt PLIN.*Nat*.36.199;—supra tabulam.. sunt anuli ~ati VITR.10.8.4; chrysocollam et aurifices sibi uindicant ~ando auro PLIN.*Nat*.33.93. **b** (*w.* ad) (hanc) ad me ~andam totam decretum est dare PL.*Cist*.648; —ita mihi ad malum malae res plurumae se ~ant *Aul*.801; rogitant..quid ei nomen siet, postilla extemplo se adplicant, ~ant *Men*.342.

2 To fit or grip on closely, fasten on. **b** to bring into close contact (with).

nasi..dedecus linteolo isto pressim ~ato decenter obtexi APUL.*Met*.2.30;—(*w. dat.*) ~anda cucurbitula est et inguinibus et coxis CELS.7.26.5.B; ea (*sc.* habena)..fronti duobus capitibus ~anda est 8.5.2. **b** (*w. dat.*) quo fit, ut ..mentum pectori ~etur CELS.8.13.

aggrauescō ~ere, *intr.* **adg-.** [AD-+GRAVESCO]

1 To become heavy.

ubi ego me grauidam sentio ~ere (-ascere *codd.*) propinquitate parti PAC.*trag*.69.

2 (of diseases, etc.) To become serious.

male metuo ne Philumenae mage morbus ~at TER.*Hec*. 337;—(*of a festering wound*) siquidem qui tempestiuam medicinam admouens non ~ens uolnus inlidat manu CIC. *Tusc*.3.76 (transl. Aeschylus).

aggrauō ~āre ~āuī ~ātum, *tr.* **adg-.** [AD-+GRAVO]

1 To weigh down. **b** (w. *caput*) to make (the head) feel heavy. **c** (fig.) to weigh down, burden, oppress. **d** (of arguments) to make the position of (an accused person) worse, have weight against.

tota ceruix cum capite ~ata et in terram submissa COL. 6.30.5. **b** odor..~ans capita, citra dolorem tamen PLIN. *Nat*.12.79; 25.50. **c** beneficia..rationes nostras ~atura, dum aliorum necessitates..laxent SEN.*Ben*.4.13.2; proloquere quae sors ~et quassam domum *Phaed*.996; QVAMQVAM SVMPTV MAIORE ~ARI SE SENSIT *CIL* 2.1359;—(*absol. or ellipt.*) inexspectata plus ~ant SEN.*Ep*.91.3; ut..quamquam morbo quartanae ~ante..commutare latebras cogeretur SUET.*Jul*.1.2. **d** (argumenta) quae per se nihil reum ~are uideantur QUINT.*Inst*.5.7.18.

2 To make (a weight) greater, increase; to increase the force of (a blow); to increase the speed of (a fall).

~atur..pondus illa et omni legumine..in pane uenali PLIN.*Nat*.18.117;—quidam..~ant ictus ante conatum simili modo saliua in manum ingesta 28.37;—ruinam suam illo pondere ~ans (uertex) 2.132.

3 To make (conditions, etc.) worse, aggravate. **b** to exaggerate.

si ~atae res essent LIV.4.12.7; 24.36.7; hominis..curam cura maiore ~ant PHAED.3.3.13; potuit..si aluisset, leuare quidem fortunam fratris, sed causam ~are SEN.*Con*.1.1.19; ne inbecillitas eius (*sc.* pecoris) longis itineribus ~etur COL. 7.5.3; ~ari uulnera PLIN.*Nat*.28.31; [QUINT.]*Decl*.12.13; SUET.*Aug*.98.5;—(*ellipt.*) uiribus extenuatis, quae nihil quod ~aret pati possent LIV.22.8.4. **b** aut falsa suspicando aut leuia ~ando SEN.*Dial*.5.12.1.

aggredior ~dī ~ssus, *tr.*, *intr.* **adg-.** [AD+GRADIOR] FORMS: *~īmur* PL.*As*.680, *Rud*. 299; *~ibor Per*.15; *~iri Truc*.251, 461; *~irier Mer*.248, *Rud*.601; pass. use CIC.*Ep*.fr.2.2,3; see also AGGRETVS.

1 (intr.) To go or advance (towards a place); (tr.) to go towards, approach.

ut quom Venus ~ditur, placet! PL.*Cist*.313;—(*w. adv.; of the sea*) oras..Italicas omnis, qua ~ditur mare *Men*.237; (*fig.*) non..repelletur inde, quo ~di cupiet (ea philosophia) CIC.*de Orat*.3.63;—(*w.* prope) qui ubi quamque nostrarum uidet prope hasce aedis ~diri PL.*Truc*.251; Bacchi templa prope ~ditur PAC.*trag*.310;—tectum..~ssa propinquae pastorale casae STAT.*Theb*.12.267; (*ellipt.*) (iugum) quod hostes ceperant parte alia ~ssi LIV.10.26.9.

2 (usu. tr.) To go up to (a person) in order to speak to him, etc., approach, accost.

~dior hominem, saluto adueniens PL.*Cur*.338; qui.. puellam sum ausus di~ TITIN.*com*.108;ACC.*trag*.199; L. Clodium..~ditur et cum eo HS duobus milibus..transigit CIC.*Clu*.40; Damasippum uelim ~diare *Att*.12.33.1; SAL. *Jug*.46.4; iuuenem ~ditur Latiae telluris imago SIL.15.546; —(*w. means or circumstances expr.*) Bomilcarem..multis pollicitationibus ~ditur SAL.*Jug*.61.4; talibus ~ditur Venerem Saturnia dictis VERG.*A*.4.92; noctua..hac est ~ssa garrulam fallacia PHAED.3.16.10; per blandimenta iuuenem ~di TAC.*Ann*.13.13;—(*intr.*) contra ~dibor PL.*Per*.15; itan agitis mecum? satis astute ~dimini TER.*Ph*.968; sic prior ~ditur dictis VERG.*A*.6.387;—(*w.* ad) ad me haedus uisust ~dirier PL.*Mer*.248; *Rud*.601.

3 To approach with hostile intent, assault, attack; (of an abst. subj.) to confront menacingly. **b** (mil.) to attack, beset. **c** (usu. tr.) to try to influence (a person or his characteristics), work upon (by guile, etc.). **d** to try to corrupt or assail (a person's integrity or chastity). **e** to try to damage politically, etc., attack.

(fratris uxorem) ueneno interfecit..post fratrem ~ssus est CIC.*Clu*.31; quis inlustrem ~di (audeat)? *Phil*.12.25; facile ut somno ~diare iacentem VERG.*G*.4.404; perpulere eos ut secum praefectos..~derentur LIV.25.28.5; uidi furentem saepe et ~ssam deos, caelum trahentem SEN.*Med*.673; TAC. *Ann*.15.50;—(*w. abl.*) Cethegus Ciceronis ianuam obsideret eumque ui ~deretur SAL.*Cat*.43.2; ense superbum Rhamnetem ~ditur VERG.*A*.9.325; somno..grauatum (Triptolemum) ~ditur ferro OV.*Met*.5.659;—(*w.* cum) si cum ferro ~di et spoliare instituerunt CALL.*dig*.48.19.28.10;—(*poet.*) Romanum solito uiolentior agmen ~ditur (puluis) LUC. 9.464; cuneis eam (*sc.* terram) ferreis ~diuntur PLIN.*Nat*. 33.72;—(*absol.*) ~ssurum fuisse hesterno die in concilio LIV. 1.51.4;—(*fig.*) (quid est) quod non..~diatur et quatiat (fortuna)? SEN.*Ep*.91.4; fraudis..ueneno ~ditur mentes SIL.7.261; ut adhuc labentem ~diaris animum [QUINT.] *Decl*.14.8; (*sup.*) quod pessumum ~ssust, scelus PL.*Per*.558; —anno..insequenti lex Terentilia ab toto relata collegio nouos ~ssa consules est LIV.3.10.5. **b** ut omnibus copiis Domitium ~deretur CAES.*Civ*.3.78.5; ipse..Romanos palantis repente ~ditur SAL.*Jug*.54.9; VERG.*A*.2.463; uelut si urbem extemplo ~ssurus Scipio foret LIV.29.28.9; TAC. *Hist*.2.12;—(*naut.*) alteram nauem..pluribus ~ssus nauibus CAES.*Civ*.3.40.1; LIV.30.25.6; praedones..classe ~ssus fudit VELL.2.32.4;—(*in fig. phr.*) quibus (ornamentis) cum se instruxit (eloquentia), tribus modis homines ~ditur V.MAX. 8.10;—(*absol.*) repente magna ui ~ditur SAL.*Jug*.60.6; LIV. 41.19.8; (*w. advs.*) non..eos in cuniculum qua ~ssi erant.. restitui CIC.*Caec*.88; ea potissimum ~di statuit LIV.24.46.1. **c** ~diundust hic homo mi astu PL.*Trin*.963; illo suo leniore artificio Heraclium ~di conatur CIC.*Ver*.2.36; praetorem Samnitium arte ~ssus LIV.8.26.1; TAC.*Hist*.2.8; acrius modestiam eius ~ditur alterum consulatum offerendo *Ann*. 2.26;—(*intr.*, *w.* ad) ut astu sum ~ssus ad eas! PL.*Poen*.1223. **d** iis...praecipit, omnis mortalis pecunia ~diantur SAL. *Jug*.28.1; isdem (blanditiis) etiam pudicitiam eius ~ssus est PETR.112.1; eadem largitione..prouinciarum animos ~ssus TAC.*Hist*. 1.78. **e** ut absentem (Alcibiadem) ~derentur NEP.*Alc*. 4.2; tum tribuni ~di singulos tutum..rati LIV. 3.56.1; inde..certior..inimicis ~diendi fiducia POL.*hist*.5; qua causa C. Silium et Titium Sabinum ~ditur (Seianus) TAC.*Ann*.4.18; 13.43; (*w. abst. obj.*) si peruerterint (imperium), libertatem ipsam ~dientur 16.22.

4 (tr., or intr. w. *ad*) To set about (a task, etc.), start on, undertake, deal with. **b** (spec.) to deal with (a fault); to tackle (food); to brave (dangerous conditions).

(*tr.*) piscatum hamatilem et saxatilem ~dimur PL.*Rud*. 299; ~diamur iam quod suscepimus CIC.*Opt.Gen*.19; *Att*. 2.14.2; SAL.*Rep*.2.6.2; ~dere o magnos (aderit iam tempus) honores VERG.*Ecl*.4.48; sicut non ~dienda, ita semel adgressis non dimittenda esse LIV.24.19.7; non scelus ~dimur OV.*Am*.2.2.63; STAT.*Silv*.1.5.29; QUINT.*Decl*.348(p.371,l.10); tu..cogita, quae potissimum tempora ~diar PLIN.*Ep*.5.8. 12; restitutionem Capitolii ~ssus SUET.*Ves*.8.5; aduena studiorum Quiritium indigenam sermonem..~ssus excolui APUL.*Met*.1.1;—(*absol.*) in omnibus..negotiis priusquam ~diare, adhibenda est praeparatio diligens CIC.*Off*.1.73; ~dere, quaeso, et gratificare rei publicae *Hort*.fr.61;—(*intr.*, *w.* ad) ad consulatus petitionem ~di CIC.*Mur*.15; ~derisne ad historiam? *Q.fr*.2.11.4; *N.D*.1.58; ~ditur..inde ad pacis longe maximum opus LIV.1.42.4; ut primum ad rem publicam ~ssus est VELL.2.33.3; materia (*i.e. a pupil*)..in qua merito ad spem oratoris simus ~ssi QUINT.*Inst*.2.8.12; APUL.*Apol*.38; (*w. gdve.*) cum ~dior..ad animos iudicum pertractandos CIC.*de Orat*.2.186; *Sest*.141; ad mouendas lacrimas ~di QUINT.*Inst*.6.1.44. **b** temporibus si non ~diare (uitia) suis OV.*Rem*.134;—res electissimas ridentes ~dimur PETR.36.4;—pari audacia fortunaque hibernum mare ~ssi TAC.*Hist*.4.51.

5 (w. inf.) To set oneself (to do something), attempt, proceed, begin.

ex eo loco unde..de suis factis..~ssus est dicere CIC. *Orat*.133; *Off*.2.1; rem..qua de disserere ~dior LUCR.6.940; CAES.*Civ*.3.80.7; naturam..uincere ~ditur SAL.*Jug*.75.2; qui manibus magnum rescindere caelum ~ssi VERG.*A*.6.584; LIV.22.54.8; multi fluuium transmittere nando ~ssi STAT. *Theb*.9.240; QUINT.*Inst*.1.5.54; ei pugnae interfuisse, qua Caesarem..pellere ~ssi sunt TAC.*Dial*.17.4; Isthmum perfodere ~ssus SUET.*Nero* 19.2; quom uerbum quaerere ~ssus es FRO.*Aur*.1.p.12(66N); APUL.*Met*.1.16.

6 To try to obtain by force, seize; to grasp, seize (an opportunity).

sceptrum scelere ~di SEN.*Thy*.341;—datur (~dienda facultas!) ingentem recreare uirum STAT.*Silv*.1.4.62.

aggregō ~āre ~āuī ~ātum, *tr.* **adg-.** [AD-+GREGO]

1 To cause (people) to flock together or enter into association, join together. **b** (refl. or pass. in refl. sense) to flock together, enter into association (with), join oneself (to).

(*w. dat. or equiv.*) si..secum..suos eduxerit et eodem ceteros..naufragos ~arit CIC.*Catil*.1.30; Lucilius Bassus.. ambiguos militum animos..partibus eius ~auerat TAC. *Hist*.3.12; (*w. abst. subj.*) cum aut uincentibus spes aut pulsis ira ~at suos LIV.30.11.7; quos comites ei fortuna ~auerat VELL.2.53.1;— ~auere Claudium Senecionem, Ceruarium Proculum..Marcium Festum TAC.*Ann*.15.50; ~are ad gregem ducere PAUL.*Fest*.p.23M. **b** (*w.* ad *or dat.*) qui se ad eorum amicitiam ~auerant CAES.*Gal*.6.12.6; ~atis simillimis sibi interemere Caesarem statuit VELL.2.91.3; antequam is quoque Vespasiani partibus ~aretur TAC.*Hist*. 2.96; *Ann*.15.59; ne desciscentibus ~arentur SUET.*Nero* 43.1; si sciamus illum (mortuum)..melioribus ~atum APUL. *Pl*.2.22; (*w. abst. subj.*) dum his aut illis studia militum ~antur TAC.*Hist*.1.64;—aliis ~antibus sese Romanis socisque LIV.23.17.9; ~abantur e plebe..scurrae, histriones TAC.*Hist*.2.87.

2 To include (in a group), class or group (with). **b** (leg.) to lump together, bring into 'hotchpot' (with). **c** to implicate, involve (in). **d** to contribute (to).

(*w.* in+*acc.*) te..in nostrum numerum ~are soleo CIC. *Mur*. 16;—(*w. dat.*) nescire..utrum illum hominum an deorum numero ~aret V.MAX.5.3.ext.2; mutis ~etur animal pabulo laetum SEN.*Ep*.92.7; QUINT.*Inst*.9.2.107; ut..nostras quoque historias..Graeculorum fabulis ~ares TAC.*Dial*.3.4; —(*w.* inter) illa (animalia) inter cicures atque agrestes..~abuntur APUL.*Mun*.28. **b** (*w. dat.*) uires sequentis fideiussoris ei (*sc.* fideiussori) ~andae sunt ULP. *dig*.46.1.27.2; an possit (donum) castrensi peculio ~ari? 49.17.8. **c** (*w.* ad) huius etiam filium eodem indicio et crimine ad patris interitum ~are uoluisti CIC.*Vat*.25. **d** (*w.* ad) si..meam..uoluntatem ad summi uiri de meque optime meriti dignitatem ~assem CIC.*Fam*.1.9.11.

aggressiō ~ōnis, *f.* **adg-.** [AGGREDIOR+-TIO]

1 An attack.

clunibus meis ab ~onibus ferinis consulebam APUL.*Met*. 8.16;—(*in fig. phr.*) cum..animos prima ~one occupauerit (orator) CIC.*Orat*.50.

2 (w. *ad*) The action of setting about or undertaking (a task).

ad multas..res ~o..πολυπραγμοσύνη..Graece dicitur GEL.11.16.6.

3 (rhet. = ἐπιχείρημα: see quots.)

epichirema Valgius..~onem uocat QUINT.*Inst*.5.10.4; 5.14.27.

aggressor ~ōris, *m.* **adg-.** [AGGREDIOR+-TOR] An attacker, assailant.

si quis..terruit ~ores ULP.*dig*.29.5.1.35; latronibus ~oribusque..qui patrem interficerent 48.9.7.

aggressūra ~ae, *f.* **adg-.** [AGGREDIOR+-VRA] An attack, assault.

~ae plenam uindictam impetrauit APUL.*Met*.7.7; si quid ex peculatu..quaesitum erit uel ui aut latrocinio aut ~a ULP.*dig*.10.2.4.2; 29.5.3.4.

aggressus ~ūs, *m.* **adg-.** [AGGREDIOR+-TVS[3]] An attack, assault.

si naufragio uel ruina uel ~u..perierit ULP.*dig*.36.1.18 (17).7.

aggretus. adg-: (see quots.).

~us apud Ennium '~us fari', pro eo, quod est adgressus, ponitur, quod uerbum uenit a Graeco ⟨ἐγείρομαι⟩ [surgo] PAUL.*Fest*.p.6M; egretus et ~us ex Graeco sunt ducta a surgendo et proficiscendo PAUL.*Fest*.p.78M.

aggubernō ~āre ~āuī ~ātum, *tr.*, *intr.* **adg-.** [AD-+GVBERNO] To steer (one's course).

per medias hostium naues utre suspensus et pedibus iter ~ans FLOR.*Epit*.1.40(3.5.16);(*absol.*, *fig.*) quasi de industria sic ~ante fortuna ut..ab Europa in Asiam..imperium procederet FLOR.*Epit*.1.24(2.8.1).

agguis: see ANGVIS.

aggulus: see ANGVLVS.

agilis ~is ~e, *a.* *compar.* ~ior. [AGO+-ILIS[1]]

1 That moves or can be moved easily, nimble, swift, agile. **b** (applied to actions, etc.)

~is sonipes rapitur celeri sonitu trepidans *Inc.trag*.237; sic tibi secretis ~is dea saltibus adsit OV.*Ep*.4.169; ~i palmas praebere luperco JUV.2.142; terrae..~es alumnae (*i.e.* formicae) APUL.*Met*.6.10; (*in fig. phr.*) quae circumuolitas ~is thyma? HOR.*Ep*.1.3.21;—(*of the body or its parts*) si parum ~is in legendo oculus haeserit SEN.*Cl*.1.16.3; *Phaed*.234; sed mortalis honos, ~is quem dextra laborat STAT.*Silv*. 5.1.10; ~e et uiuidum corpus PLIN.*Ep*.3.1.10; sinistra manu ~ore ac ualidiore SUET.*Tib*.68.1;—(*of things*) qui..restitissent ~i et nautico instrumento aptae..classi naues tormenta..portantes LIV.30.10.3; ~i..rota OV.*Pont*.2.10.34; ~i..Liburnae SIL.13.240;—(*of natural forces*) (aer) ~ior.. tenuiorque..terris..ceterum aethere spissior SEN.*Nat*.2. 10.1; ~is..flamma *Phaed*.644; ut..semina ipsa principiis ~ioribus figurentur COL.6.37.2; ~ior maiorque profertur (riuus) PLIN.*Ep*.4.30.9; APUL.*Met*.1.3. **b** in lusus ~es.. desudant MAN.5.110; unius ~em atque industriam.. operam COL.11.1.15; percurrit ~i corpus arte tractatrix MART.3.82.13; STAT.*Silv*.4.3.32; procurrunt leuitate ~i.. puppes SIL.14.392; ~is atque praeclarus ille conatus APUL. *Met*.4.2.

2 (of the mind or senses) Alert, quick, active. **b** (applied to argumentation).

mater dabit Umbrica Gallis..sensum ~em GRAT.195; ~em officio mentem MAN.5.62; adice nunc, quod maiore corporis sarcina animus..minus ~is est SEN.*Ep*.15.2; QUINT.*Inst*.1.12.2. **b** argumentatio plerumque ~ior.. consentientem orationi postulat etiam gestum QUINT.*Inst*. 11.3.164.

3 Energetic, active, busy.

nunc ~is fio et mersor ciuilibus undis HOR.*Ep*.1.1.16; lassabant ~es aspera bella uiros OV.*Fast*.2.516; uirum.. gnauum, ~em, prouidum VELL.2.105.2; (*foll. by* per) ~es ..per omnia seruos MAN.5.473;—(*of animals*) sarciendo damna fiunt ~iores (apes) COL.9.15.3.

4 (of a victory) That comes soon or easily, quick.

~em dari facilemque uictoriam SIS.*hist*.14.

5 Causing activity, rousing.

dum proximus aegris infundat Titan ~is animantibus ortus STAT.*Theb*.1.501.

agilitās ~ātis, *f.* [prec.+-TAS]

1 Ease of movement, agility, nimbleness.

~atem nauium..experiebantur LIV.26.51.6; membrorum ~atem 44.34.8; eadem humus..~atem rotarum morata CURT.4.6.9; nulli (animali) non partium suarum ~as est SEN.*Ep*.121.5; Lecythion, ~atis exercitator PLIN.*Nat*.35. 136.

2 (of mind or character) Nimbleness, quickness.

esse hanc ~atem, ut ita dicam, mollitiamque naturae plerumque bonitatis CIC.*Att*.1.17.4; ingeni ~ate..praestantiorem V.MAX.1.7.ext.4.

agiliter, *adv.* *compar.* ~ius. [AGILIS+-TER[2]] Nimbly, swiftly, with agility.

ut..totum spatium bos ~ius enitatur COL.2.2.27; ut primum..sensit minus ~iter moueri aduersam partem FRON.*Str*.2.5.47.

agina ~ae, *f.* (See quot.)

~a est, quo inseritur scapus trutinae, id est, in quo foramine trutina se uertit PAUL.*Fest*.p.10M.

aginātor ~ōris *m.* [prec.] (See quot.)

(agina) unde ~ores dicuntur, qui paruo lucro mouentur PAUL. *Fest*.p.10M.

aginō ~āre, *intr.* [perh. connected w. AGINA] *per scutum per ocream agere ~are,* To move heaven and earth, do one's best by hook or by crook.

per scutum per ocream egi ~aui, quemadmodum ad illam peruenirem PETR.61.9.

? **agipes:** (see quot.).

pedarium senatorem..significat Lucilius cum ait..~ (*s.v.l.*) uocem mittere coepit FEST.p.212M.

Āgis ~idis, *m.* The name of various kings of Sparta.

(*Agis II*) ~is rex, frater Agesilai NEP.*Ag*.1.4; —(*Agis IV*) CIC.*Off*.2.80.

agitābilis ~is ~e, *a.* [AGITO+-BILIS] Mobile.

uolucres ~is aer (cepit) OV.*Met*.1.75.

agitātiō ~ōnis, *f.* [AGITO+TIO]

1 The violent moving (of something), brandishing, waving, shaking.

~o..anceps telorum LIV.1.25.5; armorum..~o uana 7.10.8.

2 A moving or being moved violently, agitation, disturbance. **b** movement (without any connotation of violence).

quod..fretum..tam uarias habere putatis ~ones commutationesque fluctuum? CIC.*Mur*.35; uentorum ~onibus VITR.1.6.3; uix lecticae ~onem prae grauitate uolnerum patiens LIV.27.29.2; radices..precario haerentes leuis quoque reuellat ~o SEN.*Ep*.86.18; (cepas) spiritus ~one uentrem mollire PLIN.*Nat*.20.43; (nubes) spumas ~onibus suis faciunt APUL.*Mun*.9;—(*med.*) oportet inprimis conquiescere siquidem omnis ~o exulcerat CELS.4.22.2. **b** haec (uocabula) sine ~onibus VAR.*L*.8.15; ~one et motibus linguae..depulsum..cibum CIC.*N.D*.2.135; mundus aut sidera, quorum inrequieta semper ~o..manet SEN. *Dial*.10.10.6.

3 The pursuit, practice, exercise (of an activity). **b** The working, cultivation (of land). **c** *mentis*, etc., *~o,* mental activity.

ita fit, ut ~o rerum sit infinita CIC.*de Orat*.3.88; an in omnibus his studiorum ~o uitae aequalis fuit? *Sen*.23; militari ~one firmitatem suam probare V.MAX.3.6.1; opus est et sapienti ~one uirtutum SEN.*Ep*.109.2; plurimarum rerum ~o frequens PLIN.*Ep*.8.14.11. **b** cultibus et ~onibus agrorum COL.2.1.4; de ~one terrae..loquimur, non de situ 2.2.6. **c** ad quod est adhibenda actio quaedam, non solum mentis ~o *Off*.1.17; QUINT.*Inst*.1.1.1; (*cf.*) anquirit..actionem mentis atque ~onem in deo CIC.*N.D*.1.45.

agitātor ~ōris, *m.* [AGITO+-TOR] One who drives (animals), a driver. **b** (w. *equorum* or absol.) a charioteer.

oleo..costas ~or aselli..onerat VERG.*G*.1.273. **b** equorum ~or Achillis, armiger Automedon VERG.*A*.2.476; OV.*Am*.3.2.7;—ne tu..esses ~or probus PL.*Men*.160; sustineas currum, ut bonus saepe ~or, equosque LUCIL. 1305; CIC.*Luc*.94; SCIRTVS ~OR FACTION(IS) ALBAE *Fast. Ant*.(*CIL* 1.p.73); quomodo manifestior notari solet ~orum laetitia cum septimo spatio palmae adpropinquant SEN. *Ep*.30.13; quadrigam cum ~ore PLIN.*Nat*.36.43; PLIN.*Ep*. 9.6.2; tractum prasini ~orem..querens SUET.*Nero* 22.1.

agitātrix ~īcis, *f.* [AGITO+-TRIX] (w. fem. sb.) That causes movement (in quot., of the soul).

animam..~icem aliorum, quae natura sui inmota sunt APUL.*Pl*.1.9.

agitātus[1] ~a ~um, *a. compar.* ~ior. [pple. of AGITO] In senses of vb., esp.: Lively, agile; animated, brisk.

mobilis..illis..~usque sanguis est SEN.*Dial*.4.19.5; ~iorem mihi animum esse credebam *Ep*.108.22;— alter acres senes, callidos seruos..et omnia ~iora melius (agebat) QUINT.*Inst*.11.3.178; actio paulo ~ior 11.3.184.

agitātus[2] ~ūs, *m.* [next+-TVS[3]] A state of motion, movement, activity.

quod est in ~u, actio VAR.*L*.5.11; 5.12; actionum trium primus ~us mentis 6.42.

agitō ~āre ~āuī ~ātum, *tr.* (*intr.*). [AGO+-ITO]

1 To set in motion, move, stir; to keep (a ship) in motion by rowing; (pass. in middle sense) to move in a rapid or agitated way. **b** to set in motion forcefully, shake, agitate; (pass.) to throb. **c** to brandish, wave. **d** to move or use repeatedly, ply; to shake (reins); to wag (the tongue); to exercise (the body).

(amurcam) rudicula ~ato crebro CATO *Agr*.95.1; ne ~are manu tu pessulum et hunc uectem possis LUCIL.177; quod stat aut ~atur, corpus VAR.*L*.5.11; quod..motum adfert alicui quodque ipsum ~atur CIC.*Rep*.6.27; naturae.. omnia cientis et ~antis motibus et mutationibus suis *N.D*. 3.27; cum digitos ~at propter moribundus humi pes LUCR. 3.653; oppositas ~ato corpore frondes mouit OV.*Ars* 3.731; ~ante corpus spiritu QUINT.*Inst*.9.2.4;—nauem triremem ..in portu ~ari iubet, ut si exercere remiges uellet NEP.*Di*. 9.2;—magnum..~ata per orbem (*i.e.* Camilla) VERG.*A*. 11.694; socias it Fama per urbis, finitimisque ~atur agris STAT.*Theb*.2.206;—(*w. destination expressed*) saxa Cithaeronis Thebas ~ata per artem PROP.3.2.5. **b** amurca.. prius conluito (metretam) ~atoque diu CATO *Agr*.100; aluos ita conlocant..ut ne ~entur VAR.*R*.3.16.16; mare.. uentorum ui ~ari atque turbari CIC.*Clu*.138; ubi est ~ando percitus aer LUCR.6.685; rati humum aridam uento ~ari SAL.*Jug*.53.1; freta ponti incipiunt ~ata tumescere VERG.*G*.1.357; nec ueteres ~antur orni HOR.*Carm*.1.9. 12; ~ando sese mouere LIV.21.58.10; Delos ~ata (*i.e. by an earthquake*) SEN.*Nat*.6.26.3; perpetuo risu pulmonem ~are solebat JUV.10.33;—(*in fig. phr.*) ut multis iniuriis iactatam atque ~atam aequitatem in hoc tandem loco consistere..patiamini CIC.*Quinct*.10; non ~es (*sc.* uulnera nostra), siqua coire uelis OV.*Pont*.1.6.24; (*of a puppet*) nec quicquam extrinsecus intrat quod neruos ~et PERS.5.129;—si uenae..uehementer ~antur CELS.2.4.3. **c** ~at..hastam OV.*Met*.3.667; ~atus ensis SEN.*Thy*.555. **d** ut tutas ~aret Daedalus alas OV.*Tr*.3.4.21; Cnosos..~are pharetras docta LUC.3.185;—manibusque leues ~auit habenas OV.*Met*.7.221; (*fig.*; *cf. sense 13*) qui rerum ~arit habenas SIL.17.175;—in probra meliorum ~are linguam SEN.*Dial*.7.27.6;—nunc terra nunc mari corpus ~are PLIN. *Ep*.4.23.1.

2 To drive or ride (horses, chariots, etc.); (also ellipt. or intr.).

~antur quadrigae VAR.*L*.6.41; in curru biiugos ~are leones LUCR.2.601; centum quadriiugos ~abo ad flumina currus (*i.e. by instituting games*) VERG.*G*.3.18; per aëra.. sacros ~are iugales OV.*Met*.5.661; equum ~are SEN.*Ep*. 88.19; mollis ~at Venus aurea cycnos STAT.*Silv*.3.4.22; SUET.*Jul*.39.2;—(*poet.*) ~ante Cupidine currus OV.*Tr*.2.385; —(*transf., in obsc. sense; cf.* equus) quaecumque..clunibus ..~auit equum lasciua supinum HOR.*S*.2.7.50;—calcari quadrupedo ~abo (*sc.* te) aduorsum cliuom PL.*As*.708; equitatum omnem..pro castris ~are iubet SAL.*Jug*.59.1; quod spatium non esset ~andi NEP.*Eum*.5.4; consul, dum inter primores incautus ~at LIV.7.24.3; DIOCLES AGITATOR ..PRIMVM ~AVIT IN FACTIONE ALB(A) *CIL* 6.10048;—(*in fig. phr.*) si auditor omnino tamquam equus non facit, ~andi finis faciendus est CIC.*Brut*.192.

3 To propel forcefully, drive before one. **b** to harry, chase; to hunt (animals); (of the Furies, Fate, etc.) to pursue vexatiously or malignantly (cf. sense 8b). **c** to pursue, aim at (an objective); to follow (one's destiny).

Peneus..deiectu..graui tenues ~antia fumos nubila conducit OV.*Met*.1.571; uentis ~aris iniquis *Ep*.7.141;— (*in fig. phr.*) si..plebs..~ari coepta esset tribuniciis procellis LIV.2.1.4. **b** Canis..sequitur uestigia..praecipitantem ~ans CIC.*Arat*.368(124); ista..auis insectans alias aues et ~ans *Div*.2.144; si quos..fudimus insidiis totaque ~auimus urbe VERG.*A*.2.421;—quo litore..insidiis cursuque feras ~abat Iulus 7.478; timidos ~are lyncas HOR. *Carm*.2.13.40; lupus..Romae interdiu ~atus LIV.41.9.6; aut pronos lepores..aut ~at dammas OV.*Met*.10.539; ceu.. ~et Gargano terga ferarum SIL.4.561;—(*ellipt.*) suntne igitur insidiae tendere plagas, etiam si excitaturus non sis, nec ~aturus? CIC.*Off*.3.68;—ut eos ~ent Furiae *S.Rosc*.66; furiis ~atus Orestes VERG.*A*.3.331; (Alcmaeon) uultibus Eumenidum matrisque ~abitur umbris OV.*Met*.9.410; *Fast*. 4.73; STAT.*Silv*.3.3.70; (*cf.*) furiis ~atus amor VERG.*A*.12. 668. **c** ~are iustitiam PLIN.*Ep*.8.2.2; paribus uterque uotis ac uiribus imperium orbis ~abat FLOR.*Epit*.1.18 (2.2.3);—fata mihi totum mea sunt ~anda per orbem LUC. 8.138.

4 To scour (a district) for game.

Dictaeos ~are..saltus SIL.2.94; saltus ~are uenatu [QUINT.]*Decl*.3.4.

5 (poet., of magnetic force) To drive away, repel.

quo pacto respuit ab se atque per aes ~at, sine eo quod saepe resorbet LUCR.6.1055.

6 To arouse (the mind, emotions, etc.) to activity, stimulate, stir, excite. **b** to impel, drive (to a course of action). **c** to exercise (oneself or one's mind in a pursuit).

ceteros animorum motus..miscere atque ~are CIC.*de Orat*.1.220; ea parte animi..~ata et erecta *Div*.1.61; est aliud..in nobis quod..multimodis ~atur LUCR.3.115; sollertis animos ~ataque pectora in usus ecfingit uarios MAN.5.314; cogitationem murmure ~antes QUINT.*Inst*.10. 3.15; ut Neronem flagitiorum pudor caperet inrita spe ~ari TAC.*Ann*.16.26;—(*ellipt.*) est deus in nobis, ~ante calescimus illo OV.*Fast*.6.5. **b** (*w.* in+*acc.*) in furias ~antur equae OV.*Ars* 2.487; haec (*sc.* pecunia) est, quae..terrarum orbem in bellum ~at SEN.*Con*.2.6.2;—(*w. advl. cl.*) tribunis reddita licentia quoquo uellent populum ~andi TAC.*Ann*.3. 27;—(*w. pred. adj.*) conmotus metu atque lubidine diuorsus ~abatur SAL.*Jug*.25.6. **c** animum in litteris ~aui SAL. *Rep*.2.10.2; his curis cogitationibusque ita ab ineunte aetate animum ~auerat LIV.35.28.7; ille erat assidue saeuis ~atus in armis OV.*Tr*.1.5.73.

7 To provide exercise for (bodily organs, the mind), keep busy or occupied; to give scope or rein to (an emotion). **b** (of a subject) to exercise the mind of (a person).

actu belli non doctas ferre quietem..mentes..~are LUC. 9.295; solidae iam mucida frusta farinae, quae genuinum ~ent, non admittentia morsum JUV.5.69;—inimicitiam ~antes ENN.*Ann*.271; initium..~andi aduersus Marcum Lepidum odii TAC.*Ann*.3.32. **b** flammiger an Titan.. erigat Oceanum..quaerite, quos ~at mundi labor LUC.1. 417.

8 (of disease) To disturb, trouble; (of sound) to trouble (the senses). **b** to cause disturbance or worry to, distress, harass, vex. **c** to throw (countries, etc.) into a state of confusion, disorganize, disturb.

te..morbus ~at hepatiarius PL.*Cur*.239; omnes me bilem atram ~are clamitantes VAR.*Men*.146;—aures ~ante sonitu LIV.2.64.11. **b** ita nunc..metus me ~at PL.*Cist*.688[a]; iam ego hunc ~abo TER. *Ph*. 351; ab omni magistratu ~atus atque perterritus CIC.*Quinct*.98; infidos ~ans discordia fratres VERG.*G*.2.496; num te semper inops ~et uexetque cupido HOR.*Ep*.1.18.98; ne qua superstitio ~aret animos LIV.39.16.10; cunctos belli praesaga futuri mens ~at LUC. 6.415; (litigator) ~andus omnibus modis et turbandus QUINT.*Inst*.12.8.9; nec Vettius Bolanus..~auit Britanniam disciplina TAC.*Ag*.16.6. **c** ~atae nationes CIC.*Man*.26; rebus ~atis *Off*.1.82; ubi..res publica ~ari coepit SAL.*Rep*. 2.10.5; gentis ~are quietas VERG.*A*.10.71.

9 To rouse (to violent action), stir up, provoke; (spec.) to annoy, exasperate.

~abatur magis magisque in dies animus ferox inopia rei familiaris SAL.*Cat*.5.7; ubi Bellonae motu est ~ata TIB. 1.6.45; ~antibus tribunis plebem LIV.5.50.8; totoque urbes ~abis in orbe perdomitas LUC.2.643;—(*w. abst. subj.*) pluris ~abat gloria STAT.*Theb*.6.653;—~are eum atque inritare Poenus parat LIV.22.3.5; miles urbanus..scelere..Nymphidii Sabini..~atur TAC.*Hist*.1.5; FLOR.*Epit*.1.2(1.8.7).

10 To attack with abuse or ridicule, decry, criticize.

si eius stultitia poterit ~ari CIC.*de Orat*.2.229; M. Pennus facete ~auit in tribunatu C. Gracchum *Brut*.109; ~at rem militarem, insectatur totam hanc legationem *Mur*.21; *Att*. 14.18.1; *Rep*.1.67; mea cum saeuis ~at fastidia uerbis HOR.*Epod*.12.13; si quos alios antiquiorum ~are non destitit TAC.*Dial*.25.7; haec ego non ~em? JUV.1.52

11 To busy oneself or take action about, be occupied in; *sat ~are* (w. gen.) to be fully occupied (about). **b** (w. sbs. denoting spec. activities): to move, esp. rapidly, in (flight, etc.); to celebrate (a festival); to hold (a banquet); to keep (watch or guard); to engage in (conversation, etc.); to make (mention, a joke); to practise (an occupation); to exercise (control); to wage (war); to enjoy (peace, fame, etc.); (w. *moras*) to delay; (w. *ruinas*) to collapse; (w. *primas acies*) to be in the van.

quid rerum hic ~em PL.*Capt*.376; quaeque agunt uigilantes ~antque ACC.*praet*.30; statuit sibi nihil ~andum SAL.*Jug*.39.5; inuenies maiora..quae repositus ac securus ~es SEN.*Dial*.10.18.2; toto quid faciant ~entque die JUV. 6.475;—nunc ~as sat tute tuarum rerum PL.*Bac*.637. **b** cum quibus illa choros lucis ~abat in altis VERG.*G*.4.533; uos ~ate fugam *A*.2.640; Tyrrhenus..piscis..~at..gyros SEN.*Ag*.452;—hunc diem suauem meum natalem ~emus amoenum PL.*Per*.769; apud eum miles Dionysia ~at TER. *Hau*.733; dies festos ~are CIC.*Ver*.2.51; VERG.*G*.2.527; ~are.. uindemiam hilare atque amoeniter GEL.20.8.1;—ut..domi ~ent conuiuium PL.*Mil*.165; TER.*Hec*.93; OV.*Met*.7.431; SUET.*Cl*.32.1; APUL.*Apol*.98;—uos, qui regalis corporis custodias ~atis NAEV.*trag*.22; hac noctu ~andumst uigilias PL.*Trin*.869; praesidia ~are SAL.*Jug*.85.33; LIV.27. 15.17; stationes uigiliae, diurna nocturnaque munia in armis ~abantur TAC.*Ann*.11.18;—~ant consulta patres SIL.1.675; proditionis ~asse sermones [QUINT.]*Decl*.19.14; dum ausculto, quid sermonis ~arent APUL.*Met*.1.2;—de Hernicorum defectione ~ata mentio LIV.7.1.3; ~asse remissos..iocos OV.*Met*.3.319; PERS.6.5;—maiore studio litterarum disciplina ~ari coepit CELS.1.pr.5; faenus ~are TAC.*Ger*.26.1; Chattorum latrocinia ~antium *Ann*.12.27;— beneficiis magis quam metu imperium ~abant SAL.*Cat*.9.5; dominationem..insolentes ~ant *Rep*.2.3.6;—pacem an bellum ~aturus foret *Jug*.109.2; si bella ~anda darentur SIL.10.306;—laeti pacem ~abamus SAL.*Jug*.14.10; indutiae ~abantur 29.4; super omnes mortales gloriam ~abis *Rep*.2.13.6; otia et luxus quasi uictor ~abat FLOR. *Epit*.1.24(2.8.8);—moras ~ando SAL.*Jug*.81.4;—si orbis ipse ruinas ~at SEN.*Nat*.6.1.5;—ceu primas ~ent acies certamina miscent SIL.9.330.

12 To spend or pass (time); to live (one's life). **b** (intr.) to pass one's life, spend one's time (in specified circumstances); to behave (in a specified manner). **c** to be or keep alive.

noctes parilis ~are diebus LUCR.1.1067; apud aquam Sullam..noctem ~are iubet SAL.*Jug*.98.4;—qui tum uiuebant homines atque aeuum ~abant ENN.*Ann*.307; uita hominum sine cupiditate ~abatur SAL.*Cat*.2.1; magnisque ~ant sub legibus aeuum VERG.*G*.4.154; uita feris similis nullos ~ata per usus OV.*Fast*.2.291. **b** tres per idem tempus qui ~abant nobiles facillime PORC.*gram*.4; ii propius mare Africum ~abant SAL.*Jug*.18.9; Gaetulos..partim in tuguriis alios incultius uagos ~are 19.5; semper in periculo aut metu ~es *Rep*.1.3.2; dum..uacuis per medium diei porticibus secretus ~at TAC.*Ann*.11.21;—coepit..ferocius ~are quam solitus erat SAL.*Cat*.23.3; (*cf.*) qui montium editis incultu atque eo ferocius ~abant TAC.*Ann*.4.46. **c** Gallia superiore anno Metelli exercitum stipendio frumentoque aluit et nunc malis fructibus ipsa uix ~at SAL.*Hist*.2.98.9.

13 To deal with, manage, control; to tend (flocks).

plerasque res fortuna ex libidine sua ~at SAL.*Rep*.2. 1.2; qui et mari et terra pecuniam ~abat SEN.*Ep*.101.4; frumenta et pecuniae uectigales..societatibus equitum Romanorum ~abantur TAC.*Ann*.4.6;—(*absol.*) populus Romanus..exutus imperio..~andi inops SAL.*Hist*.1.55.11; —(*impers. pass.*) paucorum arbitrio belli domique ~abatur *Jug*.41.7;—lanigeros ~are greges hirtasque capellas VERG. *G*.3.287.

14 To have one's mind occupied by (an emotion), be disturbed by; to cherish (hope).

gaudium atque laetitiam ~abat SAL.*Cat*.48.1; unum secretis ~are sub ossibus ignem STAT.*Silv*.5.1.56;—(*w.* mente) indignatos..reges mente ~et (Pelias) V.FL.1.802; —(*w.* mens *as subj.*) diuersasque suas ~at mens impia curas [TIB.]3.4.59;—nec spes ~atis inanes OV.*Met*.7.336; priuatas spes ~antes TAC.*Hist*.1.19.

15 To probe with the mind, study, investigate.
altius quaedam ~are conati Cels.1.pr.9; uatum mentes ~are Sil.3.5;—(*w.* animo) furor est mensuram eius (*sc.* mundi) animo quosdam ~asse Plin.*Nat.*2.3.

16 To have in mind, plan, intend, aspire to: **a** (w. acc.). **b** (w. inf.); (of the mind, w. inf.) to be eager (to do something). **c** (w. *de*; also, w. adv.).
a traditur fugam in Oceani longinqua ~auisse Sal.*Hist.* 1.102; haec sua sponte ~ata insuper tribuni plebis accendunt Liv.4.58.11; tamquam..plus quam ciuilia ~aret Tac.*Ann.*1.12; ipse..moenia nouae urbis ~abat Flor. *Epit.*1.1(1.1.5); (*cf.*) prouincias Orientis..secretis imaginationibus ~ans Tac.*Ann.*15.36;—(*w. gdve.*) uertendas ~at iam nunc Karthaginis arces Sil.16.169;—(*foll. by* ut+*subj.*) illud non ~as, ut sanctam filius..aspiciat..domum Juv. 14.68;—(*w.* animo, mente, *etc.*) ut appareret maius eum quam quod gereret ~are in animo bellum Liv.21.2.2; nisi si quid in illo pectore plus ~at Juv.6.251; nemo existimandus est dixisse, quod non mente ~auerit Cels.*dig.*33.10.7.2;—(*w. the mind as subj.*) effera ignota horrida..mens intus ~at Sen.*Med.*47. **b** magnas res hic ~o in mentem instruere Pl.*Rud.*935[a]; ut cunctas ~ent expellere Lemno V.Fl.2.164; ut tres legiones miscere in unam ~auerint Tac.*Ann.*1.18; Fro.*Aur.*2.p.14(228N);—aut pugnam aut aliquid iamdudum inuadere magnum mens ~at mihi Verg.*A.*9.187; Sil.13.399. **c** nec..de inferendo bello ~at Liv.9.29.4; ~asse Gaium Caesarem de intranda Britannia satis constat Tac.*Ag.*13.4;—ipse longe aliter animo ~abat Sal.*Jug.*11.1.

17 (esp. w. *secum, animo, mente*, etc.) To turn over in the mind, think about, ponder, consider: **a** (w. acc.). **b** (w. indir. qu.) to debate in one's mind. **c** (w. *de*; also, w. adv.).
a quae quom multos dies noctisque aestuans ~aret Sal. *Jug.*93.2; nos, ut consuemus, nostros ~amus amores Prop. 1.7.5; nec domesticas solum ~et curas Liv.21.41.16; quaecumque salutaria sunt, saepe ~ari debent Sen.*Ep.*94.26; extollens laudibus quietem et solitudinem quis..praecipua rerum maxime ~ari Tac.*Ann.*4.41;—(*of the mind*) mentem.. multa simul ~antem Cic.*Fin.*2.45;—(*w.* secum) id..~ans mecum sedulo Ter.*Ph.*615; haec ego mecum..~o Hor.*S.* 1.4.138; consilia..secum ~are Liv.6.2.1;—(*w.* animo, mente, *etc.*) saepius eandem rem animis ~are Cic.*Font.* 22; mente ~o furti tempora prima mei Ov.*Ep.*17.54; quae mente ~em audite Liv.7.35.3; Vell.1.16.1; armaque tota mente ~ant Luc.7.767; quia repertus erat qui efferret quae omnes animo ~abant Tac.*Ann.*6.9. **b** id ego semper sic mecum ~o..quo pacto magnam molem minuam Acc.*trag.* 634; cum, quidnam id esset.., ~aret animo Liv.21.22.7; circumspectare atque ~are dux coepit si quo modo posset uallum circumicere 25.36.5; quonam id modo incorruptum foret secum ~abat Tac.*Ann.*2.12; hoc..~aram, an cotem illam secare nouacula possem Flor.*Epit.*1.1(1.5.4). **c** de Caelio mecum ~o Cic.*Att.*10.12a.3(6); *Fam.*6.1.2; quoniam tibi uictori de bello atque pace ~andum est Sal.*Rep.*1.3.1; de regno ~are Liv.4.13.4; Tac.*Hist.*1.12;—dicitur secum ipse multum ~auisse Sal.*Jug.*113.3.

18 To bring up for deliberation, discuss: **a** (w. acc.). **b** (w. indir. qu. or *ut*+subj.). **c** (w. *de*).
a omnia quaesita, audita, lecta, disputata, tractata, ~ata esse debent Cic.*de Orat.*3.54; ~atam rem esse in senatu *Ver.*2.100; res..ex Kalendis Ianuariis ~ata paulo ante confecta est *Phil.*6.1; agraria lex a Flauio tribuno pl. uehementer ~abatur *Att.*1.19.4; *Ac.*1.4; his rebus ~atis Caes. *Gal.*7.2.1; ~ata occultis coniurationibus..consilia Liv.7. 38.8; V.Max.6.6.2; Britanni ~are inter se mala seruitutis Tac.*Ag.*15.1; Ulp.*dig.*49.9.1; —(*w.* sermonibus, *etc.*) uersarent in animis secum unamquamque rem, ~arent deinde sermonibus Liv.3.34.4; eaque res ~ata rumoribus Tac. *Ann.*3.9. **b** ~are cum suis coepit quibusnam rebus.. maximam..pecuniam facere posset Cic.*Ver.*2.17; ~atum.. in senatu quanti plebi daretur (*sc.* frumentum) Liv.2.34.7; ~atum secreto num et Piso proficisceretur Tac.*Hist.*1.19; Gel.7(6).8.3; ~atum est, an etiam uestimentorum cuiusque ..aestimationem fieri oporteat Paul.*dig.*14.2.2.2;— ~atum etiam in consilio est, ut..disciplina militaris ad priscos redigeretur mores Liv.8.6.14. **c** Romae per omnis locos et conuentus de facto consulis ~ari Sal.*Jug.*30.1; ~atum dicitur de consulum caede Liv.2.32.2; crebris cum Vitellio sermonibus de pace..~are Tac.*Hist.*3.65; Flor.*Epit.*2.13 (4.2.15).

19 To put forward (an opinion) with vehemence, urge, stress.
quodsi ille hoc unum ~are coeperit, esse aliquod genus cogendae pecuniae senatorium commune Cic.*Ver.*3.224;—(*w. acc. and inf.*) ex aduersariis sibi parem esse neminem ~are coepit *B.Hisp.*25.3.

Aglaiē ~ēs, *f.* One of the Graces.
Cynthius et Musae, Bacchus et ~e Verg.*Cat.*9.60.

aglaophōtis ~idis, *f.* [Gk. ἀγλαοφῶτις] A plant with supposed magical properties.
~im herbam, quae admiratione hominum propter eximium colorem acceperit nomen Plin.*Nat.*24.160.

Aglauros ~ī, *f.* A daughter of Cecrops.
Ov.*Met.*2.560; Hyg.*Fab.*166.4.

agma, *n.* [Gk. ἄγμα] Nasalized *g*.
ut Ion scribit, quinta uicesima est littera quam uocant ~ ..ut his uerbis 'aggulus' 'aggens' 'agguilla' 'iggerunt' Var. in *G.L.*2.30.

agmen ~inis, *n.* [ago+-men]

1 A stream, current, or course (of water); a mass of water coming down from the sky, downfall. **b** (applied to any flowing or gliding objects or their movements).
quod per amoenam urbem leni fluit ~ine flumen Enn. *Ann.*173; inde super terras fluit ~ine dulci (materies umoris) Lucr.5.271; Verg.*A.*2.782; ruit ~ine magno Inachus Stat.*Theb.*1.356; fons..ualles illas ~inibus stagnantibus inrigans Apul.*Met.*4.6;—(*fig.*) 'crispum sane' inquit '~en orationis rotundumque' Gel.1.4.4;—immensum caelo uenit ~en aquarum Verg.*G.*1.322; fluit ~en aquarum Sil.12.619; nubium..quae concretae uehementius effundunt ~ina largiora Apul.*Mun.*9. **b** (*of the coils of serpents*) cum medii nexus extremaeque ~ina caudae soluuntur Verg.*G.*3.423; illi (*sc.* angues) ~ine certo Laocoonta petunt *A.*2.212; iamque ~ine toto pistris adest V.Fl.2.530;—(*of the flight of a spear*) has inter uoces tremulo uenit ~ine cornus Sil.14.442.

2 (of things) A mass, accumulation, multitude, throng: **a** (of things physically associated together). **b** (of things not physically associated together).
a ubicumque magis denso sunt ~ine nubes Lucr.6.100; nebularum ~ina Apul.*Mun.*8; cum sit aeris ~en inmensum usque ad citimam lunae helicem *Soc.*8; (*cf. sense 1*) flumineo sic ~ine fregit amari uim salis..Pontus V.Fl.4.721. **b** magno..ex ~ine laudum fertur Thebanos tantum excusasse triumphos Stat.*Silv.*4.6.69; ego..exspectabam, ut incusato Asinio et Caelio et Caluo aliud nobis ~en produceret Tac. *Dial.*26.7.

3 A group of persons or things ordered in a spatial or temporal sequence, a series, succession, array, train.
(*persons*) dixit illa Platon, dixit Zenon..et ingens ~en nostrum tot ac talium Sen.*Ep.*108.38; si caderet Marcellus, ~en reorum sternebatur Tac.*Hist.*4.6; *Ann.*16.17; (*phr.*) Cluuidieno Quieto, Iulio Agrippae..uelut in ~en et numerum..insulae permittuntur 15.71;—(*things, etc.*) inde aliae atque aliae similes ex ordine partes ~ine condenso naturam corporis explent Lucr.1.606; ~ine remorum celeri Verg.*A.* 5.211; (fabri) presso..instigant ~ine uentum *Aetna* 565; Stat.*Theb.*5.509; ~en..immite pharetrae (*i.e. arrows*) *Silv.* 3.1.34; Plin.*Ep.*2.8.3; nec declinari transcendique posse ~ina fati et uolumina Gel.7(6).2.5; quod aliud stellarum ~en foret 14.1.19; (*cf. sense 1*) longo fugiebant ~ine fluctus inpellentis onus monstri Man.5.580.

4 A body of people moving or acting together, a company, crowd, throng, host, horde. **b** (phrs.) *~ine, uno ~ine, ~ine facto*, in a body, together. **c** (spec.) a retinue, escort (of followers, attendants, etc.).
nec quisquam ex ~ine tanto audet adire uirum Verg.*A.* 5.378; 6.572; ~ine (*sc. of attacking Maenads*) qui uiso fugiunt Ov.*Met.*11.34; qui ~ine magno ianuam pulsant Sen.*Ben.* 6.33.4; femineos coetus plangentiaque ~ina ducens Stat. *Theb.*5.652; incedebat muliebre et miserabile ~en Tac.*Ann.* 1.40;—(*w. gen.*) ~en tu mihi inducas Sardorum Cic.*Scaur.* 17; dux ~inis uirginum Liv.2.13.6; 21.11.9; parum coercitis per Calabriam seruorum ~inibus Tac.*Ann.*12.65; (*astron.*) Pliades adspicies omnes totumque sororum ~en Ov.*Fast.* 5.600; (*poet.*) Aeolii non ~ina carceris horret (*i.e. the winds*) Stat.*Silv.*1.1.92. **b** accepti in urbem ~ine in forum descendunt Liv.3.18.4; se..aut dimicaturos aut ~ine Romam ituros 7.12.13;—uno ~ine uictores cum uictis in urbem inrupere 2.30.14; 5.40.5; Gallos Cisalpinos Ligureque..uno ~ine abire sine certo duce 27.49.8; (*in fig. phr.*) an non sit una tanto malo causa sed..omnia uno ~ine ad exitium humani generis incumbant Sen.*Nat.*3.27.1;—~ine facto ignauum fucos pecus a praesepibus arcent Verg.*G.* 4.167; uenti uelut ~ine facto..ruunt *A.*1.82; Liv.8.28.6; ~ine facto gens illuc humana pergeret Sen.*Ep.*104.19; circumsilit ~ine facto morborum omne genus Juv.10.218. **c** hanc pestem ~en armatorum sequebatur Cic.*Phil.*5.18; stipatus ~ine patriciorum Liv.6.38.5; 9.17.16; Ov.*Tr.*1.5.30; cui nunc ex ~ine tanto una comes Stat.*Theb.*11.722; faciles..coli tanto ~ine mensas Sil.11.284; Fabius..Valens multo ac molli concubinarum..~ine..incedens Tac.*Hist.* 3.40;—(*poet., of a group of statues*) quae Danai porticus ~en (*i.e. his daughters*) habet Ov.*Am.*2.2.4.

5 An army on the march, a column. **b** (w. *primum, nouissimum*, etc., to express parts of the column; also w. various descriptive adjs.). **c** (as part of an army or as a separate unit). **d** *~en cogere*, to keep a column together or bring up the rear of it; (transf.) to be last, bring up the rear. **e** (app.) a file. **f** a column of ships.
quantus (sit labor) ~inis (uides) Cic.*Tusc.*2.37; Caes.*Gal.* 2.17.5; uti equitatu ~en aduersariorum..carperet *Civ.* 1.63.2; it nigrum campis ~en (*i.e. of ants*) Verg.*A.*4.404; aduentare uirum et partis petere ~en easdem partibus ex isdem 7.69; dum per patentia loca ducebatur ~en Liv. 21.25.11; proxima aestuaria aggeribus et pontibus traducendo grauiori ~ini firmat Tac.*Ann.*4.73;—(*poet. pl.*) noctis tenebris rapit ~ina ductor inpiger Luc.1.229;—(*dist. from* acies) ut..cum..campo stetit ~en aperto, derectaeque acies Verg.*G.*2.280; magis ~ina quam acies in uia concurrerunt Liv.21.57.12; pugnatum saepe derecta acie, saepe ~inibus Vell.2.47.1;—(*in retreat*) Priuernum..petitum ~ine trepido Liv.8.19.9; 22.5.5. **b** equitatum qui nouissimum ~en moraretur praemisit Caes.*Gal.*2.11.3; pars ~en extremum insequi *B.Afr.*70.3; ipse ~ine Pallas in medio Verg.*A.*8.587; primum ~en elephanti et equites erant Liv.21.34.5; postremo ~ine unaetuicensima Rapax et prima Italica incessere Tac.*Hist.*2.100; (*facet.*) in medium huc ~en cum uecti, Donax Ter.*Eu.*774;—(*in fig. phr.*) ~ine quadrato in aedem Concordiae uenit Cic.*Phil.*5.20; Hirt. *Gal.*8.8.5; quam citatissimo poterant ~ine sese abripuerunt Liv.22.6.10; qua infesto ~ine isset Hannibal 26.26.10; C. Hostilius Tubulus incomposito ~ini terribilem tumultum intulit 27.40.10; Emathias lacero petit ~ine terras Luc. 6.315; Caecina..modesto agmine per Italiam incessit Tac. *Hist.*2.20;—~ine quadrato cum gladiis sequuntur Cic.*Phil.* 2.108; (*cf.*) ibi quasi quadrato firmanda est (uitis) ~ine Col. 4.17.7. **c** longe miser ~ina septem flebis in aeterno surda iacere situ Prop.1.7.17; duobus ~inibus diuersos abiisse Liv.25.19.7; dum primi longe damus ~ina uulgi Stat.*Theb.* 5.43; Tac.*Ag.*25.3; late per Etruriam infesta quattuor ~inum signa uolitabant Flor.*Epit.*1.12(1.17.2);—(*w. gen. expr. its character*) prius..quam longius ~en impedimentorum suorum processisset Hirt.*Gal.*8.14.2; Hannibalem.. ipsum quantum adcelerare posset cum peditum ~ine sequi Liv.27.28.15; ~en legionum alae cohortesque praeueniebant Tac.*Hist.*2.11. **d** ut..omnium impedimentorum ~en.. cogeret (legio) Hirt.*Gal.*8.8.4; pars ~ina cogunt Verg.*A.* 4.406; Liv.22.2.3; substitit ad ~en cogendum 42.64.5;—adsentior tibi ut nec duces simus nec ~en cogamus Cic.*Att.* 15.13.1; diffugiunt stellae, quarum ~ina cogit Lucifer Ov. *Met.*2.114. **e** pedites quattuor ~inibus, equites duobus antibus duces Cato *Mil.*9(J). **f** princeps ante omnis densum Palinurus agebat ~en Verg.*A.*5.834.

6 The fact or circumstances of being on the march, a march; *in ~ine* (esp. w. *in itinere*) whilst on the march.
adiungeremus de exercitu, de castris, de ~inibus, de signorum conlationibus Cic.*de Orat.*1.210; ~ine impeditos adoriantur Caes.*Gal.*7.66.5;—(*w. adjs.*) exercitum omnem longo ~ine circumdat hostium castris Liv.3.28.2; in hunc transuerso ~ine inter duas acies se inferentem 9.27.10;—haec festinans scripsi in itinere atque ~ine Cic.*Att.*6.4.3; in itinere, in ~ine, in stationibus uetustissimum quemque militum nomine uocans Tac.*Hist.*1.23.

7 (sg. or pl.) An army drawn up for battle, a line of troops; also, battle, warfare. **b** a line of ships. **c** *prima ~ina*, the front rank or position (in a race).
postquam acies uidet Iliacas atque ~ina Turni Verg.*A.* 12.861; Hor.*S.*2.1.14; nec (possunt Samnites) erigere ~en in captum super se ab Decio tumulum Liv.7.34.9; utrimque pari procurrunt ~ina motu irarum Luc.7.385; (*cf.*) hoc triginta manipulorum ~en antepilanos appellabant Liv. 8.8.7;—(*poet.*) Antaeum et Lucam, prima ~ina Turni Verg.*A.*10.561;—rudis ~inum sponsus Hor.*Carm.*3.2.9; (*in fig. phr.*) educenda..dictio est ex hac domestica exercitatione et umbratili medium in ~en, in puluerem.. in aciem forensem Cic.*de Orat.*1.157. **b** cum aduersi amnis os lato ~ini..haud sane intrabile esset, in litus passim naues egerunt Liv.22.19.12; Plin.*Nat.*9.5. **c** prima tenentem ~ina (*i.e. in a race*) Man.5.80.

8 (sg. or pl.) A body of armed men, etc., army, host.
tot lectos ex ~ine mittit mille uiros Verg.*A.*11.60; Hor. *Carm.*3.8.18; in tumulum quendam non quidem satis tutum, praesertim ~ini perculso Liv.25.36.2; pulsum Thessalicis ~en equestre (*i.e. the Centaurs*) iugis Ov.*Ep.* 9.100; Sen.*Ep.*94.61; edixerat Alexander ne quis ~inis sui id pomum attingeret Plin.*Nat.*12.24; prohibebat iniquo ~ine conseruatum cunei latus Stat.*Theb.*7.728;—(*pl.*) Verg. *A.*10.427; ut barbarorum Claudius ~ina ferrata uasto diruit impetu Hor.*Carm.*4.14.29; sic fera Threicii ceciderunt ~ina Rhesi Ov.*Am.*1.9.23; per ignes ire..et infesta ~ina Sen. *Phaed.*615; Stat.*Theb.*8.467;—(*poet.*) ad dirae..cum Tirynthius hydrae ~ina Palladios defessus respicit ignes V.Fl. 7.624.

9 (applied to groups or lines of animals, often w. strong reminiscence of mil. senses). **b** (spec.) a team (of horses).
(*mammals*) it nigrum campis ~en (*sc. of elephants*) Enn. *Ann.*474; Hyrcanos inter comites ~enque ferarum *Ciris* 308; longum per uallis pascitur ~en Verg.*A.*1.186; [Tib.] 3.7.186; Ov.*Met.*3.242; rabidi sic ~ine multo sub noctem coiere lupi Stat.*Theb.*10.42; Sil.2.438;—(*birds*) e pastu decedens ~ine magno coruorum increpuit densis exercitus alis Verg.*G.*1.381; numerus..ex ~ine maior subuolat Ov. *Met.*14.506; sturnorum passerumue ~ina Plin.*Nat.*18. 160; innumeri statuerunt ~ina cycni Stat.*Theb.*3.525;—(*bees*) post quam (horam) non temere se noua proripiunt ~ina Col.9.9.3; donec ruptis membranis..uniuersum ~en emergat Plin.*Nat.*11.49; 11.56;—(*fish*) pauidi magno fugientes ~ine thynni Ov.*Hal.*98; (thynni) aduersum Byzantii promunturium..praecipiti petunt ~ine Plin.*Nat.*9.51. **b** equorum quattuor iunctorum ~en unum sit Gel.19.8.4.

agminātim, *adv.* [prec.+-atvs[2]+-im] In hosts or hordes.
canes..uenaticis illis..se ommiscent ~ Apul.*Met.*4.20; —(*facet.*) poculis ~ ingestis 4.8.

agna[1] ~ae, *f.* [agnvs] A ewe lamb.
si (oues) neque uetulae sunt neque merae ~ae Var.*R.* 2.2.2; atri uelleris ~am Verg.*A.*6.249; nos humilem feriemus ~am Hor.*Carm.*2.17.32; viiii ~arvm feminarvm.. immolandarvm *CIL* 6.32323.97; ~a nouella Ov.*Ars* 1.118; *Met.*1.505; Sen.*Nat.*2.36; [immolauit deae Dia]e ~am opimam *CIL* 6.2042.20; arieti naturale ~as fastidire Plin. *Nat.*8.188; aspera nunc pauidos contra ruit ~a leones? V.Fl.3.706; rudis ~a Mart.9.71.6; fides..quae..coronata lustrari debeat ~a Juv.13.63.

agna[2] ~ae, *f.* [Cf. Gk. ἄχνη, Goth. *ahana*, Eng. *awn*] An ear of grain.
pennatas inpennatasque ~as in Sal‹i›ari carmine spicas significat cum aristis, et alias sine aristis Paul.*Fest.*p.211M.

Agnālia ~ium, *n. pl.* A reputed var. of agonalia (see quot.).
pars putat hoc festum priscis ~ia dictum Ov.*Fast.*1.325.

agnascor ~ascī ~ātus, *intr.* **adn-. adgn-.** [ad-+nascor]

1 (w. or without dat.) To be born in addition (to): **a** (of human beings; esp. of birth subsequent to the making of the father's will). **b** (of animals).
a constat ~ascendo rumpi testamentum Cic.*de Orat.*1.241; cui filius ~atus sit *Caec.*72; ne testamentum ~ascendo rumpant (postumi per uirilem sexum descendentes) Ulp. *dig.*28.3.3. **b** cum ~atae prospere sunt multae (apes) Var.*R.*3.16.29; porci ouillo quod ~atus, agnus *L.*5.99;—(*pple. as sb.*) debebit ex ~atis gregem supplere Ulp.*dig.* 7.1.68.2.

2 (usu. of parts of the body) To grow later or as an addition (to), develop. **b** (of parasitic plants, etc.) to grow on.

(*w. dat.*) uelut ideo tela ~ata cruribus suis intellegentium (gallorum) PLIN.*Nat.*10.47;—(*absol.*) libidinosis congeniti (pili) maturius defluunt, ~ati celerius crescunt PLIN.*Nat.* 11.231; membra animalium ~ata inutilia sunt 11.272; mirificum..ad tubera et cetera, quae subito ~ascuntur LARG.82; genuinos (dentes) ~asci annis fere bis septenis GEL.3.10.12. **b** uiscum..in quercu, robore..nec non et aliis arboribus ~asci PLIN.*Nat.*16.245; quae ~asci solent, cocleae peculiaria ficorum uitia 17.223;—(*of a precious stone*) nec ut ~ata petris, sed ut adposita (callaina) 37.110.

3 (of things) To come into being, arise (esp. along with something else).

cum multa..atque magna gigneret (natura) pareretque aptissima et utilissima, alia quoque..~ata sunt incommoda GEL.7(6).1.9; quae..cum pernicie ~ata sunt 19.12.6;—(*w.* ex) non solum..in re commodata competit..furti actio, sed etiam in ea, quae ex ea ~ata est ULP.*dig.*47.2.14.15.

4 (w. dat.) To become an *agnatus* (in relation to).

si quis nepotem quasi ex filio natum..adoptauerit, non ~ascitur auo suus heres PAUL.*dig.*1.7.10; qui in adoptionem datur, his quibus ~ascitur et cognatus fit 1.7.23.

5 (w. dat.) To be related or cognate (to).

(*pple. as sb.*) metallorum, quibus opes constant, ~ascentiumque iis natura indicata propemodum est PLIN.*Nat.*35.1.

agnāta ~ae, *f.* **adgn-.** [pple. of prec.] A female blood relation on the father's side.

hereditas ad ~am pertinet, tutela..ad adgnatum ULP.*dig.* 26.4.1.1.

agnātiō ~ōnis, *f.* **adgn-.** [AGNASCOR+-TIO]

1 The birth (of further offspring) after the father's will has been made.

si..~one postumi ruptum testamentum fuerit JULIAN. *dig.*40.5.47; GAIUS *Inst.*2.131; testamentum..rumpitur alio testamento..uel ~one sui heredis PAPIN.*dig.*28.3.1.

2 Blood relationship through the father or a common male ancestor, agnation.

ut in hominibus quaedam sunt ~ones ac gentilitates VAR. *L.*8.4; frater minor Malleoli..suam uocat hereditatem lege ~onis *Rhet.Her.*1.23; si gentem, si ~onem definias CIC.*Top.* 27; ~onis..ius GAIUS *Inst.*1.158;—(*w. gen.; of relationship to the gods*) ut homines deorum ~one et gente teneantur CIC. *Leg.*1.23.

agnātum ~ī, *n.* **adgn-.** [pple. of AGNASCOR] A side-shoot, offshoot.

ornithogale caule tenero..tribus aut quattuor ~is PLIN. *Nat.*21.102; lycapsos..cauli (caule *codd.*) longo hirsutis ~is multis, cubitalibus 27.97.

agnātus[1] ~ī, *m.* **adgn-.** [pple. of AGNASCOR] FORMS: ATNATOS (acc. pl.) *CIL* 2.4332.8; *adgnatum* (gen. pl.) *Lex XII*(*Font.iur.*p.23).

1 A younger or subsequent child, esp. one born after the father has made a will.

quemquam ex ~is necare flagitium habetur TAC.*Ger.*19.5; *Hist.*5.5.

2 A male blood relation on the father's side, an agnate.

~us proximus familiam habeto *Lex XII*(*Font.iur.*p.23); si..nihilo minus quis uult colere, mente est captus adque ~os et gentiles est deducendus VAR.*R.*1.2.8; inter ~os pupilli controuersia est CIC.*Inv.*2.62; MELA 1.42; uocantur ..~i, qui legitima cognatione iuncti sunt GAIUS *Inst.*3.10; ~i..sunt cognati uirilis sexus ab eodem orti ULP.*dig.*38. 16.2.1; PAUL.*dig.*38.10.10.2; PER GENVS IPSORVM POSSESSIO DECVRRERET VEL PER ATNATOS VEL MANVMISSOS *CIL* 2. 4332.8.

agnātus[2] ~a ~um, *a.* [pple. of AGNASCOR] Related, cognate.

(*w. dat.*) his singulis orationis uirtutibus uitia ~a sunt GEL.6(7).14.4.

agnellus ~ī, *m.* [AGNVS+-ELLVS] A little lamb, lambkin.

(*as term of endearment*) ~um, haedillum me tuom dic esse uel uitellum PL.*As.*667.

agnīna ~ae, *f.* [next; sc. *caro*] Lamb's flesh, 'lamb'.

~am caram, caram bubulam PL.*Aul.*374; *Capt.*849; patinas cenabat omasi uilis et ~ae HOR.*Ep.*1.15.35.

agnīnus ~a ~um, *a.* [AGNVS+-INVS] Of or connected with a lamb, lamb's.

~us pulmo PLIN.*Nat.*30.80; in pellicula ~a recenti 32.52; pelles caprinae et ~ae ULP.*dig.*34.2.25.8;—(*applied to parts of the lamb used for food or to such food itself*) ~is me extis placari uolo PL.*Ps.*329; lactis ~as TITIN.*com.*90; melius leporinum et haedinum quam ~um (coagulum) VAR.*R.* 2.11.4; PLIN.*Nat.*29.104; ius pingue ~um LARG.189.

agnitiō ~ōnis, *f.* [AGNOSCO+-TIO]

1 Perception of the nature or identity of something, recognition.

~o diuidet quos iunxit etiam expositio? SEN.*Con.*9.3.4; ~one facta HYG.*Fab.*190.7; ~ione ac miseratione quadam inductum equum APUL.*Met.*3.26;—(*w. subj. gen.*) hanc ..indifferentiam (geminorum)..parentum..~o dinoscit [QUINT.] *Decl.*8.12;—(*w. obj. gen.*) obstat hoc ~oni earum (*sc.* litterarum) QUINT.*Inst.*1.1.25; notae dorsualis ~one APUL. *Met.*11.20;—(*by smell*) uelut sui cadaueris ~onem fugientes (pisces) PLIN.*Nat.*10.194.

2 An avowal (of possession), acknowledgement.

ut..ratam habeat ~onem bonorum possessionis MARCEL. *dig.*38.15.5.

agnitor ~ōris, *m.* [AGNOSCO+-TOR] One who acknowledges or vouches for (a seal).

turbatam ceram aut sine ~ore signa frequenter inuenies QUINT.*Inst.*12.8.13.

agnitus ~ūs, *m.* **adgn-.** [AGNOSCO+-TVS[3]] (dram.) A 'recognition' (Gk. ἀναγνώρισις).

repperias..apud ipsum..~us lucide explicatos APUL.*Fl.* 16.

agnōmen ~inis, *n.* **adgn-.** [AD-+NOMEN] An additional name denoting a characteristic, achievement, etc., a nickname or appellation.

quatenus Metelli Macedonici domus bellicis ~inibus adsueuerat FLOR.*Epit.*1.43(3.8.1); qui..~ine magister appellor FRO.*Aur.*1.p.98(13N); Aristides Dicaeos qui hoc ~en moribus est consecutus AMP.15.10; ~en (*cj.*) illis bubulcis inditum APUL.*Fl.*6.

agnōmentum ~ī, *n.* **adgn-.** = prec.

~a ei duo indita: Charon..Mezentius APUL.*Apol.*56.

agnos ~ī, *f.* [Gk. ἄγνος] The chaste-tree, *Vitex agnus castus.*

~i folia PLIN.*Nat.*13.14; Graeci lygon uocant (uiticem), alias ~on 24.59; ~i semen LARG.2.

agnoscō ~oscere ~ōuī ~itum, *tr.* **ad(g)n-.** [AD-+NOSCO] FORMS: *~ota* (pf. pple.) PAC. *trag.*384; *~oturum* (fut. pple.) SAL.*Hist.*2.61.

1 To recognize (by sight, mental apprehension, etc.), know again, identify. **b** to recognize the hand, or working, presence, of (from the results, etc.). **c** (w. pred.) to recognize (a person or thing as having a specific attribute, status, etc.).

(*by sight*) hospes me quidam ~ouit PL.*Mer.*98; in turba Oresti cognita, ~ota est soror PAC.*trag.*384; eos (*sc.* motus animi) isdem notis et in aliis ~oscunt et in se ipsi indicant CIC.*de Orat.*3.223; imaginem antiquae..festiuitatis ~oscere *Fam.*9.15.2; *Leg.*1.1; nauem D. Bruti, quae ex insigni facile ~osci poterat CAES.*Civ.*2.6.4; coram ~oscere uultus VERG. *A.*3.173; maternas ~oscit auis 6.193; LIV.23.35.6; uestitum, habitum ciuium ~osco 28.27.4; OV.*Met.*7.495; CURT. 9.8.26; effice ut possis laudari, si minus, ut ~osci SEN.*Ep.* 120.22; PLIN.*Nat.*18.150; LUC.3.736; una uagis Lemnos non ~ita nautis STAT.*Theb.*5.185; Agrippina silens eoque minus ~ita TAC.*Ann.*14.5; PLIN.*Ep.*7.27.8; fumum domus suae ~ouisse APUL.*Apol.*57;—(*in a descendant*) ueterum.. ~oscunt ora parentum VERG.*A.*5.576;—(*of animals*) quod.. dominum insani nihil ~ouere Molossi STAT.*Theb.*3.203;— (*poet., of things*) ~orunt signa recepta suos OV.*Fast.*5.590; erumpunt (tigres) non ~oscentibus agris STAT.*Theb.* 7.581; illum (*sc.* equum)..gaudent ~oscere metae *Silv.* 5.2.26;—(*absol. or ellipt.*) o soror, et dudum ~oui..et nunc nequiquam fallis dea VERG.*A.*12.632; alienis oculis ~oscimus, aliena memoria salutamus PLIN.*Nat.*29.19; negante reo ~oscentis seruos..interrogari placuit TAC.*Ann.*2.30;— (*pple. as sb.*) si confusior facies..errorem ~oscentibus fecerat 4.63;—(*by sound or hearing*) ~ouit sonitum et diuae promissa parentis VERG.*A.*8.531; ~itam uocem suarii PLIN.*Nat.*8.208;—(*by mental apprehension*) CIC.*Pis.*74; Diomedis Argiui campos et Cannam flumen..iuxta atque ipsam cladem ~oscebant LIV.25.12.7; HOR.*Ep.*1.16.29; SEN.*Suas.*2.19; leges..quid Maternus sibi debuerit, et ~osces quae audisti TAC.*Dial.*3.3; ut in illa tua simplicitas.. ~oscitur PLIN.*Pan.*84.1; (*ellipt.*) OV.*Tr.*4.5.11. **b** in tuis ..epistulis Alexim uideor ~oscere CIC.*Att.*16.15.1; accipio ~oscoque deos VERG.*A.*12.260; LUC.4.255; ut singultantia uidit ora trahique oculos seseque ~ouit in illo STAT.*Theb.* 8.753. **c** si uerum supprimis, falsarius ~osceris CATO *orat.*241; (eum) hospitem ~ouisti CIC.*Deiot.*10; quod quamquam minime miror et meum quodam modo ~osco *Fam.* 4.3.1; *Off.*1.3; VERG.*A.*3.347; an me..non ~oscitis ducem? LIV.6.7.5; regius ~oscor per rata signa pater OV.*Ep.*15.90; VELL.2.10.1; (te) ~osco procerem JUV.8.26.

2 To acknowledge as one's own. **a** (w. children as obj.) to recognize, own. **b** (w. actions as obj.) to admit to, claim. **c** (ellipt.) to recognize as applicable to oneself or as existing in one's own character. **d** *periculum ~oscere*, to admit liability.

a quem ille natum non ~ouerat, eundem moriens suum esse dixerat NEP.*Ag.*1.4; LIV.45.19.11; expositum qui ~ouerit QUINT.*Inst.*7.1.14; de ~oscendis liberis PLIN.*Ep.Tra.*10. 72(77); feminam non ~oscentem filium suum..ad confessionem compulit SUET.*Cl.*15.2; ULP.*dig.*25.3.1;—(*fig.*) donec aetas separet ingenuos, uirtus ~oscat TAC.*Ger.*20.2; quae (*sc.* imagines)..mihi hos adulescentes..~oscere uidentur PLIN.*Ep.*5.17.6; (*cf.*) haec decem milia ~ouisti QUINT.*Decl.*278(p.135,1.15). **b** immane facinus quod nulla barbaria posset ~oscere CIC.*Phil.*14.8; neque ~oscimus quicquam eorum BRUT.CAS.*Fam.*11.3.2; ut ex euentu rerum aduersa abnueret uel prospera ~osceret TAC.*Hist.* 3.52. **c** nec quidquam obicere posset adulescentibus.. quod non ~osceret senex VELL.2.95.3; fere..iustum quisque affectum iudicat quem ~oscit SEN.*Dial.*3.12.3; id facillime accipiunt animi, quod ~oscunt QUINT.*Inst.*8.3.71. **d** periculum ~oscat qui non idoneum nominauit PAPIN.*dig.* 50.1.13;—(*ellipt.*) cum quidam filio scripsisset, ut diligenter tutelam gereret, 'cum scias', inquit, 'periculum ad nos pertinere', dixi hunc quoque uideri ~ouisse ULP.*dig.*26.1.7.

3 To admit liability for (a loss, debt, etc.), be or become responsible for. **b** *hereditatem*, etc., *~oscere*, to accept (an inheritance, etc.).

eum, qui non iuste appellauerit, damnum ~iturum, si quod res publica passa sit PAP.JUST.*dig.*49.1.21.2; quaero, intertrituram..utrum Titius debitor an Seius creditor ~oscere debeat SCAEV.*dig.*13.7.43.1;—(*ellipt.*) si quid in medicos impensum est, pro parte socium ~oscere debere.. Iulianus probat ULP.*dig.*17.2.52.4. **b** et in ~oscenda et in repudianda bonorum possessione GAIUS *dig.*26.8.11; si miles hereditatem ~ouerit ULP.*dig.*4.6.17; 29.2.2.

4 To recognize the value or utility of (practices, etc.).

et apud Graecos quidem iam anni prope quadringenti sun cum hoc probatur; nos nuper ~ouimus CIC.*Orat.*171; quamquam proximi..aurum et argentum in pretio habent formasque quasdam nostrae pecuniae ~oscunt atque eligunt TAC.*Ger.*5.4.

5 To recognize the truth of (a statement), admit to be true. **b** to acknowledge the validity of (an accusation). **c** to recognize the credentials or reliability of (a person), believe in.

ut..illam quoque eius uocem improbam ~oscatis CIC. *Ver.*3.49; quod, quisquis illis temporibus interfuit, ut alia, quae rettuli, ~oscet protinus VELL.2.114.3; ~osco monitus et Protea uera locutum STAT.*Ach.*1.32; TAC.*Ann.* 4.34. **b** ego..susciperem hoc crimen, ~oscerem CIC. *Rab.Perd.*18; inuidiam crimenque ~ouisse TAC.*Hist.*3.75; fortunae..meae fortasse minus expediat ~oscere crimen quam abnuere *Ann.*6.8; PLIN.*Ep.*7.28.2. **c** testabor non me sortilegos..~oscere CIC.*Div.*1.132.

6 To own with gratitude, acknowledge, appreciate. **b** to acknowledge the presence of, greet.

cum humanitatem et facilitatem ~oscimus tuam CIC.*de Orat.*2.362; *Fam.*1.7.11; ~osco uota tua TRA.Plin.*Ep.*10. 89(90);—(*absol.*) ~oscebamus et fruebamur, cum..ad lenta supplicia..ducerentur (delatores) PLIN.*Pan.*34.4. **b** ut reuersus imperator, qui priuatus exieras, ~oscis, ~osceris! PLIN.*Pan.*21.4.

7 To become or be aware of, come to recognize, discern, realize; to recognize the existence of; to appreciate (a distinction); to discover (a trace). **b** to discern (by the senses).

(*w. acc.*) studium eius generis maiorque uis ~oscitur in Pisistrato CIC.*Brut.*41; cum totius Italiae concursus..facti illius gloriam libens ~ouisset *Mil.*38; ~oui erratum meum *Att.*16.6.4; *Luc.*1; (omne animal) incipit progredi seseque ~oscere *Fin.*5.24; ~oscere se fortunam Carthaginis LIV. 27.51.12; VELL.2.116.3; ~oscent Britanni suam causam TAC.*Ag.*32.4; APUL.*Met.*3.27; (*ellipt.*) quamquam..~osco enim ex me—permulta in Plancium quae ab eo numquam dicta sunt conferuntur CIC.*Planc.*35;—(*w. acc. and inf.*) me non esse uerborum admodum inopem ~osco *Fam.*4.4.1; LUCR.2.402; ~oscit..sibi, non principi dici PLIN.*Pan.*2.8; (*w. ellipsis of inf.*) cum..~oscas odium omnium iustum CIC.*Catil.*1.17; VERG.*A.*3.180; hoc in se dictum debent illi ~oscere PHAED.1.22.10;—(*w. indir. qu.*) uestra admurmuratio facit, Quirites, ut ~oscere uideamini qui haec fecerint CIC.*Man.*37; uti fuerint ea exquisita, dignum studiosis ~oscere VITR.9.8.2; TRA.Plin.*Ep.*10.53(61);— (*parenth.*) STAT.*Silv.*5.1.239;—(*pple. as sb.*) L. Crassus... satis habet partem hoc uelut notare inter ~oscentis QUINT.*Inst.*11.1.4;—ut deum ~oscis ex operibus eius CIC.*Tusc.*1.70; in quo est iniquum quod accidit non ~oscere *Orat.*183;—haec quamquam et inuenta sunt acutius et dicta subtilius ab Epicuro quam ut quiuis ea possit ~oscere *N.D.*1.49;—Terenti nullum uestigium ~oui *Att.*6.1.13. **b** (*w.* auribus) auribus ut nostros possis ~oscere cantus CIC.*Fin.*5.49 (transl. Homer); (*cf.*) oratores, quos eorundem hominum aures ~oscere..potuerunt TAC. *Dial.*17.7.

agnua: see ACNVA.

agnus ~ī, *m.* [Gk. ἀμνός] FORMS: *~um* (gen. pl.) PORC.*poet.*6(5).2. A lamb.

sunt domi ~i et porci sacres PL.*Rud.*1208; CATO *Agr.* 141.4; ~um inter pecudes aurea clarum coma ACC.*trag.*211; CIC.*Div.*2.39; VERG.*G.*4.435; HOR.*Ep.*1.13.13; LIV.27.4.11; PHAED.3.3.5; ~us ex Graeco ἀμνός deducitur, quod nomen apud maiores communis erat generis PAUL.*Fest.*p.6M; quidam aiebant ~um dumtaxat sex mensum esse ALF.*dig.* 32.1.60;—(*as food*) CELS.2.18.8;—(*collective sg.*) uilla.. abundat porco haedo ~o CIC.*Sen.*56;—(*w.* mas *or* femina) Iunoni..~um feminam caedito..Ianui Quirino ~um marem caedito *Lex Reg.*(*Font.iur.*p.8);—(*facet.*) ego ⟨te⟩..~um faciam et medium distruncabo PL.*Truc.* 614;—(*prov.*) lupo ~um eripere postulant *Poen.*776.

agō agere ēgī actum, *tr.*, (*intr.*). [Gk. ἄγω, Skt. *ajati*] FORMS: *axim* (= *egerim*) PAC. *trag.*298; *axit* (= *egerit*) PAUL.*Fest.*p.23M.

1 To drive (cattle, etc.). **b** *praedam agere*, to drive off cattle, etc., as booty; *ferre et agere*, to carry off (all movable and portable plunder, cf. Gk. φέρειν καὶ ἄγειν).

unde nos hostias agere uoluisti huc? PL.*Rud.*273; boues.. priusquam in uiam quoquam ages CATO *Agr.*72; PAC.*trag.* 121; si uia sit immunita, iubet qua uelit agere iumentum CIC.*Caec.*54; en, ipse capellas protinus aeger ago VERG.*Ecl.* 1.13; elephantis quoque prae se actis LIV.23.29.14; OV. *Met.*1.676; (*w. inf.*) omne cum Proteus pecus egit altos uisere montis HOR.*Carm.*1.2.7;—(*ellipt. or absol.*) *Lex XII* (*Font.iur.*p.27); ius eundi agendi GAIUS *Inst.*2.31;—(*w. other vbs.*) cum omnibus rebus suis quae ferri agique poterunt LIV.10.34.4; impedimentis quae secum agere ac portare non poterant CAES.*Gal.*2.29.4; quid uis inde uehi aut agi? SEPT.*poet.*8.2. **b** praeda ex omnibus locis agebatur CAES. *Gal.*6.43.3; pecoris et mancipiorum praedas certantes agere SAL.*Jug.*44.5; boum, quos..inter ceteram agrestem praedam agebat LIV.22.16.7; (*transf.*) ne illic pulchram praedam agat PL.*Aul.*610;—res sociorum..ferri agique uidit LIV 22.3.7; cum ferret passim cuncta atque ageret 40.49.1.

2 To drive or ride (a horse); to drive (a chariot, etc.). **b** to move, propel, sail (a ship); *remis*, etc., *agere*, to row.

equo temere acto Liv.21.5.14; a uespere rursus ad ortus cur externati Solis agantur equi Ov.*Ib*.428; V.Max.9.10.ext.1; Stat.*Theb*.11.449; (equos) in rectum aut uno flexu dextros agunt Tac.*Ger*.6.3;—NEQVIS IN IEIS VIEIS.. PLOSTRVM INTERDIV..DVCITO AGITO *CIL* 1.593.57; Capitolia ad alta..uictor aget currum Verg.*A*.6.837; Ov.*Met*.2.62; Plin.*Nat*.28.237; (*poet.*) necdum orbem medium nox Horis acta subibat Verg.*A*.3.512. **b** dic..unde onustam celocem agere te praedicem? Pl.*Ps*.1306; colles campique.. quos agimus praeter nauem Lucr.4.390; uelocem Mnestheus agit acri remige Pristim Verg.*A*.5.116; regia naue..quam sedecim uersus remorum agebant Liv.45.35.3; Bruti praetoria puppis uerberibus senis agitur Luc.3.536.

3 (refl., also pass.) To betake oneself, come, go; to bestir oneself, be in motion. **b** (w. ellipsis of *se*, or absol.) to come, go. **c** (w. nouns expr. motion; also w. *pes*). **d** *iter*, *cursum*, etc., *agere*, to direct one's course, make one's way.

quo agis te? — domum Pl.*Am*.450; unde agis te? *Mos*.342; Ter.*An*.708; is enim se primus agebat Verg.*A*.9.696; (*pass.*) innuba Manto..omnis ter circum acta pyras Stat.*Theb*.4.465;—ecce gubernator sese Palinurus agebat Verg.*A*.6.337; 8.465. **b** unde agis? Pl.*Bac*.1106; quo tu agis? *Mil*.863; agite modico gradu! Acc.*trag*.239; rapite agite ruite celeripedes! *Inc.trag*.218. **c** ipse agit Aesonidae iunctos ad litora gressus Cyzicus V.Fl.3.8; ter tacitos egere gradus 3.441; illo timida agmina lassam de campis egere fugam Stat.*Theb*.9.228;—actum modo pedem referente Sen.*Ep*.95.46. **d** puer..altius egit iter Ov.*Ars* 2.84; *Met*.2.715; ter curuos egere sinus Stat.*Theb*.6.217; Ulp.*dig*.47.5.1.6;—(*of rivers*) Alpheum..huc Elidis amnem occultas egisse uias subter mare Verg.*A*.3.695; (Alpheus amnis) creditur..huc agere alueum Mela 2.117; cursum ad occasum solis agit Plin.*Nat*.5.85;—(*of heavenly bodies*) proprios cursus agunt (fulgora) Sen.*Nat*.1.15.4; hic tam procul a nobis agens cursum sol 6.16.2.

4 (of water, winds, etc.) To bring, carry, bear. **b** (of winds, storms, etc.) to drive, buffet.

quippe..uentus..trudit agens magnam magno molimine nauem Lucr.4.902; Verg.*G*.2.334; ast illam (*sc.* puppim) ter fluctus ibidem torquet agens *A*.1.117; agente nimbos.. Euro Hor.*Carm*.2.16.23; cum grandinem uenti glomeratam in terras agunt Liv.1.31.2; illius ante oculos ut agant sua corpora fluctus Ov.*Met*.11.564; Stat.*Silv*.3.2.47; Tac.*Hist*.5.23. **b** pelagi tot tempestatibus actus Verg.*A*.3.708; fluctibus actos 7.213; ille Notis actus ad Oricum Hor.*Carm*.3.7.5; ut uentis discordibus acta phaselos Ov.*Am*.2.10.9; mox inpulsu aquilonis..rapi agique agmen (*sc.* nauium) Tac.*Ann*.1.70; uehicula..in contrarias partes agebantur Plin.*Ep*.6.20.8; (*cf.*) uiros tot casibus actos Verg.*A*.1.240; (*poet.*) uidebit atrum uerticem flammis agi Malea Sen.*Med*.148.

5 (of men, circumstances, etc.) To force to move on, drive. **b** (fig., of madness, etc.).

uesper ubi aut hibernus agit de montibus imber (*sc.* aues) Verg.*G*.4.474; ad ueterem portam Palati..turba fugientium actus Liv.1.12.3; et nondum fatis Dircaeus agentibus exsul Stat.*Theb*.6.913; agebatur huc illuc Galba uario turbae fluctuantis impulsu Tac.*Hist*.1.40;—(*w.* ante, prae) pallida Tisiphone Morbos agit ante Metumque Verg.*G*.3.552; qualis ubi..uentos dux prae se Neptunus agit Stat.*Theb*.3.433; senatum et populum ante se agens Tac.*Hist*.2.89;—(*fig.*) te tuus ardor aget Prop.1.13.28. **b** conscientiae stimulis actum V.Max.9.11.3; quaeque succensas agit libido mentes Sen.*Phaed*.541; in potando necessarius modus, ne lymphatos agat Plin.*Nat*.31.9; Stat.*Silv*.4.4.86.

6 To cause to move, force, push, throw, etc.; *retro agere*, to force into a reverse position. **b** *uineas* (*pluteos*, *turris*, etc.) *agere*, to push or build siege-works forward. **c** to manipulate, handle, work (controls).

quocumque deus circum caput egit honestum Verg.*G*.2.392; ille (*sc.* turbo) actus habena curuatis fertur spatiis *A*.7.380; agebat ab alto ad terram..pinus Ov.*Met*.7.441; actis utrimque rupibus Sen.*Her.F*.1214; illa (*sc.* brattea) potest ..minimi pinna papilionis agi Mart.8.33.8; uitiose..idem (digitus)..in latus agi solet Quint.*Inst*.11.3.93;—(*missiles, etc.*) actaque multo perque uterum sonitu perque ilia uenit harundo Verg.*A*.7.498; Prop.4.6.22; uel per utrumque illum (*sc.* gladium) agas licet V.Max.3.2.ext.2; ubi tonitrus agis et mea fulmina torques Stat.*Theb*.1.258; (*w. dat.*) fugientis agit costis penetrabile telum Sil.12.240; (*w.* in+*acc.*) corpusculorum quae terrae..in superiorem agunt partem Sen.*Nat*.1.1.8; (*cf.*) mens..in caecas aciem quae magna tenebras egit Grat.98;—acta retro naris medioque est fixa palato Ov.*Met*.12.253; acta retro cuncta Sen.*Oed*.367. **b** si quost uineis actis opus Lucil.633; turris testudinesque agere Caes.*Gal*.5.43.3; turris uineasque ad oppugnationem urbis agere *Civ*.1.36.4; aggerem uineasque agere *B.Hisp*.7.2; Sal.*Jug*.37.4; Liv.21.7.6; (*facet.*) ad eum uineam pluteosque agam Pl.*Mil*.266. **c** cum..uictor in curru..stetit egitque habenas Sen.*Tro*.189; ipse grauis fluctus clauumque audire negantem lassat agens Tiphys Stat.*Theb*.5.413.

7 To set in motion, stir up, agitate.

omne, quod est calidum et igneum, cietur et agitur motu suo Cic.*N.D*.2.23; (imago) protrudit agitque aera qui inter se cumque est oculosque locatus Lucr.4.246; quis freta uentus agat Ov.*Ep*.2.124; harenasque quasi maria agens (fons) Mela 1.39; caudam..crebrius agere Col.6.6.3; (*cf.*) diues sparsio quos agit tumultus! Stat.*Silv*.1.6.66;—(*impers.*) his agitur causis extra penitusque *Aetna* 319.

8 **a** To cause to flow, discharge (liquids). **b** to give off, emit (flames, smoke, effluvia, etc.).

a toto corpore sudor..piceum..flumen agit Verg.*A*.9.814;—(*of rivers*) Pactolus aureas undas agens Var.*Men*.234; miscendas large riuos agebat aquas Ov.*Fast*.1.404; Mela 2.63;—(*refl.*) dum se declinibus undis aestus agat Luc.4.428; Stat.*Theb*.9.226;—(*pass.*) in profundum agitur (Padus) Plin.*Nat*.3.119; agitur largus per membra fluentia sudor Sil.1.526. **b** qua plurimus undam fumus agit Verg.*A*.8.258; unde ignem iacere..possint scintillasque agere Lucr.2.676; nec..lentas ignis agit uires Luc.3.504; agunt contagia late (*sc.* corpora tabentia) Ov.*Met*.7.551; (*pass.*) quae gelidis ab stellis axis aguntur Lucr.6.720.

9 To emit (breath, sighs, groans, etc.); esp. *animam agere*, to breathe one's last, be dying; also, to breathe heavily. **b** *spumas* (etc.) *agere*, to emit foam, etc., foam (at the mouth).

ut lenis agatur spiritus Tib.1.8.57; crebra et uehementius acta suspiria Sen.*Dial*.3.1.3; (*poet., of places*) quantos ille uirum..campus aget gemitus! Verg.*A*.6.873; Luc.7.482;—exspirans, animam, pulmonibus aeger, agebat Lucil.106; et agere animam et efflare dicimus Cic.*Tusc*.1.19; Liv.26.14.5; Mart.1.79.4;—furibunda simul anhelans uaga uadit animam agens Catul.63.31; Petr.101.1. **b** spiritus ex anima calide spumas agit albas Enn.*Ann*.518; cum spumas ageret in ore Cic.*Ver*.4.148; Verg.*G*.3.203; subitos ex ore cruores saucia tigris agit V.Fl.6.706.

10 (of plants, etc.) To put forth (roots), send out (shoots, buds, etc.); (refl. and pass.) to grow.

quae iam egit radicem rosa Var.*R*.1.35.1; quales aget intubus herbas Macer *poet*.12; cum..uitis agit gemmas Ov.*Ars* 3.186; ossaque robur agunt *Met*.10.492; simul ac folia agere coeperit ficus Col.*Arb*.21.2; Plin.*Nat*.18.45; (*fig.*) uera gloria radices agit atque etiam propagatur Cic.*Off*.2.43;—dum se laetus ad auras palmes agit Verg.*G*.2.364; (arbor) nunc stat in inmensum uiribus acta suis Ov.*Rem*.88.

11 To make, construct, produce (anything having a linear character), to drive, run, carry, draw, etc. **b** (of things) to develop. **c** to trace (one's descent).

QVI PVTEOS AERARIOS AGET A CVNICVLO *Lex Vip*.36(*Font. iur*.p.295); agere fundamenta Cic.*Mil*.75; sublicae et ad inferiorem partem fluminis oblique agebantur Caes.*Gal*.4.17.9; latumque per agmen ardens limitem agit ferro Verg.*A*.10.514; longior pars ampliorem..agit circinationem Vitr.10.3.8; agere in arcem cuniculum instituit Liv.4.22.4; nec..idem limes agendus erit Ov.*Ars* 3.558; intra te ipsum orbis agitur; accipiendo das; dando accipis Sen.*Ben*.5.8.6; Plin.*Nat*.17.170; Larg.201; (*ellipt.*) nec penitus egit: uulnere in medio stupet Sen.*Ag*.891. **b** tabernae.. reliquae..rimas agunt Cic.*Att*.14.9.1; humus..exiles suspensa uias agit *Aetna* 98; Ov.*Met*.2.211; Sen.*Ben*.6.15.7; (*pass.*) ignea uenis omnibus acta sitis Verg.*G*.3.483; sedet acta medullis..pestis (*sc.* fames) Sil.2.461. **c** per reges ..actum genus omne Latinos Verg.*A*.12.530; quodsi quis horum familiam ad proauum usque retro agat Plin.*Nat*.36.11.

12 (esp. of natural structures) To extend, trace out, present (linear or other features); (refl. or pass., of a linear feature) to run.

qua dorsum agit (Taurus mons) Mela 1.81; qua terga agunt (angustiae) 1.89; uide, quas per latera uenas agat (mullus)! Sen.*Nat*.3.18.5; clementer acto colle *Oed*.281; utrimque prora paratam semper adpulsui frontem agit Tac.*Ger*.44.2; (*w. dat.*) astris..coruscos Apenninus agat scopulos Sil.2.354;—qua se medium capitis discrimen agebat *Ciris* 499; at duplex agitur per lumbos spina Verg.*G*.3.87.

13 To lead (an army, etc., against the enemy), bring into action.

non Teucros agat in Rutulos Verg.*A*.12.78; (elephantos) e media acie in extremam ad sinistrum cornu aduersus Gallos auxiliares agi iussit Hannibal Liv.21.56.1; 25.36.1; elephanti..in proelium acti 27.2.6; super ardua ductum huc egere dei Sil.4.76; acto raptim agmine Tac.*Ann*.15.4.

14 To bring (in time).

sol..amicum tempus agens abeunte curru Hor.*Carm*.3.6.44; annus agit certa lucida signa uice Tib.1.4.20.

15 To drive back or away, chase, pursue (an enemy, etc.); to hunt. **b** (w. adj. or pple. as pred.). **c** *in exilium agere*, to send into exile. **d** (fig.) to drive away, dispel.

legio XII..lapidibus egisse hominem dicitur Cic.*Att*.11.21.2; ita perterritos egerunt ut non prius fuga desisterent quam..Caes.*Gal*.4.12.2; aduersarios ad uallum agere coeperunt *B.Hisp*.23.5; ubi pulsam hiemem Sol aureus egit sub terras Verg.*G*.4.51; seruum..sub furca caesum medio egerat circo Liv.2.36.1; terraque marique iussus Caesar agi Luc.1.307; nudatam..maritus..per omnem uicum uerbere agit Tac.*Ger*.19.2; (*w.* retro) duae legiones..retro actae..turpem fugam consciuissent *Hist*.3.9;—dominum.. canes egere suum Sen.*Oed*.754; (*fig.*) agentia uerba Lycamben Hor.*Ep*.1.19.25. **b** manu demotus et actus praeceps Cic.*Caec*.49; Caes.*Gal*.5.17.3; saepe fuga uersos ille egerit hostis Verg.*G*.3.120; quos illi bello profugos egere superbo *A*.8.118; effusos egerat Romanos Liv.1.12.8; talis agit sparsos..heros Stat.*Theb*.9.248;—(*transf.*) metus ille foras praeceps Acheruntis agendus Lucr.3.37. **c** in exsilium acti sunt Liv.1.54.9; 25.2.9. **d** quo non praesentius ullum..auxilium uenit ac membris agit atra uenena Verg.*G*.2.130; hic miseram famem pestemque a populo..in Persas..aget Hor.*Carm*.1.21.16; perpetua naturalis bonitas, quae nullis casibus agitur neque minuitur Nep.*Att*.9.1; iram saepe misericordia retro egit Sen.*Dial*.3.17.4.

16 (w. indication of purpose as well as motion) To cause, induce or compel to go. **b** (for punishment); *in crucem agere*, to crucify: see CRVX. **c** *reum agere*, to bring a case against, indict, prosecute; (transf.) to blame, accuse.

quos intra uallum egerat pauor Liv.7.36.13; pisces..quos ..sua credulitas in aduncos egerat hamos Ov.*Met*.13.934; plagis agatur in uulnera Sen.*Ep*.7.5; (*w. internal acc.*) mea me pietas et conscia uirtus has egere uias Stat.*Theb*.1.645;—(*w. inf.*) desertas quaerere terras auguriis agimur diuum Verg.*A*.3.5; 6.463. **b** cum..familiam omnem..ad supplicium agi oporteret Tac.*Ann*.14.42. **c** apud contionem togatam..prius reus agatur Liv.45.37.8; quem hoc nomine reum apud populum actum pater defendit V.Max.6.3.6; Tac.*Ann*.14.18; (*w. gen.*) actus incesti reus Vell.2.45.1;—communis culpae cur reus unus agor? Prop.2.30.32; egit me lacrimis ore silente reum Ov.*Am*.1.7.22.

17 To drive (into a new policy), urge, incite, impel; *rebus agentibus*, by force of circumstances. **b** *praecipitem agere*, to drive to extremes, *transuorsum agere*, to lead astray, drive to evil courses.

mea me uirtus et sancta oracula diuum..coniunxere tibi et fatis egere uolentem Verg.*A*.8.133; nouis ambagibus acti Ov.*Fast*.6.389; paenitentia actus Gaius *Inst*.2.168;—(*w. inf.*) agit miseranda potestas inuigilare malis Stat.*Theb*.8.262;—(*w.* ad) ad paenitendum rebus manifestis agi Phaed.5.5.3; cuius epistulis ad bellum actus sum Tac.*Hist*.5.26;—(*w.* in+*acc.*) actosque animis in funera reges Verg.*A*.7.42; quos falsis criminibus in arma agant Liv.6.15.7; Tac.*Ag*.41.4;—ut iam eualuit 'rebus agentibus', quod Pollio in Labieno damnat Quint.*Inst*.9.3.13. **b** agunt eum praecipitem poenae ciuium Romanorum Cic.*Ver*.1.7; *Phil*.13.36; circumuentus..ab inimicis praeceps agor Sal.*Cat*.31.9;—opportunitas..quae..uiros spe praedae transuorsos agit *Jug*.6.3; 14.20.

18 To bring or reduce (to a specified state or condition); to put (to the test).

laudas fortunam et mores antiquae plebis, et idem si quis ad illa deus subito te agat, usque recuses Hor.*S*.2.7.24; quos externa causa in horrorem agit Sen.*Nat*.6.24.4; canes..toto eo spatio maxime in rabiem agi Plin.*Nat*.2.107; postquam uires ex publico in priuatum agi (coepere) 16.8; insuper exitio truculenta superbia agebat Sil.11.37;—hoc..est ut quaerendum uideatur et in discrimen agendum Lucr.3.726.

19 To do, perform, achieve, accomplish; (also transf., of impersonal agencies); (w. *ut*) to bring it about that. **b** (indicating perplexity) *quid ago* (*agam*, etc.)*?* what am I, etc., to do?; *quid agas?* what is one to do? (*i.e.* why worry?). **c** *ecquid agis?* (colloq.), how about it?; *nihil agitis?* you won't? **d** *sat agere*, to be able to meet one's liabilities: see SATIS. **e** (pass.) to be done, happen, occur, come to pass.

placide uolo unumquidque agamus: hoc ubi egero, tum istuc agam Pl.*Bac*.708; in diebus paucis quibus haec acta sunt Ter.*An*.104; perii, quid ego egi! *Hec*.132; quid actum est? Lucil.845; quid tandem erat actum aut gestum in tua prouincia Cic.*Pis*.40; quid de illis libris egerim *Q.fr*.3.5 & 6.1; Caesari omnia uno tempore erant agenda Caes.*Gal*.2.20.1; inconsulte..cuncta simul agebant Sal.*Cat*.42.2; nihil enim per iram aut cupiditatem actum est Liv.1.11.5; ante actis ueluti male crederet Ov.*Met*.12.115; nil actum credens cum quid superesset agendum Luc.2.657; defossae atque sub terra id opus agunt Plin.*Nat*.19.9; interdum et ferro subitus grassator agit rem Juv.3.305;—(*w.* nihil) nil ages sine med arbitro Pl.*Cas*.143; nihilne est igitur actum..? Cic.*Luc*.16; Ov.*Fast*.1.571;—nil agere illa foris tot corpora materiai Lucr.2.1057; nil agit exemplum, litem quod lite resoluit Hor.*S*.2.3.103; hi (*sc.* cometae)..agunt aliquid Sen.*Nat*.7.23.2;—annuendo..uotis meis id egerunt, ut uos.. meo casu doleatis Paul.*orat*.2. **b** quid agimus? Pl.*Men*.844; perii, quid agam? quo me uortam? Ter.*Hec*.516; quid ago? da, Venus, consilium Lutat.*poet*.1.6; nunc de Siculis ciuitatibus quid ages? Cic.*Ver*.2.155; quid agat..non habet *Caec*.71; quid agam? aut quo..adcedam? Sal.*Jug*.14.15; Verg.*A*.10.675; Juv.4.14;—sed quid agas? sic uiuitur Cic.*Fam*.2.15.2. **c** at illud quod tibi apstuleras cedo. ecquid agis? Pl.*Aul*.636; *Epid*.688;—quid nunc? nihil agitis? *Cas*.78; (*cf.*) uerum si quid ages statim iubeto Catul.32.9. **e** cum sciremus quae Brundisi acta essent Cic.*Att*.9.15.3; responsaque uatis aguntur Ov.*Met*.3.527; quid intus actum sit Cels.5.26.7.

20 (intr.) To adopt an active policy, take action, do something, act; (also pass., of *res*).

quin agitis hodie? Pl.*Cas*.765; surgamus, eamus, agamus Lucil.1092; eo maturius agendum est Cic.*Att*.9.18.4; tanta est contentione actum quanta agi debuit Caes.*Civ*.3.111.5; in proeliis actu promptus Sal.*Hist*.5.4; non iam certamine agresti stipitibus duris agitur Verg.*A*.7.524; an toti a patiendo exspectandoque euentu in impetum atque iram uersi, agentes audentesque Liv.25.16.19; ni propere agis, tenet urbem maritus Tac.*Ann*.11.30; iubet..tibias agere: sonatur Apul.*Met*.5.15; (*w. abl.*) ut lictorem lege agere iuberet Liv.26.15.9; (*w. advl. acc.*) age, si quid agis Pl.*Epid*.196;—post horam x diei res agebatur *B.Alex*.10.5; iam tempus agi res Verg.*A*.5.638; Liv.1.47.8.

21 (w. emphasis on result): **a** *actus*, finished, past; *actum* (*actam rem*) *agere*, to do something already done, waste one's labour. **b** *actum habere quod egerit*, to regard what has been done as done for better or for worse, to cease to worry about; so *acta missa* (*habere*). **c** *acta* (*haec*) *res est*, *actum est*, it is all up with me (us, etc.), I am (we are) undone; (also w. *de*). **d** *nil agis*, your efforts are vain, it is no use; (also) *nugas agis*: see NVGAE. **e** *bene agitur*, things go or fall out well; so *mitissime agitur*, etc. **f** *quid agis?* how are you? how do you do? *quid agit?* how is he?

a ex controuersia facti..plerumque ex futuri, raro ex instantis aut acti Cic.*de Orat*.2.105; uulgo enim dicitur: 'iucundi acti labores' *Fin*.2.105; Liv.10.31.11; Tac.*Ann*.3.59;—actam rem ago Pl.*Cist*.703; 'actum' aiunt 'ne agas' Ter.*Ph*.419; Cic.*Att*.9.6.7; rem actam hodierno die agi Liv.

28.40.3. **b** me non laborare; actum habiturum quod egerint Cic.*Tusc*.3.50; non dico equidem 'quod egerit —', sed tamen multo minus laboro *Att*.6.6.4;—sed acta missa; uideamus quae agenda sint 15.20.3. **c** nisi quid re praesidium apparas..acta haec res est Pl.*Rud*.683; actumst, siquidem haec uera praedicat Ter.*An*.465; si prorogatur, actum est Cic.*Att*.5.15.1; Flor.*Epit*.1.38(3.5.5);—actum est de me hodie Pl.*Ps*.85; actum..de exercitu foret Liv. 2.48.5; Suet.*Nero* 42.1. **d** Pl.*Trin*.976; nil agis: fieri aliter non potest Ter.*Ad*.936; nihil agis, nihil adsequeris Cic.*Catil*.1.15; nil agis, insidias in me componis inanis Prop.2.32.19; Ov.*Fast*.6.124; Sen.*Dial*.12.11.2. **e** ager efficit cum octauo, bene ut agatur Cic.*Ver*.3.112; bene actum cum illo arbitror *Att*.15.2.4; *Tim*.8; non tam bene cum rebus humanis agitur, ut meliora pluribus placeant Sen. *Dial*.7.2.1;—distentio neruorum uel cancer sequitur, uel certe, ut mitissime agatur, pus Cels.8.10.1.c. **f** rogitant me ut ualeam, quid agam, quid rerum geram Pl.*Aul*.117; quid tu agis? ut uales? *Epid*.9[a]; sed eos (*sc.* deos) non curare opinor, quid agat humanum genus Enn.*scen*.317; Ter.*Ad*. 619; Lucil.757; de Tirone cura..ut sciam quid is agat Cic. *Att*.10.4.12; *Fam*.9.23; 'quid agis, dulcissime rerum?' Hor. *S*.1.9.4; Ov.*Tr*.1.1.18; Mart.2.67.2; (*cf.*) obsecro te, quid agimus? (*i.e. how do we stand?*) Ter.*Eu*.1088.

22 To work at (without necessarily finishing), be engaged on or busy at; (esp. in imper.) to turn one's attention to. **b** *nihil agere*, to be idle, do nothing; to play the fool, jest; also *nugas agere*: see nvgae. **c** *alias res* (*aliud*) *agere*, to be otherwise occupied; also, to have one's attention elsewhere, be inattentive. **d** (pass.) to be being done, be afoot; (esp. colloq.) *quid agitur?* what is doing? what is going on? **e** satis *agere*, to have more than enough to do or to think about, be anxious or worried.

tu meam rem simulas agere Pl.*Rud*.1399; Ter.*Hec*.874; an superna agentes humana neglegant (diui) Sis.*hist*.123; Cic.*Catil*.2.16; suum se negotium agere dicant *Off*.1.29; Dumnorigi custodes ponit, ut quae agat..scire posset Caes. *Gal*.1.20.6; id quidem ago et..mecum ipse uoluto Verg. *Ecl*.9.37; turbaeque se immiscuit priuatas agentium res Liv.23.23.8; Tac.*Dial*.32.1;—(*w.* de) nil ego nunc de istac re ago Pl.*Truc*.861; Cic.*Att*.1.6.2;—hoc agite sultis Pl.*As*.1; hanc rem agite atque animum aduortite *Cur*.635; hoc potius agam quod hic rogat Cato *orat*.139; omissis hoc age deliciis Hor.*Ep*.1.6.31. **b** dum nihil agas Cato *inc*.3(J); otioso.. et nihil agenti priuato Cic.*Phil*.11.20; *N.D*.1.2; Liv.31.15.9; —nihil agit, collum opstringe homini Pl.*Cur*.707; *Trin*.917; nihil agere atque deludere Cic.*S.Rosc*.26. **c** ille alias res agere se simulare Ter.*Hec*.826; sed nunc aliud agimus Cic. *Orat*.87;—hoc sis uide, ut alias res agunt! Pl.*Ps*.152; nihil in quo auditor sine damno aliud ageret Sen.*Con*.3.pr.2; lectorem aliud acturum Sen.*Nat*.7.16.1. **d** ne id, quod ageretur, intellegi posset Cic.*de Orat*.3.158; neque enim hoc quod agitur uidetur diuturnum esse posse *Att*.11.3.3;—quid agitur? — uiuitur Pl.*Per*.17[a]; Ter.*Ph*.610; Cic.*Phil*. 5.6; nunc quid agitur, Brute? *ad Brut*.2.5(7).5; gnaros.. Oscae linguae exploratum quid agatur mittit Liv.10.20.8.

23 (intr.) To be actively engaged on something, be busy, work, act.

olli cernebant magnis de rebus agentes Enn.*Ann*.555; nunc comminus agamus Cic.*Div*.2.26; nullo studio agebant Caes.*Gal*.7.17.2; desidiam puer ille sequi solet, odit agentes Ov.*Rem*.149; Sen.*Dial*.9.2.9; non Treuiri neque Lingones.. pro magnitudine suscepti discriminis agere Tac.*Hist*.4.70; —(*w. abl.*) hic iam mihi hostis est, tametsi nondum armis agat Cato *orat*.185; non ui agebant sed precibus Liv.5.30.7; quatenus medicamentis agendum e‹s›t Cels.7.7.15;—(*w. pred. adj.*) quo fuga atque formido latius cresceret, diuorsi agebant Sal.*Jug*.55.7; dum bonatus ago Petr.74.16.

24 (colloq., imper. as a summons or exhortation to action) Come! (also *agedum*, *age iam*, *nunc*, *modo*, etc.): **a** (w. another imper.). **b** (w. subj., etc.). **c** (w. ind.; also ellipt.). **d** (in weakened sense as a call for attention or consideration) come! (also *age uero*, *porro*).

a age age, usque exscrea Pl.*As*.40; age iam, sine ted exorarier *Mos*.1175; age modo, i Ter.*Eu*.282; agite, agite, fures, mendaci argutamini Lucil.775; age confer Democritum Cic.*Tusc*.5.66; nunc age..accipe Lucr.1.265; quare agite, o tectis..succedite nostris Verg.*A*.1.627; Hor.*Carm*. 1.32.3; Liv.4.28.5; Mart.8.67.5;—agedum, exsolue cistulam Pl.*Am*.783; agedum..Syre, dic quae illast altera? Ter. *Hau*.310; agedum, conferte nunc Cic.*Sul*.72; Prop.1.1.21; recordamini, agite dum, quotiens sacra instaurentur Liv. 5.52.9. **b** age, ne tibi med aduorsari dicas Naev.*com*.5; age sis, eamus Pl.*Poen*.1422; age illud alterum interdictum consideremus Cic.*Tul*.46; quare agite Eoum..properemus in orbem Luc.8.289;—procedat agedum ad pugnam Liv. 7.9.8; numeremus agedum qui..perierunt Phaed 5.4.10. **c** age age, mansero Pl.*As*.327; nunc age..expediam Verg. *A*.6.756;—age age, ut lubet Ter.*An*.310; nunc prior adito tu..—age *Ph*.230. **d** age, non M. Cato nuper..quadraginta milibus sestertis uendidit piscis? Var.*R*.3.2.17; age, senatus odit te Cic.*Pis*.64; *Att*.15.10; age, intra pecuniam uersabitur taxatio Sen.*Ben*.3.10.3; age, non habebit in primis curam uocis orator? Quint.*Inst*.1.10.27; quos, age, Parrhasio sternis..cornu? Stat.*Theb*.9.744;—age uero, ne semper forum..meditere, quid esse potest in otio..iucundius? Cic.*de Orat*.1.32; age porro, tu..cur Tauromenitanis frumentum..imperasti? *Ver*.5.56.

25 (theatr.) To stage or act (a play or an incident in a play); also, to take a part in (a play). **b** to act (a part) in a play, to play. **c** (intr.) to act. **d** (transf.) *partes agere* (+gen., etc.), to play the part (of), act as; *primas* (sc. *partes*) *agere*, to be pre-eminent in one's profession.

ad hanc rem agundam Philippum est (*sc.* aurum) Pl. *Poen*.599; haec quom primum acta est, uicit omnis fabulas *Cas*.17; Ter.*Hec*.18; *Rhet.Her*.1.24; aut agitur res in scaenis aut acta refertur Hor.*Ars* 179;—ipse hanc acturust Iuppiter comoediam Pl.*Am*.88; poeta facit fabulam et non agit, contra actor agit et non facit Var.*L*.6.77; ludis Decimus Laberius eques Romanus mimum suum egit Suet.*Jul*.39.2; Juv.8.186. **b** nam Ballionem..cum agit, agit Chaeream Cic.*Q.Rosc*.20; faueas illi, quisquis agatur amans Ov.*Ars* 1.502; in Andromache Thaida quisquis agat *Rem*.384; histriones..non irati populum mouent, sed iratum bene agentes Sen.*Dial*.4.17.1; (*cf.*) egi..omnis illos adulescentis Cic.*Fam*.2.9.1. **c** noluit..hodie agere Roscius Cic.*de Orat*.1.124; *Tusc*.4.55; uti..spectare possint omnium agentium gestus Vitr.5.6.2. **d** uicissim partis tuas acturus est Ter.*Ph*.835; Cic.*Fam*.3.10.8; partes conciliantis ago Ov. *Rem*.524;—primas in causis agebat Hortensius Cic.*Brut*.308.

26 To play the part of, act as, behave as, be. **b** (dist. fr. 'to be') to pretend to be, act as; (also refl., w. *pro*).

dum mihi pacis mandata das ad Caesarem et mirificum ciuem agis Cael.*Fam*.8.17.1; bonisque rebus agit laetum conuiuam Hor.*S*.2.6.111; Cato, qui, asper ingenio, tum lenem mitemque senatorem egit Liv.45.25.2; est tibi agendus amans Ov.*Ars* 1.611; V.Max.2.2.4; Sen.*Ag*.959; socium magis imperii quam ministrum agens Tac.*Hist*.2.83; —(*w. adjs., etc.*) uicturos agimus semper nec uiuimus umquam Man.4.5; sollicitum agere Quint.*Inst*.4.1.33. **b** nec amantem agis, sed amas Sen.*Con*.2.6.4;—libertinos qui se pro equitibus R. agerent Suet.*Cl*.25.1.

27 To make one's aim, to strive for, aim at. **b** (colloq.) to be about, be after, be 'up to'; *quid agit?* what is — doing (there)?

quid, quaeso, nos aliud agimus aut quid aliud optamus? at non adsequimur Cic.*Brut*.288; sed non id agimus *Mur*.33; ut..hoc ipsum quod agis consequare Q.Cic.*Pet*.56; nos non id agentes furtim decor ille..prosequatur Quint.*Inst*.1.11. 19;—(*w. purpose cl.*) en istuc ago quo modo argento intervertam..aduentorem Pl.*As*.358; ego id agam mihi qui ne detur Ter.*An*.335; omne animal..id agit, se ut conseruet Cic.*Fin*.5.24; id agere, ut..adfinitas iungatur Liv.33.40.3; Sen.*Dial*.12.5.1; id agere praetorem oportet, ne falsus procurator absenti noceat Julian.*dig*.39.1.13.2; (*impers. pass.*) id agi, ut pons..dissolueretur Nep.*Them*.5.1. **b** scio quid ago Pl.*Bac*.78; heus quid agis tu..in tegulis? *Mil*.178; quid agis? quo abis? Ter.*Ad*.780; quid agis, Hortensi? Cic. *Ver*.3.222; quid uis, insane, et quas res agis? Hor.*S*.2.6.29; quid agitis, conmilitones? Sen.*Suas*.1.4; (*in pun w. sense 21f*) dixisset: 'quid agis, Grani?' respondit: 'immo uero tu, Druse, quid agis?' Cic.*Planc*.33;—sed quid agit meum mercimonium apud te? Pl.*Cur*.564.

28 (in var. periphr. exprs.) To go on or proceed in (a course of action, behaviour, experience, etc.). **b** *gratias* (*grates*) *agere*, to give thanks: see gratia, grates; *laudes agere*, to praise: see lavs.

umeris gestum agebant Cic.*Rab.Post*.36; ἐμετικὴν agebat. itaque et edit et bibit ἀδεῶς et iucunde *Att*.13.52.1; ioca atque seria cum humillumis agere Sal.*Jug*.96.2; amittendum morem hunc, quem agitis, impigrae linguae, animi ignaui *Hist*.3.48.14; si tam in agendo bello consiliis eius parere uoluisset, quam in suscipiendo instituerat Nep.*Han*.8.3; otium Romae potius quam in castris acturos Liv.7.13.9; desolatas agere alta silentia terras Ov.*Met*.1.349; Herculeae mirum est obliuia laudis acta tibi 12.540; (cometae) nisi uicinos agerent occasibus ortus Man.1.827; ad perniciem solet agi sinceritas Phaed.4.13.3; numquam pacem agens ferrum Sen.*Ep*.94.57; ipsis diis de felicitate controuersiam agere *Nat*.6.32.5; paenitentiam agere sermonis mei coepi Petr.132.12; frater inops..tristis exul agit casus Stat. *Theb*.2.403; mersumque in corde dolorem saeuus agit *Silv*. 5.1.202; philosophi..qui deos agere rerum humanarum curam negarent Quint.*Inst*.5.6.3; hic..honor; cuius nobis hoc maior agenda reuerentia est Plin.*Ep*.4.17.3; tamquam famae discrimen agatur aut animae Juv.6.500; Indica tigris agit rabida cum tigride pacem perpetuam 15.163; qui sibi secretum agenti grandem mullum..obtulerat Suet.*Tib*.60; si dignitatis respectum agi oportuerit Call.*dig*.48.19.28.9.

29 To carry out, perform, execute, discharge (a task, duty, responsibility, etc.). **b** to perform or discharge the duties of (an office). **c** to manage, conduct (a meeting or other activity). **d** to manage, administer (things connected with an office). **e** *triumphum agere*, to celebrate a triumph, to triumph: see trivmphvs.

nullon pacto res mandata potest agi? Pl.*Bac*.479; cvm censor..romae popvli censvm aget *CIL* 1.593.144; negotium datur quaestoribus et aedilibus ut noctu uigilias agerent ad aedis sacras Cic.*Ver*.4.93; cum in arce augurium augures acturi essent *Off*.3.66; his actis propere exsequitur praecepta Sibyllae Verg.*A*.6.236; pro portis stationes agere Liv.3.42.6; 5.10.4; excubias ubi rex Romanus agebat Ov. *Fast*.3.245; quasi uero mensuram ullius rei possit agere qui sui nesciat Plin.*Nat*.2.4; experimenta per mortes agunt 29.18; d(atvm) xi k. avg. in albano, agente cvram t. bovio vero *CIL* 9.5420.29; dilectus agere Quint.*Inst*. 12.3.5; Tac.*Hist*.2.16; huius filius..publicum quadragesimae in Asia egit Suet.*Ves*.1.2; Iudaicus fiscus acerbissime actus est *Dom*.12.2. **b** puto Pansam et Hirtium..Romae acturos consulatum Lent.*Fam*.12.14.5; Liv.8.26.7; sic agitur censura Ov.*Fast*.6.647; V.Max.7.2.6; Quint.*Inst*. 12.1.16; rigidi summam Mauortis agebat Corbulo Stat. *Silv*.5.2.34; non aetas aut acti honores impedimento Tac. *Ann*.14.15. **c** in ultimam prouinciam se coniecit Tarsum usque. ibi forum agit Cic.*Att*.5.16.4; ipse in citeriorem Galliam ad conuentus agendos profectus est Caes.*Gal*.1. 54.3; dum hostes..concilia secreta agunt Liv.10.39.2; ne plus quam bis in mense senatus ageretur Suet.*Aug*.35.3. **d** quis tripodas successor agat Stat.*Theb*.8.276; censor agebat de uxoribus sollemne ius iurandum Gel.4.20.3.

30 To hold, celebrate, keep, observe (a holiday, festival, anniversary, etc.).

ubi..Syracusani festos dies anniuersarios agunt Cic.*Ver*. 4.107; ad diem agendum natalem suum *Fin*.2.101; Idus tibi sunt agendae Hor.*Carm*.4.11.14; ut..feriae per nouem dies agerentur Liv.1.31.4; hospitis aduentu festum genialiter egit Ov.*Met*.11.95; Robigalia..nunc aguntur a. d. vii Kal. Mai. Plin.*Nat*.18.285.

31 To spend, pass (time); esp. *aetatem* (*uitam*, etc.) *agere*, to live one's life. **b** (pass., of units of time) to be in progress, to be present, to be. **c** (in pf. tense) to reach the end of, complete (a period of time, one's life, etc.); (pass., of time) to be finished, be over, be past.

ibique hiberna egerunt Liv.9.28.2; 34.22.4; exercitum eius aestiua Venusiae sub tectis agere 27.21.3;—satin uates uerant aetate in agunda? Enn.*Ann*.380; Pl.*Mil*.1320; in uita agenda didicimus multa Fan.*hist*.1; quibuscum uitam egeris Cic.*Inv*.1.103; ego uitam agam sub altis Phrygiae columinibus? Catul.63.71; Verg.*G*.2.538. **b** mensis agitur hic iam septimus Ter.*Hec*.394; sextus et uicesimus annus agebatur, ex quo..data pax erat Liv.42.52.1; septima nox agitur Ov.*Ep*.17.25; Tac.*Hist*.1.29. **c** menses iam tibi esse actos uides Pl.*Am*.500; prope acta iam aetate Cic. *Quinct*.99; circum tribus actis impiger annis floret equus Lucr.5.883; melior quoniam pars acta diei Verg.*A*.9.156; Ov.*Met*.6.571; Man.4.475; (*poet.*) iuuat imbribus actis progeniem paruam..reuisere Verg.*G*.1.413.

32 (w. number of year specified) To be in (a specified year of one's life), to be (so) old, to be aged —.

(equi) incipientes quartum agere annum Var.*R*.2.7.2; quartum ago annum et octogesimum Cic.*Sen*.32; nonagesimum iam agenti annum Liv.24.4.4; Vell.2.72.1; Suet. *Jul*.1.1; (*of Rome*) sescentesimum et quadragesimum annum urbs nostra agebat Tac.*Ger*.37.2;—(*w. cardinal num.*) iam tria lustra puer..agebat Ov.*Fast*.2.183; annos forte uiginti quattuor agens Ulp.*dig*.4.4.3.1.

33 To enjoy, have, experience (time units of a specified length). **b** (of the earth) to experience, enjoy (seasons).

mensibus egerunt lustra minora decem Ov.*Fast*.3.120; uitae spatium dimidio fere quam nos longius agunt Mela 3.85. **b** uer illud erat, uer magnus agebat orbis Verg.*G*. 2.338; reliquae (zonae) habitabiles paria agunt anni tempora Mela 1.4.

34 (w. manner indicated or implied) To spend (one's life, or part of it); *uita acta*, the kind of life one has lived. **b** (other periods of time). **c** to live (a mode of existence).

hic nostra agetur aetas in malacum modum Pl.*Bac*.355; haec pudice uitam parce ac duriter agebat Ter.*An*.75; turpe est..propter turpissime actam uitam non contemni Can.*orat*.5; conscientia bene actae uitae..iucundissima est Cic.*Sen*.9; agrum colundo aut uenando..intentum aetatem agere Sal.*Cat*.4.1; uitamque sub diuo et trepidis agat in rebus Hor.*Carm*.3.2.5; ut qui rure..iuuentam egisset Liv. 7.5.9; pueritiam incuriose, adulescentiam petulanter egerat Tac.*Hist*.1.13;—(*w. adjs.*) tolerabilem senectutem agunt Cic.*Sen*.7; tempus agi sine me non nisi triste tibi Ov.*Tr*. 3.3.28;—dabit..nobis..uita acta..firmum et graue testimonium Cic.*Q.Rosc*.17; adiuuat etiam aetas et acta iam uita *Fam*.6.4.4; (*cf.*) laudator temporis acti se puero Hor.*Ars* 173. **b** hunc (diem) ego Gaetulis agerem si Syrtibus exsul Verg.*A*.5.51; frigidas noctes non sine multis insomnis lacrimis agit Hor.*Carm*.3.7.8; Liv.10.43.12; medium omne tempus per uarias curas egere Tac.*Hist*.4.62. **c** ut illa (*sc.* pabula) durant ita diu statam sedem agunt Mela 2.11.

35 (intr., w. indication of circumstances, etc.) To live one's life, spend one's days, live, be; (also transf., esp. of places). **b** (w. pred. adjs.). **c** (w. locality indicated).

ibi cum Boccho Numida quidam..multum et familiariter agebat Sal.*Jug*.108.1; qui se..sine magistratibus agere querebantur Liv.9.20.10; nudi agunt antequam puberes sint Mela 3.26; agentem eam in matrimonio Rufri Crispini Tac. *Ann*.13.45; nunc ago leuissime Aur.*Fro*.1.p.198(8oN);—(*w.* cum) cvm qva concorditer egit..per annos xxvi *CIL* 3.1992; sede finibusque in sua ripa, mente animoque nobiscum agunt, cetera similes Batauis Tac.*Ger*.29.3;—(*transf.*) in omni Africa, quae procul a mari incultius agebat Sal.*Jug*.89.7; uitio humani ingenii..quod..indomitum semper inter certamina libertatis..agit *Hist*.1.7; Sil.9.214. **b** ciuitas, trepida antea..,laeta agere Sal.*Jug*.55.2; securior ab Samnitibus agere Liv.9.22.3; proque tot annorum cura, quibus anxius egi Ov.*Met*.13.371; expedit tamquam aegros agere Cels.4.5.5; Sen.*Thy*.179; Tac.*Ann*.6.40. **c** in oppidis maritumis agere decreuerat Sal.*Jug*.100.1; pars in urbibus agunt Mela 3.107; nobis qui intus agimus Plin. *Nat*.2.6; Tac.*Ger*.43.3; *Hist*.3.57; rure agebam Fro.*Ver*.2. p.86(133N).

36 (intr., also refl., w. indication of conduct) To act, proceed, behave.

non cognosco uostrum tam superbum..— sic ago Ter. *Eu*.1066; quo impudentius egerit, hoc superiorem discessurum Cic.*Caec*.2; ego ita egi ut non scinderem paenulam (eius) *Att*.13.33a.1(4); acriore hodie disciplina uicti quam uictores agunt Tac.*Hist*.2.77; Liuiam..ea mente acturam ut cum equite Romano senescat *Ann*.4.40; (*w.* pro) pro uictoribus agere Sal.*Jug*.98.6; (*impers. pass.*) in his administrandis rebus quam maxime..cum simulatione agi timoris iubet Caes.*Gal*.5.50; si fraude agatur Liv.32.32.16;—haut illo quisquam se iustior egit Grat.103; quanto ferocius..se egerint Tac.*Hist*.3.2.

37 (intr., w. *cum*) To have dealings with. **b** (w. *bene*, *male*, etc.) to act towards, behave towards, deal with; (also w. *inter* or dat.).

atqui mecum agendumst Pl.*Rud*.719; (*w. internal acc.*) quid ego nunc cum illoc agam? *Men*.568; nihil iam cum militibus agere Liv.2.58.9. **b** nos male agere praedicant uiri solere secum Pl.*Truc*.237; bene agi' mecum 846; sic agam uobiscum..ut..aliquid de uestris uitiis audiatis Cic.

*de Orat.*3.46; tribuni lenius agere cum patribus Liv.3.31.7; bene egissent Athenienses cum Miltiade V.Max.5.3.ext.3; (*impers.pass.*) faxo..bene dicat secum esse actum Ter.*Ad.* 210; praeclare nobiscum actum iri si..Cic.*Ver.*1.9; (*cf.*) non enim gladiis tecum sed litibus agetur *Q.fr.*1.4.5;—(*w.* inter) illa..formula fiduciae: 'VT INTER BONOS BENE AGIER OPORTET' *Fam.*7.12.2.

38 To deal with, transact (business). **b** (pass.) to be the subject-matter of a transaction, be concerned or involved, be at stake.

agere tuam rem occasiost Pl.*Poen.*659; non enim uideo cur non meum quoque agam negotium Cic.*Mil.*47; si iam res placeat, agendi tamen uiam non uideo *Att.*5.4.1; censores ..ne rem agerent bello impediti sunt Liv.6.31.2; in ciuitate discordi..paruae quoque res magnis motibus agebantur Tac.*Hist.*2.10; non est quod agatur aput uos Juv.6.395; ACCTVM IVLIANIS COS. STATIONE NVCHERINA *CIL* 4.3340.45.16;—(*w.* per) uidet sine lege curiata nihil agi per xuiros posse Cic.*Agr.*2.28; illud admiror..ipsum..non per Caelium egisse *Att.*7.17.3;—(*in the senate*) acta quae sint quaeque agantur *ad Brut.*2.1.3; cum per senatum intercedentibus tribunis nihil agi posset Liv.4.6.6; Plin.*Ep.*2.11.1; (*w.* de) nulla prius..acta in senatu res est quam de Aetolis Liv. 37.1.1;—(*in the courts*) res magna amici apud forum agitur Pl.*Epid.*422; accusatoris causa, ut bis ageretur, constitutum est Cic.*Ver.*1.26; ad subsellia tribunorum res agebatur Liv. 42.33.1. **b** accede huc; tua res agitur Pl.*Rud.*1148; non nunc pecunia agitur Ter.*Hau.*476; cum..Verres fortunas agi suas diceret Cic.*Ver.*1.74; in quibus eorum aut caput agatur aut fama *Amic.*61; Caes.*orat.*43; Hor.*Ep.*1.18.84; imperium agebatur in tam paucorum uirtute atque fortuna positum Liv.1.25.2; 5.51.2; agitur pars tertia mundi! Ov. *Met.*5.372; Luc.7.264; Tac.*Ann.*16.28; (*w. obj.*[*cl.*) ita quaeri ut id agatur, licueritne ei facere quod fecit Cic.*Balb.*10; *Fam.*10.26.2.

39 (intr.) To transact business, make arrangements, bargain, treat. **b** *agitur de*, it is a question of —, — is involved or at stake. **c** *cum populo* (*ad populum*) *agere*, to transact business with the people; also, to address the people, make a speech.

dies nefasti, per quos dies..non potest agi Var.*L.*6.30; hic..locus ad agendum amplissimus..est uisus Cic.*Man.*1; de aestimatione, ut scribis, cum agere coeperimus *Att.* 13.33.2;—(*w.* cum) nisi cum Marco fratre diligenter egeris *Fam.*1.9.9; tempus erat..tandem iam uos nobiscum nihil pro imperio agere Liv.8.5.3;—(*w.* de) dic conuenisse, egisse te de nuptiis Ter.*Hau.*863; Caes.*Civ.*1.26.5;—(*w. indir. qu.*) cum ageretur, quae ciuitates liberandae essent Liv.32.10.7; (*w. jussive subj.*) actum cum tribunis est ad populum ferrent 8.23.12. **b** praesertim cum de maximis uestris uectigalibus agatur Cic.*Man.*14; cum de religione agitur *N.D.*3.5; Sal.*Cat.*52.6; si..de gloria tantum ageretur Liv.45.38.10;—(*w. indir. qu.*) agitur..liberine uiuamus an mortem obeamus Cic.*Phil.*11.24. **c** Ioue..tonante cum populo agi non esse fas Cic.*Phil.*5.7; *Q.fr.*2.4.6; neu quis de iis postea ad senatum referat neue cum populo agat Sal.*Cat.*51.43; Liv. 9.9.16;—ut sibi paucis ad populum agere liceret 42.34.1; (*cf.*) Alcibiades ad exercitum uenit..ibique praesente uulgo agere coepit Nep.*Alc.*8.2.

40 To speak about, discuss, reason about, argue, debate; (also) to discuss in writing. **b** (intr.) to talk, discuss, reason, argue; (also) to argue or discuss a subject in writing.

agri Aetnensis..decumas agemus Cic.*Ver.*3.104; hoc totum agetur alio loco *Planc.*8; (tuas litteras) ei legi et egi *Att.*15.1.2; parua nunc res et uix serio agenda uideri possit Liv.4.25.13; 24.28.9;—(*w.* de) ipsus est de quo hoc agebam tecum Ter. *Hec.*455;—Samnitium bella, quae continua per quartum iam uolumen..agimus Liv.10.31.10; res uera agitur Juv.4.35. **b** quo facilius sermo explicetur, sedentes, si uidetur, agamus Cic.*Brut.*24; agere..fortius iam et audentius uolo Tac.*Dial.* 18.2;—(*w.* cum) illo praesente mecum agito, si quid uoles Pl.*Mos.*1121; Caes.*Gal.*1.13.3; (*w. internal acc.*) cum singulis multa saepe egerat Sal.*Cat.*20.1; (*w. indir. qu.*) amator exclusus..agit ubi secum, eat an non Hor.*S.*2.3.260;—(*w.* de) de natura agebamus deorum Cic.*N.D.*1.17; Liv.27.25.1; (*w.* inter se) dum de condicionibus inter se agunt Caes.*Gal.* 5.37.2;—primum omnium oraculis maiore ex parte agemus Plin.*Nat.*18.25; interim fortius agetur 22.5.

41 (usu. in pf. tenses) To settle by discussion, arrange, agree on. **b** (of laws, legislators, etc.) to stipulate, decree, enact.

hoc quidem actumst hau male Pl.*Ps.*1078; neu quod ego egissem esset ratum Ter.*Hec.*545; quodcumque egerimus ratum ciuitates nostrae habiturae sunt Liv.30.30.9;—(*w.* cum) dedi equidem quod mecum egisti Pl.*As.*171;—(*w.* inter se) omnia..quae inter sese ipsi egerint Ter.*Ph.*876. **b** nihil de me actum esse iure Cic.*Sest.*73; quae quidem Caesar egisset, non ea quae egisse Caesarem dixisset Antonius *Phil.*2.100; dei approbent..quod agitis acturique estis, Quirites Liv.10.13.12; qui omnia ab iis acta fecerat inrita Vell.2.43.1; si qua Caesares obtinendae donandaeue Armeniae egerant Tac.*Ann.*15.14; quo senatus consulto quidam id actum esse putant, ut..eodem iure utamur Gaius *Inst.*3.64; quaeque per eum..acta facta gestaque sunt, rata habebuntur Ulp.*dig.*42.7.2.1.

42 To press, urge (a point, course of action, etc.). **b** (intr.) to press a point, urge; to plead one's case. **c** *causam agere*, to conduct a case, plead a cause: see causa.

haec in praetorio..agere Liv.21.53.6;—(*w.* cum) illud quod tecum et coram et per litteras diligentissime egi Cic. *Fam.*13.57.2; quae actum iri secum credant Liv.8.3.10;—(*w. obj. cl.*) sin..illud egeram, nullum ad Scamandrum.. uenturum emolumentum fuisse Cic.*Clu.*52; grauius agerem ..quam adhuc egi, quantam Asiaticis testibus fidem habere uos conueniret *Flac.*60. **b** is tamen egit sane strenue et agit Cic.*Att.*16.11.6; si illo auctore atque agente ab armis sit discessum Caes.*Civ.*1.26.4; cum ceteri de legatis mittendis.. agerent Liv.26.13.2; 42.45.2;—(*w. cl.*) saepissime est actum in senatu ut genus hoc totum multarum..tolleretur Cic. *Ver.*1.156; *Att.*9.11a.1; Iuba cum eo egisse non oportere illum eodem uti uestitu *B.Afr.*57.5; Liv.2.2.9; qui senatus.. nomine agerent cum Gallis ne..socios populi Romani.. oppugnarent 5.35.5;—agebat auctoritate, agebat consilio Cic.*Sest.*87; quibus suppliciter agentibus responsum est Liv.9.45.1; 37.1.2.

43 (of an orator or actor) To deliver (a speech).

huic apologum agere unum uolo Pl.*St.*538; interdum Graecos uersus agit Cato *orat.*125; illa..quae aut conciliationis causa leniter aut permotionis uehementer aguntur Cic.*de Orat.*2.216; 3.214; tu istuc..nisi fingeres, sic ageres? *Brut.*278; haec quantis ab illo clamoribus agebantur! *Sest.* 121; (*absol.*) aliqua facultas agendi *Div.Caec.*35.

44 (intr.) To institute legal proceedings, go to law; plead; (also *lege agere*, etc.). **b** (w. gen. of the charge).

in Gallia agi non potuit? Cic.*Quinct.*41; si iudex non esses ..te potissimum hoc persequi, te petere, te agere oporteret *Ver.*4.70; *Cael.*8; reus est..siue is egit siue cum eo actum est Gal.*gram.*5; primam eius, cum quo ageretur, deprecationem Quint.*Inst.*3.6.13; si actum sit communi diuidundo Ulp.*dig.*17.2.43; (*w.* de) quibus de rebus simus acturi *Rhet. Her.*1.4; agitur de parricidio Cic.*S.Rosc.*73;—(*w.* lege) quis ..Chelidone inuita lege agere potuit? *Ver.*2.39; quod cum illo se lege agere diceret Nep.*Timol.*5.2; Tac.*Ann.*13.28; ei inter tutorem et mulierem..lege agendum erat Gaius *Inst.*1.184; (*transf.*) agerent..tecum lege..Pythagorei omnes..nihil te de bonis rebus..didicisse Cic.*de Orat.*1.42;—(*w. abl. of other nouns, etc.*) cum eo non potest agi ex sponsu Var.*L.*6.72; cumque Laurentes iure gentium agerent Liv.1.14.1; iudex, apud quem ea formula agitur Gaius *Inst.* 4.72; (*cf.*) non necesse habeo omnia pro meo iure agere Ter. *Ad.*52. **b** qui..iniuriarum agit *Ed.pr.*(*Font.iur.*p.227) 35.1; cum seruis Habiti furti egit Cic.*Clu.*163; rex iussit cum his agi furti Vitr.7.pr.7; talionis agere singuli possunt Sen.*Con.*10.4.13; sacrilegii agitur, de sacrilegio cognoscitis Quint.*Inst.*4.4.3; creditorem de pignore subrepto furti agere posse Gaius *Inst.*3.204; Papin.*dig.*7.5.8; (*cf.*) iniquum putabat plus secum agi, quam quod erat in actione Cic. *de Orat.*1.167.

-āgō -āginis, *f. suff.* Mostly formed from sbs. in *-a* or vbs. in *-are* (*imago, similago, uorago*); also from other sources (*cartilago, coriago*).

agōgē ~ēs, *f.* [Gk. ἀγωγή] (in mining) A channel for drawing off water.

fossae, per quas profluat (aqua), cauantur—~as uocant Plin.*Nat.*33.76.

agolum ~ī, *n.*: (see quot.).

~um pastorale baculum, quo pecudes aguntur Paul.*Fest.* p.29M.

agōn ~ōnos, *m.* [Gk. ἀγών] A struggle. **b** (esp. w. spec. adjs.) a public exhibition of games, etc., contest.

statuae eius a uertice cirrus appositus est cum inscriptione Graeca: hunc demum ~ona esse Suet.*Nero.*45.2. **b** gymnicus ~on apud Viennenses..celebrabatur Plin.*Ep.* 4.22.1; ~onas quinquennales *Ep.Tra.*10.75(79).2; Neroneum ~ona Suet.*Nero* 21.1; Gel.10.18.5; GYMNICO ~ONE SAEPIVS CORONATVS *CIL* 6.33992.

Agōnālia ~ōrum, *n. pl.* A Roman festival in honour of Janus.

Antias..~orum repertorem Numam Pompilium refert Modestus in Macr.1.4.7; Agonium..putabant (antiqui) deum dici praesidentem rebus agendis; ~a eius festiuitatem Paul.*Fest.*p.10M.

Agōnālis ~is ~e *a.* Of, or connected with, the Agonalia.

dies ~es per quos rex in regia arietem immolat Var.*L.* 6.12; Ianus ~i luce piandus erit Ov.*Fast.*1.318; 1.324.

Agōnensis ~is ~e, *a.* (An epithet, of uncertain meaning, applied to the Colline Gate at Rome, and to the Salian priests; see quots.)

Romae..Collina porta ~is Paul.*Fest.*p.10M;—in libris Saliorum quorum cognomen ~ium Var.*L.*6.14.

agōnius ~a ~um, *a.* [ago]

1 (masc. as sb.; see quot.).

~um..putabant deum dici praesidentem rebus agendis Paul.*Fest.*p.10M.

2 (fem. as sb.; see quot.).

~as hostias putant ab agendo dictas Paul.*Fest.*p.10M.

3 (neut. as sb.): **a** (sg.; see quots.); *~um Martiale*, a name for the liberalia. **b** (pl.; see quot.); also, a festival in honour of Janus, and a name for the liberalia.

a ~um dies appellabatur, quo rex hostiam immolabat Paul.*Fest.*p.10M; ~um id est ludum, ob hoc dictum, quia locus, in quo ludi initio facti sunt, fuerit sine angulo p.10M; —Liberalium dies..a pontificibus ~um Martiale appellatur Sab.*iur.*9. **b** ~a sacrificia, quae fiebant in monte Paul. *Fest.*p.10M;—ad Ianum redeat, qui quaerit, ~a quid sint Ov.*Fast.*5.721; (*w. ref. to the supposed etymology of the word*) pecus antiquos dicebat ~a sermo 1.331;—in libris Saliorum ..forsitan hic dies (*sc.* Liberalia)..appelletur potius ~a Var.*L.*6.14.

agōnotheta ~ae, *m.* [Gk. ἀγωνοθέτης] A superintendent of public games.

~AE CERTAMINIS PENTAHETERICI *CIL* 2.4136; 3.6835.

agōnotheticus ~a ~um, *a.* [Gk. ἀγωνοθετικός] Of, or connected with, a superintendent of public games.

L · PAPIO..LVPERCO..ET AGONOTHETIC ET QVINQ ORNAMENT ORNATO *A.Epig.*23.7.

agōnus ~ī, *m.*: (see quot.)

siue quia (antiqui) ~os dicebant montes Agonia sacrificia, quae fiebant in monte; hinc Romae mons Quirinalis ~us Paul.*Fest.*p.10M.

agorānomus ~ī, *m.* [Gk. ἀγορανόμος] A market inspector.

mirum..adeost ni hunc fecere sibi Aetoli ~um Pl.*Capt.* 824; *Cur.*285; sicuti merci pretium statuit qui est probus ~us *Mil.*727.

Agragantīnus: see Acragantinvs.

Agragās: see Acragas.

agrammatus ~a ~um, *a.* [Gk. ἀγράμματος] Ignorant of literature, illiterate.

non..debet nec potest esse architectus grammaticus..sed non ~us Vitr.1.1.13.

agrārius ~a ~um, *a.* [ager+-arivs]

1 Of, or connected with, land or landed property; (masc. pl. as sb., app.) possessors of landed property. **b** (of a path) that passes over a private estate.

CIL 6.3606; DIDYMVS..MENSOR ~VS 8.12637;—(*facet.*) ~us (grarius *codd.*) mergus (*i.e. a land-grabber*) Lucil.1103; —aliae (declinationes) quae extra hominem, ut pecuniosi, ~i, quod foris pecunia et ager Var.*L.*8.15. **b** uiarum quaedam publicae sunt, quaedam priuatae..priuatae sunt, quas ~as quidam dicunt Ulp.*dig.*43.8.2.22.

2 Of, or connected with, the redistribution of public land, agrarian. **b** (fem. as sb.) an agrarian law. **c** (masc. pl. as sb.) those advocating or profiting from the redistribution of public land, the party of agrarian reform.

hoc populare legis ~ae nomen Cic.*Agr.*2.63; huic toti rationi ~ae senatus aduersabatur *Att.*1.19.4; *Fam.*11.21.5; qui..~am rem temptant, ut possessores pellantur suis sedibus *Off.*2.78; Liv.2.41.8; ~ae seditiones 4.47.6; triumuirum ~um 27.21.10; promulgatis ~is legibus Vell.2.2.3; Tac.*Ann.*4.32; Flor.*Epit.*1.38(3.3.3). **b** ~a..promulgata est a Flauio Cic.*Att.*1.18.6; Cael.*Fam.*8.6.5. **c** Cic. *Catil.*4.4; se, cum ~i mare transissent, litteras missurum quem in agrum deducerentur *Att.*16.16c.11; ~i se in spem legis erexerant Liv.3.1.2.

agrestis[1] ~is ~e, *a.* *compar.* ~ior. [from **agrestris* (ager+-estris) by dissimilation]

1 Of, or connected with, a field or fields. **b** (of paths, etc.) occurring in, or passing through, fields. **c** (of produce, etc.) grown in the fields; (of animals) living in the fields.

seu cum araret, operi..~i intentus Liv.3.26.9; spe maioris quam ex ~ibus populationibus praedae 10.17.3; illa soporiferum..colligit ~i lene papauer humo Ov.*Fast.* 4.532. **b** uicinales uias ~esque Fron.*Aq.*126; septima Claudiana (legio) ~i fossa..praemunita Tac.*Hist.*3.21; locum..saeptum ~i aggere *Ann.*12.31. **c** praedae.. rerum ~ium actae; nulla felix arbor, nihil frugiferum in agro relictum Liv.5.24.2; ~ia olera uendentem Gel.15.20.1;— quadrupes tardigrada ~is humilis aspera (*i.e. the tortoise*) Pac.*trag.*4; ~es tineae Ov.*Met.*15.373; mures ~es Plin. *Nat.*22.91.

2 Inhabiting, found in, or characteristic of, the countryside, rustic, rural: **a** (of persons or deities). **b** (of places, things, etc.). **c** (of actions, speech, etc.).

a uelut hic ~is est adulescens qui hic habet Pl.*Truc.*246; non nullos ~is homines tenuis atque egentis Cic.*Catil.*2.20; aedificia Numidarum ~ium, quae mapalia illi uocant Sal. *Jug.*18.8; cuncta..pubes ~is Verg.*G.*1.343; non urbana tantum sed etiam ~i iuuentute Liv.7.25.8; uulgus ~e Plin.*Nat.*18.314;—deos qui nouit ~is Verg.*G.*2.493; Nymphas uenerabar ~is *A.*3.34; ~is..Fauni Ov.*Fast.*2.193; ~e..uirginis numen deae Sen.*Phaed.*405; ~i Alcidae Stat. *Silv.*3.1.10; (*cf. sense 4*) ad forensis causas, quas, ut illi ipsi dicere solebant, ~ioribus Musis reliquerunt Cic.*Orat.*12;— (*poet., of features*) quoniam ~em detraxit ab ore (*sc. of Io*) figuram Iuppiter Prop.2.33.13; uultus Acheloius ~es.. mediis..abdidit undis Ov.*Met.*9.96. **b** ardua per loca ~ia Pac.*trag.*272; Var.*L.*7.10;—nectere ex uiminibus uasa ~ia Sal.*Hist.*3.102; uestitu ~i Nep.*Pel.*2.5; ille..ipsum ludere quae uellem calamo permisit ~i Verg.*Ecl.*1.10; gaza laetus ~i *A.*5.40; ~is..ante focos Prop.2.19.14; arboribus, speluncis, montibus reliquisque ~ibus rebus Vitr.5.6.9; ~ibus ferramentis Liv.1.40.5; ~i fano Ov.*Fast.*4.756; ~i.. in scamno V.Max.4.3.5; ne tela quidem nisi ~ia aut subitum in usum properata Tac.*Ann.*2.80; (*cf.*) per..opaca siluae quiddam ~e resonantis Mela 1.73. **c** rustica uox et ~is Cic.*de Orat.*3.42; te..hospitio ~i accipiemus *Att.* 2.16.4; ~is..tum musa uigebat Lucr.5.1398; non iam certamine ~i stipitibus duris agitur Verg.*A.*7.523; pastorum sermo ~i an urbano propior esset Liv.10.4.9.

3 a (of animals) Not tamed or domesticated, wild; (w. *caro*) of wild animals. **b** (of plants) uncultivated, wild.

a duo..genera earum (*sc.* columbarum) in peristerotrophio esse solent, unum ~e..alterum..clementius Var.*R.* 3.7.1; ~ium..pauonum Curt.9.1.13; ea (animalia)..quae de ~ibus mitia sunt Mela 2.125; grex asinorum ~ium Tac. *Hist.*5.3; Apul.*Mun.*28; (*cf.*) uaccam aeneam Syracusis ab ~i tauro, qui a pecore aberrasset, initam Liv.41.13.2; —cibos assae carnis ~is aut uolucrum Larg.134. **b** radices palmarum ~ium Cic.*Ver.*5.87; ~es herbae *Culex* 88; pomis ~ibus Verg.*A.*7.111; spargit ~is tibi silua frondis Hor. *Carm.*3.18.14; lauro..~i Tib.2.5.117; has (*sc.* aras) ubi uerbenis siluaque incinxit ~i Ov.*Met.*7.242; ne quid..~e succrescat, quod necet segetem Sen.*Ep.*90.21; radices ~is hederae Col.6.31.2.

4 Boorish, coarse, clumsy, uncivilized; also, unsophisticated, simple: **a** (of persons, etc.). **b** (of speech, behaviour, qualities, etc.).
a clamore apsterret, abigit; ita est ~is PL.*Truc.*253; ego ille ~is saeuos tristis parcus truculentus tenax TER.*Ad.*866; hominum esse duo genera, alterum indoctum et ~e . . alterum humanum et politum CIC.*Part.*90; *Cael.*36; quae barbaria India uastior aut ~ior? *Tusc.*5.77; Aborigines, genus hominum ~e SAL.*Cat.*6.1; Graecia . . artis intulit ~i Latio HOR.*Ep.*2.1.157; precibus pectusne ~e mouetur? [Ov.]*Ep.Sapph.*207; fertur (Marsyas) . . cum Apolline certauisse . . ~is cum erudito APUL.*Fl.*3;—(*of the ear*) quod si auris tam inhumanas tamque ~is habent CIC.*Orat.*172; rudis profecto et aure ~i homo GEL.13.21.7;—capit consilium rudis quidem atque ~is animi LIV.7.5.2. **b** uita . . haec rustica quam tu ~em uocas CIC.*S.Rosc.*75; exculto . . animo nihil ~e, nihil inhumanum est *Att.*12.46.1; habuit . . uires ~is ille quidem atque horridas *Leg.*1.6; asperitas ~is et inconcinna grauisque HOR.*Ep.*1.18.6; saltu . . imitatus ~i addidit obscenis conuicia rustica dictis OV.*Met.*14.521; ~e atque inconditum carmen SEN.*Ben.*4.6.5; dum fugit ~em uiolenti pectoris iram SIL.14.224; FRO.*Aur.*1.p.100(52N).

5 (perh.) Living on dry land, terrestrial.
hoc apparet in bestiis uolucribus nantibus ~ibus cicuribus feris CIC.*Amic.*81.

agrestis² ~is, *m.* [prec.] A countryman, rustic, peasant. **b** (typifying boorishness or lack of civilization).
cum e somno in segetem ~is cornutos cient ACC.*trag.*494; opifices ~esque omnes SAL.*Jug.*73.6; ~um praesentia numina, Fauni VERG.*G.*1.10; ~ium fuga uasti relicti agri LIV.2.50.4; 25.9.5; uim . . ~um metuens OV.*Met.*14.635; PLIN.*Nat.*16.35; STAT.*Theb.*5.667; facinus atrox . . admissum a quodam ~i nationis Termestinae TAC.*Ann.*4.45. **b** quoniam non est nobis haec oratio habenda aut in imperita multitudine aut in aliquo conuentu ~ium CIC.*Mun.*61; quod in alicuius ~is periculo non praetermitteret, id . . in insidiis doctissimi hominis dissimulandum putaret? *Cael.*54; *Parad.*33.

agricola¹ ~ae, *m.* [AGER + -COLA] FORMS: ~*um* (gen. pl.) LUCR.4.586. A farmer, cultivator. **b** (applied to the tutelary gods of agriculture).
uostram ego imploro fidem, ~ae PL.*Rud.*616; uirum bonum quom laudabant, ita laudabant, bonum ~am bonumque colonum CATO *Agr.*pr.2; ego . . ~a et rusticus CIC.*S.Rosc.*94; ut . . diligentissimus ~a et pecuarius haberetur (Deiotarus) *Deiot.*27; o fortunatos nimium . . ~as! VERG.*G.*2.459; hostis ab ~a uix sinit illa fodi OV.*Pont.*3.8.6; COL.9.2.5; PLIN.*Nat.*17.202; (*poet.*) creber harundinibus tremulis ibi surgere lucus coepit et . . prodidit agricolam OV.*Met.*11.192. **b** ~is . . caelitibus TIB.2.1.36; sertis ornare solebant ~as . . deos *Nux* 10.

Agricola² ~ae, *m.* Cognomen of *Cn. Iulius Agricola* (40–93 A.D.), a Roman provincial governor who campaigned in Britain and was Tacitus' father-in-law.
hic . . liber honori ~ae soceri mei destinatus TAC.*Agr.*3.3.

agricolatiō ~ōnis, *f.* Agriculture.
qui studium ~oni dederit COL.1.1.1; 2.2.15.

agricultiō: see CVLTIO.

agricultor: see CVLTOR.

agricultūra: see CVLTVRA.

Agrigentīnī ~ōrum, *m. pl.* Also **Agragant-**. The inhabitants of Agrigentum.
CIC.*Off.*2.26; PLIN.*Nat.*35.64.

Agrigentīnus ~a ~um, *a.* Of, from, belonging to, or obtained from Agrigentum.
~um . . uirum CIC.*Amic.*24; LIV.36.31.12; ~us (sal) PLIN.*Nat.*31.8.5.

Agrigentum ~ī, *n.* A city on the south coast of Sicily, also called ACRAGAS.
alia (iudicia) ~i . . restituta sunt CIC.*Ver.*2.63; *Rep.*3.45; PLIN.*Nat.*3.89.

agrimensor ~ōris, *m.* [AGER + MENSOR] A land-surveyor.
CIL 8.12639.

Agriophagī ~ōrum, *m. pl.* A people of Ethiopia, reputed to live on the flesh of wild beasts.
PLIN.*Nat.*6.195; BIDVO SECVTVS ~OS NEQVISSIMOS *A.Epig.*05.131.

agripeta ~ae, *m.* [AGER + PETO + -A] One who goes in search of land, a settler.
quid est . . quod ~as Buthroti concisos audio? CIC.*Att.*16.1.2; 16.4.3; in eam (*sc.* Samum) pater eius Neocles ~a uenerat *N.D.*1.72.

Agrippa ~ae, *m.* Also **~as** (nom. sg.) *CIL* 3.14.19.

1 A Roman cognomen, esp.: **a** of *Menenius Agrippa*, who reputedly ended the first secession of the *plebs* by telling the fable of the limbs and the belly. **b** of *M. Vipsanius Agrippa*, general, friend, and son-in-law of Augustus. **c** of *Herodes Agrippa*, king of Judaea, or his son.
a placuit . . oratorem ad plebem mitti Menenium ~am LIV.2.32.8; TAC.*Dial.*17.1. **b** uentis et dis ~a secundis arduus agmen agens VERG.*A.*8.682; HOR.*C.*1.6.5. **c** Ituraeique et Iudaei defunctis regibus Sohaemo atque ~a prouinciae Syriae additi TAC.*Ann.*12.23; 13.7.

2 (meton.) The *saepta* in the *Campus Martius*: see SAEPTVM.
~ae tumidus negotiator MART.10.87.9.

3 (ref. to supposed etymology).
in pedes procidere nascentem contra naturam est, quo argumento eos appellauere ~as ut aegri partus PLIN.*Nat.*7.45; GEL.16.16.1.

Agrippīna ~ae, *f.*: **a** The daughter of M. Vipsanius Agrippa and Julia, wife of Germanicus and mother of Caligula. **b** the daughter of Germanicus, wife of Cn. Domitius Ahenobarbus and mother of Nero.
a neptem eius (*sc.* Augusti) ~am in matrimonio . . habebat (Germanicus) TAC.*Ann.*1.33; 2.54. **b** Tiberius neptem ~am Germanico ortam cum coram Cn. Domitio tradidisset, in urbe celebrari nuptias iussit TAC.*Ann.*4.75; 12.27.

Agrippīnensēs ~ium, *m. pl.* The inhabitants of *Colonia Agrippinensis*.
quamquam . . ~es conditoris sui nomine uocentur TAC.*Ger.*28.5; PAUL.*dig.*50.15.8.2.

Agrippīnensis ~is ~e, *a.*

1 Named after Agrippina (*b*); esp. *Colonia ~is*, the modern Cologne.
TAC.*Hist.*1.57; SUET.*Vit.*10.3.

2 Of the *Colonia Agrippinensis*.
FEMINAE . . CIVI ~I *CIL* 13.1904.

agrius ~a ~um, *a.* **agrios.** [Gk. ἄγριος]

1 (of plants and other natural products) Wild; *staphis ~a*, stavesacre.
raphanos ~a PLIN.*Nat.*26.72; orminos ~os 26.94; quod appellant ~um (nitrum) 31.106;—LARG.166; 243.

2 (applied to a skin-disease) Malignant.
eam (scabiem) quae talis est, ~an Graeci appellant CELS.5.28.16.A.

agrōsius ~a ~um, *a.* (dub.) Possessing land.
VAR.*L.*5.13.

Agyieus, *m.* Guardian of the streets (a title of Apollo).
Phoebe . . leuis ~eu HOR.*Carm.*4.6.28.

Agylla ~ae, *f.* Former name of CAERE.
PLIN.*Nat.*3.51.

Agyllīnus ~a ~um, *a.* *urbs ~a*, Agylla; (masc. pl. as sb.) its people.
VERG.*A.*7.652; 8.479;—12.281.

Agyrīnensis ~is ~e, *a.* Of, or belonging to, Agyrium; (m. pl. as sb.) the people of Agyrium.
ager ~is CIC.*Ver.*3.121;—3.73.

Agyrīnus ~a ~um, *a.* = prec.
~a manus SIL.14.207; (*m. pl. as sb.*) PLIN.*Nat.*3.91.

Agyrium ~(i)ī, *n.* A town in central Sicily.
CIC.*Ver.*3.67.

āh, *int.*: see A².

aha, *int.* (Lengthened form of A, AH) An exclamation expressing surprise, irony, etc.
manum da et sequere. — ~ minime PL.*Bac.*87; *Capt.*148; ~ nimium familiariter me attrectas *Rud.*419.

Ahēnobarbus ~ī, *m.* A cognomen of the *gens Domitia*, 'Red-beard'.
CN(AIVS) DOMITIVS . . ~VS *Fast.Cos.Cap.*18b(*CIL* 1.p.25); ex gente Domitia duae familiae claruerunt, Caluinorum et ~orum SUET.*Nero* 1.1.

ahēnus, etc.: see AEN-.

ai, *int.* (an expression of grief) Ah! alas!
AI AI flos habet inscriptum, funestaque littera ducta est OV.*Met.*10.215.

Aiax ~ācis, *m.*: **a** The son of Telamon, king of Salamis. **b** the son of Oileus, king of the Locri; also *~ax secundus*.
a scibas natum ingenuum ~acem ENN.*scen.*324; ACC.*trag.*158; CIC.*Scaur.*3; HOR.*Carm.*2.4.5; (*as the title of a tragedy*) ~acem suum in spongiam incubuisse SUET.*Aug.*85; Ennius in ~ace FEST.p.352M. **b** unius ob noxam . . ~acis Oilei VERG.*A.*1.41; OV.*Met.*12.622; ~ax . . secundus STAT.*Ach.*1.501.

aigilips ~pis, *a.* [Gk. αἰγίλιψ] Steep, sheer.
~pes montes, Aetnae omnes, asperi Athones LUCIL.113.

aīgleucos, *n.* [Gk.] (See quot.)
medium inter dulcia uinumque est quod Graeci ~os uocant, hoc est semper mustum PLIN.*Nat.*14.83.

āiens ~ntis, *a.* [pple. of AIO] Affirmative.
ea ἀποφατικά Graece, contraria ~ntibus CIC.*Top.*49.

aiio: see next.

āiō, *intr., tr., defec.* [Umb. *aiu*, Gk. ἦ, Arm. *asem*] FORMS and PROS.: the following forms are found: pres. ind. *āiō* or *aiio* (both disyll.), *ais* (*āis* PL.*Poen.*985), *ait*, *āiunt* or *aiiunt*; *āin* or *āin* (PL.*Mos.*383, etc.) for *aisne*; impf. *aiēbam* or *āibam* etc. (*aībat* TITIN.*com.*63); pf. *aisti* OV.*Ep.*11.59 (s.v.l.), also perh. *ait*; subj. *āiās*, *āiat*, *āiant*; imp. *ai* (disyll.) NAEV.*com.*125; pres. pple. *aiens* CIC.*Top.*49, APUL.*Met.*6.13.

1 To say yes, say so. **b** *~o* (as the answer to a question) so I say, yes; *non ~o*, no. **c** to consent, agree.
an nata est sponsa praegnas? uel ai uel nega NAEV.*com.*125; negat quis: nego; ~t: ~o TER.*Eu.*252; quidquid non perdidisti, habeasne an non habeas, postulo ut ~as aut neges GEL.16.2.9; (*of a writer*) Diogenes ~t, Antipater negat CIC.*Off.*3.91. **b** ~n heri nos aduenisse huc? — ~o PL.*Am.*799; ~n minis triginta amicam destinatam Philolachem? — ~io *Mos.*975; ~n uero, uerbereum caput? — ~o enim uero *Per.*185; ne faciam, inquis, omnino uersus? '~o' HOR.*S.*2.1.6;—is aedis emit has hinc proxumas? — non ~io PL.*Mos.*978. **c** quam ob rem huc sum missa . . uel tu mi ~as uel neges PL.*Rud.*427; 1331.

2 *~n?* (form of interrogation expr. doubt, surprise, etc.) what's that? indeed! so! you don't say?
~n, inquit, uulpinaris, amasio? APUL.*Met.*3.22; ~n, Psyche miseranda? 6.2;—(*w.* uero) ~n uero, uerbero? deos esse tui similis putas? PL.*Am.*284; adortust iurgio fratrem . . de psaltria ista. — ~n uero? — uah nil reticuit TER.*Ad.*405;—(*w.* tandem) ~n tandem, ciuis Glyceriumst? TER.*An.*875; ~n tandem? etiam a Stoicis ista tractata sunt? CIC.*Leg.*3.14; (*addressed to plural audience*) '~n tandem?' inquit, 'num castra uallata non habetis?' LIV.10.25.6;—(*w.* tu) pater, inquam, aderit iam hic meus — ~n tu, pater? PL.*Mos.*383; ~n tu? me existimas ab ullo malle mea legi probarique quam a te? CIC.*Att.*4.5.1; de statua Africani . . ~n tu? 6.1.17.

3 (w. acc.) To affirm, assert, say. **b** (w. acc. and inf.) to affirm (that). **c** (w. inf.) to order, tell (to).
quis id ~t? quis uidit? PL.*Mos.*367; audin quid ~t? *Per.*655; quia nunc ~unt quod tum negabant CIC.*Rab.Post.*34; contraria . . quorum alterum ~t quid, alterum negat *Fat.*37; *formula* in Gaius *Inst.*4.17ᵃ; (*w.* in + *acc.*) male quae in nos ~s (*cj., mss.* illis), PL.*Truc.*158; (*w.* de) Vergilius quid ~t de nauibus? SEN.*Suas.*1.12; (*poet.*) quid maceria illa ~t in horto quae est quae in noctes singulas latere fit minor? PL.*Truc.*303;—(*w.* ita) ita uosmet ~ebatis *Capt.*676; TER.*An.*192; (*w. indef. subj.*) hodie uxorem ducis? — ~unt 321. **b** ~o te Aeacida Romanos uincere posse ENN.*Ann.*179; peregrinum ~bas esse te? PL.*Men.*634; rabere se ~t CAECIL.*com.*89; Rhamnusium se ~ebat esse TER.*An.*930; LUCIL.202; ACC.*trag.*388; 389; faenum alios ~ebat esse oportere CIC.*de Orat.*2.234; *Cael.*19; te meas litteras habere ~s *Att.*6.1.1; SAL.*Cat.*51.32; LIV.30.40.9; SEN.*Suas.*1.6; SEN.*Ep.*52.3; Tannonius Pudens . . ~t pueros alios productum APUL.*Apol.*46; (*w. dat.*) inspicere te aedis has uelle ~ebat mihi PL.*Mos.*806;—(*w. indef. subj.*) ~unt solere eum (*sc.* senem) rusum repuerascere *Mer.*296; Pentheum diripuisse ~iunt Bacchas 469; PAC.*trag.*369; CIC.*Clu.*140; quem secum patrios ~unt portare penatis VERG.*A.*4.598. **c** in his regionibus excelsissimo loco grumam statuere ~ebat SCIP.min.*orat.*12.

4 (w. *ut*, also *quemadmodum*, *quod*) As he, etc., says. **b** (w. indef. subj.).
ut philosophi ~unt isti; quibus quiduis sat est TURP.*com.*144; cum statuisses, ut ~s, tibi causam esse dicendam CIC.*Ver.*5.78; cras, ut rumor ~t, tota potabitur urbe PROP.4.4.47; taedio, ut ~ebant, nostrae tarditatis APUL.*Met.*6.26;—(*of an author*) haut facul, ut ~t Pacuuius, femina una inuenietur bona AFRAN.*com.*7; ut ~t Thucydides CIC.*Att.*10.8.7; *Fam.*12.25.5; ut ~t Cicero QUINT.*Inst.*7.1.51. **b** ille eiectus in exsilium se Massiliam, ut ~unt, non in haec castra confert CIC.*Catil.*2.14; Domitius . . in Cosano est et quidem, ut ~unt, paratus ad nauigandum *Att.*9.6.2; erat . . ut ~unt, natus in Cia insula PHAED.4.22(23).8;—(*in prov. expressions*) neque ut ~unt μῦ facere audent ENN.*inc.*10; num possum magis pedem conferre, ut ~unt, aut propius accedere? CIC.*Planc.*48; suo capiti, ut ~unt *Att.*8.5.1;—iste 'claudus', quem ad modum ~unt, 'pilam' *Pis.*69;—immo, id quod ~unt, auribu' teneo lupum TER.*Ph.*506; nec sepulcra legens uereor quod ~unt, ne memoriam perdam CIC.*Sen.*21; PROP.2.16.35; summo, quod ~unt, animo inhaerere SEN.*Dial.*3.19.5.

5 (w. dir. sp.) I said, he said, etc. **b** *sic ~t* and sim. as form of transition after or before a speech.
(*preceding quot.*) tum ~t miles: 'iam me qui sim intelleges' *B.Afr.*16.3; deinde ~t, 'nos quidem illum deridemus' SEN.*Suas.*1.5; uerba deuorans ~o: 'tu quidem . .' APUL.*Met.*11.24; (*w.* sic) PROP.1.3.34;—(*following or inside quot.*) Ennio delector, ~t quispiam CIC.*Orat.*36; 'o te, Bolane, cerebri felicem!' ~ebam tacitus HOR.*S.*1.9.12; 'improbus es cum poscis' ~t JUV.9.63; (*w. indef. subj.*) 'pudet . . nugis addere pondus' si dixi, 'rides' ~t 'et . .' HOR.*Ep.*1.19.43; PERS.1.40;—(*w. dat.*) mihi uiue, soror, soror o carissima, ~sti (*v.l.* dixti) OV.*Ep.*11.59. **b** sic ~t et dicto citius tumida aequora placat VERG.*A.*1.142; 10.285; sic ~ens . . uasculum . . tradidit APUL.*Met.*6.13.

6 *quid ~s?* what do you say? eh? **b** (followed by a further question) tell me, look here, I say.
factum hoc est, Daue? — factum. — hem quid ~s? scelus! TER.*An.*665; uirginem quam erae dono dederat miles, uitiauit. — quid ~s? *Eu.*654; AFRAN.*com.*95; quae ex societate debeatur? quid ~s? CIC.*Q.Rosc.*16. **b** sed quis ~s? — quid rogas? — ubi arma sunt Stratippocli? PL.*Epid.*29; quid ~s tu? etiamne haec illi tibi iusserunt ferri . . ? *Mer.*751; 'quid ~s?' inquam 'nihilne a Pomponio?' CIC.*Att.*2.8.1; 4.8a.1.

7 (of a law, etc.) To prescribe, lay down.
~t lex 'inuito patrono' ULP.*dig.*23.2.45.5; ~t enim oratio (*sc.* imperatoris) 'si prior uita decesserit' 24.1.32.14.

8 a To mention, talk about; also, to employ the expression, say. **b** to designate, call.
a ubi sunt qui ~unt ζώσης φωνῆς? CIC.*Att*.2.12.2; illud ipsum quod ~s, 'quid fiet, cum erit dictum, DIC, M. TVLLI?' —σύντομα, 'CN. POMPEIO ADSENTIOR' 7.3.5;—subplantare ~unt Graeci LUCIL.915. **b** quos ~t Caecilius 'comicos stultos senes' CIC.*Sen*.36; 'eiecta' (*sc.* naue) hoc est quod Graeci ~unt ἐξεβράσθη ULP.*dig*.47.9.3.6.

Āius ~ī, *m*. [prec.+-VS] The god who warned the Romans of the approach of the Gauls in 389 B.C.; also *~us Loquens* or *Locutius*.
sicut ~us..deus appellatus araque ei statuta est VAR. in GEL.16.17.2; ara..~o Loquenti..consecrata est CIC.*Div*.1.101; iussum..templum in Noua uia ~o Locutio fieri LIV.5.50.5.

aiūtō: see ADIVTO.

aizōum ~ī, *n*. [Gk. ἀείζωον] The house leek, *Sempervivum*, or similar plant.
herbae, quae appellatur ~um, Latine..sedum aut digitillum PLIN.*Nat*.18.159; 25.159.

-al -ālis, *n. suff*. Forms neut. sbs. (*animal, cubital, toral*).

āla ~ae, *f*. [<*ag-s-lā; cf. AS *eaxl*, Skt. *dkṣaḥ*]
1 The wing of a bird or insect. **b** (attributed to gods or heroes); also, an artificial wing. **c** (poet., in fig. phrs., as symbol of speed). **d** (poet., as an attribute of night).
premunt ~as (galli) ENN.*scen*.221; (coruus) prospectum ~is arcebat QUAD.*hist*.12; alituum porro genus ~is omne uidemus fidere LUCR.5.1039; quibus..sua tecta super uolitauerit ~is VERG.*Ecl*.6.81; tu regibus ~as eripe *G*.4.106; clangore eorum (*sc.* anserum) ~arumque crepitu excitus LIV.5.47.4; quadriga..quam musca integeret ~is PLIN.*Nat*.7.85; (*in constellations*) propter pinnati corporis (*i.e.* Alitis) ~am CIC.*Arat*.288(54); MAN.5.366;—(*in fig. phr.*) peri, harundo ~as uerberat PL.*Bac*.51. **b** nec tibi si Persei mouerit ~a pedes PROP.2.30.4; uina..cum bibulas sparsere Cupidinis ~as OV.*Ars* 1.233;—(Daedalus) tibi, Phoebe, sacrauit remigium ~arum VERG.*A*.6.19; OV.*Ars* 2.73. **c** pedibus timor addidit ~as VERG.*A*.8.224; sibi fecerat ~as (equus) concitus SIL.16.351; timor ungulas mihi ~as fecerat APUL.*Met*.6.26; (*of lightning*) fulminis ocior ~is VERG.*A*.5.319; (*of the wind*) stridentibus affremit ~is (Boreas) SIL.14.124. **d** nox ruit et fuscis tellurem amplectitur ~is VERG.*A*.8.369; cum obducta nigris nox orbem texerit ~is MAN.3.194.

2 The upper arm; also, the corresponding part of an animal; *subnixis ~is*, with arms akimbo. **b** the arm-pit. **c** the fin of a fish.
umbonibus incussaque ~a sternuntur hostes LIV.9.41.19; grandes miretur Laelius ~as JUV.14.195; (*in pun w. sense 1*) meae ~e pinnas non habent PL.*Poen*.871;—ranae superueniunt, prioribus pedibus ~as feminae mare adprehendente PLIN.*Nat*.9.159;—subnixis ~is me inferam PL.*Per*.307. **b** hircum ab ~is (sapit) PL.*Ps*.738; qua tibi fertur ualle sub ~arum trux habitare caper CATUL.69.6; ne forte sub ~a fasciculum portes librorum HOR.*Ep*.1.13.12; inter ungues et ~as uel inguina CELS.5.26.31.C; dum uellit ~as SEN.*Ep*.56.2; ~arum neglegens sudor PETR.128.1; graueolentiam ~arum PLIN.*Nat*.22.87;—(*in an animal*) elephans tantum sub armis duas (mammas habet)..in ~is occultas 11.233; ipsae sordes pecudum sudorque feminum et ~arum 29.35; (*prov.*) tu uiperam sub ~a nutricas PETR.77.2. **c** insignis sargusque notis, insignis et ~is OV.*Hal*.105.

3 (usu. pl.) A section or reef of a sail.
paruis modo uelorum ~is demissis SAL.*Hist*.inc.12; uelorum pandimus ~as VERG.*A*.3.520; panditur hinc totis in noctem carbasus ~is V.FL.2.579.

4 The axil of a branch or leaf, fork.
gignunt et ~ae..ramorum eius (*sc.* hemeridis) pilulas PLIN.*Nat*.16.29; (chamaeleo)..uiscum gignit album sub ~is foliorum 22.45; 27.11; (*perh.*) CATO *hist*.122; ~ae ex lupino STILO *gram*.5.

5 A wing or flank of an army or other similar formation.
equitatus sui ~am sinistram ad intercludendos hostis immisit *B.Afr*.39.5; cum sinistrae ~ae equitibus SAL.*Jug*.50.2; a tergo atque ~is circumuenta acies LIV.25.21.10; uelites circumductis ~is in latera incurrebant 28.14.20.

6 a A unit of auxiliary troops (usu. posted on a flank). **b** a unit or squadron of cavalry. **c** (poet.) a band or troop of warriors; also, of hunters.
a peditatu, equitibus atque ~is cum hostium legionibus pugnauimus CATO *hist*.99; legionis unius atque ~ae magno certamine uix toleratis pugnam LIV.23.45.7; dextra ~a—in ~as diuisum socialem exercitum habebat—in prima acie locata est 31.21.7; fusa regiorum equestris acies, fugatae ~ae, conuersae cohortes sunt VELL.2.112.5; turmas..equitum..ademptis equis in funditorum ~as transcripsit V.MAX.2.7.9. **b** ~ae dictae exercitus equitum ordines CINC.*gram*.15; praefuit..alterae equitum ~ae NEP.*Eum*.1.6; inuecta subito ab latere Romana equitum ~a LIV.2.49.11; uelites et equitum duae ferme ~ae emissae 31.35.2; uolucris equitum praeuerterat ~as fama recens STAT.*Theb*.5.691; Raeticae ~ae cohortesque TAC.*Hist*.1.68; praeerat ~ae miliariae PLIN.*Ep*.7.31.2; praefectum ~ae SUET.*Tib*.30. **c** uirginis ~a Camillae VERG.*A*.11.604; fertur equo variisque instigat uocibus ~as 11.730; confugiunt iterum ad classes Agamemnonis ~ae *Ilias* 795; pater Ogygias Mauors circumspicit ~as STAT.*Theb*.9.841; SIL.2.84;—dum trepidant ~ae saltusque indagine cingunt VERG.*A*.4.121; SIL.2.419.

7 (archit.) A recess on either side of the atrium; an aisle of a temple.
quarta pars longitudinis ~is tribuatur VITR.6.3.4;—ternae partes dextra ac sinistra cellis minoribus, siue ibi ~ae futurae sunt, dentur 4.7.2.

Alabanda ~ōrum, *n*. **Alabanda** ~ae, *f*. A town in Caria.
(habet deum) Alabandum ~is CIC.*N.D*.3.39; LIV.33.18.7. **β** PLIN.*Nat*.5.109.

Alabandensis ~is ~e, *a*. Of or belonging to Alabanda; (m. pl. as sb.) the inhabitants of Alabanda.
~em Apollonium CIC.*de Orat*.1.126;—*N.D*.3.50; LIV.43.6.5.

Alabandēus ~a ~um, *a*. = prec.
CIC.*Brut*.325; VITR.3.2.6.

Alabandicus ~a ~um, *a*. = prec.
PLIN.*Nat*.21.16; 37.92.

Alabandīs ~ium, *m*. [Gk. Ἀλαβανδεῖς] (People like) the inhabitants of Alabanda (i.e. people who lack a sense of fitness).
~is satis acutos ad omnes res ciuiles haberi..uideamus..ne..scaena efficiat et nos ~is aut Abderitas VITR.7.5.6.

Alabandius ~a ~um, *a*. Of Alabanda.
GRAT.46.

Alabandus ~ī, *m*. The mythical founder of Alabanda.
CIC.*N.D*.3.39; 3.50.

alabaster ~trī, *m*. **alabastrum** ~ī, *n*. [Gk. ἀλάβαστρος]
1 A conical box for perfume.
~ter plenus unguenti CIC.*Ac*.2.fr.8; PETR.60.3; ~trorum figura PLIN.*Nat*.9.113; quod Cosmi redolent ~tra MART.11.8.9;—(*transf., of rose buds*) (cortice rosae) in uirides ~tros fastigato PLIN.*Nat*.21.14.

2 Another name for STIMI.
stimi appellant, alii stibi, alii ~trum PLIN.*Nat*.33.101.

alabastrītēs ~ae, *m*. [Gk. ἀλαβαστρίτης] Another name for *onyx*, stalagmite.
hunc aliqui lapidem (*sc.* onychem) ~en uocant PLIN.*Nat*.36.60; lapidem, quem ~en Aegyptii uocent 37.73.

alabastrītis ~idis, *f*. [Gk.] A precious stone.
~is nascitur in Alabastro Aegypti et in Syriae Damasco candore interstincto uariis coloribus PLIN.*Nat*.37.143.

alabēt(ēs) ~ae, *m*. [Gk. ἀλάβης] A fish common in the Nile, *Labeo niloticus*.
(in Nilide lacu) pisces reperiuntur ~ae PLIN.*Nat*.5.51.

alacer ~cris ~cre, *a*. *compar*. ~crior. FORMS: *~cris* (nom. masc. sg.) ENN.*scen*.127; TER.*Eu*.304; VERG.*A*.5.380; 6.685. *~cer* (nom. fem. sg.) APUL.*Met*.10.31.
1 Moving nimbly or briskly, lively, active. **b** (of movements, actions) quick, brisk.
iuuenum coetus..~cris Bacchico insultans modo ENN.*scen*.127; ~cris obuiam mihi ueniet TRAB.*com*.4; sicut lasciui atque ~cres rostris perfremunt delphini ACC.*trag*.403; equum ~crem CIC.*Div*.1.73; ~cri pinna STAT.*Theb*.4.410; (*masc. pl. as sb.*) cum ~cribus saltu..certabat SAL.*Hist*.2.19. **b** inuolant impetu ~cri PL.*Am*.245; ~cri statim nisu lorum..abrumpo APUL.*Met*.6.27; 9.11.

2 Enthusiastic, eager, keen. **b** (of expression, appearance). **c** (of feelings, actions, activities, etc.).
quid tu's tristi'? quidue's ~cris? TER.*Eu*.304; ut me depositum..~crem reddidisti ACC.*trag*.60; multos ~cres exspectare CIC.*Inv*.1.102; ex ~cri atque laeto..erat humilis atque demissus *Ver*.17; ~cri animo et erecto *Sen*.75; ~cres et fiduciae pleni CAES.*Gal*.7.76.5; sic ruit in densos alacer Mezentius hostis VERG.*A*.10.729; LIV.10.25.5;—(*w. abl.*) gaudio ~cres LIV.10.14.19; ~cres odio STAT. *Theb*.1.425;—(*w.* ut+*subj.*) quod ~cres animo sumus, ut..ceteri..ex libris tuis nos cognoscant CIC.*Fam*.5.12.9;—(*w.* ad+*acc.*) multos ~criores ad maleficium futuros *Rhet.Her*.2.48; tanto erant ~criores ad custodias CAES.*Civ*.3.25.2; (*w. gd. or gdve.*) ad scribendum..fecisti me ~criorem CIC.*Att*.15.13.3; ut ad bella suscipienda Gallorum ~cer ac promptus est animus CAES.*Gal*.3.19.6. **b** ~cri et prompto ore atque uultu CIC.*de Orat*.1.184; TAC.*Ann*.4.28; (*cf.*) uultu ~cres 3.9. **c** non..~cris exsultat improbitas in uictoria CIC.*Att*.1.16.7; uirtute ~cri *B.Hisp*.25.7; ~cris..uoluptas Pana..pastoresque tenet VERG.*Ecl*.5.58; LIV.6.24.7; non alias tam ~cer clamor ab exercitu est redditus CURT.9.4.23; ~crior erit pietas SEN.*Ben*.3.36.1; facili atque ~cri facundia GEL.7(6).8.1.

alacritās ~ātis, *f*. [prec.+-TAS] Enthusiasm, zeal, liveliness.
opus est ad poema quadam animi ~ate CIC.*Q.fr*.3.5 & 6.4; ~ate et quasi laetitia ad canendum excitantur (galli) *Div*.2.56; aduentus Romanorum..Tusculanos ex ingenti metu in summam ~atem..uerterat LIV.6.33.10; tanta..clamoris ~ate V.MAX.4.8.5; cum uigore et ~ate animi COL.11.1.17; finem orationis ingens ~as consecuta est TAC.*Ag*.35.1; cum..campum ~ate, discursu, puluere attolleres PLIN.*Pan*.14.3; illa pernicitas non erat ~atis meae, sed formidinis indicium APUL.*Met*.8.16; (*pl.*) uigoribus quibusdam mentium et ~atibus GEL.19.12.4;—(*w. gen. of purpose*) ~atem..summam defendendae rei publicae CIC.*Phil*.4.1; studium ~atemque pugnandi CAES.*Civ*.3.37.4; (*of cause*) clamor Romanorum, ~ate perfecti operis sublatus LIV.2.10.10;—(*w.* ad+*gd.*) mira sum ~ate ad litigandum CIC.*Att*.2.7.2.

alacriter, *adv*. [ALACER+-TER²] Eagerly, briskly.
cum simulabat se sibi ~ (*cj.*)dare *Inc.pall*.33; exurgens ~: 'uis', inquit, 'uerum scire?' APUL.*Met*.9.7.

Alalcomenaeus ~a ~um, *a*. Of or belonging to Alalcomenae, a town in Boeotia, east of Coronea.
~a Mineruae agmina STAT.*Theb*.7.330.

Alānī ~ōrum, *m. pl*. A people of Scythia; (also sg. poet.).
feris..~is SEN.*Thy*.630; ~i et Rhoxolani PLIN.*Nat*.4.80;—quem non uiolasset ~us, non Scytha LUC.10.454; MART.7.30.6.

alapa ~ae, *f*. [dub.] A blow (with the flat of the hand), smack, slap.
multo maioris ~ae mecum ueneunt PHAED.2.5.25; quam (*sc.* muscam) opprimere captans ~am sibi duxit graum (Caluus) 5.3.2;—(*as a feature of comedy*) quam dignus eras ~is..Latini (mimi) MART.5.61.11; ridere potest qui Mamercorum ~as JUV.8.192.

ālāris ~is ~e, *a*. [ALA+-ARIS] Of or consisting of auxiliary cavalry or other troops; (masc. pl. as sb.) auxiliary troops, esp. cavalry.
dux ~ibus cohortibus erat LIV.10.41.5; DIFFICILIVS POST ~EM EXERCITATIONEM NON DISPLICERE *CIL* 8.2532; DEC(VRIONES) ~ES 3.865;—~is..Pannonios TAC.*Ann*.15.10; ut ~es..a colle..decurrerent FRON.*Str*.2.4.1.

ālārius ~a ~um, *a*. [ALA+-ARIVS] Of the auxiliary cavalry, etc.; (masc. pl. as sb.) auxiliary troops or cavalry.
cohortium ~arum CAES.*Civ*.1.73.3; qui praeerat ~is equitibus LIV.35.5.8; TAC.*Ann*.3.39;—~is Transpadanis CIC.*Fam*.2.17.7; omnis ~os in conspectu hostium..constituit CAES.*Gal*.1.51.1.

alaternus ~ī, *f*. [perh. Etr.] An evergreen shrub of the genus Buckthorn, perh. *Rhamnus Alaternus*.
~us cytisusque agrestis COL.7.6.1; ~us, cui folia inter ilicem et oliuam PLIN.*Nat*.16.108.

ālātus ~a ~um, *a*. [ALA+-ATVS²] Furnished with wings, winged.
ut primum ~is tetigit magalia plantis (Mercurius) VERG.*A*.4.259; ~is..equis OV.*Fast*.3.416; ~os umeros MAN.4.581; COL.9.11.5.

alauda ~ae, *f*. [Gall. cf. Fr. *alouette*]
1 The crested lark.
paruae aui, quae ab illo galerita appellata quondam, postea Gallico uocabulo etiam legioni nomen dederat ~ae PLIN.*Nat*.11.121.

2 A legion raised by Julius Caesar in Gaul; (pl.) the soldiers of this legion.
SUET.*Jul*.24.2;—huc accedunt ~ae ceterique ueterani CIC.*Phil*.13.3; cum legione ~arum *Att*.16.8.2.

Alba ~ae, *f*. The name of several towns esp.: **a** an old town in Latium, the mother city of Rome (in full *~a Longa*). **b** a town in central Italy (in full *~a Fucentia*).
a rex ~ai longai ENN.*Ann*.33; VAR.*L*.5.144; Longam ~am CIC.*Rep*.2.4; VERG.*A*.1.271; O Longa mundi seruator ab ~a PROP.4.6.37; sub Ascanii dicione binominis ~a..fuit OV.*Met*.14.609; STAT.*Silv*.3.1.61. **b** CIC.*Phil*.3.6; *Att*.9.6.1; CAES.*Civ*.1.15.7.

Albānī ~ōrum, *m. pl*.: **a** The inhabitants of Alba (Longa). **b** the people of Albania on the Caspian Sea.
a LIV.1.22.5; OV.*Fast*.3.89; SUET.fr.119(p.168Re). **b** AUG.*Anc*.5.53; PLIN.*Nat*.6.38.

Albānia ~ae, *f*. A country on the western shore of the Caspian Sea.
PLIN.*Nat*.7.12; GEL.9.4.6.

Albānum ~ī, *n*.
1 An Alban estate.
in ~o eramus ego et Marcus filius BRUT.*iur*.2; aedis sibi optimas, hortos, Tusculana, ~a definiunt CIC.*Phil*.8.9; MART.11.7.3.

2 Alban wine.
plenus ~i cadus HOR.*Carm*.4.11.2; PLIN.*Nat*.23.33.

Albānus ~a ~um, *a*.
1 Of, belonging to, or situated near, Alba Longa; *lacus ~us*, the Alban lake; *mons ~us*, the Alban mount (now *Monte Cavo*); *saxum ~um, lapis ~us*, the volcanic rock peperino. **b** (poet.) Roman. **c** (spec.) associated with the *Quinquatria Mineruae*, instituted by Domitian at his Alban villa.
~um Amulium NAEV.*praet*.5; praetor ~us CATO *hist*.22; ~i..patres VERG.*A*.1.7; ~am..uuam HOR.*S*.2.4.72; inter Aricinos ~aque tempora OV.*Fast*.3.91;—ex lacu ~o aqua emissa in agros LIV.5.19.1;—~o in monte CIC.*Cons*.fr.2.13; ~os..montes OV.*Met*.14.674;—saxo Gabino ~oue..quod is lapis ignibus imperuius est TAC.*Ann*.15.43; PLIN.*Nat*.36.167; (*cf.*) ~arum columnarum SUET.*Aug*.72.1. **b** manus potentis Medus ~asque timet securis HOR.*Saec*.54. **c** ~ae liuere potest pia quercus oliuae MART.9.23.5; me nitidis ~a ferentem dona comis STAT.*Silv*.3.5.28.

2 Of, or connected with, Albania on the Caspian Sea.
~um (mare) PLIN.*Nat*.6.39; ~a..porta V.FL.3.497

albāris ~is ~e, *a.* [ALBVS+-ARIS = AL-] BARIVS.
aram..OPERE ~I EXORNAVIT *CIL* 8.73; 8.1310.

albārium ~iī, *n.* [next] Stucco-work, stucco.
porticus..peristyliorum ~iis..ornatas VITR.6.7.3; usus gypsi in ~iis..gratissimus PLIN.*Nat.*36.183; 36.189.

albārius[1] ~a ~um, *a.* [ALBVS+-ARIVS] Of, or concerned with, stucco; *opus ~um*, stucco-work.
opere ~o siue tectorio poliatur VITR.5.10.3; de ~is operibus 7.2.1; PLIN.*Nat.*36.177.

albārius[2] ~iī, *m.* [prec.] A worker in stucco.
C ATEIO PHILADELPO ~IO *CIL* 6.9139.

albātus[1] ~a ~um, *a.* [ALBVS+-ATVS[2]] Clothed in white.
cum ipse epuli dominus..~us esset CIC.*Vat.*31; HOR.*S.*2.2.61; PERS.2.40; VT..OFFICIIS ~VS FVNGATVR *CIL* 14.2112.2.30.

albātus[2] ~ī, *m.* [prec.] The white 'faction' in chariot-racing.
auriga ~i PLIN.*Nat.*8.160.

albens ~ntis, *a.* [pple. of ALBEO]

1 White, light-coloured. **b** (of hair) white with age, grey; (of bones) bleached.
~ntes..rosas OV.*Ars* 3.182; sparsit uirides spumis ~ntibus agros *Met.*7.415; ~ntes..equi CURT.3.3.11; STAT.*Theb.*6.419; uitta ~nte SIL.16.242. **b** ~ntes iam legit illa comas OV.*Ars* 2.666; *Pont.*4.12.30;—medio campi ~ntia ossa..disiecta TAC.*Ann.*1.61.

2 Covered with white, made white.
~ntia tempora canis OV.*Met.*3.516; niuibus..~ntia rura MAN.2.419; ~ntes fluctibus scopulos [QUINT.]*Decl.*9.4.

3 Pale, pallid.
~ntis oliuae OV.*Ep.*11.67; pampineam coronam ~ntibus foliis TAC.*Ann.*11.4; ore ac membris in eum pallorem ~ntibus 15.64.

4 Clear, bright.
~nti si sensit in aethra..aquilam lepus SIL.5.283; (*perh.*) ~ntis..lacus STAT.*Silv.*1.3.65.

Albe(n)sis ~is ~e, *a.*: **a** Of, or belonging to, Alba Fucentia; (m. pl. as sb.) the inhabitants of Alba Fucentia. **b** of, or belonging to, Alba Longa or its neighbourhood.
a ~ia scuta LUCIL.1150; ~i agro LIV.26.11.11;—*Rhet. Her.*2.45; *CIL* 13.1954. **b** PLIN.*Nat.*3.69.

albeō ~ēre, *intr.* [ALBVS]

1 To be white (with), appear white.
campi..ossibus ~ent VERG.*A.*12.36; (lac) quod..spumis stridentibus ~et OV.*Am.*3.5.13; ut uideam canis ~ere capillis..caput *Ep.*13.161; *Fast.*3.708; nec inertibus ~et auenis (messis) CALP.*Ecl.*4.116; SIL.4.251.

2 To be pale.
languidi et euanidi ~ent SEN.*Ep.*122.4.

3 To be or become light.
caelo ~ente SIS.*hist.*103; ~ente caelo omnis copias castris educit CAES.*Civ.*1.68.1; *B.Afr.*80.3.

albescō ~ere, *intr.* [prec.+-SCO]

1 To become white. **b** to become white with age.
nullo possent ~ere pacto (aequora ponti) LUCR.2.773; VERG.*G.*3.237; OV.*Met.*11.480; quae (*sc.* oleum et aqua) miscenda manu sunt, donec ~ant CELS.3.7.2; Tiburtinis ~ere solibus..antiqui dentis..ebur MART.7.13.1; aqua suscepta marmore ~it PLIN.*Ep.*5.6.24. **b** lenit ~ens animos capillus HOR.*Carm.*3.14.25.

2 To become light in colour. **b** to become pale.
intra quadriennium ~ente uino PLIN.*Nat.*14.39; (*of ripening crops*) maturis ~it messis aristis OV.*Fast.*5.357. **b** pauescere sensim et quasi ~ere non insipientis esse hominis GEL.19.1.21.

3 To become bright, gleam, glow (with light, etc.; also of light); *~ente caelo*, at dawn.
qua a sole conlucet ~it (mare) CIC.*Luc.*105; uidebis..flammarum longos a tergo ~ere tractus VERG.*G.*1.367; antequam ~ere incipiat (ferrum) PLIN.*Nat.*34.149; V.FL.3.258;—ut primam ~ere lucem uidit VERG.*A.*4.586;—cum..eodem die ~ente caelo rure sit enixa Maevia masculum PAUL.*dig.*28.2.25.1.

albicapillus ~a ~um, *a.* [ALBVS+CAPILLVS] Grey-haired.
si ~us hic, uidetur neutiquam ab ingenio senex PL.*Mil.*631.

albicascō ~ere, *intr.* [ALBICO+-SCO] To grow bright.
iamiam ~it Phoebus MAT.*poet.*9.

albicērātus ~a ~um, *a.* [ALBVS+CERATVS] Pale yellow; *~a ficus*, a variety of fig.
PLIN.*Nat.*15.70.

albicēris ~is ~e, *a.* [ALBVS+CERA+-IS] Pale yellow; *olea ~is*, a variety of olive.
CATO *Agr.*6.1; VAR.*R.*1.24.1.

albicērus ~a ~um, *a.* [as prec.+-VS] = prec.
PLIN.*Nat.*15.20

albicō ~āre ~āuī, *intr.* Also **~or** ~ārī. [ALBVS+-ICO] To have a whitish tinge, verge on white. **b** to be white (with a covering).
paleae (gallorum) ex rutilo ~antes COL.8.2.9; ~ante cauda PLIN.*Nat.*10.7; 11.143; folia..~ant ueluti oliuae 26.82; ex nigro ~are incipit (flos) 27.40; commissuras..dentium ~antes LARG.184; (*of light*) pruina tantum ~ans lux PLIN.*Nat.*2.172;—(*dep.*) offensus aliquo a scopulo lapidoso ~atur (riuus) VAR.*Men.*75. **b** umida ~antis loca litoris CATUL.63.87; nec prata canis ~ant pruinis HOR.*Carm.*1.4.4; quod..meum..canis..caput ~et capillis *Priap.*76.2.

albidus ~a ~um, *a.* *compar.* ~ior. *superl.* ~issimus. [ALBEO+-IDVS] White, whitish, pale.
ex terra ~a cretosa VITR.2.3.1; spuma..~a OV.*Met.*3.74; pus..~issimum CELS.5.26.20.A; ~as uuas COL.3.2.13; color caerulo ~ior PLIN.*Ep.*8.20.4.

Albinouānus ~ī, *m.*: **a** *Celsus ~us*, a friend of Horace. **b** *~us Pedo* an epic poet, friend of Ovid.
a HOR.*Ep.*1.8.1. **b** OV.*Pont.*4.10.4.

Albiōn ~ōnis, *f.* An old name for Britain.
PLIN.*Nat.*4.102; Britanniae duae, et ~on et Hibernia APUL.*Mun.*7.

Albiona: (see quot.).
~a ager trans Tiberim dicitur a luco Albionarum, quo loco bos alba sacrificabatur PAUL.*Fest.*p.4M.

Albis ~is, *m.* The river Elbe in Germany.
AUG.*Anc.*5.12; flumine ~i VELL.2.106.3; ~in Persae..bibunt SEN.*Med.*374.

albitūdō ~inis, *f.* [ALBVS+-TVDO] Whiteness.
istanc capitis ~inem PL.*Trin.*874.

Albius ~a ~um, *a.* A gentile name, esp. of the poet Tibullus.
HOR. *Ep.*1.4.1.

albogalērus ~ī, *m.* [ALBVS+GALERVS] The white cap of the *flamen Dialis.*
PAUL.*Fest.*p.10M.

albūcum ~ī, *n.* [prob. conn. w. ALBVS] A variety of asphodel; also, its stalk.
radix ~i PLIN.*Nat.*26.21;—nostri illud (*sc.* anthericum) ~um uocant 21.109.

albuēlis ~is, *f.* [ALBVS+-ELIS] A variety of vine.
~is utilior, ut ait Celsus, in colle quam in campo COL.3.2.24; PLIN.*Nat.*14.31.

albūgō ~inis, *f.* [ALBVS+-GO] **a** A white opaque spot on the eye, albugo. **b** a disorder of the scalp.
a oculorum..~ines sanare adalligatam (eryngen) PLIN.*Nat.*22.22; ~ines iumentorum 32.72; oculi ~ine obducti APUL.*Fl.*17. **b** ~ines in capite tollit (callithrix) PLIN.*Nat.*26.160.

Albula ~ae, *f.* (*m.*).

1 An earlier name of the river Tiber.
amisit uerum uetus ~a nomen VERG.*A.*8.332; LIV.1.3.8; tanto est ~a pota deo OV.*Fast.*4.68; SIL.6.391; (*masc.*) OV.*Fast.*2.389.

2 (usu. pl.) Sulphur springs near Tibur; also *Aquae ~ae.*
in Tiburtina uia flumen ~a VITR.8.3.2; MART.1.12.2;—(*pl.*) SEN.*Nat.*3.20.4; crudarum..~arum MART.4.4.2; SUET.*Aug.*82.2;—AQVIS ~IS *CIL* 14.3909.

Albuleus ~a ~um, *a.* Of or belonging to *Albula* 2.
~O..GVRGITE *CIL* 14.3911.

albulus ~a ~um, *a.* [ALBVS+-VLVS] White, pale.
minutae ~ae (cochleae) VAR.*R.*3.14.4; ut ~us columbus aut Adoneus CATUL.29.8; ~a..freta MART.12.98.4; (ficus) ~a CLOAT.*gram.*9.

album ~ī, *n.* [ALBVS]

1 The colour white, white; also, the white colour of the skin.
sparsis..pellibus ~o VERG.*Ecl.*2.41; a nigro ~um..distinguet SEN.*Ep.*94.19; GEL.2.26.8;—quasdam aquas scabiem afferre corporibus, quasdam..foedam ex ~o uarietatem SEN.*Nat.*3.25.11.

2 A white substance or material. spec. **b** = ALBVGO. **c** *~um oculorum* (*oculi*), the white of the eye. **d** *~um oui* (*ex ouo, ex ouis*), the white of an egg. **e** powdered chalk, whiting. **f** (pl.) white clothing.
(urtica) ~um habet in medio folio PLIN.*Nat.*22.37; 37.148. **b** siue ~um in oculo est COL.6.17.7. **c** CELS.2.6.3; ut palpebrae cum ~o oculi cohaerescant 7.7.6. **d** ~um crudum ex ouis CELS.4.22.3; ~um ex ouo 4.27(20).1.D; (ouis) aquaticis lutei plus quam ~i PLIN.*Nat.*10.144; LARG.24. **e** ~um in uestimentum addere LIV.4.25.13; columnas..circa poliendas ~o locauit 40.51.3. **f** ~a decent fuscas: ~is, Cephei, placebas OV.*Ars* 3.191.

3 A white tablet or notice-board. esp. **b** that on which was inscribed the edict of the praetor.
res omnis singulorum annorum mandabat litteris pontifex maximus referebatque in ~um et proponebat tabulam domi CIC.*de Orat.*2.52; EADEM..OMNIA..ITA IN TABVLAM IN ~VM REFERVNDA ⟨CVRATO⟩ *CIL* 1.593.15; fastos..circa forum in ~o proposuit LIV.9.46.5; *BGU* 2.611.2.14; ULP.*dig.*2.1.7; (*cf.*) unius tabellae ~o (*i.e. of a list of proscribed persons*) Pharsalica..ruina uincitur SEN.*Suas.*6.3. **b** turpes infamesque etiam ad ~um sedentibus exceptiones SEN.*Ep.*48.10; QUINT.*Decl.*374(p.414,l.1); innumerabiles eius modi aliae formulae in ~o proponuntur GAIUS *Inst.*4.46;—(*transf.*) si ad nostrum ~um uerba dirigimus (*i.e. keep to the letter of the law*) SEN.*Ep.*59.2; QUINT.*Inst.*12.3.11.

4 Any official list or register. **b** the roll from which judges were chosen.
Apidium..Merulam..~o senatorio erasit TAC.*Ann.*4.42; nomen suum in ~o profitentium citharoedorum iussit ascribi SUET.*Nero* 21.1; VTI CVRATORES..EX ~O RADERENTVR AB ORDINE *CIL* 6.33885.6; 14.2112.2.14; EX TABVLA ~I PROFESSIONVM LIBERORVM NATORVM *A.Epig.*39.311; (*facet.*) dei conscripti Musarum ~o APUL.*Met.*6.23. **b** quem census in ~um et equestris hereditas misit SEN.*Ben.*3.7.7;—(*w. gen.*) uirum..~o iudicum erasit SUET.*Cl.*16.2; *Dom.*8.3; in ~o decurionum ULP.*dig.*50.3.2;—(*transf.*) quid te iudicem facis? cum hanc operam condicerem, non eras in hoc ~o PLIN.*Nat.*pr.6.

Albunea ~ae, *f.* A grove at Tibur, or the fountain or waterfall in this, the abode of a prophetess.
lucos..sub alta consulit ~a, nemorum quae maxima sacro fonte sonat VERG.*A.*7.83; HOR.*Carm.*1.7.12.

alburnum ~ī, *n.* [ALBVS+-VRNVS] The soft white wood next to the bark of trees, the sapwood.
proximi (cortici) plerisque adipes hi uocantur a colore ~um PLIN.*Nat.*16.182.

albus ~a ~um, *a.* (*compar.* ~ior, *superl.* ~issimus, according to VAR.*L.*8.75.) [cf. Umb. *alfu*, Sab. *alpum*, Gk. ἀλφός]

1 White, light-coloured. **b** *~ae fluctiones*, *~i menses*, etc., leucorrhoea. **c** *~um opus*, stucco work; *plumbum ~um* tin. **d** uncoloured, plain.
spiritus..spumas agit ~as ENN.*Ann.*518; atras capras lacte ~um habere CATO *inc.*7(J); ~am esse niuem CIC.*Luc.*100; ~as..ningues LUCR.6.736; ~a ligustra cadunt VERG.*Ecl.*2.18; sulpurea Nar ~us aqua *A.*7.517; ~o..orichalco 12.87; bubus..~is HOR.*Saec.*49; aedem ~am Capuae LIV.40.45.3; (uestis) sumatur fatis discolor ~a meis OV.*Tr.*5.5.8; nube grauida candicante, quod uocant tempestatem ~am, grando imminebit PLIN.*Nat.*18.356; emplastrum ~um LARG.220; (*of a type of pottery*) unam..synthesin..~orum calicum atque caccaborum STAT.*Silv.*4.9.45; (*cf. w. sense 4a*) lilia non domina sint magis ~a mea PROP.2.3.10. **b** inhibet fluctiones mulierum, maxime ~as PLIN.*Nat.*21.123; profluuia ~a feminarum 22.81; menses ~os 26.156. **c** semper enim ~um opus..concipit fumum VITR.7.3.4; aerique aes plumbo fit uti iungatur ab ~o LUCR.6.1079; CAES. *Gal.*5.12.4; CELS.5.26.36.A; PLIN.*Nat.*33.94. **d** parma..inglorius ~a (*i.e. unemblazoned*) VERG.*A.*9.548.

2 Made white, whitened; clad in white.
scopulos..multorum..ossibus ~os VERG.*A.*5.865; STAT. *Silv.*2.7.65; in hanc urbem pedibus qui uenerat ~is (*i.e. as a slave*) JUV.1.111;—~ae uirgines CIC.*poet.*36(51).

3 Transparent, clear, colourless. **b** (of light, the sun, the sky, etc.) bright, shining, white, clear; (also transf., of winds or stars). **c** (applied to clear, lucid statements).
currus crystallo lucidus ~o OV.*poet.*8; ouorum ~us liquor COL.6.38.2. **b** sol ~us ENN.*Ann.*89; aethera ~um CATUL.63.40; ~aque nondum lux rubet LUC.2.720; ~ae leone flammeo calent luces MART.10.62.6;—~us ut obscuro deterget nubila caelo saepe Notus HOR.*Carm.*1.7.15; puerosque Ledae..quorum simul ~a nautis stella refulsit 1.12.27; hos utinam..afferat admisso Lucifer ~us equo! OV.*Tr.*3.5.56. **c** sententiae quas optime Pollio Asinius ~as uocabat, simplices, apertae SEN.*Con.*7.pr.2.

4 a Light-skinned, fair, white; (phr.) *~us aterne sit nescire* and sim., 'not to know a person from Adam'; (masc. as sb.) a white man. **b** (applied to varieties or species of plants, etc., light, white, silver: *populus ~a*, white poplar, abele; *spina ~a*, white thorn, hawthorn; *uitis ~a*, white bryony. **c** (of wine or vinegar) white. **d** (applied to unripe or 'green' olives).
a corpore ~o, oculis nigris PL.*Capt.*647; Chloris ~o..umero nitens HOR.*Carm.*2.5.18; ut..nec magis ~a uelit quam dat natura uideri *S.*1.2.124;—is qui ~us aterne fuerit ignoras CIC.*Phil.*2.41; nil nimium studeo, Caesar,..nec scire utrum sis ~us an ater homo CATUL.93.2; APUL.*Apol.*16; (*cf.*) unde illa sciuit niger an ~us (agnus) nasceretur? PHAED.3.15.10;—loripedem rectus derideat, Aethiopem ~us JUV.2.23. **b** murtum coniugulum et ~um et nigrum CATO *Agr.*8.2; hedera formosior ~a VERG.*Ecl.*7.38; ~o ueratro CELS.4.3.2; cum cinnamo, casia, pipere ~o PLIN.*Nat.*29.55;—~a..populus HOR.*Carm.*2.3.9;—uirga..Ianalis de spina ponitur ~a OV.*Fast.*6.165; COL.7.9.6; PLIN.*Nat.*28.185;—Galatea..lentior et salicis uirgis et uitibus ~is OV.*Met.*13.800; LARG.134. **c** ~um an atrum uinum potas? PL.*Men.*915; ~o non sine Coo HOR.*S.*2.4.29; ~i musti PLIN.*Nat.*14.100; cum aceto ~o quam acerrimo 34.116. **d** oleae ~ae CATO *Agr.*117; oliuas in altera parte ~as, in altera nigras PETR.31.9; PLIN.*Nat.*23.73.

5 White with age, grey; (also poet., of age).
cano capite atque ~a barba PL.*Bac.*1101; omnia longaeuo similis uocemque coloremque et crinis ~os VERG.*A.*9.651; tollere..~os a stirpe capillos TIB.1.8.45; PROP.3.25.13; crine senex fanaticus ~o JUV.2.112;—ubi..sparserit..nigras ~a senecta comas PROP.3.5.24; OV.*Tr.*4.8.2.

6 Pale (from fear, ill-health, etc.), white; (also of fear, pallor).
aquosus ~o corpore languor HOR.*Carm.*2.2.15; turgidus hic epulis atque ~o uentre lauatur PERS.3.98; uiuat.. urbanis ~us in officiis MART.1.55.14; ~i et attoniti PLIN. *Pan.*48.1; (*transf.*) non segnis ~o pallet otio caupo MART. 3.58.24;—~us ora pallor inficit HOR.*Epod.*7.15; timor ~us PERS.3.115.

7 Propitious, favourable, auspicious.
uultu mutabilis, ~us et ater HOR.*Ep.*2.2.189; per me equidem sint omnia protinus ~a PERS.1.110; ~a Atropos STAT.*Silv.*4.8.18; current ~usque dies horaeque serenae SIL.15.53; (*cf. sense 1*) si modo tu..errori nostro ~um calculum adieceris PLIN.*Ep.*1.2.5.

8 (in phrs.): **a** (indicating great excellence or rarity); *gallinae filius ~ae*, a person of distinguished parentage. **b** (various) *~is dentibus deridere*, to laugh outright at; *~is equis praecurrere*, to surpass or outdo easily; *~is quadrigis indipiscere*, to make great efforts to overtake; *~o rete oppugnare*, assail with all one's might; *~a linea conuerrere*, to collect promiscuously or in profusion.
a quasi auem ~am uidentur bene sentientem ciuem uidere CIC.*Fam.*7.28.2; siue elephas ~us uulgi conuerteret ora HOR.*Ep.*2.1.196; coruo quoque rarior ~o JUV.7.202;—JUV.13.141. **b** PL.*Epid.*429;—adeo sermonis amari Sisennas..ut equis praecurreret ~is HOR.*S.*1.7.8;—numquam edepol quadrigis ~is indipiscet postea (occasionem) PL.*As.*279;—qui..~o rete aliena oppugnant bona *Per.*74;—'~a' ut dicitur 'linea' sine cura discriminis solam copiam sectati conuerrebant GEL.pr.11.

Alcaeus ~ī, *m.* FORMS: *~ō* (nom.) mentioned in VAR.*L.*9.90. An early Greek lyric poet of Mytilene; (transf.) 'an Alcaeus'.
CIC.*Tusc.*4.71; HOR.*Carm.*2.13.27; [OV.]*Ep.Sapph.*29; QUINT.*Inst.*10.1.63;—discedo ~us puncto illius; ille meo quis? quis nisi Callimachus? HOR.*Ep.*2.2.99.

Alcathoē ~ēs, *f.* (poet.) Megara.
~en, Lelegeia moenia OV.*Met.*7.443; 8.8.

Alcathous ~ī, *m.* Son of Pelops and founder of Megara.
Ciris 106; OV.*Ars* 2.421; *Tr.*1.10.39.

alcē ~ēs, *f.* [Gk. ἄλκη, Ger. *Elch*] FORMS: heter. pl. *alces* CAES.*Gal.*6.27.1. An elk.
raram siluis etiam, quibus editur, ~en CALP.*Ecl.*7.59; ~en iumento similem, ni proceritas aurium et ceruicis distinguat PLIN.*Nat.*8.39;—(*erron.*) sunt item quae appellantur ~es. harum est consimilis capris figura CAES.*Gal.*6.27.1.

alcea ~ae, *f.* [Gk. ἀλκαία] A species of mallow, perh. *malope malacoides.*
~a folia habet similia uerbenacae PLIN.*Nat.*27.21.

alcēdō ~inis, *f.* [Gk. ἀλκυών; cf. TEREDO, TORPEDO] The 'halcyon' (cf. ALCYON).
nisi illam mihi tam tranquillam facis quam mare olimst quom ibi ~o pullos educit suos PL.*Poen.*3.56; VAR.*L.*7.88; FRO.*Aur.*2.p.6(225N); PAUL.*Fest.*p.7M.

alcēdonia ~ōrum, *n. pl.* [prec.] The calm period about the winter solstice during which the halcyon was believed to brood, halcyon days.
mare ipsum aiunt, ubi ~a sint, fieri feriatum FRO.*Aur.* p.p.6(225N);—(*transf.*) ludi sunt..tranquillum est, ~a sunt circum forum PL.*Cas.*26.

Alcestis ~is, *f.* The daughter of Pelias and wife of Admetus.
Culex 262; MART.4.75.6; HYG.*Fab.*51.1;—(*as a stage character*) JUV.6.653; (*title of a poem*) cum..audissemus legi Laeui ~in GEL.19.7.2.

Alcibiadēs ~is, (also ~ae or ~ī) *m.* An Athenian statesman and general of the fifth cent. B.C.
CIC.*Tusc.*3.77; NEP.*Alc.*1.1; PLIN.*Nat.*34.26; ~i magistrum FRO.*Aur.*2.p.10(227N); propter ~ae comisationem GEL.1.9.9.

alcibium ~(i)ī, *n.* [cf. Gk. Ἀλκιβίου ἔχις] A plant used as an antidote for snake-bite, perh. Cretan bugloss.
~ium qualis esset herba, non repperi apud auctores PLIN. *Nat.*27.39.

Alcidēmos ~ī, *f.* (See quot.)
Mineruae, quam uocant ~on (Macedones) LIV.42.51.2.

Alcīdēs ~ae, *m.* A descendant of Alceus, esp. Hercules.
VERG.*A.*5.414; HOR.*Carm.*1.12.25; OV.*Ep.*15.265; SEN. *Her.F.*186; V.FL.1.35;—(*w.* maior, *applied to Domitian*) maiorem ~en nunc minor ipse colit MART.9.64.6.

alcima ~ae, *f.* [cf. ALISMA] Water-plantain, *alisma plantago.*
~a (*v.l.* alisma), quam alii damasonion, alii lyron appellant PLIN.*Nat.*25.124; ~ae radix collectiones discutit 26.128.

Alcimedē ~ēs, *f.* The wife of Aeson and mother of Jason.
OV.*Ep.*6.105; V.FL.1.317; HYG.*Fab.*13.

Alcimēna ~ae, *f.* Form of ALCMENA.
HYG.*Fab.*29.1.

Alcimeōn (dub.) ~ōnis, *m.* = ALCMAEON.
Acc.*trag.*78 (*cj.*).

Alcinous ~ī, *m.* The king of Phaeacia, esp. considered as the possessor of fine orchards, a munificent host, etc. **b** *poma dare ~o*, to give apples to one who has no lack of them (cf. 'carry coals to Newcastle').
nec pingues unam in faciem nascuntur oliuae..pomaque et ~i siluae VERG.*G.*2.87; (sumus) sponsi Penelopae, nebulones, ~ique..iuuentus (*i.e. voluptuaries*) HOR.*Ep.*1.2.28; PROP.1.14.24; OV.*Am.*1.10.56; PLIN.*Nat.*19.49; MART.4.64. 29. **b** quis mel Aristaeo, quis..poma det ~o? OV.*Pont.* 4.2.10; MART.7.42.6.

alcīnus ~a ~um, *a.* [ALCE+-INVS] Of or belonging to an elk.
EX CORNIBVS ~IS *CIL* 13.5708.2.28.

Alcithoē ~ēs, *f.* A daughter of Minyas.
~e Minyeïas OV.*Met.*4.1; (*title of play*) ~en Pacci JUV. 7.12.

Alcmaeōn ~ōnis, *m.* The son of Amphiaraus, who killed his mother Eriphyle.
CIC.*Tusc.*3.11; HYG.*Fab.*71.2.

Alcmaeonius ~a ~um, *a.* Of Alcmaeon.
~ae furiae PROP.3.5.41.

Alcmān ~ānos, *m.* A Greek lyric poet of the 7th century B.C.
~ana Lacones falso sibi uindicant VELL.1.18.3; PLIN.*Nat.* 11.114; STAT.*Silv.*5.3.153.

Alcmēna ~ae, ~ē ~es, *f.* The wife of Amphitryo and mother, by Jupiter, of Hercules; also ALCIMENA, ALCVMENA.
PROP.2.22.25; OV.*Met.*9.23; SEN.*Her.F.*22.

Alcumēna ~ae, *f.* = prec.
PL.*Am.*99; HYG.*Fab.*224.1; (*title of play*) ~a Euripidi PL.*Rud.*86.

Alcumeus ~ī, *m.* Form of ALCMAEON.
~us atque Orestes PL.*Capt.*562.

alcyōn ~onis, *f.* Also **halcyōn.** [Gk. ἀλκυών] A bird, erron. identified w. the kingfisher, supposed by the ancients to nest on the sea, the 'halcyon'. (cf. ALCEDO and ALCYONE.) **b** (poet., in pl. as typifying sea-birds in general).
~onis ritu litus peruolgans feror PAC.*trag.*393; dilectae Thetidi ~ones VERG.*G.*1.399; ~onum positis requiescant ora querelis PROP.3.10.9; OV.*Ep.*17.81; SEN.*Ag.*680; eo maxime sunt insignes ~ones..ipsa auis paulo amplior passere, colore cyanea et parte inferiore tantum purpurea.. gracili ac procero rostro PLIN.*Nat.*10.89; GEL.3.10.5. **b** nunc ego desertas alloquor ~onas PROP.1.17.2; ~onum scopulis affligar acutis 3.7.61.

Alcyonē[1] ~ēs, or ~a ~ae, *f.* Also **Halcyonē.** **a** A daughter of Aeolus and the wife of Ceyx; (the couple were changed into halcyons). **b** the wife of Meleager. **c** one of the Pleiades (perh. identical w. *a*).
a OV.*Met.*11.384; 11.473;—(*applied to the halcyon*) 11.746; hoc querulam Procnen ~enque facit *Tr.*5.1.60; STAT.*Theb.* 9.361. **b** HYG.*Fab.*174.7. **c** CIC.*Arat.*269(35); OV.*Fast.* 4.173; HYG.*Fab.*pr.18.

alcyonē[2] ~ēs, *f.* [prec.] The 'halcyon'.
litora..~en resonant VERG.*G.*3.338; SIL.14.275.

alcyonēum ~ī, *n.* **~ium.** [next] A kind of floating sponge, believed to be the nest of the halcyon; a medicament made from this.
cum simul contrita sunt ~um, tus, hordeum, faba CELS. 5.28.19.D; PLIN.*Nat.*32.86;—addita de querulo uolucrum medicamina nido ore fugant maculas (~a uocant) OV.*Med.* 78.

alcyonēus ~a ~um, *a.* [Gk. ἀλκυόνειος] (w. *dies*) 'Halcyon'.
~i dies uocantur COL.11.2.22.

alcyonia ~ōrum, *n. pl.* [ALCYON] The 'halcyon' days, calm days in mid-winter when the halcyon was believed to brood.
eos dies ~a appellant VAR.*L.*7.88; HYG.*Fab.*65.

alcyonides, *a.* (*f. pl.*). **halcyonides.** [Gk. ἀλκυονίδες] (of days) 'Halcyon'.
fetificant bruma, qui dies ~es uocantur PLIN.*Nat.*10.90.

ālea ~ae, *f.* [Gk. ἠλεός] FORM: *alia CIL* 4. 2119.

1 A game of chance or the act of engaging in one, gaming, gambling; *~a* (or *~am*) *ludere*, to gamble. **b** the stake in such a game. **c** (fig.) 'the die'.
elusi militem..in ~a PL.*Cur.*609; Licinium Lenticulam de ~a condemnatum CIC.*Phil.*2.56; quem praeceps ~a nudat HOR.*Ep.*1.18.21; reuocat cupidas ~a saepe manus OV.*Ars* 1.452; SEN.*Ben.*7.16.3; hunc ~a decoquit PERS.5.57; QUINT.*Inst.*6.3.72; ~am..sobrii inter seria exercent TAC. *Ger.*24.3; ~a quando hos animos JUV.1.88; PAUL.*dig.*44. 5.2.1;—(*transf.*) uita nec bonum nec malum est..ita nihil ille perdidit nisi ~am in damnum certiorem SEN.*Ep.*99. 12; MART.13.1.8;—apud quem ~a lusum esse dicetur *Ed. pr.*(*Font.iur.*p.219)15.4; TIT.*orat.*2; CIC.*Phil.*2.56; ludere.. uetita legibus ~a HOR.*Carm.*3.24.58;—ludit assidue ~am *Vers.pop.* in Suet.*Aug.*70.2(*poet.*p.104); OV.*Tr.*2.471; SUET. *Cl.*33.2. **b** ~a..parcae sola fuere nuces MART.4.66.16; 14.15.2. **c** iacta ~a est CAES. in Suet.*Jul.*32; iudice Fortuna cadat ~a PETR.122(l.174).

2 An act of risking or state of risk, chance, hazard, gamble, uncertainty. **b** (abst. for concr.) something which involves uncertainty, a risky enterprise or purchase.
sequentes non ~am, sed rationem aliquam VAR.*R.*1.18.8; non perspicitis ~am quandam esse in hostiis deligendis? CIC.*Div.*2.36; periculosae plenum opus ~ae HOR.*Carm.* 2.1.6; ne..summam rerum..in non necessariam ~am daret LIV.42.59.9; talibus admissis ~a grandis inest OV.*Ars* 1.376; SEN.*Cl.*1.1.7; magna..~a est litem ad interdictum deducere AGEN.*agrim.*p.34; SCAEV.*dig.*22.2.5;—(*w. gen. expr. that which is involved in or constitutes the risk*) cultura non aliud est quam ~a domini uitae ac rei familiaris VAR.*R.*1.4.3; in dubiam imperii seruitiique ~am imus LIV.1.23.9; tutam fore belli ~am ratum 37.36.9; placet ~a fati alterutrum mersura caput LUC.6.7. **b** et sine re uenditio intellegitur, ueluti cum quasi ~a emitur. quod fit, cum captum piscium ..emitur POMPON.*dig.*18.1.8.1; PAUL.*dig.*18.4.7.

āleārius ~a ~um, *a.* [prec.+-ARIVS] Of or concerned with gaming.
legi..~ae PL.*Mil.*164.

āleātor ~ōris, *m.* [*aleo (ALEA)+-TOR] One who engages in games of chance, a gambler, gamester.
de ~oribus *Ed.pr.*(*Font.iur.*p.219)15.4; PL.*Rud.*359; lenonum, ~orum, perductorum nulla mentio fiat CIC.*Ver.* 1.33; *Phil.*2.67; udus ~or MART.5.84.5; QUINT.*Inst.*2.4.22;—(*as quasi-adj.*) mendacem esse, ~orem, furacem, ebriosum CIC.*Off.*3.91.

āleātōrius ~a ~um, *a.* [*aleo (ALEA)+-ORIVS] Belonging to, or connected with, gamblers or games of chance; incurred in gambling.
qui ad sophisma diluendum ac refellendum ritu ~o uocatus erat GEL.18.13.6;—damna ~a CIC.*Phil.*2.67.

alebris ~is ~e, *a.* [ALO; cf. SALVBRIS] Nutritious.
~ia bene alentia PAUL.*Fest.*p.25M.

alec: see HALLEC.

Ālectō: see ALLECTO[2].

alectoria ~ae, *f.* [Gk.; cf. ἀλέκτωρ] A precious stone said to be found in the gizzards of cocks.
~as uocant in uentriculis gallinaceorum inuentas crystallina specie magnitudine fabae PLIN.*Nat.*37.144.

alectoros lophos ~i, *m.* [Gk.] The plant cock's comb, yellow rattle.
~os, quae apud nos crista dicitur PLIN.*Nat.*27.40.

alēcula: see HALLECVLA.

Alēius ~a ~um, *a. ~i campi, ~a arua*, the plain in Cilicia where Bellerophon wandered and died.
OV.*Ib.*255; HYG.*Fab.*57.4.

āleō ~ōnis, *m.* [ALEA+-O[1]] A gambler, gamester.
audax, ganeo lustro ~o! NAEV.*com.*118; CATUL.29.2.

āles[1] ~itis, *a.* [ALA+-ES[1]] FORMS: *~iti* (abl.) SEN.*Med.*1025.

1 Having wings, winged (esp. of gods, mythical beasts, etc.). **b** (transf., of movement); winged; also, aerial.
angues ingentes ~ites PAC.*trag.*397; Arsinoes..~es equos CATUL.66.54; ipse uolans tenuis se sustulit ~es ad auras VERG.*A.*5.861; ~es..filius Maiae (*i.e. Mercury*) HOR.*Carm.* 1.2.42; nuntius ~es OV.*Ep.*15.68; uictor..~ite fertur equo *Am.*3.12.24; triste carmen ~itis..ferae (*i.e. the Sphinx*) SEN.*Oed.*102; STAT.*Theb.*4.287;—(*cf.*) inter auras ~iti curru uehar (*i.e. drawn by winged creatures*) SEN.*Med.*1025; ~item illam (*sc.* mortem) fecimus pinnasque ferro dedimus PLIN. *Nat.*34.138; (*w. abl.*) (Venus) purpureis ~es oloribus HOR. *Carm.*4.1.10. **b** emergunt ~ite lapsu e terris Volucres CIC.*Arat.*723(470); GERM.*Arat.*131;—saltu..~ite SIL.12. 460.

2 Moving swiftly, fleet, rapid. **b** (transf., of movement).
~itis Austri VERG.*A.*8.430; STAT.*Theb.*4.312; ~ite planta SIL.8.555; ~ite plumbo eminus incessunt 9.622; ~ite uectus equo 12.67; flatus ~itis impulsu APUL.*Met.*5.21. **b** passu uolat ~ite uirgo OV.*Met.*10.587.

āles[2] ~itis, *m., f.* [prec.] FORMS: gen. pl. *~ituum* LUCR.2.928; 5.801, 1039; 6.1216; VERG.*A.*8.27; STAT.*Silv.*1.2.184.

1 A large bird, fowl, bird of prey; *Iouis ales, regia ~es*, etc., the eagle; *ales superba*, the phoenix. **b** (as a source of omens).
opera ~itis propugnatus QUAD.*hist.*12; genus ~ituum uariaeque uolucres LUCR.5.801; excubitor..diem cantu praedixerat ~es (*i.e. the cock*) *Mor.*2; ~itibus linquere feris VERG.*A.*10.559; album mutor in ~item superne HOR. *Carm.*2.20.10; ~es..Phoebeius (*i.e. the raven*) OV.*Met.*2.544; Palladis ~ite (*i.e. the owl*) *Fast.*2.89; Caystrius ~es (*i.e. the swan*) *Tr.*5.1.11; natantium ~itum PLIN.*Nat.*17.51; TAC. *Hist.*2.50; (*applied to a poet*) Vario..Maeonii carminis ~ite HOR.*Carm.*1.6.2;—cycnos..quos..Iouis ~es aperto turba-

bat caelo VERG.*A*.1.394; regia..~es OV.*Met*.4.362;— nido ..~itis superbae MART.6.55.2; 9.11.4. **b** non..ex ~itis inuolatu nec e cantu sinistro oscinis CIC.*Fam*.6.6.7; *N.D.* 2.160; cygnus in auspiciis semper laetissimus ~es MACER *poet*.4; quem nulla fefellerat ales OV.*Met*.13.771; PLIN.*Nat*. 10.43; STAT.*Theb*.2.693.

2 An omen, augury.
bona cum bona nubet ~ite uirgo CATUL.61.20; mala soluta nauis exit ~ite HOR.*Epod*.10.1; potiore ductos ~ite muros *Carm*.4.6.24; V.FL.1.361.

3 a Any of various constellations. **b** *sacra ~es*, the legionary eagle.
a inter flexum genus et caput ~itis (*i.e. Cygnus*) CIC.*Arat*. 280(46); MAN.5.25; Phoebo sacer ~es (*i.e. Corvus*) 1.417. **b** sacrae custodia Marte sub omni ~itis SIL.6.26.

4 A winged god or monster.
si nemo exstat qui uicerit ~itis (*i.e. Cupid*) arma PROP. 2.30.31; Oedipodioniae domus ~itis (*i.e. the Sphinx*) STAT. *Theb*.2.505.

alescō ~ere, *intr.* [ALO+-SCO] To be nourished, grow up.
quae nata sunt..in fundo ~unt VAR.*R*.1.44.4; 2.4.19; ~endi summum..cacumen LUCR.2.1130; (*transf.*) laus nomine gloria ~it LABER.*com*.84/5.

Alesia ~ae, *f.* A town of the Mandubii in Gaul, besieged by Caesar in 52 B.C.
CAES.*Gal*.7.69.1; 7.77.1; VELL.2.47.1.

alētis ~idos, *f.* [Gk. ἀλῆτις] (See quot.)
quod sacrificium..~idos appellant, quod eam (*sc.* Erigonen) patrem persequentem cum cane..mendicam appellabant quas Graeci ἀλήτιδας nominant HYG.*Astr*.2.4.

Alētrīnās ~ātis, *a.* Of or belonging to Aletrium, a Latian town.
ex municipio ~ati CIC.*Clu*.46; meos..amicos ~atis 56.

aletūdō ~inis, *f.* [ALO-+TVDO] Corpulence.
~o corporis pinguedo PAUL.*Fest*.p.27M.

Alēus[1] ~a ~um, *a.* = ALEIVS.
in campis..~is CIC.*Tusc*.3.63; PLIN.*Nat*.5.91.

Āleus[2]: see ELEVS.

Alexander ~drī, *m.* FORMS: *~drus* (acc. pl.) CIC.*Luc*.85. A common Greek name, esp. of: **a** Alexander the Great of Macedon. **b** a son of Priam, also known as Paris. **c** a king of Epirus who invaded Italy *c.* 333 B.C. **d** a tyrant of Pherae in Thessaly. **e** a Greek poet.
a CIC.*Fam*.5.12.7; HOR.*Ep*.2.1.232;—(*w.* magnus) LIV. 26.19.7; SEN.*Suas*.1.4; PLIN.*Nat*.12.62;—(*statues*) Lysippus eodem aere..centum ~drus..facere non posset? CIC.*Luc*.85. **b** ENN.*scen*.53; CIC.*Fat*.34. **c** LIV.8.3.6; alter..~der, cui cognomentum Molosso fuit GEL.17.21.33. **d** CIC.*Inv*. 2.144; *Div*.1.53; *Off*.2.26. **e** ~der..Aetolus GEL.15.20.8.

Alexandrēa ~ēae. **Alexandrīa** ~īae, *f.* **a** A city in Egypt, founded by Alexander the Great. **b** any of several other towns founded by Alexander, chiefly in Asia. **c** (as the title of a mime by Laberius).
a ALEXSANDREA *BMCR* 1.p.449,no.3649(*c.B.C.65*); HOR. *Carm*.4.14.35; VITR.2.pr.4; LIV.8.24.1; CURT.4.8.2. **b** LIV. 35.42.2; hanc quoque ~eam incolae appellauerunt CURT. 7.3.23; 7.6.25; 9.8.8. **c** GEL.16.7.13.

Alexandrīnus ~a ~um, *a.* Of, belonging to, Alexandria; characteristic of Alexandria. **b** (spec., of varieties of animals, plants, etc.).
~o bello CIC.*Fam*.13.16.2; ~ae naues SEN.*Ep*.77.1; puer ~us PETR.68.3;—in consuetudinem ~ae uitae ac licentiae uenerant CAES.*Civ*.3.110.2; QUINT.*Inst*.1.2.7. **b** ~a (columba) COL.8.8.8; ~ae cucurbitae 11.3.49; ~a (pira) PLIN.*Nat*.15.55; cum cantharidibus uiginti ~is LARG.231.

Alexandrīon ~ī, *n.* [Gk. Ἀλεξάνδρειον] A precious stone.
mormorion ab India nigerrimo colore traducet..cum in ea miscetur et carbunculi color, ~on (uocatur) PLIN.*Nat*.37. 173.

Alexandrus: form of ALEXANDER.
Priv.Mil.Vet.5(*CIL* 3.p.848).

Alexanter: old form of ALEXANDER.
QUINT.*Inst*.1.4.16.

Alexicacos ~ī, *m.* [Gk. ἀλεξίκακος] 'Averter of evil', an epithet of Hercules.
Herculem..cognominatum ~on, ab eo quod defensor esset hominum VAR.*L*.7.82.

alexipharmacon ~ī, *n.* [Gk. ἀλεξιφάρμακον] An antidote.
medicamento, quod ~on uocant PLIN.*Nat*.21.146.

Alexis ~idis, *m.* FORMS: *~im* (acc. sg.) CIC. *Att*.7.7.7, VERG.*Ecl*.2.1, etc.; *~in* (acc. sg.) PROP.2.34.73. **a** A Greek poet of the Middle and New Comedy. **b** a boy slave of Atticus. **c** a conventional slave-name in poetry.
a VITR.6.pr.3. **b** CIC.*Att*.7.2.3; 7.7.7. **c** VERG.*Ecl*. 2.1; PROP.2.34.73; MART.5.16.12.

Alfenus ~a ~um, *a.* A gentile name; *P. Alfenus Varus*, a jurisconsult, *consul suffectus* in 39 B.C.
ut ~us uafer HOR.*S*.1.3.130; GEL.7(6).5.1.

Alfius ~a ~um, *a.* A Roman gentile name; *Alfius Auitus*, a poet of Hadrian's time.
faenerator ~us HOR. *Epod*.2.67; CIC.*Vat*.38;—MAUR.2448.

alga ~ae, *f.*

1 Sea-weed. **b** (as a type of what is worthless or uncountable).
TURP.*com*.23; quem procul ex ~a (*i.e. the beach*)..Minois.. prospicit CATUL.64.60; *B.Afr*.24.4; lateri..inlisa refunditur ~a VERG.*A*.7.590; HOR.*Carm*.3.17.10; scopulos, qui.. uerbenis ~ae uestiuntur COL.8.17.6; molli..quem dabat ~a toro LUC.5.521; (*w. variety spec.*) ~a rufa PLIN.*Nat*.27.42; ~am maris theriacen esse Nicander tradit 32.66;—(*pl.*) in summis nascentur montibus ~a OV.*Met*.14.38; ~ae inquisitores JUV.4.48. **b** proiecta uilior ~a VERG.*Ecl*.7.42; HOR.*S*. 2.5.8; non magis illius numerari gaudia noctis Hellespontiaci quam maris ~a potest OV.*Ep*.17.108.

2 (poet.) Plants growing in fresh water, water-plants.
in fontem..ruit, stagnisque sub altis..ima latus implicat ~a STAT.*Silv*.2.3.34.

algens ~ntis, *a.* [pple. of ALGEO]

1 (of things that are naturally or normally hot) Cold. **b** (of thin or insufficient clothing) 'chilly'.
horruit ~nti pergula curua foco PROP.4.5.70; positum est ~nte catino durum holus PERS.3.111; ~ntem (*i.e. in winter*) rapiat cenatio solem JUV.7.183; (*masc. pl. as sb.*) sucus eius ~ntes calefacit potus PLIN.*Nat*.20.117. **b** ~ntem.. togam MART.12.36.2; 14.135(137).2.

2 (of weather, conditions) Cold.
meliores..~ntibus locis quam calidis PLIN.*Nat*.14.27; ~ntis..pruinas STAT.*Theb*.3.469.

algensis ~is ~e, *a.* [ALGA+-ENSIS] (spec. of a variety of purple-fish) Living on sea-weed.
~e (genus purpurarum) nutritum alga PLIN.*Nat*.9.131.

algeō ~gēre ~sī, *intr.* [dub.]

1 To feel cold, be cold; to become cold. **b** (transf. of plants, land) to be made or become cold. **c** (of seasons) to be cool.
cum uestimentis postquam aps te abii, ~geo PL.*Rud*.528; familiae male ne sit, ne ~geat, ne esuriat CATO *Agr*.5.2; SEN.*Dial*.4.12.1; pullo Maeuius ~get in cucullo MART.10. 76.8; (*with fear*) ~ges, cum excussit membris timor albus aristas PERS.3.115;—(*poet., of a statue*) Tiburtino monte quod ~get ebur MART.8.28.12;—ne..ille ~serit TER.*Ad*.36. **b** ne..~gerent meridianae (arbores) aquilonibus PLIN.*Nat*. 17.83; cum ~sere (uites) 17.226; ager si non stercoretur, ~get 18.194. **c** hic Sirius ~get Bruma tepet STAT.*Silv*. 1.2.156.

2 To endure cold. **b** (fig.) to be left in the cold, be neglected.
laboribus erudiunt iuuentutem..esuriendo sitiendo, ~gendo aestuando CIC.*Tusc*.2.34; CAEL.*Fam*.8.17.2; sudauit et ~sit HOR.*Ars* 413; SEN.*Ep*.24.26; (*impers. pass.*) hiems frigora adducit: ~gendum est 107.7. **b** probitas laudatur et ~get JUV.1.74.

Algidensis ~is ~e, *a.* The name of a variety of radish.
PLIN.*Nat*.19.81.

algidus[1] ~a ~um, *a.* [ALGEO+-IDVS] Cold.
NAEV.*trag*.62; ego uiridis ~a Idae niue amicta loca colam? CATUL.63.70.

Algidus[2] ~ī, *m.* A mountain in Latium, to the south of Tusculum.
gelido..~o HOR.*Carm*.1.21.6; LIV.3.23.5.

Algidus[3] ~a ~um, *a.* Of Mount Algidus.
OV.*Fast*.6.722; Tusculanos ~osue secessus MART.10.30.6; SIL.12.537.

algificus ~a ~um, *a.* [ALGEO+-FICVS] Chilling.
quod timor omnis sit ~us GEL.19.4.4.

algor ~ōris, *m.* [ALGEO+-OR]

1 Cold (as felt by living organisms). **b** (app.) a fit of shivering.
~or, error, pauor, me omnia tenent PL.*Rud*.215; ~or.. eas (*sc.* uaccas)..macescere cogit VAR.*R*.2.5.15; corpus patiens inediae ~oris uigiliae SAL.*Cat*.5.3; non et uites ~ore intereunt? PLIN.*Nat*.17.217; TAC.*Hist*.3.22. **b** inflationes ~oresque discutit PLIN.*Nat*.24.54; 31.119.

2 Cold (considered absolutely); (pl.) cold weather.
neque in igni gignier ~or LUCR.3.623; uel annua fame durant (uiperae) ~ore modo dempto PLIN.*Nat*.8.139;— frigida..etiam hibernis ~oribus lauari persuasit 29.10.

algōsus ~a ~um, *a.* [ALGA+-OSVS] Abounding in, or covered with, sea-weed.
puppibus in litus ~um inpulsis SAL.*Hist*.fr.(*P.Ryl*.473, 3.60);—(*neut. pl. as sb.*) uiuunt..in ~is (myaces) PLIN. *Nat*.32.95.

algus ~ūs, *m.* [ALGEO] FORMS: *algum* (acc.) PL.*Vid*.fr.2; otherwise only abl. sg. Cold.
tu uel suda uel peri ~u PL.*Rud*.582; paupertatem, ~um, famem *Vid*.fr.2; ACC.*trag*.111; LUCIL.1218; VAR.*Men*.171; LUCR.3.732.

aliā, *adv.* [ALIVS] By another route, by a different way. **b** *alia..alia*, in one direction.., in the other direction. **c** *alii..alia*, some by one route.., others by another.
cum ~ euadere nequissent LIV.21.56.2; non ~ quam per Thraeciam redituros Romanos 38.40.8; ~ nunc ire Caicum OV.*Met*.15.278; si alueo mutato ~ coepit currere (flumen) ULP.*dig*.43.12.1.5. **b** heliocaminus..~ xystum, ~ mare, utraque solem (prospicit) PLIN.*Ep*.2.17.20. **c** is nos per gentis alios ~ disparat PL.*Rud*.10; alii ~ in ciuitates suas dilapsi sunt LIV.44.43.2.

Aliānus ~a ~um, *a.* (Of a district of northern Italy.)
IN CASTELVM QVEI VOCITATVST ~VS *CIL* 1.584.17; candore ~is (linis)..Fauentina praeferuntur PLIN.*Nat*.19.9.

Aliārius ~a ~um, *a.* *Compitum ~um*, an unidentified place in Rome.
L. NAEVIVS AMPHIO VESTIAR. A COMPITO ~O *CIL* 6.4476; 6.33157.

aliās, *adv.* [ALIVS]

1 At another time or other times, on other occasions. **b** (spec.) previously; subsequently.
ut uos, ut ~, pariter nunc Mars adiuuet PL.*As*.15; ~ ut uti possim causa hac integra TER.*Hec*.80; LUCIL.668; et ~ et in consulatus petitione CIC.*Planc*.18; ~ iocabimur *Fam*. 7.13.2; dilectum consules multo intentiore quam ~ cura habebant LIV.42.32.6;—(*w. advs. denoting frequency*) et saepe ~ et maxime censor saluti rei publicae fuit CIC.*de Orat*.1.38; *Att*.4.2.2; consilio..numquam ~ dato HOR. *Carm*.3.5.46; si quando unquam ~ deum LIV.6.42.12; raro ~ tantus clamor dicitur..exortus 33.9.2; et super cenam.. et semper ~ SUET.*Ves*.22; GEL.15.1.1;—(*w.* nec, non) quaero..cur Alexandro tam inlustre somnium..nec huic eidem ~ CIC.*Div*.2.141; quanta non ~ multitudo TAC.*Ann*. 14.34;—(*w. ellipsis of vb.*) me uero adiuuarent his in angustiis. sed di istos! uerum ~ CIC.*Att*.10.15.4; *Div*.2.19; —(*foll. by* quam) quid ~ malim quam hodie has fieri nuptias? TER.*An*.529. **b** cum incognitum (Augustum) ~ haberet SUET.*Aug*.94.8;—cum peregimus ciuem Romanam uxorem duxisset et filio nato ~ ciuitalem Romanam consecutus esset GAIUS *Inst*.1.74.

2 *alias..alias*, at one time..at another, sometimes..sometimes; (w. other temporal advs.) sometimes, at other times. **b** (in compendious exprs. w. *alius, aliter*).
~ me poscit pro illa triginta minas, ~ talentum magnum PL.*Cur*.63; ~ ita loquor ut concessum est..~ ut necesse est CIC.*Orat*.156; ~ territando..~ cohortando CAES.*Gal*.5.54.1; QUINT.*Inst*.3.7.15; (*more than twice*) licebit ~ singillatim transire omnes argumentationes, ~ ad..genera referre, ~ ab auditore quid desideret, quaerere, ~ haec facere per comparationem CIC.*Inv*.1.99; SEN.*Ben*.1.1.4;—ex eisdem illis locis interdum concludere, relinquere ~ alioque transire CIC.*de Orat*.2.177; ~ minore plerumque maiore cum faenore *Sen*.51; ~ inferri signa et..nostros propelli, dein rursus conuersos insequi CAES.*Civ*.1.64.1; obstat metus, ~ cupiditas, nonnumquam..amor CURT.7.4.11; historia partim Graecae linguae, ~ Latinae GEL.2.22.1. **b** ~ aliud eisdem de rebus..sentiunt CIC.*de Orat*.2.30; ~ alios (deos) solemus.. precari *Red.Sen*.30; ut iidem uersus ~ in aliam rem posse accommodari uiderentur *Div*.2.111;—~ aliter haec in utramque partem causae solent conuenire *Inv*.2.45.

3 In other cases or circumstances, otherwise. **b** (repeated) in some cases.., in others.
iis otium diuitiaeque, optanda ~, oneri miseriaeque fuere SAL.*Cat*.10.2; duce amisso, quae res terrori ~ esse solet LIV.10.29.1; palam..est uirum ~ sagacem..nimio iuuandi mortales studio prolapsum PLIN.*Nat*.28.118; quae (*sc.* littera) ad coniungendas..uocalis est utilis, ~ superuacua QUINT.*Inst*.12.10.30;—(*w. neg.*) hastae nostrae..non ~ magis quam aduersus beluas..usui esse poterunt CURT. 8.14.16; non ~ magis..indoluisse Caesarem ferunt quam quod desertor..hostium more ageret TAC.*Ann*.3.73; non ~ existet heres ex substitutione, nisi et ex institutione heres erit ULP.*dig*.28.6.8. **b** alias ab opsoniis appellati (panes) ..~a deliciis..~ a festinatione PLIN.*Nat*.18.105.

4 a Apart from this, in any case, besides. **b** if not, otherwise, else. **c** nevertheless, all the same.
a populorum eius..nomina uel maxime sunt ineffabilia.. et ~ castella ferme inhabitant PLIN.*Nat*.5.1; magnificam ~ cenam..sed cotidianam, Antonio apposuit 9.120; ne..reges Numidarum, et ~ infensi cupidine auri ad bellum accenderentur TAC.*Ann*.16.1; adhuc maerore permixtus et ~ Latini sermonis ignarus APUL.*Met*.9.39. **b** id (caput) deiectum semper in terram—, ~ internicio humani generis PLIN. *Nat*.8.77; oua eius (*sc.* saepiae)..masculus prosequitur adflatu; ~ sterilescunt 9.162; 30.125. **c** in flumine Silero ..uirgulta..inmersa..lapidescunt, ~ salubri potu eius aquae PLIN.*Nat*.2.226.

5 In another place, elsewhere; in another passage or author.
si toto naturali alueo relicto flumen ~ fluere coeperit GAIUS *dig*.41.1.7.5; prudentiam..non ~ quam illa parte corporis contineri APUL.*Pl*.1.13; ULP.*dig*.30.41.12;—ea omnia genera abscessum esse ~ proposui CELS.7.2.1; APUL. *Pl*.1.8.

6 In another way, otherwise; *alias..alias*, in one way..in another (way).
si uispellionem aut ~ turpem dederit hominem MARCEL. *dig*.46.3.72.5;—Iulianus ~ accipiendum legatum peculii ait, si ipsi seruo legetur, ~, si alii ULP.*dig*.33.8.8.8.

āliātum ~ī, *n.* [ALIVM+-ATVS[2]] Food made with garlic.
sine me ~o fungi fortunas meas PL.*Mos*.47.

alibī, *adv.* [ALIVS+-*bi* (cf. VBI)]

1 In another place, elsewhere. **b** *alibi.. alibi*, in one place..in another, here..there;

alibi atque alibi, in different places, here and there. **c** *alius alibi*, one in one place another in another; *alibi aliter*, differently in different places.
~ manus est occupata, alii percellit pedem NAEV.*com.*77; si illic siue ~ lubebit PL.*Men.*793; hic segetes, illic ueniunt felicius uuae, arborei fetus ~ VERG.*G.*1.55; saucios milites curandos diuidit patribus. Fabiis plurimi dati, nec ~ maiore cura habiti LIV.2.47.12; Cerialis ~ noctem egerat TAC.*Hist.* 5.22; (*w. gen.*) ~ gentium et ciuitatium APUL.*Fl.*16;—(*w.* ubi, nusquam) ubinam ego ~ censeam (nos habitare)? PL. *Trin.*1079; hic sciri potuit aut nusquam ~ TER.*Hau.*279; nec usquam ~ CIC.*Att.*13.52.2; non inesse in iis propriam quae nusquam ~ esset ueri et certi notam *Luc.*103;—(*pregn.*) scio..esse ~ iam animum tuom PL.*Truc.*866; habebam ~ animum amori deditum TER.*Hec.*294. **b** ~ preces, ~ minae audiebantur LIV.8.32.12; ~ proelia et uulnera, ~ balineae popinaeque TAC.*Hist.*3.83;—iidem suci uarie ~ atque ~ praeualuere aut degenerauere PLIN.*Nat.* 13.4; 34.144. **c** talis..esse alios ~ congressus materiai LUCR.2.1065; SAL.*Cat.*60.5; alio ~ pretio praebendum (salem) locauerunt LIV.29.37.3; alius ~ gentium APUL.*Soc.* 15;—medium spatium torrentis ~ aliter cauati LIV.44. 35.17.

2 In another passage (of a book, speech, etc.). **b** *alibi..alibi* (as above).
Catulo et Lucullo ~ reponemus CIC.*Att.*13.12.3. **b** capta ~ decem milia capitum, ~ supra quinque et uiginti inuenias LIV.26.49.2; 29.25.2; haec amplificatio ~ posita est, ~ ualet QUINT.*Inst.*8.4.15.

3 In another matter, otherwise, in other respects. **b** *alibi..alibi*, in one case..in another, relating to different things.
hoc argentum ~ abutar PL.*Per.*262; neque istic neque ~ tibi erit usquam in me mora TER.*An.*420; nunquam ulli.. truces esse, nisi cum de lege agi coeptum esset; ~ popularis iuuentus erat LIV.3.14.5;—(*w.* quam) nolle ~ quam in innocentia spem habere LIV.7.41.2; nobis opinio decedat, qualis quisque habeatur, ~ quam in ciuium iudicio esse TAC.*Ann.*15.20;—(*w. other advs. of place*) nusquam ~ spem quam in armis ponebant LIV.2.39.8; sicubi ~ cessat matrimonium ULP.*dig.*25.2.17. **b** ut ~ ars, ~ materia esset in pretio PLIN.*Nat.*33.22; interdum ~ est hereditas, ~ tutela ULP.*dig.*26.4.1.1.

alibilis ~is ~e, *a.* *compar.* ~ior. [ALO+-BILIS]

1 (of food) Nourishing, nutritious.
lacte est omnium rerum..liquentium maxime ~e VAR.*R.* 2.11.1; 2.11.3.

2 (of animals) Able to be fattened.
ita ~iores fiunt (gallinae) VAR.*R.*3.9.14.

alica ~ae, *f.* Also **hal-**. [Gk. ἄλιξ]

1 Emmer groats. **b** porridge or gruel made from these.
caseum cum ~a..misceto CATO *Agr.*79; ibi..in delicias ~ae politur messis PLIN.*Nat.*3.60; 18.50; ~a res Romana est et non pridem excogitata 22.128;—(*pl.*) nec lenes ~ae, nec asperum far STAT.*Silv.*4.9.31. **β** CELS.2.18.10. **b** PLIN.*Nat.*18.71; nos ~am, poterit mulsum tibi mittere diues MART.13.6.1;—(*in pun w.* alicula) 12.81.3. **β** SEN. *Ep.*122.16; PLIN.*Ep.*1.15.2.

2 (app. = HALLEC; cf. Gk. ἅλιξ).
stillantem..~a sua palumbum MART.2.37.6.

alicācius ~a ~um, *a.* [prec.] Made with *alica*.
caprae sebo in pulte ~a..tussim sanari..tradunt PLIN. *Nat.*28.231.

alicārius[1] ~a ~um, *a.* **hal-**. [ALICA+-ARIVS] Connected with *alica*-production. **b** (fem., as quasi-sb., of prostitutes).
prosedas, pistorum amicas, reginas ~as PL.*Poen.*266. **b** ~ae meretrices appellabantur in Campania solitae ante pistrina alicariorum uersari quaestus gratia PAUL.*Fest.* p.7M; GLYCO ~A *CIL* 4.4001.

alicārius[2] ~(i)ī, *m.* **hal-** [prec.] A producer or seller of *alica*.
pistrina ~iorum PAUL.*Fest.*p.7M;—(*app. as type of sordid person*) nemo est ~ius posterior te LUCIL.496.

alicastrum ~ī, *n.* **hal-**. [ALICA+-ASTER] An early-ripening variety of emmer.
COL.2.6.3.

alicubi, *adv.* [*ali- (cf. ALIQVIS)+VBI]

1 In some place, somewhere; also, anywhere (at all). **b** in some places (in writings), occasionally.
utinam hic prope adesset ~ TER.*Ad.*453; cum paucissimis ~ occultabor CIC.*Att.*10.10.3; nihil est..quod non ~ esse cogatur *Ac.*1.24; solent, qui nouerunt seruos fugitiuos ~ celari, indicare eos dominis ubi celentur ULP.*dig.*19.5.15;—(*w. another adv. of place or equiv.*) ~ apstrudam foris (aurum) PL.*Aul.*577; qui non ~ in solo apstrusi loco *Rud.* 1185; mallem..si iam te crassi agri delectabant, hic ~ in Crustumino aut in Capenati parauisses CIC.*Flac.*71; uolebam prope ~ esse *Fam.*9.7.1;—quare..qui illa coepit labi, ~ subsistat? SEN.*Ep.*92.23. **b** omnia uerba..sunt ~ optima QUINT.*Inst.*10.1.9; in quibus (scriptis) et suum ~ reperiri nomen SUET.*Gram.*7(p.106Re).

2 In or at some other place(s), elsewhere.
(Italia) tota angusta (*sc.* est) et ~ multo quam unde coepit angustior MELA 2.58; tu si ~ (*s.v.l.*) fueris, dices hic porcos coctos ambulare PETR.45.4; notatur eam in Mineruae lucis templisque raro, ~ omnino non aspici, sicut Athenis PLIN.*Nat.*10.30.

3 a ~..*alibi*. At one place..at another. **b** (repeated) at one point of time..at another, on one occasion..on another.
a ~ pampinis et arbusculis alibi de lapide florentibus APUL.*Met.*2.4. **b** ut ~ obstes tibi, ~ irascaris, ~ instes grauis SEN.*Dial.*9.2.2.

alicula ~ae, *f.* [Gk. ἄλλιξ+-VLA] A light coat or cloak.
fasciis cruralibus alligatus et ~a subornatus polymita PETR.40.5; (uestimenta) puerilia sunt..ueluti togae praetextae ~ae ULP.*dig.*34.2.23.2;—(*in pun w.* alica) MART. 12.81.2.

alicunde, *adv.* [*ali- (cf. ALIQVIS)+VNDE] From some place or other, from somewhere. **b** from some source or other.
omnis..uis est quae periculo..decedere nos ~ cogit CIC. *Caec.*46; *Fin.*5.31;—(*w. further indication of place whence*) uenit..~ ex solo loco TER.*An.*406; (*w.* aliunde) aliunde fluens ~ extrinsecus aer LUCR.5.522. **b** puellam ~ ut reperirem sibi PL.*Cist.*135; *Per.*43; minas decem conradet ~ TER.*Ad.*242; quod scribis, non quo ~ audieris, sed te ipsum putare CIC.*Att.*10.1.3; erit..aliquid ~ 12.25.1; si quis error ~ extitit *Tusc.*3.82;—(*w. further indication of source*) ab amico ~ mutuom argentum roges PL.*Trin.*758; haec..in dicendo non extrinsecus ~ quaerenda..sunt CIC. *de Orat.*2.318; non quaesiuit procul ~ *Ver.*2.48.

Alidensia ~ium, *n. pl.* (app.) Garments made at Alinda in Caria.
in pallam atque ~ia Ciaque uertunt (bene parta patrum) LUCR.4.1130.

Ālidensis: see ELIDENSIS.

aliēnātiō ~ōnis, *f.* [ALIENO+-TIO]

1 A transference of ownership, alienation (of property, rights, etc.). **b** the right to transfer ownership.
quae ~o iudicii mutandi causa facta erit ⟨dolo malo, in integrum restituam⟩ *Ed.pr.*(*Font.iur.*p.217)10.8; uenditio ~o est et rei suae iurisque in ea sui ad alium translatio SEN. *Ben.*5.10.1; POMPON.*dig.*18.1.67;—(*w. obj. gen.*) quibus uerbis sacrorum ~o fiat CIC.*Orat.*144; *Leg.*3.48; ~onem alicuius iuris MAECIAN.*dig.*49.17.18.1;—(*pl.*) in ~onibus rerum pupillarium AFRIC.*dig.*40.4.22; reuocatis ~onibus, quas fraudulenter fecerant PAPIN.*dig.*49.14.39.1. **b** ~onem peculii ut donent non habent ULP.*dig.*24.1.3.8; PAUL. *dig.*40.7.20.1.

2 A state of insensibility or numbness, stupor.
(dolor) in ~onem soporemque conuertitur SEN.*Ep.*78.9;—(*w.* mentis) cicutam..potam caligo mentisque ~o.. insequitur LARG.179.

3 *mentis* ~o, mental derangement, insanity, madness.
cuius (morbi) notae sunt horror calidus..mentis ~o CELS.4.2.2; PLIN.*Nat.*21.155; subiit furor et ~o mentis [QUINT.]*Decl.*12.8; MACER *dig.*1.18.14.

4 An act of becoming or state of being hostile, estrangement, alienation.
~o consulum CIC.*Q.fr.*1.4.4; ~o disiunctioque (amicorum) *Amic.*76; ~onem exercitus CAES.*Civ.*2.31.4; percunctari causam repentinae ~onis LIV.35.19.2; Germanico ~o patrui amorem apud ceteros auxerat TAC.*Ann.*2.43;—(*w.* ab) tuam..a me ~onem CIC.*Phil.*2.1;—(*w.* in+*acc.*) unde praecipua in Vitellium ~o per Illyricos exercitus TAC. *Hist.*2.60.

aliēnigena[1] ~ae, *m.* [ALIENVS+-GENVS] A foreigner, stranger, alien.
ne te ~ae cogant in campo Diomedis conserere manus *formula* in Liv.25.12.5; VAR.*L.*5.90; potestis..~as domesticis..anteferre? CIC.*Font.*32; LIV.30.12.15; iam tum multitudine ~arum urbem onerante 39.3.6; custodiam corporis ..externus et alienigena non deposcerem CURT.5.11.6; haec manus..ut ~am (Ciceronem)..insequebatur QUINT. *Inst.*12.10.14; TAC.*Hist.*4.65; *Ann.*12.14; SUET.*Aug.*48;—(*of animals*) PLIN.*Nat.*8.224.

aliēnigena[2] ~ae, *a.* [prec.] Born in, or belonging to, another country, foreign, alien, (sbs. indicating what is imported or exotic).
hostes ~ae CIC.*Catil.*4.22; homo longinquus et ~a *Deiot.* 10; suos..deos aut nouos aut ~as coli *Leg.*2.25; exercitum ~am LIV.28.42.10; ~am dominum CURT.7.8.21; TAC.*Ann.* 15.1;—(*of animals*) ne nos ~ae pisces decipiant COL.8.16.9; —(*w. neut. sb.*) neque uino ~a, sed patriae usuros CAP.*iur.*5.

aliēnigenus ~a ~um, *a.* [ALIENVS+-GENVS]

1 Of or connected with other countries, foreign (sts. indicating what is imported or exotic).
duo eiusdem generis ~a exempla V.MAX.1.5.ext.1; muliner ~i sanguinis 6.2.ext.1; ~ae religionis 7.3.8; ~a tum sacra amouebantur SEN.*Ep.*108.22;—(*of plants*) quae peregrina ex diuersa regione semina transferuntur..uelut ~a reformidant mutatam..positionem COL.3.4.1;—(*neut. pl. as sb.*) ut ~a scrutemur V.MAX.8.11.ext.1.

2 Of different or unfamilar origin or stock, alien. **b** (applied to things) consisting of alien or heterogeneous matter, different in kind.
SI QVIS EVM TITVL(VM) ADVLTERAVIT, ~VM CORP(VS)..IN HOC MONVM(ENTVM) INFERRE VOLENS *CIL* 6.22915.9;—(*of animals*) prius eas (*sc.* gallinas) incubare decem diebus foetibus ~is patiemur COL.8.5.10. **b** fiet uti cibus omnis..ex ~is rebus constare putetur LUCR.1.865; 5.880;—(*neut. pl. as sb.*) terram constare necessest ex ~is 1.869.

aliēnō ~āre ~āuī ~ātum, *tr.* [ALIENVS+-O[3]]

1 To transfer (property, etc.) to somebody else (by sale or otherwise), give up or lose possession of, alienate. **b** (pass.) to fall into somebody else's hands, be lost to one; (esp., in mil. contexts) to fall into the enemy's hands. **c** to make (children, etc.) over to someone else, give in adoption, renounce.
id (*sc.* ager) si ~atur PL.*Trin.*595; quot reiculae (oues) sint ~andae VAR.*R.*2.1.24; uestris uectigalibus non fruendis, sed ~andis CIC.*Agr.*2.33; postea..quam is emancipatus manumissus ~atusue fuerit *Ed.pr.*(*Font.iur.*p.221)18.4; quem reditum..~atum ac uagum..iustitia diui Neruae populo restituit FRON.*Aq.*118; GAIUS *Inst.*2.62; ULP.*dig.* 21.3.1.3; non ~antur nummi, qui sic dantur, ut recipiantur 46.3.55; eum..~are dicitur, qui non utendo amisit seruitutes PAUL.*dig.*50.16.28;—(*w. adv.*) si in hoc ~auerit testator inde libram POMPON.*dig.*34.2.34.1;—(*absol.*) ubi.. necessitas ~andi ex causa testatoris pendeat MARCEL.*dig.* 40.5.9; ULP.*dig.*4.7.10. **b** usus, fructus, uictus, cultus iam mihi harunc aedium interemptust, interfectust, ~atust PL. *Mer.*833;—(*w.* ab) mulier ~ata est aps te 611; quae a nobis ~ata, cum ad hostem peruenerint, ex suo tamquam limine exierint CIC.*Top.*37;—urbs maxuma ~ata SAL.*Jug.*48.1; priusquam ~arentur omnia LIV.21.60.5; urbibus quae bello ~atae fuerant 30.24.4. **c** ita nos ~auit TER.*Hau.*979; ne quis quem ciuitatis mutandae causa suum faceret neue ~aret LIV.41.8.12;—(*w.* ab) an pro non natis sint habendi, qui a familia sunt ~ati QUINT.*Inst.*3.6.99;—(*w.* de) PRAETORIOLVM..IVSSIT NE QVANDO DE FAMILIA ~ETVR *CIL* 5. 4057.

2 To change the nature or identity of. **b** (pass.) to be different (from).
tu me ~abis numquam quin noster siem PL.*Am.*399. **b** sacopenium, quod apud nos gignitur, in totum transmarino ~atur PLIN.*Nat.*20.197.

3 (w. *a sensu*, etc.) To render devoid, deprive (of feeling, etc.).
(*w.* ab) quam (*sc.* dextram) cum uelut ~ato ab sensu torreret animo LIV.2.12.13; ~atis a memoria periculi animis 7.15.3; ~atis mentibus uino ab imminentis sensu mali 26.14.3;—(*w. abl.*) uelut ~atos sensibus 25.39.4.

4 (in pass., med.) To be rendered insensitive, become numb or devitalized; also, to become mortified or gangrenous.
momento..~antur (intestina) externo et insueto spiritu circumdato CELS.7.16.2; 8.10.1.G; in corpore ~ato SEN.*Ep.* 89.19;—(spodium) purgat ulcera ~ata PLIN.*Nat.*23.76.

5 (esp. w. *mentem*, etc., as obj.) To deprive of sanity, make mad; (pass.) to be mad.
paene ~ata mente..equitatum se ex fuga recepisse CAES.*Gal.*6.41.3; SAL.*Rep.*2.12.6; ~atus ad libidinem animo LIV.3.48.1; illam furiam..omnibus delenimentis animum suum auertisse atque ~asse 30.13.12; 42.28.12; diuitiae.. mentem ~ant SEN.*Ep.*87.31; uim..qua alliciat (hyaena) ad se homines mentes ~ans PLIN.*Nat.*28.92; QUINT.*Inst.*6.pr. 11; SUET.*Aug.*99.2;—cum sapientem negastis insanire, non negatis et ~ari et parum sana uerba emittere SEN.*Dial.* 2.3.1;—(*absol.*) saepius haustus ~at (odor sulphuris) *Nat.* 2.53.2;—(*masc. of pf. pple. pass. as sb.*) istuc dementis ~atique..est *Ep.*85.24.

6 To render hostile or averse, estrange, alienate. **b** to treat as an enemy. **c** (esp. in pass.) to cause (a person) to feel disgust (at), make averse (to).
in ista incommoditate ~ati illius animi et offensi CIC.*Att.* 1.17.7; omnium suorum uoluntates ~are CAES.*Gal.*7.10.2; (insulas) ~atas ad officium redire coegit NEP.*Cim.*2.4; quae res utique ~asset plebem periculosissimo tempore LIV. 2.30.3; CURT.5.9.12; ne supplicio eius ferox gens ~aretur TAC.*Hist.*1.59; FRON.*Str.*4.7.31;—(*w.* ab) cum ipsa res animum auditoris a nobis ~at *Rhet.Her.*1.9; cum certi homines non studium eius a me ~assent CIC.*Pis.*77; *Phil.*12.10; omnis a se bonos ~auit *Att.*1.14.6; *Amic.*77; ea..ira ~auit a dictatore militum animos LIV.8.35.12; ~atos a nobis deos APUL.*Soc.*6;—(*w. dat.*) quibus eum..eadem res publica reconciliauit quae ~arat CIC.*Prov.*21; LIV.30.14.10; eadem auaritia Gentium regem sibi ~auit 44.27.8; patris..animum ~auit sibi VELL.2.112.7; quas res quosque homines quibus rebus aut hominibus uel conciliasset uel ~asset ipsa natura QUINT.*Inst.*5.10.17;—(*w.* aduersus) aduersus istam orationem ~ato animo fui FRO.*Amic.*2.p.90(184N);—(*w.* erga) militem ~ato erga Vespasianum animo fuisse TAC.*Hist.*4.49;—(*w. abl. of respect*) neque antea uoluntate ~ati SAL.*Jug.* 66.2; non uultu ~atus TAC.*Ann.*2.28. **b** me..falsa suspicione ~atum esse sentiebam SAL.*Cat.*35.3. **c** (*w.* ab) simulatque natum sit animal..~ari..ab interitu CIC.*Fin.* 3.16; a falsa..adsensione..nos ~atos esse 3.18; recens natus homo..a dolore..quasi a graui quodam inimico abiunctus ~atusque est GEL.12.5.8;—(*w. dat.*) illa quoque res morti nos ~at SEN.*Ep.*82.15;—(*ellipt.*) sicut ἐν τοῖς ἐρωτικοῖς ~ant immundae CIC.*Att.*9.10.2.

aliēnum ~ī, *n.* [neut. of next]

1 The property or land of others. **b** foreign soil.
quantum mi ~i fuit NAEV.*com.*27; ~o uti nil moror PL. *Capt.*16; CATO *Agr.*5.1; eos..qui ~um appetebant CIC. *S.Rosc.*93; non dubitauit aedificium exstruere in ~o *Mil.*74; ~i adpetens sui profusus SAL.*Cat.*5.4; largiendo de ~o popularem fieri LIV.3.1.3; sui ~ique contemptus TAC.*Dial.* 29.2; (*transf.*) animum intuere, qualis..sit, ~o an suo magnus SEN.*Ep.*76.32;—(*pl.*) ~a emamus CIC.*Agr.*2.72; *Off.*1.113; sua parui pendere ~a cupere SAL.*Cat.*12.2; LIV. 28.41.9; sua retinere priuatae domus, de ~is certare regiam laudem esse TAC.*Ann.*15.1. **b** errore longo hospites, egeni, hostes in ~o TAC.*Ann.*13.56; (*fig.*) cui uerbo (*sc.* 'fideliter') domicilium est proprium in officio, migrationes in ~um multae CIC.*Fam.*16.17.1.

2 (pl.) The affairs of others, events concerning others. **b** the views of others.

~a ut melius uideant et diiudicent quam sua! TER.*Hau.*504; cur..aut uetera aut ~a proferam potius quam et nostra et recentia? CIC.*Leg.*3.21. **b** ~a dixit (Epicurus) in physicis *Fin.*1.26.

3 (pl.) Foreign matter, foreign bodies.

quatenus ima petit uoluens ~a uitellus HOR.*S.*2.4.57.

4 *~a loqui*, To rave (in delirium).

sic me dicunt ~a locutum, ut foret amenti nomen in ore tuum OV.*Tr.*3.3.19; desipere et loqui ~a CELS.3.18.2; si propter febrem loquantur ~a ULP.*dig.*21.1.4.1.

aliēnus[1] ~a ~um, *a. compar.* ~ior, *superl.* ~issimus. [ALIVS+-ĒNVS] CONST.: w. *ab*+abl.; w. abl.; w. dat.; w. gen.

1 Of, belonging to, or affecting others, not one's own. **b** (spec.) other than one's own wife, husband, or lover, of other men or women; belonging to such a person. **c** given to, or inflicted on, others; endured by others. **d** done or made by others; inspired by, or derived from, others. **e** AES *~um*, debt.

neue ~am segetem pellexeris *Lex XII*(*Font.iur.*p.30); opilio qui pascit..~as ouis PL.*As.*539, 540; intro iit in aedis ater ~us canis TER.*Ph.*706; LUCIL.954; hanc dicendi ex arte ~a facultatem CIC.*de Orat.*1.50; *S.Rosc.*6; non ~am mihi laudem appeto *Ver.*4.80; odi falsas inscriptiones statuarum ~arum *Att.*6.1.26; 7.13.2; *Off.*1.30; nec gigni patitur nisi morte adiuta ~a LUCR.1.264; CAES.*Gal.*2.10.4; semper..iis ~a uirtus formidulosa est SAL.*Cat.*7.2; VERG.*A.*10.78; nummos ~os pascet HOR.*Ep.*1.18.35; ~o pauore perculsum LIV.1.27.10; 42.29.7; fertilior seges est ~is semper in agris OV.*Ars* 1.349; LUC.5.489; ne necesse haberent ~um mortuum plorare PETR.54.1; ~is pedibus ambulamus, ~is oculis agnoscimus, ~a memoria salutamus, ~a et uiuimus opera PLIN.*Nat.*29.19; ~um..aethera tardo Lucifer exit equo STAT.*Theb.*2.138; TAC.*Hist.*1.29;—(*of transferred words or terms*) 'anum' appellas ~o nomine; cur non suo potius? CIC.*Fam.*9.22.2; *Fat.*5. **b** non matronarum officiumst,..uiris ~is..subblandirier PL.*Cas.*586; cur ~am ullam mulierem nosti? CAECIL.*com.*237; LUCIL.504; secretis uiri ~i adsuefacta sermonibus LIV.1.46.7; (*fem. as sb.*) quoi quando nupsit?..quor duxit ~am? TER.*Ad.*672; (*in pun w. sense 5*) hi..erant adfines istius, quorum iste uxores numquam ~as existimauit CIC.*Ver.*2.36;—'cum tu' inquit 'de cubiculo ~o' *de Orat.*2.263; coronatos ~um ad limen amantes PROP.3.3.47; in tua si ueniunt ~i colla lacerti OV.*Ep.*18.103. **c** in maximam inuidiam sua infamia, ~o praemio peruenisse CIC.*Ver.*2.45; 3.169; oratio..non suis uana laudibus, non crimine ~o laeta LIV.4.41.1; ~a inuidia splendentem 22.34.2; tu me expertem rationis genuisti, onus ~um SEN.*Ben.*3.31.2; (*cf.*) sternitur infelix ~o uulnere VERG.*A.*10.781. **d** haec labore ~o puerum peperit sine doloribus PL.*Truc.*807; TER.*Eu.*399; immunis..sedens ~a ad pabula fucus VERG.*G.*4.244; LIV.3.68.5; neque (se) teneri ~is foederibus 24.29.11; quis nolet in isto ense mori, quamuis ~o uolnere labens? LUC.2.265; felix cui comes est non ~us eques MART.14.122.2;—TER.*An.*152; potius consuefacere filium sua sponte recte facere quam ~o metu *Ad.*75; num ea re concedi reo conueniat, quod ~o inductu fecerit *Rhet. Her.*2.26; iussa ~a pati VERG.*A.*10.866; puppes ~o remigio circumagebantur LIV.26.39.13; TAC.*Ag.*46.3; cum populi Romani imperator ~um cursum ~umque rectorem uelut capta naue sequeretur PLIN.*Pan.*82.3; (*of a person*) in physicis..primum totus est ~us (Epicurus) CIC.*Fin.*1.17.

2 Appropriate to other persons or things, unusual, unnatural.

num quo in loco praeter consuetudinem fuerit aut ~o tempore *Rhet.Her.*2.8; hic uer adsiduum atque ~is mensibus aestas VERG.*G.*2.149; cum rapies in ius malis ridentem ~is HOR.*S.*2.3.72; uerecundiae erat equitem suo ~oque (*i.e. of infantry*) Marte pugnare LIV.3.62.9; 7.8.2; ~a..cornua fronti addita OV.*Met.*3.139; quae ~is locis conspecta miracula sunt SEN.*Dial.*1.1.3; STAT.*Theb.*5.397.

3 Unconnected, separate, independent. **b** remote (from a state). **c** physically separate.

aut hoc..~um esse aut cum alia aliqua arte esse commune CIC.*de Orat.*2.36; tellus non est ~a repente allata LUCR.5.546; ~a..sede (signa) inter se generant coniunctos omne per aeuum MAN.2.472; si ingenium eius nullis ~arum artium adminiculis inniti uideretur TAC.*Dial.*2.2;—(*w. dat.*) quorum (*sc.* piscium) reditum quamuis ~issimum agricultoribus putem COL.8.16.1; Horatius Flaccus, memorabilis poeta mihique propter..Maecenatianos hortos meos non ~us FRO.*Aur.*1.p.122(23N);—(*w. gen.*) nec tamen haec ita sunt aliarum rerum ~a LUCR.6.1065;—(*of dead tissue*) (emplastrum os) expurgat et educit quantum eius ~um est LARG.201. **b** (*w.* ab) ad homines a piratarum metu et suspicione ~issimos CIC.*Ver.*5.70; adeone uobis ~us a sanitate..uideor? *Sul.*83;—(*w. dat.*) domus hac nec purior ulla est nec magis his ~a malis HOR.*S.*1.9.50; uel ~issimus rusticae uitae COL.3.21.3. **c** ubi remigio plumae raptum maritum proceritas spatii fecerat ~um APUL.*Met.*5.25; lancea mali Thrasylli me tibi fecit ~um 8.8.

4 Of another country, foreign. **b** (of time) to which a person or thing does not belong, different, other.

litis sequar in ~o oppido PL.*Poen.*1403; in ~is terris iacentem CIC.*Sest.*7; *Phil.*13.15; quo minus ~a instituta..imitarentur SAL.*Cat.*51.37; ~ae erat ciuitatis NEP.*Eum.*1.2; si non arua ~a..peteres VERG.*A.*4.311; morituros se..citius quam..in ~os ritus mores legesque..uerterentur LIV.24.3.12; 32.8.14; thalamos ~i..orbis OV.*Met.*7.22; ~iorem, quod ortum Corintho V.MAX.3.4.2; ut..omnes uirtutes in ~am te orationem secutae sint SEN.*Dial.*11.11.5; quarum Graeca nomina aut ~a PLIN.*Nat.*12.14;—(*poet.*) Aethiopum..feris ~o gurgite campos (*i.e. the Nile*) LUC.10.293; ius tibi..~a crescere bruma 10.299. **b** felices..~o intersumus aeuo *Aetna* 576; Cicero, quid in ~o saeculo tibi? SEN.*Suas.*6.1; cum uenientium flore maturescunt (grossi), ~o praecoces anno PLIN.*Nat.*15.73.

5 Unconnected by blood, unrelated. **b** of a different variety or species.

cum homines humiliores in ~um eiusdem nominis infunderentur genus CIC.*Brut.*62; heres hic ~ior institutus est *Clu.*162; (*w.* ab) homo..non ~us a matris eius genere et nomine *Ver.*1.128;—(*w. abl.*) te..~ae sanguine uestro rapta mouet facies OV.*Met.*9.326;—(*w. dat.*) Alba oriundum sacerdotium et genti conditoris haud ~um LIV.1.20.3;—(*opp.* propinquus) CIC.*Ver.*28; is..Caesenniae fuit Aebutius—ne forte quaeratis, num propinquus?—nihil ~ius *Caec.* 14. **b** huc ~a ex arbore germen includunt VERG.*G.*2.76; sucos ~o praestat alumno OV.*Met.*14.631; VELL.1.16.2; ~i generis uiti COL.4.29.14.

6 With whom one has no business or acquaintance, unfamiliar, strange. **b** of or belonging to strangers.

PL.*Aul.*90; num quis hic est ~us nostris dictis auceps auribus? *St.*102; quibus rebus adducti, etiam cum ~issimos defendimus, tamen eos alienos..existimare non possumus CIC.*de Orat.*2.192; *Att.*13.49.1; sis quodcumque uoles, non ~a tamen (*sc.* eris) PROP.1.15.32; PLIN.*Nat.*21.75; ~issimi homines in honorem Quadratillae..in theatrum cursitabant PLIN.*Ep.*7.24.7;—(*w.* ab) hominem ab utroque ~issimum CIC.*Clu.*87;—(*w. dat.*) ego uobis..~us sum? TER.*Ph.*545; mea quod coniunx non ~a tibi est OV.*Pont.*2.10.10;—(*opp.* familiaris) familiarem? immo ~issimum CIC.*Q.Rosc.*49;—(*compar., superl. as sb.*) ut neque amicis neque etiam ~ioribus opera..desim *Fam.*1.9.17; multi..finibus egressi se suaque omnia ~issimis crediderunt CAES.*Gal.*6.31.4. **b** si tuus seruus nullus fuerit et omnes ~i ac mercennarii CIC.*Caec.*58; nolebam illum nostrum familiarem sermonem in ~as manus deuenire *Att.*1.9.1; hic ~us ouis custos bis mulget in hora VERG.*Ecl.*3.5.

7 (of persons, feelings, etc.) Unfriendly, unsympathetic, unfavourable, estranged. **b** averse (from), disinclined (for).

ubi saepe is, qui rei dominus futurus est, ~us atque iratus ..est CIC.*de Orat.*2.72; ordo totus ~us *Mur.*42; *Planc.*11; legiones etiam has..~issimas esse uideo *Att.*10.12a.3(6); ~o esse animo in Caesarem milites CAES.*Civ.*1.6.2; nulla sit ut placeas ~ae cura puellae OV.*Rem.*681; non ~a uidet sed amat Proserpina raptas MART.12.52.13; (*facet.*) uentrem ~um, maestum fouere LUCIL.813;—(*w.* ab) quom eius ~um esse animum a me sentiam TER.*Hec.*658; homines erant ab hoc omnes ~issimi CIC.*Quinct* 73; *Rab.Perd.*15; si consules a nobis ~iores esse uelint *Att.*3.24.1; CAES.*Civ.*2.27.2;—(*w. dat.*) CAEL.*Fam.*8.12.2; sit Galatea tuae non ~a uiae PROP.1.8.18; ille..Caecinae haud ~us TAC.*Hist.*2.22; SUET.*Tib.*12.2. **b** (*w.* ab) CIC.*de Orat.*2.20; homo non ~us a litteris *Ver.*2.64; numquam a poetice..~us fui PLIN.*Ep.*7.4.2;—(*w. dat.*) quicumque iocis non ~us erat OV.*Fast.*1.396; scio, quam sis ambitioni ~us SEN.*Nat.*4a.pr.1;—(*w. gen.*) naturam..illam..ui cum eadem coniunxit fugientem et eius copulationis ~am CIC.*Tim.*22.

8 Not in keeping (with), unworthy (of), inappropriate or unsuitable (to). **b** foreign (to one's nature), incompatible (with). **c** distasteful, repugnant.

PL.*Cas.*518; tu illum..sineres nunc facere dum per aetatem decet potius quam..~iore aetate post faceret tamen TER.*Ad.*110; alter solito tempore labitur alter insolito: alter ~o, alter suo SEN.*Con.*2.6.4; (*w.* ab) Graeca oratio a nobis ~issima est POST.*hist.*1; CIC.*Ver.*4.109; neque ab ea causa quae tum agebatur ~a fuerunt *Clu.*142; nauigationis labor ~us non ab aetate solum nostra uerum etiam a dignitate *Att.*16.3.4; *Luc.*132; sententia eius mihi non crudelis..sed ~a a re publica nostra uidetur SAL.*Cat.*51.17; cetera..(uerba)..ex prosae orationis usu ~iora praetermisimus GEL.19.7.13;—(*w. abl.*) CIC.*Orat.*88; non quo ~um mea dignitate arbitrarer *Prov.*42; non putaui esse ~um institutis meis haec ad te scribere *Fam.*5.17.1; *Div.*1.82; ~a tua..aetate omnia mitte LUCR.3.961; ut moribus quid teneat ~um suis PHAED.4.5.40; cibis idem hominis ~um PLIN.*Nat.*22.153; nec torua effigies epulisque ~a remissis STAT.*Silv.*4.6.50;—(*w. dat.*) si..non percipitur adcommodatumne naturae sit an ~um? CIC.*Luc.*25;—(*w. gen.*) quis ~um putet eius esse dignitatis..quid..optimum..sit, exquirere? *Fin.*1.11; dis indigna..~aque pacis eorum LUCR.6.69. **b** quaestum hunc..inhonestum et maxume ~um ingenio suo PL.*Capt.*99; ~um a uita mea uidetur TER.*Ad.*944; non ~um a te putabam, quod et in Africano fuisset et in Socrate CIC.*Brut.*299; *Quinct.*98; ~um mea natura uidebatur *Tul.*5; saepe..quod a te ~issimum est, subimpudens uidebare *Fam.*7.17.1. **c** dolor..(est) motus asper in corpore ~us a sensibus CIC.*Tusc.*2.35; sumendi cibi faciles et stomacho non ~i CELS.4.12.6; turpes..porci ~os sibi manipulos faeni lacerantes PLIN.*Nat.*18.364.

9 (usu. after a neg.) Out-of-place, uncalled-for, superfluous, unreasonable, irrelevant.

huius iter necessarium, illius etiam potius ~um CIC.*Mil.*52; nisi ~um putabis, obiurgato eum *Att.*12.36.2;—(*w. inf.*) *Inv.*1.5; non ~um fuit personas quasdam a uobis recognosci *Phil.*6.15; altercatio..cui pro tuo studio non est ~um te interesse *N.D.*1.15; non ~um esse uidetur de Galliae Germaniaeque moribus..proponere CAES.*Gal.*6.11.1; non ~um uidetur inserere hoc loco exemplum religionis antiquae PLIN.*Nat.*3.65; 31.60; non ~um est..remedia scire LARG.52; QUINT.*Inst.*1.1.37; ne Epicuri quidem..honestas quasdam exclamationes adsumere..~um erit oratori TAC.*Dial.*31.6; (*w.* ut+*subj.*) non uidetur esse ~um, uti caute..eorum expediantur rationes VITR.10.pr.4.

10 That does not concern or affect one; also, that is outside one's sphere.

(*w.* ab) homo sum: humani nil a me ~um puto TER.*Hau.*77; huius ciuitatis..miserias nemo erat ciuis qui a se ~as arbitraretur CIC.*Phil.*8.18;—illos ueteres doctores auctoresque dicendi nullum genus disputationis a se ~um putasse *de Orat.*3.126;—(*w. dat.*) quis enim bonus..ulla ~a sibi credit mala? JUV.15.142.

11 Not beneficial, unhelpful, unsuitable, harmful. **b** (of places, circumstances, etc.) unfavourable. **c** (of times) unseasonable, inopportune, awkward.

illud uero improbi esse hominis..dicere quod ~um esset et noceret ei CIC.*de Orat.*2.297; omnium..rerum nec aptius est quicquam ad opes tuendas..quam diligi nec ~ius quam timeri *Off.*2.23; non ~um est in ipsa febre mulsi dare tres..cyathos CELS.3.9.2; 6.6.8.E;—(*w. dat.*) CIC.*Caec.*24; non ~a rationi nostrae fuit illius haec praepropera prensatio *Att.*1.1.1; ubi se caelum, quod nobis forte ~um, commouet LUCR.6.1119; sunt..ex uehementibus medicamentis et stomacho ~is CELS.5.25.1;—(*w. gen.*) omnia quae essent ~a firmae..assensionis..remouebat CIC.*Ac.*1.42;—(*w.* ad) nihil me turpius apud homines fuisset neque uero ad istam ipsam ἀσφάλειαν quicquam ~ius *Att.*2.19.4. **b** si omnia essent ~a D.BRUT.*Fam.*11.23.1; ~o loco..proelium committunt CAES.*Gal.*1.15.2;—(*w. dat.*) ~issimo sibi loco, contra opportunissimo hostibus..conflixit NEP.*Them.*4.5; primaque pars huius (mensis) thalamis ~a reperta est OV.*Fast.*6.225;—(*w. gen.*) in domum D. Bruti..quod foro propinqua erat neque ~a consili SAL.*Cat.*40.5;—(*w.* ad *and gdve.*) quod subalbus (sabulo) ad serendos surculos ~us VAR.*R.*1.9.5. **c** ne reliqui (aues)..~o tempore uenditoris moriantur VAR.*R.*3.5.6; uir egregius..~issimo rei publicae tempore exstinctus CIC.*Brut.*2; *Att.*10.2.2; subito exorerentur..~is partibus anni LUCR.1.181; tempore num faciant ~o HOR.*S.*1.4.78; LIV.23.22.8;—(*w. dat.*) cum..suo maxime tempore atque ~o hostibus incipere bellum posset 42.43.3; tempora quamquam sint ~a toris LUC.2.351; (*w. dat. of gdve.*) uisa dies dandae non ~a togae (*sc.* uirili) OV.*Fast.*3.788;—(*w.* ad+*gdve.*) quod..ad iudicium corrumpendum tempus ~um offenderet CIC.*Ver.*1.5; ad committendum proelium ~um esse tempus arbitratus CAES.*Gal.*4.34.2.

12 Mentally disturbed, upset, frenzied.

neque solum illis ~a mens erat SAL.*Cat.*37.1; bacchatur demens ~a per antrum colla..ferens LUC.5.169.

aliēnus[2] ~ī, *m.* [prec.]

1 A person or slave belonging to another person.

~os mancupatis, ~os manu emittitis ~isque imperatis PL.*Cur.*496; ~on prius quam tuo dabis orationem? *Rud.*1063.

2 A foreigner.

illi ~um, quia poeta fuit, post mortem etiam expetunt CIC.*Arch.*19.

3 A stranger or person unconnected by blood, outsider.

PL.*Capt.*146; eam uidisse hic cum ~o osculari *Mil.*243; qur..ante ostium pro ignoto ~oque astas? *Truc.*175; si me ~us adfinem uolet TER.*Ph.*582; hominem..qui et per se et per suos et uero etiam per ~os defendatur CIC.*Mur.*45; permagnum est ~o debere idem quod parenti *Planc.*72; *Leg.*2.64; SVPERVENERE ~I ET QVIDAM EXTERNI, VT NVMA ROMVLO SVCCESSERIT EX SABINIS VENIENS *CIL* 13.1668.1.9; beneficium esse, quod ~us det SEN.*Ben.*3.18.1; neque discerneres ~os a coniunctis TAC.*Ann.*6.7.

ālifer ~era ~erum, *a.* [ALA+-FER] Winged; (in quot., drawn by winged dragons).

~ero tollitur axe Ceres OV.*Fast.*4.562.

āliger ~era ~erum, *a.* [ALA+-GER] FORMS: *~erum* (gen. pl.) V.FL.7.171.

1 Having wings, winged.

turbam..sonantem agminis ~eri VERG.*A.*12.249; genus ~erum SEN.*Phaed.*338; ~eris..serpentibus PLIN.*Nat.*12.85; ~eri..dracones V.FL.7.120; ~erae sedem fetusque parentis STAT.*Theb.*5.599;—(*of gods, etc.*) ~erum..Amorem VERG.*A.*1.663; ~er..puer (*i.e.* Cupido) SEN.*Her.O.*543; ~er in caelum..fugit (Perseus) LUC.9.684; ~eros..Cupidines PLIN.*Nat.*36.41; Maia satus ~er STAT.*Theb.*2.1; deus ~er (*i.e.* Somnus) 10.302;—(*masc. pl. as sb.*) haec ~eris (*i.e.* Cupidinibus) instat Cytherea SIL.7.458;—(*transf.*) Cyllenius..~ero lapsu portabat iussa parentis 3.169.

2 (poet.) Moving with the speed of flight, winged.

liquidas..per auras dirigit ~ero letalia uulnera ferro SIL.2.92; ~eras ferret seu puluere plantas uix tacto 14.507.

alimentārius[1] ~a ~um, *a.* Also **alum-.** [ALIMENTVM+-ARIVS] Of or concerned with maintenance by (public) charity; supported by charity.

legem..~am, quae iubet aedilis metiri CAEL.*Fam.*8.6.5; SER(VVS) ARKAR(IVS) QVI ET ANTE EGIT RATIONEM ~AM SVB CVRA PRAEFECTOR(VM) *CIL* 9.699;—PVERI ET PVELLAE ALIMENTARI 11.5957; 14.4003.

alimentārius[2] ~(i)ī, *m.* [prec.] A person whose maintenance is provided for by private or public charity.

meliorem condicionem suam ~ius tali transactione facit ULP.*dig.*2.15.8.6; defunctorum ~iorum portiones SCAEV.*dig.*35.2.95.1; DIVO ANTONINO AVG PIO ~I *CIL* 11.6002.

alimentum ~ī, *n.* Also **alum-.** [ALO+-MENTVM]

1 (sg. or pl.) Food, nutriment, provisions. **b** (for plants).

quod omnis impetus in mammas conuertitur ille ~i LUCR.5.815; SAL.*Hist.*3.96.B; hanc captiuis egentibus ~a clam suppeditasse LIV.26.33.8; OV.*Met.*5.342; (uenas) quas his (*sc.* ossibus) ~um subministrare credibile est CELS.8.1.1; in ~um feras captant SEN.*Dial.*1.4.14; CURT.3.8.8; omni..pecudi larga praebenda sunt ~a COL.7.3.9; ut omni tempore anni supersit id ~um (*sc.* lac) PLIN.*Nat.*8.177; 21.1; STAT.*Theb.*8.169; intentis ~orum pretiis TAC.*Hist.*1.89; *Ann.*6.43; JUV.15.93; Druso..adeo ~a subducta, ut tomentum e culcita temptauerit mandere SUET.*Tib.*54.2;—(*w. obj. gen.*) nec..desiderabat (mundus)..~a corporis CIC.*Tim.*18; hominum..sufficiebat ~is (mons) LIV.29.31.9; Tityon..~a uolucrum STAT.*Theb.*4.538; (*cf. sense 4*) illae apes..Heliconios colles..departae maximo ingenio dulcissima summae eloquentiae instillasse uidentur ~a V.

MAX.1.6.ext.3; (*esp. w.* uitae) tu ~a uitae tribuis *Prec. Ter.*12; extrema uitae ~a TAC.*Ann.*6.24; HYG.*Fab.*254.3; —(*w. gen. expr. source, etc.*) (spumas) nactas..~a feracis.. soli OV.*Met.*7.416; cum siccitas continua florum ~um abstulit (*sc.* apibus) PLIN.*Nat.*21.82;—(*w. defining gen.*) frugum ~is carnisque LIV.23.30.3; lactis..~a OV.*Met.*3. 315;—(*w. gen. expr. a period of time*) paucorum dierum ..~a TAC.*Hist.*4.23; quindecim dierum ~a *Ann.*12.43. **b** (uitis) uiduata pristino ~o COL.*Arb.*1.4; haerendo..ultra suum tempus (fructus) absumunt uenientibus ~um PLIN. *Nat.*15.12;—(*w. obj. gen.*) fontes..quos arborum ~a consumebant 31.53; (*cf.*) donec Phariis ~a rogatus donet agris (Nilus) STAT.*Theb.*4.709.

2 (pl.) Sustenance, maintenance, means of livelihood. **b** (the provision of) the cost of maintenance; (as charitably bestowed) alms.

hunc..per uestra ~a rogate OV.*Fast.*5.473; nititur ut profugae desint ~a senectae *Ib.*21; legem agrariam, hoc est ~a sua, abdicarunt tribus PLIN.*Nat.*7.117; cum..Attali hereditatem in ~a populo polliceretur FLOR.*Epit.*2.3(3. 15.2); PRAEFECTIS ~ORVM *CIL* 2.6278.43;—(*w. obj. gen.*) annuos sumptus in ~a ingenuorum PLIN.*Ep.*1.8.10. **b** ~a pater a filio petit SEN.*Con.*1.7.17; expositum qui agnouerit, solutis ~is recipiat QUINT.*Inst.*7.1.14; ut..~is..tuis ad stipendia tua peruenirent PLIN.*Pan.*26.3; (*cf.*) neque..nos patria..genuit aut educauit, ut nulla quasi ~a exspectaret a nobis CIC.*Rep.*1.8;—SEN.*Con.*10.4.10.

3 *ignis*, etc., *~um* or *~a*, Something that feeds a fire, inflammable material, fuel; (also absol., but usu. w. *ignis*, etc., somewhere in context). **b** (applied to water, etc., as the supposed 'fuel' of the stars; also, of water as material for clouds).

Anagniae terram..diem ac noctem sine ullo ignis ~o arsisse LIV.27.4.12; picem et ceras ~aque cetera flammae OV.*Met.*14.532; tunicam ~is ignium et inlitam et textam SEN.*Ep.*14.5; TAC.*Hist.*2.21; FRON.*Str.*2.5.29;—quae flammas ~a uocent *Aetna* 387; ut..solet uentis ~a adsumere.. scintilla OV.*Met.*7.79; iubet..igni dari ~a CURT.6.6.29; LUC.3.684; faex uini siccata..sine ~o per sese flagrat PLIN.*Nat.*14.131; STAT.*Theb.*6.100; ~a uorat..Vulcanus.. arida SIL.17.97. **b** de siderum ~o SEN.*Ep.*117.19; nimio ~o tracti umoris ignea ui abundantiam reddunt (sidera) PLIN.*Nat.*2.29;—concipit Iris aquas ~aque nubibus adfert OV.*Met.*1.271.

4 Anything that strengthens or sustains (passions, beliefs, etc.), 'food', 'fuel', encouragement.

ipse ~a sibi maxima praebet amor PROP.3.21.4; addidit ~a rumoribus aduentus Attali LIV.35.23.10; hoc iuuat, haec animi sunt ~a mei OV.*Am.*2.19.24; *Met.*3.479; qui.. ~a inertiae quaerunt V.MAX.2.6.7; SEN.*Suas.*2.3; iterum dantur malignis ~a sermonibus [QUINT.]*Decl.*18.13; uictus ~a superbi SIL.13.352; id..praecipuum fuit seditionis ~um TAC.*Hist.*4.36.

alimōnia ~ae, *f.* [ALO+-MONIA]

1 Food, nourishment.

habens antepositam ~am VAR.*Men.*260; amisso..omni naturalis ~ae fundamento GEL.17.15.5;—(pl.) blandis ~arum obsequiis APUL.*Met.*5.18.

2 Feeding, nurture, upbringing.

(*w. obj. gen. or equiv.*) (Samos) quae..~a tua gloriatur APUL.*Met.*6.4; nutrices ob ~am infantium apud praesides ..petunt ULP.*dig.*50.13.1.14;—(*pl.*) XIIII annorum longas ~as APUL.*Apol.*85.

alimōnium ~(i)ī, *n.* [ALO+-MONIVM]

1 Food, nourishment.

(*w. defining gen.*) haec omnia uocant a mellis ~io aluos VAR.*R.*3.16.15;—(*pl.*) quod id (*sc.* equae) lacte quam asininum ad ~ia dicunt esse melius 2.8.2.

2 Nurture, upbringing; also, the cost of maintenance.

quod in partu et ~io uinum non ut in calice quaerit aquam, sed solem VAR.*R.*1.8.7; (regem) infectum ~io seruitio cultu, omnibus externis TAC.*Ann.*11.16;—conlationes in ~ium ac dotem puellae recepit SUET.*Cal.*42;—(*pl.*) ut..parenti praestet ~ia PAUL.*dig.*23.3.73.1.

aliō, *adv.* [ALIVS+-O²]

1 To another place, in another direction, elsewhere; *alio..alio*, in one direction..in another; *alius alio*, etc., one in one direction, one in another. **b** to a different person or persons, 'elsewhere'. **c** to another source.

~ credo comissatum abiisse PL.*Mos.*989; TER.*Eu.*280; ~ cum iter haberet LUCIL.898; ~ me conferam CIC.*Fam.* 14.1.7; Moerim..satas ~ uidi traducere messis VERG. *Ecl.*8.99; fama repens ~ auertit bellum LIV.22.21.6; eaedem (ranae) ~ tralatae canunt PLIN.*Nat.*8.227;—(*w. other advs. of place*) Arpinumne mihi eundum sit an quo ~ CIC.*Att.*9.17.1; LIV.24.29.10; ne..~ usquam quam Romam mitterent legatos 30.38.3;—(*w.* aliunde) mutare te loca et aliunde ~ transilire nolo SEN.*Ep.*69.1; *Nat.*3.11.1; (*fig.*) sermonem ~ transferamus CIC.*de Orat.*1.133; ~ responsionem suam deriuauit *Ver.*1.139;—ad socios nostros ..dispertieram, ~ frumentum, ~ legatos, ~ litteras, ~ praesidium usquequaque CATO *orat.*36; penetrare ~ sonitus ~que saporem cernimus e sucis, ~ nidoris odores LUCR. 6.986;—ceteri..alius ~: Marius..in rostra recta CIC.*Off.* 3.80; alium ~ (dimisit) SAL.*Cat.*27.1; LIV.7.39.2; SEN.*Ep.* 95.19. **b** ~ nubere PL.*St.*80; suom animum ~ conferunt TER.*Hau.*390; CIC.*Dom.*10; eorum, qui a te causam regiam ~ traferebant *Fam.*1.4.1; translatos ~ maerebis amores HOR.*Epod.*15.23; si nullus ~ sit quam ad Romanos respectus LIV.42.46.4; ~ sceptrum..transtulerat Fortuna STAT.*Theb.* 11.649. **c** hoc (rationale) unum est quod ~ non refertur SEN.*Ep.*92.1.

2 a To another course of action, policy, etc. **b** to another subject or topic. **c** to or for another end or purpose.

a ~ transferenda mea tota uita est CIC.*Red.Sen.*23; uellem ~ potius eum cupiditas gloriae detulisset *Cael.*74; hos ~, Fortuna, uocas LUC.2.230; STAT.*Silv.*4.4.95;—(*w. another adv.*) arcana..credebat libris, neque si male cesserat usquam decurrens ~, neque si bene HOR.*S.*2.1.32;—(*repeated*) ~ res familiaris, ~ ducit humanitas CIC.*Off.*3.89; ~ corpus impellere, ~ animum SEN.*Ep.*74.32;—(*in compend. phr.*) cum alii ~ tenderent nec procul seditione res esset LIV. 24.28.1. **b** oratio ~ mihi demutandast mea PL.*Mil.*1291; quod is, qui audit, ~ ducitur cogitatione CIC.*de Orat.*3.160; uocat me ~ iam dudum tacita uestra exspectatio *Clu.*63; *Leg.* 1.9; ~ properare tempus monet SAL.*Jug.*19.2; ~ transeundi gratia QUINT.*Inst.*9.2.55; ~ ducente causa 12.1.5;—(*w.* aliunde) sermo..aliunde ~ transiliens SEN.*Ep.*64.2;—(*repeated*) nos ~ mentes, ~ diuisimus aures CATUL.62.15;—(*in compend. phr.*) alius ~ curam suam mittit SEN.*Ep.*108.30. **c** cupiditatis nomen seruet ~ CIC.*Fin.*2.27; hoc longe ~ spectabat atque uideri uolebant NEP.*Them.*6.3; ~..spectare Pythicam uocem LIV.1.56.12; (fortuna) ~ istas uires seruet suas SEN.*Dial.*11.18.4; QUINT.*Inst.*8.6.64;—(*w. another adv.*) plebem nusquam ~ natam quam ad seruiendum LIV.7.18.7.

aliōquī(n), *adv.* [ALIVS+QVI²]

1 In other respects (than some particular respect, stated or implied), otherwise. **b** at other times, as a general rule; also, for other reasons.

(*w. adjs.*) incolumis quamuis ~quist splendidus orbis LUCR.3.415; si uitiis mediocribus ac mea..mendosa est natura ~quin recta HOR.*S.* 1.6.66; triumphatum de Tiburtibus; ~quin mitis uictoria fuit LIV.7.19.2; 37.46.6; VELL.2. 33.1; Simonides, tenuis ~qui, sermone proprio..commendari potest QUINT.*Inst.* 10.1.64;—(*w.* nisi quod, si..non) tumulum..tutum commodumque ~qui nisi quod longinquae aquationis erat LIV. 30.29.10; ~qui commodissimum est, si religio non impedit PLIN.*Ep.Tra.*10.49(58).2;—(*w. whole sentence*) capi tantum castra militem Romanum noluisse, ~qui gaudere sua clade LIV.2.59.3; nunc pudore a fuga contineri, ~qui pro uictis esse 10.35.7. **b** ~qui inpotens (*sc.* multitudo)..ubi uana religione capta est, melius uatibus quam ducibus suis paret CURT.4.10.7; quo quasi cauterio tunc tantummodo uti oportet, ~qui nocet LARG.114; cum incallidus ~qui et facilis iuuenta senilibus tum artibus uteretur TAC.*Ann.*3.8; 13.20;—facit hoc emplastrum ad detectam membranam tegentem cerebrum de industria a medicis..uel ~quin detectam LARG.206.

2 Apart from these, or other, considerations (usu. in expr. where a particular circumstance is adduced as according w. or emphasizing a general tendency): **a** (w. adjs., etc.) in general, in any event, anyhow; also, independently, separately. **b** (w. sentences) in any event, besides, moreover.

a LIV.27.27.11; oppidum..et ~qui opportune situm, et transitus ea est in Labeates 43.19.3; V.MAX.3.8.ext.1; bituminum sequax ~qui ac lenta natura..certo tempore anni..non quit sibi auelli PLIN.*Nat.*7.65; (corpus) quod illa speciosissimum ~qui diducta nudauerit tunica QUINT.*Inst.* 2.15.9; 12.10.17; tempus..mercatus ditem ~qui coloniam maiore opum specie complebat TAC.*Hist.*3.32; *Ann.*4.37; impense petis,[ut agam causam pertinentem ad curam tuam, pulchram ~qui et famosam PLIN.*Ep.*6.23.1; SUET.*Vit.*2.2; certe homo ~qui pituitosus, hodie tamen multo mucculentior mihi esse uideor AUR.*Fro.*1.p.180(69N);—solum partem esse aedium..nec ~quin subiacere uti mare nauibus CELS.*dig.*6.1.49. **b** sed haec quidem ~qui memoria magni professoris ut interponeremus effecit CELS.8.4.4; SEN.*Ep.*77.7; spero..iam ueterem pudorem sibi imponet. ~quin circa stomachum mihi sonat PETR.47.3; nec ingenii sunt capaces quod ~qui in nobis perquam mediocre erat PLIN.*Nat.*pr.12; QUINT.*Inst.*2.14.4; TAC.*Ann.*4.11; facit hoc Homerus..est ~qui perdecorum PLIN.*Ep.*3.9.28; FLOR. *Epit.*1.33(2.17.3); AUR.*Fro.*1.p.186(71N); (*prec. by* et, *at the beginning of a sentence*) et ~qui figura in patrem plus facit quam licet QUINT.*Inst.*9.2.88; et ~qui nullus usquam in publico sipo, nulla hama PLIN.*Ep.Tra.*10.33(42).2.

3 (w. vbs., adjs.) If circumstances were different, otherwise. **b** (where prec. sentence is statement of fact) if it were (not) the case, otherwise, else. **c** (where prec. sentence implies possibility of alternative actions, etc.) if the contrary hypothesis were to obtain, if a different course of action, decision, etc., were to be taken, otherwise. **d** (where prec. sentence is imp. or equiv.) if you, etc., do (not do) so, or else.

PLIN.*Nat.*11.67; patrimonium consumis et ~qui splendidas opes cotidie effundis QUINT.*Decl.*260(p.63,l.11); sum.. occupatissimus: ideo nondum eum (*sc.* librum) legi, cum ~qui ualidissime cupiam PLIN.*Ep.*9.35.1; omisso itinere, quod ~quin maturandum est GEL.12.5.2. **b** non est..prudentis errantis odisse; ~qui ipse sibi odio erit SEN.*Dial.*3. 14.2; *Nat.*7.12.3; PETR.94.3; omnia..nostra, dum nascuntur, placent: ~qui nec scriberentur QUINT.*Inst.*10.3.7; quid praeterea noui? quid? nihil; ~qui subiungerem PLIN.*Ep.* 3.14.6; hunc (cinerem)..excutiebamus; operti ~qui.. essemus 6.20.16. **c** SAB.*iur.*27; ne quaestibus tuis obstem aliud aliquid promittam; ~qui mille causae quotidie nos collident PETR.10.5; (marga) fimi desiderat quantulumcumque..~quin nouitate..solum laedet PLIN.*Nat.*17.48;—(*w.* si *cl. amplifying meaning*) hoc beneficium eius..serua: ~qui iniuriam fecit, si non subducta est iniuriae (uirgo), sed reseruata SEN.*Con.*7.6.13; SEN.*Ep.*89.17; sic optime germinant, ~qui, si blandiantur austri, defetiscentes (arbores) PLIN.*Nat.*17.10; languescet ~qui industria..si..securi omnes aliena subsidia expectabunt TAC.*Ann.*2.38; GAIUS *Inst.*1.76. **d** me non facias ringentem, amasiuncula: ~quin experieris cerebrum meum PETR.75.6; uide tu.. ne ista mures tangant aut tineae; ~quin te uiuum comburam 78.2; cum coquatur, munienda..foramina spiritus conuenit: ~qui plumbi fornacium halitus noxius sentitur PLIN.*Nat.*34.167; COL.*Arb.*6.1; non inornata debet esse breuitas, ~qui sit indocta QUINT.*Inst.*4.2.46; PLIN.*Ep.* 6.31.12; rationes eorum quae constituuntur inquiri non oportet: ~quin multa ex his quae certa sunt subuertuntur NERAT.*dig.*1.3.21; *CIL* 6.10284.7.

4 On the other hand, contrariwise, as a matter of fact, all the same.

circa fluuios uagantur (*sc.* elephanti) cum ~qui nare propter magnitudinem corporis non possint PLIN.*Nat.*8.28; sed (Seneca) placebat propter sola uitia..cuius et multae ~qui et magnae uirtutes fuerunt QUINT.*Inst.*10.1.128; TAC.*Hist.*2.27; quae sententia tamquam mitior uicit, cum sit ~qui durior tristiorque PLIN.*Ep.*2.12.2; FRO.*Aur.*1.p. 208(75N); GAIUS *Inst.*1.24;—(*foll. by* ubi, cum) primus.. Romam inuexit (*sc.* Luculleum marmor), atrum ~qui, cum cetera maculis aut coloribus commendentur PLIN.*Nat.*36.49.

aliorsum, *adv.* Also **aliōuorsum**. [ALIO+ VORSVM (VERSVM)]

1 To another place, in another direction, elsewhere; also, to another person; *alius*, etc., ~, one in one direction, one in another.

~ et illorsum..dixit Cato PAUL.*Fest.*p.27M; ut speculum in loco certo positum nihil imaginet, ~ translatum faciat imagines GEL.16.18.3; lupi..~ grassantes APUL.*Met.*8.16;— (*w.* quam) qui iumentum ~ duxerat, quam quo utendum acceperat GEL.6(7).15.1;—ubi infantis ~ dati facta ex oculis amolitiost 12.1.22;—ancillas iubet..aliam ~ ire PL. *Truc.*403.

2 (w. *pertinere*) To a different context.

id ~ pertinet atque alio in loco dicetur GEL.17.1.9.

3 In a different manner, otherwise. **b** in a different sense or spirit.

~ uota ceciderunt FLOR.*Epit.*1.20(2.4.5). **b** ego istuc ..~ dixeram, non istuc quod tu insimulas PL.*Aul.*287;— (*w.* atque) uereor ne illud..Phaedria ~ atque ego feci acceperit TER.*Eu.*82.

ālipes¹ ~edis, *a.* [ALA+PES] PROS.: final syllable short acc. PRISCIAN in *G.L.*3.524.

1 With wings on the feet, wing-footed.

~edis de stirpe dei (*sc.* *Mercury*)..nascitur Autolycus OV.*Met.*11.312; *Fast.*5.100.

2 (of animals, chariots, etc.) Moving as with the speed of flight, fleet, 'flying', 'winged'.

~edes..cerui LUCR.6.765; ~edum..equorum VERG.*A.* 12.484; OV.*Met.*2.48; ~edi..curru V.FL.5.611; STAT.*Theb.* 6.558; ~edes turmae SIL.3.292.

ālipes² ~edis, *m.* [prec.]

1 The wing-footed God, Mercury.

mactatur uacca Mineruae, ~edi uitulus OV.*Met.*4.756.

2 (poet. for a horse).

omnibus..Teucris iubet ordine duci instratos ostro ~edes VERG.*A.*7.277; ~edum..acies STAT.*Theb.*6.298; Tydeos hic ..comes..~edem prona ceruice tenebat 9.206.

alipēs³, *a.* [Gk. ἀλιπής] Without grease, fatless.

constant (emplastra)..ex medicamentis non pinguibus, ideoque ~e nominantur CELS.5.19.1.

ālipilus ~ī, *m.* [ALA+PILO²+-VS] One who removes hair from the arm-pits.

~um..stridulam uocem..exprimentem SEN.*Ep.*56.2; *CIL* 6.9141.

alipta (or ~ēs) ~ae, *m.* [Gk. ἀλείπτης] One who anoints (athletes), a trainer of wrestlers or other gymnasts.

uellem non solum salutis meae quem ad modum medici, sed ut ~ae etiam uirium et coloris rationem habere uoluissent CIC.*Fam.*1.9.15; digitos inpressit aliptes JUV.6.422; meus me ~a faucibus urgebat AUR.*Fro.*1.p.150(35N).

aliquā, *adv.* [ALIQVIS]

1 In some way or other, by some means or other, somehow.

aliquid ~ reperiundumst PL.*Epid.*100; ne uxor ~ hoc resciscat mea TER.*Ph.*585; LUCIL.632; iste..cupere ~euolare, si posset CIC.*Ver.*1.67; VERG.*Ecl.*3.15; si..superare ~ et euadere posset LIV.10.5.10; qua quisque potest, ~ mala nostra leuate OV.*Tr.*3.4b.75.

2 To some extent.

~ ei remissioni credendum est CELS.3.11.3; ~ prosunt balineum et uinum 6.6.17.

aliquam, *adv.* [ALIQVIS] **a** ~ *multi*, A fair number (of). **b** ~ *multum*, a fair amount (of), quite a lot (of); (advl.) to a considerable extent, largely.

a sunt uestrum ~ multi qui L. Pisonem cognorint CIC. *Ver.*4.56; ex quibus (*sc.* libris) ~ multos..non compariusse GEL.3.10.17; APUL.*Apol.*72. **b** cum ~ multum uiae.. pererrasset APUL.*Met.*5.26; post ~ multum temporis 11.26; —haec defensio..~ multum a me remota est *Apol.*4.

aliquamdiū, *adv.* Also **aliquandiū**. [ALIQVAM+DIV] (N.B. sts. written as two words.) For some time, for a considerable time. **b** (transf. from temporal to local sense, the situation being regarded from the point of view of a traveller) for a considerable distance, for a while.

ut non aliquando condemnatum esse Oppianicum sed ~ incolumem fuisse miremini CIC.*Clu.*25; *Phil.*2.68; primus habebis..et ~ solus Att.2.12.3; Ac.1.12; quos ~..timuissent Caes.Gal.1.40.6; Civ.2.37.1; Sal.Jug.74.3; maestum ~ silentium obtinuit. deinde, *etc.* Liv.1.16.2; 25.15.14; Vell. 2.50.3; Sen.Ep.90.3; etiam uolantes pullos ~ pascit Plin. Nat.10.30; Quint.Inst.12.2.6; Suet.Jul.1.3. **b** (specus) terret ingredientes..deinde ~ perspicuus, mox ..ducit ausos penitus Mela 1.74; Rhodanus.. ~ Gallias dirimit 2.79.

aliquandō, *adv.* [cf. ALIVS and QVANDO]

1 At some time or other; (after *si*, etc.) at any time, ever.

necesse est eum, qui uelit peccare, ~ primum delinquere Cic.Inv.2.34;—quasi aut ego quicquam sciam quod iste nesciat, aut, si quid ~ scio, non ex isto soleam scire Fam. 9.17.1; aequius..est uel frustra nonnumquam impendia fieri quam denegari ~ alimenta ei, qui dominus bonorum.. futurus est Ulp.dig.37.9.1.2.

2 At some time in the past, once, formerly; (after *si*, *nec*, etc.) at any time in the past, ever.

ut idem corpus et eadem anima, quae fuerint coniuncta in homine ~, eadem rursus redeant in coniunctionem Var. hist.4; iniquum esse..non id prius decernere quod ~ uoluissent quam quod tum cogerentur Cic.Ver.4.142; Balb.63; eos qui ~ praeconium fecissent in municipiis decuriones esse non licere Fam.6.18.1; Nep.Eum.12.3; qui primi finis ~ habuere Latinos Verg.A.8.602; ne quid praetermitteretur, quod ~ factum esset Liv.31.9.6; Sen.Suas.7.6; Iol ad mare ~ ignobilis nunc..inlustris Mela 1.30; Sen.Ep.79.2; Quint.Inst. 1.1.21; Plin.Pan.29.1;—omnis..commemoras, qui ausi ~ sunt stantes loqui Cic.Brut.269; si in aliquam legem ~ non iurauerat Clu.92; Fam.9.11.1; ea num uel e Philone uel ex ullo Academico audiuisset ~ Luc.11; Liv.5.3.4; nec quisquam dicere potest ~ nobis libertatis tempus fuisse 25.29.3; qui si fuisset ~ perfectus Quint.Inst.1.pr.17.

3 At some time in the future, some time, one day; (after *si*, *ne*, *nec*, etc.) ever.

non despero fore aliquem ~, qui..exsistat talis orator, qualem quaerimus Cic.de Orat.1.95; Ver.3.223; huic utinam ~ gratiam referre possimus! Fam.14.4.2; qui modeste paret, uidetur, qui ~ imperet, dignus esse Leg.3.5; haec tangent ~ Caesaris aures Ov.Pont.4.9.125; Tac.Ann.13.55; HIC ERIT ET NOBIS VNA ~ DOMVS CIL 6.25547;—siquid huius simile forte ~ euenerit Ter.Hau.551; neque..ita se gessit..tamquam rationem ~ esset redditurus Cic.Ver.4.49; si ~..manus ista plus ualuerit quam uestra..dignitas Catil.4.20; spes ut nulla sit ~..magistratus liberos fore Att.2.18.2; Luc.25; pertimuerunt ne..~ ab ipsis descisceret Nep.Alc.5.1; dum timent ne ~ cadant Quint.Inst.8.5.32.

4 At times, from time to time, sometimes, occasionally; also, only occasionally. **b** *aliquando..aliquando*, sometimes..sometimes, in some instances..in others; (also, conjoined w. *interim, nonnumquam, modo*). **c** in some places, here and there.

liber esse non uidetur, qui non ~ nihil agit Cras.orat.32; ut Crassus contra me dicat ~ aut ego contra Crassum Cic. de Orat.2.30; conuertit se ~ ad timorem, numquam ad sanitatem Sul.17; Cael.42; asperius..locutus est aliquid ~ Planc.33; Fam.5.8.2; Off.3.12; Macedones eum sibi ~ anteponi indigne ferebant Nep.Eum.1.3; idem nefastos dies fastosque fecit quia ~ nihil cum populo agi utile futurum erat Liv.1.19.7; Vell.2.18.1; sparguntur ~ et errantibus stellis..crines Plin.Nat.2.92; saepe uictores, ~ pulsi Tac. Ag.28.3; Hist.1.30; aspici ~ in Aegypto eam uolucrem non ambigitur Ann.6.28; Juv.3.184;—(*w.* saepius) rationem.. coniecturae talem esse, ut, cum saepius ~ responderit, interdum tamen fallat Cels.2.6.16;—sagittarius non ~ ferire debet, sed ~ deerrare Sen.Ep.29.3. **b** ~ emicat stella, ~ ardores sunt Sen.Nat.1.14.1; expiationes..prodesse ~ ad summouenda pericula, ~ ad leuanda, ~ ad differenda Nat.2.37.1; Hyg.agrim.p.97;—nam et ~ nobis excidisse simulamus..et interim nos reddituros reliquum ordinem testamur..interim..subiungimus causas Quint. Inst.4.2.83; esse eam (*sc.* uocem) simplicem..~ ratione subiecta..nonnumquam duplicem 8.5.4; cum modo incusaret flagitia uxoris, ~ ad memoriam coniugii..reuolueretur Tac.Ann.11.34. **c** centum milia excedunt (Alpes) ~, ubi Germaniam ab Italia summouent Plin.Nat.3.132; passim arma et corpora..et ~ etiam uictis ira uirtusque Tac.Ag.37.3.

5 (in sentences expr. factual statements) At (long) last, eventually; (in sentences expr. commands, purposes, etc.) now at last, while there is time, before it is too late.

a multis efflagitatus ~ dixit HS deciens Cic.Ver.1.92; Clu.25; odio et strepitu senatus coactus est ~ perorare Att. 4.2.4; Tusc.1.1; cum uehementer tabellarios exspectarem cotidie, ~ uenerunt Cic.fil.Fam.16.21.1; Caes.Civ.1.26.5; attulit et nobis ~ optantibus aetas auxilium Verg.A.8.200; uenimus ad felix ~ nomen Iuli Ov.Fast.4.39; muta..illa (opera)..laetari uidentur..quod ~ coeperint esse domini scientis Plin.Pan.50.4; illud..ante id tempus inuictum caput, Syracusae..~ cesserunt Flor.Epit.1.22(2.6.33);—~ osculando meliust, uxor, pausam fieri Pl.Rud.1205; haec properans..percurro, ut ~ ad illa maiora ueniamus Cic. de Orat.2.178; ~ miseremini sociorum Ver.1.72; Sest.135; Att.2.16.3; finem faciamus ~ Fin.4.73; cohortatus ut ~.. fructum uictoriae perciperent Caes.Gal.7.27.2; Sal.Jug. 14.21; quod diu parturit animus uester ~ pariat Liv. 21.18. 12; hoc saepe dilatum ut ~ fieret instabat Sen.Cl.2.1.2; Phoen.95; ~ narra quod uelimus audire Mart.4.61.16;— (*w.* deinde) primo necessarios istius ad eum adlegatos esse dicebat, deinde ~ coactus Chelidonem nominauit Cic.Ver. 1.139; Clu.163;—(*w.* tandem) ~ tandem huc animum ut adiungas tuom Ter.Hec.683; Cic.Catil.1.25; tandem ~ Romae esse coepimus Fam.11.27.5; tandem ~ impertiendos plebi honores Liv.4.54.9.

aliquantillum ~ī, *n.* [ALIQVANTVS + -ILLVS] A very small amount.

foris ~um etiam quod gusto id beat Pl.Capt.137.

aliquantisper, *adv.* [ALIQVANTVS + -PER] For some time, for a while.

concedere ~ hinc mi intro lubet Pl.Ps.571; quor non ludo hunc ~? Ter.Ad.639; Quad.hist.60; plurimi occisi, et cum urgueret fames, ~ inde uixerunt Flor.Epit.1.34(2.18.14); Gel.2.30.5; prae metu ~ uigilo Apul.Met.1.11.

aliquantō, *adv.* [ALIQVANTVS] By some (considerable) amount, to some extent, somewhat, considerably. **b** (w. words indicating difference, superiority, etc.).

(*w.* post, ante, *etc.*) postea ~ Cic.Inv.2.154; ~ ante furorem Catilinae Sul.56; eum ab Epheso ante ~ profectum Att.3.8.1; Off.1.81; post ~ natus Nep.Alc.11.1; boues ~ ante signa acti Liv.22.17.1;—(*w.* prior, prius) mea hodie solutast nauis ~ prius Pl.St.417; prior ~ constitit Romana acies Liv.3.2.10; 10.41.12;—(*w. compars.*) ~ lubentius quam aps te sum egressus intus Pl.Epid.380; Acc.trag.129; sic Hortensius..et mea cum aetate..et cum ~ superiore coniungitur Cic.Brut.230; ~ plus..lucri Ver.3.87; Att.1.17. 3; Div.1.28; Sal.Cat.8.2; ~ crudelior esse coepit Nep.Di. 3.3; caesi ~plures erant quam capti Liv.2.16.9; 27.36.7; neque enim narratio in hoc reperta est, ut tantum cognoscat iudex, sed ~ magis, ut consentiat Quint.Inst.4.2.21; ~ minore spe quam fiducia Suet.Cl.10.3. **b** significas.. ~ secus quam solebas Cic.Att.8.2.4; epulamur..non modo non contra legem..sed etiam intra legem et quidem ~ Fam.9.26.3; ~ praestat morte iungi quam distrahi uita V.Max.4.6.3; terra..~ specie differt Tac.Ger.5.

aliquantulum[1] ~ī, *n.* [ALIQVANTVS + -VLVS] A small amount, a fair amount.

sed mi opus erat..~um quae adferret qui dissoluerem quae debeo Ter.Ph.655; tua ista ualetudo ~um detriuit mihi Aur.Fro.1.p.212(83N).

aliquantulum[2], *adv.* [ALIQVANTVLVS] To a small extent, somewhat, slightly.

(*w. adjs.*) pansam ~ Pl.Mer.640; cetera..stadia..esse ~ breuiora Gel.1.1.2;—(*w. vbs.*) ~ tibi parce Ter.Hau.163; ~ prodormiui Aur.Fro.1.p.180(69N).

aliquantum[1] ~ī, *n.* [ALIQVANTVS] A certain amount or degree (of), a (considerable) quantity, a bit, a part.

(*w. gen.*) ego amoris ~um habeo umorisque Pl.Mil.639; cum aeris alieni ~um esset relictum Cic.Quinct.15; ~um iam uiae processero Att.6.5.1; inuenit auri ~um Div.2.134; ~um itineris progressis Caes.Gal.5.10.1; equorum et armorum ~um Sal.Jug.62.5; ~um Romanae iuuentutis morbo absumptum erat Liv.4.26.5; trepidationis ~um edebant 21.28.11; ut..mei uersus ~um noctis habebunt Ov.Ib.61; (*w.* multum) post ~um multum temporis (*s.v.l.*) Apul.Met.1.24;—(*absol.*) ~um..in deliciis disperdidit Pl. Trin.334; ad quos ~um..ex cotidianis sumptibus..redundet Cic.Cael.57; ex eodem unguento in uinarium atque lucernam ~um est infusum Petr.70.9; (*emph.*) quaero, utrum aliquid actum..an nihil arbitremur. actum uero, et ~um quidem Cic.Tusc.5.15.

aliquantum[2], *adv.* [ALIQVANTVS] To some extent or in some degree, somewhat, slightly, a little.

(*w. vbs.*) huc concede ~ Pl.Trin.517; ramum..inclinato ~ Cato Agr.40.2; postquam ~ recessit Quad.hist.36; ut a proposito declinet ~ Cic.Orat.138; Off.2.31; postquam.. alteri alteros ~ adtriuerant Sal.Jug.79.4; multitudine ~ Volsci superabant Liv.2.30.12; 5.23.4;—(*w. adjs.*) subrufus ~ Pl.Capt.648; eius frater aliquantum ad remst auidior Ter.Eu.131; habitum..uiri ~ ampliorem..humana Liv. 1.7.9; (*ellipt.*) credo, timida es. — ~, soror Pl.Bac.107.

aliquantus ~a ~um, *a.* [cf. ALIVS + QVANTVS] A certain (quantity or amount of). **b** (pl.) a certain number of, quite a quantity of.

Caesar..~um numerum frumenti..congesserat B.Afr. 21.1; quis rebus ~am partem gloriae dempserat Sal.Hist. 2.70.4; ~um emensus est iter Liv.25.35.7; 29.35.13;— (*emph.*) timor ~us, sed spes amplior Sal.Jug.105.4. **b** aliquem numerum, id est ~as particulas Sic.Fl.agrim.p.126; ~is nauibus Amp.13.4.

aliquātenus, *adv.* [ALIQVA + TENVS]

1 For a restricted space or time, for a certain distance or while, up to a point.

cum ~ solida processit (Asia) Mela 1.9; ~ exilis ac macer (Padus) 2.62; —in senili corpore ~ inbecillitas sustineri.. potest Sen.Ep.30.2; posse ~..longiorem prorogari huic corpusculo moram 58.29.

2 To a certain degree or extent, in some measure, up to a point.

(*w. vbs.*) cum..~ se confirmauit (uinea) Col.4.3.4; ea (*sc.* colostra) nisi ~ emittitur, nocet agno 7.3.17; grossi inlitae strumas..discutiunt; ~ et folia Plin.Nat.23.127; hoc quoque idem (*sc.* Aristoteles) ~ nouat Quint.Inst. 3.9.5;—(*w. adjs.*) quare omnes stellae inter se dissimilem habeant ~ faciem Sen.Nat.7.27.2; flore albo, ~ rubente Plin.Nat.26.26; Philistus..~ lucidior Quint.Inst.10.1.74; Gaius Inst.1.68; Julian.dig.46.1.16.1.

aliquī[1] ~qua ~quod, *a.* [cf. ALIVS + QVI[1]] Forms: *~quae* (fem. nom. sg.) Lucil.1076, Lucr.4.263; *~quoius* (gen. sg.) Cic.Att.3.23.4; *~quoi* (dat. sg.) Ter.Ad.358; dat. and abl. pl. *~quibus* or *~quis*. N.B. see also *aliquis*[2].

1 Some or other, some, a. **b** (in apologizing for metaphors, etc.) a kind of, a sort of; (before proper names, w. ref. to the typical qualities of individuals). **c** (after a neg., *si*, etc.) any at all, any whatsoever, a single.

si non fecero ei male ~quo pacto Pl.Bac.556; nimia illaec licentia..euadit in ~quod magnum malum Ter.Ad.509; inde ~qui morbus nascitur Cato Agr.157.7; huic homini quaestore ~quo esse opus Lucil.428; at quis appellat? magistratus ~qui? nemo Cic.Ver.4.146; per bonum ~quem uirum Clu.87; si te dolor ~qui corporis..tenuit Fam.7.1.1; omnibus..~qui talis terror impendet Tusc.4.35; tamquam ~quae res uerberet Lucr.4.263; sperans temeritate eorum fore ~quam dimicandi facultatem Caes.Gal.6.7.4; consensus ~qui patrum Liv.7.13.8; 36.24.7; faciem..~quam cepere morando Ov.Met.1.421; eadem uis est et in sebo caprino in sorbitione ~qua Plin.Nat.28.210; ubi Britannico iussit.. cantum ~quem inciperet Tac.Ann.13.15; cum exigis a quoquam ne peieret et putet ullis esse ~quod numen templis Juv.13.37;—(*pl.*) ut mihi aedis ~quas conducat Pl.Mer.560; abire in ~quas terras Cic.Catil.1.20; ut cotidie ~quas a uobis litteras accipiam Fam.14.18.2; si ~quibus suspicionibus urgueantur Paul.dig.48.18.22;—(*w.* certus) quod tribuitur in ~cuius certae personae laudem Cic.Inv. 1.7;—(*w.* unus) unum ~quod uerbum Ter.Hec.313; non ad unam..rem ~quam, sed ad pluris accommodatur Cic.Orat. 206; ut plerisque..satis sit una ~qua gemma Plin.Nat. 37.1; Tac.Dial.6.1;—(*w.* alius) aut hoc..alienum esse aut cum alia ~qua arte esse commune Cic.de Orat.2.36; Sen. Nat.3.15.5;—(*contempt.*) in ~quo conuentu agrestium Cic. Mur.61; credo ab Epicureo ~quo inductus Div.1.99; nec aliud infantibus ferarum..suffugium quam ut in ~quo ramorum nexu contegantur Tac.Ger.46.4. **b** uis et natura quaedam quae..~quo instinctu inflatuque diuino futura praenuntiat Cic.Div.1.12; haec (*sc.* uerba) sicut ad militum animos stimulandos ~quem aculeum habent Liv. 45.37.11;—peculiarem habes ~quam Siciliam? Cic.Ver. 3.172; habere ~quem in consiliis capiendis Nestorem Att. 14.17a.2. **c** de furto..ne in extrema quidem aut media aut ~qua denique parte quaestionis uerbum fecit ullum? Cic.Clu.185; ne dictum quidem ~quod reprehenderunt Font.40; sin quae necessitas huius muneris..~cui rei publicae obuenerit—malo enim quam nostrae ominari Off. 2.74; habendam fortunae gratiam, quod Italiam sine ~quo uulnere cepissent Caes.Civ.3.73.3; si eosdem animos habuissetis..signa ~cui manipulo aut cohorti ademisset (hostis)? Liv.27.13.7; omnes..qui in ~quis ministeriis regiis..fuerant, iussi Macedonia excedere 45.32.6; cum quaererem, num esset ~qua lex dicta templo Plin.Ep.Tra. 10.49(58).2;—(*w.* unus) ex quibus si unum ~quod in te cognoueris Cic.Div.Caec.27.

2 Of some (unspecified) extent, degree, etc., a certain amount of, some. **b** (after a neg., *si*, etc.) any amount or degree of, any at all.

miseras..ut ~quo auxilio adiuuet Pl.Rud.258; uti ~ qua propago generis nostri reliqua esset Gracch.orat.44; Gnaeus..Pompeius..~quem numerum obtinebat Cic. Brut.175; lapis ~qui caedendus..fuit Ver.1.147; quidam.. ad eas laudes..addunt ~quam suam Off.1.116; quaecumque (figura)..aspera constat, non ~quo sine materiae squalore repertast Lucr.2.425; ~quo accepto detrimento Caes.Civ. 1.59.2; ut etiam ubi ea remisisset terrore ~quo tenerentur Liv.2.34.6; Vell.2.67.2; post ~quod tempus alios adscribi iubent Phaed.4.18(19).16; prata..quamuis tenuem nihilo minus ~quam desiderant industriam Col.1.pr.28; ne malum quidem ullum esse sine ~quo bono Plin.Nat.27.9; Tac.Dial.37.3;—(*w.* pars) ~quam mihi partem hodie operae des denique Pl.Mil.1030; si tu ~quam partem aequi bonique dixeris Ter.Ph.637; Cic.Sest.7; si pars ~qua circumuenta ceciderit Caes.Gal.6.40.2; Verg.Ecl.3.73; Liv. 2.48.1; Ov.Tr.5.13.7; Juv.12.110;—(*pl.*) forsitan exiguas, ~quas tamen, arcus et ignes ingenii uires comminuere mei Ov.Pont.3.3.33. **b** omnis..res quae ~cuius preti fuerint Cic.Ver.4.8; me non sine causa..neque ~qua leui ambitione commotum Fam.13.7.4; ne..uideretur..dare timoris ~quam suspicionem Caes.Gal.7.54.2; si ~quem respectum amicitiae..habere (eum) cerneret Liv.42.37.2; non fuisset picturis honos ullus, non modo tantus, ~qua marmorum auctoritate Plin.Nat.36.46; nulli domus aut ager aut ~qua cura Tac.Ger.31.5.

3 (pl.) A certain number of, at least some, a few; (also, in collect. sg.).

si mihi mulierculae essent saluae, spes ~quae forent Pl. Rud.553; cupio ~quos parere amicos beneficio meo Ter. Eu.149; haud dubii quin..et plebeii ~qui..crearentur Liv.4.16.6; ~qui nobilissimi uiri 25.23.4; interpositis.. ~quibus diebus Cels.6.6.34.B; multa Pudicitiae ueteris uestigia forsan aut ~qua exstiterint Juv.6.15;—nec esse nefas duceremus..~quem ex Cannensi pugna Romanum militem restare Liv.22.59.5.

4 (emph.) That has some real existence, magnitude, importance, etc., definitely some, not none. **b** (in exprs. of qualified approval) some sort of (even if not the best, etc.).

existimesne artem ~quam esse dicendi? Cic.de Orat. 1.102; cum idem faceret quod tu nunc—tametsi ille in ~qua causa faciebat, tu in nulla facis Caec.67; omnis meas, si modo sunt ~quae meae laudes, ad te transfuderim Fam. 9.14.4; nec id..sine ~qua iactura cohortium..fieri potuit Galba Fam.10.30.5; atque ~quos tamen esse uelis tibi, alumna, penatis Ciris 331; poena in malos sera, sed ~qua Vell.2.126.4; esse ~quos manes et subterranea regna Juv. 2.149;—(*phrs.*) si illum potest, qui ~quoi reist, etiam eum ad nequitiem adducere Ter.Ad.358; si magistrum praelectoremque habuisset alicuius aeris (*worth a penny*) Gel. 18.5.6. **b** ipse etiam Fufidius in ~quo patronorum numero fuit Cic.Brut.113; speciem oratoris ~cuius 220; si non optimam, at ~quam rem publicam, quae nunc nulla est, haberemus Off.1.35; sane priora illa ~quis de causis.. in sucinis causam ne deliciae quidem adhuc excogitare potuerunt Plin.Nat.37.30.

5 A particular, a certain; (pl.) particular, certain. **b** *~qui..~qui*, a certain..another; (pl.) certain..other.

etiam si uerbum ~quod ex scripto definiendum est Cic. Part.107; esse ~quod genus cogendae pecuniae senatorium commune Ver.3.224; si de ~quo tritico cogitauerit; id est certi generis certae quantitatis Marcel.dig.45.1.94;— adfectio..ad res ~quas est huius modi Cic.Top.70; uenti ~qui noui Man.40. **b** ut ~quo die nihil praeter epiphonemata scriberet, aliquo die nihil praeter enthymemata, aliquo die nihil praeter has translaticias..sententias Sen.Con. 1.pr.23; quia est ~cuius speculi natura talis ut maiora.. ostendat..~cuius inuicem talis ut minuat Sen.Nat.1.6.2;

—~quibus terminis nihil subditum est, ~quibus uero.. carbones..subiectos..inuenimus Sic.Fl.*agrim.*p.104.

6 *~quo tempore,* At one time, once upon a time.

namque ea..flenda..nunc, ~quo tempore laeta fuit Ov. *Tr.*1.1.122.

7 Some (if not the one(s) just mentioned), some such, some other.

cum capra aut nepa aut exoritur nomen ~quod beluarum Enn.*scen.*243; pater exspectat aut me aut ~quem nuntium Pl.*Capt.*382; empti iudicio uel ~qua actione Scaev.*dig.* 19.1.52.

8 One or other (of several).

ut attente..audiamur, trium rerum ~qua consequemur Cic.*Part.*30; horum malorum quorum ~quod certe subeundum est *Att.*7.9.2.

9 (w. numerals) Something like, round about, some.

elleborum potabis faxo ~quos uiginti dies Pl.*Men.*950; *Ps.*321; comesto ~qua v folia Cato.*Agr.*56.1; uelim.. mittas de tuis librariolis duos ~quos Cic.*Att.*4.4a.1.

aliquī[2], *pron. m.*; **aliquod,** *n.* N.B. Not distinguishable from aliqvis[1] except in nom. masc. and nom. and acc. neut. **a** (masc.) Somebody, someone; (in interrog. cl.) anyone. **b** (neut.) something; (w. part. gen.) a certain amount.

a singulos percontari cum qua sit ~qui deprensus Cael. *Fam.*8.7.2; uti ~qui ex nostris ad colloquium prodiret Caes.*Gal.*5.26.4; neque credendum est, si uinctus ~qui.. quamuis prudenter..loquitur Cels.3.18.4; Sen.*Con.*10.4.19; —quomodo prodesse ~qui possit summum habenti bonum, quaeritur Sen.*Ep.*109.1. **b** amnis id flumen quod circuit ~quod Var.*L.*5.28;—post ~quod temporis Gaius *dig.*41. 1.7.5.

aliquī[3], *adv.* [aliqvis] In some way, to some extent.

praecinctus ~ Pl.*Mil.*1181; gaudere ~ me uolo *Truc.*922.

aliquid, *adv.* Also **aliquit.** [aliqvis] To some degree or extent, somewhat.

ni possit ~ se adivtare *CIL* 1.2520.28; dum modo doleat ~ Afran.*com.*409; me ~ profecturum puto Cic.*Att.* 9.11.4; Prop.2.5.15; si ex ictu..~ labant dentes Cels. 7.12.1.e; Plin.*Nat.*5.54.

aliquīlibet ~qualibet ~quodlibet, *a.* [aliqui[1]+libet] Any you please.

adiecerunt..suis finibus et ipsum, uel uia finiente uel flumine uel ~quolibet genere Hyg.*agrim.*p.95; uel ex ~qualibet causa Gaius *Inst.*2.87.

aliquis[1] ~qua ~quid, *pron.* [*ali-* (cf. alivs)+ qvis[2]] Forms: *~quit* (acc. sg. neut.) Apul. *Apol.*30; *~quoi* (dat. masc.) Pl.*Men.*623, Cic.*Att.*13.8, Cael.*Fam.*8.102; *~qui* (abl. masc. and neut.) Pl.*Aul.*24, *Epid.*332, *Per.* 192; (dat. and abl. pl.) *~quīs* or *~quibus.*

A. masc. and fem.

1 An unspecified person, someone, anyone. **b** (in commands). **c** (after *aut,* at end of list of alternatives) or someone. **d** (repeated) one ..another.

iudicauit inclitum iudicium inter deas tris ~quis Enn. *scen.*70; opperiamur dum exeat ~quis Pl.*Mil.*1249; uelim.. ~quoi des negotium qui quaerat Cic.*Att.*13.8; ut nihil tam sit ἀκύθηρον quod non ~cui uenustum esse uideatur *Fam.* 7.32.2; exoriare ~quis nostris ex ossibus ultor Verg.*A.*4. 625; siue procax ~quast, capior Ov.*Am.*2.4.13; ubi concepit autem ~qua Cels.7.29.1; (*masc. form, applied to a woman*) siue ~quis molli diducit candida gestu bracchia Prop.2.22.5;—(*w. gen.*) familiarium ~quoi irata es Pl.*Men.* 623; dies ~cui nobilium dicta Liv.3.66.2;—(*w. adj.*) Milonis manu caedem esse factam, consilio uero maioris ~cuius Cic. *Mil.*47; ad unum ~quem confugiebant uirtute praestantem *Off.*2.41; non tam unum ~quem fouebant quam alium Tac. *Hist.*1.13. **b** si quis me quaeret, inde uocatote ~qui Pl.*St.*67; at uestrorum ~quis nuntiet Geminae Titin.*com.* 51;—(*sg. w. pl. vb.*) Erotium ~quis euocate ante ostium Pl.*Men.*674; *Mer.*910; Oeneum ~quis cette in conspectum Acc.*trag.*425;—(*w. ellipsis of vb.*) huc ~quis propere sceptrum atque insigne comarum Stat.*Theb.*11.559. **c** commentabar declamitans..saepe cum M. Pisone et cum Q. Pompeio aut cum ~quo cottidie Cic.*Brut.*310. **d** perit ~qua cum uiro, perit ~qua pro uiro Sen.*Con.*2.2.11.

2 (pl.) Some, a number, a few.

equitum turmas dimittit..ad ~quos excipiendos ex quibus hostium consilia cognosceret Hirt.*Gal.*8.7.1; *B.Hisp.* 16.3; ratus ex omnibus aeque ~quos ab tergo hostibus uenturos Sal.*Jug.*101.3; quarum ~quas strictim retulisse me satis erit V.Max.8.13.6;—(*w. gen.*) iussos..cum pluribus et ~quibus principum redire Liv.22.13.4; cum ~quis sociorum Latini nominis 26.15.3.

3 Someone (pl. some) as opp. to no one, someone at least. **b** (spec., as the maker of a supposed objection, suggestion, or the like). **c** (in questions) anyone.

ego esse credo ~quem qui non uelit Pl.*Mer.*453; semper fuisse ~quem, cuius se similis plerique esse uellent Cic. *de Orat.*2.95; quisquis est ille, si modo est ~quis, qui.. genuit in hac urbe dicendi copiam *Brut.*255; difficile est non ~quem, nefas quemquam praeterire *Red.Sen.*30; dixerat ~quis leniorem sententiam, ut primo M. Marcellus Caes. *Civ.*1.2.2; ~quis pendens in cruce uota facit Ov.*Pont.*1.6.38; esse ~quem, qui usque eo deliciis interiit ut an sedeat alteri credat! Sen.*Dial.*10.12.8; Luc.2.67;—(*pl.*) alicunde ab ~qui aliqua tibi spes est fore mecum fortunam Pl.*Epid.*332; tu mi aliquid aliquo modo alicunde ab ~quibus blatis quod nusquamst 334; ex ipso illo numero nauarchorum ~qui uiuunt Cic.*Ver.*5.121; si ~quis adsentiri necesse est Liv. 26.49.6; nouas..et non ~quibus notas..conpositiones Larg.38. **b** ~qui dicat 'nil promoueris' Ter.*An.*640; quia non satis ~cui uidebitur dilucide demonstratum Cic. *Inv.*1.55; riserit ~quis fortasse hoc praeceptum *de Orat.*2.99; dicet ~quis, 'quid ergo in hoc Verrem reprehendis?' *Ver.* 2.57; Sal.*Jug.*31.18; forsitan ~quis dicat Liv.5.52.5; quid habent quod morte sua seruent? tecta urbis, dicat ~quis, et moenia 9.4.12; dixerit hoc ~quis tutum non esse Ov.*Pont.* 2.2.19. **c** cur ~quis sacris laniat sua bracchia cultris? Prop.2.22.15; tantumne ~quis sibi posse uidetur fata quoque ut superet? Ov.*Met.*9.429.

4 A particular (but unnamed) person, a 'certain' person or party.

non hoc quaerendum arbitror, num purgetur ~quis, sed num arguatur Cic.*Sul.*39; non minus magnum (crimen) est uos Africam..obtinere uoluisse quam aliquem se maluisse. atque is tamen ~quis Ligarius non fuit *Lig.*22; est ~quis, qui se inspici, aestimari fastidiat Liv.6.41.2; expectasse ~qua per longum tempus maritum dicitur Sen.*Con.*2.5.8; cur..non se quisque speret fore illum ~quem? Quint.*Inst.* 12.1.31; (*pl.*) hoc persaepe accidit ut et factos ~quos et non factos esse miremur Cic.*Planc.*15; si qua offensiuncula facta est animi tui peruersitate ~quorum *Fam.*13.1.4.

5 A person or object of some consequence, 'somebody'.

meque, ut facis, uelis esse ~quem Cic.*Att.*3.15.8; nunc iste se ~quem putat Sen.*Dial.*5.37.3; seque ~quem credens Pers.1.129.

6 Someone else, another person.

indignamur, quod nobis hoc primis acciderit neque ~cui umquam usu uenerit Cic.*Inv.*1.104; ad eam quam sentiam eloquentiam, non ad eam quam in ~quo ipse cognouerim *Orat.*23.

B. neut.

7 An unspecified or undefined piece, portion, or thing, something. **b** (after *aut,* at end of list of alternatives) 'or something'; *aliud ~quid,* something else. **c** (repeated) *~quid.. ~quid*..etc., one thing.., another thing...

ego ~qui te peculiabo Pl.*Per.*192; indicauit se audisse ~quid, non credidisse Cic.*Sul.*81; tibi ipsi dicendum erit ~quid, quod non sentias *Fam.*4.9.2; ~quid corpore pluris habe Ov.*Ars* 2.144; ~quid ex osse fractum esse Cels. 7.12.1.c; neque enim in uniuersum ~quid..constitui potest Tra.Plin.*Ep.*10.97(98).1; an soli pisces habent ~quit occultum aliis sed magis cognitum? Apul.*Apol.*30;—(*w. gen.*) deinde ~quid..controuersiae concinno Afran.*com.* 373; ne Silius..~quid mihi sollicitudinis attulisset Cic. *Fam.*9.16.1; statuit ~quid sibi consilii noui esse capiendum Nep.*Eum.*8.4; si mulum plus iusto onerauerit et..~quid membri ruperit Ulp.*dig.*9.2.27.23; (*of a person*) uideaturne ..diligentiae (meae esse) nugarum ~quid relinquere? Cic. *Att.*6.3.2;—(*w. adjs.*) maius ~quid timueram 2.16.1; Liv. 44.43.7; maius ~quid et excelsius a principe postulatur Tac.*Ann.*3.53; referam unum ~quid ex iis, quae dixi Plin. *Ep.*3.9.25. **b** aut ture aut uino aut ~qui semper supplicat Pl.*Aul.*24; *Rud.*135; fruges..cum..franguntur, mittere signum sanguinis aut ~quid, nostro quae corpore aluntur Lucr.1.883;—sin..ista euanuerint, ~quid aliud uidebimus Cic.*Att.*3.10.1; (*w. gen.*) dum aliud ~quid flagiti conficiat Ter.*Ph.*770. **c** si paulo altius repetiero et dixero esse ~quid unum, ~quid continuum, ~quid commissum Sen.*Nat.*2.2.2; esse ~quid minus simile..~quid plus Quint.*Inst.*5.11.30.

8 (pl.) Some things, a few things.

L. Sullam, cum solus rem publicam regeret..~qua animaduertere non potuisse Cic.*S.Rosc.*131; agebat..medium, plurima dissimulantis, ~qua inhibentis Vell.2.114.3; id super adiuuandum ~quis ex leuiter reprimentibus Cels.6. 2.2; occurrit ~qua dicere et de magicis Plin.*Nat.*24.156; Quint.*Inst.*3.2.4.

9 A positive amount, something (as opposed to nothing); *est ~quid* w. inf., it is something (to). **b** (after negs., in questions, in conditional and other clauses). **c** (phr., tr. Gk. πρός τι) *ad ~quid esse,* (of a term) to be relative.

quin tu huic respondes ~quid aut facturum aut non facturum? Pl.*Mil.*1067; interea fiet ~quid, spero. — id '~quid' nil est Ter.*An.*314; omnes nos..~quid petimus Gracch.*orat.*41; precibus ~quid attulimus etiam nos Cic. *Planc.*24; si nihil habebis, tamen scribas ~quid *Att.*4.14.2; nam quodcumque erit, esse ~quid debebit id ipsum Lucr. 1.433; Sal.*Jug.*29.3; sunt ~quid Manes Prop.4.7.1; in magna inopia pro domesticis copiis unusquisque ei ~quid.. contulit Liv.2.10.13; omina sunt ~quid Ov.*Am.*1.12.3; ~quid aetas peccantis facit, ~quid fortuna Sen.*Dial.* 5.12.2;—(*w. gen.*) tamen mea commendatione ~quid accessionis fore Cic.*Fam.*13.22.1; extremo anno pacis ~quid fuit Liv.2.64.1; 24.8.15;—est ~quid, etiam si non repugnare, subsistere Sen.*Ep.*22.4. **b** an ~quid quod do nil morares? Enn.*scen.*424; neque..~quid habent antiquius salute communi Var. in Non. p.425M; tenet.. auris uel mediocris orator, sit modo ~quid in eo Cic.*Brut.* 193; priusquam ~quid mouerent Liv.25.8.4; quod si ~quid aliquando acturus est Cic.*Luc.*25; si post hoc ~quid mihi remittas Stat.*Silv.*4.9.4. **c** cum interrogantur, cur 'aper apri' et 'pater patris' faciat, illud nomen positum, hoc ad ~quid esse contendunt Quint.*Inst.*1.6.13; 3.6.23; 5.10.62.

10 A definite but unspecified thing, some particular thing.

unum genus est quaestionis, possitne ~quid effici Cic. *Part.*64.

11 A person or matter of some importance, 'somebody', something.

diceres ~quid..si ea bona esse sentires, quae essent homine dignissima Cic.*Tusc.*3.35; ut tu tamen ~quid esse uideare *Div.Caec.*48; qui (liber) si est talis..ego quoque ~quid sum Cic.*Fam.*6.18.4; tu solebas meas esse ~quid putare nugas Catul.1.4; errauerim fortasse, qui me esse ~quid putaui Plin.*Ep.*1.23.2; si uis esse ~quid Juv.1.74.

aliquis[2] ~quid, *a.* = aliqvi[1] (in other cases identical).

1 Some unspecified, one or other.

deus respiciet nos ~quis Pl.*Bac.*638[a]; quibus est alicunde ~ quis obiectus labos Ter.*Hec.*286; ut mihi deus ~quis medicinam fecisse uideatur Cic.*Fam.*14.7.1; 4.14.4; mollibus ex oculis ~quis tibi procidet umor *Eleg.Maec.*157; onus ~quid Gaius *dig.*1.8.5.

2 Some at least.

nitorem orationis nostrum, si modo is est ~quis in nobis Cic.*Att.*13.19.5; est ~quis nostrum si modo carmen honor Ov.*Pont.*4.12.4; ~quis etiam magnitudini modus est Sen. *Suas.*1.3.

aliquō, *adv.* [cf. aliqvis]

1 To some place, somewhere, somewhere or other. **b** in some direction. **c** in some quarter, to some person. **d** (fig.) to some course of action, in some direction.

ut ~ ex urbe (eam) amoueas Pl.*Epid.*279; quanto te satiust rus ~ abire *Mer.*656; concedas ~ ab ore eorum aliquantisper Ter.*Hau.*572; ~ mihist hinc ablegandus *Hec.*413; cum iter est ~..conmenta Lucil.993; ~ propius accedam Cic.*Att.*11.20.2; ipse..cupio..~ peruenire, 'ubi nec Pelopidarum nomen nec facta audiam' *Fam.*7.30.1; ne seruis nostris ~ fugere liceat Liv.41.24.16; quotiens ~ aduenire Suet.*Cal.*4; (*w. gen.*) migrandum Rhodum aut ~ terrarum D.Brut.*Fam.*11.1.3. **b** quotiens ~ deflectitur (ceruix) Sen.*Nat.*1.5.6. **c** quid si ~ ad ludos me pro manduco locem? Pl.*Rud.*535; ~ abiciundast, si non pretio at gratiis Ter.*Ad.*744. **d** studia nihil prosunt perueniendi ~ Cic.*de Orat.*1.135; certe uidentur haec ~ eruptura *Att.*2.22.6.

2 In some place, anywhere; (in quot. w. gen.).

si fuerit distractus seruus, ne ~ loci moretur Ulp.*dig.* 18.7.1.

3 In some way, somehow.

utique ~ (*cj.*) defungendum est domicilium putre sortitis Sen.*Dial.*4.28.4; ne piscis ~ noxsit Fro.*Aur.*1.p.222(51N).

aliquodfāriam, *adv.* [aliqvot+-fariam] In several places.

in eo agro ~ in singula iugera dena cullea uini fiunt Cato *hist.*43.

aliquot, *indecl. a.* Also **-quod.** [*ali-* (cf. alivs)+qvot] A number of, several, some. **b** (as sb.) several people, more than one, a number.

somnia ~ uera sunt, sed non necesse est omnia Enn.*scen.* 429; ~ ut maneas dies Pl.*Poen.*1421; hosce ~ dies Ter. *Eu.*151; ~ post mensis Cic.*S.Rosc.*128; accepi a te ~ epistulas uno tempore *Fam.*7.18.1; id ~ de causis acciderat Caes.*Gal.*3.2.2; ~..mirabor aristas Verg.*Ecl.*1.69; coloniae ~ deductae Liv.1.3.7; haec teruntur ex aceto ~ diebus Larg.203; (*w.* pauci) ~ pauca (*cj.*) castra feci Cato *hist.*128. β ~ post annos Aug.*Anc.*2.25. **b** ~ me adierunt Ter. *An.*534; ex qua (prouincia) ~ praetorio imperio, consulari quidem nemo rediit..quin triumpharit! Cic.*Pis.*38; fessi.. ~..sternunt corpora passim Liv.27.47.9; Larg.122.

aliquotiens, *adv.* Also **-iēs.** [*ali-* (cf. alivs) +qvotiens] A number of times, several times.

id ~ in die cotidie facito Cato *Agr.*88.1; ~ sum..conatus Cic.*Brut.*292; neque detrusus ~ terretur Sal.*Hist.*1.118; Nep.*Phoc.*2.3; Liv.2.50.1; 23.42.5; Sen.*Suas.*6.17; Sen.*Dial.* 3.13.4. β ~ mortvvs svm *CIL* 3.3980.

aliquōuorsum, *adv.* [aliqvo+versvm] In some direction or quarter.

istam..~ tragulam decidero Pl.*Cas.*297.

alis[1]: see alivs.

Ālis[2] ~idis, *f.* Form of Elis.

-ālis -ālis -āle, *adjl. suff.* Collat. w. -aris, which is used when the base contains an *l* (but cf. *cloacalis,*[1] *limitalis*); formed from sbs. (*exitialis, officialis, regalis*).

alisma ~atis, *n.* [Gk. ἄλισμα] See alcima.

aliter, *adv.* [alivs+-ter[2]]

1 In another way or manner, otherwise, differently. **b** (ellipt.); *sin ~,* if not, otherwise. **c** (pred. w. *esse, se habere*) otherwise, other, different. **d** (pleon.). **e** (w. adjs.) in other respects.

sin ~ sient animati Pl.*Am.*209; haud ~ censeo Ter.*Ad.* 928; nei qvis mag(istratvs)..qvid..facito qvo qvis pro agro minvs ~ve scriptvram v⟨ectigalve det⟩ *CIL* 1.585.36; quasi id ~ fieri oportuerit Cic.*Caec.*17; ~ si faciat Caes.*Gal.*6.11.4; Sal.*Cat.*51.43; qvo ei agri..veneant ~ve locentvr *CIL* 1.594.2.3.36; emptum cenat holus, quamuis ~ putat Hor.*Ep.*2.2.168; neque..te ipsum..~ sentire credo Tac.*Dial.*15.2; (*w. verbal phr.*) nos quarum res agitur ~ auctores sumus Pl.*St.*129;—(*w.* longe) est longe ~ in uersibus Cic.*Orat.*198; *S.Rosc.*50; quod longe ~ euenit Liv.

26.40.7;—(*w.* multo) ~ euenire multo intellegit TER.*An.*4; NEP.pr.7. **b** haud ~ ausim PL.*Poen.*1358; neque enim licet ~ CIC.*Phil.*12.28; Sicca ~; sed tibi adsentior *Att.* 12.30.1; quod..ita iuratum est..id seruandum est; quod ~ id si non fecerit, nullum est periurium *Off.*3.107; ut collegam ui, si ~ non possent, de foro abducerent LIV.2.56.15;—neque eum aequom facere ait:..si uxorem uelit, lege id licere facere: sin ~, negat TER.*Ph.*116; CIC.*Agr.*3.2; *Fam.* 10.6.3; PLIN.*Nat.*27.129. **c** aperite propere ianuam hanc Orci..nam equidem haud ~ esse duco PL.*Bac.*369; quoia hic uox prope me sonat? — tui beneuolentis, si ita es ut ego te uolo, sin ~ es, inimici *Trin.*47; sin est ut ~ tua siet sententia TER.*Hec.*637; amplis cornibus et nigris potius quam ~ ut sint (boues) VAR.*L.*1.20.1; (*w.* longe) uerum longe ~ est CIC.*S.Rosc.*138; longe ~ terrestrium natura (est) VITR.1.4.7; LIV.39.28.5. **d** nisi si loci natura impedierit et ~ coegerit symmetriam commutari VITR.5.1.4; longe ~ distant descriptiones horologiorum locorum mutationibus 9.1.1. **e** quod uterque nostrum his etiam ex studiis notus quibus ~ ignotus est PLIN.*Ep.*9.23.3.

2 (w. *atque, quam, ab, quin*, etc.).

(*w.* atque) longe ~ est amicus atque amator PL.*Truc.*172; ~ tuom amorem atque est accipis TER.*Hau.*264; proinde quasi isti..~ atque ego existimo sentiant CIC.*Dom.*31; *Att.*16.13(a).1; *N.D.*3.63; coactus est ~ ac superioribus annis exercitum in hibernis collocare CAES.*Gal.*5.24.1; multo ~ ac sperarat rem publicam se habentem cognouit NEP.*Ham.*2.1; PLIN.*Ep.*9.19.5; (*w.* atque ut) NEIVE QVIS.. FACITO..Q‹VO EA PEQVNIA,›..~ EXSIGATVR ATQVE VTEIQVE IN H·L·S(CRIPTVM) EST *CIL* 1.585.72; nescio quid ~ audio atque ut ad te scribebam CIC.*Att.*16.13b(c).1;—(*w.* quam) quid si sors ~ quam uoles euenerit? PL.*Cas.*345; ne ~ quam ego uelim meum laudet ingenium CIC.*Ver.*1.24; nec ~ quam in se quisque destrictam cernentes securem metu.. quieuere LIV.8.7.20; non ~ fleui, quam me fleturus ademptum ille fuit OV.*Tr.*4.10.79; TAC.*Ann.*6.30; (*w.* quam ut) ne ~ descenderent in forum..quam ut qui meminissent sibi pro aris..dimicandum fore LIV.5.30.1;—(*w.* ab) cultores ..multo ~ a ceteris agunt MELA 1.57;—(*after a neg.*, *w.* quin) scio nemini ~ suspectum fore quin..ex te recte eum natum putent TER.*Hec.*398; uehementer..illos..timere nec iam ~ sentire..si alterum (collem) amisissent, quin paene circumuallati..uiderentur CAES.*Gal.*7.44.4.

3 a (repeated) ~..~.., In one way..in another. **b** (w. *et, -que*) differently. **c** ~ *atque* ~, now in one way, now in another. **d** ~..*alii* (*alius*).., some one way..others in another, different people in different ways; *alibi* ~, differently on different occasions.

a ~ catuli longe olent, ~ sues PL.*Epid.*578; saepe ~ est dictum ~ ad nos relatum CIC.*Brut.*208; *Fam.*15.21.4; ~.. Hispaniam defenderunt, ~ moenia patriae..defendent LIV. 28.42.11; donare agros nostros rei publicae possumus, quamuis illius esse dicantur, quia ~ illius sunt, ~ mei SEN. *Ben.*7.4.3. **b** quod de puero ~ ad te scripsit et ad matrem de filio CIC.*Att.*10.11.1; si ~ est et oportet 11. 23.1; uidit (Sicilia) Pompeium Lepidumque..~ ad extrema deiectos SEN.*Nat.*4a.pr.22. **c** spiritus naturales ~ atque ~ fiunt VITR.1.1.7; philosophiam..fuerunt qui ~ atque ~ finirent SEN.*Ep.*89.5; PLIN.*Nat.*2.208; eadem dici solent ~ atque ~ QUINT.*Inst.*9.1.16. **d** ~ ab alio dicta (sunt) CIC.*Part.*51; ~ ab aliis digeruntur (haec) *de Orat.* 2.79; *Att.*7.8.1; LIV.2.21.4;—hoc genus suasoriarum alibi ~ declamandum esse SEN.*Suas.*1.5.

4 a *non* (*haud*) ~ *quam* (or *ac*) *si*, In the same way as if, exactly as if; *non* ~ *quam cum*, just as when; *non aliter quam qui*, just as he who... **b** *non* (*haud*) ~ (following, or introducing, a simile) even so; just as.

a nec..scripsi ~ ac si πρὸς ἴσον ὅμοιονque scriberem CIC.*Att.*13.51.1; non ~..dimouit obstantis propinquos.. quam si clientum longa negotia diiudicata lite relinqueret HOR.*Carm.*3.5.50; LIV.21.63.9; OV.*Pont.*1.9.17; STAT.*Theb.* 10.246;—in conspectu haud ~ quam cum grandinem uenti glomeratam in terras agunt crebri cecidere caelo lapides LIV.1.31.2; OV.*Met.*3.373; STAT.*Theb.*1.421;—non ~ quam qui aduerso uix flumine lembum remigiis subigit VERG.*G.* 1.201. **b** VERG.*G.*4.176; ut fera..contra tela furit..haud ~ iuuenis medios moriturus in hostis inruit *A.*9.554; ceu saeuum turba leonem cum telis premit infensis..haud ~ retro dubius uestigia Turnus improperata refert 9.797; 10.410;—si liceat superis hominum conferre labores, non ~..Martius incaluit Siculis incudibus ensis LUC.7.145; haut ~ gemuit per Sunia Theseus litora STAT.*Silv.*3.3.179.

5 (euphem.) As one does not wish, unfavourably.

sin ~ acciderit, humaniter feremus CIC.*Att.*1.2.1; equites Caesariani..parumper cesserunt. quae res ~ aduersariis cecidit B.*Afr.*52.3; te, Iugurtha..ne ~ quid eueniat, prouidere decet SAL.*Jug.*10.7.

6 (usu. w. a neg.) On any other conditions, in any other circumstances, if not, otherwise, else. **b** (after a *si* clause). **c** (followed by a *nisi* cl.). **d** (w. *atque ut, quam, quam si, quam ut*).

ten ego ueham? — tun hoc feras hinc argentum ~ a me? PL.*As.*700; numero, si quaeris, innumerabiles, neque enim ~ stare possemus CIC.*Sest.*97; adhibenda cura est laxitatis. ~ ampla domus dedecori saepe domino est, si est in ea solitudo *Off.*1.139; SAL.*Cat.*29.3; cum ~ neque seditionem neque ducem seditionis sustinere posset, Marium Statilium praefectum..exploratum mittit LIV.22.42.4;—(*after* aut) id sibi contendendum aut ~ non traducendum exercitum existimabat CAES.*Gal.*4.17.2. **b** si suos legatos recipere uellent..se remitterent, ~ illos numquam..essent recepturi NEP.*Them.*7.6; ipse uolens..sequetur si te fata uocant; ~ non uiribus ullis uincere..poteris VERG.*A.*6.147; LIV.27.9.6. **c** an ~ haec enuntiatio uera esse non potest..nisi ex aeternitate causa..hoc erit effectura? CIC.*Fat.*27; tyrannus primo negare ~ urbem eam se accepturum, nisi..accersitus ..esset LIV.32.38.4; quem (*sc.* oratorem) non posse ~ existere nec extitisse umquam confirmo, nisi eum qui..TAC. *Dial.*32.2;—(*pleon.*, *after* nisi) nisi discendo enim ~ id non peruenit ad nos VAR.*L.*8.6. **d** si mentionem fecerint quo ~ ager possideatur atque ut ex legibus Iuliis CIC.*Att.*2.18.2; —nisi forte C. Cotta..~ quam meis iura quaedam tribunis plebis restituit SAL.*Hist.*3.48.8; hoc fulmen boni aliquid.. facit sed..non ~ quam ut noceat SEN.*Nat.*2.41.1; si hereditatem ~ aditurus non essem, quam cautum mihi fuisset JULIAN.*dig.*17.1.32;—non ~..euincere morbos optarim, quam te si quoque uelle putem [TIB.]3.17.3; LIV.3.51.12; eam condicionem esse imperandi ut non ~ ratio constet quam si uni reddatur TAC.*Ann.*1.6;—nec ~ id (*sc.* telum) sine pernicie corporis extrahi posse quam ut secundo uulnus augerent CURT.9.5.23; tandem..recepit imperium; nec tamen ~, quam ut depositurum se quandoque spem faceret SUET. *Tib.*24.2.

alitūra ~ae, *f.* [ALO + -VRA] Feeding, nurture.

perite noster Maro..~am..feram et saeuam criminatus est GEL.12.1.20.

aliubī, *adv.* [*ali-* (cf. ALIVS) + VBI] FORMS: ALIVBEI *CIL* 1.585.86.

1 In another place, in other places, elsewhere. **b** (repeated) in one place..in another. **c** ~ *atque* ~, now in one place, now in another, in different places.

NEIVE AMPLIVS EA ~VE ALITERVE DARE DEBETO *CIL* 1. 585.86; qui (montes)..Cerauni dicuntur, idem ~ Taurici MELA 1.109; non ~ sis oportet, sed alius SEN.*Ep.*104.8; caro in capite..exigua nec ~ toto corpore PLIN.*Nat.*8.122; HYG. GR.*agrim.*p.135; si ea esset, quae ~ nuptias non facile possit inuenire CLEM.*dig.*35.1.64.1;—(*w.* quam) scit ~ positas esse diuitias quam quo congeruntur SEN.*Ep.*92.31. **b** ut ex eodem semine ~ cum decimo redeat, ~ cum quinto decimo VAR.*R.*1.44.1; SEN.*Dial.*5.6.4; (chamaeleon) mutat..cum terra colores, hic niger, illic uiridis, ~ cyaneus, ~ croceus PLIN.*Nat.*22.45. **c** homicidii..~ atque ~ diuersa poena est, sed ubique aliqua SEN.*Ben.*3.6.2; (*transf.*) mutatio uoluntatis indicat animum natare, ~ atque ~ apparere, prout tulit uentus *Ep.*35.4.

2 In some cases, sometimes. **b** (repeated) sometimes..sometimes.., in some cases..in others...

nascitur in limosis (pina)..nec umquam sine comite..is est squilla parua, ~ cancer dapis adsectator PLIN.*Nat.*9.142. **b** ~ offenditur improuisa segetum maturitas, ~ sera magno fenore moram redemit SEN.*Con.*2.5.8; hoc..euenit, ut ~ sit species rei, ~ ipsa res SEN.*Ben.*1.5.5; PLIN.*Nat.*33.80.

ālium ~(i)ī, *n.* Also **all-**. [dub.] Garlic, a garlic plant. **b** (w. spec. adjs.).

COECI ~IA *CIL* 1.560; plenior ~i ulpicique quam Romani remiges PL.*Poen.*1314; ~ii spicas III CATO *Agr.*70.1; cum ~ium ac cepe eorum uerba olerent VAR.*Men.*63; VERG.*Ecl.* 2.11; edit cicutis ~ium nocentius HOR.*Epod.*3.3; PERS.5.188; fetidos cibos, ~ia et similia PLIN.*Nat.*2.16; MART.12.32.20; maluissem ~ium oboluisse SUET.*Ves.*8.3. **β** COL.10.314; ~IO A II GARVM *CIL* 4.5246. **b** ulpicum, quod quidam ~ium Punicum uocant COL.11.3.20; est et siluestre (~ium), quod ursinum uocant PLIN.*Nat.*19.116; ~ium siluestre 28. 265; ~ii candidi spicae capitis tritae LARG.231.

aliunde, *adv.* [*ali-* (cf. ALIVS) + VNDE]

1 From another place, from elsewhere. **b** ~ *alio*, from one place to another, from place to place. **c** *alii* ~, some from one place others from another.

se ut adsimularet peregrinum esse ~ ex alio oppido PL. *Poen.*560; (*w.* alicunde) siue ~ fluens alicunde extrinsecus aer uersat agens ignis LUCR.5.522;—(*w.* quam) sidere.. adsidue ~ quam pridie exoriente PLIN.*Nat.*2.213; 33.3. **b** ~ alio commigratio (solis) est SEN.*Dial.*12.6.7; (aquae) ipsius quassatione terrae ~ alio transferuntur *Nat.*3.11.1. **c** qui alii ~ coibant LIV.44.12.3; alias (herbas)..~..humanae saluti in toto orbe portari PLIN.*Nat.*27.3.

2 From a different source, from another quarter; *alius* ~, one from one quarter, another from another.

ab uno sumenda fuisse docuimus exempla, si semper ~ sumerentur *Rhet.Her.*4.8; ~ dicendi copiam petere non possit CIC.*de Orat.*2.38; ~ mihi quaerendum est..ut esse deos..discere possim *N.D.*3.64; siue ~ ipsi porro traxere (*sc.* nomen) LUCR.3.133; HOR.*Carm.*2.13.16; ~ petita (sententia) QUINT.*Inst.*8.5.17; plerisque senatoribus non ~ originem trahi TAC.*Ann.*13.27;—aliis ~st periclum TER.*Ph.* 333.

3 From another person or object, from others. **b** (w. *pendere*) on others; (w. *stare, sentire*) with others; (in quot. repeated, with one party..with another, with different parties).

ego dabo, ne quaere ~ PL.*Ps.*734; CIC.*Lig.*1; et a tuo uilico sumpsimus et ~ mutuati sumus *Att.*11.13.4; quod.. motum adfert alicui quodque ipsum agitatur ~ *Rep.*6.27; caue ne neges, ni petitum ~ eat CATUL.61.146. **b** quam.. laudem sapientiae statuo esse maximam, non ~ pendere CIC.*Fam.*5.13.1; SEN.fr.(Haase p.421);—~ ipse stet semper, ~ sentiat, infidus socius, uanus hostis LIV.24.45.3.

4 a (w. *constare*) Of a different subject or material. **b** ~ *alio*, from one subject or activity to another.

a ut uel totum opus (*i.e. the Odyssey*) non ~ constat (*sc.* quam arte magica) PLIN.*Nat.*30.5. **b** ~..alio transfugiunt et consistere in una cupiditate non possunt SEN. *Dial.*10.16.4; uarius nobis fuit sermo..~ alio transiliens *Ep.*64.1.

5 From another cause, for a different reason.

factum ducem, qui nullum militiae usum haberet; nec ~ uictam..urbem QUINT.*Decl.*352(p.383,l.4); ducit animos uox omnis, neque ~ illi per fora..circuli *Inst.*12.10.74.

alius[1] ~a ~ud, *a.* [cf. Gk. ἄλλος, Osc. *allo*] FORMS: *alid* (nom. sg. neut.) CATUL.29.15; *aliut* (nom. and acc. sg. neut.) *CIL* 1.594.3.1. 23, 11.106, CATO.*Agr.*2.7, 101, 146.3, 161.4, MAN.4.710; *alī* (gen. sg. masc. and neut.) PL. fr.inc., VITR.2.9.5, 8.3.9; *aliae* (gen. sg. fem.) CIC.*Div.*2.30, LUCR.3.918, AGEN.*agrim.*p.31, GEL.2.28.1; *aliī* (gen. sg. masc. and neut.) CATO *orat.*107, CAEL.*hist.*3, MACER *hist.*20, VAR.*L.*9.67, *R.*1.2.19, VITR.2.9.5; (gen. sg. fem.) CAEL.*hist.*4; *alīus* (gen. sg. masc. and fem.) FAN.*hist.*1, CAEL.*hist.*37, CAES. in Prisc. in G.L.2.227, GEL.17.5.14, PAUL.*Fest.*p.28M; *alei* (dat. sg. masc.) *CIL* 1.593.98; *alī* (dat. sg. masc.) *CIL* 9.405; *aliae* (dat. sg. fem.) PL.*Mil.* 802, PAUL.*Fest.*p.27M; *aliī* (dat. sg. masc. and neut.) *Rhet.Her.*2.6, SAL.*Cat.*52.1, LARG.90; *alio* (dat. sg. masc.) *Rhet.Her.*2.19; *aleī* (nom. pl. masc.) *CIL* 1.1572; *alī* (nom. pl. masc.) *CIL* 11.1421, SIS.*hist.*30, SAL.*Hist.*1.77.20; *alieis* (abl. pl. neut.) SAL.*Rep.*1.8.1; *alīs* (dat. and abl. pl.) *CIL* 2.5181.50, 8.403, FEST. p.241M. N.B. *alterius* is sometimes used as equiv. to the gen. of *alius*.

1 Different in identity, other. **b** different in quality, a different sort of; also, different in quantity. **c** (foll. by *atque, et, quam*). **d** (after negs. and sim.) other (than), else (besides); (*nihil* ~*ud quam* and sim. in ellipt. and quasi-advl. exprs.). **e** ~*as res agere* (*gerere*), to be concerned with, or thinking about, something other than the matter in hand.

ego eam proieci. ~a mulier sustulit PL.*Cist.*619; adfinitatem uobis ~am quaerite *Trin.*453; stercus ouillum..fac ingeras..~ut stercus herbas creat CATO *Agr.*161.4; qui orationem eandem ~am fore putarit actore mutato CIC.*de Orat.*3.213; sin ~os finis ~amque capessere gentem est animus VERG.*A.*11.324; alme Sol..diem qui promis et celas ~usque et idem nasceris HOR.*Saec.*10; ne ~is uerbis ponam, quae ab illo dicta sunt SEN.*Apoc.*9.2; ~a causa, ~a auctoritas M. Horati Coclitis statuae PLIN.*Nat.*34.22; magis ~i homines quam ~i mores TAC.*Hist.*2.95; uos ~am potatis aquam JUV.5.52; quod leporem marinum fuisse dixerunt qui ~us omnino piscis fuit APUL.*Apol.*33;—(*as pred., advl.*) patris nomen ~ud dictum est TER.*Ph.*804; HS deciens et octingenta milia, quod tu..~ud in tabulis habebas CIC.*Ver.*1.100. **b** gemina facie mala negamus esse similia, si sapore sunt ~o VAR.*L.*9.92; moribus his ~a conjuge dignus eras PROP. 3.12.16; ~a Dionysodoro fides PLIN.*Nat.*2.248; hic ~ae caedes, alius furor STAT.*Theb.*2.667; longe ~a..Germanici exercitus species TAC.*Hist.*2.99;—(*w.* haud, *in a simile*) utque leo..aduolat: haud ~a est Turni uenientis imago VERG.*A.*10.456;—(*w. abl. of respect*) cum ~us animo esset SEN.*Con.*10.pr.4—(*w. gen. of respect*) sorores, par ~ud morum STAT.*Theb.*8.608;—(*pred.*) nisi oculos orationemque ~am commutas tibi PL.*Mil.*327; (*cf.*) quam cito ~um fecisti me, ~us ad te ueneram! *Trin.*161;—seu tua non ~a splendescat epistola cura STAT.*Silv.*1.3.104; uixisse me..cum fide aduersum te neque ~a in matrem tuam pietate TAC.*Ann.*3.16. **c** illi sunt ~o ingenio atque tu PL.*Ps.*1134; ~o loco, ~o tempore atque oportuerit fratrem a fratre renuntiatum CAES.*Gal.*7.33.3; *Civ.*3.51.4;—non enim ~a causa est aequitatis in uno seruo et in pluribus CIC.*Caec.*57; *Off.*2.61; longe ~o sonitu rabie restricta minantur, et cum iam latrant LUCR.5.1065;—quin ego non ~o digner te funere, Palla, quam pius Aeneas VERG.*A.*11.169; longe ~a quam primo instituerant uia grassabantur LIV.2.27.7; nouos soles ~osque, quam quibus uixere, auide..accipiunt PLIN.*Nat.* 15.73; JUV.6.240. **d** quod numquam opinatus fui neque ~us quisquam ciuium sibi euenturum PL.*Am.*186; quid dicam ~ud nescio TER.*An.*746; ipsum fortasse melius potuisse scribere, ~um..neminem CIC.*Brut.*298; tu.. non ~is malles oculis..probari STAT.*Silv.*4.6.109;—(*pleon.*, *w. compar.*) mulier, qua mulier ~a nullast pulchrior PL. *Mer.*101; non ~a ante Romana pugna atrocior fuit LIV. 1.27.11;—(*w.* nisi) nisi adulterio studiosus rei nulli ~aest inprobus PL.*Mil.*802; nil uolo ~ud nisi Philumenam TER.*An.*306; quam..~am uim conubia promiscua habere nisi ut..uolgentur concubitus plebis patrumque? LIV.4.2.6; 10.8.11;—(*w.* quam) cum..nobilitas nihil ~ud sit quam cognita uirtus CIC.*Ep.*fr.7(6).3; nihil petentes ~ud quam incolumitatem sibi liberisque suis LIV.25.31.2; PHAED.2.pr.2; —(*w.* praeter) ne ipsi quidem..quicquam ~ud dicent praeter sermonem atque famam CIC.*Clu.*126; ~am praeter plagas et pondera causam motibus LUCR.2.285;—(*w. abl.*) nec quicquam ~ud libertate communi quaesisse BRUT.CAS.*Fam.*11. 2.2; quodsi accusator ~us Seiano foret PHAED.3.pr.41;—fiat tribunus pl., si nihil ~ud ut eo citius tu ex Epiro reuertare CIC.*Att.*2.15.2; nihil ~ud quam bellum comparauit NEP.*Ag.*2.4; nihil ~ud..a proposito auersus quam ut cadauer efferri iuberet LIV.2.8.8; ueni nihil ~ud quam ut fortunam meam querar SEN.*Con.*2.7.2. **e** ~as res geris, ego tibi meas res mando PL.*Cist.*719; ~as res agis. — istuc ago equidem TER.*Eu.*348; ut mirarere tam ~as res agere populum CIC.*Brut.*233; animaduerti..eum iocari atque ~as res agere ante quam Chrysogonum nominaui *S.Rosc.*60.

2 (in various types of expr. where the word is repeated): **a** ~*us*..~*us*, One..a different, another; (pl.) one lot of..different (ones), other(s); (also, in expr. a contrast between two nouns). **b** ~*us*..~*o* and sim., one.. another (i.e. a different); (pl.) one lot of.. another (i.e. a different) lot of, some..others. **c** ~*us* ~*o*, etc. (w. ref. to a series), each..the other, the last, etc., one..another. **d** ~*us* ~*ud* (and sim.), one person this and another person that, some one thing and some another (and sim.). **e** *~i..~i*, etc. (in dividing a whole into parts) one group of..another group of, some..others.

a in ~a tribu patrem, in ~a filium suffragium ferre Scip. min.*orat.*7; ut ~o tempore cogitem..et ~o dicam Cic.*de Orat.*2.103; ~ud tempus est petendi, ~ud persequendi Cic. *Mur.*44; *Cael.*67; ~a legatio dicta erat, ~a data est *Att.* 2.7.3; *Rep.*3.33; ~a acinis caro, ~a moris, ~a unedonibus Plin.*Nat.*15.96;—(*collect. sg.*) militem ~um profecto se in hiberna Capuam duxisse, ~um inde eduxisse Liv.23.45.6;—(*not co-ordinate*) arbor ~a magis quam ~a dicetur uicina caelo Sen.*Nat.*4b.11.5;—quae iudicia ~is audientibus iudicibus, ~is sententiam ferentibus singulis diebus erant perfecta Caes.*Civ.*3.1.4; (*cf.*) pectora motus nunc ~os, ~os dum nubila uentus agebat, concipiunt Verg.*G.*1.421;—(*sg. foll. by pl.*) ~o se in hiberna consilio uenisse meminerat, ~is occurrisse rebus uiderat Caes.*Gal.*3.6.4;—~am enim in deorum templis debent habere grauitatem, ~am in porticibus et ceteris operibus subtilitatem Vitr.5.9.3. **b** ~am (*sc.* causam) in ~a implicatam uidebit Cic.*Inv.*2.110; num quod officium ~ud ~o maius sit *Off.*1.7; ~ae (medicinae partes) ab ~is adiuuantur Larg.200;—quae uaria sint genera poematorum..quamque longe distantia ~a ab ~is Acc.*poet.*13(8F). **c** optuma nulla potest eligi: ~a ~a peior..est Pl.*Aul.*140; ~am rem ex ~a cogitare Ter.*Eu.* 631; (epistulas) sescentas uno tempore accepi, ~am ~a iucundiorem Cic.*Att.*7.2.3; nunc ~a ex ~is..omina quaerit *Ciris* 364; nos ~a ex ~is in fata uocamur Verg.*A.*3.494; tot super ~a ~is bellis Liv.6.10.8; armaque et uiri super ~um ~i praecipitantur 22.6.5; ~um ex ~o..fragorem pectora congeminant Stat.*Theb.*6.41;—(*w. first* alius *omitted*) iam..ab scelere ad ~ud spectare mulier scelus Liv.1.47.1. **d** Pl.*Mer.*984; ~um in ~am beluam hominem uortier *Rud.*886; causas totas ~as ~a forma dicendi esse tractandas Cic.*Orat.*74; ~a ~o in loco lacrimantes intuebantur *Ver.*1.59; *Div.*2.89; magis esse ~is ~as animantibus aptas res ad uitai rationem Lucr.6.773; Vitr.2.9.5; sedulo ~is ~a imperia turbans Liv.8.26.3; ~am ~arum ciuitatium condicionem esse respondit 32.10.4; 42.48.5; sic ~as ~ut terras sibi uindicat astrum Man.4.710; Stat.*Silv.*5.3.130; (*cf.*) ipsa dies ~os ~o dedit ordine Luna felicis operum Verg.*G.*1.276;—(*w.* alibi *as second component*) et (sal) ~o alibi pretio praebendum locauerunt Liv. 29.37.3. **e** quoniam officia..~a..sunt iuuenum, ~a seniorum Cic.*Off.*1.122; munitiones Antigoni ~as incendit, ~as disiecit Nep.*Eum.*5.7; ~as mersit, ~as cepit naues Liv.36.20.8; fiunt pastilli, ~i pondere p✱i, ~i uictoriati Larg.86;—(*w. other words substituted for one or other component*) partim cursu..laetantur (bestiae), congregatione ~ae coetum..ciuitatis imitantur Cic.*Fin.*2.109; Man.3.226; inter reges ipsos esse discrimen: quosdam minus, ~os magis osos ueritatem Sen.*Suas.*1.5; sacra sunt Romana partim diurna, ~a nocturna Gel.3.2.8;—(*w. first* ~us *to be understood*) cetera (castella) terrore et ~a sponte incolarum in deditionem ueniebant Tac.*Ann.*13.39.

3 (sg.) An additional or further (one), another; (pl.) additional or further (ones), other(s). **b** (in exprs. of the type 'not only various others, but also..'. **c** *~a, deinde ~a* and sim., one after another (cf. sense 4).

ego ducam..et eam et si quam ~am iubebis Pl.*Trin.*1184; unam hanc noxiam amitte: si ~am admisero umquam, occidito Ter.*Eu.*853; Cato *Agr.*2.7; pluma atque amphitapoe et si ~ud quid deliciarum Lucil.252; uidete porro ~am amentiam Cic.*Ver.*2.106; accessit etiam..~ud incommodum Caes.*Civ.*3.79.3; Phaed.1.4.4; Tac.*Hist.*3.54; fracta uite in tergo militis alteram clara uoce ac rursus ~am poscebat *Ann.*1.23; (*repeated*) haec atque illa dies atque ~a atque ~a Catul.68.152;—Naev.*poet.*5.2; etiam mihi ~ae uiginti minae Pl.*Ps.*1223; eae partes ipsae sunt in octo partes ~as distributae *Rhet.Her.*3.24; tulit legem C. Furius de testamentis..innumerabiles ~ae leges de ciuili iure sunt latae Cic.*Balb.*21; sed haec et multa ~a coram *Att.*7.8.5; Liv. 10.26.15; illos..~a noua scelera..molitos 24.25.3; Phaed. 4.1.11; sciet et ~os habere nos trecentos Sen.*Suas.*2.2; Sen.*Nat.*1.17.6; Plin.*Nat.*2.114; Stat.*Theb.*12.349; bellum ~ud atque ~as cladis horrebant Tac.*Hist.*1.50. **b** cum ~a multa..tum hoc uel maxime moliuntur Cic.*Flac.*94; quae res et ~os clarissimos uiros et Neronem Claudium..restituit rei publicae Vell.2.77.3. **c** quia..~a, deinde ~a loca petiuerant Sal.*Jug.*18.7; ab eo magistratu ~um post ~um sibi peperit 63.5.

4 *~us atque ~us* and sim. (also w. *et* or *-que* connecting the components): **a** (sg.) Another and yet another, this and that; (pl.) other(s) and yet other(s), more and more. **b** this or that according to circumstances.

a inde (telum) ~ud super atque ~ud figit Verg.*A.*10.883; si sub ~a et ~a condicione legatum ademptum est, nouissima ademptio spectanda est Pompon.*dig.*30.1.12.3; licet..unum testamentum sit, ~a tamen atque ~a hereditas est Ulp.*dig.*18.4.2.2;—ut tibi possim inde ~os ~osque memor componere uersus [Tib.]3.7.7; crescebat..urbs..~a atque ~a appetendo loca Liv.1.8.4; laborantibus suis ~a atque ~a accrescente certamine mittens auxilia Liv.22.28.11; iuris..quaestiones solent esse nonnumquam ex ~is atque ~is conflictionibus, facti semper idem spectant Quint. *Inst.*7.1.18. **b** (*sg.*) eadem res saepe aut probatur aut reicitur ~o atque ~o elata uerbo Cic.*Orat.*72; Curt.4.1.35; circa Pontum aliquot populi ~o ~oque fine uno omnes nomine Pontici Mela 1.14; ~o quidem atque ~o tempore, omnes tamen in eundem locum tendimus Sen.*Dial.*11.11.4; fons..~o atque ~o loco exoritur Plin.*Nat.*2.230; Quint. *Inst.*7.10.8; filio impuberi in singulas causas ~um et ~um heredem substituere possumus Javol.*dig.*28.6.39.1;—(*pl.*) ut praedatum milites trans flumen per occasiones ~is atque ~is locis traiceret Liv.2.11.2; quia licebit usuario ~is et ~is temporibus tota domo uti Pompon.*dig.*7.8.22.1; 'ue'..particula, quae in ~is atque ~is uocabulis uaria Gel.5.12.9;—(*w.* prout) est etiam..malum, quod apud Graecos ~ud ~udque nomen habet, prout se intendit Cels.4.8(4.2).1; cum eadem littera ~um atque ~um intellectum, prout correpta uel producta est, facit Quint.*Inst.*1.7.2.

5 (w. ref. to an additional, but related, factor) As well, also.

saluast nauis, ne time. — quid ~a armamenta? — salua et sana sunt Pl.*Men.*174; an pecudes ~as diuinitus insinuet se (*sc.* anima) Lucr.1.116; exploratoribus missis circa moenia ~asque portas Liv.5.39.3; primo Hamilcari conciliatus, gener inde ob ~am indolem profecto animi adscitus 21.2.4; pauci..equitum corrupti, plures in officio mansere. ~ud uulgus obaeratorum..arma cepit Tac.*Ann.*3.42.

6 (sg.) The other part of, the rest of; also, (considered) in other respects; (pl.) the other(s), the rest of. **b** (sg.) any possible other, every other.

mouisse eos Camillus cum ~a oratione, tum ea quae ad religiones pertinebat maxime dicitur Liv.5.55.1; (*w.* omnis) refugientes pauci ~am omnem multitudinem in potestate hostium esse adferebant 24.1.6;—quondam frequenter habitatus propter egregium portum tutasque circa stationes et ~am opportunitatem maritimam terrestremque 27.30.3;—o multum ante ~as infelix littera theta Enn.*Ann.* 625; *scen.*303; pol haut parasitorum ~orum hic similest Naev.*com.*60; ego, Neptune, tibi ante ~os deos gratias ago Pl.*Trin.*824; si uiolandum est ius, regnandi gratia, uiolandum est; ~is rebus pietatem colas Cic.*Off.*3.82; quem Venus ante ~os astrorum diligit ignis Verg.*A.*8.590; primo se agro paterno..exuisse, deinde fortunis ~is Liv. 2.23.6; (*w.* omnis) praeuorti hoc certumst rebus ~is omnibus Pl.*Cist.*781; quid factum uini, frumenti ~arumque rerum omnium Cato *Agr.*2.1; in hac ciuitate et in ~is omnibus Cato nep.*orat.*2. **b** interclusum ~ud iter, idque solum quo in sacram uiam pergeret patebat Tac.*Hist.*3.68.

7 Other than what is familiar, strange, new, different. **b** (esp. w. prop. names) a new, a fresh, a second, another.

~ae caerimoniae nobis erunt, ~i antistites deorum immortalium, ~i interpretes religionum requirendi Cic.*Dom.*2; dic ~as iterum nauiget Illyrias Prop.2.16.10; Man.5.44. **b** tu peperisti Amphitruonem ~um, ego ~um peperi Sosiam Pl.*Am.*785; ut rursus communicato consilio..~ud initium belli capere possent Caes.*Gal.*6.33.5; Verg.*A.*6.89; nec est ~us ab tergo exercitus..nec Alpes ~ae sunt Liv. 21.41.15; Tac.*Hist.*4.73; pater ei..clarus, clarior uitricus, immo pater ~us Plin.*Ep.*2.13.4; non maria, sed terras Venerem ~am..pullulasse Apul.*Met.*4.28; hic adhoc infantilis uterus gestat nobis infantem ~um (*i.e. another like yourself*) 5.11.

8 One or the other (of two), the second; also, the second (of three). **b** *~us..~us*, the one..the other (of two), in the one case..in the other; also, *~us..alter*. **c** *~us..~um*, etc., the one..the other (of two). **d** *~us..~ud*, etc., one (of two) this and another that.

cum prima tunica oculi exesa est ~aue exulcerata Larg. 24;—Gallia est omnis diuisa in partis tris, quarum unam incolunt Belgae, ~am Aquitani, tertiam qui ipsorum lingua Celtae..appellantur Caes.*Gal.*1.1.1. **b** ~ud terris, ~ud regionibus ipsis euentum dici poterit quodcumque erit actum Lucr.1.469;—pone ex ~a parte uirum bonum diuitiis abundantem, ex altera nihil habentem Sen.*Ep.*66.22. **c** duo arietes inter se concurrentes ~us ~um praeterierunt Vitr.10.2.15; capreoli cardinibus ~us in ~um conclusi 10. 14.2; sic..illa ex ~a lingua in ~am transtulisti Sen.*Dial.* 11.11.5. **d** duo deinceps reges, ~us ~a uia..ciuitatem auxerunt Liv.1.21.6.

alius[2] ~a ~ud, *pron.* [prec.] Forms: *alis* (nom. sg. masc.) *CIL* 1.756.10, Catul.66.28; *alid* (for *aliud*) Lucr.1.263, 407, 1115, 5.1456; also *aliid* or *aled* *CIL* 4.1837.10, *aliut* 5.532; *alii* (gen. sg. masc.) Ulp.*dig.*50.17.156.2; (dat. sg.) *alii*, also *ali* Lucr.4.637, *alio* (masc.) [Quint.]*Decl.*2.9; *ali* (nom. pl. masc.) *CIL* 2.6278.25, *alei* 1.1572; *alieis* (dat. pl.) Pl. *Mos.*154.

A. masc. and fem. forms.

1 A person, etc., other than the one concerned, another, (pl.) other persons, others. **b** (w. abl., *quam*).

scripsere ~i rem uersibus Enn.*Ann.*213; te de ~is quam ~os de te suauiust fieri doctos Pl.*Per.*539–40; qur (me) conducebas? — inopia: ~us non erat *Ps.*799; Ter.*Hau.*797; alis ne potesto *CIL* 1.756.10; Cic.*Brut.*48; nisi forte tu..quod huius est ab ~o extorquere non potes, huic eripere potes *Q.Rosc.*56; non in suis sed in ~orum finibus *Ver.*3.108; bonum..facinus..quod non fortior ausit alis Catul.66.28; potius quid se facere par esset intuebatur quam quid ~i laudaturi forent Nep.*Att.*9.7; ~i rapiunt incensa feruntque Pergama Verg.*A.*2.374; nec premendo ~um me extulisse uelim Liv.22.59.10; 29.1.20; nec utique adfirmo non posse et ~os (collyria) eadem habere Larg.38; ferre ad nuptam quae mittit adulter..norunt ~i Juv.3.46;—(*fem.*) ~am tecum esse equidem facile possum perpeti Pl.*As.*845; uotis ergo meis ~i rediture redisti? Ov.*Ep.*5.59;—(*w. gen.*) nec ~us amnium..maioris incrementi est Plin.*Nat.*3.119. **b** neue putes ~um sapiente bonoque beatum Hor.*Ep.*1.16. 20; ~us Lysippo duceret aera fortis Alexandri uultum simulantia 2.1.240;—(*w.* quam) si ~um quam se consulem fieri uideret Liv.10.15.10; non explicabit ~us quam qui repperit Phaed.4.11.15; ut..cum ~o quam cum Corbulone certaret Tac.*Ann.*15.6.

2 (repeated or paired w. sim. word): **a** (in same case) *~us..~us*, etc., one..a different person, one..another, (pl.) some..others. **b** (in compendious expressions, w. different cases in same cl., and sim.) one..another. **c** (w. *alius* adj. or cogn. advs.).

a ~us est Amor, ~us Cupido Afran.*com.*23; an ~i probantur a multitudine, ~i autem ab eis qui intellegunt? Cic.*Brut.*183; ut quod ali cibus est ~is fuat acre uenenum Lucr.4.637;—(*w.* pars, partim) cum ~i triginta, pars nullum stipendium facient Sal.*Rep.*1.8.6; ~i Veliam, partim Massiliam condiderunt Hyg.*gram.*7;—(*w.* hic) non hic in illo sibi, in hoc ~us indulget Plin.*Ep.*9.12.1. **b** Pl. *Cur.*378; ut facilius ~a quam ~a eundem puerum unum parit! *Truc.*806; oculos harundinis pedes ternos ~um ab ~o serito Cato *Agr.*6.3; Cic.*de Orat.*2.32; est specie ~a magis ~a formosa 3.55; cum omnes certatim ~usque ~o grauius..dixisset *Sest.*74; ~i ~os uincunt uicissimque uincuntur *Tim.*29; non interire animas sed ab ~is post mortem transire ad ~os Caes.*Gal.*6.14.5; ~us ~i tanti facinoris conscii Sal.*Cat.*22.2; succedentes deinde ~ae ~is Liv.29.14.13; nec ~us ~um respectantes Tac. *Ag.*37.5;—(*w. neut.*) hic ego ~ud ~i concedo Cic.*Ver.* 2.162; ~is ~ud subsit magis Lucr.3.284. **c** ~um alio pacto propter amorem ni sciam fecisse multa nequiter Pl.*Mil.*1284; ~us in alia est re magis utilis Cic.*S. Rosc.*111; ~ii alio loco resistebant Caes.*Civ.*2.39.6; ~us alio more uiuentes Sal.*Cat.*6.2; si alia ~orum sit condicio Liv.2.29.8;—~us aliunde rumitant inter se Naev.*poet.* 52(56); is nos per gentis ~os alia disparat Pl.*Rud.*10; ~i..sunt alias, nostrique familiares fere demortui Cic.*Att.*16.11.7; exprobrantes suam quisque ~us alibi militiam Liv.2.23.11; aliunde ~is exordium mensurae est et alia meatus Plin. *Nat.*3.16.

3 (pl., = *ceteri*) The rest, the others.

qur sedebas in foro..tu solus praeter ~os? Pl.*Ps.*800; ~i cessere duobus Ov.*Met.*9.13.

4 A further or additional person, another, (pl.) others. **b** (repeated, w. no emphasis on the difference) one..another, (pl.) some..others; (also paired w. other words or occurring once in second part). **c** *~us atque ~us*, first one person then another, different people.

quom ingeniis quibus sumus atque ~ae gnosco Pl.*Poen.* 1185; Cato *hist.*128; metum uirgarum nauarchus..pretio redemit..~us ne condemnaretur pecuniam dedit Cic.*Ver.* 5.117; litteras et ~is et Pomptino..dabis *Att.*5.4.4; scire cupio qui fuerint ~i 14.14.1; audeat deinde talia ~us Liv.1.28.6;—(*after* non) non ~us flectere equum sciens aeque conspicitur Hor.*Carm.*3.7.25; te non ~us belli tenet aptius artes [Tib.]3.7.82; unde non ~um pertinacius ad poenam flagitauerunt Tac.*Hist.*1.72;—(*w.* alter) ab ~o expectes alteri quod feceris *Inc.pall.*82. **b** ~i adnutat, ~i adnictat, ~um amat, ~um tenet Naev.*com.*76; Pl. *Mil.* 836; ~i ligna caedite, ~i piscis depurgate *St.*358; ~is unus modo ~is plures ~is omnes idem uidentur Cic.*Orat.*180; *Ver.*23; ~os non soluere, ~orum diem nondum esse *Att.*8.10; quarum suum quaeque locum habeat..~a infimum ~a summum ~a medium *N.D.*3.34; Caes.*Gal.*6.37.7; ~os in acie occidi, ~os morbo absumi Liv.27.9.3; Sen.*Nat.*6.5.1;—(*w.* pars) arma capere ~i, ~i se abdere, pars territos confirmare Sal.*Jug.*38.5; namque ~ae uictu inuigilant..pars..prima fauis ponunt fundamina..~ae spem gentis adultos educunt fetus; ~ae purissima mella stipant Verg. *G.*4.158;—(*w.* hic, ille, quidam, *etc.*) excitare Antonium conabantur,..blandius ~a ad aurem inuocabat, uehementius etiam nonnulla feriebat Cael.*orat.*15; ~is foedera, quibusdam opes uirisque aut uetustatem originis per iurgia iactantibus Tac.*Hist.*4.69; haud dissimilia ~i et quidam atrociora circumstrepebant *Ann.*3.36; Plin.*Ep.*4.24.3;—fiunt pastilli uictoriati pondere, ~i parte tertia detracta Larg.93; simul qui centurionum..sortem Britannici miserabantur, remoti fictis causis et ~i per speciem honoris Tac.*Ann.*12.41;—(*cf.*) tum captiuorum quid ducunt secum! pueros, uirgines, binos, ternos, ~us quinque Pl.*Epid.*211. **c** siue ab eodem emimus siue ab ~o atque ~o Nerat.*dig.* 19.1.31.2.

5 (= *alter*) The other of two.

suscipit ~a: 'ego uero' Apul.*Met.*5.10; 10.14.

B. neut. forms.

6 Something different, another thing, something else, (pl.) other things. **b** (w. *ac, atque, et, nisi, quam*). **c** (phr.) *~ud (~a), agere, curare*, to do or attend to other things, i.e. pay no attention, not trouble oneself. **d** (sg., after *quam*) anything else.

etiam si ille ~ud uellet, rei publicae consulere oporteret? Cic.*Prov.*30; in ~a incidi non immemor istius mandati tui *Att.*4.6.3; *Tusc.*5.116; Volturcius interrogatus..primo fingere ~a, dissimulare de coniuratione Sal.*Cat.*47.1; his actis ~ud genitor secum ipse uolutat Verg.*A.*12.843; aut cum ~o aliquo nocituro permixta sunt Quint.*Inst.*12.8.12; Pompon.*dig.*48.22.1; ~ud iuris est in his (*sc.* tegulis), quae detractae sunt ut reponerentur Javol.*dig.*19.1.18.1;—(*advl.*) sanctus ~a et ingenio ualidus Sal.*Hist.*1.116; iuuenem..~a clarum insigni triumphalium..protulerat ad studia uulgi Tac.*Ann.*12.3. **b** (*w.* ac) ~ud mihi respondes ac rogo? Ter.*Ph.*684; illa..~a dicentis ac significantis dissimulatio Cic.*de Orat.*3.203; num ~ud atque oportuit? *Flac.*78; *Sest.*114;—(*w.* et) solet..~ud sentire et loqui Cael.*Fam.*8.1.3;—(*w.* nisi) neque ~ud se fatigando nisi odium quaerere Sal.*Jug.*3.3;—(*w.* quam) translatum est quod ~ud conficit quam causae genus postulat Cic.*Inv.*1.26; neque ~ud tota urbe agi quam bellum apparari Liv.4.26.12; nec ~ud in hibernis quam praedam et senes Tac.*Hist.*4.14; non ob ~ud quam quod mater eius in eodem coniugio manebat *Ann.*2.86. **c** abi et ~ud cura Pl.*Cas.*613; Ter.*Ph.*235; *Ad.*868; populum Romanum ~ud nunc agere, uobis..fortunas suas commisisse, sine cura esse Cic. *Clu.*155; ~ud agentem ac nihil eius modi cogitantem 179; cotidie praeter oculos nostros transeunt..funera, nos tamen ~ud agimus Sen.*Dial.*11.11.1; uulgus..et hic ~ud agens populus Tac.*Ag.*43.1. **d** ignibus sacris ex aceto efficaciores (spongeae) quam ~ud Plin.*Nat.*31.128.

7 a (repeated) One thing..a different thing. **b** (compendiously; also w. *alius* adj. or cogn. advs.).

a timeo ne ~ud credam atque ~ud nunties Ter.*Hec.*844; Cato *orat.*72; ~ud enim laus, ~ud uituperatio, ~ud sententiae dictio, ~ud accusatio..conficere debet Cic.*Inv.* 2.12; ~ud est male dicere, ~ud accusare *Cael.*6; *Fin.*2.9; fallacem gentem semperque ~a cogitantem, ~a simulantem *B.Alex.*24.1; longe ~ud esse uirgines rapere, ~ud pugnare cum uiris Liv.1.12.8; ~ud Antiocho iuris statuitis, ~o ipsi utimini 35.16.2; Vell.2.62.6; ~ud esse Latine, ~ud grammatice loqui Quint.*Inst*.1.6.27; numquam ~ud natura, ~ud sapientia dicit Juv.14.321. **b** quae impie nefarieque per biennium ~a super ~a es ausus Liv.3.56.4;—(*w.* alius *adj.*) ut ~ud alio iudici..placitum sit *Rhet.Her*.2.19; ideo multa conlecta sunt ~ud alio tempore Cic.*Q.fr*.3.1.23;—(*w. advs.*) potest..non solum aliud mihi ac tibi, sed mihimet ipsi ~ud alias uideri *Orat*.237; ~ud alio dissupauit *Div*.1.76; neque ~ud alio ferri..cerneres Sal.*Cat*.2.3.

8 A further or additional thing. **b** (repeated) one thing..a further thing, (pl.) some things..other things; (also paired w. other words, or in second phrase, etc., only). **c** *~ud atque ~ud*, various things, different things.

item ~a multa quae nunc non est narrandi locus Ter.*An*.354; nunc ~ud specta *Hau*.991; Acc.*trag*.384; peroratio ..et ~a quaedam habet et maxime amplificationem Cic.*Top*.98; sed cum ~is multis hoc ferendum *Att*.16.2.1; Demetrium redde nostrum et ~ud, si quid potest boni *Fam*.16.19.1; *Q.fr*.2.12.1; Brut.*ad Brut*.1.4.1; circumueniri innocentes, ~a huiusce modi fieri coepere Sal.*Cat*.51.40; his atrocioribusque..~is..memoratis Liv.1.59.11; scalis ~isque omnibus ad oppugnationem paratis 29.7.8; ut uerrucas, naeuos ~aue eius generis Larg.228. **b** posteaquam..omnia abstulit, ~a rogando, ~a poscendo, ~a sumendo Cic.*Ver*.2.84; ~a mimi rapiebant, ~a mimae *Phil*.2.67; manare ~ud per saxa uidetur, atque ~ud lignis, ~ud transire per aurum Lucr.6.990; *B.Alex*.13.2; ~a decernit, de ~is consulturum se regem esse simulat Liv.1.41.6; ~a disiecerunt, ~a igni corruperunt 25.11.10;—(*w.* pars, partim) eorum partem uidi, ~a egomet gessi Sal.*Jug*.85.13; quorum ~a toleraui, partim reppuli *Hist*.2.47.1;—(*w.* hoc, illud) hoc et illud et ~ud et rursus ali⟨u⟩d purgandum demonstrat Apul.*Met*.9.7;—eorum..rationis expertia sunt, ~a ratione utentia Cic.*Off*.2.11;—(*advl.*) de hortis Scapulanis hoc uidetur effici posse, ~ud tua gratia, ~ud nostra, ut praeconi subiciantur Cic.*Att*.12.40.4. **c** miles, nauigator, medicus ~ud atque ~ud efficiunt Quint.*Inst*.5.10.27; 3.10.4; ne luminibus officiatur..~ud et ~ud obseruatur Ulp.*dig*.8.2.15.

aliut: see alivs.

aliuta, *adv.* [alivs+*uta*; cf. *ita*] In another way, otherwise.

si quisquam ~ faxit, ipsos Ioui sacer esto *Lex Reg*.(*Font. iur*.p.10); ~ antiqui dicebant pro aliter Paul.*Fest*.p.6M.

allābor ~bī ~psus, *intr*., (*tr*.). **adl-.** [ad-+labor[1]] Const.: w. dat., acc., *ad*, or absol.

1 To move smoothly, glide (to or towards). **b** (of missiles, etc.) to fly, 'sail' (towards). **c** (of suppliants) to creep (up to).

Cyclopum ~bimur oris Verg.*A*.3.569; ad exta..angues duo ex occulto ~psi Liv.25.16.2; terris ~bimur illis Ov.*Met*.14.243; Glaucus .patriis quotiens ~bitur oris Stat.*Silv*.3.2.37. **b** uiro stridens alis ~psa sagitta est Verg.*A*.12.319; baculum..in quoduis animal emissum, etiamsi citra ceciderit..ipsum per sese cubito propius ~bi Plin.*Nat*.24.116;—(*poet*.) uolitans pennata per urbem nuntia Fama ruit matrisque ~bitur auris Euryali Verg.*A*.9.474. **c** en supplex iacet ~psa genibus regiae proles domus Sen.*Phaed*.667; Sil.8.74.

2 (of fluids or air) To flow towards, approach.

umor ~psus extrinsecus..sudorem uidetur imitari Cic.*Div*.2.58; mare inoffensum crescenti ~bitur aestu Verg.*A*.10.292; modice ~bente aestu Tac.*Ann*.1.70; (*poet*.) respiciunt totum..~bi classibus aequor Verg.*A*.10.269;—aura..impellit rates ~psa uelis Sen.*Ag*.432.

3 (of feelings) To steal (into the mind).

iucundo introitu animis hominum ~bitur (maiestas) V.Max.pr.2.10; 5.2.ext.1.

4 (app.) To come to the aid of, assist.

tu..meis ~bere coeptis *Culex* 25.

5 To fall (to), befall.

tam beatam fortunam ~psam (*cj*.) indignae Apul.*Met*.5.10.

allabōrō ~āre, *intr*., *tr*. **adl-.** [ad-+laboro] To make a special effort; to add to by taking trouble.

Hor.*Epod*.8.20;—simplici myrto nihil ~es sedulus curo *Carm*.1.38.5.

allacrimō ~āre, *intr*. **adl-.** [ad-+lacrimo] To weep (at or as an accompaniment to something).

et Iuno ~ans Verg.*A*.10.628; ubertim ~ans Apul.*Met*.10.3.

allambō ~ere, *tr*. **adl-.** [ad-+lambo] (of flames) To lick.

scitis ipsi..quamdiu filium tenuerit (mater) ~entibus flammis [Quint.]*Decl*.10.4.

allapsus ~ūs, *m*. **adl-.** [allabor+-tvs[3]] A gliding approach; a flowing towards or near.

ut..auis serpentium ~us timet Hor.*Epod*.1.20; V.Max.1.6.8;—prope fontis ~um domus regia est Apul.*Met*.5.1.

allātrō ~āre ~āuī ~ātum, *tr*. **adl-.** [ad-+latro[1]]

1 To bark at (in quots. fig.), rail at.

~are magnitudinem eius solitus erat (Cato) Liv.38.54.1; caninum..studium..locupletissimum quemque ~andi Col.1.pr.9; ~es licet usque nos Mart.5.60.1; nigro ~auerat ore uictorem inuidia Sil.8.290.

2 (of the sea) To rage, roar beside or around.

oceanus infusus in multos..sinus..uicino accessu interna maria ~at Plin.*Nat*.2.173; tot sinus Peloponnesi oram lacinant, tot maria ~ant 4.19.

allaudābilis ~is ~e, *a*. **adl-.** [next+-bilis] Praiseworthy, commendable.

dedisti, uirgo, operam ~em Pl.*Per*.673; ~e opus diuum laudare Lucr.5.158.

allaudō ~āre, *tr*. **adl-.** [ad-+lavdo] To praise, commend.

agit gratias mi atque ingenium ~at meum Pl.*Mer*.85.

allauō ~āre, *tr*. **adl-.** [ad-+lavo] (of water) To flow up to, wash; (in quot. absol.).

Pisauro flumini latitudo est adsignata eatenus qua usque ~abat Agen.*agrim*.p.44.

allēc: see hallec.

allectātiō ~ōnis, *f*. **adl-.** [allecto[1]+-tio] A coaxing, enticing.

Chrysippus..nutricum illi quae adhibetur infantibus ~oni suum quoddam carmen assignat Quint.*Inst*.1.10.32.

allectātor ~ōris, *m*. [next+-tor] One who entices.

qui ab aucupibus in hunc usum nutriti essent allectatores sint captiuorum Col.8.10.1.

allectō[1] ~āre, *tr*. **adl-.** [allicio+-to] To entice, encourage, invite.

ad quem (*sc*. agrum bene cultum) fruendum..inuitat atque ~at senectus Cic.*Sen*.57; blanda ista uanitas apud eos ualet qui ipsi illam ~ant et inuitant *Amic*.99; (boues) ad aquam duci oportet sibiloque ~ari Col.2.3.2; *CIL* 6.18086.

Allectō[2] ~ūs, *f*. Also **Ālectō**. One of the three Furies.

luctificam ~o dirarum ab sede dearum..ciet Verg.*A*.7.324; adfuit ~o breuibus torquata colubris Ov.*Ep*.2.119. β qualis..~o..Tartareo est operata Ioui Sil.2.673.

allector ~ōris, *m*. **adl-.** [allego[2]+-tor] An official of a *collegium*, perh. concerned with the collection of dues, or admission.

~or collegi ipsivs (*sc*. isidis) *CIL* 6.355; ~ores cvltores silvani 6.950; ~or collegi 6.3756.

allectūra ~ae, *f*. [allego[2]+-vra] The office of collector of revenues.

ob ~am fideliter administratam *CIL* 13.1688.

allēgātiō ~ōnis, *f*. **adl-.** [allego[1]+-tio]

1 A representation made on behalf of another, intercession.

cum sibi omnis ad istum ~ones difficilis..uiderent Cic.*Ver*.1.136; habet quiddam..quod neque epistulae tuae neque nostra ~o tam potest facile delere *Att*.1.11.1;—(*in a pun*) quanta iste cupiditate, quibus ~onibus illam sibi legationem expugnauit! *Ver*.1.44.

2 An allegation, charge.

utrimquesecus ~onibus examinatis Apul.*Met*.10.6;—(*w. gen*.) lenocinii ~o Ulp.*dig*.48.5.2.5.

allēgātus ~ūs, *m*. **adl-.** [next+-tvs[3]] Instigation, prompting.

meo ~u uenit Pl.*Trin*.1142; Gel.13.21.19.

allēgō[1] ~āre ~āuī ~ātum, *tr*. **adl-.** [ad-+lego[1]]

1 To send as an intermediary or representative.

qui illum ad med hodie ~auit mulierem qui abduceret Pl.*Ps*.1233; necessarios istius ad eum ~atos esse dicebat Cic.*Ver*.1.139; 1.149; Quint.*Decl*.377(p.419,l.23);—(*absol*.) quem ad modum ad hunc reus ~et? Cic.*Phil*.5.14; Q.Cic.*Pet*.5; primo ~ando, deinde coram ipse rogando Liv.36.11.1;—(*fig*.) ut quasi diffidens rogationi meae philosophiam ad te ~em Cic.*Fam*.15.4.16; uisi..sunt (elephanti)..herbas supini in caelum iacientes, ueluti tellure precibus ~ata Plin.*Nat*.8.3; non cupiditatem lucis ~abimus Quint.*Inst*.3.8.46.

2 To employ (as one's agent for any purpose), commission, put up, suborn.

ut te ~emus, filias dicas tuas Pl.*Poen*.1100; ut ne credas a me ~atum hunc senem Ter.*An*.899; (*perh. w. internal acc*.) Stichus opsonatust, ceterum ego curam do: id (*dub*.) ~auit Pl.*St*.681;—(*w. purpose expr. by* qui+*subj*.) pater ~auit uilicum qui posceret sibi istanc uxorem *Cas*.52; *Per*.135; (*by* quasi) Pseudolus tuos ~auit hunc, quasi a Macedonio milite esset *Ps*.1162; (*by* ad) si ~assem aliquem ad hoc negotium *Epid*.427; (*by dat*.) alium ego isti rei ~abo *Am*.674.

3 To adduce in support of a request or plea, urge, plead. **b** (w. dat.) to lay (prayers, business, etc.) before.

dis quoque..Homericus ille sacerdos ~at officia et aras religiose cultas Sen.*Ben*.5.25.4; tum quos utroque a sanguine diuos Stat.*Ach*.1.899; tum dignitas eius ~atur, tum commendatur infirmitas Quint.*Inst*.4.1.13; poterat ~are uobis amissam cum oculis cogitationum omnium temeritatem [Quint.]*Decl*.1.1; me..aduocatum postulauerunt..~antes patrocinii foedus Plin.*Ep*.3.4.4; urbium ..merita..~antes Suet.*Aug*.47; Gaius *dig*.50.17.42; uolo causam uobis ~are, cur..afuerim Apul.*Fl*.16; cum quidam incendium fundi ~aret Ulp.*dig*.19.2.15.3; (*absol*.) his..personis..pro se praetor permittit ~are 3.1.1.6;—(*w. acc. and inf*.) mandator ~abat se liberatum iure confusionis Paul.*dig*.46.1.71; ex diuerso..~aretur numquam id a fratre quamdiu uixit desideratum Papin.*dig*.22.3.26. **b** hoc senatui ~andum putasti Plin.*Pan*.70.1; munera preces mandata regis sui Scydrothemidi ~ant Tac.*Hist*.4.84; tacitas preces in templo deis ~asti Apul.*Apol*.54; Papin.*dig*.48.1.13.1.

allegō[2] ~egere ~ēgī ~ectum, *tr*. **adl-.** [ad-+lego[2]] To elect, admit, or recruit (to or into a body). **b** to select (for a particular duty), appoint (to an office).

ut, cum..placeret..augeri sacerdotum numerum, quattuor pontifices, quinque augures, de plebe omnes, ~egerentur Liv.10.6.6; senatum suppleuit, patricios ~egit Suet.*Jul*.41.1;—(*w. pred*.) l aemilivs..scrib qvaestorivs ..civis ~ectvs *CIL* 2.3423;—(*w.* in+*acc*.) nondum a censoribus in ordinem senatorium ~ectum V.Max.2.2.1; ut ciuitate donatum in decurias ~egeret Suet.*Tib*.51.1; si alivs..in hoc collegivm ~ectvs esset *CIL* 6.33885.5; (+*abl*.) eos, qui in corporibus ~ecti sunt Call.*dig*.50.6.6(5).13;—(*w.* inter) cn caesio athicto ~ecto inter c vir *CIL* 11.3809.2; ~ectus..a diuo Vespasiano inter praetorios Plin.*Ep*.1.14.5; Apul.*Met*.11.30;—(*w. dat*.) octo praetoribus ~ecti duo Vell.2.89.3;—(*poet*.) bis seno meruit labore ~egi caelo..Alcides Sen.*Ag*.814. **b** (*w.* in+*acc*.) (milites) in sui custodiam ~egit Suet.*Aug*.49.1;—(*w. dat*.) c valerio..~ecto annon(ae) leg(ionis) iii *CIL* 5.5036; l tavricio florenti..allecto ark(ae) gall(iarvm) 13.1709.

allēgoria ~ae, *f*. [Gk. ἀλληγορία] Forms: *~an* (acc. sg.) Quint.*Inst*.5.11.21. Allegory.

per ~am M. Caelium, melius obicientem crimina quam defendentem, bonam dextram, malam sinistram habere dicebat (Cicero) Quint.*Inst*.6.3.69; 8.6.14; totum..~ae simile est, aliud dicere, aliud intellegi uelle 9.2.92.

alleuāmentum ~ī, *n*. **adl-.** [allevo[1]+-mentvm] An alleviation, relief.

coactus est..in aduersis sine ullo remedio atque ~o permanere Cic.*Sul*.66.

alleuātiō ~ōnis, *f*. **adl-.** [next+-tio]

1 A lifting up, raising.

umerorum raro decens ~o atque contractio est Quint.*Inst*.11.3.83.

2 An alleviating, easing.

tot tantisque rebus urgemur, ut nullam ~onem quisquam ..sperare debeat Cic.*Fam*.9.1.1; ut eius (*sc*. doloris).. diuturnitatem ~o consoletur *Fin*.1.40.

alleuō[1] ~āre ~āuī ~ātum, *tr*. **adl-.** [ad-+levo[1]]

1 To lift up, raise. **b** (refl. or w. parts of the body as obj.).

pauci ~atis scutis..ad proxima nauigia adnatarunt *B.Alex*.20.6; non ~abitur uelum Sen.*Ep*.80.1; Plin.*Nat*.36.68; ~at supplicem Tac.*Ann*.12.19;—(*in fig. phr*.) hic.. modo in caelum ~atur, modo defertur ad terram Sen.*Ep*.72.9; aliquem iam eminentem ~auit (res) 110.3. **b** ut humo se ~are non possit Sen.*Con*.10.4.2; Sil.14.481; (*pass. in middle sense*) laqueis..quibus ~ati..facilius escenderent Sal.*Jug*.94.2;—cubito..~at artus Ov.*Met*.7.343; uix ~atis labris Sen.*Dial*.10.14.4; lumina huc tumida ~a *Med*.1020; quorum supercilia ad singulos uocis conatus ~arentur Quint.*Inst*.1.11.10.

2 To raise the height or level of. **b** to pile or heap up (words or expressions).

compitvm refecervnt tectvm parietes ~arvnt *CIL* 5.3257; idque iugum intra quartum pedem conuenit ~ari Col.4.12.2; et depressurum uel ~aturum riuum Pompon.*dig*.8.4.11. **b** etiam si non per gradus ascendant, tamen uelut aceruo quodam ~antur (uerba ac sententiae) Quint.*Inst*.8.4.26.

3 To exalt in position or reputation. **b** *animum ~are*, to lift up the spirit or heart. **c** to make (evidence, arguments, etc.) more effective, enhance.

C. Caesar eloquentia et spiritu, ecce iam et consulatu, ~abatur Flor.*Epit*.2.13(4.2.10). **b** numquam..uera tibi opinio talis uidebitur, nisi animum ~es Sen.*Ep*.76.27; ~a animum et cadentem, misera, firma spiritum *Tro*.950. **c** summis eloquentiae uiribus et ~anda sunt plerumque et refellenda Quint.*Inst*.5.1.2.

4 To alleviate, lighten, reduce. **b** to cancel, remove.

nihil..accidit..quod aliqua ex parte sollicitudines ~aret meas Cic.*Brut*.12; aliorum aerumnam dictis ~ans *Tusc*.3.71; ~andis laboribus Tac.*Ann*.1.26; magno tritici modo annonam p(opvli) r(omani) ~avit *CIL* 14.3608. **b** remissa ignominia, ~atae notae Tac.*Hist*.1.52.

5 To relieve, comfort, console.

~or cum loquor tecum absens Cic.*Att*.12.39.2; nec uiribus ~or ullis Ov.*Tr*.3.8.31; amici quorum..sermonibus ~abar Sen.*Ep*.78.4; Fro.*Aur*.1.p.212(83N);—(*w.* corpus *as obj*.) quod Acastus ea quae uellem de ~ato corpore tuo nuntiaret Cic.*Att*.7.1.1;—(*absol*.) ille primo amplecti ~are adhortari Tac.*Ann*.12.51;—(*w. acc. of respect*) ubi data fides reddendae dominationi uenisse, ~atur animum 6.43.

allēuō[2] ~āre ~āuī ~ātum, *tr*. **adl-.** [ad-+levo[2]] To make smooth, smooth off.

nodos..et cicatrices ~are Col.3.15.3; 4.8.2; calamus.. debet ~ari 4.29.9; 5.6.13.

allex: see hallec.

Allia ~ae, *f*. A tributary of the Tiber, at which the Gauls defeated the Romans in 390 B.C.

infaustum..~a nomen Verg.*A*.7.717; Liv.5.37.7; flebilis ~a Ov.*Ars*.1.413; Sil.8.647.

allibentia: see allvbentia.

allibescō: see ALLVBESCO.

allicefaciō ~facere ~fēcī ~factum, *tr.* **adl-.** [next+FACIO] To entice, allure.
condiscipulos..omnibus blanditiis tantum non ad societatem imperii ~factos..occidit SUET.*Vit.*14.1; (*absol.*) quod inuitat ad se et ~facit, ueri simile est SEN.*Ep.*118.8.

allicio ~icere ~exī ~ectum, *tr.* **adl-.** [AD-+*lacio* (cf. LAQVEVS)] FORMS: *~icuit* (= *~exit*) CALP.*hist.*17.

1 To entice, attract, lure. **b** to induce, bring on (sleep). **c** to attract the attention of.
si..illunc..ad me hominem ~exero PL.*Poen.*671; quando te et amicitiam et gratiam in nostram domum uideo ~icere *Trin.*383; calido..uapore ~iciunt gelidas..pestes (*i.e. snakes*) LUC.9.844; cum..fragmentis panis..~exisset (delphinum) PLIN.*Nat.*9.25; (*of a magnet*) magnetem lapidem esse..qui ferrum ad se ~iciat et trahat CIC.*Div.*1.86. **b** ~iciunt somnos tempus motusque merumque OV.*Fast.*6.681; PLIN.*Nat.*28.260; 30.140. **c** ~icit ignotos ille (*sc.* incessus) fugatque uiros OV.*Ars* 3.300; (*absol.*) (tabulam) inter egregia multorum opera inani similem et eo ipso ~icientem PLIN.*Nat.*35.83.

2 To attract, draw (to an action, policy, state of mind, etc.). **b** (of the action, etc.).
successus inproborum plures ~icit PHAED.2.3.7; acuuntur isto..pretio similes, dissimiles ~iciuntur PLIN.*Pan.*44.7;—(*w.* ad) animi..ad misericordiam ~icientur CIC.*Part.*121; *Man.*24; (+*gd.*) si te laus ~icere ad recte faciendum non potest *Phil.*2.115;—(*w.* in+*acc.*) cum..in hunc sensum..~iciar beneficiis hominum *Fam.*1.9.21. **b** neque laborum perfunctio neque perpessio dolorum per se ipsa ~icit CIC.*Fin.*1.49;—(*w.* ad se) est quiddam, quod sua ui nos ~iciat ad sese *Inv.*2.157; omnis uirtus nos ad se ~icit *Off.*1.56.

3 To attract to one's side, win over. **b** to attract (goodwill, support, etc.).
multorum ~icuit animos CALP.*hist.*17; maximam..copiam principiorum ad iudicem..~iciendum..ex eis locis trahemus CIC.*de Orat.*2.324; *Fin.*1.25; Q.CIC.*Pet.*55; eas (*sc.* ciuitates) donis pollicitationibusque ~iciebat CAES.*Gal.*7.31.1; seruitia Romanorum ~icere SAL.*Jug.*66.1; ~icere donis iuuenes LIV.1.47.7; 43.1.2; QUINT.*Inst.*5.14.29; TAC.*Hist.*1.78;—(*w.* ad) exsules..magnis praemiis ad se ~icere CAES.*Gal.*5.55.3. **b** ~icere uoluntates CIC.*de Orat.*1.30; nullis nostris officiis beniuolentiam illorum ~icere possumus *Ver.*5.182; comibus est oculis ~iciendus amor OV.*Ars* 3.510; (*w.* ad) hominum studia ad utilitates nostras ~icere CIC.*Off.*2.20.

allīdō ~dere ~sī ~sum, *tr.* **adl-.** [AD-+LAEDO]

1 To dash or strike (against). **b** to crush or bruise (against).
(*w.* ad) flucti..ad saxa ~dere ACC.*trag.*34; ita ut..pars (remigum) ad scopulos ~sa interficeretur CAES.*Civ.*3.27.2;—(*w. dat.*) siquis..~dat pilaeue trabiue (*sc.* creteam personam) LUCR.4.297;—(*w.* in+*acc.*, *in fig. phr.*) nunc in sublime adleuatos nunc in infima ~sos (animos) SEN.*Dial.*7.28;—(*of sound*) pars (uocum) solidis ~sa locis reiecta sonorem reddit LUCR.4.570. **b** (malleolum) conligato, sic ne gemmas ~das (*v.l.* adlig-) COL.*Arb.*9.2; (*fig.*) cum sit conluctandum cum eo, si fundus praeualeat, ~di dominum COL.1.3.9.

2 To shipwreck (in quots. fig.).
Seuius ~sus est, ceteri conciduntur CIC.*Q.fr.*2.4.6; immo ille uir fuerit, qui..non ~serit uirtutem nec absconderit SEN.*Dial.*9.5.4.

Alliensis ~is ~e, *a.* Of the Allia; of the battle of the Allia.
diem..~is pugnae CIC.*Att.*9.5.2;—dies ~is VAR.*L.*6.32; LIV.6.1.11; SUET.*Vit.*11.2.

Allifae ~ārum, *f. pl.* A town in Samnium.
LIV.8.25.4; 9.38.1; SIL.8.535.

Allifānus ~a ~um, *a.* Of or belonging to Allifae; (neut. pl. as sb., app.) large wine-cups made at Allifae.
CIC.*Agr.*2.66; SIL.12.526;—inuertunt ~is uinaria tota HOR.*S.*2.8.39.

alligātiō ~ōnis, *f.* **adl-.** [ALLIGO+-TIO] A tying or binding to supports; a bond.
(arbustorum) ~o finienda COL.11.2.16;—mataxae tomice..~onibus temperentur VITR.7.3.2; nisi..aqua..in geniculis aut uersuris ~onibus aut pondere saburra contineatur 8.6.9.

alligātor ~ōris, *m.* **adl-.** [ALLIGO+-TOR] One who binds or ties (to a support, etc.).
impedationem..sequitur ~or COL.4.13.1; 4.26.4.

alligātūra ~ae, *f.* **adl-.** [next+-VRA] A band, binding.
infra insitionem et ~am falce acuta leuiter uitem uulnerato COL.*Arb.*8.3; (emplastrum) sine ~a dimidio celerius sanat ea (*sc.* uulnera) LARG.209.

alligō ~āre ~āuī ~ātum, *tr.* **adl-.** [AD-+LIGO[1]]

1 To tie, bind, fasten (one thing to another); (absol.) to serve as a tie or bond; (refl. and fig.) to cling (to).
uno..loro ~are possis uel hominem uel equum uel aliud quod VAR.*L.*8.10;—(*w.* ad) malo hunc ~ari ad horiam PL.*Vid.*fr.13; ad palum ~are CIC.*Ver.*5.10; cum..asset..pugionem ad femur VELL.2.43.2; ULP.*dig.*9.2.27.34;—(*w. dat.*) alius caballum arbori ramo in humili ~atum relinquit VAR.*Men.*388; remedium brachio sinistro ~atum LARG.171;—(*w.* ex) axiculi..e quibus funes ~ati VITR.10.15.4;—uitis ipsa recisisque aculeis rubi ~ant PLIN.*Nat.*16.176;—illi te..iunge, illius artissimis amplexibus ~a SEN.*Dial.*12.19.3.

2 To secure (with rope, string, etc.), fasten together, tie up; also, to put a noose round.
arbustiuam uitem quam putare tam ~are diligenter oportet COL.*Arb.*16.4; palmes..debet..~ari..ut sustineatur iugo PLIN.*Nat.*17.180; LARG.269; QUINT.*Inst.*11.2.30; sarcinulas ~amus PLIN.*Ep.*4.1.2;—(*w. abl.*) eam (*sc.* testam)..resticula ~ato CATO *Agr.*110; lino medias et ceris ~at imas (pennas) OV.*Met.*8.193; lino id capitulum ~ari (debet) CELS.7.30.3.B; ~atur fasciculis in charta (nardum) PLIN.*Nat.*12.45;—(*w.* inter se) uirgas murteas..inter se ~ato, fasciculos facito CATO *Agr.*101;—ATIMETO LIB..RESTEM ET CLAVOM VNDE SIBI COLLVM ~ET *CIL* 6.12649.

3 To bind up, swathe; (spec.) to bandage a wound, etc.).
dolia..materie quernea uirisicca ~ato CATO *Agr.*39.1; SEN.*Ep.*80.9; arborem..~ato COL.*Arb.*26.6; barbatus ingens, fasciis cruralibus ~atus PETR.40.5;—cum Critonis..oculum ~atum uidisset CIC.*Div.*1.123; quiesce..et uolnus ~a *Tusc.*2.39; LIV.7.24.4; CELS.8.10.7.O; quod lana caput ~as..non aures tibi sed dolent capilli MART.12.89.1.

4 To hold together physically, bond, unite; (fig.) to cause to hold together, establish firmly; to have an astringent effect upon. **b** to make hard, e.g. by freezing, solidify, condense; to curdle (milk); to constipate (the bowels). **c** to make fast, fix (colours).
alternis coriis parietes ~antur VITR.2.3.4; ut apidum curuatura..medio saxo ~aretur SEN.*Ep.*90.32; fons..qui putria terrae ~at LUC.9.527; crebris iter ~are gomphis STAT.*Silv.*4.3.48;—(*poet.*) quinos ~at ungues perpetuo cornu leuis ungula OV.*Met.*2.670;—res, quae maxime humanam societatem ~at SEN.*Ben.*1.4.2; hic est (dies), sceptra, qui firmet mea solidamque pacis ~et certae fidem *Thy.*972;—salis natura per se ipsa ignea est..corpora..adstringens, siccans, ~ans PLIN.*Nat.*31.98. **b** ~et tu saeuus Boreas Eurusque resoluat (uiscera terrae) COL.10.76; SEN.*Ben.*4.23.1; nec..~ari potuisset (uinum), nisi aliquod illi esset additum uinculum *Nat.*2.53.1;—massam..lactis ~ati MART.8.64.9;—quia protinus hausta (haec aqua) duratur..et ~at uiscera SEN.*Nat.*3.25.1. **c** PLIN.*Nat.*9.134; (alga) ita colorem ~ans, ut elui..non possit 32.66.

5 To put or keep in chains, fetter. **b** to tie (a person) down for purposes of restraint. **c** (poet., of sleep, etc.; cf. sense 6). **d** (of anchors, etc.; also, of persons, etc.) to grip firmly, get a fast hold on.
aliquis Sarmentum ~et *Vers.pop.*3 in *poet.*p.112;~andi omnes essent qui cubitum irent CIC.*Div.*2.122; ~at aequorei bracchia capta senis OV.*Fast.*1.372; PHAED.3.7.18; SEN.*Con.*9.1.4; graue est a piratis ~ari [QUINT.]*Decl.*6.1; TAC.*Ger.*24.4; (*cf.*) uinctus (Saturnus)..a Ioue..ut eum siderum uinclis ~aret CIC.*N.D.*2.64;—(*fig.*) ~ati omni adulatione TAC.*Dial.*13.4;—(*in fig. phr.*) hanc..beluam, uinctam auspiciis, ~atam more maiorum, constrictam legum sacratarum catenis, soluit..consul CIC.*Sest.*16; SEN.*Dial.*7.16.3;—(*poet.*) illa feros animis ~at una uiros PROP.1.5.12; V.FL.5.428;—(*prov. phr.*) ~ET HIC AVRAS SI QVIS OBIVRGAT AMANTES *CIL* 4.1649;—(*masc. of pf. pple. as sb.*) uineta..per ~atos excoluntur COL.1.9.4. **b** C. Marius,..cum secaretur..principio uetuit se ~ari CIC.*Tusc.*2.53; (*absol.*) et medici ~ant et corporibus nostris, ut medeantur, uim adferunt SEN.*Con.*9.5.6. **c** nautis tremor ~at artus GERM.*Arat.*294; etiam ministros eius ~auerat somnus SEN.*Con.*exc.10.6; SEN.*Her.O.*1413; frigidus artus ~at atque animum..torpor LUC.4.290; V.FL.1.48. **d** unco non ~at ancora morsu (nauem) VERG.*A.*1.169; ancora..unco dente..~auit alterius proram LIV.37.30.9; LUC.9.488;—caput illa (*sc.* serpens) pedesque ~at OV.*Met.*4.364; terga uiri cedentia uictor ~at LUC.4.627.

6 To impede the activity or movement of, immobilize, pin down. **b** (of boundaries, etc.) to restrict the movements of, confine locally; also, to limit the extent of, circumscribe. **c** to enclose in a constricting manner, envelop; (of the moon) *orbem (cornibus) ~are*, to complete its circle, i.e. become full; to surround, beleaguer. **d** to restrict the scope, freedom, etc., of, tie down (to); also, to check, curb. **e** to put in an embarrassing position, involve in a dilemma.
eo pacto prorsum illi ~aris filium TER.*Ad.*844; ne forte qua re impediar atque ~er CIC.*Att.*8.16.1; se Colophonis obsessae auxilio..~ari LIV.37.26.11;—(*w. parts of body as obj.*) quamlibet ad cursum ueloces ~at pedes PLIN.*Nat.*32.7; non ~abitur lingua? [QUINT.]*Decl.*12.3;—(*refl.*) uno..illo negotio sese ~abunt GEL.3.7.6;—(*a piece in the game of latrunculi*) quomodo ~atus exeat calculus SEN.*Ep.*117.30. **b** quos..tarda..palus inamabilis unda ~at VERG.*G.*4.480; pontus utrosque suis distinguit et ~at undis MAN.1.246; illos (*sc.* deos)..caelum ~atos tenet SEN.*Cl.*1.8.3; STAT.*Ach.*1.411; (*refl.*) geminis medium se molibus ~at ouum CALP.*Ecl.*7.34;—lapillus in..~atam aquam missus SEN.*Nat.*1.2.7. **c** hederam..mihi quae..contortis ~at ossa comis PROP.4.7.80; OV.*Tr.*4.8.45; locus quem grauibus umbris spissa caligo ~at SEN.*Her.F.*710;—cum Phoebe solidum..orbem circuitis cornibus ~at *Med.*98; MART.8.50(51).7;—moenia..spissa uallata corona ~at SIL.13.141. **d** ut uerba neque ~ata sint quasi certa aliqua lege uersus CIC.*de Orat.*3.176; *Att.*2.18.1; ingrati actio non erat iudicem ~atura sed regno liberrimo posituга SEN.*Ben.*3.7.6; certis..nos praeceptis ~auerunt QUINT.*Inst.*5.13.60;—(*w.* ad) mihi..moris fuit quam minime ~are me ad praecepta 2.13.14; ~ata ad certam pedum necessitatem (poesis) 10.1.29; CALL.*dig.*22.5.3.2;—iura, quibus licentiam earum ~auerint maiores uestri LIV.34.3.1; inclusis..famem dentibus ~at SEN.*Thy.*161. **e** sic a te ~atus est, ut necesse haberet quod non expediebat malle SEN.*Con.*exc.6.3.

7 (w. *ad*) To attach, assign, devote (to a person or object).
citer ager ~atus ad sacra erit CATO *orat.*211; cum pars libri et maior et melior ad maiestatem sacri nominis tui ~ata sit MART.8.pr.15;—(*refl.*) non ~o me ad unum aliquem ex Stoicis proceribus SEN.*Dial.*7.3.2.

8 To attach to oneself by ties of kindship, affection, etc.
eum nuptiis ~atum CIC.*Clu.*179; *Planc.*81; artius nos fortuna ~auit, quam ut orba posset diuellere SEN.*Con.*1.6.2; LUC.6.459;—(*w.* inter se) beneficium commune uinculum est et inter se duos ~at SEN.*Ben.*6.41.2;—(*w. internal acc.*) non omnia sanguis proximus..~at STAT.*Silv.*2.1.86.

9 To bind (by an oath, obligation, etc.), commit. **b** to enter into commitments with regard to, pledge.
(*w. abl.*) minis triginta sibi puellam destinat datque arrabonem et iure iurando ~at PL.*Rud.*46; cur tam imperite facit ut nec Roscium stipulatione ~et neque a Fannio iudicio se absoluat? CIC.*Q.Rosc.*36; V.MAX.2.9.1;—(*w. dat.*) sacris ne ~entur CIC.*Leg.*2.50; neminem ex alterius facto hereditati neque ~ari neque exheredari posse ALF.*dig.*28.5.45(44);—(*w.* ad) me ad istud inextricabile pondus non ~o SEN.*Ben.*7.9.1; inutile erit ad omnia se uerba ~are QUINT.*Inst.*11.2.48;—(*w.* in+*acc.*) si (beneficia) in omnem nos ~ant seruitutem *Decl.*333(p.313,l.18);—(*absol.*) leno..caput suom inprudens ~abit quasi pro illa argentum acceperit PL.*Epid.*369; QUINT.*Inst.*7.6.5. **b** qui pecuniam ~at stipulari (dicitur) VAR.*L.*5.182; fidem ~auit iure iurando suam SEN.*Tro.*611.

10 (w. abl.): **a** To involve in, make liable to the operation of (laws, etc.). **b** to involve in the guilt of (a crime), implicate in.
a populum Romanum..~are nouo quaestionis genere ausus non est CIC.*Clu.*151; uos senatus liberos hac lege esse uoluit, populus numquam ~auit *Rab.Post.*18. **b** metuit ne L. Flaccus nunc se scelere ~et CIC.*Flac.*41; ne..falsa religione populum ~arent GEL.2.28.2; eum furto ~at *Arg.Pl.Poen.*6;—(*w. gen. of charge*) audin tu? hic furti se ~at TER.*Eu.*809.

11 (of laws) To be binding on, apply to.
ubi..omnis mortalis ~at, ita loquitur (lex) CIC.*Clu.*148; leges..philosophiae..omnia ~ant SEN.*Ep.*94.15.

allinō ~inere ~ēuī ~itum, *tr.* **adl-.** [AD-+LINO] (w. dat.) To spread, smear, or daub over; also, to spread out on. **b** (fig.) to cause (a contaminating influence) to adhere to.
nulla nota, nullus color, nullae sordes uidebantur his sententiis ~ini posse CIC.*Ver.*17; uir bonus..(uersibus) incomptis ~inet atrum trauerso calamo signum HOR.*Ars* 446; quicquid pingue secum tulit, arentibus locis ~init (Nilus) SEN.*Nat.*4a.2.9;—in rectum..supina tabulae schida ~initur PLIN.*Nat.*13.77. **b** nemo non aliquod nobis uitium..nescientibus ~init SEN.*Ep.*7.2.

allīuescō ~ere, *intr.* **adl-.** [AD-+LIVESCO] (See quot.)
~it, liuere incipit, hoc est liuidum fieri PAUL.*Fest.*p.28M.

allium ~(i)ī, *n.*: see ALIVM.

Allobrogicus ~a ~um, *a.* Of or connected with the Allobroges or their territory. **b** (as a surname).
~um (uinum) CELS.4.12.8; COL.3.2.16; PLIN.*Nat.*14.26. **b** Fabio Pauli nepoti ex uictoria cognomen ~o inditum VELL.2.10.2; V.MAX.6.9.4;—(*pl.*) SEN.*Ben.*4.30.2.

Allobrox ~ogis, *m.* (pl.) A tribe in *Gallia Narbonensis*; (sg.) a member of this tribe.
CIC.*Cons.*fr.2.65; CAES.*Gal.*1.28.4; legatos ~ogum SAL.*Cat.*40.1; LIV.21.31.9; ~ogas (*acc. pl.*) QUINT.*Inst.*11.1.89; (*collect. sg.*) nouisque rebus infidelis ~ox HOR.*Epod.*16.6;—Rufum, quem totiens Ciceronem ~oga (*acc.*) dixit JUV.7.214.

allocūtiō ~ōnis, *f.* **adl-.** [ALLOQVOR+-TIO]

1 A spoken or written address; manner of addressing.
apud historicos reperiuntur obliquae ~ones QUINT.*Inst.*9.2.37; castae titulum decusque Pollae iucunda dabis ~one STAT.*Silv.*2.7.63; incohata..~one SUET.*Tib.*23;—mutat personam, uertit ~onem PLIN.*Ep.*2.20.8.

2 Encouraging talk; an exhortation (before an army).
quem tu..qua solatus es ~one? CATUL.38.5; fatigatae (sunt) ~ones amicorum SEN.*Dial.*6.1.6;—ADLOCVTIO *BMCI* 1.p.355,no.249(?A.D.71); non contempseris..~ones nostras ad exercitum VER.*Fro.*2.p.196(132N).

alloquium ~iī, *n.* **adl-.** [next+-IVM]

1 Talking to, addressing, talk; converse.
ut ~io leni perlicerent hostes ad dedendam urbem LIV.25.24.15; ~io profugi credis inesse metum? OV.*Pont.*3.6.40; PETR.110.4; PLIN.*Nat.*6.84; ~ium..aptare STAT.*Theb.*11.612; noctes..beatas dulcibus ~iis..imple *Silv.*2.1.232; uacauit abeuntium ~iis TAC.*Hist.*2.49; PLIN.*Ep.*1.8.12;—longis Caesar producere noctem inchoat ~iis LUC.10.174; dulcibus ~iis ludoque educite noctem V.FL.1.251; SIL.13.396.

2 Friendly or reassuring words, encouragement.
neque illis sociorum comitas uoltusque benigni et ~ia..sermonem elicere LIV.9.6.8; ausus es ~io sustinuisse tuo OV.*Tr.*1.5.4; 4.5.3; STAT.*Theb.*6.47; ~iis officia prouocans TAC.*Hist.*5.1;—(*poet.*) omne malum uino cantuque leuato, deformis aegrimoniae dulcibus ~iis HOR.*Epod.*13.18.

alloquor ~quī ~cūtus, *tr.* **adl-.** [AD-+LOQVOR]

1 To speak to, usu. in a friendly manner, address. **b** to make a speech (to), harangue.

nunc hanc ~quar PL.*Am.*881; *Mil.*423; hominem adire et blande..~qui TER.*Ph.*252; quem propter animi importunitatem nemo recipere tecto..nemo ~qui, nemo aspicere uellet CIC.*Clu.*170; tum sic reginam ~quitur VERG. *A.*1.594; 4.222; nunc ego desertas ~quor alcyonas PROP. 1.17.2; Q. Fabius Maximus sic eum proficiscentem ~cutus fertur LIV.22.38.13; 41.20.3; intra mea pectora quemque ~quar OV.*Tr.*3.4b.70; coram adire ~quique Veledam negatum TAC.*Hist.*4.65; (*in a letter*) nec quia te nostra sperem prece posse moueri ~quor OV.*Ep.*7.4;—(*ellipt. or absol.*) adibo atque ~quar PL.*Men.*277; LIV.28.25.5. **b** ex superiore parte aedium per fenestras..populum Tanaquil ~quitur LIV.1.41.4; ~quendos milites ratus contionem aduocari iussit 9.13.1; 22.58.2; rex prior ~quitur..Achiuos STAT.*Ach.*2.100; (*absol.*) ~quente adhuc Agricola TAC.*Ag.* 35.1.

2 To appeal to, invoke, call on (gods).

~cutus summi deum regis fratrem Neptunum NAEV.*poet.* 12.1; ACC.*trag.*232; diuos..moriens..~quor VERG.*Ecl.*8.20; OV.*Tr.*5.2.45;—(*ellipt.*) mihi in mentem fuit dis..gratias.. agere atque ~qui PL.*Am.*181.

3 To comfort, console.

alios parentes ~qui in luctu decet SEN.*Tro.*619;—(*absol.*) ~cutum mulieres ire aiunt, cum eunt ad aliquam locutum consolandi causa VAR.*L.*6.57; has ~quendi partes SEN.*Dial.* 11.14.2;—(*w. advl. acc.*) cum..ex gratulatione natum sit quicquid ~quimur *Ep.*121.4.

allubentia ~ae, *f.* **adl-.** [AD-+LIBENTIA] Inclination (for).

iam ~a procliuis est sermonis et ioci APUL.*Met.*1.7.

allubescō ~ere, *intr.* **allib-, adl-.** [AD-+LIBET+-SCO]

1 To be pleasing, gratify.

illa ipsa est nimium lepida..femina. hercle uero iam ~it primulum PL.*Mil.*1004.

2 To be roused with desire (towards or for).

occursantis linguae inlisu nectareo prona cupidine ~enti APUL.*Met.*2.10;—(*w. dat.*) basiare uolenti promptis sauiolis ~ebat (puella) 7.11; si..more solito sumens aquis ~erem 9.3.

allūceō ~cēre ~xī, *intr.*, (*tr.*). **adl-.** [AD-+LVCEO]

1 (usu. w. dat., of a torch or fire) To be lit or shine (for). **b** (tr.) to light (for).

uides..quale sit die non esse contentum, nisi aliquis igniculus ~xerit SEN.*Ep.*92.5; (*facet.*) flagrante triclinio.. 'bono', inquit, 'animo estote, nobis ~xit' SUET.*Vit.*8.2. **b** quam tibi Fortuna faculam lucriferam ~cere uolt PL. *Per.*515.

2 To give or supply light.

blandior feminis (*sc.* sandastris) flamma, ~cens magis quam accendens PLIN.*Nat.*37.101.

allūcinātiō, allūcinor: see ALVC-.

alluctor ~ārī ~ātus, *intr.* **adl-.** [AD-+LVCTOR] To wrestle; (w. dat.) to wrestle with.

me..~ari..perdocuit APUL.*Met.*10.17;—(*w. dat.; fig.*) quod..~antem mihi saeuissime Fortunam superarem 11.12.

allūdiō ~āre, *intr.* **adl-.** [AD-+**ludio*; cf. LVDIVS] To play or frolic (with); (in quots. ellipt.).

etiam me meae latrant canes? — at tu hercle ~ato PL. *Poen.*1234; quando adbibero, ~abo *St.*382.

allūdō ~dere ~sī ~sum, *intr.* (*tr.*). **adl-.** [AD-+LVDO]

1 To play or frolic beside or around. **b** (of water) to play against.

nunc ~dit uiridique exsultat in herba (taurus) OV.*Met.* 2.864; (delphinus) obuiam nauigiis uenit, ~dit exultans PLIN.*Nat.*9.24; (ursae) dum patulos ~dens temptat hiatus MART.3.19.3; PLIN.*Ep.*9.33.6; (*w. dat.*) blandae cui saepe canenti ~sere ferae CALP.*Ecl.*4.67; STAT.*Silv.*2.6.101; (*fig.*) qui sapientiae ~dunt, quam non quidem contigerunt SEN. *Ep.*72.10. **b** in maritimis nascitur saxis, ubi ~dit unda PLIN.*Nat.*26.39;—(*w. dat.*) SEN.*Oed.*267; extremis ~dunt aequora plantis STAT.*Theb.*9.336.

2 (tr.) To play or sport with.

quae toto delapsa e corpore..ante pedes fluctus salis ~debant CATUL.64.67; uelut ante comas..siluae lenibus ~dit flabris leuis auster V.FL.6.665.

3 (w. *ad* or dat.) To make a playful or mocking allusion to; (absol.) to jest.

forte habui scortum: coepit ad id ~dere et me inridere TER.*Eu.*424; Phidias..Homeri uersibus egregio dicto ~sit V.MAX.3.7.ext.4; PHAED.3.19.12; ~dit patulis arbor hiatibus (Tantali) SEN.*Thy.*157;—Galba..~dens uarie et copiose multas similitudines adferre CIC.*de Orat.*1.240; VERG. *A.*7.117; (*w. dat. of pers.*) id..Trebatio..~dens qua de re agitur appellat QUINT.*Inst.*3.11.18.

4 (app.) To play up (to), humour.

prope posita speique nostrae ~dentia sequamur SEN. *Dial.*9.10.5.

alluō ~ere ~ī, *tr.* **adl-.** [AD-+-*luo* (cf. LAVO, LVO[1])]

1 (of rivers, the sea, or other waters) To flow past, wash, lap, touch. **b** (indicating geographical position).

ut non ~antur mari moenia extrema CIC.*Ver.*5.96; *Rep.* 2.9; Massilia..fere tribus ex oppidi partibus mari ~itur CAES. *Civ.*2.1.3; cuius murus fluctu ~itur LIV.24.33.9; LUC.6.810; stantibus in litore non sicco, sed quod ~it mare LARG.162; STAT.*Silv.*3.5.84; amnem Araxen, qui moenia ~it TAC.*Ann.* 13.39; APUL.*Met.*10.35; (*ellipt.*) oppida ~untur Epiphania et Antiochia PLIN.*Nat.*5.86; APUL.*Mun.*5; (*fig.*) (ciuitas) cincta Gallorum gentibus barbariae fluctibus ~atur CIC. *Flac.*63. **b** nec iam ~it terras (mare) MELA 1.96; Borysthenes gentem sui nominis ~it 2.6; totum Italiae latus, quod infero mari ~itur SEN.*Dial.*12.7.2; quidquid prouinciarum ~itur mari TAC.*Hist.*2.81;—(*ellipt.*) an mare quod supra memorem, quodque ~it infra? VERG.*G.*2.158; PLIN.*Nat.*12.98; dextro Suebici maris litore Aestiorum gentes ~untur TAC.*Ger.*45.2.

2 (of water) To touch, wet, lap (a part of the body, or other object); (w. pers. subj.) to bathe (with tears).

ita moriuntur ut eorum ossa terra non tangat, ita iactantur fluctibus ut numquam ~antur CIC.*S.Rosc.*72; ~it unda pedem CATUL.65.6; ~it mentum latex SEN.*Her.F.*753; PLIN. *Ep.*4.30.4; (*cf.*) orbata florem, pater (*sc.* Cephise), ~is unda STAT.*Theb.*7.342;—OS(S)AQVE FVNESTIS FLETIBVS ~ERVNT *CIL* 9.4744.

3 To add by sedimentation, deposit.

id quod amnis fundo..~it ULP.*dig.*10.2.16.3; (*absol.*) cum paulatim colluendo locum eminentem supra alueum fecit (flumen) et eum ~endo auxit POMPON.*dig.*41.1.30.2.

allus or **hallus,** *m.* (app.) The great toe (cf. ALLEX).

~ pollex scandens proximum digitum, quod uelut insiluisse in alium uideatur, quod Graece ἅλλεσθαι dicitur PAUL.*Fest.*p.7M; p.102M.

alluuiēs ~ēī, *f.* **adl-.** [ALLVO+-IES]

1 Flood-land by a river.

in proxima ~e..pueros exponunt LIV.1.4.5.

2 Soil deposited by a river, silt.

ualles quae fluminum ~e et inundationibus concreuerint COL.3.11.8; flumen Enipea, qui et alueo suo et ~e regionem impedierat FRON.*Str.*2.3.22.

3 The lapping of waves on the shore.

turbido fluctuum tumore posito mare quietas ~es temperabat APUL.*Met.*11.7.

alluuiō ~ōnis, *f.* **adl-.** [ALLVO+-IO[1]]

1 An overflowing, flood.

terram..aquarum saepe ~onibus mersam APUL.*Mun.*23; VIAE ~ONE MARIS CORRVPTAE *A.Epig.*93.84.

2 (leg.) An addition made to a person's land by sedimentation, deposition of silt or soil by a river.

in causis centumuiralibus, in quibus usucapionum.. ~onum circumluuionum..iura uersentur CIC.*de Orat.*1.173; HYG.*agrim.*p.87; qui (*sc.* riuus) si alicuius terras minutatim ex alia parte abstrahat et alii contrario relinquat, quod uocant abluuionem et ~onem SIC.FL.*agrim.*p.114; GAIUS *Inst.*2.70; si ~onis ius habet PROC.*dig.*41.1.56.

almitiēs ~ēī, *f.* [ALMVS+-IES] (See quot.)

~es habitus almarum rerum PAUL.*Fest.*p.7M.

Almō ~ōnis, *m.* A small tributary of the lower Tiber; (as a river-god).

cursu..breuissimus ~o OV.*Met.*14.329; *Fast.*4.337; MART. 3.47.2;—OV.*Fast.*2.601.

almus ~a ~um, *a.* [ALO] **a** (of a nurse, the breast) Providing nurture, fostering; (of the earth, daylight, etc.) life-giving (usu. merging into sense *b*). **b** (as an epithet of deities, esp. female ones; also, applied to priestesses) kindly, gracious; (w. gen.) kindly mother (of). **c** (applied to abst. sbs.).

a ~ae nutricis blanda..loquela LUCR.5.230; ~is uberibus satiasse famem STAT.*Ach.*2.98; (*cf.*) inuoco ~am meam nutricem Herculem PL.*Cur.*358;—~a liquentis umoris guttas mater cum terra recepit LUCR.2.992; quibus Itala.. floruerit terra ~a uiris VERG.*A.*7.644; florum..coloribus ~us ludit ager OV.*Met.*15.204; ego..ullo fruor ~ae parentis munere? SEN.*Phoen.*222; ~a tellus COL.3.21.3; gelidis ~ae Cyllenes editus antris SIL.3.203;—praeque diem ueniens age, Lucifer, ~um VERG.*Ecl.*8.17; ut primum lux ~a data est *A.*1.306; ~um quae rapit hora diem HOR.*Carm.*4.7.7; OV. *Met.*15.664; incendit pronis dea cornibus ~um sidus (*the moon*) STAT.*Theb.*10.370; (*cf.*) nox condat ~a lucem SEN. *Med.*876;—liquor ~us aquarum LUCR.2.390; uitibus ~is VERG.*G.*2.233. **b** o Fides ~a ENN.*scen.*403; Venus ~a PL.*Rud.*694; Palladis..Tritonidis ~ae LUCR.6.750; Liber et ~a Ceres VERG.*G.*1.7; ~a..Phoebe *A.*10.215; ~a Cybebe 10.220; ~ae filius Maiae HOR.*Carm.*1.2.42; ~e Sol *Saec.*9; Pax ~a TIB.1.10.67; Iunonem..toris quae praesidet ~a maritis OV.*Ep.*2.41; o Iouis ~a progenies (*i.e.* Castor) V.FL. 5.550; ~a Thetis STAT.*Ach.*1.893; (*cf.*) deficit ~a Ceres LUCIL.200;—~a sacerdos PROP.4.9.51; (*fem. as sb.*) lectosque sacrabo, ~a, uiros VERG.*A.*6.74;—orbis totius ~a mater APUL.*Met.*4.30. **c** dulcedinis ~ae LUCR.2.971; ille dies.. qui primus ~a risit adorea HOR.*Carm.*4.4.41; ~ae uirtutis V.FL.1.850; ~a salus STAT.*Theb.*10.611.

alneus ~a ~um, *a.* [ALNVS+-EVS] Of alder-wood, alder-.

stipitem..~um ACC.*trag.*261; palis ~is VITR.3.4.2; 5. 12.6.

alnus ~ī. *f.* [cf. OE. *alor*, Ger. *eller*. Eng. *alder*]

1 An alder.

in illis ~orum umbraculis CIC.*Leg.*fr.4; CATUL.17.18; crassis..paludibus ~i nascuntur VERG.*G.*2.110; VITR. 2.9.10; Galatea..longa procerior ~o OV.*Met.*13.790; per immensum mare motus remos ~us SEN.*Oed.*540; PLIN. *Nat.*16.77; (*w. variety spec.*) ~us nigra 16.218;—(*cf. sense 2*) torrentem undam leuis innatat ~us VERG.*G.*2.451.

2 Anything made of alder-wood: **a** A plank in a ship, bridge, etc. **b** a ship or boat.

a ut spumeus ~os discussa compage feras (gurges) LUC. 2.486; obliquas..praebuit hostibus ~os 3.562; 4.422. **b** exiguam..corrępsit in ~um LUC.8.39; pressam regibus ~um V.FL.1.203; geminas regnator Scyrius ~os deducit genero STAT.*Ach.*1.923; caenosi gurgitis ~um JUV.3.266;—(*collect. sg.*) fluminea sonipes religatus ducitur ~o SIL.3.458.

alō ~ere ~uī ~tum (~itum), *tr.* [cf. Gk. ἀλδαίνω; O. *eald*, Eng. *old*] FORMS: ~*itus* (pf. pple.) CIC.*Planc.*81; LIV.30.28.4; V.MAX.3.4.4, 5.4.7, 7.4.1, 9.3.8; CURT.8.10.8; *Arg.Pl.Men.*7.

1 To suckle, nurse, feed (offspring). **b** to supply (a person, etc.) with food, feed. **c** (of the gods, nature, etc.); (also, pass.) to be nurtured, grow. **d** to supply (plants) with nutriment, nourish.

quem ego nefrendem ~ui lacteam inmulgens opem ANDR. *trag.*38; nutricem accersitum iit quae illam ~uit paruolam TER.*Eu.*892; ne mutas quidem bestias minus ~ere ac fouere si quid ex progenie sua parum prosperum sit LIV.7.4.6; cum adhuc in eius (*sc.* matris) sinu ~erere APUL.*Apol.*86;—(*w. abl.*) binos ~it ubere fetus VERG.*Ecl.*3.30; quid tam inauditum quam matrem uberibus natae ~itam? V.MAX. 5.4.7; in quibus pastae nigro lacte equae gentem ~unt PLIN.*Nat.*2.230. **b** ita dapsiliter suos amicos ~it NAEV. *com.*40; ~ere nolunt hominem edacem TER.*Ph.*335; hunc et ~i et uestiri a Caecilia CIC.*S.Rosc.*147; qui ~ant eas (*sc.* pantheras) CAEL.*Fam.*8.9.3; nec sanguine sanguis ~atur OV.*Met.*15.175; in acutis morbis serius aeger ~endus est CELS.3.2.3;—(*of the forcible feeding of an animal*) eodem modo anserem ~ito CATO *Agr.*89;—(*of birds*) meropes galbeoli. hae genitores suos recondunt..et ~ere dicuntur in similitudinem ripariae auis SUET.fr.164(p.258Re);—(*w.abl.*) ut ambrosia ~endus esse uideatur CIC.*de Orat.*2.234; nautae coacti fame radices palmarum agrestium..colligebant et iis ..~ebantur *Ver.*5.87; ~ant..imperat Argolicam caelesti munere classem OV.*Met.*13.658;—(*fig.*) ~itur..uelut pabulo laetiore facundia QUINT.*Inst.*10.5.14; (*cf.*) redemptoribus uetitis frumentum parare..'bellum' inquit (Cato) 'se ipsum ~et' LIV.34.9.12. **c** Iuppiter, qui genus colis ~isque hominum PL.*Poen.*1187; omnia animat format ~it auget creat (caelum) PAC.*trag.*91; se ipse (mundus) consumptione et senio ~ebat sui CIC.*Tim.*18; unde omnis natura creet res auctet ~atque LUCR.1.56; pater omnipotens ..Aether..omnis..~it..fetus VERG.*G.*2.327; (florem) non iam mater ~it tellus *A.*11.71; (*cf.*) medium post astra diem ..aethra Phoebus ~it MAN.2.907;—quidque sua de materia grandescere ~ique LUCR.1.191; 1.804. **d** si radicibus uicini arbor ~etur POMPON.*dig.*47.7.6.2.

2 To supply with a livelihood, support, maintain; (also, pass.) to live (as contrasted w. dying). **b** (spec.) to rear, bring up (children); to raise, keep (animals).

ut semper, dum uiuat, me ~at PL.*Cur.*664; illancin mulierem ~ere cum illa familia! TER.*Hau.*751; uiginti domi ..an centum cibicidas ~as LUCIL.718; perniciosus patriae ciuis ~itur CIC.*Inv.*1.1; nec..sine pecunia exercitum ~ere ..potuisset *Phil.*13.32; cum parentis non ~ere nefarium sit *Att.*9.9.2; *Off.*3.89; equus ut me portet, ~at rex officium facio HOR.*Ep.*1.17.20; quippe qui mercennarios exercitus ~ant LIV.26.43.5;—(*w. abl.*) quoniam ei qui me ~eret nil uideo esse relicui PL.*Trin.*14; sedens ~tus alieno sumptu VAR.*Men.*260; reliquam partem hiemis se eorum copiis ~uerunt CAES.*Gal.*4.4.7; Gallia..Metelli exercitum stipendio frumentoque ~uit SAL.*Hist.*2.98.9; ut praeda militem ~eret LIV.21.52.5; qui hoc solo uenatu ~untur PLIN. *Nat.*8.26; mercede ~untur ministri sceleribus TAC.*Ann.*6.36; (*of supplies*) ut quam (urbem) prope liberi a Carthagine commeatus ~erent LIV.25.23.3;—(*w.* ex) regium..equitatum Scipio ex prouincia Africa ~ebat *B.Afr.*8.5; ut ex usuris eius se ~at ULP.*dig.*2.15.8.4;—(*w. adv.*) nisi mater aliunde se ~ere non possit 37.9.6;—longius ut nolis..~i *Epic.Drusi* 418. **b** Athenis natus ~tusque educatusque Atticis PL.*Rud.*741; huic suom reddas scilicet ut ~amus nostrum TER.*Hec.*670; locus..ubi ~itus aut doctus est CIC.*Planc.*81; omnem pueritiam Arpini ~tus SAL. *Jug.*63.3; hunc Polydorum..Priamus..mandarat ~endum Threicio regi VERG.*A.*3.50; ~ito atque educato inter arma LIV.30.28.4; STAT.*Theb.*9.426; neque ~endis liberis sueti TAC.*Ann.*14.27;—(*of the* Lares) TIB.1.10.15;—(*poet.*) quam ..lectulus in molli complexu matris ~ebat CATUL.64.88;—(*absol. or ellipt.*) si modo..~uit..rogata Lycaste STAT.*Theb.* 5.467; et libertus maternus ~ere cogitur ULP.*dig.*25.3.5.21; (*fig.*) cum ego hunc oratorem..crearo, ~uero, confirmaro CIC. *de Orat.*2.123; ubi nata et ~ta est ratio ac moderatio uitae *Fam.*6.1.6; historia..~ere oratorem quodam uberi..suco potest QUINT.*Inst.*10.1.31;—aut equos ~ere aut canes TER. *An.*57; canes ~untur in Capitolio CIC.*S.Rosc.*56; gallinas ~ere *Luc.*57; CAES.*Gal.*5.12.6; bos ~enda publice data LIV. 41.13.3; hi..elephantos non ~unt PLIN.*Nat.*6.75.

3 (of places, an activity) To provide a livelihood for, support, nurture. **b** (esp. in fusion w. sense 1, where a country, etc., is regarded as a mother or nurse).

cum agellus eum non satis ~eret CIC.*N.D.*1.72; NEP. *Phoc.*1.4; Alpes quidem habitari, coli, gignere atque ~ere animantes LIV.21.30.7; 45.25.12;—idem..uenatus uiros pariter ac feminas ~it TAC.*Ger.*46.3. **b** ~uit haec (*sc.* patria) me *Rhet.Her.*4.55; illo..me tempore dulcis ~ebat Parthenope VERG.*G.*4.563; quid, tunc rhombos minus aequora ~ebant? HOR.*S.*2.2.48; hanc terram quae te genuit atque ~uit LIV.2.40.6; forsitan et fuluos tellus ~at ista leones OV.*Ep.*10.85; squalida siccitate regio non hominem, non frugem ~it CURT.7.4.27; uictimae..quas Dirce lauat aut ~it Cithaeron STAT.*Silv.*2.7.18;—(*applied to plants*) ut alienas (*sc.* arbores) ~at (solum) aduenasque nutriat PLIN. *Nat.*16.136.

4 To cause to grow, serve as food for, nourish; (spec.) to be food for (by being the prey of). **b** to feed, swell (a river); also, to constitute or produce the source of (a river).

c to supply (fires) with fuel, feed; also, to be fuel for.
quoniam cibus auget corpus ~itque LUCR.1.859; carnem ~et..resina pinea CELS.5.14; pinguior illo tempore sum quo me nil nisi somnus ~it MART.13.59.2; (*cf.*) (arbores) glandiferas, quae primae uictum mortalium ~uerunt PLIN.*Nat.* 16.1;—(*absol.*) nullus est alius cibus, qui in aegritudine ~at 29.48;—(*transf.*) ut medicatus umor ~at (*i.e. the wood of a statue*) teneatque iuncturas 16.214; 17.43;—hanc custodem maesti cruciatus ~o CIC.*Tusc.*2.24;—(*w. abl.*) ut..aerias uolucres sanguine..~as OV.*Ib.*290. **b** amnis, imbres quem super notas ~uere ripas HOR.*Carm.*4.2.6;—idem (mons) amnem Iordanen ~it TAC.*Hist.*5.6. **c** nec permanere..posse nisi ~atur (ignis) CIC.*N.D.*3.37; lenis ~it flammas, grandior aura necat OV.*Rem.*808; ut..ignem flatus ~at uicinis subditus astris MAN.1.154;—(*w. abl.*) isdem rebus, quibus astra sustentantur et ~untur CIC.*Tusc.* 1.43; ut..ignes ossibus ~ant MELA 2.15; id mercimonium ..quo flamma ~itur TAC.*Ann.*15.38;—(*fig.*) ~uistis..hoc incendium quo nunc ardetis LIV.21.10.4; magna eloquentia, sicut flamma, materia ~itur TAC.*Dial.*36.1;—~it unda flammas SEN.*Med.*889; Titan, ut ~entes hauriat undas LUC.1.415; TAC.*Hist.*3.71; (*cf.*) ~it..flammam pinguem et olentem (sucinum) *Ger.*45.8.

5 To provide nurture for, promote the growth of, develop: **a** (of persons, abst. qualities, etc.). **b** (of environmental influences, etc., in relation to things).
a consuetudine ius est, quod..~uit et maius fecit usus CIC.*Inv.*2.162; omne instrumentum, omnis opera..~itur otio *Catil.*4.17; sic ~itur consuetudo perditarum contionum *Att.*14.11.1; hominis..mens discendo ~itur et cogitando *Off.*1.105; gloria industria ~itur SAL.*Rep.*2.7.7; quid ~at formetque poetam HOR.*Ars* 307; ~untur aemulatione ingenia VELL.1.17.5; SEN.*Con.*10.pr.4; ~it lectio ingenium SEN.*Ep.*84.1; ~endis uocibus demonstrauit rationem PLIN. *Nat.*34.166; si..uirtutem ~uit (paupertas) QUINT.*Decl.*345 (p.365,l.14); TAC.*Dial.*33.2;—(*w.* ad) quibus animi ad gloriae cupiditatem ~untur [CIC.]*Sal.*8;—(*w.* in+*acc.*) fortunae..in quam ~ebatur, capax VELL.2.93.1;—(*absol.*) uiua illa..uox ~it plenius QUINT.*Inst.*2.2.8. **b** luna ~it ostrea LUCIL.1201; pax ~uit uites TIB.1.10.47; otia corpus ~unt OV.*Pont.*1.4.21; non imbres ~erent terras MAN.2.74; cancer (*i.e. as a constellation*)..messes ~it SEN.*Her.O.*68; uitem maxime populus uidetur ~ere COL.5.6.4; frigora.. quibus..~untur Bruttiani (caules) PLIN.*Nat.*19.140.

6 To allow or cause (a military or political figure) to become strong. **b** to promote the interests of; also, to promote (somebody's interests). **c** to intensify, strengthen, aggravate.
~uerat Caesarem; eundem repente timere coeperat CIC. *Att.*8.8.1;—(*w.* contra) quem per annos decem ~uimus contra nos 7.5.5;—(*w.* ad) eum..~itis ad rei p. perniciem? *Rhet. Her.*4.48;—(*w.* in+ *acc.*) istum in rem publicam ille ~uit CIC.*Att.*8.3.3. **b** ne..adulescentiam..non ~uisse uos.. uideamini CIC.*Cael.*80; ciuitas, quam ipse semper ~uisset CAES.*Gal.*7.33.1;—carmina et uersus..neque dignitatem ullam auctoribus sunt conciliant neque utilitates ~unt TAC. *Dial.*9.1. **c** insita hominibus libidine ~endi de industria rumores LIV.28.24.1; qui (*sc.* latex marinus) potus dubium sistat ~atne sitim OV.*Pont.*3.1.18; tenebraeque horrenda silentia ~ebant SIL.15.613.

7 **a** To sustain, encourage (persons, etc.). **b** to stimulate, foster, nurse, keep alive (feelings, propensities). **c** to foment (war, discord). **d** to cherish (in the memory), keep alive.
a principem ciuitatis gloria esse ~endum CIC.*Rep.*5.9; eos..malum publicum ~ebat SAL.*Cat.*37.7; hos successus ~it VERG.*A.*5.231; spes ~it agricolas TIB.2.6.21; quod genus ..Athenis..fauore multitudinis ~itur LIV.31.44.3; librorum, per quos inuiter ~arque OV.*Tr.*3.14.37; magnos ~it ira leones STAT.*Theb.*12.740. **b** qui spem Catilinae mollibus sententiis ~uerunt CIC.*Catil.*1.30; gaudia nostra, quae tuus..dulcis ~ebat amor CATUL.68.24; Vesta..culpam ~it PROP.4.4.70; hanc..temeritatem fortuna prospero..successu ~uerat LIV.22.3.4; dulcibus est uerbis mollis ~endus amor OV.*Ars* 2.152; hominum uitia eius adsentatione ~entium VELL.2.102.3;—~itur et crescit malum SEN.*Phaed.*101; animos fauor haud obscurus ~bat SIL.11.553. **c** ne..uiderer.. mea patientia etiam ~ere bellum PLANC.*Fam.*10.23.1; si diutius ~atur controuersia CAES.*Gal.*7.32.6; patiendo.. eum..uires colligere bellum ~uere LIV.31.15.11; ~endo seditiones ciuitatium TAC.*Ann.*16.30. **d** memoria uestra ..nostrae res ~entur CIC.*Catil.*3.26; illa..uita est tua.. quam posteritas ~et *Marc.*28.

8 To try to cure (a disease) by taking care of oneself, nurse.
mihi stat ~ere morbum desinere NEP.*Att.*21.5.

9 To gratify, feed; also, to gratify the pride of.
suo sanguine ~uerunt inimicorum crudelitatem *Rhet. Her.*4.22;—~it uictos immanis gloria falsi STAT.*Silv.*5.3.132.

alochos ~oeo, *f.* [Gk. ἄλοχος] A wife.
Thestiados Ledae atque Ixiones ~oeo LUCIL.25.

aloē ~ēs, *f.* [Gk. ἀλόη]

1 The aloe plant, *Aloe vera.*
~e scillae similitudinem habet PLIN.*Nat.*27.14.

2 The inspissated juice of the above, used as a purgative, bitter aloes; also *~e Indica.* **b** (fig.) bitterness.
~en sumat CELS.1.3.25; etiam ~e mercator saporem coloremque (uinorum) adulterat PLIN.*Nat.*14.68; 20.142; ~es Indicae p. ✱ IIII LARG.21. **b** quotiens animo corrupta (*sc.* uxor) superbo plus ~es quam mellis habet JUV. 6.181.

Alōeus, *m.* A son of Poseidon and Canace.
LUC.6.410; HYG.*Fab.*28.

alogia ~ae, *f.* [Gk. ἀλογία] Folly, nonsense.
ne tibi ~as excutiam SEN.*Apoc.*7.1; non didici geometrias, critica et ~as menias (*s.v.l.*) PETR.58.7.

Alōidae ~ārum, *m. pl.* The giants Otus and Ephialtes, sons of Poseidon and Iphimedeia, the wife of Aloeus.
VERG.*A.*6.582; OV.*Met.*6.117; V.FL.5.651.

alōpecia ~ae, *f.* [Gk. ἀλωπεκία] A bald patch on the head (app. caused by a form of mange).
(area) ea, quae ~a nominatur, sub qualibet figura dilatatur CELS.6.4.2; PLIN.*Nat.*23.101; ~as replet hippocampi cinis..ex aceto 32.67.

alōpecis ~idis, *f.* [Gk. ἀλωπεκίς] A variety of vine.
caudas uulpium imitata ~is (uua) PLIN.*Nat.*14.42.

alōpecūros ~ī, *f.* [Gk. ἀλωπέκουρος] Beard-grass or a similar grass.
~os spicam habet mollem PLIN.*Nat.*21.101.

alōpex ~ecis, *f.* [Gk. ἀλώπηξ] (perh.) The thresher-shark, *Alopias vulpes.*
peculiares..maris acipenser, aurata, ~ex PLIN.*Nat.*32.145.

Alpēs: see ALPIS.

alpha, *n.* [Gk. ἄλφα] The first letter of the Greek alphabet. **b** the first or foremost (of a group or class).
cur..non dicantur ~ alphati alphatos VAR.*L.*8.64; hoc discunt omnes ante ~ et beta puellae JUV.14.209. **b** ipse Cordus ~ paenulatorum MART.2.57.4; 5.26.1.

Alphēias ~adis, *f.* The nymph Arethusa, loved by Alpheus.
OV.*Met.*5.487.

Alphesiboea ~ae, *f.* The wife of Alcmaeon.
PROP.1.15.15.

Alphēus[1] ~ēī, *m.* **~ēos, ~īus.** A river flowing through Arcadia and Elis, and reputed to flow under the sea to Sicily.
ACC.*trag.*509; VERG.*A.*3.694; OV.*Am.*3.6.29; MELA 2.117; SEN.*Med.*81; uiderat ~i praemia quinta modo (*i.e. five celebrations of the Olympic games*) MART.6.85.8; PAUL.*Fest.* p.18M;—(*as a river-god*) OV.*Met.*5.599.

Alphēus[2] ~a ~um, *a.* [prec.] Of or belonging to the river Alpheus.
~a..flumina VERG.*G.*3.180; ~ae ab origine Pisae *A.* 10.179.

alphos ~ī, *m.* [Gk. ἀλφός] A skin disease, perh. *psoriasis guttata.*
eius (*sc.* uitiliginis) tres species sunt. ~os uocatur, ubi color albus est CELS.5.28.19.A.

Alpicus ~a ~um, *a.* Alpine; (masc. pl. as sb.) the inhabitants of the Alps.
PER..MONTIS ~OS *CIL* 12.103;—~os conantes prohibere transitu concidit NEP.*Han.*3.4.

Alpīnus ~a ~um, *a.*

1 Of, or belonging to, the Alps, Alpine, *mus ~us,* the marmot. **b** used by Alpine races.
~a..cummis CINNA *poet.*13; ~as..niues VERG.*Ecl.*10.47; ~i Boreae *A.*4.442; aggeribus..~is 6.830; ~is..gentibus LIV.5.33.11; OV.*Pont.*4.7.6; amnes..~osque PLIN.*Nat.*3. 118; STAT.*Theb.*6.854; (*poet.*) ~o Roma sub hoste iacet (*i.e. the Gauls*) OV.*Fast.*6.358;—conduntur (hieme) et ~i (mures) PLIN.*Nat.*8.132. **b** duo quisque ~a coruscant gaesa manu VERG.*A.*8.661.

2 (masc. as sb.) A native or inhabitant of the Alpine region.
EX COHOR(TE) ~ORVM *CIL* 13.922;—(*facet.*) turgidus ~us (*sc.* Furius Bibaculus) iugulat dum Memnona HOR.*S.*1. 10.36.

Alpis ~is, *f.* usu. pl. **~ēs** ~ium. The high mountains bounding Italy on the north, the Alps.
alterius generis est (*sc.* lepus), quod in Gallia nascitur ad ~is VAR.*R.*2.12.6; altas..~es CATUL.11.9; ~is..apertas VERG.*A.*10.13; per ~ium iuga HOR.*Epod.*1.11; citra ~is VITR.8.2.6; LIV.21.38.6; aëriae..~es OV.*Met.*2.226; MELA 2.58; IN GALLIA CIS ~EIS *CIL* 11.1146; (*poet.*) madidis Euri resolutae flatibus ~es LUC.1.219;—(*w. prop. adjs.*) quae exinde ~es Graiae appellantur VAR.*gram.*379; ~es.. Delmaticae Docleatem (caseum) mittunt, Ceutronicae Vatusicum PLIN.*Nat.*11.240;—(*sg.*) quot in ~e ferae OV. *Ars* 3.150; nubiferam..~em LUC.3.299; FLOR.*Epit.*1.22(2.6. 50); JUV.10.152.

alpum, *a.* (See quot.)
Sabini tamen ~ (*for* album) dixerunt. unde credi potest, nomen Alpium a candore niuium uocitatum PAUL.*Fest.* p.4M.

Alsidēnus ~a ~um, *a.* (Applied to a variety of onion.)
cepae genera apud Graecos Sarda, Samothracia, ~a PLIN. *Nat.*19.101.

Alsiensis ~is ~e, *a.* Of or concerned with Alsium, situated in Alsian territory, Alsian. **b** (neut. sg. ellipt. or as sb.) an Alsian farm or estate.
in ~i agro V.MAX.8.1.damn.7; uillam ~em PLIN.*Ep.* 6.10.1; litteras ~es AUR.*Fro.*2.p.18(230N). **b** sciebat (eum) in ~i esse CIC.*Mil.*54; se in ~e uenturum *Fam.*9.6.1.

Alsietīnus ~a ~um, *a.* *Lacus ~us,* a small lake in southern Etruria; *aqua ~a,* the water of this conveyed to Rome by aqueduct.
concipitur ex lacu ~o FRON.*Aq.*11;—ratio..perducendi ~am aquam..11.

alsinē ~ēs, f. [Gk. ἀλσίνη] ? A plant of the genus *Parietaria,* pellitory.
~e, quam quidam myosoton appellant, nascitur in lucis PLIN.*Nat.*27.23.

alsiōsus ~a ~um, *a.* [next+-OSVS] Liable to be injured by cold; (masc. pl. as sb.) people liable to catch cold.
stabulatur pecus melius, ad hibernos exortos si spectat, quod est ~um VAR.*R.*2.3.6; plantaria transferuntur.. aestate. ~a enim admodum sunt PLIN.*Nat.*21.60;—20.138; decoctum bibendum ~is 22.110.

alsius ~a ~um, *a.* [*als-* (ALGEO)+-IVS] Liable to injury from cold.
ignis enim curauit ut ~a corpora frigus non ita iam possent ..ferre LUCR.5.1015.

alsus ~a ~um, *a. compar.* ~ior. [cf. ALGEO] (of a place) Cool.
nihil quietius, nihil ~ius, nihil amoenius CIC.*Att.*4.8.1; ἀποδυτηρίῳ nihil ~ius, nihil muscosius *Q.fr.*3.1.5.

altānus ~ī, *m.* [ALTVS+-ANVS] **a** A south-south-west wind. **b** a land breeze.
a dextra et sinistra austrum leuconotus et ~us flare solet VITR.1.6.10. **b** alios (uentos uidemus) quos uocant ~os, e terra consurgere PLIN.*Nat.*2.114.

altāria ~ium, *n. pl.* [cf. ADOLEO] FORMS: sg. forms ~*e* (nom.) PAUL.*Fest.*p.5M; ~*ī* (abl.) PETR.135.3; APUL.*Pl.*1.1; pl. forms oft. w. sg. sense.

1 An altar-fitting for burnt offerings (oft. not dist. fr. ARA). **b** (as a detachable and portable object).
a cuius (*sc.* aquilae) ~ibus saepe istam impiam dexteram ad necem ciuium transtulisti CIC.*Catil.*1.24; *Planc.*86; multo sanguine..conspergunt aras adolentque ~ia donis LUCR.4.1237; quotannis bis senos cui nostra dies ~ia fumant VERG.*Ecl.*1.43; auis..carbonem ferens ex aris uel ~ibus PLIN.*Nat.*10.36; legatus populi Romani..sanguine suo ~ia deum commaculauisset TAC.*Ann.*1.39; PLIN.*Pan.*23.5;—(*as the place where oaths are taken*) admouebatur ~ibus magis ut uictima quam ut sacri particeps LIV.10.38.9; 21.1.4; Iouis ante ~ia iurat solam Eponam JUV.8.156;—(*sg. forms*) mensam..posuit in medio ~i PETR.135.3; cygni pullum ex ~i..euolasse APUL.*Pl.*1.1. **b** ignis, quem ipsi sacrum.. uocabant, argenteis ~ibus praeferebatur CURT.3.3.9; 5.1.20; manibus ambabus gerebat ~ia APUL.*Met.*11.10.

2 Burnt-offerings placed on an altar.
uitam propagans exanimis ~ibus PAC.*trag.*233; ut celeres urunt ~ia flammae [TIB.]3.12.17; structae diris ~ibus arae LUC.3.404; quod aris ~ia non inposuimus [QUINT.]*Decl.* 12.26.

altē, *adv. compar.* ~ius, *superl.* ~issime. [ALTVS+-E]

1 At a great height, high; in a high position; also, at a specified height. **b** at a relatively high point on the body, etc.
~e iubatos angues inlaesae gerunt NAEV.*trag.*18; uolans ~e..aquila VERG.*A.*11.751; ~e cuspidem gerens LIV.4. 38.4; (uitis) iugata..~ius fructum fert COL.*Arb.*4.2; illae (stellae) a terra ~issime absunt PLIN.*Nat.*2.74; addidit Hispo statuam Marcelli ~ius quam Caesarum sitam TAC. *Ann.*1.74; nutant ~e populoque minantur JUV.3.256;— quae (*sc.* pars arboris)..est superior..praecisa ~e circiter pedes XX VITR.2.9.7; ut quindecim pedes ~ius rami arboris circumcidantur ULP.*dig.*43.27.1.8. **b** purpureo..~e suras uincire coturno VERG.*A.*1.337; ~ius ac nos praecinctis HOR. *S.*1.5.5; ut ~e..praecidatur (tunica) CELS.7.19.3; PHAED. 2.5.11; PETR.126.5.

2 To a great height, high; to a specified height. **b** high in the hand, above the head.
escendere in malum ~e VAR.*Men.*209; tollam ~ius tectum CIC.*Har.*33; neque se tollere a terra ~ius possunt *Tusc.*5.37; sese tollit mare et ~ius undas erigit VERG.*A.*7.529; erat.. turris ex hac materia..composita ~e VITR.2.9.15; cruor emicat ~e OV.*Met.*4.121; gelidas ~e summotis solibus umbras LUC.3.401; ~e flos improbus exstat STAT.*Silv.*2.1.107; (*cf.*) haec..quasi exaggerata ~ius oratio CIC.*Brut.*66;—in imo pauimento ~e circiter pedibus tribus..testa trullissetur VITR.7.4.1; aedes meas usque ad decem pedes ~ius tollere AFRIC.*dig.*44.2.26. **b** cruentum ~e extollens..pugionem CIC.*Phil.*2.28; ~e sublatum consurgit Turnus in ensem VERG.*A.*12.729; sublatum ~e signum LIV.26.5.16.

3 From a great height, from far above.
me extollo in abietem, ~e..prospectum aucupo ACC.*trag.* 407; ~e..in terram cecidimus VAR.*Men.*272; ~e aera per purum grauiter simulacra feruntur LUCR.4.326; ~ius.. cadant summotis nubibus imbres VERG.*Ecl.*6.38; SEN.*Thy.* 656; spectatus ~e lineam trahit piscis MART.10.30.18;— (*in fig. phr.*) (medius orator) ~e..cadere non potest CIC. *Orat.*98; SEN.*Her.F.*201.

4 At a point deep down, deeply. **b** far into the ground, water, etc., deeply; to a specified depth; (also) far inwards.
si ab aqua summa non ~e est terra dicitur uadus VAR. in Serv.*A.*1.112; LUCR.1.77; imam uiridi radicem mouerat ~e quercus humo *Culex* 280; OV.*Met.*5.588; quae (*sc.* terra) fruges suas interius ~e condidit [SEN.]*Oct.*416; saxa, quae Phryx et Libys ~ius cecidit MART.6.42.13. **b** ~e delata petrisque ingentibus tecta ENN.*Ann.*365; ablaqueato..non

~e CATO *Agr*.36; mala radices ~ius arbor agit OV.*Rem*.106; ~e demissus est (specus) MELA 1.72; radix..~e descendens PLIN.*Nat*.21.61; TAC.*Ann*.12.57;—locus ~e duos pedes et semissem infodiendus est COL.3.13.8;—~e uestiga oculis VERG.*A*.6.145.

5 To a considerable depth or thickness, thickly; also, to a specified thickness.

fulmina gignier e crassis ~eque..nubibus exstructis LUCR.6.246; imbecillo pecori ~e substernendum est COL. 6.31.1; emunire toros ~eque inferre tapetas STAT.*Theb*. 1.518; calcem..indito ~e digitos duo CATO *Agr*.18.7; COL. 5.6.6.

6 To a point relatively deep in the body, deeply. **b** at, or from, a point deep in the body. **c** deeply (into the mind), firmly.

~e uulnus adactum VERG.*A*.10.850; 11.804; ferrum haud ~e in corpus descendisse LIV.1.41.5; SEN.*Con*.7.5.4; cauendum..ne exulcerent ~e PLIN.*Nat*.29.110; latebras..inguinis ~e missile..hausit STAT.*Theb*.8.585;—(*cf.*) potionis ~ius in ieiunio iturae SEN.*Ep*.15.3;—(*fig.*) in futurum..~ius nocet (malum exemplum) QUINT.*Decl*.255(p.45,l.11). **b** ut petiuit suspiritum ~e PL.*Cist*.56; repetitos ~e gemitus SEN. *Con*.2.3.6; suspirans ~ius APUL.*Met*.6.28. **c** quod uerbum in pectus Iugurthae ~ius..descendit SAL.*Jug*.11.7; hoc nobis non ~ius inseret Hammon LUC.9.572; ea..offensio ~ius penetrabat TAC.*Ann*.16.21.

7 Intensely, strongly, deeply, profoundly.

~e..se conquiesse dixit AFRAN.*com*.341; ~ius irae Dardanio surgunt ductori VERG.*A*.10.813; ~ius ista querar CALP.*Ecl*.3.13; ~ius hinc ventos recipit ratis V.FL.5.101; si non multo sapit ~ius illud MART.6.64.18; ceu uentis ~e cum elata resedit tempestas STAT.*Theb*.9.523; ~ius animis maerebant TAC.*Ann*.2.82; stertebat ~ius APUL.*Met*.1.11.

8 To a high rank or position, to great importance; also, in an elevated rank or position.

(eloquentia) ualet..ad augendum aliquid et tollendum ~ius dicendo CIC.*de Orat*.3.104; utrum nescis quam ~e ascenderis, an pro nihilo id putas? *Fam*.10.26.3; quid me, potens Fortuna,..~e extulisti? [SEN.]*Oct*.379; ~ius..ibunt, qui ad summa nitentur QUINT.*Inst*.1.pr.20; TAC.*Ann*.12.42; eadem..facta..aut tolluntur ~issime aut humillime deprimuntur PLIN.*Ep*.6.24.1;—nata quod ~e es *Epic.Drusi* 379.

9 Deeply (into a subject or problem), below the surface, thoroughly.

qui ~ius perspiciebant CIC.*Ver*.19; ~ius paulo rationem consiliorum meorum repetam necesse est *Fam*.1.9.4; hisce tibi in rebus latest ~eque uidendum LUCR.6.647; auctores.. ~ius quaedam agitare conati CELS.1.pr.9; ~ius orsus.. Fabius pater ora resoluit SIL.16.602; ne ~ius scrutaretur TAC.*Hist*.1.7; id bellum quibus causis ortum..~ius expediam 4.12.

10 Remotely, far afield.

uerba ~ius transferunt CIC.*Orat*.65; quid haec mea oratio ..tam ~e repetita uelit *Sest*.31; ego liberius ~iusque processi SAL.*Jug*.4.9; TAC.*Dial*.19.3.

11 Far back (into or in a subject, history, etc.).

de quo si paulo ~ius ordiri..uidebor, ignoscite CIC.*Ver*. 4.105; repetam paulo ~ius *Clu*.66; *Leg*.1.18; ~ius omnem expediam prima repetens ab origine famam VERG.*G*.4.285; paulo ~ius summa repetetur MELA 1.2; QUINT.*Inst*.6.2.2; ~ius Hierocaesarienses exposuere..delubrum rege Cyro dicatum TAC.*Ann*.3.62; ne nimis uetera ~e petam FRO.*Aur*. 2.p.20(217N).

altellus ~ī, *m*. (See quot.)

~us Romulus dicebatur, quasi altus in tellure, ue quod tellurem suam aleret PAUL.*Fest*.p.7M.

alter[1] ~ra ~rum, *a*. [cf. ALIVS; Osc. *alttram*, and, for *-ter*, Gk. ἕτερος] FORMS: *~rae* (dat. sg. fem.) CAES.*Gal*.5.27.5; NEP.*Eum*.1.6; COL. 5.11.10; *~ro* (dat. sg. masc.) VEN.*dig*.45.2.13. N.B.: for *alter uter* see ALTERVTER.

1 (w. emph. on the aspect of addition) A second, a further, another; (pl.) a second group of, further, other. **b** (w. proper nouns referring to unique things to indicate a close resemblance to an original) a second, another, *ego ~r*, *~r idem*, a second self. **c** *~rum tantum*, and sim., a further similar amount, as much again. **d** (in series such as *unus*, *~r*, *tertius*).

si sibi nunc ~ram (*sc.* fidicinam) ab legione abduxit animi caussa PL.*Epid*.90a; miseri sunt qui uxores ducunt. — at tu duxisti ~ram *Inc.trag*.162; unum, ~rum mensem, prope annum denique CIC.*Ver*.5.76; Licinia est lex et ~ra Aebutia, quae..adfinis excipit *Agr*.2.21; quod fasciculus ~r ad me iam sine tuis litteris perlatus est Q.CIC.*Fam*.16.26.1; ~ra castra ad ~ram oppidi partem ponit CAES.*Civ*.1.18.5; et turpis de te iam liber ~r erit PROP.2.3.4; ⟨COLVMNAM⟩ AHENEAM ET ~RAM MARMOREAM *CIL* 6.877.62; iustiore ~ro deinde proelio..uincuntur LIV.5.49.6; OV.*Ib*.193; VELL. 2.46.1; SEN.*Nat*.5.15.4; LUC.10.524; (*cf. sense 1b*) muris iterum imminet hostis nascentis Troiae nec non exercitus ~r VERG.*A*.10.27;—(*cf. sense 3b*) uenit ecce nobis Maximus ~r! STAT.*Silv*.4.7.32;—(*cf. sense 6*) sed postquam amans accessit pretium pollicens unus et item ~r TER.*An*.77; uno ~roque subinde ictu LIV.7.10.10;—(*w.* hic, ille, *etc.*) ~ram tibi eodem die hanc epistulam dictaui CIC.*Att*.10.3a.1; est etiam ille labor curandis uitibus ~r VERG.*G*.2.397; LIV. 4.61.11;—(*w.* praeter) Sosiam seruom tuom praeter me ~rum..faciam ut offendas domi PL.*Am*.613;—(*w.* quam) siqua est hoc orbe potestas ~ra quam Caesar, si tellus ulla duorum est LUC.9.1078;—(*contrasted w.* secundus) Fronto, Romanae eloquentiae non secundum sed ~rum decus FRO. fr.2.p.250;—nunc ~ris etiam ducentis usus est PL.*Bac*.970; ut decernat ut ~rae decumae exigantur CIC.*Ver*.3.42; CATUL. 5.8; VERG.*A*.6.713; mecum ~ra saecula condes STAT.*Silv*. 4.1.37. **b** ut Coriolanus sit plane ~r Themistocles CIC. *Brut*.43; per Apronium, Verrem ~rum *Ver*.3.84; se..~rum fore Sullam inter suos gloriatur CAES.*Civ*.1.4.2; Paris ~r VERG.*A*.7.321; Ennius et sapiens et fortis et ~r Homerus HOR.*Ep*.2.1.50; PROP.3.12.23; LIV.21.10.8; perfida et urbi ~ra Karthago nostrae (*i.e.* Capua) SIL.13.100; JUV.7.95;— liberis meis qui te parentem ~rum putant CIC.*Mil*.102; nostris..manibus in rerum natura quasi ~ram naturam efficere conamur *N.D*.2.152; patria ~ra militaris est haec sedes LIV.44.39.5; (*pl.*) artes efficit quasi sensus ~ros CIC. *Luc*.31;—deinde te quasi me ~rum et simul meae culpae socium quaero *Att*.3.15.4; *Fam*.7.5.1;—uerus amicus numquam reperietur; est enim is qui est tamquam ~r idem *Amic*.80. **c** etiam si ~rum tantum perdundumst PL.*Epid*. 518; ut necesse sit partem pedis aut aequalem esse alteri parti aut ~ro tanto aut sesqui esse maiorem CIC.*Orat*.188; *B.Hisp*.30.1; *CIL* 1.594.3.4.35; numero ~rum tantum adiecit LIV.1.36.7; PLIN.*Nat*.11.238; CALL.*dig*.49.14.3.11;— mille talenta rotundentur, totidem ~ra, porro et tertia succedant et quae pars quadret aceruum HOR.*Ep*.1.6.34. **d** sementim facito, ocinum, uiciam..pabulum bubus. ~ram et tertiam pabuli sationem facito CATO *Agr*.27; ~rum, tertium, quartum, permulta erant eiusdem modi nomina CIC.*Ver*.2.187; CAES.*Civ*.3.83.3; unam esse (gratiam), quae det beneficium, ~ram, quae accipiat, tertiam, quae reddat SEN.*Ben*.1.3.3; *Arg.Pl.Truc*.2.

2 (in neg. and indefinite exprs.): **a** *ullus*, etc., *~r*, Any other; *nullus*, etc., *~r*, no other. **b** (without *ullus*, etc.) any other; also, some other (no matter what).

a uestra..causa me nec ullius ~rius loqui quae loquor LIV.21.13.3; 26.8.2;—(*w. abl.*) neque me Athenis ~r est hodie quisquam quoi credi recte aeque putent PL.*As*.492; —(*pleon. when used w. compars.*) scelestiorem in terra nullam esse ~ram *Cist*.660; nam ego hominem hominis similiorem numquam uidi ~rum *Men*.1088. **b** ne qua legio ~rae legioni subsidio uenire posset CAES.*Gal*.5.27.5; metuens ~rius uiri..castitas HOR.*Carm*.3.24.22; nec, quem praeferres ..uir ~r erat OV.*Tr*.4.3.60; TAC.*Ag*.17.3;—in uas corinthium siue ~rius generis VITR.8.4.1; LIV.30.4.11.

3 (w. ref. to numerical and temporal series) The second, the next. **b** (w. personal names) the second, i.e. the younger. **c** (as an element in compound ordinal numerals). **d** (in series such as *primus* (or *unus*), *~r*, *tertius*).

quotumo die..huc peruenisti? — ~ro ad meridie PL.*Ps*. 1174; fidem faciebat; quod est ex tribus oratoris officiis ~rum CIC.*Brut*.197; quae pars ~ra fuit accusationis *Mur*. 14; ~ro die ad Alesiam castra fecit CAES.*Gal*.7.68.2; VERG.*A*. 3.356; illius Appi..qui decemuirum in annum creatus ~ro anno se ipse creauit LIV.9.34.1; sic Venerem..~rius uoluit mensis habere locum OV.*Fast*.4.28; PLIN.*Nat*.32.127; V.FL. 5.276; APUL.*Met*.1.10;—(*w. pl. sb.*) ~ris (= secundis) te mensis adhibet deum HOR.*Carm*.4.5.31;—(*contrasted w.* prior) uarie sum adfectus tuis litteris, ualde priore pagina perturbatus, paulum ~ra recreatus CIC.*Fam*.16.4.1;—(*foll. by* post) ad Ptolomaeum..qui tum regnabat ~r post Alexandream conditam *Off*.2.82;—(*by* quam) ~ro die, quam a Brundisio soluit, in Macedoniam traiecit LIV.31.14.2;— (*by* ab) ~r ab undecimo tum me iam acceperat annus VERG. *Ecl*.8.39; (*w. ref. to an order of preference*) tu nunc eris ~r ab illo VERG.*Ecl*.5.49. **b** ~r..C. Fannius M. filius.. durior CIC.*Brut*.100; ~r Marius *Phil*.13.1. **c** centesima lux est haec ab interitu P. Clodi et, opinor, ~ra CIC.*Mil*.98; ~ro et tricensimo die post autumnale aequinoctium COL. 2.8.2; anno trecentensimo ~ro quam condita Roma erat LIV.3.33.1; TAC.*Dial*.34.7. **d** tres sunt res..una conciliandorum hominum, ~ra docendorum, tertia concitandorum CIC.*de Orat*.2.128; *Att*.16.11.4; cum in natura tria sint, unum gaudere, ~rum dolere, tertium nec gaudere nec dolere *Tusc*.3.47; NEP.*Han*.3.3; trium condicionum electionem..primam,..~ram,..tertiam LIV.34.19.5; OV.*Am*.1. 7.32; TAC.*Ann*.13.35;—(*w. pl. sb.*) tuis et unis et ~ris litteris CIC.*Att*.14.18.1.

4 One or other (of two), one; *pars ~ra*, one half. **b** the other (of two), the second. **c** (in ellipt. expr.).

cui caepe edundod oculus ~r profluit NAEV.*com*.18; tum primum ex plebe ~r consul factus est FAB.PICT.*hist*.6; ~ram Galliam CIC.*Prov*.17; si me roges cur te duobus contuear oculis et non ~ro conlueam *N.D*.3.8; claudus ~ro pede NEP.*Ag*.8.1; rem..plerumque parti utrique, semper certe ~ri grauem LIV.7.21.7; ~ra..in bellum diuerso limite ducit linea MAN.2.521; tempore festo ~rius populi rapienda occasio cunctis uisa inimicorum primoribus JUV.15.39;— partem ~ram tibi permitto; illam alteram apud me.. apponito PL.*Trin*.1066; rerum pars ~a adempta est VERG. *A*.9.131; OV.*Fast*.5.459;—(*in prov. expr.; see* AVRIS) in ~ram aurem (*sc.* dormire licet) CIC.*Att*.13.24.1. **b** summus ibi capitur meddix: occiditur ~r ENN.*Ann*.298; responsum est ab ~ra parte A. Varronem profiteri CAES.*Civ*.3.19.4; duo haud amplius milia peditum..cum Magone effugerunt: Hanno ~r imperator..uiuus capitur LIV.28.2.11; anuli distinxere ~rum ordinem a plebe PLIN.*Nat*.33.29; maior.. ista uoluptas ~rius sexus JUV.11.169; VEN.*dig*.45.2.13;— (*w. pl. sb.*) in ~ris apud dictatorem castris LIV.4.27.8;— (*w.* hic, ille) ut Philocomasio hanc sororem geminam germanam ~ram dicam..aduenisse PL.*Mil*.238; *Trin*.899;— (*contrasted w.* hic, ille) ubi illum saltum uideo opsaeptum, rogo ut ~ro sinat ire *Cas*.922; in hac parte haec sunt..uide nunc quae sint in ~ra CIC.*Att*.8.3.3. **c** satis..magnum ~ri theatrum sumus (*i.e. each for the other*) SEN.*Ep*.7.11.

5 (of the members of a pair, specified or implied): **a** *unus..~r..*, The one..the other, the first..the second; (pl.) the one group of.. the other group of. **b** *~r..~r..*, the one..the other; (pl.) the one group of..the other group of; also, *prior..~r..* **c** (w. various pronouns, etc., constituting the element alternative to *~r*). **d** (w. *~r* twice, in different cases, in the same cl.). **e** *~r..~rum..*, etc., one (of two) ..one, and the other..the other, one..each.

a cum Agrigentinorum duo genera sint, unum ueterum ~rum colonorum CIC.*Ver*.2.123; *Att*.7.16.2; erant in sinistro cornu legiones duae..quarum una prima, ~ra tertia appellabatur CAES.*Civ*.3.88.2; morte consulis unius, uolnere ~rius LIV.27.28.1; 33.16.2; LARG.101;—(*not co-ordinate*) noli..de uno pede sororis queri; licet etiam ~rum tollas CIC.*Att*.2.1.5; —creati sunt..triumuiri bini, uni sacris conquirendis..~ri reficiendis aedibus LIV.25.7.6. **b** ~ra manu fert lapidem, panem ostentat ~ra PL.*Aul*.195; ~ro praefurnio eruito (cinerem), in ~ro ignis erit CATO *Agr*.38.2; duplex est considerandi uia quarum ~ra est longior, breuior ~ra CIC. *Orat*.180; ~rius factionis principes erant Aedui, ~rius Sequani CAES.*Gal*.6.12.1; fractis partis ~rius uiribus, ~rius mollitis animis LIV.23.35.1; eodem in corpore saepe ~ra pars uiuit, rudis est pars ~ra tellus OV.*Met*.1.429;—(*w. pronominal adjs. w. second* alter) imponit geminum ~rum in nauim pater..illum reliquit ~rum apud matrem domi PL.*Men*.26;—Nonis Maiis..accepi binas a te litteras, ~ras sexto die, ~ras quarto CIC.*Att*.14.19.1; ~ra tela arcus, ~ra tela faces OV.*Ep*.2.40;—duos filios..totidemque filias.. quarum priorem Dionysio filio..nuptum dedit, ~ram.. Dioni NEP.*Di*.1.1. **c** duo isti sunt T. Roscii, quorum ~r Capitoni cognomen est, iste qui adest Magnus uocatur CIC. *S.Rosc*.17; (renes) a parte eorum (*sc.* lumborum) resimi, ab ~ra rotundi CELS.4.1.5. **d** ~ram (legionem) ~ri praesidio esse iusserat CAES.*Civ*.3.89.1; horum ex ~ra in ~rius familiae locum fieri non licebat NEP.*Ag*.1.3; ~r et ~rius uires necat aer [TIB.]3.7.168; quanta latitudine ~ra (umbra) ab ~ra distent HYG.GR.*agrim*.p.153. **e** ~ram ~ra prehendit eas (*sc.* angues) manu perniciter PL.*Am*.1116;—(*w. one adj. and one pron. element*) cum domus (mea) in Palatio, uilla in Tusculano, ~ra ad ~rum consulem transferebatur CIC. *Dom*.62.

6 *unus et ~r* (also connected by *-que*, *atque*, *aut*, *-ue*) One or two, a few; as much as one or two; only one or two; *~r et ~r*, more than one, several.

unus et ~r dies intercesserat CIC.*Clu*.72; uno aut ~ro spatio *Rep*.1.18; cum Pyrrus rex..unam atque ~ram pugnas prospere pugnasset GEL.3.8.1;—una aut ~ra nox nondum est in amore peracta et dicor lecto iam grauis esse tuo PROP. 2.24.19; unus et ~r forsitan haec spernant iuuenes..sed reliquos fugienda patrum uestigia ducunt JUV.14.33;—una atque ~ra aestas..potest totam Galliam sempiternis uinculis adstringere CIC.*Prov*.34; uno aut summum ~ro proelio arcem et caput Italiae in manu..habituros LIV.21.35.9; CELS.4.2.5;—nec si anulus in digitis ~r et ~r erit OV.*Ars* 3.446.

7 (of river-banks, gates, etc.) Opposite in position (to something implied in the context), further, other.

ad ~ram fluminis ripam CAES.*Gal*.5.18.2; 7.34.3; quem tu, ceruus uti uallis in ~ra uisum parte lupum..fugies HOR. *Carm*.1.15.29; in castra sese recepit portaque ~ra egressus ante noctem agmen adsequitur LIV.9.36.10; (classis) circumacta inde ad ~rum insulae latus 27.6.14.

8 Opposite in quality (to something implied in the context), different, contrary; (pred.) changed, altered. **b** (see quot.).

sperat infestis, metuit secundis ~ram sortem bene praeparatum pectus HOR.*Carm*.2.10.14; nondum ~ram fortunam expertus LIV.9.17.5; polus Assyrias ~r noctesque diesque uertit LUC.8.292;—quotiens te speculo uideris ~rum HOR.*Carm*.4.10.6. **b** ~r et pro non bono ponitur, ut in auguriis ~ra cum appellatur auis, quae utique prospera non est PAUL.*Fest*.p.6M.

alter[2] ~ra ~rum, *pron*. [prec.] FORMS: *~rei* (gen. sg. masc.) *CIL* 1.583.76; *~ro* (dat. sg. masc.) *CIL* 6.36653.5; *~rae* (dat. sg. fem.) PL.*Rud*.750, TER.*Hau*.271, *Ph*.928, GEL.7(6). 7.1. PROS.: *~rius* ENN.*Sat*.17, TER.*An*.628, MAUR.1352, 1611, 2184. Trisyllabic forms are sometimes treated, through syncopation, as disyllabic: NAEV.*com*.23.24, PL.*Capt*.8, *Pers*. 226, *Truc*.48. N.B.: for *~r uter* see ALTERVTER.

1 A further or second person or thing, another (one), (emph.) one other person. **b** (in a series) the second person, the next individual.

Lesbonicum..quaero..et item ~rum ad istanc capitis albitudinem PL.*Trin*.874;—cum..Apollo Pythius iussisset fortissimo Graiae gentis et ~ri sapientissimo simulacra.. dicari PLIN.*Nat*.34.26; praesertim cum aut solus aut certe non plus quam cum ~ro petat CIC.*Att*.4.8a.2; 11.15.1. **b** ictu scorpionis exanimato ~ri successit tertius et tertio quartus CAES.*Gal*.7.25.3.

2 A person other than oneself or the person in question, a second party, another; (neut.) a thing other than that in question; also, that which is different.

si quis ~ri damnum faxit *Leg.pub*.2(*Font.iur*.p.46); nunc ~rius imperio opsequor PL.*Capt*.306; omnis sibi malle melius esse quam ~ri TER.*An*.427; QVO QVIS SVAE ~RIVS SENTENTIAE CERTIOR SIET *CIL* 1.583.44; qui se ~rius facto, non suo defendat CIC.*Vat*.15; neque sine nostris copiis intra ~rius praesidia ueniendum *Att*.1.20.2; suaue..e terra magnum ~rius spectare laborem LUCR.2.2; qui quod ab ~ro postularent in se recusarent CAES.*Civ*.1.32.5; magnum ~rius frustra spectabis aceruum VERG.*G*.1.158; PROP.2.23.3; sine ~rius respectu LIV.28.20.10; SEN.*Ben*.3.28.1;—cuncta necessest aut grauitate sua ferri primordia rerum aut ictu forte ~rius LUCR.2.85;—finitionem esse de eodem et de ~ro QUINT.*Inst*.7.3.8.

3 (in neg. and sim. exprs.) Any other person, anyone else.

et tamen ~r si fecisset idem ,caderet sub iudice morum

Juv.4.11; (*of two*) neque enim ut in consulibus..~rius auxilium neque prouocatio erat Liv.2.18.8;—(*pleon., w. compars.*) qui me Thebis ~r uiuit miserior? Pl.Am.1046; rex erat Aeneas nobis, quo iustior ~r nec pietate fuit, nec bello maior Verg.A.1.544; 7.649; aeterno propior non ~r Homero [Tib.]3.7.180; nec solet irasci (neque enim moderatior ~r) Ov.Tr.1.9.25.

4 One or other (of two persons or things), one; (pl.) one group or other (of two). **b** (in neg. and sim. exprs.) either (of two). **c** the other (of two), the second, the latter.

ei duae puellae sunt meretrices seruolae sorores: earum hic ~ram ecflictim perit Pl.Poen.1095; mihi cum..ambobus est amicitia; cum ~ro uero..magnus usus Cic.Clu.117; non potest..uterque esse sapiens..sed ~r Luc.132; cum..haberet..collegas duos, quorum ~r erat Pelopidas Nep.Ep.7.3; bisque die numerant ambo pecus, ~r et haedos Verg.Ecl.3.34; consulum..~rum—sed utrum auctores non adiciunt—..prope interiecerunt Liv.2.17.3; huic..seni dabis ..de stipibus quas feres, ~ram Apul.Met.6.18;—(*w.* de) necesse est..sit ~rum de duobus Cic.Tusc.1.97;—(*w.* ex) aut ambo imperatores Romanos aut ~rum ex iis Liv.26.7.5; —ut non ~ros demouisse sed utrosque constituisse uideatur Cic.Sul.62; Liv.1.13.3. **b** hoc unum esse tempus de pace agendi, dum..pares ambo uiderentur; si uero ~ri paulum modo tribuisset fortuna..Caes.Civ.3.10.7; hos tamquam medios nec in ~rius fauorem inclinatos Liv.40.20.4. **c** ibi illarum ~ra 'ergo mecastor pulcher est' inquit mihi Pl.Mil.62; Acc.trag.436; duo de principatu inter se contendebant, Indutiomarus et Cingetorix; e quibus ~r..ad eum uenit Caes.Gal.5.3.3;—(*pleon.*) quo modo? — eodem quo soror illius ~ra Anterastilis Pl.Poen.895;—(*w.* hic, ille) nam huic ~rae quae patria sit profecto nescio Rud.750; quia ne ~ram quidem illam potero ducere Ter.Ph.916; neque hanc uenditurum puto..et illud ~rum quam sit difficile te non fugit Cic.Att.12.42.2; (*placed earlier than the contrasted person or thing*) cum duos filios haberet, illum ~rum..secum..uolebat esse, hunc in praedia rustica relegarat S.Rosc.42.

5 ~r..~r.., (The) one..the other (of two), the former..the latter..; (pl.) the one group ..the other group... **b** (w. ~r twice, in different cases, in the same cl.) the one..the other, each..the other; (pl.) each group..the other group. **c** (w. various pronouns constituting the element alternative to ~r). **d** ~r *et* ~r, both one person and the other (of two).

~r nare cupit: ~r pugnare paratust Enn.Ann.252; eorum ~r uiuit, ~r est emortuos Pl.Poen.61; ~r bonus, ~r malus Cato orat.89; duae filiae: harum ~ra occisa, ~a capta est Caes.Gal.1.53.4; ~ra uirgo, ~ra tum primos Lucinae experta labores Verg.G.4.339; quorum ~rum est hominis alienae libertatis obliti, ~rum suae Liv.23.12.9; Vell.1.13.2; Ulp.dig.43.17.1.2;—(*w.* ex) ~r ut e uobis..cadat hostia sacris, ad patrias sedes nuntius ~r eat Ov.Pont.3.2.83;—(*after* uterque) quorum uterque..summa senectute ~r Oresten, ~r Pisonem adoptauit Cic.Dom.35;—(*not coordinate*) quod ~r mihi adfinis erat, ~rius causam capitis receperam Red.Pop.11; ut ~ri consulum Italia..prouincia esset, ~r classem..obtineret Liv.26.28.3;—si neque a praedonibus neque ab inimicis occisum est, quod ~ri non erant, ~ros non habebat Rhet.Her.2.33; ~ri dimicant, ~ri uictorem timent Cic.Fam.6.3.4; ~ri se..in montem receperunt, et ~ri ad..carros suos se contulerunt Caes.Gal.1.26.1. **b** quod nec ui nec clam nec precario ~r ab ~ro possidetis Ed.pr.(Font.iur.p.232)43.6; condamus ~r ~rum ergo in neruom bracchialem Pl.Poen.1269; ut ~r ~rius iudicium..rescindat Cic.Clu.122; Verg.A.2.667; ut ~r ~rius sermone meros audiret honores Hor.Ep.2.2.87-8; certatim ~r ~ri obstrepere Liv.1.40.6; 30.30.2; Ov.Tr.4.4.76; quanto sit ~rum ~ro maius Sen.Nat.4b.11.5; Flor.Epit.2.9(3.21.14); —inter se multi ~ri ~ros in castris occidere Cato hist.79; dum ~ri ~ros uincere..uolunt Sal.Jug.42.4. **c** hoc metuere, ~rum in metu non ponere? Inc.trag.204. **d** tu ..nomen habes..Narcisse..infelix, quod non ~r et ~r eras Ov.Fast.5.226.

6 *unus et* ~r, *unus aut* ~r (and sim.) One or two persons or things, a few; (esp.) only one or two persons or things, a mere handful.

testis citari iubet; dicit unus et ~r breuiter Cic.Ver.2.75; experiundam rem..in uno aut ~ro esse Liv.4.35.9; uno atque ~ro frustra..nominatis Suet.Jul.20.5; Gel.7(6).16.8; —neque in uno aut ~ro animaduersum est sed iam in pluribus Cic.Mur.43; uno aut ~ro arrepto, quieturos alios Liv.2.23.15; nec satis effectus unus et ~r habent Ov.Am.1.8.54; aliquis fortasse, unus aut ~r incidet Sen.Ep.7.9; Tac.Hist.1.83; Ulp.dig.23.2.43.2;—(*w.* de) amicos, qui modo de multis unus et ~r erat Ov.Tr.1.3.16;—(*w.* ex) cum ..unum et ~rum ex iis..inuitauisset pluresque etiam inuitaturus uideretur Cic.Fat.fr.4.

7 (w. ref. to a total group larger than two) Some other person or thing; ~r..~r, etc., one person or thing..another (of a group which may be broken up into pairs).

cum ~rum quisque compotem magis mentis ac consilii ducerent Liv.9.2.11;—~ra maesta silet, frustra uocat ~ra matrem; haec queritur, stupet haec; haec manet, illa fugit Ov.Ars 1.123; omnium elementorum alterni recursus sunt; quicquid ~ri perit in ~rum transit Sen.Nat.3.10.3.

alterās, *adv.* [alter+-as²] At another time. **b** (repeated) at one time..at another.

non uideor uidisse lenam callidiorem ullam ~ Pl.Mos.270; Paul.Fest.p.27M. **b** in his duobus bellis ~ stipendio agrique parte multati, ~ oppidum ui captum, ~ primo pedatu et secundo, ut Maximus notat Cato hist.136.

altercātiō ~ōnis, *f.* [altercor+-tio]

1 A dispute (esp. of an angry kind), wrangle, altercation. **b** (rhet.) a series of exchanges with an opponent in the law-courts, etc., repartee. **c** (phil.) a debate, argument, disputation.

Liv.10.23.4; dum ~onibus magis quam consiliis tempus teritur 22.45.1; ut..nonnulli in ~one et iurgio tribunos plebi pulsauerint Suet.Tib.2.4;—(*w.* uerborum) altercum..qui biberunt..mente abalienantur cum quadam uerborum ~one Larg.181;—(*w.* in+*acc.*) in pauciores auidos ~o est Pl.Aul.486. **b** nulla est..~o clamoribus umquam habita maioribus Cic.Brut.164; Clodium praesentem fregi in senatu cum oratione perpetua..tum ~one huius modi Att.1.16.8; cum..res a perpetuis orationibus in ~onem uertisset Liv.4.6.1; Sen.Con.10.pr.2; Plin.Nat.34.48; Quint.Inst.6.4.2; (*cf.*) ~onibus uelociter occurrere 2.4.28;—(*pl.*) afuisse me in ~onibus quas in senatu factas audio Cic.Att.4.13.1; Tac.Dial.34.2;—(*w. subj. gen.*) propterea quod dies magna ex parte consumptus est ~one Lentuli consulis et Canini tr. pl. Cic.Fam.1.2.1. **c** oritur..mihi magna de re ~o cum Velleio Cic.N.D.1.15; dialogorum ~one seposita Sen.Ben.5.19.8; Quint.Inst.10.1.35.

2 (personified, as a deity).

ex Aethere et Terra..~o Hyg.Fab.pr.3(18+12).

altercātor ~ōris, *m.* [next+-tor] One who conducts exchanges with an opponent in the law-courts, etc., a disputant.

bonus ~or uitio iracundiae careat Quint.Inst.4.6.10; 6.4.15;—(*in humorous application*) scilicet hoc te a centurionibus,..elegantissimis ~oribus, didicisse? Fro.Ver.2.p.132(121N).

altercor ~ārī ~ātus, *intr.* (*tr.*). Also **altercō** ~āre. [alter]

1 To dispute, esp. angrily, argue, wrangle. **b** to conduct a series of exchanges with an opponent in the law-courts, etc.

α nimium ~ando ueritas amittitur Pub.Sent.N.40; non singuli tantum sed populi uniuersi inter se ~abantur Liv.32.22.2; Apul.Met.10.15;—(*w.* cum) ~ari cum Vatinio incipit Caes.Civ.3.19.6;—(*poet.; w. dat.*) ~ante libidinibus tremis ossa pauore Hor.S.2.7.57. β (*w.* cum) cum patre ~asti dudum Ter.An.653; Pac.trag.210;—(*w.* de) illos..ausculto de meis sic ~are fortunis Apul.Met.9.3;—(*w. dat.*) uxor..coarguenti marito resistens ~at 2.29. **b** in ~ando inuenit parem neminem Cic.Brut.158; hac..~andi praestantia meruerunt nomen patronorum Quint.Inst.6.4.5; Plin.Ep.3.9.24;—(*w.* cum) quicum modo disserendum modo ~andum modo omni ratione pugnandum certandumque sit Cic.Div.Caec.44(P.Ryl.477).

2 To exchange conversation; (tr.) to exchange (conversation).

sic secum ~antes Apul.Met.5.16; iis poculis mutuis ~antibus 9.33. β (*w.* de) secum..~ant de mea nece Apul.Met.6.26;—α hunc et huius modi sermonem ~amur 2.3.

altercum ~ī, *n.* [dub.; sts. referred to prec.] A plant of the genus *Hyoscyamus*, henbane; ~*um album*, white henbane.

~i..radix aut eiusdem semen Larg.53; 91;—(*w. ref. to etym.*) (herba) quae Apollinaris aut a rabie aliis ~um, apud Graecos..hyoscyamos appellatur Plin.Nat.25.35; Larg.181;—~i albi 173.

alterinsecus: see altrinsecus.

alternābilis ~is ~e, *a.* (conjecture for aeternabilis.)

alternātim, *adv.* [alterno+-im] By turns, alternately.

gaudium atque aegritudinem ~ sequi Quad.hist.50.

alternātiō ~ōnis, *f.* [alterno+-tio]

1 An alternate movement, alternation.

pedes incertis ~onibus commouere Apul.Met.10.10; ~o per uices successio Paul.Fest.p.7M.

2 (leg.) An alternative, the use of an alternative.

certum eum dicere..qui dicat nomen iniuriae, neque sub ~one, puta illud aut illud, sed illam iniuriam se passum Ulp.dig.47.10.7.4;—(*w. gen.*) mixta..rerum ~o locorum ~oni 13.4.2.3.

3 Susceptibility of either of two possible values, ambivalence.

mira nec putanda nobis talis ~o est, dichronon quod ἄλφα notum est, sicut A nostratibus Maur.483.

alternātus ~a ~um, *a.* [pple. of alterno]

1 Succeeding each other in turn, alternate; (of a series) consisting of, or marked by, alternations.

~is ultro citro aestibus Sen.Nat.4a.2.29; neruis..cerui ~is et dorcadis Plin.Nat.29.68; dubio uestigia nisu ~a trahens Sil.1.555; 11.60;—a primo mundi ortu usque in hoc tempus perduxit nos ex splendidis sordidisque ~a series Sen.Ep.44.5.

2 (leg.) Alternative.

hoc est ~a condicione, ut aut pareat condicioni aut iuret aliud quid Ulp.dig.28.7.8.5.

alternīs, *adv.* [alternus]

1 In alternate positions, alternately.

~..corpus inani distinctumst Lucr.1.524; 3.373; longitudines eorum ~ in crassitudinem instruentes Vitr.2.8.7; —(*repeated*) ~ metulae surgunt, ~ inserta sunt poma Plin.Ep.5.6.35.

2 One after the other by turns, alternately. **b** on alternate days, every other day; in alternate years or seasons.

~ dormiunt (apes) et opus faciunt pariter Var.R.3.16.9; ~ nobiscum tempora caeli diuidere Lucr.1.1066; quem pauidae ~ fugitant optantque puellae Ciris 351; ~..fidentem ac diffidentem Liv.22.13.3; Ov.Fast.4.484; inclinatio, qua in latera nutat (terra) ~ nauigii more Sen.Nat.6.21.2; cum fratre sedere non potes:—~, Calliodore, sede Mart.5.38.10; quae interdum ~, interdum simul facio Plin.Ep.5.18.2; Suet.Aug.82.2;—(*repeated*) ~ obturando foramina ~ aperiundo Vitr.10.8.6;—(*in conjunction w.* alter) fit..ut e mundi transuersis partibus aer ~ certo fluere alter tempore possit Lucr.5.638. **b** Paulus consul, cuius eo die—nam ~ imperitabant—imperium erat Liv.22.41.3; hieme ~, aestate cotidie (medicamentum soluitur) Larg.81; Cels.3.20.5;—~ qui admittant..meliores pullos fieri dicunt Var.R.2.7.11;—~ idem tonsas cessare noualis..patiere Verg.G.1.71; Plin.Nat.18.187.

alternō ~āre ~āuī ~ātum *intr., tr.* [next+-o³]

1 To be subject to alternating movements, ebb and flow. **b** to sway this way and that in one's mind, vacillate.

~ante uacans uasta Charybdis aqua Prop.2.26.54. **b** haec ~anti potior sententia uisa est Verg.A.4.287.

2 To be variegated (with two alternate colours).

(gemma) hieracitis ~at tota miluinis nigrisque ueluti plumis Plin.Nat.37.167.

3 To act in alternation (with something else), alternate.

(*w.* cum) iussas (luscinias) canere coepisse et cum symphonia ~asse Plin.Nat.10.84;—(*ellipt.*) illi ~antes multa ui proelia miscent Verg.G.3.220; Plin.Nat.31.40; tenebras, etiam saluis luminibus ~ans, continua nox duxerat [Quint.] Decl.6.15.

4 To arrange in alternating order; to have, experience, etc., in alternating order. **b** to bear (fruit) in alternate years; to crop (land) in alternate years.

ut..pari numero uernaculas et Atinias (ulmos) ~emus Col.5.6.4;—miscenda..ista et ~anda sunt, solitudo et frequentia Sen.Dial.9.17.3; aspicis, ut..~at uitreas lateralis cingula bullas? Calp.Ecl.6.41; alii aliaeque feminas tantum generant aut mares, plerumque et ~ant Plin.Nat.7.57; Suet.Nero 1.2. **b** ~are fructus cogitur (olea) decussis germinibus Plin.Nat.15.12; 16.183;—(terra) nimis pinguis ~ari potest 18.191.

5 To produce by alternation; to cause to alternate, vary by alternation. **b** ~*are uices*, To change places, take somebody else's place; also, to experience a change or transformation.

quanta compages nouos ~et uarietque modos Maur.1602; —dum sorte uicissim ~at portae excubias Sil.9.93;—(*pass. w. refl. force*) inter uarias Fortuna..~ata uices 9.355. **b** interdum fessae succedit laeua sorori ~atque uices Mor.29;—~are uices et, quae modo femina tergo passa marem est, nunc esse marem miremur hyaenam Ov.Met.15.409.

6 To give successively or in rotation.

in fetu summa aequitate ~ant cibum (hirundines) Plin.Nat.10.92; sequens et tertium inter nos uicissim et frequens alternat poculum Apul.Met.2.16.

alternus ~a ~um, *a.* [alter+-nus]

1 (w. sg. sbs.) that occurs, etc., in alternation with something else, whether similar or different, alternating, alternate; (w. pl. sbs.) that occur, etc., in alternation with one another or with something specified. (N.B. the alternation may be of various kinds, spatial, temporal, etc.) **b** (of conversation, etc.) spoken, etc., by two persons alternately; (of voices, echoes, etc.) answering. **c** (w. ref. to elegiac verse). **d** ~*a uice*, ~*is uicibus*, alternately. **e** (advl. or quasi-advl. use of neut. pl.).

si fratrem Pollux ~a morte redemit Verg.A.6.121; Gratiae decentes ~o terram quatiunt pede Hor.Carm.1.4.7; quod caret ~a requie, durabile non est Ov.Ep.4.89; Man.5.85; latera harundini..bina, super nodos ~o semper inguine Plin.Nat.16.163; ~o maculas interligat ostro Stat.Theb.7.571; sors ~i iuris, quo castra reguntur Sil.9.17; uelut quiete ~a retenduntur Quint.Inst.1.3.8;—(*advl.*) nox..~a diem fugeret rursumque fugaret Man.2.73; ~um puppis latus euertentibus undis Juv.12.31;—(*repeated*) subeas ~us oportet ancipiti obsequio dominos, ~us oberres Pers.5.155; —(*w. gen.*) ~us..animae mutato Castore Pollux Sil.9.295; —si utrumque (*sc.* ulmum et corylum) habebis, ~as indito Cato Agr.18.9; cum Brutus..ex duabus eius orationibus capita ~a..recitanda curasset Cic.Clu.140; ~is trabibus ac saxis Caes.Gal.7.23.5; ~ae uoces 'ad arma' et 'hostes in urbe sunt' audiebantur Liv.3.15.6; Ov.Ib.587; Sen.Her.O.1637; fraternas acies ~aque regna profanis decertata odiis Stat.Theb.1.1. **b** dulcia iactantes ~o carmina uersu Verg.Cat.9.19; pedem..~is aptum sermonibus Hor.Ars 81; campum..~o sermone terunt Stat.Ach.1.711;—(*neut. pl. as sb.*) ~is dicetis; amant ~a Camenae Verg.Ecl.3.59;—tantus in ~is uocibus ardor erat Prop.1.10.10; cantibus iste tuis ~o succinet ore Calp.Ecl.4.79. **c** aptaque in ~os cogere uerba pedes Ov.Tr.3.7.10; dum canimus sacras ~o pectine Nonas Fast.2.121; Stat.Silv.1.2.9. **d** ~a uice stringatur ensis Sen.Thy.25; Plin.Nat.35.29; modicus hic umor uicibus ~is supprimitur uel egeritur Plin.Ep.4.30.7; Maur.2880. **e** superstitio homini et pariter et ~a mobilia Plin.Nat.11.138; ciliis ~a coniuens Apul.Met.10.17.

2 (of more than two things as members of a series) Successive. **b** ~*a uice*, ~*is uicibus*, in turn, successively. **c** (advl. or quasi-advl. use of neut., sg. or pl.).

omnia ut omne foret diuisum tempus in astra perque ~a suos uariaret sidera motus MAN.3.523; 5.117; cohors.. spicula..congerit ~asque ferum diducit in iras SIL.6.268. **b** tum pariter euhan ⟨euhoe euhoe⟩ euhium ignotus iuuenum coetus ~a uice inibat ENN.*scen*.126; solemque ~is uicibus per tempora portant (signa) MAN.1.258. **c** quo pacto ~a loquentes umbrae cum Sagana resonarent triste et acutum HOR.*S*.1.8.40; seu tu..Maeonium Ascraeumque senem..accolis ~umque sonas et carmina misces STAT. *Silv*.5.3.27.

3 (applied to things that have an alternating movement or to the movement itself; *ire per ~as uices*, to go to and fro). **b** (of a movement which is the reaction to another) answering.
~os..orbibus orbis impediunt VERG.*A*.5.584; ~o procurrens gurgite pontus 11.624; ~a..iactamur in unda PROP.2.12.7; ualida nisu bracchia ~o mouet SEN.*Ag*.439; ~is commeatibus orientem occidentemque conectit PLIN. *Pan*.32.2; (*cf.*) ~a curru spatia flammifero ambiens (*sc.* sol) SEN.*Her.F*.593;—(*w. advl. force*) ceu circumflantibus Austris ~us procumbit ager STAT.*Theb*.11.43;—cessauit epistula numquam ire per ~as officiosa uices OV.*Pont*.4.2.6. **b** tutissimi sunt (*sc. in an earthquake*) aedificiorum fornices, anguli quoque parietum postesque, ~o pulsu renitente PLIN.*Nat*.2.197.

4 (w. either pl. or sg. sbs.) Every other, every alternate. **b** performed or occurring every other year.
(*w. pl. sbs.*) fulguritae sunt ~ae arbores PL.*Trin*.539; sculponias bonas ~is annis dare oportet CATO *Agr*.59; ~is mensibus CIC.*Rep*.2.55; ~os longa nitentem cuspide gressus VERG.*A*.12.386; ~is diebus LIV.4.46.3; V.FL.2.93;—(*w.* cum) ut sinat sese ~as cum illo noctes hac frui PL.*As*.918; —(*repeated*) ~is annis mares, ~is feminas fieri (hyaenas) PLIN.*Nat*.8.105;—(*in rejecting jurymen, etc.*) ~OS DVM TAXAT QVATERNOS IS QVEI PETET ET IS VNDE PETETVR, QVOS VOLENT REICIANT FACITO *CIL* 1.585.37; legem te de ~is consiliis reiciendis tulisse CIC.*Vat*.27;—(*w. sg. sbs.*) ~o tenebras et lucem tempore gigni LUCR.5.978; ~i placuit sub legibus anni exsilio mutare ducem STAT.*Theb*.1.138. **b** uitis tantum tonsuram annuam quaerit, ~am uero myrtus PLIN.*Nat*.17.257; STAT.*Ach*.1.595.

5 Mutual, reciprocal, one another's. **b** *in ~um*, for one another, reciprocally. **c** of, or involving, reciprocity.
spargere et ~a communis caede Penatis PROP.2.30.21; in hoc ~o pauore certamina aliquot sunt contracta LIV. 23.26.11; fratribus, ~a qui periere manu OV.*Tr*.5.5.34; MAN.2.164; non pudet homines..gaudere sanguine ~o SEN. *Ep*.95.31; ~a duces bellorum uolnera passos LUC.5.1; dedit ~os ambobus noscere uultus SIL.13.622; JUV.6.268;—(*w. ref. to more than two things*) ut sociata forent ~a sidera sorte MAN.2.703;—(*applied to a person*) sternitur ~us uastis concursibus hostis SIL.5.425. **b** (cum) aera..et terras flammamque undamque natantem mutua in ~um praebere alimenta iuberet MAN.3.53. **c** me rape et ~a lege repende uices PROP.4.4.58.

6 Susceptible of either of two possible values, ambivalent.
quattuor post hanc locatas Graecus udas nominat: lubrica est natura in illis namque et ~us uigor MAUR.833.

alterorsus, *adv.* [ALTER+VORSVS; cf. ALTROVORSVM] In the other direction, on the other side.
~ (*cj.*)..pelago uiam capessit APUL.*Met*.5.31; 9.28.

alterplex ~icis, *a.* [ALTER+-PLEX] (See quot.)
~cem duplicem PAUL.*Fest*.p.7M.

alterta: (see quot.).
~a alterutra PAUL.*Fest*.p.7M

alteruter ~tra ~trum, *a.* Also **alter uter.** [ALTER+VTER] FORMS: *alterautra* LIV.28.41. 10.

1 One or the other of two, one of two, either. **b** (app.) each of two, both.
qui primus in ~tra re praestet alios VAR. in Non.p.502M; omnem ciuilem orationem in horum ~tro genere uersari CIC.*de Orat*.3.109; *Q.Rosc*.17; quod ab ~tra detraxit parte, reponit LUCR.5.685; ~tro exercitu CAES.*Civ*.3.90.2; PLIN. *Nat*.31.64; oleo ~tro LARG.256; FRO.*Aur*.2.p.60(143N). **β** in altera utra re VAR.*L*.8.41; CIC.*Att*.10.1.2; CAEL.*Fam*. 8.8.9; si alterautra uictoria nouis consulibus relinquenda est LIV.28.41.10. **b** in ~tro exortu..terrae..conceptus inplet (sidus Veneris) PLIN.*Nat*.2.38; MAECIAN.*dig*.35.1.91.

2 (pron.) One or other of two persons, statements, things, etc.
(*masc.*) si quis ~trum sequi malet VAR.*L*.7.106; qui se uelle dicebant ~tri eorum..adesse CIC.*Ver*.2.71; ne..~ter alterum praeoccuparet NEP.*Di*.4.1; HOR.*Ep*.1.18.64; COL. 12.pr.2; GAIUS *Inst*.1.61; (*pl.*) si quis ~tris capita demat PLIN.*Nat*.11.49;—(*fem.*) temperato ~tra, creta uel columbina, conuenit 17.48; FRON.*agrim*.p.4;—(*neut.*) necesse fuisse ~trum facere *Rhet.Her*.1.25; CIC.*Luc*.134; ~trum fatearis ..necessest LUCR.1.974; PLIN.*Nat*.18.290. **β** qui duarum rerum alterius utrius causa magistratum petunt CATO *orat*. 138; CIC.*Fat*.21; ut..alter uter consulum fata impleret LIV. 8.6.11.

althaea[1] ~ae, *f.* [Gk. ἀλθαία] (prob.) Marshmallow, *Althaea officinalis.*
e siluestribus (maluis), cui grande folium et radices albae, ~a uocatur PLIN.*Nat*.20.222.

Althaea[2] ~ae, *f.* The mother of Meleager.
OV.*Met*.8.446; SEN.*Her.O*.954; HYG.*Fab*.239.2.

altifrons ~ntis, *a.* [ALTVS+FRONS[2]] Having a lofty forehead.
CERVOM ~NTVM CORNVA *CIL* 2.2660.

altilāneus ~a ~um, *a.* [ALTVS+LANA+-EVS] Having long wool.
MARTI ARIETES ~OS II *CIL* 6.2099.

altiliārius ~(i)ī, *m.* [next+-ARIVS] A keeper of fowls, poultry-farmer.
C IVLIVS AVG LIB ~IVS *CIL* 6.4230; AVIARIVS ~IVS 6.9201.

altilis[1] ~is ~e, *a.* [ALO+-ILIS[1]]

1 Raised or fed up for eating, fattened, fat. **b** (iron., of vegetables).
boues ~es ad sacrificia publica saginati dicuntur opimi VAR.*R*.2.1.20; gallinam ~em MET.PIUS in Macr.3.13.12; anser ~is PETR.69.8; cocleae..~es PLIN.*Nat*.9.174; 10.139; MART.13.62. **b** ecce ~es spectantur asparagi PLIN.*Nat*. 19.54.

2 (transf.): **a** (of a dowry) Rich, 'fat'. **b** (of persons) well-fed, pampered.
a diuitiis maxumis, dote ~i atque opima PL.*Cist*.305. **b** tantam..pecuniam..quam nescio quae ista ~is alumna accipiet FRO.*Aur*.2.p.94(37N).

altilis[2] ~is, *f.* In pl. also **~ia** ~ium, *n.* [prec.] A fattened fowl, table bird.
formicas facit ~es uideri *Priap*.32.4; anseribus par ~is JUV.5.115;—(*pl.*) magnam..~ium uim interfecisti LUCIL. 770; HOR.*Ep*.1.7.35; MET.PIUS in Macr.3.13.12; ut ~ia decenter secet SEN.*Ep*.47.6; qui ~ia lacerauerat PETR.40.5; PLIN.*Nat*.24.71; APUL.*Apol*.30.

Altinās ~ātis, *a.* Of or bred or produced at Altinum; (masc. pl. as sb.) the people of Altinum.
~ates..genestae GRAT.130; ~ates (oues) COL.7.2.3;— PLIN.*Ep*.3.2.2.

Altinum ~ī, *n.* A town on the northern shore of the Adriatic.
VITR.1.4.11; MELA 2.61; MART.14.155.2.

Altinus ~a ~um, *a.* Of or belonging to Altinum.
~ae uaccae COL.6.24.5.

altipendulus ~a ~um, *a.* [ALTVS+PENDVLVS] High-hanging.
~os..uindemiae superstites NOV.*com*.110.

altisonus ~a ~um, *a.* [ALTVS+SONO+-VS] That sounds high up or in the heavens. **b** (of a poet) sublime.
saeptum ~o cardine templum ENN.*scen*.93; 215; pater ~a quatiens regna SEN.*Ag*.582;—(*of Jupiter*) Iouis ~i CIC. *poet*.7(19).1; SEN.*Her.O*.530. **b** Maronis ~i..carmina JUV.11.181.

altitonans ~ntis, *a.* [ALTVS+TONO] That thunders high in the sky.
contremuit templum magnum Iouis ~antis ENN.*Ann*.541; pater ~ns CIC.*Cons*.fr.2.36;—(*of a thunder-bringing wind*) ~ns Volturnus et auster fulmine pollens LUCR.5.745.

altitonus ~a ~um, *a.* [ALTVS+TONO+-VS] = prec.
quinque ~ae..zonae VAR.*Men*.92.

altitūdō ~inis, *f.* [ALTVS+-TVDO]

1 Extension upwards, height. **b** (of persons or beasts) tallness, height. **c** pitch (of sound).
reliquum spatium..mons continet magna ~ine CAES.*Gal*. 1.38.5; ~inem..pilae habeant pedes duo VITR.5.10.2; ~ine aliquantum onerariae superabant LIV.30.10.12; (petra) in medio ~inis spatio habet specum CURT.7.11.3; minima ~ine (laurus) PLIN.*Nat*.15.130; ~o moenium TAC.*Hist*.3.20. **b** maior ~ine..belua hippopotamius editur PLIN.*Nat*.8.95; in ~inem quandam et terrorem adituri bella comptius.. ornantur TAC.*Ger*.38.4. **c** κανονική..longitudines et ~ines uocis emetitur GEL.16.18.4.

2 Highness of position, a high position; height or level of water. **b** height above the earth. **c** (fig.) eminence (of position).
XXX pedum ~ine in aedificiis consistere ausi non sunt *B.Alex*.18.3; funis..subleuat onera ad ~inem VITR.10.2.2; est non ~ine, ut ceterae, tuta (arx) LIV.25.11.9;—sine ullis caelestibus aquis..in ~inem insolitam creuit 5.15.2; PLIN. *Nat*.31.57; (aquarum) ~o in omnem partem urbis adtollitur FRON.*Aq*.18. **b** multum inter se aut ~ine aut humilitate distantia (sidera) CIC.*Tusc*.5.69; sub ~ines caeli VITR.6.1.6; cum (stellae) abscedant in ~inem (*i.e. towards the zenith*) PLIN.*Nat*.2.68. **c** nec mentis quasi luminibus officit ~o fortunae et gloriae CIC.*Rab.Post*.43; tantae ~inis obfusam oculis caliginem disiecit TAC.*Hist*.2.80.

3 The upward direction, the vertical; *ad* or *in ~inem*, vertically (upwards).
uox..~inem gradatim scandit VITR.5.3.7;—ilex..paulum modo prona, deinde inflexa atque aucta in ~inem SAL. *Jug*.93.4; capricorni supra in ~inem aquila et delphinus VITR.9.4.3; sed ~inem tignis statutis 10.1.1.

4 Relative height, highness.
cum rex..ab inuicta Cn. Pompei manu..~ine montium defendatur CIC.*Agr*.2.52; (oppidum) propter latitudinem fossae murique ~inem..expugnare non potuit CAES.*Gal*. 2.12.2; ~o puppium 3.14.4; NEP.*Milt*.5.3; loci ~ine..tegi Romanos LIV.7.23.6; sic..~o (equi) demonstrata est QUINT.*Inst*.8.3.84; TAC.*Hist*.4.53; (*cf.*) omnium magnarum artium sicut arborum ~o nos delectat CIC.*Orat*.147.

5 (concr.) **a** A high structure or mass, a height. **b** the top or highest point.
a ~ines quas cepissent LIV.27.18.9; congerie hostilium cadauerum quam desiderauerat ~inem instruxit V.MAX. 7.6.5;—(*w. gen.*) qui..omnis ~ines moenium obiectas.. perfregit CIC.*Har*.49; LIV.21.30.6; interponas licet muros et mediam ~inem montium SEN.*Nat*.2.9.4. **b** linea tendatur ab ~ine parietis, qui uidetur obstare VITR.6.6.6.

6 (geom.) The third dimension, height, depth, thickness.
linea est longitudo quaedam sine latitudine et ~ine VAR. in Gel.1.20.6; cum speculorum leuitas..~inem adsumpsit CIC.*Tim*.49; *N.D*.1.54; GEL.1.20.3.

7 Downward extension, depth (of water, cavities, etc.); (also) distance inwards. **b** distance downwards. **c** lowness of position. **d** (concr.) a depth; (in quot. fig.).
palus paululum aquae in ~inem et palam latius diffusae VAR.*L*.5.26; e saxo in mirandam ~inem depresso CIC.*Ver*. 5.68; fluminis erat ~o pedum circiter trium CAES.*Gal*.2.18.3; *B.Afr*.50.1; foditur..~o circiter pedum binum VITR.7.4.5; LIV.21.33.7; ~o esse plagae usque ad cartilaginem debet CELS.7.7.9.B; COL.11.2.28; alibi angustiae et profunda ~o (Nili) TAC.*Ann*.2.61;—spelunca quaedam conuersa ad aquilonem infinita ~ine CIC.*Ver*.4.107. **b** non per magnam ~inem cadit (nix) SEN.*Nat*.4b.3.5. **c** si orbes altiores erunt..~inem temperato CATO *Agr*.22.2. **d** profunda supra nos ~o temporis ueniet, pauca ingenia caput exerent SEN.*Ep*.21.5.

8 Relative depth, deepness.
propter ~inem maris CIC.*Att*.9.14.1; CAES.*Gal*.4.17.2; egregiae munitiones castrorum atque ualli fossarumque ~o ..aditum aduersariis prohibebant *B.Afr*.31.7; LIV.21.28.5; arcente spiritum..~ine umoris PLIN.*Nat*.11.6.

9 Elevation of style, loftiness.
officit Theopompus elatione atque ~ine orationis suae CIC.*Brut*.66; QUINT.*Inst*.8.3.88; TAC.*Dial*.21.3.

10 (w. *animi* or sim.) Greatness of soul, noblemindedness, magnanimity.
~o animi in capiendis incommodis CIC.*Part*.77; extrue animo ~inem *Fin*.5.71; LIV.4.6.12; V.MAX.4.1.ext.2; ab eadem ~ine humanitatis legatis..Lyconem Molosson obuiam misit 5.1.ext.4; GEL.17.2.4.

11 Profundity (of mind), sagacity. **b** secrecy, inscrutability.
ad simulanda negotia ~o ingeni incredibilis SAL.*Jug*.95.3; Ulixen..Homerus..uocem mittere ait..ex pectore, quod scilicet..ad sententiarum penitus conceptarum ~inem pertineret GEL.1.15.3. **b** simplicitatis ac modestiae imagine in ~inem conditus TAC.*Hist*.4.86; *Ann*.3.44.

altiuolans ~ntis, *a.* [ALTVS+VOLO[2]] High-flying.
neque..solis rota cerni lumine largo ~ns poterat LUCR. 5.433;—(*pl. as sb.*) genus ~ntum ENN.*Ann*.81.

altiuolus ~a ~um, *a.* [ALTVS+VOLO[2]] = prec.
sunt..omnes fere (hae aues) ~ae praeter nocturnas PLIN.*Nat*.10.42.

altiusculē, *adv.* [next+-E] At a fairly high level, rather high.
russea fasceola..~ sub ipsas papillas succinctula APUL. *Met*.2.7; (femus cerui) pone culinae fores non ~ suspensum 8.31; 11.11.

altiusculus ~a ~um, *a.* [ALTVS+-CVLVS] Rather higher than the normal.
usus est..calciamentis ~is SUET.*Aug*.73.

altor ~ōris, *m.* [ALO+-TOR] One who rears another's child, foster-father. **b** nourisher, sustainer.
~ores Iouis (*i.e. the Curetes*) SAL.*Hist*.3.14; OV.*Met*.11.101; siue me (*sc.* Amphitryonem) ~orem uocas seu tu parentem SEN.*Her.F*.1247; STAT.*Silv*.2.1.69; TAC.*Ann*.6.37. **b** omnium..rerum quae natura administrantur..educator et ~or est mundus CIC.*N.D*.2.86; APUL.*Met*.10.19.

altrinsecus, *adv.* Also **alterinsecus, altrim secus.** [ALTER+-IM+-SECVS] On the other side.
ego adsistam hinc alterinsecus PL.*Mer*.977; adsiste altrim secus *Ps*.357; post altrinsecust securicula ancipes *Rud*.1158; APUL.*Met*.1.16;—(*w. gen.*) altrinsecus aedium APUL.*Met*. 3.17; 5.2.

altrix ~īcis, *f.* [ALO+-TRIX]

1 A foster-mother, wet-nurse, nurse.
OV.*Met*.11.683; Iouis ~ices Helice Cynosuraque GERM. *Arat*.39; SEN.*Her.O*.396; uelut ~icis uberibus eductus (palmes) COL.3.10.16; ~icum uictas pietate parentes STAT.*Silv*. 2.1.96; PLIN.*Pan*.28.5; in moribus inolescendis magnam fere partem ingenium ~icis et natura lactis tenet GEL.12. 1.20;—(*cf.*) Romulus et Remus cum ~ice belua CIC.*Div*. 2.45.

2 (of the earth, etc.) Nourisher, sustainer. **b** (as the nourisher of plants).
terram, ~icem nostram CIC.*Tim*.37; hoc est terra et ~ ice ipsa humo..cedere PLIN.*Nat*.22.8; APUL.*Mun*.1; (*of the oak tree*) primis..frugibus ~ix..Dodona LUC.6.426. **b** rumpimus ~icem tenero quae uertice terram tubera MART.13.50.1; (*cf.*) ~icem..uitam illam quae..arboribus.. contingat PLIN.*Nat*.10.184.

3 (of countries, etc.) Motherland, homeland, 'nurse'.
Calidonia ~ix terra exuperantum uirum PAC.*trag*.404;

ut..eorum eadem terra parens, ~ix, patria dicatur Cic.*Flac.*62; terram ~icem saeui..Vlixi Verg.*A.*3.273; Ida..~ice relicta Ov.*Met.*4.293; Sen.*Apoc.*7.2; de Europa, ~ice uictoris omnium gentium populi Plin.*Nat.*3.5; nec te admonet ~ix unda..Liber? Stat.*Theb.*9.439;—(*cf.*) ~icemque niuem (*sc. of the Scythians*) V.Fl.6.325.

altrouorsum, *adv.* [alter+vorsvm] On the other hand.

mirum ni subolet iam hoc..uerum autem ~ quom eam mecum rationem puto, si quid eiius esset, esset mecum postulatio Pl.*Cas.*555.

altum ~ī, *n.* [next]

1 The open sea, deep water, 'the deep'. **b** (fig. and in fig. phrs.).

iam in ~um expulsa lintre Andr.*poet.*42(43); in ~o nauem iubet ⟨is⟩ destitui anchoris Naev.*com.*52; quam magis te in ~um capessis, tam aestus te in portum refert Pl.*As.*158; aquae marinae q. I ex ~o sumito Cato *Agr.*106.1; nauibus aditus ex ~o est Cic.*Ver.*5.84; cum ex ~o se aestus incitauisset Caes.*Gal.*3.12.1; litus ama..~um alii teneant Verg.*A.*5.164; instruxere ab ~o naues uelut ad iustum proelium naualе Liv.30.10.10; ab Alpibus incipit in ~um excedere (Italia) Mela 2.58; ubi primum ex ~o uisa classis Tac.*Ann.*3.1; (*pl.*) pelagi petere ~a Verg.*A.*9.81; mersit in ~a rates Ov.*Ars* 3.390; Aegaei..~a profundi V.Fl.1.160; Stat.*Theb.*6.19;—(*in a river*) funda iam uerberat amnem ~a petens Verg.*G.*1.142; cum soluta ab ceteris rate in ~um raperentur Liv.21.28.10. **b** in hanc rei publicae nauem..fluitantem in ~o tempestatibus seditionum ac discordiarum Cic.*Sest.*46; ipsa..sibi imbecillitas indulget in ~umque prouehitur imprudens *Tusc.*4.42; rectius uiues..neque ~um semper urgendo neque..nimium premendo litus iniquum Hor.*Carm.*2.10.1; in ~o uitiorum omnium sum Sen.*Dial.*7.17.4; iactamur in ~o urbis Mart.10.58.7; scribendum..est..ita enim..innatans illa uerborum facilitas in ~um reducetur Quint.*Inst.*10.7.28.

2 A high place or position (usu. in the sky). **b** (fig.) (pl.) elevated subjects or themes.

ex ~o in altum despexit mare Enn.*scen.*310; inlustrem linquit in ~o plantam Cic.*Arat.*621(375); exstructis in ~um diuitiis Hor.*Carm.*2.3.19; Iuppiter ex ~o periuria ridet amantum Ov.*Ars* 1.633; flamma petit ~um *Fast.*1.109; manere in ~o non potest ignis turbine illatus Sen.*Nat.*7.10.1; (apes) in ~um elatae Plin.*Nat.*11.68; surgentia in ~um cacumina oleae Quint.*Inst.*8.3.10; (*pl.*) Mnestheus adducto constitit arcu ~a petens Verg.*A.*5.508; ~a caeli quae leui pinna secant Sen.*Oed.*390; ~a per auia Stat.*Theb.*4.714. **b** sic est hic ordo quasi propositus atque editus in ~um Cic.*Ver.*3.98; minutatim uitam prouexit in ~um Lucr.5.1434; inuictus ex ~o dolores suos spectat Sen.*Ep.*85.29;—(*pregn.*) quicquid facimus uenit ex ~o *Oed.*984.

3 A region or point considerably below the surface: **a** (of the earth or other objects); its interior or depths; **b** (of the body). **c** (fig.) the depths of a person's mind or nature.

a magis ipsam duritiem penitus saxi sentimus in ~o Lucr.4.268; putei in ~um acti Sen.*Nat.*3.7.3; terram ex ~o moueri 6.24.3; quosdam (carbunculos) ex ~o lucidos Plin.*Nat.*37.93. **b** multaque per sudorem ex ~o pressa feruntur Lucr.4.863; si ex ~o calor uenit Cels.3.5.2; adeo illi ex ~o suffusus est rubor Sen.*Ep.*11.1;—(*w. gen.*) ex ~o corporis Plin.*Nat.*20.238; duritias in ~o ulcerum 30.114. **c** uelle, sed ex ~o dissimulare puto Ov.*Am.*2.4.16; laetitia alta atque ex ~o ueniens Sen.*Dial.*7.4.4; trahit ex ~o sic barbarus iras V.Fl.5.522.

4 A region or regions remote from knowledge, obscurity.

nihil tam ex ~o reperiri posse, quod non cogitanti tibi in promptu sit Sal.*Rep.*2.2.1; ex ~o repetita..ratio Col.3.7.3; sunt dira, sed in ~o mala Sen.*Oed.*330; omnium rerum sunt quaedam in ~o secreta Plin.*Nat.*17.29.

5 A remote period or source; *ex ~o repetere* (or sim.), to go far afield for.

quorsum hoc tam ex ~o prohoemium? Fro.*Amic.*1.p.284 (173N);—cur uetera tam ex ~o adpetissis discidia, Agamemno? Acc.*trag.*160; (ea) quoniam ex ~o repetita sint, non necessaria te putasse Cic.*Fam.*3.5.1; quid causas petis ex ~o? Verg.*A.*8.395.

altus ~a ~um, *a. compar.* ~ior, *superl.* ~issimus. [pple. of alo]

1 Having great extension upwards, lofty, tall, high.

qui ascendunt ~um ocrim Andr.*trag.*31; abies consternitur ~a Enn.*Ann.*189; argenti montes..habet Aetina non aeque ~os Pl.*Mil.*1065; se ex ~issimo praecipitasse muro Cic.*Scaur.*4; ~os interdum ramos egigni corpore uiuo Lucr.2.702; (urbs) posita in ~issimo monte Caes.*Gal.*7.36.1; ~as..populos Hor.*Epod.*2.10; umbrae ~orum nemorum Verg.*G.*3.520; ~ior densiorque puluis Liv.10.41.6; Lydius ~a pedum uincla cothurnus erat Ov.*Am.*3.1.14;—(*as pred.*) equus..celso pectore saepe iubam quassat simul ~am Enn.*Ann.*517; neque intumescit ~a uiperis humus Hor.*Epod.*16.52; sic ~a peculia crescent Ov.*Am.*2.2.39;—(*of cities*) ~ae..resonare lupis ululantibus urbes Verg.*G.*1.485; ~ae moenia Romae *A.*1.7; et Thebae steterant, ~aque Troia fuit Prop.2.8.10;—(*of persons or animals*) tanta uis inerat in uerbis..ut ~ior fieres Cic.*Fin.*2.51; cunctis ~ior ibat Anchises Verg.*A.*8.162; ~ior illis ipsa dea est Ov.*Met.*3.181; elephans..~us Rab.*poet.*3; Antiphus ~o nil defensus equo Stat.*Theb.*7.755;—(*of parts of the body*) pedibus primis humilibus, posterioribus ~is Var.*R.*3.12.5; cupiens ~o dare uulnera collo Ov.*Met.*5.170; ~a nitentes crura tegunt ocreae *Ilias* 231.

2 Having a specified extension upwards, high.

neque ~iores (praecinctiones faciendae uidentur) quam quanta..itineris sit latitudo Vitr.5.3.4; (*w. acc. of extent*) orbis ~os p. III digitos III Cato *Agr.*135.7; Lysippi Iuppiter..quadraginta cubita ~us Lucil.526; signum..~um non minus pedes xv Cael.*hist.*54; aggerem..~um pedes lxxx exstruxerunt Caes.*Gal.*7.24.1; clausi lateribus ~is pedem Sal.*Hist.*4.79; signum septem pedes ~um Liv.8.10.12;—(*w. gen.*) singula latera (monimenti) pedum tricenum, ~a quinquagenum Var. in Plin.*Nat.*36.91; triglyphi..~i unius ⟨et⟩ dimidiati moduli Vitr.4.3.4;—(*w. abl.*) epistylium ~um columnae crassitudinis dimidia parte 4.8.1; colossus, ~us pedibus xc Hyg.*Fab.*223.3;—(*w. abl. of difference*) stipites arboresque binis pedibus ~iores facito Cato *Agr.*19.1.

3 **a** (of places or situation) High, situated on high ground. **b** that is far above the ground or the earth, high. **c** (of heavenly bodies) high above the horizon. **d** occupying an exalted position.

a ~issimo et munitissimo loco Cic.*Fam.*15.4.10; septem urbs ~a iugis Prop.3.11.57; hostes in loca ~iora concessere Liv.4.22.2. **b** ~o ab limine caeli Acc.*trag.*531; sicuti mechanici cum ~o exiluere peteuro Lucil.1298; illis (*sc. queen bees*)..cunctantibus ~um ire iter Verg.*G.*4.107; ~a..ad sidera Ov.*Met.*1.153; dum manus certum parat ~a uulnus Sen.*Oed.*136; tu potes ~o cortice descriptos citius percurrere uersus Calp.*Ecl.*1.24; ad ~a cubilia (*i.e. nests*) Stat.*Ach.*1.378; (*fig.*) piam lux ~a domum praecelsaque toto intrauit Fortuna gradu *Silv.*3.3.85;—(*in fig. phr.*) si hoc quoque uidetur esse ~ius, quam ut id nos humi strati suspicere possimus Cic.*de Orat.*3.22;—(*neut. pl. as sb.*) sparsa auxiliorum manus ~iora murorum sagittis aut saxis incessere Tac.*Hist.*2.22. **c** sub cardine mundi, qui semper liquidis ~ior extat aquis Ov.*Pont.*2.10.46; qui ~o sole semisomnus iacet Sen.*Ep.*122.1; uicino cum lux (*i.e. of the sun*) ~issima Cancro est Luc.4.527; hiems concessit ~is obruta solibus Stat.*Silv.*4.5.6. **d** toro..sic orsus ab ~o Verg.*A.*2.2; solio..in ~o Ov.*Fast.*6.597; [Sen.]*Oct.*698; ~usque iacentis praetereas Stat.*Theb.*11.718.

4 Having great extension downwards, deep; (of a fall) great, high. **b** *~um mare,* the high sea (as opp. to coastal waters). **c** (of wounds).

Hellesponto..in ~o Enn.*Ann.*378; nimio minus ~us puteus uisust quam prius Pl.*Rud.*460; fornaci locum facito, uti quam ~issima..siet Cato *Agr.*38.3; ~is aequoris undis Lucr.5.374; flumine Rheno..~issimo Caes.*Gal.*1.2.3; ualle ~issima *Civ.*2.1.3; postquam ~a quierunt aequora Verg.*A.*7.6; saxa..Neptunus ~o tundit hibernus salo Hor.*Epod.*17.55; minus ~o alueo Liv.21.27.4;—(*hyperb.*) sanguine in ~o..semianimes uoluuntur equi Verg.*A.*11.633; cruor ~us in unda spumat Luc.3.572; (*w. abl.*) ~am sanguine uallem Sil.5.667;—(*in fig. phr.*) uirtus est una ~issimis defixa radicibus Cic.*Phil.*4.13; Apicius..nepotum omnium ~issimus gurges Plin.*Nat.*10.133;—unde ~ior esset casus Juv.10.106;—(*neut. pl. as sb.*) uada ~ioribus internata Sen.*Suas.*2.1. **b** in ~od marid pvcn⟨andod⟩ *CIL* 1.25; (*transf. ep.*) longis itineribus atque ~issimis (*s.v.l.*) maris meatibus Apul.*Met.*4.29. **c** quamquam uis ~o uulnere tardat Verg.*A.*10.857; ~a turpis est plaga sanies profusa Sen.*Oed.*140; Luc.1.32; uulnus..cruris haud ~um Petr.136.7.

5 Having a specified downward extension, deep.

(*w. acc.*) fvndamentvm est pedes ~vm xxxiii in terram *CIL* 1.1522; collectus aquae digitum non ~ior unum Lucr.4.414;—(*w. gen.*) sulcum..terrenum pedum duorum ~um Col.*Arb.*4.3.

6 Situated at a great depth, deep. **b** a deep point or part of, the bottom or depths of. **c** (w. *pectus*, etc., as the seat of the emotions; also, *animus*, or *mens*). **d** (fig.) underlying, deep-set; ulterior.

hic ~a theatris fundamenta locant alii Verg.*A.*1.427; in creta tenuis et exilis et non ~a est copia (aquae) Vitr.8.1.2; (*neut. pl. as sb.*) ~iora tangam *Priap.*28.5. **b** serus in ~a conditur Oceani ripa cum luce Bootes Q.Cic.*poet.*19; cum sol tellure sub ~a est Ov.*Met.*1.630; poterisne reuerti sedibus a Stygiis ~aque erumpere terra? Stat.*Theb.*8.190. **c** ~o tantum suspiria ducis pectore Ov.*Met.*1.656; gemitus..~o de corde petitos 2.622; uritur ~o corde Stat.*Theb.*11.396; sic itur in ~a pectora *Silv.*1.4.48;—manet ~a mente repostum iudicium Paridis Verg.*A.*1.26; ingentem molem irarum ex ~o animo cientis Liv.9.7.3; quae tibi non oculis, ~a sed mente fuganda est caligo Man.4.308; tegens ~a suppressum mente furorem Luc.6.228. **d** quid me ~a silentia cogis rumpere..? Verg.*A.*10.63; egregii mortalem ~ique silenti Hor.*S.*2.6.58; quantum ~ae ac uerae foeditatis alienus splendor absconderit Sen.*Dial.*1.6.4; ἔμφασις, ~iorem praebens intellectum quam quem uerba per se ipsa declarant Quint.*Inst.*8.3.83; (exceptio) quae habeat ~iorem quaestionem Ulp.*dig.*10.4.3.13;—occultato..~iore consilio Tac.*Hist.*4.14.

7 (of covering layers, flat bodies, etc.) Thick, deep. **b** (of grass, hair, and sim.) long. **c** of a specified thickness, thick. **d** (of ranks of soldiers) many, deep.

uideto ut bene percocas medium, ubi ~issimum est Cato *Agr.*84; mons Ceuenna..~issima niue iter impediebat Caes.*Gal.*7.8.2; maerentes ~um cinerem Verg.*A.*11.211; Hor.*S.*1.2.105; ~a..tardat harena pedes Ov.*Ep.*10.20; (medicamentum) hoc acre est et..crustam ~am facit Larg.240; (hasta) non perfert ictus atque ~o uincitur auro Stat.*Theb.*11.502. **b** herbam ~am Cato *Agr.*37.2; hydrum..~a non uidit in herba Verg.*G.*4.458; ~ae in segetibus herbae Liv.23.48.1; aries uillo spectabilis ~o Ov.*Ep.*12.201; ~a senescit imbre seges nimio Stat.*Silv.*5.1.147. **c** spaeras pugnum ~as fingito Cato *Agr.*82; raro unquam nix minus quattuor pedes ~a iacuit Liv.21.61.10. **d** aggerem uiae tres praetoriae cohortes ~is ordinibus obtinuere Tac.*Hist.*2.24.

8 **a** Remote in time, ancient. **b** (of age or time) advanced.

a ~a Tyriorum ab origine Cadmi Cinna *poet.*1(3).4; seditio exarserat, quam ~iore initio..repetam Tac.*Hist.*2.27. **b** mulieres duas ~ioris aetatis Apul.*Met.*1.12; (*cf. sense 10b*) sopor etiam in ~um diem nos attinuit 3.20.

9 **a** (of sounds) Deep, loud. **b** (of heat or cold) intense, severe.

a conclamate iterum ~iore uoce Catul.42.18; gemituque haec addidit ~o Verg.*A.*11.95; gemitus et ~um murmur Sen.*Oed.*922; cum illi (*sc.* phonasci) omnes etiam ~issimos sonos leniant cantu oris Quint.*Inst.*11.3.23. **b** ubi..tellus..~o..(*v.l.* almo) recanduit aestu Ov.*Met.*1.435; cum ~um frigus et triste caelum est Sen.*Nat.*4b.4.3.

10 **a** (of darkness, fog, etc.) Thick, dense, dark. **b** (of night; of silence; also, peace, security) deep, profound, undisturbed, complete.

a confusa lux ~a caligine Sen.*Suas.*1.1; quibus abscondendis nulla satis ~a nox est Sen.*Nat.*1.16.6; *Phoen.*143; (*fig.*) ~a dissimulatione consilium premebat Curt.10.9.8; (*in fig. phr.*) sic ~is natura manet consaepta tenebris Man.4.303. **b** illius ~a nocte succisus frutex Sen.*Med.*729; Luc.6.570; Sil.3.198; tu qui ~a nocte immodice festinabas Apul.*Met.*1.17;—(*cf.*) nox prouecta et nox ~ior et dein concubia ~iora et iam nox intempesta 2.25;—uidit..desolatas agere ~a silentia terras Ov.*Met.*1.349; ~aque per totos fecere silentia montes (euri) Calp.*Ecl.*2.17; quam ~issimum silentium Quint.*Inst.*10.3.22;—securitas ~a, adfluens Sen.*Cl.*1.1.8; pax ~a per omnes..populos Luc.1.249; in ~issima tranquillitate Plin.*Ep.*2.1.4; (*cf.*) quin tu..in ~o isto..secessu studiis adseris 1.3.3.

11 High-born, exalted; of high-born or noble persons; (of gods) exalted, mighty. **b** (of birth, rank, etc.) high.

nothum Sarpedonis ~i Verg.*A.*9.697; Caesarem ~um Hor.*Carm.*3.4.37; progenies ~i fortissima Donni Ov.*Pont.*4.7.29; (*cf.*) hac uos et Pallanta ducem patria ~a reposcit Verg.*A.*10.374; (*masc. pl. as sb.*) quam sit adsidua eminentis fortunae comes inuidia ~issimisque adhaereat Vell.1.9.6;—genus ~o a sanguine Teucri Verg.*A.*6.500; aeque..~a..mihi gente satum V.Fl.3.201; ~ae..(*i.e. of the emperor*) accedere dextrae Stat.*Silv.*5.1.184; ~aque si te nomina delectant Juv.8.131; (*poet.*) uides ut ~um famula non perdat decus? Sen.*Her.O.*391;—rex aetheris ~us Verg.*A.*12.140; ab ~a Iunone Ov.*Met.*3.284; iovi ~o svmmano *CIL* 5.5660. **b** cum ~iorem gradum dignitatis..esset consecutus Cic.*Clu.*150; cum..neque in gloria uirtutis quicquam uideam ~ius quo mihi libeat ascendere *Catil.*3.28; dictaturae semper ~ius fastigium fuit Liv.6.38.13; nullum Martia summo ~ius inperium consule Roma uidet Ov.*Pont*4.9.66; ~a extimesco sceptra Sen.*Med.*529; ~a potestas Stat.*Silv.*1.4.44; interfectorem Voculae ~is ordinibus, ceteros..praemiis attollit Tac.*Hist.*4.59;—(*neut. pl. as sb.*) ad ~iora et non concessa tendere Liv.4.13.4; optumos..mortalium ~issima cupere Tac.*Ann.*4.38.

12 Proud, haughty.

(Tullia)..ibat per medias ~a feroxque uias Ov.*Fast.*6.604; ubi nunc fastus ~aque uerba? iacent! *Ep.*4.150; spiritus ~os gere Sen.*Her.F.*384.

13 Rising above the common level, high, elevated, noble. **b** (of thought, studies, enterprises, qualities, etc.). **c** (of style).

elaborauit ut callide arguteque diceret, nec quicquam ~ius cogitauit Cic.*Orat.*98; nihil..~um, nihil magnificum ac diuinum suspicere possunt *Amic.*32; te sine nil ~um mens incohat Verg.*G.*3.42; animal mentis..capacius ~ae Ov.*Met.*1.76; ~iore doctrina praediti V.Max.9.14.pr.; ad litteras ~iores non perductum Sen.*Ben.*5.13.3; inrepsisse (artem magicam) uelut ~iorem sanctioremque medicinam Plin.*Nat.*30.2; pro degener ~ae uirtutis patrum! Sil.10.68; ingenium inlustre ~ioribus studiis iuuenis admodum dedit Tac.*Hist.*4.5; ~issima ista eruditione Plin.*Ep.*4.30.1;—(*neut. sg. as adv.*) magnanimum qui facta attollere regum ibam ~um spirans Stat.*Silv.*5.3.11. **b** siquidem animo excelso et ~o et uirtutibus exaggerato sumus Cic.*Parad.*41; te natura excelsum quendam uidelicet et ~um *Tusc.*2.11; facillime..ad res iniustas impellitur, ut quisque ~issimo animo est, gloriae cupiditate *Off.*1.65; animum..~um et erectum prae se gerebat *B.Afr.*10.3; quotiens bonus atque fidus iudex..reiecit ~o dona nocentium uultu Hor.*Carm.*4.9.42; illum sublimem ~ioremque humano fastigio credidi Sen.*Ep.*108.13;—(*w. gen.*) quam fuerit ~us animi atque magnificus Gel.4.18.1. **c** quorum ~ior oratio actioque esset ardentior Cic.*Brut.*276; nil acre uelim magnumque modis intonet ~is Sen.*Ag.*333; diiudicandum est, immodicum sit an grande, ~um an enorme Plin.*Ep.*9.26.6;—(*of orators*) urbanior et ~ior Cicero Tac.*Dial.*18.2.

14 Of deep wisdom, penetrating, profound.

homo sapiens atque ~a et diuina quadam mente praeditus multa uidit Cic.*Mil.*21; Aristophanis..~ioris est prudentiae praeceptum V.Max.7.2.ext.7; illos..~issimos uiros error iste non tenuit Sen.*Nat.*2.44.2; erum studio..~isque iuuabat consiliis Stat.*Silv.*2.6.51; placidae et..iam tum ~ae mentis Quint.*Inst.*6.pr.7; quibus ~ior intellectus Tac.*Ann.*13.16; (*w. abl.*) ~us consiliis pater Stat.*Theb.*3.386.

15 (of sensations, emotions, etc.) Deep, strong, profound. **b** (of sleep) deep, profound. **c** (of crimes, etc.) grave, heinous.

me..ad ~iorem memoriam Oedipodis..species..commouit Cic.*Fin.*5.3; sed tuus ~us amor barathro fuit altior illo Catul.68.117; mentem timor ~us habet Petr.128.6,l.5; turbatus inhorruit ~is rex odiis Stat.*Theb.*11.249; qui ~iorem iracundiam eius uerebantur Tac.*Hist.*2.91; nouus et ~ior pauor *Ann.*16.29; dolor ~vs *CIL* 9.3279;—(*cf. w. sense 6c*) premit ~um corde dolorem Verg.*A.*1.209. **b** fertur in ~um aeternumque soporem Lucr.3.465; dulcis et ~a quies Verg.*A.*6.522; Hor.*S.*2.1.8; quod tempus mortales somno ~issimo premit Liv.7.35.11; si latratibus ~i rumpuntur somni Juv.6.415;—(*neut. as adv.*) priuatus ut ~um dormiret 1.16. **c** magnas ne penderet ~i erroris poenas Sil.7.517; ~iora sunt crimina Quint.*Decl.*296 (p.170,l.10); (*cf.*) tota Tethys per meas currat manus haerebit ~um facinus Sen.*Her.F.*1329.

aluārium ~(i)ī, *n.* [alvvs+-arivm]

1 A beehive.

ex apibus, quae ad uillam S⟨e⟩i in ~iis opus faciunt Var.

*R.*3.2.11; apes in ~ium concesserant Cic.*Oecon.*fr.14; seu lento fuerint ~ia uimine texta Verg.*G.*4.34; Col.11.2.90; Plin.*Nat.*28.79.

2 An apiary.
ubi et cuius modi me facere oporteat ~ium Var.*R.*3.16.11; Plin.*Nat.*8.44; ~i locvm occvpavit *CIL* 2.2242.

ālūcinātiō ~ōnis, *f.* Also **hāl-.** [next+-tio] A wandering in mind, idle dream, delusion. **b** (w. *mentis et corporis*) idle or aimless behaviour.
Sen.*Dial.*7.26.6. **b** delicatissimas mentis et corporis ~ones Gel.8.3.

ālūcinor ~ārī ~ātus, *intr.* (*tr.*). Also **hāl-.** [cf. Gk. ἀλύω and termination of vaticinor] To wander in mind; (of the mind) to wander. **b** (*tr.*) to utter with wandering mind.
suspicor hunc..~ari Cic.*Att.*15.29.2; nec quod hic alias mimus ~atur Apul.*Fl.*18; (*cf.*) epistulae nostrae debent interdum ~ari Cic.*Q.fr.*2.9.1;—(*pres. pple. as sb.*) oscitans et ~anti similis Gel.6(7).17.11;—uagi animi et ~antis 4.20.8. **b** ista..quae Epicurus oscitans ~atus est Cic. *N.D.*1.72.

alucita ~ae, *f.* [dub.] A gnat.
contubernalem ~ae molestabant ?Petr.fr.11.

alueāre ~is, *n.* [alvevs+-aris] A beehive.
ubi a posteriore parte..patefactum fuerit ~e Col.9.15.5; ne..~ibus auibusque accommodent curam (agricolae) Quint.*Inst.*1.12.7.

alueārium ~(i)ī, *n.* [alvevs+-arivm] A beehive.
celebre illud ~ium [Quint.]*Decl.*13.6.

alueātus ~a ~um, *a.* [alvevs+-atvs²] Hollowed out like a trough, trough-shaped.
sulcos..~os esse oportet Cato *Agr.*43.1.

alueolātus ~a ~um, *a.* [alveolvs+-atvs²] = prec.
si..ad libellam dirigetur (stylobates) ~um oculo uidebitur Vitr.3.4.4.

alueolum ~ī, *n.*: (see quot.).
~um tabula aleatoria Paul.*Fest.*p.8M.

alueolus ~ī, *m.* [alvevs+-olvs]

1 A trough-shaped vessel, a bowl or basin. **b** (in spec. applications) a bath-tub; a gabion; a dish for use at table.
in ~o expositos (Romulum et Remum) Var.*L.*5.54; ~o coepit ligneo conspargere humum aestuantem Phaed. 2.5.15; Col.8.5.13. **b** testudines..~orum ex communi hypocausi calfaciantur Vitr.5.10.1;—secures rutra falces ~os molas quantum in quadraginta longas naues opus esset Liv.28.45.17;—illud..uestris datur ~is quod canna Micipsarum..subuexit Juv.5.88.

2 A gaming-board.
naumachiam licet haec..~umque putare, et calces Lucil. 457; tesserae quibus in ~o luditur Var. in Gel.1.20.4; Cic. *Fin.*5.56; Gel.14.1.24;—(*meton.*) quantum (temporum) alii tribuunt tempestiuis conuiuiis, quantum denique ~o, quantum pilae Cic.*Arch.*13.

3 The channel (of a river).
saxo, quod ~um interpellat, repercussus (amnis) Curt. 6.4.4.

alueum ~ī, *n.* [cf. next] A bath.
~a ponenda cvravit *CIL* 6.8718.

alueus ~ī, *m.* [cf. alvvs]

1 A hollow, trough-shaped vessel, trough; (spec.) a trough from which pigs feed; (vulg.) a dish for use at table. **b** a bath-tub; also, a sunken recess for bath-tubs.
in ~o aut in corbula ferri (*sc.* oleas, ulmos, *etc.*) iubeto Cato *Agr.*28.1; fluitantem ~um, quo expositi erant pueri Liv.1.4.6; Ov.*Fast.*2.407; Plin.*Nat.*16.53; adulterum ~o ligneo, quo frumenta confusa purgari consuerant..abscondit Apul.*Met.*9.23;—si ex ea ~is factis bibant sues Plin.*Nat.*24.67;—in ~o circumlata sunt oxycomina Petr. 66.7. **b** ubi uisum est ut in ~um descenderet *Rhet.Her.* 4.14; Cic.*Cael.*67;—Vitr.5.10.4.

2 The hull (of a ship), hold; a ship, boat.
naues..planis ~is fabricatas Liv.10.2.12; Sil.14.428; Tac.*Ann.*14.29;—(*w.* nauium) ~os nauium inuorsos pro tuguriis habuere Sal.*Jug.*18.5; Liv.23.34.17;—accipit ~o ingentem Aenean Verg.*A.*6.412; portabat sanctos ~us ille uiros Prop.3.7.16; et ipsi milites..~os informes..raptim quibus se suaque transueherent faciebant Liv.21.26.9; Tac. *Ann.*2.23; Juv.12.30; Apul.*Met.*11.16.

3 The channel or bed (of a river, trench, etc.); also, the current of water or the channel considered as navigable. **b** a trench or hole large enough to hold two vines.
cum..iam se condidit ~o (Nilus) Verg.*A.*9.32; fluminis.. medio ~o cum pace delabentis Etruscum in mare Hor. *Carm.*3.29.34; flumen Allia, Crustuminis montibus praealto defluens ~o Liv.5.37.7; Ov.*Met.*8.559; torrentem eum ripae in tenuem ~um cogunt Curt.7.10.2; Sen.*Nat.*6.17.2; Quint.*Inst.*9.4.7; qua..demisso ~o Euphrates decurrit Fron.*Str.*1.1.6; certum iam ~o Rhenum Tac.*Ger.*32.1; Plin.*Ep.*5.6.12;—labitur..trabica in ~os Pac.*trag.*406; illum in praeceps prono rapit ~us amni Verg.*G.*1.203; Curt.5.3.2; Luc.10.311; perfodere nauigabili ~o angustias Plin.*Nat.*4.10;—(*w.* fluminis, fossae, *etc.*) fundamentum muri deprimendum est infra ~um fossae Vitr.1.5.6; grauissimas nauium non pertulit ~us fluminis Liv.10.2.7; cvrator ~i et riparvm tiberis *A.Epig.*33.97;—(*in fig. phr.*) (grammatice) tenuis a fonte..pleno iam satis ~o fluit Quint.*Inst.*2.1.4. **b** ne similis sit ~o scrobis Col.4.4.1; scrobes..qui ex his longiores fient, ut uites binas accipiant e diuerso, ~i uocabuntur Plin.*Nat.*17.168; 33.67.

4 A beehive. **b** (applied to the interior of a house).
nil moror mihi fucum in ~o Pl.fr.90; flores apis ingerit ~o Tib.2.1.49; ~orum cultoribus Col.9.3.1; antequam a nobis ~o concludantur (apes) Gaius *dig.*41.1.5.2; qvi svpra qvinqve ~os habebit *CIL* 8.25902.2.1. **b** nobis..domus ~o receptis Apul.*Met.*4.18.

5 A gaming-board.
tesserae, quas in ~o ludentes iaciunt Vitr.5.pr.4; Plin. *Nat.*37.13; Suet.*Cl.*33.2;—(*meton.*) mihi puero..fuit..~us rarus Var. in Non.p.108M; ~o..et calculis interdum uacasse dicitur V.Max.8.8.2.

alum ~ī, *n.* [dub.]

1 One or other of the species of comfrey.
~um nos uocamus, Graeci symphyton petraeum Plin. *Nat.*27.41; symphyti radix, quam..quidam..~um Gallicum dicunt Larg.83.

2 Wild garlic (cf. allivm).
alium est..in aruis sponte nascens— ~um uocant Plin. *Nat.*19.116.

alūmen ~inis *n.* [*alu(t)- (cf. Gk. ἀλύδοιμος, Eng. ale)+-men] One or other of a group of astringent substances, including sulphates of aluminium, potash alum, etc., alum.
ita Archelaus omnem materiam oblеuerat ~ine Quad. *hist.*81; Var.*L.*5.25; hircum et ~en olens Dom.Mars.*poet.* 5(4); cum in imo per ~en..ignis excitatur Vitr.8.3.1; nec minor est..~inis opera, quod intellegitur salsugo terrae Plin.*Nat.*35.183; (*w. adjs.*) ~en Melinum Cels.5.1; ~en scissile 5.8; scisso ~ine Col.6.31.2; ~ine rotundo Plin.*Nat.* 20.88; ~ine Aegyptio 28.100; ~inis fissi Larg.4; ~inis liquidi 227.

alumentārius: see alimentarivs.

Alumentō. An old name for Laomedon, father of Priam.
Acc.*trag.*653; Paul.*Fest.*p.18M.

alūminārius ~(i)ī, *m.* [alvmen+-arivs] A dealer in alum.
c terentivs..~ivs *CIL* 6.9142.

alūminātus ~a ~um, *a.* [alvmen+-atvs²] Containing alum.
(aqua) ~a Plin.*Nat.*31.59.

alūminōsus ~a ~um, *a.* [alvmen+-osvs] Containing alum; (n. pl. as sb.) aluminous strata.
sulphurosum locum aut ~um Vitr.8.2.8; ~as (aquas) Sen.*Nat.*3.2.1;—sulpurata uel ~a occurrentia putearios necant Plin.*Nat.*31.49.

alumna ~ae, *f.* [alvmnvs]

1 A nursling of the female sex, (foster-) daughter or child. **b** (of quasi-personified deities and in fig. exprs.). **c** (of animals).
mearum ~arum pater Pl.*Poen.*1123; *Ciris* 224; Ov.*Met.* 2.527; refouet frigentis amicum pectus ~a senis Stat. *Theb.*7.362; Suet.*Cl.*39.2. **b** ad nos accedit cana Veritas, Attices philosophiae ~a Var.*Men.*141; est..iam bene constitutae ciuitatis quasi ~a quaedam eloquentia Cic. *Brut.*45; Pax Cererem nutrit, Pacis ~a Ceres Ov.*Fast.*1.704; (Italia) terra omnium terrarum ~a eadem et parens Plin. *Nat.*3.39; Noctis ~a (Tisiphone) Sil.2.531; fides pietatis ~a *CIL* 2.1699. **c** daturus dominis equarum inscensu generoso multas mulas ~as Apul.*Met.*7.14.

2 A person of the female sex regarded as the product of a particular place, etc., 'daughter', 'child'. **b** (of animals). **c** (of plants). **d** (of things).
Heliconis ~ae Ov.*Fast.*4.193; pulchra tumeat Sebethos ~a Stat.*Silv.*1.2.263; vrbis ~a *CIL* 10.7565. **b** aquai dulcis ~ae (*i.e.* ranae) Cic.*Arat.Progn.*216; terrae omniparentis agiles ~ae (*i.e.* formicae) Apul.*Met.*6.10. **c** adamantida, Armeniae..~am Plin.*Nat.*24.162; tui..quercus ~a uadi Stat.*Theb.*7.733. **d** hanc tibi Sequanicae pinguem textricis ~am..mittimus endromida Mart.4.19.1.

3 A ward, protégée.
hi Veneris mores, hoc gratae munus ~ae? Stat.*Ach.*1.70; *Silv.*1.2.158; pecuniam..quam nescio quae ista altilis ~a accipiet Fro.*Aur.*2.p.94(37N).

4 A nurse, (foster-) mother.
ne tu illa quidem communis ~a (*s.v.l.*) omnibus iniecta, tellus, tumulabis harena *Ciris* 441;—(*of a country*) lumen ~ae Hannibalem Libyae Sil.9.532.

alumnor ~ārī ~ātus, *tr.* [alvmnvs+-o³] To nurture, rear (children); to train (animals).
adolescentem istum quod manibus meis ~atus sim scitis Apul.*Met.*6.23; 10.23;—canes..quos ad tutelae praesidia curiose fuerant ~ati (coloni) 8.17; (*pple. in pass. sense*) canes..transeuntium uiatorum passiuis morsibus ~atos Apul.*Met.*9.36.

alumnula ~ae, *f.* [alvmna+-vla] A little foster-daughter.
d m aleticia doridis aleticia trophime ~ae et sibi viva fec(it) *CIL* 12.1602.

alumnulus ~ī, *m.* [alvmnvs+-vlvs] A little foster-son.
salue, ~e (*cj.*) Pl.*Mer.*809.

alumnus¹ ~ī, *m.* [alo+*-mnus = the Gk. participial termination -μενος] Forms: *~um* (gen. pl.) Pac.*trag.*313.

1 A nursling of the male sex, (foster-) son or child; (spec., in contrast w. a natural son). **b** a young animal, youngling. **c** a young plant, sapling. **d** (applied to things).
erus atque ~us tuos sum Pl.*Mer.*809; ubi quod lupam ~ fellarunt olim Var.*Men.*476; Tityon, Terrae omniparentis ~um Verg.*A.*6.595; quid uoueat dulci nutricula maius ~o? Hor.*Ep.*1.4.8; Ov.*Ib.*577; Stat.*Silv.*1.3.87;—(*as a term of endearment*) tuos sum ~us, mel meum Pl.*Mos.*325a; Suet. *Cal.*13;—(*poet.*) Tellus..tam piis felix parens et tuta ~is [Sen.]*Oct.*406;—(*fig.*) hos amat (Fortuna)..utque suos semper producit ~os Juv.6.609;—si quis filium filiamue.. aut ~um..manumittat Gaius *Inst.*1.19;—(*fig.*) qui..te ne ~um quidem eius (*sc.* fortunae) existimas sed partum Plin. *Nat.*7.43. **b** lenis incedas abeasque paruis aequus ~is (Faune) Hor.*Carm.*3.18.4; pigrae..matris (*i.e. a sow*) ~um Mart.13.41.1. **c** sucos alieno praestat ~o Ov.*Met.*14.631. **d** amnes..eorum (*sc. lakes*) partus aut ~i Plin.*Nat.*3.131.

2 A person of the male sex regarded as the product of a particular country, environment, etc., 'son', 'child'; (esp. in mil. contexts, w. *legionum*, etc.). **b** (of animals).
ut..Italia..~um suum seruitutis extremo..supplicio adfixum uideret Cic.*Ver.*5.169; nec Romula quondam ullo se tantum tellus iactabit ~o Verg.*A.*6.877; Parthae telluris ~is Prop.4.3.67; Mela 2.34; per saeuos Hister descendit ~os V.Fl.8.219; nemorum..insignis ~us Stat.*Theb.*10.368; et uerba omnia et uox huius ~um urbis oleant Quint.*Inst.* 8.1.3; ulli..Italiae ~i Tac.*Hist.*1.84; rvstici tvi vernvlae et ~i saltvm tvorvm *CIL* 8.10570; (*cf.*) Bacchum haud mentimur ~um et magnum Alciden Stat.*Theb.*7.667;—(*environment*) pacis, ut ita dicam, ~us Cic.*Phil.*7.8; haec et alia flagitia diuitiarum ~i solent Apul.*Apol.*18;—~us prius omnium uestrum quam imperator Liv.21.43.18; ~um commilitonemque uestrum Curt.9.2.28; ~us legionum Sen. *Dial.*2.18.4. **b** frenat celeris Epiros ~os Stat.*Ach.*1.420; —(*environment*) paruulus..umoris..~us *Culex* 183.

3 A ward, protégé, 'charge'.
non ut regem modo sed etiam ut ~um..diligebat Curt. 3.6.1; Quint.*Inst.*1.1.11; Q. Hortensii pronepotes, diui Augusti ~os ab inopia defende Tac.*Ann.*2.37;—(*masc. and fem.*) Varianis ~is masculis feminisque sestertium deciens singulis reliquit Fro.*Amic.*2.p.98(183N).

4 (applied to the pupils or followers of philosophers, orators, etc.).
Aristoteles reliquique Platonis ~i Cic.*Fin.*4.72; Caluum et proximum Ciceroni Caesarem eorumque uelut ~os Coruinum ac Pollionem Asinium Vell.2.36.2.

alumnus² ~a ~um, *a.* [alo]

1 (w. gen.) That is reared or fostered (by); (absol.) that has been reared or fostered (by some person to be understood from the context). **b** (neut. pl. as sb.).
(*of an animal*) (lepus) est..animal intolerandi rigoris ~um Plin.*Nat.*8.217;—(*applied to quasi-abst. sbs.*) tenebrarum ~a blattis uita Plin.*Nat.*11.99; Martis ~e dies Mart. 12.60.1;—hanc natis..habentem sublimes animos et ~o numine Ov.*Met.*4.421; (*of an animal*) magistrum in cauea.. leo tollet ~us Juv.14.247. **b** illa terrae ~a (*sc.* uinum, holus) Apul.*Apol.*24.

2 Who or that has been nurtured in the locality (implied by the context), native.
omne ex ordine ~um numen Stat.*Theb.*8.223; ~i..dei 11.45.

alus ~ī, *f.* = alvm.
~us (*cj.*)..quam Galli sic uocant, Veneti cotoneam Plin. *Nat.*26.42.

alūta ~ae, *f.* [cf. alvmen]

1 A piece of soft leather (used for various purposes); (spec.) a beauty-patch. **b** (applied to a flaccid penis).
~ae..tenuiter confectae Caes.*Gal.*3.13.4; (medicamentum) linitur ~a Larg.81; inguina succinctus nigra..~a Mart.7.35.1;—parua..sinceras uelat ~a genas Ov.*Ars* 3. 202. **b** Mart.11.60.3.

2 (Used in making: **a** a shoe. **b** a bag or purse).
a pes malus in niuea semper celetur ~a Ov.*Ars* 3.271; Mart.12.29.9; Juv.7.192. **b** Lucil.446; tumida.. superbus ~a Juv.14.282.

alutiae ~ārum, *f. pl.* (See quot.)
in aurariis metallis quae ~as uocant Plin.*Nat.*34.157.

aluus ~ī, *f.* (*m.*). [cf. Gk. αὐλός] Forms: *~os* (nom. sg.) Col.6.7.2. Gender: masc. in Pl. *Ps.*823; Cato *Fil.*4(J); Acc.*poet.*1, *trag.*700; Cinna *poet.*7(9); Calv.*poet.*14; Laber.*com.* 157.

1 The belly as the lower front part of the body regarded externally.
adflicti ~os undarum ui Sal.*Hist.*3.54; gurgite quae medio summa tenus extitit ~o Ov.*Met.*5.413; Cels.1.pr.40;—(*of animals*) illi (*sc.* equo)..breuis ~us Verg.*G.*3.80;—(*of serpents*) serpens in longam porrigar ~um Ov.*Met.*4.575; Luc. 9.713;—(*of constellations*) huic (*sc.* Andromedae) Equus ille..summum contingit caput ~o Cic.*Arat.*210.

2 The belly as the part of the body containing the organs of the alimentary system:

a the stomach. **b** the bowels or their excremental contents; a movement of the bowels; *~um purgare, soluere*, etc., to move or open the bowels; *~us adstricta, suppressa*, etc., constipation; *~us fusa, cita*, etc., diarrhoea; (spec.) the rectum.

a quom hasce herbas..in suom ~om congerunt PL.*Ps.* 823; cum ~i natura subiecta stomacho cibi et potionis sit receptaculum CIC.*N.D.*2.136; HOR.*Ep.*1.16.14; quos demisit uastam Polyphemus in ~um OV.*Ib.*385; SEN.*Ep.*60.3; PLIN.*Nat.*11.176; inexpletam..~um STAT.*Theb.*2.518;—(*in a pun; cf. sense 3*) illam (*sc.* Famem matrem) in ~o gesto plus annos decem PL.*St.*160;—(*of an animal*) quos..uictor..capacis ~i mersit tartareo specu PHAED.4.6.10. **b** nigra proluuie ~i LUCR.6.1200; si dura morabitur ~us HOR.*S.* 2.4.27; si..liquida ~us est CELS.4.26.2; ex duritie ~i cubantem SUET.*Nero* 34.5;—(*of animals*) COL.6.7.2;—si ~us uaria si cum dolore est CELS.2.8.30;—(*pl.*) ad eliciendas ~os PLIN.*Nat.*19.80;—~om prodi sperauit nobis salsis poculis PL.*Rud.*589; ~um..deicere superiorem CATO *Agr.*156.2; ~om purgari SAL.*Hist.*1.52; ~os, si compressa est ducenda CELS.4.29.2; ~um soluit (ascyron) PLIN.*Nat.*27.37; quae ~um mediocriter molliant LARG.135; ~us acri clysmo..trahenda est 155; exoluta ~o TAC.*Ann.*13.15;—alios adstricta..~us exercet CELS.1.3.13; si..subito habet ~um suppressam 2.12.2.c;—~um firmare (debet) is, cui fusa..est 1.3.14; flos (hederae)..~um citam emendat PLIN.*Nat.* 24.79; ad ~um citatam LARG.111; de ~o..inter timendum prona atque praecipiti GEL.19.4.4;—contra mediam ~um orsa (uulua) CELS.4.1.12.

3 The belly as the part of the body containing unborn offspring, womb. **b** the matrix (of a fruit; also, of a stone). **c** (transf.) the inmost depths.

Maia..grauido concepit in ~o ACC.*poet.*1; spem illam quam in ~o..continebat CIC.*Clu.*34; *Div.*1.39; maternis..membris ~oque reposta LUCR.3.346; HOR.*Carm.*4.6.20; OV.*Ib.*219; siquis erit qui tum materna excesserit ~o MAN. 3.195; STAT.*Silv.*2.1.78;—(*in a pun; cf. sense 2a*) illa me in ~o menses gestauit decem PL.*St.*159;—(*applied to the ovary of a bird*) uix dum concepta in ~o uitiat (pauo) oua COL. 8.11.5. **b** quaedam (poma) ~o continentur, ut granata PLIN.*Nat.*15.114;—huic est in ~o lapis, qui uocatur callimus 36.150. **c** nec sola fronte deorum contentus manet, et caelum scrutatur in ~o MAN.4.909.

4 A bee-hive. **b** a hiveful (of bees).

media ~o, qua introeant apes, faciunt foramina parua VAR.*R.*3.16.16; ~os accipite et ceris opus infundite PHAED. 3.13.9; COL.9.2.1; PLIN.*Nat.*11.24. **b** ab exortu Vergiliarum ad solstitium..fere examinant ~i COL.9.14.5; PLIN.*Nat.*7.64; enecant aluos 11.65.

5 The hull (of a ship).

(naues) camaras uocant, artis lateribus latam ~um TAC. *Hist.*3.47.

6 (applied to various things resembling the belly in shape): **a** a hollow, cavity. **b** a curved shape, curvature.

a mediam..per ~um (nassae) sensim fastigans, compressa cacumina nectit SIL.5.49;—(*w. ref. to the Trojan horse; cf. sense 3*) pars..scandunt rursus equum et nota conduntur in ~o VERG.*A.*2.401; cum fatalis equus..armatum peditem grauis attulit ~o 6.516;—(*cf. sense 4*) apes examina condunt..uitiosae..ilicis ~o *G.*2.453. **b** neque enim circumuenit illum (*the globe*) recta acies, mediaque tenus distinguitur ~o MAN.3.377; PLIN.*Nat.*32.60.

alȳpon -ī, *n.* [Gk. ἄλυπον] (perh.) Turpeth, *globularia alypum.*

~on cauliculus est..non dissimile betae PLIN.*Nat.*27.22.

alysis, *f.* [Gk. ἅλυσις] (See quot.)

~ est catena quaedam luminis clarioris, per solis ambitum in se reuertens APUL.*Mun.*16.

alysson ~ī, *n.* [Gk. ἄλυσσον] A kind of madder.

PLIN.*Nat.*24.95.

am, *prep. pref.*: (see quot.).

~ praepositio loquelaris significat circum, unde supra seruus ambactus, est id circumactus, dicitur PAUL.*Fest.*p.4M.

ama ~ae: see HAMA.

amābilis ~is ~e, *a.* *compar.* ~ior, *superl.* ~issimus. [AMO+-BILIS]

1 Able or worthy to be loved, lovable, amiable: **a** (of persons). **b** (of qualities, etc.).

a nimis bella es atque ~is PL.*As.*674; eam..quam numquam uidi tamen et amo et ~em esse certo scio CIC.*Att.* 5.19.2; uita frater ~ior CATUL.65.10; qui..te..semper ~em sperat HOR.*Carm.*1.5.10; pater quo non alter ~ior [TIB.] 3.4.94; ut ameris, ~is esto OV.*Ars* 2.107; Gargonius, fatuorum ~issimus SEN.*Suas.*7.14;—(*w. dat.*) ~I(S) OM[I]NIBVS *CIL* 1.1259.6; CIC.*Fam.*7.20.1; adulescentem..hilarem et ~em turbae SEN.*Ep.*36.3. **b** oratio quae..significat oratoris ipsius ~is mores CIC.*Part.*22; nihil est..uirtute ~ius *N.D.*1.121; ~issimum nodum amicitiae *Amic.*51; habebat ille (*sc.* Ouidius)..~e ingenium SEN.*Con.*2.2.8; SEN.*Ben.*1.14.4; ipsam uerecundiam, utitum quidem sed ~e QUINT.*Inst.*12.5.2; SUET.*Cal.*8.2; (*w. dat.*) mihi..nihil ~ius officio tuo CIC.*Fam.*11.15.1.

2 (of things) Causing pleasure, delightful.

cetera noli putare ~iora fieri posse uilla, litore CIC.*Att.* 12.9; LUCR.1.23; frigus ~e HOR.*Carm.*3.13.10; seu condis ~e carmen *Ep.*1.3.24; accedent questus, accedet ~e murmur OV.*Ars* 2.723; PLIN.*Ep.*3.18.7.

amābilitās ~ātis, *f.* [prec.+-TAS] Lovableness, attractiveness.

qui ~ati animum adiceret PL.*Poen.*1174; *St.*741; QVID PRODEST VIXISSE IN ~ATE FACETVM *CIL* 6.6319.

amābiliter, *adv.* *compar.* ~ius. [AMABILIS+-TER²] In a loving or friendly manner.

~iter in me cogitare ANT.*Att.*14.13a.2; libertas (Fescennina)..lusit ~iter HOR.*Ep.*2.1.148; spectet ~ius iuuenem..femina OV.*Ars* 3.675.

Amadryas ~adis: see HAMADRYAS.

Amalthēa ~ēae, *f.* Also **~aea.**

1 A Cretan nymph who nursed the infant Zeus; a shrine dedicated to her.

OV.*Fast.*5.115; HYG.*Fab.*139.3;—caesis apud ~am tuam uictimis CIC.*Att.*1.13.1; 2.1.11.

2 The Cumaean sibyl.

TIB.2.5.67.

Amalthēum ~ēī, *n.* Also **~īum.** A shrine dedicated to the nymph Amalthea.

epigrammatis tuis quae in ~eo posuisti CIC.*Att.*1.16.15; Attici nostri ~io *Leg.*2.7.

āmandātiō ~ōnis, *f.* [next+-TIO] A sending away, relegation, banishment.

haec a te uita eius rustica relegatio atque ~o appellabitur? CIC.*S.Rosc.*44.

āmandō ~āre ~āuī ~ātum, *tr.* Also **āmendo.** [AB-+MANDO¹] To send away, relegate.

me expulso, Catone ~ato CIC.*Dom.*66;—(*w. place whither indicated*) ~at hominem—quo? Lilybaeum fortasse? *Ver.* 5.69; *Att.*7.13.3; FRON.*Str.*1.3.6; Claudius Labeo, quem..~atum in Frisios diximus TAC.*Hist.*4.56;—(*w. place whence indicated*) hinc..~andus est CIC.*Dom.*65; (*w. non-personal obj.*) natura res similis procul ~auit a sensibus *N.D.*2.141;—(*fig.; w.* infra) is non modo ex numero uiuorum exturbatur, sed, si fieri potest, infra etiam mortuos ~atur *Quinct.*49.

amans¹ ~ntis, *a.* *compar.* ~ntior, *superl.* ~ntissimus. [pple. of AMO]

1 Having love or affection (for), fond (of), devoted (to): **a** (w. gen.). **b** (absol.).

a uester..animus ~ntissimus rei p. *Rhet.Her.*4.12; genus hoc uniuersum ~ntissimum est oti CIC.*Catil.*4.17; homo nec doctior..fieri potest nec tui meique ~ntior *Att.*6.1.12; omnino est ~ns sui uirtus *Amic.*98; me parum patriae ~ntem esse MAT.*Fam.*11.28.7; non illo melior quisquam nec ~ntior aequi OV.*Met.*1.322; ~ntissimus patriae V.MAX.8.9.ext.1; armorum pugnaeque ~ns MELA 1.83; SEN.*Cl.*2.5.3; COL. 7.12.1; SIL.16.106; QUINT. *Inst.*1.7.18; PLIN.*Ep.Tra.*10.2.1. **b** cum..~ntem adfinem amicumque amiseris CIC.*Att.*1.5.1; coniunctissimi atque ~ntissimi uiri *Amic.*104; adsidente ~ntissima uxore TAC.*Ag.*45.6; FRO.*Ant.*1.p.236(169N);—(*w.* inter se) tot inter se ~ntes uiros CIC.*Luc.*115.

2 (of things, words, etc.) Expressive or indicative of love or affection, loving, affectionate.

quo..est ipsum nomen ~ntius indulgentiusque maternum CIC.*Clu.*12; nisi meis..~ntissimis consiliis paruisses *Fam.* 2.1.2; huic aliquis iuuenum dixisset ~ntia uerba OV.*Fast.* 6.113; ni..obstet..parens et ~ntibus increpet alis STAT. *Theb.*10.462; *Silv.*2.3.55; PLIN.*Ep.*4.3.4.

3 (in pass. sense) Beloved (by), dear (to).

FILIAE..AB OMNIBVS ~NTISSIMAE *CIL* 6.26850; (*perh. cf.*) DEXSONIA SCLEMIO SIBI ET PHILEMAE SVAE ~NTISVMAE *CIL* 1.1590; uale mi amicissime, uale mi ~ntissime..magister dulcissime AUR.*Fro.*1.p.140(34N); quo mihi~ ntior es, tanto me laborum tuorum parciorem..esse oportet FRO.*Aur.*1 p.220(50N).

amans² ~ntis, *m., f.* [prec.] One who is fond or affectionate; (spec.) a sweetheart, lover.

nihil difficile ~nti puto. amo autem..ingenium studia mores tuos CIC.*Orat.*33;—umbra es ~ntis magis quam amator PL.*Mil.*625; quantum ~ntum in Attica est CAECIL. *com.*253; ~ntium irae amoris integratiost TER.*An.*555; Venus in siluis iungebat corpora ~ntum LUCR.5.962; quis fallere possit ~ntem? VERG.*A.*4.296; deus non laedit ~ntes [TIB.]3.10.15; PROP.1.18.7; LIV.30.7.8; OV.*Am.*1.8.78; sicut ~ntes de forma iudicare non possunt QUINT.*Inst.*6.2.6;—(*dist. from* amator) aliud..est amatorem esse, aliud ~ntem CIC.*Tusc.*4.27.

amanter, *adv.* *compar.* ~ius, *superl.* ~issimē. [AMANS¹+-TER²] With love or affection, lovingly, affectionately; also, amorously.

disputas tu quidem et ~er et prudenter CIC.*Att.*1.20.2; litterae..tuae cum ~issime tum honorificentissime scriptae 14.13b.2; TAC.*Ann.*1.43; ut nos..et ~er et modeste complectebatur! PLIN.*Ep.*5.16.3; me..~er agnitum inuadit APUL.*Met.*1.24;—laciniam curiosulus uentus satis ~er nunc lasciuiens reflabat 10.31.

āmanuensis ~is, *m., f.* [A(B)-+MANVS+-ENSIS] A secretary, clerk.

ne dispensatoribus quidem aut ~ibus exceptis SUET. *Nero* 44.1; *Tit.*3.2; PLAETORIAE IOLE ~I PLATORIA⟨E⟩ *CIL* 6.9542.

Amānus ~ī, *m.* A mountain range on the borders of Syria and Cilicia.

CIC.*Att.*5.20.3; MELA 1.69; LUC.3.244; PLIN.*Nat.*12.125.

amāracinum ~ī, *n.* [next] Perfume or ointment of marjoram.

postis..unguit ~o LUCR.4.1179; 6.973; (*prov.*) uetus adagium est: nihil cum fidibus graculost, nihil cum amaracino sui GEL.pr.19.

amāracinus ~a ~um, *a.* [Gk. ἀμαράκινος] Made of marjoram.

(unguentum) ~um PLIN.*Nat.*13.5; 21.163.

amāracus ~ī, *m.*, (*f.*). **~um** ~ī, *n.* [Gk. ἀμάρακος] **a** The plant marjoram. **b** feverfew, *pyrethrum parthenium.* **c** an unidentified tree.

a suaue olentis ~i CATUL.61.7; mollis ~us VERG.*A.*1.693; CELS.5.11; ~us, quem Phrygium cognominant PLIN.*Nat.* 21.67; (*fem.*) Cyzicena ~us 13.14;—(*neut.*) 21.37; 21.163. **b** parthenium alii leucanthes, alii ~um uocant PLIN.*Nat.* 21.176. **c** COL.9.4.3 (*s.v.l.*).

amarantus ~ī, *m.* [Gk. ἀμάραντος] ORTHOG.: AMARANTHO *CIL* 5.7357. Amaranth.

Culex 406; cum contexunt ~is alba puellae lilia [TIB.] 3.4.33; OV.*Fast.*4.439; immortales..~i COL.10.175; PLIN. *Nat.*21.47.

amārē, *adv.* *superl.* ~issimē. [AMARVS+-E] With bitterness, acidly, spitefully.

dicet idem..~e QUINT.*Inst.*12.10.71; epistulae singulorum nomina ~issime enumerantis SUET.*Aug.*70.1; PAUL. *dig.*24.1.28.2; APUL.*Met.*5.31.

amāritās ~ātis, *f.* [AMARVS+-TAS] Bitterness of taste, harshness.

ab suci uehementi ~ate (laricis) VITR.2.9.14.

amāritiēs ~ēī, *f.* [AMARVS+-IES] Bitterness (in quot., of experience).

dea..quae dulcem curis miscet ~em CATUL.68.18.

amāritūdō ~inis, *f.* [AMARVS+-TVDO]

1 Bitterness of taste, pungency, tang. **b** harshness (of sound).

propter ~inem respuit (oleas) palatum VAR.*R.*1.66; si ~ine (antidotum) offendit CELS.5.27.2; (mare) ~inem ponit SEN.*Nat.*3.5; (fons) ~ine infestatur PLIN.*Nat.*2.228; 12.29; 23.40. **b** diuersa vox et paene extra organum cui Graeci nomen ~inis dederunt QUINT.*Inst.*11.3.169.

2 Bitterness (of expression, feelings, etc.), acrimony, harshness.

~ine odii V.MAX.4.1.ext.6; ~inem uerborum SEN.*Con.* 9.2.28; SEN.*Dial.*3.4.3; PLIN.*Nat.*36.12; frequenter ~o ipsa ridicula est QUINT.*Inst.*10.1.117; iamborum ~inem TAC. *Dial.*10.4; haec (*sc.* oratio)..~ine..placet PLIN.*Ep.*5.8.10

3 The quality of being bitter to the mind or feelings.

~inem publicae confusionis V.MAX.4.8.3; 6.1.4; ne..~inem semel perceptam etiam ultra rudes annos reformidet QUINT.*Inst.*1.1.20; (*pl.*) cum..(diuitiarum) frons hilaris multis intus ~inibus sit referta V.MAX.4.4.pr.

amāror ~ōris, *m.* [AMARVS+-OR] A bitter taste.

cum tuimur misceri absinthia, tangit ~or (os) LUCR.4. 224; tristia temptantum sensu torquebit ~or (*v.l.* amaro) VERG.*G.*2.247.

amārulentus ~a ~um, *a.* [next+-VLENTVS] Having a sour disposition, acrimonious.

Τίμων ~us librum maledicentissimum conscripsit GEL. 3.17.4.

amārus ~a ~um, *a.* *compar.* ~ior, *superl.* ~issimus. [Skt. *amláḥ*]

1 Bitter in taste, pungent; (of wine) dry, tart; (also of taste). **b** (of soil) salt, bitter; (of water) salt, brackish. **c** *nux ~a*, the almond.

~o corpore buxum ENN.*Ann.*263; fel quod ~umst, id mel faciet (amor) PL.*Cas.*223; ~a (brassica) CATO *Agr.*157.1; (omne animal) sentit..dulcia et ~a CIC.*N.D.*3.32; ~um absinthi laticem LUCR.1.940; salices..~as VERG.*Ecl.*1.78; HOR.*S.*2.3.114; salibus uitiatur ~is OV.*Met.*15.286; ~um..thymum LUC.9.287; PLIN.*Nat.*32.18; LARG.99; (*cf.*) Sardoniis uideat tibi ~ior herbis VERG.*Ecl.*7.41; (*in fig. phr.*) minime ~us eis uisus est qui aliquid ex eius sermone speculae degustarant CIC.*Clu.*72;—minister uetuli puer Falerni, inger mi calices ~iores CATUL.27.2;—is liquor..habet ~um saporem VITR.2.9.12; PLIN.*Nat.*15.106; (*cf.*) si os ~um est CELS.1.3.3. **b** tellus..quae perhibetur ~a VERG.*G.*2.238; PLIN.*Nat.*17.33; SIC.FL.*agrim.*p.120;—Doris ~a suam non intermisceat undam VERG.*Ecl.*10.5; rorem..~um *G.*4. 431; CURT.9.9.6; STAT.*Silv.*2.2.18. **c** teri potest uel iris arida, uel nuces ~ae CELS.3.10.2; 3.24.2; PLIN.*Nat.*20.185; LARG.3.

2 Pungent in smell; acrid.

flores triti..~iores quam intacti PLIN.*Nat.*21.38;—fumo..~o VERG.*A.*12.588; OV.*Ib.*237.

3 Harsh (to the ear), shrill.

illum..~a lacessit tibia STAT.*Theb.*8.264; tuba..obsaeptas..foris sonitu perfringit ~o 10.553.

4 Attended by affliction or distress, harsh, bitter.

an amare occipere ~um est? PL.*Cist.*68; solitudo praesertim tam familiari in loco, non ~a CIC.*Att.*3.7.1; *Fin.* 1.44; ipsa per se uirtus ~a atque aspera est SAL.*Rep.*2. 7.7; ~a dies et noctis ~ior umbra est TIB.2.4.11; quid donis Eriphyla inuenit ~is PROP.2.16.29; ~a senectae pondera OV.*Met.*9.437; ~issimam tempestatem Augusti cura..dispulit V.MAX.7.6.6; ~a quadam libidine dolendi SEN.*Dial.*11.4.1; poena..~a JUV.13.247; (*in pun w. sense 1*) terra..de fructu (*sc.* absinthiis) quam sit ~a docet OV. *Pont.*3.8.16; (*neut., w. defining gen.*) ~a..curarum eluere HOR.*Carm.*4.12.19.

5 (of persons) Ill-natured, bitter, acrimonious. **b** (of words, oratorical style, etc.) biting, caustic. **c** (of physical conditions) harsh, bitter.

~ae mulieres sunt, non facile haec ferunt TER.*Hec.*710; ~iorem..me senectus facit CIC.*Att.*14.21.3; hostis ~e, quid increpitas..? VERG.*A.*10.900; PROP.2.33.6; V.MAX.9.2.ext. 10; homo mentis quam linguae ~ioris SEN.*Con.*4.pr.2.

b dictis uirtutem accendit ~is VERG.*A*.10.368; sermonis ~i HOR.*S*.1.7.7; mores scriptis uexauit ~is OV.*Pont*.4.14.37; est et ~um quiddam, quod fere in contumelia est positum QUINT.*Inst*.8.3.89; ~ior Caelius TAC.*Dial*.25.4; (*neut. as adv.*) contortis superciliis subridens ~um APUL.*Met*.6.13. **c** messis ~o strata gelu STAT.*Theb*.5.392.

Amaryllis ~idis, *f.* A conventional name for a shepherdess in pastoral poetry.
VERG.*Ecl*.1.5; 8.77; OV.*Ars* 2.267; *Tr*.2.537.

Amarynthis ~idos, *a. f.* Of Amarynthus in Euboea (cult title of Diana).
LIV.35.38.3.

amascō ~ere, *intr.* [AMO+-SCO] To begin to love.
nunc primulum ~o NAEV.*com*.138.

amāsiō ~ōnis, *m.* [cf. AMASIVS] A lover.
APUL.*Met*.3.22; (*facet.*) culicellus ~o Tulle SEPT.*poet*.14; festiuus hic ~o (*i.e.* asinus)..mulierem..gestiebat inscendere APUL.*Met*.7.21.

amāsiuncula ~ae, *f.* [fem. of next] A loved one, darling.
suadeo..me non facias ringentem, ~a PETR.75.6.

amāsiunculus ~ī, *m.* [next+-VNCVLVS] A paramour, lover.
uidebis populi rixam inter zelotypos et ~os PETR.45.7.

amāsius ~iī, *m.* [AMO] A lover.
miserrumum hodie ego hunc habebo ~ium PL.*Cas*.590; *Truc*.658; [QUINT.]*Decl*.3b.6; delphinos ueneríos esse et ~ios..historiae ueteres..declarant GEL.6(7).8.1; 19.9.9.

Amastriacus ~a ~um, *a.* Of Amastris, a town in Paphlagonia.
~is..ab oris OV.*Ib*.327.

amāta[1] ~ae, *f.* [pple. of AMO] A loved one.
~am apud aemulum cernens LIV.30.14.1; ut amatam patris redimeret CALP.*Decl*.37.

Amāta[2] ~ae, *f.* The mother of Lavinia.
VERG.*A*.7.343; 9.737; OV.*Fast*.4.879.

Amathūs ~untis, *f.* A town in Cyprus.
CATUL.36.14; VERG.*A*.10.51; OV.*Met*.10.220.

Amathūsiacus ~a ~um, *a.* Of Amathus.
~as..bidentes OV.*Met*.10.227.

Amathūsius ~a ~um, *a.* = prec.; (fem. as sb.) Venus.
culte puer puerique parens ~a (*sc.* Venus) culti OV.*Am*. 3.15.15;—duplex ~a CATUL.68.51.

amātiō ~ōnis, *f.* [AMO+-TIO] Love-making.
neque in hac (fabula)..ulla ~o PL.*Capt*.1030; te ..di.. perduint cum tua amica cumque ~onibus! *Mer*.794; *Rud*. 1204.

amātor ~ōris, *m.* [AMO+-TOR]

1 One who loves in the sexual sense (sts. of illicit love), a lover, paramour, admirer. **b** (appos., applied to the eyes).
ten ~orem esse inuentum inanem quasi cassam nucem? PL.*Ps*.371; CAECIL.*com*.137; forma inpulsi nostra nos ~ores colunt TER.*Hau*.389; LUCIL.263; ut..uirginem..ab ~orum impetu..prohibeamus CIC.*Brut*.330; *Ver*.3.148; exclusus ~or limina..sertis operit LUCR.4.1177; ~orem..Perithoum HOR.*Carm*.3.4.79; diues ~or TIB.1.5.47; PROP.1.7.13; LIV. 39.13.2; adultera, de qua inter ~orem pugna uirumque fuit OV.*Tr*.2.372; PLIN.*Nat*.34.77; spondet ~orem tenerum ..haruspex JUV.6.548;—(*w.* mulierum) tu magis ~or mulierum es PL.*Men*.268;—(*dist. from* amicus, amans) longe aliter est amicus atque ~or *Truc*.172; aliud..est ~orem esse, aliud amantem CIC.*Tusc*.4.27. **b** caput.. meum, quod istos ~ores tuos oculos gerit APUL.*Met*.5.24.

2 One who loves as a friend, a devoted friend.
fautorem tibi me, amicum, ~orem putes LUCIL.902; uir bonus ~orque noster CIC.*Att*.1.20.7; *Fam*.9.15.4; osores et ~ores quorundam hominum deos fingere APUL.*Soc*.12; ~ORIS CIVIVM *CIL* 8.2400.

3 a An enthusiastic admirer (of a person, thing, etc.), a devotee. **b** an enthusiastic pursuer (of an objective). **c** (quasi-adj., applied to the mind, etc.).
a quod (ornithonis genus) ~ores inuenit multos VAR.*R*. 3.4.2; ~ores huic (*sc.* *Cato as a writer*) desunt CIC.*Brut*.66; antiquitatis..~or NEP.*Att*.18.1; ruris ~ores HOR.*Ep*.1.10.2; PLIN.*Nat*.36.50; QUINT.*Inst*.12.10.2. **b** pacis..~ores CIC.*Att*.14.10.2; qui intellegentiae sapientiaeque se ~orem profitetur *Tim*.51; puri sermonis ~or CAES.*poet*.2.2; indomitus bellis et mortis ~or LUC.8.364; APUL.*Pl*.2.22. **c** Crater umoris ~or MAN.5.250; animum recti ac boni ~orem SEN.*Ep*.82.1; corporis..ut oneris necessarii non ~or, sed procurator est (animus) 92.33.

amātorculus ~ī, *m.* [prec.+-CVLVS] A little lover.
uix aegreque ~os inuenimus PL.*Poen*.236.

amātōriē, *adv.* [AMATORIVS+-E] In a loving manner.
nunc tu sapienter loquere neque ~ PL.*Mer*.581; scripta ~ (epistula) CIC.*Phil*.2.77.

amātōrium ~(i)ī, *n.* [neut. of next] Anything which stimulates sexual passion, a love-charm, philtre.
ego tibi monstrabo ~ium sine medicamento, sine herba SEN.*Ep*.9.6; Lucullum imperatorem clarissimum ~io perisse PLIN.*Nat*.25.25; 28.101; marito uxor ~ium dedit QUINT. *Inst*.7.8.2;—(*w. obj. gen.*) ~ium sui [QUINT.]*Decl*.15.7.

amātōrius ~a ~um, *a.* [AMO+-TORIVS] Of love or lovers, amatory; (of philtres, etc.) inducing love.
~is leuitatibus dediti CIC.*Fin*.1.61; in ~o sermone *Tusc*. 3.72; Anacreontis..tota poesis est ~a 4.71; ~ae militiae APUL.*Met*.2.18;—~is..ueneficiis PLIN.*Nat*.9.79; ~o..medicamento SUET.*Cal*.50.2; ~um poculum PAUL.*dig*.48.19.38.5; (*cf.*) incantamentorum ~a imitatio PLIN.*Nat*.28.19.

amātrix ~īcis, *f.* [AMO+-TRIX] A woman who loves in the sexual sense, lover; (contemptuous) a hussy. **b** (as adj., applied to things) amorous.
Sappho..~ix MART.7.69.9;—satis dicacula es ~ix PL.*As*. 511; *Poen*.1304; ut..~icem eam..clamitaret APUL.*Apol*.78. **b** ~ices..aquas MART. 7.15.4; 10.4.6.

amātus ~a ~um, *a.* [pple. of AMO] Loved, beloved.
moriens quaerebat ~ae coniugis amplexus *Eleg.Maec*.153; OV.*Fast*.6.579; ueluti dux taurus ~a ualle carens STAT. *Theb*.2.323.

amaxītēs, *m.* [Gk. ἁμαξίτης] A carter, waggoner.
misi tibi..per Draconem amaxitem panes $\overline{\text{XV}}$ *BIFAO* 41(p.153).

Amazōn ~onis, *f.* A member of the legendary race of female warriors whose home was on the river Thermodon, an Amazon; (spec. of Hippolyta, Penthesilea). **b** (applied to women as men's antagonists in the battle of love). **c** a statuette of an Amazon.
campi Themiscyrei, quos habuere ~ones SAL.*Hist*.3.73; cum..pictis bellantur ~ones armis VERG.*A*.11.660; CURT. 6.5.24; PLIN.*Nat*.5.115; TAC.*Ann*.3.61;—(*collect. sg.*) it Sthenelus qualem Mauortia uidit ~on V.FL.5.89;—(*applied to any female warrior*) exsultat ~on..pharetrata Camilla VERG.*A*.11.648;—~one natus (*i.e.* Hippolytus) OV.*Met*. 15.552; peltatam Scythico discinxit (Hercules) ~ona nodo MART.9.101.5;—qualis Argolicas ferox turmas ~on strauit SEN.*Tro*.673. **b** quicumque meo superarit ~ona ferro OV.*Ars* 2.743; 3.1. **c** circumtulit et Nero princeps ~onem PLIN.*Nat*.34.48.

Amazona ~ae, *f.* = AMAZON.
Hippolyten ~am HYG.*Fab*.30.10.

Amazonicus ~a ~um, *a.* Of or connected with the Amazons, Amazonian; (of a shield) shaped like those of the Amazons.
(montes) ~i MELA 1.109;—(Italia) ~ae figura desinens parmae PLIN.*Nat*.3.43; peltis..~is SUET.*Nero* 44.1.

Amazonis ~idis, *f.* = AMAZON.
~idum..agmina VERG.*A*.1.490; PROP.3.14.13; V.FL.4. 602;—(*as the title of a poem by Domitius Marsus*) MART.4. 29.8.

Amazonius ~a ~um, *a.* Connected with, or consisting of, Amazons, Amazonian; descended from an Amazon; (of weapons, etc.) similar in shape, etc., to those of the Amazons, such as the Amazons used.
quale ~um malum..domui SEN.*Her.O*.1450; ~ae.. cateruae STAT.*Theb*.9.611; ~is Tanain fumasse sepulcris 12.578; ~us Thermodon SIL.8.430;—~o..uiro (*i.e. Hippolytus*) OV.*Ep*.4.2;—~am pharetram VERG.*A*.5.311; ~a securi HOR.*Carm*.4.4.20; ~a..pelta STAT.*Silv*.5.1.131.

ambactus ~ī, *m.* [Gall.] A servant, retainer.
ENN.*Ann*.605; ita plurimos circum se ~os clientisque habet (eques) CAES.*Gal*.6.15.2; PAUL.*Fest*.p.4M.

ambāgēs ~um, *f. pl.* Also in sg., see below. [AMBI-, AGO] FORMS: *~es* (nom. sg.) TAC.*Hist*. 5.13; *~e* (abl. sg.) frequently; other cases of the sg. apparently not used; *~um* (gen. pl.) OV.*Met*.7.761.

1 a A roundabout or circuitous path, course, etc., meanderings, twists and turns. **b** a roundabout or circuitous movement, wandering to and fro; (applied to the movement of heavenly bodies). **c** (applied to various long, involved, or fluctuating processes; to an intricate system of beliefs; to a tortuous scheme).
a Daedalus ipse dolos tecti ~esque resoluit VERG.*A*.6.29; uariarum ~e uiarum OV.*Met*.8.161; STAT.*Theb*.12.668; Ionia aliquot se ~ibus sinuat MELA 1.86. **b** ~e remissa OV.*Ep*.7.149; iumentorum multiuii circuitus intorquebant molas ~e uaria APUL.*Met*.9.11; 10.28;—siderum ordinatis ~ibus 9.32; solis ~ibus 11.2. **c** ~ibus aeui obtegitur.. uetustas SIL.8.44; neque discentem per ~ges fatigabit (haec uia) QUINT.*Inst*.3.11.23; fortunarum lubricas ~es APUL.*Met*.1.6; (*cf. sense 2*) longa est iniuria, longae ~es VERG.*A*.1.342; istae ~es compositionis SEN.*Ep*.114.8; TAC. *Hist*.4.84;—post sepulturam uanae manium ~es PLIN.*Nat*. 7.188;—hoc pectus, quod fraudulentas ~es in meum concinnauit exitium APUL.*Met*.8.12.

2 Long-winded, obscure or evasive speech, a circumlocution, digression, evasion, 'beating about the bush'; (also, applied to behaviour which indicates something obliquely).
quid opust me multas agere ~es? PL.*Ps*.1255; quas.. ~es mihi narrare occipit? TER.*Hau*.318; quid tibi ego ~es.. scribere coner? LUCIL.1281; nec tibi tam longis opus est ~ibus usquam LUCR.6.1081; VERG.*G*.2.46; HOR.*S*.2.5.9; cum mittere ~es dictator iuberet LIV.6.16.1; neu longa ~e morer uos OV.*Met*.7.520; quid istas succinis ~es? PERS.3.20; de se per ~es interrogat TAC.*Hist*.2.4; FRO.*Aur*.1.p.110 (25N);—(*of the enigmatic speech of oracles, etc.*) Sibylla horrendas canit ~es VERG.*A*.6.99; OV.*Met*.7.761; ~e flexa Delphico mos est deo arcana tegere SEN.*Oed*.214; quae ~es Vespasianum ac Titum praedixerat TAC.*Hist*.5.13;—(*poet.*) per ~es solitas contraria uisis uaticinata quies LUC.7.21; —quid..praeciperet tacitis ~ibus LIV.1.54.8; quae uisa species haud per ~es arcem eam imperii caputque rerum fore portendebat 1.55.6.

3 Mental confusion or uncertainty.
inmensa uitae ~e circa auguria PLIN.*Nat*.10.137; magna ciuitatis ~e 26.9.

ambāgiō ~ōnis, *f.*: (see quot.).
adagio est littera commutata ~o, dicta ab eo quod ambit orationem, neque in aliqua una re consistit sola. ~o dicta ut ambustum VAR.*L*.7.31.

ambāgiōsus ~a ~um, *a.* [AMBAGES+-OSVS] Roundabout, indirect, circuitous.
lubrica atque ~a coniectatione nitentes GEL.14.1.33.

ambāgō ~inis, *f.* [cf. AMBAGES] Confusion uncertainty, obscurity.
uerum in caeco est multaque ~ine rerum MAN.4.304.

ambaruālis ~is ~e, *a.* [AMBI-+ARVVM+-ALIS] Concerned with the circumambulation of the fields (i.e. the ceremony of the Ambarvalia).
~es hostiae appellabantur, quae pro aruis a duobus fratribus sacrificabantur PAUL.*Fest*.p.5M.

ambe: (see quot.).
'ambages'..profectum a uerbo ~, quod inest in ambitu et ambitiose VAR.*L*.7.30.

ambecīsus ~ūs, *m.* [AMBI-+CAEDO+-TVS[3]] An incision on both sides.
ancilia, dicta ab ~u, quod ea arma ab utraque parte u Thracum incisa VAR.*L*.7.43.

ambedō ~esse ~ēdī ~ēsum, *tr.* [AMBI-+EDO[1]] To eat at, consume, devour; (of fire) to char, consume; (of water) to erode.
~esas..malis absumere mensas VERG.*A*.3.257; uis locustarum ~ederat quidquid herbidum TAC.*Ann*.15.5;— (*transf.*) dicit capram..suai uxoris dotem ~edisse oppido PL.*Mer*.239;—flammis..~esa..robora VERG.*A*.5.752;—flumen paulatim..agrum..~edit et uiam sustulit ALF.*dig*. 41.1.38;—(*w. ref. to conjugation*) PAUL.*Fest*.p.4M.

ambegnus ~a ~um, *a.*: see quot. and cf. AMBIEGNVS.
~i bos et uerbix appellabantur, cum ad eorum utraque latera agni in sacrificium ducebantur PAUL.*Fest*.p.4M.

ambestrix ~īcis, *f.* [AMBEDO+-TRIX] A gluttonous woman, gluttoness.
noui..illas ~ices PL.*Cas*.778.

ambi-, am-, *pref.* [Umb. *amb-*; Osc. *am-*; Gk. ἀμφί] Round, about.

ambiaxiō: (see quot.).
'~oque circumeuntes', cateruatim PAUL.*Fest*.p.26M.

ambidens: (see quot.).
~s siue bidens ouis appellabatur, quae superioribus et inferioribus est dentibus PAUL.*Fest*.p.4 M.

ambiegnus ~a ~um, *a.*: see quot. and cf. AMBEGNVS.
~a bos apud augures quam circum aliae hostiae constituuntur VAR.*L*.7.31.

ambifāriam, *adv.* [AMBI-+-FARIAM] In a way that places an opponent in a dilemma; also, in a way that proves an opponent's arguments to be self-contradictory.
anceps argumentum ~ proposuit APUL.*Fl*.18;—Zenonem ..qui primus omnium sollertissimo artificio ⟨argumenta⟩ ~ dissoluerit *Apol*.4.

ambigō ~ere, *intr.*, *tr.* [AMBI-+AGO]

1 To dispute, quarrel, contend.
Simus et Crito..hic ~unt de finibus TER.*Hau*.499; ut inter eos, qui ~unt, conueniat quid sit id, de quo agatur CIC.*Fin*. 2.4; regni certamine ~ebant fratres LIV.21.31.6; COL.2.2.15; QUINT.*Decl*.345(p.360,l.17);—(*w.* cum) ~unt adgnati cum eo, qui est heres CIC.*Inv*.2.122; uerbis secum de uirtute ~ere LIV.23.46.14; TAC.*Hist*.1.24;—(*w. indir. qu.*) haud ~am.. hicine fuerit Ascanius an maior quam hic LIV.1.3.2; TAC. *Ann*.4.55.

2 To be undecided or uncertain, doubt.
de quo si quis ~et VELL.2.4.6;—(*w. indir. qu.*) animos.. quaenam..militiae condicio ~entis TAC.*Ann*.1.16; FRO. *Aur*.1.p.44(213N);—(*w. acc. and inf.*) ne quis ~at..cuncta regno uiliora (eam) habere TAC.*Ann*.12.65; quoniam hoc quoque domino deberi nemo ~it ULP.*dig*.15.1.9.3.

3 (tr.) To call in question, argue about; (esp. pass.) to be at issue, be uncertain. **b** (impers. pass.; also gd.) there is (was) a doubt or dispute.
ne quid Clitomachus ~eret FRO.*Aur*.2.p.50(114N);—in

eis causis, quae propter scriptum ∼untur Cic.*de Orat.*2.110; temporis aeterni quoniam..∼itur status Lucr.3.1074; Hor.*Ep.*1.18.19; id..inter scriptores ∼itur, utrum..an.. Liv.33.36.15; 35.32.14; Tac.*Ann.*11.4; illud amplius ∼i ac dubitari scio Gel.14.2.16. **b** ⟨SEI QV⟩ID DE EO AGRO LOCO ∼ETVR *CIL* 1.585.33; hereditatis de qua ∼ebatur Cic.*Ver.* 2.45; *N.D.*1.69; QVANTA EA PECVNIA ERIT DE QVA TVM INTER EOS ∼ETVR *CIL* 1.592.2.18; Liv.41.22.4; Vell.1. 15.5; de potestate eius ∼itur Sen.*Ben.*4.2.2; de reliquo cultu uehementer ∼itur Plin.*Nat.*17.188; ducum..quos inter ∼ebatur Tac.*Ann.*3.43;—(*w. indir. qu.*) an dolo malo factum sit ∼itur Cic.*Tul.*fr.1; Hor.*Ep.*2.1.55; ∼i quanam Alpes transierit Liv.21.38.6; ∼itur, moenia ponat uter Ov.*Fast.*4.812; sed tria an plura sint ∼itur Quint.*Inst.* 3.4.1;—(*w.* quin) Liv.2.1.3;—(*w. acc. and inf.*) nec ∼itur prouinciam..alienato erga Vespasianum animo fuisse Tac. *Hist.*4.49;—(*gd.*) de pacto conuento excipi posse nequaquam ∼endum est Ulp.*dig.*44.4.2.4.

ambiguē, *adv.* [AMBIGVVS+-E]

1 (of writing, speaking, etc.) With doubtful meaning, ambiguously, equivocally.

nec esse ∼ scriptum *Rhet.Her.*2.16; cum..∼ multa dicantur Cic.*Orat.*115; *N.D.*1.86; Hor.*Ars* 449; minari nec id ∼ Liv.8.21.5; haud ∼..ingessit probra Curt.10.7.5; neque..∼e fremebant Tac.*Hist.*4.24; Proc.*dig.*50.16.125.

2 (of fighting, etc.) With doubtful issue, indecisively.

nec ∼e est uictus (hostis) Liv.8.19.8; pugnabatur.. in angustiis ∼ Tac.*Hist.*4.66; *Ann.*2.21; (*cf.*) facto..haud ∼ in maximam laudem uerso Liv.22.23.5.

3 In an unreliable or untrustworthy fashion.

ne..∼ agerent (legiones) Tac.*Hist.*3.35.

ambiguitās ∼ātis, *f.* [AMBIGVVS+-TAS] Ambiguity of meaning. **b** (concr.) an equivocal expression, ambiguity.

nobis ∼ate nominis uidentur errare Cic.*Inv.*1.74; cum.. plura significantur scripto propter uerbi aut uerborum ∼atem *Part.*108; Liv.41.18.10; in ∼atem incidendum est, si exprimere ἀπάθειαν uno uerbo cito uoluerimus et inpatientiam dicere Sen.*Ep.*9.2; Quint.*Inst.*2.15.3; inexplicabilis reperiendae sententiae ∼as Gel.14.2.3; Fro. *Amic.*2.p.184(196N). **b** relictis ∼atibus et syllogismis et cauillationibus Sen.*Ep.*108.12; exquisitas interim ∼ates Quint.*Inst.*1.10.5.

ambiguum ∼ī, *n.* [neut. of next]

1 That which can be interpreted in two different ways, an ambiguous expression or element, ambiguity. **b** *∼a uitae*, problems of conduct, ethical difficulties.

∼a..quae obscuram reddunt orationem *Rhet.Her.*4.67; ex illo ∼o eam partem, quae sibi prosit, defendere Cic.*Inv.* 2.142; ∼a sunt..in uerbo posita, non in re *de Orat.*2.253; ∼a primum uidere, deinde distinguere *Brut.*152; *Fin.*4.75; (Tiberio) nitenti ut sensus suos penitus abderet, in incertum et ∼um magis implicabantur (uerba) Tac.*Ann.*1.11; in ∼is pro dotibus respondere melius est Paul.*dig.*23.3.70; (*w. gen.*) ne ad ∼a sonitus..casum insidiantibus aperirent Tac. *Ann.*4.50. **b** altera (*sc.* pars philosophiae)..lumen admouet, quo discernantur ∼a uitae Sen.*Nat.*1.pr.2; (*cf.*) quem ad modum discernerentur uitae aut uocis ∼a *Ep.* 90.29.

2 *in ∼o*, in a state giving rise to uncertainty; also, in an undependable state.

quod in ∼o uerbum iaculata reliquit Lucr.4.1137; rumor in ∼o est Ov.*Met.*3.253; ubi laeta duris mixta in ∼o iacent Sen.*Oed.*208; nec diu res in ∼o stetit Apul.*Met.*11.27;—(*w. indir. qu.*) admodum in ∼o est..quid ea re fuat Pl.*Trin.* 594; tene magis saluum populus uelit an populum tu seruet in ∼o..Iuppiter V.Ruf.*poet.*5 (Hor.*Ep.*1.16.28); alter (lepus) in ∼o est, an sit conprensus Ov.*Met.*1.537; Curt. 8.6.26; bello an pace clarior Traianus existimandus sit, in ∼o..pono Fro.*Ver.*2.p.214(210N);—non..alias..magis..in ∼o Britannia fuit Tac.*Ag.*5.3; spes et praemia in ∼o, certa funera et luctus *Hist.*2.45.

3 (pl.) Uncertain conditions.

ne ritus sacrorum inter ∼a culti per prospera oblitterarentur Tac.*Ann.*11.15.

ambiguus ∼a ∼um, *a.* [AMBIGO+-VVS]

1 On which one's mind is not made up, unsettled, undecided, doubtful. **b** (of emotions, actions) marked by uncertainty. **c** *∼um est, habetur* (w. indir. qu.), it is uncertain . . .

quidquid incerti mi in animo prius aut ∼om fuit nunc liquet Pl.*Ps.*759; etiamsi dudum fuerat ∼om hoc mihi Ter.*Hec.*648; ego..non habui ∼um et statim ad Plancum misi D.Brut.*Fam.*11.11.1. **b** dum curae ∼ae, dum spes incerta futuri Verg.*A.*8.580; primo stetit ∼a spe pugna Liv.7.7.7; cur labat ∼o spes mea mixta metu? Ov.*Tr.*4.3.12; ∼us ut me sortis ignotae labor detinuit inter mortis et uitae mala Sen.*Phaed.*840; ∼o uisus errore lacessunt Oebalidae gemini Stat.*Theb.*5.437; taedio ∼ae spei Tac.*Ann.*14.59. **c** et specus in medio, natura factus an arte, ∼um Ov.*Met.* 11.236; ∼um nato dignior anne uiro *Pont.*4.13.30; ultra Caspium sinum quidnam esset ∼um..fuit, idemne oceanus an tellus infesta frigoribus Mela 3.44;—∼um habebatur quantum Caesari in eam liceret Tac.*Ann.*3.15.

2 Hesitating in mind, wavering, undecided, doubtful.

adspicit ∼um genetrix cogique uolentem Stat.*Ach.*1.325; tribuni centurionesque ∼i Tac.*Hist.*2.39;—(*of the mind*) ∼um..senis cunctatur Adrasti consilium Stat.*Theb.*6.626; mente ∼a fortunam seditionis alienae speculabantur Tac. *Ann.*1.31;—(*w. gen.*) ∼us consilii num..mare clauderet *Hist.*2.83; futuri ∼us 3.43; Tiberius cuncta per consules incipiebat tamquam..∼us imperandi *Ann.*1.7; ∼us pudoris ac metus 2.40; (*w.* inter) ceteris inter metum pudoremque ∼is Quad.*hist.*12; matres..∼ae spectare rates miserum inter amorem praesentis terrae fatisque uocantia regna Verg.*A.*5.655;—(*w. indir. qu.*) ∼o sub pectore pridem uerso, quid imbellis thyrsos..huc tuleris Stat.*Ach.*1.713; ∼us an urbem intraret, seu..speciem uenturi simulans Tac. *Ann.*6.1; quid uitarent quid peterent ∼i 15.38.

3 a Of uncertain direction or aim, unsteady. **b** of unsettled form.

a inhibere saepe tela cogebant metu ne ∼o ictu suis inciderent Liv.30.10.15; passibus ∼is Fortuna uolubilis errat Ov.*Tr.*5.8.15; Phrygius Maeandrus..∼o lapsu refluitque fluitque *Met.*8.163; excusares mare et ∼os flatus [Quint.]*Decl.*12.25; bis quinis mensibus aeger pendebam ∼um trutina sub iudice corpus Maur.1292; (*cf. w. sense 1*) cumque iter ∼um est et uitae nescius error deducit trepidas ramosa in compita mentes Pers.5.34. **b** Protea..∼um Ov.*Met.*2.9; inque uirum soliti uultus mutare ferinos ∼i prosecta lupi 7.271; V.Fl.2.318.

4 (of a battle or other contest) Of which the issue is in doubt, undecided; also, lacking a definite result, indecisive.

diu ∼a pugna fuit Liv.28.13.7; ∼o discrimine tendunt Phaedimus atque Dymas Stat.*Theb.*6.605; non alias..∼o magis euentu (concursum) Tac.*Ann.*2.46;—qui ∼am uictoriam Volscorum pro sua amplexi fuerant Liv.4.42.10; depugnatum..haudquaquam certamine ∼o cum Gallis est 7.26.8; minime ∼a res fuit; fusi hostes atque in castra compulsi 9.42.6; aegra lababat ∼o sub Marte fides Sil.2.393; ∼um proelium nox diremit Tac.*Hist.*5.20; quando compar est uel ∼us (cursus eorum) Gel.14.3.10.

5 a (of monsters) Of double or mixed form, hybrid. **b** partly of the land and partly of the sea, amphibious; also, that is partly land and partly sea.

a Atracis ∼os traxit in arma uiros (*i.e. Centaurs*) Ov.*Am.* 1.4.8; ∼ae captos uirginis (*i.e. Siren*) ore uiros 3.12.28; scelusque matris arguit uultu truci ∼us infans (*i.e. Minotaur*) Sen.*Phaed.*693; ∼as hominum et beluarum formas Tac.*Ann.*2.24. **b** ∼um sidus terraeque marisque Man. 4.795; (*of swimmers, divers, etc.*) ∼us terrae partus pelagique creatur 5.418;—∼ae coleret qui Syrtidos arua chersydros Luc.9.710; (*cf.*) ∼a..lege loci iacet inuia sedes 9.307.

6 That may be one or other of two, indeterminate, doubtful; also, that might be of either sex.

agnouit prolem ∼am geminosque parentis Verg.*A.*3.180; ∼am tellure noua Salamina futuram Hor.*Carm.*1.7.29; alter..∼o sexu inuentus Liv.31.12.6; (*cf.*) nomen ∼um suis, idem sororis gnatus et patris nepos? Sen.*Ag.*984; (*w.* inter) Sinuessae natum ∼o inter marem ac feminam sexu infantem Liv.27.11.4;—(*w. indir. qu.*) factum ∼um uerbum nominandi an patrici esset casus Var.*L.*9.76; —discrimen obscurum solutis crinibus ∼oque uultu Hor. *Carm.*2.5.24; ut quondam..∼us fuerit modo uir, modo femina Sithon Ov.*Met.*4.280.

7 Of doubtful identity or nature, disputed. **b** not established as true, disputable, controversial.

de ∼o agro cum saepe bello certassent Liv.3.71.2; donec.. haud ∼um regem alterum mea morte faciam 40.8.18; non foret ∼us tanti certaminis heres Ov.*Met.*13.129; haud ∼a Othoniani exercitus uoluntate Tac.*Hist.*2.45; nuntiabat discordare Parthos summaque imperii ∼a *Ann.*11.8; manifesta caedes, haud ∼us percussor 13.44; fuit mors eius infamis, ∼a tamen Plin.*Ep.*3.9.5; ∼ae si quando citabere testis incertaeque rei Juv.8.80; loca..publica iuris ∼i Suet. *Aug.*32.2; fabulis, quae dicuntur '∼ae' Gel.3.3.1. **b** cum ..∼um aliquid pro certo concesseris Cic.*Inv.*1.88; Pomptinus ager, tum primum..possessionis haud ∼ae Liv.6.5.2; de quibus congruunt et plura ∼a, sed cognitu non absurda promere libet Tac.*Ann.*6.28.

8 Having more than one possible meaning, ambiguous. **b** (of oracles, prophecies, and the like).

fit..ut rectus casus..sit ∼us, ut in hoc uerbo uolo, quod id duo significat, unum a uoluntate, alterum a uolando Var.*L.*9.103; sine ∼o uerbo aut sermone Cic.*de Orat.*3.49; id..contingit, cum scriptum ∼um est, ut duae sententiae differentes accipi possint *Top.*96; ab inuidendo..inuidentia recte dici potest, ut effugiamus ∼um nomen inuidiae *Tusc.* 3.20; uocem eius ∼am..a Fidenatibus exceptam causam mortis legatis fuisse Liv.4.17.3; responsum..haud ∼um imperantibus milites Romanis datum 7.25.5; Mucianus ∼is epistulis uictores morabatur Tac.*Hist.*3.78; ∼um pactum contra uenditorem interpretandum est Paul.*dig.*50.17.172; (*w. indir. qu.*) uerbum..'peruenisse' ∼um est, solumne hoc contineret, quod prima ratione fuerit, an uero et id quod durat Ulp.*dig.*5.3.23;—(*neut. sg. as adv.*) instat callida cautio, ne sermo ∼um sonet Maur.74. **b** oraculis..∼is Cic.*Div.*2.115; ∼is frustratum sortibus Luc.5.225; futurorum praesagia, laeta tristia, ∼a manifesta Tac.*Hist.*1.3.

9 Untrustworthy, unreliable, treacherous, suspect. **b** of uncertain loyalty, of doubtful allegiance.

domum timet ∼am Tyriosque bilinguis Verg.*A.*1.661; est locus Arcadiae..∼is suspectus aquis, quas nocte timeto! Ov.*Met.*15.333; uolat ∼is mobilis alis hora Sen.*Phaed.*1141; quem non ∼i fasces, non mobile uulgus..tenent Stat.*Silv.* 2.2.123; ∼is fallax..Apulus armis Sil.11.10; multos dulcedo praedarum stimulabat, alios ∼ae domi res Tac.*Hist.*2.7; ∼a gens ea antiquitus hominum ingeniis et situ terrarum *Ann.* 2.56;—(*of abst. things*) per ∼um fauorem haud dubie gratiam uictoris spectantes Liv.21.52.3; gaudia..∼a dasque negasque fide Ov.*Am.*2.9.50; Armenii ∼a fide utraque arma inuitabant Tac.*Ann.*13.34; erat puer acris ingenii, sed ∼i Plin.*Ep.*4.2.1. **b** ∼os militum animos Tac.*Hist.*3.12; quod..nationum ∼um aut aduersum fuerat igni atque ferro uastatum *Ann.*14.38.

10 (of situations) Awkward, untoward, unpromising.

id bellum, cuius ∼am fortunam Vespasiano imputaturos: uictoriae rationem non reddi Tac.*Hist.*4.14; secundarum ∼arumque rerum sciens *Ann.*1.64; prosperis ad id rebus eius, mox ∼is 12.38.

ambiō ∼īre ∼iuī *or* ∼iī ∼ītum, *tr.*, *intr.* [AMBI-+EO].

1 To visit in rotation, go the round of, go round.

aliis officia praestant ∼iundo neque ab aliis ∼iuntur Vitr.6.5.1; ∼ibat Siculae cautus fundamina terrae Ov.*Met.* 5.361; Baianos..sinus..tranquillo certatim ∼ite natatu Stat.*Silv.*3.2.18;—(*cf. w. sense 2*) priuatos ∼iendo et blande appellando aliquantum numerum frumenti..congesserat *B.Afr.*21.1; ∼iundo cogere homines emeritis stipendiis secum proficisci Sal.*Jug.*84.2; (*ellipt.*) ille demens ruere.. uicatim ∼ire Cic.*Att.*4.3.2.

2 To canvass, solicit (for political support). **b** to go round, visit (in search of sympathy, support, etc.), solicit, canvass.

populus..cedit precibus, facit eos a quibus est maxime ∼itus Cic.*Planc.*9; mandant imperia magistratus, ∼iuntur rogantur *Rep.*1.47;—(*absol.*) petamus, ∼iamus, tabella modo detur nobis Cic.*Phil.*11.19; Plin.*Ep.*1.14.7. **b** nisi senis amicos oras ∼is Ter.*An.*373; singulos ex senatu ∼iundo Sal.*Jug.*13.8; ∼itumque senem promissaque uellera puppi Thessalicae V.Fl.5.621; externos submissum ∼ire penatis Stat.*Theb.*2.405; a Caecina..∼itus abnuere perseuerauit Tac.*Hist.*3.39;—(*w. abl.*) neu conubiis ∼ire Latinum Aeneadae possint Verg.*A.*7.333; te (*sc.* diuam) pauper ∼it sollicita prece..colonus Hor.*Carm.*1.35.5; exceptis.. paucis, qui..ob nobilitatem plurimis nuptiis ∼iuntur Tac. *Ger.*18.1;—(*w.* ad) tamquam ad id quod agi uidebatur ∼ientes, nobilium adulescentium animos pertemptant Liv. 2.3.6;—(*w. inf.*) donec ultro ∼iretur delatum ab Augusto consulatum accipere Tac.*Ann.*2.43;—(*w.* ut) orant, ∼iunt, exopsecrant uidere ut liceat Pl.*Mil.*69; Vitr.6.pr.5; ∼ienti ut legibus solueretur Suet.*Jul.*18.2;—(*ellipt. or absol.*) ∼it Atrides ille magis Stat.*Ach.*1.399; ut..rogare ultro et ∼ire cogatur, ut sint qui dignentur audire Tac.*Dial.*9.3.

3 To canvass for (an office, prize, etc.). **b** to seek to obtain, strive for, aim at; also, to seek (to).

siue qui ∼issent palmam ⟨his⟩ histrionibus Pl.*Am.*69; quasi magistratum sibi alteriue ∼iuerit 74. **b** artis seuerae si quis ∼it effectus Petr.5,l.1; ∼iuntur cuncta moriendi spatia pro uita [Quint.]*Decl.*17.16;—(*w. inf.*) hunc ipse Coo plaudente Philetas..Vmbroque Propertius antro ∼issent laudare diem Stat.*Silv.*1.2.254; (*impers. pass., w.* de) ∼itur saeua de morte animosaque leti spes furit *Theb.*12.456.

4 To go round or past, skirt.

bis..locum..inscius ∼it Ov.*Met.*5.624; totus ut ignes.. maerens exercitus ∼iat Luc.8.735; ∼issetque polos Nilumque a fonte bibisset 10.40; deuiis..itineribus ∼iens patriam et declinans Tac.*Ann.*6.15; (*cf.*) ∼ire..se ipsa debet extremitas et sic desinere, ut promittat alia Plin.*Nat.*35.68.

5 To move in an orbit. **b** to occur successively round a circle, rotate, go round.

Saturni sidus..minimum uideri et maximo ∼ire circulo Plin.*Nat.*2.32; infra solem ∼it ingens sidus appellatum Veneris 2.36. **b** a laeuo latere in dextrum ut sol ∼iunt (uenti) Plin.*Nat.*2.128.

6 (of persons) To surround, throng round.

intrarant..limina..∼ierantque torum Ov.*Met.*7.332; nec solum festas recreata Neapolis aras ∼iat Stat.*Silv.*4.8.7; sacris..relictis illum ∼ire libet *Ach.*1.614; densa circumstantium corona..iudicium multiplici circulo ∼ibat Plin. *Ep.*6.33.3.

7 To surround, encircle (with nets, arms, etc.), invest. **b** to surround with (as a defence).

dum..nexilibus..plagis siluas Erymanthidas ∼it Ov *Met.*2.499; moenia..telis in morem indaginis ∼it Sil.13.141; ut uallum armis ∼irent Tac.*Ann.*1.68; praemissa..leuis armatura quae muros interim ∼iret 13.41. **b** inspectis ∼it latus omne ministris Stat.*Silv.*5.1.80.

8 a To clasp, embrace. **b** to grow or collect, round, enclose. **c** to surround (with); construct round.

a quam (*sc.* quercum) dum conplexibus ∼it Ov.*Met.* 12.328; frustraque attollere terra semianimem conantur eram; quam pectore Magnus ∼it Luc.8.67; quid colla amplexibus ∼is? Stat.*Theb.*7.498; (*transf.*) adagio est littera commutata ambagio, dicta ab eo quod ∼it orationem, neque in aliqua una re consistit sola Var.*L.*7.31. **b** cortex, perque gradus uterum pectusque..∼it Ov.*Met.*2.355; modo super inflammationem rubor ulcus ∼it Cels.5.26.31.B; ∼iente purpureo crine fibras Plin.*Nat.*32.61; quercus erat.. quam plurimus ∼it..crudo robore cortex Stat.*Theb.*2.708; (*ellipt.*) proprium albae (hederae), quod..emittit bracchia utrimque semper amplectens, hoc et in muris, quamuis ∼ire non possit Plin.*Nat.*16.152. **c** clipeum..quem dedit ipse inuictum ignipotens atque oras ∼iit auro Verg.*A.*10.243; ∼it crura ocreis paribus *Mor.*122;—∼iri singulas (areas) tramitum sulcis Plin.*Nat.*19.60.

9 To be situated round, lie round, surround. **b** (of running water) to flow round, encircle. **c** (of peoples) to be situated round, dwell round.

ut terram lunae cursus proxime ∼iret Cic.*Tim.*29; eam (*sc.* planitiem)..altera crepido..∼ibat Liv.27.18.6; tum freta..iussit..∼itae circumdare litora terrae Ov.*Met.*1.37; quae nunc Octauiae porticibus ∼iuntur Vell.1.11.3; haec (*sc.* zona) ∼itur omnis oceano Mela 1.5; habet quo ∼iat terras, non quo obruat Sen.*Nat.*3.29.5; Caria mediae Doridi circumfunditur, ad mare utroque latere ∼iens Plin. *Nat.*5.103; siluas..profunda palus ∼ibat Tac.*Ann.*2.19; it∼ hunc (*sc.* acanthum) ambulatio Plin.*Ep.*5.6.17; quos arma tegunt et balteus ∼it Juv.16.48; (*cf.*) non aula quidem..nec te regius ∼it honos Stat.*Silv.*4.6.91;—(*fig.*)

unus amicitiae summos tenor ~it et imos *Laus Pis.*117. **b** moenia..quae rapidus flammis ~it torrentibus amnis, Tartareus Phlegethon VERG.*A.*6.550; ut nec frigidior Thracam nec purior ~iat Hebrus HOR.*Ep.*1.16.13; SEN.*Nat.* 3.24.2; quos inpiger ~it fatidica Cephisos aqua LUC.3.174; Nicephorius amnis..partem murorum ~it TAC.*Ann.*15.4. **c** hunc (*sc.* sinum) populi Persarum ~iunt MELA 1.12; utraeque nationes..~iunt..inmensos insuper lacus TAC. *Ger.*34.1.

10 a To comprehend, include. **b** to extend round, cover, embrace.
a initio ab Syriae usque ad flumen Euphraten, quantum ingenti terrarum sinu ~itur, quattuor legionibus coercita TAC.*Ann.*4.5. **b** quota pars ea fuit aureae domus ~ientis urbem! PLIN.*Nat.*33.54.

11 To enclose, cover, clothe, enwrap.
Panuatios quibus magnae aures et ad ~iendum corpus omne patulae nudis alioquin pro ueste sint MELA 3.56; regiam flammae ~iunt SEN.*Tro.*16; hos umeros multo sinus ~iat ostro STAT.*Silv.*4.1.21; (*of words*) cum rem animus occupauit, uerba ~iunt SEN.*Con.*7.pr.3.

ambitiō ~ōnis, *f.* [prec.+-TIO]
1 A soliciting of votes, canvassing. **b** (transf.) insistence in seeking favours, importunity. **c** (w. gen., w. inf.) a seeking (after), courting. **d** corrupt practices in seeking honours, verdicts, etc., graft, intrigue.
~o iam more sanctast, liberast a legibus PL.*Trin.*1033; aurum atque ~o specimen uirtutis utrique est LUCIL.1119; quae..haec comitia, aut quam ~onem..L. Caesar in senatum introduxit? CIC.*Phil.*11.19; scio..quam timida sit ~o quantaque et quam sollicita sit cupiditas consulatus *Mil.*42; in ~one certationis VITR.3.pr.2. **b** non committo ut ~one mea conturbem officium tuum CIC.*Fam.*13.5.1; ne.. exaequare uidear ~one quadam commendationes meas *Fam.*13.32.1; quem nulla ~o, nulla umquam largitio.. mouere potuit LABER.*com.*101; magna..eum ~one Syracusas perduxit NEP.*Di.*2.2. **c** quosdam ~o gloriae.. prouocauit SEN.*Con.*10.4.8; crimini dabatur..~o conciliandae prouinciae ad spes nouas TAC.*Ann.*16.23;—quibus noua et ancipitia praecolere auida et plerumque fallax ~o est 14.22. **d** uirtute dixit uos uictores uiuere, non ~one neque perfidia PL.*Am.*76; niue ~onis caussa extrudantur foras *Poen.*38; ubi ⟨iam⟩ ~onem uirtuti uideas antecedere TITIN.*com.*11; qui certis ex causis uel ~one aduersarii uel metu patronum non inuenit ULP.*dig.*3.1.1.4.

2 A standing for public office, candidature. **b** rivalry for honours, competition.
uersatus sum..non quomodo ~oni meae conducere arbitrabar GRACCH.*orat.*25; cum ~onis nostrae tempora postulabant CIC.*Planc.*45; hominum ad ~onem gratiosissimorum Q.CIC.*Pet.*19; eaque rogatione nouorum..hominum ~onem..compressam credebant LIV.7.15.13; procul ~one ac foro 7.39.12. **b** communi ~onis inuidia CIC. *Sul.*1; leges annalis..quas multis post annis attulit ~o *Phil.*5.47; tanta exarsit ~o, ut primores quoque ciuitatis.. prensarent homines LIV.3.35.1; tollendae ~onis causa.. legem promulgare ne cui album in uestimentum addere petitionis causa liceret 4.25.13; 35.24.4; in illa quoque re ~onem prouidebant illi uiri PLIN.*Nat.*34.30; (*pl.*) ut studia cupiditatesque honorum atque ~ones ex omnibus ciuitatibus tolleret CIC.*Ver.*2.132.

3 A striving after popularity, currying favour.
numquam ego pecuniam..per ~onem dilargitus sum CATO *orat.*171; non puto..existimare te ~one me labi, quippe de mortuis CIC.*Brut.*244; ut..offici potius in socios quam ~onis in ciuis rationem duxerit *Ver.*2.154; quod.. ~one atque indulgentia tribunorum..multa contra morem ..militarem fierent *B.Alex.*65.1; tanta temperantia inter ~onem saeuitiamque moderatum SAL.*Jug.*45.1; LIV.43. 11.10; sine gratia aut ~one TAC.*Ag.*1.2.

4 Desire for advancement, ambition. **b** interested motives, self-interest.
me ~o quaedam ad honorum studium..duxit CIC.*Att.* 1.17.5; in..Scipione ~o maior, uita tristior *Off.*1.108; angustum per iter luctantes ~onis LUCR.5.1132; haec est uita solutorum misera ~one grauique HOR.*S.*1.6.129; uirum..secuta, quam in petendo habuerat, etiam regnantem ~o est LIV.1.35.6; nulla tibi (*sc.* Termino) ~o est OV.*Fast.*2.661; SEN.*Con.*4.pr.2; licet ipsa uitium sit ~o, frequenter tamen causa uirtutum est QUINT.*Inst.*1.2.22. **b** qui religiose et sine ~one commendant CIC.*Fam.*13.17.3; ~one relegata HOR.*S.*1.10.84; sine ~one uerum scrutantibus CELS.1.pr.45; COL.9.6.4; neque ipse imperium ~one accepi TAC.*Hist.*1.15.

5 Partiality, favouritism.
quod ius sibi pridie per ~onem dictum non esset LIV. 3.47.4; amplum numerum utriusque familiae solitum ~one ..praepositorum in priuata opera diduci FRON.*Aq.*117; ~onem scriptoris facile auerseris TAC.*Hist.*1.1; aerarium, quod si ~one exhauserimus, per scelera supplendum erit *Ann.*2.38; ne aliquam ~onis uel gratiae suspicionem praetor subeat ULP.*dig.*40.5.24.17.

6 Vain display, ostentation, show.
habitat sub pectore caeco ~o, et morbum uirtutis nomine iactant MAN.5.155; placet non in ~onem cubile compositum SEN.*Dial.*9.1.5; studium..nihil isdem uerbis, quae prior aliquis occupasset, finiendis, quae ~o procul aberit a me QUINT.*Inst.*2.15.37; quibus magnos uiros per ~onem aestimare mos est TAC.*Ag.*40.4; funerum nulla ~o *Ger.*27.1; *Ann.*3.63.

ambitiōsē, *adv.* *compar.* ~ius, *superl.* ~issimē. [AMBITIOSVS+-E]
1 With a desire to win favour, ingratiatingly, compliantly. **b** by canvassing.
petiuit..a me ut eam (*sc.* orationem) ne ~e corrigerem CIC.*Att.*15.1a.2; cum..multo etiam ~ius facere soleam, quam honos meus et dignitas postulat *Fam.*3.7.4; eas quaestiones..minime ~e habuit LIV.29.36.11; insignis amicitias iuuenis ~e coluerat TAC.*Hist.*1.10; quod manifestum reum ~ius quam honestius defendisset 4.40. **b** isque primus..petisse ~e regnum..dicitur LIV.1.35.2.

2 Importunately, earnestly.
quae ut comessemus ~issime a nobis Trimalchio petiit PETR.65.2; qui prouinciam ~issime petierat QUINT.*Inst.* 6.3.68.

3 With a desire for advancement or glory, ambitiously, presumptuously.
utrumque..simul agi non potest et de triumpho ~e et de re publica libere CIC.*Att.*7.3.2; mihi uidetur..~e fecisse qui ualentissimum Antonium suscipere..non dubitarit inimicum BRUT.*ad Brut.*1.17.1; PLIN.*Ep.*6.29.3.

4 With a view to show, ostentatiously.
si quis..tam ~e tristis est MART.1.pr.; forsitan hoc ille ~e faciet QUINT.*Decl.*253(p.37,l.21); haec affectata subtilitas circa nomina rerum ~e laboret *Inst.*3.11.21; quem casum neque..~e, neque per lamenta..tulit TAC.*Ag.*29.1.

ambitiōsus ~a ~um, *a.* *compar.* ~ior. [AMBITIO+-OSVS]
1 Winding, twisting, embracing, clinging. **b** (see quot.).
amnis..quatenus locorum situs patitur, ~us PLIN.*Nat.* 5.71;—nec Damalis nouo diuelletur adultero lasciuis hederis ~ior HOR.*Carm.*1.36.20. **b** ut '~us' (dici potest) et qui ambit et qui ambitur GEL.9.12.1.

2 Anxious to win favour, eager to please. **b** (of actions) dictated by a desire to please, self-seeking, interested.
ut ~i homines aut benigni CIC.*Ver.*3.195; qui ita sit ~us ut omnis uos nosque cotidie persalutet *Flac.*42; neque ~us imperator neque inuidus *Mur.*20; patres mollem consulem et ~um rati LIV.2.27.4; non consulibus, sed ~is consulibus dilectum difficilem esse 43.14.3; Nilotica tellus miserat hibernas ~a rosas MART.6.80.2;—(*w.* in+*acc.*) ne forte me in Graecos tam ~um factum esse mirere CIC.*Q.fr.*1.2.4; in agraria legitime ~us in socios eoque ciuibus uilior erat LIV.2.41.8; Musa nec in plausus ~a mea est OV.*Tr.*5.7.28. **b** illae ~ae nostrae fucosaeque amicitiae CIC.*Att.*1.18.1; *Fam.*6.6.8; neque facto ullo neque dicto abstinere, quod modo ~um foret SAL.*Jug.*64.5; superos peruenit ad omnes ~us (*v.l.* inuidiosus) honor OV.*Met.*8.277; hunc uel illum ~is rumoribus destinabant TAC.*Hist.*1.12; ~ius id existimans, quam..sua..maiestas postularet SUET.*Aug.*25.1.

3 Insistent in asking, importunate, earnest.
pro gnato caerula mater ~a suo fuit OV.*Met.*13.289; pro nostris ut sis ~a malis *Pont.*3.1.84; feres..me ~um pro tua gloria PLIN.*Ep.Tra.*10.41(50).4;—(*of prayers*) ~is id precibus petierat ne amputaretur caput TAC.*Hist.*2.49; (*cf.*) ~a lex est: ad sacerdotium nullas nisi integrae..sanctitatis ..admittit SEN.*Con.*1.2.11.

4 Eager for advancement or glory, ambitious.
si dicet pecuniae causa fecisse, ostendat eum semper auarum fuisse, si honoris, ~um *Rhet.Her.*2.5; quae perferant..~i honoris causa CIC.*Tusc.*5.79; HOR.*S.*2.3.165; uir acer et ~us LIV.10.15.8; matres,..quae..per illos (*sc.* liberos) ~ae sunt SEN.*Dial.*12.14.2; MART.1.51.2; TAC.*Ag.* 30.5; (*cf.*, *w.* in+*acc.*) ubi se animus cogitationum magnitudine leuauit, ~us in uerba est SEN.*Dial.*9.1.14;—(*transf.* *ep.*) ~am ingredientis uiam V.MAX.7.5.pr.; abditis pecuniis per occultos aut ~os sinus TAC.*Hist.*2.92; (*neut. as sb.*) quoniam fratribus tuis ~a curae sunt SEN.*Con.*2.pr.4.

5 Fond of ostentation; (of things) ostentatious, pretentious, showy.
quae (supellex) sicut apud pauperes ~os pluribus et diuersis officiis conteratur QUINT.*Inst.*2.4.29; 'antegerio'.. nemo nisi ~us utetur 8.3.25; Neruii circa adfectationem Germanicae originis ultro ~i sunt TAC.*Ger.*28.4; (*cf.*) ~a non est fames, contenta desinere est SEN.*Ep.*119.14;—~a recidet ornamenta HOR.*Ars* 447; nota quidem sed non ~a domus OV.*Tr.*1.9.18; ultra Phasin capi uolunt, quod ~am popinam instruat SEN.*Dial.*12.10.3; ~a morte inclaruerunt TAC. *Ag.*42.5; (*neut. pl. as sb.*) si..~is utilia praeferet QUINT. *Inst.*1.2.27

ambitus ~ūs, *m.* [AMBIO+-TVS[3]]
1 A circular motion, circuit, revolution. **b** a going round or by an indirect route; also, geographical description in the form of a journey round a country, periegesis. **c** a twining round, embrace.
cum se octo ~us confectis suis cursibus ad idem caput rettulerunt CIC.*Tim.*33; non esset statio terris, non ~us astris MAN.2.70; hanc..formam eius (*sc.* mundi) aeterno et inrequieto ~u..circumagi PLIN.*Nat.*2.6; cubiculum.. quod ~um solis fenestris omnibus sequitur PLIN.*Ep.*2.17.8. **b** quin per inuia circa..quamuis longo ~u, circumduceret agmen LIV.21.36.4; magnitudinem insularum satis significari nauigationis ~u crediderunt QUINT.*Inst.*1.10.40; —(*w. gen.*) magna pars meridiani sinus ~u Mauretaniae nauigatur hodie PLIN.*Nat.*2.168; in itinere longo et urbium ~u QUINT.*Inst.*11.2.21;—insularum arbores ~u Aethiopiae et nemora odorata in mentione earum dicta sunt PLIN.*Nat.* 13.90; ut in ~u oceani diximus 34.149. **c** immanes.. serpentes, aliqui ut elephantos morsu atque ~u corporis adficiant MELA 3.62; alligata mutuo ~u corpora PETR.132.1; nerui..nodos..corporum..aliubi ~u, aliubi transitu ligantes PLIN.*Nat.*11.217.

2 Circumference, perimeter, edge. **b** (spec.) the orbit of a heavenly body. **c** a strip of ground round the outside of a building, etc., a surround. **d** any arrangement of approximately circular shape, a ring, circle. **e** the area contained in a ring, or perimeter, expanse.
animus..extremitatem caeli a suprema regione rotundo ~u circumiecit CIC.*Tim.*26; ut omni ~u litorum praesidio orae maritimae essent LIV.27.8.17; extremum ~um genae superioris antiqui cilium uocauere PLIN.*Nat.*11.157;(mensa) quattuor pedes et semipedem per medium ~um (*i.e. in diameter*) 13.93; ilex..XXXIV pedum ~u caudicis 16.242; scrobibus per ~um factis 17.185; castra..quorum ~u nunc quoque metiaris molem TAC.*Ger.*37.1. **b** stellarum rotundi ~us CIC.*N.D.*2.49; (luna)..minimo ~u PLIN.*Nat.* 2.44; APUL.*Pl.*1.10. **c** duodecim tabularum interpretes '~us parietis' circuitum esse describunt VAR.*L.*5.22; quoniam P. Scaeuola id solum esse ~us aedium dixerit, quod parietis communis tegendi causa tectum proiceretur CIC. *Top.*24; VITR.1.1.10; ~us proprie dicitur circuitus aedificiorum petens in latitudinem pedes duos et semissem, in longitudinem idem quod aedificium PAUL.*Fest.*p.5M; EXCIPIT(VR) ITVS, ACTVS, ADITVS, ~VS *CIL* 6.10235.8. **d** sic ~us similis ei fit qui..modiolo inprimitur CELS.8.3. 4; undarum illius (*sc.* oceani) ~u terris omnibus conuallatis GEL.12.13.20; APUL.*Mun.*4;—(*of persons*, *cf. sense 7*) ubinam ille frequens modo circa limina matris ~us..? STAT.*Theb.*9.386. **e** Danuuius..ingentem..terrarum ~um atque urbium uno uertice inuoluit SEN.*Nat.*3.27.9; arbor..magno ~u diffusa ramos *Oed.*543; lacus immenso ~u TAC.*Hist.*5.6; castra lato ~u *Ann.*1.61.

3 A recurrent period of time, cycle.
si libeat obseruare minimos ~us PLIN.*Nat.*2.130; post longum saeculorum ~um TAC.*Ann.*6.28.

4 A winding route, twist. **b** a circumlocution, periphrasis.
properantis aquae per amoenos ~us agros HOR.*Ars* 17; se ingenti ~u incuruat (Asia) MELA 1.10; ~us ad cacumen (montis) XVIII p. est PLIN.*Nat.*5.80; scalae conuiuio utilia secretiore ~u suggerunt PLIN.*Ep.*5.6.30. **b** multos circa unam rem ~us fecerim LIV.27.27.12; censuit..per ~um uerborum rem enuntiandum SUET.*Tib.*71; quid sibi uolunt ~us isti et circumitiones? FRO.*Aur.*2.p.112(161N).

5 (w. *uerborum, orationis*) An expression, phrase; (w. gen.) an expression (for). esp. **b** (rhet., as transl. of Gk. περίοδος, usu. w. *uerborum*) a rounded and balanced sentence, a period.
V.MAX.4.1.12; genera, quae possunt et cogitatione mentis et ~u uerborum facile copulari COL.2.2.2;—excitat qui dicit spiritu ipso, nec imagine ambigua (*cj.*, et ~u *codd.*) rerum sed rebus incendit QUINT.*Inst.*10.1.16; nouo mihi inauditoque opus est ~u malorum. nisi morior, periclitor [QUINT.]*Decl.*4.21. **b** infringitur ille quasi uerborum ~us; sic enim has orationis conuersiones Graeci nominant CIC.*de Orat.*3.186; meae quidem (aures) et perfecto completoque uerborum ~u gaudent *Orat.*168; ut quisque uersum pedibus instruxit sensumque teneriorem uerborum ~u intexuit PETR.118.1; QUINT.*Inst.*9.4.22.

6 Corrupt practices in electioneering, undue influence, bribery; (also, in general) corruption, graft.
cum accusetur ~u magistratum petisse *Rhet.Her.*2.43; ut possis liberalitatem atque benignitatem ab ~u atque largitione seiungere CIC.*de Orat.*2.105; praetor designatus damnatus est ~us *Brut.*180; legis ~us latorem *Mur.*3; *Leg.* 3.39; CAES.*Civ.*3.1.4; LIV.40.19.11; pulsus ~us campo PLIN.*Pan.*29.1;—(*w. defining gen.*) de ~u comitiorum TAC. *Dial.*37.4; ~u suffragiorum suspecto *Ann.*13.29;—inualido legum auxilio quae ui ~u postremo pecunia turbabantur 1.2; eo usque ~us praeualuit ut quidam accusatorum eius exilio multarentur 13.33; PLIN.*Ep.*4.13.6; (*cf.*) ne quis sic ~um ualuisse claritatis e familia putet, sunt et Sceptiana (mala) ab inuentore libertino PLIN.*Nat.*15.50.

7 A seeking after, courting; importunity; also, canvassing. **b** rivalry, contention.
quod tempus alii per ostentationem et officiorum ~um transigunt TAC.*Ag.*18.6; ~u remanendi aut eundi *Hist.* 1.19; ~us honorum FLOR.*Epit.*1.47(3.12.11);—qui magno ~u rogat moram mortis SEN.*Nat.*2.59.7;—quattuor candidatos..sine repulsa et ~u designandos TAC.*Ann.*1.15. **b** is ~us excitari uidetur ut ego omnia pertimescam CIC. *Fam.*11.17.1; perturbatione..ea, quam hominum inter se rixantium ~us concutit SEN.*Ben.*7.2.3; nec minore ~u feminae exarserant TAC.*Ann.*12.1; 14.28; (*w.* in+*acc.*) in raptoris matrimonium ~us erit SEN.*Con.*1.5.7; (*w. gen.*) in magno nominum ~u est (Veneris sidus) PLIN.*Nat.*2.37.

8 The paying of compliments, courtesy, flattery.
arma..circumdat auorum gloria mixta malis adflictaeque ~us aulae STAT.*Theb.*6.68; hic erit alendus ~u, hunc mordebit obiurgatio QUINT.*Inst.*1.3.7; nec..~u ciuitatis in gaudium euicta TAC.*Hist.*2.64; nec senatorio ~u abstinebat *Ann.*4.2.

9 Desire for advancement, ambition.
relinque ~um, tumida res est..tam sollicita est, ne quem ante se uideat SEN.*Ep.*84.11; ~us et luxus et opum metuenda facultas LUC.4.817; iurisque secundi ~us impatiens STAT.*Theb.*1.129; caret ~u: ideo se in equestri gradu tenuit PLIN.*Ep.*3.2.4.

10 Vain display, ostentation, show.
est..nonnunquam prauis (iudicibus) hic ~us, aduersus amicos..pronuntiandi faciendique iniuste, ne fecisse uideantur QUINT.*Inst.*4.1.18; proprio quodam intellegendi ..~u 12.10.3; si iuuenis..uti uellet ~u tristissimae calamitatis [QUINT.]*Decl.*1.1; dum ~u comitatu et immensis salutantium agminibus contendunt TAC.*Hist.*2.92; gentem ..usque ad ~um ornatam FLOR.*Epit.*1.11(1.16.7).

ambiuium ~(i)ī, *n.* [*ambi-* (AMBO)+VIA+-IVM] A meeting of two roads, road junction.
hic in ~io nauem conscendimus palustrem VAR.*Men.*276.

Ambiuius ~(i)ī, *m.* A Roman name; esp. L. Ambivius Turpio, a famous actor of the time of Terence.
CIC.*Sen.*48.

amblygōnius (ambli-) ~a ~um, *a.* [Gk. ἀμβλυγώνιος] Obtuse-angled.
trigonum..~um NIPS.*grom*.p.300La.

ambō ~ae ~ō, *pl. a.* and *pron.* [Gk. ἄμφω] FORMS: (acc.) ~*ōs* or ~*ō*, ~*ās*, ~*ō*, (gen.) ~*ōrum*, ~*ārum*, (dat. and abl.) ~*ōbus*, ~*ābus*; also ~*īs*, NIPS.*grom*.p.288La.

1 Two of a pair, both: **a** (pairs of persons, twins, husband and wife, etc.). **b** (parts of the body; also, of other structures).
a geminei ~o eramus PL.*Men*.1120; C. Pansa A. Hirtius consules, alter ~oue CIC.*Phil*.5.53; ~o consules cum exercitu missi hostem..inueniunt LIV.3.31.3; ~o consulum quaestores 22.49.15; Elysium possidet ~o nemus MART. 7.40.4. **b** ~as (manus) profero PL.*Aul*.650; praecidit caulem testisque una amputat ~o LUCIL.281; Deiphobum uidit, lacerum..manus..~as VERG.*A*.6.496;—aperite hasce ~as fores PL.*Capt*.831.

2 Two considered together, both. **b** (w. other prons.). **c** (sb.) both; also, both parties.
pontis..~os..interrupit CAES.*Civ*.1.48.2; adulescentes..qui ~os reges adeant SAL.*Jug*.21.4; germani Sarpedonis ~o VERG.*A*.10.125; praetores ~o LIV.41.15.10; en utraque gentis turba rogant ambaeque acies STAT.*Theb*.11.370. **b** ut..~obus nobis sint obnoxii PL.*As*.284; uos ~os credere hoc mihi..uelim TER.*Eu*.1069; ego istos uobis usque a pueris curaui ~o *Ad*.962; sed eccos ~os AFRAN.*com*.235; ~o illi oratores CIC.*de Orat*.2.9; duae res..quae ~ae in consulatu multum Murenae profuerunt *Mur*.37; *Fam*.9.13.2. **c** aeternum seritote diem concorditer ~o ENN.*Ann*.106; hau sordidae uidentur ~ae PL.*Bac*.1124; adsistite ~o *Rud*. 809; post una ~o abierunt foras TER.*Eu*.702; si quis quid alter ab altero peteret, si ~o pares essent CATO *orat*.198; domestica nota sunt ~obus CIC.*Att*.7.5.4; Dioscorides et Serapion, qui ~o legati Romae fuerant CAES.*Civ*.3.109.4; ambo florentes aetatibus, Arcades ~o VERG.*Ecl*.7.4; utraque nupserunt, ~ae peperisse feruntur OV.*Fast*.6.287;—Atrides Priamumque et saeuum ~obus Achillem VERG.*A*. 1.458; di..iram miserantur inanem ~orum 10.759.

3 Each of two.
hic locus est partis ubi se uia findit in ~as VERG.*A*.6.540.

Ambracia ~ae, *f.* A town in Epirus.
ENN.*var*.36; LIV.38.3.9; OV.*Met*.13.714.

Ambraciensis ~is ~e, *a.* Of, or belonging to, Ambracia; (masc. pl. as sb.) the Ambracians.
legatos ~is LIV.38.43.2;—parietes postesque nudatos..~ibus superesse 38.43.5.

Ambraciōtēs ~ae, *m.* and *a.* An Ambracian; (as adj.) Ambracian.
CIC.*Tusc*.1.84;—laudauit..mox Oreticum..Leucadium, ~en (*sc.* *oivov*) PLIN.*Nat*.14.76.

Ambracius ~a ~um, *a.* Ambracian. **b** ~*us sinus*, the Ambracian Gulf, Bay of Actium.
OV.*Ib*.302; ad ~as conuersa gymnade frondis STAT.*Silv*. 2.2.8. **b** LIV.32.14.7; in Epiro nihil ~o sinu nobilius est MELA 2.54.

ambrices: (see quot.).
~ regulae, quae transuersae asseribus et tegulis interponuntur PAUL.*Fest*.p.16M.

ambroseus ~a ~um, *a.* var. of AMBROSIVS.

ambrosia ~ae, *f.* [Gk. ἀμβροσία]

1 The food of the gods, ambrosia.
nulla ~a ac nectar..sed 'panis pemma lucuns' VAR.*Men*. 417; cum ita dicat ipse, ut ~a alendus esse uideatur CIC. *de Orat*.2.234; non..~a deos aut nectare..laetari arbitror *Tusc*.1.65; suauiolum dulci dulcius ~a CATUL.99.2; LUCR. 6.971; genetrix..~a..contigit os fecitque deum OV.*Met*. 14.606; *Pont*.1.10.11; MART.11.57.3.

2 A fabulous healing plant; (also), its juice.
Venus..spargit..salubris ~ae sucos et odoriferam panaceam VERG.*A*.12.419; ~am pro gramine habent (*sc.* Solis equi) OV.*Met*.4.215; STAT.*Theb*.12.139;—et liquidum ~ae diffundit odorem, quo totum nati corpus perduxit VERG.*G*. 4.415; uidet capitis aurei genialem caesariem (*sc.* Cupidinis) ~a temulentam APUL.*Met*.5.22.

3 **a** See ARTEMISIA. **b** the houseleek. **c** a kind of vine.
b duo genera eius (*sc.* aizoi): maius in fictilibus uasculis seritur..sunt qui ~am..uocant PLIN.*Nat*.25.160. **c** sunt ..(*sc.* uites) insignes uua, non uino, ~a e duracinis, sine ullis uasis in uite seruabilis PLIN.*Nat*.14.40.

4 The name given to an antidote to poison.
alterum (antidotum) quod Zopyrus regi Ptolemaeo dicitur composuisse atque ~an nominasse CELS.5.23.2.

ambrosiālis ~is ~e, *a.* ? Ambrosial ? Connected with *Ambrussum* (in *Gallia Narbonensis*).
DEIS ~IBVS *CIL* 11.2095.

ambrosius ~a ~um, *a.* Also **-eus.** [Gk. ἀμβρόσιος] (as an epithet of things belonging to the gods) Ambrosial, divine.
~ae..comae (*sc.* Veneris) diuinum uertice odorem spirauere VERG.*A*.1.403; capit ~as cum duce Roma dapes MART.8.49(50).8; ~o..spargit membra liquore..ne quo uioletur uulnere corpus STAT.*Theb*.9.731; ~ae cecidere comae (*sc.* Cinypis) SIL.12.245;—(*transf.*) (poma) ~os praebent sucos COL.10.408; ~is Ariusia pocula sucis SIL.7. 210. β labias modicas ~o rore purpurantes APUL.*Met*. 10.22; (puella) gratia coloris ~i designans Venerem 10.31.

ambūbāia[1] ~ae, *f.* [cf. Aramaic *'abbūb(ā)*, 'flute'] A Syrian singing-girl and courtesan.
~arum collegia HOR.*S*.1.2.1; PETR.74.13; inter scortorum totius urbis et ~arum ministeria SUET.*Nero* 27.2.

ambūbāia[2] ~ae, *f.* **-bēia.** [prec.] Wild endive, chicory.
(intubum) erraticum apud nos quidam ~am appellauere PLIN.*Nat*.20.73. β CELS.2.30.1.

ambulācrum ~ī, *n.* [AMBVLO+-CRVM] A place for walking, promenade, walk.
aedificare..~um et porticum PL.*Mos*.756; uiden uestibulum ante aedis hoc et ~um 817; GEL.1.2.2.

ambulātilis ~is ~e, *a.* [prec.+-ILIS[1]] Moving, movable.
fundulis ~ibus ex torno subtiliter subactis VITR.10.8.1.

ambulātiō ~ōnis, *f.* [AMBVLO+-TIO]

1 The act of walking, walking as exercise. **b** a walk taken for pleasure, stroll.
~one..acri sed tecta utendum est CELS.4.5.3; athletas ~one malunt cibos perficere PLIN.*Nat*.11.283; in primis uero prodest ~o 28.54; sedilia..quae ~one fessos ut cubiculum ipsum iuuant PLIN.*Ep*.5.6.40; **b** sed haec ~onibus Compitaliciis reseruemus CIC.*Att*.2.3.4; constituimus inter nos ut ~onem postmeridianam conficeremus in Academia *Fin*.5.1; SEN.*Ep*.92.11.

2 A place for walking: **a** an uncovered walk, avenue, promenade; **b** a covered walk, portico.
a circum huius (fluminis) ripas ~o sub dio VAR.*R*.3.5.10; cum..in ~onem uentum esset CIC.*de Orat*.1.28; nescire..utrum magis tumulis prospectuque an ~one ἀλιτενεῖ delecter *Att*.14.13.1; ut..in inferiorem ~onem descendimus *Tusc*.4.7; hypaethrus ~ones xysta appellant VITR.6.7.5; in ~onibus apertis uagandum SEN.*Dial*.9.17.8. **b** ~onis postis nemo umquam tenuit in dedicando CIC.*Dom*.121; nihil ei restabat praeter balnearia et ~onem et auiarium *Q.fr*.3.1.1; in Magni..~one CATUL.55.6; parietes, qui circumcludunt porticus ~ones VITR.5.9.2; hic idem architectus primus omnium pensilem ~onem Cnidi fecisse traditur PLIN.*Nat*.36.83.

ambulātiua ~ōrum, *n. pl.* [as prec.+-IVVS] (app.) A procession.
CL POMPEIVS FAVSTVS..DVXIT COLL S S IN ~IS V KAL AVG *CIL* 3.3438.

ambulātiuncula ~ae, *f.* [AMBVLATIO+-CVLA]

1 A little walk or stroll.
cum una me hercule ~a atque uno sermone nostro omnis fructus prouinciae non confero CIC.*Fam*.2.12.2.

2 A small place for walking, little portico.
tecta igitur ~a addenda est CIC.*Att*.13.29.1(2).

ambulātor ~ōris, *m.* [AMBVLO+-TOR]

1 One who walks about (for pleasure, idly, etc.).
uilicus ne sit ~or..ad cenam nequo eat CATO *Agr*.5.2; COL.1.8.7.

2 An itinerant trader, pedlar.
transtiberinus ~or, qui pallentia sulphurata fractis permutat uitreis MART.1.41.3.

ambulātōrius ~a ~um, *a.* [AMBVLO+-TORIVS]

1 That can be moved about, movable. **b** (leg.) transferable from one to another. **c** (leg.) liable to change.
alias (*sc.* turres) ~as..confixerant *B.Alex*.2.5; VITR. 10.13.3; utilissimum operculum a tergo esse ~um PLIN. *Nat*.21.80. **b** quae causa facit ~am, ut ita dixerim, condicionem PAPIN.*dig*.40.7.34; erit ergo potestas legis ~a PAUL.*dig*.23.5.10. **c** ut sit ~a uoluntas eius usque ad uitae supremum exitum ULP.*dig*.24.1.32.3; 34.4.4.

2 Suitable for walking; taken while walking.
supra..ea tigna..porticum ~am facere ULP.*dig*.8.5.8.1; —dum is (*sc.* equus), ientaculum ~um, prata quae praeterit ..pronus adfectat APUL.*Met*.1.2.

ambulātrix ~īcis, *f.* [next+-TRIX] fem. of AMBVLATOR (sense 1).
(uilica) ad cenam nequo eat neue ~ix siet CATO *Agr*.143.1.

ambulō ~āre ~āuī ~ātum, *intr.* [AMBI-+*ul (cf. exul)+-O[3]].

1 To go on foot, walk: **a** (of persons; also, pass. of a distance). **b** (of animals and birds).
a si non ubi sedeas locus est, est ubi ~es PL.*Capt*.12; cursando atque ~ando totum hunc contriui diem TER.*Hec*. 815; ad id aut sedens aut ~ans disputabam CIC.*Tusc*.1.7; Xerxes, cum..mari ~auisset terra nauigauisset *Fin*.2.112; cum..~antis..Tiberii genua aduolueretur TAC.*Ann*.1.13; (*facet.*) nos offendimur ~ante cena MART.7.48.5;—(*w. acc. of distance*) se iam bina milia passuum ~are QUINT.*Inst*.6.3. 77; (*pass.*) si statim bina stadia ~entur PLIN.*Nat*.23.26. **b** elephantum..Aethiops iubet..~are per funem SEN.*Ep*. 85.41; (aues) uncos ungues habentes..~ant difficulter PLIN. *Nat*.10.42.

2 To walk for pleasure, take a walk. **b** to walk for health.
ut ille cum illa neque cubat neque ~at PL.*Bac*.896; non domist, abiit ~atum *Mil*.251; tu otiosus ~as, qui apud regem fuisti CATO *orat*.80; malo..tecum..apud te ~are quam cum eo quocum uideo esse ~andum CIC.*Att*.4.10.1; *Luc*.51; inuideo illi..quod ~at et iocatur tecum POL.*Fam*. 10.31.6; (*impers. pass.*) quom satis erit ~atum, requiescemus CIC.*Leg*.1.14. **b** ~a, id lieni optumumst PL.*Cur*.244; cum recreandae uoculae causa necesse esset mihi ~are CIC. *Att*.2.23.1; cum biberit, citatus ~et milia passuum minime duo LARG.15.

3 To walk abroad, go about, gad.
quia foris ~atis PL.*Mos*.451; minus libebit ~are et ualebit rectius CATO *Agr*.5.5; ~at—et subito mirantur funus amici! PROP.2.4.13; Melissa mea mirari coepit quod tam sero ~arem PETR.62.11; (*w. acc. of route*) libera perpetuas ~at illa (*sc.* Pax) uias OV.*Fast*.1.122.

4 To parade, strut, lounge.
conuiuae ~ant ante ostium PL.*Men*.276; qui eius artis adrogantia, quasi difficillima sit, ita subnixi ~ant CIC.*de Orat*.1.246; Sulcius acer ~at et Caprius..magnus uterque timor latronibus HOR.*S*.1.4.66; licet superbus ~es pecunia *Epod*.4.5.

5 To go, travel; *bene* ~*a*, etc., pleasant journey! *bon voyage*! **b** (mil.) to march. **c** ~*a*, go along! off with you!
demiror ubi nunc ~et Messenio PL.*Men*.706; neminem esse qui possit biduo..DCC milia passuum ~are CIC.*Quinct*. 78; ut philosophi ~ant, has tibi redditum iri putabam prius *Att*.7.1.1;—bene ~a et redambula PL.*Capt*. 900; bene ~a, bene rem geras *Mil*.936; fecisti commode, bene ambula *Mos*.853. **b** eo modo..~at Caesar et..militum celeritatem incitat CIC.*Att*.8.14.1; nostri milites..bellum ~ando confecerunt CAEL.*Fam*.8.15.1. **c** age ~a ergo PL.*As*.488; i, ~a, actutum redi *Trin*.1108.

6 (w. pple., etc.) To go in a specified guise.
terrai..odium ~at PL.*Bac*.820; quasi zona liene cinctus ~o *Cur*.220; Mithridates..~at cum lorica CIC.*Flac*.41; 'quid est..cur ego personatus ~em?' *Att*.15.1.4; utres inflati ~amus PETR.42.4; QUINT.*Inst*.8.5.15; uertigine tectum ~at et geminis exsurgit mensa lucernis JUV.6.305.

7 To betake oneself, resort (to). **b** (leg.) ~*are in ius*, to go to court.
~et in masculos SEN.*Con*.1.5.9. **b** age ~a in ius, leno. — quid me in ius uocas? PL.*Per*.745; in ius ~a TER.*Ph*.936.

8 (of inanim. things) To proceed, move, go; (of things not in motion) to extend, run. **b** (of processes, etc.) to go on, continue; (of conditions, etc.) to extend, run (through).
amnis, qua naues ~ant CATO *Agr*.1.3; Nilus..inmenso longitudinis spatio ~ans PLIN.*Nat*.5.51;—rugis per cocleas ~antibus PLIN.*Nat*.18.317. **b** ista sunt..naturae non artificiose ~antis CIC.*N.D*.3.27;—caput translatum per omnes leges ~auit PLIN.*Nat*.10.139.

9 (leg.) To pass, be transferred.
per plures..personas si emptio ~auerit GAIUS *dig*.4.4.15; ~at..cum dominio bonorum possessio ULP.*dig*.37.11.2.9.

amburbiālis ~e, *a.* [next+-ALIS] (See quot.)
~es hostiae dicebantur, quae circum terminos urbis Romae ducebantur PAUL.*Fest*.p.5M.

amburbium ~(i)ī, *n.* [AMBI-+VRBS+-IVM] The annual expiatory procession round Rome.
PAUL.*Fest*.p.17M.

ambūrō ~ūrere ~ussī ~ustum, *tr.* [AMBI-+VRO]

1 To burn around or superficially, scorch, char; (of a liquid) to scald.
~ustas fortunarum mearum reliquias suas domos comportari iuberent CIC.*Dom*.113; parietes..templorum ~usti manus Punicas ostentabant SAL.*Hist*.2.64; barba reluxit nidoremque ~usta dedit VERG.*A*.12.301; HOR.*Carm*.4.11. 25; hasta..interdiu plus duas horas arsisse, ita ut nihil eius ~reret ignis LIV.43.13.6; OV.*Met*.2.209; PLIN.*Nat*.7.19; (*facet.*) huius ~usti tribuni plebis illae intermortuae contiones CIC.*Mil*.12; (*poet.*) fax..~usto instridens pelago SIL. 14.436;—nam nimi' calebat, ~urebat gutturem PL.*Mil*.835; —(*fig.*) hic sociorum ~ustus incendio tamen ex illa flamma periculoque euolauit CIC.*Ver*.1.70; cum M. Liuio consul fuerat et damnatione collegae sui prope ~ustus euaserat LIV.22.35.3.

2 To char and harden (the point of a stake, etc.).
tandem..raptum truncus ~usta sude..tenet SEN.*Phaed*. 1098; gestarant tela, ~ustas sine cuspide cornos SIL.8.549.

3 To burn all over. **b** to cremate (a corpse).
torrus, quem ~uri uides ACC.*trag*.439; VERG.*A*.12.298; oliua in totum ~usta reuixit PLIN.*Nat*.17.241; ~usta comas abies SIL.4.682; magna uis frumenti ~usta TAC.*Hist*.5.12; Pompeiani theatri, quod ~ustum restituerat SUET.*Cl*.21.1; —(*fig.*) quaqua tangit, omne ~urit PL.*Epid*.674; flamma..amoris..totos ~urat homines APUL.*Met*.8.2. **b** corpore (*sc.* Herculis) ~usto uitam eius et uirtutem immortalitas excepisse dicatur CIC.*Sest*.143; *Mil*.86; (Cassium) fama est esse libris..~ustum propriis HOR.*S*.1.10.64.

4 (of cold) To cause pain like that of a burn, make frost-bitten.
(Prometheus) saeuis releuans ~usta pruinis lumina V.FL. 4.70; hostem..habes fractum ~ustumque niuosis cautibus SIL.4.68; ~usti multorum artus ui frigoris TAC.*Ann* 13.35.

ambustulātus ~a ~um, *a.* [AMBI-+VSTVLO] Scorched around, half-roasted.
teque ~um obiciam magnis auibus pabulum PL.*Rud*.770.

amellus ~ī, *m.* [perh. Gall.] A kind of aster, the Italian starwort.
est..flos in pratis cui nomen ~o fecere agricolae VERG.*G*. 4.271; COL.9.4.4; 9.13.8.

? **āmendātor** ~ōris, *m.* [next+-TOR] One who suborns accusers (cf. MANDATOR).
inter aduersa temporum et delatores ~oresque (*s.v.l.*) erant ex licentia ueteri SUET.*Tit.*8.5.

āmendo: see AMANDO.

āmens ~ntis, *a.* *compar.* ~ntior, *superl.* ~ntissimus. [AB-+MENS]

1 Out of one's mind, demented, insane.
pater..~ns, qui odisset eum sine causa quem procrearat? CIC.*S.Rosc.*41; si exstitisset in rege fides, nihil sapientius Postumo, quia fefellit rex, nihil hoc ~ntius dicitur *Rab. Post.*1; o hominem ~ntem et miserum *Att.*7.11.1; furibundus et ~ns alienata mente feraris SAL.*Rep.*2.12.6; Coriolanus prope ut ~ns consternatus LIV.2.40.5 (*transf., of the mouth*) sic me dicunt aliena locutum, ut foret ~nti nomen in ore tuum OV.*Tr.*3.3.20; (*in pun w.* amans) ~ns amansque ui animum offirmo meum PL.*Mer.*82; TER.*An.* 218 (*of a plan*) perturbatus temeritate nostri ~ntissimi consili CIC.*Att.*7.10.

2 Greatly excited, frantic, distracted.
ille (*sc.* Orion) feras uaecors ~nti corde necabat CIC.*Arat.* 676 (424); ne trepides..~ns, unde uolans ignis peruenerit LUCR.6.86; arma ~ns capio VERG.*A.*2.314; si non haesissem quamuis ~ns in fune retentus OV.*Met.*3.628; STAT.*Ach.*1. 919;—(*w. gen.*) ~ns animi VERG.*A.*4.203;—(*w. abl.*) ~ns formidine 12.776; non laeti sed prope ~ntis malis cordis LIV.30.44.6; dolore ~ns OV.*Tr.*1.3.91;—(*of an emotion*) ~nti caeca furore CATUL.64.197; ~ns ambitione furor LUC.10.146.

āmentia ~ae, *f.* [prec.+-IA]

1 The state of being out of one's mind, madness.
quae istast prauitas quaeue ~ast TER.*Hau.*974; di monerint meliora atque ~am auerruncassint tuam PAC. *trag.*112; te..conuinco non inhumanitatis solum sed etiam ~ae CIC.*Phil.*2.9; animi adfectionem lumine mentis carentem nominauerunt ~am eandemque dementiam *Tusc.* 3.10; ludere par impar..si quem delectet barbatum, ~a uerset HOR.*S.*2.3.249; tanta uis ~ae uerius quam amoris mentem turbauerat LIV.3.47.4; CURT.8.14.41; APUL.*Met.* 3.22.

2 Violent excitement, frenzy; poetic inspiration.
cor ira feruit caecum, ~a rapior ACC.*trag.*450; mater.. attonitae..similis fuit, utque dolore pulsa graui grauis est ~a OV.*Met.*5.511; STAT.*Theb.*5.358;—maior ab Aoniis poscenda ~a lucis 10.830.

3 Senselessness, extreme folly, infatuation.
quor meam senectutem huius sollicito ~a? TER.*An.*887; hoc consilio atque adeo hac ~a impulsi CIC.*S.Rosc.*29; *ad Brut.*1.15.9; (Caesar) longius eius ~am progredi uidebat CAES.*Gal.*5.7.2; SAL.*Jug.*38.1; si duces ~ae sublati essent LIV.24.30.9.

āmentius, *adv.* *compar.* [AMENS] More madly or wildly.
ita ~ gaudeo quam ut sermone uolgato significare laetitiam animi mei possim FRO.*Aur.*1.p.218(50N).

āmentō, āmentum: see AMMENT-.

Ameria ~ae, *f.* A town in Umbria.
CIC.*S.Rosc.*23; PLIN.*Nat.*3.114.

amerimnon ~ī, *n.* [Gk. ἀμέριμνον] A name for the houseleek.
maius (aizoon)..quod aliqui buphthalmon appellant.. sunt qui ambrosiam potius uocant et qui ~on, Italia sedum magnum PLIN.*Nat.*25.160.

Amerīnus ~a ~um, *a.*

1 Of Ameria, Amerian; (masc. as sb.) an Amerian.
Sex. Roscius..municeps ~us fuit CIC.*S.Rosc.*15;—de cetero ~i, Attidiates PLIN.*Nat.*3.113; (*sg. collect.*) SIL.8.460.

2 (applied to varieties of fruit and a species of willow). **b** made of Amerian willow.
malum..~um CELS.2.24.2; COL.5.10.19; (*neut. pl. as sb.*) massis ~a non perustis STAT.*Silv.*1.6.18;—Sabinae salicis, quam plurimi uocant ~am COL.4.30.4; (*fem. as sb.*) ~ae nigrae semen PLIN.*Nat.*24.58. **b** corbulas ~as XX CATO *Agr.*11.5; ~a..retinacula VERG.*G.*1.265.

ames ~itis, *m.* [perh. < **am-* 'to grasp', cf. *ansa*; for term. cf. *termes, palmes*]

1 A pole for supporting bird-nets.
~ite leui rara tendit retia, turdis edacibus dolos HOR. *Epod.*2.33; PAUL.*Fest.*p.21M.

2 (s.v.l.) A rail of a post-and-rail fence, cross-bar.
per transuersa laterum caua transmittuntur amites, qui exitus ferarum obserent COL.9.1.3.

amethystinātus ~a ~um, *a.* [next+-ATVS] Wearing an amethyst-coloured dress.
~us media qui secat Saepta MART.2.57.2.

amethystinus ~a ~um, *a.* [Gk. ἀμεθύστινος]

1 Of the colour of amethyst, violet-blue.
~um (colorem)..quem..ianthinum appellauimus PLIN. *Nat.*21.45; ~as..mulierum uocat uestes MART.1.96.7; 14. 154; SUET.*Nero* 32.3; (*neut. pl. as sb.*) purpura uendit causidicum, uendunt ~a JUV.7.136.

2 Ornamented or set with amethysts.
cum potes ~os trientes MART.10.49.1.

amethystīzōn ~ontos, *a.* [Gk. ἀμεθυστίζων] Like the amethyst in colour.
obseruant..(carbunculos) ~ontas, hoc est quorum extremus igniculus in amethysti uiolam exeat PLIN.*Nat.*37.93.

amethystus ~ī, *f.* Also **-os.** [Gk. ἀμέθυστος]

1 A precious stone of violet-blue colour, the amethyst.
hic (color)..purpureas ~os (simulat) OV.*Ars* 3.181; PLIN. *Nat.*9.135; 37.80; 37.121.

2 A kind of vine supposed to yield a non-intoxicating wine.
inerticula..nigra, quam quidam Graeci ~on appellant COL.3.2.24.

amfitapa: see AMPHITAPA.

amfractus: see ANFRACTVS.

ami, *indecl. n.* Also **ammi.** [Gk. ἄμι] An umbelliferous plant, ammi.
est cumino simillimum quod Graeci uocant ~ PLIN.*Nat.* 20.163; ~ et apii denarium senum (pondus) 20.264; LARG. 121.

amia ~ae, *f.*, or **amiās,** *m.* [Gk. ἀμία] A kind of small tunny, the bonito.
sumere te atque ~an LUCIL.1304; VAR.*L.*7.47; ~am uocant cuius incrementum singulis diebus intellegitur PLIN. *Nat.*9.49.

amiantus ~ī, *m.* [Gk. ἀμίαντος] A mineral having similar properties to asbestos, perh. chrysolite.
~us..nihil igni deperdit PLIN.*Nat.*36.139.

amiās: see AMIA.

amīca ~ae, *f.* [AMICVS]

1 A female friend.
quod illa ~ai ⟨eum⟩ amatorem praedicet PL.*As.*758; *Cist.*570; tuas ~as te et cognatas deserere..nolo TER.*Hec.* 592; JUV.6.481; (*w. pun on sense 2*) quam (*sc.* Clodiam) omnes semper ~am omnium potius quam cuiusquam inimicam putauerunt CIC.*Cael.*32.

2 A mistress, sweetheart, courtesan.
eum suus pater cum pallio unod ab ~a abduxit NAEV. *com.*110; emptast ~a clam uxorem PL.*Mer.*545; *St.*426; haec Andria si ista uxor siue ~ast TER.*An.*216; *Eu.*495; mater ~am impuri fili tamquam nurum sequebatur CIC. *Phil.*2.58; ~am..de machinis emit Q.CIC.*Pet.*8; dilexi tum te non tantum ut uulgus ~am CATUL.72.3; amatorem..~ae turpia decipiunt caecum uitia HOR.*S.*1.3.38; PROP.1.6.10; culta..diffusis saltat ~a comis OV.*Fast.*3.538; de ambitione quomodo de ~a queruntur SEN.*Ep.*22.10; MART.3.69.6; ubi nocturnae Numa constituebat amicae JUV.3.12; PAUL. *dig.*50.16.144; (*cf.*) fiet ~a manus *Priap.*33.6.

amīcālis ~is ~e, *a.* [AMICVS[1]+-ALIS] Friendly. **b** (as a cult-title of Jupiter, tr. Gk. Ζεὺς Φίλιος) of friendship.
affectionem ~em promisit ULP.*dig.*17.1.10.7; *CIL* 8.1966. **b** IN HONOREM TEMPLI IOVIS ~IS *CIL* 3.7086; APUL.*Mun.*37.

amīcē, *adv.* *compar.* ~ius, *superl.* ~issime. [AMICVS+-E] In a friendly manner or spirit, with goodwill.
facis benigne et ~e PL.*Cist.*107; et monere te prudenter et consolari ~issime CIC.*Brut.*11; moderate et ~e scriptas litteras *Att.*14.8.1; *Amic.*88; diffidens Pompeianis rebus ~issime de Caesare loquebatur CAES.*Civ.*2.17.1; angustam ~e pauperiem pati HOR.*Carm.*3.2.1; QUINT.*Inst.*6.1.50; cotidie aliquid reperias quod circa me iucundius atque ~ius facias FRO.*Aur.*1.p.162(18N); (*iron.*) ~e facis quom me laudas PL.*Mos.*719; *Ps.*521.

amicīmen ~inis, *n.* [AMICIO+-MEN] A garment, clothing.
mulieres candido splendentes ~ine APUL.*Met.*11.9; 11.23.

amicinum, *acc.*: see quot.
~um utris pediculum, ex quo uinum defunditur PAUL. *Fest.*p.15M.

amiciō ~cīre ~cuī *or* ~xī ~ctum, *tr.* [AM(BI)-+IACIO] FORMS: *~cirier* (pres. inf. pass.) PL.*Cas.* 723; *~cibor* (fut. ind. pass.) *Per.*307; *~cisse* (pf. inf.) FRO.*Aur.*2.p.12(228N); *~ectus* (pf. pple.) VAR.*L.*5.132 (in giving etym.).

1 To cover (with an outer garment), clothe, dress; (pass. or refl.) to dress.
(*w. abl.*) erat ~ctus epicroco NAEV.*trag.*54; eodem (*sc.* tegillo) ~ctus..esse soleo PL.*Rud.*576; pallium, quo ~ctus ..esset CIC.*de Orat.*3.127; ~ctus amiculo *Div.*2.143; qui te toga praetexta ~cuit BRUT.*orat.*20; sagulo gregali ~ctus LIV.7.34.15; statua eius..~cta toga 23.19.18; (*poet.*) pauo.. plumato ~ctus..Babylonico PUB.*com.*5; ibat ouis lana corpus ~cta sua OV.*Fast.*2.298;—(*w. adv.*) ~ctus non sum commode PL.*fr.inc.*145;—cesso magnufice patriceque ~cirier *Cas.*723; saepe dum ~citur discebat SEN.*Con.*10.*pr.*2; ipse se..~ciebat SUET.*Ves.*21.1.

2 (poet.) To surround or cover as with clothing.
Idae niue ~cta loca CATUL.63.70; colum molli lana.. ~ctum 64.311; nube caua speculantur ~cti VERG.*A.*1.516; nube..umeros ~ctus..Apollo HOR.*Carm.*1.2.31; tus et odores et piper et quidquid chartis ~citur ineptis *Ep.* 2.1.270; ~ctae uitibus ulmi OV.*Met.*10.100; FLOR.*Epit.* 1.11 (1.16.5); Iouem..ferunt..(*sc.* uitae) partem alteram luce, alteram tenebris ~cisse FRO.*Aur.*2.p.12(228N).

3 (transf.) To clothe (with words, etc.).
eodem cultu..oratio..est ~cienda FRO.*Aur.*1.p.120(22 N); FRO.*Aur.*2.p.38(96N).

amīciter, *adv.* [AMICVS[1]+-TER[2]] In a friendly manner.
meo amico ~ hanc commoditatis copiam danunt PL.*Per.* 255; amico ~ fecisti PAC.*trag.*131.

amīcitia ~ae, *f.* [AMICVS[1]+-IA] ORTHOG.: *ameic- CIL* 1.585.75.

1 The bond or relationship existing between friends, friendship.
sex sodalis repperi, uitam, ~am, ciuitatem, laetitiam, ludum, iocum PL.*Mer.*846; uicinitas, quod ego in propinqua parte ~ae puto TER.*Hau.*57; CIC.*Prov.*40; est..~a nihil aliud nisi omnium diuinarum humanarumque rerum cum beniuolentia et caritate consensio *Amic.*20; quod cum Pompeius et rei publicae et ~ae tribuisset CAES.*Gal.*6.1.4; idem uelle atque idem nolle, ea demum firma ~a est SAL. *Cat.*20.4; illud ~ae sanctum et uenerabile nomen OV.*Tr.* 1.8.15; (*cf.*) quae..alia infestant siluis animalia terras iunget ~a secum MAN.5.709; (*personified*) aram clementiae, aram ~ae..censuere TAC.*Ann.*4.74.

2 A friendly relationship or association, a friendship. **b** (concr.) friends.
seiquidem ~ast habenda, cum hoc habendast PL.*Poen.* 1215; erat eis..cum Chrysogono iam antea ~a CIC.*S.Rosc.* 106; quae porro ~a potest esse inter ingratos? *Planc.*80; maxime..perturbantur officia in ~is *Off.*3.43; olim missas flemus ~as CATUL.96.4; cum quibus..~as..iunxerat LIV. 1.45.2; uulgus ~as utilitate probat OV.*Pont.*2.3.8; ~as.. meruit magis quam habuit TAC.*Hist.*3.86; rara in ~is fides PLIN.*Ep.*6.10.5;—(*w. gen.*) ob ~am patris PL.*Trin.*737; non fastidiuit eius ~am CIC.*Pis.*68; CAES.*Gal.*1.44.12; SAL.*Cat.* 14.4;—(*w. pron. adj.*) uidet me suam ~am uelle PL.*Aul.* 246; uersa..~ae terga dedere meae OV.*Tr.*3.5.6. **b** hospitem, nisi ex ~a domini, quam rarissime recipiat (uilicus) COL.11.1.23; teque tuas numeres inter ~as MART.10.44.10; QUINT.*Inst.*4.1.30; omnis..~as et familiaritates..afflixit SUET.*Tib.*51.2.

3 Friendship between states or rulers, friendly relations.
quae est ista societas, quae ~a, quod foedus..CIC.*Balb.* 23; cuius cum patre..societas nobis et ~a fuisset *Dom.*20; quinque ciuitatibus ad ~am adiunctis CAES.*Civ.*1.60.5; clam cum Ariobarzane facit ~am NEP.*Dat.*5.6; Faliscos.. qui per multos annos in ~a fuerant LIV.10.45.6;—(*w. gen.*) QVEI EORVM ⟨IN⟩ ~AM POPVLI ROMANEI BELLO POENICIO PROXSVMO MANSERVNT *CIL* 1.585.75; princeps..se ad ~am fidemque populi Romani adplicauit CIC.*Ver.*2.2; ciuitates quae ad Caesaris ~am accesserant CAES.*Civ.*1.48.4; LIV. 25.16.10;—(*w. pron. or proper adj.*) qui uostram (*sc.* Romanorum) ~am diligenter colerent SAL.*Jug.*14.12; petere Romanam ~am LIV.27.4.6.

4 Affinity, accord: **a** (between plants). **b** (between inanimate things or qualities).
a inter has..uitium..~a accipitur ulmus PLIN.*Nat.*16.72; ~a ei (*sc.* rutae) cum fico 19.156. **b** ipse (*sc.* mundus) se concordi quadam ~a et caritate conplectitur CIC.*Tim.*15; omnibus inter se uirtutibus ~a est SEN.*Ep.*109.10; odia ~aeque rerum surdarum ac sensu carentium PLIN.*Nat.*20.1.

amīcitiēs ~ēī, *f.* [AMICVS[1]+-IES] Friendship.
~em coeperunt iungere LUCR.5.1019.

amīcō ~āre, *tr.* [AMICVS[1]+-O[3]] To make friendly to oneself, propitiate.
Oeclides solitum prece numen ~at STAT.*Theb.*3.470.

amictorium ~ī, *n.* [AMICIO+-TORIVM] (app.) A scarf or wrap.
MART.14.149; *P.Mich.*468.14.

amictus ~ūs, *m.* [AMICIO+-TVS[3]]

1 A loose upper garment, mantle, cloak.
purpureo uelare comas adopertus ~u VERG.*A.*3.405; duplicem ex umeris reiecit ~um 5.421; reiecto quae libera uadit ~u PROP.2.23.13; caput niueo uelatus ~u OV.*Fast.* 3.363; (*w. ref. to a serpent's crest*) crista superne edita purpureo lucens maculatur ~u *Culex* 172.

2 Clothing, dress.
mihi ~ui est Scythicum tegimen CIC.*Tusc.*5.90; neque.. fluitantis ~us..uolum curans CATUL.64.68; inuisos si quis temptarat ~us VERG.*G.*3.563; ore cruentato tenues laniauit ~us OV.*Met.*4.104; feminae saepius lineis ~ibus uelantur TAC.*Ger.*17.3; (*prov., of early training*) ut Graeci dicere solent, quem mater ~um dedit, sollicite custodientium QUINT.*Inst.*5.14.31.

3 A way of dressing, garb.
itum gestum ~um qui uidebant eius TITIN.*com.*117; nihil est facilius, quam ~um imitari alicuius aut statum aut motum CIC.*de Orat.*2.91; *Clu.*111; latuit plebeio tectus ~u omnis honos LUC.2.18; Graius ~u Attica facundi decurreret orsa Menandri STAT.*Silv.*2.1.113; pari cum Graecis ~u TAC. *Ann.*2.59; (*transf.*) eandem sententiam milliens alio atque alio ~u indutam referunt FRO.*Aur.*2.p.104(157N).

4 A covering, drapery.
uestis..puluinar complexa suo uelabat ~u CATUL.64.266.

5 (poet.) Vesture, mantle (of sky, vegetation, night, sleep, etc.).
nec refert utrum..caeli mutemus ~um LUCR.6.1134; gradientis..multo nebulae circum dea fudit ~u VERG.*A.* 1.412; cum te fusco Somnus uelauit ~u [TIB.]3.4.55; curui uomere dentis iam uiridis lacerate comas, iam scindite ~us COL.10.70; nox..nigro..polos inuoluit ~u STAT.*Theb.*3.416; terras caeco nox condit ~u SIL.12.613.

amīcula ~ae, *f.* [AMICA+-VLA] A mistress, lady-friend.
Chrysosandalos locat sibi amiculam VAR.*Men.*432; de

amicula rixatus Cic.de Orat.2.240; miserat..epistulas..ad amiculam quandam Plin.Ep.3.9.13; Suet.Cal.33.1.

amiculum ~ī, *n.* [amicio+-vlvm] Forms: *amicl-* P.Mich.468.10.

1 An outer garment, mantle, cloak.
~um hoc sustolle Pl.Cist.115; amicae..amictus ~o Cic.Div.2.143; agresti duplici ~o circumdatus Nep.Dat.3.2; tulere..reginae pallam pictam cum ~o purpureo Liv.27.4.10; 34.7.3; Vell.2.80.4; Sen.Dial.7.25.2;—(*on a statue*) aureum ei (*sc.* Ioui) detraxit ~um grandi pondere Cic.N.D.3.83;—(*fig.*) nouissimum..homini sapientiam colenti ~um est gloriae cupido Fro.Aur.2.p.62(144N).

2 (also pl.) Clothing, dress.
toga picta..~o erat accumbenti Sal.Hist.2.70.4; linteis ~is iniectum Apul.Met.2.28; feralibus ~is instrictus 10.12.

amīculus ~ī, *m.* [next+-vlvs] (in familiar or depreciatory use) A dear friend, humble friend.
de Docimo, ~o meo, quid cogitatis? Cic.Ver.3.79; te nil miseret..tui dulcis ~i? Catul.30.2;—disce, docendus adhuc quae censet ~us Hor.Ep.1.17.3.

amīcus[1] ~a ~um, *a. compar.* ~ior, *superl.* ~issimus. [amo+-icvs] Orthog.: *amecus* Paul.Fest.p.15M.

1 Friendly, well-disposed; mutually friendly. **b** (transf., of parts of the body). **c** (of feelings, words, etc.) friendly, amicable; issuing from a friend.
~o homini tibi quod uolo credere certumst Pl.Bac.1156; o uir forti's atque ~us Ter.Ph.324; homini ~o et familiari Lucil.953; postea fuit ~us, etiam ualde Cic.Att.9.13.3; plausus et ~i dona Quiritis Hor.Ep.1.6.7; lector ~e Ov.Tr.3.1.2;—(*w. dat.*) te amaui et mi ~am esse creui Pl.Cist.1; me tibi non amicum modo, uerum etiam ~issimum existimes uelim Cic.Fam.3.7.6; quis..~ior quam frater fratri? Sal.Jug.10.4; (*pred.*) mage ~o utantur gnato Pl.As.66; ad amicum ~issimus scripsi de amicitia Cic.Amic.5;—(*superl. as sb.*) petiuit..a suis ~issimis Gel.17.10.7;—inimicitias maximas saepe inter ~issimos exstitisse Cic.Amic.34; (*of animals*) ~i pauones et columbae, turtures et psittaci Plin.Nat.10.207. **b** ore effultus ~o est Verg.A.3.463; ~ae ac fideles..manus Liv.28.22.10; fixisti pectus ~um Ov.Ars 3.737. **c** erga te animo esse ~o sensisti eam Ter.Hec.389; plena ~issimi desideri Cic.Phil.2.39; non sincerae neque ~ae uoluntatis indicium Gel.14.3.3;—pectus praeceptis format ~is Hor.Ep.2.1.128; dictis facta ~iora adiecit Liv.2.15.6; ~o murmure dulcis solatur lacrimas Stat.Theb.4.782; ~ius uisum est omnia (exhibere) Plin.Ep.3.10.4;—fessos opibus solatur ~is Verg.A.5.41; preces..non indignaris ~as Stat.Silv.2.1.16.

2 **a** Supporting politically, that is an adherent or supporter. **b** (of foreign rulers, states, etc.) having friendly relations with one's state, etc.
a minime ~i Pompeio nostro esse debetis Cic.Att.7.17.1; hominem ~um non magis tyranno quam tyrannis Nep.Di.3.2; (*prol.*) bello uires adquirit ~as Ov.Met.7.459;—(*to a cause*) ~ior causae Cic.Phil.10.16; Prop.1.13.12; ~ior omnium libertati quam suae..dominationi Nep.Milt.3.6;—(*superl. as sb.*) intellegere..~issimi tui legem esse contemptam Cic.Vat.29; regum ~issimi Cic.Deiot.41. **b** ab ~issimis ciuitatibus legationes Cic.Ver.7; fidelis et ~a populo Romano prouincia Font.44; fidelissimus socius trans Taurum ~issimusque p. R. existimatur Fam.15.1.2; Vticenses pro quibusdam Caesaris in se beneficiis illi ~issimi Caes.Civ.2.36.1; nobis Romanos ex amicis ~issumos fecisti Sal.Jug.10.2; nec ~iorem (ulli populo) quam Romano (regem) esse adfirmabant Liv.27.4.6; Tac.Ann.15.5;—(*superl. as sb.*) de rege Deiotaro, populi Romani ~issimo Cic.Phil.2.93.

3 Loyal, loving, attached (to). **b** devoted, attached (to a thing, cause, etc.); *~us reipublicae*, patriotic.
ut praesidium quam ~issimum..haberet Caes.Gal.1.42.5; capiti..parentis ~a Ov.Ib.359; Stat.Theb.4.26;—(*of animals*) fuluus Lacon, ~a uis pastoribus Hor.Epod.6.6; refert..tenta grex ~us ubera 16.50. **b** (fortuna) quae ~a uarietati constantiam respuit Cic.N.D.2.43; ~a luto sus Hor.Ep.1.2.26; solo sicco..est ~ior (uinea) Col.3.1.10; (*w. gen.*) Plato, ueritatis homo ~issimus Gel.10.22.1;—~um rei publicae Cic.Flac.2; uir..cum rei publicae..tum etiam ueritati ~issimus Dom.68; (*cf.*) et suis et publicis rationibus utilissimus atque ~issimus ciuis Inv.1.1.

4 **a** (of a god, patron, etc.) Favourable, propitious. **b** (of natural objects, circumstances, etc.) favourable, congenial, helpful, friendly.
a senatus..~ior tuis laudibus esse non potuit Cic.Fam.10.12.4; Iuno et deorum quisquis ~ior Hor.Carm.2.1.25; uotis puerorum ~as applicat auris Saec.71; Pantho ne sit ~a Venus Prop.2.21.2; studiis adsit (Pallas) ~a meis Ov.Fast.3.834; Tr.3.14.2. **b** ~os inriget imbris Verg.G.4.115; nec sidus atra nocte ~um appareat Hor.Epod.10.9; ad non ~os..mihi postis 11.21; si tamen haec nauis uento ferretur ~o Ov.Tr.1.5.17; neque ~o sidere monstrat Stat.Theb.1.371;—(*w. dat.*) nam tibi sunt fontes, tibi semper flumina ~a Dirae 65; est..uineis ~us..silex Col.3.11.8; (radix silphii) suggilatis..~issima Plin.Nat.22.100; tempus ~um fraudibus Stat.Silv.5.2.38.

5 Loved, welcome, dear.
nihil homini ~ost opportuno ~ius Pl.Epid.425; nihil est mihi ~ius solitudine Cic.Att.12.15; Musis ~us tristitiam..tradam..uentis Hor.Carm.1.26.1; sol..~um tempus agens abeunte curru 3.6.43; Arcadio pinus ~a deo Prop.1.18.20; carmen ~ae Thebaidos Juv.7.82; (*w. cl.*) nec dis ~um est nec mihi te prius obire Hor.Carm.2.17.2;—(*app.* = φίλος, *one's own*) cuncta..~o quae dederis animo 4.7.19.

amīcus[2] ~ī, *m.* [prec.] Forms and orthog.: *ameicus* Pl.Poen.1213, *CIL* 1.588.7, *Rhet.Her.* 4.49; *~um* (gen. pl.) Ter.Hau.24.

1 A personal friend.
~um cum uides, obliscere miserias App.poet.2; ubi tu tuom ~um adiuuas Pl.Per.614; ubi ~i, ibidem opes Truc.885; pater ~us summus nobis Ter.An.970; antiqui ~i maiorum meum Pac.trag.80; ~os cognatis anteferre Cic.Part.66; ut idem ~i semper velint Planc.5; M. Fadium quod mihi ~um tua commendatione das Fam.15.14.1; casu..animum concussus ~i Verg.A.5.869; haec res et iungit iunctos et seruat ~os Hor.S.1.3.54; Liv.25.15.8; uulgare ~i nomen sed rara est fides Phaed.3.9.1; nulla fides umquam miseros elegit ~os Luc.8.535; Gaius Inst.1.44; (*prov.*) ~us certus in re incerta cernitur Enn.scen.210; nam uetus uerbum hoc quidemst, communia esse ~orum inter se omnia Ter.Ad.804;—(*transf., of an author*) ut ait tuus ~us Sophocles Cic.Att.2.7.4; (*cf.*) cum ueteribus ~is, id est cum libris nostris Fam.9.1.2.

2 A lover.
quom illa osculata mea soror gemina esset suompte ~um Pl.Mil.391; Caecil.com.214; quae mulier uolet sibi suum ~um esse indulgentem Turp.com.38; tu tamen amisso non numquam flebis ~o Prop.2.13.51; 3.20.9; (*cf.*) septem..coniunctae lecticae amicarum sunt an ~orum Cic.Att.10.10.5.

3 **a** A friend in public life, partisan, supporter. **b** a member of a retinue, courtier, counsellor.
a ex Antoni ~is Cic.Phil.5.44; a legatis ~isque Caesaris Caes.Civ.3.101.7; Valerius Paulinus, strenuus militiae et Vespasiano..~us Tac.Hist.3.43; (*cf.*) hoc nomen ~orum in petitione latius patet quam in cetera uita Q.Cic.Pet.16;—(*transf.*) tametsi ueritatis erat ~us Cic.S.Rosc.85; (*cf.*) ~i ipsorum et ueritatis esse uideamur Rhet.Her.4.49. **b** ~i regis, qui propter aetatem eius in procuratione erant regni Caes.Civ.3.104.1; fuerunt praeterea magni reges ex ~is Alexandri Magni Nep.Reg.3.1; reges et regum..~os Hor.Ep.1.10.33; Liv.31.28.5; Vedius Pollio, eques Romanus ex ~is Diui Augusti Plin.Nat.9.77; Tac.Ann.1.27; comitante praetorianorum agmine et in essedis cohorte ~orum Suet.Cal.19.2.

4 (as title accorded to foreign kings and peoples, etc.) A friend of the Roman (or another) state; also, a friend or client of a Roman magistrate.
socii atque ~i populi Romani Cic.Ver.53; huic populo socii atque ~i semper fuerunt Dom.52; socium atque ~um populi Romani regno..expulit Sal.Jug.14.2;—(*w.* appello, *etc.*) populi Romani ~us appellatus erat Caes.Gal.1.3.4; 7.31.5; uiros bonos sociosque et ~os eos appellari Liv.29.19.7; (*cf.*) tua sponte ~um Lacedaemoniis..esse Cic.Fam.13.28a.2;—istius (*i.e.* Verris) clientes atque ~i Ver.4.140.

5 A follower, disciple (of a person).
Aristoteles eiusque ~i Cic.Luc.131; et ipse (*sc.* Epicurus) et ~i eius Fin.2.44.

āmigrō ~āre, *intr.* [ab-+migro] To go away, remove.
sublatis itaque rebus ~ant Romam Liv.1.34.8.

Amilcar: see Hamilcar.

amilum: see amylvm.

Amīnaeus ~a ~um, *a.* Also **Amīnēus, Aminnēus, Aminnius, Ammīnēus.** Aminean, a name applied to kinds of vine, grape, or wine; also to a kind of myrrh.
Cato Agr.7.1; 106; Var.R.1.25; ~ae uites Verg.G.2.97; uinum ~um austerum Cels.4.5.4; generis ~i uites Col.3.9.2; nigra ~a (*sc.* uitis) Plin.Nat.14.41; 22.119; uuae ~ae acerbae Larg.64; Annian.poet.3.4;—murrae ~ae p ✱ xxii Larg.269.

āmissiō ~ōnis, *f.* [amitto+-tio] The fact of losing, deprivation, loss: **a** (of material possessions; also physical loss). **b** (of a faculty, quality, etc.). **c** (of persons, by death or separation). **d** (of a military force, town, etc.).
a omnium rerum ~o Cic.Fam.4.3.2; Tusc.2.10; cum bonorum ~one Liv.2.2.10; quid..aduersus has ~ones auxili inuenimus? Sen.Ep.98.11;—arbores..foliorum..~one languidas Plin.Nat.17.12. **b** sensuum ~onem Cic.Fin.3.51; ~o dignitatis Pis.43; ciuitatis ~o Ulp.dig.48.19.2. **c** attribuere ad ~onem amicorum miseriam nostram Cic.Tusc.3.73; amicorum liberorumque ~o Sen.Dial.2.10.4; tanti uiri ~o Plin.Ep.1.12.1. **d** ut Caepio (*sc.* se purgat)..de exercitus ~one Rhet.Her.1.24; me ~onem classis obicere Cic.Ver.5.131; oppidorum turpis ~o Pis.40; Flor.Epit.1.22(2.6.42).

amissus ~ūs, *m.* [amitto+-tvs[3]] The fact of losing, loss.
Siciliae ~um..culpae suae tribuebant Nep.Alc.6.2.

amita ~ae, *f.* [cf. Gk. ἀμμά, ON. *amma*, etc.] A father's sister, paternal aunt. **b** *~a magna*, a grandfather's sister, great-aunt. **c** *~a maior*, a great-grandfather's sister, great-great-aunt. **d** *~a maxima*, a great-great-grandfather's sister, great-great-great-aunt.
uxori suae Cluentiae, quae ~a huius Habiti fuit Cic.Clu.30; ~ae meae Iuliae maternum genus ab regibus ortum Caes.orat.28; Nep.Dat.2.4; Liv.39.11.3; Pers.6.53; certamen..~a potius an mater apud Neronem praeualeret Tac.Ann.12.64; Suet.Jul.6.1; ~am et materteram uxorem ducere non licet Gaius Inst.1.63; Paul.dig.38.10.10.14. **b** ~a magna est aui soror Paul.dig.38.10.10.15. **c** ~a maior..est proau soror Paul.dig.38.10.10.16. **d** ~a maxima: ea est abaui soror, patris uel matris amita maior Paul.dig.38.10.10.17.

Amiternīnus ~a ~um, *a.* Of Amiternum.
Publius Aufidius Pontianus ~us Var.R.2.9.6; (lapidicinae) ~ae Vitr.2.7.1; Col.10.422; ~is (napis) Plin.Nat.19.77; (*masc. as sb.*) Var.L.5.28; Liv.28.45.19.

Amiternum ~ī, *n.* A town in the Sabine country, the birthplace of Sallust.
Liv.10.39.2; 26.11.10; 36.37.3.

Amiternus ~a ~um, *a.* Of Amiternum.
ingens ~a cohors Verg.A.7.710; ~us ager Mart.13.20.1.

amitīna ~ae, *f.* [amita+-ina] A daughter of a father's sister or mother's brother, a female first cousin.
Paul.dig.38.10.10.15; Gaius dig.38.10.1.6.

amitīnus ~ī, *m.* [*amit-* (cf. amita)+-invs] A son of a father's sister or mother's brother; a male first cousin.
quod praeceptori eius (*sc.* Alexandri), ~o Aristotelis, accidit Sen.Suas.1.5; ~i..(id est qui..ex fratre et sorore propagantur). sed fere uulgus..istos..consobrinos uocant Gaius dig.38.10.1.6; Paul.dig.38.10.10.15.

āmittō ~ittere ~īsī ~issum, *tr.* [ab-+mitto] Forms: *~isti* (= *~isisti*) Ter.Eu.241, *Hec.* 251; *~issis* (= *~iseris*) Pl.Bac.1188; *~eis-* *CIL* 1.589.

1 To send away, dismiss (a person).
ad patrem hinc ~isi Tyndarum Pl.Capt.589; Mil.1376; Antiphonem uideo ab sese ~ittere inuitum eam Ter.Ph.918; ne istunc numero ~ittas Acc.trag.144; (*w. pred. adj.*) ut ueni, itidem incertum ~isti Ter.Hec.251.

2 To allow (a person) to go away. **b** (w. adj.) to allow to go in a specified state.
quo die Orcus Acherunte mortuos ~iserit Pl.Poen.344; non ~ittam quin eas St.187; neque quo pacto a me ~ittam neque uti retineam scio Ter.Ph.507. **b** me ~isti liberum Pl.Men.1055; te saluom hinc ~ittemus Mil.1413; med ~isisti a te uix uiuom domum Mos.432.

3 To let go one's hold of, release. **b** to part with (possessions).
non ~ittunt hi me comites qui tenent Pl.Mer.869; ut abeas, rudentem ~ittas Rud.1031; ~itte, caue uestem attigas Acc.trag.304; clauum..adfixus et haerens nusquam ~ittebat Verg.A.5.853. **b** qui uiuamus nihil est, si illum (*sc.* fundum) ~iserit Pl.Trin.561; hoc (*sc.* argentum) temere numquam ~ittam ego a me quin mihi testis adhibeam Ter.Ph.714.

4 To let fall, shed, drop.
fonticulus est, ex quo qui biberint, ~ittunt dentes Vitr.8.3.23; merulae..plumam non ~ittunt Plin.Nat.10.72; (astragalus) colligitur exitu autumni, cum folia ~isit 26.46.

5 (w. abst. obj.) To give up, abandon.
istanc rem inquisitam certum est non ~ittere Pl.Am.847; Per.403; ~ittendum morem hunc, quem agitis Sal.Hist.3.48.14; ut fidem ~ittere mallent Nep.Eum.10.2; expugnandi..spe ~issa Liv.4.22.4; matrimonium ~ittere Tac.Ann.13.46; spem belli ~ittere 14.26.

6 To pass over, forgive (a fault).
tibi hanc ~ittam noxiam unam Pl.Poen.403; Ter.Eu.853.

7 To fail to catch, or hold, miss, let slip. **b** to let slip, miss (an opportunity, etc.). **c** to let out of sight, lose sight of; to let go out of mind.
parasitum ne ~iseris Pl.Cur.599; manibus ~isisti praedam Mil.457; Licinium de manibus ~iserunt? Cic.Cael.64; ne tanta ex oculis manibusque ~itteretur praeda Liv.30.24.10. **b** quod di dant boni caue culpa tua ~issis Pl.Bac.1188; an ego occasionem..tantam..~itterem? Ter.Eu.606; ~issos tot dies rei gerendae queremur Cic.Phil.6.9; ne spe praesentis pacis perpetuam pacem ~ittatis 7.25; condicionum..~issum tempus est Att.7.13.2; quodsi ante occidisset, talem euentum omnino ~isisset Tusc.1.85; conclamant omnes occasionem negoti bene gerendi ~ittendam non esse Caes.Gal.3.18.5; occasionem bene gerendae rei ~isere Liv.31.36.3. **c** cistellam..ego hic ~isi Pl.Cist.709; utramque (Sardiniam et Siciliam) ex conspectu ~iserunt Var. in Serv.A.1.108; ~issus eunti limes Stat.Theb.12.240;—Cn. Pompei memoriam ~isimus Cic.Deiot.12.

8 To incur the loss of, forfeit, lose: **a** (material possessions). **b** (a part of the body, faculty, property, etc.); *~ittere sanguinem*, to blench. **c** *animam, spiritum, uitam, etc., ~ittere*, to lose one's life. **d** (other immaterial things, qualities, etc.). **e** (of a thing) to lose (part of itself, an appurtenance, etc.).
a me hoc (*sc.* argentum) est aequom ~ittere Ter.Ph.673; si..non caueris..trienni fructum ~ittes Cato Agr.5.6; cum..Q. Opimius..bona, fortunas, ornamenta omnia ~iserit Cic.Ver.1.156; argentum, uestem, supellectilem, uinum ~ittet aequo animo Phil.13.11; omnibus frugibus ~issis domi nihil erat quo famem tolerarent Caes.Gal.1.28.3; addit..ut..quod quisque eorum in bello ~iserit..restituatur Civ.1.87.1; Manlius..argos bonaque omnia ~iserat Sal.Cat.28.4; ne post ~issa requiras Verg.G.3.70; id quod ~ittitur in damno..habituri Liv.21.13.5; nullus ad ~issas ibit amicus opes Ov.Tr.1.9.10; (*facet.*) ne quid animai forte ~ittat dormiens Pl.Aul.305. **b** consilium cum re ~isti? Ter.Eu.241; speciem ~isi luminis Acc.trag.275; lumina ~isit Cic.Dom.105; et uiris et corpus ~isi Fam.7.26.2; ~ittit de corpore partem Lucr.4.541; ~ittet uires ipsa Medusa suas Ov.Pont.1.2.36; uixit prope ad centesimum aetatis annum,

~issa iam pridem memoria SUET.*Gram.*9(p.107Re); (*poet.*) elisa incussis ~isit calcibus ora SIL.4.242;—tam inexpectato ictus sono ~iserat sanguinem PETR.100.5. **c** animam ~ittunt PL.*Am.*240; salutem ~isi *Mer.*592; uitam cum dolore..~isit SIS.*hist.*138; per summum dedecus uitam ~ittere CIC.*S.Rosc.*30; *Fam.*14.4.5; LUCR.6.1234; SAL. *Cat.*20.9; iurauere amici..spiritum ante quam ultionem ~issuros TAC.*Ann.*2.71; (*cf.*) infantiam ~isimus, deinde pueritiam, deinde adulescentiam SEN.*Ep.*24.20. **d** ~isi omnem lubidinem PL.*Mil.*1360; Ser. Sulpici morte magnum praesidium ~isimus CIC.*Fam.*12.5.3; ne ante partam rei militaris laudem ~itterent CAES.*Gal.*6.40.7; ~isso fratris auxilio TAC.*Ann.*13.17;—(*ranks, privileges, etc.*) eam nobilitatem ~ittendam uideo PL.*Mil.*1324; de suo consulatu, quem iudicio ~iserat CIC.*Sul.*68; et exercitus et imperi ius ~ittit *Phil.*10.12; causa..imperii ~ittendi LIV.3.44.1; ut..Pontius Fregellanus ~itteret ordinem senatorium TAC.*Ann.*6.48; capitis..minutio priuata..iura, non ciuitatis ~ittit ULP. *dig.*4.5.6; (*iron.*) fugam exilium egestatem..cum anima simul ~isisti SAL.*Jug.*14.23; (*cf.*) ut, cum milites reconciliasset, ~itteret optimates (*i.e. their support*) NEP.*Di.*7.2. **e** uenti uis..~ittens in cursu corpora quaedam LUCR.6.302; neque ~issos colores lana refert medicata fuco HOR.*Carm.* 3.5.27; naturam suam..~ittere non possunt LARG.21; (*of a number*) hic poscit quintam partem centesima summa, illic ~ittit decimam MAN.2.336.

9 To be parted from, lose: **a** (by local separation). **b** (by death).
a illum amicum ~iseris PL.*Trin.*1054; caue ne prius quam hanc a me accipias ~ittas TER.*Eu.*751; o terram illam beatam quae hunc uirum exceperit, hanc ingratam si eiecerit, miseram si ~iserit! CIC.*Mil.*105; (*a place*) negaret esse in malis capi..patriam ~ittere *Fin.*4.22; exul in ~issa si tamen urbe legor OV.*Tr.*5.9.6. **b** cum fratrem propter uos ~isissem GRACCH.*orat.*44; minus..miseri qui his temporibus (liberos) ~iserunt CIC.*Fam.*5.16.3; Pansa ~isso quantum detrimenti res p. acceperit D.BRUT.*Fam.*11.9. 1; genitorem..~itto Anchisen VERG.*A.*3.710; LIV.3.50.6; Orpheus..bis ~issa coniuge maestus erat OV.*Tr.*4.1.18; SUET.*Ves.*3.1.

10 To lose in warfare by capture or destruction: **a** (troops, ships, etc.). **b** (territory, a town, etc.).
a classes..~issae et perditae CIC.*Ver.*13; res publica non tot duces et exercitus ~isisset *Phil.*2.37; partem maiorem suarum copiarum Antonius ~isit GALBA *Fam.*10.30.5; signifero..interfecto, signo ~isso CAES.*Gal.*2.25.1; ducentas naues triremes ~iserant NEP.*Alc.*5.5; imperatorem clarissimum gentis suae ~iserant LIV.10.31.12; supra mille et quingentos milites ~iserunt LIV.25.18.1. **b** ~issam esse populo Romano Siciliam CIC.*Ver.*3.226; doleo Asiam nos ~isisse BRUT.*ad Brut.*2.3(5).5; ~issa Sicilia et Sardinia CAES.*Civ.*3.10.5; *B.Afr.*41.2; saepe..audiui, qui reges.. magna imperia ~iserint SAL.*Rep.*2.7.5; post Casilinum ~issum LIV.23.22.4; 8.12.5.

11 To be unsuccessful in, lose (a lawsuit).
plerasque causas..uidemus ~itti CIC.*de Orat.*2.100; ut totam litem aut obtineamus aut ~ittamus *Q.Rosc.*10; eum actionem iure ~isisse respondi PAPIN.*dig.*39.5.29.1.

12 To be deprived of by neglect, decay, etc., lose the use of.
nationes..per auaritiam atque stultitiam res publicas suas ~iserunt GRACCH.*orat.*21; ita sunt stulti ut ~issa re publica piscinas suas fore saluas sperare uideantur CIC.*Att.* 1.18.6; pereunt discrimine nullo ~issae leges LUC.3.120; VIAM APPIAM PER MILLIA PASSVS XVDCCL LONGA VETVSTATE ~ISSAM..FECIT *CIL* 9.6075; cum uia publica uel fluminis impetu uel ruina ~issa est JAVOL.*dig.*8.6.14; ~issa..dicuntur ea, quae corrupta alicui relinquuntur, scissa forte uel fracta ULP.*dig.*47.8.4.9.

amm-: for cpds. of *ad-* see ADM-.

ammentō ~āre ~āuī ~ātum, *tr.* **āmentō.** [next+-o³]

1 To fit with a throwing-strap.
hastae..~atae CIC.*Brut.*271; (*fig.*) cum ~atas hastas acceperit, ipse eas oratoris lacertis uiribusque torquebit *de Orat.*1.242.

2 To give impetus to with a throwing-strap, speed on.
iaculum parua Libys ~auit habena LUC.6.221; (*fig.*) torquet, ~ante Noto, Poenorum aplustribus ignes SIL.14. 422.

ammentum ~ī, *n.* Also **āmentum.** [perh. < *agmentum (AGO+-MENTVM)]

1 A thong or loop attached to a spear, enabling it to be thrown with greater impetus, throwing-strap.
ut tragulam cum epistola ad ~um deligata..abiciat CAES.*Gal.*5.43.5; intendunt acris arcus ~aque torquent VERG.*A.*9.665; uirum..iaculorum ~a emollierat LIV. 37.41.4; inserit ~o digitos OV.*Met.*12.321; PLIN.*Nat.*7.201; SIL.4.15; (*cf.*) compositione uelut ~is quibusdam..concitari sententiae uidentur QUINT.*Inst.*9.4.9.

2 A thong by which the sandal was fastened to the foot, shoe-strap.
soleis..sine ~o insignis PLIN.*Nat.*34.31.

ammi: see AMI.

Ammīnēus: see AMINAEVS.

ammochrȳsus ~ī, *m.* [Gk. ἀμμόχρυσος] A precious stone.
rerum similitudo est in ~o uelut auro harenis mixto PLIN.*Nat.*37.188.

Ammōn: see HAMMON.

ammoniacum, -us: see HAMM-.

amnegō: see ABNEGO.

amnē(n)sis ~is ~e, *a.* [AMNIS+-ENSIS] (See quot.)
~es appellantur urbes sitae prope amnem PAUL.*Fest.* p.17M.

amnestia ~ae, *f.* [Gk. ἀμνηστία] A general pardon, amnesty.
haec obliuio, quam Athenienses ~an uocant V.MAX.4.1. ext.4.

amnicola ~ae, *m.* and *f. adj.* [AMNIS+-COLA] Growing beside a river.
non Chaonis abfuit arbor,..~aeque simul salices OV. *Met.*10.96.

amniculus ~ī, *m.* [AMNIS+-CVLVS] A small river, brook.
ab altero ~o..Ap. Claudium opposuit LIV.36.22.8.

amnicus ~a ~um, *a.* [AMNIS+-CVS] Of, or connected with, a river, situated in a river.
insula in Sao Metubarbis, ~arum maxima PLIN.*Nat.* 3.148; quales..circa stagna gigni putant dissimiles ~is (*sc.* calamis) 16.166; APUL.*Met.*6.20.

amnigena ~ae, *m.* and *f. adj.* [next+-GENA] That is the son (or other descendant) of a river.
quid si ~am mirere Choaspen? V.FL.5.584.

amnis ~is, *m.* and *f.* [OIr. *abann*, Corn., Bret. *auon*; cf. perh. Skt. *āpaḥ* 'water']

1 A river. **b** a river personified, river-god. **c** (astron.) the constellation Eridanus. **d** (poet.) the stream of Ocean.
constitere ~es perennes ENN.*var.*12; ad caput ~is, quod de caelo exoritur sub solio Iouis PL.*Trin.*940; prope siet aut mare aut ~is, qua naues ambulant CATO *Agr.*1.3; praeter hos (agros) fluit ~is VAR.*Men.*415; (Herodotus) sine ullis salebris quasi sedatus ~is fluit CIC.*Orat.*39; si montes resedissent, ~es exaruissent *Pis.*82; ex omnibus ~ibus umor tollitur in nubis LUCR.6.506; crebris mugitibus ~es..sonant VERG.*G.*3.554; puroque simillimus ~i fundet opes Latiumque beabit diuite lingua HOR.*Ep.*2.2.120; pluribus (*sc.* ostiis) diuisus ~is in mare decurrit LIV.21.26.4; haec sunt penetralia magni ~is OV.*Met.*1.575; ~ibus longinquis saeptum imperium TAC.*Ann.*1.9; (*poet.*) animi labes nec diuturnitate euanescere nec ~ibus ullis elui potest CIC.*Leg.*2.24;—(*w. proper name in apposition*) ad Ticinum ~em motis castris LIV.21.39.10; PLIN.*Nat.*2.229; (*in gen.*) magnos Erebi tranauimus ~is VERG.*A.*6.671; OV.*Met.*1.702. **b** manu magna Romanos inpulit ~is ENN.*Ann.*569; turba uagorum semideum et summis cognati nubibus ~es STAT.*Theb.*1.206. **c** magnus pariter delabitur ~is CIC.*Arat.*630(384); alterius capiti coniungit Aquarius undas ~is MAN.1.442. **d** Taygete simul..Pleas..Oceani spretos pede reppulit ~is VERG.*G.* 4.233; qua fluitantibus undis Solis anhelantes abluit ~is equos TIB.2.5.60; nox..caeruleo lauerat ~e rotas [TIB.] 3.4.18.

2 The stream or current of a river; *secundo, adverso ~e*, down-, up-stream; a current of the sea.
Baetis..uno ~e decurrit MELA 3.5; (*in fig. phr.*) mutetur scripti sententia nostri, ne totiens contra, quam rapit ~is, eam OV.*Pont.*3.7.8;—secundo defluit ~i VERG.*G.*3.447; inde adverso ~e Babylona subituros CURT.10.1.16;—aequora, qua rigidos eructat Bosporos ~es V.FL.4.345.

3 Water, esp. running water. **b** the water of the sea.
furit intus aquai..~is VERG.*A.*7.465; hoc (*sc.* dictamno) ..fusum labris..~em inficit 12.417; (*in a constellation*) Aquarius obscurum dextra rigat ~em CIC.*Arat.*417(173). **b** perfusi..sacro placati gurgitis ~e V.FL.4.338.

4 a A flow of any other fluid, etc., stream. **b** (fig.) an outpouring of poetry, art, etc.
a per ipsam qua patet pectus uiam effusus ~is (*sc.* cruoris) SEN.*Oed.*348; ~es fumi GEL.17.10.13. **b** influxit ..in hanc urbem..abundantissimus ~is illarum (*sc.* Graecarum) disciplinarum et artium CIC.*Rep.*2.34; (Homeri) ex ore..posteritas..~em..in tenues ausa est deducere riuos MAN.2.10.

amō ~āre ~āuī ~ātum, *tr., intr.* [dub.] FORMS: *~arei* (= *~ari*) *Rhet.Her.*4.21; *~asso* (= *~auero*) PL.*Cas.*1001, 1002; *~assis* (= *~aueris*) PL.*Mil.*1007; *~assint* (= *~auerint*) PL.*Cur.*578.

1 To love, be or fall in love with. **b** (w. unnatural passion).
nolo ego hanc adeo efflictim ~are NAEV.*com.*37; ~are occepi forma eximia mulierem PL.*Mer.*13; dic me illam ~are multum *Per.*303; eam misere ~at TER.*Hau.*190; hanc uir ~abat CIC.*Ver.*5.82; deteriore fit ut forma muliercula ~etur LUCR.4.1279; ~ata nautis multum HOR.*Epod.*17.20; stulte confisus ~ari TIB.1.9.45; si non Aeropen frater sceleratus ~asset OV.*Tr.*2.391; uxorem..uiuam ~are uoluptas est, defunctam religio STAT.*Silv.*5.pr.; neque enim ut ~ent amenturue..ornantur TAC.*Ger.*38.4; (*w. dat. of agent*) nec tantum Coo Bittis ~ata suo est OV.*Tr.*1.6.2; (*in pun*) ~arei iucundumst, si curetur, ne quid insit amari *Rhet.Her.*4.21. **b** porcus est, quem ~are coepi, pinguis, non pulcher puer POMPON.*com.*174; hi pueri tam lepidi ac delicati..~are et amari..didicerunt CIC.*Catil.*2.23; arborem eximiam aetate nostra ~auit Passienus PLIN.*Nat.*16.242.

2 (intr.) To be in love, to love. **b** (of poetry) to deal with, 'be about', love.
uti miser est homo qui ~at! PL.*As.*616; ~o inmodeste *Poen.*153; hic ~et familiae fame perbitant CAECIL.*com.*218; quam sint morosi qui ~ant CIC.*Fam.*7.15.1; an, qui ~ant, ipsi sibi somnia fingunt? VERG.*Ecl.*8.108; in quis ~antem languor et silentium arguit HOR.*Epod.*11.9; quae uenit exacto tempore, peius ~at OV.*Ep.*4.26; (*poet.*) inuideo uobis agri: discetis ~are *Lydia* 8; (*prov.*) ~are et sapere uix deo conceditur PUB.*Sent.*A.22. **b** elegia..utique qua ~at, et hendecasyllabi..amoueantur QUINT.*Inst.*1.8.6.

3 To indulge in venery, associate with prostitutes, fornicate. **b** (of animals, etc.); also, to be on heat.
~are oportet omnis qui quod dent habent PL.*Truc.*76; ab amico ~ante argentum accipere meretrix noenu uolt CAECIL.*com.*214; omnes qui ~ant grauiter sibi dari uxorem ferunt TER.*An.*191; ibi primum insueuit exercitus populi Romani ~are potare SAL.*Cat.*11.6; omnes iam norunt quam sit ~are bonum PROP.2.34.24;—(*w.* ab) ~at ab lenone hic PL.*Poen.*1092; qui ~ant a lenone *Ps.*203. **b** coactos non ~are capones MART.3.58.37;—uirus ~antis equae OV. *Med.*38.

4 To make love to, hug, caress. **b** to keep close to, stay in (a position); to refuse to part with, hold on to (an object of value); to nurse (sorrow).
alii adnutat, alii adnictat, alium ~at, alium tenet NAEV. *com.*76; postea hanc ~abo atque amplexabor PL.*Poen.*1230. **b** litus ~a et laeua stringat sine palmula cautes VERG.*A.* 5.163; ~at..ianua limen HOR.*Carm.*1.25.3; STAT.*Theb.*9. 114;—(mira) Noni contumacia proscriptionem suam (*i.e. a ring*) ~antis PLIN.*Nat.*37.82;—quid damna foues et pectore iniquo uulnus ~as? STAT.*Silv.*2.6.95.

5 To have affection for, be attached to, love. **b** (in appeals) *si me ~as*, as you love me, please. **c** (refl.) to be selfish or self-centred. have a high opinion of oneself. **d** (w. places as obj., esp. one's home or country). **e** (qualities, behaviour).
Eurydica prognata, pater quam noster ~auit ENN.*Ann.* 37; uolo ~ari a meis PL.*As.*67; parentem..qui te nec ~et nec studeat tui CAECIL.*com.* 201; di me, pater, omnes oderint ni mage te quam oculos nunc ego ~o meos TER.*Ad.*701; suos parentes ~at GRACCH.*orat.*66; cura ut ualeas, et me, ut ~as, ~a CIC.*Fam.*7.5.3; ~auit nos quoque Daphnis VERG. *Ecl.*5.52; quo sit amore parens, quo frater ~andus et hospes HOR.*Ars* 313; non mihi, quam fratri frater, ~ate minus OV.*Pont.*4.12.22; (*w.* inter se) uideo (eos)..inter se ~are TER.*Ad.*828; ualent pueri..et nos et inter se ~ant CIC.*Q.fr.* 3.3.1; (*ellipt.*) nemo quisquam acceptior: serui liberique ~abant PL.*Per.*649; (*facet. of a place*)~nisi forte (Baiae) te ~ant et tibi adsentantur CIC.*Fam.*9.12.1; (*opp. to* diligo) ut scires eum a me non diligi solum uerum etiam ~ari 13.47; *Ep.fr.*8(7).4. **b** caue posthac, si me ~as, umquam istuc uerbum ex te audiam TER.*Hau.*1031; librum, si me ~as, mitte CIC.*Att.*12.6.2; dic ergo, si me ~as, peristasim declamationis tuae PETR. 48.4. **c** sese omnes ~ant PL.*Capt.* 104; quam uolumus licet..ipsi nos ~emus, tamen nec numero Hispanos..nec artibus Graecos..superauimus CIC.*Har.*19; *Off.*1.30. **d** ~emus patriam CIC.*Sest.*143; non modo te sed etiam Tusculanum nostrum plus ~em *Fam.*16.18.1; gentem hortor ~are focos VERG.*A.*3.134; ne populus..Nilum Romanus ~aret LUC.10.8; nec te telluris ~atae..miseret? STAT.*Theb.*7.156; (*poet.*) fluuios dum piscis ~abit VERG. *Ecl.*5.76. **e** laudanda est uel etiam ~anda uicinitas CIC. *Planc.*22; uolo ~es meam constantiam *Att.*2.10.1; quod defles, illud ~asti LUC.8.85; ut..uitia principum ~arent TAC.*Hist.*1.5.

6 To see, hear, or hear of, with pleasure.
horum homines nomen, orationem, uultum, incessum ~abant CIC.*Sest.*105; o gratum aduentum!..o nauigationem~andam! *Att.*4.19(17).1; Alexidis manum ~abam 7.2.3; ~anda uoce HOR.*Carm.*4.11.34; errorem uocis ut omen ~o OV.*Ep.*8.116; nomen quod mundus ~at LUC.8. 276; uerum..~o PERS.1.55; GAIUS *dig.*35.1.63.1.

7 To have regard for (public persons or policies), esteem, support.
spernitur orator bonus, horridus miles ~atur ENN.*Ann.* 269; numquam etiam fui usquam quin me omnes ~arent plurimum TER.*Eu.*1092; quae si Bruto non probatur, nescio cur illum ~emus CIC.*Att.*5.21.13; ecquid ~as Deiotarum et non ~as Hieram? 16.3.6; a principe uulgus dissidet, et, qui mos populis, uenturus ~atur STAT.*Theb.* 1.170.

8 (of the gods, etc.) To favour, care for. **b** *di te ~ent* and sim., God bless you. **c** *ita me di ~ent*, etc., so may the gods love me, 'so help me God'.
di me quidem omnes adiuuant, augent, ~ant PL.*Men.*550; Venus me ~at *Mil.*985;—(*astrol.*) et femina Arquitenens, genua et Capricornus ~auit MAN.4.708. **b** di te ~ent, Megadore PL.*Aul.*183; *Cur.*455; te Iuppiter bene ~et *Mil.* 232. **c** neque, ita me di ~ent, credebam..mihi molestiae fore PL. *Am.*597; si te di ~ent, linguam comprimes *Mil.*571; TER. *An.*947; non (ita di me ~ent) quicquam referre putaui CATUL.97.1; si nos di ~ant..ineamus aliquam uiam LIV. 1.23.9; (*in parody*) ita me uolsellae, pecten, speculum, calamistrum meum bene me ~assint PL.*Cur.*578;—(*w.* ut) ita te ~abit Iuppiter, ut tu nescis *Aul.*761; *Bac.*895; sic me di ~abunt ut me tuarum miseritumst..fortunarum TER.*Hau.* 463.

9 To find pleasure in, enjoy (an activity, aim, or the like).
lucrum ~are nullum amatorem addecet PL.*Poen.*328; quam ob rem uitam ~et *Ps.*1256; ~ant miseri lamenta STAT.*Theb.*12.45; pax et quies tunc tantum nota, tunc tantum ~ata TAC.*Ger.*40.4;—(*w. inf.*) tecum uiuere ~em HOR.*Carm.*3.9.24; fine coli modico forma uirilis ~at OV. *Ep.*4.76; strauisse feras immitis ~abat SIL.2.72.

10 To be obliged or grateful to. **b** *~abo*, *~abo te* (parenth.), please.
ergo ~o te PL.*Poen.*252; multum te ~amus CIC.*Att.*1.1.5;

—(*w.* de) ecquid nos ~as de fidicina istac? TER.*Eu*.456; de raudusculo Numeriano multum te ~o CIC.*Att*.7.2.7;—(*w.* ob) ~o te ob istam rem PL.*Truc*.879;—(*w.* in+*abl.*) in Atili negotio te ~aui CIC.*Fam*.13.62; (*refl.*) (haec fero) et in eo me ualde ~o *Att*.4.18.(16.10)2;—(*w.* quod) te ~o quod respondisti M. Octauio te non putare 5.21.5; ~as me.. quod te non uidi DOM.AF. in Quint.*Inst*.6.3.93; (*refl.*) ita te felicem dicis ~asque quod nusquam tibi sit potandum HOR.*S*.2.7.31;—(*w.* ut) scin quid te ~abo ut facias? PL.*Men*. 425. **b** (*w. imp.*) caue ne cadas ~abo NAEV.*com*.82; pallam illam, ~abo te..mihi eam redde PL.*Men*.678; hoc agite, ~abo TER.*Eu*.130; perge ~abo LUCIL.890; cura, ~abo te, Ciceronem nostrum CIC.*Att*.2.2.1; ~abo..iube ad te ueniam CATUL.32.1; dic uerum mihi, Marce, dic ~abo MART.8.76.1; (*cf.*) ~abo te..uelim doceas GEL.5.21.6;—(*w. ind.*) ~abo, Libane, iam sat est PL.*As*.707; '~abo', inquit 'magister..abunde multa docuisti' GEL.4.1.4;—(*w. a question*) quid iam, ~abo? PL.*Am*.810; quis hic ~abo est? *Mil*.900; ~abo quid tibist? TER.*Hau*.404.

11 (of things) To like, be suited by (conditions, etc.); (of circumstances) **to** suit. **b** (esp. of plants) to find congenial, take kindly to. **c** to tend to be associated with.

haec (*sc.* pictura) ~at obscurum HOR.*Ars* 363; balneum rarum res ~at CELS.3.21.17; ex omnibus coloribus cretulam ~ant..purpurissum, Indicum, caeruleum PLIN.*Nat*.35.49;—ea, quae res secundae ~ant, lasciuia atque superbia incessere SAL.*Jug*.41.3. **b** ~antis litora myrtos VERG.*G*. 4.124; ulmus ~at uitem OV.*Am*.2.16.41; id (*i.e.* lupinus).. exilem ~at terram COL.2.10.3; picea montes ~at PLIN.*Nat*. 16.40; STAT.*Silv*.5.1.49; (*cf.*) inoculatio rores ~at lenes PLIN.*Nat*.17.117. **c** ~at uictoria curam CATUL.62.16; Auster ~at medium solem MAN.4.592; ~antis carmina laurus STAT.*Silv*.4.6.98.

12 (w. inf.) To be wont (to), have a tendency to.

aurum per medios ire satellites..~at HOR.*Carm*.3.16.10; plerisque additis, ut ferme ~at posterior adulatio TAC.*Ann*. 4.9; quod genus in comoedia fieri ~at APUL.*Fl*.16; (*perh. impers.*) multitudo..terrebat eum clamore, uoltu..atque aliis omnibus, quae ira fieri ~at SAL.*Jug*.34.1.

amoenē, *adv.* *compar.* ~ius, *superl.* ~issimē. [AMOENVS+-E] In a pleasant or attractive manner, agreeably.

ut (Dianae) Arabico fumificem odore ~e PL.*Mil*.412; habitare ~issime PLIN.*Ep*.4.23.1; Fauorinus..latius ea et ~ius..exequebatur GEL.14.1.32; Venus..dulce subridens constitit ~e APUL.*Met*.10.32.

amoenitās ~ātis, *f.* [AMOENVS+-TAS]

1 a (of a place, building, natural object, etc.) Pleasantness, amenity. **b** (of a person) attractiveness, charm; (also as a term of endearment). **c** (of literary style, manner, etc.) allurement, attraction, charm.

a hic me ~ate amoena amoenus onerauit dies PL.*Capt*. 774; CIC.*Rep*.2.8; fertilitate atque ~ate perfrui LIV.7.38.7; (urbis) nobilitate atque ~ate sua dignissimas VELL.1.4. 2; TAC.*Ann*.14.31;—(*w. gen.*) ~as..locorum CIC.*Prov*.29; domus suppeditat mihi hortorum ~atem *Q.fr*.3.1.14; NEP.*Att*.13.2; (amnis) multa riparum ~ate inumbratus CURT.3.4.9; PLIN.*Ep*.8.8.6; (*pl.*) ~ates orarum CIC.*N.D*. 2.100; ~ates et magnitudines montium APUL.*Mun*.pr. **b** Venerem, amorem ~atemque accubans exerceo PL.*Mil*. 656; formam, ~atem illius, faciem, pulchritudinem conlaudato 1172; (*pl.*) ~ates omnium uenerum et uenustatum adfero *St*.278;—uxor mea meaque ~as *Cas*.229; mea uoluptas, mea delicia, mea uita, mea ~as *Poen*.365. **c** ~as orationis GEL.10.3.15; qua doctrina, quo lepore, qua uerborum ~ate APUL.*Apol*.94; (*pl.*) studiorum ~ates quaerimus PLIN.*Nat*.pr.14; GEL.6(7).7.1; (*w. adj.*) Xenophon et Plato Socraticae ~atis duo lumina 3.11.

2 A pleasant spot.

non ~as (deuocauit) ad delectationem CIC.*Man*.40; in ista ~ate paene solus relictus *Fam*.7.1.1; (*in fig. phr.*) quotiens paulum itinere decedere non intempestiuis ~atibus admonebamur PLIN.*Ep*.1.2.4.

3 Comfort (as an enervating influence), luxury.

exercitum..nimia urbis ~as emolliret LIV.27.3.2; cauenda..~as est Asiae 38.17.18; ~ate urbis emollitos TAC.*Hist*. 3.2; *Ann*.5.2.

amoeniter, *adv.* [next+-TER²] In an agreeable manner, delightfully.

agitare..uindemiam hilare atque ~ GEL.20.8.1.

amoenus ~a ~um, *a.* *compar.* ~ior; *superl.* ~issimus. [cf. AMO]

1 Pleasing to the senses, beautiful, attractive, charming: **a** (of places, buildings, etc.). **b** (of natural objects, trees, flowers, etc.). **c** (of persons).

a per ~am urbem leni fluit agmine flumen ENN.*Ann*.173; de uostris magnis atque ~is moenibus PL.*Truc*.2; habet.. rus ~um et suburbanum CIC.*S.Rosc*.133; loca ~a uoluptaria SAL.*Cat*.11.5; deuenere..~a uirecta fortunatorum nemorum VERG.*A*.6.638; nullus in orbe sinus Bais praelucet ~is HOR. *Ep*.1.1.83; ~issimus Italiae ager LIV.22.14.1; 45.27.10; ~um ac molle iter QUINT.*Inst*.4.2.46; magna ei praemia et secessus ~os promittit TAC.*Ann*.14.62; gratum litus ~i secessus JUV.3.4; (*w. abl.*) ~am fontibus Iden OV.*Fast*.4.249; (*poet.*) per ~a silentia Lethes STAT.*Silv*.2.6.100; (*transf. ep.*) locus ~o salubrium aquarum usu frequens TAC.*Hist*.1.67; —(*neut. pl. as sb.*) V.FL.1.842; per ~a Asiae TAC.*Ann*.3.7. **b** flores ~ae ferre iube rosae HOR.*Carm*.2.3.14; magis ~is quam necessariis fructibus LIV.22.15.2. **c** ita me Venus ~a amet PL.*St*.742; mea suauis, amabilis, ~a Stephanium 736; ~a piorum concilia Elysiumque colo VERG.*A*.5.734; si ..forte laudauerint..infantes ~iores GEL.9.4.8; (*in an apostrophe*) pessuli..~issumi PL.*Cur*.149.

2 a (of activities, etc.) Pleasant, agreeable, enjoyable. **b** (of nature or character) charming. **c** (of art, culture, etc.).

a ita hic me amoenitate ~a ~us onerauit dies PL.*Capt*. 774; nequedum exarui ex ~is rebus et uoluptariis *Mil*.641; hunc diem suauem meum natalem agitemus ~um *Per*.768. **b** mite et ~um (*sc.* ingenium) TAC.*Ann*.2.64; rhetor..~i ingeni GEL.1.4.1. **c** propter cultum ~iorem LIV.4.44.11; animus..artibus ~is tradendus SEN.*Dial*.5.9.1; primus instituit ~issimam parietum picturam PLIN.*Nat*.35.116; medius hic (dicendi) modus..egressionibus ~us QUINT.*Inst*. 12.10.60; uitam ~am et duris iudicibus parum probatam TAC.*Ann*.15.55; iucundius ~ius..uerbum est 'fruniscor', quam 'fruor' GEL.17.2.6.

amolētum: see AMVLETVM.

āmōlior ~īrī ~ītus, *tr.* [AB-+MOLIOR]

1 To clear away, remove (encumbrances, obstacles, refuse, etc.). **b** (refl.; also absol.) to betake oneself, go (away). **c** to remove (marks, traces, etc.), erase, obliterate. **d** (in pass. sense).

iube haec hinc omnia ~irier PL.*Mos*.371; impedimentum omne de cunctis itineribus ~iuntur SIS.*hist*.74; quantum Fortuna umeris..~itur onus LUC.5.355; mira munditia ~iuntur (*sc.* apes) omnia e medio PLIN.*Nat*.11.25; Caecina.. obstantia siluarum ~iri iubetur TAC.*Ann*.1.50. **b** quin ego hinc me ~ior PL.*Mer*.384; proinde hinc uos ~imini TER. *An*.707; non tu te e conspectu hinc ~ire? PAC.*trag*.184;— age ~ire, amitte, caue uestem attigas ACC.*trag*.304. **c** ~ior et amoueo nomen meum LIV.28.28.10; uestris manibus ~iri et diruere omnia uestigia tyrannidis debuistis LIV.39.37. 4; nomen atque imagines Vitellii ~iuntur TAC.*Hist*.3.31. **d** APUL.*Soc*.9; omnibus exuuiis ~itis 23.

2 To get rid of, put out of the way, dispose of (persons); also, to remove. **b** to evacuate (non-combatants, goods, etc.).

~iri..custodem molestum PETR.10.7; donec Octauiam uxorem ~iretur TAC.*Hist*.1.13; ut..conscium sceleris ~iretur APUL.*Met*.10.26;—ab oculis mortalium ~ita natura est (eum) CURT.8.5.17. **b** ~iri..deum dona ipsosque deos..coepere LIV.5.22.3; ~itus inbelles suorum in uicinam regionem FRON.*Str*.2.5.19.

3 To refute, rebut, repel (an argument, charge, etc.). **b** to avert, ward off (danger, evils).

haec..non mouere tantum, uerum ex diuerso ~iri QUINT.*Inst*.4.1.29; 7.1.32;—(*w.* ab) inuidiam crimenque agnouisse et a partibus Vitellii ~itus uidebatur TAC.*Hist*. 3.75; GEL.12.12. **b** religiosum id gestamen ~iendis periculis arbitrantur PLIN.*Nat*.32.23; quos (*sc.* deos) placari oportet, uti mala a nobis uel a frugibus natis ~iantur GEL. 5.12.14.

āmōlītiō ~ōnis, *f.* [AMOLIOR+-TIO]

1 Physical removal.

ubi infantis..facta ex oculis ~ost GEL.12.1.22.

2 Removal (by death).

in ~one fortissimarum..animarum iudicio suo scelere alieno uterentur FLOR.*Epit*.2.17(4.7.15).

amōmis ~idis, *f.* [Gk. ἀμωμίς] A plant resembling AMOMVM.

~is, minus uenosa (*sc.* amomo) atque durior ac minus odorata PLIN.*Nat*.12.49.

amōmum ~ī, *n.* Also **amōmon.** [Gk. ἄμωμον]

1 An eastern spice-plant.

Assyrium uulgo nascetur ~um VERG.*Ecl*.4.25; (phoenix) suco uiuit ~i OV.*Met*.15.394; ~i uua in usu est ex Indica uite labrusca PLIN.*Nat*.12.48; 16.135.

2 The spice obtained from this plant. **b** an unguent containing such spice.

ex Arabia tibi attuli tus, Ponto ~um PL.*Truc*.540; ferat.. rubus asper ~um VERG.*Ecl*.3.89; ea (*sc.* ossa) cum foliis et ~i puluere misce OV.*Tr*.3.3.69; CELS.3.18.12; COL.12.20.5; LUC.10.168; omnia (*sc.* unguenta)..acutiora fiunt..~o PLIN.*Nat*.13.16; LARG.126. **b** crassis..lutatus ~is PERS. 3.104; pinguescat nimio madidus mihi crinis ~o MART. 5.64.3; JUV.4.108.

amor ~ōris, *m.* [AMO+-OR]

1 Sexual passion, love. **b** illicit or homosexual passion. **c** (concr., usu. pl.) the object of one's love, one's beloved.

Medea animo aegro ~ore saeuo saucia ENN.*scen*.254; in corde facit ~or incendium PL.*Mer*.590; in ~ore haec omnia insunt uitia TER.*Eu*.59; nemo potest uno aspectu neque praeteriens in ~orem incidere CURIO av.*orat*.4; quae potest ..ulla libidinis aut ~oris esse suspicio CIC.*Scaur*.6; totus uero iste, qui uolgo appellatur ~or *Tusc*.4.68; consuetudo concinnat ~orem LUCR.4.1283; magno miserae dilectus ~ore VERG.*A*.1.344; si quos habet arbor ~ores PROP.1.18.19; credula res ~or est OV.*Ep*.6.21; me pietas, me duxit ~or STAT.*Theb*.12.459;—(*w. obj. gen.*) captus ~ore Aureliae SAL.*Cat*.15.2; illam cogit ~or Nothi..ludere HOR.*Carm*. 3.15.11; deperibat ~ore mulierculae LIV.27.15.9; flagrantior in dies ~ore Poppaeae TAC.*Ann*.14.1;—(*w. subj. gen.*) flagrans ~or Herculis Heben PROP.1.13.23;—(*w.* in+*acc.*) ~ore in maritum TAC.*Ann*.11.26;—(*pl.*) ne ~ores quidem sanctos a sapiente alienos esse CIC.*Fin*.3.68; VERG.*A*.4.292; —(*among animals*) ubi indomitis gregibus Venus adflat ~ores TIB.2.4.57;—(*poet.*) (cucumis) qui..repit ad undam labentemque sequens nimium tenuatur ~ore dulcis erit COL. 10.395. **b** ipse..aliorum ~ori flagitiosissime seruiebat CIC. *Catil*.2.8; in Graecorum gymnasiis..in quibus isti liberi et concessi sunt ~ores *Tusc*.4.70; quem puerum Pausanias ~ore uenerio dilexerat NEP.*Paus*.4.1; TIB.1.9.1; morere, si casta es, uiro; si incesta, ~ori SEN.*Phaed*.1185. **c** ibo hinc intro nunciam ad ~ores meos PL.*Mil*.1377; Acmen Septimius suos ~ores tenens in gremio CATUL.45.1; PROP. 4.4.37; altera (*sc.* Delia) primus ~or OV.*Am*.3.9.32;—(*an animal*) quos amisit inultus (taurus) ~ores VERG.*G*.3.227.

2 A love affair, amour; sexual intercourse.

meretricios ~ores nuptiis conglutinas? TER.*An*.913; differtur, numquam tollitur ullus ~or PROP.2.3.8; furtiuos timide profitetur ~ores OV.*Fast*.6.573; inter scaenicos ~ores SEN.*Suas*.7.5; COL.1.11.14; ~ores iuuenum et impudicitiam nepoti obiectabat TAC.*Ann*.5.3; ~ores flagrantissimi delphinorum cogniti GEL.6(7).8.2;—ab ~ore recens hircus MART.6.93.3.

3 Love for one's relations, friends, etc., affection; *~or sui*, self-love. **b** affection of peoples, between nations, etc. **c** *~or patriae* etc., patriotism. **d** (concr.) an object of affection.

~OR MED FLACA DEDE *CIL* 1.477; te per amicitiam et per ~orem obsecro TER.*An*.326; neque..tantum fraterno ~ori dandum CIC.*Sul*.63; tu nunc omni ~ore enitere *Att*.9.15.4; uincet tuus ~or omnis difficultates *Q.fr*.2.13.2; his ~or unus erat pariterque in bella ruebant VERG.*A*.9.182; quo sit ~ore parens, quo frater amandus et hospes HOR.*Ars* 313; OV.*Pont*.4.6.24;—(*w. subj. gen.*) compensare offensionem prouinciae exercitus ~ore *B.Alex*.48.1; a Dione..superari ..ingenio, auctoritate, ~ore populi NEP.*Di*.4.1; magis ~ore ciuium et caritate quam cura suorum LIV.24.4.8; (*obj. gen.*) te ~or nostri φιλορήτορα reddidit CIC.*Att*.1.13.5; ingemuit cari grauiter genitoris ~ore VERG.*A*.10.789;—(*w.* in+*acc.*) auxilia e Gallia, quis nec ~or neque odium in partis TAC. *Hist*.4.31;—(*w.* erga) meus ~or summus erga utrumque uestrum CIC.*Att*.1.17.1; *Fam*.2.2; (*of the gods*) deorum immortalium summo erga uos ~ore *Catil*.3.1;—quae subsequitur caecus ~or sui HOR.*Carm*.1.18.14. **b** exceptus est Caesaris aduentus ab omnibus municipiis..incredibili honore atque ~ore HIRT.*Gal*.8.51.1; *B.Alex*.33.3; nullus ~or populis nec foedera sunto VERG.*A*.4.624; infaustos populi Romani ~ores TAC.*Ann*.2.41. **c** de ~ore rei publicae CIC.*Catil*.4.15; L. Flacci ~or in patriam *Flac*.2; monstrat ~or uerus patriae VERG.*A*.11.892; TAC.*Ann*.15.49. **d** Pompeius, nostri ~ores CIC.*Att*.2.19.2; Dionysius mihi quidem in ~oribus est 6.1.12; *Div*.1.79; tua cura potissima, Gallus, nec non noster ~or STAT.*Silv*.4.4.21;—(*places, etc.*) hic ~or, haec patria est VERG.*A*.4.347; mille tibi nostrae referam telluris ~ores STAT.*Silv*.3.5.105.

4 (personified) The god of love, Love.

uideo ego te ~oris ualide tactum toxico PL.*Cist*.298; quom mihi ~or et Cupido in pectus perpluit meum *Mos*.163; CIC.*N.D*.3.44; omnia uincit ~or: et nos cedamus Amori VERG.*Ecl*.10.69; nescit ~or magnis cedere diuitiis PROP. 1.14.8; in uacuo pectore regnat ~or OV.*Am*.1.1.26; (*pl.*) Cupidinum et ~orum simulacra CIC.inc.fr.34; 'alma, faue', dixi 'geminorum mater ~orum!' OV.*Fast*.4.1; agmen ~orum STAT.*Silv*.1.2.54; (*cf.*) contra accipies meros ~ores CATUL. 13.9; collo necte, puer, meros ~ores, ceston de Veneris sinu calentem MART.14.206.1.

5 A love-song, love-story.

semper pastorum ille audit ~ores VERG.*Ecl*.8.23; 10.54; composui teneros non solus ~ores OV.*Tr*.2.362; (*as the title of a book*) libris, titulo quos signat ~orum OV.*Ars* 3.343.

6 Love, liking, or fondness for, attachment to (possessions, occupations, pursuits, etc.). **b** (transf., of plants).

tanto ~ore suas possessiones amplexi tenebant CIC.*Sul*. 59;—(*w. gen.*) qui numquam..uitae gustauit ~orem LUCR. 5.179; me ~or negotii suscepti fallit LIV.pr.11; si tantus ~or belli tibi, Roma, nefandi LUC.1.21; pellitur..qui mente nouissimus exit, lucis ~or STAT.*Theb*.8.387; QUINT.*Inst*. 8.pr.24; TAC.*Hist*.4.86;—(*w. inf. phr.*) omnis ~or unus habet decernere ferro VERG.*A*.12.282; STAT.*Silv*.3.2.1; SIL.3.328; —(*pred. dat.*) quanto sit omnibus..~ori probitas et clementia CAS.*Fam*.15.19.2; STAT.*Theb*.6.673. **b** radices ~ore solis atque imbris in summa tellure spatiantur PLIN. *Nat*.17.65; tantus sideris ~or est (heliotropio) 22.57.

7 Strong desire, yearning.

considant, si tantus ~or VERG.*A*.11.323; (*w. gen.*) iste consulatus ~or CIC.*Sul*.73; tendebantque manus ripae ulterioris ~ore VERG.*A*.6.314; ~or sceleratus habendi OV. *Met*.1.131; ferus omni in pectore saeuit mortis ~or STAT. *Theb*.7.138; (*pl.*) quam illa (*sc.* sapientia) ardentis ~ores excitaret sui CIC.*Fin*.2.52;—(*w.* ad) generi hominum a natura tantum ~orem ad communem salutem defendendam datum *Rep*.1.1;—(*w. inf.*) si tantus ~or casus cognoscere nostros VERG.*A*.2.10; STAT.*Theb*.5.42.

amōrābundus ~a ~um, *a.* [prec.+-BVNDVS] Loving, amorous.

Laberius in lacu Auerno mulierem amantem uerbo inusitatius ficto ~am dixit GEL.11.15.1.

amosio (dub.): (see quot.).

~o annuo PAUL.*Fest*.p.26M.

āmōtiō ~ōnis, *f.* [next+-TIO] The process of removing, removal; deprivation.

doloris ~o successionem efficit uoluptatis CIC.*Fin*.1.37; 2.9;—exilium..aut ordinis ~onem patiatur GAIUS *dig*.47. 10.43.

āmoueō ~ouēre ~ōuī ~ōtum, *tr.* [AB-+MOVEO]

1 To cause (a person) to go away, get rid of, remove; (refl.) to withdraw, retire. **b** to send into exile, banish. **c** to remove (from an office or position); to deprive of rights or privileges.

hau male illanc ~oui PL.*Men*.853; nihil ausuram plebem principibus ~otis TAC.*Ann*.1.55; ut aemulationis suspectos per nomen obsidum ~oueret 13.9; SUET.*Vit*.7.2;—(*w. place whence indicated*) hunc ut hinc ~ouerim PL.*Mos*.932; testem hanc quom abs te ~oueris TER.*Hec*.694; nebulonem illum ..ex istis locis ~oue CIC.*Att*.1.12.2; cum..~oueri..ab altaribus iuuenem iussisset LIV.2.12.13; solatur tumidum, longeque a corpore caro..~ouet Stat.*Theb.*9.81; (*cf.*) ~oui a foribus maxumam molestiam (*sc.* Sosiam) Pl.*Am.*464;—(*w. place whither indicated*) omnibus arbitris procul ~otis Sal.*Cat.*20.1; milites..in ultima Hispaniae ~oti Liv.27. 20.5;—(*w. place whither and place whence indicated*) ubi erit empta, ut aliquo ex urbe ~oueas Pl.*Epid.*279;—i rus, te ~oue *Mos.*74;—(*w. place whence indicated*) te hinc ~oue Ter.*Ph.*566; quantum a coetu..dominorum se ~ouissent Liv.3.38.11; statuit..se..e medio quam longissime ~ouere Suet.*Tib.*10.1. **b** frustra Cassium ~ouisti, si gliscere.. Brutorum aemulos passurus es Tac.*Ann.*16.22;—(*w. place whither indicated*) ~otus Cercinam..quattuordecim annis exilium tolerauit 1.53; P. Suillium..~ouendum in insulam censuit 4.31. **c** quaestorem a sua frumentaria procuratione senatus ~ouit Cic.*Har.*43; Cornelium Rufinum.. senatu ~ouit Amp.18.9;—lex..quae abdicatis paterna bona negat, per omnia illos ~ouet Quint.*Decl.*374(p.413 l.17).

2 To take away (things), remove (esp. illegally); (of time) to cause the disappearance of. **b** to cause to be distant, make remote; *~otus*, remote.

cum audierit eas res..~otas et uenditas Cic.*Ver.*3.119; claues portarum..fraude ~otas..ratus Liv.27.24.8; furtum ..cum quis intercipiendi causa rem alienam ~ouet Gaius *Inst.*3.195; circa rerum ~otarum actionem Ulp.*dig.*15.1.3. 12;—(*w. place whence indicated*) coniunx arma omnia tectis ~ouet Verg.*A.*6.524; sacra..~ouimus ab hostium oculis Liv.5.51.9; si per eum..factum erit, quo quid ex ea hereditate ~oueretur *Ed.pr.*(*Font.iur.*p.229)38.6; (*absol.*) ~ouisse eum accipimus, qui quid celauerit aut interuerterit aut consumpserit Ulp.*dig.*29.2.71.6;—(*pres. pple. as sb.*) pater ..~ouentis iurare non cogitur 25.2.11.2;—(*w.* per dolum, dolo malo) boues..nisi reddidisses per dolum ~otas Hor.*Carm.* 1.10.10; ita demum furti actionem esse, si per fallaciam et dolo malo ~ouit Ulp.*dig.*17.2.51;—quaecumque uetustate ~ouet aetas Lucr.1.225. **b** arcanum natura caput (Nili) non prodidit ulli..~ouitque sinus Luc.10.297; ~otum..nefas Stat.*Theb.*3.487;—nec nimis ~otae sectabere pabula siluae Calp.*Ecl.*5.44; (*w.* ab) locum se concilio iis dixisse a conspectu ~otum Liv.25.16.14.

3 (w. abl. or *ab*) To keep (one's mind, a feeling, etc.) away (from), dissociate; (absol.) to keep distinct or apart. **b** (w. *ab se*, *ex animo*, etc.) to put away (from oneself, one's mind); (absol.) to put away from oneself, rid oneself of, dispense with, discard.

ut..animus studio ~otus puerilist meus Pl.*Mer.*41; praecipuum illum..sensum doloris mei..a sententia dicenda ~ouebo Cic.*Prov.*2;—potest Iason, si tuam causam ~oues, suam tueri Sen.*Med.*262. **b** quin tu aps te socordiam omnem reice et segnitiem ~oue Pl.*As.*254; te id dare operam qui istum amorem ex animo ~oueas Ter.*An.*307; ab se..enixe ~ouens culpam Liv.4.41.9; (*w. advs.*) quin tu istanc orationem hinc ueterem atque antiquam ~oues? Pl.*Mil.*751; adsentatio uitiorum adiutrix procul ~oueatur Cic.*Amic.*89;—crapulam dum ~ouerem Pl.*Ps.*1282; metum cupiditatesque omnis ~ouere Cic.*Clu.*159; feriis iurgia ~ouento *Leg.*2.19; ~oto quaeramus seria ludo Hor.*S.*1.1.27; ~olior et amoueo nomen meum Liv.28.28.10; cassa consilia ~oue Sen.*Tro.*570; si ducem ~ota inuidia egregium.. deligeret Tac.*Ann.*13.6.

4 To dispel, allay (fear); (w. *ab*) to remove (suspicion from a person); also, to remove the threat of (a kind of punishment, etc.).

~oto metu Ter.*Ann.*181; ~otus..abdicatione dictaturae terror Liv.6.16.8; ut metus suos..~oueri..sineret Tac.*Ann.* 4.71;—suspicionem ab adulescente ~oueris Pl.*Trin.*784; prorsus a me opinionem hanc tuam esse ego ~otam uolo Ter.*An.*510;—Porcia lex uirgas ab omnium ciuium Romanorum corpore ~ouit Cic.*Rab.Perd.*12; ut periculum mariti ~oueat Paul.*dig.*24.3.55.

ampelinus ~a ~um, *a.* [Gk. ἀμπέλινος] Vine-coloured or made of vine-leaves.

carbasina molochina ~a Caecil.*com.*138.

ampelītis ~idis, *f.* [Gk. ἀμπελῖτις] a Vine-land, a vineyard. **b** a bituminous earth used to preserve vines from insects, also as an emollient, etc.

a *FJRA* 3.17.8(*P.Mich.*3.434.8). **b** bitumini simillima est ~is Plin.*Nat.*35.194.

ampelodesmos ~ī, *m.* [Gk.] A plant used for tying up vines, esparto.

herba.., quam uocant ~on Plin.*Nat.*17.209.

ampeloprason ~ī, *n.* [Gk. ἀμπελόπρασον] A species of wild leek, perh. the vine-leek.

~on in uinetis nascitur, foliis porri, ructu grauis Plin. *Nat.*24.136.

ampelos ~ī, *f.* [Gk. ἄμπελος] A vine; (w. *agria*, *leuce*, *Chironia* specifying particular varieties).

labrusca..a Graecis ~os agria appellata Plin.*Nat.*23.19; ~os agria uocatur herba foliis duris, cineracei coloris 27.44;—uitis alba est quam Graeci ~on leucen..appellant 23.16;—est Chironis inuentum ~os, quae uocatur Chironia 25.34.

ampendix: (see quot.).

ampendices dicebantur ab antiquis, quod circumpenderent, quos nunc appendices appellamus Paul.*Fest.*p.21M.

amphēmerinos ~a ~on, *a.* [Gk. ἀμφημερινός] Recurring every day, quotidian.

genus febrium, quod ~on uocant Plin.*Nat.*28.228.

Amphiarāus ~ī, *m.* A Greek seer, son of Oecle(u)s (or Apollo) and Hypermestra, one of the Seven against Thebes.

Cic.*Fam.*6.6.6; *Leg.*2.33; Prop.3.13.58; notus humo mersis ~us equis Ov.*Pont.*3.1.52; adiecit..ignispicia ~us Plin.*Nat.*7.203; Stat.*Theb.*1.399; Hyg.*Fab.*70.1;—(*as the title of a tragedy*) Fro.*Aur.*2.p.68(147N).

Amphiarēïadēs ~ae, *m.* A descendant of Amphiaraus, his son Alcmaeon.

Ov.*Fast.*2.43.

Amphiarēus ~a ~um, *a.* Of, or belonging to, Amphiaraus.

Prop.2.34.39.

amphibius ~a ~um, *a.* [Gk. ἀμφίβιος] Amphibious.

(auium) illud genus, quod..requirit piscinas, quod uos philograeci uocatis ~um Var.*R.*3.10.1.

amphibolia ~ae, *f.* [Gk. ἀμφιβολία] A double meaning, ambiguity.

cognitionem ~arum eam quae ab dialecticis proferetur *Rhet.Her.*2.16; hanc ~am uersus intellegere potuisset, 'uincere te Romanos', nihilo magis in se quam in Romanos ualere Cic.*Div.*2.116; Quint.*Inst.*6.346; 7.9.1.

amphibrachys *m.* [Gk. ἀμφίβραχυς] A metrical foot consisting of a long between two short syllables, an amphibrach.

longa inter breues ~yn (faciet) Quint.*Inst.*9.4.81; 9.4. 105.

amphicomos ~ī, *m.* [Gk. ἀμφίκομος] A kind of precious stone.

erotylos siue ~os siue hieromnemon Plin.*Nat.*37.160.

Amphictyones ~um, *m.pl.* [Gk. Ἀμφικτύονες] The assembly of representatives of the confederated Greek states.

Cic.*Inv.*2.69; ~es, quod est publicum Graeciae concilium Plin.*Nat.*35.59; Quint.*Inst.*5.10.111; Samii decreto ~um nitebantur Tac.*Ann.*4.14.

amphidanes: (see quot.).

lapis ~es alio nomine chrysocolla appellatur, nascens in Indiae parte Plin.*Nat.*37.147.

Amphilochī ~ōrum, *m. pl.* The inhabitants of Amphilochia.

Caes.*Civ.*3.56(55).1; Liv.32.34.4; Plin.*Nat.*9.28.

Amphilochia ~ae, *f.* A small district at the eastern end of the Ambracian Gulf.

Cic.*Pis.*96; Liv.38.3.4.

Amphilochius or **-icus** ~a ~um, *a.* Amphilochian.

Argos ~um Liv.38.10.1; Argi ~i Mela 2.54. **β** Argos ~um Plin.*Nat.*4.5.

Amphilochus ~ī, *m.* A son of Amphiaraus, and founder of Argos Amphilochium, the chief town of Amphilochia.

Acc.*trag.*289; Cic.*Div.*1.88; Ov.*Rem.*455.

amphimacros ~ī, *m.* [Gk. ἀμφίμακρος] A metrical foot consisting of a short syllable between two long ones, an amphimacer, a cretic.

media inter longas breuis faciet ~on Quint.*Inst.*9.4.81; ~os saepe primam, saepe soluit tertiam Maur.1450.

amphimallum ~ī, *n.* Also **-ium.** [cf. Gk. ἀμφίμαλλος] A cloak that is woolly both inside and out.

gaunaca et ~um graeca Var.*L.*5.167; gausapae patris mei memoria coepere, ~ia nostra Plin.*Nat.*8.193.

Amphīō(n) ~onis, *m.* A son of Zeus and Antiope and husband of Niobe, responsible with Zethus for the miraculous construction of the walls of Thebes.

Verg.*Ecl.*2.24; mouit ~on lapides canendo Hor.*Carm.* 3.11.2; ~on, Thebanae conditor urbis *Ars* 394; Prop.3.15. 29; Ov.*Met.*6.271; Sen.*Oed.*612; Stat.*Theb.*1.10; Hyg.*Fab.* 7.4;—(*as a character in a play*) Pacuuianus ~o Cic.*Div.*2.133.

Amphīonius ~a ~um, *a.* Of, or connected with, Amphion. **b** Theban.

~ae moenia..lyrae Prop.1.9.10; ~o..pectine Sil.11.443. **b** nocte silenti ~os ululasse canes Sen.*Oed.*179; res ~as alio ..transtulerat Fortuna Stat.*Theb.*11.649.

Amphipolis ~is, *f.* A town in Macedonia, near the mouth of the Strymon.

uocatis ad se ~i hospitibus Caes.*Civ.*3.102.4; oppidum ~im constituit Nep.*Cim.*2.2; mittit..Perseum ~in Liv. 40.24.3; 44.24.9; Plin.*Nat.*4.38.

Amphipolītānī ~ōrum, *m. pl.* The inhabitants of Amphipolis.

Liv.44.45.9.

Amphipolītēs ~ae, *m.* An inhabitant of Amphipolis.

Var.*R.*1.1.8; Col.1.1.8.

amphiprostȳlos (*sc.* aedes), *f.* [Gk.] A temple having a portico at the front and the rear, an amphiprostyle.

~os omnia habet ea, quae prostylos, praetereaque habet in postico..columnas et fatigium Vitr.3.2.4.

amphisbaena ~ae, *f.* Gk. [ἀμφίσβαινα] A kind of serpent supposed to have a head at either end of its body, an amphisbaena.

grauis in geminum uergens caput ~a Luc.9.719; geminum caput ~ae, hoc est et a cauda Plin.*Nat.*8.85; 30.128.

amphispora, *n. pl.* [Gk.] Boundary land the right to sow which is in dispute between two peoples.

~a lamiensivm et hypataeorvm *CIL* 3.586.

amphistomus ~a ~um, *a.* [Gk. ἀμφίστομος] Having a double mouth or entrance.

quem (*sc.* leonem) Luna nutrierat in antro ~o (*cj.*) Hyg. *Fab.*30.2.

amphitapos ~ī, *m.* Also **amphitapa** ~ae, *f.* [Gk. ἀμφίταπος, ἀμφιτάπης] A rug with pile on both sides.

pluma atque ~oe Lucil.252; dormire super ~o bene molli Var.*Men.*253;—psilae atque ~ae, uillis ingentibus, molles Lucil.13.

? **amphithalamos** ~ī, *m.* [Gk.] A bedroom on the north side of a Greek house, opposite the *thalamus*.

in prostadis..dextra ac sinistra cubicula sunt conlocata, quorum unum thalamos, alterum ~os (*s.v.l.*) dicitur Vitr. 6.7.2.

amphitheātrālis ~is ~e, *a.* [amphitheatrvm + -alis] Of or in the amphitheatre; worthy of the amphitheatre.

~es inter nutrita magistros uenatrix Mart.11.69.1; 14.135(137).1;—lacertarum catulos uenantur (aranei), os primum tela inuoluentes..~i spectaculo Plin.*Nat.*11.84.

? **amphitheātrīticus** ~a ~um, *a.* [amphitheatrvm] N.B.: in both passages where the word occurs there is a *v.l.* giving the form *amphitheatricus*. Made near the amphitheatre.

(*applied to a kind of paper made near the amphitheatre at Alexandria*) proximum (nomen) ~ae (chartae) datum fuerat a confecturae loco Plin.*Nat.*13.75; 13.78.

amphitheātrum ~ī, *m.* [Gk. ἀμφιθέατρον] Forms: *-ter* (Petr.45.6); *-teatrum CIL* 6.2059; *-teater CIL* 6.31893f. A double (oval or circular) theatre having the stage or arena in the centre, an amphitheatre.

in quibus ciuitatibus non sunt gymnasia neque ~a Vitr. 1.7.1; Aug.*Anc.*4.41; Sen.*Nat.*2.9.2; qui harenam in ~o spargunt Petr.34.4; Plin.*Nat.*16.200; omnis Caesareo cedit labor ~o Mart.*Sp.*1.7; Stat.*Silv.*2.pr.; Tac.*Hist.*2.67; Suet.*Ves.*9.1;—(*transf.*) imaginare ~um aliquod immensum et quale sola rerum natura possit effingere Plin.*Ep.*5.6.7.

Amphitrītē ~ēs, *f.* The wife of Neptune; (transf.) the sea.

Ciris 486; hanc ubi diues aquis acceperit ~e Ov.*Fast.* 5.731; Col.10.201;—illa rudem cursu prima imbuit ~en Catul.64.11; nec bracchia longo margine terrarum porrexerat ~e Ov.*Met.*1.14.

Amphitryōn ~ōnis, *m.* Also **-truō.** A son of Alcaeus, king of Tiryns, the husband of Alcmene.

~onis acoetin Alcmenam Lucil.542; ~on Ov.*Ep.*9.44; Plin.*Nat.*35.63; Stygio..ex orbe remissum ~ona Stat. *Theb.*8.509. **β** ~o Pl.*Am.*676.

Amphitryōniadēs ~ae, *m.* A male descendant of Amphitryon, Hercules.

falsiparens ~es Catul.68.112; ~ae magno Verg.*A.*8.103; Prop.4.9.1; Ov.*Met.*9.140; Luc.9.644; Stat.*Theb.*1.486; Sil.2.582.

amphora ~ae, *f.* [cf. Gk. ἀμφορεύς] Forms: *~um* (gen. pl.) Lent.*Fam.*12.15.2, Plin.*Nat.* 6.82.

1 A large earthenware jar, usu. two-handled, for holding wine, oil, etc. **b** (transf) the contents of an amphora, i.e. its wine.

bilbit ~a Naev.*com.*124; dabitur tibi ~a una..et octo dolia Pl.*Cas.*121; ~ras olearias ii Cato *Agr.*10.2; ~as sparteas iiii 11.2; ~as complures complet Nep.*Han.*9.3; deripere horreo cessantem Bibuli consulis ~am Hor.*Carm.* 3.28.8; Phaed.3.1.1; ~as copiosas gypsatas Petr.71.11; ~as pice et taeda plenas Fron.*Str.*4.7.9; Sic.Fl.*agrim.*p.106. **b** ~a non meruit tam pretiosa mori Mart.1.18.8; ~a centeno consule facta minor 8.45.4.

2 A measure of capacity equal to 2 *urnae* or 48 *sextarii* (about 6 imperial gallons). **b** (applied to the carrying capacity of a ship).

in dies heminas ternas, id est ⟨in mense⟩ ~am Cato *Agr.* 57; Var.*R.*1.2.7; quaternos denarios in singulas uini ~as portori nomine exegisse Cic.*Font.*19; Cels.3.20.3; ut primae uineae centenas ~as iugeratim praeberent Col.3.3.3; Plin. *Nat.*9.133; rogo te..an existimes esse uini ~am, cum abest ab ea unus congius? Gel.18.1.9; quadrantal, quod nunc plerique ~am uocant, habet urnas duas Maecian.*iur.*79; amfvrae ccclxxxiix *CIL* 15.4653. **b** nauis onerarias, quarum minor nulla erat duum milium ~um Lent.*Fam.* 12.15.2; nauem quae plus quam trecentarum ~arum esset Liv.21.63.3; Plin.*Nat.*6.82; Labeo *dig.*14.2.10.2.

amphorālis ~is ~e, *a.* [prec. + -alis] That has a capacity of one amphora, six-gallon.

uas ~e Plin.*Nat.*37.27.

amphorārius ~a ~um, *a.* [amphora + -arivs] Contained or stored in jars.

uinum ~um Proc.*dig.*33.6.16.2.

Amphrȳsiacus ~a ~um, *a.* Of Amphrysus. ~o..de gramine STAT.*Silv.*1.4.105.

Amphrȳsius or **-īsius** ~a ~um, *a.* Of Amphrysus, Amphrysian; (poet.) of Apollo. ~a uates VERG.*A.*6.398;—~a..saxa OV.*Met.*15.703.

Amphrȳsos ~ī, *m.* A river in Thessaly, near which Apollo fed the flocks of Admetus. te memorande canemus pastor ab ~o VERG.*G.*3.2; lenis.. ~os OV.*Met.*1.580.

ampla ~ae, *f.* [< **am-la*, cf. *ames, ansa, manus*] An opportunity, 'handle'. iste ~am nactus, ubi uidet esse aliquid quod..nollent defendere, adseuerat se eius rei in primis actionem daturum CIC.*Ver.*2.61.

amplē, *adv.* *compar.* ~ius, *superl.* ~issimē. [AMPLVS+-E] N.B. For compar. see also AMPLIVS.

1 In a liberal manner, generously; (w. vbs. of praising, etc.) in complimentary terms, handsomely.
exornat ~e magnificeque triclinium CIC.*Ver.*4.62; placere eum quam ~issime supremo suo die efferri *Phil.*9.16; cohortem..militaribus donis ~issime donauit CAES.*Civ.*3.53.5; per dies octo Apollinem Latonamque et Dianam..tribus quam ~issime tum apparari poterat stratis lectis placauere LIV.5.13.6;—~issime laudari existimabatur qui ita laudabatur CATO *Agr.*pr.2; nullum est in hac urbe conlegium, nulli pagani aut montani..qui non ~issime..de dignitate (mea) decreuerint CIC.*Dom.*74.

2 (rhet.) In a copious and dignified style, impressively.
oratorum bonorum..duo genera sunt, unum attenuate presseque, alterum sublate ~eque dicentium CIC.*Brut.*201; nihil..sine ea scientia quam dixi grauiter ~e copiose dici et explicari potest *Orat.*118; non est ausus elate et ~e loqui, cum humiliter demisseque sentiret *Tusc.*5.24; (*cf.*) satis ~e sonabant in Pompeiani nominis locum Cato et Scipio FLOR. *Epit.*2.13(4.2.65).

amplector ~ctī ~xus, *tr.* Also **-ctō**. [AM(BI)-+PLECTO¹] FORMS: *amploctens* (pres. pple.) ANDR.*poet.*17(19); *~ctier* (pres. inf.) LUCR. 5.730; from *amplecto*: *~ctitote* (imp.) PL.*Rud.* 816; *~xam* (in pass. sense) PETR.fr.5.

1 To take or hold lovingly in the arms, embrace; also, to lift lovingly in the arms. **b** (of things, poet., etc.) to enfold, enwrap, clasp; also, to cherish. **c** (usu. w. *manu, manibus*) to clasp affectionately with the hand. **d** (pple., in reciprocal sense) embracing or clasping one another. **e** (refl., w. abl.) to congratulate oneself (upon something).
si forte accubantem tuom uirum conspexeris..~xum amicam PL.*As.*879; si se illam in somnis quam illum ~cti maluit TER.*An.*430; LUCIL.937; POMPON.*com.*84; illum ad uicinos cum ~xa quiesceret Indos PROP.2.18.11; crescentem truncum ramosque ~xa morabar OV.*Met.*9.361; quoque modo natos hoc est ~xa maritum LUC.2.366; cruentam.. ceruicem eius ~xa TAC.*Ann.*16.10;—(*absol.*) opsecro, ~ctere spes mea PL.*Rud.*246; LUCIL.303;—ast illum ~xae Pietas Virtusque ferebant leniter ad terras corpus STAT.*Theb.*10.780. **b** (*w. abl.*) inde ubi iam ualidis ~xae stirpibus ulmos exierint VERG.*G.*2.367; nox ruit et fuscis tellurem ~ctitur alis *A.*8.369; pauidamque metu..Orithyian amans fuluis ~ctitur alis (*sc.* Boreas) OV.*Met.*6.707;—(*without abl.*) morituram ~ctitur urbem Somnus STAT.*Theb.*5.198;— (*absol.*) proprium albae (hederae), quod inter media folia emittit bracchia utrimque semper ~ctens PLIN.*Nat.*16.152; —uernos non sic Philomela penatis circumit ~ctens STAT. *Silv.*3.5.59. **c** ~xae..tenent postis atque oscula figunt VERG.*A.*2.490; 8.124; excepit..manu dextramque ~xus inhaesit 8.124; ~xus utraque manu Fauorinum GEL.20.1.20. **d** matres familiarum..non possunt per intercolumnia ~xae adire VITR.3.3.3; uiderit ~xos aliquis OV.*Ep.*4.139; uix primis ~xi luminis oris V.FL.4.702;—(*of signs of the zodiac*) (signis) genere ~xis concordia mutua surgit MAN.2.412. **e** hoc se ~ctitur uno HOR.*S.*1.2.53.

2 To clasp in entreaty or for protection.
utrum genua ~ctens uirginem oraret ANDR.*poet.*17(19); anus ei ~xa est genua plorans PL.*Cist.*567; genua ~ctens effatur talia supplex VERG.*A.*10.523; modo genua modo dextram ~ctens LIV.30.12.17; confugit haec ad uos, uestras ~ctitur aras OV.*Pont.*1.2.147; signa et aquilam ~xus religione sese tutabatur TAC.*Ann.*1.39;—(*facet.*) quid cessatis, compedes, currere ad me meaque ~cti crura, ut uos custodiam? PL.*Capt.*652.

3 (w. *manibus*) To take a firm hold of, grasp. **b** to seize hold of with hostile intent, grip; (of harmful physical agencies) to take hold of. **c** (of the new shape in a metamorphosis).
trepidantes alios armisque omissis saxa quibus adhaerebant manibus ~xos trucidat LIV.5.47.5; atram cruentis manibus ~xae facem SEN.*Med.*15. **b** uir uirum ~xus detrahebat equo LIV.22.47.3; GRAT.233;—ut primis casis iniectus ignis haesit, extemplo proxima quaeque..~xus totis se passim dissipauit castris LIV.30.5.7; nec teneras segetes, sed durum ~ctere ferrum (*sc.* robigo) OV.*Fast.* 4.923. **c** ~xa est artus noua terra natantes OV.*Met.*8.609.

4 To seize eagerly upon, appropriate, assume; to embrace (an opportunity).
auiditate plura ~ctendi LIV.36.32.8; tametsi manifestum erat illos..falsum legationis nomen ~cti V.MAX. 6.6.4; iam fama sacratam uocem ~xa uolat STAT.*Theb.*10. 627; ~xus in artis auxilium atque excelsa loci SIL.15.232; suprema uictis solacia ~ctebantur TAC.*Hist.*3.84; confessionis gloriam ~xus *Ann.*15.67;—(*w.* pro) una tantum uox fuit quam iste pro quodam praeiudicio ~xus est [QUINT.] *Decl.*12.6;—tu occasiones obligandi me auidissime ~cteris PLIN.*Ep.*2.13.1.

5 To obtain or keep a firm hold of (esp. abst. or quasi-abst. things), cling to, refuse to give up.
qui tanto amore suas possessiones ~xi tenebant CIC.*Sul.* 59; quod..istud imperium est, decemuiri, quod ~xi tenetis? LIV.3.52.6; Perseo regium nomen omni ui ~ctente 45.4.7; spem iuuat ~cti OV.*Pont.*3.7.21; pro funere pulchro dedecorem ~xi uitam STAT.*Theb.*11.760; apparatu incessu excubiis uim principis ~cti, nomen remittere TAC.*Hist.*4.11; —(*facet.*) cum rem publicam nimium ~cteretur, peculatus damnatus et bona et senatorium nomen amisit CIC.*Flac.*43.

6 To accept gladly, welcome, take upon oneself; (w. *pro* or *ut*) to accept in one's mind (as being). **b** to be or become devoted to (a person, cause, etc.), show fondness or favour to, support, espouse. **c** to attach oneself to (a family).
libenter ~ctor talem animum CIC.*Fam.*5.19.2; non.. respuendo, sed ~ctendo causae dictionem V.MAX.3.7.9; agnosco crimen, ~ctor etiam PLIN.*Ep.*7.28.2; EDITIONEM MVNERIS QVAM OLIM DETESTABAMVR ~CTOR *CIL* 2.6278.18; nec offeretis hospitae sedile delicatum uel cibum beatum ~xa APUL.*Met.*6.20; hereditatem ~cti ULP.*dig.*29.2.40; PAUL.*dig.*50.16.28;—(*w.* animo) ego tamen..recepta causa Siciliensi ~xus animo sum aliquanto amplius CIC.*Ver.*2.1; —(*w.* tamquam) paruolus filius, quem mihi uidetur ~cti res publica tamquam obsidem consulatus mei *Catil.*4.3;—qui ambiguam uictoriam Volscorum pro sua ~xi fuerant LIV. 4.42.10; ut illam ipsam ruentis aestus uiolentiam pro munere ~cteretur FLOR.*Epit.*1.18(2.2.5);—euidentes.. causas ut necessarias ~ctuntur CELS.1.pr.27. **b** quod ius ciuile..tam uehementer ~xus es CIC.*de Orat.*1.234; C. Caesaris qui mortis poenam remouet, ceterorum suppliciorum omnis acerbitates ~ctitur *Catil.*4.7; quia nimis ~cti plebem uidebatur *Mil.*72; *Fin.*2.33; imperator..magis magisque eum in dies ~cti SAL.*Jug.*7.6; hunc..~ctuntur amatores istius nominis modum QUINT.*Inst.*12.10.21; ~ctuntur illum morborum..pallorem [QUINT.]*Decl.*18.9; quanto laudabilius peritterum, dum ~ctitur rem publicam TAC.*Ann.*15.59; FRO.*Aur.*2.p.36(95N);—(*w. abl.*) omnem tuum amorem quo me es ~xus CIC.*Att.*7.1.2; Voleronem ~xa fauore plebs..tribunum plebi creat LIV.2.56.1. **c** quid genus..profuit illi..et ~xum Caesaris esse focos? PROP.3.18.12.

7 To take up, engage in (a pursuit). **b** to adopt (a view or policy); to pay attention to, concentrate on. **c** to avail oneself of, have recourse to.
illud certe..quod ~xi sumus, quod profitemur, quod suscepimus, nosse et tenere debemus CIC.*de Orat.*3.22; ut et liberet ~cti uitia et liceret PLIN.*Nat.*33.150; quis enim uirtutem ~ctitur ipsam, praemia si tollas? JUV.10.141. **b** quod igitur latissime patet..id ~ctamur CIC.*Off.*2.24; proinde quasi..minus hoc illo sit cur ~ctier ausis LUCR. 5.730; libentur ~ctuntur ea praecepta CELS.3.4.10;—ut, boni quod habeam, id ~ctar, exornem, exaggerem CIC. *de Orat.*2.292; ut hanc cogitationem toto pectore ~ctare *Att.*12.35(2); melius est sensum magis quam uerba ~cti ULP.*dig.*34.4.3.9. **c** cuius testimonium non ~ctor V.MAX.4.3.2; Scipio quoque superior praesidium calliditatis ~xus est 7.3.3.

8 To grasp mentally, comprehend.
prouidentiam naturae satis mirari ~ctique non est PLIN. *Nat.*22.16;—(*w. abl.*) ut eos (locos) facile naturali memoria conprehendere et ~cti queamus *Rhet.Her.*3.29;—(*of thought*) cogitatio..quamuis regionem potest ~cti 3.32.

9 (of a serpent) To coil itself round; (of a constellation) to move round, circle. **b** to perform the action of surrounding (one thing with another), encompass, encircle, enclose; (geog. and sim.) to constitute the surroundings of. **c** to surround, envelop (enemy forces). **d** to be able to encircle with the arms, be capable of reaching round.
serpens arboris ~xus stirpem LUCR.5.34; anguis..~xus placide tumulum VERG.*A.*5.86; (serpens) uiridis ~xus in arbore ramos OV.*Met.*12.22; LUC.9.731;—maximus Orion magnumque ~xus Olympum MAN.5.58. **b** molli circum est ansas ~xus acantho VERG.*Ecl.*3.45; uno uallo et naualia et castra ~ctitur LIV.29.35.14; FLOR.*Epit.*1.1(1.4.2);—(*facet.*) quantum potest extemplo ~ctitote crura fustibus PL.*Rud.* 816;—quattuor..orbes stelligeri..feruntur ~xi terras CIC. *Arat.*483(239); omnes gentesque et terrae quas duo diuersa maria ~ctantur LIV.21.30.2; Cycladas Aegaeoni ~xo STAT. *Theb.*5.289; PLIN.*Nat.*2.50;—(*w. abl.*) Oceanusque, mari totum qui ~ctitur orbem CATUL.64.30; pharetram..lato quam circum ~ctitur auro balteus VERG.*A.*5.312; genicula eius binis foliis ~ctentibus concauo alarum sinu PLIN.*Nat.* 27.71;—(*in pass. sense*) animam nostro ~xam pectore PETR.fr.5. **c** circuire a cornibus et ~cti hostium aciem.. conati sunt LIV.31.21.11; 37.29.8. **d** pauci pollicem eius ~ctuntur PLIN.*Nat.*34.41.

10 (w. abl.) To cause to be contained, include (within an outline, circumference, etc.); to embrace (within the range of something).
XV milia passuum circuitu ~xus CAES.*Civ.*3.44.3; quantum secto bouis tergo ~cti loci potuerint LIV.34.62.12; 39.27.10; quonam mentem suam dirigens uultum Inuis.. eboris liniamentis esset ~xus V.MAX.3.7.ext.4; fossam loricamque contexens quattuor milia passuum ambitu ~xus est TAC.*Ann.*4.49;—magnam..Brigantum partem aut uictoria ~xus est aut bello *Ag.*17.2.

11 To include as component units (esp. within a circuit), comprise; to extend over, cover, include; to cover in one's movements, range over. **b** to have within oneself, contain, embrace.
horum annorum..magnus XII DCCCCLIV ~ctitur CIC. *Hort.*fr.35; ea quanta regio orbis terrarum sit..quot non urbes modo sed gentes ~ctatur, omnes scire LIV.38.59.5; publica naturae domus..~ctens pontum terrasque iacentis MAN.1.536; tertius Europae sinus..~ctitur praeter minores sinus XIX · XXV passuum PLIN.*Nat.*4.1; a foro boario..sulcus designandi oppidi coeptus ut magnam Herculis aram ~cteretur TAC.*Ann.*12.24;—duum milium et quingentorum passuum spatium murus ~ctitur LIV. 37.31.8; annosa quercus euersa tempestatis ui, iugerum soli ~xa PLIN.*Nat.*16.130; MART.9.61.5;—facies (cometarum)..multarum stellarum ~xa regionem SEN.*Nat.*7.27.6. **b** quorum..stirpis tellus ~xa prehendit CIC.*Arat.*358(116); quorum tellus ~ctitur ossa LUCR.1.135.

12 To include in an enumeration or survey, deal with comprehensively, embrace. **b** (of a category, law, etc.) to have within its scope, include, embrace.
si omnes, qui ubique sunt aut fuerunt oratores, ~cti uoluerimus CIC.*de Orat.*3.34; ut totum genus ~ctamini iudiciorum *Ver.*2.32; paene magis necessaria praetereunda quam superuacua ~ctenda VELL.1.16.1; PLIN.*Ep.*5.3.2;— (*w. abl.*) tu edicto plus ~cteris quam lege CIC.*Ver.*1.109; quae si iudex non ~ctetur omnia consilio *Font.*25; *Tusc.* 2.30; non ego cuncta meis ~cti uersibus opto VERG.*G.*2.42; eadem illa spatiosius et uberius uolumine ~cti PLIN.*Ep.* 3.18.1; sin..ampliorem numerum dierum sua definitione iudex ~xus est ULP.*dig.*42.1.4.5. **b** illae (*sc.* tabulae) perpetuae existimationis fidem et religionem ~ctuntur CIC.*Q.Rosc.*7; quos lex maiestatis ~ctitur TAC.*Ann.*4.34; quattuor personas hoc nomen ~ctitur PAUL.*dig.*38.10.10.15; —(*w. abl.*) diffluit enim totus (sermo) neque cuiquam conprehendens perfectis uerbis ~ctitur *Rhet.Her.*4.16; qui.. eam constituerint (actionem) quae nequaquam satis uerbis causam et rationem iuris ~cteretur CIC.*Caec.*40.

amplexor ~ārī ~ātus, *tr.* Also **amplexō** ~āre. [prec.+-TO]

1 To take or hold lovingly in the arms, embrace, clasp. **b** (of a suppliant) to clasp.
tecum accumbam, te amabo et te ~abor PL.*Bac.*1192a; *Truc.*933; cum hoc consistit, hunc ~atur CIC.*Ver.*19; quoniam..eum..familiariter atque hilare ~arentur *Fam.* 1.9.19; OV.*Met.*11.328; (*cf.*) Appius totum me ~atur CIC. *Q.fr.*2.10.3;—(*facet.*) pietatem ergo istam ~ator noctu pro Phoenicio PL.*Ps.*292;—(*absol.*) eam..uidisse..cum suo amatore ~antem atque osculantem *Mil.*245; TER.*Hau.*900; quin ~etur qui uelit LUCIL.936. **β** conprehensare suos quisque, sauiare, ~are QUAD.*hist.*39; dum mater ~aret corpus filii sui PETR.63.8. **b** cum tibi pedes mater ~aretur *Rhet.Her.*4.38.

2 To accept gladly, welcome.
excipe beneficium, ~are, gaude SEN.*Ben.*2.35.4; metuenda ceteris..non tantum fert sed ~atur *Ep.*71.28. **β** postremo ~a fructum, quem di dant, cape! ACC.*trag.*70; auctoritatem censoriam ~ato CIC.*Clu.*124.

3 To refuse to give up, hold fast to, cling to.
teneas licet et ~eris dolorem tuum, quem tibi in filii locum superstitem fecisti SEN.*Dial.*6.1.5; neminem res secuntur; ipsi illas ~antur *Ep.*106.1; omnis istos, qui faenum suum et holera ~antur COL.3.3.7.

4 To attach or devote oneself to (a person, cause, etc.), show fondness or favour to, support, espouse, cherish. **b** to pay attention to, concentrate on.
nec uoluptatem tuentur, quam ~ari uolunt CIC.*de Orat.* 3.62; consulem..fortuna constitutum ad ~andum otium *Mur.*83; Aristoteles..species..labefactauit quas mirifice Plato erat ~atus *Ac.*1.33; quo magis ~etur ac tueatur suum iudicium BRUT.*ad Brut.*1.11.2; si ista..quae ~amini, retinere..uoltis SAL.*Cat.*52.5; si quid usquam stirpis antiquae..hoc ~atur ac refouet PLIN.*Pan.*69.5;—(*a person in a specified capacity*) si..tu..auctorem ~eris (*sc.* eum) CIC. *Dom.*82. **b** ut si..ipsius animi..cognitionem ~arentur, actionem relinquerent CIC.*Fin.*4.36.

amplexus ~ūs, *m.* [AMPLECTOR+-TVS³]

1 A clasping with the arms or hands, an embrace; a sexual embrace. **b** (applied to the encircling coils of a snake).
proximae cuiusque collum ~u petebat CAEL.*orat.*15; cum dabit ~us atque oscula dulcia figet VERG.*A.*1.687; in hoc..~u (liberorum) tam sancto et moderato SEN.*Ep.*75.3; refugit umbra per ~us trepidi dilapsa mariti LUC.3.35; sed saucius ille leuantem degrauat ~u STAT.*Theb.*9.274; Agrippina..tenere ~u Britannicum TAC.*Ann.*12.68; non tu ciuium ~us ad pedes tuos deprimis PLIN.*Pan.*24.2;—(*transf.*) uallis in ~u nemorum sedet STAT.*Theb.*6.256;—(*fig.*) ut hedera serpens uires arboreas necat, ita me uetustas ~u annorum enecat LABER.*com.*123;—senis ~us culta puella fugit TIB.1.9.74; nec mihi consuetos ~u nutrit amores Cynthia PROP.1.12.5; Aeaciden..iussit..~us in uirginis ire marinae OV.*Met.*11.228; PETR.127.7; Aeginan..~u latuisse Iouis STAT.*Theb.*7.320; JUV.6.65; spretorem matronalium ~uum APUL.*Met.*3.19. **b** animaduertit puerum dormientem circumplicatum serpentis ~u CIC.*Div.*1.79.

2 (applied, esp. poet., in geog. or astron. contexts) Embrace, ambit, circumference.
portus habet prope in aedificatione ~uque urbis inclusos CIC.*Ver.*4.117; hoc, circum supraque quod omnem continet ~u terram LUCR.5.319; aetheriam..suis cingens ~ibus arcem uester..circulus OV.*Tr.*4.3.5; pelagi..cingentis medium liquidis ~ibus orbem MAN.4.596; inferiorem eius partem Nilus dextera laeuaque diuisus ~u suo determinat PLIN.*Nat.*5.48.

ampliātiō ~ōnis, *f.* [AMPLIO+-TIO]

1 (w. gen.) An increasing of the size or amount (of), enlargement, augmentation.

QVAM SVMMAM BIS IN ANNO..IN ALIMENTVORVM ~ONEM ACCIPIANT *CIL* 2.1174.7; Q MATTIVS PRIMVS AD ~ONEM TEMPLI ET GRADVS DONAVIT ✱ CXXV 8.1318.

2 A deferring or reserving of judgement, postponement of trial.
ea ipsa..~o, quae apud iudices fieri solet..non est damnantis sed dubitantis SEN.*Con*.1.3.9.

ampliātor ~ōris, *m.* [AMPLIO+-TOR] (w. gen.) One who increases the number (of something), an increaser.
S P Q R ~ORI CIVIVM *BMCI* 4. p. 208, unnumbered (Antoninus Pius).

amplificātiō ~ōnis, *f.* [AMPLIFICO + -TIO]

1 A making greater, increasing, augmentation.
cum ~one uectigalium CIC.*Ver*.3.19; si..extis pecuniae mihi ~o ostenditur *Div*.2.33; propter ~onem honoris et gloriae *Off*.2.42.

2 (rhet.) Making much of (a circumstance), enlarging upon, amplification. **b** (w. ref. to the tone of voice employed in such discourse).
(*w. gen.*) cum ~one et enumeratione peccatorum *Rhet. Her*.2.26; facti sui ~o CIC.*Inv*.2.114;—(*absol.*) ~onis causa 1.27; est igitur ~o grauior quaedam adfirmatio quae motu animorum conciliet in dicendo fidem *Part*.53; omnis ~o, minutio, omne adfectus genus QUINT.*Inst*.4.3.15; eadem fictio ualet et ad qualitates..et ad ~onem 5.10.99;—(*pl.*) ex iis rebus..quaeuis ~ones et indignationes nasci possunt CIC.*Inv*.1.100; ut ~onibus auctoritas et in his scriptis augeretur VITR.5.pr.1; hic et ~onibus extollet orationem QUINT.*Inst*.12.10.62. **b** ~o est oratio quae aut in iracundiam inducit aut ad misericordiam trahit auditoris animum *Rhet.Her*.3.23.

amplificātor ~ōris, *m.* [AMPLIFICO+-TOR] (w. gen.) An increaser, enlarger, extender.
quem mihi fortuna dedit ~orem dignitatis meae CIC. *Fam*.2.9.3; 10.12.5; nec uero Pythagoras nominis (*sc.* philosophiae) solum inuentor, sed rerum etiam ipsarum ~or fuit *Tusc*.5.10.

amplificē, *adv.* [AMPLIFICVS+-E] Magnificently, splendidly.
talibus ~e uestis decorata figuris CATUL.64.265.

amplificō ~āre ~āuī ~ātum, *tr.* [AMPLVS+-FICO]

1 To increase the size or amount of, enlarge, extend; to increase the volume of (a sound), amplify. **b** to augment (the number of something); to augment the number of, increase. **c** to enlarge, broaden (the mind). **d** (w. abst. or quasi-abst. sbs. as obj.; often merging into sense 2).
patrimoni ~andi CIC.*Rab.Post*.43; Gabinio pretio ~ato Syriam nominatim dedisti *Dom*.23; *Rep*.3.24; ad eam multitudinem urbs quoque ~anda uisa est LIV.1.44.3; uilla publica..refecta ~ataque 34.44.5; quaedam ~ata in suo genere..perdurant SEN.*Ep*.118.16;—~at (*sc.* uocem) adcuratio *Rhet.Her*.3.20; quod his naturis (*sc.* flexibus) relatus ~atur sonus CIC.*N.D*.2.144. **b** numerum senatus ~auit V.MAX.3.4.2;—ad summam quotiens praecinguntur, altero tanto semper ~antur VITR.5.7.2. **c** quicquid illum (*sc.* animum) confirmat, extollit, ~at, bonum est SEN.*Ep*.76.17. **d** attrectatu..saeuum ~atis dolorem PAC.*trag*.267; summa uirtute ~ata auctoritas CIC.*Inv*.1.5; tuam..dignitatem ~ari uelim *Fam*.11.5.3; aegritudo..ceteraeque perturbationes ~atae..pestiferae sunt *Tusc*. 4.42; Aeduorum auctoritatem apud omnis Belgas ~aturum CAES.*Gal*.2.14.5; studium..non solum seruandae sed etiam ~andae religionis fuit V.MAX.1.1.1; ~ATA LIBERALITATE *CIL* 8.19121;—in rem publicam conseruandam atque ~andam CIC.*Man*.49; (facultas disserendi) quam tibi a rhetoricis exercitationibus acceptam ~auit Academia *N.D*. 2.168; semper..nobilitatis opes deminutae sunt et ius populi ~atum SAL.*Rep*.2.5.2; spem magnam in posterum ~andi regni faciebat LIV.37.53.13.

2 To increase the influence or extend the prestige of, advance.
a populo Romano semper sim defensus, ~atus, ornatus CIC.*Dom*.88; *Fam*.15.11.1; admodum pauci honore et gloria ~ati uel corrumpere mores ciuitatis uel corrigere possunt *Leg*.3.32; illos..festinatis honoribus ~at atque auget (Caesar) PLIN.*Pan*.69.5.

3 To praise loudly, extol, exalt.
haec est..uirtutem ipsam suis laudibus ~cantis oratio CIC.*Fin*.5.72; ita consulis uirtutem ~auit, ut uniuersus senatus in eius sententiam transiret VELL.2.35.4; dum ornare patriam et ~are gaudemus PLIN.*Ep*.2.5.3.

4 (rhet.) To make much of, enlarge upon, magnify, emphasize.
accusator..illum impetum et quandam commotionem animi..uerbis et sententiis ~are debebit CIC.*Inv*.2.19; ea, quae pro nobis essent, ~anda et augenda *de Orat*.1.143; *Orat*.210; proprium laudis est res ~are et ornare QUINT. *Inst*.3.7.6; 8.4.1.

amplificus ~a ~um, *a.* [AMPLVS+-FICVS] Magnificent, splendid.
tibi Caesar..sublime et excelsum et ~um ingenium ab deis datum est FRO.*Aur*.2.p.74(150N).

ampliō ~āre ~āuī ~ātum, *tr.* [AMPLIVS+-O³]

1 To increase the size or amount of, enlarge, extend. **b** to augment (the number of something); also, to augment the number of, increase. **c** to have in an increased form or degree.
metuens..~et ut rem HOR.*S*.1.4.32; ~ATO EIVS (*sc.* basilicae) SOLO AUG.*Anc*.4.15; ~anda scalpello plaga est CELS.7.5.1.C; nunc hunc nunc illum, qua flectitur, ~at orbem (*sc.* Tanais) LUC.3.276; PLIN.*Nat*.11.260; OPERIBVS ~ATIS RESTITVIT *CIL* 1.745.6; priores (aquae) non ~atae sed omissae sunt FRON.*Aq*.76; ~ato uetere Apollinis templo SUET.*Aug*.18.2; HYG.GR.*agrim*.p.142; si ea palus aqua pluuia ~atur ULP.*dig*.39.3.1.2;—(*a period of time*) ~at aetatis spatium sibi uir bonus MART.10.23.7; his casibus ~auimus tempus [QUINT.]*Decl*.12.25. **b** de ~ando numero gladiatorum PLIN.*Pan*.54.4; uelle se palmarum numerum ~ari SUET.*Nero* 22.2;—seu prolatare agros siue ~are seruitia TAC.*Hist*.2.78. **c** prout aetatem ~auerit SCAEV.*dig*.34.1.16.2; partus..qui membrorum humanorum officia ~auit PAUL.*dig*.1.5.14.

2 (w. abst. obj.) To make greater or stronger, intensify; (rhet.) to make much of, magnify. **b** to make greater in dignity, ennoble, glorify; also, to enhance (a dignity).
~ato etiam miraculo tantuli animalis cibo absumi natalem tantarum arborum PLIN.*Nat*.17.73; et haec (*sc.* faex aceti) cremata ~at uires 23.67; quae (*sc. capacities*)..possunt ratione ~ari QUINT.*Inst*.1.pr.27; quae saeuitia..mihi..genuinam curiositatem..~auerat APUL.*Met*.9.15;—temptat..hoc..~are alia iuuenis inuidia [QUINT.]*Decl*.5.11; ut aut ornet quid aut deturpet..aut deminuat aut ~et FRO.*Aur*.1.p.36(46N). **b** sacros honores, quorum pacificus ter ~auit Ianus nomina MART.8.66.11; Hannibalis bellicis laudibus ~atur uirtus Scipionis QUINT.*Inst*.8.4.20; ut ipsa ciuitas ~etur PLIN.*Ep.Tra*.10.70(75).1;—~ato honore *B.Hisp*.42.2; hic et senatus maiestatem numero ~auit FLOR.*Epit*.1.1(1.5.2).

3 a To defer or reserve judgment on (a person), postpone the trial or case of. **b** to postpone (a trial), defer the hearing of (a case). **c** (absol. or intr.).
a quare in sententiis ferendis dubitaueritis aut istum hominem nefarium ~aueritis *Rhet.Her*.4.48; eam ~atam, deinde absolutam LIV.4.44.12; bis ~atus, tertio absolutus est reus 43.2.6;—(*w.* in+*acc.*) ~atur a iudicibus in poenam SEN.*Con*.1.3.2. **b** cuius causa..septies ~ata et..octauo iudicio absoluta est V.MAX.8.1.11; fingamus ~atum fuisse iudicium QUINT.*Decl*.334(p.316,l.17). **c** etiamsi lex ~andi faciat potestatem CIC.*Ver*.1.26; *Caec*.29.

ampliter, *adv.* [AMPLVS+-TER²] For compar. see AMPLIVS, for superl. AMPLE.

1 In a liberal manner, generously, handsomely.
argento parci nolo, opsonato ~ PL.*Cas*.501; acceptus hilare atque ~ *Mer*.99; benigne ei pro beneficio largi atque ~ ACC.*trag*.282; extructa ~..mensa LUCIL.443; POMPON. *com*.54;—(*w. vb. of praising*) Homerus non uirtutibus appellandis sed uitiis detrahendis laudare ~ solet GEL.2.6.11.

2 Abundantly, fully, amply, very. **b** deeply, far.
occupatus sum ~ PL.*Cist*.598; ~ nummatus APUL.*Met*. 1.21; de potione gustauit ~ 10.26; CIVI LARGISSIMO ET ~ MVNIFICO *CIL* 8.14373. **b** tute errasti, quom parum immersti ~ PL.*Bac*.677.

amplitūdō ~inis, *f.* [AMPLVS+-TVDO]

1 Size, bulk, extent; one's full size. **b** extensiveness, abundance, multiplicity; (gram., w. *numeri*) plural number.
~ine membrorum VAR.*R*.2.4.3; ex aere fuit quoddam (simulacrum) modica ~ine CIC.*Ver*.3.109; ~o cornuum et figura et species multum a nostrorum boum cornibus differt CAES.*Gal*.6.28.5; non ~ine ponderis sed genere singularum rerum grauitatem esse VITR.7.8.3; LIV.38.21.4; quoniam ibi ad praecipuam ~inem exeunt (uites) PLIN.*Nat*.14.9; LARG.46; spem obpugnantium augebat ~o ualli TAC.*Hist*. 4.22; PLIN.*Ep*.6.16.13;—(*w. adj.*) harundini..Indicae arborea ~o PLIN.*Nat*.16.162;—(*w. suggestion of dignity or impressiveness*) monumentum illa ~ine, illo opere CIC.*Ver*. 1.131; concepit animo eam ~inem Iouis templi quae digna deum hominumque rege..esset LIV.1.53.3; SUET.*Tib*.74; (*pl.*) propter has ~ines sepulchrorum CIC.*Leg*.2.64;— nec potuisse (*sc.* platanos) in ~inem augescere PLIN.*Nat*.12.7. **b** propter ~inem rei VITR.1.1.18; posteris laxitas mundi et rerum ~o damno fuit PLIN.*Nat*.14.4; (*pl.*) principiis..a natura datis ~ines quaedam bonorum excitabantur CIC. *Fin*.4.18;—inscite 'harenae' dici uidentur, tamquam id uocabulum indigeat numeri ~ine GEL.19.8.12.

2 (of persons, places, offices, etc.) Distinction, eminence, prestige, greatness. **b** (of the mind; of qualities or actions). **c** (of a subject) importance.
maiestas rei p. est, in qua continetur dignitas et ~o ciuitatis *Rhet.Her*.4.35; nec uero Aristotelem in philosophia deterruit a scribendo ~o Platonis CIC.*Orat*.5; propter ~inem sacerdoti CIC.*Agr*.2.18; te..populi Romani summo studio ~inem tuam retenturum *Fam*.1.4.3; *Off*.2.59; quos et quam humilis accepisset..et quam in fortunam quamque in ~inem deduxisset CAES.*Gal*.7.54.4; iam praesagiente animo futuram olim ~inem loci LIV.1.38.7; VELL. 2.29.2; ut humilitas ~inem uenerari debet V.MAX.3.8.7; nec quicquam in te mutauit fortunae ~o PLIN.*Nat*.pr.3; PLIN.*Pan*.36.4;—(*of a god*) ubi te dignum ~ine tua templum accipiat LIV.5.21.3. **b** ~inem animi..unam esse omnium rem pulcherrimam CIC.*Tusc*.2.64;—partim..propter illius actionis ~inem et gloriam *Fam*.1.9.2; *Fin*.5.91; uersibus, qui honore rerumque gestarum ~ine ceteros populi Romani praestiterunt NEP.*Att*.18.5; (*pl.*) ipsae uirtutum ~ines GEL. 4.9.14. **c** crescit..cum ~ine rerum uis ingenii TAC.*Dial*. 37.5; causae ~o..omnes undique excuierat PLIN.*Ep*.2.11.10.

3 The impressiveness of style which arises from sonorous rhythms or copious diction.
iam illa sublimia..amant ~inem dactyli quoque et paeanis QUINT.*Inst*.9.4.136; uberi (generi dicendi) dignitas atque ~o est GEL.6.14.3.

4 (rhet.) Amplification.
in his (*sc.* locis communibus)..finis est ~o CIC.*Inv*.2.51.

amplius, *sb.* and *adv.* [Compar. of AMPLVS or its adv.]

1 (sb.) A greater amount or number (of), more. **b** (w. vbs. of saying, etc.). **c** (as a judicial formula) 'judgement reserved'. **d** (usu. w. *absum*) a greater distance, more.
quoi boni tantum adfero quantum ipsus a dis optat, atque etiam ~ PL.*Capt*.777; *Trin*.246;—(*w. part. gen.*) gaudeo tibi mea opera liberorum esse ~ *Cist*.777; nescio an ~ mihi negoti contrahatur CIC.*Catil*.4.9; si ~ obsidum uellet, dare pollicentur CAES.*Gal*.6.9.7;—(*w.* quam) Pamphilo liberto hoc ~ quam codicillis reliqui, dari uolo centum SCAEV.*dig*.32.39;—(*w. abl. of degree*) PL.*Mos*.919; si duabus partibus doceo te ~ frumenti abstulisse quam populo Romano misisse CIC.*Ver*.3.49; (*fig.*) amplexus animo sum aliquanto ~ 2.1. **b** de istis rebus tum ~ tecum loquar PL.*Truc*.871; TER.*Eu*.143; ut quirem exaudire ~ ACC.*trag*. 281; at ego ~ dico CIC.*Ver*.2.26; ULP.*dig*.37.6.1.22. **c** cum consules re audita ~ de consili sententia pronuntiauissent CIC.*Brut*.86; ut de Philodamo ~ pronuntiaretur *Ver*.1.74. **d** age quaesso hercle usque ex penitis faucibus. etiam ~ PL.*As*.42;—(*w. abl. of degree*) quorum alter milia passuum circiter quinquaginta, alter paulo ~ ab eis absit CAES.*Gal*.5.27.9; *Civ*.2.24.4;—(*foll. by abl. of compar.*) cum ab hoste non ~ passuum XII milibus abesset *Gal*.4.11.1; (*cf.*) peruenit in locum tumulosum ab Capsa non ~ duum milium interuallo SAL.*Jug*.91.3.

2 (in quasi-adj. use) A greater number (than or of), more.
illos binas aut ~ domos continuare SAL.*Cat*.20.11; Piraei portus sex et ~ muris cinctus FLOR.*Epit*.1.40(3.5.10);—(*foll. by* quam *or abl. of compar.*) quibus ne reiciendi quidem ~ quam trium iudicum..leges..faciunt potestatem CIC. *Ver*.2.77; quom initio non ~ duobus milibus habuisset SAL. *Cat*.56.2; LIV.27.25.8; MAN.5.733; TAC.*Ann*.14.32; comite ancilla non ~ una JUV.6.119;—(*ellipt.*) NEVE ~ DE VNA FAMILIA VNVM *CIL* 1.583.23; cum eum Syracusis ~ centum ciues Romani cognoscerent CIC.*Ver*.1.14; qui ager..non ~ homines quinque milia potest sustinere *Att*.2.16.1; in eo proelio non ~ ducentos milites desideraui CAES.*Civ*.3.99.1; *B.Afr*.1.1; NEP.*Pel*.2.3; cecidere..Romanorum haud ~ nonaginta LIV.28.3.16; PLIN.*Nat*.2.66; (*w.* numero) uexillum ueteranorum, non ~ quingenti numero TAC.*Ann*.3.21;—(*placed after the numeral*) binas gemmas ne ~ relinquito CATO *Agr*.49.1; quam multorum hominum? sescentorum ~ CIC.*Font*.4; D.BRUT.*Fam*.11.10.5; *B.Alex*.43.3; LIV.28.2.11; PLIN.*Ep*.3.5.12;—(*w. abl. of degree*) (auri) XX pondo paulo ~ CIC.*Flac*.68; Pudentillae haud multo ~ quadragensimum annum aetatis ire APUL.*Apol*.89.

3 (w. *quid, nihil*, etc.) More, further, in addition, besides; (w. *nemo*) else; *quid ~ quam*, what else than?
si quid ~ scit PL.*Rud*.329; pax: nil ~ TER.*Hau*.717; facito omnia quo modo oleae, et hoc ~ CATO *Agr*.94; tu artifex quid quaeris ~? CIC.*Brut*.187; si planum facio hoc decreto remotas esse litteras, quid exspectatis ~? *Ver*.2.174; ~ quod desideres nihil erit *Tusc*.1.24; ⟨ea⟩ in illo exercitu cuncta fuere et alia ~ SAL.*Jug*.44.5; quid ~ uis? HOR. *Epod*.17.30; unum (pomum) ~ tenentes ore PLIN.*Nat*.8.133; nil poscunt ~ umbrae STAT.*Theb*.6.169; QUINT.*Inst*.4.1.51; (*cf.*) daturus non sum ~ CIC.*Ver*.2.70; (*cf. sense* 7) hactenus reprehendet, si qui uolet, nihil ~ 4.56; (*in ellipt. expr.*) excedam tectis an, si nihil ~, obstem? OV.*Met*.9.148;—(*pleon.*) quid ergo addit ~? CIC.*Tul*.24; HOR.*S*.1.1.121;—(*foll. by* quam, *abl. of compar., etc.*) neque hoc ~..quod uides nobis quicquamst PL.*Rud*.279; hoc ~ si quid poteris CIC. *de Orat*.1.44; nihil dico ~ nisi illud *Planc*.88; LUCR.1.652; nihil ~ ciuibus praeter tyranni..petendum esse sanguinem VELL.2.58.2; QUINT.*Inst*.9.3.15; JULIAN.*dig*.5.4.7; (*cf.*) circumspicere..Caesarem neque ~ facere hostium iacula uitare *B.Afr*.16.4; (*in ellipt. expr.*) quaedam angustiora receptacula animae, per quae nihil ~ quam meat SEN. *Nat*.6.14.1; SUET.*Gram*.1(p.100Re);—cum ~ nemo occurreret CURT.8.10.2;—bellum Sertorianum quid ~ quam Syllanae proscriptionis hereditas fuit? FLOR.*Epit*.2.10 (3.22.1).

4 (w. *hoc* or absol.) More than that, what is more, in addition.
nono (mense) decimo, un⟨decimo, duo⟩decimo in dies heminas ternas..hoc ~ Saturnalibus..in singulos homines congios ⟨III S⟩ CATO *Agr*.57; PLIN.*Nat*.13.109; Cornutus Tertullus..censuit..Mario urbe Italiaque interdicendum, Marciano hoc ~ Africa PLIN.*Ep*.2.11.19; populo..trecenos ..nummos..uiritim diuisit et hoc ~ centenos pro mora SUET.*Jul*.38.1; GAIUS *Inst*.3.127;—cum..didicimus multa, quae..bona uidentur, post mala inuenta et multa ~ alius modi atque ante uisa essent FAN.*hist*.1; QUINT.*Inst*.12.11.24.

5 For a longer or further period (than), longer, more. **b** (after neg. and sim.) any longer, any more, in the future, again; also, for long, indefinitely.
quo..urbem pacto seruare potisset ~ Romanam LUCIL.6;—(*foll. by* quam *or abl. of compar.*) cum iam ~ horis sex continenter pugnaretur CAES.*Gal*.3.5.1; dissensiones domi fuere iam inde a principio neque ~ quam regibus exactis SAL.*Hist*.1.11; LIV.27.12.14; SUET.*Aug*.78.1; (*cf.*) quod Metellus ~ opinione morabatur SAL.*Jug*.53.5;—(*ellipt.*) ~ sunt sex menses CIC.*Q.Rosc*.8; tu faciem illius noctem non ~ unam falle dolo VERG.*A*.1.683;—(*placed after the numeral*) centum ~ post annos LIV.1.18.2; (*cf.*) horam ~ iam in demoliendo signo..moliebantur CIC.*Ver*.4.95. **b** deliberatum est non tacere ⟨me⟩ ~ AFRAN.*com*.274; se iam neque uadari ~ neque uadimonium promittere CIC.*Quinct*. 23; illud certe praestabo ne ~ prorogetur CAEL.*Fam*.8.10.5; CATUL.68.14; ne quam multitudinem hominum ~ trans Rhenum..traduceret CAES.*Gal*.1.35.3; SAL.*Jug*.25.10; nec iam ~ armis, sed uotis..iubent exposcere pacem VERG.*A*.

3.260; ut nec hostes elici ~ ad pugnam uidit Liv.26.7.1; Ov.*Tr.*1.3.68; Vell.2.71.1; numquam ~ in conspectum nostrum reuersurus Sen.*Ben.*4.11.3; Luc.3.668; gemitus Argia uiri non ~ aequo corde ferens Stat.*Theb.*3.678; ~ ad cretionem reuerti non posse Gaius *Inst.*2.178;—nec ratione ulla sibi ferrent ~ auris uocis inauditos sonitus obtundere frustra Lucr.5.1054.

6 A greater number of times (than), oftener. felices ter et ~ quos irrupta tenet copula Hor.*Carm.* 1.13.17; semel toto non ~ aeuo Ov.*Tr.*1.8.25; Petr.67.3; Suet.*Jul.*25.2;—(*foll. by* quam) semel omnino eam nec ~ quam uno die paucissimis uidit horis *Tib.*51.2; Ulp.*dig.* 10.2.20.4;—(*ellipt.*) quippe..consules fuere Metelli aut censores aut triumpharunt ~ duodeciens Vell.2.11.3.

7 To a greater degree (than), more fully or intensely, more. faxo amabit ~ Pl.*Men.*791; uereor coram in os te laudare ~ Ter.*Ad.*269; at erat et esset ~, si uelles, populo cautum praedibus et praediis Cic.*Ver.*1.143; Sal.*Jug.*69.2; quia homines ~ oculis quam auribus credunt Sen.*Ep.*6.5; Plin.*Nat.*22.132;—(*w. abl. of degree*) aliquanto ~ ualerem, si hic maneres Pl.*As.*592; Cic.*Ver.*4.76;—(*foll. by* quam *or abl. of compar.*) multo tanta illum accusabo quam te accusaui ~ Pl.*Men.*800; obitum lamentetur miser ~ aequo Lucr.3.953; Sal.*Rep.*2.2.2;—(*w. an adj. or adv.*) homo nullust..quoi ego de industria ~ male plus lubens faxim Pl.*Aul.*420; nec res, quae nostra iam est, nostra ~ fieri potest Gaius *Inst.*4.4.

ampliusculē, *adv.* [next+-e] (w. *bibo*) Rather more (freely or deeply). uide sis ne forte..~ quam satis fuerit biberis Pl.*Mos.*967.

ampliusculus ~a ~um, *a.* [amplivs+-cvlvs] Fairly large, considerable. quid enim faciat homo miser ~a fortuna deuolutus? Apul. *Apol.*75.

amplō ~āre, *tr.* [next+-o³] To make (a theme) distinguished, glorify, exalt. qui causam humilem dictis ~ent Pac.*trag.*339.

amplus ~a ~um, *a.* *compar.* ~ior, *superl.* ~issimus. [dub.]

1 Having ample size, bulk, or extent. **a** (of persons, animals, plants; of the body, its parts, etc.) large, big. **b** (of things) large, spacious, ample (usu. merging into sense 2). **c** (w. dat.; prec. by *satis, parum,* etc.) sufficiently (insufficiently, etc.) large (for), ample (for). **a** ~us..et spectu proteruo ferox Pac.*trag.*147; potius.. emunt..capram ~am quam paruam Var.*R.*2.1.14; ter ~um Geryonen Tityonque Hor.*Carm.*2.14.7; Africana (iris) ~issima inter omnes Plin.*Nat.*21.41; (*of a statue*) erat admodum ~um et excelsum signum cum stola Cic.*Ver.*4.74; —(*w. abl.*) milium..nigrum colore, ~um grano Plin.*Nat.* 18.55;—nil uulua pulchrius ~a Hor.*Ep.*1.15.41; auribus ~is Plin.*Nat.*11.274; corpore fuit ~o atque robusto Suet.*Tib.* 68.1;—(*w.* forma, *etc.*) speciem..corporis ~am ac magnificam Liv.28.35.5; equam..~issimae atque pulcherrimae formae Col.6.36.2; Suet.*Cl.*1.2. **b** quanto est res ~ior Lucr.2.1133; in caccabum ~um Larg.45;—(*merging into sense 2*) ~issimum peristylum Cic.*Dom.*116; aliter ~a domus dedecori saepe domino est *Off.*1.139; per ~um mittimur Elysium Verg.*A.*6.743; ager..Veientanus..uberior ~iorque Romano agro Liv.5.24.5; Luc.2.238; Gel.16.5.8. **c** collis duos..quorum in uno castris parum ~o fons aquae magnus erat Sal.*Jug.*98.3; portum satis ~um quantaeuis classi Liv.26.42.4; credita..turbae tunc nimis ~a suae (moenia) Ov.*Fast.*3.182.

2 Impressive in size and splendour, magnificent. uestis pulla purpurea ~a Andr.*poet.*30(34); Fav.*orat.*1; hoc munus aedilitatis meae populo Romano ~issimum pulcherrimumque polliceor Cic.*Ver.*36; triumphus ~issimus deferebatur *Att.*8.11d.7; pro ea copia, quae Athenis erat, funus ei satis ~um faciendum curaui Sulp.Ruf.*Fam.* 4.12.3; egregiam..laudem et spolia ~a refertis Verg.*A.* 4.93; ludi quam ~issimi ut fierent senatus decreuit Liv. 2.37.1; 27.51.9; Vell.2.115.1; uictima haut ulla ~ior potest..mactari Ioui, quam rex iniquus Sen.*Her.F.*922; Flor.*Epit.*1.7(1.13.10).

3 (of number) Large; (w. collect. sbs.) containing many individuals, numerous, large; (of a period of time) long. **b** (compar., w. pl. sb.) the greater number of, the majority of; a larger number of, more; (w. sg. sb.) the larger part of. **c** in large quantities, abundant, plentiful, ample; (w. dat.) amply sufficient (for); (neut. pl. as sb.) a lot, too much. ut is ~ior numerus esset Cic.*Ver.*2.124; Sal.*Jug.*105.3; calonum numerus ~ior Tac.*Hist.*2.87;—peditatus ~issimae copiae e Gallia Cic.*Font.*8; a qua pauciora ab ~ioribus circumuenta nauigia deprimuntur *B.Afr.*96.2; gregibus ~is Col.7.9.13; gens ~a per se Plin.*Nat.*5.125;—(*w.* numero) uniuersus exercitus numero ~issimus est, firmitate exiguus Planc.*Fam.*10.24.3;—~issima diei spatia horarum aequinoctialium xv et quintarum partium horae trium Plin.*Nat.*6. 218. **b** dimissis ~ioribus copiis Caes.*Gal.*5.19.1;—si.. decem tantum (serui) inueniantur in hereditate, inutile est legatum, si uero ~iores..ualet legatum Gaius *dig.*30.65;—~ior (Arctophylax) infernas depulsus possidet umbras Cic. *Arat.*607(361). **c** est lucrum hic tibi ~um Pl.*Epid.*302; ~um patrimonium *Rhet.Her.*4.33; ipse ~issimae pecuniae fit dominus Cic.*S.Rosc.*23; *Fam.*2.16.5; commeatus spe ~ior Sal.*Jug.*75.8; satis..~a pretia essent Liv.21.43.6; instar mihi muneris ~i Ov.*Tr.*3.8.21; cuius sideris effectus ~issimi in terra sentiuntur Plin.*Nat.*2.107; ~a..praemia acceperant Tac.*Ann.*14.53;—nouitas tum florida mundi pabula dura tulit, miseris mortalibus ~a Lucr.5.944; diuitias..habeo tribus ~as regibus Hor.*S.*2.2.101;—uel, si ~a peto, da uisere tantum! Stat.*Theb.*9.625.

4 (compar.) That is in excess (of). et deducto omni debito tuo quod ~ius erit id omne.. restituas Afric.*dig.*30.108.13;—(*w. abl. of compar.*) cum possit rursus ipse..quod ~ius sua portione soluerit a socio.. consequi Gaius *dig.*15.1.27.8.

5 (w. abstr. sbs.) Great, exensive, powerful, intense. si non rediisses, haec irae factae essent multo ~iores Ter. *Hec.*289; ~ior ei mortis et supplici metus est a maioribus constitutus Cic.*Clu.*128; uiribus ~is Lucr.5.1174; huius est ciuitatis longe ~issima auctoritas Caes.*Gal.*3.8.1; timor aliquantus sed spes ~ior Sal.*Jug.*105.4; poena erit ante meos sera sed ~a pedes Prop.3.6.32; Plin.*Nat.*28.153.

6 (of the mind or of abst. sbs.) Generous, 'great', 'large'. sextus decimus (locus), per quem animum nostrum..~um ..et patientem incommodorum esse..demonstramus Cic. *Inv.*1.109; quamuis ea (*sc.* studia) sint ~a atque praeclara *de Orat.*1.260; quid hunc hominem magnum aut ~um de re publica cogitare? *Man.*37; *Att.*1.20.2; Sen.*Suas.*2.15; quanto..~iores sententiae creantur, tanto difficilius uerbis uestiuntur Fro.*Aur.*2. p.38(96N).

7 (w. dat.) Conferring distinction (on); (absol.) honorific, complimentary. hoc sibi ~issimum pulcherrimumque ducebant Cic.*Div. Caec.*66; tibi, cuius mihi amicitia non solum ~a sed etiam iucunda est *Fam.*3.10.4; sibi ~um quoque esse urbem ab se captam frequentari Liv.5.30.2; non quia rei publicae utile sed quia tibi id ~um et gloriosum censes esse 28.42.20; —(*w.* apud) id sibi ~um apud populares futurum esse 30.17.11;—C. Caesarem senatus et genere supplicationum ~issimo ornauit Cic.*Balb.*61; quibus cum ~issimis uerbis gratiae ab senatu actae essent Liv.5.7.6; (*cf.*) omittit studium, quo non aliud in ciuitate nostra uel ad utilitatem fructuosius..uel ad dignitatem ~ius..excogitari potest Tac.*Dial.*5.3.

8 (of persons, honours, status, etc.) Distinguished, eminent, great. quoniam se ~iorem putat esse, si se mihi inimicum dictitarit Met.Num.*orat.*3; quos eadem fortuna paulo ante in ~issimo statu conlocarat *Rhet.Her.*4.23; honores ~issimos Cic.*Brut.*54; cum esset Sthenius..~issima cognatione *Ver.*2.106; qui, si mortem tum obisset, in ~issimis fortunis occidisset *Tusc.*1.86; Vbii, quorum fuit ciuitas ~a atque florens Caes.*Gal.*4.3.3; cuicumque..~ior inlustriorque locus quam aliis est Sal.*Rep.*2.10.4; Hor.*S.*1.6.11; ~issimum nomen apud exteras gentes populi Romani..fecerant Liv.28.41.15; quidquid numinum hanc Romani imperi molem in ~issimum terrarum orbis fastigium extulit Vell. 2.131.1; terrarum decora ~a uiri Stat.*Theb.*6.391; promotus ad ~issimas curationes Plin.*Ep.*7.31.3; ~issimi consules Ulp.*dig.*35.1.50;—(*w.abl.*) P. Africanus, homo..rebus gestis ~issimus Cic.*Div.Caec.*69; ut quisque est genere copiisque ~issimus Caes.*Gal.*6.15.2;—(*of actions*) pro tuis rebus gestis ~issimis Cic.*Att.*8.9.2; Sal.*Cat.*8.2;—(*superl. w.* ordo, *of the senate*) reduxit ordo ~issimus Cic.*Prov.*25; Liv. 4.26.9; Plin.*Ep.Tra.*10. 3a(20).2;—(*masc. pl. as sb.*) cuiusque aetatis ~issimi Caes.*Civ.*2.5.5; hoc studium parui properemus et ~i Hor.*Ep.*1.3.28.

9 (of orators or their diction) Impressive by reason of copiousness or sonorousness. erat oratione satis ~us Cic.*Brut.*239; si genere dicendi uteretur ~issimo *Orat.*82; 97; quod nonnullis uidetur seuerior, acrior ~iorque esse M. Tullio, ferri id qui potest? Gel.10.3.1.

10 (of a word or phrase) Full of meaning, having a strong, precise, or definite meaning. si ~iora uerba cum ipsis nominibus..conferantur Quint.*Inst.*8.4.2; 'penes te' ~ius est quam 'apud te' Ulp. *dig.*50.16.63.

11 Comprehensive, all-embracing, large; unrestricted, full. ~ior (quaestio) est semper infinita Quint.*Inst.*3.5.8;— uos qui ~issimo populi senatusque iudicio exercitus habuistis Cic.*Agr.*1.12.

12 Important, esp. by reason of its wide range or comprehensiveness. ciuilis quaedam ratio est..eius quaedam magna et ~a pars est artificiosa eloquentia Cic.*Inv.*1.6; qui in tua prouincia magna negotia et ~a et expedita habet *Fam.*1.3.1; hanc ~issimam omnium artium bene uiuendi disciplinam *Tusc.*4.5; hic finis cognitionis ~issimae Plin.*Ep.*2.11.13; ~issimum ius est in edictis duorum praetorum Gaius *Inst.*1.6; Apul.*Apol.*3.

Ampsanctus ~ī, *m.* Also **Amsanctus.** A valley and lake in Samnium, with mephitic exhalations, regarded as an entrance to the underworld. Cic.*Div.*1.79; ~i ualles Verg.*A.*7.565.

ampterminus ~ī, *m.* [ambi-+terminvs] (See quot.) ~i, qui circa terminos prouinciae manent Paul.*Fest.* p.17M.

amptruō ~āre ~āuī, *intr.* Also **amt- ant-.** [ambi-+trvo] (of the leader of a ceremonial dance) To execute a figure or movement. Pac.*trag.*321; praesul ut ~et inde, ut uulgus redamptruet inde Lucil.320; Fest.p.270M.

ampulla ~ae, *f.* [dim. of amphora]

1 A globular or pear-shaped bottle or flask for holding oil, ointment, wine, or other liquids. ~am, strigilem..habeat Pl.*Per.*124; *St.*230; Cic.*Fin.* 4.30; Sibyllam..ego ipse oculis meis uidi in ~a pendere Petr.48.8; ~am nardi aperuit 78.3; in ~as uitreas aceti Plin.*Nat.*20.152; Cosmianis..fusus ~is Mart.3.82.26; ~a potoria 14.110; Suet.*Dom.*21; ~am..oleariam Apul.*Fl.*9.

2 (fig.; pl.) Inflated expressions, bombast. ite hinc, inanes..rhetorum ~ae Verg.*Cat.*5.1; proicit ~as et sesquipedalia uerba Hor.*Ars* 97.

ampullāceus ~a ~um, *a.* [prec.+-acevs] **a** Of, or used for, an *ampulla.* **b** shaped like an *ampulla.* **a** impedienda est..procacitas eius (*sc.* galli) ~o corio Col.8.2.15. **b** ab odore myrapia..(pira appellant), tempore hordearia, collo ~a Plin.*Nat.*15.55; 15.58.

ampullārius ~(i)ī, *m.* [ampvlla+-arivs] A dealer in flasks. ni erit tam sincerum (tergum) ut quiuis dicat ~ius optumum esse operi faciundo corium Pl.*Rud.*756; *CIL* 12. 4455.

ampullor ~ārī ~ātus, *intr.* [ampvlla+-o³] To use bombast. tragica desaeuit et ~atur in arte? Hor.*Ep.*1.3.14.

amputātiō ~ōnis, *f.* [next+-tio]

1 The process of pruning. **b** the cutting off, amputation (of part of the body). sarmentorum (uitium) ea quam dixi aliorum ~o Cic.*Sen.* 53; (cupressus) ~onem et omnia remedia odit Plin.*Nat.* 17.247. **b** ~onem linguae minitanti V.Max.3.3 ext.4; capitis ~o Call.*dig.*48.19.28.

2 Twigs removed by pruning, cuttings. sarmenta quoque (balsami) in merce sunt. dccc hs ~o ipsa surculusque ueniere Plin.*Nat.*12.118.

amputō ~āre ~āuī ~ātum, *tr.* [am(bi)-+pvto]

1 To remove by cutting, cut off: **a** (part of the body, a limb). **b** (a branch, twig, or root). **c** (other projecting objects). **a** testis..~at ambo Lucil.281; ut membra quaedam ~antur, si..sanguine..carere coeperunt Cic.*Off.*3.32; abscidit caput, ~auit manum Sen.*Con.*7.2.1; M. Mario.. L. Sulla..~ari linguam..iussit Sen.*Dial.*5.18.1; spiramina naris..~at Luc.2.184; Plin.*Nat.*11.72; aurem tribuni ~auit Tac.*Hist.*3.84; Plin.*Ep.*7.27.12; (*cf.*) ~ata parte (oui) ceu ferro Plin.*Nat.*10.197; (*on a statue*) addidit..in statua ~ato capite Augusti effigiem Tiberii inditam Tac. *Ann.*1.74;—(*fig.*) in rei publicae corpore..quicquid est pestiferum ~etur Cic.*Phil.*8.15. **b** inutilis..falce ramos ~ans Hor.*Epod.*2.13; ~atis radicibus Sen.*Ep.*86.17; plurimae..(arbores) ~ari sibi uolunt onerosa ac superuacua Plin. *Nat.*17.248; Quint.*Inst.*10.7.28; (*in fig. phr.*) audeamus.. ramos ~are miseriarum Cic.*Tusc.*3.13. **c** falces..quidquid obuium concitatis equis fuisset, ~aturae Curt.4.9.5; resegminibus utrimque ~atis Plin.*Nat.*13.77.

2 **a** To prune away, remove, eradicate (undesirable features, errors, faults, etc.). **b** to cut off, deprive one of, take away (facilities, amenities, etc.). **c** to cut off, exclude. **a** uolo esse in adulescente, unde aliquid ~em Cic.*de Orat.* 2.88; ~anda plura sunt illi aetati..quam inserenda *Cael.* 76; ~ata..inanitate omni et errore *Fin.*1.44; Quint.*Decl.* 268(p.95,l.15); Gel.7(6).5.8. **b** quibus (partibus terrae) ~atis cernis..quantis in angustiis uestra se gloria dilatari uelit Cic.*Rep.*6.22; somno..serpente ~atur (memoria) Plin.*Nat.*7.90; ~are uocem et uelut omnem usum loquendi perdidisse malerim Quint.*Decl.*333(p.311,l.25); scorta calones sarcinae..~antur Flor.*Epit.*1.34(2.18.10). **c** quae est ista superbia..ut populi pars ~etur Cic.*Agr.*2.79.

3 To prune or cut back (a plant). **b** to cut in pieces, chop; to castrate. **c** to cut down, reduce (numbers); to prune, cut short (speech, writing, etc.). (uitem) serpentem..ferro ~ans coercet Cic.*Sen.*52; quom uites ~auit Fro.*Ant.*2.p.64(145N); (*absol.*) ars agricolarum, quae circumcidat, ~et, erigat Cic.*Fin.*5.39; (*fig.*) (oratio) nunc circumcisa et ~ata Tac.*Dial.*32.4. **b** corpora exanima ~ans Sen.*Thy.*1059; districto gladio poplites eius totos ~ant Apul.*Met.*4.5; (*w.* in+*acc.*) uirgam ..arbori decisam in surculos ~ant Tac.*Ger.*10.1;—exoletos suos, ut ad longiorem patientiam inpudicitiae idonei sint, ~ant Sen.*Con.*10.4.17. **c** circumcidit et ~at multitudinem (sententiarum) Cic.*Luc.*138;—~ari legionum..numeros iubet Tac.*Hist.*2.69;—narrationes..~andae, quae laedunt Cic.*Part.*15; longa colloquia ~a Sen.*Med.*530.

Ampycidēs ~ae, *m.* The son of Ampycus, Mopsus. Ov.*Met.*8.316; 12.456; V.Fl.3.420.

Amsanctus: see Ampsanctvs.

amsegetēs ~um, *m. pl.*: (see quot.). ~es dicuntur, quorum ager uiam tangit Paul.*Fest.*p.21M.

amulētum ~ī, *n.* Also **amolētum.** [perh. amylvm+-etvm] An object used as a charm to avert evil, etc., an amulet. **b** an act which averts evil. **c** the power of averting evil, etc. tradunt et de uespertilione, si..uiuus super fenestram.. adfigatur, ~um esse Plin.*Nat.*29.83; 37.50; totus..oriens pro ~o gestare eas (*sc.* iaspidas) traditur 37.118. **b** inter ~a est editae quemque urinae inspuere Plin.*Nat.*28.38. **c** attribuunt ei (*sc.* basilisci sanguini)..ueneficiorum ~a Plin.*Nat.*29.66.

Amūlius ~(i)ī, m. The legendary king of Alba

Longa, who ordered the infants Romulus and Remus to be thrown into the Tiber.
NAEV.*poet*.24(25).2; LIV.1.3.10; OV.*Met*.14.772.

amulum: see AMYLVM.

amurca ~ae, *f.* Also **amurga.** [Gk. ἀμόργη] The watery fluid contained in the olive in addition to the oil (opp. to the solid residue, *fraces*).
oleum quam diutissime in ~a et in fracibus erit, tam deterrimum erit CATO *Agr*.64.2; ~a cum ex olea expressa, qui est umor aquatilis VAR.*R*.1.64; semina..nigra perfundere ~a VERG.*G*.1.194; CELS.5.28.16.c; COL.1.6.12; oliua constat nucleo, oleo, carne, ~a. sanies haec est eius amara PLIN.*Nat*.15.9; 23.74. β MAUR.898.

amurcārius ~a ~um, *a.* [prec.+-ARIVS] Designed for holding *amurca*.
dolia olearia c..~a x CATO *Agr*.10.4.

amūsia ~ae, *f.* [Gk. ἀμουσία] Want of refinement, boorishness.
quibus suam delectat ipse ~am VAR.*Men*.350.

amūsos ~os ~on, *a.* [Gk. ἄμουσος] Ignorant of music.
non..debet nec potest esse architectus grammaticus..nec musicus ut Aristoxenus, sed non ~os VITR.1.1.13.

amussis ~is, *f.* [dub.]

1 A mason's or carpenter's straight edge or ruler.
~is est aequamen leuamentum, id est aput fabros tabula quaedam, qua utuntur ad saxa coagmentata VAR.*gram*.51; PAUL.*Fest*.p.8OM.

2 *ad ~im* (also, *adamussim*), with precision, exactly.
numerus non est ut sit ad ~im, ut non est, cum dicimus mille naues isse ad Troiam VAR.*R*.2.1.26; iudicium esse factum ad ~im GEL.1.4.1; ad ~im congruentia APUL.*Met*. 2.2.

amus(s)ium ~iī, *n.* [cf. prec.] A levelled slab for testing flat surfaces.
conlocetur ad libellam marmoreum ~ium..aut locus ita expoliatur ad regulam et libellam ut ~ium non desideretur VITR.1.6.6.

Amyclae ~ārum, *f. pl.* **a** A town in Laconia, the birthplace of Castor and Pollux. **b** = AMYNCLAE.
a ACC.*trag*.266; OV.*Ars* 2.5; LIV.34.28.11; STAT.*Ach*.1.21.

Amyclaeus ~a ~um, *a.* Of Amyclae in Laconia. **b** (poet.) Spartan.
~i domitus Pollucis habenis VERG.*G*.3.89; OV.*Ep*.8.71; ~a..pluma (*i.e. of Leda*) MART.14.161.1; ~os..fratres STAT.*Theb*.7.413. **b** Afer agit..~um..canem VERG.*G*. 3.345; STAT.*Silv*.1.2.213; ~um ductorem (*i.e. Xanthippus*) SIL.6.504.

Amyclīdēs ~ae, *m.* Hyacinthus, who was worshipped at Amyclae.
OV.*Met*.10.162.

amygdala ~ae, *f.* Also **~ē.** [Gk. ἀμυγδάλη] An almond. **b** the almond tree; *~a amara*, the bitter almond.
PLIN.*Nat*.12.36; tertia in his natura ~is tenuiore, sed simili iuglandium, summo operimento, item secundo putaminis 15.89; nux Graeca ~e CLOAT.*gram*.8. **b** ~a, si parum ferax erit COL.5.10.20; PLIN.*Nat*.16.83;—~ae amarae radicum decoctum 23.144.

amygdalinus ~a ~um, *a.* [Gk. ἀμυγδάλινος] Of or made from almonds; grafted on an almond-tree.
oleum ~um purgat PLIN.*Nat*.23.85; 26.22;—malina appellari (pruna) coeperunt malis insita et alia ~a amygdalis 15.42.

amygdalītēs ~ae, *m.* [Gk. ἀμυγδαλίτης] A kind of euphorbia, broad-leaved spurge.
sextum (genus tithymalli) platyphyllon uocant..alii ~en a similitudine PLIN.*Nat*.26.70.

amygdalum ~ī, *n.* [Gk. ἀμύγδαλον] The almond (kernel); *~um amarum*, bitter almond; *~um dulce*, sweet almond. **b** the almond tree.
~orum amarorum LARG.5; 147; nucleorum ~orum uictoriati pondus 148; (*poet., w. respect to their colour*) ille (color) crocum simulat..nec ~a desunt OV.*Ars* 3.183. **b** ~um..flore purpurae fulgens *Priap*.51.13; COL.*Arb*.25.1.

amylum ~ī, *n.* Also **amilum, amulum, amylon.** [Gk. ἄμυλον] Fine meal, starch, gruel.
~um sic facito CATO *Agr*.87; boni suci sunt triticum siligo..~um CELS.2.20.1; in cena..lepores, altilia assa, ~um MET.PIUS in Macr.3.13.12; ~on hebetat oculos PLIN. *Nat*.22.137; ~i et recentis et dulcissimi p ⁎ IIII LARG.27.

Amȳmōnē ~ēs, *f.* One of the daughters of Danaus. **b** a fountain in Argos.
VAR.AT.*poet*.1; PROP.2.26.47; OV.*Am*.1.10.5; HYG.*Fab*. 169.1. **b** OV.*Met*.2.240.

Amȳmōnius ~a ~um, a. Of Amymone.
~us fons HYG.*Fab*.169A.2; ~um flumen 169.2.

Amynclae ~ārum, *f. pl.* **Amycl-.** A town on the coast of Campania.
scio ~as tacendo periisse LUCIL.958; VERG.*A*.10.564; PLIN.*Nat*.3.59; SIL.8.528.

Amynclānus ~a ~um, *a.* **Amunc-.** Of, or situated near, Amynclae.
sinu ~o PLIN.*Nat*.14.61; mare ~um TAC.*Ann*.4.59.

Amyntiadēs ~ae, *m.* A son of Amyntas, (spec.) Philip II, son of Amyntas II, of Macedonia.
OV.*Ib*.293.

Amyntoridēs ~ae, *m.* A son of Amyntor, king of the Dolopians, Phoenix.
OV.*Ars* 1.337; *Ib*.257.

amystis ~idis, *f.* [Gk. ἄμυστις] A drink taken at one draught.
neu multi Damalis meri Bassum Threicia uincat ~ide HOR.*Carm*.1.36.14.

Amythāonius ~a ~um, *a.* Of or descended from Amythaon; (masc. as sb.) Melampus.
~us..Melampus VERG.*G*.3.550; ~a..domo PROP.2.3.54; ~us..uates STAT.*Theb*.3.501;—COL.10.348.

an[1], *prep.* (See quot.; cf. AMBI-.)
ueteres, 'an' pro 'circum' ponere consuerunt, ut Cato in originibus: 'oratorum an terminum' CAP.*iur*.13.

an[2], *particle.* [Gk. ἄν] Also combined w. *-ne* in same sense; *an non* sts. written as one word.

1 (introducing dir. questions, usu. w. the notion of surprise, indignation, etc.) Can it really be that..? **b** (expecting a negative answer). **c** (w. *non*, expecting an affirmative answer).
an audiuisti? PL.*Aul*.538; an nescis quae sit haec res? *Ps*.1161; an sceptra iam flaccent? ACC.*trag*.3; an ergo..oblitus es..Antonium ita partitum esse tecum? CIC.*de Orat*.2.366; an tu id melius? *Fam*.9.26.3; (*repeated*) an Phoebi soror? an Nympharum sanguinis una? VERG.*A*. 1.329; PROP.3.23.13;—(*after another word*) eho an uicimus? NAEV.*com*.11; PL.*Epid*.506; ego enim an perficiam ut me amare expediat? LUCIL.734; (*w. inf. in indir. sp.*) an praemia sub dominis, poenas sine arbitro esse? TAC.*Ann*.1.26;—(*w.* -ne) anne oportuit? PL.*Truc*.666; anne ego..sequar Sasernarum..libros..? VAR.*R*.1.2.22. **b** an quis est qui te esse dignum..putet? PAC.*trag*.25; eho 'paullum', inpudens? an paullum hoc esse tibi uidetur, uirginem uitiare ciuem TER.*Eu*.857; an etiam Siculi inuiti contulerunt? non est probabile CIC.*Ver*.2.154; an est quisquam qui hoc ignoret? *Mil*.8; an quicquam nobis tali sit munere maius? VERG.*Ecl*.5.53; LIV.5.6.11; an..unus amicorum..rogandus eras? OV.*Pont*.3.9.43; PLIN.*Ep*.8.24.6; (*repeated*) an pietas tua maior quam C. Gracchi, an animus, an consilium, an opes, an auctoritas, an eloquentia? CIC.*Rab.Perd*.14. **c** eho, an non prius salutas? PL.*Ps*.968; an non dixi esse hoc futurum? TER.*An*.621; an non M. Cato scribit..sic? VAR. *R*.1.2.7; an domicilium Romae non habuit is?..an non est professus? CIC.*Arch*.9; (*cf.*) an tu dialecticis ne imbutus quidem es? *Tusc*.1.14.

2 (introducing a second question, which is a suggested answer to the first).
quis homo? an gnatus meus? PL.*Mos*.489; quam ob rem tandem? an quia pudet? TER.*Eu*.907; quidnam?..an laudationes? CIC.*de Orat*.2.43; quidnam beneficio prouocati facere debemus? an imitari agros fertiles? *Off*.1.48; sed..quam ob rem..non addidisti..?..an quia lex Porcia uetat?..an quia grauius est uerberari quam necari? SAL.*Cat*.51.22; dic mihi, Damoeta, cuium pecus? an Meliboei? VERG.*Ecl*. 3.1; quid ut a uobis sperent? an honores? LIV.4.49.15; PLIN.*Ep*.1.10.9;—(*w.* -ne) quid mihi tunc animi miserae fuit? anne quod agnae est? OV.*Met*.5.626.

3 (introducing a second question, which is an alternative to the first) Or is, or did, etc.?
inuenire neminem Siculum potuit qui pro se cognitor fieret? hoc probabis? an ipse ciuem Romanum maluit? CIC.*Ver*.2.106; 3.168; *Flac*.93; parumne cognitum est..an delectationis..causa locuti sumus sapientem..semper uacare? *Tusc*.5.48; credimus? an, qui amant, ipsi sibi somnia fingunt? VERG.*Ecl*.8.108; Iuppiter omnipotens..aspicis haec? an te..nequiquam horremus? *A*.4.208; OV. *Pont*.1.7.3; sufficiunt duae fabulae, an scholastica lege tertiam poscis? PLIN.*Ep*.2.20.9;—(*w.* -ne) filius, anne aliquis magna de stirpe nepotum? VERG.*A*.6.864.

4 (introducing the second or any further part of a multiple question) Or. **b** (following *utrum*, *~ne*).
inferus an superus tibi fert deus funera, Vlixes? ANDR. *poet*.25(26); plus fit an minus? PL.*Trin*.349; 983; hanc culpam maiorem an illam dicam? CIC.*Fam*.9.22.2; eloquar an sileam? VERG.*A*.3.39; (*repeated*) nam fortis deus intellegi qui potest, in dolore an in labore an in periculo? CIC.*N.D*. 3.38;—(*w.* non) quid nunc? iturụ's an non? PL.*St*.263; TER.*An*.762;—(*w.* -ne) roger, anne rogem? OV.*Met*.3.465. **b** seditio tabetne an numeros augificat suos? ENN.*scen*.103; NAEV.*trag*.37; utrum inimicorum meorum factio an magis sollicitudo te impulit? GRACCH.*orat*.52; utrum tandem putes huic ciuitati..melius fuisse..me ciuem in hac ciuitate nasci an te? CIC.*Vat*.10; *Att*.16.8.2; numerone an uiribus aequi non sumus? VERG.*A*.12.230; (*repeated*) utrum hoc tu parum commeministi, an ego non satis intellexi, an mutasti sententiam? CIC.*Att*.9.2;—(*w.* non) reddin an non uirginem? PL.*Cur*.566; uideon Cliniam an non? TER.*Hau*.405.

5 (introducing the second, etc., of suggested answers).
quo uortam? in Capitoliumne?..an domum? GRACCH. *orat*.58; sed te qui uiuam casus, age fare uicissim, attulerint, pelagine uenis erroribus actus an monitu diuum? VERG.*A*. 6.533;—(*repeated*) pulicesne an cimices an pedes? responde mihi ANDR.*com*.1; LIV.28.43.13; PLIN.*Ep*.3.17.1;—(*w.* -ne) quo nunc me uortam?..domum paternamne anne ad Peliae filias? ENN.*scen*.277.

6 (in indir. qu.) Whether, if. **b** (w. deliberative qu.).
di te perdant, si te flocci facio an periisses prius PL.*Trin*. 992; de L. Bruto fortasse dubitarim, an propter infinitum odium tyranni in Arruntem inuaserit CIC.*Tusc*.4.50; nihil praeter res gestas, et an in magistratu..gessisset,..spectare senatum debere LIV.31.48.6; ille ego sum, qui nunc an uiuam..nescis OV.*Pont*.4.3.17; quaesiuit an aliquis sociorum..a Romanis defecisset V.MAX.7.2.ext.16; PHAED.1. 23.4; SEN.*Con*.1.2.4; PLIN.*Nat*.2.6; neque senatus in eo cura an imperii extrema dehonestarentur TAC.*Ann*.4.74; 15.20; PLIN.*Ep*.2.6.3;—(*repeated*) an incolumis esset et an imperatoribus satis faceret interrogare eos coepit V.MAX. 9.11.5; diuisit in ius et aequitatem, an abdicari possit an debeat SEN.*Con*.1.1.13; SEN.*Dial*.3.5.1;—(*w.* -ne) ad dubitationem est adductus anne hoc saepius fieret PLIN.*Nat*.2.95; siquis inquirere uelit anne uiuat AGEN.*agrim*.p.37. **b** qui etiam dubitem an hic Anti considam CIC.*Att*.2.6.1; 16.5.3; incertus an in castra reciperet copias LIV.33.8.10; OV.*Met*. 10.697; SEN.*Ep*.55.11; TAC.*Hist*.4.63; cunctatus paulum, an retro flecteret PLIN.*Ep*.6.16.11.

7 (introducing the second or further part of a multiple question) Or. **b** (following *-ne*, *utrum*, etc.).
uiuam an moriar nulla in me est metus ENN.*scen*.407; primis sententiis, quibus tantum statuebant iudices, damnarent an absoluerent CIC.*de Orat*.1.231; incendi placeret an defendi CAES.*Gal*.7.15.3; non crediderit factum an tantum animo roboris fuerit, nec traditur certum nec..LIV. 2.8.8; LUC.10.5; PLIN.*Ep*.3.3.1; (*repeated*) nunc mi incertumst abeam an maneam an adeam an fugiam PL.*Aul*. 730; matrimonia contraxerit turpius an dimiserit an tenuerit, non est facile discernere SUET.*Cal*.25.1; (*cf.*) deliberent utrum traiciant legiones..necne..et Brutum accersant necne, et mihi stipendium dent an decernant D.BRUT.*Fam*.11.26;—(*ellipt., or w. single words or phrs.*) ego quae dico uera an falsa audierim iam sciri potest TER. *An*.922; abbibere: hic non multum est d siet an b LUCIL.374; tempus, pacis an belli, festinationis an oti CIC.*de Orat*.3.211; SAL.*Jug*.38.5; dolus an uirtus, quis in hoste requirat? VERG. *A*.2.390; incertus infans natus, masculus an femina esset LIV.31.12.6; specus in medio, natura factus an arte, ambiguum OV.*Met*.11.235; cohortibus, abire an manere mallent, data potestate TAC.*Hist*.4.17; bene an male, liber indicabit PLIN.*Ep*.2.20.2; (*repeated*) utrum defendis, malitiam an nequitiam, an utrumque simul? SCIP.min.*orat*. 11; CIC.*Ver*.2.188;—(*w.* non) quaestio est: excipiundum sit an non *Inv*.2.60;—(*w.* -ne) nunc amici, anne inimici sis imago..mihi sciam PL.*Cas*.515; Gabinio dicam anne Pompeio an utrique CIC.*Man*.57; OV.*Pont*.4.13.30. **b** uosne uelit an me regnare era quidue ferat Fors uirtute experiamur ENN.*Ann*.197; quid..curas utrum crudum an coctum ego edim..? PL.*Aul*.430; *Capt*.268; *Truc*.34; itera..quo captus modo, fortunane an forte repertus ACC.*trag*. 182; VAR.*R*.1.2.8; neque..possum statuere, utrum magis mirer te illa..potuisse..perdiscere, an..posse isto modo dicere CIC.*de Orat*.3.82; me tamen consilio iuua, pedibusne Regium an hinc statim in nauem *Att*.10.4.12; temptat enim dubiam mentem rationis egestas, ecquaenam..et simul ecquae..an..LUCR.5.1215; ter sortibus consultum..utrum igni statim necaretur an in aliud tempus reseruaretur CAES.*Gal*.1.53.7; utrumne diuitiis homines an sint uirtute beati HOR.*S*.2.6.74; SEN.*Dial*.8.4.2; (*repeated*) quod utrum neglegentia..magistratum an auaritia an calamitate..euenisse dicam nescio QUAD.*hist*.89; quaeri..potest, qui sit orationis numerus..et is unusne sit an duo an plures CIC. *Orat*.179; CAES.*Gal*.4.14.2;—(*w.* -ne) quo modo habeas, id refert, iurene anne iniuria PL.*Rud*.1069.

8 *haud scio an* (*anne*), *nescio an*, I am inclined to think, probably; *fors sit an*, *fortasse an*, in all probability, perhaps.
nunc hunc hau scio an conloquar PL.*Mos*.783; haud scio anne uxorem ducat TER.*Hau*.999; haud sciam an nulla (ineptia) sit maior CIC.*de Orat*.2.18; *Har*.10; haud scio an satis sit eum..paenitere *Off*.1.34; haud sciam anne..impenso labore..eam quaesissem APUL.*Apol*.5;—si uero id est, quod nescio an sit CIC.*Att*.4.8a.2; nescio an adiciam esse patri eius amplas facultates PLIN.*Ep*.1.14.9; (*cf.*) nescias an te generum beati Phyllidis flauae decorent parentes HOR.*Carm*.2.4.13; (*w. ellipsis of vb.*) huic uni contigit, quod nescio an nulli NEP.*Timol*.1; haec..causa magna est, nescio an iusta PLIN.*Ep*.2.2.1;—nam si altera illaec magis instabit, fors sit an nos reiciat TER.*Ph*.717; fortasse an sit quod uos hic non mertet metus ACC.*trag*.122; fortasse an pantherae quoque..non Africae bestiae dicerentur VAR.*L*.7.40; fors anne..non inducat animum APUL. *Apol*.56.

9 (introducing an alternative) Or, or should I say, or perhaps.
paucis ante quam mortuus est diebus an mensibus CIC. *Brut*.89; is dicitur uidisse Quintum euntem an iam in Asia *Att*.11.6.7; Cn. Octauius est an Cn. Cornelius quidam, tuus familiaris *Fam*.7.9.3; continenter quod sedetis insulsi centum an ducenti CATUL.37.7; quia Tiberius casu an manibus eius inpeditus prociderat TAC.*Ann*.1.13; 1.65; altitudine animi, an compererat modica esse 3.44; et cum eo septem an octo, septem immo PLIN.*Ep*.6.13.5; eum propere uestio dicam an contego APUL.*Met*.1.7;—(*w.* -ne) horum omnium uix duos anne tres incolumis praestitit SUET.*Tib*.55.

anabasis ~is, *f.* [Gk. ἀνάβασις] A plant-name, applied by Pliny to any kind of EQVISAETVM.
PLIN.*Nat*.1.26.83; (*esp. a climbing Ephedra*) 26.36; 26.133.

anabathrum, ~ī, *n.* [Gk. ἀνάβαθρον] An elevated seat.
quanti subsellia constant et quae conducto pendent ~a tigillo JUV.7.46.

anaboladium ~iī, *n.* [Gk. ἀναβολάδιον] A kind of cloak.
scias me, pater, accepis⟨se⟩..⟨ana⟩boladium et tun⟨i-ca⟩m *P.Mich*.467.5.

anacampserōtēn, *acc.* [cf. Gk. ἀνακαμψέρως] An unidentified plant.

~en..cuius omnino tactu redirent amores uel cum odio depositi PLIN.*Nat.*24.167.

Anacreōn ~ontis, *m.* A Greek lyric poet of the 6th century B.C.

CIC.*Tusc.*4.71; HOR.*Carm.*4.9.9; PLIN.*Nat.*7.44; MAUR. 2850.

Anacreontīus (~os) ~a ~um, *a.* **-ēus.** (of metre) Anacreontic; (neut. as sb.) a song of Anacreon.

~on protinus colon efficies QUINT.*Inst.*9.4.78;—qui Polycrati tyranno dilectus ~um amicitiae gratia cantilat APUL.*Fl.*15.

Anactes ~um, *m. pl.* [Gk. Ἄνακτες] (See quot.)

primi tres (Dioscoroe), qui appellantur ~es (*cj.* Anaces) Athenis, ex rege Ioue antiquissimo et Proserpina nati Tritopatreus Eubuleus Dionysus CIC.*N.D.*3.53.

Anactorius ~a ~um, *a.* Also **~cus.** Of Anactorium, a town in Acarnania.

ciuitas ~ica (*v.l.* ~a) PLIN.*Nat.*4.4; ~a..in ora SIL.15.299.

anadēma ~atis, *n.* [Gk. ἀνάδημα] A band for the hair.

bene parta patrum fiunt ~ata, mitrae LUCR.4.1129; PAUL.*dig.*34.2.26.

Anadyomenē ~ēs, *adj. f.* [Gk. Ἀναδυομένη] Emerging (*sc.* from the sea); *Venus ~e,* a painting by Apelles.

Venerem exeuntem e mari..quae ~e uocatur PLIN.*Nat.* 35.91; 35.87.

Anaetis ~idis, *f.* An Asiatic goddess.

aurea statua..nulla inanitate..in templo ~idis posita dicitur PLIN.*Nat.*33.82.

anagallis ~idis, *f.* [Gk. ἀναγαλλίς] Pimpernel, *Anagallis aruensis.*

~ida aliqui acoron uocant. duo genera eius: mas flore phoeniceo, femina caeruleo PLIN.*Nat.*25.144; 26.55; 26.90.

anaglyptārius ~a ~um, *a.* [next+-ARIVS] That works or carves in relief.

C VALERIVS..CAELATOR ~VS *CIL* 2.2243.

anaglyptus ~a ~um, *a.* [Gk. ἀνάγλυπτος] Carved in low relief. **b** (w. ellipsis of *uasa,* or n. pl. as sb.) vessels carved in low relief, engraved plate.

LEGAVIT..TRVLLAM ARGENTEAM ~AM *CIL* 10.6. **b** nunc ~a asperitatemque exciso (*sc.* argento) circa liniarum picturas quaerimus PLIN.*Nat.*33.139; MART.4.39.8.

Anagnia ~ae, *f.* A town of the Hernici, in Latium.

VERG.*A.*7.686; SIL.12.533; (*personified*) 5.543.

Anagnīnus ~a ~um, *a.* Of, or belonging to Anagnia; (masc. as sb.) an inhabitant of Anagnia; (neut.) an estate at Anagnia.

municipibus ~is CIC.*Dom.*81;—*Phil.*2.106;—*Att.* 12.1.1.

anagnostēs ~ae, *m.* [Gk. ἀναγνώστης] A slave trained to read aloud.

nihil sane..iuuabant ~ae CIC.*Sest.*110; *Att.*1.12.4; nemo in conuiuio eius aliud acroama audiuit quam ~en NEP.*Att.* 14.1; GEL.18.5.5.

anagȳros ~ī, *f.* [Gk. ἀνάγυρος] Stinking bean-trefoil, *Anagyris foetida.*

~os, quam aliqui acopon uocant, fruticosa est, grauis odore PLIN.*Nat.*27.30.

analecta ~ae, *m.* [Gk. ἀναλέκτης] A slave who collected the crumbs after a meal.

colligere..~a quidquid et canes reliquerunt MART.7.20.17; 14.82.2; (*cf.*) suasit illi..ut grammaticos haberet ~as SEN. *Ep.*27.7.

analectris (or **anale(m)ptris**) ~idis, *f.* [cf. Gk. ἀναληπτρίς] (app.) A pad worn under the shoulder-blades.

conueniunt tenues scapulis ~ides (*v.l.* analeptrides) altis OV.*Ars* 3.273.

analemma ~atos, *n.* [Gk. ἀνάλημμα] A diagram showing (for a particular latitude) how the length of the shadow of a dial pin varies with the time of year.

umbrarum..aequinoctialium magnitudinibus designantur ~atorum formae VITR.9.1.1; 9.6.1; 9.7.7.

anale(m)ptris: see ANALECTRIS.

analogia, ~ae, *f.* [Gk. ἀναλογία]

1 Ratio, proportion.

cum utrubique dicimus et in aere et in argento esse eandem rationem, tum dicimus de ~a VAR.*L.*10.38; 10.45; geometrica ~a aut harmonica aut arithmetica AGEN.*agrim.* p.25.

2 (gram.) Similarity in the inflections and derivatives of words; the use of this in forming inflections and derivatives. **b** *de Analogia,* the title of a treatise on grammar by C. Julius Caesar.

sequitur..ut non sit in sermone sequenda ~a VAR.*L.*8.37; 9.3; ~a est uerborum similium declinatio similis 10.74; Sisenna dixit 'adsentio' multique et hunc et ~an secuti QUINT.*Inst.*1.5.13; GEL.15.9.4; (*pl.*) impudentes sunt qui dicunt esse ~as VAR.*L.*8.41; (*facet.*) quod si esset ~a petenda supellectili, omnis lectos haberemus domi ad unam formam 8.32. **b** FRO.*Parth.*2.p.28(221N); SUET.*Jul.*56.5; GEL.1.10.4.

3 (logic) The method of reasoning from parallel cases.

per ~an nostri intellectum et honestum et bonum iudicant SEN.*Ep.*120.4; ~an quidam a simili separauerunt QUINT.*Inst.*5.11.34.

analogicus ~a ~um, *a.* [Gk. ἀναλογικός] Concerned with grammatical analogy.

in libris..~is omnia istius modi sine i littera dicenda censet (Caesar) GEL.4.16.9.

analogus ~a ~um, *a.* [Gk. ἀνάλογος] Proportionate; (only mentioned for etymology of *analogia*).

ab ~o dicta analogia VAR.*L.*10.37.

anancaeum ~ī, *n.* [Gk. ἀναγκαῖον] A large drinking-vessel which had to be emptied at one draught.

credo hercle ~o datum quod biberet PL.*Rud.*363; VAR. in *Non.*p.547M.

anancītes ~ae, *m.* [Gk.] (Name given to *adamas.*)

adamas..lymphationes abigit metusque uanos expellit a mente. ob id quidem..~en uocauere PLIN.*Nat.*37.61.

anancītis ~idis, *f.* [Gk.] An unknown precious stone.

~ide in hydromantia dicunt euocari imagines deorum PLIN.*Nat.*37.192.

anapaesticus ~a ~um, *a.* [Gk. ἀναπαιστικός] Anapaestic; (neut. pl. as sb.) anapaestic verse.

~a..metra MAUR.1476;—~a fiunt itidem per συνάφειαν 1517.

anapaestum ~ī, *n.* [next] An anapaestic line or passage.

nec siletur illud potentissimi regis ~um, qui laudat senem CIC.*Tusc.*3.57; *Fin.*2.18; mutuabor ex Aristophanae choro ~a pauca GEL.pr.20.

anapaestus ~a ~um, *a.* [Gk. ἀνάπαιστος] (of a metrical foot) Consisting of two short and one long syllable, anapaestic; (of a line) consisting of such feet. **b** (masc. as sb.) an anapaestic foot or metre.

nec adhibetur ulla sine ~is pedibus hortatio CIC.*Tusc.* 2.37; tibiae concentu et ~i pedis modulo V.MAX.2.6.2;—ex istis modis, quibus hic usitatus uersus efficitur, post ~us ..effloruit CIC.*de Orat.*3.185; triginta fortasse uersus..plerosque senarios, sed etiam ~os *Orat.*190. **b** ita factus est ~us is qui Aristophaneus nominatur CIC.*Orat.*190; nenia cantabatur ~is SEN.*Apoc.*12.3; pro dactylico poni non poterit ~us aut spondeus QUINT.*Inst.*9.4.48; 9.4.81; solet integer ~us et in fine locari MAUR.1521; 1618.

anapauomenos ~ī, *m.* **~ē** ~ēs, *f.* [Gk. ἀναπαυόμενος, ἀναπαυομένη] A man or woman resting (as titles of paintings).

pinxit et..uenatores cum captura..et ~en PLIN.*Nat.* 35.99; Satyrus hic est, quem ~on uocant 35.106.

anaphora ~ae, *f.* [Gk. ἀναφορά] The rising or ascension of a star measured in degrees.

exortiuam mensuram (quod ~as uocant) PLIN.*Nat.*7.160.

anaphoricus ~a ~um, *a.* [Gk. ἀναφορικός] (of clocks) Adjusted to the rising of the stars.

fiunt etiam..horologia hiberna, quae ~a dicuntur VITR. 9.8.8.

anaphȳsēma ~atos, *n.* [Gk. ἀναφύσημα] An upward blast.

'~ata' Graeci uocant eos spiritus qui de fundo uel hiatibus terrae explosi ad superna minari solent APUL.*Mun.*12.

anaptotērium, ~iī, *n.* [? cf. Gk. ἀναπίπτω] (A word of unknown meaning).

CAN⟨DELABRVM ET⟩ ~IVM *CIL* 14.100.

Anāpus ~ī, *m.* Also **~is.** A river in Sicily.

LIV.24.36.2; OV.*Fast.*4.469; *Pont.*2.10.26; (*personified*) et me dilexit ~is *Met.*5.417.

anarrīnon, *n.* [Gk. ἀνάρρινον] = ANTIRRINVM.

PLIN.*Nat.*25.129.

anas[1] ~atis, *f.* [cf. AS. *æned,* Ger. *Ente,* Lith. *antis*] FORMS: *~ites* (nom. pl.) PL.*Capt.*1003; *~itum* (gen. pl.) CIC.*N.D.*2.124; the spelling *-et-* occurs as a v.l. in CIC.*N.D.*2.124 and COL. 2.14.1. A duck.

quasi patriciis pueris..aut ~ites aut coturnices dantur, quicum lusitent PL.*Capt.*1003; ~as a nando (dicta) VAR.*L.* 5.78; ~atium stabula *R.*3.5.14; greges ~atium 3.11.1; CIC.*N.D.*2.124; fluuialis ~as OV.*Met.*11.773; uentris..dolor sedatur uisu nantium et maxime ~atis COL.6.7.1; sanguinem ~atum Ponticarum PLIN.*Nat.*25.6; MART.13. 52.1; ~atum (est tetrissitare SUET.fr.161(p.251Re); (*sex specified*) ~atum mascularum sanguis PLIN.*Nat.*30.61; ~atis feminae LARG.177.

anās[2] ~ātis, *f.* [ANVS[3]] Senility in women.

~atem dicebant morbum anuum, id est uetularum, sicut senium morbum senum PAUL.*Fest.*p.29M.

anasceuē ~ēs, *f.* [Gk. ἀνασκευή] Refutation of arguments.

saepe fabulis fidem firmare aut demere, quod genus thesis et ~as et catasceuas Graeci uocant SUET.*Rhet.*25(p.122Re).

anastomōticus ~a ~um, *a.* [Gk. ἀναστομωτικός] (of medicaments) Relaxing, aperient.

quaedam malagmata, quae ~a Graeci uocant, quoniam aperiendi uim habent CELS.5.18.25.

anatāria ~ae, *f.* [ANAS[1]+-ARIVS] A species of eagle.

tertii (generis) morphnos, quam Homerus et percnum uocat, aliqui et plangum et ~am PLIN.*Nat.*10.7.

anathȳmiāsis, *f.* [Gk. ἀναθυμίασις] A rising of 'vapours' (to the head).

credite mihi, ~is in cerebrum it et in toto corpore fluctum facit PETR.47.6.

anaticula ~ae, *f.* Also **anet-.** [ANAS[1]+-CVLVS] A duckling. **b** (as a term of endearment).

serpere anguicolos, nare ~as, euolare merulas..uidemus CIC.*Fin.*5.42. **b** dic igitur med ~am, columbam uel catellum PL.*As.*693.

anatīnus ~a ~um, *a.* Also **anet-.** [ANAS[1]+-INVS] Of a duck, duck's; (fem. as sb.) duck's flesh.

utinam fortuna nunc ~a uterer, ut quom exiissem ex aqua, arerem tamen PL.*Rud.*533;—illos (medicos) odi pessime quod mihi iubent saepe ~am parari PETR.56.3.

anatocismus ~ī, *m.* [Gk. ἀνατοκισμός] Compound interest.

centesimas me obseruaturum..cum ~o anniuersario CIC.*Att.*5.21.11; qui centesimis cum ~o contentus non esset 5.21.12; *CIL* 10.3334.

anatonus ~a ~um, *a.* [Gk. ἀνάτονος] ? Longstrung (app. referring to the length of the tightened skein providing the propulsive force of a catapult: opp. CATATONVS).

si capitula altiora, quam erit latitudo, facta fuerint, quae ~a dicuntur VITR.10.10.6.

Anaxagorās ~ae, *m.* A Greek philosopher of the fifth century B.C.

hoc Periclem praestitisse ceteris..quod is ~ae physici fuerit auditor CIC.*Orat.*15; *N.D.*1.26; LUCR.1.830; 1.876; ~as Clazomenius VITR.9.6.3.

Anaxagorēa ~ōrum, *n. pl.* Views or theories of Anaxagoras.

de lapidibus caelo cadentibus. ~a de his PLIN.*Nat.*1. epit.2.59.

Anaximander ~drī, *m.* Also **~drus.** A philosopher of Miletus of the 6th century B.C.

CIC.*N.D.*1.25; ~drus omnia ad spiritum rettulit SEN. *Nat.*2.18; PLIN.*Nat.*2.31.

Anaximenēs, *m.* A philosopher of Miletus of the 6th century B.C.

~es aera deum statuit CIC.*N.D.*1.26; PLIN.*Nat.*2.187.

ancaesus ~a ~um, *a.* [AM(BI)-+pple. of CAEDO] (See quot.)

~a dicta sunt ab antiquis uasa, quae caelata appellamus, quod circumcaedendo talia fiunt PAUL.*Fest.*p.20M.

anceps ~ipitis, *a.* [AM(BI)-+-CEPS] FORMS: *ancipes* (nom. sg. fem.) PL.*Rud.*1158.

1 That faces in two opposite directions. **b** (of a weapon) two-edged. **c** (perh.) precipitous on both sides. **d** exposed on both sides.

sacer ~ipiti mirandus imagine Ianus OV.*Fast.*1.95; ancipitem..cantauit..Ianum MAUR.1892; (*of things*) ita muniebant ut ~ipitia munimenta essent LIV.5.1.9. **b** securim capiam ~ipitem PL.*Men.*858; securicula ~ipes *Rud.* 1158; uecte atque ~ipiti ferro effringam cardines LUCIL. 839; LUCR.6.168; ferro ~ipiti decernunt VERG.*A.*7.525; ~ipitem..securim OV.*Met.*8.397; ut bestiam..~ipiti nouacula peremerem APUL.*Met.*5.26. **c** ab ~ipiti delapsus acumine montis OV.*Met.*12.337; Narnia..~ipiti uix adeunda iugo MART.7.93.2. **d** in ~ipites ad ictum utrimque coniciebant hastas LIV.30.33.15.

2 (in abst. sense) Two-fold, double. **b** having two meanings. **c** (applied to amphibians).

si nouerimus..uerborum ~ipites aut multiplices potestates *Rhet.Her.*4.67; propter ~ipitem..faciendi dicendique sapientiam CIC.*de Orat.*3.59; falsae rationi uera uidetur res occurrere..~ipitique refutatu conuincere falsum LUCR. 3.525; cum ~eps caedes fuisset LIV.9.38.8; neque eum se reprehendere morem hominum si tam ~eps oldum causa, non nomen faciat 27.17.11; subeas alternus oportet ~ipiti obsequio dominos PERS.5.156; quoniam ~eps culpa sit praeproperae festinationis PLIN.*Nat.*17.191; ~eps argumentum ambifariam proposuit APUL.*Fl.*18. **b** 'de' praepositio, quoniam est ~eps, in uno eodemque uerbo duplicem uim capit GEL.7(6).16.5. **c** bestiarum..terrenae sunt aliae, partim aquatiles, aliae quasi ~ipites in utraque sede uiuentes CIC.*N.D.*1.103.

3 (of a war, battle, etc.) Fought on two

fronts, double. **b** (of enemies, blows, etc.) attacking on both sides.
ne..~ipiti urgueretur bello VAR. in NON.p.245M; ~ipiti contentione districti CIC.*Man*.9; ~ipiti proelio diu atque acriter pugnatum est CAES.*Gal*.1.26.1; a Cenomanis terga.. adgressis tumultum ~ipitem iniectum LIV.52.30.11; ~ipiti bello distinere regem 44.20.5; (*cf.*) tertius insuper aduenit hostis..~epsque proelium Romanos circumsteterat 25.34.10; (*in fig. phr.*) ~ipiti quoniam bello turbatur utrimque (*sc.* caelum) hinc flammis illinc uentis LUCR.6.377; eam uitam bellum aeternum et ~eps gerere SAL.*Rep*.1.3.2. **b** cum ~eps hostis et a fronte et a tergo urgeret LIV.6.33.12; ut..uiam qua inruerent in ~ipitia tela beluis darent 30.33.3; (*cf.*) (arbores) quae alia in aliam..incidentes ~ipiti strage arma, uiros, equos obruerunt 23.24.9.

4 (of evils, dangers, etc.) Arising from two sources, double, twofold.
uitent ~ipiti infortunio, ne et hic uarientur uirgis et loris domi PL.*Poen*.25; ~ipiti trepidant..terrore per urbis LUCR.6.596; ~ipitem terrorem intra extraque munitiones CAES.*Civ*.3.72.2; ~ipiti malo permotus SAL.*Cat*.29.1; ne.. ~ipiti premerentur periculo NEP.*Them*.3.3; ~ipiti deum irae deuotus LIV.10.39.16; duobus simul locis ~ipiti terrore urbem adgrediuntur 28.19.9; ~ipiti malo territi Britanni TAC.*Ag*.26.3.

5 Critically poised, wavering. **b** liable to move in either direction. **c** (of roads) leading in two directions (with the implication that one is correct). **d** (of opposing emotions) wavering, undecided.
inflicta uadi dorso dum pendet iniquo (*sc.* puppis) ~eps sustentata diu VERG.*A*.10.304; ~ipitis librae PERS.4.11; ~ipiti figens uestigia planta JUV.14.272. **b** motus ..corporum agitatioque ~eps telorum armorumque LIV.1.25.5; id (*sc.* fretum)..angustum et ~eps alterno cursu MELA 2.115; quid..uariam..nunc huc ira, nunc illuc amor diducit? ~eps aestus incertam rapit SEN.*Med*.939; uittasque dei Phoebeaque serta..per inania templi ~ipiti ceruice rotat LUC.5.172; pontus..infestis ~eps cum montibus errat V.FL.4.576; ~ipiti circumfert cornua gyro STAT.*Theb*.9.117. **c** eius temporis ~ipitem uideo quasi fatorum uiam CIC.*Rep*.6.12; innumerabiles uias..saepe reuocatis porticibus ~ipites MELA 1.56; plures fefellit error ~ipitis uiae SEN.*Oed*.778; (*cf.*) textum..iter ~ipitemque mille uiis..dolum VERG.*A*.5.589. **d** in ~ipiti spe ac periculo erat utrum in castra perrumperet an intercluderetur a suis LIV.26.5.11; ~eps ..spes et metus miscebant animos 30.32.5.

6 (of battles, etc.) Inclining to the advantage of neither side, undecided, 'hanging in the balance'. **b** indecisive, unsettled, drawn.
non ipsi inter se, non nubila, non mare cedit; ~eps pugna diu VERG.*A*.10.359; equitum..fusa acies, quae una fecerat ~eps certamen LIV.4.19.5; ~eps proelium multos utrimque ..absumit 9.32.8; adeo uaria fortuna belli ~epsque Mars fuit ut propius periculum fuerint qui uicerunt 21.1.2; nullo dubii discrimine Martis ~ipites steterunt casus LUC.4.771; ~eps..mutua Grais Sidoniisque simul nectebat uulnera Mauors STAT.*Theb*.9.566; tam ~eps proelii fortuna TAC.*Hist*.3.18. **b** ~ipiti proelio digressi LIV.2.62.4; Samnitium bellum ~ipiti Marte gestum 7.29.2; ~epsque pedestre certamen erat ni equites superuenissent 28.33.5.

7 Of uncertain issue, problematic, doubtful; (of issues or results) uncertain. **b** involving life and death, critical, severe.
non extimescet ~ipites dicendi incertosque casus CIC.*Orat*.98; simplex est manere, illud ~eps *Att*.12.7.1; satius est..~eps auxilium experiri quam nullum CELS.2.10.8; cum pare contendere ~eps est SEN.*Dial*.4.34.1; (*cf.*) fortuna belli semper ~ipiti in loco est *Phoen*.629;—cum esset incertus exitus et ~eps fortuna belli CIC.*Marc*.15; uerum ~eps pugnae fuerat fortuna VERG.*A*.4.603; noctu adorti castra..rem in casum ~ipitis euentus committunt LIV.4.27.6; Macedones..diu ~ipitem uictoriae spem ecerunt 33.15.10. **b** grauioribus..morbis periculosas curationes et ~ipites adhibere coguntur CIC.*Off*.1.83; quod postea dubia et interdum ~ipiti fortuna gestum est (bellum) VELL.2.79.3; neglegentes in ~ipiti casu hominum essent LARG.84; quem..ambitiosum institorem eloquentiae in ~ipiti sorte uideat QUINT.*Inst*.11.1.50; secutaque ~eps ualetudo iram deum adfirmauit TAC.*Ann*.14.22; cuius opera ex ~ipiti morbo conualuerat SUET.*Aug*.59.

8 Dangerous, perilous, hazardous. **b** *in anceps, in ancipiti*, into, or in, a dangerous state or predicament.
quia reuocare aut ui retinere eos ~eps erat LIV.21.23.5; ~eps id ratus ne..iungerent copias 27.20.2; si res est ~eps ista, latenter ama OV.*Pont*.3.6.60; nouae atque ~ipitis rei exitum speculabantur V.MAX.4.7.ext.1; purgationibus ~ipitem putant (labruscam) PLIN.*Nat*.23.20; incipere oppugnationem..arduum et nullo iuxta subsidio ~eps TAC.*Hist*.3.26; adulatione, quae moribus corruptis perinde ~eps, si nulla et ubi nimia est *Ann*.4.17; periurium ~eps subire ULP.*dig*.12.3.4. **b** ut causam tuam famamque in arto stare et ~ipiti scias SEN.*Her.F*.1307; seu nihil militi siue omnia concedentur, in ~ipiti res publica TAC.*Ann*.1.36; dubia suorum re in ~eps tractus 4.73.

9 Admitting two different interpretations, equivocal, ambiguous.
~eps (genus), in quo aut iudicatio dubia est aut causa et honestatis et turpitudinis particeps CIC.*Inv*.1.20; in omnibus iis rebus..~eps reperitur oratio *Div*.2.55; ius ~eps noui HOR.*S*.2.5.34; quae ubi tam discordia inter se uelut ex ~ipiti oraculo responsa data sunt LIV.9.3.8; cum admiratione tam ~ipitis sententiae 21.3.4; GEL.12.9.2.

10 a Of doubtful allegiance, untrustworthy. **b** unreliable (in behaviour or operation), unpredictable; of doubtful quality.
a animum inter Fidenatem Romanamque rem ~ipitem gessisti LIV.1.28.9; ~ipitis animi communis hostis 24.45.2; ~ipitem hostem CURT.5.12.2; expulit ~ipiti discordes urbe tribunos..minax..curia LUC.1.266. **b** ut est genus (*sc. elephants*) ~eps LIV.27.14.9; 37.41.9;—uilibus ~ipites fungi ponentur amicis JUV.5.146; noscisne memet? —dubitat ~eps memoria SEN.*Oed*.847; ~eps inter utrumque animus aestuat QUINT.*Inst*.10.7.33;—(*transf.*) at non Aoniae moderator perfidus aulae nocte sub ~ipiti..otia somni accipit STAT.*Theb*.3.2.

11 (of a person) Undecided, wavering, dubious; (w. obj. cl.) uncertain (whether). **b** characterized by doubt or indecision.
ipse fiebat ~eps SAL.*Hist*.4.9; matres primo ~ipites.. spectare rates VERG.*A*.5.654; hic ~ceps Fortuna diu decernere primum ausa uenit STAT.*Theb*.6.474; (*w. epexegetic inf.*) Clitomachus ~eps in dubium uocare omnia FRO.*Aur*.2.p.48(114N);—carinae ~ipites tenuere animos, sociosne malorum an ueherent hostes LUC.9.46. **b** in quibus est magna illa quidem spes sed ~eps cura propter incertos exitus proeliorum CIC.*Fam*.12.10.3; ~ipiti mentem formidine pressus VERG.*A*.3.47; Lucanus an Apulus ~eps HOR.*S*.2.1.34; consulem nocte..~eps cura agitare LIV.34.12.1; quam in ~ipiti opinione aestimatio uersetur V.MAX.1.8.7; uerone an mendacio liberare se a cruciatu uoluerit, ~eps coniectura est CURT.6.11.21; Tiberium ~eps cura distrahere TAC.*Ann*.2.40.

Anchāriānus ~a ~um, *a*. Of Ancharius or of the Ancharii.
CIC.*Var*.fr.5; C. Varenus, is qui a familia ~a occisus est fr.8.

Anchārius ~a ~um, *a*. A Roman gentile name; esp. of Q. Ancharius, tribune in 59 B.C., a friend of Cicero's.
CIC.*Sest*.113; *Pis*.89.

Anchīsēs ~ae, *m*. Also **Ancīsēs**, and **Anchīsa**. The son of Capys and father of Aeneas.
AENEAS VENERIS ET ~AE FILIVS *Elog*.1(*CIL* 1.p.189); ~esque Venus quem pulchra dearum fari donauit ENN.*Ann*.18; ~en (*acc.*) 31; Dardanio ~ae VERG.*A*.1.617; OV.*Met*.9.425. **β** Capis..~em edidit ACC.*trag*.653. **γ** auem aspexit in templo ~a NAEV.*poet*.3.1; HYG.*Fab*.94.

Anchīsēus ~a ~um, *a*. Of Anchises.
tumuloque sacerdos ac lucus late sacer additur ~o VERG.*A*.5.761.

Anchīsiadēs ~ae, *m*. The son of Anchises, i.e. Aeneas.
magnanimus..~es VERG.*A*.5.407; Tros ~e 6.126; Aeneas ~es 8.521.

anchora ~ae, *f*.: see ANCORA.

anchūsa ~ae, *f*. [Gk. ἄγχουσα] Dyer's bugloss, *Anchusa tinctoria*. **b** (applied to a similar plant or plants).
~a admixta rubet (cera) PLIN.*Nat*.21.85; 37.48. **b** est et alia herba proprio nomine onochilon, quam aliqui ~am uocant PLIN.*Nat*.22.51; alterum genus eius quidam ~am uocant, alii r⟨h⟩inoc⟨l⟩iam 27.59.

ancīle ~is, *n*. [< **am(bi)*-+*caid*-+-*sli* (cf. CAEDO)] FORMS: gen. pl. ~*iorum* HOR.*Carm*.3.5.10. A small figure-of-eight or waisted shield, esp. one of twelve such kept by the Salii in the shrine of Mars in the *Regia* and carried in religious processions. **b** (as adj. or w. noun in apposition).
mensas constituit idemque ~ia ENN.*Ann*.120; LUCIL.319; quod circumibant ludentes ~ibus armati VAR.*L*.6.22; laeua..~e gerebat Picus VERG.*A*.7.188; lanigerosque apices et lapsa ~ia caelo extuderat 8.664; caelestiaque arma, quae ~ia appellantur LIV.1.20.4; idque ~e uocat, quod ab omni parte recisum est, quaque notes oculis, angulus omnis abest OV.*Fast*.3.377; LUC.1.603; TAC.*Hist*.1.89; SUET.*Otho* 8.3. **b** sex lictoribus praecedentibus arma ~ia tulit V.MAX.1.1.9; qui sacra ferens nutantia loro sudauit clipeis ~ibus JUV.2.126.

ancilla ~ae, *f*. [dim. of ANCVLA] A female slave, slave girl, maidservant. **b** (transf., of things). **c** (opprobriously applied to a man).
ego puerum interea ~ae subdam lactantem meae ANDR.*trag*.26; si ~am seu seruom..uidebo PL.*Am*.1049; ea me clam se cum mea ~a ait consuetum CAECIL.*com*.149; ~arum gregem ducunt secum TER.*Hau*.245; neque mihi aedificatio..est..neque pretiosus seruus neque ~a CATO *orat*.173; ~arum greges CIC.*Mil*.55; contumelias seruorum ~arumque pertulit *Off*.1.113; ne sit ~ae tibi amor pudori HOR.*Carm*.2.4.1; dominum sequi ~am aequum esse LIV.3.44.10; OV.*Tr*.4.1.14; donec argenteis (speculis) uti coepere et ~ae PLIN.*Nat*.34.160; ~a natus trabeam et diadema Quirini et fasces meruit JUV.8.259; (*poet.*) cicindela. ~am tibi sors dedit lucernae MART.14.40.1. **b** uirtutem ..excelsissimam dominam, uoluptati tradere ~am SEN.*Dial*.7.13.5; at haec (*sc.* terra) benigna, mitis, indulgens ususque mortalium semper ~a PLIN.*Nat*.2.155. **c** Fufidius, ~a turpis, bonorum omnium dehonestamentum SAL.*Hist*.1.55.22.

ancillāriolus ~ī, *m*. [prec.+-ARIVS+-OLVS] A pursuer of slave girls.
hunc matronae humilem et sordidae libidinis et ~um uocant SEN.*Ben*.1.9.4; ~um tua te uocat uxor MART.12.58.1.

ancillāris ~is ~e, *a*. [ANCILLA+-ARIS] Having the status of a female slave; appropriate to or characteristic of that position.
inter matres ~isque maritas *Ciris* 443;—sordido ~ique artificio regiae uirgines..tondebant barbam..patris CIC.*Tusc*.5.58; ~i ueste ULP.*dig*.47.10.15.15.

ancillor ~ārī ~ātus, *intr*. [ANCILLA+-O[3]]
1 To act as a handmaid to, wait on, serve hand and foot.
(*absol.*) inuita ~ans, dicto oboediens uiri ACC.*trag*.442; (*contemptuous, of a man; w. dat.*) dotibus deleniti..uxoribus ~antur TITIN.*com*.70/2.

2 To be subservient to, be at the beck and call of.
quem amicum, quem inimicum habes? cui in ciuitate insidias fecisti, ~aris [SAL.]*Cic*.7; (*of the limbs*) cetera.. membra ~ari et subseruire capiti APUL.*Pl*.1.13.

ancillula ~ae, *f*. [ANCILLA+-VLA] A slave girl.
ad portum mittunt seruolos, ~as PL.*Men*.339; quam ego cum una ~a hic reliqui TER.*Hau*.252; noui non inscitulam ~am AFRAN.*com*.387; idcirco istam iuris scientiam eloquentiae tamquam ~am pedisequamque adiunxisti CIC.*de Orat*.1.236; *Fin*.2.69; RUT.LUP.2.1; LIV.39.9.5; nec ueniat seruus, nec flens ~a..dicat 'haue' OV.*Rem*.639; QUINT.*Inst*.11.3.112.

ancipes: see ANCEPS.

Ancīsēs: see ANCHISES.

ancīsus ~a ~um, *a*. [AM(BI)-+pple. of CAEDO] Cut about, chopped up.
omnia iam sorsum cernes ~a recenti uulnere tortari LUCR.3.660.

anclābris ~is ~e, *a*. [ANC(V)LO+-BRIS] Sacrificial.
NAEV.*poet*.8; anclabris mensa ministeriis aptata diuinis. uasa quoque in ea..~ia appellantur PAUL.*Fest*.p.11M; ~is (mensa) ea qua in sacrificando dis anclatur p.77M.

anclō ~āre, *tr*. [Gk. ἀντλῶ] (N.B. The forms of this word and ANCVLO are confused and exx. of both are quoted here.) To serve (wine).
carnis uinumque quod libabant ~abatur ANDR.*poet*.36(39); florem ~abant Liberi ex carchesiis *trag*.30; ~are haurire a Graeco descendit PAUL.*Fest*.p.11M; (*cf.*) antiqui ~are dicebant pro ministrare p.20M.

ancōn ~ōnis, *m*. [Gk. ἀγκών]
1 A projecting arm (forming an angle with a structure), cross-piece; an arm of a workman's square. **b** (app.) a clamp. **c** (archit.) a bracket or console. **d** the forked arm of a pole for supporting a net.
ea (*sc.* regula) habet ~ones in capitibus extremis VITR.8.5.1;—striae..ita excauatae, uti norma..circumacta ~onibus ⟨angulos⟩ striarum dextra ac sinistra tangat 3.5.14. **b** conlocata erat alternis materies inter scapos et transuersarium traiecta e cheloniis et ~onibus firmiter inclusa VITR.10.15.4. **c** pro crepidinibus ~ones, siue parotides uocantur, excalptae dextra ac sinistra praependeant VITR.4.6.4. **d** linteaque expositis lucent ~onibus arma GRAT.87.

2 A projecting piece (of a mountain), an elbow.
MONTIBVS EXCISIS ANCONIBVS SVBLATIS VIAM F(ECIT) *CIL* 3.8267.

3 A piston-rod.
fundulis ambulatilibus..habentibus fixos in medio ferreos ~ones VITR.10.8.1.

4 A drinking vessel.
dolia uasa ~ones calices trullae PAUL.*dig*.33.7.13.

Ancōna ~ae, *f*. Also **Ancōn** ~ōnis. A seaport in the north of Picenum.
CIC.*Phil*.12.23; CAES.*Civ*.1.11.4; VITR.2.9.16; MELA 2.64. **β** CIC.*Att*.7.11.1; quaeque (*sc.* Venus) ~ona Cnidumque.. colis CATUL.36.13; SIL.8.436.

ancora ~ae, *f*. Also **anchora**. [Gk. ἄγκυρα]
1 An anchor. **b** (in fig. phrs.) ~*as tollere*, to weigh anchor, i.e. to go away; ~*am iacere*, to cast anchor, i.e. to stop, come to the end of a task or experience; *ad ~as*, at anchor, when there is no danger. **c** (in fig. phrs., of persons).
in alto nauem iubet..destitui ~is NAEV.*com*.52; iacitur ~a AFRAN.*com*.139; malum erigi, uela fieri, praecidi ~as imperauit CIC.*Ver*.5.88; tertiam (epistulam) quam..~a soluta de phaselo dedisti *Att*.1.13.1; sublatis ~is CAES.*Gal*.4.23.6; ~is iactis 4.28.3; loca sunt egregia..ad tenendas ~as *B.Alex*.9.4; tum dente tenaci ~a fundabat nauis VERG.*A*.6.4; ~a te teneat, quem non tenuere penates? PROP.3.7.33; ita incidit ut..~is positis terrae applicaret naues LIV.28.17.13; OV.*Tr*.3.9.14; ~as classis legit SEN.*Tro*.759; LUC.3.700; PLIN.*Nat*.7.209; STAT.*Theb*.4.25; non adhaerere ~is, non exhaurire inrumpentis undas poterant TAC.*Ann*.2.23;—(*in prep. phr.*) ad horam nonam in ~is expectauit CAES.*Gal*.4.23.4; in litore molli..deligatas ad ~am (naues) relinquebat 5.9.1; qua..stare ad ~am in salo..classis non posset LIV.25.25.11; 37.13.8. **b** si uultis..~as tollere VAR.*R*.3.17.1;—hic teneat nostras ~a iacta rates OV.*Ars* 1.772; traiectae Syrtes, ~a iacta mihi est PROP.3.24.16;—frumentum ad ~as perdidimus [QUINT.]*Decl*.12.23. **c** tu lacerae remanes ~a sola rati OV.*Pont*.3.2.6; cognoscere auebat..ultima fessis ~a cur Fabius SIL.7.24.

2 A grappling-iron or hook.
(oppidani) falces ~is ferreis iniectis in interiorem partem muri trahentes asserem praefringebant LIV.38.5.4.

ancorāle ~is, *n*. [next] An anchor cable.
ne quid teneat, ~ia incidunt LIV.22.19.10; tractum ~e et implicitum remis latus alterum detersit 37.30.10; usus eius (*sc.* corticis) ~ibus maxime nauium PLIN.*Nat*.16.34.

ancorālis ~is ~e, *a.* [ANCORA+-ALIS] Of or used for anchors.
(nauis) absoluta strofis ~ibus APUL.*Met.*11.16.

ancorārius ~a ~um, *a.* [ANCORA+-ARIVS] Of, or used for, anchors.
storias..ex funibus ~is III..fecerunt CAES.*Civ.*2.9.5.

ancrae ~ārum, *f. pl.* [cf. Gk. ἄγκος] (app.) A valley, gorge.
VIAE MVNIENDE AB ~ABIS HIC *A.Epig.*47.41.4.

anctēr ~ēros, *m.* [Gk. ἀγκτήρ] A surgical clip.
inponendae..fibulae sunt (~eras Graeci uocant) quae oras..contrahunt CELS.5.26.23.B.

anculō ~āre, *tr.* [ANCVLVS+-O³] To serve: see ANCLO.

anculus ~ī, *m.* ~a ~ae, *f.* [Gk. ἀμφίπολος] A man-servant, maidservant.
PAUL.*Fest.*p.20M.

ancunulentus ~a ~um, *a.* [cf. INQVINO+-VLENTVS] (See quot.)
~ae feminae menstruo tempore appellantur PAUL.*Fest.* p.11M.

ancus[1] ~a ~um, *a.* [cf. VNCVS] (See quot.)
~us appellatur, qui aduncum brachium habet, et exporrigi non potest PAUL.*Fest.*p.19M.

Ancus[2] ~ī, *m.* (in full *Ancus Martius*) The fourth of the kings of Rome.
postquam lumina sis oculis bonus ~us reliquit ENN.*Ann.* 149; Tullus diues et ~us HOR.*Carm.*4.7.15; OV.*Fast.*6.803; —(*pl.*) Curios, Camillos, Quintios, Numas, ~os MART.9.27.6.

ancyla ~ae, *f.* [Gk. ἀγκύλη] A joint stiffened by an injury.
ad recenti cicatrice contractos articulos, quas ~as Graeci nominant CELS.5.18.28.

ancyloblepharos, *a.* [Gk. ἀγκυλοβλέφαρος] Having the eyelid adhering to the eye.
CELS.7.7.6.A.

Ancyra ~ae, *f.* A city in Galatia (now Ankara).
~am, nobilem in illis locis urbem LIV.38.24.1; 43.20.4; CURT.3.1.22.

andabata ~ae, *m.* [dub.] A gladiator who fought blindfolded.
VAR. (title) in Non.p.135M; qui neque..natare uolueris ..neque spectare essedarios, quem antea ne ~a quidem defraudare poteramus CIC.*Fam.*7.10.2.

Andecāuī ~ōrum, *m. pl.* Also **Andēs** or **Andī.** A Gallic tribe in the region of the present Anjou.
PLIN.*Nat.*4.107; erupere primi ~i ac Turoni TAC.*Ann.* 3.41. β CAES.*Gal.*2.35.3; Lemouices, ~os, reliquosque omnes 7.4.6; a Dumnaco, duce ~ium HIRT.*Gal.*8.26.2.

andrachlē ~ēs, *f.* [Gk. ἀνδράχλη]

1 A tree resembling the *unedo.*
~e est siluestris arbor..similis unedoni, folio tantum minore et numquam decidente PLIN.*Nat.*13.120; inter utraque genera sunt ~e in Graecia et ubique unedo 16.80.

2 (app.) = ANDRACHNE.
umidaque ~e (*dub.*) sitientis protegit antas COL.10.376.

andrachnē ~ēs, *f.* [Gk. ἀνδράχνη] Purslane, *Portulaca oleracea*; *~e agria,* (perh.) stonecrop, *Sedum stellatum.*
andrachlen omnes fere Graecis porcillacae nomine interpretantur, cum sit herba et ~e uocetur PLIN.*Nat.*13.120;—huic similis est quam Graeci ~en agrian uocant, Italia inlecebram 25.162.

Andrius ~a ~um, *a.* Of, or belonging to, Andros; (masc. pl. as sb.) the people of Andros. **b** (fem.) a play of Terence: 'The Woman of Andros'.
~um ego Critonem uideo? TER.*An.*906;—LIV.31.45.8; CIC.*Inv.*1.33; *Fin.*1.4; *Amic.*89.

Androclus ~ī, *m.* A slave who was spared by the lion he had aided; (usu. called *Androcles*).
introductus erat..ad pugnam bestiarum datus seruus uiri consularis; ei seruo ~us nomen fuit GEL.5.14.10.

androdamās ~antos, *m.* [Gk. ἀνδροδάμας] (app.) A variety of haematite.
alterum (*sc.* haematitem) ~anta dicit uocari, colore nigrum, pondere ac duritia insignem PLIN.*Nat.*36.146; ~as argenti nitorem habet, quadratis semper tessellis similis 37.144.

Androgeōnēus ~a ~um, *a.* Of, or connected with, Androgeos.
~ae poenas exsoluere caedis CATUL.64.77.

Androgeōs ~ō, **~ōn** ~ōnos, **~us** ~ī, *m.* The son of Minos and Pasiphaë, whose death Minos avenged on the Athenians.
in foribus letum ~o VERG.*A.*6.20; uiueret ~os utinam OV.*Ep.*10.99. β ~ona PROP.2.1.62. γ ~ique necem iustis ulciscitur armis OV.*Met.*7.458.

Androgynē ~ēs, *f.* [Gk. ἀνδρογύνη] A nickname given to a mannish woman.
quam quia sub specie feminae uirilem animum gerebat, ~en appellabant V.MAX.8.3.1.

androgynus ~ī, *m.* [Gk. ἀνδρόγυνος] A person of indeterminate sex, a hermaphrodite.
inberbi ~i LUCIL.1058; ortus ~i nonne fatale quoddam monstrum fuit? CIC.*Div.*1.98; Sinuessae natum ambiguo inter marem ac feminam sexu infantem, quos ~os uolgus.. appellat LIV.27.11.5; PLIN.*Nat.*7.15.

Andromacha ~ae, **~ē** ~ēs, *f.* Andromache, the daughter of Eëtion and the wife of Hector.
~ae nomen qui indidit ENN.*scen.*105; LAEV.*poet.*4; Hectoris ~e VERG.*A.*3.319; (*as the title of a play*) eadem illa de ~a deplorare CIC.*Tusc.*3.53.

Andromeda ~ae, **~ē** ~ēs, *f.*

1 Andromeda, the daughter of Cepheus and Cassiope, who was rescued by Perseus from a sea monster.
~e monstris fuerat deuota marinis PROP.2.28.21; 4.7.63; ~an (*acc.*) OV.*Ars* 1.53; ~ae pater (*i.e.* Cepheus) HOR.*Carm.* 3.29.17; MAN.5.543; HYG.*Fab.*64.1.

2 The constellation Andromeda.
hanc (*sc.* Cassiepiam)..uersatur..propter ~a CIC.*Arat.* 202; VITR.9.4.2; OV.*Ep.*17.151; nec procul ~e GERM.*Arat.* 201.

andrōn ~ōnis, *m.* [Gk. ἀνδρών]

1 The men's apartment in a house.
~on locus domicilii appellatur angustior longitudine, in quo uiri plurimi morabantur PAUL.*Fest.*p.22M.

2 A passage or corridor.
VITR.6.7.5; quod interiacens ~on parietem cubiculi hortique distinguit PLIN.*Ep.*2.17.22.

Andronīcus ~ī, *m.* Cognomen of Livius Andronicus, the Latin poet of the 3rd cent. B.C.
nihil in poetis supra Liuium ~um..haberemus QUINT. *Inst.*10.2.7; librum uerae uetustatis Liuii ~i, qui inscriptus est Ὀδύσσεια GEL.18.9.5.

andrōnītis ~idis, *f.* [Gk. ἀνδρωνῖτις] = ANDRON 1.
se..ad Romanos ire quasi in ~in GEL.17.21.33; (*cf.*) haec..peristylia domus ~ides dicuntur VITR.6.7.4.

Andrōnius ~a ~um, *a.* Of, or devised by, the physician Andron, Andronian; (neut. as sb.) Andron's preparation.
ad utrumque..genus uitii mirifice medicamentum ~um facit LARG.248;—est..medicamentum huc aptum, quod ~um appellatur CELS.6.14.1; ~um ex uino bene facit LARG.235.

Androphagoe, *m. pl.* [Gk. ἀνδροφάγος] The name of a cannibal tribe.
MELA 3.59.

Andros ~ī, **~us** ~ī, *f.*

1 The most northerly island of the Cyclades.
nauigant..~um LIV.31.45.2; ab ~o 31.45.9; quem dicta suo de nomine tellus ~os habet OV.*Met.*13.649; MELA 2.111.

2 An island between Britain and Ireland acc. to Pliny.
PLIN.*Nat.*4.103.

androsaces ~is, *n.* [ἀνδρόσακες] A marine plant.
~es herba est alba, amara, sine foliis..nascitur in maritimis Syriae PLIN.*Nat.*27.25.

androsaemon ~ī, *n.* [Gk. ἀνδρόσαιμον] Varieties of St. John's wort, *Hypericum perforatum* and *perfoliatum.*
~on..non absimile est hyperico..cauliculis maioribus.. et magis rubentibus. folia alba PLIN.*Nat.*27.26; 27.37.

andruō ~āre, *intr.* [cf. perh. AMPTRVO] (See quot.)
~are id est recurrere a Graeco uerbo ἀναδραμεῖν uenit; hinc et drua uocata est PAUL.*Fest.*p.9M.

aneclogistus ~a ~um, *a.* [Gk. ἀνεκλόγιστος] Not required to give an account of one's doings, discretionary.
ait Iulianus tutores, nisi bonam fidem in administratione praestiterint, damnari debere, quamuis testamento comprehensum sit, ut ~i essent ULP.*dig.*26.7.5.7.

ānellus ~ī, *m.* [ANVS¹+-ELLVS] A little ring; esp. a finger-ring.
limina indas ferrea, ferream seram atque ~um (*cj., codd.* anulum) PL.*Per.*572; catenam saepe ex ~is reddit pendentibus ex se LUCR.6.911;—me..ad te adferre natali die ~um aureolum in digitum PL.*Epid.*640; nec quos Tunnica lima perpoliuit ~os MAEC.*poet.*2(1).5; saepe notatus cum tribus ~is, modo laeua Priscus inani HOR.*S.*2.7.9.

anemōnē ~ēs, *f.* [Gk. ἀνεμώνη]

1 One or other of the species of anemone or wind-flower.
~as coronarias tantum diximus, nunc reddemus et medicas PLIN.*Nat.*21.164; 26.109; lilia et uiolas et ~as QUINT.*Inst.*8.3.8.

2 (applied to the plant *othonna*).
PLIN.*Nat.*27.109.

anēsum ~ī, *n.* Also **anīsum.** [Gk. ἄν(ν)ησον] Anise, *Pimpinella anisum.*
mustaceos sic facito..~um, cuminum..casei libram CATO *Agr.*121; mali..suci sunt..cuminum, ~um, lapatium CELS.2.21; PLIN.*Nat.*19.167; maxilla (hyaenae) comminuta in ~o et in cibo sumpta horrores sedari 28.100; LARG.52. β ~i Aegyptii COL.12.53.2.

anēt(h)um ~ī, *n.* [Gk. ἄνητον, ἄνηθον] Dill, *Anethum graveolens.*
uetus astricti fascis pendebat ~i *Mor.*59; florem..bene olentis ~i VERG.*Ecl.*2.48; mali uero suci sunt..hysopum ruta ~um CELS.2.21; bene odorati flores..~i COL.10.120; quaedam uocabimus ferulacea, ut ~um, maluas PLIN.*Nat.* 19.62; LARG.92.

aneticula ~ae, *f.*: Form of ANATICVLA.

anetīnus ~a ~um, *a.*: Form of ANATINVS.

-āneus ~a ~um, *adjl. suff.* Enlargement of -EVS; chiefly from sbs. denoting a place (*circumforaneus, mediterraneus*; cf. *extraneus*); but also other types (*collectaneus, succedaneus*).

anfractum ~ī, *n.* [next] A winding passage, a curved or crooked part, a bend.
terrarum ~a reuisam ACC.*trag.*336; ~um est flexum.. ab eo leges iubent in directo pedum VIII esse ⟨uiam⟩, in ~o XVI, id est in flexu VAR.*L.*7.15; ut umor rigauit cauata aurium ~a in siluam uocans *Men.*387.

anfractus[1] ~a ~um, *a.* [AM(BI)-+FRANGO] Curved, bent.
qualitas in ha⟨s⟩ species diuiditur, ut extremitati⟨bu⟩s concludentibus aut quadrata sit..aut modo cur⟨ui⟩s ~a in flexu⟨r⟩am HYG.*agrim.*p.77.

anfractus[2] ~ūs, *m.* **amf-.** [as prec.+-TVS³]

1 A bend (in an otherwise regular surface or line), curvature.
(sphaera)..nihil asperitatis habere..potest, nihil incisum angulis, nihil ~ibus CIC.*N.D.*2.47; *Tim.*17; sexque per ~us curuatur uirgula in orbem MAN.2.363; ut e freto emergentibus, quae in ~u pilae latuere, sideribus PLIN.*Nat.*2.179.

2 a The circular motion or course of a heavenly body, esp. round the ecliptic; an (annual) round of events. **b** a wheeling movement, turn; twist.
a cum aetas tua septenos octiens solis ~us reditusque conuerterit CIC.*Rep.*6.12; quia sol..imparibus currens ~ibus..in partis non aequas diuidit orbem LUCR.5.683; neque ~us breuis illis (sc. *the planets*) GERM.*Arat.*442; ab humillimis lunae ~ibus usque ad summum Olympi uerticem APUL.*Soc.*8;—ut ita cadat in annuis ~ibus, descriptum esto CIC.*Leg.*2.19. **b** mollique per aequora..~u leuioris equi V.FL.6.240;—~u laterum sinuosa retorquens terga solo STAT.*Theb.*5.520.

3 A winding course, e.g. of a valley, stream, or hill-pass. **b** a curve of a sea-shore, winding. **c** a turn or winding in a road, etc.; a circuitous route, detour.
illa (uia)..altero tanto longiorem habebat ~um, sed erat copiosa NEP.*Eum.*8.5; est curuo ~u ualles VERG.*A.*11.522; per ~us montis ignotos LIV.29.32.5; Maeander..implicatur crebris ~ibus SEN.*Ep.*104.15; colles, tutae quos inter opaco ~u latuere uiae LUC.4.160; in ~u omni collis PLIN. *Nat.*31.58; montis ~u repercussae..uoces TAC.*Ann.*4.51. **b** insula..quam fluitans circum magnis ~ibus aequor.. aspergit uirus LUCR.1.718; quacumque se classis circumegerat per litorum ~us LIV.38.7.3; nec maris ~us lustrandaque litora nobis LUC.5.416; flexuoso litorum ~u PLIN.*Nat.* 3.5; dum litora blando ~u sinuosa legunt V.FL.2.452; sinuatos gurgite..~us pelagi SIL.15.174; maria..quibus orbis nostri terminantur ~us APUL.*Mun.*6. **c** si nullus ~us intercederet CAES.*Gal.*7.46.1; molliunt..~ibus modicis cliuos LIV.21.37.3; innumerabiles uias..continuo ~u.. ancipites MELA 1.56; siluarum ~us caecis insiderat..armis SIL.5.3; pugnatum..inter aedificia hortosque et ~us uiarum TAC.*Hist.*3.79;—effusam longis ~ibus urbem circumeunt LUC.1.605; per ~us..obscurissimos egressus PETR.8. 3; APUL.*Met.*3.10.

4 A spiral, coil.
dedit (cornua natura) ramosa capreis..conuoluta in ~um arietum generi PLIN.*Nat.*11.124; immensis recubantem ~ibus anguem V.FL.7.523.

5 Tortuosity of style, circumlocution. **b** an intricacy, ramification (of law).
coniunctione, quae..sit circumscripta non longo ~u sed ad spiritum uocis apto CIC.*Part.*21; quid opus est circumitione et ~u? *Div.*2.127; haec deuerticula et ~us suffugia sunt infirmitatis QUINT.*Inst.*9.2.78. **b** si iuris ~us.. adire cogetur (oratio) QUINT.*Inst.*12.9.3.

angāria ~ōrum, *n. pl.* [cf. Gk. ἀγγαρεία] Compulsory services in connexion with the imperial post.
~orum praestatio et recipiendi hospitis necessitas..militi ..remissa sunt PAUL.*dig.*50.5.10.2.

angāriō ~āre, *tr.* [Gk. ἀγγαρεύω] To press into service, requisition, commandeer.
et naues eorum ~ari posse..ueteranis rescriptum est ULP.*dig.*49.18.4.

angārus ~ī, *m.* [Gk. ἄγγαρος] A public courier.
ut in nomine anguis et ~i NIGID.*gram.*17.

angellus ~ī, *m.* [As ANGVLVS+-ELLVS] A small or barely perceptible angle.

sunt etiam quae iam nec leuia iure putantur esse neque.. unca, sed magis ~is paulum prostantibus LUCR.2.428.

Angerōna ~ae, *f.* A Roman goddess, represented with her mouth bound.
alia ab ~a, cui sacrificium fit in curia Acculeia et cuius feriae publicae is dies VAR.*L*.6.23; diua ~a, cui sacrificatur a.d. XII kal. Ian., ore obligato obsignatoque simulacrum habet PLIN.*Nat*.3.65; PAUL.*Fest*.p.17M.

Angerōnālia ~ium, *n. pl.* The festival of Angerona on 21st December.
~ia ab Angerona VAR.*L*.6.23.

Angerōnia ~ae, *f.*: Form of ANGERONA.
VER.*Fl.gram*.28(Macr.1.10.7).

angina ~ae, *f.* [ANGO: cf. Gk. ἀγχόνη] An acute infection of the throat characterized by choking, quinsy or some similar disease. **b** (app. facet.) *~a uinaria*, suffocation caused by drinking wine.
in ~am ego nunc me uelim uorti, ut ueneficae illi fauces prehendam atque enicem PL.*Mos*.218; insperato abiit, quem una ~a sustulit hora LUCIL.1093; ubi subito aliquis ommutuit; ubi ~a strangulatur CELS.2.10.8; genere ualitudinis praecipiti arreptus, ~a SEN.*Ep*.101.3; contra ~as tritum (alium) in posca gargarizari prodest PLIN.*Nat*.20.52; LARG.67; unde et faucium dolor ~a uocatur PAUL.*Fest*.p.8M; —(*in animals*) sues moriuntur ~a acerrume PL.*Trin*.540; et alias obnoxium genus (*sc.* sues) morbis, ~ae maxime et strumae PLIN.*Nat*.8.206; (chamaeleon) iuuencos quoque ~ae modo (necat) 22.47; suum ~as peculiariter (sanat) sideritis 26.164. **b** PL.*fr.inc.voc.*; ~am uinariam habere dicuntur, qui uino suffocantur PAUL.*Fest*.p.28M.

angiportum ~ī, *n.*, **~us** ~ūs, *m.* [cf. ANGVSTVS and PORTVS] A narrow passage, alley, lane.
per ~um rusum te ad me recipito PL.*Per*.678; nullum ~um esse dicebant in quo non Miloni conducta esset domus CIC.*Mil*.64; per ~um in balneas transeuntem (*sc.* Galbam) SUET.*Gal*.10.5; fores proxumum respicientes ~um APUL.*Met*.1.21. **α** ~a haec certum est consectarier PL.*Ps*.1235; in ~um quoddam desertum TER.*Eu*.845; TIT.*orat*.2; VAR.*L*.5.145; eos similitudine loci deceptos ~o toto deerrasse *Rhet.Her*.4.64; ut omnibus in ~is praedonis improbissimi statua ponatur CIC.*Ver*.2.141; in quadriuiis et ~is CATUL.58.4; omnibus uiis atque ~is *B.Alex*.2.4; et platearum et ~orum..descriptiones VITR.1.6.7; per ~a reptantes APUL.*Soc*.19; ULP.*dig*.50.16.59. **β** paruolam puellam proiectam ex ~u sustuli PL.*Cist*.124; frumentum uias omnes ~usque constrauerat CIC.*Div*.1.69; moechos anus arrogantis flebis in solo leuis ~u HOR.*Carm*.1.25.10; cuncti canes de proximo ~u APUL.*Met*.4.20; ~us iter compendiarium in oppido PAUL.*Fest*.p.17M.

Angitia ~ae, *f.* A sister of Medea and Circe, worshipped by the Marsians.
te nemus ~ae..te liquidi fleuere lacus VERG.*A*.7.759; Aeëtae prolem, ~am mala gramina primam monstrauisse ferunt SIL.8.498; P POMPONI N F ~AE DONVM DEDIT LVBENS MERETO *A.Epig*.10.199.

angō ~gere ~xī ~ctum, *tr.* [Gk. ἄγχω] ORTHOG.: *aggens* VAR.*gram*.3. N.B.: pf. and past pple. pass. app. occur only at GEL.1.3.8 and PAUL.*Fest*.p.29M respectively.

1 To throttle, choke, strangle. **b** (of plants) to choke, smother. **c** (poet.) to confine, restrict.
hic ..~git (*Hercules*) inhaerens elisos oculos et siccum sanguine guttur VERG.*A*.8.260; ~gebar ceu guttura forcipe pressus OV.*Met*.9.78; anhelantem duro Tirynthius ~gens pectoris attritu..leonem STAT.*Theb*.6.270; ~gens utraque manu sua guttura Liuor SIL.13.584; (*cf.*) cum potu et cibo plenos comitialis morbi praenuntia strangulatione modice ~git (perniciosa illa dulcedo) APUL.*Apol*.50;—(*of angina in swine*) quatit aegros tussis anhela sues ac faucibus ~git obesis VERG.*G*.3.497. **b** haec (uitis)..quae toto est prostrata corpore..cratem facit et pluribus radicibus inter se conexis ~gitur COL.4.2.2;—(*absol.*) holitor..~gentem sulcis exterminet herbam 10.149. **c** fluctuque coacto ~gitur et clausum scopulos super effluit aequor V.FL.4.688; —(*w.* in+*acc.*) 2.387.

2 To cause physical pain or distress to; (pass.) to be in physical pain or distress.
cum exercitum Afranii et Petrei circumuallatum siti ~geret (C. Caesar) FRON.*Str*.2.1.11;—hi (*birds*) in coitu ~guntur PLIN.*Nat*.10.164; (*cf. sense* 1c) hostis aere non pigro nec inertibus ~gitur undis LUC.6.107.

3 To cause mental distress or anguish to, afflict, vex, irk. **a** (w. personal subj.). **b** (w. abst. subj.).
a ego pol illum probe incommodis dictis ~gam PL.*Cas*.157; me maxime ~git auunculus CIC.*Att*.13.42.1; litterae me..delectant..~git unus Milo *Q.fr*.3.9.2; ne dominus pueri pulchri..munere te paruo beet aut incommodus ~gat HOR.*Ep*.1.18.75; ut sceptra tenentem..semper nouus ~geret heres STAT.*Theb*.1.141;—(*w.* animum, *etc.*) non faciam ut..tuum animum ~gam querelis CIC.*Att*.3.15.2; meum qui pectus inaniter ~git HOR.*Ep*.2.1.211. **b** ~gunt me dubitationes tuae CIC.*Att*.5.21.4; me..mediocris dolor ~geret SAL.*Rep*.2.3.5; nunc sollicitam timor anxius ~git VERG.*A*.9.89; pudor..te malus ~git HOR.*S*.2.3.39; ~gebant ingentis spiritus uirum Sicilia Sardiniaque amissae LIV.21.1.5; cura deam propior luctusque domesticus ~git Memnonis amissi OV.*Met*.13.478; CURT.5.3.21; miseros ~git sua cura parentes LUC.2.64; ~gunt sua gaudia matrem STAT.*Ach*.1.183; laudata..seueritas eius ~gebat aspernantis ueterem disciplinam TAC.*Hist*.1.5;—(*w.* animum, *etc.*) caecus animum..aduentus ~git CAECIL.*com*.35; at non cotidiana cura haec ~geret animum TER.*Ph*.160; haec ipsa indignitas ~gebat animos LIV.4.51.6; iam magis atque magis uigiles dolor ~gere sensus STAT.*Theb*.5.326; ea..res.. animum eius ~xit GEL.1.3.8;—(*w. abl.*) ea conluuio..odore insolito urbanos..~gebat LIV.3.6.3; STAT.*Theb*.6.827;—(*w.* quod) reliquum est ut te ~gat, quod absis a tuis tam diu CIC.*Fam*.6.4.3; LIV.26.38.1;—(*w. various dep. exprs. or cls., when* cura *is the subj. of* angere) ut eorum aspectu omnis quae me ~gebat de re publica cura consederit CIC.*Brut*.10; sed me illa cura sollicitat ~gitque uehementer quod..nihil a te ..adfluxit *Q.fr*.3.3.1; una ea cura ~gebat ne..dederentur Campani LIV.26.7.6; quonam modo alter (*sc.* consul) ab Hannibale abscessisset cura ~gebat 27.47.5;—(*absol. or ellipt.*) contra haec duo (*sc.* mortem et dolorem), quae maxime ~gunt CIC.*Tusc*.5.89; iuuat..aut ad humum maerore graui deducit et ~git (natura) HOR.*Ars* 110; TAC.*Ann*.1.47.

4 (pass., with or without *animo*, etc.) To be distressed, feel anxiety or vexation; (also, refl. or equiv.).
sin tamquam illi ipsi acerbitatis aliquid acciderit ~gimur CIC.*Brut*.5; dolebam..et uehementer ~gebar *Marc*.2; ~gor intimis sensibus *Att*.5.10.3; audio te animo ~gi *Fam*.16.14.2; miserum est..nihil proficientem ~gi *N.D*.3.14; ~gitur ad lituos STAT.*Theb*.5.649;—(*w. abl. of cause, etc.*) quae non solum illo communi dolore muliebri in eius modi uiri iniuriis ~geretur CIC.*Clu*.13; ~gebar singularum horarum exspectatione *Att*.9.1.1; Theophrastus..rebus Alexandri prosperis ~gitur *Tusc*.3.21; ut qui..desiderio patriae ~gerentur LIV.29.6.7; uana sint an uera, quibus ~gor SEN.*Ep*.13.7; uario sic turbidus aestu ~gitur STAT.*Theb*.3.19; bellica..Germanici gloria ~gebatur TAC.*Ann*.1.52; aduentus meos celebrat, profectionibus ~gitur PLIN.*Ep*.4.1.4; (*cf.*) ~gitur et domino contra recubante..tuus..Limon STAT.*Silv*.2.2.81;—(*w.* de) de Statio manu misso et non nullis aliis rebus ~gor CIC.*Att*.2.18.4; eum de quo ~gor et crucior 7.22.1;—(*w.* quod) ~gebatur animi necessario quod domum eius exornatam..iste reddiderat nudam *Ver*.2.84; ~gebar..quod Tiro ἐνερευθέστερον te sibi esse uisum dixerat *Att*.12.4.1; PLIN.*Ep*.1.10.9;—(*w. acc. and inf.*) ~gor animo non consili, non ingeni..armis egere rem publicam CIC.*Brut*.7; ~gor quicquam tibi sine me esse iucundum *Fam*.7.15.1; peccasse..se non ~guntur *Amic*.90; ~gebatur ferox Tullia nihil materiae in uiro neque ad cupiditatem neque ad audaciam esse LIV.1.46.6; PLIN.*Ep*.2.8.2;—apsurde facis qui ~gas te animi PL.*Epid*.326; curis animum mordacibus ~git LUC.2.681.

angolarius: see ANGVLARIVS.

angor ~ōris, *m.* [ANGO+-OR]

1 Suffocation, choking.
cum aestu et ~ore uexati uolgatis uelut in pecua morbis morerentur LIV.5.48.3; pantheras..aconito barbari uenantur. occupat ilico fauces earum ~or PLIN.*Nat*.8.100.

2 Mental distress, anguish, anxiety.
~oris et doloris tui leuandi causa CIC.*Fam*.6.12.3; ~or (est) aegritudo premens *Tusc*.4.18; quem uolucres lacerant atque exest anxius ~or LUCR.3.993; non ob crimina quae fingebantur sed ~ore..finem uitae sponte an fato impleuit TAC.*Ann*.2.42; SUET.*Tib*.49.1; matrimonium nostrum Aemiliano huic immane quanto ~ori..fuit APUL.*Apol*.28; —(*w.* de) ⟨nil⟩ iam de illis nos adficit ~or LUCR.3.853;—(*pl.*) propter uitae cupiditatem, quae me manens conficeret ~oribus CIC.*Phil*.2.37; me ab omnibus molestiis et ~oribus abducam *Fam*.5.13.5; *Off*.1.73; APUL.*Met*.3.19;—(*w.* animi, *etc.*) curam et ~orem animi mei CIC.*Att*.1.18.1; ~ore conscientiae fraudisque cruciatu *Leg*.1.40; dissoluant animi magno se ~ore metuque LUCR.3.903; SUET.*Tib*.7.2; APUL.*Met*.3.11.

anguicomus ~a ~um, *a.* [ANGVIS+COMA+-VS] Having snakes for hair, snaky-haired.
Gorgonis ~ae OV.*Met*.4.699; ~am monstri effigiem STAT.*Theb*.6.495; ~ae..Sorores (*the Furies*) 12.647.

anguiculus ~ī, *m.* [ANGVIS+-CVLVS] A young snake.
serpere ~os CIC.*Fin*.5.42.

anguifer[1] ~era ~erum, *a.* [ANGVIS+-FER] Snake-bearing, snaky; (of a place) snake-haunted.
Gorgonis ~erae PROP.2.2.8; ~erum..caput OV.*Met*.4.741; utrumque cauda pulsat ~era latus (*sc.* Cerberus) SEN.*Her.F*.812;—in ~erae..gramine Lernae STAT.*Silv*.2.1.181; ~eram..domum 3.2.119.

Anguifer[2] ~erī, *m.* [prec.] The constellation Ophiuchus.
~er, qui Graece dicitur ὀφιοῦχος, mane occidit COL.11.2.49.

anguigena ~ae, *m.* [ANGVIS+-GENVS] (pl., as epithet of the Thebans) Offspring of a serpent or dragon.
~ae, proles Mauortia OV.*Met*.3.531.

anguilla ~ae, *f.* [ANGVIS+-ILLVS] ORTHOG.: *aguilla* VAR.*gram*.3. An eel.
VAR.*L*.5.77; quod ~ae latebrosis locis nascuntur SEN.*Nat*.3.19.3; quippe ubi..~ae..in Gange amne tricenos pedes (impleant) PLIN.*Nat*.9.4; 32.16; ~a domestica MART.12.31.5;—(*as food*) anguibus in cibo sumptis ~arum modo PLIN.*Nat*.29.111; uos ~a manet longae cognata colubrae JUV.5.103; (*in fig. phr.*) quid quom manufesto tenetur?—~ast, elabitur PL.*Ps*.747.

anguimanus ~ūs (acc. pl.), *c. m.* and *f.* [ANGVIS+MANVS[1]] With snaky hands, serpent-handed.
~us elephantos LUCR.2.537; boues lucas..~us 5.1303.

anguineus ~a ~um, *a.* [ANGVIS+-EVS]

1 Consisting of snakes, snaky.
~is maestae Clotho Lachesisque capillis *Ilias* 891.

2 *cucumis ~us*, serpent or snake cucumber.
cucumeris ~i COL.2.9.10; 7.10.5.

anguīnus ~a ~um, *a.* [ANGVIS+-INVS]

1 Of a snake or snakes. **b** consisting of snakes. **c** resembling that of a snake.
pellem ~am CATO *Agr*.73; ~o..ore PROP.4.8.10; ~ae uernationis membrana PLIN.*Nat*.30.24; ~us adeps 30.37. **b** Eumenides, quibus ~o redimita capillo frons..CATUL.64.193; canis ~a redimitus terga caterua (*i.e.* Cerberus) [TIB.]3.4.87; ora Medusae Gorgonis ~is cincta fuisse comis OV.*Tr*.4.7.12. **c** quadrupes tardigrada.., breui capite, ceruice ~a PAC.*trag*.3.

2 *cucumis ~us*, Snake or serpent cucumber.
cucumerem ~um condito in aquam VAR.*R*.1.2.25; PLIN.*Nat*.20.9.

anguipēs ~edis, *a.* [next+PES] Snake-footed, serpent-footed; (pl. as sb., of the giants).
~edem..Typhona MAN.4.581;—illa tempestate..qua centum quisque parabat inicere ~edum captiuo bracchia caelo OV.*Met*.1.184.

anguis, ~is, *m.*, *f.* [Lith. *angis*; Gk. ἔχις] ORTHOG.: *agguis* ACC.*gram*.25. FORMS: *~e* (abl.) ENN.*scen*.415, CIC.*Div*.2.65, PROP.3.5.40, OV.*Fast*.6.752, STAT.*Theb*.4.485, etc.; *~i* (abl.) ENN.*scen*.30, CIC.*Div*.2.66, HOR.*Ep*.1.17.30. GENDER: fem. in ENN.*scen*.30, PL.*Am*.1108, CIC.*N.D*.1.101, TIB.1.8.20, VAR.AT.*poet*.9(8), OV.*Med*.39, *Met*.4.594, V.MAX.1.6.4, 1.6.8, TAC.*Ann*.11.11.

1 A snake, serpent. **b** (as portents or prodigies; also, as employed in magic). **c** (in metamorphoses). **d** *Phoebeius ~is*, the snake in whose form Aesculapius appeared; *~is Aesculapius*, the Aesculapian or house snake.
uestem..relinquere, ut ~is LUCR.3.614; frigidus..latet ~is in herba VERG.*Ecl*.3.93; cantus et iratae detinet ~is iter TIB.1.8.20; ut in singula ~ium genera singula medendi genera praeciperent CELS.5.27.3.A; cum uernatione ~ium PLIN.*Nat*.32.37; gelidum..~em MART.12.28.5; lubricus..~is STAT.*Theb*.4.96; JUV.1.42; ~em quinquaginta cubitorum SUET.*Aug*.43.4;—(*supposedly winged; cf.* 1b) uolucris ~is ex uastitate Libyae uento Africo inuectas CIC.*N.D*.1.101;—(*cf. sense* 3) quare exterae gentes caduceum in pacis argumentis circumdata effigie ~ium fecerint PLIN.*Nat*.29.54;—(*considered as a danger*) qualis..uolucris iam sedula partu..prouidet hic uentos, hic anxia cogitat ~is STAT.*Ach*.1.214;—(*as type of detested object*) uxor..tua, quam dudum deixeras te odisse [aeque] atque ~is PL.*Mer*.761; alter Mileti textam cane peius et ~i uitabit..chlamydem HOR.*Ep*.1.17.30;—(*as possessing curative properties*) usus et auxilio est ~is ab ~e dato OV.*Fast*.6.752; STAT.*Silv*.1.4.102. **b** deuolant ~es iubatae deorsum in impluuium duo maxumae PL.*Am*.1108; ~is per impluuium decidit de tegulis..interdixit hariolus TER.*Ph*.707; Ti. Gracchus.. duobus ~ibus domi conprehensis haruspices conuocauit CIC.*Div*.1.36; gemini a Tenedo..immensis orbibus ~es incumbunt pelago VERG.*A*.2.204; ~is **ex** columna lignea elapsus cum terrorem..in regia fecisset LIV.1.56.4; 27.4.13; prodigia..crebra..intercessere: ~em enixa mulier TAC.*Ann*.14.12;—(*winged*) nisi portenta ~isque uolucris ac pinnatos scribitis LUCIL.587;—illum..lecta exsectis ~ibus ossa trahunt PROP.3.6.28. **c** ne..Cadmus in ~em (uertatur) HOR.*Ars* 187; cur non me quoque, caelestes, in eandem uertitis ~em? OV.*Met*.4.594; 8.734; squalentem conuersus in ~em (Iuppiter) SIL.13.643. **d** huc se.. Phoebeïus ~is contulit et finem..luctibus inposuit uenitque salutifer Vrbi OV.*Met*.15.742; ubi..festinantia sistens fata salutifero mitis deus incubat ~i STAT.*Silv*.3.4.25;—~is Aesculapius Epidauro Romam aduectus est uulgoque pascitur et in domibus PLIN.*Nat*.29.72.

2 a (applied, with appropriate epithets or contextual indications, to various mythological serpents or dragons). **b** (as parts of mythological beings, attributes of goddesses, etc.).
a (*the Lernaean hydra, or one of its heads*) Lernaeus..~is VERG.*A*.8.300; V.FL.1.35; FLOR.*Epit*.1.13(1.18.19);—~es.. suos hydra sub undas territa mersit? SEN.*Her.O*.1927; desectam..reparatis ~ibus hydram LUC.4.635;—(*the dragon whose teeth Cadmus sowed*) Martius ~is OV.*Met*.3.32; STAT.*Theb*.10.806; in quorum sulcis legiones dentibus ~is cum clipeis nascuntur JUV.14.241;—(*the dragon that guarded the golden fleece*) OV.*Her*.12.60; illum..~em, qui nemus omne suum quique aurea..uellera tot spiris..implet V.FL.7.166;—(*the dragon that guarded the apples of the Hesperides*) qualis..comantes auro seruauit ramos Iunonius ~is SIL.6.184;—(*the Delphic Python*) sui..~is opus.. cantarat (Apollo) STAT.*Theb*.6.359. **b** ~e uillosi canis ENN.*scen*.415; Pallas bicorpor ~ium spiras trahit ACC.*trag*.307; geminos erexit crinibus ~is (Allecto) VERG.*A*.7.450; ubi..intorti capillis Eumenidum recreantur ~es HOR.*Carm*.2.13.36; hunc (*i.e.* Typhoea)..torquentem.. ~ibus undas V.FL.2.28; (*collect. sg.*) caerulea incinctae ~i incedunt ENN.*scen*.30; Tisiphones atro si furit ~e caput PROP.3.5.40; nexaque nodosas ~e Medusa comas OV.*Pont*.3.1.124; it geminum excutiens ~em..Tisiphone STAT.*Theb*.7.466;—alte iubatos ~es inlaesae gerunt NAEV.*trag*.18; geminos dea fertilis (*i.e.* Ceres) ~es curribus admouit OV.*Met*.5.642; cum..Libycos Tritonia tolleret ~is STAT.*Ach*.1.486; (*winged, drawing Medea's chariot*) ~es ingentes alites iuncti iugo PAC.*trag*.397; quaenam aligeris secat ~ibus auras? V.FL.1.224.

3 An image or artistic representation of a serpent. **b** (w. ref. to a painted representation of two serpents, used as a sign meaning 'commit no nuisance').

Gorgonis os pulcherrimum cinctum ~ibus reuellit atque abstulit CIC.*Ver.*4.124; clipeoque insigne paternum centum ~is..gerit VERG.*A.*7.658. **b** 'hic' inquis 'ueto quisquam faxit oletum.' pinge duos ~is, 'pueri, sacer est locus, extra meite' PERS.1.113.

4 (as a constellation) **a** Draco, the Dragon. **b** Serpens, the Serpent. **c** Hydra, the Water-snake.

a maximus hic flexu sinuoso elabitur ~is circum perque duas..Arctos VERG.*G.*1.244; neu te dexterior tortum declinet ad ~em OV.*Met.*2.138; MAN.1.306; quantus ab Arctois discriminat aethera plaustris ~is STAT.*Theb.*5.530; —(*transf., in referring to the northern part of the globe*) quod geminas arctos magnumque quod impleat ~em V.FL.6.40. **b** hic (Ophiuchus) pressu duplici palmarum continet ~em CIC.*Arat.*86; loco..qui medius Nixique genu est ~emque tenentis OV.*Met.*8.182; GERM.*Arat.*79. **c** uirginem et leonem et cancrum ~is..succingit VITR.9.5.1; tria sidera, Coruos et ~is et medius Crater inter utrumque OV.*Fast.* 2.243; MAN.1.415.

Anguitenens ~ntis, *m.* [prec.+pple. of TENEO] The constellation Ophiuchus.

clinato corpore tergum ~ns umeris conititur CIC.*Arat.* 506(260); *N.D.*2.108; ~ns magno circumdatus orbe draconis MAN.5.389.

angulāris ~is ~e, *a.* [ANGVLVS+-ARIS]

1 Placed at the corner or corners (of a building or field), corner, terminal.

pilos ex lapide ~i CATO *Agr.*14.1; prostylos..habet.. columnas..contra antas ~es duas VITR.3.2.3; 6.3.1; si ~es pilae erunt spatiosis magnitudinibus 6.8.4; extremos ordines (uitium), quos uocant ~es COL.5.3.2.

2 Having angles or corners.

de agri qualitate aut incurui aut ~is HYG.*agrim.*p.77.

angulārius ~a ~um, *a.* **angol-.** [ANGVLVS+ -ARIVS] Occurring or placed at a corner.

NIVE MAIOREM CAEMENTA STRVITO, QVAM QVAE CAEMENTA ARDA PENDAT P(ONDO) XV, NIVE ~A ALTIOREM (*sc.* $4\frac{1}{2}$ *inches*) FACITO *CIL* 1.698.2.22.

angulātim, *adv.* [next+-IM] From corner to corner, 'in every nook and cranny'.

circumductus ~im APUL.*Met.*3.2; ~m cuncta sedulo perlustrari iubent 9.41.

angulātus ~a ~um, *a.* Also **angl-.** [ANGVLVS +-ATVS²]

1 Having angles or corners.

esse corpuscula..rutunda alia, partim autem ~a et hamata CIC.*N.D.*1.66; (*cf.*) REFECI SCALPRO ~O (*s.v.l.*) *CIL* 4.1712.

2 Having (a specified number of) plane surfaces.

~am uicies sphaeram (*i.e. the regular icosahedron*) aquae dicatam esse APUL.*Pl.*1.7.

angulōsus ~a ~um, *a.* [next+-OSVS] Having an angle or angles, angular.

Peloponnesus..platani folio similis propter ~os recessus PLIN.*Nat.*4.9; dextra laeuaque ~o procursu (locus) 5.62; 15.100; 16.86; folio ~o scabroque 18.130;—(*of ridged stems*) cyperos iuncus est..~us 21.117; 25.80; 37.79.

angulus ~ī, *m.* [Umb. *anglom-e*, Arm. *ankiun*; cf. ANCVS] ORTHOG.: *aggulus* VAR. *gram.*3; ACC.*gram.*25.

1 An angle or apex of a triangle or other plane rectilinear figure. **b** *rectus ~us*, etc., a right angle; *ad pares ~os, rectis ~is*, at right angles, perpendicularly.

in tria partitus quod ter cadit ~us astra MAN.2.277; sunt et ipsius lunae VIIII articuli, quotiens in ~os solis incidat PLIN.*Nat.*18.350; PAUL.*Fest.*p.11M. **b** ut.. terrena et umida..suo pondere ad paris ~os in terram et in mare ferantur CIC.*Tusc.*1.40; meridianus circulus qui horizonta rectis ~is secat SEN.*Nat.*5.17.3; ex trigono, qui sit ~i recti APUL.*Pl.*1.7; (*cf.*) ubi recti ~orum conpetant ictus PLIN.*Nat.*2.80.

2 The junction of two edges or surfaces, a solid angle, corner. **b** the corner (of the eye or mouth).

has (*sc.* ratis) quaternis ancoris ex IIII ~is destinabat CAES.*Civ.*1.25.7; circa striglium caua et ~os striarum linea corpora tangat VITR.4.4.3; 6.1.6; 7.4.2; quaque notes oculis, ~us omnis abest OV.*Fast.*3.378; sunt quae uocantur Atticae columnae quaternis ~is PLIN.*Nat.*36.179. **b** si.. scabri oculi sunt, quod maxime in ~is esse consueuit CELS. 6.6.31; ~os exulceratos melle tangi suadent PLIN.*Nat.*22. 109; si prurit frictus ocelli ~us JUV.6.589; hirqui oculorum ~i SUET.fr.171(p.272 Re);—neque ex ~is labrorum quicquam adtrahere temptabimus CELS.7.9.4.

3 An external angle at the junction of the sides or edges of anything, a corner. **b** a projecting point.

cum usque eo uicinos proscriberet quoad ~os conformando ex multis praediis unam fundi regionem..perfecerit CIC.*Agr.*3.14; ~us obtusus quia longe cernitur omnis LUCR. 4.355; huius lateris alter angulus, qui est ad Cantium..ad orientem solem..spectat CAES.*Gal.*5.13.1; *Civ.*3.66.6; in quibus (oppidis)..~i procurrunt VITR.1.5.2; ~us muri erat in planiorem..uallem uergens LIV.21.7.5; OV.*Fast.*6.282. **b** nihil asperitatis ut haberet..nihil incisum ~is CIC.*Tim.* 17; in quibus procurrunt cacumina ~orum VITR.10.11.4; muricem esse latiorem purpura..neque in ~os prodeunte rostro PLIN.*Nat.*9.80; folia ipsa..~is horrida 19.82.

4 Corner of a room, building, box, etc. **b** a bay or inlet in a coast. **c** the area between two intersecting lines, a sector.

in culina, in ~o ad laeuam manum PL.*Per.*631; assa in alterum apodyteri ~um promoui CIC.*Q.fr.*3.1.2; notauimus ..circa ~os repositorii Marsyas quattuor PETR.36.3; PLIN. *Nat.*10.109; ~us arcae JUV.13.74. **b** ultra ~um Gallicum ad Illiberim..deferimur CATO *orat.*31; ~um quendam tutum a tempestate nactus *B.Afr.*62.3; MELA 3.80. **c** per ~os inter duas uentorum regiones..angiportorum uidentur deberi dirigi descriptiones VITR.1.6.7.

5 A 'corner' or small part of a country, etc., a confined or narrow space.

num minus uilla tua erit ad ~um Velini..? VAR.*R.*3.2.9; o si ~us ille proximus accedat qui nunc denormat agellum! HOR.*S.*2.6.8; *Carm.*2.6.14; PROP.4.9.65; omnia loca—excepto Venetorum ~o qui sinum circumcolunt maris LIV. 5.33.10; 26.41.16; 38.59.7; ille modo ignobilis ~i..dominus SEN.*Ep.*119.8; ~us ille uicini nostro..pinguior PERS.6.13.

6 a A secluded corner of a house, etc., a nook. **b** an out-of-the-way or sequestered spot, a private retreat, a hole or corner.

a sceleste homo, qui ~os omnis mearum aedium et conclauium mihi peruium facitis PL.*Aul.*437; 551; interea in ~um aliquo abeam atque edormiscam hoc uilli TER.*Ad.*785; in latere templi prope ~um obscurum delituit LIV.45.6.6; OV.*Tr.*1.3.24; (*fig.*) rara mens intellegit quod interiore condidit cura ~o PHAED.4.2.7. **b** ut de his rebus in ~is consumendi oti causa disserant CIC.*de Orat.*1.57; ne ullo quidem in ~o totius Italiae *Catil.*2.8; Phrygiae recessus omnis atque ~os peragrasti? LIV.38.45.9; quidem furtiue gratias agunt et in ~o et ad aurem SEN.*Ben.*2.23.2; terra hac miseriis ~um ac sedem rogo latebrasque uiles *Med.*249; cum ex ~is secretisque librorum ac magistrorum..in lucem fori prodissem GEL.13.13.1; (*fig.*) me ex hoc, ut ita dicam, campo aequitatis ad istas uerborum angustias et ad omnis litterarum ~os reuocas CIC.*Caec.*84.

angustās ~ātis, *f.*: see ANGVSTITAS.

angustē, *adv. compar.* ~ius, *superl.* ~issimē. [ANGVSTVS+-E]

1 Within narrow physical limits, in a cramped manner. **b** (of pruning) closely.

qua ibant, ab itu iter appellarunt; qua id ~e, semita, ut semiter dictum VAR.*L.*5.35; ut celerem receptum haberent, ~ius pabulabantur CAES.*Civ.*1.59.2; ut quam ~issime Pompeium contineret 3.45.1; ~e se habitare..putat V.MAX. 4.4.7; TAC.*Ann.*4.4; (*facet.*) ~e Titius tamen lauatur MART. 11.51.5; (*fig.*) reliqui habere se uidentur ~ius enatant tamen CIC.*Tusc.*5.87. **b** uitem resectam uel ~e putatam COL.4.16.1; 4.24.17.

2 In a crowded manner, close together.

cauere oportet ne..~ius stent (uaccae) VAR.*R.*2.5.14; recepissem te, nisi ~e sederem CIC.*Facet.*3; necessario ~ius milites collocauit (*viz. on the ships*) CAES.*Gal.*5.23.5; COL. *Arb.*4.3.

3 In small amount, sparingly, scantily. **b** to a small or limited extent.

de numero pastorum alii ~ius, alii laxius constituere solent VAR.*R.*2.10.10; eo anno frumentum..propter siccitates ~ius prouenerat CAES.*Gal.*5.24.1; *Civ.*3.16.1; sepositos ad capitale supplicium non tam ~e..pascit SEN.*Ep.*18.11. **b** mediocriter a doctrina instructus, ~ius etiam a natura CIC.*Brut.*233; aliis disputationibus abundantius occurrunt aliis ~ius (loci) *Top.*41; non potest filia tam ~e paternis tabulis adhaerere SEN.*Con.*9.5.16.

4 Within narrow limits, concisely, exactly, narrowly. **b** with excessive conciseness. **c** in a narrow sense.

neque..quicquam tam ~e scriptum est quo ego non possim 'qua de re agitur' addere CIC.*Mur.*28; *N.D.*2.22; ~e intraque ciuiles quaestiones coercent (rhetorices) QUINT.*Inst.*2.15.36; 9.1.14; HYG.GR.*agrim.*p.168. **b** si ~e et exiliter dicere est Atticorum CIC.*Brut.*289; *Orat.*117; ~e perquam et obscure disserit GEL.17.7.5. **c** quod ~ius apud Graecos ualet CIC.*Tusc.*3.16; ~e fructus rerum determinat qui tantum praesentibus laetus est SEN.*Ep.*99.5; STAT.*Theb.*11.683.

angustia ~ae, *f.* Usu. pl. **~ae** ~ārum. [ANGVSTVS+-IA]

1 Narrowness, scantiness of room, lack of space; *~ae urinae*, strangury. **b** lack of width, narrowness. **c** crowdedness.

duo sunt..aditus..quorum uterque paruis praesidiis propter ~as intercludi potest CIC.*Fam.*15.4.4; hoc pugnabatur loco..propter ~as iniquo CAES.*Civ.*1.45.6; propter ~as non omnes in faucibus pugnare poterant LIV.41.26.3; interim pigritiam emendandi ~ae faciunt QUINT.*Inst.*10.3. 32;—(*w. gen.*) fenestrarum ~as quod reprehendis CIC.*Att.* 2.3.2; postea quam ~as paludis et siluarum transiimus GALBA *Fam.*10.30.2; quod pontis atque itinerum ~ae multitudinis fugam intercluserant CAES.*Gal.*7.11.8; ab effusa fuga loci ~ae eos..morabantur LIV.25.11.5; aut propter ~as aut propter duritiem tergoris CELS.7.25.2; breuitate pediculi..~is ipsius folii PLIN.*Nat.*21.100; TAC. *Ann.*4.47;—(*sg.*) medium spatium aut per humilitatem obrutum est aut per ~am scissum SAL.*Hist.*4.26; nisi ~a loci interpellauerit VITR.5.3.6; PLIN.*Nat.*14.61;—ideo nerius utile (habrotonum)..urinae ~is 21.160. **b** candor eius (*sc.* lilii) eximius..ab ~is in latitudinem paulatim sese laxantis PLIN.*Nat.*21.23; 37.172; uallum..cuius dum ~as Remus increpat saltu FLOR.*Epit.*1.1(1.1.8). **c** cum ille seruorum eludentium multitudini senatum populumque Romanum..impeditum turba et ~is tradidisset CIC.*Har.*22; consilium..non uitae turba..neque ~is eorum qui consulantur constare QUINT.*Decl.*339(p.340,l.4); (*fig.*) ut in tot rerum ~is nihil ueritati loci relinquatur CIC.*Sul.*78.

2 a A narrow space. **b** a pass or defile; a narrow passage. **c** a narrow strip of land, isthmus; a narrow neck. **d** a channel or strait (of the sea). **e** a narrow passage in the body, an opening.

a necessarioque omnes his ~is continebantur CAES.*Civ.* 1.48.3; 3.69.3; ~as..Themistocles quaerebat, ne multitudine circuiretur NEP.*Them.*3.2; VITR.2.8.18; haerent fugientes in ~is portarum LIV.10.5.10; in illis myoparonis ~is spatiata es SEN.*Con.*1.2.11; ut multa milia animalium habitent in his ~is pectoris SEN.*Ep.*113.3; COL.6.2.2. **b** praesidiis..in ~is collocatis CAES.*Civ.*1.65.4; cum praecipites deruptaeque utrimque ~ae essent LIV.21.33.7; 22.4.4; 38.2.8; in ipsis Thermopylarum ~is SEN.*Ep.*82.20; PLIN. *Nat.*4.28;—qui omnis ~as, omnis altitudines moenium obiectas semper ui ac uirtute perfregit CIC.*Har.*49. **c** erat ..posita (Corinthus) in ~is atque in faucibus Graeciae CIC. *Agr.*2.87; ~ae, unde procedit (Peloponnesus), Isthmos appellatur PLIN.*Nat.*4.9; TAC.*Ann.*5.10. **d** in Ponti ore et ~is CIC.*Ver.*4.129; ex patenti utrimque coactum in ~as mare LIV.28.6.9; etiamnum ~as eas astantibus insulis paruis PLIN.*Nat.*3.83; FRON.*Str.*1.4.13; mox Propontidis ~as et os Ponticum intrat TAC.*Ann.*2.54. **e** propter ~as, per quas spiritus euadit, sibilum exit CELS.4.8.2.

3 Restricted circumstances generally, limitations, restrictions. **b** confinement, imprisonment. **c** narrowness of meaning, restrictedness.

quantis..ex ~is oratorem educere ausus es CIC.*de Orat.* 3.126; *Marc.*27; philosophiam in has ~as ex sua maiestate detrahere SEN.*Ep.*102.20;—(*w. gen.*) quod saepe consulto multi ab reo faciunt ~is causae coacti *Rhet.Her.*2.43; sin.. me ex hoc, ut ita dicam, campo aequitatis ad istas uerborum ~as..reuocas CIC.*Caec.*84; imperatorem..nullis neque temporis nec iuris inclusum ~is LIV.24.8.7; paupertas et ~ae rerum TAC.*Dial.*8.3; (*sg.*) ~a..conclusae rationis non facile se ipsa tutatur CIC.*N.D.*2.20. **b** nec umquam magnis ingeniis cara in corpore mora est..aegre has ~as ferunt SEN.*Dial.*6.23.2; captus..per cauernam lautumiarum euasit ~as PLIN.*Nat.*11.185. **c** si is ~is, quibus plerique putant, teneretur (*the term* frugalitas) CIC.*Tusc.*3.16.

4 Limitations or shortness (of time), limit, shortage.

in his uel asperitatibus rerum uel ~is temporis obsequar studiis nostris CIC.*de Orat.*1.3; 3.228; *Ver.*1.148; excusationem ~arum tui temporis accipio CIC.fil.*Fam.*16.21. 7;V.MAX.7.3.3; ULP.*dig.*39.2.9;—(*sg.*) ob ~am temporis APUL.*Met.*10.26; PAUL.*dig.*4.6.16.

5 Scantiness, tightness, shortage (of money, supplies, etc.). **b** (spec.) *~ae spiritus*, shortness of breath. **c** poverty of language or vocabulary.

in tantis praesertim aerari ~is CIC.*Ver.*3.182; incredibiles ~ae pecuniae publicae *Fam.*12.30.4; de ~is ad Ilerdam rei frumentariae CAES.*Civ.*2.17.4; mox indiscretis uocibus pretia uacationum, ~as stipendii..incusant TAC.*Ann.*1.35; ad eas rei familiaris ~as decidit, ut..ependerit SUET.*Cl.* 9.2; (*sg.*) tributum..modicum pro ~a rerum TAC.*Ann.*4.72; —uides enim profecto ~as CIC.*Att.*10.11.2; 11.3.3; ut possum, ex meis ~is illius sustento tenuitatem CIC.fil.*Fam.* 16.21.4; SEN.*Ben.*4.13.2; satis conperto paternas ei ~as esse TAC.*Ann.*1.75. **b** clausulas..atque interpuncta uerborum animae interclusio atque ~ae spiritus attulerunt CIC.*de Orat.*3.181. **c** tertius ille modus transferendi uerbi..quem necessitas genuit inopia coacta et ~is CIC. *de Orat.*3.155; magis damnabis ~as Romanas SEN.*Ep.*58.7.

6 A critical situation, straits. **b** logical straits.

qui hunc in summas ~as adductum putaret CIC.*Quinct.*19; *Planc.*54; in magnis..uersamur ~is *Att.*15.3.1; *Fin.*2.28; in tantas ~as Antonium compulissem D.BRUT.*Fam.*11.10.4; quibus ~is ipse Caesar a Venetis prematur docet CAES.*Gal.* 3.18.3; ipse..consumptis omnibus..frumentis summis erat in ~is CAES.*Civ.*3.47.4; salus eorum in ultimas ~as deducta V.MAX.8.15.11. **b** cur eam (*sc.* orationem) tantas in ~as et Stoicorum dumeta compellimus? CIC.*Luc.*112; *Rep.*3.45.

7 Narrow-mindedness, pettiness, limitations; also, meanness.

cuius animus tantis ~is inuidiae continetur? *Rhet.Her.* 4.55; magnum nomen est..magna maiestas consulis; non capiunt ~ae pectoris tui CIC.*Pis.*24; quae sunt tantae animi ~ae ut..*N.D.*1.88;—cum infinitum intersit inter modum et ~as SEN.*Ben.*2.34.4.

angusticlāuius ~a ~um, *a.* [ANGVSTVS+ -CLAVVS+-IVS] Having or wearing a narrow purple band (a sign of equestrian rank).

pater meus Suetonius Laetus, tertiae decimae legionis tribunus ~us SUET.*Otho* 10.1.

angustitās ~ātis, *f.* Also (?) **angustas** ~ātis. [ANGVSTVS+-TAS] Narrowness of space, confined position.

augustate (*cj.*, *ms.* ~atem) inclusam ac saxis, squalidam ACC.*trag.*81; saxum id facit ~atem 504.

angustō ~āre ~āuī, ~ātum, *tr.* [ANGVSTVS+ -O³]

1 (usu. topog.) To make narrow, reduce in width. **b** to constrict, strangle.

omnis..terra quae colitur a uobis, ~ata uerticibus, lateribus latior, parua quaedam insula est CIC.*Rep.*6.21; qua maris ~at fauces saxosa Carystos LUC.5.232; (*refl.*) usque adeo semet terris ~antibus MELA 3.14. **b** cum colla comantia monstri frangeret et tumidos animam ~aret in artus! STAT.*Theb.*4.829; (*cf.*) aeris alternos ~at pulmo meatus LUC.4.327.

2 To reduce in size or amount. **b** to limit (in scope, meaning, etc.), restrict.

~anda..sunt patrimonia, ut minus ad iniurias fortunae

simus expositi SEN.*Dial.*9.8.9. **b** nimis ~at gaudia sua, qui eis tantummodo quae habet..frui se putat SEN.*Dial.* 11.10.3; 12.6.1.

3 To crowd or throng, choke; to cause to crowd, press together.

cuius (*sc.* Scamandri) iter caesis ~ans corporum aceruis CATUL.64.359; seruorum turbam quae quamuis magnam domum ~et SEN.*Dial.*12.11.3;—ingenti..agmina Theseus ~at clipeo STAT.*Theb.*12.666.

angustum ~ī, *n.* [neut. of next]

1 A small or confined space. **b** a narrow place or passage; a strait or channel. **c** a circumscribed or restricted sphere (of action). **d** (phrs.) *in ~um adducere, cogere, deducere* (etc.), to narrow down, reduce, compress, concentrate, restrict.

coartatio plurium in ~o tendentium LIV.27.46.2; quia magna ui fertur illa (*sc.* sagitta), et quia ipsa in ~o est CELS. 7.5.2.A; in ~um compulsa uesica 7.26.2.E; neque potuit in tam ~o error esse tam longus SEN.*Ep.*88.7; tres estis, et omnis sermo in ~o est QUINT.*Decl.*296(p.17,l.15). **b** quippe per ~um turba maiore coorta ire foras ubi coeperunt primordia uocum LUCR.4.530; exilius grassante (sono) in ~o PLIN.*Nat.*2.193; (*pl.*) obsedere alii..~a uiarum VERG. *A.*2.332; dentium, oculorum, aurium dolor..inter ~a corporis nascitur SEN.*Ep.*78.9; per ~a et lubrica uiarum TAC.*Hist.*3.82;—longus in ~um qua clauditur Hellespontus OV.*Met.*13.407; euincit..fretum Siculique ~a Pelori 15.106. **c** eoque in ~o magis spes est CELS.8.4.1; in ~o uiuebamus, si quicquam esset cogitationibus clusum SEN.*Ep.*55.11. **d** rationum et firmamentorum contentio adducit in ~um disceptationem CIC.*Part.*104; *Amic.*20; artior..colligatio est societatis propinquorum; ab illa enim inmensa societate humani generis in exiguum ~umque concluditur *Off.*1.53; commentarios..in ~um coactos SEN.*Ep.*39.1; *CIL* 3.12283.

2 A critical situation, straits, difficulties, extremities.

in ~um oppido nunc meae coguntur copiae TER.*Hau.*669; nunc ab utroque eas (*sc.* tribus) auolsas, ne in ~um uenirent CIC.*Planc.*54; rem esse in ~o uidit CAES.*Gal.*2.25.1; SEN. *Con.*7.3.3; SEN.*Ben.*1.1.6.

angustus ~a ~um, *a.* *compar.* ~ior, *superl.* ~issimus. [< *angos-tos: see ANGOR]

1 (of or in space) Narrow, confined, small. **b** (of roads, passages, channels, etc.) narrow, cramped. **c** (of reins) tight; also, held tight. **d** (of pruning) close. **e** (perh.) surrounding closely.

quae parentes tam in ~um tuos locum compegeris PL. *Rud.*1147; quis ~a malis cum moenia uexarentur CATUL. 64.80; quae (*sc.* castra) hoc erant etiam ~iora quod sine impedimentis..legiones transportauerat CAES.*Gal.*4.30.1; quibus (*sc.* legionibus)..~issimum interuallum frontis reliquit *B.Alex.*39.2; reddes forte latus, nigros ~a (*i.e. not bald*) fronte capillos HOR.*Ep.*1.7.26; ~o uersantes proelia lecto PROP.2.1.45; locis..~is..deprehensi LIV.9.23.9; quare latitudo porticus ex remoto spectantibus non seruet portionem suam, sed ultima in ~ius coeant SEN.*Ben.*7.1.5; aestuat ~a rabies ciuilis harena LUC.6.63; spatium eius, si Britanniae comparetur, ~ius TAC.*Ag.*24.2;—(*w. dat.*) quorum cupiditati nimium ~us orbis terrarum esse uideatur CIC.*Agr.*2.37; moenia iam stabant populis ~a futuris OV.*Fast.*3.181;—(*w.* pro) pro multitudine..hominum..~os se finis habere arbitrabantur CAES.*Gal.*1.2.5. **b** non optimis uiis, ~issimis semitis CIC.*Agr.*2.96; pontes..lex Maria fecit ~os *Leg.*3.38; unum (iter) per Sequanos, ~um et difficile CAES.*Gal.*1.6.1; ~i rarescent claustra Pelori VERG.*A.*3.411; porta ibi humilis et ~a erat LIV.24.46.3; in Hispaniam ~o diremptam freto 24.49.6; papyrifero..non ~ior amne OV.*Tr.*3.10.27; per ~issimas oculorum uias SEN.*Ep.*102.29; LUC.2.709; (scrobem) ut humilem et ~am increpans TAC.*Ann.*15.67;—(*w. dat.*) portae..ineuntibus arma ~ae populis STAT.*Theb.*10.10; TAC.*Hist.*2.41;—(*in fig. phr.*) auaritiae, quae antehac occultis itineribus atque ~is uti solebat CIC.*Ver.*3.219; LUCR.5.1132. **c** hic placet, ~is quod equum compescit habenis TIB.1.4.11; quem (*sc.* equum)..~o..ore coercens insultare docet campis V.RUF.*poet.*3. **d** neque ~a putatione coercenda semina COL.4.10.1; 4.16.4. **e** ita montibus ~is mare continebatur, uti ex locis superioribus in litus telum adigi posset CAES. *Gal.*4.23.3.

2 (of objects) Narrow, thin, tapering; shallow. **b** of small capacity; (w. dat.) too small (for). **c** (of abst. things) slight.

scrobes tris in altitudinem pedes fodiebantur paulatim ~iore ad infimum fastigio CAES.*Gal.*7.73.5; ~o uertice surgunt *Aetna* 480; tertium genus (scillae) est cibis gratum ..~ius folio PLIN.*Nat.*19.93; 20.247; hastas uel..frameas gerunt ~o et breui ferro TAC.*Ger.*6.1; (*of parts of the body, etc.*) ~um circa fascia pectus eat OV.*Ars* 3.274; (glans) iligna suem ~am..strigosam (facit) PLIN.*Nat.*16.25;—~i puero date pulueris haustus STAT.*Theb.*10.427. **b** ~us in ipso fit nodo sinus VERG.*G.*2.75; ingentis animos ~o in pectore uersant 4.83; quaeso tam ~am, talis uir, ponis domum? PHAED.3.9.6; ~a phaselos STAT.*Silv.*5.1.245; (*cf.*) non est tam ~a respublica ut ab uno opprimi possit SEN. *Con.*10.6.2;—~a homini possessio fuit, quae deorum omnium domicilio sufficit V.MAX.8.14.ext.2; SEN.*Ben.* 6.31.3; nimium est dolori numerus ~us; meo *Med.*1011; (*transf.*) pectora magnis numquam ~a malis SIL.11.171. **c** spes sibi quisque; sed haec quam ~a uidetis VERG.*A.* 11.309; nullum (est) tam ~um (beneficium), quod non bonus interpres extendat SEN.*Ben.*2.28.4; differentia ~a PLIN.*Nat.*21.23.

3 Congested, crowded.

pauper in ~o fidus comes agmine turbae subiciet..manus TIB.1.5.63; (*w. abl.*) plena altaribus, ~a uictimis cuncta PLIN.*Pan.*23.5; (*poet.*) manet ille ruentes ~us telis STAT. *Theb.*2.594.

4 Scarce, restricted;(of credit) tight.

cum spiritus eius esset ~ior CIC.*de Orat.*1.261; quod ~a re frumentaria utebatur CAES.*Civ.*3.43.3; *B.Afr.*51.5;—cum fides tota Italia esset ~ior CAES.*Civ.*3.1.2.

5 a Small from poverty, humble, poor. **b** (of circumstances) straitened, cramped by poverty, 'difficult'; (of persons) poor.

a antiquum genus ut..perfacile ~is tolerarit finibus aeuum LUCR.2.1171; ~is hunc addere rebus honorem VERG. *G.*3.290; *A.*8.366; ~is eiecta cadauera cellis HOR.*S.*1.8.8; ~o mecum requiescere lecto PROP.1.8.33; ~i cultor agelli OV.*Fast.*5.499; SEN.*Thy.*452; ~as ciuium domos TAC.*Ann.* 2.33; quorum uirtutibus opstat res ~a domi JUV.3.165. **b** ~am amice pauperiem pati HOR.*Carm.*3.2.1; rebus in ~is facile est contemnere uitam MART.11.56.15;—licet tam ~us est legatarius..ut non possit occupare totius domus usum POMPON.*dig.*7.8.22.1.

6 Having or giving little scope or opportunity, restricted, limited, narrow. **b** (of words) restricted in application, narrow in meaning. **c** (of speech) unduly brief, meagre, jejune. **d** (of the voice, a sound) thin, weak; (of smell) faint.

hic locus..latissime patens ex multis et uariis disputationibus nunc in quandam ~am et breuem (disputationem) concludetur CIC.*Part.*75; ~iorem sibi esse petitionem consulatus *Dom.*37; cur nos ~a condicione sumus? *Eleg.Maec.* 118; quam ~a innocentia est ad legem bonum esse! SEN.*Dial.* 4.28.2; TAC.*Ann.*2.87; aut plena optio datur aut ~a GAIUS *Inst.*1.151;—(*w. dat.*) adhuc..cecinerat Iuuenalibus ludis, quos ut parum celebris et tantae uoci ~os spernebat TAC. *Ann.*15.33. **b** nolo esse uerbum ~ius id, quod translatum sit, quam fuisset illud proprium ac suum CIC.*de Orat.*3.164; *Q.Rosc.*12; scriptum legis ~um, interpretatio diffusa est SEN.*Con.*9.4.9; licet mercis appellatio ~ior sit ULP.*dig.* 14.4.1.1. **c** quod si et ~a quaedam atque concisa et alia est dilatata et fusa oratio CIC.*Orat.*187; 198; illam alteram partem de nece Saturnini nimis exiguam atque ~am esse uoluisti *Rab.Perd.*9. **d** e planior littera est, i ~ior QUINT.*Inst.*9.4.34; miratur uocem ~am JUV.3.90; APUL. *Fl.*17;—rosa..in rubo quoque proueniens, illic etiam iucundi odoris, quamuis ~i PLIN.*Nat.*21.14.

7 (of or in time) Short, brief, limited; (of years) few.

ipsas quamuis ~i terminus aeui excipiat VERG.*G.*4.206; efficit ~os nec mihi bruma dies OV.*Tr.*5.10.8; ~a dies MAN. 3.258; temporis ~i mansit concordia discors LUC.1.98; STAT. *Theb.*1.442; cum ~a sunt tempora QUINT.*Inst.*4.1.72; nec ~ioribus terminis famam Euripidis..quam Lysiae..includi TAC.*Dial.*12.5; (*w.* ad) nullum ad nocendum tempus ~um est malis SEN.*Med.*292;—~is animus robustior annis STAT. *Silv.*5.2.13.

8 Mean, petty, pusillanimous, illiberal.

mentes ~ae humiles prauae CIC.*Red.Sen.*10; erat ~i animi atque demissi iusti triumphi honorem..contemnere *Pis.*57; *Off.*1.68; alii minuti et ~i *Fin.*1.61; ~us animus est, quem terrena delectant SEN.*Dial.*12.9.2.

9 (of circumstances, situations) Pressing, tight.

neue in rebus tam subitis tamque ~is a senatu consilium petendum putes CIC.*Fam.*10.16.2.

anhēlātiō ~ōnis, *f.* [ANHELO+-TIO]

1 Shortness of breath, panting, gasping.

ut spirare aeger sine sono et ~one non possit CELS.4.8.1; —(*pl.*) uentri utile (hoc genus uini), item..inflationibus, tussi, ~onibus PLIN.*Nat.*23.47;—(*of fish*) saepe adnotata piscium aestiuo calore quaedam ~o 9.18.

2 The play of changing colours on a gem, iridescence.

circuli albi quaedam in iis (*sc.* sardonychibus) caelestis arcus ~o est PLIN.*Nat.*37.89.

anhēlātor ~ōris, *m.* [ANHELO+-TOR] One who suffers from shortness of breath, an asthmatic person.

orthopnoicis et ~oribus PLIN.*Nat.*21.156; 22.105; 23.121.

anhēlitus ~ūs, *m.* [next+-TVS[3]; for the formation cf. *spiritus*]

1 Shortness of breath, a gasp, gasping, panting. **a** (as a result of exertion, etc.). **b** (in, or as, a disease). **c** (as a result of emotion).

a ex spiritu atque ~u nebula constat PL.*Am.*233; uastos quatit aeger ~us artus VERG.*A.*5.432; HOR.*Carm.*1.15.31; OV.*Met.*10.663; exhausit..uirum, quod creber ~us illi prodidit LUC.4.622; multo discursu, ~u, iactatione gestus QUINT.*Inst.* 2.12.9; equi..multo cum ~u redeunt TAC.*Ann.* 12.13; APUL.*Met.*7.1;—(*w.* supremus, extremus) spiritu supremos ~us reddente V.MAX.7.8.9; nullum dolorem esse in extremo ~u SEN.*Ep.*30.14;—(*of the spouting of whales*) ad ~us ictusque (dimicantium ballaenarum et orcarum) PLIN. *Nat.*9.13;—(*w.* oris) ingens crinales uittas adflabat ~us oris OV.*Met.*5.617;—(*pl.*) quae cum fiunt, ~us mouentur, uultus mutantur CIC.*Off.*1.131;—(*w. gen. expr. cause*) urbanitatem dicti crebro ~u cachinnorum prosecutus V.MAX.9.12.ext.6; (*cf. sense 2*) somnique et mortis ~us una uoluitur STAT. *Theb.*10.300. **b** flammaeque latentis indicium rubor est et ductus ~us OV.*Met.*7.555; suspirium illud, quod esse iam ~us coeperat SEN.*Ep.*54.6; ~us discutit (sanguis testudinum) PLIN.*Nat.*32.37. **c** iussus ut saltem per ~us metusque consumere [QUINT.]*Decl.*4.12;—(*w.* oris) inque uices fuerat captatus ~us oris OV.*Met.*4.72.

2 Breathing, one's breath.

sine respirem quaeso..—recipe ~um PL.*Epid.*205; *Mer.* 601; nec piscium branchias habentes ~um reddere ac per uices recipere existimant quorum haec opinio est PLIN. *Nat.*9.16;—(*w.* fatigatus; *cf. sense 1*) heu medicorum ignarae mentes, quid uenae pulsus..quid fatigatus ~us? APUL.*Met.*10.2.

3 Breath that reeks (of something), malodorous breath.

(*w. obj. gen.*) non te illius unguentorum odor, non uini ~us..in eam cogitationem adducebat? CIC.*Red.Sen.*16; *Phil.*13.4;—(*w. subj. gen.*) maestorum quod ~us reorum (redolet) MART.4.4.8;—(*cf.*, *w.* oris) nec male odorati sit tristis ~us oris OV.*Ars* 1.521.

4 (esp. w. *terrae, terrarum*) An emission of breath (by the earth, regarded as animate), exhalation.

credo..~us quosdam fuisse terrarum quibus inflatae mentes oracla funderent CIC.*Div.*1.115; 2.44; neque adhuc satis cognitum est ~une id suo mundus efficiat MELA 3.2; uentos..posse et arido siccoque ~u terrae gigni non negauerim PLIN.*Nat.*2.114; APUL.*Mun.*17.

anhēlō ~āre ~āuī ~ātum, *intr.*, *tr.* [perh. *an-* (Gk. ἀνά, etc.)+*anslo (cf. HALO)]

1 To breathe hard, gasp, pant. **a** (from exertion, etc.). **b** (from heat or thirst). **c** (from emotion).

a uolat exanguis, simul ~at CAECIL.*com.*132; TER.*Hec.* 823; furibunda simul ~ans uaga uadit..Attis CATUL.63.31; cum languida ~ant (*sc.* animalia) LUCR.4.864; ipse aeger ~ans colla fouet VERG.*A.*10.837; nullus ~abat sub adunco uomere taurus OV.*Fast.*2.295; PHAED.2.5.3; SEN.*Her.O.* 1131; alter (hoplites) arma deponens, ut ~are sentiatur (*i.e. in a picture*) PLIN.*Nat.*35.71; STAT.*Theb.*6.270; non me fremitus salutantium nec ~ans libertus excitet TAC.*Dial.* 13.6; JUV.6.37;—(*w. disease*) extentat neruos, torquetur, ~at inconstanter LUCR.3.490;—(*of part of the body*) reclinis ecce corde ~ante aestuat SEN.*Her.O.*1339;—(*in fig. phr.*) principio cliui noster ~at equus OV.*Rem.*394;—(*poet., of things*) ~antem..iugis bis pressit Olympum STAT.*Silv.* 3.2.66;—(*w. internal acc.*) Phlegrae ceu fessus ~et proelia *Theb.*11.7;—(*advl. acc.*) stat tamen extremumque in sidera uersus ~at 10.935. **b** inter ~antes Garamantas SIL. 3.10;—(*poet., of places*) ~antes aegrescunt puluere ripae STAT.*Theb.*4.109; cum..Sirius..torret ~antem saeuis ardoribus orbem SIL.16.100. **c** atrox calamitas pectora maerore pulsabat: itaque ~ans ex imis pulmonibus prae cura spiritus ducebat *Rhet.Her.*4.45; dare ~anti..oscula TIB.1.8.37; STAT.*Ach.*1.585; miles..~at clade futura SIL. 8.658; (*poet.*) iraque ~at, ni leto det cuncta uirum..corpora SIL.10.131.

2 (of fire) To emit a hot blast of air, vapour, etc.; (of a bellows) to emit a blast of air. **b** (w. abl.) to steam (with fire or heat). **c** (poet., of a period of time).

fornacibus ignis ~at VERG.*A.*8.421; illi nam plurimus ardor ~at ante genas STAT.*Theb.*4.470; *Silv.*5.3.170; (*cf.*) hinc indefessus ~at utue aperit se hostis, decrescit spiritus illic *Aetna* 472;—tu neque ~anti, coquitur dum massa camino, folle premis uentos PERS.5.10. **b** ipsum amnem uapore ~antem PLIN.*Nat.*5.55; sulphure et igni semper ~antes..campos SIL.12.134, (*cf.*) siccos pinguis onyx ~at aestus MART.6.42.14. **c** uix annus ~at alter STAT.*Silv.* 3.1.135.

3 (of the sea) To move restlessly and noisily, surge.

fractaque ~ant aequora SIL.1.592; unda freti..torquet ~antem spumanti uortice pontum 9.286.

4 To breathe or belch forth; *animam ~are*, (hyperb.) to gasp out one's soul or life. **b** (transf.) to exhale, be redolent of; (fig.) to breathe forth.

gelidum ualido de pectore frigus ~ans..Capricornus CIC.*Arat.*292(58); isset ~atos non praemedicatus in ignes OV.*Ep.*12.15;—corruimus inter mutuos amplexus animas ~antes APUL.*Met.*2.17. **b** antraque letiferi rabiem Typhonis ~ant LUC.6.92; STAT.*Theb.*9.431;—~ans ex infimo pectore crudelitatem *Rhet.Her.*4.68; L. Catilinam, furentem audacia, scelus ~antem CIC.*Catil.*2.1.

5 To utter breathlessly, pant or gasp forth; also, to utter with full breath. **b** to deliver (a blow) with panting.

haec trepido uix intellectus ~at STAT.*Theb.*11.241; SIL. 5.604;—nolo uerba exiliter exanimata exire, nolo inflata et quasi ~ata grauius CIC.*de Orat.*3.41; (*w.* pulmo *as subj.*) grande aliquid quod pulmo animae praelargus ~et PERS. 1.14. **b** (*in pf. pple. pass.*) ~atis exsurgens ictibus aluos SIL.14.379.

6 To thirst for, pant after.

aquam ~ans in puteum se proiecit (canis) AMP.2.6.

anhēlus ~a ~um, *a.* [prec.+-VS]

1 Gasping, panting, breathing hard. **a** (from exertion, etc.). **b** (from heat or thirst; also, applied to thirst). **c** (from emotion, etc.). **d** (poet., as transf. ep.).

a nos..ubi primus equis Oriens adflauit ~is VERG.*G.* 1.250; OV.*Met.*4.633; ipse..praecedit ~i militis ora pedes LUC.9.587; STAT.*Theb.*4.562; ~um..cornipedem SIL.2.71; —(*because of old age*) olentia Medi ora fouent illo (*sc.* flore) et senibus medicantur ~is VERG.*G.*2.135;—(*of fish out of water*) ~os Panopae greges SEPT.*poet.*9.2;—(*poet., of rapid waters*) Arar, quem gurgitibus complexus ~is (Rhodanus).. SIL.3.452;—(*w. gen.*) longi..laboris ~os 15.718;—(*of the chest, lungs, etc.*) pectus ~um VERG.*A.*6.48; ~a corda SEN. *Ag.*713; pulmonis ~i LUC.1.622; sub ~o gutture SIL.4.171. **b** ~a flammis corda SEN.*Oed.*38; PLIN.*Nat.*14.139;—sic igitur tibi ~a sitis de corpore nostro abluitur LUCR.4.875; STAT.*Theb.*3.329. **c** flatu non inscia gliscit ~o V.FL. 2.278; sertis..dedisti oscula ~a meis STAT.*Silv.*3.5.31; murmure ~o infrendens (leo) SIL.2.687;—(*w. abl.*) stabat ~a metu..Natura STAT.*Ach.*1.488. **d** Molossi quercus

~a Iouis Stat.*Theb*.8.202; ubi pugna cassis ~a calet 9.700; hortaturque suos uirisque instaurat ~as 12.600.

2 That emits a hot blast of air, vapour, etc., steaming with heat. **b** (of a wound) reeking.

Stat.*Theb*.4.681; numen..Orientis ~i *Silv*.3.2.102; torquet Volcanus ~os cum feruore globos flammarum Sil. 5.513; 13.564. **b** ~a in pectore fumant uulnera V.Fl. 2.233.

3 That involves or is accompanied by panting, causing breathlessness, breathtaking. **b** (neut. sg. as internal acc.) an aspirated sound.

cursu festinus ~o Ov.*Met*.11.347; gemitus et ~o clara meatu murmura Luc.5.191; ~os..metus Stat.*Theb*.7.109; nisu..~o Sil.1.531;—(*of diseases*) quatit aegros tussis ~a sues Verg.*G*.3.497; nec febribus uror ~is Ov.*Pont*.1.10.5. **b** H littera..quae spiret ~um Maur.213.

aniātrologētus ~a ~um, *a*. [Gk.] Untrained in medicine.

nec denuo (debet esse) medicus ut Hippocrates, sed non ~us Vitr.1.1.13.

anīcētus ~a ~um, *a*. [Gk. ἀνίκητος]

1 Unconquered, unconquerable.

SOLI INVICTO MITRAE ~O HERMADIO VOTVM SOLVIT *CIL* 3.1436; 7.543.

2 (neut. as sb.) An unsurpassable or sovereign remedy. **b** (as a name for ANESVM).

T VINDAC ARIOVISTI ANICET *CIL* 7.1320; M C RECTI ~VM 13.10021(24). **b** ob has causas quidam ~um id (*sc.* anesum) uocauere Plin.*Nat*.20.186.

Anīciānus ~a ~um, *a*. Of Anicius, Anician. **b** *pira* ~*a*, a keeping variety of pears. **c** ~*a nota*, the mark indicating the vintage of the year in which L. Anicius Gallus was consul (160 B.C.).

sunt..lapidicinae complures in finibus Tarquiniensium, quae dicuntur ~ae Vitr.2.7.3; Plin.*Nat*.36.168. **b** Cato *Agr*.7.3; Var.*R*.1.59.3; Col.5.10.18; ~a postautumnalia (*sc.* pira) Plin.*Nat*.15.54. **c** nec illam praeclaram Thucydidi nimis ueterem (orationem) tamquam ~am notam persequendam Cic.*Brut*.288.

anicilla ~ae, *f*. [as ANICVLA + -ILLA] An old woman.

cum sit..ab anu anicula ~a Var.*L*.9.74.

Anīcius ~a ~um, *a*. A Roman gentile name; esp. of L. Anicius Gallus, praetor in 168 and consul in 160 B.C.

Cic.*Brut*.287; Liv.44.17.5.

anicula ~ae, *f*. [ANVS + -CVLA] An old woman.

inportunitatem spectate ~ae Ter.*An*.231; Var.*L*.9.74; materculae suae..~ae minime suspiciosae Cic.*Flac*.91; consularem ~ae seruientem Sen.*Ep*.47.17; Petr.131.2; delira et temulenta illa..~a Apul.*Met*.6.25;—(*as type of superstitious credulity*) quanti..haec philosophia aestimandast, cui tamquam ~is..fato fieri uideantur omnia? Cic. *N.D*.1.55; *Div*.2.36.

Aniēn ~ēnis, *m*.: see Anio.

Aniēnicola ~ae, *a*. That dwells by or in the Anio.

~ae Catilli Sil.4.225; ~is..nymphis 12.751.

? **Aniēnis** ~is ~e, *a*. = next.

aquam ~em (*s.v.l.*) in sacrarium inferre oportebat Cato *orat*.92.

Aniē(n)sis ~is ~e, *a*. Of or connected with the Anio. **b** (as the name of a tribe; also, applied to members of it).

duae ~is (*sc.* aquae) minus permanent limpidae Fron. *Aq*.90. **b** prioribus comitiis ~em (*sc.* tribum) a Plotio Pedio..tibi esse concessam Cic.*Planc*.54; Liv.10.9.14;—C CASSIVS C F CELER ~IS *CIL* 3.10878; FRATRIBVS..~IBVS 12.291.

Aniēnus ~a ~um, *a*. Of the Anio.

~a fluenta Verg.*G*.4.369; Tib.2.5.69; nympha ~a Prop. 3.16.4; ~a..frigora Stat.*Silv*.4.4.17.

anīlis ~is ~e, *a*. [ANVS[2] + -ILIS[2]] Belonging to, or characteristic of, an old woman; inflicted by an old woman. **b** (w. ref. to old women as type of superstitious credulity); (esp.) such as old women indulge in, old wives' (tales, etc.).

questu..~i *Ciris* 285; in uultus sese transformat ~is Verg.*A*.7.416; corpus ~e Ov.*Am*.1.8.14; rugis perarauit ~ibus ora *Met*.14.96; Sen.*Her.O*.925; terram sicut muliebrem sexum aetate ~i iam confectam Col.2.1.2; Stat. *Theb*.7.479; ~is prudentia Plin.*Ep*.5.16.2; Apul.*Met*.4.8; —uenas perrumpit ~e (*v.l.* ~es) uulnus Stat.*Theb*.11. 640. **b** qui..eam..superstitionem inbecilli animi atque ~is putent Cic.*Div*.2.125;—~i superstitione *Dom*.105; Ceruius..garrit ~is ex re fabellas Hor.*S*.2.6.77; ~ibus argumentis Sen.*Ben*.1.4.6; ~ibus..fabulis Quint.*Inst*. 1.8.19.

anīlitās ~ātis, *f*. [prec. + -TAS] Old age (in women).

tremulum mouens cana tempus ~itas Catul.61.155.

anīliter, *adv*. [ANILIS + -TER[2]] In the manner of an old woman (as type of superstitious credulity).

neque id dicitis superstitiose atque ~ter Cic.*N.D*.3.92; Fest.p.351M.

anīlitō ~āre, *tr*. [ANILIS + -ITO] To produce the feebleness of old age in (a female).

(*pass.*) terram..parientem atque educantem nec casibus fatigari nec saeculis ~ari Apul.*Mun*.23.

anima ~ae, *f*. [see ANIMVS]

1 The air breathed by an animal, the breath. **b** (phrs.; cf. also sense 2) ~*am agere*, to gasp for breath; (esp. of a dying person) to be in the death agony, breathe one's last; ~*am ducere*, to draw breath; ~*am edere, efflare, emittere, exspirare*, etc., to breathe one's last, die; ~*am trahere*, to labour for breath.

~am suauiorem aliquanto quam uxoris meae Pl.*As*.893; ~am comprime *Am*.fr.14(18); subducito susum ~am quam plurimum poteris Cato *Agr*.157.15; o dulcitas conspirantum ~ae! Acc.*trag*.641; conturbare ~am potis est quicumque adoritur Lucil.120; Phrygius per ossa cornus liquida canit ~a Var.*Men*.131; modo ne circuitus ipse uerborum sit.. longior quam uires atque ~a patiatur Cic.*de Orat*.3.191; ne ~am quidem puram conseruare potuisset *Ver*.3.134; fallitque furentem uipeream inspirans ~am Verg.*A*.7.351; cum iam spiritum includeret (imber) nec reciprocare ~am sineret Liv.21.58.4; ~am..tenens Ov.*Fast*.1.425; ore quis aduerso demissum faucibus ensem expulerit moriens ~a Luc.7.622; lucem uidet fruiturque uita noxiam atque ~am trahit [Sen.]*Oct*.244; in ipso ~ae canali Plin.*Nat*.8.29; pulmo..attrahens ac reddens ~am 11.188; tuum corpus frigidum..conplexus ~am recipere..potui? Quint.*Inst*. 6 pr.12; interclusa ~a creditus est mortalitatem expleuisse Tac.*Ann*.6.50; meatus ~ae..audiebatur Plin.*Ep*.6.16.13; (*facet.*) etiamne opturat inferiorem gutturem, ne quid ~ai forte amittat dormiens? Pl.*Aul*.305. **b** non eodem tempore et gestum et ~am ageres? Cic.*Q.Rosc*.24; anhelans uaga uadit ~am agens Catul.63.31;—bubulcus exspirans ~am, pulmonibus aeger, agebat Lucil.106; Q. Hortensius.. ~am agebat Cael.*Fam*.8.13.2; Liv.26.14.5; (*transf.*) res quom ~am agebat, tum esse offusam oportuit Pl.*Trin*.1092; —ita uiuunt..ut ducere ~am de caelo non queant Cic. *S.Rosc*.72; eum pati..in tenebris obnoxiam carnificis arbitrio ducere ~am? Liv.6.17.5;—quando ~am ecflauit Pl. *Per*.638; salillum ~ai qui quom extemplo emisimus *Trin*. 492; si tum..in templo Castoris ~am..edidisset Cic.*Sest*.83; *Tusc*.1.19; dum ~a nondum exspirata concidisset *B.Afr*. 88.4; moenibus in patriis..confixi exspirant ~as Verg.*A*. 11.883; Sen.*Nat*.6.2.7; ~am ebulliit Petr.42.3;—exigua in spe trahebat ~am Liv.3.6.8; 4.12.11.

2 Breath or breathing as the characteristic manifestation of life (as opposed to death).

~ae pauxillulum in me habet Naev.*com*.49; conficit ~am uis uolneris Acc.*trag*.564; ut aegroto, dum ~a est, spes esse dicitur Cic.*Att*.9.10.3; totis ~ae se cogit in ictum reliquiis Stat.*Theb*.8.725; certatim precantes labenti ~ae celerem exitum Tac.*Ann*.16.11;—(*transf.*) Thebaidis fructus extemplo in cados conditur cum sui ardoris ~a Plin.*Nat*. 13.48; ~am terrae euanescentem exhalatione includunt (niues)..retroque agunt in uires frugum 17.14.

3 The characteristic or quality whose loss constitutes death, life, consciousness; ~*a deficit*, (the person) faints. **b** the life of an individual, a life. **c** (regarded as being located in a definite part of the body) a vital spot.

ut pro Romano populo..prudens ~am de corpore mitto Enn.*Ann*.210; ~am amittunt prius quam loco demigrent Pl.*Am*.240; adimit ~am mi aegritudo *Trin*.1091; ~am relinquam potius quam illas deseram Ter.*Ad*.498; qui in causa ~am profudit Cic.*Marc*.31; in unius hominis.. aegrotantis ~a positas omnis nostras spes habemus *Att*. 8.2.3; cui (*sc.* sui)..ne putesceret ~am ipsam pro sale datam dicit esse Chrysippus *N.D*.2.160; tute iubebas ~am tradere Catul.30.7; MORS ~AM ERIPVIT *CIL* 1.1570.8; quid reliqui habemus praeter miseram ~am? Sal.*Cat*.20.13; primis ~am..ponere cunis Prop.2.13.43; nec..accedent ~ae tempora parua meae Ov.*Tr*.3.3.42; eripiunt omnes ~am, tu sola cadauer Luc.9.788; ~a hominis quaesita maxime placent Plin.*Nat*.9.105; uiuebatque ~a deteriore fera (*of a statue of a bear with a viper in its mouth*) Mart.3.19. 6; ~amque in pignora transfert Stat.*Silv*.3.5.59; fugientem ~am properatis consulit extis Sil.1.122;—ante finis faciendus est quam ~a deficiat Cels.2.10.18; 4.18.2; (*cf.*) saepe in ipso opere uel profusione sanguinis uel ~ae defectione moriuntur 7.33.1. **b** tantum in unius ~a posuit ut..non ante quam illum uita expulit bellum confectum iudicarit Cic.*Mur*.34; ~asque in uulnere ponunt Verg.*G*. 4.238; hanc tibi, Eryx, meliorem ~am pro morte Daretis persoluo *A*.5.483; ~as tibi reddere ademptas fas erit Ov. *Met*.2.644; mille ~as una necata dedit *Fast*.1.380; quinquaginta ~ae me scilicet unaque mersa sufficiet placare ratis? V.Fl.8.274. **c** sic ergo librauit manum caecus, ut ipsam protinus feriret ~am? [Quint.]*Decl*.1.10.

4 (as the characteristic quality of the animal kingdom) Animal life.

proxima animalia sunt ea quae uiuere dicuntur neque habere ~am, ut uirgulta Var.*L*.5.102; ea..quae sensu et ~a carent Quint.*Inst*.1.3.8; 3.7.6; Gaius *Inst*.3.217.

5 The non-material part (as opposed to the body), the soul, life. **b** the vital principle in plants.

mater terrast: parit haec corpus, ~am aeter adiugat Pac.*trag*.93; constare hominem ex ~a et corpore dicunt Lucil.635; nunc ~am quoque ut in membris cognoscere possis esse neque harmonia corpus sentire solere Lucr.3.117; non interire ~as sed ab aliis post mortem transire ad alios Caes.*Gal*.6.14.5; cum frigida mors ~a seduxerit artus Verg.*A*.4.385; utinam pereant ~ae cum corpore nostrae Ov.*Tr*.3.3.59; aeternas esse ~as Mela 3.19; de natura ~ae et dissociatione spiritus corporisque inquirebat Tac.*Ann*. 16.34;—(*opp. to* animus) neque in homine inesse animum uel ~am nec in bestia (dicit Pherecrates) Cic.*Tusc*.1.21; ubi esse et crescere possit sorsum ~a atque animus Lucr.5.140; Juv.15.149. **b** tellus..haec augens ~a uitali flamine mulcet Cic.*Arat*.359(117); gestiente natura semina accipere eaque ~am ferente omnibus satis Plin.*Nat*.16.94; in caelum migrare aquas ~amque etiam herbis uitalem inde deferre 31.3.

6 A disembodied spirit, soul, ghost. **b** (of living persons, w. qualifying ep.) a person, spirit (of such a sort).

inferorum ~as elicere Cic.*Vat*.14; ne forte ~as Acherunte reamur effugere Lucr.4.41; ~as imis excire sepulcris Verg. *Ecl*.8.98; ut inde manis elicerent, ~as responsa daturas Hor.*S*.1.8.29; Caesaris ~am inter deorum immortalium numina receptam Aug.*hist*.4; nigrantisque domos ~arum intrasse silentum Prop.3.12.33; uirgam capit: hac ~as ille euocat Orco pallentis Verg.*A*.4.242; fraterni manes ~aeque recentes Ov.*Met*.8.488; ~arum maesta queruntur concilia Stat.*Theb*.3.145; Cannenses..~ae *Silv*.1.4.87; tot bellorum ~ae Juv.2.156. **b** Plotius et Varius Sinuessae Vergiliusque ..~ae qualis neque candidiores terra tulit Hor.*S*.1.5.41; di tibi (namque ~as saepe exaudire minores dicuntur) Stat. *Silv*.4.2.57; Treueri ceteraeque seruientium ~ae Tac.*Hist*. 4.32.

7 a Life as the thing a person values most. **b** life, soul, darling, friend; (usu. voc., as a term of endearment).

a ~ast amica amanti Pl.*Bac*.194; reddas incolumem (*sc.* Vergilium) precor et serues ~ae dimidium meae Hor.*Carm*. 1.3.8; magnaque pars ~ae mecum uixistis, amici Ov.*Pont*. 3.4.69; ~ae partem..nostrae maiorem Stat.*Silv*.3.2.7; (*cf.*) pars ~ae uictura meae 5.1.177. **b** si parcent ~ae fata superstiti Hor.*Carm*.3.9.12;—uos, meae carissimae ~ae Cic. *Fam*.14.14.2; considerandum uobis etiam atque etiam, ~ae meae, diligenter puto 14.18.1; uale mi semper ~a dulcissima Aur.*Fro*.1.p.118(p.30N); (*w. pun on sense 1*) o suauis ~a (*to a wine-jar*) Phaed.3.1.5.

8 (as the basis of character, disposition, etc.) Soul, spirit.

~aeque magnae prodigum Paulum Hor.*Carm*.1.12.37; fortis..~ae nece cognitus Hector Ov.*Met*.12.69; detegit inbelles ~as nil fortiter ausa seditio Luc.5.322; plebeiae Deciorum ~ae, plebeia fuerunt nomina Juv.8.254.

9 Air as one of four elements.

principia..quae mundi esse Ennius scribit, aqua, terra, ~a et sol Var.*R*.1.4.1; si (est animus) simplex, utrum sit ignis an ~a an sanguis Cic.*Luc*.124; *N.D*.3.36; iunctis ex ~a tenui et ex ardore solis temperato ignibus insistit (animus) *Tusc*.1.43; ex igni terra atque ~a..et imbri Lucr.1.715; semina terrarumque ~aeque marisque..et liquidi simul ignis Verg.*Ecl*.6.32.

10 Air as a gas or as the substance of wind, an air current, wind, breeze.

uela uentorum ~ae immittere Acc.*trag*.11; detis habenas ~ae leni Var.*Men*.224; uentorum..paces ~asque secundas Lucr.5.1230; impellunt ~ae lintea Thraciae Hor.*Carm*.4. 12.2; propinquas diffugere impellique ~as *Aetna* 311; cum recepit arcula ~am Vitr.10.8.4; ~is septemtrionis ac zephyri temperatis Apul.*Mun*.12.

animaduersiō ~ōnis, *f*. [ANIMADVERTO + -TIO]

1 The paying of attention, notice (esp. as involving consequential action). **b** (spec. w. ref. to the consequential action) attention, treatment. **c** (w. obj. cl.) inquiry, consideration. **d** mention (in discourse, etc.) notice, remark.

hoc totum est siue artis siue ~onis siue consuetudinis nosse regiones Cic.*de Orat*.2.147; cum quid ex quoque eueniat..crebra ~one perspectum est *Div*.1.109; si in locorum electione fuerit diligens ~o Vitr.5.8.2; desiderat.. propriam ~onem..pestilentiae casus Cels.3.7.1.A;—(*pl.*) haec est simplicissima curatio sed uarietas rerum quasdam etiamnum ~ones desiderat 7.26.2.M;—(*w. obj. gen.*) ita notatio naturae et ~o peperit artem Cic.*Orat*.183; curationum..principium ab ~one eiusdem temporis faciam Cels.3.2.5. **b** uix..fieri potest, ut post hanc ~onem aluus non contrahatur Cels.4.26.3. **c** insequitur ~o, quid ita quae in urbe supernas dicitur abies, deterior est Vitr.2.9.17;—(*also w.* in + *acc.; cf. sense 3*) nostra..haec quaestio atque ~o in ciuem nostrum est quid nostro aut suo fecerit arbitrio Liv.21.18.7. **d** interesse..inter argumentum conclusionemque rationis et inter mediocrem ~onem atque admonitionem Cic.*Fin*.1.30.

2 Unfavourable notice, criticism, censure.

sentio omnis in oratione esse quasi..confusos pedes, nec enim effugere possemus ~onem, si semper isdem uteremur Cic.*Orat*.195.

3 The visitation (of an offence, etc.) with punitive measures, punishment. **b** the right to punish.

SCIANT SE..IAM SAEPE DENVNTIATAE ~ONI OBNOXIOS FVTVROS *CIL* 10.7852.22; ~onis paternae metus Cic.*S. Rosc*.68; quid excogitat poenae, quid ~onis in Apronium? *Ver*.3.140; summa seueritas ~onis *Fam*.9.14(*Att*.14.17a).7; omnis..~o et castigatio contumelia uacare debet *Off*.1.88; neque tempus illud ~onis esse existimans Caes.*Civ*.3.60.1; eos qui parum maesti fuerant, crudelissima adficiebat ~one Sen.*Dial*.11.17.5; nomen hoc est publicae ~onis Quint. *Decl*.277(p.131, l.1); nihil..dignum ~one admisisse Plin. *Ep*.5.13(14).4;—(*w. obj. gen.*) in ~one uitiorum Cic.*Clu*.128; comprehensio sontium mea, ~o senatus fuit *Phil*.2.18; ni Valens ~one paucorum oblitos iam Batauos imperii admonuisset Tac.*Hist*.1.64; Suet.*Cal*.11;—(*w. subj. gen.*) notiones ~onesque censorum Cic.*Off*.3.111; si noxio inpunitas deferatur nec hominum interim ~one plectatur Apul.*Pl*.2.17;—(*w.* censoria *and sim.*) ~o atque auctoritas censoria Cic.*Clu*.117; nihil censoria ~o effecit Liv.4. 31.5; censoria potius contentus nota quam ~one dictatoria

Vell.2.68.5; fuit haec..antiquitus militaris ~o Gel.10.8.1. **b** EIQVE IIVIR(O) AVT QVEM IIVIR ARMATIS PRAEFECERIT IDEM IVS EADEMQVE ~O ESTO, VTI TR · MIL · P · R · IN EXERCITV P · R · EST *CIL* 1.594.3.5.7; nemo dicit ~onem legatum proconsulis habere mandata iurisdictione Papin.*dig*.1.21.1.1;—(*w. gen. of respect*) quibus (*sc.* dictatoribus) etiam capitis ~o data est Pompon.*dig*.1.2.2.18.

animaduersor ~ōris, *m.* [next+-TOR] One who notices, an observer.

si acres ac diligentes iudices esse uolumus ~oresque uitiorum Cic.*Off*.1.146.

animaduerto ~tere ~tī ~sum, *tr., intr.* Also **animum** (or **animos**) **aduertō**. Also **-uortō.** N.B. *animum aduerto* is used as well as *animaduerto* in senses 1, 2, 3 and 8; *aduerto animum* is used in senses 1 and 2; intermediate words can be inserted in senses 1, 2 and 3. Forms: *anima aduerterunt CIL* 2.6278.2.

1 To direct the mind (towards), pay attention (to): **a** (w. *ad* or dat.). **b** (w. *de*). **c** (absol.).

a (*w.* ad) facete aduortis tuom animum ad animum meum Pl.*Mil*.39; acrius aduertunt animos ad religionem Lucr.3.54; ad mores hominum regendos animum aduerterunt Liv.24.18.2;—(*w. dat.*) qui animum etiam leuissimis (rebus) aduerterent Tac.*Ann*.13.49. **b** qua de re praetor animum debet aduortere Cic.*Tul*.41; de testamento..animaduertes *Att*.11.22.2. **c** si uoles aduortere animum Enn.*scen*.397; ausculto atque animum aduorto sedulo Pl.*St*.546; animum non aduorti primum Ter.*Hau*.656; animaduerte ac dicto pare Cic.*Rab.Post*.29; id ita esse hinc licet aduertas animum ut pernoscere possis Lucr.3.181; animos aduertite Stat.*Theb*.1.561.

2 To pay attention to, attend to, heed (esp. w. implication of consequential action). **a** (w. acc.). **b** (indir. qu.). **c** (w. *ut, ne*).

a quae loquor aduortite animum Pl.*Ps*.156; alios tuam rem credidisti mage quam tete animum aduorsuros? Ter.*Ph*.467; ecquis hoc animaduortet? uincite! Acc.*trag*.233. EA SENATVS ANIMVMADVORTIT ITA VTEI AEQVOM FVIT *CIL* 1.586.4; eorum qui haec minora animaduertunt Cic.*Brut*.70; cum..res..eius modi sit ut..a magistratibus animaduertenda uideatur *Caec*.33; *Q.fr*.1.2.9; *Div*.1.12; his animaduersis Verg.*G*.3.123;—(*w.* huc) huc animum omnes quae loquar aduortite Pl.*Am*.38;—(*w.* ad) haec magis ad uillaticos greges animaduertenda Var.*R*.2.2.8;—(*absol. or ellipt., esp. emph.*) operae pretium erat, si animaduertistis, iudices, neglegentiam eius in accusando considerare Cic.*S.Rosc*.59; ut consul animaduertere proximum lictorem iussit Liv.24.44.10; eunt subinde et redeunt omnes rustici, nemo animaduertit Phaed.2.8.13; (*cf.*) si qui uoluerit ex his commentariis animaduertere et eligere genus structurae Vitr.2.8.8. **b** quam hic rem agat animum aduortam Pl.*Trin*.842a; quid parem animum aduortite Acc.*trag*.485; si quis animaduerterit, quid sit Cic.*de Orat*.2.32; animaduertere qua lege reus citetur *Clu*.159; me obsecras..ut animaduertam quae fiant *Att*.6.1.20; uti..prius haec omnia consumerentur quam quem ad modum accidisset animaduerti posset Caes.*Civ*.2.14.2; quo minus tumultus est, eo plus animaduertitur quid opus facto sit Liv.4.27.8; IN PRIMIS ANIMA ADVERTERVNT QVAE CAVSA ILLI MORBO VIRES DARET *CIL* 2.6278.2;—(*also w.* id, illud) uicini quo pacto niteant, id animum aduertito Cato *Agr*.1.2; illud etiam in tali consilio animaduertendum uobis censeam..cui nos hosti relicturi sitis Liv.22.59.13. **c** diligenter animum aduertemus, ut omnium personarum..animos uoce exprimamus *Rhet.Her*.3.24; animaduertensque in omnibus rebus ..ut ne quid ab eo fieret nisi honeste Cic.*Fin*.4.18; diligenter est animaduertendum, ne sit locus surdus Vitr.5.3.5; ut animaduerterent ne qui nisi Romani di..colerentur Liv.4.30.11; ut M. Pomponius praetor animaduerteret curaretque..uti Romae ne essent *S.C.*(*Font.iur*.p.170)38;—(*w.* illud) illud me non animaduertisse moleste ferrem, ut ascriberem te in fano pecuniam iussu meo deposuisse Cic.*Fam*.5.20.5.

3 To become or be aware of (visually or mentally), notice, observe. **b** (w. adj. as pred.; also w. *ad*). **c** (w. acc. and inf.). **d** (w. dep. cl.).

quod et in uobis animaduerti recte potest, Caesar et Cotta Cic.*de Orat*.2.98; casu signum iste animaduertit in cretula *Ver*.4.58; qua spe animaduersa Caes.*Civ*.3.97.3; nec quemquam in uallo nec fremitum consuetum castrorum animaduerterunt Liv.9.45.15; 41.23.3; ego..in lege nullam animaduerto differentiam Quint.*Decl*.309(p.217,l.7);—(*impers. pass.*) ut et in ceteris artibus animaduertitur Larg.199;—ne..ad urbem ἀπάντησις mea animaduertatur Cic.*Att*.9.7.2; dignitas tua facit ut animaduertatur quicquid facias *Fam*.11.27.7; hoc magis animaduersum est, quod intactus ab sibilo peruenerat Hortensius ad senectutem Cael.*Fam*.8.2.1; ipse eum pugionem apud Capitolium sacrauit inscripsitque Ioui Vindici: in praesens haud animaduersum Tac.*Ann*.15.74. **b** quoniam longo interuallo modo primum animaduerti paulo te hilariorem Cic.*Brut*.18; admirantur..communiter illi quidem omnia, quae magna et praeter opinionem suam animaduerterant *Off*.2.36; eos..laetos modo, modo pauidos animaduorteres Sal.*Jug*.60.4;—(si) denas alias (habeant partes) ad similitudinem et dissimilitudinem aeque animaduertendas Var.*L*.10.5. **c** faciam quod te saepe animaduerti facere Cic.*Quinct*.35; ego ex tuis animaduerto litteris..nihil habere nos quod scribamus *Att*.12.27.2; simul animaduertit multa undique portari Caes.*Civ*.2.25.2; Sal.*Jug*.69.1; postquam..suos perculsos cedere animaduertit Liv.2.20.4; Vitellius..turrim..conlucere per noctem crebris luminibus animaduertit Tac.*Hist*.3.38; Suet.*Cal*.9; Tiro animum non aduertit non esse in omnibus rebus cauendis eandem causam Gel.6(7).3.30;—(*impers. pass.*) in oratione animaduersum est..esse quosdam certos cursus conclusionesque uerborum Cic.*Orat*.178; est animaduersum fumare aggerem Caes.*Gal*.7.24.2; *B.Hisp*.38.5; Nep.*Ag*.6.2; postquam iactari arma passim..animaduersum est Liv.6.13.4;—(*w.* hoc, *etc.*) hoc a se Cotta animaduersum esse dicebat, omne illud tempus meridianum Crassum in acerrima..cogitatione posuisse Cic.*de Orat*.3.17; unum illud credo omnis animum aduertere, te adhuc a nullis nisi ab Siculis potuisse cognosci *Div.Caec*.28; ego id respondeo quod animum aduerti, te dolorem quem acceperis..ferre moderate *Amic*.8. **d** quod..non animaduertebat quem uiolaret Cic.*Scaur*.31; quam multarum rerum ipse ignarus esset..animum aduertit Liv.24.48.4; (*cf.*) equidem et in uobis animum aduertere soleo et in me ipso saepissime experior, ut..exalbescam in principiis dicendi Cic.*de Orat*.1.121;—(*w.* illud) non..debes illud solum animaduertere quot..cohortis contra te habeat Caesar Pomp.*Att*.8.12c.1;—(*ellipt.*) quorum dux quam ἀστρατήγητος tu quoque animaduertis Cic.*Att*.7.13.1.

4 To notice (a person or action) appreciatively, acknowledge the presence or fact of.

cum..uident unum esse aliquem qui haec officia maxime animaduertat Q.Cic.*Pet*.35;—(*ellipt.*) qui domum tuam uenient, significato te animaduertere 35;—(*impers. pass.*) Quinto Maximo suffecto trimenstrique consule theatrum introeunte, cum lictor animaduerti ex more iussisset Suet.*Jul*.80.2.

5 To notice or remark on in a disparaging way, find fault with, criticize.

cum sit quaedam certa uox Romani generis..in qua nihil offendi, nihil displicere, nihil animaduerti possit Cic.*de Orat*.3.44; libenter ea corrigam quae a te animaduersa sunt *Att*.16.11.2.

6 To pay attention to in discourse, etc., advert to, remark upon.

quid singulorum opiniones animaduertam? Cic.*Tusc*.1.108; etiam illud animaduerto, quod, qui proprio nomine perduellis esset, is hostis uocaretur *Off*.1.37; nescio quoius oti esset non modo perscribere haec sed omnino animaduertere Cael.*Fam*.8.1.1.

7 To judge of, appraise, estimate.

alia ratione modus mancipiorum generatim est animaduertendus Var.*R*.1.18.6; haec..utcumque animaduersa aut existimata erunt haud in magno equidem ponam discrimine Liv.pr.8;—(*w.* ab, ex) in primis uidendum ut boni seminis pecus habeas. id fere ex duabus rebus potest animaduerti Var.*R*.2.2.4; boni seminis sues animaduertuntur a facie et progenie et regione caeli 2.4.4.

8 To deal with (actions) punitively, visit with punishment, proceed against; to inflict (capital) punishment on (persons). **b** (absol. or w. *in*+acc.) to take punitive action (against), inflict (capital) punishment (on).

nonne hoc publice animum aduorti (dignum est)? Pl.*Trin*.1046; o facinus animaduortendum! Ter.*An*.767; ea sunt animaduertenda peccata maxime quae difficillime praecaueuntur Cic.*S.Rosc*.116; ut..senatus decerneret, qui eam rem quaereret animaduerteretque Liv.42.21.5; multa sub eo et animaduersa seuere et coercita Suet.*Nero* 16.2; grauiora..peruerse facta seuere animaduertit Fro.*Ver*.2.p.210(207N);—(*persons; pf. pple. as sb.*) corpora animaduersorum quibuslibet petentibus ad sepulturam danda sunt Paul.*dig*.48.24.3. **b** (*absol.*) tantum intellego, maluisse Domitium crudelem in animaduertendo quam in praetermittendo dissolutum uideri Cic.*Ver*.5.7; ut res ipsa maturitatem tibi animaduertendi..daret *Att*.14.17a(*Fam*.9.14).7; neque animaduertere neque uincire..permissum Tac.*Ger*.7.2; Caesar parcendum dignitati, Cato animaduertendum pro scelere censebant Flor.*Epit*.2.12(4.1.10);—(*w.* in+*acc.*) animaduertisse censores in iudices quosdam Cic.*Clu*.119; qui in alios animum aduertisset indicta causa *Fam*.5.2.8; satis esse causae arbitrabatur quare in eum aut ipse animaduerteret aut ciuitatem animaduertere iuberet Caes.*Gal*.1.19.1; patrio iure in filium animaduersurum fuisse Liv.1.26.9; in eos qui..fugerant more militari animaduertit 5.19.4; in Iulium Alpinum..ut concitorem belli Caecina animaduertit Tac.*Hist*.1.68; Suet.*Cl*.29.2; neue possent (consules) in caput cuius Romani animaduertere iniussu populi Pompon.*dig*.1.2.2.16;—(*impers. pass.*) si (quis) abierit, ut in uilicum animaduertatur Var.*R*.1.16.5; quod animaduersum est in eos..non debeo reprehendere Cic.*S.Rosc*.137; prius animaduersum in eos qui capita coniurationis fuerant Liv.8.19.13; ingemescebat, non tamquam in hominem iustum sed tamquam in ipsam iustitiam animaduerteretur Sen.*Dial*.12.13.7; in Marcianum Icelum ut in libertum palam animaduersum Tac.*Hist*.1.46; Gaius *Inst*.3.189;—(*w. abl.*) uti prius uerberibus in eos animaduorteretur Sal.*Cat*.51.21; qui loco cessisset, in eum seruili supplicio animaduersurum Liv.24.14.7; Cotta consul in Sicilia in Valerium..uirgis animaduertit Fron.*Str*.4.1.30; ut gladio in eum animaduertatur Ulp.*dig*.48.19.8.1.

animaequitās ~ātis, *f.* [ANIMVS+AEQVITAS] Composure.

CIL 6.11259.

animal ~ālis, *n.* [ANIMA+-AL]

1 A member of the animal kingdom, a living creature, animal. **b** a living organism (extended to incl. plants).

de ~alibus in locis..terrestribus Var.*L*.5.80; per eius possessionem in qua ~al reliquum nullum est Cic.*Att*.6.1.13; si homo est, ~al est mortale rationis particeps *Luc*.21; aera solem ignem terras ~alia fruges Lucr.1.744; homines, qui sese student praestare ceteris ~alibus Sal.*Cat*.1.1; terris ~alia somnus habebat Verg.*A*.3.147; ~alia inanimaque omnia rigentia gelu Liv.21.32.7; sunt quaedam quae animam habent nec sunt ~alia Sen.*Ep*.58.10; Quint.*Inst*.7.pr.2; Gel.4.1.12; (*opp. to plants*) Cic.*Tusc*.5.47;—(*specified*) sociale ~al et in commune genitus (homo) Sen.*Ben*.7.1.7; minimum..~al, formicam, sentire uires sideris Plin.*Nat*.2.109. **b** proxima ~alia sunt ea quae uiuere dicuntur neque habere animam, ut uirgulta Var.*L*.5.102.

2 An animal other than man, a beast, brute, bird, insect, etc.

~alia capta immolant Caes.*Gal*.6.17.3; cum..rara per ignaros errent ~alia montis Verg.*Ecl*.6.40; muribus alioue ~ali Liv.23.19.13; quae densas habitant ~alia siluas Ov.*Hal*.49; in capite paucis ~alium nec nisi uolucribus apices Plin.*Nat*.11.121; umbraculis hortorum abditus, ut ignaua ~alia Tac.*Hist*.3.36;—(*insects, etc.*) uisenda modis ~alia miris Verg.*G*.4.309; solet..in aurem aliquid incidere, ut calculus aliquodue ~al Cels.6.7.9.A; mel..lendes et foeda capitis ~alia necat Plin.*Nat*.22.108;—(*fish, etc.*) aquatilium uocabula ~alium partim sunt uernacula, partim peregrina Var.*L*.5.77; Man.2.94; Sen.*Nat*.4.2.13;—(*mythol. creatures*) Charybdin dico? quae si fuit, ~al unum fuit Cic.*Phil*.2.67; et satyri..pernicissimum ~al Plin.*Nat*.7.24.

3 Living offspring as opposed to an egg; *~al parere, generare,* to be viviparous.

si non integrum ~al editum sit Ulp.*dig*.28.2.12;—quae pilo uestiuntur, ~al pariunt Plin.*Nat*.9.41; 9.165; ~al generantibus 11.159; (*cf., of the foetus*) semen..rapit omnem fere cibum ad sese eoque saeptum fingit ~al Cic.*N.D*.2.128.

4 (as a term of contempt for a man) Creature, brute, monster.

ad quam spem tam perfidiosum, tam importunum ~al reseruetis? Cic.*Ver*.1.42; complexus es funestum illud ~al ex nefariis stupris..conceptum *Pis*.21; tumidissimum ~al! Sen.*Ben*.2.16.2; quod istiusmodi ~alia spurca atque probra..philosophi appellantur Gel.9.2.9.

5 (applied to the world and various other things, not always regarded as animate) Animal, living thing.

si mentem istam quasi ~al aliquod uoluit (Anaxagoras) esse Cic.*N.D*.1.26; 3.36; non est cunctandum profiteri..hunc mundum ~al esse *Tim*.10; siue est ~al tellus et uiuit Ov.*Met*.15.342; an iustitia, fortitudo, prudentia ceteraeque uirtutes ~alia sint Sen.*Ep*.113.1; Quint.*Inst*.5.14.12; (*cf.*) neu regio foret ulla suis ~alibus orba, astra tenent caeleste solum formaeque deorum Ov.*Met*.1.72.

animālis[1] ~is ~e, *a.* [ANIMA+-ALIS]

1 Of the element air.

aut simplex est natura animantis, ut uel terrena sit uel ignea uel ~is uel umida Cic.*N.D*.3.34; *Tusc*.1.40; 1.42.

2 Living, live, animate. **b** that maintains or supports life, vital; *uena ~is,* an artery.

ut mutum in simulacrum ex ~i exemplo ueritas transferatur Cic.*Inv*.2.2; *Off*.2.11; quoniam..totum (corpus) esse ~e uidemus Lucr.3.635; cum spiritus unus..inriget orbem omnia peruolitans corpusque ~e figuret Man.2.66; Quint.*Inst*.8.6.9; quod deos Plato existimat naturas incorporalis, ~is (*i.e. the stars*) Apul.*Soc*.3; (*cf.*) quadrupes tardigrada..inanima cum ~i sono Pac.*trag*.4. **b** terra..circumfusa undique est hac ~i spirabilique natura cui nomen est aer Cic.*N.D*.2.91; caloris..si non fuerit in corpore iusta comparatio, non erit spiritus ~is Vitr.8.pr.2; spiritus ~es 8.6.12;—si quis super laqueum percusserit uenam in brachio, quae est ~is Larg.84.

3 Belonging to, or characteristic of, a living creature, animal.

erit ei persuasum etiam solem..terram mare deos esse, quod quaedam ~is intellegentia per omnia ea permanet et transeat Cic.*Luc*.119; infitiandum totum posse extra corpus formamque ~em..durare Lucr.5.141.

animālis[2] ~is, *f.* (*m.*). [prec.] A living creature, animal.

quod non unius modi finxerit ~is omnis (natura) Var.*L*.9.101; terrenus fructus..alit et nutrit ~es pascendo continenter Vitr.8.pr.3; ut tantillula ~is (*i.e.* mustela)..mihi turbarit animum Apul.*Met*.2.25.

animans[1] ~ntis, *a.* [ANIMO] Having life, living.

omnes res, ~ntes et inanimas *Rhet.Her*.4.61; qui..mundum ipsum ~ntem sapientemque esse dixerunt Cic.*N.D*.1.23; sequitur ab ~ntibus principiis eam esse generatam 2.75; corpora omnia aut ~ntia esse aut inanima Sen.*Ep*.58.10; ut..hanc ~ntis machinae speciem effingeret Col.3.10.10.

animans[2] ~ntis, *m., f., n.* [prec.]

1 A living thing or creature, an animal. **b** (as opposed to plants).

(*masc.*) uultus, qui nullo in ~nte esse praeter hominem potest Cic.*Leg*.1.27; hic stilus haud petet ultro quemquam ~ntem Hor.*S*.2.1.40; Aur.*Fro*.1.p.142(31N);—(*fem.*) ad hominum uel etiam ceterarum ~ntium formam Cic.*de Orat*.3.179; *N.D*.2.121; easdem gignit ~ntes (fluuius) Plin.*Nat*.5.44; 23.83;—(*neut.*) eorum..~ntium quae ratione utuntur Cic.*N.D*.2.133;—(*indeterminate*) nihil esse omnino animum..frustraque animalia et ~ntis appellari *Tusc*.1.21; genus omne ~ntum Lucr.1.4; Liv.21.30.7; Stat.*Ach*.1.117. **b** stirpes..terrae inhaerent, ~ntes autem adspiratione aeris sustinentur Cic.*N.D*.2.83; non ~ns, non exanimo cum corpore, ut arbor Lucr.1.774; 1.808.

2 An animate being other than man.

non hominis..sed cuiusdam ~ntis Cic.*Fin*.4.27.

3 A living organism (app. including plants).

~ntia superiorem tenebunt locum quia et animalia in hac forma sunt et sata Sen.*Ep*.58.10.

animātiō ~ōnis, *f.* [ANIMO+-TIO] A form of life.

diuinae ~onis maxime speciem faciebat (deus) ex igne Cic.*Tim*.35.

animātus[1] ~a ~um, *a.* [pple. of ANIMO]

1 Endowed with a (specified) spirit; animated, spirited.

uirum uera uirtute uiuere ~um addecet Enn.*scen*.300; hoc in equo insunt milites armati atque ~i probe Pl.*Bac*.942; etsi intellegebam socios infirme ~os esse Cic.*Fam*.15.1.3; (*w. pun on sense of 'breath'*) Var.*Men*.63;—ut nunc, cum ~us iero, satis armatus sum Acc.*trag*.308

2 Having a specified attitude, inclined, disposed, minded.

sin aliter sient ~i neque dent quae petat Pl.*Am*.209; hoc

animo decet ~os esse amatores probos *Men.*203; sic ~i esse debetis ut si ille adesset CIC.*Phil.*9.12; ei causae, quam Pompeius ~us melius quam paratus susceperat *Fam.*6.6.10; MAT.*Fam.*11.28.5; quod iam nonnullae insulae..defecerant, bene ~as confirmauit NEP.*Cim.*2.4; si qui ita ~i essent LIV.29.1.6; male..~os eos fuisse GEL.6(7).3.7;—(*w.* erga) ut fueris ~us erga suom gnatum atque se PL. *Capt.*407; CIC.*Att.*15.12.2;—(*w.* in+*acc.*) ciuitatem ut abs te adfecta est ita in te esse ~am uidemus *Ver.*4.151; *Amic.*57.

3 Living, alive.

~a inanimis (anteponantur) CIC.*Top.*69; quodcumque esui ~um..fors obtulit APUL.*Fl.*2.

4 (of plants) Growing, fresh.

cachryos ~i LARG.70; nasturci ~i 95.

animātus² ~ūs, *m.* [ANIMO+-TVS³] Breathing.

uolare..aliqua et ~u carere in ipso spiritu uiuentia..quis facile crediderit? PLIN.*Nat.*11.7.

animax ~ācis, *a.* (ANIMA+-AX] Showing signs of life, alive.

quia non fuit proximus cognatus ei, quo uiuo nondum ~ax (*s.v.l.*) fuerit ULP.*dig.*38.8.1.8.

animō ~āre ~āuī ~ātum, *tr.* [ANIM(A)+-O³]

1 To give life to, make to live, quicken. **b** to bring to life. **c** to refresh, revive.

omnia ~at format alit auget creat (caelum) PAC.*trag.*90; (sidera et stellae) diuinis ~atae mentibus CIC.*Rep.*6.15; *N.D.*1.110; cum difficulter..~entur semina COL.6.36.2; diebus quibus ~antur oua, et in speciem uolucrum conformantur 8.5.10; quod (germen)..tempore ipso ~atur corporaturque PLIN.*Nat.*7.66; GEL.12.1.9;—(*w.* in+*acc.*) guttae..cruentae, quas humus exceptas uarios ~auit in angues OV.*Met.*4.619; 14.566; illa (*sc.* platanus) dei in ueteres ~ata calores STAT.*Silv.*2.3.53. **b** exsanguis ~are assueuerat umbras *Theb.*1.308; corpus istud postliminio mortis ~are APUL.*Met.*2.28. **c** quem mox Eumaeus..cibo potuque ~auit HYG.*Fab.*126.3.

2 To endow with a specified temperament or disposition. **b** to rouse, animate.

censent perinde utcunque temperatus sit aër, ita pueros orientes ~ari atque formari CIC.*Div.*2.89; ipso..terrae suae solo et caelo acrius ~antur TAC.*Ger.*29.3. **b** uisoque ~ata cruore emicat effigies (Sphingis) STAT.*Theb.*10.659; (*w.* in+*acc.*) ita spurcus ~atur in proelium TITIN.*com.*8.

3 To give life to (in painting or sculpture). **b** to inspire (inanimate things) with life or movement.

arma..in auro tristia, terrificis monstrorum ~ata figuris STAT.*Theb.*3.224; si quid Apellei gaudent ~asse colores *Silv.*2.2.64; (*w.* in+*acc.*) series..parentum inuehitur, miris in uultum ~ata figuris *Theb.*6.269. **b** duras ~antem Amphiona cautes STAT.*Theb.*8.233; (*cf.*) amor ille..qui..de contrariis..seminibus molem perpetuae societatis ~auit [QUINT.]*Decl.*14.10.

4 To fill (with breath), blow.

primus duas tibias uno spiritu ~auit APUL.*Fl.*3.

animōsē, *adv. compar.* ~ius, *superl.* ~issimē. [next+-E]

1 In a spirited manner, courageously, nobly.

nec solum id ~e et fortiter sed considerate etiam sapienterque fecerunt CIC.*Phil.*4.6; *Off.*1.92; mihi dixisse uidetur ~ius quam prior SEN.*Suas.*2.12; V.MAX.8.2.3; quanto ~ius Alexander! qui..acceptam potionem non deterritus bibit SEN.*Dial.*4.23.2; ~e paupertatem ferentem *Ep.*120.9.

2 In a high-minded manner.

Papus quoque satis ~e, qui..religionis causa abalienanda (ea) non putauit V.MAX.4.4.3; uti..~e debet tanto munere deorum dandi auferendique uitam potens SEN.*Cl.*1.21.2.

3 Eagerly, keenly.

~ius a mercatore quam a uectore soluitur uotum SEN. *Ep.*73.5; tabulas operis antiqui semper ~issime comparasse SUET.*Jul.*47; PAUL.*dig.*10.2.29.

animōsus ~a ~um, *a. compar.* ~ior, *superl.* ~issimus. [ANIMVS (ANIMA)+-OSVS].

1 Spirited, bold, courageous. **b** (of actions, attitudes, etc.) marked by spirit, brave. **c** (of style) impetuous, spirited.

dabo tibi ualidum uirum, ~um NOV.*com.*33; mancipia esse oportere neque formidulosa neque ~a VAR.*R.*1.17.3; fortis et ~os et se acriter ipsos morti offerentis (*sc.* gladiatores) seruari cupimus CIC.*Mil.*92; *Sen.*72; illi ardua ceruix..luxuriatque toris ~um pectus (*of a horse*) VERG.*G.*3.81; non sine dis ~us infans HOR.*Carm.*3.4.20; consul alter, comes ~ior quam auctor LIV.3.20.1; nec tibi quadripedes ~os ignibus illis..in promptu regere est OV.*Met.*2.84; Germanis quid est ~ius? SEN.*Dial.*3.11.3; uirtutem intellego ~am et excelsam *Ep.*71.18; ~a..pectora laxet sera quies STAT. *Theb.*3.392; (*of statues*) gloria Lysippo est ~a effingere signa PROP.3.9.9;—(*transf. ep.*) quid moueant Pisces ~aque signa Leonis 4.1.85. **b** ~a..bella OV.*Fast.*5.59; nec minus ~us..illius in Africam transitus V.MAX.3.7.1b; uitae usus ~ior SEN.*Ep.*104.4; concurrit summos ~um frigus (*a shiver of courage*) in artus STAT.*Theb.*6.395; facta ~a uiros..attollunt SIL.1.612; (*cf.*) si te delectant ~a pericula MART.12.14.9. **c** ~ique Accius oris OV.*Am.*1.15.19; quid grauibus uerbis, ~a Tragoedia..me premis? 3.1.35.

2 Proud, haughty; great-souled, noble.

Pyrrhus Achillides, ~us imagine patris OV.*Ep.*8.3; *Met.*6.206; collaque Romanae praebens ~a securi *Tr.*4.2.45; STAT.*Theb.*7.325; leuitas ~a SIL.11.16;—~a uox uidetur et regia SEN.*Ben.*2.16.1; quem non ~a beatum excipit et subito iuuat indulgentia census? *Laus Pis.*110

3 Energetic (in pursuing a course of action), spirited, vigorous.

adeo ~us corruptor ut Cocceio Proculo speculatori..uniuersum uicini agrum sua pecunia emptum dono dederit TAC.*Hist.*1.24; quod ~iorem eius rei emptorem esse..cognoueris JAVOL.*dig.*17.1.36.1.

4 (of winds, sea, fire, etc.) Boisterous, stormy, violent.

siluae, quas ~i Euri adsidue franguntque feruntque VERG.*G.*2.441; nam quo liberior quoque est ~ior ignis semper in inclusis *Aetna* 146; OV.*Am.*1.6.51; siue quia (mare) in totum uniuersitate ~ius quam parte est PLIN. *Nat.*2.217; tumidi fluctus ~aque surgit tempestas instar pelagi STAT.*Theb.*9.459.

animula ~ae, *f.* [ANIMA+-VLA] A little life.

in unius mulierculae ~a si iactura facta est SULP.RUF. *Fam.*4.5.4; ~a uagula blandula ? HADR.*poet.*3.1; perit abit auipedis ~a leporis SEPT.*poet.*17; ~AE INNOCENTISS *CIL* 5.4712; (*cf.*) attulit..tuas litteras; quae mihi quiddam quasi ~ae instillarunt (*cj.*) CIC.*Att.*9.7.1.

animulus ~ī, *m.* [next+-VLVS] (only voc., as a term of endearment) Heart, soul.

mi ~e, mi Olympio, mea uita, mea mellilla, mea festiuitas PL.*Cas.*134; *Men.*361.

animus ~ī, *m.* [Osc. *ananúm*, Gk. ἄνεμος, Skt. *ani-ti*]

1 The mind as opposed to the body, the mind or soul as constituting with the body the whole person. **b** (as including the *mens*). **c** (as the immortal part of a person). **d** the spirit or soul of the universe (in some philosophical systems).

tum doloribus confectum corpus ~o obsistere LUCIL.639; quo maior uis est ~i quam corporis CIC.*Phil.*11.9; in homine..summa omnis ~i est et in ~o rationis *Fin.* 5.38; *Tusc.*1.18; Zenoni Stoico ~us ignis uidetur 1.19; ~i naturam sanguinis esse aut etiam uenti LUCR.3.43; ~i imperio, corporis seruitio magis utimur SAL.*Cat.*1.2; spinas ~one ego fortius an tu euellas agro HOR.*Ep.*1.14.4; ut corpore tantum, non etiam ~o laborent CELS.3.5.11; SEN. *Ben.*5.13.1; ~i asperitas, seu potius animae PLIN.*Nat.* 22.111; QUINT.*Inst.*1.1.1; APUL.*Apol.*24; (*cf.*) huic si mutonis uerbis mala tanta uidenti diceret haec ~us HOR.*S.* 1.2.69. **b** nubilam mentem ~i habeo PL.*Cist.*210; *Epid.*530; quae..pars ~i mens uocatur CIC.*Rep.*2.67; *Fin.* 5.36; nec potis est dulcis Musarum expromere fetus mens ~i CATUL.65.4; LUCR.5.149. **c** haec (memoria) siue a meo sensu post mortem afutura est, siue..ad aliquam ~i mei partem pertinebit CIC.*Arch.*30; ut alii dicerent ~os hominum sensusque morte restingui *Sest.*47; *Scaur.*4; diuinum ~um corpore liberatum *Tusc.*1.51. natura ~i mortalis habetur LUCR.3.831. **d** quam uim ~um esse dicunt mundi CIC. *Ac.*1.29; *N.D.*1.18; *Tim.*27; hunc (*sc.* solem) esse mundi totius ~um ac planius mentem..credere decet PLIN.*Nat.* 2.13.

2 a (substituted for the person). **b** (used in addressing oneself). **c** (usu. voc., as a term of endearment).

a nam illud animus meus miratur..quid remoretur PL. *Bac.*528; *Cist.*554; regius animus disciplinis fallacissimis eruditus..orare contra Caesarem coepit *B.Alex.*24.3; ~us ausus est maxumum..facinus incipere SAL.*Cat.*20.3; PHAED. 2.9.13. **b** miser a miser, querendum est etiam atque etiam, ~e CATUL.63.61; surge, ~e, ex humili PROP.2.10.11. **c** da, meus ocellus, mea rosa, mi ~e, mea uoluptas, Leonida, argentum mihi PL.*As.*664; *Bac.*81; *Cur.*98; o mi ocule, o mi ~e *Mil.*1330; TER.*An.*685; (*cf.*) meus fac sis postremo ~us quando ego sum tuos *Eu.*196.

3 The element of air (as the principle of life).

quin et umorem et calorem..et terrenam ipsam uiscerum soliditatem ~um denique illum spirabilem si quis quaerat unde habeamus CIC.*N.D.*2.18.

4 The mind as the seat of consciousness. **b** consciousness, life, sense.

quia aps te abit, ~o male factum est huic repente miserae PL.*Mil.*1331; ~o malest aedibus *Ps.*952; *Rud.*510; conlapsus ~oque male facto SUET.*Nero* 42.1. **b** ~us hanc modo hic reliquerat PL.*Mil.*1347; istoc uerbo ~us mihi redit TER.*Hec.*347; relinquit ~us Sextium grauibus acceptis uulneribus CAES.*Gal.*6.38.4; sanguinis atque ~i pectus inane fuit OV.*Ep.*3.60; ~o relictos..frigida spargimus SEN. *Nat.*4b.13.7; PLIN.*Nat.*20.152; subinde..~o deficiuntur LARG.191; SUET.*Jul.*45.1; (*hyperb.*) reddidisti ~um TER. *An.*333; (*poet.*) haud patitur foliorum tegmine frustra suspensos ~os arbusta ornata tenere CIC.*Arat.*357(115).

5 The mind as the organ of thought. **b** as the organ of judgement, opinion. **c** as the seat of memory.

domi habet ~um falsiloquom, falsificum, falsiiurium PL. *Mil.*191; ita stupida sine ~o asto *Poen.*1250; quae in te uxor dicit et quae in ~o cogitat TER.*Ad.*30; sapimus ~o, fruimur anima ACC.*trag.*296; praedium quom parare cogitabis, sic in ~o habeto, uti ne cupide emas CATO *Agr.*1.1; fingite ~is..fingite..cogitatione imaginem huius condicionis meae CIC.*Mil.*79; nos ~o dumtaxat uigemus *Att.*4.3.6; si etiam dormientes aliquid ~o uidere uideamur *Luc.*125; quoniam tu ~o tamen omnia possis protrahere in lucem LUCR.4.1188; utrisque ad ~um occurrit unum esse illud tempus CAES.*Gal.*7.85.2; multa uiri uirtus ~o multusque recursat gentis honos VERG.*A.*4.3; subibat cogitatio ~um LIV.10.45.3; ~o..non diuinante futura OV.*Tr.*4.8.29; rem saepe agitatam ~o meo VELL.1.16.1; in omnia praemittendus ~us SEN.*Ep.*91.4; si prius consuluerimus nostrum ~um QUINT.*Inst.*4.2.52; iam tum uidelicet praesagiens ~o futurum ut..FLOR.*Epit.*1.1(1.4.2);—(*said to be located where one's thoughts are directed*) egomet sum hic, ~us domi est PL.*Aul.*181; nam ~us iam in nauist mihi *Per.*709;—(cum ~o, *etc.*) qui sim nequeo cum ~o certum inuestigare PL.*Aul.*715; considerate cum uestris ~is CIC.*Ver.*3.29; multa cum ~o suo uoluebat SAL.*Jug.*6.2;—(*w. ref. to madness*) satin tu's sanus mentis aut ~i tui? PL.*Trin.*454; amentes quibus ~i non sunt integri AFRAN.*com.*348; C. Caesar, turbidus ~i TAC.*Hist.*4.48. **b** nam meo quidem ~o si idem faciant ceteri opulentiores..multo fiat ciuitas concordior PL.*Aul.*478; *Cist.*5; meus ut ~ust eloquar *Trin.*712; quare meo quidem ~o nihilo minus eloquentiae studendum est CIC.*Inv.*1.5; filia eo ~o fuit semper, ut existimaret PAUL.*dig.*45.3.20.1. **c** nihil ex illius ~o, quod semel esset infusum, umquam effluere potuisse CIC. *de Orat.*2.300; quo magis praeceptum illud omnium in ~is esse debet NEP.*Thr.*2.5; ~us meminisse horret VERG.*A.* 2.12; horum..memoriam..eieceritis ex ~is uestris LIV. 28.28.8; uos ~o semper adesse meo OV.*Tr.*3.4b.74; pulsi ex ~o genitorque pudorque et metus STAT.*Theb.*1.591; recursabant ~o uetera omina TAC.*Hist.*2.78; est mihi semper in ~o et Homericum illud PLIN.*Ep.*5.19.2.

6 The mind as directed to a particular object, attention.

iam dudum ab ludis ~us atque aures auent auide exspectantes nuntium ENN.*scen.*47; illum inhiant omnes, illi est ~us omnibus PL.*Truc.*339; ~um ut nequeam ad cogitandum instituere TER.*Ph.*240; ~us referendus est ad ea capita CIC.*de Orat.*2.146; adeste omnes ~is, Quirites *Sul.*33; totus et mente et ~o in bellum..insistit CAES.*Gal.*6.5.1; a contentione pugnae remiserant ~os LIV.5.41.4; iuuenem..oculis ~oque requirit OV.*Met.*4.129; sic pecudes et muta animalia terris..attollunt ~os caelumque et sidera seruant MAN.2.102; non uolgata tractabimus nec quae constare ~o aduertimus PLIN.*Nat.*17.9; prima..specie accidentis ad ~um rei GEL.19.1.15.

7 The mind as the originator of intentions; *in ~o habere*, to have in mind, intend; so *in ~o esse*; *communi* or *uno ~o*, with one mind, unanimously. **b** design, purpose, intention.

teneo quid ~i uostri super hac re siet PL.*Am.*58; tu quidem meum ~um gestas: scis quid acturus siem *Mer.*572; nemo umquam ~o aut spe maiora suscipiet CIC.*Amic.*102; consecutus id quod ~o proposuerat CAES.*Gal.*7.47.1; HOR. *Carm.*3.4.68; maius eum quam quod gereret agitare in ~o bellum LIV.21.2.2; TAC.*Ag.*18.4;—quod quisque in ~o habet aut habiturust sciunt PL.*Trin.*206; istum exheredare in ~o habebat CIC.*S.Rosc.*52; CAES.*Gal.*6.7.5; LIV.3.64.6;—sibi esse in ~o..iter per prouinciam facere CAES.*Gal.*1.7.3; COL.2.21.6; FRO.*Aur.*2.p.122(102N);—ut commune officium censurae communi ~o ac uoluntate defenderent CIC.*Prov.* 20; uobis uno ~o pergentibus SAL.*Hist.*3.48.8; ut uno ~o cum consulibus bellum ab urbe..propulsari uellent LIV. 3.69.5. **b** quoniam nobis di inmortales ~um ostenderunt suom, ut qui erum me tibi fuisse atque esse nunc conseruom uelint PL.*Capt.*242; uti suum ~um, non euentum considerent CIC.*Inv.*2.102; sacra Ioui Stygio..perficere est ~us VERG.*A.*4.639; neque ~is ad imperium inhibendum imminutis LIV.3.38.1; omnibus unum opprimere est ~us OV. *Met.*5.150; coniectura omnis aut de re aut de ~o est QUINT.*Inst.*7.2.1; fuerat ~us coniuratis corpus occisi in Tiberim trahere SUET.*Jul.*82.4; ut..nulla possessio adquiri nisi ~o et corpore potest PAUL.*dig.*50.17.153.

8 The mind as the seat of desire or volition. **b** *~o libenti*, willingly, gladly; *ex ~o*, heartily, sincerely; *~i causa*, *gratia*, for one's own gratification; *impos*, *inops ~i*, lacking self-control; *compos ~i*, in control of oneself. **c** desire, inclination, instinct. **d** zeal, enthusiasm.

quantum haurire ~us Musarum e fontibus gestit LUCIL. 1008; qui ab auro gazaque regia manus, oculos ~um cohibere possit CIC.*Man.*66; optatos ~i coniungite amores CATUL. 64.372; omnium ~i intenti esse ad pacem uidebantur CAES. *Civ.*3.19.5; Iugurthae non mediocrem ~um pollicitando accendebant SAL.*Jug.*8.1; non mollia possunt prata mouere ~um VERG.*G.*3.521; ut est humanus ~us insatiabilis LIV. 4.13.4; in noua fert ~us mutatas dicere formas corpora OV.*Met.*1.1; LUC.1.67; te iam fecerat illi mens ~usque patrem STAT.*Silv.*2.1.103. **b** lubentissumo corde atque ~o PL.*Ps.*1321; non modo patienti sed etiam libenti ~o portentis..parebo CIC.*Har.*11;—utinam istuc uerbum ex ~o ac uere diceres TER.*Eu.*175; CATUL.109.4; ex ~o illum, non quia necesse est, sequor SEN.*Ep.*96.2;—quasi tu cupias liberare fidicinam ~i gratia PL.*Epid.*275; haec..alunt ~i uoluptatisque causa CAES.*Gal.*5.12.6; operis amore, non ~i causa PLIN.*Nat.*pr.16;—eripite isti gladium, quae suist impos ~i PL.*Cas.*629; ardet inops ~i STAT.*Theb.*11.152;—uix sum compos ~i, ita ardeo iracundia TER.*Ad.*310. **c** si quid clam uxorem suo ~o fecit uolup PL.*As.*942; illis modo explete ~um TER.*Hec.*785; non ~us eis, sed uires defuerunt CIC.*Flac.*61; deus ipse faces ~umque ministrat VERG.*A.*5.640; exiliunt ~um clamore fatentes OV.*Ars* 1.115; et dabit in praedas ~os MAN.4.508; SEN.*Con.*2.2.12; QUINT. *Inst.*3.4.8; TAC.*Ann.*1.56; GEL.4.3.2. **d** ex hac ui non numquam ~i aliquid inflandum est illi lenitati CIC.*de Orat.* 2.212; maiore inde ~o pacis opera inchoata quam quanta mole gesserat bella LIV.1.38.5; dum bellum maiore ~o gerunt quam consilio 5.18.7; nec minore ~o regina Berenice partis iuuabat TAC.*Hist.*2.81; TRA.Plin.*Ep.*10.40(49).2; alea quando hos ~os? JUV.1.89;—(*poet.*) dant ~os plagae (*i.e. to a top*) VERG.*A.*7.383; ut rapidus torrens, ~os cui uerna ministrant flamina STAT.*Theb.*3.671.

9 The mind as the seat of feelings and emotions: **a** of pain, suffering; also, of pleasure. **b** of hope, fear, etc. **c** of feelings towards others.

a sed ego hic ~o lamentor ENN.*Ann.*204; tanto mi aegritudo auctior est in ~o PL.*Capt.*782; discrucior ~i TER. *Ad.*610; paulo solutiore ~o CIC.*Ver.*5.82; cum miser ex ~o laetatur corpore toto LUCR.3.109; casuque ~um concussus amici VERG.*A.*5.869; fessos iam ~os Sardorum esse LIV. 23.32.9; aegro ~i Alexandro CURT.4.3.11;—ubique id eripiatur ~o tuo quod placeat maxume PL.*Mer.*840; ego uoluptatem ~i nimiam summum esse errorem arbitror TRAB.*com.*6; ~os Venus ueget uoluptatibus POMPON.*com.*78; capiebam ~o non mediocrem uoluptatem CIC.*Planc.*1; ~i felices credit auaros JUV.14.119. **b** nam meus formidat ~us PL.*Bac.*237; teneone te,..maxume ~o exspectatam meo? TER.*Hau.*408; offirmato ~o mitescit metus PAC.*trag.*

293; angebatur ~i CIC.*Ver.*2.84; suspenso ~o exspecto quid agat *Att.*4.15.10; sic omnino ~os timor praeoccupauerat CAES.*Gal.*6.41.3; anxius ~i atque incertus SAL.*Hist.*4.68; tot in curas distracti ~i eorum erant LIV.22.7.10; inquies ~o TAC.*Ann.*16.14. **c** amans ego ~um meum isti dedi PL.*As.*141; nunc tu germanu's pariter ~o et corpore TER.*Ad.*957; mihi miseritudine commouit ~um excelsa aspecti dignitas ACC.*trag.*188; locus ille ~i nostri stomachus ubi habitabat olim concalluit CIC.*Att.*4.18.2(16.10); mutuis ~is amant amantur CATUL.45.20; frater ~o meo carissume SAL.*Jug.*14.22; dum mihi fias..amica..~umque reddas HOR.*Carm.*1.16.28; quae tibi si ueris ~is est questa puella PROP.3.6.35; ne..subirem tui ~i offensionem VITR.1.pr.1; inde Thyestiaden ~o thalamoque recepit OV.*Ars* 2.407; hos (*sc.* oculos) cum exosculamur ~um ipsum uidemur attingere PLIN.*Nat.*11.146; sociumque ~o miserata dolorem STAT.*Theb.*3.679.

10 Frame of mind, feelings, attitude. **b** (w. spec. adjs. or defining gen.). **c** (spec., w. ref. to loyalty or fidelity).

nos eius ~um de nostris factis noscimus PL.*St.*6; neque ille hoc ~o erit aetatem TER.*Hec.*747; quo tandem ~o eius interitum ferre debui? CIC.*Brut.*3; hunc..~um attulit ad tribunatum CIC.*Sest.*13; praeterea, quorum..bona erepta..haud sane alio ~o belli euentum exspectabant SAL.*Cat.*37.9; arguat et macies ~um OV.*Ars* 1.733; rex Eumenes in eo bello medius fuit ~o VELL.1.9.2; in equis..indicia ~i praeferunt (aures) PLIN.*Nat.*11.137; amorem honestum solis ~is aestimantes ULP.*dig.*24.1.3;—(*w.* erga) timet omnia, patris iram et ~um amicae se erga ut sit suae TER.*Hau.*189; et mores eius erunt spectandi..et ~us erga nos CIC.*Off.*1.45; LIV.26.27.11;—(*w.* in+*acc.*) dicere eiusmodi ~um matris suae fuisse in patrem suum CIC.*Inv.*1.19; sese..hoc esse in Ciceronem..~o ut nihil nisi hiberna recusent CAES.*Gal.*5.41.5;—(*w.* inter) quo ~o inter nos sumus CIC.*Fam.*3.9.1. **b** ~o..benigno ENN.*Ann.*470; nam semper ~o bono se in populum Romanum fuisse CIC.*Inv.*2.105; Cluentium non accusatorio ~o..nomen Oppianici detulisse *Clu.*11; qui iam ante inimico in nos ~o fuisset CAES.*Gal.*5.4.4; deponas ~os truces monemus MART.9.9(10).3; infensis ~is TAC.*Ann.*2.45;—ut pater tam in breui spatio omnem de me eiecerit ~um patris? TER.*Hau.*955; nihil..magis a te subiecti ~o factum est PLIN.*Pan.*9.3. **c** cuius unius praemio multorum allicuit ~os CALP.*hist.*17; cum esset missus a senatu ad ~os regum perspiciendos CIC.*Phil.*9.4; ad has XIIII cohortis quas dubio ~o habeo POMP.*Att.*8.12A.3; finitimarum ciuitatum ~os litteris nuntiisque temptabat CAES.*Civ.*1.40.1; VERG.*A.*3.505; modo experiri ~um et uirtutem exercere liceat LIV.25.6.19; cum fortunam non ~um mutasset VELL.2.82.2; ~orum prouinciae prudens TAC.*Ag.*19.1.

11 (usu. pl.) Anger, animosity.

nunc ego meos ~os uiolentos meamque iram ex pectore am promam PL.*Truc.*603; iram infrenes, obstes ~is ACC.*trag.*15; quantis ~is ierit in L. Quintium uidistis SAL.*Hist.*3.48.10; compesce uerba..~osque minue SEN.*Med.*175; nec Vespasiano aduersus Galbam uotum aut ~us TAC.*Hist.*1.10;—(*poet.*) sacros Aetnaei montis fremitus ~osque furentis *Aetna* 278.

12 The mind as the seat of pride. **b** haughty feelings, pride, airs.

scio solere plerisque hominibus rebus secundis..~um excellere CATO *hist.*95a; ~os eorum habentia inflarat QUAD.*hist.*61; insolentia dominatus extulerat ~os CIC.*Dom.*141; ut multa adulatione ~us eius permulceretur SEN.*Suas.*1.6; C. Aufidius ~os tollit AUR.*Fro.*1.p.214(75N). **b** istas magnas factiones, ~os, dotes dapsilis PL.*Aul.*167; iam..noratis ~os eius ac spiritus tribunicios CIC.*Clu.*109; quare igitur tanto agmine atque ~is incedit? SAL.*Hist.*1.55.24; uictor superans ~is tauroque superbus VERG.*A.*5.473; inflata adhuc regiis ~is ac muliebri spiritu LIV.24.22.8; sume animos, ~is cedat ut illa tuis OV.*Rem.*518; Nilusne et barbara Memphis..hos ~os? LUC.8.544; (*poet.*) hunc (lapidem) multis circum inice flammis et patere extorquere ~os atque exue robur *Aetna* 406.

13 The mind as the seat of courage. **b** courage, spirit, morale. **c** *bonum ~um habere, bono ~o esse,* to have courage, be of good cheer.

si istam firmitudinem ~i optines PL.*As.*320; ~o trepidanti LUCIL.1000; me animo nimis fracto esse atque adflicto CIC.*Dom.*97; ~o sumus ad dimicandum parati CAES.*Civ.*3.85.4; quanta..~i uis fuisset in exercitu Catilinae SAL.*Cat.*61.1; concurrere in arcem cum sociis ardent ~i VERG.*A.*2.316; uictos tandem illos Martios ~os Romanis LIV.22.12.4; tanta est ~i constantia OV.*Met.*11.293; uirilis ~i femina VELL.1.1.3; STAT.*Ach.*1.271; ut quisque ~o ignauus, procax ore TAC.*Hist.*2.23; (*poet.*) ~os tollent sata VERG.*G.*2.350. **b** ibi nostris ~us additust PL.*Am.*250; neque ~i neque consili satis haberet CIC.*Caec.*18; plenus spei bonae atque ~i CAES.*Civ.*2.5.2; Mars armipotens ~um uirisque Latinis addidit VERG.*A.*9.717; ibi praedonum magis quam hostium ~i inuenti LIV.7.28.3; dant illis ~os arcus OV.*Pont.*1.2.83; traxere ~os de patre Gelonae Hyrcano GRAT.195; ex successu ~um sumpsit VELL.2.17.3;—(*w. adj.*) sicut equus qui..uincla suis magnis ~is abrupit ENN.*Ann.*515; Cannensi calamitate accepta maiores ~os habuit quam unquam rebus secundis CIC.*Off.*3.47; causam plebis ingentibus ~is armant LIV.6.38.4; Magnum..ingentis..~os extrema in fata ferentem LUC.7.679;—(*w. inf.*) non ulli est ~us stricto concurrere ferro VERG.*A.*10.715;—(*w.* ad) Volscis..haudquaquam idem animus ad iterandum periculum fuit LIV.8.1.5; VELL.2.119.3. **c** bonum ~um habe PL.*Am.*545; de Numidia bonum habete ~um SAL.*Jug.*85.45; LIV.7.41.3; bonum ~um eam habere iussi et de utroque esse securam PETR.18.2; (*cf.*) licet tu mihi bonum ~um facias PLIN.*Ep.*7.30.4;—scin quam bono ~o sim? PL.*Am.*671; TER.*Hau.*822; LUCIL.782; iubes..eum bene sperare et bono esse ~o CIC.*Deiot.*38; LIV.1.41.5; (*cf.*) ~o liquido et tranquillo es PL.*Epid.*643.

14 The moral and mental consitution of a person, disposition, character.

o pietas ~i ENN.*Ann.*8; ego..homo iracundus, ~i perditi PL.*Men.*269; mala mens, malus ~us TER.*An.*164; ~us quorum atroci uinctus malitia est ACC.*trag.*46; ~um ferum, crudelem atque inhumanum *Rhet.Her.*2.29; ad ~i bona aut mala omnis oratio dirigenda est CIC.*Top.*89; eum..neque genere neque ~o regio esse *Agr.*2.42; qui mobilitate et leuitate ~i nouis imperiis studebant CAES.*Gal.*2.1.3; omnes quos flagitium egestas conscius ~us exagitabat SAL.*Cat.*14.3; est hic, est ~us lucis contemptor VERG.*A.*9.205; et cuncta terrarum subacta praeter atrocem ~um Catonis HOR.*Carm.*2.1.24; hanc modestiam aequitatemque et altitudinem ~i LIV.4.6.12; esse potest ~o uix..aequa tuo (*sc.* fortuna) OV.*Pont.*2.9.14; nomen decusque medicinae conseruare pio sanctoque ~o quemque LARG.pr.p.3,l.4; Cotta haud minus claris maioribus sed ~o diuersus TAC.*Ann.*4.20; (*poet.*) haec quoque..exuerint siluestrem ~um VERG.*G.*2.51;—(*w.* magnus, magnitudo) nequaquam satis multi ciues forti et magno ~o inueniren tur CIC.*Sest.*1; unius post homines natos fortissimi uiri magnitudinem ~i desideres CIC.*Mil.*69; quaecumque acciderent, fortissimo et maximo ~o ferre deberes *Fam.*6.13.5; *B.Alex.*31.1; ita de..bello quod gerundum esset magno elatoque ~o disseruit LIV.26.19.1; (*cf. sense 4*) ingentis..~os extremo frigore labi sensit STAT.*Theb.*8.734.

Aniō ~ōnis, *m.* Also **~ēn** ~ēnis. A tributary of the Tiber, flowing through the northern part of Latium. **b** *~o nouus,* an aqueduct built by Claudius, bringing the water of the Anio to Rome; *~ uetus,* an aqueduct built in the early part of the 3rd century B.C. FORMS: *~ene* (voc.) PROP.4.7.86.

~onem ENN.*Ann.*603; qua ~o influit in Tiberim VAR.*L.*5.28; prope ripam ~onis CIC.*Brut.*54; praeceps ~o HOR.*Carm.*1.7.13; PROP.4.7.81; PLIN.*Nat.*3.109. β non minus xv milia ~en abest CATO *orat.*92; gelidum..~enem VERG.*A.*7.683; OV.*Am.*3.6.51; STAT.*Silv.*1.3.20. **b** ~o nouus FRON.*Aq.*4. β influxere Curtius atque Caeruleus fontes et ~en nouus PLIN.*Nat.*36.122;—~o uetus FRON.*Aq.*4.

anisocycla ~ōrum, *n. pl.* (or **~ī,** *m.pl.*) [Gk.] (app.) A system of gears.

organa..unius operae prudenti tactu perficiunt quod est propositum, uti scorpionis seu ~orum uersationes VITR.10.1.3.

anīsum ~ī, *n.*: form of ANESVM.

anitēs: pl. of ANAS[1].

Anius ~iī, *m.* A king of Delos and priest of Apollo, who entertained Aeneas.

VERG.*A.*3.80; OV.*Met.*13.632.

ann-: for cpds. of *ad-* see ADN-.

Anna ~ae, *f.*

1 (in full *Anna Peranna* or *Perenna*) The goddess of the returning year; (identified by Ovid with 2).

te ~a ac Peranna VAR.*Men.*506; Idibus (*sc.* Martiis) est ~ae festum geniale Perennae OV.*Fast.*3.523; MART.4.64.17; accitam stagnis Laurentibus ~am SIL.8.28; (*as the title of a mime*) in ~a Peranna gubernium pro 'gubernatore'..dicit (Laberius) GEL.16.7.10.

2 The sister of Dido.

~a soror VERG.*A.*4.9; pellitur ~a domo OV.*Fast.*3.559; SIL.8.55.

Annaeus ~a ~um, *a.* The name of a Roman *gens*; esp. of the Senecas.

~oque Seneca iam tunc senatori in disciplinam traditus SUET.*Nero* 7.1.

annālis[1] ~is ~e, *a.* [ANNVS+-ALIS]

1 That occurs annually, based on the year, annual.

de statutis diebus dixi; de ~ibus nec die statutis dicam VAR.*L.*6.25; tempora duorum generum sunt, unum ~e, quod sol circuitu suo finit *R.*1.27.1.

2 Dealing with, or recording, events on a year by year basis; *~es libri,* chronicles, annals.

~es libri tantum modo quod factum quoque anno gestum sit, ea demonstrabant ASEL.*hist.*1; in libris ~ibus GEL.2.11.1; (*sg.*) uersus..de libro Enni ~i sexto QUINT.*Inst.*6.3.86.

3 *lex ~is,* a law prescribing the age qualifications for various offices.

cum legem ferret ~em CIC.*de Orat.*2.261; legibus..~ibus cum grandiorem aetatem ad consulatum constituebant *Phil.*5.47; aeuitatem ~i lege seruanto *Leg.*3.9.

4 Lasting for one year only, limited to a year.

si..~i actione egeris ULP.*dig.*15.2.1.10; ut nullo modo ~e tempus excederet 38.17.2.43; interdictorum quaedam ~ia sunt, quaedam perpetua 43.1.1.4; cum et ipsa filii bonorum possessio ~is est PAUL.*dig.*38.17.6.1.

annālis[2] ~is, *m.* [prec.] (short for *~is liber*) A book of annals or chronicles; (also sg. collect.). **b** (pl.) a chronicle or similar historical work in several books, records, history (oft. as the title of a literary work).

(Ennium) cum septimum et sexagesimum annum haberet duodecimum ~em scripsisse VAR.in Gel.17.21.43; in nono ut opinor ~i CIC.*Brut.*58; quibus consulibus ..ea legatio Romam uenerit scriptum est in tuo ~i *Att.*12.23.2; NEP.*Han.*13.1; PLIN.*Nat.*7.101;—poesis est perpetuum argumentum e rhythmis, ut Ilias Homeri et ~is Enni VAR.*Men.*398. **b** ~es Enni LUCIL.343; erat..historia nihil aliud nisi ~ium confectio CIC.*de Orat.*2.52; ut ~es populi Romani et monumenta uetustatis loquuntur *Dom.*86; ut quendam ex ~ium memoria *Q.fr.*1.1.7; post ~is pontificum maximorum *Leg.*1.6; ~es Volusi CATUL.36.1; multi, Roma, tuas laudes ~ibus addent PROP.3.1.15; Vopiscum Iulium pro Verginio in quibusdam ~ibus consulem inuenio LIV.2.54.3; qui ~es Acilianos ex Graeco in Latinum sermonem uertit 25.39.12; sumpserit ~es (*sc. of Ennius*) (nihil est hirsutius illis) OV.*Tr.*2.259; ad fastus te et ~es perducam publicos SEN.*Dial.*11.14.2; caniturque adhuc barbaras apud gentis, Graecorum ~ibus ignotus TAC.*Ann.*2.88; ~es..esse, cum res gestae plurium annorum obseruato cuiusque anni ordine deinceps componuntur GEL.5.18.6.

2 A narrative, recital.

si..uacet ~is nostrorum audire laborum VERG.*A.*1.373.

Annālis[3] ~is, *m.* A Roman *cognomen.*

S.C. in Cael.*Fam.*8.8.5; LIV.40.44.1; 42.31.9.

annārius ~a ~um, *a.* [ANNVS+-ARIVS] *lex ~a,* a law defining the age qualifications for public offices.

~a lex dicebatur ab antiquis ea, qua finiuntur anni magistratus capiendi PAUL.*Fest.*p.27M.

anne: see AN.

Anniānus ~a ~um, *a.*

1 Of or belonging to Annius.

ex ~a Milonis domo CIC.*Att.*4.3.3.

2 (sb.) A poet of the second century A.D.

GEL.20.8.1.

Annibal ~is, *m.*: form of HANNIBAL.

Annicerius ~a ~um, *a.* Of the philosophic sect of Anniceris.

ab Aristippo Cynenaici atque ~i philosophi nominati CIC.*Off.*3.116.

anniculus ~a ~um, *a.* Also **-uculus.** [?**annicus* (ANNVS)+-VLVS]

1 One year old, yearling; (also of age).

ibidem sunt nuces bimae..et ~ae CATO *Agr.*17.2; a sex mensibus quoad ~us fiat *Ed.pr.*(*Font.iur.*p.223)21.2; ~um (uinum) VAR.*R.*1.65.1; hanc Caesar uix ~am Ti. Claudio Neroni..despondit NEP.*Att.*19.4; ex ~o palmite COL.5.6.29; primus sermo ~o (infanti) PLIN.*Nat.*11.270; '~us' non statim ut natus est, sed trecentesimo sexagensimo quinto die dicitur PAUL.*dig.*50.16.134; AGATHINO FILIO SVO ANNVCVLO ET MENSVM SEX *CIL* 3.2319; ANCILL ANNVCLA ET MEN IIII 13.7089;—(*as sb.*) si fingamus afuisse maritum..per decennium, reuersum ~um inuenisse in domo sua ULP.*dig.*1.6.6;—ab ~a aetate commode progenerant (uerres) COL.7.9.2.

2 Lasting only one year, limited to a year.

hoc nec a patre hereditarium est..nec a suffragio ~um APUL.*Soc.*23.

annifer ~era ~erum, *a.* [ANNVS+-FER] Bearing fruit all the year round; (also, perh.) producing new shoots every year.

citreae et iuniperus et ilex ~erae habentur PLIN.*Nat.*16.107;—nascuntur..quaedam et semine et radice ut cepa, alium, bulbi et si quorum radices ~erorum (*cj.*) relinquuntur 19.121.

anniuersārius ~a ~um, *a.* [ANNVS+VERTO+-ARIVS]

1 Employed, engaged, or renewed annually.

potius ~os habent uicinos, quibus imperent, medicos, fullones..VAR.*R.*1.16.4; centesimas me obseruaturum..cum anatocismo ~o CIC.*Att.*5.21.11; alii honores ~os petunt, alii perpetuas potestates SEN.*Ep.*118.4; (*cf.*) Aequorum iam uelut ~is armis adsueuerat ciuitas LIV.4.45.4; adsidui uero et ~i hostes..fuere Veientes FLOR.*Epit.*1.6 (1.12.1).

2 Occurring, arising, or growing every year, of yearly recurrence. esp. **b** (of games, festivals, sacrifices) celebrated or performed annually, annual.

impetum caeli..constantissime conficientem uicissitudines ~as CIC.*N.D.*2.97; uere..omnes (arbores) suae proprietatis uirtutem efferunt in frondem ~osque fructus VITR.2.9.1; SUET.*Aug.*81.2; ~A VICE *CIL* 11.5265. **b** sacris ~is CIC.*Ver.*4.84; ludorum gratia..quos tum primum ~os in circo facere instituisset *Rep.*2.12; sacrum ~um Cereris LIV.22.56.4; ~VM SACRIFICIVM FACERE AUG.*Anc.*2.31; CURT.8.2.6; (simulacrum) in parte aedium consecratum..peruigilio ~o coluit SUET.*Gal.*4.3.

Annius ~a ~um, *a.* A Roman gentile name, esp. of T. Annius Milo, defended by Cicero when tried for the murder of Clodius. **b** *uia ~a,* a road in SE. Etruria.

CIC.*Mil.*1;77. **b** CVRATORI VIAR(VM) CLODIAE ~AE CASSIAE *CIL* 3.1458; 6.31338a.

annōn: see AN.

annōna ~ae, *f.* [ANNVS+-*ona*; cf. BELLONA, POMONA]

1 (Annual) marketable output, produce. **b** (as a goddess).

quod nisi omnis frumenti ratio ex temporibus esset et ~a, non ex numero neque ex summa consideranda CIC.*Ver.*3.215; ~a porro pretium nisi in calamitate fructuum non habet 3.227; COL.3.3.10; ciuilis, aequi patrisfamilias modus est in ~a cuiusque anni uti PLIN.*Nat.*18.320; destituetur ~ae praebitio, cum auocentur ab opere rustici CALL.*dig.*50.11.2. **b** ~A AVGVSTI CERES S C *BMCI* 1.p.220,no.127(Nero).

2 The supply of corn and other food (esp. to Rome or other cities or to armies). **b** (as an official department). **c** allotment of cheap or free corn. **d** (spec.) the subsistance allowed to soldiers, magistrates, etc.

magno te decumas uendidisse, plebi Romanae consuluisse, ~ae prospexisse Cic.*Ver.*3.151; difficultatem ~ae summamque inopiam rei frumentariae *Dom.*12; Caesariani graui ~a sunt conflictati *B.Afr.*24.3; ~ae in primis habita cura Liv. 2.9.6; 26.20.8; ut copia frumenti suis et ~a tolerabilis rerum aliarum suppeditetur 35.44.7; (*facet.*) iube hunc in culleo insui atque in altum deportari, si uis ~am bonam Pl.*Vid.*fr.12. **b** ut L. Minucius praefectus ~ae crearetur Liv.4.12.8; eum Mucianus..~ae praefecit Tac.*Hist.*4.68; urbis ~aeque curam sollicitissime semper egit Suet.*Cl.*18.1. **c** si ~am..ueterem uolunt Liv.2.34.9; in ~ae dispensatione 10.11.9; ubi militem donis, populum ~a..pellexit Tac. *Ann.*1.2; populum Romanum duabus praecipue rebus, ~a et spectaculis, teneri Fro.*Ver.*2.p.216(210N); (*cf.*) hunc ~a diem superba nescit Stat.*Silv.*1.6.38. **d** priusquam te Germanicus arbitrum sequenti ~ae dedit Stat.*Silv.* 4.9.18; nullum circa hospitia fastidium; ~a quae ceteris Plin.*Pan.*20.3; quotiens militi..~a publica praestanda est Sic.Fl.*agrim.*p.129; Suet.*Gal.*7.2.

3 Corn, food (w. ref. to price).

qui homines probi essent, esset is ~a uilior Pl.*Mil.*735; tum annona carast Ter.*An.*746; Cato *hist.*77; ut..~ae caritatem non uererere Cic.*Ver.*3.47; putarem ~am in macello cariorem fore *Div.*2.59; annus insignis..~ae uilitate fuit Liv.30.26.5; ~a..eo anno peruilis fuit 31.50.1; Plin. *Nat.*18.15.

4 The current price of corn, etc., market price; (also) high price, expense. **b** price (of other commodities).

cena hac ~a est sine sacris hereditas Pl.*Trin.*484; aut collegiorum cenae, quae nunc innumerabiles excandefaciunt ~am macelli Var.*R.*3.2.16; remissior aliquanto eius fuit aestimatio quam ~a Cic.*Ver.*3.214; cum ingraueseeret ~a *Dom.*11; his..omnibus ~a creuit Caes.*Civ.*1.52.1; ~a..nihil mutauit Liv.5.13.1; grauia ~ae..incendia Man.4.168; pascendi sunt.., si permittit ~a, farina ordei uel erui Col. 7.3.19; si perseuerat haec ~a, casulas meas uendam Petr. 44.15; addidit..sine pretio frumentum, quo ante ex modo ~ae utebantur Tac.*Ann.*15.72;—annona leuanda Cic.*Mil.* 72; querentium..~am primo, postremo famem Liv.22.43.3; consensu populi, quem grauis urebat infesto mari ~a Vell. 2.77.1; plebes acri..~a fatigabatur Tac.*Ann.*4.6. **b** uectigal..nouum ex salaria ~a statuerunt Liv.29.37.3; habet institores aqua et ~am (pro pudor!) uariam Sen.*Nat.* 4b.13.8; necessitas cogit agricolam musti ~am experiri Col.3.21.6; si..lactis ~a permittit 8.17.13; pretium spicae in libras ✕c. folii diuisere ~am amplitudine Plin.*Nat.*12. 43; his opibus numquam cara est ~a ueneni Juv.9.100; (*transf.*) uilis amicorum est ~a Hor.*Ep.*1.12.24.

annōnārius ~a ~um, *a.* [prec.+-ARIVS] Of or concerned with the corn supply.

(legem) ~am Asc.*Pis.*7; REI ~AE *CIL* 3.4180.

annōsus ~a ~um, *a.* [ANNVS+-OSVS] Full of years, aged, long-lived, old, immemorial. **b** (transf., of age). **c** occupying many years, long.

(*of persons*) non mammosa, non ~a Laber.*com.*80; ~um..senem Ov.*Ars* 1.14; Nestoris ~i uicisses saecula *Eleg. Maec.*139; (*cf.*) cum balba feris ~o uerba palato Hor.*S.* 2.3.274;—(*of birds, beasts*) ~a cornix *Carm.*3.17.13; ~i.. draconis Prop.4.8.3; ~i..dentibus apri Sil.4.559; (*of trees, etc.*) ~am..ornum Verg.*A.*10.766; Ov.*Met.*8.743; collisque propinqui ~um truncant apicem Stat.*Theb.*3.175; ~am.. nucem Juv.11.119; (*poet.*) ~o ualidam cum robore quercum Verg.*A.*4.441; sub ~a medius consederat umbra Calp.*Ecl.* 2.21;—(*of other things*) ~a uolumina uatum Hor.*Ep.*2.1.26; ~o..lyaeo [Tib.]3.2.19; ~i sidera mundi Sen.*Oed.*504; leges ~aque iura *Ilias* 877; agrosque uiris annosaque uastant oppida Stat.*Theb.*3.576. **b** ~ae..senectae Ov.*Met.* 7.237; ~a uetustas *Tr.*5.2.11; ~a et molli contingat uita senecta Man.1.115; ~o qui famam derogat aeuo Luc. 9.359; Plin.*Nat.*4.89. **c** uiribus ~ae facta caduca morae Ov.*Fast.*5.144; ~asque uias tardus uix perficit orbis Germ. *Arat.*443; non ~a canam Messanae bella nocentis Man.3.14.

annotinus ~a ~um, *a.* [next+-TINVS] Of the previous year, one year old.

multitudine nauium perterritae, quae cum ~is priuatisque quas sui quisque commodi fecerat Caes.*Gal.*5.8.6; ungues custodum ~os resecato Col.4.24.7; *Arb.*30.1; nouus.. fructus in his cum ~o pendet Plin.*Nat.*16.107.

annus ~i, *m.* [<**at-nos*, cf. Goth. *aþnam* (dat. pl.) 'years', *at-aþni* 'year'; cf. also Umb. *acnu* (= *annos*), *sev-akne* (= *sollemnem*)]

1 The period of the sun's apparent revolution, the natural or astronomical year. **b** *magnus ~us*, the total period between two times when the sun, moon, and the five known planets would all be in the same positions relative to the constellations or fixed stars, a great year; also, app., the period of orbit of individual planets. **c** *~us Metonis*, a Metonic cycle of 19 years.

~o uertenti Lucil.745; homines..populariter ~um..solis..reditu metiuntur Cic.*Rep.*6.24; *Tim.*32; in ipso conatu rerum circumegit se ~us Liv.9.18.15; Man.3.554; quinos ~is dies adici superque quartam partem diei Plin. *Nat.*2.35; in Meroe..bis ~o absumi umbras 2.184; (*cf.*) iacet extra sidera tellus, extra ~i solisque uias Verg.*A.* 6.796;—(*personified*) Ov.*Met.*2.25. **b** Cic.*N.D.*2.51; horum ~orum..magnus XII DCCCCLIV amplectitur *Hort.* fr.35; cum huius alitis (phoenicis) uita magni conuersionem ~i fieri prodit idem Manilius Plin.*Nat.*10.5; Tac.*Dial.*16.7; Apul.*Pl.*1.10; (*cf.*) tum signis omnibus ad idem principium stellisque reuocatis expletum ~um habeto Cic.*Rep.*6.24; ille uere uertens ~us appellari potest 6.24;—hae (stellae) faciunt magnos longinqui temporis ~os *Arat.*476(232); stellas..quae uoluunt magnos in magnis orbibus ~os Lucr.5. 644. **c** quando iste Metonis ~us ueniet? Cic.*Att.*12.3.2.

2 A year, as a measure of length of time, a period lasting twelve months. **b** *ad ~um*, a year hence. **c** (pl. expr. an indefinite period).

REGNAVIT · ~OS DVODEQVADRAGINTA *Elog.*4(*CIL* 1. p.189); multos ~os latuit Enn.*scen.*64; septimum decimum ~um ilico sedent Naev.*poet.*48(44); Philaenium ut secum esset noctes et dies hunc ~um totum Pl.*As.*754; iudicium factum est aliquot ~is post Cic.*Opt.Gen.*22; cum ~os iam compluris societas esset *Quinct.*14; ne diutius ~o in prouincia essem *Att.*7.3.1; te, Marce fili, ~um iam audientem Cratippum *Off.*1.1; multorum ~orum tyrannus Nep.*Di.*5.2; matronae ~um ut parentem eum luxerunt Liv.2.7.4; per ~os quinquaginta 25.31.4; (*hyperb.*) dum moliuntur, dum conantur, ~us est Ter.*Hau.*240;—(*in abl. of duration*) denis uicenisque ~is inter bella iuuentus consenuit Sen. *Con.*2.3.7; comitiales..sanat et archezostis, sed ~o pota Plin.*Nat.*26.113; Comatam Galliam ~o fere rexit Suet. *Tib.*9.1. **b** feruit nunc, feruet ad ~um Lucil.357; de ea questum ad ~um ueniam ad nouum magistratum Var. *Men.*378; Furnium nostrum quem ad ~um tribunum pl. uidebam fore Cic.*Att.*5.2.1; *Fin.*2.92; et nos faciamus ad ~um..grandia liba Pali Ov.*Fast.*4.775. **c** quae uos cupide per hosce ~os adpetistis Gracch.*orat.*30; Cic.*Man.*38.

3 A civil or calendar year, usu. corresponding in length to the natural year, but having an official beginning (1 Jan. or 1 Mar.).

~um nouum uoluerunt esse primum mensem Martium Atta *com.*18; num istam legem..~o post M. Lucullus et C. Cassius (tulerint) Cic.*Clu.*137; filius ~o post quaestor fuit quam consul Mummius *Att.*13.4.1; id modo eius ~i..ad memoriam insigne est Liv.24.49.8; iam ferme in exitu ~us erat 25.41.8; nec meus Eudoxi uincetur fastibus ~us (*i.e. the Julian year*) Luc.10.187; annum..alii aestate determinabant et alterum hieme, alii quadripertitis temporibus, sicut Arcades, quorum ~i trimenstres fuere Plin.*Nat.*7.155; cum..omnis ~us funeribus et cladibus insigniretur Tac. *Ag.*41.3; ~um..ad cursum solis accommodauit Suet.*Jul.* 40.1; quanti id in eo ~o plurimi fuit *Leg.pub.*(*Font.iur.* p.45)2.

4 A year with its events, conditions, characteristics, etc., a year of office, a year of life. **b** *meus* (*tuus*, *suus*, etc.) *~us*, the year when I (you, he, etc.) stand for, or am old enough to hold, a particular office, esp. the consulship; also, my (your, etc.) year of office.

scelestiorem ego ~um argento faenori numquam ullum uidi Pl.*Mos.*532; siquid desit in ~um, uti paretur Cato *Agr.*2.6; interim me quaestorem Siciliensis excepit ~us Cic.*Brut.*318; quibus primus ~us hanc cupiditatem attulisset *Agr.*2.93; L. Ninnio..quem habuit ille pestifer ~us..maxime fidelem *Red.Sen.*3; unus ~us additus labori tuo *Q.fr.*1.1.3; quos..non ~i domuere decem, non mille carinae Verg.*A.*2.198; consul..non unius ~i Hor.*Carm.* 4.9.39; ~us pestilens erat urbi agrisque Liv.3.6.2; laudamus ueteres, sed nostris utimur ~is Ov.*Fast.*1.225; repletis uere cellis tutus ~us est (*i.e. for the bees*) [Quint.]*Decl.*13.17. **b** cum..ego ~o meo..consul factus essem Cic.*Brut.*323; qui..~o suo petierint *Agr.*2.3; reliquit ~um suum seseque in proximum transtulit *Mil.*24; qui uestro ~o filium suum consulem futurum putet *Fam.*12.2.2; honorum, quos..adepti sumus nostro quidem ~o *Off.*2.59; (*cf.*) multi clarissimi uiri..~um petitionis suae non obierunt *Fam.*10.25.2; is enim erat ~us quo per leges ei consulem fieri liceret Caes. *Civ.*3.1.1;—ut ~us noster maneat suo statu, ne quid noui decernatur Cic.*Att.*5.9.2; nullo nisi tuo ~o ad coercenda peccata plus pudor quam timor ualuit Apul.*Fl.*9.

5 (w. adjs., numerals, etc.) A year, as an indication of date; (for *quot ~is* see QVOTANNIS). **b** *~o*, last year.

HOC ~O DICTATOR ET MAGISTER EQ · SINE COS · FVERVNT *Fast.Cos.Cap.*10b(*CIL* 1.p.21); his ~is paucis ex Asia missus est Gracch.*orat.*46; qui priore ~o erat consul Quad. *hist.*57; huic ~o proximus Sulla consule et Pompeio fuit Cic. *Brut.*306; qui fuit ~us Cn. Pompeio M. Crasso consulibus Caes.*Gal.*4.1.1; Hor.*Ep.*1.20.28; consule exerciteque.. priore ~o amisso Liv.22.54.9; ibique eo ~o ius dictum est 23.32.4; Hercules, ad quem Poeni omnibus ~is humana sacrificauerant uictima Plin.*Nat.*36.39;—duouicesimo ~o post dimissum bellum Cato *hist.*84; quingentesimo ~o rei publicae Cic.*Flac.*1; ex quo ter denis urbem redeuntibus ~is Ascanius..condet..Albam Verg.*A.*8.47; quintus decimus is ~us belli Punici erat Liv.29.13.1. **b** histriones ~o quom in proscaenio hic Iouem inuocarunt Pl. *Am.*91; quattuor minis ego emi istanc ~o uxori meae *Men.* 205; utrum ~o an horno Lucil.781.

6 A year, as the unit for expressing age, a year of a life; — *~os natus*, — years of age, — years old. **b** (pl.) age (in years); *minor ~is*, a person under age, i.e. less than 25 years; *suos ~os*, one's allotted span. **c** youth. **d** years, old age. **e** (meton.) a person or persons of a particular age.

A · SALVIVS A · F · . A · N · CRISPINVS ANORVM LI HIC CONDITVS EST *CIL* 1.2634; ~orum lex me perdit quinuicenaria Pl.*Ps.*303; filium non minorem ~is duodecim Scip. min.*orat.*20; Macedo Alexander..nonne tertio et tricesimo ~o mortem obiit? Cic.*Phil.*5.48; occidit, et misero steterat uicesimus ~us Prop.3.18.15; si me..aeditum facere uolunt, satis ~orum habeo Liv.25.2.7; di tibi dent ~os Ov.*Pont.* 2.1.53; cum deinde ~is et robore uitis conualuit Col.5.6.30; qui XIII ~o denariis singulis ueneunt (rami) Plin.*Nat.* 16.141; cum haberet ~os duodeuiginti Quint.*Inst.*8.5.17; quot sit ~orum Apul.*Met.*5.31;—~OS GNATVS XX *CIL* 1.11; ~os gnatus sexaginta qui erit Pl.*Mer.*1017; ~os natast sedecim Ter.*Eu.*526; QVEIVE MINOR ANNEIS XXX MAIORVE ~OS LX GNATVS SIET *CIL* 1.583.13; ~os natus maior quadraginta Cic.*S.Rosc.*39. **b** ~i? — ~i? sedecim Ter.*Eu.*318; multa me dehortata sunt huc prodire, ~i, aetas, uox, iires, senectus Cato *orat.*186; dum uires ~ique sinunt Ov.*Ars* 2.669; praeterit ipse suos animo Germanicus ~os *Pont.*2.2.71; ad eos peruenit ~os, ut intellegat Sen.*Con.*7.5.11; munera..~is grauiora Stat.*Theb.*6.73; cum ~os eius et censum..ederem Plin.*Ep.Tra.*10.6(22).1; patriam ut rhombi memoraret et ~os Juv.4.129;—si minor ~is..praegnatem manumiserit Cels.*dig.*40.2.19; Papin.*dig.* 48.5.37(36);—ante suos ~os occidit Ov.*Am.*2.2.46; *Ars* 3.18. **c** ~orum memor mentem relaxa Sen.*Phaed.*443; Virginis hoc ~i poscunt Man.5.269; non inpune tuos Magnus contempserit ~os Luc.8.496. **d** pannis ~isque obsitum Ter.*Eu.*236; quamquam exanguest corpus mi atque ~is putret Acc.*trag.*56; me uetustas amplexa ~orum enecat Laber.*com.*123; confiteor facere hoc ~os Ov.*Pont.*1.4.7; defectus ~is Phaed.1.21.3; quisquis senex ad sapientiam peruenit, ~is peruenit Sen.*Ep.*68.14; (*cf.*) scripta ferunt ~os Ov.*Pont.*4.8.51. **e** nec tibi conueniet cunctos modus unus ad ~os Ov.*Ars* 1.765; teneros tu suscipis ~os Socratico.. sinu Pers.5.36; horror molles inuaserat ~os (*sc.* Medeae) V.Fl.7.295; ut..teneriores ~os ab iniuria sanctitas docentis custodiat Quint.*Inst.*2.2.3; (*poet., sg.*) dum uernat sanguis, dum rugis integer ~us Prop.4.5.59.

7 The year, as subject to seasonal changes, esp. in the weather.

ubi ~i tempus uenit Cato *orat.*37; cum commode..per ~i tempus nauigare poteris Cic.*Fam.*16.7; sol et luna.. perdocuere homines ~orum tempora uerti Lucr.5.1438; maturius paulo quam tempus ~i postulabat in hiberna.. exercitum deduxit Caes.*Gal.*1.54.2;—totus hiemauit ~us Arr.*hist.*5; at cum tonantis ~us hibernus Iouis imbris niuesque comparat Hor.*Epod.*2.29; siue..flatus, qui occupauere, ~um tenent Sen.*Suas.*3.1; esse illam (*sc.* uillam) totius ~i credo Sen.*Ep.*55.7; contra ~i feruorem *Nat.* 4b.13.3; uix ~us anhelat alter Stat.*Silv.*3.1.135.

8 The year's produce, crops, harvest, fruits.

quo tota iuuentus..pro..~o reddit honorem Grat.492; effusis magnum Libye tulit imbribus ~um Luc.3.70; Stat. *Silv.*3.2.22; bona fortunaeque in tributum, ager atque ~us in frumentum..conteruntur Tac.*Ag.*31.2.

annuum, ī, *n.* [next] A yearly payment.

si quis..nec alienae uxori ~um praestat Sen.*Ben.*1.9.4; *Dial.*10.8.2; quidam..in opus damnati..ut publici serui ~a accipiunt Plin.*Ep.Tra.*10.31(40).2; sunt quae tortoribus ~a praestent Juv.6.480; ut mercedes eius fundi uir uxori ~i nomine daret Julian.*dig.*23.4.22.

annuus ~a ~um, *a.* [ANNVS+-VVS]

1 Of the year, annual.

~o in cursu Acc.*trag.*100; sol..~a conficiens..tempora Cic.*Arat.*579(333); cursu..menstruo metiens iter ~um Catul.34.18; Verg.*A.*5.46; tondeturque seges maturos ~a partus [Tib.]3.7.172; cum rudibus populis ~a iura daret Ov.*Fast.*1.38; saepe ~a pandas limina Stat.*Silv.*4.2.60; Flor.*Epit.*2.14(4.3.8).

2 **a** Paid, performed, or offered annually. **b** recurring or repeated every year; used annually.

a QVO DIE RES DEINA ~A FIET *CIL* 1.366; nec a quoquam acciperes alio mercedem ~am Pl.*Bac.*14; ei sacra instituta ~a Var.*L.*6.19; ~a cum festis uenissent sacra diebus Catul.64.388; Caes.*Civ.*3.21.1; Verg.*A.*8.173; ~a constructo serta dabit tumulo Tib.2.4.48; sollemnes deinde ~i mansere ludi Liv.1.35.9; ~um..uectigal 42.12.9; celebrandaque..~a..redeunt Hyacinthia Ov.*Met.*10.219; in ~a uota Man.5.247; cui tu ~a..milia sena dabas Mart. 9.8(9).2; Tac.*Ann.*13.34; Plin.*Ep.Tra.*10.43(52).3; Ulp. *dig.*2.15.8.23; (*cf.*) urna reducebat miserandos ~a casus Sil. 4.768. **b** idem (aer) ~as frigorum et calorum facit uarietates Cic.*N.D.*2.101; milio uenit ~a cura Verg.*G.* 1.216; taedio ~ae ambitionis Liv.5.1.3; pontus, uicibus mobilis ~is Sen.*Her.F.*540; quadripedibus pilum cadere.. ~um est Plin.*Nat.*11.231; cenam..celebrandae lucis ~ae, quam principem sibi uitae habuerat Gel.19.9.1;—aprici statio silet ~a Nili V.Fl.3.361.

3 (of magistrates, etc.) Appointed for one year, holding office for one year only, annual.

qui..ciuitatem..liberatam magistratibus ~is legibus iudiciisque deuinxerit Cic.*Brut.*53; *Sest.*137; ut simus ~i *Att.*5.13.3; Vergobretum..qui creatur ~us Caes.*Gal.*1.16.5; ~a imperia Sal.*Cat.*6.7; Karthagine quotannis ~i bini reges creabantur Nep.*Han.*7.4; Liv.2.1.7; capit ~a consul iura Ov.*Fast.*2.851; ~os..fasces Mart.8.72.6; Tac.*Hist.*3.46.

4 Lasting for a year, year-long. **b** that is on a yearly basis.

ea uix ~o sermone enarrare possim *Rhet.Her.*4.64; curiae taciturnitatem ~am Cic.*Pis.*32; nec cultura placet longior ~a Hor.*Carm.*3.24.14; indutias ~as Liv.8.37.2; is morbus erit longissimus minimeque ~us Cels.2.8.38; uis ea ~a est Plin.*Nat.*29.85; ~am absentiam Tac.*Ann.*3.71; (*cf.*) ne plus quam ~a ac semestris censura esset Liv.4.24.5;—(*w. tempus, etc.*) ~um tempus Cic.*Att.*6.5.3; ~um spatium.. nactus Caes.*Civ.*3.3.1; Hor.*Carm.*4.5.11; Alf.*dig.*33.1.22; ~umque interuallum regni fuit Liv.1.17.6; Plin.*Nat.*18.102; —(*w. emphasis on limit*) non edepol conduci possum uita uxoris ~a Pl.*As.*886; praetoris edictum legem ~am dicunt esse Cic.*Ver.*1.109; ut et praetores ~as prouincias habeant *Prov.*17; haec actio non est ~a sed perpetua Ulp.*dig.* 11.7.31.2;—(*hyperb.*) nec somni faciles et nox erat ~a nobis Ov.*Ep.*11.29. **b** rerum omnium quarum ~us est usus Cic.*Top.*23; uelut ~a possessione usu capiebatur Gaius *Inst.*1.111.

5 Of or for a given year, sufficient for one year, a year's.

nisi mihi penus ~os hodie conuenit Pl.*Ps.*178; bubus cibaria ~a in iuga singula lupini modios centum uiginti Cato *Agr.*60; messe amissa fructus ~us interibat Cic.*Ver.*

3.125; cum..sumptus ~us decretus sit *Att.*6.3.2; SAL.*Hist.* 2.98.2; ~a aera habes, annuam operam ede LIV.5.4.7; 82.4; locustis..uiuit fumo et sale duratis in ~a alimenta PLIN. *Nat.*6.195; TAC.*Ag.*22.2.

6 Occurring or having effect a year later.
nomen illud..tris habet condiciones, aut emptionem ab hasta..aut delegationem a mancipe ~a die CIC.*Att.*12.3.2; estne..tui pudoris..primum rogare de die, deinde plus ~a postulare? *Fam.*7.23.1; superbire homines etiam ~a designatione TAC.*Ann.*2.36; (*cf.*) dicito illos tibi ~a, bienni, trienni die debere SEN.*Suas.*1.7; ~a bima trima die aureis centenis legatis MAECIAN.*dig.*35.2.32.3; ULP.*dig.*30.1.19.

anōdynus ~a ~um, *a.* [Gk. ἀνώδυνος] That allays pain, anodyne; (neut. as sb.) a pain-killer.
~a uocant, quae somno dolorem leuant CELS.5.25.1; eorum aliquod dandum est, quae ~a Graeci appellant 6.6.1.M;—Q IVN TAVRI ~VM AD OMN LIPPIT *CIL* 13.10021 (113).

anōmalia ~ae, *f.* [Gk. ἀνωμαλία] (gram.) Irregularity, anomaly.
quod in declinatione uoluntaria sit ~a VAR.*L.*8.23; 9.3; 9.113; 10.1.

anōnis ~idis, *f.* [Gk. ἀνωνίς, ὄνωνις] The plant rest-harrow, *Ononis antiquorum.*
PLIN.*Nat.*21.98; ~im quidam ononida malunt uocare, amosam, similem faeno Graeco 27.29.

anōnymos ~ī, *f.* [Gk. ἀνώνυμος] A Scythian plant.
~os non inueniendo nomen inuenit. adfertur e Scythia, celebrata Hicesio..medico PLIN.*Nat.*27.31.

anquīna ~ae, *f.* [Gk. ἀγκοίνη] A halyard.
funis enim praecisus cito atque ~a (*cj.*) soluta LUCIL. 1114; ~a regat stabilem fortissima cursum CINNA *poet.*3(5).

anquīrō ~rere ~sīuī ~sītum, *tr., intr.* [AM(BI)-+QVAERO]

1 To seek or search for, try to find or discover; also, to inquire into. **b** (w. indir. qu.).
amore mortis terminum ~rens mali CIC.*Tusc.*2.25; 3.3; *Amic.*81; omnia..duo ad cohaerendum tertium aliquid ~runt *Tim.*13; qui semper aliquid ~runt, quod spectet..ad bene beateque uiuendum *Off.*2.6; uilis (uxor) ~ritur APUL.*Met.*10.23;—(*absol.*) ~rentibus nobis..ostendunt se et occurrunt (loci) CIC.*de Orat.*1.151;—studiose..ab is siderum..cursus ~rebantur *Tusc.*5.10; nihil eorum quae fierent Vitellio ~rente TAC.*Hist.*2.59. **b** aut ~rant aut consultant..conducat id necne CIC.*Off.*1.9; quasi iam depulso Nerone, quisnam deligeretur ~rebant TAC.*Ann.* 14.22;—(*impers.*) cum quid quamque rem sequatur, ~ritur CIC.*de Orat.*3.113; *Fat.*17; nec diu ~rendum quin Agrippina claritudine generis anteiret TAC.*Ann.*12.6.

2 (w. gen., abl., or *de*) To conduct a (judicial) inquiry; to bring an indictment.
duumuiros, qui de perduellione ~rerent creatos LIV. 6.20.12; (*impers. pass.*) apud senatum quam apud iudices de morte eius ~ritur TAC.*Ann.*3.12;—cum capitis ~sissent, duorum milium aeris damnato multam dixerunt LIV.2.52.5; (*impers. pass.*) capite ~situm ob rem bello male gestam de imperatore nullo ad eam diem esse 8.33.17; bis est accusatus pecuniaque ~situm 26.3.5.

anquīsītiō ~ōnis, *f.* [prec.+-TIO] An indictment.
commentarium..uetus ~onis M. Sergii..quaestoris, qui capitis accusauit Trogum VAR.*L.*6.90.

ansa ~ae, *f.* [cf. Lith. *ąsà*, Let. *uosa*]

1 A handle (of a cup, jar, or similar vessel). **b** the handle of a door; a tiller.
amphoras nolito inplere nimium, ~arum infimarum fini CATO *Agr.*113.2; aqualis matellas sine ~is *orat.*131; ~is..teneri solere uasa quis dubitet? VAR.*gram.*128; VERG.*Ecl.* 6.17; tortilis a digitis excidit ~a meis OV.*Ep.*15.254; SEN. *Con.*10.5.20; panda ruber urceus ~a MART.14.106.1. **b** foramen ualuae, quod..~a ostioli rupta laxauerat PETR. 96.1;—~am gubernaculi tenens, qui οἴαξ a Graecis appellatur VITR.10.3.5.

2 a The free end (of a rope). **b** a loop. **c** a clamp; a hook of a steelyard; a fish-hook.
a deinde ~ae rudentum induntur per foramina capitulorum VITR.10.12.2. **b** (*on a bandage*) panniculus quadratus..qui ad duo capita duas ~as..habet CELS.6.18. 8.B; (*on a sandal*) frustra mutantur amictus ~aque compressos colligat arta pedes TIB.1.8.14; reprehensum (*sc.* Apellem) a sutore, quod in crepidis una pauciores intus fecisset ~as PLIN.*Nat.*35.85. **c** et cum his (*sc.* parietibus) ~is ferreis et plumbo frontes uinctae sint VITR.2.8.4;—cum ..~a propius caput, unde lancula pendet 10.3.4;—rostro te premet ~a tuo PROP.4.1.142.

3 (fig.) An opening, handle, opportunity.
non tu illum uides quaerere ~am, infectum ut faciat? PL.*Per.*671; hac sextula se ~am retinere omnium controuersiarum putat CIC.*Caec.*17; *Sest.*22.

ansārium ~iī, *n.* [app. prec.+-ARIVM] A duty paid on comestibles brought into Rome for sale.
HOS LAPIDES CONSTITVI IVSSERVNT..VTI FINEM DEMONSTRARENT VECTIGALI FORICVLARI ET ~II PROMERCALIVM *CIL* 6.1016a; 6.8594; 6.31227.

ansātus ~a ~um, *a.* [ANSA+-ATVS[2]] Provided with a handle or handles; equipped with a thong (for throwing).

capides..a capiendo, quod ~ae ut prehendi possent VAR.*L.*5.121; uas ~um COL.9.15.5; DESCRIPTVM ET RECOGNITVM EX CODICE ~O *CIL* 10.7852.2; (*facet.*) sed quis hic ~us ambulat? PL.*Per.*308;—~is concurrunt undique telis ENN.*Ann.*154.

anser[1] ~eris, *m.* (*f.*). [cf. Gk. χήν, Skt. *haṁsaḥ*, Eng. *goose*, etc.] A goose. **b** ~*er masculus*, a gander; *Amyclaeus* ~*er*, i.e. a swan.
item ut de frumento ~eres, clamore apsterret, abigit PL. *Truc.*252; ~eres sic farcito CATO *Agr.*89; ita greges comparauit ~erum VAR.*R.*3.10.1; CAES.*Gal.*5.12.6; CELS. 2.18.2; PLIN.*Nat.*37.204; STAT.*Silv.*4.6.9; (*fem.*) VAR.*R.* 3.10.3; pinguibus et ficis pastum iecur ~eris albae HOR.*S.* 2.8.88; COL.8.14.4;—(*w. allusion to saving Capitol from Gauls*) ~eribus cibaria publice locantur CIC.*S.Rosc.*56; Romulidarum arcis seruator candidus ~er LUCR.4.683; VERG.*A.*8.655; LIV.5.47.4; OV.*Met.*11.599;—(*app. w. allusion to* ANSER[2]) argutos inter strepere ~er olores VERG. *Ecl.*9.36; PROP.2.34.84. **b** ~eris masculi LARG.177;—Ciris Amyclaeo formosior ~ere Ledae *Ciris* 489.

Anser[2] ~eris, *m.* A Roman *cognomen*, esp. a poet contemporary with Virgil.
de Falerno ~eres depellantur CIC.*Phil.*13.11; Cinnaque procacior ~er OV.*Tr.*2.435.

anserculus ~ī, *m.* [ANSER[1]+-CVLVS] A young goose, gosling.
ne noceri possit excusis ~is COL.8.14.7.

anserīnus ~a ~um, *a.* [ANSER[1]+-INVS] Of or obtained from geese, goose-.
ius ~um CELS.5.27.3.D; ~o (generi) COL.8.5.10; oua ~a pilleata PETR.65.2; PLIN.*Nat.*10.56; uisae iam et serpentes ~is pedibus 11.257; LARG.185.

ansula ~ae, *f.* [ANSA+-VLA] **a** A handle of a cup. **b** a loop of a sandal. **c** a hook or staple.
a cymbium..cuius ~ae..insurgebat aspis APUL.*Met.* 11.4. **b** ille artifex, qui..moneri se a sutore de crepida et ~is passus V.MAX.8.12.ext.3. **c** me loro quam ualido ad ~am quandam destinatum APUL.*Met.*4.3.

antachātēs ~ae, *m.* [Gk. ἀνταχάτης] A variety of agate.
~es, quae, cum uritur, murram redolet PLIN.*Nat.*37.139.

antae ~ārum, *f. pl.* [cf. Skt. *ātā* 'door-frame'] Square pilasters.
EX EO PARIETE ~AS DVAS AD MARE VORSVM PROICITO *CIL* 1.698.1.12; in antis erit aedes, cum habebit in fronte ~as parietum, qui cellam circumcludunt VITR.3.2.2; 4.7. 2; ~ae, quae sunt latera ostiorum PAUL.*Fest.*p.16M; (*sg., dub.*) ~AM MARMORAVIT *CIL* 2.1066.

Antaeus ~ī, *m.* A Libyan giant, son of Earth, killed by Hercules. **b** (as the name of a Carthaginian general).
PROP.3.22.10; OV.*Met.*9.184; SEN.*Her.O.*1788; MART. 14.48.1. **b** SIL.3.264.

antapodosis ~is, *f.* [Gk. ἀνταπόδοσις] Parallelism in comparisons.
sed hae sunt sine ~i QUINT.*Inst.*8.3.79.

antarcticus ~a ~um, *a.* [Gk. ἀνταρκτικός] Antarctic, southern.
~us (polus) HYG.*Astr.*1.6; arcticum et ~um (circulos), qui ob nimiam uim frigoris inhabitabiles sunt AMP.1.4; alter (uertex) ~us humo tegitur APUL.*Mun.*1.

antārius ~a ~um, *a.* [?ANTE[1]+-ARIVS] **a** (of ropes) Supporting in front, fore-. **b** (see quot.).
a ~i funes ante laxi conlocentur VITR.10.2.3. **b** ~um bellum, quod ante urbem geritur PAUL.*Fest.*p.8M.

ante[1], *adv.* [Osc. *ant*, Gk. ἀντί, Skt. *ánti*] For exx. of *ante..quam* see ANTEQVAM; for *ante eo, ante uolo*, see ANTEEO, ANTEVOLO; for *pono ante*, see ANTEPONO.

1 In front of one, in front.
tonsas ~e tenentes parerent..portisculus signum cum dare coepisset ENN.*Ann.*227; Iugurtham circiter duum milium interuallo ~ consedisse SAL.*Jug.*106.5; positum ~ mea..pullum in parte catini HOR.*S.*1.3.92; TIB.1.10.68; antarii funes ~ laxi conlocentur VITR.10.2.3; ~ quod est in me postque, uidetur idem OV.*Fast.*1.114; paucis ~ milibus iugi modici occursu tantus ille uentorum coercitus! PLIN. *Nat.*2.121; quantumque caloris ~, tantum retro frigoris PLIN.*Ep.*2.17.17.

2 (w. vbs. of motion) Before, in advance, ahead. **b** in a forward direction, forwards.
Pisces, quorum alter paulo prolabitur ~ CIC.*Arat.*246(12); loricatos uiros fortis cum equitatu ~ praemisit *B.Hisp.*4.1; ille licet Cilicum uictas agat ~ cateruas TIB.1.2.67; iuxta gemini, nunc Euneos ~ et nunc ~ Thoas, cedunt uincuntque STAT.*Theb.*6.433. **b** ut sex motibus (animal) ueheretur. nam et ~ et pone et ad laeuam et ad dextram et sursum et deorsum..CIC.*Tim.*48; trudent res ~ ruuntque impetibus crebris (uenti) LUCR.1.292; uti ~ et post et ad dextrum seu sinistrum latus..progredi possint VITR.10.14.1.

3 (in time) First, previously, before this, before that. **b** (contrasted w. other temporal advs.). **c** (after *iam, non, numquam*, etc.). **d** (w. diff. of time expressed) before this, ago.
nos sumus Romani, qui fuimus ~ Rudini ENN.*Ann.*377; uides quae sim et quae fui ~ PL.*Mos.*199; supplicatio ab eo qui ~ dixit decernenda non fuit CIC.*Phil.*14.11; me caecum qui haec ~ non uiderim! *Att.*10.10(*Fam.*8.16).1; continuo hoc mors est illius quod fuit ~ LUCR.2.754; easdem copias, quas ~ praesidio nauibus reliquit CAES.*Gal.*5.11.7; neque enim ignari sumus ~ malorum VERG.*A.*1.198; castra inimica petunt, multis tamen ~ futuri exitio 9.315; cautum ne quod ~ concilium fieret LIV.4.25.8; Argolica quod in ~ Phoronide fecit OV.*Met.*2.524; V.FL.6.664; si illud a uobis ~ impetrauero TAC.*Dial.*16.2;—(*w. pple. or adj.*) ex cetera diligentia, ex ~ factis aut dictis CIC.*Inv.*2.90; quidue noui potuit tanto post ~ quietos inlicere LUCR.5.168; ex ~ conuecto (frumento) LIV.4.22.3. **b** (*w.* post, postea) tibi sunt ~ gerendae aerumnae, post ex fluuio fortuna resistet ENN.*Ann.*45; cum tantis copiis, quantas neque ~ nec postea habuit quisquam NEP.*Them.*2.4; CELS.7.7.8.F;—(*w.* nunc) si ~ uoluisses, esses; nunc sero cupis PL.*Trin.*568; CIC.*Q.fr.* 3.9.1;—(*w.* nuper) eundem naualem apparatum, quem nuper Antiochi, quem Philippi ~ bello uidissent LIV.42.45.5;—(*w.* tum, deinde) qui Parrhasio Euandro armiger ~ fuit..tum comes..caro datus ibat alumno VERG.*A.*11.32; ~ nitro.. locus exasperatur, deinde hoc oblinitur LARG.254. **c** at iam ~ alii fecerunt idem PL.*Epid.*32; quod mihi iam ~ erat notum CIC.*Att.*7.4.1; LIV.21.63.6;—neque eum ~ usquam conspexi prius PL.*Trin.*1141; si non ~ ea exportauerit CATO *Agr.*147; numquam ~ arbitror te epistulam meam legisse nisi mea manu scriptam CIC.*Att.*2.23.1; VERG.*A.*2.589. **d** (*difference expr. by abl.*) ubi illa paulo ~ sapiens uirginali modestia? ENN.*scen.*55; inter eum, qui tum erat et qui anno ~ fuerat CIC.*de Orat.*2.89; mensibus atque annis qui multis occidit ~ LUCR.3.1094; quos.. rex Iuba paucis diebus ~ Uticam miserat CAES.*Civ.*2.25.3; (*by ord. num.*) quamquam id millesimo ~ anno Apollinis oraculo editum esset CIC.*Fat.*13; tertio hic anno ~ consul fuerat LIV.2.46.4;—(*by acc.*) Themistocles..aliquot ~ annos..est habitus indoctior CIC.*Tusc.*1.4; huc Mithridates..~ aliquot dies uenit NEP.*Dat.*11.2; [TIB.]3.18.2; idem hoc ~ biennium..decretum erat VELL.2.31.3; ~ paucos annos didicimus SEN.*Nat.*7.25.5; TAC.*Agr.*45.

4 (of foretelling, warning, etc.) Beforehand, in advance.
est amicorum ~ dicere ea quae uitari possint CIC.*Phil.* 1.26; 6.5; placet igitur..~ definire, quid sit officium *Off.* 1.7; nunc quo se raperet, nunc quo diuersus abiret ante uidens V.FL.6.582.

5 Earlier in a speech, writing, etc., 'above'.
inprobior multo quam de quo diximus ~ LUCIL.1024; ita, ut ~ dixi, constiterunt QUAD.*hist.*10b; docere me coepit ea quae paulo ~ commemoraui CIC.*Ver.*4.139; id quod iam supera tibi saepe ostendimus ~ LUCR.4.672; CAES.*Gal.*5.6.1; LIV.4.19.7; LARG.65.

6 Before in quality.
qualis eras! procul en cunctis..pulchrior et tantum domino minor! illius unus ~ decor, quantum praecedit clara minores luna faces STAT.*Silv.*2.6.36.

ante,[2] *prep.* [prec.] CONST.: w. acc.

1 Before, in front of (a place, structure, etc.). **b** (of motion) before, in front of.
audire uocem uisa sum ~ aedis modo PL.*Cist.*543; ilico ~ ostium hic erimus CAECIL.*com.*117; TER.*An.*474; in fossam quae erat ~ oppidum CAES.*Gal.*2.32.4; sagittarios ~ aciem constituit *B.Afr.*13.2; taurum constituam ~ aras uoti reus VERG.*A.*5.237; ne..maesta..sopitae stet soror ~ torum TIB.2.6.38; ~ portas est bellum LIV.3.68.7; stragem et ~ signa et post signa factam 8.11.7; OV.*Tr.*4.4.74; capite punire et quidem ~ principia se coram SUET.*Otho* 1.2; (*w. ellipsis of* templum) in foro L. Antoni statuam uidemus..~ Castoris CIC.*Phil.*6.13;—(*topog.*) ~ saltum Thermopylarum in septentrionem uersa Epirus LIV.36.15.7; ~ fretum est ingens..uertex OV.*Met.*13.910; PLIN.*Nat.*3.74. **b** per triumphum, credo, quem ~ currum tuum duceres CIC.*Ver.* 5.67; equitatumque omnem ~ se mittit CAES.*Gal.*1.21.3; constituit ut legio VII., VIII., VIIII. ~ omnia irent impedimenta, deinde omnium impedimentorum agmen HIRT.*Gal.* 8.8.4; DVCTI SVNT ~ CVRRVM MEVM REGES AVT REGVM LIBERI NOVEM AUG.*Anc.*1.28; SEN.*Ep.*71.22;—(*fig.*) cuncta uota et praeparatas spes in senectutem ~ se egerunt [QUINT.]*Decl.*10.1.

2 Before (a person), in the presence of, in front of. **b** ~ *oculos* (+gen. or dat.), before one's eyes, in full view of, plainly; ~ *oculos ponere*, to describe graphically, picture to oneself; ~ *oculos uersari*, to be vividly imagined; ~ *ora*, before the eyes of, in the presence of; ~ *pedes*, before one's feet, right in front of one, at hand, obvious: see OCVLVS, OS[1], PES.
destituit omnes seruos ad mensam ~ se CAECIL.*com.*195; ~ se quemque ducere fossam LIV.3.28.2; ~ consulem haec dicentem coruus uoce clara occinuit 10.40.14; fortis erat circa, fortis et ~ ducem *Eleg.Maec.*46; tuaque ~ duces notissima uirtus STAT.*Theb.*10.701; (*cf.*) domino a familia sua manus adlatas esse ~ suos Lares familiaris CIC.*Quinct.* 85;—(*parts of body*) uirgineus teneras stat pudor ~ genas TIB.1.4.14; Iuppiter nobis..~ pectus suspendit grauem (peram) PHAED.4.10.3; SUET.*Cal.*32.2.

3 To a position in front of, out in front of.
cum in pace instituisset pueros ~ urbem lusus exercendique causa producere LIV.5.27.2; 35.35.10; uades sponsum stultos ~ Atria mittis OV.*Am.*1.13.19; senatum.. ~ portas eduxit V.MAX.3.4.4; TAC.*Ann.*1.32;—(*w. vbs. of calling*) uxorem huc euoca ~ aedis cito PL.*Cas.*295; Erotium aliquis euocate ~ ostium *Men.*674;—(*w. refl.*) ~ se pedes iaciunt..grues PLIN.*Nat.*10.111; quae animal generant, genua ~ se flectunt 11.248;—(*after the noun*) iactauit fusas et caput ~ comas TIB.2.5.66.

4 Before in order or position, before one comes to.
summis foliis leuiter recisis ~ medullam PLIN.*Nat.*19.109; summa quae erogabatur ~ piscinam: quinariae trecentae quinquaginta una FRON.*Aq.*67.

5 Before (a stated time or date), by. **b** (in indications of date). **c** ~ *diem, tempus*, etc., before the right or due time, too soon, prematurely.

~ hesternum diem PL.*Ps.*731; plus hodie boni feci inprudens quam sciens ~ hunc diem umquam TER.*Hec.*880; ~ auroram ACC.*trag.*493; ~ meridiem caussam coniciunto *LexXII*(*Font.iur.*p.19); ~ hoc tempus utrumque inauditum CIC.*Quinct.*81; non poteram, credo, ~ hiemem *Fam.*3.7.3; armorum quantum quaeque ciuitas domi quodque ~ tempus efficiat constituit CAES.*Gal.*7.4.8; ~ id tempus SAL.*Jug.*43.5; ambulet ~ noctem cum facibus HOR.*S.*1.4.51; indutiaeque inde, non pax facta, quarum et dies exierat, et ~ diem rebellauerant LIV.4.30.14; datur unus ieiuno ~ meridiem LARG. 113; ~ annos Culicis Maroniani STAT.*Silv.*2.7.74; si postumus ~ tutelae annos decessisset QUINT.*Inst.*7.6.10; proximus ~ diem caupo sciet JUV.9.108; (*after rel.*) diem statuo satis laxam, quam ~ si soluerint..CIC.*Att.*6.1.16. **b** scripsit ad me..non ~ Kal. Sextilis CIC.*Att.*13.21a.3(6); ad me uenit ea nocte quae proxima ~ Kal. fuit 15.26.1; liberos fore..qui ~ idus Martias exissent LIV.25.22.12;—(*w.* Kalendas, *etc., and* diem *with an ordinal*) in ~ diem IV Kalendas Decembris distulit CIC.*Phil.*3.20; ante lucem proficiscentes ~ diem VIII Idus Nov. *Fam.*16.3.1; ~ diem IIII Kal. Quint. nauis conscendit *B.Afr.*98.2; SAL.*Cat.*30.1;—(*abbrev.*) Antium me ex Formiano recipere cogito a. d. v Nonas Maias CIC.*Att.*2.9.4; ut uenirem ad se a. d. VIII Kal. Sextilis *ad Brut.*1.18.1. **c** quia nec fato merita nec morte peribat sed misera ~ diem subitoque accensa furore VERG.*A.*4.697; cum lecta parentis ~ diem lacrimas ossa bibere meas [Ov.] *Ep.Sapph.*62; PERS.4.15; STAT.*Silv.*2.1.108;—quos..tu quam ob rem temere prosiluisse dicas atque ~ tempus non reperio CIC.*Cael.*64; rettulerat ~ tempus ad senatum de Caesaris prouinciis HIRT.*Gal.*8.53.1; SAL.*Jug.*79.7; LIV. 9.18.14;—~ annos animumque gerens curamque uirilem VERG.*A.*9.311.

6 Before (an event, etc.); ~ *omnia,* first of all.

(*noun+pple.*) erat..adscriptus in id municipium ~ ciuitatem sociis et Latinis datam CIC.*Fam.*13.30.1; nec fuit ~ uidere oculorum lumina nata LUCR.4.836; ~ primam confectam uigiliam CAES.*Gal.*7.3.3; ~ te cognitum SAL.*Jug.* 110.2; LIV.3.15.3;—(*noun of action and sim.*) bibito ~ cenam CATO *Agr.*114.2; qui ~ hoc unum beneficium fuerat inimicus CIC.*Red.Sen.*26; CAES.*Civ.*1.48.5; namque ~ domandum ingentis tollent animos VERG.*G.*3.206; castissimum ~ regiam iniuriam sanguinem LIV.1.59.1; occidis ~ preces OV.*Pont.*4.6.11;—(*other nouns, app. ellipt.*) quas multo ~ tuas acceperam litteras CIC.*Att.*6.6.3; ~ uenena nocens..basiliscus LUC.9.725; aliud sibi reliquum quam tenere libertatem aut mori ~ seruitium? TAC.*Ann.*2.15;—summa claritate ~ omnia indicata PLIN.*Nat.*34.5; LARG.22.

7 a Before the time of (a person). **b** before (a person) in time; ~ *omnes, alios,* etc. first of all. **c** before (one's tenure of an office).

a nec dicti studiosus quisquam erat ~ hunc ENN.*Ann.* 216; plura..diximus quam quisquam ~ nos CIC.*Orat.*226; philosophiam ~ eum incomptam NEP.fr.3; omnes ~ me auctores secutus LIV.4.20.5. **b** qui honos togato habitus ~ me est nemini CIC.*Catil.*4.5 cui darem fuit nemo ~ hunc M. Orfium *Q.fr.*2.12.3; qui ~ me sententias dixerunt SAL.*Cat.*51.9; uixere fortes ~ Agamemnona multi HOR. *Carm.*4.9.25; LIV.27.8.2; TAC.*Ann.*12.5;—~ alias Arethusa sorores..flauum caput extulit..et procul: 'o..' VERG.*G.* 4.351; primum ~ omnis uictorem appellat Acesten *A.*5.540. **c** annis LXXXVI ipsis ~ me consulem CIC.*Brut.*61; homo in primis..nobilis et ~ hunc praetorem uel pecuniosissimus Syracusanorum *Ver.*2.35; 4.129; anno ante me censorem mortuus est *Sen.*19; ~ illum imperatorem NEP.*Iph.*1.3; ~ consules C. Lutatium et A. Postumium LIV.23.13.3.

8 Before (in choice, preference, etc.), above, more than. **b** (w. *alios,* etc.). **c** (w. *omnes,* etc.); (advl. phr.) ~ *omnia,* above all, first and foremost.

non..rumores ponebat ~ salutem ENN.*Ann.*371; eum quem ~ me diligo BALB.*Att.*8.15a.2; gloria belli Gallos ~ Romanos fuisse SAL.*Cat.*53.3; sed quare ~ uirtutem est (uoluptas)? SEN.*Ben.*4.2.2; (*cf. sense 8b*) me..et ~ Alexandrum et ~ Pyrrhum et ~ alios omnes imperatores esse LIV.35.14.11. **b** o multum ~ alias infelix littera theta ENN.*Ann.*625; Neptune, tibi ~ alios deos gratias ago.. summas PL.*Trin.*824; scelere ~ alios immanior omnis VERG.*A.*1.347; et donati quorum opera castra hostium capta erant, ~ alios Accaus Paelignus LIV.25.14.13; Classicus nobilitate opibusque ~ alios TAC.*Hist.*4.55;—hoc genus ~ cetera laudant PLIN.*Nat.*14.82; 28.130. **c** quem fama Graia ~ omnis nobilitat uiros PAC.*trag.* 119; nobis placeant ~ omnia siluae VERG.*Ecl.*2.62; forma..~ omnis pulcher Iulus *A.*5.570; gens..~ omnes alias eo magis dedita religionibus LIV.5.1.6; tu puer ~ omnis STAT.*Silv.*3.4.44;—contemplatione ~ cuncta mirabili PLIN.*Nat.*27.146;—publica..maestitia, eo ~ omnia insignis quia matronae annum..eum luxerunt LIV.2.7.4; 29.21.6; illud ~ omnia mihi dicendum est SEN.*Nat.*6.5.2; ~ omnia intueri oportet quod sit genus causae..deinde.. tum..postremo..QUINT.*Inst.*3.9.6.

ante-, *prefix.* [as prec.] (Used in senses of adv.)

anteā, *adv.* Also ANTIDEA. [ANTE+*eā* (abl. of IS)] In the past, before this or that, previously. **b** (contrasted w. other temporal advs., etc.). **c** *iam* ~, already in the past. **d** (followed by *quam*).

QVASEI SEI PRAECONES IN EAM DECVRIAM IN TRIBVS PRAECONIBVS ~ LECTEI SVBLECTEI ESSENT *CIL* 1.587.2.4; cum..~ dixisse audio et causam ipsam considero CIC. *Quinct.*63; neque tu ipse hoc ita statueras ~ per biennium *Ver.*3.101; duobus ~ maximis Punicis bellis *Phil.*11.17; de Dionysio fugit me ad te ~ scribere *Att.*7.18.3; ego quae tua causa ~ feci, uoluntate sum adductus posteaque constantia *Fam.*5.5.3; longe alia ratione esse bellum gerendum atque ~ gestum sit CAES.*Gal.*7.14.2; reddit inlatum ~ terrorem LIV.3.60.5; ut priuatim ex censu ordinibusque, sicut ~, remiges darent 26.35.3;—(*after a neg., oft. in ellipt. phrs.*) nemo ~ fecit..cum hoc magistratu utique rem CATO *orat.*130; quod nullo in homine ~ fecerant CIC.*Ver.* 2.155; quod numquam ~ 3.172; illos eo scelere uiolauit quo nemo ~ *Har.*5; octo, quot nunquam ~, creati LIV.5.1.2; qui nullum ~ curulem magistratum gessisset 25.41.11; (*cf.*) quae ciuitas umquam fuit ~? CIC.*Man.*54. **b** (*contrasted with* postea *and sim.*) qui ~..obsonitauere, postea centenis obsonitauere CATO *orat.*141; quod factum ita neque ~ nec postea sit VAR.*hist.*6; multi oratores magni..et ~ fuerant nec postea defecerunt CIC.*Orat.*6; *Att.*3.24.1; (*cf.*) postquam excessit ex ephebis..nam ~ qui scire posses..? TER.*An.*52; uellem..ut P. Sulla et ~ dignitatis suae splendorem obtinere et post calamitatem acceptam modestiae fructum aliquem percipere potuisset CIC.*Sul.*1;—(*w.* nunc) quae..me ~ in iudicia..deducebant, nunc oblectant domi *Orat.*148; *Ver.* 2.83; *Caec.*3; *Fam.*2.17.5. **c** quem ipsi bis iam ~ condemnarant CIC.*Clu.*106; de Antonio iam ~ tibi scripsi *Att.*15.1.2; quae mente agitaui, omnes iam ~ diuorsi audistis SAL.*Cat.*20.5; qui iam ~ id senserat agi LIV.2.4.6. **d** te ~, quam tibi successum esset, decessurum fuisse CIC. *Fam.*3.6.2; Achaei non ~ ausi capessere bellum, quam ab Roma reuertissent legati LIV.35.25.3.

anteactus ~a ~um, *a.* [ANTE-+pple. of AGO]

1 (of time) That passed or was spent previously, past.

longa diei infinita aetas ~i temporis omnis LUCR.1.558; cur super ~am aetatem meminisse nequimus? 3.672; 5.172; si huiuscemodi ~ae uitae hominibus consiliariis utemur GEL.18.3.5.

2 (neut. pl. as sb.) Past acts.

quod si stulta negas, index ~a fatebor OV.*Am.*2.8.25.

anteambulō ~ōnis, *m.* [ANTE-+AMBVLO+-O[1]] One who precedes another to clear the way for him, a forerunner.

sum comes ipse tuus tumidique ~o regis MART.2.18.5; ~onis..lassi 3.7.2; ~ones et togatulos inter 10.74.3; dum eum..per contumeliam ~onem fratris appellat SUET.*Ves.* 2.2.

Ante Canem. The constellation Procyon.

Ante Canem, Προκύων Graio qui nomine fertur CIC.*Arat.* 466(222).

antecantāmentum ~ī, *n.* [ANTE-+CANTO+-MENTVM] A prelude, preliminary.

quod argumentum referebat interim maiorum ~a uotorum APUL.*Met.*11.9.

antecapiō ~capere ~cēpī ~ceptum (~captum), *tr.* [ANTE-+CAPIO]

1 To seize beforehand.

prius quam legiones scriberentur, multa ~capere, quae bello usui forent SAL.*Cat.*32.1; Rutilium legatum..praemisit..uti locum castris ~caperet *Jug.*50.1; quia pontem Mosae fluminis ~ceperat TAC.*Hist.*4.66.

2 (w. *animo*) To anticipate in thought.

quam appellat πρόληψιν Epicurus id est ~ceptam animo rei quandam informationem CIC.*N.D.*1.43.

3 To take action before, forestall (a specified time or state); to anticipate (a plan).

non famem aut sitim, neque frigus..opperiri, sed ea omnia luxu ~capere SAL.*Cat.*13.3; optumum factu ratus noctem quae instabat ~capere 55.1; festinans tempus legatorum ~capere *Jug.*21.3;—diuinato et ~capto meo cogitatu APUL.*Met.*4.5.

antecēdens ~ntis, *a.* [pres. pple. of next]

1 Previously existing; previous, earlier, former. **b** the above-mentioned, foregoing. **c** (neut. as sb.) what goes before or precedes; (usu. pl.) antecedent matters.

propter causas naturalis et ~ntis CIC.*Fat.*9; 23; uicit ~ntes aquarum ductus nouissimum inpendium operis PLIN.*Nat.*36.122;—facilius teritur nocte ~nte madefacta 27.129; regum ~ntium 34.22. **b** conputationem, quae in ~ntibus modulis seruanda est FRON.*Aq.*30; pauciores.. quam ex ~nti numero licuit GAIUS *Inst.*1.45. **c** alia coniugata appellamus, alia ex genere, alia ex forma..alia ex ~ntibus, alia ex consequentibus CIC.*Top.*11; 53; si uel ~ntia uel insequentia tabulis repugnant QUINT.*Inst.*5.5.2; (*sg.*) loci..conuenient in eius generis quaestionem consequentis ~ntis repugnantis CIC.*Top.*88.

2 Preceding (in order or succession), prior.

~ntis gradus homines non possunt eas (*sc.* uxores) ducere MARCEL.*dig.*23.2.49; fundus aestimatus..a creditore ~nte ex causa pignoris ablatus est PAUL.*dig.*24.3.49.1; (*masc. as sb.*) etiamsi ita contractum sit, ut ~ns dimitteretur 20.3.3.

antecēdō ~dere ~ssī ~ssum, *intr., tr.* [ANTE-+CEDO[1]]

1 To go before (in space), precede, go on ahead. **b** to get ahead of, outstrip.

uehebatur in essedo tribunus plebis; lictores laureati ~debant CIC.*Phil.*2.58; ~sserat Statius ut prandium nobis uideret *Att.*5.1.3; Vercingetorix re cognita..magnis itineribus ~ssit CAES.*Gal.*7.35.7; ~debat testudo pedum LX aequandi loci causa facta *Civ.*2.2.4; maiorem partem nauium ~dere iussit *B.Afr.*2.3; raro ~dentem scelestum deseruit pede Poena claudo HOR.*Carm.*3.2.31; Brutus ad explorandum cum equitatu ~ssit LIV.2.6.6; ~dentibus lictoribus deductus est domum 3.26.11; classis cursum esse directum.. columbae ~dentis uolatu VELL.1.4.1; idque ea parte, qua tenuius est, ~dente demitti oportet in fistulam CELS.5.28. 12.G; (*cf.*) ~dente fama nuntiisque Clusinorum LIV.5.37.6; —(*w. acc.*) expeditus..~sserat legiones CIC.*Att.*8.9.4; uti ad eos equites qui agmen ~ssissent praemitteret CAES.*Gal.* 4.11.2; duae Punicae naues ~debant Romanam classem LIV.36.44.5; proficiscentem ~ssisti QUINT.*Inst.*5.10.45. **b** biduo me Antonius ~ssit D.BRUT.*Fam.*11.13.2; quod multum expedito itinere ~sserat Caesar CAES.*Civ.*3.75.3; —(*fig.*) forsitan animus ~ssit corporis moram PETR.130.5; ne imitatio iudicium ~eret QUINT.*Inst.*2.5.26.

2 To be situated in front of or next before.

cuius (*sc.* planitiei) decursum ~debat riuus *B.Hisp.*29.2; eam (harundinem), quae radicem ~sserat, laeuae tibiae conuenire PLIN.*Nat.*16.172.

3 To arrive before, be in front of. **b** to attain (a state or condition) before another.

Trebatius sedulo facit ut ~dat MAT.TREB.*Att.*9.15.6; opus esse ipsos ~dere ad confirmandam ciuitatem CAES. *Gal.*7.54.1; (*w. acc.*) Metropolim uenit sic ut nuntios expugnati oppidi famamque ~deret *Civ.*3.80.7; (*facet.*) iam ea (dies) praeteriit? — non, uerum haec ei— ~ssit TER.*Ph.* 525;—(*transf.*) seritur ante uergiliarum occasum..ut ~dat hiemem PLIN.*Nat.*18.120. **b** non ita multo se reliquorum ciuium fatum ~dere CAES.*Civ.*2.6.1; RELIQVI FLETVM NATA GENITORI MEO ET ~SSI GENITA POST LETI DIEM *CIL* 1. 1214.19.

4 a (w. *aetate*) To precede in time, be older. **b** (of actions, events, etc.) to occur or be done before (other events), precede.

a (*w. dat.*) inter hos aetate paulum his ~dens..Ser. Galba eloquentia praestitit CIC.*Brut.*82;—(*absol. or ellipt.*) M. Pennus facete agitauit..C. Gracchum, paulum aetate ~dens 109; ut quisque aetate ~dit *Sen.*64; ex duabus filiabus ea quae aetate ~debat CAES.*Civ.*3.108.4; TAC. *Dial.*34.7. **b** (*w. dat.*) si huic rei illa ~dit, huic non antecedit CIC.*Top.*88; non sic causa intellegi debet, ut quod cuique ~dat id ei causa sit *Fat.*34;—(*w. acc.*) quibus saepe plura..febrem ~dunt CELS.2.2.4; nisi fortunam uoluntas ~ssit SEN.*Ben.*6.10.2; germinationem ~dentibus (imbribus) PLIN.*Nat.*17.17;—(*absol.*) si hoc quod sequitur non uideatur necessario cum eo, quod ~ssit, cohaerere CIC.*Inv.*1.86; nullum enim ~ssit crimen SEN.*Cl.*2.4.2; tempestiuius (dari) ~dente uomitione PLIN.*Nat.*29.80; uerba etiam et facta, quaeque ~sserunt quaeque insecuta sunt QUINT.*Inst.* 7.2.46; (*cf.*) ~dente (brassica) in cibis caueri ebrietatem PLIN.*Nat.*20.84; si ea de qua locuti sumus ars ~sserit QUINT.*Inst.*10.7.12.

5 (of time) To come before, be earlier (than).

quod ~dit tempus, maxima uenturi supplicii pars est SEN.*Ben.*2.5.3; (*w. acc.*) quorum aetas mille fere et trecentis annis saeculum nostrum ~dit TAC.*Dial.*16.5.

6 To anticipate (an action or occurrence), forestall.

qui non dat, uitium ingrati ~dit SEN.*Ben.*1.1.13; optimum est ~dere desiderium cuiusque 2.1.3; 2.29.5; oculi isti ..qui..uenientes poenas ~dunt APUL.*Met.*8.12.

7 To surpass in size or extent, be larger than.

(*w. dat.*) septimam (partem), quae septem et uiginti partibus ~deret primae CIC.*Tim.*22; (*w. acc.*) cubitorum XXXIII radice ramos ~dente PLIN.*Nat.*12.9; (*absol.*) harum est consimilis capris figura..sed magnitudine paulo ~dunt CAES.*Gal.*6.27.1.

8 To be ahead of in quality, surpass, excel. **b** to have the lead in a game. **c** to get preference or take precedence over; to have prior claim over.

(*w. dat.*) uirtute regi Agathocli ~sseris PL.*Ps.*532; cum ..id studium..longe ceteris..studiis..~dat CIC.*Ac.*1.3; quantum natura hominis pecudibus..~dat *Off.*1.105;—(*w. acc.*) scientia atque usu nauticarum rerum reliquos ~dunt CAES.*Gal.*3.8.1; ut eum nemo in amicitia ~deret NEP.*Alc.*9.3; ut insolentis Graeciae studia tanto ~deret eloquentia quanto fortuna SEN.*Suas.*7.10; tota multitudo paucissimis uerbis concitata ipsum concitatorem ~ssit SEN.*Dial.*5.2.3; fabulas etiam ~ssura latrocinia PETR.17.4; quantum..uniuersas terras campus Campanus ~dit PLIN. *Nat.*18.111; uires, quibus enumeratos paulo ante populos ~dunt TAC.*Ger.*43.6;—(*absol.*) alii qui honoribus populi Romani ~debant CIC.*Har.*13; tantum potentia ~sserant CAES.*Gal.*6.12.4; cedunt his (*sc.* ciuicis coronis) murales.. quamquam pretio ~dentes PLIN.*Nat.*16.7; SUET.*Jul.*13; (*pres. pple. as sb.*) obseruantiam (eam appellant) per quam aetate aut sapientia aut honore..~dentes ueremur et colimus CIC.*Inv.*2.66; *Sen.*64. **b** testis..eris uno me ~dere SEN.*Dial.*9.14.7. **c** (*w. dat.*) ubi..ambitionem uirtuti uideas ~dere TITIN.*com.*11;—(*w. acc.*) reliqui in labore pari ac periculo ne unus omnis ~deret recusarent CAES.*Civ.*3.82.4; ~dit, non contemnit humiliorem potens VELL.2.126.3;—haec hereditas proximo adgnato, id est ei, quem nemo ~dit, defertur ULP.*dig.*38.16.2.2.

antecello ~ere, *intr., tr.* [ANTE-+*cello* (see CELSVS)] CONST.: w. dat., acc., or absol.; also w. abl. of respect or *in*+abl.

1 To surpass, excel.

(*w. dat.*) ut, quo uno homines maxime bestiis praestent, in hoc hominibus ipsis ~at CIC.*de Orat.*1.33; dicendi consuetudo longe et multum isti uestrae exercitationi ad honorem ~it *Mur.*29; celeriter ~ere omnibus ingeni gloria coepit *Arch.*4; omnesque sensus hominum multo ~unt sensibus bestiarum *N.D.*2.145; qui hominibus ceteris ~it APUL.*Soc.*20;—(*w. acc.*) an ad inferiores (pertineant) qui his omnibus rebus ~untur *Rhet.Her.*2.48; ne honore nullo regium genus peregrinam stirpem ~eret TAC.*Hist.*2. 3; *Ann.*14.55; me cursu celeri ceteros equos ~entem APUL.*Met.*8.16;—(*absol.*) hunc ordinem si dignitate ~ere non existimabas CIC.*Ver.*3.94; *Mur.*36; Chaldaei cognitione astrorum..~unt *Div.*1.91.

2 To be stronger than, prevail over.

adeo tunc quoque in ultimis religio publica priuatis adfectibus ~ebat FLOR.*Epit.*1.7(1.13.12).

antecēnium, ~ii, *n.* [ANTE-+CENA+-IVM] A meal taken earlier in the day than the main meal.

mensula..et lagoena..prorsus gladiatoriae Veneris ~ia APUL.*Met.*2.15.

antecessiō ~ōnis, f. [ANTECEDO+-TIO]

1 A going in front or forward.

quae..in orbibus eorum conuersiones quaeque ~ones eueniant CIC.*Tim.*37.

2 What precedes or leads up to a thing, (pl.) antecedents.
cum tripertito..distribuatur locus hic, in consecutionem ~onem repugnantiam CIC.*Top.*53; causas rerum uidet earumque praegressus et quasi ~ones non ignorat *Off.*1.11.

antecessor ~ōris, *m.* [ANTECEDO+-TOR]
1 A soldier sent ahead of a military unit on the march, scout.
per speculatores et ~ores equites nuntiatur ei copias hostium haud longe ab sese uisas *B.Afr.*12.1; agminis ~ores SUET.*Vit.*17.1.
2 A predecessor in office.
laudis, quae mihi..florens per omnes ~ores tuos ad te reseruata est APUL.*Fl.*9; QVI VICIT OMNES ~ORES SVOS SENSV DECORE ADQVE ARTE SVPTILISSIMA *CIL* 6.9797; quamuis ~or praesidis decreuisset ea praedia uenum dari ULP.*dig.*27.9.9.

antecessus ~ūs, *m.* Also **anti-**. [ANTECEDO+-TVS[3]] (only in phr.) *in ~um, in ~ūs*, (of payments) In advance; also transf.
ego, quid cui debeam, scio: aliis post longam diem repono, aliis in ~um SEN.*Ben.*4.32.4; duo in ~um accipe *Ep.*7.10; prosit mihi, quod apud negotiatores solet, in ~us dedi [QUINT.]*Decl.*12.20. β bene credi tibi scio; itaque in ~um dabo SEN.*Ep.*118.1; ut praedam in ~um pactione diuiserint FLOR.*Epit.*2.30(4.12.24).

antecurrō ~ere, *tr.* [ANTE-+CVRRO] To run in front of; (in quot. of a planet).
aliis..temporibus eum (*sc.* solem) ~ens et oriens ante lucem lucifer appellatur VITR.9.1.7.

antecursor ~ōris, *m.* [prec.+-TOR] (pl., mil.) Leading troops, vanguard.
ab ~oribus de Crassi aduentu certior factus CAES.*Gal.* 5.47.1; ibi cum ~oribus Caesaris proelio commisso *Civ.* 1.16.3; 3.36.8.

anteeō ~īre ~iuī or ~iī ~itum, *tr., intr.* Also ANTIDEO. [ANTE-+EO] PROS.: *-ei-* scanned as one syllable by synaloephe LUCR.4.141, HOR.*Carm.*1.35.17, *Ep.*1.2.70, V.FL.1.31 etc.; *anteeat* as dactyl OV.*Ars* 2.726. FORMS: *anti-* (for *antei-*) TAC.*Ann.*3.1, 4.71, 5.6, 15.18, etc.; in tmesis LUCIL.1160; also written as two words.
1 To walk in front of, go before, precede. **b** to go faster than, go ahead of, go farther than.
~ibant lictores..cum fascibus bini CIC.*Agr.*2.93; ad eam ..in cubiculum ueniens barbarum..destricto gladio iubebat ~ire *Off.*2.25; ubi ~ire primores ciuitatis uident LIV. 1.59.6; cum..lictores..taciti ~irent 24.44.10; (*in ellipt. form*) ergo praetorum est ante et praeire LUCIL.1160;—(*w. acc.*) te semper ~it serua Necessitas HOR.*Carm.*1.35.17; ~ire naues laetus et rursus sequi SEN.*Ag.*453; Vespasianus acer militiae ~ire agmen TAC.*Hist.*2.5. **b** (*w. acc.*) nec cursus ~eat illa tuos OV.*Ars* 2.726; Cydoneas ~ibunt gaese sagittas STAT.*Theb.*7.339; non expectare ducem, ~ire signa TAC.*Hist.*2.30; (*cf.*) sed agilis..ille conatus fortunae meae scaeuitatem ~ire non potuit APUL.*Met.*4.2;—(*absol.*) quodsi cessas aut strenuus ~is, nec tardum opperior nec praecedentibus insto HOR.*Ep.*1.2.70; donec saucii..~irent TAC.*Ann.*1.64.
2 (of things) To move in front of; to be carried in front of.
magni montes..~ire et solem succedere praeter LUCR. 4.141;—lupi, minotauri, equi aprique singulos ordines ~ibant PLIN.*Nat.* 10.16.
3 To precede in time. **b** (w. *aetate*) to be older than, senior to.
si concedunt ~ire uisa CIC.*Fat.*44; sic..institutum ut, si ~issent delicta, poenae sequerentur TAC.*Ann.*3.69. **b** cum Ser. Sulpicius aetate illis ~iret, sapientia omnibus CIC.*Phil.*9.1; *Tusc.*1.5;—(*w. acc.*) cum Arcesilam ~iret aetate *Ac.*1.35; qui aetate et consilio ceteros ~ibat SAL. *Hist.*1.75.
4 a To prevent by anticipation, forestall. **b** to exercise, deal with, etc., in advance, anticipate.
a em id te oro ut ante eamu', dum tempus datur TER. *An.*556; ~ire metus iuuenemque exstinguere pergit V.FL. 1.31; Venus insidias ~ire laborans Iunonis SIL.13.617; ~ibo periculum TAC.*Ann.*5.6; ueneno damnationem ~iit 13.30; (*poet., w. obj. cl.*) quid Boreas, quid uellet crastinus Auster, ~ibat SIL.14.456. **b** semper uos aetatem meam honoribus uestris ~istis LIV.38.51.11; annos ~ire labore SIL.2.348; auebat animus ~ire statimque memorare exitus quos.. habuere TAC.*Ann.*4.71; principum qui grauitate sumptuum iustos reditus ~issent 15.18.
5 To be better than, surpass, excel. **b** (of qualities, achievements). **c** to exceed (in price, number, etc.).
(*w. dat.*) uirtus omnibus rebus ~it profecto PL.*Am.*649; ii, qui ~ire ceteris uirtute putantur CIC.*Off.*2.37;—(*w. acc.*) hic adulescens multo Vlixem ~it PL.*Bac.*23; incredibile quantum erum ante eo sapientia TER.*Ph.*247; ipsorum consulum qui omnis intellegentia ~ibant CIC.*Brut.*229; nec se.. propter istam causam abs te ~iri putant *Sul.*23; *N.D.*2.153; SAL.*Jug.*6.1; qui candore niues ~irent VERG.*A.*12.84; si quis uult fama tabulas ~ire uetustas PROP.2.3.41; gratia Iulium ~ibant LIV.6.30.2; graue est a deterioribus honore ~iri SEN.*Dial.*1.3.14; rebar..Ogygias titulis ~ire parentes STAT.*Theb.*3.156; tanto magis in ipsis honoribus collegas suos ~ibat TAC.*Dial.*36.4;—(*absol.*) ut operibus ~ire studuerit CAES.*Civ.*1.32.9; quia claritudine materni generis ~ibat TAC.*Ann.*2.43; GEL.2.26.20. **b** ipsa facta omnium laudatorum eloquentiam ~ire *Rhet.Her.*3.11; nos..qui quamuis minimam animi praestantiam omnibus bonis corporis ~ire dicamus CIC.*Fin.*5.93; uirtus..~ire priores cupit SEN.*Ben.*3.36.1. **c** quaeris a me quod summum pretium constituam et quantum ~ire istos hortos Drusi CIC.*Att.*12.31.2; multum numero ~ibat nostrum equitatum *B.Alex.*38.4.
6 To go beyond, exceed, place oneself above.
(*w. acc.*) ne ab aliis apud Vitellium ~irentur TAC.*Hist.* 2.101; excessisse iam pridem equestre fastigium longeque ~isse patris mei amicitias *Ann.*4.40; Nero, cuius immanitas omnium questus ~ibat 14.11;—(*w. dat.*) neque Seianus audebat auctoritati parentis ~ire 5.3.

anteferō ~ferre ~tulī ~lātum, *tr.* [ANTE-+FERO] CONST.: w. acc., or acc. and dat.
1 To carry in front, or in advance, of.
quod fasces ~ferrentur CAES.*Civ.*3.106.4; uictarum ab eo gentium uocabula ~ferrentur..censuere TAC.*Ann.*1.8; uiginti..imagines ~latae sunt 3.76; (*w. dat.; in tmesis*) fascis, qui ductoribus hostium ante soluerint ferri CAEL. *hist.*45.
2 a To bring in advance, anticipate; to advance in time. **b** to place before (in time).
a quod est dies adlatura, id consilio ~ferre debemus CIC.*Fam.*5.16.6;—referri diem prodictam, id est ~ferri, religiosum est, ut ait Veranius FEST.p.289M. **b** cum comitia iudiciis ~ferrent CIC.*Q.fr.*2.1.2; quae quibus ~feram? VERG.*A.*4.371.
3 To give precedence over, prefer, place or rank above (another), esteem more highly.
quod (genus hominum) ~ferat semper utilitatem honestati CIC.*Part.*90; potestis igitur ignotos notis, iniquos aequis..~ferre? *Font.*32; qui se solet ~ferre patruo sororis tuae fili *Att.*6.8.3; tenuem uictum ~fert copioso *Tusc.*3.49; inter se controuersias habebant, quinam ~ferretur CAES. *Gal.*5.44.2; nam Lysandro suffragante..Agesilaus ~latus est NEP.*Ag.*1.5; te Grais ~ferendo HOR.*Ep.*2.1.19; OV.*Ep.* 15.358; ut uidit omnibus se centuriis Scipioni ~ferri V.MAX. 4.5.3; ut ille..me suis nutricibus..~ferret QUINT.*Inst.* 6.pr.8; cur salutem priuati hominis incolumitati suae ~ferret TAC.*Ann.*15.61; ~lati quibusdam in rebus, qui uxorem..haberent, senioribus GEL.2.15.3; (*in compendiary const.*) nostrorum hominum..prudentiam Graecis ~ferre CIC.*de Orat.*2.4;—(*absol.*) recte eligere, neque perperam uel postponere uel ~ferre FRO.*Aur.*2.p.60(143N).

antefixum ~ī, *n.* [next] A part or object fixed in front of something; (pl.) ornamental figures or tiles placed at the edge of a roof, antefixes.
~i (*s.v.l.*) latitudo foraminis.., crassitudo..VITR.10.10. 4;—Victoria..fulmine icta decussaque ad Victorias quae in ~is erant haesit LIV.26.23.4; ~a fictilia deorum Romanorum 34.4.4; PAUL.*Fest.*p.8M.

antefixus ~a ~um, *pple.* [ANTE-+pple. of FIGO] Fixed or fastened in front of.
truncis arborum ~a ora TAC.*Ann.*1.61.

antegenitālis ~is ~e, *a.* [ANTE-+GENITALIS] That existed before birth.
at quanto facilius..sibi quemque credere, specimen securitatis ~i sumere experimento PLIN.*Nat.*7.190.

antegeriō, *adv.* **anti-**. [perh. ANTE-+GERO] Greatly, very.
QUINT.*Inst.*1.6.40; '~', cuius eadem significatio est, nemo nisi ambitiosus utetur 8.3.25; ~ antiqui pro ualde dixerunt PAUL.*Fest.*p.8M.

antegredior ~dī ~ssus, *tr.* [ANTE-+GRADIOR]
1 To move in front of, precede.
stella Veneris, quae..Lucifer Latine dicitur cum ~ditur solem CIC.*N.D.*2.53.
2 (of circumstances) To be antecedent to, precede, occur before.
cum paene innumerabiliter res eodem modo euenirent isdem signis ~ssis CIC.*Div.*1.25; omnia quae fiunt causis fiunt ~ssis *Fat.*21; quicquid est..quod deceat, id tum apparet, cum ~ssa est honestas *Off.*1.94.

antehabeō ~ēre ~uī, *tr.* [ANTE-+HABEO]
1 To have previously.
iudicationis qui negotium ~uerunt MEN.*dig.*49.16.4.8.
2 To prefer.
(*w.dat.*) uetera nouis et quieta turbidis ~eo TAC.*Ann.*1.58; ne diuulgata atque incredibilia auide accepta ueris..~eant 4.11.

antehāc, *adv.* Also ANTIDHAC. [ANTE-+*hac* (HIC)]
1 Before this time, up till now, previously.
mentes, rectae quae stare solebant ~ ENN.*Ann.*203; quod nemo umquam homo ~ uidit nec potest fieri PL.*Am.*566; minus iam furtificus sum quam ~ *Epid.*12; anus, quae est dicta mater esse ei ~, non fuit TER.*Hau.*270; TURP.*com.*21; omnium eorum, quos ~ habui liberos CORNELIA Nep.fr.2; quod uideo non, ut ~ putabam, nouitati esse inuisum meae CIC.*Fam.*1.7.8; ~ quidem sperare saltem licebat, nunc etiam id ereptum est 12.23.3; classis regis Antiochi ~ inuicta fusa LIV.40.52.6; ~ mihi ignoti TAC.*Ann.*16.31.
2 In the past, before now; also, before then.
ni ~ uidissemus fieri ut apud lenones riuales filiis fierent patres PL.*Bac.*1209; eho an umquam prompsit ~? *Mil.*841; quod ~ fecit nil ad me attinet TER.*An.*187; ~ ad nilum penitus res quaeque redissent LUCR.1.541;—sed ea saepe ~ fidem prodiderat SAL.*Cat.*25.4.

antelogium ~(i)ī, *n.* [ANTE-+*logium* after Gk. πρόλογος] An introduction, preamble.
huic argumento ~ium hoc fuit PL.*Men.*13.

antelūcānum ~ī, *n.* [next] The time before the dawn, the last hours of night; (also pl.).
turpis..cuius uigilia medio die incipit et adhuc multis hoc ~um est SEN.*Ep.*122.1; ~is ferramenta acuere, manubria aptare PLIN.*Nat.*18.236.

antelūcānus ~a ~um, *a.* **antil-**. [ANTE-+LVX+-ANVS] That precedes the dawn, of the hours before daybreak.
ibi hieme ~is temporibus aliquot res conficiuntur VAR. *R.*1.13.2; quorum omnis industria uitae et uigilandi labor in ~is cenis expromitur CIC.*Catil.*2.22; ex ~o tempore usque ad horam diei x *Fam.*15.4.9; sol..exprimit aurarum ~o impetu flatus VITR.1.6.11; ~is horis CELS.3.5.6; ~os flatus inspiciamus SEN.*Nat.*5.7.1; PLIN.*Nat.*18.33; officia ~a PLIN.*Ep.*3.12.2; APUL.*Fl.*13. β per ~am lucubrationem COL.11.2.12.

antelūciō, *adv.* [ANTE-+LVCEO+-IVM] Before the dawn.
noctis ~ aufugiamus istinc APUL.*Met.*1.11; ~o uolo ire 1.15; 9.15.

antelūculō, *adv.* [as prec.+-VLVS] Before the dawn.
uisum est ~ furtim euadere APUL.*Met.*1.14.

antelūdium ~(i)ī, *n.* [ANTE-+LVDO+-IVM] An advance tableau or show.
pompae magnae paulatim praecedunt ~ia APUL.*Met.*11.8.

antemerīdiānus ~a ~um, *a.* [ANTE-+MERIDIANVS] Occurring or done before noon, morning.
~o sermone CIC.*de Orat.*3.22; huius ambulationis ~ae aut nostrae posmeridianae sessionis 3.121; ~is tuis litteris heri statim rescripsi *Att.*13.23.1; VITR.1.6.6; ~um (*sc.* diem) illa (*sc.* mala ualitudo) sibi uindicauit SEN.*Ep.*65.1; ~o tempore PLIN.*Nat.*9.35; ~o ludorum spectaculo edito 36.117.

antemerīdiem, *n.* [ANTE, MERIDIES] The morning or forenoon.
~em apricum, Tusculanum AUR.*Fro.*1.p.142(31N).

antemittō ~mittere ~mīsī ~missum, *tr.* [ANTE-+MITTO] **1** To send ahead or in advance.
equites et cohortes speculatoribus..~missis certiores fiunt *B.Hisp.*38.1.
2 To place in front.
arboris, quas..agricolae relinquunt et ~missas appellant AGEN.*agrim.*p.31; si cauis, si superciliis..~missis arboribus ..uicinitas terminatur HYG.*agrim.*p.75; quamquam iambum Flaccus ~misit MAUR.2947.

antemna ~ae, *f.* **antenna** ~ae. [dub.] A yard of a sailing-ship, sailyard, yard-arm; (poet.) 'sail'.
α procellae infensae frangere malum, ruere ~as, scindere uela PL.*Trin.*837; LUCR.2.554; funes qui ~as ad malos destinabant CAES.*Gal.*3.14.6; demissis partem quasi tertiam ~is SAL.*Hist.*4.3; cornua uelatarum obuertimus ~arum VERG.*A.*3.549; ~is totum subnectite uelum OV.*Met.*11.483; VELL.2.43.2; per ~am pelagiae considerant uolucres PETR. 109.7; PLIN.*Nat.*16.195; STAT.*Silv.*3.2.9; (*in fig. phr.*) dum tulit ~as aura secunda meas OV.*Tr.*5.12.40. β quid tam in nauigio necessarium quam latera, quam cauernae..quam ~ae..quam mali? CIC.*de Orat.*3.180; (ut) funestam ~ae deponant..uestem CATUL.64.234; HOR.*Carm.*1.14.6; malis ~isque de naue in nauem traiectis LIV.30.10.5; SEN.*Oed.*886; PLIN.*Nat.*7.209.

Antemnae ~ārum, *f. pl.* Also **~a** ~ae. An ancient town in Latium.
turrigerae ~ae VERG.*A.*7.631; PLIN.*Nat.*3.68. β ~a etiam ueterior est quam Roma CATO *hist.*21; SIL.8.365.

Antemnātēs ~ium, *m. pl.* The people of Antemnae.
LIV.1.9.8.

Antēnor ~oris, *m.* A Trojan prince, the reputed founder of Patavium.
~or potuit..Illyricos penetrare sinus VERG.*A.*1.242; LIV.1.1.1; OV.*Met.*13.201; *Fast.*4.75.

Antēnoreus ~a ~um, *a.* Of Patavium, Paduan.
Antenorei spes et alumne laris MART.1.76.2; quaeque ~o Dryadum pulcherrima Fauno nupsit 4.25.3.

Antēnoridēs ~ae, *m.* A son or descendant of Antenor; a native of Patavium.
tris ~as VERG.*A.*6.484; macte o uirtutis auitae macte ~e SIL.12.258.

anteoccupātiō ~ōnis, *f.* [ANTE-+OCCVPATIO] Anticipation of an opponent's arguments.
descriptio, erroris inductio..~o CIC.*de Orat.*3.205.

antepagmentum ~ī, *n.* [ANTE-+PANGO+-MENTVM] FORMS: *antip-* PAUL.*Fest.*p.8M. The facing of a door- or window-frame.
iugumenta et ~a quae opus erunt indito CATO *Agr.*14.4; ostiorum..et eorum ~orum in aedibus hae sunt rationes VITR.4.6.1; ~um superius 4.6.1; in eorum frontibus ~a figantur 4.7.5; ~A ABIEGNEA..CVMATIVMQVE INPONITO *CIL* 1.698.4.

antepartum ~ī, *n.* Also **-pertum.** [ANTE-+pple. of PARIO] Property, etc., acquired in the past.
ut uirtute eorum ~a per flagitium perderes PL.*Trin.*643; unde ~a demus postpartoribus *Truc.*62; post factum flector, qui ~um perdidi 343.

antependulus ~a ~um, *a.* [ANTE-+PENDVLVS] Hanging down in front (of the head).
crinibus antependulis hinc inde dimotis APVL.*Met.*2.23; 5.22.

antepēs ~edis, *m.* [ANTE-+PES] A forefoot.
totum sese Centaurus opacis eripit e tenebris linquens uestigia parua ~edum contecta CIC.*Arat.*704(452).

antepīlānī ~ōrum, *m. pl.* [ANTE-+PILANVS] The soldiers in the first two lines of a Roman army drawn up for the battle.
hoc triginta manipulorum agmen ~os appellabant LIV. 8.8.7; receptis in interualla ordinum ~is 8.10.5.

antepolleō ~ēre, *intr., tr.* [ANTE-+POLLEO] **a** To be more powerful (than). **b** to surpass physically.
a (*w. dat.*) Hypatae, quae ciuitas cunctae Thessaliae ~et APVL.*Met.*1.5. **b** (*w. acc.*) toto uertice cunctos ~ebat APVL.*Met.* 7.5.

antepōnō ~pōnere ~posuī ~positum, *tr.* [ANTE-+PONO]

1 To place or station in front (of). **b** to place (food) before (a person). **c** to put (a word, prefix, or letter) before (a word, etc.).
non ~positis uigiliis TAC.*Ann.*1.50; in ratibus praetoriarum cohortium manipuli..adstiterant, ~positis propugnaculis 12.56; (*w. dat.*) equitum Romanorum locos sedilibus plebis ~posuit apud circum 15.32; (*ellipt.*) INVITEIS L · C · LEVIEIS L · F ·..NE ~PONAT *CIL* 1.1990. **b** bonum ~ponam prandium pransoribus PL.*Men.*274; (*facet.*) quid? te ~pones Veneri iaientaculo? *Cur.*73. **c** a quibus..principiis ~positis praeuerbiis paucis immanis uerborum accedit numerus VAR.*L.*6.38; plurimum refert compositionis, quae quibus ~ponas QVINT.*Inst.*9.4.44; matris nomine ~posito PAVL.*dig.*38.10.10.17.

2 To place before in time; (pass.) to occur before, precede.
Homerum autem, qui minimum dicunt, Lycurgi aetati triginta annis ~ponunt fere CIC.*Rep.*2.18;—sequi illud quidem ut omnia causis fiant ~positis *Fat.*41.

3 To place above, esteem more highly, prefer.
(*w. dat.*) quo deteriores ~ponantur bonis PL.*Poen.*39; longe Academiae illi..tuum hoc suburbanum gymnasium ~ponam CIC.*de Orat.*1.98; ut..religioni suae..pecuniam ~poneret *Ver.*4.11; mortem seruituti ~ponamus *Phil.*3.29; ut amicitiam omnibus rebus humanis ~ponatis *Amic.*17; neque has tantularum rerum occupationes Britanniae ~ponendas iudicabat CAES.*Gal.*4.22.2; qui ueram gloriam iniustae potentiae ~ponerent SAL.*Jug.*41.10; PLIN.*Nat.* 17.49; ~posuere..praesentia dubiis et honestis TAC.*Hist.* 1.28; (*transposed*) mala bonis ponit ante CIC.*Off.*3.71;—ego non plane reicio, sed alios ~pono *Orat.*215; est..utriusque loci tanta amoenitas ut dubitem utra ~ponenda sit *Att.*14.13.1; in uicem se ~ponendo TAC.*Ag.*6.1;—(*w. abl.*) nocte ista nihil ~pono APVL.*Met.*3.19.

4 To give (a person) precedence (over another); to choose, appoint, set up.
(*w. dat.*) aperte ab iudicibus petit ut tu mihi ~ponare CIC.*Div.Caec.*23; iis qui cum imperio sunt maiores natu augures ~ponuntur *Sen.*64; triennio maiorem natu Domitium filio ~ponit TAC.*Ann.*12.25.

anteportānus ~a ~um, *a.* [ANTE-+PORTA+-ANVS] An epithet of Hercules.
HERCVLI..~O *CIL* 5.5534.

antepotēns ~ntis, *a.* [ANTE-+POTENS] Excelling.
hic homost omnium hominum praecipuos, uoluptatibus gaudiisque ~ns PL.*Trin.*1116.

antequam, *conj.* **ante quam.** [ANTE, QVAM] Before.

1 (*quam* followed by ind., expr. simple temporal sequence): **a** (together or as one word). **b** (separated).
a ~ is uilicare coepit CATO *orat.*105; rationes ad aerarium, ~ Dolabella condemnatus est, non audet referre CIC.*Ver.* 1.98; me, ~ uidit, rei publicae reddidit *Lig.*7; ~ tuas litteras accepimus, audita res erat *ad Brut.*2.4(6.2).5; nec ~ uires..deerant expugnati sunt LIV.23.30.4; quod excusatur ~ dicitur SEN.*Suas.*1.12; proinde ~ se firmat aut uires parat, petatur ultro SEN.*Thy.*201; quarum ~ uiam ingredior, pauca mihi..dicenda sunt QVINT.*Inst.*2.10.1. **b** ne ante sarueris, quam asparagus natus erit CATO *Agr.*161.2; non ante ad consequens uerbum descenditur quam ad superius escensum est *Rhet.Her.*4.34; non ante ueniam quam recusaro CIC.*Caec.*81; ceteri primum ante tenentur adstricti quam quid esset optimum iudicare potuerunt *Luc.*8; nec ante mouerunt de sententia consulem quam tribuni..polliciti sunt LIV.3.21.1; non ante tamen, quam cuncta coegi prodere OV.*Met.*13.245; ante hoc noui tu quam nates es PHAED.5.9.4; quaedam ante torquent quam debent SEN.*Ep.*13.5; TAC.*Ann.*12.5; (*inf. in indir. sp.*) cogitemusque, homines ante inuenisse artem quam docuisse QVINT. *Inst.*7.10.10;—(quam *before* ante) quam nil ad nos anteacta uetustas temporis aeterni fuerit, quam nascimur ante LVCR.3.973; uictricem laurum quam uenit ante uides MART.9.35.6;—(*w. difference in time indicated*) annis ante sedecim causas agere coepit quam tu es natus CIC.*Brut.*324; ante annum, quam seminare uoles, scrobem fodies COL. 5.10.2.

2 (*quam* followed by subj., usu. when an action is expected, anticipated, prevented, contingent, etc.): **a** (together). **b** (separated).
a haec facito ~ uiniam fodere incipias CATO *Agr.*50.2; ~ nigrae fiant, contundantur 117; qui ~ de meo aduentu audire potuissent..in Macedoniam perrexi CIC.*Planc.*98; ad id tempus quod erit ~ flare incipiat fauonius VITR.2.9.1; foditur..glaeba quae dicitur, ~ tractationibus ad minium perueniant 7.8.1; ceterum ~ consules in Etruriam peruenirent, Senones..ad Clusium uenerunt LIV.10.26.7; nudi agunt (Germani) ~ puberes sint MELA 3.26; qui..uineas, ~ pubescant..destituunt COL.4.3.2; strumas sanat, ~ suppurent LARG.228; quanto durius (*sc.* est negare), ~ rogeris! MART.2.44.12; TAC.*Hist.*2.96;—(*w. difference in time indicated*) paulo ~ sol occideret uenit LIV.1.50.2; —(*in dependent cls.*) seque ~ eam uxorem duxisset domum sperasse eas tolerare posse nuptias TER.*Hec.*146; qui cogeretur docere ~ ipse didicisset CIC.*Dom.*141; quod undique abierat ~ consentirent LIV.23.28.4; stetisse..Capuam, ~ a Romanis caperetur, annis circiter CCLX VELL.1.7.3. **b** hostis ante adesse potest quam quisquam uenturum esse suspicari queat CIC.*Rep.*2.6; membra ante fuere..eorum quam foret usus LVCR.4.841; hoc geritur..ante nouis rubeant quam prata coloribus VERG.*G.*4.306; ante tamen quam prodicta dies ueniret, morbo moritur LIV.2.61.8; ante bis exactum quam Cynthia conderet orbem omne fretum metuens pelagi pirata reliquit LVC.2.577; neque ante preces admissae quam in uerba Galliarum iurarent TAC.*Hist.*4.60; SVET.*Nero* 20.2;—(*w. difference in time indicated*) terram multo ante memento excoquere..quam laetum infodias uitis genus VERG.*G.*2.259; is eos ludos..instituit ante annos quam..consulatum inires DCCCXXIII VELL.1.8.1; (*after dependent cl.*) ut si opus est ante curentur quam tondeantur VAR.*R.*2.11.6; (quam *rptd.*) ut non ante attigerint, quam hunc ordinem condemnarint, quam auctoritatem uestram e ciuitate exterminarint CIC.*Prov.*3; non oportere ante de ea re ad senatum referri quam dilectus tota Italia habiti..essent CAES.*Civ.*1.2.2; aliis nulla ante futura fides erat quam legatos..audissent LIV.27.50.11; TAC.*Ger.*13.1.

3 (ellipt., or without finite verb after *quam*): **a** (together). **b** (separated).
a HOR.*S.*1.2.104; non ~ perlatis legibus..depositurs imperium se aiebant LIV.3.51.13; mercennarium militem in castris neminem ~ tum Celtiberos Romani habuerunt 24.49.8. **b** non oportuisse ante supplicium quam iudicium interponere CIC.*Inv.*2.80; ut ne multi illud ante praeciperent oculis quam populus Romanus *Ver.*4.65; quos puto ante uenturos quam nostrum Saufeium *Att.*6.9.4; nexilis ante fuit uestis quam textile tegmen LVCR.5.1350; insignes ante milites quam duces LIV.9.17.13; ante ueni, quam uir! OV. *Am.*1.4.13; posse opprimi damnatam ~ ream TAC.*Ann.* 11.28; (*w. difference in time indicated*) quod te..nec multo ante redisse scii quam ex epistula tua cognoui PLANC.*Fam.* 10.4.1;—(quam *before* ante) de eorum declinatione quam de uerborum ante dicam VAR.*L.*8.13; me legat ut nemo quam meus ante [TIB.]3.13.8.

4 (in ἀδύνατα) Sooner..than, before.
ante leues ergo pascentur in aethere cerui..quam nostro illius labatur pectore uultus VERG.*Ecl.*1.59; annus et inuersas duxerit ante uices, quam tua sub nostro mutetur pectore cura PROP.1.15.30; OV.*Met.*13.324; (*ellipt., or without finite vb.*) ante lupos rapient haedi..quam non mea libera auena *Dirae* 4; testor ante orbem tibi (*i.e. Alexander*) tuum deesse quam militem SEN.*Suas.*1.14.

anterior ~ior ~ius, *compar. a.* [ANTE[1]; formed on analogy of POSTERIOR, etc.] Earlier, previous.
fiscus cum in priuati ius succedit, priuati iure pro ~ioribus suae successionis temporibus utitur VLP.*dig.*49.14.6.

antēris ~idos, *f.* [Gk. ἀντηρίς] A prop or support, pillar.
in frontibus ~ides, siue erismae sunt, una struantur VITR.6.8.6; ~idon longitudo 10.11.9.

Anterōs ~ōtis, *m.*

1 a A god, the son of Venus and Mars. **b** a Greek personal name.
a CIC.*N.D.*3.59. **b** CIC.*Att.*9.14.2; 11.1.1; LARG.162.

2 A kind of amethyst.
tales aliqui malunt paederotas uocare, alii ~otas, multi Veneris genam PLIN.*Nat.*37.123.

antēs ~ium, *m. pl.* [cf. ANTE]

1 Files (of cavalry).
pedites quattuor agminibus, equites duobus ~ibus ducas CATO *Mil.*9(J).

2 Rows or lines of vines, etc.
iam canit effectos extremus uinitor ~es VERG.*G.*2.417; umidaque andrachle sitientis protegit antas (*cj.* ~es) COL. 10.376; PAVL.*Fest.*p.16M.

antescholānus ~ī, *m.* [ANTE-+SCHOLA+-ANVS] (app.) An assistant master.
ueritus ne Menelaus..~us..solum me in deuersorio inueniret PETR.81.1.

antescholārius ~iī, *m.* [ANTE-+SC(H)OLA+-ARIVS] (app.) An attendant.
POENAE NOMINE PONTIFICIBVS AVT ~IS VIRGINVM L M(ILIA) N(VMMVM) INFERRE DEBEBIT *CIL* 6.14672.8.

antesignānī ~ōrum, *m. pl.* [ANTE-+SIGNVM+-ANVS] Troops who fought in the front rank of a legion, app. the same as HASTATI. **b** (transf., sg.) a protagonist, leader.
~i quadratis multisignibus tecti VAR.*Men.*21; ~os et multiplicem et Alaudas iudices se constituisse dicebat CIC. *Phil.*5.12; unius legionis ~os procurrere atque eum tumulum occupare iubet CAES.*Civ.*1.43.3; 3.75.5; desiliunt ex equis..et pro ~is parmas obiciunt LIV.2.20.10; 7.16.6; primo ~i Poenorum, dein signa perturbata 24.16.2; 27. 48.10; 38.33.5; intraque eos adpropinquantibus quadrigis ~orum aciem recepit FRON.*Str.*2.3.17; (*cf.*) ducebat ipse rex ~os CURT.4.6.23. **b** fueras in acie Pharsalica ~us CIC. *Phil.*2.71; ~i nostri partem, qua manus umerum subit..abscidimus APVL.*Met.*4.11.

antestes ~titis, *m.*: see ANTISTES.

antestō ~āre ~itī, *intr., tr.* Also **anti-.** [ANTE-+STO] To surpass, excel, be superior to.
α (*w. dat.*) in his..cognitum est, quanto ~aret eloquentia innocentiae NEP.*Ar.*1.2;—(*w. acc.*) ~at omnis Atacinorum..colonia MELA 2.75; Scadinauia..ut fecunditate alias ita magnitudine ~at 3.54. β (*w. dat.*) ENN.*scen.*228; brassica est quae omnibus holeribus ~at CATO *Agr.*156.1; qui et uiribus et magnitudine..ceteris ~abat QVAD.*hist.*10b; CIC.*Inv.*2.2; Verani, omnibus e meis amicis ~ans mihi milibus trecentis CATVL.9.2; erogationes urbicae pristinis illis prouincialibus ~abant plurimum APVL.*Met.*11.28; (*w. compendiary const.*) cunctis..potentia quantum ~et..superis tua SIL.9.538;—(*w. acc.*) quanto uniuersi me unum ~atis MET.NVM.*orat.*4;—(*absol.*) si ratio consilium prudentia (quaeruntur), Pompeius ~at CIC.*Rep.*3.28; Herculis ~are autem si facta putabis LVCR.5.22; TAC.*Ann.*2.33.

antestor ~ārī ~ātus, *tr.* [prob. contr. from ANTE-+TESTOR] To call as a witness.
si in ius uocat, ito. ni it ~amino: igitur em capito *Lex XII* (*Font.iur.*p.17); ambula in ius. — non eo. — licet te ~ari? — non licet PL.*Cur.*621; *Poen.*1229; ~ATVS EST TVRBINIVM SIG TVR PROCVLI TESTAMENTVM FACTVM *A.Epig.*48.168.41; —(*ellipt.*) PL.*Per.*747; aduersarius..magna inclamat uoce..'licet ~ari?' ego uero oppono auriculam HOR.*S.*1.9.76; PLIN.*Nat.*11.251.

anteueniō ~uenīre ~uēnī ~uentum, *intr., tr.* [ANTE-+VENIO]

1 To get in front (of), be before, arrive first.
~ueni aliqua, aliquo saltu circumduce exercitum PL.*Mil.* 221; consul ~ueniens extemplo proelium conseruit LIV. 42.66.4;—(*w. acc.*) per tramites occultos exercitum Metelli ~uenit SAL.*Jug.*48.2; 56.2; compendiis uiarum..onustum sarcinis..militem cum ~uenisset TAC.*Ann.*1.63.

2 To act before, forestall, anticipate.
praeoccupabo atque ~ueniam et foedus feriam PL.*Mos.* 1061; (*impers.*) quod conpluriens usu uenit omni tempore ~uentum esse e re publica credimus CATO *orat.*225; (*w. dat.*) temperi huic hodie ~ueni PL.*Trin.*911; (*w. acc.*) consilia et insidias eorum ~uenire SAL.*Jug.*88.2.

3 To be better than, surpass, get ahead of. **b** (of things) to exceed.
(*w. dat.*) omnibus rebus ego amorem credo et nitoribus nitidis ~uenire PL.*Cas.*217a; *Ps.*417;—(*w. acc.*) qui..per uirtutem soliti erant nobilitatem ~uenire SAL.*Jug.*4.7; 96.3. **b** beneficia eo usque laeta sunt dum uidentur exolui posse: ubi multum ~uenere pro gratia odium redditur TAC.*Ann.* 4.18.

anteuentulus ~a ~um, *a.* [ANTE-+VENIO+-VLVS] (of hair) Projecting in front, lying forward.
comae..pleramque eius ~ae contegebant faciem APVL. *Met.*9.30; *Fl.*3.

anteuertō ~ere ~ī, *intr., tr.* **~or** ~ī, *dep.* Also **-uort-.** [ANTE-+VERTO]

1 To go or get in front of or ahead of, precede.
(*w. dat.*) miror ubi ego huic ~erim TER.*Eu.*738;—(*absol. or ellipt.*) uidit necesse esse Miloni proficisci Lanuuium illo ipso..die: itaque ~it CIC.*Mil.*45; (*of a planet*) neque a sole longius umquam unius signi interuallo discedit tum ~ens tum subsequens *N.D.*2.53; (*of part of a book*) ut..pars illa posterior prae illa Graeca, quae ~it, nec argumentis sit effetior nec.. APVL.*Soc.*pr.5.

2 a To act first, do first; to anticipate (a person). **b** to forestall, prevent by earlier action.
a id ipsum cum tecum agere conarer, Fannius ~it CIC. *Amic.*16;—uos festinatio iudicii ~it, ne quid..nouaretis APVL.*Apol.*84. **b** quod consilium uirtutibus cantionum ~it APVL.*Met.*1.10; alienam sepulturam ~unt 2.20.

3 To give priority to, deal with before (other things).
(*dep., w. dat.*) rebus aliis ~ar..Mnesilochum ut requiram PL.*Bac.*526; (*impers.*) Caesar omnibus consiliis ~endum existimauit, ut Narbonem proficisceretur CAES.*Gal.*7.7.3.

4 To take precedence over, outweigh.
(*w. dat.*) pol maerores mi ~unt gaudiis PL.*Capt.*840.

anteuolō ~āre, *tr.* [ANTE-+VOLO[2]] (Also written as two words.) To fly in front of.
Fama..~at currum STAT.*Theb.*3.427; Fuluius ~ans agmen..inquit SIL.12.600.

Anteuorta ~ae, *f.* A goddess, the opposite of POSTVERTA.
[HYG.]*gram.*17.

anteurbānus ~a ~um, *a.* [ANTE-+VRBS+-ANVS] Situated near the city, suburban.
~a praedia urbi propinqua PAVL.*Fest.*p.8M.

anthalium ~iī, *n.* [Gk.] (prob.) The earth-almond, *Cyperus esculentus*; (app. the same as Gk. μαλιναθάλλη).
~ium longius a flumine nascitur, mespili magnitudine et rotunditate, sine nucleo PLIN.*Nat.*21.88; 21.175.

anthēdōn ~onis, *a.* [Gk. ἀνθηδών] *mespila* ~*on*, (perh.) Oriental thorn, *Crataegus orientalis.*
mespilis tria genera: ~on, setania; tertium degenerat PLIN.*Nat.*15.84.

Anthēdonius ~a ~um, *a.* Of, or native of, Anthedon, a Boeotian town on the Euboean Gulf.
~umque Lycetum STAT.*Theb.*9.291; ~i..hospitis (*i.e. Glaucus*) 9.328.

anthemis ~idis, *f.* [Gk. ἀνθεμίς] A plant, (perh.) chamomile.
mira et ~is natura, quod a summo florere incipit PLIN.*Nat.*21.103; ~is..calculos eicit 26.87.

anthēra ~ae, *f.* [Gk. ἀνθηρά] A salve or medicament made with flower-petals.
adhibendae sunt hae compositiones, quas Graeci ~as nominant CELS.6.11.2; PLIN.*Nat.*24.69.

anthericus ~ī, *m.* [Gk. ἀνθέρικος] The flowering stem of the asphodel.
fere Graeci princepsque Pythagoras caulem eius..~um uocauere, radicem uero asphodelum PLIN.*Nat.*21.109; 22.67; 27.14.

anthiās ~ae, *m.* [Gk. ἀνθίας] PROS.: scanned as dactyl OV.*Hal.*46. A sea-fish, (poss.) *Labrus* or *Serranus anthias.*
~as his tergo quae non uidet utitur armis OV.*Hal.*46; de ~a pisce PLIN.*Nat.*9.180; 32.13.

anthinus ~a ~um, *a.* [Gk. ἀνθινός] Made from flowers, flower-.
terna sunt genera mellis. uernum ex floribus constructo fauo, quod ideo uocatur ~um PLIN.*Nat.*11.34.

anthologica ~ōn, *n. pl.* [Gk. ἀνθολογικά] (app.) Writings on the subject of flowers.
ex nostris..inscripsere aliqui libros ~on, flores uero persecutus est nemo PLIN.*Nat.*21.13.

anthophoros ~os ~on, *a.* [Gk. ἀνθοφόρος] Flowering.
milax..quae ~os cognominatus similitudinem hederae habet PLIN.*Nat.*24.82.

anthracina ~ōrum, *n. pl.* [Gk. ἀνθράκινος] (app.) Coal-black garments.
propinquae adulescentulae etiam ~is, proxumae amiculo nigello..sequerentur luctum VAR. in NON.p.550M.

anthracītēs ~ae, *m.* [Gk. ἀνθρακίτης] An unknown precious stone.
idem schiston et alterius generis quam haematiten tradit, quem uocat ~en PLIN.*Nat.*36.148.

anthracītis ~idis, *f.* [Gk. ἀνθρακῖτις] An unknown precious stone.
PLIN.*Nat.*37.99; in ~ide scintillae discurrere (uidentur) 37.189.

anthrōpographos ~ī, *m.* [Gk. ἀνθρωπογράφος] A portrait-painter.
Dionysius nihil aliud quam homines pinxit, ob id ~os cognominatus PLIN.*Nat.*35.113.

anthrōpophagī ~ōrum, *m. pl.* [Gk. ἀνθρωποφάγος] Man-eaters, cannibals.
apud ~os ipsae etiam epulae uisceribus humanis apparantur MELA 2.14; PLIN.*Nat.*4.88; 6.53.

anthus ~ī, *m.* [Gk. ἄνθος] A bird, (perh.) a heron.
equorum..hinnitus ~us nomine..imitatur PLIN.*Nat.*10.116.

anthyllium, ~iī, *n.* Also ~**ion.** [Gk. ἀνθύλλιον] The name of two plants, perh. (i) a species of *Ajuga,* (ii) *Cressa cretica.*
est herba ~ium, quam alii anthyllum uocant, duorum generum:..lenticulae similis..altera chamaepityi similis, breuior et hirsutior PLIN.*Nat.*21.175; ~ion est lenti simillima (*sc.* herba) 26.84.

anthyllis ~idis, *f.* [Gk. ἀνθυλλίς] = prec.
altera ~is, chamaepityi similis, flore purpureo, odore graui PLIN.*Nat.*26.84; 160.

anthyllum ~ī, *n.* = ANTHYLLIVM *a.*

anthypophora ~ae, *f.* [Gk. ἀνθυποφορά] (rhet.) A reply to a supposed objection.
deinde ~am sumpsit: mentiris, ille uero iratus fuit SEN.*Con.*1.7.17.

antiae ~ārum, *f. pl.* [cf. ANTE and Gk. ἀντίος] Locks of hair that hang in front.
praemulsis ~is et promulsis caproneis APUL.*Fl.*3; PAUL.*Fest.*p.17M.

Antiānus ~a ~um, *a.* Of Antium, Antian.
Hercules ~us CIC.*Ep.fr.*5.7; ALAE..~AE *CIL* 16.3.

antias[1] ~adis, *f.* [Gk. ἀντιάς] A tonsil covered with a pellicle as a result of tonsillitis.
tonsillas..quae post inflammationes induruerunt, ~ades..a Graecis appellantur CELS.7.12.2.

Antiās[2] ~ātis, *a.* Of Antium, Antian; (masc. pl. as sb.) the people of Antium.
~ati populo LIV.8.14.8; LABEO *gram.*16; ut is eo tempore in agro suo ~ati esset LIV.43.4.6;—8.14.8; 8.14.12.

Antiātīnus ~a ~um, *a.* Of or connected with Antium.
CERERIS ~AE *CIL* 10.6640; Fortunae ~ae SUET.*Cal.*57.3.

antibacchus ~ī, *m.* [Gk.] The metrical foot ⏑ – –.
MAUR.1414; anapaestus item quater editus hexametro ita clauditur, ut choriambicus, ~o 1909; 1913.

antibasis ~is, *f.* [Gk. ἀντίβασις] The rear prop of a ballista.
basis..longitudo foraminum ::::, ~is foraminum IIII.

antiborēum ~ī, *n.* [Gk. ἀντιβόρειον] A type of sundial.
VITR.9.8.1.

anticatēgoria ~ae, *f.* [Gk. ἀντικατηγορία] A counter-plea.
est et alia duplex coniectura huic ~ae diuersa QUINT.*Inst.*7.2.25.

Anticatō ~ōnis, *m.* The title of the books which Caesar wrote in answer to Cicero's panegyric *Cato.*
iunguntur..ex nostro et peregrino..aut contra, ut 'epitogium' et '~o' QUINT.*Inst.*1.5.68; duo Caesaris ~ones JUV.6.338; SUET.*Jul.*56.5; GEL.4.16.8.

anticessus ~ūs, *m.*: see ANTECESSVS.

antichthones ~um, *m. pl.* Also **-ctho-, -cto-.** [Gk. ἀντίχθονες] The people of the southern hemisphere.
~es alteram (*sc.* zonam), nos alteram incolimus MELA 1.4; 1.54; PLIN.*Nat.*6.81; Graeci austro propiorem ~on..appellauerunt; alteram propiorem septentrioni antipodon AGEN.*agrim.*p.22; APUL.*Met.*1.8.

anticipālis ~is ~e, *a.* [ANTICIPO+-ALIS] Preliminary, anticipatory.
quoniam singulariter omnium litium ~is existit AGEN.*agrim.*p.26; p.31; (*neut. pl. as sb.*) quam (*sc.* partem de controuersiis) ita capere ac persequi poterimus, si ~ia quoque..non praetermiserimus p.25.

anticipātiō ~ōnis, *f.* [next+-TIO] A previous notion, preconception.
quod genus (est) hominum quod non habeat sine doctrina ~onem quandam deorum, quam appellat πρόληψιν Epicurus? CIC.*N.D.*1.43; hanc nos habere siue ~onem..siue praenotionem deorum 1.44.

anticipō ~āre ~āuī ~ātum, *tr.* (*intr.*) [ANTE-, CAPIO]

1 To occupy (a place) beforehand. **b** *uiam* ~*are,* to get the lead (in a race, etc.). **c** (app.) to get ahead (of).
aut quia sol idem..~at caelum radiis accendere temptans LUCR.5.659. **b** tardius exierant, sed per compendia montis ~ata uia est OV.*Met.*3.235; sperauit flexae circa compendia metae..~asse uiam STAT.*Theb.*6.442. **c** (*ellipt.*) uiuos contemnite uiui, ~ate atque addite calcar VAR.*Men.*48.

2 a To perform, undergo, etc., before the proper time, anticipate. **b** to have a preconceived idea (of).
a quid..proficis qui ~es eius rei molestiam quam triduo sciturus sis? CIC.*Att.*8.14.2; fecit et saeculares, quasi ~atos ab Augusto nec legitimo tempori reseruatos SUET.*Cl.*21.2; *Tib.*61.5; (*ellipt.*) conpetit ferme et hoc omnibus (uentis)..per singulas intercalationes uno die ~antibus rursusque lustro sequenti ordinem seruantibus PLIN.*Nat.*2.122. **b** quod ita sit informatum ~atumque mentibus nostris, ut homini, cum de deo cogitet, forma occurrat humana CIC.*N.D.*1.76.

Anticlēa ~ae, *f.* **-īa.** The mother of Ulysses.
HYG.*Fab.*125.12; 201.4; (*app. erron. for* Euryclea) CIC.*Tusc.*5.46.

antīcus: see ANTIQVVS.

Anticyra ~ae, *f.* The name of several Greek towns reputedly famous for their hellebore, esp. one on the coast of Phocis. **b** (?erron.) *insula* ~*a,* the peninsula adjacent to the Phocian Anticyra.
LIV.32.18.4; MELA 2.53; PLIN.*Nat.*22.133;—(*as the source of hellebore*) nescio an ~am ratio illis destinet omnem HOR.*S.*2.3.83; tribus ~is caput insanabile *Ars* 300; OV.*Pont.*4.3.54; ~as melior sorbere meracas PERS.4.16; si non eget ~a JUV.13.97. **b** Drusum..constat hoc medicamento liberatum comitiali morbo in ~a insula PLIN.*Nat.*25.52; GEL.17.15.6.

Anticyricon ~ī, *n.* [Gk. ἀντικύρικον] A plant of the genus *Reseda.*
est etiamnum aliud sesamoides, Anticyrae nascens, quod ideo aliqui ~on uocant,..grano sesamae PLIN.*Nat.*22.133.

antideā: old form of ANTEA.
si ~ senatus populusque iusserit fieri ac faxitur *formula* in LIV.22.10.6.

antideō ~īre, *tr., intr.* [old form of ANTEEO] To surpass, excel, outdo.
(*w. acc.*) solus ego omnis longe ~eo stultitia PL.*Bac.*1089; munditiis Munditiam ~eo *Cas.*225; te..dolis atque mendaciis..~ibo *Ps.*933;—(*w. dat.*) solus ego omnibus ~eo facile *Per.*778;—(*ellipt.*) Campans genus multo Surorum iam ~it patientia *Trin.*546.

antidhāc, *adv.* [old form of ANTEHAC.] Heretofore, up till now.
quia salutare aduenientem me solebas ~ PL.*Am.*711; *Bac.*539; *Cas.*88; magis me benigne nunc salutas quam ~ PL.*Poen.*752; quid tristiorem uideo te esse quam ~? [VAR.]*Men.*8.

antidotum ~ī, *n.,* ~**os** ~ī, *f.,* ~**us** ~ī, *f.* [Gk. ἀντίδοτος, -ον] An antidote or remedy.
cum sutor..uenditaret falso ~um nomine PHAED.1.14.3; scincos, contra uenena praecipuus ~is PLIN.*Nat.*8.91; QUINT.*Inst.*7.2.25; ~um, inquit, aduersus Caesarem? SUET.*Cal.*29.1;—(*neut.*) ~a raro..necessaria sunt CELS.5.23.1.A; Mithridatium ~um PLIN.*Nat.*29.24; PAUL.*dig.*33.9.5;—(*fem.*) danda erit ~os hiera LARG.99; 171; huius regis ~us celebratissima est GEL.17.16.6.

Antiensis ~is ~e, *a.* Of Antium, Antian.
~is templi hospitio usus V.MAX.1.8.2

antigerio: see ANTEGERIO.

Antigona ~ae, *f.* ~**ē** ~ēs, *f.* **a** Antigone, a daughter of Oedipus. **b** a daughter of Laomedon.
a ACC.*trag.*137; HYG.*Fab.*72.3; JUV.8.229. **b** OV.*Met.*6.93.

Antigonus ~ī, *m.* A Greek name, esp. **a** one of the generals of Alexander the Great. **b** Antigonus Doson; also other Macedonian kings.
a CIC.*Off.*2.48; NEP.*Eum.*5.7; QUINT.*Inst.*2.13.12. **b** LIV.34.28.1; 40.54.4; PLIN.*Nat.*12.56.

antigradus ~ūs, *m.* [ANTE-+GRADVS] (app.) Front steps.
LAPIDIBVS EIVS PER ~OS STRATIS MARMOR⟨EIS⟩ *CIL* 8.7994.

Antilibanus ~ī, *m.* (usu.) *Mons Antilibanus,* the mountain range east of and parallel to Mount Lebanon.
CIC.*Att.*2.16.2; PLIN.*Nat.*5.77; 12.104.

Antilochus, ~ī, *m.* A son of Nestor.
ACC.*trag.*4; HOR.*Carm.*2.9.14; PROP.2.13.49; OV.*Ep.*1.15.

antilūcānus ~a ~um, *a.*: form of ANTELVCANVS.

Antimachus ~ī, *m.* A Greek name, esp. a poet of Colophon at the end of the 5th century B.C.
CIC.*Brut.*191; CATUL.95.10; PROP.2.34.45.

antinomia, ~ae, *f.* [Gk. ἀντινομία] A contradiction between laws.
nec..semper ex una lege quaestio est, ut in ~a QUINT.*Inst.*7.1.15; 7.7.1.

Antiochensis[1] ~is, *m.* Also **-ēsis.** An inhabitant of Antioch; (usu. pl.).
C IVLI THEOPOMPI ~IS *CIL* 16.15;—(*pl.*) CAES.*Civ.*3.102.6; TAC.*Hist.*2.80; in Pisidia eiusdem (*sc.* Italici) iuris est colonia ~ium PAUL.*dig.*50.15.8.10.

Antiochensis[2] ~is ~e, *a.* Of or belonging to Antiochus.
ex ~i pecunia V.MAX.3.7.1d.

Antiochīa ~iae, *f.* ~**ēa** ~ēae.

1 The name of several cities and towns: **a** the capital of Syria. **b** a town in Caria. **c** a former name of Edessa. **d** a former name of Nisibis in Mygdonia. **e** a town in Pisidia.
a CIC.*Arch.*4; CAES.*Civ.*3.102.6; LIV.33.19.8; PLIN.*Nat.*12.133. **b** PLIN.*Nat.*5.108. **c** PLIN.*Nat.*5.86. **d** PLIN.*Nat.*6.42. **e** PLIN.*Nat.*5.94.

2 The northern part of Syria.
MELA 1.63; 1.69; PLIN.*Nat.*5.66.

Antiochiānus ~a ~um, *a.* Of Antioch.
T DESTICIO..PROC PROVINC CAPPADOC ITEM PONTI MEDITERRAN..ET LYCAON AN⟨TIOCH⟩IAN *CIL* 5.8660.

Antiochiensis ~is, *m.*: var. of ANTIOCHENSIS.
PLIN.*Nat.*4.35.

Antiochīnus ~a ~um, *a.* **a** Of or connected with Antiochus, king of Syria. **b** of the philosopher Antiochus.
a BELLVM ~VM *Fast.Cos.Cap.*18b(*CIL* 1.p.25); CIC.*Phil.*11.17; ut pecuniae ~ae..rationem redderet GEL.4.18.7. **b** tibi dedi partis ~as..mihi sumpsi Philonis CIC.*Fam.*9.8.1.

Antiochīus ~ia ~ium, *a.* Also ~**ēus.** Of the philosopher Antiochus; (neut. pl.) the views of Antiochus.
nemini uisa est aptior ~ia ratio CIC.*Att.*13.16.1; *Luc.*70;—sunt enim uehementer πιθανὰ ~ia *Att.*13.19.5; *Luc.*115.

Antiochus ~ī, *m.* **a** The name of several kings of Syria and various adjacent territories, esp. Antiochus III, the Great, who was defeated by the Romans when he invaded Greece 191 and 190 B.C. **b** an Academic philosopher of the first century B.C.
a CATO *orat.*60; CIC.*de Orat.*2.75; *Sest.*58; NEP.*Han.*7.6; LIV.31.14.5. **b** CIC.*Brut.*315; *Leg.*1.54; *Tusc.*3.59.

Antiopa ~ae, ~ē ~ēs, *f.* The daughter of Nycteus and the mother, by Jupiter, of Amphion and Zethus.
PAC.*trag.*1; PROP.3.15.12; SEN.*Phaed.*227; (*title of tragedy by Pacuvius*) CIC.*Fin.*1.4; PERS.1.78.

antipagmentum ~ī, *n.*: form of ANTEPAGMENTVM.

Antipater ~trī, *m.*

1 The name of various Greeks; including **a** a Macedonian general of Philip and Alexander. **b** a Stoic philosopher of the 2nd century B.C. **c** a Stoic philosopher of the 1st century B.C. **d** an epigrammatist of Sidon *c.* 130 B.C.
a CIC.*Off.*2.48; VITR.8.3.16. **b** CIC.*Div.*1.6; *Off.*3.51. **c** CIC.*Off.*2.86. **d** CIC.*de Orat.*3.194; PLIN.*Nat.*7.172.

2 A Roman cognomen, esp. of L. Caelius Antipater, a jurist and historian of the 2nd century B.C.
CIC.*de Orat.*2.54; *Brut.*102; *Leg.*1.6.

antipathes[1], *n.* [Gk. ἀντιπαθές] A charm, perh. for arousing mutual love.
philtra omnia undique eruunt: ~es illud quaeritur LAEV. *poet.*27.2.

antipathēs[2] ~is, *f.* [Gk. ἀντιπαθής] A precious stone supposed to act as a charm against witchcraft.
~es nigra non tralucet PLIN.*Nat.*37.145.

antipathīa ~ae, *f.* [Gk. ἀντιπάθεια] Antipathy between things, aversion; antipathetic action, counteraction.
de discordia rerum concordiaque, quam ~an Graeci uocauere ac sympathian PLIN.*Nat.*37.59; 24.67;—ubi.. acrior raphani medicina admota sit, hysopum dari protinus imperant; haec ~a est 20.28; 34.150.

Antiphatēs ~ae, *m.* A king of the Laestrygones.
OV.*Met.*14.234; SIL.8.530; JUV.14.20.

Antiphō(n) ~ontis, *m.* The name of several Greeks; esp.: **a** an Attic orator of the 5th century B.C. **b** an Athenian sophist and interpreter of dreams of the late 5th century B.C.
CIC.*Brut.*47; QUINT.*Inst.*3.1.11. **b** CIC.*Div.*1.39; SEN. *Con.*2.1.33.

antipodes ~um, *m. pl.* [Gk. ἀντίποδες] People who live on the opposite side of the earth.
alii medios fecere eos inter utrumque solem, ~um occasus exorientemque nostrum PLIN.*Nat.*4.90; AMP.6.1; AGEN.*agrim.*p.22; (*facet.*) sunt quidem in eadem urbe ~es qui nec orientem umquam solem uiderunt nec occidentem (*i.e. by keeping late hours*) SEN.*Ep.*122.2.

Antipolis ~is, *f.* **a** A pre-Roman, prob. mythical, settlement on the Janiculum. **b** a town in Gallia Narbonensis, the modern Antibes.
a PLIN.*Nat.*3.68. **b** MELA 2.76; PLIN.*Nat.*3.35.

Antipolitānus ~a ~um, *a.* Of, or belonging to, Antipolis (*b*).
~i..thynni MART.4.88.5; MART.13.103.1; *CIL* 12.178.

antīquāria ~ae, *f.* [as next] A woman antiquarian or scholar.
ignotos..mihi tenet ~a uersus JUV.6.454.

antīquārius ~iī, *m.* [ANTIQVVS+-ARIVS] A student of the past.
in ~iorum bibliothecis TAC.*Dial.*37.2; cacozelos et ~ios ..pari fastidio spreuit SUET.*Aug.*86.2.

antīquē, *adv.* *compar.* ~ius. [ANTIQVVS+-E] In the old way, in an old-fashioned manner.
~e ut solita es CATUL.34.23; si quaedam nimis ~e, si pleraque dure dicere credit eos HOR.*Ep.*2.1.66; QUINT. *Inst.*8.3.44; interiores simplicius et ~ius permutatione mercium utuntur TAC.*Ger.*5.4.

antīquī ~ōrum, *m. pl.* Also **-īcī.** [ANTIQVVS] The men of old, the ancients, the early authorities (in law, philosophy, etc.). **b** (w. *nostri*, etc.) ancestors.
contra omnium ~orum auctoritatem CIC.*Att.*9.7.5; sic enim ~i loquebantur *Fam.*9.25.2; decus ~i summum bonum esse dixerant *Leg.*1.55; grauissimi comparandique ~is exempli auctor fuit VELL.2.78.3; quos uocetis ~os TAC.*Dial.*16.4; NVLLVS ~ORVM *CIL* 3.3116. **β** ad ~orum diligentiam VAR.*R.*1.13.6. **b** ~i nostri in domibus latericiis..habitabant VAR.*Men.*524; VITR.7.pr.18.

antīquitās ~ātis, *f.* [ANTIQVVS+-TAS]

1 The fact or quality of being old, oldness, antiquity. **b** (as a ground for veneration or respect).
generis ~as CIC.*Font.*41; *Clu.*43; NEP.*Milt.*1.1; in eam.. ciuitatem..quae ~ate, humanitate doctrinaque praestaret omnes *Att.*3.3. **b** decimum addo causa ~atis Ennium VOLC.*poet.*1.13; est enim tanta apud eos eius fani religio atque ~as CIC.*Ver.*1.46; exempla ex uetere memoria..plena dignitatis, plena ~atis 3.209; propriis (uerbis) dignitatem dat ~as QUINT.*Inst.*8.3.24; hi ritus..~ate defenduntur TAC.*Hist.*5.5; sit apud te honor ~ati PLIN.*Ep.*8.24.3.

2 Antiquity and its events, etc., ancient times, past history. **b** (pl.) ancient objects, practices, observances, etc., antiquities; writings on antiquity, esp. the *Antiquitates rerum humanarum* of Varro.
~as petenda in principio est mihi AFRAN.*com.*360; Varro noster diligentissimus inuestigator ~atis CIC.*Brut.*60; si unum factum ex omni ~ate protulero *Clu.*133; quanta notitia ~atis *Sen.*12; PLIN.*Nat.*18.41; tot nos praeceptoribus, tot exemplis instruxit ~as QUINT.*Inst.*12.11.22; ne Ilienses quidem..nisi ~atis gloria pollebant TAC.*Ann.*4.55; animaduersionum..generibus ex ~ate repetitis SUET.*Tib.*19. **b** ut in ~atum libris demonstraui VAR.*L.*6.13; ruminans ~ates *Men.*505; laetum ~atibus Graecorum genus TAC. *Hist.*2.4;—in his ipsis ~atum prooemiis CIC.*Ac.*1.8; ~ates euoluere SEN.*Dial.*8.5.2; nostri grauiores ~atium (inscripsere) PLIN.*Nat.*pr.24.

3 The style or character of ancient times, the old or bygone fashion, language, garb, practice, etc.
facilius..mulieres incorruptam ~atem conseruant CIC. *de Orat.*3.45; ille P. Rutilius qui documentum fuit hominibus nostris uirtutis, ~atis, prudentiae *Rab.Post.*27; ~atis.. amator NEP.*Att.*18.1; ~atis exemplar VITR.2.1.5; durabat tamen ~as firma PLIN.*Nat.*26.12; ~atis nimius admirator QUINT.*Inst.*2.5.21; spectaculorum quidem ~as seruaretur TAC.*Ann.*14.20; hac ~ate indutus P. Africanus GEL.6(7). 12.4.

4 The men of old, former generations, ancient writers, etc.
errabat..multis in rebus ~as CIC.*Div.*2.70; datur haec uenia ~ati LIV.pr.7; SEN.*Nat.*2.42.1; illi..ferreum anulum dedit ~as PLIN.*Nat.*33.8; ualidam..et laudatam ~atem.. saluti consuluisse TAC.*Ann.*15.13.

5 (app.) Veneration, regard.
tantum ~atis curaeque maioribus pro Italica gente fuit SAL.*Hist.*1.19; FRO.*Aur.*2.p.114(162N).

antīquitus, *adv.* [ANTIQVVS+-ITVS[1]]

1 From of old, from a distant date.
Albicos..qui in eorum fide ~itus erant..ad se uocauerant CAES.*Civ.*1.34.4; 2.2.1; ut traditum ~itus est LIV. 40.45.8; discors ~itus Hannon SIL.4.770; ambigua gens ea ~itus hominum ingeniis et situ terrarum TAC.*Ann.*2.56;—(*w.* iam inde) Appius iam inde ~itus insitam pertinaciam familiae gerendo solus censuram obtinuit LIV.9.29.8; SEN. *Nat.*5.15.2.

2 In olden time, long before, long ago.
plerosque Belgas esse ortos ab Germanis Rhenumque ~itus traductos..ibi consedisse CAES.*Gal.*2.4.1; *Civ.*3.92.5; tectum ~itus constitutum NEP.*Att.*13.2; an Aetolica ~itus ea oppida fuissent LIV.39.25.5; Boeotos Hyantas ~itus dixere PLIN.*Nat.*4.26; QUINT.*Inst.*1.10.18; clarorum uirorum facta..posteris tradere, ~itus usitatum TAC.*Ag.*1.1; PLIN. *Ep.*8.14.4; ULP.*dig.*26.7.5.7.

antīquō ~āre ~āuī ~ātum, *tr.* [ANTIQVVS+-O[3]]

1 (See quot.)
~are est in morem pristinum reducere PAUL.*Fest.*p.26M.

2 To reject (a bill). **b** to vote for the rejection of.
operam dat ut ea rogatio quam ipse fert..~etur CIC.*Att.* 1.13.3; legem ~astis sine tabella *Leg.*3.38; ut..rogatio.. de imperio eius abrogando ~aretur LIV.27.21.4; (*ellipt.*) populum ut ~aret rogabant CIC.*Att.*1.14.5. **b** legem una plures tribus ~arunt quam iusserunt LIV.5.30.7; tribus omnes praeter Polliam ~arunt legem 8.37.11; 31.6.2.

antīquum ~ī, *n.* [next]

(colloq.) An old or long-established practice or trick; *ex ~o*, in the old-fashioned way.
~a recolam et seruibo mihi PL.*Mer.*546; ~om optines hoc tuom, tardus ut sis *Mos.*789; pol, Crito, ~om obtines TER.*An.*817;—fricari sese ex ~o uolunt PL.*Ps.*1190.

antīquus ~a ~um, *a.* Also **antīcus** and **-cuus.** *compar.* ~ior, *superl.* ~issimus. [ANTE]

1 Lying, or situated, in front.
alterum (genus motus) quod in ~am partem a conuersione eiusdem et similis pelleretur CIC.*Tim.*36. **β** eius templi partes quattuor dicuntur, sinistra ab oriente, dextra ab occasu ~a ad meridiem, postica ad septemtrionem VAR.*L.* 7.7; VAR. in Non.p.55M; aruspices altera linea a septentrione ad meridianum diuiserunt terram, et a media ultra ~a, citra postica nominauerunt FRON.*agrim.*p.11; PAUL. *Fest.*p.220M.

2 (usu. compar. or superl.) Existing at a (comparatively) early date; ancient, early, old; *in ~ius*, to an earlier date.
necessitatis inuenta ~iora sunt quam uoluptatis CIC. *Orat.*185; causam..suscepisti ~iorem memoria tua *Rab. Perd.*25; at aliquot annis ~ior Romulus et Remus *Div.*2.80; fessum corpus mandare quieti multo ~ius est quam lecti mollia strata LUCR.4.849; quod si ~issimum quodque tempus spectari oporteret CAES.*Gal.*1.45.3; quia Graiorum sunt ~issima quaeque scripta uel optima HOR.*Ep.*2.1.28; ubi duae contrariae leges sunt, semper ~ae obrogat noua LIV.9.34.7; gens ~ior originibus urbis huius 9.34.19; OV.*Tr.* 3.9.5; est ~ius facere agrum quam colere COL.2.2.8; maiores mei, quorum ~issimus Clausus TAC.*Ann.*11.24; (*cf. w. sense 9*) deus..et ortu et uirtute ~iorem genuit animum CIC.*Tim.*21;—ut nec poetarum in ~ius citeriusue processit ubertas VELL.1.17.2.

3 That existed previously, former, old: **a** (of things, conditions, etc., that are being restored). **b** (that used to be but are no longer).
a tu cum Alcumena uxore ~am in gratiam redi PL.*Am.* 1141; ~am..tuam uenustatem obtines TER.*Hec.*858; ut ea restitui in ~um statum nullo modo possit CIC.*Ver.*12; rursus in ~as redeunt primordia sedis ignis LUCR.6.871; se in ~as munitiones recepit CAES.*Civ.*3.54.2; iterum ~o me includere ludo HOR.*Ep.*1.1.3; Regillum, ~am in patriam, se contulerat LIV.3.58.1; ~o sua flumina reddidit alueo OV. *Met.*1.423; rosaria noua conserere uel ~a curare COL.11.2.19; (*cf.*) accessit ipsius ~a HS quindeciens pecunia CIC.*Ver.* 2.61; manesque profundi ~um expauere diem SIL.5.619. **β** cum horum acies..in ~um statum redeat CELS.6.6.39.A. **b** si rationum referendarum ius uetus et mos ~us maneret CIC.*Fam.*5.20.1; corpora materiai ~is ex ordinibus permota LUCR.2.900; templum coniugis ~i VERG.*A.*4.458; LIV. 23.12.10; exuit ~os mores 27.8.6; longior ~is uisa Maeotis hiems OV.*Tr.*3.12.2.

4 a (of persons) That lived long ago, of olden time. **b** (of events, etc.) that existed, occurred, or was used, long ago, ancient.
a ~om poetam PL.*Cur.*591; ~is illis fortissimis uiris CIC. *Mur.*17; ~issumos augures *Div.*2.73; CATUL.68.154; regis Dercenni..bustum ~i Laurentis VERG.*A.*11.851; cum fuissent et ~i ciues magni architecti VITR.7.pr.15; auctores ~i LIV.3.47.5; sit licet ~o Nireus adamatus Homero OV. *Ars* 2.109; comis ultra quam ~a feminis probatum TAC. *Ann.*5.1;—(*compar., superl. as sb.*) ut non sine causa ~issimi et doctissimi..diffisi sint CIC.*Luc.*7; non ignorata.. ab ~ioribus propter effectus LARG.97. **β** ubi pro deo uates ~us colitur LIV.45.27.10. **b** ~issimam sententiam..sequor CIC.*Div.*1.11; res ~ae laudis et artis VERG. *G.*2.174; post ~as Deucalionis aquas PROP.2.32.54; in rebus tam ~is si quae similia ueri sint pro ueris accipiantur LIV.5.21.9; ponderibus ~is aut adiecit aut detraxit LARG.97; TAC.*Ann.*14.37; conspectum..aetatum ~issimarum GEL.17.21.1;—(*coupled w.* uetus) scelus..~om et uetus PL.*Mos.*476; *Trin.*381. **β** tamquam illud fuit ~um consortium GEL.1.9.12. **γ** ~a (*cj.*) opera et uerba quom uobis placent PL.*Cas.*7; ~am (*cj.*) eiius edimus comoediam 13.

5 (of things) That has been in existence a very long time, of ancient origin. **b** in its ancient or early state; *~a comoedia*, the Old Comedy (of Athens).
apud abundantem ~am amnem ACC.*trag.*297; signa pulcherrima atque ~issima CIC.*Ver.*1.46; Aricinum..uetustate ~issimum *Phil.*3.15; urbs ~a fuit VERG.*A.*1.12; terra ~a 3.164;—(*of laws, institutions, practices*) more ~o audibo atque auris tibi contra utendas dabo ENN.*scen.*315; de ~ formulis CIC.*Brut.*195; ludos ~issimos, qui primi Romani appellati sunt *Ver.*5.36; illi ~ae (legi) qua primum censores creati erant LIV.9.34.7; est et hirtae (lanae) pilo crasso in tapetis ~issima gratia PLIN.*Nat.*8.191; celebrant carminibus ~is..Tuistonem deum TAC.*Ger.*2.3;—(*coupled w.* uetus) PL.*Bac.*711; aes ipsum..uetus et ~um PLIN.*Ep.* 3.6.3. **β** ENN.*scen.*287; MART.5.22.4; ~um et uetus est alienum..lectum concutere JUV.6.21. **b** philosophiam ueram illam et ~am CIC.*Fam.*15.4.16; rerum quis Latio ~o fuerit status VERG.*A.*7.38; non habuit doctos tellus ~a colonos OV.*Fast.*2.515;—Atticorum ~a comoedia CIC.*Off.* 1.104; (*cf.*) poetae, qui ~as comoedias graece scripserunt VITR.6.pr.3.

6 (of genealogy, origin, etc.) Extending back a long way; (of races) time-honoured, primeval; (of qualities) ancestral. **b** (of gods, etc.) ancient, primeval.
progeniem ~am LUCIL.800; ~issima familia natum CAES.*Gal.*7.32.4; unde genus, quae terra mihi, quis defluat ordo sanguinis ~i STAT.*Theb.*1.678;—o fortunatae gentes, Saturnia regna, ~i Ausonii VERG.*A.*11.253; Arcades ~i MAN.4.768;—ecquid in ~am uirtutem animosque uirilis ..auunculus excitat Hector? VERG.*A.*3.342. **b** hanc ipsam Cererem ~issimam, religiosissimam, principem omnium sacrorum CIC.*Ver.*4.109; VERG.*A.*2.742; ab ~o diui ueteresque nouique in nostrum cuncti tempus adeste Chao OV.*Ib.*81; LUC.1.74; dic, ~issime diuum, respondes his, Iane pater? JUV.6.393; (*cf.*) ~am exquirite matrem VERG.*A.*3.96.

7 (poet.) Old of its kind, aged.
~a erilis fida custos corporis ENN.*scen.*255; magna Iouis ~o robore quercus VERG.*G.*3.332; ~am..ornum *A.*2.626; rugaque in ~a fronte senilis erit OV.*Tr.*3.7.34; STAT.*Theb.* 5.18.

8 (w. capacity indicated) Having been so for a long time, of long standing, old.
amicitia est ~a PL.*Ps.*233; ~om hospitem nostrum *Bac.* 261; ad Marcellos, ~issimos Siciliae patronos CIC.*Ver.*3.45; nemo est mihi te amicus ~ior *Fam.*11.27.2; ~is ciuibus ..seruitutem imponi SAL.*Rep.*2.6.1; ~as..domos auium VERG.*G.*2.209; sed ~us amor cancer est PETR.42.7.

9 Having the characteristic virtues of antiquity, old-time, classical. **b** old-fashioned, old-world. **c** out-of-date, antiquated.
moribus ~is res stat Romana uirisque ENN.*Ann.*500; qui Veneri..more ~o in custodelam suom commiserunt caput PL.*Rud.*625; homo ~a uirtute ac fide TER.*Ad.*442; hominem ~i offici CIC.*Quinct.*72; ~um genus..pietate repletum LUCR.2.1170; LIV.39.11.5; uir ~us et grauis VELL.2.49.3; uir sanctus, ~us PLIN.*Ep.*2.9.4; nihil ego umquam cultius nihil ~ius..nihil latinius legi AUR.*Fro.*1.p.128(28N);—(*coupled w.* uetus) maiores nostri ueteres illi admodum ~i CIC.*Phil.*5.47. **β** seruantis ~um specimen animorum Gallos LIV.38.17.20. **b** grandior atque ~ior oratio saepe uideri solet CIC.*de Orat.*3.153; habemus igitur in Stoicis oratoribus Rutilium, Scaurum in ~is *Brut.*116; structurarum genera sunt haec: reticulatum..et ~um, quod incertum dicitur VITR.2.8.1. **β** mihi uetustas res scribenti nescio quo pacto ~us fit animus LIV.43.13.2. **c** quin tu istanc orationem hinc ueterem atque ~am amoues? PL.*Mil.*751; neglegimus ista et nimis ~a ac stulta ducimus CIC.*Phil.*1.25; infrunita et ~a est, quae nesciat matrimonium uocari unum adulterium SEN.*Ben.*3.16.3.

10 a (compar.) Better, preferable, more

desirable, more important. **b** (superl.) most important, chief, first.

a quanto ~ius, quam facere hoc, fecisse uideri LUCIL.460; ~iorem mortem turpitudine haberei *Rhet.Her.*3.5; iis ~ior officio pecunia est CIC.*Inv.*1.80; nihil sibi ~ius amicitia nostra fuisse *Att.*2.22.2; ~iorem..sibi fuisse laudem..quam regnum et possessiones suas *Div.*2.78; nec sibi quicquam fore ~ius quam dignitatem populi Romani *B.Alex.*36.2; id ~ius consuli fuit LIV.3.10.2; nihil ~ius oppugnatione Cluuiana ratus 9.31.3; VELL.2.52.4; QUINT.*Inst.*4.2.26; PLIN.*Ep.*5.7.2; SUET.*Cl.*11.1. **b** naualis apparatus ei semper ~issima cura fuit CIC.*Att.*10.8.4; officium sit nobis ~issimum 12.21.3; longe ~issimum ratus sacra publica ut ab Numa instituta erant facere LIV.1.32.2; ac prius, quam ipsum solum perspiciamus, illud ~issimum censemus, rudem potius eligendum agrum COL.3.11.1; 6.36.1.

11 Higher in order, senior.

~iorem in senatu sententiae dicendae locum CIC.*Ver.*5.36; itaque erit aliquid animantibus ~ius, corpus scilicet SEN. *Ep.*58.10; ~iorem locum hospiti tribuit quam clienti GEL. 5.13.5.

antirrīnum ~ī, *n.* Also **antirrhinon.** [Gk. ἀντίρρινον] The antirrhinum or snapdragon.

~um uocatur..lychnis agria..flore hyacinthi, semine uituli narium PLIN.*Nat.*25.129; 26.155.

antis: see ANTES.

antisophistēs ~ae, *m.* [Gk. ἀντισοφιστής] One who seeks to refute another, an opponent in argument.

urbane..Flauus Virginius interrogauit de quodam suo ~e quot milia passuum declamauisset QUINT.*Inst.*11.3.126; moto inter ~as grauiore iurgio SUET.*Tib.*11.3; *Gram.*9 (p.107Re).

antispodon ~ī, *n.* [Gk. ἀντίσποδον] Vegetable or wood ash (regarded as a substitute for mineral ash).

~on uocant cinerem fici arboris uel caprifici uel myrti foliorum..uel oleastri uel oleae uel cotonei mali uel lentisci PLIN.*Nat.*34.133.

Antissa ~ae, *f.* A town in Lesbos, supposed by the ancients to have formerly been a separate island.

fluctibus ambitae fuerant ~a Pharosque OV.*Met.*15.287; MELA 2.101; PLIN.*Nat.*2.204.

antistes ~titis, *m.*, (*f.*). [ANTESTO] ORTHOG. and FORMS: *antistis* (nom. sg.) *CIL* 10.3980; *antestitem* (s.v.l.) [QUINT.]*Decl.*4.3; *antisti* (dat. sg.) *CIL* 8.5367; *antistes* (nom. pl.) 10. 5654.

1 a (w. gen.) One who has charge (of religious rites); the (high-)priest or priestess (of a temple or deity). **b** (absol.) a (high-) priest or priestess; (spec.) the mouthpiece of a god, a prophetic spokesman.

a uos, qui estis ~tites caerimoniarum et sacrorum CIC. *Dom.*104; decemuiros sacris faciundis..~tites eosdem Apollinaris sacri LIV.10.8.2; occultorum et nocturnorum ~tes sacrorum 39.8.4; crine senex fanaticus albo sacrorum ~tes JUV.2.113; religionis ~tites APUL.*Met.*9.10;—ad ~titem fani Dianae LIV.1.45.6; ~tes templi V.MAX.7.3.1; C IVL VALES HARVSPEX COL S S ET ~TES HVIVSCE LOCI *CIL* 3.1115.7-8;—ut mihi..omnes sacerdotes, omnes accolae atque ~tites Cereris esse uideantur CIC.*Ver.*4.111; aliae caerimoniae nobis erunt, alii ~tites deorum immortalium.. requirendi *Dom.*2; ~tites Iouis NEP.*Lys.*3.3; CVLTORES ~TES DEAE CERERIS *CIL* 10.5654;—(*fem.*) ut adsiduae templi ~tites essent LIV.1.20.3; Gallici numinis..cuius ~tites perpetua uirginitate sanctae numero nouem esse traduntur MELA 3.48;—(*fig.*) uenerabilium doctrinae sacrorum ~tes philosophia V.MAX.3.3.ext.1; (*cf.*) non sinit illa (*sc.* ara Cereris) sui uanas ~titis umquam esse preces OV.*Pont.* 4.8.25; hic pius ~tes sophiae sua dona ministrat MART.7.74.9. **b** cum ~titibus agamus ut quiduis potius ex illis (*sc.* Sibyllinis) libris quam regem proferant CIC.*Div.*2.112; PROP.3. 17.37; LIV.1.45.6; Anius, quo rege homines, ~tite Phoebus rite colebatur OV.*Met.*13.632; SEN.*Dial.*7.26.7; iussus sedes laxare uerendas ~tes LUC.5.124; Aegyptiorum ~tites sic memorant TAC.*Hist.*4.83;—(*fig.*) (philosophia) potest in penetralibus suis ostendi, si modo non institorem sed ~titem nancta est SEN.*Ep.*52.15;—(*fem.*) ne deae uetustis ritibus perita deesset ~tes V.MAX.1.1.1;—et quem tandem ~titem sanctiorem sibi inuenire diuinitas potuit quam M. Catonem? SEN.*Con.*1.pr.9.

2 An authoritative exponent, teacher, etc. (of an art, philosophical school, etc.), high-priest, hierophant.

(*w. gen.*) cum enim uirum, qui primum sit eius artis ~tes CIC.*de Orat.*1.202; SEN.*Dial.*10.14.5; ceterarum artium.. repertos ~tites COL.11.1.10; Platoni sapientiae ~titi PLIN.*Nat.*7.110; homo nobilis et iuris ~tes QUINT.*Inst.* 11.1.69; iudicem, qui Iustitiae ~tes est GEL.14.4.3; IVLIO.. INNOCENTIAE GRAVITATIS ET VERECVNDIAE ~TI *CIL* 8.5367; 10.4;—(*absol.*) Academici et ueteres et minores nullum ~titem reliquerunt SEN.*Nat.*7.32.2.

3 A protector or protectress, patron.

(*w. gen.*) cultor et ~es doctorum sancte uirorum OV.*Tr.* 3.14.1;—(*fem.*) VESTAE SACRVM ~TITI PRAEDIORVM HELVIDIANORVM *CIL* 6.788; NVMINI EVIDENTISSIMO MINERVAE AVG SACRVM CONSERVATRICI ET ~TITI SPLENDIDISSIMI CORPORIS STVPPATORVM 14.44.

Antisthenes ~is or ~ae, *m.* The founder of the Cynic school of philosophy.

ab ~e, qui patientiam et duritiam in Socratico sermone maxime adamarat CIC.*de Orat.*3.62; *Att.*12.38a.2; *N.D.*1.32; SEN.*Dial.*2.18.5; GEL.18.7.4; (*pl.*) ut existant..Socratae simul et Antisthenae et Platones multi 14.1.29.

antistita ~ae, *f.* [ANTISTES] (w. gen. or equiv.) The (high-)priestess (of a deity or temple).

qui Veneri Veneriaeque ~ae..in custodelam suom commiserunt caput PL.*Rud.*624; utinam unicam mi ~am Arquitenens suam tutetur! ACC.*trag.*167; stabat apud sacras ~a numinis aras CORN.SEV.*poet.*4; ictaue barbarico Cybeles ~a buxo *Ciris* 166; ~a Phoebi (*i.e.* Cassandra) OV.*Met.* 13.410;—sacerdotes Cereris atque illius fani ~ae CIC.*Ver.* 4.99;—(*transf.*, *of magic*) auditisne magiam..artem esse.. iam inde a Zoroastre et Oromaze auctoribus suis nobilem, caelitum ~am APUL.*Apol.*26.

antisto: see ANTESTO.

? **antistitor** ~ōris, *m.* [ANTESTO+-TOR] A supervisor.

neque enim singulis totidem ~ores (*cj.*) possit dare, qui obseruent COL.3.21.6.

antistoechum ~ī, *n.* [Gk. ἀντίστοιχος] Substitution of one letter for another.

hoc nomen (*sc.* curculio) per ~um dictum quasi gurgulio VAR.*gram.*422.

antitheton ~ī, *n.* [Gk. ἀντίθετον] An antithesis.

crimina rasis librat in ~is PERS.1.86; ~is honeste compositis FRO.*Aur.*2.p.158(107N).

Antium ~(i)ī, *n.* A town in Latium, with a famous temple to Fortune.

CIC.*Att.*2.8.2; o diua, gratum quae regis ~ium HOR. *Carm.*1.35.1; colonia ~ium LIV.3.4.11; (*disyll.*) spissi litoris ~ium OV.*Met.*15.718; Nero natus est ~i post VIII mensem quam Tiberius excessit SUET.*Nero* 6.1.

Antius ~a ~um, *a.* A Roman gentile name; *lex Antia*, a sumptuary law introduced by (?) C. Antius Restio.

lex..~a praeter sumptum aeris id etiam sanxit, ut qui magistratus esset..ne quo ad cenam, nisi ad certas personas, itaret GEL.2.24.13.

antlia ~ae, *f.* [Gk. ἀντλία] A mechanism for raising water; (as an activity imposed on prisoners) the treadmill.

curua laboratas ~a tollit aquas MART.9.18.4;—uno ex iis equestris ordinis uiro et in ~am condemnato SUET.*Tib.*51.2.

antoecūmenē ~ēs, *f.* [Gk. ἀντοικουμένη] The quarter of the earth's surface opposite the οἰκουμένη, i.e. the southern half of our hemisphere.

contraria..pars parti isti (*sc.* τῇ οἰκουμένῃ) finitur Oceano Atlantico atque eo et inter meridianum et australem cohibetur Oceanum: appellatur ~e AGEN.*agrim.*p.22.

Antōniānus ~a ~um, *a.*

1 a Of the orator M. Antonius, cos. 99 B.C. **b** of or concerned with M. Antonius, cos. 44 B.C., the triumvir (Mark Antony).

a uetus illa ~a dicendi ratio atque auctoritas CIC.*Ver.* 5.32. **b** ~o..latrocinio *Fam.*12.25a.6; ~ae scaphae CAES.*Civ.*3.24.3; ~o bello V.MAX.3.8.8; ~as partes SEN. *Ben.*2.25.1; PLIN.*Nat.*34.165.

2 (as sb.) **a** (masc. pl.) Soldiers of Antony. **b** (fem. pl.) Cicero's speeches against Antony, his Philippics.

a uideo me esse inter ~os GALBA *Fam.*10.30.3. **b** Cicero..in secunda ~arum..non 'superesse' sed 'restare' dicit GEL.1.22.17; 13.22(21).6.

Antōniaster ~trī, *m.* [ANTONIVS+-ASTER] An imitator of M. Antonius (the orator).

Erucius hic noster ~ter est CIC.*Var.*fr.10; QUINT.*Inst.* 8.3.22.

Antōnīniānus ~a ~um, *a.* Of or connected with an Antoninus.

L OCTAVIO CORNELIO P F SALVIO IVLIANO..SODALI ~O *CIL* 8.24094; IN CLASSE PRAETOR ~A 10.8325; COH I BRITTANICA ∞ ~A *A.Epig.*29.1.

Antōnīnus ~ī, *m.* The name of several Roman emperors, esp.: **a** Antoninus Pius. **b** Marcus Aurelius.

a IMP CAESARI DIVI HADRIANI AVG FILIO..TITO AELIO HADRIANO ~O AVG PIO *CIL* 6.999.8. **b** IMP CAESARI DIVI ~I PII FILIO..M. AVRELIO ANTONINO AVG *CIL* 14.4003.7.

Antōnius ~a ~um, *a.* A Roman gentile name.

1 (as masc. name, esp.) **a** M. Antonius the orator, cos. 99 B.C. **b** M. Antonius the triumvir, cos. 44 B.C. **c** M. Antonius Primus, one of Vespasian's commanders.

(*pl.*) cum in ciuitate Antonium uidebitis uel potius ~os nisi forte contemnitis Lucium: ego ne Gaium quidem CIC.*Phil.* 7.16; Laelios et ~os et id genus ualentis dico CAEL.*Fam.* 8.4.2. **a** CIC.*de Orat.*1.24; *Brut.*115; *Tusc.*1.10; QUINT. *Inst.*3.6.45;—(*pl.*, *as type of an orator*) in hoc homine..quid facerent omnes Crassi et ~i? CIC.*Ver.*2.192. **b** CIC.*Phil.* 1.2; VELL.2.56.4; SEN.*Suas.*1.6; LUC.5.478; TAC.*Ann.*1.1; JUV.10.123. **c** MART.9.99.1; TAC.*Hist.*3.6; SUET.*Vit.*18.1.

2 (as fem. name): **a** ~*a maior*, the elder of the two daughters of M. Antonius and Octavia. **b** ~*a minor*, the younger of the two daughters of M. Antonius and Octavia. **c** a daughter of the emperor Claudius and Aelia Paetina.

a SUET.*Nero* 5.1;—(*mistakenly called* minor *by Tacitus*) TAC.*Ann.*4.44; 12.64. **b** TAC.*Ann.*3.18; SUET.*Cal.*1.1; *Cl.*1.6. **c** SUET.*Cl.*27.1; Antoniam..recusantem..nuptias suas..interemit *Nero* 35.4.

3 Of an Antonius.

primus..ego leges ~as fregi LENT.*Fam.*12.14.6.

antonomasia ~ae, *f.* [Gk. ἀντονομασία] The use of an epithet, appellative, etc., as a substitute for a proper name, antonomasia.

~a, quae aliquid pro nomine ponit QUINT.*Inst.*8.6.29; si dicas 'ille qui Karthaginem et Numantiam euertit', erit ~a 8.6.43; 9.1.6.

? **antra** ~ae, *f.*: (see quot.).

~as (*s.v.l.*) conualles uel arborum interualla PAUL.*Fest* p.11M.

antroō ~āre. [cf. AMTRVO, ANTRVO] (See quot.)

~are gratias referre. truant mouentur PAUL.*Fest.*p.9M.

antrum ~ī, *n.* [Gk. ἄντρον]

1 A cave, cavern, grot (esp. as affording shelter and coolness). **b** (as the abode of gods, oracles, etc.). **c** (as the den of wild beasts).

uagus saltus feror inter et ~a *Culex* 23; siue ~o potius succedimus VERG.*Ecl.*5.6; quis..te puer..urget..grato, Pyrrha, sub ~o? HOR.*Carm.*1.5.3; libeat tibi, Cynthia, mecum rorida muscosis ~a tenere iugis PROP.2.30.26. domus ~a fuerunt OV.*Met.*1.121; in gelido..~o *Tr.*5.1.61; ~a nec exiguo stillant sudantia rore LUC.4.301; 'fingite' inquit 'nos ~um Cyclopis intrasse' PETR.101.7; destillantes quoque guttae lapide durescunt in ~is PLIN.*Nat.*31.30; per ~a et cauas rupes SUET.*Tib.*43.2;—(*poet.*, *applied to a poet's retreat*) hunc ipse..Philetas..Vmbroque Propertius ~o ambissent laudare diem STAT.*Silv.*1.2.253; (*hyperb.*) quae uehitur cluso latis specularibus ~o JUV.4.21. **b** horrendaeque procul secreta Sibyllae, ~um immane, petit VERG.*A.*6.11; Dionaeo sub ~o HOR.*Carm.*2.1.39; PROP. 3.3.14; non Pythia consulit ~a LUC.6.425; monitus..datos uocalibus ~is STAT.*Theb.*1.492; pater arcano residens Ismenos in ~o 9.404; JUV.1.8. **c** adsueta leones..~a petunt OV.*Pont.*1.3.42; 1.6.52;—(*poet.*, *applied to a house or room*) illo Lotophagos, illo Sirenas in ~o esse puta *Rem.* 789; toto repetitus clamor ab ~o 'iam fas est, admitte uiros' JUV.6.328.

2 A hollow place with overarching foliage, dell.

modo Partheniis amens errabat in ~is PROP.1.1.11; lucus erat felix hederoso conditus ~o 4.4.3; o luci sacro quae luditis ~o 4.9.33.

3 A hollow space, cavity; *oris* ~*um*, the oral cavity.

aperitur ingens ~um et obducti specus, qui castra caperent PETR.89.7; ubi pumiceo pastor rapturus ab ~o armatas erexit apes STAT.*Theb.*10.574;—(*w. gen.*) pumicibusque cauis exesaeque arboris ~o VERG.*G.*4.44; odori corticis ~a SIL.2.219;—sub oris ~o MAUR.133.

4 A sepulchral vault, tomb.

cum tibi sacrato Macedon seruetur in ~o LUC.8.694; effossum tumulis cupide descendit in ~um 10.19; BIS BINOS VIX DVM COMPLEVERAT ANNOS ET NIMIVM IATO (*i.e.* fato) CITIVS DEPVLSVS IN ~OST *CIL* 6.28239.

antruō ~āre: see AMPTRVO.

Anūbiacus ~ī, *m.* A priest of Anubis.

P CORNELIVS P F VICTORINVS ISIACVS ET ~VS *CIL* 14.4290.

Anūboforus ~ī, *m.* One who carries the image of Anubis.

MEMORIAE AETERNAE LEPIDI RVFI ~I *CIL* 12.1919.

Anūbis ~is or ~idis, *m.* A dog-headed Egyptian god.

latrator ~is VERG.*A.*8.698; latrantem..~im PROP.3.11. 41; OV.*Am.*2.13.11; PLIN.*Nat.*33.131; ~I AVG SAC LVTATIA TYCHE V S L M *CIL* 5.8210.1.

anucella ~ae, *f.* [ANVS[2]+-CELLA] An old woman.

ab anu ~a FRO.*Amic.*2.p.90(185N).

ānulāre ~is, *n.* [ANVLVS+-ARIS] A kind of white paint.

~e quod uocant, candidum est, quo muliebres picturae inluminantur PLIN.*Nat.*35.48.

ānulārium ~(i)ī, *n.* [next] Some kind of payment made to veterans on discharge.

DECREVERVNT VTI..VETER QVOQVE MISSI ACCIPIANT KAL IAN ~IVM SINGVLI SESTERTIVM SEX MIL N *CIL* 8.2554.

ānulārius[1] ~a ~um, *a.* [ANVLVS+-ARIVS]

1 Used in making rings.

cretam Selinusiam aut ~am uitro..inficientes imitationem faciunt indici coloris VITR.7.14.2; PLIN.*Nat.*35.46.

2 Consisting of, or connected with, ring-makers.

CONLEGI ANVLARI *CIL* 1.1225.3;—habitauit primo iuxta Romanum forum supra Scalas ~as SUET.*Aug.*72.1.

ānulārius[2] ~(i)ī, *m.* [prec.] A ring-maker.

an tibi erit quaerendus ~ius aliqui? CIC.*Luc.*86; BITTIVS PAVLINVS ANVLAR *CIL* 13.7249.

ānulātus ~a ~um, *a.* [next+-ATVS[2]] Provided with a ring, ringed; fitted with a fetter, fettered.

quia incedunt cum ~is auribus PL.*Poen.*981;—cuncti.. frontes litterati et capillum semirasi et pedes ~i APUL.*Met.* 9.12.

ānulus ~ī, *m.* [next+-VLVS]

1 A ring for the finger, esp. a signet-ring.
~um dat alii spectandum NAEV.*com.*78; PL.*As.*778; TER.*Hec.*811; apsinthi Pontici surculum sub ~o habeto CATO *Agr.*159; ~um..de digito suum tibi tradidit CIC.*S.Rosc.*144; ~us in digito subter tenuatur habendo LUCR.1.312; LIV.26.36.5; OV.*Ars* 1.473; ~um traiecit in dexteram manum PETR.74.2; tantae tenuitatis, ut ~um hominis cum epidromis transirent PLIN.*Nat.*19.11; dum donas, Macer, ~os puellis MART.8.5.1;—(*w. material specified*) PL.*Cas.*711; ahenos ~os *Truc.*274; ~us aureus CIC.*Ver.*1.157; ~um ferreum non habeat LARG.152; (*cf.*) uirgei ~i expertes ferri inguinum tumori medentur PLIN.*Nat.*15.124;—(*used for sealing*) qui ~o meo tabellas opsignatas attulisset PL.*Cur.*346; eum adulescentem ~i paterni signum nosse *Trin.*789; similitudines..signorum ~is inpressorum CIC.*Luc.*54; OV.*Pont.*2.10.3; TAC.*Ann.*2.2;—(*given as a pledge*) Chaeream ei rei praefecimus; dati ~i; locus tempus constitutumst TER.*Eu.*541; PLIN.*Nat.*33.28; MART.2.57.7; ULP.*dig.*14.3.5.15.

2 (as a sign of senatorial or equestrian rank, or of office); *ius ~orum*, the right to wear such a ring. **b** (put off for mourning or other special occasions).
quam (*sc.* statuam) esse eiusdem status, amictus, ~us, imago ipsa declarat CIC.*Att.*6.1.17; iis tantum, qui legati ad exteras gentes ituri essent, ~i publice dabantur PLIN.*Nat.*33.11;—(*equestrian*) cum..tuos amicos..in contione ~is aureis donabas CIC.*Ver.*2.29; ~o equestri HOR.*S.*2.7.53; puero ~um aureum tunicam lato clauo..equumque ornatum donat LIV.27.19.12; ~i distinxere alterum ordinem a plebe PLIN.*Nat.*33.29; desisti, Macer, ~os habere MART.8.5.2; TAC.*Hist.*1.13; manente ~orum aureorum usu SUET.*Gal.*10.3;—(*of magistrates*) sit ~us tuus..non minister alienae uoluntatis sed testis tuae CIC.*Q.fr.*1.1.13; cui Alexander moriens ~um suum dederat NEP.*Eum.*2.1; ~is Marcelli simul cum corpore Hannibal potitus erat LIV.27.28.4;—ius ~orum SUET.*Jul.*33; etiamsi ius ~orum consecutus sit libertus a principe ULP.*dig.*38.2.3. **b** lati claui, ~i aurei positi LIV.9.7.8; 43.16.14; nec digitis ~us ullus inest OV.*Fast.*4.658.

3 A ring for other purposes; a link of chain-mail.
fit utqui ~us ipse sequatur LUCR.6.1008; supra tabulam ..sunt ~i adglutinati VITR.10.8.4; lignum..ex quo uelares detornant ~os PLIN.*Nat.*13.62; garrulus in laxo cur ~us orbe uagatur? MART.14.169.1;—ex ~is ferrea tunica VAR.*L.*5.116.

4 a A small circle, circlet, ring. **b** a ringlet or curl of hair. **c** (archit.) a fillet, annulet.
a ut parui circuli ~i, sic magni dicebantur circites ani VAR.*L.*6.8. **b** quomodo excandescunt..nisi omnia in ~os suos reciderunt! SEN.*Dial.*10.12.3; unus de toto peccauerat orbe comarum ~us MART.2.66.2; do tempori..ne intonsum caput, non ut in gradus atque ~os comptum (sit) QUINT.*Inst.*12.10.47. **c** echinus cum ~is VITR.4.3.4.

ānus[1] ~ī, *m.* [cf. OIr. *ānne*]

1 A ring or circle.
ut parui circuli anuli, sic magni dicebantur circites ~i VAR.*L.*6.8.

2 A ring or link.
tum compediti ei ~um lima praeterunt PL.*Men.*85.

3 The anus, fundament.
'~um' appellas alieno nomine; cur non suo potius? CIC.*Fam.*9.22.2; ~us quoque multa..mala recipit CELS.6.18.7.A; COL.6.6.4; PHAED.4.18(19).19; PETR.138.1; LARG.118; NATIS ~VM FEMINA GENVA *CIL* 1.2520.35.

anus[2] ~ūs, *f.* [OHG. *ana*, Lith. *anýta*] IRREG. FORMS: *anuis* (gen. sing.) TER.*Hau.*287, VAR.in Non.p.494 M; *anu* (dat. sing.) LUCIL.280, GEL.4.16.6; *anubus* (dat. pl.) *Ciris* 375.

1 An old woman. **b** (as a foolish type of person). **c** (as a sorceress). **d** *Cumaea ~us*, the Cumaean Sibyl.
cita cum tremulis ~us attulit artubus lumen ENN.*Ann.*35; ~um foras extrudit PL.*Aul.*38; *Cist.*149; fuit quaedam ~us Corinthia hic TER.*Hau.*600; cum casu in eadem causa efferretur ~us Iunia CIC.*de Orat.*2.225; ~um fatidicam Stoicorum Pronoeam *N.D.*1.18; inuicem moechos ~us arrogantis flebis HOR.*Carm.*1.25.9; (Penelope) illum exspectando facta remansit ~us PROP.2.9.8; multae sedulitatis ~us OV.*Fast.*3.668; STAT.*Theb.*7.496; nouissimam suscipiendae accusationis operam ~ui rependunt TAC.*Ann.*13.21; finge esse ~um obstetricem ULP.*dig.*37.10.3.5; (*as the title of a play*) nec Geminei lenones..nec Plauti ~us ACC.*poet.*17(19F). **b** nos iam fabulae sumus..senex atque ~us TER.*Hec.*621; quaeue ~us tam excors inueniri potest quae illa..portenta extimescat? CIC.*N.D.*2.5; *Tusc.*1.48. **c** HOR.*Epod.*5.98; Sabella quod puero cecinit diuina mota ~us urna *S.*1.9.30; me duce..non ~us infami carmine rumpet humum OV.*Rem.*254. **d** Cumaeam, ueteres, consuluistis ~um OV.*Fast.*4.158.

2 (as fem. adj.) Old, aged: **a** (of persons, animals, etc.). **b** (of fruit). **c** (of inanim. things).
a si quis dotatam uxorem atque ~um habet PL.*Mos.*703; uenistine domum ad tuos Penates..~umque matrem? CATUL.9.4; (*cf.*) MART.11.46.6;—forsitan et fiant inde frequenter ~us (*sc.* coturnices) OV.*Am.*2.6.28; longius insidias cerua uidebit ~us *Ars* 1.766. **b** senescunt (fici) in arbore ~usque destillant cummium lacrima PLIN.*Nat.*15.82. **c** facite haec carta loquatur ~us CATUL.68.46; et qui sis fama loquetur ~us 77.10; est enim..quaedam non aetate..sed natura sua ~us terra PLIN.*Nat.*17.35; amphora cum domina nunc noua fiet ~us MART.6.27.8; nunc ~us (toga est) 9.49.7; 14.127.2.

anus[3] ~ī, *m.*: form of ANNVS.

-ānus ~a ~um, *adjl. suff.* Enlargement of -NVS, itself the origin of -IANVS; from sbs. (*arcanus*, *humanus*, *urbanus*); freq. from personal names (*Claudianus*) and place names (*Romanus*).

anxiē, *adv.* [ANXIVS+-E]

1 Anxiously, over-carefully, meticulously.
tum in aduersis (rebus) asperius magisque ~ agitat SAL.*Rep.*2.10.5; quod non lente et ~..scribebat SEN.*Con.*1.pr.17; mens..corporis sui..curiosa non ~ SEN.*Dial.*7.3.3; ne in se quisque ea auguria ~ quaerat PLIN.*Nat.*11.273; SUET.*Nero* 23.2; GEL.20.6.12; singula demonstrat ~ APUL.*Met.*2.24.

2 With distress or chagrin.
illum..neque tam ~ laturum fuisse, si adempta prouincia alii quam Mario traderetur SAL.*Jug.*82.3.

3 Troublesomely.
sententia poetae ueteris lepide obscura, non ~ GEL.18.2.6.

anxietās ~ātis, *f.* [ANXIVS+-TAS]

1 Anxiety, worry, solicitude.
differt ~as ab angore CIC.*Tusc.*4.27; ~as animi continuusque labor OV.*Pont.*1.4.8; grauatum animi ~ate corpus CURT.4.13.17; ex conscientia ueri amoris dimissa omnis ~as SEN.*Ben.*6.42.1; ne in corpore quidem ualetudinem medici probant quae animi ~ate contingit TAC.*Dial.*23.4; perpetua ~as JUV.13.211.

2 Extreme care, over-carefulness.
nec ipse ad extremam usque ~atem..descendendum..credo QUINT.*Inst.*1.7.33; diligentis stili ~atem TAC.*Dial.*39.3; ~ate illa et quasi morositate disputationis praetermissa GEL.1.3.12.

anxifer ~era ~erum, *a.* [ANXIVS+-FER] Bringing or causing mental anguish, harassing, worrying.
~eras curas requiete relaxans CIC.*Cons.fr.*2.77; nunc, nunc dolorum ~eri torquent uertices *Tusc.*2.21.

anxitūdō ~inis, *f.* [next+-TVDO] Worry, anxiety, mental distress.
ubi cura est, ibi ~o acerbast ACC.*trag.*154; tristitia atque animi intoleranda ~ine PAC.*trag.*164; quartaque ~o prona ad luctum et maerens CIC.*Rep.*2.68.

anxius ~a ~um, *a.* [cf. ANGO]

1 Affected with anxiety, worried, disturbed, uneasy.
quis enim potest..in quo angor (sit), non ~us (esse)? CIC.*Tusc.*4.57; *Off.*1.72; *B.Afr.*71.2; porro..~us erat dubitans..quid facto opus esset SAL.*Cat.*46.2; tota uagor ~us urbe TIB.1.2.25; uacuum petit ~a lectum OV.*Met.*11.471; dumque ~a Thebas commemorat STAT.*Theb.*9.822; duas tantum res ~us optat panem et circenses JUV.10.80; (*transf.*) ~o deinde edicto Carthaginiensibus increpitis TAC.*Hist.*4.49;—(*w. advl. acc.*) stupentes tribunos et suam iam uicem magis ~os LIV.8.35.1; mortem..in solitudine nihil ~i expectant MELA 3.65;—(*w.* animi, mentis) ~ius animi atque incertus SAL.*Hist.*4.68; tu quibus auditis ~a mentis eras *Epic.Drusi* 398;—(*w.* animo) ~us animo TAC.*Hist.*2.1; 2.65;—(*of the mind, parts of the body, etc.*) ~a in assiduos absumens lumina fletus CATUL.64.242; mens ~a 68.8; nec minus esse domi cuiquam tamen ~a corda LUCR.6.14; HOR.*Carm.*3.21.17; LUC.7.20; ut callidum eius ingenium, ita ~um iudicium TAC.*Ann.*1.80;—(*w. gen.*) ~a sunt uitae pectora nostra tuae OV.*Ep.*19.198; animus futuri ~us SEN.*Ep.*98.6; nepotum..securitatis ~us PLIN.*Nat.*15.74; ~a sui TAC.*Ann.*2.75;—(*w. abl.*) ~us insidiis nullis *Culex* 159; defectione..sociorum senatus ~us LIV.7.25.7; his prodigiis cladibusque ~i patres 40.19.4; TAC.*Hist.*1.83;—(*w. preps.*) stetit ~a classis ad ducis euentum LUC.8.592; nec sum de nominibus ~us QUINT.*Inst.*5.10.75; eo uenire patres, eques..~i erga Seianum TAC.*Ann.*4.74;—(*w.* quod) prosperis rebus ~a quod defuisset *Hist.*3.50; *Ann.*14.8;—(*w.* ne) ex quibus..ne qua seditio..oriretur, ~us erat SAL.*Jug.*6.3; 70.5;—(*w. indir. qu.*) ~us quonam exercituum uis erumperet TAC.*Hist.*1.14; famosos probris quonam modo senatu depelleret ~us *Ann.*11.25.

2 (of conditions, circumstances, etc.) Marked by, or involving, anxiety, distress, etc.
non ignoro quam sit amor omnis sollicitus atque ~us CIC.*Att.*2.24.1; Tityos..quem uolucres lacerant atque exest ~us angor LUCR.3.993; omnia uentis, omnia turbinibus sunt ~a *Culex* 349; VERG.*A.*9.89; ~is..curis LIV.1.56.4; ~ae noctis SEN.*Thy.*571; spes ~a mentem extrahit STAT.*Theb.*1.322; nec minus sibi ~am talem amicitiam quam aliis exilium TAC.*Hist.*4.8; quod inter ludibria et pericula ~am senectam tolerauisset *Ann.*6.48; est enim suspensum et ~um de eo..interdum nihil scire PLIN.*Ep.*6.4.3; causas domuitionis ~ae APUL.*Met.*1.7.

3 Causing anguish or anxiety, distressing.
pestes excipio ~as CIC.*Tusc.*2.25; ~a sollicitis meditantem uulnera natis *Culex* 250.

4 Careful, meticulous, painstaking, cautious.
quo clarior erat, eo magis ~us erat SAL.*Jug.*55.4; simul..et ~us et intentus agere TAC.*Ag.*5.2;—(*of actions, etc.*) haec sunt attenti et ~i et numquam cessantis studii praemia V.MAX.8.7.7; Asclepiaden adiuuere multa in antiquorum cura nimis ~a et rudia PLIN.*Nat.*26.16; FRO.*Aur.*1.p.100 (52N); GEL.pr.13; cum per orbem Venus ~a disquisitione tuum uestigium..requirit APUL.*Met.*6.2; (*poet.*) nostrae cui iure sorores ~a pensa trahant STAT.*Theb.*2.440.

Anxur ~uris, *n.*, *m.* A town on the coast of Latium, afterwards called *Tarracina*.
Vulsculus perdidit ~ur ENN.*Ann.*162; HOR.*S.*1.5.26; Tarracina oppidum, lingua Volscorum ~ur dictum PLIN.*Nat.*3.59; SIL.4.532;—(*masc.*) salutiferis candidus ~ur aquis MART.5.1.6; 6.42.6.

Anxurnās ~ātis, *a.* Of Anxur.
LIV.27.38.4.

Anxurus ~ī, *a.* Of Anxur.
quis Iuppiter ~us aruis praesidet VERG.*A.*7.799.

Anytus ~ī, *m.* One of the accusers of Socrates.
qualia uincent Pythagoran ~ique reum HOR.*S.*2.4.3; OV.*Tr.*5.12.12; *Ib.*557.

Āones ~um, *pl. a.* Boeotian.
~as in montis VERG.*Ecl.*6.65.

Āonia ~ae, *f.* The part of Boeotia containing Mount Helicon; the whole of Boeotia.
nunc age, Pieriae..uestram..referte ~am STAT.*Theb.*7.630;—GEL.14.6.4.

Āonidēs ~ae, *m.* A Boeotian, Theban.
Nux 110; quisquis es ~um STAT.*Theb.*2.697; 9.95.

Āonis ~idis, *a.*, *f.*

1 Boeotian.
~idum dimes largitor aquarum STAT.*Theb.*7.730; dextrum risere sorores ~ides (*i.e. Muses*) *Silv.*5.3.122; tota comitante sororum ~idum turba SIL.11.463.

2 (pl. as sb.) The Muses.
poscimur ~ides OV.*Met.*5.333; MART.7.22.2; STAT.*Silv.*1.2.247; cupidus siluarum aptusque bibendis fontibus ~idum JUV.7.59.

Āonius ~a ~um, *a.*

1 Of Aonia, Boeotian. **b** Theban.
perge linquere Thespiae rupis ~os specus CATUL.61.28; OV.*Met.*3.339; ~is..Thebis 7.763. **b** nunc tendo chelyn satis arma referre ~a STAT.*Theb.*1.34; 3.1.

2 a (as epithet of various individuals). **b** (of Aganippe or Helicon).
a ~i..dei (*Bacchus*) OV.*Ars* 2.380; ut iacet ~o luctator ab hospite (*Hercules*) fusus *Ib.*391; ~us uates (*Tiresias*) STAT.*Theb.*4.610;—(*as sb.*) tradidit ~us (*i.e.* Hercules) pauidam Calydonida Nesso OV.*Met.*9.112. **b** ~e Aganippe VERG.*Ecl.*10.12; ~o..deducam uertice Musas *G.*3.11; ~as..aquas OV.*Fast.*3.456;~us latex SEN.*Med.*80; quis ab ~o largius amne bibit? MART.12.11.2.

3 Of, or connected with, the Muses, Heliconian, poetic.
~a crinem circumdata serta CORN.SEV.*poet.*3; ~am..lyram PROP.1.2.28; OV.*Am.*1.1.12; ~as..tuo sacrabimus ultro inferias..seni STAT.*Silv.*3.3.32; Mantua..ad sidera cantu euecta ~o SIL.8.594.

Aornos ~ī, *a.*, *m.* [Gk. ἄορνος] Having no birds; cf. AVERNVS.
unde locum Grai dixerunt nomine ~on VERG.*A.*6.242 (dub.).

apage, *v. imp.* [Gk. ἄπαγε]

1 Away with, hence, be off!
(*absol.*) ~, non placet me hoc noctis esse PL.*Am.*310; ~ a me, ~ *Bac.*73; ~ sis AFRAN.*com.*383;—(*w. acc.*) ~ istas a me sorores PL.*Bac.*372; ~ istanc caniculam! *Cur.*598; ~ te TER.*Eu.*904; '~ te' inquit *Rhet.Her.*4.64; ~ te cum nostro Sex. Seruilio VAT.*Fam.*5.10a.1; ~ te, fetorem extremae latrinae APUL.*Met.*1.17.

2 Nonsense, get away with (you)!
(*absol.*) quo fugiamus? — in patriam. — ~, hau nos id deceat, fugitiuos imitari PL.*Capt.*208; non bonust somnus de prandio. ~ *Mos.*697; quid uis? — ~, controuorsia est *Rud.*826; num formidulosus obsecro es, mi homo? — ~ sis: egon formidulosus? TER.*Eu.*756;—(*w. acc.*) ~ istiusmodi salutem ⟨cum⟩ cruciatu quae aduenit PL.*Mer.*144; ~ a me istum agrum! *Trin.*537; ~ in directum a domo nostra istam insanitatem VAR.*Men.*133; ~ sis tam cruentos deos APUL.*Soc.*5.

apalocrocōdes ~is, *n.* [Gk.] A kind of eye-salve.
CIL 7.1319; 13.10021(188).

apalus ~a ~um, *a.* **(hap-).** [Gk. ἁπαλός] Soft-boiled.
ouis sorbilibus aut ~is CELS.4.6.6; LARG.104.

Apamēa ~ae, *f.* The name of several towns of Asia Minor, esp.: **a** in Syria on the river Orontes. **b** in Phrygia.
a CAS.*Fam.*12.12.3; PLIN.*Nat.*5.81. **b** moratos triduum Laodiceae, triduum ~ae CIC.*Att.*5.16.2; *Fam.*2.17.3; LIV.35.15.1; PLIN.*Nat.*5.106.

Apamensis ~is ~e, *a.* Of Apamea (in Phrygia).
forum institueram agere Laodiceae..~e CIC.*Att.*5.21.9; apud duas ciuitates, Laudicensem et ~em *Fam.*5.20.2; (*masc. pl. as sb.*) tributum..~ibus..in quinquennium remissum TAC.*Ann.*12.58.

Apamēnus ~a ~um, *a.* Of Apamea.
(*in Phrygia*) ~am..regionem PLIN.*Nat.*5.113; ~um (uinum) mulso praecipue conuenire dicitur 14.75;—(*in Bithynia*) est (et in Bithynia ~a (colonia) ULP.*dig.*50.15.1.10; (*masc. pl. as sb.*) libellus ~orum TRA.Plin.*Ep.*10.48.1.

aparctiās ~ae, *m.* [Gk. ἀπαρκτίας] The north wind.
septentrio..aquilo, ~as et boreas dicti PLIN.*Nat.*2.119; AMP.5.1; et Aquilo..et huic uicinus est ~as APUL.*Mun.*11.

aparīnē ~ēs, *f.* [Gk. ἀπαρίνη] Cleavers, *Galium aparine*.
~en..alii philanthropon uocant, ramosam, hirsutam quinis senisue..foliis PLIN.*Nat.*27.32.

apathīa ~ae, *f.* [Gk. ἀπάθεια] Insensibility; (as a Stoic virtue) freedom from emotion.
isti ~ae sectatores..in torpore ignauae..uitae consenescunt Gel.19.12.10.

ape: see apio.

apelassonos. [Gk. ἀπ' ἐλάσσονος] (of the *pes Ionicus*) = *a minore.*
Maur.2056; 2079.

apēliōtēs ~ae, *m.*: see aphel-.

Apellēs ~is, *m.* Also ~**ēs** ~ētis, ~**a** ~ae.
1 A famous Greek painter of the 4th century b.c.
o ~e, o Zeuxis pictor Pl.*Poen.*1271; ut ~es Veneris caput ..politissima arte perfecit Cic.*Fam.*1.9.15; *Off.*3.10; Ov.*Ars* 3.401; Quint.*Inst.*12.10.6.

2 A common name of freedmen.
Cic.*Att.*12.19.1; ne ~ae quidem, liberto tuo *Fam.*7.25.2; *(an actor)* quando parem habui nisi unum ~etem? Petr.64; *(as a type)* credat Iudaeus ~a Hor.*S.*1.5.100.

Apellēus ~a ~um, *a.* Of Apelles; like that of Apelles.
qualis ~is est color in tabulis Prop.1.2.22; ~ae cuperent te scribere cerae Stat.*Silv.*1.1.100; spirat ~a redditus arte Memor Mart.11.9.2.

Apellō ~inis, *m.* Form of Apollo.
~inem antiqui dicebant pro Apollinem Paul.*Fest.* p.22M.

Āpennīnicola ~ae, *m.* Also **App-**. [Apenninvs+-cola] A dweller in the Apennines.
~ae..Auni Verg.*A.*11.700; ~ae..Fauni Sil.5.626; 6.167.

Āpennīnigena ~ae, *a.* **App-**. [next+-gena] Born of, originating in, the Apennines.
~ae..Thybridis Ov.*Met.*15.432.

Āpennīnus[1] ~ī, *m.* Also **App-**. The Apennine mountains.
e pruina ~i Cic.*Sest.*12; nubifer ~us Ov.*Met.*2.226; Col.6.1.2; alta..iuga nobilis ~i Petr.124,l.279; Sen.*Nat.* 4b.11.1; Plin.*Nat.*16.73;—*(in appos.)* niuali uertice se attollens pater ~us ad auras Verg.*A.*12.703; Vitr.2.6.5; ~us mons Italiae amplissimus Plin.*Nat.*3.48.

Āpennīnus[2] ~a ~um, *a.* Also **App-**. Of, or originating in, the Apennines.
amnes..~os Plin.*Nat.*3.118; ex ~is uallibus Plin.*Ep.* 5.6.29;—*(cult title of Jupiter)* iovi o m ~o *CIL* 8.7961; iovi apenino 11.5803.

aper[1] aprī, *m.*, (*f.*). [cf. OE. *eofor*, OHG. *ebur*, Ger. *eber*, 'boar']
1 A wild boar. **b** (prov. and sim. exprs.).
apri ab eo quod in locis asperis Var.*L.*5.101; cum aper ingens ad eum adlatus esset Cic.*Ver.*5.7; ualidis socios caedebant dentibus apri Lucr.5.1326; Verg.*Ecl.*10.56; *A.* 4.159; Liv.25.9.14; Ov.*Met.*4.723; exerti (dentes), ut apro ..elephanto Plin.*Nat.*11.160; de cauea fugiat ne male pastus aper Mart.9.88.4; Quint.*Inst.*4.2.17; aprorum (est) frendere Suet.fr.161(p.248Re);—*(w. prop. adjs.)* cum apro Aetolico..deluctari mauelim quam cum Amore Pl.*Per.*3; illum aprum Erymanthium Cic.*Ver.*4.95; Marsus aper Hor. *Carm.*1.1.28;—*(as incl. female)* habent quaedam binas, ut ceruus, cerua, quaedam singulas, ut aper Var.*L.*8.47. **b** iam ego uno in saltu lepide apros capiam duos Pl.*Cas.*476; liquidis immisi fontibus apros Verg.*Ecl.*2.59; dum iuga montis aper, fluuios dum piscis amabit 5.76.

2 (as an article of food).
rancidum aprum antiqui laudabant Hor.*S.*2.2.89; in primis Lucanus aper 2.8.6; Cels.2.18.2; repositorium in quo positus erat primae magnitudinis aper Petr.40.3; Plin. *Nat.*8.210; quanta est gula quae sibi totos ponit apros Juv.1.141.

3 A figure of a boar used as a standard.
erat et antea (aquila) prima cum quattuor aliis: lupi, minotauri, equi aprique singulos ordines anteibant Plin. *Nat.*10.16; *(cf.)* insigne superstitionis formas aprorum gestant Tac.*Ger.*45.3.

Aper[2] Aprī, *m.* A Roman cognomen.
Tac.*Dial.*2.1; Plin.*Ep.Tra.*10.104.

aperantologia ~ae, *f.* [Gk. ἀπεραντολογία] Interminable discussion.
ceteri scholastici saturis auribus scholica dape atque ebriis sophistice ~a consurgimus ieiunis oculis Var.*Men.* 144.

aperiō ~īre ~uī ~tum, *tr.* [< *ap-uerio; Skt. *apavr̥noti*; cf. Osc. *veru* 'door']
1 To open (a door, gate, etc.); (spec., in token of surrender, etc.); (pass., of a door, etc.) to be openable, open (in a specified direction). **b** to make a breach in (walls, etc.), break into, open. **c** to constitute as an aperture, create by opening up.
ecquis hoc ~it ostium? Pl.*Am.*1020; pandite atque ~ite propere ianuam hanc Orci *Bac.*368; qui mihi nunc uno digitulo fores ~is Ter.*Eu.*284; portam, quae e regione.. Pompei castrorum fuerat, ~uerunt copiaeque totae eruptionem fecerunt *B.Hisp.*16.2; fenestris aliquis ~tis Cels.4.14.4;—*(poet.)* primum limen eius (*sc.* libri) Hercules Surrentinus ~it Stat.*Silv.*3.pr.;—*(ellipt.)* ~ite, ~ite Pl.*Ps.*1284;—*(fig.)* interest qualis primus aditus sit et qua commendatione quasi amicitiae fores ~iantur Cic. *Fam.*13.10.4;—Sulmonenses..portas ~uerunt uniuersique..exierunt Caes.*Civ.*1.18.2; uerbis benignis ad portas ~iundas..perlicere iubet Liv.23.18.1; *(w. dat.)* ~uit Dyrrachi portas Bruto et exercitum tradidit Cic.*Phil.*10.13; *Att.*8.4.3; eadem nocte portam etiam consuli ~uerunt armatosque clam hoste in urbem acceperunt Liv.9.16.8; —adici decreto, ut domus eorum fores extra ~irentur et ianua in publicum reiceretur Plin.*Nat.*36.112; domus.. cuius exitus..extra priuatum ~iretur Asc.*Pis.*12. **b** quod sacri thesauri moti ~ti uiolati essent Liv.29.19.8; ubi solus ~tis obsedit muris calcantem moenia Magnum Luc.10.545; ripisque Ismenos ~tis effugit Stat.*Theb.*7.800;—*(poet.)* cum fera Karthago Romanis arcibus olim..Alpis immittet ~tas Verg.*A.*10.13. **c** infra tabulata maiores fenestellae ~iantur Col.8.3.3; ianuam in publico ~uit Scaev.*dig.* 8.2.41.1;—*(impers. pass.)* de superioribus partibus ~iatur et ita inmittatur (*sc.* lumen) Vitr.6.6.7;—*(poet.)* qua uastos ~it Candauia saltus Luc.6.331.

2 To make the interior of (a building, receptacle, etc.) accessible, open; also, to open so as to provide egress from. **b** to open (a letter, will, etc.) in order to read. **c** (of a tree) to open (its flowers); (also refl., of the tree or its flowers). **d** to constitute as a receptacle, etc., create by opening up.
~iuntur aedes Pl.*Am.*955; ubi omnes patinae feruont, omnis ~io *Ps.*840; nec curia calabra sine calatione potest ~iri Var.*L.*5.13; magmentarium Telluris ~ire Cic.*Har.*31; cum is paulum lecticam ~uisset *Att.*9.11.1; cum Lentulus consul ad ~iendum aerarium uenisset Caes.*Civ.*1.14.1; eae ambulationes ~iuntur Vitr.5.9.9; ut urbem circumirent ~irique tabernas..iuberent Liv.23.25.2; per eos dies qvibvs cella memoriae ~ietvr *CIL* 13.5708.1.6; *(cf.)* uix ~it clausos una puella Lares Prop.4.3.54; ecquid ~is mihi penates tuos? Sen.*Con.*1.1.6;—*(addressing a door)* tantum operire soles aut ~ire domum Catul.67.40;—*(ellipt.)* certum est ~ire atque inspicere Pl.*Am.*787;—*(w. dat.)* ut ..Troiam..~iret Achiuis Verg.*A.*2.60;—*(fig.)* nec ita claudenda res est familiaris, ut eam benignitas ~ire non possit Cic.*Off.*2.55; paupertati domum ~ire Sen.*Ep.*23.4; —Troia pubes Ascanio auxilium castris effundit ~tis Verg. *A.*7.522. **b** litteras a me prius ~iri quam ad senatum deferri placeret Cic.*Catil.*3.7; *Att.*11.9.2; Caesaris deinde testamentum ~tum est Vell.2.59.1; priusquam ~irentur codicilli Sen.*Cl.*1.15.5; testamenta quemadmodum ~iantur inspiciantur et describantur *Ed.pr.*(*Font.iur.*p.225)26.2; Gaius *Inst.*2.181; si in duobus exemplariis scriptum sit testamentum, alterutro patefacto ~tae tabulae sunt Ulp. *dig.*29.3.10;—*(ellipt.)* accepi fasciculum in quo erat epistula Piliae. abstuli, ~ui, legi Cic.*Att.*5.11.7; 6.3.8. **c** est et alia similis (arbor)..rosei..floris, quem noctu conprimens ~ire incipit solis exortu Plin.*Nat.*12.40;—flos numquam se ~it nisi uento spirante 21.165;—*(w. in+acc.)* cum..arbores ..~ire se in germen incipiant [Var.]*gram.*409. **d** neque ei..permittetur..refugia ~ire Ulp.*dig.*7.1.13.7.

3 To open up (ground); to make (ditches, foundations) by digging, excavate; to provide an outlet for, open up (a spring); (pass. or refl.) to flow out, come out. **b** (of spring, etc.) to open up (the earth, etc.) for growth.
attollere corpus ~ire humum, supremo erga parentem officio fungi Tac.*Hist.*3.25;—*(in fig. phr.)* quae tamen inde seges? terrae quis fructus ~tae? Juv.7.103;—cum ~iunt fossuras latius Vitr.8.3.3; caput humanum..~ientibus fundamenta templi dicitur apparuisse Liv.1.55.5; subterraneos specus ~ire Tac.*Ger.*16.4; in domo mea puteum ~io Ulp.*dig.*39.2.24.12;—fera qui manu corporis feruidos fontium ~is, lacus sanguinis Var.*Men.*405; si qui se fontes maximos penitus absconditos ~uisse dicat *Rhet.Her.*4.9;—*(fig.; cf. sense 12)* suo tempore totius huius sceleris fons ~ietur Cic.*Phil.*14.15; *ad Brut.*1.10.3; multo studiosius philosophiae fontis ~iemus *Tusc.*1.6; *(w. in+acc.)* lacum ~uit in mare Vitr.1.4.12;—ut per se pus ~iatur Cels.7.2.3; (o Trebia) amnis tibi nomina demam: quoque ~is te fonte, premam Sil.4.646. **b** quia uer ~it tunc omnia Ov.*Fast.* 4.87; aprilis a venere..ho>c mense qvia frvges flores animaliaqve ac maria et terrae ~ivntvr *Fast.Praen.* (*CIL* 1.p.235); cum canis Erygones flagrans Hyperionis aestu arboreos ~it fetus Col.10.401; tellus..cum tempus ~it, tepidis adridet horis Plin.*Nat.*17.15; 18.337 *(cf.)* rite maturos ~ire partus lenis, Ilithyia, tuere matres Hor. *Saec.*13.

4 To free (a place) from obstacles, etc.; (spec.) to repair (a road); to clear, open (a path); to clear a path through. **b** (in fig. exprs.). **c** (of medicaments) to make (passages in the body, etc.) clear, open up; to cause (boils, etc.) to break or open; to elicit by breaking open.
inmissi cum falcibus multi purgarunt et ~uerunt locum Cic.*Tusc.*5.65; cui dubium esse, quin..minore molimento ~turi (sint) portum, quam obstruatur? Liv.37.15.2; compleri fossas, ~iri campum, pandi aciem iubebat Tac.*Hist.*2.25; —*(poet., of a vineyard)* ~it cum uinea saepes Calp.*Ecl.*5.96; —uiam ~ire est ad ueterem altitudinem latitudinemque restituere Ulp.*dig.*43.11.1.1; item viam gabinianam..~vit et mvnit *CIL* 3.3200;—ferro iter ~iundum est Sal.*Cat.* 58.7; nec posse ~ire in hostes uiam Liv.7.33.9; aurata primas prora designat uias ~itque cursus Sen.*Ag.*430; (cum) miles..uiam..strage hostium ~iret Tac.*Ann.*2.21; *(of water)* cedere squamigeris latices..aiunt et liquidas ~ire uias Lucr.1.373; *(w. abst. subj.)* ultor eris mecum, aut ~it si nulla uiam uis, occumbes pariter Verg.*A.*10.864; —iterum flammas ~uit [Quint.]*Decl.*2.2. **b** multas rerum natura mortis uias ~uit Sen.*Con.*7.1.9;—*(w. dat.)* potentiae Romanorum prior Scipio uiam ~uerat, luxuriae posterior aperuit Vell.2.1.1; is terror obstructas mentis consiliis ducis ~uit Tac.*Hist.*3.21;—*(w. ad)* multis (est) ~tus cursus ad laudem Cic.*Phil.*14.17; quo in magistratu sibimet ipsi uiam ad ceteros honores ~irent Liv.6.35.3. **c** ~iunt tamquam ora in corporibus quod stomun Graece dicitur ..cinnamomum, balsamum, panaces Cels.5.4;—*(ellipt.)* sunt..quaedam malagmata, quae anastomotica Graeci uocant, quoniam ~iendi uim habent 5.18.25;—furunculos ~it (origanum) Plin.*Nat.*20.180; tumores maturat (faba) atque ~it 22.141; cortex eius interior cicatrices..~it 24.73; Larg.106;—emplastrum, quod ~it et educit pus 216.

5 To cut open, slit, pierce; to break open. **b** (med.) to make an incision in, cut open, lance; to loosen (nails) by means of an incision.
iuguloque Aegisthus ~to tecta cruentauit Ov.*Ep.*8.53; alium seruili manu regalem ~ire iugulum (iussit) Sen.*Dial.* 3.2.2; ~ire ferro pectus *Ag.*305; qua ferunt sanguinem sisti non ~ta modo uena, sed etiam praecisa Plin.*Nat.* 25.83; insectis ~tisque humanis corporibus Gel.10.10.2; —*(poet.)* tenui iugulos ~ire susurro Juv.4.110; *(cf.)* incisas uenas..obligatas ~ire rursum Tac.*Ann.*16.19;—fuste ~ire caput Juv.9.98. **b** ut..docent..medici, qui ista ~ta et patefacta uiderunt Cic.*Tusc.*1.46; *Priap.*32.5; deinde acu pusulae..~iendae Cels.5.28.4.d; mediam ungulam ab inferiore parte non expedit ~ire Col.6.12.3; si ~tae fuerint (strumae) Larg.81; *(cf.)* qui gladio uomicam eius ~uit, quam sanare medici non potuerunt Cic.*N.D.*3.70;—*(in fig. phr.)* persuasum est ei censuram lomentum aut nitrum esse. errare mihi uidetur; nam sordis eluere uult, uenas sibi omnis et uiscera ~it Cael.*Fam.*8.14.4;—*(absol.)* quidam etiam contra id scalpello ~iunt Cels.4.15.4;—ubi scabri ungues sunt, circum ~iri debent, corpus qua contingunt 6.19.3.

6 To open (one's eyes, mouth); (fig.) to open (somebody else's eyes).
sancte Iuppiter..aliquando ad eum puniendum oculos ~uisti Cic.*Mil.*85; cum quasi coniuent et ~to lumine rursum omnia conuisunt clara loca candida luce (*sc.* sol lunaque) Lucr.5.778; fatis ~erit Cassandra futuris ora Verg.*A.*2.246; Ov.*Met.*15.557;—quom cotidie non desinis ..'oculos' mihi '~ire', ut uulgo dicitur Aur.*Fro.*1.p.80 (56N).

7 To bare, expose, uncover (a part of the body).
caput ~uit Cic.*Phil.*2.77; si quo casu euenerit, ut corporis partes quaedam ~iantur *Off.*1.129; Sullam dictatorem uni sibi..caput ~ire solitum Sal.*Hist.*5.20; si glans ita contecta est, ut nudari non possit..~ienda est Cels.7.25.2; uoltus..~itur crine remoto Luc.6.655; Plin.*Nat.*28.60; Juv.6.467;—*(w. retained acc.)* neue cubet laxo pectus ~ta sinu Tib.1.6.18; Ov.*Met.*13.688.

8 (mil.) To open out, spread out (forces). **b** to elaborate, expand.
~tis quibusdam cohortibus Caes.*Gal.*7.35.4;—*(refl. and transf.)* ut..~it se hostis *Aetna* 473. **b** si ~ias haec, quae uerbo uno inclusa erant Quint.*Inst.*8.3.67.

9 To make available (to) or possible (for), put at one's disposal; to open up (territory). **b** to constitute or provide an entrance to (a place); to lead into. **c** *locum*, etc., *~ire*, to open the way (to), afford an opportunity (for).
de Oppio factum est ut uolui, et maxime quod dccc ~uisti Cic.*Att.*5.1.2;—*(w. dat.)* mihi meae pristinae uitae consuetudinem..interclusam ~uisti *Marc.*2; quoniam tibi uirtus et dignitas tua reditum ad tuos ~uit *Fam.*6.11.2; subitae cui maxima laudis semina de nostris ~rit Fortuna ruinis Stat.*Theb.*12.547; infinitam..sceleribus ~itis audaciam [Quint.]*Decl.*11.8; ut Valenti et Caecinae uacuos honoris mensis ~iret Tac.*Hist.*2.71;—populus..Romanus ~uit Lucullo imperante Pontum Cic.*Arch.*21; qui..transgressi in Asiam incognitum famae ~uerint armis orbem terrarum Liv.42.52.14; tradimus Hesperias gentes, ~imus Eoas Luc.4.352; nuper cognitis quibusdam gentibus ac regibus, quos bellum ~uit Tac.*Ger.*1.1;—*(w. dat.)* his commerciis Carra oppidum ~uere Plin.*Nat.*12.80; quo modo lucem diemque omnibus hominibus, ita omnis terras fortibus uiris natura ~uit Tac.*Hist.*4.64;—*(w. in+acc.)* pelagus quantos ~imus in usus V.Fl.1.169;—*(of places)* qua Marathon tramite laeuo saltus ~it Sen.*Phaed.*18; ubi dehiscit (mons Taurus) seque populis ~it Plin.*Nat.*5.99. **b** aditus qui Ciliciam ~it Curt.3.4.4; *(cf.)* hoc (*sc.* mare)..terras ~it atque intrat Mela 1.6. **c** si qui motus occasionem ~iret Liv.9.27.2; —*(w. dat.)* si ullum locum ~uerimus suspicioni aut crimini Cic.*Ver.*5.181; ne..casum insidiantibus ~irent Tac.*Ann.* 4.50;—*(w.* ad*)* ~uerunt ad occasionem locum hosti Liv. 4.31.2; occasionem ~uere ad inuadendum 4.53.9;—*(in fig. phr.)* si quis existimat nos..benignitatis fines introrsus referre et illi minus laxum limitem ~ire Sen.*Ben.*1.15.2.

10 To start, open (a school); to found, originate (an art); to introduce, begin (a subject). **b** to usher in, inaugurate (the year). **c** (of a new day) to see the introduction of, dawn on; (refl. of a season) to commence or develop.
ut Dionysius tyrannus..Corinthi dicitur ludum ~uisse Cic.*Fam.*9.18.1; post..damnationem mortemque Galli scholam ~uit Suet.*Gram.*16(p.113Re);—hic (*sc.* Polyclitus) consummasse hanc scientiam iudicatur..ut Phidias ~uisse Plin.*Nat.*34.56;—ut singularum causarum defensiones.. relinquamus, ~iamus autem capita ea, unde omnis..disputatio ducitur Cic.*de Orat.*2.130; inmensum..~itur opus Luc.1.68. **b** candidus auratis ~it cum cornibus annum Taurus Verg.*G.*1.217; insignem..~it Germanicus annum Stat.*Silv.*4.1.2; contigit..priuatis ~ire annum Plin.*Pan.* 58.3. **c** nouam aciem dies ~uit Tac.*Hist.*4.29;—uer ~ire se coepit Sen.*Ep.*67.1.

11 To render visible or clear, disclose, reveal, uncover. **b** (topog.) to bring into view; (refl. or pass.) to come into view, come to light, open out.
~ientur maiorum imagines Cic.*Sul.*88; ~it ferrum quod ueste latebat *Ciris* 280; cum incalescente sole dispulsa nebula ~uisset diem Liv.22.6.9; Liv.29.27.12; caelum uentis ~ite serenis Ov.*Fast.*1.681; gladiatorem..sic uulnerari, ut eius interior aliqua pars ~iatur Cels.1.pr.43; quidquid homo est, ~it pestis natura profana Luc.9.779; grana..paxillo demitti..stramento ab hieme protegi, uere ~iri Plin.*Nat.*

19.147; ~to ense Stat.*Theb*.7.614; proximus dies faciem uictoriae latius ~uit Tac.*Ag*.38.2; DVM SVA PERSPICVIS ~IT PHAROS AEQVORA FLAMIS *CIL* 8.212.85; (*cf.*) si populo grata est tabella, quae frontis ~it hominum, mentis tegit Cic. *Planc*.16;—(*cf. sense 10*) promit hinc ortus ~itque lucem Phoebus Sen.*Oed*.121;—(*refl., or pass. in middle sense*) tantaque se facies ~it Verg.*A*.7.448; claris ~itur flexibus anguis Germ.*Arat*.672;—(*w. dat.*) his unda dehiscens terram inter fluctus ~it Verg.*A*.1.107; eodem sidere alio tempore aliis ~iente se gentibus Plin.*Nat*.18.210. **b** terra..se attollere..uisa, ~ire procul montis Verg.*A*.3.206; ~ientibus classem promunturiis Liv.22.19.7;—mox..formidatus nautis ~itur Apollo Verg.*A*.3.275; ut ~uere se campi alto obruti sabulo Curt.4.7.11; Mela 3.8; mox in specus mersa in Tiburtina se ~it (aqua Marcia) Plin.*Nat*.31.41;—(*w. dat.*) ardua supra sese ~it fessis et nascitur altera moles Sil.3.530.

12 To make known or clear by words, etc., reveal, disclose, explain; (refl. or pass.) to become known, be revealed, be found out; to exemplify, illustrate (a story). **a** (w. acc.). **b** (w. indir. qu.). **c** (w. acc. and inf.).

a mea nunc facinora ~iuntur clam quae speraui fore Pl.*Truc*.795; Ter.*Ad*.23; inuoluta rei notitia definiendo ~ienda est Cic.*Orat*.116; insidias rei publicae consilio inuestigasset, ueritate ~uisset *Sul*.14; quo ~to reliqua patebant *Att*.7.13a.1; ratio ..euentus ~it causam *Fat*.36; nisi socios sceleris sui ~iret Sal.*Jug*.33.3; sine me haec haud mollia fatu sublatis ~ire dolis Verg.*A*.12.26; lux deinde ~uit bellum ducemque belli Liv.3.15.9; tunc ~it mentes aeuo rarissima nostro simplicitas Ov.*Ars* 1.241; sublimis ~ire uias Man.1.32; M. Cicero..consul Sergi Catilinae..coniurationem singulari uirtute..~uit Vell.2.34.3; qui praecesserant, non praeripuisse mihi uidentur, quae dici poterant, sed ~uisse Sen.*Ep*.79.5; tot in Hesperio conlapsas sanguine gentis cur ~ire times? Luc.5.203; scelus herbariorum ~ietur et in hac mentione Plin.*Nat*.21.144; Aesonides..dulcibus indulget lacrimis ~itque dolorem V.Fl.3.371; iam iamque dolos ~ire parantem Stat.*Ach*.1.586; Sil.13.634; has ambages et statim exceperat fama et tunc ~iebat Tac.*Hist*.2.78; Gel.14.2.18;—(*w. dat.*) id mihi hodie ~uisti Pl.*Cist*.3; iudicium superis ~it commune Philemon Ov.*Met*.8.706; si..conscientiam suam dis ~uit Sen.*Ben*.7.1.7; cui magis suas artes ~iret..Minerua? Quint.*Inst*.10.1.91; centurio..iussa imperatoris Ostorio ~it Tac.*Ann*.16.15;—(*w.* de) Graiugena: de istoc ~it ipsa oratio Pac.*trag*.364;—(*w.* in+*acc.*) speramusne..mortali totum hunc ~ire in saecula uoce posse diem? Sil.9.341;—tum coacti necessario se ~iunt Ter.*An*.632; dum se ipsa res ~iret Nep.*Paus*.3.7; tum sumus incauti studioque ~imur in ipso Ov.*Ars* 3.371; non est..intuendum, quo tempore ~uerit se culpa Quint.*Decl*.324(p.276,l.19);—ut μῦθον ~iant de Actaeone Var.*R*.2.9.9. **b** quae, cuiusmodi sint, ~ientur infra Var.*L*.8.23; diuisio est, per quam ~imus, quid conueniat, quid in controuersia sit *Rhet.Her*.1.4; cum ille non dubitarit ~ire quid cogitaret Cic.*Mil*.44; *ad Brut*.1.15.9; *Fin*.2.5; amicum an nomen habeas, ~it calamitas Pub.*Sent*.A.41; ne..semet ipse ~iret quis esset Liv.2.12.7;—(*w. dat.*) domino nauis, qui sit, ~it, Nep.*Them*.8.6;—(*w. double const.*) et prioris silentii defensionem et quid in futurum statuerim simul ~iam Tac.*Ann*.4.37; (*cf.*) orsa deum..tunc ~it, quis fulmen agat, quis sidera ducat spiritus Stat.*Theb*.6.360. **c** simulque ~ire se non fortunae, sed hominibus solere esse amicum Nep.*Att*.9.5;—(*w. ellipse of acc.*) namque ~uisse uidebatur omnia in sua potestate esse uelle *Di*.6.4.

Aperta: (see quot.).

~a idem Apollo uocabatur, quia patente cortina responsa ab eo dentur Paul.*Fest*.p.22M.

apertē, *adv. compar.* ~ius, *superl.* ~issimē. [APERTVS+-E]

1 Without concealment, publicly, openly. **b** (opp. to *occulte, clam*) in outward appearance, ostensibly.

auferimus aurum omne..illis praesentibus, palam atque ~e Pl.*Bac*.302; itane..idoneus tibi uideor esse quem tam ~e fallere incipias dolis? Ter.*An*.493; cum esset omnibus in rebus ~issime impudentissimeque praedatus Cic.*Ver*.1.130; *Agr*.2.44; Hammonius..~e pecunia nos oppugnat *Fam*.1.1.1; Caes.*Gal*.7.59.2; ~e totius Numidiae imperium petere Sal.*Jug*.20.7; Veneri cum fertur ~e seruire aeternos non puduisse deos Tib.2.3.29; quamquam nondum ~e Africa prouincia decreta erat Liv.29.14.1; tu modo, quem poteras uel ~e tutus amare..latenter ama Ov.*Pont*.3.6.59; Vell.2.60.4; Curt.6.1.12; ab his proconsuli uenenum inter epulas datum est ~ius quam ut fallerent Tac.*Ann*.13.1. **b** tuus..ille amicus..nos, ut ostendit, admodum diligit, amplectitur, amat, ~e laudat, occulte..inuidet Cic.*Att*.1.13.4; ~e bona repetentes clam reciperandi regni consilia struere Liv.2.3.6.

2 (w. vbs. of speaking, writing, etc.): **a** Without reserve, outspokenly, frankly; so as to commit oneself definitely, positively. **b** lucidly, clearly, in detail; in set terms, expressly.

a odi summussos: proinde ~e dice quid sit, quod times Naev.*trag*.60; nempe ergo ~e uis quae restant me loqui? Ter.*An*.195; planius atque ~ius dicam Cic.*Q.Rosc*.43; quod Balbus minor nuper satis plane, Dolabella obscure, hic ~issime *Att*.12.38.2; *Fam*.5.7.3; ~e..et clara uoce audeant dicere beatam uitam in Phalaridis taurum descensuram *Tusc*.5.75; *Amic*.44; non probabat Fuscum qui paulo ~ius agebat Sen.*Con*.2.3.11; ceteros..sibi fidos ~ius monuit Tac.*Hist*.3.52; (*w.* esse) cum fremitus ~e esset Liv.4.50.2;—haec in philosophia ratio..nullam..rem ~e iudicandi Cic.*N.D*.1.11. **b** non intellegimus, nisi si ~e dixeris Pac.*trag*.7; si ~e et breuiter summam causae exponemus Cic.*Inv*.1.22; *Ver*.2.156; si dispicere quid coepero scribam ad te ~ius *Att*.2.20.5; ut potuero quam ~issime..interpretabor Vitr.5.4.1; Sen.*Ben*.6.35.4; Quint.*Inst*.5.10.8; prohoemiatur apte, narrat ~e, pugnat acriter (Isaeus) Plin.*Ep*.2.3.3; Graecis uerbis fortasse ~ius significabo Fro.*Aur*.2.p.78 (151N); Gel.12.5.6; (*w.* esse) si erit ~e de singulis partibus, quid dicatur uerbum Var.*L*.10.76;—recitaui edictum quod ~e dominum de praedio detrudi uetaret Cic.*Quinct*.89; 'qui petet cuiusue ratio habebitur.' ~e indicat posse rationem haberi etiam non praesentis *ad Brut*.1.5.3; lex ~e scripta est, ut peregrinus, qui murum ascenderit, morte multetur Quint.*Inst*.4.4.4.

3 So as to preclude the possibility of doubt, manifestly, obviously, patently.

si quid posueris aut ~e falsum aut ei, quod dixeris..contrarium Cic.*de Orat*.2.306; aut ita qui sentiet non ~issime insaniat *Luc*.21; ~e iniquum erat nihil iuris patrono superesse Gaius *Inst*.3.40; quod ~e in contumeliam domini fieri uidetur 3.222; (*cf.*) rem huc deduxi ut tum palam pugnare possetis cum hostem ~e uideretis Cic.*Catil*.2.4.

apertiō ~ōnis, *f.* [APERIO+-TIO] The act of making (a building, etc.) accessible, opening.

quod cum periculo introitur recenti ~one Var.*R*.1.63.1; ritu..sollemni ~onis celebrato ministerio Apul.*Met*.11.22;—(*w. obj. gen.*) templi matutinas ~ones opperiebar 11.20.

apertō ~āre, *tr.* [APERIO+-TO] To bare, expose.

qur ~as bracchium? Pl.*Men*.910.

apertum ~ī, *n.* [APERTVS]

1 (sg. or pl.) An area free from obstacles, an open space, the open. **b** (in prep. phrs.) the open air (as contrasted with underground, etc.); *~a caeli*, the open sky. **c** *in ~o* (fig.), free from difficulty, practicable, feasible.

per ~um fugientis..ceruos iaculari Hor.*Carm*.3.12.10; castris in ~o positis Liv.1.33.4; inter ~a Lycaei Stat.*Theb*.6.567; neque periculum in ~o audebant Tac.*Hist*.3.76; *Ann*.1.51;—(*as contrasted with a place of close confinement*) in ~o nos natura custodit Sen.*Ep*.70.24;—(*as contrasted with a town*) incenso Mattio..~a populatus uertit ad Rhenum Tac.*Ann*.1.56. **b** hos..tellus..aestus exspirat..foras in ~um promptaque caeli Lucr.6.817; in luce hunc et in ~o spiritum reddam an in uasto terrarum dehiscentium sinu Sen.*Nat*.6.1.9; alii non nisi e terra rapiunt auem..alii sedentem in sublimi, aliqui uolantem in ~o Plin.*Nat*.10.22; spatiatae..in ~o et in altum datae (apes) 11.68; quaeque in ~o grauia, humum infra moliri Tac.*Ann*.11.20;—eos (uentos), qui de fluminibus..uel ruptis nubibus per ~a caeli manare adsolent Apul.*Mun*.10. **c** apud priores ut agere digna memoratu pronum magisque in ~o erat Tac.*Ag*.1.2; cum transgredi Appenninum..in ~o foret *Hist*.3.56.

2 A place unprotected against the weather, an exposed place; *in ~o*, in an exposed place or situation.

~is uero, id est peristyliis aut exhedris aut ceteris eiusdem modi locis Vitr.7.9.2;—praesepia, quae conlocantur extra culinam in ~o 6.6.5; neque hiemis uim diutius pati Macedonas in ~o posse Liv.43.18.8; nec ullis imbribus quamquam in ~o madescunt (altaria) Tac.*Hist*.2.3; (*cf.*) iam idonei spiritum trahere et in ~o durare Sen.*Ep*.102.23.

3 *in ~o* (*~um*), In (into) a visible or conspicuous position, in (into) view. **b** *ex ~o*, without disguise, openly.

omnia..uitia in ~o leniora sunt Sen.*Ep*.56.10; inuidia in occulto, adulatio in ~o erant Tac.*Hist*.4.4; praecipua pars ista corporis (*sc.* caput) in ~o et perspicuo posita Apul.*Met*.2.8;—donec in ~um efferat uultus opertos Sen.*Oed*.622. **b** ut ex ~o atque interdiu uim per angustias facturus Liv.21.32.10; ut recto itinere ad lacessendum ex ~o iret 41.19.8; alius adulatione clam utetur..alius ex ~o, palam Sen.*Nat*.4a.pr.5.

4 (pl.) Things which are clear to the understanding, known facts or principles; straightforward language, plain speech (as opposed to allegory). **b** (*esse*) *in ~o*, (to be) clearly understood, obvious.

ut ~is obscura adsequamur Cic.*N.D*.3.38; *Fin*.1.30;—habet usum talis allegoriae frequenter oratio, sed raro totius, plerumque ~is permixta est Quint.*Inst*.8.6.47. **b** pauca supra repetam, quo ad cognoscundum omnia illustria magis magisque in ~o sint Sal.*Jug*.5.3; omniumque illis (*sc.* deis) rerum..scientia in ~o semper est Sen.*Ben*.4.32.1.

apertūra ~ae, *f.* [pple. of APERIO+-VRA]

1 The act of opening; (spec.) the opening (of a will).

~ae tabularum dilatio necessarii heredis ius non mutat Ulp.*dig*.28.5.3.4; 29.5.3.20.

2 An opening, aperture.

ipsaque..fiunt..ualuata, et ~as habent in exteriores partes Vitr.4.6.6; 5.5.1; relictis semipedalibus ~is 10.4.2; ~AM COMMITTERE *CIL* 10.4842.14.

apertus ~a ~um, *a. compar.* ~ior, *superl.* ~issimus. [pple. of APERIO]

1 (of doors, gates, etc.) Affording a passage, unfastened, open.

~o ostio dormientis eos repertos esse Cic.*S.Rosc*.65; ~is otia portis Hor.*Ars* 199;—(*in fig. phr.*) quo totiens nostri pulsata sepulcri ianua, sed nullo tempore ~a fuit? Ov.*Tr*.3.2.24;—(harundines) fieri utiles in trimatu, ~ioribus earum lingulis ad flectendos sonos Plin.*Nat*.16.171.

2 (of buildings, receptacles, etc.) That has its doors, etc., open, that admits of ingress or egress, open. **b** (w. dat.) affording a right of way, accessible (to); (absol.) accessible (for trade, etc.).

~am curiam uidit post Caesaris mortem Cic.*Phil*.13.28; hic..Cytherida secum lectica ~a portat *Att*.10.10.5; ~os cuniculos praeusta et praeacuta materia..morabantur Caes.*Gal*.7.22.5; Prop.4.8.78; per pacata litora ~osque portus Liv.26.20.9; per ~am uitis medullam nimius umor trahitur Col.3.18.5; cum..~o uiueret horto (*sc.* quisque) Juv.6.18; (*of a well*) in puteum ~um ex equo praecipitasse Liv.27.16.4; (*in fig. phr.*) illa uero iam paene ~is, ut aiunt, tibiis (Cicero dixit) Quint.*Inst*.11.3.50; (*fig.*) nam maiora intellectu uelut parum ~os ad percipiendum animos non subibunt 1.2.28. **b** huius domus est..nostris hominibus ~issima maximeque hospitalis Cic.*Ver*.4.3; cum in templum Castoris aditus esset ~us nemini *Dom*.110; ~am Taenaron umbris Luc.9.36; ut et limites..~i populo essent Hyg.*agrim*.p.83; (*fig.*) nihil se tam clausum..posse habere quod non istius cupiditati ~issimum promptissimumque esset Cic.*Ver*.4.42;—praeterquam quod pace omnis Italia erat ~a Liv.30.26.5; qua nunc placidi Melioris ~i stant sine fraude lares Stat.*Silv*.2.3.15.

3 (of places) Free from obstacles, unconfined, open. **b** *mare* (*pelagus*, etc.) *~um*, the high sea, the open sea. **c** (of the air, sky, etc.) unclouded, clear, open; *in ~a luce, in ~o sole*, in broad daylight, in the full light of the sun; *~o caelo* (*uento*), in a state of exposure to the climate (wind). **d** (of battle) open.

triticum in loco ~o celso, ubi sol quam diutissime siet, seri oportet Cato *Agr*.35.1; Cic.*Ver*.4.110; quae sanctum Idalium Uriosque ~os..colis Catul.36.12; collis..infimus ~us, ab superiore parte siluestris Caes.*Gal*.2.18.2; 4.23.6; omnis campis exercitus ibat ~is Verg.*A*.9.25; Liv.9.2.6; rara..in ~is eminet aruis arbor Ov.*Pont*.3.1.19; Col.2.9.6; Plin.*Nat*.18.164; Tac.*Ann*.14.34; necesse est ex illa parte ~iore sol longius conspiciatur Hyg.Gr.*agrim*.p.147; (*fig.*) o praeclaram beate uiuendi et ~am et simplicem et directam uiam! Cic.*Fin*.1.57. **b** qua Rhodus Carpathium in pelagus se inclinat ~um Lucil.1291; per ~a uolans..aequora Verg.*G*.3.194; Liv.25.11.15; nec rursus ~o uult hostes errare freto Luc.2.660; Plin.*Nat*.2.118; (*superl.*) longe aliam esse nauigationem in concluso mari atque in uastissimo atque ~issimo Oceano Caes.*Gal*.3.9.7; (*ellipt.*) mare ex ~o reductum amoeno sinu cingunt (litora) Sen.*Nat*.6.1.1; (*cf.*) in magno impetu maris atque ~o Caes.*Gal*.3.8.1. **c** cum caelum ex omni parte patens atque ~um intuerentur Cic.*Div*.1.2; in aere ~o Lucr.3.508; in ~o mundo atque lucenti Vitr.1.2.5; luce deas caeloque Paris spectauit ~o Ov.*Ars* 1.247; ~o aethere Sen.*Phaed*.501;—poenas in ~a luce daturus Luc.10.431; in sole ~o radios in se candentes discutere Plin.*Nat*.37.137;—~o caelo ~oque uento..inarescit (buxus) Plin.*Ep*.2.17.14. **d** aliquantum quoque ~a pugna praebuerunt terroris Liv.10.14.9; 31.36.2; etsi iniquo loco, proelio tamen iusto, acie ~a, signis collatis dimicandum erat 38.41.6; Ov.*Met*.13.208.

4 (of a house or ship) That has no roof or cover on, exposed to the weather, open.

hominem infirmum in uillam ~am ac ne rudem quidem etiam nunc inuitare nolui Cic.*Q.fr*.2.8.2;—nauis non modo inanis habuerunt sed etiam ~as *Ver*.5.104; IIII..constratae naues et complures ~ae *B.Alex*.11.1; centum nauibus, quarum septuaginta tectae, ceterae ~ae Liv.36.43.8; 37.16.1.

5 (of the eyes or ears) Open; (of the nostrils, mouth), wide.

~is atque integris et oculis et auribus Cic.*Tusc*.1.46;—uni Antonio ~ae militum aures Tac.*Hist*.3.10;—ut sint (eae pecudes)..~is naribus Var.*R*.2.5.7; uix satis ~um os..uidetur, quae meditata pectore euoluat Sal.*Rep*.1.8.9; ora ~iora laniatu uiuentibus Plin.*Nat*.11.159.

6 (of parts of the body, etc.) Uncovered, unveiled, bare, naked; *~o capite*, without concealment, openly. **b** (fig., of the mind).

Turp.*com*.46; non modo suris ~is, sed paene natibus ~is ambulans Var.*Men*.301; magna est corporis pars ~a Caes.*Gal*.4.1.10; quoad capite ~o est ductus Liv.23.10.7; Ov.*Rem*.429; cadit ex umeris uestis ~is Sen.*Tro*.104; qui Gorgona cernit ~am Luc.6.746; Stat.*Silv*.5.5.13; ~o iugulo [Quint.]*Decl*.16.9;—ipsi de foro tam ~o capite ad lenones eunt quam in tribu sontes ~o capite condemnant reos Pl.*Capt*.475; Sen.*Dial*.7.13.2; capite ~o ambulo Petr.57.5. **b** ~a simplexque mens Cic.*N.D*.1.27.

7 Opened out, extended, expanded. **b** elaborated, explicit.

(*poet.*) iam iamque cadat, ni pectore toto obstet ~a parens (*i.e. with outspread wings*) Stat.*Theb*.10.462. **b** haec nunc strictim dicta ~iora fient infra Var.*L*.9.39.

8 (w. dat.) Exposed (to the elements); (absol.) exposed. **b** (w. dat.) exposed (to attack, weapons, etc.); (absol.) exposed to attack, unprotected.

quaque iacet zephyro semper ~us Eryx Ov.*Fast*.4.478;—~os Bacchus amat collis, Aquilonem et frigora taxi Verg.*G*.2.112. **b** iaculis maxime ~a corpora Romanorum Liv.25.16.22; paene insula est Peloponnesus..nulli ~ior neque opportunior quam nauali bello 32.21.26;—adoriuntur auersos ut ~is lateribus Sis.*hist*.15; nec facile adire ~os ad auxiliandum animaduertebant Caes.*Gal*.7.25.1; nulli..malo latus obdit ~um Hor.*S*.1.3.59; quia quod neglexeris incautum atque ~um habeas Liv.25.38.14; nec tertia cuspis ~um..ualuit destringere Cygnum Ov.*Met*.12.100; partes..oculis rimantur ~as *Ilias* 591; ~i incautique muros subiere Tac.*Hist*.2.21.

9 Seen by or visible to all, open to view, public. **a** (of persons) acting without concealment; (of enemies) avowed, open; (of a spouse) openly or officially recognized. **b** (of actions, policies, etc.) practised, etc., without concealment, undisguised, public, open. **c** (of natural objects). **d** that everyone has the use of, public.

a non fuisse illum tam amentem..ut ita ~us esset, ut locum crimini relinqueret Cic.*Part*.115; ut ~us in corripiendis pecuniis fuit *Ver*.5; nullas uestes, ut sit ~us, habet (Amor) Ov.*Am*.1.10.16; (*poet.*) cetera turba palam titulos ostendet ~os *Tr*.1.1.109;—ut ~is inimicis obsisterem Cic.*Dom*.29; cum ~is hostibus bellum geram *Red.Sen*.23;—

omnis amor magnus, sed ~o in coniuge maior PROP.4.3.49. **b** ~iore magis uia; ita plane loquar PL.*St*.485; *CIL* 1.583.52; CIC.*Ver*.5.182; multas..simultates partim obscuras, partim ~as *Man*.71; in qua nullus esset ordinum, nullus ~us priuatorum dolor *Att*.8.3.4; *Off*.1.127; donec iam saeuus ~am in rabiem coepit uerti iocus HOR.*Ep*.2.1.148; ubi nec causas nec ~os cernimus ictus PROP.2.4.9; non furtim sed ui ~a gerebatur res LIV.25.24.3; 29.33.2; OV.*Met*.1.222; ~ior et taetrior alterius Ochi cognomine Artaxerxis crudelitas V.MAX.9.2.ext.7; PERS.2.7; licet expositum per limen ~o ire redire gradu STAT.*Silv*.1.2.34; quorum flagitia ac dedecus ~iore in dies fama noscebantur TAC.*Hist*.2.37; PLIN.*Ep*. 3.20.3. **c** magnis amnibus..~o corpore qui sunt LUCR. 1.297; mittunt in rebus ~is corpora res multae 4.54. **d** fastidire lacus et riuos ausus ~os HOR.*Ep*.1.3.11.

10 (of persons) Open-hearted, frank; (of the heart) open.

de uiro bono quaeritur, quem ~um et simplicem uolumus esse CIC.*Rep*.3.26; *Off*.1.109; contra Gallos, homines ~os minimeque insidiosos *B.Afr*.73.2; (*of the mind*) animum.. cum magnum et excelsum tum etiam ~um et simplicem CIC.*Fam*.1.9.22;—(amicitia) in qua nisi ut dicitur ~um pectus uideas tuumque ostendas, nihil fidum..habeas *Amic*.17; epistularum, quas mihi, ut ais, '~o pectore' scripsisti, obliuisci me iubes PLIN.*Ep*.6.12.3.

11 Known by or intelligible to all, (self-) evident, manifest, obvious. **b** (of dangers, etc.). **c** (of crimes, etc.) obtrusively evident, glaring, flagrant.

horum omnium custodia, incrementum et pastio ~a VAR.*R*.3.12.2; CIC.*Inv*.2.84; quae ita ~a et manifesta sunt ut..inuitus ea dicam *S.Rosc*.95; saepe etiam sine ulla ~a causa fit aliud atque existimaris *Mur*.35; sed in rebus ~issimis nimium longi sumus *Fin*.2.85; VITR.5.pr.2; olim ipse me damno, qui..uerba ~ae rei impendo SEN.*Ep*.117.18; LUC.9.225; non enim aenigma est sed res ~a PETR.41.3; quorum nomina ~iora sunt, quam ut dicenda sint QUINT. *Inst*.3.6.44; MAUR.2959; (*w. dat.*) id quod iam omnibus est ~um CIC.*Fam*.1.2.3; (*w.* ad) multo ~ius ad intellegendum est *de Orat*.2.328;—(*w. dependent cl.*) aliae, ut quod ~um unde, falces fenariae et arboriae VAR.*L*.5.137; neque uero non fuit ~um..Agesilaum Asiam..regi fuisse erepturum NEP.*Con*.2.3; ~um est quis non possit et quis fecerit PHAED.3.13.14; ~issimum est, ut cogatur omnibus..legata praestare ULP.*dig*.37.5.14. **b** spe dubiae salutis in ~am perniciem incurrere CIC.*N.D*.3.69; animas..in ~a pericula mittunt VERG.*A*.9.663. **c** ipse ~um suum scelus ante omnium oculos poneret CIC.*S.Rosc*.102; res erat manifesta, furtum erat ~um *Q.Rosc*.26; quod harum rerum nullum erat ~um crimen, quo argui posset NEP.*Paus*.3.7; JUV.4.69; tamquam illud indicium esset..fluxae atque ~ae securitatis GEL.4.20.8.

12 (of language or argument) Clear, lucid, straightforward; (of writers or speakers) having a clear or lucid style.

si est ~a et breuis (oratio) VAR.*L*.8.26; CIC.*Inv*.2.53; tectis uerbis ea ad te scripsi, quae ~issimis agunt Stoici *Fam*. 9.22.5; erit..narratio ~a ac dilucida, si..QUINT.*Inst*.4.2.36; GEL.7(6).14.6; cuius uersus..tanto sanctiores sunt quanto ~iores APUL.*Apol*.11; si praetori liqueat ex ~issimis rerum argumentis suspectum eum esse ULP.*dig*.26.10.3.4; (*w. abl.*) pessima..sunt ἀδιανόητα, hoc est, quae uerbis ~a occultos sensus habent QUINT.*Inst*.8.2.20;—et Trachalus plerumque sublimis et satis ~us fuit 10.1.119; (*w.* in+*abl.*) disertissimum cognoui auum tuum, at te etiam ~iorem in dicendo CIC.*Phil*.2.111.

apex ~icis, *m*. [cf. perh. APIO]

1 A kind of mitre (usually pointed) worn by priests. **b** (worn as a sign of kingship or greatness) a diadem, crown; (transf.) honour, glory.

hinc ancilia, ab hoc ~ices capidasque repertas LUCIL.319; QVEI ~ICE INSIGNE DIALIS FLAMINIS GESISTEI *CIL* 1.10; lanigerosque ~ices et lapsa ancilia caelo VERG.*A*.8.664; cuilibet ~icem Dialem..imponamus LIV.6.41.9; inter sacrificandum e capite ~ex prolapsus V.MAX.1.1.5; LUC.1.604; sine ~ice sub diuo esse licitum non est GEL.10.15.17; (*transf.*) arista quae ut acus tenuis longa eminet e gluma, proinde ut grani ~ex sit gluma et arista VAR.*R*.1.48.1. **b** nec dubito, quin iidem..ab aquila Tarquinio ~icem impositum putent CIC.*Leg*.1.4; HOR.*Carm*.1.34.14; iratos.. regum ~ices 3.21.20; summis ~icem sibi poscit in astris STAT.*Theb*.10.782; stelligerum attollens ~icem SIL.13.863; —~ex est..senectutis auctoritas CIC.*Sen*.60.

2 The top of a helmet. **b** a bird's crest. **c** the top of the head.

ardet ~ex capiti cristisque a uertice flamma funditur VERG.*A*.10.270; 12.492; ubi laurigeri currus..et galeae uittatus ~ex? STAT.*Theb*.8.175; est agmina supra nutaturus ~ex *Silv*.4.4.68; quorum capita cassides ouatae stellarum ~icibus insignes contegebant APUL.*Met*.10.31; PAUL.*Fest*. p.10M; (*poet.*) minor ille per alas septimus exstat ~ex STAT.*Theb*.8.369; *Silv*.5.2.47. **b** puniceam concussit ~ex in uertice cristam *Ciris* 501; cristis fauces caputque plumeo ~ice honestante PLIN.*Nat*.10.3; in capite paucis animalium nec nisi uolucribus ~ices 11.121. **c** tantus tumido de gurgite surgit, spumosum attollens ~icem STAT.*Theb*. 9.414.

3 (applied to the extremities of other things) **a** A mountain top, peak. **b** the top of a tree; the pinnacle of a building. **c** a spear-point; the tip of a stamen. **d** (perh.) the apex of a triangle.

a ~icem et latera ardua cernit Atlantis duri VERG.*A*. 4.246; ante fretum est ingens ~icem conlectus in unum.. uertex OV.*Met*.13.910; ceu Siculus flammis urguentibus Aetnam undat ~ex LUC.5.100; Vesuuinus ~ex STAT.*Silv*. 3.5.72; JUV.12.72. **b** huius (*sc.* lauri) apes summum densae..obsedere ~icem VERG.*A*.7.66;—aethera sic intrat ut....inferiore tonet nube serenus ~ex MART.8.36.8. **c** ia cit igneus hastae dirum lumen ~ex SIL.1.467;—dehiscit (rosa) ac sese pandit, in calice medio staminis conplexa luteos ~ices PLIN.*Nat*.21.14. **d** ternas nuces in trigonum statuito..et ~ex (*cj.*) ad Fauonium spectet COL.5.10. 13; *Arb*.22.2.

4 A point of flame.

ecce leuis summo de uertice uisus Iuli fundere lumen ~ex VERG.*A*.2.683; in..comis flammeus arsit ~ex OV. *Fast*.6.636; ast illos noua lux subitusque diremit frontis ~ex V.FL.3.189; flammarum..~icem rapit STAT.*Ach*.1.521; SIL.10.557.

5 A mark placed over a vowel to show that it is long; the tip or angle forming part of a letter. **b** (pl.) small points, minutiae.

geminatione earum (*sc.* uocalium) uelut ~ice utebantur QUINT.*Inst*.1.4.10; ut longis syllabis omnibus adponere ~icem ineptissimum est 1.7.2;—uix ipsos litterarum ~ices potui conprehendere GEL.13.31.10; 17.9.12; uel priores G Latini nondum ab ~ice finxerant MAUR.896; nodosis et ..tortuosis..~icibus APUL.*Met*.11.22. **b** cui non congruit de ~icibus iuris disputare ULP.*dig*.17.1.29.4.

apexabo, *f*. [prec.] (app.) A pointed type of sausage.

quod in hoc farcimine summo quiddam eminet, ab eo quod ut in capite apex, ~ dicta VAR.*L*.5.111.

aphaca ~ae, *f*. [Gk. ἀφάκη] A kind of vetch or tare.

PLIN.*Nat*.21.89; ~a tenuia admodum folia habet, pusilla altior lenticula et siliquas maiores fert 27.38.

aphaerema ~atis, *n*. [Gk. ἀφαίρεμα] Spelt bran, grits, sharps.

fiunt alicae tria genera: minimum ac secundarium, grandissimum uero ~a appellant PLIN.*Nat*.18.112.

apharcē ~ēs, *f*. [Gk. ἀφάρκη] An evergreen tree, *Arbutus hybrida*.

similis et ~e, bifera aeque quam andrachle PLIN.*Nat*. 13.121.

Aphareïus ~a ~um, *a*. Begotten by Aphareus, a king of the Messenians.

OV.*Met*.8.304.

ap(h)ēliōtēs ~ae, *m*. [Gk. ἀφηλιώτης, ἀπ-] The east wind.

non ad Austri flatus..nec saeui Boreae aut ~ae CATUL. 26.3; PLIN.*Nat*.2.119; AMP.5.1; ~es..uocatur (Eurus), cum aequidianis exortibus procreatur APUL.*Mun*.11.

Aphidnae ~ārum, *f. pl*. Also **~a** ~ae. A town in northern Attica.

SEN.*Phaed*.24; β OV.*Fast*.5.708.

aphractus ~ī, *f*. **~um** ~ī, *n*. [Gk. ἄφρακτος] An undecked or open ship.

nosti ~a Rhodiorum CIC.*Att*.5.12.1; 5.13.1; detraxit xx ipsos dies etiam ~us Rhodiorum 6.8.4.

aphrōdēs ~ēs ~es, *a*. [Gk. ἀφρώδης] Foamy, frothy; *opium ~es, mecon ~es*, perh. a species of the plant *Silene*.

alterum (opium) e siluestribus genus heraclium uocatur, ab aliis ~es PLIN.*Nat*.20.207; (*app. confused with a kind of spurge*) peplis, quam..alii meconion, alii mecona ~e uocant 27.119.

Aphrodīsia ~ōrum, *n. pl*. [Gk. Ἀφροδίσια] A festival of Aphrodite.

ego in aedem Veneris eo..~a hodie sunt PL.*Poen*.191; 1133.

aphrodīsiaca ~ae, *f*. [Gk. ἀφροδισιακή] An unknown precious stone.

~a ex candido rufa est PLIN.*Nat*.37.148.

Aphrodītē ~ēs, *f*. The goddess Aphrodite.

PLIN.*Nat*.5.64; *CIL* 4.1382.

aphronitrum ~ī, *n*. [Gk. ἀφρόνιτρον] Sodium carbonate, washing soda (also called *spuma nitri*).

PLIN.*Nat*.20.66; ~um..in Asia colligi in speluncis molibus destillans 31.113; 35.195; LARG.82; MART.14.58.2; panes uiridantis ~i STAT.*Silv*.4.9.37.

ap(h)thae ~ārum, *f. pl*. [Gk. ἄφθαι] Parasitic stomatitis, thrush, or aphthous ulcers.

ea longe periculosissima sunt ulcera, quas ~as Graeci appellant, sed in pueris CELS.6.11.3.

aphyē ~ēs, *f*. [Gk. ἀφύη] A small fish (regarded by Pliny as a separate species).

apuam nostri, ~en Graeci uocant, quoniam is pisciculus e pluuia nascatur PLIN.*Nat*.31.95; 32.145.

apiacius ~a ~um, *a*. [APIVM+-ACIVS] Of parsley or celery.

ludos..in quibus uictores ~am coronam accipiunt HYG. *Fab*.74.3.

apiacon ~ī, *n*. (app. an error for next, for which Cato is Pliny's authority).

altera (brassica) est crispa, ~on uocatur CATO *Agr*.157.2.

apiacus ~a ~um, *a*. [APIVM+-ACVS] Resembling parsley.

PLIN.*Nat*.19.136.

apiānus ~a ~um, *a*. [APIS[1]+-ANVS] Muscatel.

magnis..dotibus tres ~ae (uites) commendantur COL. 3.2.17; 12.39.3; PLIN.*Nat*.14.81.

apiārium ~iī, *n*. [APIS[1]+-ARIVM] A bee-house, apiary.

COL.8.1.4; 9.7.1; in hunc (*sc.* eurum) ~ia..spectare debent PLIN.*Nat*.18.338; GEL.2.20.8.

apiārius ~iī, *m*. [APIS[1]+-ARIVS] A bee-keeper.

prouentum..sperant ~ii large florescente eo (*sc.* thymo) PLIN.*Nat*.21.56.

apiastrum ~ī, *n*. [APIVM+-ASTER] One or more varieties of balm.

relicum (agellum) thymo et cytiso opseuisse et ~o, quod alii meliphyllon alii melissophyllon..appellant VAR.*R*.3. 16.10; SAL.*Hist*.2.10; COL.9.8.13; PLIN.*Nat*.20.116.

apiātus ~a ~um, *a*. [APIVM+-ATVS] (of tables with a certain grain-pattern) Resembling parsley.

magna..gratia..(mensis) crispis densa uelut i grani congerie, quas ob id a similitudine ~as uocant PLIN.*Nat*. 13.97.

apica ~ae, *f*. [Gk. ἄποκος] A sheep with no wool on its belly.

VAR.*R*.2.2.3; PLIN.*Nat*.8.198; PAUL.*Fest*.p.25M.

apicātus ~a ~um, *a*. [APEX+-ATVS[2]] Wearing the ceremonial pointed cap of a priest.

coniunx ~i cincta Dialis OV.*Fast*.3.397.

Apīciānus ~a ~um, *a*. Of, or in the manner of, Apicius.

nitrum in coquendo etiam uiriditatem custodit (caulibus), ut et ~a coctura PLIN.*Nat*.19.143.

apīcius[1] ~a ~um, *a*. [perh. fr. next] The name of a variety of grape and wine.

CATO *Agr*.6.4; VAR.*R*.1.25; uuam..~am in ollis commodissime condi 1.58.

Apīcius[2] ~iī, *m*. A gourmet of the first century A.D.

~ius..nepotum omnium altissimus gurges PLIN.*Nat*. 10.133; MART.10.73.3; TAC.*Ann*.4.1; (*as a type*) quid enim maiore cachinno excipitur uulgi quam pauper ~ius? JUV. 11.3.

apicula ~ae, *f*. [APIS[1]+-CVLA] (affect.) A little bee.

egon ~arum opera congestum non feram..melculo dulci meo? PL.*Cur*.10; fabricata et naue quam ~a pinnis absconderet PLIN.*Nat*.7.85; 18.253; FRO.*Ver*.2.p.240(137N).

apiculum ~ī, *n*.: (see quot.).

~um filum, quo flamines uelatum apicem gerunt PAUL. *Fest*.p.23M.

Āpidanus ~ī, *m*. A river in Thessaly, a tributary of the Peneus.

Edonis fessa..qualis in herboso concidit ~o PROP.1.3.6; LUC.6.373; V.FL.1.357.

Apina ~ae, *f*. A legendary town of Apulia, perh. invented to explain *apinae*.

PLIN.*Nat*.3.104.

apinae ~ārum, *f. pl*. [cf. AFANNAE] Trifles, nonsense.

MART.1.113.2; sunt ~ae tricaeque 14.1.7.

apiō ~ere ~tus, *tr*. [cf. Skt. *āptáḥ* 'suitable'; APVD] To fasten, attach, bind; (chiefly in pple. APTVS, q.v.).

PAUL.*Fest*.p.18M; ~e apud antiquos dicebatur prohibe, compesce p.22M.

apios, *f*. [Gk. ἄπιος] A kind of spurge.

PLIN.*Nat*.26.72.

apīrocalus, ~i, *m*. [Gk. ἀπειρόκαλος] One who is lacking in taste.

GEL.11.7.7; isti ~i, qui se Isocratios uideri uolunt 18.8.1.

apis[1] ~is, *f*. FORMS: (gen. pl.) *~ium*, also *~um* LIV.4.33.4, 21.46.2, etc., [QUINT.]*Decl*. 13.10, SUET. fr.161(p.254Re); (nom. sing.) *~es* [QUINT.]*Decl*.13.16 (v.l. *~is*). A bee. **b** (a swarm regarded as a portent).

nil moror mihi fucum in alueo, ~ibus qui peredit cibum PL.fr.90; *CIL* 1.1409.4; ex hoc putrefacto nasci dulcissimas ~es, mellis matres VAR.*R*.2.5.5; CIC.*Luc*.120; *Off*.1.157; LUCR.3.11; dumque thymo pascentur ~es, dum rore cicadae VERG.*Ecl*.5.77; *G*.4.8; *A*.6.707; fumo..uicti.. uelut examen ~um LIV.4.33.4; OV.*Met*.13.928; COL.9.pr.1; STAT.*Theb*.10.575; ~um (est) bombire uel bombilare SUET. fr.161(p.254Re). **b** si examen ~ium ludis in scaenam ..uenisset CIC.*Har*.25; VERG.*A*.7.64; LIV.21.46.2; Casini examen ~ium ingens in foro consedisse 27.23.2.

Āpis[2] ~is or ~idis, *m*. (for forms of acc. see the quots.) The sacred bull worshipped by the Egyptians.

bouem quendam putari deum quem ~im Aegyptii nominant CIC.*Rep*.3.14; *N.D*.1.82; uarius..coloribus ~is OV.*Met*.9.691; bos in Aegypto..colitur. ~in uocant PLIN. *Nat*.8.184; STAT.*Silv*.3.2.116; TAC.*Hist*.5.4; in consecrando apud Memphim boue ~ide SUET.*Tit*.5.3.

apiscor ~isci ~tus, *tr*. [APIO+-SCO] CONST.: w. acc.; also w. gen. (2).

1 To seize hold of, grasp. **b** to find, meet, 'catch' (a person). **c** (of infection) to seize on, attack. **d** to grasp mentally, conceive of.

tace sis, modo sine me hominem ~isci PL.*Epid.*668; (*transf.*) crescebant uteri terram radicibus ~ti LUCR.5.808. **b** obuiam ense it, quem aduorsum ~tus alter..occupat ACC.*trag.*436; postero die legatos Iguuium redeuntis ~iscitur SIS.*hist.*94. **c** nullo cessabant tempore ~isci ex aliis alios auidi contagia morbi LUCR.6.1235. **d** tertia per se nulla potest..natura relinqui..ratione animi quam quisquam possit ~isci LUCR.1.448.

2 To get, obtain, secure (also in pass. sense). **b** to win (a lawsuit).

deorum uitam ~ti sumus TER.*Hau.*693; PAC.*trag.*168; postquam est mortem ~tus Plautus *Epigr.Plaut.*1(*poet.* p.32); LUCIL.628; ad finem bonorum..quoius ~iscendi causa sunt facienda omnia CIC.*Leg.*1.52; dum aliquid cupiens animus praegestit ~isci CATUL.64.145; magnam.. te laudem ~isci SULP.RUF.*Fam.*4.5.6; spes..~iscendi summi honoris LIV.4.3.7; 44.25.2; MAN.3.146; non merito, sed materia ~iscendi triumphalia defectus est VELL.2.116.4; TAC.*Ann.*3.31; ~isci..possessionem per quos possimus GAIUS *Inst.*4.153; (*w.* ab) uetus oppidum Puteoli..cognomentum a Nerone ~iscuntur TAC.*Ann.*14.27; (*w. gen.*) nihil abnuentem, dum dominationis ~isceretur 6.45;—(*in pass. sense*) non aetate, uerum ingenio ~iscitur sapientia PL. *Trin.*367; amitti quam ~isci FAB.MAX.*hist.*3; haec ~iscuntur FAN.*hist.*8. **b** qui hic litem ~isci postulant peiiurio PL.*Rud.*17.

apium ~iī, *n.* [APIS[1]] The name given to a number of species of plants, incl. esp. celery, also parsley, etc.

comas ~ii gracilis..uellit *Mor.*88; Linus..floribus atque ~io crinis ornatus amaro VERG.*Ecl.*6.68; uirides ~io ripae *G.*4.121; est in horto..nectendis ~ium coronis HOR.*Carm.* 4.11.3; CELS.2.33.2; COL.10.166; cum digitos..porris ~ioque lustrasset PETR.137.10; PLIN.*Nat.*14.105; LARG.52; Graiae ..~ium meruisse coronae JUV.8.226.

aplūda ~ae, *f.* Also **app-** or **adp-.** [AB-+ PLAVDO]

1 Chaff.

non hercle ~a est hodie quam tu nequior NAEV.*com.*117; PL.fr.16; mili et panici et sesamae purgamenta ~am uocant PLIN.*Nat.*18.99; 'hic' inquit 'eques Romanus ~am edit et flocces bibit' GEL.11.7.3.

2 (See quot.)

sunt, qui ~am sorbitionis liquidissimum putent genus PAUL.*Fest.*p.10M.

aplustre ~is, **aplustrum** ~ī, *n.* [Gk. ἄφλαστον] The ornamented stern-post of a ship (also pl., of a single ship).

α ENN.*Ann.*602; Graium..audax ~e retentat LUC.3.586; lacero..~ia uelo SIL.10.324; uictaeque triremis ~e JUV. 10.136; (*in the constellation Argo*) fulgent Argoae stellis ~ia puppis GERM.*Arat.*345; MAN.1.694. **β** CIC.*Arat.*fr.2; clauda uidentur nauigia ~is fractis obnitier undae LUCR. 4.437.

aplysia ~ae, *f.* [Gk. ἀπλυσία] A sponge of inferior quality.

pessimum omnium genus est earum quae ~ae uocantur, quia elui non possunt PLIN.*Nat.*9.150.

apocātus ~a ~um, *a.* See APOCHATVS.

apocha ~ae, *f.* [Gk. ἀποχή] A receipt for a payment.

cum postea repperiantur ~ae apud Titium debitorem partim solutae pecuniae SCAEV.*dig.*12.6.67.2; ~a non alias, quam si pecunia soluta sit, (contingit) ULP.*dig.*46.4.19.1.

apochātus ~a ~um, *a.* Also **apoca-.** [prec. +-ATVS[2]] In respect of which a receipt for payment (e.g. by the retailer to the wholesaler) has been given.

DASIVS BREVCVS EMIT MANCIPIOQVE ACCEPIT PVERVM APALAVSTVM..N(ATIONE) GRECVM, ~VM PRO VNCIS DVABVS *CIL* 3.p.940.3; EMIT..MVLIEREM..~AM PRO VNCIS DVABVS 3.959.3.

Apoclētī ~ōrum, *m. pl.* The chosen councillors of the Aetolians.

per ~os.—ita uocant (Aetoli) sanctius consilium; ex delectis constat uiris LIV.35.34.2; 35.46.2; 36.28.8.

apocolocyntōsis ~is, *f.* [Gk. ἀποκολοκύντωσις] Transformation into a gourd or pumpkin.

SEN.(title).

apoculō ~āre, *tr.* [perh. hybrid: Gk. ἀπό+ -CVLVS] (refl., colloq.) To go away, remove oneself, leave.

~amus nos circa gallicinia PETR.62.3; nisi illa discumbit, ego me ~o 67.3.

apocynon ~ī, *n.* [Gk. ἀπόκυνον]

1 Dog's bane, a plant poisonous to dogs.

~i semen ex aqua..—canes..necat in cibo datum PLIN. *Nat.*24.98.

2 A bone in the left side of a frog, with supposed magic properties.

esse in sinistro latere (ossiculum)..~on uocari, canum impetus eo cohiberi PLIN.*Nat.*32.52.

apodīcticus ~a ~um, *a.* [Gk. ἀποδεικτικός] Demonstrative, convincing.

usum esse existimabat argumento M. Tullium non probo neque ~o GEL.17.5.3.

apodixis (~in *acc.*), *f.* [Gk. ἀπόδειξις] A proof, demonstration.

rogo te, mihi ~in defunctoriam redde PETR.132.10; esse ~in imperfectam epichirema (Caecilius putat) QUINT.*Inst.* 5.10.7; GEL.17.5.5.

apodytērium ~(i)ī, *n.* Also **~ion.** [Gk. ἀποδυτήριον] An undressing room (next a bath).

quom uocent particulatim loca, procoetona..~ion VAR. *R.*2.pr.2; assa in alterum ~i angulum promoui CIC.*Q.fr.* 3.1.2; inde ~ium balinei laxum..excipit cella frigidaria PLIN.*Ep.*5.6.25; *CIL* 8.828.

apogēus ~a ~um, *n.* [Gk. ἀπόγειος] Blowing from the land, land.

qui (uenti) cum e mari redeunt, tropaei uocantur, si pergunt, ~i PLIN.*Nat.*2.114.

apographon ~ī, *n.* [Gk. ἀπόγραφον] A copy.

huius tabulae exemplar, quod ~on uocant, L. Lucullus duobus talentis emit PLIN.*Nat.*35.125.

apolactizō ~āre, *tr.* [Gk. ἀπολακτίζω] To kick away, spurn.

~o inimicos omnis PL.*Epid.*678.

apolectus ~um, *a.* [Gk. ἀπόλεκτος] Choice, selected.

pelamydes in ~os particulatim..consectae in genera cybiorum dispertiuntur PLIN.*Nat.*9.48; pelamys—earum generis maxima ~um uocatur, durius tritomo 32.150.

Apollināre ~is, *n.* [APOLLINARIS] (app.) A place sacred to Apollo.

in prata Flaminia, ubi nunc aedes Apollinis est—iam tum ~e appellabant LIV.3.63.7.

Apollināris ~is ~e, *a.*

1 Of or belonging to Apollo. **b** *ludi ~es*, games instituted in honour of Apollo after the battle of Cannae. **c** *herba ~is*, (also w. ellipsis of *herba*) henbane, *Hyoscyamus niger*; (app. dist. from ALTERCVM by Largus).

laurea donandus ~i HOR.*Carm.*4.2.9; antistites eosdem ~is sacri..plebeios uidemus LIV.10.8.2; FRON.*Aq.*4; NYMFAE ~ES RENOVATAE *CIL* 13.6649. **b** ut uenationem eam quae postridie ludos ~is futura est proscriberent in III IDVS QVINTILIS CIC.*Att.*16.4.1; ludi Apollinares et priore anno fuerant et eo anno ut fierent..senatus decreuit LIV. 26.23.3; ludis ~ibus, a. d. quintum idus Quinctiles 37.4.4; PLIN.*Nat.*19.23; (*w. ellipsis of* ludi) ~IB IN FORO *CIL* 10.1074. **c** alterci seminis, Apollinaris herbae radicis singulorum p ✱ IIII LARG.93; 108;—Herculi eam (herbam).. adscribunt quae ~is..apud Graecos uero hyoscyamos appellatur PLIN.*Nat.*25.35; LARG.121.

2 (As a title of a legion).

Q LICINIVS..VET LEG XV ~IS *CIL* 5.2476; 10.6442; 14.4237.

Apollinārius ~a ~um, *a.* Of the priests of Apollo.

COLLEGIO ~O *CIL* 10.3684; 11.3018.

Apollineus ~a ~um, *a.*

1 Of Apollo. **b** descended from Apollo.

~a missa sagitta manu *Priap.*20.4; ~os..cantus OV.*Met.* 11.155; ~ae ualido medicamine prolis (*i.e. Aesculapius*) 15.533; ~ae..pharetrae STAT.*Theb.*6.9. **b** Byblis ~i ~i correpta cupidine fratris OV.*Met.*9.455.

2 Associated with, cherished by, or sacred to, Apollo. **b** *ars ~a*, the art of healing, medicine; *uates ~us*, priest of Apollo, a musician or poet.

~am..urbem (*i.e. Delos*) OV.*Met.*13.631; ~a..lauro *Fast.*6.91; ~a..testudine *Laus Pis.*167; ~as Vercellas MART.10.12.1; ~as..Therapnas STAT.*Theb.*3.422. **b** nullus, ~a qui leuet arte malum OV.*Tr.*3.3.10; *Ib.*262;—uatis ~i (*i.e. Orpheus*)..in ora *Met.*11.8; uatis ~i (*i.e. Lucan*) magno memorabilis ortu lux redit MART.7.22.1.

3 Resembling that of Apollo, worthy of Apollo.

quis ~o pulchrior ore fuit? MART.6.29.6; DECORA FACIE CVPIDINIS OS..GERENS NEC METVAM DICERE ~VS *CIL* 13. 6808.

Apollō ~inis, *m.* ORTHOG. and FORMS: APELLO PAUL.*Fest.*p.22M; *Apolones* (gen.) *CIL* 1.37, *Apollonis* (*s.v.l.*) TURP.*com.*114; *Apolenei* (dat.) *CIL* 1.368.

1 The son of Zeus and Leto, and god of prophecy, music and poetry, archery, medicine, etc. **b** a statue of Apollo. **c** (poet.) the temple of Apollo at Actium.

intendit crinitus ~o arcum auratum ENN.*scen.*31; Latona et ~o et Diana CIC.*Ver.*5.185; taurum tibi, pulcher ~o VERG.*A.*3.119; in aede ~inis LIV.41.17.4; ut Ioui aesculus, ~ini laurus PLIN.*Nat.*12.3; (*w. ellipsis of* aedis, templum, *etc.*) senatus ad ~inis fuit CIC.*Q.fr.*2.3.3; VITR.3.2.6;—(*w. prop. adjs.*) ~o..Delphicus ENN.*scen.*361; inuictus ~o arquitenens Latonius HOST.*poet.*4(6); Pythius ~o CIC.*Tusc.* 1.17; Actiaco..ab ~ine OV.*Met.*13.715;—(*identified with the sun*) hanc (*i.e. the moon*) ut Solem ~inem quidam Dianam uocant VAR.*L.*5.68; CIC.*N.D.*3.51;—(*as the god of prophecy, etc.*) ut se edoceret obsecrans ~inem ENN.*scen.* 41; CIC.*Fat.*32; VERG.*Ecl.*3.104; diuinare..magnus mihi donat ~o HOR.*S.*2.5.60;—(*of poetry*) VERG.*Ecl.*4.57; accersis lacrimas cantans, auersus ~o PROP.4.1.73; Musis et ~ini ludos dedicauit VITR.7.pr.4; OV.*Tr.*5.3.57; MART.2.89.3; uix nouus ista furor ueniensque implesset ~o STAT.*Theb.* 12.808;—(*of medicine*) ~inem morbos depellere CAES.*Gal.* 6.17.2; aedem ~inis medici LIV.40.51.6;—(*pl.*) CIC.*N.D.* 3.57. **b** cum Cumis ~o sudauit CIC.*Div.*1.98; colossici ~inis..basis VITR.10.2.13; LIV.43.13.4; PLIN.*Nat.*7.183; forum iurisque peritus ~o JUV.1.128. **c** formidatus nautis aperitur ~o VERG.*A.*3.275.

2 a *~inis sidus*, a name for the planet Mercury. **b** *~inis promunturium*, a cape near Utica in N. Africa. **c** (in the names of var. towns).

a Mercurii sidus, a quibusdam appellatum ~inis PLIN. *Nat.*2.39. **b** ~inis promunturium tenuit LIV.30.24.8; MELA 1.34; PLIN.*Nat.*5.20. **c** portus ~inis Phaesti PLIN.*Nat.*4.7; celebrantur..~inis, mox Leucotheae, Diospolis Magna 5.60; 6.102; 6.189.

Apollodōrēus ~ī, *m.* A follower of Apollodorus (of Pergamum).

~is..placere fixa esse themata et tuta SEN.*Con.*1.2.14; Theodoreus an ~us esset QUINT.*Inst.*2.11.2; 3.1.18.

Apollodōrus ~ī, *m.* The name of various Greeks, e.g.: **a** a Stoic philosopher contemporary with Zeno. **b** of Pergamum, a rhetorician, and teacher of Augustus.

a CIC.*N.D.*1.93. **b** quidquid aliud aridissimis Hermagorae et ~i libris praecipitur TAC.*Dial.*19; ~o Pergameno SUET.*Aug.*89; GEL.17.4.5.

Apollōnia ~ae, *f.* The name of several cities and towns, e.g.: **a** in the south of Illyricum. **b** in Thrace on the shore of the Pontus Euxinus. **c** in Cyrenaica. **d** in Crete.

a CIC.*Phil.*11.26; VITR.8.3.8. **b** MELA 2.22. **c** MELA 1.40. **d** PLIN.*Nat.*4.59.

Apollōniātēs ~is or ~ae, *a.* Of Apollonia; (as sb.) a native or inhabitant of Apollonia.

in agro ~i LIV.42.36.8;—quid aer, quo Diogenes ~es utitur deo? CIC.*N.D.*1.29; VITR.10.16.9; in ~ium agro LIV.42.49.10.

Apollōniāticus ~a ~um, *a.* Of, or found in, Apollonia.

liquidum est et ~um (bitumen) PLIN.*Nat.*35.178.

Apollōniensis ~is ~e, *a.* Of Apollonia.

CIC.*Ver.*3.103; in ~i Aristodamo 5.15.

Apollōnius ~iī, *m.* The name of various Greeks, e.g.: **a** a rhetorician of Rhodes in the second century B.C. **b** *~ius Rhodius*, a Greek poet of the third century B.C., author of the *Argonautica*.

a quemadmodum..dixit rhetor ~ius, 'lacrima nihil citius arescit' CIC.*Inv.*1.109. **b** HYG.*Fab.*14.8.

apologātiō ~ōnis, *f.* [APOLOGVS+-TIO] A fable or apologue.

αἶνον Graeci uocant et αἰσωπείους..λόγους..nostrorum quidam..~onem QUINT.*Inst.*5.11.20.

apologō ~āre, *tr.* [? Gk. ἀπολέγω] To spurn, reject.

ipse illum in uicem ~auit, et ipse non iudicauit domo sua dignum SEN.*Ep.*47.9.

apologus ~ī, *m.* [Gk. ἀπόλογος] A tale, story, fable.

praesente ted huic ~um agere unum uolo PL.*St.*538; 570; si defessi erint audiendo..ab ~o (exordiemur) *Rhet.Her.*1. 10; CIC.*Inv.*1.25; narrationes ~orum *de Orat.*2.264; QUINT. *Inst.*6.3.44; GEL.2.29.1.

Aponus ~ī, *m.* A warm spring near Padua.

~us terris ubi fumifer exit LUC.7.193; ~o gaudens populus (*i.e. the people of Patavium*) SIL.12.218; fontes ~ rudes puellis MART.6.42.4; SUET.*Tib.*14.3.

apophorēta ~ōrum, *n. pl.* [Gk. ἀποφόρητα] Presents for guests to take away with them.

puer..~a recitauit PETR.56.8; 60.4; MART.14(title); agitatori Eutycho comisatione quadam in ~is uicies sestertium contulit SUET.*Cal.*55.2; *Ves.*19.1.

apophorētus ~a ~um, *a.* [Gk. ἀποφόρητος] (of presents) Designed (for guests) to take away.

et hi quidem ~i fuerunt PETR.40.4.

apophysis ~is, *f.* [Gk. ἀπόφυσις] (archit.) A curving outwards.

torum insuper cum ~i crassum quantum plinthus VITR. 4.7.3.

apoproēgmena ~ōrum, *n. pl.* [Gk. ἀποπροηγμένα] Things that have been rejected.

ne hoc ephippiis et acratophoris potius quam proegmenis et ~is concedatur CIC.*Fin.*3.15.

apopsis ~is, *f.* [Gk. ἄποψις] (perh.) A belvedere.

FRO.*Aur.*2.p.6(225N).

apor: see APVD.

aposcopeuōn ~ontis, *m.* [Gk. ἀποσκοπεύων] Looking into the distance.

Antiphilus..laudatur..nobilissimo Satyro cum pelle pantherina, quem ~onta appellant PLIN.*Nat.*35.138.

aposiōpēsis ~is, *f.* [Gk. ἀποσιώπησις] (rhet.) A breaking off in the middle of speech, aposiopesis.

QUINT.*Inst.*9.3.60.

aposphrāgisma ~atis, *n.* [Gk. ἀποσφράγισμα] A device on a signet-ring.
signata est anulo meo, cuius est ~a quadriga PLIN.*Ep.* *Tra.*10.74(16).3.

apostēma ~atis, *n.* [Gk. ἀπόστημα] An abscess.
abscessus corporis, quae ~ata Graeci nominant CELS. 2.1.6; semen eiusdem ~ata..sanat PLIN.*Nat.*25.165; 31.127.

apothēca ~ae, *f.* [Gk. ἀποθήκη] A storehouse, store-room, repository (esp. for wine).
cum..omnium domos, ~as, nauis furacissime scrutarere CIC.*Vat.*12; *Phil.*2.67; neque illic aut ~a procis intacta est aut pecus HOR.*S.*2.5.7; cryptae, horrea, ~ae VITR.6.5.2; plenam antiquis ~am cadis PHAED.4.5.25; COL.1.6.9; PLIN. *Nat.*14.56; si quasi ~a librorum utebatur ULP.*dig.*33.7.12.34.

apothesis ~is, *f.* [Gk. ἀπόθεσις] = APOPHYSIS.
quantam habet summa columna praeter ~im et astragalum VITR.4.1.11.

apoxyomenos (*acc.* ~on), *m.* [Gk. ἀποξυόμενος] (A statue by Lysippus of) an athlete using a strigil.
ut theatri clamoribus reponi ~on flagitauerit PLIN.*Nat.* 34.62.

appagineculus ~ī, *m.* (dub.) (arch., app.) A kind of decorative attachment.
pro columnis..struuntur calami striati..pro fastigiis ~i VITR.7.5.3.

apparātē, *adv.* *compar.* ~ius. **adp-.** [APPARATVS[1]+-E] Sumptuously.
et edit et bibit ἀδεῶς et iucunde, opipare sane et ~e CIC. *Att.*13.52.1; ludi Romani scaenici..magnifice ~eque facti LIV.31.4.5; potes ~ius cenare apud multos, nusquam hilarius PLIN.*Ep.*1.15.4.

apparātiō ~ōnis, *f.* **adp-.** [APPARO+-TIO]
1 Careful preparation. **b** the task or act of providing, provision.
aut fidei aut criminationis aut transitionis aut alicuius ~onis causa *Rhet.Her.*1.12; 2.7; ex his suspicio quaedam ~onis..nascitur CIC.*Inv.*1.25. **b** de lignatione..difficilis et molesta est ~o VITR.5.9.8; si..eius generis argentum haberet..(quod) commodare ad ludos et ad ceteras ~ones soleret ALF.*dig.*34.2.28.

2 Designing, construction, fitting.
VITR.1.pr.2; proportionis ad decorem ~o 6.2.5.

apparātor ~ōris, *m.* **adp-.** [APPARO+-TOR] (app.) An official in sacrifices to the *Magna Mater*.
CIL 13.1754; C ATILIVS BASSI SACERDOTIS LIB FELIX ~OR 14.53.

apparātōrium ~iī, *n.* **adp-.** [APPARO+-TORIVM] (app.) The place or room where preparations were made for sacrifice.
CRYPTAM CVM PORTICIBVS ET ~IO..PEC SVA FEC *CIL* 3.1096; 6.12258; 9.1618.

apparātus[1] ~a ~um, *a.* *compar.* ~ior, *superl.* ~issimus. **adp-.** [pple. of APPARO]
1 Prepared, equipped. **b** (esp. of public games) well-appointed, sumptuous, elaborate.
si totum certamen in uno proelio positum putarent, tamen omnibus rebus instructiores et ~iores uenirent *Rhet.Her.*4.13. **b** qui ludos ~issimos magnificentissimosque fecisti CIC.*Sest.*116; *Pis.*65; in illo ~issimo spectaculo *Phil.*1.36; ~ioribus ludis LIV.44.9.5; V.MAX. 9.1.5; munus edidit ~issimum SUET.*Tit.*7.3;—(*of other things*) dum..conuiuiis ~is delectantur CIC.*Catil.*2.20; ~issimas epulas SEN.*Ep.*83.25.

2 (of style) Elaborate, laboured.
(*neut. pl. as sb.*) uitiosum est (exordium) quod nimium ~is compositum est *Rhet.Her.*1.11.

apparātus[2] ~ūs, *m.* **adp-.** [APPARO+-TVS[3]]
1 The act or process of preparing, preparation. **b** construction, organization, equipping. **c** provision, supplying.
ante rem..quaeruntur quae talia sunt: ~us conloquia locus constitutum conuiuium CIC.*Top.*52; belli ~us refrigescent *Phil.*5.30; ubi tantos suos labores et ~us male cecidisse uiderunt CAES.*Civ.*2.15.1; consul alter..in ipso belli ~u moritur LIV.7.25.10; ab ~u operum ac munitionum nihil cessatum 21.8.1; ~us cibi VELL.2.114.2; magno ~u laeta resonabat domus PHAED.4.25(26).21; SEN.*Dial.*11.15.4; murmure (*sc.* apium) intus strepente, ~us indice diem tempestiuum eligentium PLIN.*Nat.*11.54; in ipso sacrificii ~u SUET.*Nero* 46.2. **b** naualis ~us ei semper antiquissima cura fuit CIC.*Att.*10.8.4; mercatum eum, qui haberetur maxumo ludorum ~u totius Graeciae celebritate *Tusc.*5.9; quae sunt in horologiorum descriptionibus rationes et ~us ..perscripsi VITR.9.8.15; ne serio quidem aut sollemni caerimoniarum aliquo ~u PLIN.*Nat.*9.117. **c** reliqui omnes faciliores sunt ~us quam lignorum VITR.5.9.8; annum insequentem..ludi bello uoti celebrem et tribunorum militum ~u et finitimorum concursu fecere LIV. 4.35.3; exhausti conuiuiorum ~ibus principes ciuitatum TAC.*Hist.*2.62; (Graeci) ἐφόδιον a sumptu uiae ad aliarum quoque rerum ~us traducunt GEL.17.2.13.

2 Display, show, pomp, sumptuousness.
non ad hominum ~um sed ad amplissimi templi ornatum esse factum CIC.*Ver.*4.65; hunc tam superbum ~um habitumque LIV.24.5.5; ludi Romani magno ~u facti 32.7.14; paretur itaque librorum quantum satis sit, nihil in ~um SEN.*Dial.*9.9.5; ~u incessu excubiis uim principis amplecti nomen remittere TAC.*Hist.*4.11; ut illum nullus ~us arrogantiae principalis..detineret PLIN.*Pan.*76.7; (*of style*) luculentissimum uerborum ~u FRO.*Amic.*1.p.288(176N).

3 Appointments, paraphernalia, trappings. **b** rhetorical devices, embellishments.
epulum populi Romani festum diem argento, ueste, omni ~u ornatuque uisendo CIC.*Vat.*31; Persicos odi, puer, ~us HOR.*Carm.*1.38.1; oneratum (*sc.* Dareum) fortunae ~ibus suae LIV.9.17.16; liberi, honores, opes, ampla atria..alieni commodatique ~us sunt SEN.*Dial.*6.10.1; hoc argenti tota Carthago habuit..quot mensarum postea ~u uicta! PLIN. *Nat.*32.141; sit in ~u eius et aurum et gemmae TAC.*Dial.*22; —(*in a triumph*) nummos mihi opus esse ad ~um triumphi CIC.*Att.*6.9.2; quinque egit triumphos: Gallici ~us ex citro, Pontici ex acantho VELL.2.56.2; COL.3.8.2; SUET.*Cl.*17.2. **b** causam illam quadam ex parte Q. Mucius, more suo, nullo ~u, pure et dilucide CIC.*de Orat.*1.229; haec in senatu minore ~u agenda sunt 2.333; facile suppeditat omnis ~us ornatusque dicendi 3.124.

4 Instruments, equipment, apparatus. **b** (spec.) apparatus for public games, materials, gear, properties. **c** engines of war, warlike equipment, armaments.
erat..alius ~us sacri qui perfundere religione animum posset LIV.10.38.8; erat uenandi studio insignis canesque et alius ~us sequebatur 25.8.9; omnis ~us supplicii expromebatur 28.29.11; quod si animi muliebris ~us intueri potuissent (saeculi illius uiri) V.MAX.9.1.3; in scaena.. solus constitit sine ~u nullis adiutoribus PHAED.5.5.14; SEN.*Dial.*2.5.5; retia..subsessoresque cum uenabulis et totus uenationis ~us PETR.40.1; profugus altaribus taurus disiecto sacrificii ~u TAC.*Hist.*3.56; si piscatori erogaturo in ~um plurimum pecuniae dederim SCAEV.*dig.*22.2.5. **b** ut omnes tantam illam copiam et tam magnificum ~um non priuatum aut plebeium..esse arbitrarentur CIC.*Sest.*77; simul ac ludorum ~um iis qui curaturi essent tradidisset *Att.*15.12.1; *Fam.*7.1.2; Caesar..primus..munere patris funebri omni ~u harenae argenteo usus est PLIN.*Nat.*33.53; SUET.*Jul.*10.1. **c** quid enim erat in tribus cohortibus? quid si plures? quo ~u? CIC.*Att.*10.16.4; quod omnem ~um belli, tela, arma, tormenta ibi collocauerat CAES.*Civ.*3.44.1; exercitus..nec gloria belli nec ~u linteatae legioni dispar LIV.10.38.13; classem..impeditam suomet ipsam instrumento atque ~u 22.14.13; aduersus hunc naualem ~um Archimedes..tormenta in muris disposuit 24.34.8; 29.22.3.

5 A stock or store.
Macedonas (arma habere) prompta ex regio ~u LIV. 42.52.11; 42.53.4; instrumentum est ~us rerum diutius mansurarum ULP.*dig.*33.7.12.

appārens ~ntis, *a.* **adp-.** [pple. of APPAREO]
1 Exposed to the air or to view, visible.
si quae sunt aquae ~ntes VITR.8.1.7; tympana cum subito non ~ntia raucis obstrepuere sonis OV.*Met.*4.391; QUINT.*Inst.*12.8.10.

2 Perceptible by the senses, discernible, audible. **b** evident (to the mind), apparent.
efficit..terminationes non ~ntes (uox) VITR.5.4.2. **b** in figura totius uoluntatis fictio est, ~ns magis quam confessa QUINT.*Inst.*9.2.46.

appāreō ~ēre ~uī ~itum, *intr.* **adp-.** [AD-+PAREO]
1 To be seen physically, be visible. **b** to be noticed, show itself. **c** (w. pred. adj.) to appear, show up.
face ut oculi locus in capite ~eat PL.*Men.*1014; ne caro ~eat CATO *Agr.*162.2; magna ossa lacertique ~ent homini LUCIL.548; nisi cruor ~eat CIC.*Caec.*76; facilis est illa occursatio et blanditia popularis..procul ~et, non excutitur, non in manus sumitur *Planc.*29; ~et imago LUCR. 4.156; ~et domus intus et atria longa patescunt VERG.*A.* 2.483; HOR.*S.*1.2.100; qui loca alta eligerent unde editi ignes ~erent LIV.28.5.16; quae nimis ~ent retia, uitat auis OV.*Rem.*516; obseruato gemmam, quae bene ~ebit COL. *Arb.*26.8; ~ent campi Thebaeque STAT.*Theb.*10.372; lapidicinas nullas esse, nisi quae ~ent et caedantur JAVOL. *dig.*18.1.77. **b** nisi forte idcirco non putant quia non ~et nec cernitur (uis) CIC.*Mil.*84; infelix umero cum ~uit alto balteus VERG.*A.*12.941; maxime circa oculos et frontem ~et (sudor) LARG.188. **c** maiorem multitudinem hostium ~ere quam pridie fuerit LIV.10.35.11; cum..turris intacta ~uisset VITR.2.9.16.

2 (w. emphasis on place or circumstances) To be seen, appear, be found, occur, be. **b** *nusquam ~ere*, to be 'not to be found', to have disappeared. **c** (phr.) *nec caput nec pes ~et* (+dat.), one can make neither head nor tail of.
etiamne audent mecum una ~ere? NAEV.*com.*87; mulieres iam ab re diuina credo ~ebunt domi PL.*Poen.*618; in his (*sc.* subselliis) me ~ere nollem CIC.*Sul.*5; iam ne in foro quidem..principum quisquam ~ebat LIV.26.12.9; —(*of characteristics*) nihil ~et in eo ingenuum CIC.*Phil.*3.28; hic..in Acci nobilibus trimetris ~et rarus HOR.*Ars* 259;— (*of other things*) his..singulis uersibus quasi nodi ~ent continuationis CIC.*Orat.*222; ~et crebrius idem prospectu maris in magno LUCR.6.449; neque ullae aut herbae campo ~ent aut arbore frondes VERG.*G.*3.353; bellum domi maius quam foris ~ebat LIV.3.41.8. **b** ne isti faxim nusquam ~eant PL.*Per.*73; neque istuc usquam ~et *Poen.*363; TER.*Eu.*660; ita fit ut deus ille..nusquam prorsus ~eat CIC.*N.D.*1.37; *Div.*1.58; (*w. dat.*) des quantumuis, nusquam ~et neque datori neque acceptrici PL.*Truc.*571. **c** quin nec caput nec pes sermoni ~et PL.*As.*729.

3 To be produced, be forthcoming, materialize, take shape. **b** (of objects) to come to hand, turn up.
pro pretio facio ut opera ~eat mea PL.*Ps.*849; *Trin.*218; fac sis nunc promissa ~eant TER.*Eu.*311; si ei opus non ~et CATO *Agr.*2.2; an pangis aliquid Sophocleum? fac opus ~eat CIC.*Fam.*16.18.3; *Luc.*30; cum lamentamur non ~ere labores nostros HOR.*Ep.*2.1.224; ex hac fortuna origo Romanae gentis ~uit SEN.*Con.*10.4.3. **b** at cum cruciatu iam, nisi ~et, tuo PL.*Am.*793; acum inuenisses, sei ~eret, iam diu *Men.*239; si res quae iactae sunt (*sc.* de naue) ~uerint PAUL.*dig.*14.2.2.7.

4 To come into sight, appear. **b** (of objects that are approached). **c** to appear (in public).
equus..mecum una demersus rursus ~uit CIC.*Div.*2.140; cum equites Antoni ~uissent GALBA *Fam.*10.30.2; celeresque Latini..aduersi campo ~ent VERG.*A.*11.605; HOR. *Saec.*59; hi..primi ~uere hosti LIV.2.11.8; ut Poenus ~uit in collibus 24.1.6; TAC.*Ann.*3.45;—(*of ships*) repente et alia a puppe triremis hostium ~uit LIV.26.39.17; 32.35.2; (*frequent.*) facilior..deuitatio legionum fore uidetur quam piratarum qui ~ere dicuntur CIC.*Att.*16.2.4;—(*of stars*) nec sidus atra nocte amicum ~eat HOR.*Epod.*10.9; VI Non. Mart. Vindemitor ~et COL.11.2.24;—(*of other subjects*) ~ent dirae facies VERG.*A.*2.622; quis numquam candente dies ~uit ortu [TIB.]3.7.65; cum..puluis uelut ingentis agminis incessu motus ~uit LIV.10.41.5. **b** sepulcrum incipit ~ere Bianoris VERG.*Ecl.*9.60; iam medio ~et fluctu nemorosa Zacynthos *A.*3.270; propior inde ei atque ipsis imminens Romanorum castris tumulus ~uit LIV.22.24.6; (*cf.*) ~uerunt imminentes tumulos insidentes montani 21.32.8. **c** GRAECA IN SCAENA PRIMA POPVLO ~VI *CIL* 1.1214.13.

5 (w. dat.) To act as attendant (to a magistrate, etc.), attend, serve.
isque in eo tempore aedili curuli ~ebat CALP.*hist.*27; POMPON.*com.*2; QVAM DECVRIAM VIATORVM..PRIMEIS QVAESTORIBVS AD AERARIVM ~ERE OPORTET OPORTEBIT *CIL* 1.587.1.11; scriba librarius, libertus eius, qui ~uit Varroni VAR.*R.*3.2.14; cum..VII annos Philippo ~uisset NEP.*Eum.*13.1; quattuor et uiginti lictores ~ere consulibus LIV.2.55.3; (*cf.*) quid lictores, quid ceteri quos ~ere huic questioni uideo uolunt? CIC.*Clu.*147; (*absol.*) lictor ille, qui ~ebat QUAD.*hist.*57; *CIL* 1.594.1.3.28; VERG.*A.*12.850; sederunt in tribunali P. Scipionis; lictor ~uit LIV.28.27.15.

6 To give heed to, obey, be amenable.
diuorumque iras prouidento eisque ~ento CIC.*Leg.*2.21; non diu nequitia ~et nec quantum iubetur peccat SEN.*Cl.* 1.26.1.

7 To be perceptible (to other senses).
(*sound*) facitote sonitus ungularum ~eat PL.*Men.*866; tremo dictum a similitudine uocis, quae tunc cum ualde tremunt ~et VAR.*L.*6.45; VITR.5.4.2; singulorum illic latent uoces omnium ~ent SEN.*Ep.*84.9; QUINT.*Inst.* 9.4.61;—(*taste*) pabuli sapor ~et in lacte SEN.*Nat.*3.21.2; —(*touch*) non habet forsitan tantum teporis, quantum tactu ~et 5.9.4.

8 To be or become evident to the mind, be revealed. **b** to become or be noticeable, be noticed; to manifest itself.
hoc in oratore Latino primum mihi uidetur..leuitas apparuisse illa Graecorum CIC.*Brut.*96; ut, etiam si qua fuerat..offensio, non ~eret *Att.*5.1.3; idque (*sc.* augurium) saeclorum futurorum in maximis ingeniis..et existit maxime et ~et facillime *Tusc.*1.33; plane studia ex partium sensu ~erunt CAEL.*Fam.*8.14.1; nec magis quam..per uatis opus mores..uirorum clarorum ~rent HOR.*Ep.*2.1.250; ut humana ~uit fraus LIV.22.17.6; ~et uirtus arguiturque malis OV.*Tr.*4.3.80; qui sint, requiris? ~ebunt tempore PHAED.3.epil.32. **b** ingeni celeritas..quae ~et in respondendo CIC.*de Orat.*2.230; fit..quiddam in utroque, quo sit uenustius, sed non ut ~eat *Orat.*78; quod quo studiosius ab istis opprimitur et absconditur, eo magis eminet et ~et *S.Rosc.*121; *Fam.*9.3.2;— ~uisse numen deorum intra finem anni uertentis *Phil.*13.22; iam ante in eo religio ciuitatis ~uerat quod..LIV.5.50.7; 29.18.12.

9 (w. pred. adjs., etc.) To be clearly, be seen to be. **b** to be found, prove to be.
nisi cetera..ἔντεχνα et arguta ~ebunt CIC.*Fam.*7.32.2; numquid ibi horribile ~et, num triste uidetur quicquam..? LUCR.3.976; rebus angustis animosus atque fortis ~e HOR. *Carm.*2.10.22; si, quod es, ~es OV.*Tr.*4.4.10; reliquum quod ~et soluit POMPON.*dig.*40.7.5. **b** consilium specie prima melius fuisse quam usu ~iturum LIV.4.60.3; promisi tibi.. filiam; postea peregrinus ~uisti SEN.*Ben.*4.35.1; idque (*sc severity*) usu salubre et misericordia melius ~uit TAC.*Ann* 13.35.

10 (of facts, etc.) To be plain, clear, evident, or obvious.
res ~et TER.*Ad.*964; ut ex acceptis et datis quidquid fingatur..~eat CIC.*Font.*3; ea quamquam pertinent ad finem bonorum, tamen minus id ~et *Off.*1.7; quod facis, ut homines noris, significa ut ~eat Q.CIC.*Pet.*42; quibus e fiant causis ~et origo LUCR.6.761; postquam satis ~ebat ingens ardor LIV.2.25.3; multa quae nunc..non ~ent bellum aperiet 28.44.8; idem ipso uocabulo ~et SEN.*Ben.*5.10.3; si remedii (potionem) dedisses, uiueret. non id ~et. ergo uenenum dedisti QUINT.*Decl.*321(p.265,l.5);—(*w. dat.*) quod mihi nunc denique ~uit postea quam..columnae politae sunt CIC.*Q.fr.*3.1.1; uidere aliqua impedimenta pugnae consulem, quae sibi non ~erent LIV.44.36.14.

11 (impers.) ~*et*, it is clear, plain, or evident: **a** (absol. or ellipt.). **b** (w. acc. and inf.). **c** (indir. qu.).
a locum signat, ubi ea excidit: ~et PL.*Cist.*697; siue hic confictum est, ut ~et, siue missum domo est, ut dicitur CIC.*Flac.*38; milia..remediorum ex eo animali demonstrantur, sicut ~ebit PLIN.*Nat.*28.153; uisus..est peridoneus praeceptor..ut ~ere uel ex his uersiculis potest SUET.*Gram.*11(p.109Re). **b** ~et seruom hunc esse domini pauperis TER.*Eu.*486; non ut me id fugere ~eat CIC.*de Orat.*2.292; ~et esse commotum; sudat, pallet *Phil.* 2.84; *Att.*2.24.3; *Tusc.*4.71; priusquam tantum roboris esset quantum futurum ~ebat LIV.1.14.4; 3.11.8; 5.18.2; 28.3.11; VELL.2.50.1; ~et illum non saepe de reddendo cogitasse SEN.*Ben.*3.2.1; PLIN.*Nat.*17.101; TAC.*Hist.*1.45; QVOD BONA

FIDE ROGATVM ~VERIT *Lex Vip.*20(*Font.iur.*p.294);—(*w. dat.*) ut..omnibus ~uerit, nisi ille fuisset, Spartam futuram non fuisse NEP.*Ag.*6.1; cui non ~ere..id uitium auguribus uisum? LIV.8.23.16. **c** ~eret uter esset insidiator CIC. *Mil.*54; cum ~eat, ipse quid fecerim *Fam.*4.7.3; nec quibus id faciant plagis ~et aperte LUCR.2.141; nec satis ~et cur uersus factitet HOR.*Ars* 470; ~uit quae ex promulgatis plebi..gratiora essent LIV.6.39.1; quo facilius..~eat, quibus gradibus fracta sit..eloquentia TAC.*Dial.*26.9;—(*w. dat.*) quem..euentum pugnae cupiat, manifestius ipsi quam Turno regi..~ere VERG.*A.*8.17.

appariō ~ere, *tr.* **adp-.** [AD-+PARIO] To gain in addition, acquire.
unde mare et terrae possent augescere et unde ~eret spatium caeli domus LUCR.2.1110.

appāritiō ~ōnis, *f.* **adp-.** [APPAREO+-TIO]
1 Service, attendance.
quod in longa ~one singularem..patris Marcili fidem.. cognoui CIC.*Fam.*13.54.

2 Servants, attendants.
quos..ex necessariis ~onibus tecum esse uoluisti CIC. *Q.fr.*1.1.12; ~one praesidis interueniente ULP.*dig.*4.2.23.3.

3 (perh. confused w. *apparatio*) Provision, supplying, preparation.
est enim multus in laudanda magnificentia et ~one (*v.l.* -atione) popularium munerum CIC.*Off.*2.56; de parietibus et ~one generatim materiae eorum VITR.2.8.20; 2.10.3; 7.5.8.

appāritor ~ōris, *m.* [APPAREO+-TOR] An attendant on a magistrate, etc., a lictor, servant, clerk. **b** (transf.).
numquam ego argentum..inter ~ores atque amicos meos disdidi CATO *orat.*171; PRAETOR QVOM SOVEIS VIATORIBVS ~ORIBVSQVE *CIL* 1.583.50; uenit ~or Appi a consule VAR.*R.*3.7.1; ~ores a praetore adsignatos habuisse decumanum CIC.*Ver.*3.61; 3.86; ornat ~oribus, scribis, librariis, praeconibus, architectis *Agr.*2.32; eae leges sunt, quas ~ores nostri uolunt *Leg.*3.46; imperat speculatores ~oresque omnes ut sibi praesto essent *B.Afr.*37.1; ~ori tribunicio LIV.2.54.5; cum..gregarium militem..excitari per ~orem iussisset SUET.*Aug.*14. **b** sit lictor non suae sed tuae lenitatis ~or CIC.*Q.fr.*1.1.13.

appāritōrius ~a ~um, *a.* [prec.+-IVS] Of or for an *apparitor*.
NEVE AES ~VM MERCEDEMQVE..KAPITO *CIL* 1.594.2.3.26.

appāritūra ~ae, *f.* [APPAREO+-VRA] Attendance on magistrates, service.
Orbilius..primo ~am magistratibus fecit SUET.*Gram.* 9(p.106Re).

apparō ~āre ~āuī ~ātum, *tr.* **adp-.** [AD-+PARO]
1 To prepare, make ready, set out, provide. **b** (meals, etc.). **c** to prepare, equip (a person; also refl. w. *in*+acc., or inf.).
numquid uis, quin abeam iam intro, ut ~entur quibus opust? PL.*Am.* 970; iube uasa tibi pura ~ari ad rem diuinam *Capt.* 861; munditiis..~andis *St.*678; ut lenis sit sermo..ut non ~ata uideatur oratio esse *Rhet.Her.*1.11; facilius ~abitis ea quae tempus et necessitas flagitat CIC.*Phil.*5.53; aggerem ~are, uineas agere CAES.*Gal.*7.17.1; ad defensionem urbis reliqua ~are coeperunt *Civ.*2.7.4; reliquum diei ~andis armis consumptum est LIV.3.62.5; classem..ingentem ~ari 27.5. 13; uos ~ate regii flammam rogi SEN.*Phaed.*1277;—(*impers. pass.*) domum..ibo, ut ~etur dicam TER.*An.*594; *Eu.*583. **b** struthea coluteaque ~a PL.*Per.*87; cenam ~are TER. *Hau.*126; ornare et ~are conuiuium CIC.*Ver.*4.44; et horna dulci uina promens dolio dapes inemptas ~et HOR.*Epod.* 2.48; epulae..ipsae et cura et sumptu maiore ~ari coeptae LIV.39.6.8; (*w. abl.*) ipsae..epulae uisceribus humanis ~antur MELA 2.14. **c** ~atus sum ut uidetis PL.*Mer.*851; —se in posterum diem similemque casum ~are CAES.*Gal.* 7.41.4; (*w. inf., cf. sense 3*) qui sese parere ~ent huius legibus PL.*As.*601.

2 To make preparations for, organize (a project, a wedding, public games, war, etc.). **b** to plan, scheme. **c** to provide (help, protection).
hanc edepol rem ~abat PL.*Epid.*409; postquam uidet nuptias domi ~ari TER.*An.*514; tantum bellum..extrema hieme ~auit, ineunte uere suscepit CIC.*Man.*35; ludos ~at magnificentissimos *Q.fr.*3.8.6; LIV.7.7.4; 33.42.9; tu..hoc triste nobis..officium ~a SEN.*Her.O.*1486;—(*absol.*) cum in ~ando acerrime esset occupatus NEP.*Han.*7.1. **b** de iis quae in Sestium ~abantur crimina CIC.*Q.fr.*2.3.6; quae proditionem oppidi ~aret CAES.*Civ.*3.21.5; nefanda iuueni crimina insonti ~at SEN.*Phaed.*825; ~ari tyrannidem QUINT.*Decl.*351(p.380,l.28). **c** ut fallatur pater tibique auxilium ~etur PL.*Epid.*354; nisi quid re praesidium ~as *Rud.*683.

3 (intr., w. inf.; also w. *ut*) To get ready to, plan to.
delenire ~as PL.*As.*434; iamque hoc facere noctu ~abant CAES.*Gal.*7.26.3; ferro quis scindere uallum ~at..? VERG. *A.*9.147; 11.117; SEN.*Phaed.*171; ceu castra subire ~et STAT.*Theb.*2.492; traicere ex Sicilia ~antem SUET.*Aug.*47; —iam ut eriperes ~abas PL.*Aul.*827.

4 (w. dat.) To provide in addition, add (to).
ut oculis meis crederem, quid uiribus quid corpusculo ~ares PLIN.*Ep.*6.4.2; bina ternis ~a MAUR.1415.

? **appatula**: (see quot.).
omnia uero ~a coemisse *Carm.Sal.*3.1(*poet.*p.1).

appellātiō ~ōnis, f. [APPELLO²+-TIO]
1 Name, designation, term. **b** (opp. to substance) a mere name. **c** the use or assigning of names.
spurcius nos quam alios Opicon ~one foedant CATO *Fil.* 1(J); si neque de facto neque de facti ~one ambigi potest CIC.*Part.*101; nonnulla eorum latinas non habent ~ones VITR.5.4.1; aliquo..nomine..quod ~onis Graecae uim debet habere SEN.*Dial.*9.2.3; arbores eas psitthachoras uocari, qua ~one significetur praedulcis suauitas PLIN. *Nat.*37.39; singula afferunt errorem, cum pluribus rebus aut hominibus eadem ~o est (ὁμωνυμία dicitur), ut gallus QUINT.*Inst.*7.9.2; quidam..pluris..gentis ~ones..adfirmant TAC.*Ger.*2.4; haec (*sc.* loca) uariis ~onibus per regiones nominantur AGEN.*agrim.*p.39. **b** nihil esse rem publicam, ~onem modo sine corpore ac specie SUET.*Jul.*77. **c** neque nominum ullorum inter ipsos ~o est PLIN.*Nat.*5.45.

2 A title of honour or rank.
regum ~ones uenales erant CIC.*Dom.*129; in Africa ornamenta triumphalia cum ~one imperatoria meruit VELL. 2.125.5; (ut) ~one aliqua cetera imperia praemineret TAC. *Ann.*3.56; ~onem patris patriae PLIN.*Pan.*84.6; deposita legati suscepit Caesaris ~onem SUET.*Gal.*11.1.

3 A common noun, a noun.
nominibus ~o (adiecta), deinde pronomen QUINT.*Inst.* 1.4.19; cum infinito uerbo sit usus pro ~one 9.3.9.

4 Pronunciation.
suauitas uocis et lenis ~o litterarum bene loquendi famam confecerat CIC.*Brut.*259; QUINT.*Inst.*11.3.35.

5 An appeal (to a further authority); *ex ~one*, on appeal. **b** (as a right). **c** an appeal of any kind.
uideturne intercessisse ~o tribunorum..auxili causa? CIC.*Quinct.*65; *Vat.*34; cedentibus in uicem ~oni decemuiris LIV.3.34.8; 3.36.6; IN TRIDVO PROXVMO QVAM ~O FACTA ERIT *CIL* 2.1963.2.15; SUET.*Aug.*33.3; ut omnes ~ones a iudicibus ad senatum fierent *Nero* 17.1;—SCAEV.*dig.*46.3. 102.1; ULP.*dig.*4.4.18.3; hoc ex ~one imperator pronuntiauit PAUL.*dig.*17.2.25. **b** et ~o prouocatioque aduersus iniuriam magistratuum ostentata tantum..an uere data sit LIV.3.56.13; sic quoque ~onem esse ad populum PLIN.*Nat.* 6.90. **c** hanc nactus ~onis causam Quintilius..obsecrare milites coepit CAES.*Civ.*2.28.2.

appellātiuus ~a ~um, *a.* [APPELLO²+-IVVS] Of the nature of a noun, nominal.
non ut adiunctiuo sed ~o est locutus CAPER in *G.L.*1.132.

appellātor ~ōris, *m.* [APPELLO²+-TOR] One who appeals, an appellant.
ut manus ab illo ~ore abstinerentur CIC.*Ver.*4.146; iudici ab ~oribus conuicium fieri non oportet PAUL.*dig.*47.10.42.

appellātōrius ~a ~um, *a.* [APPELLO²+-TORIVS] Of or used in appeals.
libelli qui dantur ~i ita sunt concipiendi ULP.*dig.*49.1.1.4; intra constituta..~a tempora 49.5.5.5.

appellitō ~āre ~āuī ~ātum, *tr.* [APPELLO²+-ITO] To call or name frequently or habitually.
mox Caelium (montem) ~atum a Caele Vibenna TAC.*Ann.* 4.65; eos (uentos), qui 'etesiae' et 'prodromi' ~antur GEL. 2.22.25; 17.20.4; quod..ego eos Charinum et Critian ~arim APUL.*Apol.*10.

appellō¹ ~ellere ~ulī ~ulsum, *tr., intr.* **adp-.** [AD-+PELLO] CONST.: w. acc., pass. refl., or intr. (absol.); also w. *ad, in*+ acc., dat., acc. (of place), or adv.
1 To drive (cattle) to. **b** to bring, move (persons, military equipment, etc.) to; (intr.) to move towards. **c** to cause (things) to move in a given direction.
uisum est in somnis pastorem ad me ~ellere pecus lanigerum ACC.*praet.*19; ab occasu..ad bibendum ~ellunt (oues) VAR.*R.*2.2.11; 2.5.14; huc captas ~ulit ille boues OV.*Fast.*6.80; SEN.*Nat.*3.25.4; ut locus deprimatur pecoris ~ellendi gratia ULP.*dig.*43.14.1.8. **b** quamquam ad ignotum arbitrum me ~ellis PL.*Rud.*111; LUCIL.634; turris ..omni genere telorum completas ad opera Caesaris ~ellebat CAES.*Civ.*1.26.1; Numidas..ad dextram partem suae aciei opposuerat..et ad collis radices magis ~ulerat *B.Afr.*59.5; —praedicti iugi conterminos locos ~ulit APUL.*Met.*6.14. **c** ~ellunt..suo deductum ex aequore fluctum MAN.5.685.

2 To bring (ships) to shore.
~ellant hic ad molem nostram nauiculam AFRAN.*com.* 137; si ille ad eam ripam..nauis ~ulisset CIC.*Phil.*2.26; cum praetor classem ad Ciliciam ~ulisset NEP.*Thr.*4.4; aduena classem cum primum Ausoniis exercitus ~ulit oris VERG.*A.*7.39; Alexandrum..in Italiam classem ~ulisse constat LIV.8.3.6; cum..Emporias ~ulisset classem 21.60.2; 30.10.9; 42.18.3; TAC.*Hist.*3.47.

3 (pass., of ships) To put in, touch, sail (to). **b** (of persons; also refl.).
classe quondam..ad eum locum ~ulsa CIC.*Ver.*4.103; ~ellitur nauis Syracusas 5.64; quo fere omnes ex Gallia naues ~elluntur CAES.*Gal.*5.13.1; *Civ.*2.43.1; classis Punica litori..~ulsa est LIV.25.26.4; alueus..siluis ~ulsus opacis OV.*Fast.*2.409; Tutorem Classicumque ~ulsae luntres uexere TAC.*Hist.*5.21. **b** eos qui essent ~ulsi nauigiis CIC.*Ver.*5.145; ripae suorum ~ulsus est VELL.2.107.2; asperi inculti pernoxii ~ulsis MELA 1.106; praedonum manus huc ~ulsa STAT.*Theb.*5.497; TAC.*Hist.*4.84;—haud auspicato huc me ~uli TER.*An.*807.

4 (absol. or intr., of persons) To put in, touch. **b** (of ships).
~ellit ad eum locum qui appellatur Anquillaria CAES. *Civ.*2.23.1; huc ~elle HOR.*S.*1.5.12; ad insulam, quam Bacchium uocant, ~ulerunt LIV.37.21.7; cum praefectus classis Melitam ~ulisset V.MAX.1.1.ext.2; an festinamus cum Germanici cineribus ~ellere? TAC.*Ann.*2.77; SUET. *Nero* 27.3;—(*w. naue, etc.*) en Haemonia puer ~ulit alno V.FL.3.536; cum Regium, dein Puteolos oneraria naue ~ulisset SUET.*Tit.*5.3. **b** iamque citae ~ulerant classes camposque tenebant *Ilias* 222; sola Germanici triremis Chaucorum terram ~ulit TAC.*Ann.*2.24; 4.27; SUET.*Aug.*98.

5 (of storms and other agencies) To bring, drive (to land).
Libycis tempestas ~ulit oris VERG.*A.*1.377; neque tristis hiemps neque nos huc ~ulit error OV.*Ep.*15.29; tu, seu ratio te nostris ~ulit oris, siue deus *Fast.*3.621; pereunt quos ~ulit aequor LUC.4.606; TAC.*Ann.*6.19;—(*fig., or in fig. phr.*) argenti uiginti minae med ad mortem ~ulerunt PL. *As.*633; uestras diuitias, quas huc atque illuc incertae fortunae fluctus ~ellet SEN.*Con.*1.1.10.

6 To turn (one's mind to something).
poeta quom primum animum ad scribendum ~ulit TER. *An.*1; animum ad uxorem ~ulit 446; (*cf.*) ualde hercule.. timide tamquam ad aliquem libidinis scopulum sic tuam mentem ad philosophiam ~ulisti CIC.*de Orat.*2.154.

appellō² ~āre ~āuī ~ātum, *tr.* **adp-.** [AD-+*pellare* (iterative form of PELLO)]
1 To speak to, address, accost.
hominem ~at 'quid lasciuis, stolide?' ENN.*scen.*50; quid iam, amabo? — ne me ~a PL.*Am.*810; quo ore ~abo patrem? TER.*Hau.*700; quis eum senator ~auit, quis salutauit..? CIC.*Catil.*2.12; ut..milites..blande ~ando sermone deleniant *Off.*2.48; centurionibusque nominatim ~atis CAES. *Gal.*2.25.2; Adherbalis ~andi copia non fuit SAL.*Jug.*22.5; comiter ac benigne tribunos ~are LIV.2.44.5; consul clementer ~atos eos dimisit 26.32.8; nec audet ~are uirum uirgo OV.*Met.*4.682; modo modo me ~auit PETR.42.3; (*by letter*) tu, mi Treboni,..crebris nos litteris ~ato CIC.*Fam.*15.20.2; proposueram parcius te ~are FRO.*Aur.*1.p.222(51N);—(*ellipt. or absol.*) circumsistamus, alter hinc, hinc alter ~emus. ere, salue PL.*As.*618; adeamus, ~emus *Mil.*420.

2 To appeal to for support, help, etc., apply to, call on, beseech. **b** to call on, invoke (a god, a witness). **c** to seek the aid of (a tribune).
mater, te ~o, tu..surge et sepeli natum PAC.*trag.*197; eum..patronum, quem suo iure adire aut ~are posset, habere neminem CIC.*Ver.*2.36; quem enim ~em, quem obtester, quem implorem? *Flac.*4; sed, per deos inmortalis, uos ego ~o SAL.*Cat.*52.5; LIV.9.11.3; iudices uel praesidentes magistratus ~ando frequentius QUINT.*Inst.*6.4.11; rem publicam hic..uerbis legis ~at QUINT.*Decl.*345(p.361, l.14); (*w.* uoltu) qui etiam me intuetur, me uoltu ~at CIC. *Flac.*106;—(*w.* ut) ~at ultro Naeuium ut..uideret ut quam primum..tota res transigeretur *Quinct.*20; ~atus est a C. Flauio..ut eius rei princeps esse uellet NEP.*Att.*8.3; (*w. indir. qu.*) misso genitorem ~at amico perdendi Gabios quod sibi monstret iter OV.*Fast.*2.701. **b** nam quid ego te ~em, Venus? TURP.*com.*120; quid agendum est? qui deus ~andus est? CIC.*Quinct.*94; uos etiam atque etiam imploro et ~o, sanctissimae deae *Ver.*5.188; eos qui adsunt ~abo *Div.Caec.*13. **c** ~antur tribuni CIC.*Quinct.*29; tribunos ~at LIV.3.71.4; tribunos plebis ~o et prouoco ad populum 8.33.8; PLIN.*Nat.*21.9; (*w.* ut, ne) ~arisne tribunos plebis ne causam diceres? CIC.*Vat.*33; quidam iudices..tribunos pl. ~arunt, ne iniussu populi iudicarent *Att.*4.17.3 (16.6); uos..tribuni plebis..senatus ~at ut..dictatorem dicere consules..cogatis LIV.4.26.8;—(*absol.*) tres (tribuni) ~anti Appio auxilio fuerunt 9.34.26.

3 To refer to (a higher judicial authority). **b** (absol.) to appeal.
cum ~er, non utar eius exemplo..et iudicium tollam NOV.*orat.*1; praetor ~atur CIC.*Ver.*4.146; cum ambo regem ~arent LIV.1.40.5; ut sibi ~andi praetoris potestas fieret 44.31.12; ~ato principe TAC.*Ann.*16.8. **b** QUINT.*Inst.* 4.1.22; si apud acta quis ~auerit, satis erit, si dicat 'appello' MACER *dig.*49.1.2; (*w.* ab) a cuius sententia petitor ~auit SCAEV.*dig.*46.7.20; quaedam mulier ab iudice ~auerat PAUL.*dig.*10.2.41; (*w.* ad) aduersarii..ad imperatorem ~auerunt SCAEV.*dig.*4.4.39; (*w.* contra) contra quem aduersarium ~et ULP.*dig.*49.1.3; (*w.* de) si quis ~auisset de aestimatione..fore auxilio pollicebatur CAES.*Civ.*3.20.1; (*w.* in) quaesitum est, in arbitros..an ~are liceat PAUL.*dig.* 49.2.2; (*impers. pass.*) apud eos (iudices) a quibus ~atum erit QUINT.*Inst.*11.1.76; quo minus pignus uendere liceat, ~ari non potest PAUL.*dig.*49.5.7.2.

4 To make overtures to, approach, solicit.
ei quadraginta milia..pollicetur et eum ut ceteros ~et.. rogat CIC.*Clu.*71; ipse Vergilium ~auit inuitauitque ad deditionem *B.Afr.*86.2; primo singulos ~are SAL.*Cat.*17.1; —(*w.* de) Blattius de proditione Dasium ~at LIV.26.38.8; quod filium suum de stupro ~asset V.MAX.6.1.7; ~atum se de stupro a priuigno QUINT.*Inst.*4.2.98;—(*absol.*) inuestigare, adire, ~are, corrumpere CIC.*Ver.*2.134; ~are est blanda oratione alterius pudicitiam adtemptare ULP.*dig.*47.10.15.20.

5 To apply to, call upon (to fulfil an obligation or pay a debt), dun; also, to demand the payment of. **b** to charge, accuse.
a me petere quod debeo, me ipsum ~are debetis CIC.*Agr.* 2.100; sponsores ~are uidetur habere quandam δυσωπίαν *Att.*16.15.2; ~are debitorem ad diem possum SEN.*Ben.*4. 39.2; QUINT.*Inst.*5.10.107; (*w.* de) ~atus es de pecunia quam..pro sectione debebas CIC.*Phil.*2.71;—(*absol.*) nemo beneficia in calendario scribit nec auarus exactor ad horam et diem ~at SEN.*Ben.*1.2.3; COL.1.7.2; sed creditores in solidum ~abant TAC.*Ann.*6.17;—(*cf.*) protinusque emicat (cupressus), illa uero etiam non ~ato solo ac sponte PLIN. *Nat.*16.142; pessimum corporum uas (*sc.* aluus) instat ut creditor et saepius die ~at 26.43;—~auerit natura quae prior nobis credidit SEN.*Dial.*9.11.3; mercedem ~as? JUV. 7.158. **b** exortus est seruus qui, quem (*sc.* dominum) in eculeo ~are non posset, eum accuset solutus CIC.*Deiot.*3; ne isdem de causis alii plectantur, alii ne ~entur quidem *Off.*1.89; SAL.*Cat.*48.7.

6 To address as, call. **b** *imperatorem ~are*, to hail as 'Imperator'.
credidi esse insanum extemplo, ubi te ~auit Tyndarum PL.*Capt.*559; non patrem ego te nomino, ubi tu tuam me ~es filiam? *Epid.*588; cum adeo et cum ~o meam LUCIL.

729; me suam salutem ~ans Cic.*Ver*.5.129; tollitur a multitudine in tribunal, praetor ~atur *B.Alex*.53.4; primum ante omnis uictorem ~at Acesten Verg.*A*.5.540; et uirum et regem (te) ~o Liv.1.47.3; cunctos eiusdem sacramenti, eiusdem imperatoris milites ~ans Tac.*Hist*.4.46;—(*w.* nomine) pro sano loqueris quom me ~as nomine Pl.*Men*. 298; Ter.*Ph*.742; si nomine ~ari abs te ciuis tuos honestum est Cic.*Mur*.77; nomine ~ans Theodotum ac Sosin Liv. 24.22.16. **b** ~atus est hic uolturius illius prouinciae, si dis placet, imperator Cic.*Pis*.38; imperatores ~ati sumus *Att*.5.20.3; Curio..uniuersi exercitus conclamatione imperator ~atur Caes.*Civ*.2.26.1; (*cf.*) nomenque imperi, quo ~or Cic.*Fam*.2.16.2; uos me imperatoris nomine ~auistis Caes.*Civ*.2.32.14.

7 To style officially, recognize (as).
cuius tu domi fueras, quem hospitem ~aras Cic.*Ver*.5.108; reges qui erant uendidit, qui non erant ~auit *Har*.58; a senatu populi Romani amicus ~atus erat Caes.*Gal*.1.3.4; Sal.*Jug*.65.2; non ~auit eum, sed fecit deum Vell.2.126.1; ubi ego eum parentem ~auero Liv.22.29.10; regem..et socium atque amicum ~aret Tac.*Ann*.4.26.

8 To name, call (by a proper name).
QVI IN HOC..HONORE VENOX ~ATVS EST *Fast.Cos.Cap*. 10b(*CIL* 1.p.21); itaque adeo iure coepta ~ari est Canes Pl.*Men*.718; Πειθώ quam uocant Graeci..hanc Suadam ~auit Ennius Cic.*Brut*.59; Martiales quidam Larini ~abantur, ministri publici Martis *Clu*.43; quam (*sc.* legionem) factam ex duabus gemellam ~abat Caes.*Civ*.3.4.4; ob quam rem omnes Origines uidetur ~asse (Cato) Nep.*Ca*.3. 3; urbem ~abunt permisso nomine Acestam Verg.*A*.5.718; natam sibi ex Poppaea filiam..~auit..Augustam Tac. *Ann*.15.23;—(*w.* ab) in sinum maris ab nomine propinquae urbis Ambracium ~atum Liv.38.4.3; colonia eo..missa a flumine Narnia~ata 10.10.5.

9 To call, term, designate.
(*w. nouns*) siue hunc oratorem..philosophum ~are malet Cic.*de Orat*.3.142; cuius ea stultitia est ut eam nemo hominem..ea crudelitas ut nemo matrem ~are possit *Clu*.199; at scurrae filium ~at *Phil*.13.23; post iniuriam acceptam, quam tu rei p. calamitatem semper ~as *Fam*.15.4.13; latores rogationis..proditores plebis commodorum..~antes Liv.4.48.16; ne ~arent consilium, quae uis ac necessitas appellanda esset 7.20.5; uim licet ~es, gratast uis ista puellis Ov.*Ars* 1.673; ubi solitudinem faciunt, pacem ~ant Tac. *Ag*.30.6;—(*w. adjs.*) ipsum Lentulum..non putat..etiam ~ari posse popularem Cic.*Catil*.4.10; eorum hominum qui ~antur boni *Att*.2.16.2; ~ari non meruere mali Ov.*Pont*. 3.2.20;—(*w.* uerbo, nomine) Graeco eum uerbo ~at εἴρωνα Cic.*de Orat*.2.270; quo alio nomine pecuniae publicae faeneratio est ~anda? *Ver*.3.168; qui turpissimam seruitutem deditionis nomine ~ant Caes.*Gal*.7.77.3;—(*w. gen. of description*) qui tales creabuntur..diuini generis ~entur Cic.*Tim*.41.

10 To have or use as the name of or the word for, give the name..to; to give (a name).
Larentinae, quem diem quidam in scribendo Larentalia ~ant Var.*L*.6.23; comprehensio et ambitus ille uerborum, si sic περίοδον ~ari placet Cic.*Brut*.162; cordis parte quadam quam uentriculum cordis ~ant *N.D*.2.138; qui ipsorum lingua Celtae, nostra Galli ~antur Caes.*Gal*.1.1.1; hos cippos ~abant 7.73.4; aliqui uolucre ~ant animal praerodens pubescentes uuas Plin.*Nat*.17.265; (*cf.*) has (*sc.* partes orationis) uocant quidam ~andi, dicendi, adminiculandi, iungendi Var.*L*.8.44;—(*w. etym., etc., indicated*) iique a.. consulendo..consules ~amino Cic.*Leg*.3.8; ex eo a breuitate diurna bruma ac dies brumales ~antur Vitr.9.3.3; cum collyrio, quod a cinereo colore σποδιακὸν ~atur Larg.23; —(*cf.*) colos ~auit drosolithum herbaceus Plin.*Nat*.37.191; —pactum..a pactione dicitur (inde etiam pacis nomen ~atum est) Ulp.*dig*.2.14.1.1.

11 To mention by name, use the name of, mention; also, to use (a word or expression), say. **b** to pronounce.
ad illos, quos saepe iam ~aui, locos Cic.*de Orat*.2.146; tum ~abantur a multitudine mulieres nominatim *Ver*.5.94; quid eius matrem aut domum ~o? *Mur*.89; eidem illi, quos saepe significo neque ~o *Fam*.1.9.20; centuriones singillatim tribunosque militum ~at Caes.*Gal*.5.52.4; cur..~ent ne te carmina nostra rogas? Ov.*Pont*.3.6.6;—(*w. advs.*) non consueui homines ~are asperius Cic.*Agr*.2.63; numquam nisi honorificentissime Pompeium ~at *Fam*.6.6.10;—eloquentior..fuit..Socrates et, ut tu ~as, copiosior et melior orator *de Orat*.3.129; qua te scribis 'orationis paupertate' (sic enim ~as) *Fam*.4.4.1; istorum..uerborum..quae perraro ~antur ab Epicuro *Fin*.2.51; quod erat usitatius 'acinum' in neutro genere ~are Gel.6(7).20.6. **b** de sono uocis et suauitate ~andarum litterarum..noli exspectare quid dicam Cic.*Brut*.133.

appendeō ~ēre ~ī, *intr*. [AD-+PENDEO] To be pending.
matris ius integrum erit, quod medio tempore appenderit Pompon.*dig*.38.17.10.1.

appendicula ~ae, *f*. [next+-VLA] A small addition or appendix.
est enim haec causa 'quo ea pecunia peruenerit' quasi quaedam ~a causae iudicatae atque damnatae Cic.*Rab. Post*.8.

appendix ~icis, *f*. [APPENDO+-IX]
1 Anything subordinate or supplementary attached to a large unit, an appendage, adjunct; a subordinate or related topic. **b** (of persons, w. ref. back to etym.) one who hangs on.
~icem animi esse corpus Cic.*Hort*.96; exiguam ~icem Etrusci belli conficere iubet Liv.9.41.16; 39.27.5; cum has quoque ~ices defensionis meae..tam attente audis Apul. *Apol*.13;—(*of persons*) idem euenit magnorum dominis patrimoniorum: accessiones illorum et ~ices sunt Sen.*Ep*. 87.18; erunt namque..heredes: sunt enim ~ices praecedentis institutionis Ulp.*dig*.29.2.35;—(*w. defining gen.*) Carpetanorum cum ~icibus Olcadum Vaccaeorumque centum milia fuere Liv.21.5.11; has..paruitates rerum et magnitudines..aliae quasi ~ices personarum et causarum et temporum..moderantur Gel.1.3.28;—altera pars, quae est extra fundum, cuius ~ices et uehementer pertinent ad culturam Var.*R*.1.16.1; hisce ~ix adicitur pars quinta 3.9.2. **b** Psyche..sublimis euectionis ~ix miseranda Apul.*Met*.5.24; 8.22.

2 The barberry bush or its fruit.
spina et ~ix appellata, quoniam bacae puniceo colore in ea ~ices uocantur Plin.*Nat*.24.114.

appendō ~dere ~dī ~sum, *tr*. **adp-**. [AD-+PENDO]
1 To cause to be suspended, hang.
si quid facturus es ~de in umeris pallium Pl.fr.inc.178.

2 To pay or give out by weight, weigh out.
palam ~dit aurum Cic.*Ver*.4.56; Col.12.3.9; cenis triumphalibus Caesaris dictatoris sex milia numero murenarum mutua ~dit Plin.*Nat*.9.171; accipere cibos quos carnifex.. ~debat [Quint.]*Decl*.16.11; (ut) non..aliter uideatur perfecta uenditio, quam si admensa ~sa adnumerataue sint Gaius *dig*.18.1.35.5; (*cf.*) populus Romanus ne argento quidem signato..usus est. libralis..~debatur assis Plin. *Nat*.33.42;—(*w. dat.*) aurum ad sacomam ~dit redemptori Vitr.9.pr.9; haec omnia C. Flaminio quaestori ~sa adnumerataque sunt Liv.26.47.8; Ulp.*dig*.23.3.34;—(*in fig. phr.*) non..ea me adnumerare lectori putaui oportere, sed tamquam ~dere Cic.*Opt.Gen*.14.

Appenn-: see **Āpenn-**.

appetens ~ntis, *a*. **adp-**. *compar*. ~ntior, *superl*. ~ntissimus. [APPETO]
1 (w. gen.). **a** Having a natural appetite for (food). **b** desirous (of), greedy or eager (for); also, eager for the society (of persons).
a humani corporis uel praecipue ~ntem Plin.*Nat*.8.75; animal odoratorum..fruticum ~ntius 12.73; cibi uniique.. ~ntissimus Suet.*Cl*.33.1;—(*w. gd.*) cum antehac semper edundi fuerit ~ns Gel.16.3.2. **b** alieni ~ns Cic.*de Orat*. 2.135; non oportere populum Romanum omnium regnorum ~ntem uideri *Agr*.2.42; sumus..natura..studiosissimi ~ntissimique honestatis *Tusc*.2.58; animus..alieni ~ns sui profusus Sal.*Cat*.5.4; stimulus, qui nos amicitiarum ~ntes faciat Sen.*Ep*.9.17; ~ntior famae Tac.*Hist*.4.6;—ratio fecit hominem hominum ~ntem Cic.*Fin*.2.45; hunc hominem ~ntissimum tui Plin.*Ep*.7.31.7; ut quam sensisset sui quoque sub priore marito ~ntem Suet.*Tib*.7.2.

2 (absol.) Greedy, covetous.
grati animi, non ~ntis, non auidi Cic.*de Orat*.2.182; homo non cupidus neque ~ns *Agr*.2.20; motus animi ~ntis regere et sedare *Tusc*.3.17.

appetenter, *adv*. **adp-**. [prec.+-TER²] Greedily, avidly.
ne cupide quid agerent, ne ~ter Cic.*Off*.1.33; illa sumebat ~ter Apul.*Met*.7.11.

appetentia ~ae, *f*. **adp-**. [APPETENS+-IA] A desire, appetite (for something). **a** (w. gen.). **b** (absol.).
a unde pudor continentia fuga turpitudinis ~a laudis et honestatis? Cic.*Rep*.1.2; cibi..~am faciunt (lactucae) Plin.*Nat*.19.127; artium..liberalium ~a 23.32; ~am ueneris facit radix e xiphio superior 26.94. **b** libido effrenatam ~am (efficit) Cic.*Tusc*.4.15; an naturali ~a.. deuorant (exuuias steliones) Apul.*Apol*.51; fortitudo.. ~am castigat et reprimit *Pl*.2.24.

appetibilis ~is ~e, *a*. **adp-**. [APPETO+-BILIS] To be sought after, desirable.
sollicitudinem et laborem, si naturabiles, essent .., ~es ducebat esse Apul.*Pl*.2.12.

appetissō ~ere, *tr*. **adp-**. [AD-+PETISSO] To seek eagerly after.
cur uetera tam ex alto ~is discidia Acc.*trag*.161.

appetītiō ~ōnis, *f*. **adp-**. [APPETO+-TIO]
1 The action of trying to reach or grasp, stretching out for.
(*w. obj. gen.*) ex triplici ~one solis Cic.*Div*.1.46.

2 A desire, appetite. **a** (spec.; also w. *naturalis* or *animi*) a natural or instinctive desire, appetite (for), impulse (towards). **b** (spec.) a voluntary or rational desire, seeking or aiming at as a matter of choice.
a perspicuae sunt quae ~onem animi..tangunt Cic.*Top*. 63; quos (*sc.* sensus) quoniam ~o consequatur actionem sequi *Luc*.108; naturalem..~onem, quam uocant ὁρμήν *Fin*.4.39; eius modi ~onem Stoici βούλησιν appellant, nos appellemus uoluntatem *Tusc*.4.12;—(*w. obj. gen.*) solitudinis odium est et ~o societatis Sen.*Ep*.9.17; post imperatam inediam tridui omnis eius (*sc.* edundi) ~o pristina elanguerit Gel. 16.3.2;—(*w.* ut+*subj.*) primam..ex natura hanc habere ~onem, ut conseruemus nosmet ipsos Cic.*Fin*.4.25. **b** quod amicitia in hominibus est, hoc in rebus ~o Sen.*Ep*. 66.24; his..tradidistis ~onis et fugae arbitrium 124.3; hominum..~ones..et declinationes Gel.14.1.23;—(*w. obj. gen.*) fortitudo est rerum magnarum ~o *Rhet.Her*.3.3; ~o alieni Cic.*Off*.3.30; (philosophia) a quibusdam dicta est ~o rectae rationis Sen.*Ep*.89.5.

appetītor ~ōris, *m*. [APPETO+-TOR] (w. obj. gen.) One who has a desire or liking (for something).
fiscellus casei mollis ~or, ut catillones catillorum liguritores Paul.*Fest*.p.90M.

appetītus ~ūs, *m*. **adp-**. [next+-TVS³] A desire or appetite (for something), esp. a natural or instinctive one.
bestiis autem sensum et motum dedit (natura) et cum quodam ~u accessum ad res salutares a pestiferis recessum Cic.*N.D*.2.34; ita..definit (Zenon),..ut perturbatio sit ~us uehementior *Tusc*.4.47; ut ~us rationi oboediant *Off*.1.102; Apul.*Pl*.1.18;—(*w.* animi) ut ipsum per se inuitaret et alliceret ~um animi, quem ὁρμήν Graeci uocant Cic.*Fin*. 5.17;—(*w. obj. gen.*) uoluptatis alii primum ~um putant et primam depulsionem doloris *Fin*.5.17; in belua quiddam simile mentis unde oriantur rerum ~us *N.D*.2.29; *Off*.2.11.

appetō¹ ~ere ~īuī or ~iī ~ītum, *tr*. **adp-**. [AD-+PETO]
1 To try to reach, stretch out for.
Iouis pueri, qui lactens..Fortunae in gremio sedens mammam ~ens..colitur Cic.*Div*.2.85; passer, deliciae meae puellae..qui primum digitum dare ~enti..solet Catul.2.3; uulpes alta in uinea uuam ~ebat Phaed.4.3.2; cum in cena placentam ~eret Plin.*Nat*.7.183; quanto maxime nisu poteram, corollas ~ebam Apul.*Met*.3.27;—(*w.* manibus, osculis, digitis) ter eum scribit frustra ~iuisse (solem) manibus Cic.*Div*.1.46; osculis auersa (dextra) ~itur Plin. *Nat*.11.250; caua manu summis digitis pectus ~ere Quint. *Inst*.11.3.124;—(*absol.*) procellunt sese in mensam dimidiati, dum ~unt Pl.*Mil*.762.

2 To make for (as a place of residence), resort to, seek.
quo libentius et ipsi urbem incolerent et ceteri ~erent Suet.*Jul*.42.1.

3 To have a natural desire for, seek instinctively, be attracted by. **b** to have an appetite for (food), seek (as food).
adpetitio (eam enim uolumus esse ὁρμήν qua..id ~imus quod est usui) Cic.*Luc*.24; omne animal..uoluptatem ~ere *Fin*.1.30; equos et canes et sues initum matutinum ~ere Plin.*Nat*.10.181; qui fugat alios ~unt odorem 11.279; dum (equi) naturalem adsistendi ~unt consuetudinem Fron.*Str*. 4.7.34;—(*of inanimate things*) ipsum..mare..terram ~ens litoribus alludit Cic.*N.D*.2.100; *Tusc*.1.40;—(*absol.*) si nihil haberet animus hominis nisi ut ~eret aut fugeret *Tusc*.1.56; **b** qui (*sc.* boues) fastidient cibum, uti magis cupide ~ant Cato *Agr*.103; libenter istum prorsus ~erem cibum Phaed. 5.4.5; Col.*Arb*.16.2; bacas Licinae nulla auis ~it Plin.*Nat*. 15.8; (mulsum) ~endi..reuocat auiditatem cibi 22.113; Suet.*Jul*.53;—(*pass.*) Col.8.4.1; (sucus) mire ~itur a muscis Plin.*Nat*.24.26; ~itur posito uilis oliua lupo Mart. 9.26.6.

4 (w. inf.) To desire, seek (to do something).
oculi..~unt cupide intui Turp.*com*.159; ut ~at animus aliquid agere semper Cic.*Fin*.5.55; scandere quin etiam thalamos hic impius heres patris..~iit Stat.*Theb*.1.235.

5 To seek to obtain, strive after, aim at, desire; also, to claim for oneself. **b** to seek to imitate or follow (an example). **c** (w. *amicitiam*, etc.; cf. sense 6).
~is dominatum..praemature praecocem Afran.*com*.335; quae uos cupide per hosce annos ~istis atque uoluistis Gracch.*orat*.30; num quod commodum maleficio ~ierit, num honorem, num pecuniam, num dominationem *Rhet. Her*.2.3; suos..agros studiose colebant, non alienos cupide ~ebant Cic.*S.Rosc*.50; illam uero grauitatis seueritatisque personam non ~iui *Mur*.6; ~am huius rei principatum *Fam*.11.6.3; *Tusc*.2.14; cum..aut mortem ~eret Theseus aut praemia laudis Catul.64.102; aliud succedit..inque dies magis ~itur Lucr.5.1279; quod regnum ~ebat Caes. *Gal*.7.4.1; consulatum ~ere non audebat Sal.*Jug*.63.6; contemnendo potius quam ~endo gloriam Liv.22.39.9; in ~endis honoribus inmodicus Vell.2.33.3; amittit merito proprium qui alienum ~it Phaed.1.4.1; Sen.*Phaed*.180; qui summa non ~ent Quint.*Inst*.10.2.9; pulchritudinem ac speciem magnae..gloriae uehementius quam caute ~ebat Tac.*Ag*.4.5; cum deorum (fastigium) ipse non ~as Plin. *Pan*.52.2; Apul.*Apol*.102;—(*w. dat.*) quantum sibi illi oratores de praeclarissimis artibus ~ierint Cic.*de Orat*.3.128; non plus uictoria Marcelli populo Romano ~iuit quam humanitas Syracusanis reseruauit *Ver*.4.121;—num igitur ex eo bello partem aliquam laudis ~ere conaris? 5.5; (*cf.*) crescebat interim urbs munitionibus alia atque alia ~endo loca Liv.1.8.4. **b** habitus horrens, prisca et antiqua ~ens Sen.*Phaed*.916; meorum facinorum exempla ~unt *Phoen*. 331. **c** Ariouistum..cupidissime populi Romani amicitiam ~isse Caes.*Gal*.1.40.2; adulescentium familiaritates ~ebat Sal.*Cat*.14.5; ceteri reges..in suis dubiis rebus societatem uostram ~iuerunt *Jug*.14.5.

6 To approach in order to greet; to seek the friendship of, cultivate as a friend, court; to seek in marriage, woo.
haec..ipsa sunt honorabilia..salutari ~i decedi adsurgi Cic.*Sen*.63;—non fastidiuit eius amicitiam, cum esset praesertim ~itus *Pis*.68; tu puer me ~isti *Fam*.15.14.6; eos cognoscas, ~as, confirmes Q.Cic.*Pet*.31; uelle eum uobis amicum esse qui uos ~eret Liv.7.30.5; 39.9.6;—(*w.* locus *as subj.*) qui locus est..tam inhumanus qui illos, cum accesserint, non adfari atque ~ere uideatur? Cic.*Phil*.2.33;—mox..talem feminam nihilo segnius uolui quamsi ultro ~issem Apul.*Apol*.73.

7 To attack, assail, 'go for' (persons, etc.); to attempt (a person's life).
ita me Amor lassum animi ludificat, fugat, agit, ~it Pl. *Cist*.216; Pac.*trag*.38; adeone copiis abundat ut..Europam ~ere conetur? Cic.*ad Brut*.1.2.1; laudare nec ullam possim ego quin oculos ~at illa meos Tib.1.6.70; pars (apium), quae sibi fauere (custodem) sensit, non ~it eum Plin.*Nat*. 11.58;—non debes..praedicare uitam meam..inimicorum modestia non esse ~itam Cic.*Planc*.71;—(*w. abl. of instr.*) fili uita infesta, saepe ferro atque insidiis ~ita *S.Rosc*.30; ignominiis omnibus ~itus *Quinct*.98; a quibus ille se lapidibus ~itum..esse dixit *Dom*.13; umerum apertum gladio ~it Caes.*Civ*.2.35.2; tempore cum ferro caelestia corpora demens ~ii Verg.*A*.11.277; os oculosque hostis rostro et unguibus ~it (ales) Liv.7.26.5; Ov.*Ars* 3.568; scelere.. Parmenionis omnes pariter ~iti sumus Curt.7.2.13; Vitellium infesto ictu per iram..an tribunum ~ierit, in

incerto fuit TAC.*Hist*.3.84; per libertos suos maleficiis ~itum PAUL.*dig*.38.2.47.1.

8 To go to work at (a task, subject), tackle, attack, attempt.
Latinas coepit non male ~ere PETR.46.5; laeuos nunc ~it ille conatus SIL.16.402; multi..eam (*sc.* rhetoricam) et praesidii causa et gloriae ~uerunt SUET.*Rhet*.25(p.120Re).

9 (of an event) To approach in a threatening manner, draw near to, overhang. **b** (intr., of time or events) to become or be near, approach.
iam ex lacu Albano aqua emissa in agros, Veiosque fata ~ebant LIV.5.19.1. **b** iam ~it meridie PL.*Mos*.651; cum uer ~et CATO *Agr*.94; dies..~ebat septimus CAES.*Gal*. 6.35.1; cum iam hiems ~eret LIV.36.45.8; iam..lux ~ebat CURT.7.8.3; ante..quam ~ere nox coepit SEN.*Ep*.122.2; QUINT.*Inst*.2.10.1; TAC.*Hist*.2.19; ut ~at messis pullis iam iam plumantibus GEL.2.29.4;—(*w. dat.*) erilis filiae probrum, propinqua partitudo quoi ~it PL.*Aul*.75.

10 To seek and bring in from an alien source, fetch from outside.
uocabulo ipso et ~ita religio externa et Matris Magnae nomine suscepta declaretur CIC.*Har*.24; uerba si non ~a nec remota plurimis..carminis seruant honorem MAUR. 296;—(*w.* ad) quid sit, quod ad ius pontificium ciuile ~atis CIC.*Leg*.2.52.

appetō[2] ~ōnis, *m.* [prec.+-O[1]] One who is covetous.
(*w. obj. gen.*) alienum ~onibus uiae expeditae deuerticula sunt LABER.*com*.96.

Appiānus[1] ~a ~um, *a.* Of or from Appia, a town in Phrygia; (masc. pl. as sb.) the inhabitants of Appia.
legati ~i CIC.*Fam*.3.7.2;—PLIN.*Nat*.5.105.

Appiānus[2] ~a ~um, *a.* Of or connected with an Appius. **b** (neut., as the name of a type of fruit). **c** (neut. sg., as the name of a cheap green pigment).
(*of Appius Claudius the decemvir*) ~a libido LIV.3.51.12; —(*of Appius Junius Silanus*) ~ae caedis molitor Narcissus TAC.*Ann*.11.29. **b** PLIN.*Nat*.15.49. **c** uiride est quod ~um uocatur et chrysocollam mentitur PLIN.*Nat*.35.

Appiānus[3] ~ī, *m.* A personal name; esp. Appian of Alexandria, historian of the 2nd century A.D.
Appium ~um TAC.*Ann*.2.48;—quom ~o me rogante procurationem dedisses FRO.*Ant*.1.p.264(170N).

Appias ~adis, *f.* A nymph of the Appian fountain, near the temple of Venus Genetrix. **b** (as a title of Venus).
subdita qua Veneris..templo ~as expressis aera pulsat aquis OV.*Ars* 1.82; has, Venus, e templis..lenta uides lites ~adesque tuae 3.452. **b** non illas lites ~as ipsa probat OV.*Rem*.660.

? **appiciscor** ~ī, *intr.* **adp-.** [AD-+PACISCOR] To bargain.
carius quam uitae meae parte ~i (*s.v.l.*) cupio ut te complecterer felicissimo..die FRO.*Ant*.1.p.226(167N).

Appietās ~ātis, *f.* (facet.) The rank or nobility of an Appius.
ullam ~atem aut Lentulitatem ualere apud me plus quam ornamenta uirtutis existimas? CIC.*Fam*.3.7.5.

appingo ~ere, *tr.* **adp-.** [AD-+PINGO] To paint on or beside, add in painting. **b** to add (something to a verbal picture).
περιεχονταρίαν mihi facies maeandrata et uinculata, atque etiam ~es (*s.v.l.*) orbem terrae VAR.*Men*.534;—(*w. dat.; in fig. phr.*) qui uariare cupit rem prodigialiter unam, delphinum siluis ~it, fluctibus aprum HOR.*Ars* 30;—(*fig.*) multa de Favorini nostri pigmentis fuci quisnam ~ere ⟨pro⟩hibet? FRO.*Aur*.1.p.48(215N). **b** epistulam superiorem restitue nobis et ~e aliquid noui CIC.*Att*.2.8.2.

Appius ~ia ~ium, *a.*

1 (as a praenomen, esp. of the *gens Claudia*). (esp.): a Appius Claudius Crassus, consul and decemvir in 451 B.C. **b** Appius Claudius Caecus, the poet, censor in 312, consul in 307, and 296 B.C. **c** Appius Claudius Caudex, consul in 264 B.C. **d** Appius Claudius Pulcher, consul in 54, censor in 50 B.C. **e** Appius Junius Silanus, consul in A.D. 28.
a C. Claudi, qui patruus ~i decemuiri erat LIV.3.40.1. **b** id uerum esse, quod in carminibus ~ius ait, fabrum esse suae quemque fortunae SAL.*Rep*.1.1.2; OV.*Fast*.6.203; ~ium Caecum censorem SUET.*Cl*.24.1. **c** ~ius indixit Karthaginiensibus bellum ENN.*Ann*.223. **d** scis ~ium censorem hic ostenta facere..? CIC.*Fam*.8.14.4; *Tusc*.1.37; HOR.*S*.1.6.21. **e** SUET.*Cl*.37.2.

2 (as a gentile name).
~ium Appianum TAC.*Ann*.2.48.

3 *Appi Forum*, a town in Latium on the Appian Way.
ab ~i Foro hora quarta CIC.*Att*.2.10; inde Forum ~i, differtum nautis HOR.*S*.1.5.3; ad ~i Forum SUET.*Tib*.2.2.

4 Of or connected with an Appius; esp. *uia ~ia*, a road between Rome and Capua built by Appius Claudius Caecus, the Appian Way; *aqua ~ia*, an aqueduct built by the same man.
INCENSVRA VIAM ~ IAM STRAVIT *Elog*.10 (*CIL* 1.p.192); non modo prouinciis atque oris Italiae maritimis..sed etiam ~ia iam uia carebamus CIC.*Man*.55; NEP.*Att*.22.4; TAC.*Ann*.2.30;— (*ellipt.*) statueram..recta ~ia Romam CIC.*Att*.16.10.1; ~iam mannis terit HOR.*Epod*.4.14; ~iae limite LIV.22.15.11; nec magis est curuis ~ia trita rotis OV.*Pont*.2.7.44; saxosae latus ~iae STAT.*Silv*.4.3.3;—aqua ~ia in urbem inducta est ab Appio Claudio Crasso censore, cui postea Caeco fuit cognomen FRON.*Aq*.5;—(*ellipt.*) post annos quadraginta quam ~ia perducta est FRON.*Aq*.6.

applar ~āris, *n.* (Word of doubtful meaning; ? a dish or spoon).
PAC.*trag*.fr.inc.62.

applaudō ~dere ~sī ~sum, *tr., intr.* **adp-, applōdō.** [AD-+PLAVDO]

1 (tr.) To strike, slap; (w. *terrae*) to dash (to the ground).
~so corpore palmis OV.*Met*.4.352; (equus) asper, nec qui ceruicis amaret ~sae blandos sonitus SIL.16.357. β cum..Vlixes Irum ~sisset HYG.*Fab*.126.7;—sublimem elatum terrae grauiter ~dit APUL.*Met*.9.40; 6.27.

2 (intr.) To clap the hands, applaud.
spectatores, uos ualere uolumus, clare ~dere PL.*Bac*.1211; *Per*.791;—(*impers. pass.*) his dictis ~ditur APUL.*Met*.3.9.

applausus ~ūs, *m.* **adp-.** [prec.+-TVS[3]] A flapping or beating of wings.
STAT.*Theb*.2.515.

applicātiō ~ōnis, *f.* **adp-.** [APPLICO+-TIO] (fig.) An attaching, joining; (spec.) the attachment of a *cliens* to a *patronus*.
mihi uidetur..orta amicitia ~one magis animi..quam cogitatione, quantum illa res utilitatis esset habitura CIC. *Amic*.27;—nonne in ea causa..ius ~onis obscurum..inlustratum est a patrono? *de Orat*.1.177.

applicātus ~a ~um, *a.* **adp-.** [pple. of APPLICO]

1 **a** (w. dat., of towns) Situated close (to a hill), clinging to the side (of). **b** (absol., of the ears) set close to the head, lying flat.
a Leucas..colli ~a LIV.33.17.7; PLIN.*Nat*.4.11. **b** (pullus)..auribus ~is VAR.*R*.2.7.5.

2 (w. *ad*) Devoted (to), concerned (with).
non tam propensus ad misericordiam quam ~us ad seueritatem CIC.*S.Rosc*.85; omne animal..~um esse ad se diligendum *Fin*.4.34.

applicitus ~a ~um, *a.* **adp-.** *compar.* ~ior. [pple. of next] Adjacent, close (to); (of an embrace) close.
(*w. dat.*) si tamen palus trunco est ~us COL.4.22.1; ~as hosti ualles FRON.*Str*.1.1.7; PLIN.*Ep*.2.17.23;—(*absol.*) domum meam cum horto ~o SCAEV.*dig*.32.1.41;—~iore nexu inhaerebat APUL.*Met*.10.22.

applicō ~āre ~āuī or ~uī ~ātum or ~itum, *tr.* **adp-.** [AD-+PLICO] FORMS: *~aui* is the regular form of the pf. down to the end of the Republic; thereafter it becomes less frequent; *~ui* appears first in PROP.1.20.20, [TIB.] 3.10.4, LIV.32.30.5, etc. (in CIC.*Flac*.82 *~auisti* is a certain emendation for codd. *~uisti*). Pf. pple. pass. *~itus* does not appear before COL. and PETR. *aplicari CIL* 6.4410.3; *atplicitis CIL* 10.2503.

1 To bring into contact (with), esp. so as to exercise pressure; (refl.) to lean (against); to sit down (upon); (absol., of a sound) to fall upon the ear. **b** to fit on (to), attach (cf. sense 5).
~ans..collum iucundum os..suauiabor CATUL.9.8;— (*w.* ad *or dat.*) dominam..lateri..meo ~at PETR.126.13; quoniam..oua posteriorem partem corporum fouendam matri ~ent PLIN.*Nat*.10.38;—impressoque genu nitens terrae ~at ipsum VERG.*A*.12.303; dum corpora corporibus ~ant LIV.23.27.7; ~at hic umeros ad magnae saxa columnae OV.*Met*.5.160; V.MAX.5.1.3; (*poet.*) qua portus muris pacatas ~at undas SIL.14.318;—ad eas (*sc.* arbores) se ~ant CAES.*Gal*.6.27.3; (*cf.*) qualis..tener timidum iuuencus ~at matri latus SEN.*Tro*.795;—~at se illi toro PETR.67.5;— locus, in quo leniter ~et se uox VITR.5.8.1. **b** (*w. dat.*) ~uit uirginale generi masculo PHAED.4.15(16).12; sicut in structura saxorum rudium etiam ipsa enormitas inuenit, cui ~ari..possit QUINT.*Inst*.9.4.27;—(*absol.*) ubi tot sensus collocauit (natura) in culice?..ubi gustatum ~auit? PLIN. *Nat*.11.2.

2 To situate or place near (to); (pass.) to be situated near (to); (refl., of planets) to come into conjunction (with). **b** to bring nearer in time.
(*w.* ad) remouentes parietes aedis et ~antes ad intercolumnia VITR.4.8.6; ut..Romani sinistrum (cornu) ad oppidum ~arent LIV.27.2.5;—(*w. dat.*) consul..eidem flumini castra ~uit 32.30.5; V.MAX.4.1.6; quatuor angulis semina ~abuntur COL.5.5.2; si..uerba uerbis ~arimus non pugnantia QUINT.*Inst*.7.10.17; *CIL* 6.4410.3;—(*in a geog. account*) lacus, quem..Herodotus Casio monti ~uit PLIN. *Nat*.5.68;—~antur aurigae manui haedi VITR.9.4.2; ubi in minorem (ratem) ~atam transgressi sunt LIV.21.28.8; (*ellipt.*) adeo se admouit, ut sagittas..comminus ~itus eluderet FRON.*Str*.2.2.5;—cum ex stellis errantibus altera se alteri ~uit SEN.*Nat*.7.12.1. **b** (*w. dat.*) omnis nos hora..~at fato [QUINT.]*Decl*.4.10.

3 To cause (persons, etc.) to arrive (at a place), lead, drive, bring (to). **b** (refl.) to betake oneself to, resort to, approach; (w. dat.) to attach oneself to, join.
(*w.* ad) Decianum usque ad coronam ~auisti CIC.*Flac*.82; —(*w. dat.*) quis te..casus insequitur? quae uis immanibus ~at oris? VERG.*A*.1.616; ~at hunc (*sc.* asellum) ulmo OV. *Fast*.3.750; APUL.*Met*.9.12;—(*w. adv.*) boues illuc Erytheidas ~at heros OV.*Fast*.1.543. **b** quo propter odorem auidius ~ant se (apes) VAR.*R*.3.16.35; cum..ad flammam se ~auerunt CIC.*Tusc*.5.77;—~ant..se turbae LIV.4.37.10; 30.33.3;—(*in fig. phr.*) SEN.*Dial*.7.1.4.

4 To bring (a ship to a destination), put in (at); (pass., of persons) to land. **b** (intr.) to put in (to or at).
(*w.* ad) nauem ad eum ~arunt CIC.*Inv*.2.153; ~atis.. nostris ad terram nauibus CAES.*Civ*.3.101.4; LIV.33.17.2; —(*w.* in+*acc.*) Romani..in Erythraeam primum classem ~uerunt 37.12.10;—(*w. dat.*) Mysorum scopulis ~uisse ratem PROP.1.20.20; LIV.28.17.13; OV.*Tr*.3.9.10;—(*w. propius*) nauem..propius terram ~uit LIV.32.34.1;— cum Achiui classes ~uissent HYG.*Fab*.103.1;—~or ignotis OV.*Ep*.7.117; Chiae telluris ad oras ~or *Met*.3.598. **b** (*w. destination indicated*) quarto die nauigationis..ad terram ~ant *B.Hisp*.37.3; cum istuc ~uisset SEN.*Ep*.40.2; ut una nauicula Lesbon ~aret (Pompeius) FLOR.*Epit*.2. 13(4.2.51);—(*of ships; w. abl.*) quocumque litore ~uisse naues hostium audissent LIV.44.32.8;—(*absol.*) dum ~ant, dum..in terram euadere properant 26.44.11; POMPON.*dig*.1. 2.2.46.

5 To join on as an addition, attach (to); (math.) to add (to). **b** to add in speech or writing, subjoin (to).
(*w.* ad) ea quae..ad superiorem partem ~abuntur COL. 1.5.9; ⟨ut⟩..ex silua (aliquid) fine distincto ~etur ad pratum AGEN.*agrim*.p.29;—si..quadranti sextantem..~es MAECIAN.*iur*.9; quod postea accessit ~amus (peculio) ULP. *dig*.33.8.8.8;—(*a number of years, by living through them*) bis senis modo messibus peractis uix unum puer ~abat annum MART.6.28.9; *CIL* 10.2503. **b** (*w. dat.*) huic illud etiam ~andum numquam competere hanc actionem ULP.*dig*. 39.3.1.14.

6 To bring to bear (on), apply (to); to assign, set (a person to a task). **b** (w. *ad* or dat.) to apply (one's mind to); to lend (one's ear to). **c** (refl.) to devote or apply oneself (to).
reflexa ceruice orantis capulo tenus ~at ensem VERG.*A*. 10.536; sopor sua munera tandem ~at SIL.6.97;—(*w.* ad) qui..sudarium ad os ~aret SUET.*Nero* 25.3;—(*w. dat.*) nec te iam, Phoebe, pigebit formosae medicas ~uisse manus [TIB.]3.10.4; ne plaga corpori matris ~etur COL.5.6.14; SEN. *Cl*.2.7.4; PLIN.*Nat*.33.84;—(*w. abst. obj.*) studium est.. animi assidua et uehementer ad aliquam rem ~ata.. occupatio CIC.*Inv*.1.36; iustitiam..propius etiam quam ceteras nobis ~emus SEN.*Ep*.95.55;—inutilissimus quisque..huic officio ~atur COL.3.10.6; FRON.*Str*.1.5.9; ~ARI PROSECVTORES..IVBEAS *CIL* 3.14165. **b** (*w.* ad) certast res ad frugem ~are animum PL.*Trin*.270; TER.*An*.193;— (*w. dat.*) mentem..magnis ~at PETR.5.2;—dic modos, Lyde quibus obstinatas ~et auris HOR.*Carm*.3.11.8; *Saec*.72. **c** (*w.* ad) ad studium hunc se ~asse musicum TER.*Hau*. 23; CATO *Mor*.2(J); deinde ad Siculos se ~auit (Ennius) VAR.*gram*.60; ad historiam scribendam maxime se ~auerunt CIC.*de Orat*.2.55; *Off*.1.115; si ad hoc..te exemplum ~ueris SEN.*Dial*.6.3.4; ULP.*dig*.50.6.2;—(*ellipt.*) quam qui adpetiuerunt, ~ant CIC.*Amic*.32.

7 To direct (to a course of action); (refl.) to have recourse, betake oneself (to an alliance, friendship, etc.).
ex immani uictum ad mansuetum ~ans (*perh.* homines) ACC.*trag*.411; audacem iuuentam frugalitati..~ant (parentes) SEN.*Ben*.6.24.1;—Sicilia se ad amicitiam fidemque populi Romani ~auit CIC.*Ver*.2.2; omnes uires ciuitatis se ad Pompei ductum ~auerant *Fam*.3.11.4; ut omnes fere ciuitates Graeciae ad Atheniensium societatem se ~arent NEP.*Ar*.2.3.

8 To attach by ties of friendship, etc., (to); (refl. and pass.) to form an association or friendship (with), attach oneself (to).
Celtiberorum animos Romanis ~ando V.MAX.4.3.1;—(*w.* sibi) cetera quae usque eo animus sibi ~uit ut ab illis quam uita diuelli grauius existimet SEN.*Ben*.1.11.4; *Ep*.21.4;— (*w.* ad) ille..~at primum ad Chrysidis patrem se TER.*An*. 924; CIC.*de Orat*.1.177;—(*w. dat.*) cum pars..externo potius se ~et quam ciui cedat LIV.34.49.10; SEN.*Ep*.105.5;— (*absol. or ellipt.*) extemplo se ~ant, adglutinant PL.*Men*. 342; quod in itinere se tam familiariter ~auerit CIC.*Inv*. 2.43;—(*as a pupil or follower*) me..ad eundem quem Romae audiueram Molonem ~aui *Brut*.316; cum maximis uiris, quorum se ingeniis uel contulit uel..~uit SEN.*Dial*.11.2.6; —(*as a mistress*) maioribus me pueris ~ui PETR.25.5.

9 (usu. w. *ad* or dat.) To make applicable or relevant (to), accommodate, adapt; (pass.) to be applicable, relate (to). **b** (pass., w. *ad* or dat.) to be referred or referable (to a category, etc.); (w. *ex*) to be dependent or based (on). **c** (pass., of persons) to come within the scope (of).
ut fortunae ~aremus nostra consilia LIV.32.21.34; SEN. *Ep*.115.1; nec illa iis, quibus similia uideri uolunt, ~ant QUINT.*Inst*.8.3.76;—(*w.* in+*acc.*) ut in rem finitionem ~es 7.3.19;—extra petita, nisi ad aliquam..utilitatem..~antur, nihil per se ualent 5.11.44; non recte filio soluetur, quia filii persona obligationi magis quam solutioni ~atur JULIAN.*dig*.45.1.56.3; (*of charges*) quamuis eidem talia

crimina ~arentur PLIN.*Ep.Tra.*10.58(66).4;—(*impers. pass.*) JULIAN.*dig.*40.7.13.1. **b** ut ad honestatem ~etur (uoluptas) CIC.*Fin.*2.37; ceteri (uenti)..his (quattuor) ~antur SEN.*Nat.*5.16.1; QUINT.*Inst.*4.1.30;—usurae..etsi non tam ex obligatione proficiscantur, quam ex officio iudicis ~entur PAUL.*dig.*19.2.54. **c** (*w. dat.*) fideiussor accipi potest, quotiens est aliqua obligatio ciuilis uel naturalis, cui ~etur JULIAN.*dig.*46.1.16.3; huic (actioni) ~atur minor uiginti quinque annis PAUL.*dig.*46.3.98.2.

10 (?) To tie down, impede.
morbo ~itus (*s.v.l.*) MAECIAN.*dig.*36.1.7.

applōdō ~dere ~sī ~sum: see APPLAVDO.

applōrō ~āre ~āuī, *intr.* **adp-.** [AD-+PLORO] To lament (to).
(*w. dat.*) querebar ~ans tibi HOR.*Epod.*11.12;—(*absol.*) cum iam ~aueris mersosque..credideris SEN.*Nat.*4a.2.6.

applūda ~ae, *f.*: see APLVDA.

applumbātor ~ōris, *m.* **adp-.** [next+-TOR] (app.) A solderer.
~oribus *P.Tebt.*686.

applumbō ~āre ~āuī ~ātum, *tr.* **adp-.** [AD-+PLVMBO] To affix by soldering, solder on; to close by soldering.
epitonia fistulis ~ata..aedium esse constat ULP.*dig.*19.1.17.8; PAUL.*dig.*6.1.23.5;—uase..diligenter operto et ~ato LARG.271.

appōnō ~ere apposui appositum, *tr.* **adp-.** [AD-+PONO] FORMS: *apposiui* (= *apposui*) PL.*Mil.*905; contr. *apposisse, apposisti* TER.*An.*729, 763.

1 To place near or opposite (to), set alongside. **b** (esp. a table or vessel containing food or drink; cf. sense 2). **c** *notam ~ere* to append a mark (to), set a mark (against). **d** to set by for comparison, set over against; (in quots. transf.); also, to use in comparison.
lumine apposito CIC.*Div.*1.79; apposita..lucerna PROP.2.15.3; scalis appositis urbem..defenderunt LIV.37.5.1; TAC.*Hist.*4.23; (*pleon., w.* prope) nisi minutum extrinsecus prope apposueris ferrum VAR.*L.*9.94;—(*astron.*) adpositis cum mundus consonat astris MAN.3.110;—(*w.* ad) cum manus ad os apposuit (*i.e. in whispering*) CAEL.*Fam.*8.1.4;—(*w. dat.*) equitum Numidas Poenorum peditibus, ceteros Afris, pro cornibus ~it LIV.23.29.4; inania apposita plenis SEN.*Nat.*3.15.7;—(*fig.*) lucrum istud non est adpositum sceleri, sed inmixtum SEN.*Ep.*87.27. **b** cedo aquam manibus, puere, ~e hic mensulam PL.*Mos.*308; *Per.*354; adposuit patellam in qua sigilla erant egregia CIC.*Ver.*4.48; apposita secunda mensa *Att.*14.6.2; licet apposita..camella lac niueum potes OV.*Fast.*4.779; APUL.*Met.*9.26. **c** ut notam ~am eam, quae mihi tecum conuenit CIC.*Fam.*13.6.2;—(*w.* ad) quoniam te non Aristarchum..habemus, qui..notam ~as ad malum uersum *Pis.*73;—(*w. dat.*) cum..dempsisset cuidam appositam notam SUET.*Cl.*16.1. **d** (*w. dat.*) nullum esse uisum uerum..cui non adpositum sit uisum aliud quod ab eo nihil intersit CIC.*Luc.*83; SEN.*Suas.*2.7;—niuem..glaciemque subtilissimum elementi eius uideri miror adposito grandinum argumento PLIN.*Nat.*31.33.

2 To serve (food or drink); to give (food to animals).
pernam..~i frigidam PL.*Per.*106; id cum melle..~ito CATO *Agr.*80; quid te in uasis fictilibus appositurum putem? CIC.*Att.*6.1.13; ne male conditum ius ~atur HOR.*S.*2.8.69; solidum aprum..primus in epulis adposuit P. Seruilius PLIN.*Nat.*8.210;—(*absol.*) coquit, tucceta concinnat, ~it scitule APUL.*Met.*7.11;—(*impers. pass.*) quamquam adpositumst ampliter PL.*Mil.*758;—pabula..plenis ~e canistris (*sc. to bees*) VERG.*G.*4.280; COL.11.2.83; (*cf.*) cetum cui Hesione fuit apposita HYG.*Fab.*31.4.

3 To put on the ground, set down.
~e hic sitellam PL.*Cas.*363; *Vid.*fr.5; at istos rastros interea tamen ~e, ne labora TER.*Hau.*89; sellam curulem..in limine apposuit CALP.*hist.*27;—(*ellipt.*) at onus urget..at tu ~e et respice ad me PL.*Poen.*857.

4 To put or fit on, attach; to apply (medicaments, etc.).
adpositis caput emutare capillis MAN.5.149; sic..et ipsae arbores et adpositae uites melius conualescent COL.*Arb.*16.2; (naues) adpositis utrimque gubernaculis TAC.*Ann.*2.6;—(*w. dat.*) masculina membra adposuit feminis PHAED.4.15(16).13;—(*w.* in +*acc.*) alterum librum..~ito in eum locum CATO *Agr.*42;—ad ipsum morsum stercus suillum ~ito 102; alterci..semen..denti..adpositum LARG.53.

5 To bring to bear (upon), apply (to). **b** to subject, expose (to).
columnae..machina adposita..deiectae CIC.*Ver.*1.145; fusus et adposito pollice uersat opus TIB.2.1.64;—(*w. dat.*) candelam ~ere ualuis JUV.9.98;—(*fig.*) adposita intortos extendit regula mores PERS.5.38. **b** (*w.* ad) dum ego haec ~o ad Volcani uiolentiam PL.*Men.*330.

6 To contribute as an additional element, add (to). **b** add in speech or writing, append (to); to add as a condition or stipulation. **c** to bestow, confer (on); *modum ~ere*, to set a limit (to).
indunt coriandrum, feniculum..~unt rumicem, brassicam PL.*Ps.*815; appositis..usuris PLIN.*Ep.*9.28.5;—(*w.* ad) nisi etiam laborem ad damnum ~am epithecam insuper PL.*Trin.*1025;—(*w. dat.*) aetas..illi quos tibi dempserit ~et annos HOR.*Carm.*2.5.15; OV.*Pont.*3.3.30; Nilus..id (*sc.* caenum)..~ens prioribus terris SEN.*Nat.*6.26.1; qui tibi labentis ~et candidus annos PERS.2.2;—(*math.*) bis septem apposita..hora dimidia MAN.3.260. **b** (dixit) nec signum tuum in epistula nec diem adpositum CIC.*ad Brut.*2.5(7).4; ea uerba Ciceronis..apposui GEL.1.3.13;—(*w. dir. quot.*) ~it 'meus est amor huic similis' HOR.*S.*1.2.107;— legata, quibus dies adposita non esset JAVOL.*dig.*35.1.54; condicionem, quae libertati eorum..adposita esset MARCEL.*dig.*40.5.56;—(*impers. pass.; w.* ut) aqua et igni interdictum reo, adpositumque ut teneretur insula TAC.*Ann.*3.38. **c** (*w. dat.*) fertur Prometheus..insani leonis uim stomacho apposuisse nostro HOR.*Carm.*1.16.16; *Ciris* 532;—(*impers. pass.*) hominum..quibus propter ignauiam adpositum est pluribus indigere APUL.*Mun.*27;—qui..uitiis modum ~it CIC.*Tusc.*4.42.

7 To assign, appoint (a person, esp. to some one else in a specific capacity, e.g. as a guard).
accusator..~itur..de creditoribus Lampsacenorum CIC.*Ver.*1.74; ~it qui petat Veneri Erycinae illam hereditatem 2.22; *Off.*3.61; adpositi custodes TAC.*Ann.*4.60; Mercurius..aquilam apposuit quae cor eius exesset HYG.*Fab.*144.2;—(*w. dat. of pers.*) custodem adsiduum Ioni adposuit uirgini ACC.*trag.*386; ne..praeuaricatorem mihi apposuisse uidear CIC.*Phil.*2.25; moderatorem et magistrum consulibus appositum LIV.2.18.6; SUET.*Aug.*48;—(*w. dat. of function*) turba custodiae impedimentorum adposita LIV.23.16.14; TAC.*Ann.*1.6; APUL.*Met.*11.19.

8 To set down in accounting, reckon, attribute (to).
(*w. pers. and/or pred. dat.*) ne utiquam officium liberi esse hominis puto..postulare id gratiae ~i sibi TER.*An.*331; quem Fors dierum cumque dabit lucro ~e HOR.*Carm.*1.9.15; quaeso..si quod uerbum absurdius..erit, id tempori ~as AUR.*Fro.*1.p.78(61N);—(*w.* apud) partem alteram tibi permitto; illam alteram apud me, quod bonist, ~ito PL.*Trin.*1067.

9 To apply as a description.
(*w. dat.*) (epitheton) detracto eo, cui ~itur, ualet pro nomine QUINT.*Inst.*8.6.29.

apporrectus ~a ~um, *a.* **adp-.** [AD-+PORRECTVS] Stretched out near or beside.
infantemque uident ~umque draconem OV.*Met.*2.561.

apportātiō ~ōnis, *f.* **adp-.** [next+-TIO] A carrying to, conveyance to.
(*w. obj. gen.*) cuius materies si esset facultas ~onibus ad urbem VITR.2.9.16.

apportō ~āre ~āuī ~ātum, *tr.* **adp-.** [AD-+PORTO]

1 To carry, convey, or bring (to a person, place, etc.); (spec.) to import. **b** to bring with one; (of an event) to bring in its train. **c** to present (a play).
lapis aliqui caedendus et ~andus fuit machina sua CIC.*Ver.*1.147; LIV.29.11.8; QVAEQVE..OPVS ERVNT..ADVEHERE ADFERRE ~ARE *CIL* 10.4842.27; (*pple. as sb.*) ut ea quoque, quae ad refectionem utilia essent, ~anti uis non fieret VEN.*dig.*43.19.4;—(*w. dat. of pers.*) alia (arma) ~abunt ei Neri filiae PL.*Epid.*36; CIC.*Ver.*1.57; STAT.*Theb.*7.397;—(*w. destination indicated*) magnas..~auisse diuitias domum PL.*St.*412; Romam quae ~ata sunt CIC.*Ver.*4.121; deus hos, deus ultor in iras ~at STAT.*Theb.*5.134;—(*w. provenance indicated*) ex Sicilia..frumentum ~ari CIC.*Ver.*3.172; CAES.*Gal.*5.1.4; (*w. abst. subj.*) mercatura..multa undique ~ans CIC.*Off.*1.151; — ~atur et Indicum ex India PLIN.*Nat.*35.43. **b** qui ea quae ~arat abstulerunt NEP.*Alc.*9.2; STAT.*Ach.*1.725;—TER.*Hau.*747; cur anni tempora morbos ~ant? LUCR.5.221. **c** ~o nouam..comoediam TER.*Ph.*24;—(*cf., w. dat.*) ~o uobis Plautum—lingua, non manu PL.*Men.*3.

2 To bring (news).
si quid boni ~atis, habeo gratiam PL.*Poen.*640; TER.*An.*73; nihilne a Troia ~at fando? PAC.*trag.*317;—(*w. dat.*) PL.*Mos.*466; ubi insolitam rem ~es auribus ante LUCR.5.100.

3 (refl.) To betake onself, make one's way; (so, facet.) *aduentum ~are.*
qui in deserta et tesqua te ~es loca ACC.*trag.*554;—huc..quom ex templo aduentum ~o, ilico Amphitruo fio PL.*Am.*865.

apposcō ~ere, *tr.* [AD-+POSCO] To demand in addition.
porro haec talenta dotis ~unt duo TER.*Hau.*838; si plus ~ere uisus HOR.*Ep.*2.2.100.

apposite, *adv.* **adp-.** [APPOSITVS[1]+-E] (w. *ad*) In a manner suited (to); (absol.) suitably, appositely.
dicere ~ ad persuasionem CIC.*Inv.*1.6;—quae Menander praeclare et ~ et facete scripsit GEL.2.23.11.

appositiō ~ōnis, *f.* [APPONO+-TIO] The action of comparing, a comparison.
(*w. obj. gen.*) in omni similium ~one QUINT.*Inst.*5.11.1; quid..fortitudo intelligi posset nisi ex ignauiae ~one? GEL.7(6).1.4.

appositum ~ī, *n.* [next] An adjective, epithet.
namque uno modo fit ~um..altero nomen rei QUINT.*Inst.*2.14.3; ἐπίθετον quod recte dicimus ~um 8.6.40; 9.4.24.

appositus[1] ~a ~um, *a. compar.* ~ior, *superl.* ~issimus. [pple. of APPONO] In senses of vb., esp.:

1 Situated near or opposite (to), juxtaposed, adjacent. **b** ready to hand, accessible. **c** near in quality, kind, etc., akin (to).
pistrinum ~um LUCIL.312; ~o..de monte OV.*Am.*3.6.7; GERM.*Arat.*378;—(*w. dat.*) LUCR.3.373; Euboea..toti..Boeotiae ~a MELA 2.107; Augusta Emerita, Anae fluuio ~a PLIN.*Nat.*4.117; TAC.*Hist.*3.71;—(*neut. pl. as sb.*) frequentissime mari ~ta uexantur SEN.*Nat.*6.23.4; (*of letters*) MAUR.1867. **b** parabile est, quod natura desiderat, et ~um SEN.*Ep.*4.10. **c** (*w.* ad) si quid aut ad id ~um sit, quod nos interpretamur, aut ei, quod aduersarius intellegat, aduersetur CIC.*Inv.*2.117;—(*absol.*) audacia non contrarium, sed ~um est ac propinquum 2.165.

2 Suitable, apt.
(*w.* ad) non omnis apta natio ad pecuariam..Galli ~issimi, maxime ad iumenta VAR.*R.*2.10.4; statura ~a ad dignitatem *Rhet.Her.*4.60; ut multo ~ior ad ferenda quam ad auferenda signa esse uideatur CIC.*Ver.*4.126; *Att.*3.14.2; QUINT.*Inst.*3.11.9;—(*w. dat.*) ~umque igni genus utile terrae *Aetna* 389;—(*neut. pl. as sb.*) cetera ~a tibi mandabo CIC.*Att.*8.7.3.

3 (of persons) Having regard (for), inclined (towards).
(*w. dat.*) iuri magis an aequo sit ~us (iudex) QUINT.*Inst.*4.3.11.

4 (of an argument) Drawn from, or based upon, comparisons.
~a uel comparatiua dicuntur, quae minora ex maioribus, maiora ex minoribus, paria ex paribus probant QUINT.*Inst.*5.10.87.

appositus[2] ~ūs, *m.* **adp-.** [APPONO+-TVS[3]] The application (of a medicament).
fici sucus..siccatur ad..cienda menstrua ~u cuml uteo oui PLIN.*Nat.*23.117; 23.164; 24.22.

appōtus ~a ~um, *a.* **adp-.** [AD-+POTVS] Intoxicated, drunk.
credo..dormire Solem atque ~um probe PL.*Am.*282; *Cur.*354; uel ego amare utramuis possum, si probe ~us siem *Rud.*566; GEL.6(7).7.7.

apprecor ~ārī ~ātus, *tr.* **adp-.** [AD-+PRECOR] To address prayers to, invoke, beseech.
rite deos prius ~ati HOR.*Carm.*4.15.28; APUL.*Met.*4.29; deam praepotentem lacrimoso uultu sic ~abar 11.1.

apprehendō ~dere ~dī ~sum, *tr.* **adp-.** contr. **apprendō.** [AD-+PREHENDO] FORMS: *appren-* PL.*Poen.*1226, CAECIL.*com.*80, SEN.*Con.*7.2.7, STAT.*Theb.*8.692, *Silv.*3.4.43, SIL.16.376, TAC.*Ann.*4.8; *adpraehendit* VEN.*dig.*48.2.12.4.

1 To lay hold of, grasp, seize, grip. **b** (spec.) to take into custody, arrest. **c** to overtake, catch up. **d** (of animals) to cling to; (of plants or other things) to attach themselves to. **e** (topog., in pf. pple. pass.) joined or attached to the mainland. **f** (of sickness) to seize.
eum..amicissime ~dit et in lecto suo conlocauit CIC.*Rep.*1.17; *B.Hisp.*18.1; uenae quae sanguinem fundunt ~dendae..sunt CELS.5.26.21.C; STAT.*Theb.*8.692; ~sa Pisonis manu TAC.*Hist.*1.15; quosdam gubernacula ~dentes SUET.*Cal.*32.1;—(*w. abl. of instrument*) ius, quod sit incorporale, ~di manu non posse QUINT.*Inst.*5.10.116; etiamsi corpore aceruus aut amphorae ~sae non sunt JAVOL.*dig.*41.2.51;—(*w. abl. of the part concerned*) fertur ~sum coma caput SEN.*Con.*7.2.7; ~sum faucibus uiator non..dimisit FLOR.*Epit.*2.5(3.17.8);—(*in fig. phr.; cf. sense* 3) ut quidquid ego ~deram, statim accusator extorquebat e manibus CIC.*Clu.*52;—(*w. ref. to capacity for grasping*) quantum ~derint tres digiti PLIN.*Nat.*20.162. **b** uin hanc ego ~dam? PL.*Poen.*1226; a militibus uisus ~susque sum GEL.5.14.26; ULP.*dig.*11.4.1.3; (*cf.*) in his comitiis quasi repente ~si sinceri iudices fuimus PLIN.*Ep.*3.20.9. **c** nisusque ~dere primos Panchates animosus equos SIL.16.376. **d** (polypi) uada non ~dunt PLIN.*Nat.*9.85;—uites sic clauiculis adminicula tamquam manibus ~dunt CIC.*N.D.*2.120; qui (*sc.* palmites) cum primum tabulatum ~derint COL.5.6.23;—(atomi) aliae alias ~dentes continuantur CIC.*N.D.*1.54; PLIN.*Nat.*34.147. **e** Grynia, nunc tantum portus, olim insula ~sa PLIN.*Nat.*5.121. **f** ubi..nausia ~det, decumbat purgetque sese CATO *Agr.*156.4.

2 To acquire by seizure, gain possession of, grasp, *possessionem ~dere* (+gen.) to gain possession (of).
necesse est..istum..~dere Hispanias CIC.*Att.*10.8.2; quod..ex maleficiis ~ditur JAVOL.*dig.*41.2.24;—(*w. abst. objs.*) Latinos iura nostrae ciuitatis ~dere cupientes V.MAX.3.1.2; hominum qui ultro mortem ~dissent exempla SEN.*Suas.*6.8;—cum ~derit possessionem fugitiui ULP.*dig.*21.2.21.3.

3 To seize upon, take up (a subject for emphasis or discussion).
quod ex illius uariis..disputationibus alius aliud ~derat CIC.*de Orat.*3.61; Thrasybulus etiam hoc loci ~dendus est V.MAX.4.1.ext.4; SEN.*Ep.*2.5; QUINT.*Inst.*8.pr.18; uolo..aliquem ex historia locum ~das PLIN.*Ep.*7.9.8;—(*w.* pro, ut) id pro causa ~di, quod contulisse plurimum uidetur CELS.1.pr.59; quartum quemque diem ut..efficacissimum ~dit 3.4.14.

4 To include (in a provision, etc.), embrace, cover.
qui non est testamento ~sus POMPON.*dig.*28.2.10; VEN.*dig.*48.2.12.4; omnes causae una petitione ~duntur PAUL.*dig.*44.2.14.2.

apprensō ~āre ~āuī ~ātum, *tr.* **adp-.** [prec.+-TO] To snatch at.
~at (*a dog*) naribus auras GRAT. 239.

apprīmē, *adv.* **adp-.** [APPRIMVS+-E] To a high or the highest degree, extremely, especially, very. **a** (w. adjs.). **b** (w. vbs.).

a adulescens..~ nobilis Pl.*Cist.*125; ~..utile Ter.*An.* 61; homo..~ doctus Var.*R.*3.2.17; artifices..~ boni Nep.*Att.*13.3; Gel.13.12.1; Socrates..uir ~ perfectus Apul.*Soc.*19;—(*w. superl.*) qui ~ summo genere gratus erat Quad.*hist.*15. **b** si fidibus ~ callerem Apul.*Fl.*17; quod si cuiuis potest euenire facultas contemplandi diuinam effigiem, cur non ~ potuerit Socrati optingere *Soc.*20.

apprimō ~ere appressī appressum, *tr.* **adp-.** [AD-+PREMO] To press to or on; to clench (the teeth).
~et..femur *Priap.*83.25; (cuminum) ~itur fasciis Plin. *Nat.*20.162; Tac.*Ann.*16.15;—(*w.* ad) ad ossa carnes ~ente (elephantiasi) Plin.*Nat.*26.7;—(*w. dat.*) ut tunica cinctuque corpori ~eretur (uirga) 24.68; scutum pectori adpressum Tac.*Ann.*2.21;—dentes ~amus tamen Aur.*Fro.*1.p.192 (78N).

apprīmus ~a ~um, *a.* **adp-.** [AD-+PRIMVS] The very first or most excellent.
uir summus ~us Patroclus Andr.*poet.*10(11).

approbātiō ~ōnis, *f.* **adp-.** [APPROBO+-TIO]
1 The giving of one's approval, approbation. **b** (in Stoic phil.) the assent given by the mind to what it perceives.
qui non ~ones solum sed admirationes..mouere debet Cic.*Orat.*236; Amor..sternuit ~onem Catul.45.9; Apul. *Pl.*2.19; ut irrita sit ~o dolo conductoris facta Paul.*dig.* 19.2.24;—(*w. subj. gen. or equiv.*) ecqua..sit..hominum aut ~o aut offensio Cic.*Inv.*2.42; uulgi adsensu et populari ~one *Brut.*185; cum ingenti ~one hominum Liv.23.23.7;—(*w. gen. expr. source*) ~one auctoritatis meae colonias patris adiit Cic.*Phil.*5.23. **b** de adsensione atque ~one, quam Graeci συγκατάθεσιν uocant, pauca dicemus Cic.*Luc.*37; *Ac.*1.45.
2 A purposive attitude, decision.
ne uinulenti quidem quae faciunt eadem ~one faciunt qua sobrii Cic.*Luc.*52.
3 A proof, confirmation.
~o est qua utimur ad extremum confirmata suspicione *Rhet.Her.*2.9; Cic.*Inv.*1.59; ~o nostra expeditissima est Fron.*Aq.*70.

approbātor ~ōris, *m.* **adp-.** [APPROBO+-TOR] One who approves.
(*w. obj. gen.*) quamuis non fueris suasor..profectionis meae, ~or certe fuisti Cic.*Att.*16.7.2; quos subscriptores ~oresque huius uerbi habemus Gel.5.21.6.

approbē, *adv.* **adp-.** [APPROBVS+-E] Excellently.
quod 'ad' praeuerbium tum ferme acueretur, cum significaret ἐπίτασιν..sicut 'adfabre' et 'admodum' et '~' dicuntur Gel.6(7).7.5.

approbō ~āre ~āuī ~ātum, *tr.* **adp-.** [AD-+PROBO]
1 To express approval of, commend, endorse. **b** to accept as true, assent to; (also w. acc. and inf.). **c** *di ~ent* (iron.), may heaven approve (*i.e.* no one else will).
quom nostram pietatem ~ant..di inmortales Pl.*Poen.* 1255; *Ps.*1334; si non id fama ~at Ter.*Ph.*724; cum meum ius iurandum..una uoce et consensu ~auit (populus) Cic. *Pis.*7; quia dictum id risu ~auisset *Tusc.*5.60; in eo..cuius orationem ~ant Caes.*Gal.*7.21.1; consilium ~at Sal.*Jug.* 106.4; ~antibus sex tribunis actionem collegae Liv.9.34.26; Ov.*Pont.*1.5.62; si non ingenium, certe breuitatem ~a Phaed.4.epil.7;—Quint.*Inst.*1.4.20; Tac.*Hist.*5.17;—(*pres. pple. as sb.*) ingens adsensus alacritasque cuncta ~antium fuit Liv.3.54.10;—(*absol.*) omnibus ~antibus Cic.*Brut.*88; Liv.5.55.2;—(*neut. of pf. pple. as sb.*) ~atum est quod homines..sua constituerunt auctoritate Cic.*Inv.*1.48. **b** uim et euentum agnosco scio ~o Cic.*Div.*1.16; *Luc.*29; *Hort.* fr.100;—conclamant omnes et ~ant ita fieri oportere *Ver.*4.143; *Phil.*4.2. **c** dum..Appium orno, subito sum factus accusatoris eius socer. 'id quidem' inquis 'di ~ent!' Cic.*Att.*6.6.1; quod actum est, di ~ent *Fam.*2.15.2; Liv. 10.13.12;—(*ellipt.*) idcirco nauem Mamertinis non imperasti, quod sunt foederati. di ~ent! Cic.*Ver.*5.49.
2 To render acceptable or agreeable, commend (to), win approval for.
neque ullius cogitata uituperans institui ex eo me ~are Vitr.7.pr.10; qui causas in senatu uoluntariae mortis non ~auerit Quint.*Decl.*337(p.325,l.19); operam suam in ~anda excusatione offerre Tac.*Ag.*42.2; Plin.*Ep.*6.31.12; Paul.*dig.*19.2.24;—(*w.* pro) potest quidem eloquentia tua quae parua sunt ~are pro magnis Sen.*Dial.*11.18.4;—(*w. dat.*) is..opus manu factum subtiliter regi ~auit Vitr. 9.pr.9; V.Max.3.7.ext.2; Sen.*Cl.*1.13.4; (*ellipt.*) abstersærat saepius mutaueratque penicillum, nullo modo sibi ~ans Plin.*Nat.*35.103.
3 To prove the excellence of, show the worth of, approve.
talis illius a bona matre laus genus ~et Catul.61.220; is uti, quae experimentum ~arit Cels.4.2.7; Plin.*Nat.* 11.240;—(*w. pred. adj.*) multo ita gratiores ~antur (gallinacei) 10.140;—(*w. dat.*) Eumolpo..me totum ~aui Petr. 140.13; Sen.*Med.*977; primosque Ioui puer ~at annos (*i.e. in the Olympic games*) Stat.*Silv.*2.6.47; Tac.*Ag.*5.1.
4 To demonstrate the existence of, show. **b** (w. pred. adj.) to prove.
ossa anguium eundem..~ant effectum Plin.*Nat.*30.122; quas uirtutes..in litigatore debeat orator..~are Quint. *Inst.*6.2.18; satis ~atam uim; datum et lenitatis experimentum Tac.*Ann.*15.24; Suet.*Aug.*46. **b** ut ex aequo ius firmum ~aret Petr.74.9; Mart.7.39.5; Quint.*Decl.*342 (p.351,l.22); talem et se et exercitum ~auit, ut..Suet.*Gal.* 6.3.
5 To prove true, confirm (a statement, prediction, etc.). **b** (w. acc. and inf.). **c** (w. indir. qu.).
operaque omen ~a! Pac.*trag.*146; eam (*sc.* primam partem ratiocinationis)..quam copiosissimis uerbis ~ari putant oportere Cic.*Inv.*1.58; *Att.*6.9.1; iussit..~ari pondus Petr. 67.8; uaticinatione ~ata Plin.*Nat.*18.341; Quint.*Inst.* 7.3.25; ne..obiecta crimina pro ~atis accipiatis Tac.*Ann.* 3.12;—(*w. dat.*) ipse heres id ~are iudici debet Cels.*dig.* 22.3.12. **b** ueram..fuisse obnuntiationem..exitus ~auit Cic.*Div.*1.29; Sen.*Ep.*66.3; motu demum corporum uiuere eos ~ante Plin.*Nat.*9.176; Quint.*Decl.*326(p.285,l.5); datur eis potestas..~are se ex lege Aelia Sentia uxorem duxisse Gaius *Inst.*1.29;—(*impers. pass.*) Tac.*Hist.*1.3. **c** (*w. dat.*) quemadmodum magis ~are tibi possum, quanto opere mirer epigrammata tua Graeca? Plin.*Ep.*4.18.1.

approbus ~a ~um, *a.* **adp-.** [AD-+PROBVS] Excellent, worthy.
Hierocles hospes est mi adulescens ~us Caecil.*com.*228; '~us'..quod significat 'ualde probus' Gel.6(7).7.8.

apprōmissor ~ōris, *m.* **adp-.** [next+-TOR] One who promises or give security on behalf of another.
~or est, qui, quod suo nomine promisit, idem pro altero quoque promittit Paul.*Fest.*p.15M; Ulp.*dig.*24.3.64.4; 46. 3.43.

apprōmittō ~ittere ~īsī ~issum, *tr.* **adp-.** [AD-+PROMITTO] To promise in addition (to another).
cumque id ita futurum T. Roscius..~itteret, crediderunt Cic.*S.Rosc.*26.

apprōnō ~āre ~āuī ~ātum, *tr.* **adp-.** [AD-+PRONVS+-O[3]] (refl.) To lean forwards.
complicitus in genua ~at se Apul.*Met.*1.19.

approperō ~āre ~āuī ~ātum, *intr., tr.* **adp-.** [AD-+PROPERO]
1 (intr.) To come hastily, hurry up, hasten. **b** to act speedily, make haste.
Pl.*As.*294; adde gradum, ~a *Trin.*1010; postquam ante ostium me audiuit stare, ~at Ter.*An.*475; quid consili.. capiamus te absente nescimus. qua re ~a Cic.*Att.*4.3.6; 4.6.4; V.Fl.4.737; Sil.10.595; (*w.* ad) nisi ad cogitatum facinus ~aret Cic.*Mil.*45. **b** Scipio..munitiones contra facere et, ne iugo a Caesare excluderetur, ~are *B.Afr.*61.7; (*w. inf.*) portas..intrare patentes ~a! Ov.*Met.*15.584; noctem operi iungunt et robora ferre coactis ~ant humeris Sil.3.639.
2 (tr.) To perform hastily, hasten, to accelerate, speed up.
opus adeo ~atum est, ut sole orto Volsci..se munimento ..circumuallatos..uiderent Liv.4.9.13; 26.15.10; 27.25.9; —~o gressum Sil.6.206; hausto ueneno..intercisis uenis mortem ~auit Tac.*Ann.*16.14.

appropinquātiō ~ōnis, *f.* **adp-.** [next+-TIO] A drawing near in time, approach.
~o mortis Cic.*Sen.*66; ~o partus Faustinae Aur.*Fro.*1. p.246(90N).

appropinquō ~āre ~āuī, *intr.* **adp-.** [AD-+PROPINQVO]
1 To come near, approach (in space).
posquam pater ~at *Inc.trag.*166; nuntiasse..Milonem ~are Cic.*Mil.*48; quanto..magis ~are aduersarius coepit Pomp.*Att.*8.12b.1; Caes.*Civ.*3.13.2; Liv.6.22.9;—(*w. dat.*) ubi..~are (turrim) moenibus uiderunt Caes.*Gal.*2.31.1; *Civ.* 3.80.4; Liv.3.8.8; Tac.*Ag.*37.4; (*of linear objects*) stomachus denticulatus..decrescentibus crenis (*dub.*) quicquid ~ent uentri Plin.*Nat.*11.180;—(*w.* ad) qui ad summam iam aquam ~ent Cic.*Fin.*4.64; *B.Hisp.*2.3; Liv.40.58.3;—(*w.* in+*acc.*, propius) cum..iniquum in locum nostri ~assent *B.Hisp.*30.2; propius riuum cum ~assent 29.8.
2 To draw near in time, approach, be at hand.
iam fere cum lux ~aret Cic.*Tul.*21; cum meus aduentus ~aret *Ver.*4.141; eius rei maturitas nequedum uenit et tamen iam ~at *Q.fr.*3.8.1; hiems ~abat Caes.*Civ.*3.9.8; cum dies comitiorum ~aret Liv.3.34.7; (*w. dat.*) ut et illi poena et nobis libertas ~et Cic.*Phil.*4.10.
3 To be close (to an event or condition), be on the point (of).
(*w. dat.*) centuriones qui primis ordinibus ~arent Caes. *Gal.*5.44.1; eum ~are supremis Tac.*Ann.*6.50; (*w.* ut) catulus ille, qui iam ~at ut uideat Cic.*Fin.*3.48.

appugnō ~āre ~āuī ~ātum, *tr.* **adp-.** [AD-+PVGNO] To attack, assault.
classem..~are frustra temptauit Tac.*Ann.*2.81; alii castra Romana ~arent 4.48; 15.13.

appulsus ~ūs, *m.* **adp-.** [APPELLO[1]+-TVS[3]]
1 A bringing close or to, application, approach. **b** (naut.) a putting in to land, landing. **c** the (right of) driving of cattle (to a watering place).
quod pars earum (regionum) ~u solis exarserit Cic.*N.D.* 1.24; nouaculam..~u..palmulae lenientis exasperatam Apul.*Met.*5.20; ~u linguae 6.8. **b** utrimque prora paratam semper ~ui frontem agit Tac.*Ger.*44.1; oppidum Brundisium, quod nauiganti celerrimum..~u erat *Ann.*3.1;—(*w. gen.*) ut Attalum..portibus et litorum ~u arceret Liv.27. 30.7; Plin.*Nat.*2.118; Tac.*Hist.*2.59;—(*w.* ad) M. Catonis.. ~us ad ripam urbis V.Max.8.15.10. **c** pecoris ad aquam ~us Ulp.*dig.*8.3.1.1; 43.20.1.18.
2 The effect of proximity, impact, influence.
nimios et frigoris et caloris ~us Cic.*N.D.*2.141; censet deorum ~u homines somniare *Div.*1.64.

apra ~ae, *f.*: old fem. of APER.
Plin. in *G.L.*2.233.

aprārius ~a ~um, *a.* [APER+-ARIVS] For hunting boars, boar-.
retia ~a Paul.*dig.*33.7.22.

aprīcātiō ~ōnis, *f.* [APRICOR+-TIO] A sitting in the sun, basking.
unam me hercule tecum ~onem..malim Cic.*Att.*7.11.1; calescere..~one *Sen.*57; egredientes ad ~onem columbas Col.8.8.4.

aprīcitās ~ātis, *f.* [APRICVS+-TAS] The quality of having much sunshine, sunniness.
si diei permittit ~as Col.7.4.5; regio Margiane ~atis inclutae Plin.*Nat.*6.46.

aprīcor ~ārī ~ātus, *intr.* [APRICVS+-O[3]] To bask in the sunshine, sun oneself.
hieme in sole ~ari Var.*Men.*328; Cic.*Tusc.*5.92; ubi ~etur (gallina) Col.8.4.6; Plin.*Nat.*36.184.

apricula ~ae, *f.* or **apriculus** ~ī, *m.* [APER+-CVLVS] An unidentified fish.
~um piscem scito primum esse Tarenti Enn.*var.*38(Apul. *Apol.*39); uenandis apris piscem ~am Apul.*Apol.*34.

aprīcum ~ī, *n.* [next]
1 A sunny place or region.
pisum in ~is seri debet Plin.*Nat.*18.123; Norici Alpiumque ~a 21.43; Paul.*Fest.*p.2M.
2 The light of day, sunshine.
quidquid sub terra est in ~um proferet aetas Hor.*Ep.* 1.6.24.

aprīcus ~a ~um, *a.* *compar.* ~ior, *superl.* ~issimus. [dub., cf. perh. *aperio*]
1 (of places) Having a large amount of sunshine, sunny; (also, of a climate or a day).
opaci an ~i (loci) Cic.*Part.*36; ~o horto *Fam.*16.18.2; ~is in collibus Verg.*Ecl.*9.49; aggere in ~o spatiari Hor.*S.* 1.8.15; Liv.21.37.5; locis ~ioribus Col.11.3.24;—citerior.. curuatura..~is est potestatibus Vitr.2.10.1; ~o caeli statu Col.11.3.27;—~issimo die 9.14.13; totum..per annum durat ~a dies V.Fl.1.844; Apul.*Met.*11.7.
2 Warmed by the sunshine, basking.
~is statio gratissima mergis Verg.*A.*5.128; ~os necte flores Hor.*Carm.*1.26.7; ~a pendentibus arbore pomis Ov. *Met.*4.331; nostra ut Floralia possint ~i meminisse senes Pers.5.179; (*poet.*) dum..~as pastor agit curas *Culex* 98; (*of breezes*) quod est remotum ac sinistrum soli et ~is flatibus Col.1.5.8.

Aprīlis[1] ~is ~e, *a.* [dub., perh. Etr.] The name of the second, later the fourth, month of the Roman calendar, April; also, of this month.
(mensem secundum) puto dictum, quod uer omnia aperit, ~em Var.*L.*6.33; qui dies mensem Veneris marinae findit ~em Hor.*Carm.*4.11.16; ut..mensis..~is Neronis cognomentum acciperet Tac.*Ann.*15.74;—Nonis ~ibus Cic.*Fam.*1.9.8; ingerat ~is (*sc.* Kalendas) Iole tibi Prop. 4.5.35; tuas ~is ut nostras amo Martias Kalendas Mart. 9.52.2.

Aprīlis[2] ~is, *m.* [prec., sc. *mensis*] The month of April.
in ~i, quod tuearis, habes Ov.*Fast.*4.20; 4.901.

aprīneus ~a ~um, *a.*: var. of next.
~a pelle Hyg.*Fab.*69.3.

aprīnus ~a ~um, *a.* [APER+-INVS] Of a wild boar.
uiscus ~um Lucil.1341; *v.l.* in Plin.*Nat.*28.215.

aprōnia ~ae, *f.* [perh. APRONIVS] The plant black bryony, *Tamus communis.*
nigra (uitis), quam proprie bryoniam uocant..alii..~am Plin.*Nat.*23.27.

Aprōniānus ~a ~um, *a.* Of or belonging to Apronius.
~i conuiui Cic.*Ver.*3.28; ~um senatus consultum Paul. *dig.*36.1.27(26); (*as the name of a variety of cherry*) cerasorum ~a maxime rubent Plin.*Nat.*15.102.

Aprōnius ~(i)ī, *m.* A Roman gentile name.
Cic.*Ver.*3.22; Plin.*Nat.*11.213.

aprotonum ~ī, *n.*: see HABROTONVM.

aproxis, *f.* [app. Gk.] (See quot.)
ab eodem Pythagora ~is appellatur herba cuius radix e longinguo concipiat ignes Plin.*Nat.*24.158.

aprugnus ~a ~um, *a.* **aprūnus.** [APER+-*ugnus* (cf. *capruginus*)] Of the wild boar, boar's.
magis calleo quam ~um callum callet Pl.*Per.*305; *Poen.* 579; lumbos capruginos ~os Met.Pius in Macr.3.13.12; Catonis censoris orationes ~um exprobrant callum Plin. *Nat.*8.210; 28.167.

aps: see AB.

aps-: for wds. beginning thus not found here see ABS-.

apsidāta ~ae, *f.* [APSIS+-ATVS[2]] (app.) An alcove, niche.
SIG(NVM) NVMINIS CVM ~A EX VOTO POS(VIT) *CIL* 3.968.

apsinthītēs ~ae, *m.* **abs-.** [Gk. ἀψινθίτης] Wine flavoured with wormwood.
fit ~es in XL sextariis musti absinthi Pontici libra decocta PLIN.*Nat.*14.109;—(*w.* uinum) uinum ~en..sic condire oportet COL.12.35; uino ~e PLIN.*Nat.*20.65.

apsinthium ~(i)ī, *n.* **abs-.** [Gk. ἀψίνθιον] FORMS: *apsenthium* VAR.*R.*1.57.2.
1 (in full *~ium Ponticum*) Wormwood, *Artemisia apsinthium* or *pontica.* **b** *~ium Santonicum*, a species of wormwood, *Artemisia glacialis* or *mutellina.* **c** *~ium marinum*, a species of wormwood, *Artemisia maritima.*
non illa (Arabia) ubi tus gignitur, sed ubi ~ium fit ac cunila gallinacea PL.*Trin.*935; CATO *Agr.*159; taetra ~i natura LUCR.2.400; CELS.3.21.6; pontici ~ii pondo libram ..decoque COL.12.35; ~i sucus decocti PLIN.*Nat.*19.179; —(*pl.*) cana prius gelido desint ~ia Ponto OV.*Tr.*5.13.21. **b** ~ii genera plura sunt: Santonicum appellatur e Galliae ciuitate, Ponticum e Ponto PLIN.*Nat.*27.45. **c** est et ~ium marinum, quod quidam seriphum uocant PLIN.*Nat.* 27.53; (*cf.*) nascitur et in mari ~ium 32.99.
2 An infusion or tincture of wormwood. **b** (w. allusion to use of honey to mask bitter taste of wormwood).
LUCR.1.936; diluta..tuimur misceri ~ia 6.930; CELS. 2.24.3; per se uel cum ~io PLIN.*Nat.*21.135; adiuuantur.. ~io poto cum uino LARG.192. **b** uteremur, ne parum hic liber mellis et ~ii multum habere uideatur QUINT.*Inst.*3.1.5.

apsinthius ~iī, *m.* **abs-:** (app.) var. APSINTHIVM.
~ium ut bibam grauem VAR.*Men.*440.

apsis ~idis, *f.* **abs-, haps-.** [Gk. ἁψίς]
1 (astron.) The arc apparently described by a planet.
ab alio cuique centro ~ides suae exsurgunt PLIN.*Nat.*2.63; 2.79.
2 A segment of a circle.
cubiculum in ~ida curuatum PLIN.*Ep.*2.17.8.
3 A kind of vessel.
aurea emblemata, quae in ~idibus argenteis sint ULP.*dig.* 34.2.19.6; PAUL.*dig.*34.2.32.1.

apsyctos ~ī, *f.* [Gk. ἄψυκτος] The name of a precious stone.
~os septenis diebus calorem tenet excalefacta igni PLIN. *Nat.*37.148.

Apsyrtos, *f.*: see ABSYRTIS.

aptē, *adv.* *compar.* ~ius, *superl.* ~issimē. [APTVS+-E]
1 So as to fit exactly, closely, tightly, snugly.
illa..ita ~e in scaphiis aureis includebat, ut ea ad illam rem nata esse diceres CIC.*Ver.*4.54; si cothurni laus illa esset, ad pedem ~e conuenire *Fin.*3.46; ita ~e cohaeret ut dissolui nullo modo queat *Tim.*15; alteriusque sinus ~e subiecta fouebis? OV.*Am.*1.4.5; (*fig.*) inter se ~issime conlocentur CIC.*Orat.*205; nisi omnia..in istam quadrare ~e uiderentur *Cael.*69.
2 Neatly, aptly, appositely.
cum ~e uerba cecidissent CIC.*Orat.*168; concedant.. aliquid emptori quod ornandi causa ~e et loco positum esse uideatur *Top.*100; *Off.*1.2; aquila..pilleum aufert..rursus.. capiti ~e reponit LIV.1.34.8; cum scribo, si forte quid ~ius exit PERS.1.45; QUINT.*Inst.*12.10.26.
3 Suitably, usefully, properly.
te non alius belli tenet ~ius artes [TIB.]3.7.82; equite ~e locato LIV.4.37.8; ut coeant, ~eque lini..possint OV.*Med.* 81; formas..~e fingetur in omnes *Met.*14.685; CURT.8.13.6; sole adusta sebo asinino ~issime curantur PLIN.*Nat.*28.222; —(*w.* ad) fabricato ad id ~e ferculo LIV.1.10.5; naues, ad superanda uada..~e planis alueis fabricatas 10.2.12; finibus etiam regni ~e ad Hispaniam..positis 28.17.10; ad persuadendum ~e dicere TAC.*Dial.*30.5.
4 Appropriately, fittingly.
iudicabimus, quid eorum ~e fiat CIC.*Off.*1.146; ~ius a summa conspiciere manu OV.*Ars* 3.226; ut (chlamys) pendeat ~e *Met.*2.733;—(*w.* ad) ut ad id, quodcumque agetur, ~e congruenterque dicamus CIC.*de Orat.*3.37; ut dicamus aliquid ad tempus ~e *Part.*30;—(*w.* in+*acc.*) (sortes) ductae ut in rem ~e cadant *Div.*1.34.

apthae ~ārum, *f. pl.*: see APHTHAE.

aptō ~āre ~āuī ~ātum, *tr.* [as APTVS+-TO]
1 To put in position, fit on, fix. **b** to put or fasten (armour, ornaments, etc.) on oneself, don.
fraxineasque ~are sudes (*i.e. in a vineyard*) VERG.*G.*2.359; reponunt robora nauigiis, ~ant remosque rudentisque *A.* 5.753; 11.8; quaedam..parum ~ata positu suo SEN.*Nat.* 6.30.4; quem (ignem) natura, ne umquam excuteretur, ~auit 7.22.1;—(*w. dat.*) dona..~at..postibus VERG.*A.* 8.721; ~at..opus puero OV.*Ars* 2.65; os eius (*sc.* cucurbitulae) corpori ~atur CELS.2.11.1; ~at qui iuga tigribus SEN.*Med.*85; PETR.114.12; cothurnos ~are infantibus QUINT.*Inst.*6.1.36. **b** uixdum satis ~atis armis in ordines eunt LIV.10.33.2; SIL.5.131;—(*w. dat. of refl. pron., or of a part of the body*) Danaumque insignia nobis ~emus VERG.*A.* 2.390; 9.364; cur dexteris ~antur enses conditi? HOR.*Epod.* 7.2; LIV.44.34.8; ~abat..uincula collo OV.*Met.*10.381; cum anulos eius sibi ~asset SEN.*Ben.*3.25; ~asti longum tu quoque syrma tibi MART.12.94.4; SUET.*Tib.*73.2.
2 To bring into position for use, bring to bear, apply. **b** (w. non-material objs.) to bring into use, employ; (w. dat. *ad*) to apply, refer, fit (to).
simul ~at habendo ensemque clipeumque VERG.*A.*12.88; ~andis armamentis LIV.33.48.8; ~ata harundo est (*sc. to the bow-string*) SEN.*Her.F.*1300; *Her.O.*1033; rex impius ~at tela STAT.*Theb.*11.499; ~abimus (*set*) uela QUINT.*Inst.* 10.7.23;—(*w. dat.*) neruoque ~are sagittas VERG.*A.*10.131; dexteram suam necessariis usibus ~abat V.MAX.8.7.ext.5; ~abat..pulsanti carbasa uento SIL.3.130; tonsis ~are lacertos 14.358;—(*w.* ad) miles saeuas ~at ad arma manus OV.*Am.*1.13.14; (*poet.*) ad militares remus ~atur manus SEN.*Ag.*425. **b** prouerbia opportune ~ata QUINT.*Inst.* 6.3.98; sermo..qui facillime iudicem doceat, ~andus 12.10.56;—quaecumque uoles illi nomina proprie ~abis SEN.*Ben.*4.7.2; (persona) sapienti uiro ita ~anda est, ut perferatur PLIN.*Ep.*1.23.5; ~anda est..singulis uerbis.. congruens interpretatio ULP.*dig.*5.3.20.6; (*w.* ad) hic casus.. ad ius antiquum ~andus sit SCAEV.*dig.*28.2.29.7.
3 To fit together, join; (transf.) to join, add.
laruam argenteam..sic ~atam ut articuli..flecterentur PETR.34.8;—~ari magnis inferiora licet OV.*Am.*2.17.14; sanguis hircinus cibo ~atus PLIN.*Nat.*28.197; (*cf.*) nec noscere natos adloquiumque ~are (*converse*) licet STAT. *Theb.*11.612.
4 To make ready, prepare. **b** (w. abl.) to equip (with).
~ate, pueri..ampliter conuiuium POMPON.*com.*54; siluis ~are trabes VERG.*A.*1.552; classem ~ent 4.289; in pace ut sapiens ~arit idonea bello HOR.*S.*2.2.111; paratas ~atasque habebat pedes lintres LIV.21.27.8; (*w. abst. obj.*) de mendacii magnitudine fidem ueritatis ~auit [QUINT.]*Decl.*11.3;— (*w. dat.*) itineri sarcinas ~ant CURT.6.2.15; bellis ~are uiros STAT.*Theb.*4.320; ensem ~abat..neci 9.77;—(*w.* ad) ~anda..ad pugnam classe LIV.21.49.11; ad transeundum omnia ~auerant CURT.7.8.8;—(*refl. or pass. in middle sense*) ~at se pugnae VERG.*A.*10.588; LIV.9.31.9; conpositi et ~ati primum..ictum facile excipiunt SEN.*Dial.*12.5.3; ad ensiferos..tumultus ~abar STAT.*Ach.*2.130; (*w.* in+*acc.*) qui in hoc ipsum ~atus..uenit ULP.*dig.*43.16.1.28. **b** classem uelis ~are iubebat VERG.*A.*3.472; 8.80; ensem..quem.. habilem uagina ~arat eburna 9.305; ~atam..caua testudine dextram STAT.*Theb.*10.309; ipsae odiis..~emur 11.101.
5 To form or modify so as to suit, adapt, accommodate, fit. **b** to adapt mentally, bring into a suitable frame of mind, attune.
(*w. dat.*) nolis..bella Numantiae..~ari citharae modis HOR.*Carm.*2.12.4; *Ep.*1.3.13; carmina neruis ~at PROP. 3.3.36; omnibus historiis se meus ~at amor OV.*Am.*2.4.44; illius se commodo ~abit SEN.*Ben.*6.35.3; consilia..rebus ~antur *Ep.*71.1; ~antes affectibus uocem QUINT.*Inst.* 8.6.31;—(*w.* ad) usum (ualli) nec ad commoditatem ferendi ..~auerunt LIV.33.5.5; gemmae, quae ad ectypas scalpturas ~antur PLIN.*Nat.*37.173; fistulam..~are ad longitudinem nasi LARG.47. **b** qui Fortunae te responsare superbae..hortatur et ~at HOR.*Ep.*1.1.69;—(*w. dat.*) animos ~ent armis VERG.*A.*10.259; qui paupertati suae ~atus est SEN.*Ep.*108.11;—(*w.* ad) non ad praesentia ~amur, sed cogitationes in longinqua praemittimus 5.8; 93.6.

aptra ~ōrum, *n. pl.* [unkn.] Word said to mean 'vine-leaves'.
TITIN.*com.*186.

aptus ~a ~um, *pple.* and *adj.* *compar.* ~ior, *superl.* ~issimus. [pple. of APIO or APISCOR]
1 Tied, fastened, bound. **b** made up by uniting, composed, fitted together.
uinclis uenatica..~a ENN.*Ann.*341; unus consterni nobis uetus restibus ~us LUCIL.1060; magnos orbes..nodis caelestibus ~os CIC.*Arat.*487(243); gladium e lacunari saeta equina ~um demitti *Tusc.*5.62; crine..~o BAS.*poet.*2.4; (*pleon.*) pedes uinctos talaribus ~is CIC.*Arat.*258(24); (*poet.*) bracchia..ualidis ex ~a lacertis LUCR.4.829; (*fig.*) otio ~us (*v.l.* captus) PL.*Trin.*658; linguam..uinclis de pectore imo ac de corde ~is moueri GEL.1.15.1. **b** qui comptu coniugioque corporis atque animae consistimus uniter ~i LUCR.3.846;—(*w.* ex) qua ex coniunctione..caelum ita ~um est, ut..CIC.*Tim.*15; cum corporis atque animai discidium fuerit quibus e sumus uniter ~i LUCR.3.839.
2 (usu. transf.) Associated, connected.
(*w.* inter se) (causas) ~as inter se omnes CIC.*Inv.*2.110; tam ratos astrorum ordines tamque inter se omnia conexa et ~a *N.D.*2.97; 3.4; quae memorare queam inter se singlariter ~a LUCR.6.1067; (*w.* intra se) APUL.*Pl.*1.8;—(*w.* cum) ad illud astrum, quocum ~us fuerit, reuertetur CIC.*Tim.*45; —(*w. dat.*) naturam..coniunctam atque uniter ~am partibus aeriis mundi LUCR.5.537.
3 (w. *ex*, abl., or adv.) Dependent (upon), following (from).
non ex uerbis ~um pendere ius CIC.*Caec.*52; qui est totus ~us ex sese *Parad.*17; *Fat.*34; honestum, ex quo ~um est officium *Off.*1.60; rem quae ex hoc ~a fidem ducat LUCR. 2.479; uti..ex locis ~as..habeant dignitates VITR.7.4.4; —rudentibus ~a fortuna CIC.*Tusc.*5.40;—altera est nexa cum superiore et inde ~a atque pendens *Hort.*fr.52.
4 (w. abl.) Fitted or provided (with).
caelum..stellis fulgentibus ~um ENN.*Ann.*29; o Fides alma ~a pinnis *scen.*403; lucus..teneris fruticibus ~us VAR.*Men.*322; LUCR.6.357; 2.814; uita modica et ~a uirtute CIC.*Leg.*1.56; CAES.*Civ.*3.111.3; VERG.*A.*4.482; agili et nautico instrumento ~ae et armatae classi LIV.30.10.3.
5 Prepared or equipped, ready. **b** ready for use, handy, convenient. **c** (of persons) adapted or adaptable (to).
(*w.* ad) reliqua satis ~a sunt ad soluendum CIC.*Att.*16.2.2; omnia sibi esse ad bellum ~a ac parata CAES.*Civ.*1.30.5;— (*w. dat.*) hoc itineri magis ~i quam proelio LIV.3.27.6; TAC.*Hist.*1.79. **b** ~is sarcinulis et expeditis CATUL.28.2; socordius ire miles occipere, non ~is armis SAL.*Hist.*3.25; profectus ~o exercitu LIV.10.25.4; 44.34.3; erat ~ior ensis uomere OV.*Fast.*1.697. **c** minus ~us acutis naribus horum hominum HOR.*S.*1.3.29; corporis exigui, praecanum, solibus ~um *Ep.*1.20.24; qui sapit, innumeris moribus ~us erit OV.*Ars* 1.760.
6 In good order or condition, neat, orderly. **b** (esp. of style) neat, apt.
prouinciam..mihi ~am explicatamque tradere CIC.*Fam.* 3.2.1; in uita..quae..omni uersu ~ior esse debet *Parad.*26; *Fin.*3.17; corporis est quaedam ~a figura membrorum.. eaque dicitur pulchritudo *Tusc.*4.31. **b** rationis ~a conclusio CIC.*de Orat.*3.203; *Brut.*68; hominum etiam nomina contrahebant, quo essent ~iora *Orat.*153; ~aque in alternos cogere uerba pedes OV.*Tr.*3.7.8; (*of speakers or writers*) ita porro uerbis est ~us et pressus (Thucydides) CIC.*de Orat.* 2.56; *Brut.*145.
7 (of persons or active agents) Efficient or good (at doing something), fitted (for), able (to): **a** (w. *ad*). **b** (w. dat.). **c** (w. *in*+acc.). **d** (w. inf.; w. *qui*).
a reperiebam hunc..ad istius flagitiosas libidines.. natum atque ~um fuisse CIC.*Ver.*2.134; *Fin.*3.63; nostros.. minus ~os esse ad (*i.e. at fighting*) huius generis hostem CAES.*Gal.*5.16.1; ~issimum..genus ad proditionem *B.Alex.* 7.3; (+*gd. or gdve.*) in ea parte quae sit ad gignenda animantia ~issima animal gigni nullum CIC.*N.D.*2.42; *Tusc.*3.15; genus..ad omnia imitanda..~issimum CAES.*Gal.*7.22.1; Appi uiolentiam ~iorem rati ad comprimendos urbanos motus LIV.3.41.8; 26.10.6; ~a ad iaciendum etiam paganorum manus TAC.*Hist.*2.14. **b** ~a quadrigis equa HOR. *Carm.*2.16.35; ut amicis ~us *S.*2.5.43; Alexandria, dolis ~issima tellus PROP.3.11.33; LIV.27.46.3; bello ~i 30.11. 4; discors concordia fetibus ~a est OV.*Met.*1.433; somno ..~um (*sc. good at producing*) est papauer CELS.2.32; soror sagittis ~ior, Phoebus lyrae SEN.*Her.F.*906; COL. 3.1.2; numquam ~a latenti turba dolo STAT.*Theb.*10.242. **c** quos in expeditionem..~issimos esse ratus est LIV.25.9.1; 38.21.7. **d** (Circe) ~a..mutare figuras [TIB.]3.7.62; femina..ferre grauem lana uix satis ~a colum OV.*Ep.*9.116; —quae lanas molliat, ~a manus 3.70.
8 Suitable for use, useful, convenient, favourable. **b** (w. *ad*; also, w. *in*+acc.). **c** (w. dat.). **d** (w. pass. inf.).
neque..ita ~a habeo deuersoria ut..CIC.*Att.*11.5.2; haec ..noctis ~issima hora est LIV.7.35.10; ~ius omen erit OV. *Fast.*3.396; de Euphrate hoc in loco dixisse ~issimum fuerit PLIN.*Nat.*5.82; nam pro iucundis ~issima quaeque dabunt di JUV.10.349. **b** CIC.*de Orat.*1.4; quamuis essent (calcei) habiles atque ~i ad pedem 1.231; figura non modo ad usum uerum etiam ad uenustatem ~a *N.D.*1.47; —(+*gdve.*) Galliam..~issimam ad bellum renouandum.. prouinciam *Phil.*13.37; quod ~issimum est ad quiete uiuendum *Fin.*1.52; castra erant ad bellum ducendum ~issima CAES.*Civ.*2.37.5;—~issima in hoc nemora QUINT. *Inst.*10.3.22. **c** aliis alius (odor) magis est animantibus ~us LUCR.4.676; non est ~us equis Ithace locus HOR.*Ep.* 1.7.41; PROP.3.9.4; uenti ~iores Romanae quam suae classi LIV.25.27.8; ~am..pastoribus umbram OV.*Met.*1.681; tali uitio..~um..medicamentum COL.6.14.5;—(+*gdve.*) quae (pars)..~ior..in uolgus fauori conciliando esset LIV.23.4.3; 32.10.11;—(*neut. as sb.*) ~a uiuentibus MELA 3.19; Drusus ~a temperandis animis disseruit TAC.*Ann.*3.31;—(*w.* ad *and dat.*) locus ad insidias..utri tandem fuerit ~ior CIC. *Mil.*53; *Fam.*3.6.1; magis esse aliis alias animantibus ~as res ad uitai rationem LUCR.6.773. **d** in Hispania.. bellum geri ~ius est? LIV.28.43.14; non erat (ficus) ~a legi OV.*Fast.*2.254; *Ep.*2.112.
9 Appropriate, fitting, in keeping, apt.
nunc quid ~um sit, hoc est, quid maxime deceat in oratione, uideamus CIC.*de Orat.*3.210; auitus ~o cum lare fundus HOR.*Carm.*1.12.43; ~um..putarunt..tangere corpus aqua OV.*Fast.*4.789; dicendi artem ~a trepidatione occultans TAC.*Hist.*1.69;—(*w.* ad) egregia et ad consulatum ~a prouincia CIC.*Mur.*41; ad tempus ~ae simulationes *Mil.*69;—(*w. dat.*) haec..genera dicendi ~iora sunt adulescentibus *Brut.*326; o rem minime ~am meis moribus! *Att.*5.10.3; LIV.3.17.10; ~um tempori mendacium TAC. *Hist.*3.75.

apua ~ae, *f.* [Gk. ἀφύη] A small or young fish, 'whitebait' (= APHYE).
~a (prouenit) spuma maris incalescente PLIN.*Nat.*9.160; 31.95; PAUL.*Fest.*p.22M.

apud, *prep.* Also **aput.** [perh. conn. w. APIO] FORMS: *apur* (Marsian dialect) *CIL* 1.5; *apor* PAUL.*Fest.*p.26M. CONST.: w. acc. POSITION: after sb. LUCR.6.747, TAC.*Ann.*4.5; between sb. and ep. TAC.*Ann.*4.43, 6.31.
1 (expr. position) At, near, in the neighbourhood of (places, topog. features, etc.). **b** close to, by, next, beside (things). **c** beside, near (persons).
APVR FINEM *CIL* 1.5; quid ~ hasce aedis negoti est tibi? PL.*Am.*350; nauim is fregit ~ Andrum insulam TER.*An.*222; hostis est enim non ~ Anienem..sed in urbe CIC.*Mur.*84; Caesarem ~ Corfinium castra posuisse POMP.*Att.*8.12d.1; ~ aquam Sullam..noctem agitare iubet SAL.*Jug.*98.4; VERG.*A.*5.261; ut genus Arsacis ripam ~ Euphratis cerneretur TAC.*Ann.*6.31; ~ extrema Indiae GEL.9.4.10; (*scenes of battles*) Leonides..simile ~ Thermopylas fecit CATO *hist.*83; captus ~ Asculum CIC.*Clu.*21; pugnabant.. ~ Ilion OV.*Rem.*163; CURT.6.1.21; (*military base*) octo ~ Rhenum legionibus TAC.*Ann.*1.3; 4.5. **b** signum..~ taleam adponito CATO *Agr.*46.2; utinam nunc ~ ignem ..adsidam! TURP.*com.*125; SIS.*hist.*116; Vitellianos, sua quemque ~ signa, component TAC.*Hist.*3.35. **c** ~ istum adstas ACC.*trag.*342; cum..in lecto Crassus esset et ~ eum Sulpicius sederet CIC.*de Orat.*2.12; ~ latera certos locauerat SAL.*Hist.*2.58; cum omni parte pugnae melius rem geri quam ~ se uideret LIV.3.70.10.
2 (w. words of motion) To a position among.
ille Conisturgim ~ legiones uenit SAL.*Hist.*1.119; Vardanes..Bactrianos ~ campos castra contulit TAC.*Ann.*11.8.

3 In (a building, town, or other locality). argentum sumpsisse ~ Thebas ab danista PL.*Epid*.252; ubi sunt meae gnatae?..— ~ aedem Veneris *Poen*.1132; ~ FORVM PALAM..PROSCRI⟨BITO⟩ *CIL* 1.583.66; cenam isti dabat ~ uillam in Tyndaritano CIC.*Ver*.4.48; ut ~ niuem et ferarum gelida stabula forem CATUL.63.53; rebus ~ Orientem administrandis TAC.*Ann*.3.12; Cyrri..~ hiberna decumae legionis conuenere 2.57.

4 At the house or residence of, with (a person); at the court of (a king); at the headquarters of (a general or governor); at the place of business of (a tradesman, etc.). **b** in attendance on. **c** in the army of (a general, etc.); under the command of; on the side of.
~ nympham Atlantis filiam Calypsonem ANDR.*poet*. 15(16); ~ Orcum te uidebo PL.*As*.606; quor nunc ~ te potat? TER.*Ad*.799; inuenient hominem ~ sororem tuam occultantem se CIC.*Dom*.83; ~ matrem recte est CIC.*Att*. 1.7.1; cenabis bene..~ me CATUL.13.1; (*pregn.*) Archo Poridi cuidam..nupsit et ~ eum plures enixa partus.. decessit LIV.40.4.4;—qui ~ regem fuisti CATO *orat*.80; cum ~ regem Pyrrhum legatus esset CIC.*Sen*.43;—nulla ~ me fuit popina GRACCH.*orat*.25; cum Scipione honorem partitur classicumque ~ eum cani..iubet CAES.*Civ*.3.82.1;—at pol te..pix atra agitet ~ carnuficem PL.*Capt*.597; ~ portitorem eas (*sc.* epistulas) resignatas..esse *Trin*.794. **b** praetor urbanus..duo lictores ~ se habeto *Leg.pub.*(*Font. iur*.p.45)1; non diu ~ hunc seruies PL.*Per*.617; *Poen*.909; ea quae est nunc ~ uxorem tuam TER.*Hau*.604. **c** dum haec ~ Caesarem geruntur CAES.*Gal*.7.57.1; quae ~ hostes agerentur LIV.22.28.1; TAC.*Hist*.2.27; hic latro in Sparta fuit..~ regem Attalum PL.*Poen*.664; eis legionibus quae sunt..~ eum CAES.*Gal*.5.11.4;—ut eum ~ aduersarios occisum esse diceret CIC.*S.Rosc*.127; Campanos omnes..extra quam qui eorum..~ hostes essent LIV.26.34.6.

5 In the country of. **b** in the world of, among (the living, the dead). **c** (with a neg. or restricting word) ~ *gentes*, ~ *homines*, in the whole world. **d** (expr. vertical position) on the level of.
ut uos hic, itidem illi ~ uos meus seruatur filius PL.*Capt*. 261; ex sale, qui ~ Karthaginienses fit CATO *hist*.67; si tu ~ Persas..deprensus..ad supplicium ducerere CIC.*Ver*.5. 166; ~ Heluetios longe nobilissimus fuit..Orgetorix CAES. *Gal*.1.2.1; TAC.*Ger*.43.4. **b** ~ superos furto laetatus inani VERG.*A*.5.568;—neque ~ mortuos neque hic es PL. *Mer*.603; ~ inferos..supplicia impiis constituta CIC.*Catil*. 4.8; PROP.2.28.49. **c** qui ~ gentes solus praestat NAEV. *com*.109; neque..~ homines res est ulla difficilior CIC.*de Orat*.3.84. **d** eadem ui, qua ~ nos (*i.e. in the lower air*) quoque nubila frangi solent SEN.*Nat*.6.9.1.

6 In the writings of, 'in' (a writer); in (a book).
uerbum..quod ~ Callimachum in poematibus eius inueni VAR.*L*.7.34; quod ~ Ennium dicat ille Pythius Apollo CIC.*de Orat*.1.199; ~ me si quid erit eius modi *Att*. 1.19.10; *Sen*.30; hic locus ~ nonnullos prostas..nominatur VITR.6.7.1; quae..obiecta sint reo, ~ neminem auctorem inuenio LIV.6.20.4; ~ omnes magnum nomen Marcii ducis est 25.39.16; scelus..nullus ~ tragicos populus facit JUV. 15.31;—sic ~ historiam de rege Thracio legeram APUL.*Met*. 7.16.

7 At (a place which denotes a special activity); ~ *mensam* (waiting) at table. **b** on active service with (the army); ~ *principia*, on parade. **c** under, with (an instructor). **d** in fighting against.
ista praedia..subsignari ~ aerarium..possint CIC.*Flac*. 80; reos, qui ante quinquennium proximum ~ aerarium pependissent SUET.*Dom*.9.2;—tibi serui multi ~ mensam astant NAEV.*com*.26. **b** hunc cum clarissimo imperatore ~ exercitum fuisse CIC.*Arch*.11; NEP.*Han*.7.3; PLIN.*Nat*. 33.143; manere ~ exercitus Titum..utile uidebatur TAC. *Hist*.5.10;—in conuiuio liberi uestri modestius erant quam ~ principia GRACCH.*orat*.25. **c** Cicero noster..non cessauit ~ rhetorem CIC.*Q.fr*.3.1.14; prima ~ rhetorem elementa QUINT.*Inst*.1.pr.21; se ~ Q. Mucium ius ciuile didicisse TAC.*Dial*.30.3. **d** cuius..operam..~ Gallos.. fortem..res p. sensit QUAD.*hist*.7; qui ~ hostes decessit ULP.*dig*.3.5.11(12).

8 (w. exprs. of speaking, etc.) In the presence of, in front of, before, to (an audience). **b** (spec.) in the court of, before (a magistrate or jury). **c** before (gods or their altars). **d** in or to (one's mind).
qur ego ~ te mentiar? PL.*Poen*.152; ego ipse, qui ~ uos uerba facio GRACCH.*orat*.41; ~ populum haec et per populum agi conuenire CIC.*Inv*.2.134; si haec ~ Scythas dicerem *Ver*.5.150; iactata..cum in senatu res tum ~ populum est LIV.3.10.3; OV.*Met*.12.163; gentium iura..~ surdas aures inuocabat CURT.6.11.15; quaedam ~ Galbae auris praefectus Laco elusit TAC.*Hist*.1.26;—(*cf., in writing*) queritur ~ me per litteras CIC.*Att*.5.21.13; si quis..tam ambitiose tristis est ut ~ illum in nulla pagina latine loqui fas sit MART.1.pr. **b** res falsas qui impetrant ~ iudicem PL.*Rud*.18; ~ nouos magistratus faxo erit nomen tuom *Truc*.761; QVEI..~ SED IVRARINT *CIL* 1.582.21; ut ~ M. Metellum praetorem causa diceretur CIC.*Ver*.26; ~ Catonem erat diuinatio *Q.fr*.3.2.1; Minos et Rhadamanthus..~ quos nec te L. Crassus defendet nec M. Antonius *Tusc*.1.10; CAES.*Civ*.3.107.2; VITR. 5.1.8; quod ~ patres conuictum TAC.*Ann*.14.40; GAIUS *Inst*.2.278. **c** CIVES VNANIMITER CONTINENTER ~ OMNIA PVLVINARIA PRO VALETVDINE MEA SVPPLICAVERVNT AUG. *Anc*.2.19; Latinum ~ penates deos domesticum publico adiunxisse foedus LIV.1.1.9; ~ altaria deum pepigere TAC. *Ann*.11.9; sacrificasse ~ deos 11.27; *CIL* 11.1823. **d** quae aliis tute praecipere soles, ea tute tibi subiace atque ~ animum propone SULP.RUF.*Fam*.4.5.5; LIV.34.2.4; si quis ~ animum suum..expendere uelit V.MAX.6.9.6; hoc (aenigma) qui nolit diutius ~ sese quaerere GEL.12.6.3.

9 In the keeping of, in the care or custody of, in the hands of. **b** in the possession of, with. **c** into the possession or keeping of.
ubi id est aurum? — in arca ~ me PL.*Aul*.823; quantillum argenti mi ~ tarpezitam siet *Capt*.193; quod in tabula ~ pontificem maximum est CATO *hist*.77; ~ alium..eas (*sc.* phaleras) habuisse depositas CIC.*Ver*.4.29; pecunia ~ Egnatium est CIC.*Att*.11.3.3; fuit sponsa tua ~ me eadem qua apud soceros tuos..uerecundia LIV.26.50.6; Poppaeam ..ut ~ conscium libidinum deposuerat TAC.*Hist*.1.13;—(*transf.*) ~ test animus noster PL.*Bac*.713; cogitatio.. quidquid..repperit quodam modo ~ memoriam deponit QUINT.*Inst*.11.2.3;—(*dist. fr.* PENES) ~ te est, quod qualiterqualiter a te teneatur, penes te est, quod quodam modo possidetur ULP.*dig*.50.16.63. **b** etiam nunc decem minae ~ te sunt PL.*Mos*.299; *Truc*.163;—(*in transf. phrs.*) nequiter factum illud ~ uos semper manebit CATO *orat*.20; iuris ciuilis magnum usum..~ multos fuisse CIC.*Brut*.152; omnis gratia potentia honos diuitiae ~ illos SAL.*Cat*.20.8; malle..~ Samnites quam Romanos uictoriam esse LIV. 8.31.2. **c** partem alteram tibi permitto; illam alteram ~ me, quod bonist, appono PL.*Trin*.1067; quam id beneficium bene ~ Mescinium posituruss esses CIC.*Fam*.13.26.4; 55.2.

10 In the power of, at the disposal of, under the control of.
qui iudicia manere ~ ordinem senatorium uolunt CIC. *Div.Caec*.8; Cordubae conuentus..cohortis duas..~ se retinuit CAES.*Civ*.2.19.3; scriptorum non magna est copia ~ me CATUL.68.33; imperat quod ~ quemque facto opus est LIV.10.35.5; (*cf.*) alii fatum quidem congruere rebus putant, sed non e uagis stellis, uerum ~ principia et nexus naturalium causarum TAC.*Ann*.6.22.

11 ~ *se*, in one's senses.
perii! sumne ego ~ me? PL.*Mil*.1346; uix sum ~ me: ita animus commotust metu TER.*An*.937; *Hau*.921; AFRAN. *com*.38; SEN.*Dial*.9.17.11; ex qua hora iniuriam accepit, ~ se non est PETR.129.11.

12 In the opinion or estimation of, in the eyes of, with.
itan paruam mihi fidem esse ~ te? TER.*Ph*.810; quanto in odio simus ~ exteras nationes CIC.*Man*.65; sunt..~ bonos inuidiosi *Att*.2.19.4; magno..hi sunt ~ eos honore CAES.*Gal*.6.13.4; tuae amicitiae, qua ~ meum animum nihil carius est SAL.*Jug*.110.3; potiores ~ me auctores sunt qui.. LIV.21.47.6; cum Epicureis,..~ quos uirtus uoluptatum ministra est SEN.*Ben*.4.2.1; ~ quosdam acerbior in conuiciis narrabatur TAC.*Agr*.22.4; (*cf. sense 14*) Themistocles..ut ~ nos, perantiquus, ut ~ Atheniensis, non ita sane uetus CIC.*Brut*.41; ut ~ posteros nostros non exstinctor coniurationis..sed auctor et dux fuisse uidear *Dom*.101.

13 (expr. the sphere or range of a practice, custom, law, etc.) Among, with, by (persons or communities). **b** (of a ruler, official, etc.). **c** (w. words denoting authority or influence) with, on.
nihil horum similest ~ Lacaenas uirgines *Inc.trag*.206; ut ~ quosdam lex erat CIC.*Inv*.2.95; studiis militaribus ~ iuuentutem obsoletis *Font*.42; fere ~ exercitus haec est equestris proeli consuetudo *B.Hisp*.15.1; quod ~ omnes gentes sanctum esse consuesset NEP.*Pel*.5.1; Phoebo sua semper ~ me munera sunt VERG.*Ecl*.3.62; Britannorum.. ~ quos nulla loricarum galearumue tegmina TAC.*Ann*.12.35; APUL.*Pl*.1.1. **b** CONSOL CENSOR AIDILIS QVEI FVIT ~ VOS *CIL* 1.7; Alexandrum, qui ~ Pheraeos in Thessalia tyrannidem occuparat CIC.*Inv*.2.144; ~ quos quaestor fueris *Div.Caec*.65. **c** ne minueres ~ tuos ciuis auctoritatem tuam CIC.*de Orat*.2.153; antiquitas, quae..~ me ipsum ualet plurimum *Orat*.169; *Sest*.12; tuae litterae.. maximi sunt ~ me ponderis *Fam*.2.19.2; tantum ~ me dignitas potest CAES.*Gal*.7.77.6; NEP.*Eum*.1.6; bene ~ memores ueteris stat gratia facti? VERG.*A*.4.539; TAC.*Ann*. 13.22.

14 In the practice of (a specified age), in the time of, among; in the reign of, under (a monarch).
non erat hoc ~ antiquos CIC.*Orat*.168; hostis..~ maiores nostros is dicebatur, quem nunc peregrinum dicimus *Off*. 1.37; nunc deteriore condicione sumus quam ~ patres nostros fuerunt captiui LIV.25.6.15; haec et ~ seras gentes populosque nepotum..spesque metusque..mouebunt LUC. 7.207; (*w.* saeculum) olim isti fuit generi quondam quaestus ~ saeclum prius TER.*Eu*.246; APUL.*Apol*.18;—uidebam ~ Gaium tormenta SEN.*Nat*.4a.pr.17; HYG.*Fab*.56.

15 On the part of, as far as (a person or thing) is concerned. **b** in dealing with, in the case of.
non mora erit ~ me PL.*St*.710; nullam..~ me reliquisti dubitationem CIC.*Fam*.15.21.1; utinam..aut ~ uos aut ~ deos inmortalis rerum humanarum cura oriatur SAL.*Jug*. 14.21; desiderium Romuli ~ plebem exercitumque LIV. 1.16.8; 25.29.8; 31.33.7; ~ quos miserum auxilium tolerabile miserius malum fecit CELS.3.23.7; Germanico alienatio patrui amorem ~ ceteros auxerat TAC.*Ann*.2.43. **b** multum potes nos ~ Plancum iuuare CIC.*Att*.16.16f.18; SAL. *Jug*.106.6; TAC.*Hist*.1.7; nihil ~ Batauos ausus 4.56.

Āpuleiānus ~a ~um, *a.* Of or belonging to Apuleius.
~a pecunia Brutum subornastis ANT. in CIC.*Phil*.13.32.

Āpulēius ~a ~um, *a.* **Appulēius.**
1 A Roman gentile name; esp. L. Apuleius Saturninus, tribune of the plebs in 103 and 100 B.C.; Apuleius of Madaura, an orator and writer of the 2nd century A.D.
CIC.*Att*.12.14.1; LARG.94;—seditiosorum omnium..L. ~us Saturninus eloquentissimus uisus est CIC.*Brut*.224; —'fecit uorsus ~us' APUL.*Apol*.9; 53.

2 (of laws) Proposed by L. Apuleius Saturninus.
Titias et ~as leges CIC.*Leg*.2.14; GAIUS *Inst*.3.122.

Āpulensis ~is ~e, *a.* Of Apulum in Dacia.
ULP.*dig*.50.15.1.9; *CIL*11.5215.

Āpūlia ~ae, *f.* **App-.** PROS.: *Āpūlia* (s.v.l.) HOR.*Carm*.3.4.10. A province of south-east Italy.
LUCIL.824; HOR.*S*.1.5.77; VITR.1.4.12; MART.14.155.1.

Āpūlicus (dub.) ~a ~um, *a.* Of Apulia; *mare ~um*, the Adriatic.
caementis licet occupes Tyrrhenum omne tuis et mare ~um (*s.v.l.*) HOR.*Carm*.3.24.4.

Āpulidēs ~ae, *m. adj.* Of Apulia, Apulian.
~ae pedibus stlembi (*sc.* equi) LUCIL.1109.

Āpulus ~a ~um, *a.* **App-.** Of Apulia, Apulian. **b** an inhabitant of Apulia; also, a member of a tribe of Dacia.
PL.*Cas*.77; ager quem priuatim habent..~us, Bruttius CATO *orat*.228; ~is..lupis HOR.*Carm*.1.33.7; 3.4.9; ~e Daune OV.*Fast*.4.76; ~o litore MELA 2.66; COL.7.2.3. **b** sequor hunc, Lucanus an ~us anceps HOR.*S*.2.1.34; MELA 2.59;—(*collect.*) Dacius orbe remoto ~us *Epic.Drusi* 388.

apūs ~odis, *f.* [Gk. ἄπους] A bird, perh. the swift.
plurimum uolant quae ~odes, quia careant usu pedum.. appellantur, hirundinum specie PLIN.*Nat*.10.114; 11.257.

aput, *prep.*: see APVD.

apyrēnus ~a ~um, *a.* Also **apyrinus.** [Gk. ἀπύρηνος] (of fruit) Lacking a hard kernel; (neut. as sb.) a kind of pomegranate.
~a dicuntur, non quibus nulla inest duritia granorum, sed quibus minor SEN.*Ep*.85.5; COL.5.10.15; *Arb*.23.1;— ~um uocando (Punicum malum) cui lignosus nucleus abesset PLIN.*Nat*.13.112; 23.106; MART.13.42.1.

apyros ~os ~on, *a.* [Gk. ἄπυρος] That has not been treated with fire; (of gold) unsmelted; *sulpur ~on*, sulphur vivum, native sulphur.
ex auro, quod ~on uocant PLIN.*Nat*.21.66;—sulpuris ignem non experti, quod ~on uocatur CELS.5.18.14.A; PLIN.*Nat*.35.175.

aqua ~ae, *f.* [cf. Goth. *ahwr*, AS. *ēa*] FORMS and ORTHOG.: *aquai* (gen. sg.) PL.*Am*.fr.5, *Mil*.552, *Poen*.432, *Trin*.676; CIC.*Arat*.423 (179), *poet*.22.10; LUCR.1.283, 3.427, etc.; VERG.7.464; *acuam CIL* 4.3948. PROS.: *aquae* (trisyll.) LUCR.6.552; *aquai* (quadrisyll.) LUCR.6.1072.

1 Water as a natural element. **b** (typifying instability or impermanence); (esp.) *in ~a scribere*, to leave no permanent record of. **c** (in prov. phrs.) *non ~a ~ae similior* (or sim. phr.) 'as like as two peas'; *~am a pumici postulare*, 'to draw blood from a stone'. **d** (w. various eps.) *~a* CAELESTIS, PLVVIA, PLVVIALIS, PLVVIATILIS, rain-water; *~a* DVLCIS, fresh water; *~a* MARINA, sea water; *~a* DVRA, water that keeps well; *~a* TENERA, water that does not keep well; *~a* SALIENS, VIVA, running water.
~a terra anima sol ENN.*var*.47; diem, ~am, solem, lunam, noctem, haec argento non emo PL.*As*.198; quasi in ~am indideris salem *Mer*.205; fasciculum illum epistularum.. totum sibi ~a madidum redditum CIC.*Q.fr*.2.10.4; liquidus umor ~ai LUCR.3.427; TIB.1.4.18; VITR.2.2.1. **b** quorum omnium fundamenta uos in uoluptate tamquam in ~a ponitis CIC.*Fin*.2.72;—mulier..quod dicit amanti, in uento et rapida scribere oportet ~a CATUL.70.4. **c** neque ~a aquae nec lacte est lactis..usquam similius quam hic tui est PL.*Men*.1089; ex uno puteo similior numquam potis ~a aquai sumi quam haec est atque ista hospita *Mil*.552; —tu ~am a pumici nunc postulas, qui ipsus siti aret *Per*.41.

2 (esp. pl.) Rain, rainfall. **b** rain-water.
tanta..tempestas cooritur ut numquam illis locis maiores ~as fuisse constaret CAES.*Civ*.1.48.1; gelidas hibernus ~as cum fuderit Auster TIB.1.1.47; annona propter ~arum intemperiem laboratum est LIV.3.31.1; 35.9.2; uernis ~is PLIN.*Nat*.11.101; MART.14.130.2; tumultus, incendia, ~arum magnitudines..a nullo praestantur ULP.*dig*.50.17.23; —(*sg.*) ~ae..augur annosa cornix HOR.*Carm*.3.17.12; PLIN.*Nat*.18.354. **b** speca prosita, quo ~a de uia abiret CATO *hist*.143; si in urbe fines non reguntur, nec ~a in urbe arceatur CIC.*Top*.23; *CIL* 1.593.23.

3 Water as opposed to dry land; the sea; *in ~a*, afloat.
terra..haec est, non ~a TITIN.*com*.85; laborum, quos ego sum terra, quos ego passus ~a OV.*Pont*.2.7.30;—ut..omnis decumas ad ~am deportatas haberent CIC.*Ver*.3.36; 3.192; (*as the realm of Neptune*) posita est mihi regia caelo, possidet alter ~as, alter inane chaos OV.*Fast*.4.600;—Rhodios.. nauis compluris instructas et ~a habere LENT. *Fam*.12.15.2.

4 The water contained in a spring, river, sea, etc. **b** a particular stream or channel of a river. **c** moving water with reference to its direction, the stream or tide. **d** *~arum diuertium* or *diuergium*, a watershed. **e** *~a haeret*, the current is obstructed, there is a stoppage or jam (in fig. expres.). **f** a representation of a river, etc., carried in a triumphal procession.

laetantia..loca ~arum LUCR.2.344;—(*of springs or fountains*) sub platano umbrifera, fons unde emanat ~ai CIC.*poet.*22.10(*Div.*2.63); est ~a Mercurii portae uicina Capenae OV.*Fast.*5.673; (*of a fount of poetic inspiration*) PROP.3.1.6;—(*of lakes or pools*) in magnas ~ae uastasque lacunas LUCR.6.552;—(*of rivers*) sequor..te per ~as, dure, uolubilis HOR.*Carm.*4.1.40; caueret Acherusiam ~am LIV. 8.24.2;—(*of floods*) cum Deucalionis ~ae fluxere per orbem 2.32.53;—(*of seas*) Ioniae murmura..~ae 4.6.14; arbor (*i.e. the mast*)..curuas raptat ~as STAT.*Theb.*5.375; (*in fig. phr.*) in liquida nam tibi linter ~a TIB.1.5.76. **b** Nilum, cum.. septem captiuis debilis ibat ~is PROP.2.1.32; turba..diuersa remigat omnis ~a 4.7.56; V.FL.8.187. **c** horiola aduecti sumus usque ~a aduorsa per amnem PL.*Trin.*943; tota rate in secundam ~am labente LIV.21.47.3; OV.*Pont.*3.1.130; contra ~am remigantibus SEN.*Ep.*122.19. **d** Amanum.. qui Syriam a Cilicia in ~arum diuertio diuidit CIC.*Att.*5.20.3; *Fam.*2.10.2; ~arum diuergiis AGEN.*agrim.*p.31. **e** in hac causa mihi ~a haeret CIC.*Q.fr.*2.6.2; dicit ille quidem multa multis locis, sed ~a haeret, ut aiunt *Off.*3.117. **f** quae loca, qui montes, quaeue ferantur ~ae OV.*Ars* 1.220.

5 Water as used by human beings for various purposes. **b** (for quenching fire). **c** (sprinkled on fainting persons). **d** (for washing or cleaning). **e** (for religious ceremonies, etc.). **f** (in mil. contexts; cf. also sense 6). **g** (for medical purposes; cf. also sense 6). **h** (coupled w. *ignis*, as one of the necessities of life); *~a et igni interdicere* (or sim. phr.) to forbid the use of fire and water (to a person), exclude from society, outlaw; *~a et igni* (or sim.) *accipere* to greet (esp. a newly married bride) with an offering of fire and water. **i** (demanded, with earth, as a token of submission).

~am ter mutato CATO *Agr.*76.2; ~a..feruenti..Philodamus perfunditur CIC.*Ver.*1.67; furit intus ~ai fumidus.. amnis VERG.*A.*7.464; ~a dicitur, a qua iuuamur PAUL.*Fest.* p.2M. **b** ignem restinguont ~a PL.*Cas.*774; CIC.*Q.Rosc.* 17; nec quisquam flammae sedulus addat ~am TIB.2.4.42; —(*in fig. phr.*) si quod esset in suas fortunas incendium excitatum, id se non ~a sed ruina restincturum CIC.*Mur.*51. **c** animo malest, ~am uelim PL.*Am.*1058; *Trin.*1091;—(*in fig. phr.*) mane, aliquid fiet, ne abi. — ah! aspersisti ~am. iam rediit animus *Truc.*366. **d** ecquis huc ecfert nassiternam cum ~a? PL.*St.*352; Naeuius unctam conuiuis praebebit ~am HOR.*S.*2.2.69; OV.*Ars* 3.620; ille..~am poposcit ad manus PETR.27.6; (*cf.*) praeter eum qui praebet ~am (*i.e. the host at a dinner-party*) HOR.*S.*1.4.88. **e** effer ~am et molli cinge haec altaria uitta VERG.*Ecl.*8.64; ~am forte ea tum sacris extra moenia petitum ierat LIV.1.11.6;—(*for drawing lots*) sitellam huc tecum ecferto cum ~a et sortis PL.*Cas.*296. **f** ut etiam a Rhodiis urbe..commeatu, ~a denique prohiberentur nostri milites LENT.*Fam.*12.15.2; ~ae summa inopia adfectos CAES.*Civ.*3.49.2; cum circumsessi ab exercitu uictore ~a arceremur LIV.22.59.5; TAC.*Ag.* 28.3. **g** prodest, cum diu caput dolet,..~a calida fouere pura LARG.10; 84. **h** non ~a, non igni ut aiunt locis pluribus utimur quam amicitia CIC.*Amic.*22;—igni cum et ~a interdixerit LUCIL.787; CIC.*Phil.*1.23; D.BRUT.*Fam.* 11.1.2; CAES.*Gal.*6.44.3; LIV.25.4.9;—a quo ~a atque igni arcebatur TAC.*Ann.*3.23; Publius Gallus..~a atque igni prohibitus est 16.12;—igni atque ~a uolo hunc accipier NOV.*com.*97; SCAEV.*dig.*24.1.66.1; PAUL.*Fest.*p.2M. **i** cum ~am terramque ab Lacedaemoniis petierint (Persae) LIV. 35.17.7; CURT.3.10.8.

6 Water as a drink, particularly of the abstemious; also, as affording nutriment to plants. **b** *~am seruam bibere*, 'to drink the cup of servitude'; *~am liberam gustare*, 'to taste the bread of freedom'.

tibi quoi decretum est bibere ~am PL.*Aul.*574; cum.. ita ieiunus fuissem ut ne ~am quidem gustarem CIC.*Fam.* 7.26.1; nec uiuere carmina possunt quae scribuntur ~ae potoribus HOR.*Ep.*1.19.3; prisco more bibantur ~ae TIB. 2.3.68; PROP.4.3.36; VITR.8.3.16; OV.*Pont.*1.10.30; SEN.*Ep.* 83.12; STAT.*Theb.*4.805;—(*w. spec. adjs., etc.*) ~a leuissima pluuialis est, deinde fontana, tum ex flumine, tum ex puteo, post haec ex niue aut glacie: grauior his ex lacu, grauissima ex palude CELS.2.18.12;—(*in fig. phr.*) illa recens pota est, nostra tepebit ~a OV.*Pont.*3.4.56;—(*as a diluent*) qui nunc cum dis potando nectare miscet ~as *Ep.*15.200;—(*med.*) dari debet..post cibum ~a a ferrario fabro CELS.4.16.2; LARG. 86;—quod in partu..uinum non ut in calice quaerit ~am, sed solem VAR.*R.*1.8.7. **b** nec tibi perpetuo serua bibatur ~a OV.*Am.*1.6.26;—cito ~am liberam gustabunt PETR.71.1.

7 (esp. pl.) The water(s) of a particular place considered as favourable or inimical to health; *~ae cal(i)dae*, hot springs. **b** the waters of a spa, esp. Baiae. **c** (as an element in place names, e.g. *~ae Sextiae*, for most of which see the appropriate word).

cum..e fontibus salubribus ~arum usus subministrabuntur VITR.1.2.7; ~as salubritate in medendis corporibus nobilis VELL.2.25.4; Albulae ~ae uolneribus medentur PLIN.*Nat.*31.10;—propter ~am, quod erat deterrima, uentri indico bellum HOR.*S.*1.5.7; Romani diu circumsedendo Syracusas caelo ~isque adsuerant magis LIV.25.26.12; prodest hoc idem medicamentum etiam ad ~ae mutationes LARG.125;—incircum eum locum ~ae frigidae et caldae multae VAR.*L.*5.25; CIC.*Att.*1.16.10; VITR.8.4.5. **b** ad ~as usque et Puteolos peruehuntur CIC.*Phil.*8.9; *Fam.* 16.24.2;—(*w. adj. specifying the place*) Baiae..~ae PROP. 1.11.30; usque ad ~as Sinuessanas populatio ea peruenit LIV.22.13.10. **c** qui..me ad Septem ~as duxit CIC.*Att.* 4.15.5.

8 A supply of water to a house, city, etc.; an aqueduct. **b** *tribunus ~arum*, a municipal official in charge of water supplies.

~AM IN VRBEM ADDVXIT *Elog.*10(*CIL* 1.p.192); o quanti ille agros emit, qua ~am duceret CATO *orat.*114; de minimis ~arum itinerumque controuersiis CIC.*Caec.*36; fistulas quibus ~a suppeditabatur *Rab.Perd.*31; *Q.fr.*3.1.4; *B.Alex.*5.1; ad..~arum ductiones VITR.1.1.10; PLIN.*Nat.* 18.26; mihi ab Nerua Augusto..~arum iniunctum officium FRON.*Aq.*1; IMP CAESAR T AELIVS HADRIANVS ANTONINVS.. COLONIAE..SCOLACIO ~AM DAT *CIL* 10.103; (*w. spec. adjs.*) duo..genera sunt ~arum: est cottidiana est et aestiua ULP.*dig.*43.20.1.3;—censores..urbis tecta templa, uias ~as ..tuento CIC.*Leg.*3.7; fornices..~arum publicarum *Leg. pub.*(*Font.iur.*p.113)22; (*w. spec. adjs.*) ego Tusculanis pro ~a Crabra uectigal pendam CIC.*Agr.*3.9; ubi Virginea campus obitur ~a OV.*Fast.*1.464; ~A TRAIANA *BMCI* 3. p.384,No.873. **b** T SABIDIO..TRIBVNO ~ARVM Q *CIL* 14. 3674.

9 Water used to measure time (esp. that of speeches), a water-clock; the water allotted for a particular speech.

certis ex ~a mensuris CAES.*Gal.*5.13.4; tu interea, dum legit, ~am sustine APUL.*Apol.*37;—laboratam..actionem ~a deficit QUINT.*Inst.*12.6.5; equidem quotiens iudico.. quantum quis plurimum postulat ~ae, do PLIN.*Ep.*6.2.7.

10 A solution or decoction (of), — water; *~a mulsa*, hydromel.

hac eadem ~a..perfundunt sulcos COL.2.9.10;—(*w. gen.*) ~a hysopi 6.10.1; ~a..eius (*sc.* brassicae) decocta neruos articulosque mire iuuari PLIN.*Nat.*20.81;—carbonem..eius contritum in ~am mulsam, quae potui datur, infriari et prodesse CELS.4.7.5; PLIN.*Nat.*22.112; gargarizare..~a mulsa LARG.66.

11 A dropsical fluid in the body; *~a intercus* (or *inter cutem*), dropsy.

hydropicorum ~am PLIN.*Nat.*21.148; LARG.133;—num eum..~a intercus tenet? PL.*Men.*891; si quis medicamentum cuipiam dederit ad ~am intercutem CIC.*Off.*3.92; SUET.*Nero*5.2;—~a inter cutem CELS.2.1.8; (*cf.*) ~am te in animo habere intercutem LUCIL.764.

12 (poet.) Tears.

illius ex oculis multa cadebat ~a PROP.3.6.10; inque sinum maestae labitur imber ~ae OV.*Tr.*4.1.98.

13 (perh.) Urine, water.

~am foras, uinum intro PETR.52.7.

14 That part of the constellation Aquarius which is figured as a stream of water, the Water.

hae tenues stellae perhibentur nomine ~ai CIC.*Arat.*423 (179); VITR.9.5.3.

aquaeductum ~ī, *n.*: see DVCTVM.

aquaeductus ~ūs, *m.*: see DVCTVS.

aquaelicium ~(i)ī, *n.* [AQVA+LACIO+-IVM] Rain-making.

~ium dicitur, cum aqua pluuialis remediis quibusdam elicitur PAUL.*Fest.*p.2M.

aquagium ~(i)ī, *n.* [AQVA+AGO+-IVM] An artificial watercourse, channel.

~ium quasi aquae agium, id est aquae ductus appellatur PAUL.*Fest.*p.2M; POMPON.*dig.*8.3.15; JAVOL.*dig.*8.6.9; ~IVM NOVO OPERE A SOLO EXTRVCTVM *CIL* 8.21671.

aquāliculus ~ī, *m.* [next+-CVLVS] A pot-belly, paunch.

pinguis ~us propenso sesquipede extet PERS.1.57.

aquālis[1] ~is ~e, *a.* [AQVA+-ALIS] Watery, rainy; (of vessels) for water.

nubes ~i frigido uelo leue caeli cauernas aureas obduxerant VAR.*Men.*270;—~is matellas sine ansis CATO *orat.*131.

aquālis[2] ~is, *m.* [prec.] A water-basin, ewer.

~em cum aqua PL.*Cur.*312; LUCIL.17; VAR.*L.*5.119.

aquāriolus ~ī, *m.* [AQVARIVS+-OLVS] A servant who supplied washing-water for prostitutes.

~i dicebantur mulierum inpudicarum sordidi adseculae PAUL.*Fest.*p.22M; ~us iste uxoris suae APUL.*Apol.*78.

aquārium ~(i)ī, *n.* [next] A source of water, watering place.

operariorum copia siet bonumque ~ium CATO *Agr.*1.3.

aquārius[1] ~a ~um, *a.* [AQVA+-ARIVS]

1 Of or for water; *res ~a*, water supply; *prouincia ~a*, the charge of public waterworks.

urceos ~os CATO *Agr.*10.2; uas ~um VAR.*L.*5.119; sulcos ..~os COL.11.2.82; ALF.*dig.*39.3.24.1:—GEL.16.11.6;—cum tibi..~a prouincia sorte obtigisset CIC.*Vat.*12.

2 (of tools or instruments) Requiring the use of water, water-.

libris ~is VITR.8.5.1; ~as cotes PLIN.*Nat.*18.261; oleariae cotes ~aeque 34.145.

aquārius[2] ~(i)ī, *m.* acu-. [prec.]

1 a A servant who supplied water for domestic use, water-bearer. **b** a workman or overseer of the public water supply.

a ostiarii autem inquit (Papinianus), uel topiarii diaetarii ~ii domui tantum deseruientes continebuntur ULP.*dig.*33. 7.12.42; ~IVS EX DOMV TIBERIANA *CIL* 6.8653; (*cf.* AQVARIOLVS) abstuleris spem seruorum, uenit et conductus ~ius JUV.6.332. **b** nisi ego cum tabernariis et ~iis pugnarem CAEL.*Fam.*8.6.4; ~ii nostri FRON.*Aq.*9; *CIL* 6.2345.

2 (astron.) One of the signs of the Zodiac, the constellation Aquarius, the Water-carrier.

dies primus est ueris in ~io VAR.*R.*1.28.1; CIC.*Arat.* 290(56); extremo..inrorat ~ius anno VERG.*G.*3.304; SEN. *Nat.*7.27.3.

aquātica ~ōrum, *n. pl.* [next] Well-watered or marshy places.

(calamus) qui uocatur donax, non nisi in ~is natus PLIN. *Nat.*16.165.

aquāticus ~a ~um, *a.* [AQVA+-ATICVS]

1 Of or belonging to water, water-; (of winds) rainy.

limus ~us PLIN.*Nat.*26.104;—~us auster OV.*Met.*2.853; OV.*Pont.*2.3.89.

2 a (of plants) Growing in water or wet places, aquatic. **b** (of animals) living on or near water, aquatic.

a ~a lotos OV.*Met.*9.341; in siccis natae (aceres) praeferuntur ~is PLIN.*Nat.*16.69; 16.155. **b** longa..colla.. (animalibus) ~is PLIN.*Nat.*11.178; ~ae aues 18.362; ~ae colubrae 32.104.

3 *panis ~us*, a kind of spongy bread.

e Parthis inuecto (pane) quem ~um uocant, quoniam aqua trahitur ad tenuem et spongiosam inanitatem PLIN. *Nat.*18.105.

aquātilia ~ium, *n. pl.* [next] **a** Aquatic animals. **b** aquatic plants.

a ~ium tegumenta plura sunt PLIN.*Nat.*9.40; 11.162. **b** ~ium..in medicina beneficia PLIN.*Nat.*31.1; 31.72.

aquātilis ~is ~e, *a.* [AQVA+-ATILIS]

1 Of water.

NEPTVNO ET DIS ~IB(VS) *CIL* 5.5258.

2 Resembling water, watery.

amurca..est umor ~is VAR.*R.*1.64.1; (suci) ~es cucumeris, cucurbitae PLIN.*Nat.*19.186.

3 (of animals or plants) Aquatic.

~is querqueduiae natantes VAR.*Men.*576; bestiarum.. terrenae sunt aliae, partim ~es CIC.*N.D.*1.103; ~es.. piscium naturae VITR.1.4.7; ~es musculi PLIN.*Nat.*2.227; —~is siluae COL.7.9.7; ~ia..pabula 8.13.1.

aquātiō ~ōnis, *f.* [AQVOR+-TIO]

1 The fetching or drawing of water.

hoc loco est Syracusis quidquid est piscium, hic ~o CIC. *Off.*3.59; non longius milibus passuum quattuor ~onis causa processurum CAES.*Gal.*4.11.4; ~one..longa et angusta utebatur *B.Afr.*51.5; ~o intra teli coniectum erat LIV.30.29.9; amnem..qui..~onem Histris praebebat 41.11.3.

2 A place from which water may be drawn, watering-place.

pabula mutemus et ~ones COL.7.5.2; PLIN.*Nat.*6.102.

3 (pl., perh.) Rains.

multis uariisque per ~ones autumni nascentibus PLIN. *Nat.*32.76.

aquātor ~ōris, *m.* [AQVOR+-TOR] (esp. mil.) One who fetches water, a water-carrier.

nuntiantur ~ores ab equitatu premi nostro CAES.*Civ.* 1.73.2; ut idem ~oribus ad fluuium esset praesidium LIV. 41.1.6; FRON.*Str.*1.8.9; *CIL* 5.992.

aquātum ~ī, *n.* An aqueous solution, mixture with water.

uini atri duri ~um CATO *Agr.*156.6.

aquātus ~a ~um, *a. compar.* ~ior, *superl.* ~issimus. [AQVA+-ATVS[2]] Diluted with water, watered down, watery; having a watery constitution.

interest..crassius medicamentum an ~ius traxerit SEN. *Nat.*1.3.12; (lac) uernum ~ius aestiuo PLIN.*Nat.*28.124; (collyrio)..diluto cum oui albo, id est ~issimo uti LARG.26; 42;—~is odor non omnino sine suco est, ut uiolae PLIN. *Nat.*21.37.

aquēductus ~ūs, *m.* = AQVAEDVCTVS.

Aquensis ~is ~e, *a.* Of or belonging to (one of the places called) Aquae.

CIL 12.2459; 13.389; (*masc. pl. as sb.*) ~es cognomine Taurini PLIN.*Nat.*3.52.

aquifolia ~ae, *f.* and **aquifolium** ~ī, *n.* [ACVS[1] (cf. *aci-penser*)+FOLIVM] A tree with prickly leaves, holly.

montes amant..~a, buxus, ilex PLIN.*Nat.*16.73;—~o.. ac spinae (bacae) sine suco 15.101; crataegona, quam Itali ~um uocant 27.63.

aquifolius ~a ~um, *a.* [as prec.]
1 Having prickly leaves; *arbor ~a*, the holly tree.
in prouinciis ~ae sunt ilices Plin.*Nat.*16.19; 16.32;—24.116.

2 Made of holly-wood.
uectes ~os Plin.*Nat.*16.230.

aquila[1] ~ae, *f.* [prob. AQVILVS] Gender: masc. and fem. Var.*L.*8.7. Forms: *~ai* (gen. sg.) Cic.*Arat.*618.
1 An eagle. **b** (w. adj.) *~a barbata*, the lammergeyer; *~a marina*, the sea-eagle (= HALIAETOS). **c** (prov.) *~ae senectus*, a hearty old age (perh. w. ref. to the fable that in old age the eagle drank more than it ate).
densis ~a pennis obnixa uolabat uento Enn.*Ann.*147; apes non sunt solitaria natura, ut ~ae Var.*R.*3.16.4; quantum (ualere)..dicunt ~a ueniente columbas Verg.*Ecl.* 9.13; Hor.*Carm.*4.4.32; Plin.*Nat.*10.6;—(*regarded as an omen*) ~ae admonitus uolatu Cic.*Div.*1.26; Curt.4.15.26; Tac.*Ann.*2.17;—(*as the servant of Jupiter*) ubi ~a Catameitum raperet Pl.*Men.*144; *Ciris* 529;—(*as a type of keen sight*) tam cernis acutum quam..~a Hor.*S.*1.3.27. **b** quidam adiciunt genus ~ae quam barbatam uocant Plin.*Nat.* 10.11;—haliaeton, id est ~am marinam Hyg.*Fab.*198.4. **c** uisa uerost, quod dici solet, ~ae senectus Ter.*Hau.*521.

2 (mil.) An image of an eagle, used as the standard of a legion. **b** (meton.) a legion; the post of legionary standard-bearer.
~am illam argenteam..cui domi tuae sacrarium sceleratum constitutum fuit Cic.*Catil.*1.24; *Phil.*14.27; ~am intra uallum proiecit Caes.*Gal.*5.37.5; Prop.4.1.96; ~ae.. unguuntur festis diebus Plin.*Nat.*13.23; conuerterent ~as (*turn about*) Tac.*Ann.*15.17; (*fig.*) utque meas ~as, ut mea signa sequar Ov.*Pont.*2.8.70. **b** erat acies XIII ~is constituta *B.Hisp.*30.1;—ut locupletem ~am tibi sexagesimus annus adferat Juv.14.197.

3 The constellation Aquila, the Eagle.
ad ~ae occasum Var.*R.*2.2.13; Cic.*Arat.*328(87); Vitr. 9.4.3; Plin.*Nat.*8.187.

4 (archit.) A gable or pediment.
sustinentes fastigium ~ae uetere ligno traxerunt flammam Tac.*Hist.*3.71.

5 A kind of fish, perh. the eagle-ray.
(pisces) quos..~ae, ranae nominibus Graeci appellant Plin.*Nat.*9.78.

Aquila[2] ~ae, *m.* A Roman cognomen.
Cic.*Phil.*11.14; Tac.*Ann.*12.15.

Aquilēia ~ae, *f.* A town in Venetia at the head of the Adriatic.
Vitr.1.4.11; Liv.40.34.2; Mela 2.61; Mart.4.25.5.

Aquilēiensis ~is ~e, *a.* Of or belonging to Aquileia; (masc. pl. as sb.) the people of Aquileia.
in agro, qui nunc est ~is Liv.39.45.6; Plin.*Nat.*2.225; —Liv.43.1.5; 43.17.1.

aquilentus ~a ~um, *a.* [AQVA+*-lentus* (-ENTVS)] Watery.
tum (luna) contremula ~a apud alta litora oreris Var. *Men.*400.

aquilex ~legis, *m.* [AQVA+*-lex* (LEGO)] A man employed to find sources of water, a water-diviner.
utilior te Tuscus ~lex Var.*Men.*444; sudorem ~leges uocant Sen.*Nat.*3.15.7; Plin.*Nat.*26.30; necessarium est mitti a te uel ~legem uel architectum Plin.*Ep.Tra.*10. 37(46).3.

Aquīliānus ~a ~um, *a.* Of or devised by Aquilius.
~a definitio Cic.*Off.*3.61; ~a stipulatio Ulp.*dig.*2.15.2; (*perh.*) in (basilica) Iulia ~a Vitr.5.1.4.

aquilifer ~erī, *m.* [AQVILA+-FER] The standard-bearer of a legion.
L. Petrosidius ~er Caes.*Gal.*5.37.5; V.Max.3.2.19; ~er quartae legionis Tac.*Hist.*1.56; *CIL* 6.3627.

aquilīnus ~a ~um, *a.* [AQVILA+-INVS] Like that of an eagle, eagle's.
coquom..miluinis aut ~is ungulis Pl.*Ps.*852; oculi.. prorsus ~i Apul.*Met.*2.2.

Aquīlius ~a ~um, *a.*
1 The name of a Roman gens.
Cic.*Tusc.*5.14; *Off.*3.60; Gel.3.3.4.

2 Of or named after Aquilius.
lex ~a plebiscitum est Ulp.*dig.*9.2.1.

aquilō ~ōnis, *m.* [prob. from AQVILVS]
1 The North wind. **b** (more precisely) the NNE. (or NE.) wind.
cum spiritus austri..~oque..fluctus extollere certant Enn.*Ann.*444; si flabat ~o aut auster Turp.*com.*21; Lucil. 527; hiemante ~one Arr.*hist.*6; Var.At.*poet.*6; sunt aestate ~ones ostia contra Lucr.6.715; fluctusque atros ~one secabat Verg.*A.*5.2; inpulsae segetes ~onibus Ov.*Ep.* 10.139. **b** inter septentrionem et solanum ~o Vitr.1.6.5; inter..eum (*sc.* septentrionem) et exortum solstitialem ~o Plin.*Nat.*2.119.

2 (personified) Boreas.
ut Athenis..Orithyiam ~o sustulerit Cic.*Leg.*1.3; ~one natos Sen.*Med.*634; V.Fl.4.432.

3 (as a point of the compass) North.
Europa (iacet) ad septemtriones et ~onem Var.*L.*5.31; spelunca quaedam conuersa ad ~onem Cic.*Ver.*4.107; Plin. *Nat.*2.43.

aquilōnālis ~is ~e, *a.* [prec.+-ALIS] Northerly.
~em piscem (*i.e. the constellation*) Vitr.9.4.3.

aquilōnia ~ōrum, *n. pl.* [next] Northerly regions, the north; regions facing or exposed to the north.
(luna) in ~a..recedente Plin.*Nat.*2.215;—omnes..herbae uehementiores effectu..sunt in frigidis et in ~is 27.144.

aquilōnius ~a ~um, *a.* [AQVILO+-IVS]
1 Northerly, northern. **b** facing north or subject to northerly winds.
quae (*sc.* regio lunae) cum est ~a aut australis Cic.*N.D.* 2.50; Piscis ~us Col.11.2.24; Plin.*Nat.*2.133; ~a..hiemps V.Fl.6.715. **b** in macro solo et ~o Plin.*Nat.*15.81; 16.196; quaerunt ut (resina) sit..~a potius quam ab alio uento 24.34.

2 Of Boreas.
duo..fratres, ~a proles..Zetes..et Calais Prop.1.20.25; V.Fl.4.462; Stat.*Theb.*5.432.

aquilus ~a ~um, *a.* [prob. from AQVA] Dark in hue, swarthy.
corpore ~o Pl.*Poen.*1112; Lucil.1110; ~us color est fuscus et subniger Paul.*Fest.*p.22M; colorem inter ~um candidumque Suet.*Aug.*79.2; (nubes) umectiores humilius meant ~o agmine Apul.*Socr.*10.

aquimināle ~is, *n.* [app. altered from *aquae* MANALE; cf. next] = next.
pelues, ~ia Paul.*dig.*33.10.3.

aquiminārium ~(i)ī, *n.* [AQVA+MANVS+-ARIVM] A vessel for washing the hands, wash-basin.
Pompon.*dig.*34.2.21.2; Ulp.*dig.*34.2.19.12.

Aquīnās ~ātis, *a.* Of or belonging to Aquinum; (masc. as sb.) an inhabitant of Aquinum.
~atem..fucum Hor.*Ep.*1.10.27; Tac.*Hist.*1.88;—Cic. *Clu.*192; *Planc.*22; *CIL* 10.5395.

Aquīnius ~(i)ī and **Aquīnus** ~ī, *m.* The name of a Roman poet.
mihi fuit cum ~io amicitia Cic.*Tusc.*5.63; (*pl.*) Catul. 14.18.

Aquīnum ~ī, *n.* A town in Latium.
Cic.*Phil.*2.105; Juv.3.319.

aquipenser ~eris, *m.*: var. of ACIPENSER.
Paul.*Fest.*p.22M.

Aquītānī ~ōrum, *m. pl.* A people of south-western Gaul.
unam (partem Galliae) incolunt Belgae, aliam ~i Caes. *Gal.*1.1.1; Mela 3.20.

Aquītānia ~ae, *f.* The country of the Aquitani, the south-western part of Gaul.
~a a Garumna flumine ad Pyrenaeos montes..pertinet Caes.*Gal.*1.1.7; Vitr.2.1.4.

Aquītānicus ~a ~um, *a.* Of Aquitania.
~ae prouinciae Plin.*Nat.*26.4; *CIL* 2.3235.

Aquītānus ~a ~um, *a.* Of Aquitania.
~as..gentes Tib.1.7.3.

aquola ~ae, *f.* **acula** (**aquu-**). [AQVA+-OLA] A small quantity of water; a small stream.
suffundam ~am Pl.*Cur.*160; (*in fig. phr.*) obsipat ~am *Cist.*580;—ipsa ~a, quae describitur (*i.e. the Ilissus*) Cic. *de Orat.*1.28; (*in fig. phr.*) ubi non seclusa aliqua ~a teneatur, sed unde uniuersum flumen erumpat 2.162.

aquor ~ārī ~ātus, *intr.* [AQVA+-O[3]] (mil.) To fetch water.
ut intra munitionem..~ari possent Caes.*Civ.*1.73.3; 3. 15.2; liberius ~abantur Romani Liv.22.44.3; torrentem, unde ~ari possent 35.28.8;—(*sup. in* -um) ~atum..ire Cato *hist.*33; Hirt.*Gal.*8.41.1; castris ~atum egressus Sal.*Jug.* 93.2;—(*of bees*) circum tutae sub moenibus urbis ~antur Verg.*G.*4.193; Col.9.8.7; insidiantur ~antibus (apibus) ranae Plin.*Nat.*11.61.

aquōsus ~a ~um, *a.* *compar.* ~ior, *superl.* ~issimus. [AQVA+-OSVS]
1 (of places) Abounding in water, well-watered, wet.
salicta locis ~is..seri oportet Cato *Agr.*9; ubi quisque locus frigidissimus ~issimusque erit 34.1; (locus) propter lacunas ~us Var.*R.*1.6.6; ~a raptus ab Ida Hor.*Carm.* 3.20.15; Esquilias..~as Prop.4.8.1; campus herbidus ~usque Liv.9.2.7; Paelignis..~is Ov.*Am.*2.1.1; ~iore agro Plin.*Nat.*18.163;—(*neut. pl. as sb.*) in ~is nascentem 26.51.

2 (of weather, seasons, etc.) Bringing much rain, rainy.
hiemis..~ae Verg.*Ecl.*10.66; sidus..Piscis ~i *G.*4.234; ~us Orion *A.*4.52; ~us Eurus Hor.*Epod.*16.54; ~is nubibus Ov.*Met.*5.570; Sen.*Nat.*5.9.2.

3 Associated with water or the sea. **b** dropsical.
per numina matris ~ae (*i.e.* Thetidis) Ov.*Ep.*3.53; ~us anser *Priap.*61.11; gremio..~i Nereos Stat.*Ach.*1.541; **b** nisi..fugerit..~us albo corpore languor Hor.*Carm.*2.2.15.

4 Resembling water, watery; clear as water, pellucid.
(sucus) ~us prunis Plin.*Nat.*15.109; me pascit ~a peloris Mart.6.11.5;—(*neut. pl. as sb.*) gustatus..sensus..umidioribus et ~is potius commodatos Apul.*Pl.*1.14;—crystallus..~a Prop.4.3.52.

aquula: see AQVOLA.

ar, prep.: see AD.

-ar -āris, *n. suff.* Forms neut. sbs. (*calcar*, *lupanar*).

āra ~ae, *f.* [OLat. *asa*, Osc. *aasaí*, Umb. *ase*; cf. *areo*, Skt. *āsa-* 'ashes'] Forms: *asa* Fro. *Aur.*1 p.44(213N), *cf.* Var.*gram.*128.
1 An altar, usu. one built or 'raised' to a particular god. **b** *~a maxima* (*magna*), the altar of Hercules. **c** a commemorative altar; a funerary altar; (also applied to the funeral pyre). **d** the altar in a private house, esp. as symbol of the sanctity of the home; *~ae* (*et*) *foci*, 'hearths and homes'. **e** (raised in honour of or for worship of human beings, either in their lifetime or after their death).
paelex ~am Iunonis ne tangito *Lex Reg.*(*Font.iur.*p.8); Iouis ~am sanguine turpari Enn.*scen.*99; inde ignem in ~am Pl.*Mil.*411; ex ~a hinc sume uerbenas tibi Ter.*An.*726; sacerdotem ab ipsis ~is puluinaribusque detraxeris Cic. *Har.*28; ut tum primum ~ae Paci publice sint factae (*sc. in Athens*) Nep.*Timoth.*2; quattuor his ~as alta ad delubra dearum constitue Verg.*G.*4.541; si Palatinas uidet aequus ~as Hor.*Saec.*65; ~ae..semper inferiores sint conlocatae quam simulacra Vitr.4.9.1; ex parte aedium quod satis esset loci modico sacello exclusit ~amque ibi posuit Liv. 10.23.6; quaeritur in scaena caua tibia, quaeritur ~is Ov. *Fast.*6.667; Curt.3.12.27; Luc.3.404; Libycas penetrauimus ~as Sil.3.651; nec simulacrum deo (Iudaico) aut templum ..~a tantum et reuerentia Tac.*Hist.*2.78; superstante Lunensi (*of Luna marble*) ~a Suet.*Nero* 50.1; (*transf.*) *Priap.*73.4;—(*as a sanctuary*) in ~am ut confugiamus Pl.*Rud.*455; sicut in ~am confugit in huius domum Cic. *Q.Rosc.*30; eo..confugit in ~aque consedit Nep.*Paus.*4.4; (*poet.*) Veneris sanctae considam..ad ~as [Tib.]3.19.23; uestras amplectitur ~as Ov.*Pont.*1.2.147;—(*grasped when taking an oath*) tange ~am hanc Veneris Pl.*Rud.*1333; cui si ~am tenens iuraret Cic.*Flac.*90; Verg.*A.*12.201; iures licet et Samothracum et nostrorum ~as Juv.3.145; (*cf.*) qui pactas in foedera ruperit ~as Prop.3.20.25; (*dist. from* ALTARIA) Var.*gram.*412; Tac.*Ann.*16.31. **b** Maxima quae gregibus deuota est ~a repertis Prop.4.9.67; ad ~am Maximam Herculis Liv.9.29.9; cur..magna gaudeat ~a natus in Herculeo Fabius lare Juv.8.13. **c** eosque nec inhumatos esse nec desertos..sed contectos publicis operibus..eaque exstructione quae sit ad memoriam aeternitatis ~a Virtutis Cic.*Phil.*14.34; Philaenon ~ae Sal.*Jug.*19.3; Liv.28.46.16; decerni passus est ~am..adoptionis Tac.*Ann.*1.14; ~A AGRIPP MILITI COH XIII VRB HEREDES PONENDVM CVRAVER *CIL* 13.1836;—stant manibus ~ae Verg.*A.*3.63; funeris ~a mihi, ferali cincta cupresso, conuenit Ov.*Tr.*3.13.21;— ~amque sepulcro congerere arboribus certant Verg.*A.* 6.177; Sil.15.387. **d** cui nec ~ae patriae domi stant Enn.*scen.*89; ut ad libidinem suam..bona fortunas ~asque nostras uexare possent Cic.*S.Rosc.*141; uobis ~as Penatium ..commendat *Catil.*4.18; patriis ut redditus ~is coniugium optatum..uiderem? Verg.*A.*11.269;—urbem, agrum, ~as, focos seque uti dederent Pl.*Am.*226; deos patrios, ~as, focos, larem suum familiarem Cic.*Phil.*2.75; qui patriae.. ~is atque focis suis bellum parauere Sal.*Cat.*52.3; hostem pro ~is ac focis dimicantem Liv.10.44.8. **e** mulieri Larentiae..cuius uos pontifices ad ~am in Velabro sacrificium facere soletis Cic.*ad Brut.*1.15.8; militum ueteranorum, quos etiam de reponenda ~a cogitare audimus Brut. Cas.*Fam.*11.2.2; Caesaris arma canant alii, nos Caesaris ~as Ov.*Fast.*1.13; (*cf.*) en quattuor ~as; ecce duas tibi, Daphni, duas altaria Phoebo Verg.*Ecl.*5.65.

2 (in geog. names).
apud ~as, quae uocabantur Neptuniae Quad.*hist.*31; castra in radicibus Amani habuimus apud ~as Alexandri Cic.*Fam.*15.4.9; saxa uocant Itali mediis quae in fluctibus ~as, dorsum immane mari summo Verg.*A.*1.109.

3 The constellation Ara.
inde Nepae cernes propter fulgentis acumen ~am Cic. *Arat.*428(184); *N.D.*3.40; Ov.*Met.*2.139; uictrixque solutis ~a nitet sacris Man.1.421.

4 (fig.) **a** (applied to institutions, etc.) A source of protection, refuge. **b** a protector or champion.
a ut numquam ante hoc tempus ad ~am legum praesidiumque uestrum..confugerint Cic.*Ver.*2.8; nisi in ~am tribunatus confugisset *Red.Sen.*11; templum sanctitatis.. consili publici, caput urbis, ~am sociorum (*i.e.* curiam) *Mil.*90. **b** tu citius uenias, portus et ~a tuis! Ov.*Ep.* 1.110; unica fortunis ~a reperta meis *Tr.*4.5.2.

5 A raised base or bed for supporting machinery, etc.
~am ubi facies, pedes V fundamenta alta facito, lata P. VI, ~am et canalem rutundam facito latam P. IIII S Cato *Agr.*18.6; ~a (*cj.*) in ea ex aere fabricata conlocatur Vitr. 10.8.1.

arabarchēs ~ae, *m.* [Gk. Ἀραβάρχης] A tax-officer in Egypt; (applied contemptuously to Pompey).
Aegyptius atque ~es Juv.1.130;—uelim ex Theophane expiscere quonam in me animo sit ~es Cic.*Att.*2.17.3.

Arabia ~ae, *f.* PROSODY: *Ărabiae* PROP. 2.10.16.

1 The land of the Arabs, Arabia; *~a Nomadum*, the Syrian desert; *~a Felix, Eudaemon*, the Yemen.
et domus intactae te tremit ~ae PROP.2.10.16; MELA 1.14; ultra Pelusiacum ~a est, ad Rubrum mare pertinens PLIN.*Nat.*5.65; 12.100;—VITR.8.3.8;—MELA 3.79; PLIN. *Nat.*5.87; 6.138.

2 The chief town of Arabia Felix, prob. Aden.
MELA 3.80.

arabica ~ae, *f.* [ARABICVS] The name of a precious stone.
~a ebori simillima est PLIN.*Nat.*37.145.

arabicē, *adv.* [next+-E] In Arabian fashion.
face olant aedes ~ PL.fr.67; PAUL.*Fest.*p.28M.

Arabicus ~a ~um, *a.*

1 Arabian; *mare ~um, sinus ~us*, the Red Sea. **b** (as a title conferred on the emperor Septimius Severus).
~o..odore PL.*Mil.*412; deposita ueste, quam habebat, ~a induitur CURT.7.2.17; de eadem expeditione ~a PLIN. *Nat.*6.141;—MELA 1.9; 3.90; AMP.7.1. **b** *CIL* 6.954; 6.31231.

2 *spina ~a*, a kind of thistle, *Onopordon arabicum*.
spina ~a—et ipse astringit PLIN.*Nat.*24.107.

arābilis ~is ~e, *a.* [ARO+-BILIS] That can be ploughed.
campum nullis, cum siccum est, ~em tauris PLIN.*Nat.* 17.41.

Ārabius ~a ~um, *a.* Arabian; made of Arabian onyx.
~o..bombyce PROP.2.3.15;—~um..transcendere limen 1.14.19.

Arabs[1] ~is, *m.*

1 An Arab.
~es qui fuerunt admixto Parthico ornatu CIC.*Fam.*3.8.10; ~is..cuiusdam CELS.5.18.16; CURT.7.2.18.

2 (pl.) The people of Arabia, Arabians; (also sg. collect.).
MELA 1.12;—(*w. ref. to their exports of incense and spices*) ~um de gramine odores PROP.2.29.17; non ~um noster dona capillus habet [Ov.]*Ep.Sapph.*76; cinnami siluis ~as beatos SEN.*Oed.*117;—(*meton.*) siue in Hyrcanos (penetrabit) ~asue molles CATUL.11.5; palmiferos ~as Panchaeaque rura reliquit Ov.*Met.*10.478;—quos tener e terra diuite mittit ~s TIB.2.2.4; [TIB.]3.8.18; ~s diuite silua SEN.*Phaed.*67.

Arabs[2] ~is, *a.* Arabian.
~es Phariique Palaestinique liquores STAT.*Silv.*2.1.161.

Arabus ~a ~um, *a.* Arabian; (masc. pl. as sb.) the Arabs; *~us lapis* = ARABICA.
PL.*Bac.*31; ~us, murrinus, omnis odor *Poen.*1179; P BABBIO..NATION(E) ~O *CIL* 10.3546;—~i mirifico animo erga nos fuerunt CAS. in *G.L.*1.123;—~us lapis..dentifriciis adcommodatur crematus PLIN.*Nat.*36.153.

arachidnē ~ēs, *f.* [Gk. ἀράχιδνα] A kind of leguminous plant, perh. ground-pease, *Lathyrus amphicarpus*.
~e..et aracos..nec folium nec herbam ullam..supra terram habent PLIN.*Nat.*21.89.

Arachnaeus ~a ~um, *a.* Of or concerning Arachne.
Pallas..se..in ~o magnam putat esse triumpho MAN. 4.136.

Arachnē ~ēs, *f.* [Gk. ἀράχνη]

1 (mythol.) A Lydian girl who challenged Pallas to a contest of weaving and was changed into a spider.
~es, quam sibi lanificae non cedere laudibus artis audierat Pallas) Ov.*Met.*6.5.

2 A kind of sundial.
~en Eudoxus astrologus (dicitur inuenisse) VITR.9.8.1.

arachnoīdēs, *a.* [Gk. ἀραχνοειδής] *tunica ~es*, the retina of the eye.
tenuissima tunica, quam Herophilus ~em nominauit CELS.7.7.13.B.

aracos ~ī, *m.* [Gk. ἄρακος] A leguminous plant.
PLIN.*Nat.*21.89.

Aracynthus ~ī, *m.* A mountain on the border between Attica and Boeotia.
in Actaeo ~o VERG.*Ecl.*2.24; PROP.3.15.42; STAT.*Theb.* 2.239.

Aradus ~ī, *m.* An island and town off the coast of Phoenicia.
quod genus endo marist ~i fons LUCR.6.890; architectus ab ~o..Rhodum cum uenisset VITR.10.16.3.

araeostȳlos ~on, *a.* [Gk. ἀραιόστυλος] (of a style of architecture) With columns widely spaced.
species..aedium..~os spatiisi ntercolumniorum patentibus rare VITR.3.3.1.

ārāle ~is, *n.* [ARA+-ALIS] (app.) A structure or base on which an altar could be set up.
MESOLEVM CVM TRIBVNAL ET ~IBVS PERFECIT *CIL* 8. 19929.

arānea ~ae, *f.* [ARANEVS[1]]

1 A spider's web, cobweb. **b** a mass of threads resembling a spider's web.
ita inaniis sunt oppletae (aedes) atque ~is PL.*Aul.*84; euerrite aedis, abstergete ~as TITIN.*com.*36; CATUL.13.8; uelauit ~a fanum PROP.2.6.35; (*to close a wound*) CELS.5.2; ~is oleo madentibus uulnus..coartauit PETR.98.7; (*in comparisons*) rerum simulacra.. tenuia..ut ~a LUCR.4.727; ubi urina quaedam ~is similia subsidentia ostendit CELS. 2.8.24. **b** salicis fructus ante maturitatem in ~am abit PLIN.*Nat.*24.56.

2 A spider.
tenuem texens sublimis ~a telam CATUL.68.49; laxos in foribus suspendit ~a cassis VERG.*G.*4.247; Ov.*Am.*1.14.7; FRO.*Aur.*1.p.48(216N).

arāneans ~ntis, *a.* [pple. of *araneo (prec.+-O[3])] Full of cobwebs; (in quot. fig.).
fauces diutina fame saucias et ~ntes APUL.*Met.*4.22.

arāneola ~ae, *f.* [ARANEA+-OLA] A spider.
in ~is aliae quasi rete texunt CIC.*N.D.*2.123.

arāneolus ~ī, *m.* [ARANEVS[2]+-OLVS] A spider.
ut ~i tenuem formauimus orsum *Culex* 2.

arāneōsus ~a ~um, *a.* [ARANEA+-OSVS]

1 Full of cobwebs; (in quot. fig.).
mollior..pene languido senis situque ~o CATUL.25.3.

2 Resembling cobwebs, cobwebby.
fila..~a PLIN.*Nat.*11.65; cerae e cortice, ~ae 11.71; (colocasia) caule..~o in mandendo 21.87; uomitus ~os 29.86.

arāneum ~ī, *n.* [next]

1 A spider's web, cobweb.
tollere haec ~a quantum est laboris? PHAED.2.8.23; multa ~a imbrium signa sunt PLIN.*Nat.*11.84.

2 A mass of threads resembling a cobweb.
inest fistulae (calami) ~um, quod uocant florem PLIN. *Nat.*12.106; (*as a disease of plants*) peculiare (malum) oliuis et uitibus—~um uocant—cum ueluti telae inuoluunt fructum et absumunt 17.229.

arāneus[1] ~a ~um, *a.* [ad. Gk. ἀραχναῖος]

1 Of spiders.
phalangion..bestiola ~i generis PLIN.*Nat.*18.156.

2 *mus ~us*, a shrew-mouse.
mus ~us..dentibus non exiguam pestem molitur COL. 6.17.1; ad..muris ~i morsus PLIN.*Nat.*20.89; 29.88.

arāneus[2] ~,ī *m.* [prec.]

1 A spider.
columnis deici operas ~orum PL.*As.*425; ~i tenuia fila LUCR.3.383; CATUL.23.2; ad..~i ictum CELS.5.27.6; tertium genus est eodem phalangi nomine ~us lanuginosus PLIN.*Nat.*29.85.

2 A venomous fish, the weever.
~us, spinae in dorso aculeo noxius PLIN.*Nat.*9.155; 32.145.

Arar ~is, *m.* Also **Araris.** A river of Gaul, a tributary of the Rhone, the Saône.
flumen est ~ar, quod..in Rhodanum influit CAES.*Gal.* 1.12.1; ~arim Parthus bibet VERG.*Ecl.*1.62; PLIN.*Nat.*3.33; SIL.3.452; TAC.*Ann.*13.53.

Araricus ~a ~um, *a.* Of the river Arar or Saône.
PATRONO NAVTAR(VM) ~OR(VM) ET RHODANICOR(VM) *CIL* 13.1688; 13.2009.

Arātēa ~ōrum, *n. pl.* A translation by Cicero of the *Φαινόμενα* of Aratus.
nostra quaedam ~a memoriter a te pronuntiata sunt CIC.*Div.*2.14.

arāter ~trī, *m.*: var. of ARATRVM.
secundum legem diui Augusti 'qua falx et ~ter ierit' HYG.*agrim.*p.73; HYG.GR.*agrim.*p.164.

Arātēus ~a ~um, *a.* Of or belonging to the poet Aratus.
~is multum inuigilata lucernis carmina CINNA *poet.*11.1; CIC.*N.D.*2.104.

arātiō ~ōnis, *f.* [ARO+-TIO]

1 The action of ploughing.
secunda ~one VAR.*R.*1.29.1; ~onis gratia PLIN.*Nat.* 17.171; tria tempora ~onum 21.106.

2 An estate of arable land; esp. one farmed out for a tithe.
si ~ones habituris, qui arari solent PL.*Truc.*149; quo usque ~ones uestras porrigetis? SEN.*Ep.*89.20; PLIN.*Nat.* 27.58;—ut..nescio quid..ad decumas accederet, deserendas ~ones..curasti CIC.*Ver.*3.43; 3.53.

arātiuncula ~ae, *f.* [prec.+-CVLA] A small estate of arable land.
uolo habere ~am..hic apud uos PL.*Truc.*148.

arātius ~a ~um, *a.* [Gk. Ἀράτειος] The name of a variety of fig.
ficus) ~a alba PLIN.*Nat.*15.70.

arātor ~ōris, *m.* [ARO+-TOR]

1 A ploughman.
suspirat ~or crebrius LUCR.2.1164; curuus ~or VERG.*Ecl.* 3.42; requiescat humus, requiescat ~or TIB.2.1.5; corui.. ~oris uestigia ipsa rodentes PLIN.*Nat.*17.37; talpa est mihi fossor atque ~or MART.11.18.14.

2 A farmer of arable land; esp. one who contracted to farm land for a tithe of the produce.
FECEI VT DE AGRO POPLICO ~ORIBVS CEDERENT PAASTORES *CIL* 1.638.14; nouus ~or et idem pecuarius CIC.*Tul.* 19; *Agr.*2.88; LIV.26.16.7;—pecuniae ex ~orum bonis.. coactae CIC.*Ver.*13; 2.32; quod stipendiarii ~ores milites essent facti *B.Afr.*20.4.

3 (as adj., of oxen) Ploughing, plough-.
taurus ~or Ov.*Fast.*1.698; bos ~or SUET. *Ves.*5.4; PAUL. *dig.*33.7.18.6.

arātōrius ~a ~um, *a.* [ARO+-TORIVS] Of or for ploughing.
BINAS ~AS..OPERAS *CIL* 8.10570; 8.14428.

arātrō ~āre, *intr.*: see ARTRO.

arātrum ~ī, *n.* [ARO+-TRVM, cf. Gk. ἄροτρον] A plough.
trini boues unum ~um ducent CATO *hist.*103; LUCIL.1043; solum tam exile..quod ~o perstringi non possit CIC.*Agr.* 2.67; ~a iugo referunt suspensa iuuenci VERG.*Ecl.*2.66; terra feret stellas, caelum findetur ~o Ov.*Tr.*1.8.3;—(*as typical of the farmer*) cum ab ~o arcessebantur qui consules fierent CIC.*S.Rosc.*50; *Ver.*3.26; idem eques et frenis, idem fuit aptus ~is PROP.4.10.19;—(*used to mark out the territory of new towns*) ut ~um circumduceres CIC.*Phil.*2.102; *CIL* 1.594.2.2.2; urbem designat ~o VERG.*A.*5.755; MAN.4.556;—(*symbolizing the razing of cities*) cur..imprimeret..muris hostile ~um HOR.*Carm.*1.16.21; PROP.3.9.41; ~um uetustis urbibus inducere SEN.*Cl.*1.26.4.

arātum ~ī, *n.* [ARO] A ploughed field.
in ~is qui faciunt restibiles segetes VAR.*R.*3.16.33; omnis..marga ~o inicienda est PLIN.*Nat.*17.47; HYG. *agrim.*p.90.

Arātus ~ī, *m.* A Greek personal name; esp. **a** Aratus of Soli in Cilicia, who lived in the 3rd cent. B.C., author of two poems on astronomical subjects. **b** a statesman and general of Sicyon in the 3rd cent. B.C.
a descriptionem..non astrologiae scientia sed poetica quadam facultate uersibus ~um extulisse CIC.*Rep.*1.22; 1.56; VITR.9.6.3; cum sole et luna semper ~us erit Ov.*Am.* 1.15.16; PETR.40.1. **b** CIC.*Off.*2.81.

Araxēs ~is, *m.* A river of Armenia, the Aras; a river of Southern Persia, the Bendemir.
pontem indignatus ~es VERG.*A.*8.728; PROP.3.12.8; MELA 3.40; Indus gelidum potat ~en SEN.*Med.*373; (*poet., for the surrounding peoples*) pharetratum inuasit ~en STAT. *Silv.*5.2.32;—CURT.5.4.7.

arbilla ~ae, *f.* [ARVINA+-LA] Fat.
~a aruina, id est pinguedo corporis PAUL.*Fest.*p.20M.

arbiter[1] ~trī, *m.* [app. from AD-+BITO]

1 An eye-witness, spectator, onlooker.
PL.*Cas.*90; circumspicite ne quis adsit ~ter *Mil.*1137; caput suum sine testibus et ~tris ferro defendere CIC.*Tul.* 50; remotis..~tris *Off.*3.112; SAL.*Cat.*20.1; claudi regiam iubet, ~tros eiecit LIV.1.41.1; Ov.*Met.*2.458; ut (Drusus) liber a conspectu inmunisque ab omnibus ~tris esset VELL. 2.14.3;—(*w. gen.*) secretorum omnium ~ter CURT.3.12.16; aderant..~tri sermonis TAC.*Ann.*13.21; APUL.*Soc.*16; (*poet.*) locus effusi late maris ~ter (*commanding a view of*) HOR.*Ep.*1.11.26;—(*w. cl.*) miquidem iam ~tri uicini sunt meae quid fiat domi PL.*Mil.*158.

2 (leg.) A person appointed or chosen to settle a dispute, having wider discretionary power than a IVDEX. **b** (transf.) a judge, umpire.
iudici ~troue reoue *Lex XII*(*Font.iur.*p.20); PL.*Rud.* 1004; ambigunt de finibus; me cepere ~trum TER.*Hau.*500; CIC.*Top.*43; damnatus per ~trum *S.Rosc.*114; ~trum.. de finibus a senatu datum *Off.*1.33; QVO MINVS..IVDEX ~TERVE ADDICATVR *CIL* 1.600.7; nec eodem sono publica iudicia et ~trorum disceptationes aguntur QUINT.*Inst.* 11.1.42; sine poena, uelut cum ~ter petitur GAIUS *Inst.* 4.141;—(*w. gen.*) ~trum familiae herciscundae postulauit CIC.*Caec.*19; decisionis ~ter *Flac.*89; cum ~tri communium parietum sumuntur VITR.2.8.8;—(*poet., of boundary marks*) ~ter..lapis SEN.*Phaed.*528; saxeus umbo ~ter agricolis STAT.*Theb.*6.353; (*cf.*) Taurus mons..innumerarum gentium ~ter PLIN.*Nat.*5.97. **b** iusti hic eritis omnes ~tri (*sc. of this play*) PL.*Am.*16; uellem me ~trum inter Academiam et Zenonem datum CIC.*Leg.*1.53; *Tusc.*5.120; ~ter pugnae HOR.*Carm.*3.20.11; Minos sedet ~ter Orci PROP.3.19.27; LIV.21.31.7; ~ter..sumptus de lite iocosa Ov.*Met.*3.332; SEN.*Ag.*731; ~ter..Gortynius STAT.*Theb.* 4.530; (Petronius) elegantiae ~ter TAC.*Ann.*16.18;—(*of nonpersonal things*) palmam tibi..unctae det fauor ~ter coronae MART.7.72.10; pensati..improbus auri ~ter ensis SIL.1.625.

3 An overseer, controller, ruler. **b** one who carries out a design, an executor.
VAR.*gram.*207(Non.p.519M); ~trum me statuebat non modo huius rei sed totius consulatus sui CIC.*Att.*15.1.2; Noti quo non ~ter Hadriae maior HOR.*Carm.*1.3.15; quem Venus ~trum dicet bibendi? 2.7.25; Ov.*Fast.*3.73; (animus) uoluptatium ~ter SEN.*Dial.*7.6.1; ipse deorum ~ter STAT. *Theb.*4.753; dii..potentium populorum ~tri TAC.*Ann.* 15.24. **b** interpreti ~troque concordiae ciuium LIV. 2.33.11; ~ter Eurystheus irae Iunonis Ov.*Ep.*9.45; mortem sine ~tro permittens TAC.*Ann.*16.11.

Arbiter[2] ~trī, *m.* The cognomen of the writer Petronius.
~ter disertus Maur.2489.

arbiterium ~(i)ī, *n.*: var. of ARBITRIVM.

arbitra ~ae, *f.* [ARBITER] A witness; a judge; a mistress.
o rebus meis non infideles ~ae Nox et Diana Hor.*Epod.* 5.50;—ratio..~a est bonorum ac malorum Sen.*Ep.*66.35; Gel.17.11.6;—Tellus..caeli ac maris diua ~a rerumque omnium *Prec.Ter.*4; Gel.7(6).2.5.

arbitrāriō, *adv.* [next+-o[2]] Doubtfully.
nunc pol ego perii certo, haud ~o Pl.*Poen.*787.

arbitrārius ~a ~um, *a.* [ARBITER+-ARIVS]
1 Relating to, or dependent on, the discretion of an *arbiter.* **b** (transf.) not fixed, discretionary.
per formulam agitur, quae ~a uocatur Gaius *Inst.*4.141; 4.163; quae (*sc.* iudicia) non sunt ~a nec bonae fidei Papin. *dig.*22.1.3.1; ~a actio Ulp.*dig.*13.4.2; Paul.*Fest.*p.15M. **b** hoc quidem 'profecto' certum est, non est ~um Pl.*Am.* 372.

2 Subject to choice, arbitrary; voluntary, optional.
uerba esse naturalia magis quam ~a Gel.10.4.3; pauca quaedam..fusa et uaga et ~a 14.1.5;—intentio motus.. in arteria naturalis, non ~a 18.10.10; uisa animi..non uoluntatis sunt neque ~a 19.1.15.

arbitrātiō ~ōnis, *f.* [ARBITROR+-TIO] (mentioned as replaced by ARBITRATVS).
Gel.13.21(20).19.

arbitrātus ~ūs, *m.* [ARBITROR+-TVS[3]]
1 The power of deciding, choice; also, capacity for making decisions, judgement. esp. **b** ~*u* (w. gen. or pron. adj.), according to the decision or choice of, at the discretion of. **c** (leg.) according to the decision (of an arbitrator). **d** (colloq.) to the extent of one's wishes, to one's heart's content.
tuos ~us sit, comburas, si uelis Pl.*As.*766; meus ~ust lingua quod iuret mea *Rud.*1355;—~um suum in caelum fert Aur.*Fro.*1.p.214(75N). **b** Pl.*Am.*931; ut mihi cenas decem meo ~u dent *Capt.*495; oleam cogito recte omnem ~u domini Cato *Agr.*144.1; NEQVE SATIS FACIENT ~VV GENVATIVM *CIL* 1.584.26; Cic.*Inv.*1.35; mulieris ~u gessisse praeturam *Ver.*1.140; *Planc.*71; *Fam.*16.20; quoius ~u communibus negotiis consuleretur Sal.*Jug.*105.1; obsides centum ~u Scipionis darent Liv.30.37.6; Tac.*Dial.*42.1; Suet.*Tib.*68.4; suo arbitratu discedunt Apul.*Apol.*75. **c** uide sis quoiius ~u nos uis facere Pl.*Rud.*1002; siquid.. domino damni datum erit, uiri boni ~u deducetur Cato *Agr.*145.3; *Ed.pr.*(*Font.iur.*p.228)38.4; Proc.*dig.*17.2.76. **d** agedum, excutedum pallium. — tuo ~u Pl.*Aul.*647; *Bac.* 1126; cum ipso pol sum locuta,..otiose, meo ~u *Mil.* 1221; licet..uestro ~u percontemini Cic.*de Orat.*1.101; *Fam.*12. 30.1; circa..caluae ~u et mala singula Petr.66.4.

2 Jurisdiction (over subjects, etc.), power.
dedunt..se..in dicionem atque in ~um cuncti Thebano poplo Pl.*Am.*259; *CIL* 1.583.1.

arbitrium ~(i)ī, *n.* Also **arbiterium.** [ARBITER+-IVM]
1 Arbitration as a legal process, the settlement of disputes by submission to an arbiter. **b** (w. respect to funeral expenses).
quid est in ~io? Cic.*Q.Rosc.*11; *Off.*3.70; in domibus eorum (*sc.* nobilium) saepius..priuata iudicia ~iaque conficiuntur Vitr.6.5.2;—(*w. gen. of pers., pron. adjs., etc.*) eorum ~io..damnum decidito *Lex XII*(*Font.iur.*p.39); tribunicii candidati iurarunt se ~io Catonis petituros Cic. *Att.*4.15.7; Proc.*dig.*17.2.76; si alieno ~io merces permissa est Gaius *Inst.*3.143; (*poet.*) uenit in ~ium nuda Minerua tuum Ov.*Ep.*5.36;—(*w. gen. of the matter at issue*) in ~io rei uxoriae Cic.*Top.*66; aggeres..in ~ium aquae pluuiae arcendae ueniunt Paul.*dig.*39.3.23.2;—(*dist. fr.* iudicium) iudicium est pecuniae certae, ~ium incertae Cic.*Q.Rosc.*10; —(*form* arbiterium) si arbiter recipere in se ~ium fuerit paratus Ulp.*dig.*4.8.21.9; Paul.*dig.*4.8.16; 4.8.19.1. **b** sepulcrum permissum ~io sine sordibus exstrue Hor.*S.*2. 5.105; funerari me ~io uiri mei uolo Scaev.*dig.*34.2.40.2; *CIL* 14.2112.2.3; (*cf.*) dare..damnati..epulum ~io Arri Hor.*S.*2.3.86.

2 The action or process of deciding generally; settlement of a non-legal question, decision. **b** *sui ~ii,* of independent judgement.
sapientis est..proprium..omnia ad suum ~ium referre Cic.*Tusc.*5.81; Nep.*Ham.*1.3; cum ~io magistratus fuerit ita probatus (later) Vitr.2.3.2; malo ~io, quo a proximis quisque minime anteiri uolt Liv.6.34.7; 33.11.5; Rhodios nunc in orbe terrarum ~ia belli pacisque agere Liv.44.15.5; Ov.*Met.*9.505; Fatorum ~io partes sunt uobis datae Phaed. 3.18.10; Curt.6.1.19; Tac.*Hist.*4.2; multa..~io senatus constituta sunt *Ann.*13.5;—(*of the faculties etc.*) rebus penitus perspectis..atque ab opinionis ~io seiunctis Cic. *de Orat.*1.108; amor animi ~io sumitur, non ponitur Pub. *Sent.*A.5; ~io consilioque usus auris Gel.13.21(20).3; (*cf.*) non ut cetera animalia..noctis ~io semper habitatura [Quint.]*Decl.*13.17;—(*w.* de) homines..libera de quoque ~ia agere Liv.24.45.4. **b** semper alias sui ~ii contentusque se uno Suet.*Tib.*18.1.

3 The business, problem, or task of making a decision, the settlement of a dispute or question (regarded as a task).
id ~ium Conon negauit sui esse consilii Nep.*Con.*4.1; praetores consulis in eligendo ~ium fecerunt Liv.43.15.5; —(*w. gen. of matter*) ad senatum ~ium eius rei totum reiciebat Liv.26.15.2; intempestiue principalium armorum ~ia captans Vell.2.50.3;—(*w. cl.*) quod patres de pace Scipionis..~ium esse quibus legibus daretur..censuerant Liv.30.38.7; Sen.*Suas.*2.10; ut esset ~ii mei, utrum opera facienda Plin.*Ep.Tra.*10.75(79).2; Ulp.*dig.*23.3.12.1.

4 The power of judging or deciding, the settlement or determination (of a matter) regarded as a right, privilege, etc. **b** *mei,* etc., *~ii esse,* to be under (my) control, within (my) competence. **c** *suo,* etc., *~io,* as a free agent, on one's own initiative, independently; so *~io* alone. **d** *liberum* (*plenum*) *~ium,* full power to decide, discretionary power, freedom of action. **e** the power, possibility, opportunity (of).
si seruitus sit..oboedientia..animi..~io carentis suo Cic.*Parad.*35; uix sui ~ii fore, quem heredem regni relinqueret credens Liv.39.53.6; o bene rapta ~io mors ista tuo! Luc.9.1059;—(*w. gen. of matter*) orationem tibi misi. eius custodiendae et proferendae ~ium tuum Cic.*Att.*15.13. 1; quem penes ~ium est..loquendi Hor.*Ars* 72; salis.. uendendi ~ium..in publicum omne sumptum Liv.2.9.6; ~ium neptis habebat auus Ov.*Ep.*8.32; *Met.*11.101; Man. 2.465; contingit illi pingue otium et ~ium sui temporis Sen.*Ep.*73.10; ea..quorum penes plebem ~ium est Tac. *Ger.*11.1; *Ann.*6.51;—(*w.* de) esse ~ium suum de re publica Brut.*ad Brut.*1.16.4; Liv.23.23.4;—(*w.* in+*acc.*) non in te Fatis..~ium Stat.*Silv.*5.1.186;—(*w. cl.*) ut ~ium penes Romanos maneret quid darent Tac.*Ann.*13.56. **b** nec illis spondere pacem quae mei non erat ~ii Liv.9.9.9; superbissima gens sua omnia suique ~ii facit 21.44.5; non fuit ~ii littera nostra tui Ov.*Tr.*4.4.22; siue ut femina siue ut masculus concipiatur, nostri ~ii fore Democritus adfirmat Col.6.28.1. **c** se suo nomine atque ~io cum Romanis bellum gesturos dicebant Caes.*Gal.*7.75.5; ~io quam uis non sinit esse meo [Tib.]3.14.8; spes haud dubia suo id ~io ubi uellent facturos Liv.25.21.1; suo ~io hereditatem adire potest Gaius *Inst.*2.188;—quod non ~io ueniunt (herbae) sed semine certo Man.4.111. **d** ut..in quaestoribus liberum esset ~ium populi Liv.4.43.5; Sen.*Cl.*2.7.3; omnibus permisit liberum ~ium magnitudo professionis Larg. pr.p.4,l.25; (*w. gen. of matter*) Quinctio liberum ~ium pacis ac belli permissum Liv.32.37.5; Curt.4.4.12; liberum mortis ~ium ei permisit Tac.*Ann.*11.3;—(*w.* de) senatui liberum ~ium de se permitterent Liv.37.1.5;—(*w. cl.*) liberum ~ium creditoribus datum uidetur, quanto tempore locent Ulp. *dig.*42.5.8.3; (*w. inf.*) liberum ~ium habet uel capitali crimine reum facere eum..uel..damnum persequi Gaius *Inst.*3.213;—non..plenum ~ium uoluntatis heredi dedit Ulp.*dig.*32.1.11.7. **e** aestus..~ium moderandi naues ademerat Liv.28.30.8; 30.15.5; neue eripite ~ium matri secreta loquendi Ov.*Met.*4.224.

5 Control, supervision, direction, command, authority. **b** *alieni ~ii esse, fieri,* to be in the charge of, pass into the control of, another; *sui ~ii esse,* to be one's own master, have full power. **c** physical control.
Cic.*Ver.*1.150; illa ciuitas optimatium ~io regi dicitur *Rep.*1.42; Nep.*Alc.*7.1; Atrides..cuius in ~io Graeci tota fuit Ov.*Rem.*468; Grat.331; REM PVBLICAM EX MEA POTESTATE IN SENAT⟨VS POPVLIQVE ROM⟩ANI ~IVM TRANSTVLI Aug.*Anc.*6.15; Vell.2.62.2; senex, ~ia sub quo regii fuerant gregis Sen.*Oed.*839; si tu, pater, omne teneres ~ium Stat.*Silv.*5.1.168; Tac.*Hist.*3.49; cum ~ium senatus et patris obtenderet *Ann.*1.26; (*poet.*) ille (deus) ferocem contudit et dominae misit in ~ium [Tib.]3.6.14. **b** Ptolemaeus propter aetatem alieni..~ii erat Liv.42.29.7; qui alia bona iudicat, in fortunae uenit potestatem, alieni ~ii fit Sen.*Ep.*74.1;—cum primum nostri ~ii esse coepimus Liv.25.29.4; (*cf.*) tota sui ~ii fames facta est [Quint.]*Decl.* 12.8. **c** siue..efferatus (iuuencus) prosilit, duorum (boum) ~io inhibetur Col.6.2.10; in praeceps datis corporibus nullum sui ~ium est Sen.*Dial.*3.7.4.

6 The findings of an arbiter; (transf.) the result of judging or deciding, judgement, verdict, opinion, choice. **b** *~ia* (*funeris*), the amount of funeral expenses authorized for a particular person; (in quots. fig.); also app. other sums decided by arbitration.
~ium dicitur sententia, quae ab arbitro statuitur Paul. *Fest.*p.15M;—(*transf.*) ~ium uostrum, uostra existumatio ualebit Ter.*Hau.*25; ut te ad meum ~ium adducerem Cic. *Fam.*5.20.2; si..~io populi tua cana senectus..intereat Catul.108.1; inrita sint non suffragia modo populi sed ~ia etiam fortunae Liv.10.24.9; fortuna ~iis tempus dispensat iniquis *Epic.Drusi* 371;—(*w.* de) cum..de te splendida Minos fecerit ~ia Hor.*Carm.*4.7.22. **b** uidere..inimicos nondum morte complorata ~ia petentis funeris Cic.*Dom.*98; ~ia non mei solum sed patriae funeris abstulisti *Pis.*21; *Red.Sen.*18;—*CIL* 4.3340.23.11.

7 Wishes, desires, inclinations, etc., esp. with regard to procedure or policy; *meo,* etc., *~io,* as I feel inclined. **b** (of more or less arbitrary and irresponsible action) wish, whim, caprice, pleasure. **c** *ad ~ium* also, in an amount or to a degree to satisfy (your, etc.) wishes, as much as (one) pleases.
(*w.* ad) ea (uerba)..sicut mollissimam ceram ad nostrum ~ium formamus Cic.*de Orat.*3.177; *Ver.*1.144; Lucr.2.281; suam quisque classem ad ~ium suum administrabat Caes. *Civ.*3.18.2; qui fugam ad eius ~ium direxerit fugae Vell. 2.85.6; cum multa mentiti sunt ad ~ium suum Sen.*Nat.* 4b.3.1; constituta ad ~ium re publica Suet.*Jul.*9.1; (*of the planets*) quae a Graecis planetae..dicuntur, quia ad ~ium suum uagantur Amp.3.3;—(*w.* ex) non licet tibi..ex tuo ~io diem disponere Sen.*Dial.*11.6.4; ex ~io lauacrum pete Apul.*Met.*5.2;—(*w.* secundum) magistratus secundum parentis ~ium dant ius nuptiarum Liv.4.9.6;—(*w.* sub) sub acerbissimi carnificis ~io spiritum ducere 42.23.10;—(*abl.*) Iuppiter..cuius nutu et ~io caelum terra mariaque reguntur Cic.*S.Rosc.*131; Sal.*Jug.*41.7; quam (*sc.* uitam) ne alieno ~io dimitteret Nep.*Han.*12.5; in tenebris obnoxiam carnificis ~io ducere animam Liv.6.17.5; 42.23.7; ~io matris de mille sagittis unam seposuit Ov.*Met.*5.380; ~io..erili V.Fl.4.383; nostro..necari ~io Juv.13.177;—ambulare mihi meo ~io non licet Sen.*Con.*10.1.2; ut ~io suo uiuat Cels.4.32.2. **b** iura omnia..nutu atque ~io Chelidonis meretriculae gubernari Cic.*Ver.*5.34; Virtus..nec sumit aut ponit securis ~io popularis aurae Hor.*Carm.*3.2.20; illius ~io noctem lucemque uidebis Prop.4.1.143; senatus consulta..quae antea ~io consulum supprimebantur Liv.3.55. 13; Ov.*Ars* 1.504; Vell.2.31.4; omnia deinde ~io militum acta Tac.*Hist.*1.46. **c** praestituentur horae ad ~ium nostrum Cic.*Quinct.*71; *Ver.*3.77; *Font.*49; iis delectationibus, quas tibi ipse ad ~ium tuum compararas *Fam.*7.1.1; pars exercitus eorum..ad ~ium utilitatemque nostram macerata Vell.2.112.3.

8 A looking on, witnessing, observing.
diuinaque rerum cura sine ~io est *Aetna* 196; locus ab omni tutus ~io uacat Sen.*Her.O.*484; *Phaed.*601; ut ~io nocturni gannitus ablegarentur (pueri) Apul.*Met.*2.15; (*cf.*) sub ~io luminis recognoscit omnia 2.26.

arbitrix ~īcis, *f.* [as ARBITER+-TRIX] A female arbiter.
SOPHE THEOROBATHYLLIANA ~IX IMBOLIARVM *CIL* 6.10128.

arbitrō ~āre ~āuī ~ātum, *tr., intr.* [var. of next]
1 To think, judge.
nouarum aedium esse ~o similem ego hominem Pl.*Mos.* 91; deesse ~ato 'deorum' Cic.*N.D.*2.74;—(*pass.*) scriptum erat me iam ~ari designatum esse *Att.*1.11.2; portus omnis timens, quod teneri ab aduersariis ~abantur Caes.*Civ.*3.6.3.

2 (w. pred.) To consider.
aedis probas..pulchre aedificatas ~o Pl.*Mer.*902; te si ~arem dignum *Ps.*1014; *St.*144;—(*pass.*) ex scriptis eorum qui ueri ~antur Cael.*hist.*2; cum ipse praedonum socius ~aretur (*v.l.* putaretur) Cic.*Ver.*5.106; codd. in Cic.*Mur.*34.

3 (pass.) To be decided on, be fixed; (of a dispute) to be settled.
continuo ~etur uxor tuo gnato Pl.*Epid.*267; sumptus funeris ~antur pro facultatibus..defuncti Ulp.*dig.*11.7.12.5; —anceps quaestio et in utramque partem..~ata est Gel. 1.13.2; (*impers.*) quia per eum factum est, quo minus ~etur Ulp.*dig.*4.8.25.4.

arbitror ~ārī ~ātus, *tr., intr.* [ARBITER+-O[3]] Forms: *~amino* (2nd pers. sg. imp.) Pl. *Epid.*695.
1 To observe, notice, witness. **b** to pay attention to, study.
(*w. acc.*) ne arbitri dicta nostra ~ari queant Pl.*Capt.*220; curiose ~abar iugulum comitis Apul.*Met.*1.18; domus attiguae..fortunas ~aturus 4.12;—(*w. indir. qu.*) hinc.. potero quid agant ~arier Pl.*Aul.*607; quid ego..agam, facile..~aris Apul.*Apol.*16. **b** qui diligentius..carmina Empedocli ~ati sunt Gel.4.11.10.

2 To judge, decide (as an *arbiter*). **b** to give as one's judgement. **c** (transf., w. inf.) to think it proper.
totum hoc ex aequo et bono iudex ~abitur Ulp.*dig.*17.1. 12.9; 45.1.43; (*w.* de) necesse est praetorem de distractione eius..~ari 2.15.8.15; (*w. dat.*) si is cuius arbitrium est non uiuat uel..rei ~ari nolit Pompon.*dig.*35.1.6; (*w. indir. qu.*) ~aturus, quantum sit in facultatibus Ulp.*dig.*25.3.5.25. **b** si aliter quis utatur quam uir bonus ~abitur Ulp.*dig.* 7.9.1.6; (*w. acc. and inf.*) nec rem ~abitur iudex mihi restitui Paul.*dig.*6.1.35.1; (*w.* ut+*subj.*) 3.3.45. **c** culmo ipso..stercorare ~antur Plin.*Nat.*17.54.

3 (w. pred.) To consider, judge, reckon. **b** *fidem ~ari* (w. dat.), to believe.
benefacta male locata malefacta ~or Enn.*scen.*409; non me ~atur militem sed mulierem Pl.*Bac.*845; *Mer.*132; QVOS ..DIGNOS ~ABVNTVR *CIL* 1.587.1.33; de eis quos amicos nobis ~amur Cic.*Clu.*143; quos..latrones ~arere Apul. *Met.*4.8;—(*w. gdve.*) neque ego tantum fraterno amori dandum ~or Cic.*Sul.*63; uos..oportet..patriam tuendam ~ari esse Liv.23.5.10. **b** si pergis paruom mihi fidem ~arier Pl.*Bac.*570; cui (*sc.* Platoni) ego fidem ~atus causam diuini morbi esse..Apul.*Apol.*51.

4 To be of opinion, think, judge, imagine: **a** (w. acc. and inf.). **b** (w. adv.; w. internal acc.). **c** (absol.); *~or,* I think so.
a liberum me esse ~or Pl.*Capt.*395; quod uidisse credo me id iam non uidisse ~or *Mil.*403; Ter.*Ph.*205; cognoui atque intellexi atque ~or..summum periculum esse Cato *orat.*23; quid tum hos de te iudicaturos ~atus es..? Cic.*Ver.*1.52; *Mur.*7; *Agr.*2.23; ~abar sustineri remos cum inhibere essent remiges iussi *Att.*13.21.3; *Fam.*2.19.2; *Div.*1.4; si opus esse ~aretur Caes.*Gal.*3.1.3; Liv.3.62.2; 24.30.4; testes factorum stare ~abere diuos Sil.15.112; quia inuidiosiorem fore ~abatur Plin.*Ep.*2.11.9. **b** nemo homo umquam ita ~atust Pl.*Per.*211; recte..~aris Cic.*Brut.*280; haec explanata sunt..satis, ut ~or, diligenter *Off.*2.8;—non sunt solae ~atae haec Ter.*Hec.*762; te ~ari quod res est uelim *Eu.*979; quod non ~or Cic.*Att.*13.32.3; *Luc.*146. **c** nunc, mulier, ne tu frustra sis, mea non es, ne ~ere Pl.*Mer.*528;— ciuemne? — ~or; certum non scimus Ter.*Eu.*110; Cic.*Div. Caec.*52; ait nescio quem ex eo numero seruum iudicatum. non ~or, non audiui *Deiot.*24; non me hercule ~or *Att.*13.34; (*cf.*) illud uerbum..'~or', quo nos etiam tunc utimur cum ea dicimus iurati quae comperta habemus *Font.*29.

arbor ~oris, *f.* [dub.] Forms: *arbōs* Verg. *G.*2.66, 4.24, *A.*12.210, v.l. in Ov.*Fast.*1.153, etc., cf. Quint.*Inst.*1.4.13; *arbosem* (= *~orem*) in Paul.*Fest.*p.15M.
1 A tree. **b** (w. species indicated). **c** (in judicial formula, of gallows). **d** (as the source of timber). **e** (applied to marine plants).

inscendam aliquam in ~orem PL.*Aul.*678; serit ~ores CAECIL.*com.*210; propagatio pomorum ceterarumque ~orum CATO *Agr.*133.1; ~orum altitudo nos delectat CIC. *Orat.*147; ~oribus uaria est natura creandis VERG.*G.*2.9; *A.* 3.139; nulla felix ~or LIV.5.24.2; OV.*Met.*4.459; Ruminalem ~orem TAC.*Ann.*13.58; (*cf.*) ilex..decem ~ores emittens PLIN.*Nat.*16.242;—(*in fig. phr.*) excisa..est ~or, non euulsa CIC.*Att.*15.4.2; mala radices altius ~or agit OV. *Rem.*106. **b** ~or ilex SIS.*hist.*8; ~ores alni VAR.*R.*1.7.7; proceris abietis ~oribus LIV.24.3.4; ~ores ficorum COL. 11.2.59; corticis ~orem PLIN.*Nat.*16.34; ~orem palmae SUET.*Aug.*94.11;—(*poet.*) Herculeae..~os umbrosa coronae (*i.e. the poplar*) VERG.*G.*2.66; Palladis ~or (*i.e. the olive*) OV. *Ars* 2.518; Iouis ~ore (*i.e. the oak*) *Met.*1.106; ~ore Phoebi (*i.e. the laurel*) *Fast.*3.139. **c** caput obnubito, ~ori infelici suspendito *in* CIC.*Rab.Perd.*13; *in* LIV.1.26.6. **d** cur umquam..Phrixeam petiit Pelias ~or ouem? OV.*Ep.*12.8; arbore sulcamus maria..~ore exaedificamus tecta PLIN. *Nat.*12.5; classem..ab ~ore (*i.e. after felling*) LX die nauigauisse 16.192. **e** mare..fruticosum ~oribus PLIN.*Nat.* 6.87; frondem marinarum ~orum 13.140.

2 (sg.) Trees.
ager..~ori infecundus SAL.*Jug.*17.5; me Castalia speculans ex ~ore Phoebus PROP.3.3.13; opertos ~ore montes OV.*Met.*5.612; 12.513; nec..(uidisset) in ~ore (*changed into trees*) natas *Tr.*3.4.29.

3 The trunk of a tree.
abies..femina..~ore rotundior PLIN.*Nat.*16.48; 16.65.

4 a A wooden beam or post in an olive press. **b** the mast (of a ship). **c** an oar. **d** a spear-shaft.
a qui ~ores conprimat, si dishiascent CATO *Agr.*12.1; ~ores crassas P II 18.1; arcas lapidum adtollente secum ~ore PLIN.*Nat.*18.317. **b** sagitta..infigitur ~ore mali VERG.*A.*5.504; cornua..in summa locat ~ore OV.*Met.* 11.476; ~oribus caesis LUC.9.332; PETR.114.13; iam celsior ~ore pontus V.FL.1.496; SIL.3.129; conspicati numerum ~orum et ex eo nauium quoque coniectantes FRON.*Str.* 2.3.46; PLIN.*Ep.*9.26.4. **c** centena..~ore fluctum uerberat VERG.*A.*10.207. **d** ferrata..~ore magnos molitur ictus STAT.*Theb.*12.769.

5 A marine animal, perh. a kind of squid.
in Gaditano oceano ~or..uastis dispansa ramis PLIN. *Nat.*9.8; 32.144.

arborārius ~a ~um, *a.* [prec.+-ARIVS] Of or concerned with trees: *falx ~a*, a pruning-hook; *picus ~us*, a woodpecker.
falces..~as III CATO *Agr.*11.4; VAR.*R.*1.22.5;—~i pici rostrum PLIN.*Nat.*30.147.

arborātor ~ōris, *m.* [ARBOR+-*ator* (see -TOR)] A tree-pruner.
optimus..foeni sector nec minus ~or COL.11.1.12; frondem medio die, ~or, ne caedito PLIN.*Nat.*18.330.

arborescō ~ere, *intr.* [ARBOR+-ESCO] To grow into a tree.
tradunt..maluas septimo mense ~ere PLIN.*Nat.*19.62.

arborētum ~ī, *n.* [ARBOR+-ETVM] A plantation of trees.
conualles et ~a magna erant QUAD.*hist.*29; (*cf.*) ~a ignobilius uerbum, arbusta celebratius GEL.17.225.

arboreus ~a ~um, *a.* Also **-ius.** [ARBOR+-EVS]

1 Of or belonging to trees, tree-.
frugibus ~is CORNIF.*poet.*3; hedera..uires ~as necat LABER.*com.*122; ~i fetus VERG.*G.*1.55; ~a..coma PROP. 3.16.28; ~as..cruces Sinis 3.22.37; ~a..umbra OV.*Met.* 10.129; (foliis) ~is PLIN.*Nat.*21.87; ~i dant scuta sinus STAT.*Theb.*7.277. **β** falces fenariae et ~ae (*s.v.l.*) VAR.*L.* 5.137.

2 Resembling a tree.
rarum..~um (genus hebeni)..alterum fruticosum PLIN. *Nat.*12.20;—(*in size*) telum..ingens ~um VERG.*A.*12.888; harundini..Indicae ~a amplitudo PLIN.*Nat.*16.162;—(*branching*) capita alta (ceruorum)..cornibus ~is VERG.*A.* 1.190.

3 Wooden.
in ~is tabulis..scripserunt SIC.FL.*agrim.*p.118.

arbōs ~oris or ~osis, *f.*: old form of ARBOR.

arbuscula[1] ~ae, f. [ARBOR+-CVLA]

1 A small or young tree, shrub, sapling. **b** anything resembling a small tree or shrub.
in ordinemque ~is positis primis annis VAR.*R.*1.23.6; decem ~arum umbram V.MAX.9.1.4; SEN.*Con.*exc.5.5; COL.5.4.1; infestant et culices riguos hortos, praecipue si sint ~ae aliquae PLIN.*Nat.*19.180; humiles..et retentas manu ~as PLIN.*Ep.*5.6.17; FRO.*Aur.*1.p.88(7N);—(*w. gen.*) in scrobem..fici ~am deponito COL.*Arb.*27.2;—(*applied to large marine plants*) in alto quasdam ~as..ramosas PLIN. *Nat.*13.140. **b** pauonibus crinitis ~is PLIN.*Nat.*11.121; (*cf.*) dendrachates, quae uelut ~is insignis est 37.139.

2 A bearing for an axle, bush.
supponantur..~ae, quae graece ἁμαξόποδες dicuntur VITR.10.14.1; eae (*sc.* rotae) in ~is..habuerant uersationes 10.15.3.

Arbuscula[2] ~ae, *f.* An actress in mimes in the time of Cicero.
CIC.*Att.*4.15.6; HOR.*S.*1.10.77.

arbustīuus ~a ~um, *a.* [ARBVSTVM+-IVVS]

1 Of trees or orchards.
omnium animalium natura, si frumenti fructu priuata fuerit, ~o..poterit tueri uitam VITR.8.3.28.

2 (of vines) trained on trees, arbour-; (of wine) produced from arbour-vines.
hoc genus uitium ~um uocamus COL.*Arb.*4.1; (*cf.*) ~ae positionis (uitium) COL.4.1.6;—musti ~i Aminei urna 12.42.1.

arbustō ~āre ~āuī ~ātum, *tr.* [ARBVSTVM+-O[3]] (w. abl.) To plant (with trees), afforest.
Transpadana Italia..cornu, opulo..quercu ~at agros PLIN.*Nat.*17.201.

arbustum ~ī, *n.* [next]

1 A wood, copse, plantation.
omne sonabat ~um fremitu siluai frondosai ENN.*Ann.* 191; ingenio ~a ubi nata sunt, non obsita NAEV.*trag.*23; CATO *Agr.*7.1;—(*w. defining gen.*) ~o palmarum diues Idume LUC.3.216.

2 A plantation of trees on which vines were trained.
CATO *Agr.*1.7; ~a atque olivueta VAR.*R.*1.4.2; nec uero segetibus solum et pratis et uineis et ~is res rusticae laetae sunt CIC.*Sen.*54; me ~um..atque mala uitis incidere falce nouellas VERG.*Ecl.*3.10; HOR.*S.*1.7.29; ~a uineaque LIV. 22.15.2; COL.*Arb.*16.2; PLIN.*Nat.*17.19; QUINT.*Inst.*1.12.7; JUV.14.144; SIC.FL.*agrim.*p.114.

3 (pl.) Trees, bushes, shrubs.
quacumque incederet (belua) omnia ~a..peruertere CIC. *Div.*1.49; florescunt tempore certo ~a LUCR.5.671; de aquis terris ~is satis SEN.*Nat.*2.1.2; uoluens fracta..perfossis ~a Acheloia ripis STAT.*Theb.*2.472; tela..~is sine hostium noxa inlisa TAC.*Hist.*3.23; myrtum buxumque ceteraque tonsilia ~a atque uirgulta FRO.*Aur.*1.p.48(216N).

arbustus ~a ~um, *a.* [ARBOR+-TVS[2]] (of land) Planted with trees, tree-covered, forest-; (w. abl.) planted (w. specified trees); (also, of vines) trained on trees.
agri arui et ~i et pascui CIC.*Rep.*5.3; PLIN.*Nat.*10.77;—Chalonitis..non palmetis modo, uerum et olea pomisque ~a 6.131; palmaque ~a Selinus SIL.14.200;—seriore anno fere ad fructum ~a uite quam iugata PLIN.*Nat.*17.207.

arbuteus ~a ~um, *a.* [ARBVTVS+-EVS] Of the arbutus or wild strawberry tree; made of arbutus-wood.
cratis..~is texunt uirgis VERG.*A.*11.65; ~os fetus OV. *Met.*1.104; ~i sub cortice libri STAT.*Theb.*1.584;—~ae crates VERG.*G.*1.166.

arbutum ~ī, *n.* [next] The fruit of the arbutus, the wild-strawberry. **b** (pl.) the leaves or branches of the tree as eaten by animals.
hiberno tempore cernis ~a puniceo fieri matura colore LUCR.5.941; pendula proiectis carpuntur et ~a ramis *Culex* 52; VERG.*G.*1.148;—(*collect. sg.*) ut..glandem, ~um, mora, poma colligerent VAR.*R.*2.1.4. **b** iubeo frondentia capris ~a sufficere VERG.*G.*3.301; 4.181; a quotiens..mandisti.. stabulis ~a pasta tuis! PROP.2.33.12.

arbutus ~ī, *f.* [unkn.] The wild-strawberry tree or arbutus, *Arbutus unedo.*
lauro et ~o..abundant SIS.*hist.*60; uiridi membra sub ~o stratus HOR.*Carm.*1.1.21; aspice..ut..surgat..in solis formosius ~us antris PROP.1.2.11; pomoque onerata rubenti ~us OV.*Met.*10.102; COL.5.8.7; ~us siue unedo fructum fert difficilem concoctioni PLIN.*Nat.*23.151;—(*as eaten by animals*) dulce satis umor, depulsis ~us haedis VERG.*Ecl.* 3.82; HOR.*Carm.*1.17.5.

arca ~ae, *f.* [cf. arceo, arcanus] ORTHOG.: *ark(ae) CIL* 6.13152.10, 11.4391.10, 13.1709.5.

1 A chest (esp. one for keeping money in), coffer, box. **b** (w. gen. or equiv.) the treasury, coffers (of a temple or association). **c** financial resources, wealth, money.
hic equos non in arcem, uerum in ~am faciet impetum PL.*Bac.*943; at ille suppilat mihi aurum et pallas ex ~is domo *Men.*803; ~a, quod arcebantur fures ab ea clausa VAR.*L.*5.128; multum..differt in ~ane positum sit argentum an in tabulis CIC.*Top.*16; quod HS ∞ tu ex ~a proferebas *Q.Rosc.*29; ex illa olea ~am esse factam *Div.*2.86. cui neque seruos est neque ~a CATUL.23.1; cui stragula uestis..putrescat in ~a HOR.*S.*2.3.119; non bene selecti iudicis ~a patet OV.*Am.*1.10.38; si pecuniam tibi aliquis donauerit et ~am tuam..inpleuerit SEN.*Ben.*4.6.1; quadrans mihi nullus est in ~a MART.2.44.9; STAT.*Silv.*2.2.151; SUET.*Tib.*63.1; ~am aeratam ULP.*dig.*19.2.19.5; (*cf. c*) quia dives ~a ueram laudem intercipit PHAED.4.12.2;—(*w. adj. indicating function*) ~am uestiariam I CATO *Agr.*11.3; milia sex nummum in ~am demisi nummariam NOV.*com.*109;—(*opp. to* loculus, sacculus) neque enim loculis comitantibus itur ad casum tabulae, posita sed luditur ~a JUV.1.90; hic..idem ignoret quantum ferrata distet ab ~a sacculus 11.26;—(*applied to a rich man*) magnam pecuniam habet. hominem illum iudicas? ~a est SEN.fr.(Haase p.451). **b** nummos habet ~a Mineruae MART.1.76.5; mille aureum, quos..communi conferebat ~ae APUL.*Met.*7.4; ~AE PONTIFICVM..INFERET DVODECIES CENTENA MILIA NVMMVM *CIL* 5.4057; PAUL.*dig.*17.2.82. **c** ~ae nostrae confidito CIC.*Att.*1.9.2; infusae culinis ~ae V.MAX.9.1.2; quis consulatum fiducia..~ae petat SEN.*Ep.*118.2; COL.3.3.5;—(*in fig. phr.*) puta me non dicere, unde sumpturus sum mutuum: scis cuius ~a utar SEN.*Ep.*26.8.

2 A coffin; also, a receptacle in which bodies, esp. those of paupers, were carried to a place of burial or cremation, bier.
LOC. PATET AGREI SESCVNCIAM QVADRATVS ~A IN MEDIO EST *CIL* 1.2137.7; lapidem..in media ~a euinctum candelis HEM.*hist.*37; uiuum in ~am condidere LIV.27.37.6; iubet ex ~a corpus mariti sui tolli PETR.112.8; qui in alterius ~am lapideam..mortuum intulerit GAIUS *dig.*11.7.7;—huc.. cadauera..conseruus uili portanda locabat in ~a HOR.*S.* 1.8.9; duae..ante portas eorum ~ae iacent, altera qua liberorum, altera qua seruorum corpora ad sepulturae locum ..deuehuntur V.MAX.2.6.7; da uilem Magno plebei funeris ~am quae lacerum corpus siccos effundat in ignes LUC. 8.736.

3 A place of confinement, cell.
(serui) in ~as coniciuntur ne quis cum eis conloqui possit CIC.*Mil.*60; turpi clausus in ~a HOR.*S.*2.7.59;—(*used of the chest in which Regulus was confined*) in hac (*i.e.* uita honesta) est Reguli ~a, Catonis scissum manu sua uulnus, Rutili exilium SEN.*Ep.*67.7.

4 (in archit. and engineering) A chest, box, cage; the wind-chest of an organ. **b** a cofferdam, caisson. **c** the frame of the compluvium.
habuerat proiectura eius (*sc.* arietis) ex tabulis ~am compactam et confixam VITR.10.15.7; ~as lapidum adtollente secum arbore PLIN.*Nat.*18.317;—VITR.10.8.3. **b** ~ae..in aquam demittendae destinandaeque firmiter VITR.5.12.3; 5.12.5. **c** displuuiata..sunt, in quibus deliquiae ~am sustinentes stillicidia reiciunt VITR.6.3.2; 6.3.4.

Arcades ~um, *m.pl.*: see ARCAS.

Arcadia ~ae, *f.* The central district of the Peloponnese.
Tegeaea ~ae ciuitas PAC.*trag.*75[a]; ~ae proles VERG.*A.* 10.429; VITR.8.3.16; OV.*Met.*2.405; PLIN.*Nat.*4.20;—(*of the inhabitants*) Pan..~a mecum si iudice certet VERG.*Ecl.* 4.58.

Arcadicus ~a ~um, *a.* Of or connected with Arcadia, Arcadian.
asinos ~os PL.*As.*333; VAR.*R.*2.8.3; a Pallanteo, urbe ~a, Pallantium..appellatum LIV.1.5.1; ~i..aselli COL. 10.344; (abies) ~a PLIN.*Nat.*16.197;—(*as typifying dullness*) quod laeuae parte mamillae nil salit ~o iuueni JUV. 7.160.

Arcadius ~a ~um, *a.* FORMS: *Arcadi* (voc.) APUL.*Met.*6.7. Of or connected with Arcadia, Arcadian. **b** of Mercury (who was born on Mt. Cyllene in Arcadia). **c** of Callisto (an Arcadian nymph who was changed into a bear).
~us sus LUCR.5.25; ~is rupibus PROP.1.1.14; montibus.. ~is OV.*Fast.*5.664;—(*in phrs. referring to deities, etc., connected w. Arcadia*) ~i..magistri (*i.e. Aristaeus*) VERG.*G.* 4.283; ~o pinus amica deo (*i.e. Pan*) PROP.1.18.20; uirginis ~ae (*i.e. Arethusa*) OV.*Am.*3.6.30; ~ae..deae (*i.e. Carmentis*) *Fast.*1.462. **b** nec ~ae retinent spiramina uirgae STAT.*Theb.*2.70; ~i..galeri 7.39; ~a..testudine (*i.e. the lyre invented by Mercury*) *Silv.*5.3.93. **c** sidus ~um (*i.e. the Great Bear*) SEN.*Oed.*477; ~o..ab astro V.FL.1.481.

Arcaea ~ōrum, *n. pl.*: (see quot.; cf. ARGEA).
latebras..quibus arcuerit senem, id est..celauerit, sanctitate dignas esse uisas, ideoque ~a appellata FEST. p.334M.

arcānō, *adv. compar.* ~ius. [ARCANVS[1]+-O[2]] In confidence, secretly. **b** in one's inner thoughts, privately.
hunc (librum)..lege ~o conuiuis tuis CIC.*Att.*16.3.1; ipse ~o cum paucis familiaribus suis colloquitur CAES.*Civ.*1.19.2. **b** quid..~ius iudicem COL.3.2.32.

arcānum ~ī, *n.* [next]

1 A secret, mystery.
(*sg.*) ~i..Fides prodiga HOR.*Carm.*1.18.16; Aebutium indicem ~i rata esse LIV.39.13.1; canentes ~um ferale magos LUC.6.440; ne index ~i existeret TAC.*Ann.*6.21; ingens illud deorum..~um PLIN.*Pan.*23.5;—(*pl.*) quicum ioca seria, ut dicitur, quicum ~a, quicum occulta omnia? CIC.*Fin.*2.85; fatorum ~a VERG.*A.*1.262; HOR.*S.*2.1.30; cui et alia ~a committere adsuerat LIV.24.24.2; nil opus est digitis, per quos ~a loquaris OV.*Ars* 1.137; in ~a naturae SEN.*Dial.*6.25.2; curarum..~a mearum LUC.8.279; pueris ..lactis asinini heminam dari..antiqui in ~is habuerunt PLIN.*Nat.*28.129; curas mentisque ~a STAT.*Silv.*2.1.57; QUINT.*Inst.*1.12.15;—~a imperii temptari TAC.*Ann.*2.36; donant ~a cylindros JUV.2.61; ut me noctis sacratae..~is initiaret APUL.*Met.*11.21.

2 A secret or hidden place.
in ~o atque operto COL.3.10.10; FLOR.*Epit.*1.40(3.5.30);—(*w. gen.*) penemque ~aque lumbi runcantem PERS.4.35; nemorum..~a STAT.*Theb.*12.233; nec tamen..illud praeceptum..pectoris ~is exigit APUL.*Met.*5.8.

arcānus[1] ~a ~um, *a.* [ARCA+-NVS, cf. *arceo*] ORTHOG.: *arkani CIL* 14.2937.10, 2972.10.

1 Kept from public knowledge, secret, private. **b** (of the heart, etc.) inmost; (of thoughts, plans, etc.) inner, intimate, secret; also, relating to the inner thoughts (of a person). **c** (of conversation, etc.) private, confidential, personal, intimate; *~a auris*, one's private ear. **d** (of future events, prophecies).
littera..~a OV.*Met.*9.516; opus ~um..enumerant STAT. *Theb.*10.463; quid si bis centum (sestertia) perdidit alter hoc ~a modo (*i.e. deposited without witnesses*)? JUV.13.73;—(*of actions, etc.*) nihil ~o qui roget ore deos MART.1.39.6; (Marcellus) struit ~a necopina pericula cura SIL.14.188. **b** quod latet ~a non enarrabile fibra PERS.5.29; at illi ~o sacras reddit Cato pectore uoces LUC.2.285; SIL.1.140;—~os etiam tibi credere sensus VERG.*A.*4.422; tu..~um iocoso consilium retegis Lyaeo HOR.*Carm.*3.21.15; ut consiliis quoque ~is interesset LIV.35.18.2; fidem ~am humanae amicitiae FRO.*Ant.*1.p.258(166N);—STAT.*Silv.*5.1.39. **c** breui perfamiliaris haberi trahique magis quam uellet in ~os sermones est coeptus LIV.42.17.4; ~a familiaritas

PLIN.*Ep*.6.22.3;—~am Iudaea tremens mendicat in aurem JUV.6.543. **d** tuas sortis ~aque fata dicta meae genti VERG.*A*.6.72; ~a futuri carmina LUC.5.137.

2 Away from public view, hidden, private, obscure.

adde, quod ~a fieri nouos ignis in aede dicitur OV.*Fast*.3.143; ~o patrem spoliasse sacro (*i.e. the golden fleece*) SEN.*Med*.912; ~um natura caput (Nili) non prodidit ulli LUC.10.295; ~a..raptus e popina MART.5.84.4; utraque uirgo ~o egressae thalamo STAT.*Theb*.1.534; ~a illa cubilia saeuique secessus PLIN.*Pan*.49.1;—(*neut. as adv.*) coeperat..~um mugire polus STAT.*Theb*.10.922.

3 (of rites) That are or must be kept secret, esoteric; (in general) mysterious, magical, mystic.

~a cum fiunt sacra HOR.*Epod*.5.52; per triplicis uultus ~aque sacra Dianae OV.*Ep*.12.79; ~i..sacri V.FL.3.419; TAC.*Ger*.18.2;—~as..saliuas (*i.e. poisons*) PROP.4.7.37; est Pelopis..in stabulis pecus, ~us aries SEN.*Thy*.226; ~um..nefas Stygias mandauit ad umbras (Thessalis) LUC.6.569; ~o florentes lumine postes STAT.*Theb*.1.210; id foedus ~um habetur quasi mutuo cruore sacratum TAC.*Ann*.12.47; tradidit ~o quodcumque uolumine Moyses JUV.14.102; (*cf.*) Hannibal..~um Stygia libat cum uate cruorem SIL.2.427;—(*of deities*) qui Cereris sacrum uulgarit ~ae HOR.*Carm*.3.2.27; ~as..deas (*i.e. the Furies*) OV.*Am*.1.7.10; FORTVNAE SIMVLACRA COLENS ET APOLLINIS ARAS ~VMQ(VE) IOVEM *CIL* 14.2852; 14.2937.10.

4 That keeps secrets; (masc. as sb.) a trustworthy friend, confidant. **b** (poet., of night).

~o tibi ego hoc dico, ne ille ex te sciat *Trin*.518; 556;—uti Pompeius ad se..aliquem ex ~is mitteret PLIN.*Nat*.7.178. **b** ~a nocte OV.*Ep*.9.40; ~ae moderatrix Cynthia noctis STAT.*Theb*.10.365.

Arcānus[2] ~a ~um, *a*. ORTHOG.: *Arkani CIL* 10.5067. Of or belonging to the town of Arcae in Latium; (masc. pl. as sb.) its people; (neut. as sb.) a villa there.

CIL 10.5067;—CIC.*Att*.5.1.3; *Q.fr*.2.5.4.

arcārius[1] ~a ~um, *a*. [ARCA+-ARIVS] Of or concerned with ready money, cash.

alia causa est eorum nominum, quae ~a uocantur GAIUS *Inst*.3.131.

arcārius[2] ~(i)ī, *m*. [prec.] ORTHOG.: *ark- CIL* 2.4187; 11.7725. A treasurer.

CIL 6.678; Stichus ~ius..nomina fecit SCAEV.*dig*.40.5.41.17;—(*w. gen.*) QVINTIANO VERNAE AVG VILICO ET ~IO XX HER *CIL* 3.1996; APOLLONIVS..~IVS PROVINCIAE ASIAE 3.6077.

Arcas[1] ~ados, *m*. [Gk. Ἀρκας] FORMS: *~adōn* (gen. pl.) VAR.*Men*.101.

1 An inhabitant of Arcadia; (pl.) the Arcadians.

duo quidam ~ades CIC.*Div*.1.57; ~ades ambo VERG.*Ecl*.7.4; bipennifer ~as (*sc.* Ancaeus) OV.*Met*.8.391; STAT.*Theb*.10.350; ~ade ab Euandro TAC.*Ann*.11.14; HYG.*Fab*.70.1;—(*as a typical landsman*) ita rudis in re nauali erat, ~as, mediterraneus homo LIV.35.26.4;—(*collect. sg.*) tum Maenala liquit ~as LUC.3.178; olim Lernae defensus ab angue ~as V.FL.1.36;—~ades ipsum credunt se uidisse Iouem VERG.*A*.8.352; sidus post ueteres ~adas editum (*i.e. the moon*) SEN.*Phaed*.786; ~adum reges PLIN.*Nat*.7.154.

2 (as the name of persons): **a** Arcas, son of Callisto by Jupiter, eponymous hero of Arcadia; also, the constellation Arctophylax, into which he is said to have been turned. **b** Mercury, who was born on Mt. Cyllene in Arcadia.

a a magno tellus ~ade nomen habet OV.*Fast*.1.470; *Met*.2.468; HYG.*Fab*.155.4;—hebet ~as et ingens Iuppiter V.FL.5.370. **b** cum quibus Alcides et pius ~as erat MART.9.34.6; summi Iouis aliger ~as nuntius STAT.*Silv*.3.3.80; 5.1.107.

Arcas[2] ~ados, *a*. Arcadian.

Euandri..~ades alae VERG.*A*.11.835; ~ados..tyranni (*i.e. Lycaon*) OV.*Met*.1.218; ~as aper MART.5.65.2; ~adas..metas STAT.*Silv*.5.2.123; ~as..mater SIL.6.636.

arcelāca, *f. adj*. Also ARCERACA. The name of a variety of vine.

omnium quas cognouimus (uitium) copiosissima ~a maior COL.3.2.27; 3.7.1.

arcella ~ae, *f*. [ARCA+-ELLA] (See quot.)

arca deminutiuum facit arculam et ~am PAUL.*Fest*.p.25M.

arceō ~ēre ~ui, *tr*. [cf. *arca*; Gk. ἀρκέω, Skt. *argala-* 'bolt', Lith. *rakinti* 'shut']

1 To keep close, contain, hold in; (transf.) to control, govern. **b** to impede, confine.

(aluus) multiplex et tortuosa ~cet..et continet..quod recepit CIC.*N.D*.2.136; extimus (orbis)..~ens et continens ceteros *Rep*.6.17; ~ere est continere PAUL.*Fest*.p.15M;—qui fulmine claro omnia per sonitus ~et ENN.*Ann*.543; nouerca dicitur quam quis liberis sublatis nouam uxorem ducit ~endae familiae gratia PAUL.*Fest*.p.175M. **b** teneras ~ebant uincula palmas VERG.*A*.2.406.

2 To prevent from approaching, keep away, repulse: **a** (w. persons, etc., as obj.). **b** (spec.) to refuse to associate with, spurn. **c** (w. actions, situations, etc., as obj.). **d** (w. things, etc., as subj.). **e** to keep off, keep out (rain, cold, etc.). **f** (w. dat. of the thing protected; also absol., w. dat.+abl.).

a hoc tu ~ebis hostem CIC.*Phil*.13.14; arma infert isti quem ~uisse pater et patria contenti erant VELL.2.120.2; (*cf. c*) ~uit omnipotens pariterque ipsosque nefasque sustulit OV.*Met*.2.505; (*cf. d*) quem tot Germanicae legiones..tantum denique terrarum ac maris immensis spatiis ~eat TAC.*Hist*.3.38; (*cf. e*) ille..scit ut hostium copiae, tu ut aquae pluuiae ~eantur CIC.*Mur*.24;—(*w. abl.*) ut te ara ~eam PAC.*trag*.305; non..te dominus modo illis sedibus..~ebit CIC.*Phil*.2.104; Troas..~ebat longe Latio VERG.*A*.1.31; OV.*Met*.6.209; ut..matronas publico ~eant LIV.22.55.6; SEN.*Thy*.748; PLIN.*Nat*.7.105; quemcumque mortalium ~ere tecto nefas habetur TAC.*Ger*.21.2;—(*w.* ab) tu, Iuppiter..hunc et huius socios a tuis..templis..~ebis CIC.*Catil*.1.33; fucos..a praesepibus ~ent VERG.*A*.1.435; Campanos facile a uallo Appius ~ebat LIV.26.5.10; quare famulas a limine templi ~eat (Matuta) OV.*Fast*.6.482; quid mundi gladios a sanguine Caesaris ~es? LUC.7.81; STAT.*Theb*.8.692;—(*w. adv.*) hinc saltem ~e hostes LIV.1.12.5; ULP.*dig*.50.1.27.3;(*w. abst. subj.*) inde eos nec sua religio..~uisse dicitur LIV.6.33.5;—(*absol. or ellipt.*) fontibus ~ent (*i.e. the mares*) VERG.*G*.3.131; si quis ~eat..acie dimicaturum LIV.29.31.5; OV.*Met*.4.608; obstruitis campos fluuiisque ~ere paratis? LUC.2.495; *Sil*.14.431; super ipsam Rheni ripam collocati, ut ~erent, non ut custodirentur TAC.*Ger*.28.5. **b** odi profanum uulgus et ~eo HOR.*Carm*.3.1.1; (asinae) sexto mense ~ent partus PLIN.*Nat*.11.233; ipse..formae laudem aspernatur et ~et mirantis STAT.*Theb*.6.574; quid aliud exitio Lacedaemoniis..fuit..nisi quod uictos pro alienigenis ~ebant? TAC.*Ann*.11.24;—(*w. action or quality as obj.*) quadripedum praegnantes uenerem ~ent praeter equam et suem PLIN.*Nat*.10.182; quantum..saeuitia glisceret, miseratio ~ebatur TAC.*Ann*.6.19. **c** Romani apud Fabium ~ebant magis quam inferebant pugnam LIV.10.28.2; pedites haud difficulter impetus incursantium Numidarum ~ebant 25.36.3; hos aditus gladiis, hos ignibus ~et LUC.10.489; ad..mortem ~endam PLIN.*Nat*.22.14; quid fixos ~eo casus? STAT.*Theb*.3.646; ni aquilifer..uim extremam ~uisset TAC.*Ann*.1.39; PLIN.*Pan*.55.7;—(*w. abl.*) uidebam..audaciam tam immanem adulescentis furentis..non posse ~eri oti finibus CIC.*Har*.4; LIV.21.57.1;—(*w.* ab) ut exitium ab urbis tectis..~erent 5.18.12. **d** quod eos neque portae nec muri hostium ~uerant LIV.8.29.24; ipsa, quibus ~etur, euertit SEN.*Ben*.7.27.2;—(*w. abl.*) ceteros metus non curia modo sed etiam foro ~ebat LIV.2.23.12; (*ellipt.*) cum Tiberis ~eret 5.38.5;—(*w.* ne+*subj.*) collis oppositus ~ebat ne..adgrederentur 27.48.8. **e** omnem aquam oportere ~eri quae pluendo creuisset CIC.*Top*.38; nos flumina ~emus *N.D*.2.152; non ope ulla ad ~endum frigus adhibita LIV.21.54.8; OV.*Tr*.5.7.49; commendatio arboris eius..non alia maior est quam soles aestate ~ere hieme admittere PLIN.*Nat*.12.11; tecto..quod imbrem ac uentum ~eat TAC.*Dia*.22.4. **f** hunc quoque (*sc.* asilum)..~ebis grauido pecori VERG.*G*.3.155;—cum..~ere morsibus misello puero potueris APUL.*Met*.7.27.

3 To keep apart, separate. **b** (w. abl.) to keep (from), deprive (of).

castra castris prope ita conlata esse, ut flumine Elpeo interiecto ~eantur LIV.44.20.3; neuter ducum cunctator, sed ~ebat latitudo camporum TAC.*Hist*.5.14;—(*w.* ab) Durius amnis..Turdulos a Bracaris ~ens PLIN.*Nat*.4.112. **b** uos quoque, Thespiadae, cur infitiatus honora ~uerim fama? STAT.*Theb*.2.630; (templum) quod taxi..caeli..~ebant lumine SIL.1.84.

4 To deliver, defend, rescue, protect (from).

(*w. abl.*) Aenean..~ete periclis VERG.*A*.8.73; cur me funesto properent ~ere ueterno HOR.*Ep*.1.8.10; Neptunus classis aquilonibus ~et *Ars* 64; *Priap*.85.5;—(*w.* ab) haec causa multos una ab interitu ~uit SEN.*Tro*.489; TAC.*Ag*.4.3.

5 To prevent or keep (from an action). **b** (w. inf.) to prevent (from); to forbid (to); also, to avoid.

(*w. abl.*) ~ens eum reditu tyrannum, quem ipse expulerat CIC.*Tusc*.1.89; primordia quae genitali concilio possent ~eri LUCR.1.183; ad ~endum populationibus hostem LIV.25.9.6; quibus hostem transitu amnis ~eret CURT.4.9.7; ~ete (*sc.* Medeam)..tactu et accessu procul SEN.*Med*.188; ~ent eos (*sc.* elephantos) coitu PLIN.*Nat*.8.27; STAT.*Silv*.2.3.24; TAC.*Ann*.15.60; SUET.*Nero* 46.1;—(*w.* ab) desiste..me..ab domuitione ~ere ACC.*trag*.173; haec aetas a libidinibus ~enda est CIC.*Off*.1.122; ab effusa fuga flumen obiectum..~ebat LIV.1.27.10;—(*absol. or ellipt.*) data..facultate sine rapto uiuendi rapinis ~uit VELL.2.32.5; hortaturque legant, nec rex placidissimus ~et STAT.*Ach*.1.845. **b** dictis, quae clamor ad aures ~uit ire meas OV.*Met*.12.427; procul ~eat (me) ipsum (exuuias) ferre pudor STAT.*Theb*.8.589; obtendens..manum solem inferuescere fronti ~et SIL.13.342;—quam lex furtiuos ~et habere uiros OV.*Pont*.3.3.56; solibus..ferum..Nessus sanguinem ostendi ~uit SEN.*Her.O*.720; nec te lugere seuerus ~eo STAT.*Silv*.2.1.35; TAC.*Ann*.3.72; qui in campo publico ludere..~eatur ULP.*dig*.43.8.2.9;—~ebit..cernere Gargani feruentia caedibus arua? SIL.9.482.

6 (cf. 2b) To render difficult or impossible, prevent, hinder, stop; to ward off, dispel (thirst, sleep, etc.). **b** to take away, obstruct (a view).

huius quoque (*sc.* minimi nauigii) remigium ~et inquietum..mare SEN.*Suas*.2.1; quamuis ~ente spiritum densitate et altitudine umoris PLIN.*Nat*.11.6; cum..fluminis usum per sagittarios ~uisset FRON.*Str*.3.7.2; ut conloquia congressusque nostros ~erent TAC.*Hist*.4.64; *Ann*.15.21;—(*absol.*) et gaudebat caedibus miles..nec Caesar ~ebat 1.44;—sitim ~et (porcillaca) PLIN.*Nat*.20.212; ebrietatem ~et pulmo apri 28.262; somnum ~et uespertilionis caput aridum adalligatum 30.140. **b** prospectum alis ~ebat (coruus) QUAD.*hist*.12 (GEL.9.11.7); uisus ~entibus umbris STAT.*Theb*.5.285; uelo..quod uisum ~eret TAC.*Ann*.13.5.

arcera ~ae, *f*. [cf. *arca*]

1 A kind of covered carriage; (see quots.).

si morbus aeuitasue uitium escit, iumentum dato. si nolet, ~am ne sternito *Lex XII*(*Font.iur*.p.18); quod ex tabulis erat factum ut area, ~a dictum VAR.*L*.5.140; *Men*.188; CIC in Non.p.55; ~a..uocabatur plaustrum tectum undique et munitum quasi arca quadam magna uestimentis instrata, qua nimis aegri aut senes portari cubantes solebant GEL.20.1.29.

2 The seven bright stars of the constellation Ursa Major, Charles's Wain, or the Plough.

hunc (*sc.* Draconem) infra fulgentes ~a septem magna quatit stellas Q.CIC.*poet*.18.

arcerāca ~ae, *f. adj*.: var. of ARCELACA.

~a (uitis), Vergilio argitis dicta PLIN.*Nat*.14.35.

Arcesilās ~ae, *m*. Also **Arcesilāus** ~āī. FORMS: acc. *~am* CIC.*Fat*.7; *~an* SEN.*Ben*.2.10.1. A Greek personal name; esp. a philosopher of the 3rd cent. B.C., founder of the middle Academy.

urgebat ~as Zenonem CIC.*N.D*.1.70. **β** ineptum et friuolum hoc Hecaton ponit exemplum ~ai SEN.*Ben*.2.21.4.

arcessītor ~ōris, *m*. **accers-.** [ARCESSO+-TOR] One who comes to summon.

mittunt..~orem unum qui..comitem..reduceret APUL.*Met*.8.21. **β** altius ibi otium..nulla necessitas togae, nemo ~or ex proximo PLIN.*Ep*.5.6.45.

arcessītus[1] ~a ~um, *a*. **accers-.** [pple. of ARCESSO] In senses of vb., esp.

1 Brought from elsewhere, adventitious, extraneous, foreign.

apparatu nobis opus est et rebus exquisitis, undique conlectis, ~is, comportatis CIC.*de Orat*.3.92; aliam quamlibet ~tam et aduectam humum COL.2.15.5; SEN.*Dial*.9.1.6; aliquae (oleae condiuntur) oleo suo et sine ~a commendatione purae innatant PLIN.*Nat*.15.16. **β** cum..me ~o sermone lassasset PETR.139.3; ~a commendatione inluuie natum uirus extingunt PLIN.*Nat*.13.3.

2 (of death) Self-inflicted.

dedecus ~a ratione mortis effugit V.MAX.3.2.12. **β** quos ~a mors aufert PLIN.*Ep*.1.12.2; APUL.*Met*.5.25.

arcessītus[2] ~ūs, *m*. [next+-TVS[3]] A sending for, summons.

tuo ~u uenio huc PL.*St*.327; cum..ad eum ipsius rogatu ~uque uenissem CIC.*N.D*.1.15.

arcessō ~ere ~īuī *or* ~iī ~ītum, *tr*. **accersō.** [dub.] *α* = *arcesso*, *β* = *accerso*. FORMS: (*α*) *~ier* (= *~i*) CAECIL.*com*.263, *~iri* LIV.3.45.3, *~iebantur* COL.1.pr.18; (*β*) *~ire* AGEN.*agrim*.p.49, *~iri* TAC.*Hist*.1.14, HYG.*agrim*.p.92, *~ier* TER.*Eu*.510.

1 To go or send for, fetch, summon, invite. **b** (spec., military assistance, troops). **c** (poet.) to bring back from the dead; to invoke (a god).

α quaeso hominem ut iubeas ~i PL.*Capt*.949; dictator iubet..magistrum equitum ~i CATO *hist*.87; ~it..Siculos; ueniunt non nulli CIC.*Ver*.27; ~itus ut socius *Deiot*.13; ~it..medicum QUINT.*Inst*.7.2.25;—(*w. destination expr.*) miror huc iam non ~i in proxumum uxorem meam PL.*Cas*.539; T. Vettium ad se ~it CIC.*Ver*.5.114; (*w. impers. subj.*) cum..te..improbitas et furor L. Saturnini in Capitolium ~eret *Rab.Perd*.22;—(*w. place whence expr.*) ~iuit illam a naui PL.*Per*.530; ~it subito sine causa puerum Teano CIC.*Clu*.27;—(*w. purpose expr.*) ut ~ator faber, ut istas compedis tibi adimam PL.*Capt*.1027; cum ab aratro ~ebantur qui consules fierent CIC.*S.Rosc*.50; comitiorum causa ~itus LIV.26.22.2. **β** ecquis currit pollinctorem ~ere? PL.*As*.910; in oppido aliquo mallem resedisse quoad ~erer CIC.*Att*.11.6.2; Sulla a Boccho occulte ~itur SAL.*Jug*.109.4; VERG.*A*.5.746; LIV.44.35.10; Pisonem Licinianum ~iri iubet TAC.*Hist*.1.14;—(*w. destination expr.*) huc qua gratia te ~i iussi TER.*Eu*.100; obstetricem parturienti filiae sollicitus ~it SEN.*Ep*.117.30;—(*w. place whence expr.*) uir si quid uolet me, facite hinc ~atis PL.*Cas*.146; partem ex longinquioribus locis ~itam CAES.*Gal*.4.27.6; nocte remige a Magnesia ~ito LIV.37.11.4;—(*w. purpose expr.*) senatus..consulem Plautium..ad triumphum ~it 8.20.7; nec in hoc te ~o tantum, ut proficias, sed ut prosis SEN.*Ep*.6.6. **b α** litteris P. Sestium Capua ~iui cum illo exercitu CIC.*Sest*.11; uti..Germani mercede ~erentur CAES.*Gal*.1.31.4; ex Syria Ciliciaque omnem classem ~it *B.Alex*.1.1; ~entes ex propinquis locis subsidia LIV.29.6.16. **β** transisse Rhenum sese non sua sponte sed rogatum et ~itum a Gallis CAES.*Gal*.1.44.2; neque non ~ere ad auxilium Poenos satis audebant LIV.24.2.4; eo..auxilia ~ebant 25.27.1; nepotem Phraatis ~ere aduersus dominationem Gotarzis TAC.*Ann*.12.10. **c β** si potuit manis ~ere coniugis Orpheus VERG.*A*.6.119;—Mercurium..~is fibra PERS.2.45.

2 To summon before a court, arraign, indict.

α qui te..statuarum nomine ~at CIC.*Ver*.2.142; ut hunc hoc iudicio ~eret *Flac*.14; *Off*.2.51;—(*w. gen. of charge*) ~itur..maiestatis *Rhet.Her*.1.21; capitis ~ere CIC.*Deiot*.30; quos pecuniae captae ~ebat SAL.*Jug*.32.1; APUL.*Apol*.32; (*transf.*) Graecos non tantae inscitiae ~o NIGID.*gram*.18 (GEL.19.14.8);—(*w.* crimine) ipse alterum..ambitus crimine ~eret CIC.*Cael*.16; (*cf.*) non intellegis..quot ex his..eodem crimine in summum periculum capitis ~as? *Rab.Perd*.26. **β** ~itos qui ei (sermoni) interfuerant percontabatur V.MAX.5.1.ext.3; hominem tam sceleratum..legibus ~imus [QUINT.]*Decl*.12.1;—(*w. gen. of charge*) cum primores ciuitatis..tumultus hostilis et turbandae rei publicae ~erentur TAC.*Ann*.4.29; ~ere mendacii non desinit medicum APUL.*Met*.10.10;—(*w.* crimine) simulans ueneni se crimine ~i SUET.*Tib*.53.1;—(*w.* reus) Melam equestris ordinis, reum ex procuratione a Tiberio principe ~itum PLIN.*Nat*.19.110.

3 To send for, fetch (inanimate things or beasts). **b** to introduce, import (arts, cults, etc.). **c** to derive, fetch (from a source). **d** to raise (money).

α ibit aurum ~ere PL.*Bac.*354; eius librum ~iui CIC.*Att.* 16.11.4; si melius quid habes, ~e HOR.*Ep.*1.5.6; omne genus tormentorum..ex Sicilia ~ierat LIV.27.25.11; cum cogimur ex longinquo boues ~ere COL.6.2.13; TAC.*Hist.*3.71; (*cf. sense 3b*) diuom..~ite Matrem OV.*Fast.*4.263; (*poet.*) totusque per usus diuersos rerum uentis ~itur orbis MAN. 5.56. β i ~e hostias PL.*Ps.*326. **b** α artibus, quas.. ~iusti ex urbe ea CIC.*Brut.*332; iis sacris quae maiores nostri ab exteris nationibus adscita atque ~ita coluerunt *Ver.*4.115; *Tusc.*4.2; Aesculapium ab Epidauro Romam ~endum LIV.10.47.7; (*cf.*) bellum ~itum in Italiam ab nobilibus 22.38.6. β cum dii quoque noui ad opem ferendam dubiis rebus ~erentur LIV.34.5.10. **c** α hinc.. quemque sibi tenuis nascentem ~ere uitas VERG.*G.*4.224; ex fossis ~ita aqua HYG.*agrim.*p.91; (*fig.*) riuolus ~itus et ductus ab ipso capite accusationis uestrae CIC.*Cael.*19; —(*transf.*) cum..a genere ducetur argumentum, non erit necesse id usque a capite ~ere *Top.*39; causas eorum (*sc.* bellorum) ex libidine ~unt MELA 3.27; PETR.115.20; QUINT.*Inst.*5.11.42. β creditur, ex medio quia res ~it, habere sudoris minimum..comoedia HOR.*Ep.*2.1.168; longe ~ere fabulas coepi PETR.37.1. **d** α perituram ~ere summam JUV.11.17.

4 To add gratuitously or improperly. **b** to arrogate (honours). **c** to introduce gratuitously, drag in.

β hoc etiam ad malum ~ebatur malum PL.*Bac.*426; atramento..quod frequenter etiam non ~ito ferumine infigitur PETR.102.15; (uidendum) nequid a uicinis ~iri possit HYG.*agrim.*p.92. **b** dis aequare se et caelestes honores ~ere CURT.10.5.33. **c** α orationi splendoris aliquid ~unt CIC.*de Orat.*3.156; sententiarum gratia uerbosissimos locos ~unt QUINT.*Inst.*2.4.31. β longissimum (esse), si aliquid ~it atque attrahit (scriptor) PLIN.*Ep.*5.6.42; GEL.17.1.11.

5 To bring on oneself deliberately, provoke, invite (misfortunes, death, and other conditions, etc.); to bring about (situations). **b** to bring, induce (sleep, tears, etc.). **c** to call up (visions; cf. 1c).

α id ipsum quod uerearis ita cauere ut..ultro ~as et attrahas BRUT.*ad Brut.*1.17.4; adueniet iustum pugnae, ne ~ite, tempus VERG.*A.*10.11; LIV.9.25.6; non expectant eam (*sc.* mortem), sed..laeti..~unt MELA 3.65; (*w.* sibi) illic homo a me sibi malam rem ~it iumento suo PL.*Am.*327. β quis furor est atram bellis ~ere Mortem? TIB.1.10.33; periculo gloriam ~ens CURT.8.13.26; quid necesse est mala ~ere? SEN.*Ep.*24.1; LUC.4.484;—(controuersia) statum generalem etiam alium ~ire debet AGEN.*agrim.*p.49. **b** α somnus..medicamentis ~endus CELS.3.18.15. β si, Bacche, tuis..donis ~itus erit somnus in ossa mea PROP. 3.17.14; ~is lacrimas cantans, auersus Apollo 4.1.73; ea (*sc.* quies) neque molli strato neque silentio ~ita LIV.21.4.7; STAT.*Silv.*5.5.85; parca uires ~ere mensa SIL.6.95. **c** siue illas (species) aegritudo, siue diuinatio..~iit CURT.3.3.2.

archebion (acc.). [Gk.] A plant, perh. *Echium creticum.* (N.B. parallel passage in Dioscorides has ἀλκιβάδειον.)

herba proprio nomine onochilon, quam aliqui anchusam uocant, alii ~on PLIN.*Nat.*22.51.

Archemorus ~ī, *m.* The son of Lycurgus, king of Nemea, in whose honour the Nemean games were founded.

PROP.2.34.38; STAT.*Theb.*4.720.

archetypum ~ī, *n.* Also **~on.** [next] An original, pattern, model.

longe uicisse..~on inuentoris nostri VAR.*R.*3.5.8; MART. 8.6.1; ab hoc ~o labor et decido PLIN.*Ep.*5.15(10).1.

archetypus ~a ~um, *a.* [Gk. ἀρχέτυπος] (of manuscripts) In the author's hand, autograph; (of works of art) taken from life; (also) original; (transf., of friends) genuine.

~as..nugas MART.7.11.4;—iubet ~os pluteum seruare Cleanthas JUV.2.7;—~um Myos argentum MART.8.34.1; 14. 93;—sic tamquam tabulas scyphosque..omnes ~os habes amicos 12.69.2.

archezostis (~is), *f.* [Gk. ἀρχεζῶστις] A kind of bryony.

uitis alba..quam..~im..appellant PLIN.*Nat.*23.21; 26. 113.

Archiacus ~a ~um, *a.* Made by Archias (app. as being typically plain).

si potes ~is conuiua recumbere lectis HOR.*Ep.*1.5.1.

archīāter ~trī, *m.* [Gk. ἀρχιατρός] An official or court physician.

CIL 5.87; 6.9562.

archidendrophorus ~ī, *m.* [Gk. ἀρχιδενδροφόρος] A chief of the college of *dendrophori.*

ATTI C ANTONIVS EVTYCHES ARCHIDENDROPH(ORVS).. POSVIT *CIL* 3.763.

archiereus (dat. ~rī), *m.* [Gk. ἀρχιερεύς] A chief priest.

~RI SYNHODI *CIL* 6.10117; 12.3183.

archigallus ~ī, *m.* [Gk. ἀρχίγαλλος] The chief of the Galli, or priests of Cybele.

pinxit et ~um (Parrhasius) PLIN.*Nat.*35.70; ~VS MATRIS DEVM MAGNAE IDAEAE ET ATTIS *CIL* 6.2183; EX VATICINATIONE..~I 13.1752.

Archigenēs ~ae, *m.* A prominent physician of the time of Trajan.

ocius ~en quaere JUV.14.252; 13.98.

archigubernus ~ī, *m.* [ad. Gk. ἀρχικυβερνήτης] A chief pilot or navigator.

~us ex classe Britannica JAVOL.*dig.*36.1.48(46); *CIL* 10. 3349.

Archilochīus ~a ~um, *a.* Of Archilochus; esp. as the name of a metrical system invented by him; (of invective) as bitter as that of Archilochus.

VAR.*gram.*293;—~a in illum edicta Bibuli populo ita sunt iucunda.., ipsi ita acerba ut tabescat dolore CIC.*Att.* 2.21.4.

Archilochus ~ī, *m.* A Greek poet of about 700 B.C.

LUCIL.698; CIC.*N.D.*3.91; ~um proprio rabies armauit iambo HOR.*Ars* 78; GEL.17.21.8.

archimagīrus ~ī, *m.* [Gk. ἀρχιμάγειρος] A chief cook.

JUV.9.109; *A.Epig.*37.159.

Archimēdēs ~is or ~ī, *m.* A famous mathematician and inventor, of the 3rd cent. B.C.

CIC.*Ver.*4.131; *Fin.*5.50; VITR.9.pr.9; ~es..unicus spectator caeli siderumque, mirabilior tamen inuentor ac machinator bellicorum tormentorum LIV.24.34.2.

archimīma ~ae, *f.* [next] A chief mimic actress.

CIL 6.10106.

archimīmus ~ī, *m.* [Gk. ἀρχίμιμος] The chief of a troupe of mimic actors.

doctus ~us, senex..quotidie in Capitolio mimum agebat SEN.fr.36 (Haase p.426); in funere Fauor ~us personam eius ferens imitansque..facta ac dicta uiui SUET.*Ves.*19.2; *CIL* 14.2408.

archipīrāta ~ae, *m.* [Gk. ἀρχιπειράτης] A pirate chief.

ecquem scis..antea captum ~am qui non securi percussus sit? CIC.*Ver.*5.67; qui..unum..horruissent Apronium, terrestrem ~am 5.70; *Dom.*24; LIV.37.11.6; PETR. 101.5.

archisynagōgus ~ī, *m.* [Gk. ἀρχισυνάγωγος] ORTHOG.: *arcosynagogus CIL* 10.3905; *arcosinagogus CIL* 8.12457. The ruler of a synagogue.

ALFIVS IVDA ARCON ~VS *CIL* 10.3095.

architectō ~āre ~āuī ~ātum, *tr.* [var. of ARCHITECTOR] To design (a building); (absol.) to design buildings, practise architecture.

aedis Martis est..~ata ab Hermodoro Salaminio NEP. *hist.Ex.*26;—ceteri architecti..ambiunt, ut ~ent VITR.6. pr.5.

architectōn ~onis, *f.* [unadapted var. of ARCHITECTVS] A master-builder, architect.

nam sibi laudauisse hasce (aedes) ait ~onem nescioquem exaedificatas insanum bene PL.*Mos.*760; TITIN.*com.*129; VAR.*Men.*249;—(*fig.*) me quoque dolis iam superat ~onem PL.*Poen.*1110.

architectonicē ~ēs, *f.* [Gk. ἀρχιτεκτονική] Architecture.

aliae..artes..habent multiplicem materiam, uelut ~e QUINT.*Inst.*2.21.8.

architectonicus ~a ~um, *a.* [Gk. ἀρχιτεκτονικός] Relating to architecture, architectural.

per rationes ~as VITR.9.1.1.

architector ~ārī ~ātus, *tr.* [ARCHITECTVS+-O[3]] To design or construct (buildings); (fig.) to design, plan.

Pytheos, qui Prieni aedem Mineruae nobiliter est ~atus VITR.1.1.12; 7.pr.15;—(*absol.*) ~ANTE PONTIO *CIL* 3.6588; (*cf.*) in his locis naturalis potestas ita ~ata est VITR.9.1.2; —(*in fig. phr.*) cogitatio..potest..situm loci cuiusdam ad suum arbitrium fabricari et ~ari *Rhet.Her.*3.32;—ut optime possit (sapientia) ~ari uoluptates CIC.*Fin.*2.52.

architectūra ~ae, *f.* [prec.+-VRA] The art of building, architecture.

quibus..artibus..non mediocris utilitas quaeritur ut medicina, ut ~a CIC.*Off.*1.151; VITR.1.2.1; (*transf., of animals' building*) specus ipse qua concamaratur ~a! PLIN. *Nat.*11.82.

architectus ~ī, *m.* [ad. Gk. ἀρχιτέκτων] FORMS: *arcitectus CIL* 1.1576.5; (app.) *artetecta* 1.1916.

1 A master-builder, architect.

perparuam partem postulat Plautus loci..Athenas quo sine ~is conferat PL.*Truc.*3; Philonem illum ~um, qui Atheniensibus armamentarium fecit CIC.*de Orat.*1.62; *Mil.* 74; *Att.*14.3.1; *Luc.*126; ~i..scientia VITR.1.1.1; VELL. 2.14.3; magnete lapide ~us Timochares Alexandriae Arsinoes templum concamerare incohauerat PLIN.*Nat.* 34.148; MART.5.56.11; FRON.*Aq.*25; TAC.*Hist.*1.27; PLIN. *Ep.Tra.*10.37(46).3; HYG.GR.*agrim.*p.134;—(*w.* paene, quasi, *etc.*) ~i paene uerborum CIC.*Brut.*118; ab illo inuentore ueritatis et quasi ~o beatae uitae *Fin.*1.32; (*of god*) inesse aliquem..tamquam ~um tanti operis tantique muneris *N.D.*2.90;—(*in fig. phr.*) quid agis, noster ~e? — egone ~us?..non sum dignus prae te palum ut figam in parietem PL.*Mil.*1139;—(*w. obj. gen.*) operum ~is CIC.*Dom.* 48;—(*naval*) PL.*Mil.*915; (*w.* classis, *etc.*) ARCHIT CLASS(IS) *CIL* 10.3392; ~VS NAVALIS 10.5371.

2 A designer or maker, deviser.

(*w. obj. gen.*) omnium ~um et machinatorem unum esse Chrysogonum CIC.*S.Rosc.*132; principem atque ~um sceleris *Clu.*60; *Agr.*1.11; omnium simulationum ~us APUL. *Apol.*74;—(*of god*) quem patrem et ~um huius diuini orbi superius ostendimus *Pl.*1.11.

archīum ~iī, *n.* **archīuum.** [Gk. ἀρχεῖον] A public record office.

testamenta ex deorum..aedibus proferebantur..aut ~iis AUR.*Fro.*1.p.160(16N); ULP.*dig.*48.19.9.6;—(*w.* publicum) HVIVS EXEMPLARIA..REPOSITA SVNT IN ~IA PVBLICA CIBYRATARVM *CIL* 3.13665.

archōn ~ontis, *m.* [Gk. ἄρχων] One of the highest magistrates at Athens, an archon.

Medon primus ~on Athenis fuit VELL.1.2.2; 1.8.3;—(*in indicating a date*) morietur Epicurus..~onte Pytharato CIC.*Fat.*19.

archontium ~(i)ī, *n.* [prec.+-IVM] The office of archon.

MVNERA..FECIT..ARCONTIVM ET AEDILICIV ET SACERDOTIVM *CIL* 3.12489.

Archӯtas ~ae, *m.* A Pythagorean philosopher of the 4th cent. B.C.

CIC.*Rep.*1.16; *Tusc.*4.78; HOR.*Carm.*1.28.2; PROP.4.1.77; VITR.1.1.17; COL.1.1.7; ~am Pythagoricum GEL.10.12.9.

arcifīnālis ~is ~e, *a.* [as next+-ALIS] = next.

~⟨e⟩s agri dicuntur qui arcendo, hoc est prohibendo, uicinum nomen acceper⟨un⟩t HYG.*agrim.*p.78; occupatorii ..dicuntur agri, quos quidem ~es uocant, quibus agris uictor populus occupando nomen dedit SIC.FL.*agrim.*102.

arcifinius ~a ~um, *a.* [This word (and ARCIFINALIS) is perh. derived from ARCEO (see VAR.*gram.*411, HYG.*agrim.*p.78, etc.), though a derivation from ARCVS, with the sense 'having wavy boundaries', has also been suggested.] (of land) That has been acquired by occupation following military conquest and, not yet having been surveyed or assigned, has irregular boundaries.

ager ~us..ab arcendis hostibus est appellatus VAR. *gram.*411; in agro ~o..qui nulla mensura continetur sed finitur aut montibus aut uiis aut aquarum diuergiis aut notabilibus locorum naturis aut arboribus AGEN.*agrim.*p.31.

arcion, *n.* [Gk. ἄρκιον] The name of a plant, perh. burdock.

persollata, quam..Graeci ~on uocant PLIN.*Nat.*25.113; 26.30.

arcipotens ~ntis, *a.* **arqui-.** [ARCVS+POTENS] Mighty with the bow.

~ns..Apollo V.FL.5.17.

arcirma ~ae, *f.* [cf. ARCERA] A kind of covered carriage.

~a genus plaustri est modici, quo homo gestari possit PAUL.*Fest.*p.15M.

arcisellium ~(i)ī, *n.* [ARCVS+SELLA+-IVM] A chair with a rounded back.

~ium de suo parauit PETR.75.4.

arcitectus ~ī, *m.*: see ARCHI-.

arcitenens ~ntis, *a.* **arqui-.** [ARCVS+*tenens* (TENEO)] FORMS: *-tenēs* ACC.*trag.*52.

1 That carries a bow (esp. as ep. of Apollo); also, *~ns dea*, Artemis.

pollens sagittis inclutus ~ns..Apollo NAEV.*poet.*30(32).1; HOST.*poet.*4(6); deus ~ns OV.*Met.*1.441; ~ns..pater STAT. *Silv.*4.4.95;—utinam me suis ~ns telis mactasset dea! ACC. *trag.*52; SEN.*Phaed.*709.

2 (masc. as sb.): **a** Apollo. **b** the constellation Sagittarius.

a utinam unicam mi antistitam ~ns suam tutetur! ACC. *trag.*167; VERG.*A.*3.75; OV.*Met.*6.265; SIL.5.177. **b** uestigia magni ~ntis CIC.*Arat.*426(182); MAN.2.187.

arcs arcis, *f.*: see ARX.

arctē, *adv.*: see ARTE.

arcticus[1] ~a ~um, *a.* [Gk. ἀρκτικός] Arctic.

HYG.*Astr.*1.6; caelum diuiditur in circulos quinque: ~um et antarcticum..AMP.1.4.

arcticus[2] (~os) ~a ~um, *a.* [Gk. ἀρκτικός] That constitutes the beginning (of a syllable, etc.), initial.

~on idcirco stoechion Graecia dixit (*sc. the letter* σίγμα) MAUR.1168.

arction ~(i)ī, *n.* [Gk. ἄρκτιον] A plant, perh. *Celsia* or *Conyza candida.*

ambusta sanantur..~io PLIN.*Nat.*26.129; 27.33.

arctō ~āre: see ARTO.

Arctophylax ~acis, *m.* [Gk. Ἀρκτοφύλαξ] The Bear-keeper, the constellation Boötes.

CIC.*Arat.*96; OV.*Ep.*17.188; GERM.*Arat.*91; SEN.*Thy.*874; —(*used loosely as equiv. to* Arctos) LUC.8.180.

Arctos ~ī, *f.* **~us.** [Gk. ἄρκτος] FORMS: *~oe* (nom. pl.) CIC.*Arat.*441(693), *N.D.*2.105; VITR. 9.4.5; GERM.*Arat.*25, 63.

1 (astron.): **a** (sg.) The Great or Little Bear; also, both constellations together or the region near the celestial north pole generally. **b** (pl.).

a Arctophylax..quasi temoni adiunctam prae se quatit ~um Cic.*Arat.*97;—(*w.* maior, minor, *or other spec. expr.*) ~i..minoris 320(79); aut Helicen, aut, qua Tyros utitur, ~on Ov.*Ep.*17.149; Lycaoniam ..ad ~on *Fast.*3.793; maiorem..~on Germ.*Arat.*55;—quis sub ~o rex gelidae metuatur orae Hor.*Carm.*1.26.3; inmunem..aequoris ~on Ov.*Met.*13.293; Sen.*Oed.*508; Luc.6.342. **b** ~oe duae.. numquam occidentes Cic.*N.D.*2.105; Iuppiter Alcmenae geminas requieuerat ~os Prop.2.22.25; Vitr.9.4.5; Ov. *Fast.*3.107; Germ.*Arat.*25; dum siccas polus uersabit ~os Sen.*Med.*405.

2 The lands or peoples of the North.

me uictorem gelidas ad Phasidos undas ~os habet Luc. 2.586; V.Fl.6.40; nescia nec nostri nominis ~os erat Mart. 9.84.6;—(*poet. hyperb.*) Gallorum..populis ~oque subacta Luc.3.74.

3 (w. ref. to direction or climatic conditions).

non ~os in illis montibus aut Boreas Luc.10.220; nulla.. opacam porticus excipiebat ~on Hor.*Carm.*2.15.16.

Arctōus ~a ~um, *a.* [Gk. ἀρκτῷος] Of or belonging to the far north, arctic, northern; occurring in or connected with the far north.

~as..niues Sen.*Her.O.*1286; frigore ab ~o Luc.10.250; ~a per aequora V.Fl.5.619; (*of the sky, constellations*) ~us polus obruet quicquid subiacet axibus Sen.*Her.O.*1107; ab ~is..plaustris Stat.*Theb.*5.529; ~o plaustro Pacon. *poet.*2;—(*poet. hyperb.*) ~as domui gentes (*i.e. of Gaul*) Luc. 5.661; Mart.9.31.1; nec ~os ausim sperare triumphos Stat. *Theb.*1.18.

Arctūrus ~ī, *m.* [Gk. Ἀρκτοῦρος]

1 The brightest star of the constellation Boötes or the whole constellation. **b** the period of the rising or setting of Arcturus.

stella micans radiis, ~us nomine claro Cic.*Arat.*99; Verg. *A.*1.744; Hor.*Carm.*3.1.27; Vitr.9.4.1; ~i occasu, id est a.d. iii idus Maias Plin.*Nat.*8.187. **b** sub ipsum ~um Verg. *G.*1.68; tam sunt ~i sidera nobis Haedorumque dies seruandi 1.204; Plin.*Nat.*8.112; floret per ~um 13.59.

2 A name of the plant called arction.

Plin.*Nat.*27.33.

arctus[1] ~a ~um, *a.*: see artus[1].

arctus[2] ~ī, *f.*: see arctos.

arcuārius ~(i)ī, *m.* [arcvs+-arivs]. A maker of bows.

Tarr.Pat.*dig.*50.6.7(6).

arcuātim, *adv.* [arcvatvs+-im] In the form of an arch or bow.

milipeda..animal est..multis pedibus ~im repens Plin. *Nat.*29.136; proiectiones sanguinis ~im fluentis Fest. p.352M.

arcuātiō ~ōnis, *f.* [arcvo+-tio] (pl.) A structure consisting of arches, arcade.

omisso circuitu subterraneo uallium..substructionibus ~onibusque traiciuntur Fron.*Aq.*18; 121.

arcuātūra ~ae, *f.* **arqu-.** [arcvo+-vra] = prec.

supra terram substructio et ~a Fron.*Aq.*5; ~is eminentibvs *CIL* 6.31564.

arcuātus[1] ~a ~um, *a.* **arqu-.** [pple. of arcvo] Bow-shaped, arched; *opus ~um*, structure carried on arches. **b** (of a carriage) covered in, hooded.

ita ut..~a tabula cauata sit ut tympanum Var.*R.*3.5. 15; Iris..~o caelum curuamine signans Ov.*Met.*11.590; Araxes..ubi incuruus ~oque amne descendit Mela 3. 40; ~o..dorso Stat.*Theb.*5.369;—quantum substructione, quantum opere ~o Fron.*Aq.*3; Plin.*Ep.Tra.*10.37(46).2. **b** ad id sacrarium flamines bigis] curru ~o uehi iussit Liv.1.21.4.

arcuātus[2] ~a ~um, *a.*: see arqvatvs.

arcubiī ~ōrum, *m. pl.*: (see quot.).

~i, qui excubabant in arce Paul.*Fest.*p.25M.

arcula[1] ~ae, *f.* [arca+-vla] Forms: *arclam* (acc.) *FJRA* 3.17.13 (*P.Mich.*3.434.13).

1 A small chest, box, casket.

cedo mi..cum ornamentis ~am Pl.*Mos.*248; Var.*L.*9.74; ~ae faginae uel etiam tiliagineae..praeparari debent Col.12.47.5; ~a..reclusa pyxides plusculas inde depromit Apul.*Met.*3.21;—(*for money*) tanne ~a tua plena est aranearum? Afran.*com.*410; ut uiaticum ex ~a adderem in bulgam Var.*Men.*492; Paul.*dig.*32.53;—(*for clothes*) qui scrutarentur ~as muliebres et, ne quod in uestimentis telum occultaretur, exquirerent Cic.*Off.*2.25; Sen.*Ep.*92.13; Mart. 2.46.4;—(*for paints*) ut Pausias et ceteri pictores eiusdem generis loculatas magnas habent ~as, ubi discolores sint cerae Var.*R.*3.17.4;—(*for weapons*) qui uelut ad ~as sedent et tela agentibus subministrant Quint.*Inst.*12.3. 4;—(*fig.*) meus..liber totum Isocrati myrothecium atque omnis eius discipulorum ~as ac non nihil etiam Aristotelia pigmenta consumpsit Cic.*Att.*2.1.1.

2 The wind-chest of an organ.

cum recepit ~a animam Vitr.10.8.4.

arcula[2] ~ae *f.*: (see quot.).

~a dicebatur auis, quae in auspiciis uetabat aliquid fieri Paul.*Fest.*p.16M.

arculārius ~(i)ī, *m.* [arcvla+-arivs] A maker of chests or boxes.

Pl.*Aul.*519.

arculāta ~ōrum, *n. pl.* [cf. Umb. *arçlataf* (same meaning); as next+-atvs[2]] (See quot.)

~a dicebantur circuli, qui ex farina in sacrificiis fiebant Paul.*Fest.*p.16M.

arculus[1] ~ī, *m.* [perh. arcvs+-vlvs] (See quot.)

~um appellabant circulum, quem capiti imponebant ad sustinenda commodius uasa, quae ad sacra publica capite portabantur Paul.*Fest.*p.16M.

arculus[2] ~ī, *m.*: (see quot.).

~us putabatur esse deus, qui tutelam gereret arcarum Paul.*Fest.*p.16M.

arcuō ~āre ~āuī ~ātum, *tr.* [next+-o[3]] To bend into the shape of an arch; (in quot. pass. in middle sense).

illam (milipedam)..quae non ~atur, sepa Graeci uocant Plin.*Nat.*29.136.

arcus ~ūs, *m.* **arquus.** [cf. Goth. *arhazna*, AS. *earh* 'arrow'] Gender: fem. Enn.*Ann.* 409, Vitr.6.8.3. Forms: gen. sg. ~*i* Cic.*N.D.* 3.51, Lucr.6.526; dat. sg. ~*u* Sil.4.18; nom. pl. ~*i* Var. in Non.p.77M.

1 A bow (for shooting arrows). **b** (as a symbol of attention or effort). **c** (astron.) the bow of the constellation Sagittarius.

intendit crinitus Apollo ~um Enn.*scen.*32; quom extemplo ~um et pharetram et sagittas sumpsero Pl.*Trin.* 725; sinistra manu retinebat ~um Cic.*Ver.*4.74; letifer ~us Verg.*A.*10.169; non eget Mauris iaculis neque ~u Hor. *Carm.*1.22.2; sensit..contentum saucius ~um Ov.*Ars* 2.191; ~us..madentibus neruis inhabiles factos Fron.*Str.*4.7.30; —(*poet.*) femina nec flammas nec saeuos discutit ~us Ov. *Ars* 3.29; Achaemenio uelocior ~u euolat Sil.15.570; (*pl. for sg.*) posco sacros arcus: in me tua derige tela *Ilias* 40;—(*fig.*) intentus est ~us in me unum Cic.*Sest.*15; est aliquid quo tendis et in quod derigis ~um Pers.3.60; (*obsc.*) Apul. *Met.*2.16. **b** intentum enim animum tamquam ~um habebat Cic.*Sen.*37; ~us..si numquam cesses tendere, mollis erit Ov.*Ep.*4.91; Phaed.3.14.10; propter quos remittere ~um tibi non contigit Sen.*Dial.*2.13.4. **c** sagittari deflexum..~um Cic.*Arat.*525(279); 655(407).

2 A rainbow. **b** a prismatic halo surrounding the sun.

ecce autem bibit ~us, pluet credo hercle hodie Pl.*Cur.* 131a; ~us..e nubibus efficitur quodam modo coloratis Cic.*N.D.*3.51; color in nigris exsistit nubibus ~i Lucr. 6.526; Verg.*A.*5.88; pluuius..~us Hor.*Ars* 18; ~us cum sunt duplices, pluuias nuntiant Plin.*Nat.*18.353; imbrifer ~us Stat.*Theb.*9.405; (*w. caelestis*) in quocumque frutice curuetur ~us caelestis Plin.*Nat.*12.110; (*cf.*) discurrunt in calicibus ~us caelestibus similes 33.81. **b** Frusinone ~us solem tenui linea amplexus est Liv.30.2.12; Plin.*Nat.*2.98.

3 An arch, vault. **b** an arch erected as a monument, a triumphal arch.

~i..diffracti celeriter corruissent Var. in Non.p.77M; cum..~us cuneis erunt conclusae Vitr.6.8.3; ~vs dvctvs aqvae *CIL* 6.1252; amnis, saxeus ingenti quem pons amplectitur ~u Luc.4.15; Stat.*Silv.*4.3.70; Fron.*Aq.*15;—(*of a natural formation*) scopulisque cauum sinuantibus ~um Calp.*Ecl.*6.67; domus..longo suspendit Pelion ~u Stat. *Ach.*1.107. **b** ~us..ob recepta signa..et aedes Fortis Fortunae..dicantur Tac.*Ann.*2.41; ut..aras deum, templa et arcus aliaque solita censerent 3.57; marmoreum ~um cum tropaeis Suet.*Cl.*1.3.

4 Anything shaped like an arch, a curved piece; esp. the arching boughs or shoots of a tree.

~us tegebantur ad canalem crebriter Vitr.10.13.7; uinclo ..in modum laquei ad ~um sellae restricto Tac.*Ann.*15.57; (*poet.*) niger ~us aquarum Ov.*Met.*11.568;—siluarum.. aliae pressos propaginis ~us exspectant Verg.*G.*2.26; ex ~u uehementer citat (uitis) materiam Col.4.15.2; uitis.. ~us suos in se colligens Plin.*Nat.*14.13; (*of roots*) ~us (radicum) ad ramos usque..curuari 16.6.

5 A curving line, bend, bow. **b** (geom.) an arc; also, a segment of a circle. **c** one of the five zones into which the sky is divided.

portus ab euroo fluctu curuatus in ~um Verg.*A.*3.533; tandem aciem geminos Nereus lunarat in ~us Prop.4.6.25; inmensos..sinuatur (serpens) in ~us Ov.*Met.*3.42; sinus.. curuos falcatus in ~us 11.229; Man.4.755; (*cf. w. sense 2*) dea..ingentem..fuga secuit sub nubibus ~um Verg.*A.* 5.658; Man.1.703. **b** maioremque Helice maior decircinat ~um Man.1.296; semper erit nouus et terris mutabitur ~us (*i.e. the horizon*) 1.659;—esto ~us, cuius basis habeat pedes xvi, latitudo autem pedes iiii Col.5.2.9. **c** uia quinque per ~us Ov.*Met.*2.129; quamquam per tris signorum circulus ~us obliquos iaceat Man.3.318.

ardaliō ~ōnis, *m.* [cf. Gk. ἄρδαλος] A busybody, fusser.

est ~onum quaedam Romae natio, trepide concursans, occupata in otio Phaed.2.5.1; magnus es ~o Mart.2.7.8; 4.78.10.

ardea[1] ~ae, *f.* [cf. Gk. ἐρωδιός; ON. *arta* 'teal'] A heron.

..altam supra uolat ~a nubem Verg.*G.*1.364; Luc.5.554; Plin.*Nat.*18.363.

Ardea[2] ~ae, *f.* The chief city of the Rutuli, in Latium.

Verg.*A.*7.411; Liv.4.7.4; Ov.*Met.*14.573; Mela 2.71.

Ardeās ~ātis, *a.* Of or belonging to Ardea; (masc. pl. as sb.) the people of Ardea.

in agro ~ati Cic.*N.D.*3.47; ~atis templi pictorem Plin. *Nat.*35.115;—~ates..ueteres amici, noui etiam ciues me Liv.5.44.1.

Ardeātīnus ~a ~um, *a.* Of or belonging to Ardea; (neut. as sb.) its territory.

in foedere ~o Liv.4.7.12; in ~o agro Col.3.9.2;—Vitr. 8.3.2.

ardens ~ntis, *a.* *compar.* ~ntior, *superl.* ~ntissimus. [pple. of ardeo] In senses of vb., esp.:

1 Shining, brilliant, gleaming, flaming; (of red colours) bright. **b** (of eyes) burning, blazing.

Nox..stellis ~ntibus apta Enn.*Ann.*339; ubi erat uisus sol ~ntissimus Tub.*hist.*9; alter (rex apium) erit maculis auro squalentibus ~ns Verg.*G.*4.91; Ov.*Hal.*113; fulgorem, qui..est ~ntior Sen.*Nat.*7.27.6; ~ntium gemmarum Plin. *Nat.*37.91;—Milesiam (rosam) cuius ~ntissimus colos 21.16; quos ~ns purpura uestit Juv.11.155. **b** quid oculis rapere uisa est derepente ~ntibus? Enn.*scen.*54; *Rhet.Her.* 4.68; ad caelum tendens ~ntia lumina frustra Verg.*A.* 2.405; Sen.*Con.*exc.8.4; (*cf.*) Bitian ~ntem oculis Verg.*A.* 9.703; Ov.*Tr.*4.2.31.

2 Fiercely hot, burning, glowing. **b** (of fevers, etc.) ardent, burning; (of food) hot to the taste; (of wine) fiery, heating.

quinta (zona) est ~ntior illis Ov.*Met.*1.46; balineae ~ntes Plin.*Nat.*29.26; diei..horis ~ntissimis 31.45; (*dist. fr.* calidus) calidior est..uel potius ~ntior animus quam est hic aër Cic.*Tusc.*1.42; (*neut. pl. as sb.*) per deserta et ~ntia Plin.*Nat.*5.51. **b** febrem..~ntem Cels.2.8.19; tumoribus ~ntibus Plin.*Nat.*20.257; vssere ~ntes intvs mea viscera morbi *CIL* 2.4314; (*cf.*) Cupido..~ntis acuens sagittas Hor.*Carm.*2.8.15;—batrachium..~ns alias.. cruda, sed cocta commendatur sale Plin.*Nat.*26.157;— restinguet ~ntis Falerni pocula praetereunte lympha? Hor. *Carm.*2.11.19; Mart.9.73.5.

3 Eager, zealous, enthusiastic.

iuueni ~nti castam donare puellam Catul.62.23; iuuenis ~ntis animi Liv.1.46.2; ~ntissimus cupitor Apul.*Met.*3.19; (*of animals*) ut ceruum ~ntes agerent (canes) Verg.*A.*7.481; anima iis (*sc.* capris)..~ntior Plin.*Nat.*8.202;—(*w.* in+ *abl.*) ~ns in cupiditatibus Sal.*Cat.*5.4.

4 (of emotions, zeal, etc.) Intense, passionate, ardent, burning. **b** (of actions, etc.) violent, fierce, savage, passionate.

cum..mortem ~ntiore studio peteret Cic.*Fin.*2.61; uulneris ~nti..icta dolore Lucr.3.663; quos..~ns euexit ad aethera uirtus Verg.*A.*6.130; ~ntioris..beniuolentiae V.Max.5.7.3; ~ntia..odia Sen.*Con.*1.1.21; amorem.. ~ntissimum Quint.*Inst.*4.2.96; ~ntem..uigilantiam Apul. *Met.*9.18. **b** quorum altior oratio actioque esset ~ntior Cic.*Brut.*276; ~nti tribunatu suo *Sest.*116; ~ntis..pugnas Verg.*G.*3.46; ~nti motu gestuque Suet.*Jul.*55.3; (*of poetic style*) Lucanus ~ns et concitatus Quint.*Inst.*10.1.90.

ardenter, *adv.* *compar.* ~tius, *superl.* ~tissimē. [prec.+-ter[2]]

1 With burning or parching effect; (in quot. fig.).

quo..affluentius uoluptates..hauriat, eo grauius ~tiusque sitientem Cic.*Tusc.*5.16.

2 Passionately, ardently.

quod..cupias ~ter Cic.*Tusc.*4.39; quem ~tissime diligas Plin.*Ep.*6.4.3; Suet.*Cal.*25.3.

3 With enthusiasm, eagerly, zealously.

quis cohortari ad uirtutem ~tius..potest? Cic.*de Orat.* 2.35; quo ~tius dimicaret miles Fron.*Str.*1.11.5; machinas omnes ~ter exercet Apul.*Met.*3.16.

ardeō ~dēre ~sī, *intr.*, (*tr.*). [cf. areo] Forms: fut. pple. *arsurus.*

1 To be or catch alight, burn. **b** (of corpses) to be cremated. **c** (poet.) to die by fire, be burnt to death.

~dere censui aedis, ita tum confulgebant Pl.*Am.*1067; ligna amurca cruda perspargito..~debunt bene Cato *Agr.* 130; ~det focus Acc.*praet.*7; uexabuntur urbes, tecta ~debunt Cic.*Catil.*1.29; domus ~debat in Palatio non fortuito, sed oblato incendio *Dom.*62; iam proximus ~det Vcalegon Verg.*A.*2.311; hospes paene..~sit dum turdos uersat in igni Hor.*S.*1.5.72; ~sura omnia et ad cineres reditura Liv.25.24.14; frondes adflatibus ~dent Ov.*Met.* 8.289; cum ~dente domo..cursaret incustoditus Tac.*Ann.* 15.50;—(*fig.*) guttula pectus ~dens mi aspersisti Pl.*Epid.* 555; una Gallia communi non ~det incendio Cic.*Orat.*34; aliustis..hoc incendium quo nunc ~detis Liv.21.10.4; Tac. *Ann.*1.73. **b** (uult) uidere ~dentem te extra portam mortuam Pl.*Cas.*354; ~surasque comas obnubit amictu Verg.*A.*11.77; illo..tempore, quo filius ~det Sen.*Ep.*99.27; Juv.10.253; (*cf.*) ~suro positum me..lecto Tib.1.1.61; nos non ~sura feremus munera Stat.*Silv.*3.3.37. **c** ~serat obsequio Semele Iouis Ov.*Fast.*6.485; natus ut Althaeae (*i.e.* Meleager) flammis absentibus ~sit *Ib.*599.

2 To emit light or flame, blaze. **b** (spec. with supposedly supernatural fire).

cui..dicunt..quinquaginta oribus ignem pectoribusque ~sisse Verg.*A.*10.567; largior ~serit ignis Hor.*S.*1.8.44; (*opp. to* uro) quis nescit uri quidem nec ~dere, nihil autem ~dere, quod non et uratur? Sen.*Nat.*2.40.5;—(*of places*) omnia circum uirgulta ~dere Liv.22.17.3; nuntiat excubiis (*i.e. watch-fires*) uigiles ~sisse Plataeas Stat.*Theb.*4.373; Sil.17.624. **b** caput ~sisse Seruio Tullio dormienti Cic.*Div.*1.121; pilorum cacumina sua sponte ~serunt *B.Afr.*47.6; caelum uisum est ~dere plurimo igni Liv. 3.5.14; mare ~sit eo anno 23.31.15.

3 To flash, gleam, flame (with reflected light or bright colours). **b** (of eyes) to burn, blaze.
Tyrioque ~debat murice laena VERG.*A*.4.262; mediis ~dent in nubibus hastae STAT.*Theb*.12.660; ~debat gemma ..caerula uestis SIL.15.676; lato Setinum (*sc.* uinum) ~debit in auro JUV.10.27. **b** ~dent oculi PL.*Capt*.594; ~debant oculi, toto ex ore crudelitas eminebat CIC.*Ver*.5.161; LIV. 7.33.17; SEN.*Suas*.6.3; (*cf.*) ~sere coruscae luminibus flammae arrectis VERG.*A*.2.172; (*of persons, w.* oculis) cum spumas ageret in ore, oculis ~deret CIC.*Ver*.4.148; VERG.*A*. 5.277.

4 To be fiercely hot, burn.
~dent Aethiopes Cancro MAN.4.758; crudisque uirum sudoribus ~det puluis STAT.*Theb*.1.422;—(*dist. from* caleo, calesco) caelum meridianum sole exoriente calescit, meridie ~det VITR.1.4.1; nihil..interesse, ~deat balineum an caleat SEN.*Ep*.86.10;—(*w. feverish heat or inflammation*) cum ~deret podagrae doloribus CIC.*Fin*.5.94; furiis.. refecti ~debant VERG.*G*.3.512; HOR.*Epod*.17.30; ~serit et quantis nupta Creusa malis PROP.2.16.30; LUC.9.752;— (*with the heat of youth*) dum ualida ac iuuenalia membra sufficiunt galeae dumque ~det sanguine JUV.11.6.

5 (of persons) To be violently excited or passionate, rage, 'burn', be fervent. **b** (w. emotion indicated).
pectus ~det, haereo PL.*Mer*.600; ut mihi non solum tu incendere iudicem, sed ipse ~dere uidearis CIC.*de Orat*. 2.188; ~dere Galliam tot contumeliis acceptis CAES.*Gal*. 5.29.4; ducit..agmina..Penthesilea furens mediisque in milibus ~det VERG.*A*.1.491; OV.*Ars* 2.378; ~dentibus patrum animis TAC.*Hist*.4.43; ~det et odit JUV.9.96; (*of animals*) iratusque oneri solito truculentior ~det (equus) STAT.*Theb*.6.427; (*of an expression*) quanto..magis ~det, quam si diceretur 'diu abuteris patientia nostra' QUINT. *Inst*.9.2.8. **b** (*w. anger or grief*) ~deo iracundia TER.*Ad*. 310; quis non ~sit dolore? CIC.*Mil*.16; non angor sed ~deo dolore *Att*.9.6.4; quanta siccum iecur ~deat ira JUV.1.45; —(*w. love or desire*) amore ~deo TER.*Eu*.72; ~debat.. cupiditate CIC.*Brut*.302; militibus..studio pugnae ~dentibus CAES.*Civ*.3.90.3; ~det amans Dido VERG.*A*.4.101; nunc athletarum studiis, nunc ~sit equorum HOR.*Ep*. 2.1.95; flammisque seueri inlicitis ~sere senes LUC.6.454.

6 To be zealous or eager, 'burn'.
subita spe feruidus ~det VERG.*A*.12.325; quo..uenit fidens magis et sublatior ~det OV.*Hal*.55;—(*w. abl.*) nati in litteris ~ntesque his studiis CIC.*de Orat*.3.131; ~ntis Marte Latinos VERG.*A*.10.235;—(*w.* ad+*gd. or gdve*). animi ad ulciscendum ~debant CAES.*Gal*.6.34.7; ad reprehendunda aliena facta..~det omnibus animus SAL.*Rep*.1.8.9;—(*w.* in +*acc.*) ~det in arma VERG.*A*.12.71; in bellum ~dentis animos MAN.4.220; STAT.*Ach*.1.473; TAC.*Hist*.1.43;—(*w. inf.*) mederi fraternae inuidiae animo ~debat SAL.*Jug*.39.5; ~det abire fuga VERG.*A*.4.281; OV.*Ep*.15.79; STAT.*Theb*. 5.401;—(*w. internal acc.*) tunc bella tibi ferrumque, quod ~des ipsa dabo 4.337.

7 To be in love, have a passion. **b** (w. acc.) to be in love with.
siquis amans..feliciter ~det OV.*Rem*.13; pariterque accendit et ~det (Narcissus) *Met*.3.426; ~sit..dea clara SEN.*Phaed*.309;—(*w. abl.*) dicunt ~sisse Bathyllo Anacreonta HOR.*Epod*.14.9; Thessalus ancillae facie Briseidos ~sit OV.*Am*.2.8.11;—(*w.* in+*abl.*) ~sit et Oenides in Maenalia Atalanta *Ep*.4.99; *Met*.8.50;—(*w.* in+*acc.*) breuique in illas ~sit Alcides face SEN.*Her.O*.370. **b** hanc ~dere coepit perdite TER.*Ph*.82; Corydon ~debat Alexim VERG.*Ecl*.2.1; (delphini) pueros forma liberali..~serunt GEL.6(7).8.3.

8 (of emotions, disturbances, etc.) To be or become violent, rage, flare up.
cum ~deret acerrime coniuratio CIC.*Sul*.53; cum maxime furor ~deret Antoni *Phil*.3.3; duris dolor ossibus ~det VERG.*A*.9.66; studiis..fauor distantibus ~det OV.*Tr*. 3.12.23; quibus haec rabies auctoribus ~sit LUC.5.359; proelium atrox ~sisset TAC.*Hist*.2.66; (inimicitias) longe acrius ~suras *Ann*.4.40.

9 (of countries, situations, etc.) To be disturbed or upset, be in a turmoil (with war, etc.). **b** (of the sea) to be rough, rage.
cum bello sociorum tota Italia ~deret CIC.*Ver*.5.8; res ~det inuidia *Q.fr*.2.14.4; Italia..terra..quibus ~serit armis VERG.*A*.7.644; anni principia..seditione ingenti ~sere LIV.6.31.1; agrum, qui paulo ante ingenti tumultu ~serat 43.4.4; ~sisset..bello prouincia TAC.*Ann*.12.54. **b** ~dente uentis mari FLOR.*Epit*.2.13(4.2.37).

ardeola ~ae, *f*.: see ARDIOLA.

ardescō ~ere, *intr*. [ARDEO+-SCO]

1 To catch fire, become ignited; (of a volcano) to erupt. **b** to become or be made bright or gleaming. **c** to become hot.
omnia motu percalefacta uides ~ere LUCR.6.178; nec tamen infitior lapides ~ere certos *Aetna* 530; ne..aether conciperet flammas longusque ~eret axis OV.*Met*.1.255; (sucinum) rapacissimum ignium..celerrime ~ens PLIN. *Nat*.37.51; (*fig.*) exstingue ignem, si cor uritur, caput ne ~at PL.*Per*.802;—antequam Vesuuius mons ~ens faciem loci uerteret TAC.*Ann*.4.67. **b** Hesperium uitant, optant ~ere Eoum *Ciris* 352; pugionem..asperari saxo et in mucronem ~ere iussit TAC.*Ann*.15.54; (*cf. w. sense 2*) cum..Marcellus ..uoce uultu oculis ~eret 16.29. **c** nunc patulam latitudinem (urbis) et nulla umbra defensam grauiore aestu ~ere TAC.*Ann*.15.43.

2 To become excited or inflamed. **b** (w. *in*+acc.) to become eager for, hanker after.
tum uero ~it..et iuuenem..prosternit *Ilias* 306; ~unt animi primusque per ora spumat amor STAT.*Ach*.1.316; quod..pariter ~erent, pariter silerent TAC.*Ann*.1.32;— (*w. abl.*) nec simili Venere ~unt LUCR.5.897; ~itque tuendo Phoenissa VERG.*A*.1.713; amans ita ut fax agitando ~it magis PUB.*Sent*.A 38; ~unt germani caede bimembres OV. *Met*.12.240; ~it..Lyaeo SIL.11.302;—(*w.* in+*acc.*) indomitas ~it uulgus in iras OV.*Met*.5.41. **b** ut deinde ~eret in nuptias incestas TAC.*Ann*.11.25.

3 To become intense, grow fierce or violent.
aduentusque uirum fremitusque ~it equorum VERG.*A*. 11.607; ~it uino uitium MAN.5.226; ~it conceptis litibus ira *Ilias* 141; ~ente pugna TAC.*Hist*.5.18; *Ann*.3.17.

ardifētus ~a ~um, *a*. [ARDEO+FETVS] (of a lamp) Pregnant with fire.
non uidetis unus ut..Amor ~a lampade..agat amantis aestuantis VAR.*Men*.204.

ardiola ~ae, *f*. [ARDEA+-OLA] A heron.
~arum tria genera PLIN.*Nat*.10.164; 11.139; 30.140.

ardor ~ōris, *m*. [ARDEO+-OR]

1 A burning, conflagration, fire. **b** ~*or caeli* or *caelestis* (as transl. of Gk. αἰθήρ), the supposed fire of the upper air.
fulguri praeferuido ~or iniectus Iunonis dextera ingenti incidit ACC.*trag*.653; cum mea domus ~ore suo deflagrationem urbi..minaretur CIC.*Planc*.95; *Luc*.119; ignis ubi ingentis siluas ~ore cremarat LUCR.5.1243; Mucius..~orem corpore passus *Culex* 365; cui pineus ~or aceruo pascitur VERG.*A*.11.786; ubi suppositus cinerem me fecerit ~or PROP.2.13.31; VITR.2.6.2. **b** (Aristoteles)..caeli ~orem deum dicit esse CIC.*N.D*.1.33; 2.41.

2 A gleam of light, flash; also, the gleam of a bright colour. **b** an appearance of light in the sky, flash produced by lightning, meteors, etc. **c** the flash or glow (of eyes).
fulgentium armum..~orem obtui ACC.*trag*.319; claro tremulos ~ore cometas CIC.*Cons*.2.15; prius quam se tuus (*sc.* Hesperi) extulit ~or CATUL.62.29; sic tenuis cunctis (*sc.* stellis) iam paene euanuit ~or GERM.*Arat*.386;—Sidonio fulgentem ~ore tapeta SIL.4.268. **b** aëris sonitus et ~ores CIC.*Top*.77; uisas nocturno tempore..faces ~oremque caeli *Catil*.3.18; nascuntur trabes et globi et faces et ~ores SEN.*Nat*.1.1.5; dispersos trifidis ~oribus ignes V.FL.6.54. **c** ille imperatorius ~or oculorum CIC.*Balb*.49; sanguineique micant ~orem luminis orbes *Culex* 222; ~or inest oculis SIL.2.431; QUINT.*Inst*.12.5.5.

3 Fierce heat. **b** (produced in the body by disease, inflammation, wine, etc.). **c** (w. ref. to the soul as πνεῦμα ἔνθερμον).
sol qui..flammam..feruido ~ore explicas ACC.*trag*.582; nimios solis defendit ~ores CIC.*Sen*.53; terrae..~ore dehiscunt VERG.*G*.3.432; Libanum..tantos inter ~ores opacum TAC.*Hist*.5.6;—(*poet.*) tendit..radios Hyperionis ~or *Culex* 101; quas Phoebi circuit ~or MAN.2.308;—(*of hot regions or climate*) Gaetuli sub sole magis, haud procul ab ~oribus SAL.*Jug*.18.9; non tam ~oris culpa est neque crimina caeli PROP.2.28.5. **b** hominem cum uini uis penetrauit acris et in uenas discessit diditus ~or LUCR.3.477; ~ores ac febres sufferunt sine timore VITR.6.1.4; si ~or stomachum urget CELS.4.12.4; ~ores capitis PLIN.*Nat*.20.17; febrium ~ores 20.17. **c** quia corpora nostra..~ore animi concalescunt CIC.*Tusc*.1.42.

4 Excitement of mind, agitation, passion. **b** (w. *oris*, etc., of the overt manifestations of passion).
se quo furore, quo ~ore ad urbem..rapiebat! CIC.*Phil*. 13.18; ciuium ~or praua iubentium HOR.*Carm*.3.3.2; ut amentibus (negamus), quidquid contra se usurus ~or petit SEN.*Ben*.2.14.2; rediit ~ore remisso uultus STAT.*Theb*.8.517; eo..~oris prouectus est ut uexillarium fugientem hasta transuerberaret TAC.*Hist*.3.17; ut..eiusmodi uoluptate.. ~orem suum mulceant APUL.*Pl*.2.14; (*cf. sense 2c*) in ira cum feruescit (animus) et ex oculis micat acrius ~or LUCR. 3.289;—(*w.* animi *and sim.*) CIC.*Brut*.278; sine ira, sine ~ore animorum LIV.5.41.4; quis adtoniti pectoris ~or erat? OV.*Ars* 3.714; (*cf.*) tanto animorum ~ore et armorum CIC. *Marc*.24;—(*w. gen. expr. source, etc.*) omnium cupiditatum ~ore restincto *Fin*.1.43; ~or certaminis LIV.24.39.6; si quid nostrae tibi bilis inusserit ~or MART.6.64.24;— (*personified*) et Metus et Virtus et numquam sobrius ~or STAT.*Theb*.4.661. **b** tantum ~orem uultuum atque motuum CIC.*Div*.1.80; eo ~ore oris orationem omnium lenitatem suadentium..suspectam fecit VELL.2.35.3.

5 Eagerness (for the achievement of an objective), enthusiasm, ardour, 'fire'. **b** an object of eagerness, passion.
nomen ipsum legatorum hunc..populi Romani restinguet ~orem CIC.*Phil*.5.25; tantus ~or animos hominum occupauit desiderio libertatis *Fam*.11.8.2; idem omnis simul ~or habet, rapiuntque ruuntque VERG.*A*.4.581; tantus..~or militum fuit..ut uno die..urbem caperent LIV.10.17.3; sic cunctas sustulit ~or mobilium mentes iuuenum LUC.4.520; temperauit Agricola uim suam ~oremque compescuit TAC. *Ag*.8.1; FLOR.*Epit*.1.22(2.6.21); (*poet.*) Menelai..~or (*i.e.* Menelaus ardens) *Ilias* 174;—(*w.* animi) ~orem animi uultu oculisque praeferens VELL.2.118.2;—(*w.* ad) de ~ore mentis ad gloriam CIC.*Cael*.76; ~oris aliquid ad bellum armaque LIV.1.53.9; legionum ~or ingens ad hostem insequendum fuit 26.6.7;—(*w. obj. gen.*) quem..~orem studii censetis fuisse in Archimede? CIC.*Fin*.5.50; crescit ~or pugnandi LIV.2.45.9; quaerendi..mihi nominis ~or erat OV.*Tr*. 1.1.54; noscendi ~ore futura LUC.5.129; quis ~or sanguinis adfusi STAT.*Theb*.4.546; TAC.*Ann*.14.2; o quantus tunc illis mentibus ~or concubitus JUV.6.317;—(*w. inf.*) quisnam implacabilis ~or exturbare odiis tranquilla silentia noctis? STAT.*Theb*.1.440; SIL.13.719. **b** nec uero hic erat unus ~or in nobis ut hoc modo omnia diceremus CIC.*Orat*.108; hic ~or solusque labor, quid corpore Magni proiecto rapiat LUC.6.587.

6 Passionate love or desire (for a person). **b** an object of love, 'flame'; *Bacchi Gnosius ~or* = Ariadne, and so the constellation *Corona Borealis*.
unde est ~oris origo LUCR.4.1086; tantus in alternis uocibus ~or erat PROP.1.10.10; ~orem cupiens dissimulare meum [TIB.]3.18.6;—(*w. obj. gen.*) alius ~or aut puellae candidae aut teretis pueri HOR.*Epod*.11.27; eiusdem uirginis ~or OV.*Met*.9.101; cum (Alexander) infinito ~ore coniugis Thebes teneretur V.MAX.9.13.ext.3; uagae Nycteidos ~or STAT. *Theb*.7.190; SIL.15.269; (*cf.*) ~ores uincet adusta meos! OV.*Ep*.12.180. **b** est tibi..Theiodamanteo proximus ~or Hylae PROP.1.20.6; tu primus et ultimus illi ~or eris OV.*Met*.14.683;—dum Bacchi Gnosius ~or aequore caeruleo celetur COL.10.52.

7 Intensity or violence, severity.
beniuolentiam non..~ore quodam amoris, sed stabilitate potius..iudicemus CIC.*Off*.1.47; in medio ~ore belli (*when the war was at its height*) LIV.24.45.4; in maximo infamiae suae ~ore V.MAX.8.1.absol.3; ubi..~or ille periculi deflagrauit GEL.19.1.7.

Arduenna ~ae, *f*. The name of a forest in the north of Gaul, the Ardennes.
CAES.*Gal*.5.3.4; TAC.*Ann*.3.42.

arduitās ~ātis, *f*. [ARDVVS+-TAS] Steepness.
callium difficultatem ac montium ~atem VAR.*R*.2.10.3.

ardus ~a ~um, *a*.: var. of ARIDVS.

arduum ~ī, *n*. [ARDVVS]

1 A high place or situation, height, elevation; steep; (spec., in pl.) the heights of heaven, firmament. **b** *in ~um, per ~um* or *~a*, upwards, uphill; also, high into the air.
AQVAM IN OPIDVM ADQV ~OM..FECIT *CIL* 1.1529.11; manifestum fit quo in ~o summa sint SEN.*Ep*.111.3; ubi.. Boreas..Riphaea per ~a nubes praecipitat V.FL.2.516; ipse ~a..petit STAT.*Ach*.1.700; uisa in ~o quae plana fuerint TAC.*Ann*.2.47;—(*w. gen.*) tremescunt ~a terrarum et campi VERG.*A*.5.695; in ~a montis ite simul OV.*Met*. 8.692; super ~a ualli LUC.6.138; ~a Cirrhae STAT.*Theb*. 2.63; SIL.13.105; castellorum ~a TAC.*Ann*.11.9; APUL. *Met*.1.2;—in ~a tendis STAT.*Silv*.5.3.19. **b** quo successerit magis in ~um eo pelli posse per procliue facilius rati LIV.5.43.2; qui in ~um (eunt), incumbunt SEN.*Ep*.123.14; (*cf.*) quia duae eminentiae, cum simul iunctae in ~um nituntur, simulacrum quoddam contentionis aemulae pariunt GEL.14.3.11;—deturbant nitentes per ~a hostes LIV.25.13.14;—cum parentis regna per ~um cohors Gigantum scanderet impia HOR.*Carm*.2.19.21; totus in ~um autumnus rapitur SEN.*Thy*.167.

2 A hard task, difficulty; *in ~o*, difficult, precarious.
~a dum metuunt, amittunt uera uiai LUCR.1.659; ~a molimur OV.*Ars*2.537; regem parere iubenti ~a non piguit LUC.8.239; ~i laudem expetentes MAUR.323;— omne..honestum in ~o est SEN.*Ben*.2.18.2; cuius etiamsi in ~o spes est QUINT.*Inst*.1.10.8; primas dominandi spes in ~o TAC.*Ann*.4.7.

arduō ~ere: perh. an archaic form of ADDO.
qui coronam parit ipse pecuniaue eius ⟨honoris⟩ uirtutisue ergo ~itur (*cj.*) ei *Lex XII*(*Font.iur*.p.37).

arduus ~a ~um, *a*. [cf. OIr. *ard*, Av. *ərədva*- 'high'] FORMS: compar. *~ior* CATO *hist*.142; superl. *~issimus* CATO *orat*.22. PROS.: disyll. GERM.*Arat*.317.

1 Tall, lofty, high, towering.
~a..Pergama ENN.*scen*.77; ~is praeruptisque montibus CIC.*Rep*.2.11; mundus, ut ad Scythiam Riphaeasque ~us arces consurgit VERG.*G*.1.240; ~a morus erat OV.*Met*.4.90; ~us Atlas STAT.*Theb*.1.98; ~a urbis moenia TAC.*Hist*.3.30; —(*of the land or sea*) tellus hinc ~a celsos continuat colles LUC.4.158; dum..petit (Medea) ora patris, stetit ~us inter pontus V.FL.5.336;—(*w. abl.*) Neritos ~a saxis VERG.*A*. 3.271; cacumine recto ~a (arbor) STAT.*Silv*.2.3.4;—(*of persons or animals*) ipse (Cyclops) ~us VERG.*A*.3.619; ~us Hippomedon STAT.*Theb*.4.129; cadit ~a taurus uictima Neptuno SIL.15.252;—(*of height*) dux..Gallorum, uasta et ~a proceritate ?QUAD.*hist*.12(GEL.9.11.5); (*cf.*) monumentorum ~um et operosum honorem TAC.*Ger*.27.2.

2 Rearing up, erect, uplifted.
abduxere retro longe capita ~a ab ictu VERG.*A*.5.428; ~a ceruix (equi) HOR.*S*.1.2.89; ~a..dextera OV.*Ep*.10. 102; (equus) ~a fundet in auras crura GRAT.503; fronte ~us SEN.*Tro*.539; omni surgit ratis ~a uento LUC.5.649; V.FL.7.572; stetit ~us alto amne STAT.*Theb*.9.418; SIL. 6.61; nugalia de generibus..uocabulorum disserens ~is superciliis (*i.e. with a serious expression*) GEL.4.1.1;—(*w.* ad) ~us ad solem VERG.*G*.3.439.

3 Having a lofty situation, on high, elevated. **b** (quasi-adv.) so as to be on high, aloft; (coming) from on high, precipitously.
terras unde ~us (Iuppiter) omnis..aspectat VERG.*A*.10.3; molem propinquam nubibus ~is HOR.*Carm*.3.29.10; ~us aether OV.*Met*.1.151; ~us axis intonuit LUC.5.632; nunc ~a tendit in loca STAT.*Silv*.5.1.199;—(*w.* situ) urbem ~am situ TAC.*Hist*.5.11. **b** ~us in nubes abiit OV.*Met*.4.712;— Caucasea decurrens ~us arce Amphitryoniades PETR.123, l.205; pila..impingitur ~a ponto SIL.4.297

4 Steep, precipitous, uphill.
asperrimo atque ~issimo aditu CATO *orat*.22; (ager) confragosus atque ~is cliuis VAR.*R*.1.18.4; ascensu ingrediens ~o CIC.*de Orat*.1.261; CAES.*Civ*.2.34.1; ascendere aduersus ~um collem..coepit *B.Alex*.74.4; talibus uiris.. non locus ullus asper aut ~os erat SAL.*Cat*.7.5; semitam.. angustam et ~am LIV.9.24.7; ~a prima uia est OV.*Met*. 2.63;—(*w. abl. of resp.*) ~a flumina ripis V.FL.4.402;— (*w.* aditu) aditu ~um impedito agmini LIV.7.34.3;—(*fig.*) hanc ego uiam..si aut asperam atque ~am aut plenam esse periculorum aut insidiarum negem, mentiar CIC.*Sest*.100; ad uirtutem una ~a uia est SAL.*Rep*.2.7.9; SEN.*Ep*.84.13; SIL.2.578.

5 Difficult, troublesome, arduous. **b** (of hopes, ideals) difficult to realize; (of an example) difficult to follow.

magnum opus..et ~um..conamur CIC.*Orat*.33; *Tusc*.3.84; CAES.*Gal*.7.47.3; mihi quidem..~om uidetur res gestas scribere SAL.*Cat*.3.2; aequam memento rebus in ~is seruare mentem HOR.*Carm*.2.3.1; facere et parare eam difficile atque ~um esse LIV.24.22.9; ~a..uictoria OV.*Met*.14.453; ~a bella MAN.5.637; SEN.*Ep*.50.9; percipient gentes quam sit non ~a uirtus seruitium fugisse manu LUC.4.576; cogitet oratorem institui rem ~am QUINT.*Inst*.1.1.10; TAC.*Ann*.2.20;—(*in part. gen.*) nil mortalibus ~i est HOR.*Carm*.1.3.37; —(*w. dat.*) nihil ~um fatis TAC.*Hist*.2.82;—(*w. abl. or sup. in -u*) quia id ~um factu erat LIV.8.16.8; opera..~a imitatu V.MAX.4.6.intro.; id solum..~um opere PLIN.*Nat*.17.28; (*neut. pl. as sb.*) tot uiris curae fuisse tam ~a inuentu 2.117; —(*w. ref. to understanding*) ea putari mendacia, quae..supra captum cogitationis ~a uideantur APUL.*Met*.1.3. **b** spes ~a, inmensa, misceri posse caelestum diuinitatem imperitiae rusticae PLIN.*Nat*.18.206; coacto..curiam senatu ~us rerum omnium modus TAC.*Hist*.1.85;—~um..exemplum, et quod imitari non magio quisquam candidatorum quam principum possit PLIN.*Pan*.69.3.

6 (of the mind, qualities, etc.) Sublime, lofty.

hac me iubet ~a uirtus ire STAT.*Theb*.10.845; docti furor ~us Lucreti *Silv*.2.7.76; ~a..Sapientia 5.3.95; mens uiri prudentis..prospiciens esse debet, erecta, ~a GEL.13.28 (27).4.

āre: see AREFACIO.

ārea ~ae, *f*. [dub.; perh. from AREO] FORMS: *aria CIL* 6.541.

1 A space clear of buildings or other obstructions, an open space. **b** a space in front of a temple or other building, forecourt. **c** a building site. **d** an exercise ground, playground. **e** a clearing where a fowler set his snares.

ex ~a, quae erat aduersus pontem *B.Alex*.19.6; domum..ut monumento ~a esset oppressae nefariae spei, dirui extemplo iussit LIV.4.16.1; ~a gramineo suberat uiridissima prato OV.*Am*.3.5.5; cohibitaque aedificiorum altitudine ac patefactis ~is TAC.*Ann*.15.43; (*at sea*) sternitur effusis pelagi media ~a telis SIL.14.378. **b** IN ~A, QVAE EST ANTE AEDEM SERAPI *CIL* 1.698.1.5; in ~a in Capitolio HEM.*hist*.23; ~a ante Telluris aedem LIV.2.41.11; in ~a Volcani 9.46.6; in ~a domus suae VELL.2.14.1; caede iuuencorum domini calet ~a felix MART.14.4.1. **c** dicitur in aedificiis ~a pes magnus VAR.*L*.5.95; in ~am tuam ueni. res agebatur multis structoribus CIC.*Q.fr*.2.5.3; ponendaeque domo quaerenda est ~a primum HOR.*Ep*.1.10.13; fundamenta tepente adhuc ~a ponimus SEN.*Ben*.7.31.5; uacuas ~as occupare et aedificare..cuicumque permisit SUET.*Ves*.8.5; (*fig.*) (Plato) ~am sibi sumpsit, in qua ciuitatem extrueret arbitratu suo CIC.*Rep*.2.21. **d** campus et ~ae HOR.*Carm*.1.9.18; per uarias artes, omnis quibus ~a seruit, ludere MART.7.32.13. **e** auceps quando concinnauit ~am, offundit cibum PL.*As*.216; nos tibi palumbem ad ~am usque adduximus *Poen*.676.

2 A threshing-floor.

~am, ubi frumentum teratur, sic facito CATO *Agr*.129; frumento..quod ex ~is in oppidum portatum est SIS.*hist*.16; VAR.*L*.5.38; ne quis frumentum de ~a tolleret CIC.*Ver*.3.36; ~a cum primis ingenti aequanda cylindro VERG.*G*.1.178; tertia nudandas acceperat ~a messes OV.*Fast*.3.557; COL.2.12.1; GENIO ~AE FRVMENTARIAE *CIL* 8.6339; (*as transl. of Gk.* ἅλως) SEN.*Nat*.1.2.3.

3 A garden plot, seed-bed.

~as facito pedes latas quaternos CATO *Agr*.151.3; ut olitor disserit in ~as sui cuiusque generis res VAR.*L*.6.64; caepa rubens sectique famem domat ~a porri *Mor*.84; humus refossa in ~as diuiditur COL.11.3.13.

4 ~*a salinarum*, A salt-pan.

VITR.8.3.10; non putem..in maritimis ~is salinarum gigni posse laeta frumenta COL.2.2.16.

5 A bald patch on the head.

~arum..duo genera sunt. commune utrique est, quod..pili..excidunt CELS.6.4.1; ~aque attritis ridet adulta pilis PETR.109.9,1.4; MART.5.49.7.

6 (geom.) A plane surface; ~*ae pes*, a square foot. **b** free space, room.

~ae, quae ad normam sunt quadratae VITR.3.1.3; candida purpureo distinguitur ~a gyro STAT.*Silv*.2.2.89; clusae quattuor lineis ~ae QUINT.*Inst*.1.10.43; omnis..modulus colligitur aut diametro aut perimetro aut ~ae (*i.e. of cross-section*) mensura FRON.*Aq*.26;—quadratus locus, qui erit longus et latus pedes denos, efficit ~ae pedes C VITR.9.pr.4. **b** uti singula pecora ~ae ne minus pedes quaternos et semipedem..possint habere VITR.6.6.4; ~ae pedem tantum complectatur (agricola) COL.1.4.8.

7 A site, position. **b** (transf.) a field of action.

haec illi (*sc*. Aetnae) sedes tantarumque ~a rerum est *Aetna* 187; liber ab arboribus locus est, apta ~a pugnae OV.*Fast*.5.707; stabilis naualibus ~a bellis LUC.3.513. **b** haec animo..~a facta meost OV.*Am*.3.1.26; patet in curas ~a lata meas *Ep*.1.72; nunc teritur nostris ~a maior equis *Fast*.4.10.

ārefaciō ~acere ~ēcī ~actum, *tr*. [AREO+FACIO] FORMS: *arf-* CATO *Agr*.69.1, 125, CELS.5.27.7; *facit are* (= ~*acit*) LUCR.6.962; pass. *arefio* PLIN.*Nat*.26.103, 32.82. To make dry, dry up.

murtam nigram ~acito in umbra CATO *Agr*.125; terram sol excoquit et facit are LUCR.6.962; si faex uini ~acta..fuerit VITR.7.10.4; fucus marinus..omnibus articulorum morbis inpositus, priusquam ~iat PLIN.*Nat*.26.103; primum (ramum) exilem et cito ~actum SUET.*Ves*.5.2; (*absol*.) qui ~acit ardor est solis VAR.*L*.5.38.

Areios pagus, *m*.: = AREOPAGVS.

sanctissimum consilium Areios pagus V.MAX.2.6.4.

Arelāte, *indecl. n*. A town of southern Gaul, Arles.

Caesar..nauis longas ~..facere instituit CAES.*Civ*.1.36.4; MELA 2.75; SUET.*Tib*.4.1.

Arelātensis ~is ~e, *a*. Of Arelate or Arles; (masc. pl. as sb.) its people.

NAVICVLARIORVM MARINORVM ~IVM *CIL* 3.14165; *CIL* 12.349;—SCAEV.*dig*.33.2.34.

Aremoricus ~a ~um, *a*. ~*ae ciuitates*, The Gallic communities in Brittany and Normandy; (fem. as sb., erron. applied to the region between the Garonne and the Pyrenees).

copias earum ciuitatum quae ~ae appellantur CAES.*Gal*.5.53.6; HIRT.*Gal*.8.31.4;—(Gallia) Aquitanica, ~a antea dicta PLIN.*Nat*.4.105.

arēna ~ae, *f*.: see HARENA.

ārens ~ntis, *a*. [next] Dry, parched, waterless; (of herbs) dried; (of thirst) parching.

~ntes..ripae VERG.*G*.3.555; ~nte fauce HOR.*Epod*.14.4; ~ntes Cereris decerpsit aristas OV.*Met*.11.112; in collibus ~ntibus SEN.*Ep*.104.33; ~ntem..Libyen LUC.1.687; cetera abrupta aut ~ntia..TAC.*Ann*.15.42; (*neut. pl. as sb.*) per ~ntia trahebat omnem bello utilem turbam SEN.*Dial*.5.20.2;—~ntis..rosas VERG.*G*.4.268; OV.*Med*.93; ~ntis herba pulei PLIN.*Nat*.2.108;—et Canis ~nti torreat arua siti TIB.1.4.42; OV.*Ep*.4.174.

āreō ~ēre, *intr*. [cf. ARDEO; Skt. *āsa-* 'ash'] To be dry or parched. **b** (of plants) to be withered from lack of moisture; (also, of animals or tissue). **c** (of persons) to suffer from thirst, be dry.

tu aquam a pumici nunc postulas, qui ipsus siti ~et PL.*Per*.42; ubi ~ebit (dolium) CATO *Agr*.69.2; ~et pellis VERG.*G*.3.501; ~et ager *Ecl*.7.57; Amenanus..nunc fluit, interdum suppressis fontibus ~et OV.*Met*.15.280; ~ent ora siti LUC.9.500. **b** ibi..pabulum multum, quod in campis ~et VAR.*R*.1.6.5; cum moriens alta liber ~et in ulmo VERG.*Ecl*.10.67; ~ebant herbae *G*.4.427; uiolas ~ere uideres OV.*Fast*.5.317;—carne prolapsa et ~ente CELS.1.pr.49; (serpens) ~et et sicco moritur ueneno SEN.*Oed*.153. **c** sic ~et mediis taciti uulgator in undis OV.*Am*.3.7.51; in media Tantalus ~et aqua *Ars* 2.606; illa, quae ~ebat siti PHAED.3.16.15.

āreola ~ae, *f*. [AREA+-OLA] FORMS: *ariola CIL* 6.9077, 10.7307.

1 An open courtyard.

~am, quae quattuor platanis inumbratur PLIN.*Ep*.5.6.20; PORTICVS ET ~A *CIL* 6.9077.

2 A garden plot, seed-bed.

cum terram bene subegeris ~as facito COL.5.12.3; 11.2.75.

Areopagītēs ~ae, *m*. Also **Arīo-**. [Gk. Ἀρεοπαγίτης] A member of the Council of the Areopagus at Athens.

ENN.*scen*.150; Athenis in numero iudicum atque ~arum CIC.*Balb*.30; decretum illud ~arum *Fam*.13.1.5; V.MAX.8.1.amb.2; QUINT.*Inst*.5.9.13; (*iron., of a Roman jury*) clamare praeclari ~ae se non esse uenturos nisi praesidio constituto CIC.*Att*.1.16.5.

Areopagus ~ī, *m*. [Gk. Ἀρειόπαγος, Ἄρειος πάγος] The hill of Ares at Athens, the meeting place of the city's highest judicial court.

Areopagitae ab ~o; is locus Athenis VAR.*L*.7.19; VITR.2.1.5.

Arēos pagos, *m*. = prec.; (in quot.) the court of the Areopagus.

Areos pagos, religiosissimum iudicium SEN.*Dial*.9.5.1.

arepennis ~is, *m*. [Gallic] A Gallic measure of land equivalent to half a *iugerum*, arpent.

semiiugerum quoque ~em appellant COL.5.1.6; *CIL* 12.1657.

ārescō ~ere āruī, *intr*. [AREO+-SCO] To become dry, dry up. **b** (of plants) to wither; (of ripening corn) to dry up; (also, of flesh). **c** (of streams, tears) to cease to flow, run dry.

da mihi uestimenti aliquid aridi dum ~unt mea PL.*Rud*.575; eam patinam in sole ponito, ~at CATO *Agr*.87; VITR.7.3.11; aruerat tellus LUC.4.55; ~enti..in febribus linguae PLIN.*Nat*.22.108; (*w*. in + *acc*.) frondem marinarum arborum..exemptam sole protinus in salem ~entem PLIN.*Nat*.13.140; (*fig*.) si cum id (*sc*. ingenia rigare) polliceantur ~ant ipsi siccitate *Rhet.Her*.4.9. **b** ~entibus laureis CIC.*Rep*.6.8; sustinui..~ere laurum STAT.*Silv*.5.3.9; ~ente trunco TAC.*Ann*.13.58;—simul cum frumentis ~entibus PLIN.*Nat*.11.94;—gingiuarum ~entium CELS.7.12.1.A. **c** nihil..lacrima citius ~it *Rhet.Her*.2.50; uenam, quae numquam ~ere posset OV.*Met*.9.657; deficiet umor, omnis ~et latex SEN.*Her.O*.1368.

Arestoridēs ~ae, *m*. The son of Arestor, Argus.

~ae seruandam tradidit Argo OV.*Met*.1.624.

aretālogus ~ī, *m*. [Gk. ἀρεταλόγος] A professional reciter of miraculous stories of the gods, a teller of fairy-tales.

bilem aut risum..mouerat ut mendax ~us JUV.15.16; trimales ex circo lud⟨i⟩os..ac..~os SUET.*Aug*.74.

Arētē ~ēs, *f*. The wife of Alcinous.

uuaeque, quales flaua legit ~e *Priap*.51.6; HYG.*Fab*.23.2.

Arethūsa ~ae, *f*.

1 A nymph, said to have been pursued by the river-god Alpheus and to have passed under the sea to emerge as a spring at Syracuse.

positis uelox ~a sagittis VERG.*G*.4.344; quo properas, ~a? OV.*Met*.5.599; *Fast*.4.423.

2 The name of a spring at Syracuse. **b** (poet.) Syracuse.

fons aquae dulcis, cui nomen ~a est, incredibili magnitudine, plenissimus piscium CIC.*Ver*.4.118; LIV.25.30.6; MELA 2.117. **b** quantos ~a tumores concipiat perstetque suas non pandere portas SIL.14.117.

Arethūsis ~idos, *f. adj*. Of or associated with Arethusa.

Syracusas ~idas OV.*Fast*.4.873.

Arethūsius ~a ~um, *a*. Of Arethusa, (in quot.) Syracusan.

~a proles SIL.14.356.

Arēus ~a ~um, *a*. **Arīus**. [Gk. Ἄρειος] Of Ares; ~*us pagus*, ~*um iudicium*, the court of the Areopagus.

ascendit in ~um pagum CIC.*Div*.1.54; rem..ad ~i pagi cognitionem relegauit V.MAX.8.1.amb.2; Theophilum..~o iudicio falsi damnatum TAC.*Ann*.2.55.

arfaciō ~ere: see AREFACIO.

arferia ~ae, *f. adj*. [*ar*-(= AD-)+FERO+-IVS] (See quot.).

~a aqua, quae inferis libabatur, dicta a ferendo; siue uas uini, quod sacris adhibebatur PAUL.*Fest*.p.11M.

arfuī: old pf. of ADSVM.

Arganthōniacus ~a ~um, *a*. Of Arganthonius.

SIL.3.396.

Arganthōnius ~(i)ī or ~ī, *m*. A king of Gades famed for his longevity.

CIC.*Sen*.69; V.MAX.8.13.ext.4.

Argēa ~ōrum, *n. pl*. [next] (See quot.: cf. also ARCAEA.)

~a loca Romae appellantur, quod in his sepulti essen quidam Argiuorum inlustres uiri PAUL.*Fest*.p.19M.

Argēī ~ōrum, *m. pl*. [Anciently derived from ARGEVS] The name of a number of rush dummies annually cast into the Tiber as a religious ceremony.

(Numa constituit) liba..fictores ~os et tutulatos ENN.*Ann*.121; ~i fiunt e scirpeis, simulacra hominum XXVII; ea quotannis de ponte sublicio a sacerdotibus publice deici solent in Tiberim VAR.*L*.7.44; LIV.1.21.5; PAUL.*Fest*.p.15M; (*cf*.) ~orum sacraria septem et uiginti in quattuor partis urbis sunt disposita VAR.*L*.5.45; itur ad ~os OV.*Fast*.3.791.

Argeius ~a ~um, *a*.: see ARGEVS.

argemon ~ī, *n*. [Gk. ἄργεμον]

1 A name of the plant *lappa canaria*.

haec est herba ~on, quam Minerua repperit subus remedium PLIN.*Nat*.24.176.

2 (pl.) Small white spots on the cornea of the eye.

cicatrices oculorum et albugines et ~a PLIN.*Nat*.20.40; ~a iumentorum 20.206; discutit..ex ictu cruorem et ~a rubens (*i.e. the red or male anagallis*) 25.144.

argemōnē ~ē, *f*. = next.

PLIN.*Nat*.21.165.

argemōnia ~ae, *f*. Also **argi-**. [Gk. ἀργεμώνη] The wind-rose, *Papaver argemone*.

CELS.5.27.10; anginae ~a medetur PLIN.*Nat*.26.23; 26.127.

argemōnion ~ī, *n*. [Gk. ἀργεμώνιον] = INGVINALIS.

PLIN.*Nat*.26.92.

argennon, *n*. [Gk. ἀργεννός] (See quot.)

~on argentum percandidum PAUL.*Fest*.p.14M.

argentāria ~ae, *f*. [ARGENTARIVS[1]]

1 A banking-house, bank.

per myropolia et lanienas circumque ~as PL.*Epid*.199; ut aurata scuta dominis ~arum ad forum ornandum diuiderentur LIV.9.40.16; basilicam post ~as nouas 40.51.5.

2 A banking business.

qui ~am Regi maximam fecit CIC.*Ver*.5.165; ~a dissoluta *Caec*.11; si seruus peculiarem faciat ~am ULP.*dig*.2.13.4.3.

3 A silver mine.

uectigalia magna instituit ex ferrariis ~isque LIV.34.21.7.

argentārium ~(i)ī, *n*. [next] A store for silver, silver-chest.

quod non in ~io pater familias reponebat ULP.*dig*.34.2.19.8.

argentārius[1] ~a ~um, *a*. [ARGENTVM+-ARIVS]

1 Of or concerned with silver, silver-. **b** *plumbum ~um*, an alloy of lead and tin; CRETA *~a*, whiting.
in aerariis metallis et..in ~is PLIN.*Nat.*33.86; (SCAV)RIAS ~AS *CIL* 2.5181 47; aureorum ~orumque nummorum APUL. *Met.*4.8; faber ~us JAVOL.*dig.*34.2.39; FLATVRAE ~AE *CIL* 6.8455; P SILIVS VICTOR TRITOR ~VS 6.9950. **b** additis plumbi ~i Hispaniensis denis libris PLIN.*Nat.*34.95; 34.97; 34.160.

2 Monetary, financial, pecuniary. **b** concerned with banking, bankers'.
nam ita sunt hic meretrices: omnes elecebrae ~ae PL. *Men.*377; auxilium ~um *Ps.*105; Phaedriae curam adimere ~am TER.*Ph.*886; rationes..~am, frumentariam CATO *Agr.*2.5; coactiones ~as factitauit SUET.*Ves.*1.2. **b** ~ae tabernae VITR.5.1.2; LIV.26.11.7; ~ae mensae exercitatores *Ed.pr.*(*Font.iur.*p.213)3; FRO.*Aur.*1.p.206(74N).

argentārius[2] ~(i)ī, *m.* [prec.] A banker, financial agent.
putatur ratio cum ~io PL.*Aul.*527; ut..~ii tabernas occludant VAR.*L.*6.91; pecuniam ~io promittit Aebutius CIC.*Caec.*16; QUINT.*Inst.*11.2.24; auum ~ium SUET.*Aug.*2.3.

argentātus ~a ~um, *a.* [ARGENTVM + -ATVS[2]] Adorned with silver, silvered; (also facet.) concerned with money.
tunicae auratis militibus uersicolores, ~is linteae candidae LIV.9.40.3; ~a..talaria *Eleg.Maec.*65; ~is choragiis P. Lentulus Spinther (scaenam) adornauit V.MAX.2.4.6;— semper tu ad me cum ~a accedito querimonia PL.*Ps.*312.

argenteolus ~a ~um, *a.* Also **-iolus.** [next + -OLVS] Of silver.
sicilicula ~a PL.*Rud.*1169; laminae..~ae FRO.*Aur.*2.p.104(157N).

argenteus[1] ~a ~um, *a.* [ARGENTVM + -EVS]

1 Made of silver, silver; also, ornamented with silver. **b** (of coins). **c** *spuma ~a*, a by-product of silver smelting, litharge, lead monoxide. **d** (as the name of the second of the fabulous ages of mankind).
~o polubro ANDR.*poet.*4(5); uasa ~a PL.*Aul.*343; hydrias ~as pretiosas CIC.*Ver.*2.47; ~um Cupidinem cum lampade 2.115; clipeum ~um LIV.25.39.13; bulla..~a OV.*Met.*10.114; HASTIS ~IS DONATVM AUG.*Anc.*3.5;— ~am scaenam CIC. *Mur.*40; auream..atque ~am Samnitium aciem LIV.10.39.13. **b** nisi tu illi drachumis fleueris ~is PL.*Ps.*100; nummum ~um flatum primum a Seruio Tullio dicunt VAR. *hist.Ann.*1; ~i pondus denarii COL.7.8.2; GAIUS *Inst.*1.122. **c** VIII (drachmae) spumae ~ae adduntur PLIN.*Nat.*32.85; spuma ~a..quam Graeci λιθάργυρον dicunt LARG.183. **d** subiit ~a proles, auro deterior OV.*Met.*1.114; uiderunt primos ~a saecula moechos JUV.6.24.

2 Silver-coloured, silvery.
~us anser VERG.*A.*8.655; ~a lilia PROP.4.4.25; cum (luna) fulges radiis ~a puris OV.*Ep.*17.71; cometes, ~o crine..refulgens PLIN.*Nat.*2.90; ~o folio 16.76; fons.. euomebat undas ~as APUL.*Met.*4.6.

3 (facet.) Of money.
iuben homini argento os uerberarier? — perfacile ego ictus perpetior ~os PL.*Mos.*621; salutem nusquam inuenio ..quam illi remittam. — quam salutem? — ~am *Ps.*46; amicam tuam esse factam ~am (*i.e. sold*) 347.

argenteus[2] ~ī, *m.* [prec., sc. *nummus*] A silver coin.
dum pro ~is decem aureus unus ualeret LIV.38.11.8; quamuis numerauimus pro ~is aureas SEN.*Ben.*6.5.2; TAC.*Ger.*5.5.

Argenteus[3] ~a ~um, *a.* The name of a river of Gallia Narbonensis, now the Argents.
ad flumen ~um LEP.*Fam.*10.34.1; ex castris ex Ponte ~o 10.34a.4; amnis nomine ~us PLIN.*Nat.*3.35.

argentifodīnae ~ārum, *f. pl.* Also as two words **argentī fodīnae.** [ARGENTVM + FODINA] A silver mine, silver workings, or sim.
ferrareae, ~ae pulcherrimae CATO *hist.*93; ubi fodiatur argentum ~as dici VAR.*L.*8.62; VITR.7.7.1; PLIN.*Nat.*33.98.

argentiolus ~a ~um, *a.*: see ARGENTEOLVS.

argentōsus ~a ~um, *a.* [ARGENTVM + -OSVS] Containing silver.
aurum, quod ~um uocant PLIN.*Nat.*33.93.

argentum ~ī, *n.* [OIr. *argat*, Tokh. *ārkyant*, Skt. *rajata-*; cf. Gk. ἄργυρος]

1 The metal silver. **b** *~i spuma*, litharge, lead monoxide. **c** *~um uiuum*, quicksilver, mercury.
in Britannia nihil esse audio neque auri neque ~i CIC. *Fam.*7.7.1; (cornua) ~o circumcludunt CAES.*Gal.*6.28.6; nullus ~o color est auaris abdito terris HOR.*Carm.*2.2.1; ~um..incolae fodiunt LIV.28.3.3; ~i uascula puri JUV. 10.19; (*as the material of mirrors*) ut speculum tenuisti, metuo ne olant ~um manus PL.*Mos.*268; (*as a type of whiteness*) candidior puella..~o MART.1.115.3. **b** CELS. 5.19.1.B; PLIN.*Nat.*12.71; LARG.245. **c** cum id foditur.. emittit lacrimas ~i uiui VITR.7.8.1; aes inaurari ~o uiuo.. legitimum erat PLIN.*Nat.*33.64; 33.99; (*as a poison*) iis, qui argentum uiuum biberint..remedio est 28.158; 29.105.

2 Objects made of silver, wrought silver, silver plate or ornaments; also *~um factum.*
tu ~um eluito, idem exstruito PL.*Ps.*162; cum essent triclinia strata ~umque expositum in aedibus CIC.*Ver.*4.33; *Att.*12.23.3; nec domus ~o fulget LUCR.2.27; CAES.*Civ.* 3.96.1; ingens ~um mensis VERG.*A.*1.640; antiquis nominibus artificum ~um nobile SEN.*Dial.*12.11.3; escarium ~um CELS.*dig.*33.10.7.2; ~um balneare PAUL.*dig.*34.2.32.7;— nauis..plena ~i facti CIC.*Ver.*5.63; SEN.*Ben.*1.12.2.

3 Silver as currency; *~um signatum*, silver coin; *~um bigatum*, silver coin stamped with a two-horse chariot.
uidulum..perdidi cum auro atque ~o PL.*Rud.*1340; em tibi talentum ~i *Truc.*952; CIC.*Caec.*12; cum signaretur ~um Apolloniae *Fam.*13.29.4; ~um aere solutum est SAL.*Cat.* 33.2; qui pecuniam quam agrum maluisset, ei se ~o satisfacturum LIV.21.45.5; octauam partem aeris ~o miscuit PLIN.*Nat.*33.46;— ~i infecti signatique LIV.26.47.7; 37.46.3; —33.23.9.

4 Money, cash (in general).
~um..sumpse mutuum NAEV.*com.*97; diem, aquam, solem..haec ~o non emo PL.*As.*198; quantillum ~i mi apud tarpezitam siet *Capt.*193; *Cur.*34; pro eo ~um nemo dabit CATO *Agr.*144.2; zonas, quas plenas ~i extuli GRACCH. *orat.*27; exercitum ~o fecit SAL.*Hist.*1.27; cum tu ~o post omnia ponas HOR.*S.*1.1.86; si quibus ~um in praesentia deesset LIV.22.60.4; ~o praeferre caput JUV.12.49.

Argentumextenebronidēs ~ae, *m.* (Comic name for a swindler.)
PL.*Per.*703.

Argestēs ~ae, *m.* [Gk. Ἀργεστής] A WNW. or NW. wind.
VITR.1.6.10; frigidus ~es summas mulcebit aristas OV. *Fast.*5.161; corus..qui apud quosdam ~es dicitur SEN. *Nat.*5.16.5; PLIN.*Nat.*2.119; *CIL* 8.26652.

Argēus ~ēa ~ēum, *a.* Also **~eius, ~īus.** [Gk. Ἀργεῖος]

1 Of Argos, Argive.
~iae sacerdotis CIC.*Tusc.*1.113; Damacles erat ~ius LIV. 34.25.7;—(*as ep. of Juno*) non est talis ~ia nec Romana Iuno CIC.*N.D.*1.82; *CIL* 14.3556.

2 (like Gk. Ἀργεῖος the collective designation of the Greeks in the Trojan War); Greek.
uis ~ea petens patriam *Culex* 343;—Tibur ~eo positum colono HOR.*Carm.*2.6.5; MART.4.57.3; (*cf.*) Tiburis ~ei pomifera arua OV.*Am.*3.6.46.

Argī ~ōrum, *m. pl.* Also **Argos,** *n. sg.* [Gk. Ἄργος (n.)] Argos, an important city of the Peloponnese; also, *Argi Amphilochii*, a town in the south of Epirus.
Inachiis sese referebat ab ~is saeua Iouis coniunx VERG. *A.*7.286; HOR.*Ars* 118; VITR.2.8.12; Iuno..regina, cuius in tutela ~i sunt LIV.34.24.2; OV.*Met.*14.476;—(*neut.*) VAR.*L.* 9.89; in Argolide ~os et Mycenae MELA 2.41; STAT.*Theb.* 4.672;—MELA 2.54.

Argīa ~ae, *f.* Also **~ā.** The daughter of Adrastus, wife of Polynices; (also) the mother of Io.
STAT.*Theb.*3.678; non femineae subitum uirtutis amorem colligit ~a 12.178;—HYG.*Fab.*145.

Argīlētānus ~a ~um, *a.* Of the Argiletum.
CIC.*Att.*1.14.7; ~as..tabernas MART.1.3.1.

Argīlētum ~ī, *n.* Also **Argī lētum.** The name of a district of Rome which contained many bookseller's and cobbler's shops.
VAR.*L.*5.157; mercedes ~i et Auentini CIC.*Att.*12.32.2; sacri monstrat nemus ~i VERG.*A.*8.345; (*in two words*) MART.1.117.9;Argique letum multus obsidet sutor 2.17.3.

argilla ~ae, *f.* [Gk. ἄργιλλος] Potter's clay, argil.
~am uel cretam coaddito CATO *Agr.*40.2; VAR.*L.*5.157; CAES.*Gal.*5.43.1; tenuis ubi ~a et dumosis calculus aruis VERG.*G.*2.180; (pilae) struantur ~a cum capillo subacta VITR.5.10.2; COL.3.11.9; marina aqua ~a percolata dulcescit PLIN.*Nat.*31.70; LARG.76;—(*used for modelling*) ~a quiduis imitaberis uda HOR.*Ep.*2.2.8; fingere ex ~a similitudines PLIN.*Nat.*35.151; (*iron.*) hic homullus, ex ~a et luto fictus Epicurus CIC.*Pis.*59;—(*added to wine to improve the flavour*) PLIN.*Nat.*14.120; 24.3.

argillāceus ~a ~um, *a.* [prec. + -ACEVS] Containing clay, argillaceous.
est (marga)..~a PLIN.*Nat.*17.43.

argillōsus ~a ~um, *a.* [ARGILLA + -OSVS] Abounding in clay, clayey.
terra..~a aut lapidosa VAR.*R.*1.9.2; olea maxime collibus siccis et ~is gaudet COL.*Arb.*17.1; PLIN.*Nat.*31.48.

argimōnia ~ae, *f.*: see ARGEMONIA.

Arginūs(s)ae ~ārum, *f. pl.* Three islands off the coast of Asia Minor near Lesbos, the scene of an Athenian naval victory in 406 B.C.
CIC.*Off.*1.84; V.MAX.3.8.ext.3; PLIN.*Nat.*5.140.

argītis ~idis, *f. adj.* [Gk.] A kind of vine with white grapes.
sunt et Aminneae uites..~isque minor VERG.*G.*2.99; COL.3.2.2; arceraca, Vergilio ~is dicta PLIN.*Nat.*14.35.

Argīus ~a ~um, *a.*: see ARGEVS.

Argīuus ~a ~um, *a.* FORMS: gen. pl. masc. *~um* (*~om*) ENN.*scen.*169 332; Acc. *trag.*165; *Inc. trag.* 69.

1 Of Argos, Argive; (masc. pl. as sb.) the Argives.
egone ~um imperium attingam? ACC.*trag.*231; ~um oratorem CIC.*Brut.*50; ~ae Helenae VERG.*A.*1.650; auguris ~i (*i.e. Amphiaraus*) HOR.*Carm.*3.16.12; (*as ep. of Juno*) Iunoni ~ae iussos adolemus honores VERG.*A.*3.547;—ciuitatem ..~um ENN.*scen.*332; testata..libertas est ~orum LIV.34.41.3.

2 (as the collective designation of the Greeks in the Trojan War); Greek.
~a phalanx VERG.*A.*2.254; ~a..bella STAT.*Ach.*1.915; (*masc. pl. as sb.*) ter pereat (murus) meis excisus ~is HOR. *Carm.*3.3.67;—ENN.*scen.*250; ~ae robora pubis CATUL.64.4; ~os Maior qua Graecia muros seruat SIL.11.21.

Argō, *f.* [Gk. Ἀργώ] FORMS: (acc.) *Argon* PROP.1.20.17, OV.*Tr.*2.439, *Argo* VAR.*Men.* 15; (gen.) *Argo* HYG.*Fab.*14.10.

1 The ship in which Jason and his companions sailed to Colchis in quest of the Golden Fleece, the Argo.
ENN.*scen.*250; CIC.*Top.*61; altera quae uehat ~o delectos heroas VERG.*Ecl.*4.34; cum rudis ~o miscuit ignotas.. gentes LUC.3.193.

2 The constellation Argo.
at Canis ad caudam serpens prolabitur ~o CIC.*Arat.* 370(126); VITR.9.5.2; MAN.1.412; COL.11.2.66.

Argolicus ~a ~um, *a.*

1 Of Argos or the Argolis, Argive.
~o..mari VERG.*A.*5.52; paelicis ~ae (*i.e. Io*) OV.*Met.*1.726; ~a..in urbe *Pont.*1.3.70; ~a Iuno SEN.*Ag.*806; ~o (*i.e. Nemean*) rapta leoni..pellis *Her.O.*1932; PLIN.*Nat.*4.17.

2 (as the collective designation of the Greeks in the Trojan War) Greek.
~is primum ut uestita est classibus Aulis CIC.*poet.*22.6 (*Div.*2.63); ~i uastabant Pergama reges VERG.*A.*8.374; *Aetna* 18; OV.*Ep.*1.25;—Tiburis..~ae quod posuere manus *Fast.*4.72.

3 *nauis ~a*, the constellation Argo.
CIC.*Arat.*523(277).

Argolis ~idos, *f. adj.* FORMS: dat. pl. *~isin* (cj.) OV.*Ib.*574.

1 Argive.
~is Alcmene OV.*Met.*9.276; ~ides..puppes *Rem.*735.

2 (as sb.) **a** An Argive woman; a Greek woman. **b** the territory of Argos in the north-western Peloponnese.
a miseris ~isin..OV.*Ib.*574; matrem cinxere corona ~ides STAT.*Theb.*2.228;— ~idas timui: nocuit mihi barbara paelex! OV.*Ep.*6.81. **b** MELA 2.41; PLIN.*Nat.*4.1.

Argonautae ~ārum, *m. pl.* [Gk. Ἀργοναῦται] The heroes who sailed with Jason in the Argo, the Argonauts; (as the title of the Greek epic of Apollonius Rhodius).
CIC.*de Orat.*1.174; princeps ille ~arum *Tusc.*4.69; STAT. *Silv.*2.7.77; spatia..~arum (*the Porticus Agrippae*) MART. 3.20.11; HYG.*Fab.*14.23; (*w. ref. to a facet. derivation from Gk.* ἀργός *'lazy'*) non nautas puto uos, sed ~as MART. 3.67.10;—Apollonius..qui ~as scripsit FRO.*Aur.*2.p.106 (158N).

Argos, *n.*: see ARGI.

Argōus ~a ~um, *a.* [Gk. Ἀργῷος] Of the Argo; *~a nauis*, etc., the Argo; also the constellation Argo.
PROP.3.22.13; ~a manus V.FL.3.3; texitur ~a pinus Pagasaea securi 5.435; STAT.*Theb.*5.725; *Silv.*4.6.42;— magnum ~ae naui decus *Culex* 137; ~a primum sum transportata carina MART.13.72.1;—GERM.*Arat.*345.

argūmentāliter, *adv.* [ARGVMENTVM + -ALIS + -TER[2]] As a proof.
multa sunt..quae generaliter pro ueris offerantur.. quaedam quae ~ter AGEN.*agrim.*p.51.

argūmentātiō ~ōnis, *f.* [next + -TIO]

1 The presentation of arguments in support of a case, arguing.
~onem..quae est argumenti explicatio CIC.*Part.*45; *Ver.*5.22; perspicuitas..~one eleuatur *N.D.*3.9; (ea) non colorem, sed ~onem desiderant SEN.*Con.*7.5.8; et adhortatio et suasio et ipsa ~o SEN.*Ep.*94.49; neque instituti operis talis ~o est PLIN.*Nat.*2.55; QUINT.*Inst.*4.2.79; (*transf.*) nisi (picturae) ~onis certas rationes habuerint sine offensionibus explicatas VITR.7.5.4.

2 A particular proof or line of argument.
quales ~ones..sequi quales ueitari oporteret *Rhet.Her.* 2.2; CIC.*Inv.*1.44; uides..quantum distet ~o tua ab re ipsa atque a ueritate *S.Rosc.*44; contra quam obseruationem multis ~onibus disseruisse me non infitior COL.11.1.31.

argūmentor ~ārī ~ātus, *intr.*, *tr.* [ARGVMENTVM + -O[3]]

1 (intr.) To adduce arguments, reason, discuss, argue.
si testem..~ari et coniectura prosequi patieris *Rhet.Her.* 4.47; CIC.*de Orat.*2.311; nunc ne ~emur, quo ista pecunia peruenerit facit ipse indicium *Ver.*1.150; ~abimur in narratione..numquam: argumentum ponemus aliquando QUINT.*Inst.*4.2.108;—(*w.* de) de ipsa remotione sic ~abitur CIC.*Inv.*2.88; *Part.*111; de rebus diuinis maxime dicunt et ~antur acriter QUINT.*Inst.*10.1.35;—(*w. acc. and inf.*) cum etiam es ~atus amoris esse hoc signum CIC.*Dom.*22; uictos se esse..~ati FRON.*Str.*2.10.1; APUL.*Apol.*13;— (*w. indir. qu.*) tu quidem sedulo ~aris quid sit sperandum

Cic.*Att.*3.12.1; nec iure an iniuria caesi sint, ~ari refert Liv.39.36.16.

2 (w. acc.) To adduce as an argument. ego illa non ~abor quae sunt grauia uehementer Cic.*Clu.*64; multa..est ~atus Liv.33.28.8; 38.48.6.

3 (w. acc.) To support or prove by argument. si illud ~aberis, sapientem multo uino non inebriari Sen.*Ep.*83.27; nec ego abnuerim hoc me instituisse ~ari Col.3.10.14.

4 (pf. pple. in pass. sense) Proved, guaranteed. omnia ~ata nomina Aufust.*gram.*3.

argūmentōsus ~a ~um, *a.* [next+-osvs] Abounding in subject-matter. uulgo..paulo numerosius opus dicitur ~um Quint.*Inst.*5.10.10.

argūmentum ~ī, *n.* [next+-mentvm]

1 A fact or process of reasoning adduced as a ground for belief, a piece of evidence, proof, argument. **b** (w. that which is proved expressed). **c** (in pred. dat.). **d** *quo* ~*o* (colloq.), how do you make that out? **e** *ex* ~*o*, from the facts of the case. de ea re signa atque ~a paucis uerbis eloquar Pl.*Am.*1087; quo ~o socius non sum et fur sum? *Rud.*1023; Acc.*trag.*516; loci..ex quibus ~a promuntur Cic.*de Orat.*2.131; *Part.*5; *Ver.*2.91; apud me..~a plus quam testes ualent *Rep.*1.59; commemorando ~a fidem dictis corradere nostris Lucr.1.401; etesiae..qui in ~um a quibusdam aduocantur Sen.*Nat.*5.10.1; Quint.*Inst.*5.10.1; cum sit ~um ratio probationem praestans 5.10.11; ~um e nomine petitur Tac.*Hist.*5.2;—(*w. gen. expr. the source of evidence*) amplitudinem eius (*sc.* solis) oculorum ~is..scrutari Plin.*Nat.*2.49; odoris atque pinguedinis ~is 12.68; adposito grandinum ~o 31.33; Ulp.*dig.*43.16.1.7. **b** (*w. gen.*) exspectatis ~a huius criminis Cic.*Ver.*2.104; inopia fecerat eam (rem) ~um ingens caritatis Liv.5.47.8; tibiaque et cantus, animi felicia laeti ~a sonant Ov.*Met.*4.762; *Pont.*4.15.26; certae pacis ~um Ianus geminus clausus dedit Vell.2.38.3; quasi ~um sit iuste irascentis grauiter irasci Sen.*Dial.*5.29.2; Plin.*Nat.*31.32; deterrimo quoque in ~um fabulae adsumpto Tac.*Hist.*2.72;—ei rei ~a dicam Pl.*Mos.*92; ~um pro hac sententia adfert Pomponius Ulp.*dig.*37.6.1.3;—(*w. acc. and inf.*) Cic.*Ver.*2.58; mihi..satis est argumenti..esse deos *Div.*1.10; quod..conclamatum esset..~i sumebant loco non posse clam exiri Caes.*Civ.*1.67.2;—(*w. indir. qu.*) quaedam ~a..cur esset uera diuinatio collecta sunt Cic.*Div.*1.5. **c** illud quod mihi maximo ~o ad huius innocentiam poterat esse *S.Rosc.*75; *Ver.*5.48; ~o sit clades Romana Liv.5.44.5; mores..quantum mutauerint, uel hic dies ~o erit 39.51.10. **d** si equos esses, esses indomabilis. — quo ~o? — nimi' tenax es Pl.*Cas.*812; et celas et non celas. — quo ~o? — infidos celas *Mil.*1015; *Truc.*170. **e** piscis ex ~o appellatus lucerna Plin.*Nat.*9.82; subulonibus ex ~o dictis 11.123; 16.20; 37.136.

2 A conclusion based on inference, deduction. **b** (rhet.) the part of a speech devoted to a conclusion based on circumstantial or presumptive evidence. hoc erit tibi ~um semper in promptum situm Enn.*Sat.*57; qui breuiter astringere solent ~a Cic.*Tusc.*3.13; *Fin.*1.30; habitus corporum uarii atque ex eo ~a Tac.*Ag.*11.1. **b** ~um est per quod res coarguitur certioribus argumentis *Rhet.Her.*2.8.

3 The reason for a thing, motive, basis. scire cupio quid habeat ~i ista manumissio Cic.*Cael.*68; *Off.*2.84; hoc ~um flamma Parilis habet? Ov.*Fast.*4.798; (facti) ~um peruidit V.Max.7.4.2; (mastiche) diuiditur in pastillos contra serpentes, ~o probabili Plin.*Nat.*22.91.

4 A symbolic representation, symbol. quare..caduceum in pacis ~is circumdata effigie anguium fecerint Plin.*Nat.*29.54; ~o declarauit quod arte non poterat 35.142; figura..ut ~o magis quam simulacro composita Fro.*Ar.*1.p.58(238N); Apul.*Met.*11.3; magno silentio tegendae religionis ~um ineffabile 11.11.

5 The subject or theme (of a letter, speech, etc.); the plot (of a play). **b** an event or circumstance portrayed in a work of art, etc., a subject. cuius contionis primum uniuersum ~um sententiamque audite Cic.*Har.*8; ipse egeo ~o epistularum *Att.*9.4.1; *Fam.*2.4.2; sum..~i conditor ipse mei Ov.*Tr.*5.1.10; omnium librorum meorum ~a subieci Col.11.3.65; liber..cui..erat..~um..stultitiam neminem fingere Suet.*Cl.*38.3;—~um huius eloquar tragoediae Pl.*Am.*51; Ter.*An.*11; in ~is Caecilius poscit palmam Var.*Men.*399; Cic.*Rab.Post.*35; tragici poetae cum explicare ~i exitum non potestis *N.D.*1.53; Liuius..ausus est primus ~o fabulam serere Liv.7.2.8; Quint.*Inst.*10.1.100; (*cf.*) hic agit magis ex ~o (*in character*) Pl.*Trin.*707. **b** ~a magis sunt Mentoris addita formae Prop.3.9.13; et uetus in tela deducitur ~um Ov.*Met.*6.69; si ~o (tabulae) offenderetur Suet.*Tib.*44.2; inter pyrricharum ~a taurus Pasiphaam..iniit *Nero* 12.2.

6 A narrative, story; esp. a fictitious narrative, fable. **b** a work of art designed to portray an event, a subject-piece. poesis est perpetuum ~um e rhythmis, ut Ilias Homeri Var.*Men.*398;—Cic.*Inv.*1.27; notam iudici fabulam petitor, quippe apud ipsum auctorem ~i, peragit Liv.3.44.9; quot res contineat hoc ~um utiles Phaed.4.11.14; Quint.*Inst.*2.4.2; spectaculum, quo ~a inferorum per Aegyptios..explicarentur Suet.*Cal.*57.4. **b** ex ebore diligentissime perfecta ~a erant in ualuis Cic.*Ver.*4.124; clipeum..Io..insignibat..~um ingens Verg.*A.*7.791.

arguō ~uere ~uī ~ūtum, *tr.* [cf. *argentum*, Gk. ἀργής, Skt. *arjuna-* 'white'] Forms: pf. pple. usu. as adj. (see argvtvs); as vb. Pl.*Am.*883, *Ps.*746, cf. Paul.*Fest.*p.27M; fut. pple. *arguiturus* Sal.*Hist.*2.71.

1 To show, reveal, demonstrate, prove. degeneres animos timor ~uit Verg.*A.*4.13; amantem languor et silentium ~uit Hor.*Epod.*11.10; quo magis ~ui praestigias iubetis uestras Liv.6.15.13; ~uat et macies animum Ov.*Ars* 1.733; (canis) signis ~uat hostes Grat.236; eundem Iouis ~uisse mendacium Curt.6.11.5; Tac.*Hist.*3.10; natus ad Euphraten, molles quod in aure fenestrae ~uerint Juv.1.105;—(*w. acc. and inf.*) ut se falsum commentam ~uerent Liv.8.18.8; 9.46.3; (*pass.*) poenas dare ob eam rem, quod ~uatur male facere uoluisse Cato *hist.*95d; quod..non licet, id hoc uno tenetur, si ~uitur non licere Cic.*Parad.*20;—(*w. indir. qu.*) umor..arguens quam lentis penitus macerer ignibus Hor.*Carm.*1.13.7;—(*w. pred. acc.*) falsum filium ~uituri Sal.*Hist.*2.71; me nulla dies tam fortibus ausis dissimilem ~uerit Verg.*A.*9.282; laudibus ~uitur uini uinosus Homerus Hor.*Ep.*1.19.6; omnes coniugem infamem ~uant Sen.*Med.*501.

2 To allege, assert, affirm. quae neque sunt facta neque ego in me admisi ~uit Pl.*Am.*885; multa sunt falsa..quae tamen ~ui suspiciose possunt Cic.*S.Rosc.*76; feci quod ~uis *Ver.*3.225; ~uebat ultro conscientiam ducis Tac.*Hist.*4.25;—(*absol.*) quin ego quom peribat uidi, non ex audito ~uo Pl.*Bac.*469; cum aut ~uas aut refellas Cic.*Orat.*225;—(*w. acc. and inf.*) ~uo eam me uidisse osculantem Pl.*Mil.*337; Cic.*Ver.*5.149; speculatores non legatos uenisse ~uebat Liv.30.23.5; (*w. ellipsis of* esse) quem auctorem..discordiarum ~uebat Tac.*Ann.*3.48; (*pass.*) occidisse patrem Sex. Roscius ~uitur Cic.*S.Rosc.*37; nec..despectis ~uor ortus auis Ov.*Ep.*19.224; Tac.*Ann.*2.50;—(*w. indir. qu.*) Thebanos legatos..quaerere malo, quis interfecerit, quam ~uere Liv.42.40.7.

3 To prove guilty, convict. **b** (w. the ground of conviction expressed). tu delinquas, ego ~uor? Enn.*scen.*225; non hoc quaerendum arbitror, num purgetur aliquis, sed num ~uatur Cic.*Sul.*39; ~uis fatentem *Lig.*10; Vell.2.116.5; libellum..destinatum promere apud patres principemque ~uere Tac.*Ann.*3.16; si deferantur et ~uantur, puniendi sunt Tra.Plin.*Ep.*10.97(98).1; 'indicasse' est detulisse: '~uisse' accusasse et conuicisse Ulp.*dig.*50.16.197; (*of evidence*) hae tabellae te ~uont Pl.*Bac.*808. **b** (*w. gen.*) ut accusator personam ~uat facti Cic.*Top.*92; se pessimi facinoris ~uit *Caec.*25; carmine, perfidiae quod post nulla ~uet aetas Catul.64.322; nec liberauit eius culpae regem neque ~uit Liv.41.19.6;—(*w. acc.*) id unum ex iis qui sibi rem aperuisset ~uere sese paratam esse 26.12.17;—(*w. abl.*) nullum erat apertum crimen, quo ~ui posset Nep.*Paus.*3.7; scelere te..~uis Sen.*Her.O.*898.

4 To bring a charge against, accuse. **b** (w. charge expressed). pergin, sceleste, intendere hanc ~uere? Pl.*Mil.*380; reos..appello non eos modo, qui ~uuntur, sed omnis, quorum de re disceptatur Cic.*de Orat.*2.183; *Vat.*33; defendat patrem si ~uatur *Off.*3.90; ~uentibus..eos Tusculanis Liv.6.21.9; quoties a patronis ~uerentur (liberti) Tac.*Ann.*13.27. **b** (*w. gen.*) ita me probri, stupri, dedecoris a uiro ~utam meo! Pl.*Am.*883; accusatoris..qui tanti sceleris ~ueret Cic.*S.Rosc.*53; meque timoris ~ue Verg.*A.*11.384; Liv.25.6.6; Suet.*Jul.*53; (*cf.*) ferrum cuius ~ueretur (*which he was accused of using*) Tac.*Ann.*15.55;—(*w. acc.*) egomet haec ted ~uo Pl.*Men.*939; Cic.*Phil.*2.29; quid undas ~uit (Iuppiter)? Lucr.6.405; Liv.45.24.4; (*w. acc. and inf., cf. sense 2*) ~uere..me meus mihi familiaris uisust me cum alieno adulescentulo..esse osculatam Pl.*Mil.*389; (*w. abl.*) te hoc crimine non ~uo Cic.*Ver.*5.46; Liv.5.29.6;—(*w.* de) eam..rem de qva ~vetvr *CIL* 1.592.2.33; purgantibus ea, de quibus ~uebantur Liv.36.35.11;—(*w.* tamquam, ut) nec defuere qui Antonium suspicionibus ~uerent tamquam dolo cunctantem Tac.*Hist.*3.78; fratrem..ut subditiuum apud patrem ~uere conatus est Suet.*Nero* 7.1.

5 To prove wrong in opinion or statement, convict of falsehood, confute. an hunc porro tactum sapor ~uet oris..? Lucr.4.487; quod adieci, non ut ~uerem, sed ne ~uerer Vell.2.53.4; Plinium ~uit ratio temporum Suet.*Cal.*8.3; (*cf. sense 1*) titulus ipse spoliis inscriptus illos meque ~uit consulem ea Cossum cepisse Liv.4.20.6.

6 To find fault with, condemn, blame, criticize: **a** (persons). **b** (things). **a** nec uos ~uerim, Teucri, nec foedera Verg.*A.*11.164; me..conantem gladio finire dolorem ~uit Ov.*Pont.*1.6.42; ~ui fortuna merito potest V.Max.6.8.1; Archilochi poetae interfectores Apollo ~uit Delphis Plin.*Nat.*7.109; ~uere Germanicum omnes quod non ad superiorem exercitum pergeret Tac.*Ann.*1.40. **b** ~uet ambigue dictum Hor.*Ars* 449; hanc leuitatem..neque mirabantur..neque ~uebant Liv.24.6.9; dum ~uunt in eo regni uoluntatem Vell.2.68.4; quid Fortunae..delictum ~uis? Phaed.3.11.7; ~uit et medicamentorum potus stomacho inimicos Plin.*Nat.*26.17; innocentiam iustitiamque eius non ~ueres Tac.*Hist.*3.75; facta ~uebantur, dicta inpune erant *Ann.*1.72; detectas coniurationes..non..~uit Suet.*Jul.*75.5;—(*w. cl. as obj.*) primusque animalia mensis ~uit imponi Ov.*Met.*15.73;—(*w. impers. subj.*) ueteribus, nisi quae usus euidenter ~uit, stari malunt Liv.34.54.8; 45.32.7.

Argus[1] ~ī, *m.*

1 The fabulous guardian with a hundred eyes sent by Hera to keep watch over Io, and later killed by Hermes. quos si ~us seruet, qui oculeus totus fuit..is numquam seruet Pl.*Aul.*555; Prop.1.3.20; centum luminibus cinctum caput ~us habebat Ov.*Met.*1.625; nunc Iunonis auis, sed prius ~us erat Mart.14.85.2.

2 The builder of the Argo. V.Fl.1.93; Hyg.*Fab.*14.10.

Argus[2] ~a ~um, *a.* (app.) Argive. Amphitryo, natus Aegis ex ~o patre Pl.*Am.*98.

argūtātiō ~ōnis, *f.* [argvtor+-tio] A creaking. tremulique quassa lecti ~o inambulatioque Catul.6.11.

argūtātor ~ōris, *m.* [argvtor+-tor] One who uses over-smart arguments, a sophist. processisset..~ori isti fortassean reprehensio Gel.17.5.13.

argūtātrix ~rīcis, *f. adj.* [as prec.+-trix] Garrulous, talkative. lingulaca..mulier ~rix Paul.*Fest.*p.117M.

argūtē, *adv. compar.* ~ius, *superl.* ~issimē. [argvtvs+-e] Shrewdly, cleverly, artfully. nimis ~e ⟨me⟩ obrepsisti in eapse occasiuncula Pl.*Trin.*974; ~e loqui Cato *hist.*34; de rebus..non necessariis ~issime disputare Cic.*de Orat.*2.18; concessum est rhetoribus ementiri in historiis, ut aliquid dicere possint ~ius *Brut.*42; qui de matre sauianda ex oraculo Apollinis tam acute ~eque coniecerit 53; qui..praecipiant ~issime Nep.fr.5; Plin.*Ep.*6.21.4.

argūtiae ~ārum, *f. pl.* Also **argūtia** ~ae. [argvtvs+-ia]

1 Cleverness in the use of words, adroitness of expression. **b** expressive gestures. huius orationes tantum ~arum..habent, ut paene Attico stilo scriptae esse uideantur Cic.*Brut.*167; nihil ~is acumine Hyperidi (cedit Demosthenes) *Orat.*110; cuius loquacitas habet aliquid ~arum *Leg.*1.7; Apul.*Apol.*95;—(*sg.*) dicaci argutia Gel.12.2.1; papyrum..~a Nilotici calami inscriptam Apul.*Met.*1.1;—(*cf., of nightingales*) sed hae tantae tamque artifices ~ae a xv diebus paulatim desinunt Plin.*Nat.*10.85;—(*of echoes*) cauae rupes aut uallis ~ae, quas Graeci uocant ἠχοῦς Col.9.5.6. **b** nullae ~ae digitorum, non ad numerum articulus cadens Cic.*Orat.*59; neque in gestu persequemur omnis ~as Quint.*Inst.*11.3.181.

2 Verbal trickery, sophistry. etiam me aduorsus exordire ~as? Pl.*Bac.*127; nihil est quod illi non persequantur ~is Cic.*Amic.*45; Gel.1.2.7.

3 Jesting, pleasantries, wit. pueros..qui probra..effundant; nec has contumelias uocamus, sed ~as Sen.*Dial.*2.11.3; temperatae suaues sunt ~ae, inmodicae offendunt Phaed.4.epil.3; tales ~ae facetissimi salis Plin.*Nat.*35.117; numquam..tam..audaci ~a fuit..ut Sallustium..periphrasis poetarum facere diceret Gel.3.1.6.

4 Delicacy, refinement. ~ae operum custoditae in minimis quoque rebus Plin.*Nat.*34.65; Parrhasius..primus..picturae dedit..~as uoltus, elegantiam capilli 35.67.

argūtiola ~ae, *f.* [prec.+-ola] A verbal quibble, sophistry. ~a quippe haec..friuola et inanis est Gel.2.7.9; non..puto ~am istam recipiendam, ut die dictum quasi 'ex die' existimemus 9.14.26; 18.1.12.

argūtō ~āre ~āuī, *tr.* [next] To say childishly or foolishly, babble. illa mihi totis ~at noctibus ignis Prop.1.6.7; quid iste ~at molestus? Petr.46.1; nec mu nec ma ~as 57.8.

argūtor ~ārī ~ātus, *intr.* [argvtvs+-o[3]] To chatter, prattle, babble. exerce linguam ut ~arier possis Enn.*scen.*304; pergin ~arier? Pl.*Am.*349; superaboque omnis ~ando praeficas fr.81; Lucil.775; totum diem ~atur quasi cicada Nov.*com.*26; (*transf., s.v.l.*) terra..haec est, non aqua, ubi tu solitus ~arier pedibus, cretam dum compescis, uestimenta qui lauet Titin.*com.*28.

argūtulus ~a ~um, *a.* [next+-vlvs] Clever, shrewd, acute. perfeci sane ~os libros ad Varronem Cic.*Att.*13.17.2; moribus ludicra et prorsus ~a est Apul.*Met.*2.6.

argūtus ~a ~um, *a. compar.* ~ior, *superl.* ~issimus. [pple. of argvo]

1 Producing sharp or clear sounds: **a** (of birds, cicadas) chirping, singing; (of baying hounds). **b** (of trees, grass, streams) rustling, babbling. **c** (of musical instruments) ringing, shrill; (of other things) creaking, rattling, snapping. **a** ~a lacus circumuolitauit hirundo Var.At.*poet.*22.4; ~os inter..olores Verg.*Ecl.*9.36; cogor ad ~as dicere solus auis Prop.1.18.30; ~o passere uernat ager Mart.9.54.8; (*poet.*) hirundo ~is reditura..nidis Mont.*poet.*1.3;—~is..cicadis *Culex* 153; Mart.11.18.5;—signum ~i misere canes Sen.*Phaed.*82; **b** sub ~a..ilice Verg.*Ecl.*7.1; ~umque nemus pinusque loquentis 8.22; ~o fugientis gramine fontis Col.10.284; ~i glarea riui Calp.*Ecl.*6.64. **c** ~a..psalteria *Ciris* 178; ~is..dulce sonans calamis Sil.13.346; ~a cauis tinnitibus aera 17.18;—innixa ~a..solea Catul.68.72; ~ae lammina serrae Verg.*G.*1.143; ~o qui sonat aere trochus Mart.11.21.2; (*neut. as adv.*) ~umque tuo (*sc.* psittaci) stridentia limina cornu Stat.*Silv.*2.4.13;—(*of sound*) aereum crepitaculum cuius..uirgulae..reddebant ~um sonorem Apul.*Met.*11.4.

2 (of singers) Clear-voiced; (of poets) melodious, tuneful. dic et ~ae properet Neaerae Hor.*Carm.*3.14.21; doctor ~ae fidicen Thaliae Hor.*Carm.*4.6.25;—~os..poetas Hor.*Ep.*2.2.90; ~o..Catullo Mart.6.34.7; 8.73.7.

3 a (of smells) Keen, pungent. **b** (of shape) sharply defined, clean. **c** bright, sparkling.
a odor in tenui (oleo) ~ior PLIN.*Nat.*15.18. **b** illi (equo) ardua ceruix ~umque caput VERG.*G.*3.80. **c** ~os habuit: radiant ut sidus ocelli OV.*Am.*3.3.9.

4 Talkative, tattling, garrulous.
de istac re ~us es, ut par pari respondeas PL.*Mer.*629; facile sibi facunditatem uirtus ~am inuenit *Truc.*494; uelim..obuias mihi litteras quam ~issimas de omnibus rebus crebro mittas CIC.*Att.*6.5.1; ut uerear ne tibi nimium ~a haec sedulitasu ideatur CAEL.*Fam.*8.1.1; ~o facta dolore queri PROP.1.18.26; in ~o..foro OV.*Ars* 1.80; ~is libellis *Tr.*5.9.23; ne uiderer ~ior PLIN.*Ep.*5.6.40.

5 (of eyes, gestures) Expressive, eloquent. **b** (of signs or omens) giving clear indication, unmistakable.
oculi nimis ~i, quem ad modum animo affecti simus loquuntur CIC.*Leg.*1.27; ~is quiddam promisit ocellis OV.*Am.*3.2.83;—manus..minus ~a, digitis subsequens uerba, non exprimens CIC.*de Orat.*3.220; GEL.1.5.2. **b** sunt..qui uel ~issima haec exta esse dicant CIC.*Div.*2.29; candidus ~um sternuit omen Amor PROP.2.3.24; ~a..indicia [QUINT.]*Decl.*18.11.

6 (of persons) Quick-witted, shrewd, sharp, clever. **b** (esp. of speech or speakers) adroit, shrewd, clever.
ut..crinem..~o..mitteret hosti *Ciris* 186; ~a meretrice HOR.*S.*1.10.40; (pictura) iudicis ~um quae non formidat acumen HOR.*Ars* 364; (CATELLAM) MORIB(VS) ~IS HOMINEM SIMVLARE PARATAM *CIL* 10.659; (*in pun w.* ARGVO *sense 3*) ecquid ~ust? — malorum facinorum saepissume PL.*Ps.*746. **b** ~a etiam significatio est, cum parua re et saepe uerbo res obscura et latens inlustratur CIC.*de Orat.*2.268; sunt..(sententiae) docendi acutae, delectandi quasi ~ae, commouendi graues *Opt.Gen.*5; poema..ita concinnum, ita elegans, ut nihil fieri possit ~ius *Pis.*70; nisi cetera..ἔντεχνα et ~a apparebunt *Fam.*7.32.2; notus..Martialis ~is epigrammaton libellis MART.1.1.3; conclusio..~a uerborum cauillatrix QUINT.*Inst.*7.3.14; hos..~ae..desidiae aculeos cum audiremus GEL.5.15.9; (*neut. pl. as sb.*) ~a disserere et philosophiam in has angustias..detrahere SEN.*Ep.*102.20;—quis illo..in sententiis ~ior? CIC.*Brut.*65; 247;—~a picta tabella manu MART.7.84.2; ~o subtilique ἐτύμῳ GEL.13.10.4.

argyranchē ~ēs, *f.* [Gk. ἀργυράγχη, facet. form. on anal. of κυνάγχη, 'quinsy'] Inability to speak due to bribery.
exclamasse non synanchen, quod Demosthenes pateretur, sed ~en esse GEL.11.9.1.

argyraspides ~um, *m. pl.* [Gk. ἀργυράσπιδες] A corps in the army of Alexander and his successors, Silver Shields.
ab eadem parte..regia cohors erat; ~es a genere armorum appellabantur LIV.37.40.7; CURT.4.13.27.

Argyripa ~ae, *f.* An old name of the town of Arpi in Apulia.
VERG.*A.*11.246; PLIN.*Nat.*3.104; SIL.4.554.

argyrītis ~idis, *f.* [Gk. ἀργυρῖτις] A kind of litharge.
fit in isdem metallis..spuma argenti. genera eius tria: optima quam chrysitim uocant, sequens quam ~im, tertia quam molybditim PLIN.*Nat.*33.106.

argyrocorinthus ~a ~um, *a.* [Gk.] (prob.) Of the silver-coloured, Corinthian bronze.
CRATERAM ~AM *CIL* 6.327.

argyrodamas ~antis, *m.* [Gk.] A silver-coloured stone.
androdamas argenti nitorem habet..~as eadem sit an alia, auctores non explicant PLIN.*Nat.*37.144; gallaica ~anti similis est 37.163.

Arīa ~ae, *f.* A region in the eastern part of the Persian empire.
Indis proxima est Ariane, deinde ~a MELA 1.12; PLIN.*Nat.*6.212.

-āria ~ae, *f. suff.* Fem. to -ARIVS; forms sbs. usu. denoting a place (*argentaria, caluaria*); rarely a female agent (*libraria*).

Ariadna ~ae, ~ē ~ēs, *f.* The daughter of king Minos of Crete who assisted Theseus to escape from the Labyrinth and was abandoned by him at Naxos; she was subsequently loved by Bacchus, and her crown was made into a constellation.
CATUL.64.54; PROP.3.17.8; OV.*Ars* 3.35; MELA 2.112; HYG.*Fab.*255.1.

Ariadnaeus ~a ~um, *a.* Also **-nēus.** Of Ariadne; *sidus ~um, corona ~a*, the constellation Corona Borealis.
ne solum in lumine caeli ex ~is aurea temporibus fixa corona foret CATUL.66.60; clara ~o sacratast igne corona GERM.*Arat.*71;—Baccho placuisse coronam ex ~o sidere nosse potes OV.*Fast.*5.346; ~ae caelestia dona coronae MAN.5.21.

Ariānē ~ēs, ~a ~ae, *f.* A region in the east of the Persian empire.
Indis proxima est ~e MELA 1.12; PLIN.*Nat.*6.95.

Ariānis ~idis, *f.* An unidentified plant of Ariane.
~ida in Arianis gigni igneam colore PLIN.*Nat.*24.162.

Ariānus ~a ~um, *a.* Of Ariane; (masc. pl. as sb.) the inhabitants of Ariane.
~a regio PLIN.*Nat.*6.93; contermina Indis gens ~a appellatur 12.33;—6.116.

Arīcia ~ae, *f.* A town in Latium famous for its grove sacred to Diana.
CIC.*Mil.*51; VERG.*A.*7.762; HOR.*S.*1.5.1; OV.*Fast.*6.59; LUC.6.75; SIL.4.367; TAC.*Hist.*4.2.

Arīcīnus ~a ~um, *a.* Of or connected with Aricia; (as the name of varieties of plants). **b** (sb.) an inhabitant of Aricia; (pl.) the people of Aricia.
in nemore ~o CATO *hist.*58; ~am uxorem CIC.*Phil.*3.16; ~o..lacu OV.*Fast.*6.756; cliuom..~um MART.12.32.10; dignus ~os qui mendicaret ad axes JUV.4.117;—alia culpa ..(uitibus) ~is PLIN.*Nat.*17.213; ~um (genus brassicae) altitudine non excelsius 19.140. **b** LIV.1.51.1;—2.14.6; OV.*Fast.*3.91.

āridē, *adv.* [ARIDVS+-E] Without embellishment, austerely, dryly.
narrationes ~ dicebantur SEN.*Con.*2.pr.1.

āriditās ~ātis, *f.* [ARIDVS+-TAS] Dryness.
si ab ~ate dicitur (*the word* harena) non habet (aspirationem) VAR. in SERV.*Aen.*1.172; PLIN.*Nat.*11.117; e nigra (myrto) siccata usque in ~atem 15.123; FEST.p.289M.

āridulus ~a ~um, *a.* [ARIDVS+-VLVS] Dry, parched.
laneaque ~is haerebant morsa labellis CATUL.64.316; carmina..leuis in ~o maluae descripta libello CINNA *poet.* 11.3.

āridum ~ī, *n.* [next] A dry place; a dry surface; dry land.
sorba..ubicumque sint posita in ~o, facile durare VAR. *R.*1.59.3;—si..in ~o fuerint inducti (colores) VITR.7.3.8;—aut ex ~o aut paulum in aquam progressi CAES.*Gal.*4.24.3; 4.29.2; PLIN.*Nat.*2.222.

āridus ~a ~um, *a.* Also **ardus.** *compar.* ~ior, *superl.* ~issimus. [AREO+-IDVS] FORMS: *ardus* PL.*Aul.*297, *Per.*266, LUCIL.733, *CIL* 1.698.2.21.

1 Devoid of moisture, dry. **b** (of places, seasons, etc.) waterless, rainless, dry. **c** not mixed with liquid, used dry. **d** (of a cough) not producing phlegm, dry. **e** (of food) solid; (neut. pl. as sb.) the solid ingredients (of a medicament).
da mihi uestimenti aliquid ~i PL.*Rud.*574; libellum ~a..pumice expolitum CATUL.1.2; rati humum ~am uento agitari SAL.*Jug.*53.1; HOR.*Epod.*17.34; probatur (murra) trogodytica..quod aspectu ~ior est PLIN.*Nat.*12.69; MART.8.72.2; (*cf. sense 7*) pumex non aeque est ~us atque hic est senex PL.*Aul.*297;—(*of clay*) prius ~a quam sit cretea persona LUCR.4.296. **b** loca ~a atque uasta SAL.*Jug.*75.2; ~a..nubila VERG.*G.*3.197; Iubae tellus..leonum ~a nutrix HOR.*Carm.*1.22.16; in pestilenti atque ~o..solo LIV.7.38.7; OV.*Met.*2.238; PLIN.*Nat.*33.67;—(*of a route*) ut amoenum ac molle iter..minus fatigat quam durum ~umque compendium QUINT.*Inst.*4.2.46;—(*poet.*) ~us Hammon STAT.*Theb.*3.476;—(*neut. pl. of compar. as sb.*) ~iora tenent oleae *Aetna* 269. **c** de testa ~a pauimentum struito CATO *Agr.* 18.7; CAEMENTA ~A *CIL* 1.698.2.21; galbanum et resina..resoluuntur, deinde ~a asperguntur LARG.173. **d** catapotium alterum ad tussim ~am LARG.88; 95. **e** (stomachus) continet siue illud ~um est siue umidum quod recepit CIC.*N.D.*2.136; nisi nos cibus ~us et tener umor adiuuet LUCR.1.809;—in uino ~a contusa macerantur LARG.257.

2 Lacking natural or proper moisture, dried, sere, withered. **b** (of fruit, herbs, flesh, etc.) dried for preservation, desiccated. **c** (of streams, lakes, etc.) dried up. **d** (of soil) dry, barren. **e** (of a fish) deprived of water, left high and dry.
~um..lignum sabucum uocat LUCIL.733; cum ~a folia laureae rettulisses CIC.*Pis.*97; HOR.*Carm.*1.25.19; ~a..herba TIB.1.7.26; stramento ~o LIV.25.39.3; OV.*Met.*9.373; necessum est ~um sit id (os), quod uitiatum est CELS.8.2.2; ~um proprie est, quod naturalem humorem amisit PAUL.*Fest.*p.11M;—(*of material for fires*) ~ior porro si nubes accipit ignem LUCR.6.150; faces atque ~am materiem..in aggerem eminus iaciebant CAES.*Gal.*7.24.4; VERG.*A.*1.175. **b** ficis uictitamus ~is PL.*Rud.*764; pabulum ~um quod condideris in hiemem CATO *Agr.*30; pira ~a 143.3; CIC.*Div.* 2.33; ~um iecur HOR.*Epod.*5.37; PLIN.*Nat.*31.116; rosae ~ae LARG.1; carnis ~ae GEL.2.24.7; PAUL.*dig.*49.14.50. **c** nunc..omnes unus exurit lacus, cogitque miseras ~a sede emori PHAED.1.6.8;—(*in fig. phr.*) quaecumque fuit (ingenii uena)..longo periit ~a facta situ OV.*Tr.*3.14.36;—(*of wounds*) lacrimaeque per ~a serpunt uulnera STAT.*Theb.* 11.608. **d** urit..lini campum seges..~a tantum ne saturare fimo pingui pudeat sola VERG.*G.*1.79;—(*fig.*) ne scilicet sicci omnino atque ~i pueri rhetoribus traderentur SUET.*Gram.*4(p.104Re); (*cf.*) quoniam sine aqua omnis ~a ac misera agri cultura VAR.*R.*1.1.6. **e** ~us et sicco gurgite piscis erit PROP.2.15.34.

3 Parched with thirst, etc. **b** (of thirst, etc.) parching.
creber anhelitus artus ~aque ora quatit VERG.*A.*5.200; ~a..pectora V.FL.4.699; ~a lingua STAT.*Theb.*4.767. **b** urere ne possit calor amplius ~us artus LUCR.4.874; artus depascitur ~a febris VERG.*G.*3.458; sitis ~a guttur urit OV.*Met.*11.129.

4 (of persons, parts of the body, etc.) Wizened, shrivelled.
inter ~as natis HOR.*Epod.*8.5; ~a pellente lasciuos amores canitie *Carm.*2.11.6; ~a..crura OV.*Ars* 3.272; uuis ~ior puella passis *Priap.*32.1; SEN.*Ep.*68.8.

5 (of sound) Harsh, grating; (of a person) having a harsh voice.
~us unde auris terget sonus ille LUCR.6.119; ~us altis montibus audiri fragor (incipit) VERG.*G.*1.357; ~us e lasso ueniebat anhelitus ore OV.*Met.*10.663; ~um sonorem MAUR.238;—qui uix stillantes, ~e, uoces rumpis CALP.*Ecl.* 6.23.

6 *argentum ~um*, Hard cash.
si istas amas, huc ~o argentost opus PL.*Rud.*726.

7 Miserly, mean, niggardly; frugal, parsimonious.
triparcos homines, uetulos, auidos, ~os PL.*Per.*266; TER. *Hau.*526; sportula..~a MART.10.75.11;—uitam omnino semper horridam atque ~am CIC.*Quinct.*93; in rusticis moribus, in uictu ~o *S.Rosc.*75.

8 Drained of money, indigent.
cereus ~i clientis MART.10.87.5.

9 (of style, orators, etc.) Lacking embellishment, austere, dry.
~um et exangue genus orationis *Rhet.Her.*4.16; genus sermonis..non liquidum..sed exile, ~um CIC.*de Orat.*2.159; SEN.*Ep.*75.3; ~issimis Hermagorae et Apollodori libris TAC.*Dial.*19.3;—(*of orators, etc.*) Marullum rhetorem, hominem satis ~um SEN.*Con.*1.pr.22; QUINT.*Inst.*2.4.8; FRO. *Aur.*2.p.48(114N).

ariera ~ae, *f.* [perh. conn. w. ARIANE, cf. v.l. *ariena*] A banana.
arbori nomen palae, pomo ~ae PLIN.*Nat.*12.24.

ariēs ~etis, *m.* [cf. Umb. *erietu*; Gk. ἔριφος] PROS. trisyll. *ărĭĕtĭs, ărĭĕtĕ* ENN.*scen.*251, VERG.*A.*2.492, 7.175, 12.706; *Eleg.Maec.*1. 109; STAT.*Theb.*2.492; SIL.5.554, 12.40,12. 535, 16.696.

1 A male sheep, ram. **b** the fabulous ram with a golden fleece which carried Phrixus to Colchis. **c** *~etem subicere*, to offer a ram as a substitute (app. orig. in cases of involuntary homicide).
asinum aut musimonem aut ~etem CATO *orat.*204; LUCIL. 534; scire oportet, in grege quot feminas habeat..quot ~etes VAR.*R.*2.1.24; ~etem reciprocicornem LABER.*com.* 154; VERG.*G.*3.446; corniger..dux ~es saturas ipse reduxit ouis PROP.3.13.40; TAC.*Hist.*5.4; (*cf.*) ~etes truces nos erimus, iam in uos incursabimus PL.*Bac.*1148. **b** petebant pellem inauratam ~etis ENN.*scen.*251; PL.*Bac.*241; aureus ille ~es uillo spectabilis alto OV.*Ep.*12.201. **c** nam iacere telum uoluntatis est, ferire quem nolueris fortunae. ex quo '~es subicitur' ille in uestris actionibus: 'si telum manu fugit magis quam iecit' CIC.*Top.*64; FEST.p.347M; subigere (*so cod.*) ~etem p.351M.

2 The sign of the zodiac Aries, the Ram.
exim contortis ~es cum cornibus haeret CIC.*Arat.*230; curriculumque ~es aequat noctisque dieique Q.CIC.*poet.*2; VITR.9.3.1; OV.*Met.*10.165; MAN.1.263; SEN.*Nat.*7.27.3; PLIN.*Nat.*2.31.

3 A large (unidentified) marine creature.
grassatur ~es ut latro PLIN.*Nat.*9.145; 32.144.

4 (mil.) An engine for breaking down walls, a battering ram.
quamuis murum ~es percusserit CIC.*Off.*1.35; prius quam murum ~es attigisset CAES.*Gal.*2.32.1; SAL.*Jug.*76.6; labat ~ete crebro ianua VERG.*A.*2.492; PROP.4.10.33; VITR.10. 13.1; uineas..per quas ~es moenibus admoueri posset LIV.21.7.5; LUC.1.384; equum (qui nunc ~es appellatur)..Epium ad Troiam (inuenisse dicunt) PLIN.*Nat.*7.202; STAT. *Theb.*2.492; (*cf.*) meumst ballista pugnum, cubitus catapultast mihi, umerus ~es PL.*Capt.*797;—(*in fig. phr.*) FRO. *Aur.*1.p.102(53N).

5 (app.) A prop, support, bulwark.
sublicae..oblique agebantur, quae pro ~ete subiectae et cum omni opere coniunctae uim fluminis exciperent CAES.*Gal.*4.17.9.

arietārius ~a ~um, *a.* [prec.+-ARIVS] Of or for a battering ram.
is..quod tardos conatus habuerat, testudinem ~am appellare coepit VITR.10.13.2; 10.13.6.

arietātiō ~ōnis, *f.* [ARIETO+-TIO] Collision.
calor quem modo sol facit modo ipsa ~o uagorum inter se corporum attritu SEN.*Nat.*5.12.5.

arietillus ~a ~um, *a.* [+-LVS] Next like a ram, (in quot. perh.) shameless; (as the name of a variety of chick-pea, = ARIETINVS).
plurimi hoc signo (*sc.* Arietis) scholastici nascuntur et ~ PETR.39.5;—cicer quod ~um uocatur COL.2.10.20.

arietīnus ~a ~um, *a.* [ARIES+-INVS]

1 Of a ram, ram's.
testiculos ~os tenentem *Rhet.Her.*3.33; PLIN.*Nat.*30.87; (cicer) ~o capiti simile 18.124; ungulae ~ae 29.88; 37.167.

2 The name of a variety of chick-pea.
super arietem (imposuerat) cicer ~um PETR.35.3; PLIN. *Nat.*22.150.

arietō ~āre ~āuī ~ātum, *tr., intr.* [ARIES+-O[3]] PROS.: trisyll. *ărĭĕtāt* VERG.*A.*11.890, V.FL.6.368, SIL.4.149.

1 (tr.) To strike violently, batter, buffet,

ram; (pass., w. *inter se*) to strike together, collide.

quis illic est qui..nostras aedis ~at? PL.*Truc.*256;—(*w.* in+*acc.*) occupatum conplexu..Dioxippus ~auit in terram CURT.9.7.22;—(*fig.*) ubi aliquid animum insolitum ~ari percussit SEN.*Dial.*9.1.11;—dentium inter se ~atorum 5.4.2; ~ata inter se arma agminis densi *Ep.*56.13.

2 (intr.) a (w. *in*+acc.) To charge violently against, butt. b to strike together, collide. c to stumble, trip.

a deinde eius germanum cornibus conitier, in me ~are ACC.*praet.*24; pars..~at in portas VERG.*A.*11.890; V.FL. 6.368; SIL.4.149. b nec ~are possunt nec impelli SEN. *Nat.*5.2; cum concurrentia tecta contrario ictu ~ant PLIN. *Nat.*2.198;—(*w.* inter se) antequam inter se acies ~arent SEN.*Dial.*4.3.3. c et labaris oportet et ~es et cadas SEN.*Ep.*107.2;—(*fig.*) nihil in quo (ratio) ~et aut labet *Dial.*7.8.5.

Arīī ~ōrum, *m. pl.* The people of Aria in Persia.

PLIN.*Nat.*6.92;—(*collect. sg.*) fortis ~us LUC.3.281.

arillātor ~ōris, *m.* [perh. conn. w. ARRA] A broker, huckster.

cocionem peruulgate dicit (Laberius) quem ueteres ~orem dixerunt GEL.16.7.12; ~or, qui etiam coccio appellatur PAUL.*Fest.*p.20M.

Arimaspī ~ōrum, *m. pl.* Also **~oe.** A people of Scythia believed to have only one eye.

MELA 2.2; PLIN.*Nat.*7.10; GEL.9.4.6;—(*collect. sg.*) LUC. 7.756.

Arīminensis ~is ~e, *a.* Also **Arīminiensis.** Of Ariminum; (masc. pl. as sb.) the people of Ariminum.

~em Foliam HOR.*Epod.*5.42; MEDICVS ~IS *CIL* 5.1911; —ex illa calamitate ~ium CIC.*Ver.*1.36; CVRATORI ~IVM *CIL* 8.7030.

Arīminum ~ī, *n.* A town in Umbria, Rimini.

CIC.*Ver.*1.36; CAES.*Civ.*1.8.1; LIV.21.51.7; MELA 2.64; LUC.1.231; PLIN.*Nat.*3.115.

arinca ~ae, *f.* [perh. Gallic] A kind of grain.

hordeum maxime nudum et ~a PLIN.*Nat.*18.61; ~a Galliarum propria, copiosa et Italiae est 18.81; 18.92.

Ariobarzānēs ~is, *m.* Any of several kings of Cappadocia in the first cent. B.C.

CIC.*Fam.*15.2.4; VITR.5.9.1; AUG.*Anc.*5.29.

ariola ~ae, *f.*: see AREOLA.

ariolor ~ārī: see HARIOLOR.

Arīōn ~onis, *m.* FORMS: acc. ~*ona* CAEL.*orat.* 34, OV.*Fast.*2.83.

1 A poet and singer of Methymna in Lesbos, who lived about the end of the 7th cent. B.C.; he was said to have been rescued from drowning by a dolphin.

CAEL.*orat.*34; CIC.*Tusc.*2.67; VERG.*Ecl.*8.56; uocalis ~on OV.*Fast.*2.91; HYG.*Fab.*194.1; GEL.16.19.2.

2 The horse of Adrastus, which was able to speak.

PROP.2.34.37; STAT.*Silv.*1.1.52.

Arīonius ~a ~um, *a.* Of the poet Arion.

~am..lyram PROP.2.26.18; OV.*Ars* 3.326; nomen ~um Siculas inpleuerat undas *Fast.*2.93.

Ariouistus ~ī, *m.* The king of a German tribe who invaded Gaul and was repelled by Julius Caesar.

CAES.*Gal.*1.31.10; (*cf.*) ne quis alius ~us regno Galliarum potiretur TAC.*Hist.*4.73.

aris ~idis, *f.* [Gk. ἄρις] A plant resembling arum.

~is, quae in eadem Aegypto nascitur, similis aro PLIN. *Nat.*24.151.

-āris -āris -āre, *adjl. suff.* Collat. w. -ALIS, but usu. employed when the stem contains *l* (*consularis, militaris*).

Arisba ~ae, ~ē ~ēs. *f.* A town in: a the Troad. b Lesbos.

a VERG.*A.*9.264; LUC.3.204; PLIN.*Nat.*5.125. b PLIN. *Nat.*5.139.

arista ~ae, *f.* [dub.]

1 The awn or beard of barley, oats, etc.

~a in spica hordei VAR.*L.*6.45; ~a quae ut acus tenuis longa eminet a gluma *R.*1.48.1; CIC.*Sen.*51; nihil est acutius ~a SEN.*Ep.*82.24; COL.2.20.1; holcus..~as habet in cacumine PLIN.*Nat.*27.90.

2 An ear of corn. b (poet., usu. pl.) a grain crop; also, a harvest (as a means of counting years). c an ear or spike (of spikenard); a stalk (of other plants).

si densior aridis ~is sit nostrae seges osculationis CATUL. 48.5; VERG.*A.*7.809; ager grauidis canebat ~is OV.*Met.*1.110; STAT.*Theb.*7.274; herbulae inanibus ~is ante messem flauescunt QUINT.*Inst.*1.3.5. b illas (*sc.* quercus) Triptolemi mutauit sulcus ~is *Culex* 136; molli paulatim flauescet campus ~a VERG.*Ecl.*4.28; *G.*1.220; flamma per incensas citius sedetur ~as PROP.3.19.5;—pauperis et tuguri congestum caespite culmen, post aliquot mea regna, uidens mirabor ~as? VERG.*Ecl.*1.69. c nardi lenis ~as OV.*Met.* 15.398; PLIN.*Nat.*12.42;—ualidas scopulis effodit ~as V.FL. 7.365; odoratas nec Arabs decerpit ~as STAT.*Silv.*5.3.43.

3 (pl.) The hair on the skin as erected when one experiences gooseflesh or horripilation.

cum excussit membris timor albus ~as PERS.3.115.

Aristaeus ~ī, *m.* A mythical hero, protector of cattle and fruit-trees.

CIC.*N.D.*3.45; pastor ~us VERG.*G.*4.317; OV.*Fast.*1.363; ~o genitus (*i.e.* Actaeon) STAT.*Theb.*4.573.

Aristarchēī ~ōrum, *m. pl.* Also **~iī.** The grammarians and critics of the school of Aristarchus.

de casibus, in quo ~i suos contendunt neruos VAR.*L.*8.63; *L.*10.16.

Aristarchus ~ī, m.

1 A famous scholar and literary critic of Alexandria in the 2nd cent. B.C. b (as the type of a severe critic).

CIC.*Fam.*3.11.5; VITR.1.1.13; OV.*Pont.*3.9.24. b CIC. *Pis.*73; meis orationibus, quarum tu ~us es *Att.*1.14.3; arguet ambigue dictum, mutanda notabit, fiet ~us HOR. *Ars* 450.

2 Aristarchus of Samos, a mathematician and astronomer of the 3rd cent. B.C.

~us Samius mathematicus VITR.9.2.3; 9.8.1.

aristātus ~a ~um, *a.* [ARISTA+-ATVS²] (of grain) Having an awn or beard.

farreo spico, id est ~o PAUL.*Fest.*p.280M.

aristereōn ~ōnis, *f.* [Gk. ἀριστερεών] A variety of vervain.

hiera botane. aliqui ~on, nostri uerbenacam uocant PLIN.*Nat.*25.105; 27.21.

Aristīdēs ~is, *m.* A Greek personal name; esp.: a an Athenian statesman and general at the time of the Persian wars, renowned for his honesty. b an author of Miletus who wrote stories which were translated into Latin by Sisenna.

a CIC.*Fin.*5.62; *Off.*3.87. b VITR.8.3.27; OV.*Tr.*2.443.

Aristippēus ~a ~um, *a.* Of Aristippus or his philosophy.

bonum seiunctum ab illo ~o genere uoluptatis CIC.*Fin.* 2.20;—(*neut. sg. as sb.*) illud ~um contemneret 2.18.

Aristippus ~ī, *m.* A friend of Socrates, founder of the Cyrenaic school of philosophy. (It is possible that two persons of this name were confused.)

CIC.*Fin.*2.19; HOR.*Ep.*1.1.18; VITR.6.pr.1; SEN.*Ben.*7.25. 1; QUINT.*Inst.*12.2.24.

aristis ~idis, *f.* [ARISTA+-*is* (on anal. of Gk. plant names)] = HOLCVS.

holcus..educit e corpore aristas. quidam ob id ~ida uocant PLIN.*Nat.*27.90.

Aristogītōn ~onis, *m.* The Athenian patriot who, along with Harmodius, slew Hipparchus.

CIC.*Tusc.*1.116; V.MAX.2.10.ext.1; SEN.*Ben.*7.15.2; GEL. 17.21.7.

aristoloc(h)ia ~ae, *f* [Gk. ἀριστολόχεια, -χία] The name of a genus of plant with medicinal properties esp. useful in childbirth, aristolochia, birthwort.

quid ~a ad morsus serpentium possit CIC.*Div.*1.16; ~ae nomen dedisse grauidae uidentur, quoniam esset ἀρίστη λεχούσαις PLIN.*Nat.*25.95; 28.254;—(*w. spec. adjs.*) ~ae Creticae CELS.5.18.7.B; ~a clematitis LARG.206.

Aristō(n) ~ōnis, *m.* A Greek personal name; esp.: a a philosopher of Chios of the 3rd cent. B.C., a pupil of Zeno the Stoic. b a philosopher of Ceos of the 3rd cent. B.C., a pupil of Lycon and possibly his successor as head of the Lyceum. c the father of Plato.

a CIC.*Leg.*1.55; *Tusc.*5.85; ~on Stoicus SEN.*Ep.*94.2. b CIC.*Fin.*5.13. c SEN.*Ben.*3.32.3.

Aristōnēus ~a ~um, *a.* Of Aristo of Chios or his philosophy.

in ~a uitia incidemus CIC.*Fin.*4.40.

Aristophanēs ~is (or ~ae), *m.*: a an Athenian comic poet of the late 5th cent. B.C. b a grammarian of Byzantium who became head of the library at Alexandria about the beginning of the 2nd cent. B.C.

a ~es, facetissimus poeta ueteris comoediae CIC.*Leg.*2.37; HOR.*S.*1.4.1; QUINT.*Inst.*10.1.66; GEL.pr.20; MAUR.2243. b VAR.*L.*5.9; CIC.*Fin.*5.50; PLIN.*Nat.*8.13; QUINT.*Inst.* 1.1.15.

Aristophanēus ~a ~um, *a.* Of or typical of Aristophanes the comic poet; (pros.) *anapaestus ~us*, the anapaestic tetrameter catalectic.

epistulam..tuam..~o modo ualde..et suauem et grauem CIC.*Q.fr.*3.1.19;—*Orat.*190.

āristophorum ~ī, *n.* [Gk. ἀριστοφόρον] (See quot.)

~um uas, in quo prandium fertur, ut discus PAUL.*Fest.* p.27M.

Aristotelēs ~is (or ~ī), *m.* FORMS: gen. ~*i* CIC.*Att.*13.28.3, *Fin.*1.14; GEL.4.11.4; APUL. *Apol.*40, 41. Aristotle, the famous philosopher of Stagirus (384–322 B.C.), tutor of Alexander and founder of the Peripatetic school.

CIC.*Orat.*5; ~es, longe omnibus—Platonem semper excipio—praestans et ingenio et diligentia *Tusc.*1.22; VITR. 7.pr.2; PLIN.*Nat.*11.266;—(*w.* similis, *applied to a bust of Aristotle*) si quis ~en similem uel Pittacon emit JUV.2.6.

Aristotelīus ~a ~um, *a.* Also **-ēus.** Of or connected with Aristotle, Aristotelian.

haec Carneadia aut illa ~a uis CIC.*de Orat.*3.71; scripsi.. ~o more *Fam.*1.9.23; commentarios quosdam..~os *Fin.* 3.10. β institui Topica ~a conscribere CIC.*Fam.*7.19.

Aristoxenus ~ī, *m.* A Greek philosopher and musical theorist of the 4th cent. B.C.

CIC.*Tusc.*1.19; VITR.5.4.1; QUINT.*Inst.*1.10.22; GEL.4.11.4.

arithmētica ~ae, *f.* ~ē ~ēs f. [Gk. ἀριθμητική] The science of arithmetic.

per ~en..sumptus aedificiorum consummantur VITR. 1.1.4; omnibus litteris eruditus, praecipue ~a et geometria PLIN.*Nat.*35.76.

arithmēticus ~a ~um, *a.* [Gk. ἀριθμητικός] Arithmetical. b (neut. pl. as sb.) the science of arithmetic.

geometrica analogia aut ⟨h⟩armonica ~a AGEN.*agrim.* p.25. b hominem remotum a dialecticis, in ~is satis exercitatum CIC.*Att.*14.12.3.

āritūdō ~inis, *f.* [AREO+-TVDO] Dryness; drought.

frigori miscet calorem atque humori ~inem ENN.*var.*46; o scirpe, scirpe, laudo fortunas tuas, qui semper seruas gloriam ~inis PL.*Rud.*524; VAR.*Men.*428;—quod et bestiolae..aut efflantur aut ~ine cito pereunt *R.*1.12.3.

ariuga [var. spellings *aruiga, ariga, hariuga*; etym. dub.] (See quots.)

ueteres nostri (dicebant) ariuga, hinc ariugas. haec sunt quorum in sacruficiis exta in olla, non in ueru coquuntur.. in hostis eam dicunt ariugem quae cornua habeat VAR.*L.* 5.98; hariuga dicebatur hostia, cuius adhaerentia inspiciebantur exta PAUL.*Fest.*p.100M.

-ārium -ār(i)ī, *n. suff.* Neut. to -ARIVS; forms sbs. usu. denoting a place (*caldarium, miliarium, seminarium*).

Arīus ~a ~um, *a.*: see AREVS, ARII.

-ārius ~a ~um, *adjl. suff.* Italic *-*āsios* (also in Osc. *sakrasias*, and Umb. *plenasier*); from sbs. (*agrarius, honorarius*); very common as masc. sb. meaning 'dealer in' (*carbonarius, ferrarius, uinarius*).

Ariūsius ~a ~um, *a.* (of wine) From Ariusia in Chios.

uina nouum fundam calathis ~a nectar VERG.*Ecl.*5.71; PLIN.*Nat.*14.73; SIL.7.210.

arma ~ōrum, *n. pl.* [*ar- 'fit on', cf. Gk. ἀραρίσκω, ἄρμενος, Skt. arpayati] FORMS: gen. pl. ~*um* PAC.*trag.*34, ACC.*trag.*319, cf. CIC. *Orat.*155.

1 Implements, etc., used in warfare, arms, weapons. b (as used for practice, in fencing, etc.). c *in ~is, sub ~is*, wearing or carrying arms, standing to arms, armed; *ad ~a*, to arms!

omnes ~a requirunt ENN.*Ann.*186; Mulciber, credo, ~a fecit quae habuit Stratippocles PL.*Epid.*34; CATO *orat.*84; omnibus istis latronibus..iam pridem de manibus ~a cecidissent CIC.*Phil.*14.21; Caesar celeriter..~a expediri iussit CAES.*Gal.*7.18.4; fugiens amissis Troilus ~is VERG.*A.* 1.474; ~a mutata: nihil praeter hastam et uerutum datum LIV.1.43.6; ~is repente arreptis 21.25.3; quamlibet infirmis iste dat ~a dolor OV.*Ep.*6.140; unde..~a dabas populis LUC.4.801; honoratissimum adsensus genus est ~is laudare TAC.*Ger.*11.6; ~ORVM C(VSTOS) LEG(IONIS) III *CIL* 8.2909;—(*w. adjs.*) munera data, equi duo, bina equestria ~a LIV.35.23.11; legionariis ~is TAC.*Ann.*3.43;—(*in hendiadys*) cum ea (*sc.* Italia) tota ~is praesidiisque teneatur CIC.*Att.*9.3.1;—(*in fig. phr.*) haec etiam clausas expugnant ~a pudicas PROP.3.13.9;—(*cf. sense 2*) non esse ~a caespites neque glebas..~a esse suis nominibus alia ad tegendum, alia ad nocendum CIC.*Caec.*60. b ut..studia litterarum ..ut uenandi, ut ~orum CIC.*Part.*80; ludere qui nescit, campestribus abstinet ~is HOR.*Ars* 379; CELS.1.2.6; in certamine ~orum atque in omni palaestra QUINT.*Inst.*9.4.8. c duas legiones in ~is excubare iubet CAES.*Gal.*7.11.6; Caesar..legiones reducit atque ibi sub ~is proxima nocte conquiescit *Civ.*1.41.6; quiue estis in ~is? VERG.*A.*9.376; LIV.26.51.4;—conclamatum 'ad ~a', concursumque in muros adque portas est LIV.6.28.3; 9.24.9; (*cf.*) neu populus frequens ad ~a cessantis, ad ~a concitet HOR.*Carm.*1.35.15; LIV.5.47.4.

2 (of spec. types of arms): **a** Defensive arms, armour; a shield or shields. **b** (opp. *tela*) arms used in close combat, usu. sword and shield. **c** (poet.) missile weapons.
a se collegit in ~a (Aeneas) VERG.*A*.12.491; ~a his imperata, galea, clipeum, ocreae, lorica, omnia ex aere LIV. 1.43.2; induere ~a uiros uiolentaque sumere tela rex iubet Oetaeus OV.*Met*.11.382;—hic mons ante Tarpeius dictus a uirgine Vestale Tarpeia, quae ibi ab Sabinis necata ~is VAR.*L*.5.41; Lausum socii exanimem super ~a ferebant VERG.*A*.10.841; PROP.4.4.91; caelestia..~a, quae ancilia appellantur LIV.1.20.4; LUC.3.486. **b** ~a arrigunt, horrescunt tela ENN.*scen*.140; legio XXXVII..cum frumento, ~is, telis, tormentis imposita in nauis *B.Alex*.9.3; ~a atque tela militaria SAL.*Cat*.51.38; LIV.10.4.2; TAC.*Hist*.4.46; PAUL.*Fest*.p.3M. **c** si nemo exstat qui uicerit Alitis ~a PROP.2.30.31; Delius..arcu crudelis iniquo pestifera ~a iacit STAT.*Theb*.1.630; (*cf.*) iamque omni fusis nudato milite telis inuenit ~a furor LUC.3.671.

3 Arms as the characteristic tools or employment of the soldier, military service, soldiering; *~a ferre*, to bear arms, perform military service.
quos iam ab ~is anni porcent ACC.*trag*.286; eum..ab ~is dimittit SAL.*Hist*.3.60; totamque sub ~a coactam Hesperiam VERG.*A*.7.43; praedas..et ~a sequi TIB.1.2.66; coacti..uendere praedam ne alibi quam in ~is animum haberent LIV.10.20.16; aut ducet (equos) in ~a MAN.5.352; STAT.*Ach*.2.41;—(*in fig. phr.*) noua nunc primum miles in ~a uenis OV.*Ars* 1.36;—qui per aetatem ~a ferre possint CAES.*Gal*.7.71.2; LIV.3.42.6.

4 Arms as an instrument of policy, military action, fighting, war. **b** (spec. contrasted w. peace or peaceful activities).
omnia prius experiri quam ~is sapientem decet TER.*Eu*. 789; qui uiget, uescatur ~is PAC.*trag*.22; silent..leges inter ~a CIC.*Mil*.11; cognoui..ad ~a rem spectare *Fam*.14.5.1; spargam ~a per agros VERG.*A*.7.550; ipsi ~orum fugere dei STAT.*Theb*.11.412;—(*w. adjs.*) ut homines aliquando intellegant me..nihil tam fugisse quam ~a ciuilia CIC.*Fam*.2.16.3; ab externis ~is otium fuit LIV.3.14.1; LUC.6.147; TAC. *Hist*.1.60;—(*abl., w. vbs. of fighting, etc.*) hic iam mihi hostis est, tametsi nondum ~is agat CATO *orat*.185; ut esset quem ~is uincere possimus QUAD.*hist*.41; contra populum Romanum ~is contendere CAES.*Gal*.2.13.2; NEP.*Milt*.1.2; ui atque ~is Syracusas cepi LIV.26.31.7;—(*fig.*) ante.. dulcia quam nobis concitet ~a Venus PROP.3.20.20; toto soluimus ~a toro 4.8.88. **b** cedant ~a togae CIC.*Cons*.fr.8; qui uos nec in ~is nec in otio esse sinunt LIV.3.68.10; pacis et ~orum..arbiter OV.*Fast*.5.665; Athenae eloquentia inclitae sunt..Sparta ~is SEN.*Suas*.2.5.

5 (in various phrs.): **a** *ad ~a ire, uenire*, To resort to military force, go to war; *ad (in) ~a uocare, conuocare*, to rouse to arms, incite to war. **b** *~a ferre (contra, in)*, to engage in military activity, fight (against); *~a inferre* (+dat.), to make war (on); *~a uertere (ad, in, aduersus)*, to turn one's arms (against); *~a conferre (cum)*, to join battle (with). **c** *~a capere, sumere, mouere*, etc., to take up arms, engage in military activities, commence hostilities, go to war. **d** *~a ponere, deponere; ab ~is recedere, discedere*, to lay down one's arms, desist from military activities, cease fighting. **e** *in ~is, sub ~is*, under arms, on military service, mobilized.
a miramur ad ~a contra istum hominem Lampsacenos isse..? CIC.*Ver*.1.113; cum ad ~a uentum sit *Att*.7.7.7; POL.*Fam*.10.31.1;—socios in ~a..conuocasse SCAUR.*orat*. 10;—(*absol.*) cum ex senatus consulto ad ~a uocasset CIC. *de Orat*.2.132; *Sest*.44;—(*fig.*) (Amor) bene concordis tristia ad ~a uocat PROP.2.34.6. **b** fuit in Africa, tulit ~a contra te CIC.*Lig*.16; CAES.*Civ*.3.31.4; TIB.1.6.30; qui tulerant in caput ~a tum OV.*Tr*.2.46; (*w.* pro) Latinos pro sua libertate potius quam pro alieno imperio laturos ~a LIV.7.25.6; (*absol.*) uicinae ruptis inter se legibus urbes ~a ferunt VERG.*G*.1.511;—ut usque a rubro mari ~a conatus sit inferre Italiae NEP.*Han*.2.1; ad inferenda etiam Africae ~a LIV.28.44.12; TAC.*Dial*.17.4; (*w. adj.*) Samnites Sidicinis iniusta ~a..cum intulissent LIV.7.29.4;—ad Aequos.. uersa ~a Romana 9.45.5; Arpini repente pro Romanis aduersus Carthaginiensem ~a uerterunt 24.47.7; ~a in se uerterant TAC.*Ann*.2.44; (*cf.*) omnium in se gentium non solum odia sed etiam ~a conuertisset CIC.*Deiot*.18;—prius ..quam milites sui scirent, cum quibus ~a conferrent NEP. *Eum*.3.6;—(*in fig. phr.*) OV.*Hal*.80. **c** Danai qui parent Atridis, quam primum ~a sumite! *Inc.trag*.35; eos ciuis qui ..contra patriam ~a ceperunt CIC.*ad Brut*.1.3.3; CAES.*Gal*. 3.18.7; nuntiabant legati Labicanos ~a cepisse LIV.4.45.6; nec nos..in rerum dominos mouimus ~a deos OV.*Pont*. 2.2.12; LUC.7.364; TAC.*Ann*.12.52;—(*w. adj.*) cum priuata ~a opprimendae libertatis cepisset SAL.*Hist*.1.77.6;— (*facet.*) cedo soleas mi, ut ~a capiam. iam pol ego occidam patrem PL.*Mos*.384;—(*in fig. phr.*) sua sopitis hostibus ~a mouent (amantes) OV.*Am*.1.9.26;—(*transf., of a board game*) si damnosa senem iuuat alea, ludit et heres bullatus paruoque eadem mouet ~a fritillo JUV.14.5. **d** ego qui.. suasor fuissem ~orum non ponendorum, sed abiciendorum CIC.*Deiot*.29; pacem uolt M. Antonius? ~a deponat *Phil*. 5.3; CAES.*Gal*.4.37.1; LIV.7.19.1;—(*in fig. phr.*) OV.*Ib*.39;— ab ~is recedere, praesidia de locis deducere SIS.*hist*.97; CIC.*S.Rosc*.126; diem..ante quam sine fraude liceret ab ~is discedere SAL.*Cat*.36.2. **e** ter sub ~is malim uitam cernere quam semel modo parere ENN.*scen*.262; in ~is aeuom agere PAC.*trag*.261; ut L. Catilinam ducere exercitum hostium atque in ~is uolitare audiatis CIC.*Catil*.2.15; *Att*. 15.13.4; omnis Belgas in ~is esse CAES.*Gal*.2.3.4; TAC.*Ann*. 1.11;—(*poet.*) odimus accipitrem, quia uiuit semper in ~is OV.*Ars* 2.147.

6 Military exploits, a war, battle, warfare; *in ~a ire, uenire*, to join a war, expedition, etc. **b** *~a uirumque*, etc. (in allusion to the opening words of the Aeneid or to the work as a whole).
me qui Romam omnino post haec ~a non accesserim CIC. *Att*.15.26.1; ~a uirumque cano VERG.*A*.1.1e; PROP.2.34.63; ne Campani quidem..his se ~is abstinuere LIV.8.2.7; Oebalii rettulit ~a Tati OV.*Fast*.1.260; nec minus Herminium primis obtruncat in ~is SIL.5.580;—centenis uenit in ~a Creta uetus populis LUC.3.184; horrida Guneus ire bis undenis temptabat in ~a carinis *Ilias* 207. **b** ille tuae.. Aeneidos auctor contulit in Tyrios ~a uirumque toros OV. *Tr*.2.534; PERS.1.96; ne nucibus positis ~a uirumque legas MART.14.185.2; QUINT.*Inst*.11.3.36.

7 Armed strength, military force(s), troops; *leuia ~a* light-armed troops; the army (as contrasted with the civil authorities). **b** (w. *hic, idem*, and sim.) one of the sides in an armed conflict.
sentiet in hac urbe..esse ~a, esse carcerem CIC.*Catil*.2.27; ~is..inferiores, non causa fuissent *Fam*.7.3.6; HIRT.*Gal*. 8.52.4; hostes prohibiti coniungere ~a LIV.8.29.7; 22.8. 5; qui Gallica..reppulit ~a OV.*Fast*.6.186; MAN.1.909; Thessalus..cum magna ciuium manu eam regionem ~is occupauit VELL.1.3.1; pauor..cunctis ignotus Caesaris ~is LUC.6.151; PLIN.*Nat*.4.97; postquam Bruto et Cassio caesis nulla iam publica ~a TAC.*Ann*.1.2;—uelitibus ad firmanda leuium ~orum auxilia adiectis LIV.42.65.13; SIL.5.30;—toga ..Scipionem ducem aduersus Poenos creauit, ~a poposcerunt V.MAX.8.15.1. **b** isdem in ~is fui CIC.*Lig*.10; non satis esse si haec ~a reliquissemus? etiam contraria? *Att*. 12.7.1; se..utraque ~a metuere 15.1.3; Idan..neutra ~a secutum OV.*Met*.5.91; ni prior aduersis Pallas uidisset ab ~is V.FL.6.740.

8 Weapons other than regular arms. **b** (applied to boxing-gloves). **c** (applied to 'nature's weapons', i.e. hands, claws, teeth, etc.).
iamque faces et saxa uolant, furor ~a ministrat VERG.*A*. 1.150; ~orum..appellatione non solum scuta et gladios et galeas significari intellegemus, sed et fustes et lapides GAIUS *Inst*.4.155. **b** et paribus palmas amborum innexuit ~is VERG.*A*.5.425; ~aque ferre iuuat fessasque attollere palmas V.FL.4.326; STAT.*Theb*.6.780. **c** ~a antiqua manus ungues dentesque fuerunt LUCR.5.1283; (aper) fidens ..recentibus ~is OV.*Met*.8.370; ~a ferarum MAN.5.229; PLIN.*Nat*.8.7; QUINT.*Inst*.2.16.14.

9 Means of attack or defence, weapons, defences: **a** (transf.). **b** (fig. or in fig. phr., of eloquence, etc.).
a horriferum contra Borean ouis ~a ministret OV.*Met*. 15.471; aduersusque minas frigoris ~a parat *Fast*.4.700. **b** Antoni incredibilis..uis ingeni uidetur, etiam si hac scientia iuris nudata sit, posse se facile ceteris ~is prudentiae tueri atque defendere CIC.*de Orat*.1.172; non ille a me spoliatus ~is audaciae..esse dicetur *Catil*.2.14; aptissima..sunt..~a senectutis artes, exercitationesque uirtutum *Sen*.9; studium linguae, Demosthenis ~a PROP. 3.21.27; HOR.*S*.2.3.297; OV.*Fast*.1.22; in utramque partem ualent ~a facundiae QUINT.*Inst*.2.16.10; JUV.4.93; GEL. 6(7).3.52.

10 Tools, implements, equipment. **b** (absol. or w. *uenatoria*) hunting equipment. **c** (absol. or w. *ratis*, etc.) a ship's tackle. **d** (applied to the wings made by Daedalus).
quae sint duris agrestibus ~a VERG.*G*.1.160; Cerealia.. ~a expediunt *A*.1.177; operis..relinquunt ~a sui OV.*Met*. 11.35; cymbala cum crotalis, pruriginis ~a *Priap*.27.3; MART.14.36.1;—(*obsc.*) haec mei..uentris ~a *Priap*.31.3; inguinis ~a MART.6.73.6. **b** cum..apta..uenanti Grattius ~a daret OV.*Pont*.4.16.34; GRAT.24;—~a uenatoria SEN. *Ben*.1.11.6. **c** colligere ~a iubet ualidisque incumbere remis VERG.*A*.5.15; ibat (unda) in ~a ratis OV.*Met*.11.513; puppes aut puppibus ~a parabunt MAN.4.275; PETR. 123,l.234; petit..magister ~a uiros pariter sparsosque in litore remos V.FL.2.392; STAT.*Theb*.10.186. **d** tractabat ceramque puer pinnasque renidens nescius haec umeris ~a parata suis OV.*Ars* 2.50.

armamaxa ~ae, *f*. [Gk. ἁρμάμαξα] A kind of covered wagon used by the Persians.
quindecim deinde quas ~as appellabant sequebantur CURT.3.3.23.

armāmenta ~ōrum, *n. pl.* Also ~**um**. [ARMO+-MENTVM] FORMS: *~um* (gen. pl.), PAC.*trag*.335; *~um* (sg.) COL.12.2.5, QUINT. *Inst*.7.9.4.

1 (naut.) The sailing-gear of a ship, tackle, rigging; (also sg.) a piece of tackle. **b** rigging (as dist. from sails). **c** type of rigging, rig.
~is complicandis, componendis studuimus PL.*Mer*.192; ~um stridor PAC.*trag*.335; omnia caute ~a locans CIC. *Arat*.441(197); neque dum etiam uocabulis ~orum cognitis CAES.*Civ*.1.58.3; aliquot horas referendis in naues collocandisque et aptandis ~is absumpserunt LIV.33.48.8; armarique suis pinum iubet ~is OV.*Met*.11.456; ut non multum procellarum inruat magna ~a pandentibus SEN. *Dial*.9.9.3; ipsa super..ratis ~a Pelasgae STAT.*Theb*.5.363; eius (Liburnicae), in qua uehebatur, fusis ~is SUET.*Aug*. 17.3; (*cf.*) (quercus) ita libratae stantes nauigant, ingentium ramorum ~is saepe territis classibus nostris PLIN.*Nat*.16.5; —(*in fig. phr.*) QUINT.*Inst*.10.7.23;—suo quidque ordine locatum ~um..minister promit, cum est a gubernatore postulatum COL.12.2.5. **b** ~a tamen, malum, uela, omnia seruo LUCIL.1113; cum omnis Gallicis nauibus spes in uelis ~isque consisteret CAES.*Gal*.3.14.7; LUC.9.329. **c** papyraceis nauibus ~isque Nili PLIN.*Nat*.6.82; ~a Liburnicis solita TAC.*Hist*.5.23.

2 Equipment of any kind, implements, gear.
commoda nostro ~a operi GRAT.48; hinc (*sc.* ex harundinetis) erant ~a ad inclutos cantus PLIN.*Nat*.16.170; 18.112; PAUL.*dig*.33.10.3.2;—(*cf. w. sense 1*) praedictis uelut ~is uinearum (*i.e. frames and supports for vines*) PLIN.*Nat*.17.152.

armāmentārium ~(i)ī, *n*. [prec.+-ARIVM A storehouse for military equipment,] an armoury, arsenal.
ex aede Sancus ~iisque publicis arma populo Romano ..dantur CIC.*Rab.Perd*.20; haec illis arx, hoc horreum aerarium ~ium LIV.26.43.8; V.MAX.1.7.ext.4; SEN.*Dial*. 9.3.5; TAC.*Hist*.1.80; PRAEPOSITVS ~IO LVDI MAGNI *CIL* 6.10164;—(*naval*) Philonem..qui Atheniensibus ~ium fecit CIC.*de Orat*.1.62; VITR.7.pr.12; ~io C D nauium PLIN.*Nat* 7.125;—(*poet.*) quidquid habent telorum ~ia caeli JUV. 13.83.

armāmentārius ~a ~um, *a*. [ARMAMENTA+ -ARIVS] ORTHOG.: *armamintarius CIL* 6.37778. Of or concerned with armaments or equipment.
EX DECVRIA ~A *CIL* 5.1883; SCRIBAE ARMAMENTARI 6.999;—(*masc. as sb.*) CLAVDIVS SABINVS FECIT PATRI SVO ~O 6.37778.

armāmentum ~ī, *n*.: see ARMAMENTA.

armāriolum ~ī, *n*. [next+-OLVM] A cabinet.
~a Graeca PL.*Truc*.55.

armārium ~(i)ī, *n*. [ARMA+-ARIVM]

1 A cabinet, cupboard; a book-case.
ex occluso atque opsignato ~io decutio argenti tantum quantum mihi lubet PL.*Epid*.308; ~um promptuarium CATO *Agr*.11.3; tune aurum ex ~io tuo promere ausa es? CIC.*Cael*.52; grande ~ium PETR.29.8; expressi cera uultus singulis disponebantur ~iis PLIN.*Nat*.35.6; JUV.7.11; ULP. *dig*.32.1.52.7a; *CIL* 6.33747.3;—(*as a place of torture*) Poenorum captiuos..in ~io muricibus praefixo destitutos GEL.7(6).4.4;—certis ~iis infinita uolumina eduxit VITR. 7.pr.7; ~ia e citro atque ebore SEN.*Dial*.9.9.6; PLIN.*Ep*. 2.17.8.

2 A sepulchral monument.
~IVM DISTEGVM CVM TABERNA ET HORTVLO *CIL* 6.1600.10

armātūra ~ae, *f*. [ARMO+-VRA]

1 A type of military equipment or arms, armament.
habet (Deiotarus)..cohortis quadringenarias nostra ~a XXX CIC.*Att*.6.1.14; ~a uaria peditatus et equitatus *Fam*. 7.1.2; leuis..~ae pedites CAES.*Gal*.2.24.1; grauis..~ae miles *B.Afr*.71.2; Tritanum in gladiatorio ludo Samnitium ~a celebrem PLIN.*Nat*.7.81; murmillonum ~as recidit SUET.*Cal*.55.2;—cogito..nauicularum habere aliquid in ora maritima. contra equitem Parthum negant ullam ~am meliorem inueniri posse CIC.*Fam*.9.25.1.

2 *leuis ~a*, light-armed troops; (also pl.).
equites pedites leuis ~a CIC.*Brut*.139; tantum equitatum et leuem ~am ostendebat GALBA *Fam*.10.30.2; leuis ~ae maximum numerum CAES.*orat*.41; leuis ~ae centum milibus CAES.*orat*.41; NEP.*Dat*.8.2; cum equitibus ac leui ~a profectus Hannibal LIV.21.57.6; CURT.6.4.15; sparsa per extremos leuis ~a maniplos insequitur LUC.7.508; TAC.*Ann*.2.8;—(*in fig. phr.*) sed haec fuerit nobis tamquam leuis ~ae prima orationis excursio CIC.*Div*.2.26;—armaturas leuis Numidasque auxiliaris *B.Afr*.59.3; auxilia et ~ae leues SEN.*Dial*.7.8.2.

3 A troop (of gladiators).
studium ~ae Thraecum prae se ferens SUET.*Tit*.8.2; MACEDONI..FEC(IT) ~A THRAECVM VNIVERSA *CIL* 6.10197.

4 A type or rank of soldier in the later Roman army (exact meaning unknown).
CAELIVS RVFIN EX ARMATV CAS *CIL*8.2618(A.D. 200); COLL ~A (*i.e.* collegium armaturarum) LEG II 3.10435.

armātus[1] ~a ~um, *a*. *superl.* ~issimus. [pple. of ARMO] SUPERL.: CIC.*Caec*.61; SEN. *Ben*.5.4.1. In senses of vb., esp.

1 Furnished with weapons, armed.
segetis ~ae (*i.e. of armed men*) ENN.*scen*.275; hoc in equo insunt milites ~i atque animati probe PL.*Bac*.942; ab dracontis stirpe ~a exortus ACC.*trag*.596; hostem ~um ac uictorem CIC.*Ver*.5.97; exercitus ~os *Caec*.43; ~a manus LUCR.2.629; ut in muris ~a ciuitas discurreret CAES.*Civ*. 3.105.4; HOR.*Ep*.1.18.16; ~ae..patriae PROP.1.6.22; partim ~i, partim inermes LIV.22.19.12; castellum quod magna uis ~a aut incondita tuebatur TAC.*Ann*.4.47; ~is..nautis JUV.5.154; (*cf.*) ingratus est..qui armorum periculo liberatus animum tamen retinet ~um CIC.*Marc*.31;— (*superl. as sb.*) tam par tibi sum quam multis ~issimis nudi aut leuiter ~i SEN.*Ben*.5.4.1;—(*opp. to* togatus) aequauit.. consul togatus ~i gloriam collegae LIV.4.10.8; 22.39.7;—(*of the hand*) bellum adferre eadem dextera ~a quam pacatam illis antea dederat LIV.3.2.3; constitit..~a conscia turba manu OV.*Fast*.2.100; ULP.*dig*.47.12.3.7.

2 Defensively armed: **a** clad in armour. **b** fortified.
a uentus cercius..~um hominem, plaustrum oneratum percellit CATO *hist*.93; elephantos..LXIIII ornatos ~osque *B.Afr*.86.1; postquam nullum spoliatum ibi corpus Sicciumque in medio iacentem ~um..uidere LIV.3.43.6; frangitur ~um conliso pectore pectus LUC.4.783; ~o..funere STAT. *Theb*.8.3. **b** trepidas Bellona foris ~aque pulsat limina STAT.*Theb*.8.348;—(*w. abl.*) (Carthago) succincta portibus, ~a muris CIC.*Agr*.2.87.

3 Associated with, involving, or characterized by the use of arms.
uim ~am CIC.*Caec*.83; ~a dissensione ciuium *Cael*.70; ~um concilium indicit CAES.*Gal*.5.56.1; lex ~a? PETR.fr. 35.7; saltationem ~am PLIN.*Nat*.7.204; ~as..uires STAT. *Silv*.1.4.45; (*cf.*) ut..~os proroget annos (*the years of war* Hannibal SIL.11.588.

armātus[2] ~ī, *m.* [as prec.] An armed man, soldier; (usu. pl.).
grauidus ~is equus ENN.*scen.*76; inermos ~i..interficiunt SIS.*hist.*73; cum omnis aditus ~i obsiderent CIC. *Phil.*2.89; qui in ~orum manus incidissent *Att.*8.11d.4; singula milia ~orum CAES.*Gal.*4.1.4; NEP.*Phoc.*2.5; ~is corpus circumsaepsit LIV.1.49.2; ~i armatis obstant 4.28.5; tot ~orum milia TAC.*Hist.*3.13;—(*sg.*) ulteriorem (regionem)..uetuit ab ullo ~o adiri FRON.*Str.*2.5.31; (*contrasted w.* paganus) JUV.16.34; (*collect.*) feminae..cum ~o uiuere adsuetae CURT.5.7.2; MACER *dig.*49.16.12.1.

armātus[3] ~ūs, *m.* [ARMO+-TVS[3]]
1 A type of arms or equipment; **also**, armour.
quingenti Gortynii..et trecenti Apolloniatae haud dispari ~u LIV.33.3.10; Cretico..~u 42.55.10;—milites..ne ~u quidem sustinendo adsueti FRO.*Ver.*2.p.208(206N).
2 *grauis ~us*, Heavy-armed troops.
magna parte impedimentorum relicta in Bruttiis et omni grauiore ~u LIV.26.5.3; umor toto fere graui ~u nihil gladios..hebetabat 37.41.3.

Armenia ~ae, *f.* Also **Arminia.** A country of Asia lying north of Persia; usually divided into *Maior* (eastern) and *Minor* (western).
cum..eidem (*sc.* Deiotaro)..detraxisset ~am a senatu datam CIC.*Div.*2.79; si..nos ~a circumgredimur exercitum SAL.*Hist.*4.69.21; ARMINIA CAPTA *BMCR* 2.p.69, no.4548(*c.*14 B.C.); MELA 3.40;—(*w.* maior, minor, *etc.*) ~AM MAIOREM..MALVI..TIGRANI..TRADERE AUG.*Anc.*5.24; populos utraque uagantis ~a LUC.2.639; Minorem ~am PLIN.*Nat.*6.9;—(*standing for the inhabitants*) timuit (hunc)..Pannoniusque ferox arcuque horrenda fugaci ~a STAT.*Silv.*1.4.79.

Armeniaca ~ae, *f.* The Armenian plum-tree, (prob.) the apricot.
~ae atque amygdalae ceteraeque arbores, quae primae florent COL.11.2.96; PLIN.*Nat.*16.103.

Armeniacum ~ī, *n.* The Armenian plum, (prob.) the apricot.
sorbi..et ~i atque Persici non minima est gratia COL. 5.10.19.

Armeniacus ~a ~um, *a.* Of or connected with Armenia, Armenian. **b** *prunum ~um*, the Armenian plum, (prob.) the apricot.
~i belli PLIN.*Nat.*7.129; inter aquarias (cotes) Naxiae laus maxima fuit, mox ~ae 36.164;—(*as an imperial title*) ARMENIAC *BMCI* 1.p.281, no.406(Nero); L AVRELIVS VERVS ~VS *CIL* 3.7616; ad nomen ~i quod recusauerat sumendum FRO.*Ver.*2.p.132(121N). **b** (pruna) cerina atque purpurea, nec non ab externa gente ~a PLIN.*Nat.*15.41.

Armenium ~(i)ī, *n.* A blue pigment made from Armenian stone, ultramarine.
minium aut ~ium VAR.*R.*3.2.4; VITR.7.5.8; floridi (colores) sunt..minium, ~ium PLIN.*Nat.*35.30.

Armenius[1] ~a ~um, *a.* Of Armenia, Armenian. **b** *prunum ~um*, the apricot.
uocabulum e lingua ~a VAR.*L.*5.100; Tigranes, rex ~us CIC.*Man.*23; ~as..tigris VERG.*Ecl.*5.29; ~is in oris HOR. *Carm.*2.9.4; OV.*Met.*15.86; ut ~a iacens sub rupe tigris SEN.*Her.O.*241; ~um..iugum LUC.9.237; ~us..haruspex JUV.6.550. **b** ~iisque et cereolis prunisque Damasci stipantur calathi COL.10.404.

Armenius[2] ~(i)ī, *m.* An inhabitant of Armenia; (pl.) the people of Armenia.
AVR KAMINES NATIONE ~IVS *CIL* 3.3109;—(*collect. sg.*) Claudi uirtute Neronis ~ius cecidit HOR.*Ep.*1.12.27; nunc petit ~ius pacem OV.*Tr.*2.227; STAT.*Silv.*5.2.41;—~iorum..copias CIC.*Att.*9.10.3; EX REGIO GENERE ~IORVM AUG. *Anc.*5.31; instituta et cultum ~iorum TAC.*Ann.*2.56;—(*standing for the country*) quae nunc Eurusque Notusque iactat odoratos uota per ~ios TIB.1.5.36; Euphrates..fremens per ~ios et Cappadocas occidentem petit MELA 3.77.

armenta ~ae, *f.*: var. of ARMENTVM.
ENN.*Ann.*598; tu cornifrontes pascere ~as soles PAC. *trag.*349; (*cf.*) PAUL.*Fest.*p.4M.

armentālis ~is ~e, *a.* [ARMENTVM+-ALIS] Of or connected with a herd or herds. **b** rustic, bucolic.
~is equae VERG.*A.*11.571; spolia ~ia portant STAT. *Theb.*4.659. **b** non pastor..haec..sed deus ipse canit; nihil ~e resultat CALP.*Ecl.*1.29.

armentārius[1] ~(i)ī, *m.* [ARMENTVM+-ARIVS] A herdsman.
nec..~ius non aliut ac bubulcus VAR.*R.*2.pr.4; iam pastor et ~ius omnis..languebat LUCR.6.1252; ~ius Afer VERG.*G.*3.344; PLIN.*Nat.*25.31;—(*collect. sg.*) et Massylus et una Lyctius et Calabris redit ~ius aruis V.FL.3.729.

armentārius[2] ~a ~um, *a.* [as prec.] That has charge of a herd.
euocato statim ~o equisone APUL.*Met.*7.15.

armenticius ~a ~um, *a.* [ARMENTVM+-ICIVS[1]] Consisting of cattle, bovine.
~um pecus VAR.*R.*2.5.16; greges..~os ac caprinos VAR. *R.*2.10.3.

armentīuus ~a ~um, *a.* [ARMENTVM+-IVVS] (of cattle) Kept in herds (in quot. as quasi-sb.).
fimi taurini..et bubuli—de ~is loquor—cinis PLIN.*Nat.* 28.232.

armentōsus ~a ~um, *a.* *superl.* ~issimus. [ARMENTVM+-OSVS] Abounding in cattle.
quod Italia tunc esset ~issima GEL.11.1.2.

armentum ~ī, *n.* [*ar-* (cf. ARMA)+-MENTVM] FORMS: see also ARMENTA.
1 (w. adj. or defining gen.) A herd, drove (of cattle, etc.). **b** (absol.) a herd of cattle, etc.
(*of cattle or horses*) boum..~a VERG.*A.*3.220; lanigerosque greges ~aque bucera OV.*Met.*6.395; aliud exigit equinum atque aliud bubulum ~um COL.1.pr.26; multa ibi equorum, boum ~a PLIN.*Ep.*2.17.3;—(*of apes*) quorum (*sc.* cynocephalorum) ~a pascit PLIN.*Nat.*7.31. **b** (*of cattle or horses*) ~um..id quod in agro natum..tollit dentibus VAR. *R.*2.pr.4; subolem ~o sortire quotannis VERG.*G.*3.71; quia longinquis ~um aegrotet in agris HOR.*Ep.*1.8.6; ut nocte id ~um..ad montes ageret LIV.22.16.8; ductus ab ~o taurus detrectet aratrum OV.*Pont.*3.7.15; LUC.9.730; quamquam..septem..Aiax umbone coruscet ~i reges (*i.e. bull's hides*) STAT.*Ach.*1.471; pecora et ~a militum TAC.*Ann.*13.55; equos de gregibus uel boues de ~is abducentes ULP.*dig.* 47.14.1.1;—(*of deer*) hos (ceruos) tota ~a sequuntur VERG. *A.*1.185;—(*of elephants*) Caesaris ~um nulli seruire paratum priuato JUV.12.106; (*cf.*) immania cuius (*sc.* Neptuni) ~a et turpis pascit sub gurgite phocas VERG.*G.*4.395.
2 An individual bull, etc.; a head of cattle; (pl. or collect. sg.) cattle. **b** (spec.) an individual horse.
~a..bina V.FL.3.412; Germanos..quis ingentium beluarum feraces saltus, modica domi ~a sunt TAC.*Ann.*4.72; id..quod ἑκατόμβη Graece dicitur, cum centum ~a occiduntur HYG.*Fab.*118;—boues uetulos, ~a delicula, oues deliculas CATO *Agr.*2.7; gregem ~orum VAR.*R.*2.5.7; caedit greges ~orum reliquique pecoris CIC.*Phil.*3.31; ut bos ~a sic ego bonos uiros..sequar *Att.*7.7.7; fortunatam, si numquam ~a fuissent, Pasiphaen VERG.*Ecl.*6.45; Geryones..cuius ~a Hercules abduxerit PLIN.*Nat.*4.120; uates..uelleris obscuri pecudes ~aque sisti atra monet STAT.*Theb.* 4.445;—(*in sculptured form*) ~a Myronis, quattuor artificis..boues PROP.2.31.7;—(*collect. sg.*) dum Priami Paridisque busto insultet ~um HOR.*Carm.*3.3.41; Pan erat ~i, Pan illic numen equarum OV.*Fast.*2.277; optimum..stercus..asini..proximum uel ~i uel ouium COL.11.3.12. **b** bellis ~a domant STAT.*Theb.*4.242; plena ~a uiris, nulli sine praeside currus 8.403; (*cf.*) bello armantur equi, bellum haec ~a minantur VERG.*A.*3.540;—(*collect. sg.*) amissa parente in grege ~i reliquae fetae (equae) educant orbum PLIN.*Nat.* 8.165.
3 (pl.) The larger domesticated animals (as distinct, for example, from human beings), cattle. **b** (sg., w. adj.) a (specific) type of domesticated animal.
homines ~a feraeque LUCR.2.922; siluas ~a uirosque VERG.*A.*12.688; nec..ulla regio est..quae non ut hominum ita ~orum adiuuatorio colatur COL.6.pr.3. **b** tauros..pretiosum in ea regione..~um CURT.8.12.11; omnis externi frigoris tolerantior equino ~o uacca est COL.6.22.2.

armicustōs ~ōdis, *m.* [ARMA+CVSTOS] A keeper of arms, an armourer.
CIL 10.3409; 11.67.

armidoctor ~ōris, *m.* [ARMA+DOCTOR] One who teaches the use of arms.
*A.Epig.*52.153.

armifer ~era ~erum, *a.* [ARMA+-FER]
1 Bearing arms, armed, warlike; *deus ~er*, Mars; *dea ~era*, Minerva.
~erae..Mineruae OV.*Am.*2.6.35; ~eris..Amyclis *Ars* 2.5; gentis ~erae SEN.*Phaed.*909; ~eras..cateruas STAT.*Silv.* 5.1.67; ~ero..Hibero SIL.13.507;—deus ~er..Therapnas armorum tonitru ferit STAT.*Theb.*3.420;—~erae soluere uota deae *Epic.Drusi* 22.
2 Of war or fighting, warlike, martial, military.
~eras..iras STAT.*Theb.*6.831; ~erum ni protinus improba campum deseris 9.836; ~eros..labores *Silv.*1.2.96.
3 Producing armed men.
~ero in aruo flammeum Aeetae pecus SEN.*Med.*468; ~ero Cadmi de semine STAT.*Theb.*10.663.

armiger[1] ~era ~erum, *a.* [ARMA+-GER]
1 Bearing arms, armed, warlike; *deus ~er*, Mars.
pinnigero, non ~ero in corpore tela exercentur ACC.*trag.* 547; solitum ~eri ducite munus equi! PROP.3.4.8; ~erae..Tritonidis arces PETR.5; ~erae..Dianae STAT.*Theb.*9.604; proeliaris deae comites ~eri, Terror et Metus APUL.*Met.* 10.31;—(*w. abst. sb.*) ~era dissensio VITR.1.7.1;—Phoebumque ~erumque deum SIL.7.87.
2 (of the field sown with dragon's teeth) Producing armed men.
~era proelia seuit humo PROP.3.11.10.

armiger[2] ~erī, *m.* [prec.] An armour-bearer, squire. **b** *Iouis ~er*, Jupiter's armour-bearer, i.e. the eagle.
egomet mihi comes, calator, equos, agaso, ~er PL.*Mer.* 852; qui est Sergius? ~er Catilinae CIC.*Dom.*13; ~er Automedon VERG.*A.*2.477; LIV.22.6.4; OV.*Met.*5.148; portat pharetras et cornua iussus ~er STAT.*Theb.*6.932; spreto Venutio..~erum eius..in matrimonium..accepit TAC.*Hist.*3.45; SUET.*Aug.*49.1; APUL.*Mun.*26;—(*poet.*) frena ministrat equis Pauor ~er (*sc.* Martis) STAT.*Theb.*3.425; Veneris hortator et ~er Liber APUL.*Met.*2.11;—(*in fig. phr.*) proelia quanta illic dispensatore uidebis ~ero! JUV. 1.92. **b** quem..sublimem pedibus rapuit Iouis ~er uncis VERG.*A.*5.255; OV.*Met.*15.386; V.FL.1.156; SIL.4.126.

armigera ~ae, *f.* [ARMIGER[1]] A female armour-bearer. **b** *Iouis ~a*, Jove's armour-bearer, i.e. the eagle.
nympharum tradidit uni ~ae iaculum OV.*Met.*3.166; fer opem..armigerae, Diana, tuae 5.619; (*w. obj. gen.; cf. b*) aquilam, quae..~a huius teli (*sc.* fulminis) fingitur PLIN. *Nat.*2.146. **b** PLIN.*Nat.*10.15; septem ordine fuluo ~as summi Iouis..intuor STAT.*Theb.*3.532.

armilla ~ae, *f.* [ARMVS+-ILLA]
1 An arm-band, bracelet.
(*worn by women*) an eo bella es, quia accepisti tibi ~as aeneas? PL.*Truc.*272; OV.*Fast.*2.323; ut..~as suas..detraheret lacertis PETR.67.6;—(*by warriors*) Gallus..~is decoratus QUAD.*hist.*10b; *CIL* 1.709.4.6; NEP.*Dat.*3.1; quod..Sabini aureas ~as..brachio laeuo..habuerint LIV.1.11.8; OV.*Am.*1.10.49; PLIN.*Nat.*33.37;—(*enclosing a charm or remedy*) 28.41; quas (*sc.* serpentis exuuias)..aureae ~ae ex uoluntate matris inclusas dextro brachio gestauit SUET. *Nero* 6.4.
2 A metal hoop, ring, washer, socket.
~as IIII facito, quas circum orbem indas CATO *Agr.*21.4; ~as in materia ad cnodacas circumdandos infixit VITR.10. 2.11.

armillātus ~a ~um, *a.* [prec.+-ATVS[2]] Wearing bracelets; (of dogs) wearing collars.
ALAE SILIAN C R TORQVATAE ARMILLAT *A.Epig.*39.81; manuleatus et ~us in publicum processit SUET.*Cal.*52; *Nero* 30.3; (*cf.*) ~os colla Molossa canis PROP.4.8.24.

armillum ~ī, *n.* [unkn.] A wine jar; (prov.) *ad ~um redire* (etc.), to fall back into bad habits, get up to one's old tricks.
~um, quod est urceoli genus uinarii VAR. in NON.p.547M; PAUL.*Fest.*p.2M;—anus russum ad ~um LUCIL.767; Cupido..ad ~um redit APUL.*Met.*6.22; illa..ad ~um reuertitur et ad familiares feminarum artes accenditur 9.29.

Armilustrium ~(i)ī, *n.* [ARMA+LVSTRO+-IVM]
1 The ceremony of purifying the arms.
in ~io armati sacra faciunt VAR.*L.*6.22; PAUL.*Fest.*p.19M.
2 A place on the Aventine hill at Rome where this ceremony was performed.
VAR.*L.*5.153.

Armilustrum ~ī, *n.*: var. of prec.
in ~o lapidibus uisum pluere LIV.27.37.4; VICO ~I *CIL* 6.975.

Arminius ~(i)ī, *m.* Also **Armenius.** A Cheruscan chieftain, who destroyed the army of Varus in the Teutoburg forest, A.D. 9.
VELL.2.118; ~ius turbator Germaniae TAC.*Ann.*1.55; 2.88; FLOR.2.30(4.12.32).

armipotens ~ntis, *a.* [ARMA+POTENS] Strong in war, valiant; *deus* or *pater ~ns*, Mars; *diua ~ns*, Minerva. **b** (as sb.) Mars.
Mineruae..~nti ACC.*trag.*127; Mauors ~ns LUCR.1.33; genus ~ntis Achilli VERG.*A.*6.839; Ausoniae..~ntis STAT. *Silv.*3.2.20; ULP.*dig.*50.15.1;—pater ~ns postquam noua moenia uidit OV.*Fast.*2.481; STAT.*Theb.*3.344;—diuae ~ntis ad aram VERG.*A.*2.425. **b** OV.*Fast.*5.559; quem (*sc.* nutum Iouis) turbidus horret ~ns V.FL.3.253.

armisonus ~a ~um, *a.* [ARMA+SONO+-VS] Sounding with the clash of arms, with ringing armour.
desine..~ae caput obiectare procellae SIL.15.39;—(*as ep. of Pallas*) numina sancta precamur Palladis ~ae VERG.*A.* 3.544; V.FL.1.74; STAT.*Theb.*1.535; ~ae..diuae SIL.13.42.

armīta ~ae, *f. adj.* [ARMVS] (See quot.)
~a dicebatur uirgo sacrificans, cui lacinia togae in humerum erat reiecta PAUL.*Fest.*p.4M.

armō ~āre ~āuī ~ātum, *tr.* [ARMA+-O[3]]
1 (esp. in refl. or virtually refl. use) To fit weapons or armour upon (a person), arm, equip; *manus ~are*, to arm oneself, 'take up the sword'. **b** to furnish with arms, equip. **c** to equip (a place, etc., with implements). **d** to fortify (walls).
ut quam minimum spati ad se colligendos ~andosque Romanis daretur CAES.*Gal.*3.19.1; ~ant inde iuuenem aequales LIV.7.10.5; si quando (Iuppiter)..~auit..in nube manum STAT.*Theb.*3.320; tres corpore dextras ~arat (Geryon) SIL.1.279;—(*horses*) bello ~antur equi VERG.*A.* 3.540; GEL.5.2.3;—(*w. abl.*) spoliis se quisque recentibus ~at VERG.*A.*2.395; iaculo palmas ~auit acuto 11.574; PROP.2.13.1; LIV.6.12.8; (*pass. w. ret. acc.*) Iuppiter..dextram..corusca ~atus flamma *Aetna* 55;—(*in fig. phr.*) traditur ~atis uulgus inerme uiris OV.*Ars* 3.46; (*cf. sense 7*) quod pluribus telis disciplinarum sunt ~ati VITR.1.1.17;—nec quemquam decere, qui manus ~auerit, ab inermis pedibus auxilium petere SAL.*Jug.*107.1; (*w.* in+*acc.*) ubi crudeli decreto..dextram patris in filiam ~auerit LIV. 3.57.4; 23.9.3; (*expr. purpose*) manus, quas iustius in Lepidi perniciem ~asset, sibi adferre conatus est PLANC. *Fam.*10.23.4; (*w.* aduersum) aduersum deos penatis manus ~are SAL.*Hist.*1.77.20. **b** maximos exercitus nostros uestiuit, aluit, ~auit (Sicilia) CIC.*Ver.*2.5; legiones ~o, paro D.BRUT.*Fam.*11.20.4; ceteri, ut quemque casus ~auerat, sparos aut lanceas..portabant SAL.*Cat.*56.3; VERG.*A.*8.397; ~andae eius (*sc.* cohortis) cura Vario Crispino..data TAC. *Hist.*1.80;—(*cf.*) hoc senatus consulto..~atum ~abitis Cassium CIC.*Phil.*11.32; C. Claudi sententia consules ~abat in tribunos LIV.4.6.7;—(*w. abl.*) si omnibus suis copiis excellentem uirum res publica ~asset CIC.*Phil.*13.32; iis

(armis) censeo ~etis milites quos uobiscum habetis Pomp. *Att.*8.12A.4; saxa, quibus eos adfatim locus ipse ~abat Liv. 9.35.4. **c** thecam calamis ~are memento Mart.14.20(19). 1; ~ata..graphiaria ferro 14.21.1; paribus..mucronibus omnes ~antur laterum crates Sil.6.540. **d** muri reficiebantur propugnaculisque ~abantur Liv.30.9.4.

2 To make soldiers of, give arms to, arm.
proletarios ~auit Hem.*hist.*21; Caesar..ueteranos cupientis iam requiescere ~auit Cic.*Phil.*5.44; Caes.*Civ.*1.24.2; collectos ~at agrestis Verg.*A.*9.11; Liv.26.17.2; Quint. *Inst.*3.8.30; Othoni..~ari plebem nuntiabatur Tac.*Hist.* 1.40; (*w.* in+*acc.*) serui in dominos ~abantur Cic.*Planc.*86.

3 To put in the field, mobilize, muster (military forces).
Iugurtha quam maxumas potest copias ~at Sal.*Jug.*13.2; Mezentius agmina..~at Verg.*A.*7.648; ~are exercitum Hannibal..non poterat Liv.21.39.1; nec se..quos e gente suorum ~et habere ullos Ov.*Met.*14.464; Vell.2.1.4; ~ant ..elephantos ccc, equites dccc Plin.*Nat.*6.73; huic ~at Larisa uiros Stat.*Theb.*4.44; Tac.*Ag.*27.3; (*w.* contra) cuncta contra te Italia ~ata est Cic.*Phil.*13.39; (*fig.*, *w.* in+*acc.*) ipsas in scelus ~are mortes [Quint.]*Decl.*15.5.

4 (esp. w. abst. subj.) To cause to take up arms, incite to war.
hae spes Etruscos ~auerant Liv.2.44.12; cum..timor par aduersus communem hostem duas..urbes ~aret 9.19.13; *Ilias* 353; nuda potestas ~auit fratres Stat.*Theb.*1.151; Flor.1.47(3.12.13);—(*w.* in+*acc.* = '*against*', aduersus) regem ~auit et exercuit aduersus Romanos Nep.*Han.*10.1; Arcadas..pudor ~at in hostis Verg.*A.*10.398; qui..illorum fiducia uos..in nos ~auit Liv.37.45.17; si auxilia et socii aduersum abscedentis legiones ~arentur Tac.*Ann.*1.36;—(*w.* in+*acc. expressing purpose*, ad) tu potes unanimos ~are in proelia fratres Verg.*A.*7.335; Asiam Europamque ad funestum ~arent bellum Liv.35.32.14.

5 (of a weapon or sim.) To constitute the arms or accoutrements of.
agrestis..manus ~at sparus Verg.*A.*11.682; luteis corymbis hedera te..~et Bas.*poet.*2.7.

6 To arm (persons with weapons other than regular arms); to equip (weapons with fire or poison). **b** (of nature) to arm (plants or animals with spikes, horns, poison, etc.); (pass., of plants or animals).
~atam facibus matrem Verg.*A.*4.472; utraque acies ~atur igni Liv.4.33.6; ~atus peragebat bella ueneno Sil. 15.682; cum ferae gentes non telis magis quam suo caelo.. ~antur Plin.*Pan.*12.3; (*poet.*) si progenitum (Achillem) Stygos amne seuero ~aui Stat.*Ach.*1.270;—ferrum..~are ueneno Verg.*A.*9.773; (sagittam) ~atam..felle ueneni 12. 857; ~atam..igni pinum (*lighted pine-torches*) Sil.14.303. **b** excogitauit (natura) aliquas (herbas) aspectu hispidas.. iis muniendo aculeis telisque ~ando Plin.*Nat.*22.17;—alias (animantes) esse cornibus ~atas Cic.*N.D.*2.121; Verg.*A.* 6.288; ~atos..unguibus ursos Ov.*Met.*10.540; Sen.*Ben.* 4.18.2; (poma) patriis ~ata uenenis Col.10.406; bestias ~atas dente uel cornu Apul.*Met.*8.4; (*cf.*) rex (apium).. maiestate solum ~atus Plin.*Nat.*11.52.

7 (in fig. applications, but often with retention of a military metaphor) To strengthen, fortify, arm.
tota illa lex accusationem tuam, si haberes nocentem reum, fortasse ~asset Cic.*Mur.*46; ab eo quem ipse ~asset cum plebeium fieri passus esset *Att.*2.22.2; *Tusc.*2.51; Ov.*Met.*13.544; Pompeium senatus auctoritas, Caesarem militum ~auit fiducia Vell.2.49.2;—(*w. abl.*) qui..sese ~at eloquentia Cic.*Inv.*1.1; *Dom.*2; Archilochum proprio rabies ~auit iambo Hor.*Ars* 79; V.Max.6.3; ~at contemptu mentem necis Sil.4.249; Tac.*Dial.*32.2; pessimae illae lamiae noxiis animis ~atae Apul.*Met.*5.11;—(*w. dat. of purpose*) quae..uiros acuunt ~antque puellis,..genitalia semina bulbi (*i.e. aphrodisiacs*) Col.10.105;—(*w.* aduersus) aduersus hos (morbos) et medicina ~are se coepit Sen.*Ep.* 95.29; Quint.*Decl.*329(p.293,l.29);—(*w.* contra) philosophiae..quae me..contra omnis fortunae impetus ~at Cic. *Fam.*12.23.4; huius (*sc.* rationis) te amor contra durissima ~abit Sen.*Ep.*74.21; (*also w. abl.*) cum se..contra uim et ferrum..legibus sacratis esse ~atum putaret Cic.*Sest.*79; —(*w.* ad) quod te ad omnia summum atque excellens ingenium ~auit Caecin.*Fam.*6.7.4; (*w.* ad+*gdve.*) eum..ad liberandam patriam impulit, instruxit, ~auit Cic.*de Orat.* 3.139; V.Max.5.4.2.

8 To fit out, rig (a ship).
nauem..sumptu periculoque suo ~atam atque ornatam Cic.*Ver.*5.50; Caes.*Gal.*3.13.1; ~atas deducere classis Verg. *G.*1.255; Liv.28.45.21; ~ate ratem [Sen.]*Oct.*970; Ulp.*dig.* 20.4.5.

armon: (a Pontic name for armoracia; see quot.).
unum (genus raphani) siluestre Graeci ceraim uocant, Pontici ~on Plin.*Nat.*19.82.

armoracia ~ae, *f.* **-cea**; also **-cium** ~(i)ī, *n.* [unkn.] A wild radish.
Cels.4.16.2; Col.6.17.8; simili ratione..condire oportet.. ~orum cymam 12.9.3; Plin.*Nat.*19.82; 20.22.

armus ~ī, *m.* [cf. Skt. *īrma-*, Av. *arema-*, Goth. *arms*, Eng. *arm*]

1 The fore-quarter or shoulder (of an animal; as opp. to vmervs of a man); also, the side, flank. **b** the shoulder cut from a dead animal, (esp. as a joint for the table).
quasi lupus ab ~is ualeo, clunis infractos fero Pl.*fr.*5; densa iuba, et dextro iactata recumbit in ~o Verg.*G.*3.86; ~is palearia pendent Ov.*Met.*2.854; Sen.*Oed.*144; boues.. pectore magno, ~is uastis Col.6.1.3; elephans tantum sub ~is duas (*sc.* mammas habet) Plin.*Nat.*11.233; Sil.10.255; (*of a Centaur*) imos demissus in ~os (Chiron) Stat.*Ach.*1.124; —ex umeris ~i fiunt Ov.*Met.*10.700; uni (*sc.* homini) iuguli, umeri, ceteris ~i Plin.*Nat.*11.243;—spumantis equi foderet calcaribus ~os Verg.*A.*6.881. **b** fecundae leporis..~os Hor.*S.*2.4.44; utramque coxam leporis et duos ~os Mart. 7.20.5; (*in magic*) ~o talpae contacta semina uberiora esse Plin.*Nat.*18.159.

2 (poet.) The shoulder (of a man).
quam forti pectore et ~is! Verg.*A.*4.11; 11.644; quam (*sc.* manum)..ferit totoque semel demittit ab ~o Luc.9.831; lapsa per ~os hasta uiri Stat.*Theb.*8.494.

Arniensis ~is ~e, *a.* The name of one of the tribes at Rome.
Cic.*Agr.*2.79; Liv.6.5.8.

Arnus[1] ~ī, *m.*

1 A river in Etruria, the Arno.
Plin.*Nat.*3.50; Tac.*Ann.*1.79.

2 A legendary king of N. Italy.
uada, Faunigenae regnata antiquitus ~o Sil.5.7.

arnus[2] ~ī, *m.* [Gk. ἀρήν, ἀρνός] A lamb.
~i caput agni caput Paul.*Fest.*p.20M.

arō ~āre ~āuī ~ātum, *tr.* [cf. Gk. ἀρόω, Welsh *arddu*, Goth. *arjan*, Lith. *ariù* (all meaning 'plough')]

1 To cultivate by ploughing, plough. **b** to have under cultivation, farm. **c** (prov.) *litus ~are*, to labour in vain, 'plough the sands'. **d** (in fig. phrs. w. ref. to writing; cf. 3b).
terram cariosam caue ne ~es Cato *Agr.*5.6; agro non semel ~ato, sed..iterato Cic.*de Orat.*2.131; nec potest ~ari post imbus aliqua (terra) Plin.*Nat.*17.41; (*cf.*) quanto altius ~antur (*sc.* arbores) et circumfodiuntur Col.5.7.4;— (*absol. or ellipt.*) ~are mauelim quam sic amare Pl.*Mer.*356; numquam tam mane egredior..quin te in fundo conspicer fodere aut ~are Ter.*Hau.*69; tempora..~andi Cic.*Arat. Progn.*324; ut in alteram partum ~aret Alf.*dig.*39.3.24; nudus ~a, sere nudus Verg.*G.*1.299; Liv.3.26.9; dum Cadmus ~at Stat.*Theb.*11.490;—(*of draught animals*) piger optat ~are caballus Hor.*Ep.*1.14.43; Tib.1.10.46; tauros spectabis ~antis Prop.2.19.11;—(*impers. pass.*) pluuiales (dies)..quibus non ~atur Col.2.12.8. **b** qui publicos agros ~ant Cic.*Ver.*5.53; cui litus ~andum.. dedimus Verg.*A.*4.212; ~at Falerni mille fundi iugera Hor.*Epod.*4.13; uobis ~abitur ager Campanus Liv.7.30.19; (*w. internal acc.*) quae homines ~ant nauigant aedificant, uirtuti omnia parent Sal.*Cat.*2.7;—(*in fig. phr.*) fundum alienum ~at, incultum familiarem deserit Pl.*As.*874; Ov. *Tr.*2.327;—(*absol. or ellipt.*) ciuium Romanorum qui ~ant in Sicilia Cic.*Ver.*3.11; terra procul..colitur..Thraces ~ant Verg.*A.*3.14; Venusinus ~at finem sub utrumque colonus Hor.*S.*2.1.35; Stat.*Theb.*5.53. **c** non profecturis litora bubus ~as Ov.*Ep.*5.116; *Pont.*4.2.16. **d** uelim ego osse ~are campum cereum Titin.*com.*160; (*absol.*) uertamus uomerem, in cera mucrone aeque ~emus osseo Atta *com.*13.

2 To produce by ploughing or cultivation, grow.
quidquid ~at impiger Apulus Hor.*Carm.*3.16.26; hac ciuitate..in qua consumitur quidquid terris omnibus ~atur Sen.*Cl.*1.6.1.

3 To furrow, wrinkle, scarify. **b** (wax or paper in writing). **c** (poet.) to 'plough' (the sea, water).
frontem obscenam rugis ~at, Verg.*A.*7.417; iam uenient rugae, quae tibi corpus ~ent Ov.*Ars* 2.118; lupum rete circumdatum harenas ~are cauda Plin.*Nat.*32.11; saeuis.. ~at unguibus ora *Ilias* 1017; Stat.*Theb.*10.550. **b** (libelle) inuersa pueris ~ande charta Mart.4.86.11. **c** uastum maris aequor ~andum Verg.*A.*2.780; quae lassarit ~ando, aequora Ov.*Am.*2.10.33; *Tr.*3.12.36; alueum lintribus ~ent Maec. in Sen.*Ep.*114.5.

arōma ~atis, *n.* [Gk. ἄρωμα] Forms: abl. pl. *~atis* Col.12.25.4; Apul.*Met.*3.17, 11.16, *Fl.*19. An aromatic substance, spice.
Cels.3.21.7; ~ata contusa et cribrata Col.12.20.4; uannos onustas ~atis Apul.*Met.*11.16; usus fructus uel odorum uel ~atum Ulp.*dig.*7.5.11.

arōmaticum ~ī, *n.* [Gk. ἀρωματικός] An aromatic ointment.
CIL 12.5691(9).

arōmatītes ~ae, *m.* [Gk. ἀρωματίτης (*sc.* οἶνος)] Spiced or aromatic wine.
apud priscos..~e delectatos Plin.*Nat.*14.92; 14.107.

arōmatītis ~idis, *f.* [Gk. ἀρωματῖτις] An aromatic stone.
~is..reginis frequentata Plin.*Nat.*37.145.

aroscit: (dub. wd., explained as = πλανᾶται). Andr.*poet.*33.

Arpānus ~a ~um, *a.* Of Arpi; (masc. pl. as sb.) its people.
Var.*R.*1.8.2; Plin.*Nat.*2.211;—3.105.

arpaston ~ī, *n.* [Gk. ἁρπαστόν] A kind of eye-salve.
CIL 13.10021(153).

Arpī ~ōrum, *m. pl.* A town in Apulia.
Liv.24.45.2; Sil.8.242;—(*app. used for Arpinum*) qui Caium ueterem..~is cedere non sinis disertis Mart.4.55.3.

Arpīnās ~ātis, *a.* Forms: nom. sg. *~atis* Cato *hist.*61. Of or connected with Arpinum; (masc. as sb.) one of its inhabitants; (neut. as sb.) a villa there.
si quis mortuus est ~atis Cato *hist.*61; ad iter ~as Cic. *Att.*16.13(a).1; *Tusc.*5.66; ~ati paupertate Fro.*Ver.*2.p.204 (205N);—legatos ~atium Cic.*Fam.*13.12.1; nouus ~as Juv.8.237;—(*collect. sg.*) ~as..socia hispidus arma commouet Sil.8.401;—sese..in ~ati nostro gelidis fluminibus circumfusum fuisse Cic.*Tusc.*5.74.

Arpīnum ~ī, *n.* A town in Latium, famous as the birthplace of Cicero and Marius.
ego meo Ciceroni, quoniam Roma caremus, ~i potissimum togam puram dedi Cic.*Att.*9.19.1; Sal.*Jug.*63.3; Liv. 30.2.12.

Arpīnus ~a ~um, *a.* Of Arpi; (also, cf. arpi) of Arpinum.
Liv.24.45.1;—hoc quod..posteri..possint ~is quoque conparare chartis Mart.10.20(19).17.

arquātūra ~ae, *f.*: see arcvatvra.

arquātus ~a ~um, *a.* Also **arcu-**. [var. of arcvatvs, from *arcus* = 'rainbow'] Rainbow-coloured, jaundiced; (masc. as sb.) one suffering from jaundice; *morbus ~us*, the rainbow-coloured disease, jaundice.
nos esse ~os Lucil.1092; ubi intentae uenae et ~ae sunt Cels.7.7.7.a; pecori ~o Col.7.5.18;—ut ~is lutea quae non sunt et quae sunt lutea uidentur Var.*Men.*148; lurida.. fiunt quaecumque tuentur ~i Lucr.4.333; Plin.*Nat.*20.115; —Cels.2.8.34; auruginem, quam..quidam ~um morbum uocant Larg.110.

arquipotens ~tis, *a.*: see arcipotens.

arquitenens ~ntis, *a.*: see arcitenens.

arquītēs ~um, *m. pl.* [arcvs] (See quot.)
~es arcu proeliantes Paul.*Fest.*p.20M.

arquus ~ūs, *m.*: see arcvs.

arra ~ae, *f.* [shortened form of next] A token payment on account, earnest money, deposit.
Laber.*com.*152; eo tempore, quo nondum erat ~a uelocior (anulo) Plin.*Nat.*33.28; quod ~ae nomine datur Gaius *Inst.*3.139; Gel.17.2.21; (*cf.*) ne auaritiam quidem (medicorum) arguam rapacesque nundinas pendentibus fatis..ac mortis ~am Plin.*Nat.*29.21.

arrabō ~ōnis, *m.* [Gk. ἀρραβών, cf. Hebrew *'ērābōn*] A token payment, earnest money, deposit, pledge; (w. *amoris*) a token (of love).
~oni has dedit quadraginta minas Pl.*Mos.*645; ea (filia) relicta huic ~oni est pro illo argento Ter.*Hau.*603; cum tantus ~o (*i.e. hostages*) penes Samnites populi Romani esset Quad.*hist.*20; Var.*L.*5.175; (*w. defining gen.*) foenus copiosum, sub ~one auri et argenti crebriter exercens Apul.*Met.*1.21;—hunc ~onem amoris primum a me accipe Pl.*Mil.*957.

arrectārium ~(i)ī, *n.* [arrigo[1]+-arivm] A vertical post, upright.
~iorum et transuersariorum dispositione Vitr.2.8.20; 10.13.2.

arrectus ~a ~um, *a.* *compar.* ~ior. [pple. of arrigo[1]] In senses of vb., esp.: Erect, upright; steep.
(pullus) breuibus auriculis et ~is Col.6.29.2;—ut pleraque Alpium ab Italia sicut breuiora ita ~iora sunt Liv.21.35.10.

arrenicum ~ī, *n.*: see arrhenicvm.

arrēpō ~pere ~psī, *intr.* **adr-.** [ad-+repo]

1 To move stealthily towards, creep up to.
(*w.* ad) ne mus aut lacerta qua ~pere ad columbaria possit Var.*R.*3.7.3; ad eas (*sc.* aquas) modice distantes ~punt (cucumeres) Plin.*Nat.*19.66;—(*w. dat.*) rubetae.. ~pentes..foribus (aluei) portas sufflant 11.62;—(*absol.*) quippe cum..uersipelles in quoduis animal ore converso latenter ~pant Apul.*Met.*2.22; 4.10.

2 To feel one's way gently (towards an objective), worm one's way (into somebody's confidence, etc.).
(*w.* ad, in+*acc.*) quibus rebus non sensim atque moderate ad istius amicitiam ~serat Cic.*Ver.*3.158; leniter in spem ~pe officiosus Hor.*S.*2.5.48;—(*w. dat.*) dum occultis libellis saeuitiae principis ~pit Tac.*Ann.*1.74; 3.50.

arrespex ~icis, *m.*: var. of harvspex.

Arrētīnus ~a ~um, *a.* Of or connected with Arretium. **b** (masc. pl. as sb.) the inhabitants of Arretium.
~ae mulieris Cic.*Caec.*97; ~ae..testae Mart.1.53.6. **b** Cic.*Att.*1.19.4; Liv.9.32.1; Plin.*Nat.*3.52.

Arrētium ~(i)ī, *n.* A town in Etruria, known for its pottery.
in Italia ~io uetustum egregie factum murum Vitr.2.8.9; Liv.9.37.12; Sil.7.29.

arrhenicum ~ī, *n.* **arre-**, also arsenicvm. [Gk. ἀρρενικόν, ἀρσενικόν] Yellow arsenic, orpiment.
aeris et ferri metalla et ~i Plin.*Nat.*6.98; 28.214; 34.178.

arrhenogonos ~os ~on, *a.* [Gk. ἀρρενογόνος] (of a species of the plant *crataegis*) That, when

consumed, promotes the generation of male children.
PLIN.*Nat.*26.99.

Arria ~ae, *f*: **a** The wife of Caecina Paetus. **b** her daughter, the wife of Thrasea Paetus.
a MART.1.13.1; PLIN.*Ep.*3.16.2. **b** TAC.*Ann.*16.34.

arrīdeō ~dēre ~sī ~sum, *intr., tr.* **adr-.** [AD-+RIDEO]

1 To smile at, upon or in response to. **b** (poet., etc., of things).
(*w. dat.*) eis ultro ~deo TER.*Eu.*250; HOR.*Ars* 101; uix notis familiariter ~dere LIV.41.20.3; SEN.*Dial.*5.15.3; uisis..docebat ~dere feris STAT.*Ach.*2.104; Fortuna.. ~dens nudis infantibus JUV.6.606; si puellae lepidae libenter ~sit APUL.*Met.*5.31;—(*w. acc.*) Cn. Flauius..id ~sit CALP. *hist.*27; uos nunc ~det ocellis *Lydia* 5;—(*absol. or ellipt.*) si non ~derent, dentes ut restringerent PL.*Capt.*486; CIC. *de Orat.*1.134; leniter ~dens Scipio inquit *Rep.*6.12; riserit: ~de OV.*Ars* 2.201; TAC.*Dial.*42.2; APUL.*Met.*7.20. **b** (*w. dat.*) tum mi aedes quoque ~debant..tuae PL.*As.*207; quandoque mihi fortunae ~serit hora PETR.133.3; cum tempus aperit, tepidis ~det horis (tellus) PLIN.*Nat.*17.15;—(*absol.*) cum tempestas ~det LUCR.2.32; modo fronte serena blandus ~sit (uer) CALP.*Ecl.*5.47;—(*pres. pple. as quasi-adj.*) cetera blanda et ~dentia SEN.*Ep.*123.13.

2 To be pleasing or satisfactory (to).
(*w. dat.*) illud tuum, quod ualde mihi ~serat CIC.*Att.*13.21.3; quibus haec, sint qualiacumque, ~dere uelim HOR.*S.*1.10.89; intelligens ~sisse illud lucellum sibi SEN.*Ben.*7.21.2;—(*absol.*) si quid minus ~serit PHAED.4.21(22).4; si modo ~serit pretium PLIN.*Ep.*1.24.3.

3 To be or seem familiar (to the mind).
~det animo forma SEN.*Oed.*841.

arrigō[1] ~igere ~exī ~ectum, *tr.* **adr-.** [AD-+REGO]

1 To make to stand upright, stand on end, tilt upwards, raise; *in digitos* (*plantis*) *~ectus*, on tiptoe. **b** *aures ~igere*, to prick up one's ears; (hence) to pay attention; (also, w. dat.) to cause (a person) to pay attention. **c** *lumina ~igere*, to lift one's eyes. **d** (w. *penem*) to erect; *~ectus* (of persons), sexually excited.
arma ~igunt, horrescunt tela ENN.*scen.*140; ~ectae.. horrore comae VERG.*A.*4.280; ~ectos litore currus 9.317; ~ecto pectore 11.639;—constitit in digitos extemplo ~ectus uterque 5.426; ~ecti plantis et pectora proni SIL. 16.478. **b** ~ectis..auribus horrent quadripedes OV.*Met.* 15.516;—~ige auris, Pamphile! TER.*An.*933; silent ~ectisque auribus astant VERG.*A.*1.152;—suo mihi hic sermone ~exit auris PL.*Rud.*1293. **c** arsere coruscae luminibus flammae ~ectis VERG.*A.*2.173. **d** ~ectum.. penem MART.10.55.1;—haec es ad ~ectos uerba locuta procos *Priap.*68.32.

2 (absol.) To become sexually excited, have an erection.
an refert, ubi et in qua ~igas? ANT. in Suet.*Aug.*69.2; MART.3.70.4;—(*w.* ad) ~igis ad uetulas, fastidis, Basse, puellas 3.76.1.

3 To excite, arouse, stir.
uetus certamen animos eorum ~exit SAL.*Cat.*39.3; Etruria atque omnes reliquiae belli ~ectae *Hist.*1.77.8; cum spes ~ectae iuuenum VERG.*G.*3.105; *A.*5.138; V.FL.2.186;—(*pass. w. retained acc.*) his animum ~ecti dictis VERG.*A.* 1.579;—(*pregn., w. indir. qu.*) ~ecta omni ciuitate, quanta fides amicis Germanici TAC.*Ann.*3.11;—(*w.* ad, in+*acc.*) suos hortando ad uirtutem ~igere SAL.*Jug.*23.1; ~ecti ad bellandum animi sunt LIV.8.37.2; in moenia nostra Aeneadum ~ectae mentes SIL.2.295; (*w. gdve.*) nec paucos.. sollers species ad munus obeundum ~exerat APUL.*Met.*4.15.

arrigō[2] ~āre ~āuī ~ātum, *tr.* [AD-+RIGO] To moisten the soil around, water (plants).
uites..aceto acri cum cinere ~ato COL.*Arb.*8.4.

arripiō ~ere ~uī arreptum, *tr.* **adr-.** [AD-+RAPIO]

1 To grasp with the hand, take hold of, clasp to oneself. **b** (esp. of animals, etc.) to seize with the teeth, bill, or claws, bite. **c** (w. motion or sim. implied) to bring or take (a person), get hold of.
talos ~io PL.*Cur.*358; ipse ~uit M'. Aquilium..tunicamque eius a pectore abscidit CIC.*Ver.*5.3; ~uit biiugos VERG. *A.*10.595; arrepta..manu HOR.*S.*1.9.4; ignem temere arreptum..aedificiis iniecit LIV.2.33.7; ut arreptum laniabat uertice crinem OV.*Met.*4.558; festasque dapes redimitaque uina ~iunt famuli STAT.*Silv.*3.1.77; arrepta imagine Caesaris TAC.*Ann.*3.36; (*w. abl.* 'by') ego te continuo barba ~iam PL.*Rud.*769; proximum signiferum manu arreptum secum in hostem rapit LIV.6.8.1; adreptam..coma..uincla pati cogit OV.*Met.*6.552; SUET.*Gal.*20.2; (*w.* ab) arrepta signa ab signiferis ipse inferre LIV.3.70.10;—(*weapons*) ~uit gladium PL.*Capt.*915; nemo..fuit qui non..surrexerit, telumque..~uerit CIC.*Ver.*4.95; arma quae possunt ~iunt CAES.*Civ.*2.14.3; SAL.*Jug.*72.2; LIV.21.25.3; adrepta nouacula APUL.*Met.*5.22; (*in fig. phr.*) me esse arrepturum arma iudiciorum atque legum CIC.*Har.*7. **b** manum ~uit mordicus PL.*Cur.*597; ~uit colubram mordicus TURP.*com.* 108; (animalia) partim unguium tenacitate ~iunt partim aduncitate rostrorum CIC.*N.D.*2.122; saucius arrepto piscis teneatur ab hamo OV.*Ars* 1.393; canis..obiectus hispidi pugnae suis, ~uit aurem PHAED.5.10.5. **c** aliquem ~iamus prandium qui percoquat apud te PL.*Mer.*579;—(*w.* huc) huc ~e ad me manibus abstractam piis (Deianiram) CIC.*Tusc.*2.20;—(*w.* ex) quemcumque patremfamilias ~uissetis ex aliquo circulo, eadem uobis..respondisset *de Orat.*1.159.

2 To arrest or have arrested; to bring before a court.
est adreptus unus eques Romanus de pecuniis repetundis reus CIC.*Rab.Post.*11; *Luc.*63; ~ite hunc PROP.2.29.8; abeuntes magistratu Cn. Genucius tribunus plebis ~uit LIV.2.54.2; ~i iubet hominem et in uincula duci 3.13.4; Publius..post praeturae honorem inter Seiani conscios arreptus SUET.*Vit.*2.3;—(*w.* in+*acc.*) subito adrepti in quaestionem CIC.*Mil.*60; quaestor eius in praeiudicium aliquot criminibus arreptus est SUET.*Jul.*23.1.

3 To take possession of, seize, grab. **b** to take control of. **c** to get hold of, obtain, acquire (for oneself).
~ta est familia CIC.*Sul.*54; Sardiniam Gracchus ~uit FLOR.*Epit.*1.22(2.6.35);—(*w. source indicated*) Pisaea praemia arrepta a socro..possedit suo ACC.*trag.*196; unde.. hanc (*sc.* mentem) homo ~uit, ut ait..Socrates CIC.*N.D.* 2.18; si tabulam de naufragio stultus ~uerit *Off.*3.89; CAES. *Gal.*5.33.6. **b** ad cohortes auehitur atque eas arreptas.. in urbem inducit LIV.34.20.8. **c** media de nocte caballum ~it HOR.*Ep.*1.7.89; arrepto repente equo LIV.6.8.6; (*w. abst. obj.*) ~e opem auxiliumque ad hanc rem PL.*Mil.*220; ille non mediocri cupiditate ~uit imperium CIC.*Lig.*3; non cani nec rugae repente auctoritatem ~ere possunt *Sen.*62; fascis imperiumque sibi ~uit *B.Hisp.*42.6;—(*w. source indicated*) quod uox et gestus subito sumi et aliunde ~i non potest CIC.*de Orat.*1.252; qui cognomen sibi ex Aeliorum imaginibus ~uit *Sest.*69.

4 To accept (a suggestion) eagerly, 'jump at', agree to. **b** to fix on, seize on, 'pitch on', select (for one's own purpose). **c** to seize on (a pretext, excuse, opportunity, etc.), avail oneself of.
submonuit me Parmeno ibi seruos quod ego ~ui TER. *Eu.*571; quod iste ~uit et ita sese facturum confirmauit CIC.*de Orat.*2.89; ~uit..omen Paulus V.MAX.1.5.3; non criminibus artis arreptis PLIN.*Nat.*29.20; ~iente eo condicionem SUET.*Rhet.*30(p.126Re); (*ellipt.*) non perinde atque ego putaram ~ere uisus est CIC.*Att.*16.5.3. **b** tu mihi ~is hoc quod necesse est omnium uitiorum esse postremum CIC.*Mur.*13; nisi..hic sermone aliquo arrepto pro mandatis abusus est *Att.*7.13a.2; cum aliquid, quod utile uisum est, ~uit, id continuo secernit ab honesto *Off.* 3.36. **c** hanc istum ..causam arrepturum fuisse ad incendia caedis rapinas nolo..suspicemini CIC.*Dom.*12; ~ere facultatem laedendi quaecumque detur *Flac.*19; arrepto tempore VERG.*A.*11.459; impedimentum pro occasione ~uit LIV.3.35.8; proximam occasionem..~io SEN. *Ep.*12.2; STAT.*Ach.*1.318; struxit..causas aut forte oblatas ~uit TAC.*Ann.*2.42; (*cf.*) hoc..dux callidus ~uit in occasionem FLOR.*Epit.*2.13(4.2.84).

5 To seize eagerly, adopt (a style or method); to assume (a thesis). **b** to adopt, take over (words, arguments, ideas, etc.). **c** to catch, acquire (a quality).
iam illud medium (genus) quotiens uult ~it (Demosthenes) CIC.*Orat.*111; *Mur.*62; uanus animus..~uit insolentem sibi fiduciam PHAED.5.7.2;—~ere..mihi uidemini quasi uestro iure rem nullo modo probabilem CIC.*N.D.*1.77. **b** cum in altercatione ~itur ab aduersario uerbum CIC.*de Orat.* 2.255; qui et id quod mihi contra illos datum est ipsi ~iunt et scopulo atque saxis pro portu stationeque utuntur *Tul.* 33; *Fin.*3.4; uel graues ex orationibus ueterum sententias ~eretis FRO.*Aur.*1.p.304(106N). **c** quorum similitudinem aliquam qui ~uerit CIC.*Tusc.*1.110.

6 To attain, occupy, make (a position); to make a rapid start on (a journey). **b** to grapple with, undertake (a task).
ecce tibi Ausoniae tellus: hanc ~e uelis VERG.*A.*3.477; arrepta tellure semel 10.298; ~uit..locum 11.531;—~it extemplo..notum iter ad Thebas STAT.*Theb.*1.100. **b** statim causam illam totam et tempus ~ere CIC.*Fam.*5.12.2; quarum (*sc.* litterarum) studium etsi senior ~uerat NEP. *Ca.*3.2.

7 To acquire, pick up, absorb, (knowledge, etc.).
quae ego sero, quae cursim ~ui CIC.*de Orat.*2.364; *Q.Rosc.* 31; alia uisa (mens) sic ~it ut iis statim utatur *Luc.*30; *Sen.*78; ut..unius cuiusque natura toto statim pectore ~eret artis honestas TAC.*Dial.*28.7; tunc primum arreptis suspicionibus *Ann.*15.54;—(*w. source indicated*) ex uariis Platonis libris..hoc maxime ~uit, nihil esse certi CIC.*de Orat.*3.67; *Mil.*10.

8 To attack suddenly, fall upon, assail. **b** to attack in words or writings.
turbata ~e castra VERG.*A.*9.13; turbatos ~it ense STAT. *Theb.*9.844; animam mucrone corusco:..~it 10.776; proinde ~erent uacui occupatos, integri fessos TAC.*Hist.*4.17. **b** primores populi ~uit HOR.*S.*2.1.69; luxuriam et Nomentanum ~e mecum 2.3.224.

9 (of pain, disease, and other conditions) To attack, assail, seize.
postquam ~uit rabies hunc nostrum augurem AFRAN. *com.*8; tanta me διάρροια ~uit CIC.*Fam.*7.26.2; ~it acer saepe dolor dentis LUCR.6.658; ebriulati mentem hilaria ~uit LABER.*com.*52; genere ualitudinis praecipiti arreptus SEN.*Ep.*101.3; genus dolore arreptum sum FRO.*Aur.*1.p.192 (78N); (*ellipt.*) eum (*sc.* dolorem)..qui, simul atque ~uit, interficit CIC.*Fin.*2.93.

arrīsiō ~ōnis, *f.* **adr-.** [ARRIDEO+-TIO] The action of smiling (at or on).
ab alicuius interpellatione aut ~one (*sc.* exordiemur) *Rhet.Her.*1.10.

arrīsor ~ōris, *m.* **adr-.** [ARRIDEO+-TOR] One who smiles (at a person).
Satellius Quadratus, stultorum diuitum arrosor, et quod sequitur ,~or SEN.*Ep.*27.7.

arrōdō ~dere ~sī ~sum, *tr.* **adr-.** [AD-+RODO]

1 To gnaw or nibble away a part of.
mures Antii coronam auream ~sere LIV.30.2.10; crudum ..unguem ~dens ait haec PERS.5.163; semina ~sa condunt (formicae), ne rursus in frugem exeant e terra PLIN.*Nat.* 11.109; 35.137;—(*in fig. phr.*) ut illa ex uepreculis extracta nitedula rem publicam conaretur ~dere CIC.*Sest.*72;—(*facet.*) est..ibi Decius, ab illis, ut opinor, Muribus Deciis; itaque Caesaris munera ~sit *Phil.*13.27.

2 **a** (of disease, chemicals, etc.) To eat away, erode. **b** (of water) to wash away, erode.
a miserum fragili rubigine corpus ~det sanies CALP.*Ecl.* 5.77; imposito sinapi exulcerare ea..ante linteolo subiecto ne uehementer ~dat CELS.4.2.8; sanguis equi ~dit carnes septica ui PLIN.*Nat.*28.242. **b** potest terram mouere aqua si partes aliquas eluit et ~sit SEN.*Nat.*6.20.6.

arrogans ~ntis, *a.* **adr-.** *compar.* ~ntior, *superl.* -ntissimus. [pple. of ARROGO]

1 Insolent, overbearing, conceited, arrogant. **a** (of persons). **b** (of qualities). **c** (of words, actions, behaviour).
a in Gallum tam inmaniter ~ntem pugnare QUAD.*hist.* 12; nemo tam ~ns, qui similiter se umquam dicturum esse confideret CIC.*de Orat.*2.364; de te ipso, homine..~ntissimo *Vat.*10; *Att.*10.11.3; *Leg.*2.16; inuicem moechos anus ~ntis flebis HOR.*Carm.*1.25.9; sublimi flagello tange Chloen semel ~ntem 3.26.12; QUINT.*Inst.*6.1.14; nemo est tam ~ns sui aestimator, ut..non malit sine aduersario esse *Decl.*252 (p.32,l.23); ~ns minoribus, inter pares difficilis TAC.*Ann.* 11.21;—(*transf. ep.*) illas purpureas et ~ntes iussit surgere Leitus lacernas MART.5.8.11;—(*masc. as sb.*) ~ntium falsam de se opinionem QUINT.*Inst.*11.1.17. **b** propter ~ntem crudelitatem tuorum CIC.*Fam.*5.4.2; aliique pigritiae ~ntioris, qui..paulum aliquid sederunt in scholis philosophorum QUINT.*Inst.*12.3.12. **c** si uis eorum, potentia, diuitiae..proferentur atque eorum usus ~ns et intolerabilis CIC.*Inv.*1.22; nullas..litteras..in quibus non inesset ~ns, δκοινονόητον aliquid *Att.*6.3.7; ipsis (pueris)..~ns de se persuasio innascitur QUINT.*Inst.*2.4.16; remisit Caesar ~nti moderatione TAC.*Ann.*1.8; superbo atque ~nti sermone APUL.*Met.*9.39;—(*compar., cf. note in 2*) ne quid ~ntius quam eius mores ferunt facere uideatur CIC.*Phil.* 13.13.

2 Presumptuous, assuming.
aut aliud consilium instituendum aut sua sponte faciendum; aliud consilium, superbum; suum, ~ns CIC.*de Orat.* 2.165; quid est..tam ~ns quam de religione..pontificum conlegium docere conari? *Dom.*33; ne..~ns in praeripiendo populi beneficio uideretur CAES.*Civ.*3.1.5; PLIN.*Ep.*9.31.2;—(*in compar. not dist. from the adv.*) quid aut ~ntius aut loquacius fieri potuit quam Hannibali..praecepta de re militari dare? CIC.*de Orat.*2.76; metuo ne quid ~ntius apud talis uiros uidear dicere *Ver.*1.10; *Mur.*78; PLIN.*Ep.* 4.15.9;—(*masc. as sb.*) uereor ne ~ntis sit apud uos dicere, ingrati tacere CIC.*Agr.*2.2; sit sane ~ntis pluris se putare quam mundum *N.D.*3.26.

arroganter, *adv.* **adr-.** *compar.* ~tius. [prec. +-TER[2]]

1 Insolently, arrogantly, haughtily.
hominem appellat. iste sane ~ter quod commodum fuit respondit CIC.*Tul.*17; ad me..etiam cum rogat aliquid, contumaciter, ~ter, ἀκοινονοήτως solet scribere *Att.*6.1.7; ne..~ter in deditos et..durius consuleret TAC.*Ag.*16.2; praefatur ~tius et elatius, quam aetatem eius decebat GEL. 9.15.4.

2 In a conceited manner, presumptuously.
ne cui rei temere atque ~ter assenserimus CIC.*Inv.*2.10; *Lig.*30; *Off.*1.2; qui suum timorem in rei frumentariae.. simulationem..conferrent, facere ~ter CAES.*Gal.*1.40.10.

arrogantia ~ae, *f.* **adr-.** [ARROGANS+-IA]

1 Haughtiness, insolence, arrogance, pride, conceit.
si se omnibus anteponant, intolerabili ~a sint *Rhet.Her.* 4.2; si de nostris factis..sine ~a dicemus CIC.*Inv.*1.22; suum codicem testis loco recitare ~ae est *Q.Rosc.*5; illud 'γνῶθι σεαυτόν' noli putare ad ~am minuendam solum esse dictum *Q.fr.*3.5 & 6.7; putare..nihil homine esse melius, summae ~ae censet esse *N.D.*3.26; tantos sibi spiritus, tantam ~am sumpserat ut ferendus non uideretur CAES. *Gal.*1.33.5; huius ~am pertinacia alterius aequabat LIV. 5.8.11; quid opus ~a uoltus, quid tumore uerborum? SEN. *Ben.*2.11.6; deiecto (capite) humilitas et supino ~a.. ostenditur QUINT.*Inst.*11.3.69; at Britanni non uirtute se uictos..rati, nihil ex ~a remittere TAC.*Ag.*27.3; adsumpta ..Stoicorum ~a *Ann.*14.57; ~a fuit tanta, ut M. Varronem porcum appellaret SUET.*Gram.*23 (p.117Re).

2 Presumption.
adfirmandi ~am uitantem CIC.*Off.*2.8; laudare..optimum principem..idem utilitatis habet, nihil ~ae PLIN.*Ep.*3.18.3.

arrogātiō ~ōnis, *f.* **adr-.** [ARROGO+-TIO] The act or process of adopting a *homo sui iuris*, opp. *in potestate parentis*; (this required the sanction of the *comitia curiata*).
populi auctoritate adoptamus eos, qui sui iuris sunt: quae species adoptionis dicitur ~o GAIUS *Inst.*1.99; 4.77; '~o'.. dicta, quia genus hoc in alienam familiam transitus per populi rogationem fit GEL.5.19.8.

arrogātor ~ōris, *m.* **adr-.** [next+-TOR] One who adopts a son by *arrogatio*.
si se adrogandum dederit..portionis ~oris subicitur GAIUS *Inst.*1.107; POMPON.*dig.*33.8.7; ULP.*dig.*15.1.42.

arrogō ~āre ~āuī ~ātum, *tr.* **adr-.** [AD-+ROGO]

1 (perh.) To put a supplementary question to (as an *astipulator*).
accede dum huc: Venus haec uolo ~et te PL.*Rud.*1332.

2 a To appoint along with or over, associate with (another magistrate). **b** to import or introduce (additional matter).
a redierat..res ad Camillum, cui unico consuli..dictatorem ~ari haud satis decorum uisum est patribus LIV.7.25.11. **b** si id, quod necessitate uictus extrinsecus ~atur ..qualitatem corporis..custodit APUL.*Pl.*1.17.

3 To lay claim to, claim as a right. **b** to claim to possess (a quality, capacity, etc.). **c** (w. neut. pron., etc.) to make undue claims, be conceited.
non modo rerum uerum etiam uerborum potestatem sibi ~are conatus CIC.*Inv.*2.55; quoniam tu id tibi ~as et concedi postulas, concedamus CIC.*Quinct.*56; tibi specimen gloriosum ~aris si..Thesei illius..uirtutes aemulaueris APUL.*Met.*1.23;—(*w.* ut) istos, qui sibi hac ostentatione ~ant, ut palam sit eos tibicinum gloria tumere PLIN.*Nat.*37.8; (*cf., w.* ne) nobis nihil ultra ~abo quam ne post Valentem..numeremur TAC.*Hist.*2.77. **b** neque illud mihi ~abo, me posse causam commodius demonstrare CIC.*Quinct.*34; ego tantum tibi tribuo, quantum mihi fortasse ~o *Fam.*4.1.2; quod ex aliena uirtute sibi ~ant, id mihi ex mea non concedunt SAL.*Jug.*85.25; nec sibi cenarum quiuis temere ~et artem HOR.*S.*2.4.35; nihil ~abo mihi nobilitatis aut modestiae TAC.*Hist.*1.30. **c** non..tantum mihi derogo, tametsi nihil ~o, ut te copiosius quam me putem posse dicere CIC.*S.Rosc.*89; quo minus sibi ~ent minusque uos despiciant *Ver.*4.26; non uereor ne mihi aliquid..uidear ~are, si de quaestura mea dixero *Planc.*64.

4 To claim for another, assign, attribute.
nam tibi..fortuna..laudem..et optatum peractis imperiis decus ~auit HOR.*Carm.*4.14.40; scire uelim, chartis pretium quotus ~et annus *Ep.*2.1.35; nimium scriptis ~at ille meis OV.*Tr.*2.278.

5 To adopt (an adult) as one's son, esp. at his instance.
si quis creditori suo ~andum se dederit POMPON.*dig.*33.8.7; si qui heres institutus est a testatore ~etur SCAEV.*dig.*28.3.18; GAIUS *Inst.*1.107; ~antur hi, qui, cum sui iuris sunt, in alienam sese potestatem tradunt eiusque rei ipsi auctores fiunt GEL.5.19.4; liberto per obreptionem ~ato ius suum patronus non amittit PAUL.*dig.*38.2.49.

arrōsor ~ōris, *m.* **adr-.** [ARRODO+-TOR] One who nibbles or gnaws at; (in quot. fig.).
stultorum diuitum ~or SEN.*Ep.*27.7.

arrugia ~ae, *f.* [cf. perh. RVGA] A kind of galleried mine.
cuniculis per magna spatia actis cauantur montes lucernarum ad lumina..~as id genus uocant PLIN.*Nat.*33.70; aurum ~a quaesitum non coquitur sed statim suum est 33.77.

Arruns ~ntis, *m.* An Etruscan proper name, app. traditionally given to younger sons.
CIC.*Tusc.*4.50; VERG.*A.*11.759; LIV.1.34.2; 1.56.7; 2.14.5; LUC.1.586.

Arruntius ~a ~um, *a.* The name of a Roman gens, esp. *L.* ~*us*, proscribed in 43 B.C., consul 22 B.C.; *L.* ~*us*, his son, consul in A.D. 6; see also *L.* ~*us* STELLA.
dextrum nauium Iulianarum cornu M. Lurio commissum, laeuum ~o VELL.2.85.2; SEN.*Ep.*114.19;—TAC.*Ann.*1.13.

arruō ~ere, *tr.* **adr-.** [AD-+RVO] To heap up (earth).
necesse est terra ~enda puluinos fieri VAR.*R.*1.35.1.

ars ~tis, *f.* [Skt. *ṛtiḥ*; MHG. *art*]

1 Professional, artistic, or technical skill as something acquired and exercised in practice, skilled work, craftsmanship, art. **b** ~*te*, *per* ~*tem*, skilfully, artistically.
quid est quod tibi mea ~s efficere hoc possit amplius? TER.*An.*31; eburneae Victoriae antiquo opere ac summa ~te perfectae CIC.*Ver.*4.103; ut in nauigando tempestati obsequi ~tis est *Fam.*1.9.21; mercennariorum omnium, quorum operae, non quorum ~tes emuntur *Off.*1.150; ~tibus ad summum donec uenere cacumen LUCR.5.1457; ~te sollertiaque se explicant (*sc. the Rhodian sailors*) *B.Alex.*15.6; quaesitae..nocent ~tes VERG.*G.*3.549; in uitium ducit culpae fuga, si caret ~te HOR.*Ars* 31; sed ea quoque pars eodem omni apparatu tormentorum instructa erat ..Archimedis unica ~te LIV.24.34.13; ~s erat esse patrem MAN.5.308; si uicta ~s (*i.e. of the doctor*) malo fuerit CELS.5.26.1.C; nec hoc (*sc. the siting of houses*) sine ~te quadam est PLIN.*Nat.*18.32; omnium..quae diceret atque ageret ~te quadam ostentator TAC.*Hist.*2.80; quanti fuit (pictor) priusquam ~tem cum pollice amisisset ULP.*dig.*9.2.23.3;—(*w. gd.; cf. sense 5*) di tibi diuitias dederunt ~temque fruendi HOR.*Ep.*1.4.7; dum insultant aquis ~temque nandi ostentant TAC.*Ann.*2.8. **b** quam lepide lexis compostae ut tesserulae omnes ~te pauimento LUCIL.85; uerbis ~te positis mouentur omnes CIC.*de Orat.*3.196; VERG.*G.*4.56; PROP.2.25.26; qui canit ~te, canat; qui bibit ~te, bibat OV.*Ars* 2.506; si..~te fictas animus sentit fabulas PHAED.2.9.13;—quale per ~tem inclusum buxo..lucet ebur VERG.*A.*10.135; saxa per ~tem tormentis excussa SIL.1.474.

2 (spec. where a contrast w. *natura*, *ingenium*, etc., is stated or implied) Artificial methods, human ingenuity, artificiality, art.
~s..naturae commoda confirmat et auget *Rhet.Her.*3.28; Lucreti poemata, ut scribis, ita sunt, multis luminibus ingeni, multae tamen ~tis CIC.*Q.fr.*2.9.3; fortunae miseras auximus ~te uias PROP.3.7.32; rustica sedulitas gratior ~te fuit OV.*Fast.*6.534; Ennius ingenio maximus, ~te rudis *Tr.*2.424; sunt et hibernae (fici)..uti Moesiae, sed ~tis, non naturae PLIN.*Nat.*15.72; MART.10.47.8; STAT.*Silv.*1.3.16; cum..ubicumque ~s ostentatur, ueritas abesse uideatur QUINT.*Inst.*9.3.102.

3 A crafty action, trick, wile, stratagem; craftiness, guile; (mil.) a tactical device. **b** ~*te*, craftily, cunningly.
Hippolytum, postquam ~te nouercae occiderit VERG.*A.*7.765; comitiorum illi habendorum..munus consensu iniungunt. ~s haec erat, ne semet ipse creare posset LIV.3.35.8; Gabios turpi fecerat ~te suos OV.*Fast.*2.690; qui his ~tibus mortem quaesierit, quibus ab ignauis uita quaeri solet VELL.1.2.2; alii (phrenetici) etiam ~tes adhibent CELS.3.18.3; ille fugam credens simulatae nescius ~tis LUC.4.744; STAT.*Theb.*9.888; sunt hae quoque testium ~tes, ut primo ad uoluntatem respondeant QUINT.*Inst.*5.7.21; intellegebantur ~es, sed pars obsequii in eo ne deprehenderentur TAC.*Hist.*4.86; hic petit absenti (*sc.* uxori) nota iam callidus ~te JUV.1.123;—(*w.* Pelasga, Punica) dolis instructus et ~te Pelasga VERG.*A.*2.152; in huius siluae medio ferme spatio cohors Romana ~te Punica abditur LIV.25.39.1;—(*w. gen.*) quantum cura potest et ~s doloris! MART.7.39.8; (*cf.*) odi dolosas munerum et malas ~tes 5.18.6;—haec..huius erat ~s et malitia miranda CIC.*Ver.*2.135;—consules deinde Fabianis ~tibus..bellum traxisse LIV.22.34.7. **b** haec ~te tractabat uirum, ut illius animum cupidum inopia incenderet TER.*Hau.*366; omnem..pererrat ~te locum VERG.*A.*5.442; LIV.2.35.8.

4 (usu. w. spec. adjs. and in pl.) A personal characteristic or quality as manifested in action, a practice, (pl.) behaviour. **b** a good quality, accomplishment. **c** (pl., w. *istae*, etc.) evil practices or habits, bad ways.
ego operam meam tribus nummis hodie locaui ad ~tis nugatorias PL.*Trin.*844; hominem neminem esse primarum ~tium mage principem TER.*Ad.*259; CATO *orat.*81; ciuem bonarum ~tium, bonarum partium CIC.*Cael.*77; animus inbutus malis ~tibus haud facile lubidinibus carebat SAL.*Cat.*13.5; premendo..superiorem, quae pessima ~s nimis prosperis multorum successibus creuit, sese extollebat LIV.22.12.12; nec tamen Caesar placitas semel ~tes mutauit TAC.*Ann.*2.66;—(*w.* humanus, hominum) tantamque aptare loquendo ~tibus humanis..molem (*sc.* elephantem) MAN.4.237; nec fugiet ualidas..ursas inque ~tes hominum peruersaque munera ducet 5.704. **b** quid ad illas ~tis optassis, si optio eueniat tibi? PL.*Mil.*669; te ornatum uberrimis ~tibus CIC.*Brut.*332; SAL.*Jug.*22.2; centum puer ~tium HOR.*Carm.*4.1.15; optabunt ~tes..sibi quisque tuas [TIB.]3.10.26; LIV.25.19.12; sic tibi nec docti desunt nec principis ~tes OV.*Pont.*4.8.77; TAC.*Ann.*14.55;—(*w. ref. to trees*) cultu..frequenti in quascumque uoles ~tis haud tarda sequentur VERG.*G.*2.52;—(*opp. to* inertia) ut perhibetur iners, ~s in quo non erit ulla LUCIL.452; CIC.*Part.*35. **c** temperare istac aetate istis decet ted ~tibus PL.*Mer.*982; 1000; hisce ego de ~tibus gratiam facio ne colas neue imbuas ingenium *Trin.*293.

5 A systematic body of knowledge and practical techniques, an art or science. **b** (w. adj. or explanatory gen.; examples under this section are closely related to senses 1 and 7). **c** (pregn., applied to spec. arts or sciences). **d** magic, the 'black art'.
cur ἐτυμολογική ~te neque ~s sit, neque ea utilis sit VAR.*L.*7.109; ~s..earum rerum est, quae sciuntur; oratoris autem omnis actio opinionibus, non scientia, continetur CIC.*de Orat.*2.30; *Div.*2.45; quaedam nunc ~tes expoliuntur LUCR.5.332; per uarios usus ~tem experientia fecit MAN.1.61;—(*facet.*) illa (*sc.* paupertas) ~tis omnis perdocet PL.*St.*178;—(*contrasted w.* scientia) uitiosum est ~tem aut scientiam aut studium quodpiam uituperare *Rhet.Her.*2.44. **b** (*w. adj.*) ~te duellica diuitias magnas indeptum PL.*Epid.*450; qui ~tem tractent musicam TER.*Ph.*17; poeticae ~tis honos non erat CATO *Mor.*2(J); quibus in rebus uersatur ~s et facultas oratoria, eas res materiam ~tis rhetoricae nominamus CIC.*Inv.*1.7; QVEIVE LANISTATVRAM ~TEMVE LVDICRAM FECIT *CIL* 1.593.123; VITR.1.1.18; apud peritos ~tium militarium LIV.23.18.13; nullus, Apollinea qui leuet ~te malum OV.*Tr.*3.3.10; MAN.1.1; ~tis..medicae MART.14.78.1; STAT.*Theb.*6.378; seruum..~te fabrica peritum PAUL.*dig.*33.7.19.1; ~TIS PVRPVRARIAE *CIL* 3.5824;—(*w. gen.*) ~tem..extispicum *Inc.trag.*88; ~tem se tradere bene disserendi CIC.*de Orat.*2.157; non animo, non armis, non ~te belli..par Romano Tarentinus erat LIV.27.16.1; OV.*Pont.*3.8.10; bellus es ~te lyrae, bellus es ~te pilae MART.2.7.6; mox aduentu Aesculapii ~tem medendi inlatam TAC.*Ann.*12.61; ius est ~s boni et aequi ULP.*dig.*1.1. **c** (*grammar*) ad illud genus, quod prius, historia opus est..ad reliquum genus..~s VAR.*L.*8.6; tunc (*i.e. when a child can read*) rerum uires atque ~tis traditur usus MAN.2.759;—(*astrology*) haec loca praecipuas uires summosque per ~tem fatorum effectus referunt 2.801; TAC.*Ann.*4.58;—(*divination*) CIC.*Cons.*fr.2.47;—(*philosophy*) tibi recto uiuere talo ~s dedit? PERS.5.105. **d** ~te cluditur miser, ~te retinetur [QUINT.]*Decl.*10.18; (*cf.*) scelera immania et inconcessa maleficia et ~tis nefandas APUL.*Apol.*25.

6 *bonae*, etc., ~*tes*, Cultural pursuits, liberal studies. **b** (without spec. adj.) one of the fine or liberal arts, liberal culture.
omnium bonarum ~tium doctores atque scriptores eligendi et peruolutandi CIC.*de Orat.*1.158; ab optimarum ~tium studiis *Arch.*1; *Fam.*7.3.4; *Sen.*29; inque bonas ~tes et tua sacra redi OV.*Tr.*3.7.32; SEN.*Ben.*6.15.2; nec tingendi tamen rationem omisissemus, si umquam ea liberalium ~tium fuisset PLIN.*Nat.*22.4; PLIN.*Ep.*5.17.1. **b** simul atque increpuit suspicio tumultus, ~tes ilico nostrae conticiscunt CIC.*Mur.*22; societas studiorum atque ~tium nostrarum *Fam.*15.4.16; hominem sine ~te sine litteris *N.D.*2.74; LIV.1.39.4; cultusque ~tesque locorum OV.*Met.*7.58; ut..reciperetur..~s ea (*i.e. painting*) in primum gradum liberalium PLIN.*Nat.*35.77; (*cf.*) qui..come Tiridatis ingenium Romanas per ~tes sperabant TAC.*Ann.*6.41;—(*quasi-personified*) in quo..sancta Mnemosyne..~tium peperit chorum PHAED.3.pr.19.

7 A profession, art, craft, trade, occupation. **b** a business, task, pursuit; a type of activity, exercise.
utram potius harum mihi ~tem expetessam PL.*Trin.*228; qui ~te hac uescimur PAC.*trag.*108; duae sint ~tes..quae possint locare homines in amplissimo gradu dignitatis, una imperatoris, altera oratoris boni CIC.*Mur.*30; *Tusc.*1.41; hunc (*sc.* Mercurium) omnium inuentorem ~tium ferunt CAES.*Gal.*6.17.1; quam scit uterque libens censebo exerceat ~tem HOR.*Ep.*1.14.44; PROP.2.1.46; tum coquus..in pretio esse, et quod ministerium fuerat, ~s haberi coepta LIV.39.6.9; SEN.*Con.*10.5.17; LUC.6.437; TAC.*Ann.*4.3; cum iam natu grandis ~tem athleticam desisset (Milo) GEL.15.16.2. **b** erat enim ~s difficilis recte rem publicam regere CIC.*Att.*7.25; tu regere imperio populos, Romane, memento (hae tibi erunt ~tes) VERG.*A.*6.852;—(*w.* belli pacisque *and sim.*) in posterum firmanda res publica..pacis bonis ~tibus SAL.*Rep.*1.1.8; Ancus..cuilibet superiorum regum belli pacisque et ~tibus et gloria par LIV.1.35.1; Romae mansit ut urbanis ~tibus opes augeret 9.42.4; OV.*Met.*15.484; VELL.1.13.3;—per uarias ~tes..ludere, cum liceat currere, pigritia est MART.7.32.13.

8 Artistic achievement or performance, a person's art or artistry; an artistic design or representation. **b** (concr.) a work of art; an invention, device, or contrivance.
quem nunc et post semper ob ~tem hanc Ardea laudet *Inscr.* in Plin.*Nat.*35.115; ut arborem, ut animal, in quibus ..ordo apparet et ~tis quaedam similitudo CIC.*N.D.*2.82; hic dominam exemplo ponat in ~te meam PROP.2.3.42; quod..antiqui..probare contendebant ~tibus, id nunc coloribus..consecuntur VITR.7.5.7; PLIN.*Nat.*pr.26; forma mentis aeterna quam tenere et exprimere non per alienam materiam et ~tem, sed tuis ipse moribus possis TAC.*Ag.*46.3;—purpuram, intextam auro uariisque et coloribus distinctam et ~tibus SEN.*Dial.*12.11.2; Centauros habet ~te truces STAT.*Theb.*6.535. **b** me..ipsae illae nostrae Athenae non tam..exquisitis..antiquorum ~tibus delectant quam recordatione summorum uirorum CIC.*Leg.*2.4; ~tium quas..Parrhasius protulit HOR.*Carm.*4.8.5; quorum ..~tes..nobilissimas laudes..habere iudicantur VITR.7.pr.13; ueteres Myronos ~tes MART.4.39.2;—finitus..nouae iam labor ~tis erat OV.*Ars* 2.48; dirae conditor ~tis ipse suo moriens immugit flebile tauro SIL.14.216; (*cf.*) utque dedit iustas tauri fabricator aeni, sic ego do poenas ~tibus ipse meis OV.*Tr.*5.12.48.

9 (sg. or pl.) The rules or principles of an art, theoretical considerations, theory. **b** the rules or principles of an art in written form, a text-book, treatise. **c** *per* ~*tem*, in accordance with recognized procedure; *ex* ~*te*, systematically.
~s est praeceptio, quae dat certam uiam rationemque dicendi *Rhet.Her.*1.3; quod tamen unum id esse, quod tradi ~te non possit CIC.*de Orat.*1.132; *Orat.*203; QUINT.*Inst.*1.pr.26; ~s erit, quae disciplina percipi debet 2.14.5;—(*w. gen.*) quod timui mutare modos et carminis ~tem HOR.*Ep.*1.19.27. **b** quia non animaduerterunt ~tis scriptores eam superiores CIC.*Inv.*1.16; ~tes, i, perlege nostras OV.*Rem.*487; nullum legisses crimen in ~te mea *Tr.*2.240; PLIN.*Nat.*pr.24; Antiphon..⟨qui⟩..~tem et ipse composuit QUINT.*Inst.*3.1.11; ea..iube⟨n⟩t, qu⟨i⟩ ~t⟨e⟩s ed⟨i⟩derunt HYG.*agrim.*p.76; GEL.20.5.1;—(*w. spec. adj. or equiv.*) praecepta, quae in ~tibus rhetorum reperiantur CIC.*de Orat.*2.64; scripsit ~tem rhetoricam Cleanthes CIC.*Fin.*4.7; ~tem grammaticam componere QUINT.*Inst.*1.5.54; (*cf.*) quicumque libros uaticinos..aut ~tem sacrificandi conscriptam haberet LIV.25.1.12. **c** non legatos neque prima per ~tem..temptamenta tui pepigi VERG.*A.*8.143;—machina ..mouetur ex ~te circulorum rotundationibus VITR.10.1.1.

10 A method, system, procedure; a principle of classification.
ista ratio, ut est illi..~ti non dissimilis, ita..et expeditior et potentior QUINT.*Inst.*11.2.33;—(*w. gen.*) qui et definierunt plurima et definiendi ~tes reliquerunt CIC.*Fin.*4.8; mille nocendi ~tes VERG.*A.*7.338; gens ad oppugnandarum urbium ~tes rudis LIV.21.25.6; SEN.*Tro.*583; fugam et fallendi ~tis circumspectabant TAC.*Hist.*3.73;—hac ~te Varro..illos (*sc.* uentos) ordinat SEN.*Nat.*5.16.3; quibus amissas reparare queam res ~tibus atque modis HOR.*S.*2.5.3.

Arsacēs ~is, *m.* (The first king of the Parthians) a name or title of his successors.
rex Mithridates regi ~i salutem SAL.*Hist.*4.69.1.

Arsacidēs ~ae, *m.* FORMS: gen. pl. ~*um* or ~*arum*. A descendant or successor of Arsaces; (pl., poet.) the Parthians.
LUC.8.218; 8.409; quasi..Pacorum auito ~arum solio depulsuri TAC.*Hist.*1.40; solium ~arum *Ann.*2.2;—saeuis..~is LUC.8.307; ~um domino 10.51.

Arsacius ~a ~um, *a.* Of the Arsacids.
scis quid in ~a Pacorus deliberet aula MART.9.35.3.

arse uerse: (see quot.).
arseuerse auerte ignem significat. Tuscorum enim lingua arse auerte, uerse ignem constat appellari, unde Afranius ait: 'inscribat aliquis in ostio arseuerse' PAUL.*Fest.*p.18M.

arsēn ~enos, m. [Gk. ἄρσην] Male.
hoc (*sc.* semine) albo alii ~ena, alii morion, alii hippophlomon uocant (mandragoran) PLIN.*Nat.*25.148.

arsenicon ~ī, *n.*: form of ARRHENICVM.
purgant aerugo, auripigmentum, quod ~on a Graecis nominatur CELS.5.5.1.

arsenogonon ~ī, *n.* [Gk. ἀρσενογόνον] A plant, perh. of the genus *Mercurialis*.
~on et thelygonon herbae sunt habentes uuas floribus oleae similes PLIN.*Nat.*26.162.

arsineum ~ī, *n.* [dub.] A kind of head-dress.
~a, rete, diadema CATO *hist.*113; ~um ornamentum capitis muliebris PAUL.*Fest.*p.20M.

Arsinoē ~ēs, *f.* Also **~a** ~ae.

1 The name of various women in the Ptolemaic house, esp. a daughter of Ptolemy I and wife of Lysimachus and Ptolemy II; a younger sister of Cleopatra.
CATUL.66.54;—*B.Alex.*4.1; LUC.10.521.

2 The name of numerous towns, incl. those in Cyrenaica; on the west coast of the Red Sea; in Lower Egypt.
MELA 1.40;—3.80;—PLIN.*Nat.*5.61.

Arsinoitēs ~ae, *a.* The name of two districts in Lower Egypt.
~ae duo sunt (nomoe) PLIN.*Nat.*5.50; 36.76; EPISTRATEGIAM SEPTEM NOMORVM ET ~VM *CIL* 3.6575; 11.5669.

Arsinoiticus ~a ~um, *a.* Of the district of Arsinoe.
ex oleo et aqua Ciliciae pollent (cotes), ex aqua ~ae PLIN.*Nat.*36.164.

arsis ~is, *f.* [Gk. ἄρσις] Metrical term taken by Latin metrists to indicate the raising of the voice on an emphatic syllable.
uerum uterque quantum in ~i tantum habebit in thesi MAUR.1380.

Artabanus ~ī, *m.* The name of several Parthian kings.
TAC.*Ann.*2.3; 6.31; SUET.*Vit.*2.4.

artaena: see ARYTAENA.

artē, *adv.* Also **arctē.** *compar.* ~ius, *superl.* ~issimē. [ARTVS+-E]

1 (of tying, binding, etc.) Tightly, closely, firmly. **b** (of filling, packing, fitting). **c** (of holding, embracing) closely, tightly. **d** in close contact or proximity. **e** (fig., of association, relationship, etc.) closely, firmly.
nimium o, ⟨nimium⟩ ~e colligor NAEV.*com.*13; PL.*Epid.*694; funi circumligato miliarium ~e crebro CATO *Agr.*22.2; ut..hoc ~ius inligata tenerentur CAES.*Gal.*4.17.7; 7.23.3; CELS.7.18.7; cauda..quam ~issime praeligata PLIN.*Nat.*29.38;—(*in fig. phrs.*) PL.*Men.*95; hoc ~ius adstringi ratio non potest CIC.*Fat.*32; nimio ~ius haec (*sc.* uitia) animum implicuerunt SEN.*Ep.*75.11. **b** (spiram) simplicibus conpleto bene ~e CATO *Agr.*77; ita in foramen uiridem taleam oleastri ~e immitti COL.5.9.16. **c** tene sis me ~e, mea uoluptas PL.*Poen.*1292; ~ius puellam conplexus CIC.*Div.*1.103; quod petiere, premunt ~e LUCR.4.1079; OV.*Ep.*15.227; ~ius oculis et pectori haerens TAC.*Ann.*14.4;—(*in fig. phr.*) saeuum..~e conplexa dolorem LUC.9.111. **d** sunt igitur solida primordia simplicitate quae minimis stipata cohaerent partibus ~e LUCR.1.610; VITR.9.8.11; eum..amplexus exosculatur ~issime APUL.*Met.*2.13. **e** explendi senatus causa et iungendi ~ius Latini nominis LIV.23.22.5; SUET.*Aug.*56.3; quo liberius et ~ius desolatam mulierem solus possiderem APUL.*Apol.*93.

2 In a confined or narrow space; also, into a narrow compass, together. **b** (mil.) in close order. **c** succinctly, compactly.
si ~e poteris accubare PL.*St.*619; sin uero..~ius rotati (flatus) effregerunt PLIN.*Nat.*2.131; ~e scopuloso in limite pendens STAT.*Theb.*1.332; *Silv.*3.2.45;—flauos collegit amictus ~ius 2.3.17. **b** reliquarum signa in subsidio ~ius conlocat SAL.*Cat.*59.2; *Jug.*52.6; pedites quam ~issume ire..iubet 68.4; CURT.4.13.34. **c** si te, qua syllaba parte moratur, ~ius adpellem Tuticanumque uocem OV.*Pont.*4.12.10; uides ut..impetus..citum subinde uoluat ~ius sonum MAUR.2190.

3 (of controlling, etc.) Strictly, severely. **b** stingily.
illum mater ~e contenteque habet PL.*As.*78; *Mer.*64; ceteris ~e modum statuisse SAL.*Jug.*45.2; *Rep.*1.6.1; magis haedorum lasciuia conpescenda et ~ius cohibenda est COL.7.6.7; cohibita ~ius et aedilium potestas TAC.*Ann.*13.28. **b** milites hortabor, neque illos ~e colam, me opulenter SAL.*Jug.*85.34.

4 a (of sleeping) Soundly, deeply, fast. **b** (of loving, etc.) closely, intimately.
a specta quam ~e dormiunt PL.*Mos.*829; CIC.*Inv.*2.14; *Div.*1.59. **b** iuuenem..mihi..~issime carum STAT.*Silv.*4.pr.; hunc ego..~e familiariterque dilexi PLIN.*Ep.*2.13.5; Miloni sese..~ius conciliauerat APUL.*Met.*7.1.

Artemisia[1] ~ae, *f.* A queen of Caria in the fourth century B.C., who succeeded her husband Mausolus and built the Mausoleum in his memory.
CIC.*Tusc.*3.75; VITR.2.8.14; PLIN.*Nat.*25.73; GEL.10.18.1.

artemisia[2] ~ae, *f.* [Gk. ἀρτεμισία] **a** One or more species of *Artemisia*, wormwood or mugwort. **b** two other similar plants, also called *ambrosia* and *botrys*.
a ~am..secum habentibus negant nocere mala medicamenta PLIN.*Nat.*25.130; ~a quoque datur contra calculos..et ad stranguriam 26.81; LARG.106. **b** PLIN.*Nat.*27.28; 27.55.

artemōn ~ōnis, *m.* [Gk. ἀρτέμων]

1 The main block of a tackle.
in radice..machinae conlocatur tertia troclea; eam..Graeci ἐπάγοντα nostri ~onem appellant VITR.10.2.9.

2 (app.) A jib or foresail.
ubi spes?..in uelo? in antemna (*cj.* ~one)? SEN.*Con.*7.1.2; malum nauis esse partem, ~onem autem non esse Labeo ait JAVOL.*dig.*50.16.242.

artēria ~ae, *f.* Also ARTERIVM. [Gk. ἀρτηρία]

1 (sg.) The trachea or wind-pipe; also *aspera arteria.*
laeditur ~a si..acri clamore completur *Rhet.Her.*3.21; a pulmonibus ~a usque ad os intimum pertinet CIC.*N.D.*2.149; ~ae dolores CELS.1.5.2; interior earum (*sc.* fistularum) appellatur ~a PLIN.*Nat.*11.175; 27.130; ad ~am exasperatam LARG.73;—cum aspera ~a (sic enim a medicis appellatur) ostium habeat adiunctum linguae radicibus CIC.*N.D.*2.136; CELS.4.1.3.

2 (pl.) The bronchi and trachea, the breathing tubes or passages.
~ae reticendo adquiescunt *Rhet.Her.*3.21; gutture et ~is exulceratis CELS.4.11.2; ~as umidas siccat (menta) PLIN.*Nat.*20.149; LARG.83; SUET.*Nero* 25.3.

3 An artery. **b** (regarded as conveyers of air). **c** (applied to the ureters or other ducts).
CIC.*N.D.*2.24; iuncta enim est uenae ~a, his nerui CELS.2.10.15; 7.5.4.C; uenas..in hominibus uel potius ~as medicos musicos dicere ait (Varro) numero moueri septenario GEL.3.10.13. **b** CIC.*N.D.*2.138; et uenae sunt et ~ae, illae sanguinis hae spiritus receptacula SEN.*Nat.*3.15.1; ~ae, id est spiritus semitae PLIN.*Nat.*11.219. **c** ~ae ad pubem tendentes, quae ilia appellantur PLIN.*Nat.*11.208.

artēriacē ~ēs, *a. f.* [Gk. ἀρτηριακός] Of or affecting the wind-pipe; (as sb.) a medicine for the air-passages.
grauitudo ~e VITR.1.6.3;—CELS.5.25.17; fit ex pomo panchrestos stomatice eadem ~e appellata PLIN.*Nat.*23.136; LARG.74.

artērium ~(i)ī, *n.*: var. of ARTERIA.
facit..asperiora foras gradiens ~ia clamor LUCR.4.529.

arthrīticus ~a ~um, *a.* [Gk. ἀρθριτικός] Affected with rheumatism or sim.
quod deformis, senex ~us ac podagrosus est LUCIL.331; CIC.*Fam.*9.23.

articlus: see ARTICVLVS.

articulāmentum ~ī, *n.* [ARTICVLO+-MENTVM] A joint of the body.
ad luxatum omne et eiectum et repositum ~um bene facit (emplastrum) LARG.206; 214; 263; HYG.*agrim.*p.97.

articulāris ~is ~e, *a.* [ARTICVLVS+-ARIS] Of or affecting the joints; *~is morbus*, (prob.) arthritis, rheumatism, etc.
ad ~em morbum, quem ἀρθρῖτιν uocant LARG.101; manibus pedibusque ~i morbo distortissimis SUET.*Gal.*21.1; APUL.*Met.*5.10.

articulārius ~a ~um, *a.* [as prec.+-ARIVS] = prec.
morbum ~um nulla res tam purgat, quam brassica cruda CATO *Agr.*157.7; podagris..et ~is morbis PLIN.*Nat.*20.9; 21.150; 23.3; 28.127.

articulātē, *adv.* [pple. of ARTICVLO+-E] Distinctly.
eoque nisu..spiritus uitium nodumque linguae rupit planeque et ~ elocutus est GEL.5.9.2.

articulātim, *adv.* [pple. of ARTICVLO+-IM]

1 Limb by limb, limb from limb. **b** sound by sound, syllable by syllable.
puerum..optruncat membraque ~im diuidit *Inc.trag.*167; ASC.*Mil.*30; (*in fig. phr.*) istic homo te ~im concidit, senex PL.*Epid.*488; qui..primus statuit hic solarium, qui mihi comminuit misero ~im diem! fr.23. **b** necessest uerba quoque ipsa plane exaudiri discernique ~im LUCR.4.555.

2 Point by point, in detail.
quod pleraeque definitiones..non facile perspiciuntur, nisi ~im sunt explicatae VAR.*L.*10.75; ea nunc ~im distincta dicuntur CIC.*Leg.*1.36.

articulātiō ~ōnis, *f.* [next+-TIO]

1 Jointed structure, division into joints.
tunc cernitur excrescentium cacuminum ~o PLIN.*Nat.*16.101; nasci surculis etiam, quibus non sit ~o, arbores 17.163.

2 A disease affecting the joints of vines.
uitibus..morbus peculiaris ~o PLIN.*Nat.*17.226.

articulō ~āre, *tr.* [ARTICVLVS+-O[3]] To divide into distinct parts, articulate.
hasce..uoces cum corpore nostro exprimimus..mobilis ~at uerborum daedala lingua LUCR.4.551; eo facilius (psittaci) uerba hominis ~ant patentiore plectro et palato APUL.*Fl.*12.

articulōsus ~a ~um, *a.* [next+-OSVS]
Full of joints, jointed.
alii (dracontion) radice longa ueluti signata ~aque monstrauere PLIN.*Nat.*24.150, (*cf.*) uitanda utique maxime concisa nimium et uelut ~a partitio QUINT.*Inst.*4.5.24.

articulus ~ī, *m.* [ARTVS+-CVLVS] FORMS: syncopated form *articlis* CAES.*Gal.*6.27.1.

1 A point where two or more bones are flexibly connected, a joint; (also transf.). **b** (spec., of the wrist).
omnis ~os poteris experiri CATO *Agr.*157.8; Terentia magnos ~orum dolores habet CIC.*Att.*1.5.8; saluas exsoluere sese (*sc.* animae) omnibus e neruis atque ossibus ~isque LUCR.3.697; alces..crura sine nodis ~isque habent CAES.*Gal.*6.27.1; auxerat ~os macies OV.*Met.*8.807; extremas partes corporis..quae ~is inter se conseruntur CELS.4.29.1; fregit aliquis crus aut extorsit ~um SEN.*Ep.*104.18; PLIN.*Nat.*8.183; 10.109; LARG.208;—(*transf.*) quod (*sc.* genus orationis) appellamus dissolutum, quod est sine neruis et ~is *Rhet.Her.*4.16; pulcherrima omnium est iis rebus..Italia..aquarum copia, nemorum salubritate, montium ~is PLIN.*Nat.*37.201. **b** uti..manus pansa ab ~o ad extremum medium digitum tantundem (esset) VITR.3.1.2; QUINT.*Inst.*2.12.2;—(*fig. phr.*) quam molli..~o tractauit Catonem (*sc.* Cicero)! 11.1.70.

2 A portion of a limb, finger, or toe, between two joints, a joint, a limb. **b** (esp.) a joint of a finger, a finger; (also, sg.) the articulated part of the hand, the fingers.
si conuenit ex ~is hominis numerum inuentum esse VITR.3.1.9; extremo..~o digiti sequentis minorem (anulum habebat) PETR.32.3; APUL.*Pl.*1.17;—(*of a scorpion's tail*) scorpionis caudae IIII ~os PLIN.*Nat.*30.100;—(*transf.*) per omnes ~os populi hanc mali gangraenam..permeasse VAR. in *Non.*p.117M. **b** ad numerum ~us cadens CIC.*Orat.*59; multis diluta labella guttis abstersisti omnibus ~is CATUL.99.8; postquam illi iusta cheragra contudit ~os HOR.*S.*2.7.16; PROP.2.34.80; VITR.2.1.2; te (*sc.* anulum)..~is induat illa suis OV.*Am.*2.15.4; SEN.*Nat.*7.31.2; PERS.5.59; quot manus atterruntur ut unus niteat ~us PLIN.*Nat.*2.158; QUINT.*Inst.*1.1.27;—quam presso ~o uenerit (gladius) refert SEN.*Ben.*2.6.1; caput miserantis stricto acutoque ~o percussi PETR.96.3; ad instar oratorum conformat ~um APUL.*Met.*2.21; (*in fig. phr.*) necesse est deteratur fulgor (eloquentiae) et durescat ~us QUINT.*Inst.*10.5.16.

3 A joint or node in a plant.
existit tamquam ad ~os sarmentorum ea quae gemma dicitur CIC.*Sen.*53; ante quam seges in ~um eat COL.2.11.9; 3.19.2; arundinis internodium cum suis ~is exciditur 9.8.9; PLIN.*Nat.*17.152; 18.185; 24.180.

4 A sub-division or part (of a speech, subject, etc.).
neque enim ~orum (*cj.*) est demum dispositio QUINT.*Inst.*7.10.16; summa..rerum diuisio in duos ~os diducitur GAIUS *Inst.*2.2.

5 A point of time, juncture, critical moment. **b** a dividing point (in a period of time), a turning-point (in the year).
commoditatis omnis ~os scio PL.*Men.*141; illuc uide ut in ipso ~o oppressit TER.*Ad.*229; ut eum suis condicionibus in ipso ~o tempore adstringeret CIC.*Quinct.*19; *Rab.Perd.*6; in quo me..~o rerum mearum fortuna deprehenderit, cernitis CURT.3.5.11; aliud est..dignitates..rerum nosse, aliud ~os, aliud impetus refrenare SEN.*Ep.*89.15; hic ~us austrinus nubili spurci PLIN.*Nat.*17.11; si de singulis ~is temporum deliberabimus AUG. in Suet.*Cl.*4.2; (*cf.*) quid est quod dubitemus, quin per eosdem ~os et gradus producendus sit, per quos frater eius productus sit? 4.1. **b** mediis hiemem inter et aestum ~is MAN.2.430; 2.657; 4.325; conuenit..(fieri) stationes in mediis latitudinum ~is, quae uocant ecliptica PLIN.*Nat.*2.68; 18.222; sunt et ipsius lunae VIII ~i 18.350.

6 A clause or section. **b** a word pronounced by itself, a single word in a sentence, etc.
quod si continuatio uerborum haec soluta multo est aptior atque iucundior, si est ~is membrisque distincta, quam si continuata ac producta CIC.*de Orat.*3.186; QUINT.*Inst.*9.3.98; non possunt omnes ~i singillatim..legibus..comprehendi JULIAN.*dig.*1.3.12; detracto hoc ~o 'quisquis mihi heres erit' 36.1.28(27).2;—(*cf. w. sense 2*) ut grauis, ut suauis, ut erudita sit..non est singulorum ~orum; in toto spectantur haec corpore CIC.*de Orat.*3.96. **b** *Rhet.Her.*4.26; non solum in membris causae sed etiam in ~is esse aliquam pronuntiandi uarietatem QUINT.*Inst.*11.3.51; ~us 'est' praesentis temporis demonstrationem in se continens POMPON.*dig.*34.2.34.1; PAUL.*dig.*50.16.142.

7 a A pronoun or pronominal adjective (*~us finitus*, one referring to a particular person; opp. *~us infinitus*). **b** the (indefinite or definite) article.
a prima et extrema (*sc.* quis quae, hic haec) ~i (dicuntur) VAR.*L.*8.45; 8.63; si esset analogia, ut in infeineiteis ~is, ut est quis quem quoius, sic diceretur quae quam ⟨qua⟩ius 8.50; dicitur eius..etiam in neutris articulis, ut..eius pabuli 8.51; relinquitur de ~is..proprium illud habent, quod partim sunt finita, ut hic haec, partim infinita, ut quis quae 10.30; POMPON.*dig.*28.5.29. **b** noster sermo ~os non desiderat QUINT.*Inst.*1.4.19.

artifex[1] ~ficis, *m.* Also **artufex.** [ARS+-FEX] FORMS: *artufices* VAR.*L.*9.12.

1 The practitioner of an art.
non sit ars, sed ~fex reprehendendus VAR.*L.*9.111; quamquam..multa sint ad ipsas artes proprie non pertinentia, tamen eas adiuuant excitando ~ficis ingenium CELS.1.pr.47; 1.pr.74; rhetorice..sic..optime diuidetur, ut de arte, de ~fice, de opere dicamus QUINT.*Inst.*2.14.5.

2 An expert practitioner of any art, a specialist, professional, master. **b** (w. explanatory gen., *ad*, or *in*+abl.).
plus ~ficum est mihi quam rebar: hariolum hunc habeo domi PL.*Cas.*356; cum contra talem ~ficem dictus essem CIC.*Quinct.*77; qui distingues ~ficem ab inscio? *Luc.*22; me Venus ~ficem tenero praefecit Amori OV.*Ars* 1.7; eumque (*sc.* medicum), si ~fex sit, idoneum esse, qui non multum ab aegro recedit CELS.3.4.9; SEN.*Nat.*3.25.1; quia ueniat in manus doctorum et iudices artis habeat ~fices QUINT.*Inst.*12.10.50; PLIN.*Ep.*4.19.4;—(*cf. sense 5*) fidem ..sustinet a laeua; tenuit manus altera plectrum: ~ficis status ipse fuit OV.*Met.*11.169. **b** quae Graeci dicendi ~fices et doctores reliquerunt CIC.*de Orat.*1.23; neminem..

ita laudatum, ut ~fex callidus comparandarum uoluptatum diceretur *Fin.*2.116; solus amor morbi non amat ~ficem (*i.e. a physician*) Prop.2.1.58; ~fices..tractandi animos plebis Liv.6.36.10; ~fices lateris (*i.e. dancers*), scaenae spectacula, amantur Ov.*Ars* 3.351; ~ficem uides uitae (*sc.* sapientiam) Sen.*Ep.*90.27; nec tantum operis agrestis sit ~fex Col.1.8.10; Quint.*Inst.*11.3.73; Juv.14.116; Flor. *Epit.*1.2(1.8.4); Tac.*Ann.*12.66; Suet.*Nero* 20.1; Sallustium, uel subtilissimum breuitatis ~ficem Gel.3.1.6;—(*w.* ad) si qui sunt qui..~fices ad corrumpendum iudicium uelint esse Cic.*Ver.*5.183; Sen.*Nat.*4a.pr.3;—(*w.* in+*abl.*) C. Cotta, in ambitione ~fex Q.Cic.*Pet.*47;—(*cf. sense 6c*) scelerum ~fex Sen.*Med.*734; si forte..uel calculator sit uel histrio uel alterius uoluptatis ~fex Ulp.*dig.*38.1.7.5.

3 A skilled workman, craftsman, artisan.
cum in suo quemque opere ~ficem..nihil aliud cogitare meditari curare uideam, nisi quo sit in illo genere melior Cic.*Rep.*1.35; ~fices ceteri, quos cultus domesticus desiderat, apprime boni Nep.*Att.*13.3; ~fices, qui organa fabricant Vitr.5.4.4; quid ungues ~ficis docta subsecuisse manu? Tib.1.8.12; Liv.42.3.11; Mart.6.52.6; sitne lacus altior mari, quem ~fices (*i.e. engineers*) regionis huius quadraginta cubitis altiorem esse contendunt Plin.*Ep.Tra.* 10.41(50).3; CONDVCTOR VNVM PLVRESVE ~FICES IDONEOS IN PORTIONEM RECIPITO *CIL* 2.5181.42;—(*w. spec. adj.*) ab ~ficibus plumbariis Vitr.8.6.11;—(*w. explanatory gen.*) ~fices auri Man.5.506.

4 A craftsman in one of the fine arts, a sculptor, painter or the like, an artist.
pictores Apelles, Protogenes, sic alii ~fices egregii non reprehendundi Var.*L.*9.12; ~fices omnis, caelatores ac uascularios, conuocari iubet Cic.*Ver.*4.54; *Fam.*5.12.7; dum quae fortuna sit urbi ~ficumque manus intra se..miratur Verg.*A.*1.455; Liv.31.26.11; ut Venus ~ficis labor est et gloria Coi Ov.*Pont.*4.1.29; maximorum ~ficum perfectas manibus tabulas ac statuas Vell.1.13.4; Sen.*Ep.*65.5; Stat.*Silv.*4.6.23; magnorum ~ficum frangebat pocula miles Juv.11.102; Suet.*Ves.*18.1;—(*w. spec. function indicated*) Phidias..dis quam hominibus efficiendis melior ~fex creditur Quint.*Inst.*12.10.9;—(*cf. sense 6*) statuarum ~fices pictoresque clarissimi 5.12.21.

5 An actor, musician or dancer (on the stage or elsewhere), an artist, performer.
ne palma detur quoiquam ~fici iniuria Pl.*Poen.*37; quoniam multa ad oratoris similitudinem ab uno ~fice (*i.e.* Roscio) sumimus Cic.*de Orat.*1.254; *Quinct.*78; quod omnes ~fices in scaena dant operam Vitr.5.6.2; ~fices, quorum magna pars ipsius serui erant, ex medio ludicro repente abduxit Liv.5.1.5; 41.20.10; Ov.*Fast.*6.664; Quint. *Inst.*5.10.125; id genus..~fices (comoedos et tragoedos) Graece appellantur οἱ περὶ τὸν Διόνυσον τεχνῖται Gel. 20.4.2;—(*w.* scaenicus, scaenae) scaenicis ~ficibus Cic. *Arch.*10; ~fices scaenae Sen.*Ben.*7.20.3; Suet.*Jul.*84.4; Gel.3.3.14.

6 A maker, creator, producer; the author (of a book). **b** a contriver (of something artificial). **c** the person responsible (for an act, etc.), perpetrator.
si pulcher est hic mundus et si probus eius ~fex Cic.*Tim.* 6; ipsa..omnis bonae malaeque materiae fecunda ~fex..rerum natura V.Max.1.8.ext.18; incorporalis ratio ingentium operum ~fex Sen.*Dial.*12.8.3; Plin.*Nat.*22.117; ~fices (*sc. of the art of oratory*) ergo illi, qui dixerunt Quint. *Inst.*5.10.121;—(*of a city where a product is made*) Sidon, ~fex uitri Plin.*Nat.*5.76;—exceptis..Artibus, ~fici quae nocuere suo Ov.*Tr.*3.14.6. **b** nudus Amor formae non amat ~ficem Prop.1.2.8. **c** (*w. gen.*) neque enim lex aequior ulla est, quam necis ~fices arte perire sua Ov.*Ars* 1.656; *Met.*13.551; euersor iuris humani monstrorumque ~fex Plin.*Nat.*28.6;—(*absol.*) Ov.*Met.*6.615; consilium laudo ~ficis Juv.4.18.

7 An adept at cunning, master-schemer.
mihi iam multi crudele canebant ~ficis scelus Verg.*A.* 2.125.

artifex² ~ficis, *a.* [prec.]

1 Such as belongs to a craftsman or artist, skilled, artistic.
(*of the hand, etc.*) at tibi..tellus ~fices ne terat Osca manus Prop.4.2.62; Ov.*Met.*15.218; qualiter ~fici uicturae pollice cerae accipiunt formas Stat.*Ach.*1.332;—(*of abst. sbs.*) hoc in oratore Latino primum mihi uidetur..apparuisse ..~fex, ut ita dicam, stilus Cic.*Brut.*96; ~fices argutiae Plin.*Nat.*10.85; 29.52; quid satis recte cauetur ac petitur, cui non ~fex motus et certi quidam pedes adsint? Quint. *Inst.*9.4.8.

2 (of persons, etc.) Expert, practised, skilled (in or at).
(*w. gen.*) per homines talis negoti ~fices itinera egressusque eius..explorat Sal.*Jug.*35.5; aliquis secandi lacertos suos ~fex Sen.*Dial.*7.26.8; sermone promptus, serendae in alios inuidiae ~fex, discordiis et seditionibus potens Tac. *Hist.*2.86; miles decollandi ~fex Suet.*Cal.*32.1; *Tit.*7.2;—(*w.* ad, in+*acc.*) ~fici ad formanda corpora effigiesque caelandas mobilitate ignea Plin.*Nat.*6.187; o mage saeue, crudelis, o in lacrimas ~fex nostras [Quint.]*Decl.*10.9;—(*w. inf.*) magister artis ingenique largitor uenter, negatas ~fex sequi uoces Pers.*pr.*11; 1.71;—(*absol.*) neque uector equum, qui nuper sensit habenas, conparibus frenis ~ficemque reget Ov.*Ars* 3.556.

3 Cunning, artful.
nihil non persuasurus uir tam ~ficis ingenii uidebatur Plin.*Nat.*8.55; [Quint.]*Decl.*19.12; tantum ~ficis ualet halitus oris Juv.10.238.

4 Creative, productive.
(*w. gen.*) quod si indocta consuetudo tam est ~fex suauitatis Cic.*Orat.*161;—(*absol.*) ~ficis naturae ingens opus aspice *Aetna* 601; Gel.12.1.9.

5 Skilfully made, cunningly wrought.
~ficem..tuo ducit sub pollice uultum (animus) Pers.5. 40; da, precor, ~ficis blanda adspiramina formae V.Fl.6.465.

artificiālis ~is ~e, *a.* [ARTIFICIVM+-ALIS] Furnished or contrived by art: **a** (rhet., of proofs, transl. Gk. ἔντεχνος) devised by the speaker (i.e. based on deduction). **b** (neut. pl. as sb.) technicalities.
a Quint.*Inst.*5.1.1; omnis..probatio ~is constat..argumentis aut exemplis 5.9.1; 12.8.14. **b** ut commoneat (grammaticus) ~ium et memoriam agitet Quint.*Inst.*1.8.14.

artificiāliter, *adv.* [prec.+-TER²] With trained skill, scientifically.
qua in re alius se inartificialiter, alius ~ gerat, in ea esse artem Quint.*Inst.*2.17.42.

artificiōsē, *adv.* *compar.* ~ius, *superl.* ~issimē. [next+-E]

1 According to the rules of an art, technically, systematically, methodically.
argumentationis ~e tractandae ratio *Rhet.Her.*3.8; naturae ista sunt.., naturae non ~e ambulantis ut ait Zeno Cic.*N.D.*3.27.

2 With artistry, artistically, skilfully.
tam pulchrum opus tamque ~e factum passus est dirui Asel.*hist.*13; *Rhet.Her.*4.7; nulli fuerunt, qui illa ~e digesta generatim componerent Cic.*de Orat.*1.186; censet (Zeno).. quod..in operibus nostrarum artium manus efficiat id multo ~ius naturam efficere Cic.*N.D.*2.57.

3 In an unnatural manner, artificially.
quid ~e ista diducis, quae singula sustineri possunt, conlata non possunt? Sen.*Dial.*12.13.1.

artificiōsus ~a ~um, *a.* *compar.* ~ior, *superl.* ~issimus. [next+-OSVS]

1 In accordance with the rules of an art, prescribed by art, technical.
cum ab ordine ~o recedendum est *Rhet.Her.*3.17; eius inuenti ~a expolitio Cic.*Inv.*1.74; *de Orat.*2.34; multae uarietates et genera horologiorum..describuntur rationibus his ~is Vitr.9.7.7;—(*pejorative*) nec de re obscura, ut physici, aut ~a, ut mathematici..loquitur Cic.*Fin.*2.15.

2 (of persons) Conforming to the rules of an art, accomplished. **b** (of natural forces) acting in accordance with regular principles, conforming to rule. **c** (of abst. sbs.) requiring knowledge of the rules of an art, involving artistry; (of things) skilfully contrived or made, ingenious.
rhetoribus iis, qui elegantissimi atque ~issimi putati sunt Cic.*Inv.*1.61. **b** Zeno..naturam ita definit ut eam dicat ignem esse ~um ad gignendum progredientem uia Cic.*N.D.*2.57. **c** *Rhet.Her.*4.7; tum, id quod ~ius est, cum tuis contrarias (argumentationes) coniungere Cic.*Inv.* 1.99; (uensae, arteriae)..toto corpore intextae uim quamdam incredibilem ~i operis diuinique testantur *N.D.*2.139; —(Ctesibius) dictus est ~is rebus se delectare Vitr.9.8.2.

3 Unnatural, artificial, factitious.
naturalis (memoria) est ea quae nostris animis insita est.. ~a est ea quam confirmat inductio quaedam et ratio praeceptionis *Rhet.Her.*3.28; Cic.*Inv.*1.25; ea genera diuinandi ..non naturalia, sed ~a dicuntur *Div.*1.72.

artificium ~(i)ī, *n.* [ARTIFEX¹+-IVM]

1 Skill as exhibited in an art, craft, etc., artistry, craftsmanship, dexterity, talent. **b** (w. defining or explanatory gen.).
hoc..ipsum maximum ~ium est in arte sua posse et alienis exemplis uti *Rhet.Her.*4.3; Stesichori poetae statua senilis..summo, ut putant, ~io facta Cic.*Ver.*2.87; medici nihil praeter ~ium, oratores etiam auctoritatem praestare debent *Clu.*57; foramina illa..callidissimo ~io natura fabricata est *Tusc.*1.47; et ~io gubernatorum et mobilitati nauium locus dabatur Caes.*Civ.*2.6.2; nisi disponendis eis collocandisque ~ium manus adhibeatur Quint.*Inst.*7.pr.1; —(*pl.*) si sine magnis ~iis..nec uidere nec audire possimus Cic.*Luc.*86. **b** Thucydides omnis dicendi ~io..facile uicit *de Orat.*2.56; ea uitia quae ab natura habebat etiam studio atque ~io quodam malitiae condiuisset *Clu.*72; *Luc.* 114; non uirtute..uicisse Romanos sed ~io quodam et scientia oppugnationis Caes.*Gal.*7.29.2; Agen.*agrim.*p.24; Marsyas, cum in ~io patrissaret tibicinii Apul.*Fl.*3.

2 An art, craft, profession, trade.
quo in negotio, quaestu, ~io sit occupatus Cic.*Inv.*1.35; ut, in quo quisque ~io excelleret, is in suo genere Roscius diceretur *de Orat.*1.130; de ~iis et quaestibus, qui liberales habendi, qui sordidi sint *Off.*1.150; Mineruam operum atque ~iorum initia tradere Caes.*Gal.*6.17.2; scientias ~iorum penitus latentes..iudicare Vitr.3.pr.1; istos, quos noua ~ia docuit fames Sen.*Ep.*15.7; Petr.56.1; Plin.*Nat.*20.186; quasi una ex sordidissimis ~iis discatur (eloquentia) Tac.*Dial.*32.4; Plin.*Ep.*2.14.11; ut grammaticam docerent et quod ex eo ~io quaestus fecissent, commune eorum esset Paul.*dig.*17.2.71.

3 The rules or theory of an art, a prescribed method or system.
nos probe tenere aliis quoque rationibus tractari argumentationes in philosophia multis et obscuris, de quibus certum est ~ium constitutum Cic.*Inv.*1.77; 1.98; ex ~io res istae praecepta non quaerunt *de Orat.*2.50; *Fin.*4.10; hic (*sc.* Aristoxenus) ab ~io suo non recessit *Tusc.*1.20.

4 Craftiness, cunning; a cunning device, wile, trick, stratagem. **b** a device, contrivance.
suspicionem adfert auditori meditationis et ~ii *Rhet.Her.* 1.17; uicinitas..non fucosa, non fallax, non erudita ~io simulationis uel suburbano uel etiam urbano Cic.*Planc.*22; illis ~io opus est, ut turpia facta oratione tegant Sal.*Jug.* 85.32;—numquam ille me opprimet consilio, numquam ullo ~io peruertet Cic.*Div.Caec.*44; *Att.*7.1.7; hostium dolos, insidias, ~ia cognoscere *B.Afr.*73.2; plane non omnia ~ia serui nequam narras Petr.69.1. **b** ipsa..paeninsula Arabia..quodam naturae ~io ad similitudinem..Italiae mari circumfusa Plin.*Nat.*6.143.

5 A work of art.
hic ornatus, haec opera atque ~ia, signa, tabulae pictae Graecos homines nimio opere delectant Cic.*Ver.*4.132; alius est fructus artis, alius artificii: artis est fecisse, quod uoluit, ~ii fecisse cum fructu Sen.*Ben.*2.33.2.

artiō ~īre ~īuī, *tr.* [ARTVS¹]

1 To insert tightly, wedge.
surculum praeacutum inter librum et stirpem ~ito primoris digitos II..surculum aridum, quem ~iueris, eximito Cato *Agr.*40.3; ~iuit linguam in palatum, coepit labia sugere Nov.*com.*16.

2 To be a tight fit in, crowd.
gnatus ~iuit suae matri interfeminia fortiter cum natust Nov. *com.*41.

artitus ~ a~um, *a.* [ARS+-ITVS²] (See quot.)
~us bonis instructus artibus Paul.*Fest.*p.20M.

artius ~a ~um, *a.* [Gk. ἄρτιος] Sound in mind and body.
si est ~us, ut ita dicam holocleros Aug. in Suet.*Cl.*4.1.

artō ~āre ~āuī ~ātum, *tr.* **arct-.** [ARTVS¹+-O³]

1 To fix firmly or closely, wedge in, fit. **b** (fig.) to bind, 'imprison'.
eo latere ~etur (surculus) quo est plenior Col.4.29.9; in dolium..defruti amphoram conicito, deinde transuersos fustes spisse ~ato 12.44.2. **b** quas (*sc.* matres) in pessimi coniugii durum perpetuumque complexum communium pignorum nexus ~auit [Quint.]*Decl.*8.6.

2 To pull tight, tighten; to close (an aperture) firmly.
ubi ~atae sunt (fasciae) Cels.6.18.8.b; Sen.*Ag.*894; frenorum..~at habenas Luc.7.143;—iungit omnem partem diuisam et fibulis ~atam Larg.206; solas dum tardius ~at Echion Ogygias (*sc.* portas) Stat.*Theb.*10.494;—(*w.* in+*acc.*) (elephanti) ~atis in rugas repente cancellis comprehensas enecant (muscas) Plin.*Nat.*8.30.

3 To restrict, hem in, cramp; to be too narrow for.
pontum uinclis ~are Man.5.660; (uitis) contineri debet uimine, non ~ari Plin.*Nat.*17.209; Stat.*Ach.*1.460;—(*fig.*) fortuna humana fingit ~atque ut lubet Pl.*Capt.*304; Var. *gram.*233;—quis (crederet) pelagus uictas ~asse carinas? Luc.9.35.

4 To pack or crowd together; to squeeze, compress; to throng round.
adice nunc, quod circa flumina..frequens nebula est ~atis congestisque corporibus Sen.*Nat.*5.3.2; inexhaustis ~antur tela pharetris Stat.*Theb.*4.156; (*poet.*) qua..obuia densos ~at turba globos Sil.4.519;—medium (uirum) conpressis ilibus ~at Luc.4.627;—quod occursantium populus te..~aret Plin.*Pan.*23.2.

5 To pack, crowd, throng (with).
(*w. abl.*) atria..inmodicis ~at imaginibus Mart.2.90.6; ~atur denso fugientum examine uallum Stat.*Theb.*11.39; —(*ellipt.*) nec iaculis ~atus sufficit aër 8.413.

6 (esp. geog.) To make narrow(er); (refl. or pass.) to become narrow(er), narrow. **b** to block or obstruct the passage of.
illa quae pontum Scythen Symplegas ~at Sen.*Her.F.* 1211; Plin.*Nat.*3.83;—ubi primum se ~at (*sc.* mare) Hellespontus uocatur Mela 1.7; conpressum ~atis faucibus spiritum Sen.*Ep.*101.3; Luc.2.678; in..ora..primi Cyaneis ~ata maris Stat.*Theb.*5.347; gyro..per orbem ~ato Sil.4.452; Apul.*Mun.*6. **b** continuus..tractus aquarum..~auit clausitque animam Luc.4.370;—(*a river*) clipeis galeisque uirorum..~atus Sil.4.664.

7 To reduce, cut down, curtail. **b** to cut short (a period of time); (w. *in*+acc.) to reduce (to); to restrict (a person) in respect of time, give insufficient time to. **c** to make concise, keep short, compress; to put or contain in a small compass.
plus laboris..quam desiderasset res, iniunctum; contra in praemiis, in honoribus omnia ~ata Liv.45.36.3. **b** quia dies sollemnis ludum ~auerat Petr.85.4; quom omnibus negotiis ~ata sint tempora Fro.*Amic.*2.p.182(196N); Ulp.*dig.*42.1.2; (*cf.*) non esse tempore poenam ~andam 48.19.8.7;—quinquennium in triennium ~auit Fro.*Amic.* 2.p.186(198N);—neque tam ~are aduersarium, ut intra diem occurrere..non possit Ulp.*dig.*43.24.5.1. **c** in hoc transcursu tam ~ati operis Vell.2.86.1; longior undecimi nobis decimique libelli ~atus labor est Mart.12.4(5).2; —hos (libellos) eme, quos ~at breuibus membrana tabellis 1.2.3; 14.190.1.

artocreas, *n.* [Gk. ἀρτόκρεας] Bread and meat, as distributed free.
oleum ~asque popello largior Pers.6.50; ARTOCRIA POPVLO CVPRENSI DEDIT *CIL* 9.5309.

artolaganus ~ī, *m.* [Gk. ἀρτολάγανον] (perh.) A kind of fatty cake.
dediscendae tibi sunt sportellae et ~i tui Cic.*Fam.*9.20.2; Plin.*Nat.*18.105.

artopta ~ae, *f.* [Gk. ἀρτόπτης] A bread-pan.
Pl.*Aul.*400; dextram cohibere memento, salua sit ~ae reuerentia Juv.5.72;—(*app. misunderstood by Pliny as meaning a baker*) ~as iam Plautus appellat in fabula, quam Aululariam inscripsit Plin.*Nat.*18.107.

artopticius ~a ~um, *a.* [ARTOPTA+-ICIVS] (of bread) Baked in a pan or tin.

siligineae farinae modius Gallicae XX libras panis reddit, Italicae duabus tribusue amplius in ~o pane PLIN.*Nat.* 18.88; 18.105.

artrō ~āre, *intr.* [app. for *aratro*, see quot.] To plough in young corn to improve the yield.

panicum miliumque iam excrescens temptauere. postquam respuebat natura, inararunt. at illae messes multiplicatae docuere quod nunc uocant ~rare, id est aratrare, ut credo, tunc dictum PLIN.*Nat.*18.182.

artufex: see ARTIFEX.

artum ~ī, *n.* [ARTVS¹] N.B. The word occurs mostly in prepositional phrs. w. *in*.

1 A narrow or confined space. **b** (w. *cogere*, *coire*, etc.); *in ~um colligere*, *contrahere*, to abridge, summarize. **c** restricted scope or sphere, narrow limits.

insinuatus ibi uertex uersatur in ~o LUCR.6.277; multiplicatis in ~o ordinibus LIV.2.50.8; quicquid..exile est, acerrime saeuit, cum in ~o uitia concepit SEN.*Ep.*78.8; saeptus in ~o..leo V.FL.6.346; TAC.*Ag.*36.1;—(*in fig. phr.*) nec desilies imitator in ~um, unde pedem proferre pudor uetet aut operis lex HOR.*Ars* 134. **b** dum corpora corporibus applicant..in ~um compulsi LIV.23.27.7; terra.. non omnis in ~um nec stipata coit *Aetna* 109; latus angustum iam se cogentis in ~um Hesperiae LUC.2.613; collectae..in ~um (noctuae) rostro et unguibus totae teguntur PLIN.*Nat.*10.39; compressis in ~um reminibus APUL.*Met.* 11.14;—(*in fig. phr.*) cogendae in ~um res sunt, ut tela in uanum cadant SEN.*Dial.*9.9.3;—rerum notitia in ~um contracta VELL.1.14.1; SEN.*Ep.*70.7; colligenda in ~um mensura aequorum uidetur PLIN.*Nat.*6.205. **c** Telethusa maritum sollicitat precibus, ne spem sibi ponat in ~o OV. *Met.*9.683; SEN.*Dial.*6.16.1; nobis in ~o et inglorius labor TAC.*Ann.*4.32.

2 (sg. or pl.) A difficult, dangerous, or critical situation; (of resources) short supply.

(*sg.*) Hasdrubal, ne in ~o res esset, caduceatorem misit LIV.26.17.5; ut causam tuam famamque in ~o stare et ancipiti scias SEN.*Her.F.*1307;—(*pl.*) in ~is abstulerat Fors arma (uiro) SIL.6.45; pigra extulit ~is haud umquam sese uirtus 13.773; 15.232;—transfugisse classem, in ~o commeatum TAC.*Hist.*3.13.

artus¹ ~a ~um, *a. compar.* ~ior, *superl.* ~issimus. [cf. ARS, ARMA, etc.; Gk. ἀραρίσκω]

1 (of bonds, reins, restraints, etc.) Tightly-fastened, close, firm. **b** (of bonds of friendship, etc.; also, of friendship, etc., itself) close, firm.

uiro..manicas atque ~a leuari uincla iubet VERG.*A.* 2.146; equum celerem..~o compescere freno [TIB.]3.7.91; OV.*Fast.*3.306; ~is colla laqueis inseri prohibebis? SEN. *Phoen.*148; PLIN.*Nat.*17.187; ~os thoracum nexus STAT. *Theb.*4.724;—(*in fig. phr.*) ~ioribus apud populum Romanum laqueis tenebitur CIC.*Ver.*1.13; ~is religionum animum nodis exsoluere pergo LUCR.1.931; SEN.*Ben.*1.14.2; ne trepidare uelis atque ~os rodere casses PERS.5.170. **b** me uel plurima uincla tecum..optare, etsi sunt amoris ~issima CIC.*Att.*6.2.1; ~ior..colligatio est societatis propinquorum *Off.*1.53;—quem..matrimonio sororis suae filiae in ~issimam adfinitatem receperat VELL.2.100.4; Pomponium Flaccum, ueterem stipendiis et ~a cum rege amicitia TAC.*Ann.*2.66; PLIN.*Ep.*4.4.1; FRO.*Amic.*2.p.240 (180N); (*cf.*) tam ~a beniuolentia constrictam Romanam amicitiam V.MAX.9.13.ext.2;—(*of a friend*) ~issimo multumque sibi dilecto contubernali APUL.*Met.*10.23.

2 (of holds, embraces) Close, tight; also, closely applied, gripping firmly. **b** (of a guard, siege, or blockade) close.

compressiones ~ae amantum corporum PL.*Ps.*66; contulerant ~o luctantia nexu pectora pectoribus OV.*Met.* 6.242; SEN.*Ben.*7.13; LUC.8.723; abitus..morabitur ~is nexibus STAT.*Silv.*2.1.63; ~issimis osculis..exceptum SUET. *Gal.*22.1;—genua comprimit ~a gena ENN.*inc.*14; te sensit Nemeaeus ~o pressus lacerto..leo SEN.*Ag.*829. **b** cum prope iusta obsidio esset futuramque ~iorem eam appareret LIV.25.34.6; mittere nuntios..per custodias tam ~as 26.4.1; LUC.6.108; TAC.*Hist.*1.88.

3 Fastened closely together, compact. **b** (of the skin) tight; also, close-knit. **c** (of a sieve) fine.

quod queat ~as dissociare intus partis LUCR.3.808; dirae ferro et compagibus ~is claudentur Belli portae VERG.*A.* 1.293; condensis ~ae testudinis armis SIL.1.365;—(*w. abl.*) ~am compagibus urbem STAT.*Theb.*3.356. **b** iam riget ~a cutis LUC.6.95;—STAT.*Theb.*6.871. **c** quae transit, ~iore (*sc.* cribro) cernitur PLIN.*Nat.*18.115.

4 (of rules, etc.) Strict, inelastic; (of an expression) narrow in meaning.

nec tamen haec ita sunt ~a et astricta, ut ea..laxare nequeamus CIC.*Orat.*220; quo magis ipsum (*sc.* genus humanum) sponte sua cecidit sub leges ~aque iura LUCR. 5.1147; sic sensus nostros clariores carminis ~a necessitas efficit SEN.*Ep.*108.10; PLIN.*Nat.*16.12;—'cum fari potuerit' ~iorem (scripturam esse) JAVOL.*dig.*50.16.217.

5 Parsimonious, economical, thrifty.

asper et attentus quaesitis, ut tamen ~um solueret hospitiis animum HOR.*S.*2.6.82.

6 Having little breadth, narrow.

~iorem illum (pontem)..Alexandrini tuebantur *B.Alex.* 19.2; HOR.*Ep.*1.7.33; per alium saltum ~um impeditioremque euadendum LIV.9.2.8; ~o interscinditur freto 28.7.2; ~issimas fauces CURT.5.3.17; ab his fit ~ius mare MELA 1.96; LUC.9.958; STAT.*Theb.*1.24; ~issimo inter Europam Asiamque diuortio TAC.*Ann.*12.63; occiduarum partium mare..in ~issimos sinus funditur APUL.*Mun.*6;—(*fig.*) in quam ~o salutis exitique fuerimus confinio VELL. 2.124.1;—(*synec.*) mulierem ita ~am, ut mulier fieri non possit ULP.*dig.*21.1.14.7;—(*of confining walls, banks, etc.*) hunc angustique imbrice tecti parietibusque premunt ~is VERG.*G.*4.297; ubi in ~issimas ripas Aous cogitur amnis LIV.32.10.2; Symplegadas ire per ~as OV.*Tr.*1.10.47.

7 Small or restricted in size, confined; containing few members, small in number; (of a number) small.

ea conluuio..urbanos et agrestem confertum in ~a tecta aestu ac uigiliis angebat LIV.3.6.3; urnaque nos habeat quamlibet ~a duos OV.*Ep.*11.124; MART.14.45.2; quamquam fortuna parentum ~ior STAT.*Silv.*5.3.118;—(*of an abst. quality*) si..spes ~ior! aquae manantis coegerit COL. 1.5.2;—iam copia quanto ~ior! SIL.7.246; profectio ~o comitatu fuit TAC.*Ann.*4.58;—~um inde numerum finiri et hinc maiorem offerri 13.38.

8 Of restricted duration, short, brief; (as sb.) a short time (in quot. superl.).

(eis) tempora somni ~iora quam noctis sunt CURT.3.2.15; ~am aetatem sibi dari non sinit SEN.*Ep.*102.22; solibus ~is STAT.*Silv.*1.3.88; (*cf.*) eminentiam cuiusque operis ~issimis temporum claustris circumdatam VELL.1.17.4;—uestra me hercules uita, licet supra mille annos exeat, in ~issimum contrahetur SEN.*Dial.*10.6.4.

9 (of crowds, etc.) Close-packed, dense; (of vegetation) dense, thick. **b** crowded, packed, thronged (with).

sed nimis ~a premunt olidae conuiuia caprae HOR.*Ep.* 1.5.29; hunc iuuenis turba circumterit ~a TIB.1.2.95; cum examen ~o nectitur densum globo SEN.*Oed.*602; STAT. *Theb.*4.799;—carros..in ~iores siluas abdiderunt CAES.*Gal.* 7.18.3; ~o latitantem fruticeto..aprum HOR.*Carm.*3.12. 11; SEN.*Oed.*277;—(*neut. pl. of compar. as sb.*) ni..Agricola..sicubi ~iora erant, partem equitum dimissis equis.. persultare iussisset TAC.*Ag.*37.4. **b** hos ~o stipata theatro spectat Roma potens HOR.*Ep.*2.1.60;—(*w.abl.*) urbem ..modo ciuibus ~am STAT.*Theb.*11.273.

10 Involving difficulty or stringency, straitened, critical. **b** (of supplies) difficult to obtain, scarce, short. **c** (of hunger, poverty) severe, dire.

rapto suetis uiuere ~iores in pace res erant LIV.28.24.6; quia plus quam unum ex patriciis creari non licebat, ~ior petitio quattuor petentibus erat 39.32.7; OV.*Pont.*3.2.25; omnia sibi in dies ~iora esse uiderunt CURT.3.1.8; rebus semper pudor absit in ~is V.FL.5.324; SIL.2.103; TAC.*Ann.* 3.74. **b** incommodo bello in tam ~is commeatibus uexati forent LIV.2.34.5; adsidendo diutius ~iorem annonam sociis quam hosti faciebat 26.20.8; TAC.*Hist.*4.26; SUET.*Gal.*7.2; PAPIN.*dig.*16.2.17. **c** saeptos..fraude locorum ~a fames ..urgebat SIL.7.280; huius paupertas ~ior FRO.*Ver.*2.p.154 (135N).

11 Intense or profound: (of sleep) deep; (of darkness) thick.

me..de uia fessum..~ior quam solebat somnus complexus est CIC.*Rep.*6.10; tam ~o repente somno deuinctus SUET.*Aug.*16.1;—uidit per quietem..trahi se ab Octauia uxore in ~issimas tenebras *Nero* 46.1; APUL.*Soc.*3.

artus² ~ūs, *m.* (also *n. pl.* **~ua.**) [cf. ARS, ARMA, etc.; Gk. ἄρθρον] FORMS: *~ua* (neut. pl.) PL.*Men.*855; *~ibus* (abl. pl.) APUL.*Met.* 2.17 (usu. *~ubus*). N.B. the word occurs almost always in the pl.; sg. in V.FL.4.310.

1 A joint in the body; *primus ~us*, the first cervical vertebra.

ut ego huius membra atque ossa atque ~ua comminuam PL.*Men.*855; qui deuinctus erat fasciis et multis medicamentis propter dolorem ~uum delibutus CIC.*Brut.*217; *N.D.*2.150; magnos membrorum ~us, magna ossa lacertosque exuit VERG.*A.*5.422; oleo..per manipulos, ut mollirent ~us, misso LIV.21.55.1; SEN.*Con.*2.5.9; luxata corpora ..natando..facillime in ~us redeunt PLIN.*Nat.*31.71; ~us ex Graeco appellantur, quos illi ἄρθρα dicunt PAUL.*Fest.*p. 20M;—qua primo ceruix committitur ~u V.FL.4.310.

2 An arm or leg, limb. **b** (when severed). **c** (applied to a branch of a tree).

~us torto distraham PAC.*trag.*159; praeusti ~us, niue rigentes nerui, membra torrida gelu LIV.21.40.9; liuidos articulos et ~us facere LARG.188; ubi sanguis in ~us se extremos suffuderit TAC.*Ann.*12.47;—(*of animals*) quidnam tremulis facere ~ubus haedi consimile in cursu possint et fortis equi uis? LUCR.3.7; VERG.*G.*3.483; STAT.*Theb.*4.829; (*cf.*) Hellusios et Oxionas ora hominum uultusque, corpora atque ~us ferarum gerere TAC.*Ger.*46.6. **b** dum nati dissupatos ~us captaret parens *Inc.trag.*169; aut quae nunc ~us auulsaque membra..tellus habet? VERG.*A.*9.490; per ~us sublatus aliter ac solitus erat a ciuibus suis conspectus est (Cicero) SEN.*Suas.*6.19; TAC.*Ann.*1.61;—(*transf.*) frater ..lacerae domus componit ~us teque restituit tibi SEN. *Thy.*433. **c** pinus proceros †decorat siluas hirsuta per ~us *Culex* 138.

3 (In various special aspects): **a** (as the parts that shake with fear, excitement, etc.). **b** (as the parts that feel fatigue). **c** (as the seat of strength).

a et cita cum tremulis anus attulit ~ubus lumen ENN. *Ann.*35; trementibus ~ubus SIS.*hist.*103; tota mente atque ~ubus omnibus contremiscam CIC.*de Orat.*1.121; TAC.*Ann.* 15.36;—(*of an animal*) cum..alias concussis ~ubus hinnit (equus iuuencus) LUCR.5.1077. **b** sopore placans ~us languidos ACC.*praet.*18; fessos sopor inrigat ~us VERG.*A.* 3.511; 5.857; 9.814; qui salutari leuat arte fessos corporis ~us HOR.*Saec.*64; lassis animis et marcidis ~ibus APUL. *Met.* 2.17. **c** tibi si exilis uideor tenuatus in ~us PROP.2. 22.21; in omni domo nudi ac sordidi in hos ~us, in haec corpora, quae miramur, excrescunt TAC.*Ger.*20.1;—(*fig.*) neruos atque ~us esse sapientiae non temere credere Q.CIC. *Pet.*39.

4 A member or part of the body; (pl.) the members, body, frame. **b** a component of the universe considered as a living thing.

cui fracta prius crura brachiaque et oculi effossi, scilicet ut per singulos ~us expiraret SAL.*Hist.*1.44;—(*of fish*) altera fit caedis caedes; scinduntur in ~us MAN.5.668;—est igitur calor ac uentus uitalis..qui nobis moribundos deserit ~us LUCR.3.129; pulchros..per ~us it cruor VERG.*A.*9.433; OV.*Ib.*286; V.FL.8.123; amplexum niueos optatae coniugis ~us STAT.*Silv.*1.2.20; ibi cum singuli derepsissent stipatis ~ubus (*i.e. crouching*) APUL.*Met.*4.7;—(*of a serpent*) serpens, cui..longa sitis..totumque agitata per ~us conuocat in fauces..uenenum STAT.*Theb.*2.413;—(*cf.*) plus habebunt decoris (argumenta), si non nudos et uelut carne spoliatos ~us ostenderint QUINT.*Inst.*5.12.6. **b** totam..infusa per ~us mens agitat molem VERG.*A.*6.726; faciuntque (elementa) deum per quattuor ~us et mundi struxere globum MAN.1.138.

5 (pl.) The sexual members or organs.

dum satiata Venus fecundos compleat ~us COL.10.212.

? **artūtus** ~a ~um, *a.* [ARTVS²+-VTVS] Large-limbed, hefty.

aduorsus octo ~os (*cj.*), audacis uiros, ualentis uirgatores PL.*As.*565.

arua ~ae, *f.* Old form of ARVVM.

quaque incedunt, omnis ~as opterunt NAEV.*trag.*19; PAC.*trag.*396.

aruālis ~is ~e, *a.* [ARVVM+-ALIS] *frater ~is*, One of a college of twelve priests who made annual offerings to the Dea Dia for the increase of the harvest, an Arval Brother.

fratres ~es dicti qui sacra publica faciunt propterea ut fruges ferant arua VAR.*L.*5.85; SAB.*iur.*14; C IVLIVS.. ANTIOCHVS PHILOPAPPVS COS FRATER ~IS *CIL* 3.552; FRATRES ~ES AD ⟨CONSVMMANDVM SACRVM⟩ DEAE DIAE CONVENERVNT *A.Epig.*47.59.20; *CIL* 6.1026.

aruehō: see ADVEHO.

Aruernī ~ōrum, *m.pl.* A people of SE. Gaul; (sg.) a member of this people.

CAES.*Gal.*1.31.3; LUC.1.427; SUET.*Nero* 2.1; (*equiv. to their territory*) ille..castra ex Biturigibus mouet in ~os uersus CAES.*Gal.*7.8.5;—Vercingetorix, Celtilli filius, ~us 7.4.1; *CIL* 13.1706.

aruīna ~ae, *f.* [cf. Gk. ἀρβίννη] Fat, lard.

PL.*Poen.*1016; pars leuis clipeos et spicula lucida tergent ~a pingui VERG.*A.*7.627; PLIN.*Nat.*11.127; ~a pingue durum, quod est inter cutem et uiscus. alii ~ae nomine laridum dicunt SUET.*fr.*170(p.272Re); corium ~a suculenta mollieuram APUL.*Met.*10.15.

? **aruiō**: colloq. form of RAVIO 'to be hoarse'.

nego: et negando, si quid refert, ~o (*v.l.* rauio) PL.*Poen.* 778.

ārula ~ae, *f.* [ARA+-VLA] A small altar. **b** (see quot.).

ante hos deos erant ~ae CIC.*Ver.*4.5; GRAN.FL.*iur.*8; ~a et lucerna et paucis consciis testibus APUL.*Apol.*42; *CIL* 3.6478. **b** pedes terni undique e solido adaggerantur. ~as id uocant in Campania PLIN.*Nat.*17.77.

arum (or **~on**) ~ī, *n.* Also **har-.** [Gk. ἄρον] (prob.) One or more plants of the genus *arum*.

exeuntes (ursi) herbam quandam ~um nomine..deuorant PLIN.*Nat.*8.129; quod in Aegypto ~on uocant 19.96; 24.142. β COL.10.244.

āruncus ~ī, *m.* [Gk. ἤρυγγος] The beard of a goat.

dependet omnium (caprorum) mento uillus quem ~um uocant PLIN.*Nat.*8.203.

arund-: see HARVND-.

aruocitō: (see quot.).

~at saepe aduocat PAUL.*Fest.*p.27M.

aruspex, aruspicium: see HARV-.

arutaena: see ARYTAENA.

aruum ~ī, *n.* [ARVVS] FORMS: cf. ARVA *f.*

1 A ploughed field (esp. as opposed to a meadow, etc.), field; ploughed land or soil, arable land. **b** (w. *muliebre*, *genitale*, of the female sexual organs).

(*pl.*) an ego querelas..aratorum non in segetibus ipsis ~isque cognoscerem? CIC.*Scaur.*25; conficimus ferrum uix ~is suppeditati LUCR.2.1162; hactenus ~orum cultus VERG. *G.*2.1; de dentibus..Sidonia iactis Graia per ~a manu OV. *Ib.*444; pago Fabiano, ubi et ~a rigant PLIN.*Nat.*17.250; LUC.2.445; QUINT.*Inst.*9.4.5; TAC.*Ann.*13.54;—(*sg.*) ut.. terras..proscindant glebasque ~o ex mollito excitent ACC. *trag.*496; ~um (dicitur) quod aratum necdum satum est VAR.*R.*1.29.1; CATUL.115.2; Numidae pabulo pecoris magis quam ~o student SAL.*Jug.*90.1; ne perconteris fundus meus ..~o pascat erum HOR.*Ep.*1.16.2; PLIN.*Nat.*18.164;—(*fig.*) sol..lumine conserit ~a LUCR.2.211. **b** in eost Venus ut muliebria conserat ~a LUCR.4.1107; VERG.*G.*3.136.

2 (w. prop. adjs. and sim.; esp. in pl.) Lands, territory, country; *~a Neptunia*, the territory of Neptune, i.e. the sea. **b** *laeta* (*beata*, etc.) *~a*, the blissful, i.e. Elysian, fields; *Stygia ~a*, the Stygian fields, i.e. Tartarus.

(*pl.*) qua pontus Helles..frugifera et ecferta ~a Asiae

tenet *Inc.trag.*164; rates ~is inferre Latinis VERG.*A.*10.300; opulenta Etruriae ~a LIV.9.36.11; nos his moriemur in ~is OV.*Pont.*1.4.43; LUC.6.814; STAT.*Silv.*4.2.2; TAC.*Ann.*13.55; —(*sg.*) ~um caelumque Sabinum non cessat laudare HOR. *Ep.*1.7.77; OV.*Pont.*1.5.65;—(*as a place of burial*) si moriar, subeam pacatius ~um 1.2.107;— ~a..Neptunia VERG.*A.* 8.695. **b** per amplum mittimur Elysium et pauci laeta ~a tenemus 6.744; arua, beata petamus ~a, diuites et insulas HOR.*Epod.*16.41; quaerens..per ~a piorum inuenit Eurydicen OV.*Met.*11.62; secretis..uolitans pater Aeolus ~is V.FL.1.751; (*cf.*) ~a..ultima, quae bello clari secreta frequentant VERG.*A.*6.477;—(*sg.*) ille pio..in ~o inter honoratos excipietur auos *Epic.Drusi* 329;—quantum Tityos Stygiis consurgat ab ~is STAT.*Theb.*6.753.

3 (sg. or pl.) the countryside (as distinct from the town).

(*pl.*) rex ~a Latinus et urbes..regebat VERG.*A.*7.45; STAT.*Theb.*6.250;—(*sg.*) neue sit errandum lato spatiantibus ~o OV.*Met.*4.87.

4 (pl.) The lowlands, plain. **b** (sg. or pl.) the ground (as distinct from a mounted or elevated position).

collis apex medii subiectis inminet ~is OV.*Met.*7.779; unde altus ~a deserit, caelum petens..Parnasos biceps SEN.*Oed.*280; LUC.4.743. **b** (*pl.*) e curru saltum dedit ocius ~is VERG.*A.*12.681; tandem..tardior in terram redit atque immergitur ~is (discus) STAT.*Theb.*6.684;—(*sg.*) in.. pruinoso coluber distenditur ~o LUC.6.489.

5 (pl.) Dry land (as opposed to the sea or water).

non aequore in alto nubes esse queunt nec pisces uiuere in ~is LUCR.3.785; 5.395; fit sonitus spumante salo; iamque ~a tenebant VERG.*A.*2.209; mare nascitur ~is PETR.120. 88; V.FL.3.94; non ~a uiri, non aequora uertunt STAT.*Theb.* 5.309; SIL.12.452.

6 (pl.) The arena of a race-course.

ceu modo carceribus dimissus in ~a solutis STAT.*Theb.* 6.522; 6.595.

aruus ~a ~um, *a.* [ARO] (of land) Ploughed, cultivated, arable.

non ~os hic, sed pascuost ager PL.*Truc.*149; ~us et arationes ab arando VAR.*L.*5.39; CIC.*Rep.*5.3.

arx ~cis, *f.* [cf. ARCEO] ORTHOG.: *arcs* VAR. *L.*7.44.

1 That part of a city which is a fortified eminence, a citadel; a strong point in a city. **b** (used spec. of the Roman citadel on the Capitoline hill; and of the Athenian Acropolis). **c** (as the abode of tyrants or typifying their position). **d** (as a place for temples, offerings, etc.). **e** (as a site for augury). **f** (w. *portae*) a tower (over a gateway). **g** (prov.) *~cem (s.v.l.) facere e cloaca*, to represent something as more important than it is (cf. 'to turn geese into swans').

~x ab arcendo, quod is locus munitissimus urbis VAR.*L.* 5.151; ut..relinquere oppidum et ~cem munire cogantur CIC.*Prov.*4; nostri olim urbe reliqua capta ~cem tamen retinuerunt *Att.*7.11.3; deductis tribus in ~cem oppidi cohortibus a Varrone praesidio CAES.*Civ.*2.19.4; 3.66.5; pars ducere muros molirique ~cem VERG.*A.*1.424; praeter.. ~cem cetera capta LIV.4.61.6; 24.30.2; templum in modum ~cis TAC.*Hist.*5.12;—(*w. adjs.*) cum audisset ~cem Fregellanam ab Samnitibus captam LIV.9.28.3; a Praenestina ~ce SEN.*Ben.*5.16.3;—(*conjoined w.* urbs) ~ce et urbe orba sum ENN.*scen.*88; CAECIL.*com.*146;—(*in a pun*) hic equos non in ~cem, uerum in arcam faciet impetum PL.*Bac.*943;—tumulus est in extrema parte urbis..praeerat huic ~ci Philodemus Argiuus LIV.25.25.3; 28.6.2; (*cf.*) iubet..praeuenire conatus consulis, occupare uelut ~cem eius TAC.*Ann.*15.69. **b** qua Galli furtim noctu summa ~cis adorti ENN.*Ann.*164; Romam omnes petiere et..in ~cem confugerunt LIV. 5.38.10; 30.43.9;—(*in fig. phr.*) qui sibi iam pridem solacia bina parauit, iam pridem summa uicor in ~ce fuit OV.*Rem.* 450;—(*in combination w.* Capitolium *or explanatory gen.*) ~cem et Capitolium CIC.*Catil.*4.18; stabant humiles in Iouis ~ce casae TIB.2.5.26; LIV.3.15.5; ~ce Tonantis OV. *Fast.*6.349; ~cem Capitolii insedit TAC.*Hist.*3.69;—(*pl.*) conspicuum patrias uictorem ducet ad ~ces MAN.4.562;— in ~cem transcurso opus est TER.*Hec.*431; LUCIL.388; in ~ce Athenis statio mea nunc placet CIC.*Att.*6.9.5; NEP. *Them.*2.8; VITR.4.8.4; Mineruae, praesidi ~cis LIV.45.28. 1. **c** LUCR.5.1108; ~cem tyrannus occupat Pisistratus PHAED.1.2.5; uidi filium unum in ~ce, alterum in adulterio SEN.*Con.*1.7.16; nescitis, cupidi ~cium, regnum quo iaceat loco SEN.*Thy.*342; LUC.7.593; QUINT.*Decl.*267(p.89,l.17); FLOR.*Epit.*1.3(1.9.4); (*cf.*) Vitellium in Palatium, in ipsam imperii ~cem regressum TAC.*Hist.*3.70;—(*applied to a temple*) templum diuo Claudio constitutum quasi ~x aeternae dominationis aspiciebatur *Ann.*14.31. **d** illa.. in ~cem abiuit aedem uisere Mineruae PL.*Bac.*900; CIC. *Parad.*5; primus..Thymoetes duci intra muros hortatur et ~ce locari (equum) VERG.*A.*2.33; LIV.7.28.5; OV.*Fast.*6. 183; eum (*i.e.* Iouem)..in arduis ~cibus habere solium consecratum—(*facet., applied to a person*) quid rerum meus Vlixes egerit, iamne habeat signum ex ~ce Ballionia PL. *Ps.*1064. **e** cum in ~ce augurium augures acturi essent CIC.*Off.*3.66; LIV.10.7.10. **f** super portae dux Veius astitit ~cem PROP.4.10.31. **g** dum Planci in me meritum uerbis extollerem, me ~cem facere e cloaca lapidemque e sepulcro uenerari pro deo CIC.*Planc.*95.

2 A city, etc., considered as a fortified place or military base, fortress, stronghold; (conjoined w. *caput*, of a city as a capital or headquarters).

Drusus..~ces Alpibus impositas..deiecit HOR.*Carm.* 4.14.11; Norbam..nouam coloniam, quae ~x in Pomptino esset, miserunt LIV.2.34.6; Memphis, quondam ~x Aegypti regum PLIN.*Nat.*5.50; pollicitus..si praesidium acciperet, uacuam ~cem traditurum TAC.*Hist.*3.77;—(*w.* regni, belli) ~cem regni nomine Zamam statuit oppugnare SAL.*Jug.*56.1; fuga Tibur sicut ~cem belli Gallici petunt LIV.7.11.7;—uno aut summum altero proelio ~cem et caput Italiae in manu ac potestate habituros 21.35.9; 28.42.16.

3 (in transf. and fig. uses) A bulwark, defence, stronghold. **a** (transf.). **b** (fig.).

a hanc urbem, lucem orbis terrarum atque ~cem omnium gentium CIC.*Catil.*4.11; Africam, ~cem omnium prouinciarum *Lig.*22; *Sul.*33;—(*applied to a person*) Cotylam ..ornamentum atque ~cem amicorum suorum CIC.*Phil.* 8.24. **b** hoc ius nationum exterarum est, hanc habent ~cem CIC.*Div.Caec.*18; munite communem ~cem bonorum *Sul.*79; ~cem tu quidem Stoicorum..defendis *Div.*1.10; si tribunicium auxilium et prouocationem plebi Romanae, duas ~ces libertatis tuendae, ademistis LIV.3.45.8; 7.34.4; in insuperabili loco stat animus..et ~ce se sua uindicat SEN.*Ep.*82.5; FRO.*Ver.*2.p.132(121N).

4 A place of refuge or shelter, retreat, sanctuary.

ab eo latrone cui templum illud fuit te consule ~x ciuium perditorum CIC.*Pis.*11; tuta latet ~ce uiator aut amnis ripis aut alti fornice saxi VERG.*A.*10.805; ille te..locus et beatae postulant ~ces HOR.*Carm.*2.6.22; nunc cis Hiberum castra Romana esse, ~cem tutam perfugiumque nouas uolentibus res LIV.22.22.11; 38.53.4; (*cf.*) Tiberi principis ~ce nobiles Capreae PLIN.*Nat.*3.82.

5 A hill-top, peak, crag; *septem* (*Romanae*) *~ces*, the seven hills (of Rome). **b** (fig.) a high position, height, summit, pinnacle.

flerunt Rhodopeiae ~ces VERG.*G.*4.461; *A.*6.9; Cithaeronis..currit in ~ces PROP.3.15.25; VITR.2.8.11; quod editissimum inter aequales tumulos occurrebat oculis, ~cem Albanam petunt LIV.7.24.8; gemina Parnasi..~x SEN.*Oed.*227; PETR.123,l.205; Riphaeas..ad ~ces V.FL. 7.562;—septemque una sibi muro circumdedit ~ces VERG. *G.*2.535; quae tribui Romanis ~cibus PETR.121,l.107. **b** grauius ut ruerem edita receptus ~ce [SEN.]*Oct.*380;— (*w. gen.*) a quibus initiis ad ~cem ostentationis opera sua peruenissent PLIN.*Nat.*35.101; SIL.13.771; iam Cicerone ~cem tenente eloquentiae QUINT.*Inst.*12.11.28; TAC.*Dial.* 10.5; (*cf.*) celsa tu mentis ab ~ce despicis errantis STAT.*Silv.* 2.2.131.

6 *caeli* (*mundi*, etc.) *~x* (sts. w. *summa*; also, *~x* alone) The citadel or height of heaven, esp. as the abode of gods or heroes; (astron.) the zenith.

nos, tua progenies, caeli quibus adnuis ~cem VERG.*A.* 1.250; (Iuppiter) sideream mundi qui temperat arcem OV. *Am.*3.10.21; ignea conuexi uis..caeli emicuit summaque locum sibi fecit in ~ce *Met.*1.27; *Ilias* 862; cum Iuppiter omni ~ce tonat STAT.*Theb.*8.410; sensum a caelesti demissum traximus ~ce JUV.15.146;—(*cf. sense* 1c) dum senior fatis excidit ~ce deus (*i.e.* Saturnus) OV.*Fast.*5.34;— ut sit idem mundi primum quod continet ~cem,..princeps Aries..fulgens MAN.1.262; ~ce..in caeli 2.918; iam summas caeli Phoebus candentior arces uicerat V.FL.3.481.

7 The most elevated part (of a thing): **a** (*corporis ~x* or *~x* alone, applied to the head). **b** *ratis ~x*, the poop of a ship.

a tum uapor ipsam corporis ~cem flammeus urit SEN. *Oed.*185;—hanc habent sensus ~cem PLIN.*Nat.*11.135; (*w. defining gen.*) (homo) stetit unus in ~cem erectus capitis MAN.4.905; (*cf.*) sensus..interpretes..rerum in capite tamquam in ~ce mirifice ad usus necessarios..conlocati sunt CIC.*N.D.*2.140; APUL.*Apol.*50. **b** ipse magister nutat ab ~ce ratis V.FL.3.469.

arytaena ~ae, *f.* Also **arutaena, artaena.** [Gk. ἀρύταινα] A ladle.

~ae..aquales LUCIL.17; ~am siue art⟨a⟩enam uas ab auriendo sic appellabant PAUL.*Fest.*p.21M.

as assis, *m.* Also **assis.** [unkn.] FORMS: *assis* (nom. sg.) PLIN.*Nat.*33.42; *assum* (gen. pl.) VAR.*L.*5.180.

1 A copper coin or monetary unit, orig. weighing one pound, but successively reduced to two ounces, one ounce, and half an ounce, a penny. **b** (phr.) *per assem et libram* = *per aes et libram* (see AES).

pecuniae signatae uocabula sunt..haec: as ab aere VAR. *L.*5.169; quod habet iugerum scripula CCLXXXVIII, quantum as antiquos noster ante bellum Punicum pendebat *R.*1.10.2; quod in caritate asse modium populo dedit CIC.*Off.*2.58; VITR.3.1.7; militibus ex praeda centenos binos asses.. diuisit LIV.10.46.15; fecit assem, semissem habui PETR.61. 8; PLIN.*Nat.*33.44–46; (Augustus) militi libellum timide porrigenti: 'noli' inquit 'tamquam assem elephanto des' QUINT.*Inst.*6.3.59; GAIUS *Inst.*1.122; GEL.20.1.31;—(*w.* aeris) A MVLIERIBVS SINGVLIS AERIS ASSES EXIGITO *CIL* 2.5181.23;—(*reckoned by weight*) ut eius qui cis Tiberim deprehensus esset usque ad mille pondo assium clarigatio esset LIV.8.14.6. **b** Gaium et L. adoptauit domi per assem et libram emptos a patre Agrippa SUET.*Aug.*64.1.

2 A penny, regarded as a coin of small value, a copper. **b** (phrs.) *unius assis aestimare*, to care as little as a halfpenny for, regard as worthless; *non assis facere*, not to care as much as a halfpenny for; *ad assem*, to the last halfpenny.

quod non opus est asse carum est CATO *Fil.*10(J); uti nemo posset uere dicere assem aut eo plus in muneribus me accepisse GRACCH.*orat.*26; assem sese negat daturum CIC. *Quinct.*19; *Q.Rosc.*49; natis pilosas..non potes asse uenditare CATUL.33.7; HOR.*S.*1.6.13; *Ep.*1.16.64; PHAED.3.5.3; glorietur (Epicurus) non toto asse se pasci, Metrodorum, qui nondum tantum profecerit, toto SEN.*Ep.*18.9; cantet si naufragus, assem protulerim? PERS.1.88; ab asse creuit PETR.43.1; 77.6; JUV.14.301;—(*facet. prov.*) cum deerit egenti as, laquei pretium HOR.*S.*2.2.99. **b** rumores.. senum..omnes unius aestimemus assis CATUL.5.3;—non assis facis? 42.13; SEN.*Ep.*123.11;—Luculli miles collecta uiatica..ad assem perdiderat HOR.*Ep.*2.2.27; PLIN.*Ep.* 1.15.1; VT EX VSVRIS..IDIBVS IVNIS..INTER PRAESENTES HORA II VSQVE AD ASSE DIVIDATVR *CIL* 14.431.4.

3 a (as a unit of weight) One pound. **b** (as a unit of area) one *iugerum* (i.e. about three-fifths of an acre). **c** (as an arithmetical unit) one, unity. **d** (phr.) *in assem, in asse*, in all, altogether; *in assem*, in full.

a solidi sexta fac assis eat OV.*Med.*60; aloes pondo assis trientem LARG.110. **b** iugerum (efficit) pedes uiginti octo milia et octingentos, hoc est as, in quo sunt scripula CCLXXXVIII COL.5.1.12; PLIN.*Nat.*18.178. **c** VITR.3.1.6; his utrisque summis semper singulos asses adicio COL.5.3.2. **d** sic in asse fiunt octo menses et dies decem COL.2.12.8; fit tum in assem consummatum pretium sestertiorum XXIX millium 3.3.8;—suadendum erit heredi, ut in assem satisdet ULP.*dig.*36.4.5.11.

4 A whole, undivided, estate; *heres ex asse*, heir to the whole estate, sole heir; *ex asse possidere*, to possess (an estate) in full.

quoniam ad te deuoluta est pars matris meae, item pars Sempronii curatoris quondam mei..et per hoc totus as meus apud te esse speratur SCAEV.*dig.*36.1.77(75); PAUL. *dig.*37.11.12;—an ille..heres sit faeneratoris, an ex asse heres QUINT.*Inst.*7.1.20; GAIUS *Inst.*2.259;—qui..rem soli possidet aut ex asse aut pro parte MACER *dig.*2.8.15.1.

5 a A circular flap or valve. **b** a round slice (e.g. of cucumber).

a in quo catino fiunt asses in superioribus naribus fistularum..qui praeobturantes foramina narium non patiuntur ⟨redire⟩, quod spiritu in catinum est expressum VITR. 10.7.1; 10.8.4. **b** secatur (mandragorae radix) in asses ut cucumis PLIN.*Nat.*26.121.

-ās[1] -ātis, *adjl. suff.* FORMS: nom. masc. sg. *-atis* PL.*St.*493; TITIN.*com.*85. Originally used in ethnic adjs. from the names of Italian towns (*Arpinas, Genuas*), but extended to a few other stems (*cuias, nostras, optimas, primas; Penates*).

-ās[2], *advl. suff.* Orig. acc. fem. pl. of adj., sc. *uices* (*alias, alteras, utrasque*).

āsa: see ARA.

asarōtos ~os ~on, *a.* [Gk.] Unswept; (of a room) paved in mosaic to imitate refuse from the table.

Sosus, qui Pergami strauit quem uocant ~on oecon, quoniam purgamenta cenae in pauimentis quaeque euerri solent uelut relicta fecerat paruis e tessellis PLIN.*Nat.*36.184; —(*neut. pl. as sb.*) superat..nouis ~a figuris STAT.*Silv.* 1.3.56.

asarum ~ī, *n.* [Gk. ἄσαρον] (perh.) Asarabacca or hazelwort, *Asarum europaeum.*

nardi uim habet et ~um PLIN.*Nat.*12.47; 21.134; (medicamentum) ad stomachi dolorem et inflationem: palmarum p ⳩ XL,.., ~i p ⳩ II LARG.109; 176.

asbestinon ~ī, *n.* [Gk. ἀσβέστινον] A non-combustible material.

multa post luxuria attulit, quorum uocabula apparet esse graeca, ut ~on VAR.*L.*5.131.

asbestos ~ī, *m.* [Gk. ἄσβεστος] A mineral or gem.

~os in Arcadiae montibus nascitur coloris ferrei PLIN. *Nat.*37.146.

ascalabōtēs ~ae, *m.* [Gk. ἀσκαλαβώτης] The spotted lizard, gecko.

hunc (*sc.* stelionem) Graeci coloten uocant et ~en et galeoten PLIN.*Nat.*29.90.

ascalia ~ae, *f.* [cf. Gk. σκαλίας] The edible base of the artichoke.

quo (*sc.* pappo cacti) detracto et cortice teneritas similis cerebro palmae est. uocant ~an PLIN.*Nat.*21.97.

Ascalōnius ~a ~um, *a.* Of Ascalon (in SE. Palestine); *cepa ~a*, the Syrian onion, shallot.

COL.11.3.57; Pompeianam uel ~am cepam..eligito 12. 10.1; PLIN.*Nat.*19.101.

ascalpō ~ere, *tr.* [AD-+SCALPO] To scratch.

caput quatiens et ~ens aurem dexteram APUL.*Met.*6.9.

Ascanius[1] ~iī, *m.* The son of Aeneas and founder of Alba Longa; also called Iulus.

VERG.*A.*1.267; TIB.2.5.50; LIV.1.3.1; OV.*Met.*14.609.

Ascanius[2] ~a ~um, *a.* (in substantival or quasi-substantival geog. names): **a** *~us lacus*, A lake in Bithynia; *~us sinus*, one of its curves or bays. **b** *~us* (*flumen*), a river issuing from Lake Ascanius, scene of the abduction of Hylas. **c** *~a Phrygiae*, the region in which Lake Ascanius and the river are situated. **d** *~us portus*, a port in the Troad. **e** *~ae* (*insulae*), islands in the Troad region.

a PLIN.*Nat.*5.148. **b** VERG.*G.*3.270; PROP.1.20.4; HYG.*Fab.*14.25. **c** PLIN.*Nat.*5.144. **d** PLIN.*Nat.*5.121. **e** PLIN.*Nat.*5.138.

ascaulēs ~is, *m.* [Gk.] A bagpiper.
MART.10.3.8.

ascea: see ASCIA.

ascendens ~ntis, *a.* [pple. of ASCENDO] (of a machine) Of or for climbing, enabling one to climb.
~ntem machinam, qua ad murum plano pede transitus esse posset VITR.10.13.3.

ascendibilis ~is ~e, *a.* [next+-BILIS] That can be climbed.
prae se portant ~em semitam, quam scalam uocitant POMPON.*com*.91.

ascendō ~dere ~dī ~sum, *tr., intr.* **adsc-.** [AD-+SCANDO]

1 To go up (on foot or in a vehicle), climb, mount, ascend. **b** (mil.) to scale (walls).
(*w. acc.*) qui ~dunt altum ocrim ANDR.*trag*.31; si mons erat ~dendus CAES.*Civ*.1.79.2; iamque ~debant collem VERG.*A*.1.419; ex quo Deucalion..nauigio montem ~dit JUV.1.82; si intra biennium Capitolium non ~deris POMPON.*dig*.45.1.27.1; APUL.*Met*.4.10; (*cf.*) quae est igitur ista accusatio, quae facilius possit Alpis quam paucos aerari gradus ~dere? CIC.*Font*.4; (*w.* in+*acc.*) susum ~dam in tectum PL.*Am*.1008; lex peregrinum uetat in murum ~dere CIC.*de Orat*.2.100; *Att*.1.16.12; *Div*.1.54; LIV.10.7.10;—*w. route or direction indicated*) Cominius, qua ~derat, descendit QUAD.*hist*.4; ubi paululum ~deris ad laeuam SAL.*Cat*.55.3;—(*fig. or in fig. phr.*; *w. cognate acc.*) magnum iter ~do, sed dat mihi gloria uires PROP.4.10.3; (*cf. sense 7*) unum ~dere gradum dignitatis CIC.*Mur*.55. **b** (*w. acc.*) milites positis scalis muros ~dunt CAES.*Civ*.1.28.4; SAL.*Cat*.7.6; LIV.26.48.5;—(*ellipt. or absol.*) neque illos muri neque..armati arcere queunt quin certatim ~dant 26.44.9; GAIUS *dig*.47.2.55(54).4.

2 (of inanim. subjs.) To rise, be raised, be propelled or move upwards.
ut..inde sensim (sol) ~dat in diuersam partem CIC.*de Orat*.3.178; sin manibus uestris uestram ~disset in urbem (*sc. the wooden horse*) VERG.*A*.2.192;—(*w. dat.*) summis ~dunt turribus hastae SIL.13.182;—(*of hair gathered on top of the head*) qua fine summum cacumen capillus ~dit APUL.*Met*.2.10.

3 To ascend and take a place in or on, mount (a platform, bed). **b** (*in*) *caelum* (*Olympum*) *~dere*, to ascend into heaven, etc.
illud suggestum, in quo causam dixerat, ~denti CIC.*Div*.1.124; (*cf.*) cum magistratum inieris et in contionem ~deris *Fin*.2.74;—quaecumque Latinae magnanimi Iouis ingratum ~dere cubile VERG.*A*.12.144; V.FL.6.45. **b** (*w. acc.*) Alcides, deus ~surus Olympum [TIB.]3.7.12; si caelum ~dit Iouis armiger GERM.*Arat*.317; SEN.*Apoc*.1.3;—(*w.* in+*acc.*) si fas endo plagas caelestum ~dere cuiquam est ENN.*var*.23; 'morere, Diagora..non enim in caelum ~surus es' CIC.*Tusc*.1.111;—(*hyperb.*) *Dom*.75; eloquentia ..quam tu in caelum..credo, ut ipse cum ea simul ~deres, sustulisses *Hort*.fr.45.

4 a To go on board (a ship), embark (on). **b** to get upon the back of (a horse or other animal), mount.
a (*w. acc.*) nauem ~dit clam NEP.*Han*.7.6; LIV.23.11.5; FRON.*Str*.4.7.31; Agrippina..~dit classem TAC.*Ann*.2.75; APUL.*Met*.5.27;—(*w.* in+*acc.*) in nauem ~dit, mulieres auexit PL.*Rud*.326; HYG.*Fab*.120.5;—(*ellipt.*) quin ipse auidae trux nauita cumbae interius..adusta subibit litora, ne puero dura ~disse facultas STAT.*Silv*.2.1.188. **b** (*w. acc.*) eum (*sc.* arietem)..natos suos ~dere iussit HYG.*Fab*.3.1;—(*w.* in+*acc.*) in equum omnino non ~dere CIC.*Sen*.34;—(*w. quo*) HYG.*Fab*.3.2;—(*ellipt.*) (delphinus)..praebebat ~suro (puero) dorsum PLIN.*Nat*.9.25.

5 (of animals) To get upon (the female) for the purpose of copulation, mount, leap.
(*ellipt.*) ne femina..admissario ~denti auertere se possit COL.6.37.10.

6 (of the sea or rivers) To increase in height, rise; (w. *ad*) to reach (to); (fig., of an abst. quality) to advance, reach (beyond a certain point). **b** to increase in volume or intensity, rise.
biennio continuo..non ~disse (Nilum)..constat SEN.*Nat*.4a.2.16;—(*w.* in+*acc.*) in..plagas caeli tumefactum ~dere pontum OV.*Met*.11.518;—ne illa quidem malo uacauerunt, ad quae non ~dit amnis PLIN.*Ep*.8.17.5;—usque ad nos contemptus Samnitium peruenit, supra non ~dit LIV.7.30.18. **b** gradatim ~dere uocem..suaue est (nam a principio clamare agreste quiddam est) CIC.*de Orat*.3.227; sic a principiis ~dit motus et exit paulatim nostros ad sensus LUCR.2.138.

7 To rise to, reach, attain (a distinguished position); (absol.) to attain a (more) distinguished position, rise.
(*w. acc.*) qui summum locum ciuitatis..non potuerunt ~dere CIC.*Clu*.150; qua candida concessos ~dat Ciris honores *Ciris* 205;—(*w.* ad) multis..gradibus officiorum erga rem publicam nostram ad hoc regium nomen ~dit CIC.*Deiot*.27; V.MAX.5.10.ext.1;—(*w.* in+*acc.*) per quos in altiorem locum ~derat CIC.*Clu*.110; VELL.2.76.4; (*of abst. subj.*) natura..quod summo studio petitum est, ~dit in summum VELL.1.17.6;—(*w.* super, supra) in id euecti, super quod ~di non potest 2.53.3; tum mihi supra tribunatus et praeturas et consulatus ~dere uideor TAC.*Dial*.7.2;—(*w. advs.*) cum..neque in gloria uirtutis quicquam uideam altius quo mihi libeat ~dere CIC.*Catil*.3.28; quod ego huc a me ortus et per me nixus ~di *Planc*.67;—(*ellipt. or absol.*) ad summam amplitudinem peruenisset, ~dens gradibus magistratuum *Brut*.281;—an consularis uiri triumphalisque filius, cum tertio consul creatur, ~dit? PLIN.*Pan*.58.3.

8 (w. acc.) To pass through (a series of ascending stages or phases); (w. *ab* and *ad* or sim.) to pass (from a lower to a higher state). **b** (absol., w. ref. to genealogy) to form part of a series of ancestors (as distinct from descendants). **c** (of the mind) to advance, rise (from lower to higher considerations).
sic de aliis generibus reliquis admixtae terrae tres gradus ~dunt VAR.*R*.1.9.3;—(*absol.*) tertius (explanandi) gradus, quo philosopha ~dens peruenit *L*.5.8; (*in argument*) soritas hoc uocant, qui aceruum efficiunt uno addito grano..sic enim ~ditis CIC.*Luc*.49;—a minoribus ad maiora ~dimus *Part*.12; scito te..a socco ad coturnum ~dere APUL.*Met*.10.2; (*impers. pass.*) ex hac uita ad illam ~ditur SEN.*Ep*.21.2. **b** (*pres. pple. as sb.*) incestum committit, qui ex gradu ~dentium uel descendentium uxorem duxerit PAUL.*dig*.23.2.68. **c** cum..ab iis rebus, quae sunt secundum naturam, ~dit animus collatione rationis, tum ad notionem boni peruenit CIC.*Fin*.3.33.

9 To advance in years (towards a specified age).
IN XXX ET VIII ~DENS ANIMAM DEPOSVI MEAM *CIL* 3.3989; 6.30118; 10.5020.

ascensiō ~ōnis, *f.* [prec.+-TIO]

1 An act of climbing up, ascent.
ad hirundininum nidum uisa est simia ~onem ut faceret admolirier PL.*Rud*.599.

2 A rising series or flight (of steps).
VITR.9.1.5.

3 Progress, advancement.
quorum (*sc.* oratorum)..quae fuerit ~o et quam in omnibus rebus difficilis optimi perfectio CIC.*Brut*.137.

ascensus ~ūs, *m.* **ads-.** [ASCENDO+-TVS[3]]

1 An act of climbing up, ascent. **b** (mil., of scaling walls).
cuius ego imperium, non Alpium uallum contra ~um transgressionemque Gallorum..obicio CIC.*Pis*.81; qui ~um hostium tardarent CAES.*Gal*.7.72.4; summi fastigia tecti ~u supero VERG.*A*.2.303; CELS.1.2.6; paulum morae in ~u TAC.*Hist*.4.71;—(*w. obj. gen.*) homines audacis ab eius templi aditu atque ~u reppulisti CIC.*Dom*.54; 101;—(*w.* in+*acc.*) iter a porta, in Capitolium ~us, domum reditus *Sest*.131. **b** (*w.* in+*acc.*) et per stagnum facilis transitus et in murum ~us inde fuit LIV.26.46.2; 37.32.5;—(*pl.*) hostes..partim scalis ~us temptant 36.24.4.

2 A method or way of ascending, way up; (concr.) a flight of steps or ascending gangway. **b** (w. *in caelum*).
inambulans atque ~u ingrediens arduo CIC.*de Orat*.1.261; *Ver*.4.51; quem ad modum..scalarum gradus si alios tollas, alios incidas..ruinae periculum struas, non ~um pares CAECIN.*Fam*.6.7.3; agger..~um dat Gallis CAES.*Gal*.7.85.6; LIV.10.14.14; cum hostis nequiquam subire iniquo ~u conatus esset 28.16.7; ne ~us lacertis, aut anguibus..praebeatur COL.9.7.1;—(*w.* ad) qua minime arduus ad nostras munitiones ~us uidebatur CAES.*Gal*.2.33.2;—(*w. obj. gen.*) percunctatus regionis peritos de ~u Haemi LIV.40.21.3;—(*pl.*) ut simul aditus ~usque habeat difficilis *B.Hisp*.8.4;—(*fig.*) ut sibi et liberis..sit his gradibus ~us etiam ad ciuitatem CIC.*Balb*.40;—(aedes) tribunal habent et ~um ex sua diametro tertiae partis VITR.4.8.1; 5.6.2. **b** olla, propter quae datur homini ~us in caelum CIC.*Leg*.2.19; V.MAX.8.15.

3 Distance involved in climbing, height.
crescebant montibus altis ~us LUCR.5.493; HIRT.*Gal*.8.14.3; late riget arduus alto Tmolus in ~u OV.*Met*.11.151.

4 *~us in nauem*, Going on board a ship, embarkation.
magnam..difficultatem ~us in nauis habere *B.Alex*.8.5.

5 (w. *tergoris*, of animals) A mounting (upon the back) for purposes of copulation.
ut..facilem sui tergoris ~um..praebeat (equa) COL.6.37.10.

6 A stage, step (in a process of development or advancement).
in uirtute multi sunt ~us CIC.*Planc*.60; ad honoris amplioris gradum is primus ~us esto *Leg*.3.7.

7 (as the name of a deity).
VAR.*gram*.146.

ascia ~ae, *f.* Also **ascea.** [Gk. ἀξίνη, AS.*æx*]

1 An axe.
rogum ~a ne polito *Lex XII*(*Font.iur*.p.36); Daedalus (inuenit)..serram, ~am, perpendiculum PLIN.*Nat*.7.198; 16.207;—(*prov.*) ipse mihi ~am in crus impegi PETR.74.16; me sponte ~am cruribus meis inlidere compellis? APUL.*Met*.3.22;—(*transf., w. defining gen.*) (equus) dentium candentium renudatis ~is 7.16.

2 A mason's trowel. **b** *sub ~a*, under the trowel (app. = still in process of erection).
sumatur ~a et, quemadmodum materia dolatur, sic calx..ascietur VITR.7.2.2; ~AM NORMAM *A.Epig*.54.119. **b** HOC MISOLIO SVB ~A EST *CIL* 2.5144; 12.784.

asciō[1] ~āre, *tr.* [prec.+-O[3]] To chop or slice with a trowel.
quemadmodum materia dolatur, sic calx..~etur VITR.7.2.2.

asciō[2] ~īre, *tr.* **ads-.** [AD-+SCIO] To associate with oneself in a specified way; (of a general) to take upon one's staff.
(*as ally*) si Turno exstincto socios sum ~ire paratus VERG.*A*.12.38; ~iri in societatem Germanos TAC.*Hist*.4.24;—(*by adoption*) Germanicum..~iri..per adoptionem a Tiberio iussit *Ann*.1.3;—non studiis priuatis..centurionem militesue ~ire *Ag*.19.2.

asciscō ~iscere ~īuī ~ītum, *tr.* **ads-.** [AD-+SCISCO]

1 To take (a person) to oneself (as an ally, associate, or the like), admit (to one's fellowship, counsels, etc.), bring in (on one's own side). **b** (to the citizenship, senatorial rank, etc.). **c** to adopt (into one's family, etc.). **d** (as a ruler). **e** to take into employment, engage.
exsulibus omnium ciuitatum ~itis HIRT.*Gal*.8.30.1; spem si quam ~itis Aetolum habuistis in armis VERG.*A*.11.308; quamquam Cibyratarum ~iuerant auxilia LIV.45.25.13; ~iuit reges idem SIL.16.663; ~itis et aliis primoribus TAC.*Ann*.6.31;—(*w. dat. of refl. pron.*) ut bonos boni diligant ~icantque sibi CIC.*Amic*.50; plurumos quoiusque generis homines ~iuisse sibi dicitur SAL.*Cat*.24.3;—(*w.* ad) quem non ad hoc incredibile sceleris foedus ~iuerit CIC.*Catil*.2.8; Boeotis..ad societatem ~itis LIV.33.2.9;—(*w.* in+*acc.*) ~itus totiens in genus omne loci OV.*Tr*.1.8.34; Philippus..in societatem nuper ~itus CURT.4.13.28; TAC.*Hist*.3.5;—(*w.* inter) *Ann*.1.73; ~iscor..inter duos illos fratres tertius contubernalis APUL.*Met*.10.13;—(*w. pred. acc.*) me patronum unum ~iuerant CIC.*Pis*.25; socios sibi ad id bellum Osismos ..~iscunt CAES.*Gal*.3.9.9; SAL.*Cat*.47.1;—(*w. dat.*) quem Rutuli Turnusque suis ~iscere temptat partibus OV.*Fast*.4.883; debes..eos intueri omnes..aut ~itos caelo aut proximos SEN.*Dial*.11.17.1;—(*poet.*) Iouis..numen Mulciberi ~iuit manus CIC.*Tusc*.2.23. **b** modo ~iscatur ab ea ciuitate cuius esse se ciuitatis uelit CIC.*Balb*.27; inde Dicarcheis multum uenerande colonis hinc ~ite meis STAT *Silv*.2.2.136;—(*w.* in+*acc.*) ex quo ~iti sumus simul in ciuitatem et patres LIV.6.40.4; in senatum nuper ~itus TAC.*Hist*.2.53; in ciuitatem Romanam et in familias patriciorum ~itus est *Ann*.11.24;—(*w.* inter) reuertentem ab legatione legionis diuus Vespasianus inter patricios ~iuit *Ag*.9.1;—(*w. pred. acc.*) ne quem ~iscere ciuem aut ciuitate donare possimus CIC.*Balb*.30. **c** ~iscere necessitudines TAC.*Dial*.5.3; cum..plerique orbi fictis adoptionibus ~iscerent filios *Ann*.15.19;—(*w. dat. of refl. pron.*) ego mihi sororem uirginem ~isco CIC.*Dom*.92; (*cf.*) qui non acceperit ultro..Aenean generumque ~iuerit urbi VERG.*A*.11.472;—(*w.* in+*acc.*) in suum cognomentum ~isci imperatores TAC.*Ann*.1.31;—(*w. pred.*) Hasdrubal..primo Hamilcari conciliatus, gener inde..~itus LIV.21.2.4; TAC.*Hist*.1.59;—(*in fig. phr.*) nobilissimorum ingeniorum familiae sunt; elige in quam ~isci uelis SEN.*Dial*.10.15.3. **d** dominos acris ~iscunt LUCR.5.87; nos bello et ab aestimantibus ~iti TAC.*Hist*.1.16. **e** ex iuuentute quidam Lucanorum pretio ~iti LIV.8.27.6;—(*w. function indicated*) quo facilius in ciuitate aliqua..publice instituendis adulescentibus ~iscatur FRO.*Amic*.2.p.170(179N).

2 To take over (a law, practice, opinion, etc. from others for use as one's own, adopt. **b** to import (a commodity).
quas (leges) Latini uoluerunt, ~iuerunt CIC.*Balb*.21; ~iscet noua, quae genitor produxerit usus HOR.*Ep*.2.2.119; auriferi Tagus ~ito cognomine fontis SIL.1.155; (*cf.*) separatim nemo habessit deos neue nouos neue aduenas nisi publice ~itos CIC.*Leg*.2.19;—(*w.* ab) quarum sacra populus Romanus a Graecis ~ita..tuetur *Ver*.5.187;—(*w.* ex) sacra ista nostri maiores ~ita ex Phrygia Romae conlocarunt *Har*.27;—(*w. dat. of refl. pron.*) uana ista demens animus ~iuit sibi SEN.*Phaed*.202. **b** nec petit ~as luxuriosa dapes OV.*Fast*.6.172; (*w.* ex) non aera iuuabat ~ier ex Ephyre SIL.14.656.

3 To adopt (a policy of action, etc.) in practice, approve of. **b** to recognize (something as having a certain characteristic), admit (as being).
ne labar ad opinionem et aliquid ~iscam et conprobem incognitum CIC.*Luc*.138; quae (natura) ~iscat, in bonis (esse) *Tusc*.2.30; QUINT.*Inst*.9.4.58. **b** quoniam et hanc ~iuimus quasi agri culturae partem COL.1.pr.25;—(*of non-pers. subj.*) quos..augures ne ipsae quidem fabulae ~iuissent CIC.*N.D*.2.7.

4 (esp. w. dat. of refl. pron.) To take or claim (for oneself), arrogate (to oneself), assume.
nihil..umquam de me dixi sublatius ~iscendae laudis causa CIC.*Dom*.96; regium ~iuit nomen LIV.33.21.3;—(*w. dat. of refl. pron.*) CIC.*Dom*.97; tyranni nomen ~iuit sibi BRUT.*ad Brut*.1.16.6; TAC.*Ann*.14.52;—(*poet., of non-pers. subj.*) quae neque terra sibi ~iuit nec maximus aether LUCR.5.473.

5 To bring upon oneself.
quae sint generis ~ita repertis fata mouet STAT.*Theb*.2.147.

ascius ~a ~um, *a.* [Gk. ἄσκιος] Shadowless.
quibus in locis Indiae umbrae non sint..ea loca appellari ~a PLIN.*Nat*.2.185.

Asclēpiadēs ~is, *m.* A famous doctor of Prusa in Bithynia, who practised in Rome and and died there about 40 B.C.
CIC.*de Orat*.1.62; CELS.3.4.1; SEN.*Ep*.95.9; PLIN.*Nat*.7.124; LARG.pr.p.3,l.18.

Asclēpiadīus ~a ~um, *a.* Connected with Asclepiades of Prusa or his school of medicine.
M APRONIO EVTROPO MEDICO ~O *CIL* 12.1804.

asclēpias ~adis, *f.* [ἀσκληπιάς] (perh.) Swallow-wort, *Vincetoxicum officinale*.
~as folia hederae habet PLIN.*Nat*.27.35.

Asclēpion, ~(i)ī, *n.* The name of a herb used as a panacea.
panaces ipso nomine omnium morborum remedia promittit..unum quippe ~ion cognominatur PLIN.*Nat.*25.30.

Asclēpios ~(i)ī, *m.* A kind of salve.
CELS.6.6.25.A; 6.6.32.

Asclēpius: = AESCVLAPIVS.
STAT.*Silv.*3.pr.; HYG.*Fab.*14.21; *CIL* 12.2386.

Asclum: see ASCVLVM.

ascopa ~ae, *f.* [perh. cf. Gk. ἀσκοπήρα] A leather bag, wallet.
alterius (statuae) collo ~a deligata SUET.*Nero* 45.2.

Ascra ~ae, *f.* A town in Boeotia, near Mount Helicon, the birthplace of Hesiod.
OV.*Ars* 1.28; *Pont.*4.14.31.

Ascraeus ~a ~um, *a.*

1 Of or connected with Ascra; *~us senex, poeta,* i.e. Hesiod; (also, masc. as sb.). **b** of or connected with Hesiod, Hesiodic.
~as..oues OV.*Fast.*6.14;—*Culex* 96; ~o..seni VERG. *Ecl.*6.70; ~i ueteris..poetae PROP.2.34.77; OV.*Ars* 2.4; STAT.*Silv.*5.3.151;—uiuet et ~us, dum mustis uua tumebit OV.*Am.*1.15.11. **b** ~umque cano Romana per oppida carmen VERG.*G.*2.176; COL.10.436.

2 Of or connected with Mount Helicon, of the Muses.
nondum etiam ~os norunt mea carmina fontis PROP. 2.10.25; 2.13.4.

ascrībō ~bere ~psī ~ptum, *tr.* **ads-.** [AD-+ SCRIBO]

1 To write in addition, add in writing, insert (in a document, etc.). **b** (spec.) to add (a title); to put (the date on a letter); to sign (one's name). **c** to attach, join (oneself, one's opinion, etc., to somebody else, his opinion, etc.). **d** to go on to state (in writing), write besides.
~be hoc cito PL.*Bac.*734; ~psit 'aliudue quid' CIC.*Agr.* 2.38; ut in fastis ad eum diem Bruti nomen ~beretur *ad Brut.*1.15.8; TAC.*Ann.*3.18; SUET.*Nero* 21.1; furiosi est talia legata testamento ~bere ULP.*dig.*30.1.39.8;—(*w. nonpers. subj.*) ut ~bat littera nostra 'uale' OV.*Ep.*20.248;—(*w. dat.*) emendatorem nostrae ciuitatis, qui hanc poenam foederibus ~bat CIC.*Balb.*20; LIV.38.52.9; QUINT.*Inst.* 1.7.17;—(*w.* ad) quod..~bi ad legem nefas est CIC.*Inv.*1.56; —(*ellipt.*) si esset factum, quae tua est humanitas, ~psisses *Att.*7.7.1. **b** huiuscemodi equites pictos uidi in Aesculapii aede..et ferentarios ~ptos VAR.*L.*7.57; 'Timarchides Verris accensus salutem dicit.' iam hoc quidem non reprehendo quod ~bit 'accensus' CIC.*Ver.*3.154; neque ~beret 'pro consule' aut 'tribuno plebi' *Dom.*22; ~bi..'propraetori L. Marcio' non placuit LIV.26.2.4; TAC.*Ann.*1.14;—in altera epistula..diem non ~bis CIC.*Att.*3.23.1; *Fam.*3.11.1; *Q.fr.*2.1.8;—non est ausus suum nomen emptioni illi ~bere *Dom.*116; APUL.*Apol.*101; si quis ex testibus nomen suum non ~pserit ULP.*dig.*28.1.22.4; (*cf.*) si marmori ~pserunt Praxitelen suo PHAED.5.pr.6. **c** (*w. dat.*) sin Thucydidem laudabit, ~bat suae nostram sententiam CIC.*Opt.Gen.*16; tu eius perfidiae uoluntatem tuam ~psisti *Phil.*2.79; se..inter initia ~psit illi PLIN.*Nat.*29.6; (*cf.*) an uelitis ~bi facto PLIN.*Ep.*9.13.5;—(*w.* ad) ~bat ad iudicium suum..meam.. sententiam CIC.*Rab.Post.*1. **d** si id uoluisset ~bere *Rhet. Her.*2.13; CIC.*Ver.*1.88; multos caesos ait, numerum non ~bit LIV.34.15.9;—(*w. cl.*) nos sicubi opus fuerit; quid sit et cur ~bemus VAR.*L.*10.20; misit illa cIↃↃ mihi et ~psit tantum esse reliquum CIC.*Att.*11.24.3; LIV.26.16.4.

2 To enrol or enlist as additional or new members of a body. (esp.) **b** to enrol as a citizen or colonist, enfranchise.
ascriptiui dicti, quod olim ~bebantur inermes armatis militibus qui succederent VAR.*L.*7.56; post aliquod tempus alios (legatos) ~bi iubent PHAED.4.18(19).16;—(*w. dat.*) quamuis indignus..urbanae militiae ~bebatur TAC.*Hist.* 2.94. **b** Heracleaene esse tum ~ptum negabis? CIC. *Arch.*8; *Phil.*2.102;—(*w.* in+*acc.*) ~bi se in eam ciuitatem uoluit *Arch.*6; CIC.*Fam.*13.30.1;—(*w. acc. of place whither*) ⟨COLONO⟩S ~PSIT CALES *Elog.*32(*CIL* 1.p.200); Setiam.. noui coloni ~pti LIV.6.30.9; 31.49.6; TAC.*Ann.*14.27.

3 To reckon (persons or things) as belonging (to a class or category), number (amongst), assign, ascribe (to). **b** (spec.) to regard (places or peoples) as belonging (to a geog. area), include (in).
(*w.* ad) ad hoc genus ~bamus etiam narrationes apologorum CIC.*de Orat.*2.264; *Ver.*2.110;—(*w.* in+*acc.*) tu uero ~be me talem in numerum *Phil.*2.33;—(*w. dat.*) utinam ego ..tertius uobis amicus ~berer! *Tusc.*5.63; illum ego..~bi quietis ordinibus patiar deorum HOR.*Carm.*3.3.35; *Ep.* 1.19. 4; te turbae exulum ~bo SEN.*Phoen.*653; PLIN.*Nat.*2.18; QUINT.*Inst.*12.5.3; ne censibus negotiatorum naues ~berentur TAC.*Ann.*13.51. **b** (*w. dat.*) qui super Bosphorum colunt, ~buntur Asiae CURT.6.2.13; Nysam urbem plerique Indiae ~bunt PLIN.*Nat.*6.79; Peucinorum Venedorumque..nationes Germanis an Sarmatis ~bam dubito TAC.*Ger.*46.1.

4 To assign, allot, appoint; *sibi ~bere,* to take to oneself, adopt. **b** to assign (a person in a specified capacity).
cum ~ptus uenerit poenae dies PHAED.4.11.8;—(*w.* in+ *acc.*) eodem..tempore..certam in sedem ciuitatis ac libertatis ~bimur CIC.*Har.*57; signa..proprias..~bere in horas MAN.3.298;—(*w. dat.*) quod..isdem (*sc.* pontificibus).. caerimonias ~bendas putant CIC.*Leg.*2.50; corpora obnoxia sunt et ~pta dominis, mens quidem sui iuris SEN.*Ben.* 3.20.1; *Dial.*1.5.9; quoniam illi deo ales ~bitur PLIN.*Nat.* 10.18; (*cf. sense 1*) eidem..sic ~psisse legatum: 'Modesto quem liberum esse iussi' PLIN.*Ep.*4.10.1;—~bere hoc debebunt exemplum sibi PHAED.4.3.6; quam sic in me transtuleram, sic mihi ~pseram, ut posset uideri..pupilla SEN.*Dial.*12.18.7. **b** cognitorem ~bit Sthenio—quem? CIC.*Ver.*2.106; A. Gabinius..Cn. Pompeio socius ~bitur *Man.*58;—(*w. abst. subj.*) hominum opinio socium me ~bat tuis laudibus *Att.*14.17a.1; (*cf. sense 1*) cuius filium faceret heredem, eum tutorem liberis non ~psit *Clu.*34; SUET.*Vit.* 14.3; PAPIN.*dig.*37.7.8.

5 To attribute, assign (to a cause or originator).
(*w. dat.*) hoc incommodum Scipioni ~bendum uidetur CIC.*Inv.*1.91; iuuat aetheriis ~bere causis quod peream LUC.9.853; PLIN.*Nat.*24.159; panaces..dis inuentoribus ~ptum 25.30.

ascripticius ~a ~um, *a.* **ads-.** [pple. of prec.+-ICIVS²] Enrolled in addition (as citizen or soldier).
nouos et ~os ciues CIC.*N.D.*3.39; PAUL.*Fest.*p.14M.

ascriptiō ~ōnis, *f.* **ads-.** [ASCRIBO+-TIO] An addition in writing, addendum.
declarat ista ~o esse aliquid; nam, nisi esset, hoc in omnibus legibus non ascriberetur CIC.*Caec.*95; in formis locorum talis ~o..aliquando facta est HYG.*agrim.*p.80.

ascriptīuus ~a ~um, *a.* **ads-.** (pple. of ASCRIBO+-IVVS] Enrolled in addition (as a soldier), supernumerary.
idem istuc aliis ~is fieri ad legionem solet PL.*Men.*183; VAR.*L.*7.56; *gram.*211.

ascriptor ~ōris, *m.* **ads-.** [ASCRIBO+-TOR] One who adds his name to a document as approving it, a supporter, seconder.
~ores legis agrariae CIC.*Agr.*2.22; uenalis ~or et subscriptor tuus *Dom.*49; ~or dignitatis meae *Red.Sen.*26.

Asculānus ~a ~um, *a.* Of or connected with Asculum in Picenum. **b** (masc. as sb.) an inhabitant of Asculum.
nobilissimi generis, sed tamen ~i CIC.*Sul.*25; in triumpho ~o PLIN.*Nat.*7.135. **b** omnium..eloquentissimus extra hanc urbem T. Betucius Barrus ~us CIC.*Brut.*169;—(*pl.*) ~orum manus *Font.*41; VELL.2.15.1; GEL.15.4.3.

Asculeus ~a ~um, *a.* Of Asculum.
depellitur arce Lentulus ~a LUC.2.469.

Asculum ~ī, *n.* Also **Asclum.**

1 The chief town of Picenum.
orationes ~i habitae CIC.*Brut.*169; CAES.*Civ.*1.15; hirsuti signifer Ascli SIL.8.438.

2 A town in Apulia (= AVSCVLVM).
FLOR.*Epit.*1.13(1.18.9).

ascyroīdes, *n.* [Gk. ἀσκυροειδές] A variety of St. John's wort.
maiores habet ramos quod ~es uocatur PLIN.*Nat.*27.37.

ascyron ~ī, *n.* [Gk. ἄσκυρον] St. John's wort, *Hypericum perforatum.*
~on non absimile est hyperico PLIN.*Nat.*27.26; 27.37.

Asdrubal: see HASDRVBAL.

asella ~ae, *f.* [as ASINA+-ELLA] A she-ass.
haec..lenta iube scabra frangat ~a mola OV.*Med.*58; turpis ~a *Ars* 3.290; JUV.6.469.

Aselliō ~ōnis, *m.* A Roman cognomen; esp. *Sempronius ~o,* a historian of the 2nd cent. B.C.
CIC.*Leg.*1.6; GEL.2.13.3.

asellus ~ī, *m.* [as ASINVS+-ELLVS]

1 An ass, donkey.
qui..~is dossuariis conportant ad mare oleum VAR.*R.* 2.6.5; ~us onustus auro CIC.*Att.*1.16.12; *Rep.*1.67; tardi.. agitator ~i VERG.*G.*1.273; qui..senex..pando non fortiter haeret ~o OV.*Met.*4.27; PHAED.1.11.3; COL.7.1.1; campum uili ~o..uidimus scindi PLIN.*Nat.*17.41; ruptum istum ~um, nunc etiam claudum APUL.*Met.*6.26;—(*prov.*) CIC. *de Orat.*2.258; narrare..~o fabellam surdo HOR.*Ep.*2.1.199; PROP.4.3.22;—(*applied to human beings or in a comparison*) in mentem uenit te bouem esse et me esse ~um PL.*Aul.*229; demitto auriculas, ut iniquae mentis ~us HOR.*S.*1.9.20;— (*as a term of endearment*) aue, mi Gai, meus ~us iucundissimus AUG. in Gel.15.7.3.

2 (pl.) The Asses, two stars in the constellation Cancer.
PLIN.*Nat.*18.353.

3 A fish of the cod family, prob. the hake.
VAR.*L.*5.77; tam deformi non dignus nomine ~us OV. *Hal.*133; PLIN.*Nat.*9.58; GEL.6(7).16.5; (*w. allusion to bestialism*) post ~um diaria non sumo PETR.24.7.

Asia¹ ~ae, *f.*

1 The continent of Asia or such parts of it as were known to the ancients, the East; (spec.) Asia Minor.
~a, quae non Europa, in quo etiam Syria VAR.*L.*5.16; MELA 1.8; PLIN.*Nat.*5.47;—VAR.*L.*5.16; ad claras ~ae uolemus urbes CATUL.46.6; Athenienses..XIII colonias uno tempore in ~am deduxerunt VITR.4.1.4.

2 (in synecdochical or hyperbolical usages). **a** (w. ref. to Persia). **b** (Troy).
a (*meton.*) cum ccc ciuibus apud Thermopylas toti ~ae obiectus V.MAX.3.2.ext.3; tota illos ~a non mouebit loco SEN.*Ben.*6.31.5. **b** res ~ae Priamique euertere gentem immeritam VERG.*A.*3.1; ~ae florentis imago OV.*Met.*13.483; euersorem ~ae STAT.*Ach.*1.530.

3 The Pergamene kingdom; the Roman province of Asia formed out of it.
~ae Attalus, hi Thracum et Illyriorum reges LIV.26.24.9; VELL.2.4.1;—~a uestra constat ex Phrygia, Mysia, Caria, Lydia CIC.*Flac.*65; VITR.3.38;—(*w.* prouincia) CIC.*Flac.*100; AUG.*Anc.*4.49.

asia² ~ae, *f.*: (see quot.).
secale Taurini sub Alpibus ~am uocant PLIN.*Nat.*18.141.

Asiāgenus ~ī, *m.* Also **Asiāgenēs** ~is. An agnomen of L. Cornelius Scipio, consul in 190 B.C. (cf. ASIATICVS).
CIL 1.13; 6.32318.

Asiānē, *adv.* In the Asiatic style of oratory.
neque..Attice pressi neque ~e..abundantes QUINT.*Inst.* 12.10.18.

Asiānus¹ ~a ~um, *a.*

1 a Of or connected with Asia or the East, Asiatic, Eastern. **b** of or connected with the Roman province of Asia.
a ~orum uetera ornamenta deorum JUV.3.218; EXPEDITIONE ~A *CIL* 2.4114. **b** equites ~i JUV.7.14.

2 Employing the Asiatic style of oratory, i.e. florid.
~us aeque declamator SEN.*Con.*1.2.23; QUINT.*Inst.*12. 10.17.

Asiānus² ~ī, *m.*

1 (pl.) The inhabitants of Asia or the East; also, the inhabitants of the Roman province of Asia.
radicem eius ~i boliten uocant PLIN.*Nat.*21.171;—ius et aequom omnibus ~is erit apud te paratissimum AUR.*Fro.* 1.p.234(86N).

2 One who employs the Asiatic, i.e. florid, style of oratory.
~i aut quocumque alio genere corrupti QUINT.*Inst.* 8.pr.17; ut..~us eloquens Attico (*sc.* differt) 12.10.1; 12. 10.16.

Asiarcha ~ae, *m.* A priest responsible for religious ceremonies, games, etc., in Asia Minor or the Roman province of Asia, an Asiarch.
CN DOTTIO..ASIARCH(AE) TEMPL(I) SPLEND CIVIT EPHES *CIL* 3.6835.

Asias ~adis, *f.* Asia, the East.
puto eum nescio quid ~adis habuisse PETR.44.9.

Asiāticiānus ~a ~um, *a.* Of or connected with a person named Asiaticus.
CIL 12.1929.

Asiāticus ~a ~um, *a.*

1 Of or connected with Asia or the East, esp. Asia Minor, Asiatic, Eastern. **b** *~um mare,* the sea south of Caria (i.e. the Carpathian sea). **c** (neut. as sb., sc. *Persicum*) an Asiatic peach.
puella ~o ornatu affluens LAEV.*poet.*18; ad bellum ~um CIC.*Man.*66; creta illa ~a *Flac.*37; nauibus..~is CAES. *Civ.*3.5.3; ~i Graeci LIV.36.17.5; imperium ~um ab Assyriis ..translatum est ad Medos VELL.1.6.1; CURT.10.2.25; ~is regionibus MELA 2.100; FLOR.*Epit.*1.27(2.11.4); (*applied to a school of painting*) genera (*sc.* picturae), quae..duo fuere—Helladicum et ~um appellabant PLIN.*Nat.*35.75. **b** PLIN.*Nat.*5.102. **c** frigoribus pigro ueniunt ~a fetu COL.10.412; PLIN.*Nat.*15.39.

2 Of or connected with the Roman province of Asia.
ex prouincia mea Ciliciensi, cui scis τρεῖς διοικήσεις ~as adtributas fuisse CIC.*Fam.*13.67.1; Lycaonia, in ~am iurisdictionem uersa PLIN.*Nat.*5.95.

3 Employing the Asiatic, i.e. florid, style of oratory; (also, of the style, etc., itself).
~i oratores CIC.*Brut.*51;—325; inclinata ululantique uoce more ~o canere *Orat.*27.

4 (as a cognomen).
CORNELIVS P. F. L. N. SCIPIO QVI POSTEA ~VS APPELLATVS EST *Fast.Cos.Cap.*18b(*CIL* 1.p.25); nostra memoria Valerio Asiatico consule iterum SEN.*Nat.*2.26.6; libertum suum Asiaticum TAC.*Hist.*2.57; (*pl., indicating a type of freedman*) inter..~os uaria et pudenda sorte (ciuitas) agebat TAC.*Hist.*2.95.

asīlus ~ī, *m.* [perh. Etr.] A gadfly.
~us est musca..bubus maxime nocens NIGID.*gram.*40; cui nomen ~o Romanum est, oestrum Grai uertere uocantes VERG.*G.*3.147; SEN.*Ep.*58.2; aculeus in ore, ut ~o..placet PLIN.*Nat.*11.100; 32.10; uolucri ceu pectora tactus ~o.. taurus V.FL.3.581.

asina ~ae, *f.* [ASINVS] A she-ass.
ex equo et ~a hinnus VAR.*R.*2.8.1; QVI..ASINOS ~AS.. SVB PRAECONE VENDIDERIT *CIL* 2.5181.17; COL.6.37.3; ~as et septimo die (ab enixu) concipere facillime creditur PLIN.*Nat.*10.180; ~am molendariam NERAT. in Paul.*dig.*33. 7.18.2.

asinālis ~is ~e, *a.* [ASINVS+-ALIS] Such as belongs to an ass, such as an ass is capable of.
~i uerecundia ductus APUL.*Met.*4.23.

asinārius[1] ~a ~um, *a.* Of or connected with asses. **b** *uia ~a*, a road south-east of Rome. **c** (fem. sg. as sb., in the title of a comedy by Plautus).
molas ~as CATO *Agr.*10.4; mulierem putantes ~am APUL.*Met.*7.8; (*cf.*) ad instar ~ae Pasiphaae (*i.e. a Pasiphae in love with an ass*) 10.19. **b** FEST.p.282M. **c** PL.*As.* 12; FEST.p.198M; GEL.18.12.5.

asinārius[2] ~(i)ī, *m.* [prec.] An ass-driver, donkey-man.
CATO *Agr.*10.1; VAR.*R.*1.18.1; asellus cum ~io SUET. *Aug.*96.2; transito per silentium ~io debili APUL.*Met.*6.20.

asinastra ~ae, *f. adj.* A variety of fig.
CLOAT.*gram.*9.

Asiniānus ~a ~um, *a.* Of or belonging to Asinius.
ad hortos Asinianos FRON.*Aq.*21.

asinīnus ~a ~um, *a.* [ASINVS+-INVS] Of or connected with an ass, ass's. **b** characteristic of an ass as a stupid creature, asinine.
(stercus) ~um VAR.*R.*1.38.2; pullum ~um . . subiciunt equae 2.8.2; lac . . ~um CELS.5.27.12.B; PLIN.*Nat.*16.172; LARG.179; effecit (Apollo) ut ~as haberet aures (Midas) HYG.*Fab.*191.2; (*applied to a cheap variety of plums*) PLIN. *Nat.*15.41. **b** inepta et prorsus ~a cogitatio APUL.*Met.* 6.26.

Asinius ~a ~um, *a.* The name of a Roman gens; esp. Asinius Pollio, the Augustan orator, poet, and historian, and his son, Asinius Gallus.
CIC.*Fam.*10.31; ~i Pollionis scripta egregiam eorundem (*sc.* Bruti et Cassii) memoriam tradunt TAC.*Ann.*4.34;—Ciceronis defensionem aduersus Asini Galli libros satis eruditam (composuit) SUET.*Cl.*41.3; GEL.17.1.1.

asinus ~ī, *m.*

1 An ass, donkey. **b** *~us siluestris, agrestis*, a wild ass, onager. **c** *~us Indicus*, (app.) the rhinoceros. **d** (prov. phrs.) *~us in tegulis* (typifying something monstrously incongruous); *qui ~um non potest, stratum caedit* (w. ref. to finding a scapegoat); *ab ~is ad boues transcendere*, to rise in the world.
~os uendidit . . mercatori PL.*As.*397; CATO *orat.*204; uti pecudem te, ~umque ut denique nasci praestiterit LUCIL. 974; VAR.*L.*9.28; si quintum pareret mater eius, ~um fuisse parituram CIC.*de Orat.*2.267; *N.D.*2.159; PLIN.*Nat.*11.70; ~um machinarium ALF.*dig.*32.1.60.3;—(*obsc.*) ASSIDAT AD ~VM *CIL* 1.1665; pistrino traditur atque ~o CATUL.97.10; (*applied to a person*) '~us albus' uocabatur QUINT.*Inst.*6.3.57. **b** ~orum siluestrium multitudinem PLIN.*Nat.*8.108; grex ~orum agrestium e pastu in rupem . . concessit TAC.*Hist.* 5.3. **c** excepto ~o Indico, qui uno armatus est cornu PLIN.*Nat.*11.128; 11.255. **d** et ipse uobis rem horribilem narrabo: ~us in tegulis PETR.63.2;—45.8;—PL.*Aul.* 235.

2 A fool, dolt, ass.
TER.*Hau.*877; te asinum tantum TER.*Eu.*598; scio . . me ~um germanum fuisse CIC.*Att.*4.5.3; (*cf. sense 1*) nec . . tam stultus eram tamque uere ~us APUL.*Met.*10.13;—(*voc., as term of abuse*) quid tu autem huic, ~e, auscultas? TER.*Ad.* 935; quid nunc te, ~e, litteras doceam? CIC.*Pis.*73;—(*quasi-adj.*) neque ego homines magis ~os numquam uidi PL.*Ps.* 136.

asinusca ~ae, *f.* [dub.] An inferior kind of grape.
PLIN.*Nat.*14.42.

Āsis ~idis, *f. adj.* Of Asia or Asia Minor, Asian.
super Europen . . et ~ida terram OV.*Met.*5.648; 9.448.

Āsius ~a ~um, *a.* Of, or connected with, the valley of the Cayster, Lydian.
myrtus ~a CATUL.61.22; quae (*sc.* uolucres) ~a circum dulcibus in stagnis rimantur prata Caystri VERG.*G.*1.383; Oceanitides ambae . . atque . . Opis et ~a Deiopea 4.343; ~a . . palus *A.*7.701.

Āsōpiadēs, *m.* A descendant of Asopus (in quot. = Aeacus).
OV.*Met.*7.484.

Āsōpis[1] ~idis or ~idos, *f.*

1 A daughter of Asopus (in quots. = Aegina).
OV.*Met.*6.113; sub amplexus Aeginae ~idos isse 7.616.

2 A poetical term for the island of Euboea.
PLIN.*Nat.*4.64.

Āsōpis[2] ~idis or ~idos, *f. adj.* Of the river Asopus.
~ide ripa STAT.*Theb.*4.370.

Āsōpius ~a ~um, *a.* Descended from Asopus.
STAT.*Theb.*7.723.

Āsōpus (~os) ~ī, *m.*

1 A river in Boeotia, personified as the father of Aegina.
quid referam ~on, quem cepit Martia Thebe? OV.*Am.* 3.6.33; STAT.*Theb.*7.315.

2 A river in Thessaly, near Thermopylae.
LIV.36.22.7.

asōtia ~ae, *f.* [Gk. ἀσωτία] Dissipation, profligacy.
sumptum plurimum ~amque adulescentis GEL.10.17.3; 19.9.8.

asōtus ~a ~um, *a.* [Gk. ἄσωτος] Dissipated, profligate; (also as sb.).
~os . . qui solem, ut aiunt, nec occidentem umquam uiderint nec orientem CIC.*Fin.*2.23; *N.D.*3.77; hominis auari atque ~i unum atque idem uitium est RUT.LUP.2.9; mercatum ~um filium extrudit pater *Arg.*2.*Pl.Mer.*1.

aspalathus (~os) ~ī, *m.* [Gk. ἀσπάλαθος] A thorny shrub, from which a fragrant oil was obtained.
CELS.5.24.1; PLIN.*Nat.*12.110; fit (oleum) ex ~o, calamo, balsamo 15.30; 24.111; LARG.269.

asparagus ~ī, *m.* [Gk. ἀσπάραγος]

1 Asparagus. **b** *~us Gallicus*, a name given to samphire or garden fennel.
CATO *Agr.*161.1; quod e malo punico et ~o cibum carpant solum (apes) VAR.*R.*3.16.24; CELS.2.21.1; et baca ~i spinosa prosilit herba COL.10.246; PLIN.*Nat.*26.84; LARG.79;—(*pl.*) CATO *Agr.*149.2; ~i molles LUCIL.945; corrudae, unde ~i fiant PLIN.*Nat.*16.173; (*in prov. phr.*) celerius quam ~i cocuntur SUET.*Aug.*87.1;—(*w. adj. indicating the uncultivated variety*) incultis . . ~is MART. 13.21.2; montani ~i, posito quos legit uilica fuso JUV.11.69. **b** PLIN.*Nat.*21.86.

2 A shoot, sprout, like that of asparagus.
~os eius (*sc.* bryoniae) Diocles praetulit ueris ~is PLIN. *Nat.*23.27.

aspargō[1] ~gere: see ASPERGO[1].

aspargō[2] ~inis, *f.*: see ASPERGO[2].

Aspasia ~ae, *f.* A Milesian courtesan who became the mistress of Pericles.
CIC.*Inv.*1.51; male respondit Aspasiae Xenophontis uxor QUINT.*Inst.*5.11.27.

aspectābilis ~is ~e, *a. compar.* ~ior. [ASPECTO+-BILIS]

1 Able to be seen, visible.
animal unum ~e . . effecit (deus) CIC.*Tim.*12; corporeum . . et ~e itemque tractabile omne necesse est esse, quod natum est 13.

2 Worthy to be seen, pleasing to look upon.
an tu ignoras nihil esse ~ius homini nato quam formam suam? APUL.*Apol.*14.

aspectiō ~ōnis, *f.* [ASPICIO+-TIO] The right of watching for, or observing, auguries.
FEST.p.333M.

aspectō ~āre ~āuī ~ātum, *tr.* [ASPICIO+-O[3]]

1 To turn one's gaze to or upon, look at, observe, watch; (imper., absol.) see! look!
~abat uirtutem legionis suai ENN.*Ann.*343; caelum ~at PL.*Am.*270; quid me ~as? TER.*Eu.*5.59; CIC.*Planc.*101; tum breuiter supera ~ans conuexa precatur VERG.*A.*10.251; MAN.4.907; nunc trucis ora tyranni, nunc ferrum ~ans STAT. *Theb.*3.83; (*regretfully*) stabula ~ans regnis excessit auitis VERG.*G.*3.228; (*w. adv. expr. direction*) huc me ~a et responde mihi PL.*Mos.*1026;—em ~a: rideo *As.*841; estne ita ut tibi dixi? ~a et contempla, Epidice *Epid.*622.

2 To look upon (a person) with respect or regard. **b** to look to (somebody's orders), pay heed or attention to.
hicine est ille Telamo . . quem ~abant? *Inc.trag.*94; illum esse potentem, illum ~ari, claro qui incedit honore LUCR. 3.76. **b** omnes . . iussa principis ~are TAC.*Ann.*1.4.

3 (of places) To look towards, front.
ascendebant collem, qui . . aduersas . . ~at desuper arces VERG.*A.*1.420; haud procul mari, quod Hiberniam insulam ~at TAC.*Ann.*12.32.

aspectus ~ūs, *m.* **ads-.** [ASPICIO+-TVS[3]]
FORMS: gen. sg. *~i* ACC.*trag.*80[a], 188.

1 The action of looking at or seeing. **b** (w. obj. gen. or equiv.) the fact or possibility of seeing, sight (of). **c** (phrs.; in some cases w. ref. to mental rather than physical perception) *uno ~u*, at a glance; *primo* (*primore*) *~u*, at first sight; *sub unum ~um subici, sub uno ~u poni*, to be brought within a single purview.
situ . . praeclaro ad ~um CIC.*Ver.*4.117; qui non solum ~u sed etiam incesto flagitio . . caerimonias polluit *Dom.*105; non aliud in rerum natura ~u manifestius PLIN.*Nat.*2. 163; illos primus statim ~us obstupefecerat TAC.*Hist.*4.46. **b** quae exanimata exsequitur ~um tuom PL.*Epid.*572; hominum ~um lucemque uitare CIC.*Sul.*74; ~us uidelicet urbis tibi tuam pristinam urbanitatem reddidit *Fam.*3.9.2; Cimmeriis . . quibus ~um solis . . natura ademerat *Luc.*61; LUCR. 1.91; capita . . aperiri ~u magistratuum PLIN.*Nat.*28.60; tormentorum ~um ac minas non tulere TAC.*Ann.*15.56; (*cf.*) Vesuuii montis ~us MELA 2.70;—(*pl.*) me magnopere semper a suis terret ~ibus APUL.*Met.*5.19. **c** nemo potest uno ~u neque praeteriens in amorem incidere CURIO av.*orat.*4; CIC.*Brut.*200; *Sest.*1;—*de Orat.*3.98; hanc primo aspectu uoluptatem cepi *Att.*7.3.1; quod . . primo quasi ~u probabile uidetur *Luc.*35; speciosiora primo ~u consilia LIV.28.40.7; SEN.*Dial.*5.41.2; non . . sine usu fuerit introspicere illa primo ~u leuia TAC.*Ann.*4.32; haec sententia quoniam primore ~u nimis infamis est GEL.2.7.6;—enumeratio . . per quam res disperse . . dictae . . reminiscendi causa unum sub ~um subiciuntur CIC.*Inv.*1.98; ut ea quae in re dispersa atque infinita uiderentur esse . . sub uno ~u ponerentur Q.CIC.*Pet.*1.

2 The power or faculty of sight, vision; *sub* (*oculorum*) *~um cadere*, to be visible.
num quid aliquo sensu perceptum sit, ~u auditu tactu odoratu gustatu *Rhet.Her.*2.8; ut ~um omnino amitterent CIC.*Tusc.*1.73; 5.114; ~u fugienda saporeque tristia quae sint LUCR.6.780; (*w.* oculorum) mihi ne utiquam cor consentit cum oculorum ~u ENN.*scen.*34; uti falsa iudicia oculorum habeat ~us VITR.6.2.3;—omnia, quae sub ~um cadunt CIC.*Tim.*11; 52.

3 The range of vision, sight, view. **b** a direction, quarter.
in oculis cotidianoque ~u populi Romani CIC.*Ver.*1.120; ut nihil possint . . in ~um lucemque proferre *Arch.*12; illi orbes qui . . ~um nostrum definiunt *Div.*2.92; siste gradum teque ~u ne subtrahe nostro VERG.*A.*6.465; grauius malum omne est, quod sub ~u latet PUB.*Sent.*G.5; lumen in ~u tu modo semper habe! OV.*Ep.*17.216; LUC.9.1064; iam erat in ~u Messalina TAC.*Ann.*11.34; Crassi pater et filius in mutuo alter alterius ~u (trucidantur) FLOR.*Epit.*2.9(3.21.14). **b** tectum . . ad omnes, orientales ceterosque, ~us peruium APUL.*Met.*3.17.

4 The gaze, 'eyes'. **b** The expression in the eyes or face, look, mien.
ut . . ~um quo uellent facile conuerterent (oculi) CIC. *N.D.*2.142; paulo altius ~u relato APUL.*Met.*3.7; (VT) VERTEX INTVENTIVM FVGARET ~VM *CIL* 8.12285;—(*pl.*) ~us sustinet ille meos OV.*Ep.*8.56; uitantem ~us STAT. *Theb.*11.493; SIL.13.403;—(*fig.*) si ex illa iactatione . . populari . . referunt ~um in curiam CIC.*Prov.*38. **b** quadrupes . . ~u truci PAC.*trag.*3; o uim toruam ~i ACC.*trag.*80[a]; hanc loquacitatem nostram uultu ipso ~uque conterreat CIC.*de Orat.*1.214; *Phil.*13.4; ~uque micant flammarum lumina toruo *Culex* 173;—(*in hendiadys*) inter quorum ~us et minas TAC.*Ann.*16.27.

5 Visible form, appearance, aspect. **b** a decent or proper appearance, 'appearances'.
haec est natura et ~u bona CATO *Agr.*157.2; ne ~u et forma capiare altera LUCIL.735; CIC.*Catil.*4.11; auctionis . . miserabilis ~us *Phil.*2.73; quae partes . . corporis . . ~um essent deformem habiturae *Off.*1.126; commodus . . membrorum ~us VITR.1.2.3; non multum . . distat . . foliorum . . ~u PLIN.*Nat.*24.59; Carchedonios nigrioris ~us esse 37.95; legionum miserabilis ~us TAC.*Hist.*4.72; (*cf.*) μονοειδία quasi quidam unus ~us QUINT.*Inst.*11.3.44. **b** dum ~ui consulitur spreta conscientia TAC.*Ann.*15.18.

6 That which is seen, a sight, vision.
~u . . accensa cruento turba furit STAT.*Theb.*3.124; SIL. 15.182; nullo hostium sustinente nouum ac uelut infernum ~um TAC.*Ger.*43.6.

aspellō ~ere, *tr.* [AB-+PELLO] To drive away; (transf. or fig.) to banish.
inde optume ~am uirum de supero, quom huc accesserit PL.*Am.*1000; cur non . . parasitum . . ~is domo? TITIN.*com.* 47; (*ellipt.*) ~ito detrude, deturba in uiam PL.*Mer.*115;—spes, quae mi hunc ~at metum *Capt.*519; longe a leto numine ~or Iouis CIC.*Tusc.*2.25; quod ad fauces attinet, breui temperantia ~etur AUR.*Fro.*1.p.254(92N).

Aspendius ~a ~um, *a.* **~os** ~os ~on. Of Aspendus in Pamphylia; (masc. pl. as sb.) the people of Aspendus.
illum ~um citharistam . . sustulit et in . . suis aedibus posuit CIC.*Ver.*1.53; (uitis) ~os damnata aris PLIN.*Nat.* 14.117;—NEP.*Dat.*8.2; LIV.37.23.3.

asper ~era ~erum, *a. compar.* ~erior, *superl.* ~errimus. [dub.; perh. AB-+*sper-* (SPERNO)]
FORMS: *aspr-* VERG.*A.*2.379, STAT.*Theb.*1.622, LARG.180; compar. *asprior* (s.v.l.) COL.2.17.2.

1 Disagreeable to the touch, rough, harsh; (neut. as sb.) a rough surface. **b** *~era* ARTERIA, the windpipe, trachea. **c** (of parts of the body, as a sign of disease or injury); (also, of coughs, thirst) accompanied by roughness. **d** rough (with hair, etc.), shaggy; (also applied to the beard); (of people) hairy. **e** (of sand, grain) coarse.
~era . . ostrea ENN.*var.*35; quod aut leue aut ~erum in corpore sentiatur CIC.*Tusc.*5.73; mixta . . ~era leuibus . . principiis LUCR.2.471; fruges ~era saxa terunt OV.*Fast.* 6.470; linteo ~ro LARG.180; (*w.* tractatu) (marga alba) ad infinitum fertilis, uerum ~era tractatu PLIN.*Nat.*17.44;—(*in fig. phr.*) ne quis ~eriore lima carmen examinet STAT. *Silv.*2.pr.;—parietum ~era PLIN.*Nat.*19.69. **b** (see ARTERIA). **c** facit . . ~eriora foras gradiens arteria clamor LUCR.4.529; obsessas fauces premit ~era lingua VERG.*G.* 3.508; oraque sunt digitis ~era facta meis OV.*Ep.*5.142; CELS.2.15.2; faucibus ~eris PLIN.*Nat.*27.41; palpebras ~eras LARG.28; (*w.* tactu) lingua . . ~era tactu LUCR.6.1150;—fauces quas ~era uexat adsidue tussis MART.11.86.1; sitis ~era SIL.15.51. **d** horrebant densis ~era crura pilis OV.*Fast.*2.348; leuat ~era musco colla (Ismenos) STAT. *Theb.*9.408; (*cf. sense 3b*) gemino . . quibus ~era cornu frons erat OV.*Met.*10.222; STAT.*Theb.*4.573;— ~era barba TIB. 1.8.32;—asperior . . Hispania MAN.4.717. **e** harenae purae ~erae PLIN.*Nat.*36.173; nec lenes alicae, nec ~erum far STAT.*Silv.*4.9.31.

2 Embossed, encrusted (with ornamentation). **b** (of coins in mint condition).
(*w. abl.*) cymbia . . ~era signis VERG.*A.*5.267; OV.*Met.* 12.235; nodis . . balteus ~er V.FL.5.578; clipeum . . qui pulcher signis auroque ~errimus astat STAT.*Ach.*1.723;—

(*absol.*) ~era..pocula PROP.2.6.17; hic leue argentum, uasa ~era tergeat alter JUV.14.62. **b** quid ~er utile nummus habet PERS.3.69; SUET.*Nero* 44.2.

3 Sharp, jagged, pointed; (spec.) having jagged edges, irregular in shape. **b** bristling (with points), prickly, spiky, thorny; (of hair) standing on end, bristling.

saxis fixus ~eris ENN.*scen.*362; Ithacam illam in ~errimis saxulis..adfixam CIC.*de Orat.*1.196; lapis..~er LUCR.3.694; ne teneras glacies secet ~era plantas VERG.*Ecl.*10.49; equum ..non parentem frenis ~erioribus castigandum esse LIV. 39.25.13; crasso non ~er sanguine mucro LUC.6.186; (*w. abl.*) specus exesi structura pumicis ~er OV.*Fast.*4.495; (*w. gen.*) ~era scopulorum SEN.*Suas.*2.1;—ramosa uidemus nubila saepe..atque ~era ferri LUCR.6.134. **b** horrescit telis exercitus ~er utrimque ENN.*Ann.*393; ex ~eris herbis CIC.*Div.*1.75; rubus ~er VERG.*Ecl.*3.89; ~ris..sentibus *A.*2.379; (*cf.*) Galatea..~erior tribulis OV.*Met.*13.803;—horret capillis ut marinus ~eris echinus HOR.*Epod.*5.27.

4 (of terrain, roads) Rough to traverse, uneven, broken; (of islands) rugged. **b** (of woods, etc.) uncultivated, wild, rough. **c** (of the sea, rapids, etc.) rough. **d** (of movement) rough, violent.

~errimo atque arduissimo aditu CATO *orat.*22; Aetnae omnes, ~eri Athones LUCIL.113; (loci) plani an montuosi, leues an ~eri CIC.*Part.*36; CAES.*Civ.*3.43.1; ~erior ascensus erat SAL.*Jug.*94.2; per ~erimam Illyrici oram LIV.38.17.16; ~era..montis iuga LUC.8.372; TAC.*Ann.*12.55;—(*w. abl.*) ~era num saxis loca sint OV.*Hal.*86; LUC.9.628; ~erum montibus (iter) PLIN.*Nat.*6.167;—(*neut., sg. or pl., as sb.*) uomere..exercent collis atque horum ~errima pascunt VERG.*A.*11.319; iumenta..quorum durata in ~ero ungula est SEN.*Ep.*51.10;—(*in fig. phr.*) CIC.*Sest.*100; qui ~eriorem dicendi uiam sequeretur SEN.*Con.*9.3.11;—~errimas insulas, Sciathum et Seriphum SEN.*Dial.*12.6.4; STAT.*Silv.* 2.2.76; in ~errimas insularum auehi SUET.*Tit.*8.5. **b** me in siluam abstrusi densam et ~eram CIC.*Att.*12.15; nemora ~era VERG.*A.*11.902; (*w. abl.*) ~era dumis rura 4.526. **c** Neptunus saeuus undis ~eris pausam dedit ENN.*var.*10; ~era nigris aequora uentis HOR.*Carm.*1.5.6; ~ero mari LIV.37.16.5; (Nilus) partim ~er partim nauigia patiens MELA 1.51;—(*neut. pl. as sb.*) Euxini..~era ponti MAN. 4.678; SIL.6.359; TAC.*Ann.*4.6; (*in fig. phr.*) e confragosis atque ~eris euecti QUINT.*Inst.*6.1.52. **d** ~era pulsu corda STAT.*Theb.*4.727.

5 (of sounds) Harsh to the ear, grating, raucous.

struere uerba sic, ut neue ~er eorum concursus neue hiulcus sit CIC.*de Orat.*3.171; *N.D.*2.146; ~era mutata est in lenem..littera (*sc.* R) OV.*Fast.*5.481; ~er..clamor SIL. 11.70; (*w.* auditu) rebus atrocibus uerba etiam ipso auditu ~era magis conuenient QUINT.*Inst.*8.3.17.

6 Harsh to the taste, sharp, pungent; (also, of taste). **b** (of smells) pungent.

~erum, pater, hoc (uinum) est: aliud lenius sodes uide TER.*Hau.*458; CATO *Agr.*109; quae amara atque ~era cumque uidentur LUCR.2.404; cibi..neque nimium acres neque ~eri CELS.4.9(4.3).3; aliae (aquae) dulces sunt, aliae uarie ~erae SEN.*Nat.*3.2.1; (*w.* gustu) fructum..~erum gustu PLIN.*Nat.*24.69;—~er in ore sapor VERG.*G.*4.277; PLIN.*Nat.*19.111. **b** crocodileon..odoris ~eri 27.64; 32.86.

7 (of pain, anxiety) Sharp, keen.

dolor..(est) motus ~er in corpore alienus a sensibus CIC.*Tusc.*2.35;—(*neut. pl. of superl. as sb.*) curarum ~errima STAT.*Silv.*5.2.37.

8 Unrefined, coarse, rough. **b** (of style and sim.) unpolished, rough, harsh.

rusticus..mus..~er et attentus quaesitis HOR.*S.*2.6.82; ~erum cultum et intonsum caput SEN.*Ep.*5.2; ut..cenarem ~errimum faenum APUL.*Met.*10.13; (*w. pun on sense 3b*) ~er meus uictus sane est. — sentisne essitas? PL.*Capt.*188; —(*w.* uictu *and sim.*) gens dura atque ~era cultu VERG. *A.*5.730; ~er uictu uenatus alebat *A.*8.318; uictu..~eri incultique (Germani) MELA 3.28; mensis ~er populus uictuque maligno SIL.3.280. **b** *Rhet.Her.*4.10; ~era tristi horrida oratione neque perfecta atque conclusa CIC.*Orat.*20; compositio ~era SEN.*Con.*3.pr.18; ~eras figuras QUINT.*Inst.* 9.2.81; uerbum poeticum..sed non absurdum neque ~erum GEL.17.2.3; —(*neut. pl. as sb.*) nisi ~era ac rudia repetas.. in Accio circaque eum Romana tragoedia est VELL.1.17.1.

9 Violent, fierce, cruel, savage, pitiless. **a** (of persons, etc.). **b** (of animals); (of horses) not fully tamed or broken in. **c** (of battles, wars) bitterly fought, hard fought.

a in ludo ac rudibus cuiuis satis ~er LUCIL.1274; CAES. *Civ.*1.57.3; ~era tum positis mitescent saecula bellis VERG. *A.*1.291; Dacus ~er HOR.*Carm.*1.35.9; ~erior quouis aequore frater erat OV.*Fast.*3.580; corda ~era..Lemniadum STAT.*Theb.*5.445; (Polyphemi) mens ~era SIL.14.530; FLOR.*Epit.*1.22(2.6.54); (*cf. sense 1*) ~era Robigo, parcas Cerialibus herbis OV.*Fast.*4.911;—(*w. abl.*) Karthago.. diues opum studiisque ~errima belli VERG.*A.*1.14; uir ~er ingenio LIV.45.10.8; SIL.6.480;—(*poet.*) si qua fata ~era rumpas VERG.*A.*6.882; me..~eras porrectum ante foris HOR.*Carm.*3.10.2; nulli tela ~era mortis dant ueniam STAT. *Theb.*9.763; (*cf. sense 4c*) maria ~era iuro VERG.*A.*6.351; —(*neut. pl. of compar. as sb.*) promptum ad ~eriora ingenium Druso erat TAC.*Ann.*1.29. **b** ~er, acerba tuens, immani corpore serpens LUCR.5.33; ~er crabro VERG.*G.* 4.245; tigris ut ~era HOR.*Carm.*1.23.9; e triuiis ~era turba canum TIB.1.5.56; uenatrix (*sc.* canis), siluis ~era, blanda domi MART.11.69.2; STAT.*Theb.*2.411; (*cf.*) hydrum, qui dente ~ero corripere coepit singulas (ranas) PHAED.1.2.24; —~er equus duris contunditur ora lupatis OV.*Am.*1.2.15; STAT.*Silv.*4.4.69; (*w. inf.*) sonipes..~er frena pati SIL.3.387. **c** in dies..~erior oppugnatio CAES.*Gal.*5.45.1; uerbis pax nuntiabatur, ceterum re bellum ~errumum erat SAL.*Jug.* 48.1; pugna ~era surgit VERG.*A.*11.635; OV.*Fast.*2.516; ~errima Sullae uictoria V.MAX.2.10.6.

10 Roused to anger, exasperated, raging. **b** (of hatred, anger, etc.) intense, violent.

~eriorem domando multitudinem fecisse LIV.3.69.4; ubi ..pastor..armatas erexit apes, fremit ~era nubes STAT. *Theb.*10.575;—(*w. abl.*) cum omnes prouinciae, regna.. ~era aut fessa bellis sint SAL.*Hist.*2.47.14; ~erque siti atque exterritus aestu (anguis) VERG.*G.*3.434; OV.*Met.* 14.485; raptis..~era natis..tigris STAT.*Theb.*4.315; (*w.* tactu) ~erum tactu leonem HOR.*Carm.*3.2.10. **b** uerbis odia ~era moui VERG.*A.*2.96; ~eriora omnia fecit acerbis quaestionibus LIV.4.50.4; STAT.*Theb.*5.73.

11 (of persons) Behaving or speaking in a harsh manner, stern, severe, bitter, hostile; *lingua ~er*, sharp of tongue. **b** (of actions, words, etc.) expressive of harshness, bitterness, or hatred, severe, acrimonious, hostile.

cauendum erit semper ne qua in re ~erior aut inhumanior fuisse uideare CIC.*Ver.*3.4; ~erior non est factus sed.. lenissimus *Mur.*66; *Rep.*1.50; Cyrus in ~eram declinat Pholoen HOR.*Carm.*1.33.6; ~er eram et bene discidium me ferre loquebar TIB.1.5.1; M. Porcius Cato..~erior..in faenore coercendo habitus LIV.32.27.3; si ~erum dicas nimium seuerum QUINT.*Inst.*11.1.90;—(*w. dat.*) rebusque ueni non ~er egenis VERG.*A.*8.365; iuuenis..monitoribus ~er HOR.*Ars* 163; ~eraque est illi difficilisque Venus TIB. 1.9.20;—(*w.* ad) ~errimos illos ad condiciones pacis LIV. 22.59.7;—(*w.* in+*acc.*) non mitiorem in se plebem, sed ~eriorem..futuram 4.2.9;—peior opinio, si lingua ~er, uoltu grauis..fortunam suam explicuit SEN.*Ben.*1.9.2. **b** ille M. Antoni uoluntatem ~erioribus facetiis saepe perstrinxit CIC.*Planc.*33; *Att.*2.6.2; dicit in aeternos ~era uerba deos [TIB.]3.10.14; LIV.3.40.7; Aetolorum ~erior oratio fuit LIV.33.12.3; hinc ~era et uehemens quaestio exoritur de iure belli QUINT.*Inst.*5.10.113; ~errimam de se epistulam SUET.*Aug.*51.1; (*w. dat.*) ipse ~er paci SIL.12.348; —(*w.* in+*acc.*) ego tantum dicam quod..in illum minime durum aut ~erum possit esse CIC.*Scaur.*32; *Att.*1.19.8;—(*neut. pl. as sb.*) quamuis multa tibi dolor hic meus ~era debet PROP.1.18.13; iustis miscens tamen ~era coepit STAT. *Theb.*2.392; (*compar.*) ~eriora suadentibus SUET.*Jul.*14.1.

12 (of Stoics, their doctrines and sim.) Uncompromising, severe, grim. **b** (of judgements, stipulations) uncompromising, strict; (of studies) rigorous, severe.

doctrina..paulo ~erior..quam aut ueritas aut natura patitur CIC.*Mur.*60; *Tusc.*1.104; Stoicorum..~errimi QUINT.*Inst.*12.1.38. **b** CIC.*Q.Rosc.*11; omnia..iudicia quae paulo grauiora atque ~eriora uidentur esse *Tul.*8;—tenerae nimis mentes ~erioribus formandae studiis HOR. *Carm.*3.24.53.

13 Hard to bear, oppressive, grievous. **b** unfavourable, adverse; *res ~erae*, adversity. **c** (of winter, storms, climate) severe, inclement, hard.

censorium nomen, quod ~erius antea populo uideri solebat CIC.*Div.Caec.*8; quae..~a..et incommoda et reicienda..esse concedunt *Fin.*5.78; SAL.*Jug.*41.4; quibus ~era quondam uisa maris facies VERG.*A.*5.767; ~era militiae iuuenis certamina fugi OV.*Tr.*4.1.71; infructuosam et ~eram militiam tolerauerant TAC.*Hist.*1.51; ~errima in Sardianos lues *Ann.*2.47;—(*w. sup. in* -u) rebus auditu ~eris V.MAX.6.3; ~era uisu ac deflenda tamen..Nealce STAT.*Theb.*12.121;—(*neut. pl. as sb.*) ~era multa pertulit HOR.*Ep.*1.2.21; (*compar.*) licet ~eriora cadant [TIB.]3.7. 190; OV.*Pont.*4.10.36. **b** periculosis atque ~eris temporibus CIC.*Balb.*22; quae..temptauerat ~era foedaque euenerant SAL.*Cat.*26.5; uerendum est, ne..fiat aliquid ~erius CELS.3.5.5; ululnera..talia ~eriora fiunt PLIN.*Nat.* 34.147; (*of hope*) spes multo ~erior SAL.*Cat.*20.13;—retinuisse in rebus ~eris dignitatem CIC.*de Orat.*2.346; LIV.25.38.18. **c** hieme ~era SAL.*Jug.*37.3; illos ~era ponti interclusit hiems VERG.*A.*2.110; VELL.2.113.3; gens.. ut caeli ~erioris ita ingenii MELA 3.33; SEN.*Ag.*598; ~eram in proximum diem tempestatem significabunt PLIN.*Nat.* 18.343; (*w. abl.*) Germaniam..~eram caelo TAC.*Ger.*2.2; —(*neut. sg. of superl. as sb.*) ~errimo hiemis *Ann.*3.5.

14 (of remedies) Operating drastically; (of situations) drastic, serious.

si acutus morbus est..~erioribus medicamentis opus non est CELS.2.13.2;—(*neut. pl. as sb.*) ne corporis quidem morbos ueteres..nisi per dura et ~era coerceas TAC.*Ann.* 3.54;—si tota costa perfracta est, casus ~erior est CELS. 8.9.1.C.

15 Difficult to perform or deal with, awkward, formidable, hard.

nihil tam ~erum neque tam difficile esse SAL.*Cat.*40.4; LIV.5.32.3; ~errima quaeque ad laborem periculumque deposcimus 25.6.23; ~errimi et periculosissimi belli VELL. 2.105.1; ~eriorum tractatu rerum atteruntur QUINT.*Inst.* 8.pr.2; in expeditionem ~eram et insidiosam FRON.*Str.* 4.1.43;—(*neut. pl. as sb.*) maiora et magis ~era aggredi SAL. *Jug.*89.3.

asperē, *adv. compar.* ~erius, *superl.* ~errimē. [prec.+-E]

1 So as to produce a rough surface, with rough materials.

parietes quam ~errime trullissentur VITR.7.3.5.

2 With a harsh sound.

locutum esse..non ~ere..non uaste, non rustice CIC.*de Orat.*3.45; ~errime coeuntibus inter se syllabis QUINT.*Inst.* 1.1.37.

3 In an unrefined manner, coarsely, roughly.

uestitus ~ere nostra hac purpura plebeia ac paene fusca CIC.*Sest.*19; SEN.*Ep.*82.2.

4 Harshly, severely, sternly, strictly.

quis uituperare improbos ~erius..potest? CIC.*de Orat.* 2.35; si ~erius in quosdam homines inuehi uellem *Sest.*14; *Att.*2.22.2; quaestio exercita ~ere uiolenterque SAL.*Jug.* 40.5; quam ~errime poterat ius de creditis pecuniis dicere LIV.2.27.1; nihil placet ~ere agi 3.50.14; VELL.2.7.4; SEN. *Ep.*100.10; QUINT.*Inst.*5.13.40; cum munditias oris uidelicet orator ille ~ere accusaret APUL.*Apol.*7.

5 Drastically.

quanto in secundis rebus florentior fuit, tanto in aduersis ~erius magisque anxie agitat SAL.*Rep.*2.10.5.

6 *~ere accipere, pati*, To take ill, resent.

quanto nunc hoc idem accipiet ~erius! CIC.*Att.*9.2a.1; quod ~ere acceptum ad praesens mox in laudem uertit TAC.*Ann.*4.31;—pessumus quisque ~errume rectorem patitur SAL.*Rep.*1.1.6.

aspergō[1] ~gere ~sī ~sum, *tr.* Also **aspargō, ads-.** [AD-+SPARGO] FORMS: *aspargo*, etc., VAR.*R.*1.57.2, 2.11.4, 3.16.35, COL.2.10.16, 7.8.4, *CIL* 8.15569.

1 To put on by sprinkling, sprinkle or strew on, scatter on. **b** (phrs.) *aquam ~gere* (w. dat.), to sprinkle water on (a person) so as to revive him (in quots. fig.); *puluerem ob oculos ~gere*, to throw dust in the eyes.

alius aliut adfriat aut ~git VAR.*R.*1.57.2; ~sa temere pigmenta in tabula CIC.*Div.*1.23; insula..quam fluitans circum..aequor Ionium glaucis ~git uirus ab undis LUCR. 1.719; non nihil ~sis gaudet Amor lacrimis PROP.1.12.16; si luna..roscidum frigus ~sit PLIN.*Nat.*18.282; ~so quodam condimento QUINT.*Inst.*9.3.4; corpus Magni Alexandri ..floribus ~sis ueneratus est SUET.*Aug.*18.1; (*cf.*) cum os aqua impleuit et uestimenta tendiculis diducta leuiter ~git, apparet uarios edi colores in illo aere ~so SEN. *Nat.*1.3.2;—(*w. dat.*) tecto adsuetus coluber succedere.. pecorique ~gere uirus VERG.*G.*3.419;—(*w. adv.*) huc tu iussos ~ge sapores 4.62;—(*w. ellipsis of obj.*) sunt qui.. uitium..radicibus ~gant (*sc.* puluerem) PLIN.*Nat.*17.49; —(*w. adj.*) galbanum et resina..arida ~guntur LARG.173; —(*in a pun on prop. names*) ipse conditor totius negoti Guttam ~git huic Bulbo CIC.*Clu.*71. **b** euax aquast ~sa Latinis ENN.*Ann.*168;—(*ellipt.*) euax, ~sisti aquam PL. *Bac.*247; ah! ~sisti aquam. iam rediit animus *Truc.*366;—habebat..nonnullas..inauditiunculas..easque quasi puluerem ob oculos, cum adortus quemque fuerat, ~gebat GEL. 5.21.4.

2 To besprinkle, bespatter, splash, bedew. **b** (poet.) to splash (with light).

(*w. abl.*) ~gi eas (apes) oportet aqua mulsa VAR.*R.*3.16.35; ne aram sanguine ~geret CIC.*N.D.*3.88; sedes..quas neque concutiunt uenti nec nubila nimbis ~gunt LUCR. 3.20; cum..sanie..~sa natarent limina VERG.*A.*3.625; imbre lutoque ~sus HOR.*Ep.*1.11.12; uaccam aeneam..ab agresti tauro..initam ac semine ~sam LIV.41.13.2; ~git sanguine mensas OV.*Met.*5.40; paraetonium..atramento ~gitur PLIN.*Nat.*33.91; quod ab equo sputo esset ~sus QUINT.*Inst.*6.3.90;—(*ellipt.*) aquam poposcit ad manus et digitos paullulum ~sos in capite pueri tersit PETR.27.6;—(*of liquids*) tuus..sanguis domesticos parietes..~sit *Rhet. Her.*4.31; cui non his uerbis ~gat tempora sudor? PROP. 2.24.3;—(*w. something non-liquid*) FLORIB(VS) ~SVS *CIL* 8.15569;—(*pass., w. retained acc.*) crinis ~sa pruina PROP. 3.14.15;—(*in fig. phr.*) ah! guttula pectus ardens mi ~sisti PL.*Epid.*555; (*cf. sense 3b*) hunc tu uitae splendorem maculis ~gis istis? CIC.*Planc.*30; eodem fonte se haustuum intelleget laudes suas, e quo sit leuiter ~sus *Fam.*6.6.9. **b** ~sa die dumeta rubent SEN.*Her.F.*135; qua Titan ortu terras ~git Eoo SIL.15.223.

3 a To cast (a slur on); to inflict (harm on). **b** (w. abl.) to stain, sully (with disgrace), asperse (with insults); (absol.) to stain with disgrace, sully the reputation of, besmirch.

a (*w. dat.*) ne qua..labes illius dignitati ~sa uideatur CIC.*Vat.*15; 41; notam ~sam patroni filio ULP.*dig.*37.14.17.1; —si quem reperiat, cui aliquid mali..lingua ~gere possit *Rhet.Her.*4.62;—(*absol.*) Scorpius ~git noxas sub nomine amici MAN.2.636. **b** qui istius facti non modo suspicione sed ne infamia quidem est ~sus CIC.*Cael.*23; NEP.*Alc.*3.6; quo minus hac contumelia ~geretur V.MAX.9.14.3; SUET. *Nero* 3.2; APUL.*Met.*8.2;—(*w. non-pers. subj.*) mors, adeo opportuna ut patrem quoque suspicione ~geret LIV.23.30. 12; (*cf.*) quid caede dira nobiles clari ducis ~gis umbras? SEN.*Tro.*256;—nemo non superioris dignitatem querendo, etiam si non inquinauit, ~sit *Ben.*7.30.2; quos rumor ~serat CURT.10.10.18; (*cf. sense 2*) unus amet quauis ~gere cunctos praeter eum qui praebet aquam HOR.*S.*1.4.87.

4 a To apply a small amount of (a condiment to something); (in quots. fig.) to add a sprinkling of or add as a sprinkling, give a dash or touch of. **b** to bestow (a trifling gift on a person).

a (*w. dat.*) huic generi orationis ~gentur etiam sales CIC.*Orat.*87; si illius comitatem et facilitatem tuae grauitati seueritatique ~eris *Mur.*66;—hoc ~si, ut scires me tamen in stomacho solere ridere *Fam.*2.16.7; *Q.fr.*2.8.2; 'olli'..et 'quianam' et 'moerus'..~gunt illam..uetustatis inimitabilem arti auctoritatem QUINT.*Inst.*8.3.25. **b** facit heredem..Caecinam..Aebutio sextulam ~git CIC.*Caec.* 17; opifici uilissimae mercis..corollarium ~simus SEN.*Ben.* 6.17.1.

5 (w. abl.) To diversify (something with other things scattered about at intervals), dot, sprinkle, intersperse. **b** to scatter (diversifying elements in something) at intervals, intersperse (amongst).

quoniam dicendi facultas..debeat esse..~sa atque distincta multarum rerum iucunda quadam uarietate CIC.*de Orat.*1.218; iam mihi deterior canis ~gitur aetas OV.*Pont.* 1.4.1; is (sinus) primo paruis urbibus ~sus est MELA 1.91; nisi illud (opus) mendacio ~sit SEN.*Nat.*7.16.2; ut noctes istae..his quoque historiae flosculis..~gerentur GEL.17.

21.1;—(*pf. pple. pass. as quasi-adj.*) uario..~sas nebridas auro STAT.*Ach.*1.716; (*w. retained acc.*) ~sus prima lanugine malas SIL.16.468. **b** (*w. dat.*) ut domesticis ~sa (exempla alienigena)..delectent V.MAX.2.10.ext.1; GEL.9.4.5;—(*w.* in+*abl.*) illa in omni parte orationis summa arte ~gi uidebatis CIC.*Balb.*56.

aspergō² ~ginis, *f.* Also **aspargō, ads-.** [prec.] FORMS: *aspargo* STAT.*Theb.*2.674, 5.406; CALL.*dig.*1.2.4.2.

1 The action of sprinkling, the scattering (of a liquid) in drops. **b** that which is sprinkled or scattered in drops, moisture in the form of drops, (a) spray; *parietum ~ines* (quasi-concr.), moisture- or spray-covered walls. **c** damage by water.

(*w. obj. gen.*) arborei fetus ~gine caedis in atram uertuntur faciem OV.*Met.*4.125; silices..concipiunt ignem liquidarum ~gine aquarum 7.108; PECVNIA..NVLLA CRVORIS HVMANI ~GINE CONTAMINATA *CIL* 2.6278.7; APUL.*Met.*4.3; (*cf. b*) finge nec aquae ~ginem impposituram aliquam corpori maculam PETR.102.15;—(*absol.*) platanos..leni ~gine fouet PLIN.*Ep.*5.6.20. **b** ita neque ~go nocebit, neque mures caua facient CATO *Agr.*128; obiectae salsa spumant ~gine cautes VERG.*A.*3.534; non possit ~go in interiorem partem peruenire VITR.5.11.1; maduere graues ~gine pennae OV.*Met.*4.729; lacus..lauit Tyrrhenas ignota ~gine siluas SIL.5.621;—(*of dew*) hi (lapides)..~gine et gelu pruinisque rumpuntur in testas PLIN.*Nat.*36.167;—(*pl.*) tectorii uicem hic parietibus..praestat contra ~gines 13.28;—(*w. gen. expr. source*) ubi sol..aduersa fulsit nimborum ~gine contra LUCR.6.525; crines..taetra morientum ~gine manant STAT.*Theb.*2.674; propter ipsas fluctuum ~gines APUL.*Met.*10.35;—(adiantum) umbrosas petras parietumque ~gines..sequitur PLIN.*Nat.*22.63. **c** si uicenum merces duorum fuerunt et alterius ~gine decem esse coeperunt CALL.*dig.*14.2.4.2.

2 (w. gen.) A staining or bespattering (with disgrace).

cuius infamiae ~go inquinat..multos FRO.*Amic.*2.p.180 (195N).

asperitās ~ātis, *f.* [ASPER+-TAS]

1 Roughness to the touch. **b** a rough place or part, roughness.

paleae..in his (lateribus) non cohaerescunt propter ~atem VITR.2.3.1; quae (harena)..terrosa fuerit, non habebit ~atem 2.4.1; (bombyces) pedum ~ate radentes foliorum lanuginem PLIN.*Nat.*11.77; lingua..felibus imbricatae ~atis 11.172; 27.32;—(*caused by disease*) hoc (medicamento) ~as oculorum conleuatur SEN.*Ep.*64.8; (rhus, qui erythros appellatur) medetur..~ati linguae PLIN.*Nat.*24.93. **b** rudentibus..per quarum ~ates non labentibus pedibus faciliter ad murum perueniebatur VITR.10.15.7;—(*caused by disease*) ephelis..quae nihil est nisi ~as quaedam et durities mali coloris CELS.6.5.1.

2 Sharpness, jaggedness; also, a sharp projection. **b** the quality of having some parts standing out from a background, relief.

(sphaera) quae..nih il ~atis habere, nihil offensionis potest CIC.*N.D.*2.47; *Tim.*17;—~as praeacuta in dorso (cicadae) qua excauant feturae locum in terra PLIN.*Nat.* 11.93; (*w. gen.*) saxorum ~ates CIC.*N.D.*2.98. **b** ut aspectus propter ~atem intercolumniorum habeat auctoritatem VITR.3.3.9; 7.5.5; anaglypta ~atemque exciso circa liniarum picturas quaerimus PLIN.*Nat.*33.139.

3 Ruggedness, unevenness (of terrain, etc.).

montium arduitatem atque ~atem VAR.*R.*2.10.3; ~as uiarum CIC.*Phil.*9.2; nostros ~as et insolentia loci retinebat SAL.*Jug.*50.6; LIV.28.2.7; TAC.*Ann.*2.80.

4 Harshness of sound.

ex usu dicunt et e re publica, quod in altero uocalis excipiebat, in altero esset ~as, nisi litteram sustulisses CIC.*Orat.*158;—(*w.* uocis, soni) ~as..uocis fit ab ~ate principiorum LUCR.4.542; ~as soni et fractum murmur TAC.*Ger.*3.2.

5 Harshness of taste, sharpness, pungency; (of water) saltness, brackishness.

ut ~as suci mitigetur PLIN.*Nat.*20.241;—adparet..~ate aquarum illas (arbores) ali 12.37.

6 Lack of refinement, coarseness, roughness; (of style) lack of polish, roughness; (of plants) a tangled condition, wild and luxuriant growth.

~as agrestis et inconcinna grauisque HOR.*Ep.*1.18.6;—neque solum rusticam ~atem, sed etiam peregrinam insolentiam fugere discamus CIC.*de Orat.*3.44;—non patiuntur (terram)..stirpium ~ate uastari *N.D.*2.99.

7 Violence, fierceness, cruelty, savagery. **b** violent feeling, passion.

maribus in coitu plurima ~as PLIN.*Nat.*8.212; ut iumentis discordantibus iugo inposita (lysimachia) ~atem cohibeat 25.72; si canis..~ate sua euaserit ULP.*dig.*9.1.1.5;—(*poet., of an acid substance*) uas..aceti, cuius ~as uisque in tabem margaritas resoluit PLIN.*Nat.*9.120. **b** cum poeticis uoluptatibus aures a forensi ~ate respirant QUINT.*Inst.* 1.8.11; 10.2.23.

8 Harshness (of behaviour or speech), sternness, severity, acerbity.

sine hac iudiciali ~ate CIC.*de Orat.*2.64; propter uerbi ~atem *Phil.*8.1; NEP.*Att.*5.1; ne ut ex consueta quidem ~ate orationis..aliquid leniret LIV.2.61.5; ~as odium saeuaque bella mouet OV.*Ars* 2.146; senatus sine ~ate nec sine seueritate lectus VELL.2.89.4; ~ate uerborum SEN. *Ben.*2.4.1; quanta in maledictis ~as QUINT.*Inst.*2.5.8; ~ate remedii TAC.*Ann.*1.44; ~as poenae GAIUS *Inst.*3.189;—(*w.* animi) Popilius pro cetera ~ate animi uirga..circumscripsit regem LIV.45.12.5.

9 (of pain) Sharpness, keenness, severity. **b** (of weather) inclemency, severity.

dolor in maximis malis ducitur quom sua ~ate tum quod naturae interitus uidetur sequi CIC.*Leg.*1.31; de ~ate..eius (*sc.* doloris) fortiter ferenda *Fin.*5.94. **b** cedit frigoris ~as OV.*Fast.*4.88; ~as frigorum abest TAC.*Ag.*12.3; ob ~atem hiemis *Ann.*4.56.

10 Difficulty, hardness; also, a difficulty.

belli..~atem ostendere coepit SAL.*Jug.*29.1;—in his uel ~atibus rerum uel angustiis temporis CIC.*de Orat.*1.3; omnis ~ates superuadere..aggreditur SAL.*Jug.*75.2.

asperiter, *adv.* Also **aspriter.** [ASPER+-TER²] var. of ASPERE.

PL.fr.inc.voc.; nam quam duriter uos educauit atque ~ (*cj.*), non negat CAECIL.*com.*43; ubi tu nequaquam cubares ~ SUEIUS *poet.*3.

aspernābilis ~is ~e, *a.* [ASPERNOR+-BILIS] Worthy to be disdained, contemptible; such as might be disdained, negligible.

~em ne haec taetritudo mea me inculta faxsit ACC.*trag.* 555; GEL.16.8.16; non leuis existimator neque ~is est populus Romanus 20.1.10;—res..hominibus non bene eruditis ~es 11.3.1.

aspernātiō ~ōnis, *f.* [next+-TIO] A spurning, rejection (of), aversion (from).

(*w. obj. gen.*) animorum..quorum omnes morbi et perturbationes ex ~one rationis eueniunt CIC.*Tusc.*4.31; 4.59; conseruandi..se insita uoluntas atque ~o dissolutionis SEN.*Ep.*82.15;—(*w.* ab) naturales ad utilia impetus, naturales a contrariis ~ones sunt 121.21.

aspernor ~ārī ~ātus, *tr.* [AB-+*spern-* (SPERNO)+-O³]

1 To push away, repel.

porci..fiunt exiles..quod matres ~antur propter exiguitatem lactis VAR.*R.*2.4.13;—(*w.* ab) cuius ego furorem atque crudelitatem deos immortalis a suis aris atque templis ~atos esse confido CIC.*Clu.*194.

2 To feel or show aversion for, scorn, spurn, reject: **a** (persons). **b** (things, actions, or policies). **c** (statements, etc., as unworthy of belief).

a Scipio minime id genus militum ~abatur LIV.29.24.12;—(*w. abl.*) nemo..est..qui uos non oculis fugiat, auribus respuat, animo ~etur CIC.*Pis.*45;—(*ellipt.*) *de Orat.*2.88;—(*w. reason or capacity indicated*) proque ignoto me ~ari PL.*Capt.*542; nec quemquam ~ari parem qui se offerret LIV.7.33.2; forsitan et comites non ~abitur umbras Euryalus STAT.*Theb.*10.447; regem..ut externum ~abantur TAC. *Ann.*2.1;—(*in pass. sense*) qui habet ultro appetitur, qui est pauper ~atur CIC.*Ep.*fr.2.3; postquam..intellexit..regem uagum ab suisque desertum ab omnibus ~ari *B.Afr.*93.3. **b** philosophiam..quam haec ciuitas ~ata numquam est CIC.*de Orat.*2.154; eam (uoluptatem)..ne ~ere *Fam.*5.12.3; *Amic.*47; quae tametsi animus ~abatur SAL.*Cat.*3.4; si..uiciam..seres..nec Pelusiacae curam ~abere lentis VERG. *G.*1.228; non ~atos modo sed abominatos etiam nomen tyranni LIV.32.38.5; mensasque priores ~ata fames LUC. 1.164; tunc mollis gressus, tunc ~atur amictus plus solito STAT.*Ach.*1.837; studia nimiam seueritatem ~antium TAC. *Ann.*14.42; ~atus tam lentum mortis genus SUET.*Jul.*87;—(*gdve.*) in uoluptatibus ~andis CIC.*Part.*81;—(*w. abl.*) qui ~etur oculis pulchritudinem rerum *Cael.*42;—(*w. inf.*) ~anturque precari STAT.*Theb.*12.530;—(*absol.*) quod facillimum factu est non ~ante, ut confido, senatu CIC.*Fam.* 15.10.1; nemo inpune stulte aliquid..dicit, quo minus aduocati ~entur TAC.*Dial.*34.3;—(*poet., of things*) cupressus ..aquas ~atur PLIN.*Nat.*17.247; caelum..myrtos, oleas.. ~atur ac respuit PLIN.*Ep.*5.6.4;—(*of the senses*) gustatus.. quam cito id, quod ualde dulce est, ~atur ac respuit CIC. *de Orat.*3.99; productiora alia..quae magis etiam ~antur aures *Orat.*178. **c** cum id dicat quod omnium mentes ~entur ac respuant CIC.*Fat.*47;—(*w. reason indicated*) milites ut falsum rumorem ~antes TAC.*Hist.*2.52.

3 To refuse or reject (something offered). **b** to refuse to entertain, be deaf to (requests or complaints). **c** to reject the advances or requests of, repulse, refuse.

ego complexum huius nil moror, meum autem hic ~atur PL.*As.*643; ~abantur hanc liberalitatem meam CIC.*Agr.* 2.12; ut..honos..si deferatur a senatu, minime ~andus esse uideatur *Fam.*15.6.2; *B.Alex.*36.2; is cum talem condicionem ~aretur NEP.*Cim.*1.4; ne se quidem pacem quam illi adferant ~ari LIV.5.36.3; 40.4.3; PHAED.5.4.4;—(*ellipt.*) ~ante consule TAC.*Hist.*3.68; SUET.*Nero* 6.2;—(*pres. pple. as quasi-adj.*) quippe Augustus..M'. Lepidum dixerat capacem sed ~antem TAC.*Ann.*1.13;—(*gdve.*) nullum interim subsidium ~andum 14.58; munera deum gloriosissima nequaquam ~anda APUL.*Apol.*4;—(*w. reason indicated by* ut) postquam patres ut seram eam (deditionem)..~abantur LIV.8.2.6. **b** quas illorum querimonias nolite..~ari CIC.*Ver.*4.113; cuius preces si di ~arentur *Font.*48; postquam ~abantur flagitium aures LIV.8.28.3; ~ati latrones clamorem absonum meum APUL.*Met.*3.29;—(*ellipt.*) ~antem tumentemque lacrimis fatigant TAC.*Hist.* 3.31;—(*gdve.; neut. pl. as sb.*) haud ~anda precantis VERG. *A.*11.106. **c** erras quae quidem..illi morem praecipue sic geras atque alios ~eris PL.*Mos.*189; ne illos supplices ~arer CIC.*Div.Caec.*3; utrum aperte hominem ~er et respuam *Att.* 13.38.2; nec tu ~ata uocantem VERG.*G.*3.393; nec ~atus est consul legationem LIV.36.35.6; uenientis..de pace legatos haud ~atus TAC.*Ann.*15.27;—(*w. capacity indicated*) hos si socios ~amini, uix mentis sanae estis LIV.32.21.37.

4 To decline to accept or submit to (a judgement, command, rule, etc.); (w. inf.) to refuse (to endure something); (w. acc. and inf.) to object (to something being done).

quem ferunt..~atum esse omne animi sensusque iudicium CIC.*de Orat.*3.67; quorum ego nec beniuolentiam erga me ignorare nec auctoritatem ~ari..debebam *S.Rosc.*4; seruitutem, honorificam modo, non ~atur BRUT.*ad Brut.* 1.17.4; fremitus fuit ~antium imperium LIV.6.4.5; CURT. 4.1.5; ~antis ueterem disciplinam TAC.*Hist.*1.5; Parthi longinquam militiam ~abantur *Ann.*11.10; ~atus auctoritatem poetae ingenio..praecellentis GEL.1.21.5; (*cf.*) cum omnis perturbatio sit animi motus..uel rationem ~ans uel rationi non oboediens CIC.*Tusc.*3.24;—(*of non-pers. subj.*) non recipit istam coniunctionem honestas, ~atur, repellit *Off.*3.119; GEL.2.17.3;—quod pati dilectus et ualidissimum quemque militiae nostrae dare ~abantur TAC.*Ann.*4.46;—quis..~abitur idem ius sibi dici, quod ipse aliis dixit..? ULP.*dig.*2.2.1.

asperō ~āre ~āuī ~ātum, *tr.* [ASPER+-O³]

1 To make rough, roughen; (pass.) to become rough. **b** (w. sea-waves as obj.).

id (*sc.* tribulum) fit e tabula lapidibus aut ferro ~ata VAR.*R.*1.52.1; ~ato specillo CELS.6.6.27.A; asserculis, qui paulum formatis gradibus ~antur, ne sint..lubrici COL. 8.3.6; alopecias..folio ficulneo ~atas PLIN.*Nat.*29.106; terra discumque manumque ~at STAT.*Theb.*6.671;—(*w. drought*) quidquid ~atum aestu est SEN.*Suas.*3.1;—propter laborem ~antur ac marcescunt (apes) VAR.*R.*3.16.20. **b** et glacialis hiems Aquilonibus ~at undas VERG.*A.*3.285; quas Asinae cautes et quas Chios ~at undas LUC.8.195; V.FL.2.435.

2 To make sharp or pointed, sharpen; to point (a weapon with a sharp tip).

abruptaque saxa ~at (Dis) LUC.6.801;—(*w. instr. abl.*) pugionem..~ari saxo..iussit TAC.*Ann.*15.54;—quas (*sc.* sagittas) inopia ferri ossibus ~ant *Ger.*46.3.

3 To produce a harsh impression on, grate on (the ears).

creticus offendit pes primus et ~at aures MAUR.1655.

4 To make harsh (in style).

traicere in clausulas uerba tantum ~andae compositionis gratia QUINT.*Inst.*9.4.31.

5 To make fierce or violent; to enrage, exasperate. **b** to make terrible in appearance.

cum magis ~at ignes Sirius V.FL.5.368; cum mixta fletus anus ~at ira STAT.*Theb.*7.496; seueris ~at ora minis 9.705;—praeceps discordia fratres ~at 1.138; ~at Aonios rabies audita cruenti Tydeos 9.1; ~atus proelio miles TAC.*Hist.* 3.82; hunc..~auere carmina incertis auctoribus uulgata in saeuitiam superbiamque eius *Ann.*1.72. **b** ille Lycaoniae rictu caput ~at ursae STAT.*Theb.*4.304.

6 To make worse, aggravate.

sacras ita uocibus ~at iras STAT.*Theb.*1.642; facinusque relatu ~at Iliacum *Ach.*1.401; SIL.4.774; ne lenire neue ~are crimina uideretur TAC.*Ann.*2.29.

aspersiō ~ōnis, *f.* [ASPERGO¹+-TIO] A sprinkling on.

illud (*sc. bodily impurity*)..~one aquae..tollitur CIC. *Leg.*2.24; num etiam Veneris Coae pulchritudinem effici posse ~one fortuita (pigmentorum) putas? *Div.*1.23.

aspersus ~ūs, *m.* [ASPERGO¹+-TVS³] A sprinkling on.

insecta..omnia olei ~u necantur PLIN.*Nat.*11.279; ~u picis 14.124; 28.122.

asperūgō ~inis, *f.* [ASPER+-GO] A plant, a kind of bur.

lappago..quae talis est, mollugo uocatur; similis sed asperioribus foliis ~o PLIN.*Nat.*26.102.

asphaltion ~iī, *n.* [Gk. ἀσφάλτιον] (prob.) Treacle clover, *Psoralea bituminosa.*

tria eius (*sc.* trifolii) genera: minyanthes uocant Graeci, alii ~ion, maiore folio PLIN.*Nat.*21.54.

Asphaltītēs ~ae, *m. adj.* [Gk. ἀσφαλτίτης] *~es lacus*, the Dead Sea.

nihil in ~e Iudaeae lacu, qui bitumen gignit, mergi potest PLIN.*Nat.*2.226; 5.71; 5.72.

asphodelus ~ī, *m.* Also **~um** ~ī, *n.* [Gk. ἀσφόδελος] The asphodel, *Asphodelus ramosus.*

scapus ~i COL.9.4.4; ~us oblongum et angustum (folium) habet PLIN.*Nat.*21.108; 22.67; 26.147;—(*neut.*) sexta quaestio fuit, '~um' cuiusmodi herba sit, quod Hesiodus in isto uersu posuerit GEL.18.2.13.

aspicedum: see ASPICIO, DVM¹.

aspiciō ~icere ~exī ~ectum, *tr.* **ads-.** [AD-+SPECIO] FORMS: *~exit* (= *~exerit*) PL.*As.*770.

1 To notice with the eyes, catch sight of, observe. **b** (w. pred. adj. or pple., sb., or phr.). **c** (w. acc. and inf.; also, pass. w. nom. and inf.).

postquam auem ~exit in templo Anchisa NAEV.*poet.*3.1; ubi quemque hominem ~exero..optruncabo in aedibus PL.*Am.*1048; ehem Demea, haud ~exeram te TER.*Ad.*373; quid accidit cur tanto opere iste homo occultaretur ut eum ne casu quidem quisquam ~icere posset? CIC.*Ver.*5.65; simul ac te ~exi *Vat.*4; hic uero subitum..monstrum ~iciunt VERG.*G.*4.555; serpentes..numquam in trifolio ~ici PLIN. *Nat.*21.152; pulsis procul et arma ~iciebantur TAC.*Hist.* 2.68; ~iceres iam cuncta per agmina uultus dimidios JUV. 15.56;—(*poet., of a book*) ~icies illic positos ex ordine fratres OV.*Tr.*1.1.107;—(*ellipt.*) si quis et imprudens ~exerit TIB. 1.2.37. **b** quom te pulchre plenam ~icio, gaudeo PL.*Am.* 681; si praeteriens ~exerit erectos intuentis iudices CIC. *Brut.*200; uinctos ~iciunt catenis liberos suos *Ver.*5.108; saluum cum ~exit Oresten PROP.2.14.5; plebi admodum laetae quod Germanici stirpem iam puberem ~iciebat TAC. *Ann.*3.29; (*pass.*) folia eius..sole occidente caerulea ~iciuntur PLIN.*Nat.*21.44; (*poet., cf. sense 8*) ~icit instantes mediis sex lucibus Idus illa dies Ov.*Fast*.6.247;—regem te ..umbrae ~iciant Stat.*Theb*.12.92;—isdem et sub dominis ~iciare domus Ov.*Tr*.3.1.58. **c** cum procul ~iciunt hostes accedere Enn.*Ann*.387; postquam me ~exere ancillae aduenisse Ter.*Hec*.367; ~icis exsangui chartam pallere colore? Ov.*Tr*.3.1.55; citius me..magno bellare parenti ~iciat Stat.*Theb*.8.506;—ut ~iceretur rectus esse Var. in Non.p.528M.

2 To look at, gaze upon, behold, see; to examine with the eyes, inspect, look over. **b** (w. manner or circumstances indicated). **c** (foll. by indir. qu.; often merging into sense 9b). **d** (absol.) to turn one's gaze, look (in a specified direction); to have the faculty of vision (congenitally directed in a certain way). **e** (absol.) to enjoy the faculty of sight. **f** *lucem ~icere*, to see the light of day, i.e. be or become alive; also, to appear in public; to see the daylight, i.e. be abroad during the day-time.

~ice hoc sublime candens Enn.*scen*.345; faciem quom ~icias eorum, hau mali uidentur Pl.*Ps*.142; ea contemplari cum cuperem, uix ~iciendi potestas fuit Cic.*de Orat*.1.161; ~ice aedem Castoris *Ver*.3.41; unde aliqua fori pars ~ici potest *Mil*.3; ne ~icere quidem fraternum sanguinem uoluit Nep.*Timol*.1.1.5; hanc ~ice rupem Verg.*A*.8.190; nullique ~ecta uirorum Pallas Luc.9.993;—(*also w.* ut *cl.*) quin me ~ice et contempla ut haec me deceat Pl.*Mos*.172; Verg. *Ecl*.4.50;—(*ellipt*.) ubi ille saepius appellatus ~exit ac restitit Caes.*Civ*.2.35.2;—(*dist. fr.* attrecto) facilis est illa occursatio et blanditia popularis; ~icitur, non attrectatur; procul apparet, non excutitur Cic.*Planc*.29;—postquam ~exi (anulum) ilico cognoui Ter.*Hau*.656; dum ego tabulas ~icere possim Cic.*Ver*.4.43; situm urbis undique ~iciens Liv.44.45.4. **b** quem satis mirari quibus oculis ~icere audeas non queo Cic.*Dom*.110; quis coniugem ~icere poterat sine fletu? *Phil*.14.10; nec Saturnius haec oculis pater ~icit aequis Verg.*A*.4.372; tuas..non duris lacrimas uultibus ~iciant Ov.*Pont*.3.1.166; non inpare uoltu ~icis Emathiam Luc.7.683; alienam matronam aliter, quam leges permittunt, ~existi Quint.*Decl*.291(p.160,l.18); ne rectis quidem oculis eum ~icere potuisse instructam aciem Suet.*Aug*.16.2;—(*ellipt*.) ~icito limis, ne ille nos se sentiat uidere Pl.*Mil*.1217; (*cf*.) furtim non numquam inter sese ~iciebant Cic.*Catil*.3.13; non oculis, sed, qua potes, ~ice mente haerentem scopulo Ov.*Ep*.10.135; ~icit illa iacens Stat.*Theb*.10.825. **c** ~ice..quanto molimine circumspectemus uacuam..aedem! Hor.*Ep*.2.2.92; ~ice..quemadmodum exercitus tuus tibi promissa praestet Liv.7.16.5; ~ice, quibus procellis..saeuiat Sen.*Suas*.1.4; ~icis, ut Minyas inter..emicet (Iason) effulgens V.Fl.6.595;—(*also w. acc*.) ~ice me..ut regnem mixtas inter conuiua puellas Prop.2.34.55. **d** ad terram ~ice et despice Pl.*Cist*.693; intro ~exi Ter.*An*.365; quocumque ~existi Cic.*Parad*.18; Ov.*Tr*.1.3.21; ~iciens ad Fauorinum Gel.4.1.2;—cancri in oblicum ~iciunt Plin.*Nat*.11.152. **e** NI POSSIT AMPLIVS VLLVM MENSEM ~ICERE, VIDERE, CONTEMPLARE *CIL* I. 2520.45. **f** ut, propter quos hanc suauissimam lucem ~exerit, eos indignissime luce priuarit Cic.*S.Rosc*.63; uelut ab inferis extracti tum primum lucem ~icere uisi sunt Liv.9.6.3;—tu lucem ~icere audes? Cic.*de Orat*.2.226; lucem non ~icere, carere publico *Har*.49; fugio homines, lucem ~icere uix possum *Att*.3.7.1;—qui non modo tempestatem impendentem intueri temulentus, sed ne lucem quidem insolitam ~icere posset *Sest*.20.

3 To see by visiting, visit.

regna inuia uiuis ~icies Verg.*A*.6.155; patrios..penatis ~icere Hor.*S*.2.5.5; tu licet ~icias caelum omne Atlanta gerentem Prop.3.22.7; ut tamen ~icerem consolarerque iacentem Ov.*Pont*.3.3.77.

4 To have (a person or thing) before one's eyes, see present; to be a witness of (an event), be present at, observe. **b** (of the sun) to look upon, behold; (of one's natal star) to look upon (with a specified aspect). **c** (of a day) to have occur in it, witness.

quod te municipium uidit..quis hospes ~exit? Cic.*Pis*. 53; qua pace Cn. Pompei filium res publica ~iciet *Phil*.13.9; dehinc erit..~icienda mihi (zona Orionis) Ov.*Fast*.6.788; ~iciat uultus Pontica terra meos *Tr*.1.2.94; templum diuo Claudio constitutum quasi arx aeternae dominationis ~iciebatur Tac.*Ann*.14.31;—ecquis istorum popularium tuos ludos ~exerit Cic.*Sest*.116; ludos..quos aetas ~icit una semel Ov.*Tr*.2.26. **b** ut ueniens dextrum latus ~iciat Sol Hor.*Ep*.1.16.6; medio die excelsissimus (sol) terras rectiore ~icit linea Sen.*Nat*.1.8.7;—(*ellipt*.) cauere ne sol ~iciat Plin.*Nat*.29.91;—(*w. emphasis on presence or situation of object*) regnis, quae maxima quondam..sol ~iciebat Verg.*A*.7.218; interque signa turpe militaria sol ~icit conopium Hor.*Epod*.9.16;—sue Libra seu me Scorpios ~icit formidulosus pars uiolentior natalis horae *Carm*.2.17.17; nec grauis ~exit Nemees frondentis alumnus Stat.*Silv*. 1.3.6. **c** tertia post Idus nudos Aurora lupercos ~icit Ov. *Fast*.2.268.

5 (after a neg.) To have (the slightest) experience of, have a glimpse of, come across, meet, see (at all).

nemo nuptias uiderat legitimas, non certos quisquam ~exerat liberos Cic.*Inv*.1.2; cum ipse..numquam ullum iudicium ~exerit *de Orat*.2.75; neque ipsi eam pecuniam ~eximus *Att*.11.13.4.

6 To look (a person) in the eyes, face.

nemo quemquam..fore arbitrabatur qui..tam multis testibus conuictus ora iudicum ~icere..auderet Cic.*Ver*. 1.1; at etiam ~icis me et quidem, ut uideris, iratus Cic.*Phil*. 2.76; Lacedaemonios, quos ante se imperatorem nemo Boeotorum ausus fuit ~icere in acie Nep.*Ep*.8.3;—(*w.* contra) meam ut uxorem ~iciam contra oculis Pl.*Cas*.939; illum ~ice contra qui uocat Verg.*A*.11.374; (*w.* huc) age me huc ~ice Pl.*Am*.750.

7 (of places) To command a view of, overlook; (of things) to be turned towards, face.

~icit inmensum moles natiua profundum Ov.*Ep*.5.61; pluribus..(Tiberis) accolitur ~icitur que uillis Plin.*Nat*. 3.54; mons..Casius..quarta uigilia orientem per tenebras solem ~icit 5.80; cryptoporticus..quae non ~icere uineas, sed tangere uidetur Plin.*Ep*.5.6.29;—uitis..cum sit per quattuor diuisa partes, totidem caeli regiones ~icit Col. 4.24.2; haec domus ortus ~icit Stat.*Silv*.2.2.46; (Germania) uentosior qua Noricum ac Pannoniam ~icit Tac.*Ger*.5.1.

8 To see mentally, perceive, appreciate, see. (in some cases w. sense 1 still operative). **b** to see in imagination, picture.

adulescentis ingenium ut Phidiae signum simul ~ectum et probatum est Cic.*Brut*.228; primus id ~exi teneris in uirginis annis Ov.*Tr*.3.7.17;—(*absol*.) quod magis placeat, ego quantum ~icio, non facile inueneris Cic.*Att*.12.5a;—(*w. acc. and inf*.) hoc..ita esse a serpentibus licet ~icere Vitr. 6.1.9; ut ~exit perituros fonte relicto Luc.9.611;—(*w. indir. qu*.) ~icies, quantum dederis mihi pectoris ipse Ov. *Tr*.2.561. **b** magnae mentis opus..currus et equos faciesque deorum ~icere Juv.7.68.

9 To think about, have regard to, consider; to investigate, survey. **b** (w. indir. qu.). **c** (spec.) to regard with favour or pity; to regard with respect. **d** *~icere ad*, to have regard to, advert to.

~icite nunc eos homines atque intuemini, quorum de facultate quaerimus Cic.*de Orat*.3.28; *Tusc*.2.19; eodem modo haec ~icitis ut priora Ant. in Cic.*Phil*.13.26; si genus ~icitur, Saturnum prima parentem feci Ov.*Fast*.6.29; se tunc senatus, non eos, quibus hoc praestabatur, ~exit V.Max.6.6.3; ~ice Rhenum, ~ice Euphratem Sen.*Ben*. 3.29.4; ~ice et haec, si forte aliquid decoctius audis Pers. 1.125; Seruius fatetur sententiam eius qui legauerit ~ici oportere Cels.*dig*.33.10.7.2;—(*w. abl. of resp*.) si forma uelit ~ici Sen.*Med*.82; sin solo ~icimur sexu Sil.3.114;—(*w.* de) de salubritatibus..regiones ~iciantur et ita uillae conlocentur Vitr.6.6.1;—legati..missi, qui res in Macedonia ~icerent Liv.42.6.4; 42.37.4. **b** ~ice num mage sit nostrum penetrabile telum Verg.*A*.10.481; qui semel ~exit quantum dimissa petitis praestent Hor.*Ep*.1.7.96; ~ice me quanto rapiat fortuna pericio! Prop.1.15.3; ~ice, quantum adgrediare nefas Ov.*Met*.7.70; quid decentissime diceretur ~exit Sen.*Ep*.86.15. **c** hanc etiam, Maecenas, ~ice partem Verg.*G*.4.2; da bella, pater, generique iacentis ~ice res humilis Stat.*Theb*.3.697;—eum..magis milites quam qui praeerant ~iciebant Nep.*Cha*.4.1. **d** cum ad canitiem et nostrum istud uiuere triste ~exi Pers.1.10.

aspīrāmen ~inis, *n.* **ads-.** [ASPIRO+-MEN] A breathing on, immission.

da, precor, artificis blanda ~ina formae ornatusque tuos V.Fl.6.465.

aspīrātiō ~ōnis, *f.* **ads-.** [next+-TIO]

1 The action of blowing on, an accession (of air); an exhalation.

animantes..~one aeris sustinentur Cic.*N.D*.2.83;—ex caeli uarietate et ex disparili ~one terrarum *Div*.1.79; concretum esse caelum ut eius ~o grauis et pestilens futura sit 1.130.

2 (gram.) The pronunciation of an aspirate, aspiration; a rough breathing, aspirate.

ita maiores locutos esse, ut nusquam nisi in uocali ~one uterentur Cic.*Orat*.160; de uerborum ~onibus Fro.*Aur*.2. p.28(221N);—pro ~one f..utentes Quint.*Inst*.1.4.14; adiecta et detracta ~one 6.3.55.

aspīrō ~āre ~āuī ~ātum, *intr.*, *tr.* [AD-+SPIRO]

1 (intr.) To emit air or breath, breathe.

(pulmones) qui tum se contrahunt ~antes Cic.*N.D*.2.136.

2 (intr., of winds, draughts) To blow or breathe (on); (also tr.). **b** (gram., w. dat.) to pronounce with aspiration, aspirate; (also, tr.).

lenius ~ans aura Catul.68.64; creber..~ans rursus uocat Auster in altum Verg.*A*.5.764; licet lenis et secundus ~et (uentus) Sen.*Ben*.6.7.3;—(*w. dat*.) solae desertis ~ant frondibus aurae Petr.119,l.38;—(*w.* ad) ad quae nulla aura umida..~et Var.*R*.1.57.1; ut neque ad eum frigus ~et Cels.2.17.8;—(*of an exhalation*) etiam fodientibus nocet (ferula), si minima ~et aura Plin.*Nat*.13.124;—quam quidem laciniam curiosulus uentus..nunc lasciuiens reflabat..nunc luxurians ~abat Apul.*Met*.10.31. **b** Graeci ~are f solent Quint.*Inst*.1.4.14; 1.5.20; (*absol*.) rusticus fit sermo..si ~es perperam Nigid.*gram*.21 (Gel.13.6.3);—(*tr*.) ne una omnino dictio..media ~etur Scaur.gram.in *G.L*.7. 20.

3 (w. acc. and dat.) To cause (a wind) to blow (for or upon).

Iuno..uentos..~at eunti Verg.*A*.5.607.

4 (w. acc. and dat.) To instil, infuse (an emotion or quality) into (a person or thing). **b** (absol., astrol.) to send forth influence.

dictis diuinum ~at amorem Verg.*A*.8.373; ut quantum nobis exspectationis adiecit, tantum ingenii ~et Quint. *Inst*.4.pr.5. **b** Pleiadas..quibus ~antibus almam in lucem eduntur Bacchi Venerisque sequaces Man.5.142.

5 (intr.) To exhale perfume, be fragrant.

ubi mollis amaracus illum floribus et dulci ~ans complectitur umbra Verg.*A*.1.694.

6 (w. acc. and abl.) To scent or flavour (with).

oras pocula circum ~ant (contingunt *Lucr*.) mellis.. liquore Quint.*Inst*.3.1.4 (*for* Lucr.1.938).

7 (intr.) To give assistance (to), favour, aid; (of a flute) to play an accompaniment (to). **b** (w. dat.) to inspire (words).

(*w. dat*.) nostro nunc ~ate labori *Ciris* 99; Verg.*A*.2.385; huc ades ~aque mihi Tib.2.1.35; di, coeptis ~ate meis Ov.*Met*.1.3; ubi prauo consilio propitius ~at (casus) V.Max. 3.8.ext.2; Stat.*Theb*.12.197;—(*absol*.) magno se praedicat auxilio fuisse quia paululum in rebus difficillimis ~auit *Rhet.Her*.4.45; consule in carcere incluso..~auit nemo Cic.*Att*.2.1.8; ~ante fortuna Sen.*Ben*.3.2.2;—(*cf. sense 1*) tibia..~are et adesse choris erat utilis Hor.*Ars* 204. **b** Q. Hortensius uerbis..filiae ~auit V.Max.8.3.3.

8 (intr.) To come near or close (to), approach. **b** (of influences, etc.).

(*w. dat*.) ~are uiro..haud ausum cuiquam Sil.5.442;—(*w.* ad) qui prope ad ostium ~auerint Lucil.842; ad quem ceteri..propter occupationem ~are non possunt Cic.*Fam*. 7.10.1; occupaui te..Fortuna..ut ad me ~are non posses *Tusc*.5.27;—(*w.* in+*acc*.) quando..homo tantae luxuriae ..nisi Februario mense ~abit in curiam? *Ver*.2.76; qui dicat in campum ~asse Sullam *Sul*.52;—(*w. adv*.) quo neque Carthaginiensium..classes..umquam ~are potuerunt *Ver*.5.97; in eculeum..quo uita non ~at beata *Tusc*. 5.13;—(*absol*.) ne coluber, ne uipera..possit ~are Col.8. 14.9; non incendia Colchis ~are sinit V.Fl.7.585. **b** (*w. dat*.) Boeotis urbibus ultrix ~at ferri rabies Stat.*Theb*.4.361; —(*w.* ad) ad eos quoque ipsos contagium certationis ~at Gel.14.3.10;—(*absol*.) ille diuinus (amor)..~ante caelesti cupidine in animos hominum credatur uenire Apul.*Pl*.2.14.

9 (intr.) To have a longing (for), hanker (after), aspire (to). **b** to aspire to the position or reputation (of).

(*w. dat*.) nec equis ~at Achilli Verg.*A*.12.352;—(*w.* ad) qui ad alienam causam..accedere aut ~are audeat Cic. *Div.Caec*.20; tribunorum plebi..obiurgantium multitudinem quod..ad spem consulatus in partem reuocandam ~are non auderet Liv.4.35.6; M. Catonis..orationem, ad cuius uim et copiam Gracchus nec ~auit Gel.10.3.15. **b** ne non modo intrare uerum aspirare quidem ~are possim Cic.*Caec*.39;—(*w.* ad) ut ex bellica laude ~are ad Africanum nemo potest *Brut*.84; cum tu non modo eum..numquam ~asti *Pis*.11.

aspis ~dis, *f.* [Gk. ἀσπίς] Forms: acc. ~*da* Luc.9.701, 707; acc. pl. ~*das* Cic.*N.D*.3.47, Luc.4.724, Plin.*Nat*.21.147, etc. A venomous snake of N. Africa, the asp.

~de ad corpus admota uita esse priuatum Cic.*Rab.Post*. 23; *N.D*.3.47; Cleopatra..inlata ~de, in morsu sanieque eius..spiritum reddidit Vell.2.87.1; Sen.*Dial*.5.30.1; letifica..~de Luc.9.901; contra saliuas ~dum, quas ptyadas uocant Plin.*Nat*.28.65; Io..~de cincta comas V.Fl.4.418; morsu ~dis Suet.*Aug*.17.4;—(*in art*) altitudo (sphingis) a uentre ad summam ~dem in capite Plin.*Nat*.36.77; cymbium..cuius ansulae..insurgebat ~is Apul.*Met*.11.4;—(*w. ref. to its bite*) (polium) ~das mitigare dicitur Plin.*Nat*. 21.147; fel contra ~das dicitur efficax 29.60; altera theriace etiam ad ~dem Larg.167.

aspisatis ~is, *f.* [prob. Gk.] An unknown precious stone.

~im Democritus in Arabia nasci tradit, ignei coloris Plin. *Nat*.37.146.

asplēnos ~ī, *f.* (or **~on** ~ī, *n.*) [Gk. ἄσπληνος, -ον] A fern, perh. *Ceterach officinarum*.

~on sunt qui hemion⟨i⟩on uocant Plin.*Nat*.27.34.

asportātiō ~ōnis, *f.* [next+-TIO] A carrying off, removal.

quod eorum (*sc.* signorum) demolitio atque ~o perdifficilis uidebatur Cic.*Ver*.4.110.

asportō ~āre ~āuī ~ātum, *tr.* [AB-+PORTO] To carry off, take away, remove. **b** (of vehicles).

quoniam uideo uirginem ~arier Pl.*Rud*.67; uina ceteraque..quae ille reliquerat, ~auit Cic.*Ver*.1.91; quom..ita fugerent, ut multa de suis rebus ~arent *Parad*.8; uehicula ..quibus regum ~arent res Liv.2.4.3; Tac.*Ann*.16.11; Apul.*Met*.8.15;—(*w. destination indicated*) (eas) ~ari Alexandriam iuberent Liv.24.26.9; cadauer eius clam in hortos Lamianos ~atum Suet.*Cal*.59;—(*w. provenance indicated*) ~are te uelle ex Sicilia litteras Cic.*Div.Caec*.28; nec te hinc comitem ~are Creusam fas Verg.*A*.2.778; dedecus nostrae domus ~a ab oculis Sen.*Ag*.301;—(*w. destination and provenance indicated*) quoquo hinc ~abitur terrarum, certumst persequi Ter.*Ph*.551; eum Mithridates ..Pergamo paruulum secum ~auerat in castra *B.Alex*.78.2; (*w. purpose also indicated*) illam..trans mare hinc uenum ~et Pl.*Mer*.353. **b** sicut ante regiae naues..nihil in terram integri praeter..pecuniam..quam ~abant extulerant Liv.29.8.10;—(*absol*.) 42.3.3.

asprētum ~ī, *n.* [ASPER+-ETUM] A piece of rough or broken ground.

ad hoc saxa erant et temere iacentia, ut fit in ~is Liv. 9.24.6; per ~a primum, nihil aliud quam uia impediti, iere 27.18.11; 36.15.9; Grat.241.

aspriter, *adv.*: see ASPERITER.

aspritūdō ~inis, *f.* [ASPER+-TVDO]

1 Roughness to the touch, grittiness.

quod nullam in se ~inem habet (medicamentum) Larg. 21; cum fuerint haec leuia, ut ungui nulla pareat ~o 113; (*pl*.) apparent residendo ~ines, si quae reliquae sunt 122.

2 (med.) Roughness (as a sign of disease); (w. *oculorum*, *palpebrarum*, or absol.) trachoma.

(carcinoma) interdum simile is est, quae uocant Graeci condylomata, ~ine quadam et magnitudine Cels.5.28.2.B; praeter haec ingens sitis et linguae ~o 7.23;—ad caliginem et ~inem oculorum..facit hoc collyrium bene Larg.32;

CROCODES AD ~INEM *CIL* 12.5691(5a); (*pl.*) hoc inunctum.. ~ines palpebrarum..tollit LARG.37; *A.Epig.*33.137a.

3 Roughness, unevenness (of ground).
(*as rendering travel burdensome*) iugi quod insurgimus ~inem fabularum lepida iucunditas leuigabit APUL.*Met.*1.2.

aspuō ~uere ~uī ~ūtum, *tr.* **ads-.** [AD-+SPVO] To spit (at or on).
a nutrice terna ~ui in os PLIN.*Nat.*28.39.

assa[1] ~ae, *f.* [ASSVS] A dry-nurse.
hoc monstrant uetulae pueris repentibus ~ae JUV.14.208.

assa[2] ~ōrum, *n. pl.* [ASSVS] A sweating-bath, sudatorium.
in balneariis ~a in alterum apodyteri angulum promoui CIC.*Q.fr.*3.1.2; Q PRO PR ~A DESTRICTAR(IVM) SOLARIUMQVE FACIENDV(M) COERAV(ERVNT) *CIL* 8.24106.

Assaracus ~ī, *m.* FORMS: acc. ~*on* OV.*Fast.* 4.34. A king of Troy. **b** (as ancestor of the Romans).
~o natus Capys ENN.*Ann.*30; ACC.*trag.*653[2]; Ilusque ~usque et Troiae Dardanus auctor VERG.*A.*6.650; OV.*Fast.* 4.943; incolumi Troia Priamus uenisset ad umbras ~i JUV. 10.259. **b** omnia bella gente sub ~i fato uentura resident VERG.*A.*9.643; lupa..uigentem ~i caelo nutribat alumnum (*i.e.* Romulum) SIL.5.145.

assaratum ~ī, *n.*: (see quot.).
~um apud antiquos dicebatur genus quoddam potionis ex uino et sanguine temperatum PAUL.*Fest.*p.16M.

assārius[1] ~(i)ī, *m.* [AS+-ARIVS] An *as* as a monetary unit.
non equum publicum mille assarium esse (debet dici), sed mille ~iorum VAR.*L.*8.71.

? **assārius**[2] ~a ~um, *a.* (A word of uncertain etymology and meaning. Some scholars derive it from AS and interpret it as meaning 'having the value (or weight) of an *as*'. Others derive it from ASSVS and suppose it to mean 'roast'. In this connexion *pecunia* has been emended to *pecuina.*)
daps Ioui ~a pecunia urna uini CATO *Agr.*132.2.

assecla ~ae, *m.*: see ASSECVLA.

assectātiō ~ōnis, *f.* **ads-.** [ASSECTOR+-TIO]

1 Attendance, support (in canvassing).
hanc in nostris petitionibus operam atque ~onem CIC. *Mur.*70; Q.CIC.*Pet.*34.

2 Study, research.
magna caeli ~one compertum PLIN.*Nat.*2.82.

assectātor ~ōris, *m.* **ads-.** [ASSECTOR+-TOR]

1 A follower, attendant, companion. **b** (in canvassing).
quidam uetus ~or et ex numero amicorum CIC.*Ver.*2.29; cum ducibus ipsis, non cum comitatu ~oribusque confligant *Balb.*62; quem legatum tribunus ita et intellexit et cepit, ut..comes ~orque sequeretur PLIN.*Ep.*8.23.5;—(*transf.*) ~or comesque patrimoniorum pereuntium populus SEN. *Dial.*9.1.8; pariter..eloquentiae ~ores et potentiae nanctus PLIN.*Nat.*29.8. **b** huius..rei tres partes sunt, una salutatorum..altera deductorum, tertia ~orum Q.CIC.*Pet.*34; 37.

2 A disciple.
ita certe ferunt Porci Latronis, clari inter magistros dicendi, ~ores PLIN.*Nat.*20.160; PLIN.*Ep.*3.11.7; auditor ~orque Protagorae GEL.5.10.7.

3 One who seeks after, a student, devotee.
sapiens ~orque sapientiae adhaeret corpori suo SEN.*Ep.* 65.18; cenarum bonarum ~or 122.12; cancer dapis ~or PLIN.*Nat.*9.142; hoc..Sextius e Romanis sapientiae ~oribus Athenis fecit 18.274.

assector ~ārī ~ātus, *tr.* **ads-.** [AD-+SECTOR[2]] CONST.: in pass. sense ENN.*inc.*8, ATEIUS *gram.*11.

1 To follow closely, attend, escort. **b** (in canvassing). **c** (with immoral intent) to solicit.
cum ~aretur, 'num quid uis?' occupo HOR.*S.*1.9.6; custodes..in maerorem cuiusque intenti corpora putrefacta ~abantur TAC.*Ann.*6.19; (*transf.*) quicquid denuntiatum est, facit, ~atur, adsidet, muneratur (hereditatis spes) CIC. *Parad.*39. **b** cum aedilitatem P. Crassus peteret eumque maior natu et iam consularis Ser. Galba ~aretur *de Orat.* 1.239; Q.CIC.*Pet.*33. **c** siue quis matrem familias aut praetextatum ~atus fuerit GAIUS *Inst.*3.220; ~atur, qui tacitus frequenter sequitur ULP.*dig.*47.10.15.22;—(*in pass. sense*) Themistocles cum a formoso ~aretur ATEIUS *gram.*11.

2 To be an adherent of, follow, support.
omnis..inferioris Germaniae miles Valentem ~abatur TAC.*Hist.*2.93; omnibus officiis Gnaeum Pompeium ~atus est SUET.*Jul.*19.2;—(*as a disciple*) quos..domi..et in publico ~abar mira studiorum cupiditate et quodam ardore iuuenili TAC.*Dial.*2.1; PLIN.*Ep.*2.14.10.

3 To seek after, court (fame).
cum celebritatem ~arentur adulescentium scolae PLIN. *Nat.*33.152.

assecuē, *adv.* **ads-.** [**assecuus* (ASSEQVOR+-VS)+-E] Attentively, closely.
sequere ~e, Polybadisce PL.*fr.*9.

assecula ~ae, *m.* **ads-, assecla.** [cf. ASSEQVOR] A follower, hanger-on, creature.
ex Verris..comitatu tres..~ae istius CIC.*Ver.*3.30; qui.. potentissimorum hominum contumaciam numquam tulerim, ferrem huius ~ae? *Att.*6.3.6; *Div.*2.79; sed tu omnium mensarum ~a..omnis ordinis turpitudo es [CIC.]*Sal.*21; non..decere se arbitrabatur, cum praeturam gerere noluisset, ~am esse praetoris NEP.*Att.*6.4; eo reuolui rem ut aut patricii aut patriciorum ~ae habendi tribuni plebis sint LIV.5.11.2; JUV.9.48.

assensiō ~ōnis, *f.* **ads-.** [ASSENTIO+-TIO]

1 Approval, approbation, applause.
dicere..cum ~one auditorum *Rhet.Her.*1.2; orationis genus..exile nec satis populari ~oni accommodatum CIC. *Brut.*114; ~one fauoris V.MAX.8.15.8; uoluptatem ex plurium ~one uenientem SEN.*Ep.*7.12; senatus clarissima ~o PLIN.*Ep.*3.4.4;—(*pl.*) crebrae ~ones, multae admirationes CIC.*Brut.*290; causa..acta..quibus ~onibus uniuersi ordinis, quam nec tacitis nec occultis! *Mil.*12; SEN.*Dial.* 10.20.2.

2 Assent to the truth of a proposition, agreement, belief.
prudenter..Academici a rebus incertis ~onem cohibuisse CIC.*N.D.*1.1; opinationem et suspicionem et..omnia quae essent aliena firmae et constantis ~onis *Ac.*1.42; *Fin.*3.18; simulata ~one QUINT.*Inst.*6.3.73; (*pl.*) tum opiniones ~onesque firmae ueraeque gignuntur CIC.*Tim.*28.

3 (in Stoic phil., transl. Gk. *συγκατάθεσις*) The assent given by the mind to natural impulses.
de ~one atque adprobatione, quam Graeci *συγκατάθεσιν* uocant CIC.*Luc.*37; quid sit ~o, dicam. oportet me ambulare: tunc demum ambulo, cum hoc mihi dixi et adprobaui hanc opinionem meam SEN.*Ep.*113.18; GEL.19.1.19.

assensor ~ōris, *m.* **ads-.** [ASSENTIO+-TOR] One who agrees or approves.
non omnes habemus ~ores *Rhet.Her.*3.38; te unum in tanto exercitu mihi fuisse ~orem CIC.*Fam.*6.21.1;—(*w. gen.*) uindictae tam rigidum ~orem patrem habuit V.MAX.6.3.6; irae facilis ~or meae SEN.*Phaed.*1207.

assensus ~ūs, *m.* **ads-.** [ASSENTIO+-TVS[3]]

1 Approval, approbation, applause.
uulgi ~u et populari adprobatione CIC.*Brut.*185; urbis seruatorem me esse senatus omnium ~u totiens iudicarit *Dom.*101; cunctique fremebant caelicolae ~u uario VERG.*A.* 10.97; cum omnium ~u comprobata oratio esset LIV.5.9.7; honoratissimum ~us genus est armis laudare TAC.*Ger.*11.6; (*w. obj. gen.*) omnis in ~um consilii sui traduxit LIV.34.34.1; —(*pl.*) alii partes ~ibus inplent OV.*Met.*1.245; 8.604;—(*poet.*) uox ~u nemorum ingeminata remugit VERG.*G.*3.45; *A.*7.615.

2 (phil.) Assent to the truth of a proposition, agreement, belief; also, the mind's assent to natural impulses.
sapientem..retenturum ~um nec umquam ulli uiso adsensurum nisi quod tale fuerit quale falsum esse non possit CIC.*Luc.*57; 90; ~us..suos firme sustinere *Fin.*3.31;—dicunt..Stoici sensus ipsos ~us esse *Luc.*108.

3 Agreement in physical nature, affinity, congruity.
quorum (*sc.* murium) natura non est spernenda, praecipue in ~u siderum..cum lunae lumine fibrarum numero crescente atque decrescente PLIN.*Nat.*29.59; lychnis appellata a lucernarum ~u 37.103.

assentātiō ~ōnis, *f.* **ads-.** [ASSENTOR+-TIO]

1 Flattering agreement or compliance, adulation, toadyism.
istaec illum perdidit ~o PL.*Bac.*411; habet ~o iucunda principia *Rhet.Her.*4.21; sermo insidiosus, ~o perniciosa CIC.*Flac.*87; diuturna seruitute ad nimiam ~onem eruditi *Q.fr.*1.1.16; ~o uitiorum adiutrix *Amic.*89; ~onis propriae gratia LIV.34.23.5; decreta plena regiae ~onis 45.10.11; ~o erga quemcumque principem sine adfectu peragitur TAC.*Hist.*1.15;—(*pl.*) ut se blanditiis et ~onibus in Asuui consuetudinem penitus immersit CIC.*Clu.*36; inflatus ~onibus LIV.24.6.8; ~onibus atque luxu perpulisset iuuenem ad ea TAC.*Ann.*6.49.

2 Assent, agreement.
Fuluio tantum tribuere, ut paene ~one sua quibus uellet principatus conciliaret VELL.2.128.3; tacentibus..nobis et ad neutram partem ~onem flectentibus PETR.17.1.

assentātiuncula ~ae, *f.* **ads-.** [prec.+-CVLA] A piece of flattery.
cauillationes, ~as ac peiieratiunculas parasiticas PL.*St.* 228; ne ~a quadam aucupari tuam gratiam uidear CIC.*Fam.* 5.12.6.

assentātor ~ōris, *m.* **ads-.** [ASSENTOR+-TOR] A flatterer, toady, 'yes-man'.
cum idemne sit an aliquid intersit quaeritur..ut ~or et amicus CIC.*de Orat.*3.117; personam..mulierum ~oris, cognitoris uiduarum *Caec.*14; ne ~oribus patefaciamus aures neue adulari nos sinamus *Off.*1.91; HOR.*Ars* 420; LIV. 3.68.10; humillimus ~or reginae VELL.2.83.1; se suspiciens, ut ita dicam, ~or suus SEN.*Ben.*5.7.4.

assentātōriē, *adv.* **ads-.** [prec.+-IVS+-E] Like a flatterer.
dubitare te non ~e sed fraterne ueto CIC.*Q.fr.*2.14.3.

assentātrix ~īcis, *f.* [ASSENTOR+-TRIX] A woman who flatters.
nunc ~ix scelesta est, dudum aduorsatrix erat PL.*Mos.* 257.

assentiō ~tīre ~sī ~sum, *intr.* **ads-.** [AD-+SENTIO]

1 To agree in opinion, assent, approve.
(*absol.*) ~sit silens ACC.*trag.*476; curabo..omnes una ~tiant POMPON.*com.*167; SIS. in Quint.*Inst.*1.5.13; cum partem ~tire..intellexisset *B.Afr.*88.2; ~sere omnes VERG. *A.*2.130; OV.*Fast.*6.811; SUET.*Ves.*6.3; (*poet.*) lacrimae ~sere ferentum SIL.5.592;—(*w. dat. of person*) Philippus ~sit Lentulo CIC.*Q.fr.*2.1.2; cum de aliis rebus ~tire se ueteribus Gabinis diceret LIV.1.54.1; VELL.1.7.3; TAC.*Ann.* 3.51; (*of opinion, action, etc.*) ut eius semper uoluntatibus.. cives ~serint CIC.*Man.*48; ~sit precibus Ramnusia iustis OV.*Met.*3.406; ~sere omnes sceleri LUC.8.536;—(*impers. pass.*) Bibulo ~sum est CIC.*Fam.*1.2.1; temporibus ~tiendum 1.9.21; cui sententiae ~tiendum puto ULP.*dig.*28.5.13.5.

2 (w. dat.) To admit the truth (of), agree (with); (also w. acc., and in pass.).
propter similitudinem earum rerum, quibus ~sit CIC.*Inv.* 1.51; ne cui rei temere..~serimus 2.10; (*impers. pass.*) cum rebus non dubiis ~sum est 1.52;—(*absol.*) mare quidem commune certost omnibus. — ~tio PL.*Rud.*975; se potius temere ~sisse..arbitratur CIC.*Inv.*1.25;—adsunt testes qui illud quod ego dicam ~tiant PL.*Am.*824; multa sequitur probabilia non comprehensa neque percepta neque ~sa CIC. *Luc.*99.

assentior ~tīrī ~sus, *intr.* **ads-.** [as prec.]

1 To agree in opinion, assent, approve: **a** (absol.). **b** (w. dat. of person). **c** (w. dat. of thing). **d** (w. *ut*).
a ~tiente Italia CIC.*Pis.*23; ~tior; fieri non potuit aliter *Att.*6.6.3; 10.15.2; ~tiebantur multi pulsatos se querentes LIV.3.11.13; (*w.* de) Cassius de ceteris honoribus ~sus TAC. *Ann.*13.41. **b** tibi ~tior PL.*Mer.*412; ~sus sum homini LUCIL.432; non modo uoce nemo L. Pisoni consulari sed ne uoltu quidem ~sus est CIC.*Phil.*1.14; cui quidem auguri uehementer ~tior *Div.*1.105; haec Virrio loquenti ~si omnes LIV.23.6.3; Valerius Paulinus ~sus Caepioni hoc amplius censuit PLIN.*Ep.*4.9.20;—(*w.* de) de Trebonio prorsus tibi ~tior CIC.*Att.*4.8a.2;—(*w. advl. acc.*) cetera.. ~tior Crasso *de Orat.*1.35; tantum id dicam quod tacitus tu mihi ~tiare *Div.Caec.*23; id tibi nullo modo ~tior *Fam.*4.4.2. **c** ea sunt a te dicta, quibus ego ~tior CIC.*Brut.*296; clamori ..uestro ~tior *Phil.*6.12; eam sententiam dixi, cui sunt ~si *Fam.*10.16.1;—(*cf.*) diu inter ~tientes indignationi suae amicos questus V.MAX.7.8.4. **d** ~tior tibi ut nec duces simus nec agmen cogamus CIC.*Att.*15.13.1.

2 (w. dat.) To admit the truth (of), agree (with a proposition); (in Stoic phil.) to assent to natural impulses.
concede tamen ut huic generi mortis potius ~tiar CIC. *Brut.*42; facile ~tior tuis litteris *Att.*11.25.1; nec..umquam sum ~sus ueteri illi..prouerbio *Sen.*32; qui rei nulli ~tietur *Luc.*38; cui famae, quibus scriptis ~tiar, non habeam LIV. 38.56.1;—(*w. acc. and inf.*) hisce..cohortationibus..ad laborem incitandos iuuenis uehementer ~tior CIC.*de Orat.* 1.262; ~tiris..mihi nostram aetatem a castris..abhorrere *Att.*14.19.1; ut fateor..figuras posse pluris reperiri..ita.. meliores non ~tior QUINT.*Inst.*9.3.90;—qui..quid percipit ~titur statim CIC.*Luc.*38.

assentor ~ārī ~ātus, *intr.* **ads-.** [prec.+-TO]

1 To agree, assent, go on agreeing, agree in everything. **b** (of things) to give confirmation, agree.
quoniam sentio errare..coepi ~ari PL.*Men.*483; PETR. 72.6; manus lentior promittit et ~atur QUINT.*Inst.*11.3.102; (*impers.*) ~andumst quidquid hic mentibitur PL.*Mil.*35;—(*w. dat.*) etiam tu quoque ~aris huic? *Am.*702; uera uolo loqui te, nolo ~ari mihi 751;—(*w. adv. acc.*) imperaui egomet mihi omnia ~ari TER.*Eu.*253. **b** ~ante iniuriarum fide creditus inimicissimus Cyro FRON.*Str.*3.3.4.

2 (w. dat.) To flatter (a person) by agreeing, humour.
sin Pansae ~ari commodumst, ignosco CIC.*Fam.*7.12.2; LIV.41.24.18; (*w.* sibi, *etc.*) mihi ipse ~or fortasse CIC.*Fam.* 3.11.2; ita agamus ut nihil nobis ~ati esse uideamur *Luc.* 45;—(*w. no dat.*) (beniuolentiam) ~ando colligere *Amic.*61; cohibuit consulem ut nimium ~antem TAC.*Ann.*11.25;— (*cf.*) nisi forte te amant et tibi ~antur (Baiae) et tam diu, dum tu ades, sunt oblitae sui CIC.*Fam.*9.12.1.

assequor ~qui ~cūtus, *tr.* **ads-.** [AD-+SEQVOR]

1 To follow (with the purpose of catching up), go after.
PL.*Mil.*1353; reprehende hominem, ~quere *Ps.*249; ~quere, retine dum ego huc seruos euoco TER.*Ph.*982; natum..annos XVIII Hispaniensis militiae ~cutum se postea comitem habuit VELL.2.59.3; (*of things*) iussis balnearibus ~qui APUL.*Met.*3.12.

2 To come up with, catch up, overtake. **b** (of events) to come upon. **c** (transf.) to reach equality with, emulate, rival.
~quitur nec opinantem, in caput insilit LUCIL.179; *Inc.pall.*44; CIC.*Att.*3.5.1; aiebat nihil malle Caesarem quam ut Pompeium ~queretur *Att.*8.9.4; haec eum uociferantem ~cutus..obtruncat LIV.4.14.6; 27.42.11; uix illum ~quor currentem SEN.*Ep.*83.4; TAC.*Ann.*2.75;—(*absol.*) dum Eumenes cum classe ~queretur LIV.37.12.6;—(*fig.*) ut haec diligentia..nihil eorum inuestigare, nihil ~qui potuerit CIC.*Ver.*2.181; non possum nunc per obsequium nec molliter ~qui tam durum dolorem SEN.*Dial.*6.1.8. **b** MORS ME ~QVETVR *CIL* 9.3895;—(*absol. or ellipt.*) quod ago ~quitur, subest PL.*Trin.*1118; ideo notities parum est ~cuta VITR. 6.pr.5. **c** ut nulla auis hunc ~quatur fructum VAR.*R.* 3.6.3; longitudo aut plenitudo harum (syllabarum) multitudinem alterius ~quatur et exaequet *Rhet.Her.*4.28; ita.. excellunt ut nemo nostro loco natus ~qui possit CIC.*Quinct.* 31; beneuolentiam tuam..imitabor, merita non ~quar *Fam.*

6.4.5; *Leg.*1.7; cuius non fugio mortem si famam ~quar PHAED.3.9.3; PLIN.*Ep.*4.8.5.

3 (w. abst. or immaterial obj.) To attain to, acquire, achieve, win.
miratur, quibus ille disciplinis tantam sit sapientiam ~cutus BIB.*poet.*1.(3).5; facultatem ~qui dicendi CIC.*de Orat.*1.84; *Catil.*4.20; *Mil.*81; ut..is qui humanos sensus amiserit diuinos ~cutus sit *Diu.*2.110; V.MAX.5.2.7; inferna tetigit, posset ut supera ~qui SEN.*Her.F.*423; TAC. *Hist.*3.67; ciuitatem Romanam pridem ~cuti *Ann.*11.23; —(*w.* ab) quod..a maioribus nostris foedere ~qui non potuerunt CIC.*Ver.*5.51; *Mur.*72;—(*of things*) sorbum.. prius domi maturitatem ~qui uult..quam mitescat VAR. *R.*1.68.

4 To succeed in bringing about, achieve (a result). **b** (*w.* ut) to succeed (in).
secernunt (porcos) a matribus..ut desiderium ferre possint..quod decem diebus ~cuntur VAR.*R.*2.4.20; antiquum modum sationis nulla ex parte ~qui potuit CIC. *Ver.*3.46; nihil agis, nihil ~queris, neque tamen conari ac uelle desistis *Catil.*1.15; CAEL.*Fam.*8.8.10;—(*absol.*) abditos principis sensus..exquirere inlicitum, anceps: nec ideo ~quare TAC.*Ann.*6.8;—(*w. abl.*) una mercede duas res ~qui uelle CIC.*S.Rosc.*80; quantum consiliis humanis ~qui poterant LIV.23.22.1; quin aqua perducenda sit..si modo et uiribus suis ~qui potest (colonia) TRA.Plin.*Ep.*10.91(92); —(*of things*) actio..iniuriarum non ius possessionis ~quitur CIC.*Caec.*35; *Diu.*1.12;—(*cf.*) Habonius istam diem quo modo ~quitur? (*succeed in keeping to the appointed day*) *Ver.*1.149. **b** si uero ~quetur, ut talis uideatur CIC.*de Orat.*2.176; *Agr.*2.7; rebus quam uerbis ~qui malui ut..me sibi praeferret LIV.28.40.11; PLIN.*Ep.*1.8.8;—(*w.* hoc, illud, quod, *etc., foll. by* ut) hoc ~quebar, ut..optimis uerbis uterer CIC.*de Orat.*1.155; 2.305; nihil aliud ~queris nisi ut ab omnibus mortalibus audacia tua cognoscatur *S.Rosc.*95; cum intellegat sese, quod cogitabat, ut a Pompeio reducatur, ~qui non posse *Fam.*1.5b.2.

5 To carry out successfully, achieve.
quem locum..aut uitauerunt aut inceperunt neque ~qui potuerunt VAR.*L.*10.9; experiri id nolent quod se ~qui posse diffidant CIC.*Orat.*3; *Att.*5.5.2; nec quicquam sequi, quod ~qui non queas *Off.*1.110; VELL. 1.17.7; PLIN.*Nat.*pr.15.

6 To grasp with the mind, think of, understand, appreciate: **a** (w. faculty, etc., specified); *coniectura ~qui*, to guess. **b** (alone).
a qui cogitatione ~qui possent et uoluntatem interpretari CIC.*Inu.*2.139; utinam tui consili certior factus essem! nam suspicione ~qui non potui *Att.*8.11d.5; 11.23.2; quis tot ludibria fortunae..aut animo ~qui queat aut oratione conplecti? CURT.4.16.10; (*w. indir. qu.*) quae quanto consilio gerantur nullo consilio ~qui possumus CIC.*N.D.*2.97;— quid ipse coniectura ~quare *Att.*7.13.4; *Diu.*2.12; (*w. indir. qu.*) quae uestra defensio futura sit coniectura ~qui non queo *Ver.*2.165; *Agr.*2.12. **b** ut apertis obscura ~quamur CIC.*N.D.*3.38; quonam..pacto legere ego possum, quae non ~quor? GEL.13.31.5; 20.1.5; (*w. indir. qu.*) quid..istuc sit.. uideor ferme ~qui 3.1.3.

asser ~eris, *m.* [dub.]
1 A wooden beam, pole, post.
NAEV.*com.*32; (PARIETEM) INASSERATO ~ERIBVS ABIEGNIEIS SECTILIBVS *CIL* 1.698.2.1; VAR.*L.*5.140; longi duo ualidi ~eres..in terra defigebantur LIV.44.5.3; transuersi ~eres in modum iugorum..configantur COL.6.2.3;— (*used as a weapon*) ~eres..pedum XII cuspidibus praefixi CAES.*Ciu.*2.2.2; ~eribus falcatis detergebat pinnas LIV. 38.5.3; TAC.*Hist.*4.30;—(*as a support for vines*) utraque (cupressus)..immittitur in perticas ~eresue amputatione ramorum PLIN.*Nat.*16.141.

2 A horizontal timber for supporting roofs, etc., joist, rafter.
ligna hic apud nos nulla sunt. — sunt ~eres? — sunt pol PL.*Aul.*357; tigna omnia..limina, postes, iugumenta, ~eres, fulmentas CATO *Agr.*14.1; aedificia detegebant, ~eres remorum usum obtinebant *B.Alex.*13.2; deinde insuper sub tegulas ~eres (ponuntur) VITR.4.2.1; 7.3.1.

3 The pole of a litter.
ut canusinatus nostro Surus ~ere sudet MART.9.22.9; per..forum iuuenes longo premit ~ere Maedos IUV.7.132; 3.245; SUET.*Cal.*58.3.

asserculus ~ī, *m.* **~um** ~ī, *n.* [prec.+-CVLVS] A small beam, pole, post.
~a ubi prela sita sient CATO *Agr.*12; (scopas) in ~o alligato 152; COL.8.3.6; ~os inter se distantes semipedalibus spatiis super solum ponito 12.52.4.

asserō¹ ~erere ~ēuī ~itum, *tr.* **ads-.** [AD-+SERO¹] To plant near.
facite..uites..uti satis multae ~erantur CATO *Agr.*32.2; uelut ~itas uitis implicat arbores CATUL.61.102;—(*w.* ad) ut uitis ~ita ad holus facere solet VAR.*R.*1.16.6;—(*w. dat.*) populus ~ita certis limitibus HOR.*Ep.*2.2.170; *Priap.*51.7.

asserō² ~ere ~uī ~tum, *tr.* **ads-.** [AD-+SERO²]
1 *manum ~ere*, to lay hands on, grasp.
~ere manum (*s.v.l.*) in libertatem eum prendimus VAR. *L.*6.64; ~ere manum, est admouere PAUL.*Fest.*p.25M.

2 (leg.) *manu ~ere*, to lay claim to the person of (as a slave, son, etc.); also without *manu*. **b** (w. *liberali causa, in libertatem*, etc., or absol.) to claim as free (in a *causa liberalis*, oft. formally as a method of manumission); (refl.) to assert one's claim to freedom. **c** (w. *in seruitutem*) to claim as a slave.
tu illam a lenone ~ito manu PL.*Per.*163; 717; (*facet.*) habeo pro meis nec manu ~untur (pisces) *Rud.*973;—~ere coepit iuuenem pauper quidam et dicere suum filium QUINT.*Decl.*338(p.330,l.6); *Inst.*4.2.95. **b** si quisquam hanc liberali caussa manu ~eret PL.*Cur.*491; si quisquam hanc liberali ~uisset manu 668; *Poen.*1102; TER.*Ad.*194; cum in causa liberali eum qui ~ebatur cognatum suum esse diceret CIC.*Flac.*40;—qui ~antur in libertatem LIV.3.45.2; QUINT.*Decl.*311(p.223,l.2); Mena..~to in ingenuitatem SUET.*Aug.*74; (*transf.*) quamquam armis possumus ~ere Latium in libertatem LIV.8.5.4; sic eximendus animus ex miserrima seruitute in libertatem ~itur SEN.*Ep.*104.16;— apud uendiciarium repertum iudicio ~ens euicit QUINT. *Decl.*388 (p.433,l.22); quamquam ~ente matre permansit tamen in statu seruitutis SUET.*Gram.*21(p.115Re);—(*refl.*) qui seruus dicitur seque ~it in libertatem ULP.*dig.*47.10.11.9; qui se ex libertinitate ingenuitati ~ant SAT.*dig.*40.14.2.1. **c** ut uirginem in seruitutem ~eret LIV.3.44.5; (Hispani) in seruitutem uelut ~endi erant 34.18.2; SUET.*Tib.*2.2; (*cf. perh.*) Hymnis, cantando quae me ~uisse ait ad se LUCIL. 1193.

3 (transf.) To liberate, free, release.
~ui iam me fugique catenas OV.*Am.*3.11.3; Liber.. dictus..quia liberat seruitio curarum animum et ~rit SEN. *Dial.*9.17.8; *Ep.*70.24; ~it urbes sola fames LUC.3.56; MART.7.63.10; PLIN.*Ep.*2.10.4.

4 a (w. dat.) To claim (for), attribute (to); *caelo ~ere* (poet.), to claim as a god, deify. **b** to claim as one's own, arrogate.
a nec..lapidis illi (*sc.* sapienti) duritiam ferriue ~imus SEN.*Dial.*2.10.4; ipse te..studiis ~is PLIN.*Ep.*1.3.3; MAUR. 911;—(*w.* sibi) alter illos tamquam auctor sibi, alter tamquam emptor ~it SEN.*Ben.*7.6.1; *Cl.*1.5.7; non m nus caelum mihi ~ere potui *Her.O.*1303; quaedam e piris libralia appellata amplitudinem sibi ponderis nomine ~unt PLIN.*Nat.*15.39; ULP.*dig.*5.4.1.2;—me..~e caelo OV.*Met.* 1.761; SEN.*Dial.*11.12.5. **b** nec laudes ~e nostras OV. *Met.*1.462; quos pericula rei publicae imperatores ~ebant V.MAX.4.4.4; celeris hinc Creta sagittas ~it MAN.4.785; MART.1.15.9; haec..qua euelut propria philosophiae ~untur QUINT.*Inst.*1 pr.16;—(*w.* in+*acc.*) (Aries) ~it in uires pontum quem uicerat ipse MAN.4.746.

5 To defend, protect, preserve.
~ebant salutaria rei publicae..fata conditorem conseruatoremque Romani nominis VELL.2.60.1; si obiurgaret populi segnitiam in ~enda libertate rei publicae QUINT. *Inst.*6.5.8; ut se ab iniuria obliuionis ~eret PLIN.*Ep.*3.5.4; Saturninus Gracchanas ~ere leges non destitit FLOR.*Epit.* 2.4(3.16.1); in ~enda dignitate SUET.*Jul.*16.2; (*facet.*) non te cucullis ~et caput tectum (*sc.* a basiatoribus) MART. 11.98.10; 14.137(142).2.

6 To allege, assert, maintain.
non haec Colchidos ~it furorem, diri prandia nec refert Thyestae MART.10.35.5; ~ere quae finxeris [QUINT.]*Decl.* 7.6; APUL.*Met.*10.7; (*w. acc. and inf.*) bonorum..quaedam sui gratia ~it adpetenda *Pl.*2.10.

assertiō ~ōnis, *f.* **ads-.** [prec.+-TIO]
1 The act of claiming a person as free or slave (in an action to determine status); *in ~one esse*, to be the subject of such a claim.
ut in reis deportatis et ~one secunda QUINT.*Inst.*5.2.1; nec ~onem denegandam iis, qui ex eius modi causa in libertatem uindicabuntur, puto TRA.Plin.*Ep.*10.66(72).2; reciperatores ne se perfusoriis ~onibus accommodarent ..admonuit SUET.*Dom.*8.1;—sitne liber qui est in ~one QUINT.*Inst.*3.6.57.

2 The defence or vindication (of a person's character).
me tantum fortior ~o unici decet [QUINT.]*Decl.*19.8.

assertor ~ōris, *m.* **ads-.** [ASSERO²+-TOR]
1 (leg.) One who formally asserts the status of another, a claimant (of a person as a slave or freeman).
LIV.3.44.8; cum instaret ~or puellae 3.46.7; habuit puer ~orem QUINT.*Decl.*388(p.435,l.6); GAIUS *Inst.*4.14; FEST. p.340M;—(*fig.*) publicus ~or dominis suppressa leuato pectora OV.*Rem.*73; si de seruitio graui queruntur (libelli), ~or uenias MART.1.52.5.

2 (transf.) A defender, protector, champion.
libertatis publicae ~or SEN.*Con.*9.1.4; miles..senatus ~or LUC.4.214; PLIN.*Nat.*20.160; Curios ~oresque Camillos MART.1.24.3; uerba a uetustate repetita..magnos ~ores habent QUINT.*Inst.*1.6.39; ~or Galliarum TAC.*Hist.*2.61; (*cf.*) Catoni gladium ~orem libertatis extorque SEN.*Ep.* 13.14.

asseruiō ~īre ~īuī or ~iī, *intr.* **ads-.** [AD-+SERVIO] (w. dat.) To devote or apply oneself (to).
toto corpore atque omnibus ungulis, ut dicitur, contentioni uocis ~iunt CIC.*Tusc.*2.56.

asseruō ~āre ~āuī ~ātum, *tr.* **ads-.** [AD-+SERVO]
1 To keep safe, protect, guard. **b** (mil.). **c** to save the life of, rescue.
tibi istam..comprimam linguam. — hau potes: bene pudiceque ~atur PL.*Am.*349; ~atote haec sultis *Men.*350; onera diligenter ~anda curabat CIC.*Ver.*5.146; *Tusc.*2.22; puella..~anda nigerrimis diligentius uuis CATUL.17.16; domus..nullis ~atur ianitoribus SEN.*Dial.*2.15.5;—(*of a place*) quisue ea locus fideli ~aturus custodia esset LIV.5. 40.7; STAT.*Theb.*12.712. **b** portas murosque ~ari iubet CAES.*Ciu.*1.21.2; 3.28.6; arce, quae quasi tuta neglegentius ~ata erat, occupata CURT.9.7.2; peruigil ~at uallum STAT. *Theb.*10.129. **c** etiamsi non habet filium, ~auit tamen iuuenem QUINT.*Decl.*251(p.28,l.31).

2 To keep under observation, keep a watch on, watch.
~ate aedis, nequis aduentor grauior abaetat quam adueniat PL.*Truc.*95; sin uident quempiam se ~are 103; dic me hic oppido esse inuitam atque ~ari TER.*Hau.*734; custodiae quibus ~or CIC.*Att.*10.18.1; duo singuli (tribuni) singulos sibi consules ~andos adsidua opera desumunt LIV. 4.55.3; PETR.111.6.

3 To keep (a person) in custody.
apud te uinctum ~ato domi PL.*Bac.*747; TER.*An.*865; equitem Romanum..in foro custodiis Aproni retentum atque ~atum CIC.*Ver.*3.60; *Catil.*1.19; Vitruuium in carcere ~ari iussit LIV.8.20.7; 24.45.10; interfectis..qui ibi ~abantur V.MAX.3.8.1.

4 To keep for future use, store up; to preserve, pickle.
quibus (*sc.* Aegyptiis) mos est cadauera ~are medicata PLIN.*Nat.*11.184; pridie ~ata materia utuntur 18.104; 20.83; 21.137;—(asini) testes sale ~ati 28.225; 32.27.

5 To keep (records); to observe (laws).
cum Appi tabulae neglegentius ~atae dicerentur CIC. *Arch.*9;—quod si..neglegentius ~atum erit (ius ciuile) *Caec.*73.

assessiō ~ōnis, *f.* **ads-.** [ASSIDEO+-TIO] A sitting beside.
oblitumne me putas..quae tua fuerit ~o, oratio, confirmatio animi mei fracti? CIC.*Fam.*11.27.4.

assessor ~ōris, *m.* **ads-.** [ASSIDEO+-TOR] One who sits by to give advice, a counsellor; (esp. leg.) an assessor.
Lacedaemonii regibus suis augurem ~orem dederunt CIC.*Diu.*1.95;—qui..praetor adeuntibus ~oris uerba pronuntiat SEN.*Dial.*9.3.4; SUET.*Gal.*14.2; COMES ET ~OR LEGATI..*CIL* 2.2129; PAUL.*dig.*1.22.1.

assessōrium ~(i)ī, *n.* Also **~ia** ~iōrum, *n. pl.* [prec.+-IVM] The title of a legal textbook.
ut et Puteolanus libro primo ~iorum scribit ULP.*dig.* 2.14.12; Sabinus in ~io..ait 47.10.5.8.

assessūra ~ae, *f.* **ads-.** [ASSIDEO+-VRA] (perh.) Assistance as a legal adviser.
si quis forte..amicitiae uel ~ae..proxeneta fuit ULP. *dig.*50.14.3.

assessus ~ūs, *m.* [ASSIDEO+-TVS³] A sitting beside one (in court).
quaelibet austeras de me ferat urna tabellas: turpior ~u non erit ulla meo PROP.4.11.50.

assestrix ~rīcis, *f.* **ads-.** [ASSIDEO+-TRIX] Fem. of ASSESSOR.
dimittit ~ricem, me ad sese uocat AFRAN.*com.*181.

asseuēranter, *adv.* **ads-.** *compar.* ~tius. [*asseuerans* (ASSEVERO)+-TER²] Earnestly, emphatically.
locutum..esse Q. Ciceronem ualde ~ter se haec ferre non posse CIC.*Att.*15.19.2; haec Antiochus fere et Alexandreae tum et multis annis post multo etiam ~tius *Luc.*61; Calca quam ~ter se Clodium tulit! V.MAX.9.15.4.

asseuērātē, *adv.* **ads-.** [*asseueratus* (ASSEVERO)+-E] Earnestly, emphatically.
tragoedias..scite atque ~e actitauit GEL.6(7).5.2; haec crimina..tam ~e obiectare APUL.*Apol.*25.

asseuērātiō ~ōnis, *f.* **ads-.** [next+-TIO]
1 Earnestness of assertion, affirmation, emphasis. **b** a confident assertion, affirmation. **c** (gram.) an emphasizing particle.
confirmatio est nostrorum argumentorum expositio cum ~one *Rhet.Her.*1.4; omni tibi ~one adfirmo CIC.*Att.*13.23.3; quaedam..tanta auctorum ~one commendantur PLIN.*Nat.* 29.61; TAC.*Ann.*4.15; quae ~o in uoce, quae adfirmatio in uultu! PLIN.*Pan.*67.1. **b** famam..diffudit, qua ~one auertit hostem FRON.*Str.*2.4.20; 2.7.14; secuta ~one Caesaris qua suo iure disertum eum appellauit TAC.*Ann.*4.52. **c** adiciebant et ~onem, ut 'eheu' QUINT.*Inst.*1.4.20.

2 Earnestness of demeanour, seriousness, gravity.
uocis nulla contentio, nulla corporis ~o cum uerba uelut iniussa fluerent SEN.*Con.*2.pr.2; accusatio..apud patres ~one eadem peracta TAC.*Ann.*2.31; 4.19; summa..in hoc genere orationis uirtus est ~o FRO.*Aur.*1.p.40(212N).

asseuērō ~āre ~āuī ~ātum, *tr.* **ads-.** [AD-+SEVERVS+-O³]
1 To assert emphatically, declare, affirm. **b** (of things) to be clear evidence of, proclaim.
neminem eorum haec ~are audias PL.*Mil.*761; illud quod Hyginus antiquos secutus auctores prodidit, ipse non expertus ~are non audeo COL.9.13.3; ordinem agminis.. ~are non ausim TAC.*Hist.*3.22; *Ann.*14.16;—(*absol., w.* de) hoc meum, de quo tanto opere hoc libro ~aui CIC.*Orat.*237; *Brut.*208; de reliquis..~are non est PLIN.*Nat.*14.68;—(*w. acc. and inf.*) ~at se eius rei..actionem daturum CIC.*Ver.* 2.61; *Phil.*2.80; unum illud firmissime ~abat..in exsilium se iturum *Att.*10.14.3; PLIN.*Nat.*20.83; nihil se audiuisse ~auit TAC.*Ann.*3.49; (*w. ellipsis of* esse) nec ullum ciuilis belli metum ~abat *Hist.*2.96; *Ann.*16.3. **b** magni artus Germanicam originem ~ant TAC.*Ag.*11.2.

2 To be earnest about, profess seriously; (absol.) to be serious.
uiros grauitatem ~antis TAC.*Ann.*13.18; (*cf.*) utrum.. putas maiorem curam decoris in ~anda oratione suscipiendam rhetori..an philosopho..? APUL.*Apol.*15;—bella ironia, si iocaremur; sin ~amus..CIC.*Brut.*293; frequentius ~at quam eludit QUINT.*Inst.*9.2.59; (*impers. pass.*) utrum ~atur in hoc an temptatur? CIC.*Ver.*2.26.

3 To make serious, put on a stern (expression).

uultuosam frontem rugis insurgentibus ~abat APUL.*Met.* 3.13; uultu gaudium tegit et frontem ~at 8.6.

assībilō ~āre ~āuī ~ātum, *tr.* **ads-.** [AD-+SIBILO] (w. dat.) To hiss out (breath) upon.
(serpens) implorantem animam dominis ~at aris STAT. *Theb.*5.578.

assiccescō ~escere ~uī, *intr.* **ads-.** [next+-SCO] To become dry, dry out.
ea (frumenta)..suspensa in sole cum ~uerunt COL.2.9.18; 6.14.7.

assiccō ~āre ~āuī ~ātum, *tr.* **ads-.** [AD-+SICCO]
1 To make dry, dry out.
per ~ata uiscera recens demittitur sanguis SEN.*Ep.*85.29; *Nat.*4a.2.28; in sole ~ant (ficos) COL.12.15.5; ~ata cutis LUC.8.690.
2 To dry up (moisture).
lacrimae tibi tuae ~andae sunt SEN.*Dial.*11.6.5; COL. 1.6.22; perflatur uentis, qui nebulam et rorem pestiferum celeriter ~ant 4.19.2.

assidedum: see ASSIDO, DVM.[1]

assidēlus ~a ~um, *a.* [ASSIDEO] (See quot.)
~ae mensae uocantur, ad quas sedentes flamines sacra faciunt PAUL.*Fest.*p.19M.

assideō ~idēre ~ēdī ~essum, *intr., tr.* **ads-.** [AD-+SEDEO]
1 To sit near, sit by. **b** to sit in council, assist as a counsellor or assessor; (also) to be present in court as a supporter. **c** to sit beside, watch over (esp. an invalid). **d** (w. acc.) to sit near to.
non ~idens et adtente audiens, sed..praeteriens CIC. *Brut.*200; *Planc.*101; pudoris ~ideat custos sedula semper anus TIB.1.3.84;—(*w.* apud) qui apud carbones ~ident PL. *Rud.*532;—(*w.* propter) fontem propter amoenum ~idet LUCR.4.1025;—(*w. dat.*) SEN.*Ep.*95.47; ~idere clausis horreis TAC.*Ag.*19.4; JUV.11.202. **b** cum..tres recuperatorum nomine ~edissent adseculae istius CIC.*Ver.*3.30; PROP.4.11.21;—(*w. dat.*) optumi..iudicia reddunt, regibus ~ident PLIN.*Nat.*6.66; QUINT.*Inst.*8.4.21; iudiciis ~idebat TAC.*Ann.*1.75;—(*w.* in+*acc.*) in consilium curatoris rei publicae uir eiusdem ciuitatis ~idere non prohibetur PAPIN.*dig.*1.22.6;—huic ~ident, pro hoc laborant CIC. *Planc.*28; ut agere non potueris, ~idere potuisti QUINT. *Inst.*7.1.52. **c** cum Ptolomaeus..moreretur, Alexander ~idens somno est consopitus CIC.*Div.*2.135; habes qui ~ideat, fomenta paret HOR.*S.*1.1.82;—(*w. dat.*) ~idens aegro collegae LIV.21.53.6; OV.*Ep.*19.137; PLIN.*Nat.*28.59; statio cohortis ~dere ludis solita TAC.*Ann.*13.24; PLIN. *Ep.*7.19.1; (*poet.*) ~idens implumibus pullis auis HOR. *Epod.*1.19; (*cf. w. sense 4*) ~idere ualetudini TAC.*Ag.*45.4. **d** neque adsidere Gabinium..quisquam audebat CIC.inc.fr. 39; ~idebat pedes uxor APUL.*Met.*1.22; 8.11; 9.17.
2 (mil.) To encamp near; (with hostile intent) to besiege, invest. **b** (w. acc.) to besiege.
ne frustra ~idendo spectandoque obsidionem sociorum tempus tereret LIV.24.36.9; ne inrisus ac uanus isdem castris ~ideret TAC.*Hist.*2.22; (*w. dat.*) Gracchus ~idens tantum Casilino..nihil mouebat LIV.23.19.5; TAC.*Hist.*3.35;—nostris qui moenibus ~idet hostis *Ciris* 268; LIV.21.25. 6; omissa expugnandi spe rursus per otium ~idebat TAC. *Hist.*4.30. **b** Amisum..~ideri sine proeliis audiebat SAL. *Hist.*4.13; cum muros ~idet hostis VERG.*A.*11.304; V.FL. 5.535; ~idendo castellum TAC.*Ann.*6.43; GEL.6(7).1.8.
3 To be situated, station oneself, dwell close (to); (of places) to adjoin.
inquietis ~idens praecordiis pauore somnos auferam HOR. *Epod.*5.95; (*w.* in+*abl.*) qui in prouincia sua ultra tempus.. concessum ~ident PAUL.*dig.*4.6.37; (*w.* apud) apud portum seruos unus ~idet PL.*St.*153; (*w. acc.*) saepe moenia urbis ~idens TAC.*Ann.*4.58;—Maritima Auaticorum stagno ~idet MELA 2.78.
4 (w. dat.) To pay attention, devote oneself (to).
auxiliis ~idet ille suis OV.*Ars* 3.260; diu ~edit operi SEN. *Dial.*5.21.3; *Ep.*72.3; qui tota uita litteris ~ident PLIN.*Ep.* 3.5.19.
5 (w. dat.) To be closely akin (to), resemble.
parcus ob heredis curam nimiumque seuerus ~idet insano HOR.*Ep.*1.5.14.

assīdō ~īdere ~ēdī, *intr.* **ads-.** [AD-+SIDO]
FORMS: pf. not dist. from ASSIDEO.
1 To sit down, take a seat. **b** (w. place ndicated).
ilico agite ~idite PL.*St.*90; ~ido: adcurrunt serui, soccos detrahunt TER.*Hau.*124; CAECIL.*com.*160; nos rogatu magistratus ~edimus CIC.*Ver.*4.138; *Att.*5.21.12; *Ac.*1.14; tam facile homines occidebat quam canis ~idit SEN.*Apoc.* 10.3;—(*after making a speech*) postquam ~edit, rogauit hunc uidereturne misericordiam mouisse CIC.*de Orat.*2.278; *Orat.* 129; perorauit aliquando, ~edit *S.Rosc.*59; SAL.*Cat.*53.1. **b** datin isti sellam, ubi ~idat? PL.*Cur.*311; ~idite hic in ara *Rud.*688; eo mulier ~idat CATO *Agr.*157.11; utinam nunc apud ignem aliquem magnum ~idam! TURP.*com.*125; eum ..propter Tuberonem iussit ~dere CIC.*Rep.*1.17; dextra Adherbalem ~edit SAL.*Jug.*11.3; ut in eius locum ~idam iubet APUL.*Met.*1.23; (*obsc.*) ~IDAT AD ASINVM *CIL* 1.1665.
2 (of winged creatures) To alight, perch, settle.
ut aues uidere possint, ubi ~idant VAR.*R.*3.5.3; nulla harum (*sc.* apium) ~idit in loco inquinato 3.16.6; in Non. p.518M; aquila..in culmine domus eius ~edit SUET.*Tib.* 14.4.
3 (w. dat.) To sit near (to).
qui aegro ~idit (*v.l.* assidet) SEN.*Ben.*4.20.3.

assiduē, *adv.* **ads-.** *superl.* ~issimē. [ASSIDVVS+-E] Continually, regularly, constantly.
ne..sycophanta..inpudens, auaru' leno ~e agendi sint seni TER.*Hau.*39; *Hec.*217; uoces..quas audio ~e et quibus intersum cotidie CIC.*Mil.*93; qui me ~e colunt *Fam.*9.16.5; unde mare immensum uoluentes frigora fontes ~e renouent LUCR.2.591; 6.1159; pereundi scire tempus ~e est mori PUB.*Sent.*P.33; hi bellum ~e ducunt VERG.*A.*8.55; foliis.. per interualla ~e geminatis PLIN.*Nat.*27.105; eadem ratione ~e ordinati FRON.*Str.*2.3.4;—(*w. compar. adj.*) oporteat.. fodientibus umidiores ~e respondere glaebas PLIN.*Nat.* 31.48; cum ~e minores parentibus liberi essent QUINT.*Inst.* 6.3.67;—(*ellipt.*) nempe haec ~e? PERS.3.1;—(*superl.*) ~issime..mecum fuit Dionysius CIC.*Brut.*316; uti salientes publici quam ~issime interdiu et noctu in usum populi funderent *S.C.* in FRON.*Aq.*104.

assiduitās ~ātis, *f.* **ads-.** [ASSIDVVS+-TAS]
1 Constant presence or attendance.
tenuiorum amicorum et non occupatorum est ista ~as CIC.*Mur.*70; cotidianam amicorum ~atem et frequentiam Q.CIC.*Pet.*3; usu amicitiae et ~ate contubernii TAC.*Dial.* 5.2; SUET.*Tib.*10.1; GEL.18.12.9.
2 Constant attention, application, diligence. **b** (usu. w. gen.) constant practice (in), continuance (of).
~ate, consilio, auctoritate, diligentia perficit ut.. CIC.*S.Rosc.*149; *Balb.*6; quo consilio profectus es, id ~ate et uirtute consequere *Fam.*7.6.1; qui singulis doctrinis ~atem cum industria praestiterunt VITR.1.1.14; ne quis dubitet..quid possit quantulacumque ~as PLIN.*Nat.*11. 110. **b** ~ate nimia facilitas magis quam facultas.. paratur PLIN.*Ep.*6.29.5;—(*w. gen.*) sine ~ate dicendi *Rhet. Her.*1.1; CIC.*Inv.*1.4; ~ate orationis *Att.*16.5.2; ~ate exercitationis *Ac.*1.20.
3 Constant repetition or recurrence, frequency, persistency.
eiusdem litterae nimiam ~atem *Rhet.Her.*4.18; ~ate molestiarum sensum omnem humanitatis ex animis amittimus CIC.*S.Rosc.*154;~atem..bellorum *Off.*2.74; SEN.*Dial.* 9.10.2; nulla est uoluptas quae non ~ate fastidium pariat PLIN.*Nat.*12.81; lacrimarum ~as APUL.*Met.*3.13.

assiduō, *adv.* **ads-.** [next+-O[2]] Continually, regularly, constantly.
istoc me ~ uictu delecto domi PL.*Capt.*178; *Mil.*50; ego tecum..usque ero ~ *Truc.*422; lippus edenda acri ~ ceparius cepa LUCIL.195; PLIN.*Nat.*26.16; ~ oscitantem GEL.8.3; APUL.*Met.*9.15.

assiduus ~a ~um, *a.* **ads-.** *compar.* ~ior, *superl.* ~issimus. [ASSIDEO+-VVS]
1 (of citizens) Settled on the land, landowning, wealthy (as opp. to *proletarius*). **b** (transf., of an author) good, first-class.
assiduo uindex ~us esto; proletario iam ciui quis uolet uindex esto *Lex XII*(*Font.iur.*p.18); quibus erant pecuniae satis locupletis, ~os; contrarios proletarios VAR. in Non. p.67M; CIC.*Top.*10; cum (Seruius) locupletis ~os appellasset ab asse dando *Rep.*2.40; QUINT.*Inst.*5.10.55; PAUL. *Fest.*p.9M. **b** classicus ~usque aliquis scriptor, non proletarius GEL.19.8.15.
2 Constantly present, regularly in attendance. **b** (of things); (of fevers) not remitting, continued. **c** (poet.) fixed in one place, rooted.
~os homines L praebeto CATO *Agr.*144.4; qui adest ~us VAR.*L.*7.99; cum hic filius ~us in praediis esset CIC.*S.Rosc.* 18; 67; *Cael.*10; ~am frequentiam praebuerunt *Planc.*21; eleuat ~os copia longa uiros PROP.2.33.44; flaminem Ioui ~um sacerdotem creauit LIV.1.20.2; 35.10.6; ~is pulsatus equis OV.*Met.*6.219; PLIN.*Nat.*9.56; cum circa scholas et auditoria professorum ~us esset SUET.*Tib.*11.3; APUL. *Apol.*53; (*cf.*) in hac cotidiana ~a urbanaque uita CIC.*Pis.*64. **b** uestras semper amor sedes incolat ~us CATUL.66.88; ~a postes fuligine nigri VERG.*Ecl.*7.50; hic uer ~um *G.*2.149; MELA 2.10; nec continuatur ~us ignis SEN.*Nat.*2.58.1; Iulius, ~um nomen in ore meo MART.3.5.4;—in febriculam incidit ~am PLANC.*Fam.*10.21a.7; CELS.2.8.24. **c** ~am pelago non quaerere Delon STAT.*Theb.*1.702.
3 (of persons or beasts) Persistent, unremitting, assiduous. **b** assiduous in application to work, active, busy, painstaking.
custodem ~um ACC.*trag.*386; defensor ~us CIC.*Red.Sen.* 38; hortator ~us *Att.*1.11.1; Tityos..~as atro uiscere pascit aues TIB.1.3.76; hostis, ~us magis quam grauis LIV. 2.48.7; TAC.*Ann.*16.22; (*iron.*) urbani ~i ciues quos scurras uocant PL.*Trin.*202; (*poet.*) ~is circumuolat alis saeua dies animi STAT.*Theb.*1.51;—(*w.* in+*abl.*) quo in uitio est Caelius ~us *Rhet.Her.*4.18; (*cf., w. abl.*) quartum genus (soruorum) ..~um prouentu PLIN.*Nat.*15.85. **b** ita..sunt ~iores (canes) VAR.*R.*2.9.16; 3.16.33; qui suos liberos..agricolas ~os esse cupiunt CIC.*S.Rosc.*47; semper..boni ~ique domini referta cella uinaria..est SEN.56; (*w.* in+*abl.*) ~os tractando in munere Martis *Carm.Bell.Aeg.*7; ego, qui tum ~us in libris M. Varronis fui GEL.13.13.4.
4 (of actions or states) Uninterrupted or continually recurring, incessant, constant. **b** (of instruments, etc.) continually or frequently used. **c** (esp. of water) continually in motion, restless, unceasing. **d** consecutive, successive.
foro operam ~am dedo PL.*As.*428; ILLE MEO OFFICIO ~O FLOREBAT *CIL* 1.1221.17; exercitatio est ~us usus.. dicendi *Rhet.Her.*1.3; ~as iacit ore querellas CIC.*Arat.Progn.* 221; *de Orat.*3.58; ~o fletu *Clu.*16; ~os imbris *Att.*13.16.1; ~is..luctibus CATUL.64.71; in ~o motu LUCR.1.999; ~a consuetudine CAES.*Gal.*6.22.3; ~is bellis SAL.*Hist.*1.11; uenatu ~o VERG.*A.*9.245; urbs ~is exhausta funeribus LIV. 3.32.2; ager ~a luxuriabat aqua OV.*Fast.*4.644; TAC.*Dial.* 38.2; lapsus tectorum ~os JUV.3.8; (*as transf. ep.*) ~o domitas (nares) tempore fallit odor OV.*Ars* 2.656; ~a.. uultum lassatus ab Arcto V.FL.1.419. **b** nisi..~is herbam insectabere rastris VERG.*G.*1.155; agricola ~o.. satiatus aratro TIB.2.1.51; ~o lingua sepulta mero PROP. 3.11.56; qua facit ~o tramite uulgus iter 3.16.26; OV.*Fast.* 4.699; SEN.*Oed.*168; incude ~a semperque ardente camino JUV.14.118; (*as transf. ep.*) interit ~a uomer aduncus humo OV.*Ars* 1.474. **c** rauca ~o longe sale saxa sonabant VERG.*A.*5.866; ~o detritis aequore conchis OV.*Met.*13.792; STAT.*Theb.*10.865; 12.12;—haec rotat ~um gyris et concitat orbem *Mor.*26; (*cf.*) similem niuibus hibernis, id est crebram et ~am et largam PLIN.*Ep.*1.20.22. **d** tot ~as pendebo ex ordine luces (*i.e. days*)? *Ciris* 417; ~as potiori..dare noctes HOR.*Epod.*15.13; hiantes sonitus in ~is uocibus GEL. 6(7).20.5.
5 Commonplace, ordinary, regular.
sic antiqua ut recentia, sic rara ut ~a tractare PLIN.*Ep.* 8.14.10; 9.6.3; uasa aurea ~issimi usus SUET.*Aug.*71.1; in tam trita et ~a tibi materia ANT.*Fro.*1.p.126(163N).

assiforānus ~a ~um, *a.* [dub.+FORVM+-ANVS] *~um munus,* A kind of touring gladiatorial show (possibly because an *as* was paid for a seat in the local *forum*).
CENSEO, VTI MVNERA, QVAE ~A APPELLANTVR, IN SVA FORMA MANEANT *CIL* 2.6278.29.

assignātiō ~ōnis, *f.* **ads-.** [ASSIGNO+-TIO]
1 A distribution or allotment of land (to colonists, etc.). **b** a plot of ground so granted, allotment.
in hac ~one agrorum CIC.*Agr.*2.84; Sullanas uenditiones et ~ones *Fam.*13.8.2; ordo ueteris ~onis AGEN.*agrim.*p.38. **b** ceteris..Sullanarum ~onum possessoribus CIC.*Agr.*3.3; popularis ~onis modum non excessit V.MAX.4.3.5; in mediis ~onibus et integris centuriis FRON.*agrim.*p.2.
2 The assignment, allocation (of other things).
adimere ~onem (libertorum) ULP.*dig.*38.4.1.4; totam quaestionem..~onis (aquae) 43.20.1.44.

assignātor ~ōris, *m.* **ads-.** [ASSIGNO+-TOR] One who assigns.
praeferri filio nepotem ~oris constat ULP.*dig.*38.4.3.1.

assignificō ~āre ~āuī ~ātum, *tr.* **ads-.** [AD-+SIGNIFICO]
1 (w. acc. and inf.) To make evident, show, prove.
olim tonsores non fuisse ~ant antiquorum statuae VAR. *R.*2.11.10.
2 (of words) To denote, mean.
uerborum quae tempora ~ant VAR.*L.*6.40; in aere usque ab asse ad centussis numerus aes ~at 9.81; quarto locum ~at ac tres ante factos *gram.*218; ('petorritum') dixit.. ~are uolucres rotas GEL.15.30.3.

assignō ~āre ~āuī ~ātum, *tr.* **ads-.** [AD-+SIGNO]
1 To distribute as a portion, allot, assign (land to colonists, etc.).
de..agris ~andis CIC.*Fam.*11.21.5; agros ~ant, oppida condunt HOR.*Ep.*2.1.8; bina iugera et semisses agri ~ati LIV.6.16.6; FRON.*agrim.*p.1;—(*w. dat.*) ⟨QVEM AGRVM LOCVM⟩ QVOIEIQVE..IIIVIR..DEDIT ~AVIT *CIL* 1.585.3; hos..agros..Rullus non uobis ~are uolt, sed eis condonare qui possident CIC.*Agr.*3.12; sorte agros legionibus ~ari puto oportere D.BRUT.*Fam.*11.20.3; ager..his nouis ciuibus ~atus LIV.6.4.4; AGRIS, QVOS..~AVI MILITIBVS AUG.*Anc.* 3.23; (*cf.*) iam tibi Laurentes ~at Iuppiter agros TIB.2.5.41.
2 To assign, allocate, allot. **b** to assign as one's fate or part, allot; also, to assign (a person to a destiny). **c** to award, confer, bestow (honours, rank, advantage, etc.). **d** (spec.) to assign to the protection of (a deity).
apparitores a praetore ~atos habuisse decumanum CIC. *Ver.*3.61; pedes XXX quoquo uersus ~et quo Ser. Sulpicius inferatur *Phil.*9.17; locum ~aturus in quo nouum oppidum aedificetis LIV.21.13.6; ab ~ata statione miles abducitur [QUINT.]*Decl.*3.9; de ~andis libertis ULP.*dig.*38.4.1;—(*w. dat.*) inferiorem aedium partem ~auit..genti..Clodiae CIC.*Dom.*116; quibus..equi publici non erant ~ati, LIV. 5.7.5; uestem, uniones, pedisequos et cetera illi ~ate PHAED.4.5.37; tribus lateribus singuli ramuli submittendi primo tabulato ~entur COL.5.6.15; iussi suam cuique mensam ~ari PETR.34.5; carcere animalia coercere, quibus rerum natura caelum ~auerat PLIN.*Nat.*10.141; sors et urna fisco iudicem ~at PLIN.*Pan.*36.4; (*w. gdve.*) quibus deportanda Romam regina Iuno ~ata erat LIV.5.22.4; 42.37.4. **b** ne munus humanum ~atum a deo defugisse uideamini CIC.*Rep.*6.15; nostra temeritas..ei (*sc.* oratori perfecto)..~abit officia QUINT.*Inst.*12.pr.4; cui..natalibus ~ata est uirtus pariter et facinus [QUINT.]*Decl.*4.12;—hunc sexum custodiae et diligentiae ~auit (deus) COL.12.pr.5; concupisco bonos iuuenes ostendere foro, ~are famae PLIN. *Ep.*6.23.2. **c** per tuum seruolum ordines ~atos CIC.*Pis.* 88; numen Aphaeae uirginis ~ant *Ciris* 304; minus triginta transfugae et desertores..imperium ~abunt? TAC.*Hist.* 1.30;—(*w. dat.*) uirtutis causa mihi..decumum ordinem hastatum ~auit LIV.42.34.5; quibus sceptrum et chlamydem in scaena fabulae ~ant SEN.*Ep.*76.31; insignis nobilitas aut merita principis dignationem etiam adulescentulis ~ant TAC. *Ger.*13.2; ~ata orbi terrarum pace HYG.GR.*agrim.*p.142. **d** siue ~ati sumus, siue neglecti et fortunae dati SEN.*Ep.* 110.2; hortos tutelae Veneris ~ante Plauto PLIN.*Nat.*19.50; herba..parthenium uocari coepta est ~aturque ei deae (*sc.* Mineruae) 22.44; 24.2.

3 To ascribe by allegation, impute (an attribute); to put down (to someone's credit). **b** (w. dat.) to reckon (in a class); (also w. *pro*) to reckon (as).
hanc (*sc.* ἀνταρξίαν) paupertati Antipater ~at SEN.*Ep.* 87.40; Zenothemis langas uocat easdem et circa Padum iis uitam ~at PLIN.*Nat.*37.34; cui sententiae personam L. Crassi..~ando QUINT.*Inst.*10.3.1; Manno tris filios ~ant TAC.*Ger.*2.3; annos..sexaginta mulieri ~abat APUL.*Apol.* 89;—Cypros deuicta nullius ~anda gloriae est VELL.2.38.6; sua quoque fortia facta gloriae eius ~are TAC.*Ger.*14.2; gloriae quoque hoc sibi ~auit GEL.11.9.2. **b** dis primum inuentores suos ~auit (medicina) PLIN.*Nat.*29.3;—docuerit ..argenteos esse clupeos, qui pro aereis per aliquot iam lustra ~abantur 35.14.

4 To refer the reason or origin of, attribute, ascribe, set down (to a person or cause).
(*w. dat.*) si qua tardius haec..absoluentur..nostris.. occupationibus ~are debebis *Rhet.Her.*1.27; haec si minus apta uidentur..Attico ~a CIC.*Brut.*74; culpae fortunam ~are *Ver.*5.131; quod praeceptum..~atum est deo CIC.*Fin.* 5.44; hoc omne ~atum iri..pertinaciae meae PLANC.*Fam.* 10.18.2; ne unius amentiam ciuitati ~arent LIV.35.31.15; quidam ignibus..~ant hunc tremorem SEN.*Nat.*6.11.1; pleraque fortuita fraudi suae ~antes TAC.*Hist.*2.60; (*w. obj. cl.*) non nemo culpae eius..~abat, quod neque..praeceperat..*B.Afr.*3.4; *B.Alex.*50.2.

5 To commit to the charge or keeping (of), hand over (to).
(*w. dat.*) cum..~ari ciuitati opus..uellet PLIN.*Ep.Tra.* 10.81(85).1; si in nauem res missae ei ~atae sunt ULP.*dig.* 4.9.1.8; (*transf.*) quae..non sunt huic parti proprie ~ata et uelut dedita QUINT.*Inst.*4.2.62;—(*poet.*) donec tua..Paraetoniis ~et (Zephyrus) carbasa ripis STAT.*Silv.*3.2.49; sagittam ~at neruo SIL.14.398.

6 To affix a seal to, seal.
~a..tabellas PERS.5.81; (*absol.*) praesente tutore, sed non ~ante instrumento diuisionis SCAEV.*dig.*26.8.20; PAUL. *dig.*45.1.126.2; (*fig.*) in clausula positum (uerbum) ~atur auditori et infigitur QUINT.*Inst.*9.4.29.

assiliō ~īre ~uī, *intr.*, (*tr.*). **ads-**. [AD-+SALIO]
1 To leap (towards), jump (up or on). **b** (of male animals) to mount (in copulation).
ille enimuero ~it, donationis alacer certae gaudio PHAED.2.5.21; mus, escam putans, ~uit 4.2.14; neque..debent (gallinae) ipsis nidis insuolare, ne dum ~iunt pedibus oua confringant COL.8.3.5; ~it, audito tristis clamore ruinae, Hasdrubal SIL.15.692; (*w.* in+*acc.*) ceu fera, quae.. ultro ~it in ferrum 10.3. **b** (equa) ~ientem admissarium calcibus proturbat COL.6.37.9.

2 (transf., of inanimate objects) To leap up (at), dash (against). **b** (tr.) to leap up to.
~iunt fluctus OV.*Fast.*3.591; metuit tactus ~ientis aquae 5.612; manifestum est..inquietum aera hinc atque illinc ~ire SEN.*Nat.*1.2.9; trahitur (ferrum)..magnete lapide.. atque, ut propius uenit, ~it, tenetur amplexuque haeret PLIN.*Nat.*36.127. **b** quas (terras) spumifer ~it Aegon STAT.*Theb.*5.56; (*poet., of noise*) ~it aethera magnum clamor 10.456.

3 To make a sudden assault, rush (at). **b** (tr.) to rush to attack, assault.
improuisi ~uere TAC.*Hist.*4.77;—(*w. dat.*) miles..cum saepe ~uit defensae moenibus urbis OV.*Met.*11.526. **b** te..quinquaginta animae circum noctesque diesque ~ient STAT.*Theb.*3.77; Zamam quidem frustra ~uit FLOR. *Epit.*1.36(3.1.11).

4 To rush (into a course of action).
libenter ~ui uelut optimam uitae meae partem mihi reducturus SEN.*Con.*10.pr.1; (*w.* ad) neque ~iendum statim est ad genus illud orationis CIC.*de Orat.*2.213; (*w. dat.*) huic operi non ut unus e turba nec tantum quasi officiosus ~ui STAT.*Silv.*5.pr.

assimilis ~is ~e, *a.* **ads-**. [AD-+SIMILIS] Closely resembling, very like, similar.
inde sequetur, ~i ratione alias (partis) ut postulet ordo LUCR.2.493;—(*w. gen.*) quasi tu numquam quicquam ~e huiius facti feceris PL.*Mer.*957; latuscula..speculorum ~i lateris flexura praedita nostri LUCR.4.312; te..~em..sui longa adsuetudine fecit OV.*Tr.*1.6.27;—(*w. dat.*) atra silex iam iam lapsura cadentique imminet ~is VERG.*A.*6.602; OV.*Pont.*2.2.83; ut e nigro rutilum aerique ~em capillum redderent SUET.*Nero* 1.1; (*in compendious comparison*) ~is spongiis mollitudo CIC.*N.D.*2.136;—(*w.* quasi) hoc ~e est quasi de fluuio qui aquam deriuat sibi PL.*Truc.*563.

assimiliter, *adv.* **ads-**. [prec.+-TER²] Similarly, in much the same fashion.
~ mi hodie optigit PL.*Bac.*951.

assimilō ~āre: see ASSIMVLO.

assimulanter, *adv.* **ads-**. [pple. of ASSIMVLO +-TER²] Similarly, analogically.
sunt etiam ~ dicta haec, canatim suatim bouatim, quae ab animalibus sumuntur NIGID.*gram.*22.

assimulātiō ~ōnis, *f.* **ads-**. [next+-TIO]
1 Similarity in form, likeness.
mulierum paucis prodigiosa ~o, sicut hermaphroditis PLIN.*Nat.*11.262.

2 Comparison, likening.
famam carminum eius (*sc.* Lucani) premebat Nero..uanus ~one TAC.*Ann.*15.49.

3 A feigning or pretending; a deceit, pretence.
laudis ~one QUINT.*Inst.*8.6.55;—hac ~one ..fiduciam fecit FRON.*Str.*2.7.13.

assimulō ~āre ~āuī ~ātum, *tr.* **assimilō, ads-**. [AD-+SIMVLO]
1 To engage in a pretence, pretend. **b** (refl.) to make oneself appear, feign.
(*absol.*) quid si ~o? satinest? TER.*Ph.*210;—(*w. inf.*) ~are amare oportet PL.*Cist.*96; qui scis an ea causa..me odisse ~auerit..? TER.*Hec.*235; furere ~are..institit *Inc.trag.*57; —(*w. acc. and inf.*) Amphitruonem memet..esse ~abo PL. *Am.*874; *Capt.*1007; *Men.*832; quo me ~aram ire ad mercatum, non eo TER.*Ph.*893; (*w. ellipse of* esse) seruom se ~abat PL.*Capt.*654; TER.*Ph.*128; (*pass.*) eadem erit, uerum alia esse ~abitur PL.*Mil.*152;—(*w. adv.*) lepide hercle ~as *Poen.*1106;—(*w. internal acc.*) utrum ego istuc iocon ~em an serio? *Bac.*75; me..censes uelle id ~arier? TER.*Hau.*716; —(*w.* quasi) ~ato quasi per urbem totam hominem quaesiueris PL.*Epid.*195; *St.*84; ~abo quasi nunc exeam TER. *Eu.*461. **b** quoi rei te ~are retulit? PL.*Truc.*394;—(*w.* quasi) ita ~auit se, quasi Amphitruo siet *Am.*115; *Epid.*420.

2 To represent (what does not exist) as real, feign; to act (a part).
tuomst officium has bene ut ~es nuptias TER.*An.*168; ~atae familiaritatis CIC.*Clu.*36; specie quadam uirtutis ~atae *Cael.*14; alia uera, alia ~ata LIV.26.19.9; odium cum coniuge falsum..~at OV.*Met.*7.298; sermones hominum ~atos dicere διαλόγους malunt QUINT.*Inst.*9.2.31;—~abatque iudicis partis aduersum Germanici stirpem TAC.*Ann.* 4.59.

3 To assume the likeness of. **b** to appear like, resemble; to exhibit the appearance of.
~auit anum OV.*Met.*14.656; 15.412; ~at faciem mutabile monstrum Tiburnae SIL.2.553. **b** (equae) noctemque diemque ~ant, maculis internigrantibus albae STAT.*Theb.* 6.336; (*ellipt.*) quid istae picturae ad me attinent? — age me aspice. ecquid ~o similiter? PL.*Men.*146;—tunc progressus, tunc uero regressus..~ant (stellae) APUL.*Soc.*2.

4 (w. dat.) To make like (to), cause to resemble; ~*atus*, like, resembling.
fabulosa et externis miraculis ~ata TAC.*Ann.*11.11; (*w. advl. acc.*) Iuturna..formam ~ata Camerti VERG.*A.*12.224; —montibus ~ata nubila LUCR.6.189; est (Italia)..folio maxime querno ~ata PLIN.*Nat.*3.43; 37.179.

5 To make a representation of, copy, imitate, portray. **b** (with intent to deceive) to counterfeit, forge.
litterae lituraeque omnes ~atae et expressae de tabulis in libros transferuntur CIC.*Ver.*2.189; percepta semel imitandi ratione ~abit (pictor) quicquid acceperit QUINT.*Inst.*7.10.9; nec..deos..in ullam humani oris speciem ~are TAC.*Ger.*9.3; ne quis effigiem regis temere ~aret aere, colore, caelamine APUL.*Fl.*7; (*in a speech*) puerorum, feminarum, populorum, mutarum etiam rerum ~amus adfectus QUINT.*Inst.*11.1.41. **b** ~ata castrorum consuetudine NEP.*Eum.*9.4; clipeumque iubasque diuini ~at capitis VERG.*A.*10.639; (hyaenas) sermonem humanum..~are PLIN.*Nat.*8.106; deligit uenenum quo..fortuitus morbus ~aretur TAC.*Ann.*4.8; ~atis Lucani litteris 16.17.

6 (w. dat.) To consider as similar or equal (to), assimilate.
linquitur ut totis animantibus ~entur (partes) LUCR. 2.914; (*in law*) ~ati sunt Latinis coloniariis (liberti) GAIUS *Inst.*1.22; seruitus morti ~atur ULP.*dig.*35.1.59.2.

7 (w. dat.) To liken or compare (to); (w. no dat.) to describe by a comparison.
nullum est exemplum cui malimus ~are rem publicam CIC.*Rep.*1.34; inque repentinos conuiuia uersa tumultus ~are freto possis OV.*Met.*5.6; grandia si paruis ~are licet *Tr.*1.6.28; formam totius Britanniae..auctores oblongae scutulae..~auere TAC.*Ag.*10.3; *Ann.*15.39;—id periclum ~o, Vlixem ut praedicant..esse proditum Hecubae PL.*Bac.* 962; simile..ex conferunda atque ~anda natura iudicatur CIC.*Inv.*1.42; quam (naturam) Theodorus..~asse aptissime uisus est..appellans eum πηλὸν αἵματι πεφυραμένον SUET.*Tib.* 57.1.

assīpiō ~ere. **ads-**. [perh. for *assipire* (AD-+SAEPIO)] (See quot.)
~ere et praesipere dicebant antiqui PAUL.*Fest.*p.21M.

assipondium ~(i)ī, *n.* [AS+PONDVS+-IVM] The sum or weight of one *as.*
unum pondus ~ium dicebatur VAR.*L.*5.169; PAUL.*Fest.* p.72M.

assis ~is, *m.*: see AXIS².

assistō ~ere astitī, *intr.*, (*tr.*). **ads-**. [AD-+SISTO] FORMS: pf. not dist. from ASTO.
1 To take up a position, stand by or near, on, etc. **b** (w. acc.).
cum ad id spectator pugnae adstitisset LIV.3.22.8;—(*w. place indicated*) iam astiti in currum, iam lora teneo PL. *Men.*865; ego ~am hinc alterinsecus *Mer.*977; *Ps.*156; hic propter hunc ~e TER.*Ad.*169; ipsi ad foris ~erent imperat CIC.*Ver.*1.66; filium..puerili aetate in publico in conspectu patris ~ere turpe ducunt CAES.*Gal.*6.18.3; SAL.*Cat.*59.3; quem Turnus super ~ens VERG.*A.*10.490; Venerem lauantem..propter ~ens APUL.*Met.*5.28; (*poet.*) nec opinanti mors ad caput adstitit LUCR.3.959;—(*w. dat.*) nec refert quibus ~as regionibus eius 1.965; ~o diuinis HOR.*S.*1.6.114; ~e precanti OV.*Fast.*1.631; 5.457; ~it tabernaculis TAC. *Ann.*2.13; honores petituri ~ebant curiae foribus PLIN.*Ep.* 8.14.5. **b** similis ~e cauernas *Aetna* 426; nec illas adstiteris impune trabes V.FL.5.640; limina diuae astitit STAT.*Theb.*9.607; maritus ~it suae domus ianuam APUL. *Met.*9.20; uos..qui tribunal mecum ~itis *Apol.*99.

2 To stop (in a specified position), stand. **b** (w. acc.) to bring to a halt, stop.
mane tu atque ~e ilico PL.*Mos.*885; nemo haec umquam est transuectus caerula cursu, quin prius adstiterit CIC. *poet.*29.4(*Fin.*5.49); ita iacere talum, ut rectus ~at *Fin.* 3.54; Iris..deuolat et supra caput astitit VERG.*A.*4.702; olli caeruleus supra caput astitit imber 5.10. **b** soli cui tanta potestas..hos ~ere equos STAT.*Theb.*3.299.

3 (in var. spec. uses): **a** (mil.) To take up a position, make a stand; (w. *in*+acc.) to form. **b** (leg.) to present oneself in court, attend. **c** to stand by as a supporter or advocate. **d** to stand by as an overseer, supervise.
a prolato aere (*i.e. shield*) astitit ENN.*scen.*16; ut contra omnis hostium copias in ponte unus ~eret CIC.*Leg.*2.10; stratis qui in aequo adstiterant TAC.*Ag.*36.2; Ciuilis haud porrecto agmine, sed cuneis adstitit *Hist.*5.16; *Ann.*14.34; (*cf.*) milites solito ~entes ordine *Hist.*2.80; (*poet.*) cerno.. ante oculos ~ere tertia regna SIL.13.437;—paratus..miles ut ordo agminis in aciem ~eret TAC.*Ann.*2.16. **b** minus ..aut iudices aut ~entes oderint hanc maledicendi lasciuiam QUINT.*Inst.*9.2.76; cum uix in cortina quisquam ~at TAC.*Dial.*19.5; (*w. dat.*) ubi tribunali adstitit *Ann.*12.36; consulum tribunalibus Italia et..prouinciae ~erent 13.4. **c** orant..ut causae suae deprecator ~at TAC.*Hist.*3.31; tum ..~ente Flauio Archippo dixit..PLIN.*Ep.Tra.*10.81(85).1; uelut numen adesse et ~ere *Pan.*80.3; (*poet.*) ~unt lacrimis atque igne tumentes Cocytos Phlegethonque STAT.*Theb.* 8.29;—(*w. dat.*) amicis ~ere TAC.*Ann.*6.19; PLIN.*Ep.*7.6.3; cras mihi ~endum erit familiari FRO.*Aur.*1.p.246(89N); is etiam laudator mihi apud principes Africae uiros quodam modo astitit APUL.*Fl.*16;—(*cf.*) ~as operi tuaque omina firmes STAT.*Theb.*1.504; nuntiatores..notoriis suis ~ere iubentur PAUL.*dig.*48.16.6.3. **d** nemo obseruator, nemo castigator ~et PLIN.*Pan.*40.1;—(*w. dat.*) neque..scribenti, ediscenti, cogitanti praeceptor ~it QUINT.*Inst.*1.2.12; exercitationibus nostris..Graeculus magister ~it PLIN.*Pan.* 13.5.

4 To take up a posture, stand.
quem ad modum astitit, seuero fronte curans, cogitans PL.*Mil.*201; euscheme hercle astitit 213; *St.*271; in latus obliquum..adstitit OV.*Met.*3.187; se tollere humo rectoque ~ere trunco 7.640.

5 (of inanimate things) To be placed or situated near by. **b** (w. acc.) to be placed near to, stand by.
muliebrem effigiem ~ere TAC.*Hist.*4.83. **b** grabatulum meum adstitit mensula cenae APUL.*Met.*2.15.

assitus¹ ~a ~um: pple. of ASSERO¹.

assitus² ~a ~um, *a.* **ads-**. [AD-+SITVS¹] Situated near.
neque longule dissita neque proxume ~a possumus cernere APUL.*Fl.*2.

Assius ~a ~um, *a.* Of Assos; ~*us lapis*, a kind of limestone.
CELS.5.19.19; ~us (lapis) gustatu salsus podagras lenit PLIN.*Nat.*36.132; LARG.82.

assō ~āre, *tr.* [ASSVS+-O³] To roast.
cum sim paratus..super istum ignem porrectus ~ari APUL.*Met.*2.10.

associō ~āre, *tr.* **ads-**. [AD-+SOCIO] To join (to), associate (with).
(*poet.*) iam senior..Melampus ~at passus STAT.*Theb.* 3.454.

assoleō ~ēre, *intr.* **ads-**. [AD-+SOLEO]
1 To be a customary accompaniment, be usual (in a particular case), go with. **b** (impers.) it is usual, the custom is.
ponite hic quae ~ent PL.*Per.*759; quae ~ent quaeque oportent signa esse ad salutem TER.*An.*481; CIC.*Inv.*2.122; agentibus diuina humanaque, quae ~ent cum acie dimicandum est, consulibus LIV.9.14.3; 27.26.14; ludos..tanta pecunia, quanta ~eret, faciendos 34.44.2; (*w. adv.*) uenire saluom gaudeo. — quid ceterum? — quod eo ~et PL.*Epid.*7. **b** CIC.*Phil.*2.82; cum in hortos..commentandi causa ut ~et uenissemus *Amic.*7; paratis omnibus ut ~et LIV.1.28.2; 23.31.15; ut ~et in amore et ira TAC.*Ann.*13.44; panificia, ut illic ~et..libertus obtulisse ei uisus est SUET.*Ves.*7.1.

2 (of persons) To be accustomed, be in the habit (of).
pueri dum e balneis me sellula, ut ~ent, aduehunt FRO. *Aur.*1.p.246(89N);—(*w. inf.*) quibus ad cibum comparandum uasis uti ~ent COL.12.3.2.

assonō ~āre, *intr.*, (*tr.*). **ads-**. [AD-+SONO] To sound in accompaniment, respond, reply. **b** (tr.) to sing as an accompaniment.
reparabilis ~at echo PERS.1.102;—(*w. dat.*) plangentibus ~at Echo OV.*Met.*3.507; numeros edat uarios, quibus ~et omne..nemus P.POMPON.*trag.*10. **b** ut canorae etiam auiculae..concentus suaues ~arent APUL.*Met.*11.7.

assubrigō ~ere, *tr.* **ads-**. [AD-+SVBRIGO] To stretch up, raise.
(nautilos) supinus in summa aequorum perueniit..se paulatim ~ens PLIN.*Nat.*9.88.

assūdescō (-ascō) ~ere, *intr.* **ads-**. [AD-+SVDO+-SCO] To break out in sweat, to sweat.
~is iam ex metu PL.*Cas.*361; dictum assum, quod id ab igni ~it VAR.*L.*5.109.

assuēfaciō ~facere ~fēcī ~factum, *tr.* **ads-**. [*assue-* (ASSVESCO)+FACIO] To make accustomed or used (to), accustom (to).
(*w. abl.*) quorum sermone ~facti qui erunt CIC.*de Orat.* 3.39; *Catil.*2.9; orbus iis rebus omnibus, quibus et natura me et uoluntas et consuetudo ~fece *Fam.*4.13.3; nullo officio aut disciplina ~facti CAES.*Gal.*4.1.9; Persico sermone

se ~fecit V.Max.8.7.ext.15;—(*w. dat.*) minime decet iuuentutem nostram..~facere libidini praetorum Liv.21.3.4; 24.48.12; parentes non probitati neque modestiae paruulos ~faciunt Tac.*Dial.*29.2; non luxui aut uoluptatibus ~factus *Ann.*12.5;—(*w.* ad) ut..nec suo sanguine ad supplicia patrum plebem ~faciant Liv.3.52.11;—(*w. inf.*) ceteras (nationes)..imperio populi Romani parere ~fecit Cic.*Prov.* 33; paulatim ~facti superari Caes.*Gal.*6.24.6; Liv.3.61.12; admoneri..ut..conficere eam (*sc.* uestem) neptes suas ~faceret Curt.5.2.19;—(*ellipt.*) (uitulus) deducit (fetum) in mare, ex eo subinde ~faciens Plin.*Nat.*9.41;—(*app. intr.*) adulescentes non debent..in falsa rerum imagine detineri et inanibus simulacris..~facere (*cj.* assuescere) Quint. *Inst.*10.5.17.

assuescō ~escere ~ēuī ~ētum, *tr., intr.* **ads-.** [ad-+svesco] Forms: in pf. system freq. contr., e.g. *assuesse, assuerunt.*

1 (tr.) To make accustomed, accustom.

(*w. abl.*) qui pluribus ~erit mentem Hor.*S.*2.2.109; contrahendo..remigi naualibusque ~escendo certaminibus.. praefectus est Vell.2.79.1; ~escis fatis tantumque dolorem ..me ferre doces Luc.5.776; Icaria Rhodopen ~euerat umbra Stat.*Theb.*4.655; (*poet. inversion*) ne tanta animis ~escite bella Verg.*A.*6.832;—(*w.* in+*acc.*) Armenios..in hoc unum seruitutis genus Pompeius ~euerat Flor.2.32 (4.12.43);—(*pass., w. inf.*) censen tu illum hodie primum ire ~etum esse in ganeum? Pl.*As.*887.

2 (intr.) To become accustomed, get used: **a** (absol.; also, w. advl. acc.). **b** (w. dat.). **c** (w. abl.). **d** (w. *ad, in*+acc.). **e** (w. inf.).

a auceps..offundit cibum; (aues) ~escunt Pl.*As.*217; seruo et seruabo (sic enim ~eui) Platonis uerecundiam Cic. *Fam.*9.22.5; *N.D.*2.96; paulatim debebit ~escere Cels. 1.3.2;—canis..facilius quid ~escit Var.*R.*2.9.5; quod male fers, ~esce Ov.*Ars* 2.647. **b** ~escent Latio Partha tropaea Ioui Prop.3.4.6; ut ~esceret militiae Hannibal Liv. 21.3.2; Cels.8.10.7.n; Quint.*Inst.*2.5.6; ut..quieti et otio per uoluptates ~escerent Tac.*Ag.*21.1; quo celerius rei p. ~escerent (liberi senatorum) Suet.*Aug.*38.2; (*impers. pass.*) caritas..ipsius soli, cui longo tempore ~escitur Liv.2.1.5. **c** genus pugnae, quo ~euerant Liv.31.35.3;—(*dat. or abl. not dist.*) ubi libera colla seruitio ~erint Verg.*G.*3.168; sociorum ~escite mensis *A.*8.174; Liv.28.27.2. **d** ~escere ad homines et mansuefieri ne paruuli quidem excepti (uri) possunt Caes.*Gal.*6.28.4; in hoc ~escat (puer) Quint.*Inst.* 2.4.17. **e** ut fremitum ~esceret uoce uincere Cic.*Fin.*5.5; uotis iam nunc ~esce uocari Verg.*G.*1.42; contemnere uentos ~escant (uites) 2.361; Liv.23.35.6; ~eui semper amare uirum Ov.*Fast.*3.498; *Pont.*3.7.17; minime..sitim aestumue tolerare, frigora atque inediam caelo soloue ~euerunt Tac.*Germ.*4.3; Suet.*Aug.*49.1.

3 (w. dat.) To become intimate (with).

inuitari..amicos, quibus maxime ~euerat, iussit Curt. 3.12.2;—(*sexually*) spado..cui..Alexander ~euit 6.5.23.

assuētūdō ~inis, *f.* **ads-.** [prec.+-tvdo]

1 Repeated practice or experience, custom, habit.

amor ~inis Var.*L.*9.20; postquam ~ine cotidiana satis intrepide fieri uisum est Liv.26.4.6; duodecim annorum ~ine peruiis Alpibus factis 27.39.7; seu natura siue ~ine Tac. *Ann.*1.11;—(*w. gen.*) ~ine..succedendi muros..subierunt primi Liv.27.18.13; ~ine laborum Mela 3.26; Tac.*Hist.* 2.62; omissa confarreandi ~ine *Ann.*4.16; laudis ~ine contumeliae insolens Apul.*Apol.*3.

2 Frequent association (with a person), intimacy, intercourse.

fac tibi consuescat (puella): nil ~ine maius Ov.*Ars* 2.345; alit ~ine flammas (*i.e. of love*) *Met.*10.173; *Tr.*1.6.27;—(*w. gen.*) Neronem, paelice ancilla et ~ine Actes deuinctum Tac.*Ann.*13.46; mulier sancte pudica..~ine coniugis torpens Apul.*Apol.*69.

assuētus ~a ~um, *a.* **ads-.** *compar.* ~ior. [pple. of assvesco] Pros.: usu. trisyll.; 4 syll. Phaed.3.pr.14.

1 Accustomed, used. **b** (w. inf.).

datum (laser)..~is..utilius quam expertibus Plin.*Nat.* 22.102; ut a peritis et ~is socii continerentur Suet.*Aug.* 23.1; (*w.* inter se) ~os inter se hostes Liv.10.19.16;—(*w. dat.*) (ceruus) manum patiens mensaeque ~us erili Verg.*A.* 7.490; ~us praedae miles Liv.10.17.10; 28.32.7; Ov.*Tr.* 1.11.31; ipsa aetas Galbae irrisui..erat ~is iuuentae Neronis Tac.*Hist.*1.7;—(*w. abl.*) homines labore..cotidiano ~i Cic. *de Orat.*3.58; gens ~a..multo uenatu Verg.*A.*7.746; Ov. *Met.*13.554; gentes alterius imperio ac nomine ~as Curt. 6.3.8; Flor.1.1.7;—(*dat. or abl. not dist.*) ~i siluis Verg.*A.* 5.301; ~i malis Liv.5.42.8; at tua supplicibus domus est ~a iuuandis Ov.*Pont.*3.3.107; (*w. acc. of respect*) non illa colo ..femineas ~a manus Verg.*A.*7.806;—(*compar.*) (cohors) ~ior montibus Liv.22.18.3;—(*w.* ad) male iam ~um ad omnis uis controuersiarum Sal.*Hist.*3.17; ~as ad sceptra manus Sen.*Tro.*152;—(*w.* in+*acc.*) in omnia familiaria iura ~um Liv.24.5.9;—(*app. w. acc.*) peruersis rupibus iuxta, inuia ac deuia ~i decurrunt Liv.21.33.4. **b** ~i longo muros defendere bello Verg.*A.*9.511; ~um graecari Hor.*S.*2.2.11; Veientes uinci ab Romano milite ~i Liv. 2.6.11; Ov.*Ep.*3.34; tu par ~us Homero ferre iugum Stat. *Silv.*5.3.159; (*w. ellipse of inf.*) rarisque ~a kalendis uix aperit clausos una puella Lares Prop.4.3.53.

2 To which one is accustomed, customary, usual, familiar. **b** (neut. as sb., following compar.).

neque ~o mutet amore locum Prop.1.1.36; praeter ~os collis eius cultores Liv.24.10.12; onere ~o uacuus Ov.*Met.* 2.165; ~os tauri saltus, ~a leones..antra petunt *Pont.* 1.3.41; et non ~is pernox ululauit Eleusin mensibus Stat. *Theb.*7.411;—(*w. dat.*) ~a oculis regio Liv.5.54.3; 38.17.5; ~as illis adiciam..minas Ov.*Pont.*1.8.56; ~am sibi causam suscipit Vell.2.120.1; ad ~as sibi sedes reuertuntur Quint. *Inst.*11.2.6. **b** Ov.*Am.*1.13.48; longius ~o lumina nostra uident *Ep.*6.72; ~o propior premat orbita terras Stat. *Theb.*12.306; *Silv.*1.2.8.

assūgō ~gere ~xī ~ctum, *tr.* **ads-.** [ad-+svgo] To suck towards.

mulier..uiri corpus..tenet ~ctis umectans oscula labris Lucr.4.1194.

assula ~ae *f.* [dub., cf. astvla] A splinter, chip (of wood or stone).

at etiam cesso foribus facere hisce ~as Pl.*Mer.*130; depictas minio ~as Bib.*poet.*1(3).2; ~ae..quae marmorarii ex operibus deiciunt Vitr.7.6.1; melandrya uocantur quercus ~is similia Plin.*Nat.*9.48.

assulātim, *adv.* [prec.+-im] Into splinters.

pultando ~ foribus exitium adfero Pl.*Capt.*832; hunc senem osse fini dedolabo ~ uiscera *Men.*859.

assulōsē, *adv.* [assvla+-osvs+-e] Into splinters, splinter-wise.

melior (calamus)..qui ~ potius quam qui raphani modo frangitur Plin.*Nat.*12.105.

assultim, *adv.* **ads-.** [*assult-* (assilio)+-im] By leaps, by hops.

(trochilus) os..eius (*sc.* crocodili) ~ repurgans Plin.*Nat.* 8.90; ~ adgredientium (*sc. spiders*) 11.79.

assultō ~āre ~āuī ~ātum, *intr.* (*tr.*). **ads-.** [*assult-* (assilio)+-o[3]]

1 To jump or leap towards; (w. dat.) to leap upon. **b** (of inanimate things) to dash (against).

~antibus pisciculis Plin.*Nat.*9.143; lingua..~ans aethera lambit Sil.6.223; ~ante per campos equite Tac.*Hist.*4.22; feminae pellibus accinctae ~abant ut..Bacchae *Ann.*11.31; —~at..ruenti Poenus Sil.2.256. **b** montes duo inter se concurrerunt..~antes recedentesque Plin.*Nat.*2.199; clipeum nigrante superuenit aestu (amnis) spumeus ~ans Stat.*Theb.*9.465; (*w. dat.*) sic inritus ingenti scopulo fluctus ~at Sen.*Dial.*5.25.3.

2 To make an attack (on). **b** (w. acc.) to attack, assault.

lanceas congerente milite e nauigiis ~antibus Plin.*Nat.* 9.15; illi telis ~antes Tac.*Ann.*12.35; (*w. dat.*) uelocissimos equitum..~are tergis pugnantium iubet *Ag.*26.2; (*impers. pass.*) tertia ferme uigilia ~atum est castris *Ann.*2.13. **b** urbem..quam..hostis indigena ~at Stat.*Theb.*7.384; portarum..moras frenis ~at et hastis 11.244; hostes.. latera et frontem modice ~antes Tac.*Ann.*1.51.

assultus ~ūs, *m.* **ads.-** [assilio+-tvs[3]] An assault, charge.

uariis ~ibus inritus urget Verg.*A.*5.442; cum ingens multitudo..hastas..non colligeret, neque ~ibus et uelocitate corporum uteretur Tac.*Ann.*2.21.

assum: see adsvm.

assūmō ~ere ~psī ~ptum, *tr.* **ads-.** [ad-+svmo]

1 To take or use as an addition, insert, add. **b** (of things) to have added, take. **c** to put on oneself, don, grow.

altera ~pta numerus constitutionum duplicatur Cic.*Inv.* 1.14; *Orat.*85; legiones..quas in Italia ~psit *Att.*10.12a.3(6); ita ~it (natura) aliquid, ut ea quae prima dederit, non deserat *Fin.*4.37; paucis ex causa, non ex coniectura rebus ~ptis Plin.*Nat.*22.117; (classis) ~pta in partem uirium Tac.*Ag.*25.1; qui praedabundi aut ~endis auxiliis uagabantur *Ann.*3.39; (*time*) aliquantum iam etiam noctis ~o Cic.*Fam.*7.25.2;—(*w.* ad) qui nihil opinione adfingat ~atque ad aegritudinem *Tusc.*3.80; ~ptis ad eum exercitum, quem habebat,..auxiliis Liv.44.30.10;—(*w. dat.*) nihil nostrae laudi ~ptum arbitramur Cic.*N.D.*3.87; plura sibi ~unt quam de se corpora mittunt Lucr.2.1124;—(*w.* in+*acc.*) quaedam ~enda in uillam sine retibus aucupis Var.*R.*3.3.4. **b** ut uerba litteras alia ~ant, alia mittant Var.*L.*6.2; 9.82; longae per se..syllabae aliquid etiam medii temporis inter uocales..unt Quint.*Inst.*9.4.36; (*w.* sibi) quaedam (genera causarum)..sibi aliud quoque aliquod controuersiae genus ~unt Cic.*Inv.*2.102. **c** nonne uides..fetus..apium.. serosque pedes serasque ~ere pennas? Ov.*Met.*15.384; ut corpora quoque nudent et caestus ~ant Tac.*Ann.*14.20; (*w. dat.*) nouas umeris ~pserat alas Ov.*Met.*11.789.

2 To take (food or drink); to swallow (bait).

cibus atque umor membris ~itur intus Lucr.4.1091; cibum potionemque et ~imus et concoquimus Cels.1.pr.19; 1.pr.20; ~ere oportet, quae nauseam faciunt Larg.200;—~ptamque dolo tandem pauet escam (scarus) Ov.*Hal.*11.

3 To take as an attendant or companion, take with one. **b** to add (to the guests at a party, etc.), bring in.

~pto comite Epicyde Liv.26.40.11; his ~ptis in longinqua ..fugam maturauit Tac.*Ann.*6.36; in eodem gestamine sedem poscit ~iturque 11.33; 16.3; uenatum Tlepolemus ~pto Thrasyllo petebat Apul.*Met.*8.4;—(*as a general's staff*) praeclaris uiris in id bellum ~ptis Vell.2.32.4; diuus Claudius auctor iterati operis..~pto in partem rerum Vespasiano Tac.*Ag.*13.5; inter legatos maiore filio ~pto Suet.*Ves.*4.6. **b** Butram tibi Septiciumque..~am Hor. *Ep.*1.5.28; si quosdam nouos, quosdam eosdem, sed post tempus ~as Plin.*Ep.*7.17.5.

4 To take possession of, lay hands on, make one's own; also, to take (possession). **b** to assume (power or its insignia; a name or title). **c** to assume, take up (an attitude or way of behaviour). **d** to acquire (an art or accomplishment). **e** to take upon oneself (a task or disadvantage).

quid praeterea esse ~endum putes? Cic.*de Orat.*1.133; (*w.* sibi) ut..id quod alteri detraxerit, sibi ~at *Off.*3.23; deus..id sibi ~psit non..quietum, sed inmoderate agitatum *Tim.* 9;—(si) aliarum..rerum possessionem ~psit Gaius *dig.* 5.3.41. **b** fecimus, ut uires ~eret Acis auitas Ov.*Met.*13. 886; ~ptis regni insignibus Vell.1.11.1; honor sacerdotii firmamentum potentiae ~ebatur Tac.*Hist.*5.8;—(Sulla) Felicis nomen ~psit Vell.2.27.5; Tac.*Ann.*2.32; ne regis aut dictatoris nomen ~eret 3.56; aui..nomen ~psit Plin. *Ep.*4.15.3; Suet.*Gram.*10(p.108Re). **c** qui magis hoc Lucilio licuerit ~ere libertatis quam nobis? Trebon.*Fam.* 12.16.3; qui pleno fastus ~is amore Prop.2.25.21; ~amus parumper illum dolorem Quint.*Inst.*6.2.34; 10.2.25; reconciliationis specie ~pta Tac.*Ann.*12.45; (*w.* sibi) militibus, qui..licentiam sibi ~psissent immoderate peccandi *B.Afr.*85.8. **d** neque illum in iure ciuili satis..facere posse, nisi dicendi copiam ~psisset Cic.*de Orat.*1.170; *Orat.* 113; artis..ipsas propter se ~endas putamus *Fin.*3.18; hoc quoque me studium prohibent ~ere uires Ov.*Pont.*1.5.51; ~endus usus paulatim Quint.*Inst.*10.6.3. **e** ad reliquos labores..etiam hanc molestiam ~o Cic.*Planc.*3; apud improbos meam retinuissem inuidiam, alienam ~psissem *Att.*2.19.4; (*cf.*) ut eorum reprehensionem uos uestrae prudentiae ~ere, meae modestiae remittere debeatis *Planc.*56.

5 To choose for oneself, adopt, take.

cum soluta nobis est eligendi optio,..omnis uoluptas ~enda est Cic.*Fin.*1.33; duce ~pto *B.Alex.*25.1; Liv.10. 26.1; honestas quasdam exclamationes ~ere iisque..uti Tac.*Dial.*31.6.

6 (w. *sibi*) To lay claim to, arrogate.

ex alio genere quodam, quod sibi totum philosophi ~unt Cic.*de Orat.*1.188; *Brut.*198; mihi nihil ~o in quo quispiam repugnet *Sul.*84; si id mihi ~o, uideor id meo iure quodam modo uindicare *Off.*1.2; sibi praecipuam prudentiam ~ere Liv.1.54.1; (*cf.*) ~ptumque patrem commentaque sacra fateri Ov.*Met.*3.558.

7 To bring into use, adopt, employ, take. **b** to call on the services of, engage (one who follows a profession). **c** to introduce into a speech or argument.

non sine causa putant oues ~ptas..propter placiditatem Var.*R.*2.1.4; *L.*9.42; parentando utique ~itur (puls fabata) Plin.*Nat.*18.118;—(*w.* ad) quae usus causa ad uitam sunt ~pta Var.*L.*8.30; genus..hoc orationis neque totum ~endum est ad causas forensis *Orat.*209; lacertas..ad oculorum remedia ~unt Plin.*Nat.*29.129; qui ueterum poemata.. ad ornamentum eloquentiae ~unt Quint.*Inst.*1.8.10;—(*w. dat.*) pecuniam..libidini aut aleae ~psit Sen.*Ben.* 7.16.3; Vmbrica non nisi poliendis uestibus ~itur Plin. *Nat.*35.197; Fro.*Aur.*1.p.36(46N). **b** peto..ut pictorem quam diligentissimum ~as Plin.*Ep.*4.28.2; grauissima ualetudine..uexatus iatralipten ~psi Plin.*Ep.Tra.*10.5(4).1. **c** quamcumque causam ~et Cic.*Inv.*2.138; reliqua..mihi ad id quod sentio ~o *Prov.*45;—(*as an example*) quae in exemplum ~imus Quint.*Inst.*10.2.11; nec quemquam exemplo ~o Tac.*Ann.*6.8.

8 To choose, enlist, take (a person for a purpose): **a** (w. capacity indicated); (w. *in*+acc.) to take (into alliance, confidence). **b** to take as a friend, ally, partner, etc.

a socius et administer omnium consiliorum ~itur Scaurus Sal.*Jug.*29.2; adulescentes conscii ~pti Liv.2.4.2; 35.46. 5; eundem socium regalis ~pserat potentiae Vell.2.6. 4; Epicurus, quem uos patronum inertiae uestrae ~itis Sen.*Dial.*2.15.4; filius collega imperii..~itur Tac.*Ann.*1.3; (*w.* sibi) hi senos sibi adiutores ad rem gerendam ~pserunt Liv.38.1.6;—eos quoque in societatem consilii auunculi ~unt 2.4.1; 2.22.3; ~ptis in conscientiam M. Othone et Claudio Senecione Tac.*Ann.*13.12. **b** cautum dignos ~ere Hor.*S.*1.6.51; qui..in armis erant Cenomanis ~ptis Liv.32.29.6; defuisse similes, qui ~erentur Sen.*Ben.*6.32.3; ~pta in scelus consorte nostri..thalami *Thy.*234; V.Fl. 5.568; ingens numerus (*sc.* auxiliorum)..prima statim defectione..~ptus Tac.*Hist.*2.69; 2.72; ualidior Tigellinus in animo principis et intimis libidinibus ~ptus *Ann.*14.51; —(*as an arbitrator*) si dissentirent, tertium ~ant Ulp.*dig.* 4.8.17.5; (*as a soldier*) quando ~ptus fuisset Paul.*dig.*29. 1.38.1.

9 To add (to a class or group). **b** to adopt (into one's family); also, to take (as a wife).

(*w.* inter) hebenum medici et inter erodentia ~unt Plin. *Nat.*24.89; nec ipse inglorius militiae, eoque inter duces ~ptus est Tac.*Hist.*3.59;—(*w.* in+*acc.*) noui homines..in senatum crebro ~pti *Ann.*3.55; in consilium ~ptus Plin. *Ep.*4.22.1;—(*w. dat.*) necdum illum..furuo Proserpina poste notarat coetibus ~ptum functis Stat.*Theb.*8.11. **b** Liuia in familiam Iuliam nomenque Augustum ~ebatur Tac.*Ann.*1.8; quem..in filii locum ~as Plin.*Ep.*4.15.9; 8.18.5;—si rursum (Paetina) ~eretur Tac.*Ann.*12.2.

10 To acquire, gain, take on (qualities, attributes, etc.).

si paulum ~pserint uetustatis ac roboris Cic.*Agr.*2.97; *Tim.*49; ~psit uires auctaque flamma morast Ov.*Ep.*19.14; ut fremit acer equus..pugnaeque ~it amorem *Met.*3.705; 7.79; subtemina..quae ducta colorem ~psere nouum Sen. *Apoc.*4.1,l.7; securitas publica..robur ~pserit Tac.*Ag.*3.1; —(*reputation*) eandem (laudem) hic sibi ex Asiae nomine ~psit Cic.*Mur.*31; uoluit per te aliquid auctoritatis ~ere *ad Brut.*1.8.2.

11 To derive, draw, borrow, take (from elsewhere).

eum ~pto aliunde uti bono, non proprio nec suo Cic.*de Orat.*2.39; *Orat.*122; illinc ~es quae ad hunc locum pertinebunt *Off.*1.151; tanta uerborum etiam quae ~pta sunt proprietas Quint.*Inst.*10.1.121; Tac.*Ann.*16.2;—(*w.* ab, de, ex) sacra Cereris..cum essent ~pta de Graecia Cic.*Balb.*55; ~pta..a dialecticis argumentandi ratione Quint.*Inst.*2.4. 41; uidetur (rhetorice)..ex illis ceteris artibus multum ~ere 2.18.2;—(*w.* foris, extrinsecus) foris..aliquid defensionis ~it Cic.*Inv.*1.15; *de Orat.*2.163; alii (loci) in eo ipso de quo agitur haerent, alii ~untur extrinsecus *Top.*8.

12 To take for granted, assume (a premiss). quod ostendere uelis, id ex ui propositionis oportere ~ere CIC.*Inv*.1.59; cum primum ~pseris, consequitur id quod adnexum est *Top*.54; *Div*.2.106.

assumptiō ~ōnis, *f.* **ads-.** [prec.+-TIO] 1 Acquisition, adoption. **b** assumption, claim. artis..propter se adsumendas putamus..quia sit in iis aliquid dignum ~one CIC.*Fin*.3.18. **b** ~o originis, quae non est, ueritatem naturae non peremit ULP.*dig*.50.1.6.

2 (rhet.) the introduction (of a point) for consideration; (esp.) the introduction (of an extraneous argument). extrema est..~o iudicationis CIC.*Inv*.2.82;—sine ulla ~one extrariae defensionis *Rhet.Her*.2.19; quamcumque causam assumet, ~onis partibus se defendet CIC.*Inv*.2.138.

3 (log.) The minor premiss (of a syllogism). cum conduxerit..propositionem et ~onem, adiungit, quid ex his conficiatur CIC.*Inv*.1.59; *Div*.2.108; ~o et eius probatio QUINT.*Inst*.5.14.5.

assumptīuus ~a ~um, *a.* **ads-.** [ASSVMO+-IVVS] (rhet., of the treatment of a case) Based upon extraneous arguments. *Rhet.Her*.1.24; ~a (pars)..dicitur, cum ipsum ex se factum probari non potest, aliquo autem foris adiuncto argumento defenditur CIC.*Inv*.2.71; QUINT.*Inst*.7.4.7.

assuō ~uere ~uī ~ūtum, *tr.* **ads-.** [AD-+SVO] To sew on. extrema pars eius (*sc.* fasciae) inferioribus acu ~uenda est CELS.5.26.24.B; (*fig.*) inceptis..magna professis purpureus ..~uitur pannus HOR.*Ars* 16.

assurgō ~gere ~rexī ~rectum, *intr.* **ads-.** [AD-+SVRGO] 1 (of persons) To rise to one's feet, stand up. esp. **b** (as a mark of respect). **c** (of hair, etc.) to stand erect, stand on end. uos, quaeso,..~gite CIC.*Clu*.196; fluctum uerberat ~gens VERG.*A*.10.208; ~gentem ibi regem umbone resupinat LIV. 4.19.5; 22.51.6; ~gendi exsultandique..licentia QUINT. *Inst*.2.2.9; simul ~gens et Aprum complexus TAC.*Dial*.42.2. **b** annos ~gendi officio uenerati sunt V.MAX.4.5.ext.2; praetorem putabam uenisse. itaque temptaui ~gere PETR. 65.4;—(*w.* dat.) ~gere ei nemo uoluit CALP.*hist*.27; an..tibi ..quisquam in curiam uenienti ~rexit..? CIC.*Pis*.26; uiro Phoebi chorus ~rexerit omnis VERG.*Ecl*.6.66; SEN.*Dial*. 4.21.8; ~git honori numinis STAT.*Theb*.2.60;—(*w.* sella) ~gere sella, caput aperire SAL.*Hist*.5.20; V.MAX.5.2.9;—(*impers. pass.*) ut maioribus natu ~gatur CIC.*Inv*.1.48; haec..ipsa sunt honorabilia..salutari adpeti decedi ~gi *Sen*.63; LIV.9.46.9;—(*poet.*) Aminneae uites..Tmolius ~git quibus et rex ipse Phanaeus VERG.*G*.2.98. **c** illius elatis tremefacta ~gere uittis canities STAT.*Theb*.4.580; illum.. nulla Soror flammis, nulla ~gentibus hydris terrebit *Silv*. 2.1.185.

2 To climb up, lift oneself, rise; (of heavenly bodies, night) to rise, come up. **b** to stretch up, rise (to deliver a blow). **c** to rise up (to attack). **d** to rise from one's bed; to get up (after an illness). neque ~gere ex uoraginibus poterant LIV.22.2.6; ipse (*sc. a ghost*) ~gens iterum tellure soluta STAT.*Theb*.10.203; (*w.* in+*acc.*) uidentur aëra per uacuum ferri atque ~gere in auras VERG.*G*.3.109; peruagatum incendium plana primum, deinde in edita ~gens TAC.*Ann*.15.38;—subito ~gens fluctu nimbosus Orion VERG.*A*.1.535; qualibus ~gens nox aurea cingitur astris V.FL.5.566. **b** iamque ~gentis dextra plagamque ferentis Aeneae VERG.*A*.10.797; quantus in clipeum ~gat VERG.*A*.11.284; trunca sed pectora quercu.. impulit ~gens STAT.*Theb*.9.485. **c** taedet inanis exhaurire minas, hostemque ~gere mallet STAT.*Theb*.10.295; fusas.. putant ~gere turmas 12.14; tandem in ultionem non tam imperii R. quam pudoris Metellus ~git FLOR.1.36(3.1.10). **d** dicentem talia nascens lux monet ingentesque iubent ~gere curae STAT.*Theb*.3.721;—neque fratrem..ex quo semel fuerit aeger unquam non modo uisum in publico, sed ne ~rexisse quidem ex morbo LIV.3.24.4; TAC.*Hist*.2.99.

3 To grow in height, extend upwards; (of plants) to grow, come up; (of buildings, etc.) to be built up, rise; (of a lake) to throw up waves, rise; (of the moon) to wax. **b** to grow up. iacet..alto terra gelu late septemque ~git in ulnas VERG. *G*.3.355; tantis glaebis tenacissimum solum, cum primum prosecatur, ~git PLIN.*Ep*.5.6.10;—~gentes (uites) COL.4. 6.2; TVMVLO..~GAT AMOMVM *CIL* 6.20466;—non coeptae ~gunt turres VERG.*A*.4.86; dum in fornices quadrati lapides ~gerent PLIN.*Nat*.36.89; STAT.*Theb*.6.59;—te..fremitu ~gens Benace marino VERG.*G*.2.160;—siue (luna) plena lucis suae est splendensque pariter ~git in cornua SEN.*Suas*. 3.1. **b** Herculeos annis aequare labores coeperat ~gens STAT.*Silv*.2.1.125.

4 (of motionless things) To project upwards, protrude, rise. inde colles ~gunt LIV.22.4.2; arteria..in gutture ~git CELS.4.1.3; haec (*sc.* terra)..~git intumescenti similis PLIN.*Nat*.2.160; (Delos) ~git Cynthio monte 4.66; 36.80; colles..clementer ~gentes TAC.*Ann*.13.38.

5 To rise in rank or station. illis incrementis fecit uiam, quibus..natus..Hispanus I triumphum et pontificatum ~geret VELL.2.51.3; quid obstitit quo minus illuc (*sc.* in caelum) ~geret? V.MAX. 9.3.ext.1.

6 (of persons) To become elated or excited; (of passions) to increase, rise. sera querelis haud iustis ~gis VERG.*A*.10.95; STAT.*Theb*. 1.187; gaudet in aduersis animoque ~git Adrastus 10.227; (*of the mind*) sublimitate heroi carminis animus ~gat QUINT.*Inst*.1.8.5;—tum uero ~gunt irae VERG.*A*.12.494.

7 (of artists, poets, or their work) To attain elevation, rise above the commonplace. posteriores eius (*sc.* Euphranoris) conatus ~gere quo tendebant nequiuerunt V.MAX.8.11.ext.5; raro ~git Hesiodus QUINT.*Inst*.10.1.52; nec comoedia ad cothurnos ~git 10.2.22.

assus ~a ~um, *a.* [cf. AREO] FORMS: *asom* (acc.) *CIL* 1.560g.

1 Roasted or baked. ASOM FERO *CIL* 1.560g; haec sunt uentris stabilimenta, pane et ~a bubula PL.*Cur*.367; hanc (carnem) primo ~am ..uti coepisse natura docet VAR.*L*.5.109; usque ad ~um uitulinum opera perducitur CIC.*Fam*.9.20.1; si quis nunc mergos suauis edixerit ~os HOR.*S*.2.2.51; ubi id (*sc.* iecur) ~um coquitur CELS.6.6.38; PLIN.*Nat*.20.106; LARG.134; FRON.*Str*.4.1.2; qualiter ~us aut iurulentus optime sapiat (piscis) APUL.*Apol*.39; (*in a pun with* assum = ADSVM) ubi es? — ~um apud te eccum. — at ego elixus sis uolo PL. *Poen*.279;—(*neut. pl. as sb.*) at simul ~is miscueris elixa HOR.*S*.2.2.73.

2 **a** (of sunbathing, sweating) Without moisture, dry. **b** (of stonework) without mortar, 'dry'. **c** ~*a nutrix*, a dry-nurse. **a** inimica etiam habet balinea ~asque sudationes CELS. 3.27.3.A; BALNEVM..RESTITVENDVM ⟨CVRAVIT⟩ EIDEM ~AM CELLAM..FECIT *A.Epig*.50.127; (*in fig. phr.*) pro isto ~o sole quo tu abusus es in nostro pratulo CIC.*Att*.12.6.2. **b** saepiatur (puteus) ~a (*s.v.l.*) structura, ne obturentur uenae VITR.8.6.13. **c** ~ae nutricis est infantem magis diligere quam adultum FRO.*Aur*.2.p.124(103N); *CIL* 6. 29497.

3 (mus.) ~*a uoce*, with unaccompanied voice, without accompaniment. ut cantarent carmina..et ~a uoce et cum tibicine VAR. in Non.p.77M; (*cf.*) ~a dicebantur cantus tibiarum PAUL. *Fest*.p.29M.

assuscipiō ~ipere, *tr.* **ads-.** [AD-+SVSCIPIO] To undertake (vows). OB VOTA ~IPIENDA..PRO SALVTE..CAESARIS *CIL* 6.2066.

assuspīrō ~āre, *intr.* **ads-.** [AD-+SVSPIRO] To sigh in response (to). (*w. dat.*) aniculae..sic ~ans altius infit APUL.*Met*.4.25; fletibus eius ~ans 4.27.

assyr: (see quot.). quod Latini prisci sanguinem assyr uocarent PAUL.*Fest*. p.16M.

Assyria ~ae, *f.* A part of Mesopotamia, Assyria. PLIN.*Nat*.5.66; 11.75; urbs Ninos, uetustissima sedes Assyriae TAC.*Ann*.12.13.

Assyriī ~ōrum, *m. pl.* The people of Assyria, the Assyrians; also, their land. principio ~i..motus..stellarum obseruitauerunt CIC. *Div*.1.2; OV.*Met*.15.393;—Adiabene, ~orum initium PLIN. *Nat*.6.41.

Assyrius ~a ~um, *a.* Of Assyria, Assyrian. esp. **b** (extended to surrounding countries) 'Asiatic', 'oriental'. **c** *malum ~um*, the citron; *malus ~a*, the citron tree. quis..~a scrutetur sidera cura LUC.6.429; ad alium (sermonem), Poenum forte uel ~um ULP.*dig*.45.1.1.6. **b** (*of perfumes*) fragrantem ~o..odore domum CATUL.68.144; ~a..nardo..uncti HOR.*Carm*.2.11.16; ~um uulgo nascetur amomum VERG.*Ecl*.4.25; MART.8.77.3;—(*Tyrian or Phoenician*) *Culex* 62; ~o fucatur lana ueneno VERG.*G*.2. 465; taurus puellae uector ~ae (*i.e. Europa*) SEN.*Her.O*. 553; qualiter ~os (*i.e. of the Phoenix*) renouant incendia nidos MART.5.7.1; ~is..tapetibus STAT.*Theb*.2.91;—(*perh. Indian*) Maeonis ~um femina tinxit ebur OV.*Am*.2.5.40. **c** grano ~i mali, cuius..suauitas praecipua PLIN.*Nat*.11. 278;—12.15.

ast, *conj.* [amplified form of AT[1]] ORTHOG.: ASTV (= *ast tu*) *CIL* 6.2068.19, 2074.1.35, etc. POSITION (in sense 3): postponed to second place in V.FL.5.548, 6.197, 8.255. NOTE: in sense 3 it is commonly followed by a word beginning with a vowel; but by a word beginning with a consonant in VERG.*A*.10.743, OV.*Met*.7.241, STAT.*Theb*.2.668, SIL.11.190, etc.

1 (introducing the protasis, or a further cl. in the protasis, of a conditional sentence) But if; and if, if further. eius (*sc.* senatus) decreta rata sunto; ~ potestas par maioreue prohibessit, perscripta seruanto CIC.*Leg*.3.10; 3.11; (*foll. by* quando) ~ quando duellum grauius, discordiae ciuium escunt 3.9; (*after* si *cl.*) si demutant mores ingenium tuom neque eos antiquos seruas, ~ captas nouos PL.*Trin*.74;—si parentem puer uerberit, ~ olle plorassit, puer diuis parentum sacer esto *Lex Reg*.(*Font.iur*.p.14); *Lex XII*(*Font.iur*.p.37); si ego hic peribo, ~ ille ut dixit non redit PL.*Capt*.683; SALVS AVGVSTA P · P · R · Q · QVAE IN VERBA I · O · M · BOVEM AVRATAM VOVIMVS ESSE FVTVRVM.. ASTV EA ITA FAXSIS TVNC TIBI IN EADEM VERBA..BOVEM AVRATAM VOVEMVS ESSE FVTVRVM *CIL* 6.2068.19.

2 (introducing the apodosis of a conditional sentence) In that event, then. Bellona, si hodie nobis uictoriam duis, ~ ego tibi templum uoueo *formula* in LIV.10.19.17.

3 But, however, whereas. **b** (in weakened sense) while, whereas, and (further). ENN.*Ann*.76; PL.*Mer*.246; splendet saepe, ast idem nimbis interdum nigret ACC.*trag*.260; (turris) ea lapsa repente.. Danaum super agmina late incidit. ~ alii subeunt VERG.*A*. 2.467; 11.293; heu heu translatos alio maerebis amores: ~ ego uicissim risero HOR.*Epod*.15.24; PERS.2.39; incultis.. regionibus diutius niues haerent, ~ ubi..tellus nitet, dum loqueris leuis pruina dilabitur PETR.99.3; STAT.*Theb*.6.119; *Silv*.1.4.19; uos humiles..uulgi pars ultima nostri..~ ego Cecropides JUV.8.46; APUL.*Met*.9.7;—(*w.* tamen) haec intonat; ~ tamen illi membra negant STAT.*Theb*.2.668. **b** diuos..colunto..~ olla, propter quae datur homini ascensus in caelum, Mentem, Virtutem..Fidem, earumque laudum delubra sunto CIC.*Leg*.2.19; VERG.*A*.9.162; secentos illi dederat Populonia..iuuenes, ~ Ilua trecentos 10.173.

4 And then, thereupon, forthwith. ferrum aduerso sub pectore condit feruidus. ~ illi soluuntur frigore membra VERG.*A*.12.951; inde lauant aegros: ~ ira coercita morbi laxatusque rigor GRAT.418; tunc ora flammis implet: ~ illi graues luxere barbae SEN.*Her. O*.1752.

asta ~ae, *f.*: see HASTA.

astacus ~ī, *m.* [Gk. ἀστακός] The lobster or crayfish. cancrorum genera carabi, ~i, maeae PLIN.*Nat*.9.97.

astaphis[1] ~idis, *f.* [Gk. ἀσταφίς] A raisin. uua passa quam ~ida uocant PLIN.*Nat*.23.15.

astaphis[2] ~idis, *f.*: see STAPHIS.

astātor ~ōris, *m.* **ads-.** [ASTO+-TOR] (app.) An assister. ~ORI ET CONSERBATORI H. L. COLL VELABRENSIVM *CIL* 6.467.

astātus ~ī, *m.* **ads-,** see HASTATVS.

astēr ~eris, *m.* [Gk. ἀστήρ]

1 A plant, prob. *Aster amellus*. PLIN.*Nat*.27.36.

2 A kind of Samian clay. CELS.6.6.12; PLIN.*Nat*.35.191.

3 (app. = *astrum*) Star, destiny. SI HALIQVIT CASV ALITER ADVXERIT ~ER *CIL* 12.915.

-aster -astri, *m. suff.* Forms sbs. w. pejorative sense (*oleaster*, *parasitaster*).

astercum ~ī, *n.* [unkn.] The plant pellitory-of-the-wall. PLIN.*Nat*.22.43.

asteria[1] ~ae, *f.* [Gk.] A precious stone, perh. either the asteriated sapphire or cymophane. (gemmarum) candicantium est ~a PLIN.*Nat*.37.131.

Asteria[2] ~ae, *f.* Also **Asteriē** ~ēs.

1 (mythol.) The sister of Leto, who was metamorphosed into a quail at Delos. CIC.*N.D*.3.42; OV.*Met*.6.108; cum ~en..amaret, illa eum (*sc.* Iouem) contempsit HYG.*Fab*.53.1.

2 Another name for Delos. PLIN.*Nat*.4.66.

asteriās ~ae, *m.* [Gk. ἀστερίας] A bird like the heron. PLIN.*Nat*.10.164.

asterion ~iī, *n.* [Gk. ἀστέριον] A venomous spider. idem erat ~ion, nisi distingueretur uirgulis albis PLIN. *Nat*.29.86.

asternō ~ere astrāuī astrātum, *tr.* **ads-.** [AD-+STERNO] (pass.) To prostrate oneself, lie prone (on). illa etiam ante Lares passis adstrata capillis OV.*Tr*.1.3.43; —(*w. dat.*) (Heliades) Phaëthonta..nocte dieque uocant ~unturque sepulcro *Met*.2.343.

asthma ~atis, *n.* [Gk. ἄσθμα] Shortness of breath, an attack of asthma. (herbam) utilissimam..ad ea, quae ~ata (*s.v.l.*) uocant PLIN.*Nat*.25.82.

asthmaticus ~a ~um, *a.* [Gk. ἀσθματικός] Suffering from shortness of breath, asthmatic. cissanthemos ad orthopnoeas bibitur, item hysopum et ~is PLIN.*Nat*.26.34.

asticus ~a ~um, *a.* [Gk. ἀστικός] Of or located in a city, city, urban. egon uitam meam ~am contendam cum istac rusticana tua, Syra? CAECIL.*com*.221; edidit..in Sicilia Syracusis ~os ludos SUET.*Cal*.20; *Tib*.6.4.

astipulātiō ~ōnis, *f.* **ads-.** [ASTIPVLOR+-TIO] An agreement in nature, concordance; a confirmatory statement, confirmation. accedit..uis et proprietas rerum tali ~one (*i.e. of subject and tone of voice*) QUINT.*Inst*.11.3.175;—qua de re exstat etiam Annaei Senecae ~o PLIN.*Nat*.29.10.

astipulātor ~ōris, *m.* **ads-.** [ASTIPVLOR+-TOR]

1 (leg.) An associate in a stipulation.
litterae P Quincti..cum ~ore tuo comparabuntur CIC.*Quinct.*58; qui isto..se..aduocato aut ~ore paratiorem fore putaret *Pis.*18; GAIUS *Inst.*3.110; 3.215.

2 (transf.) One who supports an opinion, an adherent.
Stoici..et eorum ~or Antiochus CIC.*Luc.*67; ~orem uanae opinionis V.MAX.7.1.2.

astipulātus ~ūs, *m.* **ads-.** [next+-TVS³] Agreement in a command, assent.
consecratus est..oraculi iussu et Iouis deorum summi ~u PLIN.*Nat.*7.152.

astipulor ~ārī ~ātus, *intr.*, (*tr.*). **ads-.** [AD-+STIPVLOR]

1 (leg.) To join in a stipulation or covenant. **b** (w. acc.) to join in demanding (in quot. transf.).
ille sic ~ari potest: idem fide tua promittis? GAIUS *Inst.*3.112; (*w. dat.*) qui alteri ~atus est GAL.*gram.*5. **b** anulum..qui monstratus fidem uerbis ~aretur APUL. *Met.*10.24.

2 To support (in an argument).
(*w. dat.*) ~ari..irato consuli tribunum plebei LIV.39.5.3; cui ~atur Damastes PLIN.*Nat.*7.154.

astituō ~uere ~uī ~ūtum, *tr.* **ads-.** [AD-+STATVO] To make to stand before, place near.
(*absol.*) iuben an non iubes ~ui aulas? PL.*Capt.*846; ACC. *trag.*55; (*w. dat.*) molae..matutinus ~uor APUL.*Met.*9.11; (*w.* ad) et reum ad lectum eius (*sc.* aegroti) ~uemus *Rhet. Her.*3.33; (*pass., w. acc.*) forum eiusque tribunal ~uor APUL.*Met.*3.2.

astō ~āre ~itī, *intr.* **ads-.** [AD-+STO] FORMS: fut. pple. *astiturus* LEP.*orat.*5; pf. not dist. from ASSISTO.

1 To stand by. **b** (w. place indicated) to stand by, at, on, etc. **c** (w. manner indicated).
egone istuc dixi? — tute istic, etiam ~ante hoc Sosia PL.*Am.*747; patruom uideo cum patre ~antem TER.*Ph.*607; ~ante atque audiente Italia tota CIC.*Red.Sen.*26; ex castris Varronis ~ante et inspectante ipso signa sustulit (legio) CAES.*Civ.*2.20.4; iuuenci qui donum ~abat pugnae VERG.*A.* 5.478; erecta quae ~abat multitudine TAC.*Hist.*4.81;—(*of visions*) uisi ante oculos ~are iacentis in somnis multo manifesti lumine VERG.*A.*3.150; OV.*Fast.*3.639; aspicit ~antem proiecti corporis umbram LUC.6.720. **b** quid hic, malum, ~ans opstipuisti? PL.*Poen.*261; mediis..aedibus ~abat VERG.*A.*12.93;—(*w. dat.*) dum..solidis etiamnunc sedibus ~as OV.*Met.*2.147; cui (*sc.* cubiculo) pauci ~abant TAC.*Ann.*14.8;—(*w.* ad) cum in Sigeo ad Achillis tumulum ~itisset CIC.*Arch.*24;—(*w.* ante) quis hic est quem ~antem uideo ante ostium? PL.*Bac.*451; LUCR. 1.89;—(*w.* apud) tibi serui multi apud mensam ~ant NAEV. *com.*26; apud istum ~as ACC.*trag.*342;—(*w.* contra) quis illic est qui contra me ~at? PL.*Per.*13;—(*w.* inter) inter uolturios duos cornix ~at *Mos.*834;—(*w.* iuxta) iuxta genitorem ~at VERG.*A.*7.72;—(*w.* pro) ipsi intus dextra ac laeua pro turribus ~ant 9.677;—(*w.* propter) subulo quondam marinas propter ~abat plagas ENN.*Sat.*65;—(*w.* super) sed tua nunc uolucres ~ant super ossa marinae PROP.3.7.11. **c** uos qui ~atis obstinati NAEV.*trag.*50; (uxorem) tristem ~are aspicio PL.*Cas.*228; erus stupidus ~at TURP.*com.*75; silent arrectisque auribus ~ant VERG.*A.*1.152; ~iterit tunicata OV.*Ars* 2.301; en nudus ~o SEN.*Her.F.*1172; fulta caput cithara..~itit STAT.*Silv.*5.3.17; (*of a statue*) talique ornatu ~are..Romana apud templa numen TAC.*Ann.*14.14.

2 To stand waiting.
ne duit, si non uolt. sic sine ~et PL.*As.*460; dicam te hic ~are Erotio *Men.*331; qur ante aedis ~as? sequere intro *Men.*676; hic patrem ~are aibas TER.*Hau.*960; (*poet.*) certa quidem finis uitae mortalibus ~at LUCR.3.1078.

3 To stand still; (also poet., of things) to remain unmoved.
~a atque Athenas..contempla ENN.*scen.*287; ~a ut descendam nunciam in procliui PL.*As.*710; istic ~ato. si hercle tu ex istoc loco digitum transuorsum..excesseris..ego te dedam discipulam cruci *Aul.*56; ego miser uix ~o prae formidine *Capt.*637; HOSPES, QVOD DEICO PAVLLVM EST, ~A AC PELLEGE *CIL* 1.1211; ter circum ~antem..equitauit VERG.*A.*10.885;—non..~abat res ulla loco SIL.12.480.

4 To stand on one's feet, stand up; (of things) to be upright, stand.
utrum deliras, quaeso, an ~ans somnias? PL.*Cist.*291; *Men.*395; (*w.* in+*abl.*) arduus armatos mediis in moenibus ~ans fundit equus VERG.*A.*2.328; (*w.* de) trepidi de sedibus ~ant Inachidae STAT.*Theb.*3.365;—o Priami domus..uidi ego te ~antem ope barbarica ENN.*scen.*94; asta quod ~ans solet ferri VAR.*L.*5.115; attoniti squamis ~antibus hydri VERG.*G.*3.545; (*cf.*) (serpens) longa trabe rectior ~at OV.*Met.*3.78.

5 (of things) To be placed or situated near by, lie or stand by.
sedesque ~are relictas VERG.*A.*3.123; Saturnusque senex Ianique bifrontis imago uestibulo ~abant 7.181; ~at echinus uilis HOR.*S.*1.6.117; faginus ~abat cum scyphus ante dapes TIB.1.10.8; clipeum..qui pulcher signis..~at STAT.*Ach.*1.723;—(*w. manner indicated*) quod quondam bene fructuosa malus..sterilis..~em *Priap.*61.3.

6 To be present as a helper, assist.
amanti subparasitor, hortor, ~o, admoneo, gaudeo PL. *Am.*993; ARA POSITA ASSTANTE SACERDOTE *CIL* 6.746; (*perh.*) NEI TED ENDO COSMIS VIRCO SIED ~ED *CIL* 1.4.

astolos ~ī, *f.* [Gk.] A kind of precious stone.
~on Sudines dicit oculis piscium similem esse PLIN.*Nat.* 37.133.

Astraba ~ae, *f.* [Gk. ἀστράβη] (app.) A mule's saddle; the title of a comedy ascribed to Plautus.
idque a Plauto in comoedia, si ea Plauti est, quae ~a inscripta est, positum esse GEL.11.7.5.

Astraea ~ae, *f.*

1 Astraea, the goddess of justice.
ultima caelestum, terras ~a reliquit OV.*Met.*1.150; STAT. *Silv.*1.4.2; ad superos ~a recessit JUV.6.19.

2 The constellation Virgo.
annum fugacem tradit ~ae leo SEN.*Her.O.*69; LUC.9.534.

Astraeus¹ ~ī, *m.* The name of a Titan, the father of the winds.
GERM.*Arat.*105; ex ~o et Aurora, Zephyrus Boreas Notus Fauonius HYG.*Fab.*pr.15.

Astraeus² ~a ~um, *a.*: **a** Of Astraea. **b** of, or descended from, Astraeus.
a (Cyllenius ignis) templa..~i simul ac possederit ignis (*sc.* Virginis) GERM.fr.4.125. **b** ~i..eunt in proelia fratres OV.*Met.*14.545.

Astragalizontes ~um, *m.* [Gk., οἱ ἀστραγαλίζοντες] The dice-players; (the title of a group of statuary by Polycletus).
fecit (Polyclitus)..duos..pueros..talis ludentes, qui uocantur..~es PLIN.*Nat.*34.55.

astragalus ~ī, *m.* (~um ~ī, *n.*) [Gk. ἀστράγαλος]

1 (archit.) A convex moulding usu. round the top or bottom of a column, an astragal.
~i faciendi sunt octauae partis trochili VITR.3.5.3; 3.5.7; scalpendum est..~um lesbium sima scalptura 4.6.2.

2 A leguminous plant.
PLIN.*Nat.*26.46; sanguinis profluuia sistit..~i radix 26.131.

astrapaea ~ae, *f.* [Gk.] A kind of precious stone.
~a discurrentibus in medio fulminis radiis (candicat) PLIN.*Nat.*37.189.

Astrapē ~ēs, *f.* [Gk. ἀστραπή] A flash of lightning; (the title of a painting by Apelles).
pinxit (Apelles)..tonitrua, fulgetra, fulguraque; Bronten, ~en, et Ceraunobolian appellant PLIN.*Nat.*35.96.

astrepō ~ere ~uī, *intr.*, *tr.* **ads-.** [AD-+STREPO]

1 (intr.) To take up a cry, shout in support.
clamore et uocibus ~ebat (uulgus) TAC.*Hist.*2.90; *Ann.* 1.18; (*poet., of rocks*) totum en mare immugit, omnes undique scopuli ~unt SEN.*Phaed.*1026;—(*w. dat.*) ~ebat huic alacre uulgus TAC.*Ann.*11.17;—(*w. advl. acc.*) ut eadem ~erent hortari *Hist.*4.49; quae pauci incipiant reliquos ~ere *Ann.* 2.12.

2 (tr.) To make a noise or murmur beside; to assail with noise.
sub hac platano, quam garrulus ~it humor CALP.*Ecl.*4.2; —plerique inritis precibus surdas principis aures ~ebant PLIN.*Pan.*26.2.

astrictē, *adv.* **ads-.** *compar.* ~ius. [ASTRICTVS+-E]

1 (w. wds. of binding) Tightly, firmly.
inponendum malagma quod digerat, ~iusque alligandum CELS.8.10.7.0; palmes..debet..uinculo..~ius a tertia gemma alligari PLIN.*Nat.*17.180.

2 According to strict rules, strictly.
putat orationem..non ~e, sed remissius numerosam esse oportere CIC.*de Orat.*3.184.

3 Concisely, tersely, pithily.
hunc uersum a te dici non paulo melius et ~ius memini SEN.*Ep.*8.10; ille (*sc.* Demosthenes) concludit ~ius, hic (*sc.* Cicero) latius QUINT.*Inst.*10.1.106; non minus non seruat modum..qui ~ius quam qui effusius dicit PLIN.*Ep.* 1.20.20.

astrictiō ~ōnis, *f.* **ads-.** [ASTRINGO+-TIO] An astringent action, astringency.
glaucion..humilis herba..gustus amari cum ~one PLIN. *Nat.*27.83.

astrictōrius ~a ~um, *a.* **ads-.** [ASTRINGO+-TORIVS] Astringent.
PLIN.*Nat.*24.105 (*cj.*); folia (paliuri) ~am uim habent 24.115.

astrictus ~a ~um, *a.* **ads-.** *compar.* ~ior. [pple. of ASTRINGO] (in senses of vb., esp.)

1 Bound (by rules, etc.), tied.
numero..et ~o et soluto CIC.*de Orat.*3.175;—(*w. abl.*) est..finitimus oratori poeta, numeris ~ior paulo, uerborum autem licentia liberior 1.70; numeris ~am orationem *Orat.* 187;—(*w.* ad) quae ad certum modum et ad unum exemplar ~a sunt SEN.*Ep.*100.7.

2 (w. abl.) Busy or preoccupied (with), intent (on).
illis studio suorum ~is SAL.*Jug.*60.6; Iugurthae fesso aut maioribus ~o 70.2.

3 Constricted, dense; also, characterized by constriction; (of parts of the body) compact, contracted.
alios ~a, alios resoluta aluus exercet CELS.1.3.13; (*neut. as sb.*) ut sicca humidis, calida frigidis, resolutis ~a pugnarent [QUINT.]*Decl.*10.17;—(morborum) tria genera esse unum ~um, alterum fluens, tertium mixtum CELS.1.pr.55; —~i succingant ilia uentres GRAT.271; decentior equus, cuius ~a ilia QUINT.*Inst.*8.3.10.

4 Restricted in scale, restrained; (of authors or their works) terse, brief.
non rarus, semper tamen ~ior (circumitus) QUINT. *Inst.* 8.6.61;—Spurius..nihilo ille quidem ornatior, sed tamen ~ior CIC.*Brut.*94; Stoicorum ~ior est oratio 120; ~ior Caluus TAC.*Dial.*25.4.

5 Sparing of expenditure, parsimonious.
quod te ~us ploret saepe dedisse pater PROP.2.23.18; ~i sunt in continendo patrimonio SEN.*Dial.*10.3.1; uictus ~ior *Ep.*123.13; praecipuus ~i moris auctor Vespasianus fuit TAC.*Ann.*3.55; (*neut. as sb.*) quibus (*sc.* beneficiis) nihil esse adligati decet nec ~i SEN.*Ben.*1.3.5.

6 (of taste) Astringent.
polygala..gustu ~o PLIN.*Nat.*27.121.

astricus ~a ~um, *a.* [Gk. ἀστρικός] FORMS: ~*en* (= ~*am*) VAR.*Men.*269. Of the stars, starry.
non..ab Arato posces ~am coronam? VAR.*Men.*206; chorean ~en 269.

astrīd(e)ō ~ere, *intr.* **ads-.** [AD-+STRIDEO] To hiss (at).
ora reducentem premit ~entibus hydris STAT.*Theb.*11.494.

astrifer ~era ~erum, *a.* [ASTRVM+-FER] Star-laden, starry.
qua niger ~eris conectitur axibus aer LUC.9.5; nox..~eras profert optabilis umbras V.FL.6.752; ~erum iam uelox circulus orbem torsit STAT.*Theb.*2.400;—(*cf., of the horse of Castor and Pollux*) Timauum, quem pius ~ero Cyllarus ore bibit MART.8.28.8.

astriger ~era ~erum, *a.* [ASTRVM+-GER] Star-bearing.
~erumque domos Atlanta supernas ferre laborantem STAT.*Theb.*8.315; ~eros Capaneus tollendus in axis 10.828.

astringō ~ngere ~nxī ~ctum, *tr.* **ads-.** [AD-+STRINGO]

1 To confine with bonds, tie up tightly, bind. **b** to fasten or tie on; to tie back; (w. *inter se*) to fasten together, bind. **c** to draw tight, tighten (bonds).
~ngite isti sultis uehementer manus PL.*Capt.*667; uetus ~cti fascis..anethi *Mor.*59; me licet aeratis ~ngant bracchia nodis PROP.2.20.9; ~ctis..comis OV.*Ars* 3.146; quia nimis uulnus ~ctum est CELS.5.26.31; ~ngere cutem lino 7.4.4.c; arte alligati sunt alii, ~cti alii, districti quoque SEN.*Dial.* 7.16.3; paenulas istas, quibus ~cti et uelut inclusi cum iudicibus fabulamur TAC.*Dial.*39.1; ~ctis faucibus *Ann.*4.70;—(*of bonds, etc.*) istaec..uincla..quam magis extendas tanto ~ngunt artius PL.*Men.*95; artius atque hedera procera ~ngitur ilex HOR.*Epod.*15.5; taxus ~ngit comam SEN.*Oed.* 555; non..balteus..fluxos gemmis ~nxit amictus LUC. 2.362;—(*fig.*) totam Galliam sempiternis uinculis ~ngere CIC.*Prov.*34; omnem..conatum uelut ~cti certis legum uinculis perdiderunt QUINT.*Inst.*5.10.101. **b** quam non ~cto percurrat pulpita socco HOR.*Ep.*2.1.174; imaque pars ceris ~ngitur OV.*Ars* 2.47; ~nge galeam SEN.*Phoen.*481;—(*w.* ad) hunc..~ngite ad columnam fortiter PL.*Bac.*823; CIC.*Ver.*4.92; ad hoc me natura graue corporis mei pondus ~nxit SEN.*Ep.*24.17;—(*w. dat.*) ~nxere pedes scopulis MAN.5.551;—quicquid frondis enatum fuerit..aut ferro amputare aut ~ngere COL.5.6.17; (*fig.*) luxuriantia ~ngere QUINT.*Inst.*10.4.1;—calculos..ex pluribus minutisque sed inter se parum ~ctis compositos CELS.7.26.3. **c** uolucris ..trepidans ~ngit uincula motu OV.*Met.*11.75; minus..fasciae ~ngendae sunt CELS.5.26.27.c; sic laqueos fera, dum iactat, ~ngit SEN.*Dial.*5.16.1; PLIN.*Nat.*17.110.

2 To grasp tightly, grip; to fix firmly, hold in place.
exire negabo (sc. *a ring*) ~ngens digitos orbe minore tuos OV.*Am.*2.15.20; ~ctis ut sedit cornibus Helle V.FL.1.282; ~ctis accedunt comminus armis STAT.*Theb.*9.539;—corticem ~ctum pice HOR.*Carm.*3.8.10; conatus..uagina ducere ferrum ~ctum longa sentiat esse mora OV.*Fast.*4.930; arbor commissura ~cta lapidum SEN.*Nat.*3.27.5; totum opus bitumine ~ngitur CURT.5.1.29.

3 To compress, contract; to knit, wrinkle (the brows in a frown); to clench (the fist).
~ctus certamine..spiritus (*s.v.l.*) *Aetna* 324; macie corticis ex aegritudine ~ngente se PLIN.*Nat.*17.251; labra..~nguntur et diducuntur QUINT.*Inst.*11.3.81;—si tempora ~cta sunt CELS.2.2.3; an frontem ~ngant SEN.*Ep.*106.5; ~cta fronte MART.11.39.13; uoltum..superciliis ~ngere QUINT.*Inst.*11.3.160;—pugnus ~ctus et palma distensa VAR. in Isid.*Orig.*2.23.1.

4 To make narrow, close up, restrict (an opening); to shut (a door; also, a building).
calor..uenas ~ngit hiantis VERG.*G.*1.91; spiritus ~ctis elisus faucibus *Aetna* 562; sicca rigens ~nxit uolnera sanguis LUC.4.291; (*poet.*) Pellaeo ponte Niphaten ~nxit SIL.13.765; —liminis ~cti OV.*Am.*3.1.50; iam nunc ~ngas, iam nunc granaria laxes? PERS.5.110.

5 To contract, tone up, astringe (organic tissues). **b** to make costive, bind (the bowels); (also absol.). **c** to be astringent to (the organs of taste).
si corpus ~ctum est, digerendum esse: si profluuio laborat, continendum CELS.1.pr.56; arterias umidas siccat, siccas ~ngit (menta) PLIN.*Nat.*20.148; remissum corpus ~nges breui Salone MART.1.49.11; plenius..corpus, quod mox adulta aetas ~ngat QUINT.*Inst.*2.4.5; PLIN.*Ep.*5.6.25;

(*absol.*) rosa ~ngit, refrigerat PLIN.*Nat.*21.121. **b** quae.. uentrem aut ~ngunt aut resoluunt CELS.1.pr.68; stomachum dissolutum ~ngit cocta (hedypnois) PLIN.*Nat.*20.75; 27.48; (*refl. and pass.*) (aluus) tum ~ngitur tum relaxatur CIC.*N.D.*2.136; 2.138;—(*absol.*) si..liquida aluus est.. paulum ~ngentis cibi sumere CELS.4.26(19).2. **c** folia.. gustantium os ~ngunt PLIN.*Nat.*20.72; donec linguam ~ngat leniter nec mordeat 29.34; (*absol.*) quae gustu ~ngit 27.85.

6 To solidify into ice, freeze. **b** (poet., of fear, etc.) to benumb, grip, chill.

niuibus..molle rotatis ~ngi..corpus OV.*Met.*9.222; maris ~cto quae coit unda gelu *Tr.*2.196; niuibus, quas frigoris uis gelu ~nxerat CURT.5.6.13; Scythicas ~ngens Bosporos undas LUC.5.436; ~ctus caluit cruor LUC.6.750; (*cf.*) quare ..sol..in aquario ~ngat hiemem SEN.*Nat.*7.27.3. **b** pectora..sunt ~cta dolore OV.*Ars* 1.361; astrictos refouet conplexibus artus LUC.8.67; horrore uinctum trepidus ~nxit rigor [SEN.]*Oct.*862; exhorruit omnis mater et ~cto riguerunt ubere nati V.FL.2.203.

7 To hold back, check, restrain; to tone down (a bright colour). **b** (transf.) to restrain, repress; to tighten up (discipline).

lingua ~cta mercede CIC.*Pis.*30; an frena teneret irarum et motos capulis ~ngeret ensis STAT.*Theb.*3.446; ipse rotam ~ngit sufflamine mulio consul JUV.8.148; ~cta citra conatum sata [QUINT.]*Decl.*12.4;—bucinum per se damnatur.. pelagio ad modum alligatur..alterum altero excitatur aut ~ngitur PLIN.*Nat.*9.133. **b** pater..nimis indulgens, quicquid ego ~nxi relaxat CIC.*Att.*10.6.2; ~cti continentia mores V.MAX.2.10.8; quare istuc malum ~ngo? SEN.*Ep.* 110.5; nisi disciplinae seueritate conuenientium quoque ad se mores ~nxerit QUINT.*Inst.*2.2.4;—dissolutam disciplinam militarem praefractius et rigidius ~ngere V.MAX.9.7.mil. Rom.3.

8 (w. abl.) To place under obligation or restraint, bind (by laws, promises, etc.). **b** to restrict (to specified limits); to subject (speech to metrical rules). **c** *fidem ~ngere*, to pledge one's word, give a solemn promise; also *~ngere* alone, to promise, pledge.

Lycurgum..a quo est disciplina Lacedaemoniorum ~cta legibus CIC.*Brut.*40; ne lege ea..(populus) ~ngatur *Clu.* 155; ~ctos iure iurando *Off.*1.40; meque ~ngam uerbis in tua iura meis OV.*Ep.*15.322; hos obsidibus ~nxit FLOR.*Epit.*2.33(4.12.52). **b** seruitus..ad certa se uerba ~ngendi QUINT.*Inst.*7.3.16; (milites) ad certam stipendiorum..formulam ~nxit SUET.*Aug.*49.2;—ut..dicendi consuetudinem..numeris ~ngeret CIC.*de Orat.*3.173; ubi ..egregium sensum ~nxere certi pedes SEN.*Ep.*108.10. **c** hac lege tibi meam ~ngo fidem TER.*Eu.*102; nullum.. uinculum ad ~ngendam fidem iure iurando maiores artius esse uoluerunt CIC.*Off.*3.111; arto pignore ~ctam fidem dirimit SEN.*Med.*145; procurator, qui pro euictione praediorum quae uendidit fidem suam ~nxit PAPIN.*dig.*3.3. 67;—huius offici tanti seruitutem ~ngebam testimonio sempiterno CIC.*Planc.*74; foedera..per uestros ~cta magos LUC.8.220.

9 To commit, tie (to an obligation, line of conduct, etc.).

ceteri..ante tenentur ~cti quam quid esset optimum iudicare potuerunt CIC.*Luc.*8; (*w. dat.*) et ignorantes ~nguntur fideicommisso PAPIN.*dig.*31.77.3; utrum aliquis cernendo..heres fiat an iuris necessitate hereditati ~ngatur GAIUS *Inst.*3.87;—(*w. abl.*) inops regio, quae parsimonia ~ngeret milites LIV.39.1.6; PLIN.*Pan.*93.3; (*dat. or abl. not dist.*) ut eum suis condicionibus in ipso articulo temporis ~ngeret CIC.*Quinct.*19; quaeruntur..qui ~ngantur sacris *Leg.*2.48; eas, quibus maxume ~cti sunt, uoluptates *Parad.* 6; si qui certa condicione muneribus uel honoribus se ~nxerunt ULP.*dig.*50.6.2;—(*w.* ad) utrum uno munere ad patientiam iniuriarum omnium ~ngor..? SEN.*Ben.*3.12.4; ut se ipsi homines ad seruitutem iuris ~ngerent QUINT.*Inst.* 2.16.9; PLIN.*Ep.*7.1.7;—(*w.* ut+*subj.*) uoluit praetor ~ngere eum..ut uel confitendo uel mentiendo sese oneret ULP. *dig.*11.1.4.

10 (usu. refl. or pass.) To implicate (in), make an accessory (to a crime).

(*w. gen.*) homo furti sese ~nget PL.*Poen.*737; *Rud.*1260; —(*w. abl.*) tanto scelere ~ctis hominibus CIC.*Sul.*82; *Phil.* 4.9; uitam suam consilii crimine ~nxit V.MAX.4.7.4; reputes cotidiano te mendacio ~ngi FRO.*Aur.*2.p.12(227N).

11 To bring into a short compass, compress, shorten (arguments, etc.). **b** to prove conclusively, clinch.

qui breuiter ~ngere solent argumenta CIC.*Tusc.*3.13; hoc artius ~ngi ratio non potest *Fat.*32; solebat interdum diu schemata prosequi, interdum breuiter et fortius ~ngere SEN.*Con.*2.3.22; ~ctas in nodum cogere uoces *Laus Pis.*59; primus haec tertio consulatu Cn. Pompeius ~nxit TAC.*Dial.* 38.2. **b** nisi..conclusione falsa a uero nascens mendacium ~nxero SEN.*Ep.*48.5.

12 To bind by ties of friendship, etc.; to draw closer, cement (a relationship).

tantum abest ut ego eo quo ~cti sumus laxari aliquid uelim CIC.*Att.*6.2.1; quos retinere uolunt ~ctosque esse in amore LUCR.4.1187; (*w. dat.*) te mihi..~nxit..Amor OV. *Ep.*19.28; creauit me tibi, me socium longos ~nxit in annos STAT.*Silv.*3.5.107;—ubi adfinitatem inter nos nostram ~nxeris PL.*Trin.*699.

13 (of a natural feature) To form the boundary of; (of owners) to have boundaries meet at (a point); (of a limit) to include, embrace.

nomen..Danuuium habet quoad Germanorum terras ~ngit SAL.*Hist.*3.79;—in trifinium, id est in eum locum quem tres possessores ~ngebant SIC.FL.*agrim.*p.105;—est (orbis) qui totam pueritiam ambitu suo ~ngit SEN.*Ep.* 12.6.

astrion ~iī, *n.* [Gk.] A kind of precious stone.

candida est quae uocatur ~ion, crystallo propinqua PLIN.*Nat.*37.132.

astriōtēs ~ae, *n.* [Gk.] A precious stone, reputed to have magical properties.

PLIN.*Nat.*37.133.

astrologia ~ae, *f.* [Gk. ἀστρολογία] The science or study of the heavenly bodies, astronomy (not dist. from astrology). **b** a book on astronomy.

hominem ignarum ~ae..Aratum CIC.*de Orat.*1.69; in ~a caeli conuersio, ortus, obitus motusque siderum 1. 187; Eudoxus..in ~a..facile princeps *Div.*2.87; ex ~a ..cognoscitur oriens occidens, meridies, septentrio, etiam caeli ratio VITR.1.1.10; QUINT.*Inst.*2.18.1; (Plato) ~am adusque Aegyptum iuit petitum APUL.*Pl.*1.3; (*cf.*) quas.. (*sc.* capras) ~a in caelum recepit, non longe ab tauro VAR.*R.* 1.2.17. **b** nam huius (*sc.* Hesiodi) quoque nomine exstat ~a PLIN.*Nat.*18.213.

astrologus ~ī, *m.* [Gk. ἀστρολόγος]

1 An observer or student of the heavenly bodies, an astronomer.

~orum signa in caelo ENN.*scen.*242; ab eo (polo) quem ἀνταρκτικὸν uocant ~i VAR.*L.*9.24; LUCR.5.728; cum ~is et musicis est disputatio communis VITR.1.1.16; (*cf.*) iste.. nouus ~us, qui non tam caeli rationem quam caelati argenti duceret CIC.*Ver.*2.129.

2 One who predicts human affairs from a study of the heavenly bodies, an astrologer.

ut augures et ~i solent CIC.*Fam.*6.6.7; Panaetius..unus e Stoicis ~orum praedicta reiecit *Div.*2.88; dixerat ~us periturum te cito, Munna MART.9.82.1; JUV.6.554; anxius ea re, ut ex Balbillo ~o didicit SUET.*Nero* 36.1.

astronomia ~ae, *f.* [Gk. ἀστρονομία] The science of the heavenly bodies, astronomy.

dogmata..quae et in geometria et in ~a inuenies SEN.*Ep.* 95.10; ubi est dialectica? ubi ~a? PETR.88.7.

astrōsus ~a ~um, *a.* [next+-OSVS] Born under an evil star, ill-starred.

CIL 3.8800; POSVIT..MATRI..~(A)E QVEI FATO EX FILIS QVINQVE SVPERAVI 11.6281.

astrum ~ī, *n.* [Gk. ἄστρον]

1 (usu. in pl.) A celestial luminary, star. **b** the stars as a subject of study, astronomy. **c** (as visible from or distinguishing particular parts of the world). **d** (regarded as controlling the destiny of human beings). **e** (poet., worn by gods in their hair). **f** (meton., in pl.) night.

~a..cum ea quae sunt infixa certis locis, tum illa non re sed uocabulo errantia CIC.*Tusc.*1.62; quotiens ~a ignea surgunt VERG.*A.*4.352; dum rediens fugat ~a Phoebus HOR.*Carm.*3.21.24; OV.*Met.*11.309; STAT.*Theb.*12.1;—(*sg.*) nulli penetrabilis ~o lucus iners 10.85;—(*w. ref. to St. Elmo's fire; see Helena 2*) Iliacae longe nimbosa sororis ~a fugate *Silv.*3.2.12;—(*of a comet*) ecce Dionaei processit Caesaris ~um VERG.*Ecl.*9.47. **b** ita ut ~orum (peritus) gubernator CIC.*Rep.*5.5; an..se..in musicis, geometria, numeris, ~is contereret *Fin.*1.72. **c** dic age..quae domus aut tellus, animam quibus hauseris ~is? STAT.*Theb.* 5.24; obtritum..cadauer indignantem animam propriis non reddidit ~is 6.885. **d** haec requiro, omnesne qui Cannensi pugna ceciderint, uno ~o fuerint CIC.*Div.*2.97; VERG.*Ecl.* 5.23; adhuc dubitantibus ~is Pompei damnare caput LUC. 5.204; malo ~o natus est PETR.134.8;—(*w. poss. adj.*) utrumque nostrum incredibili modo consentit ~um HOR. *Carm.*2.17.22; PROP.4.1.119; VOLVIT HOC ~VM MEVM *CIL* 3.2722; (*cf.*) irati..nec erit felicior ~o Martis, ut in laqueos numquam incidat JUV.10.313;—(*w.* natale) Genius, natale comes qui temperat ~um HOR.*Ep.*2.2.187. **e** ~oque comantes Tyndaridas V.FL.5.366; obnubitque comas et temperat ~a galero (Mercurius) STAT.*Theb.*1.305; 5.440. **f** ~a Thyestae intulit et subitis damnauit noctibus Argos LUC.7.451.

2 Any one of the seven heavenly bodies (including the sun and moon) known to the ancients which appear to move in relation to the fixed stars, a planet. **b** *Titania ~a*, the sun.

quanto minus haberet ignis id ~um (*sc.* luna) VAR.*R.* 1.37.3; Lucifer..quem Venus ante alios ~orum diligit ignis VERG.*A.*8.590; de..septem ~orum contrario opere ac cursu VITR.9.1.16; MAN.1.58; LUC.1.641. **b** lucentemque globum lunae Titaniaque ~a VERG.*A.*6.725.

3 A constellation, esp. one of the signs of the zodiac.

quantis bis sena ferantur finibus ~a MAN.1.541; Arcadio ..ab ~o (*i.e. Ursa Major*) V.FL.1.481; MART.8.21.5;—(*as a measure of distance*) summum..caelum bis bina refugit ab imo ~a MAN.1.548;—(*pl., of a single constellation*) Pisces et Virginis ~a (*s.v.l.*) 2.414;—(*as denoting the season*) haec secundum ~i exortum facio, quod Graeci uocant lyran VAR. *R.*2.5.12; cuius (*sc.* ueris) initium iste non a Fauonio neque ab aliquo ~o notabat CIC.*Ver.*5.27; HOR.*Epod.*16.61; Icarii quamuis iuba fulguret ~i (*i.e. Canis*) STAT.*Theb.*4.778.

4 (pl.) The sky, the upper air, the heavens. **b** the sky as the abode of the gods, heaven.

Caesar, imperium Oceano, famam qui terminet ~is VERG.*A.*1.287; 2.460; 5.759; mons ibi uerticibus petit arduus ~a duobus OV.*Met.*1.316; 15.148; ut scopulum super altis ab ~is duram inlidat corticem PHAED.2.6.12; tensae uolucrum per ~a pennae STAT.*Silv.*4.3.38. **b** aetheriis delapsus Somnus ab ~is VERG.*A.*5.838; (*cf.*) ad cenam si me diuersa uocaret in ~a hinc inuitator Caesaris, inde Iouis MART.9.91.1;—(*w. ref. to deification*) ab humana cessit in ~a uia PROP.3.18.34; OV.*Met.*9.272; magno qui dedit ~a patri MART.14.124.2; STAT.*Theb.*10.665.

5 (in fig. phrs., in which *astra* signifies an exalted position); *in ~a tollere, ferre*, etc., to exalt to the utmost, extol to the skies.

quia deciderat ex ~is, lapsus potius quam progressus uidebatur CIC.*Att.*2.21.4; sic itur ad ~a VERG.*A.*9.641; lucida Pieria tendis in ~a uia OV.*Pont.*2.9.62;—quam ornate nostras laudes in ~a sustulit CIC.*Att.*2.25.1; Daphnimque tuum tollemus ad ~a; Daphnim ad ~a feremus VERG. *Ecl.*5.51; *A.*7.99; HOR.*S.*2.7.29; moresque aureos educit in ~a *Carm.*4.2.23.

6 A deified person.

hic (equus) domini numquam mutabit habenas..uni seruiet ~o STAT.*Silv.*1.1.55; ibit in amplexus natus fraterque paterque et soror: una locum ceruix dabit omnibus ~is 1.1.98.

astruō ~ere ~xī ~ctum, *tr.* **ads-.** [AD-+STRVO]

1 To build (an additional structure) on (to an existing building).

hanc insuper contignationem, quantum tectum plutei ac uinearum passum est, latericulo ~xerunt CAES.*Civ.*2.9.2; post maceriam se abdiderunt gradibus ~ctis LIV.42.15.6;—(*w. dat.*) cum ueteri ~itur recens aedificium COL.1.5.10; PLIN.*Ep.*9.7.4.

2 To heap or pile (on). **b** (praise or honour).

debilem facito manu, debilem pede coxo, tuber ~e gibberum MAEC.*poet.*4(3).2; hauriente medico cumulate medicamentum et ~ente inprimenteque LARG.227. **b** consulari ac triumphalibus ornamentis praedito quid aliud ~ere fortuna poterat? TAC.*Ag.*44.3; omnibus..hanc ~is laudem PLIN.*Pan.*46.8.

3 To add (something to something else), contribute; (absol., w. dat.) to make an addition (to). **b** to join (to), connect with.

exponam quae aut ueteres inuenerunt aut sequentes ~xerunt SEN.*Con.*1.1.13; quam indignandum nihil (sit) dum nihil ipse indignando ~as SEN.*Ep.*123.1; APUL.*Met.* 2.17; (*in imagination*) (ut) quaedam etiam ex his, quae dicta non sunt, sibi ipse ~at QUINT.*Inst.*8.3.64;—(*w. dat.*) iam molire animum, qui duret, et ~e formae OV.*Ars* 2.119; uictus ab eo Pharnaces uix quidquam gloriae eius ~xit VELL.2.55.2; PLIN.*Nat.*9.119; PLIN.*Pan.*35.4; quantum dignitati praedicatoris tu ~xeris FRO.*Amic.*2.p.192(178N); (*w. ut cl. as obj.*) muneri eius liberalitas tua ~xit, ut..in hereditate filii pater esset immunis PLIN.*Pan.*38.2;—~it auditis..pauor SIL.4.8. **b** fortissimae rei inertissima ~itur SEN.*Ep.*92.10.

4 To add (to a class or group, as being similar to its other members).

ut Liuium quoque priorum aetati ~as VELL.1.17.2; SEN. *Ben.*6.23.8.

5 (w. abl.) To provide (with additional features).

uulgaribus uerbis..~entur PAPIN.*dig.*46.8.3.

astu, *indecl. n.* **asty.** [Gk. ἄστυ] The city of Athens, 'town' (as opp. to the rest of Attica, the Piraeus, etc.).

an in ~u uenit? TER.*Eu.*987; CIC.*Leg.*2.5; postquam ~u uenit NEP.*Alc.*6.4; in ~y et ad portum Piraeum VITR.8.3.6.

astula ~ae, *f.* [perh. conn. w. HASTA, but cf. ASSVLA]

1 A splinter or chip; shavings.

percussarum arborum contra fulmina ~ae surgunt SEN. *Nat.*2.31.2; ~is taedae subiectis PLIN.*Nat.*29.34;—flos crudus resinae cum multa ~a tenui breuique auulsus 16.54.

2 *~a regia*, The plant asphodel.

~ae regiae, quam ἀσφόδελον Graeci dicunt LARG.254.

astupeō ~ēre ~uī, *intr.* **ads-.** [AD-+STVPEO] To be astounded or amazed (at), be enthralled (by).

(*w. dat.*) ~et ipse sibi (Narcissus) OV.*Met.*3.418; non te pudet, quisquis diuitiis ~es? SEN.*Dial.*9.8.5; STAT.*Theb.* 3.406;—(*poet., of things*) ferrugineum nemus ~et 2.13.

Astur ~uris, *m.* **~yr.**

1 An inhabitant of Asturia. **b** the charioteer of Memnon, regarded as the eponymous hero of the Asturians; (in quot., poet. for the Asturians).

MELA 3.13; regio ~urum PLIN.*Nat.*4.111; FLOR.*Epit.* 2.33(4.12.46); L BAEBIVS..PRAEF(ECTVS) ALAE ~YRVM *CIL* 10.6976;—(*collect. sg.*) MART.10.17(16).3; belliger ~ur SIL. 12.748;—(*poet., applied to a horse*) 16.389. **b** uenit et.. armiger Eoi non felix Memnonis ~yr SIL.3.334.

2 (as adj.) Asturian.

~ur equus MART.14.199.2.

Asturcō ~ōnis, *m.* [prec.] A horse of the Asturian breed.

ut..locus ~oni ante ostium suum detur *Rhet.Her.*4.63; SEN.*Ep.*87.10; cras puero ~onem Macedonicum optimum donabo PETR.86.4; ~ones..quibus non uulgaris in cursu gradus, sed mollis alterno crurum explicatu glomeratio PLIN.*Nat.*8.166; SUET.*Nero* 46.1.

Asturia ~ae, *f.* A district of Hispania Tarraconensis.

PLIN.*Nat.*4.112.

Asturicus ~a ~um, *a.* Of Asturia, Asturian. in eadem Hispania Gallaica gens est equorum et ~a PLIN. *Nat.*8.166;—*(as an agnomen)* si magna ~i cecidit domus JUV.3.212.

astus ~ūs, *m.* [dub.] Cunning, craft, guile (esp. in abl., often quasi-advl.). **b** (esp. in pl.) a cunning procedure or method, trick, stratagem.

ita docte atque ~u filias quaerit suas PL.*Poen.*111; si non ~u prouidentur, me aut erum pessum dabunt TER.*An.*208; satin ~u et fallendo callet? ACC.*trag.*475; ille ~u subit, at tremibunda superuolat hasta VERG.*A.*10.522; intentos ~u caecare maritos PROP.4.5.15; perplexum Punico ~u responsum LIV.35.14.12; OV.*Met.*13.193; credamus tamen ~u doloque tegere nos tantum nefas SEN.*Phaed.*153; PLIN. *Nat.*8.91; STAT.*Ach.*1.385; QUINT.*Inst.*9.1.20; militari ~u TAC.*Hist.*2.28; PLIN.*Pan.*81.2; summus uir ~u et audacia FLOR.*Epit.*1.33(2.17.13); SUET.*Tib.*65.1; ille quorundam ~u paulisper cohibitus risus APUL.*Met.*3.10;—*(in cases other than abl. sg.)* quis deus attonitae fraudes ~umque parenti contulit? STAT.*Ach.*1.283; SIL.4.706; ~us pollentior armis 14.338. **b** nectit pectore ~us callido (Vlixes) SEN.*Tro.* 523; cessent mendaces obliqui carminis ~us STAT.*Silv.* 1.2.27; ~us..Tyrios SIL.14.291; machinamenta et ~us oppugnationum TAC.*Ann.*12.45; GEL.11.18.17;—*(sg.)* ut falsi criminis ~u parta fides STAT.*Theb.*5.320; APUL.*Met.*9.9.

astūtē, *adv.* *compar.* ~ius, *superl.* ~issimē. [ASTVTVS+-E] Cunningly, craftily, cleverly, astutely.

oculis inuestiges, ~e augura PL.*Cist.*694; *Rud.*1240; ita me ab ea ~e uideo labefactarier TER.*Eu.*509; ne ~ius uidear posuisse duo genera esse similitudinum sola VAR.*L.* 10.13; uereor ne id quod uidentur impudenter fecisse ~e et callide fecerint CIC.*Caec.*4; *Q. fr.*1.2.3; MAT.*Fam.*11.28.2; leuia inaniaque pro grauibus et ueris ~issime componentes GEL.18.4.10;—*(w. ellipsis of vb.)* TER.*An.*183.

astūtia ~ae, *f.* [ASTVTVS+-IA] ORTHOG.: *aastutieis* (abl. pl.) *CIL* 1.364.63. Cunning, craft, cleverness, astuteness. **b** a cunning procedure or method, trick, stratagem.

mea opera atque ~a PL.*Capt.*679; qui uim tantam in me et potestatem habeam tantae ~ae TER.*Hau.*710; intellegendi ~a PAC.*trag.*358; si aut confidens ~a aut callida esset audacia CIC.*Clu.*183; *Fam.*3.10.9;—*(personified)* CAECIL. *com.*229. **b** nunc ego hanc ~am institui PL.*Epid.*363; QVEI SOVEIS AASTVTIEIS OPIDQVE VOLGANI GONDECORANT SAI⟨PI⟩SVME COMVIVIA LOIDOSQVE *CIL* 1.364.63; aliter leges, aliter philosophi tollunt ~as CIC.*Off.*3.68; SAL.*Cat.*26.2; arietis petulci saeuitiam pastores hac ~a repellunt COL.7.3.5; TAC.*Ann.*13.38.

astūtulus ~a ~um, *a.* [next+-VLVS] Cunning, crafty, clever, astute.

nec tamen ~ae anus miluinos oculos effugere potui APUL.*Met.*6.27; ~e asine 9.30.

astūtus ~a ~um, *a.* *compar.* ~ior. [ASTVS+-VTVS] Cunning, crafty, clever, astute: **a** (of persons, etc.). **b** (of actions, etc.).

a ad eam rem usust hominem ~um doctum, cautum et callidum PL.*Ps.*385; ego me non tam ~um neque ita perspicacem esse id scio TER.*Hau.*874; CIC.*Mur.*8; si qui me ~iorem fingit *Fam.*3.8.6; *Off.*3.57; captes ~us ubique testamenta senum HOR.*S.*2.5.23; cum ferit ~os comica moecha Getas PROP.4.5.44; TAC.*Ger.*22.4;—*(of animals)* ~a.. uulpes HOR.*S.*2.3.186; PERS.5.117;—*(masc. as sb.)* si id est maxime ~i, omnia ad suam utilitatem referre CIC.*Fam.*3. 10.9. **b** nec fallaciam ~iorem ullus fecit poeta PL.*Cas.* 860; ~iore ratione *Rhet.Her.*4.49; nihil ego illa impudentius, ~ius, lentius uidi CIC.*Att.*1.12.1; Parthorum ~ae tela remissa fugae PROP.3.9.54.

asty, *n.*: see ASTV.

Astyagēs ~is, *m.* A king of Media, the grandfather of Cyrus.

CIC.*Div.*1.112; V.MAX.1.7.5; AMP.12.2.

Astyanax ~actis, *m.* The son of Hector and Andromache.

puerum ~acta VERG.*A.*2.457; OV.*Met.*13.415;—*(typifying youthfulness or smallness)* miratus fueris cum prisca toreumata multum, in Priami calathis ~acta bibes *(i.e. drink new wine in old cups)* MART.8.6.16; 14.212.2.

Astypalaea ~ae, *f.* An island in the south Aegean.

cinctaque piscosis ~a uadis OV.*Ars* 2.82; MELA 2.114.

Astypalaeicus ~a ~um, *a.* Of Astypalaea.

sunt qui (cocleas) ~as efficacissimas putent PLIN.*Nat.* 30.32.

Astypalēius ~a ~um, *a.* Of Astypalaea.

~a regna OV.*Met.*7.461.

Astypalensēs ~ium, *m. pl.* The people of Astypalaea.

CIC.*N.D.*3.45.

asȳla ~ae, *f.* [Gk.] An unidentified plant.

eam, quae ~a appellatur, in remedium quaerunt (pecora). a nostris fe⟨l⟩is ocul⟨u⟩s uocatur PLIN.*Nat.*25.145.

asȳlum ~ī, *n.* [Gk. ἄσυλον] A place affording sanctuary for criminals, etc., a refuge, asylum. **b** (transf.) a place for relaxation or recuperation, a retreat.

seruum..qui in illud ~um confugisset CIC.*Ver.*1.85; lucum..quem Romulus acer ~um rettulit VERG.*A.*8.342; LIV.1.9.5; templa, quae ~a Graeci appellant 35.51.2; exiguum dominos commisit ~um *(i.e. that of Romulus)* LUC.1.97; TAC.*Ann.*3.60; ab infami gentem deducis ~o JUV.8.273; aboleuit..ius moremque ~orum SUET.*Tib.*37.3; GEL.7(6).2.13. **b** is adeo postulat ~um in ora FRO.*Amic.* 1.p.280(176N).

asymbolus ~a ~um, *a.* [Gk. ἀσύμβολος] Without paying a contribution, scot-free.

ten ~um uenire unctum atque lautum e balineis! TER.*Ph.* 339; ne omnino..immunes et ~i ueniremus GEL.7(6).13.2.

at[1], *conj.* [cf. Gk. ἀτάρ, Skt. *ati*] FORMS: *ad* CALV.*orat.*28. NOTE: *at tamen* is often written as one word; so sts. *at enim*. POSITION (in senses 1 and 3): postponed to second place quite frequently in poets, e.g. CATUL.64.58; VERG.*Ecl.*7.67, *A.*5.264; HOR.*S.*1.2.47; PROP. 4.1.95; MAN.1.282; LUC.3.535; V.FL.1.264; STAT.*Theb.*4.116.

1 (expr. contrast between two persons, things, etc.) But, however, on the other hand. **b** (in weakened sense) while, whereas. **c** (in dialogue, to contrast one's own action with that of the previous speaker) whilst (I), and (I).

Remus..secundam solus auem seruat. ~ Romulus pulcher in alto quaerit Auentino ENN.*Ann.*80; quibus diuitiae domi sunt..batiocis bibunt, ~ nos nostro Samiolo poterio PL. *St.*694; illi locus (*sc.* datus), ~ mihi etiam parietes atque tectum CIC.*Har.*16; *Fam.*9.22.3; in altera parte erat aes alienum..~ in altera maiores opes SAL.*Cat.*41.2; in tenui labor; ~ tenuis non gloria VERG.*G.*4.6; mitigati animi raptis erant; ~ raptarum parentes tum maxime..ciuitates concitabant LIV.1.10.1; LUC.4.36; TAC.*Hist.*4.35; JUV.10. 352;—*(w. hercule)* Romae quod scribis sileri, ita putabam; ~ hercule in agris non siletur CIC.*Att.*2.13.2;—*(w. tamen)* cum alio cantat, ~ tamen alii suo dat digito litteras NAEV. *com.*79;— *(w. contra)* summis nitere opibus, ~ ego contra ut dissimilis siem LUCIL.630;—*(w. uero)* CIC.*Orat.*126; exsultare gaudio plebes..~ uero curia, maesta..Seruilium consulem.. orare ut..expediret rem publicam LIV.2.24.3;—*(w. enimuero)* ceteri tribuni militum nihil contradicere; ~ enimuero Sergius Verginiusque..primo deprecari ignominiam 5.9.3. **b** terra corpus est, ~ mentis ignis est ENN.*var.*51; quin procliuius hic iras decurrat ad acris, ille metu citius paulo temptetur, ~ ille tertius accipiat quaedam clementius aequo LUCR.3.312; PROP.3.3.36; quercus Ioui, ~ myrtus Veneri placuit PHAED.3.17.3; *(w. contra)* LUCR.1.366. **c** dicam ut aliam condicionem filio inueniat suo. — ~ ego ab hac puerum reposcam PL.*Truc.*850; TER.*Eu.*1086; dedimus. — ~ ego recipio LIV.1.38.2; *(w. mehercule)* CIC. *Leg.*1.12.

2 (in narrative, to introduce a change of subject) Whereas, but, now. **b** (esp. to indicate immediacy of reaction or result) and then, thereupon. **c** (in dialogue, to introduce a change of speaker) whereat, whereupon, and.

~ Pompeius, cognitis his rebus..diurnis eo nocturnisque itineribus contendit CAES.*Civ.*3.13.1; eoque impetu bellum totum deleuit (Lysander). ~ Alcibiades..penitus in Threciam se..abdidit NEP.*Alc.*9.1; socii..aequora uerrunt. ~ Venus interea Neptunum..adloquitur VERG.*A.*5.779; LUC. 3.761;—*(w. uero)* Cyllenius..in tenuem ex oculis euanuit auram. ~ uero Aeneas aspectu obmutuit amens VERG.*A.* 4.279. **b** interim ad me uenit Munatius noster, ut consuerat. ~ ego ei litteras tuas CIC.*Fam.*10.12.2; reiectis pilis comminus gladiis pugnatum est. ~ Germani celeriter.. phalange facta impetus gladiorum exceperunt CAES.*Gal.* 1.52.4; diffundit odorem, quo totum nati corpus perduxit; ~ illi dulcis compositis spirauit crinibus aura VERG. *G.*4.416; *A.*3.675; HOR.*S.*1.8.47; cum..uidit forte casam paruasque fores pulsauit: ~ inde prodit anus OV.*Met.*5.448. **c** 'quid ergo agis?' inquam. ~ ille in Achaiam se iturum CIC.*Att.*15.11.1; 'quid, si', inquit alius, 'et consul esse et exercitum habere uolet?' ~ ille..'quid, si filius meus fustem mihi impingere uolet?' CAEL.*Fam.*8.8.9; VERG.*Ecl.*10.31; OV.*Met.*2.702.

3 (expressing a contrast w. some preceding statement, etc.) However, but. **b** (introducing an unexpected fact) but to my surprise, but lo and behold! **c** (in opposing a genuine to a fanciful explanation) in fact.

ea res me male habet; ~ non eo quia tibi non cupiam quae uelis PL.*As.*844; Philotimum circiter Kal. Ianuarias in Chersonesum audio uenisse. ~ mi ab eo nihil adhuc CIC.*Att.* 6.1.19; LUCR.1.244; fraxinus in siluis pulcherrima;..saepius at si me, Lycida formose, reuisas, fraxinus in siluis cedat tibi VERG.*Ecl.*7.67; parebo iussis..tuis. ~ non parerem, nisi.. OV.*Tr.*5.9.35; mons parturibat..eratque in terris maxima expectatio. ~ ille murem peperit PHAED.4.23(24).3; TAC. *Dial.*35.1;—*(w. tamen)* tenuit saeuus pudor, ~tamen ire cogitur STAT.*Theb.*8.645; FRO.*Aur.*1.p.220(50N);—*(w. contra)* LUCR.2.235;—*(prec. by* quidem*)* ita gaudebit quidem occasione laetius decurrendi..~ si iuris anfractus.. adire cogetur non obequitabit QUINT.*Inst.*12.9.2. **b** uolui, si sola quiesceret illa, uisere: ~ in lecto Cynthia sola fuit PROP.2.29.24; *(w. ethic dat.)* nec ille (*sc. Caninius*) ad me rediit; oblitum credidi..~ tibi repente..uenit ad me Caninius mane CIC.*Fam.*9.2.1. **c** prior Sarmentus: 'equi te esse feri similem dico.'..~ illi foeda cicatrix saetosam laeui frontem turpauerat oris HOR.*S.*1.5.60.

4 (alone or w. *enim*, to introduce a supposed objection): **a** (where the objector's words are actually quoted) Yes but. **b** (where they are introduced obliquely) but it will be said.

a *(w. enim)* quid opus fuit ui..quid sanguine? '~ enim oppugnatum me fortasse uenissent' CIC.*Tul.*55; hunc tu ciuem..domo et patria..cedere coegisti?..'~ enim in senatum uenire..turbulento illo die non debuisti' *Dom.*5; —*(w. inquis, etc.)* ~ enim dicis: 'clandestino tibi quod commissum foret, neu muttires quicquam' LUCIL.651; ego scribam non rogatus ab eo?..'~' inquis 'Ἡρακλείδειον aliquod.' non recuso id quidem CIC.*Att.*15.4.3; BRUT.*ad Brut.*1.4.2; OV.*Tr.*5.1.49. **b** prius..rem transegit quam quisquam eum facturum id suspicaretur. ~ ego suasi CIC. *Phil.*2.21; ~ enim Graecis solis indulgeo *Q.fr.*1.2.6; *(w. hercule)* ~ hercule aciem quidem inconditam inordinatamque habuissemus LIV.44.39.1;—*(w. enim)* cuius aera refigere debebamus, eius etiam chirographa defendimus? ~ enim ita decreuimus CIC.*Fam.*12.1.2; quod ab se cuiquam periculum..esse? ~ enim periculi quidem nihil ab se timeri, inuisam tamen stirpem regiam esse LIV.24.26.8; 34.31.6; SEN.*Suas.*2.4.

5 (in correcting a misunderstanding on the part of somebody else of the meaning or implications of one's utterances): **a** (where the utterance was a statement) Yes but (there is some limiting or compensating circumstance). **b** (a command) yes and what's more. **c** (an expression of attitude or intention) yes but, well. **d** (a question) yes but (what I mean is).

a amat mulier quaedam quendam. — pol istuc quidem multae. — ~ non multae de digito donum mittunt PL.*Mil.* 1017; leno ego sum. — scio. — ~ ita ut usquam fuit fide quisquam optuma TER.*Ad.*161. **b** meminero. — ~ quam primum pote PL.*Capt.*398; fac, ita ut iussi, deducantur isti. — faciam. — ~ diligenter TER.*Eu.*207. **c** et tu orato. — et ego orabo. — ~ blande orato, ut soles PL.*Cas.*707; reddam impetratum. — ~ gestio. — ~ modice decet *Mil.* 1214; TER.*Ph.*488. **d** ubi tu nata es? — ut mihi mater dixit, in culina..— ~ ego patriam te rogo quae sit tua PL. *Per.*635; num quid nam hic quod nolis uides? — te. — credo; ~ numquid aliud? TER.*Eu.*272.

6 Admittedly but (some other fact, etc., must be taken into account), yes but.

uetu' nolo faciat. — ~ enim nequiquam neuis PL.*Ps.*436; in dominos quaeri de seruis iniquum est. — ~ non quaeritur CIC.*S.Rosc.*120; 'male iudicauit populus.' ~ iudicauit. 'non debuit.' ~ potuit. 'non fero.' ~ multi clarissimi..ciues tulerunt *Planc.*11; *Phil.*11.8; Coelium praeposui prouinciae. 'puerum?' inquis. ~ quaestorem *Fam.*2.15.4; *Luc.*56; NEP. *Phoc.*4.3; *(attributed to a hypothetical interlocutor)* sine dubio errasse nos confitendum est. '~ semel, ~ una in re' CIC.*Att.* 10.12a.1.

7 (in a riposte) Yes and. **b** (in a question) yes and (what happens afterwards?). **c** (parenth. and emph.) and of course, and to be sure.

malum uobis dabo. — ~ tibi nos dedimus dabimusque etiam PL.*Per.*847; di me seruatum cupiunt. — ~ me perditum *Rud.*1164; 'ego' inquit 'te poetis, Messalla autem antiquariis criminabimur.' '~ ego uos rhetoribus et scholasticis' inquit TAC.*Dial.*42.2;—*(w. hercule)* ut C. Laelius, cum ei quidam malo genere natus diceret, indignum esse suis maioribus, '~ hercule' inquit 'tu tuis dignus' CIC.*de Orat.*2.286;—*(in a parenth. interjection by another person)* quemne ego excepi in mari— — ~ ego inspectaui e litore PL.*Rud.*1019. **b** pallium tibi dabo. — quid deinde porro? — libertatem. — ~ postea? PL.*Epid.*726. **c** si..C. Antonius quod animo intenderat perficere potuisset— ~ potuisset nisi eius sceleri uirtus M. Bruti obstitisset—Macedoniam.. perdidissemus CIC.*Phil.*10.9.

8 (introducing the minor premiss of a syllogism) But, now.

'aut metuamus Carthaginienses oportet..aut eorum urbem diruamus. ~ metuere quidem non oportet..restat igitur ut urbem diruamus' CIC.*Inv.*1.72; igitur ne aegritudo quidem (cadit in uirum fortem). ~ nemo sapiens nisi fortis: non cadet ergo in sapientem aegritudo *Tusc.*3.14; LUCR.1. 443; SEN.*Nat.*2.38.2; *(cf.)* di..non plus uelle nobis debent quam parentes. ~ parentes, si pergunt liberi errare, bonis exheredant. quid ergo nos immortalibus dissimilius expectemus? MET.MAC.*orat.*9.

9 (alone or w. *enim*, in elliptical expressions): **a** (in response to a command or request) But (that is out of the question, etc., since); (followed by *ne*) but I'm afraid (lest). **b** (in answering a rhetorical question). **c** (w. ref. to a query) but (the question does not arise, since). **d** (in an outright denial) on the contrary, no.

a eloquere. — ~ pudet PL.*Cas.*911; age dice. — ~ deridebitis. — non edepol faciemus *Epid.*262; *(w. pol)* quin tu i modo mecum domum. — ~ pol malum metuo *Cas.*755a; —*(w. enim)* i intro atque inspice. — ~ enim mulieres— *Mos.*808; TER.*Ph.*487;—facile id quidem edepol possum, si tu uis. — uolo. — ~ enim ne tu exponas pugnos tuos in imperio meo PL.*Cist.*235; uel mihi denumerato..— ~ enim ne quid captioni mihi sit, si dederim tibi *Mos.*922. **b** quo uortam? in Capitoliumne? ~ fratris sanguine madet GRACCH.*orat.*58; CIC.*Scaur.*45; quid faciat?..clamet? ~ in dextra, qui uetet, ensis erat OV.*Fast.*2.802; APUL.*Apol.*47. **c** quaeramus quae tanta uitia fuerint in unico filio..~ perspicuum est nullum fuisse CIC.*S.Rosc.*41. **d** *(w. quidem)* quid somnias? — egone? ~ quidem tu PL.*Mos.*1014.

10 a (in dialogue, w. ellipsis of a conditional cl.) Well (in those circumstances), then; (w. ref. to the past) still (if you couldn't do that). **b** (introducing disagreement or contradiction) well (e.g. 'I will, if you won't'), and (e.g. 'I say the opposite').

a non scis? — non hercle. — ~ ego iam faxo scies PL.*Poen.* 173; non credibile dices. — ~ tu edepol nullus creduas *Trin.* 606;—~tamen et iustum poteras et scribere fortem HOR.*S.* 2.1.16. **b** nolo inquam. — ~ uolo inquam PL.*Bac.*993; hunc ego esse aio Menaechmum. — ~ ego me *Men.*1077; *Mos.*833.

11 (w. expletive force, introducing various types of utterance): **a** (an exclamation). **b** (an imprecation or wish). **c** (a command, request or entreaty). **d** (an indignant question or expostulation). **e** (a threat or protest). **f** (a promise or proposal). **g** (an expression of surprise); *at..etiam*, why..even (something more extreme), and yet..still.

a deum..uenisse clanculum per impluuium fucum factum mulieri. ~ quem deum! TER.*Eu*.590; quanta illuc multitudo, ..conuenisse dicebatur..! ~ quo loco! CIC.*Ver*.2.160; *Att*. 5.20.7; ex illis unus et alter ait: '~ quam sunt similes! at quam formosus uterque!' OV.*Fast*.2.395;—(*w.* uero) ~ uero quanta maris est pulchritudo CIC.*N.D*.2.100. **b** ~ te Iuppiter dique omnes perdant cum condimentis tuis..! PL.*Ps*. 836; ~ tibi di dignum factis exitium duint! TER.*An*.666; POMPON.*com*.137; ~ tibi pro scelere..di..persoluant grates dignas VERG.*A*.2.535; ~ di deaeque dentibus tuis escam negent *Priap*.78.1. **c** Simo, audi. — ego audiam? quid audiam, Chreme? — ~ tandem dicat TER.*An*.895; non sati' tutus est ad narrandum hic locus. — ~ tu intro abi *Ph*.819; ~ tu sume pedum VERG.*Ecl*.5.88; STAT.*Theb*. 5.746;—(*w.* tamen) SEN.*Suas*.1.7. **d** duc te ab aedibus. — nimis iracunde. — ~ scin quam iracundus siem? PL.*Bac*. 594; *Hec*.526; quibus haec medii fiducia ualli fossarumque morae..dant animos. ~ non uiderunt moenia Troiae..considere in ignis? VERG.*A*.9.144;—(*w.* etiam) ~ etiam, furcifer, male loqui mi audes? PL.*Capt*.563; ~ etiam minitatur audax? *Rud*.711;—(*at the beginning of a poem*) ~, o deorum quidquid in caelo regit terras..quid iste fert tumultus? HOR.*Epod*.5.1; ~ non formosast, ~ non bene culta puella OV.*Am*.3.7.1. **e** ~ non hoc telum..effugies VERG.*A*.9.747; OV.*Met*.8.279; —meo (arbitratu)..atque hau tuo conligandae haec sunt tibi hodie. — ~ non lubet, non conligo PL.*Epid*.689. **f** Phormio, ~ ego ecastor posthac tibi quod potero, quae uoles faciam TER.*Ph*.1050; SAL.*Cat*.40.3. **g** ~ Balbus aedificat; τί γὰρ αὐτῷ μέλει; CIC.*Att*.12.2.2;—(*w.* pol, ecastor) reuereor filium. — ~ pol ego te credidi uxorem..pudore exsequi PL.*Epid*.173; *Truc*.107;—CIC.*Phil*.2.76; nos hic cum homine gladiatore omnium nequissimo..bellum gerimus..~ etiam de te contionatur nec impune CIC.*Fam*. 12.22.1.

12 *at credo* or *puto* (iron.), I suppose then, but I imagine.

~ in mari, credo, motus non habent similitudines geminas VAR.*L*.9.26; ~, credo, haec homo inconsultus..non uidebat CIC.*Deiot*.16; CAES.*Civ*.2.32.10; VERG.*A*.7.297; ~, puto, qua genitus fueram, tellure carenti in tamen humano contigit esse loco OV.*Pont*.1.3.47;—(*at the beginning of a speech*) SEN. *Suas*.2.1.

13 a (after neg. statements or equiv.) But at any rate, but certainly. **b** (after neg., or virtually neg., conditional cls.) at least, at any rate, yet.

a si tibi displiceo, patiundum: ~ placuero huic Erotio PL.*Men*.670; improbo homini, ~ supplici, fortasse audaci, ~ aliquando amico CIC.*Sul*.81; *Planc*.67; cernere nemo saepta supra potis est, ~ uoces accipere extra LUCR.4.611; SAL.*Jug*.110.6; non erit auxilio nobis Aetolus et Arpi: ~ Messapus erit VERG.*A*.11.429; ei mihi! discedens oscula nulla dedi! ~ lacrimas sine fine dedi OV.*Ep*.3.15;—(*w.* tamen) nec ubique nec omni modo, ~tamen nonnumquam et aliquantum FRO.*Aur*.1.p.118(21N). **b** si nequeas paullulo (te redimere), ~ quanti queas TER.*Eu*.75; si non eodem die, ~ postridie CATO *Agr*.2.1; redde bona sodalis filio, si non quae abstulisti, ~ quae confessus es CIC.*Ver*.1.94; cum spe, si non optima, ~ aliqua tamen uiuere *Fam*.9.6.3; si non omnia sunt, ~ multo maxima pars est consimilis LUCR.2.1017; CAES.*Gal*.1.43.9; si genus humanum..temnitis ..~ sperate deos memores fandi atque nefandi VERG.*A*. 1.543; si tua re subita consilia torpent, ~ tu mea consilia sequere LIV.1.41.3; OV.*Pont*.1.7.70; PLIN.*Pan*.32.2;—(*w.* certe) CAES.*Gal*.5.29.7;—(*w.* tamen) te..remunerandum si non pari, ~ grato tamen munere CIC.*Brut*.15; LUCR.6.322; CURT.6.7.9.

14 (after concessive clauses or sim.) Yet, nevertheless. **b** but in spite of the implications of that, nevertheless.

quamquam ego uinum bibo, ~ mandata non consueui simul bibere una PL.*Per*.170; etsi scelestus est, ~ mi infidelis non est *Trin*.528; sit fur, sit sacrilegus..~ est bonus imperator CIC.*Ver*.5.4; *Phil*.2.116; V.MAX.3.8.ext.4;—si tibi est machaera, ~ nobis ueruinast domi PL.*Bac*.887; id cum omnibus mirum uideretur, ~ ille 'merito' inquit 'facio' NEP.*Iph*.3.4; LIV.1.28.9; '~ quoniam coniunx mea non potes esse arbor eris certe' dixit 'mea' OV.*Met*.1.557;—(*w.* tamen) hic Clinia, etsi is quoque suarum rerum satagit, ~tamen habet bene et pudice eductam (amicam) TER. *Hau*.225; OV.*Tr*.2.136; FRO.*Aur*.1.p.122(23N);—(*w.* certe) tamquam ducem haud spernendum etsi non proelium, ~ certe bellum absumpsisset TAC.*Ann*.12.39. **b** miseri sunt qui uxores ducunt — ~ tu duxisti alteram *Inc.trag*.162.

at², *prep.*: see AD.

Atābulus ~ī, *m.* A hot wind blowing over Apulia from Africa, the sirocco.

incipit ex illo montis Apulia notos ostentare mihi, quos torret ~us HOR.*S*.1.5.78; ~us Apuliam infestat SEN.*Nat*. 5.17.5; PLIN.*Nat*.17.232; QUINT.*Inst*.8.2.13; GEL.2.22.25.

Atacīnus ~a ~um, *a.* Of the river Atax; as *agnomen*, esp. of *P. Terentius Varro ~us*, the poet.

(*masc. as sb.*) ~orum Decimanorumque colonia MELA 2.75; —HOR.*S*.1.10.46; QUINT.*Inst*.10.1.87.

Atalanta ~ae, *f.* **~ē** ~ēs. FORMS: ~*e* (dat.) HYG.*Fab*.174.5. A maiden who challenged her suitors to a foot-race and was defeated by Hippomenes (or Milanion). (N.B. She is variously connected with Arcadia and Boeotia and it is not clear whether there was originally more than one mythological character of the name). **b** a woman like Atalanta.

ACC.*trag*.447; OV.*Am*.3.2.29; *Ep*.4.99; *Met*.10.598; QUINT.*Inst*.5.9.12; HYG.*Fab*.185.1;—(*as the title of a play by Pacuvius*) FEST.p.334M. **b** si non malit uir uiracius uxorem habere ~am VAR.*Men*.300.

Atalantaeus ~a ~um, *a.* **-ēus.** Of or connected with Atalanta.

(Meleagrum) ~os conatum ferre labores MAN.5.179; ~as ..auris STAT.*Theb*.4.309; qui breue litus Hyles ~amque superbi Schoenon habent 7.267.

Atalantiadēs ~ae, *m.* The son of Atalanta, i.e. Parthenopaeus.

trux ~es STAT.*Theb*.9.789.

atanuuium ~(i)ī, *n.*: (see quot.).

~ium est poculi fictilis genus, quo in sacrificiis utebantur sacerdotes Romani PAUL.*Fest*.p.18M.

atat: see ATTAT.

atauia ~ae, *f.* [cf. next] A great-great-great-grandmother.

GAIUS *dig*.38.10.1.7; PAUL.*dig*.38.10.10.16.

atauus ~ī, *m.* ~**os.** [*at-*+AVVS]

1 A great-great-great-grandfather.

pater, auos, proauos, abauos, ~os, tritauos PL.*Per*.57; TER.*Ph*.395; VAR.*L*.7.3; CIC.*Cael*.33; VELL.2.16.2; GAIUS *dig*.38.10.1.7; ~us, quia atta est aui, id est pater, ut pueri usurpare solent PAUL.*Fest*.p.13M.

2 A remote ancestor, forefather.

Turnus, auis ~isque potens VERG.*A*.7.56; Maecenas ~is edite regibus HOR.*Carm*.1.1.1; OV.*Met*.14.117; ueteres illi Sabini Quirites ~ique Romani COL.1.pr.19; V.FL.2.343; felices proauorum ~os JUV.3.312.

Atax ~acis, *m.* A river of Gallia Narbonensis, now the Aude.

MELA 2.81; PLIN.*Nat*.3.32; LUC.1.403;—(*meton., for the near-by inhabitants*) quem tremeret forti milite uictus ~ax TIB.1.7.4.

atechnos ~on, *a.* [Gk. ἄτεχνος] Inartistic.

hoc 'nolueris' et 'debueris' te si minus delectat (quod ~on) LUCIL.186.

Ateius ~ī, *m.* A Roman gentile name; esp. C. Ateius Capito, an opponent of the first triumvirate; also a famous jurist.

CIC.*Fam*.13.29.2; *Div*.1.29;—FRON.*Aq*.97; GEL.1.12.8.

Ātella ~ae, *f.* An Oscan town in Campania.

CIC.*Agr*.2.86; SUET.*Tib*.75; SIL.11.14;—(*as place of origin of Atellan farce*) ~a..quis fabulis actus dedit etulcos MAUR.2395.

Ātellāna ~ae, *f.* [ATELLANVS sc. *fabula*] A form of comedy which originated in Atella, an Atellan farce.

quoniam tu..non..~am sed, ut nunc fit, mimum introduxisti CIC.*Fam*.9.16.7; institutum manet, ut actores ~arum nec tribu moueantur et stipendia faciant LIV.7.2.12; SEN.*Con*.7.3.9; SUET.*Nero* 39.3; FRO.*Aur*.1.p.40(21IN).

Ātellānia ~ae, *f.* [ATELLANIVS, sc. *fabula*] An Atellan farce.

comoedos emeram, sed malui illos ~am (*cj.*) facere PETR. 53.13; uersus Pomponiani..qui est ex ~a, quae Meuia inscribitur GEL.10.24.5; 17.2.8.

Ātellānicus ~a ~um, *a.* Belonging to Atellan farce.

miscebat ~os uersus ut tunc primum me etiam Vergilius offenderit PETR.68.5.

Ātellāniola ~ae, *f.* [ATELLANIA+-OLA] A little Atellan farce.

inibi sunt et Nouianae ~ae et Scipionis oratiunculae AUR. *Fro*.1 p.138(34N).

Ātellānius ~a ~um, *a.* Of Atellan farce.

totum..fatum..~o uersu iure mihi esse inrisum uidetur CIC.*Div*.2.25; GEL.12.10.7.

Ātellānus ~a ~um, *a.*

1 Of Atella; (masc. pl. as sb.) the people of Atella.

municipi ~i CIC.*Fam*.13.7.1; fabellis..~is LIV.7.2.11;— V.MAX.2.4.4.

2 Of or connected with Atellan farces; (masc. as sb.) a composer of, or actor in, Atellan farces.

tricas ~as VAR.*Men*.198; Vrbicus exodio risum mouet ~ae gestibus Autonoes JUV.6.71;—illa obscaena, quae ~i e more captant QUINT.*Inst*.6.3.47; ~is notissimum canticum exorsis SUET.*Gal*.13.

atenim, *adv.*: see AT¹.

āter ātra ātrum, *a. compar.* atrior. [dub.] FORMS: compar. GEL.2.26.14, 2.30.11. N.B. The word is used emotively, esp. by poets; and meanings such as 'dark', 'funereal', 'ill-omened', 'terrible' merge into one another in many instances.

1 Black, dark-coloured; *(h)olus atrum*, alexander(s), horse-parsley, *Smyrnium olusatrum* (see HOLVS). **b** having black or dark skin or hair, dark-coloured; also, sunburnt, dark-skinned. **c** (in prov. exprs., contrasted w. *albus*, etc.).

panem atrum TER.*Eu*.939; tam excoctam reddam atque atram quam carbost TER.*Ad*.849; risi 'niuem atram' CIC. *Q.fr*.2.11.1; pice nigrior atra OV.*Met*.12.402; ater suapte natura liquor TAC.*Hist*.5.6;—(*of colours*) quare liuidus illi (*sc.* limae) et ater color sit SEN.*Nat*.7.21.1; 'rubidus'..est rufus atrior GEL.2.26.14;—(*of varieties of plants, etc.*) (ficos) Tellanas atras CATO *Agr*.8.1; ex carpino atra 31.1; atros intubos POMPON.*com*.128;—(*of wine*) album an atrum uinum potas? PL.*Men*.915. **b** canum seu istuc (*sc.* caput) rutilumst siue atrumst PL.*Mer*.306; sunt alii (pisces) puniceo corio, magni item; atque atri *Rud*.998; intro iit in aedis ater alienus canis TER.*Ph*.706; in Italia atras capras lacte album habere CATO *hist*.134; CATUL.108.5; STAT.*Theb*.4. 446;—corpus candidumst. — sol est ad eam rem pictor: atrum fecerit PL.*Vid*.36; Lanuuinus ater CATUL.39.12;— (*of Ethiopians*) OV.*Am*.1.13.33; hi (*sc.* Mesaches) pudore atri coloris tota corpora rubrica inlinunt PLIN.*Nat*.6.190. **c** CIC.*Phil*.2.41; alba..discernere et atra non poterat *Tusc*. 5.114; nec scire utrum sis albus an ater homo CATUL.93.2; Genius..uultu mutabilis, albus et ater HOR.*Ep*.2.2.189; OV.*Met*.11.314; APUL.*Apol*.16.

2 Devoid of light: **a** (of clouds, dust, etc.) dark, thick, black. **b** (of woods) dark, black. **c** (of waters, waves, etc.). **d** (of night, darkness, etc.) murky, thick, black, dark.

a nubis ater imberque instat PL.*Mer*.879; imbribus atris VERG.*G*.1.236; ater quos aequore turbo dispulerat *A*.1.511; pulueris atri HOR.*S*.2.8.55; nubes..atra PROP.2.5.12; PLIN. *Nat*.18.355. **b** lucis..atris OV.*Fast*.3.801; atrae..siluae GRAT.431;—(*w. abl.*) est nemus et piceis et frondibus ilicis atrum OV.*Ep*.12.67. **c** Saturae..atra palus VERG.*A*. 7.801; ater Hadriae..sinus HOR.*Carm*.3.27.18; LUC.1.547; STAT.*Theb*.1.385; (*w. abl.*) fluctus..atros Aquilone VERG. *A*.5.2;—(*in the underworld; cf. sense 8b*) ater..Cocytos HOR.*Carm*.2.14.17. **d** tenebris caliginis atrae FUR.ANT. *poet*.2; caliginis aer ater LUCR.4.339; rebus nox abstulit atra colorem VERG.*A*.6.272; HOR.*Epod*.10.9; atras ad proelia noctes legunt TAC.*Ger*.43.5;—(*w. abl.*) nox atra nubibus *Hist*.5.22;—(*poet., applied to the stars as appearing at night*) postquam dies sideribus atris cessit et nocti polus [SEN.]*Oct*.715;—(*poet. oxymoron*) donator atrae lucis, Alcide SEN.*Phaed*.1217.

3 (of blood from wounds, etc.) Blackened, discoloured. **b** dark with blood.

saxa spargens tabo sanie et sanguine atro ENN.*scen*.363; ora uirum..atro..fluentia tabo VERG.*A*.9.472; OV.*Met*. 12.256; (*cf.*) arborei fetus adspergine caedis in atram uertuntur faciem OV.*Met*.4.125. **b** specus atri uulneris VERG.*A*.9.700; atro..in puluere regum uiscera..curribus haerent V.FL.6.415; SIL.1.419; (*cf.*) atris rorantes imbribus auras V.FL.5.176.

4 Discoloured, stained; sordid, squalid. **b** discoloured with bruises, 'black and blue'. **c** (applied to bile, regarded as a morbid symptom and as the cause of ill-temper) black.

cum sit tibi dens ater HOR.*Epod*.8.3; *Ep*.1.18.7;—ut turpiter atrum desinat in piscem mulier formosa superne *Ars* 3; in morem pecudum effudere cubilibus atris illaudatam animam SIL.14.631. **b** fiet tibi puniceum corium, postea atrum denuo PL.*Rud*.998; scindimus atras ueteri planctu..genas SCAEV.MEM.*trag*.1; LUC.2.38; STAT.*Silv*. 2.6.82. **c** si bilis atra est CATO *Agr*.157.7; solent..i.. hanc (*sc.* bilem) et quidem..atram uomere CELS.4.12.6; PLIN.*Nat*.31.64;—atra bili percita est PL.*Am*.727; *Capt*.596; quasi uero atra bili solum mens..moueatur CIC.*Tusc*.3.11.

5 (of fires, flames, light, etc.) Smoky, murky, smouldering. **b** (spec. of the fire of a funeral pyre; cf. senses 7a and 8). **c** (of ashes, etc.) blackened with fire, charred.

atro lumine fumantis..taedas VERG.*A*.7.456; prius..quam ..sic..flagres uti bitumen atris ignibus HOR.*Epod*.5.82; facibus atris [SEN.]*Oct*.118; (*cf.*) uoluitur ater odor tectis VERG. *A*.12.591. **b** sequar atris ignibus absens VERG.*A*.4.384; OV.*Fast*.2.561; LUC.2.299. **c** atra fauilla OV.*Tr*.5.5.36; ater et Eridani trepidum globus ibat in amnem V.FL.5.430; (*cf.*) suam (nutricem) patria antiqua cinis ater habebat VERG.*A*.4.633.

6 (as the colour that denotes disapproval, etc.) Black. **b** (relig.) *ater* or *atra dies*, a black, i.e. unlucky or ill-omened, day; (poet., of the day of death).

uir bonus..uersus reprehendet inertis..incomptis allinet atrum..signum HOR.*Ars* 446; mos erat antiquus niueis atrisque lapillis, his damnare reos, illis absoluere culpa OV.*Met*.15.41. **b** Septembris heri Kalendae, hodie ater est dies AFRAN.*com*.163; FAB.MAX.*hist*.4; VAR.*L*.6.29; si atro die faxit insciens *formula* in LIV.22.10.6; FEST. p.278M;—(*transf.*) quaque aliquid dandumst, illa sit atra dies OV.*Ars* 1.418; SEN.*Dial*.7.25.3; (*cf.*) uitae series tota sit atra dies OV.*Ib*.62;—quos..abstulit atra dies VERG.*A*. 6.429; PROP.2.11.4.

7 a Black or dark (as being associated with funerals, mourning, etc.), funereal; wearing black. **b** black, dark, or dusky (as an ep. applied to death, esp. personified, or things connected with it).

a ploratus mortis comites et funeris atri LUCR.2.580; stant manibus arae, caeruleis maestae uittis atraque cupresso VERG.*A*.3.64; SEN.*Dial*.11.16.5;—dum ficus prima calorque dissignatorem decorat lictoribus atris HOR.*Ep*. 1.7.6;—(*applied to the site of a cemetery*) atras..Esquilias *S*.2.6.32. **b** seu Mors (me) atris circumuolat alis HOR.*S*. 2.1.58; nihil ultra neruos atque cutem morti concesserat atrae *Carm*.1.28.13; sororum fila trium..atra 2.3.16; TIB. 1.3.5; SEN.*Oed*.164; STAT.*Theb*.4.528.

8 Deadly, direful, terrible, grisly. **b** (spec., of persons or things connected w. the underworld).
Macies..et atra Pestis SEN.*Oed.*1060; fulminis atri spargentem flammas clipeum SIL.4.431; 4.439. **b** atra silex VERG.*A.*6.602; ubi..demittit atras belua centiceps auris HOR.*Carm.*2.13.34; ades huc emissus ab atro limine STAT.*Silv.*2.1.227.

9 (of dangerous animals or poison; sts. combining w. the colour sense) Deadly.
ille malum uirus serpentibus addidit atris VERG.*G.*1.129; fiet..sus horridus atraque tigris 4.407; tuto ab atris corpore uiperis HOR.*Carm.*3.4.17; OV.*Met.*4.454; JUV.5.91;— membris agit atra uenena VERG.*G.*2.130; HOR.*Carm.*1.37.27; atro delibutus Hercules Nessi cruore HOR.*Epod.*17.31; (*cf. sense 11*) atra ceu serpentium lingua (*sc.* hominum) uibrat PLIN.*Nat.*18.4.

10 (of fear and sim., esp. personified) Gloomy, dark, black.
usque adeo..impendent atrae formidinis ora superne LUCR.4.173; Fugam..atrumque Timorem VERG.*A.*9.719; post equitem sedet atra Cura HOR.*Carm.*3.1.40; procul atra recedat Inuidia STAT.*Silv.*4.8.16.

11 Spiteful, malevolent.
si quis atro dente me petiuerit HOR.*Epod.*6.15; quem uersibus oblinat atris *Ep.*1.19.30.

ateramum ~ī, *n.* [cf. Gk. ἀτεράμων] (See quot.)
circa Philippos ~um nominant in pingui solo herbam, qua faba necatur PLIN.*Nat.*18.155.

Atesis ~is, *m.*: see ATHESIS.

Ateste ~is, *n.* A town in Venetia.
PLIN.*Nat.*3.130; Pataiuum et ~e partibus adiunxere (Primus ac Varus) TAC.*Hist.*3.6.

Atestīnus ~a ~um, *a.* Of Ateste.
perfer ~ae nondum uulgata Sabinae carmina MART. 10.93.3;—(*masc. as personal name*) egit ~us causas 3.38.5.

Athamān ~ānis, *m.* An inhabitant of Athamania.
(*pl.*) ~anum..gens CIC.*Pis.*96; socios..adiunxit Epirotas, ~anas, Chaonas NEP.*Timoth.*2.1; ~anum rex LIV. 31.28.1; si Amynandrum ~anesque Antiocho coniunxisset 35.47.7; admotum..~anas aquis accendere lignum narratur OV.*Met.*15.311; PLIN.*Nat.*4.6;—(*collect. sg.*) uagus altis dispersus siluis ~an (*cj.*) LUC.3.188;—(*as quasi-adj.*) ~anes quoque uenerant legati LIV.39.24.8.

Athamānia ~ae, *f.* A district in Epirus.
per Epirum atque ~am iter facere coepit CAES.*Civ.*3.78.4; LIV.42.55.2; GRAT.182; PLIN.*Nat.*20.253.

Athamānicus ~a ~um, *a.* Of or connected with Athamania, Athamanian.
(*as the name of a variety of* meum) PLIN.*Nat.*20.253.

Athamantēus ~a ~um, *a.* Of Athamas. **b** (used w. ref. to the descendants of Athamas).
at illi (angues) Inoosque sinus ~osque pererrant OV.*Met.* 4.497. **b** (*Phrixus*) ~o..in auro MART.8.28.19;—(*Palaemon*) ~a protectum tempora pinu STAT.*Silv.*5.3.143.

Athamantiadēs ~ae, *m.* A son of Athamas.
~es..Palaemon OV.*Met.*13.919.

Athamanticus ~a ~um, *a.* Of or connected with Athamas.
(*as the name of a variety of* meum) PLIN.*Nat.*20.253.

Athamantis ~idos or ~idis, *f.* The daughter of Athamas, i.e. Helle.
Helles ~idos urbes PROP.3.22.5; fluctibus inmodicis ~idis aequora canent OV.*Ep.*17.137; et frustra pecudem quaeres ~idos Helles *Fast.*4.903.

Athamānus ~a ~um, *a.* Of Athamania, Athamanian.
est Phoebi fugiens ~a ad litora portus PROP.4.6.15.

Athamās ~antis, *m.* (mythol.) The father of Phrixus and Helle by Nephele, and of Learchus and Melicertes by Ino; killed Learchus in a fit of madness.
exsultatio ~antis CIC.*Har.*39; ~ante dementiorem *Pis.*47; agitur furiis ~as et imagine falsa OV.*Fast.*6.489; infelix ~as STAT.*Theb.*1.13; HYG.*Fab.*1.1.

Athēna ~ae, *f.* ~āna (PETR.58.7). The goddess Athena.
maxima pars Graium Saturno et maxime ~ae conficiunt sacra ACC.*poet.*3.1; ~a tibi irata sit, curabo PETR.58.7.

Athēnae ~ārum, *f.* The city of Athens. **b** (meton. for the inhabitants).
~as anticum opulentum oppidum contempla ENN.*scen.* 287; in libero..populo, ut Rhodi, ut ~is CIC.*Rep.*1.47; ipse suum Theseus pro caris corpus ~is proicere optauit CATUL. 64.81; HOR.*S.*1.1.64; PLIN.*Nat.*4.24;—(*w.* Atticae) ad amicam..~as Atticas uiso PL.*Truc.*497;—(*as a centre of learning*) adulescentem..~as misit QUINT.*Decl.*333(p.310, l.16); ~is uiuere hominem, non in uilla putes PLIN.*Ep.* 7.25.4; (*cf.*) quas ~as, quam scholam..huic domesticae disciplinae praetulerim? V.MAX.2.1.10; nunc totus Graias nostrasque habet orbis ~as JUV.15.110. **b** ne petite auxilium, sed sumite,..~ae OV.*Met.*7.507; cum..insuitatis perfusae tenebris ~ae sollicitudine angerentur V.MAX.8.11. ext.1; audite, ~ae SEN.*Phaed.*1191.

Athēnaeopolītae ~arum, *m. pl.* The inhabitants of one of the cities (other than the Attic one) called Athens.
quod..cum trinae fuerint Athenae, ab una dicti Athenaei, ab altera Athenaiis, a tertia ~ae VAR.*L.*8.35.

Athēnaeus ~a ~um, *a.* Of the city of Athens, Athenian. **b** (as sb.) an Athenian. **c** (as a personal name).
~is in moenibus LUCR.6.749; (*in place-names*) ~um castellum, finibus Macedoniae subiectum LIV.38.1.11. **b** Polycles ~us PLIN.*Nat.*34.52; Menestheus..~us *Ilias* 211;—(*pl.*) VAR.*L.*8.35. **c** Athenaeus, Eumenis et Attali frater LIV.38.13.3.

Athenaiis, *m. pl.* The inhabitants of one of the cities (other than the Attic one) called Athens.
VAR.*L.*8.35.

Athēniensis ~is ~e, *a.* Of or connected with Athens, Athenian. **b** (as sb.) an Athenian.
ingenua ~is PL.*Cas.*82; sacra..more ~ium uirginum reposita in capitibus CIC.*Ver.*4.5; populum ~em *Fam.* 1.9.18; ~is..legatus LIV.32.21.21; ~is..turba SEN.*Dial.* 12.7.2; arcibus ~ibus APUL.*Mun.*32. **b** Amphilochus ~is VAR.*R.*1.1.8; Hegias ~is VITR.3.pr.2;—(*pl.*) LANUV.*com.*1; ~es, unde humanitas, doctrina, religio, fruges, iura, leges ortae atque in omnis terras distributae putantur CIC.*Flac.* 62; LIV.31.44.2; SEN.*Dial.*8.4.1; TAC.*Ann.*15.64.

Athēniō ~ōnis, *m.* The name of a slave who led an insurrection in Sicily in 103 B.C.
~o rex fugitiuorum CIC.*Ver.*3.66;—(*as a term of opprobrium*) uidi ex tuis litteris..quid ageretur..de signifero ~one (*i.e.* Clodio) *Att.*2.12.2.

Athēnodōrus ~ī, *m.* A Greek name, esp. that of two Stoic philosophers from Tarsus; the younger of these was the teacher and friend of Augustus and is probably to be identified with the Athenodorus Calvus referred to by Cicero.
(*the younger*) ad ~um Caluum scripsi ut ad me τὰ κεφάλαια mitteret CIC.*Att.*16.11.4; ut..~us, Sandonis filius, quid de his rebus dicat, attenderis *Fam.*3.7.5; AUG. in Suet.*Cl.*4.5;—(*not identifiable*) SEN.*Dial.*9.3.1; *Ep.*10.5; PLIN.*Ep.*7.27.7.

Atheos ~ī, *m.* ~**us.** [Gk. ἄθεος] (as a nickname) The Atheist.
Diagoras, ~os qui dictus est CIC.*N.D.*1.63; 3.89.

athēra ~ae, *f.* [Gk. ἀθήρα, ἀθήρη] A variety of gruel, used in medicine.
hac (*sc.* olyra) decocta fit medicamentum, quod Aegyptii ~am uocant, infantibus utilissimum, sed et adultos inlinunt eo PLIN.*Nat.*22.121.

athērōma ~atis, *n.* [Gk. ἀθήρωμα] A tumour occurring on the head, and containing gruel-like matter.
in hoc (*sc.* capite) multa uariaque tubercula oriuntur; ganglia, meliceridas, ~ata nominant CELS.7.6.1.

Athesis ~is, *m.* **Atesis.** A river of N. Italy, now the Adige.
quales aeriae..~im..propter amoenum consurgunt geminae quercus VERG.*A.*9.680; Verona, ~i circumflua SIL. 8.595; accedentibus ~i ex Tridentinis Alpibus et Togisono ex Patauinorum agris PLIN.*Nat.*3.121.

Atheus ~ī, *m.*: see ATHEOS.

Athlans, -nticus: see ATLANS, ~NTICVS.

āthlēta ~ae, *m.* [Gk. ἀθλητής]

1 One who takes part in public games, an athlete. **b** (spec.) a wrestler, prize-fighter. **c** (pl.) athletes in contest (as a spectacle), an athletic contest.
ex his..institutis..uel ad Herculis athla ~ae facti erant VAR.*Men.*162; hoc..Sophocles si in ~arum probatione dixisset, iusta reprehensione caruisset CIC.*Off.*1.144; NEP. *Cha.*1.3; nunc ~arum studiis, nunc arsit equorum HOR.*Ep.* 2.1.95; ~arum..certamen tum primo Romanis spectaculo fuit LIV.39.22.2; BIS ~ARVM VNDIQVE ACCITORVM SPECTACLVM POPVLO PRAEBVI AUG.*Anc.*4.33; Milonem ~am, cum constitisset, nemo uestigio educebat PLIN.*Nat.*7.83; ~a, qui omnis iam perdidicerit a praeceptore numeros QUINT.*Inst.* 10.1.4; ~ae..ea, quae pro iselasticis certaminibus constituisti, deberi sibi putant PLIN.*Ep.Tra.*10.118(119).1; (*cf.*) uelut ~arum quodam contenti simus tetradio (uitium) COL. 3.20.3. **b** ~as..uidemus nihil nec uitando facere caute nec petendo uehementer, in quo non motus hic habeat palaestram quandam CIC.*Orat.*228; non potest ~a magnos spiritus ad certamen adferre, qui numquam sugillatus est SEN.*Ep.*13.2; 78.16; leuibus ~is JUV.6.356. **c** nouissimo die diuersis duabus per medium scaenis ~as edidit PLIN. *Nat.*36.120; edidit spectacula uarii generis:..item circenses ~as naumachiam SUET.*Jul.*39.1; *Aug.*43.1; SOLVS IN SPECTACVLIS ~AS PAR XXX (dedit) *CIL* 10.1074.

2 (w. gen.) One who is practised (in some activity), an expert, adept, 'old hand'.
uos, qui estis Epirotici pecuari⟨ae⟩ ~ae VAR.*R.*2.1.2; nos ~ae comitiorum 3.5.18.

āthlētica ~ae, *f.* [ATHLETICVS, sc. *ars*] Athletics.
~am Pittheus..(instituit) PLIN.*Nat.*7.205; 8.82.

āthlēticē, *adv.* [next+-E] Like an athlete.
benene usque ualuit? — pancratice atque ~ PL.*Bac.*248; quid erilis noster filius? — ualet pugilice atque ~ *Epid.*20.

āthlēticus ~a ~um, *a.* [Gk. ἀθλητικός] Of or proper to an athlete; *ars ~a,* athletics.
ut huius generis exercitationes cibique necessariae sunt, si⟨c⟩ ~i superuacui CELS.1.1.3; si malum inueterauit, ~o uictu corpus firmandum est 4.13.6;—cum iam natu grandis artem ~am desisset (Milo) GEL.15.16.2.

āthlum ~ī, *n.* [Gk. ἆθλον]

1 A labour, task.
Herculis ~is VAR.*Men.*76; Herculis ~a duodecim ab Eurystheo imperata HYG.*Fab.*30(lemma); AMP.2.3; (*cf.*) haec sunt uera ~a; nam ingenuum nasci tam facile est quam 'accede istoc' PETR.57.11.

2 (astrol.) The name given to the twelve parts of an imaginary celestial circle governing the activities of human life.
~a uocant Grai, quae cuncta negotia rerum in genera et partis bis sex diuisa coercent MAN.3.162; 3.172; 3.193.

3 An athletic contest.
taurum..qui in ~o funebri..poneretur HYG.*Fab.*91.4.

Athos, *m.* **Atho** ~ōnis. FORMS: The regular nom. is *Athos* and regular acc. *Athon*: in most cases the quantity of the 'o' is indeterminable, but *Athōs* occurs at VERG.*A.*12.701, V.FL. 2.201, JUV.10.174 and *Athŏn* at VERG.*G.*1.332, V.FL.1.664. Other forms are: (i) nom. *Atho* OV.*Pont.*1.5.22, LIV.44.11.3, MELA 2.31; (ii) acc. *Atho* SEN.*Suas.*5.7, PLIN.*Nat.*4.37, 18.215; (iii) dat. *Atho* MELA 2.106; (iv) abl. *Athone* CIC.*Fin.*2.112; *Atho* OV.*Ars* 2.517, LIV.44. 28.3, PLIN.*Nat.*4.73, AMP.13.4; (v) nom. pl. *Athones* LUCIL.113. Grammarians and scholiasts also give *Athonem* or *Athona* as acc. and *Athonis* as gen. A mountain on the peninsula of Acte in Chalcidice. **b** (pl.) mountains like Athos.
Xerxes, cum..Hellesponto iuncto ~one perfosso mari ambulauisset terra nauigauisset CIC.*Fin.*2.112; cum.. iuuentus per medium classi barbara nauit ~on CATUL.66.46; ille (Pater) flagranti aut ~on aut Rhodopen..telo deicit VERG.*G.*1.332; creditur olim uelificatus ~os JUV.10.174;—(*quasi-personified*) SEN.*Her.O.*1048. **b** aigilipes montes, Aetnae omnes, asperi ~ones LUCIL.113.

-āticus ~a ~um, *adjl. suff.* Enlargement of -CVS; formed from vbl. bases (*erraticus, uenaticus*) and from sbs. (*aquaticus, fanaticus, multaticus*).

Atīliānus ~a ~um, *a.* [ATILIVS+-ANVS]

1 Of Atilius; esp. of M. Atilius Regulus.
ueluti Memnianorum praediorum uel ~orum CIC.*Att.* 5.1.2;—uirtutis ~ae exemplum V.MAX.4.4.6.

2 (of a guardian) Appointed under the *lex Atilia.*
~us tutor GAIUS *Inst.*1.185.

-ātilis ~is ~e, *adjl. suff.* Enlargement of -ILIS[1]; formed from sbs. (*aquatilis, umbratilis*).

Atīlius ~a, ~um *a.*

1 A Roman gentile name, esp. M. Atilius Regulus, consul 267 and 256 B.C., put to death by the Carthaginians in the first Punic War; also M. Atilius, a writer of *palliatae.*
prudentia..multa..de M. ~io Q. Caepione M'. Aquilio recordatur CIC.*Tusc.*5.14; M. ~ium captum in Africa LIV. 28.43.17;—post insequi Licinium facio ~ium VOLC.*poet.*1.9; VAR.*L.*7.90; 7.106; ~ius, poeta durissimus CIC.*Att.*14.20.3; *Fin.*1.5; odium mulierum, quale in μισογύνῳ ~i est *Tusc.* 4.25.

2 *lex ~a,* a law (earlier than 186 B.C.) concerned with the public appointment of guardians at Rome.
si cui nullus omnino tutor sit, ei datur in urbe Roma ex lege ~a GAIUS *Inst.*1.185.

Ātīna ~ae, *f.*

A town **a** in Latium. **b** in Venetia. **c** in Lucania (cf. ATINAS *b*)
a raptam esse mimulam, quod dicitur ~ae factum CIC. *Planc.*30; ~a potens VERG.*A.*7.629; prisca..~a MART. 10.92.2; monte niuoso descendens ~a SIL.8.397;—(*perh. confused w.* Atella) qui captae decus Nolae ad consulem trahunt, adiciunt ~am et Calatiam ab eodem captas LIV. 9.28.6. **b** PLIN.*Nat.*3.131.

Ātīnās ~ātis, *a.*

Of Atina **a** in Latium. **b** in Lucania.
~atem praefecturam CIC.*Planc.*47; ~ate agro LIV.10.39. 5. **b** dixisse te nihil illo ~ati somnio fieri posse diuinius CIC.*Div.*1.59; in ~ate campo fluuius mersus post xx milia passuum exit PLIN.*Nat.*2.225.

Ātīnātēs ~ium, *m. pl.*

The people of Atina **a** in Latium. **b** in Lucania.
a utrum magis fauere putas ~is an Tusculanos suis? CIC. *Planc.*19. **b** Lucani subacti a Calchante, quae nunc loca tenent ~es PLIN.*Nat.*3.104.

Atinius ~a ~um, *a.*

1 A Roman gentile name.
CIC.*Dom.*123; LIV.32.29.3.

2 Of or connected with Atinius: **a** *plebiscitum ~um,* a decree conferring certain

senatorial rights on the tribunes. **b** *lex Atinia*, a law dealing with usucapion.

a tribunis..plebis senatus habendi ius erat, quamquam senatores non essent ante ~um plebiscitum GEL.14.8.2. **b** legis ueteris ~ae uerba sunt: quod subruptum erit, eius rei aeterna auctoritas esto GEL.17.7.1; dicit lex ~a, ut res furtiua non usucapiatur, nisi in potestatem eius, cui subrepta est, reuertatur PAUL.*dig*.41.3.4.6;—(*pl.*) CIC.*Ver*.1.109.

3 *ulmus* ~*a*, A tall variety of elm.

COL.5.6.2; Italia ~as uocat excelsissimas (ulmos) PLIN.*Nat*.16.72; 17.77.

atizoē ~ēs, *f*. [unkn.] A precious stone.

~en..argenteo colore fulgentem, magnitudine trium digitorum, adlenticulae figuram, odoris iucundi PLIN.*Nat*.37.147.

Atlā(n)s ~antis, *m*. FORMS: nom.: *Atlans* and *Atlas* are both common; *Athlans* AMP.6.7 and elsewhere as a manuscript variant. voc.: *Atlā* OV.*Met*.4.644; acc.: *Atlanta* or *Atlantem*.

1 A high mountain in north-west Africa.

MELA 3.101; ad montem Africae uel fabulosissimum ~antem PLIN.*Nat*.5.5; solis..extremas ad ~anta uias SIL.16.659; quanto sublimior ~ans omnibus in Libya sit montibus JUV.11.24.

2 A Titan who was condemned to support the heavens on his head; later metamorphosed into a mountain. **b** a representation of Atlas.

~antis filiam Calypsonem ANDR.*poet*.15(16); nec..~ans sustinere caelum..traderetur CIC.*Tusc*.5.8; Mercuri, facunde nepos ~antis HOR.*Carm*.1.10.1; Iapetionides ~as OV.*Met*.4.632; stelligeri uector Olympi..~ans SEN.*Her.O*.1908; progenies ~antis (*i.e.* Mercurius) V.FL.1.841; MART.13.2.2; STAT.*Theb*.8.315; HYG.*Fab*.150.2; (*cf. sense 1*) latera ardua ~antis duri caelum qui uertice fulcit VERG.*A*.4.247;—(*as typical giant*) nanum cuiusdam ~anta uocamus Aethiopem Cycnum JUV.8.32. **b** inerant signa expressa, quomodo Titani,..magnique ~antes NAEV.*poet*.19(20).2.

Atlantes ~um, *m*. A people of N. Africa.

~es solem exsecrantur..ut ipsis agrisque pestiferum MELA 1.43; PLIN.*Nat*.5.44.

Atlantēus ~a ~um, *a*.

1 Of or connected with Mt. Atlas or the adjacent ocean, Atlantic.

propter ~um litus pelagique seuera LUCR.5.35; quo..~us..finis concutitur HOR.*Carm*.1.34.11; ab oceano..~o LUC.5.598; gurgite ~o pelagi STAT.*Ach*.1.223.

2 Descended from Atlas.

Pleiadas ~as OV.*Fast*.3.105.

Atlantiacus ~a ~um, *a*.

1 Of or connected with Mt. Atlas or the adjacent ocean, Atlantic.

qualis ~o memoratur litore quondam monstrum Geryones SIL.13.200.

2 Of or connected with Atlas (in quot., of the heavens, as borne by him).

si quis ~i pondus molitur Olympi CALP.*Ecl*.4.83.

Atlantiadēs ~ae, *m*.

1 The grandson of Atlas, Mercury.

OV.*Met*.2.834; 8.627; paret ~es STAT.*Theb*.1.303.

2 The great-grandson of Atlas, Hermaphroditus.

OV.*Met*.4.368.

Atlantias ~adis, *f*. A daughter of Atlas.

~adem..Calypson *Priap*.68.23;—(*w.* sorores, *of the Pleiades*) uixque ~adum rubefecerat ora sororum (Aurora) SIL.16.136.

Atlanticus ~a ~um, *a*. **Athl-**. ORTHOG.: *Athlanticum* AMP.7.1. Of or connected with Mt. Atlas or the adjacent ocean, Atlantic; also, connected with or coming from the region in which Mt. Atlas is situated.

illo mari quod ~um..appellatis CIC.*Rep*.6.21; ter et quater anno reuisens aequor ~um HOR.*Carm*.1.31.14; ~i litoris MELA 3.107; 'nauigaui', inquit, '~um mare' SEN.*Nat*.4a.2.22; qua inrumpens oceanus ~us in maria interiora diffunditur PLIN.*Nat*.3.3;—(*w. ellipsis of* mare) COL.8.16.9;—accipe felices, ~a munera, siluas (*of a table of citron-wood*) MART.14.89.1; et subit Aetolos ~us accola campos SIL.10.184.

Atlantios ~ion, *a*. *nodus* ~*ios*, The first cervical vertebra (as supporting the skull).

spinae articulum scite nodum ~ion uocant; est autem primus PLIN.*Nat*.28.99.

Atlantis ~idis or ~idos, *f*. and *f. adj*.

1 (adj.) Of or connected with Mt. Atlas or the region in which it is situated.

dentibus hic niueis sectos ~ide silua inposuere orbes LUC.10.144.

2 (sb.) A daughter or female descendant of Atlas.

~idos..Calypsus [TIB.]3.7.77; ~ide Maia natus OV.*Met*.2.685; custos ~idos Vrsae *Tr*.1.11.15; (*cf.*) ~ida nymphen (= Amphitriten) GERM.*Arat*.322;—(*of the Pleiades*) Eoae ~ides VERG.*G*.1.221; uagantes..~ides SEN.*Her.F*.11; COL.10.54; (*collect. sg.*) iamque sub Eoae dubios ~idis ignes albet ager V.FL.2.72; (*cf.*) filiae..eius ~ides, quas nos uergilias, Graeci autem πλειάδας nominant VITR.6.7.6.

3 (sb.) An island supposed to exist in the Atlantic Ocean.

traditur et alia insula contra montem Atlantem, et ipsa ~is appellata PLIN.*Nat*.6.199.

Atlantius ~(i)ī, *m*. Hermaphroditus, the great-grandson of Atlas.

~ius Mercurii et Veneris filius qui Hermaphroditus dictus est HYG.*Fab*.271.2.

atnātus ~ī, *m*.: see AGNATVS.

atocium ~(i)ī, *n*. [Gk. ἀτόκιον (? -εῖον)] A contraceptive.

PLIN.*Nat*.29.85.

atomus[1] ~ī, *f*. **~os.** [Gk. ἄτομος] FORMS: ~*ūs* (acc. pl.) LUCIL.753. (phil.) The ultimate component of matter, a particle incapable of further division, an atom.

eidola atque ~us uincere Epicuri uolam LUCIL.753; ille (Epicurus) ~os quas appellat, id est corpora indiuidua propter soliditatem censet in infinito inani..ferri CIC.*Fin*.1.17; ~orum, quae interiecto inani cohaerescunt *N.D*.1.54; *Fat*.22; aer.., si in ~os inciditur, sparsus est SEN.*Nat*.2.6.2; QUINT.*Inst*.7.2.2.

atomus[2] ~a ~um *a*. [as prec.] That cannot be cut, indivisible.

Graeci stagonian et ~um tali modo appellant (tus) PLIN.*Nat*.12.62.

atoptō ~āre, *tr*., see ADOPTO.

atque, ac, *conj*. [AD-+-QVE] FORMS: *adque* ACC.*trag*.61, AUG.*Anc*.4.30, *CIL* 14.2112.1.15; *atque* prob. always used before a vowel or 'h'; both forms are used before consonants. POSITION: occasionally postponed to second place in its phrase or clause, e.g. *Lydia* 56, VERG.*Ecl*.6.38; HOR.*Epod*.17.4, OV.*Ars* 3.282, *Tr*.3.2.13, V.FL.6.599; in third place HOR. *Carm*.1.25.17.

1 (connecting a more particular or emphatic term or sentence) And..too, and what is more. **b** (followed by a demonstrative pronoun, etc.). **c** (phrs.) *alius atque alius*: see ALIVS; *etiam atque etiam*: see ETIAM; *unus atque alter*: see VNVS; *semel atque iterum, iterum atque iterum, iterum ac saepius, iterum ac tertium* (*tertio*): see ITERVM.

lepide ecastor aucupaui atque ex mea sententia PL.*Truc*.964; fugin hinc? — ego uero ac lubens TER.*An*.337; homo omnium et..eruditissimus et..acutissimus..atque, ut ego soleo dicere, iuris peritorum CIC.*de Orat*.1.180; illud uero cui probari potest, te sine tuo quaestu, ac maximo quaestu, tantam tuam infamiam,..neglexisse..? *Ver*.3.52; multis ac summis uiris *Catil*.1.10; praestate eandem nobis ducibus uirtutem atque illum adesse et haec coram cernere existimate CAES.*Gal*.6.8.4; per amicos ac maxime per homines nominis Latini SAL.*Jug*.40.2; ad prima ac dubia signa ueris LIV.21.58.2; mox alios ac praecipuum Simoniden ceteras (litterarum formas) repperisse TAC.*Ann*.11.14;—(*foll. by* ipse) sensus moresque repugnant atque ipsa utilitas HOR.*S*.1.3.97; Maeliani atque ipse dux eorum LIV.4.14.1;—(adeo, quidem, ultro) bene factum te aduenisse, Pamphile; atque adeo, id quod maxumumst, saluom atque ualidum TER.*Hec*.457; 'ego uero,' inquit Crassus 'ac doleo quidem illos uiros in eam fraudem..esse delapsos' CIC.*de Orat*.3.226; abnuentique uera esse quae adferret atque ultro corruptum arguenti TAC.*Hist*.3.54; PLIN.*Ep*.7.6.7;—(ne..quidem) nihil..aliud ac ne pane quidem uescendo PLIN.*Nat*.19.108. **b** omnis sollicitos habui—atque haec una nox TER.*Hau*.461; equites..eius angustis portis atque his a Caesaris militibus occupatis..tardabantur CAES.*Civ*.3.70.1; cum..cepisset complures Persarum nobiles atque in his nonnullos regis propinquos NEP.*Paus*.2.2;—alterum Cotum, antiquissima familia natum atque ipsum hominem summae potentiae CAES.*Gal*.7.32.4;—sollicitabar rebus maximis uno atque eo perexiguo tempore CIC.*Ver*.24; cum uestros portus atque eos portus quibus uitam ac spiritum ducitis in praedonum fuisse potestate sciatis *Man*.33; negotium magnum est nauigare atque id mense Quintili *Att*.5.12.1; *Off*.1.71; (*w.* quoque) nisi ero meo uni indicasso, atque ei quoque ut ne enuntiet PL.*Poen*.888;—(*cf.*) simul eos..plures cohortes atque omnes..pariter acres inuadunt SAL.*Hist*.4.76.

2 (beginning an emphatic sentence or clause) And in fact, and what is more, and indeed. **b** (spec., introducing an exclamation at the appearance of a person who has just been mentioned). **c** (introducing a wish). **d** (spec., emphasizing agreement and adding a detail) yes, and—. **e** (introducing a comparison).

duce istam intro mulierem. atque audin? PL.*Epid*.400; istuc caue faxis..atque illaec quae dixi dato *Mil*.1126; rem tenes. — istuc ipsum. — atque istuc ipsum nil periclist TER.*An*.350; ac ne quis a nobis hoc ita dici forte miretur CIC.*Arch*.2; Africanus indigens mei? minime hercle! ac ne ego quidem illius *Amic*.30; ac tanta fuit in castris capiendis celeritas ut Teutomatus..uix se ex manibus praedantium militum eriperet CAES.*Gal*.7.46.5; atque ego..uellem potius ob mea..beneficia posse me a uobis auxilium petere SAL.*Jug*.14.3;—(*parenth.*) in his tot et tantis—atque etiam plura possunt accidere—potest esse sapiens CIC.*Tusc*.5.29;—(*w.* hercle, ecastor, *etc.*) atque ego quidem hercle..PL.*As*.843; atque ecastor apud hunc fluuium aliquid perdundumst tibi *Bac*.86; atque ea profecto tum multo puriora et dilucidiora cernentur CIC.*Tusc*.1.46. **b** atque eccum ipsum hominem PL.*Men*.898; Diniarchusne illic est? atque is est *Truc*.122; sed ubi obsecro est? — me quaerit haec. — atque eccum uideo TER.*Eu*.1006; atque eccum in ipso tempore ostentum senem! PAC.*trag*.238; eamus ad ipsum. atque ipse commode de parte superiore descendebat SIS.*Mil*.3. **c** atque utinam in Latinis talis oratoris simulacrum reperire possemus! CIC.*Orat*.22; *Lydia* 56; atque utinam ex uobis unus uestrique fuissem VERG.*Ecl*.10.35; LIV.21.41.13; eat atque utinam superetque labores V.FL.6.599. **d** numquae aduenienti aegritudo obiecta est? — atque acerruma PL.*Bac*.538; seruos ego? — ac meus *Cas*.736; oro ut..recipiatis.. — recipimus. — ac lubenter TER.*Eu*.1086;—(*w.* quidem) tun me uidisti? — atque his quidem hercle oculis PL.*Mil*.368; e caelo? — atque medio quidem *Trin*.941; animaduertebas..uersus ab is admisceri orationi. —ac multos quidem a Dionysio Stoico CIC.*Tusc*.2.26; id estne numerandum in bonis?—ac maxumis quidem *Leg*.2.12. **e** atque ut haec de honesto, sic de turpi contraria CIC.*Tusc*.2.46; ac ueluti lentis Cyclopes fulmina massis cum properant VERG.*G*.4.171; *A*.4.402; certe furit, ac uelut ursus, obiectos caueae ualuit si frangere clathros HOR.*Ars* 472; atque ut es excusso iaculum torquere lacerto..doctus OV.*Pont*.2.9.57; ac sicut aues ad uolatum..ita nobis propria est mentis agitatio QUINT.*Inst*.1.1.1.

3 (introducing a new point or fresh aspect of a subject) And now; (also *ac primo, ac primum*).

ac duo breuiter prima CIC.*Orat*.44; atque ego illa non argumentabor quae sunt grauia uehementer *Clu*.64; ac ne quis ex nostro..casu hanc uitae uiam pertimescat *Sest*.140; ac ne illud quidem silentio..praetereundum puto *Phil*.13.13; atque etiam alia diuisio est officii *Off*.1.8; (*cf.*) atque ut aliquando ad te ueniam, de me hoc sit extremum *Vat*.9; ac de inferenda quidem iniuria satis dictum est *Off*.1.27;—Ameriam re inorata reuerterunt. ac primo rem differre cotidie..isti coeperunt *S.Rosc*.26; ac primum abs te illud..quaero *Sul*.3; ac primum tibi perspectum esse iudicium de te meum laetor, deinde..*Att*.1.20.1.

4 (connecting a word or phrase which strengthens or corrects the first term) And in fact, and even. **b** (w. *adeo, etiam*, etc.). **c** (w. *paene, prope, uix*). **d** (w. *potius*) or rather. **e** *ac non*, and not rather.

quod nolebam ac uotueram PL.*As*.212; soluite istum nunciam, atque utrumque *Capt*.355; proinde ut sacri sint ac sanctiores quam ille in Lydia VAR.*R*.3.17.4; magna ac multo maxima parte CIC.*Man*.54; mihi magnae curae fore atque esse iam *Fam*.3.5.2; si fuerit is..iniustus..timidus, hebeti ingenio atque nullo *Tusc*.5.45; magna atque immanis cataplexis (est) LUCR.4.1163; omnium superiorum dimicationum fructum in eo die atque hora docet consistere CAES.*Gal*.7.86.3; bellum gerendum in Italia ac pro moenibus Romanis esse LIV.21.16.6; patris sui legatum atque amicum Pisonem fuisse TAC.*Ann*.3.12; sententia..dis atque ipso Ioue digna JUV.14.206;—(*w. numerals*) ubi tricenis ac quadragenis milibus admissarii aliquot uenierunt VAR.*R*.2.8.3; cum singulas binae ac ternae naues circumsteterant CAES.*Gal*.3.15.1; hederae foliis denis atque duodenis PLIN.*Nat*.27.76. **b** ipsum praetorem..redemptorem decumarum atque adeo aratorum dominum ac regem fuisse CIC.*Ver*.3.71; qui de huius urbis atque adeo de orbis terrarum exitio cogitent *Catil*.1.9; conqueramur, atque adeo ipse hanc litem meam faciam SEN.*Dial*.11.2.2; non rationem, sed stomachum tibi narro. atque adeo quam multos putas esse quos ea..offendant PLIN.*Ep*.9.17.3;—non..simpliciter solum quaeritur quid honestum sit..sed etiam ex comparatione quid honestius..atque etiam quid honestissimum CIC.*Part*.66; non dubito quin mirere atque etiam stomachere quod tecum..agam saepius *Att*.16.16f.17; in omnibus circulis atque etiam, si dis placet, in conuiuiis sunt LIV.44.22.8; fons adhuc (est) et iam amplissimum flumen atque etiam nauium patiens PLIN.*Ep*.8.8.3;—non tamen potui ac ne debui quidem QUINT.*Inst*.6.2.1. **c** mutum atque exanimatum ac uix uiuum CIC.*Ver*.2.189; admirabilis quaedam et incredibilis ac paene diuina..scientia *Phil*.9.10; aliud multo propius atque in ipsis prope portis bellum exortum LIV.1.14.4; prospexit de rupe gradus ac paene secuta est STAT.*Theb*.3.465. **d** permediocris ac potius leuis motus debere esse dicunt CIC.*de Orat*.1.220; nec uero imperia expetenda ac potius aut non accipienda interdum aut deponenda non numquam *Off*.1.68; sufficit unus (amicus) aut alter ac potius unus PLIN.*Ep*.2.13.3; modici ac potius exigui 6.10.3. **e** nulla denique est causa, in qua id, quod in iudicium uenit, reorum personis ac non generum ipsorum uniuersa dubitatione quaeratur CIC.*de Orat*.2.134; siquidem decumae ac non bona uenibant aratorum *Ver*.3.113; si pueri esse illam culpam ac non patris existimarem *Ver*.3.159; uelut destituti ac non qui destituissent LIV.8.27.2; si mihi mea sententia proferenda ac non disertissimorum..hominum sermo repetendus esset TAC.*Dial*.1.2; (*w.* potius) quis denique (eum) ita aspexit ut perditum ciuem ac non potius ut importunissimum hostem? CIC.*Catil*.2.12.

5 (introducing a consequent or subsequent event, situation, etc.). **b** (having the force of an inverted *cum*) and, when. **c** (beginning a sentence) and thereupon.

(*w.* ille) excipiunt Vitellianos temere effusos atque illi consternantur TAC.*Hist*.3.17;—(*w. advs.*: deinde) post triennium Tarracinam deducta colonia interpositoque quadriennio Luceria ac deinde interiecto triennio Suessa Aurunca VELL.1.14.4; (ibi, inde) i hac mecum intro atque ibi si quid uis filium concastigato PL.*Bac*.1175; ad Leucopetram Tarentinorum atque inde Corcyram CIC.*Att*.16.61; Athenas ueni a. d. XI K. Iun. atque ibi..uidi filium tuum TREBON.*Fam*.12.16.1; omnibus..copiis ad Asparagium Dyrrachinorum peruenit atque ibi idoneo loco castra ponit CAES.*Civ*.3.30.7; legati..missi..Saguntum ad Hannibalem atque inde Carthaginem LIV.21.6.8; (ita, sic) Taureae dextrum umerum sauciat atque ita resiluit QUAD.*hist*.56; agmen eius extremum carpere coepit atque ita..addito animo propius audaciusque accedit ad legiones *B.Afr*.75.3; LIV.21.36.1; ac sic prope innumerabiles species reperiuntur QUINT.*Inst*.12.10.67. **b** iamque inflexo Tritonia patre uenerat et misero decus immortale ferebat, atque illum..aspicit STAT.*Theb*.8.760; uix ego haec dixeram cunctabundus, atque inibi quispiam..inquit GEL.3.1.5. **c** 'ubi cenamus?' inquam. atque illi abnuont PL.*Capt.*481; uir gregis ipse caper deerrauerat; atque ego Daphnim aspicio VERG.*Ecl.*7.7; LIV.3.46.7; dixerat; atque illi sese deus obtulit ultro STAT.*Theb.*9.481;—(*rptd., s.v.l.*) atque atque accedit muros Romana iuuentus ENN.*Ann.*537.

6 (introducing a principal cl.) Forthwith, lo and behold.

dum circumspecto, atque ego lembum conspicor longum PL.*Bac.*279; *Epid.*217; ego quidem postquam illam dudum tibi dedi, atque abii ad forum *Men.*684; quoniam conuocaui (senatum), atque illi me ex senatu segregant *Mos.*1050; illos ut caeco recubans in limine sensit Cerberus, atque omnis capitum subrexit hiatus STAT.*Theb.*2.27.

7 (connecting a preliminary action with the main action or purpose) And, and then.

sileteque et tacete atque animum aduertite ENN.*scen.*2; asta atque Athenas anticum opulentum oppidum contempla 287; cape hoc argentum ac defer TER.*Hau.*831; ibo ac requiram fratrem *Ad.*510; ibo atque edicam PAC.*trag.*187; i, soror, atque hostem supplex adfare superbum VERG.*A.* 4.424; turba constitit ac silentium fuit LIV.3.50.4; circumspicit ille atque, ubi sit, quaerit OV.*Met.*3.656.

8 (connecting epexegetic phrase or sentence). **b** (appositive use).

metuo ne non sit surda atque haec audiuerit PL.*Cas.*575; decipiam ac non ueniam TER.*Hau.*728; ea (iniuria) me consulem adfecit..atque abeuntem magistratu contionis habendae potestate priuauit CIC.*Fam.*5.2.7; non tulit ac miseros mutauit uirginis artus *Ciris* 482; esto beata, funus atque imagines ducant triumphales tuum HOR.*Epod.*8.11; quae Punica religione seruata fides ab Hannibale est atque in uincula omnes coniecti LIV.22.6.12. **b** 'io triumphe'; id a θριάμβῳ ac Graeco Liberi cognomento potest dictum VAR.*L.*6.68; de indomitis quadripedibus ac pecore faciendum *R.*1.21; in secunda parti ac leporario 3.3.8; 3.5.4; pars (*sc.* materiae)..quae robore dura est ac lapis *Aetna* 397.

9 (w. slight adversative sense) And yet.

atque ego istuc, Anthrax, aliouorsum dixeram PL.*Aul.* 287; mi amatori seni coquendast cena. atque, quom recogito, nobis coquendast *Mer.*742; atque etiam nunc tempus est TER.*Hau.*189; quod..tibi..probo, uehementer gaudeo; ac putaram paulo secus CIC.*Att.*6.1.2; atque ego, qui te confirmo, ipse me non possum *Fam.*14.4.5;—(*w.* tamen) ac tamen ista ipsa..non solum rata mihi erunt sed etiam grata 7.23.1; hae copiae..ex dilectibus..sunt refectae ..ac tamen quod fuit roboris duobus proeliis Dyrrachinis interiit CAES.*Civ.*3.87.4; TAC.*Ann.*3.72.

10 (in various common collocations of pairs of words or expressions). **b** (pairs of opposites). **c** (connecting two nouns referring to one subj.). **d** (joining two words governed by *inter*). **e** (rptd.).

uisne ego te ac tu me amplectare? PL.*Mos.*322; magnique Atlantes Runcus ac Purpureus, filii Terras NAEV.*poet.*19 (20).3; uitam ac fortunas..meas LUCIL.780; in bello atque in re militari CIC.*Fam.*13.55.1; uiarum atque itinerum ducem CAES.*Gal.*6.17.1; cum..eum flens atque osculans oraret atque obsecraret NEP.*Att.*22.2; cum multa caede ac foeda fuga retro ad naues compulsi sunt LIV.22.31.4; Locrenses praetori legatisque, senatui ac populo Romano gratias egerunt 29.21.9; coniuges ac liberos TAC.*Ag.*38.2;—(*synonyms or near-synonyms*) te inscientem atque inprudentem dicere ac facere omnia TER.*Hau.*633; nequeo desinere mirari eorum audaciam atque confidentiam CATO *orat.*24; omnis istos..deridete atque contemnite CIC.*de Orat.*3.54; hic orat atque obsecrat *S.Rosc.*77; unum..ad id bellum imperatorem deposci atque expeti *Man.*5; nihil denique cogitat..nisi lubenter ac libere *Parad.*34; petunt atque orant ut sibi parcat CAES.*Gal.*6.9.7; ut..Parthos.. fugaret ac funderet VELL.2.46.5; ex libidine ac luxuria QUINT.*Inst.*12.1.8;—(*in zeugma*) delectationis atque aurium causa CIC.*de Orat.*3.173; perditissimorum ciuium furori atque ferro *Dom.*145. **b** amicitiam atque inimicitiam ENN.*scen.*12; de uita ac morte AFRAN.*com.*147; huc atque illuc intuentem CIC.*de Orat.*1.184; sacrificia publica ac priuata CAES.*Gal.*6.13.4; dextra ac sinistra VITR.1.5.2; bonis ac malis rationibus COL.4.3.3; facienda ac non facienda QUINT.*Inst.*7.4.2; in Occidentem atque Orientem TAC. *Ann.*3.34; prout bene ac secus cessit PLIN.*Pan.*44.8. **c** diuum pater atque hominum rex ENN.*Ann.*175; erus atque alumnus tuo' sum PL.*Mer.*809; neque solum illi hosti ac parricidae CIC.*Sul.*19; hic ames dici pater atque princeps HOR.*Carm.*1.2.50; unus etiam, dux ac magister saeuitiae PETR.136. **d** nihil fore opino inter me atque illum CAECIL.*com.*17; inter os atque offam multa interuenire posse CATO *orat.*214. **e** egoque iam pridem cognoui atque intellexi atque arbitror CATO *orat.*23; 77; nouum ac singulare atque incredibile genus iniuriarum contumeliarumque CIC.*Ver.*3.64; ad tantam morum ac sermonum ac uoluntatum uarietatem Q.CIC.*Pet.*54; haec atque illa dies atque alia atque alia CATUL.68.152.

11 a (w. other conjs. or asyndeta, forming more closely linked pair). **b** (connecting groups of words themselves linked by other conjunctions). **c** (connecting the last two of three or more terms). **d** *-que..atque*, both.. and; (also) *et..atque*; *atque..atque*. **e** (coupled with *neque*).

a uigilans ac sollers, sicca sana sobria AFRAN.*com.*61; terrore sempiterno et diurno ac nocturno metu CIC.*Tusc.* 1.48; ab regibus ac dynastis ciuitatibusque NEP.*Ag.*7.3; spes ac metus et inertissimum uitium, uoluptas SEN.*Ben.* 4.11.5. **b** menses..diesque et horas ac situs locorum et usus populorum complexus PLIN.*Nat.*2.53; et utiliter demum ac Latine perspicueque dicendo QUINT.*Inst.*8.3.3. **c** ea..se fortunatim feliciter ac bene uortat ENN.*Ann.* 108; clamo postulo obsecro oro ploro atque inploro fidem! CAECIL.*com.*212; coma prolixa impexa conglomerata atque horrida PAC.*trag.*20[b]. **d** Bistoniasque plagas atque Ismara propter LUCR.5.31; exiguus mus sub terris posuitque domos atque horrea fecit VERG.*G.*1.182; in antiquam formulam iurisque ac dicionis eorum LIV.26.24.6; CURT.5.6.17; LUC. 10.503; seque ac maiores et posteros TAC.*Ann.*4.3;—quod ibi tum et pabulum multum..ac cultura arborum aptior VAR.*R.*1.6.5; quae sunt et amplissimae ac minime rotundae PLIN.*Nat.*15.90; SUET.*Cl.*21.3;—atque deos atque astra uocat crudelia mater VERG.*Ecl.*5.23; SIL.1.93. **e** neque quaerere huius operis est ac multi rettulere TAC.*Ag.*10.7; SUET.*Ves.*12.

12 (as a simple copulative) And. **b** (w. other conjs., app. without difference in meaning). **c** (in compound numbers).

CVM..ROMAM REDISSET ATQVE INTERIM Q FABIVS.. MAXIMVS..IN IVSSV EIVS PROELIO CONFLIXISSET *Elog.*8 (*CIL* 1.p.192); ui magna quadrupes eques atque elephanti proiciunt sese ENN.*Ann.*232; siquis strenue fecerat, donabam honeste..atque in contione uerbis multis laudabam CATO *orat.*37; discunt etiam ridere puellae, quaeritur atque illis hac quoque parte decor OV.*Ars* 3.282; ingentia namque castra alios aditus atque impius obsidet hostis V.FL.5.396. **b** Telamonis patris atque Aeaci et proaui Iouis ENN.*scen.* 325; flerunt Rhodopeiae arces altaque Pangaea et Rhesi Mauortia tellus atque Getae atque Hebrus et Actias Orithyia VERG.*G.*4.463; *A.*12.355; HOR.*Epod.*17.4; PLIN.*Nat.*2.85. **c** de aeribus equestribus, de duobus milibus ac ducentis CATO *orat.*104; milli passum..atque duobus LUCIL.506; cohortibus..centum atque XXX CAES.*Civ.*3.10.5; milia hominum duo ferme atque octingenti LIV.10.39.3.

13 (after words expressing similarity or dissimilarity): **a** (adjs. or prons.). **b** (advs.; also *pro eo, pro portione*). **c** (after a verb).

a (*expr. similarity*) si parem sapientiam habet ac formam PL.*Mil.*1251; faxo tali sum mactatum atque hic est infortunio TER.*Ph.*1028; pomarium seminarium ad eundem modum atque oleagineum facito CATO *Agr.*48.1; cum.. aequam partem tu tibi sumpseris ac populo Romano miseris CIC.*Ver.*3.49; aliquid ab isto simile in aestimatione atque a ceteris esse factum *Ver.*3.193; Gallorum eadem atque Belgarum oppugnatio est haec CAES.*Gal.*2.6.2; pari spatio transmissus atque ex Gallia est in Britanniam 5.13.2; cum totidem nauibus atque erat profectus Athenas..rediret NEP.*Milt.*7.4; Massiliensis..in eo honore..audimus apud uos esse ac si medium umbilicum Graeciae incolerent LIV. 37.54.21;—(*dissimilarity*) aliud mihi respondes ac rogo? TER.*Ph.*684; maiores seorsum atque diuorsum pretium parauere bonis atque strenuis CATO *orat.*21; contrarium.. decernebat ac proximis paulo ante decreuerat CIC.*Ver.*1.120; alia natura totius negoti nunc est ac tum fuit *Clu.*92; non alia longe ratione ac plumbea saepe feruida fit glans in cursu LUCR.6.306; erat non dissimile atque Alexandreae genus aedificiorum *B.Alex.*18.1; Pollio haud disparibus uerbis ac nuper Vitellius censet TAC.*Ann.*12.9; (*cf.*) hau centensumam partem dixi atque, otium rei si sit, possum expromere PL.*Mil.*764. **b** (*expr. similarity*) nulla adaeque est Accheruns atque ubi ego fui PL.*Capt.*1000; te mihi fidelem esse aeque atque egomet sum mihi scibam TER.*Ph.* 581; uereor ut hoc..perinde intellegi possit auditu atque ipse cogitans sentio CIC.*Marc.*12; similiter atque *Phil.*1.9; aut proxime atque ille aut etiam aeque laborare *Fam.*9.13.2; proinde aestimans ac si usus esset CAES.*Civ.*3.1.4; quod uestrum nomen imperiumque iuxta ac deos immortales iam pridem intuetur LIV.37.54.16; sic ab eo comprobantur atque si a Caesare gesta sunt ULP.*dig.*1.19.1; (*cf.*) digne ac mereor commendatus esse CAS.*Fam.*12.13.1;—(atque ut) pariter hoc fit atque ut alia facta sunt PL.*Am.*1019;—remittendum in datione pro portione ac decem primis processit VAR. *R.*3.9.21; omnis deos..pro eo mihi ac mereor relaturos esse gratiam CIC.*Catil.*4.3;—(*dissimilarity*) uereor ne illud grauius Phaedria tulerit neue aliorsum atque ego feci acceperit TER.*Eu.*82; si haec contra ac dico essent omnia CIC.*Ver.*4.11; ne sim saluus si aliter scribo ac sentio *Att.* 16.13(a).1; quos tibi negotiaque..non secus commendo ac si mea essent *Fam.*13.33; quae res cum ei sequius ac rata fuerat proueniret APUL.*Met.*9.29; (*before* aliter) est ac putant aliter VAR.*L.*9.104. **c** neque se Luna quoquam mutat atque uti exorta est semel PL.*Am.*274.

14 As; *ac si*, as if; *simul atque*, as soon as, the moment that: see SIMVL; *statim atque*, from the moment that: see STATIM.

nescio qui id tibi sum oblitus hodie, ac uolui, dicere TER. *An.*841; habebit haesitationem. numquid adire (*sc.* hereditatem) non possit, atque qui in testamento portionem suam nescit PAUL.*dig.*5.4.5;—meum non est, ac si me canis memorderit ENN.*Sat.*63; ab oppidanis, ac si suarum partium essent *B.Hisp.*13.5; eum..restituendum, ut capiat, atque si in Italia fuisset ULP.*dig.*4.6.17.1.

15 (after comparatives) Than.

(*adjs.*) amicior mihi nullus uiuit atque is est PL.*Mer.*897; id neque maius neque pulchrius cuiquam atque mihi esse uidetur CORNELIA Nep.fr.1; qui tu inpunitior exis atque hic..? PERS.5.131;—(*w. advs.*) illi non minus ac tibi pectore uritur intimo flamma CATUL.61.169; haud minus ac iussi faciunt VERG.*A.*3.561; artius atque hedera procera adstringitur ilex HOR.*Epod.*15.5.

atquī, *conj.* Also **atquin.** [AT+QVI²] FORMS: *adquin* ULP.*dig.*8.5.1.

1 (introducing a contradiction or denial of what has just been said) But, and yet, nevertheless: **a** (in dialogue, beginning a reply). **b** (in continuous discourse, introducing an answer to an imagined question).

a numquam auferes hinc aurum. — atqui iam dabis PL.*Bac.*824; quid Dauos narrat?.. — nil prorsus. — atqui exspectabam quidem TER.*An.*435; nescio. — atqui sic inuentast *Eu.*953; tum Crassus 'atqui arbitror, Sulpici..non tam te haec admiraturum' CIC.*de Orat.*1.137; *Brut.*249; 'atqui' respondit Habinnas, 'nisi illa discumbit ego me apoculo' PETR.67.3;—(*in tmesis*) si opsequare, una resoluas plaga—at pol qui certa res hanc est obiurgare PL.*Am.*705; audi. — non audio. — at pol qui audies post *Rud.*946. **b** item cum..id non fieri ostendi possit despiciendam eam esse rationem. atqui ostenditur VAR.*L.*8.67; tamenne accusaretis? atqui lex nusquam excepit CIC.*Inv.*2.140; quid ureo? modum statuarum haberi nullum placet? atqui habeatur necesse est *Ver.*2.145; nihil..ante hoc tempus ..criminamini Sestium. 'atqui uis in foro uersata est *Sest.*77; 'o rem' inquis 'difficilem et inexplicabilem!' atqui explicanda est *Att.*8.3.6; *Off.*3.74; di meliora, inquis. atqui non indignitas rerum sponsionis uinculum leuat LIV.9.9. 7; aliis uentis non orirentur cometae: atqui oriuntur SEN. *Nat.*7.7.3.

2 (introducing a statement contrary, but not contradictory, to what precedes) But, and yet, all the same. **b** (app. without adversative sense) and what is more.

sine ueniat. atqui si illam digito attigerit uno, oculi ilico ecfodientur TER.*Eu.*740; namque et Herodotum illum.. in causis nihil omnino uersatum esse accepimus; atqui tanta est eloquentia, ut me quidem..magno opere delectet CIC. *de Orat.*2.55; non, opinor, tam impudens esses. atqui uide ne multo nunc sis impudentior *Caec.*62; *Att.*14.1.2; num enim alia in causa M. Cato fuit, alia ceteri..? atqui ceteris forsitan uitio datum esset, si se interemissent *Off.*1.112; quid labor aut benefacta iuuant?..atqui non Massica Bacchi munera, non illis epulae nocuere repostae VERG.*G.*3.526; nolint. atqui licet esse beatis HOR.*S.*1.1.19; LIV.22.39.8; atqui nemo hoc dicere..ausus est infelicem Socraten dices in carcere..SEN.*Ep.*71.17; LARG.179;—(*w. advs.*) atqui non solum..BRUT.*ad Brut.*1.16.4; quis..sustineat petulans esse ad alterius arbitrium? atqui etiam in aduocatos..libenter nonnulli inuehuntur QUINT.*Inst.*12.9.11; set si quis legem sanciat, poenas indicat, idem illi ciuitatem uerti..clamitabunt. atqui ne corporis quidem morbos ueteres..nisi per dura et aspera coerceas TAC.*Ann.*3.54; atqui ego contra.. APUL.*Apol.*21. **β** atquin turbari sine uentis non solet aequor *Buc.Eins.*2.7; STAT.*Theb.*6.161; [QUINT.]*Decl.*4.15; ULP.*dig.*8.5.1. **b** nihil timetis, non incendia, non graues ruinas..atqui corpora sicciora cornu..habetis CATUL.23.12.

3 (introducing the minor premiss of a syllogism).

CIC.*N.D.*2.16; si omne animal secari ac diuidi potest, nullum est eorum indiuiduum, nullum aeternum; atqui omne animal ad accipiendam uim externam et ferundam paratum est; mortale igitur omne animal..sit necesse est 3.29.

Atracidēs ~is, *m.* Caeneus, the son of Atrax, the mythical founder of the town of Atrax in Thessaly.

OV.*Met.*12.209.

Atracis ~idis, *f.* A woman of Atrax in Thessaly (applied to Hippodamia).

OV.*Am.*1.4.8; *Ep.*16.248.

Atracius ~a ~um, *a.*: **a** (app.) Of the river Atrax in Aetolia. **b** of the town of Atrax in Thessaly, Thessalian.

a licet ~is considat in oris PROP.1.8.25. **b** ~a subitae de uirgine (*sc.* Hippodamia) pugnae V.FL.1.141; qualis per nubila Phoebes ~a rubet arte labor STAT.*Theb.*1.106.

atractylis ~idis, *f.* [Gk. ἀτρακτυλίς] The name of a plant of the genus *Carthamus*, the spindle-thistle, also used as an antidote against poisons.

colu antiquae utebantur exili, quare quidam ~ida uocant PLIN.*Nat.*21.90; 21.184.

ātrāmentum ~ī, *n.* [*atra-* (ATER)+-MENTVM]

1 Any substance used to impart a dark colouring, black pigment, blacking.

una opera ebur ~o candefacere postules PL.*Mos.*259; tractata notam labemque remittunt ~a HOR.*Ep.*2.1.236; in his (*sc.* tricliniis)..supra podia abaci ex ~o sunt subigendi VITR.7.4.4; 7.10.4; ~um..inter facticios (colores) erit PLIN. *Nat.*35.41; LARG.230.

2 a *~um librarium* or *scriptorium*, writing ink; also absol. **b** *~um sutorium*, a solution of copper sulphate used for blackening leather, and for medical purposes.

a collecta (fuligo) partim componitur ex gummi subacta ad usum ~i librarii VITR.7.10.2; id..quod subinde raditur, inlini ~o scriptorio satis est CELS.6.4.3; ~um librarium ex diluto eius (*sc.* absinthii) temperatum litteras a musculis tuetur PLIN.*Nat.*27.52;—EA NOMINA OMNIA IN TABVLA, IN ALBO, ~O SCRIPTOS..HABETO *CIL* 1.583.14; Antiochus.. calamo et ~o militat CATO *orat.*60; CIC.*Q.fr.*2.14.1; o dignum Spartano ~um! SEN.*Suas.*2.16; PETR.102.13. **b** CIC. *Fam.*9.21.3; sanguinem (supprimit)..~um sutorium quod Graeci chalcanthon appellant CELS.5.1; PLIN.*Nat.*34.123.

3 *~um sepiae*, a black fluid or 'ink' exuded by the cuttle-fish.

se..tutantur ~i effusione saepiae CIC.*N.D.*.1227; sepiarum ~um (aluum mouet) CELS.2.29.2; PLIN.*Nat.*11.8.

Atramīticus ~a ~um, *a.* Of the country of the Atramitae in Arabia Felix.

Minaea (murra), in qua et ~a est et Gebbanitica PLIN. *Nat.*12.69.

ātrātus ~a ~um, *a.* [ATER+-ATVS²]

1 Darkened, blackened, dingy.

~is dentibus CAECIL.*com.*268; VAR.*L.*8.18.

2 Clothed in black, 'in mourning'.

cedo quis umquam cenarit ~us? CIC.*Vat.*30; an ~us prodiret in publicum SUET.*Nero* 47.2; TAC.*Ann.*3.2;—(*w. abl.*) ~us taetra ueste ACC.*trag.*374; (*poet. of horses*) cur.. solis..~is luxerit orbis equis PROP.3.5.34.

Atreus ~ei, *m.* FORMS: (voc.) *~eu* SEN.*Thy.* 513; (acc.) *~ea Thy.*486. PROS.: disyll., nom., voc., gen., and acc. *~eum*; remainder trisyll. First syllable app. never scanned as short

where determinable. Atreus, the father of Agamemnon and Menelaus.
Acc.*trag.*198; Ov.*Am.*3.12.39; Quint.*Inst.*1.5.24; (*as a character in a play*) at ~eo dicente plausus excitantur Cic. *Off.*1.97; (*title of a tragedy by Accius*) Gel.13.2.2.

Atriānus ~a ~um, *a.* Of the town of Atria in Venetia; (masc. pl. as sb.) its people or territory.
cum..~us dulcius culix cantet Mart.3.93.9;—in ~orum paludes quae Septem Maria appellantur Plin.*Nat.*3.120.

ātriārius ~iī, *m.* [atrivm+-arivs] A servant employed in the *atrium*, a house-servant.
~ii et focarii et his similes Ulp.*dig.*4.9.1.5.

Atriāticus ~a ~um *a.*: var. of Hadriaticvs.
Plin.*Nat.*3.120.

ātricapilla ~ae, *f.* [ater+capillvs] A bird, perh. the black-cap.
melancoryphi genus auium, quae Latine uocantur ~ae Paul.*Fest.*p.124M.

ātricolor ~ōris, *a.* [ater+color] Of dark colour, black.
torus..plumeus, ~or, pullo uelamine tectus Ov.*Met.* 11.611.

Atrīdēs ~ae, *m.* Also ~**a**. Forms: (nom. sg.) ~*a* Prop.2.14.1; (acc. sg.) ~*en*, also ~*em* [Sen.]*Oct.*816, ~*am* Aur.*Fro.*1.p.94(10N); (abl. sg.) ~*e* Ov.*Ep.*3.39, ~*a Ilias* 90. Pros.: first syll. usu. long; short in [Sen.]*Oct.*816. A son or descendant of Atreus; (pl.) Agamemnon and Menelaus; (sg., usu.) Agamemnon.
Acc.*trag.*14; Verg.*A.*9.602; Ov.*Am.*2.12.10;—arsit ~es medio in triumpho uirgine rapta Hor.*Carm.*2.4.7; Prop. 4.1.112; (*iron. for Domitian*) itur ad ~en Juv.4.65;—~es ..Menelaus Verg.*A.*11.262; si minor ~es Helenen, Helenesque sororem quo premat ~es crimine maior habet Ov. *Ars* 3.11.

ātriensis ~is, *m.* [atrivm+-ensis]

1 The servant in charge of household administration, steward, major-domo.
Pl.*Cas.*462; me reliquit pro ~i in aedibus *Poen.*1283; idem coquus, idem ~is Cic.*Pis.*67; antiochvs liviae ~is *CIL* 6.3942a; Petr.29.9; Suet.*Cal.*57.2.

2 A slave working under the major-domo, a house-servant.
in magna familia sunt alii lautiores, ut sibi uidentur, serui, sed tamen serui, ut ~es Cic.*Parad.*37; ex alte cinctis unus ~ibus Phaed.2.5.11; insistere ~ibus ut supellectilem exponant Col. 12.3.9; sumptus ~ium Plin.*Ep.*3.19.3; Ulp.*dig.* 33.7.8.1.

ātriolum ~ī, *n.* [atrivm+-olvm] A small ante-room.
quo loco in porticu te scribere aiunt ut ~um fiat Cic. *Q.fr.*3.1.2; Sen.*Con.*1.11.

ātriplex ~icis, *n.* [ad. Gk. ἀτράφαξυς] A kitchen herb, orach.
grauis ~ici consurgit longa phaselos Col.10.377; Plin. *Nat.*19.99; (*cf.*) ~ex et siluestre est, accusatum Pythagorae 20.219.

ātriplexum ~ī, *n.*: var. of prec.
Paul.*Fest.*p.29M.

ātritās ~ātis, *f.* [ater+-tas] Blackness.
(illam) replebo ~ate Pl.*Poen.*1290.

ātrītus ~a ~um, *a. compar.* ~ior. [ater+-itvs²] Blackened.
ita replebo atritate, ~ior (*v.l.* atrior) multo ut siet Pl. *Poen.*1290.

ātrium ~iī, *n.* [dub.]

1 (oft. pl. for sg. in poets) The first main room in a Roman-style house, with a central *compluuium*; here callers were received; it also contained the *lectus genialis* and the family portraits.
aedificiis..in quibus est ~ium maius Cic.*Q.fr.*3.1.2; ~ia uersari et circumcursare columnae usque adeo fit uti pueris uideantur, ubi ipsi desierunt uerti..Lucr.4.400; cum diuitis aedes peruolat et pennis alta ~ia lustrat hirundo Verg.*A.* 12.474; Vitr.6.3.1; columnas vi..in ~is eius domus statuerat Plin.*Nat.*17.6;—stant thylacistae in ~is Pl.*Aul.*518; ~ia seruantem postico falle clientem Hor.*Ep.*1.5.31; Ov.*Pont.* 4.4.27; frequens ~ium Sen.*Ep.*76.12; Stat.*Theb.*2.215;—~iaque inmodicis artet imaginibus Mart.2.90.6.

2 (pl.) A complete house, a palace. **b** ~*um Vestae*, The temple of Vesta, the group of buildings containing it. **c** ~*um regium*, prob. the same as prec., built on the site of the old Regia.
Iouis ~ia Ov.*Fast.*3.703; Luc.2.238; Stat.*Theb.*1.197; atra ~ia Proserpinae Apul.*Met.*6.19. **b** Ov.*Fast.*6.263: uirgines, cum ui morbi ~io Vestae coguntur excedere, matronarum..curae custodiaeque mandantur Plin.*Ep.*7. 19.2. **c** comprehensae lautumiae forumque piscatorium et ~ium regium Liv.26.27.3; 27.11.16.

3 A room in a temple or other building used for business, esp. auctions. **b** ~*um Libertatis* a building in Rome used as censor's office and for other purposes. **c** ~*a Licinia*, the name of some auction-rooms in Rome.
~iis auctionariis Cic.*Agr.*1.7; Cato ~ia duo, Maenium et Titium in lautumiis,..in publicum emit Liv.39.44.6; Ov.*Am.*1.13.19; cum desertis Aganippes uallibus esuriens migraret in ~ia Clio Juv.7.7; (*cf.*) ab ~iis Sapalas et Caruilios..sibi amicissimos comparauit (Sulla) Q.Cic.*Pet.*10. **b** quaestiones..quae sunt habitae nunc in ~io Libertatis Cic.*Mil.*59; Cic.*Att.*4.17.7(16.14); censores extemplo in ~ium Libertatis escenderunt Liv.43.16.13; Tac.*Hist.*1.31; Suet.*Aug.*29.5; (*cf.*) nec me..~ia Libertas tangere passa sua est Ov.*Tr.*3.1.72. **c** tollitur ab ~iis Liciniis atque a praeconum consessu in Galliam Naeuius Cic.*Quinct.*12; 25.

atrōcitās ~ātis, *f.* [atrox+-tas]

1 Dreadfulness (of appearance, situation, etc.), hideousness, horror. **b** violence, fury. **c** violence (of expression).
si qua te fortuna ab ~ate mortis uindicasset Cic.*de Orat.* 3.12; in tanta ~ate temporis *Phil.*8.32; ~ate rei..terrentur Sal.*Jug.*101.7; uir asper ingenio augebat ~atem eorum, quae dicerentur Liv.45.10.8; Gel.20.1.18. **b** maris ~as obiectu crepidinis frangitur Col.8.17.10; ~as proelii Flor. *Epit.*1.5(1.11.4). **c** uerbi ~ate dempta Cic.*Phil.*8.1; inuidiosam ~atem uerborum habent *Q.fr.*1.2.6.

2 Savageness (of character or behaviour), barbarity.
Acc.*trag.*468; non ~ate animi moueor—quis enim est me mitior? Cic.*Catil.*4.11; *Luc.*136; crudelitas, quae nihil aliud est quam ~as animi in exercendis poenis Sen.*Cl.*2.4.1; ob ~atem morum in insulam Amorgum deportatur Tac.*Ann.* 4.13; Suet.*Tib.*75.1.

3 Wickedness, heinousness, enormity (esp. of criminal offences); (pl.) wicked deeds.
auget peccati ~atem *Rhet.Her.*2.9; etiam..plus..disputationis habuit quam ~atis Cic.*Cael.*27; a tanti sceleris ~ate 53; ~atem facti leniebant Sal.*Jug.*27.1; Liv.40.5.1; ~as crescit ex his: quid factum sit, a quo, in quem.. Quint.*Inst.*6.1.15; Suet.*Cal.*12.2; ulneris magnitudo ~atem facit Paul.*dig.*47.10.8;—crudelissimae mulieris cunctis ~atibus diligenter expositis Apul.*Met.*10.28.

4 (of action) Harshness, severity, rigour.
fecit tamen ~as poenae oboedientiorem duci militem Liv.8.8.1; quod in foro uel ~ate formularum uel modo petitionum..diiudicatur Quint.*Inst.*7.1.37; Silurum gens non ~ate, non clementia mutabatur Tac.*Ann.*12.32; Flor. *Epit.*2.16(4.6.3).

atrōciter, *adv. compar.* ~cius, *superl.* ~cissimē. [atrox+-ter²]

1 With great ferocity, violently, bitterly. **b** (of speaking, etc.). **c** (transf., of natural forces).
~citer res publica agitabatur Sal.*Jug.*37.1; tres ferme horas pugnatum est et ubique ~citer Liv.22.6.1. **b** contenta uoce ~citer dicere et summissa leniter Cic.*Orat.*56; Gel.13.25(24).9. **c** Garunna..iactat nauigantes ~citer Mela 3.21; hiemabit ~cissime Plin.*Nat.*18.354.

2 With bitterness of feeling, acrimoniously.
de ambitu cum ~cissime ageretur in senatu Cic.*Q.fr.* 2.15.2; *Mur.*64; ~cissime in regem..inuecti sunt Liv.32. 19.12; inopia commeatuum, duritia imperii ~cius accipiebantur Tac.*Hist.*1.23.

3 Cruelly, savagely.
tot ciuis ~cissime sustulit Cic.*S.Rosc.*154; *Ver.*1.70; ~cius in urbe saeuitum Tac.*Hist.*1.2; animos pastorum in meam perniciem ~citer suscitauit Apul.*Met.*7.22.

4 Severely, harshly.
quamuis ~citer ipse tulisset, uos tamen fortiter iudicaturos Cic.*Mil.*21; ~cius mitiusue suadentibus Liv.8.21.1; ~cissime exercuit (leges) Suet.*Tib.*58; ~citer uerberandi ius Ven.*dig.*1.16.11.

atrophus ~a ~um, *a.* [Gk. ἄτροφος] Affected by lack of nutrition.
quae cibum non sentiant, ~a appellata Plin.*Nat.*22.152; ab imbecillitate uires recolligentibus, quos ~os uocant 28.129;—(*neut. pl. as sb.*) ~a carnosiora faciunt 27.63.

Atropos ~ī, *f.* One of the three Parcae or Fates.
*Carm.Bell.Aeg.*56; Mart.10.38.13; Stat.*Silv.*3.3.127; 4. 8.19.

atrōtus ~a ~um, *a.* [Gk. ἄτρωτος] Invulnerable.
dicunt Neptuni et Iphimedes filios fuisse ~os Hyg.*Fab.* 28.3; 30.2.

atrox ~ōcis, *a. compar.* ~ōcior, *superl.* ~ocissimus. [ater+-ox]

1 Terrible in appearance or aspect, frightful, dreadful. **b** (of weather, storms, etc.); (also, of heat) fierce, terrible.
iratis quidem nulla est formosior effigies quam ~ox et horrida Sen.*Dial.*4.36.3; ipsaque ob ora lux ~ox micat Sil.17.477; Tac.*Ag.*37.2; foedum atque ~ox spectaculum *Hist.*2.70. **b** adeo ~ox adorta tempestas est Liv.21.58.3; breuis, ~ox, nebulosus..olim..Axenus..dictus Mela 1. 102; si plerumque est ~ocior hiems Col.7.3.4; Plin.*Nat.* 18.344; Mart.7.37.6; nox nimbo ~ox Tac.*Ann.*4.50; (*poet.*) non pectora flectit imber ~ox (*sc.* telorum) Stat.*Theb.* 10.542;—flagrantis ~ox hora Caniculae Hor.*Carm.*3.13.9.

2 (of situations, news, etc.) Frightful, alarming, terrible.
Naev.*poet.*35(41); ~oci ac difficili rei publicae tempore Cic.*Ver.*4.108; quid tua sors? tristis, ~ox *Mur.*42; quod plerumque in ~oc inegotio solet Sal.*Cat.*29.2; tumultus Gallici fama ~ox inuasit Liv.8.20.2; Tac. *Hist.*1.51; ualetudo ~ox *Ann.*3.64; (*cf.*) in incerto erant procul an coram ~ocior haberetur (*sc.* Nero) 15.36.

3 (of warfare) Bloody, violent, furious.
(bellum) magnum et ~ox Sal.*Jug.*5.1; ad gladios, ubi Mars est ~ocissimus, uenerat Liv.2.46.3; magna utrimque caede ~ox proelium fuit 8.1.4; Vell.2.21.3; Tac.*Hist.*3.22.

4 Cruel, fierce, savage. **b** (of feelings, words, etc.) bitter, savage, harsh. **c** (of facial expression, demeanour).
insanam..esse aiunt, quia ~ox incerta instabilisque sit Pac.*trag.*369; inimicus ~ox *Ciris* 539; Accius esset ~ox, conuiua Terentius esset Ov.*Tr.*2.359; ~ox dextra..Hannibal Stat.*Silv.*4.6.77; ~ox Medea Quint.*Inst.*11.3.73; ~ox fortuna..filios mihi eripuit Suet.*Tib.*23; (*of character*) animus..~oci uinctus malitia est Acc.*trag.*46; ante omnia inuisum ipsum ingenium ~ox cognomenque Imperiosi Liv.7.4.3;—(*pred.*) furit te reperire ~ox Tydides Hor. *Carm.*1.15.27; Caesar..instat ~ox Luc.2.658;—(*w. gen.*) ~ox odii Agrippina Tac.*Ann.*12.22;—(*w.* ad) negat ullum ~ocius esse animal ad conficiendum hominem in aqua Plin.*Nat.*9.91;—(*w.* in+*acc.*) ~oces in has rogationes nostras coorti sunt Liv.4.3.3. **b** oratores ~ox responsum rettulerunt Liv.2.39.10; nec enim tam ~oces fuisse eas (simultates) 41.22.7; cedat luctus ~ox Stat.*Silv.*2.7. 133; ~ocem inuidiam ferret Tac.*Hist.*3.39; haec uulgus, proceres ~ociora 5.25; ~ocissimus ueteranorum clamor *Ann.*1.35;—(*of an orator, oratory*) huic generi orationis uehementi atque ~oci Cic.*de Orat.*2.200; Quint.*Inst.*4.3.5. **c** uadit ~ox uisu Stat.*Theb.*12.222; aspicit puer gutum ~ocibus oculis stomachabundus Gel.17.8.6; (*compar. w. weakened sense*) uoce atque uultu ~ociore 18.7.3.

5 (of wild beasts) Savage, dreadful.
illi cessit ~ox bubalus atque uison Mart.*Sp.*22.10; anguis ~ox Stat.*Theb.*6.156; ~ocissimus leo Gel.5.14.15.

6 (of conduct, actions, etc.) Dreadful, shocking, atrocious. **b** (leg., of the more serious offences) gross, heinous; (also of offenders).
incredibili re atque ~oci percitus Ter.*Hec.*377; res tam scelesta, tam ~ox, tam nefaria Cic.*S.Rosc.*62; crudelitas grauior est atque ~ocior *Ver.*1.122; percussus est ~ocissimis litteris *Fam.*9.25.3; ~ox uisum id facinus Liv.1.26.5; 8.7.20; ~ocissimi..auctor facinoris Vell.2.46.4; Tac.*Ann.*4.71; (*of charges, etc.*) contra ~ocissimum crimen cogor defendere Cic.*Deiot.*2; uenio ad..~ocissimam suspicionem tuam *Marc.*21; (*facet.*) occisa est haec res, nisi reperio ~ocem mi aliquam astutiam Pl.*Capt.*539. **b** nec accusatorem.. ~oci in causa..iocantem feret quisquam Quint.*Inst.*6.3.31; ~ox autem iniuria aestimatur uel ex facto, uelut si quis ab aliquo uulneratus..fuerit Gaius *Inst.*3.225; iniurias ~ociores, ut de osse fracto Gel.20.1.32; Ulp.*dig.*26.10.1.8; ad solam autem ~ocem uim pertinet hoc interdictum 43.16.1.3; —nisi si qua tam ~ox tamque famosa persona sit Paul.*dig.* 1.15.3.1; ~ociores enim sunt nocturni effractores 47.18.2.

7 Ruthless, inflexible, unrelenting, harsh.
cuncta terrarum subacta praeter ~ocem animum Catonis Hor.*Carm.*2.1.24; olim ~ox illa fides Sil.6.378; ~ox uirtus 13.369; Juv.2.12; M. Cato ~ocissimus huiusce uitii insectator est Gel.1.15.8.

atta¹ ~ae, *m.* [child-language, cf. Gk. ἄττα, Goth. *atta*, etc.] (term of respect used in addressing old men) Father.
~am pro reuerentia seni cuilibet dicimus Paul.*Fest.* p.12M; p.13M.

atta² ~ae, *m.* [perh. Etr.]

1 (see quot.).
~ae appellantur, qui propter uitium crurum aut pedum plantis insistunt et adtingunt terram magis quam ambulant Paul.*Fest.*p.12M.

2 As a surname, esp. T. Quinctius Atta, the poet (d. 77 b.c.).
Suet.*Cl.*1.1;—Hor.*Ep.*2.1.79.

attactus ~ūs, *m.* **adt-.** [attingo+-tvs³] The action of touching, touch, contact.
corium ~u non asperum Var.*R.*2.5.8; ille (*sc.* anguis) inter uestis et leuia pectora lapsus uoluitur ~u nullo Verg.*A.* 7.350; Ov.*Met.*14.414; uitta..fronte sine ullo delapsa ~u, nudauit tempora regis Sil.16.269; Apul.*Mun.*27.

attagēn ~ēnis, *m.* Also **attagēna** ~ae, *f.* [Gk. ἀτταγήν] A bird resembling the partridge, perh. the francolin.
non ~en Ionicus iucundior Hor.*Epod.*2.54; ~en maxime Ionius celeber Plin.*Nat.*10.133;—8.228; Mart.2.37.3; Ionicarum..~enarum 13.61.2; Phrygia ~ena Gel. 6(7).16.5.

Attalicus ~a ~um, *a.*

1 Of King Attalus or his dynasty. **b** typical of an Attalus, rich, splendid.
ex hereditate ~a aulaea, clamides Var. in Non.p.537M; ~is ex urbibus una Hor.*Ep.*1.11.5; domus regibus ~is facta Vitr.2.8.9; 7.pr.4. **b** ~is opibus data uellera *Culex* 63; ~is condicionibus Hor.*Carm.*1.1.12.

2 Woven with gold; (poet.) covered with gold-inwoven cloth.
~as supera uestis Prop.3.18.19; ~is aulaeis contectos parietes V.Max.9.1.5; Plin.*Nat.*8.196; 36.115; Sil.14.659; —nec sit in ~o mors mea nixa toro Prop.2.13.22; 4.5.24.

Attalius ~a ~um, *a.* The name of various medicaments.
Cels.5.19.11.a; 6.6.5.b.

Attalus ~ī, *m.* The name of several kings of Pergamum, esp. Attalus III (d. 133 b.c.) who was said to have invented the art of inweaving cloth with gold. **b** (as the type of a wealthy potentate).

PLIN.*Nat*.8.196; FLOR.*Epit*.1.35(2.20.2). **b** neque ~i ignotus heres regiam occupaui HOR.*Carm*.2.18.5.

attamen, *conj.*: see AT.

attat, *int.* [shortened form of next] (expr. sudden enlightenment, surprise, etc.) Ah! **b** (also expr. fear, a warning, etc.).

~, illic huc iturust. ibo ego illic obuiam PL.*Am*.263; ~, quem quaerebam *Cur*.390; TER.*An*.125; ~eccum Philippum et patrem uideo *Hec*.449; ACC.*trag*.138. **b** ~, perii hercle ego miser PL.*Aul*.411; ~... — num formidulosus obsecro es, mi homo? TER.*Eu*.756; ~, noli, noli scribere, inquam, istud CATO *orat*.171.

attatae, *int.* [Gk. ἀτταταῖ] =prec.

~! nunc pol ego demum in rectam redii semitam PL.*Cas*. 468; ~! meus pater hicquidem est quem uideo *Mer*.365. **b** ~! caedundus tu homo es: nimias delicias facis PL.*Cas*. 528.

attattatae, *int.*: extended form of prec.

~! caue ⟨ne⟩ cadas amabo NAEV.*com*.82.

attegia ~ae, *f.* [prob. Gall.] A hut.

dirue Maurorum ~as, castella Brigantum JUV.14.196; DEO MERCVRIO ~AM TEGVLICIAM COMPOSITAM SEVERINIVS SATVLLINVS..EX VOTO POSVIT *CIL* 13.6054.

attegrō ~āre, *intr.* [AD-+-*tegro* (INTEGRO)] (See quot.)

~are est uinum in sacrificiis augere PAUL.*Fest*.p.12M.

attelebus ~ī, *m.* [Gk. ἀττέλεβος] A kind of wingless locust.

locustarum minimae sine pinnis, quas ~os uocant PLIN. *Nat*.29.92.

attemperātē, *adv.* **adt-.** [pple. of next +-E] At a convenient moment, opportunely.

itane ~ euenit, hodie in ipsis nuptiis ut ueniret TER.*An*. 916.

attemperō ~āre ~āuī ~ātum, *tr.* **adt-.** [AD-+ TEMPERO] To fit, adjust.

supra catinum paenula..est ~ata VITR.10.7.2; (*perh.*) gladiator..timidissimus..errantem gladium sibi ~at (*codd.*: adtemptat *cj.*) SEN.*Ep*.30.8.

attemptō ~āre ~āuī ~ātum, *tr.* **adt-.** Also **attento.** [AD-+TEMPTO] FORMS: *attemto* FEST.p.133M.

1 To lay hands upon, attack, assail; (also of non-physical attacks). **b** (of sickness) to attack.

iuue nunc ~are, iuue nunc, anime, ruspari Phrygas! ACC. *trag*.489; VAR.*L*.5.87; curabo sentiat quos attemptarit PHAED.5.2.7; primum est..non ~ari COL.7.12.7; illum bello ~are STAT.*Theb*.4.71; ui ~antem acriter reppulerat TAC. *Ann*.13.25; FEST.p.133M;—cum ea ~entur eius lingua CIC.*Har*.16. **b** quae aegritudo insolens mentem ~at tuam PAC.*trag*.60; comitiali morbo ~atur APUL.*Apol*.50; ex crapula helluo ~atur 59.

2 To attack with reasoning, call in question.

mecum facientia iura si tamen ~as HOR.*Ep*.2.2.24; nec.. testamentum eius quisquam ~auit V.MAX.7.8.3; QUINT. *Inst*.12.8.14; de sententia indubitata, quae nullo remedio ~ari potest ULP.*dig*.12.6.23.1.

3 To try to seduce, make an attempt on.

ne compositae orationis insidiis sua fides ~etur CIC. *Orat*.208; suam classem ~atam magno cum suo periculo paene sensit *Red.Pop*.17;—(*chastity*) pudicitiam seruulorum suorum ~ari non uult SEN.*Dial*.4.28.7; ULP.*dig*.47.10.15.20; PAUL.*dig*.47.10.10.

4 To try to use, essay.

natum..docuit (Daedalus)..~are uias uolucrum SIL.12. 96; locos..laetiores ~auit TAC.*Dial*.22.2.

attendō ~dere ~dī ~tum, *tr.*, *intr.* **adt-.** AD-+TENDO]

1 *animum ~dere*, To pay attention, listen carefully. **b** (w. obj. cl.) to learn by listening, observe. **c** to study or examine a matter closely; to apply oneself (to a purpose).

cum silentio animum ~dite, ut pernoscatis TER.*Eu*.44; animum coepi ~dere, hoc modo sermonem captans *Ph*.868; quo tempore..auris iudex erigeret animumque ~deret? CIC.*Ver*.1.28;—(*w. dat.*) dictis animum ~das postulo LUCIL. 693; 851;—(*w.* ad) sed ~dite animos ad ea quae consequuntur CIC.*Agr*.2.38. **b** nunc quam rem uitio dent quaeso animum ~dite TER.*An*.8; iubet peritos linguae ~dere animum, pastorum sermo agresti an urbano propior esset LIV.10.4.9. **c** si, cum animum ~deris, turpitudinem uideas adiunctam ei rei CIC.*Off*.3.35; GEL.10.11.6;— (*w.* ad) cum animum ~disset ad cauendum NEP.*Alc*.5.2.

2 *aurem ~dere*, To listen hard.

aurem ~do, ut quirem exaudire amplius ACC.*trag*.281.

3 *animo ~dere*: **a** to listen to. **b** to apply oneself (to), concentrate the attention.

a (*w. cl.*) nunc quid petam..aequo animo ~dite TER. *Hec*.28. **b** (*w.* ad) sed cum animo (*cj.* animum) ~di ad quaerendum PAC.*trag*.17; (*absol.*) quis enim, cum utatur uoluptate ea..~dere animo..potest? CIC.*Hort*.fr.81.

4 **a** (absol.) To be an attentive listener, pay attention. **b** (w. acc.) to listen to carefully, pay close attention to, mark. **c** (w. cl.) to learn by listening or paying attention.

a ~de, quaeso, Piso CIC.*Q.Rosc*.37; audi, audi atque ~de, Laterensis *Planc*.98; cogendus est et ~dere, et ediscere aliquid CELS.3.18.21; rursus..alium custodem dari qui ~dat PLIN.*Nat*.28.11; MART.6.42.22; QUINT.*Inst*.8.3.5; PLIN.*Ep*.7.27.5; (*w.* animus *as subj.*) excitabunturque animi, ut ~dant CIC.*Part*.121; [QUINT.]*Decl*.4.14; (*in a letter*) quaeso, ~de et me..consilio iuua CIC.*Att*.11.22.2; (*in a fable*) pretium est operae ~dere PHAED.2.5.6;—(*w. dat.*) iurat in leges ~dentibus dis (nam cui magis quam Caesari attendant?) PLIN.*Pan*.65.2. **b** uersus aeque prima et media et extrema pars ~ditur CIC.*de Orat*.3.192; nunc hoc ~dite *Ver*.2.185; neglegentius ~dunt cetera *Clu*.116;—(*w. pers. obj.*) erigite mentis aurisque uestras et me..dicentem ~dite! *Sul*.33; quoniam me..tam diligenter ~ditis *Arch*.18; ~do te studiose *Fin*.3.40; Pisces..cupiunt..~dere Taurum MAN.2.514. **c** excipere uoces eorum et procul quid narrarent ~dere CIC.*de Orat*.2.153; LIV.27.47.3; ~de cur negare cupidis debeas PHAED.2.pr.14.

5 **a** To be an observer, watch closely. **b** (w. acc.) to guard, watch.

a saecula Romanos numquam tacitura labores ~dunt LUC.8.623; numquid..uidisti..iuuencam..? — non satis ~di CALP.*Ecl*.3.7; STAT.*Theb*.11.419; (*poet.*) ~dit toruo tristis Rhamnusia uultu *Silv*.2.6.73. **b** illam..tempore in omni ~dunt uigiles STAT.*Theb*.12.352.

6 **a** To pay close attention, be observant. **b** (w. acc.) to examine or study closely, look into, pay close attention to. **c** (w. dat.) to take notice of, heed (rules, rumours, etc.).

a ut caelestia, ut diuina..ex quibus..si ~das, ad augendum permulta suppetunt CIC.*Part*.56; quod..sentire, quia sum Romae et quia curo ~doque, possum *Fam*.4.13.4; *Tusc*.4.67; hi tutiores quidem sunt..si ~dunt CELS.2.8.26; MELA 1.1; SEN.*Ep*.47.16; id manifestum fiet attendentibus PLIN.*Nat*.18.275; interius si ~das, magis illa iuuant, quae pluris ementur JUV.11.16;—(*w. dat.*) ~deres Physicis QUINT.*Decl*.283(p.148,l.3); ut non tantum uniuersitati eius (*sc.* sermonis) ~das PLIN.*Ep*.1.8.3; SUET.*Gal*.5.1. **b** ea nos commodius quam ceteros ~disse non affirmamus CIC. *Inv*.1.77; quae si diligenter ~detis *Font*.43; animaduertat ~datque naturas auium VITR.1.4.7; multas res ~dens 9.pr.14; causam eius ~dere CELS.3.22.4. **c** his rationibus ~dens VITR.4.3.3; ne sermonibus quidem malignis aut ~dit aut alitur PLIN.*Ep*.7.26.2.

7 To note, observe, mark.

stuporem hominis uel dicam pecudis ~dite CIC.*Phil*.2.30; ut nouum calamitatis genus ~das *Att*.3.10.2; suorum et hostium res pariter ~dere SAL.*Jug*.88.2; ~do egregiam formae compositionem VITR.2.pr.3; pecudum mortes auiumque ~dere cantus MAN.4.914;—(*w. acc. and inf.*) non ~dit eum qui patefecerit hoc curasse CIC.*Sul*.4; *Luc*.111; VITR.1.pr.2;—(*w. acc. and pple.*) similiter exeuntem umbram e circulo ~demus HYG.GR.*agrim*.p.152;—(*w. indir. qu.*) cum ~do qua prudentia sit Hortensius CIC.*Quinct*.63; ~de quo serpat (argumentum) *N.D*.1.98; SAL.*Cat*.53.2; ~demus quem ad modum..umbra cohibeatur HYG.GR.*agrim*.p.152.

8 To give one's attention to, attend to, deal with.

modo illud ~datur, dignane causa uideatur CIC.*Inv*.2.175; parua res est, sed tu bene ~disti *Att*.15.26.4; ~dit ipse: nulla pars sacri perit SEN.*Thy*.695; curate agros ~dere ULP. *dig*.32.1.68.1;—(*w.* de) cum de necessitate ~demus, etiam si non necessarium aliquid uidebitur, uidendum tamen erit quam sit id magnum CIC.*Part*.84; (*cf.*) ut nihil possit de officiis legationis ~dere *Phil*.12.26; (*cf. w. sense 9*) eo tempore ~dendum est, ne quid fiat, quod ualetudinem impediat CELS.3.16.1.

9 To set one's mind (to a task), take trouble, exert oneself.

postquam ~di magis et ui coepi cogere ut rediret TER. *Hec*.267;—(*w. conj. and another vb.*) his..ex partibus iuris.. ~dere atque elicere pertemptando unam quamque iuris partem oportebit CIC.*Inv*.2.68; cum plura sint ambigui genera..~dere et aucupari uerba oportebit *de Orat*.2.256; —(*w. inf.*) si..hanc ego discere artem ~derim POMPON. *com*.63; ACC.*trag*.279;—(*w.* ut, ne) nosti facetias hominis; quas uelim ~das ne in bilem..uertat iniuria PLIN.*Ep*.6.8.8; debet..iudex ~dere, ut..neque maioris neque minoris summa posita condemnet GAIUS *Inst*.4.52.

10 To spread out, stretch, extend; (pass.) to extend, stretch towards.

mirabile monstrum caudam Helicen super ~dens GERM. *Arat*.51; (*w. dat.*) caelo manus ~dentes APUL.*Met*.11.13; —(*pass.*) caulae firmae solidis cratibus..porrectis undique lateribus ante fores..~duntur 4.6; (*w. dat.*) nemus quod fluuio praeterluenti ripisque longis ~ditur 6.11.

attentē, *adv.* **adt-.** *compar.* ~ius, *superl.* ~issimē. [ATTENTVS+-E] With close attention, carefully, with concentration.

ita ~e tute illorum officia fungere TER.*Hau*.66; CIC.*de Orat*.1.259; cum sorore ages ~ius, si te occupatione ista relaxaris *Att*.16.16.2; si ~e leges *Fam*.7.19; *Fin*.5.50; SAL. *Cat*.52.18; spectaret populum ludis ~ius ipsis HOR.*Ep*.2. 1.197; senectutem suam..~ius custodire SEN.*Ep*.104.4; PLIN.*Ep*.3.16.11; parum ~e dictum GEL.4.15.1.

attentiō ~ōnis, *f.* [ATTENDO+-TIO] Application, attention.

in cura, ~one animi, cogitatione, uigilantia CIC.*de Orat*. 2.150; docilem..haec ipsa praestat ~o QUINT.*Inst*.4.1.34; FRON.*Str*.3.pr.

attento: see ATTEMPTO.

attentus ~a ~um, *a.* **adt-.** *compar.* ~ior, *superl.* ~issimus. [pple. of ATTENDO]

1 (of listeners, observers, etc.) Attentive, heedful.

ut ~i sint qui audiant CIC.*Top*.97; me ~issimis animis.. auditis *Sest*.31; impetus ~os oculorum transfugit ictus *Aetna* 350; nullum..cultum ~ioribus oculis uiderunt V. MAX.3.3.1;—(*pred.*) ut ~os..auditores habere possimus *Rhet.Her*.1.6; ~as auris animumque reposco LUCR.6.920; HOR.*S*.2.1.19; si..~um..fecerimus (iudicem) QUINT.*Inst*. 4.1.5; PLIN.*Ep*.1.10.7.

2 (of the mind, thought, etc.) Intent, concentrated. **b** (of persons or actions) careful, conscientious.

tempus meridianum Crassum in acerrima atque ~issima cogitatione posuisse CIC.*de Orat*.3.17; magis est ~i animi quam furentis *Div*.2.111; ~issimo consilio salutis remedia circumspiciebant V.MAX.3.8.ext.6;—(*w. dat.*) quaesticulis te faciebat ~iorem CIC.*Fam*.9.16.7; adeo continentiae ~i V.MAX.2.5.5; APUL.*Met*.7.15;—(*w.* ad) si ~os animos ad decoris conseruationem tenebimus CIC.*Off*.1.131;—(*cf.*) animus in spe atque in timore..~us fuit TER.*An*.303. **b** pater familias et prudens et ~us CIC.*Quinct*.11; *Ver*. 1.126; quae res nisi ~a ludorum instauratione expiata esset V.MAX.1.7.4.

3 Frugal, economical, careful.

durus..nimis ~usque uideris HOR.*Ep*.1.7.91; quo pacto partis tutetur amantis ephebi, ut patris ~i 2.1.172; (*w. dat.*) mus..asper et ~us quaesitis *S*.2.6.82; (*w.* ad) nimium ad rem in senecta ~i sumus TER.*Ad*.954.

attenuātē, *adv.* [ATTENVATVS+-E] Plainly, barely.

oratorum bonorum..duo genera sunt, unum ~ presseque, alterum sublate ampleque dicentium CIC.*Brut*.201.

attenuātiō ~ōnis, *f.* **adt-.** [ATTENVO+-TIO]

1 The act of lessening, diminution.

defensoris narratio simplicem..expositionem debet habere cum ~one suspicionis *Rhet.Her*.2.3; ~one aut conplexione eiusdem litterae sic..uenīt (*for* ueniit) ante quam Romam uenit 4.29.

2 Plainness (of style).

in illa facetissima uerborum ~one..uersari *Rhet.Her*.4.16.

attenuātus ~a ~um, *a.* *superl.* ~issimus. [pple. of next]

1 (of style) Plain, bare, subdued.

Rhet.Her.4.11; illa..iuuenilis redundantia multa habet ~a CIC.*Orat*.108.

2 Straitened, impoverished.

fortunae familiares ~issimae *Rhet.Her*.4.53.

attenuō ~āre ~āuī ~ātum, *tr.* **adt-.** [AD-+ TENVO]

1 To make thin or slender; (pass.) to be reduced in size, become thinner, shrink. **b** to reduce in numbers, thin out; to reduce in value or amount. **c** (app.) to clarify. **d** to reduce (an action, event) to small proportions.

aena signa manus dextras ostendunt ~ari saepe salutantum tactu LUCR.1.317; ~ans..lambendo cutem hominis PLIN.*Nat*.11.172; 36.53; (*of pruning*) non falx ~at frondatorum arboris umbram CATUL.64.41; COL.11.2.7;—sortes ~atae erant LIV.21.62.8; 22.1.11; ut potius crassitudine (uites) conualescant quam superuacua longitudine ~entur COL.4.6.4; foliorum exilitate usque in fila ~ata PLIN. *Nat*.21.30; LARG.51. **b** (legio) erat Dyrrachinis proeliis uehementer ~ata CAES.*Civ*.3.89.1; (gens) Maurorum..~ata bellis ad paucas recidit familias PLIN.*Nat*.5.17; (*cf.*) magna caede ita ~ari praesidii uires LIV.25.11.3;—fame patrias altaque uoragine uentris ~arat opes OV.*Met*.8.844; *Pont*.4.5.38. **c** ~are niues norunt et lintea nostra MART.14.104.1. **d** bellum expectatione eius ~atum atque imminutum est CIC.*Man*.30.

2 **a** To make thin or attenuated in tone. **b** to make plain or bare (in style).

a uoce paulolum ~ata *Rhet.Her*.3.24; CIC.*Clod*.fr.22. **b** oratio nimia religione ~ata CIC.*Brut*.283.

3 To weaken, exhaust. **b** to straiten, impoverish.

potentia est ad sua conseruanda et alterius ~anda idonearum rerum facultas CIC.*Inv*.2.169; omnium rerum ~ata inopia erat (multitudo) LIV.45.11.7; ~ant iuuenum uigilatae corpora noctes OV.*Ars* 1.735; SEN.*Con*.10.pr.16; COL.5.6.26; ~atum..continuatione laborum SUET.*Tib*.21.7. **b** quibus rebus ~ati oppido perquam pauci sub pellibus adquiescebant *B.Afr*.47.5; insignem ~at deus, obscura promens HOR.*Carm*.1.34.13.

4 To reduce in estimation, diminish.

huiusmodi partes sunt uirtutis..~andae si dehortabimur *Rhet.Her*.3.6.

5 To reduce in intensity, alleviate.

fertur..tristis Achilles Haemonia curas ~asse lyra OV. *Tr*.4.1.16; luctus ~are tuos *Epic.Drusi* 342.

atterō ~terere ~trīuī ~trītum, *tr.* **adt-.** [AD-+TERO] FORMS: *atteruisse* (= *attriuisse*) TIB. 1.4.48.

1 To rub (against), rub, grind. **b** to chafe, wear (w. toil, etc.).

tuan ego caussa, carnufex, quoiquam mortali libero auris ~teram PL.*Per*.749; sulco ~tritus splendescere uomer (incipiat) VERG.*G*.1.46; Cerberus..leniter ~terens caudam HOR.*Carm*.2.19.30; ~teritur pressa uomer aduncus humo OV.*Pont*.4.10.6; ut nubes..ignem eodem modo uel percussae reddant uel ~tritae SEN.*Nat*.2.22.2; STAT.*Theb*.3.584. **b** puluinus..peraeque et hic et ille ~tritus CATUL.6.10; num grauis imbellis ~terit hasta manus? PROP.4.3.24; rustico opere ~tritae manus V.MAX.4.4.5; ambulatio ~terendo ulcus sordidum reddit CELS.7.25.2; femina ~teri adurique equitatu notum est PLIN.*Nat*.28.218; tenuare rudis ~trito pollice lanas STAT.*Ach*.1.581; (*neut. pl. as sb.*) ~trita sanat (oleum myrteum) PLIN.*Nat*.23.87.

2 To wear away, wear down. **b** to reduce in dimensions, diminish.

saepe etiam duris errando in cotibus alas (apes) ~triuere Verg.G.4.204; ne..oculi ~terantur Col.11.2.16; ne contrario occursu ~terantur (dentes) Plin.Nat.11.160; ~trita ueniet sportula saepe toga Mart.14.125.2; Ulp.dig.23.3.10;—(*by treading*) quo neque..errans bucula..segnitis ~terat herbas Verg.G.4.12; Plin.Nat.21.34; Stat.Silv.1.1.60; (*poet.*) iam patet ~tritus solitarum limes aquarum Ov.Ep.17.133; Stat.Theb.5.515; (*facet.*) area..~tritis ridet adulta pilis Petr.109.9,l.4. **b** parua dierum efficitur mora et ~tritis consumitur horis Man.3.350; fundauerat urbem..Solimon..paulatim ~trito nomine, Sulmo Sil.9.76; Fron.agrim.p.19.

3 To diminish (property, resources, etc.) by use, waste, fritter away. **b** to grind, impoverish (people or places). **c** to fritter away, waste (time).

difficile est ~tritas opes recolligere Sen.Suas.5.3; ut..prodiderit..Parthos..pabulo ~trito relicturos oppugnationem Tac.Ann.15.16; nec res ~teritur longo sufflamine litis Juv.16.50; Suet.Aug.40.1; Apul.Met.11.28. **b** nam nec tributis contemnuntur nec publicanus ~terit Tac.Ger.29.2; Hist.1.89; in regione bello ~trita 3.50; modica res publica nouis sumptibus ~terebatur Plin.Ep.9.33.10. **c** totum diem in itinere ~triuimus Aur.Fro.1.p.54(93N).

4 To impair the strength or vigour of, enervate, weaken. **b** to weaken, reduce (mil. forces); to wear down the power of. **c** to diminish, impair (qualities, faculties, etc.).

mutuis libidinibus ~triti Petr.81.6; fessas luxu ~tritasque secundis..mentes Sil.12.83; Quint.Inst.10.1.27; adsiduis et iniustis..operibus ~triti Flor.Epit.1.34(2.18.10); (*cf. sense* 2) nec iam splendescit lima, sed ~teritur (opus) Plin.Ep.5.10(11).3. **b** magna pars eius (*sc.* exercitus) auaritia aut temeritate ducum ~trita est Sal.Jug.85.46; Curt.4.6.31; ~tritae iam omnes ualidissimi regni uires erant Flor.Epit.1.40(3.5.20);—Aegyptiorum bellis ~trita est Aethiopia Plin.Nat.6.182; (*cf.*) et uincere inglorium et ~teri sordidum arbitrabatur Tac.Agr.9.5. **c** ubi eorum famam atque pudorem ~triuerat Sal.Cat.16.2; V.Max.9.1.ext.1; Gaius ~tritis facultatibus urbe cessit Suet.Gal.3.4.

atterrāneus (dub.) ~a ~um, *a.* **adt-.** [AD-+TERRANEVS] (app.) Coming to the earth, earth-borne.

~a (fulgura) Sen.Nat.2.49.2.

attestātiō ~ōnis, *f.* **adt-.** [ATTESTOR+-TIO] Testimony, attestation.

pars triplici ~one firmatur Agen.agrim.p.36.

attestātus ~a ~um, *a.* **adt-.** [ATTESTOR] Confirmatory, corroboratory; (in quots., of lightning).

~a (fulgura), quae prioribus consentiunt Sen.Nat.2.49.2; Paul.Fest.p.12M.

attestor ~āri ~ātus, *tr.* **adt-.** [AD-+TESTOR] To bear witness to, attest, confirm.

id..postea uerum esse ~atast Fortuna Var. in Non.p.367M; hoc ~atur breuis Aesopi fabula Phaed.1.10.3; Plin.Nat.pr.10.

attexō ~ere ~uī ~tum, *tr.* **adt-.** [AD-+TEXO]

1 To attach by weaving, weave or plait on.

barbarorum agris quasi ~ta quaedam uidetur ora esse Graeciae Cic.Rep.2.9; pinnae loricaeque ex cratibus ~untur Caes.Gal.5.40.6; ~tis capite crinibus Apul.Met.11.8.

2 To add on, link to.

ad id, quod erit inmortale, partem ~itote mortalem Cic.Tim.41; superioribus eius partibus..animal iners ac marcidum ~itur Sen.Ep.92.10;—(*in a book*) Var.R.2.5.2; exordio sermonis huius quam concolores fallacias ~amus Apul.Met.5.16.

Atthis ~idis, *f. adj.*

1 Attic, Athenian. **b** (as sb.) Attica.

~ide terra natus Ericthonius Germ.Arat.157; Romanam credere matres Italides possunt, ~ides esse suam Mart.11.53.4; linguam ~idem Apul.Met.1.1. **b** ~ide temptantur gressus Lucr.6.1116; Mela 2.39.

2 An Athenian woman. (spec.) **b** Philomela or Procne.

~idum mixtam choris Sen.Phaed.106; Stat.Theb.12.536. **b** natum..sonat flebilis ~is Sen.Her.O.200; multisona feruet sacer ~ide (*i.e. the nightingale*) lucus Mart.1.53.9; hibernos peterent solito cum more recessus ~ides (*i.e. swallows*) 5.67.2.

attibernālis ~is, *m.* **adt-.** [AD-+TABERNA+-ALIS] (See quot.)

~is habitator continuae tabernae Paul.Fest.p.12M.

Attica[1] ~ae, *f.* Also **Atticē** ~ēs. The district of central Greece having Athens as its capital.

Caecil.com.253; Ter.Eu.110; Quint.Inst.12.10.25. **β** Plin.Nat.4.1; 4.19.

Attica[2] ~ae, *f.* The daughter of Cicero's friend Atticus.

Cic.Att.12.1.1.

Atticē, *adv.* [ATTICVS[1]+-E] In the Attic manner: **a** (of oratorical style). **b** (of idiom or pronunciation). **c** (w. ref. to readiness of wit).

a ut non omnes, qui ~, idem bene, sed utomnes, qui bene, idem etiam ~ dicant Cic.Brut.291; Orat.23; neque..~ pressi neque Asiane sunt abundantes (Rhodii) Quint.Inst.12.10.18. **b** adnotata unius affectatione uerbi hospitem dixit..quod nimium ~ loqueretur Quint.Inst.8.1.2. **c** tum puer Graece et id quidem perquam ~: μὴ γελᾶτε, inquit, ἔνι τοὔλαιον Gel.17.8.7.

Atticissō ~āre, *intr.* [Gk. ἀττικίζω] To assume the Attic character or manner; (spec.), to speak in (Attic) Greek.

hoc argumentum graecissat, tamen non ~at, uerum sicilicissitat Pl.Men.12;—Perseus..hodie uobis ~abit Apul.Fl.18; Soc.pr.5; Paul.Fest.p.28M.

Atticula ~ae, *f.* dim. of ATTICA[2].

Cic.Att.6.5.4.

Atticurgēs ~ēs ~es, *a.* [Gk. Ἀττικουργής] Made in Attic fashion.

Vitr.3.5.2; genera sunt enim thyromaton haec: doricum, ionicum, ~es 4.6.1; ~e (*sc.* ostia) isdem rationibus perficiuntur, quibus dorica 4.6.6.

Atticus[1] ~a ~um, *a.* Also **~os** ~ē ~on.

1 Of Attica, Attic, Athenian. **b** *uolucris, paelex* ~*a*, the nightingale (Philomela).

ciuis ~a atque libera Pl.Poen.372; Athenis natus..~is Rud.741; Pompon.com.191; admirari se dixit stultitiam rhetoris ~i Nep.Ep.6.3; Liv.34.52.6; ~a terra Ov.Fast.4.502; drachma ~a Plin.Nat.21.185; Quint.Inst.8.3.60; (*iron.*) illud tuum ~um Sarat Apul.Apol.24; (*app. applied to the Great Bear*) ~a..plaustra (*v.l.* Arctica) Sen.Med.315. **b** Prop.2.20.6; Ismarium paelex ~a plorat Ityn Mart.10.51.4.

2 Found, produced, in Attica or Athens.

mellis ~i colore Vitr.2.9.17; cum uolunt sil ~um imitari 7.14.1; ~a..apis Ov.Tr.5.4.30; Mart.5.37.10; mel ~um Petr.38.3; ~o thymo Maur.2417.

3 Belonging to the Attic style or tradition, classic. **b** ~*a columna*: (see quot.). **c** ~*a fides*, Attic faith, proverbially inviolable.

haud ~am condecet disciplinam Pl.Cas.652; ~am elegantiam Ter.Eu.1093; Veritas, ~es philosophiae alumna Var.Men.141; Cic.Brut.284; ~um (genus picturae) Plin.Nat.35.75; Mart.3.20.9; Quint.Inst.10.1.44; quibus..parum ~us uideretur (Cicero) Tac.Dial.18.4; (*transf.*) si uis auribus ~is probari Mart.4.86.1. **b** quae uocantur ~ae columnae quaternis angulis, pari laterum interuallo Plin.Nat.36.179. **c** in omni re, quidquid sincera fide gereretur, id Romani ~a fieri praedicarent Vell.2.23.4.

Atticus[2] ~ī, *m.*

1 An inhabitant of Attica, an Athenian.

Cic.Leg.2.5; Fin.5.4; Phaed.1.2.6; Stat.Theb.12.709.

2 An orator of the Attic style, an Atticist.

ne ignoret..uim et uarietatem ~orum Cic.Brut.285; Tusc.2.3; Quint.Inst.12.10.16; (*as a type*) non Scipio, Laelius, Cato in loquendo uelut ~i Romanorum fuerunt? 12.10.39.

3 (as a surname, esp.) *T. Pomponius Atticus*, a friend of Cicero. **b** (as a type of a rich man).

Cic.Leg.1.3; Nep.Att.1.1. **b** ~us eximie si cenat, lautus habetur Juv.11.1.

attigō: old form of ATTINGO.

attiguus ~a ~um, *a.* [ATTINGO+-VVS]

1 Contiguous, adjoining.

diuersas attiguis possessoribus faciunt controuersias Fron.agrim.p.4; Agen.agrim.p.41; domus ~ae..fortunas arbitraturus Apul.Met.4.12.

2 Neighbouring, adjacent.

contra procliue montis ~i Apul.Met.4.3; percussis frondibus ~i nemoris 6.12.

attilus ~i, *m.* [dub.] A large fish, the great sturgeon or beluga.

fiunt et in quibusdam amnium haut minores (pisces) silurus in Nilo, isox in Rheno, ~us in Pado Plin.Nat.9.44.

attina ~ae, *f.* [dub.; perh. from next] A heap of stones as a boundary mark.

in speciem maceriarum congerunt lapides et ~as appellant Sic.Fl.agrim.p.103; p.106.

attineō ~ēre ~uī attentum, *tr.*, *intr.* **adt-.** [AD-+TENEO] Forms: *attinit* (cj. = *attinuit*) Pl.Men.589; *attinere* (dub. = *attinuerunt*) Mil.1327.

1 To hold (to or near). **b** to hold together.

nunc senex est in tostrina, nunc iam cultros ~et Pl.Capt.266; nunc eandem (*sc.* pallam) ante oculos ~es Men.730. **b** quinque coniuges copulae his ordinatae uicibus adtinentur Apul.Mun.5.

2 a To hold back, restrain. **b** to keep in confinement or custody; also, to keep, hold (in a place). **c** (of mil. forces) to hold.

a ferrum..deferebat in pectus, ni proximi prensam dextram ui ~uissent Tac.Ann.1.35; 3.3; impetum eius..~uere senatores 13.50. **b** donec accitam conuictamque ~eri publica custodia iussit Tac.Ann.3.36; 13.27;—(*w. pple.*) ita me uadatum amore uinctumque ~es Pl.Bac.181; Truc.837;—(*w. local abl.*) cunctos qui carcere ~ebantur..necari iubet Tac.Ann.6.19; (*non-pers. obj.*) quia..signatum argentum fisco uel aerario ~ebatur 6.17;—(*w.* in+*abl.*) in Palatio ~ebatur 6.23;—(*transf., of sleep*) infusus sopor etiam in altum diem nos ~uit Apul.Met.3.20;—ut Tacfarinas lectos uiros et Romanum in modum armatos castris ~eret Tac.Ann.2.52. **c** Thraeciam Rhoemetalces..ripamque Danuuii legionum duae in Pannonia..~ebant Tac.Ann.4.5.

3 To keep in one's possession, retain. **b** to keep in a specified state or condition.

quam..~endi magni dominatus sient Inc.trag.195. **b** neu..nos in sollicitudine ~eas Sal.Hist.1.77.16; ne tamen segnem militem ~erent Tac.Ann.13.53.

4 To hinder, delay, detain. **b** to engage the attention of, keep busy, occupy, interest.

neque quod uolui agere..licitumst, ita med ~it, ita detinit Pl.Men.589; ni uictorem exercitum ~uisset obscurum noctis Tac.Hist.2.14; dum iustitio ob amissum Augustum, post discordiis ~emur Ann.1.50; 12.12; 13.46; Cumas usque progressus Petronius illic ~ebatur 16.19. **b** nil miror..si forma huiius, mores, uirtus ~ere animum hic tuom Pl.Mil.1327; Bocchum..simul Romanos et Numidam spe pacis ~uisse Sal.Jug.108.3; nec me..conpascuus coetus ~ere potuit Apul.Met.4.1.

5 (w. *ad*) To extend in space, reach (to).

qui in Europa sunt, a laeuo Thraciae latere ad Borysthenem..~ent Curt.6.2.13.

6 (w. *ad*) To concern, be connected with, affect. **b** (impers.). **c** *quod ad* — ~*et*, as far as — is concerned, as for —; (also w. *quantum, quae*). **d** (impers., w. acc.).

negotium hoc ad me ~et aurarium Pl.Bac.229; Rud.962[b]; ad te ~ere hanc omnem rem Ter.Eu.744; partim sunt quae ad orationem non ~eant Var.L.10.64; incensi sunt studio quod ad agrum colendum ~et Cic.S.Rosc.48; Lucr.4.34; Liv.42.10.15; cetera, quae ad somnum, cibi desiderium, febrem..~ent Cels.8.4.21; Plin.Nat.18.280; epistulas omnes..ad prouinciam ~entes Fro.Amic.2.p.92(186N); (*w. pers. subj.*) illum curo unum, ille ad me ~et Ter.Ad.436;—(*w. advl. acc.*) numquidnam ad filium haec aegritudo ~et? Pl.Bac.1110; quid id ad nos ~et? Cato hist.95g; Cic.Rep.1.15; Vinalia priora..nihil ad fructus ~ent Plin.Nat.18.287. **b** (*w. advl. acc.*) an quippiam ad te ~et? Pl.Cas.672; nil ad me ~et Ter.Ad.134; Cic.Quinct.71; Ver.1.61; (*w. cl.*) quam id ipsum absurde, nihil ad me ~et Agr.2.28. **c** nam quod ad argumentum ~et, sane breuest Pl.As.9; uobis alio loco ut se tota res habeat, quod ad eam ciuitatem ~eat, demonstrabitur Cic.Ver.2.15; segnius..quod ad Etruriam ~ebat, acta res esset Liv.10.45.6; 23.48.5; Ulp.dig.40.7.6.7;—(*w. pers. prons.*) de alia re resciuisse censui, quod ad me ~et Pl.Aul.770; Cic.S.Rosc.120; Att.14.13.6; hominem, quod ad me ~et, non ingratum 16.14.4; Liv.2.31.9;—quantum ad Carthaginienses duces ~et, iniuctum ad ultimum permansisse 28.43.17; Sen.Con.7.1.1; Gaius Inst.1.157;—sed quae ad custodiam religionis ~ent, nescio an omnes M. Atilius Regulus praecesserit V.Max.1.1.14. **d** qui sit..memoriae fructus..quid me ~et dicere? Cic.de Orat.2.355; neque quemquam ~ebat id recusare Quinct.60; Dom.138; te nihil ~et temptare multa caede bidentium paruos..deos Hor.Carm.3.23.13.

7 (chiefly impers. and with neg. or sim.): **a** (absol.) To be important, be relevant, matter, avail. **b** (w. inf.). **c** (w. acc. and inf.).

a ea conquisierunt, quae nihil ~ebant Rhet.Her.1.1; in mentem..ea re non uenit, quia nihil ~uit Cic.Att.12.18a.2; Hor.Carm.1.19.12; Quint.Inst.10.1.105;—(*after* si) non omisisset idem, si ~eret, meridianam caeli partem signare in cortice Plin.Nat.17.83. **b** hanc (propositionem) uelle approbare..nihil ~et Cic.Inv.1.62; quaero, si..Recentoricus ager priuatus est, quid ~uerit excipi Agr.1.11; Fam.4.7.3; Tusc.1.81; Liv.6.26.7; sed quid praedicere poenam ~et? Ov.Ep.12.208; quorsum ~et eorum cauillari fata V.Max.9.12.8; Plin.Nat.8.38; Quint.Inst.2.15.37; Tac.Ann.12.60. **c** ut iudicium de ea re fieri nihil ~uerit Cic.Inv.2.84; Att.1.17.2; Hor.Epod.4.17; quid ~uisset Hernicis..capti agri partem tertiam reddi? Liv.2.41.6; 10.13.10; non ~uisse tempus..in quaerendo exprimi Scaev.dig.24.1.66.

8 (impers., w. neg. or sim.) To be fit, proper, meet, or in place.

nihil ~ere eum cum aduersariis colloqui B.Afr.57.2; si de iis quae Mago postulat refertis, nec uictoribus mitti ~ere puto Liv.23.13.5; quia Romano sanguini..insultare non ~et V.Max.2.7.12.

attingō[1] ~tingere ~tigī ~tactum, *tr.* **adt-.** [AD-+TANGO] Forms: (subj.) *attigas* Pl.Bac.445, Epid.723, Acc.trag.304, (perh.) *CIL* 1.500; *attigat* Pac.trag.228, *CIL* 1.583.10; *attigatis* Pl.Mos.468; *attinge pro attingam posuere* Paul.Fest.p.26M; *attingerit* (for *attig-*) Sal.Rep.1.4.4. N.B. *attingo* frequently in all senses, when used after a neg. or sim. expresses the slightest possible contact, etc.

1 To make physical contact with, touch. **b** (after negs. and sim.) to make the slightest physical contact with, even touch.

si est (lippus oculus), apstinere quin ~tingas non queas Pl.Bac.915; amolire, amitte, caue uestem ~tigas! Acc.trag.304; nec..ullum hoc frigidius flumen ~tigi Cic.Leg.2.6; ~tingere (uehiculum) uni sacerdoti concessum Tac.Ger.40.2; per speciem officii manum complexus pulsum uenarum ~tigit Ann.6.50; (*of suppliants*) si genua, si uictricem ~tingere dextram (licet) Liv.30.12.13; 45.7.5;—(*w. abl.*) mento summam amnem ~tingens Inc.trag.111; in iis..sacris polluendis quae non modo manibus ~tingi, sed ne cogitatione quidem uiolari fas fuit Cic.Ver.4.99; in mensam laticum libauit honorem primaque, libato, summo tenus ~tigit ore Verg.A.1.737; cupidus falsis ~tingere gaudia palmis Prop.1.19.9; nouacula pisce qui ~tacti sunt, ferrum olent Plin.Nat.32.14. **b** potestne detrudi quisquam qui non ~tingitur? Cic.Caec.49; horum ego uix ~tigi paenulam Att.13.33a.1(4); Latinos ne pro se quidem ipsis..~tingere arma passi sumus Liv.3.19.8; uoluminum..quorum pauca admodum studiosi ~tingunt Plin.Nat.pr.17; commentarios..obtestatus deos neque legisse neque ~tigisse quicquam, concremauit Suet.Cal.15.4;—(*in fig. phr.*) quae isti rhetores ne primoribus quidem labris ~tigissent Cic.de Orat.1.87.

2 (in var. pregn. uses, usu. after neg. or sim.) To touch, lay a finger on: **a** (in assault).

b (food). **c** (to gain possession or control, also non-physical). **d** (sexually).

a tu cauebis ne me ~tingas PL.*As*.373; ne sis me uno digito ~tigeris *Per*.793; ne uim qui attolat neue ~tigat PAC.*trag*.228; quos, si Vestinus ~tingeretur, omnes habendos hostes LIV.8.29.4; PILAS AVT FVLTVRAS FIRMAMENTI CAVSA RELICTAS ~TINGERE AVT VIOLARE..NE LICETO *Lex Vip*.31(*Font.iur*.p.295); gallinaceos non ~tingi a uulpibus PLIN.*Nat*.28.265; SUET.*Nero* 38.1. **b** ne bestiis quoque quae tantum scelus ~tigissent immanioribus uteremur CIC. *S.Rosc*.71; nec graminis ~tigit herbam (quadripes) VERG. *Ecl*.5.26; apes, quae nullum corpus ~tingunt PLIN.*Nat*. 11.72; glans..quam praeter sues nullum ~tingat animal 16.24; non uultu aut sermone flecti, nullos ~tingere cibos TAC.*Ann*.4.54; qui numquam ~tigerant maiora cadauera corui JUV.8.252. **c** N ATIGA ME, GEMVCI SVM *CIL* 1.500; tu illam scibas non tuam esse: non ~tactam oportuit PL. *Aul*.754; haec ad decumanos lucra uenisse, nihil te ~tigisse CIC.*Ver*.3.91; nec L. Sulla..agrum Campanum ~tingere ausus est *Agr*.2.81; eas (*sc.* prouincias) ita partas habebent.. ut non ante ~tigerint quam hunc ordinem condemnarint *Prov*.3; procura..Precianam hereditatem prorsus ille ne ~tingat *Att*.6.9.2; nil ~tigit nisi arma quorum indigebat NEP.*Thr*.2.6. **d** hanc ~tingere ausus es mulierem hinc ex proxumo PL.*Mil*.472; eam compressit..neque postilla umquam ~tigit TER.*Ph*.1018; CATUL.67.20; ut quamque ~tigeris, fabula turpis erit OV.*Ars* 2.630; STAT.*Theb*.7.758; (*cf.*) si tu illam ~tigeris secus quam dignumst liberam TER. *Ph*.438.

3 (fig.) To 'put one's finger on', state precisely.

ut planiloqua est, paucis ut rem ipsam ~tigit! PL.*Truc*. 864; ut cuiusque et boni publici et mali causam tamquam uirgula uidear ~tingere CIC.*Rep*.2.52.

4 (topog.) To be contiguous (to), be or come next (to), adjoin; (also, of parts of the body).

Macedoniam..quam..barbarorum gentes ~tingunt CIC. *Pis*.38; per Cappadociae partem eam quae Ciliciam ~tigit *Att*.5.20.2; eorum finis Neruii ~tingebant CAES.*Gal*.2.15.3; quae pars Numidiae Mauretaniam ~tingit SAL.*Jug*.16.5; MELA 1.14; PLIN.*Nat*.3.13;—(*w.* ad) pars, quae ad mare ~tingit Macedoniae SIC.FL.*agrim*.p.99;—(*w. dat.*) COLLEGIA QVAE ~TINGVNT EIDEM FORO *CIL* 9.5438;—(*ellipt. or absol.*) (quaeritur) cuiusmodi loci ~tingant *Rhet.Her*.2.7; hoc caput (*sc.* Draconis) hic paulum sese subito aequore condit.. ~tingens defessa uelut maerentis imago uertitur CIC.*Arat*. 64;—(stomachus) utraque ex parte tosillas ~tingens palato ..terminatur *N.D*.2.135.

5 To stretch as far as, reach. **b** (of inanim. subj.) to reach, touch, make contact with, strike; *paribus..radiis ~tingi*, to be at the same distance (from the centre). **c** (of things affecting the senses; also, of sources of light, sound, etc.). **d** (of various ills) to attack, afflict, affect. **e** to happen, occur.

alta..certat prendere tecta manu sociumque ~tingere dextras VERG.*A*.9.558; (coruum) uisum per sitim lapides congerentem in situlam monimenti, in qua pluuia aqua durabat, sed quae ~tingi non posset PLIN.*Nat*.10.125. **b** qui (*sc.* sanguis) cum terram ~tigisset CIC.*Div*.1.46; ratio..uera..cum eandem partem ~tingit qua sensus cieri potest *Tim*.28; si prius quam murum aries ~tigisset se dedidissent CAES.*Gal*.2.32.1; qui uidemini tanta mala quasi fulmen optare se quisque ne ~tingat SAL.*Hist*.1.77.12; cum..leuis pluuia..inferiorem (partem glaebarum) non ~tigit COL.2.4.5; serit et se ipsa, namque incuruato cacumine alicuius rami cum ~tigit terram, statim radicatur PLIN.*Nat*.19.157;—(*pass.*) globosum est fabricatus (mundum deus)..cuius omnis extremitas paribus a medio radiis ~tingitur CIC.*Tim*.17; stare inter proelia nullis ~tactum telis SIL.11.148; obstitum..esse aiunt uiolatum ~tactumque de caelo FEST.p.193M. **c** ita mustulentus uentus naris ~tigit PL.*Cist*.fr.10; quem simul ac Romam uenisse mi ~tigit aures nuntius VAR. in Non.p.263M; est..haec pars orationis, quae rem constituat paene ante oculos; is enim maxime sensus ~tingitur CIC.*Part*.20;—ut lunam suo lumine (sol) non posset ~tingere *Rep*.1.23; si te his ~tigerit terris Aurora morantem VERG.*A*.4.568; ceperat Orpheus omne quod ~tigerat cantu MAN.1.326; (*cf.*) dextra ..contrariis partibus oculorum contrarias partes ~tingunt (*i.e. in a mirror*) CIC.*Tim*.49. **d** quidquid erat, calamitas profecto ~tigerat numquam PL.*Cas*.913; illa (*sc.* paupertas) artis omnis perdocet, ubi quem ~tigit *St*.178; ne quae me.. inuidia ~tingeret CIC.*Fam*.3.10.10; quam diu fuit (pestilentia) me non ~tigit 14.1.3; erant perpauci quos ea infamia ~tingeret LIV.27.11.13; quos dolor ~tigit idem OV.*Fast*. 3.201. **e** si quid damni ex hac causa ~tigit ULP.*dig*. 39.2.37; (*w. dat.*) siquid ei humanitus ~tigisset APUL.*Apol*. 100.

6 To reach, arrive at, enter, set foot on (a place). **b** to make contact with (people). **c** to attain (a position of distinction, etc.); *digito caelum ~tingere*, to attain one's highest ambition. **d** to reach, extend to (in time).

omnia ista ante facta sunt..quam iste Italiam ~tigit CIC.*Ver*.2.161; non fuit eo contentus..ut illam postea quam pulsus erat terram umquam ~tingeret *Man*.25; ferox quo ex tempore Theseus..~tigit iniusti regis Gortynia tecta CATUL.64.75; ipse hora..quarta cum primis nauibus Britanniam ~tigit CAES.*Gal*.4.23.2; lapidibus pilisque prohibiti terram ~tingere *B.Afr*.85.2; VERG.*A*.7.662; nec Maenalon ~tigit ulla gratior hac Triuiae OV.*Met*.2.415; Brundisium decumis iubet hanc ~tingere castris LUC.5.374; cum ~tigerint (grues) continentem PLIN.*Nat*.10.60; soli, quod primum Diuus Augustus nascens ~tigisset SUET.*Aug*. 5; (*cf.*) cum antea nondum huius auctoritatem loci ~tingere auderem CIC.*Man*.1;—(*poet.*) ~tigerint Latias unde petita domos (*sc.* sacra) OV.*Fast*.2.270. **b** Sulla, quem primum hostes ~tigerant SAL.*Jug*.101.4; (*cf. prec.*) postquam Syriam ac legiones ~tigit TAC.*Ann*.2.55. **c** egone Argiuum imperium ~tingam aut Pelopia digner domo? ACC.*trag*.231; ~tingit solium Iouis et caelestia temptat HOR.*Ep*.1.17.34; —nostri..principes digito se caelum putent ~tingere si mulli barbati in piscinis sint qui ad manum accedant CIC.*Att*.2.1.7. **d** hunc (*sc.* perfecte sapientem) repente praeteriti futurique aeui ultimas partes ~tingere APUL.*Pl*.2.20.

7 To go to (a place that implies or stands for an activity).

tot annos forum non ~tigeris CIC.*Mur*.21; ut primum forum ~tigerim *Fam*.5.8.3; 15.16.3.

8 To take up, engage in (an activity or study), put one's hand to (a task). **b** to have to do with (a person or thing).

egomet, qui sero ac leuiter Graecas litteras ~tigissem CIC.*de Orat*.1.82; Cimbricas res adulescens ~tigit *Arch*.19; ne ~tingant rem publicam *Sest*.138; tantum ~tigit negoti quantum recusare non potuit *Fam*.13.29.3; infaceto est infacetior rure, simul poemata ~tigit CATUL.22.15; quippe res paruas tantum ingenium ~tingere nequiret SAL.*Rep*. 1.7.1; ~tigit poeticen quoque NEP.*Att*.18.5; OV.*Ars* 2.701; ut externas non sponte aut crimine taedas ~tigerim STAT. *Theb*.5.456; liberalis disciplinas omnis fere puer ~tigit SUET.*Nero* 52.1; siue gessit (pater)..siue omnino ~tigit tutelam ULP.*dig*.26.1.7; (*cf.*) nisi ea uirtus..~tingat cognitionem rerum CIC.*Off*.1.157;—(*w. abl.*) quas res nos.. gessimus, ~tigit hic uersibus *Arch*.28;—(*ellipt.*) Lucusta (*sc.* uiam) non ~tigerat *Q.fr*.3.1.4. **b** non istanc aetatem oportet pigmentum ullum ~tingere PL.*Mos*.263; inuitus ea tamquam uolnera ~tingo LIV.28.27.7; CELS.5.26.1.C; GEL. 12.2.1.

9 To mention briefly, touch on (a matter, subject, etc.). **b** to glance at, skim through (a book).

quod ab illoc ~tigisset nuntius PL.*Bac*.197; haec ~tigisse modo satis est VAR.*L*.8.43; ego cautius posthac historiam ~tingam te audiente CIC.*Brut*.44; ea leuiter..~tigi *S.Rosc*. 123; quod ego crimen ante quam ~tingo *Scaur*.21; nec tamen illum locum ~tingerem *Att*.15.11.2; cum..duae sint artes..hi omnino ne ~tigerunt quidem *Fin*.4.10; si urbanus esses..aut Transpadanus, ut meos quoque ~tingam CATUL.39.13; sed tamen, ut potero summatim ~tingere, tangam LUCR.3.261; eas gentis, quibuscum nobis bellum aut amicitia fuit, ~tingere SAL.*Jug*.17.1; si tantummodo summas ~tigero NEP.*Pel*.1.1; quo te nunc modo, Magne Pompei, ~tingam nescio V.MAX.5.3.4; pauca..propria huius loci..~tingam QUINT.*Inst*.12.9.1; non ~tingo Graecos TAC.*Ann*.4.35; PLIN.*Ep*.1.20.2;—(*w. abl.*) quoniam ~tigi cogitatione uim uarietatemque fortunae CIC.*de Orat*.3.9; ne uerbis solum ~tingamus ea *Tusc*.5.68; haec nos sicca et incondita..oratione ~tingimus GEL.14.1.32;—(*w. cl.*) interim summatim, quid et a qua lectione petere possint.. ~tingam QUINT.*Inst*.10.1.44. **b** quem tu Corcyrae.. strictim ~tigisti CIC.*Att*.2.1.1; ego audebo legere umquam aut ~tingere eos libros? 6.2.9.

10 a To move, interest, 'appeal to', affect, disturb. **b** to treat in a hostile manner, assail.

a si qua de Pompeio nostro..tibi ac rei publicae reconciliando cura te ~tingit CIC.*Att*.9.11A.2; ex quo nec timor eum nec angor ~tingat *Tusc*.5.17; at iste (*sc.* labor) nec ~tingit deum *N.D*.1.22; mores alia aliter ~tingunt SEN. *Ep*.121.2; uidendum, an uel sic ~tingatur hereditas ULP. *dig*.5.3.25.14. **b** dixisti me cum eis confligere quos despicerem, non ~tingere eos qui plus possent CIC.*Pis*.75; quem illa (*sc.* comoedia) non ~tigit, uel potius quem non uexauit? *Rep*.4.11;—(*w. abl.*) te ut potius obiurgem..quam ut eam (*sc.* dignitatem tuam) ego ulla contumelia coner ~tingere *Planc*.8; quos in senatu ne tenuissima quidem suspicione ~tigerat *Att*.2.24.3.

11 To attain to, achieve (an aim, ideal, or quality) to win, get (a desired object).

si isti agri partem aliquam iuris..aliquam spem diuturnitatis ~tingunt CIC.*Agr*.3.8; ut aliquando subtilitatem ueteris urbanitatis..~tingerem *Q.fr*.2.8.2; quod tandem uerum sibi uidebuntur ~tingere *Luc*.36; quae non..legis nomen ~tingunt *Leg*.2.13; (*w. abl.*) istam..intellegentiam..ne suspicione quidem possum ~tingere *N.D*.3.64.

12 a (w. *cognatione, necessitudine, sanguine*) To be connected with or related to. **b** to be connected with, concern, relate to, belong to.

a ⟨QVEIVE SE EARVM ALIQVA⟩ NECESITVDINE ATINGAT *CIL* 1.583.24; qui eos hac cognatione ~tinget *Leg.pub*. (*Font.iur*.p.47)5; ut quisque te maxime cognatione adfinitate necessitudine aliqua ~tingebat CIC.*Ver*.2.27; qui.. nos summa necessitudine ~tingunt *Q.fr*.1.1.6; LIV.22.61.1; (eum) perinde habeo, ac si (me) gradu cognationis ~tingat SEN.*Con*.1.1.12; quos sanguine ~tingit PLIN.*Ep*.7.24.2; (*cf.*) omnium, quae personam eius ~tingunt JULIAN.*dig*. 30.1.86.2. **b** item quod ~tingat qui de censoribus classicum..redemptum habent VAR.*L*.6.92; quippiam, rem illam quod ~tingat CIC.*de Orat*.2.163; *Top*.56; alia..causa..quae te non ~tingit *Leg*.2.3; ut in malis (*m. pl.*) ~tingit animi naturam corporis similitudo *Tusc*.4.30; *Off*.1.18; *Fat*.17; JUV.14.106.

? attingō² ~ere, *tr*. [AD-+TINGO] (app.) To wipe, smear on.

tamquam..draco serpit..circum inspectans huc et illuc, si quem reperiat, cui aliquid mali faucibus adflare, ore ~tingere, dentibus insecare..possit *Rhet.Her*.4.62.

Attis¹ ~idis, *m*. (mythol.) A eunuch consort of the goddess Cybele.

CATUL.63.1; OV.*Fast*.5.227; *Ib*.453; MART.2.86.4; APUL. *Met*.4.26.

Attis²: see ATTHIS.

Attius: see ACCIVS, also TETTIVS.

attolerō ~are, *tr*. [AD-+TOLERO] To support, sustain.

atria..columnis quadrifariam per singulos angulos stantibus ~abant statuas APUL.*Met*.2.4.

attollō ~ere, *tr*. **adt-**. [AD-+TOLLO]

1 To raise to a higher position, lift up or towards. **b** (refl. or pass.) to mount upward, rise.

~e pallium TER.*Eu*.769; Sertorius..super adstantium manibus in murum ~itur SAL.*Hist*.1.126; umerus ipse ~endus erit CELS.8.8.1.B; omnia..incertis motibus modo ~i, modo deprimi SEN.*Suas*.1.9; quae (*sc.* feminae) possunt partus suos ~ere PLIN.*Nat*.11.232; STAT.*Silv*.3.2.133; ut augescente flumine inoffensus ordo nauium ~eretur TAC. *Hist*.2.34; 4.83;—(*poet.*) cum sol auersa per astra aestiuum tardis ~at mensibus annum MAN.2.202; clarum priusquam Phoebus ~at diem SEN.*Med*.298; LUC.7.11; PLIN.*Nat*.2.33; laetos ~unt agmina plausus STAT.*Theb*.6.897; ~at refluos in astra fontis..Baetis *Silv*.2.7.33. **b** mox sese ~it in auras (Fama) VERG.*A*.4.176; CELS.7.18.9; (struthocameli) non sunt uolucres nec a terra ~untur PLIN.*Nat*.10.1; hederam non ~entem se a terra 24.82; superas..se ~at ad auras Laius STAT.*Theb*.1.295.

2 To move upwards, lift (part of one's body). **b** to direct upwards, raise (one's eyes).

super ~e limen pedes, noua nupta PL.*Cas*.815; ora modis ~ens pallida miris VERG.*A*.1.354; 5.364; consul manus ad caelum ~ens LIV.10.36.11; uictor quanto sublimius altum ~at caput OV.*Hal*.70; sonipes..acrius ~it uultus STAT. *Silv*.1.1.47; (*in fig. phr.*) ut caput ~ere Romana plebes possit LIV.6.18.14; (*poet.*) quercus intonsa..caelo ~unt capita VERG.*A*.9.682;—(*cf. sense 12*) anguem..~entem iras et caerula colla tumentem 2.381; ~entem minas serpentem COL.8.2.11. **b** grauis oculos conata ~ere VERG.*A*.4.688; contra magnum potes hos (*sc.* oculos) ~ere Solem PROP. 1.15.37; LIV.9.6.8; OV.*Met*.2.448; CELS.7.7.1; huc ~e genas defectaque lumina STAT.*Theb*.12.325;—(*in fig. phrs.*) nec aduersus dictatoriam uim..~ere oculos..audebant LIV. 6.16.3; SEN.*Ben*.1.3.1; an solus oculos..ad uirgines..~eret? QUINT.*Decl*.252(p.32,l.9); TAC.*Hist*.4.14.

3 To make to stand, set up. **b** to raise to a standing posture, assist to rise from the ground; (pass. or refl.) to get up, rise.

iubet ocius omnis ~i malos VERG.*A*.5.829; dum dispositis ~at retia uaris LUC.4.439. **b** ab humo..~it amicum VERG.*A*.5.452; triuiis ~ere..fracto crure planum HOR.*Ep*. 1.17.58; ~ere pauentem (mulierem) LIV.39.13.3; corpus.. meo mihi carius..~o OV.*Met*.7.848; LUC.6.620; (*fig.*) qui paupertatem leuet ~atque propinqui JUV.14.236;—ter sese ~ens cubitoque adnixa leuauit VERG.*A*.4.690; ~it in aegrum se femur 10.856; LIV.8.7.11; V.MAX.8.1.6.absol.; si forte prolapsus est, ~i et insurgere haud licitum TAC.*Ger*. 39.3.

4 To erect, raise up (a building, etc.).

hanc..immensam Calchas ~ere molem roboribus textis.. iussit VERG.*A*.2.185; 3.134; uti..sedis..suas pietate hominum inchoatas diuina ope ~erent TAC.*Hist*.4.53; meliore nouas ~it marmore uillas JUV.14.95.

5 To stir up, raise (dust, the sea, etc.).

nigrae ~untur harenae VERG.*A*.9.714; STAT.*Theb*.4.138; (*transf.*) cum..campum alacritate, discursu, puluere ~eres PLIN.*Pan*.14.3;—~ere magnum aequor STAT.*Ach*.1.44; mare pigrum..ne uentis quidem perinde ~i TAC.*Ag*.10.6.

6 To increase in height, raise the surface level of. **b** to cause (a river) to rise up or swell.

in ipso..oculo nonnumquam summa ~itur tunica CELS. 7.7.11; quia..liquorem in uerticem ~ant PLIN.*Nat*.2.163; prout fluctus ~itur TAC.*Hist*.3.47; (*refl.*) quare uenae nostrae modo summittant se, modo ~ant CELS.1.pr.19; ~ente se contra medios uisus terrarum globo PLIN.*Nat*.2.177. **b** si haec causa ~eret Nilum SEN.*Nat*.4a.2.21; uos..Nymphae.. Thybrim..nouis ~itis undis STAT.*Silv*.1.5.24; TAC.*Ann*. 6.37; si eundem riuum deprimat uel ~at ULP.*dig*.43.21.1.11.

7 (refl. or pass.) To extend upwards, form an elevation, rise. **b** to cause to rise into view.

MELA 1.61; Taurus (mons)..uaste satis ~itur 1.81; Taurica..uastis ~itur iugis PLIN.*Nat*.4.85; ~untur colles alti 12.53; (*w.* ad) se ~ens pater Appenninus ad auras VERG.*A*.12.703;—(*w.* in+*acc.*) SEN.*Nat*.4b.11.2; uniuersa (Achaia)..in montes sex atque LXX ~itur PLIN.*Nat*.4.22; (Mausoleum)..~itur in altitudinem XXV cubitis 36.30; (*cf.*) promunturium est, quod Taurus ~it MELA 3.68. **b** quarto terra die primum se ~ere tandem uisa VERG.*A*. 3.205; ~it se diua Lacinia contra 3.552; Sarmaticos ~ens Uxama muros SIL.3.384; 15.215.

8 To bear aloft, hold up, carry. **b** to cause to float, hold up. **c** (pass., topog.) to be set in an elevated position.

quid si propius ~amus signa eamusque obuiam? PL.*Cas*. 357; primos ~ere fascis regibus omen erat VERG.*A*.7.173; laetas pila ~entia frondis STAT.*Silv*.5.1.92; ~entes immanes gladios ac secures APUL.*Met*.8.27; (*poet.*) ~ens umero famamque et fata nepotum VERG.*A*.8.731. **b** periti imperitique nandi..~untur TAC.*Hist*.5.6; Germanos fluminibus suetos leuitas armorum..~it 5.14. **c** ~itur (Ephesus) monte Pione PLIN.*Nat*.5.115; Persarum regna.. Caucasi iugis ~untur 6.41.

9 To increase the force of, raise (the voice).

etiam si disputarem..nec manum iactarem nec ~erem uocem SEN.*Ep*.75.2; quando ~enda uel submittenda sic uox..QUINT.*Inst*.1.8.1; parte nam ~it sonorem, parte reliqua deprimit MAUR.1345.

10 To exalt in dignity or power, to honour. **b** to extol, praise; (refl.) to vaunt oneself.

armis rem publicam ~ere TAC.*Hist*.4.52; 4.59; cum Iunium Blaesum..triumphi insignibus ~eret *Ann*.3.72; nisi exploratoris Flaui progenies super cunctos ~atur 11.16; (*refl.*) ingenti se ~ere fama STAT.*Theb*.10.215; (*transf.*) Punica se quantis ~et gloria rebus VERG.*A*.4.49. **b** quanto Ciceronis studio Brutus Cassiusque ~erentur VELL. 2.65.1; nunc uetus Iliacos ~at fabula muros LUC.6.648; maiestatem urbis..~ens TAC.*Hist*.1.90; (*w. abl.*) temperantiam..suam laudibus ~ens 2.90;—subiecta et humilia.. propter quae nemo se ~ere debeat SEN.*Ep*.74.17; gemino.. Lacone Tyndaris ~ens sese SIL.14.208.

11 To elevate to a higher moral or mental condition, uplift. **b** (rhet.) to raise, exalt in tone or style. **c** to exaggerate, magnify.
(animalia) ~unt animos caelumque..seruant MAN.2.102; (scripta) quae adulescentem indolis bonae ~erent SEN.*Ep.* 100.12; facta animosa uiros et recti sacra cupido ~unt SIL.1.613. **b** qui nihil supra cotidianum sermonem ~ere audeant QUINT.*Inst.*2.4.9; sublimis spiritus ~ere orationem potest 10.5.4; orationem tam summittere quam ~ere decet PLIN.*Ep.*3.13.4. **c** histrionis est paruam rem ~ere CELS. 5.26.1.D; res per similitudinem ~imus QUINT.*Inst.*8.6.68; cuncta in maius ~ens TAC.*Ann.*15.30.

12 To exalt (the spirits), animate, inspirit. **b** to puff up, elate.
ultro implacabilis ardet ~itque animos VERG.*A.*12.4; frangit et ~it uires in milite causa PROP.4.6.51; ad consulatus spem cum ~eret animos LIV.22.26.3; SEN.*Ep.*6.1; ~it..animos hortando SIL.1.105; 13.301; excitanda mens et ~enda semper est QUINT.*Inst.*1.2.18; (*refl.*) se contra uiribus aut animis ~unt SEN.*Cl.*2.1.3. **b** quid superbia in tantam uanitatem ~imur? SEN.*Ben.*3.28.3; ~it flatus ducis STAT.*Theb.*1.321.

attondeō ~ndēre ~ndi ~nsum, *tr.* **adt-.** [AD-+TONDEO] FORMS: *attodisse* (for *attondisse*) VERG.*Cat.*10.9 (s.v.l.).

1 To clip close the hair of, shear.
bidente..~disse (*s.v.l.*) forcipe comata colla VERG.*Cat.* 10.9; neque inutile erit caput ~nsum habere CELS.4.6.5; prodest, cum diu caput dolet, ~ndere ad cutem et radere LARG.10; conspicor quendam forficulis ~ndentem caprinos utres APUL.*Met.*3.17; (*fig.*) consiliis nostris laus est ~nsa Laconum CIC.*Tusc.*5.49.

2 a To strip of money, fleece. **b** (colloq.) to 'trim', thrash.
a is me scelus auro usque ~ndit PL.*Bac.*1095; (*w. pun on sense 1*) 1125; utrum strictimne ~nsurum dicam esse an per pectinem *Capt.*268. **b** ne ulmos parasitos faciat quae usque ~ndeant PL.*Epid.*311.

3 a (of animals) To crop close. **b** to prune, trim (a vine).
a dum tenera ~ndent simae uirgulta capellae VERG.*Ecl.* 10.7; ~nso miseris iam dentibus aruo LUC.4.413; 6.84. **b** curuo Saturni dente relictam persequitur uitem ~ndens VERG.*G.*2.407; aegrotant (uites) cum alsere, laesis uredine ~nsarum oculis PLIN.*Nat.*17.226.

attonitus ~a ~um, *a.* **adt-.** [pple. of next]

1 Struck by lightning. **b** stunned, stupefied, by lightning or thunder; also by an apoplectic seizure.
densa per ~as rumpuntur flumina nubes *Aetna* 59. **b** uelut lymphati et ~i munimentis suis..inciderunt LIV. 7.17.3; stupuit ceu saxea..~aeque diu similis fuit OV.*Met.* 5.510; SEN.*Nat.*2.27.3; (*cf.*) ita ut magna pars integris corporibus ~i conciderent LIV.10.29.7;—CELS.3.26.

2 Stupefied, dazed, etc. (by various emotions; freq. transf., of parts of the body, the mind, etc.), esp. **a** stupefied, paralysed (by fear or terror). **b** stricken with grief or calamity, overwhelmed, stunned. **c** dazed with wonder, dumbfounded, astounded. **d** speechless with admiration, spellbound. **e** awestruck, awed.
a ~i squamis astantibus hydri VERG.*G.*3.545; ferit ~a pectora nuda manu OV.*Fast.*3.864; ~os subitus tremor occupat artus *Met.*3.40; quis..fragor aures ~as mouet? SEN. *Her.O.*1129; LUC.1.676; ~i..domus ardua Daci STAT.*Silv.* 1.1.7; ~us pro electro signisque suis JUV.14.306; in stuporem ~us APUL.*Met.*1.8;—(*w. abl.*) quasi formidine ~us SAL.*Hist.*1.136; ut hostes..nocturno pauore ~os..adgrederetur LIV.7.36.10; o genus ~um gelidae formidine mortis OV.*Met.*15.153; TAC.*Hist.*2.42;—(*w. gen.*) omnis anhelat ~us serpentis equus SIL.6.231. **b** ~o gemitus a corde trahuntur OV.*Met.*11.709; *Tr.*1.5.3; totum exercitum non solum maestum sed etiam ~um SEN.*Dial.*11.15.5; stat lumine rapto ~us LUC.3.714; stant circum ~ae uatem..deae STAT.*Silv.*5.3.14; TAC.*Hist.*4.72; JUV.11.199;—(*transf.*) per ~as curarum pondere noctes STAT.*Theb.*9.575; nemo recentem et ~am orbitatem ad computationem uocet PLIN. *Pan.*38.3. **c** ~is haesere animis VERG.*A.*5.529; ~as..circum..auris STAT.*Theb.*4.669; ~i et id ipsum quod nemo regeret pauentes TAC.*Hist.*2.29;—(*w. abl.*) ~ae monstris VERG.*A.*5.659; miraculo ~i LIV.1.47.9; ceteros re noua ~os in uerba Vespasiani adigit TAC.*Hist.*3.13; FLOR.*Epit.* 1.28(2.12.13); (*cf.*) ~us subita..ira OV.*Met.*9.575;—(*w.* in+*acc.*) in aureos refulgentes..~us APUL.*Met.*2.26; in aspectum meum ~us 11.14;—(*poet.*) ut..~o regnet in igne manus! MART.8.30.4. **d** LUC.7.212; tu tamen ~us, quamuis data copia tantae noctis STAT.*Silv.*1.2.31;—(*w. abl.*) admiratione mutua prope ~i, conticuere LIV.30.30.2; ~um forma fac putet esse sua OV.*Ars* 2.296; cantu (delphini) mulcentur et capiuntur ~i sono PLIN.*Nat.*11.137. **e** ~us tanto monitu imperioque deorum VERG.*A.*4.282; religione..~i LIV.5.14. 5; (*transf.*) ~o stat turba metu STAT.*Ach.*1.613.

3 Smitten with divine frenzy, inspired.
ternos ter cyathos ~us petet uates HOR.*Carm.*3.19.14;—(*w. abl.*) ~ae Baccho..matres VERG.*A.*7.580; cornu pariter uinoque feruntur ~ae..Priapi maenades JUV.6.316;—(*transf., of parts of the body*) ~a tympana pulsa manu OV. *Ars* 1.538; (*of sound*) ~o non taceare sono *Tr.*5.3.38.

4 Driven out of one's senses, crazed. **b** (of feelings, actions, etc.) frenzied, crazy, frantic.
uino, strepitibus clamoribusque nocturnis ~i LIV.39.15.9; ~us..seces..uilia membra OV.*Ib.*451; ~a cursu fugit (Iocasta) SEN.*Phoen.*433; ~us Aiax QUINT.*Inst.*11.3.73;—(*of the mind*) ~a laudes tibi mente canebam TIB.1.9.47; mulier ~ae..mentis CURT.8.6.16; regno pectus ~um furit SEN.*Phoen.*302. **b** ~o gradu euasit SEN.*Med.*675; LUC. 7.779; contra ~as quorundam persuasiones PLIN.*Nat.*29.28; ~is implet clamoribus urbem STAT.*Theb.*4.382; aegram..leuare ~is mentem curis SIL.3.132.

5 Fascinated (by), intent (on), absorbed (in).
Britannia hodieque eam (*sc.* artem magicam) ~a celebrat PLIN.*Nat.*30.13; magnae mentis opus nec de lodice paranda ~ae JUV.7.67;—(*w. dat.*) me operi ~um clara lux oppressit APUL.*Met.*4.22;—(*w.* ad) ad rapinam alterius erecti et ~i SEN.*Ep.*72.8; ~am miscenda ad proelia mentem LUC.5.476; adeo..ad haec ~a antiquitas fuit PLIN.*Nat.*25.13;—(*w.* in+*abl.*) in prospectu alioquin ~um APUL.*Met.*4.12.

attonō ~āre ~uī ~itum, *tr.* **adt-.** [AD-+TONO]

1 To strike with lightning, blast.
ipsa altitudo ~at summa MAEC. in Sen.*Ep.*19.9.

2 To drive crazy, distract.
quis furor..uestras ~uit mentes? OV.*Met.*3.532; quas semideae dryades..numine contactas ~uere suo *Ep.*4.50.

attorqueō ~ēre, *tr.* **adt-.** [AD-+TORQVEO] To whirl (at).
iaculum ~ens emittit in auras VERG.*A.*9.52.

attractō: see ATTRECTO.

attractus ~a ~um, *a.* *compar.* ~ior. **adt-.** [pple. of next] (of the brows) Drawn together, knit.
cum Pollionis ~iorem uidisset frontem SEN.*Ben.*4.31.4; haec disputamus ~is superciliis, fronte rugosa? *Ep.*113.26.

attrahō ~here ~xī ~ctum, *tr.* **adt-.** [AD-+TRAHO]

1 To draw with force, drag towards. **b** to drag in (to a speech or book).
adducitur a Veneriis atque adeo ~hitur Lollius CIC.*Ver.* 3.61; deinde ~ctus (uncus) infantem educit CELS.7.29.4; inuenit eos Mercurius et turbatos ~hit PHAED.4.18(19).9;—(*w. destination expr.*) (Nilus) ~ctus in urbem septem captiuis debilis ibat aquis PROP.2.1.31; hominem..~hi ad sese iussit LIV.23.7.7; ite ducemque ~hite huc uinctum OV.*Met.*3.563;—(*transf., of non-personal agents*) (aedificium) paulatim degrauatum pondere suo praeceps ~hetur COL. 1.5.10; eam (*sc.* partem humi)..~hunt excitatae maiores glaebae 2.4.7;—(*iron., of imported luxuries*) ab oceani litoribus ~cti pisces V.MAX.9.1.2; PETR.93.2. **b** quaestionum numerum minuebat et locos numquam ~hebat SEN.*Con.*7.7.10; si aliquid (scriptor) accersit atque ~hit PLIN.*Ep.*5.6.42.

2 (of persons or causes) To compel to come, bring, drag. **b** to cause to happen, bring on.
CIC.*Ver.*2.1; qui te non Romam ~ham *Fam.*7.10.4; docemus..quae causa ~xerit Arpos VERG.*A.*11.250; cum..restitantem ac tergiuersantem in Africam ~xerim LIV. 30.31.8; discipulos ~hit illa nouos OV.*Fast.*3.830; amnes, quos incola durus ~hat auxilio semper sitientibus hortis COL.10.24; ~hit illos in nostras fortuna manus LUC.10.384. **b** quod uerearis ita cauere ut..ultro arcessas et ~has BRUT.*ad Brut.*1.17.4; ~xere superuacua et in discrimen rerum omnium peruentura bella SEN.*Ben.*6.30.5.

3 To draw by invisible influence, attract.
(*of physical forces*) credebat et ~hi cantibus imbres et repelli SEN.*Nat.*4b.7.3; Titan..~xit nubes LUC.7.5; (*of a magnet*) qui (*sc.* lapis) ferrum ad se adliciat et ~hat CIC. *Div.*1.86; (magnes) candidus neque ~hens ferrum PLIN. *Nat.*36.128;—(*transf.*) nihil esse quod ad se rem ullam tam alliciat et ~hat quam ad amicitiam similitudo CIC.*Amic.*50.

4 To pull or draw towards oneself; to bend (a bow). **b** to draw up (the feet). **c** to draw together, contract.
~he lora fortius et gyro curre, poeta, tuo OV.*Rem.*397; prendere per multas partes cutem et ~here CELS.3.22.5; ~xit prope se manu negantem et..basiauit MART.6.66.6; (*fig.*) seruile in sese ~xerunt iugum SEN.*Dial.*4.14.4;—~het ..contentos fortius arcus OV.*Rem.*435. **b** CATUL.15.18; ~CTIS PEDIBVS *CIL* 4.1261. **c** si..uulnus..hiat..neque in unum orae facile ~huntur CELS.5.26.23.B; dolor ~hit orbes (*sc.* leae) V.FL.3.739; cum circumagitur..interiore parte ~hitur (lammina) FRON.*Aq.*25.

5 To breathe in, inhale, sniff up; to gather (saliva).
~ctus ab alto spiritus VERG.*G.*3.505; ~hatur spiritu is sucus CELS.6.8.1.B; spirandi..officina ~hens ac reddens animam PLIN.*Nat.*11.188;—~cta pingui saliua inspuisset Lentulus SEN.*Dial.*5.38.2.

attrectātiō ~ōnis, *f.* **adt-.** [ATTRECTO+-TIO] The action of handling or touching, contact.
meminisse debemus..furtum sine ulla ~one fieri posse SAB.*iur.*4; nulla ~one nostra contaminantur (di) APUL. *Soc.*4.

attrectātus ~ūs, *m.* [next+-TVS³] The action of handling.
~u et quassu saeuum amplificatis dolorem PAC.*trag.*266; PAUL.*Fest.*p.332M.

attrectō ~āre ~āuī ~ātum, *tr.* **adt-.** Also **attracto.** [AD-+TRACTO]

1 To touch, handle. **b** to lay hands on, appropriate.
ne me ~a, subigitatrix PL.*Per.*227; pura sum, comperce amabo me ~are *Poen.*350; quos (*sc.* libros)..tu contaminatis manibus ~as CIC.*Har.*26; me..~are (*sc.* sacra) nefas, donec me..abluero VERG.*A.*2.719; SEN.*Phoen.*224; rupes..quam profanum sit ~ari hominis manu PLIN.*Nat.* 2.115; neque imperatorem..~are feralia debuisse TAC.*Ann.* 1.62; APUL.*Mun.*25; (*fig.*) facilis est illa..blanditia popularis; aspicitur, non ~atur CIC.*Planc.*29. **b** insignia..summi imperii, fasces securesque, ~are ausi LIV.28.24.14; regias etiam ~amus gazas 34.4.3; qui alienam rem ~auit..furti tenetur SAB.*iur.*2; ULP.*dig.*47.2.46.7.

2 To handle roughly, assault; to assault sexually. **b** to violate, invade (territory).
iterum Thyestes Atreum ~atum aduenit ACC.*trag.*198;—uxores suas a cena redeuntis ~atas esse a Caelio CIC. *Cael.*20; a quodam..cuius uxorem ~auerat SUET.*Nero* 26.2. **b** ~ari terminos suos a Nicomede FLOR.*Epit.*1.40(3.5.3).

3 To touch upon, deal with.
quidquid istaec de te loquitur, nihil ~at sordidi PL.*Mil.* 1002; indecorum ~are quod non obtineret TAC.*Ann.*3.52.

attremō ~ere, *intr.* **adt-.** [AD-+TREMO] (w. dat.) To tremble (at).
cui (*sc.* Ioui) modo..terras caelumque fretumque ~ere oranti STAT.*Theb.*3.309; 8.81.

attrepidō ~āre, *intr.* **adt-.** [AD-+TREPIDO] To bestir oneself.
~ate saltem, nam uos adproperare hau postulo PL.*Poen.* 544.

attribuō ~uere ~uī ~ūtum, *tr.* **adt-.** [AD-+TRIBVO]

1 To assign, apportion, allot. **b** to allot, grant, pay (money). **c** to assign (to a god). **d** (transf.) to add, give in addition.
extra urbem in regiones XXVI agros uiritim liberis ~uit VAR. in *Non.*p.43 M; pueros ~ue ei quot et quos uidebitur CIC.*Att.*12.30.1; his (*sc.* gladiatoribus) equos ~uit CAES. *Civ.*1.14.4; dominis possessoribus..aqua data uel ~uta est *Leg.pub.*(*Font.iur.*p.113)22; ne inferiores iis ordines..~uerentur LIV.42.33.3; (*cf.*) timor quem mihi natura pudorque meus ~uit CIC.*S.Rosc.*9;—(*as a natural property, etc.*) suus cuique ~utus est error CATUL.22.20; triceni bini (dentes) uiris ~uuntur PLIN.*Nat.*7.71; hoc..~utum huic arbori, ut citissime proueniat 17.155;—(*astrol.*) (Cancer) ~uit uarios quaestus artemque lucrorum MAN.4.165; pendentia bella ~uunt (Pisces) 4.289. **b** cum posita esset pecunia apud eas societates unde erat ~uta CIC.*Ver.*3.165; ut..pecuniam redemptori ~uendam soluendamque curent *Phil.* 9.16; *Att.*5.4.2; opera ex pecunia ~uta diuisaque inter se haec fecerunt LIV.40.51.2;—(*w.* ad *expr. purpose*) pecunia publica..ad emendum frumentum ~uta CIC.*Ver.*3.165; talenta ad belli usum quingenta ~uta CURT.3.1.20. **c** supercilia sua ~uerunt ei deae VAR.*L.*5.69; compitalia dies ~utus Laribus uialibus 6.25. **d** nil referret enim quaedam decedere, abire, atque alia ~ui LUCR.1.681; 3.242; (*w.* ad) non ~uere ad amissionem amicorum miseriam nostram CIC.*Tusc.*3.73.

2 To assign (a thing) for a purpose.
si ducentos alere uelis, locus saeptus ~uendus VAR.*R.* 3.9.6; alteram (partem eius uici)..cohortibus ~uit CAES.*Gal.* 3.1.6; reliquae quattuor (partes) mediae aedi ~uantur VITR. 4.7.2; senae horae in orbem operi ~utae sunt LIV.5.19.11; ~uit aliis alium locum, alia tempora SEN.*Nat.*7.27.6; PAUL. *dig.*33.10.3.2.

3 To allot, assign, as a task or charge. **b** to impose (as a levy).
cuius negoti publici..fingi curatio potuit quae non esset ~uta? CIC.*Sest.*66; CAES.*Gal.*7.81.4; legionibus opus ~uit *B.Afr.*38.2; ei..sacra omnia exscripta exsignataque ~uit LIV.1.20.5; 26.49.10; hoc ab summo mihi Ioue ~utum est PHAED.4.20(21)12; (uerba) quibus solum natura sit officium ~utum seruire sensibus QUINT.*Inst.*12.10.40; uallum portasque legionibus ~uit TAC.*Hist.*3.27;—(*w. gdve.*) ~uit nos trucidandos Cethego CIC.*Catil.*4.13; singula..latera castrorum singulis ~uit legionibus munienda CAES.*Civ.* 1.42.1; pecus omne..equitibus auxiliariis agundum ~uit SAL.*Jug.*90.2; LIV.21.51.6. **b** uti..his rebus omnibus terni in milia aeris ~uerentur LIV.39.44.3.

4 a To appoint, assign (to a post or duty); to make liable (for a payment, etc.). **b** to assign (to the service of a person or deity).
a X VIR AGR DAND ADTR *Elog.*27(*CIL* 1.p.198); electos ex omnibus legionibus fortissimos uiros..Caesar ei classi ~uerat CAES.*Civ.*1.57.1; quae (*sc.* iuuentus) praesidio eius loci ~uta erat LIV.24.21.12; dearum genera siluis..tamquam e caelo ~uta credimus PLIN.*Nat.*12.3;—EI QVEI EAM VIAM TVEMDAM REDEMERIT, TAMTAE PECVNIAE EVM EOSVE ~VITO *CIL* 1.593.41; uiduae ~utae quae bina milia aeris in annos singulos penderent LIV.1.43.9. **b** solere..reges..pluris uxores habere, his autem uxoribus ciuitates ~uere CIC.*Ver.*3.76; CAES.*Gal.*7.76.4; huic (*sc.* Labieno) M. Sempronium Rutilium ~uit 7.90.4;—ei (*sc.* Furrinae)..flamen ~utus VAR.*L.*6.19; gallos ~uunt (*sc.* Matri) LUCR. 2.614.

5 a To put under the command (of). **b** to put under the political jurisdiction of; to allot (a province to a governor). **c** to assign, make over (a debtor).
a centurionibus..quibus singulae naues erant ~utae CAES.*Gal.*3.14.3; *B.Alex.*53.5; eis (*sc.* centurionibus)..milites sescentos..~uit LIV.24.46.2. **b** ex insulis quae erant Rhodiis ~utae CIC.*Q.fr.*1.1.33; Boiorum..quos..uictos Caesar..Aeduis..~uerat CAES.*Gal.*7.9.6; *Civ.*3.29.1; LIV. 41.6.8; colonias a rege ~utas reliquerunt CURT.9.7.11; Camunni..finitimis ~uti municipis PLIN.*Nat.*3.134; *CIL* 5.532;—uideo cui sit Apulia ~uta, quis habeat Etruriam CIC.*Catil.*2.6; 3.14. **c** ~utos quod appellas ualde probe CIC.*Att.*13.22.4.

6 To reckon as a part (of), count as belonging (to). **b** to ascribe as an attribute; to ascribe (an idea, saying).
eidem regioni ~uta Subura VAR.*L.*5.48; ex prouincia mea Ciliciensi, cui scis τρεῖς διοικήσεις Asiaticas ~utas fuisse CIC.*Fam.*13.67.1. **b** personis has res ~utas putamus:

nomen, naturam Cic.*Inv.*1.34; *Top.*83; ne..cupido auctoritas ~uta esse uideatur *Font.*22; ut non omnibus (corporibus) ~uas sonitus et odores Lucr.2.836; Caes.*Civ.*1.32.8; —ea sententia, quae ab aduersariis sit excogitata et scripto ~uta *Rhet.Her.*2.13; ut, quae tibi in mentem ueniant, aliis ~uas Cic.*Fam.*3.8.5; *Q.fr.*3.5.1.

7 To refer as effect to cause, to impute, attribute.
si uni ~uenda culpa sit Cic.*Ver.*5.134; quod Sicyonii te laedunt, Catoni..~uis *Att.*2.1.10; si eruditius uidebitur disputare..~uito litteris Graecis *Sen.*3; orabat ne quod scelus Ap. Claudi esset sibi ~uerent Liv.3.50.5; ~uunt ei (*sc.* sanguini basilisci) successus petitionum a potestatibus Plin.*Nat.*29.66; gemmis humana fata ~uens 37.169.

attribūtiō ~ōnis, *f.* **adt-.** [prec.+-tio]

1 The act of assigning, a grant. **b** one's destined lot.
~o aquarum Fron.*Aq.*108. **b** hinc νέμεσιν (uocant), quod uni cuique ~o sua sit adscripta Apul.*Mun.*38.

2 (leg.) The assignment or transference of a debt to a person, who then became responsible for it.
de ~one omnia summa fecisse Cic.*Att.*15.13.5; de ~one conficies *Fam.*16.24.1; *CIL* 1.593.42; ne qvis ex ea pecvn(ia) svmat neve ~onem faciat *CIL* 1.594.2.1.16; Gaius *dig.*10.2.3.

3 (rhet.) The attribution of a quality.
ex his..~onibus: sacer profanus, publicus anne priuatus Cic.*Inv.*1.38; 2.42.

attribūtum ~ī, *n.* [pple. of attribvo] A grant of public money.
ea (*sc.* pecunia) quae assignata erat ~um dictum Var.*L.* 5.181.

attrītus[1] ~a ~um, *a. compar.* ~ior. **adt-.** [pple. of attero]

1 Worn down by use, worn. **b** made smooth (deliberately).
mentum (simulacri) paulo sit ~ius Cic.*Ver.*4.94; grauis ~a pendebat cantharus ansa Verg.*Ecl.*6.17; tu canis..~is Daphnin harundinibus Prop.2.34.68; nauta nec ~a si ferat aera manu 4.5.50; ~as uersabat riuus harenas Ov.*Met.*2.456; frustra, Blanditiae, uenitis ad me ~is miserabiles labellis Mart.10.72.2. **b** chrysocollam ~am, quam et herbaceam uocant Plin.*Nat.*33.90; tenerum ~us Catinensi pumice lumbum Juv.8.16.

2 Hardened, brazen.
Mart.8.59.2; quando recepit eiectum semel ~a de fronte ruborem? Juv.13.242.

3 (of oratorical style) Attenuated, thin.
ex quibus (*sc.* litteris) facile est deprehendere Caluum quidem Ciceroni uisum exsanguem et ~um (*cj.* aridum) *codd.* in Tac.*Dial.*18.5.

attrītus[2] ~ūs, *m.* **adt-.** [attero+-tvs[3]]

1 The action or process of rubbing, friction. **b** the process of grinding.
utriusque (*sc.* lapidis) ~u grana franguntur Sen.*Ep.*90.23; *Nat.*2.57.2; (elephas) arborum aut rupium ~um quaerit Plin.*Nat.*8.33; teritur..lignum ligno ignemque concipit ~u 16.208; nubium ~u excuti fulmen Fron.*Str.*1.12.10. **b** apris..dentes acuuntur ~u Sen.*Dial.*3.1.6; Stat.*Ach.* 1.435; gladium cotis ~u parabat Apul.*Met.*7.22; (*poet.*) Tirynthius..pectoris ~u sua frangit in ossa leonem Stat. *Theb.*6.271;—(*with the teeth*) quae ~u subigere non queunt Plin.*Nat.*11.162; aper..dentibus ~u sonaci spumeus Apul. *Met.*8.4; 10.28.

2 Chafing of the skin, rasping, abrasion; (of plants) bruising.
lateribus..~u exulceratis Sen.*Dial.*5.17.4; ad excrescentia ulcerum..ex ~u facta Plin.*Nat.*33.105;—quaedam (herbarum) non nisi defracta aut ex ~u olent 21.38; pineus in ~u odor 37.43.

attumulō ~āre ~āuī ~ātum, *tr.* **adt-.** [ad-+tvmvlo]

1 To heap up against.
uentorum flatu congeriem harenae ~antium Plin.*Nat.*4.5.

2 To bank up (with something).
(orca) ~ata fluctibus in tantum ut circumagi nullo modo posset Plin.*Nat.*9.14.

attuor ~ī, *tr.* **adt-.** [ad-+tv(e)or] To look at, observe.
caelum qua ~imur dictum templum Var.*L.*7.7.

-ātus[1] -ātūs, *m. suff.* Formed from sbs. to denote an office or function (*consulatus, dominatus*).

-ātus[2] -āta -ātum, *adjl. suff.* Modelled on pf. pples. in *-ātus* (e.g. *armatus*); formed from sbs. to denote possession or wearing (*bracatus, clipeatus*); also app. from adjs. (*crebratus*).

atypus ~a ~um, *a.* [Gk. ἄτυπος] That does not form the letters properly in speaking; (in quots. as sb.).
balbus..et ~us uitiosi magis, quam morbosi sunt Cael. *iur.*1; Ulp.*dig.*21.1.10.5.

au[1], *int.* [natural sound] (used by women to express consternation, surprise, etc.) Oh! ow! oh dear! goodness gracious!
au! nullan tibi lingua est? Pl.*St.*259; Ter.*An.*751; duasne uxores habet? — au obsecro, unam illequidem hanc solam *Ph.*754; Afran.*com.*103;—(*repeated*) au au, mi homo, sanun es? Ter.*Ad.*336; 'au au' illa proclamauit aberrante tunica super genua Petr.67.13.

au[2], as the syllable equivalent to *ab* in certain verb-forms.
uersane sit..'ab' praepositio in 'au' syllabam..an potius 'au' particula sua sit propria origine Gel.15.3.8.

auārē, *adv. compar.* ~ius, *superl.* ~issimē. [avarvs+-e]

1 Greedily, avariciously, rapaciously.
si numquam ~e pretium statui arti meae Ter.*Hec.*49; multa ~e, multa audacter..facta Cic.*S.Rosc.*118; *Off.*3.38; cum Lysander..in bello multa crudeliter ~eque fecisset Nep.*Lys.*4.1; proximo iis anno acerbe atque ~e imperatum Liv.23.32.9; damnatus..Vipsanius Laenas ob Sardiniam prouinciam ~e habitam Tac.*Ann.*13.30.

2 In a miserly manner, stingily. **b** thriftily, economically.
licet horas suas ~issime seruet Sen.*Dial.*8.5.7; liberos suos nonnulli..~e nutriunt Col.4.3.2. **b** ~ius quidam dupondio et dodrante altum sulcum..faciunt Col.3.13.5.

auāriter, *adv.* [avarvs+-ter[2]]

1 Greedily, avariciously, rapaciously; gluttonously.
fraudulenter atque ~ Cato *orat.*223;—hoc uide ut ingurgitat inpura in se merum ~, faucibus plenis Pl.*Cur.* 127; *Rud.*1239.

2 In a miserly manner, stingily.
crudeliter ille, nos misericorditer; ~ ille, nos largimur (largiter *cj.*) Quad.*hist.*88.

auāritia ~ae, *f.* [avarvs+-ia]

1 Greed of gain, avarice, rapacity; also, an act or instance of this. **b** gluttonous greed.
non mihi ~a umquam innatast: satis habeo diuitiarum Pl.*Mil.*1063; omnia ~ae atque pecuniae causa fecit Cato *orat.*76; Cic.*Div.Caec.*3; et eum tu accusas ~ae quem dicis sestertium uiciens uoluisse perdere? *Flac.*83; *Att.*10.7.3; Spartam nulla re alia nisi ~a esse perituram *Off.*2.77; Caes. *Gal.*7.42.2; addit ~ae causas..Coa puellis uestis Tib.2.4.29; detectam in Leontinis esse ~am et crudelitatem Romanorum Liv.24.32.1; Sen.*Con.*exc.2.7; eadem semper causa Germanis transcendendi in Gallias, libido atque ~a et mutandae sedis amor Tac.*Hist.*4.73;—(*defined*) est..~a opinatio uehemens de pecunia, quasi ualde expetenda sit Cic.*Tusc.*4.26;—(*meton.*) quam caeca ~a est! *Phil.*2.97; an aliquid futuris reliquisset uetus ~a Sen.*Nat.*5.15.1;—(*quasi-personified*) ~am si tollere uultis, mater eius est tollenda, luxuries Cic.*de Orat.*2.171; ~a belua fera inmanis intoleranda est Sal.*Rep.*2.8.4; Quint.*Inst.*9.3.89;—quae..libido quae ~a..suscipitur nisi consilio capto? Cic.*N.D.* 3.71. **b** si quis auidus poscit escam auariter, decipitur in trasenna ~a sua Pl.*Rud.*1239.

2 Miserliness, stinginess, meanness.
mea opera hinc proterritum te meaque ~a autument Pl.*Trin.*703; quia egens relictast misera, ignoratur parens, neglegitur ipsa: uide ~a quid facit Ter.*Ph.*358; habenda..ratio est rei familiaris..sed ita, ut illiberalitatis ~aeque absit suspicio Cic.*Off.*2.64; Vitr.1.3.2; nec deerant sermones ..~am Galbae increpantium Tac.*Hist.*1.5; solam inuiti quoque ~am exercere iubentur (iuuenes) Juv.14.108.

auāritiēs ~ēī, *f.* [avarvs+-ies] Greed of gain, avarice.
~es et honorum caeca cupido Lucr.3.59.

auārus ~a ~um, *a. compar.* ~ior, *superl.* ~issimus. [aveo]

1 Greedy for money or gain, avaricious, rapacious. **b** (masc. or fem. as sb.) an avaricious or greedy man or woman.
Pl.*Truc.*238; ~us leno Ter.*Hau.*39; se ~issimi hominis cupiditati satis facere posse Cic.*Ver.*41; ~i Pygmalionis opes Verg.*A.*1.363; duo funera matris ~ae Prop.4.1.97; ab ~issimo et crudelissimo hoste Liv.22.50.6; si locuples hostis est, ~i, si pauper, ambitiosi Tac.*Ag.*30.5; Nigid. *gram.*14; ~o nauitae data..stipe Apul.*Met.*6.19;—(*advl. appos.*) lucri caussa ~a probrum sum exsecuta Pl.*Truc.*459; quid quod..ultra limites clientium salis ~us? Hor.*Carm.* 2.18.26; non tamen illa meos fugit ~a sinus Prop.1.8.38; Ov.*Met.*2.759;—(*w.* in+*abl.*) quis in rapacitate ~ior..? Cic.*Cael.*13;—(*of the mind*) ne tuom animum ~iorem faxint diuitiae meae Pl.*Capt.*320; uatis ~us non temere est animus Hor.*Ep.*2.1.119; *Inc.pall.*81;—(*transf., of parts of the body*) oculos inmittet ~os Man.5.532; inmensas opes iam pridem ~is manibus, ut perdat, rapit [Sen.]*Oct.*435;—(*of actions*) Cic.*Inv.*2.32; nullum huius in priuatis rebus factum ~um *Flac.*7; est animus tibi..uindex ~ae fraudis Hor.*Carm.* 4.9.37; Quint.*Decl.*306(p.201,l.21); (*cf. sense 4*) heu fuge crudelis terras, fuge litus ~um Verg.*A.*3.44;—(*applied without moral disapproval*) illa seges demum uotis respondet ~i agricolae *G.*1.47. **b** Cic.*de Orat.*3.115; libidinosi, ~i, facinerosi uerae laudis gustatum non habent *Phil.*2.115; danda est ellebori multo pars maxima ~is Hor.*S.*2.3.82; heu quicumque dedit formam caelestis ~ae Tib.2.4.35; Prop.3.7.37; Phaed.1.27.1; quis..pudor est umquam properantis ~i? Juv.14.178.

2 Miserly, stingy, niggardly, mean. **b** (masc. as sb.) a stingy person, miser.
numquam erit tam ~us quin te gratiis emittat manu Pl.*Capt.*408; Caecil.*com.*200; haud parauero, quod..~us ut Chremes terra premam Hor.*Epod.*1.33; ad ~a litora Troiae Ov.*Met.*11.208; Sen.*Con.*exc.1.7; (*w. gen.*) pecuniae alienae non adpetens, suae parcus, publicae ~us Tac.*Hist.* 1.49; (*w.* in+*acc.*) quem (*sc.* tumulum)..parens opibus.. magnis struxit, in luctus suos rex non ~us Sen.*Tro.*485; (*poet.*) nullus argento color est ~is abdito terris Hor.*Carm.* 2.2.1; (*meton.*) nec ~a seruat crastinas dapes mensa Mart. 3.58.42. **b** quantum discordet parcus ~o Hor.*Ep.* 2.2.194; tibi dico, ~e, gaudium heredis tui Phaed.4.20 (21).18.

3 (poet. of things, etc.) Greedy, hungry (for). **b** (applied to abst. sbs.).
siluae..sponte sua cantus rapiebant cortice ~a *Culex* 282; strepitum..Acherontis ~i Verg.*G.*2.492; ne Cypriae Tyriaeque merces addant ~o diuitias mari Hor.*Carm.* 3.29.61; has omnis ignis ~us habet Prop.2.28.56; Ov.*Tr.* 4.10.51;—(*w. gen.*) Grais..praeter laudem nullius ~is Hor. *Ars* 324; animum..laudis ~um *Ep.*2.1.179. **b** terret ambustus Phaethon ~as spes Hor.*Carm.*4.11.25; iam Somnus ~is inrepsit curis Stat.*Theb.*1.339.

auceps ~upis, *m.* [avis+-ceps[1]]

1 A bird-catcher, fowler.
~eps quando concinnauit aream, offundit cibum Pl.*As.* 216; Lucil.1320; ~upes uenatores piscatores Var.*R.*3.3.4; ueluti merulis intentus decidit ~eps in puteum Hor.*Ars* 458; laqueis, quos callidus abdidit ~eps Ov.*Met.*11.73; parati ~upes cum harundinibus fuerunt Petr.40.6; captas (aues) ~upes diuidunt cum iis (*sc.* accipitribus) Plin.*Nat.* 10.23; Ulp.*dig.*33.7.12.13;—(*in a similitude or the like*) aedes nobis area est, ~eps sum ego Pl.*As.*215; Ov.*Rem.*502.

2 A bird-seller, poulterer.
holitores, myropolae, ~upes Pl.*Trin.*408; pomarius, ~eps, unguentarius ac..turba impia uici Hor.*S.*2.3.227.

3 (fig. uses): **a** A spy, eavesdropper. **b** ~*eps syllabarum*, a syllable-hunter, caviller.
a circumspicedum ne quis nostro hic ~eps sermoni siet Pl.*Mil.*955; *St.*102. **b** Cic.*de Orat.*1.236.

auctārium ~(i)ī, *n.* [avgeo+-arivm] Something additional to the proper measure or amount, overplus.
~ium adicito uel mille nummum plus quam poscet Pl. *Mer.*490; Paul.*Fest.*p.14M.

auctifer ~era ~erum, *a.* [avgeo+-fer] Productive, fruitful.
quali pater ipse Iuppiter ~eras lustrauit lumine terras Cic.*poet.*30.

auctificus ~a ~um, *a.* [avgeo+-ficvs] Causing increase or growth.
nec porro rerum genitales ~ique motus perpetuo possunt seruare creata Lucr.2.571.

auctiō ~ōnis, *f.* [avgeo+-tio] A public sale, an auction. **b** (meton.) property put up for sale at an auction; a catalogue or list of such property; the proceeds of an auction.
haec uocabula ~ones subigunt ut faciant uiros Pl.*Epid.* 235; Cato *Agr.*2.7; Cic.*S.Rosc.*23; quod reiectae ~ones essent *Planc.*33; circulatorem quendam ~onum Pol.*Fam.* 10.32.3; Mart.14.35.1; ~one dimissa quid cuique uendidissent testibus argentariorum tabulis reddiderunt Quint. *Inst.*11.2.24; Plin.*Ep.*7.11.1; (*cf.*) non est beneficium, quod in quaestum mittitur. 'hoc dabo et hoc recipiam' ~o est Sen.*Ben.*4.13.3;—(*w. adj.*) cum esset haec ~o hereditaria constituta Cic.*Caec.*13; de Brinniana ~one accepi a Vestorio litteras *Att.*13.12.4; ceu uenenum uendidisset in ~one regia Plin.*Nat.*29.96;—(*w. poss. gen.*) uidi..P. Deci ~onem Cic. *Phil.*11.13; *Q.fr.*2.2.1; tutor ex pupilli ~one rem..emit Paul.*dig.*41.4.2.8;—(*w. obj. gen.*) ~onem publicorum bonorum Cic.*Agr.*1.2; ~onem fortunae regiae Liv.2.14.4; C. Iulius Proculus ~onem faciet rerum superuacuarum Petr.38.16; Juv.6.255;—(*w.* de) si posset ~o fieri de artibus tuis, quasi supellectilis solet Cato *orat.*191;—(*w.* hastae) cui..amplissima praedia ex ~onibus hastae minimo addixit Suet.*Jul.*50.2. **b** cum ~onem uenderet Cic. *Quinct.*19;—eam tu mihi..recita de legis scripto populi Romani ~onem *Agr.*2.48;—ducentesimam ~onum Italiae remisit Suet.*Cal.*16.3.

auctiōnālia ~ium, *n. pl.* [prec.+-alis] Auction lists or catalogues.
cum neque inuentaria neque ~ia proferentur Ulp.*dig.* 27.3.1.3.

auctiōnārius ~a ~um, *a.* [avctio+-arivs] Of, or connected with, auction sales.
tabulae nouae proferuntur, uerum ~ae Cic.*Catil.*2.18; in atriis ~iis *Agr.*1.7.

auctiōnor ~ārī ~ātus, *intr.* [avctio+-o[3]] To put up goods for public sale, hold an auction.
Cic.*Agr.*1.7; Rullum..hasta posita cum suis formosis finitoribus ~antem 2.53; multas possessiones, ex quibus.. nihil erat quod is qui ~aretur posset suum dicere *Phil.*2.73; difficultates ~andi proponere Caes.*Civ.*3.20.3.

auctitō ~āre, *tr.* [avgeo+-ito] To keep increasing or augmenting.
eos..qui pecunias faenore ~abant Tac.*Ann.*6.16.

auctō ~āre, *tr.* [avgeo+-to] To cause to grow or increase; (w. abl.) to prosper, bless (with).
unde omnis natura creet res ~et alatque Lucr.1.56;—amplo ~are perpetuo lucro quas..incepistis res Pl.*Am.*6; te..bona Iuppiter ~et ope Catul.67.2.

auctor ~ōris, *m.*, (*f.*). [avgeo+-tor] Gender: ~*or* can be used either as masc. or as fem. (*auctrix* seems not to occur before the 4th cent. a.d.); also, in association w. neut. sb. Cic.*de Orat.*1.198 (*s.v.l.*); *Ciris* 367; Verg.*A.* 10.67; Ov.*Ep.*10.132; Luc.5.579. N.B. The sense of 'increaser' appears only occasionally and almost incidentally, e.g. in Verg.*G.*1.27; Juv.11.48.

1 The principal in a sale, vendor, seller.

(*w. gen.*) P. Caesennius, ~or fundi Cic.*Caec.*27;—(*without gen.*) nequedum finis auctor demonstrauerat *Tul.*17; redi ad ~orem Sen.*Con.*10.5.11; posterior emptor reuerti ad ~orem suum poterit Gaius *dig.*4.4.15.

2 A person with a title to take action or make a decision, an authority; (spec.) a person having power to fulfil a promise. **b** one who (or that which) gives authority (for doing something, etc.); one who attests or vouches for the truth of (a statement). **c** a guarantor, surety.

ego agrum Campanum, si diuidi non oportuit, conseruaui, si oportuit, melioribus ~oribus reseruaui Cic.*Pis.*4; est.. ipse senator is, cuius non ad ~orem referatur animus, sed qui per se ipse spectari uelit *Leg.*3.40; ut..eadem (*sc.* praemia) a melioribus ~oribus petenda existimarent Planc.*Fam.*10.8.3;—non, si mihi Iuppiter ~or spondeat, hoc sperem Italiam contingere caelo Verg.*A.*5.17. **b** (*w. gen.*) ~or ego audendi Verg.*A.*12.159;—(*without gen.*) cum ingenio sibi ~ore (*s.v.l.*) dignitatem peperissent Cic.*de Orat.*1.198; Italiam si caelo ~ore recusas me pete Luc.5.579; (*cf. sense 1*) nec uobis ~or ullus est nec uosmet estis ulli Pl.*Cur.*498;—unde petitum hoc in me iacis? est ~or quis denique eorum uixi cum quibus? Hor.*S.*1.4.80. **c** (*w. gen.*) C. Caesarem ~orem beneficiorum paternorum Cic.*Phil.*11.37;—(*without gen.*) cum his communices quanto opere et qua re uelim hortos;..sintne igitur ~ores futuri *Att.*12.29.2; an is qui mancipium uendidit debeat fideiussorem ob euictionem dare, quem uulgo ~orem secundum uocant Ulp.*dig.*21.2.4;—(*foll. by acc. and inf.*) ~ores sumus tutam ibi maiestatem Romani nominis fore Liv.2.48.8.

3 (usu. as pred. of the vb. 'to be' or in abl. absol.) One who approves, sanctions or authorizes. **b** one who sanctions or authorizes the actions of another in his capacity as guardian; a consenting witness (to a marriage).

(*w. gen.*) senatu suo interfecto quod ~ores belli esse nolebant Caes.*Gal.*3.17.3; quod legum ab iis latarum patres ~ores fuissent Liv.3.59.5;—(*w. dat.*) quod ~or ei..augur.. Attus Nauius non erat Cic.*Rep.*2.36;—(*w. gen. and dat.*) huius uobis sententiae non consul modo ~or est sed etiam dii immortales Liv.31.7.15; optimates..~ores Bibulo fuerunt tantundem pollicendi Suet.*Jul.*19.1;—(*w.* ut+*subj.*) impero ~orque sum ut tu me quoiuis castrandum loces Pl.*Aul.*251; *Mer.*312;—(*in abl. absol.*) hoc foedus, quod populus Romanus ~ore senatu..sententiis suis comprobat Cic.*Balb.*35; quo (*sc.* rege) si ~ore in Caesaris fidem amicitiamque uenturi essent *B.Alex.*23.2; id malle populo Romano ~ore fieri Liv.3.15.9; Vell.2.34.4; Luc.5.56; Tac.*Ann.*3.12;—(*absol.*) suspende, uinci, uerbera (*sc.* me); ~or sum, sino Pl.*Poen.*146; magistratum non gerebat is qui ceperat, si patres ~ores non erant facti Cic.*Planc.*8; quibus aliquid opis fortasse..pro sua quisque parte ferre potuisset, si ~or adfuisset *Fam.*15.15.3. **b** iudica quod mulier sine tutore ~ore promiserit, deberi Cic.*Caec.*72; *Flac.*84; Liv.34.2.11; *CIL* 2.1963.2.23;—(*w. gen.*) adest.. tutor ~or mulieris Apul.*Apol.*101;—(*w. dat.*) quamuis in nulla re ~or pupillo fuerit Julian.*dig.*26.7.18;—(*w.* ad+*gdve.*) si..pupillus tutorem habet isque nolit ad libertatem praestandam ~or esse Ulp.*dig.*40.5.30.3;—(*w.* in+*acc.*) non posse tutori se ~ore restituere hereditatem, quia in rem suam ~or esse non potest 36.1.1.13;—~or his rebus quis est? Ter.*Ad.*671.

4 A person who has weight or authority. **b** a leading figure or representative, chief spokesman. **c** a representative, agent. **d** (spec.) one who sets a precedent (for something), an example; a pattern or model (of some virtue), paragon.

(*w. gen.*) Proculus Iulius..grauis..quamuis magnae rei ~or in contionem prodit Liv.1.16.5;—(*without gen.*) ut, cum de bello deliberetis, ~or uobis grauior esse nemo debeat Cic.*Man.*68; dux nobis et ~or opus est *Fam.*2.6.4; tantum par Camillo defuit ~or Liv.5.45.8; donec labantes consilio patres firmaret ~or numquam alias dato Hor.*Carm.*3.5.46. **b** cum princeps, cum ~or, cum signifer esset iuuentutis Cic.*Sul.*34; ut signum publicum inspexit praeclarus iste ~or suae ciuitatis *Flac.*36; cum ~orem senatus exstinctum laete atque insolenter tulit *Phil.*9.7; omnis illius partis ~ores ac socios nullo aduersario consenescere *Att.*2.23.2; hunc..in omni procuratione rei publicae actorem ~oremque habebant Nep.*Att.*3.2; (*cf.*) si hunc habent ~orem Tralliani doloris sui Cic.*Flac.*53. **c** si ~or tuus aquam deriuauerit Ulp. *dig.*43.12.1.22;—(*contrasted w.* actor) qui..neque actor sim alienae personae, sed ~or meae Cic.*de Orat.*2.194. **d** (*w. gen.*) unum cedo ~orem tui facti, unius profer exemplum Cic.*Ver.*5.67;—(*without gen.*) an L. Tillius Cimber me est ~orem secutus? *Phil.*2.27;—(*w. dat.; also foll. by inf.*) ille etiam Thracum populis fuit ~or amorem in teneros transferre manes Ov.*Met.*10.83;—~OR PIETAT *BMCI* 4. p.809,No.590(Commodus); C LVCCEIO PETILIO..MAGISTRO AEQVITATIS ET TOTIVS ~ORI GRAVITATIS *CIL* 10.1126.

5 One who favours, advocates or supports, an advocate, supporter. **b** *~or esse* (w. *ut*, *ne*+subj.), to advise, advocate (that one should do something). **c** (colloq.) *~or esse* (w. dat. and acc.), to advise a person to do. **d** (spec., w. ref. to legislation) a supporter, backer (of a proposal).

(*w. gen. expr. policy, etc.*) pacis..semper ~or fui Cic.*Lig.*28; seruitutis ~ores sequi non debetis *Phil.*10.18; te non dissuasorem mihi emptionis Neapolitanae fuisse sed ~orem moderationis *Fam.*9.15.3; qui..profectionis ~or non fuisset Caes.*Gal.*5.33.2; semper..~or nouorum consiliorum Hirt.*Gal.*8.32.2; nullo ~ore belli ultra audito Liv.30.16.3; (*of gd. and gdve.; often also w. dat. of person*) qui cum ei fuissent ~ores redimendae salutis Cic.*Ver.*2.69; te..non suscipiendi belli ciuilis grauissimum ~orem fuisse *Fam.*11.27.8; se in Capitolio unum non fuisse ~orem senatu redimendae auro a Gallis ciuitatis Liv.9.4.8; 35.25.5; M. Cato, perpetuus diruendae eius (*sc.* Carthaginis) ~or Vell.1.13.1; Parthis mittendi secretos nuntios ualidissimus ~or fuit Sinnaces Tac.*Ann.*6.31; (*also w.* ut) ~or in singulis uniuersisque conspirandi simul et ut..causam iuuarent Suet.*Gal.*10.3;—(*w. dat. of gdve.*) ille legibus per uim et contra auspicia ferendis ~or Cic.*Att.*8.3.3;—(*w. acc. and inf. or sim.*) ego quidem tibi non sim auctor, si Pompeius Italiam relinquit, te quoque profugere 9.10.5; ~oresque multi sunt inflatis uesicis pulsandos tumores esse Cels.3.21.13; nunc pacem orandum..~or ego Sil.11.561;—(*without gen.*) Matius..et illum in ea sententia esse confidebat et se ~orem fore pollicebatur Cic.*Att.*9.11.2; neque ullam rem in principio agere intendit, nisi illei (*sc.* nobiles) ~ores fuerant Sal.*Rep.*2.6.3; si..id..pio sedet Aeneae, probat ~or Acestes Verg.*A.*5.418; (*also w.* ut) ~ores erant quidam ut protinus inde Cumas duceret Liv.23.36.5;—(*w.* ad) adiutores ~ores hortatoresque ad me restituendum Cic.*Red.Pop.*9;—(*w. dat.; also w.* ut) plebeiis ~oribus Decio ut ad sortem rem uocaret Liv.10.24.3. **b** (*w. dat.*) quid nunc mihi es ~or ut faciam..de concubina? Pl.*Mil.*1094; mihi..ut absim uehementer ~or est Cic.*Att.*15.5.2; *Leg.*1.53; illi..magno opere ~or fui ne differret tempus petitionis suae Brut.*ad Brut.*1.11.2;—(*without dat.*) ceteri.. amici omnes..~ores fuere ut praecipitem hanc daret Ter.*Ph.*625; ~or est ut quam primum agere incipiant Cic.*Ver.*2.37; ~oribus qui aderant ut sequerentur Liv.3.44.9. **c** quid ~or nunc mihi es? Pl.*Cist.*249; *Poen.*410; *Ps.*1166; idne estis ~ores mihi? Ter.*Ad.*939; quid mi ~or es? Cic.*Att.*13.40.2; *Fam.*6.8.2. **d** (*w. gen.*) sed ut inuentor legis Volero, sic Laetorius..~or..erat Liv.2.56.6;—(*w. dat.*) P. Crassum et P. Scaeuolam aiunt Tib. Graccho legum ~ores fuisse Cic.*Luc.*13;—(*absol.*) cum ostenderem, si lex utilis plebi Romanae mihi uideretur, ~orem me atque adiutorem futurum *Agr.*2.12; agraria lex a Flauio tribuno pl. uehementer agitabatur ~ore Pompeio *Att.*1.19.4.

6 One who persuades, teaches, or advises, esp. authoritatively. **b** (merging w. senses 3 and 5 in abl. absol., esp. in phrs. such as *me ~ore*, if you follow my advice).

qui suos casus aliter ferunt atque ut ~ores aliis ipsi fuerunt Cic.*Tusc.*3.73; nec tibi tam prudens quisquam persuadeat ~or tellurem Borea rigidam spirante mouere Verg.*G.*2.315;—(*applied to abst. qualities*) omissis ira et spe, fallacibus ~oribus Liv.7.40.19. **b** me ~ore, mater, abstinebis Afran.*com.*129; omnis istos me ~ore deridete atque contemnite Cic.*de Orat.*3.54; me quidem ~ore etiam Peripatetici..balbuttire aliquando desinant *Tusc.*5.75; quid..turpius quam ~ore hoste de summis rebus capere consilium Caes.*Gal.*5.28.7; tum Horatius ~ore Tullo.. 'prouoco' inquit Liv.1.26.8; quo ~ore Romanos sub iugum misissent 9.15.4; frigidis curari coactus ~ore Antonio Musa Suet.*Aug.*81.1.

7 A person, thing, or fact that provides evidence or substantiation, a witness, proof, warrant, authentication.

(*w. gen.*) M. Cornelius Cethegus, cuius eloquentiae est ~or..Q. Ennius Cic.*Brut.*57; harum rerum omnium ~ores testisque produco *Ver.*5.131; hic rumores..sed auctor nullius rei quisquam *Att.*12.2.1; optima tu proprii nominis ~or eris Ov.*Fast.*5.192;—(*without gen.*) in commentariolis et chirographis et libellis se uno ~ore prolatis Cic.*Phil.*1.16; his ~oribus temere credens consilium commutat Caes.*Civ.*2.38.2; sin ortu quarto (namque is certissimus ~or) pura ..per caelum..ibit (Phoebe) Verg.*G.*1.432; certa feram certis ~oribus Prop.4.1.75; nouos hostes..consilia cum ueteribus iungere, haud incertis ~oribus Romam est allatum Liv.4.45.3; non ergo color tamquam certus ~or testis est bonitatis aruorum Col.2.2.16;—(*w.* de) qui etiam de duabus legionibus luculentos ~ores esse dicebat Cic.*Att.*10.14.2; quos aliqua fabula sine ~ore sparsa conterruit Sen.*Ep.*13.8; certus abest ~or sed uox hoc nuntiat omnis Mart.7.6.3; etsi uagis adhuc et incertis ~oribus erat tamen in ore..Vespasianus Tac.*Hist.*2.73;—(*w. acc. and inf.*) id ita esse ut credas, rem tibi ~orem dabo Pl.*Trin.*107; Verg.*A.*10.510;—(*transf.*) ut ~orem rumorem haberetis Cic.*Ver.*3.49.

8 An acknowledged expert (in a subject), esp. when serving as a precedent or model, an authority.

(*w. gen.*) huius rei ~or satis mihi Chrysippus Var.*L.*6.2; ille non intellegendi solum sed etiam dicendi grauissimus ~or et magister Plato Cic.*Orat.*10; homo..iudiciorum et iuris ~or *Phil.*5.12; non dico Caecilium..(malus enim ~or Latinitatis est), sed Terentium *Att.*7.3.10; non sordidus ~or naturae uerique (*sc.* Pythagoras) Hor.*Carm.*1.28.14; Aeneas, pietatis idoneus ~or Ov.*Fast.*2.543; sapientiae..~ores Plin.*Nat.*18.23; Asclepiades, maximus ~or medicinae Larg.pr.p.3,l.18; inter ~ores eloquentiae Tac.*Ann.*2.83; Seruius Sulpicius, iuris ciuilis ~or Gel.2.10.1;—(*without gen.*) Naeuium Plautum Ennium accusant quos hic noster ~ores habet Ter.*An.*19; illum, cum disserendo par esse non posset..ad ~ores confugisse Cic.*de Orat.*1.240; habes ~orem quo facias hoc Hor.*S.*1.4.122; sedem opimis spoliis quae ..me ~orem sequentes posteri ferent Liv.1.10.6; ut illa prope rudia..maximis..~oribus praeferant Quint.*Inst.*12.10.3; Juv.10.30; (*in abl. absol.*) in antiquissima..philosophia Cratippo ~ore uersaris Cic.*Off.*2.8;—(*spec. of a lawgiver*) ut leges captis iustissimus ~or hostibus inposuit Ov.*Met.*8.101.

9 A writer who is regarded as a master of his subject or as providing reliable evidence, an authority. **b** (spec. phrs.) *~or esse* (of an historian or other 'authority'), to be on record as saying, relate, state; *~ores* (*idoneos*) *habere*, to have reliable evidence, find it stated in the authorities.

ut ait ingeniosus poeta et ~or ualde bonus, 'proeliis promulgatis pellitur e medio..sapientia' Cic.*Mur.*30; fides eius rei penes ~ores erit Sal.*Jug.*17.7; nos..potissimum Thucydidem ~orem probamus Nep.*Them.*10.4; quam (*sc.* aedem) in ipsa dimicatione uotam apud neminem ueterem ~orem inuenio Liv.10.46.7; defectio Tarentinorum utrum priore anno an hoc facta sit, in diuersum ~ores trahunt 25.11.20; prosperam nauigationem..fuisse permultis Graecis Latinisque ~oribus credidi 29.27.13; talis..eius species, ut etiam sine ~ore uisu statim nosci possit Plin.*Nat.*27.99; ego non potui maiorem tanti ~oris habere reuerentiam Stat.*Silv.*2.pr.; secutus plurimos ~orum Tac.*Ann.*4.57; ut legat historias, ~ores nouerit omnes tamquam ungues..suos Juv.7.231. **b** hoc..modo in Italiam peruentum est quinto mense a Carthagine Noua, ut quidam ~ores sunt Liv.21.38.1; ita certe Hecaton ~or est Sen.*Ben.*6.37.1; inde (*sc.* e spina faces) fecerunt pastores qui rapuerunt Sabinas, ut ~or est Masurius Plin.*Nat.*16.75; (*w.* quod) uix..ausim adfirmare, quod quidam ~ores sunt, duo milia ..hostium caesos Liv.23.16.15;—(*w. acc. and inf.*) nec uero pauci sunt ~ores Cn. Flauium scribam fastos protulisse Cic.*Att.*6.1.8; sunt qui male pugnatum ab his consulibus in Algido ~ores sint Liv.4.26.6; alii..ipsos se in deditionem consuli..permisisse ~ores sunt 8.20.6; 44.15.1; uoci eam (*i.e.* fabam) prodesse ~or est M. Varro Plin.*Nat.*22.141; Vergilium..paucissimos die composuisse uersus ~or est Varius Quint.*Inst.*10.3.8; idem Curio et M. Actorius Naso ~ores sunt conspirasse eum Suet.*Jul.*9.3;—idoneos ~ores habeo..ita responsum ab senatu Romano esse Liv.8.4.10; ~ores habeo..bis rem egregie gestam 8.30.7.

10 The originator, source, author (of information, etc.). **b** the bringer or maker (of an accusation). **c** (poet., of birds) herald, harbinger, announcer. **d** the inspirer (of a poem).

(*w. gen.*) haec se ex commentariis C. Caesaris, quorum ipse ~or erat, agere dicebat Cic.*Phil.*5.11; huius sermonis Valerius ~orem Cn. Plancium nominabat *Att.*1.12.2; (*cf.*) Theophrastus ~or est et tralucidi lapidis in Aegypto Plin.*Nat.*36.132;—(*without gen.*) si quid erit eius modi ut non exstet ~or Cic.*Planc.*57; hoc ubi uno ~ore ad pluris permanauerat Caes.*Civ.*2.29.2; sublato ~ore de Catilinae coniuratione quae quoque modo audierat compluribus narrauit Sal.*Cat.*23.4; nulla adeo suspicio, nullus ~or tam leuis extitit, a quo non..ad cauendum..compelleretur Suet.*Cl.*37.1. **b** horum..criminum uideo ~orem, uideo fontem Cic.*Cael.*31; in periculo fore et ceteros criminum ~ores delatoresque Liv.45.31.10; eius accusationis ~or extitit Paetus quidam Tac.*Ann.*13.23. **c** lucis et ~ores non dare carmen auis Prop.4.3.32; pluuiae graculus ~or aquae Ov.*Am.*2.6.34. **d** per uos, ~ores huius mihi carminis, oro [Tib.]3.1.15.

11 The mover or proposer (of a measure); *~or esse* (w. *ut*+subj.), to move or propose (that).

(*w. gen.*) FAENORE GRAVI POPVLVM SENATVS HOC EIVS REI ~ORE LIBERAVIT *Elog.*5(*CIL* 1.p.189); fortasse minus erunt hoc ~ore et cognitore huiusce sententiae mihi populares impetus pertimescendi Cic.*Catil.*4.9; hic annus tribunum ~orem legis agrariae habuit Liv.2.44.1; te suadente Roscio theatralis ~ori legis ignouerunt Plin.*Nat.*7.117; Cotta Messalinus, saeuissimae cuiusque sententiae ~or Tac.*Ann.*6.5;—(*w. dat.*) ut esset iudicium senatus; cui nisi ipse ~or fuisset, captiui profecto Poenis redditi essent Cic.*Off.*3.110;—(*w. dat. and gen. of gd. or gdve.*) ~or patribus scribendi alterius exercitus Liv.7.23.3; utrum..~or senatui sis supplementum in Hispaniam mittendi 40.35.11; Caesar ~or senatui fuit Vitellio..sacerdotia tribuendi Tac.*Ann.*3.19;—(*absol.*) ex eo quod..senatus me ~ore decreuit Cic.*Phil.*6.1; ut ~ore Cn. Pompeio ista pecunia in fano poneretur *Fam.*5.20.5; omnia..honorifice a senatu in Caesarem.. decreta sunt maxime ~ore Cicerone Vell.2.62.1; ex nouo senatus consulto, quod ~ore diuo Hadriano factum est Gaius *Inst.*1.30;—~or essem senatui..ut eam uos habere sinerent Liv.36.32.5; templum..ut ex aerario pop. R. reficeretur, ~or fuit Suet.*Cl.*25.5.

12 The person or thing responsible or principally responsible (for an action, situation, etc.), the prime mover or agent, originator, initiator, cause (sometimes in combination w. *dux*, *princeps*, etc.). **a** (w. gen.). **b** (without gen.). **c** *me*, etc., *~ore*, on my, etc., initiative, at my instance, thanks to me (merging into the sense of sanction or approval).

a hunc existimare..et interitus mei et perditissimorum consiliorum ~orem fuisse Ant.*orat.*13; ~orem sceleris, principem coniurationis Cic.*Catil.*1.27; Cn. Pompeius, ~or et dux mei reditus *Mil.*39; amorem, flagitii et leuitatis ~orem *Tusc.*4.69; qui defectionis ~ores fuerant Caes.*Gal.*6.8.8; ~or lucis (*the sun-god*) Ov.*Met.*4.257; diductas apes scrutaberis, donec ~orem pugnae..reperias Col.9.9.8; sed non ~ore furoris sublato cecidit rabies Luc.10.529; illum ~orem sceleris, hunc ministrum uocant Tac.*Hist.*4.27; (*cf.*) notatur hic (*sc.* anthias) intentione diligenti ut ~or spei conciliatorque capturae Plin.*Nat.*9.181;—(*w. gd. or gdve.*) in hunc me casum uos uiuendi ~ores impulistis Cic.*Att.*3.9.1; ~ores Cadmeae occupandae Nep.*Pel.*3.3; si mihi bellandi pater est Vestaeque sacerdos ~or Ov.*Fast.*5.574. **b** socii consiliorum, ministri comitesque uexantur; quid ~ores, quid duces, quid principes sibi exspectent? Cic.*Flac.*5; ut nemo ciuis Romanus..libertatem..possit amittere, nisi ipse ~or factus sit *Dom.*77; suam quisque culpam ~ores ad negotia transferunt Sal.*Jug.*1.4; crimen..rebellionis a publica fraude in paucos ~ores uersum Liv.8.14.4; neque enim comes esse, sed ~or, nec petere exemplum, sed dare dignus eras Ov.*Pont.*2.3.31; (*cf.sense 15b*) partu proditus ~or erat *Ars* 1.326;—(*w. dat.*) furens miles aderat, nullo duce, sibi quisque ~or Tac.*Hist.*3.71; aliud est..~orem esse seruo delinquenti, aliud pati delinquere Ulp.*dig.*9.4.3. **c** an paenitebat flagiti, te ~ore quod fecisset adulescens? Ter.*Eu.*1013; longo interuallo me ~ore et principe ad spem libertatis exarsimus Cic.*Phil.*4.16; si illo ~ore atque agente ab armis sit discessum Caes.*Civ.*1.26.4; Italiam petiit fatis ~oribus Verg.*A.*10.67; ter si resurgat murus aeneus ~ore Phoebo Hor.*Carm.*3.3.66; ad eos ludos ~ore Attio Tullio uis magna Volscorum uenit Liv.2.37.1; decem legati erant principes ciuitatis ~ore Hannibale missi ad petendam pacem 30.36.4; omnes..beluarum pedibus obtriti sunt nec prohibente Philippo nec ~ore Curt.10.9.18; quo Pietas ~ore redit Stat.*Silv.*5.2.92; quidam..eos milites..ab L.

Asprenate pro consule Africae missos tradidere ~tore Tiberio TAC.*Ann.*1.53; SUET.*Tib.*27.

13 (special instances or developments of prec. sense) **a** The doer (of an action), performer, agent (in spec. contrast w. some person less directly concerned with it, or in contrast w. the action itself). **b** the maker, creator, builder, inventor, artist. **c** the person who wrote a book, told a story, etc., the author; *sine ~ore*, anonymous; (spec.) the original author (as distinct from an imitator, adapter, etc.). **d** the giver, source (of a gift, etc.); (w. ref. to the etym.) the one who gives increase (of the crops). **e** the person who is the source (of a missile, wound, death), the thrower, dealer, author. **f** *societatum ~or*, a company promoter; *faenoris ~or*, a money-lender; *pecuniae ~or*, the person responsible for, or owing, a sum of money. **g** (w. *primus*) a pioneer (in a literary field).

a (*w. gen.*) tametsi haudquaquam par gloria sequitur scriptorem et ~orem rerum SAL.*Cat.*3.2; idem suasor ~orque consilii ero TAC.*Hist.*3.2;—(*without gen.*) nos..contemnendi qui ~orem odimus, acta defendimus CIC.*Phil.*2.96; ut ne bene gestae quidem res iam Hannoni propter ~orem satis laetae essent LIV.26.40.5; inque ipsos saeva medentes erumpit clades, obsuntque ~oribus artes OV.*Met.*7.562; quaeritur et de facto et de ~ore QUINT.*Inst.*7.2.7. **b** (*w. gen.*) a Lysippo, singulari talium ~ore operum VELL.1.11.4; ut ex..forma faui..~or horum appareat PHAED.3.13.11; ut ~or huius nominis appellat LARG.106;—(*without gen.*) hac sacrata die Tusco Bellona duello dicitur..Appius est ~or OV.*Fast.*6.203; ah quotiens perdidit ~or opus MART.14.115.2; non inscriptis ~orem reddere signis STAT.*Silv.*4.6.24; habebit hic portus..nomen ~oris PLIN.*Ep.*6.31.17; sunt uiae publicae..quae publice muniuntur et ~orum nomina optinent SIC.FL.*agrim.*p.110. **c** non enim..sententiae quoque occidunt, sed lucem ~oris..desiderant CIC.*N.D.*1.11; scis artibus illis ~oris mores abstinuisse sui OV.*Tr.*1.9.60; carmina et uersus..neque dignitatem ullam ~oribus suis conciliant TAC.*Dial.*9.1; (*as distinct from the subject matter*) cunctos..et res et mouerat ~or OV.*Met.*8.725; SEN.*Con.*4.pr.1;—propositus est libellus sine ~ore multorum nomina continens PLIN.*Ep.*10.96(97).5;—Aesopus ~or quam materiam repperit, hanc ego poliui uersibus senariis PHAED.1.pr.1; numquam par fit imitator ~ori SEN.*Con.*1.pr.6. **d** (*w. gen.*) dea muneris ~or! OV.*Met.*10.673; Magno sceptrorum ~ori LUC.8.573; ~orem..tanti muneris libertum profitetur TAC.*Ann.*14.7;—(*without gen.*) fer, precor, auxilium..celabitur ~or OV.*Fast.*5.249; multiplicat..grauitas ~oris honorem *Pont.*4.9.67; quamuis ingentia..dona ~oris pereunt garrulitate sui MART.5.52.8; (*cf. sense 15b*) dulce mihi grauidae fecerat ~or onus OV.*Ep.*6.120;—te maximus orbis ~orem frugum tempestatumque potentem accipiat VERG.*G.*1.27. **e** (*w. gen.*) neque enim is teli nec uulneris ~or VERG.*A.*9.748; simul est ~or necis editus OV.*Met.*8.449; non..digno..perit ~ore ruinae LUC.9.129; fulminis ~or STAT.*Theb.*10.800; SIL.4.464; (*also w. dat.*) nulli funeris ~or eris (*sc.* Cupido) OV.*Rem.*22;—(*without gen.*) ~or in incerto est: iaculum de parte sinistra uenit *Met.*12.419; ille trahens oculo plenam labente sagittam ibat in ~orem STAT.*Theb.*9.752. **f** maximarum societatum ~or, plurimarum magister CIC.*Planc.*32;—pallet faenoris ~or JUV.11.48;—pecunia (inuenta est) cuius ~or non exstat QUINT.*Inst.*7.2.52. **g** neque quemquam alium, cuius operis primus ~or fuerit, in eo perfectissimum praeter Homerum et Archilochum reperiemus VELL.1.5.2.

14 The founder (of a city, etc.), builder (of an empire). **b** the founder or originator (of a branch of knowledge, way of life, etc.).

(*w. gen.*) Dardanus, Iliacae primus pater urbis et ~or VERG.*A.*8.134; oppidi nomen Calchedon, ~or Archias MELA 1.101; ~ores imperii Romani conditoresque PLIN.*Nat.*22.5; tribus de delubris, quorum uetustissimum Paphiae Veneri ~or Aerias (posuisset) TAC.*Ann.*3.62;—(*without gen.*) Dardaniam..petit, ~oris nomen habentem OV.*Tr.*1.10.25. **b** (*w. gen.*) Lacedaemonii, auctores istius uitae atque orationis CIC.*Mur.*74; Etrusci..habent exaratum puerum ~orem disciplinae suae *Div.*2.80; ~orem doctrinae eius..falso Samium Pythagoram edunt LIV.1.18.2; quemadmodum Numa diuini ~or iuris fuisset 1.42.4; ~or nominis eius Christus Tiberio imperitante..supplicio..adfectus erat TAC.*Ann.*15.44;—(*without gen.*) neque enim Attice pressi neque Asiane sunt abundantes, ut aliquid habere uideantur gentis, aliquid ~oris QUINT.*Inst.*12.10.18;—(*w. primus pleon.*) primus Iudaicae superstitionis ~or 3.7.21.

15 *~or generis* (*sanguinis*, etc.) The originator or founder of a family, race, etc., an ancestor, progenitor. **b** (without gen.) an ancestor, progenitor; (spec.) a father; (pl.) parents. **c** (without gen.) the Author of our being, the Creator; also, *rerum omnium ~or parensque* (applied to air or breath as being the source of all life).

nulli me uobis ~ores generis mei commendarunt CIC.*Agr.*2.100; is..parentem te, Saturne, refert, tu sanguinis ultimus ~or VERG.*A.*7.49; si quis uestrae deus esset originis ~or OV.*Fast.*2.399; domos, quis sanguinis ~or ipse ego STAT.*Theb.*1.224; Iuliae stirpis ~orem Aeneam TAC.*Ann.*12.58; Iliensibus quasi Romanae gentis ~oribus SUET.*Cl.*25.3; (*cf.*) L. Brutus..praeclarus ~or nobilitatis tuae CIC.*Tusc.*4.2. **b** quibus idem Dardanus ~or VERG.*A.*3.503; siue neglectum genus et nepotes respicis ~or (*sc.* Mars) HOR.*Carm.*1.2.36; in genus ~oris miseri fortuna redundat OV.*Tr.*3.1.73; VELL.1.6.5; Threissa cum gens numeret ~ores deos PHAED.3.pr.56; redit ad ~ores genus SEN.*Phaed.*907; numerare parentem Assaracum retro praestabat Amulius ~or SIL.8.295;—mihi Tantalus ~or OV.*Met.*6.172; *Met.*13.617;—~ores saxa fretumque tui *Ep.*10.132. **c** dixit ..semel nascentibus ~or quidquid scire licet LUC.9.575;—unde rerum omnium ~orem parentemque spiritum ducimus [QUINT.]*Decl.*10.17.

16 (of things) A fundamental standard or basis.

huius..rei ~orem inuenerunt pedem VITR.3.1.8;—(*pros.*) primus ille est..~or et ductor melorum, qui duas breues habet MAUR.1360.

auctōrāmentum ~ī, *n.* [AVCTORO+-MENTVM]

1 The terms of employment (esp. of gladiators, etc.), a contract.

eadem honestissimi huius et illius turpissimi ~i uerba sunt SEN.*Ep.*37.1; nec difficilem tamen sub illo praesertim ~o habuisset missionem [QUINT.]*Decl.*9.9.

2 A remuneration, fee, salary (paid to gladiators, etc.).

~o..funebri ad conseruatoris quondam rei publicae tantique consulis inritando necem VELL.2.66.3; rudiaris..quibusdam reuocatis ~o centenum milium SUET.*Tib.*7.1;—(*w. gen. expr. the service for which the remuneration is given*) ut..iugulati ciuis Romani publice constitueretur ~um VELL.2.28.3.

3 A recompense, reward.

hominem uenalis animae crebris ~is accendebat SEN.*Ben.*4.37.1; *Ep.*69.4;—(*w. gen. expr. that for which the recompense is given or sought*) est..in illis ipsa merces ~um seruitutis CIC.*Off.*1.150; SEN.*Ep.*104.34; promerent ~um illud sui sceleris APUL.*Met.*9.9.

auctōrātus ~ī, *m.* [pple. of AVCTORO] A hired gladiator.

inter nouos ~os ferulis uapulare SEN.*Apoc.*9.3; GAIUS *Inst.*3.199.

auctōritās ~ātis, *f.* [AVCTOR+-TAS]

1 Right of ownership, title; also, *ius ~atis* (in same sense). **b** *libertus ab ~ibus*, an imperial freedman in charge of documents dealing with title.

aduersus hostem aeterna ~as esto *Lex XII*(*Font.iur.*p.21); ~atis tabellas SEN.*Con.*7.6.23;—(*w. gen.*) quod subruptum erit, eius rei aeterna ~as esto *Leg.pub.*(*Font. iur.*p.47)6; quoniam usus ~as fundi biennium est, sit etiam aedium CIC.*Top.*23; *Caec.*74; hic ualebit alienatio propter rei iudicatae ~atem ULP.*dig.*27.9.3.3;—iure hereditario, iure ~atis, iure mancipi CIC.*Har.*14. **b** M VLP ALEXANDER AVG LIB AB AVCTORIT *CIL* 3.1998; 6.8439.

2 Authorization, sanction, approval.

ne libido uiolandae necessitudinis ~ate iudicum comprobaretur CIC.*Div.Caec.*63; *Flac.*84; Lycurgus..leges suas ~ate Apollinis Delphici confirmauit *Div.*1.96; sine ~ate patrum populi iussu triumphauit LIV.7.17.9; ea rata atque perpetua ~ate uestra (*sc.* senatus) faciatis 28.39.16; 29.12.4; VELL.2.15.4; ~atis (fulgur) est ubi post rem factam uenit, quam bono futuram maloue significat SEN.*Nat.*2.39.1; QUINT.*Decl.*343(p.355,l.25); centeni singulis ex plebe comites consilium simul et ~as adsunt TAC.*Ger.*12.3;—(*w. gen. expr. the action authorized*) uidetur enim ~atem adferre peccandi CIC.*N.D.*3.85; bene gerendarum rerum ~ates augurum obseruatione..explicari uoluerunt V.MAX.1.1.1.

3 The consequences of initiating or authorizing a course of action, responsibility.

si ~atem postea defugeris PL.*Poen.*147; TER.*Eu.*390; attende..quam ego defugiam ~atem consulatus mei CIC.*Sul.*33.

4 An informal decree of the senate, resolution; a proposal made by an individual senator. **b** (of other bodies or individuals) a proposal, advice, recommendation.

id quod in ~atibus perscriptis exstat CIC.*de Orat.*3.5; offensionem esse periculosam propter interpositam ~atem religionemque uideo *Fam.*1.7.5; uoluntas senatus pro ~ate haberi debet, cum ~as impeditur metu 11.7.2; *ad Brut.*1.10.1; senatus uetus ~as de Bacchanalibus *Leg.*2.37; si quis huic s. c. intercesserit, senatui placere ~atem perscribi *S.C.* in Cael.*Fam.*8.8.6; tum primum sine ~ate senatus populi iussu triumphatum est LIV.3.63.11;—quorum ~ates adulationesque rettuli ut sciretur uetus id in re publica malum TAC.*Ann.*2.32. **b** itaque ~ate C. Laeli publicanos causam detulisse ad Galbam CIC.*Brut.*86; publico consilio atque ~ate *Ver.*2.163; huius consilio atque ~ate Athenienses bellum Syracusanis indixerunt NEP.*Alc.*3.1; principem Galbam sextae legionis ~ate factum TAC.*Hist.*5.16.

5 Guidance, lead, advice.

en, quoius ~atem sequimini, qui propter mulierum cupiditatem ut mulier est ornatus GRACCH.*orat.*55; CIC.*Phil.*1.3; ~ate tua nobis opus est et consilio et etiam gratia *Fam.*9.25.3; *Div.*2.81; Italiae totius ~atem sequi potius quam unius hominis uoluntati obtemperare CAES.*Civ.*1.35.1; Hieronis potius quam Hieronymi ~atem sequendam in sociis legendis LIV.24.28.6; 42.45.2.

6 Right or power to authorize or sanction, controlling influence, authority. **b** (of laws, etc.) force, authority. **c** (of magistrates, etc.) authority, command. **d** (of parents).

ne ars tanta..a religionis ~ate abduceretur CIC.*Div.*1.92;—(*of the senate*) ~ati senatus dedidus *Mil.*91; cum sperarem aliquando ad uestrum consilium ~atemque rem publicam esse reuocatam *Phil.*1.1; 6.3; *Att.*1.14.2; *Div.*1.27; se sibi consilium capturum neque senatus ~ati obtemperaturum CAES.*Civ.*1.1.3; tribuni se in ~ate patrum futuros esse polliciti sunt LIV.3.21.1; 6.19.4; TAC.*Ann.*1.42; (*cf.*) qui amori ~atem tribueremus CIC.*Tusc.*4.71. **b** (si habebunt) nullam ~atem mores atque instituta maiorum CIC.*Ver.*1.38; in tabellis nihil est ~atis *Clu.*186; si ~as decretorum uestrorum (agitur) *Prov.*47; *Arch.*9; SEN.*Cl.*1.22.2. **c** sua cuique procuratio ~asque est restituta CIC.*S.Rosc.*139; suam se interposuisse ~atem *Ver.*3.124; quibus in locis nunc sit Lentonis Caesenni VIIuiralis ~as *Phil.*12.23; *Att.*1.19.2; *Fam.*10.28.3; quid consuli aduersus collegam seditiosum ac temerarium uirium atque ~atis fore? LIV.22.40.2; antequam ducibus ~as, militi obsequium..rediret TAC.*Hist.*3.15. **d** parentium..hoc saeculo uilis leuisque apud liberos ~as LIV.26.22.15.

7 Leadership as a quality, authority, influence.

in summo imperatore quattuor has res inesse oportere, scientiam rei militaris, uirtutem, ~atem, felicitatem CIC.*Man.*28; qua in fuga magna ~ate Osaces dux Parthorum uulnus accepit *Att.*5.20.3; T. Baluentio, qui superiore anno primum pilum duxerat, uiro forti et magnae ~atis CAES.*Gal.*5.35.6; neque duorum adulescentium nondum adulta ~ate comprimi queat (miles) TAC.*Ann.*1.46; exspectate..~atem accusationis meae CIC.*Ver.*3.127;—(*w.* ad+*gd.*) Othoni nondum ~as inerat ad prohibendum scelus TAC.*Hist.*1.45.

8 Authority of utterance, appearance, etc., authoritativeness. **b** (of words or style) impressiveness, authority (also of a subject); (pl.) impressive features. **c** (of works of art, etc.) impressiveness, dignity, authority; (pl. impressive examples. **d** a claim to be considered authoritative, weight, authority, reliability. the grounds or justification (for a statement or action); confirmatory proof (of an accusation).

si audierit hanc ~atem grauitatis et consili CIC.*de Orat.*1.214; nisi mecum ipse senex..summa cum ~ate esset locutus *Ver.*3.62; non modo aedificantibus, sed etiam omnibus sapientibus polliceor..cum maxima ~ate me sine dubio praestaturum VITR.1.1.18; centuria et ~ate mota uiri et admirantium circa fremitu LIV.26.22.10; ea corporis sublimitas erat (Trachalo), is ardor oculorum, frontis ~as QUINT.*Inst.*12.5.5; ~as dignitasque formae non defuit SUET.*Cl.*30. **b** commemoratio..antiquitatis exemplorumque prolatio..et ~atem orationi adfert et fidem CIC.*Orat.*120; si est ~as ac pondus in uerbis *Part.*19; omnem..sermonem tribuimus..M. Catoni seni, quo maiorem ~atem haberet oratio *Sen.*3; quo minus cupiditatis ac studii uisa est oratio habere, eo plus ~atis habuit LIV.24.28.8; QUINT.*Inst.*8.3.3; multa ~ate, quae uiro militari pro facundia erat TAC.*Ann.*15.26;—minus pressus quam historiae ~as postulat QUINT.*Inst.*10.1.102;—qui amplioribus uoluminibus..ingenii cogitationes..explicauerunt, maximas et egregias adiecerunt suis scriptis ~ates VITR.5.pr.1. **c** decor autem est emendatus operis aspectus probatis rebus compositi cum ~ate VITR.1.2.5; 3.3.6; ut tempore tanto uiro, ita operis ~ate proximus (Hesiodus) VELL.1.7.1; QUINT.*Inst.*9.4.108;—ut maiestas imperii publicorum aedificiorum egregias haberet ~ates VITR.1.pr.2. **d** si exquiratur usque ab stirpe ~as unde quicquid auditum dicant PL.*Trin.*217; desinant putare ~atem esse in eo testimonio cuius auctor inuentus est nemo CIC.*Flac.*53; *Scaur.*38; sic facillume quid habeat ~atis (haruspicina) iudicabimus *Div.*2.50; qua sublata tollitur omnis ~as somniorum *Div.*2.123.

9 A view or opinion that merits consideration, weighty testimony, authority.

omnium nostrum neglegerit ~atem MACER *hist.*22; ex iuris peritorum consilio et ~ate CIC.*Q.Rosc.*56; remoueantur ~ates censoriae *Clu.*124; *Man.*51; contra..meum iudicium et contra omnium antiquorum ~atem *Att.*9.7.5; *N.D.*3.7; habemus..huius..~atem de sepulchris summi uiri *Leg.*2.68; adhibebat nobis ~ates nobilium medicorum GEL.19.5.3.

10 A precedent, example; authority for idiom.

quae (argumenta)..adsumuntur extrinsecus ea maxime ex ~ate ducuntur CIC.*Top.*24; circumstant te summae ~ates *Ver.*1.52; quod si ~atibus hanc causam..confirmandam putatis, est uobis auctor..P. Seruilius *Man.*68; interposuit gemina Ledae sidera, ~atem similis referens gloriae PHAED.4.25(26).10;—sermo constat ratione, uetustate, ~ate, consuetudine QUINT.*Inst.*1.6.1; ille mecum ~atibus agit ac mihi ex Graecis orationes Lysiae ostentat PLIN.*Ep.*1.20.4; GEL.18.7.3.

11 Reputation for leadership, position of authority, prestige.

quibus incolumibus et domi dignitas et foris ~as retinetur CIC.*S.Rosc.*136; existimatio atque ~as nominis populi Romani *Ver.*4.60; splendorem nostrum illum forensem et in senatu ~atem *Att.*4.1.3; ut enim rationem Plato nullam adferret..ipsa ~ate me frangeret *Tusc.*1.49; Litauiccum Bibracte ab Aeduis receptum, quod est oppidum apud eos maximae ~atis CAES.*Gal.*7.55.4; HIRT.*Gal.*8.46.4; tantum praestitit eques Romanus ~ate inter milites atque honore LIV.25.37.5; 41.24.9; ~ate Cappadociam populo Romano fecit stipendiariam (Tiberius) VELL.2.39.3; iuuenes ~ate, senes precibus mouebat (Otho) TAC.*Hist.*2.48; *Ann.*14.43; (*cf.*) tanta enim erat ~as et uetustas illius religionis CIC.*Ver.*4.108; *Fin.*5.86;—(*pl.*) tribuni cum ad deliberandum secessissent, uicti ~atibus principum de integro agere coeperunt LIV.45.36.10.

12 Personal influence or ascendancy.

facite ut uostra ~as meae ~ati fautrix adiutrixque sit TER.*Hec.*47; id..~ate et gratia Luculli ab Heracliensibus impetrauit CIC.*Arch.*6; id quod nondum potestate poterat obtinuit ~ate *Pis.*8; apud quem quicquid ualebo uel ~ate uel gratia, ualebo tibi *Fam.*6.6.13; eundem..apud Cn. Pompeium ~atem habere intellegebat CAES.*Civ.*3.10.2; LABER.*com.*102; regis eorumque quorum is ~ate regebatur fides VELL.2.54.1; punitis ingeniis gliscit ~as TAC.*Ann.*4.35;—(*pl.*) ~ates magnorum et adfinium tibi uirorum SEN.*Dial.*6.1.6.

13 (of things) Esteem, estimation, popularity, repute.

bos in pecuaria maxima debet esse ~ate VAR.*R.*2.5.3; in primis ~atem pecuniae demito SAL.*Rep.*2.7.10; neue ~atem rebus uilitas adimat PLIN.*Nat.*19.59; uetusta et electro ~as Homero teste 33.81; 34.28; tertia ~as smaragdis perhibetur 37.62;—(*w. gen. expr. the quality which causes esteem*) post eum (*sc.* Maecenatem) interiit ~as saporis asino 8.170.

auctōrō ~āre ~āuī ~ātum, *tr.* Also dep. **auctōror.** [AVCTOR+-O[3]]

1 (refl. or pass. in refl. sense) To hire oneself out, engage oneself: **a** (as a gladiator). **b** (in other capacities).
a quiue depugnandi causa ~atus erit *Leg.pub.*(*Font. iur.*p.111)20; quia, cum depressus in ludum bis gratis depugnasset, ~are sese nolebat POL.*Fam.*10.32.3; quid refert, uri uirgis, ferroque necari ~atus eas HOR.*S.*2.7.59; quidam ut patrem sepeliret ~auit se QUINT.*Decl.*302(p.190,l.20); *CIL* 2.6278.60. **b** eo uero pignore uelut ~atum sibi proditorem ratus est LIV.37.10.8; ~atos in tertia iura ministros MAN.5.345; in tantum sublimes (uites), ut uindemitor ~atus rogum ac tumulum excipiat PLIN.*Nat.*14.10; hic ~atus ad custodiam mariti tui fidenter accessit APUL. *Met.*2.23; (*cf.*) idem ultimam inopiam suam ~ato sociis officio sustentauit V.MAX.6.9.8.

2 (dep.) To hire out, sell.
pudicitiam suam protinus ~ata est APUL.*Met.*9.19.

3 (dep., of a guardian) To give authorization (for transactions on behalf of a ward).
(*absol.*) si tutor ~etur, cui administratio tutelae concessa non est POMPON.*dig.*26.8.4; ULP.*dig.*27.6.9.

4 (w. *sibi*) To obtain for oneself, purchase, secure.
sibi turpissimam mortem pessimo ~auit facinore VELL. 2.30.1.

auctum ~ī, *n.* [AVCTVS[1]] (See quot.)
~um uocabatur spatium circi, quod super definitum modum uictoriae adiungitur PAUL.*Fest.*p.14M.

auctumnitās, auctumnus: see AVT-.

auctus[1] ~a ~um, *a.* *compar.* ~ior, *superl.* ~issimus. [pple. of AVGEO] In senses of vb., also (esp. in compar.):

1 Increased in size, enlarged, large. **b** increased in number, augmented.
anticus ~ae Italiae terminus PLIN.*Nat.*3.127; cum aerarium populi ~ius esse coepisset POMPON.*dig.*1.2.2.22; APUL. *Apol.*16;—(*neut. sg. as quasi-sb.*) ~ius atque di melius fecere HOR.*S.*2.6.3. **b** (*w. abl. of measure*) octo pedibus ~iores remeauimus APUL.*Met.*4.8.

2 Increased in power, wealth, or importance, enriched.
memor..generis, quod amplissimum acceptum maius ~iusque reliquit posteris LIV.4.19.1; quando res..Romana ..in dies melior atque ~ior fieret 25.16.11; SEN.*Ben.*3.16.4; —(*w. abl.*) gratia, dignitate, honore ~iores CAES.*Gal.*1.43.8.

3 (of a quality or condition) Increased in intensity, deepened, intensified, strong.
tanto mi aegritudo ~ior est in animo PL.*Capt.*782; ~ior est animi uis LUCR.3.450; GEL.4.9.14; hominis sollertia eiusmodi diuino beneficio instructior ~iorque APUL.*Pl.*1.14.

4 Increased in fullness, comprehensive.
~ior illa (*sc.* reprehensio) superior, facilior haec posterior ad cogitandum *Rhet.Her.*2.39; mea precatio sollemnis semper ~ior fit AUR.*Fro.*1.p.230(85N).

auctus[2] ~ūs, *m.* [AVGEO+-TVS[3]]

1 The act of increasing, augmentation, increase (of something). **b** something added by way of increase, an addition; (pl.) reinforcements.
uilis turba rerum..sine ~u ac detrimento summi boni ueniens ac recedens SEN.*Dial.*7.4.3; in ~um diei PLIN.*Nat.* 2.81; sentiet accessum momenti et temporis ~um MAUR. 1115;—(*of air coming into the lungs*) nisi aer influens cum incremento fecerit ~us et remissiones continenter VITR. 8.pr.2. **b** maiores uestri qui..imperium Romanum magnis ~bus auxerunt FRO.*Aur.*2.p8(226N); aures inmodicis horripilant ~ibus APUL.*Met.*3.24; (*cf.*) bellum Africum.. cotidiano..~u maius VELL.2.129.4;—Ciuilem immensis ~ibus uniuersa Germania extollebat TAC.*Hist.*4.28.

2 Increase of size, growth. **b** the swelling or increased volume (of a river or spring), rising, flood; the increased strength (of a natural force). **c** the waxing (of the moon).
hic natura suis refrenat uiribus ~um LUCR.2.1121; uos date perpetuos teneris sementibus ~us OV.*Fast.*1.679. **b** illa primum saxa ~um fluminis sentiunt SEN.*Nat.*4a.2.7; PLIN.*Nat.*5.54; immenso ~u (*sc. of the Tiber*) proruto ponte sublicio TAC.*Hist.*1.86;—(*pl.*) ~us..suos non ante coartat (Nilus) LUC.10.217; TAC.*Ann.*1.56; ter in die statis ~ibus ac diminutionibus crescit decrescitque (fons) PLIN.*Ep.* 4.30.2;—ubi non potuit nubes capere impetis ~um LUCR. 6.327. **c** (luna) mensem suis ~ibus ac dehinc paribus dispendiis aestimans APUL.*Soc.*1.

3 Increase of fortune, advancement, prosperity.
amicorum ~u ut suo proprioque laetari SEN.*Ep.*109.15; Transrhenanis gentibus inuisa ciuitas opulentia ~uque TAC.*Hist.*4.63;—(*pl.*) quae..res populos nationesue magnis ~ibus auxissent SAL.*Rep.*1.7.4; LIV.29.27.3; huius uiri fastigium tantis ~ibus fortuna extulit VELL.2.40.4.

4 (w. or without *corporis*) Physical bulk; (applied, w. defining gen., to a bulky object).
semina quaedam esse infinito debebunt corporis ~u LUCR.2.482;—(*pl.*) (semen) ex minimo in maximos ~us diffunditur SEN.*Ep.*38.2;—caedere si quem ancipiti uideas ferro procul arboris ~um (*i.e. a huge tree*) LUCR.6.168.

aucupātiō ~ōnis, *f.* [AVCVPO+-TIO] Bird-catching, fowling. **b** hunting after, searching for.
uenatio et ~o [QUINT.]*Decl.*13.8. **b** (*w. acc.*) quid tibi ~ost argumentum? CAECIL.*com.*62.

aucupātōrius ~a ~um, *a.* [AVCVPO+-TORIVS] Suitable for bird-catching or fowling.
(harundines) proficiunt in ~am..amplitudinem PLIN. *Nat.*16.169; ~a harundo 16.172.

aucupium ~(i)ī, *n.* [AVCEPS+-IVM]

1 Bird-catching or fowling. **b** a catching, taking (of a swarm of bees).
propagabat..uitam ~io CIC.*Fin.*5.32; *Sen.*56; harundine sumpta fautor plumoso sum deus ~io PROP.4.2.34; uenatu et ~io uesci PLIN.*Nat.*7.23;—(*pl.*) ad haec ~ia dimissis cohortibus totis 10.54; ULP.*dig.*7.1.9.5; CONDVCTOR ~IORVM *CIL* 14.4328;—(*fig.*) uiden tu illam oculis uenaturam facere atque ~ium auribus? PL.*Mil.*990; (*cf.*) hoc nouomst ~ium; ego adeo hanc primus inueni uiam TER.*Eu.*247. **b** quae (*sc.* apes) dono uel ~io contingunt COL.9.8.5.

2 Game-birds, wild fowl.
~ium omne genus CATUL.114.3;—(*as food*) minima inflatio fit ex uenatione, ~io, piscibus CELS.2.26.2; SEN. *Dial.*1.3.6.

3 A seeking after (something) esp. in a sly or devious way, angling for, hunting after.
(*w. obj. gen.*) elaborata concinnitas et quoddam ~ium delectationis CIC.*Orat.*84; ~ia uerborum et litterarum tendiculas in inuidiam uocant *Caec.*65; COL.3.2.31;—(*w. subj. gen.*) mercenarii salutatoris mendacissimum ~ium 1.pr.9.

aucupor ~ārī ~ātus, *tr.*, *intr.* Also **aucupō.** [AVCEPS+-O[3]] N.B. The pres. pple. and gd. are treated as instances of the dep. vb.

1 To go bird-catching or fowling; (pres. pple. as sb.) a bird-catcher, fowler. **b** (tr.) to catch, take (a swarm of bees).
(*act.*; *fig.*) lepide ecastor ~aui atque ex mea sententia PL.*Truc.*964;—(*dep.*) alio loco ut seras..siluam caeduam, alio ubi ~ere VAR.*R.*1.23.6; homines et accipitres societate quadam ~antur PLIN.*Nat.*10.23; OMNE INSTRVMENTVM MEVM, QVOD AD VENANDVM ET ~ANDVM PARAVI *CIL* 13. 5708.2.23; GAIUS *dig.*41.1.3.1;—ut in capite ~antium (perdices)..sedeant PLIN.*Nat.*10.102; (*in a painting*) 35.116. **b** si (apes) commeant frequentes, spem quoque ~andi examina maiorem faciunt COL.9.8.8.

2 To keep a watch on (persons, etc.) so as to take advantage of, lie in wait for as an eavesdropper, etc., lay a trap for: **a** (w. acc.). **b** (absol.).
a (*act.*) circumspicedum, numquis est sermonem nostrum qui ~et? PL.*Mos.*473; id ego ~aui, plenas auris adfero TITIN.*com.*151; (*of the ears*) fructus uerborum aures ~ant ENN.*scen.*281; (*w. noun cl.*) qui ~et me quid agam PL.*Mil.* 995; *As.*881;—(*dep.*) sermo..familiaris et cotidianus non cohaerebit, si uerba inter nos ~abimur CIC.*Caec.*52; *Flac.* 92; (*of abst. subj.*) in eius modi re..quae opiniones hominum et saepe errores ~etur *de Orat.*2.30. **b** (*act.*) huc concedamus: ex insidieis ~a PL.*Men.*570;—(*dep.*) uiden? scelestus ~atur *Rud.*1093.

3 (tr.) To be on the look-out for, try to obtain, hunt after, seek, snatch at. **b** (w. inf.) to seek or snatch at an opportunity (of gaining an advantage).
(*act.*) in omnis partes prospectum aucupo PAC.*trag.*96; nunc in consilio id reges Argiuum ~ant, id quaerunt ACC. *trag.*165;—(*dep.*) uoluptatem auribus huc ~atum concucurristis VAR.*Men.*218; omnes enim illi amphibolias ~antur *Rhet.Her.*2.16; ut leuitatis est inanem ~ari rumorem CIC. *Pis.*57; *Fam.*5.12.6; fortuito oblatam occasionem egressus ~abatur *B.Afr.*3.5; OV.*Ep.*9.41; SEN.*Dial.*2.13.4; PLIN. *Nat.*28.21; dum..nunc aure uigil nunc lumine cuncta ~or STAT.*Silv.*1.4.120; QUINT.*Inst.*11.1.50; FLOR.*Epit.*2.1(3.13. 1); et exoletas interdum et reconditas uoces ~anti SUET. *Aug.*86.2. **b** ne..callidiores (homines) fructum capere aliquem protrahendo litem ~arentur *Ed.*(*Font.iur.*p.252) 78.1.7.

4 To seek to deal with (by an indirect or devious method).
(*pass.*) cum res sine propria lege uenit in iudicium, quae tamen ab aliis legibus similitudine quadam ~atur *Rhet. Her.*1.23.

audācia ~ae, *f.* [AVDAX+-IA]

1 (in a good sense) Daring, boldness, confidence. **b** an act of boldness, bold behaviour. **c** (w. gen.) a bold determination (in doing, or to do, something).
quoi nulla in pectore est ~a PL.*Mos.*409; uidebatur.. exercitus Caesaris..~ae plus habere CIC.*Div.*2.114; SAL. *Cat.*51.37; quod si deficiant uires, ~a certe laus erit PROP. 2.10.5; LIV.8.19.7; non..frangere ~am uestram..uolui 25.38.11; CELS.5.27.3.B; tantum ciuilibus discordiis etiam singulorum ~a ualet TAC.*Hist.*3.57;—(*w.* in+*abl.*) in deposcendis periculis eadem ~a *Ag.*11.4;—(*w. inf.*) non tamen aut ensem galeamue ~a cuiquam tangere STAT.*Theb.*9.537. **b** ego istuc accedam periclum potius atque ~am PL.*Epid.* 149; non potest celari nostra diutius iam ~a TER.*Ph.*182; Sabinus inhabilem labori et ~ae ualetudinem causabatur TAC.*Hist.*3.59;—(*facet.*) uide ~am; etiam Hirtio cenam dedi, sine pauone tamen CIC.*Fam.*9.20.2. **c** malarum rerum ~a fortitudo uocatur SAL.*Cat.*52.11; aliis timor hostium ~am ingrediendi flumen fecit LIV.21.56.5; [QUINT.]*Decl.*17.12.

2 (in a bad sense) Audacity, presumptuousness, impudence, recklessness, rashness. **b** a piece of audacity, impudent behaviour, effrontery. **c** (of the insane) violent or outrageous conduct.
~am meretricum specta TER.*Eu.*994; nequeo desinere mirari eorum (*sc.* inimicorum) ~am atque confidentiam CATO *orat.*24; ~a, quae fidentiae..finitima est CIC.*Inv.* 2.165; o incredibilem ~am, o impudentiam praedicandam! *Phil.*2.4; ex unius perditi ciuis ~a *Att.*7.13.1; *Off.*1.63; CAES.*Civ.*3.104.2; Sempronia, quae multa saepe uirilis ~ae facinora commiserat SAL.*Cat.*25.1; VITR.6.pr.4; qua tu ~a me uiuo uocare ausus es patres..? LIV.1.48.1; TAC.*Ann.* 11.5; cum magna malae superest ~a causae, creditur a multis fiducia JUV.13.109; ~a..confidentiae fit abundantia APUL.*Pl.*2.5;—(*abst. for concr.*) VITR.6.pr.6; PHAED.3.5.9; inops ~a tuta est PETR.119,l.57. **b** quae istaec ~ast te sic interdius cum corolla ebrium ingrediri? PL.*Ps.*1298; TER.*An.*217; aut ad ~am ferrum aut ad libidinem facem praetulisti CIC.*Catil.*1.13; *Q.fr.*1.2.14; milites..ad omnem licentiam ~amque processerant SUET.*Ves.*8.2;—(*pl.*) libidines, ~as, sumptus, egestates tot egentissimorum hominum sustinere CIC.*Att.*9.7.5; miseriae temporum et ~ae hominum TAC.*Ann.*1.74. **c** quorundam (insanientium) ~a coercenda est CELS.3.18.10.

3 (of words, style, etc.) Boldness, daring, licence.
si uerbis ~a detur OV.*Met.*1.175;—(*w. gen.*) alterum.. exsultantem uerborum ~a reprimebat (Isocrates) CIC.*de Orat.*3.36; cum..hanc ~am stili nostri frequenter expaueris STAT.*Silv.*3.pr.;—(*w.* in+*abl.*) cum..uitet..obscuritatem Sallusti et ~am in translationibus SUET.*Gram.*10 (p.109Re).

audācter, *adv.* Also **audāciter.** *compar.* ~cius, *superl.* ~cissimē. [AVDAX+-TER[2]] FORMS: *~iter* *Rhet.Her.*4.28; CIC.*Font.*11, *Dom.*28, *Sen.*72; SAL.*Hist.*2.113; LIV.22.25.10, 40.55.7, 44.4.11, etc.; said to be pedantic by Quintilian (*Inst.*1.6.17).

1 Boldly, courageously, confidently, with assurance.
cui res ~cter magnas paruasque iocumque eloqueretur ENN.*Ann.*239; neque adeo quoi suom concredat filium hodie ~cius PL.*Capt.*348; *Ps.*713; ~cissime oneris quiduis inpone, ecferet TER.*Ph.*561; ad dicendum ueniebat magis ~cter quam parate CIC.*Brut.*241; *Dom.*28; *Fam.*12.17.2; qua tandem re fretus sibi tam ~citer obsisteret *Sen.*72; ~cterque inter reges rerumque potentis uersantur LUCR.2.50; ~cius resistere ac fortius pugnare coeperunt CAES.*Gal.*2.26.2; SAL.*Cat.*58.12; uix rationem iniri posse utrum a se ~cius an fugacius ab hostibus geratur bellum LIV.28.8.3; quae debetur pars tuae modestiae ~cter tolle PHAED.2.1.9; aperiendum..~cter est, donec summa tunica, quae ipsius scroti est, incidatur CELS.7.19.2; SEN.*Con.*10.2.6; SEN. *Dial.*7.8.6; PLIN.*Nat.*29.122; TAC.*Dial.*15.1; merentibus promptius, immerentibus ~cius opem tuli FRO.*Aur.*2.p.230 (235N); ~cter mucrone destricto APUL.*Met.*3.18;—(*facet.*) concede ~cter ab leonino cauo PL.*Men.*159;—(*w. adj.*) Agathocles..Syracusarum rex ~citer callidus V.MAX.7.4. ext.1.

2 Audaciously, presumptuously, impudently, recklessly, rashly.
minus ~cter scelesta facerent facta PL.*Mil.*734; minus multo ~cter quam nunc laedit laederet TER.*Ph.*11; quam ~cter, quam libidinose, quam impudenter! CIC.*Ver.*4.84; *Tul.*40; nunc tu me ~cius ures [TIB.]3.19.19; OV.*Pont.*1.5.63.

3 With boldness or licence of speech, daringly, boldly.
CIC.*Orat.*82; transferunt uerba cum crebrius tum etiam ~cius 202; poëta ius suum tenuit et dixit ~cius *Tusc.*3.20.

audāculus ~a ~um, *a.* [next+-VLVS]

1 Bold, courageous.
habebamus tunc hominem Cappadocem, longum, ualde ~culum PETR.63.5.

2 Audacious, impudent, impertinent.
reprehensor ~culus uerborum GEL.5.21.4; ille..rabula ~culus 15.5.4.

audax ~ācis, *a.* *compar.* ~ācior, *superl.* ~ācissimus. [AVDEO+-AX]

1 (in a good sense, but merging in some cases into sense 2) Daring, bold, confident. **b** (of the heart, emotions, etc.). **c** (of actions, ideas, etc.). **d** (applied to things the construction or use of which shows daring or boldness). **e** (applied to cheap glass-ware, which one does not need to handle gingerly).
quae non deliquit, decet ~acem esse PL.*Am.*837; CIC. *S.Rosc.*2; quosdam eligit cum ~acissimos tum uiribus maximis NEP.*Di.*9.3; nec curant caeco contendere Marte amplius ~aces Rutuli VERG.*A.*9.519; ter latratus ~ax Hecate dedit SEN.*Med.*841;—(*of animals*) inter ~aces lupus errat agnos HOR.*Carm.*3.18.13; incipiam..~aces ipse monere canis PROP.2.19.20; PLIN.*Nat.*11.183;—(*of plants*) optimum.. matrem esse firmam, postea fetum ~acem 17.176;—(*quasi-advl. appos.*) ~ax quos rumpere Pallas sacra uetat VERG.*A.* 8.110; LUC.1.474;—(*w. abl.*) qui..~ax..iuuenta, Tityre, te patulae cecini sub tegmine fagi VERG.*G.*4.565; proeliis ~ax ..Liber HOR.*Carm.*1.12.21; ~ax iaculis et capti pelle leonis STAT.*Theb.*2.618;—(*w. gen. of resp.*) quis rude..aequor fecit iter..~ax ingenii? *Silv.*3.2.64;—(*w. inf.*) Taenaros, expositos non ~ax scandere fluctus *Theb.*2.44;—(*of the hands; w.* ad) ad omne clarum facinus ~aces manus SEN.*Her.F.*247;—(*masc. as sb.*) CIC.*N.D.*2.145; in ~aces non est audacia tuta OV.*Met.*10.544. **b** (*the heart*) Hannibal ~aci cum pectore de me hortatur ENN.*Ann.*381; animo ~aci ACC.*trag.*645; VERG.*A.*7.475;—(*emotions, etc.*) ~aci Martis percussus amore STAT.*Theb.*4.260; ~ax..metus et fiducia pallens 6.393; ~aci qui nunc ad proelia uoto..abit 9.623. **c** Iuppiter omnipotens, ~acibus adnue coeptis VERG.*A.*9.625;

magno ~acique. .facinore Liv.2.12.3; consilium. .temerarium magis quam ~ax 25.37.18; ~acem pinnis repperit ille uiam Ov.*Ars* 2.22; Phaed.7.8; Sen.*Ep*.114.1. **d** (*ships*) quisquis ~acis tetigit carinae nobiles remos Sen.*Med*.607; Stat.*Silv*.3.2.1; Juv.10.264; (*cf*.) hinc ~ax abies. .scinditur Stat.*Theb*.6.104;—(*wings*) nunc daret ~aces utinam mihi Daedalus alas! Ov.*Ep*.17.49;—(*structures*) Stat.*Silv*.1.3.67; ~acia saxa Pyramidum 5.3.49;—(*of the lyre as symbol of poetic inspiration*) Thebais. .temptat ~aci fide Mantuanae gaudia famae 4.7.27. **e** nos sumus ~acis plebeia toreumata uitri Mart.14.94.1;—(*in pun*) hi (*sc*. calices) magis ~aces, an sunt qui talia mittunt munera? 12.74.3.

2 (in a bad sense) Audacious, presumptuous, reckless, rash. **b** (of actions, etc.). **c** (in weakened sense) impudent, pert.

o scelestum atque ~acem hominem! Ter.*Eu*.709; homo ~acissimus Catilina Cic.*Orat*.129; quod nemo quemquam tam ~acem, tam amentem, tam impudentem fore arbitrabatur *Ver*.1.1; *Off*.1.77; cum antea semper factiosus ~axque fuisset (Lysander) Nep.*Lys*.1.3; Ov.*Pont*.1.1.37; P. Clodius, homo nobilis, disertus, ~ax Vell.2.45.1;—(*poet*.) cui bella suumque timorem mater et ~aces pueri mandauerat annos Stat.*Theb*.9.810;—(*of plants*) quae (*sc*. herba). .tuas ~ax imitatur, Nysie, uitis Col.10.248;—(*quasi-advl. appos*.) Enn.*scen*.369; non ego temptaui. .~ax laudandae sacra docere deae [Tib.]3.5.8;—(*w*. ad) quodsi quam ~ax est ad conandum tam esset obscurus in agendo Cic.*Ver*.5; *Catil*. 2.9;—(*w. abl. of cause*) leuissimus quisque Gallorum et inopia ~ax dubiae possessionis solum occupauere Tac.*Ger*.29.4;—(*w. inf*.) ~ax omnia perpeti gens humana ruit per uetitum nefas Hor.*Carm*.1.3.25;—(*of the hands*) ~aces instruit igne manus Ov.*Tr*.2.268; (*w*. in+*acc*.) ut timeam ~aces in mea membra manus Prop.3.16.6;—(*masc. as sb*.) qui. .metum bonis, spem ~acibus, timorem huic ordini. .depulit Cic.*Red.Sen*.19; *Q.fr*.3.9.1; (*superl*.) beneficia uostra penes optumos, non ~acissumos forent Sal.*Jug*.31.16. **b** facinus fecit ~ax Pl.*Mil*.309; Ter.*An*.401; consilium. .in speciem ~acius, re ipsa tutius Liv.27.45.2; ~ax uita, scelerum plena! Plin.*Nat*.19.4. **c** quid ais tu, quam ego unam uidi mulierem ~acissumam? Pl.*As*.521; nihil est ~acius illis deprensis Juv.6.284; Fro.*Aur*.1.p.62(41N);—(*of non-personal sb*.) numquam. .tam inportuna tamque ~aci argutia fuit noster Probus Gel.3.1.6;—(*masc. as sb*.) men hodie usquam conuenisse te, ~ax, audes dicere. .? Pl.*Men*.1050.

3 Characterized by boldness or licence of expression, daring, bold.

illae (*sc*. translationes) paulo ~aciores Cic.*de Orat*.3.156; per ~aces noua dithyrambos uerba deuoluit (Pindarus) Hor.*Carm*.4.2.10; hyperbolen ~acioris ornatus summo loco posui Quint.*Inst*.8.6.67; 10.5.4;—(*w*. ad) ego. .cum doctior per te, tum etiam ~acior factus iam ad iocandum Cic.*de Orat*.2.290;—(*w*. in+*abl*.) nec in faciendis. .uerbis erit ~ax *Orat*.81;—(*w. abl*.) Horatius. .est. .uerbis felicissime ~ax Quint.*Inst*.10.1.96.

4 (topog.) Standing out prominently, bold.

qua se protulit in medios ~aci margine fluctus luxuriosa domus Luc.10.487; mons erat ~aci seductus in aethera dorso Stat.*Theb*.3.460.

audem: see avtem.

audens ~ntis, *a. compar*. ~ntior, *superl*. ~ntissimus. [pple. of avdeo] Daring, bold, courageous. **b** characterized by boldness or licence of expression, daring.

cunctis Tydeus ~ntior actis Stat.*Theb*.2.175; armorum fulgores ~ntissimi cuiusque procursu Tac.*Ag*.33.1; in obeundis expeditionibus dubium cautior an ~ntior Suet.*Jul*.58.1;—(*transf*.) hunc noto iam spes ~ntior hoste instimulat V.Fl.4.284; Syriam ~ntioribus spatiis petebat Tac.*Hist*.2.2;—(*quasi-advl. appos*.) tu ne cede malis, sed contra ~ntior ito qua tua te fortuna sinet Verg.*A*.6.95;—(*masc. as sb*.) ~ntis Fortuna iuuat 10.284; Ov.*Ars* 1.608. **b** nonne his latior et ~ntior et excelsior (Aeschines)? Quint.*Inst*.12.10.23; ~ntior et poetarum quam oratorum similior oratio Tac.*Dial*.14.2; Plin.*Ep*.9.26.5.

audenter, *adv. compar*. ~ntius. [prec.+-ter[2]]

1 Boldly, fearlessly.

caecum. .~ntius hostem increpitans Stat.*Theb*.11.668; multa alia (*sc*. uerba uetera) etiam ~ntius inseri possunt Quint.*Inst*.8.3.27; Tac.*Dial*.18.2; *Hist*.1.79.

2 Audaciously, presumptuously, rashly.

Gaetulicum refellit Plinius quasi mentitum. .abusumque ~ntius mendacio Suet.*Cal*.8.2; non ~nter itaque dicetur Ulp.*dig*.5.4.1.5.

audentia ~ae, *f*. [avdens+-ia] Daring, boldness, enterprise. **b** boldness or licence of expression.

uelut tutioris ~ae est temptare, quibus paratior uenia est Quint.*Inst*.12.pr.5; usurpatum raro et priuata cuiusque ~a Tac.*Ger*.31.1; nec defuit ~a Druso Germanico, sed obstitit Oceanus 34.3; *Ann*.15.53. **b** Plin.*Ep*.8.4.4.

audeō ~dēre ~sus, *tr., intr*. [avidvs, -eo] Forms: *~si* (pf. ind.) Cato *orat*.199; subj.: *~sim* frequent, e.g. in Pl.*Aul*.474, Ter.*Eun*. 884, Cic.*Brut*.18, Lucr., Verg., Liv., Ov., Stat., Quint., Tac., etc.; *~sis* Acc.*trag*.147, Lucr.2.982, etc.; *~sit* Pl.*Bac*.697, *Mil*.11, Catul.61.65, etc., Liv., Ov., Grat., Mela, Stat., Sil., etc.; *~sint* Stat.*Theb*.11.126.

1 (esp. in neg. questions or equiv.) To have a mind (to do something), be prepared, intend. **b** *si ~des* (colloq. contr. sodes), if you please. **c** (esp. in phrs. such as *non ~sim dicere*) to go so far as (to do something), venture, presume, like.

(*w. inf*.) non occatorem dicere ~debas prius? Pl.*Capt*.662; nilne adiuuare me ~des? *Ps*.78; *Rud*.870; 1030;—(*ellipt*.) pol ego si te ~deam, meum patrem nominem *Capt*.238. **b** dic mihi, si ~des, quis ea est quam uis ducere uxorem? Pl.*Aul*.170; *Trin*.244; confer, si ~des, absentiam tuam cum mea Cic.*Pis*.37. **c** iam hunc non ~sim praeterire quin consistam et conloquar Pl.*Aul*.474; non ~sim dicere, sed tamen uereor, ne. .in ea. .re sint inpudentes *Rhet.Her*. 4.5; quem plane oratorem dicere ~deres Cic.*Brut*.221; *Planc*.82; *Tusc*.1.7; hoc tamen ex ipsis caeli rationibus ~sim confirmare Lucr.2.178; quin ~sim hoc etiam dicere Verg.*Cat*.9.56; Liv.6.40.5; neque solari prudentem stultior ~sim Ov.*Pont*.4.11.11; quod non ~sim dicere numquam esse faciendum Quint.*Inst*.7.4.28; ~sim contendere Tac.*Dial*. 8.1.

2 To have the courage (to do something), dare, venture: **a** (w. inf.). **b** (w. ellipsis of inf.).

a ea non ~dere quemquam regem rumpere Naev.*com*.73; qui id tam audacter dicere ~des Pl.*Capt*.630; hoccin tam audax facinus facere esse ~sum! Ter.*Eu*.644; idem illud memorare non ~deo, ne inuidiae siet Cato *orat*.171; nauem tu de classe populi Romani. .~sus es uendere? Cic.*Ver*.1.87; sunt enim multa, sed ea non ~deo scribere *Fam*.2.12.1; quis huic deo compararier ~sit? Catul.61.65; uita quoque ipsa concidat extemplo, nisi credere sensibus ~sis Lucr. 4.508; ciuitatem ignobilem. .populo Romano bellum facere ~sam Caes.*Gal*.5.28.1; Daedalus. .praepetibus pennis ~sus se credere caelo Verg.*A*.6.15; Prop.2.5.24; liberare uos a Philippo iam diu magis uultis quam ~detis Liv.32.21. 36; post ~sos caelum adfectare Gigantes Ov.*Fast*.3.439; spatium est magis quam ut progredi quisquam ~sit horribile Mela 1.74; Stat.*Theb*.6.846; Suet.*Aug*.27.4;—(*iron. imp*.) dicere te miserum, postquam illinc ueneris, ~de Juv.13.161; —(*poet., of things*) nondum ~dentia labi flumina Ov.*Met*. 2.406; Luc.9.325. **b** memini, quom dicto haud ~debat: facto nunc laedat licet Pl.*Capt*.303; Ter.*Eu*.884; 'quid tu, Egilia mea? quando ad me uenis cum tua colu et lana?' 'non pol' inquit '~deo' Cic.*de Orat*.2.277; te sola, puer, multis e matribus ~sa persequitur Verg.*A*.9.217;—(*iron. imp*.) quis uetat? ~de. uae, nisi coniues Pers.6.49.

3 (absol.) To be bold, daring or venturesome, act boldly.

occasus ubi tempusue ~dere repressit Enn.*Ann*.294; ut ad ~dendum proiectus, sic paratus ad audiendum Cic. *Ver*.1.2; *Tim*.13; Planc.*Fam*.10.24.6; saepe mare ~dendo uincere Verg.*Cat*.9.48; auctor ego ~dendi *A*.12.159; Tib. 1.2.16; nec. .quia ~dent sed quia necesse est pugnaturi sunt Liv.21.40.6; 22.14.14; ~de, anime, tempta, perage mandatum tuum Sen.*Phaed*.592; Luc.4.702; mecum omnes ~dete deae! Stat.*Theb*.10.831;—(*w*. in+*acc*.) quos ubi confertos ~dere in proelia uidi Verg.*A*.2.347; non omne meas genus ~det in artis Grat.498;—(*w*. aduersus) Pedanius Costa. .ingratus principi ut aduersus Neronem ~sus Tac.*Hist*.2.71.

4 (w. acc.) To dare to do or undertake, venture upon. **b** (spec.) to dare to write or say, venture upon. **c** (pf. or pf. pple. in pass. sense).

quis me audacior sit, si istuc facinus ~deam? Pl.*Ps*.541; Var.*L*.9.13; cum tantum in consulatu meo. .~sus essem Cic.*Mil*.82; *Att*.3.8.2; quod non fortior ~sit alis Catul.66.28; equestribus proeliis. .quid nostri ~derent periclitabatur Caes.*Gal*.2.8.1; Sal.*Jug*.107.4; quo moriture ruis maioraque uiribus ~des? Verg.*A*.10.811; Hor.*Ars* 242; rem ~sus plus famae habituram ad posteros quam fidei Liv.2.10.11; 28. 44.13; Ov.*Met*.6.466; nihil est ~dere relictum Man.5.400; M. Antonius, omnibus ~dendis paratissimus Vell.2.56.4; uidi. .~sos. .ingentia Gracchos Luc.6.796; nec uerbera pallidus ~det Labdacides Stat.*Theb*.6.450; Quint.*Inst*. 3.8.45; legiones nihil ultra fremitum et minas ~sae Tac. *Hist*.1.55; uim cultoribus et oppidanis. .~debant *Ann*. 12.55;—(*w*. manus) percussit. .pectora Colchis ~sa atque ~sura multa nefanda manu Ov.*Tr*.3.9.16;—(*w. impers. subj*.) belli. .fortuna. .in partes aliquid. .Caesaris ~sa est Luc.4.403;—(*w*. tantum *as obj., foll. by* ut) senatus indignari tantum consulem ~sum, ut suam prouinciam relinqueret Liv.43.1.9;—(*w*. in+*abl*.) ~surum se in tribunis, quod princeps familiae suae ausus in regibus esset Liv.3.17.8;—(*w*. in+*acc*., aduersus) tamquam non nihil in alium ~surus, qui hoc aduersus se ausus est Ulp.*dig*.21.1.23.3;—(*of things*) circa terras (aer) plurimum ~det Sen.*Nat*.2.11.1;—(*poet., of a quality*) nil non ~sa fames Stat.*Theb*.10.44. **b** ~demus saturas Mart.12.94.7; quidquid Graecia mendax ~det in historia Juv.10.175. **c** non ab Scipionibus. .quidquam ~sum patratumque fortius quam tunc a Caesare Vell. 2.80.3; Stat.*Theb*.4.599; ~sis ad Caesarem codicillis Tac. *Ann*.3.67; facinora. .uel belli ~sa uel domi prouisa Apul. *Fl*.7;—(*impers., cf. 2a*) si animaduerterent ~deri aduersus se tam exiguis copiis dimicari Nep.*Milt*.4.5; aspirare uiro propioremque addere Martem haud ~sum cuiquam Sil. 5.443.

5 (w. advs. of place) To dare to go, venture.

nimium remis ~dent prope Prop.4.6.45; ille autem fractis huc ~deat usque uiribus? Stat.*Theb*.11.258; unde rursus ~si Tac.*Hist*.2.25; longius ~suri 5.11.

audientia ~ae, *f*. [pple. of next+-ia]

1 The act of listening, attention, heed; *~am facere*, to obtain a hearing.

quantam. .~am orationi meae improbitas illius factura sit Cic.*Div.Caec*.42; si paulisper ~am publica mihi tribuerit humanitas Apul.*Met*.3.4;—exsurge, praeco, fac populo ~am Enn.*scen*.1; Pl.*Poen*.11; illi praeco faciebat ~am *Rhet.Her*.4.68; Cic.*Sen*.28; Liv.43.16.8.

2 A body of listeners, audience.

ne praeter ~am anxium oratorem praestrangulet. .inuidia [Quint.]*Decl*.3b.3.

audiō ~īre ~iuī or ~iī ~ītum, *tr*., (*intr*.). [cf. Skt. *āvis*; Gk. αἰσθάνομαι, ἀΐω] Forms: *audibam*, etc. (imperf.) Naev.*com*.34; Catul.84.8; Ov.*Ep*.14.36, *Fast*.3.507; *audibo*, etc. (fut.) Enn.*scen*.315, 373; Pl.*Capt*.619, *Poen*.310; Caecil.*com*.24, 113, 192; *audin?* (= *audisne?*) Pl.*As*.750, *Bac*.861, *Mos*.625; Ter.*Eu*.1037, etc. *~isse*, *~isti(s)* common for *~iisse*, etc. N.B. *~iuisse* is said by Quintilian (*Inst*. 1.6.17) to be a pedantically archaic form. Const.: normally w. acc. or absol.; w. dat. Apul.*Apol*.83.

1 To have the use of one's ears, be able to hear, hear; *grauius, minus, ~ire*, to be hard of hearing, be deaf.

caput dolet, neque ~io, nec oculis prospicio satis Pl.*Am*. 1059; (*cf*.) ipse aer. .nobiscum uidet nobiscum ~it nobiscum sonat Cic.*N.D*.2.83;—(*w*. auribus) auribus si parum audies. .cito te intelleges plus ~ire Cato *Agr*.157.16; (*in the expr*. usus ~iendi) ut. .~iendi usu careat Cels.7.8.1;—ubi uero grauius aliquis ~ire coepit 6.7.7a; (*pres. pple. as sb*.) minus ~iens immunitatem ciuilium munerum non habet Ulp.*dig*. 50.5.2.6; Paul.*dig*.26.4.11.

2 (tr.) To be or become aware of by hearing, hear the voice or sound of (a person); to hear (a voice or sound). **b** (w. pple. agreeing w. obj.; w. acc. and inf.). **c** (spec. opp. to *auscultare*).

quem ego hic ~iui? — socium tuorum conciliorum Pl. *Mil*.1012; trans ego tellurem, trans altas ~iar undas Ov. *Tr*.4.9.23;—ubi molarum strepitum ~ibis maximum Enn. *scen*.373; cum totius Siciliae cotidie gemitus querimoniasque ~ires Cic.*Ver*.3.52; ~itur sonus et uox omnis, in auris insinuata suo pepulere ubi corpore sensum Lucr.4.524; qui primo clamore ~ito se ex oppido eiecerunt Caes.*Gal*.7.28.5; iam per moenia clarior ignis ~itur Verg.*A*.2.706; ~itumque Medis Hesperiae sonitum ruinae Hor.*Carm*.2.1.31; Tib. 2.5.14; simul est clamor proximis ab latere, ultimis ab tergo ~itus Liv.5.38.6; Luc.1.570; ~itos proauis agnouimus ignis Stat.*Theb*.11.221;—(*poet*.) nec nox ulla diem neque noctem aurora secutast quae non ~ierit mixtos uagitibus aegris ploratus Lucr.2.579; audiit (*sc*. uocem) et Triuiae longe lacus, ~iit amnis. .Nar albus Verg.*A*.7.516; (bucina) quibus est undis ~ita, coërcuit omnes Ov.*Met*.1.342; lectulus has uoces, nec lectulus ~iat omnis Mart.10.68.7; tabulata crepantis ~itura pilas Stat.*Silv*.1.5.58;—(*w. distance indicated*) uillas. .fluctus. .qui longe ~iebatur inuasit Sen.*Nat*.6.7.6; in silua Panis symphonia in oppidum ~itur Amp.8.1. **b** neque tibicinam cantantem neque alium quemquam ~io Pl.*Mos*.934; set quantum luctum. .quantum fletum factum ~iui? Cato *orat*.66;—quem ego hic ~iui loqui? Ter.*Hec*. 453; tintinnire ianitoris impedimenta ~io Afran.*com*. 392; necdum etiam ~ierant inflari classica Verg.*G*.2.539. **c** ~ire ignoti quom imperant soleo, non auscultare Caecil. *com*.196; ~itis, non auscultatis, tamquam pharmacopolam Cato *orat*.121; isti qui linguam auium intellegant. .magis ~iendum quam auscultandum censeo Pac.*trag*.85.

3 To hear with understanding, hear (esp. articulate sounds). **b** (w. acc. and inf.) **c** (in abl. absol.) — *~iente* (*~ientibus*), in the hearing of —, with — as an audience.

~in quae loquitur? quin tu me exsolui iubes? Pl.*Bac*.861; uidistis hominem et uerba eius ~istis Cic.*Ver*.4.92; ut ueterum militum uerba ~iuit Liv.24.48.4; tu tantum ~ito bellorum nomine, Roma, desereris Luc.1.519; statui pauca disserere quae. .utilius sit uobis ~isse quam nobis dixisse Tac.*Hist*.4.73;—(*persons*) ego. .et tuas litteras legi libenter et ~iui Lucilium diligenter Cic.*Fam*.3.5.1; qui, ~iendus dumtaxat, magnificus adhortator sit Liv.7.32.11;—(*w. pple. agreeing w. obj*.) ~iebam. .nostros proceres clamitantis: ἄλκιμος ἔσσ', ἵνα τίς σε καὶ ὀψιγόνων ἐῢ εἴπῃ Cic.*Fam*.13.15.1; Col.2.10.9;—(*ellipt*.) age, quaeso, mi hercle translege. — ~in? — ~io Pl.*As*.750; cum sororis suae. .uirum praesentem et ~ientem uita priuandum esse dixit Cic.*Catil*.4.13; —(*w. advl. acc*.) domi ego sum, inquam, ecquid ~is? Pl. *Am*.577; quis nostras sic frangit fores? ohe, inquam, si quid ~is *As*.384; Ter.*An*.863;—(*in fig. phr*.) cum culpae paene uocem ~iamus Cic.*N.D*.3.91;—(*poet., of inanimate things*) ne ista quidem generosissimae indignationis uerba ~iuit ~ierunt (campi Philippii) V.Max.5.1.11. **b** ~iuistin tu hodie me illi dicere eo quae illa autumat? Pl.*Am*.752; nil. .nisi quod illum ~iui dicere Ter.*An*.858; Asel.*hist*.5; praeclarum recitari consilium. .~istis Cic.*Ver*.5.54;—(*poet*.) et mea me tellus ~iet esse tuum Ov.*Pont*.4.15.38. **c** sic ego nunc, Crasso ~iente, primum loquar de facetiis Cic. *de Orat*.2.233; tum ille clare omnibus ~ientibus se id non esse facturum (dixit) *Ver*.2.94; haec dis ~ientibus (ait) Sen.*Ben*.6.39.2; Verona licet ~iente dicam Mart.1.7.2; Tac.*Hist*.1.27.

4 To meet with (an expression), hear. **b** to understand, interpret (an expression, etc.). **c** to supply mentally (words not expressed), understand.

cum ~io antiquos, quosdam ueteres et olim natos intellego Tac.*Dial*.16.5; cum ~is matrem familias, accipe notae auctoritatis feminam Ulp.*dig*.43.30.3.6. **b** ut litterarum ego harum sermonem ~io Pl.*Ps*.99; praetorias. .stipulationes sic ~iri oportet, ut in his contineantur etiam aedilliciae Pompon.*dig*.45.1.5; quonam modo ~iri atque accipi deberet, quod Plato. .κοινὰς τὰς γυναῖκας. .censuit Gel.18.2.8. **c** 'eras dignus ut haberes integram manum': sic enim ~itur 'ut depugnares' Quint.*Inst*.8.5.12; 'stupere gaudio Graecus': simul enim ~itur 'coepit' 9.3.58.

5 To hear said with respect to oneself; *bene* (*male*) *~ire*, to be addressed in kindly (harsh) terms; (w. pred. adj. or sb.) to hear oneself described as, be addressed as, be called; (w. *pro*) to be spoken of (as); (w. part. gen.) to be accounted (part of). **b** (w. ref. to habitual reputation) *bene ~ire*, to have a good name, be well spoken of; *male ~ire*, to have a bad name, be ill spoken of (sim. *minus commode ~ire*). **c** (w. *in*+abl.) to be spoken of (in a specified connexion); (w. pf. inf.) to be reputed (to have done something).

satin est si plura ex me ~iet hodie mala quam ~iuit umquam Clinia ex Demetrio? PL.*Bac.*911; in illo tuo intolerabili non regno,—nam cupis id ~ire,—sed latrocinio CIC.*Vat.*19; quod ea in te admisisti quae a uerecundo inimico ~ire non posses *Phil.*2.47; *Off.*3.98; ut alter alterius sermone meros ~iret honores HOR.*Ep.*2.2.88;—(*w. dir. sp.*) adflictusne..et lamentabili uoce deplorans ~ieris: 'o uirum fortem!'? CIC.*Tusc.*2.32; Matutine pater, seu 'Iane' libentius ~is HOR.*S.*2.6.20;— ~ibis male, si male dicis mihi CAECIL.*com.*24; benedictis si certasset, ~isset bene TER.*Ph.* 20; a Thrasippo amico inter cenam sine fine conuicio laceratus ita..uocem ab ira cohibuit, ut putares satellitem a tyranno male ~ire V.MAX.5.1.ext.2;—at ipse subtilis ueterum iudex et callidus ~is HOR.*S.*2.7.101; uatibus ingenium est: hinc ~it nobile carmen *Aetna* 75; ornatu non possit ~ire APUL.*Met.*2.9; si diuini puelli..haec mater ~ierit 5.16;—uetera exempla pro fictis fabulis iam ~iri atque haberi CIC.*Ver.*3.182;—Cenchreas..quod oppidum ~it quidem nobilissimae coloniae Corinthiensium APUL. *Met.*10.35. **b** nos recte facere et bene ~ire uult CIC.*Att.*10.8.9; si te ipse uehementius ad omnis partis bene ~iendi excitaris *Q.fr.*1.1.3; *Leg.*1.50; bene ~ire alterum patrimonium est PUB.*Sent.*B.40;—hoc..uolgus quod male ~it mulierum TER.*Hec.*600; qui adulescentulus male ~isset CIC.*de Orat.*2.277; OV.*Tr.*5.11.3; SEN. *Con.*7.3.9; scio male ~ire apud inperitos sectam Stoicorum tamquam duram nimis SEN.*Cl.*2.5.2; MART.2.56.1; QUINT. *Inst.*12.10.13; palam laudares, secreta male ~iebant TAC. *Hist.*1.10;—quod illorum culpa se minus commode ~ire arbitrarentur CIC.*Ver.*3.134. **c** ubi denique est in ista suspicione Caeli nomen ~itum? CIC.*Cael.*15;—(barathrum) quod quondam..fodisse..~it..Amphitryoniades CATUL. 68.112.

6 To listen to (a teacher), hear the lectures of, receive instruction from; to listen to, hear (a lecture, discussion, etc.); (absol., w. *ad, de*) to listen to a lecture or discussion. **b** to listen to or hear a literary recital by (an author); to listen to (a literary recital); also, to hear (letters) read. **c** to listen to or hear (an orator or his speech).

libenter ~irem Antonium CIC.*de Orat.*1.265; Cleanthes.. qui Zenonem ~iuit *N.D.*1.37; *Off.*1.1; SEN.*Con.*1.pr.2; nec unquam philosophum ~iuit PETR.71.12; sic te frequentes ~iant capillati MART.10.62.2; qui neque geometren ~ierint nec musicos..intellegant QUINT.*Inst.*1.10.4; cognoscit.. currere eos ~itum Callistratum GEL.3.13.2;— ~itus est nobis Laeliae C. f. saepe sermo CIC.*Brut.*211; ut ea non dicam, quae saepissime et legi et ~iui, nihil mali esse in morte *Fam.*5.16.4; *Fat.*3;—iubere dicere, qua de re quis uellet ~ire *Fin.*2.1; ponere aliquid ad quod ~iam..uolo *Fat.*4. **b** ~iebatur a M. Aemilio, uiuebat cum Q. Catulo CIC.*Arch.*6; ~itur toto saepe poeta die MART.10.70.10;— equidem sic iam obdurui ut..~irem Laberi et Publili poemata CIC.*Fam.*12.18.2; hic sponsum uocat, hic ~itum scripta HOR.*Ep.*2.2.67; uersibus ~itis quid nisi uerba feres? PROP.4.5.54;—litterae consulum ingenti laetitia et in curia et in contione ~itae LIV.10.45.1; oratio principis per quaestorem eius ~ita est TAC.*Ann.*16.27. **c** ~itis oratoribus Graecis cognitisque eorum litteris CIC.*de Orat.*1.14; cum quosdam ~ires qui tum erant praestantes *Brut.*134;—(*w. manner expr. by adv. or sim.*) sum a uobis benigne ac diligenter ~itus *Phil.*1.38; ubi me et melius et propius ~iant armati quam senatores *Fam.*10.2.1; ne in senatu quidem satis aequis auribus ~iebatur tunc LIV.22. 25.12; laeti regem socii ~ierunt 28.8.6; quos ego utrosque ..in iudiciis studiose ~iebam TAC.*Dial.*2.1;—(*w. pple. agreeing w. obj.*) aliquando..Aeschinem ipsum Latine dicentem ~iamus CIC.*Opt.Gen.*23;—(*ellipt.*) si quis erit qui perpetuam orationem..desideret, altera actione ~iet *Ver.* 1.55; ~iebat senatus grauitate censoria PLIN.*Ep.*3.20.6;— (*absol.*) si quod ipsis qui ~iunt perniciosum..sit, id factum augeas, odium creatur CIC.*de Orat.*2.208; occupare animos eorum qui ~iunt *Font.*20;—(*masc. pl. of pres. pple. as sb.*) optimus est..orator, qui dicendo animos ~ientium et docet et delectat et permouet *Opt.Gen.*3; VITR.5.2.2; Hanno unus ..causam foederis..non cum adsensu ~ientium egit LIV. 21.10.2.

7 a To hear what (a person) has to say, admit for talk or discussion, give an audience to. **b** (of a judge, jury, or court) to hear (a case); listen to (witnesses, evidence, pleas, etc.); (absol. or ellipt.) to sit as a judge, etc., hear evidence.

a primis diebus..libenter ~itus reliquis ad colloquium non admittitur CAES.*Civ.*3.57.5; si iam ~iti ab senatu Siculi essent LIV.26.29.6; 42.53.2; senatus legatione..~ita TAC.*Hist.*2.69; 4.85. **b** ait se omnia ~iuisse (iudex) TIT. *orat.*2; cum causam non ~isset..dixisse sibi liquere CIC. *Caec.*29; *Clu.*7; Scipio..cum causam Plemini et tribunorum ~isset LIV.29.9.8;—VTEI TESTIVM..VERBA ~IAT *CIL* 1.583. 37; semel ~itis testibus condemnati sunt CIC.*Ver.*1.26; ~istis..clarissimi uiri..testimonium *Red.Pop.*17; cognita causa testibusque ~itis LIV.26.48.8; (*w.* de) ita me de praeturae criminibus ~itote CIC.*Ver.*1.103; *Flac.*9;—at enim tribuni plebis ne ~ierunt quidem *Quinct.*65; quae iudicia aliis ~ientibus iudicibus, aliis sententiam ferentibus singulis diebus erant perfecta CAES.*Civ.*3.1.4; (*w.* de) ut..tu, C. Aquili, iam ante animo prospicere possis quibus de rebus ~iturus sis CIC.*Quinct.*35; de iniuriis dominorum in seruos qui ~iat positus est SEN.*Ben.*3.22.3.

8 To be informed (about), be told, learn, hear (of): **a** (w. acc.). **b** (w. acc.+other constructions, etc.; also absol. or ellipt.). **c** (w. acc. and inf., pple. or sim.; also pass. w. inf.). **d** (w. indir. qu.; also ellipt.).

a quid ego ~io? — Antidamae gnatum me esse PL. *Poen.*1046; quae scibo exinde ~ies ACC.*trag.*74; qui ~ita re frequentes ad me mane conuenerant CIC.*Catil.*3. 7; Atticae hilaritatem libenter ~io *Att.*12.11; hac ~ita pugna maxima pars Aquitaniae sese Crasso dedidit CAES.*Gal.*3.27.1; ~istisne aliquem, tergo qui sustulit orbem? PROP.4.9.37; nocte una ~ito perfectoque bello Sabino LIV.2.26.4; non ~itos mutarum (ferarum) tollere morbos MAN.5.355; ~itum longe numen mihi STAT.*Silv.* 1.1.75; SIL.15.778; quae ubi Corbuloni certis nuntiis ~ita sunt TAC.*Ann.*15.3;—(non ~itus *as quasi-adj.*) nouum crimen..et ante hunc diem non ~itum CIC.*Lig.*1. **b** (*w.* in maius *or sim. phr.*) haec postquam Varro in maius more rumorum ~iuit SAL.*Hist.*2.69; at Romae cuncta in deterius ~ita Mucianum angebant TAC.*Hist.*4.68; *Ann.*4.23;—(*w. source indicated; usu. by* ex) quod ego, Sceledre, scelus ex te ~io? PL.*Mil.*289; ~ies ex me fortasse quod non omnes probent CIC.*Brut.*183; pro sua clementia ac mansuetudine, quam ipsi ab aliis ~irent CAES.*Gal.*2.31.3;—(*w.* sic, ut) sic a Centuripinis, sic a ceteris ~iebam CIC.*Ver.*4. 29; hic turba magna est eritque, ut ~io, maior *Att.*14.9. 2; (*w.* de) ut ~iui de L. Caesare filio *Fam.*9.7.1;— (*ellipt. or absol.*) cauebunt qui ~ierint faciant PL.*Cas.* 902; prius ~ite paucis TER.*Eu.*1067; si..aliquid ageret, ~irem fortasse CIC.*Phil.*12.4; te..exspectasse eius aduentum uenturumque si ~isses *Att.*13.7a.(2); (*cf.*) ~i igitur ad omnis (*i.e. my answer to them all*) 14.20.2; (*w. source indicated*) sic est. — qui scis? — apud forum modo e Dauo ~iui TER.*An.*302; aut ita neglegens uobis esse uidebitur ut unde ~ierit oblitus sit CIC.*Planc.*57; (*w.* de) etsi..de optimi uiri..laudibus libenter ~io *Brut.*251;—(*impers. pass.*) quem ad modum ex ipso Oppianico postea est ~itum *Clu.* 69; *Fam.*2.15.5; quibus praeerat Saburra, de quo ante erat ~itum CAES.*Civ.*2.38.3; de proelio facto et oppugnatione Cirtae ~iebatur SAL.*Jug.*22.1;—(*neut. pl. of pf. pple. as sb.*) rursus puerum quaerendo ~ita fatigat PROP.2.22.49; non uetera et saepius iam ~ita deferens TAC.*Ann.*13.19. **c** non lubenter haec enodari ~iunt ENN.*scen.*335; geminum.. fratrem seruire ~iui hic meum PL.*Per.*695; saepe ~iui inter os atque offam multa interuenire posse CATO *orat.*214; maior erit luctus cum me damnatum ~iet ACC.*trag.*153; cum omnibus horis aliquid atrociter fieri uidemus aut ~imus CIC.*S.Rosc.*154; innocentem reum condemnatum ~iebant *Clu.*78; ut..praesidium mitti ab Hannibale ~iuit LIV.23.7.5; illi, quos ~is hominum gaudere cruore OV. *Tr.*4.4.61;—(*w. source indicated; usu. by* ex) ex uobis ~io nemini ciui ullam..satis iustam excusationem esse uisam CIC.*Pis.*36; non dubitabam quin..tu..ante ab aliis ~iturus esses annum tertium accessisse *Q.fr.*1.1.1; C. Fimbriam consularem ~iebam de patre nostro puer iudicem M. Lutatio Pinthiae fuisse *Off.*3.77; an non ~istis ex eis qui..remanserunt cohortis esse Brundisi factas? CAES.*Civ.*3.87.3; TAC.*Ann.*3.16;—(*pass., w. inf.*) iam Caesar a Gergouia discessisse ~iebatur CAES.*Gal.*7.59.1;—(*impers. pass.*) ~ito ..aduenisse duces SIL.16.184; ~ito uenisse..nuntium Agerinum TAC.*Ann.*14.7. **d** quare negent ex me non ~ies CIC.*Div.Caec.*28; ut quam celerrime quid agatur ~iam *Fam.*14.3.4; saepe iam ~iui, qui reges..magna imperia amiserint SAL.*Rep.*2.7.5; Phrixus..ut patrias ~is effugerit aras V.FL.1.42; nonne ~is, quid super tonitru Lucretius facundissime disserat? APUL.*Soc.*10;—(*ellipt.*) quid tibi negotist meae domi igitur? — ~ies PL.*Epid.*499; TER.*Hec.* 177; CIC.*Flac.*55.

9 To learn about merely by hearsay or at second hand, hear tell of (esp. in neg. or equiv. sentences, in indicating rare occurrence or minimal acquaintance). **b** (n. of pf. pple. as sb.) what is learnt merely by report, hearsay; *ex* (or *de*) *~ito*, from (mere) hearsay.

cuius rei gestae aut praesentem aut ~itam memoriam poterimus habere *Rhet.Her.*3.4; est ita inusitatum, regem reum capitis esse, ut ante hoc tempus non sit ~itum CIC. *Deiot.*1; quorum alterius iam nobis notus esset exercitus, alterius ~itus *Phil.*11.27; magnitudine operum, quae neque uiderant ante Galli neque ~ierant CAES.*Gal.*2.12.5; quis furor, ~itos..praeponere uisis caelestes? OV.*Met.* 6.170; o felix, quem sors alias dispersit in oras quique nefas ~is LUC.9.127; ~itique saepius in Syria Iudaeaque Caesares quam inspecti TAC.*Hist.*2.6; nouo ac tunc primum ~ito crimine *Ann.*4.34;—(*w.* fando, legendo) fando ego istunc hominem numquam ~iui ante hunc diem PL.*Epid.* 496; CATO *orat.*76; CIC.*Quinct.*71; LIV.28.40.10;—(*w.* de) te non modo iis quos uidissemus sed iis de quibus ~issemus omnibus anteferrem *Cic.Fam.*15.4.12; quid dicam..cum laborauit Aegium, tam propinquas illi Patras de motu ~isse? SEN.*Nat.*6.25.4;—(*w.* ne..quidem, tantum) tantum Camillus ~itus imperator terroris intulerat LIV.6.2.9; Albis..flumen inclutum et notum olim; nunc tantum ~itur TAC.*Ger.*41.2; (*also w.* de) alias quoque suas palmas cognoscet de quibus me ne ~isse quidem suspicatur CIC.*S.Rosc.*84. **b** uos haec melius scire potestis, equidem ~ita dico CIC.*Sest.*72; *Off.*1.33; sapiunt alieno ex ore petuntque res ex ~itis potius quam sensibus ipsis LUCR.5.1134; naturaliter ~ita uisis laudamus libentius VELL.2.92.5; mirum in modum in ~itis iustitiam ille suspexit PLIN.*Nat.*6.85;—quin ego quom peribat uidi, non ex ~ito arguo PL.*Bac.*469; uidisti an de ~ito nuntias? *Mer.*903.

10 To pay attention to, listen to, take seriously, heed, mark. **b** (of gods, etc.) to give ear to, hear (prayers, suppliants, etc.).

(*persons*) coniurasse mallem quam restitisse coniurationi, si illum mihi ~iendum putassem CIC.*Att.*2.2.2; poëtam non ~io in nugis *Parad.*26; cum totiens eadem dicam, uix ~ior ulli OV.*Pont.*3.9.39; potest ~iri, si in alia..ciuitate satisdationem praestare paratus sit ULP.*dig.*2.8.7.1; —(*w. cl.*) ~in tu, hic quid ait? TER.*Eu.*1037; quis te tum ~iret illorum, aut quid diceres? CIC.*Planc.*44;—(*words, etc.*) audi nunciam..hoc quod loquor PL.*Rud.*1129; huic cedamus, huius condiciones ~iamus? CIC.*Phil.*13.16; *Tusc.*1.92; nullis ille mouetur fletibus, aut uoces ullas tractabilis ~it VERG.*A.*4.439; cuius fallacia uerba non ~ituri diripuere Noti PROP.4.7.22; hanc excusationem caue ~ias SEN.*Ep.*106.1; (*cf.*) quid si Threicio blandius Orpheo ~itam moderere arboribus fidem HOR.*Carm.*1.24.14;—(*ellipt. or absol.*) ~ire iubet uos imperator ENN.*scen.*3; sine dicam. — nolo. — ~i. — surda sum PL.*Per.*750; ~iundum hercle est, tace TER. *Hau.*321; ~ite sultis milites, si quis uestrum in bello superfuerit..egebit CATO *orat.*200; '~ite uero, ~ite,' inquit 'hominem enim ~ietis eruditum' CIC.*de Orat.*2.28; quis ~iret, si maxime queri uellet? *Sest.*64; non ~iuit, non respondit *Phil.*13.21; sin..alii tecum haec loquuntur, tua.., quod ~is, culpa non nulla est *Fam.*3.8.6; (*in a letter*) ~i, Testa mi: utrum superbiorem te pecunia facit, an quod te imperator consulit? CIC.*Fam.*7.13.1. **b** diui hoc ~ite parumper ENN.*Ann.*208; si quem numina laeua sinunt ~itque uocatus Apollo VERG.*G.*4.7; minus ~ientem carmina Vestam HOR.*Carm.*1.2.27; STAT.*Theb.*2.247; quem praesidentes studiis deae propius ~irent? QUINT.*Inst.* 10.1.91;—(*absol.*) ~i..Iuppiter; ~i, pater patrate populi Albani; ~i tu, populus Albanus LIV.1.24.7;—(*w.* de) ~it.. mens diuina etiam de singulis CIC.*N.D.*3.93.

11 To follow the advice or orders of (a person), defer to; obey; to listen to, follow (advice, orders, etc.). **b** (poet., of inanim. things) to respond to, answer, obey. **c** *dicto ~iens*, obedient (to).

qui haruspices ~iunt multum VAR.*R.*1.40.5; sed, si me ~ies, uitabis inimicitias CIC.*Fam.*2.18.3; te..durae..tellus ~it Hiberiae HOR.*Carm.*4.14.50; sic miles ~isti ducem? [SEN.]*Oct.*848; saepius in dubiis ~itus Iasoni Mopsus STAT. *Theb.*3.521;—(*w.* de) de aliis quidem rebus haud magno opere ~iebantur LIV.24.5.7;—(*w. dat.*). sibi potius ~irent APUL. *Apol.*83;—(*absol.*) propter rationem atque orationem studiosius ~ientes ex feris..mites reddidit CIC.*Inv.*1.2; (*of the passions*) sic non secuntur, non ~iunt affectus, quantulicumque sunt SEN.*Ep.*85.8;—etiamne ab hoc myrmillone Asiatico senatus mandata, legatorum uerba ~ientur? CIC.*Phil.*6.10; infelix qui non sponsae praecepta furentis ~ierit! VERG.*A.*2. 346; V.MAX.5.2.8; olim et ferre minas audeque ~ire solebat imperia STAT.*Ach.*1.149; in metu consilia prudentium et uulgi rumor iuxta ~iuntur TAC.*Hist.*3.58. **b** neque ~it currus habenas VERG.*G.*1.514; nec quae (sagitta) magis ~iat arcum OV.*Met.*5.382; an..te..languenti manu non ~it arcus? SEN.*Her.O.*976; clauum..~ire negantem lassat agens Tiphys STAT.*Theb.*5.412; dociles..regentis ~iuisse manum..puppes SIL.14.393. **c** (*w. dat. of person*) ego sum Ioui dicto ~iens PL.*Am.*989; dominoque dicto ~iens sit CATO *Agr.*142; dictator..cui dicto ~ientes omnes essent VAR.*L.* 5.82; se dicto ~ientem fuisse praetori CIC.*Ver.*4.27; ne suis inimicis..dicto ~ientes essent *B.Afr.*32.4; ut nullae.. copiae..magis dicto ~ientes fuerint duci NEP.*Iph.*2.1; cum illi tum consulis imperio dicto ~ientes futuros esse dicerent LIV.41.10.7; rex sacerdoti dicto ~iens fuit HYG. *Fab.*120.5;—(*ellipt.*) si non dicto ~iens est, quid ago? PL. *Trin.*1062; sunt illi quidem dicto ~ientes, quam diu adsunt ii qui imperant CIC.*Ver.*1.88; cum is omnem ad se senatum uenire iussisset, dicto ~ientes non fuerunt CAES.*Gal.*5.54.3; minus dicto ~ientem filium liceat abdicare QUINT.*Inst.* 7.1.14.

12 *~io*, I am satisfied, I agree (translatable as 'very well then' or sim.); also, *non ~io*.

an hoc dicet mihi 'inuitus feci. lex coegit'? ~io, fateor TER.*Ph.*236; si per eos statuae fiebant a quibus tibi iste honos habebatur, ~io CIC.*Ver.*2.144; *Agr.*2.66; fieri non potest; natura non patitur. — io *Tusc.*2.46;—*Ver.*3.79.

audītiō ~ōnis, *f.* [prec.+-TIO]

1 The act of hearing or listening (to). **b** the sense of hearing.

(*w. obj. gen.*) (parui) fabellarum ~one ducuntur CIC.*Fin.* 5.42; ab noui hominis ~one uenientem SEN.*Suas.*3.6; ~onem philosophorum lectionemque SEN.*Ep.*108.35; adfectus est ~one eorum Dominus meus AUR.*Fro.*1.p.154 (14N);—(*absol.*) subactio..est usus, ~o, lectio, litterae CIC. *de Orat.*2.131; si stilo facultas continget, ~one iudicium QUINT.*Inst.*2.2.11; AUR.*Fro.*1.p.196(79N); (*cf.*) ad sonitum musicis ~onibus catapultae temperantur VITR.10.12.2. **b** ~onem uero aeriae naturae participem aëris nuntiis percipere sonores APUL.*Pl.*1.14.

2 Hearsay, report. **b** a report, rumour; hearsay evidence.

hoc solum ~one expetere coepit, cum id ipse non uidisset CIC.*Ver.*4.102; (si) accepissent..fama et ~one esse quoddam numen et uim deorum *N.D.*2.95. **b** ne fictis ~onibus, ne disseminato..sermoni fortunas innocentium subiciendas putetis CIC.*Planc.*56; ne tenuissimam quidem ~onem de ea re accepi CAEL.*Fam.*8.1.2; ut leuem ~onem habeant pro re comperta CAES.*Gal.*7.42.2; ut claro sub exemplo falsas ~ones depellerem TAC.*Ann.*4.11;—QUINT.*Inst.*5.7.5.

3 A lecture, discourse, recital.

sedere..in scholis ~oni operatos PLIN.*Nat.*26.11; capita ..locorum..egressus..ex ~one propere adnotaui GEL. 14.1.2; qui..easdem ~ones eosdemque doctores colebamus 18.2.2; imber repentino coortus..differri..~onis coeptum coegit APUL.*Fl.*16.

audītiuncula ~ae, *f.* [prec.+-CVLA] A scrap of hearsay information.

etiamsi hunc M. Catonem..quis fuerit, ignoras, ~a tamen quadam de Catonis familia aspersus es GEL.13.20 (19).5.

audītō ~āre ~āuī, *tr.* [AVDIO+-ITO] To hear frequently.

~aui saepe hoc uolgo dicier (*dub.*) PL.*St.*167.

audītor ~ōris, *m.* [AVDIO+-TOR]

1 A hearer, listener.

homines qui gestant quique auscultant crimina..omnes pendeant, gestores linguis, ~ores auribus PL.*Ps.*429; ab ~orum persona beniuolentia colligitur *Rhet.Her.*1.8; ~oris aures moderantur oratori prudenti CIC.*Part.*15; ἐκλογαί quas Saluius bonos ~ores nactus..legat *Att.*16.2.6; praebebo..ego me tibi..attentum contra Stoicos ~orem *N.D.*3.2; quocumque uolent animum ~oris agunto (poemata) HOR.*Ars* 100; excitat ~or studium OV.*Pont.*4.2.35; quae (*sc.* schemata)..ad mouendum ~orem ualerent plurimum QUINT.*Inst.*9.1.25; quos more prisco apud iudicem fabulantis non ~ores sequuntur TAC.*Dial.*23.3; semper ego ~or tantum? JUV.1.1; APUL.*Apol.*19;—(*w. obj. gen.*) quod illi ne ~ores quidem suae gloriae, ego etiam spectator meae laudis esse potuissem CIC.*Dom.*64;—(*applied to the reader of a book*) potius cognitioni uerborum quam ~ori calumnianti geremus morem VAR.*L.*6.1.

2 (usu. w. gen. or equiv.) A disciple, pupil, student.

~or Panaeti illius tui Mnesarchus CIC.*de Orat.*1.45; Ponticus Heraclides..~or et discipulus Platonis *Div.*1.46; Euripides, ~or Anaxagorae VITR.8.pr.1; opinioni, qua creditur Pythagorae ~orem fuisse Numam Liv.40.29.8; Aristoteles..Callisthenen ~orem suum ad Alexandrum dimittens V.Max.7.2.ext.11; Sen.Ben.1.8.1; clarissimus Gorgiae ~or Isocrates Quint.Inst.3.1.13; ne praeceptores quidem ullas crebriores cum ~oribus suis fabulas habent Tac.Dial.29.4; Gel.15.20.4; Apul.Pl.1.3.

audītōrium ~(i)ī, *n.* [audio+-torium]

1 A lecture-room, hall.

quem clamores imperitorum hilarem ex ~io dimittunt Sen.Ep.52.11; cuius rei gratia plenum sit ~ium Quint.Inst. 2.11.3; ~ium exstruit et subsellia conducit et libellos dispergit Tac.Dial.9.3; quae (tragoediae) non ~ium, sed scaenam..poscunt Plin.Ep.7.17.3; cum circa scholas et ~ia professorum assiduus esset Suet.Tib.11.3; siue in ~io dissertet Apul.Apol.7.

2 A body of listeners, audience.

licet hanc (eloquentiam)..~ia probent Quint.Inst.5. 12.20; nec praeceptor deerat..nec ~ium semper plenum, semper nouum Tac.Dial.34.5; adhibito ingenti ~io librum de uita eius recitauit Plin.Ep.4.7.2; cur aliquam multos dies a conspectu ~ii afuerim Apul.Fl.16; ~io misso Apol. 73.

3 (leg.) The hearing of a case.

si temere ~ium receperit Call.dig.4.8.41; Scaeuola diuum Marcum in ~io de huiusmodi specie iudicasse refert Ulp.dig.36.1.23(22).

audītus ~ūs, *m.* [audio+-tus³]

1 The sense or act of hearing, hearing.

uox est..spiritus tenuis ~u sensibilis Var.gram.238; num quid aliquo sensu perceptum sit, aspectu, ~u, tactu Rhet.Her.2.8; ~us autem semper patet, eius enim sensu etiam dormientes egemus Cic.N.D.2.144; Vitr.5.3.6; ubi Nilus praecipitans se fragore ~um accolis aufert Plin. Nat.6.181; nec ~u sed intellectu perpendenda est (proprietas) Quint.Inst.8.2.6; quinque sunt hominum sensus..gustus, tactus, odoratus, uisus, ~us Gel.19.2.1;—(*pl.*) quod uisum arceret, ~us non adimeret Tac.Ann.13.5; canore musico ~us hominum deorumque mulcentem Apul.Pl.1.1.

2 The act of hearing of or about, hearsay.

Plin.Nat.30.5; quae non ~u cognoscenda, sed oculis spectanda haberemus Tac.Dial.8.2; Scythas ~u modo cognitos pellexit Suet.Aug.21.3.

3 A sound.

~us (*sc.* tonitrus) dum ad aures uenit, seriore sensu concipitur Apul.Mun.15.

auē, *int.* Also **hauē.** [Possibly a Punic word; cf. *auo* in Pl.Poen.994, 998, 1001.] N.B. The word is treated as though from a verb *aueo*. Hence the following forms: (*h*)*aueto* Sal.Cat. 35.6; (*h*)*auete* Apul.Met.7.5, *CIL* 6.24743, etc.; (*h*)*auere* Mart.1.108.10, 3.5.10, 9.6(7).4, 11. 106.1, Quint.Inst.1.6.21.

(Formal expression of greeting) **b** (inf.) to be greeted; *auere iubeo*, I send greetings.

simul atque 'haue' mihi dixit Cael.Fam.8.16.4; o mihi non dubios inter memorande sodales..Care..aue! Ov. Pont.4.13.2; proclamantibus naumachiariis: haue imperator, morituri te salutant Suet.Cl.21.6; sic introgressus 'hauete' inquit, '..clientes' Apul.Met.7.5;—(*as sb.*) matutinum portat ineptus haue Mart.1.55.6; exprimere.. haue Latinum, χαῖρε non potest Graecum 5.51.7; fastus et haue potentiorum 7.39.2;—(*in commencing a letter*) aue, mi Gai Aug. in Gel.15.7.3; haue mi magister optime Aur.Fro. 1.p.30(253N); haue Domine Fro.Aur.1.p.66(43N);—(*in closing a letter*) nunc Orestillam commendo tuaeque fidei trado..haueto Sal.Cat.35.6;—(*in salutations on sepulchral monuments*) d octavi d l modiari d octavi d f col pontia uxsor frvge bona pvdica ave *CIL* 6.23297.5; l herennivs certvs v a xiii have 10.7410; (*cf.*) in perpetuum, frater, aue atque uale Catul.101.10. **b** non uis, Afer, hauere: uale Mart.9.6(7).4; si uacas hauere 11.106.1; —hoc dices 'Marcus hauere iubet' 3.5.10.

āuehō ~here ~xī ~ctum, *tr.* [ab-+veho]

1 To convey away, carry off: **a** (persons, etc.). **b** (things, etc.).

a ubi amicam erilem Athenis ~ctam scio Pl.Mil.114; hem uirginem ut secum ~hat? Ter.Ad.654; uetustissima naue impositos..iubebo ~hi Caes.orat.41; ~cta externis Hippodamia rotis Prop.1.2.20; Herennius domum e castris est ~ctus Liv.9.3.13; ~ctae pater Isidis Luc.6.363; Stat. Theb.6.188; Claudius Labeo..in Frisios ~hitur Tac.Hist. 4.18;—(*poet.*) ater quos aequore turbo..alias ~xerat oras Verg.A.1.512;—(*the dead*) ~ctaque partim (corpora) finitimos tollunt in agros 11.205; tuum quoque ipsa corpus hinc mecum ~ham Sen.Med.975. **b** frumenti quod subito potuerunt nauibus ~xerunt Caes.Gal.7.55.8; quod (*sc.* numen) pelago et curuis secum ~xere carinis Verg.A.2.179; sacra..alia ~cta in finitimas urbes amouimus ab hostium oculis Liv.5.51.9; ut reliquiae prioris delubri in paludes ~herentur Tac.Hist.4.53;—(*ellipt.*) uino..per auersionem uendito finis custodiae est ~hendi tempus Ulp.dig.18.6.4.2.

2 (pass.) To go away, depart. **b** (spec.) to ride off, drive away.

~cta est..peregre hinc habitatum Pl.Cist.579; creditis ~ctos hostis? Verg.A.2.43. **b** huc mea detonsis ~cta est Cynthia mannis Prop.4.8.15; cum citato equo ex proelio ~ctus esset Liv.27.16.3; 34.20.8.

Auellānus ~a ~um, *a.*: see Abellanvs.

āuellō ~ellere ~ellī or ~olsī (~ulsī) ~olsum (~ulsum), *tr.* [ab-+vello] Forms: pf.: ~*elli* etc. Ov.Met.2.351, Curt.5.6.5, Plin.Nat.2. 204; ~*olsi*, etc. Sen.Dial.12.5.4, Luc.5.594, 9.765; pass. inf. ~*ellier* Hor.S.1.2.104. Const.: w. acc. alone; or w. acc.+abl. (or dat.), or *ab* or *de*.

1 To pluck off or out, tear or wrench away: **a** (inanimate things). **b** (parts of the body, etc.).

sigillis ~ulsis reliquum argentum sine ulla auaritia reddidit Cic.Ver.4.48; monte Taygeto extrema montis quasi puppis ~ulsa est Div.1.112; ruere ~ulsos silices a montibus altis Lucr.5.313; sacrato ~ellere templo Palladium Verg.A.2.165; tertia cum crinem manibus laniare pararet, ~ellit frondes Ov.Met.2.351; ~olsit laceros..rudentis turbo rapax Luc.5.594; bituminum..natura..non quit sibi ~elli Plin.Nat.7.65; hunc ensem ~ellere dextra Stat.Theb.3.299; —(*fig.*) id (*sc.* bellum) a portis huius urbis ~olsum Cic.Rep. 1.1. **b** siue secetur quid siue ~ellatur a corpore Cic. Tusc.3.12; ~ulsus radicibus..oculus Lucr.3.563; ~ulsum.. umeris caput et sine nomine corpus Verg.A.2.558; leporum ~ulsos..armos Hor.S.2.8.89; cum (id prolapsum)..aliter tutius ~elli non possit Cels.7.21.1.c; Luctus ~ellens comam Sen.Oed.592; ~olsa ceruice Luc.8.12; est quaedam pinguitudo blattae, si caput ~ellatur Plin.Nat.29.139;—(*by biting off*) ~ulsa parte inguinibus..enatat..fiber Sil.15.486; (*cf.*) in rubro mari (margarita) uiua ac spirantia saxis ~elli Tac. Ag.12.7.

2 To separate or part, tear away (a person). **b** to tear or pluck away (from a practice).

ut sperem posse ~elli (eos) Ter.An.553; num etiam de matris hunc complexu..~ellet atque abstrahet? Cic.Font. 46; qui natam possis complexu ~ellere matris Catul.62.21; complexu ~ulsus Iuli Verg.A.4.616; cum ripa simul ~ulsos ferat Aufidus acer Hor.S.1.1.58; uatem, quam uetat ~elli ueste Minerua sua Prop.4.1.118; neque ~elli, utique ab notis..poterant Liv.22.7.11; 'non potes ~elli. simul hinc, simul ibimus,' inquit Ov.Tr.1.3.81; attonitis quotiens ~ellitur astris solis opaca soror Stat.Theb.6.685; ut ~ellerentur castris trucibus Tac.Ann.1.44;—(*refl.*) si is posset ab ea sese derepente ~ellere Ter.Hec.554;—(*pass. in refl. sense*) neque ~elli possunt nox umida donec inuertit caelum Verg.A. 11.201; ut memoriae eius quotiens occasio fuisset, difficulter ~ellerer Sen.Con.1.pr.20; si potes ~elli circensibus Juv.3.223. **b** ut nutrix pueros a lacte non subito ~ellit a consuetudine Var.L.9.16; qua hunc obiurgatione..a tanto errore coner ~ellere? Cic.Off.3.83.

3 To take away, wrest, extort.

sperat se a me ~ellere (rus) Ter.Eu.520; ~olsum est.. lucrum Cic.Flac.57; fatis ~ulsa uoluntas Lucr.2.257; Hor.S.1.2.104; liberalitas Augusti ~ulsa Tac.Ann.4.20;— (*in theorizing*) id Democritus auctor atomorum accipere maluit, necessitate omnia fieri, quam a corporibus indiuiduis naturalis motus ~ellere Cic.Fat.23.

auēna ~ae, *f.* [cf. Lith. *avižà*; Russ. *ovës*]

1 The oat (prob. including a number of allied grasses). **b** (grown for fodder).

(*sg.*) ubi uidet ~am lolium crescere inter triticum, selegit secernit aufert Enn.var.31; ~am..destringas Cato Agr. 37.5; si ~am uspiam uideris Cic.Fin.5.91; nec sterilis culto surgat ~a solo Ov.Fast.1.692; primum omnium frumenti uitium ~a est Plin.Nat.18.149; Ulp.dig.9.2.27.14;—(*pl.*) infelix lolium et steriles nascuntur ~ae Verg.Ecl.5.37; esse Oeonas, qui ouis auium palustrium et ~is tantum alantur Mela 3.56. **b** urit enim lini campum seges, urit ~ae Verg.G.1.77; pecudum pabulorum complura genera.. sicut..farraginem hordeaciam et ~am Col.2.10.24.

2 A stem, stalk; a drinking-straw.

(linum) tam gracili ~a, tam non alte a tellure tolli Plin. Nat.19.5;—bibere ~is Mela 3.91.

3 A hollow stalk as a wind instrument. **b** (pl.) a wind-instrument of such stalks graduated in length, pan-pipes.

siluestrem tenui musam meditaris ~a Verg.Ecl.1.2; arieti primum est modulatus ~a carmen (agricola) Tib. 2.1.53; quamuis ille sua lassus requiescat ~a Prop.2.34.75; dum tua multorum uincat ~a tubas Mart.8.3.21. **b** structis cantat ~is Ov.Met.1.677; pastor iunctis pice cantat ~is Ov. Tr.5.10.25; rustica..fistula disparibus paulatim surgit ~is Met.8.192.

auēnāceus ~a ~um, *a.* [prec.+-aceus] Made from oats, oaten.

~a farina decocta in aceto naeuos tollit Plin.Nat.22.137; parotidas comprimit columbinum stercus uel per se uel cum farina hordeacea aut ~a 29.143.

auēnārius ~a ~um, *a.* [avena+-arivs] Of or connected with oats, oat-.

frumentariam (cicadam) quam alii ~am uocant Plin.Nat. 11.94.

Auentīnensis ~is ~e, *a.* Of the Aventine Hill.

(*as ep. of Diana*) quisquis eam ~i Dianae immolasset V.Max.7.3.1.

Auentīnus¹ ~ī, *m.* Also **Auentīnum,** *n.* Gender: masc. Sil.12.713, Gel.13.14.4 (cf. Paul.Fest.p.19M); neut. Liv.1.33.2, 1.33.5, 3.67.11. The Aventine Hill, one of the seven hills of Rome.

Romulus pulcher in alto quaerit ~o Enn.Ann.81; Var.L. 5.43; gram.187; Cic.Phil.8.14; quae..~um tenet Algidumque..Diana Hor.Saec.69; Vitr.7.9.2; ut iungeretur Palatio ~um Liv.1.33.5; clamor ~i saxa propinqua ferit Ov.Fast. 6.518; Aug.Anc.4.6; Gel.13.14.4.

Auentīnus² ~a ~um, *a.* Of or connected with the Aventine Hill.

collis ~i Verg.A.7.659; ~um..cacumen Ov.Fast.4.816; ~a..in arce 6.728; dum..~ae..legit uestigia ceruae (Diana) Stat..Silv.2.3.22; —(*as ep. of Diana*) ~ae..Dianae Prop.4.8.29; Mart.6.64.13.

Auentīnus³ ~ī, *m.* A son of Hercules, after whom the Aventine Hill was named.

satus Hercule pulchro pulcher ~us Verg.A.7.657; Liv. 1.3.9; Ov.Fast.4.51.

aueō¹ ~ēre, *intr.* [cf. avdeo, avarvs; Corn. *awell*; Skt. *ávati*] Forms: ~*essis* (subj.) Lucr. 4.823 (cj.).

1 (usu. w. inf.) To be eager or anxious, desire, long, yearn.

auris ab ~eo, quod his ~emus discere semper Var.L. 6.83; quodsi Solis ~es certos cognoscere cursus Cic.Arat. 587(341); ~ent audire quid quisque senserit Phil.14.19; ualde ~eo scire quid agas Att.1.15.2; Div.1.11; plane si res exponere ~emus Lucr.4.778; urbis ~entes moenia nocturni subrepere Hor.S.2.6.99; cum unusquisque..uidere libertatis suae nuntium ~eret Liv.33.32.8; proprius..accedere ~enti Ov.Met.2.503; inopes undae praerupta cingere fossa Caesar ~et Luc.4.265; ~ebant..uisere (Caratacum) Tac. Ann.12.36; quam primum hoc perficere incredibili studio ~ebat Apul.Apol.73; ~ere nihil aliud est, quam cupere Paul.Fest.p.14M;—(*of the mind, the eyes*) ~et animus apud consilium illo pro reo dicere Cic.Phil.5.13; iam mens praetrepidans ~et uagari Catul.46.7; omnium oculi conspicere urbem curru ingredientem ~ent Liv.45.39.8; ~ebat animus antire Tac.Ann.4.71;—(*poet.*) ara..~et immolato spargier agno Hor.Carm.4.11.7;—(*w. acc. and inf.*) illud in his quoque te rebus cognoscere ~emus Lucr.2.216.

2 (w. acc.) To be eager for, crave, desire.

~eo genus legationis ut, cum uelis, introire exire liceat Cic.Att.15.11.4; si forte..minus id, quod ~emus animo, consequemur Tim.8; post aliud, cum contigit illud, ~emus Lucr.3.1083; parto quod ~ebas Hor.S.1.1.94;—(*of the mind, the ears*) iam dudum ab ludis animus atque aures ~ent auide exspectantes nuntium Enn.scen.47.

3 (pres. pple. as quasi-adj.) Willing, eager.

~ens pro libens (*sc.* Laeuius posuit) Gel.19.7.10;— (*poet., of a river*) mora quae fluuios..refrenat ~entis Lucr. 6.531.

aueō²: see ave.

Auernālis ~is ~e, *a.* Of, or connected with, lake Avernus (esp. as the abode of the Cumaean Sibyl and entrance to the underworld).

per totam domum spargens ~is aquas Hor.Epod.5.26; ~is tremulae cortina Sibyllae Prop.4.1.49; inter ~es haud ignotissima nymphas Ov.Met.5.540; ~es..Naides Stat. Silv.2.6.101; ad ~is scopulos et opaca Sibyllae antra 5.3.172.

Auernus¹ ~ī, *m.*

1 A deep lake near Puteoli, the reputed entrance to the underworld.

si..Gaurus decidat in fundum penitus stagnantis ~i Luc.2.668; Sil.12.121.

2 (poet.) The infernal regions, the underworld; (spec.) the waters of the underworld.

facilis descensus ~o Verg.A.6.126; hunc quoque summa dies nigro submersit ~o Ov.Am.3.9.27; taciti regnator ~i Mart.7.47.7;—pigri sulcator ~i Stat.Theb.11.588.

Auernus² ~a ~um, *a.*

1 *lacus* ~*us*, Lake Avernus; also *fons* ~*us* (of the Lake as entrance to the underworld); (neut. pl. as sb.) the region near Lake Avernus.

~i lacus, unde animae excitantur Cic.Tusc.1.37; Vell. 2.79.2; ab ~o lacu Puteolos tendentibus Plin.Nat.31.6; ab lacu ~o nauigabilem fossam usque ad ostia Tiberina depressuros promiserant Tac.A.15.42; inmisso in Lucrinum et ~um lacum mari Suet.Aug.16.1;—(*as title of a book by Laberius*) Gel.11.15.1;—sparserat et latices simulatos fontis ~i Verg.A.4.512;—diuinosque lacus et ~a sonantia siluis 3.442.

2 Of the underworld, infernal; *Iuno* ~*a*, = Proserpine; (neut. pl. as sb.) the infernal regions, the underworld.

nec te nequiquam lucis Hecate praefecit ~is Verg.A. 6.118; ne flectat retro sua lumina donec ~as exierit ualles Ov.Met.10.51; gaudet ~a palus V.Fl.6.158; degeneres tenebris animas damnauit ~is Sil.15.76;—in silua Iunonis ~ae Ov.Met.14.114; Sil.13.601;—infernas accede domos et ~a per alta congressus pete, nate, meos Verg.A.5.732; ad manes ueniat per ~a paternos Ov.Met.14.105.

3 Like lake Avernus, Avernian.

~a tibi quae sint loca cumque lacusque expediam Lucr. 6.738; 6.818.

āuerrō ~ere ~ī, *tr.* Also **āuorrō.** [ab-+verro] To sweep away, take away.

quo citius rem ab eo ~at cum puluisculo Pl.Truc.19; nec satis est cara piscis ~ere mensa Hor.S.2.4.37; quos oportuit in amissa restituere, hisce etiam reliquias ~erunt Macer orat.4.

āuerruncō ~āre (~āuī), *tr.* [cf. prob. averro] Forms: ~*assint* (= ~*auerint*) Pac. trag.112; ~*assere* (inf., from old fut. ~*asso*) 236. (relig.) To ward off, avert.

uti tu..calamitates intemperiasque prohibessis defendas ~esque Cato Agr.141.2; di..amentiam ~assint tuam! Pac.trag.112; placuit ~andae deum irae uictimas caedi Liv. 8.6.11; mala ~are, bona prosperare Apul.Soc.16; Paul. Fest.p.373M;—(*w. abl.*) possum ego istam capite cladem ~assere Pac.trag.236;—(*absol. or ellipt.*) di..~ent! Cic.Att. 9.2a.1.

Āuerruncus ~ī, *m.* Also Avrvncvs. A Roman deity who averted evil.

ab auertendo auerruncare, ut deus qui in eis rebus praeest ~us Var.L.7.102.

āuersābilis ~is ~e, *a.* [AVERSOR+-BILIS] From which one would turn away, repulsive, loathsome.
scelus ~e LUCR.6.390.

āuersātiō ~ōnis, *f.* [AVERSOR+-TIO] A feeling of dislike (for) or disgust (at), aversion (from).
(*w. obj. gen.*) ex hac..~one alienorum processuum SEN.*Dial*.9.2.11; infixa nobis eius rei ~o est *Ep*.97.16;—(*absol.*) quaedam (irae) ultra querellas et ~ones non exeunt *Dial*.3.4.3; tacitam ~onem ac timidam uerecundiam QUINT.*Inst*.8.3.65.

āuersiō ~ōnis, *f.* [AVERTO+-TIO]

1 Abhorrence, loathing.
matura talem uirum a tergo sequitur ~o SEN.*Cl*.1.25.3.

2 (rhet.) Anything that distracts the hearer from the point at issue, a distraction of attention.
illa quoque uocatur ~o, quae a proposita quaestione abducit audientem QUINT.*Inst*.9.2.39.

3 (leg.) *~one, per ~onem*, For a lump sum.
~one insulam locatam AFRIC.*dig*.19.2.35; si ~one uinum uenit ULP.*dig*.18.6.4.1;—siue is dominus nauis sit siue a domino nauem per ~onem conduxit 14.1.1.15.

āuersor[1] ~ārī ~ātus, *intr., tr.* Also **auorsor.** [AVERTO+-TO]

1 (intr.) To turn away in disgust or horror, recoil.
sta ilico, noli ~ari neque te occultassis mihi PL.*Trin*.627; nulla uis tormentorum acerrimorum praetermittitur; ~ari aduocati et iam uix ferre posse CIC.*Clu*.177; *Culex* 256; ~antibus cunctis et commercia etiam sermonis negantibus PLIN.*Nat*.6.91.

2 (tr.) To turn away from (a person, sight, etc.) in disgust or horror, recoil from, shun, avoid. **b** (w. actions, etc., as obj.) to feel or express aversion for. **c** (w. inf.) to avoid (doing something), refuse (to do).
~abuntur semper uos uostraque uulta ENN.*Ann*.464; regem ~abatur SAL.*Hist*.5.16; tradentes urbem principes Syracusanorum ~atus sum LIV.26.31.4; illa rogantem ~ata gemit OV.*Met*.10.394; immortalitatem adfectantem..~ati sunt CURT.4.7.31; ~antur diem splendidum nocturna animalia SEN.*Dial*.7.20.6; Germanici Caesaris manum (bos) ~atus est PLIN.*Nat*.8.185; dum..lucem ~aris iniquam STAT.*Silv*.2.1.170; neue se ut parricidam ~arentur TAC.*Hist*.3.25; malitia praecoqui puerum quis non ~etur..? APUL.*Apol*.85. **b** ~or morum crimina: corpus amo OV.*Am*.3.11.38; cum alia optanda sint, alia ~anda SEN.*Ep*.66.6; facinus ingens ~abatur CURT.8.3.14; dis ~antibus omen *Epic.Drusi* 211; ~atur et damnat effeminatas artes PLIN.*Pan*.46.4; adulationes adeo ~atus est, ut neminem senatorum..ad lecticam suam admiserit SUET.*Tib*.27;—(*w. abl. of instrument*) ut idem illud uultu uideamur ~ari, manu repellere QUINT.*Inst*.11.3.70; uidistis..notabili tempestate etiam deos infaustam adoptionem ~antis TAC.*Hist*.1.38; (*of a river*) ueluti necem Magni prodigio quodam flumine ~ante PLIN.*Nat*.5.58;—(*w. abl. of cause*) soceros nec tristibus actis ~atus erat STAT.*Theb*.8.557. **c** clamore facto ~ati sunt proelium facere *B.Hisp*.14.4.

3 (tr.) To refuse to accept or admit, reject.
alii ~abantur preces aut uerecundia aut metu LIV.3.12.9; Hephaestionem..praemisit ad subigendos, qui ~arentur imperium CURT.8.10.2; quod ut Tiberio cognitum, adsidere, causas requirere, addere preces;..~atus sermonem Nerua TAC.*Ann*.6.26; ~seris tu honori tuo sperata suffragia PLIN.*Pan*.63.5.

āuersor[2] ~ōris, *m.* [AVERTO+-TOR] A peculator, embezzler.
Verres..~or pecuniae publicae CIC.*Ver*.5.152.

āuersus ~a ~um, *a.* Also **āuorsus.** *compar.* ~ior, *superl.* ~issimus. [pple. of AVERTO] In senses of vb., esp.:

1 (of men or beasts) Having the back turned, facing in the opposite direction. **b** (of parts of the body or sim.) turned away.
si tu et aduersus et ~us inpudicus es CATO *dict*.67(J); Tauriscum quendam dicit actorem ~um solitum esse dicere CIC.*de Orat*.3.221; CAES.*Gal*.1.26.2; subiectam more parentum ~i tenuere facem VERG.*A*.6.224; ~os cauda traxit in antra boues PROP.4.9.12; VITR.9.4.5; (elephantos) ~os sub caudis..fodiebant LIV.21.55.11; ante oculos Io, quamuis ~us, habebat (Argus) OV.*Met*.1.629; maiora ~ae postremis pedibus moliuntur (formicae) PLIN.*Nat*.11.108; TAC.*Ag*.37.2; si nocte maritus ~us iacuit JUV.6.476;—(*w.* ab) ~i a uento..consedere LIV.21.58.4;—(*masc. as sb.*) equites..ex loco superiore in ~os tela coiciebant CAES.*Civ*.1.79.3; sic omne fortuitum incommodum magis instat cedenti et ~o SEN.*Ep*.78.17. **b** si..audiat ~a non meus aure deus [TIB.]3.3.28; cum ~is auribus pauca locuti essent LIV.38.33.11; retro..ferenti ~os passus OV.*Met*.12.136; SIL.11.189; (*w. dat.*) huic gerit ~os proles Laertia uultus *Culex* 327; (*cf. sense 6*) illius uultus ~ior uisus est SEN.*Dial*.4.24.1.

2 (of things) Turned back to front, reversed. **b** (w. const.) facing away (from).
~am..ratem..ab ora praeligat GERM.*Arat*.348; ~um specillum inserendum CELS.7.7.6B; auriscalpio ~o LARG.227; laeuam..soporae Naidos ~a fertur tetigisse sagitta STAT.*Silv*.2.3.30; centesima..sicilico, id est C ~o coepit notari MAECIAN.*iur*.43. **b** (*w.* ab) locus..~us ab septentrione et aquilone VITR.5.10.1; porta Esquilina, quae ~issima ab hoste erat LIV.2.11.5;—(*w. dat.*) haud procul ab latere castelli, quod ~um proeliantibus erat SAL.*Jug*.93.2; ~i..sunt solis cursui (montes et regiones septentrionales) VITR.8.1.6; soli ~a uallis COL.4.22.8; (porta) decumana..~a hosti et fugientibus tutior TAC.*Ann*.1.66;—(*w.* inter sese) in quibus (*sc.* theatris) utrisque autemeridiano ludorum spectaculo edito inter sese ~is..PLIN.*Nat*.36.117.

3 Situated at the rear or behind, back; (of blows) coming from behind.
ita pascere pecus oportet ut ~o sole agat VAR.*R*.2.2.11; Nolani per ~am partem urbis..effugiunt LIV.8.26.4; per ~am portam..excesserunt 10.34.4; canities..homini semper a priore parte capitis, tum deinde ab ~a PLIN.*Nat*.11.131; TAC.*Hist*.3.84; GEL.2.11.2; (*pleon.*) frontem ~aque terga partiti laterumque sinus STAT.*Theb*.10.40;—rectas ac simplices manus..propulsare facile est, ~ae tectaeque minus sunt obseruabiles QUINT.*Inst*.9.1.20.

4 The back or rear or reverse side of. **b** (neut. pl. as sb.) the back parts, the rear, the reverse side; (geog.) the hinterland, the interior; the farther slopes (of a mountain).
caput in ~am lecticam inserens CIC.*Phil*.2.82; cohortes..iugum superare et in ~is collibus considere iubet LIV.27.41.6; ~o medio digito uena ferienda CELS.2.10.18; ~a aluo faui eximuntur PLIN.*Nat*.11.24; Pollux..~o siccabat uulnera caestu V.FL.4.332; scribit in ~a Picens epigrammata charta MART.8.62.1. **b** quia nocte proditione oppidum captum liberam per ~a urbis fugam dederat LIV.5.29.4; VELL.2.63.1; glaux..cytiso et lenticulae foliis similis; ~a candidiora PLIN.*Nat*.27.82;—inrumpit (Hyrcanium mare) e Scythico oceano in ~a Asiae 6.36; Thraciae ~a 6.218;— ~a eius (*sc.* Haemi) et in Histrum deuexa 4.41; 6.48; STAT.*Theb*.4.250.

5 Distant, remote; out-of-the-way, unfrequented.
nec tam ~us equos Tyria Sol iungit ab urbe VERG.*A*.1.568;—(*w.* ab) in ea parte caeli..quae est ~a a solis cursu VITR.1.4.2; tumulus est in extrema parte urbis auersus a mari LIV.25.25.2;—(*w. dat. or abl.*) nec sic ~um fama Mycenis uoluit iter STAT.*Theb*.1.683;—qui..in ~as ualles desiluere LIV.2.31.6; ~is itineribus 22.7.2; ~a caeli Pietas in parte sedebat STAT.*Theb*.11.458.

6 Unfavourably disposed, hostile (to), averse (from).
ut ingenium..~um flecterent SAL.*Jug*.102.3; ex illo..~a deae mens VERG.*A*.2.170; ~os soliti componere amicos HOR.*S*.1.5.29; ~us Apollo PROP.4.1.73; LIV.7.3.2; uereor ne..~a cetera mente legas OV.*Pont*.1.2.8; ~o possessam numine sedem LUC.6.314; STAT.*Theb*.10.71; ~a patrui uoluntas TAC.*Ann*.2.5; (*cf.*) sed tu nomen habes ~o fonte sororum inpositum (*i.e. one that will not fit verse*) MART.4.31.5;—(*w.* ab) CIC.*Phil*.8.32; Quintus ~issimo a me animo Patris fuit *Att*.11.5.4; perturbationes, quae sunt..turbidi animorum..motus, ~i a ratione *Tusc*.4.34; Nolana..plebs, iam diu ~a ab Romanis et infesta senatui suo LIV.24.13.8; nec tam ~a umquam uidebitur ab opere suo prouidentia QUINT.*Inst*.5.12.19; ~a consiliis belli TAC.*Hist*.2.47; (*of the stomach*) stomacho..tento et dolenti..~oque ab omni esca LARG.186;—(*w. dat.*) in ~issimam illis Hispaniam PLANC.*Fam*.10.24.6; castris se tenebant, tam ancipiti periculo ~i LIV.2.45.2; ne..iudex reliquorum defensioni sit ~ior QUINT.*Inst*.7.1.11;—(*masc. or fem. as sb.*) si..nautica uela (emat) ~us mercaturis HOR.*S*.2.3.107; neque..sic lucro ~am potuisse nasci matre pudenda *Carm*.2.4.19.

āuertō ~tere ~tī ~sum, *tr.*, (*intr.*). **āuortō.** [AB-+VERTO] CONST.: w. acc. (also refl. and pass.) or intr.; also, w. *ab* or *ex* or dat. or abl.; and w. *ad* or *in*+acc.; also w. gen. (1). Datives and ablatives are in many cases indistinguishable, e.g. CATUL.64.5, 406; LUCR.4.1273; VERG.*G*.2.172, *A*.3.620, 9.77; OV.*Am*.3.12.39; SEN.*Phoen*.541; LUC.8.763; V.FL.5.629; STAT.*Theb*.1.683, etc.; SIL.9.344, etc. Unambiguous datives are: PROP.3.24.9; COL.6.37.10; V.FL.3.491; STAT.*Silv*.5.2.95, 5.3.59; SIL.10.408, 13.458. Unambiguous ablatives are: CAES.*Civ*.3.21.5; VERG.*A*.1.38; ?LIV.22.5.8; OV.*Met*.2.770; ?SEN.*Nat*.3.11.3; LUC.1.65; STAT.*Theb*.4.92; SIL.2.459, 5.376.

1 To change the direction or course of, turn aside, divert. **b** (refl. or pass. in refl. sense; also intr.) to change direction, turn away. **c** to turn aside (one's gaze, hearing, etc.), avert.
~tit hic casus uaginam CAES.*Gal*.5.44.8; ~os totiens currus Iuturna retorsit VERG.*A*.12.485; nec ualuit lotos coeptos ~tere cursus (*sc.* Vlixi) [TIB.]3.7.55; ~titur..interdum sanguis, ubi alia parte prorumpens alia emittitur CELS.2.10.14; ~so fluminum cursu PLIN.*Nat*.2.193; alias (animas) ~tere gressus..nata, iube STAT.*Theb*.4.544; GEL.12.1.8; (*w.* in fugam) temptata..pugna..in fugam ~terunt classem LIV.22.19.11;—(*w.* ab) ab saxo ~tit fluctus ad litus scapham PL.*Rud*.165; Caesarem Apollonia a directo itinere ~terat CAES.*Civ*.3.79.2;—(*w. dat. or abl.*) locis ~tit seminis ictum (mulier) LUCR.4.1273; gemitum cui te nec Cerberus..nec Orpheae quirent ~tere leges STAT.*Silv*.5.3.60;—(*w. gen.*) materies..~sa uiai LUCR.1.1041;—(*w.* in+*acc.*) ardentis..~tit equos in castra VERG.*A*.1.472; tres (quinqueremes) in fretum ~tit aestus LIV.21.49.2; 37.11.14; (ius) stillicidium ~tendi in tectum uel aream uicini GAIUS *dig*.8.2.2;—(*w. advs. of place*) Cn. Pompeius filius nauis inde ~tit *B.Afr*.23.3; regem..negotiationem maritimam omnem eo ~tisse LIV.39.25.9. **b** quo te ~tisti? PL.*Am*.899; dextrouorsum ~sa it in malam crucem *Rud*.176; fuisse iudicem..neminem quin remoueret oculos et se totum ~teret CIC.*Balb*.11; abisse eum..uelut ~tentem sese ne Capua in oculis eius caperetur LIV.26.12.12; proxima tangit corpora: marmor erant; ~titur OV.*Met*.5.214; non licet stare caelestibus nec ~ti SEN.*Nat*.7.25.6; (*cf.*) manes animamque potentem officiis ~te meis LUC.8.763; (*of a vine*) PLIN.*Nat*.17.239;—(*w. dat. or abl.*) consilio destitit atque eo itinere sese ~tit CAES.*Civ*.3.21.5; ne femina (*sc.* equa)..admissario ascendenti ~tere se possit COL.6.37.10;—(*w.* ex) se..ex oculis ~tit et aufert VERG.*A*.4.389;—ecce ~tit PL.*Mil*.203; prora ~tit et undis dat latus VERG.*A*.1.104; 1.402; id cum dixisset, ~tit et ire ad Capitolium coepit GEL.4.18.4; (*w.* ab; *also adv. of place*) ob eam caussam huc aps te ~ti PL.*Mil*.1074. **c** (*the gaze*) si tu..~tis uultus et subit ora rubor OV.*Tr*.4.3.50; PHAED.4.12.6; (*cf.*) desiluit maerens lacrimasque ~tit Apollo STAT.*Theb*.7.789; (*w.* ab) ~tere omnes ab tanta foeditate spectaculi oculos LIV.1.28.11;—(*the hearing*) Iuppiter ~tas aurem *Lydia* 27;—(*the mouth as used in biting*) saeua canum rabies morsus ~tit hiantis PROP.3.16.17;—(*the mind*) ~tit animum ab eo munere V.MAX.6.5.ext.1; fracta dehinc cunctis ~saque pectora bello STAT.*Theb*.8.211.

2 To cause (a person's attention, gaze, etc.) to be directed away (from one thing to another), divert, distract, turn; to attract the attention or gaze of. **b** (esp. w. ref. to apostrophe) to cause (speech, etc.) to be directed away (from one person to another).
missis paucis..ad capiendum..tumulum ~tit oculos hostium LIV.22.28.8; Germania ~sis domitoris sui oculis rebellauit VELL.2.100.1; ~ti intellectus et aliter solet, cum ab asperioribus ad leniora deflectitur QUINT.*Inst*.6.3.87; illum..curas animo uolutantem repens tumultus ~tit TAC.*Hist*.2.49;—(*w.* ab) qui mentem optimi..uiri..a defensione meae salutis ~terant CIC.*Sest*.67; ~tere a miseriis cogitationem *Fam*.6.1.1; *Amic*.5; ~tere plebem a cura nouarum legum LIV.4.1.6; 4.22.5; ~sae curae hominum sunt a bello Etrusco 6.6.4;—(*w.* ad) ~terent ab ira parumper ad cognitionem..animos 3.58.3; ~sis omnibus ad tumultum 25.25.11; 32.34.6;—(*w.* in+*acc.*) ~erat..in se a curru dictatoris ciuium ora 4.20.3; ~so Philippo in Romanum bellum 33.39.5;—(*absol.*) numquam tanta experientia caeli, si uacet: ~tit morti contermina Virtus STAT.*Theb*.7.702;—nouitas populum cum ~tisset VITR.2.pr.2. **b** a iudicibus oratio ~titur, uox in coronam..effunditur CIC.*Flac*.69; ad iudicem omni sermone derecto an aliquando ~so..dicendum sit QUINT.*Inst*.2.13.5; 9.2.38; (*w.* ad) cum..reus..ab hominibus ad deos preces ~tisset LIV.6.20.10.

3 To transfer the incidence or scene of, divert (from one place to another). **b** (praise, blame, etc.).
in aedificiis architecti ~tunt ab oculis naribusque dominorum ea quae profluentia necessario taetri essent aliquid habitura CIC.*N.D*.2.141;—(*w. place whither expressed*) qui M. Antoni impetus nefarios ab urbe in Galliam ~tit *Phil*.5.28; quo regnum Italiae Libycas ~teret oras VERG.*A*.4.106; LIV.5.18.12; bellum eo..~tatis precamur 6.26.6; 22.21.6. **b** totius inuidiam rei a tribunis in consulem ~terant LIV.3.1.3; quod belli Romani decus ab Samnitibus fortuna ad Etruscos ~tisset 9.38.6; 24.5.11; in matrem ~tens crimen QUINT.*Inst*.7.2.11;—(*ellipt.*) Siculi multa de Hieronis regis fide..uerba fecerunt, in gratiam publicam ~tentes LIV.26.30.1.

4 To avert from oneself or others, get rid of, keep off, banish. **b** (of gods, spec. in prayers) to avert (an omen, calamity). **c** (w. *animo, pectore*) to banish (from the mind, heart).
~tendae suspicionis causa CAES.*Civ*.3.102.3; Venerem et caeci stimulos ~tere amoris VERG.*G*.3.210; ranae..palustres ~tunt somnos HOR.*S*.1.5.15; quod mihi non patrii poterant ~tere amici PROP.3.24.9; LUC.3.150; senatus..ut dedecus ~teret offert imperatori uictoriam cantus TAC.*Ann*.16.4; dilatis ~te negotia curis JUV.11.183; SUET.*Otho* 3.1;—(*w. abl. of instrument*) quin morere..ferroque ~te dolorem VERG.*A*.4.547; tempestatem Tuscis ~tere sacris COL.10.341; sitim..~tunt fluuio SIL.8.572;—(*w.* ab) multa duumuiri..~tendae..a populo pestis causa fecere LIV.4.25.3; quo inuidiam sacrilegii a semet ~teret TAC.*Ann*.15.45;—(*w. abl. of separation*) ~tendum uictima periculum PHAED.3.3.8. **b** deum rex ~tat uerba obscena LUCIL.899; quod Iuppiter omen ~tat! CIC.*Mur*.88; *Phil*.4.9; di, talem ~tite casum VERG.*A*.3.265; 9.78; LIV.28.41.13. **c** haec..dulcis ~tit pectore Thebas STAT.*Theb*.4.92; insinuare metus animoque ~tere uiris 7.110.

5 (mil.) To cause (an enemy) to fly or withdraw, put to rout, repel (an attack).
qui..homines inermos..armis..reppulerit, fugarit, ~terit CIC.*Caec*.33; omnes conisi hostem ~tunt LIV.3.63.4;—(*w.* ab) qui a ceruicibus nostris ~tisset Antonium CIC.*ad Brut*.1.15.7; quod paene ab ipso uallo..barbaros ~tisset CAES.*Gal*.6.42.2;—(*w. dat. or abl.*) qui nunc..imbellem ~tis Romanis arcibus Indum VERG.*G*.2.172; nec posse Italia Teucrorum ~tere regem *A*.1.38;—(*w.* in fugam) ut..Sabinas legiones..subito in fugam ~terent LIV.1.37.3;—(*of abst. subj.*) fessos errore uiarum (Celtas)..~tit patrius genti pauor SIL.15.719.

6 To estrange, alienate (a person or his sympathies, etc.). **b** (refl.) to show aversion (for), turn (from); (also pass., w. acc.) to shun. **c** to keep to oneself, hide (a secret or sim.).
ne fluxa fide usus popularium animos ~teret SAL.*Jug*.111.2; V.MAX.2.4.3; ne uulgi largitione centurionum animos ~teret TAC.*Hist*.1.46;—(*w.* ab) Issam a Caesaris amicitia ~tit CAES.*Civ*.3.9.1; SAL.*Jug*.89.1; Ioniam a societate ~terunt Atheniensium NEP.*Alc*.4.7; si nullam spem faciat..crudelis certe uideatur et a se iudicem ~tat QUINT.*Inst*.9.2.91;—(*w. dat. or abl.*) omnia fanda nefanda..iustificam nobis mentem ~tere deorum CATUL.64.406; (Iuno) Pallada..fallere prima molitur caroque dolis ~tere fratri V.FL.3.491. **b** qui si..non se totum..ab sermone nostro ~tisset BALB.*Att*.8.15a.2; totum se ab eius amicitia ~terat CAES.*Civ*.1.4.4;—fontis..~titur (equus) VERG.*G*.3.499; mitis turba deum..hominum damnatum ~titur agmen PETR.124,l.248; oppositas impasta ~titur herbas (*sc. the cow*) STAT.*Theb*.6.192. **c** auertentem causam doloris..elicuit comiter sciscitando, ut fateretur eam esse causam doloris, quod..LIV.6.34.9.

7 To deprive (a person or his mind) of sanity or balance, produce distraction in, disturb.

quos ~tit agri Campani infinita possessio Cic.*Phil.*10.22; *Clod.*fr.24; coniugis ut magicis sanos ~tere sacris experiar sensus Verg.*Ecl.*8.66; illam furiam..animum suum ~tisse Liv.30.13.12; (*pass.*) nullam esse feminam tam pudicam, quae non peregrina libidine usque ad furorem ~teretur Petr.110.7.

8 To cause to desist (from a purpose or course of action), turn aside, deflect, deter. **b** (w. *ab*) to preserve, keep (from harm).

ei subuenientem Antiochum concessione Asiae per dolum ~tere Sal.*Hist.*4.69.6; nec me uis ulla uolentem ~tet Verg.*A.*12.204; quam (*sc.* fidem)..nec gratia ~tat nec metus frangat Quint.*Inst.*12.1.24;—(*w.* ab) ut..Antoni.. furorem..a pernicie rei publicae ~teret Cic.*Phil.*4.3; sic me illius fugae..deformitas ~tit ab amore *Att.*9.10.2; Liv. 10.10.6; si ab homine occidendo grassator ~tendus sit Quint.*Inst.*12.1.39;—(*w.* quin) hic me nec solae poterunt ~tere siluae..quin ego in assidua mutem tua nomina lingua Prop.2.19.29;—(*ellipt.*) tristis nuntius ~tit, deletam cohortem dolo Agrippinensium Tac.*Hist.*4.79. **b** ab inpudicis dictis ~ti uolo Pl.*Am.*927; ego uero austro gratias miras qui me a tanta infamia ~terit Cic.*Att.*16.7.5.

9 To carry away (the property of others), (mis)appropriate, steal.

gregem uniuorsum uoluit totum ~tere Pl.*Trin.*171; Caecil.*com.*203; NEIVE QVIS QVOD..PEQVNIAE PVBLICAE SACRAE..EST ERIT FRA⟨V⟩DATO NEIVE ~TITO *CIL* 1.590.2; furem manifesto ~tentem rem frumentariam omnem Cic. *Ver.*3.137; cuius rei putat iste rationem reddi non posse quod ipse tabulas ~terit *Caec.*17; *Fam.*12.26.2; ingentem praedam..~terunt Liv.37.8.7; Stat.*Theb.*4.648; mox compertum publicam pecuniam ~tisse ut peculatorem flagitari iussit Tac.*Hist.*1.53; actiones oneris ~si Alf.*dig.*19.2.31;—(*w.* ab) ~ti praedam ab hostibus Pl.*Men.*134; quattuor a stabulis.. tauros ~tit Verg.*A.*8.208;—(*w. dat. or abl.*) auratam optantes Colchis ~tere pellem Catul.64.5; uellera sacra meis sperantem ~tere lucis V.Fl.5.629;—(*w.* domum) omnem te hanc pecuniam domum tuam ~tisse Cic.*Ver.*3.164; praedam omnem domum ~tebant Caes.*Civ.*3.59.3.

Aufēius ~a ~um, *a.*: **a** *aqua ~a*, an old name for the Aqua Marcia. **b** *lex ~a*, a law concerning the settlement of Asia, opposed by C. Gracchus.

a Plin.*Nat.*31.41. **b** Gel.11.10.1.

auferō ~rre abstulī (apstulī) ablātum, *tr.* [ab+fero] Forms: *auferrier* (pres. inf. pass.) Pl.*Mer.*801.

1 To carry or fetch away; (pass. of persons) to be carried away (as opp. to walking). **b** (of rivers, crowds, etc.) to sweep or carry away, carry off one's course. **c** (w. abl.) to transport, carry away (by some agency or vehicle).

tollam ego ted in collum atque intro hinc ~ram Pl.*Bac.* 571; id ~rre et abducere licebit *Ed.* in Cic.*Quinct.*84; (*cf. sense* 7) quis patrem decem annorum natus non modo ~rt sed tollit—nisi ueneno? Var.*Men.*496;—~rere, non abibis, si ego fustem sumpsero Pl.*Am.*358; *Men.*992; quis eum ferret aut potius quis non iuberet ~rri? Cic.*Orat.*27; qui de conuiuiis ~rantur *Fin.*2.23; Cels.2.17.6. **b** pauci ex his militibus ablati flumine Caes.*Civ.*1.64.6; cum effuse omnes fugerent, se quoque turba ablatum Liv.26.3.2; ne te citus ~rat axis Ov.*Met.*2.75; pauore fugientium ~rebantur Tac.*Ann.*4.73;—(*transf. or fig. uses*) somnus tamen ~rt (me) intentum Veneri Hor.*S.*1.5.83; ~rat omnia inrita obliuio, si potest Liv.28.29.4; abstulere me uelut de spatio Graeciae res immixtae Romanis 35.40.1; quae contemplatio ~rt nos ad ipsorum animalium naturas Plin.*Nat.*27.146; quam in altum simus ablati, sentire coepimus Quint.*Inst.* 12.pr.3; 4.5.6. **c** in siluam pennis ablata refugit (*i.e. the Harpy*) Verg.*A.*3.258; cum tibi prouectas ~ret unda ratis Prop.1.8.14; Liv.29.27.6; uenti, quibus est ablatus Orestes Ov.*Tr.*4.4.87; [Sen.]*Oct.*918; equorum, quis seque et coniugem abstulit Tac.*Ann.*12.51.

2 To take away, remove (a physical object). **b** to cut off, sever; *mordicus ~rre*, to bite off. **c** to take off, withdraw (one's hands). **d** *se ~rre*, to take oneself off, go away, begone; so also *pedes ~rre*.

ubi uidet auenam..crescere inter triticum, selegit secernit ~rt Enn.*var.*32; mensa ablata est Pl.*Am.*807; Ter.*Eu.*726; STERCVS LONGE ~R *CIL* 1.839.11; lumen ~te Lucil.817; ne quid ~ras custodiendus sis Cic.*Div.Caec.*51; id (*sc.* telum) necesse est..facile ~ratur Cels.7.5.4.b; ferramentum ~rat parumper Col.11.1.17; (*w.* ab) ab Hippolyta subcingulum haud Hercules aeque magno umquam apstulit periculo Pl.*Men.*201; (*w. dat.*) Lucina..utero molliter ~r onus Ov.*Fast.*2.452;—(*w. advs.*) grata (*sc.* dona) acceptaque ecastor habeo. iube ~rri intro Pl.*Truc.*583; accerse hinc qui ~rant Ter.*An.*979. **b** nondum illi flauum Proserpina uertice crinem abstulerat Verg.*A.*4.699; 12.382; qui ..C. Flaminio consuli caput abstulit Liv.23.45.8; ~runt dumi comas (Hippolyti) Sen.*Phaed.*1094;—utinam nasum abstulisset mordicus! Naev.*com.*43; auriculam fortasse mordicus abstulisset Cic.*Q.fr.*3.4.2. **c** ~r manum Pl. *Cist.*450; *Men.*627; parce (Robigo), precor, scabrasque manus a messibus ~r Ov.*Fast.*4.921; (*cf.*) ~r hinc palpationes Pl.*Men.*607. **d** ~r te domum, apscede hinc Pl. *As.*469; *Rud.*1032; fugit seque ex oculis auertit et ~rt Verg.*A.*4.389;—procul ~rendi pedes sunt Sen.*Dial.*2.19.1.

3 To go away having, take with one, carry off. **b** to abduct, carry off (a person); (also, w. *ab*) to rescue (from). **c** to come away knowing, learn (a fact).

omnia composita sunt quae donaui: ~rat Pl.*Mil.*1304; *Truc.*748; aurum sibi clam mulier demit, dat mi ut ~ram Ter.*Eu.*627; gelum crassum excidunt, eum loro conligatum ~runt Cato *hist.*33; Cic.*de Orat.*2.265; ut..pecuniam de sanctiore aerario ~rrent *Att.*7.21.2;—(*poet.*) ille meos.. amores abstulit Verg.*A.*4.29;—(*of things*) tamen induuolans secum abstulit hasta insigne Enn.*Ann.*416; aether..multos secum leuis abstulit ignis Lucr.5.459; abstulerint celeres inproba uerba noti Ov.*Fast.*5.686. **b** hic fur est tuos qui paruom hinc te apstulit Pl.*Capt.*1018; clanculum nos hinc ~rre uoluit in Siciliam *Rud.*356; io, carissima mater, ~ror! Ov.*Fast.*4.448; hi (*sc.* liberi) per dilectus alibi seruituri ~runtur Tac.*Agr.*31.1;—~rre puerum ab regina occupo Acc.*trag.*650. **c** quis est..qui hoc non ex priore actione abstulerit? Cic.*Ver.*1.21; ab homine quae uoluit in Dolabellam abstulit 1.97.

4 To emerge from a transaction, etc., as the possessor of, obtain, win, be granted. **b** (mil.) to capture. **c** to attract, draw (the gaze); also, to attract the gaze of, captivate.

bene merens hoc preti inde apstuli Pl.*Mos.*879; Ter.*Eu.* 1057; quis umquam ad arbitrum, quantum petiit, tantum abstulit? Cic.*Q.Rosc.*12; pecuniam pro frumento abstulisse *Ver.*3.188; isse ad Caesarem ut aliquem tribunatum ~rret *Q.fr.*2.13.3; nunc turba recedit, nunc premit, ac uicibus tellurem amittit et ~rt Stat.*Theb.*8.422; si..praecipuam in tabulis ceram (*i.e. first place in the will*) senis abstulit orbi Juv.4.19;—(*w.* ab) dum id quod est promissum ab amicis argentum ~ro Ter.*Ph.*513; Quinctius a Scapulis paucos dies ~rt Cic.*Quinct.*20; ab Hannone nihil certi ablatum Liv. 24.2.6;—(*poet.*) prima et ante omnis mihi fletum abstulisti Sen.*Her.O.*1272; (*ellipt.*) Ov.*Ars* 1.419;—(*w.* ut) ut in foro (statuas) statuerent, abstulisti, ut in curia, coegisti Cic.*Ver.* 2.145; Appius ~rt ut ad sese..transferar Apul.*Apol.*72. **b** aquilae sunt ablatae XIII *B.Hisp.*31.11; Syracusas.. abstulit armis Claudius Ov.*Fast.*4.873. **c** abstulerant oculi lumina nostra tui Ov.*Ep.*12.36; (*w.* in se) Phlegyas.. omnis abstulit in se oculos Stat.*Theb.*6.669;—abstulit omnis, tamquam sola foret, rapti Ciceronis imago Corn. Sev.*poet.*13.2.

5 To take away (what is not one's own), appropriate, steal. **b** (w. non-physical obj.).

Pl.*Am.*139; ego intus seruem? an ne quis aedis ~rat? *Aul.*82; illud cogitare debes..eam omnem pecuniam Pompeium abstulisse Cic.*Fam.*5.20.9; (*absol.*) cupiditas..rapiendi et ~rendi per iniuriam *Off.*1.44;—(*w.* ab) sycophantias componit, aurum ut aps ted ~rat Pl.*Bac.*740; a Phylarcho ..phaleras..utrum tandem abstulisti an emisti? Cic.*Ver.* 4.29;—(*w. dat. or abl.*) nil equidem tibi apstuli Pl.*Aul.*635; absentium direptae fortunae; praesentibus aurum atque argentum ablatum Liv.32.38.7; hic crudelis, ut multum illis abstulerit, uitam reddidit Sen.*Con.*10.4.12; Baetis.. multorum fluminum capax, quibus ipse famam aquasque ~rt Plin.*Nat.*3.9; (*w. ellipsis of obj.*) grande gaudium quod tam pauperes forent quibus donasset Nero quam quibus abstulisset Tac.*Hist.*1.20;—(*of things*) (Magnesia) Derasidas insulas secum abstulit mari Plin.*Nat.*5.114. **b** formam una apstulit cum nomine Pl.*Am.*600; parasiti personam inde (*i.e. from another play*) ablatam et militis Ter.*Eu.*26; —(*w. dat.*) oscula luctanti..abstulit Ov.*Ep.*16.28; si ego huic dormienti abstulero coitum..optabilem Petr.86.4.

6 To prevent or withdraw the possession, use, or enjoyment of, take away; to keep off (the sun); to put out (a fire).

uos meum negotium apstulistis Pl.*Truc.*139; omnia.. munera..~ret extremi funeris atra dies Prop.2.11.4;—(*w. dat. or abl.*) Lucr.5.205; arma ablaturum fuisse militibus Liv.8.31.3; (Menander)..omnibus eiusdem operis auctoribus abstulit nomen Quint.*Inst.*10.1.72; Germani..Varum trisque cum eo legiones etiam Caesari abstulerunt Tac.*Ger.* 37.5; ablatam Neroni Italiam *Hist.*2.27; quo se ipsi (serui).. dominis ~rrent Papin.*dig.*17.1.54; (*cf.*) plura locuturo cum uerbis guttura Colchis abstulit (*i.e. cut his throat*) Ov.*Met.* 7.349; (*poet.*) quis uos heu uobis pauor abstulit? Sil.4.403; (*absol.*) satis est orare Iouem qui ponit et ~rt Hor.*Ep.* 1.18.111;—nec ~runt rami solem Plin.*Nat.*16.124; Ulp. *dig.*8.2.17;—ipsos subitus cinis abstulit ignis Stat.*Theb.* 10.155.

7 (w. or without *e conspectu*, etc.) To remove (from sight). **b** to make inaccessible; (of geog. features, w. dat.) to separate (from).

deum regnator nocte caeca caelum e conspectu abstulit Acc.*trag.*33; tum (auem) ablatam ex oculis Tac.*Hist.*2.50;—~rt (luna) luciferam partem glomeraminis atque pilai Lucr. 5.725; caelum..tenebris ~rri Stat.*Theb.*10.923; abstulerat terras nigrantibus Hesperus umbris Sil.12.647. **b** campos eques obuius omnis abstulit Luc.4.263; maria..partem orbis ~runt nobis Plin.*Nat.*2.170; abstulerat totam temerarius institor urbem Mart.7.61.1; plures abrupto ponte instanti hosti uiam abstulerunt Tac.*Hist.*3.6;—mare.. Europam ~rens Asiae Plin.*Nat.*4.75; Armenia..Maior.. Euphrate amne..~rtur Cappadociae 6.25.

8 To remove from life, carry off, kill; to destroy (a thing).

corpus Priamo reddidi, Hectorem abstuli Acc.*trag.*667; quando ea saecla hominum..irreuocabilis abstulerit iam praeterita aetas Lucr.1.468; tam bellum mihi passerem abstulistis Catul.3.15; quos..ab ubere raptos abstulit atra dies Verg.*A.*6.429; Hor.*Epod.*5.66; quidquid hinc aut illinc communis Mars belli ~rt Liv.7.8.1; Ov.*Pont.*1.2.4; Vell.2.15.3; Philemonem..uis risus inmoderati abstulit V.Max.9.12. ext.6; incusare casus qui rem abstulissent antequam coram conuincer etur Tac.*Ann.*6.23;—sed quis rogus abstulit ossa? Luc.9.784.

9 (usu. imper.) To put aside, drop, stop (an attitude or activity).

~r istaec..atque hoc responde quod rogo Pl.*Cur.*245; *Trin.*66; id nosmet ipsos facere oportet, Phaedria. — ~r mi 'oportet' Ter.*Ph.*223; tollite cuncta..coeptosque ~rte labores Verg.*A.*8.439;—~rte metus 12.316; ~r friuolam insolentiam Phaed.3.6.8; ~r formidines pueriles Apul.*Met.* 2.6; (*w. adv.*) ~r abhinc lacrimas Lucr.3.955[954]; (*w. inf.*) ~r me uultu terrere Hor.*S.*2.7.43;—(*ellipt.*) sine te exorem, mi pater. — insanis: ~r Ter.*Ad.*937.

10 To do away with, remove, dispel (physical states or properties). **b** to render impossible, take away, prevent (sight, hearing, sleep, etc.).

abstulerat uires corporis ipse timor Ov.*Fast.*6.442; (sol) ~rt..tenebras Plin.*Nat.*2.13; ne sensus ~ratur eius partis Larg.11;—(*w. dat. or abl.*) rebus nox abstulit atra colorem Verg.*A.*6.272; ille sibi ablatus (*i.e. metamorphosed*) fuluis amicitur ab alis Ov.*Met.*5.546;—(*w.* de) hanc (*sc.* Pallada) cole, qui maculas laesis de uestibus ~rs *Fast.*3.821. **b** caligo..omnem prospectum abstulit Enn.*scen.*182; nec leuis somnos timor aut cupido sordidus ~rt Hor.*Carm.* 2.16.16; Liv.1.16.1; inter duos orbes (*i.e. Europe and Asia*) manente conloquio, nisi cum id ipsum ~runt uenti Plin.*Nat.*6.2; ubi Nilus praecipitans se fragore auditum accolis ~rt 6.181; Paul.*dig.*8.2.38.

11 To remove, take away, banish, dispel (abst. things). **b** to take (someone's life).

bis die id opponito, dolores ~ret Cato *Agr.*157.4; ut alter dies amicis istius..non modo spem uictoriae sed etiam uoluntatem defensionis ~rret Cic.*Ver.*1.20; *Tusc.*4.30; mihi sentio bonam mentem iracundia et amore ablatam Cael.*Fam.*8.17.1; totum hoc studium luctu fraterna mihi mors abstulit Catul.68.20; cum sic errores abstulit illa meos Ov.*Fast.*5.362; rabiem..~rre leoni Man.4.235; Mart.12.53.9; (*cf.*) abstulit (*outweighed*) uirtus parricidium Flor.*Epit.*1.1(1.3.6). **b** quis dubitat quin ei uitam abstulerit ipsa legatio? Cic.*Phil.*9.5; moriens animam abstulit hosti Verg.*A.*9.443.

12 To take away, withdraw (a right, benefit, power, etc.).

(*w. dat.*) qui numquam senatui summi consili gubernationem ~rre conatus est Cic.*Vat.*36; ~rte imperium indignis Liv.3.67.4; ut..uelit ~rre aliquando iudici ueritatem Quint.*Inst.*12.1.36; Tettio Iuliano praetura..ablata Tac.*Hist.*4.39;—(*w.* ab) ~rri a primoribus ad plebem summum imperium credebant Liv.4.1.3; ablato..a plebe consulatu 7.18.1; (*cf.*) totam Academiam ab hominibus nobilissimis abstuli (*i.e. I have removed their names from the book*), transtuli ad nostrum sodalem Cic.*Att.*13.13,14.1;— (*w.* de) de inprobis uiris ~rri praemium..decet Pl.*Ps.*1225.

13 To disturb the judgement of; carry away, lead astray, mislead.

ne te ~rant aliorum consilia Cic.*Fam.*2.7.1; *Ciris* 430; ut uidi, ut perii, ut me malus abstulit error! Verg.*Ecl.*8.41; ~rimur cultu Ov.*Rem.*343; Sen.*Con.*9.5.12; remoto.. iudicio plurium, quos prima rerum species ~rt Sen. *Dial.*12.6.1; nonnumquam admiratione ~runtur Quint. *Inst.*8.3.5.

14 To subtract, take away; to take up (time).

fugiens (anima) nil ponderis ~rt Lucr.3.230; sunt qui et ulteriorem ripam Aethiopiae ~rant adnectantque Africae Plin.*Nat.*6.177; ex mille iugeribus traditis ducenta flumen abstulit Papin.*dig.*21.2.64;—hi ludi dies quindecim ~rent Cic.*Ver.*31; illa tibi noctes ~rat, illa dies Ov.*Rem.*538; *Pont.*4.5.26.

Aufidus[1] ~ī, *m.* The principal river of Apulia.

qua uiolens obstrepit ~us Hor.*Carm.*3.30.10; Mela 2.66; Plin.*Nat.*3.102; Sil.9.228.

Aufidus[2] ~a ~um, *a.* Of the river Aufidus.

iuxta..stagna ~a Sil.10.170.

aufugiō ~fugere ~fūgī, *intr.*, *tr.* [ab+fvgio]

1 (intr.) To run away, flee. **b** (of inanimate things) to disappear, vanish.

~fugero hercle, si magis usus uenerit Pl.*Bac.*363; Ter. *Eu.*851; dicit uilicus..seruos ~fugisse Cato *Agr.*2.2; si ~fugisset, si uincla rupisset Cic.*Ver.*5.79; Plancum acceptis nummis..~fugisse *Att.*16.4.3; donec Sisenna..trepidus et uim metuens ~fugeret Tac.*Hist.*2.8;—(*w. place whence expr.*) tuom Stalagmum seruom, qui ~fugit domo Pl.*Capt.* 875; inde nunc ~fugit *Poen.*665; ~fugiamus istinc quam pote longissime Apul.*Met.*1.11; ad Rufinum..de sinu tuo ~fugit *Apol.*100; qui a praeceptore cui in disciplinam traditus erat ~fugit Ulp.*dig.*21.1.17.3;—(*w. place whither expr.*) is..in Lemnum ~fugit Pl.*Cist.*161; Vat.*Fam.*5.9.2; Badius ..ad suos ~fugit Liv.25.18.14; quae (*sc.* umbrae) ~fugere ad superos cuperent Fro.*Aur.*2.p.14(228N); (*in fig. phr.*) cor conligatis uasis exspectat meum..ut..ex pectore ~fugiat meo Pl.*Ps.*1035; (*poet.*) ~fugit mi animus Lutat.*poet.*1.1. **b** aquam ~fugisse dicito Pl.*Aul.*94; *Cist.*725.

2 (tr.) To flee from, shun.

Andromeda ~fugiens aspectum maesta parentis Cic. *Arat.*202; Atreus..ei filium epulando apposuit: quae sol ne pollueretur, ~fugit Hyg.*Fab.*258.

Augē ~ēs, *f.* The mother of Telephus by Hercules.

Partheniis temeratam uallibus ~en Ov.*Ep.*9.49; Sen. *Her.O.*367; Maenalis ~e Stat.*Silv.*3.1.40; Hyg.*Fab.*99.1.

Augēās ~ae, *m.* A king of Elis, whose stables were cleansed by Hercules as one of his labours.

Hercules..qui ~ae egessit κόπρον Var.*Men.*70; Plin. *Nat.*17.50; Hyg.*Fab.*14.15; (*prov.*) maluisses cloacas ~ae purgare Sen.*Apoc.*7.5.

augeō ~gēre ~xī ~ctum, *tr.* [Goth. *aukan*; Gk. αὐξάνω, Skt. *vakṣayati*] Forms: *~xitis* (= *~xeritis*) Liv.29.27.3. For intr. uses of pf. see augesco.

1 To increase in quantity or size, make greater, enlarge, extend, swell. **b** to increase in value or amount (money, possessions, etc.). **c** to make louder, raise (the voice), amplify (sound). **d** to intensify, deepen (a colour). **e** to extend in scale (immaterial things).

de urbe ~genda quid sit promulgatum Cic.*Att.*13.20.1; quae nullis sunt partibus ~cta Lucr.1.631; id spatium itineris ~gebat CAES.*Gal.*7.46.2; has munitiones..~xit *Civ.*3.112.9; prosunt..quaecumque urinam ~gent CELS. 4.8.4; PLIN.*Nat.*12.123; pomerium urbis ~xit Caesar TAC. *Ann.*12.23;—(*rivers*) (aqua) erat pectoribus tenus ~cta nocturno imbri LIV.21.54.9; imbribus ~ctus Tiberis TAC. *Ann.*1.76;—(*words*) uerba..quae neque ~geri nec minui.. possunt QUINT.*Inst.*9.4.89; accolas Idaeos ~cto in barbarum cognomento Iudaeos uocitari TAC.*Hist.*5.2; (*in metrical quantity*) MAUR.1079;—(*weight*) stagnum inlitum.. uasis..pondus non ~get PLIN.*Nat.*34.160;—(*speed*) confessum est motum ~geri 2.68;—(*time*) ut in singulis mensibus sol signa peruadens ~get et minuit dierum spatia VITR.9.3.1; MAN.3.628; PLIN.*Nat.*18.220;—(*w. addition as subj.*) siluam..sororibus ~ctam OV.*Met.*2.372. **b** lacerari ualide suam rem, illius ~gerier PL.*Mer.*48; ut uectigalia uestra ~geatis GRACCH.*orat.*41; locupletissimi cuiusque censum extenuarant, tenuissimi ~xerant CIC.*Ver.*2.138; stipendi ~gendi causa CAES.*Civ.*3.110.5; NEP.*Di.*1.2; i, rem strenuus ~ge HOR.*Ep.*1.7.71; ~gendo aerario TAC.*Ann.*3.25; ~ctis..praemiis SUET.*Aug.*34.1;—(*w. addition as subj.*) praedo fructus suos non facit, sed ~gent hereditatem PAUL.*dig.*5.3.40.1; AFRIC.*dig.*28.6.35. **c** SAL.*Jug.*52.6; clamoribus dissonis quos nemora etiam repercussaeque ualles ~gebant LIV.21.33.6; ut..uix..ab aduocatis de industria uocem ~gentibus excitaretur SUET.*Cl.*33.2; (*cf.*) magnitudinem uocis maxime comparat natura, nonnihil ~get.. adcuratio *Rhet.Her.*3.20. **d** uel ~gentes eum (*sc.* colorem) uel remittentes GEL.2.26.6. **e** eam partem philosophiae.. decet ~gentem linguam Latinam nominare moralem CIC. *Fat.*1; de commodis militum..~gendis *Phil.*5.53; uelim ~geas tua in eum beneficia *Fam.*13.28.2;—(*war*) defectione Aeduorum cognita bellum ~getur CAES.*Gal.*7.63.1; LIV. 5.8.4; principio a paucis..lacessita pugna est, deinde subsidiis..~cta 33.7.6.

2 To increase, raise (a number). **b** to increase in number; (also w. *numero*). **c** to add a number of.

cur legatorum numerus ~ctus? CIC.*Phil.*2.31; CAES.*Gal.* 3.23.7; numerum diuorum altaribus ~get VERG.*A.*7.211; LIV.5.1.2; ~getur minuiturque numerus coclearorum LARG.16; TAC.*Ann.*1.14;—(*w. addition as subj.*) metuo ne numerum ~geam illum PL.*Am.*307; ~xisti numeros, culte Tibulle, pios OV.*Am.*3.9.66; te..~cturum caelestium numerum cecinit LIV.1.7.10; TAC.*Ann.*3.67. **b** ~gete auxilia uostris iustis legibus PL.*Cist.*200; quom (Lares familiares) ~xerunt nostram familiam *Rud.*1207; si qua ipse meis uenatibus ~xi (dona) VERG.*A.*9.407; LIV.25.35.4; ~xerat nauibus octo captiuis classem 26.47.3; tibi Iuppiter ~geat annos *Vers.pop.*7(*poet.*p.133); nondum satis aucto exercitu TAC.*Ann.*12.14;—(*w. addition as subj.*) LIV.23.44.9; exsistunt montes et sparsas Cycladas ~gent OV.*Met.*2.264; clari genus ecce Menecratis ~get tertia iam suboles STAT. *Silv.*4.8.3;—numero ~ctus (senatus) SAL.*Rep.*2.11.5; nouam repente aciem exsurgentem, ~ctam numero, cernebant LIV.8.8.13. **c** uarietates egregias ~xerunt operibus VITR.1.1.6.

3 To increase (growing or living things), cause to grow, build up; (pass.) to grow.

omnia animat format alit ~get creat (caelum) PAC.*trag.* 90; CIC.*Fin.*5.26; quae nunc uix nostro grandescunt ~cta labore LUCR.2.1160; ad fruges ~gendas 5.80; (mulsum) corpora ~get PLIN.*Nat.*22.113;—omnia..orta occidunt et ~cta senescunt SAL.*Jug.*2.3; arbores..~gentur amplissimis magnitudinibus VITR.2.10.1; ~geri id (*sc.* cor) per singulos annos PLIN.*Nat.*11.184; (*w.* ab) (pili) recisi non, ut herbae ac cetera, ab incisura ~gentur 11.231; (*w.* de) genus humanum propritim de quibus ~ctumst LUCR.2.975; (*w.* in+*acc.*) ilex..~cta in altitudinem SAL.*Jug.*93.4; (*cf.*) geminas ..aequus labor ~xerat aras STAT.*Theb.*6.119.

4 To increase in power or might, make greater, strengthen. **b** to increase (one's military power, etc.).

qui hanc tantam rem publicam suis consiliis..~xerint CIC.*Sest.*143; *Phil.*5.48; nostrae opes contusae hostiumque ~ctae erant SAL.*Jug.*43.5; tua clara, Polite, progenies, ~ctura Italos VERG.*A.*5.565; duo deinceps reges, alius alia uia..ciuitatem ~xerunt LIV.1.21.6; Iuppiter..~geat imperium nostri ducis OV.*Fast.*1.613; TAC.*Hist.*1.79; (*cf.*) ut, si quid esset..detrimenti acceptum, non modo id.. sarciri sed etiam maioribus ~geri copiis posset CAES.*Gal.* 6.1.3. **b** ~get uterque suas externo robore uires OV.*Met.* 14.454; tum..~ctis uiribus certaturos TAC.*Hist.*2.32.

5 To advance in dignity or position, promote; to glorify, enhance. **b** to further the interests of, help, assist, cherish, enrich.

~xit nomen populi Romani CIC.*Dom.*19; ~ctus Antoni beneficio est *ad Brut.*1.1.1; quod ab eo genere celebratus ~ctusque erat SAL.*Jug.*86.3; nouis ex rebus ~cti tuta et praesentia quam uetera et periculosa mallent TAC.*Ann.*1.2; solum..te commendat ~getque temporis spatium PLIN. *Pan.*24.1; in semet ~gendo parcus SUET.*Cl.*12.1;—(*w. abl.*) se ~geri dignitate arbitrabatur CIC.*Planc.*22; HOR.*S.*1.6.11; ubique potens templisque frequentibus ~cta..dea OV. *Fast.*4.117; incolumis, ~ctus gloria, laude inclitus SEN.*Ag.* 400[a]; (*w.* in+*acc.*) istum in rem publicam ille aluit, ~xit, armauit CIC.*Att.*8.3.3;—memor magni generis, uirtute quod ~get OV.*Pont.*1.8.17; quae (*sc.* iuga) meus ante alios habitator Pollius ~get STAT.*Silv.*3.5.103; Sidonios ~gebis auos SIL.3.708. **b** di hercle omnes me adiuuant, ~gent, amant PL.*Epid.*192; boni me uiri pauperant, inprobi ~gent *Ps.*1128; ~ctus adiutusque a Demosthene NEP.*Phoc.*2.3; quod..industria eius societas ~cta fuisset PAUL.*dig.*17.2.25; —(*w. abl.*) eodem..tempore et suscipimur in lucem et hoc caelesti spiritu ~gemur CIC.*Har.*57; *Ac.*1.26; regno nataque Latini ~ctus erat OV.*Fast.*3.602; (legio) tot praemiis ~cta TAC.*Ann.*1.42.

6 (w. acc. and abl.) To equip, furnish, provide (with). **b** to affect (with joy or grief), fill. **c** ~*ctus*, made happy, 'blessed' (with a marriage or children; also, by an omen).

CIC.*Agr.*2.69; alter te scientia ~gere potest, altera exemplis *Off.*1.1; (aurae) nullis sensibus ~ctae CATUL.64. 165; tantis uiribus ~ctos LUCR.5.1177; VITR.9.pr.9; urbibus ~gebit terras MAN.4.555; debet secundum condicionem mariti ~geri ueste, comitatu PLIN.*Ep.*6.32.1; nauis.. conexas trabibus ac turribus ~ctas TAC.*Ann.*15.9; quorundam..filias dote ~xi APUL.*Apol.*23; (*facet.*) domina ego, erus damno ~ctus est TER.*Hau.*628; (*poet.*) uario..~xere (populi) tumultu flumineum latus SIL.9.230. **b** in cogitando maerore ~geor PL.*St.*55; tanta laetitia ~ctus sum *Inc.pall.*37; Caesar duplici laetitia et uoluptate uno tempore ~ctus *B.Afr.*34.6. **c** tu es ~cta liberis PL.*Truc.* 384; filiolo me ~ctum scito CIC.*Att.*1.2.1; taedis felicibus ~cte..Peleu CATUL.64.25; rex..nouo ~ctus hymenaeo 66.11; TAC.*Ag.*6.3; (*facet.*) iam liberta ~ctu's? PL.*Per.*484; —~ctus omine, addicentibus auspiciis, uocat contionem TAC.*Ann.*2.14.

7 (w. abst. obj.) To make greater, increase, strengthen, reinforce.

facite aequanimitas poetae ad scribendum ~geat industriam TER.*Ad.*25; ut possit..pacem humanitas ~gere *Rhet.Her.*4.23; maiestas..~cta potius est quam deminuta CIC.*Part.*105; *Mil.*34; ~xit beniuolentiam consuetudo *Amic.*30; o decus eximium magnis uirtutibus ~gens CATUL.64.323; ultro..licentiam in uos ~ctum atque adiutum properatis SAL.*Hist.*3.48.16; dum tibi deceptis ~getur fama puellis PROP.1.13.5; ea..uos omnia bene iuuetis, bonis auctibus ~xitis LIV.29.27.3; OV.*Ep.*3.30; ~cta..forma fuga est (*i.e. of Daphne*) *Met.*1.530; ~gent cursus SIL.15.575; (*w.* in+*acc.*) in tantum ferme modum ~cta potestate TAC.*Ann.*15.25; (*cf.*) (naues) ~gebantur alacritate militum in speciem ac terrorem 2.6.

8 To heighten, raise, intensify (feelings). **b** to strengthen (a relationship, bond, etc.).

PL.*As.*280; ~ge mage suspicionem TER.*Eu.*436; si ~geam aut etiam adiutor siem eius iracundiae *Ad.*145; ut aut ~geat eorum (sc. animorum) motus aut sedet oratio CIC. *Top.*98; ne suum luctum patris lacrimis..~geatis *Flac.*106; *Fam.*10.1.2; ~gebatur auxiliorum cotidie spes CAES.*Gal.* 6.7.6; ceteris metus ~geri SAL.*Jug.*92.9; Samnitibus ferociam ~gebant nouae res gestae LIV.7.33.6; ~xit..sui.. contemptum consul nimis detegendo cladem 23.5.2; 29.18.7; OV.*Fast.*3.65; ita inuidiam ~get aut leuat VELL.2.31.4; Hesperios ~xit tantum Cleopatra furores LUC.10.62; SIL. 15.497; secundos impetus ~get placendi cupido QUINT.*Inst.* 10.7.17; ~cto animo TAC.*Hist.*2.4. **b** quam (bonitatem) ..complecti et ~gere debetis CIC.*Rab.Post.*44; noster in te amor..~xit paternam necessitudinem *Fam.*13.29.1; 15. 21.1; ~xerat sacramentum ipsa clades imperatoris FLOR. *Epit.*2.13(4.2.65).

9 To make worse, aggravate (an undesirable condition, etc.); (pass., of the sea) to become rough.

morbus qui ~ctus sit TER.*Hec.*334; multi iniquo..animo sibi mala ~xere in malis ACC.*trag.*109; immo tu ~ges molestiam CIC.*Flac.*29; magni errores..quos ~xerunt poëtae *Tusc.*1.36; CAES.*Gal.*5.31.5; LIV.3.6.2; ~xerunt Romae tumultum litterae ex Gallia allatae 27.39.1; LUC.4.195; morbos ueteres et diu ~ctos TAC.*Ann.*3.54;—~cto mari et uento gliscente SAL.*Hist.*3.56.

10 To develop, improve, elaborate.

ei breue tempus ingeni ~gendi et declarandi fuit CIC. *Brut.*104; 315; ~gentur (illa studia) cogitatione et memoria mea *Amic.*104; eam sententiam ~gendo VITR.6.pr.2; instruxerunt ~xeruntque ab omni parte grammaticam SUET. *Gram.*2(p.101Re).

11 (rhet.) To make a lot of, magnify, emphasize. **b** to exaggerate, magnify.

si quis..~geat peccatum *Rhet.Her.*2.46; qui mirabilius et magnificentius ~gere posset atque ornare quae uellet CIC. *de Orat.*1.94; 1.143; ~gere parua..et bene dicere multa de paucis QUINT.*Inst.*10.5.11; omnes oratorum copias sectabare, refutandi sollertiam, ~gendi facultatem FRO.*Aur.*2. p.76(150N); GEL.10.29.2. **b** num mentiri me, num fingere aliquid, num ~gere crimen? CIC.*Ver.*5.147; quod (*sc.* proelium) multis ~xerat partibus (fama) CAES.*Civ.* 3.80.2; nihil ~ctum ex uano uelim LIV.22.7.4; omnia uana ~gente nocturno tumultu 29.6.13; (*w.* in+*acc.*) modica de moribus adulescentis neque in falsum ~cta rettulit TAC. *Ann.*3.56.

12 a To increase in emphasis or urgency, heighten. **b** to strengthen (a word's meaning); also, (gram.) to compare, form a comparative from.

a nec ~genda semper oratio, sed summittenda nonnumquam est QUINT.*Inst.*8.3.21; ~geri enim debent sententiae et insurgere 9.4.23. **b** ~gere atque intendere uolentes 'noui' et 'proprii' significationem ALF.*iur.*1; praepositio.. de ~get depositum (*s.v.l.*) ULP.*dig.*16.3.1;—~gendi, ut ab albo albius VAR.*L.*8.52; haec..uerba uideo admittere aliquod ~gendi laxamentum FRO.*Amic.*2.p.182(196N).

augescō ~ere auxī, *intr.* [prec.+-sco]

1 To increase in size, amount, or number. **b** (of a river) to be swollen or fed; to rise.

~unt aliae gentes, aliae minuuntur LUCR.2.77; unde mare et terrae possent ~ere 2.1109; 5.250; (terrarum) ~entium in uicina uada MELA 2.104; cui..umbra..singulis diebus decresceret ac rursus ~eret PLIN.*Nat.*36.72. **b** (Padus) aliis amnibus..~it atque alitur MELA 2.62;—(Nigris) ~it PLIN.*Nat.*5.44; ~ente flumine TAC.*Hist.*2.54.

2 (of living things) To increase, grow. **b** (of arts, etc.) to develop.

semina..ea temperatione caloris et oriri et ~ere CIC. *N.D.*2.26; una..calore solis ~ens *Sen.*53; corpora nostra lente ~unt, cito extinguuntur TAC.*Ag.*3.1. **b** quaedam nunc artes expoliuntur, nunc etiam ~unt LUCR.5.333.

3 To increase in power or might, prosper. **b** to be honoured.

qui rem Romanam Latiumque ~ere uultis ENN.*Ann.*466; eo res eorum auxit CATO *hist.*20; illi qui..ignoscendo populi Romani magnitudinem auxisse..aiebant SAL.*Hist.* 1.77.6; LIV.27.17.4; res publica..~ere uidetur PLIN.*Pan.* 57.5; ~ente ciuitate POMPON.*dig.*1.2.2.7. **b** parui..~unt funere manes STAT.*Theb.*6.71; nec mea nunc primis ~unt tempora uittis *Ach.*1.11.

4 (of a condition, feeling) To grow in strength, increase; (of courage) to rise.

fames acer ~it hostibus NAEV.*poet.*33(54); mihi..cotidie ~it magis de filio aegritudo TER.*Hau.*423; superbiam atque ferociam ~ere CATO *orat.*162; immane quantum ~it..dolor SEN.*Med.*671; plerasque feminarum..~ente superstitione arbitrantur deas TAC.*Hist.*4.61; PLIN.*Ep.*9.37.3;—ceteris.. animi ~unt SAL.*Jug.*34.2.

Augēus ~a ~um, *a.* Of or connected with Augeas.

stabuli..turpis ~i labor SEN.*Her.F.*248.

augificō ~āre, *tr.* [AVGEO+-FICVS+-O³] To make larger, increase.

seditio tabetne an numeros ~at suos? ENN.*scen.*103.

augītis ~idos, *f.* [Gk. αὐγῖτις] A kind of precious stone.

PLIN.*Nat.*37.147.

augmen ~inis, *n.* [AVGEO+-MEN] An addition, increase, increment; the result of increase, total mass, bulk.

~ine uel grandi uel paruo..corporis augebit numerum LUCR.1.435; 2.1133; cum sumant ~ina noctes 5.681; belli terroribus addidit ~en 5.1307;—ex his omnibus est unum perfectum corporis ~en 3.268.

augmentum ~ī, *n.* [AVGEO+-MENTVM]

1 The process of increasing, increase; (of the moon) waxing.

habita ratione ~i et deminutionis SCAEV.*dig.*24.3.50; et ~i et decessionis (peculii) rationem haberi oportet ULP.*dig.* 15.1.22.1;—GEL.20.8.7.

2 Amount of increase, increment. **b** (relig., see quot.).

multiplicatis ~is incrementisque APUL.*Pl.*1.9; hae (*sc.* oues)..quasi ~um restitui debent PAUL.*dig.*5.3.26; 42.6.5. **b** ~um quod ex immolata hostia desectum in iecore in porriciendo augendi causa VAR.*L.*5.112.

3 That which provides increase, sustenance.

(utrumne) ignem post se, cuius ~um ipse sit, habeat (Oceanus) SEN.*Suas.*1.4.

augur ~uris, *m.*, (*f.*). [dub.]

1 One who observes and interprets the behaviour of birds, an augur. **b** (esp.) a member of the college of augurs, an official interpreter of auspices.

haruspicem, ~urem, hariolum, Chaldaeum nequem consuluisse uelit CATO *Agr.*5.4; ut ~ures et astrologi solent CIC.*Fam.*6.6.7; *Div.*1.3; murorum Romulus ~ur PROP. 4.6.43; OV.*Fast.*1.180; (*transf., of a bird*) aquae nisi fallit ~ur annosa cornix HOR.*Carm.*3.17.12. **b** si uolo augurium optime tenere, ecquis me ob rem eam ~urem capiat? CATO *hist.*109; cooptatus in ~urum conlegium non erat CIC.*Brut.* 101; *Dom.*39; *Balb.*45; consulti ~ures uitiosum uideri dictatorem pronuntiauerunt LIV.8.23.14; CONSVLIBVS M. CR⟨ASSO E⟩T CN. LENTVLO ~VRE AUG.*Anc.*3.23; VELL. 2.10.1; TAC.*Ann.*2.83;—(*w.* publicus) nostri ~ures publici VAR.*L.*5.33; CIC.*Leg.*2.20.

2 A seer, prophet. **b** (transf.)

nil credo ~uribus ACC.*trag.*169; postquam adripuit rabies hunc nostrum ~urem AFRAN.*com.*8; Marius, diuini numinis ~ur CIC.*Mar.*fr.2; ~ur Apollo VERG.*A.*4.376; HOR.*Saec.*61; *Ep.*1.20.9; uideor Dodona uerior ~ur PROP.2.21.3; uana diu uisa est uox ~uris OV.*Met.*3.349; STAT.*Theb.*7.726; JUV. 6.585; (*fem.*) sim..~ur cassa futuri! STAT.*Theb.*9.629. **b** (*of a sword*) sat magnus in hostem ~ur adest ensis SIL. 5.119; (*of fear*) pessimus in dubiis ~ur timor STAT.*Theb.*3.6.

augurāculum ~ī, *n.* [AVGVROR+-CVLVM] A place where auguries are observed; hence, the citadel of Rome.

cj. in VAR.*L.*5.52; ~um appellabant antiqui, quam nos arcem dicimus PAUL.*Fest.*p.18M.

augurāle ~is, *n.* [next]

1 The general's headquarters or tent in a Roman camp.

tabernaculum ducis '~e' QUINT.*Inst.*8.2.8; egressus ~i per occulta et uigilibus ignara TAC.*Ann.*2.13; 15.30.

2 An augur's staff (= *lituus*).

quae dignitas, cuius non praetextam et ~e et lora patricia sordes comitentur? SEN.*Dial.*9.11.9.

augurālis ~is ~e, *a.* [AVGVR+-ALIS] Of or relating to augurs or augury, augural; *cena ~is*, the banquet given by an augur on taking office.

cum ~is tum omnis publici iuris..peritus CIC.*Brut.*267; uestri..~es (libri) *Div.*1.72; pontificalia atque ~ia insignia LIV.10.7.9; SEN.*Ep.*108.31; in precatione ~i MES.RUF. *gram.*5; tertium (genus trabearum) ~e de purpura et cocco SUET.fr.165(p.266Re); HYG.*gram.*6; lituus ~is GEL.5.8.8; —~i aditiali cena VAR.*R.*3.6.6; CIC.*Fam.*7.26.2.

augurātiō ~ōnis, *f.* [AVGVROR+-TIO] Prediction by means of augury.

quae tandem ista ~o est ex passeribus annorum? CIC.*Div.* 2.65.

augurātō, *adv.* [AVGVRO] After due observance of auguries.

LIV.1.18.6; 5.54.7; loca..in quibus ~o quid consecratur SUET.*Aug.*7.2.

augurātōrium ~iī, *n.* [AVGVROR+-TORIVM] A place or building where auguries were observed.
~IVM DILAPSVM..⟨RESTITV⟩IT *CIL* 6.976.

augurātus[1] ~a ~um, *a.* [pple. of AVGVRO] Instituted after due observance of auguries.
in illo..~o templo CIC.*Vat.*24; in tuo, Iuppiter, ~o templo LIV.8.5.8.

augurātus[2] ~ūs, *m.* [AVGVROR+-TVS[3]] The office of augur, augurship; augury.
ne diutius loquar de ~u tuo CIC.*Vat.*20; ista rixa ~us *Att.*2.7.3; lituus iste uester, quod clarissimum est insigne ~us *Div.*1.30; si ~um aut pontificatum adieceritis LIV. 10.7.11; TAC.*Ann.*.1.62; PLIN.*Ep.Tra.*10.13(8);—cuius cum temptaret scientiam ~us CIC.*Div.*1.32.

augurium ~(i)ī, *n.* [AVGVR+-IVM] FORMS: *augura* (acc. pl.) ACC.*trag.*624; *augurium* (gen. pl.) PAC.*trag.*81.

1 The taking of auguries, augury; *~ium salutis*, an augury for ascertaining whether prayers for the safety of the state might be offered (see SALVS).
augusto ~io postquam inclita condita Roma est ENN. *Ann.*502; cum in arce ~ium augures acturi essent CIC.*Off.* 3.66; multa ~ia..negligentia collegii amissa..sunt *Div.* 1.28; ~ium..ex arce capiet LIV.10.7.10; OV.*Tr.*1.9.51; ~ia ex auibus Car (inuenit) PLIN.*Nat.*7.203; in siluam ~iis patrum..sacram TAC.*Ger.*39.2; PAUL.*Fest.*p.2M.

2 The art of augury, faculty of divination.
~ium optime tenere CATO *hist.*109; rerum bene gerundarum auctoritates ~io..contineri CIC.*Har.*18; Apollo ~ium citharamque dabat VERG.*A.*12.394; OV.*Met.*13.650; haec (*sc.* Tanaquil)..~io ualuit SIL.13.819.

3 An omen, portent, sign. **b** an indication, presage.
quantum ex ~io eiius pici intellego PL.*As.*263; ~ium atque extum interpretis PAC.*trag.*81; ~ium Rutuli clamore salutant VERG.*A.*12.257; ~ium caelo missum LIV.7.26.4; CURT.4.13.13; PLIN.*Nat.*10.21; STAT.*Theb.*2.111; pulcherrimum ~ium, octo aquilae petere siluas TAC.*Ann.*2.17. **b** ~ium menti querna corona dabat OV.*Tr.*3.1.36; ~ium ex homine ipso..non timendi mortem in aegritudine PLIN. 28.64; 30.83; 31.44.

4 A prediction, prognostication.
CIC.*Att.*10.8.7; habes ~ium meum *Fam.*6.6.12; ~io animorum suorum laetabantur LIV.45.1.5; apes decerpunt, ut ~ium mellis sit PLIN.*Nat.*21.56; uatum non irrita currunt ~ia STAT.*Silv.*5.2.173; TAC.*Ag.*44.5; PLIN.*Ep.*7.33.1; (*cf.*) ~ia..me incitant..nec haec collegi nostri ab Atto sed illa Platonis de tyrannis CIC.*Att.*10.8.6; (*w. gen.*) o mea frustra semper uerissima ~ia rerum futurarum! *Phil.*2.89.

5 A foreboding, presentiment, surmise.
dolores..triste per ~ium Teucrorum pectora ducunt VERG.*A.*5.7; heu numquam uana parentum ~ia! STAT. *Ach.*1.26; (*cf.*) inhaeret in mentibus quasi saeclorum quoddam ~ium futurorum CIC.*Tusc.*1.33.

augurius ~a ~um, *a.* [AVGVR+-IVS] Of the augurs or augury, augural.
quanta..scientia iuris ~i! CIC.*Sen.*12; *Div.*2.71; GEL. 7(6).6.12.

augurō ~āre ~āuī ~ātum, *tr., intr.*, **~or** ~ārī ~ātus. [AVGVR+-O[3]]

1 To foretell by augury. **b** (intr.) to take auspices, practise augury.
sacerdotes..salutem populi ~anto CIC.*Leg.*2.21;—(*dep.*) Calchantem dixisti ex passerum numero belli Troiani annos ~atum *Div.*2.63. **b** (*facet.*) ad terram aspice et despice, oculis inuestiges, astute ~a PL.*Cist.*694;—(*dep.*) ille mihi uidetur..uere ~ari CIC.*Div.*1.27;—Atto Nauio ~ante PLIN. *Nat.*15.77; postridie..in ~ando temptestate orta SUET. *Otho* 7.2.

2 To initiate, etc., with the taking of auguries.
'certaeque res ~antur' οἰωνοσκοποῦνται L.CAES.*iur.*3.

3 To prophesy, predict, foretell (from omens or other evidence). **b** (intr.). **c** (w. inf., app.) to make known an intention (to).
hoc ego tibi dico et coniectura ~o ENN.*scen.*290; si quid ueri mens ~at VERG.*A.*7.273; quis..longos..sibi non ~et annos? V.FL.3.356; tuus o furor ~et uni ista tibi STAT. *Theb.*3.648; (*w. indir. qu.*) praesentit animus et ~at..quae futura sit suauitas CIC.*Ep.*fr.10(9).3;—(*dep.*) haec de adulescente Socrates ~atur *Orat.*41; illum post cineres ~or ipse diem PROP.3.1.36; STAT.*Theb.*4.592; futurae..pugnae fortunam ipso cantu ~antur TAC.*Ger.*3.1; (*w. acc. and inf.*) ~atum est rem Romanam publicam summam fore ACC. *praet.*38; (*w. indir. qu.*) quid iste in prouincia facturus esset ..~abantur CIC.*Ver.*2.18; (*cf., w. fut. indic.*) ~or, uxoris fidos optabis amores TIB.2.2.11. **b** animus coniectura de errore eius ~at PAC.*trag.*78;—(*dep.*) nec falso ~ata proditur (Iulia) PLIN.*Nat.*10.154; 18.225; (*w. advl. acc.*) quantum ~or coniectura CIC.*de Orat.*1.95; *Mur.*65; OV.*Tr.* 4.6.40. **c** Euboicos fessus remeare penatis ~or STAT. *Silv.*3.5.13.

4 To surmise, conjecture, judge.
(*dep.*) somnium..regis sui rumoribus ~antis COL.1.pr.9; motu eius (*sc.* canis) imperia ~antes PLIN.*Nat.*6.192; (*w. acc. and inf.*) recte ~aris de me..nihil a me abesse longius crudelitate CAES.*Att.*9.16.2; Veneris mensem Graio sermone notatum ~or OV.*Fast.*4.62; *Pont.*3.4.80; 4.9.133.

Augusta ~ae, *f.*

1 A title given to the Emperor's wife, and occasionally to other close female relatives (mother, grandmother, sister, daughter).
sic ~a nouum Iulia numen erit OV.*Fast.*1.536; scindit uestes ~a (*i.e.* Agrippina) suas laceratque comas [SEN.] *Oct.*328; hoc (*sc.* acopo) ~a utebatur LARG.268; matrem complexus ~ae nomine honorauit TAC.*Hist.*2.89; auia ~a SUET.*Cl.*3.2.

2 The name of numerous towns, also *colonia ~a*; (some specimen exx. given).
(*in N. Italy*) ~ae Taurinorum TAC.*Hist.*2.66; Praetoriae ~ae PLIN.*Nat.*3.43;—(*in Germany*) in Treueris ~a MELA 3.20;—(*in Spain*) coloniae ~a Emerita..Norbensis Caesarina cognomine PLIN.*Nat.*4.117;—(*in Mauretania*) intus colonia ~a, quae item Succhabar, item Tubusuptu 5.21.

Augustālia ~ium, *n. pl.* A festival of games in honour of Augustus, celebrated in October.
DIEM ~⟩A EX ⟨C⟩O⟨GNOMINE⟩ NOS⟨T⟩RO APPELLAVIT AUG.*Anc.*2.33.

Augustālis ~is ~e, *a.*

1 Of the emperor Augustus; *ludi ~es* = prec.
TERMINVS ~IS INTER BLETISAM ET MIROBR ET SALM *CIL* 2.859;—ludos qui de nomine Augusti fastis additi ~es uocarentur TAC.*Ann.*1.15; 1.54.

2 Of or belonging to the cult of Augustus; *sodalis ~is*, a member of the college of priests who presided over the cult at Rome. **b** (masc. as sb.) a priest of the cult of Augustus.
SEVIRI AVGVST POSVERVNT *CIL* 11.2647; C. Pompeio Trimalchioni, seuiro ~i PETR.30.2; A ANNAEO..FLAMINI ~I *CIL* 3.1822; 10.1272;—addito sodalium ~ium sacerdotio TAC.*Ann.*1.54; (*cf.*) sedes curules sacerdotum ~ium 2.83; ad numerum sodalium ~ium SUET.*Cl.*6.2. **b** Claudius ~is COL.11.1.1; facem ~es subdidere TAC.*Hist.*2.95; ~IS PERPETVVS *CIL* 2.183; 9.5823.

Augustālitās ~ātis, *f.* [prec.+-TAS] The office of priest of Augustus.
ORNAMENTA..~ATIS DECREVIT *CIL* 9.58; 10.114.

Augustānus ~a ~um, *a.* Of, founded by, Augustus; belonging to a colony founded by Augustus.
~a colonia ULP.*dig.*50.15.1.1;—Ceretani qui Iuliani cognominantur et qui ~i PLIN.*Nat.*3.21.

augustē, *adv. compar.* ~ius. [AVGVSTVS+-E]

1 Reverently, solemnly.
non..quo de religione dici possit ~ius CIC.*Brut.*83; quos (*sc.* deos) ~e omnes sancteque ueneramur *N.D.*3.53.

2 With dignity, majestically.
~ius Nemori Dianae (constituitur aedes) VITR.4.8.4; quanto honestius sentias, tanto ~ius dicas FRO.*Aur.*2.p.70 (148N).

Augustēum ~ī, *n.* A temple dedicated to Augustus.
IMP CAESAR DIVI F AVG..~VM MVRO MVNIENDVM CVRAVIT *CIL* 3.6070; 11.7431.

Augustēus ~a ~um, *a.* Of Augustus, Augustan.
~um (marmor) PLIN.*Nat.*36.55.

Augustiānī ~ōrum, *m. pl.* (app.) Men given the rank of knighthood by Nero in return for their support in the theatre.
tunc..primum conscripti sunt equites Romani cognomento ~orum TAC.*Ann.*14.15; SUET.*Nero* 25.1.

Augustīnus ~a ~um, *a.* Of Augustus.
currum elephantorum ~o similem SUET.*Cl.*11.2.

augustus[1] ~a ~um, *a. compar.* ~ior, *superl.* ~issimus. [cf. AVGEO]

1 (relig.) Solemn, venerable.
~o augurio ENN.*Ann.*502; ACC.*trag.*510; in loco ~o CIC. *Dom.*137; ~a illa mysteria *Leg.*2.35; templum ~issimum regionis eius LIV.42.3.6; quis locus est templis ~ior? OV.*Tr.* 2.287; PLIN.*Nat.*6.135; SUET.*Aug.*7.2; ~ius genus Daemonum APUL.*Soc.*16.

2 (of persons) Worthy of honour, venerable, august.
Ausoniae pater ~issimus urbis STAT.*Silv.*4.8.20; uir praesertim ingenio ingenti ac profecto super captum hominis animi ~ior APUL.*Fl.*15.

3 Majestic, in appearance, august, dignified. **b** (of abstr. things).
~a ad moenia regis VERG.*A.*7.153; ~issima uestis LIV. 5.41.2; ~ius aris uictoris Libyco pulsatur in aequore saxum LUC.8.861; tectum ~um, ingens STAT.*Silv.*4.2.18; habitus triumphalis, quo nihil excogitari potest ~ius QUINT.*Inst.* 11.1.3; SUET.*Nero* 1.1; APUL.*Met.*11.1. **b** ut miscendo humana diuinis primordia urbium ~iora faciat LIV.pr.7; bis sex caelestes..sedibus altis ~a grauitate sedent OV. *Met.*6.73; ut..~iorem eloquentiam colam TAC.*Dial.*4.2; ~ior honor 12.4; (*connected with the Emperor*) (Caesar) qui regis ~is parentem legibus orbem MAN.1.8; *CIL* 10.1401.1.5; nomen ~um Caesaris APUL.*Met.*3.29.

Augustus[2] ~ī, *m.* A title given to Octavius Caesar when he attained supreme power, and subsequently applied to the whole line of emperors.
~us Caesar, diui genus VERG.*A.*6.792; cantemus ~i tropaea Caesaris HOR.*Carm.*2.9.19; aedis ~i VITR.5.1.7; Diuo ~o quo die apud Actium uicit PLIN.*Nat.*11.195; Octauia ~i soror LARG.59; MART.11.3.9; FLOR.*Epit.*2.34 (4.12.66); (*as a star*) MAN.1.385;—penes ~os patriae tutela manebit OV.*Fast.*1.531; morumque uitiis nomen ~um inquinat (Nero) [SEN.]*Oct.*251.

Augustus[3] ~a ~um, *a.*

1 Of Augustus or one of the subsequent emperors, imperial; *colonia ~a*, see AVGVSTA. **b** (in the titles of mil. units). **c** (as a title of deities).
~a ratis PROP.4.6.23; caput ~um OV.*Met.*15.869; ~a pace fruatur humus *Pont.*2.5.18; TEMPLVM ⟨F⟩ORVMQVE ~VM..FECI AUG.*Anc.*4.21; VELL.2.126.3; ~um..genus *Ilias* 901; CAESAR VESPASIANVS..VIAM AVG..REFECIT *CIL* 2.4697; MART.7.40.1; FRON.*Aq.*11; ut montem Caelium ..uocari ~um iusserit SUET.*Tib.*48.1. **b** PRAEF COH I ~AE BRACARVM *CIL* 8.9358; LEG III AVG 8.10023; CLASSIS AVG ALEXANDRINAE 8.21025; TR MIL LEG VIII BIS AVGVST 11.3004. **c** MERCVRIO AVG SAC *CIL* 6.34; HERCVLI AVG SACR(VM) 6.301; PIETATI ~AE 6.562; CERES ~A *BMCI* 1. p.183, No.136 (Claudius); APOLLINI ~O 4.p.30, No.186.

2 a *mensis ~us*, the month of August, (formerly *Sextilis*) named after Augustus. **b** *laurus, ficus ~a*, varieties of laurel, fig.
a ut hic mensis ~us appelletur *S.C.*48(*Font.iur.*p.194); OV.*Fast.*5.147; cum bruma mensem sit tibi per ~um MART.3.93.16; (*w.* Idus) ~is redit Idibus Diana 12.67.2. **b** PLIN.*Nat.*17.60;—CLOAT.*gram.*9.

auia[1] ~ae, *f.* [AVVS]

1 A grandmother.
matres duas habet et ~as duas PL.*Truc.*808; cum..mater et ~a pueri postularent CIC.*Ver.*1.92; sic maternus auus dixerat atque ~a CATUL.84.6; hic ~ae lateri proximus, ille patris OV.*Pont.*4.9.110; PERS.6.55; MART.11.104.10; QUINT. *Inst.*12.6.1; TAC.*Ann.*1.33; PLIN.*Ep.*1.14.6; SUET.*Aug.*8.1; APUL.*Met.*6.9.

2 A rooted prejudice, 'old wives' tale'.
ueteres ~as tibi de pulmone reuello PERS.5.92.

auia[2] ~ae, *f.* [unkn.] An unidentified plant.
herba quae uocatur ~a COL.6.14.3.

āuia[3] ~ōrum, *n. pl.* [AVIVS] FORMS: sg. in pun *Rhet.Her.*4.29. A pathless region, wild, waste.
~a cursu dum sequor VERG.*A.*2.736; (equi) rapiunt..per ~a currum OV.*Met.*2.205; alta per ~a notus audiri STAT. *Theb.*4.714; deserere uicos et in ~a digredi TAC.*Ann.*14.23; FLOR.*Epit.*2.13(4.2.86);—(*w. gen.*) per ~a itinerum VELL. 2.75.3; per ~a..nemorum LUC.1.569; latebrosa per ~a saltus SIL.12.352; TAC.*Ann.*2.68; APUL.*Met.*3.28;—(*of the sea*) horrenda tot ~a mensi V.FL.5.475; ~a Oceani TAC. *Ann.*2.15;—(*in pun*) auium dulcedo ducit ad ~ium *Rhet. Her.*4.29.

auiārium ~(i)ī, *n.* [AVIS+-ARIVM] An artificial enclosure for birds, an aviary. **b** (poet.) a haunt of wild birds.
ex ~iis turdorum ac merularum VAR.*R.*1.38.2; 3.3.6; praeter balnearia et ambulationem et ~ium CIC.*Q.fr.*3.1.1; nantium uolucrum..~ia COL.8.1.4; PLIN.*Nat.*8.44; 18.193. **b** sanguineisque inculta rubent ~ia bacis VERG.*G.*2.430.

auiārius[1] ~a ~um, *a.* [AVIS+-ARIVS] Used for birds, bird-.
rete ~um VAR.*R.*3.5.13.

auiārius[2] ~(i)ī, *m.* [prec.] One who has charge of poultry, a bird-keeper.
~ius, qui subinde debet speculari aut incubantis aut parturientis fetas COL.8.3.4; 8.5.14.

auicula ~ae, *f.* [AVIS+-CVLA] A small bird.
VAR.*L.*8.79; cantu commendabiles ~as V.MAX.9.1.2; minurrire est omnium minutissimarum ~arum SUET.fr.161 (p.253Re); FRO.*Amic.*2.p.172(182N).

auidē, *adv. compar.* ~ius, *superl.* ~issimē. [AVIDVS+-E]

1 Greedily, hungrily. **b** avariciously, greedily.
densaque uirgultis ~e labrusca petuntur *Culex* 53; pransus non ~e HOR.*S.*1.6.127; ~ius uino ciboque corpora onerant LIV.41.2.13; SEN.*Ep.*78.22; ~e..haurientem APUL. *Met.*8.11;—(*transf.*) (fici) nouos soles..~e..accipiunt PLIN. *Nat.*15.73. **b** dum ~e rapiuntur SEN.*Ep.* 74.7; largus priuatim, quod ~ius de re publica sumeret TAC.*Hist.*2.84.

2 Eagerly, impatiently, 'hungrily'.
aures auent ~e exspectantes nuntium ENN.*scen.*48; ea res quam ~issime ciuitas exspectat CIC.*Phil.*14.1; ~e sum adfectus de fano *Att.*12.41.2; adfigunt ~e corpus LUCR.4.1108; SAL.*Jug.*60.1; si quis extra ordinem ~ius procurrit LIV.34.15.4; CURT.4.16.29; STAT.*Theb.*12.386; incredibilia ~e accepta TAC.*Ann.*4.11; (*of a plant*) nec ulla arborum ~ius se promittit PLIN.*Nat.*16.107.

auiditās ~ātis, *f.* [AVIDVS+-TAS]

1 Covetousness, cupidity, greed.
huius mendicitas ~ate coniuncta CIC.*Phil.*5.20; nihil relicturis, si ~ati indulgeretur, quod in aerarium deferret LIV.45.35.6; uerum est ~as diues et pauper pudor PHAED. 2.1.12; non patitur ~as quemquam esse gratum SEN. *Ben.*2.27.3; PLIN.*Nat.*23.9; TAC.*Ann.*1.65;—(*w. obj. gen.*) propter ~atem pecuniae CIC.*Parad.*43; ~ate praedae impetum faciunt LIV.8.38.12; SEN.*Ep.*76.24.

2 Appetite for food or drink, hunger. **b** greed, gluttony.
propter ~atem..cibum adsumpsisse CELS.1.pr.33; nuces ipsae somnum faciunt et ~atem PLIN.*Nat.*23.144; (*w. obj. gen.*) (lupini) ~atem cibi faciunt 22.155; propter nimiam

uini ~atem SUET.Tib.42.1. **b** decepta ~as et quem tenebat ore dimisit cibum PHAED.1.4.5; ingenti ~ate onerat distentum uentrem SEN.Ep.47.2; PLIN.Nat.10.163; (pl.) contra aliarum bestiolarum ~ates 11.15; (fig.) ~ati maris 6.1.

3 Ardent desire, keenness (for). **b** inordinate desire, lust, passion.
propter hanc aurium ~atem theatra replentur VAR.L.6.83;—(w. obj. gen.) ~as gloriae CIC.Q.fr.1.1.45; sermonis ~atem auxit Sen.46; ~ate caedis intemperantius secuti LIV.31.37.6; PLIN.Nat.30.8;—(w. gd., gdve.) ~as supplicii expetendi LIV.26.13.13; exeundi tanta est ~as PLIN.Nat.15.255; TAC.Hist.1.52. **b** inerit etiam ~as, desidia, iniuria PL.Mer.29; ad quas (sc. res) plerique inflammati ~ate rapiuntur CIC.Off.2.38; (pl.) feminarum ~ates augere ad infinitum PLIN.Nat.20.227;—(w. obj. gen.) nec ira sed ~ate quadam saeuiendi furit SEN.Ben.7.19.8; (w. ad) neque ..animalium tantum est ad coitus ~as PLIN.Nat.17.134.

auiditer, adv. [next+-TER²] Greedily.
merum saeuienti uentri tuo soles ~ ingurgitare APUL.Met.4.7.

auidus ~a ~um, a. compar. ~ior, superl. ~issimus. [AVEO+-IDVS]

1 Greedy for gain, covetous, avaricious. **b** (of the mind, character, etc., also, parts of the body).
pecuniai accipiter ~e atque inuide PL.Per.409; habet patrem quendam ~um, miserum atque aridum TER.Hau.526; probus improbum, pudens impudentem..liberalis ~um? CIC.Q.Rosc.21; ~us iam haec auferet heres HOR.S.2.3.151; unde ~is nox sit pretiosa puellis PROP.3.13.1; LIV.22.9.3; non ~os Styx habet ima deos OV.Fast.2.536; STAT.Theb.6.114; hominem auarum et ~um et pecuniae sitientem GEL.12.2.13; (poet.) tristes Erebi minas ~umque fatum SEN.Oed.411[b]; STAT.Theb.11.410;—(w. ad, in) eiu' frater aliquantum ad remst ~ior TER.Eu.131; quam ~um in pecuniis locupletium CIC.Phil.5.22; nos in instrumenta eius (sc. uitae)..~i sumus SEN.Ep.61.4; (w. gen.) dilator, spe longus, iners, ~usque futuri HOR.Ars 172;—(transf.) non ~as agnouit opes Culex 81; usura uorax ~umque in tempora fenus LUC.1.181. **b** animis ~is atque insatietatibus PL.Aul.487; Neptune..nam te omnes..~is moribus commemorant Trin.825; in ~o ingenio SAL.Jug.25.8; latius regnes ~um domando spiritum HOR.Carm.2.2.9; detrahe menti spem fructus ~ae OV.Pont.2.3.16;—cuncta manus ~as fugient heredis HOR.Carm.4.7.19.

2 Having an immoderate appetite for food or drink, greedy. **b** (of animals, etc.). **c** (of the jaws, teeth, etc.). **d** (of plants, etc.).
~um hominem ad has discendi epulas recepi CIC.Top.25; HOR.S.1.4.126; ~issimus hauri STAT.Ach.1.509; cibus ~um strangulauit, abstinentem frugalitas PETR.115.16; (in fig. phr.) si quis ~us poscit escam auariter PL.Rud.1238;—(w. gen.) ~ae cibi TER.Eu.938; SUET.Cl.44.2;—(transf.) ~am rigens Dercenna placabit sitim MART.1.49.17; totos ~a cute conbibe soles 10.12.7. **b** ~o..uulturio CATUL.108.4; oues ~aeque iuuencae VERG.G.2.375; si..placaris..fruge Lares ~aque porca HOR.Carm.3.23.4; ~am..Charybdim euicere OV.Met.14.75; faciunt..~iorem uolaturam COL.8.10.5; ~ae tigres LUC.6.488; ~is..turdis MART.3.58.26;—(transf.) nec luxus alios ~aeque impendia uitae noscant GRAT.308;—(w. gen.) crocodili humani corporis ~issimi PLIN.Nat.6.75. **c** quae piscis edax ~o male deuoret ore OV.Rem.209; squamigeris ~os figit ceruicibus ungues Met.4.717; ~os morsus..effugit 4.724; ~is..linguis Fast.6.145; quem..uulpes ~is rapuit dentibus PHAED.1.13.11; SEN.Oed.164; Thy.2. **d** tritici semine ~ius nullum est PLIN.Nat.18.85.

3 (of inanimate things) Voracious, greedy, insatiable. **b** (of qualities, actions, etc.). **c** (of ears) eagerly receptive, greedy.
~i contagia morbi LUCR.6.1236; exitio est ~um mare nautis HOR.Carm.1.28.18; ~is..rogis PROP.4.6.34; tempus nos ~um deuorat et chaos SEN.Tro.400; stagna ~i texere soli..depositum, Fortuna, tuum LUC.2.71; 7.156; ~am transmisit deuius hastam STAT.Theb.9.804; ~ae trux nauita cumbae (i.e. Charon) Silv.2.1.186; SIL.14.622; (in fig. phr.) (Amor) nostras ~o fouet igne medullas OV.Ep.4.15. **b** uoracitatem..~issimam..pascit PLIN.Nat.2.239; 3.5; cur ..~is Ixiona frango uerticibus? STAT.Theb.8.50. **c** Africani uocem diuinam inhiat ~is auribus PORC.poet.3.2(4 F); ita sunt ~ae et capaces (aures meae) CIC.Orat.104; OV.Pont.3.4.19.

4 Eager, ardent, 'hungry'. **b** (of a feeling, quality). **c** (of actions).
omnes ~i spectant ENN.Ann.85; neque enim sumus nimis ~i; ista tua mediocri eloquentia contenti sumus CIC.de Orat.1.133; ~is ita atque promptis ducibus SAL.Hist.2.67; ~i coniungere dextras ardebant VERG.A.1.514; STAT.Ach.1.754; SIL.3.305; M'. Lepidum dixerat capacem sed aspernantem, Gallum Asinium ~um et minorem TAC.Ann.1.13; (w. gen. of respect) stat ~us irae uictor SEN.Tro.22;—(parts of the body) ut..~o gaudia corde feras OV.Tr.3.11.58; ~is..pinnis SEN.Phoen.423;—(poet., of things) tot sidera tam exercita tam ~a Nat.2.5.2; non ~a arma uacant STAT.Theb.10.658. **b** ~um..amorem CATUL.68.83; ~os dolores satio SEN.Tro.762; odio, quod ex aemulatione ~issimum est PLIN.Nat.17.3; ~a uirtute STAT.Ach.1.468; TAC.Ann.14.22. **c** ~os extendere cursus VERG.A.12.909; ~o clamore SIL.1.420.

5 Ardently desirous (of), eager (for). **b** (of a feeling, character, etc.).
(w. gen.) libertatis ~a legio CIC.Phil.14.26; humanum genus est ~um nimis auricularum LUCR.4.594; ~um pugnae..Ascanium prohibent VERG.A.9.661; turba..~a nouarum rerum LIV.1.8.6; ~us..uiri (i.e. to come to grips with) V.FL.4.297; rumorum ~i TAC.Hist.1.4;—(w. gd., gdve.) ~us consul belli gerundi SAL.Jug.35.3; ~um inuadendi deserta moenia militem detinet LIV.10.34.6; TAC.Hist.2.1;—(w. dat.) seruorum manus subitis ~ae 1.7;—(w. in+acc.) in omne fas nefasque ~i 2.56;—(w. inf.) ~us confundere foedus VERG.A.12.290; ~us cognoscere amantem OV.Met.10.472; LUC.6.167; (poet.) proram naufragis ~am concurrere saxis STAT.Theb.5.415. **b** (w. gen.) mea ..festinatio non uictoriae solum ~a est sed etiam celeritatis CIC.Phil.3.2; PLIN.Nat.12.11; ferri..~us..ardor STAT.Theb.7.533;—(w. ad, in) ~a..in nouas res sunt ingenia LIV.22.21.2; gens ferox et ingenii ~i ad pugnam 7.23.6.

6 Lustful, passionate.
cum fas atque nefas exiguo fine libidinum discernunt ~i HOR.Carm.1.18.11; Nessus, ut est ~um percussus harundine pectus OV.Ep.9.161;—(transf.) pascit amore ~os inhians in te, dea, uisus LUCR.1.36; ~is..rapinis STAT.Silv.2.3.24.

auillus ~ī, m. [cf. OVILLVS] (See quot.)
~us agnus recentis partus PAUL.Fest.p.14M.

auipēs ~edis, a. [next+PES] Bird-footed, i.e. fleet-footed.
perit abit ~edis animula leporis SEPT.poet.17.

auis ~is, f. [Umb. avif, Skt. viḥ] FORMS: abl. sg. ~i or ~e, cf. VAR.L.8.66.

1 A bird. **b** (caught or used for food). **c** (phr.) ~is alba, rara, a marvel.
liber captiuos ~is ferae consimilis est PL.Capt.116; qui linguam ~ium intellegunt PAC.trag.83; (in pun) ~ium dulcedo ducit ad auium Rhet.Her.4.29; tamquam ~is illa mare prospecto euolare cupio CIC.Att.9.10.2; piscibus atque ouis ~ium uiuere existimantur CAES.Gal.4.10.5; quam multa in foliis ~ium se milia condunt VERG.G.4.473; ~es, solacia ruris OV.Fast.1.441; LUC.7.834; sequitur natura ~ium PLIN.Nat.10.1;—(applied to a person of unusual appearance) quae illaec ~is est quae huc cum tunicis aduenit? PL.Poen.975. **b** si ab ~ibus capiendis auceps dicatur VAR.L.8.61; insidias ~ibus moliri VERG.G.1.271; PROP.3.13.44; SEN.Ep.78.24; siquas ~is in cena habuisset APUL.Apol.58. **c** quasi ~em albam uidentur bene sentientem ciuem uidere CIC.Fam.7.28.2; hoc rara ~is est PERS.1.46; JUV.6.165.

2 (w. spec. adjs. and sim.) ~is AFRA, the Guinea fowl; ~es COHORTALES, C(O)HORTIS, poultry; ~is IVNONIS, the peacock; ~is LVCIS, the cock; ~is NOCTIS, NOCTVRNA, an owl; ~is RIPARIA, the sand-martin; ~is ROMANA, the eagle; ~es VENERIS, doves; ~es HARPYIAE, PHINEAE, the Harpies; and others. **b** (pl.) domestic fowl, poultry.
b ne..aluearibus ~ibusque accommodent curam (agricolae) QUINT.Inst.1.12.7.

3 (in augury) A bird as an omen or source of omens. **b** an augury, omen, portent.
Remus..secundam solus ~em seruat ENN.Ann.80; ~em aspexit in templo Anchisa NAEV.poet.3.1; siue immolaris, siue ~em aspexeris CIC.Div.2.149; aut ego sum causatus ~es aut omina dira TIB.1.3.17; LIV.27.16.15; OV.Ib.126; FLOR.Epit.2.17(4.7.9). **b** his sub signis ducam legiones meas ~i sinist⟨e⟩ra PL.Ps.762; isque (dictator) ~e sinistra dictus CIC.Leg.3.9; mala ducis ~i domum (sc. Helenen) HOR.Carm.1.15.5; PROP.4.1.40; secundis ~ibus LIV.6.12.9; ite bonis ~ibus OV.Met.15.640.

4 (astron., applied to various constellations): **a** = CYGNVS. **b** = CORVVS. **c** = AQVILA.
a CIC.Arat.629(383); sub ~is cauda pedes equi sunt subiecti VITR.9.4.3. **b** Anguis, ~is, Crater sidera iuncta micant OV.Fast.2.266. **c** grata Ioui fuluae rostra uidebis ~is OV.Fast.5.732.

auitium ~iī, n. [prec.+-ITIVM] Birds collectively, the bird family.
tam pulchra ales, quae ex omni ~io longe praecellit APUL.Soc.pr.4.

auītus¹ ~a ~um, a. [AVVS+-ITVS²]

1 Of or belonging to a grandfather, inherited from a grandfather.
uel paternam esset uel ~am gloriam consecutus! CIC.Brut.126; meus paternus ~usque fundus Arpinas Agr.3.8; superauit paternos honores, ~os aequauit LIV.30.26.8; OV.Rem.744; non habuit hoc ~um ille uitium, ne paternum quidem SEN.Dial.5.23.2; FRO.Amic.2.p.172(182N);—(of an animal) ubi asina et onagro natus admittitur equae..quicquid ex eo prouenit, paternam formam..fortitudinem..~am refert COL.6.37.4.

2 Of one's forefathers, ancestral, family.
quae palam soles habere tamquam ~a CATUL.25.8; haud expers Valerus uirtutis ~ae VERG.A.10.752; ne..~ae tecta uelint reparare Troiae HOR.Carm.3.3.59; TIB.2.4.53; PROP.2.24.37; ~um malum, regni cupido LIV.1.6.4; OV.Ars 2.695; STAT.Theb.11.352; Hortalus..~ae nobilitatis etiam inter angustias fortunae retinens TAC.Ann.2.38; conuallem ruris ~i..mihi si uicinus ademit JUV.13.36; (of a nation) ut..(Graecia) ~a libertate frueretur FLOR.Epit.1.23(2.7.13); (of an animal) (taurus) stabula aspectans regnis excessit ~is VERG.G.3.228;—(poet.) lacus..sede excussus ~a SIL.5.620.

Auītus² ~ī, m. A cognomen of the imperial period: e.g. L. Dubius Auitus, legate of Lower Germany under Nero; Alfius Auitus, a poet of Hadrian's time.
PLIN.Nat.34.47; TAC.Ann.13.54;—MAUR.2448.

āuius ~a ~um, a. [AB-+VIA+-VS]

1 Destitute of roads or paths, trackless, unfrequented, untrodden. **b** (transf., actions, etc.). **c** (w. dat.) inaccessible. **d** (see quot.).
Siluani lucus extra murum est ~us PL.Aul.674; uolucres nemora ~a peruolitantes LUCR.2.145; VERG.G.2.328; montibus ~is HOR.Carm.1.23.2; in ~os saltus montesque LIV.25.32.6; VELL.2.55.4; per ~as regiones FRON.Str.2.5.17; (of a route) suscipi bellum ~o itinere, importuoso mari TAC.Ann.12.20; (poet.) sonat ~us aether STAT.Theb.5.14; (in fig. phr.) ~a Pieridum peragro loca nullius ante trita solo LUCR.1.926. **b** errore ~o uagus arua lustras SEN.Tro.563; in certamina Paulo ~a diducto SIL.9.645. **c** saltus impeditos, ~a commeatibus loca LIV.9.19.16. **d** inuium sine uia, ~um flexuosum, deuium desertus locus SUET.fr.176 (p.276Re).

2 To which no path leads, out-of-the-way, distant, remote. **b** (pred.) to or at a distance, remote, afar. **c** (spec., of the sun) that is in the remote part of its course.
haec lympha puellis ~a secreti limitis unda fluit PROP.4.9.60; nec ulla adeo ~a et sicca lacuna erat CURT.4.16.14; LUC.5.375; STAT.Silv.4.3.73; apud fanum desertum et ~um FRO.Aur.1.p.44(213N);—(poet.) roris non ~a cura marini Culex 403. **b** in montis sese ~us abdidit altos VERG.A.11.810; Iuturna..uolat ~a longe 12.480; licet ~a longe urbs agat SIL.9.213; 15.487. **c** in alia uersus sidera ac solem ~um SEN.Oed.1017; quas..procul terras obliquo sidere tangit (sol) ~us STAT.Theb.1.160.

3 Departing from the straight or proper course, going astray; (also fig.) departing in mind or intention, deviating (from).
~a cum Phaethonta rapax uis solis equorum aethere raptauit toto LUCR.5.397;—quod si forte aliquis credit..~us a uera longe ratione recedit 2.229; 3.463; (w. dat. or abl.) init nunc ~a coepto consilia SIL.12.493; Y, quam memorant, uocibus ~a est latinis MAUR.135.

aula¹ ~ae, f. [Gk. αὐλή]

1 The yard or enclosure attached to a house.
uenaticus, ex quo tempore ceruinam pellem latrauit in ~a HOR.Ep.1.2.66; uacuam pastoris in ~am dux aries saturas ipse reduxit ouis PROP.3.13.39; GRAT.167; (cf.) nec te cultu Tirynthia uincat ~a (sc. Bauli) STAT.Silv.2.2.110.

2 **a** An inner court in a Greek house. **b** an entrance hall (= ATRIVM).
a mesauloe dicuntur, quod inter duas ~as media sunt interposita VITR.6.7.5. **b** hymenaeum fremunt aequales, ~a resonit crepitu musico PAC.trag.114; lectus genialis in ~a est HOR.Ep.1.1.87.

3 A royal or noble residence, palace, hall. **b** a temple. **c** (poet., of the abodes of animals).
illa se iactet in ~a Aeolus VERG.A.1.140; 4.328; caret inuidenda sobrius ~a HOR.Carm.2.10.8; uti mediae ualuae ornatus habeant ~ae regiae VITR.5.6.8; in..tua..regnant..~a OV.Ep.1.89; Met.4.512; tristem curis..~am V.MAX.7.1.2; clausa reuocauit ab ~a..populos LUC.10.504;—(the imperial palace) uacuam..Erinys..intrauit ~am [SEN.] Oct.162; intra limina sanctioris ~ae MART.5.6.8;—(of Heaven) aetheriae potens dominator ~ae SEN.Thy.1078; nec te caeli iuuet ~a STAT.Silv.1.1.106; (of Hades) immanis ..ianitor ~ae, Cerberus HOR.Carm.3.11.16; fuscae deus..~ae PROP.4.11.5; SIL.13.522; (cf.) nulla certior..rapacis Orci fine destinata ~a diuitem manet erum HOR.Carm.2.18.31. **b** Tarpeiae uenerande rector ~ae MART.7.60.1; unde haec ~a recens..agresti Alcidae? STAT.Silv.3.1.10. **c** melior (ductor) uacua sine regnet in ~a VERG.G.4.90; feralem strepitu circumtonat ~am SIL.6.216; (facet.) tigris et aurata gradiens uectatur in ~a PETR.119,l.17.

4 A royal or imperial household, body of courtiers, court. **b** a throne; a kingdom.
omni auctoritate ~ae communita CIC.Fam.15.4.6; haudquaquam ~ae..accommodatus CURT.8.8.21; LUC.8.451; puer tota domino gratissimus ~a MART.9.16.3; eadem..nouae ~ae mala TAC.Hist.1.7; 1.13; Claudius inter ludibria ~ae erat SUET.Nero 6.2; (transf.) regnum illud (sc. Persarum) ita conponi oportet cum mundi ~a APUL.Mun.27. **b** ut..pactae tandem succederet ~ae STAT.Theb.2.398; uacuae..proximus ~ae 11.302;—Bebryciae Poenus fines transcenderat ~ae SIL.3.443.

aula²: see OLLA.

aulaeum ~ī, n. [Gk. αὐλαία]

1 The curtain of a theatre; (it was lowered to reveal the scene and raised at the end of the performance).
quattuor aut pluris ~a premuntur in horas HOR.Ep.2.1.189; ~o misso PHAED.5.7.23; ~o subducto APUL.Met.10.29;—~um tollitur CIC.Cael.65; VERG.G.3.25; OV.Met.3.111;—(meton.) quotiens ~a recondita cessant JUV.6.67; omnia Florae et Cereris licet et Cybeles ~a relinquas 14.263;—(in fig. phr.) ~um tragicum dimoueto..et cedo uerbis communibus APUL.Met.1.8.

2 (pl.) Curtains, hangings, tapestries.
~a obducite LUCIL.817; VAR. in Non.p.537M; exornatis aedibus per ~a SAL.Hist.2.70.2; ~is iam se regina superbis aurea composuit VERG.A.1.697; HOR.S.2.8.54; PROP.2.32.12; CURT.8.5.21; SIL.14.660; (iron.) pictae Sarrana ferentem ex umeris ~a togae JUV.10.39.

aulēticos ~ē ~on, a. [Gk. αὐλητικός] Used for making reed-pipes.
PLIN.Nat.16.164; harundo tibialis calami, quem ~on dicebant 16.169.

aulicoctus ~cta ~ctum, a. Also **~cius, ~quis.** [AVLA²+COQVO] Cooked in a pot, boiled.
EXTA ~CTA CIL 6.2065; CERERE AVLIQVOQVIBVS VESPERNAM PORO A.Epig.53.131; ~cia exta, quae in ollis coquebantur, dicebant PAUL.Fest.p.23M.

aulicus ~a ~um, a. [Gk. αὐλικός] Of or belonging to, the imperial household; (masc. as sb.) a courtier.
nauis..puluerem luctatoribus ~is aduexisse SUET.Nero 45.1; libertinam ~am..diligere simulauit Otho 2.2; Dom.

4.1;—non minorem inuidiam ~orum excepit Nep.*Dat.*5.2; causam operis ab interioribus ~is proditam Suet.*Cal.*19.3.

Aulis ~idis, *f.* Forms: (acc.) *~idem*, *~in*, or *~ida*. The seaport in Boeotia from which the Greek fleet sailed for Troy.
Cic.*Tusc.*1.116; Verg.*A.*4.426; Liv.35.50.11; Ov.*Met.*13.182; Mela 2.45; Luc.5.236.

auloedus ~ī, *m* [Gk. αὐλῳδός] A person who sings to the reed-pipe.
aiunt..eos ~os esse qui citharoedi fieri non potuerint Cic.*Mur.*29.

aulōn[1] ~ōnis, *m.* [Gk. αὐλών] A waterspout.
(uocatur) ~on cum ueluti fistula nubes aquam trahit Plin.*Nat.*2.134.

Aulōn[2] ~ōnis, *m.* A valley in Calabria, famous for its wine.
Hor.*Carm.*2.6.18; Mart.13.125.1.

aulopoios ~ī, *m.* [Gk. αὐλοποιός] A maker of reed-pipes.
conuocat..Diona ~on Var. in Non.p.56M.

aulos ~ī, *m.* [Gk. αὐλός] A kind of bivalve, perh. the razor-shell.
peculiares..maris..solen siue ~os siue donax siue onyx siue dactylus Plin.*Nat.*32.151.

aulula: see ollvla.

Aululāria ~ae, *f.* The title of a comedy by Plautus (w. ref. to a jar of money).
Plin.*Nat.*18.107.

Aulus ~ī, *m.* Forms: *Olus CIL* 1.1210.4. A Roman praenomen, usu. abbrev. A.
in quibus ~um Plautium iuuenem (*sc.* interemit) Suet.*Nero* 35.4; *Ves.*4.1.

aumatium ~iī, *n.* [? Gk. ὀμμάτιον] (app.) A latrine in a theatre or circus.
in ~ium memet ipsum conieci ? Petr.*fr.*13.

aunculus: see avvncvlvs.

āuocāmentum ~ī, *n.* [avoco+-mentvm] A distraction, diversion, or recreation.
admittere ~a et cicatricem pati Plin.*Ep.*8.5.3; omnia mihi studia..omnia ~a exemit..dolor 8.23.1; *Pan.*82.8; carminum ~o..soporari Apul.*Apol.*43.

āuocātiō ~ōnis, *f.* [next+-tio] The process of diverting the attention, distraction.
in..~one a cogitanda molestia Cic.*Tusc.*3.33; quae me sine ~ione circumstrepunt Sen.*Ep.*56.4.

āuocō ~āre ~āuī ~ātum, *tr.* [ab-+voco]

1 To call or summon away (from a place, esp. the scene of some activity). **b** to call away to a different place or activity.
secedat nunc; ~et plebem Liv.2.34.10; 6.18.2;—(*w.* ab) ab eo ivdicio..~arier *CIL* 1.583.71; (Antonius) ~atur a Mutina Cic.*Phil.*6.6; consules a bello intentos ~are non placebat Liv.25.2.3; Vell.2.108.2; quam paucissimos (milites) a signis ~andos esse Tra.Plin.*Ep.*10.20(31).2; (*cf.*) cum..Publilium..~ari ab spe capiendae..urbis haud e re publica esset Liv.8.23.11. **b** inde consules..in prata Flaminia..~auere senatum Liv.3.63.7; ea oppugnatio segnior insequenti anno fuit, parte..exercitus..ad Volscum ~ata bellum 4.61.3; (*w. gdve.*) cum pubem Albanam in arcem..obtinendam ~asset 1.6.1.

2 a To take over (a meeting from another). **b** (leg.) to take away, withdraw (property).
a ~atam a se contionem tribunus questus Liv.43.16.9; consul ab omnibus magistratibus et comitiatum et contionem ~are potest..bifariam cum populo agi non potest nec ~are alius alii potest Mes.Ruf.*iur.*2(Gel.13.16(15).1). **b** Pompon.*dig.*19.1.3; ab his ~ari hereditas potest Gaius *Inst.*2.148; si legatarius possessionem nanctus est et non potest ~ari ei res Paul.*dig.*35.2.1.11.

3 To turn aside, divert (a moving object). **b** to turn or direct away (the eyes).
ne quid sit quo possit succus ~ari Col.*Arb.*26.9; Plin.*Nat.*17.118; si in uicino tuo agro..fossa aquam meam ~es Ulp.*dig.*39.2.26;—(*in fencing*) in latera atque in terga incurrere..et arma ~are et uelut nutu fallere Quint.*Inst.*9.1.21. **b** ut ne sole quidem oculos tuos a terra ~es Plin.*Nat.*18.252; nisi in singulas portiones ~atum undique uisum direxerimus Agen.*agrim.*p.21.

4 To dissuade, divert (from an act, a course of action, study, preoccupation, etc.). **b** (w. new occupation, etc. specified).
quin Pompeium a Caesaris coniunctione ~arem Cic.*Phil.*2.23; quod me a maestitia ~as *Att.*12.37a.(4); ~ato populo ab armis Liv.3.16.6; non obtundere te neque a potioribus ~are Fro.*Aur.*1.p.262(167N); (*w. gdve.*) quod ~et a rebus gerendis (*sc.* senectus) Cic.*Sen.*15; (*w. non-pers. subj.*) quos iam aetas a proeliis ~abat *S.Rosc.*90; Sen.*Ben.*4.14.4; (*poet.*, *cf.* 1) haec..illi desidia est, hic Aoniis amor ~at antris Stat.*Silv.*4.6.31;—(*refl.*) qui se a corpore ~ent Cic.*Div.*1.111;—(*minds, thoughts, etc.*) ut..a propriis personis..~et controuersiam *Orat.*45; Socrates..uidetur..a rebus occultis..~asse philosophiam *Ac.*1.15; ab hisce rebus animum ac cogitationem tuam ~a Sulp.Ruf.*Fam.*4.5.5. **b** ab industria plebem ad desidiam ~ari putabant Cic. *Sest.*103; quibusdam ad Antiochum multitudinis animos ~antibus Liv.37.9.1; in eam (quaestionem) iudex..~andus Quint.*Inst.*6.4.20; (*w. gd.*) quo magis..ab impetu ad consultandum ~abantur Liv.2.57.2.

5 To turn away the attention of, to distract (a person); also, to distract (the attention), interrupt (work). **b** to occupy, engage (the attention of).
ut a nullius umquam me tempore..uoluptas ~arit Cic. *Arch.*12; ne ~ari quidem se passa est, intenta in unam rem Sen.*Dial.*6.2.4; Col.7.12.2; Plin.*Nat.*18.13; illa..necesse est ~ent ab intentione operis destinati Quint.*Inst.*10.3.23; Plin.*Ep.*9.36.2; (*w. advl. acc.*) nihil tanta sociorum clade ~ati sunt Liv.26.13.10;—plus in operis seruorum ~andis ..dependitur Col.11.1.20; ~ata intentione aduersarium euasit Fron.*Str.*1.5.18; Plin.*Ep.*9.2.1. **b** in illis enim (scriptis) quamuis aegrum eum adhuc..~abit ipsa rerum ..austeritas Sen.*Dial.*11.8.4; ille (*sc.* canis) ~atus cibo furorem suppresserat Petr.72.9; nullis uoluptatibus ~atus Tac.*Ann.*3.37; modus ruris, qui ~et magis quam distringat Plin.*Ep.*1.24.3.

āuolō ~āre ~āuī ~ātum, *intr.* [ab-+volo]

1 To fly away, fly off. **b** (transf., of a missile). **c** (fig.).
quo ~auit gallus Titin.*com.*126; sublime ~ans pinnata cauda Acc.*trag.*390; Col.8.8.6; ~are et reuolare solent (columbae) Gaius *dig.*41.1.5.5;—(*of gods, etc.*) is (*sc.* Zephyrus)..per aetherias me tollens ~at umbras Catul. 66.55; Ov.*Ars* 2.19; Apul.*Met.*5.23; (*cf. of dying*) me hinc ~aturum neque mei quicquam relicturum Cic.*Tusc.*1.103;—(*iron.*) cor subito non potuisse nescio quo ~are *Div.*2.37. **b** reuortit, ⟨quasi⟩ quom catapulta ~at Titin.*com.*125. **c** effluit..uoluptas corporis et prima quaeque ~at Cic.*Fin.* 2.106.

2 To rush off, flee.
experiar..ut hinc ~em Cic.*Att.*9.10.3; iuuenis..~at ipse ..conuersisque fugax aufertur habenis Verg.*A.*11.712; citatis equis ~ant Romam Liv.1.57.8; Juv.6.226.

āuolsiō: see avvlsio.

āuolsus: see avello.

āuorro: see averro.

aura ~ae, *f.* [Gk. αὔρα] Forms: *~ai* (gen. sg. Verg.*A.*6.747.

1 Air in gentle motion, a puff or breath of air; a draught. **b** (opp. *uentus*) a light breeze. **c** (fig.) a minute amount, puff.
~a..suspensa leuisque Lucr.3.196; omnes terrent ~ae Verg.*A.*2.728; sine ~a, quae sentiatur, folia ludentia Plin.*Nat.*18.360;—oppositaque manu lumen defendit ab ~a *Mor.*14; aeger..est quem leuis ~a contraxit Sen.*Dial.* 4.25.1. **b** e refrigerationibus umoris uentorum et ~arum Vitr.1.4.6; non uento tantum sed ~a impellitur Sen.*Nat.*3.25.8; Apul.*Mun.*10. **c** ~am posse aliquam adflari in hoc crimine uoluntatis Cic.*Ver.*1.35; parua..~a rumoris *Mur.*35; Verg.*A.*7.646; ad omnem ~am spei.. infida Liv.29.3.13; incertae famae captauerant ~am Curt. 4.5.12.

2 A breeze, wind (esp. in navigation). **b** (as proverbially fickle).
nocte ~a profecti sumus Cato *orat.*31; simul ac..uehementius ~a inflarit Lucil.998; iucundis Zephyri..~is Catul.46.3; naues..usae nocturna ~a Caes.*Civ.*3.8.2; ~ae uela uocant Verg.*A.*3.356; nulla..arbor aestiua recreatur ~a Hor.*Carm.*1.22.18; remis utaris an ~a Ov.*Tr.*1.1.91; undique silebit ~a Col.2.20.5; Plin.*Nat.*36.167; uiolentior ~a Stat.*Theb.*6.157; (*personified in art*) duae..~ae uelificantes sua ueste Plin.*Nat.*36.29. **b** Aenean credam.. fallacibus ~is..? Verg.*A.*5.850; uerna..incertior ~a Ov. *Ep.*6.109;—(*in fig. phrs.*) semper amabilem sperat, nescius ~ae fallacis Hor.*Carm.*1.5.11; propera, ne uela cadant ~aeque resident Ov.*Ars* 1.373.

3 a *~a popularis*, etc., the breath (of favour, etc.). **b** (absol.); also, the favour of fortune.
a arbitrio popularis ~ae Hor.*Carm.*3.2.20; ~ae popularis captator Liv.3.33.7; popularibus ~is inpelli Luc.1.132; Sil.7.512; Quint.*Inst.*11.1.45;—uulgi se uenditet ~ae? Ov.*Hal.*70. **b** ~a non consilio ferri Liv.6.11.7; animus ~a captus friuola Phaed.5.7.1;—si qua..irritauerit ~a Sil.8.325; (*cf.*) neque periculi tempestas neque honoris ~a Cic.*Sest.*101.

4 (often pl.) The air (above the earth), the atmosphere. **b** *in*, *ad ~as*, to heaven, aloft. **c** air (as a substance).
uerberat ictibus ~as Verg.*A.*5.377; publica uicinae perstrepet ~a uiae Prop.3.10.26; cupiens efferre (dedecus) sub ~as (*i.e. publish abroad*) Ov.*Met.*11.184; uenit per ~as cornix Phaed.2.6.7; aeraque infectum nostras demittit ad ~as Man.2.357; propter ~ae rigorem Aur.*Fro.*1.p.300(104N);—(*of the world of the living*) te..refer caeli melioris ad ~as Ov.*Met.*4.478; (infantem) poscentem.. nouas tremulis ululatibus ~as Stat.*Silv.*5.5.71; Sil.3.712. **b** ceu fumus, in altas aeris ~as Lucr.3.456; Verg.*G.*2.363; stat ferrea turris ad ~as *A.*6.554; (*in fig. phr.*) (Fama) mox sese attollit in ~as 4.176. **c** ignis terraeque..corpus et aerias ~as roremque liquoris Lucr.1.771; Ov.*Tr.*5.6.19; spiritus puros dabit uitalis ~a Sen.*Oed.*651; Plin.*Nat.* 11.266.

5 Air issuing from the lungs, breath.
tenuis..quaedam moribundos deserit ~a Lucr.3.232; si modo clamantis reuocauerit ~a puellae Prop.2.27.15; Ov.*Fast.*5.507; Quint.*Inst.*11.3.16; (*poet.*) illius (*sc.* Somni) ~a solo uolucris pecudesque ferasque explicat Stat.*Theb.* 10.141.

6 An odour, fragrance, aroma; an effluvium, stench.
inolentis oliui naturam, nullam quae mittat naribus ~am Lucr.2.851; tua ne retardet ~a maritos Hor.*Carm.*2.8.24; V.Fl.5.588; curuo quae cadit ~a croco Mart.11.8.2; pingues..ab ouilibus ~ae Stat.*Theb.*10.46; Apul.*Apol.*57;—piscinae uetus ~a quod marinae (redolet) Mart.4.4.3; 12.32.17.

7 Exhalation, vapour, effluence. **b** (app.) radiation, gleam.
per teneras caliginis ~as Enn.*Ann.*21; Pac.*trag.*363; Cels.1.2.3; nocturnae..editor ~ae Sarnus Luc.2.423; Fron.*Str.*2.2.7;—(*of the* torpedo) uim..quae odore tantum et quadam ~a corporis sui adficiat membra Plin.*Nat.*32.7. **b** solis calidior uisa est ~a Var.*Men.*139; discolor unde auri per ramos ~a refulsit Verg.*A.*6.204.

aurāculum: see oracvlvm.

aurāria ~ae, *f.* [next] A gold-mine.
~as..sibimet Tiberius seposuit Tac.*Ann.*6.19.

aurārius ~a ~um, *a.* [avrvm+-arivs] Concerned with, or used for, gold.
negotium hoc ad me attinet ~um Pl.*Bac.*229; uerbum statera ~a pendere Var.*Men.*419; ~is..in metallis Plin. *Nat.*8.222.

aurāta ~ae, *f.* [avratvs] A kind of fish, the gilt-head or dorado.
Cels.2.18.7; Col.8.16.2; Plin.*Nat.*9.58; Mart.13.90.1.

aurātūra ~ae, *f.* [avro+-vra] A thin coating of gold, gilding.
cum aurata tecta 'aurea' (dico), pusillum a uero discedo, quia non est ⟨nisi⟩ pars ~a Quint.*Inst.*8.6.28.

aurātus ~a ~um, *a.* [pple. of avro]

1 Overlaid with gold, gilded.
crateris ex ~is hauserunt Enn.*Ann.*624; imagines..~ae Var.*R.*1.1.4; ~a tecta Cic.*Parad.*49; ~is circumdata colla catenis Prop.2.1.33; Liv.40.34.5; Ov.*Met.*8.702; V.Max. 8.15.ext.2; socculum ~um, immo aureum,..ostendere Sen. *Ben.*2.12.1.

2 Adorned with gold, gold-mounted, gold-embroidered. **b** (of an animal) with gilded horns. **c** (of a person, etc.) wearing gold ornaments, with gold-ornamented dress or accoutrements.
lectos eburatos, ~os Pl.*St.*377; chirodytoe ~i Lucil.71; exuit ensem ~um Verg.*A.*9.304; ~a scuta Liv.9.40.16; ~a corpora ueste tegi Ov.*Ep.*13.32; Sen.*Ep.*76.14; Stat.*Ach.* 1.262; chlamyde ~a Tac.*Ann.*12.56; (*poet.*) ~i (*i.e. starry*) putes laquearia caeli Stat.*Silv.*4.2.31. **b** boue ~o et capris duabus albis auratis Liv.25.12.13; tauris gemuit ~is nemus Sen.*Her.O.*785; Flor.*Epit.*2.18(4.8.3); Juv.6.48; (*cf.*) Verg.*G.*4.371; ~a fronte iuuencum *A.*9.627. **c** te ~am et uestitam bene habet Pl.*Men.*801; telum..~a ad tempora torquet Verg.*A.*12.536; tunicae ~is militibus uersicolores Liv.9.40.3; Sen.*Dial.*2.18.3.

3 Made of gold, golden. **b** (mythol., of the Golden Fleece).
(telum) ~um est et cuspide fulget acuta Ov.*Met.*1.470; ornabant ~a monilia collum 5.52. **b** ~am optantes Colchis auertere pellem Catul.64.5; ~ae uellere diues ouis Ov. *Ep.*6.2; Man.2.212; Sen.*Med.*983.

4 Containing gold, gold-bearing.
~a metalla Lucr.6.811; ~i..fluunt amnes Man.4.672; ~o..limo Stat.*Silv.*3.3.62.

5 Gold-coloured, golden; *piscis ~a*, the gilt-head.
~a procedit Vesper ab Oeta *Culex* 203; ardens ~is muraena notis Ov.*Hal.*114; factiones ~i purpureique panni Suet.*Dom.*7.1;—piscis ~a in cibo Plin.*Nat.*32.43.

aureae ~ārum, *f. pl.*: (see quot., but prob. = oreae).
~as dicebant frenos, quibus equorum aures religantur Paul.*Fest.*p.27M.

aureax, *m.*: (see quot.).
~ax auriga Paul.*Fest.*p.8M.

Aurēlius ~a ~um, *a.*

1 The name of a Roman *gens*, esp. M. Aurelius, emperor a.d. 161–80.
t ~vs antoninvs m ~i caesaris filivs imp antonini avgvsti pii p p nepos *CIL* 6.993; m ~o antonino avg germ sarm pontif maxim tribvnic pot xxx cos iii 6.1014; 8.4208.

2 Named after an Aurelius: **a** *via ~a*, a road leading from Rome along the coast of Etruria to the maritime Alps. **b** various laws, esp. *lex ~a* (70 b.c.) of the praetor L. Aurelius Cotta, by which the juries were composed of equal numbers of senators, equites, and tribuni aerarii. **c** *tribunal ~um*, a tribunal in the forum at Rome; (cf. also) *gradus ~i*.
a Cic.*Phil.*12.22; Suet.*Gal.*20.2; *CIL* 14.3610. **b** Cic. *Phil.*1.20; *Corn.*1.fr.52. **c** Cic.*Pis.*11;—*Flac.*66.

aureolus[1] ~a ~um, *a.* [avrevs+-olvs] Forms: *auriolus* Col.9.3.2.

1 Made of gold, golden.
adferre..anellum ~um Pl.*Epid.*640; ensiculust ~us *Rud.*1156; ~o cinctu Lucil.290; ~um..malum Catul.2.12; Petr.67.9.

2 Gold-coloured, golden.
collo..~o Var.*R.*3.9.5; pingunt..~os uiridi pallore corymbos *Culex* 144; (*neut. as sb.*) ex ~o uarias (apes) Col. 9.3.2.

3 Beautiful, lovely (cf. also 2). **b** (of speech or writing) brilliant, excellent.
transfer..limen ~os pedes Catul.61.160. **b** non

magnus uerum ~us..libellus Cic.*Luc*.135; illa ~a oratiuncula *N.D*.3.43.

aureolus[2] ~ī, *m.* [prec.] A golden coin, gold piece.
~os..accipit..denos? Mart.9.4.3; 10.75.8; 12.36.3.

aurescō ~ere, *intr.* **(ōr-).** [AVRVM+-ESCO] To become golden in colour.
ab igni solis..aureo aer ~it Var.*L*.7.83; Nov.*com*.66(*dub*.).

aureus[1] ~a ~um, *a.* [AVRVM+-EVS]

1 Made of gold, golden. **b** *~us nummus,* a gold piece, 'sovereign'; (see also AVREVS[2]). **c** (mythol. of the Golden Fleece).
~o eclutro Andr.*poet*.4(5); Amphitruoni patera donata ~a est Pl.*Am*.260; non inaurata statua, sed ~a Cic.*de Orat*.3.129; anulus ~us *Ver*.1.157; ~a..simulacra Lucr.2.24; utuntur aut aere aut nummo ~o Caes.*Gal*.5.12.4; ~us..ramus Verg.*A*.6.137; ~a poma Ov.*Met*.10.650; ~a silua Luc.9.360; ~orum argentariorumque nummorum Apul.*Met*.4.8; (*of Jupiter*) licet..turribus ~us intres Stat.*Theb*.1.255; (*cf.*) (domum) restitutam..~am nominauit Suet.*Nero*.31.1; (*neut. pl. as sb.*) ~a solus habes, murrina solus habes Mart.3.26.2; (*transf.*) uis ~a tinxit flumen Ov.*Met*.11.142. **b** nummi octingenti ~i Pl.*Rud*.1313; cum Aquilae primi pili nummos ~os daret Cic.*Phil*.12.20; (*of Philip*) ~i trecenti nummi Philippi Pl.*Poen*.165. **c** ~a..ouis Prop.2.26.6; peruenit in Colchas ~a lana domos Ov.*Fast*.3.876; Sen.*Tro*.1036.

2 Covered with gold, gilded. **b** adorned with gold; (of a sacrificial victim) with gilded horns.
in sella ~a Cic.*Div*.1.119; ~a tecta Verg.*A*.6.13; ~um..lacunar Hor.*Carm*.2.18.1; Prop.4.10.28; ~a..Capitolia Ov.*Fast*.6.73; Plin.*Nat*.11.186; cornibus ~is V.Fl.6.71; ~a..caryota Mart.13.27.1; ~a puppe Flor.*Epit*.2.21 (4.11.8). **b** quibus ibat in armis (Turnus) ~us Verg.*A*.9.270; ~a templa Prop.4.1.5; ~am olim atque argenteam Samnitium aciem..occisam Liv.10.39.13; nunc ~a Romast Ov.*Ars* 3.113; V.Fl.8.128; Stat.*Theb*.4.389;—immolabat ~am uictimam Naev.*poet*.3.3.

3 Containing gold, gold-bearing.
(*of rivers*) Pactolus ~as undas agens Var.*Men*.234; ~a..flumina..Tagi Verg.*Cat*.9.52; Ov.*Met*.11.87; Sen.*Thy*.354; (*of soil*) ~um argenteumque his (insulis) solum esse Plin.*Nat*.6.80; (*of bags*) ~os folles incubabat Apul.*Met*.4.9.

4 Shining like gold, golden. **b** gold-coloured, bright yellow.
~us exoritur sol Enn.*Ann*.92; nubes..caeli cauernas ~as obduxerant Var.*Men*.270; Catul.63.39; ~a pauonum ridenti imbuta lepore saecla Lucr.2.502; uento semper rubet ~a Phoebe Verg.*G*.1.431; sidus ~um Hor.*Epod*.17.41; ~us aether Ov.*Met*.13.587; Man.5.388; Plin.*Nat*.37.126; lanterna uiae clusis feror ~a flammis Mart.14.61.2. **b** ~a durae mala ferant quercus Verg. *Ecl*.8.52; ~a..uua Tib.2.1.45; ~a mella Ov.*Fast*.4.546; flos ~us *Priap*.68.21; folia ~i coloris Plin.*Nat*.19.45; (*prol.*) ~a qui nitidis uellera tinguis aquis Mart.12.98.2.

5 Of great excellence or beauty, splendid, golden.
ocellus ~us, donum decusque amoris Pl.*As*.691; Venus ~a Verg.*A*.10.16; Hor.*Carm*.1.5.9; ~a..Copia *Ep*.1.12.28; ~a..anus Tib.1.6.58; ~a Cynthia Prop.4.7.85; ~us..Amor Ov.*Am*.2.18.36; Apul.*Met*.5.14;—(*of speech, etc.*) flumen orationis ~um Cic.*Luc*.119; *Off*.3.70; ~a dicta Lucr.3.12;—(*of qualities*) ~am quisquis mediocritatem diligit Hor.*Carm*.2.10.5; mores..~os 4.2.23.

6 *~a aetas, ~um saeculum, etc.*, the Golden Age, a fabled time of happiness, when Saturn was king. **b** of the Golden Age.
~a..saecula Verg.*A*.6.792; tempus ~um Hor.*Epod*.16.64; uetus illa aetas, cui fecimus ~a nomen Ov.*Met*.15.96; *Vers.pop*. in Suet.*Tib*.59.1(*poet*.p.122); Tac.*Dial*.12.3; (*iron.*) ~a sunt uere nunc saecula: plurimus auro uenit honos Ov.*Ars* 2.277. **b** ab illo ~o genere, ut poetae loquuntur, uis nulla umquam adferebatur Cic.*N.D*.2.159; ~us..Saturnus Verg.*G*.2.538; ~a regna Stat.*Silv*.3.3.5; (*cf.*) toto surget gens ~a mundo Verg.*Ecl*.4.9.

aureus[2] ~ī, *m.* [prec.] A gold coin, (at Rome, equivalent to 25 silver denarii), 'sovereign'.
coronam uiginti milium ~orum decreuerunt Liv.45.25.7; copiarum duces..M ~is singulos donat Curt.9.1.6; Petr.76.7; Juv.7.122; quadragenos ~os comitibus diuisit Suet.*Aug*.98.2; Apul.*Met*.2.22.

aurichalcum, aurichalcinus: see ORICH-.

auricomus ~a ~um, *a.* [AVRVM+COMA+-VS] Golden-haired, flaxen-haired. **b** (poet.) with golden foliage, golden-leaved.
Sol ~is cingentibus Horis V.Fl.4.92; puer ~o praeformidate Batauo Sil.3.608. **b** ~os..qui decerpserit arbore fetus Verg.*A*.6.141.

auricula ~ae, *f.* Also **ōr-.** [AVRIS+-CVLA]

1 The ear (as a part of the body). **b** *~am opponere, tangere,* to offer, touch, the ear (in agreeing to be, or accepting, a witness).
prehende ~is, compara labella cum labellis Pl.*As*.668; ne ~am obsidat caries Lucil.266; ~am fortasse mordicus abstulisset Cic.*Q.fr*.3.4.2; ~as illi praeciderem Petr.67.10; Larg.39; rubentibus ~is Suet.*Aug*.69.1; Apul.*Met*.9.36; (*in prov.*) ~a infima..molliorem Cic.*Q.fr*.2.13.4; ~as imitari..albas Pers.1.59; (*on statues, etc.*) Coruinum et Galbam ~is nasoque carentem Juv.8.5;—(*of animals*) debent esse (canes)..~is magnis Var.*R*.2.9.4; Hor.*S*.1.9.20; ~as asini quis non habet? Pers.1.121; Col.6.5.4. **β** *CIL* 1.2520.25; ~arum magnitudo..stultitiae nota est Plin.*Nat*.11.276. **b** oppono ~am Hor.*S*.1.9.77; Hercules..~am illi tetigit Sen.*Apoc*.9.4.

2 The ear as the organ of hearing, sense of hearing; also perh., attention.
gaudent praenomine molles ~ae Hor.*S*.2.5.33; Prop.1.16.28; teneras mordaci radere uero ~as Pers.1.108. **β** cui..pedagogi lites ad ~as uersarentur *Rhet.Her*.4.14;—humanum genus est auidum nimis ~arum Lucr.4.594.

3 ~ *a murina,* a plant; cf. MYOSOTON.
Larg.153.

auriculārius ~a ~um, *a.* Also **ōr-.** [prec.+-ARIVS] Of or for the ears; *medicus ~us,* an ear specialist.
per ~um clysterem Cels.5.28.12.M; ~o specillo 6.7.5;—*CIL* 6.37752; Ulp.*dig*.50.13.1.3.

aurifer ~era ~erum, *a.* [AVRVM+-FER] Producing or yielding gold, gold-bearing: **a** (of a mine, country, etc.). **b** (of a river or its sands). **c** (mythol., of a tree or grove) bearing golden fruit.
a ab ~eris..metallis Luc.3.209; ~eris..fossis Stat.*Silv*.3.3.89;— ~erae colone terrae Mart.10.78.5; Flor.*Epit*.2.33(4.12.60);—ab ~eris gentibus Mart.14.199.2. **b** amnis ~er Tagus Catul.29.19; [Tib.]3.3.29; Ov.*Am*.1.15.34; Tagus ~eris harenis celebratur Plin.*Nat*.4.115; ~eras..oras Mart.10.13(20).1; Amp.6.9. **c** draconem ~eram..adseruantem arborem Cic.*Tusc*.2.22; ex narrato illo ~ero nemore Plin.*Nat*.5.3; Sil.4.637; (*poet.*) ~era uigilis spolia serpentis Sen.*Her.F*.240; nemus ~erum (*i.e. of the Golden Fleece*) V.Fl.5.637.

aurifex ~icis, *m.* Also **aurufex.** [AVRVM+-FEX] One who works in gold, a goldsmith.
illud spinter, ut ad ~icem ferres, ut fieret nouom Pl.*Men*.682; D SEGVLIVS ALEXSA ~EX *CIL* 1.1840; Lucil.994; Var.*L*.8.62; non ~icis statera, sed populari quadam trutina examinantur Cic.*de Orat*.2.159; *Ver*.4.56; exhebenum..qua ~ices aurum poliant Plin.*Nat*.37.159; Gaius *Inst*.3.147.

aurificīna ~ae, *f.* **(aure-).** [prec.+-INA] A goldsmith's workshop.
SERVVLE VTERE FELIX TABERNAM ~AM *CIL* 7.265.

aurifodīna ~ae, *f.* [AVRVM+FODINA] A gold-mine.
lex censoria Victumularum ~ae in Vercellensi agro Plin.*Nat*.33.78; Hyg.*Fab*.14.13; Gaius *dig*.3.4.1.

aurīga ~ae, *m.* Also **ōr-.** [AVREAE+-*iga* (AGO+-A[1])]

1 A charioteer, driver. **b** the constellation Auriga. **c** (poet.) the steersman of a ship, a pilot.
(tribulum) imposito ~a..trahitur iumentis iunctis Var.*R*.1.52.1; ut ~a indoctus e curru trahitur Cic.*Rep*.2.68; Caes.*Gal*.4.33.2; fertur equis ~a neque audit currus habenas Verg.*G*.1.514; Hor.*Carm*.1.15.26; Ov.*Met*.2.312; urget..stimulis ~a cruentis Stat.*Theb*.3.429; Tac.*Ag*.12.1; Suet.*Cal*.54.1; (*of a woman*) nec currus usquam uidet ~amue sororem Verg.*A*.12.918; (*cf.*) uidemus hominibus inspiratam uelut ~am rectricemque membrorum animam Col.3.10.9. **b** Cic.*Arat*.500(255); 717(464); ~a stat in summo cornu tauri Vitr.9.4.2; Col.11.2.73. **c** Tiphyn <at> ~am celeris fecere carinae Var.At.*poet*.2; Ov.*Tr*.1.4.16.

2 A groom, ostler.
Var.*R*.2.7.9; ~ae manibus..lacessunt pectora plausa (equorum) cauis Verg.*A*.12.85. **β** Var.*R*.2.7.8; 2.8.4.

aurīgārius ~iī, *m.* [prec.+-ARIVS] (perh.) The owner of a racing chariot.
mercede palmarum ~ios fraudauerit Suet.*Nero* 5.2.

aurīgātiō ~ōnis, *f.* [AVRIGO+-TIO] Chariot-driving.
ex ~one sero reuersum Suet.*Nero* 35; (*transf.*) delphini..et pueri..gestationes, ~ones Gel.6(7).8.4.

aurigena ~ae, *adj. m.* [AVRVM+-GENVS] Born of gold, gold-begotten.
~ae comitem Tritonia fratri (*i.e. Perseus*) se dedit Ov.*Met*.5.250.

auriger ~era ~erum, *a.* [AVRVM+-GER] Bearing gold.
~eris diuom placantes numina tauris (*i.e. w. gilded horns*) Cic.*poet*.22.9.(*Div*.2.63); ~erae caput arboris (*i.e. bearing the Golden Fleece*) V.Fl.8.110.

aurīgō ~āre ~āuī ~ātum, *intr.* Also **~or** ~ārī. [AVRIGA+-O[3]] To drive a chariot.
cum ipse..~aturus esset Plin.*Nat*.33.90; Suet.*Cal*.18.3; mox et ipse ~are..uoluit *Nero* 22.2; 24.2; (*fig.*) ducentibus stellis et ~antibus Gel.14.1.23; (*dep.*) quo natura ~atur, non necessitudo Var.*Men*.316.

auriolus: see AVREOLVS[1].

auripigmentum ~i, *n.* [AVRVM+PIGMENTVM] A bright yellow mineral substance used as a dye, trisulphide of arsenic, orpiment.
~um, quod ἀρσενικόν graece dicitur Vitr.7.7.5; purgant aerugo, ~um Cels.5.5.1; Plin.*Nat*.33.79; Larg.114.

auris ~is, *f.* [cf. Gk. οὖς, Eng. *ear*]

1 The ear (as a part of the body). **b** *ab ~e librare,* to hurl from beside the ear (i.e. with full backward stretch). **c** *in utramuis* (*alteram, dextram*) *~em dormire,* to sleep on either (the other, the right) ear, to be free from care. **d** *~em uellere, peruellere,* to pluck by the ear in order to attract the attention; (also touched by a person accepting a witness). **e** *~es arrigere, erigere,* etc., to prick up the ears, listen intently (freq. fig., cf. sense 2). **f** LVPVM *~ibus tenere,* to have a wolf by the ears, 'to catch a Tartar'.
cum anulatis ~ibus Pl.*Poen*.981; ex ~e eius stalagmium domi habeo Caecil.*com*.106; in ~em intro tepidum (sucum) instillato Cato *Agr*.157.16; extra..eminent quae appellantur ~es Cic.*N.D*.2.144; accepisse..alterum (uulnus) in capite secundum ~em Sulp.Ruf.*Fam*.4.12.2; creatae sunt prius ~es quam sonus est auditus Lucr.4.839; Caes.*Gal*.7.4.10; Tib.2.5.92; Ov.*Met*.11.157; (cuminum) ~ibus instillatur ad sonitus atque tinnitus Plin.*Nat*.20.162; Mart.7.32.5;—(*of animals*) cuius (*sc.* bouis) a media fronte inter ~is unum cornu exsistit Caes.*Gal*.6.26.1; Verg.*A*.11.637; ex eodem sue ungulae, rostrum, ~es Cels.2.18.8; Stat.*Theb*.11.252. **b** summa telum librabat ab ~e Verg.*A*.9.417; Ov.*Met*.2.311. **c** in ~em utramuis otiose ut dormias Ter.*Hau*.341; quoniam tu suscipis, in alteram ~em Cic.*Att*.13.24.1; quod in dextram ~em..dormias Plin.*Ep*.4.29.1. **d** mors ~em uellens 'uiuite' ait 'uenio' *Copa* 38; Verg.*Ecl*.6.3; ego mihi ~em peruellam Sen.*Ben*.5.7.6;—Pl.*Per*.748; est in ~e ima memoriae locus, quem tangentes antestamur Plin.*Nat*.11.251. **e** suo mihi hic sermone arrexit ~is Pl.*Rud*.1293; arrige ~is, Pamphile Ter.*An*.933;—erigite mentis ~isque uestras Cic.*Sul*.33; erectas extremus uirginis ~is accessit sonus Stat.*Theb*.12.362; (*cf.*) suspensis ~ibus ista bibam Prop.3.6.8.

2 (usu. pl.) The ear as the organ of hearing, sense of hearing. **b** (in var. phrs. implying attention). **c** (w. adjs., etc., indicating attitude of mind).
~ium operam tibi dico Pl.*Bac*.995; neque ego id immitto in ~is meas *Epid*.335; quod uerbum ~is meas tetigit *Poen*.1375; nota uox ad ~is accidit Acc.*trag*.449; qui se inculcant ~ibus nostris Cic.*de Orat*.2.19; peruenit res ad istius ~is *Ver*.4.65; est istius furor ab ~ibus uestris repellendus *Dom*.109; rem..dignam..~ibus et tuo cachinno Catul.56.2; si uestras forte per ~is Troiae nomen iit Verg.*A*.1.375; uox reddita fertur ad ~is 3.40; carmina, quae possint oculos ~isque morari Caesaris Hor.*Ep*.1.13.17; Prop.2.30.15; nullam antea pactionem ~ibus admiserat Liv.23.19.15; 24.44.8; ~ibus illa (*sc.* uerba) bibi Ov.*Tr*.3.5.14; Stat.*Theb*.5.732; negant..se delatoribus ~es habere Suet.*Cal*.15.4; Apul.*Mun*.26; (*sg.*) migrauit ab ~e uoluptas omnis ad incertos oculos Hor.*Ep*.2.1.187; Iuppiter auertas ~em *Lydia* 27; Ov.*Pont*.4.4.14; Juv.4.86;—(*cf.*) equi frenato est ~is in ore Hor.*Ep*.1.15.13; Orpheus..siluis addidit ~es Man.5.327;—(*in pun w.* aurum) nequam aurum est, ~is quoduis uehementius ambit Lucil.1220; Acc.*trag*.109. **b** huc ~es..sunt adhibendae mihi Pl.*Cas*.475; ~is meas..dedo in dicionem tuam *Mil*.954; mentis uestras, non solum ~is, ad haruspicum uocem admouete Cic.*Har*.20; ~is nactus tuas *Att*.1.18.1; uotis ut praebeat ~em Hor.*S*.1.1.22; inque uicem praestant (astra) uisus atque ~ibus haerent Man.2.468; faciles habuit ~es Quint.*Inst*.6.5.8; (actores) uilissimis etiam quibusdam impetrant ~es 11.3.4; Tac.*Ann*.1.16; Juv.5.107. **c** ut benignis accipiatis ~ibus Pl.*Men*.4; meis aequissimis utuntur ~ibus Cic.*Fam*.7.33.2; non secundis ~ibus Liv.42.28.2; propitiis ~ibus accipitur Sen.*Suas*.1.12; excipiatque meos qua solet ~e iocos Mart.7.12.2; attonitis..~ibus Stat.*Theb*.10.771; (*cf.*) ~es nobis calliscerunt ad iniurias Cato *orat*.182; ~ibus Vari seruiunt Caes.*Civ*.2.27.2.

3 a *in* or *ad ~em, in ~e,* in the ear, confidentially, in a whisper. **b** *in ~ibus, apud ~es,* in the hearing (of).
a sciunt id quod in ~em rex reginae dixerit Pl.*Trin*.207; cum erat..in ~em eius insusurratum Cic.*Ver*.1.120; *Lydia* 7; Plin.*Nat*.7.183; Mart.1.89.3–6; (*prov.*) acta in ~em legere Sen.*Con*.2.1.39;—Cic.*Fin*.2.69; Verg.*A*.5.547; furtiue gratias agunt et in angulo et ad ~em Sen.*Ben*.2.23.2;—nequius illud in ~e Mart.6.21.3. **b** Cic.*Ver*.7; satis..in uestris ~ibus commentatus *Fin*.5.75; quod augurio uotisque apud nostras ~is ominabatur Tac.*Ag*.44.5.

4 A discriminating sense of hearing, 'ear'.
si teretes ~is habent intellegensque iudicium Cic.*Opt.Gen*.11; (Demosthenes) non semper implet ~is meas *Orat*.104; *Fam*.9.19.2; ~em qui modo non habet Batauam Mart.6.82.6; cum..diuersitate ~ium formam quoque..orationis esse mutandam Tac.*Dial*.19.2; aliquid..~is habeas, sentias suauitatem sonitus claudere Gel.13.21(20).10; (*hendiadys*) delectationis atque ~ium causa Cic.*de Orat*.3.173.

5 A model of an ear (as a votive offering for cure of deafness).
CIL 3.986; 5.759; MINERVAE AVG..L CALLIDIVS PRIMVS ~ES ARGENTEAS V S L M 11.1295.

6 (app.) A projecting pin on either side of a plough for pushing the soil aside.
binae ~es, duplici aptantur dentalia dorso Verg.*G*.1.172.

auriscalpium ~iī, *n.* [AVRIS+SCALPO+-IVM] An ear-pick; (as a med. instrument) probe.
Mart.14.23;—ad ulcus (medicamentum)..per..~ium inicitur Larg.41; ~io auerso, quam partem κυαθίσκον Graeci uocant 227.

aurītulus ~ī, *m.* [next+-VLVS] The long-eared animal, i.e. the ass.
hic ~us clamorem subito totis tollit uiribus Phaed.1.11.6.

aurītus ~a ~um, *a.* [AVRIS+-ITVS[2]]

1 Provided with ears, listening, attentive.
face nunciam tu, praeco, omnem ~um poplum Pl.*As*.4; pluris est oculatus testis unus quam ~i decem *Truc*.489;

(*facet.*) nequis..nostro consilio uenator adsit cum ~is plagis *Mil.*608; (*poet.*) ~as fidibus canoris ducere quercus HOR. *Carm.*1.12.11.

2 Having large ears, long-eared.
(*of asses*) praedicant ~o me (*sc.* Priapum) parente natum AFRAN.*com.*404; ~us..asellus OV.*Am.*2.7.15; *Ars* 1.547;—(*of hares*) ~os..sequi lepores VERG.*G.*1.308; GERM.*Arat.*341;—(*of other animals*) ~a..lagalopece MART.7.87.1; canes uenaticos ~os APUL.*Met.*4.19.

aurō ~āre ~āuī ~ātum, *tr.* [AVRVM+-O[3]] To overlay with gold, gild.
(laniger) uitreum findens ~auit uellere pontum MAN. 4.515; AD STATVAS ~ANDAS DIVI HADRIANI *CIL* 2.4230.

aurōra ~ae, *f.* [cf. Gk. ἠώς, Aeolic αὔως]
1 The dawn, daybreak, sunrise.
ab ~a ad hoc quod diei est PL.*Poen.*217; ~am rutilare procul cerno ACC.*trag.*675; VAR.*L.*7.83; CIC.*Div.*1.14; ~a nouo cum spargit lumine terras LUCR.2.144; ad primam ~am somno excitus LIV.1.7.6; OV.*Fast.*3.711; sub ~ae primos..motus LUC.4.734; STAT.*Silv.*1.6.9; (*w. numerals*) ubi nona suos ~a induxerat ortus VERG.*G.*4.552.
2 The goddess of the dawn.
iam se caelo cedens ~a obstinet suum patrem *Inc.trag.* 215; Tithoni croceum linquens ~a cubile VERG.*A.*4.585; PROP.2.18.7; HYG.*Fab.*pr.12(15).
3 The Orient, the East. **b** the peoples of the East.
tendere ad Indos ~amque sequi VERG.*A.*7.606; 8.686; OV.*Met.*1.61. **b** quos nec Hiber aut tota suis ~a pharetris sustineat V.FL.5.559; STAT.*Theb.*6.279.

aurōrō ~āre, *intr.* [prec.+-O[3]] To shine like the sunrise.
~at ostrinum hic indutus supparum VAR.*Men.*121.

aurōsus ~a ~um, *a.* [AVRVM+-OSVS] Containing gold, gold-bearing.
talutium uocant, si..~a tellus subest PLIN.*Nat.*33.67.

aurufex: see AVRIFEX.

aurūgō ~inis, *f.* [AVRVM+-VGO] Jaundice.
VAR.*gram.*415; ~inem, quam..quidam arquatum morbum uocant LARG.110; 127.

aurum ~ī, *n.* [cf. *aurora*; Lith. *áuksas*, Tokh. A. *wäs* 'gold']
1 Gold as a metal. **b** (as a type of yellowish colour; cf. sense 6). **c** (w. ref. to the mythical golden age).
in Britannia nihil esse audio neque ~i neque argenti CIC.*Fam.*7.7.1; ubi argenti uenas ~ique sequuntur LUCR. 6.808; PLIN.*Nat.*21.66;—(*alluvial*) quodque suo Tagus amne uehit, fluit ignibus ~um OV.*Met.*2.251; JUV.3.55;—(*w. ref. to testing*) ut quasi ~um igni sic beneuolentia fidelis periculo aliquo perspici possit CIC.*Fam.*9.16.2; ut flauum spectatur in ignibus ~um OV.*Tr.*1.5.25; PLIN.*Nat.*33.126. **b** fulgore expalluit ~i CATUL.64.100; ~o similes..uuae OV.*Met.*13.813; PLIN.*Nat.*21.66. **c** quamuis redeant in ~um tempora priscum HOR.*Carm.*4.2.39; subiit argentea proles, ~o deterior, fuluo pretiosior aere OV.*Met.*1.115; 15.260.
2 Gold as a valuable possession or medium of exchange, treasure, money, riches. **b** *~um* CORONARIVM, money awarded in lieu of crowns to triumphant generals. *~um* VICESIMARIVM, revenue from the duty on manumitted slaves.
ferro, non ~o, uitam cernamus utrique ENN.*Ann.*196; redde ~um PL.*Aul.*829; qui mi..e fisco praebeat ~um LUCIL.429; ~i ratio constat, aurum in aerario est CIC.*Flac.* 69; uide..ne quae lacuna sit in ~o *Att.*12.6.1; uendidit hic ~o patriam VERG.*A.*6.621; Orcus..non exorabilis ~o HOR.*Ep.*2.2.179; LIV.1.11.6; ministros Arsacis multo ~o ad scelus cogunt TAC.*Ann.*6.33; (*cf. sense 4*) quod ~i sibi cum ad templorum ornatum tum ad subsidium fortunae a maioribus relictum foret LIV.22.32.6;—(*in coin*) spondeo et mille ~i Philippum dotis PL.*Trin.*1158; *Truc.*936;—(*as a type of great value*) hoc est..carius ~o CATUL.107.3; uilius argentum est ~o, uirtutibus ~um HOR.*Ep.*1.1.52.
3 Gold used for ornamentation.
(domum) ~o ebore instructam ENN.*scen.*96; purpura aetati occultandaest, ~um turpi mulieri PL.*Mos.*288; ~um atque uestem TER.*Hau.*778; mulieres opertae ~o purpuraque CATO *hist.*113; ~o ne pollue formam TIB.1.9.17; PLIN. *Nat.*33.21;—(*woven into cloth*) pulchraque ex ~o uestemque citrosam NAEV.*poet.*10; PLIN.*Nat.*8.196; latum pictae uestis considerat ~um JUV.6.482; ~um muliebre ULP.*dig.*34.2. 27.4.
4 The material of var. articles: **a** (applied to personal ornaments). **b** (gold plate; a gold cup). **c** (other implements, etc.).
a (*rings*) laeua manus, cui nunc serum male conuenit ~um OV.*Am.*3.8.15; cum..uentilet aestiuum digitis sudantibus ~um JUV.1.28;—(*amulets*) STAT.*Silv.*5.3.120; Etruscum puero si contigit ~um JUV.5.164;—(*necklaces*) fit tortile collo ~um ingens coluber VERG.*A.*7.352; OV.*Met.*9.411;—(*clasps*) crines nodantur in ~um VERG.*A.*4.138; OV.*Met.* 14.345. **b** impositis ~o dapibus VERG.*A.*3.355;—ille impiger hausit spumantem pateram et pleno se proluit ~o 1.739; Bacchus in ~o ponitur OV.*Met.*6.488; V.FL. 1.148; tibi non committitur ~um JUV.5.39; (*cf., in hendiadys*) pateris libamus et ~o VERG.*G.*2.192. **c** (*weapons*) armatumque ~o circumspicit Oriona VERG.*A.*3.517;—(*casket*) comae..honorem praemetet atque alio clusum tibi ponet in ~o STAT.*Silv.*3.4.11;—(*bit*) (equi) fuluum mandunt sub dentibus ~um VERG.*A.*7.279;—(*wire*) cui ~o dentes uincti escunt *Lex XII*(*Font.iur.*p.37); CELS.7.12.1.E.
5 Applied to the Golden Fleece; *~um*, the golden rain of Danaë.
~o heros Aesonius potitur OV.*Met.*7.155; Aeolio discedere ..ab ~o V.FL.8.79; Athamanteo..~o MART.8.28.19;—Persea, quem pluuio Danae conceperat ~o OV.*Met.*4.611.
6 The colour or brightness of gold.
serpentis squamae squalido ~o et purpura pertextae ACC.*trag.*518; fuluo ceruix praecingitur ~o OV.*Met.*14.395; saeuo cum nox accenditur ~o V.FL.5.369; (*in hendiadys*) anguis..cristis praesignis et ~o OV.*Met.*3.32.

Aurunca ~ae, *f.* A town in Campania, the birthplace of the poet Lucilius.
magnus..~ae..alumnus JUV.1.20.

Auruncus[1] ~a ~um, *a.* Of or belonging to Aurunca; (masc. pl. as sb.) the people of Aurunca.
~os..senes VERG.*A.*7.206; 7.727; 7.795; cassidis ~ae cristas SIL.4.516;—LIV.2.16.8; PLIN.*Nat.*3.56.

Auruncus[2] ~ī, *m.*: var. of AVERRVNCVS.
in istis autem diis..~us quoque habetur et Robigus GEL.5.12.14.

ausculor: see OSCVLOR.

auscultātiō ~ōnis, *f.* [AVSCVLTO+-TIO]
1 Secret listening, eavesdropping.
illud taeterrimum uitium, ~o et publicorum secretorumque inquisitio SEN.*Dial.*9.12.7.
2 Paying heed, obeying.
quid mihi scelesto tibi erat ~o? PL.*Rud.*502.

auscultātor ~ōris, *m.* [AVSCVLTO+-TOR]
1 A listener.
aut ~or modo est qui audit aut disceptator CIC.*Part.*10.
2 One who gives heed to or obeys.
mandati dominici serius ~or APUL.*Met.*7.16.

auscultātus ~ūs, *m.* [next+-TVS[3]] The act of listening.
nec ~u inpaenitendo diligenter instructa illa cessauit APUL.*Met.*6.13.

auscultō ~āre ~āuī ~ātum, *tr.*, *intr.* [<**ausclutare* (cf. AVRIS, CLVEO)] FORMS: *obscultat* *CIL* 4.4008.
1 To listen, listen to: **a** (absol. or intr.). **b** (w. acc.; w. acc. and inf., indir. qu.).
a unde ~are possis quom ego illam ausculer PL.*Cas.*133; non hercle otiumst nunc mi ~andi TER.*Ad.*420; ~are disce, si nescis loqui POMPON.*com.*12; iamdudum ~o et cupiens tibi dicere seruus pauca reformido HOR.*S.*2.7.1;—(*w. dat. of pers.*) tace sis, stulta, et mi ~a PL.*Cas.*204; TER.*Ad.*906; (*w. dat. of thing*) dum tuis ~o magnidicis mendaciis PL. *Rud.*515; TER.*Ad.*806. **b** (*w. acc. of pers.*) ego hunc ~o lubens PL.*Aul.*496; AFRAN.*com.*306; nec populum ~are CATUL.67.39; (*w. acc. of thing*) PL.*Ps.*427; ~a pauca TER. *An.*536; cuius uocem..nemo..~aret FRO.*Ar.*1.p.56(237N);—(*w. acc. and inf.*) illos..~o..altercare APUL.*Met.*9.3; (*w. indir. qu.*) huc qua gratia te accersi iussi, ~a TER.*Eu.*100.
2 (absol. or intr.) To give heed (to), obey.
(*absol.*) audire ignoti quom imperant soleo, non ~are CAECIL.*com.*196; PAC.*trag.*85; auditis, non ~atis CATO *orat.* 121; VAR.*L.*6.83; (*impers.*) ~abitur PL.*Mer.*465;—(*w. dat.*) ENN.*scen.*291; parentes..qui mi ~abunt PL.*As.*65; animo ~es *Ps.*237; quid tu autem huic, asine, ~as? TER.*Ad.*935; cui iussus siet, ~et CATO *Agr.*5.3; mihi ~a: uide ne tibi desis CIC.*S.Rosc.*104; APUL.*Apol.*94.
3 (w. acc.; w. indir. qu.) To listen secretly to, overhear.
(*w. acc.*) omnia ego istaec ~aui ab ostio PL.*Mer.*477; ipse (*sc.* Apelles) post tabulam latens, uitia quae notarentur ~abat PLIN.*Nat.*35.84;—(*w. indir. qu.*) hinc ~abo quam rem agant PL.*Bac.*404; *Cur.*279.

ausim: see AVDEO.

Ausonēs ~um, *m. pl.* The Ausonians, primitive inhabitants of Campania; (poet.) the inhabitants of Italy.
LIV.8.16.1;—STAT.*Silv.*4.5.37.

Ausonia ~ae, *f.* (poet.) Italy; (meton.) its people.
Karthago premat ~am VERG.*A.*10.54; OV.*Fast.*4.289; PAUL.*Fest.*p.18M;—it comes ~a atque in terras transit Hiberas SIL.15.153.

Ausonidae ~um, *m. pl.* (poet.) The inhabitants of Italy.
ditissimus agri qui fuit ~um VERG.*A.*10.564; 11.297; 12.121; LUC.9.999.

Ausoniī ~ōrum, *m. pl.*: = prec.
VERG.*A.*7.233; 12.834.

Ausonis ~idis, *f. adj.* (poet.) Italian.
~is ora OV.*Fast.*2.94; pater ipse superbus aquarum ~idum Eridanus SIL.9.188.

Ausonius ~a ~um, *a.*
1 *mare ~um*, the Tyrrhenian Sea.
PLIN.*Nat.*3.95; 14.69.
2 (poet.) Italian, Roman.
~i, Troia gens missa, coloni VERG.*G.*2.385; ~o..portu *A.*3.378; ~as acies 9.639; ~as ad urbis HOR.*Carm.*4.4.56; OV.*Met.*14.7; tropaeis ~is LUC.1.11; MART.12.6.1; SIL.4.609.

auspex ~icis, *m.*, *f.* [AVIS+-SPEX]
1 A person who gets omens from the flight, cries, or feeding of birds, an augur, diviner. **b** (transf., of the birds themselves).
latoribus et ~icibus legis curiatae CIC.*Att.*2.7.2; L VETVRIVS RVFIO ~EX EXTISPICVS *CIL* 11.5824; (*poet.*) prouidus ~ex HOR.*Carm.*3.27.8. **b** hi (*sc.* galli) fasces Romanos inpellunt aut retinent..uictoriarum omnium toto orbe partarum ~ices PLIN.*Nat.*10.49.
2 A functionary at the wedding ceremony (app. orig. in sense 1).
ultro ibit nuptum, non manebit ~ices PL.*Cas.*86; nubit genero socrus nullis ~icibus, nullis auctoribus CIC.*Clu.*14; *Div.*1.28; V.MAX.2.1.1; iunguntur taciti contentique ~ice Bruto LUC.2.371; TAC.*Ann.*11.27; ueniet cum signatoribus ~ex JUV.10.336; SUET.*Cl.*26.2.
3 A patron, supporter.
sacra Dionaeae matri diuisque ferebam ~icibus coeptorum operum VERG.*A.*3.20; dis..~icibus 4.45; ~ice Musa HOR.*Ep.*1.3.13; ~icibus uobis hoc mihi surgat opus OV. *Fast.*4.830; ~ice condita Phoebo tecta Dicarchei STAT.*Silv.* 3.5.74; (*attrib.*) noctem discutiens ~ice dextera SEN.*Med.*68.

auspicālis ~is ~e, *a.* [prec.+-ALIS] Giving omens.
etiam ~is pisciculus (*sc.* echenais) siquidem..in urbem reuersus ille imperator suis telis confossus est PLIN.*Nat.*32.4.

auspicāliter, *adv.* [prec.+-TER[2]] After taking the auspices.
posita ~ter groma, ipso forte conditore praesente HYG. GR.*agrim.*p.135.

auspicātō, *adv.* *compar.* ~ius. [AVSPICOR]
1 After taking the auspices.
in eam coloniam quae esset ~o deducta CIC.*Phil.*2.102; *Div.*2.70; dictator ~o egressus LIV.5.21.1; 6.41.5; sedem Iouis Optimi Maximi ~o a maioribus..conditam TAC.*Hist.* 3.72.
2 With good omens, auspiciously.
uide ut ingrediare ~o PL.*Per.*607; haud ~o huc me appuli TER.*An.*807; urbem ~o condere et firmare CIC.*Rep.* 2.5; colonia..Beneuentum ~ius mutato nomine PLIN.*Nat.* 3.105; APUL.*Apol.*88.

auspicātus ~a ~um, *a.* *compar.* ~ior, *superl.* ~issimus. [AVSPICOR]
1 Approved by augury, hallowed.
hoc faciebant religionis causa die ~o VAR.*L.*5.143; ~o in loco CIC.*Rab.Perd.*11; per ego ~os regii thalami toros.. precor SEN.*Med.*285.
2 Auspicious, fortunate, lucky.
quis (uidit) Venerem ~iorem? CATUL.45.26; non ~os contudit impetus nostros HOR.*Carm.*3.6.10; ~ior..arbor quae uocatur euonymos PLIN.*Nat.*13.118; apud nos Vergilius ~issimum dederit exordium QUINT.*Inst.*10.1.85; TAC.*Ger.* 11.2; PLIN.*Ep.Tra.*10.17a(28).2.

auspicium ~(i)ī, *n.* [AVSPEX+-IVM]
1 Augury from the behaviour of birds, auspices. **b** the observing of omens from birds.
CVM ~I REPETENDI CAVSSA ROMAM REDISSET *Elog.*8(*CIL* 1.p.192); ne quid consul ~i peremat CATO *Mil.*4(J); isdem quibus haec urbs ~iis a Romulo es constitutus CIC. *Catil.*1.33; seruabant ~ia reges *Phil.*3.9; *Rep.*2.17; dictator ..~iis repetitis pertulit legem LIV.9.39.1; TAC.*Ann.*3.19; FEST.p.157M. **b** Remus ~io se deuouet atque secundam solus auem seruat ENN.*Ann.*79; pullarium in ~ium mittit LIV.10.40.2.
2 An omen taken from birds.
oscines dicuntur..quae ore faciunt ~ium VAR.*L.*6.76; contra ~ia CIC.*Ver.*5.34; oblitus ~iorum a te ipso augure.. nuntiatorum *Phil.*1.31; CIC.*Div.*1.105; alites uolatu ~ia facientes PAUL.*Fest.*p.3M;—(*w. quality indicated*) praetor.. auspicat ~ium prosperum NAEV.*poet.*36(40); in Samnium incertis itum ~iis est LIV.8.30.1; (*fig.*) bonis ~iis SEN. *Dial.* 4.13.2;—(*w. gen.*) hoc perpetuitatis ~io accepto LIV.1. 55.5; auem monstrabat haud dubium uictoriae ~ium CURT. 4.15.27.
3 The right of taking auspices, augural powers.
bella gerere nostri duces incipiunt, cum ~ia posuerunt CIC.*N.D.*2.9; *Leg.*3.10; nemo plebeius ~ia haberet LIV. 4.6.2; quoniam..eo die quo pugnatum foret eius (*sc.* Liui) forte ~ium fuisset 28.9.10.
4 Leadership, authority, auspices (of a king or general); (abl., w. gen. or poss. adj.) under the command (of). **b** (poet.) example.
cuius ~io classe procincta opima spolia capiuntur *Lex Reg.*(*Font.iur.*p.8); communem hunc..populum paribusque regamus ~iis VERG.*A.*4.103; 11.347; tuisque..~iis..confecta duella HOR.*Ep.*2.1.254; primus ille de plebe consul bellum suis ~iis gesturus LIV.7.6.8; 21.40.3; oppressus ~iis Pompei VELL.2.40.1; uoluisse..~io suo maximas res geri PLIN.*Nat.*7.140; pleraque in summa fortuna ~iis et consiliis quam telis et manibus geri TAC.*Ann.*13.6; 15.26;—(*coupled w. ductus or sim.*) imperio atque ~io mei eri PL.*Am.*192; DVCT⟨V⟩ ~IO IMPERIOQVE EIVS ACHAIA CAPT(A) *CIL* 1.626; Scipionum nomini ~iisque omnes adsuetos LIV.28.32.7; MEO IVSSV ET ~IO DVCTI SVNT ⟨DVO⟩ EXERCITVS AUG.*Anc.* 5.18;—(*transf.*) ut importem in colonian hunc ⟨meo⟩ ~io commeatum PL.*Epid.*343;—(*fig.*) me si fata meis paterentur ducere uitam ~iis VERG.*A.*4.341. **b** non ita..praescriptum..intonsi Catonis ~iis ueterumque norma HOR. *Carm.*2.15.12.
5 A portent or omen of any kind. **b** (poet.) fortune, luck.
ueni huc ~io malo PL.*Aul.*447; ab ~io bono profecti CATUL.45.19; substitit ~ii lingua timore mali OV.*Ep.*13.86; fabam utique ex frugibus referre mos est ~i causa PLIN. *Nat.*18.119; STAT.*Theb.*11.340; TAC.*Ger.*10.1; post arma

Iulii Vindicis ad ~ium et praesagium futurae ultionis trahebatur *Ann.*15.74; PAUL.*Fest.*p.64M; (*poet.*) pulchrumque et milite dignum ~ium Latio, quod in armis dextera praestat SIL.5.120. **b** immanis..Raetos ~iis pepulit secundis HOR.*Carm.*4.14.16; Troiam..quam uestrae fecere manus, melioribus, opto, ~iis VERG.*A.*3.499; nec gerit ~iis ciuilia bella paternis..Sulla LUC.2.464.

6 A beginning, inauguration, handsel; (pl.) preliminary acts or circumstances. **b** *~ium dare*, to give authorization (for starting).

exitus ~io grauior OV.*Met.*10.8; *Fast.*1.168; cum..maioris Karthaginis capiendae sumpsisset ~ia V.MAX.4.3.1; lucis idem ~ium..et commune duobus paupertas SIL.9.403; STAT.*Silv.*5.2.10; ut ne..quidem..~ia saltem gentile apud solum inciperet TAC.*Ann.*3.59;—plurimum interest quibus ~iis inchoetur et quo fine claudatur (uita) V.MAX.9.12.intro.; ipsis incipientis matrimonii ~iis TAC.*Ger.*18.3. **b** ille (*sc.* Flaminius) ruendi iamdudum properans signum ~iumque dedisset SIL.7.231; 13.154; quis pugnae ~ium dedimus 17.562; (*cf.*) cui si uitiosa libido fecerit ~ium, cras ferramenta Teanum tolletis HOR.*Ep.*1.1.86.

auspicor ~ārī ~ātus, *intr.*, *tr.* Also **~ō** ~āre ~āuī ~ātum. [AVSPEX+-O³] FORMS: *osp-* QUAD.*hist.*71.

1 (intr.) To take the auspices. **b** to seek or get omens by other means.

de caelo ~ari VAR. in Non.p.92M; ~ari..oblitus CIC.*N.D.*2.11; *Div.*2.72; LIV.4.6.3; Remo ~ante SEN.*Dial.*10.13.8; (*w. dat.*) qui comitiis tributis esset ~atus CIC.*Fam.*7.30.1;—(*act.*) ut magistratus..cum ~ant CAECIL.*com.*182; CATO *orat.*38; *formula* in Var.*L.*6.86; (*w. dat.*) lucro faciundo ego ~aui in hunc diem PL.*Per.*689; non hodie isti rei ~aui, ut cum furcifero fabuler PL.*Rud.*717; (*w. cogn. acc.*) praetor..~at auspicium prosperum NAEV.*poet.*36(40). **b** (*act.*) ea (*sc.* mustela) ego ~auin in re capitali mea? PL.*St.*502.

2 (tr.) To begin with auspices, to make a ceremonial beginning (of), inaugurate.

flamen Dialis ~atur uindemiam VAR.*L.*6.16; sollemne ~andorum comitiorum LIV.26.2.2; hinc ~ari regna Tantalidae solent SEN.*Thy.*657; TAC.*Ann.*15.24; PLIN.*Pan.*1.1; feriarum Latinarum diebus praefectum urbis Drusum, ~andi gratia tribunal ingressum TAC.*Ann.*4.36; (*cf.*) de iisdem rebus dicturos celeberrimi carminis ~ari principio COL.3.1.1; noli parricidio nuptias ~ari APUL.*Met.*8.8.

3 To begin, enter upon, have one's first experience of; (also absol.) to make a beginning. **b** (of an event) to be the prelude to.

quem militiae gradum (*sc.* tribunatum) ante..~atus VELL.2.101.3; nondum ullum honorem ⟨curulem⟩ ~atus bis triumphauit V.MAX.8.15.8; senatorium per militiam ~antes gradum SEN.*Ep.*47.10; COL.4.3.1; a suppliciis uitam ~atur PLIN.*Nat.*7.3; SUET.*Cl.*7.1; dum..uirilis togae usum ~aretur APUL.*Apol.*73;—(*w. inf.*) exstruere..ab inferiore parte ~etur COL.1.5.9; PLIN.*Nat.*31.41; (*w. epexegetic inf.*) (anno nouo) ~abar in Virginem desilire SEN.*Ep.*83.5; ingredi famam ~atus sum TAC.*Dial.*11.2;—(*absol.*) non hodie primum ~atus sum (sc. *this is not the first time*) PETR.90.5; PLIN.*Nat.*7.96; a centumuiralibus causis ~ari PLIN.*Ep.*2.14.2. **b** ut..transmarinos triumphos ~aretur (bellum Tarentinum) FLOR.*Epit.*1.13(1.18.1).

4 To be an omen of, portend.

(*act.*) hesternum illis imbrem lacrimas ~asse APUL.*Fl.*16.

austellus ~ī, *m.* [next+-LVS] (Dim. of next.)

(*contempt.*) istos ex nimbo ~os nec nosse nec esse putare LUCIL.529.

auster¹ ~trī, *m.* [cf. OHG. *ōstar*, AS. *ēast*]

1 The south wind.

spiritus ~tri imbricitor ENN.*Ann.*443; ~ter imbricus PL.*Mer.*876; eximito post meridiem sine uento ~tro CATO *Agr.*31.2; CIC.*Phil.*1.7; LUCR.5.689; nacti ~rum nauis soluunt CAES.*Civ.*3.26.1; uenientis sibilus ~tri VERG.*Ecl.*5.82; nubilus ~ter PROP.2.16.56; MAN.4.592; SEN.*Nat.*5.16.6; rupes quaedam ~tro..sacra PLIN.*Nat.*2.115; hibernus ~ter TAC.*Ann.*6.33;—(*pl.*) letiferis calidi spirarunt aestibus ~tri OV.*Met.*7.532; CELS.1.10.4; LUC.10.222; ~trorum in nominibus..est..diuersitas APUL.*Mun.*11.

2 The south; (pl.) the southern parts.

Asia..iacet ad meridiem et ~trum VAR.*L.*5.31; Creta, altero latere ad ~trum..uersa PLIN.*Nat.*4.58; omne dehinc caelum et mare omne in ~trum cessit TAC.*Ann.*2.23;—Libyae deuexus in ~tros VERG.*G.*1.241; OV.*Fast.*5.381; nunc in ~tros deiecta (luna) PLIN.*Nat.*2.43.

austēr²: see AVSTERVS.

austērē, *adv.* [AVSTERVS+-E] Austerely, severely.

agit mecum ~e et Stoice Cato CIC.*Mur.*74.

austēritas ~ātis, *f.* [AVSTERVS+-TAS]

1 Sourness, bitterness, astringency; (of weather) rigour.

quaedam genera uuarum numquam dulcedinem capiunt propter ~atem nimiam COL.11.2.68; ~as picis PLIN.*Nat.*14.17; 19.105; (*fig.*) haec acria..et habentia ~atis aliquid stomachum excitare SEN.*Ep.*63.6;—brumalis ~as terrestrium uiscerum uenas remittit APUL.*Mun.*23.

2 (of colour) Sombreness, depth.

ne..nimis floridis coloribus ~atem occulte daret PLIN.*Nat.*35.97; austerior colore et in ~ate iucundior 35.134; 37.67; 37.101.

3 Severity, strictness, sternness.

non ~as eius (*sc.* magistri) tristis..sit QUINT.*Inst.*2.2.5; PLIN.*Ep.*2.5.5; tua ista grauitas iucunda, mitis ~as APUL.*Fl.*9; (*of subject matter*) ipsa rerum, quas tractabit, ~as SEN.*Dial.*11.8.4.

austērulus ~a ~um, *a.* [next+-VLVS] Somewhat dry or astringent.

Athenis bibi..(creterram) dialecticae ~am APUL.*Fl.*20.

austērus ~a ~um, *a.* Also **~ēr** ~ēre. *compar.* ~ior, *superl.* ~issimus. [Gk. αὐστηρός] FORMS: (nom. sg. masc.) *~er* LARG.188, (neut.) *~ere* 57, (gen.) *~is* CELS.3.19.2, (abl.) *~ī* 7.19.10.

1 Sour in taste, bitter, harsh. **b** (of wine) lacking sweetness, dry.

~issimarum herbarum sucos exprimebat LUCIL.947; extenuat corpus..uomitus..acidae res et ~ae CELS.1.3.16; qui ~iorem uolunt efficere gustum COL.12.12.2; saporum genera XIII reperiuntur: dulcis..amarus, ~us, acer PLIN.*Nat.*15.106; medicamentum..~e LARG.57; ne..musta in lacu statim ~a sint QUINT.*Inst.*2.4.9. **b** indito in urceum et uini nigri ~i congios III CATO *Agr.*126; uinum ~um, licet etiam asperum sit CELS.2.24.3; COL.6.7.2; PLIN.*Nat.*22.113; uino ~issimo LARG.142.

2 a (of smell) Acrid, pungent. **b** (of colour) dark, sombre. **c** (of climate) rigorous.

a odore..~us (sucus) PLIN.*Nat.*12.120; lacrimae (styracis) ex ~o iucundi odoris 12.124. **b** quis (conchyliis)..color ~us in glauco et irascenti similis mari PLIN.*Nat.*9.127; sunt autem colores ~i aut floridi 35.30. **c** in ~iore caelo PLIN.*Nat.*18.123.

3 Austere, strict, stern (in conduct, taste, etc.). **b** (of qualities, conduct) stern, austere; (of work) rigorous.

quibus..non modo ~i, sed..multitudo ipsa reclamat CIC.*de Orat.*3.98; si fuisset..meliore fortuna, fortasse ~ior et grauior esse potuisset *Pis.*71; grauis ~i poena..uiri PROP.3.14.24; quibus iuxta nasum (supercilia) flexa sunt, ~os (significant) PLIN.*Nat.*11.275; senes ~i ac mites QUINT.*Inst.*11.3.74; (*transf.*) quaelibet ~as de me ferat urna tabellas PROP.4.11.49. **b** ut suauitatem habeat (orator) ~am et solidam CIC.*de Orat.*3.103; ~o more ac modo *Cael.*33;—molliter ~um studio fallente laborem HOR.*S.*2.2.12.

4 (of style) Unornamented, plain, severe.

celsi praetereunt ~a poemata Ramnes HOR.*Ars* 342; ~o maluit genere quam iucundo placere PLIN.*Nat.*34.66; poscitur (perihodos) tum ~a, si accuses, tum fusa, si laudes QUINT.*Inst.*9.4.128; quem non potius dulcia haec et sonantia quam ~a et pressa delectent PLIN.*Ep.*2.19.6; 3.18.10.

austium: see OSTIVM.

austrālis ~is ~e, *a.* [AVSTER¹+-ALIS]

1 Of the south wind.

dies..~ibus umida nimbis OV.*Pont.*4.4.1.

2 Southern; (of a constellation) of the southern hemisphere.

quae (regio) cum est aquilonia aut ~is CIC.*N.D.*2.50; *Tusc.*1.68; polum..effugit ~em OV.*Met.*2.132; SEN.*Her.O.*1104;—~em..Piscem CIC.*Arat.*411(167).

austrifer ~era ~erum, *a.* [AVSTER¹+-FER] Bringing the south wind.

~ero nebulosam uertice frontem..condebat Hiems SIL.12.2.

austrīna ~ōrum, *n. pl.* [AVSTRINVS] The southern regions.

Cypri ~a PLIN.*Nat.* 6.213; 6.215.

austrīnālis ~is ~e, *a.* [next+-ALIS] Southern, antarctic.

septentrionali deinde sescontrarium (circulum) ~em appellant HYG.GR.*agrim.*p.150.

austrīnus ~a ~um, *a.* [AVSTER¹+-INVS]

1 Of the south wind; brought or accompanied by the south wind.

si..nubilum fuit ~usue flatus PLIN.*Nat.*17.11; arbores..~is laxatae flatibus APUL.*Met.*11.7;—qua parte calores ~os tulerit VERG.*G.*2.271; ~us dies, interdum pluuiae COL.11.2.36; eaedem (pluuiae) si ~ae fuere PLIN.*Nat.*17.230; ~is..tempestatibus SUET.*Aug.*81.2.

2 Southern; (of a constellation) of the southern hemisphere.

~is pars est (terrae) habitabilis oris MAN.1.238; fiunt (cometae)..in ~o polo PLIN.*Nat.*2.91; 6.69;—piscis ~us caudam prospiciens ceti VITR.9.5.1; COL.11.2.63.

austrum: see OSTRVM.

ausum ~ī, *n.* [pple. of AVDEO]

1 A bold deed, exploit, venture.

me nulla dies tam fortibus ~is dissimilem arguerit VERG.*A.*9.281; 10.458; ~o Venus ipsa fauebit OV.*Ep.*18.159; fors ingentibus ~is rara comes STAT.*Theb.*10.384; concordibus ~is SIL.5.214; magnis ~is promptus TAC.*Ann.*11.8; immanibus ~is barbarorum PLIN.*Pan.*17.2.

2 A presumptuous act, crime, outrage.

pro scelere..pro talibus ~is VERG.*A.*2.535; ausi omnes immane nefas ~oque potiti 6.624; pietas crudelibus obstitit ~is OV.*Ep.*14.49; inprobum ~um PLIN.*Nat.*2.247; quin ~a luas STAT.*Theb.*2.456; TAC.*Ann.*3.66.

ausus ~ūs, *m.* [AVDEO+-TVS³] Daring, initiative; (pl.) ventures.

magnas res..ductu ~uque suo gesserat *B.Alex.*43.1;—Caesar..insolitos gressu prior occupat ~us PETR.123,l.184; morae impatiens cunctantes increpat ~us V.FL.3.613.

aut, *conj.* [Osc. *auti*, cf. Gk. αὖ, αὖτις, etc.] POSITION: occasionally postponed by poets to second position in its clause, more rarely to third position, e.g. OV.*Pont.*3.3.94, V.FL.5.164.

1 (introducing two or more logically exclusive alternatives) Either..or..(or). **b** (where one unlikely alternative is employed to emphasize the near-certainty of the other).

~ intra muros ~ extra ENN.*Ann.*399; falsa memorat.—~ ego ~ tu PL.*Capt.*981; quidquid enuntietur..~ uerum esse ~ falsum CIC.*Luc.*95; quidquid dicam ~ erit ~ non HOR.*S.*2.5.59; ~ ista bona non sunt..~ homo felicior deo est SEN.*Ep.*74.14; (*three alternatives*) cum omnis natura sit ~ mas ~ femina ~ neutrum VAR.*L.*9.55. **b** illic homo ~ sycophanta ~ geminus est frater tuos PL.*Men.*1087; nunc manet insontem grauis exitus, ~ ego ueri uana feror VERG.*A.*10.630; ~ ego rem militarem..ignoro, ~ nobilior alius Trasumenno locus nostris cladibus erit LIV.22.39.8; ~ ego fallor ~ ego laedor OV.*Met.*1.607; dignas spectabitis, ~ me praescia mens fallit, uestro iam nomine caedes SIL.16.88.

2 (introducing each of the practical alternatives in a given situation). **b** (emphasizing the necessity of one alternative, without excluding the possibility of the other simultaneously). **c** (after a neg. question, comparison, etc., eliminating both or all alternatives).

uincito ~ neruo ~ compedibus *Lex XII* (*Font.iur.*p.21); IEI CENSVERE ~ SACROM ~ POVBLICOM ESE *CIL* 1.401; ut esset insitum militibus nostris ~ uincere ~ emori CIC.*Off.*3.114; Romanos ~ inopiam non laturos ~ magno periculo longius ab castris processuros CAES.*Gal.*7.14.7; ut..~ morte uoluntaria ~ fuga praeuerterent metum suppliciorum LIV.24.5.6; ~ minus describserunt ~ nimis curiose SEN.*Suas.*1.15; (*cf.*) qui ~ gratia ~ misericordia ualerent ~ nauis adnare possent CAES.*Civ.*2.44.1; —(*not w. first possibility*) in comitio ~ in foro..caussam coniciunto *Lex XII* (*Font.iur.*p.19); nunc eadem illa, quid Brutus cogitet, ~ si aliquid egit, ecquid a Caesare CIC.*Att.*13.17.1; tribus ~ nouem miscentur cyathis pocula HOR.*Carm.*3.19.11; a Sarmatis Dacisque mutuo metu ~ montibus separatur TAC.*Ger.*1.1; (*cf., in aposiopesis*) num igitur fortem uirum..potes dicere ~ Philoctetam illum?— a te enim malo discedere CIC.*Tusc.*2.33;—(*more than two*) comparantur..ea quae ~ maiora ~ minora ~ paria dicuntur *Top.*68; ergo ~ boni sunt..~ quieti..~ impii *Phil.*11.37; (*cf.*) ut nemo sit nostrum quin ~ pater optimus diuum, ~ Neptunus pater, Liber Saturnus pater, Mars Ianus Quirinus pater siet LUCIL.20. **b** quor non ~ istaec mihi aetas et formast ~ tibi haec sententia? TER.*Hec.*74; nisi hunc aliquo ~ metu ~ infamia perculisset CIC.*Scaur.*34; familiarissimus quisque ~ sibi pertimuit ~ mihi inuidit *Q.fr.*1.4.1; (*cf.*) ueluti cum dicimus 'omne animal ~ facit ~ patitur' PROC.*dig.*50.16.124. **c** prius data est quam tibi dari dicta, ~ quam reditum est Pergamo PAC.*trag.*167; CIC.*de Orat.*2.329; imperator haud paulo melior quam ~ tu ~ ego *Att.*5.20.3; non esse ~ ipsis ~ militibus suscensendum CAES.*Civ.*1.84.3; quis ~ Eurysthea durum, ~ inlaudati nescit Busiridis aras? VERG.*G.*3.4; nec ~ ui capi poterat..~ spem dabat deditionis LIV.4.61.7; VELL.2.86.3; (*not w. first alternative*) quid ego feci ted aduorsum ~ meum patrem? TITIN.*com.*65; ut primum negaret ullas in Oceano ~ trans Oceanum esse terras habitabiles SEN.*Suas.*1.10; nec cremare (*sc.* mortuos) ~ fodere fas putant MELA 1.57; ne restituam ab alio ~ a me relegatos PLIN.*Ep.Tra.*10.56(64).3; (*more than two*) nobis non placet pretio ~ praemio ~ dolis pugnare QUAD.*hist.*41.

3 (introducing one or more alternative possibilities, only one of which is envisaged as obtaining at any given time).

quasi ~ ferrum ~ lapis durat ENN.*scen.*104; si umquam mea causa quicquam ~ sensit ~ fecit CIC.*Fam.*3.8.9;—(*more than two*) ~ inertes ~ insani ~ quibus egestas imperat ENN.*scen.*320; ~ uarum ~ ualgum ~ compernem ~ paetum ~ brocchum filium PL.fr. 116; CIC.*de Orat.*2.185; semper aliquid pro re publica ~ cogitare ~ facere ~ dicere *Phil.*8.30; utuntur ~ aere ~ nummo aureo ~ taleis ferreis..pro nummo CAES.*Gal.*5.12.4; tutae..animalia praedae ~ pronos lepores ~ celsum in cornua ceruum ~ agitat dammas OV.*Met.*10.538;—(*not w. first alternative*) quem catapulta ~ balista icerit CAECIL.*com.*27; utrum..haec Aesopum potius pro me ~ Accium dicere oportuit..an principes ciuitatis? CIC.*Sest.*123; hebetata..senio ~ uulneribus corpora SEN.*Suas*2.1; alterum altero excitatur ~ adstringitur PLIN.*Nat.*9.134;—(*more than two*) siue forte opus sit cuneo ~ globo ~ forcipe ~ turribus ~ serra CATO *Mil.*11(J); quae mihi quondam socrus ~ nurus ~ priuigna ~ nouerca fuit GAIUS *Inst.*1.63;—(*expr. alternative title*) Catus ~ de liberis educandis VAR. in Gel.4.19.

4 (introducing a question, esp. the second of two, and often not dist. from *et*) Or, and.

quid ita..miser es, ~ qui te sic..tractauere? ENN.*scen.*74; PL.*Mil.*425; quid eos quaeris? ~ quis es? ~ unde es? ~ unde aduenis? ~ multa simul rogitas *Trin.*879; quem ~ quando? CIC.*S.Rosc.*76; ubi ergo ea est ~ quando uentura? *Att.*12.42.1; quid tandem uererentur? ~ cur de sua uirtute ~ de ipsius diligentia desperarent? CAES.*Gal.*1.40.4; VERG.*A.*12.882; QUINT.*Inst.*2.16.7; (*in indir. qu.*) qui ~ ubi essent ..nescientes FLOR.*Epit.*1.26(2.10.2); PLIN.*Pan.*70.6.

5 a (as equivalent or subordinate to *neque*). **b** (as equivalent or subordinate to, esp. followed by, *-ue* and *uel*). **c** (as equivalent or subordinate to *seu*).

a non omnis aetas nec uero locus ~ tempus ~ auditor omnis eodem..uerborum genere tractandus est CIC.*Orat.*71; CATUL.26.3; neque illi res neque consilium ~ quisquam hominum satis placebat SAL.*Jug.*74.1; tum neque nomen erat neque honos ~ gloria monti VERG.*A.*12.135; FRON.*Str.*4.7.30; TAC.*Ann.*13.39. **b** in praediis quibus frumentum ~ uinum aliudue quid desit VAR.*R.*1.16.2; in hominum mentibus uel ad iram ~ ad odium ~ ad dolorem incitandis uel ab hisce eisdem permotionibus..reuocandis CIC.*de Orat.*1.53; PLIN.*Nat.*2.19; 7.70; ut ~ seruum alicui restituat uel ea quae seruo legata sunt JULIAN.*dig.*30.1.91.4;—(*after a negative*) ne faelis ~ maelis aliaue quae bestia introire possit VAR.*R.*3.12.3; nec secari adamas ~ caedi uel deteri potest SEN.*Dial.*2.3.5; COL.1.pr.30. **c** seu turbidus imber (saxum) proluit ~ annis soluit sublapsa uetustas VERG.*A.* 12.686; MAN.1.137.

6 a (w. var. particles, introducing a modification of a statement or expression; the first statement sts. also introduced by *aut*). **b** (introducing a more accurate or corrected statement, etc.). **c** (w. superl.) *aut summum, tardissime,* or at the most, latest. **d** (usu. w. numerals expr. an approximation; phrs.) *plus aut minus,* more or less, round about; *unus aut alter,* one or two, a few.

a (*w.* certe) ad effligendum Cn. Pompeium ~ certe capiendum CIC.*Att.*9.19.2; ~ minus ~ certe medium non amplius aequor puppe secabatur OV.*Met.*11.478; QUINT.*Inst.*9.2.94; laqueus ~ gladius ~ certe praecipitium..capessendum est APUL.*Met.*4.25;—(*w.* etiam) ut non semper necessaria aut utilis etiam partitio est QUINT.*Inst.*4.5.22; 7.9.3; 9.1.11; —(*w.* omnino) quis..quicquam politius ~ elegantius ~ omnino melius..exspectaret? CIC.*Brut.*194; *Ver.*2.69; (*w.* contra) propter nimium laborem ~ contra nullam exercitationem VAR.*R.*2.1.22; (*w.* denique) adimi Sullanos agros uobisque diuidi, ~ denique minui priuatorum possessiones CIC.*Agr.*3.3; (*w.* fortasse) non fuit tam diligens quam est Rullus, ~ fortasse emptorem..reperire non potuit 2.51; (*w.* modo) si umquam posthac ~ amasso Casinam aut occepso modo PL.*Cas.*1001;(*w.* rursus) mox libidine adsentandi ~ rursus odio aduersus dominantis TAC.*Hist.*1.1; (*w.* uero) quem tibi aut hominem inuitis dis immortalibus ~ uero deum..auxilio futurum putas? CIC.*Ver.*4.78; (*w.* utique) ~ sua causa ~ utique non mea SEN.*Ben.*6.19.1. **b** quibus nihil ~ non multum ad dignitatem posset accedere CIC.*Att.*7.3.5; uix tamen ~ semel admittit PROP.3.21.7; numquam ~ raro VELL.2.29.3;—(*w.* potius, magis) quae est ergo ista ratio ~ quae potius amentia? CIC.*Ver.*3.173; quam tenui ~ nulla potius ualetudine! *Sen.*35; bella..cum Turno gerere ~, si uera fatemur, cum Iunone magis OV.*Met.*15.773; —(*as an afterthought*) utinam sic ipse (eam spem)..impleuerim, ut ille multum uirtutibus suis addidit! ~ ego nunc illas magis miror, quia magis intellego PLIN.*Ep.*1.10.3. **c** biduo ~ summum triduo CIC.*Quinct.*78; *Mil.*12; exspectabam hodie ~ summum cras..tabellarios *Att.*13.21.2; duo ~ summum tres iuuenes LIV.33.5.7;—IIII ~ V tardissime diebus florere incipiunt PLIN.*Nat.*18.56. **d** quinei ~ senei adueniunt ad scorta congerrones PL.*Truc.*99; post annos VIII ~ nouem CATO *Agr.*161.3; bina ~ terna milia nummum CIC.*Ver.*3.118; corui presso ter gutture uoces ~ quater ingeminant VERG.*G.*1.411; (*cf.*) profecto non plus biduom ~.. — '~' nil moror TER.*Eu.*184;—septingenti sunt paulo plus ~ minus anni ENN.*Ann.*501; uno ~ altero die COL. 7.10.3.

7 (expr. the consequences of non-compliance, error, etc.) Otherwise, or else, failing that.

necesse hodie Sicyoni me esse ~ cras mortem exsequi PL.*Ps.*995; redduc uxorem ~ quam ob rem non opus sit cedo TER.*Hec.*698; agrum a possessoribus petere ~ minari arma LIV.5.36.5; GRAT.261; non est quod ad ulteriora nitaris, ~ perdes excusationem SEN.*Ep.*22.4; neque enim.. mundus hoc polo excelsiore se attollit— ~ undique cernerentur haec sidera PLIN.*Nat.*2.179; mutatione recreabitur.. aut dicant isti mihi, quae sit alia ratio discendi QUINT.*Inst.* 1.12.6; 2.17.9; admoneam..ut, quae scis, teneas et obserues — ~ nescire melius PLIN.*Ep.*8.24.1; (*w. double* aut) ~ omnia accipe ~ nihil fero LIV.6.40.11;—(*followed by* nisi *cl.*) argentum huic redde, ~, nisi id confestim facis, ego te tradam magistratui NEP.*Ep.*4.3; SEN.*Ep.*48.2.

autem, *particle.* [as prec.+-*em* (cf. ITEM, QVIDEM)] FORMS: *audem Ed.Temp.Acc.*(*Font. iur.*p.252)78.2.5. POSITION: regularly placed in the second position in its clause, but occasionally postponed, when the first two or three words form a closely-knit (e.g. prepositional) phrase; condemned as a solecism in the first position (QUINT.*Inst.*1.5.39).

1 (expr. contrast between two subjs., objs., cls., etc., without any pronounced adversative sense) On the other hand, while. **b** (preceded by *quidem*). **c** (w. *si, sin*). **d** (without parallel preceding cl., etc.) for my (your, his, etc.) part, as for me (you, etc.).

tu eum orato, ego ~ orabo uilicum PL.*Cas.*273; *Cur.*716; si et illa uolt et ille ~ cupit *Mil.*1149; uirgo ipsa lacrumat.. ille ~ bonus uir nusquam apparet TER.*Eu.*660; LUCIL.666; cum..Catilina in castris, in his ~ templis..dux Lentulus esset constitutus CIC.*Sul.*33; Mosa profluit ex monte Vosego..Rhenus ~ oritur ex Lepontiis CAES.*Gal.*4.10.3; ille ~: 'tua me..tua tristis imago..haec limina tendere adegit' VERG.*A.*6.695; laser..inter eximia naturae dona numeratum plurimis compositionibus inseritur, per se ~ algores excalfacit PLIN.*Nat.*22.101; STAT.*Theb.*4.339; (*w.* contra) contra ~ natura manet sine pondere inanis LUCR. 1.363;—(*facet., rptd.*) unam amicam amamus ambo, mecum ubi est, tecum est tamen; tecum ubi ~ est, mecum ibi ~st PL.*St.*733. **b** hic quidem friget (Memmius); Scaurum ~ iam pridem Pompeius abiecit CIC.*Q.fr.*3.8.3; et haec quidem hoc modo; nihil ~ melius extremo *Tusc.*1.99; 1.119; cocum quidem potentiae admonitum in culinam obsonium duxit, Trimalchio ~ mitti ad nos uultu respexit et..inquit.. PETR.48.1; PLIN.*Ep.*2.17.20; SUET.*Ves.*8.2. **c** si ~ Veneri complacuerunt, habeat PL.*Rud.*727; si non uenit, quid attinet..nos dicere?..si ~ uenit, quid attinuit te.. postulare? CIC.*Tul.*38; si cui ~ lapis in renibus innatus fuerit LARG.145;—(*w.* sin) si est ut dicat uelle se, redde; sin est ~ ut nolit, recte ego consului meae TER.*Hec.*559; CIC. *Part.*96; si honoris causa statuam dederunt, inimici non sunt..sin ~ metu coacti dederunt *Ver.*2.150; qui si non fuerunt hostes, nihil interest..sin ~ desciuerunt a populo Romano LIV.26.31.3; LARG.112. **d** leno, tu ~ amicam mihi des facito aut mihi reddas minam PL.*Poen.*1414; tu ~ in neruo iam iacebis, nisi mi argentum redditur *Cur.* 718; ego ~ Curium nostrum si quid opus esset rogaram CIC.*Att.*8.6.5; ego ~ acta ad te omnia arbitror perscribi ab aliis *Fam.*12.22.1.

2 (w. adversative sense) But. **b** (preceded by *quidem*).

qui ~ auscultare nolet exsurgat foras PL.*Mil.*81; si hanc rem illa sequitur, hanc ~ non sequitur CIC.*Top.*88; *Tul.*28; uestra admurmuratio facit..ut agnoscere uideamini qui haec fecerint; ego ~ nomino neminem *Man.*37; quoniam nunc abes cum id non agitur, aderis ~ ad tempus *Att.*5.9.2; *N.D.*3.13; indutias..petiuit, simulans se dare operam, ut.. conueniret, re ~ uera ad copias comparandas NEP.*Ag.*2.3; unus profugit; alter ~ restitit PHAED.5.2.2; eo maiora essent, quo maiora sunt, quae accipimus. id ~ falsum est SEN.*Ben.*1.7.1; *Ep.*94.18; crocum melle non soluitur nulloque dulci, facillime ~ uino aut aqua PLIN.*Nat.*21.137; LARG.160; si quando hostis aduenit, aperta populatur, abdita ~ et defossa..ignorantur TAC.*Ger.*16; cum alioquin per uindicationem nisi suam rem legare non potest, per damnationem ~ cuiuslibet extranei rem legare potest GAIUS *Inst.*2.210. **b** uerbo quidem superabis me ipso iudice, re ~ ne consistes quidem ullo iudice CIC.*Caec.*59; LIV.28.8.2; siue experti quidem sunt eorum utilitatem, denegant ~ usum, magis culpandi sunt LARG.pr.p.2,l.14; si studiis quidem scholas prodesse, moribus ~ nocere constaret QUINT.*Inst.*1.2.3; se quidem mori nullis supplicii causis, Rufrium ~ Crispinum et Anicium Cerialem uita frui infensos principi TAC.*Ann.*16.17; ULP.*dig.*4.2.16.1.

3 Moreover, also, too, furthermore. **b** (after *tum, post,* and sim.). **c** (preceded by *quidem*).

salue, simul ~ uale PL.*Mer.*830; abite tu domum et tu ~ domum *Truc.*838; quid tu ais, Gnatho?..quid tu ~, Thraso? TER.*Eu.*475; tantus ~ est consensus..ut omnes ad auctoritatem huius ordinis..defendendam conspirasse uideantur CIC.*Phil.*3.13; L. Nostius Zoilus est coheres meus, heres ~ patroni sui *Fam.*13.46; suos milites..fidelis sibi iam effecisset, maxima ~ auxilia haberet Numidarum equitum *B.Afr.*19.3; NEP.*Ar.*1.2; soror ~ tua ut se sororem esse meminit! PLIN.*Pan.*84.1; JUV.6.181;—(*after* et) et hoc ~ ut ceteris medicamentis saepius fauces..fricare oportet LARG.70;—(*after* et..et) et adire lubet hominem et ~ nimis eum ausculto lubens PL.*Poen.*841; numquid dubitas, quin iustitia et habentis bonum sit et ~ si sit eius, cui debitum soluit? SEN. *Ep.*102.19; LARG.240;—(*after* neque..neque) illa illum nescit, neque compressam ~ pater PL.*Aul.*30; (*after* neque) at neque reccidere ad nilum res posse neque ~ crescere de nilo testor res ante probatas LUCR.1.857; 1.1079;—(*after* porro) porro ~ alio ubi erit puero natalis dies TER.*Ph.* 48; porro ~ propero AFRAN.*com.*74; (*after* praeterea) praeterea ~, dum illum quaero, a uilla mercennarium uidi TER. *Ad.*541. **b** tum ~ lasciuum Nerei simum pecus..classem lustratur ANDR.*trag.*5; post ~ mihi scelus uidetur me parenti proloqui mendacium PL.*Mer.*208; tum ~ illa ipsa est nimium lepida..femina *Mil.*1003; TER.*An.*269; nunc ~ ne post abitum quidem huius..pestis quisquam reperiretur CIC.*Ver.*3.125; eo die cogitabam in Anagnino, postero ~ in Tusculano *Att.*12.1.1; nunc ~ confugi ad te NEP.*Them.*9.4. **c** ac de inferenda quidem iniuria satis dictum est. praetermittendae ~ defensionis..plures solent esse causae CIC. *Off.*1.27; atque haec quidem hactenus..in ipsa ~ communitate sunt gradus officiorum 1.160.

4 (adding an explanation or amplification, usu. in parenthesis) And in fact, and indeed, and. **b** (repeating a word from the previous clause).

tota mente incumbe in hanc curam..tria sunt ~ maneamne Arpini an propius accedam an ueniam Romam CIC. *Att.*16.10.2; ita sine periculo legionum..bellum conficiemus. id ~ difficile non est, cum tantum equitatu ualeamus CAES. *Civ.*3.86.4; quae ibi legiones essent—erant ~ Cannensis maxime exercitus—eas..in Siciliam traiceret LIV.23.31.4; 26.19.11; 'uide..ut hoc poculum ad eum continuo perferas.' erat ~ is ex XXX tyrannis crudelissimus V.MAX.3.2.ext.6; omne ulcus..sordidum—id ~ est, cum..crustam..albam habet—purgat..iris arida contusa LARG.236; ULP.*dig.*4.6. 28.4. **b** etiamne hic mihi curandus est? curandus ~ hactenus CIC.*Att.*5.4.2; quotienscumque filium tuum uideo (uideo ~ fere cotidie) *Fam.*6.5.1; *Off.*1.2; LIV.5.4.10; duobus ducibus unus resistas oportet. resistes ~, aduersus famam.. si satis firmus steteris 22.39.18; in liram satum redigitur quadrante operae. liras ~ rustici uocant easdem porcas COL.2.4.8; PLIN.*Nat.*2.191; QUINT.*Inst.*4.2.46; APUL.*Met.* 11.6.

5 (introducing a fresh idea or consideration). Now. **b** (spec. introducing the minor premiss of a syllogism).

mercatorem ~ strenuum..existimo, uerum, ut supra dixi, periculosum CATO *Agr.*pr.3; CIC.*de Orat.*2.346; sunt ~ duo crimina, auri et ueneni *Cael.*30; VITR.1.2.1; fuere ~ tribuni T. Quinctius Capitolinus Q. Quinctius Cincinnatus LIV. 4.61.1; meminerimus idcirco te in istam prouinciam missum, quoniam multa in ea emendanda apparuerint. erit ~ uel hoc maxime corrigendum TRA.Plin.*Ep.*10.32(41).1; (*after* sed) sed ~, quid si hanc hinc apstulerit quispiam, sacram urnam Veneris? PL.*Rud.*472. **b** si pecunia signata argentum est, legata est mulieri. est ~ pecunia signata argentum. legata igitur est CIC.*Top.*53; si lucet, lucet; lucet ~; lucet igitur *Luc.*96; *N.D.*2.12; SEN.*Ben.*4.1.3; QUINT. *Inst.*5.14.7.

6 (expr. indignation or surprise in questions and exclamations) And, then, indeed. **b** (w. repetition of word in previous cl.). **c** (w. *ecce,* etc.).

quid tu ~? etiam huic credis? PL.*Capt.*556; pergin tu ~? heia! superbe inuehere *Mer.*998; TER.*Hau.*1000; eccui ~ non proditur reuertenti? CIC.*Mur.*68; proficiscar hinc ne relictus uideat. quo ~? *Att.*13.26.2;haec robora regis? ubi ~ egregius dux ille mihi? STAT.*Theb.*8.671; quis ~ hic est, qui emendet publicos mores? PLIN.*Ep.*5.9(21).6. **b** PL.*Am.* 901; metuo credere. — credere ~! *Ps.*305; temptatum aduenis. — ego ~ tempto? TER.*Ph.*389; quod minimum specimen in te ingeni? ingeni ~? immo ingenui hominis ac liberi CIC.*Pis.*fr.8; quid tandem isti mali..non fecissent? non fecissent ~? immo quid..non fecerunt? CIC.*Att.*6.2.8 *Fam.*1.9.10; in Africam transcendes. transcendes ~? transcendisse dico LIV.21.44.7; quare potius a fortuna impetrem, ut det, quam a me, ne petam? quare ~ petam? SEN.*Ep.*15. 11; (*cf.*) ego non tangam meam? — tuam ~, furcifer? TER. *Eu.*798. **c** ecce ~ caligo oborta est ENN.*scen.*182; perii hercle! ecce ~ haec abiit PL.*Mer.*792; *Mil.*1198; homini ilico lacrumae cadunt quasi puero gaudio. em tibi ~! TER. *Ad.*537; fero alia flagitia ad te ingentia boni illius adulescentis. — ecce ~! 722; ecce ~..taurus concidit VERG.*G.* 3.515; PETR.83.7.

authēmerus ~a ~um, *a.* [Gk. αὐθήμερος] Acting, operating, etc., on the same day; (neut. as sb.) a kind of eye-salve.

PENICILLVM ~⟨VM⟩ EX OV⟨O⟩ *CIL* 13.10021(82);—13. 10021(4); *A.Epig.*41.85d.

authenticum ~ī, *n.* [next] An original document, autograph.

quicumque a fisco conuenitur, non ex indice et exemplo alicuius scripturae, sed ex ~o conueniendus est PAUL.*dig.* 22.4.2.

authenticus ~a ~um, *a.* [Gk. αὐθεντικός] (of documents) Original.

~am epistulam in tabulario cohortis esse *P.Oxy.*7.1022; Labeo scribit..heredem..exemplum debere dare, tabulas uero ~as ipsum retinere ULP.*dig.*10.2.4.3; 10.2.8.

authepsa ~ae, *f.* [Gk.] A cooker with its own heating-compartment.

~a illa quam tanto pretio nuper mercatus est CIC.*S.Rosc.* 133.

autocratus ~a ~um, *a.* [Gk. αὐτόκρατος] (of wine) Self-blended, i.e. of medium sweetness.

VINVM..AVTOCR *CIL* 15.4539.

autocthōn ~onis, *m.* [Gk. αὐτόχθων] An original inhabitant, native.

~ones Attici APUL.*Met.*11.5; picti Castor et Pollux.. manu ~onis AMP.8.2.

autographus ~a ~um, *a.* [Gk. αὐτόγραφος] Written with one's own hand, holograph.

~a quadam epistula SUET.*Aug.*71.2; litterae ipsius ~ae 87.1.

Autololēs ~um, *m. pl.* A fabulous people on the north-west coast of Africa.

LUC.4.677; PLIN.*Nat.*5.5; SIL.2.63.

Autolycus ~ī, *m.* The son of Mercury and Chione, and grandfather of Ulysses, famous for his skill as a thief. **b** (meton.) a clever thief.

OV.*Met.*11.313; MART.8.59.4; HYG.*Fab.*201.1. **b** deceptus sum, ~o hospiti aurum credidi PL.*Bac.*275.

automatāria ~ōrum, *n. pl.* [next] Automatic mechanism, automata.

~a..poterunt legari ULP.*dig.*30.1.41.11.

automatārius ~a ~um, *a.* [AVTOMATVM+ -ARIVS] Of automata.

SATVRNINO FABRO ~O *CIL* 6.9394.

automatopoētus ~a ~um, *a.* [Gk. αὐτοματοποιητός] Automatic.

~as..machinas multaque deliciarum genera..explicuit VITR.9.8.4.

automatum (~on) ~ī, *n.* [Gk. αὐτόματος]

1 An automatic contrivance, automaton.

PETR.50.1; ne per parietem ~um aliquod exiret 54.4; ~um uel pegma SUET.*Cl.*34.2.

2 (app.) Automatic or puppet-like movements.

frater sororis suae ~a per clostellum miratur PETR.140.11.

Automedōn ~ontis, *m.* The charioteer of Achilles. **b** (applied to any charioteer).

VERG.*A.*2.477; OV.*Ars* 1.8; OV.*Tr.*5.6.10. **b** in curru conlocat ~ontem illum CIC.*S.Rosc.*98; peruolat axe citato Flaminiam puer ~on JUV.1.61.

Autonoē ~ēs, *f.* The daughter of Cadmus and mother of Actaeon.

OV.*Met.*3.720; *Ib.*469.

Autonoēius ~a ~um, *a.* Of Autonoë; *~us heros,* Actaeon.

OV.*Met.*3.198.

autopȳrus ~ī, *adj. m.* Also **~os.** [Gk. αὐτόπυρος] Made of unbolted wheaten meal, whole-meal.

panem ~um..quam ego malo quam candidum PETR. 66.2; ad omnia..(panis) fermentatus, qui uocatur ~us, utilior PLIN.*Nat.*22.138; panem ~on LARG.227.

autumnālis ~is ~e, *a.* Also **autumnal.** [AVTVMNVS+-ALIS] Of autumn, autumnal; for use in autumn.

~i..lumine CIC.*Arat.*533(287); ~ia pruna PROP.4.2.15; ~i..die *Copa* 18; ~e aequinoctium LIV.31.47.1; corna ~ia OV.*Met.*8.665; ~is satio COL.2.12.7; imbres ~es PLIN.*Nat.* 19.37;—triclinia uerna et ~ia ad orientem (spectare debent) VITR.6.4.2; 7.5.1. **β** aequinoctium autumnal VAR. in *G.L.* 1.118.

autumnitās ~ātis, *f.* **(auct-).** [AVTVMNVS+-TAS] The autumn season, autumn; (poet.) autumn fruits.
circum oleas ~ate ablaqueato CATO *Agr.*5.8; prima ~ate cum puluis est 155.1; ~as in anni tetrachordo μέσην praeterierat VAR.*Men.*458;—cape hanc..dapem..~atis uuidam 443.

autumnō ~āre, *intr.* [next+-O³] To bring autumnal conditions.
corus ~at: huic est contrarius Volturnus PLIN.*Nat.*2.124; quia mobilior aër..semper quodammodo uernat uel ~at 2.136.

autumnus¹ ~ī, *m.* Also **~um,** *n.* **(auct-).** [dub.]

1 The third season of the year, autumn. **b** (poet. for 'year' in enumeration).
aestatem ~us sequitur ENN.*Ann.*424; per ~um euehito (stercus) CATO *Agr.*5.8; LUCR.6.357; non fere ante ~um Elauer uado transiri solet CAES.*Gal.*7.35.2; uarios ponit fetus ~us VERG.*G.*2.521; HOR.*S.*2.6.19; LIV.31.22.4; nec tibi pampineas ~us porrigit uuas OV.*Pont.*3.1.13; STAT. *Silv.*5.1.50; TAC.*Ger.*26.3; (*poet.*) siccatum frigore postquam ~um et crudi posuere pericula suci JUV.11.76; (*neut.*) ~um uentosum fuerat VAR. in NON.p.71M;—(*personified*) uenerat ~us calcatis sordidus uuis OV.*Fast.*4.897. **b** deque uiro factus..femina septem egerat ~os *Met.*3.327; *Pont.*1.8.28; fiunt octo mariti quinque per ~os JUV.6.230.

2 Autumnal fruits, harvest.
totumque tulit praediuite cornu ~um OV.*Met.*9.92; 14.660; totus in arduum ~us rapitur SEN.*Thy.*168; nec in Falerno colle maior ~us MART.12.57.22.

autumnus² ~a ~um, *a.* [prec.] Of autumn, autumnal.
post imbrem ~um rapinam..serito CATO *Agr.*5.8; uer ~o tempore differt MAN.2.425; aequinoctium ~um PLIN. *Nat.*21.25; GEL.19.7.2.

autumō ~āre ~āuī ~ātum, *tr.* [dub.]

1 To allege, affirm, say.
(*w. acc.*) quom illaec ~are illum audio PL.*Am.*416; si uera ~as *Epid.*644; non falsa ~are dictio Delfis solet PAC.*trag.* 308;—(*w. acc. and inf.*) omnis res gestas esse Athenis ~ant PL.*Men.*8; *Poen.*241; se..deinde facturum ~at TER.*Hau.* 19; ursum se memordisse ~at ATTA *com.*6; te esse Tiburtem ~ant CATUL.44.2; SEN.*Oed.*765; APUL.*Met.*1.18;—(*w. indir. qu.*) nunc ut mihi te uolo esse ~o PL.*Capt.*236;—(*w. dir. sp.*) 'plures esse malos' Bias ~at ille Prieneus *Inc.poet.*p.138 (HYG.*Fab.*221);—(*w. adv.*) ut Plato in Symposio ~at APUL. *Soc.*6.

2 To speak of, mention.
audiuistin tu hodie me illi dicere ea quae illa ~at? PL. *Am.*752; morbum quem istic ~at *Capt.*606.

3 To name, call.
confitere ut te ~o? PL.*Per.*214; Elissa Tyria, quam quidam Dido ~ant VELL.1.6.4; si recte conjecto, quod profecto prudentes uiri diuinationem ~ant APUL.*Met.*5.25; MAUR. 655.

4 To reckon, think, judge.
(*w. pred. acc. or acc. and inf.*) sin east quam incerte ~o PL.*Epid.*545; aut hic est aut hic adfore actutum ~o PAC. *trag.*118; quemcumque inscitia ueri caecum agit insanum Chrysippi..grex ~at HOR.*S.*2.3.45;—(*cf.*) 'reor' tolerabile, '~o' tragicum QUINT.*Inst.*8.3.26; GEL.15.3.6.

āuulsiō ~ōnis, *f.* Also **āuolsiō.** [AVELLO+-TIO] The process of tearing away or pulling off.
aut..semine (arbores) proueniunt..aut propagine aut ~one PLIN.*Nat.*17.58; 19.121.

āuulsor ~ōris, *m.* [AVELLO+-TOR] One who plucks off.
ubi ~orem sensere (spongeae) PLIN.*Nat.*9.148.

auunculus ~ī, *m.* Also **aunc-, auonc-.** [AVVS+-CVLVS]

1 A mother's brother, maternal uncle. **b** a mother's sister's husband.
is adulescentis illius est ~us PL.*Aul.*35; CIC.*Brut.*117; auorum et ~i sui consulatum si imitaretur *Phil.*1.27; NEP.*Att.*5.1; VERG.*A.*3.343; LIV.1.56.7; STAT.*Silv.*4.8.12; TAC.*Hist.*5.21; ~us est matris frater PAUL.*dig.*38.10.10.14. **b** carissimum uirum amiserat (soror Helviae) ~um nostrum SEN.*Dial.*12.19.

2 *~us magnus* (also without *magnus*), a grandmother's brother, great-uncle.
CIC.*Brut.*222; Gaius Caesar, diui Augusti, ~i mei magni (*sc.* Claudi) nepos SEN.*Dial.*11.15.4; ~us magnus est auiae frater PAUL.*dig.*38.10.10.15;—PLIN.*Nat.*7.147; ~um Augustum ferens (Germanicus) TAC.*Ann.*2.43; 4.75.

3 *~us maior,* a great-grandmother's brother, great-great-uncle. **b** (= *~us magnus*).
Messalinam, cuius aeque ~us maior eram quam tuus, occidisti SEN.*Apoc.*11.1; PERS.6.60; PAUL.*dig.*38.10.10.16. **b** quem (*sc.* Octauium) C. Caesar, maior eius ~us..dilexit ut suum VELL.2.59.3; SUET.*Aug.*7; *Cl.*3.2.

4 *~us maximus,* a great-great-grandmother's brother, great-great-great-uncle.
PAUL.*dig.*38.10.10.17.

auus ~ī, *m.* [Arm. *hav,* Lith. *avýnas,* Welsh *ewythr.*]

1 A grandfather.
ibi mei maiores sunt siti, pater, ~os, proauos, abauos PL. *Mil.*373; C. Gracchus, clarissimo patre, ~o, maioribus CIC. *Catil.*1.4; sic maternus ~us dixerat CATUL.84.6; Piso Aquitanus..cuius ~us..regnum obtinuerat CAES.*Gal.*4.12. 4; SAL.*Jug.*14.8; LIV.3.45.4; TAC.*Hist.*4.73; (*of bees*) stat fortuna domus, et ~i numerantur ~orum VERG.*G.*4.209.

2 An ancestor, forefather.
Mantua, diues ~is VERG.*A.*10.201; PROP.4.11.30; in nostra gente Iouem..inuenies, medios ut taceamus ~os OV.*Ep.*15.176; MELA 3.90; unus ~um sanguis STAT.*Theb.* 5.670; (*w.* atauus) Turnus, ~is atauisque potens VERG.*A.* 7.56.

auxiliābundus ~a ~um, *a.* [AVXILIOR+-BVNDVS] Bringing aid, helping.
Iuturna, quae mediis milibus ~a fratri conuersatur APUL.*Soc.*11.

auxiliārēs ~ium, *m. pl.* [AVXILIARIS] Auxiliary troops (see AVXILIVM 4, 5).
~es..quibus ad pugnam non multum Crassus confidebat CAES.*Gal.*3.25.1; caetrati ~esque *Civ.*1.78.1; aduersus Gallos ~es agi iussit Hannibal LIV.21.56.1; Afrorum Hispanorumque ~es 24.24.7; TAC.*Ann.*12.17; PAUL.*Fest.*p. 17M.

auxiliārii ~ōrum, *m. pl.* [AVXILIARIVS] **a** = prec. **b** (app.) assistants.
a ~EI HISPANEI *CIL* 1.1860; cum equitibus legionis ~orumque TAC.*Hist.*1.57. **b** ORDO CORPORATOR LENVNCVLA⟨RIORVM⟩ PLE ROMARIORVM ~OR OSTEN⟨SIVM⟩ *CIL* 14.252; (*cf.*) ORDO CORPORATORVM LENVNCVLARIOR TABVLARIOR AVXILIARES (? -ENSIVM) OSTIENS 14.250.

auxiliāris ~is ~e, *a.* [AVXILIVM+-ARIS]

1 Assisting, succouring, help-bringing; remedial.
dea sum ~is OV.*Met.*9.699; nec cantu supplice numen ~e uocat LUC.6.524; deae summatis ~is prouidentia APUL. *Met.*11.10;—(*of things*) illum caeruleus frater iuuat ~ibus undis OV.*Met.*1.275; 4.333; ~ia (fulgura) SEN.*Nat.*2.49.3;—uinum..~em contra eadem uim habet PLIN.*Nat.*23.14.

2 (of troops) Auxiliary (see AVXILIVM 5). **b** of auxiliary troops.
duabus ~ibus cohortibus Ilerdae praesidio relictis CAES. *Civ.*1.63.1; TAC.*Hist.*3.15; praemissa ~i manu *Ann.*3.45; ~is eques 13.54. **b** miscentur ~ibus galeis scutisque TAC. *Hist.*1.38; ~e stipendium meritus *Ann.*11.18.

auxiliārius ~a ~um, *a.* [AVXILIVM+-ARIVS]

1 Giving aid, helpful.
magis..ei consiliarius hic amicust quam ~us PL.*Truc.* 216; FRO.*Aur.*3.p.74(150N).

2 (of troops) Auxiliary (see AVXILIVM 5).
res..a propraetore una cohorte ~a gesta CIC.*Prov.*15; militem..~um POL.*Fam.*10.32.5; equites..et ~os pedites HIRT.*Gal.*8.5.3; *B.Alex.*62.1; SAL.*Jug.*46.7; LIV.40.40.13.

auxiliātor ~ōris, *m.* [AVXILIOR+-TOR] One who gives aid, a helper.
infirmus ~or PETR.89,l.49; ubi maximus aegris ~or adest STAT.*Silv.*3.4.24; ipse litigantium ~or egebit auxilio QUINT. *Inst.*12.3.2; TAC.*Ann.*6.37; APUL.*Soc.*5.

auxiliātus ~ūs, *m.* [next+-TVS³] Help, aid.
alituum..genus..uidemus..a pinnis tremulum petere ~us LUCR.5.1040.

auxilior ~ārī ~ātus, *intr.* Also **~ō** ~āre. [next+-O³]

1 To give help, render aid.
neque ulla nostris facultas..~andi dabatur CAES.*Gal.* 4.29.2; 7.50.6; PLIN.*Nat.*2.54;—(*w. dat.*) neque commodius ullo pacto ei poteris ~arier PL.*Trin.*377; TER.*Hau.*923; si mihi neque magistratum neque senatum..~ari..licuerit CIC.*Fam.*5.4.2;—(*act. form*) quibus ego primus quo modo ~em? GRACCH.*orat.*54;—(*pple. in pass. sense*) a me ~atus LUCIL.944; consonantes sunt (loci), in quibus (uox) ab imis ~ata..egrediatur ad aures diserta uerborum claritate VITR. 5.8.2.

2 (of things) To be helpful, be of use, avail. **b** (med., etc.) to be efficacious, be a remedy.
~antia gentes aera crepant STAT.*Theb.*6.686; (*w. dat.*) nihil Numantinis uires corporis ~atae sunt *Rhet.Her.*4.37; neque mihi Micipsae patris mei beneficia neque uostra decreta ~antur SAL.*Jug.*24.3. **b** (*w. dat.*) nec formidatis ~atur aquis (medicina) OV.*Pont.*1.3.24; grana nigra ~antur..suppressionibus nocturnis PLIN.*Nat.*27.87; STAT. *Ach.*2.159;—(*w.* aduersus, contra) aduersus urucas..cancrum fluuiatilem in medio horto suspensum ~ari narrant PLIN.*Nat.*19.180; spinae albae semen contra scorpiones ~atur 24.108.

auxilium ~(i)ī, *n.* [cf. AVGEO]

1 Assistance, help, aid. **b** (as pred. dat.). **c** *ad* or *in ~ium,* to the assistance (of).
is ~ium ut feram PL.*Capt.*908; unde ~ium petam? TER. *Ph.*729; ut..mihi opem atque ~ium offeras LUCIL.912; consilio iuuare ciues et ~io CIC.*Top.*71; quod in eo (*sc.* senatu) ~i nihil esset SAL.*Cat.*40.3; Siluia..~ium uocat et duros conclamat agrestis VERG.*A.*7.504; non, ut adsit, ~i latura plus praesentibus HOR.*Epod.*1.21; inops..senatus ~i humani LIV.3.7.7; imbres..cum interclusissent trifariam exercitum a mutuo inter se ~io 8.24.7; nostra sine ~io fugiunt bona OV.*Ars* 3.79; PETR.92.10; PLIN.*Ep.*6.16.9;—(*w. subj. gen. or poss. pron.*) sed eccum parasitum quoius mihi ~iost opus PL.*Per.*83; uestrum ~ium requirunt CIC.*Ver.* 5.172; eis ~ium suum pollicitus CAES.*Gal.*4.19.1; noctis.. ~io integri abeunt SAL.*Jug.*53.3; NEP.*Paus.*1.4; VERG.*A.*8. 201; LIV.33.9.3; mille cauet..mortis ~io..pedum STAT. *Theb.*6.794; QUINT.*Inst.*10.4.4; APUL.*Met.*6.27;—(*pl.*) ut omnium tibi ~ia adiungas CIC.*Catil.*3.12; SAL.*Cat.*52.29; omnis spes Danaum..Palladis ~iis semper stetit VERG.*A.*2. 163; hi omnes..~ia regem orabant LIV.28.5.6; LARG.*pr.*p.2, l.24; tarda legum ~ia TAC.*Ann.*6.11;—(*personified*) mihi ~io est nomen PL.*Cist.*154. **b** cum..nec quisquam esse ~io queat PL.*Mos.*148; Germani qui ~io ueniebant CAES.*Gal.*6.8. 7; pauci ex amicis ~io esse SAL.*Cat.*6.4; VERG.*A.*7.551; LIV. 4.17.11; TAC.*Hist.*4.73;—(*w. dat. of person*) PL.*Am.*1131 matres omnes filiis..~io in paterna iniuria solent esse TER. *Hau.*992; CIC.*Ver.*4.101; si Romanus ~io suis uenisset SAL. *Jug.*81.3; multa poetarum ueniat manus ~io quae sit mihi HOR.*S.*1.4.141; LIV.30.36.7. **c** qui ad ~ium conuenerant CAES.*Gal.*7.80.4; ad quorum ~ium cum Galli..redissent LIV.7.11.3; nemo ad Herculeae domus ~ia uenit? SEN. *Her.F.*632;—milites sociosque in ~um nauales duxit LIV. 29.3.7; LUC.10.505; inprouiso in ~ium aduolare properant (delphini) PLIN.*Nat.*9.30; TAC.*Hist.*2.23; pecunias accepit emendicatas in ~ium aeris alieni SUET.*Jul.*54.1.

2 The personal protection (given by tribunes, etc.); intervention by tribunes.
per eum magistratum qui ~i causa constitutus est CIC. *Quinct.*63; ~ii, non poenae ius datum illi potestati (*sc.* tribunorum) LIV.2.35.3; si tribunicia uis tribunicio ~io repelli nequeat 5.29.9; 9.26.10; (*w.* contra) plebes quos pro se contra uim ~ii ergo decem creassit, ei tribuni eius sunto CIC.*Leg.*3.9;—nouem tribunorum ~io uetiti causam in magistratu dicere LIV.24.43.3;—(*of other magistrates*) neque ..ut in consulibus qui pari potestate essent, alterius ~ium neque prouocatio erat 2.18.8.

3 A thing or person affording help, a resource. **b** a physical support. **c** (leg.) a means of defence, protection.
nunc spes opes ~iaque a me segregant spernuntque se PL.*Capt.*517; minuisti ~ia populi Romani CIC.*Ver.*5.50; curia, summum ~ium omnium gentium *Catil.*4.2; si eruptione facta extremum ~ium experirentur CAES.*Gal.* 3.5.2; forma nihil magicis utitur ~iis TIB.1.8.24; LIV.6.38.3; 22.33.4; OV.*Met.*4.737; in eo uolumine, quod communium ~iorum inscripsit CELS.2.14.1; cadunt medentes, morbus ~ium trahit SEN.*Oed.*70; STAT.*Theb.*6.727; Antonius.. multo iam noctis serum ~ium uenit TAC.*Hist.*3.79;—(*w. obj. gen.*) omnia adiumenta et ~ia petamus bene beateque uiuendi CIC.*Tusc.*4.84; D.BRUT.*Fam.*11.1.1; quaerite non sani pectoris ~ia PROP.1.1.26; SEN.*Ag.*910. **b** propria utrique testiculo uelamenta et ~ia CELS.7.18.2; hebenus Mareotica..stat pro robore uili, ~ium non forma domus LUC.10.119. **c** ~ium diuisionis ULP.*dig.*46.1.10.1; nec ~io defendetur aetatis actor PAPIN.*dig.*46.1.51.4.

4 (mil.) A supporting force; an escort, garrison; (pl.) reinforcements, reserves.
se..equestri ~io signum daturum LIV.4.32.11; quia non ..peditibus quicquam ab tergo ~ii reliquerat 21.34.8;—~io tutos dimittam opibusque iuuabo VERG.*A.*1.571; 8.171; ~ium itineri..quattuor milia Maurorum impetrauit LIV. 29.30.2; TAC.*Hist.*2.14;—L.Planci..magna ~ia non desunt CIC.*Phil.*13.16; infirmis ~iis proficisci non dubitauerat CAES.*Civ.*3.106.3; 3.112.6; ductores..undique cogunt ~ia VERG.*A.*8.8; LIV.25.27.1.

5 (usu. pl.) Auxiliary contingents raised in the provinces and attached to Roman armies; they become part of the regular army under the principate.
legionum, equitatus, ~iorum magnae..copiae CIC.*Phil.* 10.24; *Att.*11.7.3; duas ibi legiones reliquit et partem ~iorum CAES.*Gal.*1.49.5; *Civ.*3.95.3; Micipsa, quom populo Romano equitum atque peditum ~ia mitteret SAL.*Jug.*7.2; Gallica ~ia mercede sollicitabantur LIV.10.18.2; SEN.*Dial.* 7.8.2; TAC.*Agr.*24.3; si ~ia et socii aduersum abscedentis legiones armarentur *Ann.*1.36; JUV.8.256; SUET.*Gal.*10.2; (*cf.*) augete ~ia uostris iustis legibus PL.*Cist.*200;—(*sg.*) ab tumultuario ~io..castra Romana terreri LIV.22.45.4; (*cf.*) hominem..delegit..ex eis quos ~i causa secum habebat CAES.*Gal.*3.18.1.

6 (med.) Relief, aid. **b** a remedy, antidote.
uulneris ~ium Pelias hasta tulit OV.*Rem.*48; GRAT.466; herbas..in ~ium uulnerum morborumque nouerunt CELS.1. pr.1; (*fig.*) quid..aduersus has amissiones ~i inuenimus? SEN.*Ep.*98.11; (*pl.*) cum etiam ~ia ab uno animalium sperent (ferae) PLIN.*Nat.*8.58. **b** unum erit ~ium PROP.3. 21.9; ~ium multis (*sc.* corporibus) sucus et herba fuit OV.*Rem.*528; V.MAX.1.8.ext.18; ~ia..capitis, ubi cum febre dolor est CELS.4.2.4; radix miscetur radici marathri inter efficacissima ~ia PLIN.*Nat.*20.110; LARG.67.

auxilla ~ae, *f.* [dim. of *aula²* (OLLA)] (See quot.)
~a olla paruula PAUL.*Fest.*p.24M.

-ax -ācis, *adjl. suff.* Formed directly from vbl. bases, usu. implying wont or ability (*capax, dicax, pertinax*); also from sbs. (*mendax*).

axāmenta ~ōrum, *n. pl.* [cf. AIO] (See quot.)
~a dicebantur carmina Saliaria, quae a Saliis sacerdotibus componebantur, in uniuersos homines composita PAUL. *Fest.*p.3M.

Axenus ~um, *a.* Also **Axīnus.** An old name of the Euxine or Black Sea (usu. masc. sg. as sb.).
~a Ponti per freta Colchos..delatus *Inc.trag.*182;—ut Tauri in Axino CIC.*Rep.*3.15; OV.*Tr.*4.4.56; MELA 1.102; PLIN.*Nat.*4.76.

axiculus¹ ~ī, *m.* [AXIS¹+-CVLVS] A small axle.
orbiculi..per ~os uersationes habentes VITR.10.2.1; 10.15.4.

axiculus² ~ī, *m.* [AXIS²+-CVLVS] A small plank, slat.
nec (possit quadrupes) exire alia parte prohibentibus aduersis ~is COL.6.19.2.

axilla ~ae, *f.* [dim. of ALA] (See quot.)
~ae μικρὰ πτερά, ὡς Βάρρων VAR.fr.129(GS); (*cf.*) CIC.*Orat.* 153.

axim, -it: see AGO.

axinomantīa ~ae, *f.* [Gk. ἀξινομαντεία] Divination by means of axes.
hoc (*sc.* gagate lapide) dicuntur uti Magi in ea quam uocant ~am PLIN.*Nat.*36.142.

Axīnus: see AXENVS.

axiō ~ōnis, *f.* [unkn.] The little horned owl.
otus..auribus plumeis eminentibus, unde et nomen illi; quidam Latine ~onem uocant PLIN.*Nat.*10.68; 29.117.

axiōma ~atis, *n.* [Gk. ἀξίωμα] A fundamental proposition, axiom.
GEL.16.8.pr.

axis[1] ~is, *m.* [cf. Gk. ἄξων]

1 An axle-tree, axle. **b** a chariot, wagon.
uolucri currit ~e quadriiuga PAC.*trag.*398; aut (fit tribulum) ex ~ibus dentatis cum orbiculis VAR.*R.*1.52.1; SAL.*Hist.*3.36; uolat ui feruidus ~is VERG.*G.*3.107; *A.*12.379; temone reuulsus ~is OV.*Met.*2.317; curribus..quorum falcatis ~ibus utuntur MELA 3.52; SEN.*Phaed.*316; PLIN. *Nat.*16.229; utilis unguendis ~ibus MART.2.77.2; STAT. *Theb.*10.479;—(*in fig. phr.*) si..mea sincero curreret ~e rota OV.*Pont.*4.9.10; PERS.5.72. **b** spoliis oneratos Caesaris ~is PROP.3.4.13; OV.*Met.*4.634; Phoebeus ~is SEN.*Her.O.*1387; V.FL.7.278; STAT.*Theb.*1.274; SIL.16.360; si procubuit qui saxa Ligustica portat ~is JUV.3.258.

2 An axle or spindle on any mechanical contrivance.
tympano medio ~is uersatilis est inclusus VITR.9.8.8; 10.4.1; rotundi..~is diametros aequaliter erit cheles 10.11.8; ~es..ad quos habenae illae deligantur CELS.8.20.6; (*cf.*) legibus Solonis..quae Athenis ~ibus ligneis incisae sunt GEL.2.12.1.

3 The line, through the earth's centre, on which the universe was supposed to turn, the celestial axis; also, the earth's axis.
uidit et aetherio mundum torquerier ~e VAR.AT.*poet.* 14(12).1; hosce (*sc. Taurus, Orion, etc.*)..deuinctos sustinet ~is CIC.*Arat.*542(296); in Aegypto..qua mundi claudicat ~is LUCR.6.1107; VITR.9.1.2; OV.*Met.*1.255; ~is libratum ..regit diuerso cardine mundum MAN.1.279; LUC.9.5;—(terra) cum circum ~em se summa celeritate conuertat et torqueat CIC.*Luc.*123.

4 The extremity of the axis, the celestial north pole; also, the pole star.
sub ~e posita ad stellas septem ACC.*trag.*566; VAR.*L.*7.74; LUCR.6.720; OV.*Tr.*3.2.2; asper ab ~e ruit Boreas MAN. 4.591; SEN.*Her.O.*1251;—qui non mergitur undis ~is inocciduus gemina clarissimus Arcto, ille regit puppes LUC.8. 175.

5 The vault (of heaven), sky. **b** a (specified) part of the heavens, region, clime.
ubi maximus Atlas ~em umero torquet stellis ardentibus aptum VERG.*A.*4.482; medio cum Phoebus in ~e est LUC. 3.423; V.FL.3.731; ~e sereno intonuit STAT.*Theb.*5.86;—(*w.* aetheris, caeli, *etc.*) nudo..sub aetheris ~e VERG.*A.* 2.512; 6.790; aetherium..~em OV.*Met.*6.175; turba..nec Stygio in regno, caeli nec posta sub ~e SIL.13.553. **b** ad ~em meridianum VITR.6.1.4; gelidissimum septentrionis ~em CURT.7.3.7; SEN.*Nat.*5.16.6; Scythico sub ~e genita ..Amazon *Her.O.*1184; COL.4.24.3; medium nubes Borea cogente sub ~em LUC.3.69; PLIN.*Nat.*27.3; STAT.*Theb.*7.7; JUV.14.42.

6 The axis of a spiral scroll or volute.
~es uolutarum ne crassiores sint quam oculi magnitudo VITR.3.5.7.

axis[2] ~is, *m.* Also **assis.** [cf. ASSER] A plank, board.
transuersas trabes..~ibus religauerunt CAES.*Civ.*2.9.2; in contignationibus tigna et ~es (ponuntur) VITR.4.2.1; COL.6.19.1; stellatis ~ibus agger erigitur LUC.3.455; quernis ~ibus contabulari PLIN.*Nat.*36.187; SIL.13.109. **β** ~es tricenos longi pedes LIV.44.5.4; COL.5.3.2.

axis[3] ~is, *m.* [unkn.] An Indian quadruped, perh. the spotted deer.
feram nomine ~in hinnulei pelle, pluribus candidioribusque maculis PLIN.*Nat.*8.76.

axites: (see quot.).
~es mulieres..dicebantur una agentes PAUL.*Fest.*p.3M.

axitia (?*f.*, ? *n.pl.*) An unidentified toilet article.
at ita me uolsellae, pecten..bene me amassint meaque ~a PL.*Cur.*578.

axitiōsus ~a ~um, *a.* [cf. prec.] (app.) Extravagant in the use of *axitia*.
~ae annonam caram e uili concinnant uiris PL.fr.11; 114; CLOD.*gram.*6; PAUL.*Fest.*p.3M.

axō ~āre, *tr.*: (see quot.).
~are nominare PAUL.*Fest.*p.8M.

axōn ~onos, *m.* [Gk. ἄξων] **a** The axis of a sun-dial. **b** the axle or roller of a ballista.
a VITR.9.7.5. **b** quod autem est ad ~ona, quod appellatur frons transuersarius VITR.10.11.7.

? **axulus** ~ī, *m.* [? dim. of AXIS[2]] A plank, board.
ponticuli ~is (*cj.*) stantis in rediuiuis CATUL.17.3.

axungia ~ae, *f.* [AXIS[1]+VNGO] Axle-grease (animal fat, usu. hog's fat, used as a medicament).
incocta pice liquida cum uetere ~a linunt COL.6.11; PLIN.*Nat.*23.6; sincera ~a medetur ambustis 28.137; bene facit..sabucum cum ~a uetere tritum LARG.160.

azānia ~ae, *adj. f.* [Gk. ἀζαίνω, 'to parch up'] *nuces ~ae*, a kind of pine-cones.
quae (*sc.* nuces) se in arbore ipsa diuisere, ~ae uocantur PLIN.*Nat.*16.107.

azȳmus ~a ~um, *a.* [Gk. ἄζυμος] Unleavened.
cum pane ~o LARG.133.

B

B, b. The second letter of the Roman alphabet, representing a voiced bilabial plosive sound.
abbibere: hic non multum est d siet an b LUCIL.374; syllabae nostrae in b litteram et d innituntur..aspere QUINT.*Inst.*12.10.32; MAUR.186.

Baba ~ae, *m.* (app.) The name of a fool.
SEN.*Apoc.*3.4; *Ep.*15.9.

babae, *int.* [Gk. βαβαί] An exclamation of surprise or amazement.
hui, ~! basilice te intulisti et facete PL.*Per.*806; *Ps.*365; *Inc.trag.*264; FRO.*Aur.*1.p.84(5N);—(*repeated*) familia uero ~ ~, non mehercules puto decimam partem esse quae dominum suum nouerit PETR.37.9.

babaecalus ~ī, *m.* [cf. Gk. βαβαί and καλός] (App. slang term for a rich man).
ad summam, quemuis ex istis ~is in rutae folium coniciet PETR.37.10.

babbius ~a ~um, *a.* [unkn.] A designation of a large variety of olive.
PLIN.*Nat.*15.15.

Babylō ~ōnis, *m.* A Babylonian; (allus.) a wealthy person, nabob.
dinumeret illi ~o uiginti minas TER.*Ad.*915.

Babylōn ~ōnis *or* ~ōnos, *f.*

1 A city on the Euphrates, the capital of Babylonia.
~onem ibo LUCIL.463; muros ~onis CIC.*Div.*2.139; Persarum statuit ~ona Semiramis urbem PROP.3.11.21; VITR.1.58; OV.*Pont.*2.4.27; PLIN.*Nat.*6.121; MART.8.28.17.

2 The people of Babylon or a characteristic group of these.
(cum) alteri (consuli) Syriam, ~onem, Persas..ad diripiendum tradidisses CIC.*Dom.*60; condemnemus..~onem (*i.e. Babylonian astrologers*) et eos qui..stellarum cursus persequuntur *Div.*1.36.

Babylōnia ~ae, *f.*

1 The city of Babylon.
Macedones..qui Seleuciam ac ~am..habent LIV.38.17. 11; duces..copiarum ~am conuenire..iubet CURT.4.6.2.

2 The country of Babylon.
qui regioni ~ae ac Ciliciae praeessent CURT.5.1.43; MELA 1.62; PLIN.*Nat.*6.121.

Babylōniacus ~a ~um, *a.* Babylonian.
~as..in undas MAN.4.580.

Babylōnicum ~ī, *n.* (usu. pl.) Babylonian stuff or tapestry.
~a et peristroma tonsilia et tappetia PL.*St.*378; cum ~a ..splendore rigantur LUCR.4.1029; tricliniaria ~a PLIN. *Nat.*8.196; ULP.*dig.*34.2.25.3; (*sg.*) pauo..plumato amictus aureo ~o PUB. in Petr.55.6.

Babylōnicus ~a ~um, *a.* Babylonian.
~a..doctrina LUCR.5.727; magica nomina..~o ritu percensere APUL.*Apol.*38.

Babylōniēnsis ~is ~e, *a.* Babylonian.
~em militem PL.*Truc.*84.

Babylōnii ~ōrum, *m. pl.* The Babylonians.
Aegyptii, ut ~i..omnem curam in siderum cognitione posuerunt CIC.*Div.*1.93; ~orum fines MELA 3.76.

Babylōnius ~a ~um, *a.* Of Babylon, Babylonian.
militi ~o PL.*Truc.*472; CIC.*Tusc.*4.5; nec ~os temptaris numeros HOR.*Carm.*1.11.2; PROP.4.1.77; ~a Thisbe OV. *Met.*4.99; moenia..~a LUC.6.50; PLIN.*Nat.*6.129.

bāca ~ae, *f.* [unkn.; cf. perh. BACCA]

1 The fruit of a tree or shrub, a berry, drupe, nut, etc. **b** (with various defining adjs. or gen.) the fruit of the olive, an olive.
in arborum ~is terraeque fructibus CIC.*Sen.*5; arbores seret..quarum aspiciet ~am ipse numquam *Tusc.*1.31; ~ae glandesque caducae LUCR.5.1363; uictum infelicem, ~as lapidosaque corna, dant rami VERG.*A.*3.649; sedes illis nemora, alimenta ~ae PLIN.*Nat.*6.35;—(*w. type of fruit indicated*) uirgas murteas..cum ~is seruare CATO *Agr.*101; sanguineis ebuli ~is VERG.*Ecl.*10.27; lauri ~as *G.*1.306; piperis..~as VITR.8.3.13; ~a hederae CELS.6.9.6; ~a asparagi spinosa prosilit herba COL.10.246; siluestrium.. prunorum ~ae PLIN.*Nat.*23.133; (*app. of submarine trees; cf. sense 2b*) folia iis laurea..~ae ut oleis 13.141; (*cf.*) alia (genera pomorum)..distinguntur..~is, quarum intus lignum et extra caro..aliquorum intus ~ae, foris lignum 15.111. **b** fundus..an ~is opulentet oliuae HOR.*Ep.* 1.16.2; notam linguae ~is oleaster amaris exhibet OV.*Met.* 14.525; *Pont.*4.15.10; PLIN.*Nat.*15.3;—(*collect. sg.*) CIC.*Div.* 2.16; teritur Sicyonia ~a trapetis VERG.*G.*2.519; HOR. *Carm.*2.6.16; bicolor..~a Mineruae OV.*Met.*8.664; COL. 10.121; infantia..~a nutrita Sabina JUV.3.85.

2 a A pearl. **b** a piece or bead of coral, a corallum.
a nec Indi conchea ~a maris pretio est *Culex* 68; aceto diluit insignem ~am HOR.*S.*2.3.241; quae rotundioribus onusta ~is ambulet *Epod.*8.14; OV.*Met.*10.116; PERS.2.66. **b** ~ae eius (*sc.* curalii) candidae sub aqua ac molles PLIN. *Nat.*32.22.

bācālia ~ae, *f.* [cf. next] Berry-bearer; (app. the designation of the female laurel regarded as a variety).
~am appellant hanc (laurum) quae uulgatissima est bacarumque fertilissima PLIN.*Nat.*15.129.

bācālis ~is ~e, *a.* [BACA+-ALIS] Berry-bearing; (see prec.).
(laurus) Augusta et ~is PLIN.*Nat.*17.60.

bacalūsiae ~ārum, *f. pl.* [dub.] (perh.) Stupid guesses.
postquam..omnis ~as consumpsi PETR.41.2.

Bacānāl: see BACCHANAL.

bacar ~is, *n.*: (see quot.).
~ uas uinarium simile bacrioni PAUL.*Fest.*p.31M.

bācātus ~a ~um, *a.* [BACA+-ATVS[2]] Set with pearls.
Ciris 170; monile ~um VERG.*A.*1.655; SIL.8.134.

bacca: (see quot.).
uinum in Hispania ~a VAR.*L.*7.87.

baccar ~ris, *n.* **~ris** ~ris *f.* [? Lydian; cf. Gk. βάκκαρις] An unidentified plant, perh. a kind of cyclamen; also, another plant (= ASARVM).
tibi..errantis hederas passim cum ~re tellus..fundet VERG.*Ecl.*4.19; 7.27; ~r..radicis tantum odoratae est PLIN.*Nat.*21.29; 26.113; (*fem.*) ~ris uocatur nardum rusticum 12.45;—21.30.

Baccha (~ē) ~ae, *f.* [Gk. βάκχη] A female votary of Bacchus, Bacchante.
tyrsigerae ~ae NAEV.*trag.*32; Pentheum diripuisse aiiunt ~as PL.*Mer.*469; BACAS VIR NEQVIS ADIESE VELET CEIVIS ROMANVS *CIL* 1.581.7; PROP.3.22.33; se (*sc.* matrem) pro aegro eo uouisse..~is eum se initiaturam LIV.39.9.4; OV. *Met.*4.25; utque suum ~e non sentit saucia uulnus *Tr.* 4.1.41; TAC.*Ann.*11.31; beneficio Liberi, cuius ~a fuerat HYG.*Fab.*7.5;—(*in art*) ~as istas cum Musis Metelli comparas CIC.*Fam.*7.23.2; pinxit..~as PLIN.*Nat.*35.109;—(*in title of play*) ⟨Accius⟩ in Bacchis FEST.p.314M.

bacchābundus ~a ~um, *a.* [BACCHOR+-BVNDVS] Revelling in the manner of the Bacchantes, raving.
~um agmen CURT.9.10.27; turbabat impurus hic in medio foro ~us APUL.*Apol.*82.

Bacchānāl ~lis, *n.* [app. back-formation from next] FORMS: *Baca- CIL* 1.581. A shrine or site where the rites of Bacchus were celebrated.

VTEI EA ~LIA..FACIATIS VTEI DISMOTA SIENT *CIL* 1.581. 28; ut omnia ~lia..per totam Italiam diruerent LIV. 39.18.7;—(*facet.*) ad Bacchas ueni in ~l coquinatum PL. *Aul.*408; 411; *Bac.*53; uos in cella uinaria ~l facitis *Mil.*858.

Bacchānālia ~ium, *n. pl.* [BACCHVS; term. on anal. of *Volcanalia*] FORMS: *Baca-* *CIL* 1.581; *~iorum* (gen.pl.) SAL.*Hist.*3.31. A festival of Bacchus, Bacchanalian orgy.

DE BACANALIBVS..ITA EXDEICENDVM CENSVERE *CIL* 1.581.2; senatus uetus auctoritas de ~ibus CIC.*Leg.*2.37; exaudiri..sonus ~iorum SAL.*Hist.*3.31; LIV.39.9.3; quae sacris ~ium inceste usae fuerant V.MAX.6.3.7; TAC.*Hist.* 2.68; (*as adVl. acc., poet.*) qui Curios simulant et ~ia uiuunt JUV.2.3.

bacchantēs ~(i)um, *f. pl.* [pple. of BACCHOR] Votaries of Bacchus, Bacchantes.

Cithaeron..~um uoce sonabat OV.*Met.*3.703; 7.258; (ut) similes ~ibus uagarentur CURT.8.10.15; ~ium lusus 9.10.24.

bacchātim, *adv.* [as prec.+-IM] In the manner of Bacchantes.

quin..hunc primum ~ discerpimus? APUL.*Met.*1.13.

bacchātiō ~ōnis, *f.* [BACCHOR+-TIO] The celebration of the rites of Bacchus. **b** an orgy, debauch.

Inonem in Parnaso esse..~onis causa HYG.*Fab.*4.2; 8.4. **b** sileatur de nocturnis eius ~onibus CIC.*Ver.*1.33.

Bacchē: see BACCHA.

Bacchēis ~idos, *f. adj.* An epithet of Corinth (see BACCHIADAE).

Ephyres ~idos altum culmen STAT.*Silv.*2.2.34.

Bacchēius ~a ~um. [Gk. Βακχήιος] Of or belonging to Bacchus.

~a dona VERG.*G.*2.454.

Bacchēus ~a ~um, *a.* [Gk. Βακχεῖος] Of or belonging to Bacchus or his worship, Bacchic.

~a..sacra OV.*Met.*3.691; ~ei ululatus 11.17; uatem..~a uoce frementem COL.10.223; ~is..corymbis CALP.*Ecl.*4.56; STAT.*Theb.*7.649; (*cf.*) pinguis ~o sanguine colles (*i.e. shed in honour of Bacchus*) 1.329.

bacchiacus ~a ~um, *a.* [Gk. βακχιακός] A name for the choriambic metre.

MAUR.2608.

Bacchiadae ~ārum, *m. pl.* The ruling family at Corinth in the age of the tyrants.

OV.*Met.*5.407; PLIN.*Nat.*35.152.

Bacchicus ~a ~um, *a.* [Gk. Βακχικός]

1 Of or belonging to Bacchus or his worship, Bacchic.

~o insultans modo ENN.*scen.*127; ~o cum scemate NAEV.*trag.*32; ~a..uitis CIC.*Arat.*675(423); ~a sacra OV. *Met.*3.518; ~a serta *Tr.*1.7.2; PLIN.*Nat.*16.147; MART. 7.63.4; cum ~a mugit buxus (*i.e. pipe*) STAT.*Theb.*9.479.

2 (as sb.) = BACCHIVS.

~os utrosque fugito MAUR.1443.

Bacchis ~idis, *f.* A Greek female name; (pl.) the title of a comedy by Plautus.

PL.*Bac.*53; TER.*Hau.*311; *Hec.*60;—FEST.p.169M.

bacchīus ~ī, *m.* [Gk. βακχεῖος] A metrical foot of three syllables, either – – ⏑ or ⏑ – – .

QUINT.*Inst.*9.4.82; ~us etiam ponitur pro dactylo MAUR. 1651; (*cf.*) pars illa, *na luco*, ~o aduersus fiet pes 1879.

bacchor ~ārī ~ātus, *intr.*, (*tr.*). [next+-O³]

1 To celebrate the rites of Bacchus.

Bacchae ~anti si uelis aduorsarier PL.*Am.*703; furebant euhoe ~antes (*i.e. to the cry of Evoe*) CATUL.64.255; SEN.*Con.*2.1.26; PLIN.*Nat.*3.8; SIL.17.21; (*transf.*) non ego sanius ~abor Edonis HOR.*Carm.*2.7.27; (*facet.*) ubi ~abatur aula, cassabant cadi PL.*Mil.*856.

2 (in pass. sense) To be the scene of Bacchanalian revels, be haunted by Bacchantes.

oppletum sono furenter..~atur nemus SAN.*trag.*2; uirginibus ~ata Lacaenis Taygeta VERG.*G.*2.487; ~atam.. iugis Naxum *A.*3.125; V.FL.3.20; ~ate Cithaeron STAT. *Theb.*4.371.

3 To act like a Bacchante, rave, rage. **b** to speak in a frenzy, rant. **c** (poet., of weather).

cum ~ans siluam caedit (Aiax) VAR.*Men.*125; cum sacra ..conturbas..tum ~aris, tum furis CIC.*Har.*39; ita ~antem atque grassantem SUET.*Cal.*56.1;—(*w.* in+*abl.*) quanta in uoluptate ~abere CIC.*Catil.*1.26; 4.11; (+*acc.*) nudati ~amur in Venerem APUL.*Met.*3.20. **b** in antro ~atur uates VERG. *A.*6.78; STAT.*Silv.*1.2.258; quamuis..circa fana ~atus sit et responsa reddiderit ULP.*dig.*21.1.1.10; (*w. acc.*) grande Sophocleo carmen ~amur hiatu JUV.6.636;—(*of orators*) quod eos, quorum altior oratio..esset..~ari arbitraretur CIC.*Brut.*276; *Orat.*99; (*cf., of style*) corruptum dicendi genus, quod..inanibus locis ~atur QUINT.*Inst.*12.10.73. **c** ~ante..uento HOR.*Carm.*1.25.11; ~atur in aequore turbo *Ciris* 480; Boreas ~atur ab Arcto OV.*Tr.*1.2.29; (imber) ab ingenti ~atus uertice montis V.FL.6.633; (*cf.*) nunc spiritus orbis ~atur Veneri COL.10.198.

4 To wander, stray (in a state of frenzy or distraction); (of animals) to run wild.

uirgo tota ~atur in urbe *Ciris* 167; ~atur Fama per urbem VERG.*A.*4.666; LUC.5.169; cursu..~ata furibundo per plateas APUL.*Met.*8.6;—omne (animal) quod in magnis ~atur montibus LUCR.5.824.

Bacchus[1] ~ī, *m.*

1 A (prob. Lydian) vegetation god, identified with DIONYSVS and LIBER, and associated especially with the vine. **b** (in invocations).

~us pater ENN.*scen.*123; PAC.*trag.*309; nocturni..orgia ~i VERG.*G.*4.521; laetitiae ~us dator *A.*1.734; festa corymbiferi..~i OV.*Fast.*1.393; laeti munera ~i STAT. *Ach.*2.101; (*transf.*) Mithridatem dominum..illum Euhium, Nysium, ~um..nominabant CIC.*Flac.*60;—(*as inspirer of poets, etc.*) ~um..carmina..uidi docentem HOR.*Carm.*2. 19.1; scriptorum chorus..cliens ~i *Ep.*2.2.78; (*cf.*) impulerat matres ~o meliore Cithaeron (*i.e. inspiration*) STAT.*Theb.*2.80. **b** euhoe ~e fremens VERG.*A.*7.389; io ~e HOR.*S.*1.3.7; OV.*Met.*4.523; (*cf.*) audito..~o VERG. *A.*4.302; OV.*Met.*4.11.

2 (identified with **a** the vine. **b** wine).

a apertos ~us amat collis VERG.*G.*2.113; te, ~e, tuas nubentem iunget ad ulmos MAN.5.238; puluere ~um enecat LUC.9.433; V.FL.3.5; pecus..uiridi non utile Baccho MART.13.39.1. **b** fauos..dilue ~o VERG.*G.*1.344; pocula ~i OV.*Fast.*3.301; SEN.*Oed.*157; fundere ~um LUC.1.609; MART.13.119.1; (*cf.*) siquis..~i nomine abuti mauult quam laticis proprium proferre uocamen LUCR.2.656.

bacchus[2] ~ī, *m.* [Gk. βάκχος] A kind of sea-fish.

PLIN.*Nat.*9.61; 32.77; 32.102; 32.145.

bacciballum ~ī, *n.* [dub.] (colloq., applied to a woman) A piece, 'bit of stuff'.

noueratis Melissam Tarentinam, pulcherrimum ~um PETR.61.6.

baceolus ~a ~um, *a.* [perh. cf. Gk. βάκηλος] A word used by Augustus for *stultus*.

SUET.*Aug.*87.2.

bācifer ~era ~erum, *a.* [BACA+-FER] Berry-bearing.

hedera..~era SEN.*Oed.*415; ex omnibus sola ~era (taxus) PLIN.*Nat.*16.50; (*spec. w. ref. to olives*) dat..~eram Pallada rarus ager OV.*Am.*2.16.8; gens ~ero nutrita Sabino SIL. 3.596.

bacillum ~ī, *n.* [dim. of BACVLVM] FORMS: *baccillum* APUL.*Met.*1.4.

1 A small stick or staff. **b** a shaft, handle (of weapon).

huic maius ~um quam malus naui LUCIL.482; AFRAN. *com.*224; VAR.*R.*1.50.2; ~um..inflexum et incuruatum CIC.*Fin.*2.33; *Tusc.*1.104; nullo dextram subeunte ~o JUV.3.28; (*fig.*) DERISOR AVIAES QVIA SE DICEBAT NVTRIRE BACCHILLVM SVMMAE SENECTAE *CIL* 6.18086. **b** ~um.. teli APUL.*Met.*1.4.

2 A lictor's staff (dist. fr. the bundle of rods, the fasces).

lictores non cum ~is, sed, ut hic praetoribus urbanis anteeunt, cum fascibus CIC.*Agr.*2.93; *Att.*11.6.2.

bacriō ~ōnis. *m.* [cf. BACA] (See quot.)

~onem dicebant genus uasis longioris manubri PAUL. *Fest.*p.31M.

Bactra ~ōrum, *n. pl.* Also **Bactrum** ~ī.

1 The capital of Bactra or Bactriana, a province of Parthia.

CURT.7.4.31; (*sg.*) PLIN.*Nat.*6.48.

2 The province of Bactra or Bactriana; (meton.) the Bactrians; (transf.) the East.

VERG.*G.*2.138; quid Seres et regnata Cyro ~a parent HOR. *Carm.*3.29.28; PROP.3.1.16; CURT.3.10.5; PLIN.*Nat.*12.25; —ultima secum ~a uehit VERG.*A.*8.687;—~is nomina ducens Casperia SIL.8.414.

Bactrī ~ōrum, *m.* The Bactrians.

MELA 1.13; SEN.*Nat.*5.18.10; PLIN.*Nat.*6.52.

Bactriānī ~ōrum, *m.* The inhabitants of Bactra.

SEN.*Dial.*2.13.4; CURT.7.4.20; (*collect. sg.*) regem.. Persis et ~o ac Scytha potitum TAC.*Ann.*2.60.

Bactriānus ~a ~um. Of or belonging to Bactra, Bactrian.

~ae regionis praefectus CURT.5.8.4; 7.7.31; ~i (smaragdi PLIN.*Nat.*37.65; ~os..campos TAC.*Ann.*11.8.

Bactrīnus ~a ~um, *a.* prec.

camelo ~ae APUL.*Met.*7.14.

Bactrius ~a ~um, *a.* = prec.

OV.*Met.*5.135; PLIN.*Nat.*8.67.

Bactrum: see BACTRA.

Bactrus (~os) ~ī, *m.* A river on which the town of Bactra was situated.

CURT.7.4.31; LUC.3.267; PLIN.*Nat.*6.52.

bācula ~ae, *f.* [BACA+-VLA] A small berry.

(aristolochiae genera) ferunt ~as PLIN.*Nat.*25.96.

baculum ~ī, *n.* Also ~**us** ~ī, *m.* [cf. Gk. βάκτρον]

1 A staff, walking-stick.

~o..nixus..pastor *Culex* 98; PROP.4.2.39; summa papauerum capita dicitur ~o decussisse LIV.1.54.6; infirmos ~o..sustinet artus OV.*Met.*6.27; *Ib.*258; CELS.8.20.2; SEN. *Cl.*2.6.3; inani caule nec excedente ~i longitudinem PLIN. *Nat.*13.124; cum ~o peraque senem MART.4.53.3; JUV. 9.140; (*of the* lituus) augur..~um sine nodo aduncum tenens, quem lituum appellarunt LIV.1.18.7; (*fig.*) ORBAT ..PATREM ~O DESTITVTA SENECTA *CIL* 8.9519;—(*masc.*) deus incumbens ~o, quem dextra gerebat OV.*Fast.*1.177.

2 A lictor's rod.

lictor..conuerso ~o oculos misero tundere..coepit CIC. *Ver.*5.142.

3 A sceptre.

~um aureum berylli distinguebant CURT.9.1.30; FLOR. *Epit.*2.7(3.19.10); 2.21(4.11.3); SUET.*Nero* 24.1.

badius ~a ~um. [cf. OIr. *buide* 'yellow'] A colour applied esp. to horses, either bay or chestnut.

equi colore dispares..hic ~us, iste giluus VAR.*Men.*358; GRAT.537; VIOLE BAD *CIL* 5.6415; 8.17978.

badizō ~āre, *intr.* [Gk. βαδίζω] To go, proceed.

tolutim ni ~as PL.*As.*706.

Baebius ~a ~um, *a.* The name of a Roman plebeian gens; *lex ~a*, a law (? 181 B.C.) concerning the appointment of praetors.

praetores..lege ~a creati, quae alternis (annis) iubebat creari LIV.40.44.2; FEST.p.282M.

Baetica ~ae, *f.* The province of Baetica in Southern Spain, now Andalusia and part of Granada.

LIV.28.2.15; COL.7.2.4; PLIN.*Nat.*3.6; STAT.*Silv.*2.7.29, TAC.*Hist.*1.53.

baeticātus ~a ~um, *a.* [BAETICVS+-ATVS²] Clothed in wool from the province of Baetica.

amator ille tristium lacernarum et ~us MART.1.96.5.

Baeticola ~ae, *a.* [BAETIS+-COLA] Dwelling on the river Baetis.

uulgus Hiberum ~asque uiros SIL.1.146.

Baeticus ~a ~um, *a.*

1 Of or connected with the river Baetis or the province Baetica.

in Hispania ~a COL.2.10.35; 5.1.5; ~i gregis uellus MART. 5.37.7; ~arum..lanarum 12.65.5; TAC.*Hist.*1.78; ~us adiuuat aer JUV.12.42.

2 (pl. as sb.) Inhabitants of Baetica; (also sg.).

PLIN.*Ep.*1.7.5;—3.9.6.

Baetigena ~ae, *a.* [next+-GENA] Born near the river Baetis.

~ae..uiri SIL.9.234.

Baetis ~is, *m.* A Spanish river, the modern Guadalquivir.

citra flumen ~im *B.Alex.*59.2; *B.Hisp.*5.1; superato ~e amni LIV.28.22.1; nomen..terris qui dedit ~is suis SEN. *Med.*726; MART.12.98.1.

baetō: see BITO.

baetulus ~ī, *m.* [Gk. βαίτυλος] A species of meteoric stone.

PLIN.*Nat.*37.135.

Baeturia ~ae, *f.* Part of the province of Baetica.

*B.Hisp.*22.7; LIV.33.21.8; quae..regio a Baete ad fluuium Anam tendit..~a appellatur PLIN.*Nat.*3.13.

Bagōas ~ae, *m.* A Persian proper name used appellatively to mean eunuch.

quem penes est dominam seruandi cura, ~e (*voc.*) OV. *Am.*2.2.1; CURT.6.3.12; in horto ~u (*gen.*) PLIN.*Nat.*13.41; QUINT.*Inst.*5.12.21.

Bagrada ~ae, *m.* A river of N. Africa, now the Majerda.

CAES.*Civ.*2.24.1; MELA 1.34; ~a lentus LUC.4.588; STAT. *Silv.*4.3.91; SIL.6.141.

Bāiae ~ārum, *f. pl.* A fashionable watering-place on the Bay of Naples, famous for its hot springs. **b** an estate or villa at Baiae.

obicit mihi me ad ~as fuisse CIC.*Att.*1.16.10; VERG.*A.* 9.710; seu liquidae placuere ~ae HOR.*Carm.*3.4.24; *Ep.* 1.1.83; OV.*Ars* 1.255; MART.11.80.1; TAC.*Ann.*11.1; (*cf.*) accusatores quidem libidines, amores, adulteria, ~as, actas ..iactant (*i.e. visits to Baiae*) CIC.*Cael.*35; (*transf.*) cum.. cingant triclinia ~as (*i.e. bathing beaches*) MART.10.14(13).3; (*as adj.*) a pereant ~ae..aquae! PROP.1.11.30. **b** cuius in hortos, domum, ~as..libidines omnium commearent CIC. *Cael.*38; *Att.*11.6.6; is qui optimas ~as habebat 12.40.3.

Bāiānum ~ī, *n.* The region of Baiae.

VAR.*R.*3.17.9; puerum ex ~o Puteolos..itantem PLIN. *Nat.*9.25; 9.168; 31.5.

Bāiānus ~a ~um, *a.* Of or belonging to Baiae.

ostrea..~a VAR.*Men.*549; ~a negotia CIC.*Att.*14.8.1; HOR.*S.*2.4.32; a ~o lacu (*i.e. the Lucrine lake*) PLIN.*Nat.* 14.61; MART.6.43.5; STAT.*Silv.*5.3.169; ~ae..cumbae JUV. 12.80.

bā(i)iulō ~āre, *tr.* [next+-O³] To carry, bear (a load).

asinum..~antem sarcinas PHAED.4.1.5; te ~are non possum QUINT.*Inst.*6.1.47;—(*absol.*) ego ~abo, tu..ante me ito inanis PL.*As.*660; non didici ~are *Mer.*508.

bā(i)iulus ~ī, *m.* Also **bāio-.** [unkn.] A porter, carrier.
non pudet puellam amplexari ~um in media uia? PL. *Poen.*1301; 1354; remigem aliquem aut ~um CIC.*de Orat.* 2.40; *Brut.*257; nec quicquam inter Alcibiadem..et quemuis ~um interesse *Tusc.*3.77; GEL.5.3.2; ~i..sarcinis occupati APUL.*Mun.*34.

balaena, etc.: see BALL-.

balanātus ~a ~um, *a.* [BALANVS+-ATVS²] Perfumed with oil of the ben-nut.
cum maxillis ~um gausape pectas PERS.4.37.

balaninus ~a ~um, *a.* [Gk. βαλάνινος] Of the ben-nut.
~o oleo PLIN.*Nat.*13.8; 23.89.

balanītēs ~ae, *m.* [Gk. βαλανίτης] A precious stone.
PLIN.*Nat.*37.149.

balanītis, *f.* [Gk. βαλανῖτις] A species of chestnut.
PLIN.*Nat.*15.93.

balanus ~ī, *f.* (*m.*). [Gk. βάλανος]

1 An acorn.
PLIN.*Nat.*16.21; aesculus..minus morosa nasci..seritur ..~o 17.151.

2 Various fruits resembling an acorn, also the trees: **a** the ben-nut, the fruit of an Egyptian palm, from which a balsam was derived (also MYROBALANVM). **b** ~*us Sardianus*, a name for the chestnut. **c** a date.
a pressa tuis ~us capillis HOR.*Carm.*3.29.4; PLIN.*Nat.* 12.121; 23.98; LARG.129; (*cf.*) MART.14.57.2. **b** PLIN. *Nat.*15.93. **c** PLIN.*Nat.*13.48; 37.180.

3 (med.) A suppository.
PLIN.*Nat.*20.43; 26.54.

4 A species of shell-fish.
ostreas, ~os captamus PL.*Rud.*297; COL.8.16.7; MET. PIUS in Macr.3.13.12; PLIN.*Nat.*32.146.

balatrō ~ōnis, *m.* [cf. BLATEA] A jester, buffoon, joker.
uidebo iam uos..~ones VAR.*R.*2.5.1; mendici, mimae, ~ones HOR.*S.*1.2.2.

bālātus ~ūs, *m.* [BALO+-TVS³] A bleating (esp. of sheep).
~u pecorum..sonant ripae VERG.*G.*3.554; agni ~um exercent *A.*9.62; lanigeris gregibus ~us dantibus OV.*Met.* 7.540; ~us..tremens STAT.*Theb.*10.46; (*also of goats*) PLIN. *Nat.*20.156; (*facet.*) si secundum illum discumberem, iam illi ~um duxissem PETR.57.2.

balaustium ~(i)ī, *n.* [Gk. βαλαύστιον] The flower of the pomegranate.
comas sterilis,..~i COL.10.297; PLIN.*Nat.*13.113; 23.112; LARG.85.

balbē, *adv.* [next+-E] Inarticulately; (also, app.) obscurely.
uocibus et gestu cum ~ significarent LUCR.5.1022;—VAR. in Non.p.80M.

balbus¹ ~a ~um, *a.* [onomat., cf. Skt. *balbūtháḥ*, Lith. *blẹbénti*] Suffering from a defect in speech, stammering, lisping, etc.
LUCIL.238; cum..ita ~us esset (Demosthenes) ut eius ipsius artis (*sc.* rhetoricae), cui studeret, primam litteram non posset dicere CIC.*de Orat.*1.260; *Fam.*2.10.1; 9.19.2; ~a loqui non quit, traulizi LUCR.4.1164; (*as sb.*) ULP.*dig.* 21.1.10.5;—(*transf.*) cum ~a feris annoso uerba palato HOR.*S.*2.3.274; ~a senectus *Ep.*1.20.18; os..pueri ~um 2.1.126; TIB.2.5.94; quiddam ~a de nare locutus PERS.1.33.

Balbus² ~ī, *m.* A Roman cognomen; esp. L. Cornelius Balbus, defended by Cicero in 56 B.C., a supporter of Caesar.
num paenitet nos ex Hispania..transiuisse? TAC.*Ann.* 11.24;—CIC.*Cael.*27; at ~us aedificat *Att.*12.2.2.

balbūt(t)iō ~īre, *intr.*, (*tr.*). [BALBVS; for term. cf. *caecutio*]

1 To pronounce one's speech indistinctly, stammer, lisp.
~iendo..uix sensus suos explicant CELS.5.26.31.E; impediti uoce dicuntur qui ~iunt FRO.*Aur.*2.p.108(159N); APUL.*Met.*1.26; 8.14; (*pple. as sb.*) ~ientium uox FRO.*Aur.* 2.p.72(149N); (*w. acc.*) illum ~it scaurum HOR.*S.*1.3.48; (*cf., of birds*) merula..canit aestate, hieme ~it PLIN.*Nat.* 10.80.

2 To speak obscurely, babble.
Academici ~ire..desinant aperteque et clara uoce audeant dicere CIC.*Tusc.*5.75; Epicurum ~ientem de natura deorum *Div.*1.5; (*w. internal acc.*) Stoicus perpauca ~iens *Luc.*137.

Baliāricus ~a ~um, *a.* Also **Bale-.** Of or belonging to the Balearic islands, Balearic; (masc. pl. as sb.) the inhabitants of the Balearic islands. **b** as the cognomen of Q. Caecilius Metellus, consul in 123 B.C. and conqueror of the Balearic islands.
gruem ~um LABER.*com.*47; ~a..funda LIV.38.29.6; OV. *Met.*4.709; ~a rura MAN.4.640; PLIN.*Nat.*14.71;—8.218. **b** *Act.Triumph.*31(*CIL* 1.p.49); CIC.*S.Rosc.*147.

Baliāris ~is ~e, *a.* Also **Bale-.**

1 ~*es insulae*, the Balearic islands, Majorca and Minorca; (also fem. pl. as sb.).
classemque ad insulas ~is uersus conuertit *B.Afr.*23.3; LIV.28.37.5; PLIN.*Nat.*8.140; (*sg.*) e proxima ~i insula SUET. *Gal.*10.1;—CIC.*Att.*12.2.1; MELA 2.124; PLIN.*Nat.*3.77.

2 Of or belonging to the Balearic islands, Balearic. **b** (masc. pl. as sb., also sg. collect.) the inhabitants of the Balearic islands, famous as slingers.
funditores ~is..mittit CAES.*Gal.*2.7.1; ~is uerbera fundae VERG.*G.*1.309; LIV.38.29.5; LUC.3.710; ~is (terra) PLIN.*Nat.*35.202. **b** LIV.28.37.6; PLIN.*Nat.*8.217; FRON. *Str.*2.3.16;—SIL.3.365; 9.233.

balin-: see BALN-.

balis (*acc.* ~im), *f.* [unkn.] An unidentified plant.
PLIN.*Nat.*25.14.

? **baliscus¹** ~ī, *m.* [dub.] (app.) A bath.
non cotidie lauor; ~us enim fullo est, aqua dentes habet PETR.42.2.

? **baliscus²** ~a ~um, *a.* [unkn.] A kind of vine (confused in MSS. w. BASILICVS).
~am Dyrrachini celebrant PLIN.*Nat.*14.29.

balista: see BALLISTA.

bālitō ~āre, *intr.* [BALO+-ITO] To bleat.
pastor harum dormit, quom haec eunt a pecu ~antes (*s.v.l.*) PL.*Bac.*1123.

bal(l)aena ~ae, *f.* Also **ballēna.** [Gk. φάλλαινα] A whale.
quaenam ~a meum uorauit uidulum? PL.*Rud.*545; OV.*Met.*2.9; PLIN.*Nat.*9.4; 11.235; quanto delphinis ~a Britannica maior JUV.10.14.

bal(l)aenāceus ~a ~um, *a.* [prec.+-ACEVS] Made of whalebone.
~am..uirgam PETR.21.2.

ballātor ~ōris, *m.* [cf. Gk. βαλλίζω] A dancer.
SODALES ~ORE⟨S⟩ CYBELAE *CIL* 6.2265.

Balliō ~ōnis, *m.* A pimp in the *Pseudolus* of Plautus; (transf.) a scoundrel, worthless person.
PL.*Ps.*193; CIC.*Q.Rosc.*20;—*Phil.*2.15.

Balliōnius ~a ~um, *a.* Of or belonging to Ballio.
ex arce ~a PL.*Ps.*1064.

ballista ~ae, *f.* Also **bālista.** [cf. Gk. βάλλω] A military engine (described in detail in VITR.10.11) for discharging stones and other missiles.
quoi..infortuni intenta ~ast probe, quam ego hau multo post mittam e ballistario PL.*Poen.*202; ita est amor ~a ut iacitur *Trin.*668; quem catapulta aut ~a icerit CAECIL. *com.*27; SIS.*hist.*40; CIC.*Tusc.*2.57; asseres..maximis ~is missi CAES.*Civ.*2.2.2; ~a missa a nostris turrem deiecit *B.Hisp.*13.7; LIV.26.21.7; OV.*Met.*11.509; SEN.*Phaed.*535; LUC.2.686; PLIN.*Nat.*7.201; excussa ~is saxa TAC.*Hist.*4.23; *Ann.*12.56; (*facet.*) meumst ~a pugnum PL.*Capt.*796;—(*w.* '*calibre*' *specified*) ~as..centenarias LUCIL.776; ~as talentarias SIS.*hist.*92.

ballistārium ~iī, *n.* [prec.+-ARIVM] An artillery emplacement.
quam (ballistam)..mittam e ~io PL.*Poen.*202.

ballistrārius ~iī, *m.* [cf. prec.] A maker of ballistas.
TARR.PAT.*dig.*50.6.7(6).

ballōtē ~ēs, *f.* [Gk. βαλλωτή] A plant, perh. black horehound.
~en alio nomine porrum nigrum Graeci uocant PLIN. *Nat.*27.54.

balneāris ~is ~e, *a.* [BALNEVM+-ARIS] Of or belonging to a bath or baths; (neut. pl. as sb.) bath utensils.
argentum ~e Q.SCAEV. in Paul.*dig.*34.2.32.7; FORTVNAE ~I *CIL* 2.2701;—VOLO..OMNE INSTRVMENTVM MEVM.. MECVM CREMARI CVM LANCEIS..~IBVS, LECTICIS 13.5708. 2.25; APUL.*Met.*3.12.

balneārius ~a ~um, *a.* Also **balin-.** [BALNEVM+-ARIVS] Of or relating to a bath or baths. **b** (n. pl. as sb.) places for bathing, baths.
o furum optime ~orum CATUL.33.1; ⟨LA⟩CVM ~VM *CIL* 1.1529.9; instrumento ~o PAUL.*dig.*33.7.13.1; furto ~o 47.17.3. **b** ~a..maiora CIC.*Att.*13.29.1(2); VITR.6.4.1; SEN.*Nat.*4b.9; ~a occidenti aestiuo aduertantur COL.1.6.2; fornace ~orum LARG.60; (*dist. fr.* thermae) inter ~a et thermas SEN.*Dial.*9.9.7.

balneātor ~ōris, *m.* Also **balin-.** [BALNEVM+-TOR] A bath-attendant, bath-keeper.
ut ~or faciat unguentariam PL.*Poen.*703; *Truc.*325; VAR.*L.*8.53; CIC.*Cael.*62; *Att.*14.5.1; PETR.53.10; PLIN.*Nat.* 18.156; MART.3.7.3; ALF.*dig.*19.2.30.1; (*facet.*) edepol, Neptune, es ~or frigidus PL.*Rud.*527.

balneātrīx ~īcis, *f.* [as prec.+-TRIX] A female bath-attendant.
PETR.*fr.*2.

balneolum ~ī, *n.* [next+-OLVM] A (little) bathroom.
primus ~a suspendit CIC.*Hort.*fr.76; ~um angustum SEN.*Ep.*86.4; STAT.*Silv.*1.pr.; ~um..conducere JUV.7.4.

balneum ~ī, *n.* **balin-.** *Oft. heterocl. pl.* ~**ae** ~ārum, *f.* [Gk. βαλανεῖον] FORMS: ~*us* PETR.41.11, *CIL* 4.3878, 14.4015; *balnia* 14.914; *balinio* 14.2112.2.31.

1 A room for bathing, bathroom; (pl. also) a suite of bathrooms, (public) bathing establishment, baths (N.B. Despite VAR.*L.*9.68 the distinction between sg. and pl. is not always maintained).
quotienscumque ea mulier..in ~um ibit *Ed.pr.*(*Font.iur.* p.222)21.2; e ~o in cubiculum transire CIC.*Deiot.*21; *Att.* 15.13.5; pensilia ~a (*i.e. built over vaults and heated from beneath*) V.MAX.9.1.1; PLIN.*Nat.*9.168;—gynaeceum aedificare uolt hic in suis et ~as PL.*Mos.*754; mihi non sunt ~ae? CAECIL.*com.*98; TER.*Ph.*339; in ~is uirilibus GRACCH. *orat.*45; VAR.*R.*1.55.4; ad ~as Pallacinas CIC.*S.Rosc.*18; *Vat.*31; furnos et ~a laudat HOR.*Ep.*1.11.13; LIV.23.7.3; cum..celent furtiuos ~a multa iocos OV.*Ars* 3.640; uitas communia ~a nobis MART.3.51.3; STAT.*Silv.*2.2.18; TAC. *Hist.*3.32; (*sg. in pl. sense*) casu uenit in ~um VITR.9.pr.10; PETR.30.8; LABEO *dig.*19.2.58.2.

2 A bath, receptacle for bathing-water. **b** (w. ref. to temperature).
ut in ipso paene ~i limine inter nudos bibant SEN.*Ep.* 122.6; LARG.20; ~o infertur, calida aqua mersatur TAC. *Ann.*15.69. **b** ~um calfieri iubebo CIC.*Att.*2.3.4; utatur ~o calido CELS.1.7; nihil mihi uidetur iam interesse, ardeat ~um an caleat SEN.*Ep.*86.10; si temperari ~um cupis feruens MART.3.25.1; TAC.*Ann.*14.64.

3 The act of bathing, a bath.
numquam..~ae mihi hanc lassitudinem eximent PL. *Mer.*127; scorta ~aque..eneruauerunt corpora LIV.23.18. 12; quandocumque non accessit (febris), ~um tutum est CELS.2.17.3; PETR.41.11; a ~is datur (cuminum) PLIN.*Nat.* 20.160; ante ~a 20.156.

bālō ~āre ~āuī ~ātum, *intr.* [onomat.] FORMS: ? *baelare* VAR.*R.*2.1.7. To bleat, baa. **b** ~*ans*, bleating (as proper epithet of sheep); (pl. as sb.) sheep.
ne ~ant quidem, quom a pecu cetero apsunt PL.*Bac.* 1138ᵃ; mugit bouis, ouis ~at VAR.*Men.*3; OV.*Fast.*4.740; noua turba repente..alto ~abit ouili GERM.fr.4.6; STAT. *Silv.*4.5.17; QUINT.*Inst.*1.5.72; (*facet.*) quoniam satis ~asti (*i.e. spoken enough about sheep*) VAR.*R.*2.3.1. **b** hostiis ~antibus ENN.*scen.*39; pecudem..~antem JUV.13.233;—~antum pecudes ENN.*Ann.*186; uenit..pigris ~antibus aegror LUCR.6.1132; greges..~antum VERG.*A.*7.538; (*perh. incl. goats*) ~antium uel hinnientium uel mugientium greges APUL.*Soc.*5.

balsaminus ~a ~um, *a.* [cf. Gk. ὀποβαλσάμινος] Of balsam.
(oleum) ~um PLIN.*Nat.*23.92; APUL.*Met.*10.21(*cj.*).

balsamōdēs ~ēs ~es, *a.* [Gk.] Resembling balsam.
alia (casia) est ~es, ab odore simili appellata PLIN.*Nat.* 12.97.

balsamum ~ī, *n.* [Gk. βάλσαμον]

1 A tree yielding balsam. **b** branches or sprigs of this tree.
~i seminis CELS.5.23.1; LARG.126; ~um modica arbor TAC.*Hist.*5.6; FLOR.*Epit.*1.40(3.5.29). **b** ~um cum casia nectens COL.10.301.

2 (usu. pl.) Balsam, an aromatic resinous product used as an unguent.
murra, ~um, galbanum CELS.3.21.7; PLIN.*Nat.*13.11; ~o guttatim excusso APUL.*Met.*11.9;—(*pl.*) odorato..sudantia ligno ~a VERG.*G.*2.118; *Eleg.Maec.*134; ~a qui semper.. olet MART.3.63.4; 14.59.1; TAC.*Ger.*45.7.

balteus ~ī, *m.* Also ~**um** ~ī, *n.* [dub.] PROS.: disyll. in VERG.*A.*10.496, *Ilias* 630.

1 A shoulder-band or baldric, oft. elaborately decorated, for supporting a sword, quiver, instrument, etc. **b** the belt of Orion. **c** (transf.) the belt of the heavens, the zodiac. **d** (meton.) a blow with a belt.
uerutum in ~o defigitur CAES.*Gal.*5.44.7; pharetram.. quam circum amplectitur auro ~us VERG.*A.*5.313; 12.942; SEN.*Ep.*76.14; PERS.4.44; QUINT.*Inst.*11.3.140; occultatam ~o epistulam FRON.*Str.*3.13.2; TAC.*Hist.*2.88; JUV.16.48; cithara ~o..apta APUL.*Fl.*15; (*neut., usu. pl.*) ACC.*gram.*7; VAR.*L.*5.116; praebebant caesi ~a lenta boues PROP.4.10.22; PLIN.*Nat.*33.152. **b** GERM.*Arat.*233; 331. **c** stellatus ~us MAN.1.679; signorum ~us 3.334. **d** quotiens rumoribus ulcisceuntur ~a JUV.9.112.

2 **a** A woman's girdle. **b** (app.) a plated belt worn as armour.
a ~us..astrinxit amictus LUC.2.362; (*of Hippolyta, perh. also in sense 1*) Amazonio caelatus ~us auro OV.*Ep.*21.119; *Met.*9.189; SEN.*Her.F.*543;—(*the cestus of Venus*) ussit amatorem ~us iste Iouem MART.14.207.2; APUL.*Met.*2.8. **b** tergo qua ~us imo sinuatur, coxaeque sedet munimen utrique SIL.10.180.

3 An ornamental band round the neck and breast of a horse, etc.
me..pictilibus ~is..exornatum APUL.*Met.*10.18; *Soc.*23.

4 A bond, tie.
(salices) pariunt..~o corticis uincula PLIN.*Nat.*16.174.

5 (app.) An undercrust of pastry turned up at the edges.
CATO *Agr.*76.3; 78.

6 (archit.) A raised band running round the centre of a coussinet in an Ionic capital.
puluinorum ~i VITR.3.5.7.

7 A gangway running round the auditorium in a theatre, giving access to the seats.
CALP.*Ecl.*7.47.

balux ~ūcis, *f.* (Also ? **palux**). [Sp.-Iber.] Gold-dust.
(aurum) quod minutum est ~ucem uocant PLIN.*Nat.* 33.77; MART.12.57.9 (*cj.*).

bananicus ~a ~um, *a.* [unkn.] *uitis* ~*a*, a variety of vine.
PLIN.*Nat.*14.37.

Bantinus ~a ~um, *a.* Of Bantia, a town in Apulia.
saltus..~os HOR.*Carm.*3.4.15.

Baptae ~ārum, *m. pl.* [Gk. Βάπται] Devotees of the goddess Cotytto.
JUV.2.92.

baptēs, *m.* A precious stone.
PLIN.*Nat.*37.149.

baptistērium ~ii, *n.* [Gk.] A plunge-bath.
duo ~ia PLIN.*Ep.*2.17.11; cella frigidaria, in qua ~ium amplum 5.6.25.

barathrum ~ī, *n.* [Gk. βάραθρον]

1 A pit, chasm, abyss. **b** (applied to parts of the body).
imo ~i..gurgite VERG.*A.*3.421; intra murum ~um.. fecerunt VITR.10.16.11; STAT.*Theb.*9.503; Aetnae..candente ~o SIL.9.497;—(*fig., or in fig. phrs.*) te absorbens uertice amoris aestus in abruptum detulerat ~um CATUL.68.108; HOR.*S.*2.3.166; (scurra) pernicies et tempestas ~umque macelli *Ep.*1.15.31; me somnus..in imum ~um..demergit APUL.*Met.*2.25. **b** ecfunde hoc (*sc.* uinum) cito in ~um PL.*Cur.*121; MART.1.87.4; (*obsc.*) 3.81.1.

2 The infernal regions, the pit.
o ~um, ubi nunc es? PL.*Bac.*149; *Rud.*570; nec quisquam in ~um nec Tartara deditur LUCR.3.966; VERG.*A.*8.245; COL.10.62; inferni..~i V.FL.2.192; Tartarei..~i STAT. *Theb.*1.85.

barba ~ae, *f.* [OSl. *brada*, OHG. *bart*, AS. *beard*]

1 A beard; (also pl., of a large or unkempt beard). **b** (on statues, esp. the ~*a aurea* of a god's image). **c** (in phrs. meaning to grow the beard; also, to shave it). **d** (prov.) ~*am uellere*, to tweak the beard (as a mark of insult).
tu qui cum hirquina ~a stas PL.*Ps.*967; CIC.*Agr.*2.13; *Fin.*3.18; opaca..~a CATUL.37.19; propexam in pectore ~am VERG.*A.*10.838; OV.*Fast.*1.259; quibus (cometis) in morem ~ae flamma dependet SEN.*Nat.*7.11.2;—(*as the badge of a philosopher*) sapientem pascere ~am HOR.*S.* 2.3.35; QUINT.*Inst.*11.1.34; GEL.9.2.2;—(*pl.*) illi graues luxere ~ae SEN.*Her.O.*1753; ~is horrentibus nauta PETR. 99.5; APUL.*Met.*4.31. **b** pleraeque (antiquorum statuae) habent..~am magnam VAR.*R.*2.11.10; Aesculapi Epidauri ~am auream demi iussit CIC.*N.D.*3.83; (*cf.*) licet ~am auream habeas (*i.e. you are a god*) PETR.58.6. **c** neque ~am inmiseris istam LUCIL.1007; malis demittere ~am LUCR.5.674; capillum ac ~am promisisse LIV.6.16.4; ~am ⟨et⟩ capillum..summittere SEN.*Con.*9.4.19; SEN.*Ep.*48.7; TAC.*Ger.*31.1; *Ann.*2.39;—quotiens priscus homo..inter nundinum ~am radebat VAR.*Men.*186; HOR.*Ars* 298; ~am primam posuit SUET.*Nero* 12.4. **d** uellunt tibi ~am lasciui pueri HOR.*S.*1.3.137; PERS.1.133; 2.28; (*cf. sense 2*) noli ~am uellere mortuo leoni MART.10.90.10.

2 (of animals).
~as..Cinyphii tondent hirci VERG.*G.*3.311; lupi ~am HOR.*S.*1.8.42; tauros..quibus aspera mento ~a iacet CALP. *Ecl.*7.63; (mulli) ~a gemina insigniuntur inferiori labro PLIN.*Nat.*9.64; olentis ~a mariti (*i.e.* hirci) MART.14.141 (140).1;—(*cf.*) ~as (polypi)..torosas (*i.e. tentacles*) PLIN. *Nat.*9.93; (gallinaceorum) ~is (*i.e. wattles*) 30.96.

3 (transf., in plants).
has (nuces)..mollis protegit ~a PLIN.*Nat.*15.89; uirgultorum ~a PLIN.*Nat.*17.202.

4 *Iouis* ~*a*, a shrub, perh. *anthyllis barba Jovis.*
PLIN.*Nat.*16.76.

barbara ~ae, *f.* [BARBARVS]

1 A foreign or barbarian woman.
texit galea ~a molle caput PROP.4.3.44; OV.*Met.*7.144; ~am iussit admitti CURT.8.3.11; V.FL.2.150; STAT.*Theb.* 12.538.

2 A kind of plaster (cf. BARBARVM 2).
emplastrum nigrum eius ~a dicitur LARG.207.

barbarē, *adv.* [BARBARVS+-E]

1 In a foreign language (i.e. Latin, dist. fr. Greek).
Demophilus scripsit, Maccus uortit ~ PL.*As.*11; *Trin.*19.

2 (of diction, etc.) Rudely, uncouthly, inelegantly.
ut..si grammaticum se professus quispiam ~ loquatur CIC.*Tusc.*2.12; QUINT.*Inst.*1.6.45; hoc uocabulum..~ dici animaduertimus GEL.3.18.10; syllabam ~ pronuntiatam APUL.*Fl.*9.

3 Roughly, savagely.
dulcia ~ laedentem oscula HOR.*Carm.*1.13.14; QUINT. *Inst.*1.5.9; ~ alios insectari APUL.*Fl.*7.

barbaria ~ae, *f.* Also **~ēs** ~ēī, *f.* [BARBARVS+-IA (-IES)]

1 The foreign world, uncivilized races (dist. fr. Greece and Italy). **b** a barbarian people or region. **c** (facet., applied to Italy in the mouth of a Greek).
cum omni immanitate ~ae bellum inferre nobis CIC.*Phil.* 5.37; fluctum..totius ~ae ferre urbs una non poterat *Att.* 7.11.3; a quo non solum Graecia et Italia, sed etiam omnis ~a commota est *Fin.*2.49; Graecia ~ae..collisa HOR.*Ep.* 1.2.7; OV.*Tr.*3.10.4; ~ae inmensas solitudines V.MAX.4.6. ext.3; SEN.*Ep.*28.4. **β** OV.*Met.*15.829; mixtae dissona turbae ~es LUC.7.273. **b** isti immani..~ae (*i.e.* Gallis) resistemus CIC.*Font.*44; quale bellum nulla umquam ~a cum sua gente gessit *Catil.*3.25; quae ~a India uastior? *Tusc.*5.77; *N.D.*2.88; cum Syphace inconditae ~ae rege LIV.30.28.3. **c** macerato hoc pingues fiunt auro in ~a boues PL.*Poen.*598; fr.69.

2 The characteristic quality of barbarians, barbarousness, brutality. **b** (in language, speech).
(ut) inueteratam quandam ~am ex Gaditanorum moribus ..deleret CIC.*Balb.*43; cuius..crudelitate omnis ~a superata est *Phil.*11.6; ~a noster abundat amor OV.*Ars* 2.552; suppliciorum irarumque ~a SEN.*Dial.*5.18.1; QUINT.*Inst.* 11.3.69; FLOR.*Epit.*2.29(4.12.20). **b** inhumanae nomina ~ae OV.*Tr.*3.9.2; praeter errantis ~ae aut adiectum aut deminutum clamorem PETR.68.5. **β** CIC.*Brut.*258.

barbaricum: (see quot.).
~um appellatur clamor exercitus PAUL.*Fest.*p.31M.

barbaricus ~a ~um, *a.* [Gk. βαρβαρικός]

1 Belonging to the uncivilized world, barbarian (dist. fr. Greek and, acc. to context, Roman). **b** (of actions, events done by, or involving, foreigners. **c** (facet., applied to Rome or Italy as by a Greek).
ope ~a ENN.*scen.*94; ~ae uestes LUCR.2.500; ~o..auro VERG.*A.*2.504; supellex ~a LIV.21.60.8; aurea ~a stat dea facta manu OV.*Ep.*12.70; SEN.*Ep.*95.70; ~os ritus LUC. 1.450; PLIN.*Nat.*21.29. **b** ~ae..insignia pugnae VERG. *Cat.*9.5; de triumpho..~o SEN.*Thy.*664; corruit ictu ~o SIL.10.224; 13.743. **c** ~a lege PL.*Capt.*492; quid tu per ~as urbis iuras? 884.

2 Characteristic of uncivilized peoples, rude, savage, outlandish. **b** (transf., of a mixed plantation).
sed lepide nitideque uolo, nil moror ~o bliteo PL.*Cas.*748; PAC.*trag.*270; ~o..Midan..carmine delenit (Pan) OV.*Met.* 11.162; (*neut. as adv.*) ~um..gemens SIL.12.418. **b** siluam si quis ~am, id est consemineam uelit facere COL.11. 2.83.

barbariēs: see BARBARIA.

barbarismus ~ī, *m.* [Gk. βαρβαρισμός] A barbarism, impropriety (in speech or pronunciation).
~us est, cum uerbis aliquid uitiose efferatur *Rhet.Her.*4. 17; SEN.*Ep.*113.26; MART.6.17.2; uitium, quod fit in singulis uerbis, sit ~us QUINT.*Inst.*1.5.6; alios ~os scribendo fieri, alios loquendo *ibid.*; soloecismus in sensu fit, ~us in uoce SUET.fr.176(p.291Re); GEL.13.6.4.

barbarum ~ī, *n.* [next]

1 Barbarism.
ciuitas..saepta muris neque in ~um corrupta TAC.*Ann.* 6.42; (*of speech*) accolas Idaeos aucto in ~um cognomento Iudaeos uocitari *Hist.*5.2.

2 A kind of plaster (cf. BARBARA 2).
optimum ex his (emplastris) est quod ~um uocatur CELS. 5.19.1.B; 5.26.23.F.

barbarus¹ ~a ~um, *a. compar.* ~ior. [Gk. βάρβαρος]

1 Of or belonging to a foreign country or region, foreign (from the Greek standpoint, non-Greek; adapted by the Romans to cover anything not Greek or Roman). **b** of or belonging to a foreigner. **c** used by, or typical of, foreigners. **d** (used facet. of Romans and Italians by Plautus, as if from a Greek standpoint).
~um hospitem PL.*Rud.*583; reges ~os Persarum ac Syrorum CIC.*Ver.*3.76; Plato Aegyptum peragrauit, ut a sacerdotibus ~is numeros..acciperet *Fin.*5.87; cum..praetoria cohorte..~isque equitibus CAES.*Civ.*1.75.2; (hosti) ~o ac Poeno LIV.22.59.14; TAC.*Hist.*3.47; (*cf.*) ~us hic ego sum, qui non intellegor ulli OV.*Tr.*5.10.37;—(*geog.*) ut philosophi tamquam in superum mare defluerent Graecum..oratores autem in inferum hoc, Tuscum et ~um CIC.*de Orat.*3.69; HOR.*Carm.*2.19.17; ~a terra OV.*Tr.*3.1. 18. **b** pede ~o lustratam Rhodopen HOR.*Carm.*3.25. 11; ~a colla PROP.4.5.51; cur..~a Graium prora uehit? OV.*Met.*14.163; ~a..rota..bubulci MART.10.7.4. **c** non esse uocabula nostra, sed penitus ~a VAR.*L.*8.64; ~ae (*i.e. Jewish*) superstitioni resistere CIC.*Flac.*67; ~a (*i.e. Phrygian*)..tibia CATUL.64.264; ~a tegmina crurum VERG. *A.*11.777; OV.*Pont.*4.13.20; inustis..~arum litterarum notis CURT.5.5.6; ~a..nomina PLIN.*Nat.*37.192; (*cf.*) in ~is (*i.e. Latin*) casibus Graecam litteram adhibere CIC. *Orat.*160. **d** ludii ~i PL.*Cur.*150; os columnatum poetae esse indaudiui ~o (*i.e. Naevius*) *Mil.*211; *Mos.*828; mores ~os *St.*193; (*cf.*) PAUL.*Fest.*p.36M.

2 Ignorant, uncivilized, unpolished, uncouth. **b** (of speech or writing). **c** (of natural objects) wild, uncultivated; rough.
qui aliis..~us, isti uni..disertus uideretur CIC.*Ver.*3.23; *Div.*1.2; CAES.*Gal.*1.44.9; stulta ac ~a arrogantia *Civ.*3.59.3; ~o atque impotenti animo LIV.30.11.3. **b** non scire.. ~um iam uidetur, nescire dulcius CIC.*Orat.*157; ~a quaedam et σόλοικα *Att.*1.19.10; OV.*Tr.*5.7.60; MART.1.65.1; docet 'pluria' Latinum esse, 'plura' ~um GEL.5.21.11; (*compar.*) non sunt illa (scripta) suo ~iora loco OV.*Tr.*5.1.72; —(*of persons, w. abl.*) ~a sermonest *Rem.*335; VELL.2.73.1. **c** rure uero ~oque laetatur MART.3.58.5; ~i decus luci.. pinus 10.92.3;—Trogodytica (murra)..aspectu aridior est sordidaque ac ~a PLIN.*Nat.*12.69.

3 Cruel, fierce, savage.
nos ~i, quod innocentes in gabalum suffigimus homines VAR.*Men.*24; quis pirata tam ~us ut..cruenta spolia detrahere mallet? CIC.*S.Rosc.*146; hominem esse ~um, iracundum CAES.*Gal.*1.31.13; nemo adeo ut noceat ~us esse uolet PROP.3.16.14; STAT.*Theb.*5.225; (*poet.*) ~as Syrtis HOR.*Carm.*2.6.3; (*w. abl.*) gentis immanitate ~as CIC. *Marc.*8;—(*of acts, character, etc.*) Tereus..animo ~o ACC. *trag.*636; ~am consuetudinem hominum immolandorum CIC.*Font.*31; ~us horror STAT.*Silv.*2.1.169; (*compar.*) sacra suo facio ~iora loco OV.*Pont.*3.2.78; (*cf.*) ~ae arae TAC. *Ann.*1.61.

barbarus² ~ī, *m.* [prec.]

1 A foreigner (from a Greek standpoint, a non-Greek; in Roman use, one other than a Greek or Roman).
Grai atque ~i NAEV.*trag.*61; non nullorum..ex Gallia ~orum CIC.*Balb.*32; gladiatores, aut perditi homines aut ~i *Tusc.*2.41; quo neque noster adit quisquam nec ~us audet LUCR.5.36; tanta huius belli ad ~os (*i.e.* Germanos) opinio perlata est CAES.*Gal.*2.35.1; se ~is (*i.e.* Britannis) committere 4.21.9; ~us has segetes (habebit) VERG.*Ecl.* 1.71; HOR.*Carm.*4.14.29; LIV.22.22.6; in ~o, Romano, Graeco QUINT.*Inst.*5.10.24; TAC.*Hist.*3.48; (*spec. incl. Romans*) iurarunt inter se (Graeci) ~os necare omnis CATO *Fil.*1(J); LIV.31.29.15; qui..Romanos alienigenas et ~os uocet 31.30.4; (*phr.*) Moesi quam feri..quam ipsorum ~i ~orum FLOR.*Epit.*2.26(4.12.13);—(*collect. sg.*) huc..ex ista ~us (*i.e. Scythians*) urbe fugit OV.*Pont.*1.3.38; iste insolens ~us (*i.e. Persians*) SEN.*Suas.*2.7.

2 An uncivilized person, barbarian.
o Lyde, es ~us; quem ego sapere..censui PL.*Bac.*121; quid narras, ~e indomitis cum moribus, inlitterate iudex? CAECIL.*com.*59; 250; hoc et ratio doctis et necessitas ~is.. praescripsit CIC.*Mil.*30; *Fam.*9.3.2; PROP.2.16.27; OV.*Am.* 1.7.19; PLIN.*Ep.*3.13.3.

?**barbasculus** ~ī, *m.* (perh.) A whipper-snapper.
urbanissime respondisse praetorem..~o (*s.v.l.*) cuidam ex aduocatorum turba GEL.15.5.3.

barbātōria ~ae, *f.* [BARBA+-TORIVS; ? sc. *dies*] The ceremony of the first shaving of the beard.
hodie seruus meus ~am fecit PETR.73.6.

barbātulus ~a ~um, *a.* [next+-VLVS] Having a small beard.
(*as a term of disparagement*) concursabant ~i iuuenes, totus ille grex Catilinae CIC.*Att.*1.14.5; 1.16.11;—(*applied to fish*) ~os mullos *Parad.*38.

barbātus ~a ~um, *a.* [BARBA+-ATVS²]

1 Having a beard, bearded. **b** (of a philosopher). **c** (of the men of antiquity). **d** (as the sign of an adult).
PL.*Men.*854; LUCIL.1058; quos..bene ~os uidetis CIC. *Catil.*2.22; dicere licebit Iouem semper ~um *N.D.*1.83; HERCVLI ~O SACRVM *CIL* 13.7694; (*cf.*) ~us labris..fio tuis MART.10.42.6; cum colocyntha bibit uel cum ~a chelidon JUV.6.O6; (*sb.*) ~us ingens PETR.40.5. **b** ~um haec crede magistrum (*i.e. Socrates*) dicere PERS.4.1; ~os.. magistros JUV.14.12; (*sb.*) ~i prandia nudi MART.14.81.1. **c** antiqui illi quasi ~i, ut nos de nostris solemus dicere CIC.*Fin.*4.62; facile est ~o inponere regi JUV.4.103;—(*sb.*) aliquis..ab inferis excitandus est ex ~is illis CIC.*Cael.*33; *Sest.*19. **d** equitare in harundine..si quem delectet ~um HOR.*S.*2.3.249; Ioue nondum ~o (*i.e. in remote antiquity*) JUV.6.16;—(*sb.*) solet hic ~os..sectari senex PL.*Cas.*466; VAR.*L.*9.15; JUV.13.56.

2 (of other creatures).
~um mul⟨l⟩um VAR.*R.*3.17.7; CIC.*Att.*2.1.7; ~us.. hirculus *Priap.*86.16; genus aquilae quam ~am uocant PLIN.*Nat.*10.11;—(*sb.*) inmisit se ~us (*sc.* hircus) PHAED. 4.9.10.

3 (transf., of inanim. things). **b** (of a kind of water-vessel; also as sb.).
~ae nucis fructum PLIN.*Nat.*19.14; ne toga ~os faciat.. libros (*i.e. frayed*) MART.14.84.1. **b** PAUL.*Fest.*p.176M; —VAR.*L.*5.119.

4 (as a cognomen).
M HORA⟩TIVS M F L N BARBATVS *Act.Triumph.*8 (*CIL* 1.p.44); *CIL* 1.7.

barbiger ~era ~erum, *a.* [BARBA+-GER] Bearded (in quots., of goats).
~eras pecudes LUCR.5.900; ~eras..capellas 6.970.

barbitium ~iī, *n.* [BARBA+-ITIVM] A growth of beard.
iuuenem..lanoso ~io genas inumbrantem APUL.*Met.*5.8; qui..hircino ~io philosophum fingeret 11.8.

barbitos ~ī, *m.*, (*f.*). [Gk. *βάρβιτος*] A lyre (prop. of a lower pitch).
Lesboum..tendere ~on HOR.*Carm.*1.1.34; dic Latinum, ~e, carmen 1.32.4; 3.26.4; STAT.*Silv.*4.5.60; (*fem.*) non facit ad lacrimas ~os ulla meas [Ov.]*Ep.Sapph.*8.

? **barbō** ~āre, *tr.* [BARBA+-O³] To supply with a beard (or perh. nonsense word).
BARBARA BARBABRIBVS ~ABANT BARBARA BARBIS *CIL* 4.4235.

barbula ~ae, *f.* (*m.*). [BARBA+-VLA] A little beard. **b** (masc., as a cognomen).
~a prima LUCIL.321; non hac ~a qua ista delectatur sed illa horrida quam in statuis antiquis..uidemus CIC.*Cael.*33; (*transf., in plants*) PLIN.*Nat.*21.49; gerit iuxta folia singulas ueluti ~as 27.98. **b** Q AIMILIVS Q F L N BARBVLA *Fast. Cos.Cap.*10b(*CIL* 1.p.21); LIV.9.20.7.

barca[1] ~ae, *f.* [cf. BARIS] A small boat.
EDITO ~ARVM CERTAMINE *CIL* 2.13.

Barca[2] ~ae, *m.* Also **Barcha.** The name of a Carthaginian family to which Hamilcar and Hannibal belonged.
CAEL.*hist.*4; NEP.*Ham.*1.1; SIL.1.72.

Barcaeī ~ōrum, *m. pl.* The people of Barce.
VERG.*A.*4.43.

Barcaeus ~a ~um, *a.* Of or belonging to the Barca family.
~i..iuuenis (*i.e.* Hannibalis) SIL.10.354.

barcala ~ae, *m.* [?Etr.] (perh.) A fool, simpleton.
sic nos ~ae despoliamur PETR.67.7.

Barcē ~ēs, *f.* A city of Cyrenaica.
PLIN.*Nat.*5.32; SIL.2.62; 3.251.

Barcīnus ~a ~um, *a.* Of or belonging to Barca; (masc. pl. as sb.) members of the Barca family.
familia ~a LIV.23.13.6; ~ae..factionis 34.61.11;—21.3.2.

Bardaicus: see VARDAICVS.

bardītus: see BARRITVS.

bardocucullus ~ī, *m.* [cf. perh. next] A Gallic overcoat or cloak.
Lingonicus..~us MART.1.53.5; Gallia Santonico uestit te ~o 14.128.1.

Bardus[1] ~ī, *m.* A (Gallic) bard.
securi fudistis carmina, ~i LUC.1.449; PAUL.*Fest.*p.34M.

bardus[2] ~a ~um, *a.* [dub.] Stupid, dull.
qui fuerunt..stulti, stolidi,..~i PL.*Bac.*1088; me..pro ~a et pro rustica reor habitam esse *Per.*169; CAECIL.*com.* 250; Zopyrus..stupidum esse Socraten dixit et ~um CIC. *Fat.*10; PAUL.*Fest.*p.34M.

baripe. [unkn.] A precious stone.
baroptenus siue ~ PLIN.*Nat.*37.150.

bāris ~idos, *f.* [Copt. *barī*, Gk. *βᾶρις*] A flat-bottomed boat used on the Nile.
~idos et contis rostra Liburna sequi PROP.3.11.44.

baritus: see BARRITVS.

Bārium ~(i)ī, *n.* A town in Apulia, the site of the modern Bari.
HOR.*Sat.*1.5.97; LIV.40.18.8; MELA 2.66; TAC.*Ann.*16.9.

bārō ~ōnis, *m.* [Etr.] A blockhead, lout.
LUCIL.1121; apud Patronem et reliquos ~ones CIC.*Att.* 5.11.6; *Fam.*9.26.3; *Fin.*2.76; ~o, inquit, uictum te esse non uides? *Div.*2.144; PERS.5.138; PETR.53.11; 63.7.

baroptenus. [unkn.] A precious stone.
~ siue baripe, nigra sanguineis et albis nodis PLIN.*Nat.* 37.150.

barriō ~īre, *intr.* [BARRVS+-IO³] (of elephants) To trumpet.
elephantum (est) ~ire SUET.fr.161(p.250Re); PAUL. *Fest.*p.30M.

bar(r)ītus ~ūs, *m.* [prec.+-TVS³]

1 A trumpeting (of elephants).
elefantorum tristis ~us APUL.*Fl.*17.

2 A war-cry.
quorum (carminum) relatu, quem ~um (*v.l.* barditum) uocant, accendunt animos TAC.*Ger.*3.1.

barrus ~ī, *m.* [prob. Indian] An elephant.
mulier nigris dignissima ~is HOR.*Epod.*12.1.

barycephalus ~a ~um, *a.* [Gk. *βαρυκέφαλος*] Top-heavy.
aedium species sunt uaricae, ~ae VITR.3.3.5.

basanītēs, *m.* [Gk. *βασανίτης*] A kind of quartz used as a touchstone, prob. mod. basanite.
PLIN.*Nat.*36.58; 36.147.

bascauda ~ae, *f.* [Brit.] A kind of basin, of British origin.
barbara de pictis ueni ~a Britannis MART.14.99.1; JUV. 12.46.

bāsiātiō ~ōnis, *f.* [BASIO+-TIO] A kissing or kiss.
quaeris, quot mihi ~ones tuae..sint satis CATUL.7.1; MART.2.23.4; 7.95.17.

bāsiātor ~ōris, *m.* [BASIO+-TOR] One who kisses.
effugere non est..~ores MART.11.98.1.

basicula ~ae, *f.*: dim. of BASIS.
VEL.gram. in *G.L.*7.77.

basilēum: see BASILIVM.

basileūs, *m.* [Gk. *βασιλεύς*] A king.
quisnam sit ille ~us APUL.*Apol.*64.

basilica ~ae, *f.* [Gk. *βασιλική*] FORMS: *bassilica CIL* 4.1779, etc. An oblong hall with double colonnade used for a law-court and as an exchange, a basilica.
maritos sub ~a quaerito PL.*Cur.*472; qui forum et ~as non spoliis prouinciarum sed ornamentis amicorum.. ornarent CIC.*Ver.*4.6; *Mur.*70; VITR.5.1.4; neque enim tum (*i.e. 210 B.C.*) ~ae erant LIV.26.27.3; fremitu iudiciorum ~ae resonent SEN.*Dial.*5.33.2; PETR.57.9; TAC.*Ann.*16.26; (*attached to a private house*) VITR.6.5.2;—(*w. name specified*) EX ~A OPIMIA *CIL* 1.1337a.4; VAR.*L.*5.156; (Cato) ~am ..fecit, quae Porcia appellata est LIV.39.44.7; in ~a Iulia QUINT.*Inst.*12.5.6.

? **basilicānus** ~ī, *m.* [prec.+-ANVS] (app.) A haunter of basilicas.
tricolum tale, qualia sunt quae ~i (*cj.*) sectant⟨ur⟩ SEN. *Con.*2.4.12.

basilicē[1] ~ēs, *f.* [Gk. *βασιλική*] app. = BASILICON.
ulcus..replet ~e rosa diluta LARG.238.

basilicē[2], *adv.* [BASILICVS+-E] Royally, in princely fashion.
~ agito eleutheria PL.*Per.*29; exornatu's ~ 462; 806; (*facet.*) ut ego interii ~! *Epid.*56.

basilicon ~ī, *n.* [Gk. *βασιλικόν*] (med.) **a** A black plaster. **b** an eye-salve.
a CELS.5.19.3; LARG.210. **b** CELS.6.6.31.A; *CIL* 13. 10021(97).

basilicus ~a ~um, *a.* [Gk. *βασιλικός*] Royal, princely, magnificent. **b** (as the name of various plants, preparations, etc.). **c** (neut. sg. as sb.) the best throw (at dice).
~as edictiones PL.*Capt.*811; ~o..uictu *Per.*35; *Ps.*458; ~a..facinora *Trin.*1030; (*as a fashionable term in women's dress*) ~um aut exoticum, cumatile aut plumatile *Epid.*232. **b** in ~o..collyrio CELS.6.6.31.B; secundae notae uites.. qualis est..~a COL.3.2.19; 3.9.1; PLIN.*Nat.*15.87; quae dicuntur ~ae iuglandes OPP. in Macr.3.18.7. **c** talos arripio..iacto ~um PL.*Cur.*359; (*cf., perh.*) ego ~us sum (*i.e. the boss*) *Rud.*431.

basiliscus ~ī, *m.* [Gk. *βασιλίσκος*] A kind of snake, a basilisk.
in uacua regnat ~us harena LUC.9.726; 828; eadem et ~i serpentis est uis PLIN.*Nat.*8.18; 29.66; PAUL.*Fest.*p.31M.

basilīum ~ī, *n.* Also **basilēum.** [Gk. *βασίλειον*]

1 A crown (on a statue of Isis).
ORNAMENTA IN ~O VNIO ET MARGARITA *CIL* 2.3386; ~VM ORNATVM EX GEMMIS 14.2215.

2 (med.) An eye-salve.
CIL 13.10021(100, 180).

bāsiō ~āre ~āuī ~ātum, *tr.* [BASIVM+-O³] To kiss.
oculos tuos..usque ad milia ~em trecenta CATUL.48.3; mulier ~auit me spissius PETR.18.4; ~anda non es MART. 1.94.2; ~a patrem tuum FRO.*Aur.*1.p.112(26N); lucerna ..tale corpus contingere et quasi ~are..ipsa gestiebat APUL.*Met.*5.23; (*cf.*) instat tibi..sutor modo pelle ~ata (*i.e. chewed to make it supple*) MART.12.59.7; (*w. cogn. acc.*) tam te basia multa ~are uesano satis..Catullo est CATUL. 7.9;—(*absol.*) ~ate gratis MART.12.55.3(5); ~are uolenti.. sauiolis adlubescebat (puella) APUL.*Met.*7.11.

bāsiolum ~ī, *n.* [BASIVM+-OLVM] A little kiss.
aggressus simulantem aliquot ~is inuasi PETR.85.6; APUL.*Met.*10.21.

basis ~is, *f.* [Gk. *βάσις*] FORMS: *bassis* CELS. 8.3.10 (*s.v.l.*), *bassim CIL* 1.1549; (acc. sg.) *~em* VITR.9.4.2, CELS.7.14.6, *CIL* 6.30865, *~in* CELS.7.19.3; (gen. sg.) *~eos* VITR.10.15.2; (abl. sg.) *~e CIL* 10.5779, *~ei* 8.27768; (acc. pl.) *~is* LARG.227, *CIL* 10.825, *~eis* 1.1146.

1 The lowest part of any architectural structure, the base, foundation. **b** the base, pedestal (of a statue). **c** the base (of a machine). **d** an object or part used as a base or support.
quod in ~i tropaeorum inscribi incidique posset CIC.*Pis.* 92; ~im uillae *Q.fr.*3.1.5; ad aduersam ~im (columellae) accessimus *Tusc.*5.66; AEDEM ~IM ET SOLARI⟨VM⟩ ⟨FACI⟩VND COIR *CIL* 1.779; ~im scapi VITR.4.1.6; ~es abacorum PLIN.*Nat.*35.32. **b** in ~i statuarum maximis litteris incisum CIC.*Ver.*2.154; *Phil.*9.16; stat ~is orba dea OV.*Pont.* 3.2.52; honores..~ibus inscribi (coepere) PLIN.*Nat.*34.17; MART.9.44.5; PLIN.*Ep.*3.6.5; statuae adfixae ~ibus structilibus POMPON.*dig.*50.16.245; (*prov.*) quare..magnus uidetur? cum ~i illum sua metiris (*i.e. overestimate*) SEN.*Ep.*76.31. **c** de materia compacta ~i (*sc.* hydrauli) VITR.10.8.1; (ballistae) ~is, quae appellatur *ἐσχάρα* 10.11.9; 10.13.2; (*cf.*) ut tanquam suppositae ~i ad perpendiculum normata (ciconia) insisteret COL.3.13.12. **d** si ~is aliqua seruata est, superinponenda sunt medicamenta CELS.8.3.10.

2 (med.) The base, point of attachment (of organ, tumour, etc.).
~is cerebri CELS.5.26.2; imam ~em eius (*sc.* tumoris) atramento notare 7.14.6; 7.19.3; 7.30.3.A; radices earum (*sc.* haemorrhoidum), quas ~is dicunt LARG.227.

3 (astr.) The lower extremity (of a constellation).
VITR.9.4.2; apud eius (*sc.* Orionis)..~im 9.5.3.

4 (geom.) A base (of triangle, etc.), chord (of arc).
~is..trianguli, quam efficiunt grues CIC.*N.D.*2.125; CELS.7.25.2; esto arcus, cuius ~is habeat pedes XVI COL. 5.2.9; HYG.GR.*agrim.*p.153.

5 (perh.) Basis, foundation.
eam (? musicam) esse physicen, quod sit *ἔμφυτος* ut ipsa uox, ~is eius VAR.*Men.*362.

bāsium ~(i)ī, *n.* [dub.] A kiss.
da mi ~ia mille CATUL.5.7; ~ia surripiam 99.16; stupentibus spississima ~ia impegit PETR.31.1; nuptiale ~ium MART.11.98.9; indulget ~ia plectro JUV.6.384;—(*as thrown*) iactat ~ia tibicen PHAED.5.7.28; circum pulpita nostra.. ~ia sola crepant MART.1.76.14; JUV.4.118.

Bassareūs, *m.* [Gk. *βασσαρεύς*] A name of Bacchus (app. from the wolf-skins worn by his devotees).
Lyaee ~eu BAS.*poet.*2.2; candide ~eu HOR.*Carm.*1.18.11.

Bassaricus ~a ~um, *a.* [Gk. *Βασσαρικός*] Of or belonging to Bacchus.
cinget ~as Lydia mitra comas PROP.3.17.30.

Bassaris, ~idos, *f.* [Gk. *Βασσαρίς*] A Bacchante.
~idum..cohors SEN.*Oed.*432; ~is..euhion ingeminat PERS.1.101; ~idum rotator Euhan STAT.*Silv.*2.7.7.

Bastarnae ~ārum, *m.* Also **Batarnae.** A Germanic tribe occupying the country between the source of the Vistula and the mouth of the Danube.
LIV.41.19.4; OV.*Tr.*2.198; TAC.*Ann.*2.65. **β** V.FL.6.96.

bat: (a word formed as contemptuous parody of *at*).
at enim— ~ enim! PL.*Epid.*95; *Ps.*235.

Batāuī ~ōrum, *m. pl.* PROS.: *Batăui* LUC. 1.431 (*s.v.l.*). A people of Lower Germany, occupying the delta between the Rhine and the Meuse; (also collect. sg.). **b** (sg.) a Batavian.
Mosa..parte quadam ex Rheno recepta..insulam efficit ~orum CAES.*Gal.*4.10.1; PLIN.*Nat.*4.106; TAC.*Ag.*36.1; *Ann.*2.6;—puer auricomo praeformidate ~o SIL.3.608. **b** russi persona ~i MART.14.176.1; TAC.*Hist.*2.66.

Batāuus ~a ~um, *a.* Of or belonging to the Batavi, Batavian.
aurem qui modo non habet ~am (*i.e. barbarian*) MART. 6.82.6; spuma ~a (*i.e. a pomade*) 8.33.20; agri ~i TAC.*Ann.* 2.6.

bathrum ~ī, *n.* [Gk. *βάθρον*] A base, pedestal.
A ~O CLATROR(VM) *CIL* 3.2072.

Bathyllus ~ī, *m.* A celebrated comic dancer of Alexandria in the time of Augustus.
operam ~o..in scaena dare PHAED.5.7.5; Pylades in comoedia, ~us in tragoedia multum a se aberrant SEN. *Con.*3.pr.10; PERS.5.123; TAC.*Ann.*1.54; (*appel.*) JUV.6.63.

batia ~ae, *f.* [cf. Gk. *βατίς*] A fish, perh. a skate or ray.
PLIN.*Nat.*32.77; 32.145.

batioca ~ae, *f.* [cf. Gk. *βατιάκη*] A drinking-vessel.
quibus diuitiae domi sunt, scaphio et cantharis, ~is bibunt PL.*St.*694.

batiola ~ae, *f.* [cf. prec.] A drinking-vessel.
~am auream octo pondo habebam PL.fr.51.

batis (*acc.* ~im), *f.* Also **battis.** [Gk. *βατίς*] A plant, prob. samphire, *Crithmum maritimum* and sim. species.
~is et eius coliculum, qui miluinus pes appellatur COL. 12.7.1; 12.7.2; PLIN.*Nat.*21.174;—(*varieties specified*) holus cordum, quod quidam satiuam ~im uocant COL.12.13.2; ~im marinam, ~im hortensiam, quas aliqui asparagum Gallicum uocant PLIN.*Nat.*21.86.

Batō ~ōnis, *m.* An Illyrian name, esp. the leader of a revolt in A.D. 6.
OV.*Pont.*2.1.46; VELL.2.114.4; SUET.*Tib.*20.

Batōniānus ~a ~um, *a.* Of or connected with Bato.
⟨BELLO⟩ ~o *CIL* 5.3346.

batrachion ~iī, *n.* Also **~ium.** [Gk. βατράχιον] A plant of the genus *Ranunculus.*
ranunculum uocamus quam Graeci ~ion PLIN.*Nat.* 25.172; 26.157; polyanthemum, quam quidam ~ion appellant 27.112; LARG.174.

batrachītēs ~ae, *m.* [Gk.] A precious stone.
PLIN.*Nat.*37.149.

Batrachomachia ~ae, *f.* [Gk.] The Battle of the Frogs, a poem ascribed to Homer.
MART.14.183; STAT.*Silv.*1.pr.

batrachus ~ī, *m.* [Gk. βάτραχος] A fish, prob. the angler, *Lophius piscatorius.*
PLIN.*Nat.*32.145.

Battiadēs ~ae, *m.* An inhabitant of Cyrene (as founded by Battus). **b** esp. the poet. Callimachus.
~as..regebat SIL.2.61; 3.253. **b** carmina ~ae CATUL. 65.16; 116.2; ~es semper toto cantabitur orbe OV.*Am.*1.15. 13; STAT.*Silv.*5.3.157.

battis: see BATIS.

bat(t)uō ~ere, *tr., intr.* Also **battō.** [Gall.]

1 To pound, beat.
sculponeas, quibus ~atur tibi os PL.*Cas.*496; PLIN.*Nat.* 31.104; (*obsc.*) CIC.*Fam.*9.22.4.

2 (intr.) To fence.
murmillonem e ludo rudibus secum ~entem SUET.*Cal.* 32.2; 54.1. β FRO.*Aur.*1.p.106(55N).

Battus ~ī, *m.* The legendary founder of Cyrene.
CATUL.7.6; OV.*Ib.*584; SIL.8.57.

batuō: see BATTVO.

batus ~ī, *f.* [Gk. βάτος 'bramble'] (See quot.)
~us genus herbae PAUL.*Fest.*p.30M.

baubor ~ārī, *intr.* [cf. Gk. βαΰζω] To bay, howl.
cum deserti (canes) ~antur in aedibus LUCR.5.1071; canum (est) latrare seu ~ari SUET.fr.161(p.250Re).

Baucis ~idis, *f.* The wife of Philemon.
OV.*Met.*8.631; 8.714; (*as a type of humble old woman*) PERS.4.21.

Bauius ~iī, *m.* (app.) A poet of the time of Virgil.
qui ~ium non odit, amet tua carmina, Maeui VERG.*Ecl.* 3.90.

Baulī ~ōrum, *m. pl.* A town between Baiae and Misenum.
VAR.*R.*3.17.5; CIC.*Luc.*125; SIL.12.156; repetenti..~os ..machinosum illud (nauigium) optulit SUET.*Nero* 34.2.

baxea ~ae, *f.* [cf. Gk. πάξ] A kind of sandal.
qui extergentur ~ae? PL.*Men.*391; APUL.*Met.*2.28; 11.8; me..~as istas de sutrina praestinare *Fl.*9.

baxiārius ~ī, *m.* [prec.+-ARIVS] A maker of sandals.
COLLEGI..FABRVM SOLIARIVM ~VM *CIL* 6.9404.

bdella ~ae, *f.* [Gk. βδέλλα] = next.
aperiunt..~a, galbanum CELS.5.4.

bdellium ~iī, *n.* [Gk. βδέλλιον]

1 An aromatic gum.
CELS.5.5.2; LARG.138.

2 A tree, prob. of the genus *Balsamodendron,* producing this gum.
PLIN.*Nat.*12.35.

bē [cf. Gk. βῆ] The sound made by a sheep.
uox earum (*sc.* ouium) non me, sed ~ sonare uidetur VAR.*R.* 2.1.7.

beātē, *adv. compar.* ~ius, *superl.* ~issime. [BEATVS+-E]

1 Happily.
bene ~eque uiuere CIC.*Brut.*4; Plato..nihilo melius quam quiuis improbissimus nec ~ius uixerit *Fin.*4.21; est mi.. bene ac ~e CATUL.14.10; 23.15; Marcellum..~issime uiuentem SEN.*Dial.*12.9.4; ~e degere *Ep.*48.2; ~e somniare APUL.*Met.*8.12.

2 Excellently, happily, felicitously.
Vergilius haec quanto..~ius dixit SEN.*Suas.*3.5; (*excl. of applause*) euge! ~e! MART.2.27.3.

3 Lavishly, abundantly.
locum ~e implebat (Asinius) SEN.*Con.*7.pr.3; Fortunatae insulae..~ius..exultae MELA 3.102; tantam copiam rerum, quas natura ~issime fundit SEN.*Ben.*7.3.3; *Nat.* 4b.13.4.

beātificus ~a ~um, *a.* [BEATVS+-FICVS] That makes happy or blessed.
(deus) beatus et ~us APUL.*Pl.*1.5.

beātitās ~ātis, *f.* [BEATVS+-TAS] Blessedness, beatitude, supreme happiness.
ista siue ~as siue beatitudo dicendast CIC.*N.D.*1.95; QUINT.*Inst.*8.3.32; uirtutes, quarum ~as est fructus est APUL. *Pl.*2.10.

beātitūdō ~inis, *f.* [BEATVS+-TVDO] = prec.
CIC.*N.D.*1.95; QUINT.*Inst.*8.3.32; tanta est animi ~o PETR.38.5; APUL.*Met.*10.33; uerae ~inis, id est secundae uitae et prudentiae fortunatissimae *Soc.*22; *Pl.*2.10.

beātulus ~a ~um, *a.* [next+-VLVS] Blessed (in quot. of a deceased person).
~us alto compositus lecto PERS.3.103.

beātus ~a ~um, *a. compar.* ~ior, *superl.* ~issimus. [cf. BEO]

1 Happy, fortunate. **b** (of experiences, periods of time, etc.) marked by happiness, happy; (of things) consisting in, bringing, happiness.
ENN.*Ann.*245; ~us uero es nunc quom clamas PL.*Mos.* 588; quam ~ae scenicae mihi uidentur mulieres AFRAN. *com.*100; CIC.*Catil.*2.10; o terram illam ~am quae hunc uirum exceperit! *Mil.*105; opto ut ~us sis *Att.*10.16.1; o quantum est hominum ~iorum CATUL.9.10; o terque quaterque ~i VERG.*A.*1.94; dici..~us ante obitum nemo ..debet OV.*Met.*3.136; *Pont.*2.8.5; ~os quondam duces Romanos TAC.*Ann.*11.20;—(*masc. as sb.*) nihil est..tam miserabile quam ex ~o miser CIC.*Part.*57; Phraaten.. numero ~orum eximit Virtus HOR.*Carm.*2.2.18;—(*neut. sg. as sb., phil.*) uirtutem, in qua sit ipsum..~um CIC.*Fin.*5.84; ~um..illud uno loco positum est, in ipsa mente SEN.*Ep.* 74.29. **b** ~am..mortem illam CIC.*de Orat.*3.9; Zeno in una uirtute positam ~am uitam putat *Luc.*134; nihil est ab omni parte ~um HOR.*Carm.*2.16.28; statum..~iorem LIV. 24.28.3; unde pares somnos populis noctemque ~am? LUC. 7.28; primo..~issimi saeculi ortu TAC.*Ag.*3.1;—(*neut. pl. as sb.*) putant animas obeuntium..ad ~iora transire MELA 2.18; SEN.*Dial.*9.11.6;—o mihi nuntii ~i! CATUL.9.5; 68.14.

2 (of gods or spirits in Elysium) Supremely happy, blissful. **b** (transf., of things connected with them).
omnibus..esse..locum ubi ~i aeuo sempiterno fruantur CIC.*Rep.*6.13; totum..~ae turbae gregem V.MAX.4.7.7; litus ~ae Veneris MART.11.80.1; manis..~os STAT.*Silv.*5. 3.25;—(*masc. pl. as sb.*) in ~orum insulis CIC.*Fin.*5.53; immortalibus atque ~is LUCR.5.165. **b** sedes..~as VERG.*A.*6.639; mulcet ubi Elysias aura ~a rosas PROP.4.7. 60; qui (locus)..animas ~o recipit sinu SEN.*Dial.*11.9.8.

3 Rich, wealthy. **b** (of things) rich, sumptuous, copious.
bonam ego quam ~am me esse nimio dici mauolo PL. *Poen.*303; aedificant tamquam ~i CIC.*Catil.*2.20; *Att.* 1.19.6; ut puellae unum me facerem ~iorem CATUL.10.17; Thyna merce ~um..Gygen HOR.*Carm.*3.7.3; Phryne tam multis facta ~a uiris PROP.2.6.6; Arabum..~is gentibus LUC.9.517; tu ~ior es? bis prande PETR.57.9; si non fias quadrante ~ior uno MART.10.82.5;—(*masc. pl. as sb.*) noli (*sc.* me) conferre ~is PROP.2.24.49; VITR.1.2.9. **b** en tibi domus ut potens et ~a uiri tui CATUL.61.159; ~is..Arabum inuides gazis HOR.*Carm.*1.29.1; Asiae, qua nulla ~ior orast OV.*Ep.*15.177; ~as..extruit thermas MART.9.75.6; census..~os STAT.*Silv.*1.2.121; ~os Campaniae sinus TAC. *Hist.*3.66; (*cf., of Arabia*) illam..diuitem terram et ~ae cognomine inclutam PLIN.*Nat.*5.65;—(*fig.*) longo Pindarus princeps..~issima rerum uerborumquo copia QUINT.*Inst.* 10.1.61; uox facilis, magna, ~a 11.3.40.

bēbo ~āre, *intr.* [cf. BE] To bleat.
haedorum (est) ~are (*cj.*) SUET.fr.161(p.249Re).

Bebriacus: see BEDRIACVS.

Bebrycia ~ae, *f.* The territory of the Bebryces in Asia Minor.
Bithynia..prius ~a dicta SAL.*Hist.*3.70; HYG.*Fab.*17.

Bebrycius ~a ~um, *a.*

1 Of or belonging to Bebrycia or the Bebryces.
VERG.*A.*5.373; V.FL.4.99; STAT.*Theb.*3.353; (*in Thessaly*) LUC.6.382.

2 Of the Pyrenean Bebryces.
SIL.3.420; 15.494.

Bebryx ~ycis, *m.* PROS.: ~ȳcis SIL.3.423.

1 (pl.) A (partly mythological) tribe prob. of Thracian origin who settled in Asia Minor. **b** (sg.) a Bebrycian, esp. Amycus, king of Bebrycia; also, its eponymous founder.
PLIN.*Nat.*5.127; V.FL.4.315. **b** V.FL.4.157;—effera uirtus ~ycis 2.648; STAT.*Ach.*1.190;—PLIN.*Nat.*16.239.

2 The eponymous king of a Pyrenean tribe.
SIL.3.423.

bēchion, *n.* [Gk. βήχιον] A plant, perh. coltsfoot, *Tussilago farfara.*
PLIN.*Nat.*26.30.

Bedriacēnsis ~e, *a.* **Betr-.** Of or belonging to Bedriacum.
~ibus bellis ciuilibus PLIN.*Nat.*10.135; ~ibus campis TAC.*Hist.*2.70. β de ~i uictoria SUET.*Vit.*10.1.

Bedriacum ~ī, *n.* **Betr-.** A village between Mantua and Cremona.
TAC.*Hist.*2.23. β apud ~um fraude superatus est SUET.*Otho* 9.2.

?**Bedriacus** ~a ~um, *a.* **Bebr-.** Of Bedriacum.
JUV.2.106.

beia: (a comic word formed as contemptuous echo of *heia.*)
PL.*Per.*212.

Belgae ~ārum, *m. pl.* A general name for the inhabitants of northern Gaul.
omnium fortissimi sunt ~ae CAES.*Gal.*1.1.3; 2.1.1; MELA 3.20; TAC.*Ann.*1.34;—(*sg.*) IVLIVS VITALIS..NATIONE ~A *CIL* 7.49; (*collect.*) docilis rector monstrati ~a couinni LUC. 1.426.

Belgicus ~a ~um, *a.* Of or connected with the Belgae. **b** *Gallia ~a,* or (absol.) *~a,* the northern part and province of Gaul, inhabited by the Belgae.
~a..esseda VERG.*G.*3.204; turpis Romano ~us ore color (*w. ref. to a dye*) PROP.2.18.26; ~a..parma 4.10.40; ~ae prouinciae legatus TAC.*Hist.*1.59. **b** ~ae Galliae rationes PLIN.*Nat.*7.76;—15.103; Aelius Gracilis ~ae legatus TAC. *Ann.*13.53.

Belgium ~iī, *n.* The country inhabited by the Belgae.
CAES.*Gal.*5.12.2; ex ~io..in Carnutes proficisci 5.25.4; HIRT.*Gal.*8.46.3.

Bēlias ~ados, *f.*: = BELIS.
SEN.*Her.O.*960.

Bēlīdēs ~ae, *m.* A male descendant of Belus.
iam inde a ~is natalique urbis ab anno CINNA *poet.*1(3).3; ~ae nomen Palamedis VERG.*A.*2.82; surge, age, ~e (*i.e. Lynceus*) OV.*Ep.*14.73; ~ae fratres (*i.e. Aegyptus and Danaus*) STAT.*Theb.*6.291; maxime ~e (*sc. Hannibal*) SIL. 3.650.

Bēlis ~idos, *f.* A female descendant of Belus; (pl.) the Danaids.
adsiduae repetunt, quas perdant, ~ides undas OV.*Met.* 4.463; *Tr.*3.1.62; JUV.6.655.

bellāria ~ōrum, *n. pl.* [BELLVS+-ARIVS] Sweetmeats, dainties.
fer huc uerbenam mi intus et ~a PL.*Truc.*480; VAR. *Men.*333; STAT.*Silv.*1.6.10; SUET.*Nero* 25.2; FRO.*Aur.*2.p.6 (224 N); (*cf.*) ~um et ~a res bellis aptas appellabant PAUL. *Fest.*p.35M; (*app. of wines*) Liberi ~a *Inc.pall.*65(Gel. 13.11.7).

bellātor ~ōris, *m.* Also **duell-.** [BELLO+ -TOR] FORMS and PROS.: *duellator* (trisyll.) PL.*Capt.*68.

1 A warrior, fighter.
meri ~ores gignuntur, quas hic praegnatis fecit PL.*Mil.* 1077; de re publica..non minus uehemens orator quam ~or fuit CIC.*Brut.*269; *Att.*8.12.4; telum..quod forte gerebat ~or VERG.*A.*11.553; cunctatorem ex acerrimo ~ore factum LIV.6.23.5; TAC.*Ann.*1.67; Pygmaeus paruis currit ~or in armis JUV.13.168; Lacedaemonios, summos ~ores GEL. 1.11.1; (*facet.*) uter..melior ~or erit inuentus cantharo PL. *Men.*187;(*of animals*) alio si forte remugit ~ore (*sc.* tauro) nemus STAT.*Theb.*12.603; (*of a piece in a game*) ~or..sua prensus sine conpare bellat OV.*Ars* 3.359.

2 (as adj.) That is occupied in war, martial, warlike. **b** *~or equus,* a war-horse; (also absol.).
~or..deus (*i.e.* Mars) VERG.*A.*9.721; ~or filius Auni 11.700; altrix bellorum ~orumque uirorum tellus SIL.1.218; (*of animals*) in pascua taurus ~or redit STAT.*Theb.*3.330;— (*of things*) Mors..~orem..uolando campum operit 8.377; ~orem..ensem SIL.13.376; ~or..currus QUINT.*Decl.*306 (p.201,l.25). **b** ~or equus campo sese arduus infert VERG.*G.*2.145; *A.*11.89; OV.*Met.*15.368; TAC.*Ger.*14.4;— ipse feroci ~ore sedens JUV.7.127.

bellātōrius ~a ~um, *a.* [BELLO+-TORIVS] Warlike, pugnacious.
pugnacem hunc et quasi ~um stilum PLIN.*Ep.*7.9.7.

bellātrīx ~īcis, *f. adj.* [BELLO+-TRIX] That wages war, martial. **b** (transf., of animals and things used in war; also, of emotions).
VERG.*A.*1.493; Camilla..~ix, non illa colo..adsueta 7.803; ~icem..Mineruam OV.*Met.*8.264; ~ix..cohors STAT.*Theb.*6.262;—(*of nations, etc.*) ~ix Roma OV.*Tr.*2.321; gens..~ix, libera, indomita MELA 3.34;—(*poet.*) ~ix tunc gleba quati pariterque creari armarique phalanx V.FL.7.612. **b** ~ices..carinae STAT.*Theb.*7.57; ~ix..belua (*i.e. elephant*) SIL.9.576;—ista ~ix iracundia, cum domum rediit CIC. *Tusc.*4.54.

bellax ~ācis, *adj.* [BELLO+-AX] Warlike.
~aci..gente Curictum LUC.4.406; SIL.17.428.

bellē, *adv. superl.* ~issimē. [BELLVS+-E]

1 In an agreeable manner, nicely. **b** (w. moral sense). **c** *~e esse,* to have a nice time; (also impers.).
bucculas tam ~e purpurissatas PL.*Truc.*290; in praedioli..~e aedificatis et satis amoenis CIC.*Att.*16.3.4; oblecta te cum Cicerone nostro quam ~issime *Q.fr.*2.11.4; ~e negandum est Q.CIC.*Pet.*45; uera..constituunt quae ~e tangere possunt auris LUCR.1.643; compositio ~e sonantis sententiae..; ..compositione uerborum ~e cadentium SEN. *Con.* 7.4.10; ~e cantas MART.2.7.5. **b** hoc Bruto nostro uelim dicas, illum fecisse non ~e CIC.*Att.*5.17.6; manu sinistra non ~e uteris CATUL.12.2; *CIL* 4.4185;—(*w. ellipsis of verb*) illud tamen non ~e CIC.*Att.*14.19.3; HOR.*S.* 1.4.136. **c** ~issime..in nostris praediis esse poteritis CIC.*Fam.*14.14.1;—inueniemus quod manducemus..; ~e erit PETR.46.2.

2 Satisfactorily, nicely, suitably, well.
i sane bella ~e PL.*As.*676; quom ~e recogito *Cur.*375;

fatetur se non ~e dicere Cic.*Quinct.*93; cum hoc fieri ~issime posset..noluerunt *Mur.*26; sumus..ambo ~e curiosi *Att.*6.1.25; Vitr.8.6.6; ~e mores hominis noui Sen.*Suas.*6.12; phialam otio ~e correxit Petr.51.4; ad calculosos herba..~e facit Larg.150; Quint.*Inst.*6.3.100; ~issime quaeritur Ulp.*dig.*36.3.1.13;—(*w. ellipsis of vb.*) ~e adhuc Cic.*Att.*5.10.2; Pers.1.49.

3 Fortunately, favourably.

tamen remanserunt ceciditque ~e Cic.*Att.*13.33a.1(4); Corcyram ~issime nauigauimus *Fam.*16.9.1; ~e cessit illi sententia Sen.*Con.*9.2.25; negotium ~e se dedit Fro.*Aur.*1.p.216(75N).

4 (*se*) *~e habere,* to be in good health, be well; *~e est,* all is well (of health).

cum ego me non ~e haberem Cic.*Att.*5.11.7; 12.37.1; ut spero, se..belle habebit *Q.fr.*3.8.2;—(*without refl.*) *Fam.*16.15.1; Terentia minus ~e habuit Dolab.*Fam.*9.9.1; *B.Hisp.*32.7;—de Attica..curasti ante scirem recte esse quam non ~e fuisse Cic.*Att.*14.16.4.

Bellerophontēs ~ntae, *m.* **~ōn** ~ntis. Forms: *-antam* (acc.) Pl.*Bac.*810; *Bellerofontem* Apul.*Met.*7.26. The son of Glaucus who on false suspicion was sent by Proteus to Iobates with a letter demanding his own death; later he killed the Chimaera, riding on the winged horse, Pegasus.

Cic.*Tusc.*3.63; eques ipso melior ~nte Hor.*Carm.*3.12.8; Sen.*Ep.*115.15; Plin.*Nat.*13.88; Hyg.*Fab.*57.1;—(*appel.*) ~ntam tuos me fecit filius (*i.e. bearer of a letter unfavourable to myself*) Pl.*Bac.*810; meum (*sc.* asini)..~ntem Apul.*Met.*7.26.

Bellerophontēus ~a ~um, *a.* Of or belonging to Bellerophon.

~i qua fluit umor equi Prop.3.3.2.

belliātulus ~a ~um, *a.* [next+-vlvs] (as endearment) Pretty little.

i, belle ~a Pl.*Cas.*854.

belliātus ~a ~um, *a.* [bellvs; term. cf. amplio, -atvs] Pretty, beautiful.

mea tu ~a Pl.*Rud.*463.

bellicōsus ~a ~um, *a. compar.* ~ior, *superl.* ~issimus. [bellicvs+-osvs] Warlike, fond of war. **b** (of periods of time, actions, etc.).

Musa..intulit se ~am in Romuli gentem feram Porc.*poet.*1.2; Cic.*Man.*28; neque magnas copias neque ~as *Fam.*7.3.2; Sueborum gens est..~issima Germanorum omnium Caes.*Gal.*4.1.3; ipse acer, ~us; at is quem petebat quietus Sal.*Jug.*20.2; ~is..Quiritibus Hor.*Carm.*3.3.57; hostem acriorem ~ioremque Liv.21.16.3; si quid ultra Dahas ~um iacet Sen.*Ep.*71.37; Tac.*Ger.*15.1; (*of animals*) elephantos ibi maiores ~ioresque Plin.*Nat.*6.81. **b** auctorem..differendi sibi consulatus in ~iorem annum Liv.10.9.10; cepisse..non Romam..sed, quod multo ~ius fuerit, Romanam uirtutem 9.6.13; tibicen Dorium canebat ~um Apul.*Met.*10.31; (*poet.*) limina ~a Iani Stat.*Silv.*4.3.9.

bellicrepus ~a ~um, *a.* [bellvm+crepo+-vs] Marked by the sound of arms.

~am saltationem dicebant, quando cum armis saltabant Paul.*Fest.*p.35M.

bellicus ~a ~um, *a.* Also **duell-.** [bellvm+-cvs] Forms and Pros.: *duellicus* (trisyll.) Pl.*Epid.*450, Lucr.2.662.

1 Of or belonging to war, military.

arte ~a diuitias magnas indeptum Pl.*Epid.*450; is et genere..et uirtute ~a nemini concedebat Quad.*hist.*7; praefuit Athenis et urbanis eodem tempore et ~is rebus Cic.*de Orat.*3.138; uerba..~a quae..recitauit: 'deieci praesidium..' *Phil.*8.6; summam..habet iustitiae et ~ae laudis opinionem Caes.*Gal.*6.24.3; Hor.*Carm.*4.3.6; ~a nauis Prop.2.15.43; Liv.8.36.4; Mars..~a signa dedit Ov.*Fast.*5.550; conos..~os et galeas adornantes pinnae Plin.*Nat.*10.2; Tac.*Ann.*1.52; (*of men*) Fabricius, qui ~os imperatores plus quam pateram et salinum habere ex argento uetabat Plin.*Nat.*33.153; (*of animals*) ~us..equus Prop.4.4.14.

2 Warlike.

Amazonidum..~a..turba Prop.3.14.13; ~ae ciuitatis (*i.e.* Romae) Vell.2.38.3; ~us ardor consiliis obstat diuum Stat.*Theb.*7.422; (*transf. ep.*) torque..circumdat ~a colla Sil.15.256;—(*of gods*) ~us..deus (*i.e.* Quirinus) Ov.*Fast.*2.478; ~e..Mars 3.1; Marti aut tibi, ~a Pallas Stat.*Theb.*8.588.

3 *~um canere,* To give the signal (by trumpet) for the attack; (usu. transf.) to begin hostilities.

motus nouus ~um canere coepit Cic.*Mur.*30; ubi primum ~um cani audisset Liv.35.18.6; relictis ~um totus canat populus Mycenis Sen.*Thy.*187; tuba ~um cecinit Apul.*Mun.*30; (*cf., at the games*) cum ~um est canendum et cum posito genu supplicandum est Quint.*Inst.*9.4.11; (*fig.*) (Thucydides) de bellicis rebus canit etiam quodam modo ~um Cic.*Orat.*39; *Phil.*7.3.

belliger ~era ~erum, *a.* [bellvm+-ger]

1 Warlike, martial, warring. **b** (of actions, practices, etc.).

~eris a gentibus undique saeptus terreor Ov.*Tr.*3.11.13; ~eras acies Stat.*Theb.*12.717; ~er..Hannibal Sil.1.38; (*applied to gods*) ~era Pallas Sen.*Her.F.*901; Martis ~eri *Phaed.*808; (*cf.*) ~eri..limina Iani Luc.1.62;—(*transf., of parts of the body*) ~eras..manus Ov.*Ars* 2.672; tegumen..capitis..~eri Sen.*Phoen.*472;—(*of the mind*) ~eram..somno componere mentem Sil.3.162. **b** ~eros superare labores V.Fl.5.617; (Varro) debilis arte ~era Sil.8.260.

2 (of things used in or connected with war, battlefields, etc.) War-, battle-.

~er..sonipes Luc.6.84; ~era..hasta Mart.5.24.11; ~eris..tropaeis Stat.*Theb.*10.28; ~eri..aequore campi 10.739; ~ero rapitur curru Sil.1.434; (*poet.*) ~ero fera belua dente (*i.e. elephant*) Sil.10.249.

belligero ~āre ~āuī ~ātum, *intr.* Also **~or** ~ārī ~ātus. [bellvm+gero] To wage war, be at war.

non cauponantes bellum sed ~antes Enn.*Ann.*195; spes..iure potius disceptandi quam ~randi Hirt.*Gal.*8.55.2;—(*w.* cum) ~ant Aetoli cum Aleis Pl.*Capt.*24; Suet.*Aug.*94.2; *P.Oxy.*17.2088;—(*w.* aduersum) aduersum accolas ~are Tac.*Ann.*4.46;—(*impers. pass.*) cum Gallis tumultuatum uerius quam ~atum Liv.21.16.4; Tac.*Ann.*3.73;—(*facet.*) siquidem ~andum est tecum Pl.*Truc.*628;—(*fig.*) cum geniis suis ~ant 184; Cic.*Red.Pop.*19;—(*dep.*) Belus..gladio ~atus est Hyg.*Fab.*274.22.

belliō ~ōnis, *f.* [unkn.] An unidentified meadow flower (? cf. bellis).

Plin.*Nat.*21.49.

bellipotēns ~ntis, *a.* [bellvm+potens] Powerful in war.

~ntes sunt (Aiacidae) magis quam sapientipotentes Enn.*Ann.*181;—(*of gods*) diua..~ns (*i.e. Minerua*) Stat.*Theb.*2.716;—(*Mars*) magne..~ns Verg.*A.*11.8; ~ns..deus Stat.*Theb.*3.577.

bellis ~is, *f.* [unkn.] A flower, perh. daisy.

~is in pratis nascitur, flore albo, aliquatenus rubente Plin.*Nat.*26.26.

bellitūdō ~inis, *f.* [bellvs+-tvdo] Elegance.

Pl.fr.inc.(*dub.*); ~inem sicut magnitudinem Verrius dixit Paul.*Fest.*p.35 M.

Bel(l)ius: see Dvellivs.

bellō ~āre ~āuī ~ātum, *intr.* Also **~or** ~ārī. [bellvm+-o[3]]

1 To wage war. **b** (w. cogn. acc.). **c** (transf., of animals). **d** (fig.) to be at variance, struggle.

longe a domo ~are Cic.*Man.*32; homines ~andi cupidi Caes.*Gal.*1.2.4; ferocia regis Mithridatis in tempore ~aturi Sal.*Hist.*1.32; Verg.*A.*8.400; Hor.*Saec.*51; Liv.42.59.10; partaque ~ando gloria dulcis erat Ov.*Ep.*3.122; (*dist. fr.* pugna) non ut ad pugnam sed ad ~andum profecti Tac.*Hist.*2.40; (*pple. as sb.*) militiam..horridiorem..~antibus..futuram Liv.45.36.4;—(*w. preps.*) inimiciter tecum ~are studemus Quad.*hist.*41; copias..~are consuetas..contra Gallos *B.Afr.*73.2; aduersum patrem tuum ~are Nep.*Them.*9.2; ~are inter se solitos Curt.9.4.15; pro patria ~auimus Tac.*Hist.*3.72; cum..Marius..et Sulla olim de eo uel praecipue ~arent *Ann.*12.60;—(*w. dat.*) laetus ~are Latinis Sil.16.564;—(*impers. pass.*) si cum mulierculis ~andum arbitraretur Cic.*Mur.*32; in Aequis uarie ~atum Liv.5.28.5. **b** hoc bellum a consulibus ~atum quidam auctores sunt Liv.8.40.1. **c** nec mos ~antis (*sc.* tauros) una stabulare Verg.*G.*3.224. **d** quis iussit iniquas aeternum ~are deas? Stat.*Silv.*5.1.139; media ~are togati strage fori 5.2.108.

2 To take part in war or a battle, fight. **b** (transf., of animals; of pieces in a game). **c** (of boxing).

quod ego in acie celebra obiectans uitam ~ando aptus sum Pac.*trag.*168; clamor ~antum iuuenum Verg.*A.*12.410; quoniam prohibent anni ~are, loquendo pugnat Ov.*Met.*5.101; tum primum manu ~are nuda Sen.*Phaed.*545; (*poet.*) ~antem somnum (*i.e. occupied by dreams of fighting*) Sil.7.329;—(*impers. pass.*) postquam ~atum apud Actium Tac.*Hist.*1.1;—(*w. prep.*) ni Marsi eo primum proelio cum Romanis ~assent Liv.9.41.4;—(*w. dat.*) nonne Hyrcanis ~are putatis tigribus..? Stat.*Theb.*9.15;—(*dep.*) quales..pictis ~antur Amazones armis Verg.*A.*11.660; Sil.2.349. **b** nondum ~antem fronte iuuencum Stat.*Theb.*7.672;—bellator..sine compare ~at Ov.*Ars* 3.359. **c** disco bonus et contendere cursu, nec caestu ~are minor Stat.*Theb.*6.829.

Bellōna ~ae, *f.* Also **Duell-.** [cf. bellvm] Forms: (gen.) *Belolai* (app.) *CIL* 1.441; *Bellonaes* 6.490; *Duellona* Var.*L.*5.73, 7.49; *Duelonai* (gen.) *CIL* 1.581. The Roman goddess of war; in her temple outside the *pomerium* the senate gave audience to persons not allowed in the city. **b** (identified w. *Magna Mater* and other goddesses).

Victoriam, Martem, ~am commemorare Pl.*Am.*43; *Bac.*847; senatvm consolvervnt n octob apvd aedem ~ai *CIL* 1.581; ~a manet te pronuba Verg.*A.*7.319; (Macedonibus) ad aedem ~ae senatus datus Liv.33.24.5; 41.6.4; Ov.*Fast.*6.201; Luc.7.568; Stat.*Theb.*4.6. **b** Comana uenit, uetustissimum et sanctissimum in Cappadocia ~ae templum *B.Alex.*66.3; Hor.*S.*2.3.223; Tib.1.6.45; turba..entheata ~ae Mart.12.57.11; furentis ~ae matrisque deum chorus Juv.6.512.

bellor: see bello.

bellōsus ~a ~um, *a.* [bellvm+-osvs] Warlike.

tantum bellum suscitare..contra ~um genus ? Caecil.*com.*293 (*or* Cael.*hist.*5).

Bellouacī ~ōrum, *m. pl.* A people of Gallia Belgica.

Cic.*Fam.*8.1.4; Caes.*Gal.*2.4.5; Plin.*Nat.*4.106;—(*sg.*) Hirt.*Gal.*8.6.2; *CIL* 12.1922.

bellua: see belva.

bellulē, *adv.* [next+-e] Prettily, nicely.

Pl.fr.inc.; aetatem portat ~ Apul.*Met.*5.31; quanquam iam ~ suffarcinatus 10.16; 11.30.

bellulus ~a ~um, *a.* [bellvs+-vlvs] Pretty, nice (little).

edepol papillam ~am Pl.*Cas.*848; edepol haec quidem ~ast *Mil.*989; ~a hercle (*sc.* puella) *Poen.*347.

bellum ~ī, *n.* Also **duellum.** [cf. Gk. δάϊος, Skt. *dunōti*] Pros.: *duellum* disyll. in Plautus, also *v.l.* in Lucr.4.968; app. trisyll. elsewhere.

1 War, warfare. **b** (loc.) in war; *~i domique* and sim., at home and in the field, in war and peace.

siluicolae homines ~ique inertes Naev.*poet.*21(23); ut meus uictor uir ~i clueat Pl.*Am.*647; Ter.*An.*935; ~um initum quo consule et quo confectum sit Asel.*hist.*2; ei ciuitati ~um indici atque inferri solere Cic.*Ver.*1.79; Italiam flagraturam ~o intellego *Att.*7.17.4; iura ~i *Off.*1.34; in sua Gallia quam ~o uicisset Caes.*Gal.*1.34.4; ratio atque usus ~i 4.1.6; oppidum Zamam..quod..inito ~o operibus maximis muniuerat *B.Afr.*91.1; princeps..~i faciundi Sal.*Cat.*24.2; ut exercitus emitterent in Asiam ~umque regi facerent Nep.*Ag.*2.1; Caesar dum..ad altum fulminat Euphraten ~o Verg.*G.*4.561; populis Priscorum Latinorum..~um indico facioque Liv.1.32.13; tum ~um et fortia consilia placeant 9.11.4; tertius iam consul summa ui gerit ~um 32.21.19; ~umque mouere permissum ducibus Luc.1.119; ~i temptare uices Stat.*Theb.*10.754; alios ad proelium ire uideas, Chattos ad ~um Tac.*Ger.*30.3;—(*w.* adversus) ~um..populus aduersus Vestinos iussit Liv.8.29.6;—(*w.* cum) cum Telobois ~um est Thebano poplo Pl.*Am.*101; Cic.*Phil.*13.45; Liv.2.16.8; ~a iam secum gerat Sen.*Her.F.*85;—(*w.* inter) ~um inter Aegyptios et Persas conflatum est Nep.*Cha.*2.3. **β** iam aes atque ferrum ~i instrumenta, non fani Cic.*Leg.*2.45; 3.9; pacem ~o miscuit Hor.*Carm.*3.5.38; ~i fors Stat.*Theb.*11.282. **b** magnae..res temporibus illis a fortissimis uiris..~i gerebantur Cic.*Rep.*2.56;—qui sunt boni ciues, qui ~i, qui domi de patria bene merentes *Planc.*80; homines..summa cum gloria ~i domique uersatos *Rep.*1.38; animus ~i ingens domi modicus Sal.*Jug.*63.2; Hor.*Ep.*1.20.23; Liv.3.19.5; inter ~ique domique acta tot Ov.*Met.*12.185; Sil.4.497; (*cf.*) neque ~o fortes neque pace boni *B.Afr.*54.5; iuuenum ~oque togaque maxime Ov.*Pont.*2.1.61; omnibus ~i ac togae dotibus Vell.1.12.3. **β** quae domi ~ique male fecisti Pl.*As.*559; *Capt.*68.

2 A single or particular war. **b** (w. name, etc., specified).

~o exstincto, re bene gesta Pl.*Per.*754; in his duobus ~is Cato *inc.*1(J); Romanus populus..superatus proeliis saepe est multis, ~o uero numquam Lucil.614; hunc quidem unum huius ~i domestici ducem Cic.*Catil.*2.1; suscipienda..~a sunt ob eam causam, ut sine iniuria in pace uiuatur *Off.*1.35; Iouem imperium caelestium tenere Martem ~a regere Caes.*Gal.*6.17.2; Sal.*Jug.*31.20; Nep.*Alc.*8.6; Verg.*A.*12.517; hoc et omne..~um Hor.*Epod.*1.24; maius mihi ~um Mycenis restat Sen.*Her.F.*997. **β** manibus ~a praedicare soleo Pl.*Truc.*483; Hor.*Ep.*2.1.254; *formula* in Liv.22.10.2; erit uictoria uestra ~i *formula* in Liv.23.11.2. **b** (*by adjs.*) Britannici ~i exitus Cic.*Att.*4.17.6 (16.13); Germanico ~o confecto Caes.*Gal.*4.16.1; ~o Peloponnesio Nep.*Alc.*3.1; Iugurthino..~o Hor.*Epod.*9.23; Achaico atque Aetolico ~o Liv.27.32.10; (*poet.*) Bacchea ad ~a uocatae Thyiades Stat.*Theb.*12.791; (*in the title of a book*) gaudebat ~o suo Punico Naeuius Cic.*Sen.*50;—(*w. gen. expr. opponents*) ~o fugitiuorum *Ver.*5.5; ~um Ambiorigis Caes.*Gal.*6.29.4; Samnitium ~o Liv.9.29.1; (*also place*) exercitus hinc et cum eo omne ~um Hispaniae in Italiam transgradientur Sal.*Hist.*2.98.10;—(*w. preps.*) hunc finem ~um cum Philippo habuit Liv.33.35.12; finis ~i..inter Romanos ac Persea 45.9.2.

3 Fighting, battle. **b** (w. spatial sense) the area of battle.

~um..nox intempesta diremit Enn.*Ann.*167; rorarii..qui ~um committebant Var.*L.*7.58;~o dat signum..bucina Verg.*A.*11.474; si disparibus ~um incidat, ut Diomedi cum..Glauco Hor.*S.*1.7.16; Sen.*Phoen.*389; commisso statim ~o Fron.*Str.*1.11.2; (*pl.*) ~orum proferre diem Stat.*Theb.*3.666; Sil.13.689. **β** Juv.1.169; (*in fig. phr.*) plagis consumimus hostem lento Samnites..~o Hor.*Ep.*2.2.98. **b** in..latus ~i..emittit subitum..agmen Luc.7.523; iterum (Aquites) ~i diuersa peragrat V.Fl.6.301.

4 (w. type of war specified).

ruinam interitum et ~um ciuile ac domesticum Cic.*Catil.*3.19; non domestica solum, sed etiam externa ~a *Sen.*1;2 exarsit intestinum ~um Nep.*Ham.*2.1; rudem ad pedestria ~a..gentem Liv.24.48.5; nauali ~o 32.21.26; (*cf.*) pacis ~a Man.5.124.

5 (personified).

mortiferum..aduerso in limine ~um Verg.*A.*6.279; Ov.*Met.*1.142; quae (tabulae) ~i faciem pictam habent Plin.*Nat.*35.27; Stat.*Ach.*2.34; (*pl.*) Morbus tremens et cincta ferro ~a Sen.*Her.F.*695.

6 (transf.): **a** (of warfare or hostility between animals; of human struggles with animals, hunting, etc.). **b** (of natural forces, etc.; also, of men, etc., against natural forces). **c** (applied to love-making). **d** (of games; brawls).

a cum (apes) inter se signa pacis ac ~i habent Var.*R.*3.16.9; miluo est quoddam ~um quasi naturale cum coruo Cic.*N.D.*2.125; non tu (*sc.* psittace) fera ~a mouebas Ov.*Am.*2.6.25; Sen.*Phaed.*340; (serpentibus) interneciuum ~um cum ichneumone Plin.*Nat.*8.88;—trepidam ~o uitam..ferino Grat.13; ~a ferarum Man.2.43; Sil.1.394. **b** inter se cum..mundi pugnent membra, pio nequaquam concita ~o Lucr.5.381; omnique e parte feroces ~a gerunt uenti Ov.*Met.*11.491; aeternum..stellis aduersus sidera ~um (*i.e. contrary motion*) Man.2.119; 2.422; ~a..morborum caecis pugnantia telis 2.902; Sen.*Med.*940; Plin.*Nat.*20.1;—cum agris magis quam cum hominibus urendo populandoque gesserunt ~a Liv.7.22.4; cum uentis degere ~um (*v.l.* duellum) Lucr.4.968; (naui) cum amne ~um fuisse crederes Curt.9.4.14. **c** non in Venerem segnes nocturnaque ~a Verg.*A*.11.736; defunctum.. ~o barbiton Hor.*Carm*.3.26.3; intermissa, Venus, diu rursus ~a moues? 4.1.2; Prop.3.8.32; Ov.*Am*.1.9.45. **d** faciles ad fera ~a manus Ov.*Ars* 1.592;—si ludis ~a latronum Mart.14.18(20).1.

7 (fig., of various kinds of contention between persons or groups). **b** (against things, practices, etc.).
quid mihi opust..cum eis gerere ~um? Pl.*St*.82; cum ille quereretur filio cum matre ~um Cic.*Att*.13.41.1; puella ..pro qua mihi sunt magna ~a pugnata Catul.37.13;—(*between lovers*) in amore..insunt..~um, pax rursum Ter.*Eu*.61; Tib.1.10.53; Ov.*Ars* 2.146;—(*between philosophic, etc., schools*) Stoicis, quibuscum ~um gerebat (Carneades) Cic.*Fin*.2.42; Sen.*Con*.10.5.21;—(*in politics*) mihi cum perditis ciuibus aeternum ~um susceptum esse Cic.*Catil*. 4.22; tribunicium domi ~um Liv.3.24.1; (*cf.*) non cum senatu modo sed iam cum dis immortalibus C. Flaminium ~um gerere 21.63.6;—(*in law*) uerbosi garrula ~a fori Ov.*Tr*.3.12.18. **b** miror cur philosophiae..prope ~um indixeris Cic.*de Orat*.2.155; uentri indico ~um Hor.*S*.1.5.7; ~um et odium niui indixi Gel.19.5.10; (*cf.*) ~um tam cum Pyrrho quam cum diuitiis gerit Sen.*Dial*.1.3.6.

8 The means of war, a military force, armament, fleet.
Nereus..~a..non transfert Ov.*Met*.12.25; (Hister) liquidis ~a repellit aquis *Tr*.3.10.8; Man.4.663; sparsissem incendia montes per septem ~o uacuos Sil.17.228; (Danubius) duratus..glacie ingentia tergo ~a transportat Plin.*Pan*.12.3.

bellus ~a ~um, *a. compar.* ~ior, *superl.* ~issimus. [*ben-* (cf. bonvs, bene)+-lvs] Forms: *bela CIL* 4.1234, 8.26450a; *belissimus* 4.3201.

1 Pretty, handsome, charming. **b** well, in good shape.
i sane ~a belle Pl.*As*.676; ~an uidetur specie mulier? *Bac*.838; fui ego ~us, lepidus *Capt*.956; *Cas*.108; quid..est quod homo..lubentius uidere debeat ~a uxore? Var.*Men*. 482; puellae Caeciliae ~issimae salutem dices Cic.*Att*. 6.4.3; ~um mihi passerem abstulistis Catul.3.15; nec ~o pede nec nigris ocellis 43.2; iuueni cuidam uult ~a uideri Tib.1.9.71; ~us homo est, flexos qui digerit ordine crines Mart.3.63.3. **b** fac ~us reuertare Cic.*Fam*.16.18.1; (*cf.*) quid tu..rogitas ualeatne ostium? — ~issumum hercle uidi et taciturnissumum Pl.*Cur*.20.

2 (freq. iron.) Fine, excellent, smart, admirable. **b** excellent, fine (in a spec. capacity).
illam esse amicam tui uiri ~issumi Pl.*Mer*.688; 812; si ~i homunculi conlecti sunt Var.*Men*.335; durius accipere hoc mihi uisus est quam..homines ~i solent Cic.*Att*.1.1.4; hominis..~i et humani *Fin*.2.102; Gallus homo est ~us: nam dulces iungit amores Catul.78.3; si ~o animost et non odiosa Lucr.4.1190; ~um pomum qui rideatur alios Petr. 57.3; Plin.*Ep*.4.25.3; adulter ~issimus ille pusio Apul. *Met*.9.7. **b** ~us..architectus Cic.*Att*.14.3.1; ~us grammaticus, ~us es astrologus Mart.2.7.4; (*w. abl. of resp.*) ~us es arte lyrae 2.7.6; (*w.* in+*abl.*) in quo (*sc.* genere testamenti) Graeci ~iores quam Romani nostri Var.*Men*.541.

3 (of speech or writing) Pretty, nice, smart.
~a..est familiaris reprehensio Cic.*de Orat*.2.281; ~a ironia, si iocaremur *Brut*.293; patri..gratissimae ~ae tuae litterae fuerunt *Att*.15.1.4; ~issimam..rem Dellius dixit Sen.*Suas*.1.7; Pers.1.87; historias ~as, carmina ~a facis Mart.2.7.2.

4 (of things) Nice, fine, excellent.
nimis ~us atque ut esse maxume optabam locus Pl.*Bac*. 724; unum quicquid, quod quidem erit ~issimum Ter.*Ad*. 590; subsidium..~issimum existimo esse senectuti otium Cic.*de Orat*.1.255; ~um est..sua uitia nosse *Att*.2.17.2; 16.4.4; crebri et non ~i de eo rumores Cael.*Fam*.8.1.4; depresni non ~a est fama Treboni Hor.*S*.1.4.114; Sen.*Ben*. 7.25.1;—(*iron.*) uah, ~a res est uolpis uda Petr.58.12;—(*advl.*) ~issimv <fv>tvervnt *CIL* 4.4884.

bēlō: see balo.

belonē ~ēs, *f*. [Gk. βελόνη] A fish, the same as acvs[1] 3.
Plin.*Nat*.9.166; 32.145.

bēlua ~ae, *f*. Also **bellua.** [dub.]

1 A beast, wild animal (incl. sea-creatures).
credo alium in aliam ~am hominem uortier Pl.*Rud*.886; Romulus siluestris beluae sustentatus uberibus Cic.*Rep*. 2.4; genera..partim submersarum partim fluitantium et innantium ~arum *N.D*.2.100; petita ferro ~a Hor.*Epod*. 5.10; (*appos.*) catafractos similes esse ~is piscibus Fro.*Ver*. 2.p.212(208N); (*contrasted w. man*) inter hominem et ~am hoc maxime interest Cic.*Off*.1.11; alterum nobis cum dis, alterum cum ~is commune est Sal.*Cat*.1.2; quas (uires) natura ne ~as quidem ignorare uoluit Liv.6.18.5.

2 (w. emphasis on abnormal size, ferocity, or strangeness) a monster, beast. **b** (applied to the elephant). **c** (fig., of qualities, institutions, etc.).
'rabonem'? quam esse dicam hanc ~am? Pl.*Truc*.689; Erymanthiam..~am (*i.e. wild boar*) Cic.*Tusc*.2.22; Lucr. 4.142; scatentem ~is pontum Hor.*Carm*.3.27.27; ~a uasta, lupus Ov.*Met*.11.366; Curt.8.9.9; Sen.*Phaed*.351; Plin. *Nat*.22.3; pellibus..~arum, quas exterior Oceanus..gignit (*i.e. seals*) Tac.*Ger*.17.2; (*facet.*) illi dextra iacebat ~a (*i.e. a turbot*) Juv.4.121;—(*mythical*) ~a Lernae Verg.*A*.6.287; ~a centiceps Hor.*Carm*.2.13.34. **b** eon es ferox quia habes imperium in ~as? Ter.*Eu*.415; immani et uastae insidens ~ae Cic.*Rep*.2.67; Liv.21.28.7; Inda..~a Ov.*Tr*. 4.6.8; ~a dente ad mortes pretiosa Petr.119,l.15; Plin. *Nat*.12.5; Mart.1.104.10. **c** auaritia ~a fera inmanis intolerandа est Sal.*Rep*.2.8.4; ~a multorum es capitum (*sc. the Roman people*) Hor.*Ep*.1.1.76; ignaros, quanta ~a esset imperium Suet.*Tib*.24.

3 (applied to persons as a term of reproach or abuse) Monster, brute. **b** (also w. ref. to dullness or stupidity).
postulabas te, inpurata ~a, totam Siciliam deuoraturum insulam? Pl.*Rud*.543; iamne uides, ~a, iamne sentis quae sit hominum querela frontis tuae? Cic.*Pis*.1; hanc.. taeterrimam ~am quis ferre potest..? *Phil*.3.28; in ~as strinximus ferrum Liv.7.24.5; quod tanto opere admiraris, isti ~ae (*i.e. Caligula*) cotidianum est Sen.*Dial*.5.19.3; illa immanissima ~a (*i.e. Domitian*) Plin.*Pan*.48.3. **b** ne tu me edepol arbitrare ~am Pl.*Trin*.952; quid pertimui autem ~a? Ter.*Ph*.601.

bēluātus ~a ~um, *a*. [prec.+-atvs[2]] Provided with beasts (in quot., of embroidery).
Alexandrina ~a tonsilia tappetia Pl.*Ps*.147.

bēluīnus ~a ~um, *a*. [belva+-invs] Proper to beasts, bestial.
qui duabus istis ~is uoluptatibus sese dediderunt Gel. 19.2.2.

bēluōsus ~a ~um, *a*. [belva+-osvs] That abounds in beasts or monsters.
~us qui remotis obstrepit Oceanus Britannis Hor.*Carm*. 4.14.47.

Bēlus ~ī, *m*.

1 = Baal, a Semitic divine and royal title, also applied to various individual oriental kings.
Orchamus..septimus a prisco numeratur origine ~o Ov. *Met*.4.213; Sen.*Nat*.3.29.1; durat adhuc ibi (Babylone) Iouis ~i templum Plin.*Nat*.6.121; 37.160; Hyg.*Fab*.168; Amp.11.2; (*cf.*) quintus (Hercules) in India qui ~us dicitur Cic.*N.D*.3.42;—(*of the Carthaginian dynasty*) Verg.*A*.1.621; Sil.1.73; 8.31.

2 A precious stone; ~*i oculus*, another precious stone, dist. from prec.
~um..aliam (gemmam)..nucis iuglandis magnitudine, uitrea specie Plin.*Nat*.37.149;—~i oculus albicans pupillam cingit nigram e medio aureo colore fulgentem 37.149.

bēlūtus ~a ~um, *a*. [belva+-vtvs] (See quot.)
~us bestiae similis Paul.*Fest*.p.34M.

bēluus ~a ~um, *a*. (dub.). [cf. belva] (app.) Bestial.
Cic.*sing.voc.ex inc.lib*.26.

Bēnācus ~ī, *m*. A lake near Verona, now the Lago di Garda.
Verg.*G*.2.160; Plin.*Nat*.9.75; (*personified*) Verg.*A*.10. 205.

Bendidīus ~a ~um, *a*. Of or belonging to Bendis, a Thracian goddess.
circa templum ~um castra..posuit Liv.38.41.1.

bene, *adv. compar.* melivs, *superl.* optime. [*ben-* (cf. bonvs)+-e] N.B. For special senses of ~ *dicere* and ~ *facere*, see benedico, benefacio.

1 In an efficient manner, competently, proficiently, well. **b** elegantly, neatly.
~ lineatam si semel carinam conlocauit Pl.*Mil*.916; has ~ ut adsimules nuptias Ter.*An*.168; in bono praedio si ~ aedificaueris Cato *Agr*.4; qui ~ loqui uelit Var.*L*.9.8; tabulas ~ pictas Cic.*Brut*.261; ~ facta deum..simulacra Lucr.6.419; ~ et conposite C. Caesar..disseruit Sal.*Cat*. 62.13; qui non ~ rexerit illos (*sc.* equos) Ov.*Met*.2.393; *Fast*.3.103; quam ~ mimum egit Sen.*Con*.1.5.2; Sen.*Dial*. 4.17.1; mihi..idem uidetur ~ dicere ac ~ scribere Quint. *Inst*.12.10.51;—(*of medicines, cures*) nulla res tam ~ purgabit Cato *Agr*.157.12; lupi morsus..aeque ~ sanatur Col. 6.13.1; Larg.8. **b** pro..nostro quaestu satis ~ ornatae sumus Pl.*Poen*.285; longas nunc ~ pecte comas Tib.2.5.8; Ov.*Pont*.3.3.16; domus amplo ornata uestibulo, ipse ~ uestitus Apul.*Fl*.22.

2 (w. vbs. of knowing, perceiving, thinking, etc.) Correctly, clearly, well; ~ *sentire* (*de*), to have sound views (about).
leno errabit..quia centum nummis minus dicetur. — ~ putas Pl.*Poen*.734; (est) Tusci ~ praedicere Lucil.611; ut intellegamus illos..~ et e re publica iudicauisse Cic.*Phil*. 11.11; cum ~ planeque percepisset *N.D*.3.83; ~ qui didicere deos securum agere aeuum Lucr.5.82; ~..tibi cognitus sum Caes.*Att*.9.16.2; memini ~ Hor.*S*.1.9.68; Ov.*Fast*.1.639; si ~ computes Sen.*Dial*.6.21.7; quam ~ lusca uidet! Mart. 3.39.2;—ut boni minus ~ sentirent Cic.*Har*.41; consulem.. ~ de re publica sentientem *Vat*.21.

3 In a proper manner, fittingly, suitably. **b** opportunely, aptly.
qui ~ praebeat quae opus sunt Cato *Agr*.14.3; duobus aut tribus senatus consultis ~ et e re publica factis Cic.*Phil*. 3.30; tum ~ fortis equus..currit Ov.*Ars* 3.595; Cels. 6.6.38; o ~ nudi Crassorum cineres Luc.9.64; ne dactylus quidem spondeo ~ praeponitur Quint.9.4.102. **b** bene mones Enn.*scen*.368; ~ opportuneque obuiam es Pl.*Mil*. 898; Mum.*com*.4; fundo Arpinati ~ poteris uti..si annona carior fuerit Cic.*Fam*.14.7.3; cum sale panis latrantem stomachum ~ leniet Hor.*S*.2.2.18; *Carm*.3.27.59; quam ~..pugna cecidisset in illa Ov.*Fast*.6.187.

4 Morally well, rightly. **b** decorously, becomingly, in a seemly manner.
multa bona ~ parta habemus Pl.*Trin*.347; Cic.*Caec*.74; ~ moratam et liberam ciuitatem *Mil*.93; quod ~, id recte, frugaliter, honeste *Fin*.2.25; qui se ~ mori quam turpiter uiuere maluit Liv.22.50.7; non ~ caelestis inpia dextra colit Ov.*Ep*.7.130; ~ moratus uenter Sen.*Ep*.123.3; si ~ libertas umquam pro pace daretur Luc.4.227; principis amicitia diu prospere, numquam ~ usum Tac.*Ann*.4.31;—(*w.* uiuo) de rebus honestis et pertinentibus ad ~ beateque uiuendum Cic.*Off*.1.19; ~ non poterat sine puro pectore uiui Lucr. 5.18; Hor.*S*.1.4.67;—(*w.* facio) qui et ~ facere et male tenet Pl.*Bac*.655; Cato *orat*.171; quo plura ~ atque strenue fecisset Sal.*Jug*.22.3; (*cf.*) (philosophiam) matrem omnium ~ factorum ~que dictorum Cic.*Brut*.322. **b** educauit eam..~ ac pudice Pl.*Cist*.173; Ter.*Hau*.226; relicta non ~ parmula Hor.*Carm*.2.7.10; signa..barbaricas non ~ passa manus Ov.*Ars* 1.180; cum ~ deiectis gremium spectabis ocellis *Am*.1.8.37; ut aliquis felicitatem ~..ferat Sen.*Ep*. 66.50; Tac.*Ann*.4.44.

5 With good spirit or fortitude.
~ ferre magnam disce fortunam Hor.*Carm*.3.27.74; Tib.1.5.1; leue fit, quod ~ fertur, onus Ov.*Am*.1.2.10; ~ luctare cum morbo Sen.*Ep*.78.21.

6 Duly, in accordance with ceremonial usage.
bonas preces ~ precatus sum Cato *Agr*.134.3; deus..non ~ aduocatus Catul.40.3; cum ~ iuraui Tib.2.6.14; Liv. 39.43.4; qui ~ placarit Pallada Ov.*Fast*.3.816.

7 Kindly, considerately, favourably; ~ *audire* to be well spoken of. **b** (w. mereo(r)) to deserve well. **c** liberally, bountifully, abundantly; ~ *esse alicui* (w. abl.), to be well supplied (with something).
eamus intro, ut prandeamus. — ~ uocas: tam gratiast Pl.*Men*.387; si quid tu in illum ~ uoles loqui *Mos*.239; quamuis de illo..~ existiment Cic.*Phil*.8.22; *Att*.13.51.1;—nos recte facere et ~ audire uult 10.8.9; esse..hominis ingenui..uelle ~ audire a parentibus *Fin*.3.57. **c** ~ promittit, spero seruabit fidem Pl.*Epid*.124; ego tibi ancillas, penum, lanam..~ praebeo *Men*.121; ut..~ polliceantur Sal.*Cat*.41.5;—ubi illi ~ sit ligno, aqua calida, cibo Pl.*Cas*.255.

8 In a manner meeting with approval, satisfactorily, well; ~ *facere*, to do, act well. **b** ~ *est*, it meets with (my) approval, it is well; also ~ *habet*.
qui ero suo seruire uolt ~ seruos seruitutem Pl.*Per*.7; ~..nuntias Ter.*Hec*.642; uti radices ~ habeant Cato *Agr*. 133.3; ~ 'uiolat' (*sc.* ait) Cic.*Fam*.9.22.1; indecorant ~ nata (pectora) culpae Hor.*Carm*.4.4.36; clamabit..'pulchre! ~! recte!' *Ars* 428; Ov.*Ep*.19.90; non ~ distuleris uideas quae posse negari Mart.1.15.5;—fiat. — ~ facis Pl.*Cur*.673; o factum ~ Ter.*Eu*.674;—(*w.* quod) ~ facis quod non dubitas Cic.*Att*.7.3.3; di ~ fecerunt inopis me quod.. finxerunt animi Hor.*S*.1.4.17; ~ facitis quod abominamini Liv.6.18.9; (*ellipt.*) di ~ quod..peperit fecunda Mart. 11.53.5;—(*w.* qui) ~ fecit A. Silius qui transegerit Cic.*Att*. 12.24.1. **b** in libertate est ad patrem in patria. ~ est Pl.*Capt*.699; Hor.*S*.2.6.4; Ov.*Pont*.3.9.6; (*in epistolary formula*) s(i) u(ales) b(ene) e(st) e(go) q(uoque) u(aleo) Pol.*Fam*.10.33.1;—~ hoc habet Pl.*Epid*.696;—(*impers.*) ~ habet; iacta sunt fundamenta defensionis Cic.*Mur*.14; Prop.4.11.97; Liv.6.35.8.

9 In a manner satisfying to the senses, agreeably, pleasantly. **b** *mihi, etc.,* ~ *est,* ~ *sum*, I am happy or content, enjoy myself; also ~ (*se*) *habere*.
qui se..~ curant Pl.*Ps*.1133; culignam in feno Graeco ponit, ut ~ oleat Cato *orat*.246; cenasti in uita numquam ~ Lucil.1239; Cic.*Fin*.2.24; Hor.*Ep*.1.6.56; hospes, hic ~ manebis Sen.*Ep*.21.10; proditor ~ periit (*i.e. to escape torture*) Quint.*Decl*.307(p.209,l.1);—(*w.* uiuo) nunc ~ uiuo et fortunate Pl.*Mil*.706; uixit, dum uixit, ~ Ter.*Hec*.461; Hor.*Carm*.2.16.13; secretis possum ~ uiuere siluis [Tib.] 3.19.9. **b** scis ~ esse, si sit unde Pl.*Capt*.850; est mi.. ~ ac beate Catul.14.10; ~ est, cui deus obtulit..quod satis est Hor.*Carm*.3.16.43; iurat ~ solis esse maritis *Ep*.1.1.89; uiuamus, dum licet esse ~ Petr.34.10;—(*w. abl.*) dato qui ~ sit Pl.*Bac*.84; minore nusquam bene fui dispendio *Men*. 485; mihi..~ erat..pullo atque haedo Hor.*S*.2.2.120;—ut bene haberem me filiai nuptiis Pl.*Aul*.372; se bene habet suisque amicis usui est *Mil*.724; ut ~ haberes genio Fro. *Aur*.2.p.6(225N).

10 Propitiously, so as to constitute a good omen; ~ *dicite, dice* (=Gk. εὐφήμει), hush!
tonuit laeuum ~ Enn.*Ann*.527; sacris crepitet ~ laurea flammis Tib.2.5.81; ~ spondebant..omina Prop.4.1.41; quae non ~ moenia..dicitur..transiluisse Remus Ov.*Tr*. 4.3.7;—heia, ~ dicite Pl.*As*.745; *Aul*.787; quid si sors aliter euenerit? — ~ dice *Cas*.346.

11 With the result that one would wish, successfully, fortunately. **b** ~ *uertere* (*uortere*), *uerruncare* (usu. in wishes), to turn out well; ~ *uertere* (also) to cause to turn out well: see verto, verrvnco. **c** ~ *sperare*, to be optimistic; ~ *uelle, optare*, to wish well: see spero, volo[1], opto. **d** ~ *ualere*, to be, keep well (also imp. in valedictions): see valeo. **e** ~ *ambula*, a good journey! *bon voyage!* see ambvlo. **f** ~ *esse* (w. dat.), to be well (with), prosper; ~ (*se*) *habere*, to be in a good position, do well. **g** (in drinking healths; ellipt. w. dat. or acc.) good luck! success!
cum uota ~ tibi responderint *Inc.trag*.255; ager efficit cum octauo, ~ ut agatur Cic.*Ver*.3.112; dicebas te uelle, quae egissem, ~ et feliciter euenire *Fam*.4.14.1; cursu..~ confecto *Fam*.6.4.4; a paucis strenuis aduorsum multitudinem ~ pugnatum Sal.*Jug*.107.1; uentus in Italiam qui ~ uela ferat Prop.4.3.40; quod ~ uerteret ipsi reique publicae

Liv.3.26.9; 21.17.4; cesserunt primo ~ carmina Ov.*Tr.* 5.12.43; quando ~ incepta male cedebant Vell.2.14.1; VTRIVSQVE ~ EVENIAT *CIL* 4.4477;—(*w.* gero) res ~ gesta est Enn.*Ann.*547; Pl.*Am.*784; Cic.*Man.*62; facultas ~ rei gerendae Caes.*Gal.*7.44.1; Verg.*A.*9.157; Liv.3.61.13. **f** quasi inuidere mihi hoc uidere, Grumio, quia mihi ~ est et tibi male est Pl.*Mos.*52; *Trin.*352; *Truc.*446; nemini nimium ~ est Afran.*com.*78; quid ergo dubitatis dicere ~ esse homini, si palato ~ est? Sen.*Ep.*92.7;—(*in wishes*) si curent, ~ bonis sit Enn.*scen.*318; Pl.*Ps.*714; AVE ALCIME ~ TIBI SIT *CIL* 5.5927;—~ habent tibi principia Ter. *Ph.*429; ~ habemus nos, si in his spes est Cic.*Att.*2.8.1. **g** ~ omnibus nobis Pl.*Per.*775; et '~' dic 'dominae' Ov. *Ars* 1.601;—~ uos, ~ nos, ~ te, ~ me, ~ nostram etiam Stephanium! Pl.*St.*709; '~ Messallam' sua quisque ad pocula dicat Tib.2.1.31; ~ uos, ~ te..optime Caesar! Ov.*Fast.*2.637;—(*cf.*) seriolae ueterem metuens deradere limum, ingemit 'hoc ~ sit' Pers.4.30.

12 Advantageously, profitably; ~ *emere*, to buy cheaply.

et ~ et male credi dico (argentariis) Pl.*Cur.*680; ~ se apud istum tam multa pretia ac munera conlocasse Cic. *Ver.*5.56; ~ perdit nummos iudici cum dat nocens Pub. *Sent.*B.29; non ~ ripae creditur Verg.*Ecl.*3.94; ~ locatus.. honos Liv.2.42.8; Styx quoque..~ commutabitur Histro Ov.*Pont.*4.14.11; Sen.*Suas.*7.5; Tac.*Ann.*3.44;—~ emptum tibi dare hoc uerbum uolo Pl.*Mos.*298; qui uita ~ credat emi..honorem Verg.*A.*9.206; Ov.*Ars* 1.426; Mart. 8.10.3; (*cf.*) ~ emo, ~ uendo Petr.75.8.

13 Thoroughly, completely, well. **b** (after *uix*, *non*, etc.). **c** (as an intensive to strengthen the idea contained in the verb).

uobis mando..rem ~ ut tutemini Pl.*Mer.*835; ei mihi! ~ dispereo *St.*753; terram cum stercore ~ permisceto Cato *Agr.*151.2; scelerum si ~ paenitet Hor.*Carm.*3.24.50; ~ si quaeras Ov.*Met.*3.14; ~ desperare salutem *Pont.*3.7.23; sat ~ contritus Cels.4.14.4; id aqua ~ coquere oportet Larg.118. **b** nescio quid paruum, quod non ~ conpleat urnam Ov.*Met.*12.616; 13.944; uix ~ desieram, rettulit illa mihi *Fast.*5.278; non ~ qui manum rapacem..contines ab horto *Priap.*52.1; ictus parum ~ curati Cels.6.6.14; uixdum ~ florem degustabat apis, tu cingebare coronis Calp.*Ecl.* 3.79. **c** Pl.*Mos.*304; adulescentis optumas..~ conuenientes..cum uiris Afran.*com.*53; homo ~ adpositus ad istius audaciam Cic.*Ver.*5.108; Prop.3.25.8; non ~ conueniunt..maiestas et amor Ov.*Met.*2.846; cum ~ ista placuerunt Sen.*Dial.*9.1.8; lini seminis farina..~ adiuuat Larg.187.

14 (w. adj. or adv.) Thoroughly, well, nicely, pretty, quite. **b** (after *uix*, *non*, etc.).

foedus..feri ~ firmum Enn.*Ann.*32; ~ morigerus fuit puer Pl.*Capt.*966; ubi (alica) ~ mollis erit Cato *Agr.*76.1; ~ potus recessit Lucil.1070; in clamando quidem uideo eum esse ~ robustum atque exercitatum Cic.*Div.Caec.*48; litterae..~ longae *Att.*14.7.2; classis ~ magna Cas.*Fam.* 12.13.4; donec..pleno ~ lumine fulsit (luna) Lucr.5.708; mentis ~ sanae Hor.*S.*1.9.44; ut ~ tutus a perfidia sim Liv.28.44.7; ~ cautus Ov.*Ep.*1.44;—(*w. adv.*) quocum ~ saepe libenter mensam sermonesque..impertit Enn.*Ann.* 234; conpleto ~ arte Cato *Agr.*77; ~ penitus in istius familiaritatem sese dedit Cic.*Ver.*2.169; cum ad me ~ mane Dionysius fuit *Att.*10.16.1; Petr.85.6; (*w. advl. phr.*) si ad te ~ ante lucem uenisset Cic.*de Orat.*2.259. **b** non minus ~ nummatus quam ~ capillatus Cic.*Agr.*2.59; *Priap.*80.1; in illum uix ~ notum sibi (contulit) Sen.*Ben.*1.14.1.

benedicē, *adv.* [**benedicus* (next+-vs)+-E] With friendly words.

inliciebas me ad te blande ac ~ Pl.*As.*206.

benedīco ~cere ~xī ~ctum, *intr.* [BENE+ DICO²] (usu. written as two words).

1 (w. dat.) To speak well of, commend.

bene quaeso inter uos dicatis mi med apsenti tamen Pl. *Mil.*1341; *Trin.*924; cui bene dixit umquam bono? Cic. *Sest.*110; pulchrum est bene facere rei publicae, etiam bene dicere haud absurdum est Sal.*Cat.*3.1; nec tibi cessaret doctus bene dicere lector Ov.*Tr.*5.9.9; quae..maior laus.. quam Karthagini ~cere? Apul.*Fl.*20; (*absol.*) omnes bene dicunt, amant Ter.*Ad.*865; (*impers. pass.*) indignissimum arbitror, cui a bonis ~catur Met.Num.*orat.*3.

2 To speak kindly (to).

si bene dicetis, nostra ripa uos sequar Pl.*Poen.*631; bene equidem tibi dico, qui te digna ut eueniant precor *Rud.* 640; (*w. internal acc.*) quaecumque homines bene cuiquam aut dicere possunt aut facere Catul.76.7;—(*pple. as sb.*) benedictis si certasset, audisset bene Ter.*Ph.*21; nec bene nec male dicta profuerunt Liv.23.46.1.

benefaciō ~facere ~fēcī ~factum, *intr.*, *tr.* [BENE+FACIO] (usu. written as two independent words). To do a service (to), confer a benefit (on).

caue sis te superare seruom siris faciundo bene Pl.*Bac.*402; *Capt.*941; si quem aequomst facere is bene facit Ter.*Ad.*255; ceteros (deos)..ad ~faciendum uenerabantur V.Max.2.5.6; Sen.*Dial.*7.24.3;—(*w.* erga) quae med erga multa fecisti bene Pl.*Capt.*416; *Trin.*1128;—(*w.* in+*acc.*) bene quae in me fecerunt ingrata ea habui *Am.*184;—(*w. dat.*) quin..sibi faciat bene *As.*945; at tibi di semper..faciant bene *Men.* 1021; *Poen.*1212; Ter.*Ad.*948; quod rei publicae bene fecissem Cato *orat.*171; Sal.*Cat.*3.1; Catul.76.7; ne ingratis quidem benefacere absistam Liv.36.35.4; Mart.5.63.5;—(*pass.*) quod bonis bene fit beneficium Pl.*Capt.*358; *Rud.*939.

benefactum ~ī, *n.* [pple. of prec.] (Also written as two words.) A benefit, service, good deed (usu. pl.).

~a benefactis aliis pertegito Pl.*Trin.*323; Pac.*trag.*169; maiorum ~a perlecta Cato *orat.*171; (philosophiam) matrem omnium ~orum Cic.*Brut.*322; siqua recordanti ~a priora uoluptas est homini Catul.76.1; Sal.*Cat.*8.5; quid labor aut ~a iuuant? Verg.*G.*3.525; Prop.2.1.24; Liv.37.1.2; Ov.*Met.*13.270; Quint.*Inst.*3.7.13; qui ~a sua uerbis adornant Plin.*Ep.*1.8.15;—(*sg.*) idem ~um, quo in loco ponas, nimium interest Cato *hist.*83; *orat.*20; laudes ~i tui Apul.*Fl.*16.

beneficē, *adv.* [BENEFICVS+-E] Beneficently.

~ liberaliterque facimus Gel.17.5.13.

beneficentia ~ae, *f.* [*beneficent-* (BENEFICVS) +-IA] Beneficence, kindness.

in..quadam comitate ac ~a positae (uirtutes) Cic.*de Orat.*2.343; *N.D.*1.121; ~a, quam eandem uel benignitatem uel liberalitatem appellari licet *Off.*1.20; 3.28; horum..~a augebat ornabatque subiectos Sen.*Ep.*90.5; quanta peruicacia in hostem, tanta ~a aduersus supplices utendum Tac.*Ann.*12.20.

beneficiārius¹ ~a ~um, *a.* [BENEFICIVM+ -ARIVS] That is given as a favour.

quid haberes quod in philosophia suspiceres, si ~a res esset? Sen.*Ep.*90.2.

beneficiārius² ~iī, *m.* [prec.] (mil.) A soldier granted special privileges by his commander, such as exemption from camp fatigues, usu. to serve on bodyguards, etc.

cum..barbaris..equitibus paucis, ~iis suis, quos suae custodiae causa habere consuerat Caes.*Civ.*1.75.2; 3.88.5; ut..contentus esset ~iis decem Plin.*Ep.Tra.*10.21(32).1; 10.27(36); Paul.*Fest.*p.33M; *CIL* 2.2610; ~IVS LEGATI CONSVLARIS 5.5451.

? **beneficiātus** ~ūs, *m.* [BENEFICIVM+-ATVS¹] The status of a *beneficiarius*.

SPE ~VS (*cj.*) *CIL* 10.410.

beneficientia ~ae, *f.* [var. BENEFICENTIA] Beneficence, kindness.

his..exemplis ~a generis humani nutritur V.Max.5.2. ext.4.

beneficium ~(i)ī, *n.* Also **benif-**. [BENEFICVS+-IVM]

1 An act tending to the benefit of another, service, kindness. **b** ~*ii sui facere*, to make dependent on one's favour.

inprobus est homo qui ~ium scit accipere et reddere nescit Pl.*Per.*762; Ter.*Hau.*394; pro ~io gratiam referat Cato *Agr.*5.2; comparare oportet cum ~io maleficium Cic. *Inv.*2.75; ut illud in curia positum monumentum scelerum non ~iorum uideretur *Ver.*4.139; ciuitas..pro eximiis suis ~iis..liberata *Prov.*7; *N.D.*2.62; tanto suo populique Romani ~io adfectus, cum in consulatu suo rex atque amicus a senatu appellatus esset Caes.*Gal.*1.35.2; Sal.*Jug.* 31.28; et ~ii et maleficii occasione amissa Liv.9.12.2; qui ~io quam metu obligare homines malit 26.49.8; Mario non uita, sed mors in ~io reposita erat V.Max.6.8.2; Sen.*Ben.* 2.34.5; quanta sit culpa quantumue ~ium Quint.*Inst.* 7.4.41; Tac.*Ann.*12.8;—(*from impersonal sources*) ut ~io fortunae uterentur Caes.*Civ.*3.95.1; aquatilium secuntur in medicina ~ia Plin.*Nat.*31.1;—(*w.* erga) *CIL* 1.725.3; meum erga te..~ium Cic.*Cael.*7; Liv.22.29.11;—(*w.* in+*acc.*) pro uestris..in me ~iis Cic.*Phil.*4.16; Caes.*Gal.*1.42.3;—(*w. defining gen.*) cum obnoxium uitae ~io senatum..sibi.. fecisset Liv.23.4.1;—(*personified*) duos (deos) omnino, Poenam et ~ium Plin.*Nat.*2.14. **b** adeo..dominis serui ~ia possunt dare, ut ipsos..~ii sui fecerint Sen.*Ben.*3.18.4; commeatus a senatu peti solitos ~ci sui fecit Suet.*Cl.*23.2; (*cf.*) nihil habebimus nisi ~ii alieni? Quint.*Inst.*10.2.6.

2 (in special contexts): **a** (political). **b** (military).

a in ~iis ad aerarium delatus est (*i.e. among those recommended to receive a privilege*) a..pro consule Cic.*Arch.*11; *Att.*6.3.6; colonias Latinas..uacationem militiae quasi honoris et ~ii causa habere Liv.29.15.2; ne..plus..possent recepti in ~ium quam auctores ~ii Vell.2.20.2; (*of a grant of land*) ut ~io praeuenirent desiderium plebis, de colonia deducenda Cales rettulerunt Liv.8.16.13; (*w. defining gen.*) ut non prouinciae istius ~ium exspectare debeam Lent. *Fam.*12.14.6;—(*w. gen. of source*) quibus omnia populi Romani ~ia dormientibus deferuntur Cic.*Ver.*5.180; Caes. *Civ.*1.9.2; (*cf.*) cooptatio..collegiorum ad populi ~ium (*sc. patronage*) transferebatur Cic.*Amic.*96. **b** huic ego neque tribunatum neque praefecturam neque ullius ~i certum nomen peto Cic.*Fam.*7.5.3; ordines in meo exercitu ~io non uirtute consecuti *B.Afr.*54.5; (*of a largess*) uetaerni ..~iis Caesaris deuoratis, fortunas nostras concupiuerunt Cic.*Phil.*13.3;—(*w. gen. of source*) ut tribuni militum..a populo crearentur, quae antea..dictatorum et consulum ..fuerant ~ia Liv.9.30.3; Tac.*Hist.*1.25; (*cf.*) uenit..in suspicionem per quosdam ~ii sui centuriones Suet.*Tib.*12.

3 The benefit conferred by a law, edict, legal status, etc.

~io isto legis, benignitate xuirali nihil utitur Cic.*Agr.*2.61; ~ium legis Iuliae *B.Afr.*87.3; dissimulata uacatione quam ~io liberorum habebat Suet.*Cl.*15.1; quaeritur, an post legem Furiam..legis Apuleiae ~ium supersit Gaius *Inst.* 3.122; Ulp.*dig.*37.4.8.14; eum..~ium praetoris amisisse 39.2.15.35.

4 (abl.) By the favour of, thanks to (persons or things).

Scipionis ~io positum simulacrum Mercuri Cic.*Ver.*4.84; ~io populi Romani *Balb.*31; quod tuo meoque ~io puer habet *Att.*5.20.10; anuli ~io rex exortus est (Gyges) Lydiae *Off.*3.38; sortium ~io se esse incolumem Caes.*Gal.*1.53.7; qui siluarum ~io casum euitauerant Hirt.*Gal.*8.20.2; deum immortalium ~io Liv.28.35.8; ~io..laterum extollebatur (uox) Sen.*Con.*1.pr.16;—(*of conduct, conditions*) continentiae suae ~io sine pecunia praedius V.Max.4.3.6; 5.5.4; quaedam gentes ~io egestatis non nouere luxuriam Sen.*Dial.*5.2.1; ~io longissimae aetatis cum multis simul floruit Quint.*Inst.*3.1.9; ad has ipsas opes possunt uideri eloquentiae ~io uenisse Tac.*Dial.*8.2; Apul.*Met.*5.25.

beneficus ~a ~um, *a.* Also **benif-**. *compar.* ~entior, *superl.* ~entissimus. [BENE+ -FICVS] Forms: ~*issimo* (superl.) Cato *orat.*79. Beneficent, kind, generous.

malefactorem amitti satius quam relinqui ~um Pl.*Bac.* 395; quid te..retulit ~um esse oratione? *Epid.*117; bonis uiris et ~is Cic.*Mur.*70; *Mil.*20; (Iuppiter) optimus id est ~entissimus *N.D.*2.64; *Amic.*51; quo quis plura beneficia dedit, ~entior est Sen.*Ben.*5.9.2; deum..omnia habentem, omnia tribuentem, ~um gratis *Ep.*95.48; numinis ~i cura Apul.*Met.*11.26; (*cf.*) ad Augustam domum, ~entissimum et honoratissimum templum V.Max.8.15.pr.;—(*w.* in+*acc.*) arbitrantur se ~os in suos amicos uisum iri Cic.*Off.*1.43; 3.88;—(*w.* aduersus) per quae ~entior gratiorque aduersus bene merentes fiam Sen.*Ben.*1.4.5;—(*of character, actions*) de tua prolixa ~aque natura Cic.*Fam.*3.8.8; uoluntate ~a beniuolentia mouetur *Off.*2.32; Sen.*Ben.*2.34.5; uim..~am et salutarem *Dial.*4.27.1.

benemerens, benemeritus: see MERENS, MERITVS.

? **benemōrius** ~a ~um, *a.* [BENE+MOS+ -IVS] Having good moral qualities.

non mehercules corporaliter illam..curaui, sed magis quod ~a (*cj.*) fuit Petr.61.7.

benesuādus ~a ~um, *a.* [BENE+SVADEO+ -VS] Advising well.

paupertas olim philosophiae uernacula est..consilio ~a Apul.*Apol.*18.

Beneuentānus ~a ~um, *a.* Of or belonging to Beneventum; (masc. pl. as sb.) its inhabitants.

in agro ~o Cic.*Ver.*2.38; Liv.22.13.1; Sic.Fl.*agrim.*p.124; ~i sutoris Juv.5.46;—~i omnes Liv.24.16.16; Papin.*dig.* 36.1.59(57).

Beneuentum ~ī, *n.* A city of Samnium, now Benevento.

Cic.*Ver.*2.38; *Att.*5.4.1; Hor.*S.*1.5.71; Liv.9.27.14.

beneuolē, *adv.* Also **beniu-**. [BENEVOLVS+ -E] In a spirit of goodwill, in a friendly manner.

epistulam..~ scriptam Cic.*Att.*12.34.3(35.1); *Fam.*13. 21.2; *Fin.*1.34; V.Max.7.2.ext.11; beneficio..relata gratia est, si illud ~ excipimus Sen.*Ben.*2.35.1; Gel.1.14.1.

beneuolens ~ntis, *a.* Also **beniu-**. *compar.* ~ntior, *superl.* ~ntissimus. [BENE+*uolens* (VOLO¹)] Kind, friendly, benevolent. **b** (sb.) a well-wisher, friend.

amicus..multum ~ns Pl.*Mer.*887; ite cum dis ~ntibus *Mil.*1351; me ~ntiori cuiquam succedere..potuisse Cic. *Fam.*3.3.1; natura..~ntissimus Suet.*Tit.*8.1; ~ntissimi principes Apul.*Fl.*16; (*w. dat.*) siue tu me..aduersario tuo ~ntiorem esse existimabis Aur.*Fro.*1.p.60(41N); (*w.* erga) animo erga me ~ntissimo Larg.pr.p.5,l.27; (*w.* inter se) decet..hunc esse ordinem ~ntis inter se Pl.*Cist.*23. **b** mei ~ntes atque amici prodeunt Pl.*Cas.*435; illaec se quandam aibat mulierem suam ~ntem conuenire *Cist.*586.

beneuolentia ~ae, *f.* Also **beniu-**. [prec.+ -IA] Goodwill, benevolence, friendliness.

putauit me et aetate et ~a plus..prouidere quam se ipsum sibi Ter.*Hau.*115; Acc.*trag.*96; ~a ad odium, odium ..ad ~am deducendum est Cic.*de Orat.*2.72; *Fam.*9.16.2; nullum esse imperium tutum nisi ~a munitum Nep.*Di.*5.3; tam arta ~a constrictam Romanam amicitiam V.Max.9. 13.ext.2; per speciem ~ae Tac.*Ann.*11.1; (*of laws*) priscarum legum ~a Plin.*Nat.*18.11;—(*w. obj. gen.*) ut..animos..ad ueteris imperi ~am traducerem Cic.*Fam.*15.4. 14;—(*w.* circa) OB EXIMIAM CIRCA SE AC PATRIAM SVAM ~AM EIVS *CIL* 11.6337;—(*w.* erga) ~AE BENEFICIQVE CAVSA ERGA LVCIOS 1.725.3; Cic.*Red.Sen.*30; Curt.4.10.16; —(*w.* in+*acc.*) pro..tua in me..~a Cic.*Fam.*13.7.5; Caes.*Gal.*7.43.4; Tac.*Ann.*13.21.

beneuolus ~a ~um, *a.* Also **beniu-**. [BENE +VOLO¹+-VS] Kind, friendly, benevolent. **b** (transf. of feelings, actions). **c** (sb.) a well-wisher, friend.

qui mage amico utantur gnato et ~o Pl.*As.*66; Ter.*Ph.* 97; tam ~is, tam bonis, tam fidelibus seruis Cic.*Mil.*58; *Fam.*1.9.2; te in eos ipsos competitores tuos ~o esse animo ostendito Q.Cic.*Pet.*40; Sen.*Ben.*4.11.1; ~um, attentum, docilem fecerimus (iudicem) Quint.*Inst.*4.1.5; (*w. dat.*) quam ~um hunc populo Romano, quam fidelem putatis? Cic.*Flac.*fr.1; (*w.* erga) me esse scit erga sese ~um Pl.*Capt.*350. **b** ~um officium Cic.*Inv.*2.161; cum caritate aliqua ~a *Amic.*28; ~o studio V.Max.6.8.7; quid est ergo beneficium? ~a actio tribuens gaudium capiensque tribuendo Sen.*Ben.*1.6.1; Apul.*Met.*6.1. **c** ~orum concertatio..iurgium dicitur Cic.*Rep.*4.8; quibus rebus ~us et simulator diiudicari possit Q.Cic.*Pet.*39.

benignē, *adv.* *compar.* ~ius, *superl.* ~issime. [BENIGNVS+-E]

1 In a friendly spirit, kindly, benevolently. **b** ~*e facere*, to do a kindness. **c** (in phrs. expr. thanks, also ellipt.). **d** (leg.) leniently, indulgently.

me ~ius omnes salutant Pl.*Aul.*114; siquid bona salute usus uenerit, ~e defendent Cato *Agr.*4; qui ab eo ~issime tractati sunt Cic.*Ver.*2.180; ianua, quam Balbo dicunt seruisse ~e Catul.67.3; Sal.*Jug.*11.1; excepti hospitio ab Tullo blande ac ~e Liv.1.22.5; suos (annos) ~e aestimare et in lucro ponere Sen.*Ben.*5.17.7; Tac.*Hist.*1.64; (*w.* inter se) nullos hominum inter sese ~ius uiuere quam Romanos Plin.*Nat.*33.143. **b** blande dicere aut ~e facere Ter.*Ad.* 878; nihil fecisse ~e prodest Catul.73.3;—(*w. dat.*) ~e sibi a populo Romano esse factum Cic.*Deiot.*36; aut opera ~e fit indigentibus aut pecunia *Off.2.52*;—(*w.* aduersus) qui aliquid ~e aduersus me fecit SEN.*Ben.6.4.3*. **c** edepol, Hegio, facis ~e PL.*Capt.948*; bene uocas, ~e dicis *Mer.949*; *St.565*; bene dicis ~eque uocas, Astaphium *Truc.128*; TER.*Ph.1051*;—frumentum..me abs te emere oportet. — optime. — modium denario. — ~e ac liberaliter CIC.*Ver.3.196*; quam ~e! *Phil.13.35*; (*in declining*) '~e' respondet — 'neget ille mihi?' HOR.*Ep.1.7.62*. **d** ~ius leges interpretandae sunt, quo uoluntas earum conseruetur CELS.*dig.1.3.18*; PAUL.*dig.21.2.56.7*; ULP.*dig.24.1.34*.

2 Readily, with a will.
plebs ~e arma cepit LIV.3.26.1; sic operi iuuet inseruisse ~e GRAT.248.

3 Generously, liberally, abundantly.
quin quod opus sit ~e praebeatur TER.*Hec.768*; ipsum auide uino inuitari poclis large atque ~e VAR.*Men.461*; ~ius deprome quadrimum Sabina..merum diota HOR.*Carm.1.9.6*; *Ep.1.17.11*; commeatus militibus ~e mittunt LIV.9.6.6; qui non ~issime alitur SEN.*Con.1.1.20*;—(*of things*) ~e ad omne genus operum materiam suppeditabat LIV.36.22.10; quae (loca)..floribus thymi..~ius apes alere possint COL.9.14.19; PLIN.*Nat.31.4*; cui (cellae) sol ~issime praesto est PLIN.*Ep.5.6.26*.

benignitās ~ātis, *f.* [BENIGNVS+-TAS]

1 Kindness, friendliness, benevolence. **b** (as a term of endearment).
ita uostra est ~as PL.*Poen.643*; TER.*An.826*; TURP.*com.210*; me..summa cum ~ate auditis CIC.*Sest.31*; dona omnia in ~ate habebantur SAL.*Jug.103.6*; ~atem animi TAC.*Hist.2.30*; (*pl.*) ~ates hominum periere PL.*St.636*;—(*w.* erga) me..ex tua erga Lucceium ~ate maxima uoluptate adfici CIC.*Fam.13.41.1*; LIV.23.42.4;—(*w.* in+*acc.*) summa est..hominis..in singulos municipes ~as CIC.*Clu.196*; *Dom.32*; (*w. gen.*) summa in omnis ciuis opis auxilii defensionis largiendi etiam ~as CIC.*Rep.2.35*. **b** non istaec, mea ~as, decuit te fabulari PL.*Truc.182*.

2 Generosity, bounty.
beneficio isto legis, ~ate xuirali nihil utitur CIC.*Agr.2.61*; largitio..fontem ipsum ~atis exhaurit. ita ~ate ~as tollitur *Off.2.52*; cum deum ~ate ab omni re sumus paratiores PLANC.*Fam.10.8.6*; me ~as tua ditauit HOR.*Epod.1.31*; PLIN.*Nat.27.1*;—(*of things*) ~as naturae CIC.*N.D.2.131*; ~as terrae COL.4.24.12.

benigniter, *adv.* [next+-TER²] In a friendly manner, kindly.
nimium te patrocinari censeo ~ TITIN.*com.49*.

benignus ~a ~um, *a.* *compar.* ~ior, *superl.* ~issimus. [*beni-* (BENE, BONVS)+-*gnus* (GIGNO); cf. *malignus*]

1 Kind, beneficent. **b** open-handed, generous, liberal.
quaeso ut ~is accipiatis auribus PL.*Men.4*; age fi ~us, subueni *Per.38*; TER.*Ph.767*; comes ~i, faciles, suaues homines esse dicuntur CIC.*Balb.36*; quietum accipit in Teucros animum mentemque ~am VERG.*A.1.304*; quas..~o numine Iuppiter defendit HOR.*Carm.4.4.74*; PROP.4.4.66; factis ~us pro re LIV.7.33.3; STAT.*Silv.3.1.151*; Parcae meliora ~a pensa manu ducunt JUV.12.64; AMP.2.12; (*poet.*) est illi praeda ~a lepus OV.*Fast.5.174*; (*of a dog*) QVAM DVLCIS FVIT ISTA QVAM ~A *CIL* 13.488;—(*w. dat.*) ~iorem..te mihi..confido fore PL.*Trin.459*; Fortuna ..nunc mihi, nunc alii ~a HOR.*Carm.3.29.52*;—(*w. preps.*) animo..~o circum sum ENN.*Ann.470*; erga te ~us ego fui atque opera mea haec tibi sunt seruata PL.*Rud.1389*; alium uidimus aduersus amicos ~um SEN.*Ep.120.10*; in quem ~us sit GEL.17.5.4;—(*of speech, etc.*) ut oratione ~a multitudinis animos ad beniuolentiam alliciant CIC.*Off.2.48*; PROP.1.10.24; ~o uoltu ac sermone LIV.28.26.6. **b** est ~us potius quam frugi bonae PL.*Truc.41*; qui ~iores uolunt esse, quam res patitur CIC.*Off.1.44*; arma negate mihi, fueritque ~ior Aiax OV.*Met.13.254*; ~issima rerum omnium parens natura COL.3.9.1; LUC.5.106; STAT.*Silv.4.6.3*; (*w.* circa) ~a circa hoc natura PLIN.*Nat.8.219*; (*w. gen.*) iratus tibi quod uini somnique ~us nil dignum sermone canas HOR.*S.2.3.3*;—(*of conduct*) liberalitas..si sine praemio ~a est, gratuita CIC.*Leg.1.48*;—(*poet.*) floret odoratis terra ~a rosis TIB.1.3.62; STAT.*Theb.12.620*.

2 Lenient, equitable.
PROC.*dig.12.6.53*; ~a interpretatione potest defendi utilem stipulationem esse POMPON.*dig.23.4.9*; semper in dubiis ~iora praeferenda sunt GAIUS *dig.50.17.56*; sane ~iorem esse praetorem in hanc partem oportebit ULP.*dig.37.9.1.9*.

3 (of things) Beneficial, favourable.
egens ~ae Tantalus..dapis HOR.*Epod.17.66*; Italia..~o uentorum adflatu PLIN.*Nat.37.201*; tibi Fama ~um strauit iter STAT.*Theb.12.812*;—(*of omens, fate, etc.*) addidit ..casu comites Fortuna ~o V.FL.5.113; qualem te superi..~o aspexere die STAT.*Silv.5.1.108*; ~ae noctis aues *Theb.10.216*; fati..hora ~i JUV.16.4.

4 Copious, abundant.
fides et ingeni ~a uena est HOR.*Carm.2.18.10*; ~a materia gratias agendi LIV.42.38.6; MELA 1.1; ex illo ~issimo fonte (*i.e. the gods*) SEN.*Ben.4.4.3*.

beniu-: see BENEV-.

benna ~ae, *f.*: (see quot.).
~a lingua Gallica genus uehiculi appellatur PAUL.*Fest.* p.32M.

beō ~āre ~āuī ~ātum, *tr.* [dub.] To make happy, gladden. **b** (usu. w. abl.) to bless, enrich (with).
hoc me ~at saltem, quom perduellis uicit PL.*Am.641ª*; ecquid ~o te? TER.*Eu.279*; tuus aduentus me..~at AUR.*Fro.1.p.216(75N)*; (*refl., also w. abl.*) seu te..~aris interiore nota Falerni HOR.*Carm.2.3.7*;—(*absol.*) foris aliquantillum etiam quod gusto id ~at PL.*Capt.137*; *Mil.467*;—(*in giving thanks*) taceo. — ~as *As.332*; Chrysis uicina haec moritur. — o factum bene! ~asti TER.*An.106*; APUL.*Apol.37*. **b** dignum laude uirum Musa uetat mori: caelo Musa ~at HOR.*Carm.4.8.29*; ne dominus pueri pulchri..munere te paruo ~et *Ep.1.18.75*;—(*fig.*) qui illam (*sc.* Tiberim) deriuet, ~auerit agrum Setinum TITIN.*com.120*; Latium..~abit diuite lingua HOR.*Ep.2.2.121*.

berbēx: see VERVEX.

Berecynt(h)ius ~a ~um, *a.*

1 ~*us tractus*, a region of Caria.
PLIN.*Nat.5.108*; buxus..plurima..~o tractu 16.71.

2 An epithet of Cybele or her attributes.
~a mater VERG.*A.6.784*; ipsa deum..genetrix ~a 9.82; STAT.*Theb.4.783*; (*fem. as sb.*) quod bene mutarit sedem ~a OV.*Fast.4.355*;—buxus..~a Matris Idaeae VERG.*A.9.619*; saeua tene cum ~o cornu tympana HOR.*Carm.1.18.13*; 3.19.18; ~us heros (*i.e.* Midas) OV.*Met.11.106*; ~us Attis PERS.1.93; ~os furores MART.4.43.8.

Berecyntiadēs ~ae, *adj. m.* Berecyntian (cf. prec.).
uenator..~es OV.*Ib.506*.

Berenīcē ~ēs, *f.* Also **Beron-**.

1 A female name, esp. the daughter of the Jewish King Agrippa I. **b** *crinis* ~*es*, a constellation, named after the wife of Ptolemy Euergetes (perh. dist. fr. *Coma Berenices*).
QUINT.*Inst.4.1.19*; TAC.*Hist.2.81*; JUV.6.156; SUET.*Tit.7.1*. **b** PLIN.*Nat.2.178*.

2 The name of various towns in Arabia and Cyrenaica.
in altera (parte Arabiae)..prima ~e..et alia ~e MELA 3.80; PLIN.*Nat.5.31*; 6.170.

Berenīcis ~idos, *f.* The region around Berenice in Cyrenaica.
LUC.9.524; SIL.3.249.

Beronīcē: see BERENICE.

Beronīcēus ~a ~um, *a.* Of or belonging to Berenice.
e ~o (*cj.*) uertice caesariem (*cf.* BERENICE 1b) CATUL.66.8.

Bērōsus (-os) ~ī, *m.* A distinguished Babylonian astronomer of the 3rd c. B.C.
VITR.9.2.1; 9.8.1; SEN.*Nat.3.29.1*; PLIN.*Nat.7.123*.

bēryllus (-os) ~ī, *m.* Also **bērul-**. [Gk. βήρυλλος] A beryl.
solitum digito ~on adederat ignis PROP.4.7.9; ~os..nitentes MAEC.*poet.2(1).2*; baculum aureum ~i distinguebant CURT.9.1.30; PLIN.*Nat.37.76*; (*in personal address*) uale mi ebenum Medulliae..~e Porsennae AUG. in Macr. 2.4.12; (*collect. sg.*) inaequales ~o..phialas JUV.5.38.

Bērytius ~a ~um, *a.* Of Berytus (Beirut) in Syria.
PLIN.*Nat.14.74*; Coa uua et ~a *Nat.15.66*.

bēs ~s(s)is, *m.* [dub.] FORMS: app. indecl. in phr. ~*s alter.*

1 Two-thirds: ~*s alter*, one and two-thirds.
is numerus (*sc.* sex) habet partitiones..~sem quem δίμοιρον dicunt quattuor VITR.3.1.6; habent..hae partes propria nomina ab uncia usque ad assem, puta haec: sextans ..septunx ~s dodrans ULP.*dig.28.5.51(50).2*; (*w. suggested etym.*) ~s, ut olim des, dempto triente VAR.*L.5.172*;—~s alterum, quem ἐπιδίμοιρον uocitant VITR.3.1.6.

2 Two-thirds of any whole: **a** (of money, value); *faenus* ~*ssibus*, interest at ⅔% per month; *ex* ~*sse*, in the proportion of two-thirds. **b** (in weight) two-thirds of a *libra*. **c** (of linear distance; area). **d** (of volume, capacity). **e** (of time).
a praedium..pro quo pretii ~ssem exsoluerat ULP.*dig.17.1.12.8*; *FJRA* 3.146.5;—faenus ex triente..factum erat ~ssibus CIC.*Att.4.15.7*; *Q.fr.2.14.4*;—reliquit heredes ex ~sse nepotem, ex tertia parte neptem PLIN.*Ep.7.24.2*; *CIL* 11.213; ut tu ex triente socius esses, ego ex ~sse PROC.*dig.17.2.76*. **b** aeruginis rasae P. ~ssem CELS.5.19.19; magmatis pondo ~ssem LARG.157; PLIN.*Nat.18.102*. **c** diametro..centenariae adiciunt digiti plus ~sem FRON.*Aq.32*;—partes duae tertiae (iugeri efficiunt) pedes decem nouem millia et ducentos, hoc est ~s COL.5.1.11; accipientibus dabuntur iugera sexagena sena ~sses HYG.GR.*agrim.* p.162; CVM ~SE VINEAE AREP(ENNIS) *CIL* 12.1657; JULIAN *dig.21.2.39.2*. **d** quincunces et sex cyathos ~semque (*sc.* sextarii) bibamus MART.11.36.7; sescuncia quinariae et scripulis tribus et ~se scripuli FRON.*Aq.26*. **e** bisque nouem (annos), Nemeaee, dabis ~ssemque sub illis (*i.e. 8 months*) MAN.3.571.

bēsālis ~is, ~e, *a.* Also **bess-**. [prec.+-ALIS] Comprising two-thirds.
(*of a* pes) laterculis ~ibus pilae struantur VITR.5.10.2; 7.4.2; (*of a* libra) ~em..scutulam MART.8.71.7; (*of an* as, *fig.*) curabo, longe tibi sit comula ista ~is et dominus dupundiarius PETR.58.5.

Bessī ~ōrum, *m. pl.* A people of Thrace.
CIC.*Pis.84*; CAES.*Civ.3.4.6*; LIV.39.53.12; OV.*Tr.3.10.5*;—(*sg.*) FVIT NATIONE ~VS *CIL* 10.1080; LUC.5.441.

Bessicus ~a ~um, *a.* Of or connected with the Bessi; (fem. as sb.) their country.
~ae gentis CIC.*Pis.84*;—PLIN.*Nat.6.217*.

bestia ~ae, *f.* [cf. BELVA]

1 A beast, animal, creature (dist. fr. man and incl. birds, fishes, insects, etc.). **b** (dist. fr. birds). **c** (applied abusively to a man).
simia quam similis turpissuma ~a nobis ENN.*Sat.69*; sus terrestris ~a est PL.*Capt.189*; imitatur nequam ~am..— quemnam, amabo? — inuoluolum *Cist.728*; metuo miluos, mala illa ~ast *Poen.1293*; uortit se in omnis ~as NOV.*com.30*; homines..hac re maxime ~is praestare, quod loqui possunt CIC.*Inv.1.5*; tametsi ~ae sunt (canes) *S.Rosc.56*; alias ~as nantis aquarum incolas esse uoluit (natura), alias uolucres caelo frui libero, serpentis quasdam, quasdam esse gradientis *Tusc.5.38*; quinis cohortibus contra ~as (*sc.* elephantos) collocatis *B.Afr.81.1*; Africa parens et nutrix ferarum ~arum VITR.8.3.24; mutas..~as LIV.7.4.6; PETR.56.6; PLIN.*Nat.9.50*. **b** auium, quarum grandissimi et paene ~arum generis struthocameli PLIN.*Nat.10.1*. **c** mala tu es ~a PL.*Bac.55*; in uosmet ipsos..feram et truculentam ~am..inmiseritis *Rhet.Her.4.51*.

2 A beast of prey used in the arena; ~*is obicere, ad* ~*as mittere*, etc., to condemn to fight with beasts.
quiue ad ~as depugnare se locauit *Leg.pub.(Font.iur.* p.111)20; ut aliquid istinc (*from Africa*) ~arum habeamus CAEL.*Fam.8.8.10*; ASC.*Tog.79*;—quod noxios obicitis ~is VAR.*Men.24*; sescentos ad ~as amicos sociosque misisti CIC.*Pis.89*; POL.*Fam.10.32.3*; SAL.*Jug.14.15*; Glyco..dispensatorem ad ~as dedit PETR.45.7; multos..ad ~as condemnauit SUET.*Cal.27.3*; moderanda poena est usque ad ~arum damnationem ULP.*dig.48.13.7(6)*.

3 (astr.) A constellation, the Wolf.
tenet (centaurus) in manibus simulacrum, id quod ~am astrorum periti nominauerunt VITR.9.5.1.

bestiārius¹ ~iī, *m.* [prec.+-ARIVS] One who fights wild beasts in the arena.
gladiatoribus et ~iis CIC.*Vat.40*; unus leo, ducenti ~ii *Sest.135*; *Q.fr.2.4.5*; SEN.*Ben.2.19.1*; in ludo ~iorum *Ep.70.20*; PETR.45.11; SUET.*Cl.34.2*.

bestiārius² ~a ~um, *a.* [as prec.] Of, or comprising, wild-beast fights.
in ludo ~o (*s.v.l.*) SEN.*Ep.70.22*.

bestiola ~ae, *f.* [BESTIA+-OLVS] A little creature, usu. insect.
~ae..aut efflantur, aut aritudine cito pereunt VAR.*R.1.12.3*; 2.5.14; dissimillimis ~is communiter cibus quaeritur CIC.*N.D.2.123*; *Tusc.1.94*; curculionem et reliquas ~as, quae frumentis solent nocere VITR.6.6.4; COL.11.3.61; ~ae uenenatae, quae manus pungunt PLIN.*Nat.22.163*; ~ae multorum pedum LARG.39.

bēta¹ ~ae, *f.* [dub.] The beet.
apponunt rumicem, brassicam, ~am PL.*Ps.815*; CATO *Agr.158.1*; CIC.*Fam.7.26.2*; CATUL.67.21; plebeia..~a PERS.3.114; fatuae, fabrorum prandia, ~ae MART.13.13.1;—(*w. varieties specified*) ~a hortensiorum leuissima est. eius quoque a colore duo genera Graeci faciunt, nigrum et candidius PLIN.*Nat.19.132*; 20.69;—(*w. pun on* beta²) COL.10.254; PETR.56.9.

bēta², *indecl.* [Gk. βῆτα] The second letter of the Gk. alphabet. **b** the second in anything.
hoc discunt omnes ante alpha et ~ puellae JUV.14.209 (*? interp.*). **b** dicas licebit ~ me togatorum MART.5.26.4; MAUR.255.

bētāceus ~a ~um, *a.* [BETA¹+-ACEVS] Of or belonging to beet.
quem ad modum pedes ~os seri oporteat VAR.*R.1.2.27*; (*masc. as sb.*) paratae sunt..oliuae, ~i (*sc.* pedes), cucurbitae PLIN.*Ep.1.15.2*.

bētizō ~āre, *intr.* [BETA¹] To be languid.
ponit assidue (Augustus) et..~are pro languere, quod uulgo lachanizare dicitur SUET.*Aug.87.2*.

bētō: see BITO.

Betriacum: see BEDRIACVM.

betulla ~ae, *f.* [Gallic] A birch tree.
PLIN.*Nat.16.74*; 16.176; 16.209.

bi-, prefix. [Skt. *dvi-*, Gk. δι-, AS. *twi-*, etc.] Consisting of, having, measuring, etc., two of the things named.

Biās ~antis, *m.* A philosopher of Priene, one of the seven wise men of Greece.
CIC.*Parad.8*; *Amic.59*; V.MAX.4.1.ext.7; GEL.5.11.1.

Bibāculus ~ī, *m.* A cognomen of the *gens Furia*; e.g. *M. Furius Bibaculus*, a poet of the 1st cent. B.C.
QUINT.*Inst.10.1.96*; TAC.*Ann.4.34*; (*w. pun on derivation from* BIBAX) ~us erat et uocabatur PLIN.*Nat.pr.24*.

bibāx ~ācis, *a.* [BIBO¹+-AX] That is given to drinking.
bibendi auidum P. Nigidius in commentariis grammaticis '~acem' et 'bibosum' dicit GEL.3.12.1.

biberārius ~(i)ī, *m.* [BIBO¹] A drink-seller.
~i (*s.v.l.*) uarias exclamationes SEN.*Ep.56.2*.

Biberius. [cf. BIBO¹] A name given in jest to the emperor Tiberius; see quot.
in castris tiro..propter nimiam uini auiditatem pro Tiberio ~, pro Claudio Caldius, pro Nerone Mero uocabatur SUET.*Tib.42.1*.

bibesia ~ae, *f.*: (see quot.).
perediam et ~am Plautus finxit..cum intellegi uoluit cupiditatem edendi et bibendi FEST.p.214M (*cf.* PL.*Cur.*444).

bibitor ~ōris, *m.* [BIBO[1]+-TOR] A drinker, toper.
~ORI BONO VIX AN XL *CIL* 8.14420.

bibliopōla ~ae, *m.* Also **bybl-.** [Gk. βιβλιοπώλης] A bookseller.
~a Tryphon MART.4.72.2; 13.3.4; 14.194.2; nisi..auribus nostris ~ae blandiuntur PLIN.*Ep.*1.2.6; 9.11.2; *CIL* 6.9218.

bibliothēca, ~ae, *f.* Also ~ē ~ēs, **bybl-.** [Gk. βιβλιοθήκη] FORMS: ~*abus* (abl. pl.) AUR. *Fro.*1.p.178(68N) (dub.) A library (whether a collection of books or the building, etc., containing them); *a* ~*a* or ~*is* (the person) in charge of the library. **b** (particular public libraries).
~as..omnium philosophorum unus mihi uidetur XII tabularum libellus..superare CIC.*de Orat.*1.195; *Fam.*13.77.3; ne ~is quidem Graecis egebimus *Tusc.*2.6; ~ae ad orientem spectare debent VITR.6.4.1; SEN.*Dial.*9.9.4; II ~as habeo, unam Graecam, alteram Latinam PETR.48.4; ~is publicis LARG.97; ruris ~a delicati MART.7.17.1; QUINT.*Inst.*10.1.57; TAC.*Dial.*37.2; parieti..in ~ae speciem armarium insertum est PLIN.*Ep.*2.17.8; in ~is parietibus inhaerentibus ULP.*dig.*30.1.41.9;—ALEXIO CAESARIS AVG AB ~E *CIL* 6.8743; POSTVM⟨O⟩ ⟨P⟩ROC AVG A ~IS 8.20684; **b** de Apollinis ~abus (*s.v.l.*) AUR.*Fro.*1.p.178(68N); in ~a templi Traiani GEL.11.17.1; in Pacis ~a 16.8.2; (*cf.*) in ~a, quae prima in orbe ab Asinio Pollione ex manubus publicata Romae est PLIN.*Nat.*7.115.

bibliothēcārius ~iī, *m.* [prec.+-ARIVS] A librarian.
Tiberianus ~ius tibi subigitandus est AUR.*Fro.*1.p.178 (68N).

biblus ~ī, *f.* [Gk. βίβλος] The Egyptian papyrus.
nondum flumineas Memphis contexere ~os nouerat LUC.3.222.

bibō[1] ~ere ~ī, *tr., intr.* [< **pibo*; cf. Skt. *pibati*, Gk. πίνω] FORMS: ~*er* (for ~*ere*) CATO *hist.*121, TITIN.*com.*78, FAN.*hist.*2.

1 To drink (a liquid). **b** (w. *poculum*, etc. as obj.). **c** (poet., of weapons). **d** to toast (a name, by drinking once for each letter).
raro nimium dabat quod ~erem PL.*Cist.*17; uicit uinum quod ~i TER.*Eu.*727; boues aquam bonam..~ant semper curato CATO *Agr.*73; ut mulsum frigidum ~eret CIC.*de Orat.*2.282; prelo domitam Caleno tu ~es uuam HOR.*Carm.*1.20.1; qui..~unt..ab harundine sucos LUC.3.237; PLIN.*Nat.*14.89; MART.1.103.9; (*poet., of sinking vessels, drowning men*) utinam..Argo..pressa ~isset aquas OV.*Am.*2.11.6; neu ~at aequoreas naufragus hostis aquas *Ep.*7.62; SEN.*Her.F.*777; (*facet.*) eapse merum condidicit ~ere, foribus dat aquam quam ~ant PL.*Cur.*161; quamquam ego uinum ~o, at mandata non consueui simul ~ere una (*i.e. forget*) *Per.*170; (παρὰ προσδοκίαν) hic (Tantalus) ~it altum de rapido gurgite puluerem SEN.*Thy.*174;—(*in fig. phrs.*) malum maerore metuo ne mixtum ~am PL.*Aul.*279; CIC.*Phil.*11.10; SEN.*Ep.*81.22; (*of poets*) cui ~itur felicius Aonius fons OV.*Pont.*4.2.47; Maeoniumque ~at felici pectore fontem PETR.5. **b** Circae pocula..quae si cum sociis..~isset HOR.*Ep.*1.2.24; tristia cum multo pocula felle ~at TIB.1.5.50; OV.*Tr.*4.1.47; (*in fig. phr.*) illa ~it sitiens lector, mea pocula plenus *Pont.*3.4.55;—(*w. ref. to quantity*) uide quot cyathos ~imus PL.*St.*706; CELS.1.8.3; (*cf.*) ieiunus heminam ~ito CATO *Agr.*126. **c** hasta..alte ~it acta cruorem VERG.*A.*11.804; SIL.6.293; 15.629; (ferrum) quod sanguine fumet uulneraque alta ~at STAT.*Ach.*1.432. **d** Laeuia sex cyathis, septem Iustina ~atur, quinque Lycas MART.1.71.1; 8.50(51).26.

2 (intr.) To drink, have a drink. **b** (w. source indicated). **c** *dare* ~*ere* or ~*at* and sim., to give to drink.
iam bis ~isse oportuit PL.*Bac.*759; TER.*Ph.*342; ab confutante indice ~ere iussae LIV.8.18.8; annos..precantur, quot sumant cyathos, ad numerumque ~unt OV.*Fast.*3.532; PHAED.1.1.6; sub naribus..fistula est per quam ~ere auenis ..dicuntur MELA 3.91; mirabilis ibi columba ~ens PLIN.*Nat.*36.184; (*impers. pass.*) sic estur apud illos, sic ~itur SEN.*Dial.*5.15.3; (*poet.*) ex quo Sullanus ~it ensis PETR.120,l.98; (*in fig. phr.*) semel ~o PL.*Rud.*884. **b** (*by preps.*) ut..ex solido ~at auro V.RUF.*poet.*2; nec ~it e gemma diuite nostra sitis PROP.3.5.4;—canes currentes ~ere in Nilo flumine..traditum est PHAED.1.25.3;—a fonte ~atur quae fluit MART.9.99.9;—de clepsydra..~as 6.35.6;—(*w. abl.*) ~ere..plenis cantharis PL.*Per.*821; poclo ~o eodem LUCIL.303; ut gemma ~at VERG.*G.*2.506;—(*w. adv.*) hinc ~ito quantum uoles CATO *Agr.*127.1; qui ~it inde, furit OV.*Fast.*4.365;—(*in fig. phrs.*) ut senex hoc eodem poculo quo ego ~i ~eret PL.*Cas.*933; PROP.3.3.6. **c** tum uos date ~at tibicini PL.*St.*757; dato bubus ~ant omnibus CATO *Agr.*73; LUCIL.222; iubebat ~er dari FAN.*hist.*2;—cedo ~am PL.*Mos.*373; ut Ioui ~ere ministraret CIC.*Tusc.*1.65.

3 (intr.) To drink intoxicating liquor, tipple.
affatim edi ~i lusi ANDR.*com.*5; ~itur, estur quasi in popina PL.*Poen.*835; edunt, ~unt, scortantur *Ps.*1134; CATO *orat.*121; callet senium arte ~endi SEPT.*poet.*13; CIC.*Pis.*67; ab hora tertia ~ebatur, ludebatur, uomebatur *Phil.*2.104; nunc est ~endum HOR.*Carm.*1.37.1; 4.13.4; Cambysen regem nimis deditum uino..monebat ut parcius ~eret SEN.*Dial.*5.14.1; turgidos ~endo PLIN.*Nat.*31.60; MART.1.28.2; DVM VIXI ~I LIBENTER ~ITE VOS QVI VIVITIS *CIL* 3.293.

4 (poet.) To drink of (rivers, etc.), i.e. to live in or visit their neighbourhood.
ante..Ararim Parthus ~et aut Germania Tigrim VERG.*Ecl.*1.62; *A.*7.715; gelidus Digentia riuus, quem Mandela ~it HOR.*Ep.*1.18.105; *Carm.*4.15.21; cur..turba..Phasiacam Graia ~istis aquam? OV.*Ep.*12.10; populos..~entis Euphraten LUC.8.213; STAT.*Theb.*1.686.

5 (med.) To take, drink as medicine.
ex medicamentis ~endis CATO *Fil.*4(J); absinthium ut ~am VAR.*Men.*440; ~at ieiunus ex aqua castoreum CELS.3.23.7; 4.10.1; (myriophyllon) ~itur ad difficultates urinae PLIN.*Nat.*24.152; 26.85; LARG.15; (*facet.*) tu calidam picem ~ito, aegritudo apscesserit PL.*Mer.*140.

6 To suck (the breast, milk).
~it ubera ceruae OV.*Ib.*253; (*cf.*) eandem nutricem simul ~imus APUL.*Met.*2.3;—exiguus tenero lac ~it ore puer OV.*Am.*3.10.22; *Met.*9.377.

7 To drain, draw off (liquid).
liquoris hic (*sc. in the throats of* purpurae)..est candida uena, unde pretiosus ille ~itur PLIN.*Nat.*9.126.

8 To devour, imbibe, swallow (non-liquids).
in gladium incumbat, ne caelum ~at LUCIL.601; ardentes auido ~it ore fauillas MART.1.42.5; cum..nobis pleraque aspere sint..dicenda..et fuligo lucubrationum ~enda QUINT.*Inst.*11.3.23; (*poet.*) serpentem super ora cubantem..nati somnumque animamque ~entem MAN.5.306.

9 (of things) To absorb, drink up (liquids, moisture). **b** to absorb (pigments, etc.). **c** (intr.) to absorb moisture, drink.
metreta oleum non ~et CATO *Agr.*100; CATUL.66.85; ~ant uiolaria fontem VERG.*G.*4.32; ~it..hortus aquas TIB.2.1.44; tuas lacrimas litora surda ~ent PROP.4.11.6; lacrimas ossa ~ere meas [OV.]*Ep.Sapph.*62; (mare) Eridani ..~it fluctus MAN.4.610; SEN.*Her.O.*565. **b** amphorae fumum ~ere institutae HOR.*Carm.*3.8.11; ~it lana rubores SEN.*Her.O.*664; lanarum nigrae nullum colorem ~unt PLIN.*Nat.*8.193; caseus..Velabrensem qui ~it, ille sapit MART.13.32.2; ~at uernum contracta cuticula solem JUV.11.203; (*cf.*) tanquam uulnera ferro praeparata litteras ~erint (*i.e. as though they had been branded*) PETR.106.1. **c** sat prata ~erunt VERG.*Ecl.*3.111; ~it ingens arcus *G.*1.380; unde aurae nubesque ~unt STAT.*Theb.*9.405.

10 (w. *auribus*) To imbibe, drink in (with the ears); to drink in, absorb (emotions).
exactos tyrannos..~it aure uulgus HOR.*Carm.*2.13.32; suspensis auribus ista ~am PROP.3.6.8; ~e talia pronis auribus STAT.*Silv.*5.2.58; (*cf.*) lacrimas..tempore quas uno fidaque uerba ~i OV.*Tr.*3.4.40;—infelix Dido longum..~ebat amorem VERG.*A.*1.749; nouum ~it ossibus ignem STAT.*Ach.*1.303.

bibō[2] ~ōnis, *m.* (v.l. **bibiō**) [? cf. prec.] (word of unknown meaning quoted by Isidore in corrupt passage from Afranius).
AFRAN.*com.*406.

bibōsus ~a ~um, *a.* [BIBO[1]+-OSVS] Addicted to drink, bibulous.
NIGID.*gram.*26(GEL.3.12.1); non mammosa, non annosa, non ~a, non procax LABER.*com.*80.

bibulus ~a ~um, *a.* [BIBO[1]+-VLVS]

1 Fond of drinking, eager to drink. **b** (of ears) thirsty to hear.
quem (scis) ~um liquidi media de luce Falerni HOR.*Ep.*1.14.34; 1.18.91. **b** nequiquam populo ~as donaueris aures PERS.4.50.

2 (of things) Absorbent, porous, spongy (in some cases a poet. extension of sense 1). **b** (poet.) that is soaked in or sprinkled with moisture, sodden; (of clouds) charged with moisture, heavy with rain.
~am pauit aequor harenam LUCR.2.376; uino..~am lauere fauillam VERG.*A.*6.227; ~i litoris OV.*Am.*2.11.14; ~as tingebat murice lanas *Met.*6.9; ~ae..repurgans radicis fibras 14.632; ne ~as aut male coctas ollas emat COL.12.45.3; de ~a sarta palude teges (*i.e. of reeds*) MART.11.32.2; terra..puluerea summa, inferior ~a PLIN.*Nat.*18.110; PLIN.*Ep.*8.15.2. **b** ~o..toro (*i.e. sprinkled with wine*) *Copa* 6; uina..cum ~as sparsere Cupidinis alas OV.*Ars* 1.233; *Met.*4.730; ~as urgenti pondere uestes (Helles) unda trahit V.FL.1.289; (*cf.*) hi siccant ~as manu lacunas STAT.*Silv.*4.3.54;—~as..nubes OV.*Met.*14.368.

3 As a cognomen, e.g. of M. Calpurnius Bibulus, cos. 59 B.C. with Caesar.
CIC.*Fam.*1.9.12; CAES.*Civ.*3.5.4; HOR.*Carm.*3.28.8.

biceps ~cipitis, *a.* [BI-+-CEPS[2]] ORTHOG.: *bicapite* (abl.) *CIL* 6.532.

1 Two-headed; (spec. of Janus). **b** (of mountains) with two peaks or summits. **c** ~*ceps argumentum*, a dilemma.
si puella nata ~ceps esset CIC.*Div.*1.121; porcus ~ceps LIV.28.11.3; 32.29.2; 41.21.12; ut una existimari (serpens) ~ceps possit PLIN.*Nat.*10.169; ~cipites hominum..partus TAC.*Ann.*15.47;—Iane pater..diue ~ceps SEPT.*poet.*23.1; OV.*Fast.*1.230. **b** Parnasus..~ceps OV.*Met.*2.221; SEN.*Oed.*281; PERS.*pr.*2. **c** ~ceps illud argumentum APUL.*Fl.*18.

2 That is divided into two parts, twofold.
ad demonstrandas declinationes ~ceps uia haec VAR.*L.*10.62; diuiserant populum et ~cipitem ex una fecerant ciuitatem FLOR.*Epit.*2.5(3.17.3); CRATERAM CVM BASI ~CAPITE *CIL* 6.532.

biclīnium ~(i)ī, *n.* [BI-+-*clinium*, cf. TRICLINIVM] A dining-couch for two persons.
ubist ~ium uobis stratum? PL.*Bac.*720; 754;—(*quoted as ex. of* uox hybrida) iunguntur..aut ex duobus Latinis integris..aut ex nostro et peregrino, ut '~ium' QUINT.*Inst.*1.5.68.

bicōdulus ~a ~um, *a.* [BI-+CAVDA+-VLVS] Having two tails.
saurae, inlices ~ae LAEV.*poet.*27.5.

bicolor ~ōris, *a.* [BI-+COLOR] Of two colours.
~or..populus VERG.*A.*8.276; ~or sincerae baca Mineruae OV.*Met.*8.664; 10.98; positis ~or membrana capillis PERS.3.10; intus..omne ouum uolucrum ~or PLIN.*Nat.*10.144;—(*w. abl.*) albis..equus ~or maculis VERG.*A.*5.566; (populus) alba folio ~or, superne candicans, inferiore parte uiridi PLIN.*Nat.*16.86;—(*applied to separate groups, each having a distinctive colour*) si calculus omnis huc et illuc diuersus ~orque digeratur, uincet candida turba nigriorem MART.12.34.6.

Bicorniger ~erī, *m.* [BI-+CORNIGER] The two-horned one (i.e. Bacchus).
quas pampinea tetigisse ~er hasta creditur OV.*Ep.*13.33.

bicornis ~is ~e, *a.* [BI-+CORNV+-IS] Two-horned. **b** having two prongs or points; (of a mountain) having two peaks.
Lyaee..~is BAS.*poet.*2.2; Fauni..~es OV.*Ep.*4.49; derepta ~i terga capro *Met.*15.304; Satyri..~es CALP.*Ecl.*2.13; cornigera fere bisulca; solida ungula et ~e nullum PLIN.*Nat.*11.255; (*cf.*) maxillae partes extremae quasi ~es sunt CELS.8.1.8;—(*of river-gods*) Granico nata ~i OV.*Met.*11.763; STAT.*Theb.*2.217;—(*perh. w. ref. to the two mouths of the river*) Rhenus..~is VERG.*A.*8.727. **b** furcas..~is VERG.*G.*1.264; siderum regina ~is..Luna HOR.*Saec.*35; OV.*Met.*8.647; ferro..~i COL.10.148;—stagna..Cirrhaea ~i interfusa iugo STAT.*Theb.*1.62.

bicorpor ~oris, *a.* [BI-+CORPVS] Double-bodied.
~ores Gigantes NAEV.*poet.*19(20).2; ACC.*trag.*307; haec (dextra) ~orem adflixit manum (*i.e. Centaurs*) CIC.*Tusc.*2.22.

bicrotum ~ī, *n.* = DICROTVM.
PAIVS VERZONIS F DE MARTE BICROTA V F *CIL* 5.1956.

bidens[1] ~ntis, *a.* [BI-+DENS]

1 Having two (permanent) teeth.
Mars, tibi facturum uoueo..~nti uerre POMPON.*com.*52; Coruncanius ruminales hostias donec ~ntes fierent puras negauit PLIN.*Nat.*8.206; SINN.*gram.*12; bouem ~ntem PAUL.*Fest.*p.35M;—(*applied to a person*) ~ns amica Romuli senis memor (*i.e.* anus) *Priap.*83.26.

2 Having two prongs or points. **b** (of scissors) having two blades.
~nti ferro ACC.*poet.*21(22); (ancoram) ~ntem Anacharsis (inuenit) PLIN.*Nat.*7.209. **b** ferro..manus armata ~nti (Scylla) *Ciris* 213; ~nte..forcipe VERG.*Cat.*10.9.

bidens[2] ~ntis, *m.* and *f.* [prec.] FORMS: *duidens* PAUL.*Fest.*p.66M; *bidennes* (= *bidentes*) GEL.16.6.13.

1 (fem.) An animal for sacrifice, esp. a sheep.
uisus..~nti ⟨sum Herculi⟩ propter uiam facere LABER.*com.*69; mactant lectas de more ~ntis VERG.*A.*4.57; intonsam..~ntem 12.170; multa caede ~ntium HOR.*Carm.*3.23.14; ~ntum..consulit exta OV.*Met.*15.575; NIGID.*gram.*39; maculosa ~ntum corda STAT.*Theb.*3.457; SIL.13.433;—(*without sacrificial context*) ~ns..prospexit lupum PHAED.1.17.8.

2 (masc.) A two-pronged hoe or pick.
uis humana..ualido consueta ~nti ingemere LUCR.5.209; duros iactare ~ntis VERG.*G.*2.355; TIB.2.3.6; OV.*Fast.*4.927; COL.10.87; PLIN.*Nat.*17.159; uiue ~ntis amans et culti uilicus horti JUV.3.228.

bidental ~ālis, *n.* [prec.+-AL]

1 A place struck by lightning, where it was forbidden to tread. It was enclosed with a *templum*, where beasts were sacrificed.
an triste ~al mouerit incestus HOR.*Ars* 471; NIGID.*gram.*39[a]; ~al dicebant quoddam templum, quod in eo bidentibus hostiis sacrificaretur PAUL.*Fest.*p.33M;—(*applied to a person*) triste iaces lucis euitandumque ~al PERS.2.27.

2 A sacrifice offered in such a place.
Tuscorum piacula, fulguratorum ~alia APUL.*Soc.*7.

bidentālis ~is ~e, *a.* [BIDENS+-ALIS] ORTHOG.: *uidentali CIL* 14.5340; *uidentalium CIL* 15.7253. Of places struck by lightning or the sacrifices connected with them.
(*as the name of a body of priests*) SANCO SANCTO SEMON DEO FIDIO SACRVM DECVRIA SACERDOTVM ~IVM *CIL* 6.568; SACERD(OTIS) ~I(S) 14.188.

Bidīnus ~a ~um, *a.* Of or connected with Bidis, a town in Sicily; (masc. pl. as sb.) the inhabitants of Bidis.
palaestritae ~i CIC.*Ver.*2.54;—~orum legibus 2.53; PLIN.*Nat.*3.91.

bīduum ~ī, *n.* [BI-+**diuom*, cf. DIES] A period of two days.
~ist aut tridui haec sollicitudo TER.*An.*440; eximant unum aliquem diem aut summum ~um ex mense CIC.*Ver.*2.129; *Att.*5.17.1; et plebeiis ludis ~um instauratum **a** C. Mamilio et M. Caecilio Metello aedilibus plebis LIV.27.36.9; ~um criminibus obiciendis statuitur TAC.*Ann.*3.13; ULP.*dig.*49.4.1.5; *CIL* 9.1663;—(*in prep. phrs.*) in hoc ~om..uale TER.*Eun.*190; per insequens ~um LIV.30.8.4; omnis ferme Macedonia intra ~um dedita 44.45.5; labi spiritum nec ultra ~um duraturum TAC.*Ann.*6.50;—(*acc. of duration*) in sole ponito ~um CATO *Agr.*7; aniculae

saepe inediam ~um aut triduum ferunt CIC.*Tusc*.2.40;—(*abl. of duration*) ~o ab opere datur uacatio COL.6.14.3; SUET.*Cal*.19;—(*abl. of time within which*) neminem esse qui possit ~o..DCC milia passuum ambulare CIC.*Quinct*.78; CAES.*Civ*.1.41.1; ~o et duabus noctibus Hadrumetum peruenit NEP.*Han*.6.3; CURT.6.10.20.

biennis ~is ~e, *a.* [BI-+ANNVS+-IS] Two years old.
GEL.16.6.13.

biennium ~(i)ī, *n.* [as prec. +-IVM] A period of two years.
iam ~iumst quom mecum rem coepit PL.*Mer*.533; unius anni aut ~i ratio CIC.*Ver*.3.43; CAES.*Gal*.1.3.2; LIV.9.44.3; —(*in prep. phrs.*) per ~ium CIC.*Cael*.78; etiamne consules.. in ~ium quos ille uoluit? *Att*.14.6.2; ut..post ~ium tuus annus esset *Fam*.10.25.2; cuius facti merita eum poena intra ~ium consecuta est VELL.2.23.2; neque decemuiralis potestas ultra ~ium..ualuit TAC.*Ann*.1.1; IN ~IO VIXIT QVASI QVI VIXISSET SEDECIM ANNIS *CIL* 6.18086;—(*w.* post, ante, *etc.*) quam (patriam) ego ~io, postquam hinc..abiui, conspicio PL.*Bac*.170; ~io post praecidito ueteres (arbores) CATO *Agr*.32.2; furorem..~io ante conceptum CIC.*Sul*.67; libertos suos ante ~ium mortis suae de domu dimisit SCAEV.*dig*.31.88.11;—(*acc. of duration*) ~ium in sole sinito positum esse CATO *Agr*.105.2; ~ium fui in prouincia GRACCH.*orat*.26; CIC.*Caec*.54;—(*w. abl. of duration*) *de Orat*. 3.93; neglectae eo ~io res in Graecia erant LIV.29.12.1; VIXIT BIENIO MESE V *CIL* 9.1515.

bifāriam, *adv.* [BI-+*fas* 'utterance'; term. cf. *perperam*, etc.]

1 In two parts or places.
ut dispertirem opsonium hic ~ PL.*Aul*.282; labeam ~ faciat habeant CATO *Agr*.20.2; natura diuisus earum annus ~ VAR.*R*.2.4.14; ~ consules ingressi hostium fines LIV. 3.23.7; 10.21.12; ~ laudatus est: pro aede..et pro rostris SUET.*Aug*.100.3; AUR.*Fro*.1.p.174(67N).

2 In two ways.
cum..is..motus (animi) aut boni aut mali opinione citetur ~ CIC.*Tusc*.3.24; (sidera) ~ contrarie simul procedentia (*i.e. in two directions*) *Tim*.31; patrui filius, item filia ~.. numerantur PAUL.*dig*.38.10.10.15.

bifer ~era ~erum, *a.* [BI-+-FER] That bears fruit or flowers twice a year.
tunc praecox ~era descendit ab arbore ficus COL.10.403; ~era uite PLIN.*Nat*.18.189; ~era Alcinoi..pomaria STAT. *Silv*.1.3.81;—(*of a place*) ~eri..rosaria Paesti VERG.*G*.4.119; MART.12.31.3;—(*w. gen.*) Tiburnae (fici) omnes etiam ~erae et triferae flosculi COL.5.10.11;—(*neut. pl. as sb.*) multa sunt ~era, ut uitis apud mare Zmyrnae VAR.*R*.1.7.6;—(*transf. to fruit*) ficos..~eras SUET.*Aug*.76.1.

biferus ~a ~um, *a.* [BI-+FERVS] That is compounded of two animals, heterogeneous.
in ~o Centauri corpore MAN.4.230;—(*w. abl. of resp.*) ~um Cetus squamis atque ore tremendo (*i.e. having the scales of a fish and the mouth of a beast*) 5.15.

bifidus ~a ~um, *a.* [BI-+FINDO+-VS] That is divided into two parts, cloven, forked.
~os..relinquit rima pedes OV.*Met*.14.303; ~as ridicas COL.4.33.4; ungulae ~ae PLIN.*Nat*.8.124; lacertis ~a (lingua) 11.171;—(*w.* in sese) folia (palmae), cultrato mucrone lateribus in sese ~a 13.30;—(*transf., of the parts produced by cleavage*) namque sunt ~ae putaminum carinae 15.88;—(*of a path*) (Iuppiter) direxit per inane facem, quae ..in ~um discessit iter V.FL.1.570.

biforis ~is ~e, *a.* [BI-+FORIS] FORMS: n. pl. *bifora* VITR.4.6.6.

1 (of a door or window) That has two leaves or casements.
ipsa (*sc.* ostia)..non fiunt clathrata neque ~a sed ualuata VITR.4.6.6; argenti ~es radiabant lumine ualuae OV.*Met*. 2.4; ~es..fenestras *Pont*.3.3.5.

2 That has two openings; (of a sound) that comes from a two-mouthed or double pipe.
quarum (*sc.* narium) ~i uia odor cum spiritu commeat APUL.*Pl*.1.14;—ubi..~em dat tibia cantum VERG.*A*.9. 618; STAT.*Theb*.4.668.

biformātus ~a ~um, *a.* [BI-+pple. of FORMO] (of a monster) Consisting of two parts of different kinds, two-formed.
(*transf. ep.*) non ~o impetu centaurus ictus corpori inflixit meo CIC.*Tusc*.2.20 (transl. Sophocles).

biformis ~is ~e, *a.* [BI-+FORMA+-IS] (of monsters) Consisting of two parts of different kinds, two-formed; (of Janus) two-faced.
proles..~is Minotaurus VERG.*A*.6.25; Centauri in foribus stabulant Scyllaeque ~es 6.286; uterque parens nati rata uerba ~is (*i.e.* Hermaphroditi) fecit OV.*Met*.4.387; Capricorni..~is MAN.3.257; SEN.*Phaed*.1172; COL.10.427; LUC. 3.198; diuos..pater sortite ~es (*i.e. sea-deities*) V.FL.1. 669; (*cf.*) non usitata..ferar penna ~is per liquidum aethera uates HOR.*Carm*.2.20.2; (*perh.*) ~is hominum partus TAC. *Ann*.12.64;—(*masc. pl. as sb.*) suos solitus pacare ~is STAT.*Ach*.2.165;—Iane..diue biceps ~is SEPT.*poet*.23.1; OV. *Fast*.1.89.

biforus: see BIFORIS.

bifrons ~ntis, *a.* [BI-+FRONS²] Having two faces.
Iani..~ntis imago VERG.*A*.7.180; 12.198.

bifurcus ~a ~um, *a.* [BI-+FVRCA+-VS]

1 Having two forks or prongs.
~os aut cum plurimum quattuor ramorum uallos caedit LIV.33.5.9; ramum..~um OV.*Met*.12.442; COL.3.18.1; surculi sint ~i uel trifurci 5.11.3; quaedam (arbores) ~ae PLIN.*Nat*.16.122.

2 (neut. as sb.) A fork or the point at which anything forks; (spec.) the fork of the thighs, crutch.
cum consertum est (malleoli caput) ~o pastini COL.3. 18.6; uocatus..focaneus palmes, qui solet in ~o medius prorepere (*i.e. between two branches*) 4.24.10;—sudor mihi per ~um uolabat PETR.62.10.

bīgae ~ārum, *f. pl.* Also sg. **~a** ~ae. [BI-, IVGVM] FORMS: *uig- CIL* 6.2086 (155 A.D.). A pair of horses (or other animals) or the chariot drawn by them. **b** (poet., of the moon, etc.).
~as..cornutas (*i.e. oxen*) VAR.*Men*.457; me..~is raeda rapit citata nanis (*i.e. mules*) CINNA *poet*.9(1); Rhesi niueae ..~ae CATUL.58b.4; (Hector) raptatus ~is VERG.*A*.2.272; ~is it Turnus in albis 12.164; ~is curru arcuato uehi LIV. 1.21.4; ~as prima iunxit Phrygum natio PLIN.*Nat*.7.202; JUV.10.59; (*fig.*) properate..puerae..amare et ueneris tenere ~as VAR.*Men*.87;—(*sg.*) natalem suum..uix unius ~ae adiectione honorari passus est SUET.*Tib*.26.1; (*in painting or sculpture*) cuius supra caput tabella ~ae dependet PLIN.*Nat*.35.27; in uestibulo Capitolii omissas habenas ~ae, cui Victoria institerat TAC.*Hist*.1.86. **b** (nox) quae caua caeli signitenentibus conficis ~is ENN.*scen*.113; Lunae ~as VAR.*Men*.92; Aurora in roseis fulgebat lutea ~is VERG.*A*.7.26; quadriiugis et Phoebus equis et Delia ~is MAN.5.3; LUC.1.78; SEN.*Ag*.818;—(*sg.*) *Her.O*.1520; STAT.*Theb*.1.338.

bīgārius ~(i)ī, *m.* [prec.+-ARIVS] A driver of a two-horsed chariot.
FLORVS EGO HIC IACEO ~IVS INFANS *CIL* 6.10078; MENANDER..~IVS VINCIT LVDIS MART 6.37836.

bīgātus ~a ~um, *a.* [BIGAE+-ATVS²] (of coin) That is stamped with the image of a two-horse chariot.
argenti ~i undeoctoginta milia LIV.33.23.7; 36.40.12;—(*masc. as sb.*) ~os..quingentos quaestorem numerare iubet 23.15.15; PLIN.*Nat*.33.46; pecuniam probant ueterem et diu notam, serratos ~osque TAC.*Ger*.5.5.

bigemmis ~is ~e, *a.* [BI-+GEMMA] Having two buds.
pro custodibus ~es reseces fiunt COL.5.5.11.

bigener ~era ~erum, *a.* [BI-+GENVS] Produced from two different races, hybrid, mongrel.
muli et item hinni ~eri atque insiticii VAR.*R*.2.8.1; PAUL.*Fest*.p.33M.

bignae ~ārum, *f. pl.* [BI-+GIGNO] (See quot.)
~ae geminae dicuntur, quia bis una die natae sunt PAUL. *Fest*.p.33M.

biiugis ~is ~e, *a.* [BI-+IVGIS²] That are yoked in pairs; (of a chariot) drawn by a pair of horses. **b** (masc. pl. as sb.).
quatit..~is oriens Erebois equos nox *Culex* 202; Martis equi ~es VERG.*G*.3.91; ~um..colla..lyncum OV.*Met*. 4.24;—curriculo..~i famosorum equorum SUET.*Cal*.19.2. **b** haesere ~es uulnere SEN.*Phaed*.1101; crastina lux ~es stabulis ostendat apertis V.FL.2.566.

biiugus ~a ~um, *a.* [cf. prec.]

1 That are yoked in pairs; (of a chariot) drawn by a pair of horses. **b** (masc. pl. as sb.). **c** (pros.) ~*i pedes*, a pair of feet.
~os..leones LUCR.2.601; VERG.*A*.10.253; ~is serpentibus V.FL.7.218; ~is..equis MART.1.12.8; murice frenat acuto delphinas ~os STAT.*Ach*.1.222;—~o curru LUCR.5.1299; ~o temone STAT.*Theb*.2.723; SIL.2.82. **b** desiluit Turnus ~is VERG.*A*.10.453; admonuit ~os 10.587. **c** uersus.. tres..praemissi, ~os qui capiant pedes MAUR. 2712.

2 (of a contest) Of or for two-horsed chariots.
praecipites ~o certamine..currus VERG.*A*.5.144.

Bilbilis ~is, f. A town in Hispania Tarraconensis, birthplace of the poet Martial.
nobilitauit loca gloria ferri, sicuti ~im PLIN.*Nat*.34.144; nec me tacebit ~is MART.1.61.12; 10.104.6.

bilbit: (see quot.).
~ factum est a similitudine sonitus, qui fit in uase. Naeuius: '~ amphora', inquit PAUL.*Fest*.p.34M.

bilibris ~is ~e, *a.* [BI-+LIBRA+-IS]

1 That contains two pounds.
~is aula..saepe deciens complebatur PL.*Mil*.853; cornu ..~i caulibus instillat (oleum) HOR.*S*.2.2.61.

2 That weighs two pounds.
~es offae PLIN.*Nat*.18.103; mullum..~em MART.3.45.5; 11.49(50).9; JUV.6.372.

bilinguis ~is ~e, *a.* Also **bilinguus.** [BI-+LINGVA+-IS] FORMS: ~*os* = ~*es* VAR.*Men*. 309 (perh. also ~*i* as nom. pl. in PL.*Ps*.1260).

1 Of or with two tongues.
ubi ad labra labella adiungit, ubi altera alterum ~i manufesto inter se prehendunt PL.*Ps*.1260; (*dub.*) meas lubidines ac tibias ~os VAR.*Men*.309.

2 Speaking two languages, bilingual.
Bruttace ~i ENN.*Ann*.496; LUCIL.1124; Canusini more ~is HOR.*S*.1.10.30; ~es erant paulatim a domestico externo sermone degeneres CURT.7.5.29.

3 Double-tongued, deceitful, treacherous.
tamquam proserpens bestiast ~is et scelestus PL.*Per*.299; *Truc*.781; domum timet ambiguam Tyriosque ~is VERG.*A*. 1.661; crimina per populum populi ferre ore ~i MAN.4.576; homo ~is PHAED.2.4.25; SIL.16.156.

biliōsus ~a ~um, *a.* [next+-OSVS] Full of bile, bilious.
sputum..~um CELS.2.6.9; ~a aluus 2.8.19;—(*masc. pl. as sb.*) (uomitus) utilis..~is omnibus 1.3.17;—(*neut. pl. as sb.*) si in stomachum quaedam ~a concurrunt 2.12.2; LARG. 186.

bīlis ~is, *f.* [cf. OCorn. *bistel*, Breton *bestl*] ORTHOG.: *uile* (= *bile*) *CIL* 6.29736; 9.5478.

1 The fluid secreted by the liver, bile. **b** *atra* (*nigra*) ~*is*, black bile and its supposed consequences of madness or melancholy; also, *splendida* (*uitrea*) ~*is*.
tantum ~is pituitaeque eiciet CATO *Agr*.156.4; ab eo cibo cum est secreta ~is CIC.*N.D*.2.137; *Tusc*.1.56; cui febris ~i superante coorta est LUCR.4.664; dulcia se in ~em uertent HOR.*S*.2.2.75; suffusio luridae ~is (*i.e. jaundice*) SEN.*Ep*. 95.16; PERS.2.14; datur..~e subfusis (*i.e. persons with jaundice*) PLIN.*Nat*.22.49; (*w.* mouere; *cf. sense 2b*) nausia ..me segnis haec..torquebat, quae ~em mouet nec effundit SEN.*Ep*.53.3;—(*pl.*) ~es trahere non percoctam (brassicam) putant PLIN.*Nat*.20.84; LARG.136. **b** delirat uxor. — atra ~i percita est PL.*Am*.727; *Capt*.596; CATO *Agr*. 157.7; VAR.*Men*.146; quasi..atra ~i solum mens..moueatur CIC.*Tusc*.3.11; atrae ~is morbus CELS.2.7.19; ~is nigra curanda est, et ipsa furoris causa remouenda SEN.*Ep*. 94.17; PLIN.*Nat*.31.64; LARG.104;—uocando..hunc aliud iussit quod splendida ~is HOR.*S*.2.3.141; turgescit uitrea ~is PERS.3.8.

2 Anger, ill temper, spleen; also, madness, folly. **b** ~*em mouere* (+dat.), to arouse (a person's) anger.
uidete metuendam inimici et hostis ~em CIC.*Clod.fr*.21; non continui ~em et exclamaui: si cloaca esses, maxima esses SEN.*Con*.3.pr.16; SEN.*Dial*.4.26.3; si quid nostrae tibi ~is inusserit ardor MART.6.64.24; PLIN.*Ep*.4.11.3; rem pateris..mediocri ~e ferendam JUV.13.143; SUET.*Tib*.59.2; (*pl.*) (Venus) infesta et stomachata ~es Veneris APUL. *Met*.5.31;—(*in formulas in epitaphs*) CVM QVEM VIXI..SINE ~E *CIL* 6.18918; 6.29736;—si eiuras hodiernam ~em (*i.e. reciting verses*), una cenabimus PETR.90.6; (*cf.*) in felle nigro insaniae causa homini..hinc et in mores crimen ~is nomine PLIN.*Nat*.11.193. **b** non placet mi cena quae ~em mouet PL.*Bac*.537; si..~em id commouet..latoribus ..legis CIC.*Att*.2.7.2; ut mihi saepe ~em..uestri mouere tumultus! HOR.*Ep*.1.19.20; MART.5.26.3; JUV.15.15.

-bilis ~is ~e, *adjl. suff.* Formed from vbl. bases to denote ability, either directly (*nobilis*) or w. thematic vowel (*amabilis, flebilis, terribilis, patibilis, infinibilis*).

bilix ~īcis, *a.* [BI-+**lic-* (LICIVM); cf. TRILIX] Having two threads, with a double thread.
lancea..rumpit..infixa ~icem loricam VERG.*A*.12.375.

billis: (see quot.).
~ apud Afros appellatur semen humanum humi profusum PAUL.*Fest*.p.33M.

bilustris ~is ~e, *a.* [BI-+LVSTRVM+-IS] That lasts for two lustra (i.e. ten years).
Pergama cum caderent bello superata ~i OV.*Am*.2.12.9.

bilychnis ~is ~e, *a.* [BI-+LYCHNVS+-IS] Having two lights or wicks.
lucerna ~is de camera pendebat PETR.30.3; *CIL* 10.114.

bimammius ~a ~um, *a.* [BI-+MAMMA+-IVS] Having two breasts, double-bosomed.
(*applied to vines*) (uites) cognomine ~ae (*i.e. bearing grapes in pairs resembling breasts*) quando non racemos sed uuas alias gerunt PLIN.*Nat*.14.40.

bimaris ~is ~e, *a.* [BI-+MARE+-IS] That is situated between two seas. **b** of, or connected with, two seas.
(*applied to the city and isthmus of Corinth*) ~is..Corinthi moenia HOR.*Carm*.1.7.2; OV.*Ep*.12.27; ~i..ab Isthmo *Met*. 6.419; una (uia) ~is Sisyphi terras adit SEN.*Oed*.282; ~i quos Isthmia uallo claustra (*sc.* circumeunt) STAT.*Ach*.1. 407. **b** ~em..uadis frangentibus aestum LUC.8.566.

bimarītus ~ī, *m.* [BI-+MARITVS] A husband of two wives, bigamist.
'~um' appellas, ut uerba etiam fingas, non solum crimina CIC.*Planc*.30.

bimāter ~tris, *a.* [BI-+MATER; cf. Gk. διμήτωρ, Skt. *dvimātar-*] Having two mothers, twice-born.
(*of Bacchus*) Bassareu bicornis, Maenalie ~ter BAS.*poet*. 2.3; Hyg..satum..iterum solumque ~trem OV.*Met*. 4.12; HYG.*Fab*.167.3.

bīmātus¹ ~ūs, *m.* [BIMVS+-ATVS¹] The age of two years.
(*of animals*) femina (*sc.* ouis) post ~um maritari debet COL.7.3.6; 7.4.4; ultra ~um non uiuunt (polypi) PLIN.*Nat*. 9.89; 11.73;—(*of human beings*) IANVARIVS IN ~V OBIIT *CIL* 6.19632.

bīmātus² ~a ~um, *a.* [cf. prec.] Two years old.
⟨VI⟩CTOR QVI VIX ANN VNO ET M VIII ET LA⟨V⟩RENTIVS VIMATVS D VIIII *CIL* 6.36545a.

bimembris ~is ~e, *a.* [BI-+MEMBRVM+-IS] Having heterogeneous limbs or members, part man part beast; (masc. pl. as sb.) the Centaurs.
~i hoc monstrum puero..comparo JUV.13.64;—(*of Centaurs*) centauros foedare ~es CORNIF.*poet.*2; tu nubigenas ..~is Hylaeumque Pholumque..mactas VERG.*A.*8.293; (agmen) male confisum..forma..~i OV.*Ep.*9.99; STAT.*Theb.* 1.457; SIL.3.41;—OV.*Ep.*2.71; illic lauere ~es uulnera *Met.* 15.283.

bime(n)stris ~is ~e, *a.* [BI-+**menstr-* (cf. MENSIS)+-IS]
1 Of, or lasting, two months; relating to a period of two months.
arietes..~i tempore ante secernendum VAR.*R.*2.2.13; ad cogitationem consulatus ~is PLANC.*Fam.*10.24.6; (stella Martis) stationalis senis mensibus commoratur in signis, alioqui ~is PLIN.*Nat.*2.60; SUET.*Cl.*14;—~i stipendio frumentoque LIV.9.43.6.
2 Two months old.
cras Genium mero curabis et porco ~i HOR.*Carm.*3.17.15; OV.*Fast.*6.158; nec nisi ~es moueri (catulos leaenae) PLIN. *Nat.*8.45; (*cf.*) est et ~e (triticum)..quod XL die, e quo satum est, maturescit (*i.e. reaped two months after sowing*) 18.70.

bīmulus ~a ~um, *a.* [dim. of next] Two years old.
nec sapit pueri instar ~i CATUL.17.13; SUET.*Cal.*8.5; MATER ET PATER DAPHINO FILIO ~O DONVM DEDIT *CIL* 6.16739; FILIAE IAM GARRVLE ~E NONDVM 14.2482.

bīmus ~a ~um, *a.* [BI-+**himos* (cf. HIEMS); cf. Eng. *twinter*] ORTHOG.: *beimus* (= *bimus*) *CIL* 1.2525.3.
1 Two years old.
(*of animals*) quod a ~a (*sc.* pecude)..fructum ferre incipit (bubulum pecus) VAR.*R.*2.1.13; PETR.47.8; (*transf. ep.*) uitulus ~a curuans iam cornua fronte VERG.*G.*4.299;—(*of persons*) ~um hunc Tiberium Caesarem VELL.2.75.3; ~VS DECESSIT *CIL* 6.5861;—(*of plants*) ubi uitis ~a erit, resicato CATO *Agr.*47; ~a uiuiradix COL.4.31.1;—(*of things*) VALG.*poet.*5; ~i cum patera meri HOR.*Carm.*1.19.15; aedificiis non nisi ~os (lateres) probant PLIN.*Nat.*35.170;—(*neut. sg. as sb.*) ubi ~um erit, ramum tenerum infra praecidito CATO *Agr.*133.3; castrare (uitulos) non oportet ante ~um VAR.*R.*2.5.17.
2 Lasting two years; of or connected with a period of two years. **b** ~*a die*, at the end of a period of two years.
(nix) solet in multis ~a manere locis OV.*Tr.*3.10.16; ~os Gradiuus perficit orbis GERM.fr.2.16;—ut..de hac..sententia ~a (*i.e. that provincial governors should hold their posts for two years*) decedat CIC.*Fam.*3.8.9; una ueterana legio, altera ~a (*i.e. of soldiers with two years' service*) PLANC.*Fam.*10.24.3; pensione pro ~a MART.12.32.3; aestimatio eius ~a dumtaxat facienda sit POMPON.*dig.*33.2.6. **b** annua ~a trima die aureis centenis legatis MAECIAN.*dig.* 35.2.32.3; POMPON.*dig.*13.7.8.3; (*w. ellipsis of* die) ut annua ~a trima quadrima quinto anno dos a se redderetur ALF. *dig.*23.4.19.

bīnī ~ae ~a, *a.* [BIS+-NVS] FORMS: sg. occurs in LUCR.4.451, 5.879; OV.*Pont.*4.9.64.
1 Two to each person, category, etc. **b** (in relation to groups of two persons, things, etc., which recur at periodic intervals, whether specified or implied) two at a time, two (per day, year, etc.).
~ae singulis quae datae nobis ancillae PL.*Poen.*222; ~a iugera..a Romulo..diuisa dicebantur uiritim VAR.*R.*1.10.2; terna aut ~a..uerba dicebant (*i.e. in each clause*) CIC.*de Orat.*3.198; discribebat censores ~os in singulas ciuitates *Ver.*2.133; cum singulas ~ae ac ternae naues circumsteterant CAES.*Gal.*3.15.1; illos ~as aut amplius domos continuare SAL.*Cat.*20.11; VERG.*A.*5.557; ~as (legiones) tres praetores (haberent)..duas C. Terentius LIV.27.36.12; TAC. *Ann.*2.87; ad haec quae obiecistis numera an ~is uerbis respondeam APUL.*Apol.*103;—(*in compound numerals*) militibus..centenos ~os asses..diuisit LIV.10.46.15; munus ..legatis in singulos ~um milium aeris missum est 44.15.8; triceni ~i (dentes) uiris adtribuuntur PLIN.*Nat.*7.71;—(*w. sbs. existing only in the pl. or having a special sense in the pl.*) cum maiores ~is comitiis uoluerint uos de singulis magistratibus iudicare CIC.*Agr.*2.27;—(*w. allusion to Gk.* βινεῖ) cum '~i' (loquimur), obscenum est *Fam.*9.22.3. **b** (*w. time interval specified*) ego hodie compendi feci ~os panis in dies PL.*Per.*471; reliquae sunt uenationes ~ae per dies quinque CIC.*Fam.*7.1.3; ut..Romae consules, sic Karthagine quotannis annui ~i reges creabantur NEP.*Han.*7.4; pocula ~a..quotannis..statuam tibi VERG.*Ecl.*5.67;—(*without specification of time interval*) ex is praediis talenta argenti ~a statim capiebat TER.*Ph.*789; ~is ternisue summum ex manipulis aquandi causa missis LIV.31.42.4; ~os inter se dimicare iussit V.MAX.3.2.ext.7; sat est cyathos ~os ternosue sumere CELS.4.19.3;—(*neut. pl. as sb.*) mihi.. cernere non moto corpore ~a licet OV.*Fast.*1.144.
2 Two (esp. when associated together), a set of two, pair. **b** (in compound numerals, etc.).
boues ~i hic sunt in crumina PL.*Per.*317; stipites..~is pedibus altiores facito CATO *Agr.*19.1; illo 'et' omnis ~os consules colligare possumus VAR.*L.*8.10; ~os (scyphos sigillatos) habebam CIC.*Ver.*5.32; VERG.*A.*1.313; pedibus uincula ~a trahat PROP.4.8.80; (Marius) cuius ~a tropaea in urbe spectantur V.MAX.6.9.14; ~as mihi (*sc.* asello) clitellas impositurum PHAED.1.15.7; ~a ut uiderem funera et geminam necem SEN.*Phaed.*1214;—(*w. sbs. existing only in pl. or having a special meaning in pl.*) ~ae quadrigae VAR.*L.*10.67; ut secundum ~os ludos mihi respondere incipias CIC.*Ver.*34; cum duobus in locis..a ~is hostium copiis bellum..gereretur *Man.*9; ibi mihi tuae litterae ~ae redditae sunt *Att.*5.3.1; Eumeni..munera data, equi duo, ~a equestria arma LIV.35.23.11; si quis ~a spolia ex hostibus tulisset V.MAX.2.7.15; transierant ~ae..trinaeue Kalendae MART.10.75.7;—(*neut. pl. as sb.*) in aliis (uerbis) ~a sunt quae desint VAR.*L.*8.76; findi in ~a secando LUCR. 1.533; QUINT.*Inst.*9.3.81;—(*masc. pl. as sb.*) singuli ~ique uelut cum paribus conserere pugnam cogebantur LIV.28. 2.8; (*cf.*) aediles curules..tritici deciens centena milia ~is aeris (*i.e. 2 asses*) populo discripserunt 33.42.8. **b** ~os ducentos Philippos..ecferam, et militi quos..promisi..et istos PL.*Bac.*1050; ~as centesimas ab sese ablatas ferendum non putant CIC.*Ver.*3.168; biiugos prius est quam bis coniungere ~os (equos) LUCR.5.1300; summum..caelum bis ~a refugit ab imo astra MAN.1.548; luna quater ~os non tota peregerat orbes MART.9.31.3;—(*neut. as sb.*) si bis ~a quot essent didicisset Epicurus CIC.*N.D.*2.49.
3 (of persons or things of which there are only two or of which only two are in question) The two, both.
aeribus ~is quoniam res confit utraque LUCR.4.291; ~i consules cum binis exercitibus LIV.29.26.2; in ~as Arctos (*i.e.* maiorem minoremque) MAN.1.283; ~os..Aethiopas (*i.e. Eastern and Western*) SEN.*Her.F.*38;—(*w. sbs. existing in pl. only or having a special meaning in pl.*) cum P. Vettio.. inter ~a castra conlocutus est CIC.*Phil.*12.27; CAES.*Civ.* 3.37.2; LIV.21.59.2; arma fuere decus uictori ~a SIL.9.410.
4 Double, twofold.
fit uti uideantur omnia quae tuimur fieri tum ~a tuendo LUCR.4.449; ne, quae sunt singula, ~a uide OV.*Ars* 3.764; (*astron., of composite signs of the zodiac*) nunc ~is (signis) insiste MAN.2.159;—(*w. sg. noun*) ~a..per totas aedes geminare supellex LUCR.4.451; duplici natura et corpore ~o (*i.e. hybrid*) ex alienigenis membris compacta 5.879; inque domo ~us (*s.v.l.*) conspicitur honor OV.*Pont.*4.9.64.

binoctium ~(i)ī, *n.* [BI-+NOX+-IVM] A period of two nights.
ut..plus quam ~ium abesset TAC.*Ann.*3.71.

binōminis ~is ~e, *a.* [BI-+NOMEN] Having two names.
PL.fr.inc.uoc.; Ascanii..~is OV.*Met.*14.609; ~is Iri *Ib.* 415; ripa ~is Histri STAT.*Silv.*5.1.89; SIL.1.326; PAUL.*Fest.* p.36M.

bīnus ~a ~um, *a.*: see BINI.

Biōn ~ōnis, *m.* A Greek philosopher of the Cyrenaic school.
facetum illud ~onis CIC.*Tusc.*3.62; SEN.*Ben.*7.7.1; *Dial.* 9.8.3.

Biōnēus ~a ~um, *a.* Characteristic of Bion, i.e. satirical.
~is sermonibus et sale nigro HOR.*Ep.*2.2.60.

bios, *m.* [Gk.] A kind of wine.
PLIN.*Nat.*14.77; 23.53.

bipālium ~(i)ī, *n.* [BI-+PALA+-IVM] An implement for double-digging or trenching.
locus ~io subactus siet CATO *Agr.*45.1; ~io uertenda terra VAR.*R.*1.37.5; COL.3.5.3; simulatque terram ~io repastinaueris, radicem..disponito *Arb.*29.1; PLIN.*Nat.*17. 125.

bipalmis ~is ~e, *a.* [BI-+PALMVS+-IS] Two palms long or broad.
tabulae fictae ut sint ~es VAR.*R.*3.7.4; ~e spiculum LIV. 42.65.9.

bipatens ~ntis, *a.* [BI-+PATENS]
1 Opening in two directions.
ENN.*Ann.*61; considunt tectis ~ntibus VERG.*A.*10.5.]
2 (of gates; w. participial force) Having both leaves open, wide open.
portis alii ~ntibus adsunt VERG.*A.*2.330.

bipedālis ~is ~e, *a.* [BI-+PES+-ALIS] Two feet long, broad, high, etc. **b** (w. sbs. expr. dimension) of two feet.
faciat oportet..clatros..~is x CATO *Agr.*14.2; subiciuntur circiter ~es..furcillae VAR.*R.*1.8.6; CAES.*Gal.*4.17.6; musculum pedes LX longum ex materia ~i *Civ.*2.10.1; struat ~es parietes VITR.2.8.4; TEGL BIPEDAL (*i.e.* tegula bipedalis) DOLIAR DE FIG IVLIAE PROCLES *CIL* 15.651a; (*of the height of human beings*) quod erat ~i minor (adulescens) SUET.*Aug.*43.3. **b** crassitudine ~i VITR.10.25.5; exerenti se terra (dracunculo)..~i fere altitudine PLIN. *Nat.*25.19; (*of the height of human beings*) totus moduli ~is HOR.*S.*2.3.309.

? **bipedālium** ~(i)ī, *n.* [prec.] A distance or depth of two feet.
ut ad..~ium (*s.v.l.*), quae est altitudo duorum pedum, (defodiatur solum) COL.11.2.17.

bipedāneus ~a ~um, *a.* [BI-+PES+-ANEVS] Two feet long, deep, etc., measuring two feet; (w. sb. expr. dimension) of two feet.
si aeque bona suberit ~a humus COL.2.2.21; ~os (scrobes) quoquouersus..effodit *Arb.*4.3; populus alba seritur ~eo pastinato PLIN.*Nat.*17.143;—super altitudinem ~am COL.4.1.1; latitudine..~a 5.5.2.

bipennifer ~era ~erum, *a.* [BIPENNIS+-FER] Bearing a two-edged axe.
~erum..Lycurgum OV.*Met.*4.22; ~er Arcas 8.391; *Tr.* 5.3.39.

bipennis[1] ~is ~e, *a.* Also **bipinnis.** [BI-+PENNA+-IS]
1 Having two wings.
nullum (insectum), cui aculeus in aluo, ~e est PLIN.*Nat.* 11.96; (*fig.*) ciconiae, quarum ~is fulminis plumas uapor perussit VAR.*Men.*272.
2 (of an axe) Having two blades or edges.
ferens ferream umero ~em securem VAR.*Men.*389; ferro sonat alta ~i fraxinus VERG.*A.*11.135.

bipennis[2] ~is, *f.* [prec.] FORMS: *bipinnis* VAR. *Men.*441 (*cj.*). An axe with two blades, a two-edged axe.
ualidam in uitis molire ~em VERG.*G.*4.331; duris..ilex tonsa ~ibus HOR.*Carm.*4.4.57; ipsa ~e suos caedit uiolenta lacertos TIB.1.6.47; OV.*Met.*8.766; uictima..subiecta ~i SIL.16.263; QUINT.*Inst.*1.4.12; formam totius Britanniae.. oblongae scutulae uel ~i adsimulauere TAC.*Ag.*10.3; quod Tyndaris illa ~em..fatuam dextra laeuaque tenebat JUV. 6.657;—(*used in battle*) nunc ualidam dextra rapit indefessa ~em VERG.*A.*11.651; cui lata ~is telum erat OV.*Met.*5.79; armati ~ibus CURT.3.2.5; STAT.*Theb.*8.487.

bipertiō ~īre, *tr.* [back-formation from BIPERTITVS; cf. PARTIO] To divide in two, halve.
COL.11.2.5; XI Kal. Mai. uer ~itur 11.2.36.

bipertītiō ~ōnis, *f.* [prec.+-TIO] A dividing in two, twofold division.
omne genus controuersiarum ex quadam materiali ~one generatur AGEN.*agrim.*p.26.

bipertītō, *adv.* Also **bipartītō.** [next] In two parts or divisions; *esse* ~, to be divided; in two ways.
*Rhet.Her.*1.18; aedificatio..diuisa est ~ VITR.1.3.1;—(*mil.*) ~ classem distributam fuisse CIC.*Flac.*32; *Phil.*10.13; signa ~ intulerunt CAES.*Gal.*1.25.7; equites ~ in eos emissi LIV.40.32.6; (*in fig. phr.*) secta ~ cum mens discurrit utroque OV.*Rem.*443;—ita ~ fuerunt ut Tiberis inter eos.. interesset CIC.*Catil.*3.5;—id fit ~; nam tum causa, tum res ipsa remouetur *Inv.*2.86; hi (*sc.* aequitatis loci) cernuntur ~, et natura et instituto *Top.*90.

bipertītus ~a ~um, *a.* [BI-+PARTITVS] That is divided into two parts, bipartite.
~a diuisione Lucilius suorum..librorum initium fecit VAR.*L.*5.17; *R.*1.5.4; ~a..erit nobis elocutionis praeceptio *Rhet.Her.*4.10; ~a (argumentatio) CIC.*Inv.*1.67; *Top.*76; ~os tradit (Homerus) Aethiopas, ad orientem occasumque uersos PLIN.*Nat.*5.43; QUINT.*Inst.*5.14.5.

bipēs ~pedis, *a.* [BI-+PES; cf. Skr. *dvipat*, Gk. δίπους] Two-footed, biped. **b** (of quadrupeds, w. *ingredior, ambulo*) on two feet.
~pedes uolucres NAEV.*trag.*28; quid..obstat quo minus sit (deus) beatus si non sit ~pes? CIC.*N.D.*1.95; (*of human beings*) terrestrium solus homo ~pes PLIN.*Nat.*11.243;—(*w. disparaging force, esp. as sb.*) hoc ministro omnium non ~pedum solum sed etiam quadrupedum impurissimo CIC. *Dom.*48; ~pedem bliteam beluam LABER.*com.*92; PLIN.*Ep.* 1.5.14; omnium ~pedum nequissimus Chryseros APUL. *Met.*4.10; (*obsc.*) alium ~pedem sibi quaerit asellum JUV. 9.92;—(*of sea horses, whose rear part is piscine*) *Ciris* 395; magnum qui piscibus aequor et iuncto ~pedum curru metitur equorum VERG.*G.*4.389; V.FL.2.508;—(*of a table*) ibat tripes grabatus et ~pes mensa MART.12.32.11. **b** (ursi) ingrediuntur et ~pedes PLIN.*Nat.*8.130; iidem (*sc.* Aegypti mures) ~pedes ambulant 10.186; (*cf.*) tibicinem illum..uelut ursum ~pedem corio exsecto..reliquerunt APUL.*Fl.*3.

bipinnis: see BIPENNIS.

biprōrus ~a ~um, *a.* [BI-+PRORA+-VS] Having two prows.
nauem fecisse ~am in qua Danaus profugeret HYG.*Fab.* 168.2; 277.5.

biprosōpus or ~um. [cf. Gk. διπρόσωπος] A kind of salve or plaster.
C SILVI TETRICI ~VM AD IMPE(TVM) *A.Epig.*32.3b; 33.137d.

birēmis[1] ~is ~e, *a.* [BI-+REMVS+-IS] (app.) Having oars, or rowers, arranged in pairs.
nauis..triginta ~is SIS.*hist.*106; me ~is praesidio scaphae tutum per Aegaeos tumultus aura feret HOR.*Carm.*3.29.62; lembis ~ibus LIV.24.40.2.

birēmis[2] ~is, *f.* [prec.] A ship with a binary arrangement of oars or rowers; (the exact formation has not been determined).
ne haec ~is adscriberetur CIC.*Ver.*5.51; CAES.*Civ.*3.40.2; Phrygias..~is VERG.*A.*1.182; LIV.28.8.7; LUC.8.562; cum se parua Cleopatra ~i..intulit LUC.10.56; PLIN.*Nat.*7.207; ausurae trans alta ignota ~es STAT.*Theb.*6.19; complet quod ~ium quaeque simplici ordine agebantur TAC.*Hist.*5.23; (*applied to a swimmer*) diducet palmas furtiua ~is (*cj.*) MAN.5.425.

bis, *adv.* [For DVIS; cf. Skt. *dvih*; Gk. δίς] FORMS: *duis* cited as old form in CIC.*Orat.*153; sts. combined as one word w. *senus, seni* (V.FL.4.93; STAT.*Theb.*2.307, etc.; SIL.3.67, 8.484).
1 On two occasions, twice.
nolo ~ iterari, sat sic longae fiunt fabulae PL.*Ps.*388; aperito..~ aut ter CATO *Agr.*76.4; CIC.*Div.Caec.*69; ad me ex itinere ~ terue..litteras miserat *Att.*6.1.2; caelum noctu ~ sine rege fuit PROP.2.22.26; barba resecta mihi ~ue semelue fuit OV.*Tr.*4.10.58; ~ Lucio Sulla, semel Cinna uictoribus TAC.*Hist.*3.83; (*prov.*) culpa..illa '~ ad eundem' (*sc.* lapidem offendere) uulgari reprehensa prouerbio est CIC.*Fam.*10.20.2; (*w. ellipsis*) IVENALIS ~ PVNCTVM AD EPIFOR *CIL* 12.5691(7);—(*within a specified period*) (sus)

~ parit in anno VAR.*R*.2.4.14; ~ hoc anno..absolutus est CIC.*Flac*.98; ~ in die saturum fieri *Tusc*.5.100; quod ~ per biduum equestri proelio superauerim? CAES.*Civ*.2.32.12; ouis custos ~ mulget in hora VERG.*Ecl*.3.5; TIB.1.3.31; LIV.44.16.5; (*in a compound numeral*) (exercitum) ~ et uicies..uicisse SEN.*B.Alex*.74.3.

2 (w. numerals) Two times in number or amount, twice: **a** (acting as a multiplier). **b** (in a compound numeral which acts as a multiplier). **c** (w. *tanto, tantum*, etc.).

a (*w. distributive numbers*) ~ quina octogena (milia passuum) LUCIL.107; si ~ bina quot essent didicisset CIC.*N.D*.2.49; ~ tricenis annis LABER.*com*.109; pueri ~ seni VERG.*A*.5.561; PROP.2.9.3; ut ~ dena uiginti non sint PLIN.*Nat*.2.27; ~ septeno uere APUL.*Apol*.9;—(*w. cardinal numbers*) lychnorum lumina ~ sex ENN.*Ann*.323; CIC.*Arat*.226; LUCR.4.408; ~ septem praestanti corpore Nymphae VERG.*A*.1.71; ~ quinque uiri (*the decemvirs*) HOR.*Ep*.2.1.24;—(*w. ordinal numbers*) ~ tertia..aestas OV.*Pont*.4.10.1; PLIN.*Nat*.6.213; quo te ~ decimus ducit ab urbe lapis MART.4.57.4; (*cf.*) ~ sextus honos (*i.e. the consulship and its twelve lictors*) STAT.*Silv*.4.1.9; ~ duplum quinquennium faciam, uiginti annos semel detraham APUL.*Apol*.89. **b** ego in cistophoro in Asia habeo ad sestertium ~ et uiciens CIC.*Att*.11.1.2; TAC.*Hist*.1.20; ~ et tricies centum milia passuum SUET.*Jul*.25. **c** ~ tanto amici sunt inter se quam prius PL.*Am*.943; ~ tantum quam tuus fundus..reddit VAR.*R*.3.2.15; VERG.*A*.6.578; uti..totidem ~ intercolumnia fiant VITR.3.4.3.

3 In twofold degree or manner, doubly.

~ perit amator, ab red atque animo simul PL.*Truc*.47; qui amat quoi odio ipsus est, ~ facere stulte duco TER.*Hec*.343; ~ improbus fuisti, cum et remisisti quod non oportebat, et accepisti quod non licebat CIC.*Ver*.5.59; *Phil*.8.12; quod mihi et Philippo uacationem das, ~ gaudeo *Ep*.fr.5(4).15; hydro imbutas, ~ noxia tela, sagittas SIL.1.322; dum bis rea sit (femina) QUINT.*Decl*.319(p.253,l.9); (*prov.*) inopi beneficium ~ dat, qui dat celeriter PUB.*Sent*.I.6.

4 (dub.) For the second time.

lagona, quae ~ Frontino consule prima fuit MART.10.48.20.

bisaccium ~(i)ī, *n*. [BI-+SACCVS+-IVM] A double bag, a pair of saddle-bags.

asellus erat Corinthius cum ~io positus PETR.31.9.

bisaetus ~a ~um, *a*.: (see quot.).

~a porca dicitur, cuius a ceruice saetae bifariam diuiduntur PAUL.*Fest*.p.33M.

Bīsaltae ~ārum, *m. pl.* Also sg. **~a.** PROS.: 1st syll. short GRAT.523. A people of Macedonia. **b** (sg., of a breed of horses).

VERG.*G*.3.461; Bisaltas..fortissimos uiros LIV.45.30.3; PLIN.*Nat*.4.38; V.FL.6.48. **b** sic et Strymonio facilis tutela ~ae GRAT.523.

Bīsaltis ~idos, *f.* Theophane, daughter of Bisaltes.

aries ~ida fallis OV.*Met*.6.117; HYG.*Fab*.188.

bisellīārius ~(i)ī, *m.* [BISELLIVM+-ARIVS] ORTHOG.: *bisellariorum CIL* 14.4136. One entitled to sit on the BISELLIUM.

CIL 10.1217; 11.1355.

bisellīātus ~ūs, *m.* [next+-ATVS[1]] The right of sitting on the *bisellium*.

HVIC ORDO ET VNIVERSVS POPVLVS..HONOREM ~VS..OBTVLERVNT *CIL* 10.5348.

bisellium ~(i)ī, *n.* [BI-+SELLA+-IVM] A seat for two persons; esp., a seat of honour awarded for municipal services in the provinces.

VAR.*L*.5.128;—HVIC..DECVRIONVM DECRETO..~II HONOR DATVS EST *CIL* 10.1026; LICEAT..EI..~IO PROPRIO INTER AVGVSTALES CONSIDERE 11.3805; (*considered as a privilege*) HVIC ORDO DECVR..OB MERITA EIVS ~IVM DECREVIT 9.3524.

bis(s)extum ~ī, *n.* [BI-+SEXTVS[1]] The two-day period comprising the 24th February and the intercalary day inserted immediately after it in leap years in the Julian calendar.

cum ~um kalendis est, nihil refert, utrum priore an posteriore die quis natus sit, et deinceps sextum kalendas eius natalis dies est: nam id biduum pro uno die habetur CELS.*dig*.50.16.98; ULP.*dig*.4.4.3.3.

bisōn ~ntis, *m.* Also **uisōn.** [Ger.; cf. OHG. *wisant, wisunt*] ORTHOG.: *uison*, etc. MART. *Sp*.22.10, 1.104.8, 9.57.10. A wild ox, bison.

uillosi..~ntes SEN.*Phaed*.64; iubatos ~ntes PLIN.*Nat*.8.38; nec uros aut ~ntes habuerunt Graeci 28.159.

bissēnus: see BIS.

bissextum: see BISEXTVM.

Bistones ~um, *m. pl.* A people of Thrace (the word is often used loosely for the Thracians; and so w. its derivatives).

defecisse putant Getae Hebrum ~es ultimi SEN.*Her.O*.1042; LUC.7.569; stagnum ~um PLIN.4.42; SIL.2.76.

Bistonia ~ae, *f.* The country of the Bistones.

~ae magnum..alumnum (*i.e. Orpheus*) V.FL.3.160.

Bistonis ~idis, *f. adj.* Of the Bistones or Bistonia; (as sb.) a Bistonian woman.

~is ora OV.*Ep*.15.346; ~is ales (*i.e. the swallow*) SEN.*Ag*.763; ~ides ueniunt fortasse maritae STAT.*Theb*.5.142;—saeua uelut gelidis Edonum ~is oris *Ciris* 165; ~idum..crines HOR.*Carm*.2.19.20.

Bistonius ~a ~um, *a.* Bistonian, Thracian.

~as..plagas LUCR.5.31; ~is..rupibus PROP.2.30.36; OV.*Ib*.377; SEN.*Her.O*.1895; ~i..tyranni (*i.e. Diomede*) LUC.2.163; ~as..aues (*i.e. cranes*) LUC.3.200; STAT.*Silv*.1.1.19; ~us uates (*i.e. Orpheus*) SIL.11.473.

bisulcis ~is ~e, *a.* **~us** ~a ~um. [BI-+SVLCVS+-IS(-VS)]

1 That is divided into two parts, cloven, forked.

α ~i lingua quasi proserpens bestia PL.*Poen*.1034; PAC.*trag*.229. **β** ponam ~am et crebrinodam arundinem VAR.*Men*.578; pedibus..~is LUCR.2.356; linguam..~am OV.*Met*.9.65; surculi sint ~i COL.*Arb*.26.2; ~a ungula PLIN.*Nat*.8.72; cauda..~a 9.85; cornua..~a 11.97.

2 (neut. as sb.) An animal with cloven feet.

β contra naturam solidipedum aut ~orum PLIN.*Nat*.10.184; 10.199; unicorne et ~um oryx 11.255.

bisyllabus ~a ~um, *a.* [BI-+SYLLABA+-VS] Disyllabic.

VAR.*L*.9.91.

Bīthȳnia ~ae, *f.* A district, later a Roman province, on the north-west coast of Asia Minor.

VAR.*Men*.197; CIC.*Ver*.5.27; CATUL.10.7; SAL.*Hist*.3.70; praetorum ~ae TAC.*Ann*.1.74.

Bīthȳnicus ~a ~um, *a.* Of or connected with Bithynia, Bithynian. **b** (as an agnomen).

huic ~ae societati CIC.*Fam*.13.9.2; PLIN.*Ep.Tra*.10.114.1; JUV.15.1. **b** CIC.*Brut*.240; *Fam*.16.23.1.

Bīthȳnis ~idis, *f.* A Bithynian woman.

Inachus in Melie ~ide pallidus isse dicitur OV.*Am*.3.6.25.

Bīthȳnius ~(i)ī, *m.* A Bithynian.

COL.1.1.10;—(*pl.*) SAL.*Hist*.4.74; NEP.*Han*.11.4.

Bīthȳnus[1] ~a ~um, *a.* Also **~os.** PROS.: 1st syll. short JUV.7.15. Bithynian.

Bithunos (*cj. orthog.*)..campos CATUL.31.5; ~a..carina HOR.*Carm*.1.35.7; ~a negotia HOR.*Ep*.1.6.33; (caseus) ~us PLIN.*Nat*.11.241; donec ~o libeat uigilare tyranno JUV.10.162; (*masc. as sb.*) Diophanes ~os scribit VAR.*R*.1.9.7; PLIN.*Nat*.33.137;—(*pl.*) ~orum regi LIV.33.30.4; TAC.*An*.12.22.

Bīthȳnus[2] ~ī, *m.* The eponymous king of Bithynia.

prius Bebrycia dicta..mox a ~o rege Bithynia nuncupata SAL.*Hist*.3.70.

bitiensēs: (see quot.).

~ dicuntur, qui peregrinantur assidue PAUL.*Fest*.p.35M.

bītō ~ere, *intr.* Also **baetō, bētō.** [dub.] To go.

licetne, opsecro, bitere (*cj.*) an non licet? PL.*Ps*.254; si ire conor, prohibet baetere PAC.*trag*.227;—(*w. place whither expr.*) si illa ad me bitet PL.*Cur*.141; ad portum ne bitas *Mer*.465; in pugnam baetite (*cj.*) PAC.*trag*.255; puls in buccam betet (*cj.*) POMPON.*com*.150; mulierem foras baetere iussit VAR.*Men*.553;—(*w. place whence expr.*) domo si bitant (*cj.*) dum huc transbitat PL.*Mil*.997.

bitūmen ~inis, *n.* [cf. Skr. *jdtu*, 'gum'; AS. *cwidu, cudu*, 'mastic'] A generic name for various hydrocarbon mixtures such as pitch and asphalt; *liquidum ~en*, petroleum.

sumito ~inis tertiarium in sulpuris quartarium CATO *Agr*.95.1; LUCR.6.807; spumas miscent argenti..nigrumque ~en VERG.*G*.3.451; HOR.*Epod*.5.82; fumante ~ine OV.*Met*.14.792; SEN.*Nat*.3.15.3; PLIN.*Nat*.16.75; grauem..pingui..~ine..lampada V.FL.3.124; TAC.*Hist*.5.6;—(*pl.*) medicata ~ina uino GRAT.415; CALP.*Ecl*.5.79; PLIN.*Nat*.7.65;—Babylone lacus amplissima magnitudine..habet supranatans liquidum ~en VITR.8.3.8; PLIN.*Nat*.35.178; LARG.52.

bitūminātus ~a ~um, *a.* [prec.+-ATVS[2]] That is tinctured with bitumen.

(aqua) ~a PLIN.*Nat*.31.59.

bitūmineus ~a ~um, *a.* [BITVMEN+-EVS] Of or connected with bitumen.

siue ~ae rapiunt incendia uires OV.*Met*.15.350.

bitūminōsus ~a ~um, *a.* [BITVMEN+-OSVS] That abounds in bitumen, bituminous.

in..locum..~um VITR.8.2.8; (fontes) ~i 8.3.4; 8.3.9.

Biturīcus ~a ~um, *a.* Of or connected with the Bituriges; also, of the Biturican vine.

~a (uitis) COL.3.2.19; 3.7.1;—siue est ille (*sc.* gustus) ~us seu Basilicus seu Spionicus 3.21.10.

Biturīgēs ~gum, *m. pl.* Also sg. **~x.** A people of Aquitania.

CAES.*Gal*.1.18.6; LIV.5.34.1; PLIN.*Nat*.19.8; FLOR.*Epit*.1.45(3.10.20);—(*w.* Viuisci, Cubi) ~ges liberi cognomine Viuisci PLIN.*Nat*.4.108; 4.109;—(*sg.*) BLAESIANVS ~X MVSARVM SEMPER AMATOR *CIL* 13.1393; (*collect.*) gaudet..amoto Santonus hoste et ~x LUC.1.423.

Biturīgiācus ~a ~um, *a.* Of, or connected with, the Bituriges.

~a (uitis) PLIN.*Nat*.14.27.

Biturix: see BITURIGES.

biuertex ~icis, *a.* [BI-+VERTEX] Having two peaks, twin-peaked.

Delius..summa..~icis umbra Parnasi residens STAT.*Theb*.1.628.

biuiae ~iārum, *f. pl.* [BIVIVS] Goddesses worshipped at cross-roads.

~IS TRIVIS QVADRVVIS *CIL* 13.5069; 13.6429a; *A.Epig*.99.106.

biuira ~ae, *f.* [BI-+VIR] A woman who has or has had two husbands.

ad ~am uenio VAR.*Men*.239.

biuium ~(i)ī, *n.* [next]

1 A place where two ways meet. **b** *~ium portae* (*portarum*), a gateway.

cum ad ~ia consisteres LIV.38.45.9; populus Romanus..medius..inter Latium atque Tuscos quasi in quodam ~io conlocatus FLOR.*Epit*.1.3(1.9.7); (*cf.*) huc conuenit utrumque ~ium eorum qui ex Syria Palmyram petiere et eorum qui a Gaza uenerunt PLIN.*Nat*.6.144; (*fig.*) adsume nouas..flammas, ut tuus in ~io distineatur amor OV.*Rem*.486. **b** qui (*sc.* locus) patet in ~io portae VERG.*A*.9.238; illa nouos ibat populata penatis portarum in ~io STAT.*Theb*.1.609.

2 A pair of alternative methods or procedures.

in uerborum declinationibus est ~ium VAR.*L*.10.44; ~ium nobis..ad culturam dedit natura, experientiam et imitationem *R*.1.18.7; 1.55.4.

biuius ~a ~um, *a.* That is traversable both ways.

ut ~as armato obsidam milite fauces VERG.*A*.11.516.

biūrus ~ī, *m.* [perh. BI-+Gk. οὐρά] (See quot.)

M. Cicero tradit animalia ~os uocari, qui uites in Campania erodant PLIN.*Nat*.30.146.

blachnon ~ī, *n.* [Gk. βλάχνον, βλῆχνον] Male fern.

PLIN.*Nat*.27.78.

blaesus ~a ~um, *a.* [Gk. βλαισός]

1 Mispronouncing one's words through a speech defect, drunkenness, etc., stammering.

quid, cum..~a..fit iusso lingua coacta sono? OV.*Ars* 3.294; *Priap*.7.2; et nomen ~o garriat ore meum MART.5.34.8; septem post calices Opimiani denso cum iaceam triente ~us 9.87.2; (*of a parrot*) reddebas ~o tam bene uerba sono OV.*Am*.2.6.24;—(*masc. as sb.*) adde quod et facilis uictoria de madidis et ~is JUV.15.48; an balbus et ~us..isquequi tardius loquitur..sanus sit ULP.*dig*.21.1.10.5.

2 (as a cognomen).

Act.Triumph.20(*CIL* 1.p.47); LIV.22.31.5; STAT.*Silv*.2.1.191; (*pl.*) duo ~i uoluntario exitu cecidere TAC.*Ann*.6.40.

blandē, *adv.* *compar.* ~ius, *superl.* ~issimē. [BLANDVS+-E] In a coaxing or winning manner, charmingly, persuasively, seductively.

~e et docte percontat NAEV.*poet*.23(24).1; quam ~e mulieri palpabitur PL.*Am*.507; TER.*Ad*.878; CAEL.*orat*.15; rogare coepit ~e et concinne CIC.*Q.Rosc*.49; appellat hilari uoltu hominem Bulbus ut ~issime (*s.v.l.*) potest *Clu*.72; *Att*.16.2.2; *Off*.2.48; quid si..~ius Orpheo..moderere..fidem..? HOR.*Carm*.1.24.13; excepti hospitio ab Tullo ~e ac benigne LIV.1.22.5; prius..femina quam iuueni ~e temptata repugnet OV.*Ars* 1.273; (est) contentio, quis ~issime fallat SEN.*Ben*.6.30.5; rescribe modo ~ius dominae PETR.129.11; STAT.*Ach*.1.21; PLIN.*Ep*.5.4.4; te..~e lectulo collocauit APUL.*Met*.2.6; (*poet.*) fructus..feros mansuescere terra cernebant indulgendo ~eque colendo LUCR.5.1369;—(*of animals*) agni ludunt ~eque coruscant 2.320; catulos ~e cum lingua lambere temptant (canes) 5.1067; caudam..~e mouet (leo) GEL.5.14.12;—(*of things*) nec uino infirmum animum committamus..nec ullis rebus ~e trahentibus SEN.*Ep*.116.5; nullis cortex iucundior aut oculos excipiens ~ius PLIN.*Nat*.16.124.

blandicella ~ōrum, *n. pl.* [dim. of BLANDVS] Flattering words.

PL.*fr.inc.voc.*; PAUL.*Fest*.p.35M.

blandiculē, *adv.* [BLANDVS+-CVLVS+-E] Charmingly.

mulier..~ respondit APUL.*Met*.10.27.

blandidicus ~a ~um, *a.* [BLANDVS+-DICVS] Using fair or flattering words, smooth-spoken.

nunc mihi ~us es PL.*Poen*.138.

blandiloquens ~ntis, *a.* [BLANDVS+pple. of LOQVOR] (of speech) Charming, persuasive.

~ns oratio LABER.*com*.106.

blandiloquentia ~ae, *f.* [prec.+-IA] Charming or persuasive speech.

ut ego illi supplicarem tanta ~a ENN.*scen*.267.

blandiloquentulus ~a ~um, *a.* [BLANDILOQVENS+-VLVS] Charming or persuasive in speech.

subdole blanditur, ab re consulit, ~us PL.*Trin*.238.

blandiloquus ~a ~um, *a.* [BLANDVS+LOQVOR+-VS] Charming or persuasive in speech.

ut ~ast! Pl.*Bac.*1174; (*of the voice*) quid uoce ~a mala consilia dictas? Sen.*Ag.*289.

blandīmentum ~ī, *n.* [next+-mentvm]

1 (usu. in pl.) Coaxing or wheedling behaviour, cajolery, blandishment. **b** (pl.) sops, inducement; favours.

pessum dedisti me ~is tuis Pl.*Rud.*507; nec eam minis ~isue corrupta deseret Cic.*Tusc.*5.87; ~a precesque uerbaque iactanti mitissima Ov.*Met.*2.815; V.Max.5.4.3; muliebribus ~is infectae..epistulae Tac.*Hist.*1.74; puellae meretricis ~is..captus Apul.*Apol.*98; (*w.* aduersum) ~is aduersum plebem, fraude in ducem Tac.*Ann.*12.55; (*of an animal*) inter illa tam atrocis ferae (*sc.* leonis) ~a Gel. 5.14.13;—(*sg.*) ibi ~um subleuauit metum: comiter excepta superque ipsum conlocata Tac.*Ann.*14.4; (*w.* in+*acc.*) miserrimus senex diuitiis tuis etiam ~um in stipem (*i.e. the possibility of getting alms by cajolery*) perdidit Sen.*Con.*1.1.1; (*quasi-poet., of dealing w. plants*) hoc ~o impetratis radicibus inter poma ipsa et cacumina Plin.*Nat.*17.98. **b** multa ..~ a plebi per id tempus ab senatu data Liv.2.9.6;—quibus in dextra parte gemini (dentes)..fortunae ~a pollicentur Plin.*Nat.*7.71.

2 (in pl.) An allurement, pleasure, charm, delight. **b** anything which gives pleasure or relief; (spec.) appetizing condiments.

multa..nobis ~a natura ipsa genuit Cic.*Cael.*41; omnia ~a uoluptatis *Rep.*1.1; ~a uagae fugies nouitatis Grat.114; siqua extra ~a contingunt, non augent summum bonum Sen.*Ep.*66.46; abruptis uitae ~is Tac.*Hist.*2.53; auditorum intentio..nullis..~is capta Plin.*Ep.*2.19.4. **b** debita fetae (cani) ~a feres curaque sequere merentem Grat.302; quis..ignorat..tubas concitamenta esse, sicut quosdam cantus ~a, quibus mens resoluatur? Sen.*Dial.*5.9.2; Plin. *Nat.*26.14;—accedit huc, quod aliqua inueniemus ~a, quibus saporem mutemus Petr.141.8; sine apparatu, sine ~is expellunt famem Tac.*Ger.*23.1.

blandior ~īrī ~ītus, *intr.* Also **~iō.** [blandvs+-io²] Forms: *~irem* Apul.*Apol.*87.

1 To behave or speak ingratiatingly (to), use blandishments (towards), flatter. **b** (w. *ut*+subj., etc.) to coax, urge with or persuade by blandishments. **c** (in mainly physical, esp. med., contexts) to soothe.

meretrix tantisper ~itur, dum illud quod rapiat uidet Pl.*Men.*193; qui..litigare se simulans ~iatur Cic.*Amic.*99; cessit..tibi ~ienti ianitor aulae, Cerberus Hor.*Carm.* 3.11.15; ~iendo..ac minando Liv.32.40.11;—(*w. dat.*) bellus ~itur tibi Pl.*Men.*626; cur matri praeterea ~itur..? Cic.*Flac.*92; nisi..auribus nostris bibliopolae ~iuntur Plin.*Ep.*1.2.6; Apul.*Met.*5.31; (*quasi-poet.*) mulsa aqua circumfusa hoc ueluti placamento terrae ~iuntur Plin.*Nat.* 21.42; (*in sculpture*) matri interfectae infante miserabiliter ~iente 34.88;—(*w.* in+*acc.*) seu ferat officium nutus ~itus in omnis Man.3.149;—(*w. advl. acc.*) pauidum ~ita..dixit Ov.*Met.*9.569;—(*masc. of pres. pple. as sb.*) aduersus ~ientis incorruptus Tac.*Hist.*1.35;—(*of doves; w.* inter se) est..ars illis (*sc.* columbis) inter se ~iri et corrumpere alias Plin.*Nat.*10.109. **b** pueriliter ~ientem patri Hamilcari ut duceretur in Hispaniam Liv.21.1.4; ~itus est ipse (*sc.* liber tuus) ut procederem longius Sen.*Ep.*46.1;—(*w. subj. alone*) dia uoluptas..res per Veneris ~itur saecla propagent Lucr.2.173. **c** (*absol.*) nisi eum (equum) ~iente tactu permulseris Sen.*Cl.*1.16.4; circumligantur et hydropicis (spongeae) siccae..utcumque ~iri opus est operireue aut siccare cutem Plin.*Nat.*31.128; (*cf.*) imponendo..lenia medicamenta, quae quasi ~iantur Cels.5.28.2.d.

2 (w. refl. pron.) To flatter, delude (oneself).

~ior mihi adhuc Quint.*Decl.*330(p.297,l.15); factum meum, nisi forte ~ior mihi, antiquom notabili honore signauit Plin.*Ep.*5.1.11; Ulp.*dig.*26.7.3.2;—(*w. abl.*) ne forte inepta spe tibi ~iaris Sen.*Dial.*9.14.4; Mart.11.32.7; —(*w.* de) nihil sibi de generis svi nobilitate ~itvs *CIL* 14.173; (*cf.*) cur ego non uotis ~iar ipse meis? Ov.*Am.* 2.11.54.

3 (of dogs, etc.) To fawn (upon).

(*w. dat.*) cauda teneris ~itur (lupa) alumnis Ov.*Fast.*2.417; (canis) ~itur mensis Grat.398; Hyg.*Fab.*126.1.

4 To be encouraging (towards), smile (upon), favour.

(*w. dat.*) quaedam..partibus ~iuntur, sed in summam non consentiunt Quint.*Inst.*4.2.90; ~iebatur coeptis fortuna Tac.*Hist.*2.12;—(*absol.*) ~iente profectu Suet.*Nero* 20.1.

5 (w. dat.) To represent too favourably, exaggerate.

si qui forte me adquisitionum mensuris ~iri putant Fron. *Aq.*72.

6 (of things) To allure, attract, please, charm.

se ~ienti otio abduxerat Sen.*Con.*1.pr.14; hamis ~ientibus conuellebat praedam (*i.e.* pisces) Petr.109.6; Plin. *Nat.*9.35; si aliqua sententia ~iatur Quint.*Inst.*4.1.53; ~iente inertia septimum quoque annum ignauiae datum Tac.*Hist.*5.4;—(*w. dat.*) quam suauiter uoluptas sensibus nostris ~iatur Cic.*Luc.*139; nullae sic tibi ~ientur undae Mart.6.42.3;—(*w. instr. abl.*) opportuna sua ~itur populus umbra Ov.*Met.*10.555; Plin.*Nat.*31.27.

7 (tr., app.) To produce by coaxing.

leuior calamitas cui blanditur aliquid de uoluptate laetitia [Quint.]*Decl.*14.4.

blanditer, *adv.* [blandvs+-ter²] = blande.

compellando ~ Pl.*As.*222; *Ps.*1290; cum ea..~..conloqui Titin.*com.*57.

blanditia ~ae, *f.* Also **blanditiēs** ~ēī. [blandvs+-ia (-ies)]

1 (esp. in pl.) Ingratiating behaviour or speech, blandishment(s), flattery. **b** (applied to the behaviour of animals). **c** (pl., personified).

uiscus merus uostrast ~a Pl.*Bac.*50; ut ~is suis..suam uoluptatem expleat Ter.*Hec.*68; pugnare dolose, ~a certare Lucil.1233; ut se ~is et adsentationibus in Asuui consuetudinem penitus immersit Cic.*Clu.*36; facilis est illa occursatio et ~a popularis *Planc.*29; *Off.*3.74; pueri.. parentum ~is facile ingenium fregere superbum Lucr. 5.1018; nec amare decebit, dicere nec cano ~as capite Tib. 1.1.72; arguta referens carmina ~a Prop.1.16.16; Liv. 29.23.7; ~as fac legat usque tuas Ov.*Ars* 1.480; Quint.*Inst.* 8.3.65; lasciua oscula et praenuntias flagitii ~as Tac.*Ann.* 14.2. β sine ~e nihil agit in amore inermus Caecil.*com.* 66; *CIL* 6.11005; 6.11511; (*w.* sermonis) talis sermonis ~e cauillatum deducebat..puerum Apul.*Met.*9.28. **b** columbae, quarum ~as uerbaque murmur habet Ov.*Ars* 2.466; omnium (elephantorum) amoris fuere argumenta gaudium a conspectu ~aeque inconditae Plin.*Nat.*8.14. **c** ~ae comites tibi (*sc.* Cupidini) erunt Ov. *Am.*1.2.35; Mart.10.72.1.

2 (of things) Charm, allurement.

quoius (*sc.* uoluptatis) ~is corrupti Cic.*Leg.*1.47; *Fin.*3.1; uelut attrita cotidiano actu forensi ingenia..rerum talium ~a reparantur Quint.*Inst.*10.1.27;—(*poet.*) ~aeque fluant per mea colla rosae Prop.4.6.72.

blandō, *adv.* [blandvs+-o²] = blande.

quam ~ ille seposuit miserum suum! [Quint.]*Decl.*1.15.

blandulus ~a ~um, *a.* [next+-vlvs] Charming, pleasant.

animula uagula ~a Hadr.*poet.*3.1;—(*of speech*) voce dicite ~a ⟨pria⟩po salve sancte pater priape rervm *CIL* 14.3565.

blandus ~a ~um, *a.* *compar.* ~ior, *superl.* ~issimus. [dub.]

1 Influencing others by coaxing, flattery, etc., charming, ingratiating, attractive, seductive. **b** (transf. ep., of parts of the body, etc.).

experiemur nostrum uter sit ~ior Pl.*Cas.*274; ut unus hominum homo te uiuat numquam quisquam ~ior Ter.*Hec.* 861; cursare iste homo potens cum filio ~o et gratioso circum tribus Cic.*Ver.*25; affabilis, ~us, temporibus callidissime seruiens Nep.*Alc.*1.3; ut pueris olim dant crustula ~i doctores Hor.*S.*1.1.25; Prop.2.3.16; meretrix ~a Ov.*Am.* 1.15.18; quo se ~iorem in administratione rei publicae gereret V.Max.2.9.6; Marcum ~issimum puerum, ad cuius conspectum nulla potest durare tristitia Sen.*Dial.*12.18.4; Juv.6.125;—(*poet.*) non Anthedonii tegit hospitis inguina pontus ~ior Stat.*Theb.*9.328; *Silv.*4.4.76;—(*in fig. phr.*) ~am hortatricem adiugat uoluptatem Pac.*trag.*195; Cic. *Sest.*21; uoluptates, ~issumae dominae *Off.*2.37;—(*w. dat.*) nemini credo qui large ~ust diues pauperi Pl.*Aul.*196; Liv.34.2.10; si nec ~a satis nec erit tibi comis amanti Ov. *Ars* 2.177; Quint.*Inst.*6.pr.8;—(*w. abl.*) caelestis implorat aquas docta prece ~us Hor.*Ep.*2.1.135; Stat.*Theb.*11.103; —(*w. acc. of resp.*) ~a genas uocemque uenit 9.155;—(*w. gen. of resp.*) ~usque precum compellit Vlixes *Ach.*1.911; —(*w. inf.*) (Orphea) ~um..fidibus canoris ducere quercus Hor.*Carm.*1.12.11; Stat.*Theb.*5.456;—(*w.* ad, *and w. inf.*) ~us ad illam, nate, magis, solam nosse atque audire uocantem 6.161;—(*neut. sg. as adv.*) delectata illa risit tam ~um, ut uideretur mihi plenum os..luna proferre Petr. 127.1. **b** collo ~i dentis habere notam Ov.*Am.*1.7.42 quid mea colla tenes ~is, ignare, lacertis? *Met.*2.100; ~os..Iouis quae luserat ignes V.Fl.5.110; ~is..labellis Mart.7.95.8; Stat.*Ach.*1.767.

2 (special developments of prec. sense): **a** (of words, prayers, etc.) winning, ingratiating, persuasive; (of a sacrifice) propitiatory. **b** (of actions, emotions, etc.) insidious, alluring, seductive.

a quamquam..~a uoce uocabam Enn.*Ann.*50; an tu tibi uerba ~a esse aurum rere? Pl.*As.*525; ne ~a aut supplici oratione..fallamur Cic.*Phil.*7.26; ille mihi litteras ~as mittit *Att.*7.3.11; almae nutricis ~a..loquela Lucr. 5.230; ~is gaudere magistri laudibus Verg.*G.*3.185; Hor. *Carm.*4.1.8; ~as..querellas [Tib.]3.4.75; ~os audire susurros Prop.1.11.13; Ov.*Fast.*3.221; ~a inter carmina Stat. *Theb.*8.58; uoces populi ~ae Tac.*Hist.*3.67; Juv.9.36;—(*w.* auribus) Plin.*Ep.*2.19.8;—pro delictis hostia ~a fuit Ov.*Fast.*5.300. **b** omnibus incutiens ~um per pectora amorem Lucr.1.19; cum ~is dicitur hora dolis Prop. 3.23.18; nec tenet incertas alea ~a manus Ov.*Pont.*1.5.46; ~um..malum luxuria V.Max.9.1; Sen.*Ep.*118.8; Luc. 5.732; ~o male proditus fritillo Mart.5.84.3; Stat.*Theb.* 11.655; ~o..ueneno desidiae Sil.3.580.

3 Flattering deceptively, insincere.

scis me minime esse ~um; itaque minus aliquanto dico quam sentio Cic.*Att.*12.5c.(5.4); *Amic.*95; uenit ad me pro amico ~us inimicus Sen.*Ep.*45.7;—(*w.* aduersus, inter nos) Cic.*Att.*12.3.1;—(*of hope*) exacti si spes non ~a laboris Stat.*Theb.*12.246.

4 (of animals) Fawning, gentle, tame, affectionate.

catulorum ~a propago Lucr.4.998; canibus ~is Verg.*G.* 3.496; ~a columba Ov.*Am.*2.6.56; Mart.8.32.2; Sil.13.121; lapis ecce foratvs..hortatvr cvrrere ~as intvs apes *CIL* 8.212;—(*transf. ep.*) ~as mouere per aëra caudas Ov. *Met.*14.258; ora dammis ~a praebebunt lupi Sen.*Phaed.* 572.

5 (of the eyes) Gentle, soft; (of the face) calm, tranquil; (also, applied to colour). **b** (of an action or attitude) calm, gentle.

contuitu quoque multiformes, truces, torui..summissi, ~i (oculi) Plin.*Nat.*11.145; ~i..seuero igne oculi Stat. *Silv.*2.6.41;—terga pater ~oque uidet Concordia uultu 1.1.31;—lunae ~us (color), soli..ardens Plin.*Nat.*2.79; 33.91. **b** illa semper asperam abdicantis actionem habet ..haec ex parte ~am et suadenti similem Quint.*Inst.*7.4.27; ii, qui ~iore consilio agere res possint Apul.*Pl.*2.28.

6 Agreeable to the senses or feelings, pleasant, sweet, soft. **b** (spec. of soothing medicines, sleep, etc.).

amaracini ~um stactaeque liquorem Lucr.2.847; ipsa tibi ~os fundent cunabula flores Verg.*Ecl.*4.23; otium consuetudine in dies ~ius Liv.23.18.12; tum ~i soles Ov. *Fast.*1.157; haec qui apud se uersat, in magno gaudio est, sed parum ~o Sen.*Ep.*23.4; arbores..~ioribus fruge sucis hominem mitigauere Plin.*Nat.*12.4; gemmis lux maior inest et ~ius aurum Stat.*Ach.*1.298; Sil.2.223; nec milites eos..sed ~iore nomine commilitones appellabat Suet. *Jul.*67.2;—(*w. dat.*) omni praesenti statu spem cuique nouandi res suas ~iorem esse Liv.35.17.9; Plin.*Nat.*9.32; —(*neut. as sb.*) hominem..consuetudine pro rectis ~a audiendi..perductum Sen.*Ben.*6.30.3; quia dulcis amor regni ~umque potestas Stat.*Theb.*2.399; (*of style*) quo austeris illis seuerisque dulcia haec ~aque uel iusta possessione decedant Plin.*Ep.*3.18.10. **b** usus..in medicina ..~us Plin.*Nat.*35.32; noctiuagi uis ~a dei Stat.*Theb.* 10.158; ~o..mersa ueneno Actias *Silv.*3.2.119.

blapsigonia ~ae, *f.* [Gk.] A disease which prevents bees from breeding (perh. 'foul brood').

sunt et operis morbi..~an (uocant), si fetum non peragant Plin.*Nat.*11.64.

blatea: (see quot).

balatrones et ~as bullas luti ex itineribus..appellabant Paul.*Fest.*p.34M.

blaterō¹ ~āre ~āuī ~ātum, *tr., intr.* Also **blatt-.** [onomat.; cf. blatio]

1 **a** (tr.) To utter in a prating or babbling way. **b** (intr.) to prate, babble.

a ne quid inprudentius ~es Afran.*com.*195; de hominibus ..stulta et inmodica ~antibus Gel.1.15.17; his et his similibus ~atis Apul.*Met.*4.24; *Fl.*9; *Apol.*34;—(*w. dependent cl.; self-depreciatory*) ⌊nunc singula quam possideant in ore sedem..uersu ~abo Sotadeo Maur.110. **b** cum magno ~as clamore Hor.*S.*2.7.35; Apul.*Met.*10.9.

2 (applied to the sounds made by certain animals).

(*of rams*) arietum (est) ~are Suet.fr.161(p.249Re);—(*of camels*) et camelos, cum uoces edunt, ~are dicimus Paul. *Fest.*p.34M.

blaterō² ~ōnis, *m.* [prec.+-o¹] A prater, babbler.

ueteres quoque nostri hoc genus homines in uerba proiectos..'~ones'..dixerunt Gel.1.15.20.

blatiō ~īre, *tr., intr.* [onomat.; cf. blatero¹] **a** (tr.) To utter in a prating or babbling way. **b** (intr.) to prate, babble.

a ita nugas ~is Pl.*Am.*626; *Cur.*452; quippe tu mi aliquid..~is *Epid.*334. **b** cum..nimis odiose ~iret (*cj.*) Gel.4.1.4.

blatta ~ae, *f.* [unkn.] A name applied to various insects, e.g. cockroach, clothes-moth, book-worm.

amore cecidi tamquam ~a in peluim Laber.*com.*94; lucifugis congesta cubilia ~is Verg.*G.*4.243; stragula uestis, ~arum ac tinearum epulae Hor.*S.*2.3.119; Col.9.7.5; Plin.*Nat.*11.99; Mart.13.1.2; selectos nisi das mihi libellos admittam tineas trucesque ~as 14.37.2.

blattārius ~a ~um, *a.* [blatta+-arivs]

1 Connected with, or suitable for, moths.

~a uocant balnea siqua non ita aptata sunt ut totius diei solem fenestris amplissimis recipiant Sen.*Ep.*86.8.

2 (fem. as sb.) A species of *Verbascum*, perh. moth mullein.

est similis uerbasco herba..haec abiecta blattas in se contrahit ideoque Romae ~a uocatur Plin.*Nat.*25.108.

blatterō: see blatero.

blēchōn ~ōnis, *f.* [Gk. βλήχων] A name for wild pennyroyal.

(puleium) gustatum a pecore..balatum concitat, unde quidam Graeci..~onem uocauerunt Plin.*Nat.*20.156.

Blemyes, *m. pl.* Also **Blem(m)yī** or **~ae.** An Ethiopian people.

semiferi Aegipanes et ~es Mela 1.23. β ~is capita absunt, uultus in pectore est Mela 1.48; Plin.*Nat.*5.46.

?blendium ~(i)ī, *n.* or **blendius** ~(i)ī, *m.* [cf. Gk. βλέννος] A small sea-fish, blenny.

~iorum cinis Plin.*Nat.*32.102.

blennus ~a ~um, *a.* **plen-.** [Gk. βλεννός] Drivelling.

stulti, stolidi, fatui, fungi, bardi, ~i, buccones Pl.*Bac.* 1088. β deblaterant, ~us bonus rusticus concinit una Lucil.1063.

blepharon, *n.* [Gk. βλέφαρον] *chariton blepharon*: see charis.

bliteus ~a ~um, *a.* [next+-evs] Tasteless, worthless. **b** (neut. sg. as sb.) tasteless or worthless stuff, trash.

~a et luteast meretrix nisi quae sapit in uino ad rem suam Pl.*Truc.*854; bipedem ~am beluam Laber.*com.*92. **b** nil moror barbarico ~o Pl.*Cas.*748.

blitum ~ī, *n.* [Gk. βλίτον] A kind of spinach, blite, *Amaranthus blitum.*
PL.*Ps.*815; VAR.*Men.*163; ~um iners uidetur ac sine sapore aut acrimonia ulla PLIN.*Nat.*20.252; PAUL.*Fest.* p.34M.

Blossius ~(i)ī, *m.* The name of a leading Capuan gens.
~ios mihi uidebar illos uidere CIC.*Agr.*2.93; CIC.*Amic.*37.

boa ~ae, *f.* Also **boua.** [dub.]
1 A large kind of snake.
PLIN.*Nat.*8.37; ~ae..fel praedicatur ad albugines 29.122; ~ua serpens est aquatilis, quem Graeci ὕδρον uocant PAUL.*Fest.*p.30M.
2 A skin disease involving pimples.
inguen ne existat, papulae, tama, ne ~a noxit LUCIL. 1195; ~a appellatur morbus papularum cum rubent corpora PLIN.*Nat.*24.53; 26.120;—*(pl.)* ~uas fimum bubulum (abolet), unde et nomen traxere 28.244.

boārius ~a ~um, *a.* Also **bouārius.** [BOS+-ARIVS] Of, or connected with, cattle; *forum ~um,* the cattle-market at Rome; *lappa ~a,* a kind of bur.
Q. BRVTIVS..MERCATOR BOVA(RIVS) DE CAMPO HEIC CVBAT *CIL* 1.1259.3;—VAR.*L.*5.146; CIC.*Scaur.*23; in sacello Pudicitiae Patriciae, quae in foro ~o est LIV.10.23.3; 21.62.3; PLIN.*Nat.*28.12; PAUL.*Fest.*p.30M; *(cf.)* aruaque mugitu sancite ~a longo PROP.4.9.19;—lappae ~ae radix PLIN.*Nat.*26.105.

boātus ~ūs, *m.* [BOO+-TVS³] A shouting.
praeconis amplo ~u citatus accusator APUL.*Met.*3.3.

bobīlis ~is ~e, *a.*: see BOVILIS.

bōca ~ae, *f.* Also perh. **bōcas.** [cf. Gk. βῶξ, βόαξ] A kind of fish, the bogue or boce, *Box vulgaris.*
PLIN.*Nat.*32.145; ~as genus piscis a boando..appellatur PAUL.*Fest.*p.30M.

Boc(c)hus ~ī, *m.*
1 a A king of Mauretania, who gave up Jugurtha to the Romans. b a king of Mauretania in the time of Julius Caesar, prob. a son of the above.
a SAL.*Jug.*19.7; VELL.2.12.1; PLIN.*Nat.*8.15. b *B.Afr.* 25.2; PLIN.*Nat.*5.19.
2 A flower named after one of the kings of Mauretania.
~us Libyae regis memor *Culex* 406.

Boebē ~ēs, *f.* A lake in Thessaly.
OV.*Met.*7.231;—*(w.* palus) qui circumcolunt ~en paludem LIV.31.41.4.

Boebēis ~idos, *f.* = prec.
~idos undis PROP.2.2.11; LUC.7.176; V.FL.1.449;—*(w.* lacus) PLIN.*Nat.*4.30.

Boebēius ~a ~um, *a.* Of or connected with Lake Boebe(is).
proles ~a V.FL.3.543.

Boeōtarchēs ~ae, *m.* One of the chief magistrates of Boeotia, a Boeotarch.
~en..Brachyllem quendam fecerunt LIV.33.27.8; 42.43.7.

Boeōtia ~ae, *f.* A district of Greece.
PL.*Mer.*647; CIC.*Tusc.*1.110; CAES.*Civ.*3.4.2; LIV.27.30.7; PLIN.*Nat.*4.24; HYG.*Fab.*178.6;—*(poet.)* quaerit ~a Dircen OV.*Met.*2.239.

Boeōticus ~a ~um, *a.* Boeotian.
discusso ~o concilio LIV.42.44.6.

Boeōtis ~idis, *f.* Boeotia.
MELA 2.39.

Boeōtius ~a ~um, *a.*
1 Of or connected with Boeotia, Boeotian.
uates ~os CIC.*Div.*2.56; OV.*Met.*3.13; ~os..agros SEN. *Phoen.*129; PLIN.*Nat.*19.68; ~a..tecta STAT.*Theb.*7.100; ~as urbes APUL.*Met.*4.8.
2 a (masc. as sb.) A Boeotian; (pl.) the Boeotians. b (fem. as sb.) a Boeotian woman.
a Bacis ~us CIC.*Div.*1.34; PROP.2.8.21; Hesiodus ~ius COL.1.1.7;—~i exusti CIC.*Pis.*96; PLIN.*Nat.*10.49. b *(as title of a comedy)* nec Plauti..~a umquam fuit ACC.*poet.* 17(19F); VAR.*L.*6.89; GEL.3.3.3.

Boeōtus ~a ~um, *a.*
1 Of or connected with Boeotia, Boeotian.
~a..tellus OV.*Met.*12.9; ~i..duces LUC.3.174; PLIN. *Nat.*36.128; ~a..flumina STAT.*Theb.*7.424.
2 (masc. as sb.) A Boeotian; (pl.) the Boeotians.
~um Oriona OV.*Fast.*5.493;—VAR.*R.*3.1.6; NEP.*Ep.*8.3; ~um in crasso iurares aere natum HOR.*Ep.*2.1.244; LIV. 42.38.2.
3 A son of Neptune, mythical founder of Boeotia.
HYG.*Fab.*186.10.

Bohaemum: see BOIOHAEMVM.

bōia ~ae, *f.* [dub.] A collar or yoke worn by criminals.
numellas, pedicas, ~as PL.*As.*549; ~ae, id est genus uinculorum, tam ligneae, quam ferreae dicuntur PAUL.*Fest.* p.35M;—*(in pun w.* Boius) Siculus non est, Boius est, ~am terit PL.*Capt.*888.

Boicus ~a ~um, *a.* Of or connected with the Bo(i)i.
~us ager PAUL.*Fest.*p.36M.

Boiohaemum ~ī, *n.* Also **Bohaemum.** The territory of the Bo(i)i in Germany, Bohemia.
VELL.2.109.5;—TAC.*Ger.*28.2.

Boius ~ī, *m.* (pl. **Boiī** or **Boī**). PROS.: *Bŏiōrum* SIL.4.148, 5.107, 11.29, etc. One of a Celtic people who migrated from Gaul into Northern Italy and are also found in Germany and Pannonia.
LIV.39.42.10;—*(in pun w.* boia) PL.*Capt.*888;—*(pl.)* CAES.*Gal.*1.5.4; PLIN.*Nat.*3.116;—*(w.* Galli *in appos.)* LIV. 33.23.8.

Bōlānus ~a ~um, *a.*
1 Of or connected with Bola (or Bolae), a town in Latium; (masc. pl. as sb.) its inhabitants.
agrum..~um LIV.4.49.11;—4.49.3; PLIN.*Nat.*3.69.
2 A Roman cognomen.
CIC.*Fam.*13.77.2; HOR.*S.*1.9.11; STAT.*Silv.*5.2.37.

bōlarium ~(i)ī, *n.* [Gk. βωλάριον] A little lump (in quot., app. of paint).
pingere conlibitum est: graphidem date, promite ~ium *(cj.)* SEPT.*poet.*21.

bolbinē ~ēs, *f.* [Gk. βολβίνη] A kind of bulbous plant.
PLIN.*Nat.*19.95; ~en Graeci uocant herbam porraceis foliis, rubicundo bulbo 20.107.

bolbiton ~ī, *n.* [Gk. βόλβιτον] Cow-dung.
fimi..bubuli..quod ~on uocant..cinis PLIN.*Nat.*28.232.

bōlētar ~āris, *n.* [BOLETVS+-AR] A vessel for holding mushrooms.
MART.14.101.

? bōlētātiō ~ōnis, *f.* [BOLETVS] A surfeit of mushrooms.
quo modo illam *(sc.* mortem) media ~one *(s.v.l.)* contemnis? SEN.*Ep.*77.18.

bōlētus ~ī, *m.* [dub.] A mushroom.
illos ~os, uoluptarium uenenum SEN.*Ep.*95.25; ardentes ~os *Nat.*4b.13.10; PETR.38.4; contra uenena fungorum ~orumque PLIN.*Nat.*29.103; MART.7.20.12; infusum delectabili ~o uenenum TAC.*Ann.*12.67; PLIN.*Ep.*1.7.6; ~um condire JUV.14.8; SUET.*Tib.*42.2.

bolis, ~idis, *f.* [Gk. βολίς] A kind of meteor.
~is..perpetua ardens longiorem trahit limitem PLIN. *Nat.*2.96.

bolītēs, *m.*: (see quot.).
radicem eius *(sc.* lychnidis) Asiani ~en uocant PLIN. *Nat.*21.171.

bolus[1] ~ī, *m.* [Gk. βόλος].
1 A cast or throw at dice.
si uis tribus ~is uel in chlamydem. — quin tu is in malam crucem cum ~is, cum bullis? PL.*Cur.*611, 612;—*(in fig. phr.)* oh, Neptune lepide, salue! nec te aleator nullus est sapientior; profecto nimis lepide iecisti ~um *Rud.*360.
2 What is caught in a fishing-net, a haul; (transf.) a profit, gain, haul.
adolescentes urbani..piscatores trahentes rete adierunt et pepigerunt, ~um quanti emerent SUET.*Rhet.*25(p.122 Re);—dabit haec tibi grandis ~os PL.*Per.*658; *Truc.*844; crucior ~um tantum mi ereptum tam desubito e faucibus TER.*Hau.*673; in me illis spem esse omnem, quouis posse me emungi ~o LUCIL.881;—*(w. gen.)* magnum ~um deferunt aeris (cochleae) VAR.*R.*3.14.5.

bōlus[2] (or **~os**) ~ī, *m.* or *f.* [Gk. βῶλος] A kind of precious stone.
~oe in Hibero inueniuntur, glaebae similitudine PLIN. *Nat.*37.150.

bombax, *int.* [Gk. βομβάξ] Splendid! Marvellous!
(iron.) PL.*Ps.*365.

bombilō ~āre, *intr.* [cf. next and Gk. βομβυλιός] To buzz, hum.
apum (est) bombire uel ~are SUET.*fr.*161(p.254Re).

bombiō ~īre, *intr.* [Gk. βομβεῖν] To buzz, hum.
SUET.*fr.*161(p.254 Re).

bombizātiō ~ōnis, *f.* [cf. prec.] A buzzing (of bees).
~o..est sonus apum PAUL.*Fest.*p.30M.

bombus ~ī, *m.* [Gk. βόμβος] A deep sound, rumble, booming; (spec., of bees) a buzzing, humming.
~um pedum ENN.*inc.*50;—*(as a type of applause)* qui plausuum genera condiscerent—~os et imbrices et testas uocabant SUET.*Nero* 20.3;—*(of musical instruments)* multis raucisonos efflabant cornua ~os CATUL.64.263; LUCR.4.546; torua Mimalloneis implerunt cornua ~is PERS.1.99; APUL. *Met.*10.31;—si intus faciunt ~um VAR.*R.*3.16.32; PLIN.*Nat.* 11.20.

bombȳcinus ~a ~um, *a.* [Gk. βομβύκινος] Of silk, silken. b (neut. pl. as sb.) silken garments, silks.
uestem..quae ~a appellatur PLIN.11.76; JUV.6.260; tenui pallio ~o APUL.*Met.*10.31. b femineum lucet sic per ~a corpus MART.8.68.7; 14.24.1; mitellis et crocotis et carbasinis et ~is iniecti APUL.*Met.*8.27;—*(dist. from* serica) uestimentorum sunt omnia lanea lineaque uel serica uel ~a ULP.*dig.*34.2.23.1.

bombȳciās, *m.* [Gk. βομβυκίας] A reed suitable for making flutes.
PLIN.*Nat.*16.169.

bombylis, *f.* [Gk. βομβυλίς] The cocoon-enshrouded larva of the silk-worm.
PLIN.*Nat.*11.76.

bombyx ~ȳcis, *m. f.* [Gk. βόμβυξ]
1 A silk-moth or silk-worm.
ex grandiore uermiculo..urica fit, dein quod uocatur bombylis, ex ea necydallus, ex hoc in sex mensibus ~yx PLIN.*Nat.*11.76; 11.77; tam leue nec ~yx pendulus urget opus MART.8.33.16.
2 Silk. b a silk-like fibre.
si qua Arabio lucet ~yce puella PROP.2.3.15; Assyria.. ~yce adhuc feminis cedimus PLIN.*Nat.*11.78. b fructum ..cuius ex interiore ~yce lanugo netur 19.14.

Bona Dea (Dīa, Dīua), *f.* A Roman goddess worshipped by women.
BONAE DEAE SACR *CIL* 1.972; cum sacrificium Bonae Deae fieret CIC.*Dom.*105; *Mil.*86; *Att.*2.4.2; sacra Bonae maribus non adeunda Deae TIB.1.6.22; OV.*Ars* 3.244; JUV. 6.314;—Bona Diua OV.*Ars* 3.637; *Fast.*5.148;—BONAE DIAE..V S L M *CIL* 10.1549.

bonasus ~ī, *m.* [Gk. βόνασος] A species of wild ox now almost extinct, the European bison, *Bos bonasus.*
tradunt in Paeonia feram quae ~us uocetur equina iuba, cetera tauro similem PLIN.*Nat.*8.40.

bonātus ~a ~um, *a.* [BONVS+-ATVS²] Good-natured.
dum ~us ago et nolo uideri leuis PETR.74.16.

bonitās ~ātis, *f.* [BONVS+-TAS]
1 Moral excellence, good behaviour, excellence. b (spec.) kindness, benevolence, good will, generosity
ut ex iure ciuili..~as nata uideatur CIC.*Caec.*78; *Att.* 10.11.1; cum..fidem alicuius ~atemque laudant *Off.*3.77; ad hanc hominis excellentem ~atem NEP.*Timol.*5.1; sic aequet tua nupta uirum ~ate perenni OV.*Tr.*4.5.27; MART. 10.33.2. b quem..nobis restituit locum ~as..uostra adiutans TER.*Ph.*34; ut in augenda re non auaritiae praedam, sed instrumentum ~ati quaerere uideretur CIC.*Rab. Post.*3; *Fam.*13.4.3; *Off.*2.63; quod nimia ~tas eius fallaciis pueri elusa esset *B.Alex.*24; exorari in perniciem rogantium saeua ~as est SEN.*Ben.*2.14.4; QUINT.*Inst.*6.1.22; TAC.*Hist.* 1.52; sed di melius, qui omnia integra ~ati tuae reseruarunt PLIN.*Ep.Tra.*10.2.3;—*(of gods)* CIC.*Inv.*2.113; magna..spes est in ~ate dei OV.*Pont.*1.6.46; V.MAX.1.1.ext.3;—*(w.* erga) te oro..per mei te erga ~atem patris PL.*Capt.*245; CIC. *N.D.*2.60;—*(w.* in+*acc.)* quid dicam de..~ate in suos.. *Amic.*11.
2 (mostly of things) Good quality, goodness, excellence. b a degree of goodness or excellence, quality.
propter lanae ~atem VAR.*R.*2.2.18; ~as praediorum CIC. *S.Rosc.*20; formae..dignitas coloris ~ate tuenda est *Off.* 1.130; inducti terrae ~ate LUCR.5.1247; ne propter ~atem agrorum Germani..in Heluetiorum finis transirent CAES. *Gal.*1.28.4; PHAED.4.9.8; COL.2.6.3; qui eos *(sc.* anseres) iecoris ~ate nouere PLIN.*Nat.*10.52; QUINT.*Inst.*2.19.2; cum optimum quisque stipulatur, id stipulari intellegitur, cuius ~as principalem gradum ~atis habet ULP.*dig.*45.1.75.2;—*(of abst. things or qualities)* qua uia..ingenii ~as imitatur saepe doctrinam *Rhet.Her.*3.28; propter uerborum ~atem CIC.*Brut.*220; *(cf. sense 1)* propter summam ~atem et aequitatem causae *Att.*16.16b.9;—*(of a male bird, w. ref. to sexual potency)* rarior est in his auibus mariti ~as COL. 8.5.24. b secunda ~as pallido (amomo) PLIN.*Nat.*12.48; tribus ut plurimum ~atibus distat (oleum) 15.18; ~ates (iaspidum) distinguere 37.115; POMPON.*dig.*12.1.3; in frumento indebito soluto et ~as est PAUL.*dig.*12.6.65.6.

Bonna ~ae, *f.* A city of Lower Germany, now Bonn.
TAC.*Hist.*4.19; 5.22.

Bonnensis ~is ~e, *a.* Of or connected with Bonn.
~e proelium TAC.*Hist.*4.20; ~ibus castris 4.62.

Bonōnia ~ae, *f.* A city of Cisalpine Gaul, now Bologna.
CIC.*Fam.*12.5.2; LIV.37.57.7; MELA 2.60; MART.3.59.1.

Bonōniensis ~is ~e, *a.* Of or connected with Bologna; *~is colonia,* Bologna; (masc. as sb.) an inhabitant of Bologna.
agrum..~em LIV.39.2.5; in Rheno ~i amne PLIN.*Nat.* 16.161;—TAC.*Ann.*12.58;—C. Rusticelius ~is CIC.*Brut.*169; SUET.*Nero* 7.2.

bonum ~ī, *n.* [BONVS] FORMS: *duona* (= *bona*) ANDR.*poet.*26(28).2.

1 (w. gen.). One of the good things, states, etc., that belong to a specified sphere or come from a specified source, (usu. pl.) the goods (of the mind, body, etc.). **b** *commune* (*publicum*) *~um*, the common (public) good; *~o publico* (abl.), for the common good. **c** (phil.) *summum ~um*, the supreme good; also *~um*, the good.

distractione ciuium elanguescit ~um proprium ciuitatis VAR. in Non.p.287M; ad animi ~a aut mala omnis oratio dirigenda est CIC.*Top.*89; *Phil.*13.49; utemur ~o litterarum *Fam.*15.14.3; suis et propriis ~is laudis et gloriae.. mortui non carent *Tusc.*1.109; concordiae ~a SAL.*Rep.* 1.5.3; hae gentes non pacis solum sed etiam uictoriae ~is florebunt LIV.21.21.4; V.MAX.7.5.3; sunt animi ~a, sunt corporis, sunt fortunae SEN.*Ben.*5.13.1; TAC.*Hist.*4.69; ut..~o..secundae..frueretur ualetudinis APUL.*Met.*7.4. **b** nec commune ~um poterant spectare LUCR.5.958; ~um publicum..priuata gratia deuictum SAL.*Jug.*25.3; LIV. 28.41.1; OV.*Tr.*4.4.16; MAN.1.84; TAC.*Ann.*6.16; (*pl.*) quod si..tantum..~is communibus obsto VERG.*A.*11.435;—bene rem gerere bono publico PL.*Capt.*499; LIV.27.6.8. **c** quam ob rem uoluptas sit summum ~um CIC.*de Orat.*3.78; (mors) in qua aut summum ~um aut nullum malum esse cognouimus *Tusc.*1.110; ~um summum quo tendimus omnes LUCR.6.26; SEN.*Ben.*4.2.3;—(*pl.*) quae omnes.. sapientes summa, quidam etiam ~a sola esse dixerunt CIC. *Deiot.*37; JUV.5.2; (*cf.*) quae sit natura ~i summumque quid eius HOR.*S.*2.6.76;—putat aliquis esse uoluptatem ~um, alius autem pecuniam CIC.*Tusc.*4.60; Sulla..cum dissentire philosophos uideret, non quaesiit quid ~um esset sed omnia ~a coemit CAS.*Fam.*15.19.3.

2 Any good thing or circumstance, a boon, advantage, blessing, benefit, good; (spec.) good news. **b** *~a sibi* (*suo genio*) *facere*, to give oneself a good time, enjoy oneself. **c** *~o esse* (+dat.) to be advantageous (for), be profitable (to). **d** *in ~um uertere*, to turn to one's advantage.

ita me di ament ut ob istanc rem tibi multa ~a instant a me PL.*Per.*492; non licet me isto tanto ~o..uti CIC.*Ver.* 5.154; ~um liberi..~um patria..~um ualitudo *Fin.*5.84; quo ~o ualebat Marcellumque infirmum esse sciebat *B.Alex.* 60.4; maxumum ~um in celeritate putabat SAL.*Cat.*43.4; quae ex concordia consulum ~a..euenirent memorando LIV.10.22.4; (oculos) inmunes tanti..~i OV.*Tr.*4.2.62; anceps forma ~um mortalibus SEN.*Phaed.*761; LUC.7.435; ne malum quidem ullum esse sine aliquo ~o PLIN.*Nat.*27.9; QUINT.*Inst.*1.1.5; TAC.*Ger.*28.3; uindicta ~um uita iucundius ipsa JUV.13.180;—ecquid adportas ~i? PL.*St.*338; ita animus commotust..mirando tanto tam repentino hoc ~o TER.*An.*938. **b** ut mihi ~a multa faciam clam meam uxorem! PL.*Cas.*468; genio meo multa ~a faciam *Per.*263. **c** L. Cassius..in causis quaerere solebat 'cui ~o' fuisset CIC.*S.Rosc.*84; quamquam illud quidem fuit..omnibus ~o qui seruire nolebant *Phil.*2.35; ~o fuisse Romanis aduentum eorum constabat LIV.7.12.3; lienosis ~o tormina sunt CELS.2.8.16; paucis temeritas est ~o PHAED.5.4.12; TAC. *Dial.*9.2;—(*without dat.*) esse solent magno damna minora ~o OV.*Rem.*672. **d** ut detrimentum in ~um uerteret CAES.*Civ.*3.73.6; LIV.2.31.6.

3 (usu. pl.) Good fortune, prosperity, easy circumstances.

una tecum ~a mala tolerabimus TER.*Ph.*556; ut in eius (*sc.* rei publicae) ~is adquiescam CIC.*Fam.*4.6.2; exercitum ..aduersus omnia humana mala..duratum, ~is inexpertum atque insuetum LIV.23.18.10; hominem ~is publicis maestum TAC.*Ann.*16.28;—(*sg.*) ENN.*scen.*205; fortiter malum qui patitur, idem post patitur ~um PL.*As.*324; VAR.*Men.* 172; ~um tuum concoquas PETR.75.6.

4 (pl.) (med.) Increased bodily weight, gain in weight.

si plenior aliquis..factus est, suspecta habere ~a sua debet CELS.2.2.1.

5 A good point or quality, virtue, excellence. **b** (spec., in pl.) physical charms.

qui nihil illorum nisi uitium sequuntur, cum a ~is absint longissime CIC.*Orat.*171; hunc..diuinis quibusdam ~is instructum..puto *Cael.*39; *Q.fr.*3.5 & 6.7; *Off.*1.114; HOR. *S.*1.3.70; tua te ~a cognita produnt OV.*Tr.*4.4.9; V.MAX. 8.1.ext.1; PLIN.*Nat.*14.6; quando in ~um uerteris uitia? QUINT.*Inst.*1.1.5;—(*w. gen.*) Mauro ob ingeni multa ~a carus SAL.*Jug.*108.1; haud..quicquam ~o causae leuatur dedecus iudicii LIV.3.72.7; nec dicere posses, laude pedum formaene ~o praestantior esset OV.*Met.*10.563; STAT.*Silv.* 4.4.22. **b** nec te Palladios nec te Iunonis honores auditis Helenae praeposuisse ~is OV.*Ep.*16.134;—(*w.* corporis) ingenii dotes corporis adde ~is OV.*Ars* 2.112.

6 (sg., esp. in conjunction w. *aequum*, *ius*, etc.) What is morally good, right, or equitable, good behaviour or right principles; (w. *orare*) a good case, an equitable plea; (pl.) good deeds; *pro ~o*, morally, rightly, well. **b** *aequi ~i*(*que*) *facere*, *~i consulere*, to give a favourable reception to, be pleased or satisfied with, acquiesce in.

ut saepe..plus insciens quis fecit quam prudens ~i PL. *Capt.*45; *Men.*580; nimium ipse durust praeter aequomque et ~um TER.*Ad.*64; id, quod scriptum sit..non lege non more non natura non aequo et ~o posse fieri *Rhet.Her.*2.14; ita..multa tum contra scriptum pro aequo et ~o dixit CIC.*Brut.*145; ius ~umque apud eos non legibus magis quam natura ualebat SAL.*Cat.*9.1; in Fabio minus in ~o constans quam nauum in malitia ingenium esse LIV.3.41.8; animum recti ac ~i amatorem SEN.*Ep.*82.1; PETR.88.9; periit ius fasque ~umque STAT.*Theb.*1.154; plurimus ei de honesto ac ~o sermo sit QUINT.*Inst.*2.2.5; SUET.*Cl.*14. 1; POMPON.*dig.*23.3.6.2;—~um aequomque oras PL.*Mos.* 682; *Per.*399;—hac uictoria uidetur..Marius..mala ~is repensasse VELL.2.12.5;—populum Romanum neque recte neque pro ~o facturum, si ab iure gentium sese prohibuerit SAL.*Jug.*22.4. **b** istuc..aequi ~ique facio TER.*Hau.* 788; CIC.*Att.*7.7.4; LIV.34.22.13; oblationes honestas aequi ~ique facio APUL.*Met.*11.18;—quidquid attulerit, ~i consulas PL.*Truc.*429; tu..haec, quaeso, consule missa ~i OV.*Pont.*3.8.24; SEN.*Dial.*1.2.4; rogat ~i consulas, id est ~um iudices QUINT.*Inst.*1.6.32.

7 Kind behaviour, a good turn, kindness; also, kind words; *~o* (+gen.) thanks to.

idem hoc tibi, quod ~i promeritus fueris, conduplicauerit TER.*Ph.*516; omnibus (ingeniis), quae sine arte ipsius tantum naturae ~o exurgunt SEN.*Dial.*4.15.2; *Nat.*4a.pr. 11; neminem nihil ~i facere oportet PETR.42.7;—ut ego illic aliquid ~i dicam PL.*Aul.*671;—plerique conualuerunt neglegentiae ~o [QUINT.]*Decl.*8.10.

8 (usu. pl.) Possessions, property, estate. **b** (leg.) *esse in ~is*, to be in bonitary or beneficial possession; also, to be bonitary property.

~a eorum portant ad nauis ANDR.*poet.*26(28)2; meis ~is omnibus ego te herem faciam NAEV.*com.*58; sceleste parta quae uexit ~a PL.*Rud.*506; me mea omnia ~a doti dixisse illi TER.*Hau.*942; iste in possessionem ~orum mulieris intrat CIC.*Div.Caec.*56; *Tusc.*4.40; paterna..~a CATUL.29. 17; ~a..eius publicat CAES.*Gal.*5.56.3; restituta..huic sunt publice ~a NEP.*Alc.*6.5; adimam ~a HOR.*Ep.*1.16.75; TIB. 1.6.33; LIV.1.34.2; mea nescioquis..in bona uenturus.. fuit OV.*Tr.*1.6.14; expulsus ~is suis SEN.*Ben.*4.37.3; SUET. *Tit.*8.4; si miles uxori donauerit de castrensibus ~is ULP. *dig.*24.1.32.8; PAUL.*dig.*50.16.39.1;—(*in fig. phr.*) quid facies, cum in ~a tua inuasero hoc est, cum te docuero nescire maledicere? *in* Quint.*Inst.*8.3.89;—(*sg.*) ubi perdidi etiam plus ~i quam mihi fuit PL.*Rud.*504. **b** (Manlius) est hodie in ~is CIC.*Fam.*13.30.1;—si seruus in ~is tuis, ex iure Quiritium meus erit GAIUS *Inst.*1.35.

bonus ~a ~um, *a.* *compar.* MELIOR, *superl.* OPTIMVS. [cf. perh. Skt. *dúvas-*, 'gift, honour'] FORMS: *duonus*, etc. *Carm.Sal.*3.2, ANDR.*poet.* 26.2, MARCIUS *poet.*3, *CIL* 1.9, PAUL.*Fest.* p.67M; *duenos CIL* 1.4; *dunus Carm.Sal.*3.2. VAR.*L.*8.75 mentions *~ius*, *~issimum* as nonexistent forms.

1 (of a person) Good at a particular action or in a particular respect, efficient, competent, expert. **b** (w. sbs. such as *amicus*, *ciuis*, etc., which introduce moral implications).

(*w. action, etc., expr. by the sb.*) hortatore ~o ENN.*Ann.* 480; habet ~orum (*sc.* poetarum) exemplum TER.*Hau.*20; ~um agricolam ~umque colonum CATO *Agr.*pr.2; numquam de ~o oratore aut non ~o doctis hominibus cum populo dissensio fuit CIC.*Brut.*185; tam ~us gladiator rudem tam cito? *Phil.*2.74; (*cf.*) quandoque ~us dormitat Homerus HOR.*Ars* 359;—(*w. action expr. by abl. or* in+*abl.*) quidam uir non ~us bello LUCIL.972; et proelio strenuos erat et ~us consilio SAL.*Jug.*7.5; hic iaculo ~us, hic longe fallente sagitta VERG.*A.*9.572; sic pace ~os, sic bello fieri LIV.4.2.2; magis..in proelio quam bello ~us fr.1; M. Agrippam.. ~um militia TAC.*Ann.*1.3;—(*w. action expr. by inf.*) ~i quoniam conuenimus ambo, tu calamos inflare leuis, ego dicere uersus VERG.*Ecl.*5.1; tu medios gladio ~us ire per hostes V.FL.1.438; STAT.*Theb.*7.112; (*also w. abl.*) ille quidem et disco ~us et contendere cursu STAT.*Theb.*6.828; —(*w.* contra) ~us ea tempestate contra pericula et ambitionem SAL.*Hist.*5.23. **b** in ~o hospite atque amico quaestus est quod sumitur PL.*Mil.*674; oportet ~um ciuem legibus parere, deos colere VAR.*Men.*265; neque..est ~i.. parentis, quem procrearis et eduxeris, eum non et uestire et ornare CIC.*de Orat.*2.124; si est boni consulis..ferre opem patriae *Rab.Perd.*3; *Off.*1.124; NEP.*Att.*13.1; pacisque ~as bellique ministras VERG.*A.*11.658; ~us sane uicinus HOR. *Ep.*2.2.132; SEN.*Nat.*4a.pr.15.

2 Morally good, well-behaved, virtuous. **b** *uir ~us*, a good or virtuous man. **c** (masc. or fem. as sb., esp. masc. pl.; also, spec. of the brave).

clientes sibi omnes uolunt esse multos: ~ine an mali sint, id hau quaeritant PL.*Men.*575; quamquam ~um te timor faciebat..improbum fecit..audacia CIC.*Phil.*2.90; *Leg.*1.41; Murena sine hoc facinore potuit uideri ~us VELL.2.91.2; ad liberos generandos pulchros ~osque PLIN.*Nat.*24.166;—(*of chaste behaviour in women*) haut facul, ut ait Pacuuius, femina ⟨una⟩ inuenietur ~a AFRAN.*com.*7; CATUL.61.179; esse ~am facile est, ubi, quod uetet esse, remotum est OV. *Tr.*5.14.25;—(*as an appellation*) ex quo (Phocion) cognomine ~us est appellatus NEP.*Phoc.*1.1. **b** fui ego bellus, lepidus: ~us uir numquam, neque frugi bonae PL.*Capt.*956; orator est..uir ~us, dicendi peritus CATO *Fil.*14(J); CIC. *de Orat.*2.85;—(*phil.*) anquiritur..sitne aliquando mentiri ~i uiri 3.113; ~o uiro et sapienti *Pis.*33; *Tusc.*5.28; uir ~us est quis? qui consulta patrum, qui leges iuraque seruat HOR.*Ep.*1.16.40; QUINT.*Inst.*12.1.19. **c** si curent (dei), bene ~is sit, male malis, quod nunc abest ENN.*scen.*318; facilest imperium in ~is PL.*Mil.*611; uerum esse ut ~os ~i diligant CIC.*Amic.*50; CATUL.108.3; SAL.*Cat.*52.13; multis ille ~is flebilis occidit HOR.*Carm.*1.24.9; TAC.*Hist.*2.10;—(*sg.*) quidquid dignum sapiente ~oque est HOR.*Ep.*1.4.5; admoneri ~us gaudet SEN.*Dial.*5.36.4; QUINT.*Inst.*3.8. 44;—(*fem.*) quia omnis bonos ~asque adcurare addecet suspicionem..ut ab se segregent PL.*Trin.*78; TER.*Hec.*739; —ENN.*Ann.*446; pari..periculo sed fama inpari ~i atque ignaui erant SAL.*Jug.*57.6.

3 (in weakened sense) Worthy, estimable; (facet. or iron.) fine, excellent; (as ep. of familiar address) *~e uir*, etc., my good sir, my dear fellow, etc. **b** *~ae frugi* (indecl. adj. phr.), worthy, good.

~us rusticus LUCIL.1063; ~i coniuges, bene uiuite CATUL. 61.225; quinque ~os solitum Variam dimittere patres HOR. *Ep.*1.14.3; si..sic illum amicum uocasti, quomodo omnes candidatos ~os uiros dicimus SEN.*Ep.*3.1;—ubi iste est ~us seruos qui probri me maxumi innocentem falso insimulauit? PL.*Mil.*364; ille ~us uir nobis psaltriam, si dis placet, parauit quicum uiuat TER.*Ad.*476; quid mihi ad defendendum dedisti, ~e accusator? CIC.*S.Rosc.*58; LIV. 5.5.4; STAT.*Theb.*2.460;—tu illuc procede, ~e uir, lepidum mancupium meum PL.*Capt.*954; TER.*An.*616; ~e Egnati CATUL.39.9; dux ~e HOR.*Carm.*4.5.37; OV.*Pont.*3.2.43; ~e et optime magister AUR.*Fro.*1.p.16(49N);—(*masc. as sb.*) o ~e LUCR.3.206; quae uirtus et quanta, ~i, sit uiuere paruo ..discite HOR.*S.*2.2.1; PERS.3.94. **b** ne spem ponas me ~ae frugi esse PL.*Capt.*957; CIC.*Att.*4.8a.3.

4 Obliging, accommodating, kind(ly), gracious, good. **b** (of gods). **c** (transf., of the mind, etc.; also, of words, actions, or things). **d** *cum ~a gratia*, in friendly fashion; (*cum*) *~a uenia* (+gen.), with the good leave or favour of; *in ~am partem accipere*, to take in good part; *cum ~a pace* (+gen.), with the full consent of; (for exx. see the nouns).

Tarquinium ~a femina lauit et unxit ENN.*Ann.*155; quos ~us Aeneas..prosequitur uenia VERG.*A.*11.106; quae Piso ~us, quae Cotta solebat largiri JUV.5.109;—(*pred.*) des ueniam ~us, oro HOR.*S.*2.4.5; STAT.*Ach.*1.897;—(*w.* in+ *acc.*) in nullum auarus ~us est, in se pessimus *Inc.pall.*80; CIC.*Att.*10.8.10; (Cato) in commune ~us LUC.2.390;—(*w. dat.*) male merenti ~a es PL.*As.*129; uicinis ~us esto CATO *Agr.*4; MELA 3.28;—(*w. ref. to sexual behaviour*) tam..~us patruus CATUL.89.3; ~ae semper laudantur amicae 110.1; TIB.2.4.45; discite desertae non temere esse ~ae PROP. 2.21.16. **b** Venerem..~am PL.*Rud.*305; ~orum deorum CIC.*N.D.*3.84; quo nihil maius..fata donauere ~ique diui HOR.*Carm.*4.2.38; fer, ~e Liber, opem OV.*Tr.*5.3.35; siue nouum comitem ~us instigabat Apollo STAT.*Theb.*10.163; —(*w. dat.*) sis ~us o felixque tuis! VERG.*Ecl.*5.65; *A.*12.647; —(*in exclam.*) di ~i! quid hoc? CAECIL.*com.*280; TER.*Hau.* 254; CIC.*Brut.*288; *Att.*1.16.5; SEN.*Dial.*7.2.3; o ~e deus LARG.84;—(*in names of deities; see also* BONA DEA) hoc praedico tibi, si ~a Fortuna ueniat, ne intro miseris PL.*Aul.*100; precor Lympham ac ~um Euentum VAR.*R.*1.1.6; CIC.*Ver.* 4.7; MARTI PATR CONSERVATORI ET ~AE VICTORIAE *CIL* 3. 1600. **c** quod nondum ~o animo in populum Romanum uiderentur CAES.*Gal.*1.6.3; quae si forte ~as ad pacem uerterit auris PROP.2.13.15;—hoc petere me precario a uobis iussit leniter dictis ~is PL.*Am.*25; rustica agricolae ~is tecta frugibus exples CATUL.34.19; citius..~a litora nautis praebeat hospitio saeua Malea suo PROP.3.19.7; maiorum ~a facta TAC.*Ann.*3.40; (*w.* opera) te sensi sedulo mihi dare ~am operam PL.*Per.*721; ~a fortique opera eorum se ad eam diem usum LIV.24.14.4.

5 Politically sound or loyal; *uiri ~i*, the politically sound elements in the state, the constitutionalists, the loyalists; (sim., masc. pl. as sb.).

quin populi et ~i et strenui sient CATO *hist.*73; seditiosis atque improbis tribunis plebis ~i et fortes consules obstiterunt CIC.*Agr.*2.14; *Att.*1.14.6; ~i fidelesque mansere SAL.*Jug.*77.3; ~is sociis fidem suam maximum uinculum esse LIV.24.37.7;—cum uiri ~i non nulli putarint tuto se in senatu esse non posse CIC.*Dom.*8; *Att.*9.12.3; uiros ~os sociosque et amicos eos appellari LIV.29.19.7;—quod semper a ~is dissedisti CRAS.*orat.*17; coniunctionem uestram equitumque Romanorum et tantam conspirationem ~orum omnium CIC.*Catil.*4.22; *Fam.*12.22.2; *B.Afr.*22.2; NEP.*Thr.* 2.4; integer populus, fautor et cultor ~orum LIV.9.46.13.

6 (masc. pl. as sb.) Men of substance and social standing.

est miserorum ut..inuideant ~is PL.*Capt.*583; ~orum, id est lautorum et locupletum CIC.*Att.*8.1.3; hanc (puellam) ~i beatique omnes amatis CATUL.37.14; id factum alii inopia ~orum..memorabant SAL.*Jug.*86.3; NEP.*Att.*22.4; TAC.*Hist.*2.23.

7 a (of troops) Sound, reliable, good; (of authorities) trustworthy. **b** (of security, promises) reliable, satisfactory, good; (of friendship, etc.) loyal. **c** *~a fides*, good faith, honesty; (esp.) *~a fide* (*ex ~a fide*), in good faith, honestly, conscientiously; also, *~o animo*. **d** *~a spes*, good hope. **e** *~o periculo*, with small risk, safely; (also *~o meo periculo*, attached to an asseveration that one is confident in making). **f** (of coins, etc.) genuine, good.

a exercitum infirmum habebam, auxilia sane ~a CIC. *Att.*6.5.3; multae et ~ae et firmae sunt legiones Lepidi et Asini D.BRUT.*Fam.*11.9.1;—ego..de bono auctore Hortensio sic acceperam ut apud Brutum est CIC.*Att.*12.5b(5.3); *Tusc.*5.57. **b** ~o nomine CIC.*Att.*5.21.12; ego..meis rebus gestis hoc sum adsecutus, ut ~um nomen existimer *Fam.* 5.6.2; SEN.*Ben.*7.29.2; nullius posse filii familias ~um nomen exspectata patris morte fieri *S.C.*(*Font.iur.*p.203) 57; PAUL.*dig.*17.1.26.2;—amicitia Masinissae ~a atque honesta nobis permansit SAL.*Jug.*5.5; Segestes..memoria ~ae societatis inpauidus TAC.*Ann.*1.57;—(*iron.*) regi, cuius adhuc..~a foedera gesto pectore in hoc STAT.*Theb.*7.541. **c** ad fidem ~am statuit pertinere notum esse emptori uitium CIC.*Off.*3.67; ubi lex inhibet usucapionem, ~a fides possidenti nihil prodest POMPON.*dig.*41.3.24;—(*gen. as quasi-adj.*) consuluit senatus ~ae fidei possessoribus ULP. *dig.*5.3.25.11;—qui..nummos fide ~a soluat CATO *Agr.* 14.3; in omnibus..eis iudiciis, in quibus 'ex fide ~a' est additum CIC.*Top.*66; *Agr.*2.100;—(*in incredulous questions*) de illo quod dudum? dictum [ac] factum reddidi. — ~an fide? — ~a hercle TER.*Hau.*761; (*w. play on senses of* fides) de uicino hoc proxumo tuos emit aedis filius — ~an fide? — siquidem tu argentum reddituru's, tum ~a PL.*Mos.*670; — ~o te animo..populus Romanus..dicere existimauit CIC.*Man.*56. **d** ~a..spes cum omnium rerum desperatione confligit CIC.*Catil.*2.25; *Att.*15.1.3; reliquos in posterum ~a spe complet CAES.*Civ.*2.21.3; SAL.*Jug.*113.2; HOR. *Saec.*74. **e** possem..~o periculo uel his dictis contentus perorare APUL.*Apol.*28;—ea tu ~o certe meo periculo latronum dixeris atria *Met.*4.6. **f** uiginti minae ~ae, mala opera partae PL.*As.*734; si..adulterinos nummos acceperit..pro ~is CIC.*Off.*3.91; (*cf.*) ~ae atque sincerae uetustatis libri GEL.5.4.1.

8 (w. *artes, studia*, etc.) Characteristic of educated or cultured people, liberal, polite.
in ~is disciplinis totius pueritiae *Rhet.Her.*3.13; omnium ~arum artium doctores..eligendi CIC.*de Orat.*1.158; ciuem ~arum artium CIC.*Cael.*77; disce ~as artes..Romana iuuentus OV.*Ars* 1.459; ~am me conscientiam amasse, ~a studia SEN.*Dial.*7.20.5; PLIN.*Ep.*5.17.1; FRO.*Amic.*1.p.284 (173N); (*cf.*) ignorantia ~arum rerum NEP.*Ag.*8.5;—(*w. sg. sb.*) sine ulla ~a arte CIC.*Ver.*4.98.

9 (of actions, qualities, etc.) Morally good or desirable. **b** *~us animus*, a good heart, courage; (esp.) *~um animum habere, ~o animo esse*, to be of good cheer, be brave.
hic nimium morbus mores inuasit ~os PL.*Trin.*28; ~um ingenium narras adulescentis TER.*An.*466; alter (*sc.* amor) ~us, alter (*sc.* cupido) malus CATO *orat.*89; uirtus (est) scire..quae ~a, quae mala (sint) item LUCIL.1330; ostendetis ~ae rationi..nullum a uobis fructum esse propositum CIC.*Flac.*106; si..recte in illis libris diximus nihil esse ~um nisi quod honestum *Att.*10.4.4; ~um..facinus CATUL.66.27; auaritia fidem probitatem ceterasque artis ~as subuortit SAL.*Cat.*10.3; LIV.7.14.1; id solum tempus ~ae menti destinare, quod in nullam rem conferri possit SEN.*Dial.* 10.3.5; *Ep.*81.19; TAC.*Hist.*1.16;—(*iron.*) ~am atque iustam rem oppido imperas TER.*Hau.*704;—(*phr.*) ~um factum: ne quis senatori nouo curiam monstrare uelit! SUET.*Jul.*80.2; *Vit.*14.4. **b** in re mala animo si ~o utare, adiuuat PL.*Capt.*202; ~us animus in mala re dimidiumst mali *Ps.*452;—~um animum habe *Am.*545; LIV.6.34.10; (*w. ellipsis of vb.*) ~um animum CIC.*Att.*16.12;—~o animo es TER.*Hau.*822; LUCIL.782; iubes..eum bene sperare et ~o esse animo CIC.*Deiot.*38; qua re ~o animo sint et tui et mei familiares *Fam.*6.18.1; TAC.*Hist.*4.52.

10 (of the countenance) Cheerful, happy.
super omnia uultus accessere ~i OV.*Met.*8.677; redeant uultus ad laeta ~i SEN.*Thy.*936.

11 (of a thing) Good for the purpose for which it is designed or used, good of its kind, satisfactory, suitable, effective. **b** *res ~ae* (or *res ~a*), good, costly or desirable things, wealth; *~ae rei* (as equiv. of adj.) wealthy. **c** *~um genus*, good stock or breed. **d** (of weather) fine, good; also, *~us a tempestatibus*, free from storms, fine.
satis ~i sunt (postes), si sunt inducti pice PL.*Mos.*827; boues aquam ~am et liquidam bibant CATO *Agr.*73; ut ~um pares pecus, unum scire oportet VAR.*R.*2.1.13; nauem spero nos ualde ~am habere CIC.*Fam.*14.7.2; ut, quicumque calamus in manus meas uenerit, eo sic utar tamquam ~o *Q.fr.*2.14.1; sic tibi ~us ex tua pons libidine fiat CATUL.17.5; cum..Phalerico portu neque magno neque ~o Athenienses uterentur NEP.*Them.*6.1; neque..alio distat ~us taurus a castrato, nisi quod huic torua facies est COL.6.20;—(*w. abl. of resp.*) haec (brassica) est natura et aspectu ~a CATO *Agr.*157.2;—(*w. acc. of resp.*) qui (equi) terga ~i STAT.*Theb.*10.233;—(*w. dat.*) ager ~us pecori SAL.*Jug.*17.5; ~a bello cornus VERG.*G.*2.447; (*w. gdve.*) quia (mons) pecori ~us alendo erat LIV.29.31.9;—(*w.* ad *or* in+*acc.*) aratra in terram ualidam Romanica ~a erunt CATO *Agr.*135.2; refert..ad quam rem ~a aut non ~a sit (terra) VAR.*R.*1.9.1; (*also w. dat. of person*) non campos modo militi Romano ad proelium ~os (*sc.* esse) TAC.*Ann.*2.14; (*also in fig. expr.*) parentes fabri liberum sunt..et ut ⟨et⟩ in usum ~i et in speciem poplo sint sibique, hau materiae reparcunt PL.*Mos.* 123. **b** urbem in Arabia, plenam ~arum rerum PL.*Per.* 507; tam ~is fructuosisque rebus CIC.*Ver.*2.6; LUCR.1.728; praemia pecuniae aliarumque rerum ~arum amplissima GEL. 10.18.5;—(*in fig. phr.*) animi ingratam naturam pascere semper atque explere ~is rebus LUCR.3.1004;—Babylonica et..tappetia aduexit, nimium ~ae rei PL.*St.*379; nauem..re ~a maxima onerat FRO.*Ar.*1.p.56(237N);—illum..hominem esse non ~ae rei..ostendebatur GEL.14.2. 6. **c** genere gnatam ~o..uxorem PL.*Epid.*169; CATO *orat.*66; CIC.*Mur.*15; si ~i generis erunt (uineae) COL.4.22.7. **d** proximo die quam maxime tempestate ~a VAR.*R.*3.16.37; CIC.*Q.fr.*2.2.4; sic illum adficiunt diuitiae et exhilarant, ut nauigantem..dies ~us SEN.*Dial.*7.22.3;—diem..~um a tempestatibus..eligito COL.6.2.3.

12 (of states, qualities, etc.) Such as one desires, satisfactory, good; (esp.) *~ae res*, good fortune, prosperity; *~um est* (w. inf.), it is satisfactory or good. **b** *~a fama* (*existimatio*, etc.), good name or repute; *~us nuntius* (*rumor*), good news, a good report. **c** *~us stomachus*, good humour. **d** *~o modo*, in moderation; also, to the full.
ego faciam ut pugnam inspectet non ~am, adeo ut spectare postea omnis oderit PL.*Capt.*65; ne quemquam ego esse hominem arbitror quoi magis ~ae felicitates omnes aduorsae sient TER.*Eu.*324; id uinum erit lene et suaue et ~o colore CATO *Agr.*109; si qui..neget..sine ~a ualetudine posse bene uiui CIC.*Inv.*1.93; *Fam.*9.8.2; qui etiam ~a condicione..confligere noluerit CAES.*Civ.*1.85.2; raro simul hominibus ~am fortunam ~amque mentem dari LIV.30.42. 15; OV.*Am.*2.7.9;—(*iron.*) ~as me absente hic confecistis nuptias TER.*Ph.*258;—~is tuis rebus meas res inrides malas PL.*Trin.*446; CIC.*Att.*12.21.5; HOR.*Carm.*2.3.2; in ~is tuis rebus, nostris dubiis LIV.30.30.18; OV.*Tr.*4.3.79; ~arum rerum sollicita expectatio SEN.*Ben.*2.5.3;—stulte facere et stulte fabularier, utrumque..hau ~umst PL.*Trin.*462; eodem silpium inradito, ~um est CATO *Agr.*157.7; PUB.*Sent.*B.47. **b** ego si ~am famam mihi seruasso sat ero diues PL.*Mos.*228; praetor cupidus existimationis ~ae CIC.*Ver.*3.140; nil..fama quod ~a comprobet CATUL.61.62; LUCR.6.13; ~a opinio hominum tutior pecunia est PUB.*Sent.*B.19; SAL.*Cat.*7.6; HOR.*S.*1.2.61; famae..magnae malle quam ~ae esse LIV.6.11.7; OV.*Fast.*4.156; MART.6.66.1;—~is uos..nuntiis me adficere uoltis PL.*Am.*8; de Procilio rumores non ~i CIC.*Att.*4.16.5; in tota non ~us urbe fuit (rumor) PROP.2.32.24; PUB.*Sent.*F.28. **c** aduersus quod difficile est habere cotidie ~um stomachum MART.12.pr.; QUINT.*Inst.*2.3.3. **d** neu quisquam..prohibeto adulescentem filium quin..scortum ducat, quod ~o fiat modo PL.*Mer.*1022; CIC.*Att.*13.23.3; ἀμφιλαφίαν..~o modo desidero CIC.*Q.fr.*2.4.3;—siquis quid deliquerit, pro noxa ~o modo uindicet CATO *Agr.*5.2.

13 (of speech or writing) Well-expressed, fine, effective, good.
flammam a sapienti facilius ore in ardente opprimi quam ~a dicta teneat ENN.*scen.*413; qui..ex Graecis ~is Latinas fecit non ~as (*sc.* fabulas) TER.*Eu.*8; sermone ~o LUCIL. 1123; orationem..sane ~am et nobilem CIC.*Brut.*99; *Agr.* 2.13; tam ~os septenarios *Tusc.*1.106; carminibus confide ~is OV.*Am.*3.9.39; ~am clausulam impone SEN.*Ep.*77.20; MART.1.16.1; ~us liber melior est quisque, quo maior PLIN.*Ep.*1.20.4;—(*neut. pl. as sb.*) ne ~a nostra permixtis malis inquinentur QUINT.*Inst.*4.2.102.

14 (of the body, mind, etc.) Healthy, sound, strong; *Mens Bona* (as the name of a deity). **b** in the prime of life, in full strength and vigour; *~a aetas*, the prime of life; *~ae uires, ~a forma*, full strength, good appearance.
scio te ~a esse uoce, ne clama nimis PL.*Mos.*576; uinum si uoles concinnare, ut aluum ~am faciat CATO *Agr.*114.1; magna uoce et ~is lateribus CIC.*Sen.*14; secunda mensa ~o stomacho nihil nocet CELS.1.2.9; temperatus ac ~us sanguis TAC.*Dial.*21.8;—(*of the mind*) quid est autem in homine sagaci ac ~a mente melius? CIC.*Tusc.*5.67; LIV.39.16.5; OV.*Fast.*4.366; roga ~am mentem, ~am ualitudinem animi, deinde tunc corporis SEN.*Ep.*10.4;—(*of persons; masc. as sb.*) ne contagio mea ~is umbraue obsit ENN.*scen.*350;—PROP.3.24.19; OV.*Am.*1.2.31. **b** has (*sc.* oues)..oportet ~as emere VAR.*R.*2.2.2;—gregem..eligere oportet..~a aetate VAR.*R.*2.4.3; quodsi istis ipsis uoluptatibus ~a aetas fruitur libentius CIC.*Sen.*48; (*iron.*) ex quo in scholam eo et ab octaua disputantem audio '~a, inquis, aetate' (*i.e. 'a nice age to begin at'*) SEN.*Ep.*76.1;—uirginem forma ~a memini uideri TER.*An.*428; VAR.*R.*3.6.2; L. Metellum memini..ita ~is esse uiribus extremo tempore aetatis, ut adulescentiam non requireret CIC.*Sen.*30; OV.*Ars* 3.482.

15 Satisfying to the appetite, senses, etc., pleasant, good.
(scarus) hic capitur magnusque ~usque ENN.*var.*41; in eo (loco) qui ~a olet unguenta VAR.*R.*3.16.6; ~os rerum..colores LUCR.2.418; cibis..opus est copiosis, uariis ~i suci CELS.3.22.7; superiora..~i sunt odoris LARG.270; (*cf.*) lucri ~us est odor JUV.14.204;—(*phr.*) uos illud (uinum) oportet ~um faciatis PETR.48.1; MART.5.78.16;—(*w. abl. of resp.*) hic scarus..uisceribus ~us est, cetera uile sapit 13.84.2;—(*w.* sensibus) omnia..~a sensibus et mala tactu LUCR.2.408.

16 Pretty, shapely, beautiful.
Palladis aut oculos ausa negare ~os PROP.2.28.12; inuida uestis eras, quae tam ~a crura tegebas OV.*Am.*3.2.27; tam ~a ceruix SUET.*Cal.*33.

17 Having a desired or desirable result, favourable, fortunate, successful, good; (also, of the result). **b** (of omens) good, lucky; (of words, days, etc.) of good omen, auspicious. **c** (applied to people, w. dat.).
quia piscatus..hic tibi hodie euenit ~us PL.*Bac.*102; ea magis fortibus consiliis quam ~is proeliis patrata sunt SAL.*Rep.*2.10.8; bis comminus actos auertit ~us error equos STAT.*Theb.*11.450;—Liber uota ~os ducit ad exitus HOR.*Carm.*4.8.34. **b** ~a scaeua strenaque obuiam occessit mihi PL.*St.*672; ominibus..~is CIC.*Pis.*31; ~a cum ~a nubet alite uirgo CATUL.61.19; ite ~is auibus OV.*Met.*15.640;—(*iron.*) ut legem de ambitu ferret, quam ille ~o auspicio claudus homo promulgauit CIC.*Att.*1.16.13;—die ~o, Aphrodisiis PL.*Poen.*497; ~a uerba, quaeso! TER.*An.*204; aspice: corripuit tremulis altaria flammis..cinis ipse. ~um sit! VERG.*Ecl.*8.106; OV.*Fast.*1.72;—(*phrs.*) quod ~um atque fortunatum sit mihi PL.*Cas.*382; quod ~um faustum felixque sit uobis reique publicae LIV.3.54.8. **c** quid Critias? quid Alcibiades? ciuitatibus quidem suis non ~i, sed certe docti atque eloquentes CIC.*de Orat.*3.139; hic paci ~us STAT.*Silv.*4.3.134.

18 (of arguments, reasons, etc.) Well-grounded, valid, sound. **b** (of advice, plans, etc.) sound, good.
nimis ~a ratione PL.*Mil.*716; ius ~um orat Pseudolus *Ps.*537; CIC.*Ver.*5.58; pontificibus ~a causa uisa est: adprobauerunt *Dom.*35; *Att.*9.7.3; OV.*Tr.*1.9.46; STAT.*Theb.* 11.366. **b** sapienter factum et consilio ~o PL.*Aul.*477; felicitas est fortuna adiutrix consiliorum ~orum CIC.*Ep.fr.* 2.5; omni ratione curandum est ut id ~o consilio fecisse uideamur *Off.*1.121; LIV.22.39.3.

19 (of quantities or parts) Considerable, good.
ad amicos, quorum..~a atque honesta copia praesto fuit CIC.*Tul.*22; sit ~a librorum..copia HOR.*Ep.*1.18.109; hoc 'modo' aetatis nostrae ~a portio est SEN.*Ep.*49.4;—(*w.* pars) bonam partem sermonis in hunc diem esse dilatam CIC.*de Orat.*2.14; ~a pars hominum HOR.*S.*1.1.61; OV.*Pont.*1.8.74; PERS.2.5; APUL.*Met.*1.19; (*in adul. phr.*) ~am partem in lectum maerore dabantur LUCR.6.1249; (*combined w.* magnus) hic magnam ~am magnamque partem ad te attulit TER.*Eu.*123; LUCR.5.1025.

bo(u)ō ~āre or ~ere, *intr.*, (*tr.*). [Gk. βοάω] FORMS: *bouantes* ENN.*Ann.*585, *CIL* 8.27764; *bount* PAC.*trag.*223, VAR.*Men.*386. (intr.) To bellow, roar. **b** (tr.) to call loudly upon; (w. dir. sp.) to bellow or roar forth.
clamore ~uantes ENN.*Ann.*585; exeuntis strepunt, exeuntis ~unt VAR.*Men.*386; identidem ~ando purgant rauim APUL.*Fl.*17; PAUL.*Fest.*p.30M;—(*of the voice*) clamant..puellae, 'redde meum!' toto uoce ~ante foro OV.*Ars* 3.450;—(*applied to things*) ~at caelum fremitu uirum PL.*Am.*233; clamore et sonitu colles resonantes ~unt PAC.*trag.*223. **b** recipit..fidem deum ~antem dominum APUL.*Met.*9.20;—identidem ~aui 'non non' 7.3.

boōpis, *f. adj.* [Gk. βοῶπις] Having large eyes.
ab his (*sc.* bubus) dici pleraque magna, ut..~in VAR.*R.* 2.5.4.

Boōtēs ~ae or ~ī, *m.* FORMS: *~i* (dat.) CIC.*N.D.*2.110.
The constellation Bootes (= ARCTOPHYLAX).
Arctophylax, uulgo qui dicitur esse ~es CIC.*Arat.*96; Q.CIC.*poet.*20; tardum..ante ~en CATUL.66.67; OV.*Ars* 2. 55; SEN.*Med.*315; PLIN.*Nat.*18.202; Actaeus..~es V.FL.2. 68; MART.8.21.3; STAT.*Theb.*10.328;—(*used loosely as equiv. to* Arctos) LUC.10.289.

boreās ~ae, *m.* [Gk. βορέας]
1 The north wind; also, the wind that blows from north-north-east. **b** the region or quarter from which the north wind blows, the north.
saeui ~ae CATUL.26.3; ~ae penetrabile frigus VERG.*G.* 1.93; Alpini ~ae..inter se certant *A.*4.442; OV.*Met.*15.471; LUC.5.543; STAT.*Silv.*5.1.82; GEL.2.22.9;—(*w.* uentus) cum uento ~a domo profectus eo peruenisset NEP.*Milt.*2.4;—a septentrionibus septentrio, interque eum et exortum solstitialem aquilo, aparctias et ~as dicti PLIN.*Nat.*2.119. **b** diffugiunt..in ~an Caurumque VERG.*G.*3.278; HOR.*Carm.*3.24.38; ad Arctos..spectat ~amque Peloros OV.*Met.*13.727; inter ~an ortumque aestate nitentem MAN. 4.646; LUC.8.813; CALP.*Ecl.*1.75; trans ~an Thracasque STAT.*Theb.*3.288; APUL.*Mun.*1.

2 The god of the north wind.
~ae de gente suprema VERG.*A.*10.350; PROP.2.26.51; si satis es raptae, ~a, memor Orithyiae OV.*Am.*1.6.53; SEN.*Med.*231; HYG.*Fab.*pr.15.

borēus ~a ~um, *a.* [Gk. βόρειος] Northern.
uita..peragenda sub axe ~o OV.*Tr.*4.8.41; polus is qui ~us appellatur HYG.*Astr.*1.5.

boria ~ae, *f.* [Gk.] A kind of jasper.
PLIN.*Nat.*37.116.

borriō ~īre, *intr.* [perh. of onomat. origin] To swarm.
arbori ficulneae, cuius in ipso carioso stipite..formicarum nidificia ~iebant APUL.*Met.*8.22.

Borysthenēs ~is, *m.* A Scythian river, the modern Dnieper.
VITR.8.2.6; MELA 2.6; CURT.6.2.13; flumen ~es lacusque et gens eodem nomine PLIN.*Nat.*4.82; GEL.9.4.6.

Borysthenidae ~ārum, *m. pl.* The people inhabiting the territory adjacent to the river Dnieper.
gloria ad hibernos lata ~as PROP.2.7.18.

Borysthenius ~a ~um, *a.* *~us amnis*, The river Dnieper.
cum..~o liquidissimus amne Dyrapses OV.*Pont.*4.10.53.

bōs bouis, *m., f.* [Umb. *bum, bue*; cf. Skt. *gāuḥ*, Gk. βοῦς] FORMS: nom. sg. *bus* VAR.*L.* 8.74, *bouis* VAR.*Men.*3, PETR.62.13; abl. sg. *bouid CIL* 11.4766; gen. pl. *boum*; also *bouerum* CATO *Agr.*62, VAR.*L.*8.74; *bouum* (*bouom*) VAR.*L.*9.33, *R.*2.5.6, QUINT.*Inst.*2.17.19, FEST. p.237M; *bubum* ULP.*dig.*32.1.55.6; dat. and abl. pl. *bubus*; also *bobus* VAR.*L.*5.143, HOR. *Carm.*3.6.43 and elsewhere in MSS.

1 A bovine animal, (pl.) cattle. **b** (masc.) an ox or bull. **c** (fem.) a cow; also, *bos femina*.
an ruri, quaeso, non sunt quos cures boues? PL.*Mos.*35; pecori et bubus diligenter substernatur CATO *Agr.*5.7; iunctis bobus, tauro et uacca VAR.*L.*5.143; mugit bouis, ouis balat *Men.*3; CIC.*Ver.*3.199; LUCR.6.1131; corpora..ipsa boum frondoso desere luco VERG.*G.*4.543; PROP.4.1.8; bubus Ioui trecentis, multis aliis diuis bubus albis LIV. 22.10.7; quid meruere boues, animal..natum tolerare labores? OV.*Met.*15.120; in prato quondam rana conspexit bouem PHAED.1.24.2; PLIN.*Nat.*11.116; FLOR.*Epit.*2.18(4. 8.3); boum (est) mugire SUET.fr.161(p.249Re); ULP.*dig.* 21.1.38.6;—(*as the form in which fines were payable in early times*) multae..dictione ouium et boum CIC.*Rep.*2.16; poena..triginta boum FEST.p.237 M. **b** Cyprio boui merendam ENN.*var.*26; erus meus me Eretriam misit, domitos boues uti sibi mercarer PL.*Per.*259; cretatum..bouem duc ad Capitolia magna LUCIL.1145; CIC.*Att.*7.7.7; procumbit humi bos VERG.*A.*5.481; HOR.*S.*2.1.55; bos in agro Romano locutus LIV.28.11.4; cernis ut in duris (et quid boue firmius?) aruis fortia taurorum corpora frangat opus OV.*Pont.*1.4.11; bos quoque immolatur, quoniam Aegyptii Apin colunt TAC.*Hist.*5.4; JUV.10.66;—(*of mythological beings*) CIC.*N.D.*1.82; semibouemque uirum semiuirumque bouem (*i.e. the Minotaur*) OV.*Ars* 2.24; per Niliacae bouem iuuencae (*i.e. Osiris*) MART.8.81.2;—(*w.* falsus, *of the brazen bull of Phalaris*) qui falsum lento torruit igne bouem OV.*Tr.*3.11.40;—(*astr.*) cum iam flectant Icarii sidera tarda boues PROP.2.33b.24; cur serus uersare boues et plaustra Bootes 3.5.35;—(*facet.*) ubi uiuos homines mortui incursant boues (*i.e. whips made of oxhide*) PL.*As.*35; caue sis a cornu—quid iam?—quia boues bini (*i.e. the price of them*) hic sunt in crumina'—emitte sodes, ne enices fame *Per.*317;—(*prov.*) clitellae boui sunt inpositae: plane! non est nostrum onus *Inc.pall.*66; 'non nostrum' inquit 'onus: bos clitellas' QUINT.*Inst.*5.11.21. **c** ut ego me ruri amplexari mauelim patulam bouem PL.*Truc.*277; optima toruae forma bouis VERG.*G.*3.52; intactas boues HOR.*Epod.*9.22; PROP.4.9.16; bos tibi..occurret..nullum passa iugum curuique immunis

aratri Ov.*Met.*3.10; Cadmum lassamque bouem fetosque cruenti Martis agros Stat.*Theb.*8.231;—(*of mythological beings*) clipeum..Io auro insignibat, iam saetis obsita, iam bos Verg.*A.*7.790; (Pasiphae) induit abiegnae cornua falsa bouis Prop.3.19.12; (*cf.*) faciem turpi dedecorare boue (*i.e. the form of a cow*) 3.22.36;—tauris datur plus cibi.. feminis bubus demitur Var.*R.*2.1.17; Tac.*Ger.*40.3.

2 (applied to various animals thought to be akin to, or to resemble, oxen). (*the reindeer, incorrectly described*) est bos cerui figura, cuius a media fronte inter auris unum cornu exsistit Caes. *Gal.*6.26.1;—(*w.* ferus, siluestris; *the wild ox or bison*) nec uros aut bisontes habuerunt Graeci in experimentis, quamquam boue fero refertis Indiae siluis Plin.*Nat.*28.159; e boue siluestri nigro 28.256;—(*w.* Indicus; *prob. the rhinoceros*) Indicos boues unicornes tricornesque 8.72.

3 (w. Lvca) An elephant.

4 A kind of fish, perh. the Horned Ray or Ox-ray, *Cephaloptera giorna.* scombrique bouesque Ov.*Hal.*94; Plin.*Nat.*9.78; 32.152.

boscis ~idis, *f.* [cf. Gk. βοσκάς] A kind of water-fowl, prob. the teal. Col.8.15.1.

Bosp(h)orānus ~a ~um, *a.* Of or connected with the kingdom of Panticapaeum or the Crimea; (sb.) an inhabitant of this kingdom. in ~o tractu V.Max.7.6.6; ~o..bello Tac.*Ann.*12.63;—Mithridates ~us 12.15; (*pl.*) Cic.*Man.*9; Tac.*Ann.*12.16.

Bosp(h)oricus ~a ~um, *a.* Of or connected with the (Cimmerian) Bosphorus. mare ~um Gel.17.8.16.

Bosp(h)orius ~a ~um, *a.* Of or connected with the (Thracian or Cimmerian) Bosphorus. cur hanc Saturnia..egerit Ionio ~oque mari Ov.*Tr.*2.298.

Bosp(h)orus (or ~os) ~ī, m.

1 (w. *Thracius*) The Thracian Bosphorus, i.e. the Strait between the Sea of Marmora and the Black Sea; (w. *Cimmerius*) the Cimmerian Bosphorus, i.e. the Strait between the Black Sea and the Sea of Azov. **b** the Thracian Bosphorus. **c** the Cimmerian Bosphorus. ~um unum Thracium, alterum Cimmerium Var.*R.* 2.1.8; Mela 1.7; (*cf.*) ~os duos Plin.*Nat.*2.205. **b** Plin. *Nat.*6.4; V.Fl.4.345;—(*typifying remote and dangerous seas*) uisam gementis litora ~i Hor.*Carm.*2.20.14; 3.4.30. **c** Ov.*Tr.*3.4.49; Curt.7.6.12; Luc.5.436.

2 The city of Panticapaeum, now Kerch, on the Cimmerian Bosphorus, or the kingdom of which it was the capital. Cic.*Mur.*34; *B.Alex.*78.2; Prop.3.11.68; Plin.*Nat.*4.78; Tac.*Ann.*12.15.

Bostrēnus ~a ~um, *a.* Of or connected with Bostra, now Bozra, a town in Arabia Petraea. (*masc. as sb.*) Cic.*Q.fr.*2.10.3.

bostrychītis ~idis, *f.* [Gk.] A kind of precious stone. ~in Zoroastres crinibus mulierum similiorem uocat Plin. *Nat.*37.150; 37.191.

botanē: for *hiera botane* see hieros.

botanismos ~ī, *m.* [Gk. βοτανισμός] Weeding. postea pauci runcant— ~on uocant Plin.*Nat.*18.169.

botellus ~ī, *m.* [as botvlvs+-ellvs] A small sausage. Mart.5.78.9; 11.31.13; *CIL* 4.5380.

bothȳnus ~ī, *m.* [Gk. βόθυνος] A 'trench' or 'pit' (as the name of a meteorological phenomenon). flammae..quas Graeci cometas et docidas et ~os appellant Apul.*Mun.*3; 16.

botryītis ~idis or ~idos, *f.* [Gk. βοτρυῖτις] Orthog.: *botruitidis* (gen.) Cels.6.6.6.

1 *cadmia* ~*is*, Cluster-shaped oxide of zinc. cadmiae ~idis elotae Cels.6.6.6; interior (cadmea) optuma, camaris dependens et ab eo argumento ~is nominata Plin.*Nat.*34.101; Larg.24.

2 A kind of precious stone. ~is alia nigra est, alia pampinea, incipienti uuae similis Plin.*Nat.*37.150.

botryō(n)[1] ~ōnis, *m.* [cf. Gk. βότρυς] A bunch of grapes. nec dignam toto se ~one putat Mart.11.27.4.

botryon[2], *n.* [Gk. βότρυον] A kind of medicine. Aeschines Atheniensis excrementorum cinere anginis medebatur..hoc medicamentum uocabat ~on Plin.*Nat.* 28.44.

botrys (~yos), *m.* [Gk. βότρυς] See artemisia[2].

botulārius ~(i)ī, *m.* [botvlvs+-arivs] A sausage-seller. ~ium et crustularium et omnes popinarum institores Sen.*Ep.*56.2.

botulus ~ī, *m.* [prob. borrowed from Osc. or Umb.; from *gᵘot- (cf. Goth. *qiþus*)+-vlvs] A black pudding. Laber.*com.*80[1](Gel.16.7.11); tomacula cum ~is effusa sunt Petr.49.10; Mart.14.72.1; Paul.*Fest.*p.35M.

boua: see boa.

bouārius: see boarivs.

bouātim, *adv.* [bos+-atim] After the manner of cattle. Nigid.*gram.*22.

Boudicca ~ae, *f.* A queen of the Iceni, who led a revolt against the Romans in a.d. 61. Tac.*Ag.*16.1; *Ann.*14.31.

Bouiānius ~a ~um, *a.* Of or connected with Bouianum. ~a..lustra Sil.8.564.

Bouiānum ~ī, *n.* The name of two towns in Samnium; one the modern Bojano, the other (~*um Vetus*) a place near the modern Agnone. Samnitium..coloniae ~um Vetus et alterum cognomine Vndecumanorum Plin.*Nat.*3.107;—Cic.*Clu.*197; Liv.9.28. 1;—10.12.9.

bouīlis ~is ~e, *a.* [bos+-ilis[2]] Orthog.: *bobile* Hyg.*Fab.*30.7.

1 Of or connected with cattle. stercus ~e Hyg.*Fab.*30.7.

2 (neut. as sb.) A stall for cattle (cf. bvbile). Cato *orat.*230; opportuno se ~i condidit Phaed.2.8.4; —(*discountenanced by Varro*) cum dicatur ut ab oue et sue ouile et suile, sic a boue ~e non dicitur Var.*L.*8.54; 9.50.

Bouillae ~ārum, *f. pl.* A town of Latium, about twelve miles from Rome along the Appian Way. suburbanae..~ae Prop.4.1.33; Liv.10.47.4; Ov.*Fast.*3. 667; Plin.*Nat.*3.63; Tac.*Ann.*2.41.

Bouillānus ~a ~um, *a.* Of or connected with Bovillae. ~a uicinitas Cic.*Planc.*23; post pugnam ~am *Att.*5.13.1.

Bouillensēs ~ium, *m. pl.* The inhabitants of Bovillae. *CIL* 14.2409; cvratore reipvblicae ~ivm 14.2410.2.

bouillus ~a ~um, *a.* [*bouinus+-lvs] Of or consisting of cattle. ex suillo ouillo caprino ~o grege *formula* in Liv.22.10.3.

bouīnātor ~ōris, *m.* [dub.] (uncertain, perh. to be explained as 'one who rails or reviles', cf. bovinor). si tricosus, ~orque ore inprobus duro..Lucil.417; Gel. 11.7.9; non..Lucilium..legistis, qui tergiuersatorem ~orem dicit? 11.7.9.

bouīnor ~ārī: (see quot.). ~atur conuiciatur Paul.*Fest.*p.30M.

bouō: see boo.

brabeuta ~ae, *m.* [Gk. βραβευτής] An umpire. ~arum more in stadio humi assidens Suet.*Nero* 53.1.

brabilla ~ae, *f.* [cf. Gk. βράβυλος] (perh.) The sloe. ~a spissandi uim habet cotonei mali modo, nec amplius de ea tradunt auctores Plin.*Nat.*27.55.

brācae ~ārum, *f. pl.* Also **brāca** ~ae. [Gall.] Breeches, trousers. Lucil.409; Galli ~as deposuerunt, latum clauum sumpserunt *Vers.pop.* in Suet.*Jul.*80.2(*poet.*p.92); uirgatis..~is Prop.4.10.43; sutis arcent mala frigora ~is Ov.*Tr.*3.10.19; laxis..~is Luc.1.430; *Priap.*46.5; Sarmaticis..~is V.Fl. 5.424; Tac.*Hist.*2.20; Juv.2.169;—(*sg.*) Persica ~a Ov.*Tr.* 5.10.34.

Brācarī ~ōrum, *m. pl.* A people of northwest *Hispania Tarraconensis.* ~um xxiiii ciuitates Plin.*Nat.*3.28; Durius amnis.. Turdulos a ~is arcens 4.112; iisdem alis et cohortibvs qvinqve i lemavorvm et i ~or *A.Epig.*53.74.12.

Brācarus ~a ~um, *a.* Of the Bracari. m. flavio..sabino..sacerdoti convent ~i flamini *CIL* 2.4215.7.

brācātus ~a ~um, *a.* [bracae+-atvs[2]]

1 Wearing breeches or trousers. **b** (as ep. of the part of Gaul subsequently called narbonensis; (masc. pl.) its inhabitants). Cic.*Font.*33; ~is et Transalpinis nationibus *Fam.*9.15.2; ~i militis arcus Prop.3.4.17; ~a..turba Getarum Ov.*Tr.* 4.6.47; ~is inlita Medis porticus Pers.3.53; (*in extended sense*) (Satarchae) totum ~i corpus Mela 2.10; (*cf.*) ~ae cognationis dedecus Cic.*Pis.*53. **b** pars (*sc.* Galliae) Nostro mari adposita (fuit aliquando ~a nunc Narbonensis) Mela 2.74; Plin.*Nat.*3.31;—dicerem stultos, nisi idem ~i sensissent, quod palliatus Pythagoras credidit V.Max.2.6. 10; Juv.8.234.

brāc(c)hiāle ~is, *n.* [next] A bracelet, armlet. si quis in ~i habeat (antirrinum) Plin.*Nat.*25.129; 28.82; 28.261; 32.8.

brāc(c)hiālis ~is ~e, *a.* [bracchivm+-alis] Of or connected with the arm(s). condamus alter alterum..in neruom ~em Pl.*Poen.*1269; —(*w. ref. to size*) papyrum..~i radicis obliquae crassitudine Plin.*Nat.*13.71; 17.123.

brāc(c)hiātus ~a ~um, *a.* [bracchivm+-atvs[2]]

1 (of trees) Having branches, branched. alii capitatas uineas, alii ~as magis probant Col.5.5.9; alia (*i.e. some trees*) ab radice ~a (*sc.* sunt), ut ulmus Plin. *Nat.*16.123;—(*w. ellipsis of* uinea) in ~is plerumque fit, ut.. cornibus boum ramuli uitium defringantur Col.5.5.12.

2 (mil.) Wearing bracelets. de nvmero eqvitvm ~orv⟨m⟩ *CIL* 5.8760.

brāc(c)hiolum ~ī, *n.* [next+-olvm] Orthog.: *braciola CIL* 4.5296. (affect.) A little arm. mitte ~um teres, praetextate, puellulae Catul.61.174; collo complexa tenere ~a *CIL* 4.5296.

brāc(c)hium ~(i)ī, *n.* [cf. Gk. βραχίων] Orthog.: *bracio CIL* 1.583.52 (123/122 b.c.); *braccium* Pac.*trag.*186; *bracchis* (= *brac(c)hiis*) *CIL* 9.3018.

1 The forearm, from elbow to hand. ~io..quod constat ex ossibus duobus Cels.8.1.19; ut cum ..recedit..in ~io radius a cubito 8.11.1;—(*dist. from* lacertus) ~ia..ualidis ex apta lacertis Lucr.4.829; Ov.*Met.* 14.305; (feminae) nudae ~ia ac lacertos Tac.*Ger.*17.3.

2 The arm, from shoulder to hand. **b** (as used in particular gestures or actions). **c** (as a standard of measurement). **d** (in various fig. applications); (esp.) ~*ia dare, praebere* (+dat.), to surrender (to); *molli* ~*io*, gently; *leui* ~*io*, easily, slackly. porge ~ium Pl.*Mer.*883; suspensum in laeuo ~io ostendo ungulum Pac.*trag.*64; ut ~ia..atque umeri ad sustinenda arma liberi ab aqua esse possent Caes.*Gal.*7.56.4; Aegaeon ..centum cui ~ia dicunt centenasque manus Verg.*A.* 10.565; non ~ium absolvam consulem ex tam ancipiti proelio submouit Liv.4.28.8; Stat.*Theb.*9.269; ~iorum uenas Torquatus interscidit Tac.*Ann.*15.35;—(*of a statue*) ~a Praxitelae, pectus Polycletium *Rhet.Her.*4.9; Ulp.*dig.*10. 4.7.2. **b** (*in supplication*) leuia protendens ~ia Catul. 66.10; [Tib.]3.4.64;—(*in embraces*) ter conatus ibi collo dare ~ia circum Verg.*A.*2.792; Hor.*Carm.*3.9.2; numquam.. cubares, candida tam foedo ~ia fusa uiro Prop.2.16.24; —(*in oratorical gestures*) ~ium procerius proiectum quasi quoddam telum orationis Cic.*de Orat.*3.220; ~ium in latus iactant Quint.*Inst.*4.2.39;—(*in lamentation*) centum populi ~ia pulsent Sen.*Her.O.*1876; te..patrum gemitus superantem et ~ia matrum Stat.*Silv.*2.1.23;—(*in various forms of physical exercise*) non est mirum simulacra moueri ~iaque in numerum iactare et cetera membra Lucr.4.769; qui.. lembum remigiis subigit, si ~ia forte remisit Verg.*G.*1.202; si uox est, canta; si mollia ~ia, salta Ov.*Ars* 1.595; ad Haemonias detorquet ~ia terras (Thetis) Stat.*Ach.*1.98. **c** ~ium crassam (uineam) Cato *Agr.*49.1; in quibus (imaginibus) digitus ~ii mensuram et crassitudinem excederet Sen.*Nat.*1.16.2; Col.5.9.10. **d** soluere ista quid aliud est quam..in uentum iactare ~ia? Sen.*Nat.*7.14.1; ille..numquam derexit ~ia contra torrentem Juv.4.89;—cum rudis urgenti ~ia uicta dedi Prop.4.3.12; praebuerim sceleri ~ia nostra tuo Ov.*Ep.*7.126;—quod me quodam modo molli ~io de Pompei familiaritate obiurgas Cic.*Att.* 2.1.6;—consules qui illud leui ~io egissent 4.17.3(16.6).

3 (of animals) A fore-limb; (of crabs, scorpions, etc.) a claw. **b** (of polyps, etc.) a tentacle. leoni in feminum et ~iorum ossibus paucis exigua admodum (medulla) Plin.*Nat.*11.214; 11.246;—(*facet.*) uel elephanto in India, quo pacto ei pugno praefregisti ~ium. — quid, '~ium'? — illud dicere uolui, 'femur' Pl. *Mil.*26;—concaua litoreo si demas ~ia cancro Ov.*Met.* 15.369; eorum (*sc.* insectorum) solus..~ia habet (scorpio) Plin.*Nat.*11.100; 32.149;—(*of constellations*) ipse tibi iam ~ia contrahit ardens Scorpius Verg.*G.*1.34; Cancri ~ia Ov.*Met.*4.625. **b** cetero per ~ia uelut acetabulis dispersis haustu quodam adhaerescunt (polypi) Plin.*Nat.*9.85; (nautilos) prima duo ~ia retorquens..ceteris subremigans ~iis 9.88; 29.53; 32.12.

4 (of trees, vines, etc.) A branch, shoot. uitem..sub ~ia unguito Cato *Agr.*95.2; pinea ~ia cum trepidant Sept.*poet.*11.1; quatientem ~ia..quercum Catul.64.105; late fundentes ~ia betae *Mor.*72; ramos et ~ia tendens (aesculus) Verg.*G.*2.296; Ov.*Met.*14.630; uel unum flagellum si macrior uitis erit..~io cuique submittito Col.4.24.8; Plin.*Nat.*16.151; V.Fl.8.114; rapiunt antiqua procellae ~ia siluarum Stat.*Theb.*1.362;—(*w. defining gen.*) (cuci) differt (*sc. from the palm-tree*) quod in ~ia ramorum spargitur Plin.*Nat.*13.62.

5 (applied to various objects resembling an arm): **a** (naut.) A yard-arm. **b** an arm of a ballista or catapult. **c** a leg of a pair of compasses. **a** iubet..intendi ~ia uelis Verg.*A.*5.829; V.Fl.1.126; lataque ueliferi porrexit ~ia mali Stat.*Silv.*5.1.244; Amp. 8.5. **b** ~ia..aequaliter et pariter utraque plagam mittere debent Vitr.1.1.8; 10.10.5. **c** primus et ex uno duo ferrea ~ia nodo uinxit Ov.*Met.*8.247.

6 A projecting piece of land; a spur or arm (of a mountain range); (poet., of projecting arms of the sea). **b** one or other of the two moles or piers on either side of a harbour. **c** a branch of an aqueduct. est sinus Haemoniae curuos falcatus in arcus; ~ia procurrunt Ov.*Met.*11.230;—quieti subdita montanae ~ia

Dalmatiae *Pont.*2.2.76; ubi (Taurus) ~ia emittit subinde temptanti maria similis PLIN.*Nat.*5.98;—nec ~ia longo margine terrarum porrexerat Amphitrite OV.*Met.*1.14. **b** gemino dimittunt ~ia muro turriti scopuli VERG.*A.*3.535; huius (portus) sinistrum ~ium firmissimo opere munitum est, dextrum elaboratur PLIN.*Ep.*6.31.15; JUV.12.76; SUET. *Cl.*20.3. **c** AQVAM..ADIECTA STRVCTVRA SPECVS ET PVTEORVM NOVIS ~IS AMPLIATAM *CIL* 9.3018.

7 (mil.) An outwork, esp. one connecting two fortified points, a line of fortification, rampart.

~ium..ab eo loco ad quem peruenerat usque ad eum unde egressus erat iubet derigi *B.Afr.*38.2; Caesar..~ium ad pontem ducere coepit *B.Hisp.*5.3; scandam ego Theseae ~ia longa uiae PROP.3.21.24; superato ~io in urbem penetrat LIV.38.5.8; LUC.3.387; STAT.*Theb.*5.278; FRON.*Str.*3. 17.5.

brācilis ~is ~e, *a.* [app. BRACAE+-ILIS[1], cf. late L. *brācile* (girdle)] (app.) Designed to be worn with trousers.

tun⟨ica⟩m et pannos ~es *P.Mich.*467.5; ut mitta⟨s⟩.. tunicam ~em cum bracis meis 467.21.

? **bracis.** [Gall.] (See quot.)

Galliae..suum genus farris dedere, quod illic ~em uocant, apud nos scandalam, nitidissimi grani PLIN.*Nat.* 18.62.

Bracmānī ~ōrum, *m. pl.* Also **Bragmānae.** The Brahmins (regarded by ancient authors as a race, or group of races, in India).

PLIN.*Nat.*6.64; APUL.*Fl.*15.

bract-: see BRATT-.

? **bradys,** *a.* [Gk. βραδύς] Slow, deliberate.

(*w.* in+*acc.*) senex ~ (*s.v.l.*) in regimen ENN.*Ann.*423.

branchiae ~ārum, *f. pl.* Also **branchia** ~ae. [Gk. τὰ βράγχια] The gills (of a fish).

PLIN.*Nat.*9.16; 9.175; 32.148;—(*collect. sg.*) saurorum ~am COL.8.17.12.

Branchidae ~ārum, *m. pl.* A Milesian priestly caste, 'sons of Branchus'.

CURT.7.5.28; PLIN.*Nat.*5.108.

Branchidēs ~ae, *m.* A surname of Apollo.

MELA 1.86.

Branchus ~ī, *m.* A protégé of Apollo, the eponymous founder of the BRANCHIDAE.

STAT.*Theb.*3.479; 8.198; MAUR.1887.

brassica ~ae, *f.* [dub.] A cabbage.

apponunt rumicem, ~am, betam, blitum PL.*Ps.*815; ~a est quae omnibus holeribus antistat CATO *Agr.*156.1; duplex ministerium praeberi ut e..~a ceram et cibum VAR.*R.* 3.16.25; PROP.4.2.44; aluum mouent..~a, si subcruda est, lactuca CELS.2.29.1; COL.6.6.1; MART.13.17.2; ~a a praesecando est dicta PAUL.*Fest.*p.31M;—(*phr.*) EQVES NATVS ROMANVS INTER BETA⟨M⟩ ET ~A⟨M⟩ *CIL* 4.4533;—(*w. adj., of specific varieties*) de ~a Pythagorea CATO *Agr.*157; ~a erratica maximam uim habet 157.12; ~a siluestri PLIN.*Nat.* 1.20.36; marina ~a 1.20.38;—(*pl.*) de omnibus ~is nulla est illius modi medicamento CATO *Agr.*157.2; inter siluestres ~as et lapsana est PLIN.*Nat.*20.96.

brastēs, *m.* [Gk. βράστης] (as the name of a kind of earthquake) Heaving, a 'heaver'.

(terrae motus) qui subsiliunt excutientes onera et recuperantes directis angulis, ~ae uocitantur APUL.*Mun.*18.

brathy ~ys, *n.* [Gk. βράθυ] Savin, *Juniperus sabina.*

herba Sabina ~y appellata a Graecis duorum generum est, altera tamarici folio similis, altera cupresso PLIN.*Nat.* 24.102; LARG.154.

brattea ~ae, *f.* Also **bractea.** [dub.] ORTHOG.: *bracteis* APUL.*Met.*10.30, 11.16. A thin sheet of metal (esp. of gold) or other material.

(*of gold*) simulacra..quae facile inter se iunguntur..ut aranea ~aque auri LUCR.4.727; VERG.*A.*6.209; OV.*Ars* 3.232; utpote cuius (*sc.* auri) unciae in septingenas quinquagenas pluresque ~as quaternum utroque digitorum spargantur PLIN.*Nat.*33.61; malum ~is inauratum APUL. *Met.*10.30; (*poet.*) ubi..linit Hesperium ~a uiua pecus (*i.e. the Golden Fleece*) MART.9.61.4;—(*of other metals*) idem (*sc.* coronarium)..in uncias additis auri scripulis senis praetenui pyropi ~a ignescit PLIN.*Nat.*34.94; argenteis ~is 37.105; —(*of non-metallic substances*) ut una arbor saepius ueniret excogitatae sunt et ligni ~ae 16.232; (columbina marga) ita soluitur, ut tenuissimas ~as faciat 17.46.

bratteātus ~a ~um, *a.* [prec.+-ATVS[2]] Covered with a (mere) veneer of gold, gilded.

hic (leo) impetu acer..praefertur illi languido et ~o SEN. *Ep.*41.6;—(*fig.*) omnium istorum, quos incedere altos uides, ~a felicitas est. inspice, et scies, sub ista tenui membrana dignitatis quantum mali iaceat 115.9.

bratteola ~ae, *f.* [BRATTEA+-OLVS] Gold leaf.

minor exstat sacrilegus..qui ~am de Castore ducat JUV. 13.152.

brattiārius ~(i)ī, *m.* Also **-āria** ~ae, *f.* [BRATTEA] A gold-beater.

CONCORDIAE COLLEGI ~IORVM INAVRATORVM *CIL* 6.95;— FVLVIA MELEMA..~IA 6.9211.

bratus (? **-ā-**) ~ī, *f.* [Sem., Hebr. *berōš*, etc.; cf. Gk. βράθυ] A tree resembling the cypress.

petunt..in Elymaeos arborem ~um, cupresso fusae similem PLIN.*Nat.*12.78.

bregma: (see quot.).

fiunt..semina (*sc. of the pepper-tree*) cassa et inania, quod uocant ~a, sic Indorum lingua significante mortuum PLIN. *Nat.*12.27.

Brennus ~ī, *m.* A Celtic name, esp. of: **a** The Gallic chieftain who captured Rome *c.* 390 B.C. **b** a Galatian chieftain who invaded Greece in 279 B.C.

a LIV.5.48.8; SIL.4.150. **b** CIC.*Div.*1.81; PROP.3.13.51; LIV.38.16.1.

brenthos ~ī, *m.* [Gk. βρένθος] An unidentified sea-bird.

aquaticae (aues) ~os et gauia et harpe PLIN.*Nat.*10.204.

breuiārium ~(i)ī, *n.* [BREVIS+-ARIVM] A brief account, summary statement.

haec (ratio), quae nunc uulgo ~ium dicitur, olim cum latine loqueremur, summarium uocabatur SEN.*Ep.*39.1; hoc est ~ium eius (*sc.* Pompei) ab oriente PLIN.*Nat.*7.98; —(*w. gen. expr. the subject-matter*) ut pariter omnis culturae quoddam ~ium peragatur 18.230; ~ium totius imperii SUET.*Aug.*101.4; *Gal.*12.3; *Ves.*21.1.

breuiārius ~a ~um, *a.* [BREVIS+-ARIVS] In brief form, summary.

rationibus ~is SCAEV.*dig.*33.8.26.

breuiculus ~a ~um, *a.* [BREVIS+-CVLVS] Very (rather) short or small. **b** (of time).

(*of a person*) ~um (hominem) PL.*Mer.*639;—(*of things*) ita ut fecisti in illa gnome ~a FRO.*Aur.*1.p.14(48N); 2.p.66(146N); grabatulus..~us et uno pede mutilus APUL. *Met.*1.11. **b** ne ~o quidem tempore refectos APUL.*Met.* 6.25.

breuiloquens ~ntis, *a.* [BREVIS+pple. of LOQVOR] Brief in expression, concise.

~ntem iam me tempus ipsum facit CIC.*Att.*7.20.1.

breuiloquentia ~ae, *f.* [prec.+IA] Brevity of speech, conciseness.

~am in dicendo colat CIC.*Rep.*5.11.

breuiō ~āre ~āuī ~ātum, *tr.* [next+-O[3]] To shorten; to abridge, abbreviate (speech or writing). **b** (pros.) to pronounce short.

umerorum raro decens adleuatio atque contractio est: ~atur enim ceruix QUINT.*Inst.*11.3.83;—(*w. ref. to time*) ex illa (*sc.* Libra) totidem per partes sic ~antur (signa) Lanigeri ad fines MAN.3.434;—tum paraphrasi audacius uertere, qua et ~are quaedam et exornare..permittitur QUINT.*Inst.*1.9.2; si callide quid tacuisse, ~asse, obscurasse ..dicuntur 5.13.41. **b** ~auit..secundam eius nominis syllabam QUINT.*Inst.*12.10.57.

breuis ~is ~e, *a. compar.* ~ior, *superl.* ~issimus. [cf. Gk. βραχύς]

1 Having (only) a small spatial extent: **a** (w. ref. to length) Short. **b** (w. ref. to height) low; (of trees, etc.) stunted, low; (of persons or animals) short in stature; (of stature) short. **c** (w. ref. to depth) shallow; (neut. as sb., usu. pl.) shallow water, shallows. **d** (w. ref. to width) narrow. **e** (w. ref. to area) narrow, confined, small.

a caudis..ut sint (oues) in Italia prolixis, in Syria ~ibus VAR.*R.*2.2.3; ~ibus..uiperis HOR.*Epod.*5.15; non ego captaui ~ibus tua colla lacertis OV.*Ep.*8.93; Africa..~ior est..quam Europe MELA 1.20; COL.7.12.4; optimae (apes) ~es..deteriores longae PLIN.*Nat.*11.59; ~ibus..capillis MART.5.48.7; ~iora..tela STAT.*Theb.*6.74;—(*w. abl. of resp.*) ~is pede MART.12.54.1;—(*of parts of the body, implying smallness of bulk*) ~is aluus VERG.*G.*3.80; ~e..caput HOR. *S.*1.2.89;—(*of lines of poetry*) in eis (*sc.* numeris) si paulum modo offensum est, ut..contractione ~ius fierit CIC.*de Orat.* 3.196; longis uersibus adde ~is (*i.e. pentameters*) OV.*Am.* 3.1.66; (*w. abl. of measure of difference*) si uersus pronuntiatus est syllaba una ~ior aut longior CIC.*Parad.*26;—(*cf. sense 7b*) quandocumque..~e in exiguo marmore nomen ero PROP.2.1.72;—(*neut. sg. as sb.*) (Mausoleum) patet ab austro et septentrione sexagenos ternos pedes, ~ius a frontibus PLIN.*Nat.*36.30; (*w. abl. of measure of difference*) paruo.. ~ius quam totus hinc aut illinc septentrio eremigatus 2.168. **b** ut pleraque Alpium ab Italia sicut ~iora ita arrectiora sunt LIV.21.35.10; uixque ~is tutum murus ab hoste facit OV.*Tr.*5.2.70; frons ~is MART.4.42.9;—lapathi ~is herba HOR.*S.*2.4.29; arborem ~em, retorridam, infelicem SEN.*Dial.*5.15.4;—sedebat iudex L. Aurifex ~ior ipse quam testis etiam CIC.*de Orat.*2.245; si ~is es, sedeas, ne stans uideare sedere OV.*Ars* 3.263; SEN.*Ep.*66.26; hic ~is..uenit ab auriferis gentibus Astur equus MART.14.199.1;—(*masc. as sb.*) si illos ~iores cum quibus conferuntur quam longi sint ignores VAR.*L.*10.29; (*w.* statura) ut statura ~es in digitos eriguntur QUINT.*Inst.*2.3.8;—(habuit) staturam ~em SUET.*Aug.*79.2. **c** ~ibus..uadis VERG.*A.*5.221; aliae (fistulae) ~es sunt, aliae altius penetrant CELS.5.28.12; MELA 1.102; SEN.*Ag.*572; tellus Syrtis erit; nam iam ~is unda superne innatat LUC.9.317; JUV.3.226;—tris (nauis) Eurus ab alto in ~ia et syrtis urget VERG.*A.*1.111; 10. 289; TAC.*Ann.*1.70; (*w. gen.*) Syrtis sinus est..atrox..ob uadorum frequentium ~ia MELA 1.35. **d** seducit terras haec ~is unda duas OV.*Ep.*18.142; est spatio contracta ~i ..terra (*i.e. the Isthmus of Corinth*) *Fast.*6.495; V.FL.2.614; per illam ~issimam terram quae interiacebit PLIN.*Ep.*10. 61.2;—(*in fig. phr.*) mox patuit ~e confinium artis et falsi TAC.*Ann.*4.58. **e** spatium hoc occidit: ~est curriculo PL.*St.*307; eis parmae ~iores quam equestres LIV.26.4.4; OV.*Fast.*2.137; Neritos parua ~ior Zacyntho SEN.*Tro.*856; MART.4.64.15; JUV.1.73;—(*neut. sg. as sb.*) scis (*sc.* liber) in ~e te cogi cum plenus languet amator HOR.*Ep.*1.20.8.

2 (w. pl. sb.) Occurring at short intervals, close together.

uites..~ibus nodis COL.*Arb.*3.1.

3 (of amounts, weights, etc.) Small; (where the unit is itself regarded as small) even so much as a, a mere. **b** (in compar.) a smaller amount of, less; (w. abl. of compar.) short of, less than. **c** modest, humble, slight, simple.

exigua maiores parte ~ique LUCR.5.591; quia scilicet illis maiorem natura modum dedit, his ~e pondus HOR.*S.*2.2.37; priuatus illis census erat ~is, commune magnum *Carm.* 2.15.13; summa..~iore MART.12.66.2; ~ioribus numeris QUINT.*Inst.*1.10.43; disserebat..~ibus momentis summa uerti TAC.*Ann.*5.4; etsi ~iores (usurae) debeantur, ex quo conuenit certum debitorem ULP.*dig.*49.14.6;—(*cited in an example of* abusio) uires hominis ~es sunt *Rhet.Her.*4.45;— (*neut. sg. as sb.*) est ~e praeterea, de quo mihi quaerere restat OV.*Fast.*5.369;—nullo ture litabis, haereat in stultis ~is ut semuncia recti PERS.5.121. **b** ~ior quod mihi charta perit MART.2.1.4;—unaque (pars) bis denis ~ior (*i.e.* pars undeuicesima) nocet unaque maior MAN.4.456. **c** cena ~is iuuat HOR.*Ep.*1.14.35; ne me foliis ideo ~ioribus ornes quod timui mutare modos 1.19.26; OV.*Fast.*5.654; GERM. *Arat.*304; ~e lumen candelae JUV.3.286.

4 (of journeys, routes, etc.; combining temporal w. spatial conceptions) Short, quick.

ut..quam ~issimo itinere..defluere possit (aqua) VAR.*R.* 1.51.1; equites mille uia ~iore praemisi PLANC.*Fam.*10.9.3; inde erat ~issimus in Britanniam traiectus CAES.*Gal.*4.21.3; excursus..~is temptant VERG.*G.*4.194; *A.*3.507; ~ioribus semitis LIV.38.7.3; saepe ~is nobis uicibus uia uisa loquendi OV.*Pont.*2.10.35;—(*in fig. phrs.*) tum ~ior dirae mortis aperta uia est TIB.1.10.4; TAC.*Ann.*16.17.

5 (of periods of time) Of (only) short duration, brief; (where the unit is itself regarded as short) a mere, a brief. **b** *ad (in)* ~*e tempus,* for (only) a short time; ~*i tempore (spatio),* after the lapse of, or within, (only) a short time, soon (after); also, for (only) a short time. **c** occurring after the lapse of (only) a short interval, early, speedy.

~e spatium est perferundi quae minitas mihi PL.*Capt.* 743; dicta bruma, quod ~issimus tunc dies est VAR.*L.*6.8; quamquam..adsunt Kalendae Ianuariae, tamen ~e tempus longum est imparatis CIC.*Phil.*3.2; *N.D.*1.6; LUCR.4.159; ~iores esse quam in continenti noctes CAES.*Gal.*5.13.4; SAL. *Jug.*1.1; VERG.*A.*10.467; uiue memor, quam sis aeui ~is HOR.*S.*2.6.97; OV.*Met.*1.118; TAC.*Ann.*2.5; (*cf.*) immoritur primaeuus Helix..~ibus praereptus in annis V.FL.6.571; —longo spatio ut ~is hora teratur LUCR.4.178; qui uel mense ~i uel toto est iunior anno HOR.*Ep.*2.1.44; OV.*Met.* 4.696. **b** in ~e..tempus gaudio hoc falso frui TER. *Hec.*842; uidebimur..ad ~e quoddam tempus cura et metu esse releuati CIC.*Catil.*1.31; OV.*Met.*13.528; LARG.213;— ~i tempore..Larinum reuertuntur CIC.*Clu.*24; CAES.*Gal.* 1.40.11; ~i spatio legiones numero hominum expleuerat SAL.*Cat.*56.2;—meruit et..in Cilicia, sed ~i tempore SUET. *Jul.*3. **c** ~is..dies ad conueniendum edicta est LIV.41. 10.12; ferunt Xersen..inlacrimasse, quod tot milibus tam ~is immineret occasus PLIN.*Ep.*3.7.13.

6 (neut. as sb.) A short space of time; *ad (in)* ~*e,* for (only) a short time; ~*i,* after the lapse of, or within, (only) a short space of time, soon (after); also, for (only) a short time; ~*i ante (post,* etc.) shortly before (after, etc.)

(*adv.*) ~e..risit Echionius iuuenis STAT.*Theb.*2.352;— in ~e mortalis flammas quod copia nutrit *Aetna* 439; MAN. 1.825; oculis..qui..in tenebris uiderent, sed ad ~e et cum primum e somno patuissent SUET.*Tib.*68.2;—populus quidem Romanus ~i..ius suum..recuperabit CIC.*Ver.*5. 173; *Sen.*31; CATUL.61.204; CAES.*Gal.*4.33.3; mirantur tam ~i rem Romanam creuisse LIV.1.9.9;—cunctatus..~i.. hastam..in Persea misit OV.*Met.*5.32; noua et ~i duratura libertate luxuriat CURT.10.7.11; TAC.*Ann.*13.51;—~i ante princeps senatus..tum pretium interfectoris sui ? CREM. *hist.*1; Locrenses ~i post legati..persuadent ut traduci se in Locros paterentur LIV.24.3.14; ~i deinde Britannia consularem..Cerialem accepit TAC.*Agr.*8.2; (*cf.*) fuit..Aeschylus non ~i antiquior (Euripide) GEL.13.19(18).4.

7 (of events, etc.) Lasting (only) a short time, brief, transient. **b** (of persons in a particular capacity, etc.) short-lived.

uita quam sit ~is..cogita PL.*Mos.*725; occasionem.. tam ~em TER.*Eu.*605; ut..anteponantur..diuturniora bona ~ioribus CIC.*Top.*69; *Amic.*104; CATUL.5.5; ~is hic est fructus homullis LUCR.3.914; CAES.*Gal.*5.29.1; ~em illi laetitiam qua exsultet facturum LIV.27.2.2; uocis..~issimus usus OV.*Met.*3.367; mori..~ius est, quam ut sentiri tanta uelocitas possit SEN.*Dial.*1.6.9; STAT.*Theb.*9.63; ~is et infaustos populi Romani amores TAC.*Ann.*2.41; ~e sit quod turpiter audes JUV.8.165; (*cf.*) mihi omnino iam ~is expectatio est CIC.*Fam.*14.1.6;—(*poet.*) noctes ~ibus praecipitant rotis SEN.*Phaed.*767;—(*adv1., w.* habere) onager ..hoc (*i.e. of* lalisio) infans sed ~e nomen habet MART. 13.97.2;—(*w.* tempore, cursu) ~ior tempore..castrorum oppugnatio fuit quam proelium fuerat LIV.4.47.3; haec (*sc.* luna) ~ior cursu bis senos peruolat orbes *Aetna* 232. **b** neque harum..arborum te..ulla ~em dominum sequetur HOR.*Carm.*2.14.24; Ithaco obtigisti praeda nolenti. ~is SEN.*Tro.*980; cari deliciae ~es patroni MART.6.28.3; (*w.* aeuo) ~IS AEVO *CIL* 11.3194;—(*of flowers*) neu uiuax apium neu ~e lilium HOR.*Carm.*1.36.16; 2.3.13; imitata ~is Punica grana rosas MART.1.43.6;—(*w. abst. sb.*) te.. honor..aeternus annalium, non haec ~is..praedicatio colit PLIN.*Pan.*54.2.

8 (of speeches, writings, etc.) Taking (only) a short amount of time, comprising (only) a

few words, etc., brief, short. **b** (neut. as sb.) a short speech, etc., a few words; ~*i* or *in* ~*i*, in a few words, briefly. **c** (of speakers or writers) using (only) a few words, etc., brief.

(*speeches, etc.*) ~em orationem incipisse PL.*Capt.*214; *Mer.*1007; ego contra ~em postulationem adfero CIC. *S.Rosc.*7; *Off.*2.20; ducum inter se ~is sermo secutus est TAC.*Ann.*15.17;—(*w. second sup.*) quae..accusatores conlegerint..quam ~ia responsu! CIC.*Clu.*164;—(*writings*) etiam si tam ~is epistulas uellem mittere quam tu soles *Att.*1.19.1; ~e..edictum est 6.1.15; ~ibus uoluminibus iudicaui scribere VITR.5.pr.5; OV.*Tr.*5.7.7; MART.1.45.1. **b** longum est ea dicere, sed hoc ~e dicam CIC.*Sest.*12; quid scribam aut quid uelim? ~e faciam *Att.*11.7.6; erant (*sc.* in libro)..de singulis rebus in ~e coactae causae LIV.39.47.5; —te apsoluam ~i PL.*Epid.*466; VAR.*L.*10.79; cuius ego temporis rationem explicabo ~i CIC.*Planc.*95; ad ea..quae requiris ~i respondebo *Att.*14.9.1; LIV.22.60.6; fabularum cur sit inuentum genus, ~i docebo PHAED.3.pr.34;—haec arbitror, ut in ~i, de ordine fuisse dicenda QUINT.*Inst.* 9.4.32. **c** his..de rebus sol me ille admonuit, ut ~ior essem CIC.*de Orat.*3.209; *Att.*2.25.2; ~iorem me duae res faciunt PLANC.*Fam.*10.7.1; oportet..nos in hac (epistula).. ~es esse PLIN.*Ep.*4.5.4.

9 (of style, etc.) Compressed, concise. **b** (of speakers or writers) characterized by a compressed style, concise.

Homerus ~em..eloquentiam Menelao dedit QUINT.*Inst.* 12.10.64. **b** ut, cum se ~es putent esse, longissimi sint CIC.*Inv.*1.28; (Philistus) acutus, ~is, paene pusillus Thucydides *Q.fr.*2.11.4; ~is esse laboro, obscurus fio HOR. *Ars* 25; STAT.*Silv.*4.7.55; densus et ~is et semper instans sibi Thucydides QUINT.*Inst.*10.1.73;—(*w.* in dicendo *or sim.*) uir..in dicendo ~is CIC.*Brut.*169; (Alcaeus) in eloquendo quoque ~is QUINT.*Inst.*10.1.63.

10 (pros.) Short in metrical quantity. **b** (fem. as sb.) a short syllable.

~is syllaba LUCIL.352; cum ⟨E⟩ ~i dici Philomede⟨s⟩.. cum E longo Heraclide VAR.*L.*8.68; indoctus dicimus ~i prima littera, insanus producta CIC.*Orat.*159; syllaba longa ~i subiecta uocatur iambus HOR.*Ars* 251; OV.*Pont.*4.12.12; QUINT.*Inst.*9.4.136; GEL.16.18.5. **b** cretico, qui est ex longa et ~i et longa CIC.*de Orat.*3.183; *Orat.*191; QUINT. *Inst.*9.4.34; e ~ibus quotiens longae redduntur MAUR.1011.

breuitās ~ātis, *f.* [prec.+-TAS]

1 Shortness of spatial distance; a shortening; narrowness (of extent or area). **b** shortness of stature; (of trees) stunted size.

propter ~atem altitudinis ad mundum VITR.6.1.6; Hispano..(gladii erant) ~ate habiles LIV.22.46.5; STAT. *Theb.*6.878; ~as tam angusti fretus GEL.10.26.6;—(*quasi-concr.*) quarum (*sc.* uirgularum) ~ates aut crescentias cuneorum adiectus aut exemptus..perficere cogit VITR. 9.8.6;—menstruae dierum ~ates itemque dilatationes (*i.e. on the sundial*) 9.7.1;—quod spati ~itas..non multum ad summam uictoriae iuuare poterat CAES.*Civ.*1.82.3. **b** hominibus Gallis prae magnitudine corporum suorum ~as nostra contemptui est CAES.*Gal.*2.30.4; haec habilis ~ate suast OV.*Am.*2.4.35;—et chamaeplatani uocantur coactae ~atis PLIN.*Nat.*12.13; 23.165.

2 Smallness of size or quantity, (quasi-concr.) small bulk or compass. **b** (app.) fewness.

in eadem una cuiusuis (seminis) iam ~ate LUCR.2.483; VITR.8.2.4; ista inbecillior aequipondii ~as maiorem uim ponderis..deducens 10.3.4;—(*pl.*) guttae eae, quae residebunt, propter ~ates non possunt colligi 7.8.2. **b** et ~as (*s.v.l.*) ipsa commeantium metum mihi cumulabat APUL. *Met.*1.19.

3 Short duration, brevity, shortness; (quasi-concr.) a short period of time, short span. **b** shortness of life.

~atem uitae CIC.*Mil.*97; ut..~ate temporis tam pauca cogerer scribere *Att.*1.10.1; *Tusc.*5.88; quarum rerum magnam partem temporis ~as..impediebat CAES.*Gal.*2. 20.2; omisisset offensas an distulisset ~ate imperii in incerto fuit TAC.*Hist.*1.47;—omnis nimia potentia saluberrime in ~atem constringetur SEN.*Con.*7.8.1; (*w. defining gen.*) diei ~as conuiuiis..continebatur CIC.*Ver.*5.26; brumales horarum ~ates VITR.9.8.15. **b** in eadem propemodum ~ate qua illae bestiolae reperiemur CIC.*Tusc.*1.94; SI QVIS..HOMINEM..LABORET METIRI ~ATE SVA *CIL* 8.212.

4 (of speeches or writings) Shortness, brevity. **b** (rhet.) brevity of style, conciseness, terseness.

nolite..iudices, ~ate orationis meae potius quam rerum ipsarum magnitudine crimina ponderare CIC.*Ver.*1.42; ~ate epistulae scire poteris eum ualde esse distentum BALB.*Att.* 9.13a.1; CAES.*Att.*9.6a. **b** ~as est cum nisi necessarium nullum assumitur uerbum CIC.*Inv.*1.32; *Har.*41; *Leg.*3.40; est ~ate opus, ut currat sententia HOR.*S.*1.10.9; si non ingenium, certe ~atem adproba PHAED.4.epil.; MART.8.29.1; uitandast etiam illa Sallustiana..~as QUINT.*Inst.*4.2.45; imperatoria ~ate TAC.*Hist.*1.18; PLIN.*Ep.*1.16.4;—(*w. gd.*) quod ut demonstretur..a ~ate praecipiendi remotum est CIC.*Inv.*2.164; neque minus concinnus in ~ate respondendi quam in perpetua oratione ornatus NEP.*Ep.*5.1.

5 (pros.) Short quantity, shortness.

~ate eiusdem litterae *Rhet.Her.*4.29; ~ate et celeritate syllabarum labi putat uerba procliuius CIC.*Orat.*191; fluit.. numerus..incitatius ~ate pedum *Orat.*212; MAUR.181; —(*pl.*) omnium longitudinum et ~atum in sonis..iudicium ipsa natura in auribus nostris conlocauit CIC.*Orat.*173.

breuiter, *adv. compar.* ~ius, *superl.* ~issimē. [BREVIS+-TER²]

1 For or to (only) a short distance; so as to constitute a small distance, area, or bulk, narrowly.

erecto..polo ~ius non adplicat (Titan) umquam candentis currus GERM.*Arat.*479;—(*in ellipt. expr.*) cum.. Sarmatae omisso arcu, quo ~ius ualent, contis gladiisque ruerent TAC.*Ann.*6.35;—locos appellamus eos, qui ~iter.. aut natura aut manu sunt absoluti *Rhet.Her.*3.29; nanus.. suos ~iter concretus in artus PROP.4.8.41;—(*in fig. phr.*) quaerendum..quo moti priores rem tam late fusam tam ~iter adstrinxerint QUINT.*Inst.*3.4.4.

2 For (only) a short time.

iratum ~iter uites, inimicum diu PUB.*Sent.*I.20; nunc ~ius lassata manent, nunc longius astra MAN.4.855; PLIN. *Nat.*8.44; sapiens..cum ~iter et strictim colore atque uultu motus est, οὐ συγκατατίθεται GEL.19.1.20.

3 Within (only) a short space of time, quickly.

ea legentes ~iter percipere possent VITR.5.pr.3; nihil.. laxius aut ~ius mutatoue ordine fertur MAN.1.481; adulter uno ictu ~iter confectus est SEN.*Con.*1.7.9;—(*compar., w. abl.*) spe ~ius monitis expediere meis OV.*Rem.*804.

4 In (only) a few words, briefly; (parenth.) to put the matter in a nutshell, in short. **b** (w. *cognoscere, audire*).

ut ~issime dicam quod sentio CIC.*Orat.*236; *Div.Caec.*51; tu ad nos et rarius scribis quam solebas et ~ius *Att.*11.19.1; *Off.*1.101; ~iter paucis praestat comprendere multa LUCR. 6.1083; discedentibus his ~iter sua in Aeduos merita exposuit CAES.*Gal.*7.54.3; SAL.*Jug.*111.1; VERG.*A.*6.321; ~iter reddi responsum LIV.2.15.2; PHAED.3.7.1; ~iter.. expediam STAT.*Silv.*1.4.67; quicquid..significari ~ius potest..περίφρασις est QUINT.*Inst.*8.6.61;—(*w. ellipsis of vb.*) CIC.*Orat.*44; quod..ego pluribus uerbis, illi ~ius secundum naturam uiuere *Fin.*4.26; et, ut ~iter, qui nimis cupit soluere, inuitus debet SEN.*Ben.*4.40.5;—nulli prouinciarum postferenda ~iterque Italia uerius quam prouincia PLIN.*Nat.*3.31; si nihil aliunde quam supra terras concupisceret, ~iter..nisi quod secum est 33.3. **b** rem totam, iudices, ~iter cognoscite CIC.*Ver.*2.169; 5.23; si tantus amor..~iter Troiae supremum audire laborem VERG. *A.*2.11.

5 (phon. and pros.) Short.

quibus in uerbis eae primae litterae sunt quae in sapiente atque felice, producte dicitur, in ceteris omnibus ~iter CIC. *Orat.*159; prima littera ~iter pronuntiatur GEL.9.6.2.

Breūnī ~ōrum *m. pl.* A people of Rhaetia.

~os..ueloces HOR.*Carm.*4.14.11; PLIN.*Nat.*3.137; FLOR. *Epit.*2.22(4.12.4).

Briareūs ~eī, *m.* A hundred-armed giant, also called Aegaeon.

VERG.*A.*6.287; OV.*Fast.*3.805; LUC.4.596; STAT.*Theb.*2. 596.

Brigantes ~um, *m. pl.* A people in the north of England in Roman times.

SEN.*Apoc.*12.3; TAC.*Ag.*17.2; *Hist.*3.45; *Ann.*12.32; JUV. 14.196.

Brigantia ~ae, *f.* A goddess of the Brigantes.

CAELESTI ~AE *A.Epig.*11.215.

brīsa ~ae, *f.* [cf. Gk. τὰ βρύτεα] The refuse of grapes after pressing.

subactam ~am prelo subicere COL.12.39.2.

Brīsaeus ~ī, *m.* An epithet of Bacchus.

(*applied to Accius*) ~i..uenosus liber Acci PERS.1.76.

Brīsēis ~idos, *f.* FORMS: (acc.) ~*ida* PROP. 2.8.35; ~*idem* VAR.*Men.*368; ~*idam* HYG. *Fab.*106.1. The slave and concubine of Achilles.

HOR.*Carm.*2.4.3; cum e complexu ~idos iret Achilles PROP.2.22.29; OV.*Am.*1.9.33; SEN.*Tro.*222; MART.11.43.9; —(*used appellatively for any attractive girl*) suam ~idem producere VAR.*Men.*368.

Britanicīnius ~a, ~um, *a.* = BRITANNICIANVS.

⟨ALARV⟩M ~ARVM *CIL* 3.1919.

Britannī ~ōrum, *m. pl.* Also **Britannus** ~ī. ORTHOG. and PROS.: *Brittannis* LUCR.6.1106. The Britons: **a** (as inhabitants of Britain). **b** (as inhabitants of the Pas de Calais region).

a omnes..se ~i uitro inficiunt CAES.*Gal.*5.14.3; CATUL. 11.12; penitus toto diuisos orbe ~os VERG.*Ecl.*1.66; HOR. *Carm.*3.4.33; uirides..~os OV.*Am.*2.16.39; PLIN.*Nat.*22.2; caeruleis..~is MART.11.53.1; TAC.*Ag.*11.5;—(*meton.*) tum Paulinus Suetonius obtinebat ~os *Ann.*14.29;—(*w.* Caledonii) LUC.6.68; MART.10.44.1;—(*collect. sg.*) HOR.*Epod.*7.7; TAC.*Ann.*14.32. **b** PLIN.*Nat.*4.106.

Britannia ~ae, *f.* Also **Brittannia**, etc. ORTHOG.: *Brittannia*, etc., CIC.*N.D.*2.88, *CIL* 3.9960; *Brittania*, etc., *CIL* 3.2830 (A.D. 127), 2864; *Britania*, etc., *CIL* 3.5300; *Bret(annia)*, etc., *CIL* 3.249. Britain (i.e. England and Wales and Scotland). **b** (pl.) the British Isles.

o iucundas mihi tuas de ~a litteras! CIC.*Q.fr.*2.15.4; CATUL.29.4; CAES.*Gal.*4.21.3; MELA 3.49; PLIN.*Nat.*4.102; TAC.*Ag.*5.1;—(*pl., as typifying a desirable province*) unam Septimios misellus Acmen mauult quam Syrias ~asque CATUL.45.22;—(*meton.*) mihi date ~am (*i.e. Caesar's exploits in Britain*) quam pingam coloribus tuis, penicillo meo CIC.*Q.fr.*2.13.2; PROP.4.3.9; hac (*sc.* creta argentaria) maxime ~a utitur PLIN.*Nat.*17.45; MART.11.3.5;—(*personified*) ~AE SANCTAE *CIL* 7.232; *BMCI* 3.p.412,No.1174 (Hadrian). **b** PLIN.*Nat.*4.102; ~ae duae, et Albion et Hibernia APUL.*Mun.*7.

Britanniciānus ~a ~um, *a.* ORTHOG.: *Britanicianus CIL* 6.3279. Stationed, or operating, in Britain. **b** British (in nationality).

NEGOTIATOR ~VS *CIL* 13.8164a; (ALA) I FLAVIA ~A 16.47. **b** NIG MARINIANVS..NATIONE ~VS *CIL* 6.3279.

Britannicus ~a ~um, *a.* ORTHOG.: *Britt-* MUC.*hist.*29.

1 Of or relating to Britain, British.

ego uestras ~as litteras exspecto CIC.*Fam.*7.8.2; aestus maritimi..~i *N.D.*3.24; ~um bellum CAES.*Gal.*5.4.1; inter Rhenum et Sequanam ~us (oceanus) PLIN.*Nat.*4.109; in ~o exercitu TAC.*Hist.*1.9; ballaena ~a JUV.10.14; archigubernus ex classe ~a JAVOL.*dig.*36.1.48(46).

2 (masc. as sb.) A name taken by Germanicus, the son of Claudius and Messalina.

[SEN.]*Oct.*169; TAC.*Ann.*13.16; generose ~e JUV.6.124; SUET.*Cl.*27.1.

3 (fem. as sb.) An unidentifiable plant.

PLIN.*Nat.*25.20; 25.99; 27.2.

Britannus ~a ~um, *a.* British.

esseda..~a PROP.2.1.76; catulis..~is GRAT.178; regi.. ~o STAT.*Silv.*5.2.149; JUV.4.126; 15.111.

Brittanicīnus ~a ~um, *a.* = BRITANNICIANVS.

VEXILL LEG ⟨G⟩ERMANICIANA⟨R E⟩T BRITTANICIN *CIL* 3.3228.

Brittiī: see BRVTTII.

Brit(t)ō ~ōnis, *m.* PROS.: ~*ōnis* MART. 11.21.9; ~*ones* JUV.15.124. An inhabitant of Britain, Briton.

ueteres bracae ~onis pauperis MART.11.21.9; JUV.15.124; *CIL* 13.6502.

Brixellum ~ī, *n.* ORTHOG.: *Brixillum* PLIN. *Nat.*3.115. A town in Cisalpine Gaul, the modern Brescello.

PLIN.*Nat.*3.115; TAC.*Hist.*2.33; SUET.*Otho* 9.1.

Brixia ~ae, *f.* A town in Cisalpine Gaul, the modern Brescia.

~a Veronae mater amata meae CATUL.67.34; VERG.*Cat.* 10.5; LIV.32.30.6; PLIN.*Ep.*1.14.4.

Brixiānus ~a ~um, *a.* Of or connected with Brixia. **b** (masc. as sb.) an inhabitant of Brixia.

TAC.*Hist.*3.27. **b** NOCTVRNO VICTOR ~ORVM V ⟨S⟩ *CIL* 5.4287; (*w.* Galli) ~orum..Gallorum auxilio LIV.21.25.14.

Brixillum: see BRIXELLVM.

brocchitās ~ātis, *f.* [next+-TAS] A projecting, prominence (of the teeth).

senectus in equis..intelligitur dentium ~ate PLIN.*Nat.* 11.169.

brocchus ~a ~um, *a.* [prob. Celtic] ORTHOG.: *broccus* (codd. *bronc-*) LUCIL.117. (of teeth) Projecting, prominent; (of persons) having prominent teeth. **b** (as a cognomen).

praeterquam cum dentes (equorum) sint facti ~i VAR.*R.* 2.7.3; 2.9.3;—~um filium PL.*fr.*116; LUCIL.117. **b** CIC. *Ver.*3.93; V.MAX.6.1.13; LARG.146;—(*pl.*) labra, a quibus ~i, Labeones dicti PLIN.*Nat.*11.159.

brochon ~ī, *n.*: (see quot.).

alii ~on appellant (bdellium), alii malacham PLIN.*Nat.* 12.35.

Bromius¹ ~(i)ī, *m.* [Gk. Βρόμιος] A name of Bacchus.

ENN.*scen.*123; euhoe atque euhoe, ~ie, quo me in siluam uenatum uocas? PL.*Men.*835; OV.*Met.*4.11; SEN.*Phaed.*760; LUC.5.73; PETR.41.6; MART.12.98.3; assuetum ~io..furorem STAT.*Theb.*7.651; (*cf.*) est hic munda Ceres, est Amor, est ~ius (*i.e. wine*) *Copa* 20.

Bromius² ~a ~um, *a.* Of or connected with Bromius.

(*as god of wine*) de fronde ~a VAR.*Men.*443.

bromos ~ī, *m.* [Gk. βρόμος] The Gk. word for 'oats' (app. specialized in Pliny).

PLIN.*Nat.*18.93; ~os semen est spicam ferentis herbae. nascitur inter uitia segetis auenae genere 22.161.

bronchocēlē ~ēs, *f.* [Gk. βρογχοκήλη] A kind of tumour (see quot.).

in ceruice inter cutem et asperam arteriam tumor increscit; ~en Graeci uocant CELS.7.13.1.

Brontē ~ēs, *f.* [Gk. βροντή] Thunder.

(*as title of picture of Apelles*) PLIN.*Nat.*35.96.

brontea ~ae, *f.* [cf. prec.] A kind of meteoric stone.

~a..e tonitribus cadit PLIN.*Nat.*37.150; 37.176.

Brontēs ~ae, *m.* A Cyclops.

~esque Steropesque et nudus membra Pyracmon VERG. *A.*8.425; OV.*Fast.*4.288; an..effigies lassum Steropen ~enque reliquit? STAT.*Silv.*1.1.4.

Brontōn ~ntis, *m.* A title of Jupiter, 'thunderer'.

CIL 6.2241.

Bruges, Brugius: see PHRYG-.

-brum ~ī, *n. suff.* From **-dhro-* (Gk. *-θρον*), but also prob. by dissim. from **-dhlo-* (see -BVLVM), since many examples are from stems containing *l*; forms sbs. denoting instruments (*cribrum*; *candelabrum*, *labrum*).

brūma ~ae, *f.* [superl. of BREVIS, **breui-ma*, **breu-ma*]

1 The shortest day, the winter solstice or the period during which this occurs, midwinter. **b** (astron.) the position of the sun at the winter solstice.
ubi solstitium fuerit ad ~am CATO *Agr.*17.1; VAR.*L.*6.8. eas (litteras) mihi post ~am reddiderunt CIC.*Fam.*3.7.3; dies continuos xxx sub ~a esse noctem CAES.*Gal.*5.13.3; VITR.9.3.3; sub tempus ~ae LIV.43.18.1; ~a noui prima est ueterisque nouissima solis OV.*Fast.*1.163; MAN.2.404; piros autumno ante ~am serito COL.*Arb.*24; talem futuram hiemem..qualis fuerit ~ae dies et circa eum terni PLIN.*Nat.*18.231;—(*as a date of superstitious significance*) ante ~am..noui negoti incipere! TER.*Ph.*709; cum..moneretur ne in Africam ante ~am tramitteret CIC.*Div.*2.52;—(*pl.*) solis accessus discessusque solstitiis ~isque cognosci *N.D.*2.19. **b** num aliter sol a ~a uenit ad aequinoctium? VAR.*L.*9.25; ad ~am remoto (sole) PLIN.*Nat.*2.186; GEL.3.10.4.

2 Winter; also, the cold of winter, wintry weather.
~a niues adfert pigrumque rigorem reddit hiemps LUCR.5.746; serite hordea campis usque sub extremum ~ae intractabilis imbrem VERG.*G.*1.211; ~a recurrit iners HOR.*Carm.*4.7.12; hibernae..tempora ~ae PROP.1.8.9; OV.*Tr.*4.7.1; MAN.2.659; aestate me lacessis, cum ~a siles PHAED.4.24(25).19; SEN.*Dial.*7.22.3; LUC.5.4; Pontus..exorta facilis concrescere ~a V.FL.4.723; Eoae liquentia pabula ~ae STAT.*Theb.*4.706;—(*pl.*) ubi..tepidas..praebet Iuppiter brumas HOR.*Carm.*2.6.18; haud illam (siluam) ~ae minuere STAT.*Theb.*4.421;—~ae..inlaesa cupressus 6.99; ~amque famemque illa reste cauet JUV.14.273.

3 (in expressing a person's age or a period of time, equiv. to 'year') A winter.
quae (sors)..per quinquagenas complet sua munera ~as MAN.3.607; tecum ter denas numeraui, Postume, ~as MART.4.40.5; inpletura fuit sextae modo frigora ~ae 5.34.5; geminae iam sidera ~ae orgia ferre Getas..assueuerat (Liber) STAT.*Theb.*4.653.

brūmālis ~is ~e, *a.* [BRVMA+-ALIS]

1 Of or connected with the winter solstice; *circulus* (*limes*) *~is*, the Tropic of Capricorn.
CIC.*Arat.*295(61); ut (sol) accedat ad ~e signum (*i.e. Capricorn*) *de Orat.*3.178; ~i ipso die *Div.*2.33; quo pacto (sol)..aegocerotis ~is adeat flexus LUCR.5.616; ~i sidere OV.*Pont.*2.4.25; ~ia signa (*i.e. Sagittarius and Capricornus*) MAN.3.345; PLIN.*Nat.*2.108; GEL.2.22.5; (*cf.*) praeterquam duobus mensibus hiemis ~ibus PLIN.*Nat.*10.146;—(*in indications of direction*) ut spectent hiemalis temporis cubicula ~em orientem COL.1.6.1; ex aduerso aquilonis ab occasu ~i Africus flabit PLIN.*Nat.*18.336;—ad ~em (circulum) VAR.*L.*9.24; ~is nomine limes MAN.1.582; SEN.*Nat.*5.17.2; HYG.GR.*agrim.*p.150.

2 Of or connected with (the) winter, wintry. **b** (obtaining) during the winter.
~ibus diebus, itineribus difficillimis HIRT.*Gal.*8.4.1; ~i frigore VERG.*A.*6.205; LIV.40.22.7; OV.*Am.*3.6.95; tecta..~i sub niue terra latet *Pont.*4.5.4; uentis ~ibus LUC.5.407; nobis..hilares..ioci ~em absumere noctem suaserunt STAT.*Silv.*4.6.13; ~is austeritas terrestrium uiscerum uenas remittit APUL.*Mun.*23. **b** ut domus..~es aestus habeant, aestiua frigora SEN.*Con.*exc.5.5.

Brundisium ~(i)ī, *n.* A town on the Calabrian coast, the modern Brindisi.
~ii sargus bonus est ENN.*var.*37; VAR.*R.*3.5.8; CIC.*Planc.*97; CAES.*Civ.*3.2.3; ~ium longae finis chartaeque uiaeque est HOR.*S.*1.5.104; ad M. Valerium..praesidentem classi ~io LIV.24.40.2; curui..tenens Minoia tecta ~ii LUC.5.407; SIL.8.574; TAC.*Ann.*3.1; POMPON.*dig.*19.1.3.4.

Brundisīnus ~a ~um, *a.*

1 Of or connected with Brundisium. **b** (neut. as sb.) the territory in the neighbourhood of Brundisium.
coloniae ~ae CIC.*Sest.*131; omnis exspectatio nostra erat in nuntiis ~is *Att.*8.13.1; insulam..quae contra portum ~um est CAES.*Civ.*3.23.1; LIV.23.33.4; post ~am pacem VELL.2.86.3; optima (specula) aput maiores fuerant ~a PLIN.*Nat.*33.130; TAC.*Ann.*1.10. **b** VAR.*R.*1.8.2; qui e ~o..comportant ad mare oleum aut uinum 2.6.5.

2 (masc. or fem. as sb.) An inhabitant of Brundisium: **a** (masc.). **b** (fem.).
a LIV.42.17.2;—(*pl.*) quem ad modum mihi..dextram porrexerint ~i CIC.*Sest.*131; CAES.*Civ.*1.28.1; LIV.27.10.7; GEL.16.6.1. **b** (*as title of a comedy*) Afranius in ~a FEST.p.321M.

bruscum ~ī, *n.* [unkn.] A knot or excrescence on the maple-tree.
PLIN.*Nat.*16.68.

brūtes ~is, *f.* [cf. Goth. *brūths*, Ger. *brūt*] (app.) A bride.
AVR RVFINA ~ES *CIL* 3.12666.

Brūtiānus ~a ~um, *a.* Of or connected with Brutus. **b** (masc. pl. as sb.) the followers of Brutus.
(*M. Junius*) fractis ~is Cassianisque partibus VELL.2.74.1;—(*D. Junius*) ~ae ultionis officium V.MAX.4.7.6. **b** (ut) praestarent Cassiani ~os FRON.*Str.*4.2.1.

Brūtīnus ~a ~um, *a.* Appropriate to, or worthy of, a Brutus.
consilia inire coepi ~a plane..rei publicae liberandae CIC.*ad Brut.*1.15.6.

Bruttāx ~ācis, *m.* A Bruttian.
~ace bilingui ENN.*Ann.*496; LUCIL.1124.

Brut(t)iānī ~ōrum, *m. pl.* Apparitors, public servants of the Roman magistrates.
decemuiros ~i uerberauere, uidere multi mortales CATO *orat.*66; GEL.10.3.19; PAUL.*Fest.*p.31M.

Brut(t)iānus ~a ~um, *a.* Of or connected with the Bruttii or their territory.
~i (caules) praegrandes foliis PLIN.*Nat.*19.140; VICO ~O *CIL* 6.975; PAUL.*Fest.*p.31M.

Bruttiī ~ōrum, *m. pl.* Also sg. **Bruttius.** ORTHOG.: *Brittiis* AGEN.*agrim.*p.34. The inhabitants of the toe of Italy, or their territory.
cuius nobiles pecuariae in ~is habentur VAR.*R.*2.1.2; si uia sit in ~is immunita CIC.*Caec.*54; CAES.*Civ.*1.30.4; cui ~i prouincia euenisset LIV.27.35.12; MELA 2.59; mediterranei ~orum Aprustanit antum PLIN.*Nat.*3.98;—(*collect. sg.*) cum ~us oppugnaret LIV.24.2.7; SIL.8.568; FLOR.*Epit.*1.13 (1.18.27).

Brut(t)ius ~a ~um, *a.* Of or connected with the Bruttii or their territory.
ager..~us CATO *orat.*228; SAL.*Cat.*42.1; cedendo..in angulum ~um LIV.28.12.6; ~um..pontum SEN.*Thy.*578; COL.10.139; ~um usque promuntorium PLIN.*Nat.*3.5; FLOR.*Epit.*2.8(3.20.13);—(*of a variety of pitch*) COL.12.18.7; CALP.*Ecl.*5.80; spissarum utilissima medicinae ~a (pix) PLIN.*Nat.*24.37; LARG.207; (*cf.*) ~a..calidi lita fascia uisci JUV.9.14.

brūtus[1] ~a ~um, *a.* [dialect word; cf. Let. *grūts*, Skt. *gurúḥ*, Gk. *βαρύς*]

1 Heavy, inert, brute; *~um pondus*, dead weight.
quo ~a tellus..concutitur HOR.*Carm.*1.34.9; homines..leuibus et anxiis mentibus, ~is et obnoxiis corporibus APUL.*Soc.*4; 9; PAUL.*Fest.*p.31M;—(nubes) cadere..~o deberent pondere pressae LUCR.6.105.

2 Devoid of intelligence or feeling, irrational, insensitive, brutish. **b** (of animals). **c** (of natural occurrences).
quod ~i nec satis sardare queunt NAEV.*poet.*55(53); obnoxium esse aut ~um aut elinguem putes PAC.*trag.*176; sese stultum ~umque faciebat POST.*hist.*2; non sum..tam ~us..ut scitum uestrum inhibeam APUL.*Met.*7.9;—(*of Fortune*) fortunam insanam esse et caecam et ~am PAC.*trag.*366; 371;—(*applied to a period of a man's life*) relegatus esset a patre ob adulescentiam ~am et hebetem SEN.*Ben.*3.37.4;—(*w. pun on* BRVTVS[2]) CIC.*Att.*6.1.25; aliorum ~orum qui se cautos ac sapientis putant 14.14.2. **b** tacitis quoque et ~is (animalibus)..ad uiuendum sollertia est SEN.*Ep.*121.24; animalium hoc (*sc.* sus) maxime ~um PLIN.*Nat.*8.207; 11.226; quid..competit ad amoris ardorem accendendum piscis ~us et frigidus? APUL.*Apol.*30. **c** ~a fulmina et uana, ut quae nullam habeant rationem naturae PLIN.*Nat.*2.113.

Brūtus[2] ~ī, *m.* A Roman cognomen. (esp.) **b** L. Junius Brutus, the first consul. **c** M. Junius Brutus, one of the assassins of Julius Caesar. **d** D. Junius Brutus, another of the assassins of Julius Caesar.
*Fast.Cos.Cap.*10b(*CIL* 1.p.21); *Fast.Cos.Cap.*33/34(*CIL* 1.p.27);—(*sg. or pl., of the Bruti as typical tyrannicides, Stoics, etc.*) superi tot uota Catonum ~orumque tibi tribuent LUC.10.398; QUINT.*Decl.*268(p.93,l.24); TAC.*Hist.*4.8; sed nec ~us erit ~i nec auunculus usquam JUV.14.43. **b** L. ~o, qui hunc populum dominatu regio liberauit CIC.*de Orat.*2.225; LIV.1.56.8; OV.*Fast.*2.717; (*as title of play by Accius*) CIC.*Div.*1.43. **c** edictum ~i..et Cassi CIC.*Phil.*1.8; *Ac.*1.12; VELL.2.56.3; ~us Philippiensis PLIN.*Nat.*34.82; SUET.*Tib.*3; (*as title of Cicero's work on rhetoric*) FRO.*Ver.*2.p.146(127N). **d** CIC.*Phil.*3.9; LUC.3.515; SUET.*Jul.*80.

brya ~ae, *f.* [Gk.] A local name in Greece for the tamarisk.
PLIN.*Nat.*13.116; 24.69.

bryon ~ī, *n.* [Gk. *βρύον*]

1 A kind of lichen (= SPHAGNOS).
PLIN.*Nat.*12.108; 24.27.

2 A sea-plant, prob. oyster-green, *Ulva lactuca.*
aliud genus fruticum ~on uocatur, folio lactucae, rugosiore tantum PLIN.*Nat.*13.137; 26.56; 32.110.

3 The cluster of catkins on the white poplar.
PLIN.*Nat.*12.132.

bryōnia ~ae, *f.* Also **bryōnias.** (*alba*) ~*a*, White bryony, *Bryonia dioica*; (*nigra*) ~*a*, black bryony, *Tamus communis.*
quidam hanc albam ~am uocant, aliam uero nigram PLIN.*Nat.*23.24; (uitis) nigra, quam proprie ~am uocant 23.27; ~ae, id est albae uitis LARG.79. **β** uepribus improba surgens..~as COL.10.250.

bua ~ae, *f.*: (see quot.).
cum cibum ac potionem ~as ac pappas uocent (*sc. children*) VAR. in NON.p.81M.

būbalus ~ī, *m.* [Gk. *βούβαλος*]

1 An antelope.
~orum omnino non spissatur (sanguis) PLIN.*Nat.*11.222.

2 A wild ox, buffalo.
illi (*sc.* rhinoceroti) cessit atrox ~us MART.*Sp.*22.10; (*the sense regarded by Pliny as a vulgarism*) uros, quibus imperitum uulgus ~orum nomen inponit PLIN.*Nat.*8.38.

Būbasis, ~idos, *f. adj.* Of or connected with Bubassus.
~ides..nurus OV.*Met.*9.644.

Būbasius ~a ~um, *a.* Of or connected with Bubassus.
MELA 1.84.

Būbassus. A district in Caria.
PLIN.*Nat.*5.104.

Būbastiacus ~a ~um, *a.* Of or connected with Bubastis.
CIL 6.32464; 14.21.

Būbastis, *f.*

1 A town in Egypt.
MELA 1.60.

2 A goddess worshipped there.
latrator Anubis sanctaque ~is OV.*Met.*9.691.

Būbastius ~a ~um, *a.* Of or connected with Bubastis.
sacra ad ~a GRAT.42; (*masc. pl. as sb.*) OSTORIAE SVCCESSAE SACERDOTI ~VM *CIL* 6.2249.

Būbetiī ~ōrum, *m. pl.*: (see quot.).
ludos boum causa celebrantes ~os uocabant PLIN.*Nat.*18.12.

būbīle ~is, *n.* [BOS; cf. BOVILE] A stall for cattle, cattle-shed.
ut possiem in ~e reicere, ne uagentur PL.*Per.*319; CATO *Agr.*4.1; VAR.*R.*1.13.1; VITR.6.6.1; armentis duplicia ~ia sint hiberna atque aestiua COL.1.6.4.

būbinō ~āre, *tr.*: (see quot.).
~are est menstruo mulierum sanguine inquinare PAUL.*Fest.*p.32M.

? **bubleum:** (see quot.).
~um (*cj.*) est genus quoddam uini PAUL.*Fest.*p.32M.

Bublos ~ī, *f.*: see BYBLOS.

būblus: see BVBVLVS.

būbō ~ōnis, *m.* (*f.*). [onomat.; Gk. *βύας*] The horned or eagle owl, esp. as a bird of ill omen.
~o in columna aedis Iouis sedens ASEL.*hist.*2a; VAR.*L.*5.75; rauis ~onibus OV.*Am.*1.12.19; tristia..Stygius dedit omina ~o *Met.*15.791; illic luctifer ~o gemit SEN.*Her.F.*687; laetae iurantur aues ~one sinistro LUC.5.396; PLIN.*Nat.*10.68; 11.137; STAT.*Theb.*3.511;—(*fem.*) sola..culminibus ferali carmine ~o saepe queri VERG.*A.*4.462; fit bubo Pamphile APUL.*Met.*3.21.

būbōnion, *n.* [Gk. *βουβώνιος*] A plant, prob. *Aster Amellus.*
PLIN.*Nat.*27.36.

būbōnocēlē ~ēs, *f.* [Gk. *βουβωνοκήλη*] Inguinal hernia.
CELS.7.18.11.

būbula ~ae, *f.* [BVBVLVS] Beef.
indicant..agninam caram, caram ~am PL.*Aul.*374; assa ~a *Cur.*367; CELS.2.18.6; ~ae frustum PETR.35.3; adiuantur facile qui id (*sc.* aconitum) sumpserunt..iure..~ae LARG.188.

bubulcitō ~āre, *intr.* Also **~or,** *dep.* [next+-ITO] To drive or tend cattle, be a ploughman or farm-labourer.
quod apud Plotium rhetorem ~arat VAR.*Men.*257; qui nihil amplius quam ~are nouere APUL.*Fl.*6. **β** decet med amare et te ~arier PL.*Mos.*53.

bubulcus[1] ~ī, *m.* [BOS; cf. SVBVLCVS] One who drives or tends cattle, a ploughman, teamster (sts. used for a farm-labourer or rustic generally).
~is opsequito partim, quo libentius boues curent CATO *Agr.*5.6; LUCIL.105; GRACCH.*orat.*46; VAR.*R.*2.pr.4; CIC.*Div.*1.57; nec..per Histrum stridula Sauromates plaustra ~us agit OV.*Tr.*3.12.30; PHAED.2.8.11; quosdam quasi sordidioris operae..ut puta illum mulionem et illum ~um SEN.*Ep.*47.15; ~is pastoribusque cellae ponantur iuxta sua pecora COL.1.6.8; PETR.39.6; MART.10.7.5; PAUL.*dig.*33.7.18.6; (*in appos.*) id..exprobratum ei a sene ~o SUET.*Ves.*16.3.

Bubulcus[2] ~ī, *m.* A Roman cognomen.
*Fast.Cos.Cap.*10b(*CIL* 1.p.21); LIV.9.20.7; ~um nominarunt, qui bubus optime utebatur PLIN.*Nat.*18.10.

būbulus ~a ~um, *a.* [BOS+-VLVS] ORTHOG.: *bublum* PETR.44.11.

1 Belonging to, or connected with, cattle, bull's, cow's, ox-; consisting of cattle. **b** *exuuiae ~ae, corius ~us*, an ox-hide (facet. equiv. of 'ox-hide whip'); (of punishment, etc.) inflicted by, or related to, an ox-hide whip. **c** made from part of a bovine animal; (made of) ox-tail; (made of) ox-hide.

~um..stercus CATO *Agr.*36; ~o e cornu VAR.*L.*5.117; fimo ~o pro lignis utuntur LIV.38.18.4; COL.6.7.4; ~as carnes PLIN.*Nat.*23.127; lacte..~o LARG.191; Minotaurum..capite ~o parte inferiore humana HYG.*Fab.*40.2;—in ~o pecore VAR.*R.*2.1.13; quippe aliud exigit equinum atque aliud ~um armentum COL.1.pr.26. **b** mane castigabit eos ~is exuuiis PL.*Mos.*882; heri in tergo meo tris facile corios contriuisti ~os *Poen.*139;—qui ea curabit apstinebit censione ~a *Aul.*601; uos monumentis commonefaciam ~is *St.*63; *Trin.*1011. **c** lares ludentis peni pinxit ~o NAEV. *com.*102; MART.14.68(71);— ~os utres PLIN.*Nat.*6.176.

2 (in plant names) *lingua ~a*, A kind of bugloss; *cunila ~a*, a kind of marjoram; *femur ~um*, an unidentified plant.

insuper lingua ~a obtegito (insitum) CATO *Agr.*40.4; PLIN. *Nat.*17.112;—COL.6.30.8; PLIN.*Nat.*8.98;—femur ~um appellatur herba, neruis..utilis 27.81.

3 (In the name of a district in Rome.)

natus est Augustus..regione Palati ad Capita ~a SUET. *Aug.*5.

būcaeda ~ae, *m.* [BOS+CAEDO+-A¹] An ox-slaughterer.

(*facet., for one beaten with ox-hide whips*) illi erunt ~ae multo potius quam ego sim restio PL.*Mos.*884.

būcardia ~ae, *f.* [Gk.] The name of a precious stone.

~a, bubulo cordi similis PLIN.*Nat.*37.150.

bucca ~ae, *f.* [onomat.; cf. Gk. βύκτης] ORTHOG.: *bucas* (= *buccas*) *CIL* 10.8249.

1 The lower part of the cheek(s), (in pl.) the chaps, jaw. **b** (esp. in phrs. referring to the puffing out of the cheeks). **c** (applied to persons who habitually puff out their cheeks).

PL.*Poen.*1003; ~as tam belle purpurissatas *Truc.*290; pictum Gallum..eiecta lingua, ~is fluentibus CIC.*de Orat.* 2.266; *Red.Sen.*13; potestatem nobis fecit, ut mucronem ad ~am probaremus PETR.70.3; infra eas (*sc.* malas) hilaritatem risumque indicantes ~ae PLIN.*Nat.*11.158; plebeia..Phrygia uestitur ~a tiara JUV.6.516; uxorem..cui altera ~a inflatior erat SUET.*Rhet.*29(p.125Re); (*as used in eating*) erit qui..~as edentis obseruet SEN.*Ep.*15.7;—(*of animals*) ubicumque..sine carne est (cutis elephantorum), uolnerata non coit, ut in ~a cilioque PLIN.*Nat.*11.227; rugas quales..in uetula scalpit iam mater simia ~a JUV. 10.195. **b** suffla (*sc.* tibicen) celeriter tibi ~as PL.*St.*724; nec scloppo tumidas intendis rumpere ~as PERS.5.13; MART.14.63(64).1; domus interea..~a foculum excitat JUV.3.262; (*of animals*) extenti ~arum sinus (*sc.* ranarum) PLIN.*Nat.*11.173;—(*of uentus, personified*) uentus cercius, cum loquare, ~am implet CATO *hist.*93; VAR.*Men.*472;—(*as evincing anger*) quid causae est merito quin illis Iuppiter ambas iratus ~as inflet? HOR.*S.*1.1.21. **c** (*trumpeters*) quondam hi cornicines..notaeque per oppida ~ae JUV.3.35; (*bombastic orators*) dic tibi qui sis, orator uehemens an Curtius et Matho ~ae JUV.11.34.

2 The mouth; (*scribere, dicere*, etc.) *quod* (*quidquid*) *in ~am uenerit*, (to write, say) what(ever) rises to one's lips, comes into one's head.

si ualebit, puls in ~am betet POMPON.*com.*150;—(*obsc.*) VAR.*Men.*282; coepisti puras opibus corrumpere ~as MART.3.75.5;—si rem nullam habebis, quod in ~am uenerit scribito CIC.*Att.*1.12.4; SEN.*Apoc.*1.2; hic mecum licet..quidquid in ~am tibi uenerit loquaris MART.12.24.5; (*ellipt.*) quid, cum coram sumus et garrimus quicquid in ~am? CIC.*Att.*12.1.2.

3 A mouthful.

qui..duas ~as manducaui AUG. in Suet.*Aug.*76.2; non mehercules hodie ~am panis inuenire potui PETR.44.2; ~is placentae MART.7.20.8.

4 (applied to anything hollow): **a** A cavity in the knee-joint. **b** (perh.) the cavity formed by the shell of the *nauplius*.

a in ipsa genus utriusque commissura,..gemina quaedam ~arum inanitas inest PLIN.*Nat.*11.250. **b** easdem (*sc.* palmulas conchae) in usum gubernaculi porrigi pandique ~arum (*s.v.l.*) sinus aurae PLIN.*Nat.*9.94.

5 A catchword of uncertain meaning used in a game.

~a, ~a, quot sunt hic? PETR.64.12.

buccella ~ae, *f.* [prec.+-ELLA] A small mouthful of food.

~as misisse tuas te, Pontia, dicis MART.6.75.3.

buccina, -ātor, -ō, -um, -us: see BUCINA, etc.

buccō ~ōnis, *m.* [BVCCA+-O¹] A fathead, dolt.

bardi, blenni, ~ones PL.*Bac.*1089; POMPON.*com.*10; APRIS. *com.*1; si cum hac una Rufini fallacia contendatur, macci prorsus et ~ones uidebuntur APUL.*Apol.*81.

buc(c)ula ~ae, *f.* [BVCCA+-VLA] ORTHOG.: *bucularum* TARR.PAT.*dig.*50.6.7(6).

1 (affect.) A cheek.

SUET.*Gal.*4.1; tuis..rubentibus ~is et renidentibus crinibus APUL.*Met.*3.19; prehensa Cupidinis ~a 6.22.

2 The cheek-piece (of a helmet).

alii galeas ~asque, alii loricas tergere LIV.44.34.8; JUV. 10.134; ~arum structores TARR.PAT.*dig.*50.6.7(6).

3 A part of a machine, e.g. a strip of wood, resembling a cheek-piece in shape or function, a side-piece, cheek.

(*in a frame for transporting columns*) ~is ligneis capita religauit VITR.10.2.12;—(*in the windlass of a catapult*) crassitudo ~ae, quae adfigitur..securiclatis cardinibus fixa, foraminis 1 10.10.3;—(*on either side of the channel of a catapult*) regularum, quas nonnulli ~as appellant, quae dextra ac sinistra canalem figuntur 10.10.3.

bucculentus ~a ~um, *a.* [BVCCA+-VLENTVS] Having fat cheeks.

uentriosum, ~um, breuiculum PL.*Mer.*639.

Būcephala ~ōrum, *n. pl.* Also perh. **Būcephalon** ~ī, *n.* and **Būcephala** ~ae, *f.* A town in India founded by Alexander the Great and named after his horse.

CURT.9.3.23; caput eorum (*sc.* Asinorum) ~a PLIN.*Nat.* 6.77; oppidum..ob equi honores '~on' appellauit GEL. 5.2.5.

Būcephalās ~ae, *m.* Also **Būcephalus** ~ī. The horse of Alexander the Great.

equus regis— ~am uocabant CURT.6.5.18; PLIN.*Nat.*8.154; et capite et nomine '~as' fuit GEL.5.2.1. **β** PAUL.*Fest.* p.32M.

būceras, *n.* [Gk. βούκερας] A name for the plant fenugreek.

PLIN.*Nat.*21.37; 24.184.

būcerus ~a ~um, *a.* Also **~ius.** [cf. Gk. βούκερως] Having the horns of cattle, horned.

lanigerae..pecudes et ~a saecla LUCR.5.866; 6.1237 (1245); armenta..~a OV.*Met.*6.395; PAUL.*Fest.*p.32M. **β** ~iae..greges LUCR.2.663.

būcētum ~ī, *n.* Also **būcītum.** [perh. BOS+ **-cetum*, by false analogy w. FRVTICETVM, etc.] A pasture for cattle.

calidi lucent ~a Matini LUC.9.185; GEL.11.1.1. **β** quod ea (porta) pecus in ~a..exigebant VAR.*L.*5.164.

būcina ~ae, *f.* [prob. **bou-canā*; BOS+CANO] ORTHOG.: *buccinam CIL* 6.315.66 (time of Augustus). A curved trumpet or horn. **b** (in mil. use). **c** (esp. as used to indicate the various divisions of the day or night).

subulcus debet consuefacere (porcos), omnia ut faciant ad ~am VAR.*R.*2.4.20; signum quod erat notum uicinitati ~a datur CIC.*Ver.*4.96; pastoris ~a lenti PROP.4.10.29; COL.6.23.3; PLIN.*Nat.*16.179; conuiuium ~a dimitti TAC. *Ann.*15.30; PAUL.*Fest.*p.32M; (*of Triton's horn*) caua ~a sumitur illi, tortilis OV.*Met.*1.335;—(*as an adjunct to hydraulic contrivances*) VITR.9.8.5; *Aetna* 296;—(*fig., w.* famae) sed qui sermones, quam foede ~a famae! JUV. 14.152; (*in fig. phr.*) si Vergilio..tolerabile deesset hospitium..surda nihil gemeret graue ~a 7.71. **b** te gallorum, illum ~arum cantus exsuscitat CIC.*Mur.*22; ad uocem celeres, qua ~a signum dira dedit VERG.*A.*7.519; 11.475; ~a cogebat priscos ad uerba Quiritis PROP.4.1.13. **c** am quarta canit uenturam ~a lucem PROP.4.4.63; ubi secundae uigiliae ~a datum signum esset LIV.7.35.1; ut ad tertiam ~am praesto essent 26.15.6; SEN.*Thy.*799; neu ~a diuidat horas LUC.2.689; SIL.7.154.

būcinātor ~ōris, *m.* [next+-TOR] A trumpeter.

VAR.*L.*6.75; ~ore in castris et paucis..tabernaculis relictis CAES.*Civ.*2.35.6; SAL.*Hist.*3.96.B; horologium in triclinio et ~orem habet subornatum (*sc. to announce the time*) PETR.26.9; FRON.*Str.*1.5.17; TARR.PAT.*dig.*50.6.7(6); ~OR LEG XXII *CIL* 13.11862; *FIRA* 3.132.28; (*fig., w. obj. gen.*) quod polliceris te ~orem fore existimationis meae CIC.fil. *Fam.*16.21.2.

būcinō ~āre ~āuī ~ātum, *intr.* [BVCINA+-O³] To sound on, or give a signal with, a trumpet or horn.

hic (Triton) concha sonaci leniter ~at APUL.*Met.*4.31;—(*impers., act. or pass.*) cum ~atum est, aperiunt, ut exire possint (porci) VAR.*R.*2.4.20; saepe declamante illo ter ~auit SEN.*Con.*7.pr.1.

būcinum ~ī, *n.* [BVCINA]

1 A blast on a trumpet, trumpet-call.

(conchis) ad plausum apertis, ad ~um recurruis PLIN.*Nat.* 9.103; 9.130; donec una (apis) excitet..bombo ut ~o aliquo 11.20.

2 A kind of shell-fish.

PLIN.*Nat.*9.130.

3 (in the name of a place in Rome).

si..ego fui tabernae..quam ad ~um habuit ratiocinator ULP.*dig.*14.4.5.16.

būcinus ~ī, *m.* [BVCINA+-VS] A trumpeter.

(*applied to a cock*) haec dicente eo gallus gallinaceus cantauit..'non sine causa' inquit 'hic ~us signum dedit' PETR.7.42.

būcītum: see BVCETVM.

būcolicus (~os) ~a ~um, *a.* [Gk. βουκολικός]

1 (of poetry) Pastoral, bucolic. **b** (neut. pl. as sb.) the Bucolic poems of Virgil or Theocritus.

~is..modis OV.*Tr.*2.538; ut ~um loquitur poema COL. 7.10.8; ~on siquidem talem (uersum) uoluere uocari MAUR. 2126; ~o ludicro APUL.*Apol.*10. **b** pastor ille in ~is COL.3.9.4; apud Vergilium in ~is QUINT.*Inst.*9.2.13; FEST. p.210M; SUET.*Gram.*23(p.117Re); ~a Theocriti et Vergilii GEL.9.9.4.

2 (neut. sg. as sb.; as the name of a species of the plant all-heal).

PLIN.*Nat.*25.31.

? **buconiates.** A species of vine.

PLIN.*Nat.*14.39.

būcrānium ~(i)ī, *n.* [Gk. βουκράνιον] An ox-head (in quot. perh. the representation of one on an altar).

L AEMILIVS CARPVS..~IVM SVO INPENDIO CONSACRAVIT *CIL* 13.1751.

būcula ~ae, *f.* [BOS+-CVLA] A young cow, heifer.

fessa iuuencum..quaerendo ~a VERG.*Ecl.*8.86; *G.*1.375; PLIN.*Nat.*8.114; (*collect. sg.*) quam numerosa meis siccetur ~a mulctris CALP.*Ecl.*3.66;—(*in sculpture*) ex aere Myronis ~am CIC.*Ver.*4.135; *Div.*1.48; PLIN.*Nat.*34.57.

būculus ~ī, *m.* [BOS+-CVLVS] A young ox or bull.

cum..~os comprehenderis COL.6.2.4; FRON.*Str.*1.5.26.

būfō ~ōnis, *m.* [perh. Ital.; cf. OPruss. *gabawo*] A toad.

inuentus..cauis ~o VERG.*G.*1.184.

būgenēs, *a.* [Gk. βουγενής] Born of, or produced from, an ox or bull.

ex hoc (*sc.* boue) putrefacto nasci dulcissimas apes..a quo eas Graeci ~es appellant VAR.*R.*2.5.5.

būglossos ~ī, ? *f.* [cf. Gk. βούγλωσσον] Bugloss.

~os, boum linguae similis PLIN.*Nat.*25.81; 26.116.

Būgonia ~ae, *f.* [Gk.] The generation of oxen or bulls.

(*as the title of a book*) non minus satisfaciam tibi, quam qui ~am scripsit VAR.*R.*2.5.5.

-bula ~ae, *f. suffix.* Forms fem. sbs. denoting instruments or agents; often correl. w. neut. forms (*fabula, fibula, tribula*); prob. appears as *-bra* in *dolabra* (cf. -BRVM).

būlapathum ~ī, *n.* [Gk.] A large species of the plant LAPATHVM.

PLIN.*Nat.*20.235.

bulbāceus ~a ~um, *a.* [BVLBVS+-ACEVS] Having bulbs, bulbous.

radix (hyacinthi) est ~a PLIN.*Nat.*21.170.

? **bulbātiō** ~ōnis, *f.* [cf. BVLBVS] A bulb-like formation (in a kind of stone).

hic lapis..nascitur, non..caute continua, sed sparsa ~one (*v.l.* bullatione) PLIN.*Nat.*34.148.

bulbīnē: see BOLBINE.

bulbōsus ~a ~um, *a.* [BVLBVS+-OSVS] Having bulbs, bulbous.

radice ~a PLIN.*Nat.*21.102; 21.115; 27.65.

bulbus ~ī, *m.* [Gk. βολβός]

1 A bulb.

narcissi..~os OV.*Med.*63; Siculus..~us croci COL.9.4.4; PLIN.*Nat.*28.223; (*cf.*) quas (*sc.* harundinis radices) alii ~os, alii oculos uocant COL.*Arb.*29.1.

2 An edible bulb (esp. an onion).

~os Megaricos CATO *Agr.*8.2; OV.*Ars* 2.422; omnes ~i, in quibus cepam quoque et alium numero CELS.2.18.5; PETR.130.7; ~i..salaces MART.3.75.3; replictae ~orum tunicae STAT.*Silv.*4.9.30; PLIN.*Ep.*1.15.2; JUV.7.120; (*collect. sg.*) seruatum gramine ~um tingit aqua *Mor.*96.

būlē ~ēs. *f.* [Gk. βουλή] A Greek council or senate.

~e et ecclesia consentiente PLIN.*Ep.Tra.*10.110(111).1; qui in ~en a censoribus leguntur 10.112(113).1; ~E ET CIVITAS EFESIORVM *CIL* 3.7123; 3.14165[10].

būleuta ~ae, *m.* [Gk. βουλευτής] A member of a Greek council or senate.

omnes, qui deinde ~ae leguntur PLIN.*Ep.Tra.*10.112 (113).3; 114(115).3; IVL CAPITONI..~AE CIVITATIS PONTICAE TOMITANORVM *CIL* 3.753; 3.14416.

būleutērium ~(i)ī, *n.* [Gk. βουλευτήριον] A council-chamber, senate-house.

PLIN.*Nat.*36.100.

bulga ~ae, *f.* [Gallic; cf. OIr. *bolg*, 'a leather bag' (Ir. also 'belly')]

1 A bag, wallet, purse.

~am, et quidquid habet nummorum, secum habet ipse LUCIL.244; VAR.*Men.*343; ut uiaticum ex arcula adderem in ~am 492; ~as Galli sacculos scorteos appellant PAUL.*Fest.* p.35M.

2 (colloq.) A womb.

LUCIL.73; ita uti quisque nostrum e ~a est matris in lucem editus 623.

būlīmus (~os) ~ī, *m.* [Gk. βούλιμος] Great hunger.

ab his (*sc.* bubus) dici pleraque magna, ut..~on VAR.*R.* 2.5.4; PAUL.*Fest.*p.32M.

bulla ~ae, *f.* [cf. Lith. *bulìs*, 'buttocks'; Gk. βομβυλίς]

1 A bubble.

ut fuluo perlucida caeno surgere ~a solet OV.*Met.*10.734; fontem..plurimis ~is stillantem PLIN.*Nat.*31.12; crassior offensae ~a tumescit aquae MART.8.33.18; fons..~is ingentibus scaturribat APVL.*Met*.4.6;—(*typifying impermanence or worthlessness*) si est homo ~a, eo magis senex VAR.*R*.1.1.1; nos non pluris sumus quam ~ae PETR.42.4.

2 A boss, knob, stud (esp. as an ornament). **b** (as a distinguishing mark; or as an indicator on a clock). **c** (as part of a plant).
iussin in splendorem dari ~as has foribus nostris? PL.*As*.426; CIC.*Ver*.4.124; aurea ~is cingula VERG.*A*.9.359; nobilibus circumdata ~is fistula *Buc.Eins*.1.8;—(*as an adornment for animals*) OV.*Met*.10.114; ~is te (*sc.* asinum) multis aureis inoculatum APVL.*Met*.6.28;—(*on a precious stone*) nisi quod hanc (*sc.* cadmitin) caeruleae interdum cingunt ~ae PLIN.*Nat*.37.151. **b** qui dies boni quique incommodi essent, distinguente ~a notabantur PETR.30.4; —~a, quae solis imaginem horologiis tenere uidetur, significat horarum spatia VITR.9.8.9. **c** origano similis, flore ~is aureis PLIN.*Nat*.27.13; dipsacos..habet..~as..spinosas in dorsi medio 27.71.

3 A locket, containing an amulet, hung round the neck of children.
~a aurea est pater quam dedit mi natali die PL.*Rud*.1171; quod (ille) sine ~a uenerat CIC.*Ver*.1.152; ubi ~a rudi dimissa est aurea collo PROP.4.1.131; LIV.26.36.5; PERS.5.31; unde mos ~ae durauit, ut eorum, qui equo meruissent, filii insigne id haberent PLIN.*Nat*.33.10; liberorum ~as SVET.*Jul*.84.4; PAVL.*Fest*.p.36M; (*cf.*) senior ~a dignissime (*i.e. childish*) IVV.13.33.

? **bullātiō**: see BVLBATIO.

bullātus ~a ~um, *a.* [BVLLA+-ATVS²]

1 Ornamented with bosses or knobs.
quod cingulum e corio habebant ~um VAR.*L*.5.116.

2 Wearing, or decorated with, a locket (as the symbol of childhood).
puerum ~um SCIP.min.*orat*.20; heres ~us IVV.14.5;—(*of statues, etc.*) statua ~a et incincta praetexta V.MAX.3.1.1; pueri..quorum duo Lares ~os super mensam posuerunt PETR.60.8.

bullēscō ~ere, *intr.* [BVLLA+-ESCO] To bubble.
pix alte attollitur et quasi ab aqua ~it AMP.8.1.

bulliō ~īre, *intr.* [BVLLA+-IO²] To bubble, effervesce, boil; (of a person) to make bubbles (in quot., in fig. phr.). **b** (fig.) to boil (with indignation).
(fontes) inflati ui uenti coacti ~ientes crebre..egrediuntur VITR.8.3.2; spumae argenti selibra..cocta, donec ~ire desierit CELS.5.19.28; SEN.*Nat*.6.31.3;—alto demersus summa rursus non ~it in unda (*i.e. he rises no more to the surface of the water*) PERS.3.34. **b** quod frustra paelicatus indignatione ~iret (uxor) APVL.*Met*.10.24.

bullītus ~ūs, *m.* [prec.+-TVS³] A bubble (of water).
ruunt in summo spiritus aquae ~us VITR.8.3.3.

bullō ~āre, *intr.* [BVLLA+-O³] To bubble, effervesce, boil.
ubi ~abit uinum CATO *Agr*.105.1; spiritus..cum umore quasi ~ante prorumpit CELS.7.4.2.B; ~antes..aquas CALP.*Ecl*.1.11; PLIN.*Nat*.18.359; 28.68.

bullula ~ae, *f.* [BVLLA+-VLA] A small bubble.
si ~as excitat (urina) CELS.2.5.3; 5.28.17.A.

-bulum ~ī, *n. suff.* From **-dhlo-* (Gk. *-θλον*); forms sbs. from vbl. bases denoting instruments or places (*conciliabulum, pabulum, stabulum, uocabulum, patibulum*).

būmammus ~a ~um, *a.* [Gk. *βου-*+MAMMA+-VS] Having large clusters.
uuam..~am VAR.*R*.2.5.4.

būmastus ~um, *a.* [2-term. adj. after Gk. *βούμαστος*] *uuae* ~*i*, Large, swelling grapes; (also fem. as sb.). **b** (fem. as sb.) a vine having such grapes.
uuas ~os..cum desecueris a uite COL.12.44.1; 12.44.5;—purpureae et ~i 3.2.1; tument..mammarum modo ~i PLIN.*Nat*.14.15. **b** ~us..uirens *Culex* 407; non ego te,..transierim..tumidis, ~e, racemis VERG.*G*.2.102.

būmelia ~ae, *f.* [Gk. *βουμελία*] The large (i.e. common) ash-tree, *Fraxinus excelsior*.
~am uocant in Macedonia amplissimam lentissimamque (fraxinum) PLIN.*Nat*.16.63.

-bundus ~a ~um, *adjl. suff.* From **bhu-* (as in *fui*) w. termination as in gdv.; forms vbl. adjs. w. active force, which are even construed w. dir. obj. (*cantabundus, populabundus, moribundus*).

būnias ~adis, *f.* [Gk. *βουνιάς*] A kind of turnip, perh. the French turnip, *Brassica napus*.
COL.10.422; alterum genus (napi) ~ada appellant..rapo simile PLIN.*Nat*.20.21.

būnion ~(i)ī, *n.* [Gk. *βούνιον*] A kind of turnip.
PLIN.*Nat*.20.21.

būpaes ~aedos, *m.* [Gk. *βούπαις*] A big boy.
ab his (bubus) dici pleraque magna, ut..~aeda VAR.*R*.2.5.4.

buphthalmus ~ī, *f.* [cf. Gk. *βούφθαλμον*]

1 A flower of the chrysanthemum family, perh. *Chrysanthemum coronarium*.
est et ~us similis boum oculis, folio feniculi PLIN.*Nat*.25.82.

2 A kind of houseleek.
PLIN.*Nat*.25.160.

būpleuron ~ī, *n.* [cf. Gk. *βούπλευρος*] An unidentified plant.
~on in sponte nascentium olerum numero..habent PLIN.*Nat*.22.77; 27.57.

būprestis ~is, *f.* [Gk. *βούπρηστις*]

1 A poisonous kind of beetle.
PLIN.*Nat*.23.30; 28.74; ~is animal est rarum in Italia, simillimum scarabaeo longipedi 30.30; ~is gustus est nitri similis LARG.190.

2 An unidentifiable plant.
~im..in laudibus ciborum etiam habuere PLIN.*Nat*.22.78.

būra¹ ~ae, *f.* Also **būris** ~is, *f.* [dub.] A plough-beam.
VAR.*L*.5.135; boues..saepe fracta ~a relinquunt uomerem in agro VAR.*R*.1.19.2. **β** magna ui flexa domatur in ~im..ulmus VERG.*G*.1.170; curuatione ~is FEST.p.375M.

Būra²: see BVRIS².

Burdigala ~ae, *f.* A city of Aquitania, now Bordeaux.
(*meton. for the inhabitants*) crassae mentula ~ae MART.9.32.6.

burdō ~ōnis, *m.* [dub.; prob. a foreign word] A mule.
iumenta uel lectica uel sella uel ~ones VLP.*dig*.32.1.49; ~O CARRICATVS CVM BVRDONARIV *A.Epig*.06.138.

burdōnārius ~(i)ī, *m.* [prec.+-ARIVS] A muleteer.
A.Epig.06.138.

burdubasta ~ae, *m.* [dub.] (A word of doubtful meaning applied as a term of abuse to a decrepit gladiator.)
alter ~a, alter loripes PETR.45.11.

burgārius ~(i)ī, *m.* [BVRGVS+-ARIVS] An inhabitant of a castle or fort.
N BVRG ET VEREDARIO DACIAE INF (*i.e.* numerus ~orum et ueredariorum) *CIL* 3.13795; 3.13796.

burgus ~ī, *m.* [cf. Gk. *πύργος*] A castle, fort.
~VM..SPECVLATORIVM *CIL* 8.2495; ~IS NOVIS PROVINCIA MVNITA 8.22629.

būris¹: see BVRA¹.

Būris² ~is, *f.* Also **Būra** ~ae, *f.* A city of Achaea engulfed by an earthquake in 373 B.C.
si quaeras Helicen et ~in..inuenies sub aquis OV.*Met*.15.293; SEN.*Nat*.6.26.3. **β** PLIN.*Nat*.2.206.

burrānicus ~a ~um, *a.*: (see quots.).
~a potio appellatur lacte mixtum sapa, a rufo colore PAVL.*Fest*.p.37M; (*neut. as sb.*) ~um genus uasis PAVL.*Fest*.p.36M.

burrus¹ ~a ~um, *a.* [cf. Gk. *πυρρός*] (See quot.)
~um dicebant antiqui, quod nunc dicimus rufum PAVL.*Fest*.p.31M.

Burrus²: see PYRRHVS.

Burrus³ ~ī, *m.* A Roman cognomen, esp. Sex. Afranius Burrus, tutor of Nero.
SEN.*Cl*.2.1.2; TAC.*Ann*.13.2; SVET.*Nero* 35.5.

Bursa: see BYRSA.

būselīnum ~ī, *n.* [Gk. *βουσέλινον*] A large variety of parsley.
PLIN.*Nat*.20.118.

būsequa ~ae, *m.* [BOS+SEQVOR+-A¹] A man who looks after cattle, cow-herd.
equisones opilionesque, etiam ~ae APVL.*Met*.8.1; uir ultra Vergilianos opiliones et ~as rusticanus *Apol*.10; *Fl*.3; *Soc*.5.

Būsīris ~idis or ~idos, *m.* A king of Egypt who sacrificed strangers and was killed by Hercules.
CIC.*Rep*.3.15; inlaudati..~idis aras VERG.*G*.3.5; foedantem peregrino templa cruore ~in OV.*Met*.9.183; *Tr*.3.11.39; SEN.*Her.F*.484; STAT.*Theb*.12.155; cum ~im laudaret et Clytaemestram QVINT.*Inst*.2.17.4; HYG.*Fab*.31.2.

bustirapus ~ī, *m.* [BVSTVM+RAPIO+-VS] A grave-robber.
PL.*Ps*.361.

bustuārius ~a ~um, *a.* [next+-ARIVS] Connected with, or frequenting, tombs; ~*us gladiator*, a gladiator who fought in front of a tomb in honour of the dead.
inter ~as moechas MART.3.93.15;—si mihi cum illo ~o gladiatore (*i.e.* Clodio)..decertandum fuisset CIC.*Pis*.19.

bustum ~ī, *n.* [app. derived from mistaken resolution of pf. pple. pass. of AMBVRO into *am-bustus* instead of *amb-ustus*; cf. COMBVRO]

1 A funeral pyre; also, the ashes to which a body has been reduced by cremation. **b** (sg. or pl., applied to the remains of cities) a heap of ashes, ruin.
nos horrifico cinefactum te prope ~o insatiabiliter defleuimus LVCR.3.906; ardentis spectant socios semustaque seruant ~a VERG.*A*.11.201; OV.*Pont*.3.2.31; ~is..remittunt corpora uictores LVC.4.571; adhuc recenti tepet Erotion ~o MART.5.37.14;—(*in fig. phr.*) in Catilinae ~o uobis ducibus mactatus essem CIC.*Pis*.16; quid ~i cineres tui lacessis? MART.10.90.2;—fracto ~a piare cado PROP.4.7.34; summus..feret tua ~a sacerdos LVC.8.850. **b** ubi saltem ~a urbium exstant PLIN.*Nat*.2.206; oppidum..secundum ab Hierosolymis fertilitate..nunc alterum ~um 5.73.

2 A grave-mound, tomb. **b** ~*a Gallica*, a place in Rome where the bones of the Gauls who captured the city in 390 B.C. were preserved. **c** (applied to an altar and monument erected on the site of Julius Caesar's funeral pyre).
ellum non in ~o Achilli, sed in lecto accubat PL.*Bac*.938; signum de ~o meretricis ablatum CIC.*Dom*.112; *Att*.7.9.1; *Tusc*.5.101; teres excelso coaceruatum aggere ~um CATVL.64.363; in ~is..nocte sedens (ales) serum canit VERG.*A*.12.863; dum Priami..~o insultet armentum HOR.*Carm*.3.3.40; LIV.25.9.10; OV.*Fast*.4.750; CVRT.10.1.34; deserta..~a incolit (*sc.* Thessalis) LVC.6.511; MART.12.72.1; ex ~is et rogis reliquiae quaedam..petuntur APVL.*Met*.2.20; PAVL.*Fest*.p.32M;—(*poet. pl.*) conueniant ad ~a Nini OV.*Met*.4.88;—(*in fig. phr.*) quem ego tamen credo..non ita crudelem fuisse ut in uiui etiam et spirantis capite ~um suis manibus imponeret CIC.*Dom*.134;—(*poet., applied to an animal's maw or a person who devours another*) uiua uiuidens uiuo sepeliri uiscera ~o LVCR.5.993; flet..seque uocat (Tereus) ~um miserabile nati OV.*Met*.6.665. **b** locus ad ~a Gallica, quod..Gallorum ossa..ibi coaceruata VAR.*L*.5.157; LIV.5.48.3; media in urbe, qua nunc busta Gallica sunt 22.14.11. **c** cum..~um in foro facerent CIC.*Phil*.1.5; 2.107.

3 (applied to persons, places, etc., regarded as destructive or associated with ruin).
tu..~um rei publicae CIC.*Pis*.9; quotiens..ciuilia ~a Philippos..canerem PROP.2.1.27; thalamos, sua ~a! OV.*Ep*.14.31; LVC.7.862; quod..non Cannae ~o Romani nominis perficere potuere PLIN.*Nat*.15.76.

4 A body awaiting burial or cremation, corpse. **b** (contempt., applied to a senile person).
explorat manis, cui plurima ~o imperet ad superos STAT.*Theb*.3.144; haud procul..egena sepulcri ~a iacere reor 12.248. **b** cornix et caries uetusque ~um *Priap*.57.1.

būsȳcon ~ī, *n.* [Gk. *βούσυκον*] A large fig.
ab his (*sc.* bubus) dici pleraque magna, ut ~on VAR.*R*.2.5.4.

būteō ~ōnis, *m.* [onomat.; cf. BVBO] A species of hawk, perh. a buzzard. **b** (as a cognomen).
~onem hunc (*sc.* triorchem) appelant Romani PLIN.*Nat*.10.21; ~o accipitrum generis in honore mensarum est 10.135; 11.263; FEST.p.197 M. **b** *Fast.Cos.Cap*.18a (*CIL* 1.p.24); LIV.23.22.11; SEN.*Con*.1.1.20.

Būthrōtius ~a ~um, *a.* Of or connected with Buthrotum; (masc. as sb.).
~a mihi tua res est..curae CIC.*Att*.14.10.3; ~um agrum 16.16a.4; ciuitatem ~am 16.16d.14;—de ~is..recte cogitas 14.11.2; 15.29.3.

Būt(h)rōtum (~on) ~ī, *n.* Also **~os,** *f.* A town on the coast of Epirus.
CIC.*Att*.4.8.1; CAES.*Civ*.3.16.1; VERG.*A*.3.293; MELA 2.54. **β** regnata..uati ~os Phrygio OV.*Met*.13.721.

būthysia ~ae, *f.* [Gk. *βουθυσία*] A sacrifice of oxen.
inter ~ae apparatum barbam primam posuit SVET.*Nero* 12.4.

būthytēs, *m.* [Gk. *βουθύτης*] A sacrificer of oxen.
(*as represented in sculpture*) laudatur..Isidoti ~es PLIN.*Nat*.34.78.

Būticus ~a ~um, *a.* Of or connected with Butos in Egypt.
~um (linum) PLIN.*Nat*.19.14.

but(t)ubatta: (see quot.).
NAEV.*com*.132; PL.fr.inc.voc.; ~ Naeuius pro nugatoriis posuit, hoc est, nullius dignationis PAVL.*Fest*.p.36M.

buttutti, *int.* [onomat.] An exclamation used by the Hernici at their religious festivals.
Inc.gram.3(Char.p.242K).

Butuntī ~ōrum, *m. pl.* A town in Apulia.
(*as a typical out-of-the-way place*) haec praesta mihi, Rufe, uel ~is MART.2.48.7; 4.55.29.

būtȳrum ~ī, *n.* Also **būtūrum.** [Gk. *βούτυρον*] Butter.
supra ustum (*i.e. the sore caused by a burn*) ~um..instillatur COL.6.12.5; PLIN.*Nat*.11.239; e lacte fit et ~um 28.133; LARG.43. **β** labra agni unguere ~o VAR.*R*.2.2.16; CELS.3.22.14.

buxans ~ntis, *a.* [BVXVS] (of colour) Characteristic of boxwood.
~nti palloretre pidus APVL.*Met*.8.21.

? **buxeirostris** ~is ~e, *a.* [BVXEVS+ROSTRVM +-IS] Having a beak of the colour of boxwood.
anates remipedas ~is (*cj.*; buxeis rostris *codd.*) VAR. *Men.*489.

buxētum ~ī, *n.* [BVXVS+-ETVM] A plantation of boxwood.
ad Europes tepidae ~a recurrit MART.2.14.15; uilla.. uidua..tonsili..~o 3.58.3.

buxeus ~a ~um, *a.* [BVXVS+-EVS]

1 Of or connected with the box-tree; (made of) boxwood.
intersitis ~is..fruticibus COL.8.15.5; primo ~am (materiam) temptasse APUL.*Apol.*61;—SORTICOLAM VNAM ~AM *CIL* 1.583.51; (caseus) ~is formis exprimitur COL. 7.8.7; mola ~a piper triuit PETR.74.5; seruandum..puxide ~a LARG.74.

2 (of colour) Characteristic of boxwood; (of things) having the colour of boxwood.
color ~us (*sc.* rhinocerotis) PLIN.*Nat.*8.71; APUL.*Met.*1. 19; mulier..lurore ~o..foedata 9.30;—anulos ~os PETR. 58.10; tres sunt tibi..dentes, sed plane piceique ~ique MART. 2.41.7.

buxiārius ~a ~um, *a.* [BVXVS+-ARIVS] Of or connected with box-trees.
OB AVCTIONEM ~AM *CIL* 4.3340.5.2.

buxifer ~era ~erum, *a.* [BVXVS+-FER] Producing box-trees.
Cytore ~er CATUL.4.13.

buxōsus ~a ~um, *a.* [next+-OSVS] Resembling boxwood.
(balsamum) ~um optimum, quod et odoratissimum PLIN.*Nat.*12.119.

buxus ~ī, *f.* Also **buxum** ~ī, *n.* [Gk. πύξον]

1 A box-tree.
cupressi stant rectis foliis et amaro corpore ~um ENN. *Ann.*263; densum foliis ~um OV.*Ars* 3.691; perpetuo.. uirens ~um *Met.*10.97; inter tepentes..~os sedet MART. 3.20.13;—(*collect. sg.*) undantem ~o..Cytorum VERG.*G.*2. 437; lauri ~ique et myrti..agrestis est silua CURT.8.10.14; PLIN.*Nat.*6.79; gestatio ~o..ambitur PLIN.*Ep.*2.17.14.

2 Boxwood; (esp. w. allusion to its colour).
quale per artem inclusum ~o..lucet ebur VERG.*A.*10.136; eae..catenae ex ea materia comparentur, cui nec caries nec uetustas..possit nocere, id est e ~o VITR.7.3.1; geometricas formas e ~o..adfabre factas APUL.*Apol.*61;—ora..~o pallidiora gerens OV.*Met.*4.134; 11.417; (puella) ~o pallidior *Priap.*32.2; MART.12.32.8.

3 An object made of boxwood. **b** (esp.) a flute, pipe.
(*a whipping-top*) uolubile ~um VERG.*A.*7.382; ~um torquere flagello PERS.3.51;—(*a tablet for writing or drawing*) uulgari ~o sordida cera fuit PROP.3.23.8; graphicen, hoc est picturam in ~o PLIN.*Nat.*35.77;—(*a comb*) detonsos crines depectere ~o OV.*Fast.*6.229; multifido ~us quae tibi dente datur MART.14.25.2; caput intactum ~o JUV.14.194. **b** ~us..Berecyntia Matris Idaeae VERG.*A.*9.619; nanus et ipse..iactabat truncas ad caua ~a manus PROP.4.8.42; longo..foramine ~us OV.*Met.*4.30; inflati..murmure ~i 14. 537; pectora rauco concita ~o SEN.*Ag.*689; horrisonae respondent Gargara ~o V.FL.2.583; cum Bacchica mugit ~us STAT.*Theb.*9.479;—(*w. ref. to Marsyas*) foeda Celaenaea committere proelia ~o 2.666; *Silv.*5.3.88.

byblio-: see BIBLIO-.

Byblis ~idos, *f.* A daughter of Miletus, who fell in love with her brother Caunus.
Byblida quid referam, uetito quae..amore arsit..? OV.*Ars* 1.283; *Met.*9.453; *Ib.*355; MART.10.35.7; HYG.*Fab.*243.6.

Byblos ~ī, *f.* Also **Bub-**. A city on the coast of Phoenicia.
oppidum ~on traditum recepit CURT.4.1.15; PLIN.*Nat.* 5.78; 6.213. β MELA 1.67.

byrrus ~ī, *m.* [perh. cf. Welsh *byr* 'short'] A kind of cloak with a hood.
rogo te, pater..ut mitta⟨s⟩..~um castalinum et tunicam *P.Mich.*467.20.

Byrsa ~ae, *f.* Also **Bursa.** The citadel of Carthage.
mercati..solum, facti de nomine ~am, taurino quantum possent circumdare tergo VERG.*A.*1.367; SIL.2.363; FLOR. *Epit.*1.31(2.15.11). β LIV.34.62.12.

byssinus ~a ~um, *a.* [Gk. βύσσινος] Made of fine flax; *~um linum*, fine flaxen cloth.
~a..ueste conspicuus APUL.*Met.*11.24;—~o (lino), mulierum maxime deliciis..genito PLIN.*Nat.*19.20.

byssus ~ī, *f.* [Gk. βύσσος] A kind of fine flax.
uestis multicolor, ~o tenui pertexta APUL.*Met.*11.3.

Byzantiacus ~a ~um, *a.* Byzantine.
quales (*sc.* chartae)..~os olent lacertos STAT.*Silv.*4.9.13.

Byzantius ~a ~um, *a.*

1 Of or connected with Byzantium, Byzantine.
de exsulibus ~is CIC.*Dom.*53; qua ~a putuit orca HOR.*S.* 2.4.66; OV.*Tr.*1.10.31; intrantes portum ~um PLIN.*Nat.* 9.51.

2 (masc. as sb.) An inhabitant of Byzantium.
CIC.*Orat.*39; VITR.3.pr.2; PLIN.*Nat.*35.136;—(*pl.*) CIC. *de Orat.*2.217; urbem ~orum uobis..fidelissimam *Prov.*5; VITR.10.13.3; LIV.32.33.7.

Byzantium ~(i)ī, *n.* Also **Byzantion.** A city on the European side of the Bosphorus, later called Constantinople.
CIC.*Sest.*56; *Att.*9.9.2; LIV.38.16.7; oppidum ~um..antea Lygos dictum PLIN.*Nat.*4.46; TAC.*Hist.*2.83. β MELA 2. 24; LUC.9.958.

C

C, c. The third letter of the Roman alphabet. It represented originally both k and g sounds, but during the third century B.C. a separate symbol came into use for the g sound. C was retained in the abbreviations for Gaius (C.) and Gnaeus (Cn.). **b** the regular symbol for *centum.*
CRATIA (= GRATIA) *CIL* 1.60; CD si scribas temonemque insuper addas *Priap.*54.1;—(*as pronounced*) utrumque latus dentibus applicare linguam C pressius urget MAUR.195;—dicendum est..de Cn. Pompei singulari eximiaque uirtute CIC.*Man.*71; C. Cornelio et Q. Minucio consulibus LIV. 32.28.1; nam et 'Gaius' C littera significatur, quae inuersa mulierem declarat QUINT.*Inst.*1.7.28. **b** aeris ccc darier oporteat *Lex Reg.*(*Font.iur.*p.8); quinquaginta atque cc LUCIL.108; HS C̄X̄ CIC.*Att.*15.15.1.

caballīnus ~a ~um, *a.* [next+-INVS] Of a horse, horse-. **b** *fons ~us*, 'the nag's spring' i.e. Hippocrene.
carnem ~am PLIN.*Nat.*28.265; dentis ~i contusi farina 30.80. **b** nec fonte labra prolui ~o PERS.pr.1.

caballus ~ī, *m.* [prob. cf. OBulg. *kobyla*; ORuss. *komonь*] A horse, esp. a riding-horse or pack-horse. **b** *Gorgoneus ~us*, Pegasus.
succussatoris, taetri tardique ~i LUCIL.163; alius ~um arbori..alligatum relinquit VAR.*Men.*388; non ego circum me Satureiano uectari rura ~o..narro HOR.*S.*1.6.59; imperatorem triumphalem..uno ~o esse contentum SEN. *Ep.*87.10; QVI MVLOS ASINOS ASINAS ~OS EQVAS.. VENDIDERIT *CIL*2.5181.17; praeda ~orum praetor sedet JUV.11.195; POMPON.*dig.*33.7.15;—(*prov.*) optat ephippia bos piger, optat arare ~us HOR.*Ep.*1.14.43; tanquam ~us in cliuo PETR.134.2;—(*in statuary*) inmeritis franguntur crura ~is JUV.10.60. **b** ripa..ad quam Gorgonei delapsa est pinna ~i JUV.3.118.

Cabillōnum ~ī, *n.* A town of the Aedui (now Chalon-sur-Saône).
CAES.*Gal.*7.42.5; 7.90.7.

Cabinus ~a ~um: see GABINVS.

Cabīrī ~ōrum, *m. pl.* A group of deities esp. worshipped at Lemnos and Samothrace; (also, in sg.) one of these.
celsa ~um Delubra tenes ACC.*trag.*526;—tertium (Dionysum) ~o patre CIC.*N.D.*3.58.

cacabulus ~ī, *m.* [next+-VLVS] A bell.
~us sacris Augustis, uernaclus nuntius iunior *Inscr. Dessau* 8622.

cacabus ~ī, *m.*: see CACCABVS.

cacalia ~ae, *f.* [Gk. κακαλία] The plant *Mercurialis tomentosa.*
~a siue leontice uocatur PLIN.*Nat.*25.135; 26.29; 26.163.

cacāturiō ~īre ~iī, *intr.* [CACO+-VRIO] To have a desire to defecate.
cenaturit Vacerra, non ~it MART.11.77.3; *CIL* 4.5242.

? **cacātus** ~ūs, *m.* [CACO+-TVS[3]] A voiding of excrement.
rumor ~us (*cj.*, legatos *MS.*) superiores prodidit PHAED. 4.18(19)17.

caccabus ~ī, *m.* Also **cacabus.** [Gk. κάκκαβος] A cooking-pot.
uas ubi coquebant cibum, ab eo ~um appellarunt VAR. *L.*5.127; ciconia etiam..nequitiae nidum in ~o fecit modo PUB.*com.*10; LARG.157; unam..synthesin..alborum calicum atque ~orum STAT.*Silv.*4.9.45; si ~os argenteos habebat ULP.*dig.*34.2.19.12. β in ~o fictili nouo.. coquitur COL.12.42.1; PLIN.*Nat.*23.109.

? **caccitus** (a word of unknown meaning and etymology, used w. ref. to a beautiful boy; various emendations have been proposed for it).
ipsimi nostri delicatus decessit, mehercules margaritum, ~us et omnium numerum PETR.63.3.

cachecta ~ae, *m.* [Gk. καχέκτης] A sickly, ailing person.
ut in Arcadia (lac) bubulum biberent phthisici, syntectici, ~ae, diximus PLIN.*Nat.*28.125; ~is (*v.l.* cachecticis), quorum corpus macie conficitur 32.117.

cachecticus ~a ~um *a.*: see prec.

cachinnābilis ~is ~e. [CACHINNO[1]+-BILIS] (of laughter) Boisterous.
risu ~i diffluebant APUL.*Met.*3.7.

cachinnātiō ~ōnis, *f.* [CACHINNO[1]+-TIO] Boisterous or immoderate laughter, guffawing.
cum parua significatione risus, sine ulla suspicione nimiae ~onis *Rhet.Her.*3.25; ut, si ridere concessum sit, uituperetur tamen ~o CIC.*Tusc.*4.66.

cachinnō[1] ~āre ~āuī ~ātum, *intr.*, *tr.* [onomatopoeic; cf. Gk. κα(γ)χάζω; Skt. *kakhati*]

1 (intr.) To laugh, esp. loudly or boisterously, guffaw. **b** (trans., of the sound of the sea).
ridere conuiuae, ~are ipse Apronius CIC.*Ver.*3.62; fiet uti risu tremulo concussa ~ent (primordia rerum) LUCR.1.919; 2.976; nec illam quicquam aliud quam ~asse SUET.*Ves.*5.2. **b** suauisona echo (*MSS.* saeua sonando) crepitu clangente ~at ACC.*trag.*573.

2 (tr.) To laugh loudly at.
ille..exitum meum ~at APUL.*Met.*3.7.

? **cachinnō**[2] ~ōnis, *m.* [prec.+-O[1]] A loud laugher.
quid faciam? sed sum petulanti splene ~o (*N.B. With different punctuation the word may be construed as a verb*) PERS.1.12.

cachinnus ~ī, *m.* [cf. CACHINNO[1]] A laugh, esp. of a loud or boisterous kind, guffaw. **b** (transf., applied to rippling waves).
ab eo risum magnum inprudens ac ~um subicit LUCIL.648; ~os inridentium commouebat CIC.*Brut.*216; *Fat.*10; o rem ridiculam, Cato..dignamque auribus et tuo ~o CATUL.56.2; LUCR.5.1397; Romani tollent equites peditesque ~um HOR.*Ars* 113; est, quae peruerso distorqueat ora ~o OV.*Ars* 3.287; tremulos..~os PERS.3.87; rides, maiore ~o concutitur JUV.3.100; conuiuium totum in licentiosos ~os effunditur APUL.*Met.*2.20. **b** leuiterque sonant plangore ~i CATUL.64.273.

cachrys ~yos, *f.* Also **cachry,** *n.* [Gk. κάχρυς, κάχρυ] **a** A winter-bud (of certain trees). **b** the resinous seed of rosemary. **c** the white kernel of samphire.
a ferunt robora et ~ym; ita uocatur pilula in medicina urendi uim habens PLIN.*Nat.*16.30; admixta ~y 22.71; admixto ~y aut polio 27.134; ~yos animati LARG.70. **b** alterum (genus roris marini) cui et caulis et semen resinaceum quod ~ys uocatur PLIN.*Nat.*24.99; 24.101. **c** (crethmos) habet intus nucleum candidum, quem aliqui ~ym uocant PLIN.*Nat.*26.82.

cacō ~āre ~āuī ~ātum, *intr.*, *tr.* [cf. Gk. κακκάω, Middle Ir. *caccaim*, etc.]

1 (intr.) To defecate.
quantum est qui cossim ~ant POMPON.*com.*129; CATUL. 23.20; in me ueniat mictum atque ~atum Iulius HOR.*S.* 1.8.38; PETR.71.8;—(*w.* in+*acc.*) foriolus esse uidere: in coleos ~as LABER.*com.*66;—(*pple. as sb.*) qui..scribit carmina quae legunt ~antes MART.12.61.10; (*w. advl. acc.*) faciem durum, Phoebe, ~antis habes 3.89.2.

2 (tr.) To void as excrement.
ego quod comedim quaero, his quaerunt quod ~ent POMPON.*com.*151; quod editis, nihil est: si uultis quod ~etis, copia est NOV.*com.*6; (*cf.*) quot pondo est tibi mentulam ~andum *Priap.*69.4; *CIL* 10.8145;—(*transf.*) annales Volusi, ~ata carta CATUL.36.1.

cacoēthes, *n.* [Gk. κακόηθες] A malignant tumour at an early stage. **b** (fig., applied to an incurable 'disease' of character).
fereque primum id fit, quod ~es a Graecis nominatur CELS.5.28.2.c; ulcera..quae ~e uocant PLIN.*Nat.*23.95; duritias, quas ~e uocant 24.7.; ~e..cybio uetere sanantur 32.126. **b** tenet insanabile multos scribendi ~es JUV. 7.52.

cacosyntheton ~ī, *n.* [Gk. *κακοσύνθετον*] An ugly-sounding group of letters or words.
r: non multum est, hoc ~on atque canina si lingua dico LUCIL.377; *cf.* QUINT.*Inst.*8.3.59.

cacozēlia ~ae, *f.* [Gk. *κακοζηλία*] Affectation of style, bad taste.
foedo genere ~ae usus est SEN.*Con.*9.1.15; *Suas.*7.11; tumidos et corruptos et tinnulos et quocumque alio ~ae genere peccantes QUINT.*Inst.*2.3.9; 8.6.73.

cacozēlos[1] ~on, *a.* [Gk. *κακόζηλος*] Stylistically affected, in bad taste.
~on uocatur quicquid est ultra uirtutem QUINT.*Inst.* 8.3.56;—(*masc. pl. as sb.*) ~os et antiquarios..pari fastidio spreuit SUET.*Aug.*86.2.

cacozelōs[2], *adv.* [Gk. *κακοζήλως*] With stylistic affectation, in bad taste.
Catius Crispus..~ dixit..'aliud ceteros, aliud Laconas decet' SEN.*Suas.*2.16.

cactos ~ī, *m.* [Gk. *κάκτος*]. Cardoon, *Cynara carduncculus*.
et ~os quoque in Sicilia tantum nascitur, suae proprietatis et ipse PLIN.*Nat.*21.97.

cacula ~ae, *m.* [cf. *cacus*, *Cacilius*, etc.] PROS.: first syllable short in PL.*Trin.*721, ACC.*poet.*2; long in *Arg.*1.*Pl.Ps.*4, *Arg.*2.*Pl.Ps.* 13,14. A soldier's servant or slave.
uideo ~am militarem me futurum hau longius PL.*Trin.* 721; calones famulique metellique ~aeque ACC.*poet.*2; quas (*sc.* litteras) Hermonis centurionis ~ae ipse scribis te dedisse CIC.*Att.*5.21.4; ~a seruus militis PAUL.*Fest.*p.45M; uenientem ~am interuortit symbolo *Arg.*1.*Pl.Ps.*4; minas.. quinque..dat subditicio ~ae cum symbolo *Arg.*2.*Pl.Ps.*13.

caculātus ~ūs, *m.* [prec.+ATVS[2]] (See quot.)
~ seruitium PAUL.*Fest.*p.46M.

cacūmen ~inis, *n.* [cf. Skt. *kakúbh-*, *kakúd-*]

1 The peak, top (of an object which tapers upwards to a point). **a** (of mountains, etc.). **b** (of trees, etc.). **c** (of a flame). **d** (in various special senses). **e** (w. less emphasis on tapering shape) the top (of a flower, the head, etc.).
a montis uicina ~ina caelo quam sint quoque magis LUCR.6.459; Matina..~ina HOR.*Epod.*16.28; Perrhaebi.. ~ina Pindi PROP.3.5.33; mons..in altitudinem ingentem ~inis editi LIV.28.5.17; montana ~ina OV.*Met.*1.310; SEN. *Nat.*3.28.6; hoc solum..~en eminuit LUC.5.75;—(*w.* summus) dehinc summa ~ina linquunt VERG.*A.*6.678;—(*of a promontory*) Taenarium..~en STAT.*Theb.*3.422;—(*in fig. phr.*) non ego per praeceps et acuta ~ina uadam OV.*Ars* 1.381. **b** ~ina morientum in querqueto arborum VAR. *Men.*424; ut altis arboribus uicina ~ina summa terantur inter se LUCR.1.898; nec facit in ramis altoque ~ine nidos OV.*Met.*8.257; Auentinae..~ina siluae *Fast.*3.329; SEN. *Nat.*2.24.2; PLIN.*Nat.*12.127; rursus..enode ~en ingeniosa leuat (arbor) STAT.*Silv.*2.3.58; QUINT.*Inst.*1.2.26;—(*poet.*) inter densas, umbrosa ~ina, fagos VERG.*Ecl.*2.3;—(*phr.*) ~en radicis loco ponis (*you reverse the natural order of things*) SEN.*Ep.*124.7. **c** geminoque ~ine surgit (flamma) LUC. 1.551. **d** (*of the apex of a tympanum*) uti..ex eis una pars in medio ~ine tympani constituatur VITR.3.5.12;—(*of the tapered entrance to a weel*) piscator..texens..nassam.. sensim fastigans, compressa ~ina nectit SIL.5.50;—(*of the top edge of a seat*) uti linea..omnia ~ina graduum angulosque tangat VITR.5.3.4. **e** si quis uiolas..liliaque infringat..spectent..~ine terram OV.*Met.*10.193; contrariis in se fascium ~inibus, ut semen in medium cadat PLIN. *Nat.*19.16;—(*w.* summus) qua fine summum ~en capillus ascendit APUL.*Met.*2.10.

2 A young, tender shoot (as it emerges above the ground), a blade (of grass).
nunc herbae rupta tellure ~ina tollunt OV.*Fast.*4.127; herba..exit et expandit molle ~en humo *Tr.*3.12.12.

3 The tip, point, or extremity (of objects which taper, but are not necessarily regarded as vertical).
conum quod cogitur in ~en uersus VAR.*L.*5.115; ramis abscisis atque horum..praeacutis ~inibus CAES.*Gal.*7.73.2; COL.3.17.2; est (Italia)..folio maxime querno adsimulata.. in laeuam se flectens ~ine PLIN.*Nat.*3.43; arteriarum pulsus in ~ine maxime membrorum euidens 11.219; paruolam bacam..~ine aculeatam 16.18; hibernae uentosa ~ina lunae STAT.*Theb.*3.48; extremo me tange ~ine uirgae *Silv.* 5.4.18; ab incuruo..~ine (*i.e. of elephant's tusk*) SIL.9.583; —(*of a mason's square*) canaliculi ad normae ~en inprimantur VITR.4.3.5.

4 A piece taken from the top of a tree or tip of a branch. **a** (for use as a layer or cutting). **b** (for use in medicine or as food).
a ibi ~ina populorum serito CATO *Agr.*6.3; summumque putator haud dubitat terrae referens mandare ~en VERG. *G.*2.29; COL.3.21.11; ~ine suo se propagat (habrotonum) PLIN.*Nat.*21.60. **b** rubi..~ina in aqua decocta CELS. 4.26.8;—nunc epulae tenera fronde ~en erant OV.*Fast.* 4.398; sustinebant famem..~ina arborum SEN.*Dial.*5.20.3; (spartum) animalibus noxium praeterquam ~inum teneritate PLIN.*Nat.*19.27.

5 A position very high above the ground, height (in the air). **b** (astron.) *summum ~en*, the zenith; *imum ~en*, the nadir.
ultra quod ~en nec fulmini nec fulguri locus est APUL. *Flor.*2. **b** imum templi summumque ~en MAN.2.806.

6 (in fig. phrs.) A high point, pinnacle; *summum ~en* the extreme limit (of a process), highest point of perfection. **b** (of a person, w. *summus*) a supreme example, paragon.
si tibi erat libitum litterarum laudibus florens ~en nostrae famae frangere LABER.*com.*115; celeriter te in ~ine eloquentiae sistam FRO.*Aur.*1.p.106(55N);—donec alescendi summum tetigere ~en LUCR.2.1130; artibus ad summum donec uenere ~en 5.1457. **b** duo illa sapientiae Graiae summa ~ina, Ithacensis et Pylius APUL.*Soc.*18.

7 *extremum ~en*, The extreme limit (of a physical body's perceptibility).
LUCR.1.599; cum uideamus id extremum cuiusque ~en esse quod ad sensus nostros minimum esse uidetur 1.749.

cacūminō ~āre ~āuī ~ātum, *tr.* [prec.+-O[3]] To make pointed or tapered. **b** (pf. pple. pass. as adj.).
summas..~at aures OV.*Met.*3.195. **b** aquatilium (oua) rotunda, reliqua fere fastigio ~ata PLIN.*Nat.*10.145.

Cācus ~ī, *m.* A giant, son of Vulcan, who lived in a cave on Mount Aventinus, and was killed by Hercules for robbing him of some of the cattle of Geryon.
VERG.*A.*8.194; PROP.4.9.7; LIV.1.7.5; OV.*Fast.*1.550; STAT.*Silv.*2.3.12; JUV.5.125.

cadāuer ~eris, *n.* [CADO; for termination cf. PAPAVER] A dead body, corpse. **b** (transf., of living persons, to express disparagement or to emphasize maimedness). **c** (of ruined cities).
IN HOCE LOVCARID..NEVE ~ER PROIECITAD NEVE PARENTATID *CIL* 1.401; tu P. Clodi cruentum ~er eiecisti domo CIC.*Mil.*33; LUCR.3.719; his deiectis et coaceruatis ~eribus CAES.*Gal.*2.27.4; armis, ~eribus..omnia conpleri SAL.*Cat.*51.9; pedibusque informe ~er protrahitur VERG.*A.* 8.264; HOR.*S.*2.5.85; defosso ~ere LIV.3.33.9; conpressum turba stetit omne ~er LUC.4.787; STAT.*Theb.*9.140; FLOR. *Epit.*2.12(4.1.12);—(*of animals*) ipsis in stabulis turpi dilapsa ~era tabo VERG.*G.*3.557;—(*collect. sg.*) nondum pretio excogitato beluarum ~eri PLIN.*Nat.*12.5; obstructas ..~ere portas SIL.11.198. **b** ab hoc eiecto ~ere quicquam mihi aut opis aut ornamenti expetebam CIC.*Pis.*19; exsurgite nunc, uiua ~era SEN.*Con.*7.4.9; olim iam tuum est hoc ~er SEN.*Phoen.*36; iacebat immobilis et nihil aliud quam dormiens ~er APUL.*Met.*6.21. **c** cum uno loco tot oppidum ~era proiecta iacent SULP.RUF.*Fam.*4.5.4.

cadāuerōsus ~a ~um, *a.* [prec.+-OSVS] Like that of a corpse, cadaverous.
~a facie TER.*Hec.*441.

cadium ~(i)ī, *n.* [Gk. *κάδιον*] A small jar.
FJRA 3.17.12(*P.Mich.*3.434.12).

cadīuus ~a ~um, *a.* [CADO+-IVVS] (of fruit) That is a windfall, fallen.
colligi mala post aequinoctium autumni..~a separari PLIN.*Nat.*15.59; cetera mala et foliis ficulnis, praeterquam ~is, singula conuolui (iubet) 15.60.

cadmēa[1] ~ae, **cadmīa** ~ae, *f.* [Gk. *καδμεία*] Zinc oxide, calamine.
α fit (aes) et a lapide aeroso, quem uocant ~an PLIN.*Nat.* 34.2; ~a terra, quae in aes coicitur, ut fiat orichalcum PAUL.*Fest.*p.47M. β ea..licet..excepta ~a inlinere CELS.5.22.1; PLIN.*Nat.*32.72; ~ae ustae p ✳ XII LARG.23; ~ae botryitis p ✳ VIII 220.

Cadmēa[2] ~ae, *f.* The citadel of Thebes.
NEP.*Ep.*10.3; *Pel.*1.2.

Cadmēis ~idos, *f.*

1 (adj.) Of Cadmus, Cadmean (i.e. Theban).
omni stirpe cum incluta ~ide ACC.*trag.*235; ~ida.. deplanxere domum OV.*Met.*4.545; ~ida..arcem 6.217; matres ~ides 9.304.

2 (sb.) A daughter of Cadmus.
~is Agaue *Culex* 111; errant furentes impiae ~ides SEN. *Her.F.*758;—(*Semele*) OV.*Met.*3.287;—(*Ino*) *Fast.*6.553.

Cadmēius ~a ~um, *a.* Of or descended from Cadmus, Cadmean.
~a..Ino SEN.*Oed.*446; ~a..seges (*i.e. the crop of earth-born warriors sown from the dragon's teeth.*) V.FL.7.282; ~us heros (*i.e. Polynices*) STAT.*Theb.*1.376; genetrix ~a (*i.e. Agave*) 4.565; ~a proles 9.9; ~a uirgo (*i.e. Antigone*) 12.380.

Cadmēus ~a ~um, *a.* Of or descended from Cadmus, Cadmean; of or connected with Thebes, Theban. **b** (as ep. of Tyre, whence Cadmus came). **c** (used w. ref. to the Carthaginians, as having originated in Phoenicia).
~ae matris (*i.e. Agave*) [TIB.]3.6.24; ~ae..Thebae PROP. 1.7.1; ~a progenies SEN.*Phoen.*392; ~i..hydri V.FL.6.437; —~is incluta Bacchis..dumeta SEN.*Her.F.*134; ~a.. Dirce LUC.3.175; ea (*sc. Tisiphone*) ~o praeceps ubi culmine primum constitit STAT.*Theb.*1.123. **b** Tyros..~a PROP.3.13.7; MART.6.11.7. **c** gens ~a SIL.1.6; ~a manus 17.581.

cadmītis ~idis, *f.* [Gk.] (See quot.)
~is eadem est quae ostracitis uocatur, nisi quod hanc caeruleae interdum cingunt bullae PLIN.*Nat.*37.151.

?**Cadmogenus** ~a ~um, *a.* [CADMVS+-GENVS] Born of Cadmus.
deum ~a (*cj.*) natum Semela ACC.*trag.*642.

Cadmus ~ī, *m.* The son of Agenor, brother of Europa, husband of Harmonia, father of Polydorus, Ino, Semele, Autonoe, and Agave, and founder of the citadel (*Cadmea*) of Thebes in Boeotia. **b** (w. ref. to Cadmus' Phoenician origin).
CIC.*Tusc.*1.28; HOR.*Ars* 187; OV.*Met.*3.3; Asiam ~ique sororem (*i.e.* Europam) *Pont.*4.10.55; ~i tellure STAT.*Theb.* 9.51; moenia ~i (*i.e. of Thebes*) 11.40; TAC.*Ann.*11.14; (*as the introducer of alphabetic writing into Greece*) PLIN.*Nat.* 7.192. **b** misit Agenoreas ~i tibi terra (*i.e. Phoenicia*) lacernas MART.2.43.7; 10.87.10.

cadō ~ere cecidī cāsum, *intr.* [cf. Osc. *anṭkaḍum* 'occidionem', Skt. *śad-* fall down, Ir. *casair*, L. *cadauer*, *caducus*, (*stilli*)*cidium*]

1 (of persons or things initially in contact with the ground) To fall over, assume a prostrate or recumbent position, collapse. **a** (of persons). **b** (of things); (spec., of trees) to be felled.
a ipsus se in terram saucius fligit ~ens ANDR.*trag.*12; si ~es, non ~es quin ~am tecum PL.*Mos.*329; Brutus.. uelut si prolapsus cecidisset, terram osculo contigit LIV. 1.56.12; pectora..obicit..muris ne ~eret STAT.*Theb.* 10.936; (*of an epileptic*) is qui ~ere consueuit ei (*sc.* medico) traditus est CELS.3.23.4; (*in fig. phr.*) laudabant hunc patres nostri..sed cecidit in cursu CIC.*Brut.*127; dum timent ne aliquando ~ant semper iacent QUINT.*Inst.*8.5.32;—(*w. direction expressed*) cernuus equus dicitur qui ~it in faciem VAR.*gram.*151; mater..ambiguos cecidit super inscia natos SIL.2.649;—(*deliberately, for sexual intercourse*) libera eris actutum, si crebro ~es PL.*Per.*656. **b** caementae ~unt ENN.*scen.*383; quippe ~unt toti montes LUCR.6.546; (*in fig. phr.*) labentem et prope ~entem rem publicam fulcire CIC.*Phil.*2.51; securus ~at an recto stet fabula talo HOR. *Ep.*2.1.176;—(*w. direction expressed*) si uicini aedes ruinosae in meas aedes ceciderint GAIUS *dig.*39.2.6;—in classem ~it omne nemus LUC.1.306.

2 (of things, etc., not initially in contact with the ground) To fall to earth or in a downwards direction, drop, descend; *in sinum -ere* (in quots., fig.) to fall into one's lap, come into one's hands. **b** (of missiles) to land, light, fall; (also, of light). **c** (of dew, rain, etc.) to be precipitated, fall; (of fountains, rivers, etc.) to flow down, drop; (of tears, sweat) to drop. **d** (of shadows, etc.) to be cast, fall. **e** (of a path) to become lower, fall. **f** (fig.) to be brought down (from a position of eminence); (of pride) to be abased or humbled.
candidior postquam tondenti barba ~ebat VERG.*Ecl.* 1.28; etsi non cecidit, potuit cecidisse uideri (Phaëthon) OV.*Met.*2.322; qualis ~it delapsa caelo stella SEN.*Tro.*430; —(*w. direction expressed*) ab summo ne rusum ~as PL. *Mil.*1151; per quas (uias) ~it cibus a iecore dilapsus CIC.*N.D.*2.137; Praeneste ardentes lapides caelo cecidisse LIV.22.1.9; ante meos umeris uellem cecidisse lacertos OV. *Am.*1.7.23; tardiore semper ad terras omnium, quae geruntur in caelo, effectu ~ente quam uisu PLIN.*Nat.*2.216; quaeque ~it liquidas Iunonia uirgo per auras STAT.*Silv.* 5.1.103; si quid ex sacco saccarii cecidisset PAUL.*dig.*18.1. 40.3; (*of flowers*) plena magis nimio lilia sole ~unt MART. 8.33.14;—(*fig.*) mentitus sum: iam enim aetas nostra non descendit, sed ~it SEN.*Ep.*83.4; (*w.* alte) magnum.. periculum non adibit: alte enim ~ere non potest CIC. *Orat.*98; fuit qui praeberet tam alte ~enti sinum SEN. *Dial.*5.23.6;—in boni principis sinum ceciderat (res publica) SEN.*Suas.*7.1; TAC.*Hist.*3.69. **b** leuius..casura pila sperabat in loco retentis militibus CAES.*Civ.*3.92.3; non alias missi cecidere frequentius ignes OV.*Fast.*3.287; purae ..nefandi sanguinis obliquis ceciderunt ictibus hastae STAT.*Theb.*11.451; (*poet.*) non ocius alti in terras ~it ira Iouis 3.318; (*in fig. phr.*) in insuperabili loco stat animus, qui externa deseruit..infra illum omne telum ~it SEN.*Ep.* 82.5;—uix in densam umbram ~ente sole CURT.4.7.16; fulgor..dubius solis afflicti ~it SEN.*Her.F.*670. **c** ros si non ~it PL.*Capt.*81; grando mixta imbri largifico subita praecipitans ~it PAC.*trag.*414; altius atque ~ant summotis nubibus imbres VERG.*Ecl.*6.38; non quidem (ibo), si niues ~ent SEN.*Ben.*4.39.3;—guttas in saxa ~entis LUCR.4.1286; ~it in patulos nympha Aniena lacus PROP.3.16.4; cataracta magno sonitu cecidit LIV.27.28.11; amnis Aretho..~it in sinum maris..Ambracium appellatum 38.4.3; fragorem Nili ~entis SEN.*Ep.*56.3; fonte ~it modico..Rubicon LUC.1.213; per quos Zerbis fluuius in Tigrim ~it PLIN.*Nat.*6.118; (*cf.*) in hanc miseri ceciderunt flumina uocem STAT.*Theb.*9.350; (*fig.*) carmina..quae per salebras altaque saxa ~unt MART.11.90.2;—homini..lacrumae ~unt quasi puero gaudio TER.*Ad.*536; OV.*Tr.*3.3.41; lacrimas non sponte ~entis effudit LUC.9.1038; (*cf.*) amor ut lacrima oculis oritur, in pectus ~it PUB.*Sent.*A.39;—frigida de tota fronte ~ebat aqua PROP.2.22.12. **d** maioresque ~unt altis de montibus umbrae VERG.*Ecl.*1.83; arboris antiquae qua leuis umbra ~it TIB.2.5.96; cum iam..in aequora montis opaci umbra ~it STAT.*Silv.*2.2.49; infra.. caelum et sidera nox ~it TAC.*Ag.*12.4. **e** pariter surgente uia pariterque ~ente MAN.1.241. **f** si qua ex fortuna quis ~at CIC.*Part.*57; subito ne male inepta ~am [TIB.]3.16.2; —cecidit spiritus ille tuus PROP.2.3.2.

3 To slip (from one's grasp), fall (from one's hands).
omnibus istis latronibus..iam pridem de manibus arma cecidissent CIC.*Phil.*14.21; caueto ne tibi miranti turpiter arma ~ant [TIB.]3.8.4; pocula mi digitos inter cecidere remissos PROP.4.8.53; cecidere manu..herbae OV.*Met.*14. 350; hic quoque..tela ~unt, cunctantur equi STAT.*Theb.* 11.481.

4 To be shed, fall out or off. **b** (med., of scabs, nails, etc.). **c** (*de*) *matre* (*tellure*) *~ere*, to come from the womb, be born.
(*of parts of the body*) septuennis: nam tunc dentes mihi ~ebant primulum PL.*Men.*1116; LUCR.5.672; quae prima ~ent uiuaci cornua ceruo OV.*Med.*59; CELS.7.12.1.F; cecidere capilli PETR.109; quadripedibus pilum ~ere atque subnasci annuum est PLIN.*Nat.*11.231;—(*of limbs, in*

a metamorphosis) bracchia prima ~unt praedonibus SEN. *Oed.*461;—(*of leaves, fruit*) ulmus, cum folia ~unt, tum iterum tempestiua est CATO *Agr.*17.2; immatura ~ant ramis pendentia mala *Dirae* 17; quicquid..fecundis ~it..iugis Idymes STAT.*Silv.*1.6.13. **b** donec crustae ~ant CELS. 5.27.13B; sub quo medicamento uitiosi ungues ~unt 6.19.3; uerrucae sedis crebriore eius suffitu ~unt PLIN.*Nat.* 22.100; hoc medicamentum..~ere cogit haemorrhoidas LARG.227. **c** si me de matre ~entem fouisti gremio STAT.*Theb.*1.60; quem matre ~entem Piresius..fouit pater ..Cometes V.FL.1.355;—hanc ego..tellure ~entem excepi fouique sinu STAT.*Silv.*1.2.109; meus ille, meus. tellure ~entem aspexi 5.5.69.

5 To precipitate oneself deliberately, drop, fall; (of a finger) to be moved in a downward direction. **b** to throw oneself as a suppliant (at somebody's feet), fall. **c** to hurl oneself (in a specified direction), fall upon (in attacking). **d** (poet., of ships) to be launched.

Satyri cecidere uadis STAT.*Silv.*2.2.105; festinauit ad scopulum inque simile mortis exitium cecidit APUL.*Met.*5.27; (*poet.*) uagi casurum in nomina ponti..Aegea STAT.*Theb.* 12.625; (*fig.*) ut non abrupte ~ere in narrationem ita non obscure transcendere est optimum QUINT.*Inst.*4.1.79;—ad numerum articulus ~ens CIC.*Orat.*59. **b** cecidit in pedes meos senex SEN.*Con.*1.1.19. **c** tantus in attonitos cecidit deus STAT.*Theb.*3.580; in saeuos ~ere est conatus Achiuos 10.779; non si..miserae..sorores in media arma ~ant 11.171. **d** cum primum gurgite nostro Rhoeteae cecidere trabes STAT.*Ach.*1.44.

6 (of heavenly bodies) To disappear below the horizon, sink, set; *sol ~ens*, the west. **b** (poet., of the stars at daybreak); (of day) to decline.

inferiora ~unt Aurigae lumina lapsu CIC.*Arat.*717.(464); saeuus Arcturi ~entis impetus HOR.*Carm.*3.1.27; quo numquam radiis oriens mediusue ~ensue Phoebus adire potest OV.*Met.*11.594; stridorem..rotae ~entis (*sc.* Hyperionis) STAT.*Silv.*2.7.27;—(*w. direction expressed*) solis loca..ex quibus oriatur, in quae ~at SEN.*Ben.*4.12.5; GEL.2.22.6;—neue tibi ad solem uergant uineta ~entem VERG.*G.*2.298; Oceani finem iuxta solemque ~entem ultimus Aethiopum locus est *A.*4.480. **b** suadentque ~entia sidera somnos VERG.*A.*2.9; (*cf.*) iam quarta canit uenturam bucina lucem, ipsaque in Oceanum sidera lapsa ~unt PROP.4.4.64; quid ~entes detinet stellas polo? SEN.*Ag.*55;—iamque ~ente die..constitit Hesperio..in orbe OV.*Met.*4.627.

7 To fall inertly, droop, drop. **a** (of parts of the body, etc.). **b** (of hair) to hang down. **c** (of the tongue or of speech) to lapse into silence, fade away. **d** (of sails) to droop, hang idle. **e** (w. *animis* or absol.) to become despondent, be cast down.

a bracchia palpebraeque ~unt LUCR.4.952; bis patriae cecidere manus VERG.*A.*6.33; ut faciem uidi, fortes cecidere lacerti OV.*Am.*2.5.47; ~entes iam oculos..erexit SEN.*Con.* 2.4.3; uultus in somnum ~it SEN.*Her.F.*1044; lassique ~unt in pectora uultus STAT.*Theb.*10.153; JUV.6.421; (*cf.*) cui non mentula mensque ~it? MART.7.18.12; (*of the pulse*) nisi subito sic uenae ceciderunt CELS.3.6.3; SEN.*Ep.*95.22. **b** (*w. direction indicated*) cui..in pectus sordida barba ~it MART.4.53.4; imoque ~it barba hispida mento SIL.13. 333. **c** meditata diu ~at..querela LUCR.4.1182; cur facunda parum decoro inter uerba ~it lingua silentio? HOR.*Carm.*4.1.36; te..lingua..~ente murmurat STAT.*Silv.* 2.1.149. **d** uela ~unt, remis insurgimus VERG.*A.*3.207; OV.*Fast.*3.585;—(*in fig. phr.*) sed propera, ne uela ~ant auraeque residant *Ars* 1.373. **e** non debemus ita ~ere animis, quasi aliquid euenerit, quod fieri posse numquam putarimus CIC.*Fam.*6.1.4;—te..frangi repente atque ita ~ere ut nulla res te ad aequitatem animi possit postea extollere 6.12.1.

8 (of wind or sea, or their noise or force) To subside, drop, fall. **b** (poet., of persons) to sink restfully, fall back.

uentosi ceciderunt murmuris aurae VERG.*Ecl.*9.58; ubi primum aquilones..ceciderunt LIV.36.43.11; ~it eurus OV.*Met.*8.2; SEN.*Nat.*5.17.5; geminus..Triton..pelago dat signa ~endi STAT.*Theb.*5.708;—cunctus pelagi cecidit fragor VERG.*A.*1.154; uenti uis omnis cecidit LIV.26.39. 8; cecidit in lucem furor (*sc.* tempestatis) SEN.*Ag.*576. **b** inque tuo ~eret nostra senecta sinu [TIB.]3.3.8.

9 To be killed, die, fall (esp. in battle). **b** to be sacrificed.

unum cecidisse tamen..constat LUCIL.226; ut cum dignitate potius ~amus quam cum ignominia seruiamus CIC.*Phil.*3.35; pauci de nostris ~unt CAES.*Gal.*1.15 **2**; uiuam, si uiuet; si ~et illa, ~am PROP.2.28.42; multi utrimque ~unt, plures uolnera accipiunt LIV.7.8.1; pauido fortique ~endum LUC.9.583; populum Romanum non minus ~endo quam caedendo imperium peperisse FRO.*Aur.*2.p.26 (220N);—(*w. in acie, etc.*) qui in Marathonia pugna cecidit CIC.*Att.*9.10.3; in quo (bello) aut in acie ~endum fuit aut in aliquas insidias incidendum *Fam.*7.3.3; bellantum iuuenum et duro sub Marte ~entum VERG.*A.*12.410; auus Pharsalica acie pro optimatibus ceciderat TAC.*Ann.*4.44;—(*w. agent expressed*) plures..ab Romanis primo incursu.. ceciderunt LIV.25.19.5; magna feres..solacia mortis..a tanto cecidisse uiro OV.*Met.*5.192; cui consul in armis Crispinus cecidit SIL.17.306;—(*w. instrument or manner expressed*) Aeneae magni dextra ~is VERG.*A.*10.830; iaculo ~it eminus ipse OV.*Met.*3.119; tu quoque de morsu uirus habente ~as *Ib.*526; duo Blaesi uoluntario exitu cecidere TAC.*Ann.*6.40. **b** si tener pleno ~it haedus anno HOR. *Carm.*3.18.5; idibus alba Ioui grandior agna ~it OV.*Fast.* 1.56; ~it ingens rite Tonanti Gradiuoque pecus STAT.*Theb.* 4.14; clamitans sic inchoari annum, has Seiano uictimas ~ere TAC.*Ann.*4.70;—(*w. instrument or manner expressed*) multa tibi ante aras nostra ~et hostia dextra VERG.*A.*1.334; in uulnus cecidere greges STAT.*Theb.*4.463.

10 (of cities, etc.) To be overthrown or destroyed, fall.

quid adfert ut tanta ciuitas, si ~et..a uiro tamen confecta uideatur? CIC.*Har.*42; postquam..cecidit..superbum Ilium VERG.*A.*3.2; cum ~erent magnae Laomedontis opes PROP.2.14.2; si ego morerer..mecum casurum imperium populi Romani erat? LIV.28.28.11; per quos tibi, Roma, ruenti ostendat quam magna ~as LUC.7.419;—(*w. agent expressed*) sic et Achaemenio cecidisti, Lydia, Cyro GRAT. 315;—(*w. instrument or manner expressed*) casuras..inimicis ignibus arces VERG.*A.*8.375; flammis Asiam ferroque ~entem JUV.10.266.

11 (of persons) To be ruined or disgraced, come to grief, meet with disaster (in some instances merging into *b*). **b** (usu. w. *causa* or some sim. expr.) to fail in legal proceedings, lose one's case, be convicted; *causa ~ere* (transf.), to be in the wrong, lose one's case; *formula ~ere*, to be ruled out of court on a technical point, lose one's case through some error of form.

quoniam eodem tempore eademque de causa nostrum uterque cecidit CIC.*Fam.*6.10.2; illud uideo, bene sentientem (*sc.* Curionem)..~ere non posse CAEL.*Fam.*8.8.10; suamet ipsum pecunia praecipitem casurum SAL.*Jug.*8.2; magni saepe duces, magni cecidere tyranni PROP.2.8.9; primus sua lege cecidit (C. Licinius Stolo) V.MAX.8.6.3; ~eret sub iudice morum JUV.4.12;—(*cf. sense 2*) amore cecidi tamquam blatta in peluim LABER.*com.*94. **b** ut causa ~at is qui non quemadmodum oportet egerit CIC.*Inv.* 2.57; noluerunt..ita quemquam ~ere in iudicio ut nimiis aduersarii uiribus abiectus uideretur *Mur.*58; quoniam unius testimonio aliquem ~ere pessimi esset exempli V. MAX.4.1.11; nec iure ille damnatus erat: non enim iudicio publico ceciderat SEN.*Con.*7.1.16; cum, si uno uerbo sit erratum, tota causa cecidisse uideamur QUINT.*Inst.*7.3.17; SUET.*Cal.*39.1; litis cecidisse dicitur; qui eius rei, de qua agebat, causam amisit PAUL.*Fest.*p.116M;—concedo..~ere causa, si qui e nostris aliter existimant CIC.*Fin.*1.55;—quid ..aliud agitis, cum eum, quem interrogatis, scientes in fraudem inducitis, quam ut formula cecidisse uideatur? SEN.*Ep.*48.10; QUINT.*Inst.*3.6.69.

12 To pass away, perish; to be resolved, disappear; to fall into oblivion or disuse. **b** (of emotions, abst. qualities, etc.) to be weakened or destroyed, fade away, fail, disappear. **c** (of efforts) to fail, come to nothing.

in mundis..aliis nascentibus aliis ~entibus CIC.*N.D.*1.67; nec minus ergo ante haec quam tu cecidere, cadentque LUCR.3.969;—calido non ocius Austro nix resoluta ~it LUC.9.782; (*w.* in+*acc.*) omnia fiunt ex ipsis et in ipsa ~unt OV.*Met.*15.245;—quo tot facta uirum totiens cecidere? LUCR.5.328; multa renascentur quae iam cecidere, cadentque quae nunc sunt in honore uocabula HOR.*Ars* 70; casurum nullo tempore nomen habent OV.*Am.*1.15.20. **b** quo casu cecidit spes reducendi domum quam cupio AFRAN. *com.*350; auctoritas principum cecidit CIC.*Har.*60; meum.. amorem, qui illius culpa cecidit uelut prati ultimi flos CATUL. 11.22; ubi libertas cecidit PUB.*Sent.*V.25; cura patrum ~ere ..incipit VERG.*G.*3.138; non tibi, quamuis infesto animo.. perueneras, ingredienti fines ira cecidit? LIV.2.40.7; hinc demens cecidit uiolentia retro GRAT.9; cum inpetus ille flagrantis animi..cecidit SEN.*Ben.*2.14.1; sed non auctore furoris sublato cecidit rabies LUC.10.530; (*cf.*) ira ~at naso rugosaque sanna PERS.5.91. **c** illa nostra scilicet ceciderunt CIC.*Fam.*13.47; ne omnia mea culpa cecidisse uideantur 14.3.2; quom sera ~it prudentia damno GRAT.262.

13 To derive, proceed (from a source or cause).

de rugis crimina multa ~ent OV.*Am.*1.8.46; nec refert scelus unde ~at, scelus esse fatendum MAN.4.117; (*cf. sense 2c*) et noua..habebunt uerba fidem si Graeco fonte ~ent HOR.*Ars* 53.

14 (of words) To fall from one's lips, be uttered. **b** (esp. of prayers that prove vain).

sic iterat uoces et uerba ~entia tollit HOR.*Ep.*1.18.12; cum tibi singultu fortia uerba ~ent PROP.1.5.14. **b** at mea nocturno uerba ~unt Zephyro PROP.1.16.34; omniaque ingrato litore uota ~unt 1.17.4;—(*w.* pro uano *or sim.*) neu tibi pro uano uerba benigna ~ant 1.10.24; at mea pro! nullo pondere uerba ~unt OV.*Ep.*3.98.

15 (of dice, lots) To be cast, fall out.

si illud quod maxume opus est iactu non ~it TER.*Ad.*740; ceteri ut cuiusque (sors) ceciderit primi..aderunt LIV.2. 12.16.

16 (w. dat. or *in*+acc.) To happen, accrue, fall (usu. to a person or his lot); (of charges, imputations, misfortunes, etc.) to be visited or laid (upon). **b** (absol.) to happen, occur.

quid ipsi casurum sit CIC.*Inv.*1.36; omnia, quae ~ere in hominem possunt *Tusc.*5.4; ut..illis..uoluptas..rara ~at HOR.*S.*1.2.4; forma nisi in ueras non ~it illa deas OV.*Ep.* 17.68; inbecillitas oculorum est..quod in feminam..non ~it CELS.6.6.38; haec uitia non ~unt nisi in crispa folia PLIN. *Nat.*19.80; scientiam..quae ~it in iuris prudentes ULP.*dig.* 38.15.2.5; (*w.* sorti) sunt quibus ad portas cecidit custodia sorti VERG.*G.*4.165; (*w.* ab) a te mihi omnia semper honesta et iucunda ceciderunt CIC.*Q.fr.*1.3.1; (*foll. by* ut+*subj.*) insperanti..mihi..cecidit, ut in istum sermonem..delaberemini *de Orat.*1.96;—nulla in quemquam propria ignominia nominatim ~ebat CIC.*Sest.*30; haec aliis maledicta ~ant TIB.1.6.85; aduersa in rem publicam casura TAC.*Ann.*11.19; in personam seruilem nulla ~it obligatio ULP.*dig.*50.17.22. **b** quid casurum sit incertum est CIC.*Fam.*15.1.6; quae tum maxime accidebant, casura praemonens LIV.36.34.3; MAN.2.277; MAUR.1202.

17 To turn out, fall out, come to pass (in a specified manner or w. a specified result). **a** (w. manner, etc., indicated by an adv. or advl. phr.). **b** (by an adj.).

a si haec res grauiter cecidit stultitia mea PL.*Trin.* 507; quod male cecidit CIC.*Rab.Post.*5; uerebar quorsum id casurum esset *Att.*3.24.1; etsi praeter opinionem res ceciderat NEP.*Milt.*2.5; quo res cumque ~ent VERG.*A.*2. 709; quo promissa ~ant HOR.*Ep.*2.1.52; tantae ad inritum ~entis spei LIV.2.6.1; saepe ~entia frustra officia MAN. 3.108; quamquam coepta secus ~ebant TAC.*Ann.*2.80; aliorsum uota ceciderunt FLOR.*Epit.*1.20(2.4.5); contra praedicta ~entibus rebus SUET.*Tib.*14.4;—(*w. dat.*) hoc.. cecidit mihi peropportune CIC.*de Orat.*2.15; quae res aliter aduersariis cecidit *B.Afr.*52.3. **b** cum id quod malum casurum putat refugit mens VAR.*L.*6.48; si minus fortissimi uiri uirtus ciuibus grata cecidisset CIC.*Mil.*81; nequiquam opportuna res cecidisset SAL.*Cat.*20.2; tantum fortuna secunda haud aduersa ~at VERG.*A.*9.283; haud inritae cecidere minae LIV.6.35.10.

18 (w. advs.) To sound (rhythmically or sim.), fall (esp. applied to clausulae, etc.).

ut comprehensio numerose et apte ~at CIC.*Orat.*149; sunt clausulae plures, quae numerose et iucunde ~ant 215; compositione uerborum belle ~entium SEN.*Con.*7.4.10; numerus opportune ~ens QUINT.*Inst.*9.4.27.

19 a (of words or clauses) To end, terminate (in). **b** (of abst. subj.) to result or end (in).

a est quidem (paean)..unus aptissimus orationi uel orienti uel mediae; putant illi etiam ~enti CIC.*Orat.*218; (*cf.*) omnia apud Ciceronem desinunt apud Pollionem ~unt SEN. *Ep.*100.7;—(*w. adv. or advl. phr.*) similiter ~entibus uerbis *Rhet.Her.*4.18; quae similiter ~unt uerba CIC.*Orat.*220; notatum in sermone, quid quoque modo ~eret QUINT.*Inst.* 1.6.16;—(*w. abl.*) illa quasi mugiente littera..m, qua nullum Graece uerbum ~it 12.10.31;—(*w.* in+*acc.; cf. prec. sense*) quod uerba melius in syllabas longiores ~unt CIC. *Orat.*194. **b** ni misericordia in perniciem casura esset SAL.*Jug.*31.21.

20 (w. *in*+acc.) To come upon (people) or arrive at (a place) by chance.

si non Euryalus Rutulos cecidisset in hostes OV.*Tr.*1.5.23; qui..nudus in portus cecidit petitos SEN.*Tro.*1028.

21 (w. *in*+acc.) To occur at, coincide with (a time or period). **b** (of debts) to fall due at (a date). **c** to be comprised within.

quod ferme dirum in tempus cecidere Latinae CIC.*Cons.* fr.2.17(*Div.*1.18); de sapientia, quae non ~it in hanc aetatem *Cael.*76; considera ne in alienissimum tempus ~at aduentus tuus *Fam.*15.14.4; in id saeculum Romuli cecidit aetas, cum iam plena Graecia poetarum..esset *Rep.*2.18. **b** in eam diem ~ere nummos qui a Quinto debentur CIC. *Att.*15.20.4; (*cf.*) ei ex praediis ut ~et ita soluetur 15.20.4. **c** utcumque plures in eos (aestus) aut diei aut noctis illarum (*sc.* horarum) mensurae ~ant PLIN.*Nat.*2.214.

22 (w. *in*+acc.) To be compatible or consistent with, suit, fit. **b** (of words, etc.) to be applicable to, apply to. **c** *apte ~ere ad*, to be exactly adapted for (a purpose), apply fittingly to. **d** (of pl. subj.) *~ere mutua contra*, to be mutually adapted, fit together.

peccatum magis cadere posse in impositiones eas quae fiunt plerumque in rectis casibus singularibus VAR.*L.*10.60; sequitur..ut qui maxime ~ant in orationem aptam numeri uidendum sit CIC.*Orat.*191; nihil est quod in eius modi mulierem non ~ere uideatur *Cael.*69; non ~it in mores feritas inamabilis istos OV.*Pont.*1.6.5; non ~it in sapientem haec diuersitas mentis SEN.*Ep.*85.16; non ~ere in alium tam absolutum opus PLIN.*Nat.*35.82; cum dolus malus in eam aetatem non ~it PAUL.*dig.*48.10.22; (*cf. sense 18*) hi tres.. pedes in principia continuandorum uerborum satis decore ~unt CIC.*de Orat.*3.182;—(*foll. by* ut+*subj.*) in eundem ~it, ut seruiat *Tusc.*3.14; ne ut irascatur quidem ~it (in sapientem) 3.19. **b** quae ~ere possunt in quos nolis CIC. *de Orat.*2.245; nomina quae in id genus ciuium ~ere possint *Har.*53; at non ~unt haec in Antonium *Phil.*5.6; nomen 'filiarum' et in postumam ~ere quaestionis non est ULP. *dig.*50.16.164. **c** (si) eius uerbum aliquod apte ceciderit ad id quod ages CIC.*Div.*2.83; illae quinque formae..apte ~entes ad animum afficiendum *N.D.*1.19. **d** quorum ita texturae ceciderunt mutua contra, ut caua conueniant plenis LUCR.6.1084.

23 (w. *in* or *sub*+acc.) To fall into (a condition, etc.), incur; to fall under (somebody's sway) or into (somebody's power). **b** to be perceptible by (one of the senses), come within, fall under. **c** to come within the scope of (any process, principle, etc.), be susceptible or amenable to.

multi..in suspicionem caderent CIC.*Mil.*50; casurus in aliquam uituperationem *Att.*14.13.4; ne in offensionem Atheniensium ~eret *N.D.*1.85; in seruitutem ~ere de regno graue est SEN.*Phoen.*598; statuarum artifices..numquam in hunc ceciderunt errorem QUINT.*Inst.*5.12.21; si mancipia in causam pignoris ceciderunt PAUL.*dig.*20.1.29.1;—partim qui ..sub populi Romani imperium dicionemque ceciderunt CIC.*Font.*12; ~endum est in unius potestatem *Att.*8.3.2; in arbitrium non ~ere uictoris SEN.*Ep.*17.6;—(*poet., w. dat.*) nostraeque ~ens ferus Hannibal irae CORN.SEV.*poet.*13.24; speratum Hannibalem nostris cecidisse catenis MAN.4.41. **b** signum est quod sub sensum aliquem ~it CIC.*Inv.*1.48; casurusne in conspectum uideatur animus *Tusc.*1.50; ut sub aspectum et tactum ~at *Tim.*15; nec quae sub sensus ~at ..nostros LUCR.1.447; SEN.*Ep.*124.6. **c** in iis rebus, quae sub eandem rationem ~unt CIC.*Inv.*1.46; quod ne in cogitationem quidem ~it ut fuerit tempus aliquod nullum cum tempus esset *N.D.*1.21; rationes..propter quas crimen hoc in legem ~ere non debeat SEN.*Ben.*3.7.1; illud in unius hominis prudentiam ~ere non poterat COL.5.1.1; in casum non ~it ut gladius in triclinio fuerit QUINT.*Decl.*296(p.171, l.7); non..omnis ager centuriatus in assignationem cecidit SIC.FL.*agrim.*p.127; (*cf.*) fingenda..meminerimus ea, quae non ~ant in testem QUINT.*Inst.*4.2.93.

24 (w. *in* or *ad*, of abst. subjs.) To degenerate, lapse (into); (of persons) to descend (to a level of degradation). **b** *huc ~ere*, to fall so low, come to this pass.

nimia illa libertas..in nimiam seruitutem ~it CIC.*Rep.*

1.68; cito inproborum laeta ad perniciem ~unt PUB.Sent. C.18;—in famulae locum regina cecidit SEN.Her.O.355; miserabile uolgus in pecudum cecidisse cibos LUC.6.111. **b** huc cecidit decor? SEN.Phaed.1270; huc cecidisse Germanici exercitus gloriam TAC.Hist.3.13.

25 (w. *in*+acc., etc.) To fall (into a category, under a heading, etc.); (w. *citra, extra*) to fall (short of, outside).
iugeri partes..eas, quae ~unt in aestimationem facti operis COL.5.1.8; quae (*sc.* inuersio) si in speciem soloecismi ~at QUINT.Inst.1.5.40; quod si..omnia istiusmodi inclinamenta..in culpas ~unt GEL.4.9.12; ictus..fortuitus et consultus non ~unt sub eiusdem talionis similitudinem 20.1.16; mortis causa capi intellegitur et quod non ~it in speciem donationis MARCEL.dig.39.6.38;—(*w.* sub+*abl.*) sub hac appellatione nominum personae ~unt sedecim hae PAUL.dig.38.10.10.15;—quidquid citra recti formulam cecidit SEN.Ben.5.15.2; ⟨hoc⟩ quaeque eiusdem generis sunt, extra medicinae professionem ~unt LARG.17.

26 To be reduced in quantity, grow less; (of prices) to decline, fall.
inde ~unt noctes surguntque in tempora luces MAN.3.263; —mercennarii milites pretia militiae casura in pace aegre ferebant LIV.34.36.7; SEN.Con.1.pr.7.

27 To be deducted or subtracted, 'come off'.
si contigit aureus unus, inde ~unt partes ex foedere pragmaticorum JUV.7.123.

cādūceātor ~ōris, *m.* [next+-TOR] A herald bearing a staff (*caduceus*), sent app. by non-Roman generals.
~ori nemo homo nocet CATO inc.4(J); ~or eo regius uenit LIV.33.11.3; Alexander..~orem praemisit CURT.3.1.6; ut ~oris more Tryphaena indutias faceret PETR.108.12; PAUL. Fest.p.47M.

cādūceum ~ī, *n.* Also **~us,** *m.* [Gk. καρύκειον, κηρύκειον, with *d* substituted for *r*.] GENDER: neut. in GEL.10.27.5, APUL.Met.10.30, 11.10; masc. in VAR. in Non.p.528M; elsewhere indeterminate. A staff carried by heralds as a token of peace. **b** (spec.) the staff of Mercury or a representation of it.
uerbenatus ferebat uerbenam; id erat ~us, pacis signum; quam Mercuri uirgam possumus aestimare VAR.in Non.p. 528M; qui possit non tam ~o quam nomine oratoris ornatus incolumis uel inter hostium tela uersari CIC.de Orat.1.202; NEP.Han.11.1; ~um praeferentes LIV.8.20.6; quare exterae gentes ~um in pacis argumentis circumdata effigie anguium fecerint PLIN.Nat.29.54; GEL.10.27.3. **b** ipse Trimalchio capillatus ~um tenebat PETR.29.3; SUET.Cal.52; attollens.. Mercuriale..~um APUL.Met.11.10.

cādūcifer ~erī, *m.* [prec.+-FER] The staff-bearer (i.e. Mercury).
hinc se sustulerat paribus ~er alis OV.Met.2.708; 8.627; Fast.4.605.

cadūciter, *adv.* [next+-TER²] Precipitately.
frigidos nimbos cito ac ~ ruentis VAR.Men.576.

cadūcus ~a ~um *a.* [CADO]

1 That assumes, or is apt to assume, a recumbent position, tottery, unsteady. **b** (spec., of epileptics). **c** (of places) collapsing or likely to collapse.
~um circa initia animal homines sumus QUINT.Decl.306 (p.204,l.9). **b** EVM PVERVM SANVM TRADITVM ESSE.. FVGITIVM, ~VM NON ESSE, PRESTARI CIL 3.p.940; asellus..morbo detestabili ~us APUL.Met.9.39;—(*w. abl. of resp.*) pedibus ~us Apol.43;—(*masc. as sb.*) est..eius (*sc.* Theophrasti) egregius liber de ~is 51. **c** urbes..~ae Aetna 172.

2 That drops down or is precipitated, falling; dropping from one's grasp. **b** (applied to auspices; see quot.). **c** (of water) that overflows or drips.
fulmine..~o HOR.Carm.3.4.44; poma..supposita excipiens..~a manu PROP.2.32.40; utque ~is..saxa cauantur aquis OV.Pont.2.7.39; grandine permixtas..niuibusque ~is ..nubis GERM.fr.3.1;—(*w.* in+*acc.*) te triste lignum, te ~um in domini caput immerentis HOR.Carm.2.13.11;—uidi ego labentis acies et tela ~a PROP.4.2.53. **b** ~a auspicia dicunt, cum aliquid in templo excidit, ueluti uirga e manu PAUL.Fest.p.64M. **c** ex eis (canalibus) ~a quae abundat per fistulam exire (oportet) VAR.R.3.5.2; AQVAM IN PRIVATVM ~AM DVCERE CIL 1.594.3.4.9; FRON.Aq.94.

3 That has dropped down or been precipitated, fallen.
oleae ~ae salliantur CATO Agr.23.1; ab legendo ligna quoque, quod ea ~a legebantur in agro VAR.L.6.66; quod et ~a spica saturantur (oues) 2.2.12; bacae glandesque ~ae LUCR.5.1363; iaces frondesque tuo premis ore ~as OV.Met. 9.651; depugnante cum his (*sc.* feris) homine circa ~os fructus PLIN.Nat.17.1; 'glans ~a' est, quae ex arbore cecidit GAIUS dig.50.16.30.4.

4 Falling or fallen in battle.
sic, quem dira tibi rapuit Germania Drusum, pars fuerit partus sola ~a tui OV.Pont.2.8.48;—(*w.* bello) belloque ~i Dardanidae VERG.A.6.481.

5 That droops or hangs down, drooping.
uitis..quae natura ~a est CIC.Sen.52.

6 a (of ripe fruit) Ready to fall. **b** (of flowers, etc.) destined or liable to fall. **c** (of tree-bark) liable to peel off; (of wood) decayed.
; cape hanc ~am Liberi mollem dapem VAR.Men.443; PLIN.Nat.17.230; sit moro coma nigrior ~o MART.8.64.7;—(*in simile*) necesse fuit esse aliquid extremum et tamquam in arborum bacis..maturitate tempestiua quasi uietum et ~um CIC.Sen.5. **b** OV.Met.10.738; utque uiret semper laurus nec fronde ~a carpitur Tr.3.1.45; non tot ~as educat frondes Eryx SEN.Oed.600. **c** quibus tenuis aut ~us rimosusque cortex PLIN.Nat.17.121;—signa deorum uiribus annosae facta ~a morae OV.Fast.5.144.

7 (of persons) Destined or liable to die (esp. young), doomed. **b** (of fire) likely to go out, dying; (of writing) liable to fade; (of streams) likely to dry up.
si..tempus..~o oratur iuueni VERG.A.10.622; plebis.. ~ae quis fleat interitus? STAT.Silv.2.1.212. **b** ignem.. ~um et cito interiturum SEN.Nat.2.23.2; ~o incendio APUL.Apol.25;—~ae litterae fiunt PLIN.Nat.13.81;—riuis ..~is OV.Am.3.6.91.

8 Perishable, transitory, fleeting.
non enim eloquentem quaero neque quicquam mortale et ~um CIC.Orat.101; ~a semper et mobilia haec esse duxi Dom.146; quae habent speciem gloriae..contemne, breuia, fucata, ~a existima Fam.10.12.5; quoniam res humanae fragiles ~aeque sunt Amic.102; neue sit actorum fama ~a cauent OV.Pont.4.8.46; pudeat tanto bona uelle ~a MAN. 4.403; quam ~a felicitas esset CURT.8.14.43; corpus fragilitatis ~ae morbis obnoxium SEN.Suas.6.6; ~a memoria est futuro inminentium SEN.Ben.3.3.4; quoniam fructus ~a res est PLIN.Nat.17.178; ~is deseruire bonis STAT.Silv. 2.2.129; breuem uitam ~is laboribus fatigare PLIN.Ep. 9.3.2; APUL.Soc.4;—(*neut. pl. as sb.*) animum tumentem oblitumque, quam ~is confideret SEN.Ben.6.31.1; de ~is de aeternis Ep.88.33.

9 (of words, hopes, etc.) Unavailing, vain, illusory, futile. **b** (applied to a hoped-for event which is prevented from occurring).
cum mihi..excidit et fecit spes nostras cera ~as OV.Met. 9.597; nec lingua ~a concipit ulla preces Fast.1.181; sit pars uoti nulla ~a mei Ib.86; Zephyri uerba ~a ferunt [Ov.]Ep.Sapph.208;—(*in pun w. sense 1*) se in puero et muliere ~is uanas et prorsus ~as calumnias intendisse APUL.Apol.51. **b** M. Perpennae..caliginis simile imperium, ~us triumphus V.MAX.3.4.5.

10 (of property) That is not, or cannot be, taken up by the heir or legatee and consequently falls to the treasury, escheatable, caducary.
nisi in uia ~ae hereditates retardassent (celeritatem) CIC.Phil.10.11; antequam partes ~ae ex bonis Rustici fisco peterentur SC(Font.iur.p.205)60; ea lege bona ~a fiunt et ad populum deferri iubentur, si defuncto nemo heres..sit GAIUS Inst.2.150; dos data non fit ~a PAUL.dig.23.2.38.1; (*cf.*) omnis ista prudentiae doctrinaeque possessio, in quam homines quasi ~am atque uacuam..inuolauerunt CIC. de Orat.3.122;—(*neut. as sb.*) legatum omne capis nec non et dulce ~um JUV.9.88; librarii ~orum TARR.PAT.dig.50. 6.7(6).

cadurcum ~ī, *n.* [next] A coverlet. **b** (meton.) the marriage-bed.
~i restitutis fasciis SULPICIA poet.1; institor hibernae tegetis niueique ~i JUV.7.221. **b** magnaque debetur uiolato poena ~o JUV.6.537.

Cadurcus ~ī, *m.* A member of a tribe in Gallia Narbonensis.
CAES.Gal.7.5.1; 7.7.1;—(*pl.*) 7.4.6; PLIN.Nat.4.109.

cadus ~ī, *m.* [Gk. κάδος]

1 A large jar for wine.
~o te praeficio, Stiche PL.St.683; uappa ~o nuper defusa picato Copa 11; uina..quae..~is onerarat Acestes VERG. A.1.195; non ante uerso lene merum ~o HOR.Carm.3.29.2; Chio soluite uincla ~o TIB.2.1.28; fragiles..~i OV.Met. 12.243; plenam antiquis apothecam ~is PHAED.4.5.25; Albano..~um sordentem..fumo STAT.Silv.4.8.39;—(*dist. from* dolium) in dolia..coicimus (uinum), scilicet ut ex his postea..in..~os diffundamus PROC.dig.33.6.15;—(*w.* uini) ~um unum uini ueteris PL.Aul.571; uini mille ~um LUCIL.556; APUL.Met.2.11;—(*fig.*) carmen..tibia Mygdoniis libet eburna ~is PROP.4.6.8.

2 A jar used for various purposes: a (metal) funerary urn; for storing foodstuffs; for dyeing.
ossaque lecta ~o texit Corynaeus aëno VERG.A.6.228;—ita in ~os conditur (oenanthe) PLIN.Nat.12.132; in turbinibus ~orum eam (*sc.* aloen) serunt 27.14; flauaque de rubro promere mella ~o MART.1.55.10;—(*w. descriptive adj.*) legumina in oleariis ~is oblita cinere..seruari PLIN. Nat.18.307; testis ~i salsamentarii tusis 32.89;—quo purpura fuco Sidoniis iterata ~is STAT.Silv.3.2.140.

Cadūsia ~ae, *f.* The territory of the Cadusii.
PLIN.Nat.6.37.

Cadūsiī ~ōrum, *m. pl.* A people inhabiting a region near the Caspian Sea.
NEP.Dat.1.2; LIV.35.48.5; CURT.4.12.12; PLIN.Nat.6.48.

cadytās ~ae, *m.* [Gk. καδύτας] A parasitic plant, *Cassyta filiformis*, dodder.
in aliena (sede) uiuunt, sicut uiscum et in Syria herba quae uocatur ~as PLIN.Nat.16.244.

caeciās ~ae, *m.* [Gk. καικίας] The east-north-east wind. **b** (identified w. *eurus*).
dextra ac sinistra aquilonem supernas et ~as VITR.1. 6.10; ~an media (regione) inter aquilonem et exortum aequinoctialem ab ortu solstitiali PLIN.Nat.2.120; GEL.2. 22.24; flabris reciprocis ~as putatur esse APUL.Mun.12. **b** quamuis Eurus sit uentus Orientis, idem tamen '~as' accipit nomen, cum eum Oriens aestiuus effundit APUL. Mun.11.

caecigenus ~a ~um, *a.* [CAECVS+-GENVS] Born blind.
(*masc. pl. as sb.*) cum ~i, solis qui lumina numquam dispexere, tamen cognoscant corpora tactu LUCR.2.741.

caecilia[1] ~ae, *f.* [CAECVS] The blind-worm, *Anguis fragilis.*
et uipera et ~a..lacessita onere (bouis) morsum imprimit COL.6.17.1.

Caecilia[2] ~ae, *f.* A kind of lettuce.
~am primo deponit Aquarius anno COL.10.190.

Caeciliānus ~a ~um, *a.*

1 Of or connected with Caecilius; (esp.) of the poet Caecilius; (masc. as sb.) a character in a play by Caecilius. **b** (applied to vegetables or fruit named after Q. Caecilius Metellus).
(gladiatores) ~i VAR.L.9.71;—senex ille ~us CIC.S. Rosc.46; ~um illud: saepe est etiam sub palliolo sordido sapientia Tusc.3.56; aliter ~us ille, aliter Terentianus pater fingitur QUINT.Inst.11.1.39; (*cf.*) uereor ne..nunc ad ~am fabulam spectet CIC.Att.1.16.15;—ille ~us qui omnibus laetitiis laetum esse se narrat Fin.2.13. **b** eorum (generum lactucae), quae fusci est uel purpurei aut etiam uiridis coloris et crispi folii, uti ~a COL.11.3.26; ~a uero (cerasa) et rotunda PLIN.Nat.15.102.

2 (as a personal name).
TAC.Ann.3.37; 6.7; 16.34.

Caecilius ~a ~um, *a.*

1 The gentile name of various Romans, esp. Caecilius Statius, an early comic poet of Gallic origin.
utraque (lactuca) ~i de nomine dicta Metelli COL.10.182; —(*the poet*) in argumentis ~us poscit palmam, in ethesin Terentius, in sermonibus Plautus VAR.Men.399; et Ennium summum epicum poetam..et Pacuuium tragicum et ~um fortasse comicum CIC.Opt.Gen.2; Sen.25; uincere ~us grauitate, Terentius arte HOR.Ep.2.1.59; VELL.1.17.1; QUINT. Inst.10.1.99; GEL.4.20.13.

2 Of or connected with Caecilius, Caecilian.
rogationis ~ae causa CIC.Sul.62; contra legem ~am Dom.41; VELL.2.11.3.

Caecina ~ae, *m.* A Roman gentile name, esp. of Aulus Caecina, defended by Cicero in 69 B.C., and of his son, a friend and correspondent of Cicero's; and of Aulus Caecina Severus, a general in the time of Augustus and Tiberius.
CIC.Caec.1; Fam.6.9.1;—13.66.1; genera fulgurum tria esse ait ~a SEN.Nat.2.39.1;—VELL.2.112.4; decreta eo anno triumphalia insignia A. ~ae TAC.Ann.1.72; 3.33.

caecitās ~ātis, *f.* [CAECVS+-TAS]

1 Blindness.
bonum incolumis acies: misera ~as CIC.Fin.5.84; caret oculis, odiosa ~as Tusc.1.87; qua iniuria..capris..~as.. aboritur PLIN.Nat.10.115; remedium ~atis exposcens TAC. Hist.4.81; PLIN.Ep.4.22.5.

2 (esp. w. *mentis, animi*) Mental or moral blindness, lack of discernment.
poena omnis oculorum ad ~atem mentis est conuersa CIC.Dom.105; in furore animi et ~ate 129; Tusc.3.11; est.. manifesta ~as primis postrema praeferre SEN.Ben.4.2.3; tanta est ~as mentium Ep.119.8; (*cf.*) an tibi luminis obesset ~as plus quam libidinis? CIC.Har.38.

caecitūdō ~inis, *f.* [CAECVS+-TVDO] *~o nocturna*, Night blindness.
at Opillus Aurelius (ait) nuscitiones esse ~ines nocturnas FEST.p.173M.

caecō ~āre ~āuī ~ātum, *tr.* [CAECVS+-O³]

1 To make blind, deprive of sight; (phr.) *astu ~are*, to throw dust in the eyes of, deceive. **b** (fig. phr.) *~are oculum*, to choke the eye or bud (of a plant).
(*ellipt.*) sol etiam ~at, contra si tendere pergas LUCR. 4.325;—posset ut intentos astu ~are maritos PROP.4.5.15. **b** defluens umor ~at oculum nec patitur crescere COL.4.9.2; ne..gemmantem ~et oculum 4.24.16.

2 To make morally blind; obscure the judgement of.
cupiditate esse ~atum CIC.Dom.60; qui largitione ~arunt mentis imperitorum Sest.139; quibus (libidinibus) ~ati Tusc.1.72; ~ata mens subito terrore LIV.44.6.17.

3 To make obscure.
rapida et celeritate ~ata oratio CIC.Brut.264.

Caecubum ~ī, *n.* The wine of Caecubum, Caecuban.
antehac nefas depromere ~um cellis auitis HOR.Carm. 1.37.5; VITR.8.3.12; ~a iam non gignuntur PLIN.Nat.23.35; ~a saccentur MART.2.40.5.

Caecubus ~a ~um, *a.* Of Caecubum, a district in the south of Latium noted for its wine, Caecuban.
~a uina ferens HOR.S.2.8.15; ~i..agri PLIN.Nat.3.60; ~a..uindemia MART.6.27.9.

caecultō ~āre, *intr.* [CAECVS, influenced by OCCVLTO] To be purblind; to see badly.
numnam mihi oculi ~ant? PL.fr.inc.127; ~are est caecos imitari PAUL.Fest.p.45M; p.62M.

Caeculus ~ī, *m.*

1 A son of Vulcan, the founder of Praeneste.
VERG.A.7.681; 10.544.

2 A god who causes blindness. VAR.*gram*.183.

caecus ~a ~um, *a. compar.* ~ior. [OIr. *caech*, Goth. *haihs*, one-eyed, Skt. *kēkaraḥ*, squinting; also perh. Gk. *καικίας*] FORMS *compar.* HOR.*S*.1.2.91.

1 Lacking the sense of sight, blind. **b** (as the cognomen of Ap. Claudius). **c** (spec., of Fortune). **d** (masc. as sb.).

tu quidem ~us, non luscitiosu's PL.*Mil*.323; ne illum quidem qui ~us est factus CIC.*Dom*.105; sine uultu ~a reperta LUCR.5.841; ~i sunt oculi, cum animus alias res agit PUB.*Sent*.C.30; ita fit ut plerumque ~i..reperiantur (elephanti) PLIN.*Nat*.8.33;—(*cf. sense* 5) ex parte sui ipsa quodammodo ~a natura est [QUINT.]*Decl*.6.16;—(*as transf. ep.*) patere ~um quo uolet ferri pedem SEN.*Phoen*.11; (*cf.*) nudum et ~um corpus (*i.e. one's back*) ad hostis uortere SAL.*Jug*.107.1;—(*of a person who deliberately avoids seeing something*) si quem alium aspexit, ~a continuo siet PL.*As*. 770; (*w.* ad) numquam ad formosas..~us ero PROP.2.22.20. **b** CENS AP CLAVDIVS C F AP N ~VS *Fast.Cos.Cap*.10b (*CIL* 1.p.21); Appius ille ~us CIC.*Mil*.17. **c** fortunam insanam esse et ~am et brutam PAC.*trag*.366; quod Fortuna ipsa quae dicitur ~a uidit CIC.*Phil*.13.10; praeter Fortunam, quae mihi ~a fuit OV.*Pont*.4.8.16; et spes et metus fors ~a uersat SEN.*Phoen*.632; postquam bis decies tribuit dea ~a MART.4.51.3;—(*transf. ep.*) res humanas..Fortuna regit sparsitque manu munera ~a SEN. *Phaed*.980; STAT.*Silv*.2.6.8. **d** ut si ~us iter monstrare uelit HOR.*Ep*.1.17.4; apparet id quidem..etiam ~o LIV. 32.34.3; ~is hoc, ut aiunt, satis clarum est QUINT.*Inst*. 12.7.9.

2 Having one's judgement impaired, mentally or morally blind, undiscerning, dull, stupid. **b** (of the judgement or of purposes or actions). **c** (applied to passions, fears, etc., that blind one's judgement). **d** not prescient, unforeseeing (of).

me fuisse excordem, ~um, incogitabilem PL.*Mil*.544; nisi ipsos ~os redderet cupiditas et auaritia et audacia CIC.*S.Rosc*.101; me ~um qui haec ante non uiderim! *Att*. 10.10.1; amatorem quod amicae turpia decipiunt ~um uitia HOR.*S*.1.3.39; ~ae flamma nouercae OV.*Tr*.2.383; ~ae ostendere plebi Paulum scire mori SIL.10.284; neque ..in causis ~i fuerunt QUINT.*Inst*.8.pr.17;—(*advl.*) pars missile ferrum corripiunt ~ique ruunt VERG.*A*.12.279; beluarum modo ~os in foueam missos LIV.9.5.7; ~us amat MART.3.15.2;—(*w.* animo, animi, *etc.*) Platonem..aeque ~um animo ac Phalarim fuisse CIC.*Fin*.4.64; ~a iuuentus consilii LUC.10.482; si quis tam ~us animi est QUINT.*Inst*. 1.10.29; GEL.12.13.4;—(*w.* ad) ad mandata claudus, ~us, mutus, mancus, debilis PL.*Mer*.630; hostem ~um ad has belli artes habetis LIV.21.54.3;—(*w.* mens, *etc.*) o pectora ~a! LUCR.2.14; ~ae..obliuia mentis OV.*Met*.4.502; ~o esse iudicio GEL.13.29(28).3;—(*masc. pl. as sb. in proper name*) in his Calchadon..postea (dicta) ~orum oppidum quod locum eligere nescissent PLIN.*Nat*.5.149; TAC.*Ann*.12.63.—(*w. abl. of cause*) ~a amore est PL.*Mil*.1259; cor ira feruit ~um ACC.*trag*.450; ~am crudelitate et scelere CIC.*Clu*.199; ~i auaritia LIV.5.51.10; noui ~us caligine regni SIL.2.299;—(*of* animus, *etc.*) animus cupidine ~us SAL.*Jug*.25.7; tam ~a et corrupta mens adsiduis adulationibus erat TAC.*Ag*. 43.4. **b** ubi nulla datur ~um exsuperare potestas consilium VERG.*A*.7.591; ~us criminandi cupiditate animus LIV.40.13.5; habitat sub pectore ~o ambitio MAN.5.154; qui per suffragia ~a inuasit nostros..fasces SIL.7.540. **c** ~a ac temeraria dominatrix animi cupiditas CIC.*Inv*.1.2; ~o quodam timore..salutis *Lig*.3; siue quod impia mens ~o flagrabat amore CATUL.67.25; honorum ~a cupido LUCR.3.59; festinatio improuida est et ~a LIV.22.39.22; ~aque me praedam fecerat ira suam OV.*Am*.1.7.44; alius ~a ambitione (laborat) SEN.*Ben*.7.26.4; lymphatis ~o pauore animis TAC.*Hist*.1.82; (*cf.*) barbara..Venus, quae ritu ~a ferarum polluit..foedera taedae LUC.8.398; (*in a personification*) ~us Furor Horrorque SEN.*Oed*.590. **d** (*w. gen.*) sit ~a futuri mens hominum fati LUC.2.14; STAT. *Theb*.5.718; ~us fati SIL.2.206;—(*absol., as transf. ep.*) si.. ~as armant in sua fata manus OV.*Am*.2.14.4.

3 Not having a clear aim or purpose, undirected, random, blind; also, misdirected. **b** (of expectation, suspicion, etc.) based on inadequate evidence, unsubstantiated; (of a charge) unproven. **c** (of war) whose course and issue is unpredictable, uncertain.

quod temere fit ~o casu CIC.*Div*.2.15; ~a fluitantia sorte HOR.*S*.2.3.269; ~a et fortuita pro sollemni et sacrata militia sit LIV.8.34.10; ictu..~o OV.*Fast*.1.623; quis credat.. ~o..creatum foedere mundum? MAN.1.493; quae..resectio arundineti ~a est COL.4.32.4; in hostem ~a tela manu.. mittit LUC.3.722; stringitur in densa nec ~a nouacula turba MART.7.61.7; ~um rotat inreuocabilis ensem STAT.*Theb*. 9.198;—ideo ~a subtilitas, cum res geratur inter rusticos litterarumque expertes PLIN.*Nat*.18.205. **b** plebem Romanam obscura spe et ~a exspectatione pendere CIC. *Agr*.2.66; in hac..calumnia timoris et ~ae suspicionis tormento CAECIN.*Fam*.6.7.4; ~a spe..inhians APUL.*Met*.5.27; —in Achaeis ~um erat crimen nullis eorum litteris inuentis LIV.45.31.11. **c** ~o in Marte tuere (res Romanas) LUC. 7.111.

4 (of fighting, e.g. under a *testudo*) That occurs in the dark; (also, applied to a *testudo* itself).

~o contendere Marte 9.518;—scrutanturque cauas ~a testudine turris STAT.*Theb*.10.530.

5 (of night, clouds, etc.) Opaque, dark, black, impenetrable; (neut. sg. as sb.) darkness; (w. spec. active force) blinding. **b** (applied to what is confused as well as opaque). **c** (spec., of precious stones) opaque.

nocte ~a ACC.*trag*.33; ~is..umbris CIC.*Arat*.584(338); ~is tenebris et caligine *Agr*.2.44; nos ipsi ~is quaecumque tenebris tangimus LUCR.2.746; ~o puluere campus miscetur VERG.*A*.12.444; OV.*Met*.10.476; ut in aere ~o pinguique concepta (animalia) SEN.*Nat*.3.16.5; ~o nocturni turbine Cori STAT.*Theb*.7.791; APUL.*Met*.5.20; (*poet.*) dum ~a silentia dumque maiores umbrae SIL.7.350;—(*fig.*) in illis rei publicae tenebris ~isque nubibus et procellis CIC.*Dom*.24; fuit enim illud quoddam ~um tempus seruitutis *Fam*. 12.25.3; CATUL.68.44;—ubi..uentos..per ~um inanes experirentur SEN.*Nat*.5.15.4;—cum ~a tempestate agerentur MELA 1.110; cupit..~os sinus dissicere SEN.*Ag*.895. **b** quae postquam euoluit ~oque exemit aceruo OV.*Met*. 1.24; ~um chaos reddi decebat SEN.*Her.O*.1134; chaos ~um atque opacam Ditis umbrosi domum *Med*.741. **c** ut sint aliqui obscuri (*sc.* smaragdi) quos uocant ~os PLIN.*Nat*.37.68; quae non traluceant, ~as appellantes 7.86.

6 (of places, etc.) Devoid of light, dark, black, gloomy.

~as lustrauit luce lacunas CIC.*Arat*.680(428); (luna) obiciens ~um radiis ardentibus orbem LUCR.5.755; qua sacer abripitur ~o descensus hiatu PROP.4.8.5; nigri regia ~a dei OV.*Ep*.2.72; scrutari ~a metalla MAN.4.246; carceris ~i luem SEN.*Tro*.585; uipera..~o..latebat in aere MART.3.19.5; illos ut ~o recubans in limine sensit Cerberus STAT.*Theb*.2.26; siluis..~is SIL.6.56;—(*in fig. phrs.*)~as.. latebras insinuare omnis et uerum protrahere inde LUCR. 1.408; repetunt ~is obscura latebris uerba OV.*Met*.1.388.

7 Concealed from sight by nature, hidden, invisible. **b** *~us fluctus*, a wave without foam or spray, groundswell. **c** (of events, dangers, etc.) incalculable, unforeseeable, uncertain. **d** (of paths or routes and esp. of the sea) treacherous, unknown.

corporibus ~is igitur natura gerit res LUCR.1.328; uenti ~a potestas 3.269; ~a..saxa timens VERG.*A*.5.164; bellaque morborum ~is pugnantia telis MAN.2.902; ubi subter maria ~o alueo penetrauerit (amnis) MELA 1.54; omnia ~is ignibus hausta sedent STAT.*Theb*.4.736. **b** ~os ..fluctus in se prouoluere leniter occepit (mare) SIS.*hist*.24; nos uenimus Neapolim fluctu quidem ~o AUG.*hist*.24; SEN.*Suas*.6.17;—(*fig.*) pro populo fluctus ~os faciunt per discordiam ATTA *com*.21. **c** non solum multis periculis ..sed etiam ~is CIC.*Rep*.2.5; et maris et terrae ~a pericla uiae PROP.2.27.6; ad..~os aut subitos dolores PLIN.*Nat*. 29.55; ~ae lubrica uitae STAT.*Silv*.2.1.221. **d** hactenus est tutum; cetera ~a uiast OV.*Am*.2.11.16; ~is..uagantur limitibus comites *Met*.14.370;—sollicitant alii remis freta ~a VERG.*G*.2.503; Orion in uada ~a tulit *A*.1.536; ~o in aequore MAN.5.54; ~as sequitur iam nescius undas STAT. *Theb*.3.30.

8 **a** (of sound) Muffled, hoarse. **b** (of fire) apparently extinguished, damped down.

a ~o terra mugitu fremens SEN.*Tro*.171; ~o clamore V.FL.2.461; ~um..murmur SIL.9.281; 14.60. **b** ut ex igni ~o consurgere flamma LUCR.4.928.

9 Concealed as a result of human, etc., contrivance, hidden, covered, buried, disguised. **b** (of a wound) dealt by an unseen hand (i.e. inflicted on one's back); (of a hand that deals such a wound) unseen.

moniti a Brundisinis ut uallum ~um fossasque caueant CAES.*Civ*.1.28.4; extra uallum stili ~i..consiti *B.Afr*.31.7; limen erat ~aeque fores VERG.*A*.2.453; (fossarum) duo genera cognouimus, ~orum et patentium COL.2.2.9; siluarum anfractus ~is insiderat armis SIL.5.3; AGEN.*agrim*. p.49;—(*of weapons 'buried' in the flesh*) spicula ~a relinquunt adfixae uenis VERG.*G*.4.237; ~um (ensem)..in uiscera mouit OV.*Met*.12.492;—(*of actions, etc.*) ~umque domus scelus omne retexit VERG.*A*.1.356; non iuuat in ~o Venerem corrumpere motu PROP.2.15.11; ~o carpitur igni VERG.*A*.4.2; ~um pectora uulnus habent OV.*Ep*.4.20; Gracchus ~o circumdatus astu occiderat SIL.12.477; ~is flatibus intimi tenduntur laterum sinus MAUR.42. **b** iacta ~um dare cuspide uulnus VERG.*A*.10.733; auctorem ~i.. circumspicit ictus SIL.9.105;—saxum ingens..~a uenit in ora manu 10.235.

10 Of which the nature or cause is unknown, opaque to the mind, obscure, mysterious; undiscovered. **b** (of writing) illegible, obscure.

cur hoc tam est obscurum atque ~um? CIC.*Agr*.2.36; quorum ego nunc nequeo ~as exponere causas LUCR.3.316; Sphinga ~is uerba nectentem modis SEN.*Oed*.92; ~i morbi, quorum causas ne medici quidem perspicere queunt COL. 1.5.6;—(*neut. sg. as sb.*) uerum in ~o est MAN.4.304; —improba nauigii ratio tum ~a iacebat LUCR.5.1006. **b** siqua..~is errabunt scripta lituris OV.*Ep*.11.1.

11 (facet.) *die ~a emere*. To buy with indefinite deferment of payment, buy on credit (see quot.).

eme die ~a hercle oliuom, id uendito oculata die PL.*Ps*. 301.

12 (applied to things that have no 'eyes' in a transf. sense). **a** (of plants) Devoid of buds or 'eyes'. **b** (of a room) windowless. **c** (of the 'blind' gut).

a ramorum aliqui ~i, qui non germinant PLIN.*Nat*.16.125. **b** si fenestram non habet (cubiculum) dicitur ~um VAR.*L*. 9.58. **c** ideo..~um nominatur (id intestinum) CELS. 4.1.8.

caecūt(t)iō ~īre, *intr.* [CAECVS; cf. BALBVTIO] To be blind, to see faultily.

non mirum si ~is, aurum enim..praestringit oculos VAR. *Men*.30; omnes quodam modo ~imus APUL.*Fl*.2;—(*of the eyes*) utrum oculi mihi ~iunt? VAR.*Men*.193.

caedēs ~is, *f.* Also **caedis.** [CAEDO] FORMS: *~is* (nom.) LIV.3.5.10.

1 Killing, slaughter: **a** (in undefined circumstances). **b** the killing (of individuals), murder, assassination. **c** the massacre (of a number of people), slaughter. **d** a slaying or killing in battle, etc., slaughter. **e** (of a single person, in battle; also, effected by a single person).

a sin..uim sine ~e, sine uolneratione, sine sanguine nullam intellegetis CIC.*Caec*.47; mitem hominem et a ~e abhorrentem *Sest*.132; hic regnum sine ui, sine ~e regebat OV.*Met*.11.270. **b** illos damnatos esse ~is CIC.*Ver*.1. 72; diuitias..conduplicant auidi, ~em ~e accumulantes LUCR.3.71; qui tristia crimina ~is fluminea tolli posse putatis aqua OV.*Fast*.2.45;—(*w. obj. gen.*) illa ~es Asuui Larinatis CIC.*Clu*.36; ibi cognoscit de Clodi ~e CAES.*Gal*. 7.1.1; post C. Gracchi..~em SAL.*Jug*.31.7; nostrae ~e sororis OV.*Fast*.6.589; eundem in Philippi quoque ~em coniurasse CURT.7.1.6;—(*w.* facere, fieri) eius modi ~is fieri iure posse CIC.*Tul*.40; qui uilicus ~em fecerat *Flac*.88; si ~es facta..est CAES.*Gal*.6.13.5. **c** liberatus periculo ~is ..senatus CIC.*Phil*.1.5; mihi res ad ~em et eam quidem propinquam spectare uidetur *Att*.15.18.2; haec ab ipsis cognoscite qui ex ipsa ~e fugerunt CAES.*Gal*.7.38.3; incolas ueteres noui coloni nocturna ~e adorti LIV.4.37.2;—(*w. obj. gen.*) ~em ciuium CIC.*Phil*.3.6; consilia..occulta de ~e principum et proditione urbis inibantur LIV.23.39.7;—(*pl.*) cum..omnia ~ibus, incendiis, rapinis uastasset HIRT.*Gal*. 8.25.1; (*of executions*) ipse in senatum ~ibus, in plebem uerberibus..grassatus FLOR.*Epit*.1.1(1.7.4);—(*w.* facere fieri, *etc.*) quod Lentulo..Saturnalibus ~em fieri atque urbem incendi placeret CIC.*Catil*.3.10; cum in campo consularibus comitiis..~em facere uoluerunt *Sul*.51; magistratuum priuatorumque ~is effecerat *Mil*.87; NEP.*Ep*.10.3. **d** integrant in oppido ~em SIS.*hist*.89; ~e cohortium cognita CAES.*Gal*.5.47.4; hostem feruere ~e noua VERG.*A*. 9.693; arma militibus sine ~e..derepta uidi HOR.*Carm*. 3.5.20; iam prope ad signa ~es peruenerat LIV.10.41.5; nisi quos ~es oppressit 25.39.11; (*cf.*) leui initio atrox ~es orta inter colonos Nucerinos Pompeianosque TAC.*Ann*.14.17;—(*w. obj. gen.*) magna ~e nostrorum CAES.*Civ*.3.65.1;—(*w.* facere, fieri, *etc.*) fit magna ~es *Gal*.7.70.4; repulsos deinde insecuti uictores ingentem ediderunt caedem LIV.5.13.11;—(*pl.*) heu quantae miseris ~es Laurentibus instant! VERG.*A*. 8.537; Romani qui ~ibus superfuerant LIV.25.10.6; missus ilico Stertinius..igne et ~ibus perfidiam ultus est TAC. *Ann*.2.8;—(*contrasted w.* proelium, pugna) intra uallum deinde ~es magis quam proelium esse LIV.2.53.2; 25.14.10. **e** locus est insignis ~e magni Hamilcaris LIV.24.41.3;—elapsus Pyrrhi de ~e Polites VERG.*A*.2.526;—quas hic deus|innumera laxauit ~e pharetras STAT.*Theb*.7.353.

2 The killing or slaughter (of beasts). **a** (in sacrifices). **b** (in hunting).

a multa ~e bidentium HOR.*Carm*.3.23.14; ~e laboriferi ..gaudere iuuenci OV.*Met*.15.129. **b** Dictynna..~e superba ferarum OV.*Met*.2.442; sum nemorum studiosus.. ~isque ferinae 7.675;—(*by beasts of prey*) armenti saturatos ~e leones 10.541; ieiunia..~e boum..finire 11.371.

3 The corpses of slaughtered persons, dead bodies. **b** persons or animals whose slaughter is envisaged, victims.

(*sg.*) ingentem nocturnae ~is aceruum STAT.*Theb*.5.249; —(*pl.*) plenae ~ibus uiae TAC.*Hist*.4.1; quem ad modum.. domum..omnem ~ibus compleuisset *Ann*.6.24; (*cf.*) cum toto iacuerunt litore praedae (*i.e. fish*), altera fit ~is ~es MAN.5.668. **c** innumeris ueluti leo forte potitus ~ibus imbellis uitulos..transmittit STAT.*Theb*.8.594; ne nefarius homicida tot ~ium lanienam..inpune commisserit APUL. *Met*.3.3.

4 Blood from a slain or wounded body, gore.

alta Polyxenia madefient ~e sepulcra CATUL.64.368; laetum sociis abluta ~e remisit (fluuius) VERG.*A*.9.818; quod mare Dauniae non decolorauere ~es? HOR.*Carm*.2.1. 35; (campus) quem ~e Dolonis sparsimus OV.*Ars* 2.135; STAT.*Theb*.5.249.

5 A cutting off or cutting down.

cur tantam lign iatque frondium ~em faceret GEL.19. 12.7; capillos eius, qui iam ~e cultrorum desecti humi iacebant APUL.*Met*.3.16.

6 A beating.

occisorum appellatione eos contineri..qui per uim aut ~em sunt interfecti ULP.*dig*.29.5.1.17; reis illatae ~is PAPIN.*dig*.29.5.21.2.

caedō ~dere cecīdī ~sum, *tr.* [Skt. *khidáti* 'press', *khēdā* 'a hammer', MHG. *heie*] ORTHOG.: *cedito* (= *caedito*) *CIL* 1.366.5; *cedre* (= *caedere*) 1.366.9.

1 To strike, smite, beat (usu. a person) **a** (w. abl. of instr. esp.) *pugnis* (*palmis*) *~dere*, to punch, slap, beat; *uerberibus* (*flagro*, etc.) *~dere*, to flog, scourge, whip; *saxis ~dere*, to stone; *ferro ~dere*, to smite with the sword. **b** (absol.). **c** (fig.) *frontem ~dere*, to bring a blush to the cheek.

a ut esset quem tu pugnis ~deres PL.*Am*.377; ~dite maestis pectora palmis SEN.*Apoc*.12.3; (*w. retained acc. after pass. pple.*) ~sae pectora palmis OV.*Met*.2.341;—~dere hodie tu restibus PL.*Per*.282; uerberibu' ~sum te in pistrinum..dedam TER.*An*.199; iussit uestimenta detrahi atque flagro ~di CATO *orat*.66; uirgis ~sus est GRACCH.*orat*.49; cum eum..serui publici loris ceciderunt CIC.*Phil*.8.24; qui..M. Marium..uitibus per totam urbem ceciderit Q. CIC.*Pet*.10; ~sa..flagro est Vestalis LIV.28.11.6; FLOR. *Epit*.1.3(1.9.5); (*w.* ad necem) uirgis te ad necem ~di necesse erit CIC.*Ver*.3.70;—~dere ianuam saxis 1.69; populum si ~dere saxis incipias HOR.*S*.2.3.128; scabris hoc bustum ~dite saxis PROP.4.5.77;—quianam legiones ~dimus ferro ENN.*Ann*.127; 134;—(*the skin, with nettles*) cutem ..urticis ~sam CELS.3.27.1.D. **b** ~dundus tu homo es PL.*Cas*.528; quem cum iacentem..uiderent..aliquando ~ere destiterunt CIC.*Sest*.79; ~sis plangore lacertis OV. *Met*.6.532; ~derem te, nisi irascerer SEN.*Dial*.3.15.3; ~di uero discentes..minime uelim QUINT.*Inst*.1.3.14; (*w.* ad necem) prope ad necem ~sus SUET.*Nero* 26.2;—(*ellipt.*)

cape ~de Atil.com.4; ~de, concide Cic.Ver.3.155;—(*parts of the body*) molles..ministri ~dunt..uilia membra Ov.Fast.4.244; pectus ~dere Quint.Inst.11.3.123; quamdiu cecidit oculos suos? [Quint.]Decl.6.6. **c** quo apertior est adulatio, quo improbior, quo magis frontem suam perfricuit cecidit alienam, hoc citius expugnat Sen.Nat.4a.pr.9; pulsant frontem meam ~duntque Quint.Decl.260 (p.63,l.29).

2 (used w. ref. to sexual intercourse).
uetulam atque uirosam uxorem ~dam Lucil. 283; hunc ego..protelo rigida mea cecidi Catul.56.7; Laber.com.22.

3 To kill, slay, murder. **b** (esp. in battle). **c** to attack, cut down, inflict casualties on. **d** to defeat (usu. w. heavy casualties), cut to pieces. **e** to kill (animals). **f** to slaughter (victims); *inter ~sa et porrecta*, between the sacrifice and the offering, i.e. at a time when a hitch in the proceedings would be untoward.
iure ~sus esto Lex XII(Font.iur.p.31); Cic.Mil.8; ut in tyrannum iure optimo ~sum Att.15.3.2; seu quia haud iniuria caesum credebat Liv.1.14.3; ~si pollutus foedere Cottae Luc.1.429. **b** cum..ita cum maiore numero hostium contenderit ut plurimos ~derent caderent non nulli Cic.Phil.14.38; supra tredecim milia hostium ~sa Liv.23.49.13; Tac.Hist.1.68; (*ellipt.*) ~debant pariter..uictores uictique Verg.A.10.756; (*as transf. ep.*) iter ~sis angustans corporum aceruis Catul.64.359. **c** ut tu illos procul hinc ex occulto ~deres Ter.Eu.787; ~dere incipiunt eius seruos Cic.Mil.29; Numidae alii postremos ~dere Sal.Jug.50.4; ~sa ab tergo legio Liv.10.26.9; hostes in arce esse et ~di uigiles 29.6.13;—(*w.* terga *as obj.*) Herminius..uersis..in Lucretium Etruscis terga ~dit 2.11.9; 5.38.7; (*w. retained acc. after pass. vb.*) dedecores inultique terga ab hostibus ~debantur Sal.Hist.3.24. **d** hostium exercitum ~sum fusumque Cic.Phil.14.1; erat uictrix res publica ~sis Antoni copiis ad Brut.1.10.2; ingentem cecidit Antiochum Hor.Carm.3.6.35; L. Aemilium consulem exercitumque ~sum Liv.22.56.2; ~dendo exercitus agros populando 30.23.3; classem hostium..cecidit Flor.Epit.1.18(2.2.30); (*w.* ad internecionem) Lucerini ac Samnites ad internecionem ~si Liv.9.26.2. **e** ~dit greges armentorum Cic.Phil.3.31; celsaue cum ~so decorantur terga leone Ov.Hal.71; Stat.Theb.1.523. **f** Iunoni..agnum feminam ~dito Lex Reg.(Font.iur.p.8); boues immolatos, prius quam ~derentur, profugisse Cato hist.55; ~sis apud Amaltheam tuam uictimis Cic.Att.1.13.1; ~sos..uidere iuuencos Verg.G.3.23; cum..uictimam ~det Liv.10.7.10;—(*as transf. ep.*) ~so sparsurus sanguine flammas Verg.A.11.82;—ne quid inter ~sa et porrecta, ut aiunt, oneris mihi addatur aut temporis Cic.Att.5.18.1.

4 To strike, beat (things). **b** to crack, smash, break.
lapidem ferro cum ~dimus Lucr.6.314; ~dit semianimis Rutulorum calcibus arua Verg.A.10.404;—(*of natural forces*) laeua freti ~dunt Hispanas aequora gentis Man.4.602; si..uentis ostium ~ditur Sen.Nat.3.26.2. **b** ~de ostium Lucil.843.

5 To cut down, fell (trees, etc.); *ruta (et) ~sa* (see quots. from Festus and Ulpian). **b** to prune (foliage, etc.); to mow (a meadow); to gather (fruit) by cutting.
utinam ne..securibus ~sa accedisset abiegna ad terram trabes Enn.scen.247; ~sis prostratisque sanctissimis lucis Cic.Mil.85; siluas ~dere instituit Caes.Gal.3.29.1; montanorum Ligurum ab A. Postumio uineae ~sae frumentaque deusta Liv.40.41.5; nemus, quod nulla ceciderat aetas Ov.Met.2.418; ~duntur robora classi Stat.Ach.1.428; Tac.Hist.5.20;—te, cum aedis uenderes, ne in rutis quidem et ~sis solium tibi paternum recepisse Cic.de Orat.2.226; Top.100; Part.107; ruta ~sa dicuntur, quae uenditor possessionis, sui usus gratia concidit, ruendoque contraxit Fest.p.262M; si ruta et ~sa excipiantur in uenditione..placuit..~sa ea esse, ut arbores ~sas et carbones et his similia Ulp.dig.19.1.17.6. **b** frondem populneam, ulmeam, querneam ~dito per tempus Cato Agr.5.8; eum qui aret oliuetum, rogare fructum..qui ~dat, cogere Col.5.9.15; (*in fig. phr.*) multa quidem nobis facimus mala saepe poetae (ut uineta egomet ~dam mea) Hor.Ep.2.1.220;—prata circa Kal. Iun. ~duntur Plin.Nat.18.258;—si pomum decerpserit uel ex silua ~dit Pompon.dig.22.1.45.

6 To use up, consume, destroy. **b** (facet.) to devour.
meane inimici mei bona istic ~dent? Pl.Truc.742; pallor, tiniae omnia ~dunt Lucil.995; non tibi illa (pignera) sunt ~denda Cic.de Orat.3.4. **b** bibite, pergraecamini, este, ecfercite uos, saginam ~dite Pl.Mos.65.

7 To divide into sections, cut or carve up; to split, chop (wood); to cut a way through (rock), split open; (pf. pple. pass.) having a natural line of division. **b** *sermones ~dere*, to bandy words, exchange chit-chat.
inque tui ~sus uiscera patris eas Ov.Ib.544; ~sis pillea suta de lacernis Stat.Silv.4.9.24; (*fig.*) ~sa oratione hoc modo 'acrimonia, uoce, uultu aduersarios perterruisti' Rhet.Her.4.26;—alii ligna ~dite Pl.St.358; ligna in torculario ne ~dant Cato Agr.67.1; Lucil.736;—silicem ~dere Cic.Div.2.85; (barathrum) quod quondam ~sis montis fodisse medullis audit..Amphitryoniades Catul.68.111; cum ~dendum esset saxum Liv.21.37.2;—tot figurae (concharum) planis, concauis..in orbem circumactis, dimidio orbe ~sis, in dorsum elatis Plin.Nat.9.102. **b** dum sermones ~dimus Ter.Hau.242.

8 To cut off or through, sever; to cut away, free by cutting. **b** to cut, wound, pierce.
postquam ceruice ~sa fusus est cruor Liv.8.7.21; '~de caput' dixit; cui rex 'parebimus' inquit; '~denda est hortis eruta cepa meis' Ov.Fast.3.339; per clipeos galeasque uirum ~sosque per artus Sil.1.53; podice leui ~duntur tumidae..mariscae Juv.2.13;—nec ~dere stipatas clitellas ..facile erat Liv.25.36.10. **b** gladio probosciden qua erat circumdatus ~dere..non destitit B.Afr.84.3; ipsa bipenne suos ~dit uiolenta lacertos Tib.1.6.47;—(*pass., of wounds*) cum uulnera ~duntur Quint.Decl.307(p.208,l.21).

9 To obtain (stone, etc.) by quarrying, hew, quarry. **b** to excavate, work (a quarry).
lapis aliqui ~dendus..fuit Cic.Ver.1.147; ~duntur Pariis qualia saxa iugis Ov.Am.1.7.52; in Hispania..~ditur (sal) glaebis paene translucentibus Plin.Nat.31.80; Amyclaei ~sum (marmor) de monte Lycurgi Stat.Silv.2.2.90; si lapidicinas habeat et lapidem ~dere uelit Ulp.dig.7.1.9.2. **b** lapidicinas nullas esse, nisi quae apparent et ~dantur Javol.dig.18.1.77.

10 To create by cutting; to cut out, shape (e.g. a garment); *uiam ~dere*, to carve a way. **b** to engrave, carve, cut (on a stone).
ut nec uirgulta uallo ~dendo nec terra caespiti faciendo..inueniri posset Liv.25.36.3;—togam..esse..apte ~sam Quint.Inst.11.3.139; (*w. descriptive gen. indicating size*) e tessera grandi circiter binum digitum ~sa Vitr.7.1.6;—hoste relicto ~dunt ense uiam Luc.4.43. **b** grandibus in tituli marmore ~de notis: hic ego qui iaceo..ingenio perii Naso poeta meo Ov.Tr.3.3.72.

caeduus ~a ~um, *a.* [caedo+-vvs] Ready or suitable for felling.
septimo (loco) silua ~a Cato Agr.1.7; Var.R.1.7.9; Col.3.3.1; ~is (*sc.* iuglandibus) dumtaxat exceptis Plin.Nat.17.59; praeter haec..sunt ~a fraxinus, laurus..malus 17.151; Plin.Ep.5.6.8; si arbores ~ae fuerunt uel gremiales Ulp.dig.24.3.7.12; (*transf.*) ~ae naturae Plin.Nat.12.89; ~a salici fertilitas 16.175.

cael, apocopated form of caelvm (Enn.Ann. 575).

caelātor ~ōris, *m.* [caelo+-tor] A worker in bas-relief, an engraver.
artifices omnis, ~ores ac uascularios Cic.Ver.4.54; formae ~or aenae Prop.4.2.61; Eunicus et Hecataeus, argenti ~ores Plin.Nat.34.85; Quint.Inst.2.21.24; curuus ~or Juv.9.145; ~or anaglyptarivs CIL 2.2243; argentarivs ~or 8.21106.

caelāmen ~inis, *n.* [caelo+-men] Raised ornamentation, relief-work.
clipei ~ina Ov.Met.13.291; insignem uario ~ine balteum Ilias 630; parietes omnes argenteo ~ine conteguntur Apul.Met.5.1; Fl.7; (*transf.*) stellatus balteus..insignem..facit lato ~ine mundum Man.1.680.

caelātum ~ī, *n.* [pple. of caelo] Embossed or engraved work, esp. in gold or silver plate.
qui..~a magnorum artificum manu portent Sen.Ep.123.7; adde et bascaudas et mille escaria, multum ~i, biberat quo callidus emptor Olynthi Juv.12.47; (*cf.*) caelum ..haut dubie ~i argumento diximus, ut interpretatur M. Varro Plin.Nat.2.8.

caelātura ~ae, *f.* [caelo+-vra]

1 The art or process of engraving or carving.
qui plasticen matrem ~ae..dixit Plin.Nat.35.156; ~a, quae auro, argento, aere, ferro opera efficit Quint.Inst.2.21.9; (*cf.*) appellatur a ~a caelum Var.Men.420.

2 (concr.) Engraved work, engraving, carving.
argentum, in quod solidi auri ~a descenderit Sen.Ep.5.3; usu..attritis ~is Plin.Nat.33.157; in ~a clipei Achillis Quint.Inst.2.17.8; Suet.Nero 47.1.

caelebs (~eps) ~ibis, *a.* [cf. Skt. *kévalaḥ* 'alone'; +OE. *hal*, Eng. *whole*]

1 (nearly always used w. ref. to men, but note Sen.Her.F.245) Not having a spouse (through being unmarried, widowed, or divorced); (sb.) an unmarried or widowed person, a bachelor or widower. **b** (as transf. ep.). **c** (applied to other living creatures).
utrum..tu ~ibem te esse mauis liberum Pl.Cas.290; ille erat ~eps senex St.543; (censores) equitum peditumque prolem discribunto, ~ibes esse prohibento Cic.Leg.3.7; Martiis ~ebs quid agam Kalendis Hor.Carm.3.8.1; ~ibis ad curas nec uacet ulla uia Prop.4.11.94; et se rectius uiduam et illum ~ibem futurum fuisse contenderet Liv.1.46.7; corrumpit sine talione ~eps Mart.12.63.10; incitandis ~ibum poenis Tac.Ann.3.25; ~ibes..qui lege Iulia hereditates legataque capere uetantur Gaius Inst.2.111. **b** desertum in lecto ~ibe Catul.68.6; melius nil ~ibe uita (esse) Hor.Ep.1.1.88; Ov.Ep.13.107; annos ~ibi uitae dicat Sen.Phaed.231; Claudio, ~ibis uitae intoleranti Tac.Ann.12.1; Gel.5.11.2; (*w. ref. to Agamemnon at Troy*) neue desertus foret a paelice umquam barbara ~ebs torus Sen.Ag.185; (*w. ref. to a woman*) ~ibis semper tori regina Her.F.245. **c** nisi ~ebs aut uidua nidum non relinquit (columba) Plin.Nat.10.104.

2 (of trees) Not supporting vines.
platanusque ~ebs euincat ulmos Hor.Carm.2.15.4; ~ebs sine palmite truncus Ov.Met.14.663; circa proximam (arborem) ~ibem Plin.Nat.17.204.

caeles ~itis, *a.* [caelvm[2]+-es[1]]

1 Dwelling in, or connected with, heaven, celestial.
ego deum genus esse semper dixi et dicam ~itum Enn.scen.316; ~itibus regnis a Ioue pulsus erat Ov.Fast.1.236; alteram..~item Venerem (*sc.* esse dicit Plato) Apul.Apol.12.

2 (as sb., usu. pl.) A denizen of heaven, divinity, god.
(*sg.*) de ~ite..recenti..carmen Ov.Pont.4.6.17; 4.9.132;—(*pl.*) magna templa ~itum Enn.scen.196; eiius sum ciuis ciuitate ~itum Pl.Rud.2; delubra ~itum Acc.trag.593; grates..tibi ago summe Sol, uobisque reliqui ~ites Cic.Rep.6.9; ita me iuuent ~ites Catul.61.190; dum carmine nostro redditur agricolis gratia ~itibus Tib.2.1.36; hostia ~itibus quo feriente cadit Ov.Fast.1.320; maior ~itum populus Plin.Nat.2.16; Apul.Met.3.23.

caelestis[1] ~is ~e, *a.* *compar.* ~ior, *superl.* ~issimus. [caelvm[2]] Forms: abl. sg. *~e*, Ov.Ep.15.279, Met.15.743; compar. Sen.Ep.66.11; superl. Vell.2.66.3, 104.3. Orthog.: *celesti* A.Epig.50.51.

1 That is in, or comes from, the sky; *aqua ~is* (or sim.), rain-water, rain; *~is arcus*, a rainbow. **b** (of phenomena, etc., regarded as supernatural) sent from heaven, divine.
hoc ~i spiritu augemur Cic.Har.57; signis sideribusque ~ibus N.D.1.35; damna..celeres reparant ~ia lunae Hor.Carm.4.7.13; ceteros omnes ~es maritimosque terrores Liv.29.27.14; ~e..malum nullo minus noxium est robigo Plin.Nat.18.154; —~is implorat aquas Hor.Ep.2.1.135; ~ium imbrium Vitr.8.pr.1; nec ~es modo defuerunt aquae Liv.4.30.7; cum ~ibus undis aequoreae miscentur aquae Ov.Met.11.519; Plin.Nat.34.168; (*ellipt.*) 14.113;—ab exortu.. ~is arcus 11.37; 37.136. **b** auspicium ~um Var.L.6.53; non modo tonante Ioue sed prope ~i clamore prohibente Cic.Phil.5.8; ~ia..arma, quae ancilia appellantur Liv.1.20.4; Tanaquil, perita..~ium prodigiorum mulier 1.34.9; signum ~e Mineruae Ov.Fast.6.421;—(*esp. w.* ignis, *etc.*) ignes..~es multifariam orti Liv.39.22.3; anhelantem ~i sulpure campum Stat.Theb.11.17; tentoria militum igne ~i arsere Tac.Ann.12.64.

2 (of the gods) Dwelling in heaven, celestial, heavenly. **b** (of heaven). **c** of or belonging to the gods, divine.
nondum cum sanguine sacro hostia ~is pacificasset heros Catul.68.76; ~em Heben Prop.1.13.23. **b** (nouem orbibus) quorum unus est ~is, extimus Cic.Rep.6.17; in ~em locum Tusc.1.40; ~i sede receptum Ov.Pont.3.5.53. **c** cum se a ~ibus rebus referet ad humanas Cic.Orat.119; est..animus ~is ex altissimo domicilio depressus Sen.77; illa natura ~is Tusc.1.65; ~i sumus omnes semine oriundi Lucr.2.991; tantaene animis ~ibus irae? Verg.A.1.11; ~ibus armis 12.107; ~es..caerimonias Liv.1.20.7; est ~e numen 8.6.5; ut a ~e sagitta figar Ov.Ep.15.279; ~ia crimina Met.6.131; auras ille..~es trahit Sen.Her.O.893; mouet et ~ia quondam corda dolor Stat.Theb.5.59; origo animi ~is creditur Quint.Inst.1.1.1; ~is fauor Tac.Hist.4.81.

3 (of human beings, earthly things) Godlike, heavenly, divine. **b** (spec., w. reference to the emperors) deified, divine.
illas ~is diuinasque legiones Cic.Phil.5.28; ex illo ~i Epicuri..uolumine N.D.1.43; quo te ~is sapientia duceret ires Hor.Ep.1.3.27; mercedem ~issimi oris et clarissimi capitis (*sc.* Ciceronis) abscisi Vell.2.66.3; ~ia mella Col.10.4; ipsa eloquentia cuius numen et ~is uis multa..exempla edidit Tac.Dial.8.2; ~i quadam facundia Apul.Apol.49. **b** ingenium ~e suis uelocius annis surgit Ov.Ars 1.185; ~em fecit te (*sc.* Romulum) pater, ille (*sc.* Augustus) patrem Fast.2.144; ~i..uiro..dicite Ov.Tr.1.3.37; ~i cuspide facta..uulnera nostra Pont.4.11.3; ~issimorum eius operum..spectator Vell.2.104.3; hac..~i passu..uadit..Vespasianus Augustus Plin.Nat.2.18; ~i uerecundiae tuae Mart.8.pr.9; ~es religiones decernuntur Tac.Ann.1.10.

4 (neut. pl. as sb.) Supernatural or heavenly matters. **b** the heavenly bodies. **c** facts about the heavenly bodies, astronomy.
cum tu ista ~ia de Scipione quaesieris Cic.Rep.1.31; cogitantes supera atque ~ia Luc.127; attingit solium Iouis et ~ia (*i.e. the deeds of gods*) Hor.Ep.1.17.34; Quint.Inst.1.10.5. **b** cum caelum suspeximus ~iaque contemplati sumus Cic.N.D.2.4; ~ium ordinem Sen.77; et soli et lunae et ceteris ~ibus Sen.Ben.6.23.3; non licet stare ~ibus Nat.7.25.6; Plin.Nat.2.30. **c** Cic.Rep.1.15; ut a sacerdotibus barbaris numeros et ~ia acciperet Fin.5.87; Tusc.5.10; non te ~ia frustra edocuit..Apollo Stat.Theb.3.104; periti ~ium Tac.Ann.4.58.

caelestis[2] ~is, *m.* or *f.* [prec.] (usu. pl.) A divinity, god or goddess. **b** a godlike person.
(*sg.*) quicumque dedit formam ~is auarae Tib.2.4.35; ~em..homini concubinae pudet Ov.Fast.6.574;—(*pl.*) endo plagas ~um ascendere Enn.var.23; ~um pater Acc.trag.209; quid est quod de uoluntate ~ium dubitare possimus? Cic.Phil.4.10; ~um sator Tusc.2.21; Iouem imperium ~ium tenere Caes.Gal.6.17.2; ~um uis magna iubet Verg.A.7.432; ~es ita uelle Liv.1.16.7; ~is..duas Troiano iudice uicit (Venus) Ov.Fast.4.121; (*w.* inferi) ~ium inferorum iras Liv.10.28.17. **b** quos Elea domum reducit palma ~is Hor.Carm.4.2.18.

caelia ~ae, *f.* [app. Iberian] A kind of beer.
ex iisdem (*sc.* frugibus) fiunt et potus, zythum in Aegypto, ~a et cerea in Hispania Plin.Nat.22.164; cum se..epulis..impleuissent carnis semicrudae et ~ae: sic uocant indigenam ex frumento potionem Flor.Epit.1.34(2.18.12).

Caeliānus ~a ~um, *a.*

1 Of or connected with Caelius.
illud ~um: 'o tristes ineptias!' Sen.Ep.113.26; ut in causa ~a Quint.Inst.5.13.30; ut in illa puxide ~a 6.3.25.

2 Of or connected with Caeles Vibenna, the Etruscan leader.
(*masc. pl. as sb.*) de ~is qui a suspicione liberi essent, traductos in eum locum qui uocatur Caeliolum Var.L.5.46.

caelibāris ~is ~e, *a.*: (see quot.).
~i hasta caput nubentis comebatur, quae in corpore gladiatoris stetisset..ut, quemadmodum illa coniuncta fuerit cum corpore gladiatoris, sic ipsa cum uiro sit Paul.Fest.p.62M.

caelibātus ~ūs, *m.* [caelebs+-atvs[1]] The state of not being married, celibacy.
Sen.Ben.1.9.4; ~us sancti pura dilectio [Quint.]Decl.3[a].3; quibuscumque ~um..obiceret Suet.Cl.16.3; Gaius Inst.2.144.

caelicola ~ae, *m.* or *f.* [CAELVM²+-COLA] FORMS: gen. pl. *~um*, but *~arum* JUV.13.42. An inhabitant of heaven, a god or goddess. **b** (attrib.).
optima ~um, Saturnia ENN.*Ann.*491; maxima ~um CATUL.68.138; qualis..uideri ~is et quanta solet VERG.*A.*2.592; cuncti..~ae 10.97; potentes ~ae OV.*Met.*1.174; LUC.6.444; ipsos incendere bello ~as STAT.*Theb.*3.235; astra ..ceteraque numina, quos ~as nominamus APUL.*Pl.*1.11. **b** centum..nepotes, omnis ~as, omnis supera alta tenentis VERG.*A.*6.787; ~is immota procis V.FL.5.111; qui non solum deos ~as ordinauit APUL.*Pl.*1.12.

Caelicus ~a ~um, *a.* Of or connected with the Caelian Hill.
STAT.*Silv.*2.3.14.

caelifer ~era ~erum, *a.* [CAELVM²+-FER] Who, or which, supports the sky.
~eram manum (*i.e. of Hercules*) SEN.*Her.F.*528;—(*of Atlas*) ubi ~er Atlas axem umero torquet VERG.*A.*6.796; OV.*Fast.*5.83; GERM.*Arat.*260; SIL.15.142; STAT.*Silv.*1.1.60.

caeligenus ~a ~um, *a.* [CAELVM²+-GENVS] That is of heavenly birth or origin.
quod et Victoria et Venus dicitur ~a VAR.*L.*5.62; stellae..~ae APUL.*Mun.*1.

Caelimontānus ~a ~um, *a.* **Caele-.** Of, or situated on, the Caelian Hill.
cum ego eum ~a (*sc.* porta) introisse dixissem CIC.*Pis.*55; ARCVS CAELEMONTANOS..RESTITVERVNT *CIL* 6.1259.

Caeliolus ~ī *m.* A part of the *Mons Caelius.*
VAR.*L.*5.46.

caelipotens ~ntis, *a.* [CAELVM²+POTENS] Powerful in heaven.
Iuppiter..dique alii omnes ~ntes PL.*Per.*755.

caelitus, *adv.* [CAELVM²+-ITVS¹] From heaven.
omnia..quae ~ mortalibus exhibentur APUL.*Pl.*1.12.

Caelius ~a ~um, *a.*

1 The name of a Roman gens, esp. of M. Caelius Rufus, the orator, a friend and correspondent of Cicero.
CIC.*Cael.*3; *Att.*6.1.21; QUINT.*Inst.*1.6.42; 12.10.11; FRON. *Aq.*76.

2 *Mons Caelius.* One of the hills of Rome, the Caelian hill. **b** (w. ellipsis of *mons*).
in Suburanae regionis parte princeps est ~us mons a Caele Vibenna VAR.*L.*5.46; CIC.*Rep.*2.33; OV.*Fast.*3.835; FRON.*Aq.*19; adduntur sententiae ut mons ~us in posterum Augustus appellaretur TAC.*Ann.*4.64; ~us accipiat puluerulentus equos OV.*Fast.*3.522; dum..te..maior ~us et minor (*sc.* Caeliolus) fatigant MART.12.18.6.

caelō ~āre ~āuī ~ātum, *tr.* [next+-o³] ORTHOG.: *cailauit CIL* 1.552. N.B. The word is esp. frequent in the pf. pple. pass., in which its use is often quasi-adj.

1 To adorn (a surface, etc.) with work embossed or engraved in relief, emboss, engrave, chase. **b** (fig., applied to the imparting of adornment or finishing touches to a literary work).
(domum) tectis ~atis laqueatis..instructam ENN.*scen.*95; ~atum aurum et argentum CIC.*Orat.*232; in pictis fictis ~atisque formis *N.D.*2.145; opus ~atum *B.Hisp.*25.7; uasa ~ata SAL.*Cat.*11.6; esseda ~atis..iugis PROP.2.1.76; LIV.34.52.5; de ~ata..lance OV.*Pont.*3.5.20; uehicula ~ata SEN.*Ep.*87.8; ~are eos (*sc.* lemniscos) primus instituit P. Claudius Pulcher PLIN.*Nat.*21.6; STAT.*Silv.*3.1.132; ULP. *dig.*34.2.19.11;—(*w. abl. expr. the material*) loricas galeasque aeneas, ~atas opere Corinthio CIC.*Ver.*4.97; ~atam..argento..bipennem VERG.*A.*5.307; scuta alterius auro, alterius argento ~auerunt LIV.9.40.2; caluam auro ~auere, idque sacrum uas iis erat 23.24.12; OV.*Ep.*20.119; CURT.3.3.12; PLIN.*Nat.*33.152; ~ata..ferro fragmina portarum STAT.*Theb.* 7.56;—(*w. abl. expr. the subject or shape*) longo ~auerat argumento (cratera) OV.*Met.*13.684; plura (scuta) iubet fieri simili ~ata figura *Fast.*3.381; MART.10.20(19).11;—(*poet., of a constellation*) ~atum stellis Delphina OV.*Fast.* 2.79; GERM.*Arat.*602;—(*w. retained acc.*) flumineaque urna ~atus Bagrada parmam SIL.1.407;—(*absol*) VIBIS PILIPVS ~AVIT *CIL* 1.552. **b** ~atum..nouem Musis opus HOR. *Ep.*2.2.92; sic opus ducere ut ~andum, non ex integro fabricandum sit QUINT.*Inst.*10.3.18.

2 To depict by means of embossed or engraved work, engrave.
~ata mapalia fulgent (*i.e. on a shield*) SIL.2.438; —(*w. abl. expr. material*) hanc speciem Pasiteles ~auit argento CIC.*Div.*1.79; saeuit medio in certamine Mauors ~atus ferro VERG.*A.*8.701; clipeo..flumina septem argento partim, partim ~auerat auro OV.*Met.*5.189; (*w.* in+*abl.*) ~ata ..in auro fortia facta patrum VERG.*A.*1.640;—(*w. retained acc.*) orbem, ~atum pugnas STAT.*Ach.*1.853.

3 To adorn with embroidery, embroider.
~ata..multa arte..uelamina V.FL.5.6; quae radio ~at Babylon SIL.14.658.

caelum¹ ~ī, *n.* [cf. CAELO, ANCILE] A chisel or graving-tool.
caelatus..scyphus, ~o dolitus VAR.*Men.*7; Lysippus eodem aere..eodem ~o..centum Alexandrus eiusdem modi facere non posset? CIC.*Luc.*85; qui..moues ~um tabulamque coloribus uris OV.*Fast.*3.831; solus Phidiaci toreuma ~i (habes) MART.4.39.4 laboriferi uiuant quae marmora ~o Praxitelis STAT.*Silv.*4.6.26; QUINT.*Inst.*2.21.24;—(*applied to a potter's scraping tool*) crasso figuli polita ~o septenaria synthesis Sagunti MART.4.46.14;—(*fig.*) alii..~o et marculo ut gemmulas exculpunt (uerba) FRO.*Aur.*1.p.10(65N).

caelum² ~ī, *n.* Also **caelus,** *m.* [dub.] FORMS: *cael* (by apocope) ENN.*Ann.*575. GENDER: The masculine form is found: (i) as the name of a deity, ENN.*Ann.*27, *var.*60, etc., VAR. in Non.p.197M, CIC.*N.D.*3.53 (the neuter is also used in this sense); (ii) where a plural is required, CIC.*Hort.*fr.31, LUCR. 2.1097 (*caela* is avoided, but note CIC.*Fam.* 9.26.3); (iii) occasionally elsewhere, esp. in colloquial Latin, ENN.*Ann.*546, VITR.4.5.1, PETR.39.5 and 6, 45.3.

1 The sky or visible heavens, regarded as a dome above the earth containing the sun, moon, and stars. **b** (as the place from which meteorological phenomena, portents, etc., come); (phr.) *de ~o seruare,* to watch the sky for portents. **c** (as affected by light or darkness). **d** (in indicating the height to which sounds, structures, etc., reach; esp. in hyperbole). **e** (as one part of the world, contrasted with *mare* and *terra*); (phrs.) *a terra ad ~um (quidlubet),* (anything) from A to Z; *maria ~o (~um ac terras) miscere,* to throw everything into confusion.
uertitur interea ~um cum ingentibus signis ENN.*Ann.* 211; quid nunc supina susum ~um conspicis? PL.*Cist.*622; id quod nostri ~um memorant, Grai perhibent aethera PAC.*trag.*89; quid si nunc ~um ruat? TER.*Hau.*719; o clarissima mundi lumina, labentem ~o quae ducitis annum VERG.*G.*1.6; sidera ~i TIB.1.9.35; ~o temptabimus ire OV.*Ars* 2.37; ~um diuiditur in circulos quinque AMP.1.4. **b** si de ~o uilla tacta siet CATO *Agr.*14.3; ~um tonitru contremit PAC.*trag.*413; aqua quae de ~o ueniens crescit imbri CIC.*Top.*39; TIB.2.5.73; nouendiale sacrum fuit quia Veiis de ~o lapidauerat LIV.27.37.1; uisae per ~um concurrere acies TAC.*Hist.*5.13;—CIC.*Dom.*39; se per omnis dies comitialis de ~o seruaturum *Att.*4.3.3; nec ~um seruare licet LUC.5.395. **c** ~um nitescere, arbores frondescere ENN.*scen.*151; ~um caligine stat SIS.*hist.*130; albente ~o CAES.*Civ.*1.68.1; uesperascente ~o NEP.*Pel.*2.5; ~um.. tenebris auferri STAT.*Theb.*10.922. **d** tollitur in ~um clamor exortus utrisque ENN.*Ann.*442; boat ~um fremitu uirum PL.*Am.*233; tanta ~um clamoris alacritate compleuerunt V.MAX.4.8.5;—ad ~um..exstruit uillam CIC.*Dom.* 124; Aetnaeos fratres ~o capita alta ferentis VERG.*A.*3.678; (luna) alias admota ~o, alias contigua montibus PLIN. *Nat.*2.43; admissum ~o nemus STAT.*Ach.*1.594. **e** mare, terra, ~um, di uostram fidem! PL.*Trin.*1070; Iuppiter Optimus Maximus cuius nutu..~um terra mariaque reguntur CIC.*S.Rosc.*131; GAIUS *Inst.*2.66;—uolo ego hanc percontari.—a terra ad ~um, quidlubet PL.*Per.*604;—maria omnia ~o miscuit VERG.*A.*5.790; cur ~um ac terras misceant LIV.4.3.6.

2 The heavens with reference to the position of the stars and planets, esp. to the Zodiac.
nouus astrologus, qui non tam ~i rationem quam caelati argenti duceret CIC.*Ver.*2.129; qui nascuntur eo tempore posse in dissimiles incidere naturas propter ~i dissimilitudinem *Div.*2.93; ad cancrum, qui breuissimum tenet ~i spatium VITR.9.3.1; (gubernator) pontum ~o uincit (*i.e. by his knowledge of astronomy*) MAN.4.280; totus ~us taurulus fit PETR.39.6; (*cf.*) omnes unum in principem congesti honores: circa templa imagines..mensis in ~o FLOR.*Epit.*2.13(4.2.91).

3 The sky as the abode of the gods, heaven. **b** (in expressions describing prayers to the gods or sim.; in some cases tending towards the sense 'the gods collectively'). **c** (as a place to which human beings may be admitted). **d** (in fig. exprs.) *in* or *ad ~um (laudibus,* etc.) *ferre* or sim., to extol to the skies; *in ~o esse,* to be in the seventh heaven of delight; also, to be praised to the skies.
caenacula maxima ~i ENN.*Ann.*61; si hic pridie natus foret quam ille est, hic haberet regnum in ~o PL.*Mil.*1083; ut quemdam..de ~o diuinum hominem esse in prouinciam delapsum putent CIC.*Q.fr.*1.1.7; ~o tonantem credidimus Iouem regnare HOR.*Carm.*3.5.1; uicto leges imponere ~o *Aetna* 45; ~us hic in quo duodecim dii habitant PETR.39.5; —effigiem Cereris..de ~o lapsam CIC.*Ver.*5.187; aeriam ~o nam Iuppiter Irim demisit VERG.*A.*9.803. **b** manusque susum ad ~um sustulit suas rex Amulius NAEV.*poet.* 24(25).1; ~um noctemque contestans CIC.*Flac.*102; ut..ad ~um manus tenderent CAES.*Civ.*2.5.3; ~oque nocenti ingerit Emathiam LUC.7.798; quod si..saeuo tanta inclementia ~o est STAT.*Theb.*1.650; ~um ac deos obtestari TAC.*Hist.*4.46; ~um..consalutabo discedens FRO.*Aur.*2. p.228(235N). **c** mi soli ~i maxima porta patet ENN. *var.*24; cuius gradibus etiam in ~um homines uiderentur ascendere CIC.*Mil.*97; quid me ~um sperare iubebas? VERG.*G.*4.325; moribus et ~um patuit PROP.4.11.101; non ideo decretum patri suo ~um TAC.*Ann.*1.73. **d** ista, quae tu uerbis ad ~um extulisti CIC. *de Orat.*3.146; scribis.. in ~um ferri profectionem meam *Att.*16.6.2; sua quisque fortia facta ad ~um fert SAL.*Jug.*53.8; Fabios ad ~um laudibus ferunt LIV.2.49.1; libro quo Catonem ~o aequauit TAC.*Ann.*4.34.—si..quae de me pacta sunt ea non seruantur, in ~o sum CIC.*Att.*2.9.1;—Bibulus in ~o est 2.19.2; 14.6.2.

4 (as the name of a god). **b** (w. ref. to Jehovah; also, to some symbolization of Jehovah).
(*neut.*) principes dei ~um et Terra VAR.*L.*5.57; ex Aethere et Die Terra ~um Mare HYG.*Fab.*pr.2(17);—(*masc.*) Saturno quem ~us genuit ENN.*Ann.*27; VAR. in Non. p.197M; CIC.*Tim.*19; (*identified with Jupiter*) OPTVMVS MAXIMVS ~VS AETERNVS IVP⟨PI⟩TER *CIL* 6.81.2;—(*indeterminate*) Titanum suboles..generata ~o CIC.*Tusc.*2.23; VITR.1.2.5. **b** Iudaeus licet et..~i summas aduocet auriculas PETR.fr.37.2; quidam..nil praeter nubes et ~i numen adorant JUV.14.97;—uidit illud grande impiae gentis arcanum patens, sub aurea uite ~um FLOR.*Epit.* 1.40(3.5.30).

5 The sky as the source of the breath of life, the air (of heaven), atmosphere. **b** *~um patens (apertum,* etc.), the open air; (also, absol.). **c** (w. other adjs. describing atmospheric conditions).
ne ~um bibat LUCIL.601; ut ducere animam de ~o non queant CIC.*S.Rosc.*72; omnis esse diuites qui ~o et terra frui possint *Fam.*7.16.3; in hoc ~o qui dicitur aer LUCR. 4.132; nec uitio ~i palleat ulla seges OV.*Fast.*1.688; patulo ~um ore trahentem STAT.*Theb.*1.588; quod nostra infantia ~um hausit Auentini JUV.3.84;—(*in a confined space*) VITR.8.2.4; frequentiam ~i compressione solidatam 9. 8.3. **b** ~o..patenti *Aetna* 551; aperto ~o plurimum utuntur (pecora) SEN.*Nat.*6.27.4; (*cf.*) uis fera uentorum.. luctata..frustra liberiore frui ~o OV.*Met.*15.301;—usque eo ingenia..delicate nutriuntur, ut clamorem..risum, ~um denique pati nesciant SEN.*Con.*9.pr.4. **c** hoc nebuloso et caliginoso ~o CIC.*Tusc.*1.60; feruidum ab certis partibus ~um VITR.1.4.6; nocturno umore palustrique ~o grauante caput LIV.22.2.11; causae grauioris ~i FRON. *Aq.*88.

6 The sky as productive of meteorological conditions at a particular time or the conditions themselves, weather.
temporum uarietates ~ique mutationes CIC.*N.D.*1.4; dum non tractabile ~um VERG.*A.*4.53; non..hoc sperem Italiam contingere ~o 5.18; per brumalia..tempora ab mutatione ~i refrigeratae (serpentes) VITR.6.1.9; nullus.. cum per ~um licuit, otio perit dies PLIN.*Nat.*11.14;—(*w adjs.*) ~o sereno CIC.*Fam.*16.9.2; VERG.*A.*5.870; VITR.6.6.5; si..fiat austrinum ~um aut nubilum PLIN.*Nat.*16.109; num istic quoque immite et turbidum ~um? PLIN.*Ep.*8.17.1.

7 The sky as productive of climatic conditions or the conditions themselves, climate (sts. merging into the sense of 'climatic region'). **b** a climatic region, clime. **c** *positio ~i* (or sim.) geographical situation in relation to climate, latitude. **d** (in expressions relating to the different quarters of the heavens and hence to terrestial directions).
uti bonum ~um habeat (praedium) CATO *Agr.*1.2; cuius hic situs atque haec natura esse loci ~ique dicitur CIC.*Ver.* 5.26; corpore uix sustineo grauitatem huius ~i *Att.*11.22.2; Athenis tenue ~um..crassum Thebis *Fat.*7; ~um non animum mutant qui trans mare currunt HOR.*Ep.*1.11.27; non tam ardoris culpa est neque crimina ~i PROP.2.28.5; hoc ~um sub quo natus..essem LIV.5.54.3; nec ~um patior, nec aquis adsueuimus istis OV.*Tr.*3.3.7; gens..ut ~i asperioris ita ingenii MELA 3.33; quid ad ~i naturam intemperantius (*sc.* quam Corsica)? SEN.*Dial.*12.6.5; lens amat..~um utique siccum PLIN.*Nat.*18.123; sub uno uiuere ~o STAT.*Silv.*4.7.52; si ob grauitatem ~i interissent TAC.*Ann.*2.85; temperiem ~i PLIN.*Ep.*5.5.3; pulcherrima Campaniae plaga est: nihil mollius ~o FLOR.*Epit.*1.11 (1.16.3). **b** quemadmodum ~um est ad inclinationem mundi conlocatum VITR.6.1.2; ros illius ~i SEN.*Ep.*84.4; ipse hominum color ab alio uenire ~o fatebatur FLOR.*Epit.* 2.34(4.12.62);—(*w. adj.*) quis te redonauit Quiritem dis patriis Italoque ~o? HOR.*Carm.*2.7.4; (*cf.*) sed uiuere intra Siculi ~i regionem non potuere (scorpiones) PLIN.*Nat.* 11.89. **c** Britannia..spatio ac ~o in orientem Germaniae, in occidentem Hispaniae obtenditur TAC.*Agr.*10.2; seu procurrentibus in diuersa terris positio ~i corporibus habitum dedit 11.2. **d** poma, quae non in ea parte ~i ponuntur, quae est auersa a solis cursu, non diu seruantur VITR.1.4.2; domus ad ~um omne conuersae SEN.*Con.*exc. 5.5; tribus hic (oceanus) partibus ~i adluens Asiam PLIN. *Nat.*6.33; mirum iis erat umbras suas in nostrum ~um cadere 6.87.

8 The light or air of the upper world (as contrasted with what is underground or in the infernal regions).
saepe sub immotis praesepibus..uipera delituit ~umque exterrita fugit VERG.*G.*3.417; ipse recedere ~um..sensit STAT.*Theb.*8.733; nemus..in quo falsa dies ~oque simillimus aer *Silv.*5.3.287.

9 The universe or world, (pl.) universes or worlds.
ille baro te putabat quaesiturum, unum ~um esset an innumerabilia CIC.*Fam.*9.26.3; omne..~um siue mundus *Tim.*4; pariter ~os omnis conuertere LUCR.2.1097; in medio interuallo huius et alterius ~i SEN.*Ben.*4.19.2; tamquam unus esset in omni ~o saturarum M. Varronis enarrator GEL.13.31.1.

10 A vault or dome (in architecture, etc.). **b** (perh. applied to the dome of the head).
cameris dispositis et intextis imum ~um earum trullissetur VITR.7.3.3; (*cf. sense 1*) condentemque nouum ~um per tecta Tonantis MAN.5.289. **b** hoc (*sc.* cerebrum) est uiscerum excelsissimum proximum que ~o capitis PLIN.*Nat.* 11.135.

caementa ~ae, *f*: var. CAEMENTVM.
~ae cadunt ENN.*scen.*383; *CIL* 1.698.2.21.

caementārius ~(i)ī, *m.* [CAEMENTVM+-ARIVS] A worker in concrete.
CIL 10.3414.

caementīcius ~a ~um, *a.* Also **cēm-.** [next+-ICIVS²] PROS.: The quantity of the antepenultimate syllable is attested by *CIL* 1.1793.6. Made of undressed stones (or rubble) and lime and sand, i.e. of concrete. **b** (neut. as sb.).

MVRVM ~VM *CIL* 1.1793.6; PARIETES ~OS 1.1801.6; in ~is..structuris VITR.2.4.1; 2.8.17; fundamenta ~a JAVOL. *dig*.19.2.57; OPVS CEMENTIC *CIL* 3.633. **b** ~o aut quadrato saxo VITR.2.8.16; utrum latericio an ~o an saxo quadrato uelit aedificari 6.8.9.

caementum ~ī, *n*. Also **cēm-**. [CAEDO + -MENTVM] Small stones, rubble, used in making a kind of concrete. **a** (in pl.). **b** (as collect. sg.).

a parietes omnes..calce et ~is (faciat) CATO *Agr*.14.1; quod humilem ~is instructum oppidi murum sciebat SIS. *hist*.79; ~is ac testis tectorum meorum CIC.*Dom*.61; materiem, calcem, ~a, harenam *Mil*.74; huc frequens ~a demittit redemptor HOR.*Carm*.3.1.35; incerta..~a alia super alia sedentia VITR.2.8.1; quod ~a non calce durata erant sed interlita luto LIV.21.11.8; quadratae harae ~is..extruuntur COL.8.14.1; igni cremato lapide ~a in tectis ligantur PLIN.*Nat*.36.200; TAC.*Ger*.16.3;—(*w. kind of stone specified*) ~a marmorea, siue assulae dicuntur, quae marmorarii ex operibus deiciunt VITR.7.6.1. β licet ~a mea sunt ULP.*dig*.9.2.27.32. **b** num hoc in latere aut in ~o..potuit ualere CIC.*Div*.2.99; ~um de silice frangatur ne grauius quam librarium VITR.8.6.14; si Cumano misceatur ~o (puluis) PLIN.*Nat*.35.166; non silice duro structilive ~o MART.9.75.1; quia non rudi ~o..exstruuntur TAC.*Dial*. 20.7; quia sint ~o medii farti (parietes) PLIN.*Ep.Tra*.10. 39(48).4. β ULP.*dig*.39.1.21.3.

caena, caenāculum, etc.: see CEN-.

Caeneus ~eī or ~eos, *m*.

1 (myth.) A child of Elatus, originally born as a girl, but changed into a boy (cf. CAENIS).

iuuenis quondam, nunc femina, ~eus VERG.*A*.6.448; Perrhaebum ~ea OV.*Met*.12.172; ~eus Elateius 12.497; STAT.*Ach*.1.264; illa ueterum poetarum de Caenide et ~eo cantilena GEL.9.4.14; HYG.*Fab*.242.3.

2 Other mythological characters.

VERG.*A*.9.573;—STAT.*Theb*.7.644;—HYG.*Fab*.14.3.

Caenīna ~ae, *f*. An ancient city of Latium, whose inhabitants were defeated, and their king killed, by Romulus.

OV.*Fast*.2.135; PLIN.*Nat*.3.68.

Caenīnensis ~is ~e, *a*. Also **Caenīniensis.**

1 Of or connected with Caenina.

SACERD CAENINEN *CIL* 5.5128; PRIVILEGIO SACERDOTI ~IS MVNITVS 10.3704. β *CIL* 6.1598.

2 (masc. pl. as sb.) The inhabitants of Caenina.

LIV.1.9.8; 1.10.2; V.MAX.3.2.3.

Caenīnus ~a ~um, *a*. Of or connected with Caenina.

~um Acrona PROP.4.10.7; ~a..ab arce 4.10.9; nomen ~um LIV.1.10.3.

Caenis ~idis, *f*.

1 (myth.) A child of Elatus, originally born as a girl, but changed into a boy (cf. CAENEVS).

proles Elateia ~is OV.*Met*.12.189; GEL.9.4.14.

2 The concubine of Vespasian.

SUET.*Ves*.3; *Dom*.12.3.

caenōsus ~a ~um, *a*. [next + -OSVS] Muddy, filthy, slimy.

nec ulla re magis gaudet (sus) quam..~o lacu uolutari COL.7.10.6; ~i gurgitis (*i.e. the Styx*) alnum JUV.3.266; limo ~o APUL.*Met*.7.18; ~o pigmento 8.27; ut in quandam ~am latrinam 9.14.

caenum ~ī, *n*. [cf. OBSCAENVS, and perh. CVNIO]

1. Mud, filth, slime. **b** (applied to wine-lees).

~o oblitam (imaginem) *Rhet.Her*.3.37; male olere omne ~um CIC.*Tusc*.4.54; supinum animum in graui derelinquere ~o CATUL.17.25; nobis ~um taeterrima cum sit spurcities LUCR.6.976; ubi odor ~i grauis VERG.*G*.4.49; turbidus hic ~o..gurges *A*.6.296; in ~o Marius iacuit OV.*Pont*.4.3.47; SEN.*Ep*.92.31; ~um..cloacarum COL.2.14.6; unda..durauit uiscera ~o LUC.6.94; oram..inaccessam ~o PLIN.*Nat*.6.136; sordidior ~o cum sit toga MART.7.33.1; ne me pulsereum grauemque ~o Tyrrheni sinus abluat profundi STAT.*Silv*.4. 3.88; ignauos et inbellis..~o ac palude..mergunt TAC.*Ger*. 12.1; infectos ~o aut cruore cibos *Ann*.1.65; quibusdam stercore et ~o incessentibus (eum) SUET.*Vit*.17.2;—(*in prov. phrs.*) mordicus petere aurum e flamma expediat, e ~o cibum LUCIL.659; ~o cupiens euellere plantam HOR.*S*.2.7.27. **b** dulci defruta..lutosa ~o STAT.*Silv*.4.9.39.

2 (with suggestion of moral uncleanness).

uti eum ex lutulento ~o propere hinc eliciat foras PL. *Bac*.384; hic..iacebat in suorum Graecorum foetore et ~o CIC.*Pis*.22; idem casus illum..istius impurissimae..pecudis ~o et sordibus inquinauit 72.

3 (fig.) Sordid or ignoble condition.

tu emersus e ~o CIC.*Vat*.17; ut ex ~o plebeio consulatum extraheret LIV.10.15.9; hoc mersam ~o Romam PETR. 119,1.58.

4 (applied to persons) Scum, filth.

fraudulente. — inpure. — leno. — ~um PL.*Ps*.366; meministine, ~um, cum ad te..uenissem CIC.*Pis*.13; habeo quem opponam labi illi atque ~o *Sest*.20; *Phil*.5.16; quae interdum in hoc ~um, in has sordes (*i.e. the freedman Pallas*) abicerentur PLIN.*Ep*.7.29.3; (*cf.*) oh, lutum lenonium, commixtum ~o sterculinum publicum PL.*Per*.408.

caepa (**cēpa** ~ae), *f*. Also **caepe** (**cepe**), *n*. (nom., acc., and abl.). [cf. Gk. κάπια (Hesych.)] An onion, *Allium cepa*. **b** (as a term of abuse).

qui primus holitor ~am protulit NAEV.*com*.19; ~a rubens *Mor*.84; lacrimosaque ~a COL.10.123; AUR.*Fro*.1.p.182 (69N). β edenda acri..~a LUCIL.195; hortis eruta ~a meis OV.*Fast*.3.340; CELS.2.22.2; uel salis sextans cum decem ~is conteritur COL.6.6.5; radix ~ae PLIN.*Nat*.26.72; alioque ~isque MART.12.32.20. γ ~e maestum ENN.*Sat*. 13; ~e edundod NAEV.*com*.18; oleas ~e ficos NOV.*com*.18; seu porrum et ~e trucidas HOR.*Ep*.1.12.21; tunicatum..~e PERS.4.31; JUV.15.9. δ flebile ~e LUCIL.194; cum alium ac ~e eorum uerba olerent VAR.*Men*.63; cur Pelusiotae ~e non edint GEL.20.8.7. **b** tu autem, etiam tu rides, ~a cirrata? PETR.58.2.

c(a)epārius ~(i)ī, *m*. [prec. + -ARIVS] A grower of onions.

lippus edenda acri assiduo ~ius cepa LUCIL.195.

c(a)epāticus (*cj*.) ~a ~um, *a*. [CAEPA + -ATICVS] (app.) Resembling an onion.

aprotonum ~um (*codd*. ceraticum, *etc*.) COL.6.7.3.

c(a)epētum ~ī, *n*. [CAEPA + -ETVM] An onion bed.

~um (*s.v.l*.) reuirescit et congerminat decedente luna GEL.20.8.7.

c(a)epīna ~ae, *f*. [CAEPA + -INA] An onion bed.

~a..subactam postulat terram COL.11.3.

Caepiō ~ōnis, *m*.

1 A Roman cognomen, esp. in the *gens Seruilia*: **a** Cn. Servilius Caepio, consul in 203 B.C. **b** Q. Servilius Caepio, consul in 140 B.C. **c** Q. Servilius Caepio, consul in 106 B.C., the author of a law restoring senators to a place in the courts *de repetundis*. **d** Q. Seruilius Caepio, quaestor in 100 B.C., who opposed the *lex frumentaria* of Saturninus.

a LIV.25.2.2; 28.10.6. **b** CIC.*Brut*.161; VELL.2.1.3. **c** ~onis legem iudiciariam CIC.*Inv*.1.92; *Tusc*.5.14; SAL. *Jug*.114.1; VELL.2.12.2; TAC.*Ger*.37.5. **d** *Rhet.Her*.1.21; CIC.*Brut*.169.

2 (as a gentile name). **a** (of M. Brutus, as having been adopted by his uncle, Q. Servilius Caepio). **b** Caepio Crispinus, quaestor in Bithynia in A.D. 15.

a CIC.*Phil*.10.25; *Att*.2.24.2. **b** TAC.*Ann*.1.74.

caepōsus ~a ~um, *a*. [CAEPA + -OSVS] Abounding in onions.

quae pariunt ueteres ~o litore Cumae COL.10.130.

Caere ~itis or ~ētis, *n*. An ancient city of Etruria.

prope ~itis amnem VERG.*A*.8.597; ~e opulento tum oppido imperitans LIV.1.2.3; 7.20.7; lectos ~e uiros (misit) SIL.8.472. β qui ~ete domo, qui sunt Minionis in aruis VERG.*A*.10.183.

Caereālicius, Caereālis: see CER-.

caerefolium ~(i)ī, *n*. Also **chaerephyllum, chaerepolum** [Gk.] Chervil, *Anthiscus cerefolium*.

semina..~ii COL.11.3.14; PLIN.*Nat*.19.170. β ~um circa Kalendas Octobres obrui oportet COL.11.3.42. γ iam breue ~um (spargite) COL.10.110.

Caerelliānus ~a ~um, *a*. Of or connected with Caerellia.

CIC.*Att*.12.51.3.

Caerellius ~a ~um, *a*. A Roman gentile name, esp. of Caerellia, a learned lady and friend of Cicero.

~a studio uidelicet philosophiae flagrans CIC.*Att*.13.21a.2; 13.22.3; 15.1.4.

Caeres ~itis or ~ētis, *a*.

1 Of or connected with Caere.

~ite cera digni HOR.*Ep*.1.6.62; ~item populum LIV. 7.19.6; ~ites aquas V.MAX.1.6.5; tabulae ~ites GEL.16.13.7; POPVLVS..~ES *CIL* 11.3595. β per agrum ~etem LIV. 5.16.5.

2 (masc. pl. as sb.) The inhabitants of Caere.

tum primum ~ites..uerus belli terror inuasit LIV.7.20.1; 28.45.15. β LIV.4.61.11.

Caerētānus ~a ~um, *a*.

1 Of or connected with Caere.

~i cultor ditissimus agri MART.6.73.3.

2 (masc. pl. as sb.) The inhabitants of Caere.

quia ~i ea..coluerunt V.MAX.1.1.10.

3 (neut. as sb.) A wine from Caere.

~a Nepos ponat, Setina putabis MART.13.124.1.

caerimōnia ~ae, *f*. [of uncertain orig., poss. Etr.; cf. -MONIA]

1 Sacredness, sanctity.

qui..perfidia legationis ipsius ~am polluerit CIC.*S.Rosc*. 113; est igitur in genere et sanctitas regum..et ~a deorum CAES.*orat*.28; ipse (amnis) in magna ~a PLIN.*Nat*.6.135; uidebatur..potus sacros et ~am loci corpore loto polluisse TAC.*Ann*.14.22.

2 Reverence (for the gods) as shown by acts of worship.

religio est, quae superioris cuiusdam naturae..curam ~amque affert CIC.*Inv*.2.161; mihi ludos sanctissimos maxima cum cura et ~a Cereri, Libero, Liberaeque faciundos *Ver*.5.36; fit incredibili ~a (sacrificium) *Har*.37; totaque huius iuris compositio pontificalis magnam religionem ~amque declarat *Leg*.2.55; collatis militaribus signis, quo more eorum grauissima ~a continetur CAES.*Gal*.7.2.2; sacrarium, quod summa colebatur ~a NEP.*Them*.8.4; LIV. 29.18.2.

3 (usu. pl.) Religious rites, ceremonies, or observances. **b** (in the practice of magic).

quod per ~as populi fieri non poterat CIC.*Agr*.2.19; hominem..in sacerdotio ~isque quibus praeerat diligentissimum *Rab.Perd*.27; de ~is uirginum *Har*.13; e ~is sepulcrorum *Tusc*.1.27; ut..a se bellicae ~ae proderentur LIV.1.32.5; hoc fetialibus ~is dignum erat 9.11.8; neglegentia ~arum 22.9.7; inde..institutum est sacra ~as uocari, quia Caeretani ea..sancte coluerunt V.MAX.1.1.10; regis frater sacrorum ~arumque consors CURT.10.7.2; ne serio quidem aut sollemni ~arum aliquo apparatu PLIN.*Nat*. 9.117; idem annus nouas ~as accepit addito sodalium Augustalium sacerdotio TAC.*Ann*.1.54; non in libris ~arum reperiri 3.58; externas ~as..compescuit SUET.*Tib*.36;—(*sg*.) negarunt..foedus fieri posse..sine fetialibus ~aque alia sollemni LIV.9.5.1; accedere ipsius ~ae difficultates TAC.*Ann*.4.16. **b** Britannia hodieque eam adtonita celebrat tantis ~is, ut dedisse Persis uideri possit PLIN.*Nat*. 30.13.

caernophorus: see CERNOPHORVS.

caerula ~ōrum, *n. pl*. [CAERVLEVS]

1 The blue expanse (of the sky). **a** (w. *caeli*, etc.). **b** (absol.).

a solis flammam per caeli ~a pasci LUCR.1.1090; magni per ~a mundi 5.772; quem tu tolles in ~a caeli OV.*Met*. 14.814. **b** lumine sic tremulo terra et caua ~a candent ENN.*scen*.292; (*of the night sky*) signiferi..aetheris aestus..quasi densendo subtexit ~a nimbis LUCR.6.482; Luna, immissis per ~a bigis, fertque refertque fretum SIL.3.59.

2 The blue waters (of the sea).

nemo haec umquam est transuectus ~a cursu CIC.*poet*. 29.3(*Fin*.5.49); torquent spumas et ~a uerrunt VERG.*A*. 4.583; GERM.*Arat*.579; LUC.3.542; per ~a summa SIL. 13.240.

caeruleātus ~a ~um, *a*. [CAERVLEVS + -ATVS[2]] Coloured with blue.

cum ~us et nudus caputque redimitus arundine..Glaucum saltasset in conuiuio VELL.2.83.2.

caeruleum ~eī, *n*. **caerulum.** [CAERVLEVS]

1 Azurite.

in argenti et auri metallis nascuntur etiamnum pigmenta sil et ~eum PLIN.*Nat*.33.158; ~eum harena est 33.161.

2 A kind of blue glass.

~i temperationes Alexandriae primum sunt inuentae VITR.7.11.1.

caeruleus ~ea ~eum, *a*. **caerulus.** [by dissimilation from *caelulum (dim. of CAELVM[2])]

1 (of the sky) Blue.

quem tu tolles in ~a caeli templa ENN.*Ann*.65; ubi ~eum uariabunt sidera caelum OV.*Fast*.3.449.

2 (of the sea) Blue or greenish-blue; (also, of the colour itself). **b** (of rivers or fountains). **c** (of fishes). **d** (of an island).

~eum spumat sale conferta rate pulsum ENN.*Ann*.385; nempe equo ligneo per uias ~as estis uectae PL.*Rud*.268; ~eos per campos *Trin*.834; quid? mare nonne ~eum? CIC. *Ac*.2.fr.5; o ~eo creata ponto (Venus) CATUL.36.11; ponti plaga ~a LUCR.5.481; tot per uada ~a VERG.*A*.7.198; ~eas..undas TIB.1.3.37; ~ea..uia OV.*Ep*.15.106; ~eum..aequor LUC.2.220; stagna in ~a STAT.*Theb*.3.250; ~eis..campis SIL.14.253; ~um profundum pelagi APUL.*Met*.4.28;—~eus uix est diluiturque color (aequoris) OV.*Pont*.4.10.62; (*cf*.) ~eis constarent aequora ponti seminibus LUCR.2.772. **b** ~eus Thybris VERG.*A*.8.64; Nilum..uocantem ~eum in gremium..uictos 8.714; ~eos uentis latices durantibus, Hister congelat OV.*Tr*.3.10.29; ~a..Dirce STAT.*Theb*.1.38. **c** ~eis..piscibus STAT.*Theb*.9.242. **d** fleat Alciden ~a Creta SEN.*Her.O*.1874.

3 a (as an ep. of sea or river deities). **b** (of things belonging to, or connected with, such deities).

a uates ~eus Proteus VERG.*G*.4.388; mater..~a (*i.e. Thetis*) HOR.*Epod*.13.16; ~eo..deo (*i.e. Neptune*) PROP. 3.7.62; qua latam Nereus ~us ambit humum OV.*Ep*.9.14; ~a Liriope *Met*.3.342; ~a..genetrix (*i.e. Cyrene*) *Fast*.1.365; ~eos..deos *Pont*.4.16.22; uos quoque ~eum ponti, Nereides, agmen STAT.*Silv*.3.2.13; ~eas..sorores (*i.e. the Naiads*) SIL.8.198; (*of a marine constellation*) ~eus ponto cum se Delphinus in astra erigit MAN.5.416. **b** Scyllam et ~eis canibus resonantia saxa VERG.*A*.3.432; ~ei crines (*of Cyane*) OV.*Met*.5.432; ~ea..barba (*of Proteus*) *Fast*.1.375; crinem ~eum (*of Father Tiber*) *Epic.Drusi* 224; qui..aequor per altum ~os currus agis SEN.*Oed*.255; ~ea taurus colla sublimis gerens *Phaed*.1036; ~eis..equis (*of Neptune*) STAT. *Ach*.1.78; ~eo..tridente SIL.14.13; (*in a representation of a river*) cui coma dependet ~a, Tigris erit OV.*Ars* 1.224.

4 (spec., of serpents) Glossy greenish-blue.

~ea incinctae angui ENN.*scen*.30; ~eos..implexae crinibus angues Eumenides VERG.*G*.4.482; ~eus serpens OV. *Met*.3.38; erexit (*sc*. anguis) ~eum caput SEN.*Oed*.729; ipsam ~eis squalentem nexibus ornum V.FL.7.535; ~e. sinuosa uolumina monstri, terrigenam Pythona STAT.*Theb*.

1.562; (*cf.*) anguem..~a colla tumentem VERG.*A*.2.381; ~eis unum de crinibus anguem 7.346; ~eae dux ille (cerastes) comae (*of Megaera*) STAT.*Theb*.11.66.

5 (of the eyes) Blue; (of persons) blue-eyed. caesios oculos Mineruae, ~eos esse Neptuni CIC.*N.D*.1.83; ~eis oculis PLIN.*Nat*.6.88; truces et ~ei oculi TAC.*Ger*.4.2; ~a quis stupuit Germani lumina JUV.13.164;—nec fera ~ea domuit Germania pube (*sc.* Romam) HOR.*Epod*.16.7.

6 Dyed or coloured blue; (spec.) coloured with woad; (also, of the dye or colour itself). sagus ~eus ENN.*Ann*.509; arae ~eis maestae uittis VERG.*A*.3.64; ~ea in tabula PERS.6.33; ~ea indutus scutulata JUV.2.97; ~eo uexillo SUET.*Aug*.25.3;—~eos scuta Brigantas SEN.*Apoc*.12.3; ~eo capillo Agathyrsi PLIN.*Nat*.4.88; ~eis..Britannis MART.11.53.1; ~us..incola Thyles SIL.17.416;—omnes..se Britanni uitro inficiunt, quod ~eum efficit colorem CAES.*Gal*.5.14.3; si ~eo quaedam sua tempora fuco tinxerit PROP.2.18.31.

7 (of plants, etc.) Bluish- or greyish-green. sicut equus..fert sese campi per ~a laetaque prata ENN.*Ann*.516; olearum ~a..plaga LUCR.5.1374; ~a..Palladis arbor OV.*Ars* 2.518; ~eum..oleis..collem MAN.5.260.

8 (applied to things of various shades of blue). ~a puppis (*cf. Gk.* κυανόπρῳρος) OV.*Fast*.2.112; ~ei fiant puro de sulphure fumi 4.739; ~ea fuluis mixta oberrauit notis, sanguinea rursus (*of a rainbow*) SEN.*Oed*.319; ~eum florem (heliotropii) PLIN.*Nat*.22.57; quae ceraunia uocatur (gemma)..splendoris ~ei 37.134; mucida ~ei panis..frusta JUV.14.128; (*of the colour itself*) si suffusioni color ~eus est CELS.7.7.14.A.

9 Dark-coloured, dusky. **b** (of clouds, shadows, night, etc.) **c** (of rain or wind). **d** (applied to things in, or associated with, the underworld). **e** (of death). ~eus..sudor OV.*Met*.9.173; bacis ~a tinus 10.98; ~us et uultum ferrugine Lucifer atra sparsus erat 15.789; ferro ~a Lerna (*on a shield*) STAT.*Theb*.4.172; nec rennuit Iouis ~um supercilium APUL.*Met*.6.7. **b** ~ea contectus nube CIC.*Arat*.448(204); extremae (zonae) dextra laeuaque trahuntur ~eae, glacie concretae atque imbribus atris VERG.*G*.1.236; cum ~a nubes solis inardescit radiis *A*.8.622; ~a nox STAT.*Silv*.1.6.85; (*of the colour itself*) ~eus (color solis) pluuiam denuntiat 1.453. **c** mihi ~eus supra caput astitit imber noctem hiememque ferens VERG.*A*.3.194; OV.*Ep*.7.94; ~us imber [QUINT.]*Decl*.12.16;—quem..nix et ~ei Boreae ferus abstulit horror V.FL.7.563. **d** ~eam..puppim (*i.e. of Charon*) VERG.*A*.6.410; ~eis..equis (*i.e. of Dis*) OV.*Fast*.4.446; ~EAM..CARINAM (*i.e. of Charon*) *CIL* 6.21521; (*cf.*) superis incognita tellus ~eo tenebrosa situ V.FL.3.400. **e** lumina ~ea iam iamque natantia morte *Epic.Drusi* 93.

10 (as the proper name of a spring and aqueduct at Rome). VESPASIANVS..AQVAS CVRTIAM ET ~EAM..RESTITVIT *CIL* 6.1257; ex fontibus ~o et Curtio FRON.*Aq*.13; 14; fontes quorum alteri ~eo, alteri Curtio nomen est SUET.*Cl*.20.1.

11 Of or connected with the sky, celestial. candida lunae sidera, ~eis orbem pulsantia bigis *Ciris* 38; ~eis euectus equis Titan SEN.*Her.F*.132.

caesapon: (see quot.). alterum est genus (lactucae) quod Graeci ~ uocant PLIN.*Nat*.20.59.

Caesar ~aris, *m*. ORTHOG.: *Caeser*, etc., on coin of Vespasian *BMCI*.2.p.146, footnote) and *CIL* 4.2308, 6.9492.3; *Caisar*, etc., on coin of 27–23 B.C. (*BMCI*.1.p.117, No. 730) and *CIL* 6.879, 1231; *Caesarus* (gen.) *CIL* 11.6721.13.

1 A cognomen in the Julian *gens*, esp. that of C. Julius Caesar (102–44 B.C.), notable as general, orator, statesman, and military author; *~aris forum* = *forum Iulium*. **b** *C. Iulius Caesar Strabo Vopiscus*, an orator of the early part of the first century B.C. **c** (*pl.*) members of the family. CIC.*Brut*.261; domitae sunt a ~are maximae nationes *Prov*.19; *Fam*.6.6.8; CATUL.57.2; CAES.*Gal*.1.7.1; OV.*Met*.15.750; SEN.*Suas*.1.7; PLIN.*Nat*.18.234; QUINT.*Inst*.12.10.11; (*w.* maior) quod de ~are maiori uulgo dictatum est SEN.*Nat*.5.18.4;—quemadmodum est..in ~aris foro Veneris (aedes) VITR.3.3.2. **b** CIC.*de Orat*.2.98. **c** ~aribus uirtus contigit ante diem OV.*Ars* 1.184.

2 (inherited as a cognomen by Octavian (Augustus), and by succeeding emperors). **b** (absol., for Augustus or one of his successors). OV.*Fast*.5.568; TI CLAVDIVS DRVSI F ~AR *CIL* 6.1231; historiis Claudi ~aris PLIN.*Nat*.12.78; Tiberio ~ari LARG.97; Augusto ~ari 177; comes ad Orientem C. ~aris iuuenis SUET.*Nero* 5.1. **b** VERG.*G*.1.25; HOR.*Carm*.1.37.16; ~ar in urbe sua deus est OV.*Met*.15.746; Varum trisque cum eo legiones etiam ~ari abstulerunt TAC.*Ger*.37.5;—cum deo nostro ~are LARG.163; ego nolo ~ar esse FLOR.*poet*.1.

3 The emperor; an emperor. pauperiorque fuit tum primum ~are Roma LUC.3.168; admissus ergo ~arem est PETR.51.2; me Galba..~arem dixit TAC.*Hist*.1.30;—(*pl.*) ~aribus uitam..debere OV.*Pont*.4.15.3; ~arum est in senatu quae e re sunt suadere FRO.*Aur*.2.p.58(141N).

4 (as a cognomen of various members of the imperial family). **b** (absol., for such persons). ~ar Germanice OV.*Fast*.1.3. **b** IN QVO LOCO NVNC NEMVS EST ~ARVM (*i.e. Gaius and Lucius*) AUG.*Anc*.4.44; habebant et ~ares iuuenes sturnum PLIN.*Nat*.10.120.

Caesaraugusta ~ae, *f*. A town in *Hispania Tarraconensis*, colonized by Augustus (modern Saragossa). MELA 2.88.

Caesaraugustānus ~a ~um, *a*. Of or connected with Caesaraugusta. uniuersa prouincia diuiditur in conuentus VII..Tarraconensem, ~um PLIN.*Nat*.3.18; ADLECTO IN COLONIAM ~AM *CIL* 2.4249.

Caesarēa ~ae, *f*. The name of several towns, esp. one in Palestine. PLIN.*Nat*.5.69; TAC.*Hist*.2.78.

Caesarēum ~ī, *n*. A shrine dedicated to one of the Caesars. CVM IN AEDEM ~I CONSEDISSENT *CIL* 6.2060; GERMANVS ..~VM FECIT 11.7270; TABVLA AENEA QVAE EST FIXA IN ~O MAGNO 16.Appendix 12.

Caesareus ~a ~um, *a*.

1 Of or connected with Julius Caesar. sanguine ~o OV.*Met*.1.201; ~is..armis LUC.3.762.

2 Of or connected with Augustus. cum ~a..Vesta OV.*Met*.15.864; ~o..numine *Fast*.1.282; ~o..honore *Pont*.1.1.27.

3 Of, provided by, or connected with, one or more of the Roman emperors, imperial. ~os..leones MART.1.6.3; ~is..donis 10.28.5; ~is cellis 13.109.1; ~a donata manu STAT.*Silv*.5.3.229.

caesariānum ~ī, *n*. An eye-salve. sumemus..medicamentum id, quod ~um uocatur CELS.6.6.27.B.

Caesariānus[1] ~a ~um, *a*.

1 Of or connected with Julius Caesar, Caesarian; characteristic of Julius Caesar. **b** of or connected with Octavian (Augustus). nauis ~as *B.Afr*.53; ~a aequitas V.MAX.9.15.5; ~us..miles SEN.*Dial*.1.2.10; inter conscios ~ae necis SUET.*Nero* 3.1;—aiunt..eum ~a uti celeritate CIC.*Att*.16.10.1. **b** a militibus ~is occisus (Turullius) V.MAX.1.1.19; ~a classis PLIN.*Nat*.32.3; Maecenas ~us eques MART.10.73.4.

2 Of or connected with one of the Roman emperors, imperial. Pallas ~a (*i.e. associated with Domitian*) MART.8.1.4; ex metallis ~is ULP.*dig*.48.13.8.1.

Caesariānus[2] ~ī, *m*.

1 A supporter, or soldier, of Julius Caesar. ut procul ~i pedestris copias arbitrarentur *B.Afr*.13.1; FLOR.*Epit*.2.13(4.2.66);—(*w. ref. also to Domitian*) infernis..Ditis ab umbris si Cato reddatur, ~us erit MART.11.5.14.

2 A supporter, or servant, of the Roman emperor. nemo suos..sed domini mores ~us habet MART.9.79.8.

caesariātus ~a ~um, *a*. [CAESARIES+-ATVS[2]] Having long hair. **b** (transf., of the earth in respect of its vegetation). miles..~us PL.*Mil*.768; ~i comati PAUL.*Fest*.p.45M. **b** uiridantibus comis ~am esse terram APUL.*Mun*.23.

Caesariensis ~is ~e, *a*.

1 (in the names of colonies founded by Roman emperors and called Caesarea). **b** (masc. pl. as sb.) the inhabitants of Caesarea. in Palaestina duae fuerunt coloniae, ~is et Aelia Capitolina ULP.*dig*.50.15.1.6. **b** diuus Vespasianus ~es colonos fecit PAUL.*dig*.50.15.8.7.

2 *Mauretania ~is*, The Eastern part of Mauretania, containing the town of Caesarea. PLIN.*Nat*.21.77; *CIL* 6.33032.

caesariēs (~ēī), *f*. [cf. Skt. *kēsara-* and perh. Lat. CAESAR] N.B. The only forms used appear to be the nom., acc., and abl. sg.

1 Long, flowing, or luxuriant hair. uide ~es quam decet PL.*Mil*.64; e Beroniceo uertice ~em fulgentem clare CATUL.66.8; ~em effusae nitidam per candida colla VERG.*G*.4.337; nequiquam..pectes ~em HOR.*Carm*.1.15.14; promissa ~es LIV.28.35.6; concussit terque quaterque ~em OV.*Met*.1.180; horrida ~es fieri 10.139; ~e lacera LUC.1.189; ~es insana STAT.*Theb*.10.607; PLIN.*Pan*.4.7;—(*w. colour indicated*) Herminium, nudo cui uertice fulua ~es VERG.*A*.11.643; Germani..flauam ~em JUV.13.165; (*represented on armour*) aurea ~es ollis VERG.*A*.8.659;—(*of the beard*) ~em longae dextra deducere barbae OV.*Met*.15.656;—(*on a dog*) discreta..collo ~es GRAT.272.

2 The plume (of a helmet). flaua galeri ~es V.FL.6.227.

Caesarīnus ~ī, *m*. An imperial servant or official (cf. CAESARIANVS[2]). ⟨SI⟩VE ~VS SIVE MILES SIVE PACNVS *A.Epig*.52.223.4.

Caesariō ~ōnis *m*. The son of Julius Caesar and Cleopatra. SUET.*Aug*.17.5.

caesīcius ~a ~um, *a*. (A word of uncertain etymology and meaning. Nonius, p.539M, says: *~um linteolum dicitur purum et candidum, a caedendo, quod ita ad candorem peruenit uel quod oras circumcisas habeat.*) linteolum ~um PL.*Epid*.230.

caesim, *adv*. [CAEDO+-IM]

1 With a hewing or slashing blow, **b** by chopping or cutting. uanum ~ cum ingenti sonitu ensem deiecit LIV.7.10.9; punctim magis quam ~ adsueto petere hostem 22.46.5; 'sed decollaberis.' quid interest, ~ moriar an punctim? SEN.fr. (Haase, p.448); ductim potius quam ~ COL.4.25.2; qui ~ uitem petit 4.25.3; ceruicem gladio ~ grauiter percussisse SUET.*Cal*.58.2. **b** lagoena..orificio ~ deasceato patescens APUL.*Met*.2.15; lapide pretioso ~ deminuto 5.1.

2 (rhet.) In short clauses. o rem excogitatam, o ingenia metuenda! membratim adhuc; deinde ~: diximus CIC.*Orat*.225; membratim ~que dicemus QUINT.*Inst*.9.4.126; 11.3.102.

caesiō ~ōnis, *f*. [CAEDO+-TIO] A hewing or cutting down (of trees). neque in palum formata (castanea) fere usque in alteram ~onem perennat COL.4.33.1.

caesius[1] ~a ~um, *a*. [cf. CAELVM[2]; Lith. *skáistas* = bright; Arm. *kaic* = a flash] FORMS: VAR.*L*.8.76 indicates that, though there was no compar., there was a superl. *caesissumus*; *caesis* (abl. pl.) SUET.*Nero* 51.1.

1 Having grey or grey-blue eyes, grey-eyed. rufamne illam uirginem, ~am..adunco naso? TER.*Hau*.1062; magnu' rubicundu' crispu' crassu' ~us *Hec*.440; *Rhet.Her*.4.63; GEL.2.26.19; (*of an animal*) solus..~o ueniam obuius leoni CATUL.45.7;—(*fem. as sb.*) ~a Palladium (est) LUCR.4.1161.

2 (of the eyes or their colour) Grey or grey-blue. ~os oculos Mineruae CIC.*N.D*.1.83; ~i (pupilli) in tenebris clariores PLIN.*Nat*.11.142; oculis ~is SUET.*Nero* 51.1; APUL.*Met*.2.2;—pupillae color uel niger est uel ~us CELS.7.7.13.C.

Caesius[2] ~a ~um, *a*. A Roman gentile name. **b** (esp.) *~us Bassus*, a lyric poet of the middle of the 1st century A.D.; also, the author of a metrical treatise. CIC.*Ver*.3.101; *Balb*.50; *Q.fr*.1.1.14;—(*pl.*) CATUL.14.18. **b** QUINT.*Inst*.10.1.96;—exempla..quae locasse ~um libro notaui, quem dedit metris super MAUR.2358.

Caesō ~ōnis, *m*. Also **Kaesō** (regularly abbreviated as K.). A Roman *praenomen*. ~o ille Quinctius CIC.*Dom*.86; a quaestoribus ~one Fabio et L. Valerio LIV.2.41.11; SIL.3.377;—(*pl.*) qua de causa (*sc.* a caeso matris utero) et ~ones appellati PLIN.*Nat*.7.47; saepe ~ones notabant hac uetusti littera MAUR.799.

caespes ~itis, *m*. [cf. Osc. *kaispatar* 'secetur', and prob. CAEDO] ORTHOG.: *cespite* (= *caespite*) STAT.*Silv*.1.1.50, 5.2.144; APUL.*Apol*.88; *cespitum* APUL.*Met*.1.1.

1 A sod or turf cut from the ground. **b** (collect. sg.) turf as material for a building or structure. non esse arma ~ites neque glebas CIC.*Caec*.60; gladiis ~ites circumcidere CAES.*Gal*.5.42.3; recentibus ~itibus tabernacula constrata 3.96.1; festas extruet alte ~itibus mensas TIB.2.5.100; dens aratri..uastos ~ites conuellit COL.2.4.6; ut..cum suo ~ite planta eruatur 5.9.8; primum extruendo tumulo ~item Caesar posuit TAC.*Ann*.1.62; PAUL.*Fest*.p.45M. **b** pauperis..tuguri congestum ~ite culmen VERG.*Ecl*.1.68; nec fortuitum spernere ~item leges sinebant HOR.*Carm*.2.15.17.

2 (usu. sg.) The uppermost, grass-covered layer of soil, grassy ground, turf (merging into the sense 'earth', 'ground'). **b** earth, soil; (contempt.) a spadeful of earth. gramineam uiridi ut foderet de ~ite terram *Culex* 393; de ~ite uirgo se leuat OV.*Met*.2.427; carpebant uiuax e ~ite gramen *Fast*.4.397; ~es Tyrio mollior ostro solet inpauidos ducere somnos SEN.*Her.O*.644; capit inpia plebes ~ite patricio somnos LUC.7.761; proiectus ~ite nudo STAT.*Theb*.12.328;—(*pl.*) (radices) malis..et cupressis per summa ~itum PLIN.*Nat*.16.128; at statim subest harena tenuissimo ~itum corio 17.26; postquam ardua montium..et roscida ~itum..emersimus APUL.*Met*.1.2. **b** (*as property*) de ~ite uiuo frange aliquid PERS.6.31;—(*opp. to* silex, *as typical of the countryside*) multo auspicatius..in agri ~ite quam in fori silice APUL.*Apol*.88;—furto..uicini ~item nostro solo adfodimus PLIN.*Nat*.2.175.

3 a A rampart made of turf. **b** an altar made of turf. **c** any mound of earth, esp. as the covering of a grave. **a** terra ~iti faciendo LIV.25.36.5; subitus rapti munimine ~itis agger LUC.1.517; (*cf.*) pro ~ite cadauera collocabantur *B.Hisp*.32.1. **b** tibi (*sc.* Dictynnae) sanguineo ~ite sacrum sollemne damus SEN.*Med*.797; STAT.*Silv*.1.4.131; haec lux, qua festus promissa deis animalia ~es expectat JUV.12.2; (*cf.*) hic uiuum mihi ~item..ponite HOR.*Carm*.1.19.13. **c** hic suetus dare iura parens, hoc ~ite turmas affari STAT.*Silv*.5.2.144;—tumulum, uiridi quem ~ite inanem et geminas..sacrauerat aras VERG.*A*.3.304; sepulcrum ~es erigit TAC.*Ger*.27.2; cadauer eius..leui ~ite obrutum est SUET.*Cal*.59.

4 (transf.) Grass. **b** (of the leaves of the *saliunca*). (*pl.*) fronde leuas nimiam ~itibusque famem OV.*Ep*.14.96. **b** saliunca..herba uerius quam flos, densa uelut manu pressa breuiterque ~es sui generis PLIN.*Nat*.21.43.

5 An excrescence or knob (on the bark of a vine). hoc uocatur in uite gemma, cum ibi ~item fecit PLIN.*Nat*.17.153.

caespitō ~āre, *intr.* **cespitō.** [app. prec.+-o³] To stumble.
cum proprium sit caeci ~are [Quint.]*Decl.*2.exc.M.

caesticillus ~ī, *m.*: (see quot.).
~us appellatur circulus, quem superponit capiti, qui aliquid est laturus in capite Paul.*Fest.*p.45M.

caestus ~ūs, *m.* Also **cestus.** [caedo] Orthog. and Forms: *cestus* Var.*R.*1.8.6, *cestum* Pl.*Bac.*69; (abl. pl.) *cestis* Var.*Men.*89, *caestis* Hyg.*Fab.*17. A strip of leather; (spec.) weighted with lead or iron, tied to the hands of pugilists, boxing-glove; (also sg. for pl., merging into the sense 'boxing').
discat (uua) pendere in palma aut funiculo aut uinctu, quod antiqui uocabant ~um Var.*R.*1.8.6;—pugiles.. in iactandis ~ibus ingemescunt Cic.*Tusc.*2.56; imponat in manum alius mihi pro ~u cantharum Pl.*Bac.*69; manibus ..inducere ~us Verg.*A.*5.379; Ov.*Fast.*2.367; conuoluta (cornua) in anfractum arietum generi (dedit natura), ceu ~us daret Plin.*Nat.*11.124; Oebalii..~us Stat.*Theb.*7.21; quid superesse nisi ut corpora quoque nudent et ~us adsumant? Tac.*Ann.*14.20;—cuncta mihi..cursibus et crudo decernet Graecia ~u Verg.*G.*3.20; ligat ad ~um gaudentia bracchia loris Prop.3.14.9; multos uincere luctatione uel ~u Sen.*Ep.*88.19; nec ~u bellare minor Stat.*Theb.*6. 829.

caesullus ~a ~um, *a.* [app. caesivs+-vllvs] Grey-eyed.
(*fem. as sb.*) rauiliae a rauis oculis, quemadmodum a caesiis ~ae Fest.p.274M.

caesūra ~ae, *f.* [caedo+-vra] A cutting-down or felling.
et his..maior ad firmitatem causa tempestiuae ~ae quam inmaturae Plin.*Nat.*16.230; ~a (aesculi) triennio serior 17.151;—(*quasi-concr.*) exit in litus recenti harundinum ~a 8.96; si par ~ae aetas Hyg.*agrim.*p.92.

caeterus: see ceterVS.

caetra ~ae, *f.* Also **cētra.** [prob. Iberian] A small light shield. **b** (transf., of the elephant's hide).
quis rutundam facere ~am nequeat? Var.*Men.*88; laeuas ~a tegit Verg.*A.*7.732; ~is superpositis Liv.21.27.5; pelta ~ae haud dissimilis est 28.5.11; illic pugnaces commouit Hiberia ~as Luc.7.232; resonas..plaudere ~as Sil. 3.348; ingentibus gladiis et breuibus ~is Tac.*Ag.*36.1; Suet.*Cal.*19.2. β leuibus..scutis maxime ~ae speciem reddentibus Curt.3.2.5. **b** elephantorum quoque tergora inpenetrabiles ~as habent Plin.*Nat.*11.227.

caetrātus[1] ~a ~um, *a.* [prec.+-atus²] Armed with the *caetra.*
scutatae citerioris prouinciae et ~ae ulterioris Hispaniae cohortes circiter LXXX Caes.*Civ.*1.39.1; pedites ~os Liv. 21.21.12; ~a iuuentus Sil.9.231.

caetrātus[2] ~ī, *m.* [prec.]
1 A soldier armed with the *caetra.*
periti..earum regionum ~i citerioris Hispaniae Caes.*Civ.* 1.48.7; IIII ~orum cohortis in montem..mittit 1.70.4.
2 A Greek peltast.
~os, quos peltastas uocant Liv.31.36.1; cum..clipeati ~ique a fronte urgerent 33.15.11; ex omni ~orum numero 42.51.4.

Caīcus ~ī, *m.* Also **Caȳcus.** A river in Mysia.
Cic.*Flac.*72; Verg.*G.*4.370; Ov.*Met.*2.243; Mela 1.90; Luc.3.203. β Sen.*Tro.*228.

Caiēta ~ae, *f.*
1 A seaport on the coast of Latium; also *portus ~ae.*
Cic.*de Orat.*2.22; *Att.*8.3.6; Mart.10.30.8; Sil.8.529;—Cic.*Man.*33; Verg.*A.*6.900.
2 The nurse of Aeneas, after whom the port was supposed to have been named.
Verg.*A.*7.2; Ov.*Met.*14.443.

caiō ~āre, *tr.* [prob. connected w. caedo; cf. Isid. *Orig.* 18.7.7 *cateia, quam Horatius caiam dicit*] To beat, thrash.
amica ne te ~et Pl.*Cist.*253.

cāla ~ae, *f.* [Gk. κᾶλον] Fire-wood.
scinde ~am, ut caleas Lucil.966.

Calaber ~bra ~brum *a.*
1 Of Calabria, Calabrian. **b** (w. special ref. to Ennius or Horace).
~bris in saltibus Verg.*G.*3.425; ~brae..apes Hor.*Carm.* 3.16.33; ~bris in montibus Ov.*Ars* 3.409; generis eximii ~bras (oues) Col.7.2.3; ~brum..uellus Pers.2.65; ~bri.. arui V.Fl.1.683. **b** ~brae Pierides Hor.*Carm.*4.8.20; —~bri..carmina Flacci Mart.8.18.5; fila..~bris exculta Camenis 12.94.5.
2 (masc. as sb.) An inhabitant of Calabria, a Calabrian.
Mela 2.59; Mantua me genuit, ~bri rapuere Suet.*poet.* p.63Re.—(*collect. sg.*) Sil.8.573.

Calabra (curia): see cvria.

Calabria ~ae, *f.* A region in south-eastern Italy.
aestuosae..~ae Hor.*Carm.*1.31.5; Liv.42.48.7; Mela 2. 66; Plin.*Nat.*3.99; Tac.*Ann.*3.1.

Calabricus ~a ~um, *a.* Calabrian.
olea ~a Col.12.51.3.

calabrix ~īcis, *f.* [orig. unknown] A kind of thorn-tree, perh. the hawthorn.
tubures melius inseruntur in pruno siluestri..et in ~ice. ea est spina siluestris Plin.*Nat.*17.75.

Calagurris ~is, *f.* The name of two towns in *Hispania Tarraconensis*, distinguished by the epithets *Nasica* and *Fibularia* (cf. Calagvrritani) and corresponding to the modern Calahorra and Loarre respectively.
Liv.39.21.8; Flor.*Epit.*2.10(3.22.9).

Calagurritānī ~ōrum, *m. pl.* The inhabitants of one or other of the towns called Calagurris.
Caes.*Civ.*1.60.1; V.Max.7.6.ext.3; *CIL* 12.3167;—(*w. specifying ep.*) ~os qui Nasici cognominantur Plin.*Nat.* 3.24; ~os qui Fibularenses cognominantur 3.24.

Calais ~is, *m.* A winged son of Boreas and Orithyia, the brother of Zetes.
Prop.1.20.26; Ov.*Met.*6.716; V.Fl.4.465; Stat.*Theb.*5. 408; Hyg.*Fab.*14.18.

calamārius ~a ~um, *a.* [calamvs+-arivs] For holding pens.
~ae et graphiariae thecae Suet.*Cl.*35.2.

cālāmentum ~ī, *n.* [cala+-mentvm] Dead wood.
uineta..sarmentisque et ~is liberare Col.4.27.1.

Calamis ~idis, *m.* A Greek sculptor of the 5th cent. B.C.
Cic.*Brut.*70; Prop.3.9.10; Ov.*Pont.*4.1.33; Quint.*Inst.* 12.10.7.

calamister: see calamistrvm.

calamistrātus ~a ~um, *a.* [next+-atvs] Having the hair artificially curled, effeminately adorned. **b** (of hair) artificially curled.
cinaede ~e Pl.*As.*627; in lustris et helluationibus huius ~i saltatoris Cic.*Red.Sen.*13; pueri ~i Apul.*Met.*2.19. **b** ~a coma Cic.*Sest.*18.

calamistrum ~ī, *n.* **calamister,** *m.* Gender: neut. in Pl.*Cur.*577, Var.*L.*5.129, *Men.* 563; masc. in Var.*gram.*76, Cic.*Orat.*78, Tac. *Dial.*26.1; elsewhere indeterminable.
Curling-tongs.
uolsellae, pecten, speculum, ~um meum Pl.*Cur.*577; ~um, quod his calfactis in cinere capillus ornatur Var.*L.* 5.129; *Men.*563; frons ~i notata uestigiis Cic.*Red.Sen.*16; crines ~o conuertere Petr.102.15;—(*fig. or in fig. phr.*) qui illa uolent ~is inurere Cic.*Brut.*262; *Orat.*78; malim hercule C. Gracchi impetum..quam ~os Maecenatis Tac. *Dial.*26.1.

calamitās ~ātis, *f.* [cf. clades, incolvmis; Gk. κολοβός, 'maimed'.] Orthog.: written and spoken by Pompey as *kadamitas*, Pomp.*orat.*22.
1 Disaster to or failure of crops, etc., blight, disease. **b** (fig., of persons).
profecto herele non fuit quicquam holerum, nisi, quidquid erat, ~as profecto attigerat numquam Pl.*Cas.*913; uti tu.. ~ates intemperiasque, prohibessis Cato *Agr.*141.2; post quam ~as complures annos aruas caluitur Pac.*trag.*396; in ~ate fructuum Cic.*Ver.*3.227; *Tusc.*5.86; uitium..musto ..iterum sponte feruere, qua ~ate deperit sapor Plin.*Nat.* 14.125;—(*facet.*) quanta pernis pestis ueniet..quanta callo ~as Pl.*Capt.*904. **b** clades ~asque, intemperies modo in nostram aduenit domum Pl.*Capt.*911; ipsa egreditur, nostri fundi ~as Ter.*Eu.*79; hiemi..sese committere maluit quam non istam communem Siculorum tempestatem ~atemque uitaret Cic.*Ver.*2.91; (*cf.*) quacumque iter fecit, eius modi fuit..ut quaedam ~as peruadere uideretur 1.44.
2 Misfortune, disaster, ruin, calamity. **b** (mil.) a defeat, disaster.
hospitium est ~atis Pl.*Trin.*553; ut numquam ulla amori uostro incidere possit ~as Ter.*Hau.*395; Sis.*hist.*98; cum Philinus..de ~ate aratorum..publice diceret Cic.*Ver.* 3.80; de leuanda ~ate fratris sui *Sul.*62; tantam importare meis defensoribus..~atem *Sest.*146; hanc ceteri ~atem uocant, ego ne incommodum quidem *Att.*14.9.1; qui ~ate premitur *Off.*2.61; neque eius ~ate de tanta uoluptate ..quicquam fortuna deminuerat Caes.*Gal.*1.53.6; magna clades atque ~as rem publicam oppressisset Sal.*Cat.*39.4; liberaliter habiti cultique in ~ate sua Liv.2.22.7; nec hanc repulsam tua sentiret ~as (*i.e. you in your evil plight*) Phaed.1.3.16;—(*w. defining gen.*) in ~ate exsilii sui Cic. *Fam.*13.19.2; Vell.2.45.2;—(*as pred. dat.*) utrum posthac amicitias clarorum uirorum ~ati hominibus an ornamento esse malitis Cic.*Balb.*65;—(*pl.*) quid nostris parentibus.. casurum sit propter nostras ~ates *Rhet.Her.*2.50; tot municipiorum maximae ~ates Cic.*Phil.*5.43; quid tu et de bonorum fortuna et de rei p. ~atibus sentires *Fam.*6.9.2; ~ates clarissimorum uirorum *Rep.*1.4; ut est crebra sors ~atium Plin.*Nat.*7.87; diuersitas uestra de ~atium societate consumpta est [Quint.]*Decl.*5.13; ~atibus insontium expleta auaritia Tac.*Hist.*2.13. **b** quibus proeliis ~atibusque fractos Caes.*Gal.*1.31.7; magna..inlata ~ate 7.77. 14; ne quam a finitimis Bellouacis ~atem accipiant 7.90.5; *B.Alex.*63.6; Liv.28.43.12;—(*w. gen. of the person experiencing defeat*) cum bellum duci maiore regis ~ate quam aduersariorum uideret Nep.*Dat.*8.5; haec priorum ~as consulum Liv.3.31.6; in Africa quoque par et uirtus et ~as Curionis fuit Flor.*Epit.*2.13(4.2.34).

calamītēs ~is, *m.* [Gk. καλαμίτης] A small green frog.
Plin.*Nat.*32.70; ex ea rana, quam Graeci ~en uocant, quoniam inter harundines fruticesque uiuat, minima omnium et uiridissima 32.122; iocur ranae diopetis uel ~is 32.139.

calamitōsē, *adv.* [next+-e] Disastrously.
nam quod aiunt minima de malis, id est, ut turpiter potius quam ~ Cic.*Off.*3.105.

calamitōsus ~a ~um, *a.* *compar.* ~ior, *superl.* ~issimus. [calamitas+-osvs]
1 Liable to damage or disaster. **a** (of land or crops). **b** (of a person).
a uti bonum caelum habeat (praedium), ne ~um siet Cato *Agr.*1.2; 35.1; hoc agri Campani uectigal..eius modi est ut..nec fructibus uarium nec caelo ac loco ~um esse soleat Cic.*Agr.*2.81; hordeum ex omni frumento minime ~um Plin.*Nat.*18.79. **b** mercatorem..strenuum..existimo uero..periculosum et ~um Cato *Agr.*pr.3.
2 Afflicted by disaster, wretched, unfortunate, ill-starred. **b** (masc. as sb.) a wretched or unfortunate person.
homines miseros et ~os Cic.*Ver.*1.82; optimi et ~issimi uiri filiam *Sest.*7; homines miseros et fortuna..magis quam culpa ~os *Fam.*9.13.3; *Tusc.*4.82; in tam ~a domo feliciores fuistis..uobis mori contigit Sen.*Con.*exc.5.1; ~issimum omnium Regulum Sen.*Ep.*71.17; Gel.3.9.6; Apul. *Met.*9.7;—(*of the mind*) ~us est animus futuri anxius Sen. *Ep.*98.6. **b** miseros ~osque defendere Cic.*Div.Caec.* 70; ualeant haec omnia..ad auxilium ~orum *Mur.*59; qua clementia in ~os soleres esse *Fam.*13.66.1; *Off.*2.62; in ~o risus etiam iniuria est Pub.*Sent.*I.27; Vell.2.53.2; frangitur ~is animus Sen.*Con.*exc.8.11.
3 Causing or involving damage or disaster, ruinous, disastrous, calamitous. **a** (w. emphasis on the idea of causation). **b** (expressing a more passive relationship).
a (*of storms*) per omnis partis prouinciae te tamquam aliquam ~am tempestatem pestemque peruasisse Cic.*Ver.* 1.96; si uis tempestatis ~ae contigerit Ulp.*dig.*19.2.15.2;—(*of activities, conditions, etc.*) istius turpem ~amque praeturam Cic.*Ver.*4.144; in hac ~a fama *Clu.*4; hoc acerbissimum et ~issimum ciuile bellum *Phil.*11.34; cum hoc ~um proelium fieret *Div.*1.78; hoc enim ipsum, utile putare quod turpe sit, ~um est *Off.*3.49;—(*w. dat.*) quam illa res ~a Heraclio, quaestuosa Verri *Ver.*2.46; bellum..comparat.. suis..ciuibus exitiabile nisi uicerit, ~um etiam si uicerit *Att.*10.4.3; in illa fuga..patriae ~a *Div.*1.59; incendium.. crudele, inmoderatum ac sibi maxume ~um putabat Sal. *Cat.*48.2. **b** ~um est bonis euerti, ~ius cum dedecore Cic.*Quinct.*95; alterius res et terra et mari ~ae *Mur.*33; multa praeclara in illo ~o otio scripsit *Fin.*5.54; quid ~ius? cum omne Latium atque Picenum..postremo Italia contra matrem suam..consurgerent Flor.*Epit.*26.(3.18.5)

calamochnūs, *m.* [Gk.] A deposit or efflorescence of salt on reeds.
inter aquatilia dici debet et ~us Latine adarca appellata Plin.*Nat.*32.140.

calamus ~ī, *m.* [Gk. κάλαμος]
1 A reed or cane. **b** (w. adjs. indicating variety or use); esp. *~us odoratus* (or *Alexandrinus* or without adj.), sweet flag, *Acorus calamus.* **c** (as used for certain specific purposes).
phaleris thyrsum habet longum, tenuem ceu ~um Plin. *Nat.*27.126;—(*collect. sg.*) multa sunt quae..dulcem terram ..significent..ut ~us Col.2.2.20; ~um ac papyrum.. gignit (fluuius) Plin.*Nat.*5.44. **b** ~i spicula Gnosii Hor.*Carm.*1.15.17; uaria (folia) Laconicis (~is) et ab ima parte densiora Plin.*Nat.*16.166; suum genus sagittario ~o ..sed Cretico longissimis internodiis 16.166; Cyprii (~i) ..qui et donax uocatur, cortex alopeciis medetur ustus 32. 141;—~us..odoratus in Arabia nascens 12.104; Larg.269; —Alexandrini ~i Cels.5.24.1;—~um inice Pl.*Per.*88; schoenum et ~um in pila contundito Cato *Agr.*105.2; ~i pondo libram Col.12.20.5; Plin.*Nat.*14.92. **c** (*in surgery*) si turundam non recipiet (fistula), diluito, indito in uesicam, eo ~um alligato Cato *Agr.*157.14;—(*for making musical instruments*) Pan primum ~os cera coniungere pluris instituit Verg.*Ecl.*2.32; Tib.2.5.32; (*cf.*) Lucr.5. 1382; Pana..corpore pro nymphae, ~os tenuisse palustres Ov.*Met.*1.706;—(*as markers or direction posts*) uiuiradices ita deponuntur ut..contrariis frontibus fossarum ad ~os erigantur Col.3.15.2; unum (iter)..in quo nisi ~i defixi regant, uia non reperitur Plin.*Nat.*6.166;—(*as tent-props*) ubi pro rigidis ~os statuere columnis Ov.*Fast.*3.529;—(*for making paper*) chartis..seruiunt ~i Plin.*Nat.*16.157.
2 A reed pen, pen (i.e. for writing with ink on paper; opp. to *stilus*, a metal instrument for writing on waxed tablets). **b** (w. *scriptorius*).
quasi in libro quom scribuntur ~o litterae Pl.*Ps.*544; Antiochus epistulis bellum gerit, ~o et atramento militat Cato *orat.*60; cum instituissem ad te scribere ~umque sumpsissem Cic.*Att.*6.8.1; ~o et atramento temperato *Q.fr.*2.14.1; uir bonus et prudens..incomptis (uersibus) allinet atrum trauerso ~o signum Hor.*Ars* 447; dextra tenet ~um Ov.*Ep.*11.3; an tali studeam ~o? Pers.3.19; membranarum..quae..quoad intinguntur ~i morantur manum Quint.*Inst.*10.3.31; frange miser ~um Juv.7.27; (*cf. sense 6*) clausa..misi Scythica tibi tela pharetra..hos habet haec ~os, hos haec habet ora libellos Ov.*Pont.*3.8.21. **b** (*as used in medicine and surgery*) eadem medicamenta arida in ~um scriptorium coicienda sunt Cels.5.28.12.1; si ea (*sc.* spicula) maiora..sunt, fissis scriptoris ~is contegenda 7.5.2.c; per pinnam uel ~um scriptorium naribus insufflentur Larg.10.
3 (as a musical instrument) **a** A reed pipe, pipe. **b** (pl. or collect. sg.) Pan-pipes. **c** the curved Phrygian pipe. **d** (pl.) castanets.
a ipsum ludere quae uellem ~o permisit agresti Verg.

*Ecl.*1.10; leui, dum nil habemus maius, ~o ludimus PHAED. 4.2.2; tuo dulciloquo ~o APUL.*Apol.*9. **b** cum Pan.. unco saepe labro ~os percurrit hiantis LUCR.4.588; tu ~os inflare leuis VERG.*Ecl.*5.2; ~i, Pan Tegeaee, tui PROP.3.3.30; ~is agrestibus OV.*Met.*11.161;—capripedes ~o Panes hiante canent PROP.3.17.34. **c** tibicen ubi canit Phryx curuo graue ~o CATUL.63.22. **d** ad cubitum raucos excutiens ~os *Copa* 4.

4 A fishing-rod.

piscis ~o praedabor PROP.4.2.37; ~o salientes ducere pisces OV.*Met.*3.587; talia lentos deposcunt ~os *Hal.*86; ~o tremente MART.4.30.9.

5 A jointed rod of which the top was smeared with bird lime, lime-twig.

structo figere auem ~o PROP.2.19.24; siue petes ~o praemia, siue cane 3.13.46; ~o leui decipere uolucres [SEN.] *Oct.*411; MART.13.68.1.

6 An arrow.

~os armare ueneno VERG.*A.*10.140; inposito ~o patulos sinuauerat arcus OV.*Met.*8.30; coryti fratrum ex humeris ~ique paterni pendebant SIL.2.106; per ~os uenatricis pharetramque puellae JUV.13.80.

7 A vine-prop.

leuis ~os et rasae hastilia uirgae..aptare (*sc.* uitibus) VERG.*G.*2.358; ~o..applicetur (materies) COL.4.4.1.

8 A stalk or shoot (of a plant). **b** (in grafting).

fragilis ~os VERG.*G.*1.76; ~us altior frumento quam hordeo PLIN.*Nat.*18.61; est..tenerior ac minor (Idaeus rubus), rarioribus ~is 24.123; multis ~is ex una radice emicantibus 27.62. **b** in una arbore duos uel..plures ~os recte inseres COL.5.11.5; PLIN.*Nat.*17.102.

calasis: (see quot).

~ tunicae genus, quod Graeci καλάσιον (? *for* καλάσιριν) dicunt. alii dicunt nodum esse tunicae muliebris PAUL.*Fest.*p.51M.

calathiscus ~ī, *m.* [Gk. καλαθίσκος] A small basket.

uirgati..~i CATUL.64.319; puer speciosus..~o uuas circumtulit PETR.41.6.

calathus ~ī, *m.* [Gk. κάλαθος]

1 A basket.

(*for flowers*) quae..Achelois..lilia uimineis attulit in ~is *Copa* 16; tibi lilia plenis ecce ferunt Nymphae ~is VERG.*Ecl.*2.46; PROP.3.13.30; haec inplet lento ~os e uimine nexos OV.*Fast.*4.435;—(*for wool*) non illa colo ~isue Mineruae femineas adsueta manus VERG.*A.*7.805; quid tibi cum ~is? OV.*Ars* 1.693; rasilibus ~is *Ep.*9.73; ~is..peracta refertis uellera JUV.2.54; ~os Graeci, nos dicemus quasillos PAUL.*Fest.*p.47M; (*poet.*) (Asbyte) non ~is mollita manus operataue fuso SIL.2.70;—(*for use in religious rites*) ~is castae uelamina diuae haud spernenda ferunt STAT.*Theb.*10.58; haec ~os et sacra ferat *Ach.*1.355;—(*in describing the shape of flowers; cf. sense 5*) nunc similis ~o (cinara) COL.10.240; candor eius (*sc.* lilii) eximius foris striati et ab angustiis in latitudinem paulatim sese laxantis effigie ~i PLIN.*Nat.*21.23; nascitur (Cantabrica) ubique caule iunceo..in quo sunt flosculi oblongi ueluti ~i 25.85.—(*for nesting*) ~um fetui gallinaceo destinatum angulo solito collocato APUL.*Met.*9.33.

2 A vessel for making or holding cheese or curdled milk.

quod iam tenebris et sole cadente (*sc.* mulsere), sub lucem exportant ~is VERG.*G.*3.402; confestim cum concreuit liquor, in fiscellas aut in ~os uel formas transferendus est COL.7.8.3; sume..~os nutanti lacte coactos CALP.*Ecl.*2.77.

3 A cup or goblet (for wine).

uina nouum fundam ~is Ariusia nectar VERG.*Ecl.*5.71; expendit ueteres ~os MART.9.59.15; 14.107.

4 A cradle for washing gold.

in ~is (*s.v.l.*) quibus aurum colligitur PLIN.*Nat.*34.157.

5 The calix or cup of a lily.

~is..urentia lilia canis COL.10.99.

Cālātia ~ae, *f.* Also **Cālātiae.** A town in Campania.

CIC.*Att.*16.8.1; LIV.9.43.1; SIL.8.542. **β** PLIN.*Nat.*3.63.

calātiō ~ōnis, *f.* [CALO+-TIO] A calling or convoking.

nec curia calabra sine ~one potest aperiri VAR.*L.*5.13.

calātor ~ōris, *m.* Also **kalātor.** [CALO+-TOR] ORTHOG.: *kalator*, etc., *CIL* 6.2060.6, 6.32445, etc. A personal attendant, footman. **b** (spec.) the servant of a priest.

egomet mihi comes, ~or, equos, agaso, armiger PL.*Mer.* 852; *Rud.*335; ~or militaris *Arg.*2.*Pl.Ps.*9; PAUL.*Fest.* p.38M. **b** *CIL* 1.1(*Font.iur.*p.14); (PIACVL)VM FACTVM.. PER ~OREM ET PVBLICOS 6.2053; ~ORES PONTIFICVM ET FLAMINVM 6.32445; Cornelius Epicadus, L. Corneli Sullae dictatoris libertus ~orque in sacerdotio augurali SUET. *Gram.*12(p.110Re).

calautica ~ae, *f.* [dub.] A kind of woman's headdress.

cum mitris ~is AFRAN.*com.*37; cum ~a capiti accommodaretur CIC.*Clod.*fr.24; ornamentorum haec (sunt): uittae mitrae..~a acus cum margarita ULP.*dig.*34.2.25.10.

calbeus: see GALBEVS.

calcar ~āris, *n.* [cf. CALCEVS, CALCO, CALX¹]

1 A spur; (phrs.) *admisso subdere ~ar equo, addere ~aria sponte currenti*, to spur a willing horse. **b** (in fig. phrs. or fig.).

~ari quadrupedo agitabo aduorsum cliuom PL.*As.*708; incensum ~aribus equum HIRT.*Gal.*8.48.5; seu spumantis equi foderet ~aribus armos VERG.*A.*6.881; subdit ~aria equo LIV.2.20.2; concitat ~aribus equum 2.6.8; ~aribus subditis effuso cursu eunt CURT.5.13.12; quamuis urgent crebris iussi ~aribus (*sc.* equi) LUC.4.760; saeuis ~aribus immeritos STAT.*Theb.*11.452;—nec nocet admisso subdere ~ar equo OV.*Pont.*2.6.38; addidisti ergo ~aria sponte currenti PLIN.*Ep.*1.8.1. **b** (*fig. phrs.*) uentus buccas uehementius sufilare et ~ar admouere VAR.*Men.*472; se ~aribus in Ephoro, contra autem in Theopompo frenis uti solere CIC.*de Orat.*3.36; adscribit etiam et quasi ~ar admouet intercessisse se pro iis magnam pecuniam *Att.*6.1.5; inter equas ubi equus..pinnigeri saeuit ~aribus ictus amoris LUCR.5.1075; uatibus addere ~ar HOR.*Ep.*2.1.217; temeritati frenos iniectos, ignauiae subditum ~ar SEN.*Ep.*94.23; QUINT.*Inst.*2.8.11;—(*fig.*) inmensum gloria ~ar habet OV. *Pont.*4.2.36; ~ar ait esse uirtutis (iram) SEN.*Dial.*5.3.1.

2 The spur of a cock.

ferro candente ~aribus inustis COL.8.2.3; transuersa ~aria 8.2.8.

calcāria ~ae, *f.* [CALCARIVS¹] A lime-quarry; (also perh.) a lime-kiln or lime-works.

in ~am quoque uel sulpurariam damnari solent ULP.*dig.* 48.19.8.10;—CASSIANO IN ~A MASIMVS F(ECIT) *CIL* 13.12700.}

calcāriārius ~a ~um, *a.* [prec.+-ARIVS] Of or connected with a lime-quarry or lime-kiln.

SEX CORNELIO VITALIONI EXONERATORI ~O *CIL* 6.9384; T FLAVIVS..SALVTARIS..NEGOTIAS ~VS 10.3947.

calcār(i)ensis ~is ~e, *a.* [CALCARIA+-ENSIS] Of or connected with a lime-quarry or lime-kiln.

SODALIBVS ~IBVS *CIL* 6.9224;—(*masc. as sb.*) SALVO AVG FELICES ~ES 6.9223.

calcārius¹ ~a ~um, *a.* [CALX²+-ARIVS] Designed for burning lime.

fornacem ~am CATO *Agr.*38.1; cinere e ~is fornacibus PLIN.*Nat.*17.53.

calcārius² ~(i)ī, *m.* [prec.] A lime-burner.

ex fornace calcem eximit ~ius CATO *Agr.*16; *CIL* 14.4550.

Calcas: see CALCHAS.

calcātūra ~ae, *f.* [CALCO+-VRA] Treading (in a tread-mill).

sine operarum ~a ipsius fluminis inpulsu uersatae (pinnae) VITR.10.5.1.

calcātus ~a ~um. *a.* [perf. pple. of CALCO] (of words, etc.) Trite, hackneyed.

ne uerbis ~is ex obsoletis uteretur SEN.*Con.*4.pr.9; Latro usus est..illa ~a quaestione 10.3.7.

calceāmen ~inis, *n.* [CALCEO+-MEN] A shoe.

lora..et ~ina..decocta (amurca) ungui PLIN.*Nat.*15.34; hinc (*sc.* e sparto) ~ina et pastorum uestes 19.27.

calceāmentum ~ī, *n.* **calci-.** [CALCEO+-MENTVM] A shoe. **b** an instrument for stretching hides.

alius (anser) uincula ~orum resoluit PETR.136.4. **β** amurca decocta axem unguito et lora et ~a et coria CATO *Agr.*97; mihi..~um (est) solorum callum CIC.*Tusc.*5.90; neque sine ueste neque sine ~is prodire oportet CELS.1.3.37; idem..genus ~i quod Cantabris est SEN.*Dial.*12.7.9; hec minus ~a utrique sexui conuenientia COL.12.3.1; inter amuleta est..in ~um dextri pedis (inspuere), priusquam induatur PLIN.*Nat.*28.38; QVI ~ORVM QVID LORAMENTORVMVE.. FECERIT *CIL* 2.5181.32; usus est..~is altiusculis SUET. *Aug.*73; GEL.13.22.7; ~a quibus erat inductus APUL.*Fl.*9; ULP.*dig.*34.2.25.4. **b** tentipellium Artorius putat esse ~um ferratum, quo pelles extenduntur FEST.p.364M.

calceārium ~(i)ī, *n.* **calci-.** [CALCEVS+-ARIVM] Shoe-money.

petentes constitui aliquid sibi ~ii nomine SUET.*Ves.*8.3; de ~io quoque arbitrio praetoris transigendum est ULP.*dig.* 2.15.8.14; 34.1.21.

calceārius ~(i)ī, *m.* **calci-.** [CALCEVS+-ARIVS] A shoe-maker.

CIL 13.4288.

calceātor ~ōris, *m.* **calci-.** [CALCEO+-TOR] A shoe-maker.

CIL 6.3939a.

calceātus ~ūs, *m.* (usu. **calci-**). [CALCEO+-TVS³] Foot-wear, shoes. **b** (for animals).

iniurias e ~u ex oleo corii caprini cinis (sanat) PLIN.*Nat.* 28.222; in hiberno feminarum ~u 16.34; solutus uinculo omni cinctus et ~us atque etiam anuli 23.110; uestitu ~u-que..ne uirili quidem..usus est SUET.*Cal.*52; APUL.*Fl.*8. **b** qua de causa in longiore itinere sine ~u fatiscunt (cameli) PLIN.*Nat.*11.254.

calcendix ~īcis, *f.* [cf. perh. Gk. κάλχη] N.B. *clacendix* and other forms in codd. (PAUL. *Fest.*p.46M, Prisc. in *G.L.*5.165) (app.) The murex or purple-fish.

oppositа est ~ix PL.*Vid.*fr.11(10).

calceō ~āre ~āuī ~ātum, *tr.* **calci-.** [cf. CALCEVS, CALX]

1 To fit or supply with shoes, put shoes on. **b** (w. abl. of material).

dum ~antur matutino PLIN.*Nat.*7.181; a quibus ~etur PLIN.*Ep.*3.16.8; et ~abat ipse se et amiciebat SUET.*Ves.* 21.1;—(*pf. pple.*) quod in eius dei templa ~ati intro eunt VAR.*Men.*439; nec satis commode ~ati et uestiti id facere possent CIC.*Cael.*62; togatum et ~atum V.MAX.4.6.3; ne ~atus quidem SEN.*Con.*9.2.24; si quis monocrepis, id est uno pede ~atus superueniset HYG.*Fab.*12.1; SUET.*Aug.* 78.1; AUR.*Fro.*1.p.178(68N); PAUL.*dig.*1.15.3.3;—(*w. feet as obj.*) cui ~andos nemo commisit pedes PHAED.1.14.16. **b** cothurnis..quingentum pondo ~atum PLIN.*Nat.*7.83; fibrinis..pellibus ~ari 32.110.

2 To put shoes on (animals). **b** (w. abl.). **c** (transf., in pass.) to put the feet in (something other than ordinary shoes).

mulionem..ad ~andas mulas desiluisse SUET.*Ves.*23.2;—(*w. hoof as obj.*) spartea ~ata (ungula) COL.6.15.1;—(*ellipt.*) interrogauit quanti ~asset (*sc.* mulas) SUET.*Ves.* 23.2. **b** Cupidines, quorum alii ~arent (leaenam) soccis PLIN.*Nat.*36.41. **c** uisco inungui laqueisque ~ari (simias) imitatione uenantium PLIN.*Nat.*8.215.

3 (facet., w. ref. to other parts of the body).

cum ~atis dentibus ueniam PL.*Capt.*187; haedina tibi pelle contegenti..tempora..festiue tibi..dixit ille qui dixit caput esse ~atum MART.12.45.4.

calceolārius ~(i)ī, *m.* [next+-ARIVS] A shoemaker.

aut manulearii, aut murobatharii, propolae linteones, ~ii PL.*Aul.*512.

calceolus ~ī, *m.* [CALCEVS+-OLVS] A shoe, slipper.

Syriaci ~i MEM.*orat.*6; (Sospitam) cum hasta cum scutulo cum ~is repandis CIC.*N.D.*1.82; qua ligulae ~orum denigrantur LARG.208.

calcētum ~ī, *n.* An unidentified plant.

item herba ~um e uinaceis contrita inponitur PLIN.*Nat.* 26.40.

calceus ~ī, *m.* [cf. CALX¹]

1 A shoe; *~us Sicyonius*, a kind of soft shoe or slipper. **b** *~i mullei* or *patricii*, red shoes worn by senators who had held curule office.

nec mi adeost tantillum pensi iam quos capiam ~os PL. *Truc.*765; multus erat in ~is puluis CIC.*Inv.*1.47; Scipio ~is et uestimentis sumptis e cubiculo est egressus *Rep.*1.18; ut ~us..si pede maior erit, subuertet, si minor, uret HOR. *Ep.*1.10.42; eo peruenit insania eius ut ~os quoque maiores sumeret SEN.*Suas.*2.17; diuus Augustus prodidit laeuum sibi ~um praeposterе inductum quo die seditione militari prope adflictus est PLIN.*Nat.*2.24; in duplici ~o pellem caninam habere LARG.161; MART.1.103.6; mane lectulo continetur, hora secunda ~os poscit PLIN.*Ep.*3.1.4; si.. rupta ~us alter pelle patet JUV.3.149; SUET.*Gal.*21.1; ~is femininis albis illis et tenuibus indutus APUL.*Met.*7.8; si sutor puero..forma ~i..ceruicem percusserit ULP.*dig.*19. 2.13.4;—ut, si mihi ~os Sicyonios attulisses, non uterer.. quia non essent uiriles CIC.*de Orat.*1.231. **b** qui magistratum curulem cepisset, ~os mulleos CATO *hist.*111; VESTE TRIVMPHALI ~IS PATRICIIS *Elog.*18(*CIL* 1.p.195);—domum uenit (*sc.* a senatu), ~os et uestimenta mutauit CIC. *Mil.*28; (*as typifying a change of status*) apertam curiam uidit post Caesaris mortem: mutauit ~os; pater conscriptus repente factus est *Phil.*13.28.

2 *~us Bardaicus.* A kind of military shoe (in quot., applied to the centurion who wore it).

Bardaicus iudex datur haec punire uolenti ~us JUV.16.14.

Calchās ~antis, *m.* Also **Calcās.** FORMS: *~am* (acc.) PAC.*trag.*fr.inc.55; *~a* (abl.) PL. *Men.*748. The chief seer of the Greeks before Troy.

PL.*Men.*748; CIC.*Orat.*74; *Leg.*2.33; VERG.*A.*2.100; OV. *Ars* 2.737; STAT.*Ach.*1.681. **β** ACC.*trag.*171.

Calchēdōn ~onis, *f.* Also **Chalcēdōn** and **Calchādōn.** A town on the Asiatic side of the Bosporus, opposite Byzantium.

SAL.*Hist.*4.69.13; MELA 1.101; ostriferam..~ona LUC. 9.959. **β** LIV.42.56.6. **γ** CVM SE IS ~ONA CONTV-LISSET *Elog.*21.10(*CIL* 1.p.196); Nicaeam, Calchadonem, Byzantium PLIN.*Nat.*6.217.

Calchēdonensis ~is ~e, *a.* **Chalc-.** = next.

PRAEF. COH. I CHALCEDONEN *CIL* 2.2103.

Calchēdonius ~a ~um, *a.* Also **Chalcēdonius.** Of or connected with Chalcedon. **b** (masc. pl. as sb.) the inhabitants of Chalcedon.

quid..de Thrasymacho ~o..loquar? CIC.*de Orat.*3.128; ~i (zmaragdi) nescio an in totum exoleuerunt PLIN.*Nat.* 37.72. **β** Geras..~us VITR.10.13.2; pelamys ~ia GEL.6(7).16.5. **b** ea ambage ~i monstrabantur TAC. *Ann.*12.63.

calcifraga ~ae, *f.* [CALX²+FRANGO+-A¹]

1 A rock-plant, = EMPETROS.

PLIN.*Nat.*27.75.

2 An unidentifiable plant used to remove stones from the bladder, etc.

ad calculosos herba σκολοπένδριον, quam nos ~am appellamus, belle facit LARG.150; 153.

calcitrātus ~ūs, *m.* [CALCITRO¹+-TVS³] Kicking with the heels.

mulae ~us inhibetur uini crebriore potu PLIN.*Nat.*8.173.

calcitrō¹ ~āre ~āuī ~ātum, *intr.* [**calcitrum* (CALX¹+-TRVM, cf. TALITRVM)+-O³]

OXFORD LATIN DICTIONARY

FASCICLE II

Calcitro–Demitto

OXFORD
LATIN DICTIONARY

OXFORD LATIN DICTIONARY

FASCICLE II

Calcitro—Demitto

OXFORD
AT THE CLARENDON PRESS
1969

Oxford University Press, Ely House, London W. 1

GLASGOW NEW YORK TORONTO MELBOURNE WELLINGTON
CAPE TOWN SALISBURY IBADAN NAIROBI LUSAKA ADDIS ABABA
BOMBAY CALCUTTA MADRAS KARACHI LAHORE DACCA
KUALA LUMPUR SINGAPORE HONG KONG TOKYO

PRINTED IN GREAT BRITAIN
AT THE UNIVERSITY PRESS, OXFORD
BY VIVIAN RIDLER
PRINTER TO THE UNIVERSITY

PUBLISHER'S NOTE

In May 1931 the Delegates of the Press instructed their officers to investigate the possibility of preparing an entirely new Latin Dictionary. Some eighteen months later draft plans were approved for the compilation of a dictionary independent alike of Lewis & Short on the one hand and of the *Thesaurus Linguae Latinae* on the other, which would treat classical Latin from its beginnings to the end of the second century A.D., and which was to be approximately one-third longer than Lewis & Short; the work was to be carried out by a staff directly responsible to the Delegates. Professor A. Souter of the University of Aberdeen was appointed Editor, and Mr. J. M. Wyllie was seconded from the *Oxford English Dictionary* to the new venture as Assistant Editor.* It was then estimated that such a dictionary would take twelve years to prepare.

Full-time work began in the autumn of 1933. Quotations, ultimately numbering well over a million, were collected partly by the staff in Oxford, and partly by some fifty outside volunteers working closely with the Oxford staff. A start was made on editorial work, but by 1939 it was clear that progress, whether measured in terms of quality or quantity, was unsatisfactory. In the same year Professor Souter retired from the editorship, and Dr. Cyril Bailey, a Delegate of the Press, and Mr. Wyllie were appointed co-editors, with Dr. Bailey as the senior.

Credit for the scheme of the dictionary and organization of the work in its early years is due principally to Mr. Wyllie. With the outbreak of war, work on the Dictionary inevitably slowed down, and as members of the staff went off on war service it was virtually suspended, though a skeleton staff under Dr. Bailey kept the project alive. On Mr. Wyllie's return work was resumed more actively, and the team was further strengthened by the appointment of Mr. John Chadwick in July 1946. In March 1949 Mr. Wyllie was appointed sole Editor, and at the same time steps were taken to form an academic advisory committee. Professor W. M. Edwards joined the staff in 1950 as reader and critic; Mr. Chadwick left to take an academic post at Cambridge in 1952 and was replaced by Mr. (later Professor) C. L. Howard.

Mr. Wyllie's editorship terminated in April 1954, and Mr. P. G. W. Glare, who had joined the team in 1950, became Acting Editor. A fresh study of the situation in this year showed that a thorough revision of most of the material, including what had been hitherto thought approximately ready for the Printer, would be necessary before printing could begin, and that the final work would substantially exceed the limits laid down. The Delegates decided that efforts must be made to complete the Dictionary on the existing plan, though they authorized a further increase in length. In the autumn of 1955 Mr. Glare was appointed Editor, with an enlarged team that included Mr. R. H. Barrow and Mr. G. E. Turton (both of whom had joined in 1954), and Mr. R. C. Palmer (from 1957), and with occasional help from Mr. Chadwick in Cambridge. Since that date progress has been consistent and smooth, and the Delegates' confidence in the undertaking is such that publication by fascicle has been sanctioned. The work will be completed in eight fascicles, and it is hoped to publish one every two years.

The *Oxford Latin Dictionary* is based on an entirely fresh reading of the Latin sources. It follows, generally speaking, the principles of the *Oxford English Dictionary*, and its formal layout of articles is similar. Within each section or sub-section, quotations are arranged in chronological order, the first example showing, where practicable, the earliest

* A list of members of the editorial staff, with the dates of their service, is appended.

864215

known instance of that particular sense or usage. Accidents of transmission and the concentration of much of the available material within a very short space of time have, however, made it difficult to trace the history of many words; in consequence, not too much reliance should be placed on chronology in the arrangement of senses.

The later limit of the period covered by this dictionary is necessarily imprecise. In practice it means that most of the jurists quoted in Justinian's Digest have been included, although they run over into the third century, while patristic writings from the last years of the second century have not been drawn upon. (A proposal that the Dictionary should be extended to include Christian Latin had been finally rejected in 1951.) A further complication is that there are many texts of uncertain date whose inclusion or rejection must be arbitrary. But within these limits an attempt has been made to treat thoroughly all known words from any source, literary or non-literary. In addition, proper names have been included where their intrinsic importance appears to warrant it, or where their inclusion was thought to help in the understanding of literary texts. Only brief etymological notes have been given; readers should refer to the standard etymological dictionaries for further information. The inclusion of articles on the principal suffixes used in word-formation is an innovation in Latin lexicography.

LIST OF EDITORIAL STAFF

A. SOUTER	1933–9	P. G. W. GLARE	1950–
J. M. WYLLIE	1933–54	W. M. EDWARDS	1950–
C. O. BRINK	1938–42	J. D. CRAIG	1952–3
E. A. PARKER	1939–46	C. L. HOWARD	1952–8
C. BAILEY	1939–57	G. E. TURTON	1954–
MARGARET ALFORD	1942–5	R. H. BARROW	1954–
J. CHADWICK	1946–52	SOPHIE TRENKNER	1955–7
B. V. SLATER	1947–9	R. C. PALMER	1957–
D. C. BROWNING	1949–50	A. N. BRYAN-BROWN	1967–8

G. M. LEE 1968–

1 To kick with the heels.
(*of persons*) qui postquam cecidit..~at et positas adspergit sanguine mensas Ov.*Met.*5.40; 12.240;—(*of animals*) (tradunt) mulas non ~are, cum uinum biberint Plin.*Nat.* 30.149.

2 To be refractory.
~at, respuit, repellit Cic.*Cael.*36.

calcitrō[2] ~ōnis, *m.* [prec.] (as quasi-adj.) That kicks, or is inclined to kick, with the heels.
(*of persons*) extemplo ianitorem clamat (ianua), procul si quem uidet ire ad se ~onem Pl.*As.*391;—(*of animals*) equus mordax aut ~o Cael.*iur.*1; Var.*Men.*479; ueruecem, non asinum uides, ad usus omnes quietum, non mordacem nec ~onem quidem Apul.*Met.*8.25.

calcitrōsus ~a ~um, *a.* [prec.+-osvs] Inclined to kick with the heels. **b** (masc. as sb.).
numquam stimulo lacessat iuuencum, quae res taetratum ~umque eum reddit Col.2.2.26; equus ~us Ulp.*dig.*9.1.1.4; iumenta pauida et ~a 21.1.4.3. **b** deinde totus caelus taurulus fit. itaque tunc ~i nascuntur Petr.39.6.

calcō ~āre ~āuī ~ātum, *tr.*, (*intr.*). [calx[1]+-o[3]]

1 To trample or ram down (earth, etc.) with the feet or a beetle. **b** to make by a process of ramming down.
inter destinas creta..~etur Vitr.5.12.5; ~atis ea (*sc.* fundamenta) substruere carbonibus Plin.*Nat.*36.95; (*w. instrument expressed*) eorum fossa..~etur uectibus ligneis ferratis Vitr.8.6.14; si satum ~etur cylindro pedibusue Plin.*Nat.*19.158;—(*ellipt.*) ubi radices bene operueris, ~are bene, ne aqua noceat Cato *Agr.*61.2; (*w. instrument expressed*) operito terra radicibus fini, deinde ~ato pedibus bene, deinde festucis uectibusque ~ato quam optime poteris 28.2. **b** parietibus ~atis Vitr.8.6.15.

2 To press by treading (into a container).
quod in eas (*sc.* culcitas) acus aut tomentum..~abant, ab inculcando culcita dicta Var.*L.*5.167; huc ager ille malus dulcesque a fontibus undae ad plenum ~entur Verg.*G.* 2.244;—(*ellipt.*) eum quasillum terra inpleto ~atoque Cato *Agr.*133.3.

3 To tread or press (grapes); to express by treading. **b** to work (a tread-wheel).
stabat et Autumnus ~atis sordidus uuis Ov.*Met.*2.29; ~atam..bellis socialibus uuam Juv.5.31;—(*ellipt.*) ~ato (uuas) in torculario Cato *Agr.*112.3;— ~ari musta, cum luna sub terra (sit, iubent) Plin.*Nat.*18.322. **b** id..hominibus ~antibus uersatur Vitr.10.4.2.

4 To tread or set foot on (esp. unusual surfaces). **b** *uiam ~are*, to tread a path. **c** (intr.) to tread (on).
scopulos fruticosaque litora ~o Ov.*Ep.*2.121; pauper et diues eandem terram ~auimus Sen.*Con.*10.1.13; nouissime ~atum Graio Herculi solum Mela 2.36; quidquid ~auerit hic, rosa fiat Pers.2.38; ut primum..diras ~auit Caesar harenas Luc.10.2; ut uestigia eius (*sc.* lupi) ~ata equis adferant torporem Plin.*Nat.*28.157; puluerulenta prius ~ataque flumina Stat.*Theb.*1.358; iam pontem fero peruiusque ~or *Silv.*4.3.78; tu ~as luce reuersa coniugis urinam Juv.6.312; ~ato Proserpinae limine Apul.*Met.* 11.23;—(*precious objects*) tota..effusus in aula ~abatur onyx Luc.10.117; ~abam necopinus opes Stat.*Silv.*1.3.53; uidisti..quantum..passim ~atum aurum Apul.*Met.*5.9. **b** ~anda semel uia leti Hor.*Carm.*1.28.16; in stabulo quidem nulla illi uiae quamuis saepe ~atae memoria est Sen.*Ep.*124.16. **c** qui super gemmas..~ant Apul.*Met.*5.1.

5 To injure by treading on, crush with the foot.
areas facito, ut possis dextra sinistraque sarire runcare, ne ~etur Cato *Agr.*161.1; color niuis est, quam nec uestigia duri ~auere pedis Ov.*Ep.*2.853; *Pont.*2.5.38; rumpit..se pomi ipsius..ebrietas, ~atis (*sc.* caryotis) similis Plin.*Nat.* 13.45.

6 To trample on (bodies, etc., esp. in battle). **b** to trample over (concrete obstacles).
mixtaque cruor ~atur harena Verg.*A.*12.340; extructos morientum ~at aceruos Ov.*Met.*5.88; ut primum sonipes..in caput effusi ~auit membra regentis Luc.7.529; haec tibi canities, haec sunt ~anda, nefande, ubera Stat.*Theb.*11.341; stare Germanos..super uestigia gloriae, cineres ossaque legionum ~antis Tac.*Hist.*5.17; planta mox undique magna ~or Juv.3.248. **b** ~atis..ruunt castris Luc.7.332; ~ata retiola..transabiit (aper) Apul.*Met.*8.4.

7 To tread on insolently, trample under foot. **b** (fig.) to trample on, spurn. **c** to ignore, make light of (evils, etc.).
exagitet nostros Manis..~et et ossa mea! Prop.2.8. 20; Romanorum manes ~ate deorum Luc.6.809; ~emus Caesaris hostem Juv.10.86. **b** (*persons. etc.*) tibi, ~asti ui me..iacentem Ov.*Ib.*29; rara domus..non humilem ~at fastosa clientem *Laus Pis.*119; quem quis contemnit, ~at sine dubio, sed transit Sen.*Ep.*105.2; colit hic reges, ~et ut omnes *Her.O.*637; cuncta mihi ~ata meoque subibat germano deuicta iugum Tartessia tellus Sil.13.673; —(*things*) libertas nostra..in foro obteritur et ~atur Liv. 34.2.2; ~atis popularibus bonis Sen.*Ep.*31.1; postquam..tribuniciis seditionibus ~ari ac pollui coepere (rostra) Plin. *Nat.*16.8; iura fidem superos una ~ata rapina Stat.*Ach.* 1.403; ~ato foedere Sil.3.85; iam..longam domus nostrae patientiam ~as? Quint.*Decl.*321(p.262,l.30); ut, quae dicendo refutare non possumus, quasi fastidiendo ~emus *Inst.*5.13.22; ut..tuae parentis..praecepta ~ares Apul. *Met.*5.29; (*w.* pedibus) domitum pedibus ~amus amorem Ov.*Am.*3.11.5; rem publicam ~are Sen.*Ben.*2.12.2. **c** ~ato omni malo Sen.*Nat.*1.pr.7; Sil.6.550.

8 To tread on accidentally, trip upon.
ego insolens atque infrequens uerbum proferre uelut spinam ~are deuito Var.fr.125GS; Galatea..~ato inmitior hydro Ov.*Met.*13.804; quis ~are tuas metuat, salpuga, latebras? Luc.9.837; clauum aliudue, quod quis ~auerit Plin.*Nat.*28.48.

9 (of a cock) To copulate, tread.
quae uelut mares cantare atque etiam ~are coeperunt Col.8.5.24.

calculātor ~ōris, *m.* [*calculo* (calcvlvs)+-tor] A person versed in, or teacher of, arithmetic.
nec ~or nec notarius uelox Mart.10.62.4; Ulp.*dig.*38.1.7. 5; 50.13.1.6; *CIL* 5.3384.

calculātōrius ~a ~um, *a.* [as prec.+-torivs] Used in making calculations.
philvram ~am *CIL* 6.10229.39.

calculensis ~is ~e, *a.* [calcvlvs+-ensis] Found in pebbly places.
(genus purpurarum) ~e appellatur a calculo in mari Plin.*Nat.*9.131.

calculātūra ~ae, *f.* [*calculo*+-vra] Calculating, arithmetic.
doctori artis ~ae *CIL* 13.6247.

calculōsus ~a ~um, *a.* [next+-osvs]

1 Full of pebbles, pebbly. **b** pebbly in appearance, (?) knobbly.
non enim (lateres) de harenoso neque ~o luto..sunt ducendi Vitr.2.3.1; ~um..agrum Col.3.11.7; loca..~a, glareosa, interdum et saxosa amat (ficus) *Arb.*21.1; Plin. *Nat.*35.170. **b** (pirum) ~um Cloat.*gram.*10.

2 (med.) Suffering from stone (usu. as sb.).
isdem rationibus..etiam ~os..posse curari Vitr.8.3.19; ~i..his indiciis cognoscuntur Cels.2.7.13; eiectus lapillus ~o Plin.*Nat.*28.42; 32.102; ad ~os herba σκολοπένδριον..belle facit Larg.150.

calculus ~ī, *m.* [calx[2]+-vlvs] Forms: *cauculus* Amp.8.5.

1 A small stone or pebble. **b** (used in juggling).
coniectis in os ~is Cic.*de Orat.*1.261; Ov.*Met.*5.589; quem ad modum decoctus ~us in zmaragdum conuerteretur Sen. *Ep.*90.33; minuti ~i Plin.*Nat.*34.157;—(*collect. sg.*) tenuis ubi argilla et dumosis ~us aruis Verg.*G.*2.180;—(*as part of an adjunct to a water-clock*) quibus mouentur sigilla, uertuntur metae, ~i aut oua proiciuntur Vitr.9.8.5;—(*in a fig. expr.*) iis (oratoribus)..qui tenui uenula per ~os fluunt Quint.*Inst.*12.10.25. **b** praestigiatorum acetabula et ~i Sen.*Ep.*45.8.

2 (sg. or pl.) Stone or gravel (in the bladder or kidney).
dicitur quidam..~os eiecisse Cic.*Div.*2.143; uti ~os in uesicis qui nascuntur..potionibus discutiant Vitr.8.3.17; expellere..ex uesica cum urina ~um Cels.5.20.6; ~o humano remedia praecipua Plin.*Nat.*11.261; ad comminuendos ~os 30.66; Suet.*Aug.*80.

3 A pebble used in making calculations or on a counting-board; a method or result of calculation, reckoning, account. **b** *~os* (*~um*) *ponere, subducere*, etc., to make a calculation, esp. of gains and losses; *ad ~os uocare, reuocare*, to subject to calculation; also, to call to account. **c** *parem ~um ponere* (*cum*), to make a return (i.e. a gift) equivalent (to). **d** (pl.) considerations, calculations.
necessitas computandi ac paene ~os tabulamque poscendi Plin.*Ep.*6.33.9;—an alia de re quam de ~is cognosci oporteat Quint.*Inst.*7.4.35; uereor, ne parum expresserim; apertius ~os ostendam Plin.*Ep.*8.2.5; si ~i error in sententia esse dicatur Macer *dig.*49.8.1.1; propter ~i confusionem Papin.*dig.*35.2.11.6. **b** fortes uiri uoluptatumne ~is subductis proelium ineunt? Cic.*Fin.*2.60; nihil..minus bono uiro conuenit quam in fratris luctu calculos ponere Sen.*Dial.*11.9.1; qui..imposito ~o perfecti operis rationem computant Col.5.1.3; si bene ~um ponas, ubique naufragium est Petr.115.16; quem..~um cum alio posuisses, ponas necesse est tecum Quint.*Decl.*273(p.119,l.3); ponatur ~us, adsint cum tabula pueri Juv.9.40; Papin. *dig.*16.3.8;—hoc..est nimis exigue et exiliter ad ~os uocare amicitiam Cic.*Amic.*58; pretium..si ad ~os reuocetur, paruum V.Max.4.8.1;—si ad ~os eum res publica uocet Liv.5.4.7. **c** accepi pulcherrimos turdos, cum quibus parem ~um ponere nec urbis copiis..nec maris ..possum Plin.*Ep.*5.2.1. **d** nunc saltem ad illos ~os reuertamur quos tum abiecimus Cic.*Att.*8.12.5; omnis..quos ego moui, in utraque parte ~os pone Plin.*Ep.*2.19.9.

4 A piece used in the games *duodecim scripta* or *latrunculi*.
tibi concedo, quod in xii scriptis solemus, ut ~um reducas Cic.*Hort.*fr.60; siue latrocinii sub imagine ~us ibit Ov.*Ars* 2.207; cum medius gemino ~us hoste perit *Tr.*2.478; callidiore modo tabula uariatur aperta ~us *Laus Pis.*193; Sen.*Dial.*9.14.7; Petr.33.2; Mart.14.17.2; Quint.*Inst.* 12.11.18; Juv.11.132; laxare animum lusu ~orum Plin. *Ep.*7.24.5.

5 **a** A white or black pebble signifying acquittal or condemnation, vote. **b** (used, originally by the Thracians acc. to Pliny, as a means of reckoning up good and bad days).
a omnis ~us inmitem demittitur ater in urnam Ov. *Met.*15.44; causas..paucorum..~orum (*i.e. in which there are few jurymen*) Quint.*Inst.*8.3.14; ~o cunctorum utcumque mors ei fuerat destinata Apul.*Met.*6.31; (*cf.*) si modo tu fortasse errori nostro album ~um adieceris (*i.e. pardon*) Plin.*Ep.*1.2.5;—(*w. gen. expr. verdict*) malum..aureum uelut uictoriae ~um puellae tradidit Apul.*Met.*10.32. **b** Plin.*Nat.*7.131; Mart.12.34.5; o diem..laetum notandumque mihi candidissimo ~o! Plin.*Ep.*6.11.3.

6 A pebble-like lump (in lime).
(calx) habens latentes crudos ~os Vitr.7.2.1.

calda, caldārius (-ium): see calid-.

caldicerebrius ~a ~um, *a.* [calidvs+cerebrvm+-ivs] Hot-headed.
Titus noster magnum animum habet et est ~us Petr. 45.5; 58.4(*cj.*).

? **caldicus** ~a ~um, *a.* (Word of unknown meaning and etymology, descriptive of a kind of fig.)
(ficus) ~a (*s.v.l.*) alba nigra Cloat.*gram.*9.

Caldius ~(i)ī, *m.* A name jocularly applied to Claudius on account of his fondness for wine.
Suet.*Tib.*42.1.

caldor ~ōris, *m.* [calidvs+-or] Heat, warmth.
~or e caelo Var.*L.*5.59; olea lecta si nimium diu fuit in aceruis, ~ore fracescit *R.*1.55.6; quod (*sc.* uinum) semina quaedam ~oris in sese haberet Gel.17.8.10.

Calēdonia ~ae, *f.* The northern part of Britain, Scotland.
Tac.*Agr.*10.4; 11.2.

Calēdonius ~a ~um, *a.* Of Caledonia or the northern part of Britain, Caledonian, Scottish.
~os..Britannos Luc.6.68; ~us..Oceanus V.Fl.1.8; Mart.10.44.1; ~os..campos Stat.*Silv.*5.2.142.

calefaciō ~facere ~fēcī ~factum, *tr.* Also **calfaciō** and **calficiō.** [caleo+facio] Forms: see Quint.*Inst.*1.6.21 for the distinction between *calefacio* and *calfacio*. For the pass. sense *cal(e)fio* is normally used, but *calfacientur* occurs Vitr.5.10.1.

1 To make hot, heat, warm. **b** (pass.).
si astes, aestu ~facit Pl.*Epid.*674; hic ubi percaluit ~fecitque omnia circum saxa furens Lucr.6.686; frigidus (homo) ~facere (se debet) Cels.1.3.14; lambendo ~faciunt fetus Plin.*Nat.*10.176; (*absol.*) ~facit..unctio 1.3.27; (*fig., in pun w. the name Calidius*) Gabinium ad populum luculente ~fecerat Memmius sic ut Calidio uerbum facere pro eo non licuerit Cic.*Q.fr.*3.2.1. **β** Var.*L.*5.129; quod balneum ~facias oportebit Cic.*Fam.*9.16.9; aut humilem grato ~facit igne focum Ov.*Fast.*4.698; ~faciunt uilli pallia uestra mei Mart.14.138(136).2; Plin.*Ep.*2.17.26; *CIL* 2. 5181.20; (*hyperb.*) lusimus..per omnis dies forumque aleatorum ~fecimus Suet.*Aug.*71.3; (*absol. or ellipt.*) quae uim habeant refrigerandi ~faciendi Cic.*Tim.*50; qua sol ~facere possit Vitr.6.6.2. **b** ut murena et conger ne ~fierent Pl.*Per.*110; in summum perducto calorem ~fieri superuacuum est Sen.*Ep.*109.8; aeno..lixiuiam cineris sarmenti ~fieri conuenit Col.12.16.1; quibus oleo ac mero ~factis Fron.*Str.*1.4.7; (*poet.*) cui plurimus ignem subiecit rubor et ~facta per ora cucurrit Verg.*A.*12.66. **β** balineum ~fieri iubebo Cic.*Att.*2.3.4; quo celerius et ~fit et frigescit (aqua) Cels.2.18.12.

2 (of pungent or acrid substances) To evoke heat or produce a sensation of heat in the body. **b** (neut. pl. of pres. pple. as sb.).
omne..auxilium corporis..aut refrigerat aut ~facit Cels.2.9.2. **β** (acopum) perunctum..refrigeratos (artus) ~facit Larg.271; (*absol. or ellipt.*) ~faciunt piper sal Cels. 2.27; radix..sine odore, ~faciens gustu Plin.*Nat.*27.128. **b** opus est uti frictione uehementi, cum oleo et quibusdam ~facientibus Cels.3.21.10. **β** ut interdum oleo quaedam adiciantur ~facientia Cels.3.22.5; 4.10.2.

3 (pass.) **a** To grow hot by fermentation. **b** to grow warm by exertion.
a bacae..expanduntur..rarae, ne ~fiant aceruo Plin. *Nat.*17.60. **b** fauces..~fiunt *Rhet.Her.*3.21. **β** nondum ~facti militis Ov.*Ib.*46.

4 To stir to activity, rouse. **b** to stir emotionally, excite.
β ~face hominem ut ego Mothonem Cic.*Fam.*16.18.2. **γ** si Parthi uos nihil ~ficiunt (*v.l.* calfaciunt) Cael.*Fam.* 8.6.4. **b** haec eadem (*sc.* continens uox) nonne animum uehementissime ~facit auditoris in totius conclusione causae? *Rhet.Her.*3.22; ~factaque corda tumultu Verg.*A.* 12.269.

calefactiō ~ōnis, *f.* [prec.+-tio] The making (of a bath) hot, heating.
super ~onis et praebitionis onus Scaev.*dig.*32.1.35.3;—(*w. obj. gen.*) ad balnei ~onem Ulp.*dig.*32.1.55.3.

calefactō ~āre ~āuī ~ātum, *tr.* [calefacio+-to] To heat, warm. **b** (facet.) to make (a person) hot by beating, 'warm'.
ut eapse ⟨sic⟩ succincta aquam ~at Pl.*Rud.*411; emptis lignis ~at aenum Hor.*Ep.*2.2.169. **b** tu ut liquescas ipse, actutum uirgis ~abere Pl.*Cas.*400.

calefactus ~ūs *m.* [calefacio+-tvs[3]] The action of heating.
cum transmeent (oua) faucium tumorem ~uque obiter foueant Plin.*Nat.*29.48.

calend-: see kalend-.

Calēnus ~a ~um, *a.* Of or connected with Cales; (masc. as sb.) an inhabitant of Cales. **b** (neut. as sb.) wine from Cales.
~um municipium Cic.*Agr.*2.86; prelo..~o Hor.*Carm.*

1.20.9;—Cic.*Fam.*9.13.2; Gracch.in Gel.10.3.3. **b** molle ~um Juv.1.69.

caleō ~ēre ~uī (~itum), *intr.* [cf. CALOR, CALIDVS, etc.] FORMS: fut. pple. Ov.*Met.* 13.590. N.B.: the pres. pple. frequently has adjectival or quasi-adjectival force.

1 To be hot or warm. **b** (pass., impers., of the weather). **c** (in phrs. which connote a favourable condition or circumstance; cf. 'while the iron is hot'). **d** (fig., of the ears).
aqua ~et Pl.*Bac.*105; in omni natura rerum id uiuere id uigere quod ~eat Cic.*N.D.*3.35; ~entem..fauillam uatis amici Hor.*Carm.*2.6.22; sole ~ente Tib.1.5.22; (caelum) quod spectat ad occidentem, sole exorto tepescit, meridie ~et, uespere feruet Vitr.1.4.1; terras..~enti sulphure fumantis Ov.*Met.*14.86; nihil mihi uidetur iam interesse ardeat balineum an ~eat Sen.*Ep.*86.10; semper..~entis..focos Luc.2.127; dum adhuc modice ~et (emplastrum) Larg.207; sacra ~entia V.Fl.8.260;—(*poet., cf. sense 6*) accepti ~uere sub ossibus ignes Ov.*Met.*2.410;—(*w. abl.*) centumque Sabaeo ture ~ent arae Verg.*A.*1.417; tum primum radiis gelidi ~uere Triones Ov.*Met.*2.171. **b** quasi, quom ~etur, cocleae in occulto latent Pl.*Capt.*80; *Truc.*65; cum iam flagrantia solis ~eretur Apul.*Met.*4.1. **c** at enim nihil est, nisi dum ~et hoc agitur Pl.*Poen.*914; dum recens est, dum ~et, dum datur, deuorari decet iam *Ps.*1127; hostili statuit succedere uallo, dum fortuna ~et Luc.7.734. **d** omnia uetera..quis et meae et uestrae iam et ipsius aures ~ent [Cic.]*Sal.*2.

2 To be kept hot or warm; (also fig.).
torto..~entia faeno oua Juv.11.70;—amicitiae istae officiis ~entes fumum interdum et lacrimas habent Fro.*Aur.*1.p.86(7N).

3 To be warm (with exertion, etc.). **b** (with friction).
~ebat in agendo Cic.*Brut.*234; Romani ~entes adhuc ab recenti pugna Liv.25.39.9; belli sudore ~ens Stat.*Theb.*8.7. **b** ungularum pulsibus ~ens Hister Mart.7.7.2; adhuc temone ~enti Stat.*Theb.*3.260.

4 (of bodies, etc.) To be warm (with the warmth of life, etc.). **b** (of weapons).
spoliant..~entia membra Verg.*A.*12.297; neque enim natura sanguinis est, ⟨ut⟩ utique ~eat Cels.4.6.2; dum ~et sanguis Sen.*Dial.*10.19.2;—(*w. abl.*) corpore pigro strata ~ent Stat.*Theb.*10.109; paulatimque anima ~uerunt mollia saxa Juv.1.83. **b** ~et omne nocens a Caesare ferrum Luc.7.503;—(*w. abl.*) currus..permixta caede ~entis Lucr.3.643; caede ~entibus armis Sil.2.21.

5 To be feverishly hot. **b** to be flushed (with wine).
fauces miseras habeo, unde etiam ~ui per noctem Fro.*Aur.*1.p.252(92N);—(*w. abl.*) quisquis luxuria tristiue superstitione aut alio mentis morbo ~et Hor.*S.*2.3.80; minimus gelido iam in corpore sanguis febre ~et sola Juv.10.218;—(*transf., of a sick-bed*) nec se taedia lectuli ~entis expertum Mart.6.70.3;—(*cf.*) ut ~entibus ingeniis subtrahas uinum Sen.*Dial.*4.20.2. **b** (*w. abl.*) ~entis..feruidiore mero Hor.*Epod.*11.13; prisci Catonis saepe mero ~uisse uirtus *Carm.*3.21.12; Mart.8.45.6; (*cf. sense 1*) sole..uinoque ~ent Ov.*Fast.*3.531.

6 To be hot or fired (with love or lust).
si modo, cum de me cogitat, ille ~et [Tib.]3.11.10;—(*w. abl.*) non enim posthac alia ~ebo femina Hor.*Carm.*4.11.33; pueros aetate et amore ~entes Ov.*Ars* 3.571; ubique ~uit, sed leui ~uit face Sen.*Her.O.*377; quaedam..feminae sordibus ~ent Petr.126.5; (*transf.*) ~eat blando mollis amore torus Mart.8.77.6.

7 To be roused or fired (with hope, zeal, anger, etc.); to be fiery or ardent. **b** (transf., of feelings).
populus..~et uno scribendi studio Hor.*Ep.*2.1.108; ubi mota ~ent uiridi mea pectora thyrso Ov.*Tr.*4.1.43; utendum animis, dum spe ~erent Curt.4.1.29; in adulescentia ~uit, arsit ira Sen.*Cl.*1.11.1; unde leues animi tanto ~uere furore? Mart.4.35.5; quid mirum ~uisse uiros (*i.e. for battle*)? Stat.*Theb.*8.390; conciliatis animis et iam ~entibus Quint.*Inst.*4.1.59;—(*w.* ad) ~ent ad noua lucra popae Prop.4.3.62;—(*w. inf.*) tubas audire ~ens Stat.*Theb.*4.261;—(*ellipt.*) sese..~enti addiderat Poeno Sil.13.33;—bellator nulli ~uit deus Stat.*Theb.*4.356; (*w. advl. acc.*) iuuenile ~ens *Silv.*2.2.137. **b** mixtus lacrimis ~uit dolor Stat.*Theb.*3.383; nondum ira ~et 6.230.

8 To be active or busy, have one's hands full. **b** (of things) to be the scene or subject of much activity, 'hum'; (of a rumour) to be rife.
etsi te ipsum istic iam ~ere puto Cic.*Att.*7.20.2; an ego, cum omnes ~eant, ignauiter aliquid faciam? 15.6.2; ~et et regnat Juv.6.149; (*cf.*) camino luculento utendum censeo..quamquam uos nunc istic satis ~ere audio Cic.*Fam.*7.10.2; Hor.*Epod.*17.35. **b** posteaquam satis ~ere res Rubrio uisa est Cic.*Ver.*1.66; ~ebant in interiore aedium parte totius rei publicae nundinae *Phil.*5.11; iudicia ~ent *Att.*4.18.3; ueneris tunc bella ~ent Tib.1.10.53;—illi rumores de comitiis Transpadanorum Cumarum tenus ~uerunt Cael.*Fam.*8.1.2.

Calēs ~ium, *f. pl.* FORMS: (sg. acc.) *~en* Sil.12.525. A town in Campania.
Cato *Agr.*135.1; Cic.*Agr.*2.96; Verg.*A.*7.728; Liv.23.31.5.

calescō ~ere, *intr.* [CALEO+-SCO]

1 (of persons or things) To grow warm or hot, be heated.
dolium..tepeat satis est: lenibus lignis facito ~at Cato *Agr.*69.2; (anima) ~it primum ipso ab spiritu, deinde contagione pulmonum Cic.*N.D.*2.138; ipse sua cum mobilitate ~it et e contagibus ignis Lucr.6.280; Ov.*Met.*15.310; caelum meridianum sole exoriente ~it Vitr.1.4.1; sucus..~it..sole modice Plin.*Nat.*20.239; Apul.*Met.*7.19.

2 a To grow hot, be inflamed (with love or lust). **b** to be excited (by other means).
a accede ad ignem hunc, iam ~es plus satis Ter.*Eu.*85; quo..magis sequitur, flamma propiore ~it Ov.*Met.*3.372. **b** est deus in nobis, agitante ~imus illo Ov.*Fast.*6.5.

caliandrum ~ī, *n.* **calien-.** [prob. Gk., cf. κάλανδρος] A woman's head-dress of false hair.
α tantis coturnis accipit Critonia ~um Var.*Men.*570. β Canidiae dentis, altum Saganae ~um excidere Hor.*S.*1.8.48.

calicia ~ae, *f.* [Gk.] An unknown plant.
coracesia et ~ia Pythagoras aquam glaciari tradit Plin.*Nat.*24.156.

calicō ~āre ~āuī ~ātum, *tr.* **calecō.** [CALX[2]+-O[3]] To coat with lime or whitewash.
~ata aedificia calce polita Paul.*Fest.*p.47M; BASILICAM CALECANDAM *CIL* 1.1529.8.

caliculus ~ī, *m.* (see also CALYCVLVS with which it is confused in form). [CALIX+-VLVS]

1 A small cup, goblet.
in ~um nouum indito Cato *Agr.*108.1; Cels.2.11.2; Apul.*Met.*9.10.

2 The sucker of a polyp.
acetabulis siue ~is urnalibus peluium modo Plin.*Nat.*9.93.

3 (mil., app.) An artificial hollow in the ground as an obstacle to horses.
QVIN SIT (equus) OBNOXIVS ~IS TECTIS *CIL* 8.2532.

calida ~ae, *f.* **calda.** [CALIDVS] Hot water.
qui poturus erit, lauet ~a Cato *Agr.*156.3; Sen.*Nat.*3.24.3; perfundere caput ~a ante balnearum uaporationem Plin.*Nat.*28.55; Larg.20; Tac.*Ger.*22.1; Apul.*Met.*2.24. β uinum et ~am poposcit Petr.65.7; Larg.130; Mart.1.11.3; *CIL* 14.2112.2.16.

calidārius ~a ~um, *a.* **cald-.** [prec.+-ARIVS] Used for hot water.
OLLAM AER CALDAR ET VRCEVM *CIL* 8.1267.

calidē, *adv.* [CALIDVS+-E]

1 In hot haste.
tu igitur ~ quidquid acturu's age Pl.*Epid.*284.

2 Rashly.
epistulam conscripsit (Tiro) ad Q. Axium..confidenter nimis et ~ Gel.6(7).3.10.

Calīdius ~a ~um, *a.* The name of a Roman *gens,* esp. *M. Calidius,* an orator (praetor 57 B.C.).
Cic.*Brut.*274; Quint.*Inst.*12.10.11.

Calidonius: see CALED- and CALYD-.

calidum ~ī, *n.* **caldum.** [next]

1 A drink of wine and hot water.
operto capitulo ~um bibunt Pl.*Cur.*293. β calix a caldo, quod..~um eo bibebant Var.*L.*5.127; Mart.14.113.1; (*prov.*) hoc est ~um meiere et frigidum potare Petr.67.10.

2 Heat, 'hot'.
Lucr.3.294; aquatiles autem piscium naturae, quod temperatae sunt a ~o Vitr.1.4.7; Sen.*Nat.*6.13.2; quorum bona ualetudo ~i et frigidi..certo..modo continetur Col.3.12.3.

calidus ~a ~um, *a.* **caldus.** *compar.* ~ior, *superl.* ~issimus. [CALEO+-IDVS] For note on the two forms see Quint.*Inst.*1.6.19.

1 Having a high temperature, hot. **b** made hot by heating. **c** *~ae aquae* (and sim.), hot springs. **d** containing (potential) heat.
omne quod est ~um et igneum cietur et agitur motu suo Cic.*N.D.*2.23; ~ior est..uel potius ardentior animus quam est hic aer *Tusc.*1.42; nec ~os aestus tuimur Lucr.1.300; ~um..ignem 1.647; ~is feruoribus 5.605; nec tibi Sol ~us (sit) Ov.*Ib.*107; sol ~issimus nubes euincit Sen.*Nat.*1.8.6; aestatis ~ae..uapor *Phaed.*765; (*neut. pl. as sb.*) frigida pugnabant ~is Ov.*Met.*1.19. β uuam ~am ne legito Plin.*Nat.*18.315. **b** in furnum ~um condito (me) Pl.*Cas.*309; ~um prandisti prandium hodie? *Poen.*759; non ~a latice lautus Acc.*trag.*666; ut ~is candens ferrum e fornacibus Lucr.6.148; ~am fesso comparat uxor aquam Tib.1.10.42; ex aqua quam poterint sustinere ~issima Larg.20; tellus exhalat ~am nubem Stat.*Theb.*4.730; stagnum ~ae aquae introiit Tac.*Ann.*15.64. β in a⟨h⟩enum ~um unguen indito Cato *Agr.*79; non uidebatur maioribus nostris ~um (balneum) nisi obscurum Sen.*Ep.*86.4; ex aceto mulso ~o Plin.*Nat.*32.91; solio ~o demittantur Larg.130; Ulp.*dig.*19.2.19.2. **c** quid..homini Arpinati cum aquis ~is? Cic.*Att.*1.16.10; ~is..fontibus Lucr.6.748; 6.849; Liv.36.15.12; Ov.*Met.*15.713; Cels.6.6.37.B; ora clausisti ~as gemina testudine lymphas Stat.*Silv.*3.1.101; (*as proper noun*) ad ~as Aquas delatae sunt Liv.30.24.9. β aquae frigidae et ~ae Var.*L.*5.25; Larg.146. **d** mollissima tilia, eadem uidetur et ~issima Plin.*Nat.*16.207.

2 Having a warm climate, hot. **b** having a warm situation. **c** (of stars or constellations regarded as the cause of, or associated with, hot weather).
(grues) loca ~iora petentes Cic.*N.D.*2.125; mouere..in ~iora atque eo maturiora messibus Apuliae loca Liv.22.43.5; ~ae..Syenae Ov.*Pont.*1.5.79; ~a..Aegypto Luc.2.586; nulla est in Italia sponte genita (palma) nec in alia parte terrarum nisi in ~a Plin.*Nat.*13.28; ~ae..moenia Copti Juv.15.28. **b** seruntur et uere in ~is atque umidis (*sc.* locis) Plin.*Nat.*18.132. β in agro crasso et ~o oleam conditiuam (serito) Cato *Agr.*6.1; in ~issimis locis sementim postremum fieri oportet 34.1; Var.*R.*1.51.2. **c** ~i cum sideris aestu Tib.2.1.47; procul a leone..~oque cancro Sen.*Her.O.*1573; Luc.10.259; illum nec ~o latrauit Sirius astro Stat.*Silv.*1.3.5.

3 (of bodies, etc.) Warm (with the warmth of life). **b** warmed (by contact with living bodies). **c** (of smell, scent) fresh, 'warm'.
in ~o das sanguine poenas Enn.*Ann.*100; ~o uiuenteque trunco Lucr.3.654; uulnus ~o rigat ora cerebro Verg.*A.*11.698; ~um..cruorem Ov.*Met.*1.158; extrahit illud idem ~o de uulnere telum 12.119; ~ae (*i.e. newly killed*) pulmone columbae tractato Juv.6.549. β sinu..~o Mat.*poet.*12. **b** rapit ~um..de uulnere telum Verg.*A.*10.486; pedum ~us uestigia puluis habebat (*i.e. they were freshly made*) Ov.*Met.*7.775; (*proleptically*) cum ~o fodiemus uiscera ferro Luc.4.511. **c** refrigescit enim cunctando plaga per auras nec ~a ad sensum decurrunt nuntia rerum Lucr.4.704.

4 (of clothing) That keeps one warm, 'warm'.
lanam, und' tibi pallium malacum et ~um conficiatur Pl.*Mil.*688. β si toga ~a tibi est *Inc.poet.*1(p.104).

5 Hot to the taste, pungent, acrid.
asarum..saporis ~i ac uinosi Plin.*Nat.*12.47; tripolion..~i gustus 26.39.

6 (of persons) Feverishly hot. **b** (of fever or diseases characterized by fever).
(*masc. as sb.*) post febrem..adhuc ~is dari cibum et uinum Cels.3.14.2; Plin.*Nat.*22.76. **b** nec ~ae citius decedunt corpore febres Lucr.2.34; ad tumorem..~um Larg.41. β ad podagram cum feruore et tumore rubicundo, quam ~am uocant Larg.158.

7 (of wine) Inflammatory, intoxicating.
seu uis est in aqua ~o contraria uino Ov.*Met.*15.324.

8 Acting in hot haste, energetic.
festinat ~us mulis gerulisque redemptor Hor.*Ep.*2.2.72. β ecce tibi ~is pedibus quidam nauicularius semustilatus irrumpit se in curiam Var.*Men.*411.

9 Hot-blooded, passionate, lusty. **b** excited, angry; (also, of anger) hot.
non ego hoc ferrem ~us iuuenta Hor.*Carm.*3.14.27; uos seu ~us sanguis seu rerum inscitia uexat *Ep.*1.3.33; ~a matura iuuenta inguina Juv.6.369; (*of a horse*) iuuenemque..~umque animis et cursibus acrem (equum) Verg.*G.*3.119; β ex his declamatoribus quos scholastici ~os uocant Sen.*Suas.*3.6. **b** ~ae fecisse silentia turbae Pers.4.7;—abstineto..irarum ~aeque rixae Hor.*Carm.*3.27.70; ~a proclamat ab ira Luc.2.493;—(*cf.*) ~um hoc est: etsi procul abest, urit male Pl.*Mos.*609[a].

10 a (of persons) Hot-headed, rash, hasty. **b** (of plans, policies) rash, hasty, inconsiderate.
a β ut si dicamus idcirco aliquem ~um uocari, quod temerario et repentino consilio sit Cic.*Inv.*2.28; ~ior est: acris inter numeretur Hor.*S.*1.3.53. **b** uide ne nimium ~um hoc sit modo Ter.*Eu.*380; nil illos ~ius cogitare Cic.*Att.*15.6.4; *Off.*1.82; Liv.22.24.2; consilia ~a et audacia 35.32.13.

11 Devised or produced on the spot, out of hand, extempore.
huic homini opust quadraginta minis celeriter ~is Pl.*Epid.*142; 256; ~um hercle esse audiui optumum mendacium *Mos.*665.

caliendrum: see CALIANDRVM.

caliga ~ae, *f.* [cf. CALCEVS, CALCO]

1 The boot, esp. as worn by Roman soldiers.
mihi ~ae eius et fasciae cretatae non placebant Cic.*Att.*2.3.1; Petr.69.5; offendere tot ~as Juv.16.24; incessit..modo in speculatoria ~a Suet.*Cal.*52; (*cf. sense 2*) (eum) iuuentam inopem in ~a militari tolerasse Plin.*Nat.*7.135.

2 (meton.) Military service.
Marium ~a dimisit Sen.*Dial.*10.17.6; *Ben.*5.16.2; C OPPIO..OMNIBVS OFFICIIS IN ~A FVNCTO *CIL* 9.5840.

caligāris ~is ~e, *a.* [prec.+-ARIS] Of or for a (soldier's) boot.
clauorum ~ium Plin.*Nat.*9.69; 22.94; *CIL* 2.5181.32.

caligārius ~a ~um, *a.* [CALIGA+-ARIVS]

1 Of (soldier's) boots; (masc. as sb.) a bootmaker.
clauis..~is Plin.*Nat.*34.143; C ATILIVS..SVTOR ~VS *CIL* 5.5919;—6.9225a; 11.6838.

2 Wearing soldier's boots.
curabo, domata sit Cassandra ~a Petr.74.14.

cālīgātiō ~ōnis, *f.* [CALIGO[2]+-TIO] Mistiness (of the eyes).
aquilae..felle..inunguntur..~ones suffusionesque oculorum Plin.*Nat.*29.123.

caligātus ~a ~um, *a.* [CALIGA+-ATVS[2]] **a** Wearing military boots; i.e. of the rank and file; (masc. as sb.) a common soldier. **b** wearing heavy boots.
a ~orum..militum Suet.*Vit.*7.3; Ulp.*dig.*3.2.2;—(murales coronas) saepe etiam ~is tribuit Suet.*Aug.*25.3; NVMERVS ~ORVM DECVR XVI *CIL* 14.4569; Men.*dig.*49.16.6.5. **b** saturarum ego..auditor gelidos ueniam ~us in agros Juv.3.322.

cālīgineus ~a ~um, *a.* [CALIGO[1]+-EVS] Dark, obscuring.
uel ~o laxanda reponite fumo (*sc.* retia) Grat.56.

cālīginōsus ~a ~um, *a.* [next+-OSVS] Misty, foggy.

Cic.*Div.*1.130; caelum hoc..quod et umidum et ~um est propter exhalationes terrae *Tusc.*1.43; 1.60; pluuio et ~o tractu Plin.*Nat.*17.171; lucem..~is inuolutam tenebris V. Max.1.7.ext.1; (*in fig. phr.*) prudens futuri temporis exitum ~a nocte premit deus Hor.*Carm.*3.29.30.

cālīgō[1] ~inis, *f.* [cf. Skt. *kāla* 'black', 'dark blue', Gk. κηλάς]

1 A condition that hampers or excludes visibility, darkness (esp. caused by storms, night, etc.). **b** (of the nether or primeval world).

quotiens lunae aut solis lumine ~o..obstiterit Cato *hist.* 77; in noctis ~ine caeca Lucr.4.456; 6.263; tris adeo incertos caeca ~ine soles Verg.*A.*3.203; remouet ~ine mundum *Aetna* 55; ~o nocti simillima Liv.33.6.12; deus inductas lata ~ine terras occuluit Ov.*Met.*1.599; Col.11.2.53; gemina pereunt ~ine soles Stat.*Theb.*5.154; (*in fig. phr.*) nunc caecis tenebris et ~ine se Alexandream peruenturos arbitrati sunt? Cic.*Agr.*2.44. **b** ubi rigida constat crassa ~o inferum *Inc.trag.*75; res alta terra et ~ine mersas Verg.*A.*6.267; inter ~inis umbras Ov.*Met.*4.455;—quae pressa diu fuerant ~ine caeca sidera 1.70; (*personified*) Hyg. *Fab.*pr.1.

2 The obscurity of a mist or fog; *quasi per ~inem uidere* (and sim.), to see dimly. **b** (caused by clouds of dust, etc.). **c** (app. applied to a water-spout).

~o oborta est Enn.*scen.*182; suffunduntque sua caelum ~ine (nebulae) Lucr.6.479; uixdum satis certa luce et eam ipsam premente ~ine Liv.10.32.7; 29.27.7; quarum inter ~ines uuae deflorescunt Col.3.1.7; (*cf.*) experior mi ob oculos ~inem opstitisse Pl.*Mil.*406; (*surrounding a god*) ~ine furua saepta Stat.*Theb.*9.727; 10.146;—uis naturae quasi per ~inem cernitur Cic.*Fin.*5.43; quod uidebam equidem sed quasi per ~inem *Phil.*12.3; quid praestare debeat orator..per ~inem uideo Plin.*Ep.*5.8.8. **b** omnia noctescunt tenebris ~inis atrae Fur.Ant.*poet.*2; quis globus..~ine uoluitur atra? Verg.*A.*9.36; 12.466; latae ~o fugae Stat.*Ach.*2.150. **c** fit et ~o beluae similis in nube, dira nauigantibus Plin.*Nat.*2.134.

3 The murkiness of thick smoke.

pingues multa ~ine taedae Lucr.5.296; ruit atram ad caelum picea crassus ~ine nubem (ignis) Verg.*G.*2.309; Ov.*Met.*2.233; (phiala) liuescit nulla ~ine fusca Mart.8. 50(51).3.

4 Mistiness (of the eyes) blurred or indistinct vision.

cum altitudo ~inem oculis offudisset Liv.26.45.3; oculorum ~o Cels.2.7.30; cinis eorum lotus emendat ~ines Plin.*Nat.*32.97; cicutam..potam ~o..insequitur Larg. 179; *CIL* 13.10021(15).

5 a The darkness of death. **b** the darkness of blindness or of a faint.

a ~ine oborta..conlapsus mortuus humi iacuit V.Max. 9.12.3; Luc.9.817; consanguinei mixtus ~ine Leti..morituram amplectitur urbem Somnus Stat.*Theb.*5.197. **b** tandem ~ine mersum erigit accursu comitum caput Stat. *Theb.*6.510; poenalem..~inem (*i.e. blindness*) Apul.*Met.* 8.12.

6 (fig., of dark or gloomy circumstances).

illa omnis pecunia latuit in illa ~ine ac tenebris quae totam rem publicam tum occuparant Cic.*Ver.*3.177; uide nunc caliginem temporum illorum *Planc.*96; tu me ~ine mersum obruis Stat.*Silv.*5.5.53.

7 Moral or intellectual darkness. **b** disturbed mental condition (caused by sudden fortune, exaltation, etc.), dizziness.

quaedam scelerum offusa ~o Cic.*Pis.*fr.3; haec indoctorum animis offusa ~o est *Tusc.*5.6; caeca mentem ~ine Theseus consitus Catul.64.207; inde animi ~o Juv.6.613. **b** quantum ~inis mentibus nostris obicit magna felicitas! Sen.*Dial.*10.13.7; Stat.*Theb.*2.685; ille noui caecus ~ine regni Sil.2.299; ut primum tantae altitudinis obfusam oculis ~inem disiecit Tac.*Hist.*2.80 (*caused by magic*) Medea ..~inem eis obiecit Hyg.*Fab.*;24.3.

8 Darkness or fog enveloping a subject, reputation, etc., obscurity.

cum has terras incolentes circumfusi erant ~ine Cic. *Tusc.*1.45; erutaque abstrusa penitus ~ine fata Man.2.766; omnibus omnium gentium uiris magnitudine sua inducturus ~inem Vell.2.36.1; altera (pars philosophiae)..multum supra hanc..~inem excedit Sen.*Nat.*1.pr.2; *Laus Pis.*255; genus humanum damnat ~o futuri Juv.6.556; Apul.*Met.* 11.27.

cālīgō[2] ~āre, *intr.*, (*tr.*). [prec.+o[3]]

1 To be dark or gloomy, be shrouded in darkness. **b** to be misty or cloudy.

neque ~ans detersit sidera nubes Cic.*Arat.*490(246); ~antem nigra formidine lucum Verg.*G.*4.468; nec ~antibus aruis terretur Stat.*Theb.*12.231; puluere crasso ~are diem 12.693; ~antes..Cimmerias..domos Sil.12.130. **b** omnem, quae..umida circum ~at, nubem eripiam Verg.*A.* 2.606; uallibus exoriens ~at nubilis aer *Aetna* 314; plerique amnes..hieme frigidis nebulis ~ant Col.1.5.4.

2 a To have indistinct or blurred vision (from disease, etc.). **b** to be dizzy (from fear, heights, etc.). **c** to see dimly (from external causes). **d** (of the stars) to grow dim.

a cerussam..qui biberunt..nauseant..~ant Larg.184; (*of the mind*) in morbo comitiali animo ~ante (oculi) aperti nihil cernunt Plin.*Nat.*11.146;—(*of the eyes*) ~are..oculi nonnumquam ex lippitudine..consuerunt Cels.6.6.32; oculi uinum lacrimantes caligant Rut.Lup.2.7. **b** inhorrescet ad subita et ~abit Sen.*Ep.*57.4; Sil.1.499; ~antem longis Ixiona gyris Stat.*Theb.*4.539; (*poet.*) altae ~antesque fenestrae Juv.6.32;—(*of the eyes*) ubi uementi magis est commota metu mens..~are oculos Lucr.3. 156. **c** ~antemque Thyesten (*i.e. in an eclipse*) Mart. 10.4.1; ~at in sole Quint.*Inst.*1.2.19; qualis longinqua oculorum acies est per interualla media ~antium Gel. 14.1.5; (*of the sight*) obducto ~ant sanguine uisus Stat. *Theb.*9.367. **d** ~antia primus hauserat astra dies Stat. *Theb.*7.470.

3 (of persons, faculties, etc.) To see indistinctly, be blinded in judgement, dazzled.

ille (*sc.* animus) in se stupet, ille ~at Sen.*Ep.*122.4; Sil. 14.89; ~antes nimiis successibus irae Stat.*Theb.*10.287;— nomen enim memoriamque regis sui tantum intuentes ad cetera ~are eos Curt.10.7.4; Sen.*Ben.*7.10.1; Plin.*Nat.*30.2.

4 (tr., dub.) To make gloomy, cloud.

uultum ~at (*MS.* alligat) quae tristitas? Pac.*trag.*59.

caligula ~ae, f. [CALIGA+-VLA]

1 A military boot.

QVI ~IS LANA PELLICVLIS VITAM TOLERAVIT SVAM *CIL* 9.3193.

2 Cognomen of the Emperor Gaius (see quots.).

quem militari uocabulo ~am appellabant, quia plerumque..eo tegmine pedum induebatur Tac.*Ann.*1.41; Suet. *Cal.*9.

caliptra ~ae, *f.* [Gk. καλύπτρα] (See quot.)

~a genus uestimenti, quo capita operiebant Paul.*Fest.* p.47M.

calix ~icis, *m.* [cf. Skt. *kalásaḥ* 'pot'; Gk. κύλιξ 'drinking-cup'] N.B.: some exx., e.g. in sense 4, may belong to CALYX in the sense of 'covering' or 'shell'.

1 A vessel for food, etc., dish, pot. **b** (used for layering fruit trees).

aulas ~icesque omnis confregit, nisi quae modiales erant Pl.*Capt.*916; haec omnia in ~icem nouum indito Cato *Agr.* 39.2; Lucil.135; stant ~ices: minor inde fabas, holus alter habebat Ov.*Fast.*5.509; Larg.122; conduntur in ~ice fictili Plin.*Nat.*29.95. **b** quae diligentius seri uoles, in ~icibus seri oportet. in arboribus radices uti capiant, ~icem pertusum sumito Cato *Agr.*133.3.

2 A vessel or cup, esp. for holding wine, a wine-cup. **b** a cup or cupful of wine, etc.

tetigit ~icem clanculum Pl.*Mil.*823; Var.*R.*1.8.7; maximi ~ices, et ei..Placentini Cic.*Pis.*67; Hor.*S.*2.4.79; coronatus stabit et ipse ~ix Tib.2.5.98; Sen.*Ep.*119.3; Stat.*Silv.*4.9.45; tibi communem ~icem facit uxor et illis Juv.6.O 14; unum murrinum ~icem Suet.*Aug.*71.1; (*as a nickname*) Troginus '~ix' per castra cluebat Lucil.1069. **b** inger mi ~ices amariores Catul.27.2; Ov.*Fast.*3.534; ~ix uenenatus Sen.*Ep.*67.7; (*fig.*) tot tamque multiiugis ~icibus disciplinarum toto orbe haustis Apul.*Fl.*15.

3 A short length of brass pipe of a specified diameter inserted between a water-main or reservoir and a private-supply pipe to regulate the amount of water drawn off through the latter.

Leg.pub.(*Font.iur.*p.115)22; est autem ~ix modulus aeneus, qui riuo uel castello inditur; huic fistulae adplicantur Fron.*Aq.*36.

4 (transf., of var. cup-shaped shells).

(*of a snail*) in eam magnitudinem (cocleas) perductas, ut LXXX quadrantes caperent singularum ~ices Plin.*Nat.*9. 174; (*of an egg*) ouorum, quae exorbuerit quisque, ~ices 28.19; (*of a tortoise*) latitudo his et in dorso pectori similis nec conuexo curuata ~ice 32.39.

5 The calyx or seed-vessel of a plant.

(papaueris) albi ~ix ipse teritur et e uino bibitur somni causa Plin.*Nat.*20.198; 27.142.

Callaecia ~ae, *f.* **Gall-.** The country of the Callaeci; (also pl.).

Plin.*Nat.*4.112; Sil.3.345; Flor.*Epit.*1.33(2.17.12);— *CIL* 5.534.

Callaecus ~a ~um, *a.* Also **Gall-, -aicus.**

1 (masc. pl. as sb.) A people inhabiting the NW. corner of Spain.

Plin.*Nat.*3.28.

2 Of the Callaeci or their country.

Callaecis..equis Grat.514; Gallaica gens Plin.*Nat.*8.166; Callaico..auro Mart.4.39.7; Callaicum..Oceanum Mart. 10.37.4; Callaici..mariti Sil.3.353.

callaica ~ae, *f.* [cf. CALLAINA] A precious stone, prob. turquoise.

~am uocant e turbido callaino, ferunt plures coniunctas semper inueniri Plin.*Nat.*37.151.

Callaicus: see CALLAECVS.

callaina ~ae, *f.* [cf. Gk. καλ(λ)άϊνος] A pale-green precious stone.

comitatur eam (*sc.* topazum) similitudine..~a, e uiridi pallens Plin.*Nat.*37.110; 37.147.

callainus ~a ~um, *a.* [Gk. καλ(λ)άϊνος] Greenish-blue; turquoise-coloured.

indueras albas, exue ~as (*sc.* lacernas) Mart.14.140(139). 2; Plin.*Nat.*37.151; *CIL* 14.2215.

callais ~idis, *f.* [Gk. κάλ(λ)αϊς] A greenish-blue precious stone, turquoise.

~is sappirum imitatur candidior et litoroso mari similis Plin.*Nat.*37.151.

callariās ~ae, *m.* [Gk. καλλαρίας] (prob.) A kind of codfish.

asellorum duo genera, ~ae minores et bacchi Plin.*Nat.* 9.61; 32.146.

callens ~ntis, *a.* [CALLEO] (w. gen.) Skilled or practised in.

rhetoricus quidam sophista utriusque linguae ~ns Gel. 17.5.3.

callenter, *adv.* [prec.+-TER[2]] Skilfully.

quorum satis ~ curiosos aspectus..impetu minaci frequenter inhibebat Apul.*Met.*4.16.

calleo ~ēre, *intr.*, *tr.* [CALLVM+-EO]

1 (intr.) To be or grow hard, be calloused. **b** (in puns, w. sense 3). **c** (fig., of the mind) to be callous or insensible.

plagis costae ~ent Pl.*Ps.*136; ~ent rure manus *Aetna* 265; abdomen uocabant (sumen) prius quam ~eret Plin. *Nat.*11.211. **b** magi' ~eo quam aprugnum callum ~et Pl.*Per.*305; *Poen.*579. **c** qui non in illis rebus exercitatus animus ~ere iam debet Nickname? Sulp.Ruf. *Fam.*4.5.2; (*w.* ad) omnes homines ad suom quaestum ~ent et fastidiunt Pl.*Truc.*932.

2 (w. abl.) To have experience of; to be skilled or practised in.

satin astu et fallendo ~et? Acc.*trag.*475; in ea, quorum usu ~eret Liv.35.26.10; ~et senium arte bibendi Sept. *poet.*13; Petr.134.12; ~ebat bellis Sil.6.91.

3 (tr.) To have experience of or skill in; to know. **b** (w. inf.) to know how to, be able to (from experience or knowledge). **c** (w. obj. cl.). **d** (w. acc. and inf.).

ut perdocte cuncta ~et! Pl.*Mos.*123; ego illius sensum pulchre ~eo Ter.*Ad.*533; in colubras ~et cantiunculam Pompon.*com.*118; si neque Poenorum iura ~es Cic.*Balb.*32; legitimumque sonum digitis ~emus et aure Hor.*Ars* 274; urbanas rusticasque res pariter ~ebat Liv.39.40.4; dicenda tacendaque ~es Pers.4.5; Tac.*Ann.*13.3; Apul.*Fl.*9; (*absol.*) scio et ~eo Pl.*Per.*176; melius quam uiri ~ent mulieres Acc.*trag.*29. **b** ~ent dominum imperia metuere Pac.*trag.*75; multaque de rerum mixtura dicere ~ent Lucr.2.978; duramque ~et pauperiem pati Hor.*Carm.* 4.9.49; ueris speciem dinoscere ~es Pers.5.105; Curt. 3.2.14; Juv.4.142. **c** quo pacto id fieri soleat ~eo Ter. *Hau.*548; Apul.*Pl.*2.23; (*ellipt.*) quid uelim uos scitis. — ~emus probe Pl.*Poen.*574. **d** quem Marci Liui consiliarium fuisse ~ebant Sis.*hist.*44; Apul.*Met.*1.3.

calliblephar(āt)us ~a ~um, *a.* [cf. Gk. καλλιβλέφαρος] (See quot.)

addunt peritiores notam ambiente purpureo crine fibras, eoque argumento generosa interpretantur calliblephara (*v.l.* calliblepharata) ea (*sc.* ostrea) appellantes Plin.*Nat.* 32.61.

calliblepharum ~ī, *n.* [Gk. καλλιβλέφαρον] A cosmetic for the eyelids and lashes.

~o naturali palpebrae tinctae Var.*Men.*370; nuclei palmarum cremati..~a faciunt addito nardo Plin.*Nat.*23.97; 35.194.

callidē, *adv. compar.* ~ius, *superl.* ~issime. [CALLIDVS+-E]

1 Expertly, skilfully, cleverly. **b** (w. vbs. of knowing) well, thoroughly.

hanc ego rem exorsus sum facete et ~e Pl.*Per.*455; Ter. *Ad.*417; cum..non nulli..propter exercitationem aut propter consuetudinem aliquam ~ius id faciant Cic.*de Orat.*2.32; cum ~issime se dicere putaret *Clu.*58; nimis ~e agebatur *Att.*15.26.4; de futuris ~issime coniciebat Nep.*Them.*1.4; quidam ~ius interpretabantur initia conatus secunda neque diuturna Tac.*Ann.*6.37. **b** ipsum uero se nouisse ~e Demaenetum Pl.*As.*349; quid, hoc intellexti? an nondum etiam ne hoc quidem? — immo ~e Ter.*An.*201.

2 Cunningly, artfully.

nullus umquam amator adeost ~e facundus quae in rem sint suam ut possit loqui Pl.*Mer.*35; ne id..astute et ~e fecerint Cic.*Caec.*4; ~e enim qui illa composuit perfecit ut quodcumque accidisset praedictum uideretur *Div.*2.40; affabilis, blandus, temporibus ~issime seruiens Nep.*Alc.* 1.3; uitia sua ~e occultans Sal.*Jug.*15.4; Liv.22.26.4; Quint.*Inst.*4.1.58; graues simultates, quas Antonius simplicius, Mucianus ~e..nutriebat Tac.*Hist.*3.53; Apul.*Apol.* 72; Ulp.*dig.*26.8.5.4.

calliditās ~ātis, *f.* [next+-TAS]

1 Cleverness, skill, shrewdness.

prudentia est ~as quae ratione quadam potest dilectum habere bonorum et malorum *Rhet.Her.*3.3; quae est igitur ista ~as res uetustate robustas calumniando uelle peruertere? Cic.*Div.*1.35; uincebat enim omnes..~ate et celeritate ingenii Nep.*Eum.*1.3; ~as Graia (*i.e. of Archimedes*)..Marcellum..arcebat Sil.14.338; (*iron.*) restitue nobis aliquando ueterem tuam illam ~atem atque prudentiam Cic.*S.Rosc.*61.

2 Craftiness, cunning, subtlety; (pl.) subtle tricks.

nonne ipsum caput et supercilia illa penitus abrasa olere malitiam et clamitare ~atem uidentur? Cic.*Q.Rosc.*20; nec numero Hispanos..nec ~ate Poenos..superauimus *Har.* 19; fuga timoris simul ~atisque plena Hirt.*Gal.*8.16.3; Sal.*Hist.*4.69.12; non uersutiarum Punicarum neque ~atis Graecae Liv.42.47.7; consilium multae ~atis init Ov.*Fast.* 3.380; Quint.*Inst.*4.2.126; cum se honestius ~ate Tiberii.. periturum dixisset Tac.*Ann.*11.3; Ulp.*dig.*40.12.12.3; (*tr. Gk.* πανουργία) scientia quae est remota ab iustitia ~as potius quam sapientia est appellanda Cic.*Off.* 1.63;—serui uenere in mentem Syri ~ates Ter.*Hau.*886.

callidus ~a ~um, *a.* *compar.* ~ior, *superl.* ~issimus. [CALLEO+-IDVS]

1 Wise from experience, practised, expert. **b** (w. gen., dat. or ? abl., *in*+abl.) experienced, practised (in or at). **c** (w. inf.) skilled (at).
quae tam ~a et docta sis et faceta PL.*Poen*.234; ~um et disertum credidi hominem TER.*Eu*.1011; ~um quendam hunc et nulla in re tironem CIC.*de Orat*.1.218; peritus metator et ~us *Phil*.14.10; *N.D*.3.25; per homines ~os diu noctuque exercitum temptabat SAL.*Jug*.38.3; nec..horrida ~i uincunt aequora nauitae HOR.*Carm*.3.24.40; LIV.9.46.1.;—(*w. abl.*) prudentes natura, ~i usu, doctrina eruditi CIC. *Scaur*.24; nota iam ~us arte JUV.1.123;—(*w.* de) neque de futuro quisquam satis ~us satisque prudens sit SAL.*Rep*. 2.1.1. **b** ~issimi rusticarum rerum COL.2.2.1; 7.3.12; nemo illa tempestate militaris rei ~ior habebatur TAC.*Hist*. 2.32; *Ann*.4.33;—accendendis offensionibus ~i 2.57; sunt ..mutandis mercibus ~i APUL.*Fl*.6;—hominis..in legendis pensitandisque ueteribus scriptis bene ~i GEL.9.9.12. **c** (Mercurium) ~um quidquid placuit iocoso condere furto HOR.*Carm*.1.10.7; tuque testudo resonare septem ~a neruis 3.11.4; ~us excusso populum suspendere naso PERS.1.118.

2 Clever, ingenious, resourceful. **b** (of things) clever, ingenious.
praeter naturam, qua nihil potest esse ~ius CIC.*N.D*. 2.142; *Fin*.2.52; quo enim quis uersutior et ~ior hoc nuisior et suspectior detracta opinione probitatis *Off*.2.34; ~a musa Calliope LUCR.6.93. **b** foramina illa..~issimo artificio natura fabricata est CIC.*Tusc*.1.47; NEP.*Eum*. 5.4; notum si ~a uerbum reddiderit iunctura nouum HOR. *Ars* 47.

3 Crafty, cunning, wily. **b** (of actions, methods, policies, etc.).
me malum esse oportet, ~um, astutum admodum PL. *Am*.268; ita catast et ~a *Per*.622; ego hominem ~iorem uidi neminem TER.*Ph*.591; non tu in isto artificio accusatorio ~ior es quam hic in suo CIC.*S.Rosc*.49; ~um Hannibalem ex Poenorum..ducibus *Off*.1.108; idoneum quendam hominem et ~um delegit CAES.*Gal*.3.18.1; ~us id modo festinabat, Bocchi pacem inminuere SAL.*Jug*.81.4; ~um Promethea HOR.*Carm*.2.18.35; Delia furtim nescio quem tacita ~a nocte fouet TIB.1.6.6; nimis ~i exsoluendi iuris iurandi interpretes LIV.24.18.5; uerbaque dat stulto ~a nupta uiro OV. *Tr*.2.500; ~issimi hostes frigidum et niualem nancti diem FLOR.*Epit*.1.22.(2.6.12); gens non astuta nec ~a aperit adhuc secreta pectoris licentia ioci TAC.*Ger*.22.4; ~us emptor Olynthi JUV.12.47;—(*of the mind, intentions*) qui ad eri fraudationem ~um ingenium gerunt PL.*As*.257; qui non ~o animo nec maligno rem reposuit ULP.*dig*.29.2.71.8; (*of animals*) leporem..~um MART.1.49.25; (*of the Sphinx*) SEN.*Oed*.106; (*transf., of an arrow*) cui luminis orbe sinistro ~a..acies se condidit STAT.*Theb*.9.750. **b** ~um senem ~is dolis compuli PL.*Bac*.643; uah consilium ~um! TER.*An*. 589; quid potest esse ~ius quam..? CIC.*Fam*.3.8.6; nimis ~a sed malitiosa iuris interpretatione *Off*.1.33; illius liberalitatem neque temporariam neque ~am fuisse NEP.*Att*. 11.3; ~as..feris struxisse fraudes SEN.*Phaed*.502; ~a dona STAT.*Ach*.1.846; illa ~issima simplicitatis imitatio QUINT. *Inst*.4.2.57; ~is..artibus TAC.*Ann*.12.40; siquidem tutorem ..fraudulenta in rebus pupillaribus et ~a conuersatio suspectum commendet ULP.*dig*.42.5.31.1.

callim: (see quot.).
~ antiqui dicebant pro clam PAUL.*Fest*.p.47M.

Callimachus ~ī, *m*. A Greek name, esp. a famous poet of Cyrene in the 3rd century B.C.
CIC.*Tusc*.1.84; HOR.*Ep*.2.2.100; PROP.3.1.1; OV.*Ars* 3.329; GEL.17.21.41.

callimus ~ī, *m*. [Gk. κάλλιμος] A stone said to be found inside a type of eagle-stone.
PLIN.*Nat*.36.150.

callion ~iī, *n*. [Gk. κάλλιον] (perh.) Winter-cherry, *Physalis alkekengi*.
(alterum genus strychni) cui acini coccini, granosi in folliculis, halicacabon uocant, alii ~ion, nostri autem uesicariam PLIN.*Nat*.21.177.

calliōnymus ~ī, *m*. [Gk. καλλιώνυμος] A fish, (perh.) *Uranoscopus scaber*.
~i fel cicatrices sanat . idem piscis et uranoscopos uocatur ab oculo, quem in capite habet PLIN.*Nat*.32.69; 32.146.

Calliopē ~ēs, *f*. **~a** ~ae. The chief of the Muses, and goddess in particular of epic poetry. **b** (transf.) poetry, poems.
callida musa ~e LUCR.6.94; uos, o ~e, precor, aspirate canenti VERG.*A*.9.525; HOR.*Carm*.3.4.2; senis Oeagri ~esque nurus (*i.e.* Eurydice) OV.*Ib*.480; Orpheus ~ae genus SEN.*Her.O*.1034; MART.4.31.8; STAT.*Silv*.2.7.38. **b** quem mea ~e laeserit, unus ero OV.*Tr*.2.568.

Calliopēa ~ae, *f*. [Gk. Καλλιόπεια] = prec.
VERG.*Ecl*.4.57; PROP.3.2.16; OV.*Fast*.5.80.

Calliphō ~ontis, *m*. A philosopher of uncertain date.
~o adiunxit ad honestatem uoluptatem CIC.*Fin*.2.19; *Tusc*.5.87; *Off*.3.119.

calliplocamos ~on, *a*. [Gk. καλλιπλόκαμος] Having beautiful tresses.
LUCIL.540.

Callippidēs ~ae, *m*. A proverbial name for a 'slow-coach'.
SUET.*Tib*.38.

Callirhoē ~ēs, *f*. The name of several women in mythology, esp. the daughter of Achelous and second wife of Alcmaeon.
OV.*Rem*.456; *Met*.9.414; *Ib*.346.

callis ~is, *m*., *f*. [cf. perh. Bulg. *klánik*]

1 A rough track, path.
QVOD QVISQVE PECVDES IN ~EIS VIASVE PVBLICAS ITINERIS CAVSA INDV⟨XERIT⟩ *CIL* 1.585.26; omnes montium eorum amfractus ~esque nosse LIV.32.11.2; ~ibus notis 35.27.6; qua ~e latenti praecelerant STAT.*Theb*.2.496; (*masc.*) qui per ~es siluestres longinquos solent comitari VAR.*R*.2.9.16; rara per occultos lucebat semita ~is VERG. *A*.9.383; 12.134; (*fem.*) nos hic pecorum modo per aestiuos saltus deuiasque ~es exercitum ducimus LIV.22.14.8; 36. 15.9;—(*poet., masc.*) praedam..per herbas conuectant ~e angusto VERG.*A*.4.405; OV.*Met*.7.626.

2 (pl.) Moorland or mountain pasturage. **b** spec. (in full *siluae ~esque*) public pasturelands in Italy allotted yearly to a magistrate as his *prouincia*.
cum quaedam in ~ibus, ut solet, controuersia pastorum esset orta CIC.*Clu*.161; *Sest*.12; PER ITINERA ~IVM *CIL* 9.2438.15; (*fem.*) ~es publicae distantes pastiones (continent) VAR.*R*.2.2.10; CURT.3.10.10. **b** Cutius Lupus quaestor, cui prouincia uetere ex more ~es euenerant TAC. *Ann*.4.27; prouinciae..minimi negotii, id est siluae ~esque SUET.*Jul*.19.2.

calliscō ~ere ~ī, *intr*. [CALLEO+-SCO] To grow insensitive.
aures nobis ~erunt ad iniurias CATO *orat*.182.

callisphyros ~on, *a*. [Gk. καλλίσφυρος] Having beautiful ankles.
LUCIL.540.

Callisthenēs ~is, *m*. A philosopher executed by Alexander the Great.
CIC.*de Orat*.2.58; *Tusc*.3.21; CURT.8.5.13.

Callistō (~ūs), *f*. [Gk. Καλλιστώ] FORMS: ~o is used in all cases (incl. gen. HYG.*Fab*.224.2). The daughter of Lycaon, king of Arcadia, and mother of Arcas by Jupiter; changed into a she-bear, and then into the constellation Ursa Major.
CATUL.66.66; PROP.2.28.23; OV.*Fast*.2.156; HYG.*Fab*. 177.1.

callistrūthia ~ae, *f*. [Gk. καλλιστρούθια (neut.)] A kind of fig.
COL.5.10.11; ~ae..ficorum omnium frigidissimae PLIN. *Nat*.15.69.

callistrūthis ~idis, *f*. = prec.
~is, roseo quae semine ridet COL.10.416.

callithrix ~trichos, *f*. [Gk. καλλίθριξ]

1 (perh.) Waterwort, *Asplenium trichomanes*.
PLIN.*Nat*.25.132; uesicae..~thrix trita (medetur) 26.87; 26.147; 26.160.

2 An Ethiopian monkey.
PLIN.*Nat*.8.216.

callitrichon ~ī, *n*. [Gk. καλλίτριχον] = ADIANTVM.
quidam (adiantum) ~on uocant, alii polytrichon PLIN. *Nat*.22.62.

callōsitās ~ātis, *f*. [next+-TAS] A hardening or induration of the skin.
facit ad aspritudinem palpebrarum et ~atem LARG.36.

callōsus ~a ~um, *a*. *compar*. ~ior. [next+-OSVS] Hard-skinned, tough. **b** made hard or tough by use. **c** (med.) callous, indurated.
marem cohibent ~a (*sc.* oua) uitellum HOR.*S*.2.4.14; amplioris acini sed ~i (uitem) COL.3.1.5; uiticulis longis ~is PLIN.*Nat*.27.44; auibus uenter carnosus ~usque 11.203; 14.122; aper..toris ~ae cutis obesus APUL.*Met*.8.4. **b** ~is ..genibus manibusque SEN.*Dial*.5.17.4; nequid palato iam ~o parum ferueat *Ep*.78.23. **c** habet oras duras, ~as, tumentes (chironeum ulcus) CELS.5.28.5; tota cicatrix excidenda, quae fere ~a extendi digitum minus patiebatur 7.32; PLIN.*Nat*.26.144; ulcera uetera et ~a LARG.217.

callum ~ī, *n*., **~us** ~ī, *m*. [cf. Skt. *kiṇah*, OIr. *calath*]

1 Hard substance: **a** the flesh of edible creatures. **b** firm flesh of fruit, fungi, leaves, etc. **c** (applied to other substances).
a quanta pernis pestis ueniet..quanta ~o calamitas PL. *Capt*.904; unum hoc animalium (*sc.* locusta)..fluida carne non habet ~um PLIN.*Nat*.9.95; (*masc.*) NAEV.*com*.65; (*neut.*) magi' calleo quam aprugnum ~um callet PL.*Per*.305. **b** uua non alibi gratior ~o PLIN.*Nat*.14.14; (mora) multum differente ~o 15.97; quae uero non decidant, ~o crassa et angusta esse 16.82; ferunt et abellanae iulos compactili ~o 16.120; tutissimi (fungorum) qui rubent ~o 22.96. **c** (*a knot of wood*) in iis (arboribus) nec uena nec pulpa, quodam ~o carnis in se conuoluto PLIN.*Nat*.16.185;—(*soil*) sterilis (terra) denso ~o facile deprehenditur 17.33; 31.53; (*cf.*) zopissam..multo..efficaciorem ad omnia..uidelicet adiecto salis ~o 16.56.

2 Thick tough skin, hide.
fere res omnes aut corio sunt aut etiam conchis aut ~o aut cortice tectae LUCR.4.936; in ~o manus (elephanti) PLIN.*Nat*.8.31; (*neut.*) mihi..calciamentum (est) solorum ~um CIC.*Tusc*.5.90; PLIN.*Nat*.32.120; (*cf.*) (testudini marinae)..stomachus denticulatus ~o..ad conficiendos cibos 11. 180; (*of the supernaturally hard skin of Caeneus*) OV.*Met*. 12.488.

3 A callus or induration (often of pathological origin) on the human body; a hard cicatrix. **b** (in fig. phr.) *~um ob-*, *inducere*, to produce insensitivity or callousness.
(*masc.*) si quando..in articulis ~us increuit CELS.5.18.36; inducitur que ei (*sc.* ulceri) ~us 5.26.31; ~um omnem auferunt PLIN.*Nat*.32.127; ad uetera ulcera, quae..~os eminentes circa se habent LARG.205;—tu illam aestiuam niuem non putas ~um iocineribus obducere? SEN.*Ep*.95. 25; acetum scillinum..~um..faucium facit PLIN.*Nat*.23.59; aerugo..~um fistularum erodit 34.115; ~is quibusdam ex prurigine corporis adsiduoque..strigilis usu..concretis SUET.*Aug*.80. **b** λεληθότως consuetudo diurna ~um iam obduxit stomacho meo CIC.*Fam*.9.2.3; quorum animis diuturna cogitatio ~um uetustatis obduxerat *Tusc*.3.53; ingenio..alendo ~um inducere QUINT.*Inst*.12.6.6; (*neut.*) ipse labor quasi ~um quoddam obducit dolori CIC.*Tusc*. 2.36; (*cf.*) manet..tibi..tristitia et iam uidetur duxisse ~um, non illa concitata, qualis initio fuit, sed pertinax et obstinata SEN.*Dial*.6.8.2.

calō[1] ~āre ~āuī ~ātum, *tr*. **kalō**. [Umb. *kařetu*; cf. Gk. καλέω, AS. *geholian*] To announce, proclaim; to summon, convoke.
septies dicto '~o Iuno Couella' VAR.*L*.6.27; LABEO *iur*. 12;—atis Gauiis (*dub.*) CIC.*Sest*.72; iam sit et 'classis' a ~ando QUINT.*Inst*.1.6.33; ~atis comitiis testamentum faciebant GAIUS *Inst*.2.101; GEL.15.27.2.

calō[2] ~āre ~āuī ~ātum, *tr*. **chalō**. [Gk. χαλάω]

1 To let down, allow to hang freely.
aerei delphini pendentia habent catenis cymbala ex ore ..~ata VITR.10.8.1; delphini..~antes in eos cymbala 10.8.5.

2 (obsc.) To loosen (sc. *uaginam*; in quots. absol.).
β ~ARE *CIL* 4.2021; QVAM BENE ~AS 12.5687(38).

cālō[3] ~ōnis, *m*. [cf. perh. CALA] A servant, esp. a soldier's servant or attendant. **b** as a type of awkwardness.
~ones famulique metellique caculaeque ACC.*poet*.2; CIC. *N.D*.3.11; CAES.*Gal*.2.24.2; ~onum atque impedimentorum non magnus numerus *Civ*.1.51.6; tum erat Lepidus latro cum ~onibus et paucis sicariis SAL.*Hist*.1.77.7; HOR.*S*. 1.2.44; *Ep*.1.14.42; insidentes mulis ~ones LIV.10.41.6; ~ones lixasque et inualidos milites uallum ferre 23.16.8; CURT.6.8.23; lectica formonsis inposita ~onibus SEN.*Ep*. 110.17; TAC.*Hist*.1.49; SUET.*Gal*.20.2. **b** sambucam citius ~oni aptaueris alto PERS.5.95.

cālō[4] ~ōnis, *m*. [cf. CALA] A wooden shoe.
~ones calcei ex ligno facti PAUL.*Fest*.p.46M.

calor ~ōris, *m*. (*n*.). [CALEO+-OR] GENDER: neut. PL.*Mer*.860.

1 Heat, regarded absolutely or as one of the four elements, the heat of fire, etc.
frigori miscet ~orem ENN.*var*.46; CATO *Agr*.157.1; de.. eo ~ore ex quo omnia generari dicebas CIC.*N.D*.3.18; Q.CIC.*poet*.6; ~or ignist, liquor aquai LUCR.1.453; corpora pauca ~oris 3.121; pluris ~or ille uias..relaxat VERG.*G*. 1.89; ea (*sc.* terra) habet in se..~ores feruidos VITR.8.2.3; ~orque iam ad uiuum..ueniens LIV.22.17.2; OV.*Met*.1. 430; triduo ~orem potionis custodit in uasis PLIN.*Nat*.31. 20; PLIN.*Ep*.2.17.17; APUL.*Mun*.3.

2 The heat of the sun, warm or hot weather. **b** (as an indication of the season) summer heat, the hot season. **c** (as an indication of the time of day) noonday heat. **d** (as an indication of latitude) tropical heat. **e** (as a cause of discomfort or illness).
nec ~or nec frigus metuo PL.*Mer*.860; uitandi..~oris causa Lanuui tris horas acquieueram CIC.*Att*.13.34; tecta ..quibus et frigorum uis pelleretur et ~orum molestiae sedarentur *Off*.2.13; uicina inuitet decedere ripa ~ori VERG.*G*.4.23; ex uerna..intemperie uariante ~ores frigoraque LIV.22.2.10; COL.6.3.1; propulsabamus incommoda ~oris lucorum umbra ingentium GEL.1.2.2. **b** is rigat Aegyptum medium per saepe ~orem LUCR.6.714; si non tanta quies iret frigusque ~oremque inter VERG.*G*.2.344; ficus prima ~orque HOR.*Ep*.1.7.5; in Tiberim tenui fluentem aqua, ut mediis ~oribus solet LIV.2.5.3; primis ~oribus SEN.*Nat*.4a.1.2; PLIN.*Nat*.18.175. **c** paulum requiescet, dum se ~or frangat CIC.*de Orat*.1.265; (*cf.*) ~ores austrinos VERG.*G*.2.270; nascentem lapsumque diem mediosque ~ores MAN.4.588. **d** quae loca et nationes ob ~orem.. minus frequentata sunt SAL.*Jug*.17.2; ac uastant imas (zonas) hiemes mediamque ~ores VAR.AT.*poet*.16(14). **e** sentire ~orem si coepit locuples Gallitta et Pacius orbi JUV.12.98.

3 Heat associated with life, bodily heat or temperature. **b** (in a tree).
ut omnia quae alantur et quae crescant contineant in se uim ~oris CIC.*N.D*.2.23; est igitur ~or et uentus uitalis in ipso corpore LUCR.3.128; internodia membris imperfecta nouo fluitant concreta ~ore (*in an egg*) *Ciris* 492; subitus miserae ~or ossa reliquit VERG.*A*.9.475; (*cf.*) quod maxime tum corpus ~ore egeret CELS.4.6.2; (apes) murmurantes, ~oris, ut putant, faciendi gratia PLIN.*Nat*.11.49. **b** uehementia ~oris eductis in aera per nodos ramis VITR. 2.9.7.

4 Unhealthy heat, fever.
mea nunc uexat corpora fessa ~or [TIB.]3.17.2; cui ~or et tremor est CELS.2.8.16; PLIN.*Nat*.23.120; cum.. pituita ipso ~ore oculorum glutinosior uisa fuerit LARG.23.

5 (fig.) Vehemence, zeal, ardour, 'fire', enthusiasm. **b** (defined by gen. or adj.). **c** wrath.
Hortensi ~or multum ualebit CIC.*Q.fr*.3.9.3; ambobus debet inesse ~or OV.*Pont*.2.5.68; V.MAX.8.10.1; si quando illum produxerat ~or SEN.*Con*.7.pr.1; iuuenisque ~orem excitat in nimios belli ciuilis amores LUC.2.324; omnibus inde mero ~or additus V.FL.1.271; iuuenili ~ore inconsideratior

QUINT.*Inst.*2.15.28; actiones, quae recitantur, impetum omnem ∼oremque..perdere PLIN.*Ep.*2.19.2; APUL.*Apol.* 95. **b** siue (illum) ambitionis ∼or abducet a tutis SEN. *Ben.*2.14.5; irae..∼ore LUC.7.103; in illo subito pietatis ∼ore PLIN.*Pan.*3.1; PAUL.*dig.*50.17.48;—Pierius menti ∼or incidit STAT.*Theb.*1.3; ∼or..Martius *Ach.*1.881. **c** utque rudis fandi pronusque ∼ori semper erat STAT.*Theb.*2.391.

6 Love, passion.
notus..medullas intrauit ∼or VERG.*A.*8.390; uiuuntque commissi ∼ores Aeoliae fidibus puellae HOR.*Carm.*4.9.11; ueri dantur mihi signa ∼oris PROP.3.8.9; uina parant animos faciuntque ∼oribus aptos OV.*Ars* 1.237; *Met.*11.305; senibusque fessis rursus extinctos reuocat (Cupido) ∼ores SEN.*Phaed.*292; STAT.*Ach.*1.888.

calōrātus ∼a ∼um, *a.* [prec.+-ATVS²] Passionate, vehement.
cuius primae iuuentutis ∼os impetus freno quodam cohercendos existimaui APUL.*Met.*6.23.

calōrificus ∼a ∼um, *a.* [CALOR+-FICVS] Promoting heat.
oleum quoque ∼um est GEL.17.8.12.

calōs, *adv.* [Gk. καλῶς] Well; (as exclam.) hurrah for —.
∼ EPICTESIS *CIL* 4.1286; 4.2150; 4.2179; PARIS ∼ 13.10024(463).

calpar ∼aris, (prob.) *n.* [fr. Gk. κάλπη, κάλπις]

1 A wine-jar or pitcher.
VAR.*gram.*193; ∼ar genus uasis fictilis PAUL.*Fest.*p.46M.

2 Wine from a *calpar.*
VAR.*gram.*193; ∼ar uinum nouum, quod ex dolio demitur sacrificii causa, antequam gustetur PAUL.*Fest.*p.65M.

Calpē ∼ēs, *f.* FORMS: ∼*em* (acc.) POL.*Fam.* 10.32.1, ∼*e* (abl.) JUV.14.279. One of the pillars of Hercules, Gibraltar.
PROP.3.12.25; MELA 1.27; SEN.*Her.O.*1240; LUC.1.555; SIL.1.141.

Calpurniānus ∼a ∼um, *a.* Of, or named after, a Calpurnius.
∼i equites LIV.39.31.7; (ficus) ∼a CLOAT.*gram.*9.

Calpurnius ∼a ∼um, *a.*

1 The name of a Roman plebeian *gens,* e.g. L. ∼us Bestia cos. III B.C.; see also PISO. **b** (fem., esp.) the daughter of L. Calpurnius Bestia; the wife of Julius Caesar.
SAL.*Jug.*27. **b** VELL.2.26.3;—2.57.2.

2 Of Calpurnius; the name of several laws, e.g. *de repetundis* 149 B.C.; *de ambitu* 67 B.C.
domus..∼a *Laus Pis.*15;—magistratuum auaritia ∼a scita (peperit) TAC.*Ann.*15.20;—contra legem ∼am CIC.*Mur.* 67; *Corn.*1.fr.23.

calt(h)a ∼ae, *f.* [Gk.] (perh.) The marigold, *Calendula officinalis.*
mollia luteola pingit uaccinia ∼a VERG.*Ecl.*2.50; ∼aque Paestanas uincet odore rosas OV.*Pont.*2.4.28; flauentia lumina ∼ae COL.10.97; PLIN.*Nat.* 21.28.

caltula ∼ae, *f.* [prec.+-VLA] A short undergarment worn by women.
indusiatam, patagiatam, ∼am aut crocotulam PL.*Epid.* 231; ∼a est palliolum praecinctui, quod nudae infra papillas praecinguntur VAR.*gram.*194.

calua ∼ae, *f.* [CALVVS]

1 A bald head. **b** a skull.
iam istam ∼am conminuissem colafis testatim tibi POMPON.*com.*178; MART.3.74.5; tegitur pictis sordida ∼a comis 6.57.2; 12.45.2. **b** purgato inde capite, ut mos iis est, ∼am auro caelauere LIV.23.24.12.

2 (pl., short for *nuces* ∼*ae*) Smooth nuts (perh. hazel nuts or sim.).
∼ae arbitratu et mala singula PETR.66.4.

caluāria¹ ∼ae, *f.* [CALVVS+-ARIA] A skull.
∼aeque eius ipsum ossum expurgarunt inaurauerantque GEL.*hist.*26; uenae..quae inter ∼am et cutem sunt CELS. 7.7.15.c; canis rabiosi ∼ae cinis PLIN.*Nat.*30.53; LARG.16.

caluāria² (? ∼ium), *n. pl.* [cf. prec.]

1 Skulls.
extorta dentibus ferarum trunca ∼a APUL.*Met.*3.17.

2 A kind of fish.
polypus Corcyrae, ∼a pinguia acarnae ENN.*var.*43; eliciendis mortuis marina ∼a (quaesita) APUL.*Apol.*34.

caluentīnus ∼a ∼um, *a.* A variety of vine.
uinaciolam (uitem) soli nouerunt Sabini, ∼am Gaurani PLIN.*Nat.*14.38.

calueō ∼ēre, *intr.* [CALVVS+-EO] To be bald.
et quaedam animalium naturaliter ∼ent, ut struthocameli et corui aquatici PLIN.*Nat.*11.130.

caluescō ∼ere, *intr.* [prec.+-SCO] To lose (one's) hair, become bald; (of birds) to moult. **b** (transf.) to become bare or empty of plants.
potior est..ratio custodiendi, ne nascantur neue colla ∼ant COL.6.14.7;—proprium iis (*sc.* uariis) ∼ere omnibus annis, cum serantur rapa PLIN.*Nat.*10.78. **b** propter quae (*sc.* mures et talpas) saepe nouella castaneta ∼unt COL. 4.33.3.

caluitiēs ∼ēī, *f.* [CALVVS+-IES] Baldness, hairlessness.
superciliorum etiam aequalis cum fronte ∼es PETR.108.1.

caluitium ∼iī, *n.* [CALVVS+-ITIVM] Baldness, absence or loss of hair. **b** (transf.) bareness or scantiness of vegetation.
CIC.*Tusc.*3.62; ∼ium uni tantum animalium homini praeterquam innatum PLIN.*Nat.*11.131; ∼ii..deformitatem SUET.*Jul.*45.2; non obumbrato uel obtecto ∼io APUL.*Met.* 11.30. **b** propter penuriam et ∼ium loci COL 4.29.11.

calumnia ∼ae, *f.* **(kal-).** [cf. Gk. κηλέω, AS. *hōlian*]

1 The bringing of a false accusation, vexatious proceedings; ∼*am* or *de* ∼*a iurare,* to swear that one is not making a false accusation; *iudicium* ∼*ae,* an action for vexatious proceedings. **b** (ellipt.) a conviction for vexatious proceedings.
SEI DEIVRAVERIT ∼AE CAVSA NON PO⟨STVLARE⟩ *CIL* 1.583.19; IDQVE NON K(ALVMNIAE) K(AVSSA) SE FACERE IVRAVERIT 1.592.1.9; illam acerbissimam ministram praetorum auaritiae, ∼am CIC.*Q.fr.*1.1.25; V.MAX.3.7.1.e; FISCI IVDAICI ∼A SVBLATA *BMCI* 3.p.15,No.88 (Nerva); publico iudicio ∼ae condemnatus TAC.*Ann.*14.41; ∼is rapinisque intendit animum SUET.*Nero* 32.1;—cum ∼am iurasset, contendere ausus non est CAEL.*Fam.*8.8.3; LIV.33.47.5; quisquis..iurauerit de ∼a, admittitur ad stipulationem ULP.*dig.* 39.2.13.3;(*cf.*)nec iusiurandum de ∼a referenti defertur ULP. *dig.*12.3.34.7;—actoris..∼a coercetur..∼ae iudicio GAIUS *Inst.*4.174; ULP.*dig.*23.2.43.11. **b** ∼am non effugiet CIC. *Clu.*163; C. Sempronium Rufum..∼am maximo plausu tulisse CAEL.*Fam.*8.8.1; PHAED.3.pr.37; ∼a notatus SUET. *Rhet.*28(p.124Re); (*cf.*) ∼am sibi imposuit SEN.*Con.*7.pr.7.

2 A false claim or statement, false pretences. **b** the making of unfounded objections, etc., as a method of obstruction.
accipite aliam in minore pecunia non minus impudentem ∼am CIC.*Ver.*2.25; decem legatorum decretum ∼ae impudentissimae praetendit LIV.39.28.11; altera est ∼a nullam artem falsis assentiri opinionibus QUINT.*Inst.*2.17.18; SIC. FL.*agrim.*p.106; non potest uideri per ∼am in possessione fuisse GAIUS *dig.*3.2.18. **b** cum omni mora, ludificatione, ∼a senatus auctoritas impediretur CIC.*Sest.*75; Metellus ∼a dicendi tempus exemit *Att.*4.3.3; res ab aduersariis nostris extracta est uariis ∼is *Fam.*1.4.1; impediti ne triumpharent ∼a paucorum SAL.*Cat.*30.4.

3 Sophistry, trickery, chicanery; a pretence or sham.
qui (*sc.* Carneades) saepe optimas causas ingenii ∼a ludificari solet CIC.*Rep.*3.9; *Off.*1.33; QUINT.*Inst.*9.4.57;—caue in ista tam frigida, tam ieiuna ∼a delitiscas CIC.*Caec.* 61; senatus religionis ∼am non religione, sed maleuolentia.. comprobat *Fam.*1.1.1.

4 Captious or quibbling criticism.
haec cum uberius disputantur..facilius effugiunt academicorum ∼am CIC.*N.D.*2.20; cum ad sensum rettuleris, ne grammaticorum quidem ∼a..habebit locum SEN.*Suas.* 2.13; (*of oneself, one's own actions*) in hac..∼a timoris CAECIN.*Fam.*6.7.4; eum nimia contra se ∼a uerum sanguinem perdidisse QUINT.*Inst.*10.1.115; GEL.2.9.

calumniātor ∼ōris, *m.* [CALVMNIOR+-TOR]

1 (leg.) A false or vexatious accuser. **b** a practiser of chicanery, pettifogger.
∼ores ex sinu suo adposuit qui..dicerent CIC.*Ver.*1.27; *Clu.*163; et delator es et ∼or MART.11.66.1; APUL.*Apol.*54; GAIUS *dig.*50.16.233; (*appos.*) ∼or ab oue cum peteret canis PHAED.1.17.2. **b** ∼oris esse officium uerba et litteras sequi, nec legere uoluntatem *Rhet.Her.*2.14; CIC.*Caec.*65; (*transf.*) tot ∼oribus in deterius recta torquentibus SEN. *Dial.*9.3.2.

2 A petty or carping critic.
Callimachus, semper ∼or sui nec finem habentis diligentiae PLIN.*Nat.*34.92.

calumniātrix ∼īcis, *f.* [next+-TRIX] A (female) false accuser or claimant.
ULP.*dig.*37.9.1.14; 37.9.1.16.

calumnior ∼ārī ∼ātus, *intr., tr.* [CALVMNIA+-O³]

1 To bring false accusations. **b** (as a means of obstructing). **c** to employ legal chicanery.
cum (defensor) accusatorem ∼ari criminatur *Rhet.Her.* 2.9; CIC.*S.Rosc.*56; ut hic..Apronio..ex miseris aratoribus ∼andi quaestus accederet *Ver.*3.38; ∼atur..accusator actione sacrilegii, cum priuata fuerit, non sacra (pecunia) QUINT.*Inst.*4.2.8. **b** iacet res in controuersiis isto ∼ante biennium CIC.*Quinct.*67; meque etiam, si diutius ∼arentur, redire iussistis *Red.Sen.*27. **c** quod ante ∼atus sum, indicabo malitiam meam CIC.*Fam.*9.7.1; solum ius excipiunt et circa legem ∼antur QUINT.*Decl.*264(p.78,l.27).

2 (*tr.*) To accuse falsely or groundlessly.
qui in alio crimine eum ∼atus est ULP.*dig.*48.2.7.3; [QUINT.]*Decl.*4.19.

3 To interpret wrongly, to misrepresent; to apply vexatiously.
LIV.34.23.3; ∼ando omnia detorquendoque 42.42.5; omnem calorem corporis sui ∼antur (*i.e. take for fever*) SEN. *Dial.*9.2.1; neque hanc..festinationem meam sic quisquam ∼etur, tamquam..QUINT.*Inst.*2.1.12; SUET.*Aug.*12;—non oportere ius ciuile ∼ari PAUL.*dig.*10.4.19.

4 To criticize unfairly, to cavil at, find fault with, depreciate. **b** (intr.) to be excessively self-critical.
res uetustate robustas ∼ando uelle peruertere CIC.*Div.* 1.35; quibusdam..nullus est finis ∼and se QUINT.*Inst.*8. pr.31; 10.3.10; sermonis nimius erat: id unum..∼atus est rumor TAC.*Hist.*3.75;—(*ellipt.*) potius cognationi uerborum quam auditori ∼anti geremus morem VAR.*L.*6.1; PHAED. 1.pr.5. **b** sed ∼abar ipse; putabam, qui obuiam mihi uenisset..suspicaturum CIC.*Fam.*9.2.3.

calumniōsē, *adv.* [next+-E] By false pretences.
potest uideri ∼ satis petere, quem alius antecedit PAPIN. *dig.*46.5.8.

calumniōsus ∼a ∼um, *a.* [CALVMNIA+-OSVS]

1 That makes groundless accusations.
sumne ego ineptus..an uos potius ∼i? APUL.*Apol.*11; (*masc. as sb.*) PAUL.*dig.*48.16.3.

2 (of actions, etc.) Vexatious; marked by misrepresentation, false.
ne in potestate ∼a aduersarii mei sit GAIUS *dig.*2.1.11. 1; ∼is criminibus ULP.*dig.*1.18.6.2; accusationem..∼am 38.2.14.7;—∼a est..illa adnotatio posse legari seruo et quamdiu seruiat PAUL.*dig.*31.82.2.

caluō ∼āre ∼āuī ∼ātum, *tr.* [CALVVS+-O³] To make or leave bare.
si uinea ab uite ∼ata erit CATO in Plin.*Nat.*17.196 (*but* CATO *Agr.*33.3 *has* calua).

caluor ∼ī, *tr.* [cf. CALVMNIA]

1 To use subterfuge against, to deceive.
me ∼itur suspicio PAC.*trag.*137; memet ∼or ACC.*trag.*382; (*cf.*) sopor manus ∼itur PL.*Cas.*169;—(*absol.*) si ∼itur pedemue struit *Lex XII*(*Font.iur.*p.18); LUCIL.552; GAIUS *dig.*50.16.233.

2 (as pass.) To be tricked or deceived.
te uocis ∼i similitudine PAC.*trag.*240; ille ∼i ratus quaerit extisne an somnio portenderetur thesaurus SAL.*Hist.*3.109.

caluus¹ ∼a ∼um, *a.* *compar.* ∼ior. [cf. Skt. *-kulvaḥ,* Pers. *kal*]

1 Bald(-headed). **b** (as sb.) a bald person.
Myconi ∼a omnis iuuentus LUCIL.1211; ni..∼os fiam VAR.*R.*1.37.2; moechum ∼om (*of Caesar*) *Vers.pop.*in Suet. *Jul.*51(*poet.*p.92); PHAED.2.2.9; JUV.4.38; maritum..cucurbita ∼iorem APUL.*Met.*5.9. **b** ∼i..nudatum caput PHAED.5.3.1; SEN.*Dial.*9.8.3; ∼o turpius est nihil comato MART.10.83.11; SUET.*Cal.*27.1;—(*voc.*) quid habes in surpiculis, ∼e? POMPON.*com.*119; PERS.1.56.

2 Having the head shaved.
ut ego hodie raso capite ∼os capiam pilleum PL.*Am.*462; grege linigero circumdatus et grege ∼o JUV.6.533.

3 (of varieties of nuts) Smooth.
nuces ∼as, Abellanas Praenestinas, Graecas CATO *Agr.*8.2.

4 (of things) Bare, stripped (of).
si uinea a uite ∼a erit CATO *Agr.*33.3; ∼aeque restes alioque cepisque MART.12.32.20.

Caluus² ∼ī, *m.* [prec.] The cognomen of several Roman families. **b** esp. of the poet and orator C. Licinius Calvus.
C. LICINIVS C.F.P.N. ∼VS *Fast.Cos.Cap.*102(*CIL* 1.p.20); CN. CORNELIVS L.F.L.N. SCIPIO CALV. 18a(*CIL* 1.p.24). **b** CIC.*Brut.*280; HOR.*S.*1.10.19; OV.*Am.*3.9.62; PROP. 2.34.89; QUINT.*Inst.*1.6.42.

calx¹ ∼cis, *f.* (*m.*). [cf. Lith. *kul̃nas,* OPrus. *culczi*] GENDER: masc. GRAT.278.

1 The back part of the foot, heel (esp. as the part one stands or walks on). **b** (used in 'kicking', the toes being normally unprotected) (also) a kick. **c** (used in urging on a horse).
clementer quaeso, ∼cis deteris PL.*Mer.*952; uolat ∼cemque terit iam ∼ce Diores VERG.*A.*5.324; CELS.8.20.2; farinam..∼cibus subigunt MELA 1.57; in portam rigidas ∼ces extendit PERS.3.105; nudis pressit qui ∼cibus anguem JUV.1.43; (*as the extremities*) ipsa animi uis in capite aut umeris aut imis ∼cibus esse posset LUCR.3.791; 5.135. **b** incursat pugnis, ∼cibus PL.*Poen.*819; ∼ce omnis excutiamus LUCIL.1064; cum pugnis et ∼cibus concisus esse CIC.*Ver.*3.56; QUINT.*Inst.*2.8.13; a quo grauida ictu ∼cis adflicta est TAC.*Ann.*16.6; (*cf.*) curru..uolutus caedit semianimis Rutulorum ∼cibus arua VERG.*A.*10.404:—(*in fig. phr.*) iam Graeculis (litteris) ∼cem impingit (*i.e. dispatches*) et Latinas coepit non male appetere PETR.46.5;—aut dic aut accipe ∼cem JUV.3.295; claudi pedis tui ∼ce unica APUL.*Met.*6.26. **c** quadripedemque citum ferrata ∼ce fatigat VERG.*A.*11.714; *Laus Pis.*52; STAT.*Silv.*5. 2.116.

2 The (back of the) hoof; *aduorsus stimulum* ∼*ces,* kicking against the pricks. **b** (of a bird's foot). **c** the pad (of a dog).
codam profusam usque ad ∼ces ut habeant VAR.*R.*2.5.8; Canachus..ceruum..ita uestigiis suspendit, ut linum subter pedes trahatur, alterno morsu ∼e digitisque retinentibus solum PLIN.*Nat.*34.75; SIL.16.380;—(*used in kicking*) illud quidem quorsum asinus caedit ∼cibus PL.*Poen.*684; equae..spargentes terram ∼cibus QUAD.*hist.*78; uerberibus cogebat (iumentum) exsultare et ∼ces remittere NEP.*Eum.* 5.5; HOR.*S.*2.1.55; VERG.*A.*10.892; OV.*Fast.*3.755; ULP. *dig.*9.1.1.4;—inscitiast aduorsu' stimulum ∼ces TER.*Ph.*78. **b** ∼cis aculeis oua perfringit COL.8.2.8; PLIN.*Nat.*11.256. **c** solidos haec in certamina ∼ces (uelim) GRAT.277.

3 **a** The butt-end or lower end of a beam, plank, etc. **b** (in horticulture) a 'heel'.
a ibi conlocentur inferiores ∼ces scaporum VITR.9.pr.8; ∼cem mali 10.3.5. **b** postea auelli cum sua ∼ce coeptus est (surculus) PLIN.*Nat.*17.156.

calx² ∼cis, *f.* (*m.*) [cf. perh. Gk. χάλιξ] FORMS: *cals* VAR. in *G.L.*5.574. GENDER: NON.p.199M quotes PL.*Poen.*908 (where codd. have *unam ~cem*) and VAR.*Men.*288 as masc.

1 Lime, limestone. **b** *~x uiua*, quicklime; (also absol.).

caementis minutis et ~ce harenato CATO *Agr.*18.7; ubi ~x cocta erit 38.4; ~CE HARENATO LITA POLITAQVE ET ~CE VDA DEALBATA RECTE FACITO *CIL* 1.698.2.17,18; materiem, ~cem, caementa, harenam CIC.*Mil.*74; saxa uides ..sola colescere ~ce LUCR.6.1068; VITR.2.5.1; caementa non ~ce durata erant sed interlita luto LIV.21.11.8; ex.. saxo~cis CELS.5.28.12.1; ~ce uberrimos fecere agros PLIN.*Nat.*17.47; (*in fig. phr.*) ut Senecam .. commissiones meras componere et harenam esse sine ~ce diceret SUET.*Cal.*53.2. **b** VITR. 8.6.8; uiuae ~ci aquam infunde: feruebit SEN.*Nat.* 3.24.4; LARG.230;—~x aqua accenditur PLIN.*Nat.*33.94.

2 A small stone or piece (orig. perh. of limestone) used in games.

priu' disperibit faxo quam unum ~cem ciuerit PL.*Poen.* 908; LUCIL.458.

3 The finishing-line in a race-course, marked with chalk; (usu. fig.) the goal, the end (of life, etc.).

hanc quam nunc in circo cretam uocamus, '~em' antiqui dicebant SEN.*Ep.*108.32;—VAR.*Men.*288; sumus ab ipsa ~ce eius interpellatione reuocati CIC.*Rep.*fr.7; ad ~cem ut dicitur peruenire *Amic.*101; mihi supremae praescripta ad candida ~cis currenti LUCR.6.92; eorum ad eandem uirtutis ~cem pergentium GEL.14.3.10; (*of a period in oratory*) sit tantum in clausulae ~ce QUINT.*Inst.*8.5.30.

calx[3] (perh. corrupt; see quot.).

~ces ampullae plumbeae PAUL.*Fest.*p.46M.

calyculus ~ī, *m.* **calic-.** [CALYX+-VLVS] **a** The calyx of a flower. **b** the shell of a sea-urchin.

a ~o inflexo ut corniculo PLIN.*Nat.*20.205; semen in ~is (*sc.* ascyri et ascyroidis) pusillum 27.37; APUL.*Met.*4.2. **b** echinorum ~os APUL.*Apol.*35.

Calydōn ~ōnos or ~ōnis, *f.* A city of Aetolia, near mod. Missolonghi.

PL.*Poen.*72; CAES.*Civ.*3.35.1; VERG.*A.*7.306; OV.*Ep.*19. 101; MELA 2.53; V.FL.5.573.

Calydōnēus ~a ~um, *a.* Calydonian.

~a bellantem rupe puellam MAN.5.180.

Calydōnis ~idos, *f. adj.* Calydonian; (as sb.) a Calydonian woman; (spec.) Deianira.

matres ~ides OV.*Met.*8.528;—centum..~ides STAT.*Theb.* 2.736;—OV.*Met.*9.112.

Calydōnius ~a ~um, *a.* **Calid-.** Of Calydon, Calydonian. **b** (in spec. uses).

~am.. Venerem PL.*Poen.*1181; Tydidae ~a..hasta OV. *Met.*15.769; ~a (canis) GRAT.196; (*fem. as sb.*) SEN.*Her.O.* 582. **β** PAC.*trag.*404. **b** ~ius heros (*i.e. Meleager*) OV. *Met.*8.324; ~us amnis (*i.e. the Achelous*) 9.2; ~a regna (*i.e. of Diomede, in Italy*) 14.512; ~ius heros (*i.e. Diomede*) *Ilias* 399; sus ~us (*i.e. the Calydonian boar*) MART.11.18.18; STAT.*Ach.*1.500.

Calypsō, *f.* FORMS: (acc.) ~ō OV.*Pont.*4.10.3, ~ōnem ANDR.*poet.*15(16), PAC.*trag.*403, ~ōn *Priap.*68.23; (gen.) ~ūs [TIB.]3.7.77, PLIN.*Nat.* 3.96, ~*onis* APUL.*Met.*1.12. A nymph, the daughter of Atlas, who detained Ulysses on the island Ogygia.

calyx ~cis, *m.* [Gk. κάλυξ] N.B. This word appears to be often confused with CALIX.

1 a The cupule (of a nut); the pericarp (of a chestnut). **b** the skin (of the pomegranate). **c** the shell of a sea-urchin.

a PLIN.*Nat.*15.86; continent (glandem) hispido ~ce 16. 19;—15.92. **b** punici mali ~ce PLIN.*Nat.*22.90; 31.117. **c** ex his (*sc.* echinis) echinometrae appellantur quorum spinae longissimae, ~ces minimi PLIN.*Nat.*9.100.

2 The covering of clay placed over a heap of wood in charcoal-burning.

accensa strue contis pungitur durescens ~x atque ita sudorem emittit PLIN.*Nat.*16.23.

3 The name of two plants, (i) resembling ARVM, (ii) = ANCHVSA.

PLIN.*Nat.*27.58.

camara ~ae, *f.* **camera.** [Gk. καμάρα]

1 An arched or vaulted roof or ceiling. **b** (distinct from an outer roof (*tectum*)). **c** (of trellis-work and sim.).

α peristeron fit ut testudo magna, ~a tectus VAR.*R.* 3.7.2; eaeque ~ae in caldariis si duplices factae fuerint, meliorem habebunt usum VITR.5.10.3; solum et parietes cum ~a in specu struantur 8.6.3; PHAED.4.25(26).29; horreum ~a contectum COL.1.6.12; ~is lateribusque.. fornacium PLIN.*Nat.*34.101; *CIL* 3.456; (*of a cave*) pendentes (guttae) in ipsis ~is PLIN.*Nat.*31.30. **β** ~as quasdam non probaui mutarique iussi CIC.*Q.fr.*3.1.1; ~a lapideis fornicibus iuncta SAL.*Cat.*55.4; HOR.*S.*2.3.273; PROP.3.2.12; SEN.*Ep.*86.6; sublatis manibus ad ~am PETR.40.1. **b** inter ~am et tectum cubiculi abditum V.MAX.6.7.2; COL.11.3. 60. **c α** uelocitas pernix (cucurbitae), leui umbra ~as ac pergulas operiens PLIN.*Nat.*19.69. **β** COL.4.17.8.

2 A small flat boat roofed over with timber; (also app.) a vaulted superstructure on such a boat.

α ~as uocant, artis lateribus latam aluum sine uinculo aeris aut ferri conexam TAC.*Hist.*3.47; GEL.10.25.5;—solutilem nauem, cuius uel naufragio uel ~ae ruina periret SUET.*Nero* 34.2.

camarārius ~a ~um, *a.* [prec.+-ARIVS] (of a kind of gourd) That grows over arches.

prima duo genera (cucurbitae), ~um et plebeium PLIN. *Nat.*19.70.

camarō ~āre, *tr.* [CAMARA+-O[3]] To roof over.

~are (nidum) ab imbri aut fronde protegere densa PLIN. *Nat.*10.97.

cambiō ~āre, *tr.* [Gall.] To exchange.

SIC.FL.*agrim.*p.115; an..mutuarias operas cum uicinis tuis ~es APUL.*Apol.*17.

Cambȳsēs ~ae, *m.* The son of Cyrus the Great; king of Persia 529–521 B.C.

SEN.*Ben.*7.3.1; LUC.10.280; PROP.2.26.23.

camēlae ~ārum, *f. pl.* [? Gk. γαμήλιος] (See quot.)

~is uirginibus supplicare nupturae solitae erant PAUL. *Fest.*p.63M.

camēlīnus ~a ~um, *a.* [CAMELVS+-INVS] Of or belonging to a camel.

~o (genitali) PLIN.*Nat.*11.261; (lac) ~um 28.123.

camella ~ae, *f.* [CAMERA+-LA] A cup or bowl.

LABER.*com.*60;licet adposita, ueluti cratere,~a lac niueum potes OV.*Fast.*4.779; ~am grandem iussit misceri PETR.64. 13; 135.3.

camēlopardalis ~is, *f.* [Gk. καμηλοπάρδαλις] A giraffe.

Alexandre a~is nuper adducta, quod erat figura ut camelus, maculis ut panthera VAR.*L.*5.100; PLIN.*Nat.*8.69.

camēlus ~ī, *m.*, (*f.*). [Gk. κάμηλος; orig. Semitic] ORTHOG.: *camellus* POMPON.*com.*112, CIC.*N.D.*2.123, *A.Epig.*55.181. A camel or dromedary. **b** (w. *dromas*).

~us suo nomine syriaco in Latium uenit VAR.*L.*5.100; *B.Afr.*68.4; diuersum confusa genus panthera ~o (*i.e.* camelopardalis) HOR.*Ep.*2.1.195; CURT.3.3.24; tus collectum Sabotam ~is conuehitur PLIN.*Nat.*12.63; TAC.*Ann.*15.12; —(*fem.*) ~us una ex iis..in superiore maxilla primores non habet PLIN.*Nat.*11.164; ~o Bactrinae APUL.*Met.*7.14. **b** ~i..quos appellant dromadas LIV.37.40.12; dromades ~i..uelocitatis eximiae CURT.5.2.10.

Camēna ~ae, *f.* [dub.]

1 One of the Roman goddesses, prob. orig. water-deities, connected esp. with a grove outside the *Porta Capena*. **b** (identified with the Muses, esp. in Roman contexts).

~is eum lucum sacrauit (Numa) LIV.1.21.3; eiectis mendicat silua ~is JUV.3.16;—(*meton.*) fontalis (aqua) ab ~is VITR.8.3.1; interiungere quaeris ad ~as? MART.2.6.16. **b** uirum mihi, ~a, insece uersutum ANDR.*poet.*1; flerent diuae ~ae Naeuium poetam NAEV.*poet.*64.2; LUCIL.1028; amant alterna ~ae VERG.*Ecl.*3.59; acceptus..nouem ~is HOR.*Saec.*62; PROP.3.10.1; OV.*Met.*15.482; JUV.7.2; (*transf.*) Karthago ~a togatorum APUL.*Fl.*20; *CIL* 8.26672.

2 Poetry, poems (of a particular poet or kind). **b** (of a specified nationality).

prima dicte mihi, summa dicende ~a..Maecenas HOR. *Ep.*1.1.1; tragicae genus..~ae *Ars* 275; exorata meis.. Cytherea ~is [TIB.]3.13.2; fila lyrae moui Calabris exculta ~is (*i.e. of Horace*) MART.12.94.5; litora Thermarum, prisca dotata ~a SIL.14.232; aliquid earundem ~arum PLIN.*Ep.* 9.25.3. **b** spiritum Graiae tenuem ~ae HOR.*Carm.*2.16. 38; haec ubi non patria perlegi scripta ~a OV.*Pont.*4.13. 33; COL.2.2.7.

Cameria ~ae, *f.* **~um,** *n.* A town in Latium.

LIV.1.38.4; — PLIN.*Nat.*3.68; TAC.*Ann.*11.24.

Camerīna ~ae, *f.* A town in Sicily.

VERG.*A.*3.701; hinc ~an adit OV.*Fast.*4.477.

Camerīnum ~ī, *n.* A town in Umbria.

CATO *orat.*58; CIC.*Att.*8.12b.2; CAES.*Civ.*1.15.5.

Camerīnus ~ī, *m.* A cognomen in the Sulpician *gens*.

OV.*Pont.*4.16.19; TAC.*Hist.*2.72;—(*as typical nobility*) JUV.7.90; 8.38.

Camers ~rtis, *a.* Of Camerinum.

in agro ~rti CIC.*Sul.*53;—(*masc. pl. as sb.*) *Balb.*47; SIL. 4.157; (*collect. sg.*) 8.461.

Camertīnus ~a ~um, *a.* Of the Camertes.

~um (foedus) CIC.*Balb.*46.

camilla[1] ~ae, *f.* [CAMILLVS[1]] A handmaid or female attendant in certain religious ceremonies.

caelitum ~a, expectata aduenis PAC.*trag.*232; VAR.*L.*7.34.

Camilla[2] ~ae, *f.*

1 A legendary Volscian woman who fought against Aeneas.

VERG.*A.*7.803; 11.432.

2 The fem. form of the cognomen Camillus.

SUET.*Cl.*26.1.

camillus[1] ~ī, *m.* [cf. Gk. καδμῖλος]

1 (app.) A boy-attendant of a priest.

dicitur nuptiis ~us qui cumerum fert VAR.*L.*7.34; PAUL. *Fest.*p.93M; (*cf.*) ~us proprie appellatur puer ingenuus p.43M.

2 (See quot.; ? or neut.).

cumeram uocabant antiqui uas quoddam quod opertum in nuptiis ferebant, in quo erant nubentis utensilia, quod et ~um dicebant PAUL.*Fest.*p.63M.

Camillus[2] ~ī, *m.* A Roman cognomen, esp. of the dictator, M. Furius Camillus, who captured Veii (396 B.C.) and saved Rome from the Gauls. **b** (pl., as a type).

VERG.*A.*6.825; HOR.*Carm.*1.12.42; LIV.5.19.2; legibus antiquis castrorum et more ~i seruato JUV.16.15; SUET.*Cl.* 26.1. **b** quam simplex mensa ~is! GRAT.321; Decii reducesque ~i STAT.*Silv.*5.2.53; qui loquitur Curios adsertoresque ~os MART.1.24.3.

camīnō ~āre ~ātum, *tr.* [next+-O[3]] To form into an oven; to shape like an oven.

acerui consertis taleis recentibus luto ~antur (*in charcoal-burning*) PLIN.*Nat.*16.23;—iubet..~ata fossura ore compressiore esse 17.80.

camīnus ~ī, *m.* [Gk. κάμινος]

1 A domestic stove or furnace. **b** (prov.) *oleum addere ~o*, to add fuel to the flame.

ligna in ~um ficulna..in aceruum conpone CATO *Agr.* 37.5; ~o luculento utendum censeo CIC.*Fam.*7.10.2; udos cum foliis ramos urente ~o HOR.*S.*1.5.81; *Ep.*1.11.19; SUET.*Vit.*8.2. **b** adde poemata nunc, hoc est, oleum adde camino HOR.*S.*2.3.321.

2 A foundry furnace, forge.

Cyclopum educta ~is moenia VERG.*A.*6.630; OV.*Fast.* 4.473; quod ferrum calidi soluant atque aera ~i MAN.4.250; ~orum farina PLIN.*Nat.*28.84; falces auidis et aratra ~is.. saeuum rubuere STAT.*Theb.*3.588; iam follibus atque ~is ardet adoratum populo caput JUV.10.61;—(*sg.*) coquitur dum massa ~o PERS.5.10; PLIN.*Nat.*33.69.

3 A vent of subterranean fires.

flagrat..Susis quidem ad Turrim Albam XV ~is..campus PLIN.*Nat.*2.237; (*cf.*) ingentemque insuper Aetnam impositam ruptis flammam exspirare ~is VERG.*A.*3.580.

cammarus ~ī, *m.* (**~os.**) [Gk. κάμμαρος] FORMS: *gam-* VAR.*R.*3.11.3 (*s.v.l.*).

1 A lobster.

aquatilis cibi si sit facultas, datur ~us COL.8.15.6; PLIN. *Nat.*32.148; concolor in nostra, ~e, lance rubes MART. 2.43.12; JUV.5.84.

2 = ACONITVM.

PLIN.*Nat.*27.9.

Campānia ~ae, *f.* A province of Italy south of Latium, noted for its fertility.

~a terra daretur TIB.1.9.33; VITR.8.3.12; LIV.7.38.8; MELA 2.59; SUET.*Cl.*5.1.

Campāniānus ~a ~um, *a.* Situated in Campania.

fundum meum ~um PAUL.*dig.*32.1.78.3.

Campānicus ~a ~um, *a.* Of Campanian type or manufacture.

peristromata..~a PL.*Ps.*146; sertam ~am P. V bene odoratam CATO *Agr.*107.1; 135.2; fiscinas olearias ~as 153.

Campānus ~a ~um, *a.* FORMS: *Campans* (neut.) PL.*Trin.*545.

1 Of Campania, Campanian; typical of, or connected with, Campania. **b** (masc. pl. as sb.) the Campanians. **c** (in plant names) *inula ~a*: see INVLA; *sertula ~a* = MELILOTVM. **d** (of Campanian bronze-ware); (neut. pl. as sb., app.) Campanian bronze vessels.

LIV.26.34.8; ~o ponti (*between Latium and Campania*) HOR.*S.*1.5.45; Apulos ~osque agros COL.3.8.4; ~i gloria ruris MART.9.60.4; ~i..Venafri MART.13.101.1;—~um in morbum, in faciem permulta iocatus HOR.*S.*1.5.62; epigramma Naeuii plenum superbiae ~ae GEL.1.24.2. **b** LIV. 23.35.3; ~us sonipes succussor LUCIL.507; ~ae..urbi (*sc.* Capuae) VERG.*A.*10.145. **c** LARG.128;—meliloti, quod a nobis sertula ~a dicitur 258. **d** ~a supellex HOR.*S.*1. 6.118; ~a..trulla 2.3.144;—PLIN.*Nat.*18.360.

2 (w. particular reference to Capua). **b** *ager ~us*, Capuan territory taken over by the Romans as public land after the second Punic War. **c** (masc. pl. as sb.) the Capuans.

equitum ~orum LIV.23.7.2; senatum ~um LIV.23.35.3; ~a..moenia SIL.1.663. **b** CIC.*Agr.*2.76; in urbe agroue ~o LIV.26.34.7; (*cf.*) arationes ~a et Leontina CIC. *Phil.*2.101. **c** ENN.*Ann.*169; CIC.*Agr.*2.97.

campē ~ēs, *f.* [Gk. κάμπη]

1 A caterpillar.

limax hirsutaque ~e COL.10.324; 10.366.

2 (See quot.)

~as marinos equos Graeci a flexu posteriorum partium appellant PAUL.*Fest.*p.44M.

Campensis ~is ~e, *a.* Of the *Campus* (*Martius*), a title of Isis.

APUL.*Met.*11.26.

campestre ~is, *n.* [CAMPESTRIS] A loin-cloth worn by athletes, etc.

HOR.*Ep.*1.11.18.

campestria ~ium, *n. pl.* [next] Flat country, plains.
hiberna iis (esse) meliora, qui colunt ~ia Var.*R.*1.6.5; per ~ia fluens Rhenus Sen.*Nat.*3.27.9; nascitur ubique, praecipue ~ibus Plin.*Nat.*27.139; Fron.*Str.*2.2.11; Tac.*Ger.*43.2.

campestris (-ster) ~is ~e, *a.* [campvs+-estris] Forms: (nom. sg. masc.) *-ster* Var.*R.*1.6.5, *-stris* Cato *hist.*7, Col.3.1.2, etc.

1 Having the nature of a plain, flat, level.
~is plerus Aboriginum fuit (ager) Cato *hist.*7; cum tria genera sint..agrorum..~e, collinum, montanum Var.*R.*1.6.2; ~ibus ac demissis locis Caes.*Gal.*7.72.3; ~ia et maritima loca Liv.9.13.7; ~is eadem (*sc.* Cilicia) qua uergit ad mare Curt.3.4.8; ~i aequatum planitiei Plin.*Nat.*2.203.

2 a (of persons) Living on plains, plain-dwelling. **b** (of roads, etc.) lying in or leading over plains; (also fig. of an easy task) 'plain-sailing'. **c** situated or occurring on a plain.
a ~es..Scythae Hor.*Carm.*3.24.9; ~em hostem..pugnae genere facile elusit Liv.22.18.3; 39.53.13. **b** itineris ~is Caes.*Civ.*1.66.4; aperto et ~i undique aditu Liv.36.10.7; ~es emensi uias Apul.*Met.*8.23; (*cf.*) propter..uiarum ~em mollitudinem..ne rotae deuorarentur Vitr.10.2.11;—cetera illa multo sunt proniora, multifaria⟨m⟩ procliua uel ~ia, τὸ ἐπιδεικτικὸν in arduo situm Fro.*Aur.*1.p.104(54N). **c** ad ~is munitiones accedunt Caes.*Gal.*7.81.1; in fontibus ~ibus Vitr.8.1.7; crediderat ~is oppidi facilem expugnationem esse Liv.27.39.12; frumentum quoque ualentius est collinum quam ~e Cels.2.18.9.

3 (designating plants or varieties of plants) Field.
palma ~is Col.3.1.2; montanam (ulmum) quae sit amplior, ~em quae fruticosa Plin.*Nat.*16.72; 21.44; 24.34.

4 Of or belonging to the *Campus Martius*: **a** (as a place of exercise). **b** (as the place of elections) electoral.
a exercitatione ludoque ~i Cic.*Cael.*11; scis quo clamore coronae proelia sustineas ~ia Hor.*Ep.*1.18.54; in illa meditatione ~i Plin.*Pan.*13.1; Suet.*Nero* 10.2. **b** quaestum illum maxime fecundum uberemque ~em Cic.*Har.*42; patres praeturam Sp. Furio M. filio Camillo..gratia ~i ceperunt Liv.7.1.2; ~em experiri temeritatem V.Max.4.1.14; inter diuisores operasque ~es Suet.*Aug.*3.1.

5 (as the title of country deities, esp. in Gaul; also fem. as sb.)
marti ~i *CIL* 2.4083;—eponab et ~ib sacr *CIL* 3.7904; ~ibvs sacrvm *CIL* 13.6449.

camphippus ~ī, *m.*: var. hippocampvs.
~i, elephantocamellos Lucil.1126 (*cj.*).

campsō ~āre, *tr.* [Gk. κάμπτω] To go round, to 'double'.
Leucatem ~ant Enn.*Ann.*328.

cam(p)tēr ~ēros, *m.* [Gk. καμπτήρ] The turning-point at the end of a race-course.
extremum intra ~erem ipsum praegradat Parthenopaeum Pac.*trag.*48; (*transf.*, *s.v.l.*) is fecit Venerem et Pothon..Vestam sedentem..duosque ~eras circa eam Plin.*Nat.*36.25.

campus ~ī, *m.* [dub.]

1 A flat expanse of land, plain, field. **b** (defined by proper adjs., or other means). **c** *~us Martius*, an open space outside the *pomerium* at Rome on the banks of the Tiber; see also sense 2; *~us minor*, (perh.) the *Campus Martialis* on the Caelian Hill. **d** (fig., as type of straightforward and easy conditions).
confluges ubi conuentu ~um totum inumigant Andr.*trag.*18; porro illic longe usque in ~is ultumis Pl.*Rud.*1034; quos..~os antea collisque nitidissimos uiridissimosque uidissem Cic.*Ver.*3.47; ~os pedibus transire Lucr.4.459; cum esset inter bina castra ~us circiter milium passuum vi Caes.*Civ.*3.37.2; Hor.*S.*2.3.55; fumantis puluere ~os Verg.*A.*11.908; sunt omnia ~i circa Nolam Liv.23.44.7; parua quaedam animalia, quae in angustis mobilia ~o deprehenduntur Quint.*Inst.*12.2.14;—(*in the underworld*) Elysios..~os Verg.*G.*1.38; aeris in ~is latis *A.*6.887;—(*w. ref. to the herbage growing on it*) moritur..ad sibila ~us Stat.*Theb.*5.528;—(*w. ref. to agricultural use*) ~us frumentarius Cato *Agr.*1.7; ex uno tondentes gramina ~o lanigerae pecudes Lucr.2.661; flauescet ~us arista Verg.*Ecl.*4.28; Ov.*Fast.*1.84; Plin.*Ep.*3.19.5; (*fig.*) uelim ego osse arare ~um cereum (*i.e. wax tablet*) Titin.com.160;—(*poet.*) immotaque attollitur unda ~us Verg.*A.*5.128;—(*facet.*) latum nitidae..caluae ~um temporibus tegis comatis Mart.10.83.3. **b** ~is Curculionieis Pl.*Mil.*13; in ~o Tiburti Cato *hist.*57; in uilla..~i Atinatis Cic.*Div.*1.59; Hyperboreosque ~os Hor.*Carm.*2.20.16; ~us Campanus Liv.*p.*23.8; Bistonios..~os Ov.*Tr.*1.10.23;—testes sunt lati ~i quos gerit Africa terra politos Enn.*Sat.*11; ~o Diomedis *formula* in Liv.25.12.5. **c** Cic.*Agr.*2.85; sibi in ~o Martio comitia consulum habenti *Q.fr.*2.2.1 (*cf.*) quantos ille uirum magnam Mauortis ad urbem ~us aget gemitus! Verg.*A.*6.873;—Catul.55.3. **d** istum qui montis belli fabricatus est, ~os sustulit pacis! *Rhet.Her.*4.15; feratur ergo (eloquentia) non semitis sed ~is Quint.*Inst.*5.14.31.

2 (short for *~us Martius*). **b** (as the place where the *comitia* were held; also meton. for the *comitia* themselves). **c** (as a place of recreation and exercise).
secunda spolia, in Martis aram in ~o solitaurilia, utra uoluerit, caedito *Lex Reg.*(*Font.iur.*p.8); me in consulatu meo carnificem de foro, crucem de ~o sustulisse Cic.*Rab.Perd.*10; signa..ex aerario prompta delataque in ~um Liv.3.69.8. **b** ut Hortensius consul designatus domum reducebatur e ~o Cic.*Ver.*18; sit sane Fors domina ~i *Pis.*3; hic generosior descendat in ~um petitor Hor.*Carm.*3.1.11; Liv.26.18.6; nec minor in ~o furor est Petr.119.l.39; clausi proelia ~i Luc.7.306; e ~o comitia ad patres translata sunt Tac.*Ann.*1.15;—hunc..diem ~i speratum atque exoptatum Cic.*Mil.*43; consimilem ~i notam expertus V.Max.6.9.14; (*cf.*) Liberum appellare pro uino, Neptunum pro mari, curiam pro senatu, ~um pro comitiis Cic.*de Orat.*3.167. **c** non ad solarium, non in ~o, non in conuiuiis uersatus est Cic.*Quinct.*59; gaudentem paruisque sodalibus..et ludis et post decisa negotia ~o Hor.*Ep.*1.7.59; fuscentur corpora ~o Ov.*Ars* 1.513; tempora quae spectaculis, ~o, tesseris..conteruntur Quint.*Inst.*1.12.18.

3 An open space for sport, recreation, etc., field.
~vm vbei lvdvnt..fecit *CIL* 1529.6; nec quod in ~um descenderim id fuisse causae cur pila luderem Cic.*Fat.*34; cum praecipiti certamine ~um corripuere Verg.*G.*3.103; Vitr.1.7.1; immiti cupidum decurrere ~o Hippomenen Stat.*Silv.*1.2.85; quis sudores tuos hauserit ~us Plin.*Pan.*15.4.

4 A field or plain as the scene of military operations. **b** (fig., of a speech).
densantur ~is horrentia tela uirorum Enn.*Ann.*285; cum sibi delegissent ~um ad rem gerendam Hirt.*Gal.*8.18.1; nos animae uiles..sternamur ~is Verg.*A.*11.373; conlatisque aequo ~o signis Liv.24.48.12; donec compleris sanguine ~um 25.12.6; in apertos undique ~os prosiliunt hostes Ov.*Fast.*2.227; illos esse ~os..ubi reciperare gloriam possent Tac.*Hist.*3.24; (*meton.*) miscebat ~um, membrorum in proelia portans celsius humano robur Sil.5.434. **b** aequo congressa ~o totas uires populariter explicabit (oratio) Quint.*Inst.*12.9.2.

5 (fig.) Field of action, scope, opportunity. **b** the subject-matter or sphere of an orator or writer.
nullum enim nobis sors ~um dedit in quo excurrere uirtus cognoscique posset Cic.*Mur.*18; non habeat satis magnum ~um ille tibi non ignotus cursus animi *Att.*5.15.1; non alias umquam..~o maiore exercita uirtus Stat.*Ach.*1.793; patet enim omnibus honoris et gloriae ~us Plin.*Pan.*70.8; cur tamen hoc potius libeat decurrere ~o Juv.1.19; quantus ~us calumniis..aperiatur Apul.*Apol.*55. **b** ex ingenti quodam oratorem immensoque ~o in exiguum sane gyrum compellitis Cic.*de Orat.*3.70; hinc rhetorum ~us de Marathone, Salamine, Plataeis *Off.*1.61; tenuis mihi ~us aratur Ov.*Tr.*2.327; Stat.*Silv.*4.7.1.

6 (poet., w. spec. adjs. or gen.) An expanse (of water), the sea.
caeruleos per ~os Pl.*Trin.*834; quid undas arguit et liquidam molem ~osque natantis? Lucr.6.405; ~os salis aere secabant Verg.*A.*10.214; latarum..~os..aquarum Ov.*Met.*11.356; (*sg.*) ~oque recepta liberioris aquae 1.41; umentem..~um Sil.14.368.

camtēr: see campter.

Camulodunum ~ī, *n.* **Camal-.** A town of the Trinobantes in Britain, now Colchester.
Plin.*Nat.*2.187; Tac.*Ann.*12.32; *CIL* 14.3955.

camum ~ī, *n.* [prob. Celt.] (app.) A kind of beer.
nec ~um nec ceruesia continebitur (uini appellatione) Ulp.*dig.*33.6.9.

camur(us) ~a ~um, *a.* [perh. Gk. καμάρα] (app.) Curved or arched inwards; having such horns.
~is hirtae sub cornibus aures Verg.*G.*3.55;—camera et ~i boues a curuatione ex Graeco dicuntur Paul.*Fest.*p.43M.

cāmus ~ī, *m.* [Gk. κημός] (app.) A necklace.
~o collum grauem Acc.*trag.*302.

canabae ~ārum, *f. pl.* **kan-.** [cf. Gk. κάναβος] A settlement of traders, time-expired soldiers, etc., close to a Roman camp or fortress.
CIL 3.940.19; act(vm) canab(is) leg. xiii g. 3.959.18; 13.1954.

canabārius ~(i)ī, *m.* [prec.+-arivs] = next.
CIL 13.6730; 13.11806.

canabensis ~is, *m.* [canabae+-ensis] An inhabitant of *canabae*.
fortvnae avg sacr et genio ~ivm *CIL* 3.1008; 13.6780.

Canacē ~ēs, *f.* (mythol.) The daughter of Aeolus, who committed incest with her brother Macereus.
Ov.*Tr.*2.384; *Ib.*355; Hyg.*Fab.*242.2; Suet.*Nero* 21.3.

? **canāle** ~is, *n.* = canalis.
'~e (*cod.* ~em) et pedale (*cod.* -em)': lepus et solea est allata Petr.56.9.

canālicius ~a ~um, *a.* [canalis+-icivs¹] Derived from shafts.
quod puteis foditur (aurum), ~um uocant, alii canaliense Plin.*Nat.*33.68.

canālicola ~ae, *m.* [canalis+-cola] (See quot.)
~ae forenses homines pauperes dicti, quod circa canales fori consisterent Paul.*Fest.*p.45M.

canālicula ~ae, *f.* = canalicvlvs.
Lucil.1127; quasi ~as quasdam uel fistulas Gel.17.11.2.

canāliculātim, *adv.* [canalicvlvs+-im] Into or by channels.
(concharum genera) iam distinctione uirgulata, crinita, crispa, ~, pectinatim diuisa Plin.*Nat.*9.103.

canāliculātus ~a ~um, *a.* [next+-atvs²] Channelled, grooved.
Plin.*Nat.*9.130; semina..quibusdam angusta et ~a, ut cumino 19.119; foliis ad radicem ~ta (*sc.* felix) 27.78.

canāliculus ~ī, *m.* [canalis+-cvlvs]

1 A small channel or duct. **b** a groove.
intra retem aues sunt omnigenus..quibus aqua ministratur per ~um Var.*R.*3.5.14; inque eius tympani theca..fiat foramen unum habens ~um Vitr.10.9.3. **b** secundum eam (*sc.* partem) ~i ad normae cacumen inprimantur Vitr.4.3.5; tegulae bipedales..habentes singulis coagmentorum frontibus excelsos ~os digitales 7.1.7; ~i, qui graece σύριγξ dicitur 10.10.3.

2 A feeding-trough.
~i milio repleti apponuntur Col.8.10.5; 9.14.15.

3 A gutter-splint.
si plura fragmenta sunt, excipienda sunt ea ex ferula facto ~o Cels.8.8.1.c; 8.24.

canāliensis ~is ~e, *a.* [next+-ensis] = canalicivs.
Plin.*Nat.*33.68.

canālis ~is, *m., f.* [app. canna+-alis]

1 A channel or conduit for supplying water: also, the water from a conduit, a shoot. **b** for supplying water and food to animals, etc.; also, a trough. **c** for other liquids (also combined W. solea). **d** the spout (of a vessel). **e** (fig.) flow or stream (of sound or language).
eam (aquam) potius per ~es angustas serpere (oportet), quae facile extergeri possint Var.*R.*3.5.2; coria inducuntur, ne ~ibus aqua immissa lateres diluere posset Caes.*Civ.*2.10.6; fistvlas ~es tvbos ponere *CIL* 10.4842.13; ductus..aquae fiunt generibus tribus: riuis per ~es structiles Vitr.8.6.1; Suet.*Cl.*20.2; Ulp.*dig.*33.7.12.21;—per aestatem id (*sc.* caput) bene largo ~i cotidie debet aliquamdiu subicere Cels.1.4.3; 4.12.7. **b** perpetua ~is, in quam et cibus inponitur iis et inmittitur aqua Var.*R.*3.11.2; greges..iubebo currentem ilignis potare ~ibus undam Verg.*G.*3.330; mellaque harundineis inferre ~ibus 4.265;—fabricentur ~es tamaricis et rusco..et sitientibus admoueantur Col.7.10.8. **c** pauimentum binis uasis cum ~ibus duabus p. xxx (*sc. in a wine-press*) ⌊Cato *Agr.*18.2; Col.12.52.6; primus sudor (taedae) aquae modo fluit ~i Plin.*Nat.*16.52. **d** eius (urnulae) orificium..in ~em porrectum Apul.*Met.*11.11. **e** pleniore..haec ~i fluunt: 'uos, Albani tumuli atque luci' Quint.*Inst.*11.3.167.

2 An open drain or gutter. **b** a drain or gutter along the roof of a building.
in medio (foro) propter ~em, ibi ostentatores meri Pl.*Cur.*476; ita fastigatum, ut in ~i habeat nares Vitr.7.4.5; utraque (aedes) in Capitolio est, ~i uno discretae Liv.23.31.9. **b** perterebrata sint ad ~em, qui excipit e tegulis aquam caelestem Vitr.3.5.15.

3 The channel or bed of a river. **b** a strait of the sea; also, a deep channel in the sea-bed. **c** a reef or vein in a mine.
nisi diuersos emittat terra ~es hospitium fluuiis *Aetna* 128; adeo citus ut..ultra quam ~em habet euehat (undam) Mela 3.40; Sen.*Nat.*3.11.2; (*cf.*) amnis..flumina demerso trahit intemerata ~i Stat.*Silv.*1.2.205. **b** pelagi ~is angustior Europam ab Asia..disterminat Mela 1.101;—mare..uadosum..sed certis ~ibus..profundum Plin.*Nat.*6.82. **c** uagantur hi uenarum ~es per latera puteorum Plin.*Nat.*33.68.

4 A gutter or groove for the moving parts of a machine, catapult, etc.
~em ligneum sub tigno fixit Vitr.9.8.3; ~is fundi longitudo foraminum xvi 10.10.4; ipsam machinam..in medio habentem conlocatum in orthostatis ~em 10.13.7.

5 a A groove cut in wood, stone, etc.; a grooved splint. **b** a groove in var. parts of plants.
a cymatio, adempto abaco et ~i, reliqua sit pars Vitr.3.5.7; calx, quae erit haerens in ~ibus 7.1.7; habeat in superiore parte ~em longum pedes v, latum digitum, altum sesquidigitum 8.5.2;—ubi deligatum est, in ~em coniciendum est Cels.8.10.5.a. **b** inmitium (raphanorum)..rotundiores crassioresque ac longis ~ibus (caules) Plin.*Nat.*19.82; haec quoque (folia) nigriora et ~ium dorso rubescentia 25.48.

6 a (applied to var. passages or ducts in the body). **b** the tube of a musical instrument.
a (*the cervix uteri*) ea (*sc.* uolua) recta tenuataque ceruice, quem ~em uocant Cels.4.1.12; (*the wind-pipe*) in ipso animae ~i Plin.*Nat.*8.29; (*cf.*) pupilla, cuius angustiae non sinunt uagari incertam aciem ac uelut ~i dirigunt 11.148. **b** (sonum) tuba per longi ~is angustias tractum..effudit Sen.*Ep.*108.10; Calp.*Ecl.*4.76.

7 A narrow passage, funnel.
uentus..locorum coeuntium in ~em deuexum tenuemque collectus Sen.*Nat.*5.13.2; ~e directo perges ad ipsam Orci regiam Apul.*Met.*6.18; propellor ad incurua spatia flexuosi ~is 9.11.

canārius ~a ~um, *a.* [canis+-arivs] Of or connected with dogs. **b** *lappa ~a*, a kind of bur.
augurio ~o agendo dies constituantur Plin.*Nat.*18.14; rutilae canes..immolantur, ut ait Ateius Capito, ~o sacrificio Fest.p.285M. **b** quae ~a appellatur lappa..trita ex uino carcinomata sanat Plin.*Nat.*24.176.

canātim, *adv.* [CANIS+-IM] In the manner of a dog.
NIGID.*gram.*22.

cancamum ~ī, *n.* [Gk. κάγκαμον] An Arabian gum, perh. *Balsamodendron katuf.*
PLIN.*Nat.*12.98.

cancellātim, *adv.* [CANCELLVS+-IM] In a lattice arrangement.
rectos et trauersos ~ toto corpore habuisse neruos PLIN. *Nat.*7.81; ~ reticulata 9.103; 11.201.

cancellātiō ~ōnis, *f.* [CANCELLO+-TIO] Land measurement by means of a 'grid'.
SIC.FL.*agrim.*p.118.

cancellātus ~a ~um, *a.* [pple. of next] Having a lattice pattern, reticulated.
~a cutis (*of elephants*) PLIN.*Nat.*8.30.

cancellō ~āre ~āuī ~ātum, *tr.* [next+-O[3]]

1 To arrange in a criss-cross pattern.
polypus..~ato bracchiorum inplexu claudit PLIN.*Nat.* 9.164.

2 To enclose in a lattice, to enclose (land) in a 'grid'.
haec autem (uinea)..cum inferius solum quasi ~auit et irretiuit, cratem facit COL.4.2.2;—uniuersa regio, quae ~ata erat HYG.*agrim.*p.82.

3 To cancel (a document, orig. by crossing).
instrumentum..uanum et pro ~ato habebitur SCAEV. *dig.*2.14.47.1; ULP.*dig.*29.1.15.1; si omnem scripturam testamenti ~asset MARCEL.*dig.*28.4.3.

cancellus ~ī, *m.* [CANCER[2]+-LVS]

1 A latticed barrier or grating, grille (in the law-courts, theatres, etc.). **b** (fig.) a limit, barrier. **c** *intra* ~*os*, in a confined space.
ad speciem ~orum scenicorum ac theatri VAR.*R.*3.5.4; tantus ex fori ~is plausus excitatus CIC.*Sest.*124; OV.*Am.* 3.2.64; ut riuis, per quos exundat piscina, praefigantur aenei foraminibus exiguis ~i COL.8.17.6; AEDICVLAM.. ⟨CVM COLVM⟩NIS ET ~O AEREO *CIL* 6.207; si..~us uel specularium sit ablatum ULP.*dig.*43.24.9.1. **b** esse.. certarum rerum forensibus ~is circumscriptam scientiam CIC.*de Orat.*1.52; si extra hos ~os egredi conabor quos mihi ipse circumdedi *Quinct.*36; *Ver.*3.135; singularis homo priuatus..uix ~is et regionibus offici..continetur *Agr.*2.97. **c** Caesarisque copiis in orbem compulsis intra ~os omnes coniecti pugnare cogebantur *B.Afr.*15.3.

2 (applied to the lines on an elephant's skin).
artatis in rugas repente ~is comprehensas (muscas) enecant (elephanti) PLIN.*Nat.*8.30.

cancer[1] ~crī (~ceris), *m.* Also *n.* [Gk. καρκίνος, Skt. *karkaṭaḥ*] FORMS: ~*ceres* (acc. pl.) CATO.*Agr.*157.3. GENDER: sts. neuter, only certainly in nom. and acc. sg.: see sense 3.

1 A crab.
ut transuorsus, non prouorsus cedit, quasi ~cer solet PL. *Ps.*955; neue rubentis ure foco ~cros VERG.*G.*4.48; concaua litoreo si demas bracchia ~cro OV.*Met.*15.369; COL.9.5.6; ~cris x marinis uel fluuiatilibus PLIN.*Nat.*20.120; cum ~cro masculo 29.101; ~cro femina..contuso 32.134.

2 The constellation Cancer (which the sun enters in the middle of the summer solstice; hence associated with summer heat).
subiectus (Arcto) mediaest ~cer CIC.*Arat.*152; longaque iam minuit praeclarus lumina ~cer Q.CIC.*poet.*5; ~cri se ut uertat metas ad solstitialis (sol) LUCR.5.617; SOL IN ~CRO *Fast.Ven.*(*CIL* 1.p.221); sub sidere ~cri VERG.*Ecl.*10.68; octipedis ~cri terga sinistra time! PROP.4.1.150; ter gelidas Arctos, ter ~cri bracchia uidit OV.*Met.*4.625; MAN.1.266; ad exustam ~cro torrente Syenen LUC.8.851; SEN.*Nat.* 3.29.1; cum sol sit in ~cro, serpentes torqueri PLIN.*Nat.* 32.55; uiridis ~cri mensibus alget ager MART.5.71.2.

3 (the name applied to various diseases now distinguished, incl. app. malignant tumours, cankers, gangrene, etc.).
eadem (*sc.* brassica lenis) uulnera putida ~ceresque purgabit CATO *Agr.*157.3; ut..malum late solet inmedicabile ~cer serpere OV.*Met.*2.825; ex eiusmodi casibus saepe ~cri fiunt CELS.5.26.35.B; si quando..ulcera oris ~cer inuasit 6.15.1;—(*neut.*) ne ad ~cer peruenerit QUAD.*hist.*49; ad carbunculos et ~cer inponendum est LARG.206; (*fig.*) sed antiquus amor ~cer est PETR.42.7.

cancer[2] ~crī, *m.* [app. dissim. f. CARCER] A lattice or barrier.
~cri dicebantur ab antiquis, qui nunc per deminutionem cancelli PAUL.*Fest.*p.46M; (*perh.*) inter Orci ~cros APUL. *Met.*6.8.

candefaciō ~facere ~fēcī ~factum, *tr.* [CANDEO+FACIO] For pass. voice *candefīō* (~*fierī*) is used.

1 To make white.
una opera ebur atramento ~facere postules PL.*Mos.*259; omnibusque ex eo uitiis detractis emaculatum et ~factum (argentum) GEL.7(6).5.9.

2 To heat, make hot.
in saccis aqua feruenti crebro ~factus (sal) PLIN.*Nat.* 31.102; marmori et iis, quae ~fieri non possunt 33.64; 34.96.

candēla ~ae, *f.* [CANDEO+-ELA]

1 A tallow candle or taper.
VAR.*L.*5.119; faces incidere, ~as sebare COL.2.21.3; PLIN. *Nat.*16.178; MART.14.43.1; breue lumen ~ae JUV.3.287; ~am adponere (*set fire to*) ualuis 9.98; (*typifying a funeral or death*) hinc tuba, ~ae PERS.3.103;—(*used for polishing*) ~a centunculisque puris subigat (parietem) VITR.7.9.3; PLIN. *Nat.*33.122.

2 Waxed cord.
lapidem fuisse quadratum..euinctum ~is quoquouersus HEM.*hist.*37; duo fasces ~is inuoluti LIV.40.29.6.

candēlābrārius ~(i)ī, *m.* [next+-ARIVS] A maker of candelabra.
FL AQVILIO HEDONI ~IO *CIL* 6.9228.

candēlābrum ~ī, *n.* Also ~**us** ~ī, *m.* [CANDELA+-BRVM] A stand for holding burning candles or lamps, a candelabrum.
matellam I, nassiternam I..~um I CATO *Agr.*10.2; lectos aeratos et ~a aenea CIC.*Ver.*4.60; ~a aedicularum sustinentia figuras VITR.7.5.3; Aegina ~orum superficiem dumtaxat elaborauit PLIN.*Nat.*34.11; QUINT.*Inst.*6.3.99;—(*masc.*) ~um ligneum ardentem CAECIL.*com.*111; tam magnus.. quam hic ~us est PETR.75.10.

candens ~ntis, *a.* *compar.* ~ntior. [pple. of CANDEO]

1 (of light, sources of light, etc.) Shining, bright, clear. **b** (transf., of Apollo) resplendent. **c** glittering.
sol, qui ~ntem in caelo sublimat facem ENN.*scen.*280; ~ns et plena luna CIC.*Rep.*1.23; insequitur ~ns confestim lucidus aer LUCR.4.340; quis numquam ~nte dies apparuit ortu [TIB.]3.7.65; Lucifero ~ns (color est) PLIN.*Nat.*2.79; Phoebus ~ntior V.FL.3.481. **b** niueo ~ntis limine Phoebi VERG.*A.*8.720; HOR.*Carm.*1.2.31. **c** nouitate nimia ~ntes solidos aureos APUL.*Met.*9.18.

2 White, or approaching white.
~ns corpore taurus VAR.*Men.*203; ~ns lacteus umor LUCR.1.258; ~ntis..canos *Ciris* 320; ~ntis uaccae VERG.*A.* 4.61; saxis..~ntibus HOR.*S.*1.5.26; ~ntia lilia OV.*Met.* 12.411; intra murum ~ntium dentium APUL.*Fl.*15; (*incl. sense 'of good omen'*) ~ntia fila STAT.*Silv.*1.4.123.

3 (esp. of iron) Red-hot, glowing, radiant. **b** (of liquids) hot, boiling-hot. **c** (of weather).
Dionysium..qui cultros metuens tonsorios ~nte carbone sibi adurebat capillum CIC.*Off.*2.25; ut calidis ~ns ferrum e fornacibus..stridit LUCR.6.148; VERG.*A.*12.91; HOR. *Ep.*1.15.36; ~ntes..lapides *Aetna* 452; VITR.1.4.3; colum torminaque (leuat sal)..saccis inpositus ~ns PLIN.*Nat.* 31.102; LARG.146; (*poet.*) Aeoliis ~ns austris..Libye SIL. 1.193. **b** radices..~nti aqua conspargendae COL.6.5.2; PLIN.*Nat.*33.122; ex oleo ~nti LARG.56. **c** uixque dies transit ~ntem extenta per aestum MAN.1.587.

candentia ~ae, *f.* [prec.+-IA] A luminous area.
extremamque eius partem ~ae oppido quam tenui linea ad terram mittere splendorem VITR.9.2.2.

candeō ~ēre ~uī, *intr.* [cf. Gk. κάνδαρος, Skt. *candati*]

1 To shine, be illuminated.
lumine sic tremulo terra et caua caerula ~ent ENN.*scen.* 292; CIC.*Arat.Progn.*160; ~ente sole PLIN.*Nat.*18.346.

2 To be white, gleam white. **b** (of other colours) to gleam, glisten.
~et ebur soliis CATUL.64.45; nudatis ossibus cuncta ~ere APUL.*Met.*8.15; (*of ghastly whiteness*) ni languido pallore ~erent genae SEN.*Phaed.*832. **b** rubro ubi cocco tincta super lectos ~eret uestis eburnos HOR.*S.*2.6.103.

3 To become or be hot.
tum primum siccis aer feruoribus ustus ~uit OV.*Met.* 1.120; (loca) quae..aestate saeuissime ~ent COL.1.4.9; cum feruida ~uit aestas LUC.1.214.

candescō ~ere, *intr.* [prec.+-SCO]

1 To grow light.
ut solet aer purpureus fieri..et breue post tempus ~ere solis ab ortu OV.*Met.*6.49; uidet tenui ~ere limen eoo V.FL. 7.22.

2 To grow white.
liceat..caput ~ere canis TIB.1.10.43; PROP.2.18b.5.

3 To become hot, to be made hot or red-hot.
ferrum ~it in igni LUCR.1.490; ~at lammina uernae PROP.4.7.35; currusque suos ~ere sentit OV.*Met.*2.230; donec..~at VITR.7.9.5; PLIN.*Nat.*36.199.

candetum ~ī, *n.* [Gall.; cf. Welsh *cant*, Lat. *centum*] (See quot.)
at Galli ~um appellant in areis urbanis spatium centum pedum, in agrestibus autem pedum CL COL.5.1.6.

candicans ~ntis, *a.* [pple. of next] White, approaching white.
taeniae ~ntis uadi PLIN.*Nat.*3.4; in fronte (*sc. of queen bees*) macula quodam diademate ~ns 11.51; ~ntibus foliis 23.19; ~nti..colore 35.127; Chia terra ~ns 35.194; e fuluo ~ntes (gemmas) 37.169.

candicō ~āre, *intr.* [CANDEO+-ICO] To have a white appearance.
cum ~at et quasi crustam perductam albam habet (ulcus) LARG.236; quod ex eo (*sc.* atramento sutorio) ~at PLIN.*Nat.*34.127; 37.200; pinnae..micanti flore ~ant APUL.*Met.*5.22; *Fl.*3.

candidārius ~a ~um, *a.* [CANDIDVS+-ARIVS] That makes white (bread).
PISTOR ~VS *CIL* 14.2302.

candidāta ~ae, *f.* [fem. of CANDIDATVS[2]] A woman candidate for an office.
qui ~am sacerdotii rapuit QUINT.*Decl.*252(p.34,l.18).

candidātōrius ~a ~um, *a.* [CANDIDATVS[2]+-TORIVS] Of or belonging to a candidate for office.
in omni munere ~o fungendo CIC.*Att.*1.1.2.

candidātus[1] ~a ~um, *a.* **(kan-.)** [CANDIDVS+-ATVS[2]] Dressed in white, or whitened, clothes.
PL.*Cas.*446; aequius uos erat candidatas uenire hostiatasque *Rud.*270; NE QVIS..PETITOR ~VS..CONVIVIA FACITO *CIL* 1.594.4.3.14; uectores nautaeque..~i coronatique SUET.*Aug.*98.2.

candidātus[2] ~ī, *m.* **(kan-.)** [prec.] FORMS: *cond- CIL* 6.29942.1.

1 A candidate for an office (from the custom of whitening the toga during candidacy). **b** (for a rank).
~us noster designatus aedilis VAR.*R.*3.17.10; paene neminem ne de officiosissima quidem natione ~orum CIC. *Pis.*55; ~i consulares omnes rei ambitus CIC.*Att.*4.18.3 (16.11); cures ut in suis uicinitatibus tibi petant et tua causa quasi ~i sint Q.CIC.*Pet.*31; ~um ⟨pr⟩aetorium SAL. *Hist.*2.45; cum..alii ~i tribus non explerent LIV.3.64.8; mihi fratrique meo, ~is Caesaris (*i.e. recommended by the emperor*),..destinari praetoribus contigit VELL.2.124.10; QUINT.*Inst.*6.3.62; moderante Tiberio ne plures quam quattuor ~os commendaret sine repulsa et ambitu designandos TAC.*Ann.*1.15; quaesturae ~um SUET.*Tib.*42.2. **b** libertus Icelus..iam summae equestris gradus ~us SUET. *Gal.*14.2.

2 (transf.) One who seeks to attain or strives after.
quam multarum rerum ~us sit SEN.*Ep.*118.2; auitae eloquentiae ~um QUINT.*Inst.*6.pr.13; ~us non consulatus tantum, sed immortalitatis et gloriae PLIN.*Pan.*63.1.

candidē, *adv.* [CANDIDVS+-E]

1 (clothed) In white.
cum corona ~ uestitus PL.*Cas.*767.

2 Openly, good-naturedly.
ne parum simpliciter et ~ posuisse inimicitias uidearis CAEL.*Fam.*8.6.1; quod uelim tam ~ ad aures uestras perueniat, quam simpliciter gestum est PETR.107.13; ~ me atque simpliciter (ea)..protulisse QUINT.*Inst.*12.11.8.

candidō ~āre ~āuī ~ātum, *tr.* [CANDIDVS+-O[3]] To whiten.
farinulenta cinere sordide ~ata APUL.*Met.*9.12.

candidulus ~a ~um, *a.* [CANDIDVS+VLVS] White, gleaming.
~i dentes CIC.*Tusc.*5.46; ~i diuina tomacula porci JUV. 10.355.

candidum ~ī, *n.* [next] The white (of an egg).
~um ex ouo infundi PLIN.*Nat.*29.39; ut octauo (die) ~o ouorum foueantur 32.84; 33.64.

candidus ~a ~um, *a.* *compar.* ~ior, *superl.* ~issimus. [CANDEO+-IDVS]

1 (of light, sources of light, etc.) Bright, radiant, clear; ~*us limes*, the Milky Way. **b** illuminated, bright. **c** bright, unclouded (in sense of 'happy').
tum ~a lumina (*i.e. torches*) lucent ENN.*Ann.*156; splendens stella ~a PL.*Rud.*3; ~a sidera LUCR.5.1210; nec ~a cursus luna negat VERG.*A.*7.8; HOR.*Carm.*3.15.6; ~us.. Sol OV.*Met.*15.30; *Fast.*5.548; ~iorque dies secreto fauit amori PETR.127.9,l.7; si circa occidentem ~us circulus erit PLIN.*Nat.*18.346;—(*poet., of winds*) quem tibi ~i primo restituent uere Fauonii HOR.*Carm.*3.7.1; COL.10.78;—~us in nigro lucet sic limes Olympo MAN.1.711. **b** clara loca ~a luce LUCR.5.779. **c** fulsere quondam ~i tibi soles CATUL.8.3; ~ior medio nox erit illa die OV.*Ep.*15.320.

2 (of colour) White. **b** (the opposite of black in prov. phrs.).
lapidem bonum..quam ~issimum CATO *Agr.*38.2; labi.. ~um ad calcem VAR.*Men.*288; quae ~a cernis LUCR.2.732; ~a uenit auis longis inuisa colubris (*i.e. the stork*) VERG.*G.* 2.320; ut alta stet niue ~um Soracte HOR.*Carm.*1.9.1; ~a.. Alba TIB.1.7.58; linteae ~ae LIV.9.40.3; ~a (*i.e. of marble*).. ara OV.*Fast.*6.394; ~a templa *Tr.*3.1.60; niueique lactis candidos fontes SEN.*Oed.*495; Saturno ~us (color) PLIN. *Nat.*2.79; donec in cinerem ~issimum redigantur (cornua) LARG.122; nuda et~a signa JUV.3.216; ~o fumo sulpuris APUL.*Met.*9.24. **b** prius..~a nigra oculi cernent *Dirae* 99; ~a de nigris et de candentibus atra..facere OV.*Met.*11.314; qui nigrum in ~a uertant JUV.3.30.

3 White, of light colour (in contrast with darker varieties, parts, etc.). **b** (of unripe fruit, etc.) pale (green), green. **c** AES ~*um*, prob. brass; PLVMBVM ~*um*, tin.
~a populus antro imminet VERG.*Ecl.*9.41; populus alba et nigra, item salix, tilia..sunt ~a VITR.2.9.9; ~a pars (oculi) extenta notam inpudentiae habet TROG. in Plin.*Nat.* 11.276; farinae ~ae CELS.6.6.1.H; PETR.64.8; Cyzicena (*sc. oysters*) maiora Lucrinis..~iora Circeiensibus MUC.*hist.*29; quae (scilla) ~issima fuerit PLIN.*Nat.*20.97; LARG.231; (*denoting the purest varieties*) salem ~um sic facito CATO *Agr.*88.1; turis ~i LARG.31; mastiches Chiae ~ae 108. **b** poma..quae ~a parte, parte rubent OV.*Met.*3.483; pomum iis primo ~um et fere omnibus bacis PLIN.*Nat.*15. 101; ex moris immaturis, id est ~is 34.133.

4 (pregn.) **a** (of clothing, esp. the toga, used

on ceremonial occasions); (also, of persons) dressed in white. **b** (of hair, as a sign of old age). **c** (of beasts, indicating purity in a religious sense). **d** (as a sign of cleanness). **e** (as the colour of good fortune).

a togis cum ~is TITIN.*com.*167; sordidati rei non miseritos ~am togam inuito offerre LIV.27.34.12; cum primo in ueste ~a uisi essent, quod et gratulantis decebat 45.20.5; lauru redimita comas et ~a cultu Roma MART.8.65.5;—tura dabo fumosis ~us aris OV.*Am.*2.13.23; ~a turba *Fast.* 4.906. **b** sapere istac aetate oportet qui sunt capite ~o PL.*Mos.*1148; ~ior postquam tondenti barba cadebat VERG.*Ecl.*1.28; MART.7.89.3. **c** ~a..uictima OV.*Tr.*4.2.5; (equi) ~i et nullo mortali opere contacti TAC.*Ger.*10.4; (*cf.*) per ~a terga iuuenci STAT.*Theb.*9.334. **d** ~os habet dentes CATUL.39.1; hoc (dentifricium)..~os facit dentes LARG.60; ut ueniant ad ~a tecta columbae OV.*Tr.*1.9.7. **e** quem lapide illa dies ~iore notat CATUL.68.148; o lucem ~iore nota! 107.6.

5 (of persons) Fair-skinned, fair (usu. implying beauty). **b** (of gods).

~a, longa, recta est CATUL.86.1; ~a Dido VERG.*A.*5.571; hic et ~us et talos a uertice pulcher ad imos HOR.*Ep.*2.2.4; praeposita est fuscae mihi ~a paelex! OV.*Fast.*3.493; siue ~a uicini subrisit molle puella PERS.3.110;—(*of limbs, etc.*) manu ~a PL.*Ps.*1262; ~a..uestigia CATUL.64.162; ~ae ceruici HOR.*Carm.*3.9.2; tua pectora, lacte et non calcata ~iora niue OV.*Pont.*2.5.38; ~a atque glaciali cute esse gentes PLIN.*Nat.*2.189;—(*of complexion, appearance*) uicit uictorem ~a forma uirum PROP.3.11.16; ~us in nauta turpis color OV.*Ars* 1.723. **b** Cupido fulgebat crocina ~us in tunica CATUL.68.134; Venus..dea ~a VERG.*A.* 8.608; ~e Liber ades [TIB.]3.6.1; ~e Bacche OV.*Fast.*3.772.

6 (of minerals or liquids) Clear, transparent, crystalline.

~arum (*sc.* gemmarum) dux est paederos PLIN.*Nat.* 37.129; uitrum ~um LARG.60; ~a..crystalla MART.10.14(13).5;—imber caelo ~us praecipitans AED.*poet.*2.4; pressaque ueloci ~a musta pede TIB.1.5.24; oui liquore ~o (*i.e. the 'white'*) usum eum adulterauere PLIN.*Nat.*33.100; MART.6.42.19.

7 Lucky, prosperous, favourable, happy. **b** (of mood, etc.) bright, cheerful, sunny.

iis laeta et ~a omnia uisa SAL.*Rep.*1.3.3; at tu..candidior semper ~iorque ueni TIB.1.7.64; o nox mihi ~a! PROP.2.15.1; fato ~iore frui OV.*Tr.*3.4.34; ~us et felix proximus annus erit *Pont.*4.4.18; ~a nosrti saecula patres uidere, procul fraude remota SEN.*Med.*329; si quid..nostris subscribis, ~e, uotis *Laus Pis.*258; STAT.*Silv.*4.3.146. **b** acerbitas deposita ~a relatione celebranda est V.MAX. 4.2.intro.; ~a semper gaudia STAT.*Silv.*2.2.149.

8 Disposed to think well of a person or thing, good-natured, kind. **b** morally pure, innocent.

animae qualis neque ~iores terra tulit HOR.*S.*1.5.41; contrane lucrum nil ualere ~um pauperis ingenium? *Epod.* 11.11; his debes ignoscere, ~e lector OV.*Tr.*1.11.35; ~us a salibus suffusis felle refugi 2.565; SEN.*Ep.*7.7; animumque eius ~a humanitate restitue PETR.129.11; si ~us aure..uenis MART.13.2.9; ad Vrsum..nostrum, iuuenem ~issimum STAT.*Silv.*2.pr.; (*iron.*) ~ius nihil est te, Caeciliane MART. 2.71.1; (*cf.*) dulcia..epigrammata..et cerussata ~iora cute 7.25.2. **b** pudore illo ~o APUL.*Met.*8.30.

9 (of writers or writings) Clear, lucid, unambiguous.

puro quasi quodam et ~o genere dicendi CIC.*Orat.*53; dulcis et ~us et fusus Herodotus QUINT.*Inst.*10.1.73; 10.1.121; uocumque filo tereti et ~o fabulam scripsit Herodotus GEL.16.19.1.

10 (of vocal tone) Bright, clear.

(uenere) uox reuocatur, cum et ~a declinat in fuscam PLIN.*Nat.*28.58; QUINT.*Inst.*11.3.15.

candificus ~a ~um, *a.* [CANDEO+-FICVS] That makes white, or cleans.

munditias dentium..tenuem ~um nobilem puluisculum APUL.*poet.*2.4(*Apol.*6).

candor ~ōris, *m.* [CANDEO+-OR]

1 Bright light, brightness, radiance. **b** (of gems) brilliance. **c** heat glow.

cum uidemus speciem..~oremque caeli CIC.*Tusc.*1.68; in luce et claro ~ore LUCR.4.232; 5.282; praemicantis lunae ~ore nimio completum orbem APUL.*Met.*11.1; (*of illuminated places*) (locus) splendidissimo ~ore inter flammas circus elucens CIC.*Rep.*6.16; (*hyperb.*) speculoclaras (*sc.* aedis), ~orem merum PL.*Mos.*642. **b** insignes ~ore ac magnitudine lapilli CURT.9.1.30. **c** cum e ~ore (lamnae) color (minii) mutatus fuerit eritque ater VITR.7.9.5.

2 Whiteness. **b** (concr.) snow.

marmoreo..~ore LUCR.2.765; equos..qui ~ore niues anteirent VERG.*A.*12.84; ~ore tunicarum fulgentem aciem LIV.10.39.12; si ~or lanae maxime placet, nunquam nisi candidissimos mares legeris COL.7.2.6; MART.14.145.1; oculus unicolor nulli; communi ~ore omnibus medius colos differens PLIN.*Nat.*11.145; uitex, salix, tilia,..habent ~orem 16.209; lanarum colores, quibus simplex ille ~or mutatus est QUINT.*Inst.*1.1.5; niueo ~ore iuuencam STAT. *Ach.*1.315. **b** iam solis aestu ~or cum liquesceret NAEV. *trag.*48.

3 Whiteness or fairness of complexion.

~or huius te et proceritas uoltus oculique pepulerunt CIC.*Cael.*36; nec Phrygium falso traxit ~ore maritum PROP. 1.2.19; candida ~orem roseo suffusa rubore OV.*Am.*3.3.5; iam mentum, iam ceruix, iam manus, iam pedum ~or PETR.126.17; conferre aliquid ~ori in mulierum cute existimatur (lac asinae) PLIN.*Nat.*11.238; (*cf.*) cicatrices nigras reducit ad ~orem 20.125; (*hyperb.*) solem uides satin ut occaecatust prae huius corporis ~oribus PL.*Men.*181; (*fig.*) fucati uero medicamenta ~oris et ruboris omnia repellentur CIC.*Orat.*79.

4 Disposition to think well of a person or thing, kindness. **b** moral purity.

quique est in caris animi tibi ~or amicis OV.*Tr.*3.6.7; uiribus infirmi, uestro ~ore ualemus *Pont.*3.4.13; neque enim iustus sine mendacio ~or apud bonos crimini est VELL.2.116.5; sincerum mihi ~ore noto reddas iudicium peto PHAED.3.pr.2; memor..~oris..animi tui LARG.pr. p.5,l.15; qui plurimum in scribendo et salis haberet et fellis nec ~oris minus PLIN.*Ep.*3.21.1. **b** si tamen ille prior, quo me sine crimine gessi, ~or ab insolita labe notandus erat OV.*Ep.*4.32.

5 (of a writer) Clearness, lucidity.

Titum Liuium..in narrando mirae iocunditatis clarissimique ~oris QUINT.*Inst.*10.1.101.

candosoccus ~ī, *m.* [Gall.] (hort., app.) A layer.

palmites..quos nostri agricolae mergos, Galli ~os uocant COL.5.5.16.

canentas: (see quot.).

~ capitis ornamenta PAUL.*Fest.*p.46M.

cāneō ~ēre ~uī, *intr.* [CANVS+-EO] To be or become covered in white, be hoary. **b** to be white or grey with age.

glauca ~entia fronde salicta VERG.*G.*2.13; ut..leto ~entia lumina soluit *A.*10.418; locus nemorum ~ebat frugibus Idae OV.*Am.*3.10.39; summo ~et in igne cinis *Ars* 2.440; remis eruta ~et aqua *Ep.*5.54; ager grauidis ~ebat aristis [*Met.*1.110; fetum ~entis oliuae 6.81; ~entem mandens aper ore cruorem SIL.1.424; densa montem qui ~et oliua JUV.14.144;—(*w. frost, etc.*) dum mane nouum, dum gramina ~ent VERG.*G.*3.325; inde..~uerint herbae rore recente quater OV.*Fast.*3.880; deciens niuibus ~uit Ide SEN.*Tro.*73; tertia ~et hiems STAT.*Theb.*5.112. **b** necdum temporibus geminis ~ebat sparsa senectus VERG.*A.* 5.416; plurimis..hic placet habitus, iamque ~ent insignes TAC.*Ger.*31.4; (*transf.*) expertes ~entis Iazyges aeui V.FL. 6.122; (*poet.*) quercus..molita..uertice ~enti proferre sub astra cacumen SIL.5.486.

Canēphoros, *f.* [Gk. *Κανηφόρος*] A statue of an Athenian maiden bearing sacred utensils in a basket on her head.

~oe ipsae uocabantur CIC.*Ver.*4.5; PLIN.*Nat.*36.25.

canēs: see CANIS.

cānescō ~ere, *intr.* [CANEO+-SCO]

1 To be or become white on the surface, become hoary.

uitia aridae, fistulosae, scabrae, ~entis (materiae) PLIN. *Nat.*17.34; alter (carduus) florem purpureum emittit inter medios aculeos ~entem 20.262; (*with growth*) praecipue ~it lanugine (lanata Aminea) COL.3.2.12; PLIN.*Nat.*25.167;—(*w. dust, ashes, or other deposits*) ~unt turpi tecta relicta situ OV.*Am.*1.8.52; *Met.*2.212; exiguum (nitrum) fit apud Medos ~entibus siccitate conuallibus PLIN.*Nat.*31.106; lanigeros cinere Ausonio ~ere lucos SIL.17.596;—(*w. foam*) ~ant aequora remis OV.*Ep.*3.65; MAN.1.708.

2 To grow grey or white (with age). **b** (fig.).

queritur ~ere mitis Iasiona Ceres OV.*Met.*9.422; capilli ne ~ant PLIN.*Nat.*30.134; SUET.*Gal.*8.2. **b** cumque ipsa oratio iam nostra ~eret CIC.*Brut.*8; omnia (carmina) quasi eodem cibo pasta non potuerunt usque ad senectutem ~ere PETR.2.8.

cānī ~ōrum, *m. pl.* [CANVS (sc. *capilli*)] Grey hairs; (meton.) old age.

non ~i nec rugae repente auctoritatem arripere possunt CIC.*Sen.*62; liceatque caput candescere ~is TIB.1.10.43; raris iam sparsus tempora ~is OV.*Met.*8.568; SEN.*Dial.* 10.7.10; PLIN.*Nat.*21.44;—nec tamen ~is natura dedit cunctarum rerum prudentiam COL.12.59.5; miserisque uiatica ~is PERS.5.65; paruulum..~is meis reddite APUL. *Met.*8.20.

canicae ~ārum, *f. pl.* [perh. CANIS+-ICVS] Bran.

LUCIL.711; ~ae furfures de farre a cibo canum uocatae PAUL.*Fest.*p.46M.

canīcula ~ae, *f.* [CANIS+-CVLA]

1 (in quots., opprobiously of persons) A bitch.

(*a woman who bites*) apage istanc ~am! PL.*Cur.*598; (*a sharp-tongued man*) cauillator quidam et ~a GEL.4.20.3.

2 A dog-fish or shark.

VAR.*L.*5.77; PLIN.*Nat.*9.34; ~is referta ⟨maria⟩ 13.139; 32.79; 32.137.

3 The dog-star, Sirius (sts. the constellation Canis Major), regarded as bringing hot weather. **b** (applied to Procyon).

inde ad ~ae signum dies XXVII VAR.*R.*1.28.2; post solstitium ~a exoritur CIC.*Div.*2.93; seu rubra ~a findet infantis statuas HOR.*S.*2.5.39; ~ae uitabis aestus *Carm.* 1.17.17; LIV.40.22.7; sitiens..~a OV.*Ars* 2.231; PERS.3.5; COL.3.11.8; PLIN.*Nat.*28.187; cum ~ae sidus oritur LARG. 202. **b** Procyon..non habet nomen, nisi ~am hanc uolumus intellegi, hoc est minorem canem PLIN.*Nat.*18.268.

4 The lowest throw at dice.

damnosa ~a quantum raderet PERS.3.49.

Cānidia ~ae, *f.* A sorceress figuring in poems of Horace.

an malas ~a tractauit dapes? HOR.*Epod.*3.8; 5.15; 17.6; *S.*1.8.48.

canifera ~ae, *f.* [app. ad. Gk. *κανηφόρος*] A woman carrying a basket.

~a mulier appellatur, quae fert canuam, id est qualum, quod est cistae genus PAUL.*Fest.*p.65M.

canīna ~ae, *f.* [CANINVS] Dog's flesh.

canis ~am non est (*dog does not eat dog*) VAR.*L.*7.31.

Canīnius ~a ~um, *a.* The name of a Roman plebeian *gens*, e.g. C. Caninius Rebilus, *consul suffectus* for a few hours at the end of 45 B.C.

CIC.*Att.*7.3.3; *Fam.*7.30.1; SUET.*Nero* 15.2.

canīnus ~a ~um, *a.* [next+-INVS]

1 Of or belonging to a dog; suitable or designed for a dog. **b** (see quot.).

~am scaeuam (*i.e. from a dog*) spero meliorem fore PL. *Cas.*973; lacte ~o OV.*Ib.*227; pellem ~am LARG.161; ~i capitis cinis PLIN.*Nat.*29.98; (*prov.*) de re..ego uerum dicam, qui linguam ~am comedi PETR.43.3;—MART.10.5.5; sordes farris mordere ~i JUV.5.11. **b** medium (genus uini) esse prandium ~um VAR.*Men.*575(GEL.13.31.).

2 Characteristic of a dog, resembling that of a dog. **b** ~*a littera*, the letter R, used to represent snarling.

r: non multum est, hoc cacosyntheton atque ~a si lingua dico LUCIL.377; ~a, ut ait Appius, facundia exercebatur SAL.*Hist.*4.54; tribunus Cannutius ~a rabie lacerabat Antonium VELL.2.64.3; Cynamolgi ~is capitibus PLIN.*Nat.* 6.195; naribus ~is MART.7.95.10; ~o latrauit rictu JUV. 10.271. **b** sonat hic de nare ~a littera PERS.1.109.

3 *dens* ~*us*, a canine tooth (in men or other animals).

iis (dentibus), qui ~i appellantur, deiectis, alios affert (equus) COL.6.29.5; CELS.8.1.9; PLIN.*Nat.*28.45; 28.107.

4 (denoting species of plants).

siluestri (urtica) quae dicitur ~a acrior PLIN.*Nat.*21.92 rosae siluaticae quam ~am quidam uocant LARG.85.

canis (~ēs) ~is, *m.*, *f.* [Gk. *κύων*, Skt. *śván-*, Welsh *ci* (pl. *cwn*), Eng. *hound*] FORMS: ~*es* (nom. sg.) ENN.*Ann.*528, PL.*Trin.*172, LUCIL.2, VAR.*R.*2.9.1.

1 A dog, hound. **b** (w. function or variety specified). **c** (spec.) Cerberus; (fem.) a hell-hound; (pl.) the dogs of Scylla. **d** *sentis* ~*is*, (perh.) the dog-rose.

si me ~is memorderit ENN.*Sat.*63; quid? ego quasi ~em hominem insectarer lapidibus nequissumum? PL.*Rud.*842; ~es interdiu clausos esse oportet, ut noctu acriores et uigilantiores sint CATO *Agr.*124; Tu P. Clodi cruentum cadauer..nocturnis ~ibus dilaniandum reliquisti CIC.*Mil.*33; ~um..tam fida custodia tamque amans dominorum adulatio *N.D.*2.158; aliis ~es atque equos mercari SAL.*Cat.*14.6; ~is parturiens PHAED.1.19.3; superque..scriptum 'caue ~em' PETR.29.1; rabiosi ~es LARG.171; ~um (est) latrare seu baubari SUET.fr.161(p.259Re); (*iron.*) illic oppida tota ~em (*i.e. Anubis*) uenerantur, nemo Dianam JUV.15.8; (*as a source of omens*) intro iit in aedis ater alienus ~is TER.*Ph.* 706; obscenaeque ~es..signa dabant VERG.*G.*1.470; (*in hunting*) Parthenios ~ibus circumdare saltus *Ecl.*10.57; o pereant siluae deficiantque ~es! [TIB.]3.9.6; LIV.25.8.9;—(*in herding*) et praeter eos agnos meus est istic clam mordax ~is PL.*Bac.*1146; VAR.*R.*2.9.1; VERG.*Ecl.*8.28;—(*prov.*) hac lupi, hac ~es (*i.e. between the devil and the deep sea*) PL.*Cas.*971; hac urget lupus, hac ~is HOR.*S.*2.2.64. **b** ~is uenaticos CIC.*Ver.*4.31; pecuarius ~is COL.7.12.8;—Amyclaeumque ~em VERG.*G.*3.345; Taygetique ~es 3.44; ~is Aegyptius lambit et fugit SUET.fr.163(p.257Re). **c** angue uillosi ~is ENN.*scen.*415; tria uipereo fecimus ora ~i OV.*Am.*3.12.26; *Ars* 3.322; Tartareus ~is SEN.*Her.F.* 649; triformis..~is *Her.O.*1202; LUC.6.703;—uideres infernas errare ~is HOR.*S.*1.8.35; Stygias..~es LUC.6.733;—CIC. *Har.*59; illam..deprensos nautas ~ibus lacerasse marinis *Ciris* 61; MAN.4.605. **d** (semina) eius, quam Graeci uocant *κυνόσβατον*, nos sentem ~is appellamus COL.11.3.4.

2 (applied to persons w. ref. to biting, snarling, etc.; also as performing the functions of watch-dogs). **b** a subordinate, creature, 'jackal'. **c** (applied to a Cynic philosopher).

uxorem suam esse aiebat rabiosam ~em PL.*Men.*936; ain uero, ~is? TER.*Eu.*803; ruborem ferreo ~is exprimamus ore CATUL.42.17;—ni haec praesensisset ~es PL.*Trin.*172; nihil enim mali est ~es ibi quam plurimos esse CIC.*S.Rosc.* 90. **b** multa sibi opus esse, multa ~ibus suis, quos circa se haberet CIC.*Ver.*1.126; horum ~um quos tribunal meum uides lambere 3.28; tu, Clodiane ~is *Pis.*23; *Att.*6.3.6; SEN. *Dial.*6.22.5. **c** ⟨Menippus⟩ ille nobilis quondam ~is VAR.*Men.*516.

3 The star Sirius or the constellation Canis Major; also ~*is Erigoneius, Icarius*. **b** ~*is minusculus* (*minor*), the lesser dog-star, Procyon.

feruidus ille ~is CIC.*Arat.*349(108); ubi hiulca siti findit ~is aestifer arua VERG.*G.*2.353; rabiem ~is HOR.*Ep.* 1.10.16; PROP.2.28.4; OV.*Fast.*4.941; stringitque (circulus) flagrantem ore ~em MAN.1.623; circa ~is ortus PLIN. *Nat.*17.132; 30.25;—~is Erigoneius exit OV.*Fast.*5.723; est ~is—Icarium dicunt 4.939; ~is Erigones COL.10.400. **b** geminos..minusculus ~is sequitur..maior item sequitur minorem VITR.9.5.2.

4 The lowest throw at dice, (usually) four aces.

me..per talos Venerem quaerente secundos semper damnosi subsiluere ~es PROP.4.8.45; OV.*Ars* 2.206; senio nec nostrum cum ~e quassat ebur MART.13.1.6; SUET.*Aug.* 71.2.

5 (w. *marinus*, etc.) A dog-fish or shark.

saeuas undique pristis aequoreosque ~es PEDO *poet.*7; SEN.*Ben.*2.34.2; marinis ~ibus PLIN.*Nat.*9.110.

6 (app.) A device for securing criminals.

ut..tu hodie canem et furcam feras PL.*Cas.*389; PAUL. *Fest.*p.45M.

canistellum ~ī, *n.* [CANISTRVM+-ELLVM] A basket.
cana dicunt Graeci, nos canistra et per deminutionem ~a PAUL.*Fest.*p.45M.

canistrāria ~ae, *f.* [next+-ARIA] A basket-bearer (in religious functions).
IVLIA NATALIS ~A D D *CIL* 8.9337.

canistrum ~ī, *n.* [Gk. κάναστρον] A basket (used for holding food, and in sacrifices).
VAR.*L.*5.120; in felicatis lancibus et splendidissimis ~is holusculis nos soles pascere CIC.*Att.*6.1.13; pabulaque in foribus plenis appone ~is VERG.*G.*4.280; HOR.*S.*2.6.105; myrtoque ~a uincta geram TIB.1.10.27; PROP.3.13.28; pura coronatis portabant sacra ~is OV.*Met.*2.713; JUV.5.74.

canitiēs ~ēī, *f.* Also ~**a** ~ae. [CANVS+-IES] FORMS: ~*a* PLIN.*Nat.*11.169, 31.91.

1 White or grey colouring.
~es pinnis..inest OV.*Fast.*6.134; sparsa, non conuoluta, ~e PLIN.*Nat.*36.55.

2 Greyness of the hair (usu. implying old age). **b** (concr.) grey or white hair. **c** (meton.) old age; old people.
iam mihi ~es..uenerat OV.*Tr.*4.10.93; usque ad ~em horrentem capillum TAC.*Ger.*38.3; dum noua ~es JUV.3.26; (*in beasts*) senectus in equis..intellegitur..superciliorum ~a PLIN.*Nat.*11.169. **b** ~em terra..foedans CATUL. 64.224; ~iem galea premimus VERG.*A.*9.612; CURT.7.4.34; ~em Germanis inficit herbis OV.*Ars* 3.163; utraque ~es (*i.e. of head and beard*) STAT.*Theb.*11.583; hi uerberum notas, illi ~em..exprobrantes TAC.*Ann.*1.18. **c** ~emque sibi et longos promiserat annos VERG.*A.*10.549; donec uirenti ~es abest morosa HOR.*Carm.*1.9.17; pellente lasciuos amores ~e 2.11.8; (*transf.*) anne aliquid sperare potest haec inguinis aegri ~es? JUV.10.208;—cum ad ~em et nostrum istud uiuere triste aspexi PERS.1.9.

3 a Down or pappus on plants. **b** a white deposit (in quots., of salt).
a depectentes frondium ~em PLIN.*Nat.*6.54; 21.147. **b** ~a in uasis summa est PLIN.*Nat.*31.91; (*cf.*) profundi ~es detonsa maris MAN.5.689.

cānitūdō ~inis, *f.* [CANVS+-TVDO] Greyness of the hair.
stultus est aduorsum aetatem et capitis ~inem PL.fr.inc. 125; nec ~ini comes uirtus VAR.*Men.*5; PAUL.*Fest.*p.62M.

canna ~ae, *f.* [Gk. [κάννα from Babyl.-Assyrian *qanu*, etc.] A small reed. **b** a reed of a *fistula*; (sg. or pl.) a *fistula* or pan-pipe.
ut leuis in madida ~a palude tremit OV.*Ars* 1.554; ~a palustris *Met.*4.298; 6.326; cassa..~a *Fast.*6.406; degeneris harundinis, quam uulgus ~am uocant COL.7.9.7; puppes tenui contexere ~a ausus V.FL.2.108;—(*dist. fr.* harundo) longa paruae sub harundine ~ae OV.*Met.*8.337;—(*used for thatching*) parua (domus) stipulis et ~a tecta palustri 8.630; LUC.5.517;—(*used in surveying*) dictare duas cannas.. unam ultra lapidem, et alteram citra lapidem NIPS.*grom.*p. 286La;—(*hyperb.*) illud enim uestris datur alueolis quod ~a Micipsarum prora subuexit acuta JUV.5.89. **b** septenis fistula ~is OV.*Met.*2.682; CALP.*Ecl.*2.31;—Pana iubet Tmolus citharae submittere ~as OV.*Met.*11.171; SIL.7.439; Castaliae stupuit qui sibila ~ae STAT.*Theb.*6.338.

cannabinus ~a ~um, *a.* [Gk. καννάβινος] Made of hemp, hempen, hemp-.
LUCIL.1325; tecta porticus sit rete ~a VAR.*R.*3.5.11; tegeticulae ~ae 3.8.2; ~as..siluas GRAT.47; COL.8.9.3; funes ~i 12.52.8.

cannabis ~is, *f.* Also ~**us** (? ~**um**) ~ī, ~**a** ~ae. [Gk. κάνναβις] Hemp. **b** (poet.) a hempen rope.
Graeci magis ~o et stuppa (naues suebant) VAR. in Gel. 17.3.4; *R.*1.22.1; ubi ~im (colas) 1.23.6; ~is grana COL. 11.2.75; e ~i funes PLIN.*Nat.*19.29;] 19.173; leguminі, ~ae ULP.*dig.*14.1.1.12. **b** tibi torta ~e fulto cena sit in transtro PERS.5.146.

Cannae ~ārum, *f. pl.* A village in Apulia near which Hannibal defeated the Romans in 216 B.C., also the battle itself. **b** (transf.) a crushing defeat.
CIC.*Tusc.*1.89; LIV.22.43.9; MAN.4.566; ~arum..iuuentus LUC.2.46; ~ae ignobilis Apuliae uicus FLOR.*Epit.*1.22(2.6.15). **b** Capuam Hannibali ~as fuisse: ibi uirtutem bellicam..ibi spem futuri exstinctam LIV.23.45.4.

Cannensis ~is ~e, *a.*

1 Of Cannae, fought at Cannae.
post ~em illam calamitatem CIC.*Brut.*1; pugna ~is *S.Rosc.*89; NEP.*Han.*5.4; GEL.5.17.5.

2 Connected with the battle of Cannae.
huic generi militum senatus eundem, quem ~ibus, finem statuerat militiae LIV.26.1.10; ~is exercitus 29.13.6; gaudet Trasimennus et Alpes ~esque animae (*i.e. that died there*) STAT.*Silv.*1.4.87.

cannophorus ~ī, *m.* [Gk.] A reed-bearer in the rites of the *Magna Mater*.
CIL 5.5840; 10.24; 14.116.

cannula ~ae, *f.* [CANNA+-VLA] A reed.
ex ~a (*cj.*)..casarum perficiuntur constitutiones VITR. 2.1.5; parua casula ~is temere contecta APUL.*Met.*4.6.

canō ~ere cecinī (~tum), *intr., tr.* [Umb. *kanetu*, OIr. *canim*; cf. Gk. καναχή, Eng. *hen*] FORMS: *cante* (= *canite*) *Carm.Sal.*1 (VAR.*L.* 7.27); *canta* (= *cantata*) acc. to PAUL.*Fest.*p. 46M.

1 To sing, chant (songs, etc.); (absol.) to sing. **b** (spec.) to chant incantations. **c** (prov.) *surdis ~ere* and sim.: see SVRDVS; *cantilenam eandem ~ere*, to sing the same song; (*carmen sibi*) *intus ~ere*, to act for one's own pleasure or profit.
uersibus quos olim Faunei uatesque ~ebant ENN.*Ann.* 214; cum..cecinisset..carmen CIC.*de Orat.*2.352; Iunoni ~e uota libens VERG.*A.*3.438; LIV.1.20.4; ad certos uerba ~enda modos OV.*Fast.*3.388; carmina qualia..iocular iter ~unt SUET.*Jul.*49.4; ut Musae..chorum ~erent APUL.*Met.* 6.24; (*cf. sense 7*) effigies..culicis..illi..cecinit conuicia mortis *Culex* 209; (*poet.*) Ascraeumque ~o Romana per oppida carmen VERG.*G.*2.176;—cum in eius conuiuiis symphonia ~eret CIC.*Ver.*3.105; VERG.*A.*10.191; ~it inter opus TIB. 2.6.26; inludere uoces, quoties ~eret TAC.*Ann.*14.52; (*w.* uoce) qui ~erent uoce et qui psallerent GEL.19.9.3; (*cf.*) cum uero inclinata ululantique uoce more Asiatico ~ere coepisset, quis eum ferret? CIC.*Orat.*27. **b** deduxisse ~endo saepe reluctantis..cornua lunae OV.*Met.*12.263; quo magis illa ~it, magis hoc tellure leuati erigimur 14.302. **c** TER.*Ph.*495;—quem omnia 'intus ~ere' dicebant CIC. *Ver.*1.53; hoc carmen hic tribunus plebis non uobis, sed sibi intus ~it *Agr.*2.68.

2 To utter in song, sing of.
praefica dicta..quae ante domum mortui laudis eius ~eret VAR.*L.*7.70; ut..~erent ad tibiam clarorum uirorum laudes CIC.*Tusc.*4.3; regem..~ebant VERG.*A.*7.698; semper equos atque arma uirum pugnasque ~ebat 9.777; ~entes Caesarem HOR.*Epod.*9.18; *Carm.*4.15.32; ut nomen eius Saliari carmine ~eretur TAC.*Ann.*2.83; ~iturque adhuc barbaras apud gentis 2.88.

3 To celebrate (in verse), relate, tell of. **b** to celebrate in lyrical language, extol. **c** to compose (writings, etc.).
facta Corneli ~e LUCIL.621; nec sane satis commoueor animo ad ea quae uis ~enda CIC.*Q.fr.*3.5. & 6.4; LUCR.5.327; munera uestra ~o VERG.*G.*1.12; arma uirumque ~o *A.*1.1; Liberum et Musas Veneremque..~ebat HOR.*Carm.*1.32.10; OV.*Pont.*3.9.35; LUC.1.2; ipse ~enda geres STAT.*Silv.*4.4.71; (*transf.*) laudes..carmina nostra tuas qualiacumque ~unt OV.*Tr.*5.11.24; (*w. acc. and inf.*) hanc ueteres..cecinere poetae..biiugos agitare leones LUCR.2.600; (*w. indir. qu.*) ~am, quo feruida motu aestuet Aetna *Aetna* 92; (*absol.*) Ennius ut noster cecinit LUCR.1.117. **b** cum amicitiam suam et Metrodori grata commemoratione cecinisset SEN. *Ep.*79.15; Cato brassicae miras ~it laudes PLIN.*Nat.*19.136. **c** ~it enim Empedocles carmina, Plato dialogos, Socrates hymnos APUL.*Fl.*20; cecinit post alium breuem (uersum) MAUR.2697.

4 a To utter in boastful or extravagant language. **b** (of a herald) to proclaim. **c** (of rumour) to give out, tell.
a talia iactantem dictis et dira ~entem VERG.*A.*9.621; ~ere illa patrem et iactare decebat STAT.*Theb.*11.299; JUV. 2.64. **b** cum hoc..a praecone ~eretur FLOR.*Epit.*1.23 (2.7.14). **c** talis fama ~it..Persen construxisse uias LUC.2.672; fama ~it monitus STAT.*Theb.*10.669; SUET. *Jul.*32;—modo aliquid illo dignum ~at CIC.*Att.*6.1.13; CALP. *Ecl.*4.62.

5 To play (on musical instruments); (w. acc.) to play (a tune, etc.). **b** (of musical instruments) to sound; (w. acc.) to cause by sounding.
quem ad modum tibicen sine tibiis ~ere..non possit CIC. *de Orat.*2.338; mihi ~e et Musis *Brut.*187; (*w. abl.*) Epaminondas..fidibus praeclare cecinisse dicitur *Tusc.*1.4; tibicen ubi ~it Phryx curuo graue calamo CATUL.63.22 cithara sine uoce cecinit Thamyris primus, cum cantu Amphion PLIN.*Nat.*7.204. **b** ut tuba ac cornua, signum cum dent, ~ere dicuntur VAR. *L.*5.99; carmineque irriguo ..cortina..~it arte regentis *Aetna* 298; bucinae ~unt VITR.9.8.5; ~ere tibiae ipsae edocendae PLIN.*Nat.*16.171; (*cf.*) ad harmoniam ~ere mundum ut Pythagoras existimat CIC.*N.D.*3.27;—a mea tum qualis ~eret tibi tibia somnos PROP.2.7.11.

6 To give a signal on a trumpet, etc., sound a call; (w. acc.) to give (a signal). **b** (w. acc. or cl.) to announce by a signal. **c** *bellicum ~ere* (in quots. fig.), to sound the war-trumpet. **d** *signa ~unt*, etc., the trumpet-calls sound; also *classicum ~it*. **e** *receptui ~ere*, to give the signal for retreat; (impers.) *receptui ~it*, *~itur*, etc., the retreat is sounded.
iniussu Caesaris tubicen a militibus coactus ~ere coepit *B.Afr.*82.3; cornicines tubicinesque..~ere ante uallum iubet LIV.2.64.10; 37.29.3; (*impers. pass.*) ab eius litui quo ~itur similitudine nomen inuenit CIC.*Div.*1.30; (*of the instruments*) tubae cornuaque ab Romanis cecinerunt LIV. 30.33.12;—classicumque apud eum ~i CAES.*Civ.*3.82.1; SEN.*Con.*9.2.10; cecinit fatale cruenti..signum belli SIL. 11.131. **b** et tuba commissos medio ~it aggere ludos VERG.*A.*5.113; (*transf.*) ira cum..gratiam rupit cecinitque bellum SEN.*Thy.*553; (*fig.*) ~e, Musa, receptus, dum licet huic nomen dissimulare suum OV.*Tr.*4.9.31. **c** alter (*sc.* Thucydides) incitatior fertur et de bellicis rebus ~it etiam quodam modo bellicum CIC.*Orat.*39; simul atque aliqui motus nouus bellicum ~ere coepit *Mur.*30; bellicum me cecinisse dicunt *Phil.*7.3. **d** repente a tergo signa ~ere SAL.*Jug.*94.5; VERG.*A.*10.310; signa ~ere ac uexilla efferri castris iussit LIV.10.19.12; ubi quartae uigiliae signum cecinisset 24.46.2; inde iam passim..diuersa per populos et urbes signa cecinere FLOR.*Epit.*2.6(3.18.9); (*cf. 6e*) neque ea signa audiamus quae receptui ~unt CIC.*Rep.*1.3;—si, cum classicum ~ere debeat, symphoniam ~ere iusserit (praetor) SEN.*Con.*9.2.14; TAC.*Ann.*2.32. **e** Vatinius re bene gesta receptui cecinit *B.Alex.*47.1; receptui ~unt minantes Romanis LIV.5.36.8; TAC.*Hist.*2.26; (*fig.*) uetat..ratio intueri molestias..a quibus cum cecinit receptui CIC.*Tusc.* 3.33; QUINT.*Inst.*12.11.4;—effusis institerunt ut nisi receptui cecinisset..inrupturi fuisse..uiderentur LIV.26.44. 4; 29.7.6; signa referri..iubet, equitibus receptui ~ere 42.59.11;—Caesar receptui ~i iussit CAES.*Gal.*7.47.1; LIV.4. 31.3; cum pastorali signo quasi receptui ~itur COL.6.23.2.

7 (of birds) To give a characteristic cry, crow, sing, etc. (often regarded as an omen); (also, of other creatures). **b** (w. acc.) to utter (a song or cry).
ut..tum a dextra, tum a sinistra parte ~ant oscines CIC. *Div.*1.120; e tectis strix uiolenta ~at TIB.1.5.52; statim in uictoria ~unt (galli) PLIN.*Nat.*10.47; nostrae pridem cecinere uolucres STAT.*Theb.*6.383; (*cf.*) gallina cecinit (*i.e. crowed*) TER.*Ph.*708; (*poet.*) frondiferasque nouis auibus ~ere undique siluas LUCR.1.256;—eaedem (ranae) alio tralatae ~unt PLIN.*Nat.*8.227; hoc (*sc.* pectore) ~unt achetae 11.93. **b** in limo ranae cecinere querelam VERG. *G.*1.378; carmina iam moriens ~it exequialia cygnus OV. *Met.*14.430.

8 To prophesy, foretell, utter. **b** (transf., of writings, portents, etc.). **c** (of birds) to foretell or announce by a cry.
ut haec..~ere di immortales uiderentur CIC.*Catil.*3.18; haud incerta ~o VERG.*A.*8.49; hunc cecinere diem Parcae TIB.1.7.1; PROP.3.4.9; OV.*Ep.*20.232; V.MAX.1.8.10; cecinere deos (*i.e. the oracles of the gods*) LUC.1.566; ferebatur Germanico per ambages..maturum exitum cecinisse TAC.*Ann.* 2.54; (*facet.*) ipsa memor praecepta ~am, celabitur auctor HOR.*S.*2.4.11;—(*w. acc. and inf.*) haec fore..ipse deum genitor..~ebat CIC.*Cons.*fr.2.32; temptanda fuga ~it aequora Calchas VERG.*A.*2.176; LIV.30.28.2; adesse exitium ~ebant TAC.*Ann.*14.32;—(*absol.*) similiter Marcius et Publicius uates cecinisse dicuntur CIC.*Div.*1.115; uosque ueraces cecinisse, Parcae HOR.*Saec.*25; SEN.*Suas.*4.1; LUC. 9.577. **b** si non uana ~unt mea somnia PROP.3.6.31; has tibi fatalis cecinit mea pagina diras 3.25.17; quin et bella ~unt ignes MAN.1.896. **c** (*w. acc. and inf.*) nec..ei cornix ~ere potuit recte eum facere CIC.*Div.*2.78; anser.. Gallos in limine adesse ~ebat VERG.*A.*8.656.

canōn ~onos *m.* [Gk. κανών]

1 The sound-board of a water-organ.
ex canalibus autem ~on habet ordinata in transuerso foramina VITR.10.8.3.

2 A model or standard.
fecit (Polyclitus) et quem ~ona artifices uocant liniamenta artis ex eo petentes ueluti a lege quadam PLIN.*Nat.* 34.55.

canonicus[1] ~a ~um, *a.* [Gk. κανονικός] Based on the mathematical divisions of the monochord.
quaesierunt per ~am mathematicorum et musicam rationem VITR.5.3.7; uti ~am rationem et mathematicam notam habeat 1.1.8.

canonicus[2] ~ī, *m.* [prec.] One who constructs mathematical, astronomical, etc., tables.
ratio ~os fallit PLIN.*Nat.*2.73.

Canōpicus ~a ~um, *a.* Of Canopus.
Nili ostio quod ~um uocant MELA 2.103; e ~a (cypro) PLIN.*Nat.*12.109.

Canōpītae ~ārum, *m. pl.* The inhabitants of Canopus.
CIC. in Quint.*Inst.*1.5.13; (*as adj.*) Graiia ~is incola litoribus CATUL.66.58.

Canōpus (~os) ~ī, *m.*

1 A town and island on the western mouth of the Nile.
VERG.*G.*4.287; OV.*Am.*2.13.7; MELA 2.103; JUV.1.26.

2 The star Canopus in the constellation Argo.
VITR.9.5.4; MAN.1.216; LUC.8.181; nec ~um (cernit) Italia PLIN.*Nat.*2.178.

canor ~ōris, *m.* [CANO+-OR]

1 Vocal music, song. **b** the song of a bird. **c** the music of instruments, also, of the spheres. **d** (tech.) melody, tune, air.
res est blanda ~or: discant cantare puellae OV.*Ars* 3.315; *Met.*5.561. **b** paruus ut est cycni melior ~or, ille gruum quam clamor LUCR.4.181; olorem..~ore musico auditus hominum deorumque mulcentem APUL.*Pl.*1.1. **c** morantis Martius ille aeris rauci ~or increpat VERG.*G.*4.71; moenia, Phoebeae structa ~ore lyrae OV.*Ep.*15.182;—ad quos mundi resonat ~or in uestigia se sua uoluentis V.RUF. *trag.*6. **d** uocis rationem..diuidit in ῥυθμὸν et μέλος, quorum alterum modulatione, alterum ~ore ac sonis constat QUINT.*Inst.*1.10.22.

2 A poetic strain.
bella truci memorata ~ore PETR.5.22.

canōrē, *adv.* [next+-E] Melodiously.
ut musice mundus et ~ moueatur APUL.*Pl.*1.9.

canōrus ~a ~um, *a.* [CANOR+-VS]

1 Resonant, sonorous: **a** (of musical instruments or their sounds). **b** (of the singing voice). **c** (of musicians and singers).
a aere ~o VERG.*A.*9.503; auritas fidibus ~is ducere quercus HOR.*Carm.*1.12.11; tubas lustrare ~as OV.*Fast.* 3.849; PLIN.*Nat.*16.179;—dum non arte ~a..modulatur harundine carmen *Culex* 99; ~os Curetum sonitus crepitantiaque aera VERG.*G.*4.150; ~o saxa modulatu trahens SEN.*Her.F.*263. **b** cum Ausonium dirae pestes uoce ~a

mare mulcerent SEN.*Med.*356; (*cf.*) quod in templis ~us a sono uocis malae auribus libantis obstat et fauet, spondeus est MAUR.1377; (*neut. pl. as sb.*) Musae quoque ~a personabant APUL.*Met.*6.24. **c** talis es adsumpta, Phoebe ~e, lyra OV.*Ars* 3.142; Tritona ~um *Met.*2.8; turbamque ~am (*i.e.* tibicines) conuocat *Fast.*6.671; ~o..choro JUV. 11.162.

2 (of birds and other creatures, also their cries) Songful, vocal. **b** (transf., of places, events). **c** (poet., of water).
cum..hoc animal (*sc.* gallus) tam sit ~um sua sponte CIC.*Div.*2.57; auia tum resonant auibus uirgulta ~is VERG. *G.*2.328; HOR.*Carm.*2.20.15; ~us..olor PROP.2.34.83; OV. *Fast.*3.17; illae (*sc.* achetae) magis ~ae PLIN.*Nat.*11.92; ille ~us (*i.e.* psittacus) STAT.*Silv.*2.4.9;—longa ~os dant per colla modos VERG.*A.*7.700. **b** Penius uiridis calculo.. ~us auium concentu PLIN.*Nat.*4.31; sibi morte ~a inferias praemittit olor STAT.*Silv.*5.3.80. **c** aquis undique ~is atque auibus personante GEL.1.2.2.

3 (of the speaking voice) Resonant, ringing, loud. esp. **b** (of an orator, his voice, etc.). **c** (of a dog's bark).
matronae tacitae spectent..~a hic uoce sua tinnire temperent PL.*Poen.*33; ACC.*praet.*10. **b** ~um oratorem et uolubilem CIC.*Brut.*105; pereloquens uisus est..uoce ~a facetus satis 247; ~um illud in uoce splendescit *Sen.*28; sonus erat dulcis..uox nec languens nec ~a *Off.*1.133; ~a uoce Latine legebat librum PETR.59.3; in ore ~o SIL.8.247; orbos uiduasque uideas..~o quodam modo proclamantis QUINT.*Inst.*11.3.170; Haterii ~um illud et profluens cum ipso simul extinctum est TAC.*Ann.*4.61; ~o simul atque iucundo hiatu GEL.6(7).20.3. **c** uillae custos..uasti latratus ~ique COL.7.12.3.

4 (of poetry) Tuneful, melodious, sonorous. **b** (of poets).
HOR.*Ep.*2.2.76; uersus inopes rerum nugaeque ~ae *Ars* 322; nectit quicumque ~is eloquium uocale modis JUV. 7.18;—(*transf.*) tuque, o Permesse, ~is..uadis STAT.*Theb.* 7.283; procul ecce ~o demigrant Helicone deae *Silv.*1.2.3. **b** ~i coniugis STAT.*Silv.*3.5.52.

Cantabrī ~ōrum, *m. pl.* A people of the north coast of Spain, also their territory.
fluuium Hiberum; is oritur ex ~is CATO *hist.*110; CAES. *Gal.*3.26.6; MELA 3.12;—(*collect. sg.*) ~um indoctum iuga ferre nostra HOR.*Carm.*2.6.2; *Ep.*1.12.26.

Cantabria ~ae, *f.* The country of the Cantabri.
PLIN.*Nat.*34.148; SUET.*Gal.*8.2.

Cantabricus ~a ~um, *a.* Of the Cantabri or their country. **b** (*herba*) ~a, a plant used as a remedy for snake-bite.
~a bella HOR.*Ep.*1.18.55; ~is..terris MELA 3.16; 3.23; *CIL* 8.2532. **b** CELS.5.27.10; PLIN.*Nat.*25.85.

cantābundus ~a ~um, *a.* [CANTO+-BVNDVS] Singing or chanting.
Gallus sua disciplina scuto proiecto ~us QUAD.*hist.*10b; sedeo ego ~us et stelas numero PETR.62.4.

cantāmen ~inis, *n.* [CANTO+-MEN] A spell that is sung or chanted, an incantation.
o utinam magicae nossem ~ina Musae! PROP.4.4.51; artis magicae natiua ~ina APUL.*Met.*2.1; *Apol.*102.

cantātiō ~ōnis, *f.* [CANTO+-TIO] Singing, a song.
VAR.*L.*6.75; animum meum permulcebam ~onibus APUL. *Met.*2.25.

cantātor ~ōris, *m.* [CANTO+-TOR] A singer, musician.
VAR.*L.*8.57; uetus..et nobilis Arion ~or fidibus fuit GEL. 16.19.2; (*w. gen.*) ~or cycnus funeris ipse sui MART.13.77.2.

cantātrix ~īcis, *f. adj.* [CANTO+-TRIX] That uses incantations.
~ices anus..alienam sepulturam anteuortunt APUL.*Met.* 2.20; 2.30.

cantērius, etc.: see CANTH-.

cantharias ~ae, *m.* [Gk.] A precious stone.
myrmecitis innatam formicae repentis effigiem habet, scarabaeorum ~as PLIN.*Nat.*37.187.

cantharis ~idis, *f.* [Gk. κανθαρίς] The blister-beetle, *Cantharis uesicatoria* or Spanish fly, used in medicine and as a poison.
Gaius accusante L. Crasso ~idas sumpsisse dicitur CIC. *Fam.*9.21.3; *Tusc.*5.117; ~idum sucos dante parente bibas OV.*Ib.*306; CELS.5.8; est et ~is dictus scarabaeus paruus, frumenta erodens PLIN.*Nat.*18.152; ~idum potu 29.76; LARG.189.

cantharītēs ~ae, *m.* [Gk.] Wine from the vine κανθάρεως.
PLIN.*Nat.*14.75.

cantharus ~ī, *m.* [Gk. κάνθαρος]
1 A large drinking-vessel with handles. **b** (app.) the bowl or basin of a fountain, etc.
PL.*Men.*187; *Per.*801b; scaphio et ~is, batiocis bibunt *St.*693; et grauis attrita pendebat ~us ansa VERG.*Ecl.* 6.17; uile potabis modicis Sabinum ~is HOR.*Carm.*1.20.2; V.MAX.3.6.6; PLIN.*Nat.*33.150; JUV.3.205; APUL.*Met.*9.10. **b** ULP.*dig.*30.41.11.

2 The black sea-bream, *Cantharus lineatus.*
~us ingratus suco OV.*Hal.*103; COL.8.17.14; PLIN.*Nat.* 32.146.

3 (see quot.).
nodus sub lingua (Apis) quem ~um appellant PLIN.*Nat.* 8.184.

cant(h)ēriātus ~a ~um, *a.* [CANTHERIVS+-ATVS²] Supported on a *cantherius* (sense 2b).
deinde (uineae) quae pedaminibus adnixae singulis iugis imponuntur; eas rustici ~as appellant COL.5.4.1.

cant(h)ērīnus ~a ~um *a.* [CANTHERIVS+-INVS] Of or belonging to a horse. **b** (in names of species or varieties of plants) *hordeum ~um*, a variety of barley; *lapathum ~um*, prob. sorrel, *Rumex acetosa*.
~o ritu astans somniat PL.*Men.*395. **b** hordei quod rustici hexastichum quidam etiam ~um appellant COL. 2.9.14;—quod alii oxalida appellant..alii lapathum ~um PLIN.*Nat.*20.231.

cant(h)ēriolus ~ī, *m.* [next+-OLVS] A small supporting frame.
humilioribus quasi ~is interpositis rigorem stilorum (*sc. of onions*) conseruato COL.11.3.58.

cant(h)ērius ~(i)ī, *m.* [cf. Gk. κανθήλιος]
1 A horse, usu. of poor quality, a hack, nag (generally a gelding). **b** (prov.).
ego faxim muli, pretio qui superant equos, sient uiliores Gallicis ~iis PL.*Aul.*495; *Capt.*814; CATO *Agr.*149.2; LUCIL. 1207; VAR.*Men.*5; CIC.*N.D.*3.11; VICO CAPITIS ~I *CIL* 6.975; quales illi..~ii debiles APUL.*Met.*9.13; (*of an ass*) quo usque tandem..~ium patiemur istum? 3.27;—(*spec. geldings*) ii ~ii appellati, ut in subus maiales VAR.*R.*2.7.15; PAUL.*Fest.*p.46M; (*facet.*) quamquam uetus ~ius sum.. adhinnire equolam possum ego hanc, si detur sola soli PL.*Cist.*308. **b** potes mulo isto..quoniam ~ium comedisti, Romam peruehi CIC.*Fam.*9.18.4; minime sis..~ium in fossam LIV. 23.47.6; rideo, inquit Galba ~io FEST.p.282M.

2 a A principal rafter (in a roof). **b** a light prop for vines consisting of a horizontal rod supported at its extremities by two vertical ones; also, the vines so supported.
a sub tectis..si commoda (spatia sunt), columen, et ~ii prominentes ad extremam suggrundationem VITR.4.2.1; 5.1.6. **b** COL.4.12.2; harundinibus humiles ~ii fiunt 11. 3.63;—PLIN.*Nat.*17.165.

cant(h)us ~ī, *m.* [Gall.] A tire.
quamuis prope te..frustra sectabere ~um PERS.5.71; iste trochus pueris at mihi ~us erit MART.14.168.2; (*instanced as a barbarism*) QUINT.*Inst.*1.5.8.

canticulum ~ī, *n.* [next+-VLVM] A song.
pinea brachia cum trepidant audio ~um zephyri SEPT. *poet.*11.2.

canticum ~ī, *n.* [CANTVS+-ICVM]
1 A passage in a comedy chanted or sung.
'modo forte—' nosti ~um; meministi Roscium CIC.*Fam.* 9.22.1; Graeci..poetae comici interponentes e choro ~um diuiserunt spatia fabularum VITR.5.pr.4; ~um egisse aliquanto magis uigente motu LIV.7.2.9; SUET.*Nero* 39.3.

2 A song (as a separate entity).
chorus..~um insonuit PHAED.5.7.25; coepit Menecratis ~a lacerare PETR.73.3; qui in componendis, audiendis, discendis ~is operati sunt SEN.*Dial.*10.12.4; ~a qui Nili, qui Gaditana susurrat MART.3.63.5; omne conuicium obscenis ~is strepit QUINT.*Inst.*1.2.8 Neroniana ~a SUET. *Vit.*11.2; (*of a bird*) lusciniae in solitudine Africana ~um adulescentiae garriunt APUL.*Fl.*17; (*opp.* carmen) carminis seruant honorem, non iacentis ~i MAUR.298.

3 (applied to modulated or musical speech).
est..etiam in dicendo quidam cantus obscurior, non hic e Phrygia et Caria rhetorum epilogus paene ~um CIC.*Orat.* 57; SEN.*Ep.*114.1; iam ~i quiddam habent QUINT.*Inst.* 11.3.167; rasas fauces ac latus fatigatum deformi ~o reficere 11.3.13; sola cymbala et tympana illis ~is desunt PLIN.*Ep.*2.14.13.

cantilēna ~ae, *f.* [CANTO]
1 An often repeated saying, refrain.
experire: non est longum. — ~am eandem canis TER. *Ph.*495; neque ex scholis ~am requirunt CIC.*de Orat.*1.105; *Att.*1.19.8; ut Epicuream ~am hoc loco persequar et dicam uanos esse inferorum metus SEN.*Ep.*24.18; notissima illa ueterum poetarum de Caenide et Caeneo ~a GEL.9.4.14; (*facet.*) denuo repetit eandem ~am (psittacus) APUL.*Fl.*12.

2 A little song, ditty.
in ~arum..mollitiis GEL.19.9.8; metrum quo memorant Anacreonta dulces composuisse ~as MAUR.2851.

cantilō ~āre ~āuī, *intr.*, *tr.* [? back-formation from prec.] To sing (songs).
clamore ludunt, strepitu ~ant APUL.*Met.*4.8; *Fl.*3; in solitudine ~auit Orpheus in siluis 17; (*w. acc.*) Anacreonteum amicitiae gratia ~at 15.

cantiō ~ōnis, *f.* [CANO+-TIO]
1 Singing, song. **b** (of birds). **c** (instrumental) music.
~o Graecast: ἢ πέντ' ἢ τρία πῖν' ἢ μὴ τέτταρα PL.*St.*707; uti in ~onibus cum flectentes uocem uarietatem facimus VITR.5.4.2; 5.4.3; SUET.*Nero* 25.1. **b** metuo lusciniolae ne defuerit ~o PL.*Bac.*38; an tu cycnum coges in ultima ~one cornicum oculas aemulari? FRO.*Aur.*2.p.46(113N); APUL.*Fl.*12. **c** lepidam et suauem ~onem aliquam occupito cinaedicam PL.*St.*760; ut aures suauem ~onibus recipiant iucunditatem VITR.1.1.15.

2 A magical incantation.
luxum siquod est, hac ~one sanum fiet CATO *Agr.*160.1; CIC.*Brut.*217; APUL.*Met.*1.10.

cantitō ~āre ~āuī ~ātum, *intr.*, *tr.* [CANTO+-ITO] To sing, sing repeatedly. **b** (of birds).
facturum credo ut habeas quicum ~es TER.*Ad.*750; VAR.*L.*6.75; (*tr.*) illa carmina, quae..in epulis esse ~ata a singulis conuiuis..in Originibus scriptum reliquit Cato CIC.*Brut.*75; lyricum..eundem consonantia uerba ~asse MAUR.2854. **b** ceterae, quae dulce ~ant, aues APUL. *Met.*6.6.

Cantium ~iī, *n.* The SE. corner of Britain, Kent.
CAES.*Gal.*5.13.1.

cantiuncula ~ae, *f.* [CANTIO+VNCVLA] A (mere) song.
si ~is (*sc.* Sirenum) tantus irretitus uir teneretur CIC. *Fin.*5.49.

cantō ~āre ~āuī ~ātum, *tr.*, *intr.* [CANO+-TO]
1 To sing (often implying professional or public performance). **b** (w. acc.) to sing (songs, etc.; also parts or roles). **c** to celebrate in song, sing of.
cum alio ~at NAEV.*com.*79; Pamphilam ~atum prouocemu' TER.*Eu.*443; CATO *orat.*125; Valerius cotidie ~abat; erat enim scaenicus CIC.*de Orat.*3.86; *Off.*1.145; solet esse grauis ~antibus umbra VERG.*Ecl.*10.75; hoc est cur ~et uinctus quoque compede fossor OV.*Tr.*4.1.5; PERS.5.166; cum magni aestimaret ~are etiam Romae SUET.*Nero* 21.1; (*as sign of freedom from care*) ~abit uacuus coram latrone uiator JUV.10.22; (*impers. pass.*) ad manum ~ari histrionibus coeptum LIV.7.2.10; QUINT.*Inst.*2.17.10. **b** dirrumpi ~ando hymenaeum licet PL.*Cas.*809; TER.*Ad.*905; rustica carmina ~at *Mor.*29; VERG.*Ecl.*2.23; OV.*Ep.*12.137; TAC. *Dial.*26.3; uersus..meos ~at etiam formatque cithara PLIN. *Ep.*4.19.4; ~ata sunt quaedam ad..inuidiam caedis eius accommodata SUET.*Jul.*84.2;—inter cetera ~auit Canacen parturientem, Oresten matricidam *Nero* 21.3. **c** et puer ipse fuit ~ari dignus VERG.*Ecl.*5.54; dum meam ~o Lalagen HOR.*Carm.*1.22.10; uos celebrem ~ate deum TIB.2.1.83; STAT.*Silv.*4.4.35.

2 (as a poetic convention, of poets) To sing, compose (verse). **b** to tell or sing of (in verse).
carmina non prius audita..~o HOR.*Carm.*3.1.4; JUV. 10.178; hoc Cereri metro ~asse Phalaecius hymnos dicitur MAUR.1883; (*cf.*) non haec Calliope, non haec mihi ~at Apollo PROP.2.1.3;—(*absol.*) adimam ~are seueris HOR.*Ep.* 1.19.9; JUV.7.59. **b** fortunam Priami ~abo et nobile bellum HOR.*Ars* 137; populo per me ~ata placebas OV.*Am.* 3.11.19; sic sua lasciuo ~ata est saepe Catullo femina *Tr.* 2.427; CALP.*Ecl.*4.163; Stellae ~ata meo..Ianthis MART. 7.14.5; (*transf.*) haec quoque lasciui ~arunt scripta Catulli PROP.2.34.87.

3 (absol. or w. acc.) To recite, repeat (a poem or poet).
nil praeter Caluum et doctus ~are Catullum HOR.*S.* 1.10.19; tibi conposita ~etur Epistula uoce OV.*Ars* 3.345; dicitur et nostros ~are Britannia uersus MART.11.3.5; conditor Iliados ~abitur JUV.11.180; uersus hic..~atus.. esse a pueris urbe tota fertur GEL.4.5.5.

4 To say or urge repeatedly, dwell on. **b** to speak constantly of, talk about; to sing the praises of. **c** to call, cry. **d** (of writings, etc.) to proclaim.
uera ~as PL.*Mos.*980; qui harum mores ~abat mihi TER. *Hau.*260; testas patinas pistillos mihi ~ant Nov.*com.*29; quae me iuuene ubique ~ari solebant QUINT.*Inst.*8.3.76; FRO.*Aur.*2.p.2(223N); (*w.* ut+*subj.*) haec dies noctes ~o tibi ut caueas PL.*Trin.*287. **b** et insignis tota ~abitur urbe HOR.*S.*2.1.46; cum..Armenios triumphos in Pompeianis theatris Roma ~aret FLOR.*Epit.*2.13(4.2.8);—iam pridem istum ~o Caesarem CIC.*Q.fr.*2.11.1. **c** quae.. meos releues aestus, ~are solebat OV.*Ars* 3.697; cum bene discincto ~auerit ocima uernae PERS.4.22. **d** metuo ne idem ~ent (tabellae) quod priores PL.*Bac.*985; (urna) haec litteratast, eapse ~at quoia sit *Rud.*478; quod Delphice ~at columna litteris suis ἄγαν μηθέν VAR.*Men.*320.

5 To speak in a sing-song tone.
has explicationes Fusci, quas..alius alia inclinatione uocis uelut sua quisque modulatione ~abat SEN.*Suas.*2.10; non solum ~are, quod uitium peruasit QUINT.*Inst.*11.1.56; 11.3.57.

6 To sing (incantations); (also absol.). **b** to charm by spells or incantations, bewitch; to produce by incantations.
hoc ter nouiens ~are iubet VAR.*R.*1.2.27; ~ato..carmine OV.*Met.*14.369;—cotidie ~ato..et luxato uel hoc modo CATO *Agr.*160; ~ando rumpitur anguis VERG.*Ecl.*8.71. **b** audax ~atae leges imponere lunae PROP.4.5.13; ~ataque uitibus uua decidit OV.*Am.*3.7.33; diraque ~ata pabula falce metit *Ep.*6.84; ungue secta ~ato seges SEN.*Med.*730; puerum quempiam carmine ~atum APUL.*Apol.*42;—ut nullos ~ata magos exaudiat umbra LUC.6.767; ~ato.. igni SIL.1.430; chelydris ~are soporem 8.496.

7 (of birds) To sing, call; (of insects) to whine. **b** (w. acc.). **c** to predict by singing.
priu' quam galli ~ent PL.*Mil.*690; deos gallis signum dedisse ~andi CIC.*Div.*2.57; ~antes..cycni VERG.*Ecl.* 9.29; multaque ~antis umbra tegebat auis PROP.4.9.30; PETR.74.1;—cum..Atrianus dulcius culex ~et MART.3.93.9. **b** liquidum tenui gutture ~at auis OV.*Am.*1.13.8; mobile carmen..~at..aedon SEN.*Ag.*671. **c** tibi deditus augur scit bene quid fati prouida ~et auis TIB.2.5.12; ueris et aduentum nidis ~auit hirundo COL.10.80.

8 To play on a musical instrument. **b** (of an instrument) to sound. **c** to play, sound (a tune, call, etc.).
neque tibicinam ~antem..audio PL.*Mos.*934; choraulen meum iussi Latine ~are PETR.53.13; quae ~ante uoluptas.. citharoedo..? JUV.10.210;—(*w. abl.*) ut fidibus ~arem seni

PL.*Epid.*500; mulier~abat tibiis Phrygiis HEM.*hist.*27; NEP. pr.1.1; iunctis pice ~at auenis OV.*Tr.*5.10.25; SEN.*Ben.* 4.6.5; liticines lituo ~are et tubicines tuba GEL.20.2.2. **b** pastoris bucina lenti ~at PROP.4.10.30; ~abat tibia ludis OV.*Fast.*6.659. **c** qui Pythia ~at tibicen HOR.*Ars* 414; ~eturque fera nil nisi pompa tuba OV.*Fast.*1.716.

cantor ~ōris, *m.* [CANO+-TOR]

1 A singer (who usually accompanied himself on an instrument). **b** the person playing and singing the musical parts of a play.

SOCIETATIS ~OR(VM) GRAECORVM *CIL* 1.2519; Hermogenes ~or..atque optimus est modulator HOR.*S.*1.3.129; SEN.*Ep.*84.10; idem ~or atque saltator SUET.*Cal.*54.1;—(*of gods, etc.*) ~or Apollo HOR.*Ars* 407; Thamyrae ~oris PROP.2.22.19; APUL.*Fl.*17; (*transf.*) praeco actionum, ~or formularum, auceps syllabarum CIC.*de Orat.*1.236; (*iron.*) fraudulente. — inpure. — leno. — caenum. — ~ores probos! PL.*Ps.*366. **b** NOV.*com.*37; donec cantor 'uos plaudite' dicat HOR.*Ars* 155; (*cf.*) qui antea ~orum conuicio contiones celebrare suas solebat CIC.*Sest.*118.

2 One who sings the praises (of).

ab his ~oribus Euphorionis contemnitur (Ennius) CIC. *Tusc.*3.45.

cantrix ~īcis, *f.* [CANO+-TRIX] A female singer.

PL.*Trin.*254; PELORINIS ~ICIS *CIL* 6.9230; (*as adj., of birds*) aues..omnigenus, maxime ~ices, ut lusciniolae VAR. *R.*3.5.14.

canturiō ~īre, *tr.* [CANO+-VRIO]

1 (app.) To recite with a musical intonation.

solebas suauius esse, ~ire belle deuerbia, adicere melicam PETR.64.2.

2 (of birds) To sing continually.

PAUL.*Fest.*p.68M.

cantus ~ūs, *m.* [CANO+-TVS]

1 Singing, song (with or without instrumental accompaniment).

lasciuum Nerei simum pecus ludens ad ~um ANDR.*trag.*6; suaui ~u concelebrare omnem hanc plateam hymenaeo mi PL.*Cas.*799; bestiae saepe immanes ~u flectuntur CIC. *Arch.*19; ueridicos Parcae coeperunt edere ~us CATUL. 64.306; leuia carmina ~u concelebrare LUCR.5.1380; VERG. *G.*4.471; Galli occursant in ripa cum uariis ululatibus ~uque moris sui LIV.21.28.1; PLIN.*Nat.*30.14; citharae et ~us peritus TAC.*Hist.*2.8; *Ann.*13.15;—(*w.* uocis, uocum) in neruorum uocumque ~ibus CIC.*Tusc.*1.4; chordarum sonitus aut uocis ~us VITR.5.4.9; QUINT.*Inst.*5.10.124;—(*dist. fr.* carmen) quos ~us, quae carmina! CIC.*Mil.*80; ~us tum fuisse discriptos uocum sonis et carmina *Tusc.*4.3;—(*applied to a musical intonation in speaking*) est..etiam in dicendo quidam ~us obscurior *Orat.*57.

2 (poet.) Poetry.

pandite nunc Helicona, deae, ~usque mouete VERG.*A.* 10.163; si tuas ~u Latio sacraui, Pindare, Thebas STAT. *Silv.*4.7.7.

3 The utterance of spells, incantation.

ut Marsus colubras disrumpit ~u LUCIL.576; neque eum iuuere in uulnera ~us somniferi VERG.*A.*7.757; haec ~u finditque solum manesque sepulchris elicit TIB.1.2.45; OV. *Med.*39; et attrahi ~ibus imbres et repelli SEN.*Nat.*4b.7.3.

4 The song or cry of birds. **b** the chirping of crickets.

aerii uolatus auium atque ~us CIC.*Top.*77; raucisonos ~us LUCR.5.1084; testataque gaudia ~u est OV.*Met.*8.238; cristati ~ibus oris 11.597; olorum morte narratur flebilis ~us, falso, ut arbitror PLIN.*Nat.*10.63; ante cuculi ~um 30.85; ad ~um galli..secundi JUV.9.107;—(*regarded as an omen*) nec e ~u sinistro oscinis..auguror CIC.*Fam.*6.6.7; *Div.*2.16; praecinit euentus nec mihi ~us auis TIB.1.8.4. **b** et ~u querulae rumpent arbusta cicadae VERG.*G.*3.328; PLIN.*Nat.*22.86.

5 The music of instruments. **b** the call or blast of trumpets.

locum..percrepare totum mulierum uocibus ~uque symphoniae CIC.*Ver.*5.31; *Tusc.*5.104; ubi adsuetis biforem dat tibia ~um VERG.*A.*9.618; LIV.38.13.6; PLIN.*Nat.*5.7; ~uque quieto armigeri Tritones eunt STAT.*Ach.*1.54; (*cf.*) auium citharaeque ~us HOR.*Carm.*3.1.20. **b** te gallorum, illum bucinarum ~us exsuscitat CIC.*Mur.*22; concilio repente ~u tubarum conuocato HIRT.*Gal.*8.20.2; aere ciere uiros Martemque accendere ~u VERG.*A.*6.165; LIV.25.24.5; LUC.4.186.

canua ~ae, *f.* [prob. Gk. κανοῦν] A basket.

canifera mulier appellatur, quae fert ~am PAUL.*Fest.* p.65M.

Canulēius ~a ~um, *a.* The name of a plebeian *gens*, e.g. C. Canuleius, tribune of the plebs in 445 B.C.

LIV.4.1.1;—plebiscito ~o CIC.*Rep.*2.63.

cānus ~a ~um, *a.* [<**cas-nos*, Osc. *casnar*, Skt. *śaśáḥ*; cf. CASCVS]

1 (of things having, or considered as having, a white covering; also the things giving such a covering): **a** (of the sea, waves, etc.) Whitened, foam-capped. **b** whitened with dust or ashes; (of dust, etc.) white. **c** white with snow, frost, etc.; (transf., of winter); (also of snow, etc.) white. **d** (of trees, plants, etc.) covered with light or silvery foliage, etc. **e** (of other things or their coverings).

a labitur uncta carina per aequora ~a celocis ENN.*Ann.* 478; saxa..~a salis niueo spumata liquore CIC.*Arat.Progn.* 179; uertitur in ~os candenti marmore fluctus LUCR.2.767; VERG.*A.*8.672; qua ~a parumper spumant signa fugae STAT.*Ach.*1.235. **b** iacto ~a puluere fecit aquas OV.*Ib.* 388; ~is..altaribus STAT.*Theb.*1.512;—genera..harenae fossiciae sunt haec: nigra, ~a, rubra, carbunculus VITR. 2.4.1; ~a prunam uelante fauilla OV.*Met.*8.525; ~us.. puluis STAT.*Silv.*2.2.7. **c** ~is..montibus VERG.*G.*1.43; OV.*Ib.*200; Pangaea niuosis ~a iugis LUC.1.680;—~ae frigora brumae SEN.*Phaed.*966; December ~us MART. 1.49.19;—nix acri concreta pruina ~a cadens LUCR.3.21; ~a..pruina VERG.*G.*2.376; horrida ~o bruma gelu 3.442. **d** segetis ~ae OV.*Met.*10.655; laticem..~ae..Mineruae (*i.e.* oliuae) 13.653; thyma ~a *Fast.*5.272; ~a..absinthia *Tr.*5.13.21; ~a salix LUC.4.131; ~a rigentem populo cinctus comam SEN.*Her.O.*578; fert muscum siccum, ~um PLIN. *Nat.*27.100. **e** ~a legam tenera lanugine mala VERG.*Ecl.* 2.51; quaeque solent ~is frondes intexere filis agrestes tineae OV.*Met.*15.372; deterior furfurosus et ~o situ obductus PLIN.*Nat.*12.125; ~a..sulphureis Albula fumat aquis MART.1.12.2; fert ille ceris ~a cum suis mella 3.58.34; pelle melandrya ~a 3.77.7.

2 White- or grey-haired (implying old age); (of hair) white, grey. **b** (w. ref. to incongruity of old age with love). **c** (implying experience or wisdom; also transf.). **d** (of things) faded with age.

hoc iter ad lapides ~a ueni memores PROP.2.13.40; ~us.. sacerdos OV.*Fast.*4.339; magna fuit quondam capitis reuerentia ~i 5.57; ter Pylium fleuere sui, ter Nestora ~um *Eleg.Maec.*137;—(*spec. of var. goddesses*) ~a Veritas VAR. *Men.*141; ~a Fides et Vesta VERG.*A.*1.292; ~ae penetralia Vestae 5.744; (*poet., of the coot*) ~a fulix CIC.*Arat.Progn.*183; —cum dentes (equi) sint facti brocchi et supercilia ~a VAR. *R.*2.7.3; rosa ~os odorati capillos HOR.*Carm.*2.11.15; nos, Delia, amoris exemplum ~a simus uterque coma TIB.1.6.86; OV.*Fast.*3.669. **b** eho tu nihili, ~a culex PL.*Cas.*239; tun capite ~o amas..? *Mer.*305; TIB.1.1.72; det munera ~us amator 1.8.29; (*transf.*) tua ~a senectus spurcata impuris moribus CATUL.108.1. **c** ~o capite atque alba barba miserum me auro esse emunctum PL.*Bac.*1101; prudentia ~i rectoris JUV.12.32;—(*of wolves*) plena uenit ~is de grege praeda lupis OV.*Am.*1.8.56; *Met.*6.527;—(*transf.*) tuum consilium ~um et graue, meum uero puerile deprendo FRO.*Aur.*1.p.62(41N); uiridi pueritia, ~a malitia APUL. *Apol.*85. **d** cedit ab Iliacis laurea ~a focis OV.*Fast.*3.142.

3 (of things) Having lasted long, age-old. **b** (of time).

si quid longa fides ~aque iura ualent MART.1.15.2; Gaurus..~a notus amicitia 4.67.2. **b** quorum mihi ~a senectus auctor OV.*Ep.*14.109; nec pateris..saecula ~a mori MART.8.80.2; (*in the future*) Zmyrnam ~a diu saecula peruoluent CATUL.95.6.

Canusīna ~ae, *f.* [CANVSINVS; sc. *uestis*] A garment made of Canusian wool.

haec tibi turbato ~a simillima mulso munus erit MART. 14.127.1; 14.129.

canusīnātus ~a ~um, *a.* [prec.+-ATVS] Dressed in garments of Canusian wool.

~us..Surus MART.9.22.9; ~is mulionibus SUET.*Nero* 30.3.

Canusīnus ~a ~um, *a.* Of Canusium, Canusian.

agro ~o VAR.*R.*1.8.2; ~us..hospes CIC.*Att.*1.13.1; ouem ~am JUV.6.150; (*masc. as sb.*) ~i more bilinguis? HOR.*S.* 1.10.30.

Canusium ~(i)ī, *n.* A town in Apulia (modern Canosa).

CIC.*Att.*9.6.1; HOR.*S.*1.5.91; LIV.22.50.11; MELA 2.66.

? **cānūtus** ~a ~um, *a.* [cf. CANVS] (app.) Grey.

naricam bonam et ~am PL.fr.inc.135(*s.v.l.*).

capācitās ~atis, *f.* [CAPAX+-TAS]

1 Ability to contain, capacity, size. **b** capacity for food. **c** power of (mental) comprehension.

in lacunis..quae..propter..~atem diutius conseruant umorem VITR.8.1.3; ternae aut etiam quaternae (uuae) pro ~ate uasorum in ollas demittuntur COL.12.45.2; FRON.*Aq.* 26; (*cf.*) utrum ~atem aliquam in animo putamus esse, quo tamquam in aliquod uas ea quae meminimus infundantur? CIC.*Tusc.*1.61. **b** huc omnia inexplebile animal (*sc.* onocrotalus) congerit, mira ut sit ~as PLIN.*Nat.*10.131; 18.63. **c** ~atem rerum generi humano esse concessam AGEN.*agrim.*p.21.

2 Capability of inheriting.

GAIUS *dig.*31.1.55.1.

Capanēius ~a ~um, *a.* Of Capaneus.

~a coniunx (*i.e.* Evadne) STAT.*Theb.*12.545.

Capaneūs[1] ~ĕī, *m.* One of the 'Seven against Thebes', killed by lightning.

PROP.2.34.40; OV.*Ars* 3.21; PLIN.*Nat.*35.144; STAT.*Theb.* 8.744.

Capanēus[2] ~a ~um, *a.* Of Capaneus.

~a..pinus STAT.*Theb.*8.661; ~a..signa 10.832; ~aque misimus umbris pectora 12.764.

capax ~ācis, *a. compar.* ~acior, *superl.* ~acissimus. [CAPIO[1]+-AX]

1 (of containers, places, etc.) Able to hold a lot, capacious, roomy.

~acis moenia mundi LUCR.6.123; ~aciores..scyphos HOR.*Epod.*9.33; omne ~ax mouet urna nomen *Carm.*3.1.16; arcum pharetramque ~acem OV.*Met.*9.231; ~aci..cumba SEN.*Oed.*166; antri..~acis LUC.5.153; Aulis ~aci nobilis portu PLIN.*Nat.*4.26; spissius (harundini) mari corpus, feminae ~acius 16.162; quod nulla in Italia moles tam ~ax foret TAC.*Hist.*2.21; ceras inplere ~aces JUV.1.63; (*fig.*) non semper implet (Demosthenes) auris meas; ita sunt auidae et ~aces CIC.*Orat.*104; (*poet.*) physeter ~ax SEN. *Phaed.*1030; (*for food*) ut siti ~acior ad cenam ueniret guttur VAR.*Men.*237;—(*pregn., of the underworld*) mille ~ax aditus..urbs habet OV.*Met.*4.439; regno ~aci SEN.*Her.F.* 659; dissilit umbra ~ax STAT.*Theb.*4.521.

2 (w. gen.; also dat. or inf.) Capable of holding, big enough for. **b** having a good capacity for (food, etc.). **c** ~*ax nauium*, etc., navigable. **d** able to contain (immaterial or abstract things).

primo urbis magnitudo ~acior patientiorque talium malorum ea celauit LIV.39.9.1; ~ax populi..circus OV. *Ars* 1.136; spiritus ~ax (pulmo) CELS.4.1.4; mare (*sc.* Rubrum), profundum et magnorum animalium..~ax MELA 3.72; ~acia populorum tecta SEN.*Ep.*90.25; dextera nondum..clauae..~ax V.FL.1.110; parcae cistula non ~ax oliuae MART.4.46.13; (*w. gdve.*) rictum illum edendorum hominum ~acem SEN.*Cl.*1.25.1;—uilla usibus ~ax PLIN. *Ep.*2.17.4;—tenuis casa..fluctiuagos nautas..uix operire ~ax STAT.*Silv.*3.1.85. **b** cibi uinique eundem ~acissimum LIV.9.16.13; ~acioraque ciborum facienda corpora PLIN. *Nat.*24.35; (*transf.*) in uentrem faenoris..et pecorum agrorumque ~acem JUV.11.41. **c** Vmbro, nauigiorum ~ax PLIN.*Nat.*3.51; magnarum nauium ~acem esse (Phasim) 6.13. **d** ~ax generosi spiritus illud quoque dictum V.MAX.3.7.ext.7; (illud genus 'quod est') cum sit rerum omnium ~ax SEN.*Ep.*58.13; pro ~ax scelerum dies! *Her.O.* 1419; quoniam leuissimum..est (milium) et caloris ~acissimum PLIN.*Nat.*22.130; habes ~ax necessarii facinoris otium APUL.*Met.*10.3.

3 Capable of having or getting. **b** competent to hold, qualified for (an office, position, etc.). **c** capable (of an action or emotion); capable (of producing). **d** able to deal with or endure. **e** susceptible or admitting (of).

animal mentis..~acius altae OV.*Met.*1.76; beneficii ~ax est SEN.*Ben.*5.19.1; cuius (*sc.* amicitiae tuae) esse eum usque ad intimam familiaritatem ~acem PLIN.*Ep.*2.13.10; (*ellipt.*) siue ipsa (Virtus) ~aces elegit penetrare uiros STAT. *Theb.*10.634;—(*in law*) dotis cuius ~ax fuisset PAPIN.*dig.* 10.2.35; 28.5.81(80);—(*of things*) ~acissima insitorum omnium ducitur platanus PLIN.*Nat.*17.121. **b** fortunaeque, in quam alebatur, ~ax VELL.2.93.1; fortuna..auidos gloriae magis quam ~aces facit CURT.4.7.29; omnium consensu ~ax imperii nisi imperasset TAC.*Hist.*1.49; professionis..nostrae ~acissimus HYG.*agrim.*p.84;—(*of the intellect, abilities, etc.*) cuiusque clari operis ~acia ingenia VELL.1.16.2; uisus..sibi nec sceptra ~aci sustentare manu STAT.*Theb.*8.292; solam diui Augusti mentem tantae molis ~acem TAC.*Ann.*1.11;—(*absol.*) M'. Lepidum dixerat~acem sed aspernantem 1.13. **c** ~acia..bonae spei pectora CURT.8.13.11; infandi ingeni scelerum ~acis [SEN.]*Oct.*153; nullius ausi ~ax natura TAC.*Ann.*13.47; (*in law*) impubes.. licet consilii ~ax non fuerit ULP.*dig.*29.2.8.1; 43.4.1.6; (*of things*) cuius (imaginis) bene exprimendae ~ax non est SEN.*Nat.*1.7.3;—quo facilius ~ax ex recenti ⟨ci⟩bo nouae materiae fiat (cutis) CELS.2.14.10; materiamque sui deprendit flamma ~acem MAN.1.822; uidimus et solidas imagines diui Augusti ~aci materia huius crassitudinis PLIN.*Nat.*36.196. **d** animaeque ~aces mortis LUC.1.461; tot tantosque luctus cepit rerum omnium ~acissimum eius pectus SEN.*Dial.*11.15.3; laudum cladumque quieta mente ~ax (Fabius) SIL.6.617; (*of things*) quamdiu..cibi ~ax stomachus est SEN.*Nat.*4b.13.5; silua ~ax aeui STAT.*Theb.* 4.419; (naues) quaedam fluuii ~aces ULP.*dig.*14.1.1.12. **e** opus..facundiae minime ~ax MELA 1.1; PLIN.*Nat.pr.*12; nihil tam ~ax fortuitorum quam mare TAC.*Ann.*14.3; cum solum peregrinae ciuitatis ~ax non sit dedicationis TRA. Plin.*Ep.*10.50(59); (*w.* ad) ~aci uenenorum cognatione ad uirus accipiendum PLIN.*Nat.*22.95; sermo pompae regiae ~ax foret MAUR.2206.

4 Capable of apprehending, understanding.

nobis..singula quaeque ostendi facilius possunt uniuersi nondum ~acibus SEN.*Ep.*89.2; quis..mundi..~acior hospes? LUC.10.183; rerumque naturae ~aces PLIN.*Nat.* 2.55; diuinorumque ~aces JUV.15.144; (*w. gd.*) ~ax recta discendi ingenium VELL.2.29.5;—(*w.* ad, *s.v.l.*) animi ad praecepta ~acis OV.*Met.*8.242;—(*absol.*) mihi si..deus.. ingenium..~ax..dedisset 8.534; MAN.4.902.

capedum: see CAPIO[1].

capēduncula ~ae, *f.* [*capedo* (CAPVDO)+-VNCVLA] A small pot or vessel.

de colendis diis inmortalibus..more maiorum ~is his, quas Numa nobis reliquit CIC.*N.D.*3.43.

capella ~ae, *f.* [CAPER+-LA]

1 A she-goat.

VAR.*R.*2.3.1; CIC.*Ver.*2.87; barbigeras..~as LUCR.6.970; lupus ipse ~am (sequitur) VERG.*Ecl.*2.63; HOR.*Carm.*1.17.3; fetum..~ae TIB.1.1.31; qua graciles gramen carpsere ~ae OV.*Met.*1.299; ~a praecipue probatur simillima hirco COL. 7.6.4; JUV.15.12.

2 A star in the constellation Auriga.

Oleniae sidus pluuiale ~ae OV.*Met.*3.594; nobilis et mundi nutrito rege ~a MAN.1.366; PLIN.*Nat.*18.248.

Capēna ~ae, *f.* A town of southern Etruria.

LIV.5.10.2; 22.1.10.

Capēnās ~ātis, *a.* Also **~ātis.** Of or at Capena; (masc. pl. as sb.) the people of Capena.

lucus ~atis CATO *hist.*30; ~as, Faliscus, Sabinus ager CIC.*Agr.*2.66;—LIV.5.8.4; 5.13.9.

Capēnus ~a ~um, *a.*

1 Of Capena.

lucos..~os VERG.*A.*7.697.

2 *porta* ~*a* (also fem. as sb.), A gate at Rome on the Appian Way.
egressus porta ~a Cic.*Tusc.*1.13; Liv.33.26.9; Ov.*Fast.*4.345;—madidam..~am Juv.3.11.

caper ~prī, *m.* [Umb. *kabru*, Gk. κάπρος, AS. *hæfer*]
1 A he-goat, billy-goat. **b** (meton.) a goatish smell.
alces. harum est consimilis ~pris figura Caes.*Gal.*6.27.1; ueratrum..~pris adipes..auget Lucr.4.641; uir gregis ipse ~per deerrauerat Verg.*Ecl.*7.7; *G.*2.380; libidinosus..~per Hor.*Epod.*10.23; *Carm.*3.8.7; Ov.*Met.*10.327; (*app. a castrated goat*) dum iugulas hircum, factus es ipse ~per Mart.3.24.14; (*cf.*) auctore..M. Varrone is demum Latine ~per dicitur, qui excastratus Gel.9.9.10. **b** tibi fertur ualle sub alarum trux habitare ~per Catul.69.6; Ov.*Ars* 3.193.
2 The constellation Capricorn.
Cancroque ~proque Man.2.179; (*cf.*) Bacchum..ministrans Libra, ~per brumam genitusque ad frigora piscis 2.659.
3 An unidentified fish.
is, qui ~per uocatur in Acheloo amne, grunnitum habet Plin.*Nat.*11.267.

caper(r)ātus ~a ~um, *a.* [pple. of next] Wrinkled.
quin mihi ~am tuam frontem..omittis? Var.*Men.*134; odiosi mariti tui ~um supercilium Apul.*Met.*9.16.

caperrō ~āre ~āuī ~ātum, *intr.* [perh. fr. caper] To become wrinkled.
quid illuc est quod illi ~at frons seueritudine? Pl.*Epid.*609.

capessō (-issō) ~ere ~īuī or ~iī (~ītum), *tr.* [capio[1]+-esso] Forms: *capissam* Pac.*trag.*52.
1 To take hold of, grasp. **b** *arma ~ere*, to take up arms.
quaerere te neque posse corde ~ere Enn.*Ann.*43; cibum..partim oris hiatu et dentibus ipsis ~unt Cic.*N.D.*2.122; ferrumne ~at imbelle V.Fl.1.759; 4.548. **b** sociis tunc arma ~ant edico Verg.*A.*3.234; quamquam non publico consilio ~entibus arma Liv.4.53.1; Luc.4.703.
2 To seize for oneself, snatch (possessions, abst. objects); *poenas ~ere*, to exact punishment. **b** *~ere flammam, candorem*, to catch fire, be lit up.
nunc quam spem aut opem aut consili quid ~am? Pl.*Rud.*204; principium..libertatis ~endae Cic.*Phil.*10.19; Sal.*Hist.*3.48.2; ut partem secum ~erent decoris Liv.9.40.12; secundam (palmam)..~unt Retouina (lina) Plin.*Nat.*19.9; nomenque ~ere bellis V.Fl.1.540; sic thalamos, sic pignora fida ~as Stat.*Theb.*11.703; Vitellio..ad ~endam principatus fortunam bello opus erat Tac.*Hist.*1.77; dum..noctem in castris tutam et uigilem ~erent *Ann.*4.48;—merui, genetrix, poenas inuita ~e Stat.*Theb.*9.891. **b** topper saeui ~et flammam Volcani Andr.*poet.*39; solisque exortu ~it candorem Pac.*trag.*88.
3 To apprehend mentally or with the senses.
ne forte uagus Fortunae quaerere sedem incipias, duplici certam ratione ~e Man.3.177; si in ~endis naturae sensibus tam obsurduit Gel.12.1.11;—egregium spectaculum ~ite oculis Liv.37.24.6.
4 (refl. or intr.) To betake oneself, go.
nunc pergam..me domum ~ere Pl.*Am.*262; quam magi' te in altum ~is *As.*158; quo nunc ~is ted hinc? *Bac.*113; horsum se ~it *Rud.*172; Titin.*com.*180; (*transf.*) quam se ad uitam et quos ad mores praecipitem inscitu' ~at Pl.*Bac.*1077;—si ad saxum quo ~it ea deorsum cadet *Rud.*178; rursum..intro ~iuit Apul.*Met.*1.22.
5 To make for, to go towards or to.
Melitam..opinor ~amus Cic.*Att.*10.9.1; is..animus..superiora ~at necesse est *Tusc.*1.42; Italiam Lyciae iussere ~ere sortes Verg.*A.*4.346; alios finis aliamque ~ere gentem 11.324; trepidoque ~unt castra inimica gradu Sil.13.302.
6 To occupy, take up (a position).
Libra decem partes Geminorum prima ~it Man.4.320; ibi sedem ~ere Mela 1.97.
7 To enter on, engage in (a course of action, process, etc.). **b** to start on (a journey), take (the road). **c** to adopt (a practice, quality, etc.).
pars multa natat, modo recta ~ens interdum prauis obnoxia Hor.*S.*2.7.7; ut segregaret pugnam eorum ~it fugam Liv.1.25.7; plurimum audaciae ad pericula ~enda 21.4.5; per metum ~unt fugam Curt.3.13.9; supremaque uota ~it Sil.1.504; erecto animo ~eret uitam Tac.*Hist.*2.48; laudare quod otium ~eret *Ann.*14.3; hortabatur ad philosophiam ~endam Gel.7(6).10.1;—(*war, fighting, etc.*) ad bellum secum aduersus Aetolos ~endum Liv.26.25.5; pertinacius de integro ~unt pugnam 40.32.3; nec tamen segnius proelium ~ebat Curt.4.6.25; quis turba canum..pugnas..~it eriles V.Fl.6.108; pugnam manu ~iit Tac.*Ann.*12.30; cum clipeis nascuntur et horrida bella ~unt continuo Juv.14.242; proelium ~iturus Apul.*Met.*9.8. **b** nunc ad senem cursum ~am hunc Hegionem Pl.*Capt.*776; quam potissimum ~eret uiam Liv.44.2.8; pelago uiam ~it Apul.*Met.*5.31. **c** eos hortari ad ~endam fortitudinem V.Max.1.8.6; ut pro personae uoltu gestum sibi ~ere..⟨posset⟩ Fro.*Aur.*2.p.68(147N).
8 To take charge of, turn one's attention to, undertake (government, an office, duty, work, etc.). **b** *rem publicam ~ere*, to engage in politics, enter public life; also, to take over the government. **c** to carry out (orders).
Tyrrhenaque regna ~am Verg.*A.*8.507; iuuenum munia..~ebat Liv.44.41.1; honores fascisque..~ere Sen.*Dial.*9.1.10; militiam alii ~unt Plin.*Nat.*6.66; ad preces cogi per quas consularium aliqui ~ere prouincias adigerentur Tac.*Ann.*6.27; iret interim uirgo et sacra ~eret 11.34; adite honores, ~ite ciuitatem Plin.*Pan.*39.5. **b** rem publicam ~ere hominem bene sanum non oportere Cic.*Sest.*23; *Fin.*5.57; *Off.*1.72; Sal.*Jug.*85.47; quaestor undeuicesimum annum agens ~ere coepit rem publicam Vell.2.94.3; Quint.*Inst.*12.3.1;—orare eum collegamque ut ~erent rem publicam Liv.3.69.5. **c** in erum matura, in se sera condecet ~ere Pl.*Aul.*590; si mea imperia ~es *Trin.*299; mihi iussa ~ere fas est Verg.*A.*1.77.

Caphēreus[1] ~eī, *m.* **(Caphār-).** A rocky promontory at the south-eastern end of Euboea.
Verg.*A.*11.260; Ov.*Rem.*735; *Met.*14.472; Mela 2.107; Sen.*Her.O.*777.

Caphēreus[2] (-ēus) ~a ~um, *a.* **(Caphār-).** Of Caphereus.
saxa..~a Prop.3.7.39; ~am..aquam Ov.*Tr.*5.7.36.

Caphēris ~idos, *f. adj.* = prec.
petrae ~ides Sen.*Her.O.*804.

cap(h)istērium ~iī, *n.* [Gk. σκαφιστήριον] A vessel used for separating seed-corn from the rest.
quicquid exteretur, ~io expurgandum erit Col.2.9.11.

capidulum ~ī, *n.* [perh. for capitvlvm] (See quot.)
~um genus uestimenti, quo caput tegebatur Paul.*Fest.*p.48M.

capillāceus ~a ~um, *a.* [capillvs+-aceus] Resembling hair.
tenue et ~a coma (genus arboris) quod uocatur eutheriston Plin.*Nat.*12.114; ~o folio 13.136.

capillāmentum ~ī, *n.* [capillvs+-mentvm]
1 The hair of the head. **b** false hair, a wig.
capitulo uolutas uti ~o concrispatos cincinnos..conlocauerunt Vitr.4.1.7; lectorum iuuenum ~a surripere Apul.*Met.*3.16;—(*in comparisons*) linguae..~i tenuitate (serpentibus) Plin.*Nat.*11.171; folio angusto paene in ~i modum 21.33; tenuis usque in ~i speciem 27.91. **b** me..decoro exornauit ~o Petr.110.5; ~o celatus Suet.*Cal.*11.
2 **a** A hair-like fibre in plants; a root-hair. **b** a fibrous growth in other things. **c** a thread of metal.
a ~a seminum Col.4.11.1; 4.22.4; minutis haec ~is hirsuta Plin.*Nat.*16.128;—(uitis annosae) ~a Sen.*Ep.*86.20; quae rectam non habent radicem, statim plurimis nituntur ~is Plin.*Nat.*19.99; densis radicis ~is 25.96. **b** (in hominum uesica) diro cruciatu subinde nascentes calculi et saetarum ~a Plin.*Nat.*11.208; concreti aluminis unum genus σχιστὸν appellant Graeci, in ~a quaedam canescentia dehiscens 35.186. **c** translucent..iuncturae tenuissimis ~is Plin.*Nat.*36.98.
3 A thin streak or hair-like flaw in gems, etc.
aliis (crystallis est) ~um rimae simile Plin.*Nat.*37.28; 37.199; (*in timber*) rimae aut ~a rimas imitata 13.98.

capillāre ~is, *n.* [next; sc. *unguentum*] Ointment for the hair.
moechae pauperis ~e Mart.3.82.28.

capillāris ~is ~e, *a.* [capillvs+-aris] (See quot.)
capillatam uel ~em arborem dicebant, in qua capillum tonsum suspendebant Paul.*Fest.*p.57M.

capillātūra ~ae, *f.* [next+-vra] A hair-like flawing (in a gem).
polythrix in uiridi ~am ostendit Plin.*Nat.*37.190.

capillātus ~a ~um, *a.* *compar.* ~ior. [capillvs+-atvs[2]]
1 Having long hair. **b** (as the mark of an older generation). **c** (as a feature of foreign peoples). **d** (of boys and youths, often slaves).
~ior quam ante barbaque maiore Cic.*Agr.*2.13; senem..caluum quidem, sed cincinnis semicanis et pendulis ~um Apul.*Met.*8.24. **b** ipse ~o diffusum consule potat Juv.5.30. **c** Iuba, regis filius, adulescens non minus bene nummatus quam bene ~us Cic.*Agr.*2.59; Suet.*Ves.*23.4; (*masc. as sb.*) tu..une de ~is (*i.e. of the Spaniards*) Catul.37.17. **d** senem caluum..inter pueros ~os ludentem pila Petr.27.1; duo Aethiopes ~i 34.4; puer ~us in hanc coloniam ueni 57.9; quem grex togatus sequitur et ~us Mart.2.57.5;—(*masc. as sb.*) lasciui parere gaudent uilico ~i 3.58.30; sic te frequentes audiant ~i 10.62.2.
2 (see quots.).
quae (arbor) ~a dicitur, quoniam Vestalium uirginum capillus ad eam defertur Plin.*Nat.*16.235; Paul.*Fest.*p.57M.
3 (of foliage, roots) Resembling hair.
(folia) ~a pino, cedro Plin.*Nat.*16.90; quibusdam tamen ~ae (radices), ut apio, maluae 19.98.

capillitium ~(i)ī, *n.* [next+-itivm] A head of hair.
flauum et inadfectatum ~ium Apul.*Met.*2.2.

capillus ~ī, *m.* [dub.] Forms: *~um* (neut. sg.) Pl.*Mos.*253 acc. to Non.p.198M; *~a* (neut. pl.) *CIL* 10.8249.
1 The hair of the head. **b** (w. *coma, crinis*). **c** (pl.) one's hair; (also of other parts of the body).
usque ab unguiculo ad ~um summumst festiuissuma Pl.*Epid.*623; subcrispo ~o Cic.*Ver.*2.108; et pro purpureo poenas dat Scylla ~o Verg.*G.*1.405; directo ~o et rufo Vitr.6.1.3; quae (animalia) ~us maxime celat Plin.*Nat.*9.154;—(*w. ref. to its care and arrangement*) uiden ~um sati' compositumst commode? Pl.*Mos.*254; mulieres nostrae ~um cinere unguitabant Cato *hist.*114; ~u' pexu' prolixus circum caput reiectu' neglegenter Ter.*Hau.*290; barba inmissa et intonso ~o Sis.*hist.*47; ~o horrido Cic.*Sest.*19; ~oque sunt promisso Caes.*Gal.*5.14.3; Liv.27.34.5; denigrant ~um corymbi (hederae) Plin.*Nat.*24.79; ungues polire et ~um reponere Quint.*Inst.*8.pr.22; Suet.*Jul.*67.2;—(*as affected by age*) lenit albescens animos ~us Hor.*Carm.*3.14.25;—(*as the part attached or grasped*) meas..de ara ~o iam deripiam Pl.*Rud.*784; uix me contineo quin inuolem in ~um Ter.*Eu.*860; cum sinistra ~um eius a uertice teneret Q.Cic.*Pet.*10;—(*disarrayed in grief, etc.*) ~u' passu', nudu' pes, ipsa horrida Ter.*Ph.*106; suos obtestari et more Gallico passum ~um ostentare Caes.*Gal.*7.48.3;—(*cf., of a prodigy*) in Herculis aede ~um enatum Liv.32.1.10. **b** uini somni stupri plenus, madenti coma, composito ~o Cic.*Red.Sen.*13; fusus resoluta crine ~us Atta *poet.*1. **c** et ~os scindunt (*in mourning*) Lucil.955; erant illi compti ~i Cic.*Pis.*25; incomptis Curium ~is Hor.*Carm.*1.12.41; uerbena caput ~osque tangens Liv.1.24.6; umeros protecta ~is Ov.*Met.*2.635; ~os nigro colore inficiunt Plin.*Nat.*22.153;—*Priap.*45.7.
2 A single hair.
etiam ~us unus habet umbram suam Pub.*Sent.*E.13; eamque (*sc.* acum) transmitti duplicem ~um muliebrem ducentem Cels.7.7.8.c; ~os homini legere coepere inuicem Phaed.2.2.7; dum de singulis ~is in consilium itur Sen.*Dial.*10.12.3; Plin.*Nat.*29.138; Mart.3.93.2; (*applied to the tail of a comet*) flamma comas imitata uolat, tenuisque ~os diffusos radiis ardentibus explicat ignis Man.1.836.
3 The hair, fur, or wool of various animals.
mollior cuniculi ~o Catul.25.1; positis bicolor membrana ~is Pers.3.10; in illis (*sc.* haedis) ~um gigni teneriorem Gel.12.1.15; (*cf.*) pleniorem quasi ~um, quem in uentre gerunt Col.9.10.1.
4 Hair-like fibre or roots in plants.
nunc capitis porri longo resoluta ~o laetetur (tellus) Col.10.167; fert (robur) et aliam inutilem pilulam cum ~o Plin.*Nat.*16.28; optimum (crocum)..quod pinguissimum et breuis ~i 21.33.

capiō[1] ~ere cēpī ~tum, *tr.* [cf. Goth. *hafjan*, AS. *hebban*, Skt. *kapaṭī*, Gk. κάπτω] Forms: Old future *capso, -is, -it*, etc. Pl.*Bac.*712, *Rud.*304, Enn.*Ann.*319; *capsis* understood as *cape si uis* by Cicero (*Orat.*154; cf. Quint.*Inst.*1.5.66). Orthog.: *kap-* *CIL* 1.594, also 1.1(dub.). *cepet* (= *cepit*) *CIL* 1.622.
1 To take into the hand, take hold of. **b** to take or pick up (arms).
~e..speculum Pl.*Mos.*265; ~e aquam hanc sis *Rud.*465; ~e, da hoc Dorcio Ter.*Ph.*152; capides..a ~iendo, quod ansatae ut prehendi possent, id est ~i Var.*L.*5.121; Cic.*Tim.*19; ~e dona extrema tuorum Verg.*A.*3.488; Liv.1.36.4;—(*w. dat. of refl.*) restim tu tibi ~e crassam Pl.*Per.*815; tibi ~e flagellum Cato *hist.*72;—(*w.* in manus, manu, *etc.*) iam lora in manus cepi meas Pl.*Mer.*931; geminis ~iens tellurem Oeaxida palmis Var.At.*poet.*3; ~e saxa manu, ~e robora, pastor Verg.*G.*3.420; Tac.*Hist.*5.6. **b** ~it arma a proximis Caes.*Gal.*6.38.2; Sal.*Jug.*97.5; clipeum ~e quem dedit ipse inuictum ignipotens Verg.*A.*10.242; pedestre scutum ~it Liv.7.10.5; (*cf.*) ~eres aut fustem aut lapidem Pl.*Rud.*842.
2 To put on, assume (clothing, etc.; also armour).
ornatum ~iam qui potis decet Pl.*Am.*1007; ~ere lucti uestem in leto coniugis Acc.*trag.*519; flammeum ~e laetus Catul.61.8; ~it ille coronam Ov.*Fast.*2.105; rosas ~e, tinguere nardo Mart.2.59.3; ~e tuta parumper tegmina nil nocitura animo Stat.*Ach.*1.270; (*facet.*) ubi..crassas ~iat compedis Pl.*Capt.*722; (*cf.*) (illi) soli gerundum censeo morem et ~iundas crinis (*i.e. to dress the hair in married women's fashion*) *Mos.*226;—Mars quoque ob hoc ~ere arma solet Ov.*Met.*12.91.
3 To take (food or drink).
quocum una cibum ~ere soleo Pl.*Trin.*906; Ter.*Eu.*368; Cic.*Fam.*16.1.1; omnes quaecumque cibum ~iunt animantes Lucr.4.645; Sal.*Jug.*91.2; seu quis ~it acria fortis pocula Hor.*S.*2.6.69; Liv.9.37.5; munera cum liquido ~iunt Cerealia Baccho Ov.*Met.*13.639; Tac.*Ger.*22.1.
4 To seize hold of, arrest (a person or his body).
ni it, antestamino: igitur em ~ito *Lex XII*(*Font.iur.*p.17); mancipium quod manu ~itur Var.*L.*6.85; hic tibi..prius uinclis ~iendus Verg.*G.*4.396; Mulciberis ~ti Marsque Venusque dolis Ov.*Ars* 2.562; nec possis ~tas inde referre manus *Ib.*608; noctis ~tum sub carcere claudit Man.2.954; Sen.*Men.*980; (*cf.*) matrimonia..manu ~ta sunt Flor.*Epit.*1.1(1.1.10); (*transf.*) ualde durus ~itur (amicus tuus) Sen.*Ep.*112.1.
5 To catch by hunting, fishing, etc. **b** (of birds or beasts of prey). **c** to gather, reap, get, (crops or other produce).
nisi quid concharum ~simus, incenati sumu' Pl.*Rud.*304; pontes Tiberinus duo inter ~tus catillo Lucil.1176; ibi pluris (*sc.* pantheras) ~i aiunt Cael.*Fam.*8.9.3; Hor.*S.*2.2.32; nec tellus ~tas miserat ante feras Ov.*Fast.*6.178; utrorumque ferorum, id est nuper ~torum, sanguis Larg.16; Gaius *dig.*41.1.1.1;—(*cf.*) illa quidem certe pro lepusculis ~iebantur, patellae, paterae, turibula Cic.*Ver.*4.47; neque acquirentur rei uerbi laqueo ~i putas oportere *Caec.*83. **b** auis..quae cum emersissent piscemque cepissent Cic.*N.D.*2.124; nulla fuga est ~to Ov.*Met.*6.518; unde potest auidus ~tae leo parcere praedae? Mart.1.14.5. **c** mel plenilunio uberius ~itur Plin.*Nat.*11.38; sucus duobus

modis ~iebatur, e radice atque caule 19.43; ante fruges nouas ~tas GEL.4.6.8; ULP.*dig*.24.3.7.6; *CIL* 8.26416;—(*minerals*) super omnia solum in massa aut ramento ~itur (aurum) PLIN.*Nat*.33.62.

6 To capture, seize (by military or sim. action): **a** (men). **b** (a place). **c** (land, booty, spoils, etc.).

a ~tusne est pater? PL.*Per*.644; oppressus a praedonibus et ~tus est CIC.*Ver*.5.122; magno pecoris atque hominum numero ~to CAES.*Gal*.6.3.2; nocturnis ego somniis iam ~tum teneo HOR.*Carm*.4.1.38; armati, inermes, fortes, ignaui, pariter omnes ~ti atque uicti sumus LIV.9.3.3; uitam ~us ab hoste tulit OV.*Pont*.4.3.38;—(*w. abl. of means*) legiones Teloboarum ui pugnando cepimus PL.*Am*.414;—(*by ambush*) etiam si corpora ~a sint armis CIC.*de Orat*.1.226; ut plane interclusi ~tique simus *Att*.9.6.2; ubi me isdem dolis nequit ~ere SAL.*Jug*.14.11. **b** POST VRBEM ~TAM *Elog*.7 (*CIL* 1.p.191); nec magis id ceperam oppidum PL.*Bac*.959; Carthagine ~ta CIC.*Ver*.4.74; hi consuetudine populi Romani loca ~ere CAES.*Gal*.3.23.6; ipse armatos ~ientesque arcem depulerit LIV.6.11.5; ~to stat grauis ille (*sc*. Cupido) loco OV.*Ars* 1.234;—(*w. abl. of means*) oppidum ui ~tum CATO *hist*.136; Olympum ui, copiis, consilio, uirtute cepit CIC. *Ver*.1.56; tibi..sunt oppida ~ta multa manu VERG.*A*.12.22; oppidum scalis cepit LIV.8.13.7;—(*w.* ab, de, ex) COMPLVRA OPPIDA DE SAMNITIBVS CEPIT *Elog*.10(*CIL* 1.p.192); Caenonem, aliud oppidum..ab Antiatibus cepit LIV.2.63.6; quot oppida ex hostibus ui cepisset 28.38.2. **c** cuius auspicio classe procincta opima spolia ~iuntur *Lex Reg*. (*Font.iur*.p.8); priu' quam spolia ~iat PL.*Truc*.524; praeda quae ~ta est, uiritim diuisa CATO *hist*.133; nauis cum esset ..~ta praedonum CIC.*Ver*.5.136; ea quae bello ceperint plerumque deuouent CAES.*Gal*.6.17.3; Graecia ~ta ferum uictorem cepit HOR.*Ep*.2.1.156;—(*w.* ab, de, ex) quod de hostibus ~tum esset CATO *orat*.171; quae tabula picta est quae non ab hostibus uictis ~ta atque deportata sit? CIC. *Ver*.5.127; agros de hostibus ~tos *Dom*.128; ager ex hostibus ~tus LIV.4.48.2; (*fig*.) nec quisquam e nostris spolia cepit laudibus CIC.*Tusc*.2.22.

7 To enter or take up (a position). **b** to reach, make (a harbour, etc.).

imas ~iebant omnia sedis LUCR.5.451; locum ~it superiorem CAES.*Civ*.1.40.5; quem quisque uiuos pugnando locum ceperat SAL.*Cat*.61.2; Sergestus ~it ante locum VERG.*A*.5.185; prospectu in urbem agrumque ~to LIV. 1.18.7; montes proximos fuga ~iunt 9.43.20; ~iunt saltus siluasque peragrant MAN.4.223; loci quos ~iunt (aues) GEL.7(6).6.8. **b** cursum tenere atque insulam ~ere non potuerant CAES.*Gal*.4.26.5; cum ignorarent quem locum reliquae (naues) cepissent *Civ*.3.28.1; hae naues Euro.. portum ~ere prohibebantur *B.Alex*.9.4; (*in fig.phr*.) ut.. tenere cursum possint et ~ere oti illum portum et dignitatis CIC.*Sest*.99.

8 To take for oneself, take possession of, appropriate. **b** to extort (money). **c** to exact (tribute, a penalty). **d** to obtain (by mental processes).

~E ME TVA SVM *CIL* 1.1499; terraque corpus quae dedit ipsa ~it ENN.*Ann*.14; Alcumenae usuram corporis cepi PL.*Am*.1136; quo amici mei per symbolos pecunias magnas ~erent CATO *orat*.171; possumus petitoris personam ~ere, accusatoris deponere? CIC.*Quinct*.45; essedum aliquod ~ias suadeo *Fam*.7.7.2; pati ab igne ignem ~ere *Off*.1.52; hunc.. lubido maxuma inuaserat rei publicae ~iundae SAL.*Cat*.5.6; dona praesentis ~e laetus horae HOR.*Carm*.3.8.27; ~e hunc equum LIV.22.49.8; (*absol*.) eis..inter se donare ~ere liceto *Leg.pub*.(*Font.iur*.p.47)5; (*w. dat. of refl*.) fuga sibi praesidium ~iunt *B.Hisp*.38.6;—(*w. source stated*) ind' mihi principium ~iam PL.*Poen*.2; ut de re publica nihil praeter gloriam ceperit NEP.*Ep*.3.4; unde noua ingressus hominum experientia cepit? VERG.*G*.4.316; qui sceptrum cepit ab illo OV.*Ib*.285; neque se praemium aut honorem ex calamitate ciuium cepisse TAC.*Hist*.4.41. **b** HS uiciens ex hoc uno genere ~tum uidemus CIC.*Ver*.2.142; cum iudices sitis de pecunia ~ta conciliata 3.218; saeuitiae ~tarumque pecuniarum teneri reum TAC.*Ann*.3.67. **c** QVAM LEGEM PORTORIEIS..~IVNDEIS INTRA SVOS FINEIS DEIXSERINT *CIL* 1.589.2.32; stipendium ~ere iure belli CAES.*Gal*.1.44.2; has ubi uerborum poenas..cepit Atlantiades OV.*Met*.2.834. **d** numerum ~e PL.*Aul*.798; ne quis forte ad exortum (solis) ~iendam putet liniam PLIN.*Nat*.18.333.

9 To choose, select (for a stated or implied purpose). **b** (w. pred. acc.) to choose, appoint (in a particular capacity). **c** to take (an example, etc.). **d** to choose (a time); to seize (an opportunity). **e** CONSILIVM *~ere*, to adopt or form a plan.

certumst exsulatum hinc ire me. sed quam ~iam ciuitatem cogito potissumum PL.*Mer*.645; locus opportune ~tus ad eam rem CIC.*S.Rosc*.68; lex est..quae in annos singulos Iouis sacerdotem sortito ~i iubeat *Ver*.2.126; locum ~ies oculis VERG.*G*.2.230; Corneliae uirgini, quae in locum Scantiae ~iebatur TAC.*Ann*.4.16;—(*esp. a site for a camp*) castris locum ~ere CIC.*Rab.Post*.42; LIV.4.46.12; 8.11.11; montis asperos castris cepere TAC.*Ann*.12.55;—(*for augury, etc*.) cum tabernaculum uitio cepisset CIC.*Div*. 1.33; LIV.4.7.3; ~tus locus dicitur ad sacrificandum legitime constitutus PAUL.*Fest*.p.65M. **b** de istac sum iudex ~tus PL.*Mer*.736; ecquis me ob rem eam augurem ~iat? CATO *orat*.187; quom illum generum cepimus TER. *Hec*.537; hunc ~e consiliis socium VERG.*A*.5.712; C. Flaccus flamen ~tus LIV.27.8.5;—(*w. dat. of refl*.) te mihi patronam ~io TER.*Eu*.887; legiones quae Marcellum sibi ducem ceperant *B.Alex*.60.1. **c** hinc exemplum ~ere uolt PL. *Mos*.762; de te si exemplum ~it TER.*An*.651; ex quo nimirum documentum nos ~ere fortuna uoluit CIC.*Phil*. 11.5; quin specimen naturae ~i deceat ex optima quaque natura *Tusc*.1.32; inde tibi..quod imitere ~ias LIV.pr.10. **d** ut rogem quod tempu' conueniundi patri' me ~ere iubeat? TER.*Ph*.828; si..satis scite et commode tempus ad te cepit adeundi CIC.*Fam*.11.16.1; telum ex insidiis cum tandem tempore ~to concitat VERG.*A*.11.783; insidiatum eum et tempore ~to adortum rem publicam LIV.3.9.7;—si occasionem ~sit PL.*Ps*.1022; e quibus occasione ~ta se transfugisse *B.Hisp*.26.2.

10 To accept (something offered); to take (a bribe).

quin uos ~itis condicionem ex pessuma primariam? PL. *St*.138; magne Geni, ~e tura libens [TIB.]3.11.9;—si quis ob rem iudicandam pecuniam cepisset *formula* in CIC.*Rab. Post*.16; quos pecuniae ~tae arcessebat SAL.*Jug*.32.1; LIV. 42.45.8; quia pecuniam a Vario Ligure omittendae delationis ceperant TAC.*Ann*.6.30.

11 To get, obtain, be given, win. **b** to derive (profit, revenue). **c** to acquire or inherit (property); *usu ~ere*: see VSVCAPIO[1].

hunc diem unum..uolo me eleutheria ~ere PL.*St*.422; imperator laudem ~it CATO *orat*.176; VT PRO PORTIONE.. MERCEDEM PRO EO ~ERENT *CIL* 1.594.1.4.8; mei laboris industriae diligentiaeque ~iam fructum CIC.*Ver*.32; ut insigni ~iam cum laude coronam LUCR.6.95; nondum eandem uetustatis ac uirtutis ceperat opinionem HIRT.*Gal*. 8.8.2; qui propter odium fructum oculis ex eius casu ~ere uellent NEP.*Eum*.11.2; et fors aequatis cepissent praemia rostris VERG.*A*.5.232; haud aduersae pugnae gloriam ceperat LIV.26.29.10; bellum..non unde plerique opinantur, nec ab ipso Perseo causas cepit 39.23.5; nam ~iunt animis palmam OV.*Hal*.67; astra polumque pie cepisti mente MART. 7.56.1; mercedem solidam ueterum ~is officiorum JUV.5.13; quanti ut efficiatur opus locasses, tanti fideiussores cepisti JAVOL.*dig*.46.1.44;—(*of inanim. things*) ne committeret ut is locus..ex calamitate populi Romani..nomen ~eret CAES.*Gal*.1.13.7. **b** uix credo tota auctione ~iet quinquagesies PL.*Men*.1161; fundus melius erit, minus peccabitur, fructi plus ~ies CATO *Agr*.4; qui fructus quaeque utilitates ex rebus iis..percipiantur, eas nos nullo modo sine hominum manu atque opera ~ere potuisse CIC.*Off*.2.14;—(*w.* ex) ex is praediis talenta argenti bina statim ~iebat TER.*Ph*.790; CIC.*Parad*.49; quamquam ex schola quadringena annua ~eret SUET.*Gram*.23(p.117Re). **c** quos quis ignorat..a ciuibus Romanis hereditates ~ere potuisse? CIC.*Caec*.102; si ~iendi ius nullum uxori JUV.1.55; qui ex bonis testatoris solidum ~ere non possit CLEM.*dig*.28.6.6; —(*absol*.) QUINT.*Inst*.5.14.16; ex testamento alieno ~ere GAIUS *Inst*.1.23;—(*impers. pass*.) mortis causa ~itur, cum propter mortem alicuius ~iendi occasio obuenit *dig*.39.6.3.

12 To assume, take on (a form, quality, etc.); *radicem ~ere*, to take or strike root. **b** to acquire (a state or condition).

(ocinum) quod granum ~iat ne serito CATO *Agr*.33.3; fecundaque semina rerum creuerunt faciemque aliquam cepere morando OV.*Met*.1.421; uultus ~it illa priores 1.738; uires flamma refecta ~it *Fast*.3.144; prius quam luna incrementum ~iat COL.2.10.12; donec altitudinis mensuram datam ceperit (fossa) 3.13.9; cetera turba cum formam ~ere coepit, nymphae uocantur PLIN.*Nat*.11.48; rursus refrigeratum odorem suum ~it 13.13;—eos in terram deprimito extollitoque primorem partem, uti radicem ~iat CATO *Agr*.51; 133.1; cum pali defixi radices cepissent PLIN.*Nat*. 17.123. **b** quae nondum maturitatem ceperunt uuae COL.3.21.9; ut qui gustabant obliuionem ~erent domum reditionis HYG.*Fab*.125.2; promissio..quae ex uoluntate promittentis statum ~it JAVOL.*dig*.45.1.108.1; quoniam Dido..nihil eius similitudinis ~ere possit GEL.9.9.14; quae (*sc*. exceptiones)..ex legibus..substantiam ~iunt GAIUS *Inst*.4.118; ex affectione cuiusque ~it interpretationem PAUL. *dig*.50.17.168.1.

13 (of persons or things) **a** To incur, suffer (inconvenience, injury, etc.). **b** to obtain, derive (a benefit, pleasure, etc.).

a ubi pro disco damnum ~iam PL.*Bac*.67; ibi..labos grandis ~itur *Trin*.271; ne illam quidem infamiam fugerit quam sine ulla uoluptate ~iebat CIC.*Ver*.5.40; eum dolorem, quem de re publica ~io *Fam*.4.6.2; ne pauidi..arboribus.. se inplicent noxamque ~iant (iuuenci) COL.6.2.2; ut dolum ~iat PAUL.*dig*.40.12.15;—(*w.* corde, animo, *etc*.) quantum corde ~io dolorem PL.*Truc*.455; ex huius incommodis magnam animo molestiam ~io CIC.*Sul*.1;—(*w. source indicated*) nullum ~ere ipsos inde laborem LUCR.5.1182; nec quemquam ex eo plus quam se doloris ~ere CAES.*Gal*.1. 20.2; si quid ex ea re damnum cepit POMPON.*dig*.9.2.39.1; —(*of inanim. things*) ne quid res publica detrimenti ~eret CIC.*Catil*.1.4; si quod uetustate uitium ceperit (materies) VITR.6.8.3; rimam fissuramque non ~it sponte cedrus PLIN. *Nat*.16.212; quamuis umorem ~iat paries PAUL.*dig*.8.2.19. **b** ~iunt uoluptates, ~iunt rusum miserias PL.*Am*.939; de commodorum quae ~imus copia CIC.*N.D*.3.17;—(*w. source indicated*) ex meo propinquo rure hoc ~io commodi TER.*Eu*.971; maximam laetitiam cepi ex tuis litteris CIC. *Fam*.3.9.2; utilitates ex amicitia maximae ~ientur *Amic*.32; si quis usus mei est, nihilo minor ex priuato ~ietur LIV. 3.51.5; aut gloriam ex hostibus uictis aut ex ciuibus prostratis gaudium ~iam V.MAX.9.3.1;—(*w.* animo, *etc*.) ~iebam animo non mediocrem uoluptatem CIC.*Planc*.1; neue tamen tota ~ias fera gaudia mente OV.*Tr*.5.8.21.

14 a *initium, principium*, etc., *~ere*, to make a beginning, begin (at or with). **b** *finem*, etc. *~ere*, to come to an end, finish, stop.

a ut..aliud initium belli ~ere possent CAES.*Gal*.6.33.5; principium ~iunt Phoebus et annus idem OV.*Fast*.1.164;—(*w.* ab, ex, unde) ab aliquo nostrae causae adiumento principium ~ere oportebit *Rhet.Her*.1.6; a Bruto,..consule designato, more maiorum ~iamus exordium CIC.*Phil*.5.35; eorum una pars..initium ~it a flumine Rhodano CAES. *Gal*.1.1.5; esse..inane unde initum primum ~iat res quaeque mouendi LUCR.1.383; respondit uerba quae proponerentur ex die, quo stipulatio facta esset, initium ~ere SCAEV.*dig*.45.1.135.1. **b** nec uestra ~it discordia finem VERG.*A*.10.106; bellum..non ante cepit finem, quam.. LIV. 5.51.6; neque in pecunia neque in gloria concupiscenda aut modum norat aut ~iebat terminum VELL.2.46.2; TAC.*Hist*. 4.3.

15 To undertake, take in hand, carry out (an action, process, policy, etc.). **b** to undertake, enter on (an office, etc.). **c** ARMA *~ere*, to take up arms, begin hostilities; *fugam ~ere*, to take to flight; see FVGA. **d** *somnum, quietem*, etc. *~ere*, to rest, sleep, etc.

nunc tibimet illuc naui ~iundumst iter PL.*Bac*.325; numquam tam grauis ob hanc inimicitias ~erem in uostram familiam TER.*Ph*.370; quod dexterum cepit cursum ACC. *praet*.37; non fuit causa cur tantum laborem ~eres CIC. *Q.Rosc*.49; qui ex lucri magnitudine coniecturam ~iam furti *Ver*.3.111; io matres..soluite crinalis uittas, ~ite orgia mecum VERG.*A*.7.403; ~e, Roma, triumphum PROP.3.11.49; e qua (*sc*. ichnographia) ~iuntur formarum in solis arearum descriptiones VITR.1.2.2; impetu ~to LIV.8.30.6; auguriumue ex arce ~iet 10.7.10; tali ~iens sub tempore uitam (*i.e. being born*) MAN.5.396; cepi nefas SEN.*Ag*.31; omnis aquae percolatae..mensura ~itur LARG.73; de studiis, quibus antequam maiora ~iat puer instituendus est QUINT.*Inst*.1.12.19; iussu Vitellii militiam cepere TAC.*Hist*. 2.97; de firmitate imperii ~turus auspicium SUET.*Ves*.7.1; (*w. inf*.) conformare locum ~it impiger *Culex* 391. **b** prouinciam cepisti duram TER.*Ph*.73; qui magistratum curulem cepisset CATO *hist*.111; ut..consul ante fieret quam ullum alium magistratum per leges ~ere licuisset CIC.*Man*.62; qui honorem, quem sibi ~ere per leges liceret, peteret LIV. 32.7.11; ~it annua consul iura OV.*Fast*.2.851; quinquagesimo anno imperium cepit SUET.*Cl*.10.1. **d** rogitant noctu ut somnum ceperim PL.*Mil*.709; metu et suspicione propriam ~ere non poterat quietem SIS.*hist*.45; excubo animo nec partem ullam ~io quietis CIC.*Att*.9.11.4; in stipula placidi ~iebat munera somni OV.*Fast*.3.185; ~itque somnos MART.1.109.8.

16 To entertain (a feeling, etc.), adopt (an attitude).

~e sis uirtutem animo PL.*Trin*.650; ut aliquando misericordiam ~eret CIC.*Quinct*.97; non ullum pro me tantum cepisse timorem VERG.*A*.6.352; spem (plebs) cepit.. fenoris expugnandi LIV.6.18.2; et ~to fugiens ceruus.. timore OV.*Hal*.65; spem de illo..quam optimam ~iat QUINT.*Inst*.1.1.1; TAC.*Hist*.4.43; ut taedium uitae ceperint GEL.6(7).18.11.

17 To take a hold of, delight, charm, captivate (usu. of things): **a** (act.). **b** (pass.).

a etiam si primo aspectu nos ceperunt, diutius non delectant CIC.*de Orat*.3.98; magis specie..et motu atque ipso amictu ~iebat homines quam..dicendi copia *Brut*.224; ea quae rerum nouitate aut admiratione nos ~iunt HIRT.*Gal*. 8.pr.8; quem cepit uitrea fama HOR.*S*.2.3.222; ut pictura poesis: erit quae si propius stes te ~iat magis *Ars* 361; quosdam elatior ingenii uis..~it QUINT.*Inst*.10.1.44;—(*mind or senses as obj*.) uoluimus ~ere animum illorum LUCIL.589; nimis enimi insidiarum ad ~iendas auris adhiberi uidetur CIC.*Orat*.170; parua leuis ~iunt animos OV.*Ars* 1.159; sacrificuli ac uates ceperant hominum mentes LIV.25.1.8; dum ~iat aurem (iocus) PHAED.2.pr.6; Amphitryoniades multo mea cepit amore pectora STAT.*Silv*.4.6.33;—(*ellipt*.) in aliis ..suauitas cepit, in aliis species inuitauit PLIN.*Nat*.12.29. **b** illi praeciso atque epulis ~iuntur opimis LUCIL.569; tum est Epicureus non penitus illi disciplinae..deditus, sed ~tus uno uerbo uoluptatis CIC.*Red.Sen*.14; mirifice ~ior facetiis maxime nostratibus *Fam*.9.15.2; homines fronte et oratione magis quam ipso beneficio reque ~iuntur Q.CIC.*Pet*.46; nitido ~ti leuique lepore LUCR.5.1259; (bouem) herba ~tum uiridi VERG.*Ecl*.6.59; ~ta..uestris moribus PROP.4.11.88; gentem..dulcedine frugum maximeque uini noua tum uoluptate ~tam LIV.5.33.2; si hoc..spectaculo ~eris SEN. *Dial*.4.5.4; uilla..cuius amoenitate ~tus Caesar crebro uentitabat TAC.*Ann*.15.52. ~tum te nidore suae putat ille culinae JUV.5.162.

18 To fascinate, enthrall with love, enamour.

te coniunx aliena ~it, meretricula Dauum HOR.*S*.2.7.46; nudus et Endymion Phoebi cepisse sororem dicitur PROP. 2.15.15; et siquast duro ~ta puella uiro OV.*Rem*.554; (*w. abl*.) Cynthia prima suis miserum me cepit ocellis PROP.1.1.1; —(*of things*) ne aspectu et forma ~iare altera LUCIL.735; nec me tam facies, quamuis sit candida, cepit PROP.2.3.9; nulla re praeterquam forma ~tus LIV.4.9.4; basia me ~iunt MART.11.104.9; (*w.* in+*abl*.) inque figura ~ta dei nymphe est OV.*Met*.14.771;—(*transf*.) qua primum oculos cepisti ueste Properti PROP.3.10.15; 3.19.4; (tempus) quo facilis dominae mens sit et apta ~i OV.*Ars* 1.358.

19 To move (by entreaty, etc.), win over. **b** to win over (w. bribes, etc.), corrupt. **c** (w. *consuetudine*) to overcome (by habit).

cepisti me istoc uerbo PAC.*trag*.354; diuum natura..nec bene promeritis ~itur neque tangitur ira LUCR.2.651; dextera praecipue ~it indulgentia mentes OV.*Ars* 2.145; omnium..urbium animos cepit V.MAX.5.1.5; liberos eius.. faciles ~i prece commouebunt SEN.*Thy*.301. **b** reliquos legatos eadem uia aggressus plerosque ~it SAL.*Jug*.16.4; munera, crede mihi, ~iunt hominesque deosque OV.*Ars* 3.653; postquam cepisti, das mihi, Rufe, nihil MART.9.88.2; —(*pass., w. abl*.) ut suspicer te pecunia ~tum CIC.*Phil*.1.33; ~ti compendio ex direptis bonis CAES.*Gal*.7.43.3; HOR. *Carm*.2.18.36; PROP.3.15.6; ~i donis LIV.21.24.5; OV.*Tr*. 2.76; obiecto temptans an cibo posset ~i (canis) PHAED.1. 23.4; LUC.4.820. **c** ne assidua consuetudine ~ti studium belli gerendi agri cultura commutent CAES.*Gal*.6.22.3; *B. Afr*.72.4; ~tum imperii consuetudine SUET.*Jul*.30.5.

20 a To take in, delude. **b** to catch out, trap.

a eis omnibus rebus quibus illa aetas ~i ac deleniri potest CIC.*Clu*.13; hac uoce Q. Fufi ~ti sumus *Phil*.12.4; eorum animi molles..dolis haud difficulter ~iebantur SAL.*Cat*.14.5; neque insidiis noctis ~iere serenae VERG.*G*.1.426; similitudine ueri ~tus LIV.25.16.15; turpe nec est tali credulitate ~i OV.*Pont*.1.1.44; ea fraude ~tum senem TAC.*Ann*.4.10; filiam familias in dote ~tam ULP.*dig*.4.4.3.5. **b** saepe is cautor ~tus est PL.*Capt*.256; iniurium..est..qua uia te captent eadem ipsos ~i? TER.*Hec*.73; in ~iendo aduersario uersutus CIC.*Brut*.178; CAES.*Gal*.1.40.9; ne..ante ~iamini..uestra socordia SAL.*Hist*.1.55.20; ne interrogatione insidiosa ~iamur SEN.*Ben*.4.26.1; GEL.16.2.9.

21 To take a hold of, afflict, overcome: **a** (of physical conditions). **b** (of feelings, states of mind).

a si quas..aedes ignis cepit acriter *Inc.pall*.46; dormitio uigilabilis, quae me..cepisti VAR.*Men*.485; terram intempestiuos cum putor cepit ob imbris LUCR.2.929; at genus humanum multo fuit illud..durius..nec facile ex aestu nec frigore quod ~eretur 5.929; (eum) primo cura, deinde.. somnus cepit Sal.*Jug*.71.2; pauor fugaque etiam armatos cepit Liv.31.2.8; (*w. abl. of part*) ipse Hannibal..altero oculo ~itur 22.2.11; (*of crops*) cum hieme praegelida ~tae segetes essent Plin.*Nat*.18.183;—(*fig.*) oppressa ~taque re publica Cic.*Dom*.26; numquam..erit..tam ~tus equester ordo ut equites Romani a consule relegentur *Sest*.52. **b** cupido cepit miseram nunc me proloqui..Medeai miserias Enn. *scen*.257; sicubi eum satietas hominum aut negoti siquando odium ceperat Ter.*Eu*.404; quae si uos cepit obliuio Cic. *Mil*.99; plebem..insolentia ceperat Sal.*Jug*.40.5; quae te dementia cepit! Verg.*Ecl*.2.69; spe multum ~tus inani *A*.11.49; ne te ~iant..taedia Tib.1.4.15; ~tis..magis mentibus quam consceleratis similis uisa (ea res) Liv. 8.18.11; ipse ~i quadam superstitione animi 26.19.4; eadem omnis praefectos regios..cepit luxuria 36.11.3; hunc quoque ..cepit amor solem Ov.*Met*.4.170; an satias ~it aut illos.. aut hos Tac.*Ann*.3.30; (*w. retained acc.*) mentem ~itur temeraria curiositate Apul.*Met*.6.20.

22 (pf. pple. w. abl.) *~tus pedibus*, lame; *~tus membris*, crippled, paralysed; *~tus oculis*, etc., *auribus*, blind, deaf; *~tus mente*, etc., deranged; (also w. gen.).

collegam..mitem et ~tum pedibus Sal.*Hist*.2.26; Liv. 43.7.5;—mancus et membris omnibus ~tus ac debilis Cic. *Rab.Perd*.21; regem..parte membrorum ~tum Liv.33.2.3; —ut idem oculis et auribus ~tus sit Cic.*Tusc*.5.117; oculis ~ti..talpae Verg.*G*.1.183; censorem..luminibus ~tum Liv.9.29.11; Ov.*Fast*.6.204; ~tum repente oculis Suet. *Aug*.53.3;—te non uaecordem, non furiosum, non mente ~tum..putem? Cic.*Pis*.47; quasi mentibus ~ti Lucr.4. 1022; o toto pectore ~tae! Ov.*Fast*.6.509; animo ~tus Sen. *Her.F*.107; (*w. gen.*) uelut ~tus animi Tac.*Hist*.3.73.

23 (usu. of things) To have placed, impinge, etc., upon it (them), receive.

nam neque collidi sine inani posse uidetur quicquam.. nec ~ere umorem Lucr.1.534; haec illum regia cepit Verg. *A*.8.363; ubi Piraei ~ient me litora portus Prop.3.21.23; dummodo innare aquae et ~ere onera possent (aluei) Liv. 21.26.9; lapis..excisus sic ut pedes ~iat Cels.4.31(24).7; non ~it umquam magnos motus humilis tecti plebeia domus Sen.*Phaed*.1138; amnes..Appenninos Alpinosque nauigabiles ~iens..(Padus) Plin.*Nat*.3.118; aliquid seri, ut uentos procellasque ~iat (*i.e. in the form of sails*) 19.4; alias..cibos non transmittit (aluus)..alias non ~it 26.43; (*cf.*) (animam) lumen ~ere (*i.e. become luminous*) atque ignescere sensit Ov.*Met*.15.847; (*w.* in se) fit uti propellat.. ferrum, parte quod ex una spatium uacat et ~it in se Lucr. 6.1030.

24 To have within or upon itself, to contain. **b** (gram.) to have as meanings or inflectional forms.

capitium ab eo quod ~it pectus, id est ut antiqui dicebant, comprehendit Var.*L*.5.131; mollis et hirsutum cepit mihi fascia pectus Prop.4.9.49; populi, quos diues Achaia cepit Ov.*Met*.8.268; (zotheca) lectum et duas cathedras ~it Plin.*Ep*.2.17.21;—(*temporal*) quem numerum debet ratio sed non ~it usus Man.3.246. **b** 'ue'..particula.. duplicem significatum..~it Gel.5.12.9; ut (pleraque uocabula) significare et ~ere possent duas inter se res contrarias 12.9.1;—ostendit (Lucilius) 'mille'..casum etiam ~ere ablatiuum 1.16.13; cur 'mel' et 'uinum'..numerum multitudinis ~iunt, 'lacte' non ~iat 19.8.13.

25 To (be able to) contain, have room for, hold. **b** to have a capacity of, hold.

quid turbaest! aedes nostrae uix ~ient, scio Ter.*Hau*.254; uix iam uidetur locus esse qui tantos aceruos pecuniae ~iat Cic.*Agr*.2.59; non tuus hoc ~iet uenter plus ac meus Hor.*S*. 1.1.46; at tua non titulus ~iet sub nomine facta [Tib.]3.7.33; neque portus naues ~eret Liv.29.24.10; plenos ~it alueus amnes Ov.*Met*.1.343; urbs nos una ~it Luc.7.402; hunc (equum) neque discissis cepissent Pergama muris Stat.*Silv*. 1.1.11; sphaeristerium, quod..plures..circulos ~it Plin. *Ep*.5.6.27; non ~it has nugas humilis domus Juv.11.171; (*cf.*) sed (opes) non ~it ignis inuidus Stat.*Silv*.2.1.164;— (*w. abst. obj.*) cuius magniloquentiam uix curia paulo ante ceperat Liv.44.15.2; unum tot poenas cepisse caput Luc. 2.187;—(*temporal*) uix credent tantum rerum cepisse tot annos *Epic.Drusi* 339;—(*w.* posse, *etc.*) haec (aula) est parua, ~ere non quit Pl.*Aul*.391; nec tabulae nomina illorum ~ere potuerunt Cic.*Phil*.2.16; gloriam..quae uix caelo ~i posse uideatur 2.114. **b** modica est (*sc.* anus), ~it quadrantal Pl.*Cur*.110; ahenum quod ~iat Q. XXX Cato *Agr*.10.2; ut LXXX quadrantes ~erent singularum calices Plin.*Nat*.9.174; illecebrae quantum manus ~it Larg.153.

26 To give scope for, hold.

(*persons*) nec te Troia ~it Verg.*A*.9.644; non ~it idem contubernium fortem uirum et uictum Sen.*Con*.10.2.19; orbis illum suus non ~it *Suas*.1.5; non ~it regnum duos Sen.*Thy*.444; populique potentis..non cepit fortuna duos Luc.1.111; hic est quem non ~it Africa Juv.10.148;— (*activities, conditions*) tantaene tuae..libidines erunt ut eas ~ere ac sustinere non prouinciae populi Romani..possint? Cic.*Ver*.1.78; contio ~it..omnem uim orationis *de Orat*. 2.334; iam maius est (malum), quam ut ~ere id priuata fortuna possit Liv.39.16.3; ut ~eret fastus uix domus ulla meos Ov.*Pont*.4.9.16.

27 To keep under control, contain; *se non ~ere*, not to contain oneself.

nec ~ere irarum fluctus in pectore possunt Lucr.3.298; ubi non potuit nubes ~ere impetis auctum 6.327; nec ~iunt inclusas pectora flammas Ov.*Met*.6.466;—nec iam se ~it unda, uolat uapor ater ad auras Verg.*A*.7.466; et uomit Oceanus pontum sitiensque resorbet nec sese ipse ~it Man. 4.831; ut se ipse non ~iat (*sc.* flumen Atax) Mela 2.81; ubi (aqua)..~ere se desiit Sen.*Nat*.6.20.2.

28 To be capable of having; also, of enduring. **b** (of persons) to qualify for. **c** (of things) to admit of. **d** *fidem ~ere*, to command belief, be credible; see FIDES[1].

magnum nomen est..magna maiestas consulis; non ~iunt angustiae pectoris tui Cic.*Pis*.24; habenda tamen est tanta (gratia) quantam maximam animi nostri ~ere possunt *Phil*. 3.4; et faciles motus mens generosa ~it Ov.*Tr*.3.5.32; publica cum lentam non ~it ira moram *Nux* 4; (animus) nisi purus ac sanctus est, deum non ~it Sen.*Ep*.87.21; uix dolor frenos ~it *Thy*.496; ut uix mutati status fidem ~erent (*i.e. could scarcely believe*) Flor.*Epit*.1.3(1.9.3); NON ~IVNT LONGAS GAVDIA MAGNA MORAS *CIL* 12.5411; (*pple. w. gen.*) hominem esse animal mortale rationis et scientiae ~iens Gel.4.1.12;—regium hoc ipsum reor: aduersa ~ere Sen.*Oed*.83; uix tantum infirma dolorem cepit Luc.5.760. **b** non quicumque ~it saturatas murice uestes Mart.8.48.5; nam ~it et tantum non degener ambit honorem Stat.*Silv*. 3.1.160. **c** neque enim persona umbram actae rei ~it Vell.2.68.1; quemadmodum etiam ~eret aqua luxuriam Sen.*Nat*.4b.13.4; praemiis etiam, quae ~it illa aetas, euocetur (puer) Quint.1.1.20; aetates nondum rhetorem ~ientes *Inst*.1.9.1; sufficit ad exhortationem studiorum ~ere id rerum naturam 12.11.25.

29 To grasp mentally, take in, comprehend (alone or w. *animo*, etc.). **b** to apprehend (with the senses).

uerum ego haud minus aegre patior, id qui nescio nec rationem ~io Ter.*Hau*.959; quarum similitudinum si esset origo recte ~ta Var.*L*.10.11; qui sensum uerae gloriae ceperit Cic.*Phil*.5.49; ut deorum cognitionem caelum intuentes ~ere possent *N.D*.2.140; qui species alias ueri scelerisque tumultu permixtas ~iet Hor.*S*.2.3.209; senatus ille, quem qui ex regibus constare dixit unus ueram speciem Romani senatus cepit! Liv.9.17.14; iam nusquam natura latet; peruidimus omnem et ~to potimur mundo Man. 4.884; ne iudex eam (*sc.* orationem) uel intellegere uel ~ere non possit Quint.*Inst*.11.1.45;—(*of the mind*) ita magna esse..ut ea uix cuiusquam mens aut cogitatio ~ere possit Cic.*Marc*.6; in eas imagines mentem intentam..~ere quae sit..beata natura *N.D*.1.49; somnio laetiore quam quod mentes eorum ~ere possent Liv.9.9.14; nec ~it humanae coniectura mentis Plin.*Nat*.2.1;—maiorque (res est uisa) quam ut eam statim ~ere animo posset Liv.22.51.3; ut maius laetiusque quam quod mente ~ere..possent 27.50.7; uix spes ipse suas animo ~it Ov.*Met*.11.118; ingentisque animo motus bellumque futurum ceperat Luc.1.185. **b** (*w. abl.*) (SIGNVM) AVRIBVS IPSE MEIS CEPI SVMSIQVE CANORVM *CIL* 3.55; (*cf.*) hi loci sunt..ut ego oculis rationem ~io Pl.*Ps*.596; 'oculis postremum lumen radiatum rape'.. non dixit 'pete' non '~e'..sed 'rape' Cic.*de Orat*.3.162;— (*alone*) ~ioque noui spectacula cursus Ov.*Met*.7.780; uera tamen ~iet populus spectacula felix *Tr*.4.2.65;—(*of the ears*) tantus est..sonitus ut eum aures hominum ~ere non possint Cic.*Rep*.6.19.

capiō[2] ~ōnis, *f*. [prec.+-O[1]] A taking or seizing. **b** *usus ~o*, an acquiring of ownership by continued possession: see also VSVCAPIO[2].

IN ⟨EVM..MA⟩NVS INIECTIO PIGNORISQ. ~O SIET *CIL* 1.591.2.2; *Leg.pub*.(*Font.iur*.p.115)22; ceterarum partium non impedietur ⟨longa possessione⟩ ~o Javol.*dig*.41.4.4.1; data est pignoris ~o publicanis uectigalium publicorum ..aduersus eos, qui..uectigalia deberent Gaius *Inst*.4.28; Paul.*dig*.41.1.48.1. **b** usus ~onem duodecim tabulae intra quinque pedes esse noluerunt Cic.*Leg*.1.55; lucratiua usus ~o Gaius *Inst*.2.60.

capis ~idis (~idos), *f*. [perh. Gk. σκαφίς] A bowl or cup with a handle, used mainly for ritual purposes.

ab hoc apices ~idasque repertas Lucil.319; Var.*L*.5.121; is ⟨non⟩ conspiciatur cum ~ide ac lituo..? Liv.10.7.10; habeo ~ides M, quas reliquit patrono meo Mummius Petr. 52.2; Plin.*Nat*.37.18; ca[pi]de(m) arg(enteam) *P.Freib*.2.

capistrārius, ~iī, *m*. [CAPISTRVM+-ARIVS] A halter-maker.

OPPIO QVIETO ~IO *CIL* 12.4466.

capistrō ~āre ~āuī ~ātum, *tr*. [next+-O[3]] To provide with a headstall or halter; to fasten with a headstall; (also transf.).

inque ~atis tigribus alta sedet Ov.*Ep*.2.80; (*w. abl.*) araturos boues..fiscellis ~ari (oportet) Plin.*Nat*.18.177;— firmum iugum ad quod iumenta ~antur Col.6.19.2; 6.37.10; (*transf.*) ut iuga uineis inponantur et ~entur 11.2.95.

capistrum ~ī, *n*. [prob. fr. CAPIO[1]]

1 A halter or headstall (for controlling various animals).

leniter ~is..habent uinctos (pullos) Var.*R*.2.6.4; primaque ferratis praefigunt ora (haedorum) ~is Verg.*G*.3.399; huc..et illuc mollia purpureis frenabas ora ~is Ov.*Met*. 10.125; tres albi sues..~is et tintinnabulis culti Petr. 47.8; paret purpureis aper ~is Mart.1.104.7; Apul.*Met*. 6.29; (*fig.*) si..stulta maritali iam porrigit ora ~o Juv.6.43.

2 A similar fastening or band for other purposes.

in torcularium quae opus sunt:..melipontos V, troclias X, ~a V Cato *Agr*.12; cum ad summum palum recta uitis extenta est, ~o constringitur Col.4.20.3.

capitāl(e) ~lis, *n*. [next]

1 A crime punishable by death or loss of civil rights, a capital offence.

tam etsi ~l fecerit, facile adseruabis Pl.*Men*.92; cum Lacedaemoniis lex esset, ut, hostias nisi..redemptor praebuisset, ~l esset Cic.*Inv*.2.96; quique non paruerit, ~l esto *Leg*.2.21; praesidio decedere apud Romanos ~l esse Liv. 24.37.9; id..quod apud Persas ~l extitisset, solium regium occupasse V.Max.5.1.ext.1; ne miseros tecto iuuare ~l sit Sen.*Ben*.4.38.2; frugem..furtim noctu pauisse ac secuisse puberi XII tabulis ~l erat Plin.*Nat*.18.12; Sil.13.155; legimus, cum Aruleno Rustico Paetus Thrasea, Herrenio Senecioni Priscus Heluidius laudati essent, ~le fuisse Tac. *Ag*.2.1.

2 A headband worn by priestesses.

texta fasciola, qua capillum in capite alligarent, dictum ~l a capite Var.*L*.5.130; Paul.*Fest*.p.57M.

capitālis ~is ~e, *a*. *compar*. ~ior. [CAPVT+-ALIS]

1 (leg.) **a** *~is poena, ~e supplicium*, etc., The death penalty, capital punishment. **b** (of crimes, offences) involving a capital charge, punishable by death, also, by loss of civil rights; (of persons) worthy of death. **c** (of charges, cases, trials); (esp.) *res ~is*, a capital matter or case; (transf.) a matter of life and death. **d** *tresuiri, triumuiri* (sg. *triumuir*) *~es*, a board appointed to execute sentences, also acting as summary magistrates in criminal cases; also *duouir ~is*.

a eos ~i poena adficiebant Liv.39.18.4; 42.43.9; V.Max. 1.7.ext.10; abstrahi iussit ad ~e supplicium Curt.3.2.17; Sen.*Nat*.2.59.8; Plin.*Ep*.8.14.14; centuriones..~i animaduersione puniit Suet.*Aug*.24.2; poena manifesti furti ..~is erat Gaius *Inst*.3.189; (noxae) quae..coercitionem ~em habent Julian.*dig*.50.16.200; (*cf.*) praesertim cum (eos) ~i satisdatione fama iudicet dignos Plin.*Nat*.36.29. **b** ~e scelu' factumst Pl.*Mos*.475; (flagitia) noua, ~ia Ter. *Ad*.723; si C. Rabirius fraudem ~em admisit quod arma contra L. Saturninum tulit Cic.*Rab.Perd*.26; *N.D*.1.13; neue ea caedes ~is noxae haberetur Liv.3.55.5; Liv.23.14.3; (*facet.*) tuis nunc cruribus capitique fraudem ~em hinc creas Pl.*Mil*. 294;—quadruplator..~is *Rhet.Her*.2.41; ~is Eteocles..qui id unum quod omnium sceleratissimum fuerit, exceperit Cic.*Off*.3.82. **c** insimulatio..~is atque inuidiosi criminis Cic.*Ver*.5.23; ~es causae *Ed*.(*Font.iur*.p.252)78.2.3; quibusdam in iudiciis maximeque ~ibus Quint.*Inst*.4.1.57; an iniuriarum actio ~is sit *Decl*.331(p.303,l.25); omne crimen pro ~i receptum Suet.*Tib*.61.3;—SEI QVES ESENT QVEI ARVORSVM EAD FECISENT..EEIS REM ~EM FACIENDAM CENSVERE *CIL* 1.581.25; se Diodorum Melitensem rei ~is reum uelle facere Cic.*Ver*.4.40; Milesiam quandam mulierem ..rei ~is esse damnatam *Clu*.32; de manufestis rerum ~ium Sal.*Cat*.52.36; cognitiones ~ium rerum..solus exercebat Liv.1.49.4; cui rei ~is dies dicta sit 3.13.4; Curt.6.8.25; Tac.*Ann*.1.21; rei..~is damnatus intellegitur is, cui poena mors aut aquae et ignis interdictio sit Afric.*dig*.37.1.13;— nugare in re ~i mea Pl.*Mer*.184; *St*.502. **d** (praetor) tres uiros ~es populum rogato *Leg.pub*.(*Font.iur*.p.47)4; C. LVCILIVS C. F. TRIVM VIRVM CAP *CIL* 1.2204; Var.*L*.5.81; triumuiris ~ibus mandatum est, ut uigilias disponerent per urbem Liv.39.14.10; triumuiri ~es qui carceris custodiam haberent Pompon.*dig*.1.2.2.30; T DIDIO..III VIRO ~I *CIL* 5.6419;—DVO VIR CAP 1.1911.5.

2 That affects life, involving danger to life, fatal.

~ique ex periculo..huc recepit ad se Veneria haec sacerdos me et Palaestram Pl.*Rud*.349; nullius amicitia ~is (erit) Sen.*Dial*.10.15.1; nulla praeterea lex, quae puniat inscitiam ~em (*sc.* medicorum) Plin.*Nat*.29.18; non alieno ~i periculo sectari uoluptatis usuram breuem Fro.*Aur*.1. p.222(51N); quod..ex ~i morbo reualuisset Gel.16.13.5; (*hyperb.*) animum amore ~i compleuerint Naev.*com*.136.

3 Pernicious, deadly, dangerous.

hoc erat etiam ~ior, quod idem pecunias iis..faenori dabat Cic.*Ver*.2.170; cum..~em et pestiferum a Brundisio tum M. Antoni reditum timeremus *Phil*.4.3; nullam ~iorem pestem quam uoluptatem corporis *Sen*.39; ~is oratio est ad aequationem bonorum pertinens *Off*.2.73;—(*w. pun on* 1d) Treuiros uites censeo. audio ~is esse *Fam*.7.13.2.

4 (of enemies, hostile feelings) Deadly, implacable, mortal.

erum tuom meo ero esse inimicum ~em Pl.*Poen*.879; quod tam ~em hostem non comprehenderim Cic.*Catil*.2.3; (*in fig. phr.*) cum sibi cum ~i aduersario, dolore, depugnandum uideret *Fin*.4.31;—~i odio *Amic*.2; inter Hectora.. atque inter Achillem ira fuit ~is Hor.*S*.1.7.13; si inimicitiae ~es inter eum et litigatores..intercesserint Ulp.*dig*.4.8.15.

5 (perh. colloq.) First-rate, fine, capital.

Siculus ille ~is, creber, acutus Cic.*Q.fr*.2.11.4; ~e uocamus ingenium sollers Ov.*Fast*.3.839.

capitāliter, *adv*. [prec.+-TER[2]] With bitter hostility.

quam ~ ipsum me apud centumuiros lacessisset Plin. *Ep*.1.5.4.

capitārius ~a ~um, *a*. [CAPVT+-ARIVS] (app. of a tax) Levied per head, poll.

~um aes, quod capi potest Paul.*Fest*.p.65M.

capitātus ~a ~um, *a*. [CAPVT+-ATVS[2]] Having or forming a head.

natricem..crassam et ~am Lucil.72; melium, id est cingulum circum collum ex corio firmo cum clauulis ~is Var.*R*.2.9.15;—(*of various plants*) ~um (porrum) Col. 11.3.30; alterum (genus) ~ae (caepae) Plin.*Nat*.19.105; herba impia uocatur incana..thyrsi modo uestita atque ~a 24.173; cunila ~a 32.126; (*of standard vines*) alii ~as uineas, alii bracchiatas magis probant Col.5.5.9.

capitium ~iī, *n*. [prob. CAPVT+-IVM] (app.) A kind of tunic worn by women.

~ium ab eo quod capit pectus Var.*L*.5.131; induis ~ium, tunicae pittacium Laber.*com*.61; Fest.p.210M; Ulp.*dig*. 34.2.23.2.

capitō ~ōnis, *m. adj*. [CAPVT+-O[1]]

1 Having a large head, big-headed; *piscis ~o* (prob.) a kind of mullet.

ecquos (deos arbitramur) silos flaccos frontones ~ones? Cic.*N.D*.1.80;—piscem ~onem et scorpionem I Cato *Agr*. 158.1.

2 A Roman cognomen.

P. SESTIVS Q. F. VIBI. N. ~O *Fast.Cos.Cap*.2(*CIL* 1.p.16); L. Aetius L. f. An. ~o *S.C.* in Cael.*Fam*.8.8.5.

Capitōlīnum ~ī, *n*. = CAPITOLIVM.

e quis (montibus) ~um (*s.v.l.*) dictum, quod..Var.*L*.5.41.

Capitōlīnus ~a ~um, *a.* Of or connected with the Capitol. **b** an epithet of Jupiter who had a temple on the Capitoline hill. **c** *ludi* ~*i*, games in honour of Capitoline Jupiter; (masc. pl. as sb.) priests of Capitoline Jupiter. **d** the cognomen of Manlius who saved the Capitol from the Gauls, and of his descendants.
*Rhet.Her.*4.43; in cliuo ~o CIC.*Rab.Perd.*31; illo ipso primo ~o die (*i.e. on which the Senate was to meet in the Capitol*) *Att.*14.10.1; ad ~um illum redit uultum (*i.e. the expression he wore while sacrificing in the Capitol*) SEN. *Dial.*6.13.2; ~i..belli MART.5.5.7; ~as itque reditque uias 6.10.8; ~AE..TVRBAE *CIL* 6.29436; quid sint fauisae ~ae GEL.2.10. **b** a ~o reppulit arma Ioue OV.*Fast.*6.186; QUINT.*Inst.*3.7.4; (*absol.*) te, ~e..precor atque quaeso CIC. *Dom.*144. **c** ludi ~i fierent LIV.5.50.4; (*cf.*) ~ae..dapes MART.12.48.12; ~am..quercum JUV.6.387;—M. Furium Flaccum..hominem nequam, ~i et Mercuriales de conlegio eiecerunt CIC.*Q.fr.*2.5.2. **d** P. MANLIVS A. F. A. N. ~VS *Fast.Cos.Cap.*10a(*CIL* 1.p.20); M. Manlius, cui ~o postea fuit cognomen LIV.5.31.2; (*as a type*) et ~is generosior et Marcellis JUV.2.145.

Capitōlium ~(i)ī, *n.* The Capitoline hill at Rome together with the *arx*, temple of Jupiter Capitolinus, etc. **b** ~*ium uetus*, a site on the Quirinal. **c** similar places in other towns.
*Elog.*6(*CIL* 1.p.191); diequinti in ~io tibi cena cocta erit CATO *hist.*86; ~ium seruasse a Gallis QUAD.*hist.*7; ium~ illud templis tribus inlustratum CIC.*Scaur.*47; LIV.26.10.2; AUG.*Anc.*4.9; SUET.*Jul.*54.3; (*pl., in poets*) ad ~ia magna LUCIL.1145; ~ia celsa tenebat VERG.*A.*8.653; OV.*Met.*15.589;—(*symbolizing Roman rule*) dum ~io regina dementis ruinas funus et imperio parabat HOR.*Carm.*1.37.6; LUC.10.63. **b** cliuus proximus a Flora susus uersus ~ium uetus, quod ibi sacellum Iouis Iunonis Mineruae VAR.*L.*5.158. **c** monstrant ~ia celsa (*i.e. at Capua*) SIL.11.265; SUET.*Tib.*40; statua eius Beneuenti ostenditur in ~io *Gram.*9.

Capitōlius ~a ~um, *a.* = CAPITOLINVS; (neut. pl. as sb., perh.) the Capitoline games.
~um montem AUR.*Fro.*2.p.50(48N);—~a nostrae infitiata lyrae STAT.*Silv.*3.5.31.

capitulāris ~is ~e, *a.* [CAPITVLVM+-ARIS] Relating to a poll-tax or levy.
LEX ~IS *CIL* 8.4508.

capitulārium ~iī, *n.* Also **kap-.** [CAPITVLVM +-ARIVM] A poll-tax or levy.
~IVM IN SINGVLA CAPITA ✱..DARE DEBETO *CIL* 2.5181.12; DABIT ~I NOMINE HS C N 14.2112.1.20; PROCVRATOR AD ~IA IVDAEORVM 6.8604; emit puerum..pretio denariorum ducentorum et ~io portitorio *FJRA* 3.132.5.

capitulātim, *adv.* [next+-IM] By headings, summarily.
haec omnia ~ sunt dicta NEP.*Ca.*3.4; nunc confessa de iisdem breuiter atque ~ attingam PLIN.*Nat.*2.55.

capitulātus ~a ~um, *a.* [next+-ATVS²] Having a head or terminal knob.
eaeque (*sc.* costae) primis partibus rotundae et leniter quasi ~ae CELS.8.1.14; ~us..surculus PLIN.*Nat.*17.156.

capitulum ~ī, *n.* [CAPVT+-VLVM]

1 A (little) head. **b** (applied to a person). **c** (used to describe projecting piles or haemorrhoids).
operto ~o calidum bibunt PL.*Cur.*293; obstipo ~o CAECIL. *com.*99; VAR.*L.*8.79; in petiolis ~isque haedorum et uitulorum CELS.2.22.1. **b** scibam huic te ~o hodie facturum sati' pro iniuria PL.*As.*496; o ~um lepidissimum! TER.*Eu.* 531. **c** ora uenarum tamquam ex ~is quibusdam surgentia CELS.6.18.9.A; 7.30.3.A.

2 a The flower-head of a plant, a seed-capsule or fruit in a similar position. **b** the end, head, or point of an implement. **c** the capital of a pillar; the corresponding part of a triglyph. **d** a beam, bar, etc. acting as a headpiece on var. structures.
a ~orum Punici mali CELS.5.19.15; autumno conseri debent..cepae ~a COL.11.3.15; ~is marruuii PLIN.*Nat.* 25.43; hippophaeston nascitur in spinis..sine flore, ~is tantum inanibus et foliis paruis 27.92;—(*cf. sense 1*) folia, inter quae in cacuminibus ~a sint gruum 26.108; altera.. cui..~a uiperae similia sunt 25.104. **b** terebrarum autem duo genera sunt..alterum ~i ⟨longioris⟩ CELS.8.3.1; in qua (*sc.* spatula) summa ~ûm est rotundum 8.15.8; FRON.*agrim.*p.17. **c** ~um..ita habeant..rationem VITR. 5.9.4; a ~is aereis columnarum PLIN.*Nat.*34.13;—triglyphi ~a sexta parte moduli sunt facienda VITR.4.3.6. **d** eo ~um robustum indito CATO *Agr.*18.4; ad tabulae litterariae speciem cum ~o VAR.*R.*3.5.10; eiusque nonae partis fit foraminis in ~is magnitudo VITR.10.10.1.

capniās ~ae, *m.* [Gk. καπνίας] A smoky specimen or variety of some precious stones.
est et..uelut fumo infecta (iaspis), quae ~as uocatur PLIN.*Nat.*37.118; sunt et in hoc genere (*sc.* leucochrysorum) ~ae 37.128.

capnios ~on, *a.* [Gk. κάπνειος] The name of a vine with grapes of smoky appearance.
PLIN.*Nat.*14.39.

capnītis, *f.* [Gk. καπνῖτις] **a** A substance deposited by the smoke from a copper furnace. **b** a smoky precious stone.
a PLIN.*Nat.*34.101. **b** ~is quibusdam uidetur suum genus habere, pluribus iaspidis fumidae PLIN.*Nat.*37.151.

capnos ~ī, *f.* [Gk. καπνός] Fumitory: (perh.) a *Fumaria officinalis*. **b** *Corydalis digitata*.
a similis et nomine et effectu, sed alia est ~os fruticosa PLIN.*Nat.*25.156. **b** ~os trun⟨c⟩a, quam pedes gallinacios uocant, nascens in parietinis et saepibus PLIN.*Nat.*25. 155; 26.57.

cāpō ~ōnis, *m.* [cf. CAPVS] A capon; (also, perh.) a young cockerel (in quot., transf.).
coactos non amare ~ones MART.3.58.38; PAUL.*Fest.* p.46M;—et tu, cum esses ~o, coco coco atque cor non habebas PETR.59.2.

Cappadocia ~ae, *f.* A country of eastern Asia Minor between Cilicia and Pontus.
PL.*Mil.*52; CIC.*Man.*21; CAES.*Civ.*3.4.3; PLIN.*Nat.*6.8.

Cappadocicus ~a ~um, *a.* Cappadocian.
EXER ~VS SC *BMCI* 3.p.498, unnumbered (Hadrian).

Cappadocius ~a ~um, *a.* Cappadocian: **a** (of varieties of plants). **b** (fem. as sb.) an ivory-like gem.
a zizipha, quae ~a uocantur PLIN.*Nat.*21.51;—~a (lactuca), quae pallido et pexo densoque folio uiret COL. 11.3.26; PLIN.*Nat.*19.128. **b** PLIN.*Nat.*37.151.

Cappadocus ~a ~um, *a.* Of Cappadocia, Cappadocian; (*lactuca*) ~*a*, a variety of lettuce.
montanus sal Hispanus..uel etiam ~us COL.6.17.7; ~ae ..gentis 10.184; de ~is..catastis MART.10.76.3;—(lactucam) ~am COL.10.191; non derunt tibi..uiles ~ae grauesque porri MART.5.78.4.

Cappadox ~ocis, *m.*

1 A native or inhabitant of Cappadocia. **b** (as adj.) Cappadocian.
regio ~ocum genere *B.Alex.*66.4; HOR.*Ep.*1.6.39; MELA 1.13; ~ocas rigida pinguis plausisse catasta PERS.6.77;—(*attrib.*) Ariarathis ~ocis LIV.40.20.1; Archelaum ~ocem SUET.*Tib.*37.4. **b** emit equom ~ocem nigrum *FJRA* 3.136.1.

2 (applied, often contempt., to any Asiatic).
~ocem..illum (*i.e. Mithridates*) CIC.*Flac.*61; adcognosco ~ocem: nihil sibi defraudit PETR.69.2; quid te ~ocum sex onus esse iuuat? MART.6.77.4; (*applied to L. Piso*) CIC.*Red. Sen.*14.

capparis ~is, *f.* **~i,** *n. indecl.* [Gk. κάππαρις] The caper plant, *Capparis spinosa*. **b** the fruit of the caper.
CELS.4.8.3; radicem ~is tritam COL.6.30.10; 12.7.1; LARG. 129; germina multa (habet) in quibus senen tuniculis continetur, ut ~is PLIN.*Nat.*27.95. **β** ~i, firmioris ligni frutex seminisque et cibis uulgati PLIN.*Nat.*13.127; 25.96. **b** uoltisne oliuas pulpamentum ~im? PL.*Cur.*90; CELS.2. 18.3; ~in et..cepas MART.3.77.5. **β** huic rei ~i aptum est CELS.4.16.4; ~i, quod medici cynosbaton appellarunt PLIN.*Nat.*24.121.

capra ~ae, *f.* [CAPER]

1 A she-goat, nanny-goat. **b** *Caprae palus*, a part of the Campus Martius, the site of the Circus Flaminius.
mercari uisus mihi sum formosam ~am PL.*Mer.*229; atras ~as lacte album habere CATO *hist.*134; CIC.*Amic.*62; ~as lanatas quibusdam factas LIV.22.1.13; OV.*Fast.*3.443; COL. 7.6.5; ~ae lupoque splendent (oculi) PLIN.*Nat.*11.151; (*w. ref. to their smell*) nimis arta premunt olidae conuiuia ~ae HOR.*Ep.*1.5.29;—(*wild goats*) ~ae ferae..quae saliunt e saxo pedes plus sexagenos CATO *hist.*52; VERG.*A.*12.414. **b** cum..contionem in campo ad ~ae paludem haberet LIV.1.16.1; FLOR.*Epit.*1.1(1.1.16).

2 A star in the constellation Auriga (= CAPELLA). **b** a type of meteor (as translation of Gk. αἴξ).
ENN.*scen.*243; ~a laeuum umerum (Aurigae) clara obtinet CIC.*Arat.*167; insana ~ae sidera HOR.*Carm.*3.7.6; Oleniae lumina ~ae SEN.*Med.*313; COL.11.2.94. **b** Aristoteles quoddam genus horum (ignium) ~am uocat SEN. *Nat.*1.1.2.

caprālia ~ium, *n. pl.* [prec.+-ALIS] (See quot.)
~ia appellatur ager, qui uulgo ad caprae paludes dici solet PAUL.*Fest.*p.65M.

caprārius ~(i)ī, *m.* [CAPER+-ARIVS] A goatherd.
a ~io quodam, qui adduxit capellas ad urbem VAR.*R.* 2.3.10; COL.3.10.17.

Caprātīna: see CAPRO-.

caprea ~ae, *f.* [CAPRA] The roe-deer. **b** *Capreae palus* = *Caprae palus* (CAPRA 1 b).
aper ~a lepus VAR.*R.*3.3.3; si forte fugacem conspexit ~am VERG.*A.*10.725; OV.*Met.*1.442; CELS.2.18.2; cornua (natura)..dedit ramosa ~is PLIN.*Nat.*11.123; ~ae montanae LARG.127; pendentem summa ~am de rupe MART. 13.98(99).1; (*as natural enemy of the wolf*) prius Apulis iungentur ~ae lupis HOR.*Carm.*1.33.8. **b** est locus, antiqui ~ae dixere paludem OV.*Fast.*2.491.

Capreae ~ārum, *f. pl.* An island off the coast of Campania, now Capri.
VERG.*A.*7.735; MELA 2.121; SUET.*Tib.*40; JUV.10.72.

capreāginus ~a ~um, *a.* [CAPREA+-*ginus* (perh. on anal. of *oleaginus*)] Resembling a roe-deer (i.e. mottled).
~um hominum non placet mihi neque pantherinum genus PL.*Epid.*18.

capreida ~ae, *f.* [dub.] An unknown plant.
~am uel iunipirum contundito in pila CATO *Agr.*122.

capreolātim, *adv.* [next+-IM] Like twisted tendrils.
nodosis et..tortuosis ~que condensis apicibus APUL.*Met.* 11.22.

capreolus ~ī, *m.* Also **capri-.** [CAPREA+-OLVS]

1 The young of the roe-deer; the roe-deer.
duo..~i, sparsis etiam nunc pellibus albo VERG.*Ecl.*2.41; —ferae pecudes, ut ~i damaeque COL.9.1.1.

2 A rafter in a roof or similar structure, a support or strut.
has (*sc.* columellas) inter se ~is molli fastigio coniungunt CAES.*Civ.*2.10.3; sub tectis, si maiora spatia sunt, et transtra et ~i VITR.4.2.1; 10.10.4; supra ~os tignum conlocatum coniungebat capreolorum compactiones 10.15.3.

3 A vine-tendril.
parit ~um. is est coliculus uiteus intortus VAR.*R.*1.31.4; ut sit quem teneri adhuc pampini ~is suis illigent COL. 4.14.1; 5.6.26; PLIN.*Nat.*17.208. **β** reprimunt et refrigerant..~i..uitium CELS.2.33.2.

4 (app.) A kind of weeding-fork.
~is, quod genus bicornis ferramenti est, terra commoueatur COL.11.3.46.

Capricornus ~ī, *m.* [CAPER+CORNV] The zodiacal constellation and sign Capricorn (usu. represented as a goat).
nec satis putarunt de duodecim signis sextam partem obtinere pecudum nomina, nisi adiecissent..~um VAR.*R.* 2.1.8; PROP.4.1.86; angusto ~us sidere flexus MAN.1.271; SEN.*Nat.*3.29.1; (*as a winter sign*) tyrannus Hesperiae ~us undae HOR.*Carm.*2.17.20; (*w. ellipsis of* signum) cum sol fuerit in ~i VITR.9.8.13;—(*identified with Pan*) HYG.*Fab.* 196.2; ~us, cui nomen Pan AMP.2.10; (*cf.*) corpore semifero magno ~us in orbe CIC.*Arat.*293(59).

caprificātiō ~ōnis, *f.* [next+-TIO] The attachment to the cultivated fig-tree, for purposes of fertilization, of wild figs, from which gall insects emerge and pollinate the flowers, caprification.
quae ratio puluere et ~one hoc quoque praestat ne decidant (fici) PLIN.*Nat.*15.81; ~o maturat (*sc.* ficos) 17.254.

caprificō ~āre, *tr.* [next+-O³] To fertilize by caprification.
hoc (*sc.* tertio fetu caprifici) fici ~antur PLIN.*Nat.*16.114.

caprificus ~ī (~ūs), *f.* [CAPER+FICVS] The wild fig-tree. **b** the fruit of this tree, a wild fig.
ubi etiam ~u' magna est TER.*Ad.*577; VAR.*L.*6.18; sepulcris ~os erutas HOR.*Epod.*5.17; PROP.4.5.76; exedunt corpus acaciae sucus..lac ~i CELS.5.7; ficarios culices ~us generat PLIN.*Nat.*11.117; ~i liber LARG.174; marmora Messallae findit ~us MART.10.2.9. **b** tempus est ficulneis arboribus ~um suspendere COL.11.2.56; ~us uocatur..ficus numquam maturescens PLIN.*Nat.*15.79.

caprigenus ~a ~um, *a.* [CAPER+-GENVS] Consisting of or sprung from goats.
uix ~o generi gradilis PAC.*praet.*5; ~um..pecus VERG.*A.* 3.221; (*as sb.*) ~um (*gen. pl., i.e. of goats*) trita ungulis ACC. *trag.*544.

caprīle ~is, *n.* [next] A goat-pen.
(lapide aut testa substerni oportet) ~e VAR.*R.*2.3.6; VITR.6.6.4; quaedam cotidie, ut culina et ~e..debent emundari COL.2.14.7; 7.6.5; in ~ibus optime conualescunt PLIN.*Nat.*28.153.

caprīlis ~is ~e, *a.* [CAPER+-ILIS] Of or belonging to goats.
ouium semen tardius esse..contra ~e mobilius esse VAR. *R.*2.3.3.

caprimulgus ~ī, *m.* [CAPER+MVLGEO+-VS]

1 A country bumpkin.
bellus ille et urbanus Suffenus unus ~us aut fossor rursus uidetur CATUL.22.10.

2 The nightjar or goatsucker.
PLIN.*Nat.*10.115.

caprīnārius ~iī, *m.* [next+-ARIVS] (app.) A devotee of Pan.
MAG. CONL. CAPRINA. GALLA. *CIL* 1.1005.4.

caprīnus ~a ~um, *a.* [CAPER+-INVS]

1 Of or belonging to goats; *lana* ~*a*, goat's wool (prov. of small value). **b** resembling that of goats. **c** consisting of goats.
~um, ouillum, bubulum..stercus CATO *Agr.*36; cum pelle ~a CIC.*N.D.*1.82; sebum taurinum uel ~um CELS.4.27.1.C; sanguine ~o PLIN.*Nat.*33.117; lac ~um LARG.132; ~os utres APUL.*Met.*3.17;—alter rixatur de lana saepe ~a HOR.*Ep.*1.18.15. **b** (oculi) conditi quos clarissime cernere (putant) sicuti colore ~os PLIN.*Nat.*11.147; 31.187. **c** ut Mineruae ~i generis nihil immolarent VAR.*R.*1.2.19; (greges) armenticios ac ~os 2.10.3; LIV.22.10.3; ad ~um pecus COL.7.6.1.

2 *lactuca* ~*a*, A kind of spurge.
PLIN.*Nat.*20.58; tithymallum nostri herbam lactariam uocant, alii lactucam ~am 26.62.

capriolus ~ī, *m.*: var. CAPREOLVS.

capripēs ~edis, *a.* [CAPER+PES] Goat-footed.
~edes satyros LUCR.4.580; HOR.*Carm.*2.19.4; ~edes.. Panes PROP.3.17.34.

caprōn(e)ae ~(e)ārum, *f. pl.* [dub.] Forelocks.
iactari caput atque comas, fluitare ~as LUCIL.288; ~ae equorum iubae in frontem deuexae PAUL.*Fest.*p.48M; —praemulsis antiis et promulsis ~eis APUL.*Fl.*3.

Caprōtīna ~ae, *adj. f.* Also **Caprā-**. The epithet under which Juno was worshipped on the *Nonae Caprotinae*, the anniversary of the day on which (according to Macr.1.11.36) Rome was saved from invasion by the neighbouring peoples by the action of the slave-women.
VAR.*L.*6.18; PRIDIE NONAS ~AS *CIL* 4.1555.

caprūginus ~a ~um, *a.* [cf. CAPREAGINVS] (app.) Of roe-deer.
lumbos ~os aprugnos MET.PIUS in Macr.3.13.12.

caprunculum ~ī, *n.*: (see quot.).
~um uas fictile PAUL.*Fest.*p.48M.

capsa ~ae, *f.* [perh. < **qap-*; cf. CAPIO¹, Alb. *kapase*, MIr. *cap(p)*] **a** A cylindrical case for holding books. **b** a receptacle for other things.
a si te semel ad meas ~as admisero CIC.*Div.Caec.*51; ~is quem fama est esse librisque ambustum propriis HOR.*S.*1.10.63; *Ep.*2.1.268; PLIN.*Nat.*8.107; 16.229; de ~a miseri libellionis STAT.*Silv.*4.9.21; custos angustae uernula ~ae IUV.10.117. **b** siccat honos laudatas (ficos), seruat in ~is PLIN.*Nat.*15.82; poma..hiberna maturescentia ~a MART.11.8.3.

capsārius ~(i)ī, *m.* [prec.+-ARIVS] **a** A slave who carried a boy's book-case. **b** one who looked after clothes, etc., at the baths. **c** (mil.) a soldier, the nature of whose duties is unknown.
a quosdam cum paedagogis et ~is..necatos SUET.*Nero* 36.2; ULP.*dig.*40.2.13. **b** ~ios..qui mercede seruanda in balineis uestimenta suscipiunt PAUL.*dig.*1.15.3.5; DIIS MANIBVS SACRVM L VOLVSIO HERACLAE ~IO *CIL* 6.7368. **c** ut sunt mensores, optio ualetudinarii, medici, ~ii TARR.PAT.*dig.*50.6.7(6); *CIL* 13.11979.

capsella ~ae, *f.* [CAPSA+-ELLA] A small box, casket.
de ceruice sua ~am detraxit aureolam PETR.67.9; urceos ~as, in quibus fructus componuntur ULP.*dig.*33.7.12.1.

capsō, etc.: see CAPIO¹.

capsula ~ae, *f.* [CAPSA+-VLA] **a** A small container for books. **b** a small box or casket.
a huc una ex multis ~a me sequitur CATUL.68.36. **b** aperit (Clotho) tum ~am et tres fusos profert SEN.*Apoc.*3.4; cocleas..stelionem, ⟨cum⟩ incluserunt ~is, subiciunt capiti PLIN.*Nat.*30.102; GEL.10.15.14; (*prov.*) nosti computolos iuuenes..de ~a totos (*i.e. 'straight from a band-box'*) SEN.*Ep.*115.2.

capsus ~ī, *m.* [cf. CAPSA]
1 The body (of a carriage).
ad ~um raedae loculamentum firmiter figatur VITR.10.9.2; FEST.p.230M.
2 A cage or pen for animals.
clausa ~o alioue saepto diuersi generis animalia VELL.1.16.2.

captātiō ~ōnis, *f.* [CAPTO+-TIO]
1 The action of straining after. **b** legacy-hunting.
illam disputandi prudentiam concertatio ~oque uerborum (imitatur) CIC.*Part.*81; uocum similium aut ambiguarum puerili ~one QUINT.*Inst.*8.3.57; gratiam rei nimia ~one consumpsimus 8.6.51. **b** ~o in quaestu fertilissimo (esse) PLIN.*Nat.*14.5; ~oni testamenti 20.160.
2 (in fencing) A feint (to attract an opponent's stroke).
QUINT.*Inst.*5.13.54.

captātor ~ōris, *m.* [CAPTO+-TOR] One who strives to obtain, or courts. **b** (spec.) a legacy-hunter.
(*w. gen.*) ut plebicola repente omnisque aurae popularis ~or euaderet LIV.3.33.7. **b** ~orque dabit risus Nasica Corano HOR.*S.*2.5.57; si animo eius obuersatur spes lucri, ~or est et hamum iacit SEN.*Ben.*4.20.3; callidus ~or PETR.125.3; JUV.12.114; (*transf.*) ~ore macello 6.40.

captātōrius ~a ~um, *a.* [prec.+-IVS] Of or concerning legacy-hunting.
~ae scripturae..neque in hereditatibus neque in legatis ualent GAIUS *dig.*30.64; ~as institutiones PAPIN.*dig.*28.5.71(70).

captātrix ~īcis, *f. adj.* [CAPTO+-TRIX] Straining after.
adulandi scientia..~ix uerisimilium APUL.*Pl.*2.8.

captiō ~ōnis, *f.* [CAPIO¹+-TIO]
1 An instance or act of deception, a trick.
~ones metuis PL.*As.*790; *Epid.*701; *Mos.*1144; si in paruola re ~onis aliquid uererere CIC.*Quinct.*53; aduersus diligentes..fraudes et ~ones et insidiae parantur FRO.*Aur.*1.p.46(215N); si fundo uendito in qualitate iugerum ~o est ULP.*dig.*19.1.34.
2 A piece of sophistry, a verbal quibble.
omnes ~ones in omni sententia occurrunt CIC.*Att.*10.15.2; dialecticas ~ones *Fin.*2.17; idem de istis ~onibus dico quo enim nomine potius sophismata appellem? SEN.*Ep.*45.8; AUR.*Fro.*1.p.16(49N); huic tuae tam ancipiti ~oni isse obuiam GEL.5.10.11; haerebis in ~one 16.2.5.
3 Loss, disadvantage.
ne quid ~oni mihi sit, si dederim tibi PL.*Mos.*922; mea ~o est, si quidem eius (*sc.* chartae) inopia minus multa ad me scribis CIC.*Att.*5.4.4; NE QVID EI QVEI D.E.R. AGET PETETVE ~ONEI OB E. R. AVT EO NOMINE ESSE POSSIT *CIL* 1.592.1.45; POMPON.*dig.*9.2.43; quippe saepe cum magna ~one a rebus nostris reuocamur GAIUS *dig.*29.3.7; ULP.*dig.*27.6.12.
4 (app.) The right to take (an inheritance, etc.).
etiamsi in aliam personam ~onem direxerit (*sc. the testator*) PAUL.*dig.*28.5.72.1.

captiōsē, *adv.* [next+-E] In a manner so as to score over a person or take him in.
nec diutius ~ interroganti respondeo? CIC.*Luc.*94; Tlepolemum ~ compellat APUL.*Met.*8.5.

captiōsus ~a ~um, *a.* *compar.* ~ior, *superl.* ~issimus. [CAPTIO+-OSVS]
1 (of arguments, etc.) Intended to ensnare, captious; (also of a person). **b** (of other actions, arrangements, etc.).
quo nihil ~ius neque indignius potest dici CIC.*Q.Rosc.*52; fallacibus et ~is interrogationibus circumscripti atque decepti *Luc.*46; ~issimo genere interrogationis 49; uerba mihi ~a componis SEN.*Ep.*82.23; sententiis uti falsis, audacibus..~is GEL.1.6.4; (*neut. pl. as sb.*) non qua uia ~a soluantur..ostendit CIC.*Fin.*1.22;—Socrates ad coarguendum ~issimus FRO.*Aur.*2.p.48(114N). **b** o societatem ~am et indignam, ubi alter HS ∞, alter CCCIↃↃↃ IↃↃↃ..adfert! CIC.*Q.Rosc.*29; nutricis ~a uigilia deceptus APUL.*Met.*8.11; PAPIN.*dig.*2.15.5.
2 Harmful, disadvantageous.
quam ~um esse populo, quod scriptum esset neglegi CIC.*Brut.*196; *Caec.*40; ne ~um esset officio tuo maturius redisse [QUINT.]*Decl.*12.24; pupilli ignorantia..non debet esse ~a creditoribus et ipsi lucrosa ULP.*dig.*42.8.6.10; PAUL.*dig.*18.5.7.1.

captitō ~āre ~āuī, *tr.* [*capt-* (CAPIO¹)+ITO] To snatch at.
ne quisquam arbitretur omina eum uulgo loquentium ~asse APUL.*Soc.*19; GEL.9.6.3.

captīua ~ae, *f.* [CAPTIVVS¹] A female captive.
~am genere prognatam bono in praeda es mercatus PL.*Epid.*107; ACC.*trag.*157; mouit Aiacem..forma ~ae dominum Tecmessae HOR.*Carm.*2.4.6; nec generum Aenean ~a uidebo VERG.*A.*12.63; sera ~a est reddita poena PROP.2.8.37; amore ~ae uictor captus LIV.30.12.18; cladis ~a uetustae LUC.8.416; matronis habitu ~arum in conspectu locatis FRON.*Str.*2.9.9; ULP.*dig.*38.16.1.1.

captīuitās ~ātis, *f.* [CAPTIVVS¹+-TAS]
1 The state of being a captive, bondage, captivity. **b** (of a city or state). **c** (of animals).
si aperte illi..~atem..inprecareris SEN.*Ben.*6.35.5; illis subita ~ate..stupentibus *Nat.*6.2.2; se..pars maior a ~ate..uindicauerunt FLOR.*Epit.*2.33(4.12.50); exsecratus in consule Romano ~atem FRON.*Str.*4.5.16; si eum..uel ~as uel uoluntas..in urbem pertraxisset TAC.*Dial.*17.5; monstrata comminus ~ate *Ger.*8.1; *Ann.*4.25; hostium..inter quos iura ~atium aut postliminiorum fuerint ULP.*dig.*49.15.21.1. **b** quidquid in acerbissima ~ate scelerum TAC.*Hist.*3.83; *Ann.*13.25; hic regnum ipsum, quaeque alia ~as gignit, arcet PLIN.*Pan.*55.7. **c** diutina ~ate fatigatae (ursae) APUL.*Met.*4.14.
2 The act of being captured, capture.
de ~ate Iugurthae res parum processit FRON.*Str.*1.8.8; multa et magnifica super ~ate Carataci disseruere TAC.*Ann.*12.38; (*of cities*) ~atibus urbium *Hist.*3.70; (*of animals*) ut ante ~as occupet (irenaceos) PLIN.*Nat.*8.134.
3 Blindness.
diffletis paene ad extremam ~atem oculis suis APUL.*Met.*1.6.

captiuncula ~ae, *f.* [CAPTIO+-VNCVLA] A legal quirk or snare.
omnis ~as pertimescere CIC.*Att.*15.7; quid..legis istius propugnatores in illa ~a facient? GEL.16.2.8.

captīuus¹ ~a ~um, *a.* [CAPIO¹+-IVVS]
1 (of persons) Captured in war, taken prisoner. **b** (transf., of things belonging to captives).
homines ~os commercatur PL.*Capt.*100; ~am adulescentulam *Epid.*43; in piratarum ~orum numero producebantur CIC.*Ver.*5.156; hostem ~um *Dom.*66; ~a pubes HOR.*Carm.*3.5.18; hanc multitudinem ~am seruorum fuisse LIV.7.27.9; 5.16.8; ~a corpora Romanis cessere 31.46.16; ~arum agmina matrum OV.*Met.*13.560; ~um traxere ducem LUC.2.508; TAC.*Ann.*15.15; (*poet.*) ~a..fulmina defles STAT.*Silv.*5.3.202;—(*transf.*) uinclaque ~a reges ceruice gerentes OV.*Tr.*4.2.21; ~as..manus *Pont.*1.2.46. **b** ~oque rogi perfundat sanguine flammas VERG.*A.*10.520; ~os mittet Germania crines OV.*Am.*1.14.45; cui coniugio pectora uelas, ~e pudor? SEN.*Tro.*91; non debet..ministro ~am uictrix unda leuare sitim MART.11.96.4; cruore ~o adolere aras TAC.*Ann.*14.30.
2 (of places, territories, spoil) Taken or seized in war.
ut se ipsa tamquam in ~is sedibus conlocaret CIC.*Dom.*108; ~ae (naues) CAES.*Civ.*2.5.1; ~i..currus VERG.*A.*7.184; ~um portatur ebur, ~a Corinthus HOR.*Ep.*2.1.193; Nilum, cum..septem ~is debilis ibat aquis PROP.2.1.32; ~um agrum plebi..darent LIV.2.48.2; in ~o solo habitare populum Romanum 5.30.3; pecua ~a 26.34.5; ~is..pharetris STAT.*Theb.*9.819; ex ~is epistulis Philippi Macedonis APUL.*Apol.*86; (*poet.*) ~aque plangunt (apes) mella STAT.*Theb.*10.578.
3 Caught in hunting, fishing, etc.
apros..~os VAR.*R.*3.13.1; ~arumque ferarum exuuiis OV.*Met.*1.475; ~os..pisces 13.932; ~a (muraena) *Hal.*45; ~um..suem STAT.*Theb.*8.750; (*transf.*) ~a..ora (*sc.* leonis) V.FL.3.25.

captīuus² ~ī, *m.* [prec.] One taken captive, usu. a prisoner-of-war.
illis ~is aliis documentum dabo PL.*Capt.*752; NAEV.*poet.*50(48).2; placeatne a Karthaginiensibus ~os nostros redditis suis recuperari? CIC.*de Orat.*3.109; idque..ad tuos siue ~os siue dediticios pertinere *ad Brut.*1.3a.(4); CAES.*Gal.*5.42.5; *Civ.*2.38.5; ~um..secutus ducem LIV.5.26.6; ~is aliaque praeda in uetera castra..missis 30.9.10; eius gentis..~um ..cum electo popularium suorum..committunt TAC.*Ger.*10.5; seruis regna dabunt, ~is fata triumphum JUV.7.201.

captō ~āre ~āuī ~ātum, *tr.* [CAPIO¹+-TO]
1 To try to touch or take hold of, grasp at. **b** (as if in wrestling). **c** (w. abst. or immaterial obj.).
non ego ~aui breuibus tua colla lacertis OV.*Ep.*8.93; uenerat ad strati ~ata cubilia lecti *Fast.*2.337; pirumue, tanto quod periculo ~es *Priap.*51.8; quam iuuat nuda manu ~asse fontem! SEN.*Phaed.*520; Thessala..nocturna..fulmina ~at LUC.6.520; (*cf.*) uenarum pulsum et momenta ~at APUL.*Fl.*23;—(*with the mouth*) Tantalus a labris sitiens fugientia ~at flumina HOR.*S.*1.1.68; canem..frusta panis aut carnis aperto ore ~antem SEN.*Ep.*72.8. **b** (uinum) pedes ~at primum, luctator dolosust PL.*Ps.*1251. **c** non oportere..uerba ~ari, sed qua mente quid diceretur, animaduertere conuenire PAUL.*dig.*10.4.19.
2 **a** To catch at, (try to) draw in (air, breath; also, water); to seek to catch (wind). **b** (sts. w. *aure, auribus*) to listen to, try to hear. **c** to look for.
a aut bucula..patulis ~auit naribus auras VERG.*G.*1.376; nare sagaci ~ent auras (canes) SEN.*Phaed.*40ᵇ; nociturumque aera ~ant LUC.4.329; PLIN.*Nat.*8.147; (*fig.*) inde libertatis ~are auram LIV.3.37.1;—praeterfluentem aquam hianti ore ~antes CURT.4.16.12;—(Palinurus) auribus aera ~at VERG.*A.*3.514; prolato pede transuersos ~are notos SEN.*Med.*323. **b** ~andust horum clanculum sermo mihi PL.*Cas.*444; te (Hymen) timens cupida nouos ~at aure maritus CATUL.61.55; aure admota sonitum fodientium ~abunt LIV.38.7.8; auribus et summi ~at (Capricornus) fastigia Cancri MAN.2.510; STAT.*Theb.*8.261. **c** Vlixes fumum..e litore prospectans frustra ~auit APUL.*Apol.*57.
3 To make for (a place); to try to reach (with a missile). **b** to seek (shade, coolness, and other conditions).
columbae, quae propter timorem naturalem summa loca in tectis ~ant VAR.*R.*3.7.1; ostendebat hostem..~antem tumulos LIV.27.18.8; incustoditum ~at ouile lupus OV.*Tr.*1.6.10; (*fig.*) ne..dum uitat humum, nubes et inania ~et HOR.*Ars* 230;—qui iaculari discit, destinatum locum ~at SEN.*Ep.*94.3. **b** ut..alii solitudines ~ent CIC.*Tusc.*3.63; pecudes umbras et frigora ~ant VERG.*Ecl.*2.8; conuenies..uoluptatem..tenebras ~antem circa balinea SEN.*Dial.*7.7.3; is qui..aurae refrigerationem ~auit COL.11.1.16; PLIN.*Pan.*48.5.
4 To try to find or obtain, seek out. **b** to look for, or seize (an opportunity).
dum nati dissupatos artus ~aret parens *Inc.trag.*169; quae paruo sumi nequeunt obsonia ~as HOR.*S.*2.7.106; homini armaria e citro atque ebore ~anti SEN.*Dial.*9.9.6; iucunde consonat uox, praesertim non ~ata, sed uelut oblata QUINT.*Inst.*9.3.73. **b** dissident principes; ~atur occasio CIC.*Har.*55; tempestatibus ~andis LIV.5.6.4; temporum opportunitates ~asse ad rebellandum 33.35.6; eligito tempus ~atum saepe rogandi OV.*Pont.*3.1.129; qui fugientes occasiones secutus est et alia atque alia ~auit SEN.*Ben.*7.15.2; (apes) gerulae secundos flatus ~ant PLIN.*Nat.*11.24; QUINT.*Inst.*4.2.70; SUET.*Ves.*21.1.
5 To seek, aim at. **b** to seek to arouse or produce (in others).
ut..nullam ~et (uoluptatem) CIC.*Fin.*1.24; non tam nomen imperatorium ~ans D.BRUT.*Fam.*11.4.1; cum..supplex populi suffragia ~o HOR.*Ep.*2.2.103; ~ant mutatis sedibus omen idem OV.*Fast.*4.356; dum sententiam parilem ~at SEN.*Con.*1.6.11; SEN.*Ben.*4.11.1; nec quicquam aliud in hac epulatione ~abant, nisi tantum ne esurirent PETR.141.10; neque illa Sallustiana breuitas..~anda nobis est QUINT.*Inst.*10.1.32; SUET.*Tib.*48.2;—(*w. inf.*) tam longo quod iam ~at succurrere amori *Ciris* 383; quid me..dente ~as laedere? PHAED.4.8.6; agricolae ~antis undique uoluptates acquirere COL.8.11.1;—(*w.* ut+*subj.*) ~at ut credatur quod non dixerit [QUINT.]*Decl.*18.16;—(*w. indir. qu.*) cum an marem editura esset, uariis ~aret ominibus SUET.*Tib.*14.2. **b** aduersarios criminando beniuolentiam ~are *Rhet.Her.*1.6; inductio est oratio quae..~at assensionem eius CIC.*Inv.*1.51; ~are plausus..conspici uelle *Pis.*60; qui ~at risus hominum HOR.*S.*1.4.83; criminatione gratiam ~at SEN.*Dial.*4.29.2; illi ~auit..fauorem QUINT.*Inst.*6.1.25.
6 To go in for, affect, aspire after (an attitude, course of action, etc.).
quid nunc consili ~andum censes? PL.*As.*358; neque eos antiquos (mores) seruas, ast ~as nouos *Trin.*74; TER.*An.*404; superbiam ~as uendisque amplexus PETR.126.1; nisi si libellum tenebit, quod non utique ~andum est QUINT.*Inst.*11.3.142.
7 To try to capture. **b** to seek to entrap (by military action). **c** to seek to catch by hunting, fishing, etc. **d** to try to catch (lovers, etc.).
tu, qui furem ~as PL.*Poen.*709; cum saepe colloquiis petitis ~atus esset LIV.38.45.2; ruber hortorum custos nymphasque deasque ~at OV.*Fast.*6.334. **b** inde consilium..insidiis ferocem hostem ~andi LIV.2.50.3; (*cf.*) liberam Minuci temeritatem se suo modo ~aturum 22.28.2.

c ad lacertas ~andas tempestates non sunt idoneae CIC. *Att.*2.6.1; laqueis ~are feras VERG.*G.*1.139; aduenam laqueo gruem..~at HOR.*Epod.*2.36; ~at (leo)..segne pecus STAT. *Theb.*8.575; (*fig.*) transuolat in medio posita et fugientia ~at (meus amor) HOR.*S.*1.2.108; (*w. impers. subj.*) haec (*sc.* spes) ~at harundine pisces TIB.2.6.23; (*absol.*) docte atque astu mihi ~andumst cum illoc PL.*Mos.*1069. **d** obuiam ornatae occurrebant suis quaequae amatoribus, eos ~abant PL.*Epid.*215; prius ancillam ~andae nosse puellae cura sit OV.*Ars* 1.351; non aries placitam munere ~at ouem *Am.* 1.10.28.

8 To try to catch out or get the better of in argument, etc.
quid me ~as, carnufex? PL.*Am.*422; uiden ut ⟨te⟩ scelestus ~at? *Men.*646; quid enim ad illum qui te ~are uult, utrum tacentem inretiat te an loquentem? CIC.*Luc.*94; aduersarios..obseruare, ~are..solebat SUET.*Nero* 23.2;—(*absol.*) in colloquiis (Philippum) insidiari et ~are LIV. 32.33.11; ~antes fraude et auaritia 44.24.8;—(*contrasted w.* capio) tu si me inpudicitiai ~as, capere non potes PL.*Am.* 821; TER.*Hec.*73.

9 To try to win over or captivate, entice. **b** (spec.) to court the favour of, in the hope of securing a legacy; to seek (a legacy) by this means.
est quiddam..non emolumento ~ans aliquo, sed trahens sua dignitate CIC.*Inv.*2.157; fortuna cum blanditur ~atum uenit PUB.*Sent.*F.2; ~ari aetates et erroris et stupri patientes LIV.39.13.14; cum simplicitatem iuuenis incauti..~aret 40.23.1. **b** aut captantur aut ~ant PETR.116.7; in spem supremam ~atis SEN.*Dial.*5.34.2; cum me ~ares, mittebas munera nobis MART.9.88.1; nuper ~are eum coeperat PLIN. *Ep.*2.20.7; Coranum..quamuis iam tremulus ~at pater JUV. 16.56; (*absol.*) habet Africanus miliens, tamen ~at MART. 12.10.1;——es astutus ubique testamenta senum HOR.*S.*2. 5.23; qui ~andorum testamentorum artem professi sunt SEN.*Ben.*6.38.4.

?captum ~ī, *n.* [pple. of CAPIO¹] A catch.
cum ~um (*s.v.l.*) piscium uel auium uel missilium emitur POMPON.*dig.*18.1.8.1.

captūra ~ae, *f.* [CAPIO¹+-VRA]
1 The action of taking or catching wild animals, birds, fishes. **b** the amount of game, etc., caught, a catch, bag.
peracta ~a (mugilum) PLIN.*Nat.*9.32; ad piscium et alitum ~as 19.10; 28.93; apros..quos ille tamquam ex ~a Liuio offerret FRON.*Str.*3.3.6; LEX PAGANIS ~AE HS X *A.Epig.*47.45. **b** piscium se ~am uendidisse V.MAX. 4.1.ext.7; pinxit..et uenatores cum ~a PLIN.*Nat.*35.99; SUET.*Aug.*25.4.

2 The getting of gain. **b** takings, earnings, profits.
inhonesti lucri ~a inuitati V.MAX.9.4.1; fraudes hominum et ingeniorum ~ae officinas inuenere istas PLIN.*Nat.*24.4. **b** sordidissimae mercis ~is alito V.MAX.3.4.4; 6.9.8; tibi cotidiana ~a non respondet SEN.*Con.*10.4.7; ex ~is prostitutarum SUET.*Cal.*40.

captus¹ ~a ~um, *a.* [pple. of CAPIO¹] (oft. as sb.) Captured, captive.
meum erum ~um PL.*Capt.*685; redimi e seruitute ~os CIC.*Off.*2.63; cum..priuatus et ~us ipse in alienam uenisset potestatem CAES.*Civ.*2.32.9; inludere ~o VERG.*A.*2.64; ex ~orum numero LIV.28.39.10; quicquid superest ~is SIL. 2.605; uim uelut in ~os exercebant TAC.*Ann.*6.1;—(*fem.*) dicam hanc esse ~am ex Caria TER.*Hau.*608; an..~am (*sc.* me) ducat Gaetulus Iarbas? VERG.*A.*4.326; amore ~ae captus SEN.*Ag.*174; (*ep. of Minerva*) parua..~ae delubra Mineruae OV.*Fast.*3.837;—(*transf.*) ~o sanguine (*i.e. of servile origin*) regem MAN.4.66.

captus² ~ūs, *m.* [CAPIO¹+-TVS³]
1 Capacity, ability, potentiality.
hic Geta..ut ~us seruolorum, non malus neque iners TER.*Ad.*480; AFRAN.*com.*313; Graeci..homines..prudentes, ut est ~us hominum, satis CIC.*Tusc.*2.65; CAES.*Gal.* 4.3.3; pro ~u mediocritatis meae adiutor fui VELL.2.104.3; pro corporis ~u pugnacissimae sunt apes SEN.*Cl.*1.19.3; ut ~us noster est GEL.pr.10; supra ~um cogitationis APUL. *Met.*1.3; pro ~u lectoris habent sua fata libelli MAUR.1286.

2 The action of taking or grasping.
(uirtus)..in..~u bonorum suorum tibi ipsi pondus examinandum relinquit V.MAX.3.3.ext.7; flos (hederae)..III digitorum ~u dysintericos..emendat PLIN.*Nat.*24.79.

Capua ~ae, *f.* The chief city of Campania.
PL.*Rud.*631; CATO *Agr.*135.2; CIC.*Agr.*2.87; VERG.*G.* 2.224; HOR.*S.*1.5.47; LIV.7.38.5; MELA 2.60.

capūdō ~inis, *f.* [CAPIO¹] (app.) A primitive sacrificial vessel.
~ines ac fictiles urnulas CIC.*Parad.*11; *Rep.*6.2.

capula ~ae, *f.* [cf. CAPIS and -VLA] A small sacrificial bowl or cup.
capides et minores ~ae a capiendo VAR.*L.*5.121; obliteratae..~arum species 9.21.

capulāris ~is ~e, *a.* [CAPVLVS+-ARIS] Ready for the bier, 'having one foot in the grave'.
itane tibi ego uideor oppido Accheruntic us? tam ~is? PL.*Mil.*628; ~i seni APUL.*Apol.*66.

capulātor ~ōris, *m.* [next+-TOR] The man who draws off oil from the oil-press.
custodis et ~oris officia CATO *Agr.*66.1; quod deinde primum defluxerit in rotundum labrum..~or depleat COL. 12.52.10; *CIL* 9.2336.

capulō¹ ~āre, *tr.* [prob. CAPVLA+-O³] To draw off (oil) from the oil-press.
oleum in tabulato minui..deteriusque fieri..; quare saepius die ~andum PLIN.*Nat.*15.22.

capulō² ~āre, *tr.* [cf. CAPIO¹] To attach or halter (cattle).
laquei quibus ~antur lanatis pellibus inuoluti sint COL. 6.2.4.

capulus ~ī, *m.* [cf. CAPIO¹]
1 A sword-handle or hilt. **b** the handle of various other implements.
dum gladium quaero ne habeat, arripio ~um PL.*Cas.*909; quasi uero ~o sit occisus CIC.*Fat.*5; lateri ~o tenus abdidit ensem VERG.*A.*2.553; 10.536; in ~o gladii..eburno OV. *Met.*7.422; redde iam ~o manum SEN.*Phoen.*480; LUC. 3.748; PLIN.*Nat.*33.152; absciderat plenum ~o latus STAT. *Theb.*3.88; manum ad ~um referentis TAC.*Ann.*15.58; SUET.*Aug.*26.1. **b** in ~o sceptri nitente sinistra OV.*Met.* 7.506; ipse manu ~um pressi moderatus aratri *Pont.*1.8.57; PLIN.*Nat.*13.106; (*transf., w. defining gen.*) hoc sceptrum.. intra uiscera furis ibit usque ad pubem ~umque coleorum *Priap.*25.7.

2 A bier, or coffin.
ut osculatur carnufex, ~i decus! (*i.e. one that would grace a bier*) PL.*As.*892; in ~o hunc non esse aliumque cubare LUCIL.61; NOV.*com.*76; VAR.*Men.*222; ~os carie et uetustate semitectos APUL.*Met.*4.18; 10.12.

cāpus ~ī, *m.*: var. CAPO.
ut in subus maiales, gallis gallinaceis ~i VAR.*R.*2.7.15; mares..galli, semimares ~i COL.8.2.3.

caput ~itis, *n.* Also **kaput.** [cf. Skt. *kapúc-chalam*, AS. *hafud*] FORMS and ORTHOG.: *kaput CIL* 3.6998, 11.3614, MAUR.798; *capus CIL* 6.29849a; *~iti* (abl.) CATUL.68.124, OV. *Ars* 1.582.

1 The head (of men, animals, etc.). **b** (as the uppermost or extreme part of the body); *nec pes nec ~ut* and sim., 'neither head nor tail'; *~ite, in ~ut*, headlong. **c** (covered with hair or turned white with age). **d** (as the seat of the intellect or understanding). **e** (in fig. uses and puns w. other senses).
~itibus opertis NAEV.*poet.*4.2; puer paedagogo tabula dirrumpit ~ut PL.*Bac.*441; quid quassas ~ut? *Trin.*1169; quin tibi ~ut demulceam TER.*Hau.*762; ~ut ei testatim diffregero JUVENT.*com.*7; sacra quaedam..reposita in ~itibus sustinebant (Canephoroe) CIC.*Ver.*4.5; ~ut in auersam lecticam inserens *Phil.*2.82; ~ut..detectus honestum VERG. *A.*10.133; saepe ~ut scaberet HOR.*S.*1.10.71; turpe est, quod nequeas, ~iti committere pondus PROP.3.9.5; ~ut humanum..aperientibus fundamenta templi dicitur apparuisse LIV.1.55.5; ~ut..praecisum ducis Boii 23.24.11; consularia ~ita auro rependuntur SEN.*Suas.*6.3; altercum.. qui biberunt, ~ut graue..habent LARG.181; materna produnt ~itibus suis furta MART.6.39.5; non mutum ~ut Orpheos STAT.*Silv.*2.7.99; (*cf.*) ~ita deorum appellabantur fasciculi facti ex uerbenis PAUL.*Fest.*p.64M; (*poet.*) cur luna queat..a terris altum ~ut obstruere ei (*sc.* soli) LUCR.5.754; (*w. ref. to* fellatio) ~itis matrona pudici JUV.6.49; SUET.*Jul.* 22.2;—(*of animals, etc.*) quadrupes tardigrada..breui ~ite PAC.*trag.*3; formam hominis caninis succinctam ~itibus SAL.*Hist.*4.27; saetosi ~ut hoc apri VERG.*Ecl.*7.29; in compage qua iungitur ~iti ceruix (*sc.* elephanti) LIV.27.49.1; amputato..iis (*sc.* muscis) ~ite reliquum corpus auferunt (uespae) PLIN.*Nat.*11.72;—(*of a statue*) Hermae..cum ~itibus aeneis CIC.*Att.*1.8.2; Praxitelia ~ita *Div.*2.48;—(*of a constellation*) ~ut Tauri occidit COL.11.2.84; GEL.13.9.6;—(*in the name of a* uicus) AD ~VT AFRICAES *CIL* 5.1039. **b** ire praecipitem in lutum per ~utque pedesque CATUL.17.9; quae supera ~ut aetheriis cernuntur in oris LUCR.6.61; pronus..uoluitur in ~ut VERG.*A.*1.116; ritus naturae hominem ~ite gigni PLIN.*Nat.*7.46;—quin nec ~ut nec pes sermoni apparet PL.*As.*729; res ita contractas ut, quem ad modum scribis, 'nec ~ut nec pedes' CIC.*Fam.*7.31.2;—ab uniuersis ~ite est protrusus foras PHAED.5.7.39; alia detinebo diutius, alia expellam et ~ite agam SEN.*Ben.*6.1.1; in ~ut missi *Nat.*4a.2.6. **c** externo tincta nitore ~ut PROP.2.18.24;—sapere istac aetate oportet qui sunt ~ite candido PL.*Mos.*1148; HOR.*Carm.*4.13.12; cum uetus infecit cana senecta ~ut TIB.1.8.42. **d** plane hoc corruptumst ~ut PL. *Epid.*95; conferrent uiri boni ~ita CIC.*Ver.*3.31; nec cor nec ~ut habet SEN.*Apoc.*8.1; motum illi (*sc.* Maecenati) felicitate nimia ~ut *Ep.*114.8;—(*affected by wine*) ut semel icto accessit feruor ~iti HOR.*S.*2.1.25; ~iti uina subisse meo PROP.4.2.30; rarior uua..~iti inimica PLIN.*Nat.*14.30. **e** sauium speculo dedit. nimi' uelim lapidem qui ego illi speculo dimminuam ~ut PL.*Mos.*266; duo corpora esse rei publicae, unum debile infirmo ~ite, alterum firmum sine ~ite CIC.*Mur.*51; eum qui ~ut ipsum reliquisset reliquis membris non parcere *Att.*8.1.1.; in ~ite meo solum elaborarunt, reliquum corpus imperfectum ac rude reliquerunt *Fam.*1.9.15; sine lingua ~ut pedarii sententia est LABER. *com.*88; neue magis pia sit ~itique parentis amica quam sua uel Pterelae, uel tibi, Nise, fuit OV.*Ib.*360; ~ut imperii (*i.e.* senatum) TAC.*Hist.*1.84.

2 (indicating by position, etc., var. physical and mental states): **a** (laid down in sleep or death). **b** *~ut tollere, efferre*, etc., to lift up the head; (fig.) to become visible or important, to begin to assert oneself; also, to raise another's head, to make great. **c** *~ut demittere*, etc., to lower the head (in shame, sorrow, subjection, etc.).
a ~ut deponit, condormiscit PL.*Cur.*360; captum leto posuit ~ut VERG.*A.*11.830; cum..super gremium pueri.. ~ite posito quieti se dedisset V.MAX.9.12.ext.7; (*cf.*) nec tu iam poteras enectum pondere terrae tollere, nympha, ~ut OV.*Met.*4.244. **b** talis prima Dares ~ut altum in proelia tollit VERG.*A.*5.375; tollentem..~ut..fracto Marium.. sepulcro LUC.1.582; (*cf.* 1 *d*) ~ut de tabula non tollit PETR. 46.3;—(*transf.*) unde nox atrum ~ut ignota profert? SEN. *Her.F.*942; plena horroris imago uisa ~ut maestum per hiantis Iulia terras tollere LUC.3.10; primus ab oceano ~ut exeris Atlanteo, Core 5.598; nec leuat extinctum sollicitata ~ut (mentula) MART.11.46.4; qua summas ~ut Acrocorinthus in auras tollit STAT.*Theb.*7.106;—(*fig.*) ubi illa antiqua libertas quae..extollere iam ~ut..debebat? CIC. *Planc.*33; uirumque terrea progenies duris ~ut extulit aruis VERG.*G.*2.341; uel cum decorum mitibus pomis ~ut Autumnus agris extulit HOR.*Epod.*2.17; ut ~ut attollere Romana plebes possit LIV.6.18.14; nec sic mea fata premuntur ut nequeam releuare ~ut LUC.8.268;—postquam fortuna loci ~ut extulit huius OV.*Fast.*1.209. **c** a subselliis demisso ~ite discesserat CIC.*Clu.*58; hominem apud sororem tuam occultantem se ~ite demisso *Dom.*83; tristis ~ite demisso terram intueri CAES.*Gal.*1.32.2; iussit et imperio subdere Bactra ~ut PROP.3.11.26; teque, rebellatrix, tandem, Germania, magni triste ~ut pedibus supposuisse ducis OV.*Tr.*3.12.48.

3 (as the vulnerable part of a person).
~ut argutae praebeat historiae PROP.3.20.28; omnem iram hostium nostris ~itibus excipientes LIV.9.8.9; in ~ita consulum..exitiabilis prodigiorum euentus uertit 27.23.4; consilia..in ipsorum ~ut semper recidentia 36.29.8;—(*after* super, supra) ecce supra ~ut homo leuis ac sordidus CIC. *Q.fr.*1.2.6; dux hostium cum exercitu supra ~ut est SAL. *Cat.*52.24; LIV.3.17.2; instabam super ~ut..tortor SEN. *Con.*9.6.18; iamque super ~ut legiones TAC.*Hist.*4.69; (*cf.*) imminentem ~iti hostem uidit LIV.7.34.2.

4 The life of a person, esp. when endangered. **b** (as the target of curses and imprecations; also in oaths).
pro tuo caro ~ite carum offerre ⟨me⟩ meum ~ut uilitati PL.*Capt.*229; ~itis periclum adire TER.*An.*677; uulnus ~iti nullum euenit CATO *hist.*83; cur..huius dubitem parcere ~iti? ACC.*trag.*295; ego..~itis mei periculo patriam liberaui *Rhet.Her.*4.66; quod ad omnium liberorum ~ut et sanguinem pertineret CIC.*Ver.*5.13; mei ~itis conseruandi causa *Pis.*34; pactum pro ~ite pretium *Off.*3.107; sui ~itis periculo CAES. *Gal.*7.1.5; me, me ipse meumque obieci ~ut VERG.*A.*8.145; quanto..animi ~itisque labore HOR.*Ep.*1.1.44; qui ~ite luerent, si pacto non staretur LIV.9.5.5; cognatum, Vesta, tuere ~ut OV.*Fast.*3.426; ~ut in mortem uendunt MAN. 4.225; stolidum consilium ~ite luere CURT.3.8.6; neue poenas ~ite expenderet TAC.*Ann.*12.19. **b** utrum ~itis consecratione an obtestatione legis sacrosanctum (foedus) confirmas? CIC.*Balb.*33; te..Appi, tuumque ~ut sanguine hoc consecro LIV.3.48.5; eius ~ut Ioui sacrum esset 3.55.7; obstringere periurio non se solum suumque ~ut sed signa militaria 26.48.12;—uae ~iti tuo! PL.*Am.*741; *Mos.*1002; suo ~iti, ut aiunt CIC.*Att.*8.5.1; CAEL.*Fam.*8.1.4; di ~iti ipsius generique reseruent! VERG.*A.*8.484; TIB.1.2.12; in se quoque ac suum ipsius ~ut exsecratum LIV.30.20.7; quidquid..mali dixi, mihi et ~iti meo SEN.*Ben.*4.31.4; (*cf.*) Decius..deuotum diis manibus optulit ~ut FLOR.*Epit.*1.12 (1.17.7);—adiuro teque tuumque ~ut CATUL.66.40; per ~ut hoc iuro VERG.*A.*9.300; OV.*Tr.*5.4.45; JUV.6.17.

5 One's life as forfeit for various offences (N.B.: through most of the classical period exile commonly took the place of the death penalty for Roman citizens). **b** (w. vbs. or nouns expr. punishment).
de ~ite ciuis..ne ferunto *Lex XII*(*Font.iur.*p.34); ~iti' te perdam ego et filiam PL.*As.*132; Pseudolus mihi centuriata habuit ~itis comitia *Ps.*1232; meo illic nunc sunt ~iti comitia *Truc.*819; non ~itis ei(u)s res agitur sed pecuniae TER.*Ph.*631; cum ipse..esset ~itis accusatus CIC.*Opt.Gen.* 21; Q. Hortensius contra ~ut non didicit dicere *Quinct.*44; qui ~ut innocentis defenderent *S.Rosc.*149; si qua in eum lis ~itis inlata est *Clu.*116; multi..~itis damnati exsulesque CAES.*Civ.*3.110.3; causa cognita ~itis absolutus pecunia multatus est NEP.*Milt.*7.6; Caesoni ~itis diem dicit LIV. 3.11.9; ~ite anquisitum ob rem bello male gestam de imperatore nullo ad eam diem esse 8.33.17; reus ~itis CURT.7.2.6; iudicium ~itis in Areopago primum actum est PLIN.*Nat.*7.200; ~ut alterius..petere QUINT.*Inst.*6.3. 28; quaestio in ~ut domini prohibebatur TAC.*Ann.*2.30; amicus..~itis perdendus GEL.1.3.4; quamuis alias in ~ut domini serui non torqueantur PAUL.*dig.*29.5.6.1. **b** animosque quasi ~ite damnatos morte multant CIC.*Tusc.*1. 50; tergo ac ~ite puniretur LIV.3.55.14; decemuiros bonis, exsilio, ~ite multatos 4.15.4; milites..~ite punire et quidem ante principia se coram SUET.*Otho* 1.2;—quod tu.. sacra stata, sollempnia, ~ite sancta deseruisti CATO *orat.*90; ~ite sanxit si qui in seditione non alterius utrius partis fuisset CIC.*Att.*10.1.2; nostrae contra duodecim tabulae cum perpaucas res ~ite sanxissent *Rep.*4.12; tribuni plebis..ne quis postea populum seuocaret, ~ite sanxerunt LIV.7.16.8;—poenam ~itis constitutam, si..quisquam attigisset CIC. *Ver.*4.85; ~itis poenam eis qui non paruerint constituit CAES.*Gal.*7.71.6; legem, ~itis quae pendere poenas..iubeat OV.*Fast.*3.845; sit ~itis damno Roma soluta mei! 6.452; ~itis etiam sanxerant poenam iis CURT.8.14.12.

6 a *~ite (de)minuere (dim-)*, to deprive of civil rights; *~itis (de)minutio*, the deprivation of civil rights. **b** free status (opp. to slavery).
a qui ~ite non sunt deminuti CIC.*Top.*29; deminuti ~ite ..serui Carthaginiensium facti LIV.22.60.15; quotiens quisque mancipetur aut manumittatur, totiens ~ite diminuatur GAIUS *Inst.*1.162; deminutus ~ite appellatur qui ciuitate mutatus est PAUL.*Fest.*p.70M;—ueniditor ~ite minutus est et usus fructus ad me pertinere coepit JULIAN. *dig.*30.1.82.2; seruile ~ut nullum ius habet ideoque nec minui potest PAUL.*dig.*4.5.3.1;—quod (sacramentum).. ~itis deminutione sublatum est CAES.*Civ.*2.32.10; maxima est ~itis diminutio, cum aliquis simul et ciuitatem et libertatem amittit GAIUS *Inst.*1.160; minor siue media est ~itis diminutio, cum ciuitas amittitur, libertas retinetur 1.161; minima est ~itis diminutio, cum et ciuitas et libertas retinetur, sed status hominis conmutatur 1.162; PAUL.*dig.* 4.5.11;——itis minutio est status permutatio GAIUS *dig.* 4.5.1;—(*cf.*) paruosque natos ut ~itis minor ab se remouisse HOR.*Carm.*3.5.42. **b** liberum ~ut tibi faciam PL.*Mer.* 153; uel aes pro ~ite dent *Poen.*24; siquis erit ~itis mercede redemptus OV.*Am.*1.8.63; mille denarios pro ~ite solui PETR.57.6; JULIAN.*dig.*41.4.10.

7 A person, individual: **a** (w. descriptive ep.); *~ut liberum*, a free person; (also w. adjs. indicating personal name or function). **b** (w. pronominal or demonstrative adj.). **c** (w. gen.). **d** (alone).

a o lepidum ~ut! Pl.*Mil.*725; uerbereum ~ut *Per.*184; festiuom ~ut Ter.*Ad.*261; si tangere portus infandum ~ut . . necesse est Verg.*A.*4.613; desiderio. . tam cari ~itis Hor.*Carm.*1.24.2; te, dulce ~ut, mater Scribonia Prop.4.11.55; fiat an humanum uictima dira ~ut Ov.*Pont.*4.9.84; o fidum ~ut, Theseu Sen.*Her.F.*1334; exitiale ~ut Sil.2.287; ~ut uilissimum Quint.*Decl.*338(p.333,l.18);—(*pl.*) duo haec ~ita nata sunt post homines natos taeterrima et spurcissima, Dolabella et Antonius Cic.*Phil.*11.1; a ceteris, uelut ab ignotis ~itibus Liv.2.5.6; malignissima ~ita Sen.*Dial.*7.18.1;—decem ~ita libera interficis Cato *orat.*61; Cic.*Ver.*2.79; multa libera ~ita, magnam uim mancipiorum Liv.42.41.11; Gaius *Inst.*1.166ª;—dies..qua ~ut Augustum..accedat caelo Ov.*Met.*15.869; quicumque.. polluerant pontificale ~ut *Fast.*3.706; non mihi..petitum Caesareum ~ut est *Tr.*3.5.46. **b** meum ~ut contemples, si quidem ex re consultas tua Pl.*As.*538; cum subdita nostrum detraheret lecto fax inimica ~ut Prop.4.11.10; aestimari..~ita uestra Liv.22.50.6; omnes pressere hoc fluctus..~ut Ov.*Tr.*2.102; Attalum..hostem meo ~iti fuisse meministis Curt.8.8.7; ille meum imperiis urget ~ut V.Fl.5.486; Sil.2.27. **c** Sardi Tigelli putidum ~ut uenit Calv.*poet.*3; neque tam carum..parenti una ~ut seri nata nepotis alit Catul.68.120; longaeuum ad Priami..~ut Prop.4.1.52. **d** aspicis hunc uno contentum lumine..ne contemne ~ut Mart.8.59.3; duret ~iti per saecula lumen Sil.16.126; omnes..noxales actiones ~ut sequuntur Gaius *Inst.*4.77; quia..cum ~ite fortunas quoque suas..transferat Papin.*dig.*37.11.11.2; etiam in quadrupedibus noxa ~ut sequitur Ulp.*dig.*9.1.1.12.

8 (in enumeration) An individual; *in ~ita*, *singulis ~itibus*, each, per head; *~ite censi*, the class of citizens which, having little or no property, was assessed by its numbers. **b** (of animals; also, of trees).

~itum Heluetiorum milia ccLXIII Caes.*Gal.*1.29.2; ex.. captiuis toto exercitui ~ita singula..distribuit 7.89.5; quot ~itum uiuunt, totidem studiorum milia Hor.*S.*2.1.27; censa ciuium ~ita centum quattuor milia septingenta quattuordecim dicuntur Liv.3.3.9; tot milia ~itum innoxiorum 42.8.6; Aug.*Anc.*2.4;—quos tu cum..populo Romano in ~ita descripsisses Cic.*Ver.*3.215; in ~ita singula ..tributum imponebatur Caes.*Civ.*3.32.2; mensurae tributim singulis ~itibus designantur Vitr.5.9.9; non in ~ita, sed in stirpes hereditatem diuidi Gaius *Inst.*3.8;—milites scribere..~ite censos plerosque Sal.*Jug.*86.2; V.Max.2.3.1; (*cf.*) eos qui..omnino nihil in suum censum praeter ~ut attulissent, proletarios nominauit Cic.*Rep.*2.40. **b** sus triginta ~itum fetus enixa Verg.*A.*3.391; 8.44; in demortuarum..ouium locum..etiam plura ~ita substituere Col.7.3.14; gregem habebat ~itum trecentorum Ulp.*dig.*6.1.3;—spatia huiusce sationis..~ita castanearum recipiunt mmdccclxxx Col.4.33.4.

9 The upper or extreme part of anything, esp. when projecting, rounded, or otherwise resembling the head. **b** the summit (of a mountain). **c** the head (of a boil or the like). **d** (in divination) a projecting part of the liver.

cingulum circum collum..cum clauulis capitatis, quae intra ~ita insuitur pellis mollis Var.*R.*2.9.15; ~itum iugatio (*sc. of vines*) Cic.*Sen.*53; quales aeriae..consurgunt geminae quercus intonsaque caelo attollunt ~ita Verg.*A.*9.682; columellae ~itis longitudo isk Vitr.10.10.4; quae fiunt in ~itibus (*sc.* ballistae) foramina 10.11.12; summa papauerum ~ita dicitur baculo decussisse Liv.1.54.6; ferramenta duo sunt, ~itibus paulo latioribus Cels.2.17.10; mouere siluae ~ita Sen.*Tro.*173; infra trunci ~ut Col.4.17.4; ~itis porri longo..capillo 10.167; lacteus (sucus) in ~ite ficis, in corpore non item Plin.*Nat.*15.109; claourum ~itibus 35.182; alii candidi spicae ~itis tritae Larg.231; ~ut omne coronant murorum Stat.*Theb.*10.531; (*cf.*) candidam eryngem nostri centum ~ita uocant Plin.*Nat.*22.20. **b** (Atlantis) piniferum ~ut Verg.*A.*4.249; ~ut aerii..montis Stat.*Ach.*2.425; (*cf.*) quae nouum tellus ~ut ostendit astris? Sen.*Phaed.*1020. **c** nec huic morbo ~ut crescat *Praec.*4.2(*poet.* p.31); si nusquam ~ut se ostendet Cels.8.9.1.g; furunculos (discutiunt) priusquam ~ita faciant Plin.*Nat.*22.159. **d** ~ut in iecore non fuit Cic.*Div.*1.119; Decio ~ut iocineris a familiari parte caesum haruspex dicitur ostendisse Liv.8.9.1; 30.2.13; Ov.*Met.*15.795; Sen.*Oed.*360; Luc.1.627; Plin.*Nat.*11.190.

10 Either end or extremity of a horizontal object, or one not considered as vertical. **b** one of the mouths of a river.

castellis duobus ad ~ita (pontis) positis Planc.*Fam.*10.18.4; ut ~ita tignorum extrema parietum structura tegerentur Caes.*Civ.*2.9.1; et duxit longe (cornu), donec curuata coirent inter se ~ita Verg.*A.*11.861; uti aequalia duo ~ita sint funis Vitr.10.2.6; folle fabrili ad ~ut fistulae imposito Liv.38.7.12; ipsius..uenae..~ita (*the severed ends*) comprimuntur Cels.2.10.16; quod fuerit liniae ~ut Plin.*Nat.*18.333; Sic.Fl.*agrim.*p.106; (*of a skin disease*) ad aures duobus ~itibus serpit Cels.6.4.2. **b** multisque ~itibus in Oceanum influit Caes.*Gal.*4.10.5; multifidi Peucen unum ~ut adluit Histri Luc.3.202.

11 a The head, source (of a river or other water). **b** the point from which a road, etc., extends. **c** the butt (of a tree or plant). **d** initial or original position, starting-point in time or of development.

a ad ~ut amnis Pl.*Trin.*940; Tiberis..~ut Var.*L.*5.29; Lucr.6.636; cuniculos tectos ad uenas agunt et ~ut fontis Hirt.*Gal.*8.41.4; ad extremi sacrum ~ut astitit amnis Verg.*G.*4.319; Rheni luteum ~ut Hor.*S.*1.10.37; Nile pater ..quibus in terris (possim te dicere) occuluisse ~ut? Tib.1.7.24; Prop.2.15.33; sin..fontes non profluent, quaerenda sub terra sunt ~ita et colligenda Vitr.8.1.1; ad ~ita quae uocant Sari fluminis Liv.33.41.7; Ov.*Met.*15.277; Timauus nouem ~itibus exsurgens Mela 2.61; Sen.*Nat.*4a.1.2;Luc.10.295; ad ~ita deiectus Plin.*Nat.*33.75; Sic.Fl.*agrim.* p.114; (*cf.*) qui maria omnia interiora illo ~ite (*sc.* Ponto) nasci..existimauere Plin.*Nat.*4.93. **b** quod hinc oritur ~ut sacrae uiae Var.*L.*5.47; a miliario in ~ite Romani fori statuto Plin.*Nat.*3.66; (Iuliopolitani) sunt in ~ite Bithyniae Plin.*Ep.Tra.*10.77(81).3. **c** ~ita uitium per sementim ablaqueato Cato *Agr.*33.1; haec omnia a ~ite propagari..oportet 51; seminibus positis superest diducere terram saepius ad ~ita Verg.*G.*2.355; Sen.*Ep.*86.17; ad suum palum eam partem..reducito et ~ut uitis facito Col.*Arb.*7.6; circum ~ita addito stercus Plin.*Nat.*17.196; (*cf.*) pedes cruraque arboris ramos appellat (Varro), ~ut stirpem atque caudicem Gel.16.16.3. **d** cum se octo ambitus confectis suis cursibus ad idem ~ut rettulerunt Cic.*Tim.*33; et ~ite ex uno menses annosque diesque incipere Man.3.541; (*of the nominative case*) obliqui casus ab eodem ~ite..quo minus dissimiles fiant, analogia non prohibet Var.*L.*9.89.

12 The source, fountain head, origin (of other concrete or abstract things). **b** (w. *peiiuri*, *scelerum*, etc., as an opprobrious designation of persons).

et, quod ~ut est rei frumentariae, campus Leontinus Cic.*Ver.*3.47; ~ut uestrae pecuniae, pacis ornamentum, subsidium belli *Agr.*2.80; ad ~ut et ad fontem generis utriusque ueniamus *Planc.*18; lucis ~ut ipsum Lucr.5.293; quot ~ita originis erant Liv.5.33.9; inde ~ut morbi Juv.3.236;—(*of abst. things*) aperiamus autem ~ita ea, unde omnis..disputatio ducitur Cic.*de Orat.*2.130; quoniam ~ut illius atrocitatis atque inuidiae fuit innocentem pecunia circumuentum *Clu.*9; in ea (aegritudine) est..fons miseriarum et ~ut *Tusc.*4.83; decreta ipsa philosophiae et ~ita Sen.*Ep.*94.4; sed totius huius rei iurisque..~ut ipsum et origo et quasi fons 'rogatio' est Gel.10.20.7; tyrannis illa, singulare dominationis ~ut Apul.*Pl.*2.28;—(*w.* belli) hoc ~ut, o ciues, haec belli summa nefandi Verg.*A.*12.572; Antii summam rei positam..id ~ut, eas uires belli esse Liv.3.10.8; ubi Hannibal sit, ibi ~ut atque arcem huius belli esse 28.42.16; (*applied to persons*) urgerent..philosophorum greges iam ab illo fonte et ~ite Socrate nihil te..didicisse Cic.*de Orat.*1.42; senatus, ~ut publici consilii Liv.5.39.12. **b** dic, scelerum ~ut Pl.*Bac.*829; ipse egreditur penitus, peiiuri ~ut *Ps.*132; *Rud.*1099; non ego nequitiae dicerer esse ~ut Prop.2.24.6.

13 The prime mover or leader (in any action), ring-leader, principal.

(*w. dat.*) ego ~ut huic argento fui ⟨tibi⟩ hodie reperiundo Pl.*As.*728; em illic est huic rei ~ut Ter.*An.*458; *Ad.*568; —(*w. gen.*) ~ut est omnium Graecorum concitandorum ..Heraclides ille Temnites Cic.*Flac.*42; Scapula, totius seditionis, familiae et libertinorum ~ut *B.Hisp.*33.3; in ~ut consilii, in ducem incurrere Liv.8.31.7; ut ~ut agendae rei esset 35.36.7; ~ita..coniurationis 39.17.6; ~ite defectionis ablato Tac.*Hist.*1.5;—uincit longe prius ipsum expugnare ~ut Hor.*S.*2.5.74; a reo tibi ipso et a ~ite repetitio est Sen.*Ben.*5.19.4.

14 a The leading person or persons (in a state, confederacy, etc.); also, w. *rei*, *rerum*. **b** the capital, chief city (of a state, province, etc.); the headquarters (of a war). **c** the principal part, main item (of other things).

a egregium semper patriae ~ut Corn.Sev.*poet.*13.13; Flauus Lucanus fuit, ~ut partis eius Lucanorum Liv.25.16.5; unum hominem ~ut columenque imperii Romani esse Liv.38.51.4; cum duo inter se eminentissima..hominum coirent ~ita Vell.2.101.2; Sen.*Phaed.*677; non adesse ~ut rei publicae Tac.*Ann.*1.13; ~ita factionum Suet.*Tib.*37.2; —~ut rei Romanae Camillus Liv.6.3.1; pueros quorum parentes ~ita ibi rerum sint 5.27.4;—(*of peoples*) ~ut rerum Antiates esse 4.56.5; ~utque Celtiberiae Segobrigenses Plin.*Nat.*3.25; ut se Sueborum ~ut credant Tac.*Ger.*39.4. **b** Eranam..quod erat Amani ~ut Cic.*Fam.*15.4.9; Cordubam tenebat, quod eius prouinciae ~ut esse existimabatur *B.Hisp.*3.1; Thebas..~ut fuisse totius Graeciae Nep.*Ep.*10.4; ut mea Roma ~ut orbis terrarum sit Liv.1.16.7; Brixiamque, quod ~ut gentis erat 32.30.6; Roma triumphati dum ~ut orbis erit Ov.*Am.*1.15.26; Siciliae ~ut abscisum, Syracusae V.Max.2.8.5; Luc.2.655; in Meroe—insula haec ~utque gentis Aethiopum Plin.*Nat.*2.184; Tac.*Hist.*1.68; (*cf.*) ~ut rerum Romam esse Liv.1.45.3; et ipsa ~ut urbium (*queen of cities*) Capua Flor.*Epit.*1.11 (1.16.6);—(*w. dat.*) ipsa (Mantua) ~ut populis Verg.*A.*10.203; Romam ~ut Latio esse Liv.8.4.5; Marruuium.. urbibus est illis ~ut Sil.8.506; Hierosolyma genti ~ut Tac.*Hist.*5.8;—quod bello ~ut? 4.69. **c** templum sanctitatis, ..consili publici, ~ut urbis, aram sociorum (*sc.* curiam) Cic.*Mil.*90; iure illo nigro, quod cenae ~ut erat *Tusc.*5.98; fundum in Veienti, ~ut patrimonii Liv.6.14.10; mullus.. cenae pompa ~utque fuit Mart.10.31.4.

15 An essential or vital thing, a matter of prime importance. **b** a fundamental argument, main point.

ad ~ita rerum perueni. — primum omnium: periimus Pl.*Mer.*609; ~ut..esse ad beate uiuendum securitatem Cic.*Amic.*45; atqui rerum ~ut hoc erat, hic fons Hor.*Ep.*1.17.45; nec Veiis melius gesta res, quod tum ~ut omnium curarum publicarum erat Liv.5.8.4; ~ut est in omni negotio nosse quid agendum sit Col.1.1.2; uelut ~ut et fundamentum intellegitur totius testamenti heredis institutio Gaius *Inst.*2.229. **b** hoc autem loco ~ut illud erit accusatoris si demonstrare poterit alii nemini causam fuisse faciendi; secundarium, si..tam idoneam nemini Cic.*Inv.*2.24; uerum hoc..esse uis ~ut defensionis tuae *Ver.*3.148; ~ut autem est meae commendationis ne patiare..*Fam.*12.26.2; quattuor sunt ~ita quae concludant nihil esse quod nosci percipi comprehendi possit *Luc.*83; quod deliberationis nostrae ~ut est Plin.*Ep.*3.19.5.

16 a The beginning, the first part (of a speech, action, etc.). **b** the beginning (of a word or sentence); initial letter.

a argumenti ratione conclusi ~ut esse faciunt ea Cic.*Fin.*4.8; Quint.*Inst.*3.8.10; edi autem ratio ita intellegitur, si a ~ite edatur Gaius *dig.*2.13.10.2. **b** debet..tota a ~ite ita fluere, ut ad extremum ueniens ipsa consistat Cic.*Orat.*199; cum ~ut uerbi tenent Maur.906;—~ita nvnc versorvm inspice *CIL* 6.28753.

17 (pl.) Headings, a summary.

non est oratio, sed quasi ~ita rerum et orationis commentarium paulo plenius Cic.*Brut.*164; ipsa ~ita dicenda *Luc.*49; quam breuissime dicenda sunt, et, quod Graeco uerbo patet, decurrendum per ~ita Quint.*Inst.*6.1.2; summas in commentarium et ~ita conferre 10.7.32; ~ita.. locorum argumentorumque..adnotaui Gel.14.1.2.

18 A single clause, section, paragraph.

~ut edicti Var.*L.*6.92; in illo ~ite Anniano de mulierum hereditatibus Cic.*Ver.*1.118; ea..rogatio tria ~ita habuit *Att.*3.23.2; prima duo ~ita epistulae tuae *Fam.*3.8.2; legis.. unum et centesimum ~ut legit Cael.*Fam.*8.8.3; alio ~ite (*sc.* testamenti) omnes ancillas suas uxori legauerat Alf. *dig.*33.8.15; (se) illo haud ambiguo ~ite foederis deterreri Liv.42.23.4; prima parte superioris ~itis Cels.6.12; 'in Africa fuisse'..primum pro Q. Ligario ~ut claudit Quint.*Inst.*9.4.73; commentarivm cottidianvm mvnicipi caeritvm inde pagina xxvii ~ite vi *CIL* 11.3614; ~ita ex ipsius epistulis posui Suet.*Cl.*3.2.

19 The total or original amount. **b** the principal (that is lent or borrowed); money laid out, capital.

quod aliquot nominibus de ~ite..detraxerit Cic.*Ver.*1.11; 3.77. **b** de illo Tulliano ~ite libere cum Cascellio loquere Cic.*Att.*15.26.4; quinas hic ~iti mercedes exsecat Hor.*S.*1.2.14; de ~ite deducite quod usuris pernumeratum est Liv.6.15.10; Col.11.1.28.

caputālis ~is ~e, *a.* var. capitalis.

Capys ~yis, *m.* Also **~is.** **a** The father of Anchises. **b** companion of Aeneas, and reputed founder of Capua. **c** an early king of Alba.

a Enn.*Ann.*30; Acc.*trag.*653; Ov.*Fast.*4.34. **b** Verg.*A.*10.145; Liv.4.37.1; Suet.*Jul.*81.1. **c** Verg.*A.*6.768; Liv.1.3.8; Ov.*Fast.*4.45.

Cār ~ris, *m.* A native or inhabitant of Caria, a Carian.

Datames, patre Camisare, natione ~re..natus Nep.*Dat.*1.1; Lelegas ~rasque sagittiferosque Gelonos Verg.*A.*8.725; Vitr.2.8.12; Ov.*Met.*9.645; (*prov.*) si quid cum periculo experiri uelis, in ~re id potissimum esse faciendum Cic.*Flac.*65; Sen.*Nat.*4b.5.3.

cārabus ~ī, *m.* [Gk. κάραβος] A crustacean, a crayfish.

~i cauda a ceteris cancris distant. in Phoenice hippoe uocantur Plin.*Nat.*9.97.

carbās, *m.* [Gk. κάρβας] An easterly wind.

circa solanum ~as Vitr.1.6.10.

carbaseus ~a ~um, *a.* [carbasvs¹+-evs] Made of linen.

tabernacula ~is intenta uelis Cic.*Ver.*5.30; croceam chlamydemque sinusque crepantis ~os Verg.*A.*11.776; [Tib.]3.2.21; Stat.*Theb.*7.658.

carbasineus ~a ~um, *a.* = next.

Var. in Non.p.541M.

carbasinus ~a ~um, *a.* [Gk. καρπάσινος] Made of flax, linen; (neut. pl. as sb.) linen clothes.

~a..uela primus in theatro duxisse traditum Lentulus Spinther Plin.*Nat.*19.23;—~a molochina ampelina Caecil.*com.*138; mitellis et crocotis et ~is et bombycinis iniecti Apul.*Met.*8.27.

carbasus¹ ~ī, *f.* (*m.*). In pl. **~a** ~ōrum, *n.* [Gk. κάρπασος] Gender: masc. V.Max.1.1.7.

1 A sail, canvas.

~us alta uolat Enn.*Ann.*573; ~us obscurata..ferrugine Hibera Catul.64.227; uocat iam ~us auras Verg.*A.*4.417; aluei nitens ~us Apul.*Met.*11.16;—(*pl.*) totaque malo ~a deducit Ov.*Met.*11.477; *Fast.*3.587; Zephyro date ~a, nautae 6.715; Luc.2.697; uenturis conponere ~a uentis 3.595; collegit ~a Stat.*Silv.*4.4.89; (*in fig. phr.*) cum dabit aura uiam, praebebis ~a uentis Ov.*Ep.*7.171; (*meton., for a ship*) postquam tua ~a uexit Oceanus V.Fl.1.8.

2 An awning.

~us ut quondam magnis intenta theatris dat crepitum Lucr.6.109.

3 Linen cloth; (pl.) linen clothes.

eum tenuis glauco uelabat amictu ~us Verg.*A.*8.34; exhibuit uiuos ~us alba focos Prop.4.11.54; ~um, quem optimum habebat V.Max.1.1.7; corpora usque pedes ~o uelant Curt.8.9.21;—obstrusa..~a pullo Ov.*Met.*11.48; fluxa coloratis astringunt ~a gemmis Luc.3.239; Plin.*Nat.*19.10; V.Fl.5.424.

carbasus² ~a ~um, *a.* = carbasevs.

raptaeque odorato ~a lina duci Prop.4.3.64.

carbō¹ ~ōnis, *m.* [<**car-dho*; cf. Skt. *kūḍayati*, Goth. *haúri*, Lith. *kuìrù*]

1 A piece of charcoal. **b** (a piece of) burning charcoal. **c** a piece of charcoal used for marking, drawing, or writing. **d** a type of something worthless.

opust ~onibus Pl.*Truc.*904; tam excoctam reddam atque atram quam ~ost Ter.*Ad.*849; de lignis ~ones coquito Cato *Agr.*38.4; ex quibusdam lignis combustis ~onibus salsis pro eo (*sc.* sale) uterentur Var.*R.*1.7.8; nec..(larix) ~onem remittit Vitr.2.9.14; ~oni uis maior exusto i terumque flagranti Plin.*Nat.*33.94; (*used in drainage*) compleantur ea loca ~onibus Vitr.5.9.7. **b** fabri ferrarii qui apud ~ones adsident Pl.*Rud.*532; candente ~one sibi adurebat capillum Cic.*Off*.2.25; ~onum..gravis uis atque odor Lucr.6.802; Hor.*Carm*.3.8.3; inclusum lentis ~onibus ure Ov.*Tr*.3.11.47; probatur (tus)..~one ut statim ardeat Plin.*Nat*.12.65; haec omnia inferuescunt super ~ones Larg.271; a ~one et forcipibus (*i.e. from the blacksmith's forge*) Juv.10.131; ~onibus ad calficiendum triclinium inlatis Suet.*Tib*.74. **c** impleantur elegeorum meae fores ~onibus Pl.*Mer*.409; circumire oportet, sicubi perpluat, et signare ~one Cato *Agr*.155.2; sani ut creta, an ~one notati? Hor.*S*.2.3.246; 2.7.98; Pers.5.108; qui ~one rudi putrique creta scribit carmina Mart.12.61.9. **d** ~onem, ut aiunt, pro thensauro inuenimus Phaed.5.6.6.

2 The charred remains (of things other than wood).

~onem eius (*sc.* scorpionis) super uolnus deligant Cels.5.27.5.a; (globulos) oportet..furno coquere, donec in ~onem redigantur Larg.59; (*in pun, w. ref. to cremation*) postquam Crassus ~o factus, Carbo crassus factus est *Vers.pop.* (*poet*.p.44).

Carbō[2] ~ōnis, *m.* A surname of the *gens Papiria*, esp. C. Papirius Carbo, a supporter of Tiberius Gracchus.

tres illi fratres fuerunt, C., Cn., M. ~ones Cic.*Fam*.9.21.3; —*de Orat*.1.40; Quint.*Inst*.10.7.27.

carbōnārius ~(i)ī, *m.* [CARBO[1]+-ARIVS] A charcoal-burner.

uirum cum furca..tamquam ~ium Pl.*Cas*.438; *CIL* 6.9235.

Carbōniānus ~a ~um, *a.* The title of an edict relating to the provisional possession of inheritances by minors.

~am bonorum possessionem Scaev.*dig*.5.2.20; transeundum ad ~um edictum Ulp.*dig*.25.3.3.5; bonorum possessor ~us 37.10.3.13.

carbunculātiō ~ōnis, *f.* [next+-TIO] Affliction with CARBVNCVLVS (sense 4).

Plin.*Nat*.17.222.

carbunculō ~āre, *intr.* [CARBVNCVLVS+-O[3]]

1 (of vines, etc.) To be affected with the disease CARBVNCVLVS (sense 4).

caeli intemperie ~ant Plin.*Nat*.12.27; ~are negatur (heluennaca uitis) 14.33; 18.272.

2 To be affected with or form carbuncles.

~antibus circa oculos ulceribus Plin.*Nat*.23.70; genitalia exulcerata aut ~antia 24.113.

carbunculōsus ~a ~um, *a.* [next+-OSVS] Containing CARBVNCVLVS (sense 2).

~um agrum..macras uineas efficere dixerunt Col.3.11.9.

carbunculus ~ī, *m.* [CARBO[1]+-VNCVLVS]

1 A (live) coal.

si Prometheus..ipse a uicinis..~os corrogaret *Rhet.Her*.4.9; de proxima uillula spirantem ~um furatus Apul.*Met*.7.19; (*fig.*) amburet ei misero corculum ~us Pl.*Mos*.986.

2 A variety of sandstone, tophus.

in illa (terra)..cum si⟨n⟩t..partes permultae, in quis lapis..cinis, ~us Var.*R*.1.9.2; sabulone masculo harenaque ~o certiores et stabiliores sunt copiae (*sc.* aquae) Vitr.8.1.2; durissimum tofum uel ~um..putrescere caloribus ac resolui Col.3.11.7; Plin.*Nat*.31.48.

3 A kind of precious stone.

ut scintillet probitas e ~is Petr.55.6,l.14; principatum habent ~i a similitudine ignium appellati Plin.*Nat*.37.92; GEMMA CARBVNCLVS *CIL* 2.3386.

4 A form of blight in vines, etc.

(ea uitis) pruinas et caliginem et ~um facile propulsat Col.3.2.4; Plin.*Nat*.18.275.

5 (med.) A carbuncle or tumour; (also, not distinguished from it) the malignant pustule of anthrax.

solent etiam ~i ex inflammatione nasci Cels.6.6.10; ~os coracinorum salsamenta inlita discutiunt Plin.*Nat*.32.127; facit hoc medicamentum..ad ~os Larg.63;—Plin.*Nat*.26.5.

carbunica ~ae, *f.* [? Gall.] A variety of vine.

Plin.*Nat*.14.43.

carcer ~ris, *m.* [dub.] Forms: *carcares CIL* 6.2065; *querceribus CIL* 6.2060.

1 Jail, prison. **b** (meton.) the occupants of the prison; (in voc.) jail-bird.

si tresuiri me in ~rem compegerint Pl.*Am*.155; custos ~ris *As*.297; at ego uos ambo in robusto ~re ut pereatis *Cur*.692; quos in ~rem antea coniecerat Cic.*Ver*.5.72; ita multi ut eos ~r capere non possit *Catil*.2.22; cum sicariis e ~re emissis *Sest*.78; ~r et horribilis de saxo iactu' deorsum Lucr.3.1016; ipse..Lentulum in ~rem deducit Sal.*Cat*.55.2; ibi in ~re inclusi sunt Liv.24.19.11; in inferiorem demissus ~rem (*i.e. the dungeon* Tullianum) est necatusque 34.44.8; ~re dicuntur clausi sperare salutem Ov.*Pont*.1.6.37; alius aliud pati non potest. mihi adulterium ~r est Sen.*Con*.9.1.1; neque ~r neque laqueus..in eum (suffecerit) Tac.*Ann*.3.50; aude aliquid..~re dignum, si uis esse aliquid Juv.1.73; (*cf.*) ubicumque patricius habitet, ibi ~rem priuatum esse Liv.6.36.12;—(*iron.*) ~r eius artis domus aurea fuit Plin.*Nat*.35.120; ex eo coepimus ~re animalia coercere 10.141. **b** ~rem totum in forum effudit Cic.*Sest*.95; *Pis*.16;—ain tandem, ~r? Ter.*Ph*.373; Lucil.1128.

2 (transf.): **a** The cave or dungeon in which Aeolus kept the winds. **b** the underworld (esp. as a place of punishment). **c** a cage for birds or beasts; a trap for catching them. **d** the body regarded as imprisoning the spirit. **e** (of var. other things regarded as having the characteristics of a prison).

a hic uasto rex Aeolus antro luctantis uentos..uinclis et ~re frenat Verg.*A*.1.54; Ov.*Met*.4.663; Aeolii iacuisse Notum sub ~re saxi Luc.5.609; Juv.5.101. **b** ~ris ante fores clausas adamante sedebant Ov.*Met*.4.453; *Ib*.78; ~r infernus Sen.*Ep*.82.16. **c** ubi desuetae siluis in ~re clauso mansueuere ferae Luc.4.237; 10.446; uacat ille beatus ~r Stat.*Silv*.2.4.15; (*poet., of shells*) submersa fretis concharum et ~re clausa..animalia Man.2.93;—aut uncos celare cibis aut ~re fraudem 4.287; phocas ~ribus claudent raris 5.662; (*fig.*) delebit tabulas inclusus ~re nassae Juv.12.123. **d** nec tamen ille (*sc.* sapiens) uincla ~ris ruperit Cic.*Tusc*.1.74; ut (mens) ne ab hoc quidem ~re, cui inclusa est, teneri queat Sen.*Ben*.3.20.1; Luc.6.722. **e** tellus..noctis captum sub ~re claudit (*sc.* diem) Man.2.954; et duplici clausos elephantas ~re terrae 4.740; nihil illo ~re (*i.e. a tunnel*) longius Sen.*Ep*.57.2; primumque imbelli ~re (*i.e. in Scyros*) perdes florem animi? Stat.*Ach*.1.625; quod steterat multis in ~ere fornicis annis Juv.10.239.

3 (usu. pl. or poet. sg.) the barriers at the beginning of a race-course, the starting-point of the course, 'traps'. **b** (in var. fig. phr.).

omnes auidi spectant ad ~ris oras Enn.*Ann*.85; intra ~rem stet *Rhet.Her*.4.4; eum..qui uix e ~ribus exierit, cum palmam iam primus acceperit Cic.*Brut*.173; patefactis..~ribus Lucr.2.264; cum ~ribus sese effudere quadrigae Verg.*G*.1.512; Hor.*S*.1.1.114; Tib.1.4.32; Liv.8.20.2; sacro de ~re missis..equis Ov.*Am*.3.2.9; reserato ~re *Ars* 3.595; ~re clauso Luc.1.294; Suet.*Cl*.21.3. **b** aperiam ~res..et equos emittere incipiam Var.*R*.2.7.1; nec uero uelim quasi decurso spatio ad ~res a calce reuocari Cic.*Sen*.83; Sol aspicit orbem lucidus et primos a ~re concitat axes Sen.*Apoc*.4.1.

carcerārius ~a ~um, *a.* [prec.+-ARIVS] Of or connected with a prison.

facere quaestum ~um Pl.*Capt*.129.

carcharus ~ī, *m.* [Gk. καρχαρίας] A kind of fish.

scombri ~ique..uentriculos Col.8.17.12.

Carchēdonia ~ae, *f.* A precious stone.

has (*sc.* lychnidas)..paleas et chartarum fila ad se rapere. hoc idem et ~a facere dicitur Plin.*Nat*.37.104.

Carchēdoniacos ~ē ~on, *a.* Carthaginian.

Graecas scripsit historias, Tyrrhenicon uiginti, ~on octo Suet.*Cl*.42.2.

Carchēdonius ~a ~um, *a.* The name of a variety of carbuncle.

quo ~os optas ignes lapideos? Petr.55.6,l.13; quos et ~os uocauere propter opulentiam Carthaginis Magnae Plin.*Nat*.37.92.

carchēsium ~iī, *n.* [Gk. καρχήσιον]

1 A type of drinking-cup.

florem anculabant Liberi ex ~iis Andr.*trag*.30; cape Maeonii ~ia Bacchi Verg.*G*.4.380; liquidi ~ia uini Ov.*Met*.7.246; V.Fl.1.193; libata..roseis ~ia labris Mart.8.55(56).15; Stat.*Ach*.1.680.

2 The mast-head of a ship.

mali..~ia summa Lucil.1309; Cinna *poet*.2(4); Sen.*Oed*.456; malus..insigni ~io conspicua Apul.*Met*.11.16.

3 (app.) A kind of derrick.

machinationum..aliae erectae, aliae planae in ~iis uersatilibus conlocatae Vitr.10.2.10; 10.16.1; 10.16.3.

carciniās ~ae, *m.* [Gk. καρκινίας] A crab-coloured precious stone.

~as marini cancri colore Plin.*Nat*.37.187.

carcinōdēs ~ēs ~es, *a.* [Gk. καρκινώδης] Cancerous, polypous.

~e..phymata commode his leniuntur Cels.5.18.23; 6.8.2.b;—(*neut. as sb.*) narium..~es consumit inlitum ex aqua Plin.*Nat*.20.187.

carcinōma ~atis, *n.* [Gk. καρκίνωμα] Forms: *~atis* (dat. pl.) Plin.*Nat*.31.103. An ulcer or tumour; (perh. sts. of malignant character).

siquid in mammis ulceris natum et ~a Cato *Agr*.157.4; interdum naturam ~atis habet (fistula) Cels.7.7.7; ~ati..quam pinguissimam ficum inponi Plin.*Nat*.23.123; si ~a serpat 29.37; (*cf.*) nec aliter eos (*sc.* Iulias et Agrippam) appellare quam tris uomicas ac tria ~ata sua Suet.*Aug*.65.4.

Carcinos (**~us**) ~ī, *m.* The constellation Cancer.

~os ardens Luc.9.536; Amp.2.4.

carcinōthron ~ī, *n.* [Gk. καρκίνωθρον] A variety of *polygonum* or knot-grass.

qui plura genera polygoni faciunt, hanc marem intellegi uolunt appellarique a multitudine seminis..alii ~on Plin.*Nat*.27.113.

cardamōmum ~ī, *n.* [Gk. καρδάμωμον] Cardamom, *Elettaria cardamomum*, or its seeds, esp. as used in medicine.

Cels.3.21.7; Col.12.53.2; simile his et nomine et frutice ~um, semine oblongo Plin.*Nat*.12.50; ~i p ✱ XXV Larg.261.

cardamum ~ī, *n.* [Gk. κάρδαμον] (prob.) A kind of cress.

~i nigri, id est nasturcii, seminis p ✱ II Larg.129.

cardēlis ~is, *f.*: var. CARDVELIS.

ego illi iam tres ~es occidi Petr.46.4.

cardiacus ~a ~um, *a.* [Gk. καρδιακός] Of or affecting the heart or stomach. **b** having a disorder of the heart or stomach (perh. heartburn); (masc. as sb.) a person suffering from such a disorder.

ne inbecillitate in ~um (*sc.* morbum) incidat Cels.3.18.16; qui ~o morbo obierint Plin.*Nat*.11.187. **b** non est ~us..hic aeger Hor.*S*.2.3.161; cum sibi ~o medicus (uinum) dedisset Plin.*Nat*.14.96; ~o numquam cyathum missurus amico Juv.5.32;—haud scio an nec ~is hoc..tribuendum sit Cic.*Div*.1.81; bibere et sudare uita ~i est Sen.*Ep*.15.3; ~is in mamma laeua merum in spongea inponi prodest Plin.*Nat*.23.44.

Cardiānus ~a ~um, *a.* Of or belonging to Cardia, a town in the Thracian Chersonese.

Eumenes ~us Nep.*Eum*.1.1.

cardinālis ~is ~e, *a.* [CARDO+-ALIS] That serves as a hinge or pivot.

scapi ~es Vitr.4.6.4.

cardinātus ~a ~um, *a.* [CARDO+-ATVS[2]] Mortised.

arrectaria duo..coniuncta capitibus transuersario ~o tigno Vitr.10.15.4.

cardineus ~a ~um. *a.* [next+-EVS] Of or made by hinges.

Iane pater..cui ~i tumultus, cui reserata mugiunt aurea claustra mundi Sept.*poet*.23.3.

cardō ~inis, *m.*, (*f.*). Also **kardō.** [cf. Gk. κράδη, Skt. *kūrdati*, Welsh *cerdded*, AS. *hratian*] Gender: fem. in Gracch.*trag*.1, 2.

1 A pivot or axis on which a thing turns. **b** (forming the hinge of a door).

foramen..semipedem ab ~ine facito Cato *Agr*.19.1; in eodem hemisphaerio medio circum ~inem est orbis uentorum octo Var.*R*.3.5.17; suculae ~ines uti centra porrecti in cheloniis Vitr.10.3.2; theatra..duo fecit..~inum singulorum uersatili suspensa libramento Plin.*Nat*.36.117. **b** paene ecfregisti..foribus ~ines Pl.*Am*.1026; sonitum prohibe forium et crepitum ~inum *Cur*.158; foribus ~o stridebat aenis Verg.*A*.1.449; Hor.*Carm*.1.25.6; Prop.1.16.26; uersato ~ine Thisbe egreditur Ov.*Met*.4.93; rigorem fortissime seruat ulmus, ob id ~inibus..portarum utilissima Plin.*Nat*.16.210; Stat.*Theb*.8.349; stat ~ine aperto infelix cauea *Silv*.2.5.11;—(*cf.*) negauit centifoliam in coronas addi, praeterquam extremas uelut ad ~ines Plin.*Nat*.21.18.

2 A tenon; (pl. also) tenon and mortise; (spec.) *~o masculus*, a tenon; *~o femina*, a mortise.

arbores crassas p. II, altas p. VIIII cum ~inibus Cato *Agr*.18.1; ~ines foraminis dimidia Vitr.10.10.2; (*dovetailed*) securiclatis ~inibus 10.10.3;—capreoli ~inibus alius in alium conclusi 10.14.2;—~inibus ex torno masculo et femina inter se coartatis 9.8.11.

3 Either of the pivots or poles on which the universe was supposed to rotate about the earth. **b** the earth (considered as the pivot of the universe).

extremusque adeo duplici de ~ine uertex dicitur esse Polus Cic.*Arat*.24; (sidera) nusquam in conspectum redeuntia ~ine uerso Man.1.449; circulos quinque, qui per mundi ~ines eunt Sen.*Nat*.5.17.2; digni premeret quos euerso ~ine mundus *Thy*.877; Plin.*Nat*.4.89; ut Notus et Boreas gemino de ~ine mundi Stat.*Theb*.11.114;—(*spec.*) sunt regiones inter circulum septemtrionalem et inter ~inem caeli Var.*R*.1.2.4; quod est spatium proximum imo ~ini ab axis linea in meridianis finibus Vitr.6.1.6; septentriones circum axis ~inem uersantes 9.5.4; sub ipso siderum ~ine iacent Mela 3.36; sub ~ine glacialis ursae Sen.*Her.F*.1139. **b** proxima ergo (luna) ~ini Plin.*Nat*.2.44; ~ini suo, hoc est terrae, undique incumbit 2.160; Apul.*Mun*.1.

4 Any of the four 'cardinal' points; also, the four corresponding points on the ecliptic. **b** *summus, superus, ~o*, the highest part of the sky, the zenith; *transuersus ~o*, a point on the east or west horizon. **c** one of the four turning-points in the year (i.e. the solstices and equinoxes); also, the periods between them. **d** (usu. *extremus ~o*) the end of one's life.

noscendis..~inibus, qui per mundum sunt quattuor omnes dispositi semper mutantque uolantia signa Man.2.789; ~ine ab occiduo Luc.4.672; Hesperio tantum quantum summotus Eoo ~ine Parnasos 5.72; illum Arctoae labentem ~ine portae (*cf. sense 1*) Stat.*Theb*.7.35. **b** cum ~ine summo stat librata dies Luc.9.528; supero pariter..~ine lapsae Pallas et asperior Phoebi soror Stat.*Theb*.2.236;—transuerso Phoebus si ~ine celsior ibit Man.3.180. **c** tempestates ipsas ~ines suos habere quadrinis annis Plin.*Nat*.18.217; ~ines temporum quadripertita anni distinctione constant per incrementa lucis 18.220; magnus hic anni ~o, magna res mundi (*sc.* solstitium) 18.264. **d** mortalis aeui ~inem extremum premens Sen.*Tro*.52; deprecor..turpes extremi ~inis annos Luc.7.381; miserae..~ine uitae Sil.9.140.

5 Region, district, part (of a country, etc.).

alio positas ultra sub ~ine gentes Pedo *poet*.18; meridiano ~ine siluae..uirent Plin.*Nat*.6.197; ~ine sub nostro..Tartarei sedet aula patris V.Fl.1.827; quocumque in ~ine mundi bella moues Sil.4.779; omnes illius ~inis populos Flor.*Epit*.2.22(4.12.4).

6 A turning-point or critical juncture in a situation; a pivotal point.

haud tanto cessabit ~ine rerum Verg.*A*.1.672; in illo..~ine (*i.e. death*) positi abire e rebus humanis quam gratissimi uolumus Sen.*Ben*.4.22.1; attoniti fatorum in ~ine summo Stat.*Theb*.10.853;—si negat, hic causae ~inem ponit, in quo si uictus fuerit, etiam in sequentibus ruit QUINT.*Inst.*5.12.3; 12.8.2.

7 (Surveying) A base-line laid out from north to south on a field, site, etc.
qui ita limes per agrum curret, ~o appellabitur PLIN.*Nat.*18.326; ager ergo limitatus hac similitudine decimanis et ~inibus continetur FRON.*agrim.*p.1; ~o nominatur quod directus a ~ine caeli est p.12; lapidem ponis et inscribis decumanus maximus et ~o maximus HYG.*agrim.*p.71; PAUL.*Fest.*p.71M; (*cf.*) quidam in totum conuerterunt, et fecerunt decimanum in meridianum et ~inem in orientem HYG.GR.*agrim.*p.135.

8 A limit or boundary, an axis of reference, a base-line.
terminus est nunc imperii uestri mons Taurus; quidquid intra eum ~inem est, nihil longinquum uobis debet uideri LIV.37.54.23; ut promunturium iis Mineruae uelut ~o in medio esset 40.18.8; hunc enim ~inem Alexandri Magni itinerum fecere PLIN.*Nat.*6.45; (*perh.*) reperiuntur (aquae) in conuallibus maxime et quodam conuexitatis ~ine 31.43.

carduēlis ~is, *f.* [next+-ELIS] (prob.) The goldfinch, *Fringilla carduelis*.
minimae auium ~es imperata faciunt, nec uoce tantum, sed pedibus et ore pro manibus PLIN.*Nat.*10.116.

carduus ~ī, *m.* [cf. CARRO]
1 A thistle.
comedente asino ~os *Inc.pall.*102; VERG.*Ecl.*5.39; segnisque horreret in aruis ~us *G.*1.152; agrestis ~i flore COL.7.8.1; PLIN.*Nat.*19.54.
2 A prickly seed-vessel or bur.
herba a radice folia emittens et ~um similem malo PLIN.*Nat.*12.72.
3 A cardoon.
PLIN.*Nat.*19.153.

cārē, *adv. compar.* ~ius, *superl.* ~issimē. (CARVS+-E) At a high price, dear. **b** at a high value. **c** (fig.) at a great cost or sacrifice.
quo olea legunda et faciunda ~ius locetur CATO *Agr.*144.4; equos ~ius quam coquos emebant *Mor.*2(J); unde non ~e emere possis quae opus sunt VAR.*R.*1.16.3; emit domum..prope dimidio ~ius quam aestimabatur CIC.*Dom.*115; HOR.*Ep.*2.1.238; quam ~e semel in toto nox uertitur anno! PROP.2.23.11; MART.1.37.2. **b** quaecumque in me bona sunt..etsi a te propter amorem ~ius sunt aestimata PLANC.*Fam.*10.4.2; BRUT.*ad Brut.*1.16.6; annua, congiaria homines ~issime accipiunt SEN.*Dial.*10.8.2; libri mei non alia ubique laude ~ius censentur APUL.*Fl.*18. **c** multos ~e uicturos animi sui contemptus oppressit SEN.*Suas.*7.4; noctes, quas tam ~e mercantur SEN.*Dial.*10.16.5.

cārectum ~ī, *n.* [CAREX+-TVM] A bed of sedge.
tu post ~a latebas VERG.*Ecl.*3.20; COL.6.22.2.

careō ~ēre ~uī ~itum, *intr.*, (*tr.*). [cf. *castus*, Osc. *kasit*, Skt. *śásati* 'cuts'] CONST.: w. abl., also w. acc. PL.*Cur.*137, TER.*Eu.*223, FRO.*Amic.*2.p.182(196N), *CIL* 13.2103, etc.; gdve. (pass.) OV.*Ep.*1.50; w. gen. TER.*Hau.*400.
1 (of persons or things) To be devoid of, not to have, lack. **b** (w. *uita, luce, sensu*) to be without (feeling, life, etc.).
etiam si illis maximis uiribus ~eat CIC.*Orat.*7.6; in hac solitudine ~eo omnium conloquio *Att.*12.15; erat enim inter eos dignitate regia, quamuis ~ebat nomine NEP.*Milt.*2.3; si mori nollem, fide misero ~endum SEN.*Med.*437; officio ~eat glaucarum nulla sororum STAT.*Silv.*3.2.34; mixtis omnibus et moderatore uno ~entibus TAC.*Dial.*36.2;—eloquentia haec forensis..multis..adiumentis magnisque ~uit CIC.*Orat.*13; oracla quae ~ere arte dixeram *Div.*1.70; omnis principio fundamenti natura ~ebit LUCR.1.573; pluuia uentisque ~ebunt (dies) VERG.*G.*1.435; numero ..~entis harenae HOR.*Carm.*1.28.1; Memphin ~entem Sithonia niue 3.26.10; uela queror reditu, uerba ~ere fide OV.*Ep.*2.26; quae..nec hoste fero nec niue, terra, ~es *Pont.*3.1.2; praedium, si..domini praesentia ~iturum est COL.1.7.7; quae (urtica) innoxia est, morsu ~ens PLIN.*Nat.*21.93; dulci terrae ~uere sereno STAT.*Theb.*11.135; unum tempus his tormentis ~et PLIN.*Ep.*7.5.1;—(*w. acc.*) an ista causa tempus argumenti probandi ~eat FRO.*Amic.*2.p.182(196N). **b** praemature uita ~eo PL.*Mos.*500; sensu et uita ~et CIC.*Rab.Perd.*29; ut membra quaedam amputantur, si et ipsa sanguine et tamquam spiritu ~ere coeperunt *Off.*3.32; dimissa anima corpus ~et undique sensu LUCR.3.356; corpora luce ~entum VERG.*G.*4.255; LARG.181; quae materia..est etiam ~entium anima QUINT.*Inst.*3.7.6; (*cf.*) nec sancto ~uisset uita Catone LUC.6.311.
2 To be or go without (something desirable or necessary). **b** to be separated from (friends, etc.). **c** to be kept away (from a place). **d** to fail to achieve or win, be denied.
tu hoc ~ebis commodo LUCIL.697; quo pacto ~eam tam pulchra penu? POMPON.*com.*183; animo aequo se ~ere suis omnibus commodis dicit CIC.*S.Rosc.*144; ~ere me aspectu ciuium quam infestis omnium oculis conspici mallem *Catil.*1.17; suburbano facile ~eo *Att.*4.2.7; ~ere igitur hoc significat: egere eo quod habere uelis *Tusc.*1.88; ut complures dies frumento milites ~uerint CAES.*Gal.*7.17.3; animus..haud facile lubidinibus ~ebat SAL.*Cat.*13.5; qui pauperiem ueritus potiore metallis libertate ~et HOR.*Ep.*1.10.40; nec te posse ~ere uelim TIB.1.2.64; nos citius ~uimus patriciis magistratibus quam illi plebeiis LIV.3.52.8; dum ~eo ueris, gaudia falsa iuuant OV.*Ep.*13.108; neque apud diuum Augustum gratia ~uit TAC.*Dial.*13.1; tollere dulcem cogitat heredem, ~iturus turture magno JUV.6.39; (*absol.*) quam cara sint quae post ~endo intellegunt *Inc.trag.*194; (*w. inanim. subj.*) non forenses res, non domesticae..~ere diutius tuo..consilio..possunt CIC.*Att.*1.17.6;—(*pregn.*) ~ebis, credo, (*sc.* istis oculis) qui plus uident quam quod uident PL.*Mil.*368; si posthac prehendero ego te hic, ~ebis testibus 1426; OV.*Ib.*265. **b** quia ero te ~endum est optumo PL.*Mil.*1210; ut quibus annos multos ~ui *Poen.*1189; quo senatus ~ere non potuit CIC.*Dom.*4; neque nos te fruimur et tu nobis ~es *Att.*2.1.4; (*refl.*) mihi non modo meis sed memet ipso ~endum est 8.7.2; teque ipsa uiua ~ebis OV.*Met.*10.566; (*ellipt.*) nihil uidi melius. itaque ~eo aegre CIC.*Att.*7.2.3;—(*w. gen.*) tui ~endum..erat TER.*Hau.*400;—(*w. acc.*) id quod amo ~eo PL.*Cur.*136; non ego illam ~eam..uel totum triduom? TER.*Eu.*223; (*cf.*) uirque mihi..carendus abest OV.*Ep.*1.50. **c** neque is adeo propter malitiam patria ~et PL.*Rud.*36; etiam Appia iam uia ~ebamus CIC.*Man.*55; patriae liberatores urbe ~ebant ea cuius a ceruicibus iugum seruile deiecerant *Phil.*1.6; NEP.*Pel.*1.4; nec pulchro ut Latio ~et VERG.*A.*4.432; merui tamen urbe ~ere OV.*Tr.*5.10.49. **d** qua (mercede) etiam si ~eat CIC.*Phil.*5.35; maestos et mortis honore ~entis VERG.*A.*6.333; per quem tot iuuenes patrio ~uere sepulcro HOR.*S.*2.3.196; ~ebis..praedae parte, miles LIV.3.29.2; flebam successu posse ~ere dolos OV.*Ep.*1.18; ~uere deis mea uota secundis LUC.9.1098.
3 To be free (in pf. also, to have become free), exempt from (danger, trouble, etc.). **b** (a charge, blame, etc.).
si sine uxore uiuere possemus..omnes ea molestia ~eremus MET.MAC.*orat.*8; metu..suppliciorum ~ere non possumus CIC.*Mil.*5; quoniam quartana ~es *Att.*10.16.6; ut appetitus..omni animi perturbatione ~eant *Off.*1.102; sed quibus ipse malis ~eas quia cernere suaue est LUCR.2.4; residunt in partem quae peste ~et VERG.*A.*9.540; gelidaque diuos morte ~entis HOR.*Carm.*2.8.12; sapientia prima stultitia ~uisse *Ep.*1.1.42; ~et tibi pectus inani ambitione? 2.2.206; quid enim genitum ~et his malis? PLIN.*Nat.*17.216; parua tandem ~uisse Seripho JUV.6.564; hac poena ~uit ceciditque Cethegus integer 10.287; (*of things*) carmina morte ~ent OV.*Am.*1.15.32; (*facet.*) ~uitne febris te heri..? PL.*Cur.*17. **b** sat sic suspectus sum, quom ~eo noxia PL.*Bac.*1004; censen te posse reperire ullam mulierem quae ~eat culpa? TER.*Hec.*663; quamquam abest a culpa, suspicione tamen non ~et CIC.*S.Rosc.*56; scelere ~eat *Cael.*42; quo facilius ~eam stultitiae atque arrogantiae crimine HIRT.*Gal.*8.pr.3; nec Capua ipsa crimine ~uit LIV.9.25.2; PERS.3.33; priores eius orationes non ~ent uitiis antiquitatis TAC.*Dial.*22.3; ne in tanto quidem discrimine infamia ~uit *Hist.*3.41.
4 To go without voluntarily, abstain from.
si cibo ~ere me iubes PL.*As.*535; qui superiore anno senatu ~uisset CIC.*Sest.*63; ~uit omnino rebus urbanis *Luc.*1; erat aeger..ac diem iam quintum cibo ~uerat CAES.*Gal.*6.38.1; ut rus migrarit et per multos annos et urbe et omni coetu ~eret hominum LIV.27.34.4; quodue tantum est praemium, ut ~eas somno? PHAED.4.20(21).10; ~uit hominum conuersatione..per aliquot menses PLIN.*Nat.*9.26; uix telis ~uere manus *Ilias* 142; JUV.3.56.
5 To be deprived or bereft of, lose.
utroque oculo ~ere deberet V.MAX.6.5.ext.3; his remediis ~ere ipsos lippitudine praedicantes PLIN.*Nat.*28.29; uitio enim molestissimo facilius inter initia ~ebunt LARG.38; finge pauperem, qui, si reddere id cogatur, laribus sepulchris auitis ~endum habeat CELS.*dig.*6.1.38; operarum quibus ~uit aut ~iturus est GAIUS *dig.*9.3.7; (*w. acc.*) QVAE FILIOS DVOS ~VIT *CIL* 13.2103.

careota ~ae, *f.*: see CARYOTA.

careum ~ī, *n.* [cf. Gk. κάρον] Caraway.
haec (*sc.* condimenta)..sunt ~um, cyminum COL.12.51.2; peregrinum..~um gentis suae (*sc.* Cariae) nomine appellatum PLIN.*Nat.*19.164; PAUL.*dig.*33.9.5.1.

cārex ~icis, *f.* Reed-grass or sedge.
~ice pastus acuta VERG.*G.*3.231; crates pastorales..~ice uel filice textae COL.12.15.1; *Priap.*86.2.

carfiathum ~ī, *n.* [unkn.] A kind of incense.
PLIN.*Nat.*12.60.

Cāria ~ae, *f.* A country in the south-west of Asia Minor, Caria.
PL.*Cur.*206; TER.*Eu.*126; CIC.*Tusc.*1.92; MELA 1.14.

Cāricus ~a ~um, *a.* Of Caria, Carian. **b** (fem. as sb.) a kind of fig.
~am cretam VAR.*R.*1.57.2; PLIN.*Nat.*18.305. **b** PALMAS ~AS PORCVM NIGRVM *CIL* 1.2520.15; ~as Cauno aduectas uendens Cauneas clamitabat CIC.*Div.*2.84; quid uolt palma sibi rugosaque ~a? OV.*Fast.*1.185; PLIN.*Nat.*13.51; STAT.*Silv.*4.9.26;—(*in fig. phr.*) heu, heu, abstis dulcis ~ae PETR.64.3.

cariēs (*acc.* ~em, *abl.* ~ē), *f.* [cf. Skt. *śīrṇá* broken, Gk. κεραΐζω, OIr. *ar-a-chrinim*]
1 A decaying or shrivelling-up: esp. **a** (of wood) rot. **b** (of soil). **c** (of bone or other living tissues) caries. **d** (of fruit) drying and shrivelling.
a lectos stratos..amisimus propter ~em et tineam VAR.*Men.*227; a tineis et ~e non laeduntur VITR.2.9.13; omnis materia sic caesa iudicatur ~e non infestari COL.11.2.11; PLIN.*Nat.*15.32; MART.6.49.6. **b** quod..inferius solum ..non amiserit uirus et ~em illam uetustatis COL.3.11.2. **c** ne auriculam obsidat ~es LUCIL.266; ibi deinde si labitur specillum, nondum ~es est CELS.5.28.12.D; si iam ~e uexatum est (os) 7.7.7.C. **d** pruna peregrinae ~e rugosa senectae MART.13.29.1.
2 The chemical change produced in wines by ageing.
qualitate sunt disparilles (uites), cum tardius altera recipiat ~em uetustatis COL.3.2.17; inuitat ad seruandum (uinum) blanda inueterati ~es PLIN.*Nat.*15.7; 23.40.
3 (concr.) Decayed matter. **b** (applied to an old person).
uertitur in teneram ~em rimisque dehiscit sigua diu solitis cumba uacauit aquis OV.*Tr.*5.12.27; lactucae..in amaram caenosi sucus ~em exolescunt APUL.*Met.*9.32. **b** nemo illa uiuit ~e curiosior AFRAN.*com.*250; uiden ut osculatur ~em? TURP.*com.*104; cornix et ~es uetusque bustum *Priap.*57.1.

carīna ~ae, *f.* (cf. Gk. κάρυον 'nut'; Skt. *karakaḥ* 'coconut']
1 The bottom of a ship, keel or hull. **b** the half of a walnut shell.
labitur uncta ~a per aequora cana celocis ENN.*Ann.*478; bene lineatam si semel ~am conlocauit, facile esse nauem facere PL.*Mil.*916; ~ae aliquanto planiores quam nostrarum nauium CAES.*Gal.*3.13.1; *Civ.*1.54.2; longa sulcat maria alta ~a VERG.*A.*10.197; HOR.*Epod.*10.20; centum nauium longarum ~is positis LIV.28.8.14; CURT.7.3.9; PLIN.*Nat.*9.14; quanto altiores antennae sunt prora uel potius ~a ANT.*Fro.*2.p.42(98N); POMPON.*dig.*30.24.4; (*in fig. phr.*) dum mea puppis erat ualida fundata ~a OV.*Pont.*4.3.5. **b** sunt bifidae putaminum ~ae PLIN.*Nat.*15.88.
2 (poet.) A ship or boat. **b** (fig., alluding to a task considered as a voyage).
quattuor ex omni delectae classe ~ae VERG.*A.*5.115; quicumque Bithyna lacessit Carpathium pelagus ~a HOR.*Carm.*1.35.8; uersis dare terga ~is PROP.2.16.39; Tiphyn.. aurigam celeris fecere ~ae VAR.AT.*poet.*2; erat ardua turris ..fessis nota grata ~is OV.*Met.*11.393; mitis Atax Latias gaudet non ferre ~as LUC.1.403; frequentes..taeniae..~as territant PLIN.*Nat.*3.4; bellatrices..~ae STAT.*Theb.*7.57; (*transf.*) 'his' inquit 'patriast adeunda ~is' (*i.e. wings*) OV.*Ars* 2.51. **b** hoc opus exegi: fessae date serta ~ae! OV.*Rem.*811; qua tot iere ~ae *Tr.*2.469; uatisque tui moderare ~am *Ilias* 1064.
3 (pl.) *Carinae*, a district of Rome at the foot of the Esquiline hill.
CIC.*Parad.*50; HOR.*Ep.*1.7.48; LIV.36.37.2.

carinārius (dub.) ~iī, *m.* [perh. CARINVS+-ARIVS] One who dyes (?) brown.
flammarii, uiolarii, ~ii PL.*Aul.*510.

carīnō[1] ~āre ~āuī ~ātum, *tr.* [CARINA+-O[3]] To turn into, shape like, a ship or hull.
saliunt pectines..seque et ipsi ~ant PLIN.*Nat.*9.103;—concham esse acatii modo ~atam, inflexa puppe 9.94; pectus homini tantum latum, reliquis ~atum 11.207.

carīnō[2] ~āre, *intr.* (? ~**or** ~ārī) [cf. OIr. *caire*, Lett. *karinât*] To use abusive language.
contra ~antes uerba atque obscena profatus ENN.*Ann.*563; ~antibus..chartis 564; PAUL.*Fest.*p.47M.

carinus ~a ~um, *a.* [perh. Gk. καρύινος] Fashionable colour term in women's dress, (?) nut-brown.
cumatile aut plumatile, ~um aut cerinum PL.*Epid.*233.

cariōsus ~a ~um, *a.* [CARIES+-OSVS]
1 a (of wood) Decayed, rotten. **b** (of teeth, bone, flesh, etc.) affected by caries, decayed. **c** (applied to a condition of soil: see quots.).
a pedibus ~is mensula LUCIL.1062; alia submouenda quae ~a sunt COL.4.26.2; ~as..uitis partes..deputando PLIN.*Nat.*17.213. **b** ~is dentibus PHAED.5.10.5; 〈siue〉 costa ~a e(s)t CELS.8.2.5; PLIN.*Nat.*32.82; cantherii..ceruices ~a uulnerum putredine follicantes APUL.*Met.*9.13. **c** terram ~am caue ne ares, neue plostrum neue pecus inpellas CATO *Agr.*5.6; 34.1; (ager) exiguis nimbis semimadidus, quam terram rustici uariam ~amque appellant COL.2.4.5; PLIN.*Nat.*17.34.
2 a Crumbly, friable (from age). **b** (of wine: see CARIES 2).
a uetustate ficus fit pallidior, palmula ~ior VAR.*R.*1.67.1; amphora..nigri ~a Falerni MART.11.49(50).7; scabiem uetustam ~ae testae occipit exculpere APUL.*Met.*9.7. **b** de Spoletinis quae sunt ~a lagonis MART.13.120.1.
3 Decayed (as an epithet of age).
cascum duxisse cascam non mirabile est, quoniam ~as (*cj.*) conficiebat nuptias MAN.*poet.*1; nisi uos ~a senectus rodat OV.*Am.*1.12.29.

cariōta ~ae, *f.*: form of CARYOTA.

cāris ~idis, *f.* [Gk. καρίς] (app.) A kind of crustacean, (perh.) a shrimp or prawn.
durique sues sinuosaque ~is OV.*Hal.*132.

carissa: (see quot.).
~am apud Lucilium uafrum significat PAUL.*Fest.*p.44M.

caristia ~ōrum, *n. pl.* [Gk. χαριστία] A family- or love-feast held at Rome in February.
proxima cognati dixere ~a cari OV.*Fast.*2.617; V.MAX.2.1.8.

cāritās ~ātis, *f.* [CARVS+-TAS]
1 Dearness, high price.
~atem expectare CATO *Agr.*3.2; alia..ut tum uendas, cum ~as est VAR.*R.*1.69.1; cum alter annus in uilitate, alter in summa ~ate fuerit CIC.*Ver.*3.216; cum ingrauesceret annona, ut iam plane inopia ac fames non ~as timeretur *Dom.*11;—(*w. gen.*) tanta repente uilitas ex summa inopia et ~ate rei frumentariae consecuta *Man.*44; cum esset annonae summa ~as *Att.*4.1.6; nunc omnia ista iacere puto propter nummorum ~atem 9.9.4; frumenti cum summa ~ate inopia LIV.2.12.1; ~as operarum PLIN.*Nat.*18.300; SUET.*Aug.*42.1; *Nero* 45.1; (*pl.*) ANNONAE ~ATES SAEPIVS SVSTINVIT *CIL* 11.5635.
2 Love, affection, esteem (for persons or

things). **b** (w. obj. gen.). **c** (w. subj. gen.). **d** (w. preps.).

ademit Albino soceri nomen mors filiae, sed ~atem illius necessitudinis..non ademit CIC.*Sest.*6; ex quo ipse (mundus) se concordi quadam amicitia et ~ate conplectitur *Tim.*15; puerum..in ~ate atque honore fuisse LIV.1.39.6; qui ~ate quam metu adiungere sibi socios mallet 39.25.15; Bolanus.. nullis delictis inuisus ~atem parauerat loco auctoritatis TAC.*Ag.*16.6; dolorem ~atem, omnis adfectus abscondere didicerat *Ann.*13.16; filiorum neque naturalem Drusum neque adoptiuum Germanicum patria ~ate dilexit SUET. *Tib.*52.1; ~as mutua PLIN.*Pan.*91.6; FRO.*Ver.*2.p.152(134 N);—(*dist. fr.* amor) haec res amorem magis conciliat, illa uirtutis defensio ~atem CIC.*de Orat.*2.206; πάθος atque ἦθος esse interim ex eadem natura, ita ut illud maius sit, hoc minus, ut amor πάθος, ~as ἦθος QUINT.*Inst.* 6.2.12; (*pl.*) ad tuendas amicitias et reliquas ~ates CIC. *Fin.*3.73. **b** ei cara patria est, cuius salutem ~ati anteponit suorum CIC.*Dom.*98; nihil horum sine magna cura et summa ~ate uestri ordinis loquor *Rab.Post.*15; tantam esse apud omnis bonos tui ~atem *Fam.*10.22.2; tanta ~as patriae est, ut eam..salute ipsius metiamur *Tusc.*1.90; ~asque ipsius soli, cui longo tempore adsuescitur LIV.2.1.5; si ~atem filii apud te haberem 40.9.3; insitam esse nobis corporis nostri ~atem SEN.*Ep.*14.1; uxoris ~ate post repudium obiit PLIN.*Nat.*7.122; uincit libido etiam fetus ~atem 10.102; ut..bellum pacis ~ate deponerent TAC.*Hist.* 2.37; pro cetera mei ~ate PLIN.*Ep.*8.21.6; GEL.12.5.7;—(*pl.*) omnes omnium ~ates patria una complexa est CIC. *Off.*1.57; liberum ~ates APUL.*Met.*5.28. **c** ~ate te.. ciuium saeptum oportet esse CIC.*Phil.*2.112; hominum ~as et amicitia gratuita est *N.D.*1.122; aliquid..ad ~atem suorum..ratus profecturum se LIV.31.34.1; ex nimia ~ate in eum Caesaris TAC.*Ann.*4.11. **d** nulla est ~as naturalis inter bonos? CIC.*N.D.*1.122; retinent tamen ~atem in pastores *Amic.*70; fraternam sibi cum iis ~atem esse LIV. 37.56.7; ~ate erga parentem TAC.*Ann.*16.30.

3 (as a term of endearment).

suauitas et ~as et uoluptas mea AUR.*Fro.*1.p.152(36N).

Carmānia ~ae, *f.* A country to the north of the Persian Gulf at its eastern end.

CURT.9.10.20; PLIN.*Nat.*12.56.

Carmān(i)ī ~(i)ōrum, *m. pl.* The inhabitants of Carmania.

MELA 3.75; PLIN.*Nat.*12.79; (*as adj.*) LUC.3.250.

carmen ~inis, *n.* [< **can-men* (CANO+ -MEN)]

1 A solemn or ritual utterance, usually sung or chanted and in metrical form: **a** a religious hymn. **b** a magical chant, spell, or incantation. **c** an oracle or prophecy; a riddle. **d** ribald lines sung by soldiers at triumphs, etc. **e** a legal formula or pronouncement; a ceremonial formula.

a ut in ~ine Saliorum VAR.*L.*5.110; prece qua fatigent uirgines sanctae minus audientem ~ina Vestam? HOR. *Carm.*1.2.28; *Ep.*2.1.86; Salios..per urbem ire canentes ~ina..iussit LIV.1.20.4; ut uirgines ter nouenae per urbem euntes ~en canerent 27.37.7; AUG.*Anc.*2.21; celebrant ~inibus antiquis..Tuistonem deum TAC.*Ger.*2.3. **b** ducite ab urbe domum, mea ~ina, ducite Daphnim VERG.*Ecl.* 8.68; haec se ~inibus promittit soluere mentes quas uelit *A.*4.487; libros ~inum ualentium refixa caelo deuocare sidera HOR.*Epod.*17.4; quae ~ine sanet et herbis OV.*Met.* 10.397; numquam nisi ~ine factum lumen habet LUC.6.647; ~ina quidem extant contra grandines PLIN.*Nat.*28.29; temptatus ut infernas umbras ~inibus eliceret TAC.*Ann.* 2.28; JUV.6.133;—(*w. spec. adjs.*) qui malum ~en incantassit *Lex XII*(*Font.iur.*p.28); non anus infami ~ine rumpet humum OV.*Rem.*254; nec prece nec magico ~ine *Fast.*2.426. **c** non esse..illud ~en furentis CIC.*Div.*2.111; SAL.*Hist.* 1.77.3; Pergameae..~ina uatis PROP.4.1.51; ~inum Sibyllae ..interpretes LIV.10.8.2; 23.11.4; ex ~inibus Marcianis 25.12.2; quo..~ine dicto excessere deae OV.*Met.*8.455; non, ut adsolet, lecto per magistros aestimatoque ~ine TAC. *Ann.*6.12;—si ~en quod posuisset (Sphinx) aliquis interpretatus esset HYG.*Fab.*67.4. **d** cum ~ine triumphali et sollemnibus iocis..currum secuti sunt LIV.3.29.5; in eum milites ~ina incondita aequantes eum Romulo canere 4.20.2; eo die plura ~ina militaribus iocis in C. Claudium.. iactata 28.9.18; ~ina, qualia currum prosequentes iocu-lariter canunt SUET.*Jul.*49.4. **e** ut totum illud 'uti lingua nuncupassit' non in XII tabulis..sed in magisiri ~ine scriptum uideretur CIC.*de Orat.*1.245; Tarquini..ista sunt cruciatus ~ina *Rab.Perd.*13; discebamus enim pueri XII ut ~en necessarium *Leg.*2.59; recitabat..rogationis ~en LIV.3.64.10; praeeuntibus exsecrabile ~en sacerdotibus 31.17.9; qui..ex ~ine sacro..precationes fecerant 39.18.3; sollemnia pontificii ~inis uerba SEN.*Dial.*6.13.1; —longum illud ~en comitiorum PLIN.*Pan.*63.2.

2 A song, poem, play (or part of a play). **b** a metrical inscription or epitaph. **c** (identified w. subject of poem).

rausuro tragicus qui ~ina perdit Oreste LUCIL.567; cum in principio ~inis Achillem esse filium Pelei diceret ACC. *gram.*1; cum cenaret..Simonides apud Scopam..cecinissetque id ~en, quod in eum scripsisset CIC.*de Orat.*2.352; ex eis ~inibus..quae apud illum (*sc.* Homerum)..canuntur *Brut.*71; quaesisse..num illud (*sc. the Oedipus Coloneus*) ~en desipientis uideretur *Sen.*22; ~ina picturas, et daedala signa polire LUCR.5.1451; quod exspectata tibi non mittam ~ina mendax HOR.*Ep.*2.2.25; sine ~ine ullo..ad tibicinis modos saltantes LIV.7.2.4; recitem si ~ina OV.*Tr.*3.14.39; SEN. *Ep.*115.15; lyricum ~en ad Septimium Seuerum STAT.*Silv.* 4.pr.; ~inibus Homeri celebratam gentem TAC.*Hist.*5.2; ~ina Bibaculi et Catulli referta contumeliis Caesarum leguntur *Ann.*4.34;—(*dist. fr.* cantus) quas res diuinas talibus institutas uiris, quos cantus, quae ~ina! CIC.*Mil.*80; perspicuum est et cantus tum fuisse discriptos uocum sonis naet ~i *Tusc.*4.3. **b** rem ~ine signo: Aeneas haec de Danais uictoribus arma VERG.*A.*3.287; titulus breue ~en habebat OV.*Met.*9.793; *Fast.*3.547; SIL.9.266. **c** Aetna mihi..~en erit *Aetna* 4; Cynthia—facundi ~en iuuenale Properti MART. 14.189.

3 (sg. or pl.) Poetry, song. **b** (spec.) lyric poetry.

~ine formosae, pretio capiuntur auarae [TIB.]3.1.7; ~en demens ~ine laesus amo OV.*Tr.*4.1.30; Thyle.. Grais et nostris celebrata ~inibus MELA 3.57; ad gratuita ~ina deflexi me SEN.*Nat.*4a.pr.14; multos..iuuenes ~en decepit PETR.118.1; cum hanc facilitatem non in prosa modo multi sint consecuti sed etiam in ~ine QUINT.*Inst.* 10.7.19; (*of a particular type*) Graecis intacti ~inis (*i.e. satire*) auctor HOR.*S.*1.10.66. **b** ~ine tu gaudes, hic delectatur iambis HOR.*Ep.*2.2.59; ~ina compono hic elegos 2.2.91.

4 The cry or song of birds.

solaque culminibus ferali ~ine bubo saepe queri VERG.*A.* 4.462; ~ina cygnorum OV.*Met.*5.387; STAT.*Silv.*4.5.11; APUL.*Fl.*12.

5 Instrumental music.

cumque caput caderet, ~en tuba sola peregit ENN.*Ann.* 519; citharae liquidum ~en LUCR.4.981; siue lyrae ~en digitis percussit eburnis PROP.2.1.9; harundineo ~ine OV. *Tr.*4.1.12; STAT.*Silv.*5.3.93.

Carmēna ~ae, *f.*; var. CAMENA.

VAR.*L.*7.25.

Carmenta ~ae, *f.*: see CARMENTIS.

Carmentālia ~ium, *n. pl.* The festival of Carmentis.

VAR.*L.*6.13.

Carmentālis ~is ~e, *a.* Of or connected with Carmentis; (spec.) *porta ~is*, one of the gates of Rome.

flamen ~is CIC.*Brut.*56;—VERG.*A.*8.338; LIV.2.49.8.

Carmentis ~is, *f.* Also **~a** ~ae. A Roman goddess, the mother of Evander.

VERG.*A.*8.336; OV.*Fast.*1.499; SIL.7.18;—(*pl. in two aspects*) arae statutae sunt Romae duabus ~ibus, quarum altera Postuerta cognominatast, Prorsa altera VAR.*gram.* 145. **β** LIV.1.7.8.

carmīnātiō ~ōnis, *f.* [CARMINO+-TIO] A combing or carding.

in uellera hanc (*sc.* lanuginem) ab iis (*sc.* papilionibus) cogi subigique unguium ~one PLIN.*Nat.*11.77.

carmīnātor ~ōris, *m.* [next+-TOR] A carder (of wool).

HAEC LOCA SVNT LANARIORVM ~OR(VM) SODALICI *CIL* 11.1031.

carminō ~āre ~āuī ~ātum, *tr.* [*carmen* (CARO¹)+-O³] To card (wool, etc.); to produce by carding.

VAR.*L.*7.54; quinis lana potat (liquorem) horis rursusque mergitur ~ata PLIN.*Nat.*9.134;—iustum e quinquagenis fascium libris quinas denas ~ari (*sc.* lini) 19.18.

carnālis ~is ~e, *a.* [CARO²+-ALIS] (in quot., of unknown meaning).

'uix effatus erat', cum..~es arripiunt, de ponte in Tiberim deturbant VAR.*Men.*494.

carnārium ~(i)ī, *n.* [CARO²+-ARIVM] A meat-rack.

deturbauit totum cum carni ~ium PL.*Capt.*914; ~ia tria grauida tegoribus *Ps.*198; funes torculos..in ~io aut in prelo suspendito CATO *Agr.*68; ut lurcaretur lardum et ~ia porro conficeret LUCIL.79; qui succidiam in ~io suspenderit ..ab laniario VAR.*R.*2.4.3; *Mor.*56; COL.12.55.3; sinciput in ~ium furca reponit PETR.136.1; PLIN.*Nat.*18.227; (*fig.*) ferrum optimum daturus est, sine fuga, ~ium in medio, ut amphitheater uideat PETR.45.6.

carnārius ~(i)ī, *m.* [CARO²+-ARIVS] (facet.) A dealer in meat.

amicam nolo mille librarum. ~ius sum, pinguiarius non sum MART.11.100.6.

Carneadēs ~is, *m.* A famous Greek Academic philosopher of the 2nd century B.C., who, with two others, was sent to Rome in 155 B.C. to plead the Athenian cause.

non ~en si ipsum Orcus remittat LUCIL.31; VAR.*Men.* 483; CIC.*de Orat.*1.45; *N.D.*2.162; *Tusc.*4.5; QUINT.*Inst.* 12.1.35.

Carneadēus ~ēa ~ēum, *a.* Also **~ius.** Of or characteristic of Carneades.

~ia..uis CIC.*de Orat.*3.71; *Luc.*148; ~eum illud summum bonum *Fin.*2.42; ~ea..diuisio *Fin.*5.16; *Tim.*1.

carnicis: (app. a name for CYTISVS).

COL.*Arb.*28.1.

carnifex ~ficis, *m.* Also **carnufex.** [CARO²+ -FEX]

1 An executioner.

secus si umquam quicquam feci, ~ficem cedo NAEV.*com.* 14; te..pix atra agitet apud ~ficem PL.*Capt.*597; nisi ecfecero, cruciabiliter ~fex me accipito *Ps.*950; ~fex praetoris, mors terrorque sociorum et ciuium Romanorum CIC. *Ver.*5.118; tortorem ~ficemque Samiarium *Phil.*11.7; uerbera ~fices robur pix lammina taedae LUCR.3.1017; ~ficibus non lictoribus stipatus LIV.3.57.3; ~ficisque manu ..traheris OV.*Ib.*163; tibi ~fex spiritum adimet CURT. 6.10.33; promptas eius modi mortes metus ~ficis faciebat TAC.*Ann.*6.29;—(*as a type of inhumanity*) ~fici fortuna potest mea flenda uideri OV.*Tr.*3.11.37; (*of uncleanness*) CATUL.97.12; MART.2.61.4.

2 (applied to persons who kill or torture in other ways) A murderer, butcher, torturer.

quod indemnati sub te adulescentulo ~fice occidissent MANC.*orat.*1; non sicarium sed crudelissimum ~ficem ciuium sociorumque CIC.*Ver.*1.9; haec sunt, o ~fex! in prooemio sepulta consulatus tui *Pis.*10; sub acerbissimi ~ficis arbitrio spiritum ducere LIV.42.23.10; crudelis ille Graeciae ~fex (*i.e.* Philippus) SEN.*Con.*10.5.4; ille optimi cuiusque spoliator et ~fex PLIN.*Pan.*90.5; (*fig.*) Fortuna gloriae ~fex PLIN.*Nat.*28.39.

3 (as a term of abuse) A scoundrel, villain.

~fex, non ego te noui? PL.*Am.*518; ut paratragoedat ~fex! *Ps.*707; eho ~fex, est Ctesipho intu'? TER.*Ad.*777; ille insolens..ut fastidit ~fex! TURP.*com.*101; tecum.. iurgia nectat et simulet lacrimas ~ficemque uocet OV.*Am.* 2.2.36.

4 (as adj.) Tormenting, torturing.

~fex animus! PLIN.*Nat.*7.43; ~ficem duro pectore poscet auem (Prometheus) MART.11.84.10; 12.48.10.

carnificīna ~ae, *f.* Also **carnu-.** [prec.+ -INA] **a** The work or trade of an executioner. **b** the act of an executioner or torturer; execution, torture.

a uel ~am hunc facere possum perpeti PL.*Capt.*132; credo ego Amorem primum apud homines ~am commentum *Cist.*203. **b** eos dolores atque ~as..te facere ausum esse? CATO *orat.*66; (Aegyptii) quamuis ~am prius subierint quam ibim..uiolent CIC.*Tusc.*5.78; ductum se ab creditore non in seruitium, sed in ergastulum et ~am esse LIV.2.23.6; ~ae eius ostenditur locus SUET.*Tib.*62.2; (*hyperb.*) quod.. unam ~ae meae dieculam donasset APUL.*Met.*7.27; (*of self-mutilation*) pausam ~ae dedere 8.28;—(*transf.*) non ea est medicina..~a est ista et crudelitas CIC.*Sest.*135.

carnificius ~a ~um, *a.* **carnu-.** [CARNIFEX +-IVS] Of a hangman.

o ~um cribrum PL.*Mos.*55.

carnificō ~āre ~āuī ~ātum, *tr.* [CARNIFEX+ -O³] To execute or butcher.

uitam cum dolore et insigni cruciatu ~atus amisit SIS. *hist.*138; neminem stantem iam uolnerari hostem, ~ari iacentes LIV.24.15.5.

carnificus ~a ~um, *a.* [CARO²+-FICVS] Butchering.

non uerbera..~ficaeue manus..cessauere SIL.1.173.

carnis: old nom. of CARO².

carniuorus ~a ~um, *a.* [CARO²+VORO+ -VS] Flesh-eating, carnivorous.

omnia..~a sunt talia et supina uescuntur PLIN.*Nat.*9.78; serratorum dentium ~a sunt omnia 10.199.

carnōsus ~a ~um, *a. compar.* ~ior, *superl.* ~issimus. [CARO²+-OSVS]

1 Characterized by flesh, fleshy; covered with flesh. **b** consisting of meat. **c** fleshy in colour or appearance.

cartilago exigua et ~a est CELS.2.8.6; imis partibus (narium), quae ~issimae sunt 6.8.2A; linguae uice ~um aquatilibus palatum PLIN.*Nat.*11.171; atropha ~iora faciunt 27.63;—~i claui pendentium APUL.*Met.*3.17. **b** calefacit autem unctio, aqua salsa..omnia salsa, amara, ~a CELS.1.3.27. **c** Claudio Caesari (oculi) ab angulis candore ~o PLIN.*Nat.*11.144;—Cypria (resina)..melleo colore, ~a 14.123; Satyrus (tradit) ~as esse Indicas (*sc.* onychas) 37.91.

2 (of the leaves, bark, roots, fruit, etc. of plants) Fleshy.

~a (folia) cupresso, tamarici PLIN.*Nat.*16.90; (cortex) ~us suberi, populo 16.126; aliis ~ae (radices), ut betae 19.98; ~issimis (oliuis) olei exiguum 15.15; reliqua (poma) ~i sunt generis 15.96.

carnuf-: see CARNIF-.

Carnūtēs ~um, *m. pl.* A tribe of central Gaul around the river Loire.

CAES.*Gal.*2.35.3; 6.4.5.

cārō¹ (? carr-) ~ere, *tr.* [cf. Skt. *kaṣati*] To card (wool).

NAEV.*com.*35¹; inter ancillas sedere..lanam ~ere (*from* VAR.*L.*7.54: *codd.* carp-) PL.*Men.*797.

carō² ~nis, *f.* Also **carnis.** [cf. Umb. *karu* 'a part', Gk. κείρω, Skt. *kṛṇāti*, OIr. *scaraim*] FORMS: *~nis* (nom.) ANDR.*poet* 36(39), LIV. 37.3.4; *~ni* (abl.) PL.*Capt.*914.

1 Flesh (of animals). **b** (med., in morbid and similar developments).

caueto ne ~o (*sc.* pernae) ~nem tangat CATO *Agr.*162.2; ignis..coria et ~nem trahit et conducit in unum LUCR. 6.967; ~ne pluit LIV.3.10.6; ~o magnorum piscium sole siccata et in pollinem usque contusa pro farre est MELA 2.97; in molle ~ne uermes nascuntur PETR.57.3; omnes (uespae) ~ne uescuntur PLIN.*Nat.*11.72; nigra et ~ne et testa Cerceis (ostrea) 32.60; cocleae uiuae ~nem LARG.46; ~ne pecudum propulsare famem adacti TAC.*Ann.*14.24; Phrygio ..more superuacuam cultris abrumpere ~nem (*i.e.* testes) JUV.2.116;—(*pl.*) Cyclopis uenter..~nibus humanis distentus ENN.*Ann.*322; decoctarum ~nium testudinis suco PLIN.*Nat.*32.37. **b** excrescentibus..in sede ~nibus PLIN.*Nat.*22.98; si ~o excreuerit in foramine auris LARG.42; omne ulcus luxurians et crescens ~ne compescit chalcitis 239.

2 (as the covering of the body). **b** (as opposed to the spirit).

(cancer albus) suppurat sub ~ne CATO *Agr.*157.3; strigis

infames ipsis cum ~nibus alas Ov.*Met.*7.269; ~nem alit et ulcus implet resina pinea Cels.5.14; te mihi dixit habere formonsam ~nem, Lydia, non faciem Mart.11.102.2; (*pl.*) recedentes ab ossibus ~nes Plin.*Nat.*22.22;—(*fig.*) (animi) per ossa ~nesque..effluentis Sen.*Dial.*4.36.2; ~nis..plus habet (Aeschines quam Demosthenes), minus lacertorum Quint.*Inst.*10.1.77. **b** numquam me ~o ista compellet ad metum Sen.*Ep.*65.22; non est summa felicitatis nostrae in ~ne ponenda 74.16; 92.10.

3 (as prepared or intended for eating) Meat. **b** (w. *putida* applied opprobriously to a person) carrion.

~nis uinumque..anclabatur Andr.*poet.*36(39); eam ~nem uictoribus danunt Naev.*poet.*40(42); deturbauit totum cum ~ni carnarium Pl.*Capt.*914; exstructa mensa..multa ~ne subrancida Cic.*Pis.*67; lacte et ~ne uiuunt Caes. *Gal.*5.14.2; absumptis..frugum alimentis ~nisque Liv. 23.30.3; neque pinguem ~nem neque uinum adsumere Cels.3.18.23; Ulp.*dig.*1.12.1.11;—(*pl.*) neque in polubro mystico coquam ~nes Var.*Men.*401; Pythagoras exercitator primus ad ~nes eos (*sc.* athletas) transtulit Plin.*Nat.* 23.121. **b** ego istius pecudis ac putidae ~nis consilio scilicet..niti uolebam Cic.*Pis.*19.

4 The pulp or fleshy substance of plants or their fruits, also, app., sap-wood.

prima nascitur pomi ~o, postea lignum intus Plin.*Nat.* 13.31; oliua constat nucleo, oleo, ~ne, amurca 15.9; nihil est ei (*sc.* syringiae) cartilaginis atque ~nis 16.164; nec omnibus (arboribus) adipes ~nesue largae 16.183; ~nes eius (*sc.* colocynthidis)..dentium dolorem tollunt 20.15.

5 (See quot.).

erat et peculiare in iis (*sc.* Calchedoniis smaragdis) uitium sarcion appellatum, hoc est quaedam gemmae ~o Plin.*Nat.*37.72.

cārō[3], *adv.* [carvs[1]+-o[2]] At a high price.

uili uultis emere et ~o uendere *Inc.mim.*9; cum tam ~o redemptus sim [Quint.]*Decl.*9.10; Ulp.*dig.*19.1.13.3.

caros ~ī, *m.* [cf. Gk. κόρις] A variety of the plant hypericvm.

Plin.*Nat.*26.86; 26.120.

carōtides ~um, *f. pl.* [Gk. καρωτίδες] The carotid arteries.

arteriae, quas ~as uocant..ultra aures feruntur Cels. 4.1.2.

Carpathius ~a ~um, *a.* **a** *mare ~um* and sim., the sea between Crete and Rhodes. **b** (w. *senex, uates*) Proteus.

a ~um in pelagus Lucil.1291; ~o..gurgite Verg.*G.* 4.387; ~ae..undae Prop.2.5.11; ~um..mare Ov.*Am.* 2.8.20; ~o..sale Stat.*Theb.*1.182. **b** artibus Aeaeae ~iue senis Ov.*Am.*2.15.10; ~us..uates *Met.*11.249; Stat. *Ach.*1.136.

carpathum ~ī, *n.* [Gk. κάρπασον] (perh.) White hellebore, *Veratrum album*.

qui sucum ~i biberint Plin.*Nat.*32.58.

Carpathus (~os) ~ī, *f.* An island between Crete and Rhodes.

Mela 2.114; Plin.*Nat.*5.133.

carpatinus ~a ~um, *a.* [Gk. καρβάτινος] Made of hide.

crepidas..~as Catul.98.4.

carpentārius ~a ~um, *a.* [next+-arivs] Of (the building of) carriages; (masc. as sb.) a cartwright.

sunt qui..pro ea (*sc.* ilice) subere utantur in ~is praecipue fabricis Plin.*Nat.*16.34;—~i, scandularii Tarr.Pat. *dig.*50.6.7(6); *CIL* 5.5922.

carpentum ~ī, *n.* [app. Gall.] A two-wheeled carriage, used in Rome, esp. by women.

me ~o uehentem domum uenisse Andr.*poet.*18(20).2; Var.*L.*5.159; serica nam taceo uulsi ~a nepotis Prop. 4.8.23; honorem..ferunt matronis habitum ut..~is festo profestoque uterentur Liv.5.25.9; Ov.*Fast.*1.619; ~o Capitolium ingredi (*sc.* Agrippina) Tac.*Ann.*12.42; Juv.8.147; Suet.*Cl.*11.2;—(*as used by the Gauls*) equitum sex et quadraginta milia, mille ~orum scripsere fuisse Liv.10.30.5; ~is Gallicis 31.21.17.

carphos, *n.* [κάρφος] Fenugreek.

nec faeno Graeco minor auctoritas quod telin uocant, alii ~os Plin.*Nat.*24.184.

carpīneus ~a ~um, *a.* [next+-evs] Of hornbeam.

(manubriorum) optima sunt ilignea, deinde ~a Col. 11.2.92; Plin.*Nat.*16.230.

carpīnus ~ī, *f.* [cf. Lith. *skir̃pstas*, OPer. *skerptus*] The hornbeam, *Carpinus betulus*.

~us..non est fragilis sed habet utilissimam tractabilitatem Vitr.2.9.12; Col.5.7.1; hoc (*sc.* zygian) alii generis proprii esse malunt et Latine ~um appellant Plin.*Nat.* 16.67; (*w.* atra) prelum ex ~o atra potissimum facito Cato *Agr.*31.1.

carpō ~ere ~sī ~tum, *tr.* [cf. Gk. καρπός, Skt. *kṛpāṇaḥ*, Eng. *harvest*]

1 To pluck, gather, pick, pull (fruit, flowers, etc.). **b** (of cattle, etc.) to crop, graze. **c** (w. synec.) to pluck, crop, etc. the fruit of (a place, tree, etc.).

(ocinum) manibus ~ito, id renascetur Cato *Agr.*54.3; idem (flos) cum tenui ~tus defloruit ungui Catul.62.43; insere, Daphni, piros: ~ent tua poma nepotes Verg.*Ecl.* 9.50; frumenta manu ~es sata *G.*3.176; recentis ~ere flores Hor.*Carm.*3.27.44; occidat, immerita qui ~it ab arbore uallum Prop.4.3.19; ea cum spicas ediderunt..manu ~untur Col.2.9.18; omnia quae caeduntur, ~untur, tondentur Plin.*Nat.*18.322; Stat.*Silv.*1.4.15; (*also w. water as obj.*) frondes ut siquis ab Ida aut summam Libyco de mare ~at aquam Ov.*Ib.*196;—(*in fig. phr.*) ut omni ex genere orationem aucuper et omnis undique flosculos ~am atque delibem Cic.*Sest.*119. **b** alia (animalia cibum) sugunt alia ~unt alia uorant alia mandunt Cic.*N.D.*2.122; non me pascente, capellae..salices ~etis amaras Verg.*Ecl.* 1.78; ~ite nunc, tauri, de septem montibus herbas Tib. 2.5.55; Ov.*Met.*1.299; capras..~ere germinum caules Plin. *Nat.*12.73; Sil.7.299. **c** ipse seram uitis pangamque ex ordine collis, quos ~ant nullae..ferae Prop.3.17.16; nec patulo tardae ~itur ore bouis (locus) Ov.*Ep.*15.56; arbor..extimuit manus insueta ~i Sen.*Ag.*853;—(*of bees*) apis Matinae..grata ~entis thyma Hor.*Carm.*4.2.29; Sen.*Ep.* 84.3.

2 (fig.) To pluck, seize (things considered as fruits and often transitory in nature). **b** (w. *somnum*, etc.) **c** (kisses). **d** (w. *auras*) to draw breath, live.

~e diem, quam minimum credula postero Hor.*Carm.* 1.11.8; qui temptat Alexin agricolae domini ~ere delicias Prop.2.34.74; regni commoda ~e mei Ov.*Fast.*3.622; quae ..meae semper placuerunt otia menti ~ere *Tr.*4.8.8; fugitiua ..gaudia ~e Mart.7.47.11; primos..uirtutis honoris ~ere V.Fl.1.178; dulce et amarum gustulum ~is Apul.*Met.*2.10. **b** mollis sub diuo ~ere somnos Verg.*G.*3.435; placidum ~ebant fessa soporem corpora per terras *A.*4.522; ~ere securas..noctes V.Fl.5.48; carpit dum nocte quietem Sil.17.160. **c** oscula suspensis instabant ~ere palmis Prop.1.20.27; luctantiaque oscula ~it Ov.*Met.*4.358; amplexus ille utrumque et ~ens oscula Phaed.3.8.12; Mart. 5.46.1. **d** haud, credo, inuisus caelestibus auras uitalis ~is Verg.*A.*1.388; dum ~et superas in terris Hannibal auras Sil.3.712.

3 To tease out, pull out; to card (wool, etc.).

aeternumque manus (Parcarum) ~ebant rite laborem Catul.64.310; nocturna..~entes pensa puellae Verg.*G.* 1.390; Milesia uellera Nymphae ~ebant 4.335; erile..~ere pensum Hor.*Carm.*3.27.64; Prop.3.6.16; lana mollis bene ~ta Cels.6.6.1.k; linteola ~ta plurima Larg.205; (*in fig. phr.*) stolidum pleno uellere ~e pecus Prop.2.16.8.

4 To select, pick out, take out.

unum quicquid, quod quidem erit bellissimum, ~am et cyathos sorbilans paullatim hunc producam diem Ter. *Ad.*591; passim licet ~entem et conligentem undique repleri iusta iuris ciuilis scientia Cic.*de Orat.*1.191; in multorum peccato ~i paucos ad ignominiam..non oportet *Clu.* 129; animum esse per naturam rerum omnem intentum et commeantem, ex quo nostri animi ~erentur *N.D.*1.27; gratae ~entem (*sc.* psittacum) munera mensae Stat.*Silv.* 2.4.5; in legendo ~si exinde quaedam Gel.9.4.5.

5 To pull off, tear down. **b** to take away, remove, subtract.

potus ut ille dicitur ex collo furtim ~sisse coronas Hor.*S.* 2.3.256; ualidi (equi) caudam ab inbecillo sene paulatim ~i ..iussit V.Max.7.3.6; si manibus quis..in adiuncto pariete, si qua minuta eminent, ~it Cels.2.6.6; (amnis) ~it putris seruantia ripas arbusta Stat.*Theb.*9.467. **b** septem traduntur numero, sed ~itur una Germ.*Arat.*259; quorum tot gaudia ~si orbauique domos Stat.*Theb.*11.184; ne prima genas lanugo nitentis ~eret *Silv.*3.4.66; num te..atra, Sychaee, dies properato funere ~sit? Sil.5.591.

6 To pull or tear pieces off; (w. *in*+acc.) to tear (into). **b** (of beasts of prey) to tear at, rend. **c** (fig.) to despoil, fleece.

~e cibos digitis Ov.*Ars* 3.755; is illum ante bustum Quinti Catuli ~ebat Sen.*Dial.*5.18.2; innumeras inter ~entis membra coronae discessisse manus Luc.2.120; pulsatur harenis, ~itur in scopulis (Pompeius) 8.709; ~sitque immitis adunca ora uerenda manu Stat.*Silv.*2.6.78;—(*w. in*+*acc.*) nisi uellet in multas paruasque partes ~ere exercitum Liv.26.38.2; artus..in parua ~si frusta Sen. *Thy.*1060;—(*fig.*) saepe ~enda membris minutioribus oratio est Cic.*de Orat.*3.190; rogantes quid..in multa proelia paruaque ~erent summam unius belli Liv.3.61.13. **b** nec ~sere iecur uolucres Ov.*Met.*10.43; et tua dente fero uiscera ~at equus *Ib.*458; catulos aquila..sustulit, nidoque posuit pullis escam ut ~erent Phaed.1.28.4. **c** et soror et mater, nutrix quoque ~at amantem Ov.*Am.*1.8.91.

7 (of physical agents) To eat away, erode, strip. **b** to reduce (by taking part away), wear away. **c** (of love, passion; also, of other cares) to consume; (pass., of persons) to waste away.

utilius gladios et tela nocentia ~es (*sc.* Robigo) Ov.*Fast.* 4.925; utque uiret semper laurus nec fronde caduca ~itur *Tr.*3.1.46; ipsae te fugient, quae ~unt omnia, flammae *Ib.* 165; ferrum situ ~itur Sen.*Con.*2.2.8; ab accolis rigantibus campos ~itur (fluuius) Curt.8.9.10; ~itque medullas ignis edax (*i.e. the venom*) Luc.9.741; (*cf.*) non aetas haec ~sit edax 7.397. **b** illa (*sc.* Roma) mihi sedes, illic mea ~itur aetas Catul.68.35; ~it enim uiris paulatim uritque uidendo femina Verg.*G.*3.215; non ego..tuos patiar labores..~ere liuidas obliuiones Hor.*Carm.*4.9.33; ~i paruis cottidie damnis..uires suae uidebantur Liv.9.27.6; forma bonum fragilest..et spatio ~itur ipsa suo Ov.*Ars* 2.114; ~sit opes illa ruina meas *Pont.*4.8.32; mortalem..~unt..turbam pontus et ferrum et doli Sen.*Phaed.*476; (uenus)..~it et corpus et uires Col.7.12.11; ~ebatque dies urbem Sil.2.458; Plin.*Ep.*3.9.11; luctu ac maerore ~ebat animum Apul. *Met.*8.7; (*w. retained acc.*) ~itur eximium fato Priscilla decorem Stat.*Silv.*5.1.150. **c** regina..caeco ~itur igni Verg.*A.*4.2; cura ~itur ista mei Ov.*Ars* 3.680; tecto paulatim ~itur igni *Met.*3.490; libidinis per uoluptatem animos ~entis Sen.*Dial.*6.19.6; (*w. retained acc.*) ~itur adtonitos absentis imagine sensus Ov.*Fast.*2.769;—nec tamen inuiso pectus mihi ~itur auro Prop.3.5.3; at noua Romuleum ~ebat cura senatum Sil.15.1; (*cf.*) in diuersas sententias ~ebatur ac distrahebatur Apul.*Met.*9.19;—solane perpetua maerens ~ere iuuenta? Verg.*A.*4.32; ~imur, singuli dies aliquid subtrahunt uiribus Sen.*Ep.*26.4.

8 To push one's way or press on along (a road, journey; also, land, sea, etc.). **b** to pass (places *en route*).

~ere mox gyrum incipiat (equus) Verg.*G.*3.191; sed iam age, ~e uiam *A.*6.629; supremum ~ere iter comites parati Hor.*Carm.*2.17.12; ter graue temptaui ~ere nudus iter (*i.e. in the sea*) Ov.*Ep.*17.34; ~itur adcliuis per muta silentia trames *Met.*10.53; cometarum..compositus (motus est) et destinatum iter ~ens Sen.*Nat.*7.8.2; sublimis..per inane uolatus ~it Stat.*Theb.*1.311; (*w. abl.*) siue opus est remo, remige ~it iter Ov.*Tr.*1.10.4;—tenuemque magis magis aera ~unt Verg.*G.*4.311; mare ~entem Ov.*Met.* 11.752; Corinthiaci ~ebam litora ponti 15.507; (*w. abl.*) seu pedibus terras seu pontum ~ere remis ibis Prop.1.6.33; Phoebus..alatis aethera ~it equis Ov.*Fast.*3.416; (*fig.*) sed rei noscendae ~o ordinem Apul.*Met.*7.6. **b** uicinus Aquinas et quae fumantem texere Giganta Fregellae agmine ~untur uolucri Sil.12.530.

9 To make sniping attacks on, harry. **b** to criticize, carp at, pull to pieces (usu. behind one's back).

uti equitatu agmen aduersariorum male haberet et ~eret Caes.*Civ.*1.63.2; extrema agminis ~ere Liv.6.32.11; cum..modo ab latere aut ab tergo ~eret agmen 27.46.6; agmina summa ~it eques Luc.4.156; Tac.*Ann.*12.32. **b** non illo inimico, sed hoc malo dente ~unt (*sc.* Balbum) Cic.*Balb.* 57; qui mihi amicum eripuerunt ~endo Mat.*Fam.*11.28.7; ficto te (Hespere) ~ere questu Catul.62.36; ut..etiam nostrorum militum uocibus non nihil ~eretur Caes.*Gal.* 3.17.5; Maenius absentem Nouium cum ~eret Hor.*S.*1.3.21; milites..inter se dictatorem sermonibus ~ere Liv.7.12.12; soli Aetoli decretum..clam mussantes ~ebant 33.31.1; ~itque et ~itur una suppliciumque suum est (*sc.* Inuidia) Ov.*Met.*2.781; Vell.2.32.5; cum tua non edas, ~is mea carmina, Laeli Mart.1.91.1; Quint.*Inst.*11.1.24; recte facta minus..~imus Plin.*Ep.*1.8.6; quia factum quoddam suum maligno sermone ~sisset Suet.*Aug.*27.3; (*w. abst. subj.*) Paulum..obtrectatio ~sit Liv.45.35.5; laedere uiuos liuor et iniusto ~ere dente solet Ov.*Pont.*3.4.74.

carpophyllon ~ī, *n.* [Gk.] A shrub, perh. *Ruscus hypophyllum*.

(est et) Alexandrina (laurus), quam aliqui Idaeam..alii ~on, alii hypelat(e)n uocant Plin.*Nat.*15.131.

carptim, *adv.* [carpo+-im] In separate or disconnected parts, units, etc. **b** selectively. **c** (of skirmishing attacks) dispersedly. **d** from time to time, intermittently.

ut ad stipendium petendum conuenirent Carthaginem, seu ~ partes seu uniuersi mallent Liv.28.25.10; in eum (saccum)..~ congeruntur faui Col.9.15.12; alii (dimissi) ob culpam, sed ~ ac singuli Tac.*Hist.*4.46; quae..tunc ~..dixi, nunc..iungere Plin.*Ep.*8.14.16; subsiciua, quae diuisis per ueteranos agris ~ superfuerunt,..possessoribus..concessit Suet.*Dom.*9.3. **b** statui res gestas populi Romani ~, ut quaeque memoria digna uidebantur, perscribere Sal. *Cat.*4.2. **c** ~ Poeni et procursando recipiendoque sese pugnauere Liv.22.16.2; si (phalangem) ~ adgrediendo circumagere inmobilem..hastam cogas 44.41.7. **d** si.. ~ uocem resorbebunt (corui) Plin.*Nat.*18.362.

carptor ~ōris, *m.* [carpo+-tor] (app.) A carver (of poultry, game, etc.).

audiet et quae finxerunt pariter libarius archimagiri ~ores Juv.9.110.

carptūra ~ae, *f.* [carpo+-vra] The gathering (of honey).

ut..aliut discrimen sequantur (apes) in ~a Var.*R.* 3.16.26.

carrārius ~(i)ī, *m.* [carrvs+-arivs] One who makes or repairs waggons; (in quot., in a list of army personnel).

*P.Gen.*1.IV.b.6(*CPL* 106).

Carr(h)ae ~ārum, *f. pl.* A town in Mesopotamia where Crassus was defeated by the Parthians in 53 b.c.

Luc.1.105; V.Max.1.6.11; Plin.*Nat.*5.86; Flor.*Epit.* 1.46(3.11.8).

carrūca ~ae, *f.* Also **-cha.** [cf. carrvs] A travelling-carriage.

nos ~as argento caelare inuenimus Plin.*Nat.*33.140; aurea quod fundi pretio ~a paratur Mart.3.62.5; *CIL* 6.10229.71; Suet.*Nero* 30.3; ~ha dormitoria cum mulis Scaev.*dig.*34.2.13.

carrucārius ~a ~um, *a.* [prec.+-arivs] Used for carriages.

~as (mulas) Ulp.*dig.*21.1.38.8.

carrulus ~ī, *m.* [next+-vlvs] A (small) cart.

iumentorum ~orum uecturas Ulp.*dig.*17.2.52.15.

carrus ~ī, *m.* Also **~um,** *n.* [Gall.] A Gallic type of waggon.

construunt ~os et sarraca crebra disponunt Sis.*hist.*61; iumentorum et ~orum quam maximum numerum coemere Caes.*Gal.*1.3.1; 4.14.4; essedis ~isque superstans..hostis Liv.10.28.9; (*neut.*) ~a complura *B.Hisp.*6.2.

Carthaeus ~a ~um, *a.* Of Carthaea, a town in the island of Ceos or Cea.

insula, ~is quondam celeberrima nymphis Ov.*Ep.*19.221; Carthaea..arua *Met.*10.109.

Carthāginiensis ~is ~e, *a.* Also **Kar-.**

1 Of or belonging to Carthage, Carthaginian; (masc. as sb.) a Carthaginian.

~es fratres Pl.*Poen.*59; ~em senatum Liv.38.48.13; navivm carthaginensivm *CIL* 14.99;—Enn.*Ann.*280; Cato *hist.*67; Liv.21.1.1.

2 Of New Carthage, in Spain.
agro ~i VAR.*R.*1.57.2; PLIN.*Nat.*3.18.

Carthāgō ~inis, *f.* **Kar-.** Also **Cartāgō.** FORMS: loc. ~*i*; ~*e* VERG.*A.*4.224.

1 Carthage, the capital of the Phoenician empire in N. Africa.
PL.*Poen.*66; ANTE QVAM CARTAGO CAPTA EST *CIL* 1.585.89; CIC.*Off.*1.35; VERG.*A.*1.13; HOR.*Carm.*3.5.39; OV.*Ep.*7.11; MELA 1.34; APUL.*Fl.*9.

2 (properly w. *noua*) New Carthage, now Cartagena, a town on the SE. coast of Spain, founded by the Carthaginians.
LIV.26.42.6; MELA 2.94;—(*w.* noua) LIV.26.47.1; SUET. *Gal.*9.2;—(*w.* spartaria) in ~inis spartariae cetariis PLIN. *Nat.*31.94.

Carthēius ~a ~um, *a.* = CARTHAEVS.
antiquae ~a moenia Ceae OV.*Met.*7.368.

cartibulum ~ī, *n.* [unkn.] (See quot.)
altera uasaria mensa erat lapidea quadrata oblonga una columella; uocabatur ~um VAR.*L.*5.125.

cartilāgineus ~a ~um, *a.* [CARTILAGO+-EVS] N.B.: *-neus* edd., codd. *-nus*, etc. Made of gristle, cartilaginous.
crusta (*sc.* oui urini) ~is uelut acetabulis bracchiorum polypi crebris insigne PLIN.*Nat.*29.53; (*applied to some elasmobranch fishes, Gk.* σελάχη) 9.78; in marinis crustata et ~a primores (dentes) habere 11.165.

cartilāginōsus ~a ~um, *a.* [next+-OSVS] Characterized by cartilage or other tough fibrous tissue. **b** (of sim. vegetable substances).
ipsa..arteria, dura et ~a, in gutture adsurgit CELS.4.1.3; 5.26.27.C; (scutula operta) in imo ~a posteriore parte uelut innatant 8.1.16; 8.8.2. **b** galbanum..quod maxime laudant, ~um..minimeque lignosum PLIN.*Nat.*12.126.

cartilāgō ~inis, *f.* [cf. perh. CRATIS]

1 Cartilage, gristle.
ubi laesum est uel os uel neruus uel ~o uel musculus CELS.5.26.22; 7.7.8; planorum piscium alterum est genus, quod pro spina ~inem habet PLIN.*Nat.*9.78; nec carnem ita esse nec ~inem nec callum iure dixerimus (cristam gallinacei) 11.122.

2 (of plants or their fruits) Tough fleshy substance.
carne palmae placent..~ine nuclei PLIN.*Nat.*15.116; 16.164; alia bulbo commendantur..alia ~ine 19.60; cucumis ~ine et carne constat 19.61.

cartula ~ae, *f.*: see CHARTVLA.

cartus ~ī, *m.*: see CHARTA.

Caruīliānus ~a ~um, *a.* Of Carvilius.
~um diuortium GEL.4.3.

Caruīlius ~a ~um, *a.* The name of a plebeian *gens*, esp. of **a** Sp. Carvilius Maximus, consul 293, 272 B.C. **b** Sp. Carvilius Ruga, consul 234 B.C., the first Roman to divorce his wife.
a LIV.10.39.1; VEL.2.128. **b** CIC.*Sen.*11; LIV.23.22.4.

caruncula ~ae, *f.* [CARO²+-VNCVLA] A small piece of flesh. **b** (med.) a piece of tissue; also, granulation tissue. **c** a fleshy growth.
VAR.*Men.*31; (*contempt.*) ~ae uitulinae (*sc.* extis) mauis quam imperatori ueteri credere? CIC.*Div.*2.52; V.MAX.3.7.ext.6. **b** periculum est, ne..ex angulo quoque ~a abscidatur CELS.7.7.4.C; 7.27.7;—(in plagam) linamentum coiciendum est, quod..in medio ~am citat 7.7.9.B; 8.3.10. **c** in naribus etiam ~ae quaedam similes muliebribus mammis nascuntur CELS.6.8.2.A.

cārus¹ ~a ~um, *a.* Also **kārus.** *compar.* ~ior, *superl.* ~issimus. [Lett. *kârs*, OIr. *carae*, Eng. *whore*; root **qā-* in Skt. *kā́yamānaḥ*, etc.]

1 Expensive, costly, dear; (of price) high.
rogito piscis: indicant ~os; agninam ~am, ~am bubulam PL.*Aul.*374; non ~ust auro contra *Epid.*411; nemo illum (coquom) quaerit qui optumust et ~issumust *Ps.*805; quod non opus est asse ~um est CATO *Fil.*10(J); ut ibi accipiat ubi est ~issimum CIC.*Ver.*3.192; ~i lapides HOR.*Carm.*4.13.14; nec ~is (*i.e. golden*) erat (Pactolus) inuidiosus harenis OV.*Met.*11.88; adeo nihil illi potest placere nisi ~um SEN.*Nat.*4b.13.4;—(*w.* annona) per annonam ~am dixit me natum pater PL.*St.*179; CATO *hist.*77; TER.*An.*746; ~issimam annonam necopinata uilitas consecuta est CIC.*Dom.*14;—~issimis pretiis *Tul.*14.

2 (of persons) Regarded with affection, beloved, dear (sts. w. implication of mutual affection). **b** (w. dat.). **c** (w. *habeo*). **d** (in address). **e** (as sb.) a dear one. **f** ~*a cognatio* = CARISTIA.
COIVGI ~ISVMAE *CIL* 1.2118.5; fratris ~issimi atque amantissimi CIC.*Catil.*4.3; ~um esse ciuem..coli diligi gloriosum est *Phil.*1.33; amantes non longe a ~o corpore abesse uolunt CATUL.66.32; ~os..parentis LUCR.3.85; perfugae, minume ~i..iter explorabant SAL.*Jug.*100.3; omnis in Ascanio ~i stat cura parentis VERG.*A.*1.646; desiderio..tam ~i capitis HOR.*Carm.*1.24.2; qui..~am iuueni carumque puellae eripuit iuuenem [TIB.]3.2.1; Aenean oneratum pondere ~o OV.*Fast.*5.563; ~is longe mactabit ab umbris STAT.*Theb.*12.159;—(*of parts of the body*) illa meo ~os donasset funere crinis PROP.1.17.21; inque sinus ~os..ibat OV.*Met.*4.596; (*cf.*) ulta est pro coniuge fratres sanguinis et ~i uincula rupit amor PROP.1.15.16; (*iron.*) mone..cautus uti uelet ~um caput HOR.*S.*2.5.94; (*w. pun on sense 1*) pro tuo ~o capite carum offerre ⟨me⟩ meum caput uilitati PL.*Capt.*229. **b** qui nunc in Ephesost Ephesiis ~issumus PL.*Bac.*309; quia meo neque ~a est cordi neque placet *Epid.*133; TER.*Ad.*39; POL.*orat.*35; populo ~um atque iucundum CIC.*Catil.*4.11; qui est ei uita sua multo ~ior *Sul.*88; qui mihi me ~iores semper fuerunt *Att.*3.22.3; ~us omnibus exspectatusque uenies *Fam.*16.7; ~us acceptusque ei semper fuerat SAL.*Jug.*12.3; quo non superat mihi ~ior alter VERG.*A.*12.639; purus et insons..si et uiuo ~us amicis HOR.*S.*1.6.70; ~iores Sabinas uiris ac parentibus LIV.1.13.6; o mihi me coniunx ~ior OV.*Tr.*5.14.2; ad Septimium Seuerum..tuum quidem et condiscipulum, sed mihi citra hoc quoque ius artissime ~um STAT.*Silv.*4.pr.; TAC.*Ann.*1.42; ~us erit Verri, qui Verrem tempore quo uult accusare potest JUV.3.53; (*poet.*) ~a tamen lacrimis ossa futura meis PROP.1.19.18. **c** hau mirum si te habes ~um PL.*Mil.*1041; si parentes ~issimos habere debemus CIC.*Red.Sen.*2; Pompeius amat nos ~osque habet *Att.*2.20.1; apud exercitum ~i habebantur CAES.*Civ.*3.59.3. **d** mi ~issime et suauissime frater CIC.*Q.fr.*2.5.4; frater animo meo ~issume SAL.*Jug.*14.22; ~issime coniunx VERG.*A.*8.377; ut apud te, Iunior ~issime, inuenio SEN.*Nat.*3.1.1; nonne gemam te, ~e puer? STAT.*Silv.*5.5.79. **e** domi domitus sum usque cum ~eis meis PL.*Men.*105; ~issumis enim irascimur SEN.*Dial.*5.30.2; suam suorumque ~orum salutem APUL.*Met.*9.36;—(*voc.*) sum quoque, ~e, tuis defensus uiribus absens OV.*Tr.*3.5.18; liquet hoc, ~issima, nobis 3.3.27; sed ne mihi corde supremos concipe, ~a, metus STAT.*Theb.*3.311. **f** DIE ~E COGNATIONIS *CIL* 6.10234.13; (*cf.*) proxima cognati dixere karistia ~i OV.*Fast.*2.617.

3 (of things) Dear, valued, beloved. **b** (w. dat.). **c** (w. *habeo*, etc.).
quam ~a sint quae post carendo intellegunt *Inc.trag.*194; me omnibus amplissimis, ~issimis iucundissimisque rebus..spoliatum CIC.*Att.*3.19.3; nihil exoptatius aduentu meo, nihil ~ius 5.15.1; ~um nescio quid..iocari CATUL.2.6; LUCR.1.730; tuae amicitiae, qua apud meum animum nihil ~ius est SAL.*Jug.*110.3; belli..quod ad Troiam pro ~is gesserat Argis VERG.*A.*1.24; omnibus fere ~is rebus..citra Pyrenaeum relictis LIV.21.60.9; qui..alii lusus..perdere, rem ~am, tempora nostra solent OV.*Tr.*2.484; ~o..se limine profert STAT.*Theb.*2.363; nec angetur ~issimis orbatus adfectibus APUL.*Pl.*2.22;—(*neut. pl. as sb.*) pecuniam aut ~issima sibimet ipsi circumdare TAC.*Hist.*4.62; fuere qui se speluncis et ~issima secum abderent *Ann.*14.23. **b** tam mihi mea uita tua quam tibi ~ast PL.*Cas.*757ᵃ; ab eo cui meam existimationem ~am fore arbitror CIC.*Ver.*2.29; quibus rem publicam populi Romani ~am esse sentiebat *Phil.*2.94; paucis ~ior fides quam pecunia fuit SAL.*Jug.*16.4; quae cuique ibi ~a sunt LIV.21.21.5; quam grata est igitur Latonae Delia tellus..tam mihi ~a Tomis OV.*Pont.*4.14.59; SEN.*Dial.*9.11.1 (*joined w. sense 2*) si tibi tu, si filius unicus, si domus, si spes tuae reliquae tibi ~ae sunt CAEL.*Fam.*8.16.2. **c** quid hunc..tam claro..tropaeo ~ius aut antiquius habere conuenit? CIC.*Inv.*1.69; nisi eorum uitam sua salute habeat ~iorem CAES.*Gal.*7.19.5;—quod iuuat, quod ~um aestumant, id semper faciant SAL.*Jug.*85.41.

Cārus² ~ī, *m.* Also **Kārus.** A Roman cognomen.
qui quod es, id uere, ~e, uocaris, aue! OV.*Pont.*4.13.2; ~I IVNI NIGRI *CIL* 8.270.3.

Caryātides ~um, *f. pl.* Marble statues of women used as pillars in temples, etc.
statuas marmoreas muliebres stolatas, quae ~es dicuntur VITR.1.1.5; (*cf.*) Romae Praxitelis opera sunt Flora..item Maenades et quas Thyiadas uocant et ~as PLIN.*Nat.*36.23; 36.38.

caryinus ~a ~um, *a.* [Gk. καρύϊνος] Made from walnuts, walnut-.
fit (oleum)..nucibus iuglandibus quod ~um uocant PLIN.*Nat.*15.28; 23.88.

caryītēs (*acc.* ~en), *m.* [Gk. καρυΐτης] A variety of spurge.
alterum genus tithymalli myrtiten uocant, alii ~en PLIN.*Nat.*26.66.

caryon ~ī, *n.* [Gk. κάρυον] The walnut.
~on a capitis grauedine propter odoris grauitatem conuenit dictum PLIN.*Nat.*15.87.

caryophyllon, ~ī *n.* **(gar-).** [Gk. καρυόφυλλον] The dried flower-buds of the clove.
PLIN.*Nat.*12.30.

caryōta ~ae, *f.* Also **care-, cari-.** [Gk. καρυωτή] A date.
palmulas ~as Syrias parere VAR.*R.*2.1.27; PETR.40.3; palmetis ~as ferentibus PLIN.*Nat.*6.205; 13.44; ~arum recentium trium pulpas medias LARG.74; MART.8.33.11.

caryōtis ~idis, *f.* [Gk. καρυωτίς] A date.
MART.11.31.10; latente palma praegnantes ~ides cadebant STAT.*Silv.*1.6.20.

Carystēus ~a ~um, *a.* Of Carystus, Carystian.
~is..uadis OV.*Fast.*4.282.

Carystius ~a ~um, *a.* = prec.
~o (marmore) PLIN.*Nat.*36.48; columellae ~ae PLIN.*Ep.*5.6.36; (*masc. pl. as sb.*) ~orum agros LIV.31.45.10.

Carystus (~os) ~ī, *f.* A town on the S. coast of Euboea noted for its marble.
LIV.31.45.10; MELA 2.108; SEN.*Tro.*836; MART.9.75.7.

casa ~ae, *f.* [cf. perh. CASSIS, CATENA] A small, humble dwelling, cottage, hut, hovel. **b** a shop, booth. **c** (prov.) *ita fugias ne praeter ~am*, not to flee past one's home, i.e. overshoot the mark. **d** ~*a Romuli*, a replica of the hut of Romulus, on the Capitoline hill.
adii ~as aratorum CIC.*Scaur.*25; ~as omnium introspicere (deos) *Div.*2.105; ~as postquam ac pellis ignemque pararunt LUCR.5.1011; ~as quae more Gallico stramentis erant tectae CAES.*Gal.*5.43.1; NEP.*Alc.*10.4; sordida rura atque humilis habitare ~as VERG.*Ecl.*2.29; quem..occupat in parua pigra senecta ~a TIB.1.10.40; PROP.4.1.6; LIV.25.39.3; potest ex ~a uir magnus exire SEN.*Ep.*66.3; LUC.5.523; ut singularum (testudinum) superficie habitabiles ~as integant PLIN.*Nat.*9.35; QUINT.*Inst.*9.4.4; stabat dicta sacri tenuis ~a nomine templi STAT.*Silv.*3.1.82;—(*toy houses*) aedificare ~as, plostello adiungere mures HOR.*S.*2.3.247; TIB.2.1.24. **b** pueros..quos primae prostituere ~ae MART.9.59.4; armatis opstat ~a candida nautis JUV.6.154. **c** TER.*Ph.*768. **d** VITR.2.1.5; IN CAPITOLIO POST ~AM ROMVLI *CIL* 16.23; (*cf.*) ~a illa conditoris..nostri LIV.5.53.8.

casamo: (see quot.).
in oratione Labieni..in Pollionem '~' adsectator e Gallia ductum est QUINT.*Inst.*1.5.8.

casāria ~ae, *f.* [CASA+-ARIVS] (See quot.)
~a, quae custodit casam PAUL.*Fest.*p.48M.

Casca ~ae, *m.* A cognomen, esp. P. and C. Servilius Casca Longus, two of Caesar's assassins.
CIC.*Phil.*2.27; *Att.*13.44.3; SUET.*Jul.*82.1.

cascē, *adv.* [CASCVS+-E] In an archaic or out-of-date fashion.
adulescentem ~ nimis et prisce loquentem GEL.1.10.

Cascelliānus ~a ~um, *a.* *iudicium ~um*, A legal process for the recovery of property, app. instituted by the Augustan lawyer A. Cascellius.
nisi restituat mihi possessionem, ~o siue secutorio iudicio condemnatur GAIUS *Inst.*4.166.

cascus ~a ~um, *a.* [cf. CASNAR, CANVS] Ancient, primitive.
quam prisci ~i populi tenuere Latini ENN.*Ann.*24; cascum duxisse ~am non mirabile est MAN.*poet.*1; ueteres Casmenas, ~am rem uolo profari *Inc.poet.*p.29(VAR.*L.*7.28); VAR.*L.*10.73; priscis illis, quos ~os appellat Ennius CIC.*Tusc.*1.27.

cāseātus ~a ~um, *a.* [CASEVS+-ATVS²] Mixed with cheese.
polentae ~ae..offulam APUL.*Met.*1.4.

cāseolus ~ī, *m.* [next+-OLVS] A small cheese.
~i quos iuncea fiscina siccat *Copa* 17.

cāseus ~ī, *m.* Also **~um** ~ī, *n.* [cf. perh. OSl. *kvasъ*]

1 Cheese. **b** (*w.* mollis). **c** (w. other adjs., esp. of material, source, etc.). **d** (as a term of endearment).
VAR.*L.*6.43; maior..pars eorum uictus in lacte, ~o, carne consistit CAES.*Gal.*6.22.1; quamuis..pinguis..ingratae premeretur ~us urbi VERG.*Ecl.*1.34; TIB.2.5.38; OV.*Fast.*4.769; ad purganda..ulcera interdum ~us ex melle recte datur CELS.6.11.6; COL.7.8.7; in foliis ari ~us optime seruari PLIN.*Nat.*24.148; MART.3.58.50;—(*neut.*) cum uirgis ~um radi potest PL.*fr.*101; CATO *Agr.*76.3; ad cibum..lacte et ~um adhibitum VAR.*R.*2.1.4; APUL.*Met.*1.5. **b** et trygonum et cetum et mollem ~um PL.*Capt.*851; LUCIL.454; PETR.66.7; PLIN.*Nat.*28.207; ueteratum ~um mollem LARG.140;(*neut.*) ~um molle POMPON.*com.*62. **c** ~i ouilli P. XIIII CATO *Agr.*76.2; ex hoc lacte ~i qui fiunt, maximi cibi sunt bubuli VAR.*R.*2.11.3;—laus ~o Romae..Nemausensi praecipua PLIN.*Nat.*11.240; quadra..~i Tolosatis MART.12.32.18. **d** meum mel, meum cor, mea colustra, meu' molliculus ~us PL.*Poen.*367; huiiu' colustra, huiius dulciculus ~us 390.

2 A cheese, i.e. a moulded piece of pressed curd.
traiectus medium sparto..~us orbem *Mor.*58; huic (*sc.* umori fici) ad ~os figurandos coaguli uis PLIN.*Nat.*16.181.

casia ~ae, *f.* [Gk. κασία]

1 A tree, prob. a species of the genus *Cinnamomum*. **b** the aromatic bark of this tree, used in perfumery, medicine, etc.
~ae turisque surculis construere nidum PLIN.*Nat.*10.4; 12.95. **b** tu (*sc.* odor uini) crocinum et ~a es, tu telinum PL.*Cur.*101; nec ~a liquidi corrumpitur usus oliui VERG.*G.*2.466; ~as et nardi lenis aristas OV.*Met.*15.398; CELS.5.18.3; paribus ~ae myrrhaeque et thuris ponderibus COL.6.5.3; PERS.2.64; PLIN.*Nat.*37.204; dum murram et ~as flebilis uxor emit (*i.e. for embalming*) MART.10.97.2; APUL.*Apol.*32;—(*w. variety specified*) ~ae rufae fistularum uictoriati pondus LARG.36; ~ae nigrae p ⁎ XXV 77; ~ae daphnitidis p ⁎ XXIII 269.

2 An aromatic shrub, perh. mezereon or marjoram.
VERG.*Ecl.*2.49; uix humilis apibus ~as roremque ministrat *G.*2.213; fert ~am non culta seges TIB.1.3.61; ~ae atque pini et rosmarinum COL.9.5.6; cneorum, quod ~am Hyginus uocat PLIN.*Nat.*21.53.

cāsiārius ~a ~um, *a.* [CASEVS+-ARIVS] Of or connected with cheese.
taberna ~a ULP.*dig.*8.5.8.5.

casignētē ~ēs, *f.* [Gk. κασιγνήτη] An unknown plant.
~en (*sc.* nominari), quoniam secum ipsa nascatur..eandem dionysonymphadem PLIN.*Nat.*24.165.

casila ~ae, *f.*: Sabine form of CASSIDA.
~am antiqui pro casside ponebant PAUL.*Fest.*p.48M.

Casilīnātes ~ium, *m. pl.* The people of Casilinum.
V.MAX.7.6.2.

Casilīnensēs ~ium, *m. pl.*: = prec.
CIC.*Inv.*2.171.

Casilīnum ~ī, *n.* A town in Campania.
CIC.*Phil.*2.102; *Att.*16.8.1; LIV.24.19.1.

Casilīnus ~a ~um, *a.* Of Casilinum.
~a..limina SIL.12.426.

Casīnās ~ātis, *a.* Also **Cass-.** Of Casinum.
in agro ~ate CATO *Agr.*136; nemo ~as CIC.*Planc.*22; fundum ~atem *Phil.*2.103. **β** VAR.in Macr.3.16.12.

Casīnum ~ī, *n.* A town of Latium below (the modern) Monte Cassino.
VAR.*L.*7.29; CIC.*Phil.*2.105; SIL.4.227.

Casīnus ~a ~um, *a.* Of Casinum.
nymphis..~is (*s.v.l.*) SIL.12.527.

Casius ~a ~um, *a.* The name of mountains **a** between Egypt and Arabia. **b** on the Syrian coast; (also as cult title).
a montem Arabiae ~um MELA 3.74; ~a..rupe LUC. 10.434;—~o..Ioui 8.858. **b** PLIN.*Nat.*5.80; 12.124;—DEO ~O *CIL* 13.7330.

Casmena ~ae, *f.* : form of CAMENA.
pesnis, pennis, ut ~as dicebant, pro Camenis FEST. p.205M; ueteres ~as, cascam rem uolo profari *Inc.poet.* p.29(VAR.*L.*7.28).

Casmīlus ~ī, *m.* [Gk. Καδμῖλος] (See quot.)
~us nominatur Samothreces mysteriis dius quidam amminister diis magnis VAR.*L.*7.34.

casnar, *m.* [Osc.; cf. CANVS] An old man.
significat in Atellanis aliquot Pappum senem, quod Osci ~ar appellant VAR.*L.*7.29; PAUL.*Fest.*p.47M.

Caspiacus ~a ~um, *a.* = CASPIVS (see sense 2b).
metuendaque Portae limina ~ae STAT.*Silv.*4.4.64.

Caspiadae ~ārum, *m. pl.* The people to the west and south of the Caspian Sea.
claustrisque profusi ~ae V.FL.6.107.

Caspiāni ~ōrum, *m. pl.* = prec.
MELA 1.12.

Caspias ~adis, *f. adj.* = CASPIVS (2).
fera ~as (*i.e. a tiger*) SEN.*Her.O.*145.

Caspius ~a ~um, *a.*

1 *mare ~um,* the Caspian Sea; also *sinus ~us* (regarded as a gulf of the northern ocean). **b** of the Caspian Sea.
HOR.*Carm.*2.9.2; MELA 1.9;—1.12; 3.38. **b** ~um fretum CURT.7.3.19; ~isque litoribus PLIN.*Nat.*6.112.

2 Of the country, esp to the west and south of the Caspian Sea; (m. pl. as sb.) the inhabitants of those parts. **b** *~ae pylae, portae,* etc., the name of passes in the Caucasus mts. south of the Caspian Sea.
~a regna VERG.*A.*6.798; ~i (montes) MELA 1.109; talis et (iaspis) ~a est PLIN.*Nat.*37.115; leo ~us STAT.*Theb.*8.572;—MELA 3.39. **b** ~a uia Sarmatam in Armenios.. effundunt TAC.*Ann.*6.33; ~as portas SUET.*Nero* 19.2;—~ae pylae MELA 1.81; ~a claustra V.FL.5.124.

cassābundus ~a ~um, *a.* [CASSO+-BVNDVS] Stumbling, tottering.
risi egomet mecum ~um ire ebrium NAEV.*com.*120; PAUL. *Fest.*p.48M.

Cassandra ~ae, *f.* Also arch. **-tra** (QUINT. *Inst.*1.4.16). The prophetic daughter of Priam, who was fated not to be believed.
CIC.*Div.*1.85; VERG.*A.*3.187; OV.*Ep.*15.121;—(*transf. w. respect to disbelief*) cum Sex. Titius se ~am esse diceret CIC. *de Orat.*2.265; (*w. respect to ravings*) ita genium meum propitium habeam, curabo, domata sit ~a caligaria PETR.74.14.

Cassiānus ~a ~um, *a.* Of or connected with a Cassius; (masc. pl. as sb.) the adherents of the jurist C. Cassius Longinus (1st cent. A.D.).
~i (horti) CIC.*Att.*12.21.2; qui bello ~o dux Heluetiorum fuerat CAES.*Gal.*1.13.2; impetu.. facto in ~am classem *Civ.* 3.101.6; fractis Brutianis ~isque partibus VELL.2.74.1;—PAUL.*dig.*39.6.35.3; POMPON.*dig.*1.2.2.52.

cassiculus ~ī, *m.* [CASSIS²+-CVLVS] (See quot.)
~um reticulum PAUL.*Fest.*p.48M.

cassida ~ae, *f.* = CASSIS¹.
aureus ex umeris erat arcus et aurea uati ~a VERG.*A.* 11.775; PROP.3.11.15; his ~a crinis integit STAT.*Theb.*4.302.

Cassiepīa ~iae, *f.* Also **-opē** ~ēs, **-opēa** ~eae. The wife of Cepheus and mother of Andromeda, afterwards changed into a constellation. **b** the constellation.
VITR.9.4.2. **β** ~e Cepheusque OV.*Met.*4.738; HYG. *Fab.*64.1. **b** obscura specie stellarum ~ia CIC.*Arat.*193; GERM.*Arat.*193. **β** MAN.5.504. **γ** supero fulgens ~ea polo VERG.*Cat.*9.28.

Cassiopicus ~a ~um, *a.* Of Cassiope in Corcyra.
~a (felix) PLIN.*Nat.*27.80.

cassis¹ ~idis, *f.* [perh. Etr.] A helmet, usu. of metal and plumed. **b** (meton.) war, active service; also, the wearer of a helmet.
quom..arcum..et pharetram et sagittas sumpsero, ~idem in caput PL.*Trin.*726; muliones..cum ~idibus equitum specie ac simulatione collibus circumuehi iubet CAES. *Gal.*7.45.2; *B.Afr.*16.3; equinis fulua iubis ~is OV.*Met.*12.89; nauis et a picta ~ide (*sc.* Mineruae) nomen habet *Tr.*1.10.2; oraque..cruenta ~ide uelat PETR.124,l.260; aena ~ide STAT.*Theb.*6.390; uix uni alteriue ~is aut galea TAC.*Ger.* 6.3; PLIN.*Pan.*13.1; (*not dist.fr.* galea) seu caput abdiderat cristata ~ide pennis in galea formosus erat OV.*Met.*8.25; SIL.2.346. **b** ut per hoc ius sub ~ide unguenta sumantur PLIN.*Nat.*13.23; defluit aetas et pelagi patiens et ~idis atque ligonis JUV.7.33;—ille secundus apex bellorum et proxima ~is STAT.*Silv.*5.2.47.

cassis² ~is, *m.* [cf. perh. CATENA] (oft. pl.) A hunting-net. **b** (transf.) a spider's web. **c** (fig.) a snare, trap.
VERG.*G.*3.371; ueniat licet ad ~es, inlaesus abibit..aper [TIB.]3.9.17; ~ibus impositis uenor PROP.4.2.33; non bene de laxis ~ibus exit aper OV.*Ars* 1.392; ipsum..~em..per senos circum usque sinus laqueabis GRAT.28; ut..aper cum ~e uinctus temptat egressus SEN.*Ag.*893. **b** laxos in foribus suspendit aranea ~is VERG.*G.*4.247; MART.3.93.5. **c** nam mihi tenduntur ~es: iam Delia furtim nescio quem tacita callida nocte fouet TIB.1.6.5; nouus uiso ~e resistet amans OV.*Ars* 3.554.

cassīta ~ae, *f.* [CASSIS¹+-ITVS²] The crested lark, *Alauda cristata.*
auicula..est parua, nomen est ~a. habitat nidulaturque in segetibus GEL.2.29.3.

Cassiteris ~idos, *adj. f.* A name applied to the Isles of Scilly and perh. also the mainland of Cornwall.
in Celticis aliquot sunt, quas..uno omnes nomine ~idas adpellant MELA 3.47; PLIN.*Nat.*4.119; ex ~ide insula 7.197.

cassiterum ~ī, *n.* [Gk. κασσίτερος] Tin.
(plumbi) duo genera, nigrum atque candidum. pretiosissimum in hoc candidum Graecis appellatum ~um PLIN.*Nat.*34.156.

cassitō ~āre, *intr.* [CADO+-ITO] To drip.
ubi ~are coepisset stillicidium PAUL.*dig.*8.2.20.3.

Cassius ~a ~um, *a.*

1 The name of a Roman *gens,* e.g. **a** L. Cassius Longinus Ravilla, cos. 127 B.C., a proverbially severe judge. **b** L. Cassius Longinus, cos. 107 B.C., defeated by the Helvetii. **c** C. Cassius Longinus, one of the assassins of Caesar.
a CIC.*S.Rosc.*84; V.MAX.3.7.9. **b** CAES.*Gal.*1.12.5; SAL.*Jug.*32.1.1. **c** CIC.*Fam.*12.1.1; V.MAX.1.8.8; SUET. *Nero* 37.1.

2 Of or named after a Cassius.
secuta biennio post Cassia (*sc.* rogatio *or* lex) est de populi iudiciis a nobili homine lata, L. ~o CIC.*Leg.*3.35; lege ~a TAC.*Ann.*11.25; VIAM ~AM..A CLVSINORVM FINIBVS FLORENTIAM PERDVXIT *CIL* 11.6668.

cassō ~āre, *intr.* [app. CADO+-TO] To totter, begin to fall.
ubi bacchabatur aula, ~abant cadi PL.*Mil.*856.

cassus¹ ~a ~um, *a.* [? pple. of CAREO]

1 (w. abl. or gen.) Devoid of, lacking.
uirginem..dote ~am atque inlocabilem PL.*Aul.*191; terrigenam, herbigradam, domiportam, sanguine ~am CIC. *poet.*38(53); ~um anima corpus LUCR.3.562; simulacra uagari..nulla ui ~aque sensu 4.128; quem..demisere neci, nunc ~um lumine lugent VERG.*A.*2.85; cum uictis..et aethere ~is 11.104; STAT.*Theb.*2.15;—non ~um luminis ensem CIC.*Arat.*615(369); (luna) parte altera ~a fulgoris APUL.*Soc.*1;—(*cf. w. abl.*) elementum aeris..~um ab omnibus, desertum a cultoribus suis 8.

2 (of seeds, stalks, etc.) Empty, hollow.
nil praeter salices ~aque canna fuit OV.*Fast.*6.406; ignem ~is harundinibus collectum PETR.136.11; cum..granum.. adflatu noxio ~um et inane in spica euanescit PLIN.*Nat.* 18.150;—(*prov.*) ten amatorem esse inuentum inanem quasi ~am nucem? PL.*Ps.*371; ~am glandem *Rud.*1324; quam te contemptum ~a nuce pauperet HOR.*S.*2.5.36.

3 Lacking in physical substance, insubstantial. **b** lacking in significance, empty.
~aque seducto stipite flamma perit OV.*Rem.*446; ~a sonipes exterritus umbra SIL.7.698. **b** (si) quod honestum nos..dicamus, id illi ~um quiddam..esse dicant CIC.*Tusc.* 5.119; uerborum copia ~a LUCR.4.511.

4 **a** (of emotions, etc.) Unfounded, baseless, empty. **b** (of actions, etc.) hollow, empty.
a sollicitamque geris ~a formidine mentem LUCR.3.1049; ~a..sterilisque..fama STAT.*Theb.*6.70; uulgatum, nec ~a fides SIL.3.17; ~a formidine APUL.*Met.*8.5; ~am inuidiam *Apol.*66. **b** ~a consilia amoue SEN.*Tro.*570; furor..~us feminae 679; absterrere ducem noscendi ardore futura ~a fraude parat LUC.5.130; sublata manus ~os defertur in ictus STAT. *Theb.*2.670; ~umque parenti omen..precor ire 5.318; (beneficia) apud sapientis ~a habebantur TAC.*Hist.*3.55.

5 Fruitless, vain, empty. **b** (of persons, etc.) ineffectual, unavailing. **c** *in ~um:* see IN-CASSVM.
opemque dei non ~a in uota uocauit VERG.*A.*12.780; cedit in inmensum ~us labor LUC.2.663; non ~ae..noctis iter V.FL.4.423; bis ~ae periere uiae STAT.*Theb.*11.449; SIL.15.298; frustra fletibus ~um tumultum commouebat APUL.*Met.*6.27; ut ~ae pariter sint consona et uda (*i.e. not lengthening the preceding syllable*) MAUR.1203; (*transf., of a weapon*) sed ~a Pheretis hasta redit STAT.*Theb.*9.106. **b** tandem dulces iam ~us in auras respicit V.FL.6.561; ~usne sacerdos audior? STAT.*Theb.*4.503.

cassus² ~ūs, *m.*: form of CASVS.

Castalia ~ae, *f.* A fountain on Parnassus, associated with Apollo and the Muses.
quo ~a..lapsu accidit ANDR.*trag.*37; VALG.*poet.*2.8; VERG.*G.*3.293; qui rore puro ~ae lauit crinis solutos HOR. *Carm.*3.4.61; SEN.*Oed.*276.

Castalis ~idis, *adj. f.* Of or connected with Castalia.
~idum decus sororum (*i.e. the Muses*) MART.4.14.1; 9.18.8.

Castalius ~a ~um, *a.* Of or associated with Castalia, Apollo, or the Muses. **b** (w. ref. to the Delphic oracle).
~amque umbram Pieriosque lacus [TIB.]3.1.16; PROP. 3.3.13; pocula ~a plena..aqua OV.*Am.*1.15.36; SEN.*Oed.* 229; ~um..gregem (*i.e. the Muses*) MART.7.12.10; uatis ~am domum 8.66.5; ~ae..sibila cannae STAT.*Theb.*6.338. **b** ~o..antro OV.*Met.*3.14; haec antra lacusque ~i tripodumque fides? STAT.*Theb.*8.176.

castanea ~ae, *f.* [Gk. κάστανα]

1 A chestnut-tree.
~ae hirsutae VERG.*Ecl.*7.53; *G.*2.15; montes et ualles diligit abies, robur, ~ae PLIN.*Nat.*16.74;—(*collect. sg.*) nisi si..ea genera terrae..glandem magis quam ~am postulabunt COL.4.33.5; *Arb.*22.3.

2 A chestnut. **b** (attrib., w. *nux*).
~ae molles VERG.*Ecl.*1.81; Indi e ~is..(oleum) facere dicuntur PLIN.*Nat.*15.28; 24.121; lento ~ae uapore tostae MART.5.78.15; (*collect. sg.*) intra maceriem iacere oportet glandem et ~am, unde saturi fiant VAR.*R.*3.15.1. **b** ~as ..nuces VERG.*Ecl.*2.52; *Copa* 19.

castanētum ~ī, *n.* **(-iētum)** [prec.+-ETVM] A chestnut plantation.
~i iugerum COL.4.30.2; 11 arg.lib.4; HYG.*agrim.*p.76.

castē, *adv. compar.* ~ius, *superl.* ~issimē. [CASTVS+-E]

1 Uprightly, with integrity.
quo cuncti qui aetatem egerint ~e suam conueniant PL. *Trin.*550; si hospitia..~e colenda dicemus *Rhet.Her.*3.4; meus labor in priuatorum periculis ~e integreque uersatus CIC.*Man.*2; seruabat foedera ~e LUCR.5.1025; uitae purius ~iusque transactae APUL.*Pl.*2.20.

2 With ceremonial purity.
Ioui ~e profanato CATO *Agr.*132.2; ~e qui purant sacra STRAB.*trag.*2; nihil rite, nihil ~e, nihil more institutoque perfecit CIC.*Dom.*134; quod cum..religione sua ~issime tueretur *Har.*29; ~ius eum sacra priuata facere et religiosius deos colere quam se? LIV.10.7.5; OV.*Pont.*2.1.33; SUET. *Aug.*6.

3 With sexual purity, chastely.
cum a seruis eorum tam ~e me habuerim GRACCH.*orat.* 26; radix ~e pureque collecta PLIN.*Nat.*22.27; (*cf.*) tueamurque (*sc.* eloquentiam) ut adultam uirginem ~e CIC. *Brut.*330.

4 (of language) Without corruption, purely.
qui ~e pureque lingua usus Latina uidetur GEL.17.2.7.

castellānus ~a ~um, *a.* [CASTELLVM+-ANVS] Of or connected with a fortress; (masc. pl. as sb.) the occupants of a fortress.
~os triumphos CIC.*Brut.*256;—EVM AGRVM ~OS LANGENSES VEITVRIOS POSIDERE *CIL* 1.584.24; castella complura..quorum opportunitas ~os impellebat ad decursiones faciendas *B.Alex.*42.3; SAL.*Jug.*92.7; LIV.34.27.2; 38.45.9; FRON.*Str.*3.8.1.

castellārius ~iī, *m.* [CASTELLVM+-ARIVS] The keeper of a reservoir.
uilicos, ~ios FRON.*Aq.*117; *CIL* 6.2346; *CIL* 6.8493.

castellātim, *adv.* [next+-IM] At intervals in the manner or form of *castella.*
hostes..circa collem ~ dissipatos LIV.7.36.10; ulpicum et alium in plano seri uetant, ~que grumulis imponi PLIN. *Nat.*19.112.

castellum ~ī, *n.* [CASTRVM+-LVM] FORMS: *~us CIL* 8.23166, *kast-* 8.8369.

1 A fortified settlement or garrison. **b** an outpost or strong point guarding a town. **c** (transf.) a refuge or stronghold.
QVA AGER PRIVATVS CASTELI VITVRIORVM EST *CIL* 1.584.5; de ~is ad castra maxima peditis conducit SIS.*hist.*65; ~a munita improuiso aduentu capta et incensa CIC.*Fam.*2.10. 3; ~isque compluribus eorum expugnatis CAES.*Gal.*3.1.4; ibi praesidi causa ~um Caesar habuit constitutum *B.Hisp.* 8.6; agros uastat, multa ~a et oppida temere munita.. capit incenditque SAL.*Jug.*54.6; VERG.*G.*3.475; ad Volturni ostium,..~um communitum LIV.25.20.2; ~um in alto tumulo situm 26.48.4; alia ignobilia ~a Phocidis 32.18.9; OV.*Tr.*4.2.37; in Heloro Siciliae ~o PLIN.*Nat.*32.16; sparsos per ~a milites TAC.*Agr.*16.1; detraheret ~a trans Euphraten *Ann.*15.17; peruenimus ad quoddam ~um frequens et opulens APUL.*Met.*8.15. **b** quo modo hostium aditus urbe prohibentur ~is et operibus CIC.*Phil.*5.9; castra

opportunis locis erant posita, ibique ~a XXIII facta, quibus in ~is interdiu stationes ponebantur CAES.*Gal*.7.69.7; oppidum uallo ~isque circumuenire *Civ*.1.18.6; castra.. reciperata ~is praesidiisque firmantur LIV.5.12.4; pro cornibus ante Punicam aciem elephanti ~orum procul speciem praebebant 28.14.4. **c** templum illud fuit..arx ciuium perditorum..~um forensis latrocini CIC.*Pis*.11; respicerent tribunal homines, ~um omnium scelerum LIV. 3.57.2; (*of the body*) DVM HABERET CLAVSAM IN ~O ANI-⟨MV⟩LAM MORTALEM *CIL* 10.3969.

2 A small reservoir or centre of distribution on an aqueduct; also, a tank or cistern for other purposes.
quicumque..fistulas tubulos ~a lacus aquarum publicarum..forauerit ruperit *Leg.pub.*(*Font.iur.*p.113)22; primum ~um ad caput struatur VITR.8.6.4; Agrippa..lacus DCC fecit, praeterea salientes D, ~a CXXX PLIN.*Nat*.36.121; est.. calix modulus aeneus, qui riuo uel ~o inditur FRON.*Aq*.36; fistulam..quae aut ex ~o aut ex caelo aquam capit PAUL. *dig*.8.2.19;—post frontem horologii intra conlocetur ~um VITR.9.8.11.

castĕria ~ae, *f*. [? Gk.] (Word of unknown meaning, app. part of a ship.)
quin pol si reposiui remum, sola ego in ~a ubi quiesco, omnis familiae caussa consistit tibi PL.*As*.519.

castificus ~a ~um, *a*. [CASTVS+-FICVS] Acting chastely, pure.
expelle facinus mente ~a horridum SEN.*Phaed*.169.

castīgābilis ~is ~e, *a*. [CASTIGO+-BILIS] That deserves punishment.
qui admisit in se culpam ~em PL.*Trin*.44.

castīgātē, *adv*. [CASTIGATVS+-E] Strictly, chastely.
uixit modeste, ~ (*sc*. uirgo uestalis) SEN.*Con*.exc.6.8.

castīgātiō ~ōnis, *f*. [CASTIGO+-TIO] Reprimanding, reproof. **b** (applied to corporal punishment). **c** (transf., of the pruning, etc., of trees).
~one aut obiurgatione dignum CIC.*Att*.3.10.3; omnis.. et animaduersio et ~o contumelia uacare debet *Off*.1.88; ea tacita ~o LIV.27.10.10; cum uerborum tantum ~one ob errorem praeteritum 27.15.2; ibi poena consisteret: ad multitudinem ~onem satis esse 28.26.3; et denuntiatio et ~o insanos coercuit SEN.*Ep*.94.36; PLIN.*Nat*.19.137; (*cf*.) saepe et ex hac causa ~o pigrius intrante femina (columba) ad pullos 10.105; (*of self-reproof*) SEN.*Dial*.4.24.2;—(*w. gen. of person or offence*) ~o inconstantiae populi censoria LIV. 29.37.16; inter seueram praecipue noxiorum ultionem mitis aliorum ~o VELL.2.125.3;—(*pl*.) ut homines ~onibus reprehensionibus ignominiis adfici se in delicto dolerent CIC.*Tusc*. 4.45; reuocati..~onibus principum ad perseuerandum in proposito LIV.36.9.12. **b** QUINT.*Inst*.1.3.14; cantherii ..costas perpetua ~one ossium tenus renudati APUL.*Met*. 9.13; seuera interlocutione comminatus fustium ~onem remittit PAUL.*dig*.1.15.3.1. **c** PLIN.*Nat*.17.173; nudatas radices (olearum) hiberno frigori opponunt, eaque ~one proficiunt 17.262.

castīgātor ~ōris, *m*. [CASTIGO+-TOR] One who reproves or corrects.
παῦσαι: uicisti ~orem tuom PL.*Trin*.187; ~or censorque minorum HOR.*Ars* 174; Brutus ~or lacrimarum atque inertium querellarum LIV.1.59.4; ad coercitionem errantium sceleratorumque irato ~ore non opus est SEN.*Dial*.3.16.1; PLIN.*Pan*.40.1.

castīgātōrius ~a ~um, *a*. [CASTIGO+-TORIVS] Of the nature of a reproof.
adhibere solacium, non quasi ~um et nimis forte PLIN. *Ep*.5.16.10.

castīgātus ~a ~um, *a*. *superl*. ~issimus. [pple. of next]

1 Tightly drawn, controlled.
quam ~o planus sub pectore uenter OV.*Am*.1.5.21; riget arta cutis durisque laborum ~a toris STAT.*Theb*.6.872; ~ae collecta modestia frontis *Silv*.2.1.43; (*transf., of style*) est et sancta et grauis oratio (Calui) et ~a et frequenter uehemens quoque QUINT.*Inst*.10.1.115.

2 Strict, severe.
tria haec exempla in litteris sunt ~issimae disciplinae GEL.4.20.1.

castīgō ~āre ~āuī ~ātum, *tr*. [CASTVS; for term. cf. FATIGO]

1 To correct or attempt to correct, reprimand, dress down, **b** to castigate, correct (faults, practices, etc.).
amicum ~are ob meritam noxiam inmoene est facinus PL.*Trin*.23; TER.*Hau*.592; laudat promptos..segniores ~at atque incitat CAES.*Civ*.1.3.1; M. Curtium..~asse ferunt dubitantes LIV.7.6.3; STAT.*Silv*.2.6.51; quo saepius monuerit, hoc rarius ~abit QUINT.*Inst*.2.2.5; TAC.*Ann*.6.13; ~abat..filium suum, quod paulo sumptuosius equos.. emerit PLIN.*Ep*.9.12.1; (*cf*.) satis ~atam adulescentiam Fabi esse LIV.8.32.15; (*refl*.) in hoc me ipse ~o CIC.*Tusc*.5.4; —(*w. abl*.) ut eum dictis plurumis ~em PL.*Bac*.908; crebris Pompei litteris ~abantur CAES.*Civ*.3.25.2; JUV.14.54;—(*foll. by final clause*) quod Lepidum ~are non destiteram ut exstingueret bellum PLANC.*Fam*.10.23.5;—(*absol*.) si legati circa eas colonias mittantur qui ~ent, non qui precentur LIV.27.10.1. **b** ~emus etiam segnitatem hominum atque inertiam CIC.*de Orat*.1.185; pars agmina cogunt ~antque moras VERG.*A*.4.407; carmen..quod..praesectum decies non ~auit ad unguem HOR.*Ars* 294; ~antes ignauiam quod..opprimi..praesidium passi essent LIV.4.56.5; laudando pietatem eius, ~ando formidinem TAC.*Hist*.2.48; ~as turpia JUV.2.9; 6.455.

2 To chastise, correct, chasten (by punishment or similar action). **b** (w. offence, etc., as obj.).
~abit eos bubulis exuuiis PL.*Mos*.882; pueros..~are.. solent, nec uerbis solum, sed etiam uerberibus CIC.*Tusc*. 3.64; exercitatior hostis magna clade eos ~auit LIV.39. 1.4; ut equum tenacem, non parentem frenis asperioribus ~andum esse 39.25.13; ~atis etiam quibusdam graui poena VELL.2.119.2; quos abdicatione non potuit terrere putat se ~aturum adoptione SEN.*Con*.2.1.28; LUC.6.747; cum poena adhibetur ~andi atque emendandi gratia GEL.7.14.2; plagis ~atum APUL.*Met*.9.28; (*of an impersonal agency*) nostris animis laceratis et domi ~atis QUINT.*Decl*.321(p.261, l.22); et ulterius isset, nisi inprobam classem naufragio ~asset Oceanus FLOR.*Epit*.1.45(3.10.17); (*facet*.) seruorum uentres modio ~at iniquo JUV.14.126. **b** quod naturae damnum utrum nutriendum patri..an ~andum..fuisse? LIV. 7.4.6; uinculis, carcere, fame uindicamus rem ~andam flagris leuioribus SEN.*Dial*.5.32.2; (*ellipt*.) capto postquam nil obstat amori poena nec ultrices ~auere catenae STAT. *Theb*.2.271; (*of the* nota censoria) ad mores hominum regendos..~andaque uitia LIV.24.18.2.

3 To correct, neutralize (undesirable actions, processes, etc.).
de illis extraordinariis (desideriis) quae licet differre licet ~are et opprimere SEN.*Ep*.21.11; non..examen..improbum in illa ~es trutina PERS.1.7; subinde ~amus crebris potiunculis risum PETR.47.7; luxuria segetum ~atur dente pecoris in herba PLIN.*Nat*.18.161; quamquam tristissima rerum ~anda duci V.FL.3.370; molis praeualidae (*i.e*. disci) ~at puluere lapsus STAT.*Theb*.6.700; ut ui sua adpetentiam ~at et reprimit APUL.*Pl*.2.24.

castimōnia ~ae, *f*. [CASTVS+-MONIA]

1 Purity, morality.
nisi qui se ipse sua grauitate et ~a..defenderet CIC. *Cael*.11.

2 Ceremonial purity or purification, esp. by continence and abstinence.
quae sacra per summam ~am uirorum ac mulierum fiant CIC.*Ver*.4.102; *Leg*.2.24; decem dierum ~a opus esse LIV. 39.9.4; aliud (allex)..⟨est⟩ ~arum superstitioni etiam sacris Iudaeis dicatum PLIN.*Nat*.31.95; (*iron*.) ridicule sacerdotum purissimam laudantes ~am APUL.*Met*.8.29; (*w. defining adj*.) inanimae protinus ~ae iugum subeo 11.30.

castimōnium ~(i)ī, *n*. [CASTVS+-MONIVM] An abstinent practice.
si..tenacibus ~iis numen nostrum promerueris APUL. *Met*.11.6; ~iorum abstinentiam satis arduam 11.19.

castitās ~ātis, *f*. [CASTVS+-TAS]

1 Moral purity, uprightness, integrity.
nullum..opus uera sine fide et ~ate fieri potest VITR. 1.1.7; nemini..istorum ~ate, pietate, iustitia..cesserit PLIN.*Ep*.1.22.7; FRO.*Ver*.2.p.154(135N).

2 Sexual purity, chastity. **b** (of married women) fidelity, chastity. **c** virginity; also, continence.
a filio dubiae ~atis V.MAX.6.1.5; PLIN.*Pan*.20.2; infamiam impudicitiae..refutauit..uitae ~ate SUET.*Aug*.71.1. **b** metuens alterius uiri certo foedere ~as HOR.*Carm*.3.24.23; cum forma tum spectata ~as incitat (Sex. Tarquinium) LIV.1.57.10; mater Iulia Procilla fuit, rarae ~atis TAC.*Ag*. 4.2; APUL.*Met*.9.18. **c** ut..sentiant mulieres naturam feminarum omnem ~atem pati CIC.*Leg*.2.29; V.MAX.8.1. absol.5; ut futurae sacerdotis non uiolaret ~atem SEN.*Con*. 1.2.18;—Thesmophoriis Atheniensium ~atem custodientes his foliis cubitus sibi sternunt PLIN.*Nat*.24.59.

3 Ceremonial purity.
templa..quae..cum ~ate caerimoniaque adeundum GEL. 4.9.9.

castitūdō ~inis, *f*. = prec.
ibi fas, ibi cunctam antiquam ~inem ACC.*trag*.585.

castor[1] ~oris, *m*. [Gk. κάστωρ] FORMS: ~*ora* (acc. sg.), ~*oras* (acc. pl.) (see quots.). The beaver, *Castor fiber*.
quod superest tutum, Pontice ~or, habes *Nux* 166; fibris, quos ~oras uocant PLIN.*Nat*.32.26; imitatus ~ora qui se eunuchum ipse facit JUV.12.34; amatorem suum..mutauit in feram ~orem APUL.*Met*.1.9.

Castor[2] ~oris, *m*. Also **Kastor.** FORMS: ~*orus* (gen. sg.) *CIL* 1.582.17, *Kastorus* 1.586.1. PROS.: see QUINT.*Inst*.1.5.60.

1 Castor, the son of Tyndareus (or Zeus) and Leda and brother of Pollux and Helen. **b** *aedes*, etc. ~*oris*, a temple of Castor and Pollux, esp. that in the forum at Rome. **c** (meton.) = prec.
legum iudiciorumque arbitri et testes celeberrimo in loco populi Romani locati, ~or et Pollux CIC.*Ver*.5.186; *N.D*. 2.6; CATUL.68.65; ~or gaudet equis HOR.*S*.2.1.26; PROP. 2.7.16; OV.*Am*.3.2.54; V.FL.1.425; deos interpretatione Romana ~orem Pollucemque memorant TAC.*Ger*.43.4; —(*facet*) non esset Pollux si tibi, ~or (*i.e. a knight*) eras MART.5.38.6; ~ora de Polluce Gabinia fecit Achillan 7.57. 1. **b** ⟨PRO AE⟩DE ~ORVS *CIL* 1.582.17; qui aedem ~oris testem tuorum furtorum esse uolueris CIC.*Ver*.1.154; in templo ~oris *Mil*.18; LIV.2.42.5; (*w. ellipsis of* aedes, *etc*.) nisi ad ~oris quaesisses quantum solueretur CIC.*Quinct*.17; *Mil*.91; (*outside Rome*) ad ~oris, quod loco nomen est, uicit SUET.*Otho* 9.2. **c** uicinum ~ora canae transibis Vestae MART.1.70.3; ad uigilem ponendi ~ora nummi JUV.14.260.

2 (pl.) Castor and Pollux.
supra ~orum aedem PLIN.*Nat*.10.121; tabulas duas, quae Belli faciem pictam habent..item ~ores ac Victoriam 35.27; APUL.*Met*.10.31; (*cf*.) donec ab Elysiis prospexit sedibus alter ~or STAT.*Silv*.4.6.16.

3 (pl.) St. Elmo's fire, corposant.
de stellis quae ~ores uocantur PLIN.*Nat*.1.epit.2.n.37.

castoreum ~ī, *n*. [Gk. καστόρειον -ριον] A strong-smelling substance obtained from inguinal glands of the beaver and used medicinally by the ancients, castor. **b** (see quot.).
absinthium ut bibam grauem et ~um VAR.*Men*.440; ~oque graui mulier sopita recumbit LUCR.6.794; bibat ieiunus ex aqua ~um CELS.3.23.7; PERS.5.135; PLIN.*Nat*. 8.109; (*variety spec*.) ~i Pontici LARG.175; (*pl*.) urosa.. Pontus ~a (mittit) VERG.*G*.1.59. **b** fibris, quos castoras uocant et ~a testes eorum PLIN.*Nat*.32.26.

Castoreus ~a ~um, *a*. Of or belonging to Castor.
~a mobilior manu SEN.*Phaed*.810; ~A..SVB IMAGINE *CIL* 6.19055.

castra[1] ~ōrum, *n. pl*. [CASTRVM]

1 A military encampment, fortified camp. **b** (in var. expressions relating to the setting up or moving of camps: see also the vbs., etc.). **c** (w. type spec.). **d** (meton.) the occupants of a camp.
in ~a ex urbe ad nos ueniunt flentes principes PL.*Am*.256; cum..~a hostium non incensa essent CATO *orat*.151; uti ~is mensor facit LUCIL.100; ipse domum P. Sullae pro ~is sibi ad eam impugnationem sumpserat CIC.*Att*.4.3.3; ~a.. cum essent inter flumina duo CAES.*Civ*.1.48.3; considunt ~is ante urbem VERG.*A*.11.915; fiuntque omnia ~is quam urbi similiora LIV.4.31.1; inde eae legiones in ~a Claudiana ..deducerentur 23.31.3; prima Vari ~a..trium legionum manus ostentabant TAC.*Ann*.1.61. **b** ~a de planitie conuerit in montes SIS.*hist*.51; ex Sicilia iam ~a commouerat et uasa collegerat CIC.*Ver*.4.40; ~a sunt in Italia contra populum Romanum in Etruriae faucibus conlocata *Catil*.1.5; ~aque ad Cybistra..locaui *Fam*.15.2.2; aciem ..tertiam ~a munire iussit CAES.*Gal*.1.49.2; cum..~a.. metari iussisset *Civ*.3.13.3; ibi ~is constitutis *B.Afr*.11.3; ut primo quoque tempore ~a fierent NEP.*Milt*.4.5; nos ~a mouemus VERG.*A*.3.519; ~is in aperto positis LIV.1.33.4; circa Luceriam ~a habentem 23.33.5; ad Tutiam fluuium ~a rettulit 26.11.8; Bactrianos apud campos ~a contulit TAC.*Ann*.11.8. **c** ~a hiberna CATO *hist*.128; pulcherrimo ..loco statiua sibi ~a faciebat CIC.*Ver*.5.29; ~a naualia CAES.*Gal*.5.22.1; lunatis ~is *B.Afr*.80.2; ~a nautica SAL. *Hist*.1.124; ~is aestiuis TAC.*Ann*.1.16; qui in uigilibus uel urbanis ~is militat ULP.*dig*.48.5.16(15).3; (*iron*.) ~a domestica JUV.10.95. **d** et illa ~a nunc non Catilinam ducem exspectant CIC.*Catil*.2.14; his sermonibus tota in se auerterat ~a LIV.6.23.8; hospita feminea pellere ~a manu OV.*Ep*. 6.52; corrupta latius ~a..metuens TAC.*Hist*.1.28.

2 A side or army in a war.
~a mihi Pompei obiecisti CIC.*Phil*.2.37; ~a secutus est C. Claudii Neronis NEP.*Ca*.1.2; *Att*.7.2; Melaneus Perseia ~a secutus OV.*Met*.5.128; sunt ista profecto curae ~a deis LUC.5.352; quis ~a uocet tot strictas iure securis, tot fasces? 5.12; Carretani, quondam Tirynthia ~a SIL.3.357.

3 (as typical of military operations, war, active service, etc.).
cedat..forum ~is, otium militiae, stilus gladio, umbra soli CIC.*Mur*.30; mihi autem non est dubium quin res spectet ad ~a *Att*.14.21.3; ei qui magnum in ~is usum habebant CAES.*Gal*.1.39.5; non illi longae tot nocuere morae, ~a decem annorum PROP.3.12.25; par ingenium ~isque togaeque SIL. 6.617; finem Britanniae..~is et armis tenemus TAC.*Ag*.33. 3; (odia) bello et ~is male dissimulata *Hist*.2.92.

4 A night-encampment on a march; hence, a day's march.
Caesar ex eo loco quintis ~is Gergouiam peruenit CAES. *Gal*.7.36.1; quartis ~is ad Insulam peruenit LIV.21.31.4; hinc alteris ~is ad Harpasum flumen uentum est 38.13.2; CURT.4.9.12; PLIN.*Nat*.5.15; TAC.*Hist*.4.71.

5 (in var. transf. and fig. uses). **b** (applied to bee-hives). **c** (to the wars or campaigns of love).
cum praeda in ~a redeo PL.*Epid*.381; uersanturque in hostium ~is ac sua praesidia dimittunt CIC.*de Orat*.2.303; non modo proditori, sed ne perfugae quidem locus in meis ~is cuiquam fuit *Ver*.1.98; ad urbana ~a, id est theatra V.MAX.2.4.1; SEN.*Ep*.67.15; si uelut ex militari disciplina intra stabularii ~a manserint COL.6.23.3; conchas et ~a moueri nocte iubet JUV.6.419. **b** ~is..uellere signa VERG.*G*.4.108; illae (*sc*. apes) intus trepidae rerum per cerea ~a discurrunt *A*.12.589; audaci milite ~a replet ? PETR.fr.26.8; ubicumque ille (*sc*. rex) consedit, ibi cunctarum ~a sunt PLIN.*Nat*.11.54. **c** mutato uolui ~a mouere toro PROP.4.8.28; cui..Cupido imperat ut nostra sint tua ~a domo TIB.2.3.34; ~is quidquid Amoris obest OV.*Am*.1.2.32; o ~is miles amice meis *Pont*.3.3.82.

6 Field, sphere of activity. **b** (applied to a sect or school).
at tu finge elegos..haec tua ~a! PROP.4.1.135; sunt, quos tuearis, amici: uade per urbanae splendida ~a togae OV. *Rem*.152; gressus in noua ~a (*i.e*. studia pacis) fero *Fast*. 3.174; quid, M. Cicero..nonne in ipsis eloquentiae ~is testis abiectus est? V.MAX.8.5.5. **b** nil cupientium nudus ~a peto HOR.*Carm*.3.16.23; in Epicuri nos..~a coniecimus CIC.*Fam*.9.20.1; in aliena ~a confugi SEN.*Dial*.12.5.2.

castra[2] ~ae, *f*. = prec.
~a haec uestra est ACC.*praet*.16.

castrātiō ~ōnis, *f*. [CASTRO+-TIO] Castration, emasculation.
idque optimum genus ~onum putat, quod adhibetur aetati tenera sine uulnere COL.6.26.1; FEST.p.293M; (*transf*.) ramis (arborum) saepe deputatis. ~o illa est adimitque uires PLIN.*Nat*.16.206.

castrātus ~a ~um, *a.* [pple. of castro]

1 Castrated; (masc. as sb.) a eunuch. **b** (applied to the seeds of an apple). **c** (of grain) bolted.
neque enim alio distat bonus taurus a ~o Col.6.20; Bagoae, ~i hominis Curt.6.3.12; equo ~o prius non decidunt dentes Plin.*Nat.*11.168;—uel ~os uel pueros Cels.4.31.1; Sen.*Con.*10.4.17; hoc..nouum est regnare ~um Curt.10.1.37. **b** cetera e causis traxere nomen..condicione ~i seminis quae spadonia appellant Belgae Plin.*Nat.*15.51. **c** e grano Campanae, quam uocant ~am Plin.*Nat.*18.86; siligini ~ae duplum (pretium) 18.90.

castrensis ~is ~e, *a.* [castra[1]+-ensis] Forms: *-iensis CIL* 6.7281.

1 Of or connected with active military service, military administration. **b** (of arms, equipment, etc.). **c** (opp. civil or domestic). **d** *peculium ~e, bona ~ia*, and sim., property deriving from military service (treated as distinct from other estate).
eademque erat, si statim merere stipendia coeperamus, ~is ratio ac militaris Cic.*Cael.*1.11; ad summos ~is honores perductus V.Max.7.8.6; ~ium laborum tarda manupretia Sen.*Ep.*101.6; ~is flamma monetae Luc.1.380; P. Ventidium..Cicero (auctor est) mulionem ~is furnariae fuisse Plin.*Nat.*7.135; quarta..~i uigilia 10.46; ~is disciplinae..seueritatem [Quint.]*Decl.*3.15; credunt plerique militaribus ingeniis subtilitatem deesse, quia ~is iurisdictio secura et obtusior Tac.*Ag.*9.2; adulescentuli statim ~ibus stipendiis imbuebantur Plin.*Ep.*8.14.5; an uero ~is notitia uel affectio fuit Ulp.*dig.*49.17.8; (*cf.*) Romana classis prompta leuis expedita et quodam genere ~is (*i.e. resembling a land-force*) Flor.*Epit.*1.18(2.2.35). **b** hic satus ad pacem, hic ~ibus utilis armis Prop.3.9.19; pro copia prouinciali et ~i apparatu Liv.28.21.10; equos..~es erigit crepitus armorum Sen.*Dial.*4.2.6; ~em sellam Suet.*Gal.*18.3; (*cf.*) noctibus hibernis ~ia pensa laboro Prop.4.3.33. **c** indutiae sunt pax ~is paucorum dierum Var.*gram.*124; nisi (eum) ex domesticis insidiis in ~e latrocinium compulissem Cic.*Catil.*3.17; hic Deci ~is triumphus fuit incedentis per media castra cum armato praesidio Liv.7.36.8; nos ~ibus consiliis contentos futuros esse 44.22.15. **d** si filius familias ex ~i peculio..faciat testamentum Gaius *Inst.*2.106; rebus ~ibus Ulp.*dig.*18.1.2; si miles uxori donauerit de ~ibus bonis 24.1.32.8; ~em seruum 38.4.3.3; Macer *dig.*49.17.11; (*neut. as sb.*) ius testandi de ~i, quod filiis familias militantibus concessum est 29.1.26.

2 Of or belonging to a military camp; (masc. pl. as sb.) the occupants of a camp. **b** *~is corona*: (see quot.).
⟨SI⟩GNA DEORVM ARGENTEA ~IA *CIL* 12.3058; (*perh. of the urban cohorts*) CONLEG ~E 6.7281; 6.7281a;—tempus quo missa principia quietem omnibus ~ibus dabant Fron.*Str.*2.5.30. **b** '~is' est corona, qua donat imperator eum, qui primus hostium castra pugnans introiuit Gel.5.6.17; Paul.*Fest.*p.57M.

3 Used by or characteristic of soldiers.
conterraneum meum (agnoscis et hoc ~e uerbum) Plin.*Nat.*pr.1; Caligulae cognomen ~i ioco traxit Suet.*Cal.*9; Fro.*Ver.*2.p.204(205N); Gel.17.2.9.

4 (perh. referring to the imperial military expenses, equipment, etc.).
DISPENSATORIS FISCI ~IS *CIL* 6.8517; PROC RATIONIS ~IS 10.5336; SERVOS A VESTE ~I 14.2832.

castrō ~āre ~āuī ~ātum, *tr.* [cf. Skt. *śásati* 'cuts'; and perh. Gk. κεάζω]

1 To emasculate, castrate; to remove by castration. **b** to spay (female animals). **c** to deprive (plants) of vital strength. **d** (fig.) to emasculate, unman.
domi serui qui sunt ~abo uiros Pl.*As.*237; *Mer.*272; Lucil.283; ~are oportet agnum non minore⟨m⟩ quinque mensum Var.*R.*2.2.18; (libido) puerorum greges ~at Sen.*Dial.*3.21.3; Plin.*Nat.*30.41; Mart.2.60.3; ~ari mares uetuit Suet.*Dom.*7.1; (*cf.* **b**) ~andi genus etiam feminas..inuentum est Plin.*Nat.*8.68; (*facet.*) ~andum caput est Mart.3.81.5;—fucos postea esse nec mella facere uelut ~atis uiribus Plin.*Nat.*11.60. **b** ~antur feminae (sues) quoque, sicuti et cameli Plin.*Nat.*8.209. **c** ea..(arbusta) cum..ad imum perforata ~antur Vitr.2.9.4; uermiculi umbilicum eius (*sc.* lupini) in sterilitatem ~ant Plin.*Nat.*18.136. **d** nolo dici morte Africani '~atam' esse rem publicam Cic.*de Orat.*3.164; nisi illum eneruasset felicitas, immo ~asset Sen.*Ep.*19.9; nec ~are uelis meos libellos Mart.1.35.14.

2 a To thin out, castrate (plants). **b** to remove the honey from (hives). **c** to shorten (the tail), dock; to reduce, diminish (other things).
a ueteres (uites) quam minimum ~ato Cato *Agr.*33.2; tolerabilius..harundo ~atur antequam caeditur Col.4.32.4; Plin.*Nat.*17.144. **b** ~atae..alui Col.9.15.11; his diebus..alueos ~are (oportet) 11.2.50. **c** catulorum caudas..sic ~are conueniet Col.7.12.14; Plin.*Nat.*8.153;—(berullos) gratiores fieri medulla candoris exempta additoque auri repercussu aut omnino ~ata perspicuitati crassitudine 37.79.

castrum ~ī, *n.* [Umb. *kastruvuf*; cf. perh. castro] A fortified post or settlement (mostly in proper names).
~um Poenorum Pl.fr.inc.170; ~um hoc Furiarum incolo Cic.*Tusc.*2.23; ei Grynium dederat, in Phrygia ~um Nep.*Alc.*9.3; ~um..Inui Verg.*A.*6.775; ad ~um Mutilum Liv.31.2.7; ~um nouum Mela 2.72; (*w. ellipsis of proper adj. or gen.*) ~umque sacrasque Lauini sedes Ov.*Met.*15.727; Firmum et ~um colonis occupata Vell.1.14.8; Sil.8.359.

castum ~ī, *n.* [next] A ceremonial abstinence.
minuitur..luctus..priuatis..cum in ~o Cereris est Fest.p.154M.

castus[1] ~a ~um, *a. compar.* ~ior, *superl.* ~issimus. [perh. pple. of careo]

1 (w. *ab*) Free from, untouched by (things specified in subsequent senses).
ut deceat nos esse a culpa ~as Pl.*Poen.*1186; res familiaris..~a a cruore ciuili Cic.*Phil.*13.8; pridie ~us ab rebus uenereis Col.9.14.3; quem non e nobis credit Cleopatra nocentem a quo ~a fuit? Luc.10.370.

2 Free from vice, upright, moral. **b** (of places, things, etc.) free from crime or vice.
si uehementer ~us existimabitur aduersarius *Rhet.Her.*2.5; uestrae mentes tam ~ae Cic.*Font.*32; homo ~us atque integer *Phil.*5.12; nihil enim illo adulescente ~ius *Att.*6.7.2; nulli fas ~o sceleratum insistere limen Verg.*A.*6.563; in illa ~a et nullis contacta uitiis pectora Tac.*Dial.*12.2. **b** praemia uirtutis et officii sancta et ~a esse oportere Cic.*Inv.*2.114; falsum crimen in purissimam et ~issimam uitam conlatum *Q.Rosc.*17; M. Crassi ~issima domo *Cael.*9; tu parum ~is inimica mittes fulmina lucis Hor.*Carm.*1.12.59; ~a domus luxuque carens Luc.9.201; ~a..beatos paupertate patres Sil.1.609.

3 Unstained (in a religious sense), holy, pure. **b** (of religious observances, etc., also, things associated with religion). **c** (of poetry). **d** (of pledges) not violated, unbroken; also, that keeps faith, loyal.
huius unius ~i tutoris religionum scelere Cic.*Har.*12; hac ~i maneant in religione nepotes Verg.*A.*3.409; 6.661; ~us Aeneas Hor.*Saec.*42; ut haec ara quam illa..sanctius et a ~ioribus coli dicatur Liv.10.23.8; ueteres Romani..in constituendis religionibus..~issimi cautissimique Gel.2.28.2;—(*of parts of the body*) ~os euinctus uitta crines albente sacerdos Ov.*Met.*15.675; *Fast.*2.26. **b** ~is..sacris Acc.*trag.*528; qui (ludi) sunt..maxime ~i, sollemnes, religiosi Cic.*Har.*24; adire ~is precibus..deam Sen.*Phaed.*108;—haud satis ~um donum deo Cic.*Leg.*2.45; dulcia rura ualete..et ~i fontes *Dirae* 90; ~is adolet dum altaria taedis Verg.*A.*7.71; diuae caeditur Hennaeae ~a ceruice iuuenca Sil.13.431; ~um nemus Tac.*Ger.*40.2; ~a mola genus sacrificii, quod Vestales uirgines faciebant Paul.*Fest.*p.65M. **c** demitis acris pectore curas cantu ~aque poesi Var.*Men.*394; (*cf.*) nunc maior sitis et bibendus ~ior amnis Stat.*Silv.*4.7.12. **d** nunc ~a repetatur fides Sen.*Ag.*241; socialia iura Ausoniis multos seruarat ~a per annos Sil.14.84;—moenia ~ae..euersa Sagunti 3.1.

4 Sexually pure, chaste, not promiscuous. **b** (of places, things, etc.).
si quae ~iores erant, ad tempus ueniebant, lucem..uitabant Cic.*Ver.*5.28; femina..quae matronarum ~issima putabatur *Har.*27; ~a ad uirum matrona parendo imperat Pub.*Sent.*C.9; ~a licet patrui seruet Proserpina limen Verg.*A.*6.402; nimis ~o Bellerophontae Hor.*Carm.*3.7.15; (Amor) me docuit ~as odisse puellas improbus Prop.1.1.5; dum uel ~a fuit uel inobseruata Ov.*Met.*2.544; ex ~a parente natus Tac.*Dial.*28.4; (*fem. as sb.*) delectant..~as praeconia formae Ov.*Ars* 1.623; (*of the body*) cuius mulieris animus esset corruptus, eius corpus ~um esse non putauerunt *Rhet.Her.*4.23; ~a est accipienda manu Ov.*Fast.*4.260; Tac.*Ann.*14.60;—(*poet.*) patet ~is uersibus ille locus Ov.*Pont.*1.1.8. **b** ius illud matrimoni ~um atque legitimum Cic.*Clu.*175; ~um ut seruare cubile coniugis..possit Verg.*A.*8.412; ~issimum ante regiam iniuriam sanguinem (*sc.* Lucretiae) Liv.1.59.1; Ov.*Fast.*2.841; ~a fide seruans torum..Herculis Sen.*Her.F.*309; et (qui ~issimus ardor) funus amat (Argia) Stat.*Theb.*12.194; nuptiarum..~arum desiderio simulato Apul.*Met.*7.10; (*cf.*) cum..~um uibraret Iulia (*sc.* lex) fulmen Stat.*Silv.*5.2.102; (*transf.*) culpa domus ipsa carebat ~aque signa dabat Ov.*Met.*7.725.

5 That is in a state of chastity, virgin. **b** (spec. of a goddess). **c** (of places, things, etc.).
(Vestae) ~issimas sacerdotes Cic.*Dom.*144; ut..~a inceste nubendi tempore in ipso hostia concideret Lucr.1.98; Hor.*Ep.*2.1.132; iuuenis..~us crimine incesto iacet Sen.*Phaed.*1195; ~is sine labe corporibus (apium) [Quint.]*Decl.*13.16; (*masc. as sb.*) praecipitur ante omnia, ut ~i legant (irim) Plin.*Nat.*21.42;—(*fig.*) mollis est..oratio philosophorum..~a, uerecunda, uirgo incorrupta quodam modo Cic.*Orat.*64. **b** ~a Sibylla Verg.*A.*5.735; ~ae..Mineruae Hor.*Carm.*3.3.23; sic tua perpetuo sit tibi ~a soror (*sc.*Diana) Tib.2.5.122; ~ae..Vestae Prop.2.29.27. **c** cum ~um amisit (uirgo) polluto corpore florem Catul.62.46; suauis exspirans ~us odores lectulus 64.87; Attis turrigeram ~o uinxit amore deam Ov.*Fast.*4.224; uirginitas ~usque pudor [Sen.]*Oct.*287; nec ~a retardat uirginitas Stat.*Theb.*11.355.

6 (of language or style) Pure, faultless.
(Caesar) uir..sermonis praeter alios suae aetatis ~issimi Gel.19.8.3.

castus[2] ~ūs, *m.* [as prec.+-tvs[3]] A ceremonial state of abstinence.
DIOVOS ~VD *CIL* 1.360; res diuas edicit, praedicit ~us Naev.*poet.*28(30); caerimoniae impositae flamini Diali multae, item ~us multiplices Gel.10.15.1.

cāsuālis ~is ~e, *a.* [casvs+-alis]

1 Relating to or depending on grammatical case.
alterum (genus declinationum) ~e, ut ab equo equum Var.*L.*8.52; 10.18(20).

2 Influenced by chance, fortuitous.
FORTVNA⟨E⟩ CASVAL⟨I⟩ *CIL* 3.10265.

casula ~ae, *f.* [casa+-vla] A small or humble cottage.
hortus erat iunctus ~ae *Mor.*60; ut ad uillam uenias et uideas ~as nostras Petr.46.2; suspirat longo non uisam tempore matrem, et ~am Juv.11.153; 14.179; parua ~a cannulis temere contecta Apul.*Met.*4.6; (*applied to a burial chamber*) secundum illam ~am, in qua recens cadauer matrona deflebat Petr.111.5.

cāsus ~ūs, *m.* [cado+-tvs[3]] Forms: *cassus CIL* 1.2161.6, Var.*L.*8.39; cf. Quint.*Inst.*1.7.20; *~uis* (gen.) Var.*L.*10.62 (*cj.*).

1 A falling downward, fall, downward movement: **a** (of men and animals); *ad ~um dare*, to knock down. **b** (of inanimate things); (poet.) the end (of a season).
a nimiae tum uoluptati edepol fui ob ~um Pl.*Ps.*1280[a]; non tardatus ~u Verg.*A.*5.453; tertius ab eo ~u dies finis uitae consuli fuit Liv.10.11.2; antiquique memor metuit sublimia ~us Ov.*Met.*8.259; huius ~u suspenditur ille (*i.e. on a see-saw*) Man.5.441; ad ~um eius (*sc.* elephanti) tellure concussa Plin.*Nat.*8.150; ut corpora infantium nec ~us..tam grauiter affligit Quint.*Inst.*1.12.10; turris..unde altior esset ~us Juv.10.107; Apul.*Met.*1.17;—eoque ictu me ad ~um dari Acc.*praet.*24. **b** ne quis in suggrunda protectoue..id positum habeat, cuius ~us nocere cui possit *Ed.pr.*(*Font.iur.*p.218)15.2; stilicidi ~us lapidem cauat Lucr.1.313; celsae grauiore ~u decidunt turres Hor.*Carm.*2.10.10; ~um tremulae non timuere manus Mart.12.74.8; cur plus, ardua, ~ibus patetis? Stat.*Silv.*2.7.91; Gaius *dig.*44.7.5.5; (*of snow, etc.*) niuis..~us Liv.21.35.6; Plin.*Nat.*4.88; Apul.*Mun.*9;—extremae sub ~um hiemis, iam uere sereno Verg.*G.*1.340.

2 (of words) Termination, ending. **b** (of nouns, etc.) grammatical case.
nec patientur..uerborum ~us certa significatione ad aures peruenire Vitr.5.3.4; 5.8.2; ne in eundem ~um, similem compositionem..incidamus Quint.*Inst.*4.2.118; 9.3.82. **b** alterum (genus) quod ~us habet neque tempora adsignificat, ut ab lego lectio et lector Var.*L.*6.36; tametsi ~us non insunt in uerbis *Rhet.Her.*4.28; cum eiusdem nominis ~us saepius commutantur Cic.*Orat.*135; *N.D.*2.64; ~us sex dicimus Sen.*Nat.*5.17.1; cum in eosdem ~us aut tempora aut numeros..continuo quis..incurrit Quint.*Inst.*9.1.11; Maur.710;—(*spec.*) et domos genetiuo ~u singulari pro domuos (ponit) Suet.*Aug.*87.2; cum..in ~u dandi 'huic senatui' dicamus Gel.4.16.4; in ~u datiuo 4.16.5; nominandi..~um 13.23.5; in ~u uocatiuo 14.5.1.

3 Accident, chance. **b** *~u*, by accident as opposed to intention, etc., accidentally, unintentionally. **c** *~u*, by chance, as it happened. **d** a fortuitous occurrence, an accident.
~us..inferetur in concessionem, cum demonstratur aliqua fortunae uis uoluntati obstitisse Cic.*Inv.*2.96; si Ser. Sulpicio ~us mortem attulisset *Phil.*9.5; sed haec ~us gubernabit *Att.*15.9.1; *Div.*2.15; quod fieret naturali..seu ~u seu ui Lucr.6.31; ut quemque ~us armauerat Sal.*Cat.*56.3; quis tantam Rutulis laudem, ~usne deusne, attulerit Verg.*A.*12.321; quodcumque ~us ferat passuros Liv.9.14.7; incompositi hostes, ut quemque aut pediti aut equiti ~us obtulit, ita conserunt manus 27.42.2; 30.30.5; ~us ubique ualet Ov.*Ars* 3.425; necesse est multum in uita nostra ~us possit, quia uiuimus ~u Sen.*Ep.*71.3; hic ergo ~us, hic est ille qui pluruma in uita inuenit deus Plin.*Nat.*27.8; referri ad ~um non poterat Tac.*Ann.*14.3; sic omina ~um fecimus Stat.*Theb.*6.936;—(*phrs. w.* in ~u, *etc.*) nullum crimen est in ~u Cic.*Planc.*35; incertas atque in ~u positas possessiones *Parad.*52; incendio facto ex ~u Vitr.7.12.2; illud certe in ~um non cadit Quint.*Decl.*296(p.171,l.7). **b** utrum ~u nescierit an culpa *Rhet.Her.*2.24; totamque formam quasi perfectam reperietis arte, non ~u Cic.*de Orat.*3.179; sapienter haec reliquisti, si consilio, feliciter, si ~u *Fam.*7.28.3; quam quisque ab opere in partem ~u deuenit Caes.*Gal.*2.21.6; felicem dicere non hoc me possim, ~u quod te sortitus amicum Hor.*S.*1.6.53; ea ipsa..fraude ipsorum facta erant, non ~u Liv.25.3.10; ars ~u similis Ov.*Ars* 3.155; uulgato Agrippinae periculo quasi ~u euenisset Tac.*Ann.*14.8;—(*w. vbs. expr. chance*) ~u accidit ut id..primus nuntiaret Cic.*S.Rosc.*96; quoniam non consulto sed ~u in eorum mentionem incidi *Div.Caec.*50; Nep.*Han.*12.1. **c** ~u erat in eo portu fanum Dianae Cic.*Inv.*2.95; propterea quod ~u legati ex Asia..Romae tunc fuerunt *Ver.*1.59; ~u, cum legerem tuas litteras, Hirtius erat apud me *Att.*15.1.2; haec ~u ad turrim adhaesit Caes.*Gal.*5.48.8; ibi ~u rex erat Ptolomaeus *Civ.*3.103.2; quodsi pallerem ~u, biberent exsangue cuminum Hor.*Ep.*1.19.18; dominam ~u nulla secuta comes Ov.*Fast.*4.444; si ~u inciderit Larg.172; V.Fl.5.113. **d** quod saepe uento aut aliquo ~u fieri solet Cic.*Ver.*2.162; ~u nescio quo in ea tempora nostra aetas incidit *Fam.*5.15.3; ne minimo quidem ~u locum relinqui debuisse Caes.*Gal.*6.42.1; Siluius..Ascani filius, ~u quodam in siluis natus Liv.1.3.6; dum animo spes timor, ratio ~us obuersantur Tac.*Hist.*2.80; sunt in fortunae qui ~ibus omnia ponant Juv.13.86.

4 An event, happening, occurrence. **b** (usu. pl.) things that happen (to a person, etc.), experiences, fortunes. **c** (as something endured or to be endured). **d** (w. defining gen.) occurrence, incidence (of); the incidence or occurrence (of a disease).
o ~um mirificum! Cic.*Att.*16.13(a).1; adfirmata certe eo ~u Tulli apud dictatorem fides est Liv.7.14.5; legationibus suspensis uarietate tot ~uum 26.19.14; somnia..ueros narrantia ~us Ov.*Met.*11.588; singula nam proprio signarunt tempora ~u Man.1.53; (*w.* rerum) defensori..rerum ipsarum euentus erunt ~usque narrandi Cic.*Part.*121 *Balb.*9. **b** mors, quae propter incertos ~us cotidie imminet Cic.*Tusc.*1.91; ut..aduersis ~ibus triplici consolatione sanetur 3.34; ut ~us aduersos hominibus tribuant Nep.*Dat.*5.4; ~us abies uisura marinos Verg.*G.*2.68; non temere incerta ~uum reputat Liv.30.30.11; frater inops ignota per oppida tristis exul agit ~us Stat.*Theb.*2.403; captiuum et ~ibus dubiis reseruatum Tac.*Hist.*3.66; in commentariis Agrippinae filiae quae..uitam suam et ~us suorum posteris memorauit *Ann.*4.53; uariis deinde ~ibus iactatus 13.42;—(*w. poss. adj.*) non uota meos tua nunc ~us, sed fata regunt [Sen.]*Oct.*81; cum..sua quisque facta, suos ~us attollerent Tac.*Ag.*25.1;—(*w.* humanus) conmiserans hominum metuendos undique ~us Cic.*Arat.*435(191); *Marc.*22; magna exempla ~uum humanorum Liv.9.17.6;

45.40.6; (*cf.*) quoniam ~us apibus quoque nostros uita tulit VERG.*G.*4.251. **c** nullum ~um pro..libertate patriae non ferendum putare CIC.*Phil.*13.49; ~umque timent quem cuique ferat fors LUCR.3.983; sola mihi talis ~us Cassandra canebat VERG.*A.*3.183; omnem..~um..uidebantur subituri LIV.32.25.8. **d** ad omnis ~us subitorum periculorum..obiecti sumus CIC.*Fam.*6.4.3; CATUL.23.11; crebris ..terrenae libidinis..~ibus APUL.*Met.*6.22;—desiderat quoque propriam animaduersionem in febribus pestilentiae ~us CELS.3.7.1.A.

5 (pregn.) An undesirable occurrence, misfortune, disaster, accident. **b** (referring to political, military, etc., defeat). **c** (referring to death, usu. violent).
defleui..fratris absentis amantissimi atque optimi ~um CIC.*Dom.*96; ut nemo tam ferus fuerit, quin eius ~um lacrumarit NEP.*Alc.*6.4; laetandum magis quam dolendum puto ~um tuom SAL.*Jug.*14.22; Amyci ~um gemit VERG.*A.*1.221; cum..minas irasque caelestes repraesentatas ~ibus suis exposuisset LIV.2.36.6; similes aliorum respice ~us OV.*Met.*15.494; incendio aut latrocinio aut aliquo ~u tristiore aliena cum suis perdidit SEN.*Ben.* 7.16.3; utinam..semper..nouis bellare uetemur ~ibus STAT.*Theb.* 5.745; idem Catualdae ~us TAC.*Ann.*2.63; animalium.. ~us mortesque..a nullo praestantur ULP.*dig.*50.17.23; eas rationes, quas ~u maiore, non uero neglegentia perdiderit PAUL.*dig.*2.13.7. **b** hoc unico filio nititur..huius unius ~um pertimescit CIC.*Cael.*79; hominis desperati.. ~um lugebunt fortasse qui uolent *Sest.*33; haec..exempla expiata Saturnini atque Gracchorum ~ibus docet CAES. *Civ.*1.7.6;(*followed by prep.*; *cf. sense 1*) secum ipse reputaret, quam grauis ~us in seruitium ex regno foret SAL.*Jug.*62.9. **c** qui siluarum beneficio ~um euitauerant HIRT.*Gal.*8.20.2; tris quoque Threicios..per uarios sternit ~us VERG.*A.* 10.352; sensit utraque acies unius uiri ~um LIV.2.46.5; Asiatica legatio (*sc.* Scipionis)..filii ~u deformata 38.53.10; —(*poetic pl.*) si certa meos sequerentur funera ~us PROP. 3.16.21.

6 Issue, outcome, fortune.
si nostras rationes ad Hispaniensem ~um accommodaturi essemus CIC.*Att.*10.8.2; si melior ~us fuerit, reuertemur Romam D.BRUT.*Fam.*11.1.3; quin in eius diei ~u suarum omnium fortunarum euentum consistere existimaret CAES. *Civ.*2.5.4; si durior accidisset ~us *B.Alex.*14.5; ~us factum quicumque sequentur VERG.*A.*9.299; tendunt in quemcumque ~um LIV.4.39.3; quam quisque famulam traheret incerto diu ~u pependit SEN.*Tro.*916; nullo dubii discrimine Martis ancipites steterunt ~us LUC.4.771; quibus proelium et festinati ~us placebant TAC.*Ann.*6.44;—(*w. gen.*) quodsi is ~us fuisset rerum..ut non omnibus gratus esset CIC.*Leg.* 3.26; *Div.*2.114.

7 Chance, opportunity.
maxume sperans diducta manu hostium aut ui aut dolis sese ~um uictoriae inuenturum SAL.*Jug.*25.9; fortunam illis praeclari facinoris ~um dare 56.4; ~us Mithridati datus est occupandi Armeniam TAC.*Ann.*11.9; si Chatti cupidine ulciscendi ~um pugnae praeberent 12.28.

8 Danger, risk, peril. **b** (spec.) the hazard or 'fortune' (of war or of battle).
corporis..nostri infirmitas multos subit ~us per se CIC. *Har.*39; ea (res) nunc magnam adfert sollicitudinem magnumque habet ~um PLANC.*Fam.*10.18.3; ~us euaserat omnis VERG.*G.*4.485; commeatum illis..omnibus sub ~ibus maritimis fore LIV.42.52.12; ingentibus..et uariis ~ibus oculi nostri patent CELS.6.6.1.A; quem saepe transit ~us, aliquando inuenit SEN.*Her.F.*328; PLIN.*Nat.*11.67; neque se remque publicam in ~um dare TAC.*Ann.*1.47;—(*w. defining gen.*) quarum rerum omnium nostris nauibus ~us erat extimescendus CAES.*Gal.*3.13.7; ~us euadere ferri quo licuit paruo? VERG.*A.*10.316; suam quisque domum spatio circumdat..aduersus ~us ignis remedium TAC.*Ger.*16.2; pelagi ~us JUV.12.17; piratarum et latronum et naufragii ~um praestare debet GAIUS *dig.*13.6.18. **b** homini.. nimium communem Martem belli ~umque metuenti CIC. *Sest.*12; ut..subitum ~um expedito exercitu subiret CAES. *Civ.*3.77.1; rem in ~um ancipitis euentus committunt LIV. 4.27.6; ne temptato quidem ~u pugnae 33.19.4; tu pete bellorum ~us LUC.9.84; (*cf.*) funestae ~um prior occupat hastae STAT.*Theb.*11.500;—(*w. no gen.*) neque procurrere et ~um subire tutum uidebatur CAES.*Civ.*2.41.6; sitque duplex gemini uictoria ~us [TIB.]3.7.105; rem in ~um dare proelioque experiri statuit TAC.*Ann.*12.14;—(*in a race*) spem..sub extremo dubiam suspendere ~u MAN.5.84;— (*in gaming*) neque..loculis comitantibus itur ad ~um tabulae JUV.1.90.

9 Circumstances, situation, position, state of affairs. **b** (spec.) state, condition (of health), case, circumstances.
quo quidem in ~u simus uides CIC.*Fam.*16.12.3; cum.. res..esset iam ad extremum perducta ~um CAES.*Gal.*3.5.1; satis honestas pro meo ~u spes..sum secutus SAL.*Cat.*35.4; potes hoc sub ~u ducere somnos? VERG.*A.*4.560; uix ratio iniri potest uter ~us ciuitati sit detestabilior LIV.29.17.19; at nunc uersos ~us TAC.*Ann.*15.29; sed illic fortunae inuidia est bellorumque ultima, ~us extremi JUV.15.95; an ex accidenti postea in eum ~um peruenisset legatum, ut actio eius denegaretur JULIAN.*dig.*35.2.51;—(*w. gen.*) semper ad nouos ~us temporum nouorum consiliorum rationes accommodasse CIC.*Man.*60; multos iudiciorum ~us ad inique pronuntiandum ualere QUINT.*Inst.*5.2.4. **b** ex eo ~u iuueniores intra septimum diem moriuntur CELS. 2.7.26; commune..auxilium aduersus omnes aurium ~us 6.7.3; clauditates oculiue orbitatem ac similes ~us PLIN. *Nat.*28.33; medici..essent culpandi, quod neglegentes in ancipiti ~u hominum essent LARG.84.

10 An undesirable situation, plight.
CIC.*Tusc.*5.112; sed, quantum uideo, pari fuistis ~u CATUL.28.12; conposite atque magnifice ~um rei publicae miserati sunt SAL.*Cat.*51.9; nuntios..qui certiorem de suo ~u senatum facerent LIV.6.33.7; nullum scribere in hoc ~u sustinuisset opus OV.*Tr.*5.12.16; TAC.*Ann.*15.38.

11 A possible situation or event, contingency, eventuality.
qui temporibus secundis ~us aduersos reformidant *Rhet. Her.*4.24; accipio..haec arma contra ~us et euentus CIC. *Tusc.*3.31; ad omnis ~us subsidia comparabat CAES.*Gal.* 4.31.2; omnis metuentem expendere ~us VERG.*A.*12.21; subsidiarias cohortes, quae integrae ad longioris pugnae ~us reseruabantur LIV.9.27.9; si alteruter ~us omissus fuerit, eo ~u, qui omissus sit, natus rumpit testamentum POMPON. *dig.*28.2.10; nullo ~u emendatur uitium eius matrimonii GAIUS *Inst.*1.75; his..omnibus permissum est in eundem ~um donare ULP.*dig.*24.1.32.16; (*w. sb. cl.*) opus est ~u, ut aliqui sint..qui salutem anteponant CIC.*Att.*11.7.3.

catacecaumenītēs ~ae, *m.* [Gk. κατακεκαυμενίτης] A wine produced in Catacecaumene, a district in eastern Lydia.
Maeonia ~en..procreari VITR.8.3.12; PLIN.*Nat.*14.75.

catachanna ~ae, *f.* [Gk. καταχήνη] A tree on which several different fruits have been grafted.
AUR.*Fro.*1.p.140(35N); confusam eam..eloquentiam, ~ae ritu partim pineis nucibus Catonis partim Senecae mollibus..prunulis insitam FRO.*Aur.*2.p.102(155 N).

catachrēsis ~is, *f.* [Gk. κατάχρησις] The improper use of a word.
~in tropum nos abusionem dicimus PAUL.*Fest.*p.58M.

cataclistus ~a ~um, *a.* [Gk. κατάκλειστος] (of clothes) Kept for special occasions, 'best'.
ueste niuea et ~a praenitens..chorus APUL.*Met.*11.9.

cataclysmos ~ī, *m.* [Gk. κατακλυσμός] A deluge, flood.
Thebae, quae ante ~on Ogygi conditae dicuntur VAR.*R.* 3.1.3; AMP.2.11; HYG.*Fab.*153.1.

catadromārius ~iī, *m.* [next+-ARIVS] (app.) One who rides down a *catadromus*.
CIL 6.10157.

catadromus ~ī, *m.* [Gk. κατάδρομος] (perh.) A kind of catwalk suspended on ropes.
notissimus eques R. elephanto supersidens per ~um decucurrit SUET.*Nero* 11.2; seruum, qui per ~um descendere..solitus esset PAUL.*dig.*19.1.54.

Catadūpa ~ōrum, *n. pl.* [Gk. κατάδουπα] Cataracts, spec. those of the Nile.
ubi Nilus ad illa quae ~a nominantur praecipitat CIC. *Rep.*6.19.

Catadūpī ~ōrum, *m. pl.* The people living near the Nile cataracts.
PLIN.*Nat.*5.54; 6.178.

cataegis ~idis, *f.* [Gk. καταιγίς] A hurricane.
procellosus flatus '~is' dicitur APUL.*Mun.*12.

catafractārius ~a ~um, *a.* Also **cataph-, kata-.** [CATAFRACTVS+-ARIVS] Wearing mail, armoured; (masc. as sb.) a mail-clad soldier.
ALA FIRMA ~A *CIL* 3.10307; EQVITES ~OS 3.14406[a];— DE VIXILLATIONE ~ORVM 5.6784.

catafractātus ~a ~um, *a.* [CATAFRACTVS+ -ATVS[2]] Equipped with mail.
ALAE I GALLOR ET PANNONIOR ~AE *CIL* 11.5632.

catafractēs (~a) ~ae, *m.* Also **cataph-.** [Gk. καταφρακτής]

1 (app.) A mail-clad soldier.
custodiae in muro statuuntur ~arum SIS.*hist.*81.

2 (unless fem. of next) A coat of mail.
lapsantibus equis et ~arum pondere TAC.*Hist.*1.79.

catafractus ~a ~um, *a.* Also **cataph-.** [Gk. κατάφρακτος] Clothed in mail; (masc. as sb.) a mail-clad soldier.
equites ~i SAL.*Hist.*4.64; cum auxiliis et ~o equitatu LIV.37.42.7;—ferreus..~us PROP.3.12.12; loricatos, quos ~os uocant LIV.35.48.3; 37.40.5; sciret catafractos similes esse beluis piscibus FRO.*Ver.*2.p.212(208N).

Catagelasimus ~ī, *m.* [Gk. καταγελάσιμος 'ridiculous'] (Punningly suggested as an alteration of the name Gelasimus).
nolo ex Gelasimo mi fieri te ~um PL.*St.*631.

catagraphus ~a ~um, *a.* [Gk. κατάγραφος]

1 (of material) Figured.
remitte pallium mihi meum..sudariumque Saetabum ~osque Thynos CATUL.25.7.

2 (neut. as sb.) A three-quarter-face portrait.
hic ~a inuenit, hoc est obliquas imagines PLIN.*Nat.*35.56.

catagūsa ~ae, *f.* [Gk. κατάγουσα] The name of a statue (which sense of κατάγω is uncertain).
Praxiteles..fecit..et ex aere pulcherrima opera: Proserpinae raptum, item ~am PLIN.*Nat.*34.69.

catalecticus ~a ~um, *a.* **~os ~on.** [Gk. καταληκτικός] (of metre) Having an incomplete final foot; (of a syllable) forming such a foot.
~on hoc genus omne et semipedem uocitari..meministi MAUR.1829;—pedes..~a quos syllaba terminat 1520; linquitque comma primum ~am breuem 2896.

catalexis, *f.* [Gk. κατάληξις] The loss of a syllable in a final metrical foot.
MAUR.1469; 1880; 2300.

Catamītus ~ī, *m.* **-meitus.** [Etr. *Catmite*, Gk. Γανυμήδης]

1 Ganymede.
tabulam pictam in pariete ubi aquila ~um raperet PL. *Men.*144; ACC.*trag.*653; (*transf.*) hic est..carus Endymion, hic ~us meus APUL.*Met.*1.12.

2 A catamite or pathic.
ut te ~um..aspiceret CIC.*Phil.*2.77.

catampo: (see quot.).
~ genus est lusus PAUL.*Fest.*p.44M.

catanancē ~ēs, *f.* [Gk. καταναγκη] A kind of vetch, used for love charms.
~en Thessalam herbam..usus eius ad amatoria tantum PLIN.*Nat.*27.57.

cataphagās ~ae, *m.* [Gk. καταφαγᾶς] A glutton.
in leone ~ae nascuntur et imperiosi PETR.39.9.

cataphract-: see CATAFRACT-.

catapīrātēria ~ae, *f.* [Ion. Gk. καταπειρητηρίη] A sounding-line.
ne pessum abeat tamquam ⟨~a⟩ (*cj.*) PL.*Aul.*598.

catapīrātēs (acc.) ~em, *m.* [cf. prec.] = prec.
hunc ~em puer eodem deferat (deuoret *CIL* 8.27790) unctum LUCIL.1191.

cataplasma ~atis, *n.* [Gk. κατάπλασμα] FORMS: (abl. pl.) ~*atis* CATO *Fil.*4(J), CELS. 4.8.3; ~*atibus* APUL.*Met.*5.10. A poultice, plaster.
ex medicamentis bibendis, ex ~atis CATO *Fil.*4(J); calfacit..ex qualibet farina ~a CELS.2.33.5; ~atis calfacientibus utuntur 7.26.5.D; inponitur hyoscyami..radix in ~ate PLIN.*Nat.*26.152; calidum ~a..inponere LARG.160; faetidis ~atibus APUL.*Met.*5.10.

cataplexis, *f.* [Gk. κατάπληξις] An object of admiration.
magna atque immanis ~is plenaque honoris LUCR.4.1163.

cataplūs, *m.* [Gk. κατάπλους] The action of putting into port.
~us ille Puteolanus CIC.*Rab.Post.*40; dum tibi Niliacus (*i.e. from the Nile*) portat crystalla ~us MART.12.74.1.

catapotium ~iī, *n.* [Gk. καταπότιον] A medicinal pill.
ieiuno recte ~ia dantur CELS.3.21.6; PLIN.*Nat.*26.64; ~ium, id est medicamentum, quod non diluitur, sed ita ut est deuoratur, ad tussim LARG.87; facere ~ia magnitudinis fabae 89.

catapulta ~ae, *f.* [Gk. καταπέλτης] A machine for discharging bolts or other missiles, a catapult.
~a hoc (*sc. eye*) ictum est mihi apud Sicyonem PL.*Cur.* 394; 690; longius scorpios ~a concitos SIS.*hist.*41; ne.. saxa ex ~is latericium discuterent CAES.*Civ.*2.9.4; ~is ballistisque per omnia tabulata dispositis LIV.21.11.7; 31. 46.10; antepositis propugnaculis ex quis ~ae ballistaeque tenderentur TAC.*Ann.*12.56;—(*applied facet. to other things*) meumst ballista pugnum, cubitus ~ast mihi PL.*Capt.*796; uide modo ulmeae ~ae tuom ne transfigant latus *Per.*28.

catapultārius ~a ~um, *a.* [prec.+-ARIVS] Of or connected with a catapult.
ego ex te hodie faciam pilum ~ium PL.*Cur.*689.

cataracta ~ae, *f.* **catar(r)(h)actēs** ~ae, *m.* [Gk. καταρ(ρ)άκτης]

1 A cataract, rapid (esp. on the Nile).
VLTRA NILI ~E⟨N⟩ *CIL* 3.14147; peruenit per montes ad ~am VITR.8.2.6; excipiunt eum (Nilum) ~ae SEN.*Nat.* 4a.2.4; praecipites ~ae LUC.10.318; nouissimo ~e inter occursantes scopulos..ruere PLIN.*Nat.*5.54; a ~is iterum nauigatur (Euphrates) 5.85.

2 a A sluice. **b** a portcullis.
a ~is aquae cursum temperare PLIN.*Ep.Tra.*10.61(69).4. **b** remisso fune quo suspensa erat ~a magno sonitu cecidit LIV.27.28.11.

3 A diving sea-bird.
nec Diomedias praeteribo aues. Iuba ~as uocat PLIN. *Nat.*10.126.

cataractria ~ae, *f.* [? prec.] A fictitious condiment.
terrestris pecudes cicimandro condio aut hapalopside aut ~a PL.*Ps.*836.

catasceua ~ae, *f.* [Gk. κατασκευή] A constructive argument.
saepe fabulis fidem firmare aut demere, quod genus thesis et anasceuas et ~as Graeci uocant SUET.*Rhet.*25(p.122Re).

catascopiscus ~ī, *m.* (app.) = next.
CIL 8.27790.

catascopium ~iī, *n.* [Gk. κατασκόπιον] A light vessel used for reconnoitring, etc.
GEL.10.25.5.

catascopus ~ī, *m.* [Gk. κατάσκοπος] = prec.
litteris..conscriptis et per ~um missis *B.Afr.*26.3.

catasta ~ae, *f.* [prob. Gk. κατάστασις] A platform on which slaves were exposed for sale.
quem saepe coegit barbara gypsatos ferre ~a pedes TIB. 2.3.60; LIV.28.21.2; Cappadocas rigida pinguis plausisse ~a PERS.6.77; PLIN.*Nat.*35.200; MART.10.76.3; STAT.*Silv.*2.1.72; emptus de ~a SUET.*Gram.*13(p.110Re).

catastropha ~ae, *f.* [Gk. καταστροφή] A sensational act, a 'coup de théâtre'.
ne his precibus per ridiculum aliquid ~a quaereretur PETR.54.3.

catatexitechnus ~a ~um, *a.* [Gk. κατατηξίτεχνος] That wastes his art.
Callimachus, semper calumniator sui nec finem habentis diligentiae, ob id ~us (*cj.*) appellatus PLIN.*Nat.*34.92.

catatonus ~a ~um, *a.* [Gk.] 'Low-strung' (app. referring to the length of the tightened skeins which provided the propulsive power of a catapult: opp. ANATONVS).
⟨si⟩ minus altum capitulum (*of the catapult*) fuerit, quod ~um dicitur..bracchia paulo longiora constituentur VITR. 10.10.6.

catax ~ācis, *a.* [unkn.] Lame.
~ax claudus PAUL.*Fest.*p.45M; (*perh. as prop. name*) ~ax quam et Manlius nobis LUCIL.77.

catē, *adv.* [CATVS+-E] Sagaciously, well.
istaec mulier..quae te nouit tam ~ PL.*Men.*413; docte et cordate et ~ *Poen.*131; CIC.*Arat.*550(304).

cateia ~ae, *f.* [prob. Gall.] A curved missile weapon, perh. a boomerang.
Teutonico ritu soliti torquere ~as VERG.*A.*7.741; V.FL. 6.83; panda manus est armata ~a SIL.3.277; GEL.10.25.2.

catella[1] ~ae, *f.* [fem. of CATELLVS] A little bitch, lap-dog.
ut secundum pedes statuae meae ~am ponas PETR.71.6; MART.7.87.3; morte uiri cupiant animam seruare ~ae JUV. 6.654.

catella[2] ~ae, *f.* [CATENA+-LA] A light, usu. ornamental, chain.
Calibus et Minturnis cuculliones..ornamenta, murices, ~as CATO *Agr.*135.1; CAECIL.*com.*189; suos equites ~is ac fibulis donauit LIV.39.31.18; cum..uaginae ~is, baltea lamnis crepitent PLIN.*Nat.*33.152; (*poss.* catella[1]) nota refert meretricis..saepe ~am, saepe periscelidem raptam sibi flentis HOR.*Ep.*1.17.55.

catellus ~ī, *m.* [*cat-* (CATVLVS)+-ELLVS] A small or young dog, puppy. **b** (as a term of endearment).
tantillum loculi ubi ~us cubet PL.*St.*620; sic canis fit e ~o VAR.*Men.*503; erat..mortuus ~us eo nomine CIC.*Div.* 1.103; MART.1.83.1; JUV.9.61; (*in pun w.* catella[2]) delicatum te hodie faciam, cum ~o ut accubes, ferreo ego dico PL.*Cur.* 691. **b** dic igitur med aneticulam, columbam uel ~um PL.*As.*693; porrigis irato puero cum poma, recusat: 'sume ~e!' negat HOR.*S.*2.3.259.

catēna ~ae, *f.* [dub.]

1 A chain. **b** (forming chain-mail). **c** (transf., of things resembling chains).
ancorae pro funibus ferreis ~is reuinctae CAES.*Gal.*3.13.3; ruptis..immane ~is deiecit saxum VERG.*A.*8.225; turres ..ex quibus ~ae traduci per machinas possunt VITR.5.12. 1; ferrea manus firmae ~ae inligata LIV.24.34.10; ex uimine siluestri ~as conseruit FRON.*Str.*1.5.21;—(*for a dog*) PROP.4.11.26; aspicit lupus a ~a collum detritum cani PHAED.3.7.16; PERS.5.160;—(*as an ornament*) discurrant ~ae circa latera PLIN.*Nat.*33.40. **b** LUC.7.498; qua.. multiplicem tenues iterant thoraca ~ae STAT.*Theb.*12.775. **c** (Piscium) e caudis duplices uelut aere ~ae..per lumina serpunt CIC.*Arat.*248(14); quippe ~am saepe ex anellis reddit pendentibus ex se (Magnes) LUCR.6.910; PLIN.*Nat.* 34.147; MART.12.43.9.

2 A bond, tie.
in eum orbem tris ~as indito CATO *Agr.*18.9; ~is dispositis ad contignationes VITR.7.3.1.

3 (usu. pl.) Chains, fetters. **b** (meton.) imprisonment; also, captivity.
is indito ~as singularias PL.*Capt.*112; homines captiuos qui ~is uinciunt *Men.*79; sicut..aliqua taeterrima belua soluta ex ~is *Rhet.Her.*4.51; hominibus miseris innocentibus inici ~as imperat CIC.*Ver.*5.106; conantis dicere..in ~as coiecit CAES.*Gal.*1.47.6; paucis diebus Iugurtham in ~is habiturum SAL.*Jug.*64.5; stridor ferri tractaeque ~ae VERG.*A.*6.558; daret ut ~is fatale monstrum HOR.*Carm.* 1.37.20; regum auratis circumdata colla ~is PROP.2.1.33; si uideatis ~as, squalorem, deformitatem ciuium uestrorum LIV.22.59.15; Venus per nos ~as uindicat Martis sui suasque SEN.*Phaed.*125; saeuaque multisonas exsertat Poena ~as STAT.*Theb.*8.25; iussu G. Caesaris oneratus ~is TAC.*Hist.* 1.48; ~as Caecinae..exoluunt 3.31; JUV.3.309;—(*sg.*) HOR. *S.*1.5.65; aurea ~a deuinxere simulacrum CURT.4.3.21; TAC.*Ann.*6.14; seruisse dicitur atque etiam ostiarius uetere more in ~a fuisse SUET.*Rhet.*27(p.124Re). **b** ne falsa damnatio, ne carcer, ne ~ae..ne sanguis innocentium.. magistratibus nostris quaestui posset esse CIC.*Ver.*5.130;—horribilique Medo nectis ~as? HOR.*Carm.*1.29.5; libera Romanae subiecit colla ~ae [TIB.]3.7.117.

4 (fig.) **a** (of the ties of love and other attachments). **b** (of curbs, restraints, controls).
a ualida teneamur uterque ~a [TIB.]3.11.15; uos collato pectore mixtos iunxit inabrupta Concordia longa ~a STAT. *Silv.*5.1.44;—hic, qui ad superiora progressus est..laxam ~am trahit nondum liber SEN.*Dial.*7.16.3; omnes cum fortuna copulati sumus: aliorum aurea ~a est et laxa, aliorum arta et sordida 9.10.3. **b** hanc taetram immanemque beluam, uinctam auspiciis..constrictam legum sacratarum ~is CIC.*Sest.*16; adde Cicutae nodosi tabulas centum, mille adde ~as HOR.*S.*2.3.70; animum rege..hunc frenis, hunc tu compesce ~a *Ep.*1.2.63; splendidiore nunc eos ~a, sed multo grauiore uinctos esse LIV.35.38.10;—(*of a formal or close-knit style*) dare subtili uiuacia uerba ~ae *Laus Pis.*60; quae apprehensa Graeci magis..in ~as ligant QUINT.*Inst.* 5.14.32.

5 A causal series or sequence.
ne mirere uiae flexus rerumque ~as MAN.4.394; fatum est..sempiterna quaedam et indeclinabilis series rerum et ~a GEL.7(6).2.1.

catēnārius ~a ~um, *a.* [prec.+-ARIVS] (of a dog) That is on a chain.
insomne..est animal canis, utique ~us, paratus SEN.*Con.* 7.5.12; SEN.*Dial.*5.37.2; canis ~us..nos tumultu excepit PETR.72.7.

catēnātiō ~ōnis, *f.* [CATENO+-TIO] Connexion, jointing.
in commissuris et coagmentationibus ab lentitudine firmas recipiunt ~ones (*sc.* ulmus et fraxinus) VITR.2.9.11; 10.1.2; cum..(laruae) ~o mobilis aliquot figuras exprimeret PETR.34.9.

catēnātus ~a ~um, *a.* [CATENA+-ATVS[2]]

1 Wearing chains, fettered.
intactus..Britannus ut descenderet Sacra ~us uia HOR. *Epod.*7.8; duorum regum..~ae ceruices V.MAX.6.2.3; ~us, egens, squalidus, quid possum? SEN.*Con.*1.6.3; COL.1.pr.10; ceteri..cum ~i producerentur SUET.*Aug.*13.2; (*poet.*) nondum..foeda ~o luerat conubia lecto (*sc.* Mars) STAT.*Theb.* 7.63;—(*masc. as sb.*) acti ante suum quisque praedonem ~i QUINT.*Inst.*8.3.69; *Decl.*342(p.352,l.16).

2 Fixed or secured by a chain; attached by a chain.
nulla ~is pila est praecincta lagonis MART.7.61.5; ora ~as (*i.e. bridled*) procul exsertantia linguas STAT.*Theb.*4.732; postquam omnis ubique fixa ~ae siluit compago tabernae JUV.3.304;—~o captus hamo (*i.e. a fish-hook on a chain*) PLIN.*Nat.*9.44.

3 Arranged to form a chain or series. **b** interlocking, intertwined.
flagro illo pecuinis ossibus ~o APUL.*Met.*8.30;—(*of immaterial things*) curaeque ~ique labores MART.1.15.7; ut.. uersus..ex pluribus..syllabis ~os..quam citatissime uoluant QUINT.*Inst.*1.1.37. **b** siue ~is curuatus membra palaestris staret STAT.*Silv.*2.1.110.

catēnō ~āre, *tr.* [prob. back-formation from prec.] To secure with bonds.
potest..numella fabricari, ut inserto capite descendentibus per foramina regulis ceruix ~atur COL.6.19.2.

caterua ~ae, *f.* [Umb. *kateramu*, cf. perh. *catena*]

1 A company, band, esp. of followers or supporters. **b** a company of players, athletes, etc.
quem ad modum..passim per forum uolitet cum magna ~a togatorum CIC.*S.Rosc.*135; si..Postumus obuiam cum bene magna ~a sua uenit *Mur.*69; Idaeam uocitant matrem Phrygiasque ~as (*i.e. of priests*) dant comites LUCR.2.611; omnium flagitiorum atque facinorum circum se tamquam stipatorum ~as habebat SAL.*Cat.*14.1; progreditur magna stipante ~a VERG.*A.*4.136; uenit in exsequias tota ~a (*i.e. all my children*) meas PROP.4.11.98; medio foro cum ~a sua accurrit et manum iniecit LIV.6.14.3; OV.*Met.*12.216; VELL. 2.3.2; Nympharum tenerae fugiebant Pana ~ae STAT.*Silv.* 2.3.8; (*cf.* 1b) ⟨est⟩ haec ~a plane gladiatoria CAECIL.*com.* 38. **b** ut a multitudine et populo..~ae atque concentus ..eiciantur CIC.*de Orat.*3.196; *Sest.*118; ~as Afrorum Campanorumque pugilum SUET.*Cal.*18.1.

2 A band, squadron of armed men (usu. dist. fr. the regular Roman formations).
fugatis..ab eo conducticiis ~is NEP.*Cha.*1.2; agmen agens equitum et florentis aere ~as VERG.*A.*7.804; dum fugiunt equitum turmae peditumque ~ae HOR.*Ep.*2.1.190; Cilicum uictas..~as TIB.1.2.67; circa iacentem ducem sterne Gallorum ~as LIV.7.26.7; equitum ~is SEN.*Ag.*601; uentum erat ad robur Magni mediasque ~as LUC.7.545; non Libycae sonant ~ae STAT.*Silv.*4.3.4; tribuni praefectique cum terrore et armatorum ~is uolitabant TAC. *Hist.*2.88; cum consules..obiecissent ~as suas FLOR.*Epit.* 2.9(3.21.7); (*dist. fr.* cuneus) comminus eminus ~is et cuneis concurrebant TAC.*Hist.*2.42;—(*sg.*) quorum..ut agmina turbatam uidit laxare ~am STAT.*Theb.*2.577.

3 A crowd, mass; (transf.) a large number. (of animals, birds, insects, etc.) a flock, herd, or swarm. **c** a cluster, crowd (of concrete or immaterial things).
amicorum ~ae CIC.*Cael.*77; per obstantis iuuenum ~as HOR.*Carm.*3.20.5; TIB.1.6.81;—~ae ueniunt contra dicentium CIC.*Tusc.*1.77; si magnas Graecorum malis implere ~as HOR.*S.*1.10.35. **b** hominum generi pecudumque ~is LUCR.6.1092; alto in luco cum forte ~ae consedere auium VERG.*A.*11.456; canis anguina redimitus terga ~a [TIB.] 3.4.87; quales..in antra reuerti melle nouo grauidas mitis uidet Hybla ~as STAT.*Ach.*1.557; APUL.*Met.*4.20. **c** iam uergilias in caelo notabiles ~a fecerat PLIN.*Nat.*18.251; uili et incondita uerborum ~a GEL.15.2.3.

cateruārius ~a ~um, *a.* [prec.+-ARIVS] Belonging to a troop or company.
spectauit..et (pugiles) ~os oppidanos inter angustias uicorum pugnantis temere ac sine arte SUET.*Aug.*45.2; PVGILES ~OS *CIL* 10.1074.

cateruātim, *adv.* [CATERVA+-IM]

1 In bands or groups (usually disorganized). **b** (of animals, birds, etc.) in herds, or flocks. **c** (of other things) in (random) groups.
in eius castra perfugere ~ *B.Afr.*32.3; non acie neque ullo more proeli sed ~..in nostros incurrunt SAL.*Jug.*97.4; LIV. 23.27.5. **b** sues ~ atque inconditae..super alias aliae cubant COL.7.9.9; sturnorum generi proprium ~ uolare PLIN.*Nat.*10.73. **c** an..uites habendae sint..separatae ac distinctae specialiter an confusae et mixtae ~ COL.3.19.3.

2 In large numbers.
~ morbo mortique dabantur LUCR.6.1144; ~ dat stragem VERG.*G.*3.556.

catharmoe, *m. pl.* [Gk. καθαρμοί] Purificatory rites, the title of a poem by Empedocles.
APUL.*Apol.*27.

cathedra ~ae, *f.* [Gk. καθέδρα] An armchair or easy-chair (used esp. by women). **b** the chair of a teacher.
te..discipularum inter iubeo plorare ~as HOR.*S.*1.10.91; PROP.4.5.37; SEN.*Cl.*1.9.7; supinarum in delicias ~arum aptissimae (salices) PLIN.*Nat.*16.174; (zotheca) lectum et duas ~as capit PLIN.*Ep.*2.17.21; famam..cuius apud molles minima est iactura ~as JUV.6.91; 9.52; ~an pyxidam cophinum *P.Mich.*434.14(*FJRA* 3.17.14). **b** circum pulpita nostra et steriles ~as basia sola crepant MART.1.76. 14; paenituit multos uanae sterilisque ~ae JUV.7.203.

2 A sedan.
cum iam sexta ceruice feratur hinc atque inde patens ac nuda paene ~a JUV.1.65.

cathedrārius ~a ~um, *a.* [prec.+-ARIVS]

1 Fitted as a *cathedra*.
tapetis..subsellia ~a quibus insterni solent PAUL.*dig.*33. 10.5.

2 Occupying a professional teacher's chair.
non ex his ~is philosophis, sed ex ueris et antiquis SEN. *Dial.*10.10.1.

cathedrātus ~a ~um, *a.* [CATHEDRA+-ATVS[2]] Fitted with cushioned seats.
cum ~a litos (*cj.*) portet tibi raeda ministros MART.10. 14(13).1.

cathetus (~os) ~um, *a.* [Gk. κάθετος] Perpendicular.
secundum abacum..lineae demittendae, quae ~oe dicuntur VITR.3.5.5; ordinatas deinde lineas basi..eiciamus in ~um HYG.GR.*agrim.*p.153.

catholicum ~ī, *n.* [Gk. καθολικός] A general principle.
~a siderum errantium PLIN.*Nat.*1.epit.2,n.15; 1.epit.2, n.55; ~um grammaticorum VEL.gram.in *G.L.*7.69.

Catiānus ~a ~um, *a.* Of Catius; spec. of *spectra*, as used by Catius Insuber to translate the Greek εἴδωλα.
qui putant etiam διανοητικὰς φαντασίας spectris ~is excitari CIC.*Fam.*15.16.1; CAS.*Fam.*15.19.1.

Catilīna ~ae, *m.* A Roman cognomen, esp. that of L. Sergius Catilina, a profligate Roman patrician, who headed a conspiracy against the state at the time of Cicero's consulship. **b** (transf.) a person like Catiline, a revolutionary.
CIC.*Orat.*129; SAL.*Cat.*5.1; VERG.*A.*8.668; LUC.2.541. **b** etiam si ~a perierit, scitote hoc in re publica seminarium ~arum futurum CIC.*Catil.*2.23; *Phil.*14.14; ~am quocumque in populo uideas JUV.14.41.

Catiliniānus ~a ~um, *a.* Of or connected with Catiline.
in ~is prodigiis PLIN.*Nat.*2.137; M. Cicero..stabiliuit equestre nomen..~is rebus 33.34.

catillātiō ~ōnis, *f.* [next+-TIO] (app.) Greed or extortion (see quot.).
~o graue obprobrium hominibus generosis obiciebatur, si qui prouincias amicas populi Romani expoliassent PAUL. *Fest.*p.44M.

catillō[1] ~āre ~āuī ~ātum, *intr.* [CATILLVS+-O[3]] (app.) To lick plates.
operam uxoris polliceor foras, quasi ~atum PL.*Cas.*552.

catillō[2] ~ōnis, *m.* [next+-O[1]]

1 A cleaner or licker of plates, a glutton.
~ones appellabant antiqui gulosos PAUL.*Fest.*p.44M.

2 An edible fish (prob. = LVPVS).
pontes Tiberinus duo inter captus ~o LUCIL.1176.

catillus ~ī, *m.* **~um** ~ī, *n.* [CATINVS+-LVS] A bowl or dish. **b** (see quot.).
ita pone cum ~o et lingula CATO *Agr.*84; uolitantque urbe tota ~i POL.*orat.*41; HOR.*S.*1.3.90; ligneo ~o cenantem V.MAX.4.3.5; PLIN.*Nat.*30.54;—(*neut.*) ex hac massa fabri.. fecerunt ~a PETR.50.6; (*perh.*) habuimus..~um concacatum 66.7. **b** est..meta inferior pars molae, ~us superior PAUL.*dig.*33.7.18.5.

Cātil(l)us ~ī, *m.* PROS.: *Cāt-* STAT.*Silv.* 1.3.100. One of the mythical founders of Tibur.
VERG.*A.*7.672; HOR.*Carm.*1.18.2; SIL.4.225.

Catina ~ae, *f.* **Catanē.** A town in Sicily near Etna.
BIB.*poet.*4(5); CIC.*Ver.*3.192; MELA 2.117. β SIL.14. 196.

Catinensis ~is, ~e, *a.* Of or belonging to *Catina.*
legati..Halaesini, ~es CIC.*Ver.*2.120; LARG.97; ~i pumice JUV.8.16; (*masc. as sb.*) CIC.*Ver.*2.156.

catīnulus ~ī, *m.* [next+-VLVS] = CATILLVS.
VAR.*gram.*16.

catīnus ~ī, *m.* **~um** ~ī, *n.* [cf. perh. Gk. κοτύλη, AS. *heden*] GENDER: clearly neut. only in Cato *Agr.*84.

1 A large bowl or dish.
~um fictile oleo unguito CATO *Agr.*84; 156.6; Samio curtoque ~o LUCIL.445; in sole ponere oportet aquae ~os VAR.*R.*1.63.1; HOR.*S.*2.2.39; ingeritur fumans calido cum farre ~us MAEC.*poet.*1(8); rubrumque amplexa ~um cauda natat thynni PERS.5.182; JUV.6.343; ~o uitreo SUET.*Gal.* 18.2.

2 The main chamber in a type of force-pump.
fistulas..in medium ~um concurrentes VITR.10.7.1.

3 A crucible used in smelting.
~i fiunt ex tasconio PLIN.*Nat.*33.69; puluis (chrysocollae) semper in ~os digeritur PLIN.*Nat.*33.88.

4 a natural hollow in rocks.
fit et in saxorum ~is (chalcanthon) PLIN.*Nat.*34.125.

Catius ~iī, *m.* An Epicurean philosopher of the age of Cicero.
CAS.*Fam.*15.19.1; QUINT.*Inst.*10.1.124.

catlaster ~trī, *m.* [CATVLVS+-ASTER] A young man.
transmarinos ~tros emere formosos et puellas maturas eosque coniungere VITR.8.3.25.

catlītiō ~ōnis, *f.* [CATVLIO+-TIO] Being on heat.
~onem rustici uocant, gestiente natura semina accipere PLIN.*Nat.*16.94.

Catō ~ōnis, *m.*

1 A Roman cognomen, esp. that of **a** M. Porcius Cato, consul 195 B.C. and censor 184 B.C. **b** M. Porcius Cato Uticensis, a supporter of Pompey who committed suicide after being defeated at Utica in Africa. **c** the grammarian and poet, Valerius Cato.
a M. PORCIVS M.F. CATO *Fast.Cos.Cap.*18b(*CIL* 1.p.25); CIC.*Tusc.*4.3; VERG.*A.*6.841; HOR.*Ars* 56; PLIN.*Nat.*25.4; (*pl. app. w. contempt. ref. to single person*) Marcellusque loquax et nomina uana ~ones LUC.1.313. **b** CIC.*Div.*1.68; HOR.*Carm.*2.1.24; SEN.*Con.*2.4.4; LUC.1.128. **c** CINNA *poet.*14; OV.*Tr.*2.436.

2 A person resembling or suggestive of a Cato, esp. (*b*) in respect of his integrity, morality, rigidity, etc.
(*b*) si non modo omnes uerum etiam multi ~ones essent in ciuitate nostra CIC.*Fam.*15.6.1; contenti simus hoc ~one AUG. in Suet. *Aug.* 87.1; quid me constricta spectatis fronte ~ones? PETR.132.15,l.1; non possum libertum ferre ~onem MART.11.39.15; TAC.*Hist.*4.8; (*cf.*) quas ~onis uxor et quas horribiles legant Sabinae MART.11.15.1;—(*a*) Africanos mihi et ~ones et Laelios commemorabis CIC.*Ver.*3.209; priscis memorata ~onibus atque Cethegis HOR.*Ep.*2.2.117;—(*a and b*) tertius e caelo cecidit ~o JUV.2.40.

3 The title of panegyrics by Cicero and other authors on Cato (*b*); the title of a tragedy; *Cato Maior* (*a*), Cicero's *De Senectute.*
quibus omnibus generibus usus est nimis impudenter Caesar contra ~onem meum CIC.*Top.*94; *Div.*2.3; '~onem' tuum mihi mitte *Fam.*7.24.2;—postero die quam Curiatius Maternus ~onem recitauerat TAC.*Dial.*2;—CIC.*Att.*14.21.3; *Amic.*4.

catōblepās, *m.* [Gk. κατωβλέπων] A small wild animal of Africa.
~as non grandis fera, uerum grande et praegraue caput aegre sustinens MELA 3.98; PLIN.*Nat.*8.77.

catochītis ~idis, *f.* [Gk. κατοχῖτις] A precious stone, said to have an adhesive surface.
~is Corsicae lapis est PLIN.*Nat.*37.152.

catoecicus ~a ~um, *a.* [Gk. κατοικικός] Assigned to military colonists.
*P.Mich.*434.6(*FJRA* 3.17.6).

catōmidiō ~āre, *tr.* [Gk. κατωμίζω] (app.) To place a person on the shoulders of another in order to beat him.
matrona..me iubet ~ari (*cj., codd.* catorogare) PETR. 132.2.

catōmium: (cj. for next, to restore supposed metre).
tollet bona fide uos Orcus nudas in ~um LABER.*com.*87.

catōmum, *adv.* [Gk. κατ' ὦμον] Over the shoulder (for flogging).
uereor ne in ~um Catonianos CIC.*Fam.*7.25.1.

Catōniānus ~a ~um, *a.* Of, belonging to, or typical of Cato; (masc. as sb.) an adherent of Cato.
se familiam ~am uenditurum CIC.*Q.fr.*2.4.5; si tibi potestas ~ae fieret aetatis SEN.*Dial.*9.7.5; pudet fari ~a.. quod facis lingua MART.9.27.14; ~a regula sic definit CELS. *dig.*34.7.1;—uereor ne in catomum ~os CIC.*Fam.*7.25.1.

catoptrītis, *f.* [Gk.] A precious stone.
~is in Cappadocia prouenit candore imaginem regerens PLIN.*Nat.*37.152.

catta ~ae, *f.* [dub.] *Pannonica ~a,* (app.) An edible species of bird.
Pannonicas nobis numquam dedit Umbria ~as MART. 13.69.1.

catula ~ae, *f.* [CATVLVS] A young or small bitch.
VAR.*L.*10.66; Craugidos et ~ae uox est mihi grata querentis PROP.4.3.55.

catulārius ~a ~um, *a.* [CATVLVS+-ARIVS] (See quot.)
~a porta Romae dicta est, quia non longe ab ea..rufae canes immolabantur PAUL.*Fest.*p.45M.

catulīnus ~a ~um, *a.* [CATVLVS+-INVS] Of or belonging to dogs; (fem. sg. as sb.) dog's flesh.
~am carnem esitauisse..Romanos, Plautus in Saturione refert PAUL.*Fest.*p.45M;—in cenis deum etiam nunc ponitur ~a PLIN.*Nat.*29.58.

catuliō ~īre, *intr.* [CATVLVS; cf. *equio*] (of bitches) To be on heat.
(canes) dicuntur ~ire, id est ostendere uelle se maritari VAR.*R.*2.9.11; ~ientem lupam LABER.*com.*56.

Catulliānus ~a ~um, *a.* Of or characteristic of Catullus.
da nunc basia, sed ~a MART.11.6.14.

Catullus ~ī, *m.* **a** C. Valerius Catullus, the poet, born at Verona in 86 B.C. **b** a writer of mimes in Nero's time.
canto carmina uersibus minutis, his olim quibus..meus ~us AUGUR.*poet.*2; HOR.*S.*1.10.19; OV.*Am.*3.9.62; MART. 8.73.8; TAC.*Ann.*4.34; (*cf.*) dicentem tumidas in hydrocelas quantum nec duo dicerent ~i MART.12.83.4. **b** MART. 5.30.3; JUV.8.186.

catulus[1] ~ī, *m.* [Umbr. *katel*; perh. MIr. *cadla* 'goat', ON. *hadna* 'kid']

1 A young dog, a pup or whelp (some exx. may belong to *b*). **b** (applied to dogs of any age).
et quoque ~o meo subblanditur nouos amator PL.*As.*184; primum aetate idonea parandi, quod ~i et uetuli neque sibi neque ouibus sunt praesidio VAR.*R.*2.9.3; ~i..ii, qui modo nati CIC.*Fin.*4.64; quam uidetis..ridentem ~i ore Gallicani CATUL.42.9; ~orum blanda propago LUCR.4.998; uelocis Spartae ~os VERG.*G.*3.405; transeat in ~os omnis tutela relictos GRAT.306; instituit ~os uestigia sequi SEN.*Cl.*1.16. 5; COL.2.21.4; ~os lactentes PLIN.*Nat.*29.58; ~orum (est) glattire SUET.fr.161(p.250Re). **b** seu uisa est ~is cerua fidelibus HOR.*Carm.*1.1.27; leporem pronum ~o sectare sagaci OV.*Rem.*201.

2 The young of any land mammal, a whelp, cub, etc. **b** the young of other creatures.
ego hic te..quasi sus ~os pedibus proteram PL.*Truc.*268; ~os fetumque ferai LUCIL.164; cum habent (lepores) ~os recentes VAR.*R.*3.12.4; ~i pantherarum scymnique leonum LUCR.5.1036; ~orum oblita leaena VERG.*G.*3.245; HOR. *Carm.*3.20.2; LIV.26.13.12; uillosae ~os..ursae OV.*Met.* 13.836; felis..~is largam praebuerunt dapem PHAED. 2.4.24; (simiae) gestant ~os PLIN.*Nat.*8.216; ferarum..~i QUINT.*Inst.*12.6.6. **b** (delphini) pariunt ~os decimo mense PLIN.*Nat.*9.21; lacertarum ~os uenantur 11.84; serpentium ~is 11.152.

3 A kind of fetter.
cum manicis ~o collarique LUCIL.854; PAUL.*Fest.*p.45M.

Catulus[2] ~ī, *m.* A cognomen of the *gens Lutatia,* esp. of **a** C. Lutatius Catulus, consul 242 B.C. **b** Q. Lutatius Catulus, consul 102 B.C. **c** Q. Lutatius Catulus, consul 78 B.C.; the title of Book I of Cicero's *Academica.*
*Act.Triumph.*20(*CIL* 1.p.47); CIC.*Mur.*36; PLIN.*Nat.*34. 54. **b** CIC.*Catil.*3.24; LUC.2.547. **c** CIC.*Pis.*6;—~um et Lucullum, ut opinor, antea CIC.*Att.*13.32.3; QUINT.*Inst.*3. 6.64.

catus[1] ~a ~um, *a.* [Skt. *śitáḥ*]

1 Clever, shrewd, prudent, circumspect. **b** (transf., of advice, etc.).
egregie cordatus homo ~us Aelius Sextus ENN.*Ann.*331; dari facete uerba custodi ~ae PL.*Men.*131; mihi tecum cauendum est, nimi' qui's orator ~us *Mos.*1142; proinde ut corde amantes sunt ~i *Trin.*677; nescioquis senex..confidens ~us TER.*An.*855; sed homo ~us (*sc.* Epicurus) numquam terminat nec magnitudinis nec diuturnitatis modum CIC.*Tusc.*2.45; HOR.*Carm.*1.10.3; ille ~us, quantumuis rusticus *Ep.*2.2.39; ~e rerum sator SEPT.*poet.*23.2; ~us ita Cato ⟨dat⟩ Agrigentinis aratra FRO.*Ver.*2.p.200 (203N); apud Athenienses ~os Meletides fatuus (natus est) APUL.*Apol.*24; QVAEQVE EFFETA TVLIT TELLVS ~A *CIL* 8. 27764; (*w. abl.*) experimentis ~us APUL.*Soc.*17; (*w. inf.*) ~us idem..fugientis..ceruos iaculari HOR.*Carm.*3.12.10; APUL.*Fl.*3. **b** tum coepit memorare simul ~a dicta ENN.*Ann.*529; dederim uobis consilium ~um PL.*Epid.*258.

2 (app., of sound) Shrill, clear.
iam ~a signa fere sonitum dare uoce parabant ENN.*Ann.* 459.

Catus[2] ~ī, *m.* A Roman cognomen.
SEX. AELIVS Q. ⟨F. P. N⟩ PAITVS ~VS *Fast.Cos.Cap.*18b (*CIL* 1.p.25); (*as the title of a book*) GEL.4.19.2; logistorico M. Varronis, qui inscribitur ~us 20.11.4.

caua ~ae, *f.* [CAVVS] A hollow.
si ~a defecerit..solent termini occurrere HYG.*agrim.*p.75.

cauaedium, *n.* = CAVVM *aedium,* an inner court in a house.
est contra medias (porticus) ~um hilare PLIN.*Ep.*2.17.5.

Cauarus ~a ~um, *a.* Of the Cauares, a tribe in Gallia Narbonensis.
pernae..~ae VAR.*R.*2.4.10.

cauāticus ~a ~um, *a.* [CAVVS+-ATICVS] Belonging to or living in caves.
PLIN.*Nat.*8.140; (cocleae) Baliaricae, quas ~as uocant, quoniam in speluncis nascuntur 30.45.

cauātiō ~ōnis, *f.* [CAVO+-TIO] Hollow shape, cavity.
Ennius..(dicit) ad ~onem 'caeli ingentes fornices' VAR. *L.*5.19; sinum maiorem ~onem quam pocula habebant 5.123.

cauātor ~ōris, *m.* [CAVO+-TOR] One who hollows out, an excavator.
quo in genere (*sc. woodpeckers*) arborum ~ores PLIN.*Nat.* 10.40; (*of uncertain meaning*) DECIMIORVM FAVSTI ET FORTVNATI CABATORES DE VIA SACRA *CIL* 6.9239.

cauātus ~a ~um, *a.* [ppl. of CAVO] Hollow in form, having a degree of hollowness. **b** hollowed out, i.e. forming a cave.
~a aurium anfracta VAR.*Men.*387; compressae nares.. ~i oculi, caua tempora LUCR.6.1194; oraque corticibus sumunt horrenda ~is VERG.*G.*2.387; torrentis alibi aliter ~i LIV.44.35.17; et ex eo (*sc.* septimo anno) ~os (dentes) gerit COL.6.29.5. **b** sub rupe ~a VERG.*A.*3.229; OV.*Met.* 9.211; commouetur omne tectum ~ae uallis SEN.*Nat.*6.22.2.

caucalis ~idis, *f.* [Gk. καυκαλίς] An umbelliferous plant.
PLIN.*Nat.*21.89; estur et ~is feniculo similis, breui caule flore candido 22.83.

Caucaseus ~a ~um, *a.* Of or belonging to the Caucasus.
~a decurrens..arce PETR.123,l.205; rupes..~ae V.FL. 4.72; ~ae..Nymphae V.FL.5.381; ~is..antris SIL.4.331; (*as typically barbarous*) non ~a doceo de rupe puellas OV. *Ars* 3.195;—(*spec.*) ~um..senem (*i.e. Prometheus*) V.FL. 4.63; ~i comites..triumphi (*i.e. of the Amazons*) STAT.*Theb.* 12.612.

Caucasius ~a ~um, *a.:* = prec. *portae ~ae,* a pass in the Caucasus. **b** (spec. of things connected with Prometheus).
~o..in uertice VERG.*G.*2.440; ~a..de rupe PROP.2.1.69; ~um..Abarim OV.*Met.*5.86; ~ii (montes) MELA 1.109;—Portae ~ae, magno errore multis Caspiae dictae PLIN.*Nat.* 6.30. **b** ~asque refert uolucris furtumque Promethei VERG.*Ecl.*6.42; ~as..auis PROP.2.25.14.

Caucasus (~os) ~ī, *m.*

1 The Caucasus mountains.
CIC.*Rep.*6.22; *Tusc.*2.23; ~on appellant OV.*Met.*8.798; PLIN.*Nat.*12.26; STAT.*Theb.*4.394; (*w.* mons) a ~o monte CURT.5.4.5;—(*as typically harsh and inaccessible*) indoctus ac barbarus, in radicibus ~i natus CIC.*Tusc.*2.52; VERG.*A.* 4.367; per inhospitalem ~um HOR.*Carm.*1.22.7; (*fig.*) pelle femineos metus et inhospitalem ~um mente indue SEN. *Med.*43.

2 (applied to the Hindu Kush).
deinde Haemodes et ~us et Propanisus MELA 1.81; (*w.* mons) Ganges et Indus ab ~o monte oriuntur VITR.8.2.6; CURT.7.3.19.

cauculus ~ī, *m.:* see CALCVLVS.

cauda ~ae, *f.* Also **cōda.** [dub.]

1 The tail (of an animal, bird, fish, or other creature). **b** (applied to the post-abdomen or 'tail' of a scorpion). **c** (in constellations). **d** (worn as costume or affixed in mockery). (**e** used as a brush).
pinnata ~a ACC.*trag.*390; CIC.*de Orat.*3.222; ~a..pauonis..consimili mutat ratione obuersa colores LUCR.2.806; cum medii nexus extremaeque agmina ~ae soluuntur (colubris) VERG.*G.*3.423; delphines..aequora uerrebant ~is *A.* 8.674; ~ae..equinae HOR.*Ep.*2.1.45; blandas mouere per aera ~as OV.*Met.*14.258; ubi se saeuae stimulauit uerbere ~ae erexitque iubam (leo) LUC.1.208; ~ae praeter hominem ac simias omnibus fere PLIN.*Nat.*11.264; ~am cybii MART.11.31.14; (*in fig. phr.*) blando ~am iactare popello (*fawn on the mob*) PERS.4.15. β ut canis sine ~a VAR. *Men.*518; haec colonia retrouersus crescit tanquam ~a uituli PETR.44.12. **b** ut scorpios ~a sublata LUCIL.1022; OV.*Hal.*5; nulli (insecto) ~a nisi scorpioni PLIN.*Nat.*11.100. **c** caeruleamque ferae ~am Pistricis CIC.*Arat.*521(275); ad ~am tauri VITR.9.3.1; MAN.1.690; Tauri ~a occidit COL.11.2.77; LUC.1.659; PLIN.*Nat.*2.110. **d** cum Antoni librarius..caput..redimitus arundine et ~am trahens, genibus innixus Glaucum saltasset in conuiuio VELL.2.83.2;—(*in fig. phr.*) nihilo ut sapientior ille, qui te deridet, ~am trahat HOR.*S.*2.3.53. **e** peruerrit ~a silices gremiumque molarum *Mor.*23.

2 The penis.
HOR.*S*.1.2.45; turgentis uerbera ~ae 2.7.49; (*cf.*) ~am antiqui 'penem' uocabant CIC.*Fam*.9.22.2.

3 The extreme part, 'tail', of anything.
~a radicis (aconiti) incuruatur paulum scorpionum modo PLIN.*Nat*.27.9. β uidetis extremam partem nominis (*sc.* 'Verrucius'), ~am illam Verrinam tamquam in luto demersam esse in litura? CIC.*Ver*.2.191.

caudeus ~a ~um, *a.* [(app.) CAVDA+-EVS] (See last quot.)
cistellam..~am PL.*Rud*.1109; (*codd.* gaud-) 1133; ~ae cistellae ex iunco, a similitudine equinae caudae factae PAUL.*Fest*.p.46M.

caudex ~icis, *m.* **cōdex.** [CVDO]

1 The trunk or stem of a tree. **b** (used for fastening delinquents to). **c** (applied to a stupid person) lump of wood, blockhead.
α quin et ~icibus sectis..truditur e sicco radix oleagina ligno VERG.*G*.2.30; ex terra recipientes ~ices arborum in se sucum VITR.2.9.2; pomum fert non ramis, sed ~ice ipso PLIN.*Nat*.13.56; ilex, et ipsa nobilis XXXIV pedum ambitu ~icis 16.242; ~ices ligni plurimos..portabat GEL.5.3.3; lapidum globos et ~icum toros et camporum riuos APUL. *Fl*.21; (*hyperb.*) et de ~ice lento uimineae lances PETR. 135.8,l.60. β ~ice qui misso..Tectaphon Oleniden a summo uertice fregit OV.*Met*.12.432; ~ices et uastiora ligna COL.12.19.5. **b** quos ego iam detrudam ad molas, ind' porro ad puteum atque ad robustum ~icem PL.*Poen*.1153; ~icis immundi uincula sentit anus PROP.4.7.44; residens in ~ice paelex JUV.2.57. **c** α ~ex stipes asinu' plumbeus TER.*Hau*.877. β ~ex, non mulier PETR.74.13.

2 A 'book' formed of wooden tablets or, later, other materials, a notebook (often containing public records). **b** an account-book.
α iussi ~icem proferri, ubi mea oratio scripta erat CATO *orat*.171. β recitet ex ~ice professionem CIC.*Ver*.3.26; quod C. Verres, praetor urbanus..subsortitionem eius in eo ~ice..non haberet *Clu*.91; illum..apud Fabianum philosophum..cum ~icibus sedere SEN.*Con*.7.pr.4; QUINT.*Inst*. 10.5.13; in ~ibus..membraneis uel chartaceis uel etiam eboreis uel alterius materiae ULP.*dig*.32.1.52; (*containing a will*) nam ~ice saeuo heredes uetat esse suos, bona tota feruntur ad Phialen JUV.10.236; SUET.*Aug*.101.1;—(*cf.*) plurium tabularum contextus caudex aput antiquos uocatur, unde publicae tabulae codices dicuntur SEN.*Dial*.10.13. 4. **b** ut mea causa falsum in ~icem referret CIC.*Q. Rosc*.1; non habere se hoc nomen in ~icem accepti et expensi relatum 5; in ~icis extrema cera *Ver*.1.92; qui uenit ad dubium grandi cum ~ice nomen JUV.7.110.

caudica ~ae, *f.* [? prec.] (app.) A kind of barge or lighter.
GEL.10.25.5.

caudicālis ~is ~e, *a.* [CAVDEX+-ALIS] Dealing with tree-trunks or logs.
te cum securi ~i praeficio prouinciae (*i.e. wood-splitting*) PL.*Ps*.158.

caudicārius ~a ~um, *a.* **cōd-.** [CAVDEX (or CAVDICA?)+-ARIVS] *nauis ~a*, a kind of barge or lighter; (masc. as sb.) a lighterman.
α naues ~ae occulte per hiemem fabricatae SAL.*Hist*. 4.59; ~ae naues ex tabulis grossioribus factae PAUL.*Fest*. p.46M. β nauis ~as VAR.*gram*.212; SEN.*Dial*.10.13.4; —IN CORPORE CODICAR *CIL* 11.2643.

Caudīnus ~a ~um, *a.*

1 Of or belonging to *Caudium*, a town in Samnium famous for the defeat inflicted on the Romans by the Samnites near by.
Furculas ~as LIV.9.11.3; ~i saxa Taburni GRAT.509; ~as..Furcas LUC.2.137; ~is faucibus COL.10.132.

2 Connected with the Caudine Forks or the Roman defeat there. **b** (as a cognomen).
~o proelio CIC.*Sen*.41; pax ~a LIV.9.5.2; ~ae legiones 25.6.12; ~ae cladis 35.11.3; iugum..~um QUINT.*Inst*.3.8.3. **b** L. CORNELIVS L.F. TI.N. LENTVL. CAVDIN *Fast.Cos.Cap*.18a (*CIL* 1.p.24).

cauea ~ae, *f.* [CAVVS; for term. cf. ALVEVS]

1 a A cage, coop, or enclosure for keeping birds, poultry, etc. **b** a cage for wild beasts. **c** a beehive. **d** (fig., of the body as imprisoning the soul).
a aui' me ferae consimilem faciam..—..si faxis, te in ~am dabo PL.*Capt*.124; *Cur*.449; VAR.*R*.3.9.6; cum ~a liberati pulli non pascerentur CIC.*N.D*.2.7; LIV.6.41.8; cum bene sit clausae ~a Pandione natae OV.*Pont*.1.3.39; PETR.28.9; MART.3.60.8. **b** ~a, in qua tauri pugnare solent VAR.*R*.3.5.3; sicut e ~a leo emissus *Rhet.Her*.4.51; in ~isque ferarum more minantur (uenti) LUCR.6.198; uelut ursus, obiectos ~ae ualuit si frangere clathros HOR.*Ars* 473; ~as ferreas LIV.41.27.6; leones..et pardales ~is praeferebantur CURT.5.1.21; COL.6.19.2; PLIN.*Nat*.36.40; MART. 9.88.4; (*used for human beings*) OV.*Ib*.517; bestiarum more quadripedes ~a coercuit SUET.*Cal*.27.3; (*cf.*) <e> columpna pendet ~a ferrea rotunda in qua conclusa Sibylla dicitur AMP.8.16. **c** emissum ~is..agmen VERG.*G*.4.58; omnes faui semper ~arum tectis..dependent COL.9.15.7. **d** quid sit facturus (animus)..cum ex hac effugerit ~a SEN.*Ep*. 88.34.

2 A fence or grating placed round plants, esp. to protect them.
(materias uitium oportet) ab iniuria pecoris ~is emuniri COL.5.6.21; iis (uitibus)..breues ad limitandum ~as circumdant PLIN.*Nat*.17.185.

3 A basket or crate.
(uxor adulterum) subiectum contegit uiminea ~a APUL. *Met*.9.24; 9.25.

4 The auditorium of a theatre, also (transf.), the place occupied by spectators at games. **b** the theatre itself. **c** (meton.) the audience, spectators.
ut conquistores singula in subsellia eant per totam ~am spectatoribus PL.*Am*.66; seruos de ~a exire iubebant CIC. *Har*.26; *Amic*.24; consessum ~ai LUCR.4.78; VERG.*A*.5.340; cur immisceri in ~a patres plebem nollent? LIV.34.54.6; ~a ipsa cepit hominum LXXX PLIN.*Nat*.36.115; TAC.*Ann*. 13.54; SUET.*Cl*.21.1; in ~a publica sedere ULP.*dig*. 47.10.13.7;—(*w. part specified*) ut Turpione Ambiuio magis delectatur qui in prima ~a spectat, delectatur tamen etiam qui in ultima CIC.*Sen*.48; ne quis pullatorum media ~a sederet SUET.*Aug*.44.2; (*pl. in collect. sense*) ~as subit per omnis..plebes altera STAT.*Silv*.1.6.28. **b** quod uerbum in ~a dixit histrio PL.*Truc*.931; ludi publici quoniam sunt ~a circoque diuisi CIC.*Leg*.2.38. **c** uerba ad summam ~am spectantia (*i.e. meant for the gallery*) SEN.*Dial*.9.11.8; teneros ~ae dissensus ephebos concitat STAT.*Theb*.1.423; cum magno fauore ~ae APUL.*Met*.10.32.

5 A hollow or cavity.
ex magnis ~is magnisque conceptibus excidunt omnes SEN.*Nat*.3.15.8; qua subtilitate (insectis)..disposuit (natura) ieiunam ~am uti aluum PLIN.*Nat*.11.3.

caueātus ~a ~um, *a.* [prec.+-ATVS[2]]

1 Shut in as though by a cage, cooped up.
orcae..laborant..~as angustiis (ballaenas) trucidare PLIN.*Nat*.9.13.

2 Arranged like the seats in a theatre.
~is ante eos (*sc.* montes) LXXV urbibus PLIN.*Nat*.4.30.

caueō ~ēre cāuī ~tum, *intr., tr.* [cf. Gk. κοέω, Skt. *kaviḥ*] FORMS: *~itum* *CIL* 1.585.6. PROS.: imp. *~ĕ* or *~ē*, in phr. *~e sis* always the former.

1 (intr.) To take precautions, be on one's guard, beware. **b** (imp.) *~e*, beware! take care! **c** (in fencing, wrestling, etc.) to take avoiding or defensive action.
prius ~isse ergo quam pudere aequom fuit PL.*Bac*.1017; ego enim ~i recte *Mos*.926; faciet nisi ~eo TER.*Hau*.730; tu nisi ~es, iacebis QUAD.*hist*.41; illum identidem monere ut ~eret CIC.*S.Rosc*.110; si alicuius iniuriae sibi conscius fuisset, non fuisse difficile ~ere CAES.*Gal*.1.14.2; nec nos in bello satis ~imus LIV.9.9.11; siue malum potui..hoc uitare ~endo OV.*Tr*.3.6.17; serum est ~endi tempus in mediis malis SEN.*Thy*.487; tantum ~ere contentus SUET.*Tib*.253; (*w. internal acc.*) dum..aliquid ~eam qui nihil umquam ~i CIC.*Att*.11.19.2;—(*impers. pass.*) uiso opust, ~to est opus, ut hoc sobrie sineque arbitris accurate agatur PL.*Capt*.225; CIC.*Ver*.1.88; uti ~eatur incipientibus, exposui VITR.6.8.8; VELL.2.111.1; quid quisque uitet numquam homini satis ~tum est in horas HOR.*Carm*.2.13.14;—(*w.* de) ante omnia de impensae ratione ~it PLIN.*Nat*.18.29. **b** PL.*Cas*.386; cum ille diceret '~e', rogauit 'num quid aliud ferret praeter arcam' CIC.*de Orat*.2.279; ~e, ~e HOR.*Epod*.6.11; OV.*Tr*.1.1.87; 'quid agis? ~e' et 'fuge' et 'peribis' subinde clamant APUL.*Met*.6.14. **c** iam in certamine armorum.. quid satis recte ~etur ac petitur? QUINT.*Inst*.9.4.8; si geminata captatio est, ut bis ~ere, bis repetere oportuerit 5.13.54.

2 (w. acc.) To guard against, beware of (danger, trouble, etc.). **b** to be on one's guard against, beware of (a person, or animal). **c** to take precautions against so as to prevent.
quid nunc primum ~eam nescio PL.*Ps*.894; quod ~ere possis stultum admittere est TER.*Eu*.761; quam sit bellum ~ere malum CIC.*de Orat*.1.247; crederem non omnia, ~erem omnia *Sul*.85; Caleni interuentum..~ebis *Att*.16.11.1; ut uideret interitum non ut ~eret *Div*.1.119; si uult ~eamus fulminis ictum LUCR.6.406; si dolum ~eris SAL.*Rep*.2.8.6; hoc ~erat mens prouida Reguli HOR.*Carm*.3.5.13; ~endis ac struendis in uicem insidiis LIV.23.17.10; nec..summi poteram tela ~ere dei OV.*Pont*.4.3.56; nisi haec ~entur COL.6.2.8; quae..in semine..consistunt praecedente cura ~entur PLIN.*Nat*.18.157; ~ere insidias mulieris TAC.*Ann*. 13.13;—(*also w. dat.*) scabiem pecori et iumentis ~eto CATO *Agr*.5.7. **b** socium ~ere qui possumus? CIC.*S.Rosc*. 116; deteriores ~ete *Har*.57; eos ~endos esse *Phil*.7.3; superque..scriptum 'caue canem' PETR.29.1; contemnendis quam ~endis hostibus melior TAC.*Hist*.4.71. **c** qui ego istuc..~ere possum? PL.*Men*.786; ~eant intemperantiam CIC.*Off*.1.122; credidit ingens pauperiem uitium et ~it nihil acrius HOR.*S*.2.3.92; (brassica) antecedente in cibis ~eri ebrietatem PLIN.*Nat*.20.84; (*also w.* ne) nihil..magis ~endum est senectuti quam ne languori se desidiaeque dedat CIC.*Off*.1.123.

3 a (w. abl. or dat., *ab, cum*) To be on one's guard (against). **b** (w. *ne*, etc.) to guard against (an event) take care (that..not..); (also w. *ut*) to take care (that).
a (*w. abl. or dat.*) malo, si sapis, ~ebis PL.*Cas*.837; *Men*.122; ~e sis infortunio *Rud*.828;—auiditati contumaciaeque summe ~ere APUL.*Met*.11.21;—(*w.* ab) quid est quod ~eam? — em! a crasso infortunio PL.*Rud*.833; regem ..monuerunt, a ueneno ut ~eret CIC.*Fin*.5.64; ab eruptionibus ~eant CAES.*Civ*.1.21.4; ut a fraude Carthaginiensium ~erent LIV.43.3.6;—(*against persons*) dico ut a me ~eas PL. *Ps*.511; didicit iam..quibus se committeret, a quibus ~eret CIC.*Phil*.2.117;—(*w.* sibi, *etc.*) ut mihi ~erem a Pseudolo seruo suo PL.*Ps*.898; ut sibi ab insidiis Rufini ~eret APUL.*Apol*. 87;—(*impers.*) nauis praedatoria, aps qua ~endum nobis sane censeo PL.*Men*.345; ab insidiis eius ~eri nequiuisse SAL.*Jug*.108.2; (*also w.* ne) ut ille..ab illis, ne quid meo nomine molirentur, sibi ~endum putaret CIC.*Sest*.41;—(*w.* cum) hercle mihi tecum ~endum est, nimi' qui's orator catus PL.*Mos*.1142. **b** ~e ne cadam PL.*Ps*.1296; terram cariosam ~e ne ares CATO *Agr*.5; ~ete..iudices, ne noua.. proscriptio instaurata esse uideatur CIC.*S.Rosc*.153; quae tu ne accidant ut ~eamus mones *Att*.11.24.1; ne qua populus laboret parce priuatus nimium ~ere HOR.*Carm*.3.8.26; ut inde..~eret ne qua noua consilia orerentur LIV.27.22.13; quod non es, ne uideare, ~e OV.*Tr*.5.13.26; quisquis..~ere atque prospicere uelit ne quid egeat neue quid desit GEL. 9.8.2; (*w.* tibi) ~e sis tibi ne tu immutassis nomen PL.*Aul*. 584;—(*w.* id, illud, *or sim.*) illud ~eto..ne ille uersus..confirmetur CIC.*Q.fr*.1.3.8; id modo ~tum est ne..duplicatus terror uideretur LIV.2.1.8;—(*impers.*) ne hic resciscat ~to opust PL.*Mer*.466; CIC.*Ver*.3.4; deinde intentiore custodia ~tum ne quid falleret LIV.23.19.11; quae tibi ne desint, bene per mala nostra ~etur OV.*Pont*.3.1.101; LUC.8.825; FRO.*Ant*.2.p.54(140N);—(*w.* necubi) ~ere tamen, necubi hosti opportunus fieret SAL.*Jug*.55.3;—(*w.* ut ne) ~eamus.. ut ne quod in nobis insigne uitium fuisse dicatur CIC.*Q.fr*. 1.1.38;—(*w.* ut) ~isse deos priore anno ut tuto libertas defendi posset LIV.3.10.14.

4 (colloq.) *~e, ~ete, ~eto*, beware of, refrain from (doing, saying, etc.), mind you don't —, don't —. **b** (in moods other than imp.).
(*w. pres. subj.*) ~e sis tuam contendas iram contra cum ira Liberi NAEV.*trag*.36; ~e sis te uideam PL.*Aul*.660; ~e te esse tristem sentiat TER.*An*.403; ~eto alienam disciplinam temere contemnas CATO *Agr*.1.4; ~e putes quicquam esse uerius CIC.*Fin*.2.71; audax ~e sis CATUL.50.18; ast armis concurrant arma ~ete VERG.*A*.11.293; extra ea ~e uocem mittas LIV.8.32.8; tu ~e defendas OV.*Tr*.1.1.25; bibas ~eto MART.6.78.3;—(*w. perf. subj.*) ~e quemquam flocci feceris PL.*St*.285; ~e quicquam admiratus sis TER.*Hau*.826;—(*w. inf.*) laedere hanc ~eto CATUL.50.21; VERG.*Ecl*.9.25; OV. *Pont*.3.1.139;—(*ellipt.*) ~e tu nisi quod te rogo PL.*Truc*.801. **b** (*w. inf.*) ~eret id petere a populo Romano SAL.*Jug*.64.2; commisisse ~et quod mox mutare laboret HOR.*Ars* 168; PROP.2.17.17.

5 (w. dat.) To take precautions (in the interests of), look out (for), see (to).
(*oneself*) gliscit rabies, ~e tibi PL.*Capt*.558; ipsus sibi ~it loco (*by his position*) TER.*Eu*.782; quid ita Flauio sibi ~ere non uenit in mentem? CIC.*Q.Rosc*.35; at tu, qui laetus rides mala nostra, ~eto mox tibi TIB.1.2.87; Roma, ~e tibi LIV. 35.21.4; SEN.*Nat*.5.1.3; MART.12.77.11; (*w. advl. acc.*) sibi se priuatim nihil ~ere LIV.7.41.2;—(*parts of the body*) capiti cudone ferino sat ~tum SIL.8.494; sic ~tum membris STAT. *Silv*.5.1.230;—(*other persons*) ueterani..quibus hic ordo diligentissime ~erat CIC.*Phil*.1.6; qui..aliis ~it, non ~et ipse sibi OV.*Ars* 1.84;—(*things*) unice ~ente Cicerone concordiae publicae VELL.2.48.5; quibus rebus..in posterum securitati satis ~it SUET.*Tit*.6.2.

6 (w. acc.) To avoid, keep away from, shun (occasions of danger or harm). **b** (w. *ab*) to keep away from.
(*persons*) superbum conuiuam ~eo JUV.11.130;—(*times*) tempora taedis apta requirebam, quaeque ~enda forent OV.*Fast*.6.222; ~ent a solstitio maxime centum dies PLIN. *Nat*.6.83;—(*places*) moniti..ut uallum caecum fossasque ~eant CAES.*Civ*.1.28.4; ~eret Acherusiam aquam Pandosiamque urbem LIV.8.24.2;—(*as food, medicine, etc.*) cornum ..arborem ~eri oporteat PLIN.*Nat*.21.72; cortex radicis ~endus grauidis 23.153;—(*other things*) qui locus in hoc genere ~endus Q.CIC.*Pet*.39. **b** quod a turba ~isti, tibi consuluisti AUR.*Fro*.1.p.230(85N); (*impers.*) ~endum esse uidetur in moenibus conlocandis ab is regionibus VITR.1.4.5.

7 To make legal provision for or against, to stipulate, prescribe, decree. **b** (w. *ut* or *ne*+subj.). **c** (w. dir. quot.). **d** (w. dat.) to make a stipulation or provision in favour of (a person), to safeguard the interests of.
(*w. acc.*) quaedam, quae perspicua sint, tacitis exceptionibus ~eri CIC.*Inv*.2.140; in foedere nihil esse ~tum praeter pacem *Balb*.38; quod aliquando lege Licinia ~tum erat VELL. 2.6.3; quae legibus ~ta sunt QUINT.*Inst*.5.10.13; (*w.* in posterum) haec in posterum ~ta LIV.41.9.12;—(*transf.*) optume hoc ~it deus: eripere uitam nemo non homini potest, at nemo mortem SEN.*Phoen*.151;—(*absol.*) quem ad modum ~eamus in iure CIC.*Leg*.1.17;—(*impers., w.* de) ut de eo, quod aduersarius intellegat, alia in re lege ~tum esse doceatur *Inv*.2.119; *Balb*.37; de adulterio satis ~eri lege Iulia uisum TAC.*Ann*.2.50; SUET.*Jul*.10.2;—(*in a will*) uerbis hoc satis erat ~tum? CIC.*Caec*.53; HAEC ITA VT ~I FIERI..VOLO *CIL* 10.114. **b** Solon, qui lege ~it, uitia uti transcenderent auctoris poenae *Inc.pall*.6; quaero autem quid sit, quod..~eat et sanciat ut..dent quod satis sit CIC.*Fin*.2.101; PLIN.*Ep*.6.10.4; nihil in hac parte edicti ~it praetor, ut legata..nepos praestet PAUL.*dig*.37.8.2; (*w.* inter se) inter se ~eant, ut..heres reddat GAIUS *dig*. 35.2.73.1; (*impers.*) ~etur legibus, ut ante..iudicium de accusatore fiat *Rhet.Her*.1.22; CIC.*Balb*.37; VT VTEI FRVEI LICEAT..~TVM EST *CIL* 1.593.75; ~tum est ut postea crearentur LIV.3.30.7; PLIN.*Ep*.3.9.30;—~et..ne emat ab inuito CIC.*Agr*.1.14; ~eret ne ius ei belli inferendi Aetolis.. esset LIV.26.24.13; VENDERE NE LICEAT ~EO *CIL* 12.3619; —(*impers.*) EXCEPTVM ~ITVMVE EST NEI DIVIDERETVR *CIL* 1. 585.6; ubi enim ~etur ne in Ianiculo coloniam constituatis? CIC.*Agr*.1.16; ne quid eis noceatur..a Caesare ~etur CAES. *Civ*.1.86.4; TAC.*Ann*.2.85;—(*in a will*) ex testamento.. Caepionis qui ~erat ut..summam uiritim praestaret heres suus SUET.*Dom*.9.2; pater ~erit ne quid rei..distraheretur ULP.*dig*.26.7.5.9. **c** cum ita ~erent, 'si post Kalendas Ianuarias in consilium iretur' CIC.*Ver*.1.31; solent..ita ~ere, fundum illum, iugera tot HYG.*agrim*.p.95. **d** his ~et, hos defendit CIC.*Agr*.3.12; ut..~ere possit et locatori et conductori VITR.1.1.10; (*impers.*) ei..~tum esse fodere CIC.*Agr*.2.58; quoi ~tum ille esse uoluisset *Att*.5.8.2; (*w. advl. acc.*) sociis Samnitium nihil ~tum LIV.9.42.8;— (*w.* de) de quibus..in posterum ~eri sibi uellent 36.31.9;— (*w. acc. and inf.*) ueditor desiderabat ~eri sibi ratam rem emptorem habiturum JULIAN.*dig*.3.3.75; lege Papia ~etur omnibus ingenuis..libertinam uxorem habere licere CELS. *dig*.23.2.23;—(*in a will*) cum heredi uellet ~ere CIC.*Inv*.2. 120; QVIBVS TESTAMENT ~ERO *CIL* 10.2766.

8 To give surety, provide guarantees, give an undertaking. **b** (tr.) to undertake to pay or provide, pledge, certify. **c** (of a jurisconsult) to draw up a formula of security (*cautio*) for a client.
(*w.* inter se) quoniam in praesentia obsidibus ~ere inter se non possint CAES.*Gal*.7.2.2;—(*w. dat.*) ita ut recte rei

publicae ~eant PLIN.*Ep.Tra.*10.54(62).2;—(*w.* in+*acc.*) si debitor populo in duplum praediis ~isset TAC.*Ann.*6.17; qui ~ere in duplum possent SUET.*Aug.*41.1; si damni infecti in solidum pro aedibus ~eris ULP.*dig.*10.3.6.7; cui rei Lucius Titius neque consensit neque pecuniam accepit neque in eam ~it PAUL.*dig.*50.1.21;—(*impers.*) praediibus et praediis populo ~tum est CIC.*Ver.*1.142; LIV.22.60.4; si praeses.. in longum tempus ~eri praecepit ULP.*dig.*46.5.10;—(*w.* de) obsidibusque de pecunia ~ent CAES.*Gal.*6.2.2; SI D. E. R. IS PRAEDIBVS MINVS ~TVM ESSE VIDEBITVR *CIL* 2.1964.3.35; ULP.*dig.*39.1.21.1;—(*w. acc. and inf.*) ~tumque esset eos testimonium non esse dicturos CIC.*Ver.*4.92; TAC.*Ann.* 15.16; JULIAN.*dig.*7.5.6. **b** iurare..iubebantur nihil se ob aduocationem dedisse, promisisse, ~isse PLIN.*Ep.*5.9 (21).4; ex reliquis chirographis per ipsum debitorem ~tis SCAEV.*dig.*46.3.89; ULP.*dig.*36.4.1. **c** ad respondendum et ad agendum et ad ~endum peritus CIC.*de Orat.*1.212; *Caec.*78; hanc urbanam militiam respondendi, scribendi, ~endi *Mur.*19.

9 (w. *ab*) To obtain assurances or take security from (a person).

ut..ab sese ~eat quem ad modum uelit CIC.*Ver.*2.55;—(*w. acc. and inf.*) nisi prius a te ~ero amplius eo nomine neminem..petiturum *Brut.*18;—(*impers., w.* ut, ne) a quo ~eri postea lege coeptum est ab his, qui praedia uenderent, uadem ne darent VAR.*L.*6.74; ~erique ab eo ut receptus Croto Bruttiorum esset LIV.24.2.5.

cauerna ~ae, *f.* [CAVVS; for term. cf. *cisterna*]

1 A hollow or cavity in the earth, cave. **b** a hollow or crevice in a tree, etc. **c** a cavity in a tooth. **d** a hole or aperture.

e terrae ~is ferrum elicimus CIC.*N.D.*2.151; tecta superne timent, metuunt inferne ~as LUCR.6.597; curuisque immugiit Aetna ~is VERG.*A.*3.674; terra ingentibus ~is consedit LIV.30.38.8; uis fera uentorum caecis inclusa ~is OV.*Met.*15.299; CURT.5.1.16; LUC.10.447; Aristoteles in ~is uiuere Pygmaeos tradit PLIN.*Nat.*7.27; decedentibus fluuiis in ~is aquas habentibus remanere quosdam (pisces) 9.175; condunt ~a, quam sol non attingat 28.46;—(*artificially made*) si palo adacto ~a palea insternatur 19.84; quadripes per angustias effossae ~ae receptus SUET.*Nero* 48.4. **b** feles, ~am nancta in media (quercu) pepererat PHAED.2.4.2; crabronum siluestres in arborum ~is degunt PLIN.*Nat.*11.73; inmissis in ~as arboris digitis GEL.15.16.3; —deterrima (galla) ex robore. signum eius quod ~ae tralucent PLIN.*Nat.*16.27. **c** PLIN.*Nat.*22.106; (prodest denti) si exesus est, in ~am eius insertum LARG.95. **d** transferre (malum Assyriam)..fictilibus in uasis, dato per ~as radicibus spiramento PLIN.*Nat.*12.16; per quandam modicam ~am rimantur me APUL.*Met.*10.15.

2 A hole in a tree, the ground, etc., in which a bird, beast, or insect, lives, a burrow, den, lair.

adactos ~is eorum a pastore cuneos..elabi PLIN.*Nat.* 10.40; exeuntes ~is (scorpiones) 11.86; monedulam condentem semina in thensauros ~arum 17.99; serpentis ~a 22.95; ad ~as formicarum 28.86.

3 An orifice in an animal body.

quot sint corporis ~ae ad excrementa lepori, totidem annos esse aetatis PLIN.*Nat.*8.218; haec (animalia) ~as tantum habent aurium loco 11.136; eiusdem (*sc.* hyaenae) ~am sinistro lacerto alligatam..amatorium esse 28.106; quod sub cauda unam ~am habeat 30.137.

4 a (pl.) The vault of the sky. **b** (sg.) the celestial sphere.

a caeli ~as aureas VAR.*Men.*270; (mens diuina) aetheris aeterni saepta atque inclusa ~is CIC.*Cons.fr.*2.5; CIC.*Arat.* 497(252); sidera cessare aetheriis adfixa ~is cuncta uidentur LUCR.4.391; 6.252. **b** est igitur tellus mediam sortita ~am aeris MAN.1.202; an coeat mundus, duplicisque extrema ~ae conueniant 1.723.

5 (applied to other things having, or considered as having, a large cavity): **a** The hold of a ship. **b** the interior of the wooden horse. **c** the 'depths' of the sea.

a CIC.*de Orat.*3.180; transtra ~as antemnas proram malos LUCR.2.553; puppisque ~is delituit LUC.9.110. **b** penitusque ~as ingentis uterumque armato milite complent VERG.*A.*2.19; SEN.*Ag.*630. **c** quibus ~is maria sustineantur CIC.*Tusc.*5.69; e ~is maris ignium eruptio SEN. *Ben.*7.20.4.

cauernōsus ~a ~um, *a.* [prec.+-OSVS] Having hollows or depressions.

polypodi..similis felici, radix..acetabulis ~a ceu polyporum cirri PLIN.*Nat.*26.58; 27.34.

cauernula ~ae, *f.* [CAVERNA+-VLA] A small cavity.

ipsi (*sc.* lapilli lithospermi) qua pediculis adhaereant, ~as habent et intus semen PLIN.*Nat.*27.98.

cauia ~ae, *f.*: (see next).

cauiāris ~is ~e, *a.* [perh. Etr.] (See quot.)

~res hostiae dicebantur, quod cauiae pars hostiae cauda tenus dicitur, et ponebatur in sacrificio pro collegio pontificum quinto quoque anno PAUL.*Fest.*p.57M.

cauilla ~ae, *f.* [CALVOR; for term. cf. *fauilla*] Jesting, banter.

pone hoc sis, aufer ~am, non ego nunc nugas ago PL. *Aul.*638.

cauillātiō ~ōnis, *f.* [CAVILLOR+-TIO]

1 Raillery, banter, badinage.

~ones, adsentatiunculas ac peiieratiunculas parasiticas PL.*St.*228; istaec ridicularia, ~ones *Truc.*685; CIC.*de Orat.*2.218; exigui panni ~one regias ei uires exprobrans V.MAX.6.2.7; affirmauit fore ut ex Pompeio Pompeianus fieret acerba ~one..hominis nomen incessens SUET.*Tib.*57.2; GEL.5.5.1; ~o est iocosa calumniatio PAUL.*Fest.*p.45M.

2 Sophistry, quibbling, captiousness.

inter consules magis ~o quam magna contentio de prouincia erat LIV.42.32.1; qui ~onibus tibi persuadere temptauerit mortem malum non esse SEN.*Ep.*82.8; quid uocentur Latine sophismata quaesisti a me:..~ones uocat (Cicero) 111.1; uerbo non parcat, cuius adiectio ~onem omnem poterit excludere *Nat.*5.1.5; nec ipse ad..ineptas ~ones descendendum..credo QUINT.*Inst.*1.7.33; 9.1.16; cum infelix illa uerborum ~o accessit 10.7.14; sine ulla iuris ~one SCAEV.*dig.*35.1.85.

cauillātor ~ōris, *m.* [CAVILLOR+-TOR]

1 A jester, banterer.

~or facetus PL.*Mil.*642; ~or genere illo moroso quod etiam sine dicacitate ridetur CIC.*Att.*1.13.2; ~or quidam et canicula et nimis ridicularius fuit GEL.4.20.3.

2 A quibbler or captious critic.

~oribus istis abunde responderimus SEN.*Ep.*102.20.

cauillātrix ~īcis, *f.* [CAVILLOR+-TRIX] A quibbler or sophist; (transl. Gk. σοφιστική) sophistry.

quibusdam ne placuit quidem omnino subtilis haec.. conclusio ut..potius arguta uerborum ~ix QUINT.*Inst.* 7.3.14;—(adulationem uocet partis ciuilitatis) legalis ~icem 2.15.25.

cauillātus ~ūs, *m.* [CAVILLOR+-TVS[3]] Raillery.

cognito ~u APUL.*Met.*8.25.

cauillibus (abl.): (app., s.v.l., a comic form of *caulibus*, to make a pun w. *cauillatio*).

PL.*Truc.*686.

cauillor ~ārī ~ātus, *intr., tr.* [CAVILLA+-O[3]] FORMS: pf. pple. in pass. sense APUL.*Met.*9.28.

1 a (intr.) To jest or banter. **b** (tr.) to make fun of, mock.

a iam familiariter cum ipso ~or ac iocor CIC.*Att.*2.1.5; cum..~ans..Appius sibi acceptum referre diceret debere LIV.10.19.7; 39.13.3; Hannibalem..apud regem Antiochum facetissime ~atum esse GEL.5.5.1; (*w. acc. and inf.*) ~atus est aestate graue esse aureum amiculum hieme frigidum CIC.*N.D.*3.83. **b** togam sum eius praetextam..magno hominum risu ~atus CIC.*Q.fr.*2.10.2; tribunos plebei ~ans interdum et Volerones uocare LIV.2.58.9; eorum ~ari fata V.MAX.9.12.8; PLIN.*Nat.*19.144; nare detorta magistrum suum uarie ~antur APUL.*Met.*8.26; consulentes..ad hunc modum ~antur 9.8; (*pass.*) talis sermonis blanditie ~atum ..puerum 9.28.

2 a To use sophistry, to quibble; to cavil. **b** (tr.) to cavil at.

a ~ari tum tribuni LIV.3.20.4; SEN.*Ben.*7.4.8; instituunt, disputant, ~antur *Ep.*64.3; ~atus condicionibus dies aliquot extraxit FRON.*Str.*1.5.19; CELS.*dig.*34.7.1.1; (*w. internal acc.*) haec sine ullius adsensu ~ante Appio LIV.9.34.1; (*w. acc. and inf.*) stridorem eum dentibus fieri ~antur PLIN. *Nat.*11.267;—eodem postero die..~ante circa crus 35.85. **b** hanc artem (*sc.* grammaticen) ut tenuem atque ieiunam ~antur QUINT.*Inst.*1.4.5; uerba patrum ~antem TAC.*Ann.* 1.46.

cauillum ~ī, *n.* Also **~us** ~ī, *m.* [cf. CAVILLA] Jesting, banter.

ioci et scitum etiam ~um APUL.*Met.*1.7; ioci liberales et ~us hinc inde 2.19; ~um cauillatio, id est inrisio PAUL. *Fest.*p.46M.

cauitiō ~ōnis, *f.*: (see quot.; in VAR.*L.*5.20. prob. corrupt).

~onem dicebant, quam modo dicimus cautionem PAUL. *Fest.*p.61M.

cauium: (app. corrupt word in VAR.*L.*5.20).

caulae ~ārum, *f. pl.* (**caullae** VAR.*L.*5.20) [< **cahulā*, Osc. *kaíla*, cf. OHG. *hag*, Eng. *hedge*]

1 A railing or lattice barrier.

AD AEDEM SATVRNI IN PARIETE INTRA ~AS *CIL* 1.587.2.41; ueluti pleno lupus insidiatus ouili cum fremit ad ~as VERG. *A.*9.60; APUL.*Met.*4.6; SIGNVM LIBERI BASEM ~AS D D *CIL* 11.715.

2 Holes, pores, apertures.

dispersamque (animam) foras per ~as eicit omnis LUCR. 2.951; dispertitus..per ~as corporis omnis ut cibus 3.702; 4.660; per ~as aetheris omnis 6.492.

cauliās ~ae, *m. adj.* [Gk. καυλίας] Obtained from the stalk.

sucus..rhizias atque ~as PLIN.*Nat.*19.43.

cauliculus ~ī, *m.* **cōli-**. [next+-CVLVS] FORMS: *coliclo* *CIL* 4.4888.

1 A (small) stalk or stem. **b** an architectural representation of a vegetable stalk or shoot.

interim..radix acanthi..~os circum uernum tempus profudit VITR.4.1.9; distat (hirculus a nardo) quod sine ~o est PLIN.*Nat.*12.46; alypon ~us est, molli capite, non dissimile betae 27.22; ex suco ~orum rubi LARG.113. **β** eo addito brassicae ~os duos, betae ~os duos cum radice sua CATO *Agr.*158.1; parit (uitis) capreolum. is est ~us uiteus intortus, ut cincinnus VAR.*R.*1.31.4; (lactuca).. aestiua, cuius ~us iam lacte repletus est CELS.2.32; coctos brassicae ~os COL.6.9.1; apii ~os 12.7.1. **b** VITR.4.1.12; ~i dimidiata habentes sigilla 7.5.3.

2 A small cabbage; also, a cabbage sprout.

quem tres ~i, selibra farris..ad summam prope nutriant senectam BIB.*poet.*1(3).6;—post cymam ex eadem brassica contingunt aestiui autumnalesque ~i PLIN.*Nat.*19.138. **β** languidior ~i repente thyrso PETR.132.8,l.2; digitis tenendus ustis..~us uirens MART.5.78.7.

caulis ~is, *m.* **cōlis.** [cf. Gk. καυλός, Lith. *káulas*, Skt. *kúlyam* 'bone'] FORMS: *cols* said to be nom. '*secundum naturam*' VAR.*L.*9.75.

1 A stalk, stem. **b** a stem of cabbage, lettuce, or similar vegetable.

uineas nouellas alligato crebro, ne ~es praefringantur CATO *Agr.*33.4; rutai ~is LUCIL.135; puberibus ~em foliis et flore comantem purpureo VERG.*A.*12.413; ~es eorum (*sc.* ruborum) teneri tunduntur PLIN.*Nat.*24.118; ficulni ~es 26.21; nascitur in saxis (lichen)..~o uno paruo 26.22. **β** e sarmento ~es qui nati sunt VAR.*R.*1.31.2; ex eo codice cum (uitis) egerit ~es COL.*Arb.*9.2. **b** ea (*sc.* brassica leuis) est grandis, latis foliis, ~e magno CATO *Agr.*157.1; a ~ibus brassicae..(uites) refugere dicuntur CIC.*N.D.*2.120; inbecillissimam..materiam esse omnem ~em holeris CELS. 2.18.3; lactucae ~es LARG.104.

2 A cabbage, lettuce, or similar vegetable.

quae in hortis nascuntur, alia peregrinis uocabulis, ut graecis..~is, lapathium, radix VAR.*L.*5.103; qui teneros ~is alieni fregerit horti HOR.*S.*1.3.116; iam prototomos tempus decidere ~es COL.10.369; plantago decocta ~ium modo PLIN.*Nat.*26.41; semen ~ium LARG.160; ne tibi pallentes moueant fastidia ~es MART.13.17.1. **β** ~es rapicii unde fiant CATO *Agr.*35.2.

3 a The penis. **b** the column or stem of a tail. **c** the quill of a feather. **d** the ovipositor of an insect.

a praecidit ~em testisque una amputat ambo LUCIL. 281. **β** ~em..extendendo dolorem leuant CELS.2.7.14. **b** boum caudis longissimus ~is PLIN.*Nat.*11.265. **c** pinnarum ~es omnium caui PLIN.*Nat.*11.228. **d** pariunt (locustae), in terram demisso spinae ~e, oua condensa PLIN. *Nat.*11.101.

caullae: see CAVLAE.

caullātor ~ōris, *m.*: (app. used comically for *cauillator*, perh. in pun w. *caulis*).

iam sum ~or (*cod.* cauillator) probus PL.*Truc.*683.

caulōdēs ~es, *a.* [Gk. καυλώδης] Stalk-like.

alteram (brassicam)..latis foliis e caule exeuntibus, unde ~em quidam uocauere PLIN.*Nat.*20.79.

Cauneus ~ea ~eum, *a.* Also **~ius.** Of Caunus in Caria; (masc. pl. as sb.) the inhabitants of Caunus; (fem. pl. as sb.) Caunean figs.

~ii..debent CIC.*Fam.*13.46.3; LIV.33.20.12;—caricas Cauno aduectas uendens ~eas clamitabat CIC.*Div.*2.84; CELS.5.21.1.B; PLIN.*Nat.*15.83; aedilem trium ~iarum PETR.44.13.

Caunītēs, *a.* Of Caunus in Caria.

(sal) Tattaeus aut ~es PLIN.*Nat.*31.99.

cauō ~āre ~āui ~ātum, *tr.* [CAVVS+-O[1]]

1 To make concave or hollow, hollow out. **b** (of the action of water on stone, etc.). **c** (with tunnels or underground passages). **d** to excavate (for a road or canal). **e** (pass.) to become or be hollow or concave.

~atque tellurem et solido grauiter sonat ungula cornu VERG.*G.*3.87; ~ATO ⟨SOLO⟩ IN LONGITVDINEM MILLE ET OCTINGENTOS PEDES AUG.*Anc.*4.44; picum arbores ~antem PLIN.*Nat.*10.38; (carbunculos) Indicos etiam sextarii unius mensura ~ari 37.95; omnia dimensa, paria et quasi artificis manu ~ata et excisa (*i.e. of a circular lake*) PLIN.*Ep.*8.20.4; nauale proelium (edidit) circa Tiberim ~ato solo SUET. *Aug.*43.1;—(*w.* ad) aureum baculum inclusum corneo ~ato ad id baculo LIV.1.56.9; alni ad aquarum ductus in tubos ~antur PLIN.*Nat.*16.224;—(*carious teeth*) qua ~atus est (dens) LARG.53; dentes..flammis indomiti ~antur tabe pituitae PLIN.*Nat.*7.70. **b** stilicidi casus lapidem ~at LUCR.1.313; dura..molli saxa ~antur aqua OV.*Ars* 1.476; gutta ~at lapidem *Pont.*4.10.5; SEN.*Nat.*4b.3.4;—umor.. truncum ~at COL.3.18.5. **c** secta est omnis humus penitusque ~ata latebris *Aetna* 97; ~ati sub terra montes TAC.*Hist.*5.12. **d** alto egestu penitus ~are terras STAT. *Silv.*4.3.42; hae possent et Athon ~are dextrae 4.3.56. **e** decimo..anno tempora ~ari incipiunt COL.6.29.5; syringitis..perpetua fistula ~atur PLIN.*Nat.*37.182.

2 To make a hole in, cut through.

firma ~auit robora VERG.*A.*2.481; parmam gladio galeamque ~ari cernit OV.*Met.*12.130; STAT.*Theb.*9.126.

3 To make by hollowing out.

~at arbore lintres VERG.*G.*1.262; nouasque alias (naues) ..~abant ex singulis arboribus LIV. 21.26.8; PLIN. *Nat.*33. 75; fossae, per quas profluat, ~antur 33.76; (*of a landslide*) STAT.*Theb.*7.749.

4 To carve in relief.

summa laquearia citro et ebore curiose ~ata APUL.*Met.* 5.1; urnula faberrime ~ata 11.11.

5 To make of a hollow shape.

tegmina tuta ~ant capitum VERG.*A.*7.632; in armo iis (*sc.* pantheris) similem lunae esse maculam crescentem in orbem seque ~antem pari modo PLIN.*Nat.*8.62.

caupō ~ōnis, *m.* **cōpō.** [cf. perh. Gk. κάπηλος] A shopkeeper, huckster; (spec.) the keeper of a tavern, innkeeper.

~ones patagiarii, indusiarii PL.*Aul.*509;—Forum Appi, differtum nautis, ~onibus atque malignis HOR.*S.*1.5.4; JUV.9.108; nautae ~ones stabularii quod cuiusque saluum fore receperint nisi restituent, in eos iudicium dabo *Ed.pr.* (*Font.iur.*p.217)11.2. **β** aes defraudasse ~onem VAR. *Men.*329; A. Biuium quendam, ~onem de uia Latina CIC. *Clu.*163; alterum ad ~onem deuertisse *Div.*1.57; in aquario (nascuntur) ~ones et cucurbitae PETR.39.12; MART.1.26.9.

caupōna ~ae, *f.* **cōp-.** [prec.]

1 A landlady.

~a hic tamen una Syra Lucil.128; ad quandam ~am Meroen..deuorto Apul.*Met.*1.7.

2 An inn, tavern, lodging-house.

nonne tibi nox erat pro die..~a pro oppido..? Cic.*Pis.* 53; Hor.*S.*1.5.51; in ~a uiuere *Ep.*1.11.12; ~arum..aestiua animalia, pernici molesta saltu Plin.*Nat.*9.154; Tac.*Ann.* 14.15; Gel.6(7).11.4; Ulp.*dig.*47.5.1. **β** ~a taberna a copiis dicta Paul.*Fest.*p.40M.

caupōnium ~iī, *n.* (dub.) [next] A tavern.

in illo ~ii (*codd.* cauponis) nidore Apul.*Apol.*57.

caupōnius ~a ~um, *a.* [CAVPONA+-IVS] Of or belonging to an inn or tavern.

puer ~us Pl.*Poen.*1298; instrumenti ~i Ulp.*dig.*23.2. 43.9; tabernae ~ae Paul.*dig.*33.7.13.

caupōnor ~ārī, *tr.* [CAVPONA+-O[3]] To traffic in.

non ~antes bellum sed belligerantes Enn.*Ann.*195.

caupōnula ~ae, *f.* [CAVPONA+-VLA] A small or mean tavern.

delituit in quadam ~a atque ibi se occultans perpotauit ad uesperum Cic.*Phil.*2.77.

caupulus ~ī, *m.* [dub.] A kind of light boat.

gauli, corbitae,..~i, camarae Gel.2.25.5.

caurīnus ~a ~um, *a.* [CAVRVS+-INVS] Of or belonging to the wind *caurus.*

ubi ~o perstrinxit frigore uesper Grat.296.

cauriō ~īre, *intr.* [onomat.] (See quot.)

pantherarum (est) ~ire Suet.fr.161(p.247Re).

caurus ~ī, *m.* **cōrus.** [cf. Lith. *šiaurỹs* north wind; OHG. *scur*; Eng. *shower*] The north-west wind.

crebram siluam cum flamina ~i perflant Lucr.6.135; quod ~us uentus nauigationem impediebat Caes.*Gal.*5.7.3; semper hiems, semper spirantes frigora ~i Verg.*G.*3.356. **β** cum ~us (flat, homines) tussiunt Vitr.1.6.1; a solstitiali occidente ~us uenit Sen.*Nat.*5.16.5; Col.11.2.21; Luc.1.406; Plin.*Nat.*2.119; Juv.14.268.

causa ~ae, *f.* Also **caussa.** [cf. CAVSOR, ACCVSO; prob. cogn. with CVDO] Orthog.: KAVS(S)A *CIL* 10.960, 10.1469, (abbreviated) *CIL* 1.592.9; on the spelling *caussa* see Quint. *Inst.*1.7.20.

A (ordinary substantival uses).

1 Judicial proceedings, a legal case, trial.

summorum oratorum in grauissima ~a accurata et inimicitiis incensa contentio Cic.*Opt.Gen.*22; in hac ~a frumentaria cognoscenda *Ver.*3.11; nullam uideri in eius modi ~a dissensionem esse *Q.fr.*2.4.1; ut..ipse de eo ~a cognita statuat Caes.*Gal.*1.19.5; Sal.*Cat.*42.3; Liv.26.48.8; qui aduersus ea quid fecerit, ei aduersus eum siremps lex ius ~aque omnium rerum omnibusque esto *Leg.pub.*(*Font. iur.*p.114)22; utque peracta est ~a prior (*i.e. the prosecution*) crimenque patet Ov.*Met.*15.37; eques in ~a qui sedet Petr. 14.2,l.6; filius familias in publicis ~is loco patris familias habetur Pompon.*dig.*1.6.9; (*cf.*) nobis imminet saxum, nobis stridunt ferreae turres, nostris ~is urna iam stetit [Quint.] *Decl.*12.28;—(*w.* forensis, iudicialis) quem..cursum industria mea tenere potuisset sine forensibus ~is, sine legibus, sine iudiciis? Cic.*Phil.*8.11; in ~is iudicialibus *Div.*2. 55;—(*combined w.* res) quid de tota re et ~a iudicarit *Catil.* 4.10;—(*w. type specified*) de liberali ~a Ulp.*dig.*40.12.8; ex hereditaria ~a 44.2.11.1.

2 The case (including the interests) of one side in a legal or other dispute, plea, cause, side. **a** (in legal use). **b** (in non-legal use).

a constitutio est prima conflictio ~arum Cic.*Inv.*1.10; hoc loco ~a testibus honestissimis hominibus premebatur *Clu.*53; iudices, quem damnaturi erant ~ae, damnare gratiae noluerunt Sen.*Ben.*6.8.3; quod laedit..minuere ex ~a est Quint.*Inst.*4.1.27; (*as written down*) in eis ~is quas scripsit Cic.*Brut.*35;—(*w. gen. or equiv.*) iudicium animos totos..ad ~am nostram conuerteram *de Orat.*2.200; Phameae ~am receperam *Fam.*7.24.2; (*w. further gen. expr. the nature of the case or charge*) quod..alterius ~am capitis receperam *Red.Pop.*11. **b** si reposiui remum..omnis familiae ~a consistit tibi Pl.*As.*520; eam complexus est ~am quae esset senatui..quae dis hominibusque gratissima Cic.*Phil.*5.44; ne propensior ad turpem ~am uidear *Att.* 7.26.2; consurgunt ei qui et ~am et hominem probant Caes.*Gal.*6.23.7; Etrusci cum ceteris eiusdem ~ae Sal. *Hist.*1.67; (*poet.*) ira amorque ~am iunxere Sen.*Med.*868; —(*w. gen. or equiv.*) suscipe ~am iudiciorum; suscipe ~am seueritatis, integritatis, fidei, religionis Cic.*Ver.*51; Peripateticorum..explicata ~a est *Tusc.*5.85; ~a debitorum suscepta Caes.*Civ.*3.20.1; P. Manlius..dictator rem in ~am plebis inclinauit Liv.6.39.3; proque sua ~a quisque disertus erat Ov.*Fast.*4.112; ruit omnis in uno Hectore ~a Phrygum *Ilias* 1020; ob simultates, quibus ~am partium praetendebat Tac.*Hist.*2.85.

3 (special phrs. relating to prec. sense) **a** *~am agere,* To conduct a case, plead the cause (of a person, etc.). **b** *~am dicere* (*orare,* etc.), to plead a case, esp. in defence; (w. gen. or *de* expr. a charge) to be on one's trial (for); *indicta ~a,* without one's case being stated (see INDICTVS[2]). **c** *~am obtinere* (*perdere*) or sim., to win (lose) one's case. **d** *~am conicere,* to make a summary statement of one's case (see CONICIO). **e** *descendere in ~am,* to join one of the sides (in a dispute), enter the lists (see DESCENDO).

a (*in legal use*) Ligus non aderat. L. frater eius ~am agebat Cic.*Ver.*1.125; ~as, Caesar, egi multas equidem tecum *Lig.*30; agimus..ante rates ~am Ov.*Met.*13.5; Mart. 1.79.1; neque..quisquam est qui ~am quam non didicerit agat Quint.*Inst.*10.7.20; Apul.*Apol.*23; (*cf.*) Q. Calpenus senator quondam actorque ~arum Suet.*Jul.*39.1;—(*in non-legal use*) nec suam ~am..agenti sed publicam Cic. *Att.*9.1.4; Nep.*Phoc.*3.1; Ov.*Met.*9.533; Posidonius Zenonis nostri ~am agit Sen.*Ep.*83.10; (*w.* ad) te rogo..ad Caesarem meam ~am agas Vat.*Fam.*5.10b; (*cf.*) erant quos moueret sua magis pietate quam eius pro quo agebat ~a Liv.3.58.5. **b** nec ~am liceat dicere mihi Pl.*Am.*157; rogauit..~am ut pro se diceres Ter.*Ph.*836; quod antea ~am publicam nullam dixerim Cic.*S.Rosc.*59; Orgetorigem ex uinclis ~am dicere coegerunt Caes.*Gal.*1.4.1; Liv.42.41.9; (*cf.*) si posthac prehendero ego te hic, carebis testibus. — ~am hau dico (*i.e. I do not object*) Pl.*Mil.*1427;—seu ~a oranda..esset Liv.30.1.5; uterque ~am cum perorassent suam Phaed.1.10.7; qui ad defendendas ~as aduocatur Quint.*Inst.*12.1.24;—qui ~am de ambitu dixerunt Cic. *Clu.*98; raptus sum ad ~am parricidii dicendam Liv. 40.15.11; si ~am ueneficii dicat adultera Quint.*Inst.*5. 11.39. **c** hic nisi planum facit HS ıↄↄↄ..sibi deberi, ~am perdit Cic.*Q.Rosc.*11; qui dabant ~as obtinebant *Ver.* 2.26; (*poet.*) scientem, tacitum ~am tradere aduorsariis Ter.*Ph.*237; iudexque querebar non omnes ~am uincere posse suam Ov.*Ep.*15.76; illas uereor, quae..iudice te ~am non tenuere duae 16.245;—(*non-legal*) iudicabat..liberis sententiis patrum conscriptorum ~am suam facile obtineri Hirt.*Gal.*8.52.3; Liv.8.21.10.

4 A case or plea considered from the point of view of its merits, a (good, etc.) case, claim.

et hoc..tantam habet uim, si est suauiter et cum sensu tractatum, ut saepe plus quam ~a ualeat Cic.*de Orat.*2.184; quem ad modum ~a inferior..dicendo fieri superior posset *Brut.*30; habebat ille quidem difficilem manifestamque ~am sed tamen ~am *Att.*4.3.2; ui opprimi in bona ~a est melius quam malae cedere *Leg.*3.34; ~am habent optimam D.Brut.*Fam.*11.19.2; mouit patres conscriptos cum ~a tum auctor Liv.9.10.1; Proxenus..cum ~a tum eloquentia praestare uisus est 41.25.6; uincuntur ~a Parthi, uincantur et armis Ov.*Ars* 1.201; quia ~a quam ui agere mallent Tac. *Ann.*13.37; magis..propter absentiam uictus uidetur quam quod malam ~am habuit Ulp.*dig.*21.2.55;—(*poet.*) ~as, non fata, sequi Luc.3.303.

5 An alleged reason or extenuating plea, excuse, pretext; *per ~am* (+gen.), on the pretext (of). **b** a situation considered as an opportunity, an occasion (for doing something); an occasion for becoming operative. **c** a specific occasion; (abl.) on the occasion of, in connexion with.

primum hanc ubi dixti ~am, te propter tuam matrem non posse habere hanc uxorem domi Ter.*Hec.*677; Cato *Agr.*2.2; aput consulem ~am atque excusationem praeferre coepit Sis.*hist.*52; ~a interposita, quod is in aequum non descenderet *B.Alex.*60.3; ~am interserens se hostem esse Atheniensibus Nep.*Milt.*4.1; multis iustisque ~is regem excusauit Liv.42.6.6; (*w. gen.*) comitiorum..non habendorum ~as esse uoluerunt Cic.*Div.*2.43; si peruicacius ~am belli quaeri uideat Liv.42.14.4; (*w. dat.*) duplex stipendium ..postulabant, non ut adsequerentur, sed ~am seditioni Tac.*Hist.*4.19;—equitatum..per ~am pabulandi emissum Caes.*Civ.*3.76.1; Liv.22.61.8; sepositus est per ~am legationis in Lusitaniam Suet.*Otho* 3.2; (*w.* uelut *cl.*) saepe, uelut gemmas eius signumque probarem, per ~am memini me tetigisse manum Tib.1.6.26. **b** ea ~a tibi datur, in qua facile declarare possis tuam erga me beneuolentiam Cic.*Fam.*13.43.1; Lacedaemonii ~am idoneam nacti.. Athenienses aedificantes prohibere sunt conati Nep.*Them.* 6.2; Liv.25.4.6; et modo, quae ~as praebeat, Isis erit Ov. *Am.*1.8.74;—(*w. gen.*) meus discessus isti ~am caedis eripuit Cic.*Dom.*115; hanc nactus appellationis ~am Caes. *Civ.*2.28.2;—(*w. dat.*) geminas, ~am lacrimis, aras Verg. *A.*3.305; excindere castella, ~as bello Tac.*Ann.*2.64;—(*w.* ad) quae ~a fuerit ad constituendum iudicium Cic.*Caec.* 7; ad culpam ~as dedit Verg.*G.*2.455;—habet..stipulatio ista duas ~as, unam, si aliter quis utatur quam uir bonus arbitrabitur, aliam de usu fructu restituendo Ulp. *dig.*7.9.1.6. **c** munus esse donum cum ~a, ut puta natalicium, nuptialicium Ulp.*dig.*50.16.194;—Iouis epulum fuit ludorum causa Liv.25.2.10; 29.38.8.

6 A ground (of action), justificatory principle, (good) reason. **b** *cum* (*non sine*) *~a,* with good reason, justifiably; *sine ~a,* without good reason, unjustifiably.

unius..pecuniae plures dissimilibus de ~is heredes esse non possunt Cic.*Inv.*2.63; decerno igitur..quinquaginta dierum supplicationes: ~as..complectar ipsa sententia *Phil.*14.29; si ad impetrandum nihil ~ae haberem praeter miserandam fortunam Sal.*Jug.*14.7; Pompon.*dig.*12.6.52; —(*w. gen.*) belli Punici secundi..~a fuit Sagunti oppugnatio Cic.*Phil.*5.27; manus erat nulla quae paruam modo ~am timoris adferret Caes.*Gal.*6.35.3; ~ae irarum Verg.*A.*1.25; —(*w.* ad) minor annis uiginti cum seruum manumittere uellet nec iustam ~am ad consilium manumittendi haberet Julian.*dig.*40.9.7.1;—(*w. cl.*) numquid ~am dicis quin te hoc multem matrimonio? Pl.*Am.*852; sonticam esse oportet ~am, quam ob rem perdas mulierem Naev.*com.* 128; quibus aut emerita stipendia aut morbus ~ae essent, quo minus militarent Liv.34.56.9; nupturae uirgines..aut locantur ducendae aut ueneunt. utrum fiat ex specie et moribus ~a est Mela 2.21; Quint.*Inst.*2.3.11; (*w.* digna, iusta, *etc.*) digna ~a uideretur cur inimicitias hominis improbissimi susciperem Cic.*Ver.*2.117; quoniam iustas ~as adfers quor te hoc tempore uidere non possim *Att.*11.15.1; —(*w. inf.*) quemadmodum sit inuenta, est ~a cognoscere Vitr.2.9.15. **b** eum cum ~a sibi praeesse, quod scientia praestet Var.*R.*1.17.4; Vitr.3.1.4; Hyg.*Fab.*152a.2; —de Varrone non sine ~a quid tibi placeat tam diligenter exquiro Cic.*Att.*13.22.1; D.Brut.*Fam.*11.4.2; nec sine ~a summi uiri etiam impensam huic scientiae operam dederunt Quint.*Inst.*1.10.35;—de litterarum missione sine ~a abs te accusor Cic.*Att.*1.5.3; questus quod..bellum sine ~a intulissent Caes.*Gal.*4.27.5.

7 A motive, reason (for an action). **b** an object, purpose; *ex ~a,* as a result of purposive activity, deliberately.

olim quidem te ~ae inpellebant leues, quod nunc minitare facere, ut faceres, Sosia Ter.*Hec.*426; uideo..~as esse permultas quae istum impellerent Cic.*S.Rosc.*92; *Tusc.*5.2; Lucr.2.789; ut nihil sententiae suae mutaret, ~as tantum adiceret Liv.9.3.9; positis iuxta secubuere toris; ~a, repertori uitis quia sacra parabant Ov.*Fast.*2.329; Petr. 123,l.217; Quint.*Inst.*5.10.35; sibi patriam coniuges parentes, illis auaritiam et luxuriam ~as belli esse Tac.*Ag.* 15.5; Plin.*Ep.*1.13.6; par Agamemnonidae crimen, sed ~a facit rem dissimilem Juv.8.215; (*w. ref. to nature's activity*) in hac fuit et peculiaris ~a uicinitas alui, ne cibo suppri-meretur animus Plin.*Nat.*11.198. **b** (*foll. by final cl.*) sic fuerit uestrae ~a peracta uiae Ov.*Pont.*4.5.46;—an tu te ea ~a uis sciens suspendere ut me defrudes..? Pl.*Ps.*92; nec tu ea ~a minueris haec quae facis, ne is mutet suam sententiam Ter.*An.*392; huius..epistulae non solum ea ~a est ut ne quis a me dies intermittatur Cic.*Att.*8.12.1; Vitr. 8.6.2;—naturae..opera absoluta atque perfecta gignuntur, paucis ex ~a, non ex coniectura rebus adsumptis Plin.*Nat.* 22.117; in argumentum raro cadit (nomen), nisi cum..ex ~a datum est, ut Sapiens, Magnus, Pius Quint.*Inst.*5.10.30.

8 A causal or metaphysical principle of any kind; a rational principle; a causal explanation.

herbarum..quarum ~am ignorares, uim et effectum uideres Cic.*Div.*2.47; ~a..id est ratio, materiam format Sen.*Ep.*65.2; quinque ~ae sunt, ut Plato dicit: id ex quo, id a quo, id in quo, id ad quod, id propter quod 65.8;—ex ipsis uitibus ~as mutuantur in frigidis praecoces serendo Plin.*Nat.*17.22;—prius..quam caelum ascendit ratio cepitque profundam naturam rerum ~is Man.1.98; 4.520; quare quaedam aquae caleant..plures ~ae redduntur Sen. *Nat.*3.24.1; qui corporum ~as meras et simplicis rimantur Apul.*Apol.*27;—(*foll. by* ut *cl.*) quid enim aliud est ~ae, ut lugentes..disertissime quaedam exclamare uideantur Quint.*Inst.*6.2.26.

9 A causal agency, cause; (w. obj. gen. or equiv.) the cause (of something). **b** (w. *antecedens, efficiens,* etc.). **c** (foll. by *cur, quare*). **d** *ob hanc,* etc., *~am,* as a result of this, etc., because of this; *ea ~a,* on that account, thereby. **e** (of personal agencies).

ex infinito ne ~am causa sequatur Lucr.2.255; nec quae sonitum det ~a uidemus Verg.*A.*3.584; haec (*sc.* Ceres) praebet ~am frugibus, illa (*sc.* Terra) locum Ov.*Fast.*1.674; imbecillum corpus..tenuissimis ~is atque offensibus morbidum Sen.*Dial.*6.11.4; his, id est manifesta ex ~a uexatis Larg.101; Quint.*Inst.*7.3.28; exilium et carcer Minturnarumque paludes..hinc ~as habuere Juv.10.278; (*w. defining gen.*) ideo Galliae et Aegyptus minime quatiuntur, quoniam hic aestatis ~a obstat, illic hiemis Plin.*Nat.*2.195;—coeperunt quaerere homines ~am illius tantae calamitatis Cic.*Ver.*5.100; rerum cognoscere ~as Verg.*G.*2.490; omnium..malorum in Sergio Verginioque ~as esse Liv. 5.11.6; illa mutatio mira, cuius ~a nulla euidens apparet Plin.*Nat.*31.54;—(*w. dat.*) struebat iam fortuna..initia ~asque imperio Tac.*Hist.*2.1;—(*foll. by inf.*) Hapso gestare' carinas ~a palus Luc.5.464; (*acc. and inf.*) esse ..alias stellas temperatas, alias feruentes..haec esse ~a uidetur Vitr.9.1.16;—(*w. gen. and dat.*) ~a..libertatis fuerunt Cauniis Liv.33.20.12;—(*defined*) ~am appello rationem efficiendi, euentum id quod est effectum Cic. *Part.*110; *Top.*58; *Fat.*34. **b** etiam nostrarum uoluntatum..sunt ~ae naturales et antecedentes Cic.*Fat.*9; quod si ita est, 'omnia quae fiunt ~is fiunt antegressis 21; sine externa et antecedente ~a 24; '~arum'..inquit (Chrysippus) 'aliae sunt perfectae et principales aliae adiuuantes et proximae' 41; alia est..~a efficiens..alia praecedens Sen.*Ep.*87.31. **c** quae ~a alia est cur secundum quietem aliquid uidere..uideamur Cic.*Div.*2.126; *Fat.*26; ab Germanis premebantur, quae fuit ~a quare toto abessent bello Caes.*Gal.*7.63.7. **d** ob hanc ~am cognomen habuit Coruinus Quad.*hist.*12; cum pater eius litem aestimatam populo soluere non potuisset ob eamque ~am in uinclis publicis decessisset Nep.*Cim.*1.1;—Pl.*Men.*1060; Ter.*Hau.*1036; ego me nunc uolo ius pontificium optime scire; iamne ea ~a pontifex capiar? Cato *orat.*187. **e** quicquid ero, dicam 'Cynthia ~a fuit' Prop.1.11.26; 4.8.16; (*cf.*) quod uitam moror inuisam..dextera ~a tua est Verg.*A.*11.178;—(*w. gen.*) se..non ducem solum sed etiam ~am esse belli Liv.21.21.1; luat..poenas ~a libertus mali Phaed.3.10.44; ille (*sc.* deus) est prima omnium ~a, ex qua ceterae pendent Sen.*Ben.*4.7.2; qui ~a mortis fuerit, capite puniatur Quint.*Decl.*270(p.103,l.14);—(*w. dat.*) ~a fuit pater his Hor.*S.*1.6.71.

10 (special aspects or developments of prec. sense) **a** The origin, source, history (of something); the derivation (of a word). **b** causative activity, influence.

a discitque locos ~asque locorum Sil.12.568;—aliquot uerborum Graecorum antiquiorum..reddidit ~as falsas Var.*gram.*130. **b** quo fit, ut ~a eius (*sc.* sideris) nonisdem diebus ubique ualeat Plin.*Nat.*18.210.

11 Responsibility, blame (for). **b** *in ~a esse,* to be the cause or reason (for something), be responsible.

seseque, si quid postea fraudis aut uitii euenisset, extra omnem culpam causamque posuisset Cic.*Tim.*46; quibus ille permisit, ut omnem ~am in se transferrent Nep.*Ep.*8.1; —(*w. gen.*) haud dubie in regem..latrocinii omnis maritimi ~am auertit Liv.40.42.1; pro se quisque in Aetolos conferebant ~am 42.60.8. **b** ueniamus nunc ad eos, qui omnia ista, quae rettuli, in ~a esse dixerunt Sen.*Nat.*6.20. 1; Plin.*Nat.*2.192; Mart.4.87.4; est..adhuc imperfectum, nec difficultas operis in ~a Plin.*Ep.*6.10.3; Juv.14.105; (*contrasted w. an ostensible reason*) nolle in ~a est, non posse praetenditur Sen.*Ep.*116.8;—(*w. gen.*) tu..in ~a damnationis fuisti Quint.*Inst.*7.1.53; 11.2.43;—(*foll. by* ut, quo, *etc.*) uim morbi in ~a esse, quo serius perficeretur (dilectus)

Liv.40.26.5; ipsam uerecundiam..multis..in ~a fuisse, ut bona ingeni..situ quodam secreti consumerentur Quint.*Inst.*12.5.2.

12 (w. *necessitudinis, amicitiae*, or alone) Friendly relations, ties of friendship.
Q. Pompeius Sex. f. multis et ueteribus ~is necessitudinis mihi coniunctus est Cic.*Fam.*13.49; qui aliquem sermonis aditum ~amque amicitiae cum Cicerone habebant Caes.*Gal.*5.41.1;—quicum tibi adfinitas, societas, omnes denique ~ae et necessitudines ueteres intercedebant Cic.*Quinct.*48; cum quibus si mihi nulla ~a intercederet, tamen..hortarer ut eorum fortunis consuleres *Fam.*13.4.1.

13 Medical symptoms, a medical case.
non illi sontica ~a est, sed nimius luto corpora tingit amor Tib.1.8.51; solitis..remediis incipientem ~am occupant Sen.*Dial.*5.10.3; usus eius..ut quaeque ~a exigat, in curationem oris, dentium, aurium Plin.*Nat.*23.74; utilissimum est ad omnes..~as 28.218; (*cf.*) quaedam temporum ~ae aut locorum non proprie dicantur morbi 17.232.

14 Circumstances, position, situation, case (when used w. gen. approximating to the sense 'category', 'class'). **b** (spec.) the legal situation or position, the legal state of affairs (when used w. gen. approximating to the sense of 'legal category' or 'class'.) **c** (w. defining gen.) the factor, fact (of anything's existence).
ni nossem ~am, crederem uera hunc loqui Ter.*Ph.*278; alia ~a est eius, qui calamitate premitur, et eius, qui res meliores quaerit nullis suis rebus aduersis Cic.*Off.*2.61; in eadem ~a fuerunt Usipetes et Tencteri Caes.*Gal.*4.4.1; aliam suam ac perfugarum ~am esse Liv.25.29.10; nomine mutato ~a relata mea est! Ov.*Fast.*3.476; omnia ista..non sunt uestra; in depositi ~a sunt Sen.*Ben.*6.3.2; ut simili ~a caderes, quoi Spartacus, hosti Luc.2.554; quia sciebam in urbe nostra ex eius modi ~a collegium pontificum adiri solere Plin.*Ep.Tra.*10.68(73);—(*combined w.* res) Cic.*Fam.*2.7.3; scriberem plura, si rem ~amque nossem 12.4.2. **b** quia id pretium ad totam ~am fundi pertinet Labeo *dig.*32.30.3; proprietas totius nauis carinae ~am sequitur Julian.*dig.*6.1.61; ~a eius temporis, quo lis contestabatur, repraesentari debet actori 30.91.7; ii, qui in ~a mancipii sunt Gaius *Inst.*1.138; (*foll. by consecutive cl.*) si..in ea ~a dos sit, ut certum sit eam uel partem eius reddi non oportere *dig.*17.2.66. **c** sublata..falsa opinione relinquitur pietatis ~a, ex qua solutum repeti non potest Julian.*dig.*12.6.32.2; non posse ~am clandestinae possessionis ab his duabus ~is separari Afric.*dig.*41.2.40.3.

15 A subject, matter, problem (esp. of a speaker or writer); a subject of inspiration, theme (for poets). **b** (rhet., = ὑπόθεσις) a particular or special case (opp. to *propositum* = θέσις, a general question).
Fannio ~a difficilis laudare puerum Cic.*Rep.*6.fr.5; fretus intellegentia uestra dissero breuius quam ~a desiderat *N.D.*1.49; ~am inaugurari coacti flaminis libens reticuissem Liv.27.8.5; (*w. gd.*) poposci eorum aliquem, qui aderant, ~am disserendi Cic.*Tusc.*3.7;—qui ~am humilem dictis amplent Pac.*trag.*339; seu cum poscentis somnum declinat ocellos inuenio ~as mille poeta nouas Prop.2.1.12; ingenio ~as tu dabis una meo Ov.*Am.*2.17.34. **b** definitum (quaestionum genus) est quod ὑπόθεσιν Graeci, nos ~am..possumus nominare Cic.*Top.*79; controuersias nos dicimus: Cicero ~as uocabat Sen.*Con.*1.pr.12; (*dist. from* quaestio) qui oratoris materiam in ~am et in quaestionem diuidat, ~am esse dicat rem quae habeat in se controuersiam in dicendo positam cum personarum certarum interpositione Cic.*Inv.*1.8.

16 A proviso, stipulation, condition.
dedisti eum in quaestionem sub ea ~a, ut, si id repertum in eo non esset, redderetur tibi Pompon.*dig.*12.4.15; pacta, quae turpem ~am continent, non sunt obseruanda Paul.*dig.*2.14.27.4.

B (special ablatival senses; usu. placed after the gen. it governs; also in prep. phrs.).

17 a (w. gen. of gd. or gdve.) For the purpose of, for the sake of. **b** (w. gen. of abst. sb.) in order to obtain, promote, etc., with a view to, for the sake of. **c** to function as, by way of; (esp.) *honoris ~a*, with due respect (for); *exempli* (*uerbi*) *~a*, for instance (for exx. see these words). **d** *temporis* (*momenti*) *~a*, for a time (brief period), temporarily; also, as a matter of expediency, to suit the occasion.
a DICT MAG EQ REI GERVNDAE ~A *Fast.Cos.Cap.*3(*CIL* 1.p.16); CVRVLIS LOCVS IPSI..SPECTANDI ~A DATVS EST *Elog.*5(*CIL* 1.p.189); neque..te defrudandi ~a posco Pl.*Men.*687; Ter.*Eu.*620; Romanos inferendae pernicii ~a uenisse Sis.*hist.*128; *Rhet.Her.*2.10; non enim exprobrandi ~a sed commonendi gratia dicam Cic.*S.Rosc.*45; *Att.*7.13a.2; (membra) haud..potuere utendi crescere ~a Lucr.4.842; Menapii legatos ad eum pacis petendae ~a mittunt Caes.*Gal.*6.6.2; AEDIVM SACRARVM DEORVM IMMORTALIVM ~A AEDIFICANDARVM *CIL* 1.593.58; legatorum seruandorum causa Labeo *dig.*36.4.14; senatus dictatorem claui figendi ~a dici iussit Liv.7.3.4; fallendi suos ~a Larg.97. **b** qui sui quaestus ~a fictas suscitant sententias Enn.*scen.*394; isti qui hosticas trium nummum ~a subeunt sub falas Pl.*Mos.*357; in media oratione..philosophum omnes unctionis ~a relinquunt Cic.*de Orat.*2.21; testes sunt permulti..sed breuitatis ~a familia contenti erimus una *Off.*2.43; quia..dictator esset dictus comitiorum ~a Liv.22.34.10; qui fraudationis ~a latitant Gaius *Inst.*3.78;—(*foll. by final cl.*) haec omnia eius rei ~a fiunt, uti ne cupa in lapide conteratur Cato *Agr.*21.4; Gracch.*orat.*41. **c** SEI DEIVRAVERIT CALVMNIAE ~A NON PO⟨STVLARE⟩ *CIL* 1.583.19; mortem a dis immortalibus non esse supplici ~a constitutam Cic.*Catil.*4.7; his paucos addit equites qui latius ostentationis ~a uagarentur Caes.*Gal.*7.45.3; ad tria milia militum ibi Hannibalis, quae praesidii ~a relicta erant, oppressa Liv.27.1.2; si mulier dotis ~a promiserit certam summam Julian.*dig.*23.4.21; POSVI STILIBATAM ~A ARAE VIATORIB *CIL* 3.9302. **d** fistulae temporis quidem ~a positae non sunt aedium, uerum tamen si perpetuo fuerint positae, aedium sunt Ulp.19.1.17.7; ad hos pertinebit, qui inhabitant non momenti ~a, licet ibi domicilium non habeant 47.10.5.5;—nihil..me noui, nihil temporis ~a dicere Cic.*Planc.*74; nihil est a me inseruitum temporis ~a *Fam.*6.12.2; *Luc.*113;

18 (w. gen. or poss. adj.) Out of consideration for the interests of, for the sake of, on behalf of. **b** *mea ~a*, so far as I am concerned, for all I care. **c** *mea*, etc., *~a cupere* or *uelle* (*aliquid* or absol.), to wish me, etc., well, have my interests at heart; *mea ~a debere* (*aliquid*), to owe me some service (sts. the two phrases are combined). **d** *animi ~a*, for pleasure or amusement. **e** (colloq.) *sua*, etc., *re ~a facere* (*s.v.l.*; *~a* may be an interpolation) to do one's business (i.e. relieve oneself).
noli amabo, Amphitruo, irasci Sosiae ~a mea Pl.*Am.*540; Veneris ~a adplaudite *Truc.*967; Syro ignoscas uolo quae mea ~a fecit Ter.*Hau.*1067; patriae..~a patriam ipsam amittere Cic.*Dom.*98; te abesse mea ~a moleste fero, tua gaudeo *Fam.*15.18.2; quorum (*sc.* hominum) omnia ~a constituisse deos cum fingunt Lucr.2.174; quoniam ipse ad urbem cum imperio rei publicae ~a remaneret Caes.*Gal.*6.1.2; Nep.*Lys.*1.4; Liv.2.37.6; Phaed.1.22.4; nil ~a fecit in armis ille sua Luc.9.28; scalptores et pictores hoc cibo utuntur oculorum ~a Plin.*Nat.*20.134; Mart.5.59.2; praecipue quod aliena potius ~a quam sua (fecisse dicitur) Quint.*Inst.*3.7.16;—(*foll. by final cl.*) ego me tua ~a, ne erres, non rupturus sum Pl.*Capt.*14. **b** Poenus dum iudex siet uel Graecus adeo, uel mea ~a Apulus Pl.*Cas.*77; mea quidem hercle ~a liber esto atque ito quo uoles *Men.*1029; *Trin.*979. **c** ne aut tua ~a noluisse aut fugisse nos laborem putares *Rhet.Her.*1.1; mihi..quem sua ~a cupere ac debere intellegebat Cic.*S.Rosc.*149; per eos qui nostra ~a uolunt ualentque apud illum diligentissime contendas opus est *Att.*11.8.1; eius ~a et cupio et debeo 15.3.1; uehementer eius ~a cupere eum intellexi *Fam.*13.64.1; cuius ~a omnia cum cupio tum me hercule etiam debeo 13.75.1. **d** rogat quid ueniam Cariam; dico me illo aduenisse animi ~a Pl.*Cur.*340; *Epid.*45. **e** si quis uestrum uoluerit sua re ~a facere, non est quod illum pudeatur Petr.47.4; 66.2.

19 (w. gen. or demonstr. adj.) As a result of, on account of, because of (a cause or motive).
intus potate hau tantillo hac quidem ~a minus Pl.*Mos.*394; pueri atque mulieres extrudebantur fami ~a Cato *orat.*181; decimum addo ~a antiquitatis Ennium Volc.*poet.*1.13; tametsi ciuis Romanus uirtutis ~a iam diu est Cic.*Ver.*2.23; hoc nullius praemi spe faciam sed..doloris atque indignitatis ~a Cael.*Fam.*8.17.2; patres C. Mucio uirtutis ~a trans Tiberim agrum dono dedere Liv.2.13.5.

20 *qua* (*de*) *~a*, *quam ob ~am*, or sim. **a** (w. dir. qu.) From what motive? for what reason? why? **b** (w. indir. qu.) from what motive, for what reason, why. **c** (rel.) for which reason, consequently.
a qua me ~a uerberas? Pl.*Aul.*632; qua profectu' ~a hinc es Lemnum, Chreme, adduxtin tecum filiam? Ter.*Ph.*567; Turp.*com.*178. **b** qua accersitae ~a ad me estis eloquar Pl.*Cist.*82; id qua ~a clam me habuisse dicam non ..scio Ter.*Hec.*519; uidendum est..quid quisque sentiat atque etiam de qua ~a quisque sentiat Cic.*Off.*1.147; qui repetundarum insimulabitur, non..quibus de ~is prouinciam uniuersam..offenderit..exponet? Quint.*Inst.*4.2.15; plurimum intererit, quis et quem postulet..et ex qua ~a 5.4.2;—(*in ellipt. expr.*) postea fuit amicus..nec quam ob ~am plane scio Cic.*Att.*9.13.3. **c** quid de te merui qua me ~a perderes? Pl.*Men.*490; qua de ~a Heluetii quoque reliquos Gallos uirtute praecedunt Caes.*Gal.*1.1.4; qua ~a necessarium credidi rem integram ad te referre Plin.*Ep.Tra.*10.56(64).2.

causārius ~a ~um, *a.* [prec.+-ARIVS]

1 (as sb.) A soldier discharged on health or other grounds. **b** *missio ~a*, discharge on health grounds.
tertius exercitus ex ~is senioribusque..scribatur Liv.6.6.14; CAVSARI..QVI BELLO INVTILES FACTI ANTE EMERITA STIPENDIA EXAVCTORATI SVNT *CIL* 16.10. **b** me prorsus examinatum ac debilem mereri ~am missionem Apul.*Met.*4.4; ~a (missio), cum quis uitio animi uel corporis minus idoneus militiae renuntiatur Macer *dig.*49.16.13.3.

2 Diseased, unhealthy.
in animo nostro sunt quaedam quasi ~ae partes Sen.*Ep.*68.7; ut hoc corpus ~um ac fluidum..farcirem *Nat.*1.pr.4; ~os dentes extrahit Plin.*Nat.*23.75;—(*as sb., w. abl.*) sanguinem excreantibus ~isue latere 25.61.

causātiō ~ōnis, *f.* [CAVSOR+-TIO] A plea, excuse.
ne ~o ista aegri corporis perpetuam uacationem daret fidem detractantibus Gel.20.1.30.

causātius, *adv.* [compar. of *causate (CAVSOR+-E)] With better reason.
quanto nos ~ ab aliquo iudice defendimur Plin.*Nat.*pr.7.

causea ~ae, *f.* [Gk. καυσία] A Macedonian type of hat.
~an habeas ferrugineam Pl.*Mil.*1178; *Per.*155; ~a, qua uelatum caput suum more Macedonum habebat V.Max.5.1.ext.4; Mart.14.29.

causidicālis ~is ~e, *a.* [CAVSIDICVS+-ALIS] Suggestive of or resembling that of the law-courts.
~i prorsum odio et taedio Aur.*Fro.*1.p.180(68N).

causidicātiō ~ōnis, *f.* [*causidicor (cf. next)+-TIO] The pleading of a case.
ut cum epistula coniuncta sit quaedam ~o Fro.*Amic.*2.p.176(193N).

causidicus ~ī, *m.* [CAVSA+-DICVS] A pleader of causes, an advocate or barrister.
~i causas agere Lucr.4.966; Sen.*Dial.*5.37.2; Col.1.pr.6; Mart.4.8.2; horum..temporum diserti ~i et aduocati et patroni et quiduis potius quam oratores uocantur Tac.*Dial.*1.1; nec ~us nec praeco loquetur, altera nec mulier Juv.6.439; 10.121; ~os in undecimam horam audio Aur.*Fro.*1.p.152(37N);—(*in disparaging sense*) non enim ~um nescio quem neque clamatorem aut rabulam..conquirimus Cic.*de Orat.*1.202; non inutilem sane litium aduocatum, quem denique ~um uulgo uocant Quint.*Inst.*12.1.25.

causificor ~ārī, *intr.* [CAVSA+-FICVS+-O³] To allege a reason, put forward a pretext.
hau ~or quin eam ego habeam potissumum Pl.*Aul.*755; blaterantem atque inconcinne ~antem Apul.*Met.*10.9.

causimus ~a ~um, *a.* [Gk. καύσιμος] Used for burning.
lignorum ~or(um) *P.Tebt.*686.

causōdēs, *a.* [Gk. καυσώδης] Characterized by a high temperature, burning.
febrem..ardentem, quam Graeci ~en uocant, subitus horror exsoluit Cels.2.8.19.

causor ~ārī ~ātus, *intr., tr.* [CAVSA+O³]

1 (acc. Non.p.89M) To plead a cause; also, to bring an action.
qui sese adfines esse ad ~andum uolunt Pac.*trag.*23; Acc.*trag.*418; uiden ut faciunde contra ~aris patrem? Afran.*com.*91;—nec ~anti pupillo sic tutor irascatur umquam ut non remaneant amoris uestigia Quint.*Inst.*11.1.59.

2 To plead as an excuse or reason, object, allege. **b** (w. inf., app.) to excuse oneself (from).
quamuis ~ando multa moreris Lucr.1.398; militum uoluntatem ~atus Sal.*Hist.*5.15; Hor.*Ep.*1.14.12; saepe illa immeritae ~ata est omina lunae Prop.4.4.23; consensum patrum ~abantur, quo..iura plebis labefactata essent Liv.3.64.2; Gorgias ipse..eadem tria ~atus Cels.7.14.2; Sabinus inhabilem labori et audaciae ualetudinem ~abatur Tac.*Hist.*3.59; Apul.*Apol.*79;—(*w. acc. and inf.*) hiemem instare..~atus rex Liv.36.10.12; si non esse domi, quos des, ~abere nummos Ov.*Ars* 1.427; ~atus nondum adesse fatalem horam Suet.*Nero* 49.2;—(*w. ellipsis of* se, *etc.*) ~atus de priuati portenti procuratione..consulere uelle Liv.5.15.6; Faliscum liberos ~atus in campi patens exteraque muri ducere Avit.*poet.*2.3;—(*w.* quod) ~atus..quod hic..se..non esset secutus Suet.*Cal.*23.3; Ulp.*dig.*16.3.3;—(*absol.*) ~ando nostros in longum ducis amores Verg.*Ecl.*9.56. **b** si heres ~abitur accipere rationes Papin.*dig.*40.7.34.1.

caussa: see CAVSA.

causticum ~ī, *n.* [next] A caustic or blistering preparation.
stirpium brassicae aridorum cinis inter ~a intellegitur Plin.*Nat.*20.90; 24.88; ut (tithymallus)..pro ~o in usu sit 26.65.

causticus ~a ~um, *a.* [Gk. καυστικός] Caustic, corrosive, burning.
unguibus scabris (inlinitur nasturtium), quippe natura eius ~a est Plin.*Nat.*20.130; ueteres dolores thoracis..inlitum (sinapi) ~a ui emendat 20.238; 25.173; 27.72.

causula ~ae, *f.* [CAVSA+-VLA]

1 The case or speech of a party in a (petty) lawsuit.
et priuatas ille plerasque et eas ipsas aliis et paruarum rerum ~as scripsit Cic.*Opt.Gen.*9.

2 A (petty) ground or occasion for action, etc.
paruulam modo ~am nactus Caesar *B.Afr.*54.1.

cautē, *adv.* *compar.* ~ius, *superl.* ~issimē. [CAVTVS+-E] In a cautious manner, with (all) precautions, circumspectly, carefully. **b** without risk or danger.
eo mi aps te caueo ~ius Pl.*Men.*151; Ter.*Hec.*738; cogitate, quanto nos inter nos priuatim ~ius facimus Cato *orat.*163; ut, quid quamque tute ~eque egerit, intellegatur *Rhet.Her.*3.13; ita est totum hoc..ridiculum, ut ~issime tractandum sit Cic.*de Orat.*2.242; ~e uota reddunto *Leg.*2.22; iter ~e diligenterque faciat Caes.*Gal.*5.49.2; Verg.*A.*11.153; cur oliuum sanguine uiperino ~ius uitat? Hor.*Carm.*1.8.10; Liv.3.5.7; pauper amet ~e Ov.*Ars* 2.167; qui ~issime agunt, harundine..percutiunt ramos Plin.*Nat.*15.12; Quint.*Inst.*2.15.21; Tac.*Hist.*4.65; Apul.*Met.*9.17. **b** uerba dare ut ~e possint, pugnare dolose Lucil.1232; quod..et conari occultius et efficere ~ius potuit Cic.*Deiot.*18; hactenus fuit quod ~e a me scribi posset *Att.*11.4a(2).

cautēla ~ae, *f.* [CAVTVS+-ELA]

1 Caution, carefulness.
si minu' cum cura aut ~a locu' loquendi lectus est Pl.*Mil.*603; quod obseruandum pressiore ~a censeo Apul.*Met.*5.5; (*w. obj. gen.*) tantum a ~a Pamphiles afui ut..2.6.

2 Surety, security.
~a a debitore pro indemnitate ei praestanda Pompon.*dig.*13.7.6.

cautērium ~iī, *n.* [Gk. καυτήριον] A cauterizing iron. **b** (used in encaustic painting).
tempestiue enim datum (laser) ~ii uim optinet Plin.*Nat.*22.102; 25.80; Larg.114; hoc (medicamentum)..omnem eruptionem sanguinis ueluti ~ium sistit 240. **b** qui encausta ~io uel cestro..pinxerint Plin.*Nat.*1.35(39–41).

cautēs ~is, *f.* Also **cōtēs.** [cogn. w. cos] N.B.: for the sense 'whetstone', see cos.

1 (usu. pl.) A rock, cliff, crag, or reef. **b** (as typical of or associated with hard-heartedness, inflexibility, unfeelingness).

accedebat ut..ab aestu relictae nihil saxa et ~es timerent CAES.*Gal*.3.13.7; hinc altas ~es proiectaque saxa Pachyni radimus VERG.*A*.3.699; facto de ~ibus antro OV.*Met*.1.575; Araxes..frangit se subinde ad opposita ~ium MELA 3.40; ut..Cyaneas tellus emisit in aequora ~es LUC.2.716; per saxa ~ium membris iactatis atque dissipatis APUL.*Met*.5.27;—(*sg.*) quia nascuntur dura uiuacia ~e OV.*Met*.7.418; praerupta in ~e sedentem LUC.6.575; PLIN.*Nat*.34.148. **β** quos ubi rex epulo spexit de ~ibus celsis ENN.*Ann*.421; ex quibus quoniam tamquam ex scrupulosis ~ibus enauigauit oratio CIC.*Tusc*.4.33; VERG.*G*.4.203; libera iam duris ~ibus Andromede PROP.1.3.4; CURT.8.11.23. **b** nec magis incepto uultum sermone mouetur quam si dura silex aut stet Marpesia ~es VERG.*A*.6.471; TIB.2.4.9; quae pater haud aliter quam ~es murmura ponti accipit OV.*Met*.11.330; non si mihi tigridis horror aequoreaeque super rigeant praecordia ~es, ferre queam STAT.*Theb*.3.694; (*cf.*) non speluncas ferarum uel ~es incolitis barbarorum APUL.*Met*.8.18. **β** nunc scio quid sit Amor: duris in ~ibus illum aut Tmaros aut Rhodope aut extremi Garamantes..edunt VERG.*Ecl*.8.43.

2 A detached piece of rock, a loose stone.

nos abruptae tum montibus altis Deucalioneae ~es peperere COL.10.67; citum strictis alius de ~ibus ignem ostendit foliis V.FL.2.449; SIL.13.837.

cautim, *adv.* [CAVTVS+-IM] Cautiously, warily.

sed ut uti istaec sunt, ~ et paulatim dabis si sapies TER.*Hau*.870; sed tibi ~ est adeundum ad uirum ACC.*trag*.77; 541.

cautiō ~ōnis, *f.* [CAVEO+-TIO] FORMS: *cauit-FJRA* 3.64.9.

1 The taking of precautions, care, circumspection. **b** *~o est ne*, one must take care that..not. **c** a precautionary measure.

ab consuetudine mea et ~one ac diligentia discedere CIC.*Font*.12; defendendi facilis est ~o *Flac*.31; magna enim res et multae ~onis *Att*.13.41.2; omne genus a nobis ~onis adhibebitur *Q.fr*.2.2.2; a malis natura declinamus, quae declinatio cum ratione fiet, ~o appelletur *Tusc*.4.13; haec occulta in fraude ~o est qua usi adhuc sumus LIV.24.38.3; ~o illum (*sc.* prudentem) decet, timor non decet SEN.*Ep*.85.26; APUL.*Met*.8.15. **b** mihi ~ost ne nucifrangibula excussit ex malis meis PL.*Bac*.597; *Poen*.445; *Ps*.170; TER.*An*.400; *Ad*.421; (*cf.*) alter locus erat ~onis, ne benignitas maior esset quam facultates CIC.*Off*.1.44. **c** ut ego quoque te aliquid admoneam de uestris ~onibus, Treuiros uites censeo CIC.*Fam*.7.13.2; *Off*.1.42; (*w. gen.*) omnium horum uitiorum atque incommodorum una ~o est *Amic*.78.

2 A written stipulation, proviso, or exception.

Rulli ~o est haec: 'qui post C. Marium Cn. Papirium consules' CIC.*Agr*.3.6; quaedam..tam manifesta sunt ut nullam ~onem desiderent SEN.*Con*.9.4.9; locorum religiosorum, quibus secundum ~ones modus est restituendus FRON.*agrim*.p.9; desierunt illae ~ones in usu haberi GAIUS *Inst*.2.118; HIC SEP EX ~ONE TESTAMENTO SVO ⟨FACT⟩A *CIL* 8.3075.

3 A written undertaking, guarantee, pledge. **b** a document containing a *cautio*.

si quidem sine ~one et repromissione nihilo minus id Fannius societati..debebat CIC.*Q.Rosc*.56; causa ex u⟨tr⟩aque parte per⟨or⟩ata ~onibusque perlectis *FJRA* 3.64.9; QVI ~ONIBVS ACCIPIENDIS DESVNT *CIL* 2.2959; cum Campani..extorsissent ~onem pollicitationis ULP.*dig*.4.2.9.3; utrum nuda ~one an satisdato 5.1.2.6;—(*w. obj. gen.*) ~ones fiebant pecuniarum CIC.*Dom*.129; Sulpicius..tum primum ~ones rei uxoriae necessarias esse uisas scripsit GEL.4.3.2;—(*w.* de) quin locus sit de rato ~oni ULP.*dig*.3.3.39.1;—(*w. acc. and inf.*) hunc..Cn. Pompeius omni ~one, foedere, exsecratione deuinxerat nihil in tribunatu contra me esse facturum CIC.*Sest*.15; SUET.*Aug*.98.2. **b** Graeculam tibi misi ~onem chirographi mei CIC.*Fam*.7.18.1; uideo istic diplomata et syngraphas et ~ones SEN.*Ben*.7.10.3; qui tabulas uel ~ones amouet, furti tenetur ULP.*dig*.47.2.27; AFRIC.*dig*.32.1.64.

cautiōnālis ~is ~e, *a.* [prec.+-ALIS] Relating to a legal *cautio*.

~es (stipulationes) sunt..quae instar actionis habent ULP.*dig*.46.5.1.2.

cautor ~ōris, *m.* [CAVEO+-TOR] One who takes precautions.

etiam quom cauisse ratus est saepe is ~or captus est PL.*Capt*.256; *Epid*.359; (*w. obj. gen.*) nisi ipsum ~orem alieni periculi suis propriis periculis terruisset CIC.*Sest*.15.

cautus ~a ~um, *a.* *compar.* ~ior, *superl.* ~issimus. (pple. of CAVEO)

1 (of persons) On one's guard, wary, cautious, circumspect, prudent. **b** (of parts of the body). **c** (applied to qualities, etc.). **d** (of plans, policies, actions) characterized by prudence, cautious, wary; *~a* (n. pl.), a policy of prudence.

DVX AETATIS SVAE ~ISSIMVS..HABITVS EST *Elog*.13(*CIL* 1.p.193); ut sublinitur os custodi ~o PL.*Mil*.467; ut ~ust ubi nil opust! TER.*Ph*.715; propter istius insidias parum putantur ~i prouidique fuisse CIC.*S.Rosc*.117; nemo me minus timidus, nemo tamen ~ior *Phil*.12.24; ~um Marcellum! me sic, sed non tamen ~issimum *Att*.15.13.3; neque..pro ~o ac diligente se castris continuit CAES.*Cic*.*Ep*.fr.4(3a.3); dum procellas ~us horrescis HOR.*Carm*.2.10.3; ~us enim metuit foueam lupus *Ep*.1.16.50; PROP.4.11.86; dux ~us et prouidens Scipio..temerarium capit consilium LIV.25.34.7; 30.26.9; saepe ferox ~um petiit Neptunus Vlixem OV.*Tr*.1.2.9; aegros, qui sub ~ioribus medicis trahebantur CELS.3.9.2; TAC.*Ag*.27.2;—(*w. preps.*) poteram ad laqueos ~ior esse tuos TIB.1.9.46; ipsi consuli, parum ~o aduersus colloquii fraudem LIV.38.25.7; ~iores ad custodiam suae religionis iudices facit QUINT.*Inst*.6.1.20;—(*w. inf.*) HOR.*S*.1.6.51; pulsa dinoscere ~us quid stolidum crepet PERS.5.24. **b** praefert ~as subsequiturque manus (*i.e. in the dark*) OV.*Fast*.2.336; ~aque communi terga dedere fugae *Tr*.1.9.20; membraque eorum..ad uitandos ictus ~a sunt GEL.13.28(27).4. **c** integritatem..~iorem etiam ac diligentiorem CIC.*Q.fr*.1.1.12; timor officium ~us compescit OV.*Tr*.3.4b.65; V.MAX.3.3.2; STAT.*Theb*.6.324; aduersus ~issimam Tiberii senectutem TAC.*Hist*.2.76. **d** in eam partem potius peccant quae est ~ior (*they err on the safe side*) CIC.*S.Rosc*.56; ~ior certe est mansio *Att*.8.15.2; non his segnibus consiliis quae timidi ~a uocant LIV.22.14.14; artis..~ae OV.*Ars* 2.196; fraudes ~ique doli SEN.*Her.O*.611; TAC.*Ann*.11.29; intra modum ~um GEL.1.3.30;—haec dubios..ad ~a illexere patres SIL.4.804.

2 a (of loans, etc.) Secured, safe. **b** (w. *ab*) safe, secure.

a quo mulieri res esset ~ior, curauit ut in eo fundo dos conlocaretur CIC.*Caec*.11; ~os nominibus rectis expendere nummos HOR.*Ep*.2.1.105. **b** clauditur extrema residens Antonius ora ~us ab incursu belli LUC.4.409.

cauum ~ī, *n.* **~us** ~ī, *m.* [next]

1 A concavity, depression. **b** a cavity on the surface of anything, a hole, hollow.

ut ~a conueniant plenis LUCR.6.1085;—(*of the sky*) quae ~a caeli signitenentibus conficis bigis ENN.*scen*.112; ~a caerula 292. **b** eodem palo ~um terra operito CATO *Agr*.161.1; scrupea desertis haerebant ad ~a ripis *Culex* 51; donec totus is locus, qui excidendus est, his ~is cinctu⟨s⟩ sit CELS.8.3.4; ~a eius et plana inferiora sunt SEN.*Nat*.3.28.5; COL.8.3.9; si..addatur..ipsum (porrum) in ~a dentium PLIN.*Nat*.20.53; 22.121; spissat..ac refrigerat, ulcerum ~a explet 32.24.

2 An enclosed or mainly enclosed space, a hollow, cavity: **a** (in or below the earth) a cave, cavern, hole. **b** the burrow (of an animal). **c** *~um aedium* (also CAVAEDIVM), the inner court of a house. **d** (in other things).

a uenti per ~a terrae citatu rupti aliquot montes SAL.*Hist*.2.28; inuentusque ~is bufo VERG.*G*.1.184; ut parietes, quibus fertur omne tegimen ~i, decidant SEN.*Nat*.6.25.1; latebo rupis exesae ~o *Phoen*.359; condito scilicet in uenas et ~a eius occulta flatu PLIN.*Nat*.2.192; aquarum subter in terrarum ~is undantium GEL.2.28.1; (*of a sewer*) trahuntur moles superne tantae non succumbentibus ~is operis (*sc.* cloacae) PLIN.*Nat*.36.106; 36.108. **b** ita..neque mures ~a facient, neque herba nascetur CATO *Agr*.128; nec tenuis formica ~is non euehit oua VAR.AT.*poet*.22.7; HOR.*S*.2.6.81; (feles) dolosa tuto condidit sese ~o (*i.e. in a tree*) PHAED.2.4.17;—(*masc.*) ~us..tutus ab insidiis HOR.*S*.2.6.116; PHAED.4.6.3; (*artificial*) facere iis ~os oportet laxiores VAR.*R*.3.15.2. **c** ~um aedium dictum qui locus tectus intra parietes relinquebatur patulus VAR.*L*.5.161; VITR.6.2.5 rubent (uela) in ~is aedium PLIN.*Nat*.19.24. **d** uox..feriens singulorum uasorum ~a VITR.5.5.3; cum in ~o (*sc.* ferramenti extractorii) mucro est CELS.7.5.3.B; esuritionem faciunt..~a intus uentris GEL.16.3.3;—(*masc.*) ~us..intersectionis huius frontis e tribus duas partes (habeat) VITR.3.5.11.

3 A hollow passage, perforation, aperture.

macra ~um repetes artum, quem macra subisti HOR.*Ep*.1.7.33; ~um ex auro perfectum VITR.9.8.4; murum ab imo ad summum crebris cubitalibus fere ~is aperuit LIV.24.34.9; superque cera ~um id clausum est CELS.2.11.2; (*in a musical instrument*) zephyri, ~a per calamorum, sibila LUCR.5.1382;—(*masc.*) ~um, quem feceris, surculo obturato COL.12.8.2.

cauus ~a ~um, *a.* [Gk. κόος, MIr. *cūa*, Bret. *kēo*]

1 Having a hole, depression, etc., on the surface, hollow, concave. **b** (of parts of the body; esp. of the hand hollowed to receive or hold things). **c** (of percussion and other musical instruments) hollow, concave. **d** (of the crescent or waning moon).

ni tamen exciderit, qua ~a funda patet CIC.*poet*.4(13); aere ~o clipeum VERG.*A*.3.286; nec sinuosa ~o pendebant uela theatro PROP.4.1.15; ~a..scamna OV.*Ars* 1.162; in ~a ducuntur quassae naualia puppes *Tr*.4.8.17; inpendent ~a saxa mari LUC.4.455; ~as lances MART.11.31.19. **b** plausu ~a concutit ungula terram ENN.*Ann*.439; manibusque lacessunt pectora plausa ~is VERG.*A*.12.86; ~a lumina OV.*Met*.8.801; iecur..intrinsecus ~um, extrinsecus gibbum CELS.4.1.5; canini dentes..ture repleti—sunt enim ~i PLIN.*Nat*.28.107;—(*from decay or disease*) sputaque per dentis ire cruenta ~os PROP.4.5.68; aristolochia..~a..ulcera explet PLIN.*Nat*.26.142;—rite ~is undam de flumine palmis sustinet VERG.*A*.8.69; ~am manum asses porrigentibus praebens SUET.*Aug*.91.2. **c** ~a cymbala recrepant CATUL.63.29; qui..~a testudine fleuit amorem HOR.*Epod*.14.11; nec ~a uaesanis ictibus aera sonant OV.*Ars* 2.610; ~a tympana STAT.*Theb*.9.800; (*cf.*) quatiensque terga tauri teneris ~a digitis CATUL.63.10;—(*transf., of sound*) arguta ~is tinnitibus aera SIL.17.18. **d** *Ilias* 870; uallum..in modum ~ae lunae duxit FRON.*Str*.1.5.1; (*spec. waning*) lunam ~am triste esse..nouam exultatione adorari PLIN.*Nat*.8.215.

2 (of hills, rocks, etc.) Hollowed out (so as to form a valley, passage, etc.). **b** (of valleys, roads, etc.) hollowed out, sunken. **c** (of rivers and other water) having a deep channel, deep.

undique colles inclusere ~i VERG.*A*.8.599; in eum campum uia alia per ~am rupem..cum..pergerent LIV.9.2.9; qua..portus urguet rupe ~a pelagus LUC.1.406; et grauiora ~ae sonuerunt murmura ripae STAT.*Theb*.9.348. **b** ora..quam nebulosa ~o rorat Meuania campo PROP.4.1.123; compulsos in ~as ualles..circumueniunt LIV.3.8.9; pleraeque ~ae sunt uiae sinusque occulti 23.1.6; OV.*Fast*.6.110; ualle ~a media LUC.4.158. **c** ne supinus eat ~aque in palude recumbat CATUL.17.4; ~as Satrachi..ad undas 95.5; e ~o fonte VAR.*Men*.387; implentur fossae et ~a flumina crescunt cum sonitu VERG.*G*.1.326; 4.427; quisue ~o uastas in mare seruet aquas? OV.*Ars* 3.94; deseruere ~o tentoria fixa Lemanno LUC.1.396.

3 Having a cavity inside, hollow; (often with the added notion of concealing, protecting, etc., something within). **b** (of parts of the body). **c** (of trees). **d** (of ships; cf. Homeric use of κοῖλος). **e** (of clouds, sts. as poetic fancy).

pars obscura ~is celebrabant orgia cistis CATUL.64.259; aut terebrare ~as uteri et temptare latebras VERG.*A*.2.38; penitusque ~ae plangoribus aedes femineis ululant 2.487; ~a sub imagine formae (*i.e. unsubstantial*) 6.293; ante ~as librantem spicula turris PROP.4.10.13; ~is..aenis OV.*Met*.6.645; galeae fragmenta ~ae LUC.6.193; (*cf. sense 1 b*) tunc immensa ~i spirant mendacia folles JUV.7.111. **b** ~um..pectus LUC.9.777; ~a..nare OV.*Ars* 1.520; ~as..aures *Met*.12.42; faucibus ille ~is hastam non ore receptam miratur STAT.*Theb*.9.130; (*cf.*) earum (uocalium) quae ~o aut patulo maxime ore efferuntur QUINT.*Inst*.9.4.33;—(*w.* tempora) ~a tempora ferro traicit VERG.*A*.9.633; OV.*Met*.2.625; solido fregit ~a tempora plumbo LUC.3.711; STAT.*Theb*.1.418. **c** ~a..ab ilice VERG.*Ecl*.9.15; *A*.5.448; HOR.*Epod*.16.47; truncis lapsa ~is..mella *Carm*.2.19.12; ~o..ramo PHAED.3.16.5; (*transf.*) nec non et apes examina condunt corticibus..~is VERG.*G*.2.453. **d** uastumque ~a trabe currimus aequor VERG.*A*.3.191; tigna ~a PROP.4.6.50; ~as..rates OV.*Ep*.17.8; soluuntque ~as a litore puppes LUC.2.649. **e** procella..cogit uti fiat (nubes) spisso ~a corpore circum LUCR.6.127; 6.176; nox atra ~a circumuolat umbra VERG.*A*.2.360; cum Iuppiter horridus..caelo ~a nubila rumpit 9.671; (Tritonia) ~a circumdata nube OV.*Met*.5.251; ut..exiliant..~is elisi nubibus ignes 6.696; spargit ~a nubila sanguis STAT.*Theb*.3.545.

4 (of the earth, mountains, rocks) Containing caves or cavities. **b** full of holes, porous.

nemora atque ~os montis siluasque colebant LUCR.5.955; ~um conuersa cuspide montem impulit in latus VERG.*A*.1.81; clausumue ~a te condere terra 12.893; ~is impositam ilicem saxis HOR.*Carm*.3.13.14; et erant in anfractibus ~ae rupes, ut quaedam earum ducenos armatos possent capere LIV.22.28.6; est prope Cimmerios longo spelunca recessu mons ~us OV.*Met*.11.593; magnosque ~ae conpagis hiatus LUC.10.248; ipse ~ae scrutatur uiscera terrae STAT.*Theb*.9.451. **b** in ~a Lethaeas dolia portat aquas TIB.1.3.80; pumicibusque ~is horrentia membra polire MAN.5.150; spongeosus (est pulmo) ac fistulis inanibus ~us PLIN.*Nat*.11.188.

5 (of caves, crevices, etc.) Hollow. **b** (of apertures) hollowed out, hollow.

~a..specus ENN.*Ann*.440; loca..~a terrai LUCR.6.580; Inda ~is aurum mittit formica metallis PROP.3.13.5; incenduntque ~as fumante bitumine uenas OV.*Met*.14.792. **b** perque ~as..tela intorquere fenestras VERG.*A*.9.534; traiecta ~a mea uocula rima PROP.1.16.27.

6 a (of pipes and other musical instruments) Hollow, tubular. **b** *uena ~a* (see quot.).

a ~a tibia LUCR.2.620; ~as inflare cicutas 5.1383; forte ~a dum personat aequora concha VERG.*A*.6.171; ~a buxa PROP.4.8.42; ~a bucina OV.*Met*.1.335; STAT.*Theb*.1.585. **b** per quas (*sc.* portas iecoris) lapsus cibus in hoc ipso loco in eam uenam quae ~a appellatur confunditur perque eam ad cor..perlabitur CIC.*N.D*.2.137.

Caȳcus: **a** = CAICVS. **b** (pl.) poet. form of CHAVCI.

Caystrius ~a ~um, *a.* Of the Cayster; *ales ~us*, the swan.

OV.*Tr*.5.1.11.

Caystros ~ī, *m.* The Cayster, a river of Lydia noted for its swans.

VERG.*G*.1.384; OV.*Met*.2.253; MELA 1.88.

-ce, *particle.* Deictic particle, usu. enclitic (cf. Osc. *iúk*, nom. sg. fem. = *ea*); added to demonstratives and in class. Lat. reduced to *-c* (*hic, illic*; *hinc, tunc*); also *ecce*; proclitic in *cedo, cette*.

Cēa ~ae, *f.* Also **Cīa, Cēos** ~ī. The island Ceos in the Cyclades.

VERG.*G*.1.14; OV.*Ep*.19.222; COL.9.2.4. **β** PHAED.4.22(23).8; LIV.31.15.8. **γ** CIC.*Att*.5.12.1; MELA 2.111.

Cēbānus ~a ~um, *a.* A kind of cheese.

~um hic e Liguria mittit ouium maxime lacte PLIN.*Nat*.11.241.

Cebenna ~ae, *f.* **(Ceu-).** *~ae* (pl.) or *mons ~a*, The Cevennes.

LUC.1.434; MELA 2.80;—CAES.*Gal*.7.56.2; mons ~a, qui Aruernos ab Heluiis discludit 7.8.2.

Cebennicus ~a ~um, *a.* *~i montes*, The Cevennes.

MELA 2.74.

Cebrēnis ~idos, *f.* A daughter of the river Cebren in the Troad.

(*Hesperie*) OV.*Met*.11.769; (*Oenone*) STAT.*Silv*.1.5.21.

Cecropēius ~a ~um, *a.* Of or connected with Athens.

~am Mineruam APUL.*Met*.11.5.

Cecropia ~ae, *f.* Athens.
~am solitam esse dapem dare Minotauro Catul.64.79.

Cecropidēs ~ae, *m.* Forms: voc. ~*ā* Ov.*Met.* 8.551. A male descendant of Cecrops; (pl.) Athenians.
(*Aegeus*) Ov.*Met.*7.502; (*Theseus*) 8.551; (*allus., as being the ruling family*) uos humiles..uulgi pars ultima nostri.. ast ego ~es Juv.8.46;—Verg.*A.*6.21; Ov.*Met.*7.486; Stat. *Ach.*1.203; Amp.15.1.

Cecropis ~idis or ~idos, *f. adj.*

1 Of Athens, Athenian.
~i (*voc.*) terra Ov.*Ep.*10.100; ~is ales (*i.e. Procne*) *Am.* 3.12.32.

2 (as sb.) A female descendant of Cecrops; an Athenian woman.
(*Aglauros*) Ov.*Met.*2.806; (*Procne and Philomela*) 6.667;—parcite, ~ides, iuranti credere Theseo *Ars* 3.457; quod se non putat ulla formosam nisi quae..de Sulmonensi mera ~is Juv.6.187.

Cecropius ~a ~um, *a.*

1 Of Cecrops or his descendants.
~ae domus Hor.*Carm.*4.12.6;—(*poet.*) ~as..querelas (*i.e. of nightingales*) Mart.1.53.10; ~o luto (*i.e. of swallows*) Stat.*Silv.*3.2.110.

2 Of or connected with Athens, Athenian. **b** (w. ref. to the wit, learning, culture, etc., of Athens). **c** (masc. pl. as sb.) Athenians.
~us..Solon *Inc.poet.* p.138(Hyg.*Fab.*221); grande munus ~o repetes cothurno Hor.*Carm.*2.1.12; ~is..colonis Prop. 2.33.29; ~os portus Ov.*Ep.*10.125; ~a..in arce *Met.*6.70; ~is..terris Sen.*Thy.*1049; puppes ~ae Luc.2.612; ~o monte (*i.e. Hymettus*) Mart.6.34.4; ~ae..Orithyiae V.Fl. 1.468; ~am..fidem (*i.e. of Theseus and Pirithous*) Stat. *Silv.*2.6.55; ~am..Cotyton Juv.2.92. **b** cum lingua, tum sale ~o Verg.*Cat.*9.14; ~o satur lepore Mart.4.23.6; cuius ~a pectora dote madent 7.69.2. **c** Sen.*Phaed.*2.

3 (applied to bees, honey, etc.) Attic, Hymettian.
~as innatus apes amor urget habendi Verg.*G.*4.177; ~um..thymum 4.270; Mart.9.12(13).2; ~o..melle 13.24.1.

Cecrops ~pis, *m.* The first king of Attica and founder of the Acropolis, said to have been half man and half serpent.
Cinna *poet.*1(3).4; Cic.*Leg.*2.63; finibus in ~pis (*i.e. Attic*) Lucr.6.1139; uirginibusque tribus gemino de ~pe natis Ov.*Met.*2.555; Tac.*Ann.*11.14.

cēdens ~ntis, *a.* [pple. of next] In senses of vb., esp.: Yielding to the touch, unresisting.
Cic.*N.D.*3.31; pete ~ntem aera disco Hor.*S.*2.2.13; Ov.*Met.*10.59; quaedam ex his dura ac renitentia, quaedam mollia ~ntiaque sunt Cels.7.6.2; quaerite aliquam mollem ~ntemque materiam Sen.*Dial.*7.27.3; Plin.*poet.*2.1(*Ep.*7. 9.10).

cēdō[1] ~dere ~ssī ~ssum, *intr.*, (*tr.*). [*ce-* (as in cedo[2]) + **sed-* (Gk. ὁδός, Skt. *ā-sad-*)] Const.: absol.; w. dat. or *in*+acc.; w. abl., *ab*, etc.; w. acc. (13); other const. noted where they occur.

1 To go, proceed. **b** to come, come up. **c** (transf., of actions) to proceed.
ut transuorsus, non prouorsus ~dit, quasi cancer solet Pl.*Ps.*955; ~dit uelocibus iuueni' membris Var.*Men.*393; detrahere et pellem, nitidus qua quisque per ora ~deret Hor.*S.*2.1.65; (*of heavenly bodies*) hunc subter fulgens ~dit uis torua Leonis Cic.*Arat.*567(321). **b** ibi ad postremum ~dit miles, aes petit Pl.*Aul.*526. **c** quam citissume potest, tam hoc ~dere ad factum uolo Pl.*Capt.*352.

2 To withdraw, go away, retire (from a scene of activity, etc.). **b** (from a place which one has owned or occupied). **c** (w. ref. to exile). **d** (for tactical or strategic purposes). **e** (usu. w. *uita*) to depart from life, pass away. **f** *foro ~dere*, to become bankrupt: see forum.
Licinium titubantem, haesitantem, ~dentem Cic.*Cael.* 66; quam uolent illi ~dant otio consulentes *Phil.*2.113; ~dendum..est celeriter, ne forte qua re impediar *Att.*8.16.1; Thesea ~dentem celeri cum classe tuetur Catul.64.53; ~dentibus ceteris diis..restitere Iuventas et Terminus Flor.*Epit.*1.1(1.7.8); (*poet.*) cum primum pauido custos mihi purpura ~ssit Pers.5.30;—(*w. abl.*) qui cum..~ssisset Athenis et se Rhodum contulisset Cic.*de Orat.*3.213; Nep.*Att.*8.6; Iuno..inulta ~sserat impotens tellure Hor. *Carm.*2.1.26; abire se et ~dere urbe Tac.*Ann.*2.34; ~damus patria Juv.3.29;—(*w. preps.*) ~dunt de caelo ter quattuor corpora sancta auium Enn.*Ann.*93; urbem..ex qua Brutus ~deret Cic.*Phil.*1.9; ab humana ~ssit in astra uia Prop.3.18. 34; ut ille graui uolnere ictus ex acie ~ssit Liv.2.47.2; ~ssit ex oculis, abit, in astra fertur Sen.*Her.O.*1977;—(*w. advs.*) ut neque inde ante sex menses ~sserint Var.in Non.p.498M. **b** ~det Iulus agris Verg.*A.*12.185; ~des (*i.e. by dying*) coemptis saltibus et domo Hor.*Carm.*2.3.17; urbibus, agris, locisque, quibus Philippus ~ssisset, ~ssurum Liv.42.62.10. **c** illo ipso..anno, cum ego ~ssissem Cic.*Red.Sen.*4; qui et summa uoluntate ~sserit..neque sane redire curaris *Fam.*1.9.16;—(*w. abl.*) cum maerentibus uobis urbe ~ssi *Mil.*36; hunc tu ciuem..domo et patria..~dere coegisti *Dom.*5; ciuitate ~ssit Liv.2.2.10. **d** ictum uenientem.. praeuidit celerique elapsus corpore ~ssit Verg.*A.*5.445;—(*w. adv.*) in loca saltuosa ~dere inde coepit Liv.27.12.8. **e** quod ad eos pertineat qui uita ~sserint Cic.*Tusc.*1.35; et exacto contentus tempore uita ~dat uti conuiua satur Hor. *S.*1.1.119; (*cf.*) ut..uita potius quam loco ~dant Sen.*Ep.* 82.21;—~dis, et incassum tua nomina Druse leuantur ultima *Epic.Drusi* 75.

3 (of soldiers, etc.) To give ground, fall back. **b** (w. *loco*, etc.).
nostri ~ssere parumper Enn.*Ann.*587; ut hostis is..sciret exercitum p. R. non modo non ~dere..sed etiam propius accedere Cic.*Fam.*15.1.3; qui suis ~dentibus auxilio succurrerent Caes.*Gal.*7.80.3; si metu ~sserimus, eadem illa aduorsa fient Sal.*Cat.*58.9; qui simulata ~sserant fuga Liv.6.24.4; ut ~dens ut sequens hostis exegit Mela 3.34; quotiens astu magis quam per formidinem ~ssit Tac. *Ann.*1.56; quomodo equites sine fuga ~derent Amp.18.10; (*impers.*) iam omnibus locis ~ditur Liv.4.38.1;—(*transf.*) cedebas enim, Brute, ~debas, quoniam Stoici nostri negant fugere sapientis Cic.*ad Brut.*1.15.5. **b** ne eo quidem tempore quisquam loco ~ssit Caes.*Gal.*7.62.7; *Civ.*3.51.2; qui..pulsi loco ~dere ausi erant Sal.*Cat.*9.4; Nep.*Cha.*1.2; legio ibi sexta loco ~ssit Liv.26.5.11;—(*transf.*) si mihi et turbae meae par..esse potueris, ~dam loco Phaed.1.19.10; —(*fig.*) ne noster honos infractaue ~dat fama loco Verg.*A.* 7.332;—~dunt tellure Stat.*Theb.*12.724.

4 (of things) To move away, depart, recede. **b** (of heavenly bodies). **c** (of abstr. subj., esp. feelings, desires) to pass away, depart.
prospectans ~dentem..carinam Catul.64.249; haud igitur quicquam procedere posset, principium quoniam ~dendi nulla daret res Lucr.1.339; Prop.1.3.1; (*poet.*) arua ..Ausoniae semper ~dentia retro Verg.*A.*3.496;—(*w. abl.*) uacuaeque loco ~ssere curules Luc.3.107;—(*w.* ab) illa (*sc.* folia) manent immota locis neque ab ordine ~dunt Verg.*A.* 3.447; ~dit ab Iliacis laurea cana focis Ov.*Fast.*3.142; paulatim ab extremis ~dere spiritum Tac.*Ann.*15.70;—(*w.* in+*acc.*) omne dehinc caelum et mare omne in austrum ~ssit 2.23. **b** sex omni semper ~dunt labentia nocte (signa) Cic.*Arat.*582(336); ut ~dant certis sidera temporibus Catul.66.4; signa quot surgant in quoque loco ~dantque per horas Man.3.387;—(*w. abl.*) quid..sidera mundo ~dere festinant? Ov.*Fast.*5.546;—(*w.* ab) a clarisonis auris Aquilonis ad Austrum ~dens..rota feruida Solis Cic.*Arat.*527 (281). **c** non laudis amor nec gloria ~ssit pulsa metu Verg.*A.*5.394; at non audaci Turno fiducia ~ssit 9.126; utque pudor ~ssit Ov.*Met.*10.241;—(*w. abl.*) mora tarda mente ~dat Catul.63.19; attonito ~sserunt pectore sensus Luc.5.760; postquam tumor iraque ~ssit uultibus Stat. *Theb.*5.425;—(*w.* ex) quandoque pudor ex pectore ~ssit Lucil.1049; Ov.*Pont.*1.3.44;—(*w. destination expr.*) huc omnis aratri ~ssit amor Verg.*A.*7.636; fiducia ~ssit quo tibi, diua, mei? 8.395.

5 (of periods of time) To pass, come to an end. **b** (of things existing for a limited period) to come to an end.
horae quidem ~dunt et dies et menses et anni nec praeteritum tempus umquam reuertitur Cic.*Sen.*69; quam multae..meis ~dent sermonibus horae Prop.3.20.19; quod hiems adoperta gelu tunc denique ~dit Ov.*Fast.*3.235; cum pallida ~dit bruma Stat.*Theb.*7.286. **b** densa..~dit frigoris asperitas Ov.*Fast.*4.87; pomaque autumno fugiente ~dent Sen.*Her.O.*1579; postquam bellatum apud Actium.. magna illa ingenia ~ssere Tac.*Hist.*1.1;—(*w. abl.*) nisi foedus..insculptum monumento esset.., Postumium Cominium bellum gessisse cum Volscis memoria ~ssisset Liv. 2.33.9.

6 (leg., of a period of time) To begin to run. **b** *dies ~dit*, the day (on which a legacy, etc., vests or becomes effective) begins to run; so also *dies ~dens*. **c** (of a condition, etc.) to become operative or effective.
neque..ante annus ~dit, intra quem de peculio actio datur, quam tutela fuerit finita Ulp.*dig.*27.3.11; Ven.*dig.* 45.3.25;—(*w. dat. of person interested*) an mihi annus ~dat..? Ulp.*dig.*4.6.28.4; non ~dit ei tempus Paul.*dig.*22.6.1.1;—(*w.* in+*acc.*) annus..in personam quidem eius, qui dedit pecuniam ne secum ageretur, ex eo tempore ~dit Gaius *dig.*3.6.6. **b** ita intelligitur dies actionis ~dere Gaius *Inst.*2.190; quo tempore dies legatorum ~dere solet 2.244; usus fructus ante aditam hereditatem dies non ~dit Ulp. *dig.*7.3.1.4; (*cf.*) '~dere diem' significat incipere deberi pecuniam: 'uenire diem' significat eum diem uenisse, quo pecunia peti possit 50.16.213;—post diem legati ~dentem si decesserit legatarius 28.7.8.8; debitor post diem utriusque stipulationis ~dentem soluit uiginti sex Scaev.*dig.*46.3.89.2. **c** si usus fructus cui per dies singulos legetur..an semel ~dat Ulp.*dig.*7.3.1; praeterire..non possunt, antequam incipiant ~dere 38.1.13.2; Julian.*dig.*38.1.24.

7 (w. advs.) To turn out, result, succeed, fare (in a specified manner). **b** (pregn.) to turn out well, be successful.
quia (bellum) temptatum antea secus ~sserat Sal.*Jug.* 20.5; ea, quae prospere ei ~sserunt Nep.*Timoth.*4.6; obseruare deos, ne quid mihi ~dat amice Ov.*Pont.*2.7.19; si id commode ~ssit Cels.4.20.4; at Vergilio imitationem bene ~ssisse Sen.*Con.*7.1.27; utcumque ~ssura res est Curt.7.1.37; si frustra molliora ~sserunt, ferit uenam Sen. *Dial.*3.6.2; cum iis felicissime ~ssit imitatio Quint.*Inst.* 10.2.16; prospereque ~ssura qua pergerent si fulgor et claritudo deae reddeterur Tac.*Ann.*1.28; cum opinione tardius ~deret (uenenum) uentre modo Britannici moto Suet.*Nero* 33.2;—(*impers.*) neque si male ~sserat usquam decurrens alio, neque si bene Hor.*S.*2.1.31; nec impune ~ssit primipilari, quod Caligulam dixerat Sen.*Dial.*2.18.4; interea, ut optime ~dat, solem orientem non uident Plin.*Nat.*14.141. **b** res ~dit; comitia dilata ex senatus consulto Cic.*Att.*4.17. 3(16.6); qua uisa est Fortuna pati Parcaeque sinebant ~dere res Latio Verg.*A.*12.148; uota tibi ~dent Petr.121,l.105; ubi insidiae parum ~ssere Tac.*Hist.*4.16;

8 (w. dat.) To step aside, make way (for); (of things) to give place (to). **b** to defer, give place (to an older person, one of higher rank, etc.). **c** (of things) to give way (before). **d** to grant superiority, give place (to). **e** (of times, seasons) to yield, give place (to).
tibi consules praetoresque uia ~dunt Sen.*Con.*exc.6.8; ut feminis semita uiri ~derent V.Max.5.2.1; (*fig., w.* loco) ut obuiam fortunae ire non dubitet nec umquam loco illi ~ssurus sit Sen.*Dial.*9.11.1; (*pple. as sb.*) si ~dentem uulnerauerit, erit Aquiliae locus Ulp.*dig.*9.2.7.4;—temporibus namque pares saepe sibi uicissim ~dere..possunt Maur. 1899. **b** ~dat consulari generi praetorium Cic.*Planc.*15; ~dere iis, qui magistratum habebunt *Off.*1.149; nec cetera Phoebo sidera ~debant Ov.*Fast.*5.18; ~ssit pater filio Sen. *Con.*10.2.5; ~ssisti etiam Galbae imaginibus Tac.*Hist.*2.76; (*cf.*) quin etiam illa ipsa rerum humanarum domina, Fortuna, in istius se societatem gloriae non offert: tibi ~dit Cic.*Marc.*7;—(*w.* inter se) uisique inter sese ordine fandi ~dere Stat.*Theb.*2.175. **c** ~dat, opinor..forum castris, otium militiae, stilus gladio, umbra soli Cic.*Mur.*30; ubi iam facibus ~ssit praetexta maritis Prop.4.11.33; ~sserat omne nouis consiliumque malis Ov.*Pont.*3.6.48; et rebus mores ~ssere secundis Luc.1.161; seris uix ~ssit cura tenebris Stat.*Theb.*6.237. **d** ut uix C. Marcello, optimo et amantissimo fratri, praeter eum quidem ~derem nemini Cic.*Marc.*34; ~dite Romani scriptores, ~dite Grai! Prop. 2.34.65; aut ~derent animo atque uirtute genti..totiens ab se uictae Liv.21.30.11; Ov.*Ars* 2.164; Stat.*Silv.*2.7.75; ipse facit uersus atque uni ~dit Homero propter mille annos Juv.7.38. **e** autumnus, niuibus ~ssurus et undis *Laus Pis.*151; postquam dies sideribus atris ~ssit [Sen.] *Oct.*715; letifero ~dente pruinis autumno Juv.4.56.

9 To be inferior (to). **b** (of things). **c** (in compendiary comparisons).
neque..Q. Catulus Cn. Pompeio ~dere uidebatur Cic. *Off.*1.76; lenta salix quantum pallenti ~dit oliuae..tantum tibi ~dit Amyntas Verg.*Ecl.*5.16;—(*w. abl.*) splendore equiti Romano nemini ~dit Cic.*Fam.*12.27; neque multum Albici nostris uirtute ~debant Caes.*Civ.*1.57.3; quorum nemo Caesoni ~debat magnitudine animi Liv.3.19.3; Tac. *Dial.*13.4; (*without dat.*) nec minus Andromache..fert.. Phrygiam Ascanio chlamydem (nec ~dit honore) Verg.*A* 3.484;—(*w.* in+*abl.*) ad te ne Graecis quidem ~dentem in philosophia Cic.*Fin.*1.8;—(*w.* de) L. Lucullum..Neptuno non ~dere de piscatu Var.*R.*3.17.9. **b** domus est quae nulli mearum uillarum ~dat Cic.*Fam.*6.18.5; ultima primis ~dunt Ov.*Ep.*9.24; Man.5.729;—(*w. abl.*) Picenis ~dunt pomis Tiburtia suco Hor.*S.*2.4.70; ab his locum amplitudine uindicauerint, quae ~ssere auctoritate nuces iuglandes Plin.*Nat.*15.86;—(*w.* per) nec pondere aut facilitate materiae praelatum est ceteris metallis (aurum), cum ~dat per utrumque plumbo 33.59. **c** facile ~do tuorum scriptorum subtilitati et elegantiae Cic.*Fam.*4.4.1; si mea pars nemini ~dit *Q.fr.*1.1.43; nec peditum uirtuti equites.. ~dunt Liv.9.40.11; carmina cum facias soli ~dentia fratri Mart.12.44.3.

10 To give in, yield, submit: **a** (to an enemy). **b** (to other opponents, factions, policies, etc.). **c** (to authority, etc.). **d** (to arguments, persuasion, etc.); (w. cl.) to concede, allow (that). **e** (to circumstances). **f** (to physical states); *~dere fato*, (periphrases for) to expire, die. **g** (of inanim. or abst. things).
a ciui parcere quam hosti ~dere maluisse Cic.*Font.*35; numquam hosti ~ssit Nep.*Ham.*1.2;—(*absol.*) augebat iras quod soli Iudaei non ~ssissent Tac.*Hist.*5.10; (*w. abl.*) saucii saepe homines cum corpore debilitantur, animo tamen non ~dunt Cic.*Caec.*42;—(*transf.*) non ipsi inter se, non nubila, non mare ~dit Verg.*A.*10.358; cum tribus sententiis quattuor non ~dant, duabus quinque succumbent? Quint. *Decl.*365(p.399,l.12). **b** ut..nullius audaciae ~damus Cic.*Catil.*3.28; ut neque minanti ~deret neque cuiquam minaretur *Mur.*53; quibus ille si ~dit, salui sumus *Att.* 5.20.8; ~do inuidiae Phaed.3.9.4;—(*absol.*) nec uidemus qui finis ~dendi praeter exitium futurus sit Cic.*Att.*2.20.3; ~de, Palaemon, et patere inde aliquid decrescere Juv.7.219; —(*pregn., of exile*) cum eorum omnium crudelitati scelerique ~ssissem Cic.*Dom.*58; Quint.*Inst.*5.11.9. **c** Hortensi et mea et Luculli sententia ~dit religioni de exercitu Cic. *Fam.*1.1.3; fraternis ~ssisse putatur moribus Amphion: tu ~de potentis amici lenibus imperiis Hor.*Ep.*1.18.43; ~dere auctoritati senatus Liv.4.57.3; Tac.*Ann.*12.5;—(*transf.*) ~ssisset audacia Cic.*Phil.*13.28; ~ssisset leges Erebi Luc.6.635. **d** ~dit precibus Cic.*Planc.*9; ~de unus omnibus et patere te uinci consilio Liv.6.23.8; timidae ne ~de parenti Stat.*Ach.*1.534; cum..(aetas) praecipientibus facillime ~dit Quint.*Inst.*1.3.12; ~do ut meliu' dicas Ter.*Ad.*350; neque..~sserit..quominus et amicus pro amico..possit uerum..dicere Quint.*Inst.*5.7.2; et Caesar adulationibus senatus libens ~ssit ut..consulatum Nero iniret Tac.*Ann.*12.41. **e** quoniam sit fortunae ~dendum Caes.*Gal.*7.89.2; ~dere is, quae mala uocantur Sen.*Ep.*85.28; (*pregn., of exile*) illam tempestatem cui ~sserim Cic.*Prov.*18;—(*absol.*) ~ssere magistri (*i.e. the physicians*), Phillyrides Chiron Amythaoniusque Melampus Verg.*G.*3.549. **f** tribuni ~ssere nocti, timentes consulum arma Liv.3.17.9; uigilum somno ~dentia membra transsiluit Luc.5.511; ~dit fessa labori [Sen.]*Oct.*350;—ubi anima naturae ~ssit Sal.*Rep.*2.13.7; quibus uestrum ante fato ~dere quam haec..uideant in animo est Liv.26.13.17. **g** ~dant arma togae, concedat laurea laudi Cic.*Cons.*fr.8; ~det profecto uirtuti dolor *Tusc.*2.31; ut uanitati ueritas et opinioni confirmatae natura ipsa ~dat 3.2.

11 (of diseases) To yield, respond (to treatment).
id..uitium..si medicamentis non ~deret Cels.7.11; quae ferro cohibenda lues, quae ~deret herbis Stat.*Ach.* 2.162;—(*w.* ad) cum ad nullum malagma aut auxilium ~debant (dolores pectoris) Larg.229;—(*absol.*) si ea uis fuerit epiphorae, ut non ~dat uno die 20; (*cf.*) pio iuueni uitam..reddam, et ~dent arti tristia fata meae Ov.*Fast.* 6.748.

12 To withdraw (from), resign the ownership, use, possession, etc., of). **b** (w. dat.) to resign, etc. (in favour of).
si in iure cessit, qui potuit ~dere, et et ubi oportuit Var. *R.*2.10.4; Campanum grum diuidis; uos estis in possessione non ~do Cic.*Agr.*3.15; sinite arma uiris et ~dite ferro Verg.*A.*9.620; ~de bonis Ov.*Ep.*9.110; accucurrit, spiritum eius recolligit..lectulo suo ~ssit Sen.*Ben.*4.37.1; sic ~ssit habenis audaci questus de Phaethonte pater Mart. 5.48.3; ipsa..uictoria ~dunt Quint.*Inst.*5.8.1; ipsa quam intulerant scientia..~ssere Tac.*Hist.*2.3; Q. Vitellium mouit senatu aut sponte ~dere passus est *Ann.*2.48; Suet.

Nero 35.5; partem quidem hereditatis defendere, parte uero ~dere Julian.*dig*.5.4.8; (*impers.*) regno protinus ~dendum esse Liv.42.50.4; (*w.* possessione) si iniusti domini possessione agri publici ~derent 4.53.6; (*poet.*) natura totiens legibus ~det suis Sen.*Phaed*.176. **b** se..domo ~ssurum filio Cic.*Att*.13.41.1; Romanis eum ~dere tota Illyrici ora Liv.32.35.9; hominem toto sibi ~dere iussit pectore Luc. 5.168; Assyria tamen bombyce adhuc feminis ~dimus Plin. *Nat*.11.78; ~dere..reus indebiti actione fideiussori debet Ulp.*dig*.17.1.29.3; (*w.* possessione) nisi sibi hortorum possessione ~ssissent Cic.*Mil*.75; (*impers.*) nisi sibi..tota Cypro..~deretur Liv.45.11.11.

13 (tr.) To concede, give up, surrender.

Lucullo a quo hereditate me ~ssa Var.*R*.3.16.2; gratiosi scribae sint in dando et ~dendo loco Cic.*Brut*.290; Lucr. 5.986; mea pignora cedo [Tib.]3.19.17; saeuo ~ssit (Hercules) membra dolori Sen.*Her.O*.1282; ut superioribus possessoribus..supercilia ~dantu⟨r⟩ Sic.Fl.*agrim*.p.107; nisi ~ssae ei fuerint actiones Pompon.*dig*.21.2.59; Neratius.. scribit iter debere ~di Ulp.*dig*.8.3.3.3.

14 (of things) To yield to pressure, give (under). **b** to give way, collapse (under). **c** (topog.) to give way, recede.

magno ~dunt uirgulta fragore Verg.*A*.7.677; inposito ~ssit harena pede Ov.*Ars* 1.560;—(*w. dat.*) ubi umor cutem inflat, eaque intumescit et prementi digito ~dit Cels.4.2. 4; ~dentes oneri ramos Mart.11.41.3; penitusque oculis ~dentibus intrat (unca manus) Stat.*Theb*.1.427. **b** ne is talus,..parum confirmatis neruis ferendo oneri, ~dat Cels.8.22.2; pressus ne ~dat turribus agger Luc.3.398; turris ictibus saxorum ~ssit Tac.*Hist*.3.29;—(*w. dat.*) cum ad unam partem ~sserunt (coronae), illinc uentus est, unde finduntur Sen.*Nat*.1.2.8; nam et labuntur aliquando et oneri ~dunt Quint.*Inst*.10.1.24. **c** terris in omnem partem uaste atque aequa portione ~dentibus Mela 3.73; V.Fl.4.714; ut ripae fluminis ~dunt Tac.*Ann*.2.16; mare.. rursus ~dentibus est (terris) immensum Apul.*Mun*.6; (*w. dat.*) dorsum, qua maxime introrsus mari ~dit Curt.3.4.7; (*cf.*) qualis incertis uagus Maeander undis ludit et ~dit sibi (*goes back from itself*) Sen.*Her.F*.684.

15 To become the property of, pass into the possession of, fall to, be given to. **b** (w. inf.).

ut etiam is quaestus huic ~deret Cic.*Ver*.2.170; tibi praeda ~dat maior an illi Hor.*Carm*.3.20.7; praeda ex pacto Romanis ~ssit Liv.26.26.3; tibi patria ~ssit, tibi pater, frater, pudor—hac dote nupsi Sen.*Med*.488; HOC MONVMENTVM HEREDI NON ~DIT *CIL* 9.3388; (*w.* in usum) ager.. erit nulli proprius, sed ~det in usum nunc mihi nunc alii Hor.*S*.2.2.134;—(*w.* in + *acc.*) quod..nunc ui, nunc morte suprema permutet dominos et ~dat in altera iura *Ep*.2.2.174; spolia in uulgus ~debant Tac.*Hist*.3.83; bona interfectorum in medium ~dant 4.64;—(*absol.*) aut habeat uictos, ~dat Lauinia coniunx Verg.*A*.12.17;—(*of abst. things*) ~sserit Ausonio si fors uictoria Turno 12.183; quae captae urbi ~ssura forent Liv.23.43.14; proxima cui caelo ~ssit.. potestas Ov.*Met*.4.533. **b** non ~ssit cuiquam melius sua tempora nosse *Aetna* 16; *CIL* 12.5272.

16 (of things) To be included (in), fall (under), accrue (to). **b** (w. *pro* or sim., also *in* + acc.) to be equivalent (to), serve (as), pass (for).

haec quaestio ~det superioribus Sen.*Nat*.2.1.5; confirmatio..⟨et⟩ exornatio eisdem ~dere possunt, quibus subiciuntur Quint.*Inst*.5.14.6; omne quod inaedificatur solo ~dit Gaius *dig*.41.1.7.10; plantae quae terra coalescunt solo ~dunt 41.1.9; an frumentum, quod cibariis cultorum paratum foret, instrumento ~deret Ulp.*dig*.33.7.12; HVIC MONIMENTO TABERNA ~DET *CIL* 10.6144;—(*w.* in + *acc.*) asperitas uerborum ~ssit in illas (*sc.* bacas) Ov.*Met*.14.526; haec in partem ~dent trium generum Quint.*Inst*.3.8.53; hae..inpensae aut in res necessarias aut utiles ~dunt Ulp. *dig*.24.3.7.16;—(*absol.*) in emptione domus et specularia et pegmata ~dere 33.7.12.25. **b** (*w.* pro) oues quae non pepererint binae pro singulis in fructu ~dent Cato *Agr*. 150.2; id (*sc.* lupinum)..~dit pro stercore Col.2.13.1; at illi ea fama pro bono ~ssit Suet.*Tit*.7.1; fides inquisitionis pro uinculo ~det cautionis Paul.*dig*.26.5.13.2;—fama et corpore iudicati atque addicti creditoribus satisfaciebant poenaque in uicem fidei ~sserat Liv.6.34.2; folia cum sale trita malagmatis uice ~dunt Col.6.17.3; ea quidem in exemplorum locum ~dunt Quint.*Inst*.5.11.36; ut filia amissa solacii loco ~deret, si redderetur ei dos Pompon.*dig*. 23.3.6;—Sal.*Hist*.2.42; Chattis uictoribus fortuna in sapientiam ~ssit Tac.*Ger*.36.2.

17 (w. *in* + acc.) To result in, produce, bring. **b** to be made, become, turn into.

ne qua largitio, ~ssura in trium gratiam tribunorum, fieret Liv.4.44.9; in remedium ~dunt honesta solacia Sen. *Ep*.78.3; non in requiem pariter ~ssere tenebrae Sil.13.256. **b** in paucorum praedam ~ssisse Liv.6.14.12; quod apud Graecos in prouerbium ~ssit Sen.*Ep*.114.1; aquarum halitus..in imbres et niues ~dit *Nat*.2.12.4; montium culpa in bonum ~dit Plin.*Nat*.18.110; quando in formam prouinciae ~sserant Tac.*Ann*.14.31.

cedo[2] (*pl.* cette), *imp. tr.* [prob. *ce* (-CE) + *-do* as in ENDO]

1 Give me, hand over, bring. **b** *~do manum* and sim., give me your hand. **c** produce, show us (esp. as evidence or exhibits in a trial). **d** bring, bring in, produce (a person, etc.).

~do aurum Pl.*Men*.544; ~do faenus, redde faenus, faenus reddite *Mos*.603; centurio..cui militaribus facetiis uocabulum '~do alteram' indiderant Tac.*Ann*.1.23; ~do istam urnulam Apul.*Met*.6.15;—(*w. dat.*) ~do soleas mihi Pl.*Truc*.363; quin tu mi argentum ~do Ter.*Ph*.935; ~do tuum pedem ⟨mi⟩ Pac.*trag*.244; (*w.* dum) ~dodum huc mihi marsuppium Pl.*Men*.265; *Trin*.968;—(*ellipt.*) tarde cyathos mihi das; ~do sane *Per*.773; '~do' inquam 'si quid ab Attico' Cic.*Att*.16.13(a).1; (*pl.*) ~tte patri meo Pl.fr.inc. 160;—(*w.* ut + *subj.*) ~do tu ut exsoluam manus *Epid*.722; haec ~do ut admoueam templis Pers.2.75;—(*w. subj.*) deme soleas, ~do bibam Pl.*Truc*.367 **b** ~do manum. —quis me tenet? Pl.*Am*.1076; ~do manum. —accipe *Rud*.243; o fortunate, ~do fortunatam manum *Ps*.1065; ~do dextram Ter.*Hau*.493;—(*pl.*) ~tte manus uestras measque accipite Enn.*scen*.283; ~tte dextras nunciam Pl.*Mer*.965. **c** Galbam laudas:..sin ut oratorem, ~do quaeso orationes Cic.*Brut*.295; ~do, quaeso, codicem, circumfer, ostende *Ver*.2.104; ~do tabulas *Flac*.35; ~do tu Auiti epistulas Apul.*Apol*.94;—(*w. dat.*) ~do mihi leges Atinias, Furias, Fusias Cic.*Ver*.1.109. **d** secus si umquam quicquam feci, carnificem ~do Naev.*com*.14; conuiuas ~do Pl.*Ps*.891; ~do alios Ter.*Eu*.776; ~do..illum Phaed.5.2.6; ~do pueros istos Apul.*Apol*.46;—(*w. dat.*) mihi hominem ~do Pl.*Mos*.1090; ~do mihi etiam istum senatorem Cic.*Ver*.3.96;—(*pl.*) Oeneum aliquis ~tte in conspectum Acc.*trag*.425.

2 Tell me, describe to me, explain to me. **b** (followed by a conditional cl.) tell me, come now; (w. apodosis suppressed) suppose, what if?

~do uel decem (*sc.* praecepta), edocebo Pl.*Mil*.355; loquere et consilium ~do 978; ~do reliqua Cic.*Att*.9.18.3; sed ~do caput cenae *Fin*.2.25;—(*w. interr. cl.*) quid id est? ~do Pl.*Poen*.865; ~do mihi, quid es facturus? *Ps*.387; qui? ~do Ter.*An*.150; ~do quid postea? Cic.*Mur*.26; ~do quis umquam cenarit atratus? *Vat*.30; (*app. used for pl.*) ~do qui rem uestram publicam tantam amisistis tam cito? Naev.*praet*.7; (*w.* dum) ~do dum, enumquam.. audisti? Ter.*Ph*.329; (*pl.*) is uestrorum uter sit..~tte Pac. *trag*.63. **b** ~do, si uos in eo loco essetis, quid aliud fecissetis? Cato *orat*.233; Sen.*Cl*.1.9.10; Apul.*Apol*.14;—Juv. 6.504; ~do si conata peregit 13.210.

3 (w. imper. or subj.) Come, come now.

~do: nuptias adorna Pl.*Aul*.157; ~do nunc, persequere cetera Sen.*Dial*.5.34.1; iam ~do tu, sodes,..fabulam remetire Apul.*Met*.1.4;—~do enim experiamur *Apol*.37; (*pl.*) QVARE ~TTE DEO PATRIVM DEDAM⟨VS HONOREM⟩ SILVANO *CIL* 8.27764.

cedrelatē ~ēs, *f.* [Gk. κεδρελάτη] The Syrian cedar, *Juniperus excelsa*.

fructifera (cedrus) non floret..semen eius cupresso simile. quidam ~en uocant Plin.*Nat*.13.53; 24.17.

cedria ~ae, *f.* [Gk. κεδρία] The gum or resin of the Syrian cedar, cedar-resin.

cedrus magna..dat picem quae ~a uocatur Plin.*Nat*. 24.17; 29.47; ~ae uerae, ne habeat picis aliquam mixturam, hemina Larg.58;—(*as adj.*) bene facit et pix ~a 186.

cedrinus ~a ~um, *a.* [Gk. κέδρινος] Of cedar; obtained from cedar.

~us est Romae in delubro Apollo Sosianus Plin.*Nat*. 13.53; e ~is trabibus 16.213;—~o liquore Col.7.13.2; olei ~i pondo unciam Larg.267.

cedris ~idis or ~idos, *f.* [Gk. κεδρίς]

1 The cone of the cedar.

~ides, hoc est fructus cedri, tussim sanant Plin.*Nat*. 24.20.

2 (prob.) A kind of juniper.

in Phrygia frutex uocatur ~is Plin.*Nat*.13.53.

cedrium ~iī, *n.* [Gk. κέδριον] Oil or wood-tar obtained from the cedar.

ex cedro oleum, quod ~ium dicitur, nascitur Vitr.2.9.13; (*cf.*) primus sudor (*sc.* taedae feruentis) aquae modo fluit canali. hoc in Syria ~ium uocatur Plin.*Nat*.16.52.

cedrostis ~is, *f.* [Gk. κέδρωστις] Bryony.

uitis alba quam Graeci ampelon leucen, alii staphylen.. alii ~im..appellant Plin.*Nat*.23.21.

cedrus ~ī, *f.* [Gk. κέδρος]

1 The cedar or juniper. **b** (spec.) *~us Lycia*, prickly cedar, *Juniperus oxycedrus*; *~us Phoenicia*, Phoenician cedar, *J. phoenicia*; *~us magna*, Syrian cedar, *J. excelsa*. **c** cedar-wood.

Vitr.2.9.13; qualem (colorem)..ardua derepto cortice ~us habet Ov.*Am*.1.14.12; ~i resina Plin.*Nat*.12.125. **b** iunipiris similem habet Phoenice ~um minorem. duo eius genera, Lycia et Phoenicia Plin.*Nat*.13.52; ~us magna, quam cedrelaten uocant 24.17. **c** odoratam stabulis accendere ~um Verg.*G*.3.414; effigies..auorum antiqua e ~o *A*.7.178; multa ~o aedificata erat regia Curt.5.7.5; Stat. *Theb*.3.142.

2 The oil or tar obtained from cedar (used to preserve books, and in medicine).

naphtas, genus olei ~o simile Sal.*Hist*.4.61;—speramus carmina fingi posse linenda ~o Hor.*Ars* 332; Ov.*Tr*.1.1.7; ~o digna locutus Pers.1.42; ~o..perunctus (*sc.* libellus) Mart.3.2.7;—quibus adicitur ~i cyathus Cels.5.18.35; Col. 6.32.1.

Cēla ~ae, *f.* (prob. to be taken together w. Panda) A Roman goddess.

te Anna ac Peranna, Panda ~a, te Pales Var.*Men*.506; Gel.13.23(22).4.

Celaenae ~ārum, *f. pl.* [Gk. Κελαιναί] A town in Phrygia, associated with Atthis and Marsyas.

Liv.38.13.5; Ov.*Fast*.4.363; Stat.*Theb*.4.186.

Celaenaeus ~a ~um, *a.* Of or connected with Celaenae.

concubino mollior ~o (*i.e. Atthis*) Mart.5.41.2; Marsyas ~us 10.62.9; ~os..amores (*i.e. of Atthis*) 14.204.1; foeda ~a (*i.e. of Marsyas*) committere proelia buxo Stat.*Theb*.2.666.

Celaenō (~ūs), *f.* [Gk. Κελαινώ] **a** A Pleiad. **b** a Harpy.

a Cic.*Arat*.269(35); Ov.*Ep*.18.135; *Fast*.4.173. **b** Harpyia ~o Verg.*A*.3.365; V.Fl.4.453; (*transf.*) cuncta per oppida curuis unguibus ire parat nummos raptura ~o Juv.8.130.

cēlātim, *adv.* [CELO[1] + -IM] Secretly.

quam maxime ~ poterat, in insidiis suos disponit Sis. *hist*.126; Gel.12.15.1.

cēlātor ~ōris, *m.* [CELO[1] + -TOR] One who conceals.

tua flumina prodam, qua deus undarum ~or, Nile, tuarum te mihi nosse dedit Luc.10.286.

celeber ~bris ~bre, *a.* Also **~bris.** *compar.* ~brior, *superl.* ~berrimus. [perh. < **kele-dhli-* cf. CELER, (SALV)BRIS] Forms: *~bris* (nom. sg. masc.) *Rhet.Her*.2.7, Tac.*Ann*.2.88, 14.19, Gel.17.21.10, Apul.*Met*.2.12.

1 Much used, busy, frequented; (neut. as sb.) busy conditions, etc. **b** (of cities, trading centres, etc.) busy, populous. **c** (of meetings, functions) crowded, well-attended.

uia bona ~brisque Cato *Agr*.1.3; aliquo in ~bri..fano Lucil. 992; locus quaeritur, ~bris an desertus *Rhet.Her*.2.7; cuius monumentum ~berrimum in foro, sepulcrum desertissimum Cic.*Sest*.140; quidlibet indutus ~berrima per loca uadet Hor.*Ep*.1.17.28; atque haec in ~bri carmina fronte (*i.e. facing the road*) notet [Tib.]3.2.28; Liv.34.61.14; Ov. *Met*.13.696; pars immensae gaudet ~berrima Romae Stat. *Silv*.1.2.232; ~berrimum illis gentibus templum Tac.*Ann*. 1.51; super uiginti ~bres scholae fuisse in urbe Suet.*Gram*. 3(p.102Re);—(*w. abl.*) insula Carthaeis quondam ~berrima nymphis Ov.*Ep*.19.221; nunc ~bres mergis fulicisque palustribus undae *Met*.8.625;—quid ego in propatulo et ~bri agam Apul.*Apol*.16; (*referring to time*) ~berrimo fori effigiem diui Augusti amplecti Tac.*Ann*.4.67. **b** portum Caietae ~berrimum et plenissimum nauium Cic.*Man*.33; Antiochiae..~bri quondam urbe et copiosa *Arch*.4; ~bre et frequens emporium Liv.38.18.11; ~berrimas urbes Thessalonicen ⟨et⟩ Cassandream 45.30.4; ~bre Campaniae oppidum Pompei Tac.*Ann*.15.22; Londinium perrexit.. copia negotiatorum et commeatuum maxime ~bre 14.33. **c** ubi..festos dies anniuersarios agunt ~berrimo uirorum mulierumque conuentu Cic.*Ver*.4.107; ~berrimae et gratissimae contiones *Pis*.34; festa parabant per ~bres ludos Ov.*Am*.3.13.4; ~bres..nuptias Phaed.1.6.1; erat Othoni ~bre conuiuium primoribus feminis uirisque Tac.*Hist*.1.81; (*cf.*) ~berrima populi Romani gratulatione Cic.*Phil*.14.16; —(*w. abl.*) funus fit regium magis amore ciuium et caritate quam cura suorum ~bre Liv.24.4.8; 39.7.3.

2 (applied to the day of a festival, etc.) Marked by crowds, festive; (of gods) honoured by festivity.

die festo ~bri nobilique Aphrodisiis Pl.*Poen*.758; diem festum ludorum..~berrimum et sanctissimum Cic.*Ver*. 4.151; *Amic*.12; ab epulis per ~brem festumque diem actis Liv.24.16.15; tertia post Idus lux est ~berrima Baccho Ov.*Fast*.3.713;—sacro Dianae ~bris die Hor. *Carm*.2.12.20; uos ~brem cantate deum Tib.2.1.83; quo tu (Venus) ~berrima mense Ov.*Fast*.4.13.

3 a Occurring often, frequent. **b** occurring widely, extensive, common.

a ~bri gradu gressum adcelerasse Acc.*trag*.24; ~berrima uerba loquentur Ov.*Ars* 2.705; hic es, et ignoras, et ades ~berrimus absens *Pont*.2.10.49; de urina ~bri ex igni proximo facta Gel.19.4.6. **b** famam..inter barbaros ~brem esse Philippum occisum Liv.27.33.1; sagittarum ~bri usu Curt.7.5.42; lapide..~bri trans maria et quondam in Campania Plin.*Nat*.34.2; anuli..ut semel coeperant esse ~bres 33.29; si quis..habeat ueteris orationis usum atque notitiam ~briorem Gel.11.3.4.

4 Widely known, notorious.

clara res est..tota Sicilia ~berrima atque notissima Cic. *Ver*.3.61; quorum ~bre per Hispaniam responsum ceteros populos..auertit Liv.21.19.8; idque..in aliis..gentibus ~bre est Cels.7.7.15.D; formam uitae iniit, quam postea ~brem miseriae temporum..fecerunt Tac.*Ann*.1.74; ~bre inter accusatores Trionis ingenium erat 2.28; Pythagoram uero ipsum sicuti ~bre est Euphorbum primo fuisse dictasse Gel.4.11.14; ille ~berrimus in comoediis uersus Apul.*Apol*.88.

5 Famed, celebrated, distinguished: **a** (of persons). **b** (of things).

a ~berrimis uiris Liv.26.27.16; ~berrimi uiri P. Africani Vell.2.3.1; Etruriae ~berrimus uates Plin.*Nat*.28.15; Marcus Aper et Iulius Secundus, ~berrima tum ingenia fori nostri Tac.*Dial*.2.1; ~bres notique poetae Juv.7.3; tum Aeschylus..poeta ~bris fuit Gel.17.21.10;—(*w. abl.*) gentis Aquitanae ~ber Messalla triumphis Tib.2.1.33; Meneni ~bre nomen laudibus fuit Liv.4.53.12; per Aonias fama ~berrimus urbes Ov.*Met*.3.339; Graius notaque fide ~berrimus Stat.*Ach*.1.735; Seruilius diu foro, mox tradendis rebus Romanis ~bris Tac.*Ann*.14.19;—(*w. pf. inf.*) generasse pios quondam ~berrima fratres Sil.14.197. **b** qui porticus, quae hodieque ~bres sunt, molitus est Vell.2.8.3; de cuius uiri..~bri..consulatu praediximus 2.105.2; quamuis in duobus maxime ad hoc aeui ~bres (*sc.* rostratae coronae) Plin. *Nat*.16.7; ~bre carmen quo Germanici suprema defleuerat Tac.*Ann*.3.49; fretus ~bri religione Flor.*Epit*.1.28(2.12.9); —(*w. abl.*) ~berrimae luxu famaque epulae fuere Tac.*Ann*.15. 37;—(*w.* nomen) Acc.*trag*.521; duo ~berrimi nominis duces Liv.27.40.6; Opimius, a quo consule ~berrimum Opimiani uini nomen Vell.2.7.5; Tac.*Ann*.6.12;—(*w.* fama) ipsum ~bri ubique fama *Hist*.1.52.

celebrātiō ~ōnis, *f.* [CELEBRO + -TIO]

1 A gathering, concourse.

quae domus, quae ~o cotidiana! Cic.*Sul*.73; hominum coetus et ~ones *Off*.1.12.

2 The celebrating of a festival.

de ~one ludorum Cic.*Att*.15.29.1; Vell.2.56.1; ~o annua Tac.*Ann*.1.15.

3 Widespread use, vogue.

equestres utique statuae Romanam ~onem habent Plin. *Nat*.34.19; bigarum ~o 34.20.

celebrātor ~ōris, *m.* [CELEBRO+-TOR] One who celebrates.
Hyperborei ~or Stella triumphi MART.8.78.3.

celebrātus ~a ~um, *a.* *compar.* ~ior, *superl.* ~issimus. [pple. of CELEBRO]

1 Thronged, crowded.
forum rerum uenalium totius regni maxume ~um SAL.*Jug*.47.1; (*w. abl.*) insula..et incolis frequens et hospitibus ~a APUL.*Fl*.15.

2 Marked by crowds or festivities.
haec uaga popularisque supplicatio studiis prope ~ior fuit LIV.3.63.5; 5.23.4; ~ior is..dies fauore hominum et aestimatione uera magnitudinis eius fuit 38.51.14.

3 Celebrated, famous, distinguished.
Scyllam accolae saxum..appellant simile ~ae formae SAL.*Hist*.4.27; haec ~i auctores prodidere PLIN.*Nat*.5.7; fons ~us Arethusae FLOR.*Epit*.1.22(2.6.34); una tui fratris ..oratio nobilior ad gloriam et ad posteros ~ior erit FRO. *Ver*.2.p.136(123N);—(*w. abl.*) auus nulla inlustri laude ~us CIC.*Mur*.16; Academiae ~am nomine uillam LAUREA *poet*. 3; Labeo incorrupta libertate et ob id fama ~ior TAC.*Ann*. 3.75.

4 Widely known, current, common. **b** discussed, talked about. **c** popular, esteemed.
quid..in Graeco sermone tam tritum atque ~um est quam..? CIC.*Flac*.65; PLIN.*Nat*.34.57; est..haec pars medicinae ut maxime necessaria, ita..primum ~a atque inlustrata LARG.pr.p.2,l.2; 'arboreta' ignobilius uerbum, 'arbusta' ~ius GEL.17.2.25. **b** in rebus ~issimis omnium sermone CIC.*Phil*.2.57; illa..actio..quae post captam utique Romam a Gallis ~ior fuit, transmigrandi Veios LIV. 5.24.7. **c** ita est ~a (declamandi ratio) ut plerisque uideretur..uel sola sufficere QUINT.*Inst*.2.10.2; laeta primoribus ciuitatis, ~a in uulgus Celsi salus ne militibus quidem ingrata fuit TAC.*Hist*.1.71.

celebrescō ~ere, *intr.* [CELEBER+-ESCO] To become famous.
et qualis fuerit, fama ~at tua ACC.*trag*.274.

celebris: see CELEBER.

celebritās ~ātis, *f.* [CELEBER+-TAS]

1 The state of being busy or crowded, crowded conditions.
ut..in turpissimis rebus frequentissima ~ate et clarissima luce laetetur CIC.*Cael*.47; ~atem domesticam *Pis*.64; odi enim ~atem, fugio homines *Att*.3.7.1; me haec solitudo minus stimulat quam ista ~as 12.13.1; qui in maxima ~ate atque in oculis ciuium quondam uixerimus *Off*.3.3; QUINT. *Inst*.1.2.18; uitata Flaminiae uiae ~ate TAC.*Hist*.2.64; EX ABDITIS LOCIS AD ~ATEM THERMARVM SEVERIANARVM *CIL* 10.3714.

2 Crowding (at games and other functions).
nullis umquam comitiis campum Martium tanta ~ate..floruisse CIC.*Dom*.75; idem mercatus ludos omnesque conueniendi causas et ~ates inuenit *Rep*.2.27; laetitiamque populo et ludis ~atem addidit sedes sua sollemni spectaculo reddita LIV.30.38.12; laeta quaedam ~as feriarum GEL. 16.10.1; quos eximii spectaculi rumor studiosa ~ate congregabat APUL.*Met*.4.28;—(*w. gen.*) sublata etiam erat ~as uirorum ac mulierum CIC.*Leg*.2.65; ne notabilis ~ate et frequentia occurrentium introitus esset TAC.*Ag*.40.3; iudicum consessus, ~as aduocatorum PLIN.*Ep*.2.19.2; *Pan*. 49.2.

3 Reputation, renown, fame.
hac tanta ~ate famae cum esset iam absentibus notus CIC.*Arch*.5; si quis..habet causam ~atis et nominis..a patre acceptam *Off*.2.44; multi ad ~atem nominis erecti TAC.*Hist*.2.8; an..ego ~ate nominis mei gaudere non debeo? PLIN.*Ep*.9.23.5; grammaticum primae in docendo ~atis GEL.6(7).17.1.

4 Frequency or commonness.
non illa nota et ~ate periculorum sueta iam senatus maestitia TAC.*Ann*.16.29.

(celebriter) *adv.* *superl.* ~berrimē. [CELEBER+-TER²] Frequently.
per noctes ~berrime adclamatum est: 'redde Germanicum' SUET.*Tib*.52.3.

celebrō ~āre ~āuī ~ātum, *tr.* [CELEBER+-O³]

1 To throng, fill, crowd (a place). **b** to attend in large numbers (an event, function). **c** to crowd round (a person).
Q. Muci..uestibulum, quod..cotidie frequentia ciuium ac summorum hominum splendore ~atur CIC.*de Orat*.1.200; uiae multitudine legatorum..~abantur *Sest*.131; domus ~atur, occurritur *Att*.2.22.3; dextra laeuaque deorum atria nobilium ualuis ~antur apertis OV.*Met*.1.172; et quae Maeonias ~abant carmine ripas flumineae uolucres 2.252; SEN.*Ep*.51.1; uisa..thalamos meos ~are turba est maesta [SEN.]*Oct*.719; mercatus in Delo ~ante toto orbe PLIN.*Nat*. 34.9; (*transf.*) cuius litteris fama nuntiis ~antur aures cotidie meae CIC.*Prov*.22. **b** quorum studio et dignitate ~ari hoc iudicium..uides CIC.*Sul*.4; is qui antea cantorum conuicio contiones ~are suas solebat *Sest*.118; nec Thetidis taedas uoluit ~are iugalis CATUL.64.302; iter eius frequentia minore..laetitia uero tanta..~atum est LIV. 27.50.2; aduentus meos ~at PLIN.*Ep*.4.1.4; nonne uides quanto ~etur sportula fumo? JUV.3.249. **c** maiore quam solita frequentia prosequentium consulem ~atum LIV.44.22.17; (*cf.*) similis et frequentia et plausus me usque ad Capitolium ~auit CIC.*Att*.4.1.5; (*absol.*) gaudent currunt ~ant ACC.*trag*.444.

2 To frequent, inhabit (a place). **b** to frequent the society of (a person).
paruam ~are domum OV.*Tr*.4.8.9; non ego Paelignos uideor ~are salubres *Am*.2.16.37; pro thalamis ~ant siluas *Met*.10.703. **b** neu iuuenes ~et multo sermone caueto TIB.1.6.17; ~ari, coli TAC.*Ann*.11.16; PLIN.*Ep*.8.12.3.

3 To observe, hold, celebrate (with festivities, crowds, etc.). **a** (a day, occasion, religious or other festival). **b** (a show, games, etc.). **c** (a feast, party, etc.). **d** (religious rites).
a eumque diem ~ant, per agros urbesque per omnes exercent epulas laeti ACC.*poet*.3.3; cuius nomine apud Siculos dies festi aguntur et praeclara illa Verria ~antur CIC.*Ver*.2.114; (dies) festus ~atusque per omnem Africam SAL.*Jug*.66.2; ille repotia natalis aliosue dierum festos albatus ~et HOR.*S*.2.2.61; et quatridui supplicatione publicum gaudium priuatis studiis ~atum est LIV.10.45.1; et ~ant largo seque diemque mero OV.*Fast*.3.656; Vergili ..natalem religiosius quam suum ~abat PLIN.*Ep*.3.7.8; (*transf.*) uina diem ~ent TIB.2.1.29; circa quos se ~aret uestra laetitia [QUINT.]*Decl*.11.9. **b** cur ludi Apollinares incredibili M. Bruti honore ~ati? CIC.*Phil*.2.31; Nemeorum appetebat tempus, quae ~ari uolebat praesentia sua LIV.27.30.17; Olympiae [ludicrum..quod maximo coetu Graeciae ~aretur 27.35.3; coepto..amphitheatro..quo spectaculum gladiatorum ~aret TAC.*Ann*.4.62; gymnicus agon..ex cuiusdam testamento ~abatur PLIN.*Ep*.4.22.1. **c** ~atur omnium sermone laetitiaque conuiuium CIC.*Ver*. 1.66; et uos, o coetum, Tyrii, ~ate fauentes VERG.*A*.1.735; saeuis ~ans conuiuia mensis [TIB.]3.7.144; uino largius epulas ~ari LIV.25.23.14; TAC.*Ann*.4.59. **d** illa eadem renouata atque instaurata ~antur CIC.*Har*.21; pars obscura cauis ~abant orgia cistis CATUL.64.259; talia coniugia et talis ~ent hymenaeos VERG.*A*.7.555; Fabius collegae funus omni honore laudibusque meritis ~at LIV.10.29.20; ~atas esse utrasque nuptias gratulatione donisque 42.12.4; caesoque publice homine ~ant barbari ritus horrenda primordia TAC.*Ger*.39.2; PLIN.*Ep*.8.12.5; (*poet.*) non soli ~ant sua funera cygni STAT.*Silv*.2.4.10; (*w. dat.*) hac ~ata tenus sancto certamina patri VERG.*A*.5.603; (*absol.*) publice a Syracusanis in gymnasio..tota ~ante Sicilia sepultus est NEP.*Timol*.5.4.

4 To honour with ceremonies, crowds, etc. **b** (tombs, temples, etc.).
huius in morte ~anda CIC.*Mur*.75; neminem tam flagranti desiderio ~atum TAC.*Ann*.3.6; Piso..publico funere.. ~atus est 6.11;—(*gods*) tuque, o Thybri..genitor..semper honore meo, semper ~abere donis VERG.*A*.8.76; at mihi contingat patrios ~are Penates TIB.1.3.33; deam laeti Fortem ~ate OV.*Fast*.6.775; cum gentes et populi ~arent nos diuinis honoribus APUL.*Met*.4.34; (*cf.*) dies..qua te ~are poetae..Bacche, solent OV.*Tr*.5.3.1. **b** sepulcrum L. Catilinae..hominum audacissimorum..conuentu epulisque ~atum est CIC.*Flac*.95; qui delubra deum..festis cogit ~are dies LUCR.5.1167; iam..tumulos..~are meorum est animus SIL.16.292.

5 To practise, exercise, perform. **b** to make or carry out duly. **c** (dub.) to move rapidly, busy (one's hands, etc.).
fructus oti..ad eas artis..~andas inter nosque recolendas CIC.*de Orat*.1.2; 3.110; nec unum genus est diuinationis publice priuatimque ~atum *Div*.1.3; et cum his..seria ac iocos ~are LIV.1.4.9; inter hos uiros nobiles inimicitiae erant, saepe multis..atrocibus ~atae certaminibus 40.45.7; COL.1.1.9; doctas tecum ~are..Pieridas MART.10.58.5; more uetere et a nostris philosophis saepe ~ato TAC.*Dial*. 24.2; *Ann*.2.56; PLIN.*Ep.Tra*.10.116(117).2. **b** non uideri ~atam donationem respondi PAPIN.*dig*.39.5.31.3; ULP.*dig*.43.24.7.3; ut..permittat rerum ueditione ~ata dotem constituere CLEM.*dig*.23.3.61.1; QVOD SI DIVISIO DIE SS ~ATA NON FVERIT *CIL* 11.4391. **c** mihi Lauerna in furtis ~assit manus (*s.v.l.*) PL.fr.63; illa gradum studio ~abat (*v.l.* celerabat) anili VERG.*A*.4.641.

6 To praise, extol, celebrate (in speech, song, writing, etc.). **b** to sing (the praises of), celebrate (the memory of). **c** to speak highly of, praise (commodities, materials, etc.).
(*persons*) omni in hominum coetu gratiis agendis..et omni sermone ~amur CIC.*Mil*.98; me a te potissimum ornari ~arique uelle *Fam*.5.12.6; Danai multis ~ata propago VAR.AT.*poet*.1; quem uirum..acri tibia sumis ~are, Clio? HOR.*Carm*.1.12.2; Cyrum, quem maxime Graeci laudibus ~ant LIV.9.17.6; non fuit opprobrio ~asse Lycorida Gallo OV.*Tr*.2.445; Othonem ac Vitellium ~antes culpantesue uberioribus..probris quam laudibus TAC.*Hist*.2.21; ~antibus eum laudantibusque omnibus GEL.18.5.4; (*w. compl.*) uetustatem (eos)..altores Iouis ~auisse SAL.*Hist*.3.14;—(*deeds, situations, etc.*) ~are domestica facta HOR.*Ars* 287; fides Romana, iustitia imperatoris in foro et curia ~antur LIV.5.27.11; Dacasque..exuuias laurosque dabit ~are recentis STAT.*Silv*.1.2.181; diuinitatem principis nostri an humanitatem..~are uniuersi solemus? PLIN.*Pan*.2.7; (*w. compl.*) Atheniensium facta pro maxumis ~antur SAL.*Cat*. 8.3; apud senatum omnia in maius ~ata sunt TAC.*Ann*. 13.8; (*transf.*) (fortuna) res cunctas ex lubidine magis quam ex uero ~at obscuratque SAL.*Cat*.8.1;—(*places*) intactae Palladis urbem carmine perpetuo ~are HOR.*Carm*.1.7.6. **b** ad populi Romani gloriam laudemque ~andam CIC.*Arch*. 19; *Rab.Post*.43; bellicae tuae laudes ~abuntur illae.. omnium gentium litteris atque linguis *Marc*.9; OV.*Pont*. 4.8.87; creditus est etiam de ~anda Neronis memoria agitauisse TAC.*Hist*.1.78; unde fama eius euecta insulas.. per Italiam quoque ~abatur *Ann*.12.36. **c** baliscam (uitem) Dyrrachini ~ant PLIN.*Nat*.14.29; arbusti ratio.. damnata Sasernae..~ata Scopae 17.199.

7 (often w. *sermone* and sim.) To talk about, discuss. **b** to announce, record, or discuss in writing. **c** to make known, give currency to.
illa caedes..quam clara tum..fuit et quam omnium sermone ~ata! CIC.*Clu*.36; quodque omnium accusatorum non criminibus sed uocibus maledictisque ~atum est *Cael*.6; legem omnibus contionibus suis ~ant LIV.3.31.2; in circulis conuiuiisque ~ata sermonibus res est 34.61.5; nomen insigne et decora ipsius iuuenta rumore uulgi ~abantur TAC.*Hist*.4.11; et omnium ore Rubellius Plautus ~atur *Ann*. 14.22; per compositos cantus grates dis atque ipsam recentis casus fortunam ~ans 15.34;—Bellonam uictricem identidem ~ans LIV.10.19.21; ipsius Persei numquam..desitum belli expectatione ~ari nomen 42.49.7; multaque de nomine eius et oraclum Phrixi ~ant TAC.*Ann*.6.34;—(*w. acc. and inf.*) quod tibi..esse antiquissimum..constante fama atque omnium sermone ~atum est CIC.*Q.fr*.1.1.24; ex eo ordine profectum se ~ans PLIN.*Nat*.33.34. **b** quibus in locis.. factum esse consulem Murenam nuntii litteraeque ~assent CIC.*Mur*.89; origo dei nondum nostris auctoribus ~ata TAC.*Hist*.4.83. **c** tertius ille modus transferendi uerbi late patet, quem necessitas genuit..post autem iucunditas delectatioque ~auit CIC.*de Orat*.3.155; qua re ~ata *Div*. 1.31; Africani cognomen militaris prius fauor an popularis aura ~auerit LIV.30.45.6; anonymos..adfertur e Scythia, ~ata Hicesio PLIN.*Nat*.27.31; in prouerbium usque Graecorum ~atum est, 'indoctos a Musis atque a Gratiis abesse' QUINT.*Inst*.1.10.21.

8 To cause to be honoured, confer distinction on.
senectuti..~andae et ornandae quod honestius potest esse perfugium quam iuris interpretatio? CIC.*de Orat*.1.199; haec atque alia talia maiores uostri faciundo seque remque publicam ~auere SAL.*Jug*.85.36; quod ab eo genere ~atus auctusque erat 86.3; ~atur (Lydia) maxime Sardibus PLIN. *Nat*.5.110; herbae..sacris populi Romani ~atae peculiariter 27.45.

celer ~ris ~re, *a.* *compar.* ~rior, *superl.* ~rrimus. [cf. Skt. *kaláyati*, Gk. κέλλω] FORMS: *~ris* (nom. sg. masc.) CATO *Mil*.13(J), *~r* (nom. sg. fem.) ANDR.*poet*.35(38), LUCR. 4.160, *Priap*.78.4; *~rissimus* (= *~rrimus*) ENN.*Ann*.460, 592, MAT.*poet*.4.

1 Moving swiftly, fast, speedy. **b** (of material things; also transf., of speech or verse). **c** (of rumour, etc.). **d** (of movement).
equitatus ut ~rissimus ENN.*Ann*.592; uter uostrorum est ~rior? PL.*Aul*.321; mulio ~rrimus VERG.*Cat*.10.2; Messapus..~resque Latini..aduersi campo apparent *A*.11.603; Mercurius ~r HOR.*Carm*.2.7.13; ~ris..canes OV.*Ep*.4.42; est hic (*sc.* Apollo) spe ~r, illa (*sc.* Daphne) timore *Met*. 1.539; SEN.*Con*.3.pr.9; frenat ~ris Epiros alumnos STAT. *Ach*.1.420; Mauri ~res JUV.11.125;—(*w. abl.*) pedibus ~rem VERG.*A*.4.180;—(*w. gen. of gd.*) ille ~r nandi SIL.4.585;—(*w. inf.*) ~rem sequi Aiacem HOR.*Carm*.1.15.18;—(*of limbs*) ~ris nec tingeret aequore plantas VERG.*A*.7.811; profecti sunt legati non ~ri pede PHAED.4.18(19).6; ~ris neque commouet alas VERG.*A*.5.217;—(*w. advl. force*) ~rissimus aduolat Hector MAT.*poet*.4; tollunt se ~res VERG.*A*.6.202. **b** ~r hasta ANDR.*poet*.35(38); ita est amor ballista ut iacitur: nihil sic ~re est neque uolat PL.*Trin*.668; ita ~ris est (nauis) CAECIL.*com*.33; leuis res..~ris licet esse uidere LUCR.4.184; ~risque sagittas VERG.*A*.1.187; ~risque uentos HOR.*Carm*. 1.12.10; ~ri..rota TIB.1.3.74; ~rrimae quinque naues LIV. 23.34.9; quam ~ri micuerunt nubila flamma! OV.*Tr*.1.2.45; Vulturnusque ~r LUC.2.423; qua ~rrimus amnis TAC.*Ann*. 2.11;—oratione..~ri et concitata CIC.*de Orat*.2.88; me quoque pectoris..feruor..in ~ris iambos misit furentem HOR.*Carm*.1.16.24; OV.*Rem*.378. **c** ~rissimus rumor ENN.*Ann*.460; ~ri rumore dilato NEP.*Di*.10.1; fama..qua nihil..est ~rius LIV.24.21.5; nuntio ~ri per ordines missa 25.41.4. **d** ~ri passu ENN.*Ann*.71; cursu ~ri PL.*Men*. 867; ~ri gradu *Trin*.623; e castris eductio ~ris..est CATO *Mil*.12(J); ~ri..percurrunt fulmina lapsu LUCR.6.324; ~ri ..itinere Vliam contendit *B.Alex*.61.2; ~ri..fuga VERG.*A*. 3.243; APUL.*Met*.4.3; (*transf.*) sonipes rapitur ~ri sonitu *Inc.trag*.237; (*pleon.*) ~ri festinatione *B.Hisp*.2.1.

2 Agile, quick.
turben quem ~r adsueta uersat ab arte puer TIB.1.5.4;—(*w. abl.*) iaculo ~rem leuibusque sagittis VERG.*A*.9.178;—(*w. inf.*) ~r..excipere aprum HOR.*Carm*.3.12.11;—(*of parts of the body*) ~rem oportet esse amatoris manum PL.*Bac*.738; brachio ~ri, mobili uultu..utemur *Rhet.Her*.3.27; operarios lingua ~ri et exercitata CIC.*de Orat*.1.83;—(*w. advl. force*) hac..~ris detorquet habenas VERG.*A*.11.765.

3 (of persons, the mind, etc.) Acting speedily, quick. **b** (of processes, actions) swift, quick, speedy.
mens eadem, qua nihil est ~rius CIC.*Orat*.200; atque animum nunc huc ~rem nunc diuidit illuc VERG.*A*.4.285; hunc medicus multum ~r atque fidelis excitat HOR.*S*. 2.3.147; Atheniensium populum fama est ~rem et..audacem esse ad conandum LIV.45.23.15; quale sit id, quod amans ~r circumspice mente OV.*Rem*.89; raptam Troesmen ~ri uirtute recepit *Pont*.4.9.79;—(*w. abl.*) manu fortis, sensu ~r, ultra barbarum promptus ingenio VELL.2.118.2; stat ~r obsequio iussa ad Neptunia Triton STAT.*Silv*.3.3.82; —(*w. ad*) ad uocem ~res VERG.*A*.7.519; O ~RES AT MALA VOTA DEI *CIL* 10.7570;—(*w. inf.*) prosperam frugum ~remque pronos uoluere mensis HOR.*Carm*.4.6.39; corporis exigui, praecanum, solibus aptum, irasci ~rem *Ep*.1.20.25. **b** motum istum ~rem cogitationis CIC.*N.D*.3.69; ut merito ~r his rebus dicatur origo LUCR.4.160; id fieri ~ri ratione putandumst 4.773; maritimae res..ut quae ~rem atque instabilem motum haberent CAES.*Gal*.4.23.5; cui (morbo) remedia ~ria faciliaque proponebantur NEP.*Att*.21.2; uersus..operae ~ris nimium HOR.*Ars* 261; quod inopia frumenti quamuis in praecipitia, dum ~riora essent, agebat consilia LIV.2.51.7; ~riora prope omnia imperio erant 10.5.1; ~riore uia succurrere (oportet) CELS.3.21.14; ~ri magis ac rotunda usi distributione quam uera QUINT.*Inst*. 3.4.16; (*cf., w. inf.*) (ligna) alia frangi ~riora quam findi PLIN.*Nat*.16.186.

4 Occurring within a short space of time, quick, speedy, early.
conueniundi..eius ~rem copiam PL.*Mer*.850; haec ῥωπογραφία ripulae uidetur habitura ~rem satietatem CIC. *Att*.15.16a; a quo..expeditior et ~rior remuneratio fore uidetur *Off*.2.69; ita magnarum initia rerum..~rem et facilem exitum habuerunt CAES.*Civ*.3.22.4; ~ris spe subsidi 3.69.2; et, qua fata ~rrima, crudum transadigit costas.. ensem VERG.*A*.12.507; Siciliam nimis ~ri desperatione rerum concessam LIV.21.1.5; qui Puteal Ianumque timet ~resque Kalendas (*i.e. on which interest is paid*) OV.*Rem*.561; ~ris merguntur in umbras MAN.3.343; precantes labenti animae ~rem exitum TAC.*Ann*.16.11; (*cf.*) ad oppidum Brundisium, quod nauiganti ~rrimum fidissimumque adpulsu erat 3.1;—(*implying prematureness*) inperfectum.. deseruit ~ri morte Sabinus opus OV.*Pont*.4.16.16; inde tragus ~resque pili MART.11.22.7.

5 (of periods of time) Passing quickly. uirtutis esse quam aetatis cursum ~riorem Cic.*Phil*.5.48; ~ris optando sortibus annos Man.4.173; ~res genitoris filius annos..nigrasque putat properasse Sorores Stat.*Silv*.3.3.20; o ~res bonorum hominum dies Apul.*Fl*.9.

6 (as a cognomen). duo..Metelli, ~r et Nepos Cic.*Brut*.247; Sal.*Cat*.57.2; Stat.*Silv*.3.pr.

celeranter, *adv.* [*celerans* (CELERO)+-TER²] Speedily. qui matutinum cursum huc ~ rapit Acc.*trag*.123.

celerātim, *adv.* [CELERO+-IM] Quickly. (Given in place of *celatim* in Sis.*hist*.126 by Non.p.87M.)

celere, *adv.* [neut. of CELER]

1 Quickly, hastily. ita nunc subito, propere et ~ obiectumst mihi negotium Pl.*Cur*.283; ~ sancto subueni censorio Pac.*praet*.3.

2 At an early moment, soon. dum quidquid des ~ Enn.*Sat*.2; ~ demolire damnas esto Fron.*Aq*.129.

celerēs ~um, *m. pl.* [CELER] (app.) The historical precursors of the *equites*. trecentosque armatos ad custodiam corporis quos ~es appellauit non in bello solum sed etiam in pace habuit Liv.1.15.8; praeco ad tribunum ~um..populum aduocauit 1.59.7; ~es sub Romulo regibusque sunt appellati (equites) Plin.*Nat*.33.35; ~es antiqui dixerunt, quos nunc equites dicimus a Celere, interfectore Remi Paul.*Fest*.p.55M; Pompon.*dig*.1.2.2.15.

celeripēs ~edis, *a.* [CELER+PES] Swift-footed. rapite agite ruite ~edes *Inc.trag*.218; uenit..eo ipso die ille '~es' quem Saluius dixerat Cic.*Att*.9.7.1.

celeritās ~ātis, *f.* [CELER+-TAS]

1 Speed of movement, quickness, rapidity. **b** (of things). ut ~ati tarditas (contraria), non debilitas Cic.*Top*.47; quid hic incredibilis cursus, quid haec tanta ~as festinationque significat? *S.Rosc*.97; aiunt enim eum Caesariana uti ~ate *Att*.16.10.1; non uiribus aut uelocitate aut ~ate corporum res magnae geruntur *Sen*.17; unum..auxilium in ~ate ponebat Caes.*Gal*.5.48.1; ~ate itineris 6.29.4; plus..timor quam ira ~atis habuit Liv.6.32.10; Vell.2.51.2; cum ..~ate pinnae uitassent necem Phaed.1.31.4; uolucrum soli hirundini flexuosi uolatus uelox ~as Plin.*Nat*.10.73; cerua alba..uiuacissimae ~atis Gel.15.22.4. **b** haec..nauis erat incredibili ~ate uelis Cic.*Ver*.5.88; eorum..trium fecit pares ~ates *Tim*.25; quin hanc epistulam..fama..esset ipsa sua ~ate superatura *Q.fr*.1.1.1; Caes.*Civ*.1.58.1; Liv.30.25.6.

2 Speed of action, dispatch. **b** (of things) swiftness of action. **c** (of speech or writing) rapidity, speed. **d** (of duration) quickness in passing. hoc bellum indiget ~atis Cic.*Phil*.6.7; maxumum bonum in ~ate putabat Sal.*Cat*.43.4; si ~atem uelint adhibere Nep.*Eum*.9.2; haec omnia ~ate ingenti acta Liv.4.27.1; (*w. gen.*) hoc unum..Caesari ad ~atem conficiendi belli defuit Caes.*Civ*.3.2.2; (*w.* in+*abl.*) ad illius superioris Africani in re gerunda ~atem Cic.*Ver*.5.25. **b** de ueneni ~ate dicere audebit? *Cael*.60; tollit dolorem statimque infinita ~ate persanat Larg.221. **c** in amplificationibus ..utemur..commutationibus ⟨crebris⟩, maxima ~ate *Rhet.Her*.3.25; Asiatici oratores non contemnendi quidem nec ~ate nec copia Cic.*Brut*.51; rapida et ~ate caecata oratio 264; breuitate et ~ate syllabarum labi putat uerba procliuius *Orat*.191; Quint.*Inst*.4.2.107;—(*w. gen.*) non quaeritur mobilitas linguae, non ~as uerborum Cic.*de Orat*.1.127. **d** ut eius (doloris) magnitudinem ~as..consoletur Cic.*Fin*.1.40; moriendi..sensum ~as abstulit *Amic*.12.

3 Quickness, nimbleness (of mind, intelligence). ingeni ~as maior est, quae apparet in respondendo Cic.*de Orat*.2.230; testis Sicilia quam..consili ~ate explicauit *Man*.30; ipsum..hominem..natura..~ate mentis ornauit *Leg*.1.26; nulla est ~as quae possit cum animi ~ate contendere *Tusc*.1.43; uincebat..omnes cura, uigilantia, patientia, calliditate et ~ate ingenii Nep.*Eum*.1.3;—(*w.* ad) naturae ~atem ad discendum et memoriam dabant Cic.*Ac*.1.20.

4 Excessive speed, haste, hurry. rem magni discriminis consiliis nullam esse tam inimicam quam ~atem Liv.31.32.3; Stat.*Silv*.2.pr.; (*cf.*) cum amiserint quam solam haberent gratiam ~atis 1.pr.

5 Early date, earliness, speediness. industriam meam ~as reditionis..declarauit Cic.*Ver*.1.16; *Att*.4.15.2; gratior mihi ~as tua quam ipsa res 13.2.(1); maioremque fructum ponere in perpetuitate laudis quam in ~ate praeturae *Fam*.10.25.3; *ad Brut*.1.15.7; Plin.*Ep.Tra*.10.8(24).6; libertatis ~as Pompon.*dig*.40.4.41.1.

celeriter, *adv.* *compar.* ~ius, *superl.* ~rimē. [CELER+-TER²]

1 Quickly, swiftly (of movement). **b** (of actions, processes) at a great rate, quickly. iusta caussa est qur curratur ~iter Pl.*Poen*.533; ~iter eunti Cic.*Att*.11.23.2; hostes repente ~iterque procurrerunt Caes.*Gal*.1.52.3. **b** homini non omnia..~iter animo comprehendenti Cic.*de Orat*.2.136; cum de duabus primis..ut ipse dicebas, ~iter exigueque dixisses 3.144; mentem..acrem..~rimeque multa simul agitantem *Fin*.2.45; opus aliquantum opinione eius ~ius creuerat Liv.25.11.9; quem ~iter dolosa uulpes auidis rapuit dentibus Phaed.1.13.10; melius atque ~ius frondebit Col.5.10.12; uulnera..~ius sanat Larg.207; supertexit me ~rume Apul.*Met*.11.14.

2 In a short space of time, quickly. sentiebant ~ius esse multo quam ipsi uellent ab eo peroratum Cic.*de Orat*.1.160; haec tam ~iter esse consumpta *Phil*.2.67; cum ~ius etiam elephanti pariant Plin.*Nat*.pr.28; foliis dicto ~ius praebet ignem 36.138.

3 At an early moment, soon, quickly, early. ~iter mi hoc homine conuento est opus Pl.*Cur*.302; eloquere propere ~iter *Rud*.1323; ut eorum exspectationi..quam ~rime succurratur Cic.*de Orat*.2.313; Hortensius..~iter ad maiores causas adhiberi coeptus est *Brut*.301; cedendum enim est ~iter, ne forte qua re impediar *Att*.8.16.1; ~iter est inter eos de principatu controuersia orta Caes.*Civ*.3.112.11; omnium spe ~ius Saguntum oppugnari allatum est Liv.21.6.5; fruar diutius si ~ius coepero Phaed.3.epil.14; biduo ~ius messem facere potius quam biduo serius Plin.*Nat*.18.298; morietur ~ius, quam nubat Quint.*Decl*.354(p.385,l.23).

celeritūdō ~inis, *f.* [CELER+-TVDO] Speed. ab eo dictum leporem a ~ine (? *a gloss*), quod leuipes esset Var.*R*.3.12.6.

celeriusculē, *adv.* [compar. of CELERITER+-CVLVS+-E] Rather rapidly. strenue quod uolumus ostendere factum: ~ dicemus *Rhet.Her*.3.24.

celerō ~āre ~āuī, *intr.*, *tr.* [CELER+O³]

1 (intr.) To go quickly, hasten, hurry. **b** to act quickly, be quick. quo nos decet citatis ~are tripudiis Catul.63.26; 'abrumpe moras, ~emus! Stat.*Theb*.11.201; ut quam maximis per ripam itineribus ~aret Tac.*Hist*.4.24; (*of things*) circum ~antibus auris Lucr.1.387. **b** uocem Claudii, quam temulentus iecerat..metuens, agere et ~are statuit Tac.*Ann*.12.64.

2 (w. acc.) To perform with speed, hasten (a journey, one's pace, etc.). **b** to make, bring, etc., quickly, to hurry. ~are fugam patriaque excedere Verg.*A*.1.357; uiam ~ans 5.609; ergo iter inceptum ~ant 8.90; ~are gradum Stat.*Theb*.8.158; ~o uestigium Apul.*Met*.2.6;—(*of things*) haec pro ponderibus casus ~are necessest Lucr.2.231; inde aliae (*sc. ships*) ~ant cursus Verg.*A*.10.249. **b** haec ~ans iter ad nauis tendebat Achates Verg.*A*.1.656; defertque uiro ~anda..imperia V.Fl.4.80; ~andae uictoriae intentior Tac.*Ann*.2.5; obpugnationem quoquo modo ~are 12.46.

3 To cause to move faster, speed up. ut ~ent lembum Turp.*com*.124.

celēs ~ētis, *m.* [Gk. κέλης]

1 A small fast boat. HYPERETICOSQVE ~ETAS *CIL* 8.27790; cumbam Phoenices, ~etem Rhodii (inuenerunt) Plin.*Nat*.208.

2 A (statue of a) race-horse. ~etas tantum dicabant in sacris uictores Plin.*Nat*.34.19.

celētizōn ~ontos, *a.* [Gk. κελητίζων] Riding on horse-back. idem (*sc.* Canachus) et ~ontas pueros..fecit Plin.*Nat*.34.75; 34.78.

celeuma (~atis), *n.* [Gk. κέλευμα] The call of the boatswain giving the time to the rowers. lentos tinguitis ad ~a remos Mart.3.67.4; 4.64.21; ~a dixit Orpheus Hyg.*Fab*.14.32.

Celeus ~ī, *m.* A king of Eleusis and father of Triptolemus. Verg.*G*.1.165; Ov.*Fast*.4.508; Stat.*Theb*.12.619.

cella ~ae, *f.* [cf. Skt. *śāla*, Gk. καλιά]

1 A store or larder (usu. for one particular kind of provision). **b** *in ~am* (*imperare*, *sumere*, etc., to order, appropriate, etc.) for one's private provision; so *~ae nomine*, etc. **c** (w. adjs. indicating character or function). **d** (spec.) a wine-cellar. ~as refregit omnis intus recclusitque armarium Pl.*Capt*.918; opsignate ~as *Cas*.144; a celando ~am appellarunt Var.*L*.6.162; oleo quod prima Venafri pressit ~a Hor.*S*.2.8.46; *CIL* 1.1000; (*w. ref. to its contents*) cui..ego totam uillam ~amque tradidi Cic.*Att*.14.19.6;—(*transf.*) reliqui in uentre ~ae uni locum Pl.*Cur*.387; (maiores nostri) Capuam receptaculum aratorum..~am atque horreum Campani agri esse uoluerunt Cic.*Agr*.2.89. **b** cum frumentum sibi in ~am imperauisset Cic.*Div.Caec*.30; cum ex senatus consulto et ex legibus frumentum in ~am ei sumere liceret *Ver*.3.188; qui mille modium Verri suae partis in ~am gratis dedisset 3.201;—huic praedae ac direptioni ~ae nomen impones? 3.197; frumentum ~ae nomine imperauerunt 3.209. **c** inde (*sc.* e carcere) cras quasi e promptaria ~a depromar ad flagrum Pl.*Am*.156; ~am oleariam Cato *Agr*.3.2; semper..boni assiduique domini referta ~a uinaria, olearia, etiam penaria est Cic.*Sen*.56; Col.12.18.3; Plin.*Nat*.14.133; ~ae penuariae instar Suet.*Aug*.6; (*transf.*) M. Cato Sapiens ~am penariam rei publicae nostrae..Siciliam nominabat Cic.*Ver*.2.5. **d** bono subpromo et promo ~am creditam! Pl.*Mil*.837; pistor domi nullus, nulla ~a Cic.*Pis*.67; nec ~is ideo contende Falernis Verg.*G*.2.96; nefas depromere Caecubum ~is auitis Hor.*Carm*.1.37.6; Ov.*Fast*.5.269; Plin.*Nat*.2.107; Mart.10.36.6.

2 A (principal or subsidiary) chamber in a temple. e ~a dei qui eloquuntur Var.*L*.6.57; cum..in ~a Iouis Optimi Maximi poneretur (candelabrum) Cic.*Ver*.4.64; Herculis latericias ~as Vitr.2.8.9; latitudo diuidatur in partes x. ex his ternae partes dextra ac sinistra ~is minoribus..dentur 4.7.2; Liv.5.50.6; V.Max.1.1.8; Capitolii ~am ipsam (bubo) intrauit Plin.*Nat*.10.35; PER EOS DIES QVIBVS ~A MEMORIAE APERIETVR *CIL* 13.5708.6; Gel.6(7).1.6.

3 A small room: **a** a poor man's apartment, 'attic', 'garret'; (w. *pauperis*, etc., also) a bare room affected by the rich. **b** a slave's room, cubicle. **c** a chamber or cubicle in a bathing establishment; also in a brothel. **d** a porter's lodge. **a** seque obserata clusit anxius ~a Mart.7.20.21; 9.73.4; qui facis in parua sublimia carmina ~a Juv.7.28; Ulp.*dig*.21.1.17.15; (*fig.*) ⟨praedam⟩ abripere terrae, ut dicitur, immo ~ae filios Fro.*Aur*.2.p.94(37N);—non est nunc quod existimes me dicere Timoneas cenas et pauperum ~as Sen.*Ep*.18.7; pauperis extruxit ~am Mart.3.48.1. **b** nam me iam in ~am aliquam cum illa concludam Ter.*Ad*.552; uilici proximum ianuam ~am esse oportet Var.*R*.1.13.2; conchyliatis Cn. Pompei peristromatis seruorum in ~is lectos stratos uideres Cic.*Phil*.2.67; angustis eiecta cadauera ~is Hor.*S*.1.8.8; ~ae familiaricae Vitr.6.7.2; ~is seruilibus V.Max.7.6.1; ex ~a sua in dominae migrabit cubiculum Sen.*Con*.7.6.4; Col.1.6.3; (*of a gladiator*) Juv.6.O10. **c** inde balinei ~a frigidaria spatiosa et effusa Plin.*Ep*.2.17.11; ADIECTA ~A NATATORIA *CIL* 3.7342; IN DEXTERA ~IS EXEVNTIBVS 8.828;—meretrix uocata es..superpositus est ~ae tuae titulus Sen.*Con*.1.2.5; Juv.6.122. **d** faciunt..ex una parte equilia, ex altera ostiariis ~as Vitr.6.7.1; non longe ab ostiarii ~a canis ingens..erat pictus Petr.29.1.

4 **a** A coop, pen, etc., or compartment of it. **b** a cell (in a beehive or wasp's nest). **a** eas..~as (*i.e.* haras) prouident ne habeant in solo umorem Var.*R*.3.10.4; tres continuae extruuntur ~ae Col.8.3.1; columbarum ~ae 8.8.3. **b** in fauo sex angulis ~a Var.*R*.3.16.5; liquido distendunt nectare ~as Verg.*G*.4.164; *A*.1.433; Plin.*Nat*.11.71; V.Fl.1.396.

5 A chamber, compartment (in other uses). theatris uasa aerea, quae in ~is sub gradibus..conlocantur Vitr.1.1.9; 5.5.1; ~ASQ FONTIS..FACIENDAS..CVRARVNT *CIL* 9.3351.

cellāriārius ~iī, *m.* [CELLARIVM+-ARIVS] = CELLARIVS². ~ium..id est ideo praepositum, ut rationes saluae sint..instrumenti esse constat Ulp.*dig*.33.7.12.9; ARMARIA ET LOCA ⟨CVM OPERIS CELLA⟩RAR(IORVM) *CIL* 6.33747.4.

cellāris ~is ~e, *a.* [CELLA+-ARIS] (of pigeons, etc.) Kept in a cote or cage. palumbos columbosque ~es pinguissimos facere Col.8.8.1.

cellārium ~iī, *n.* [next] A store-room. ~ium iunctum eidem diaetae Scaev.*dig*.32.41.1.

cellārius¹ ~a ~um, *a.* [CELLA+-ARIVS] Of or connected with a store-room. post e sagina ego eiciar ~a Pl.*Mil*.845.

cellārius² ~iī, *m.* [prec.] The keeper of a larder or cellar, a butler, storekeeper. te facio ~ium Pl.*Capt*.895; ~ii, coqui tumultuantur Sen.*Ep*.122.16; ut cibus et potio sine fraude a ~iis praebeatur Col.11.1.19; Plin.*Nat*.19.188; Mart.11.31.15.

cellātiō ~ōnis, *f.* [CELLA] (app.) A series of store-rooms. Petr.77.4(*cod.*)

cellula ~ae, *f.* **-ola.** [CELLA+-VLA] A small room or cell: **a** a slave's room. **b** a mean or humble apartment, dwelling, etc. **c** a porter's lodge. **d** a prostitute's cubicle. **e** (in other uses). **a** quom in ~am ad te patri' penum omnem congerebam clanculum Ter.*Eu*.310; conserua de ~a est eiecta Sen.*Con*.7.6.8; in ~a emptae nutricis Tac.*Dial*.28.4. **b** bonae frugi latrones..timidule per balneas et aniles ~as reptantes Apul.*Met*.4.8; ut intra ~am nostram saltem lucerna luceat 9.5; (*in an inn*) postquam lustraui oculis totam urbem, in ~am redii Petr.11.1. **c** confugit in ~am ianitoris Suet.*Vit*.16.1. **d** quid in ~am me et obscenum lectulum uocas? Sen.*Con*.1.2.1. **e** receptacula non tamquam columbis loculamenta uel ~ae cauatae fiunt Col.8.9.3.

cēlō¹ ~āre ~āuī ~ātum, *tr.* [cf. (oc)CVLO; Welsh *celu*, AS. *helan*] Forms: *~assis* (= *~aueris*) Pl.*St*.149.

1 To conceal from view, hide. **b** (of things), **c** (refl.) to conceal oneself, hide. **d** (of stars, pass. or refl.) to pass out of view. celabit hominem et aurum Pl.*Poen*.180; quia annos multos feilias meas ~auistis clam me 1239; ubi ubi est, diu ~ari non potest Ter.*Eu*.295; frumentum remotum atque ~atum Cic.*Ver*.3.54; (armorum) parte tertia..~ata atque in oppido retenta Caes.*Gal*.2.32.4; plerosque ei qui receperant ~ant *Civ*.1.76.4; sacra..alia terra ~auimus Liv.5.51.9; ~ato fixit sua pectora ferro Ov.*Fast*.2.831;—(*w. abl.*) siluis genitor ~arat Halaesum Verg.*A*.10.417; opposita ~antem lumina parma Stat.*Theb*.8.714. **b** non possent ullum tempus ~arier ignes Lucr.1.905; hic quos durus amor crudeli tabe peredit secreti ~ant calles Verg.*A*.6.443; est enim (signum) nudum nec..uitia, si qua sunt, ~at Plin.*Ep*.3.6.2; (*w. abl.*) nec res ulla potest..probari corpore inane suo ~are Lucr.1.514;—(*w. preps.*) quod..e nobis grauida ~atur in aluo Ov.*Ep*.6.61; quae lento ~ant sub cortice granum Punica *Met*.10.736. **c** ab omni dissidet turba procul ~atque semet Sen.*Oed*.621; quid ergo si inuicem se celauerunt? Ulp.*dig*.47.2.36.3; (*w. abl.*) nec se ~are tenebris amplius..potuit Verg.*A*.9.425;—(*w.* ab) quo se a domino celaret Ulp.*dig*.21.1.17. **d** satis est si se non omnia ~ant Man.1.468;—(*by setting*) VIII Id. Apr. Vergiliae uespere ~antur Col.11.2.34; XIIII Kal. Mai. Suculae se uespere ~ant 11.2.36.

2 To conceal within itself, contain. auis, conchylia, piscis, longe dissimilem noto ~antia

sucum HOR.S.2.8.28; Ep.1.15.23; uinacea, quae acinis ~antur COL.11.2.69; animalia..quae capillus maxime ~at PLIN.Nat.9.154.

3 To conceal by disguise.
at te ~atis aetas grauis urgeat annis PROP.3.25.11; circumagit (sc. Hannibalem) Iuno ac..non gratam inuito seruat ~ata salutem SIL.17.580; (w. retained acc.) nec ~ata deam 13.57;—(w. abl.) Satyri ~atus imagine OV.Met.6.110; qui pendentia paruo aera cibo ~as 8.856; aetatis mediae..mulier..annos ~ans elegantia PHAED.2.2.4; (refl., w. acc. of person) Typhoea narrat et se mentitis superos ~asse figuris OV.Met.5.326.

4 To conceal from knowledge, keep secret, refrain from divulging (a fact, etc.). **b** (w. sb. cl.).
neque hoc dedecu' quo modo ~em scio PL.Cas.875; tacitum erit. — ~abitur Per.246; ~em tam insperatum gaudium? TER.Hau.414; cupiebam animi dolorem uultu tegere et taciturnitate ~are CIC.Ver.21; Pis.56; neque recte ac turpiter factum ~ari poterat CAES.Gal.7.80.5; VERG.A.1.351; fontium qui ~at origines, Nilus HOR. Carm.4.14.45; ~ata morte LIV.1.41.6; nil ita ~abas, ut non ego conscius essem OV.Tr.3.6.9; fato ~ante fauorem LUC. 8.359; (of things) conuiuatoris uti ducis ingenium res aduersae nudare solent, ~are secundae HOR.S.2.8.74; PROP.1.13.18;—(absol. or ellipt.) utut eris, moneo, hau ~abis PL.Bac.403; ~andi et occultandi spes opinioque CIC.Off.3.38;—(neut. pl. as sb.) inops ~atum indagator PL. Trin.241. **b** certumnest ~are quo iter facias..? PL.Per. 221; ~ans, qua uoluntate esset in regem NEP.Dat.5.6.

5 (also w. acc. of person from whom the thing is concealed). **b** (w. sb. cl.).
quom istaec flagitia me ~auisti PL.Bac.167; neque iam id ~are posse te uxorem tuam TER.Ph.959; neu quid dominum ~auisse uelit CATO Agr.5.4; qui nos nihil ~et CIC.Orat.230; quae non quo te ~em non perscribo Att.5.10.3;—(pass., w. person as subj.) nosne hoc ~atos tam diu! TER.Hec.645; id Alcibiades diutius ~ari non potuit NEP.Alc.5.2; carissima..filia et hoc unum tota ~ata uita SEN.Dial.6.22.6; (w. thing as subj.) qur haec..~ata me sunt? PL.Ps.491. **b** (acc. and inf.) quam quidem ~o miseram me hoc timere CIC.Att.11.24.2; uicturosque dei ~ant, ut uiuere durent, felix esse mori LUC.4.519; PLIN.Ep.5.3.1; APUL.Met.5.17;—(indir. qu.) tu..~abis homines, quid iis adsit commoditatis et copiae? CIC.Off.3.52.

6 (w. personal obj. only) To exclude from knowledge, refrain from informing, keep in ignorance. **b** (w. de).
infidos ~as: ego sum tibi firme fidus PL.Mil.1015; cum familiariter me in eorum sermonem insinuarem ac darem, ~abar, excludebar CIC.Agr.2.12; neque tu me ~as ut Pythagoras solebat alienos N.D.1.74; neque ~ari Alexandrini possent in apparanda fuga B.Alex.7.1; si me ~aris NEP.Han.2.6; non poteram ~are meos..parentes OV.Ep. 17.13; eodem consilio alterum ~auit, alterum oppressit FRON.Str.1.1.9; ULP.dig.43.24.7.2. **b** cupisse te ~are de phaleris CIC.Ver.4.29; non est..de illo ueneno ~ata mater Clu.189; de magistro equitum nouoque exercitu militem celauit LIV.9.23.8.

7 To conceal the identity of, shield (a person). **b** to say nothing of, keep dark.
quam ut quisquam ~ari uellet qui fuisset (in ea societate) CIC.Phil.2.25; aetas cinaedum ~at, aetas indicat PUB.Sent. A.24; SEN.Phaed.920; hunc citharistriae lepore captum..frater ~abat Aeschinus SULP.peri.Ter.Ad.5. **b** ipsa memor praecepta canam, ~abitur auctor HOR.S.2.4.11; conscios ~abat LIV.24.5.10.

cēlō² ~ōnis, *m.* [Gk. κήλων] A stallion.
Thraecae sunt: in ~onem (cj.) sustolli solent PL.Poen. 1168.

celōc(u)la ~ae, *f.* [next+-VLA] A small boat.
tum haec ~a (cj.) autem illa apsente subigit me ut amem PL.Mil.1006.

celox ~ōcis, *m., f.* [Gk. κέλης; term. on anal. of *uelox*] A light, fast kind of boat. **b** (fig., of a person).
labitur uncta carina per aequora cana ~ocis ENN.Ann. 478; Philopolemum..uidi in publica ~oce PL.Capt.874; ~cem in Africam mittit CAEL.hist.12; VAR.Men.214; ~oces uiginti deducti LIV.21.17.3; apparuit..piraticos ~oces et lembos esse 37.27.4; FRO.Aur.2.p.38(97N); GEL.2.25.5; (transf.) operam ~ocem hanc mihi, ne corbitam date PL. Poen.543. **b** quo hanc ~ocem conferam? PL.As.258; haec ~ox illiust, quae hinc egreditur, internuntia. — quae haec ~ox? — ancillula illiust Mil.986; unde onustam ~ocem agere te praedicem? Ps.1306.

celsitūdō ~inis, *f.* [CELSVS+-TVDO] Tallness, height.
Ti. Claudius Nero..iuuenis genere, forma, ~ine corporis ..instructissimus VELL.2.94.2; Olympo, qui est ~inis summae APUL.Mun.33.

celsius, *compar. adv.* [next] To a greater height, higher.
laetitia uitium patitur se ~ euagari COL.4.19.2.

celsus ~a ~um, *a.* *compar.* ~ior, *superl.* ~issimus. [pple. of *cello; cf. COLLIS]

1 Having a great upward extension, high, lofty, tall. **b** (of men or animals) tall.
(of mountains, etc.) ~osque ocris ANDR.poet.40(18); in ~is montibus ACC.trag.177; ~oque omnis de colle uideri iam poterat legio VERG.A.8.604; ~us..Appenninus HOR.Epod. 16.29;—(of cities, buildings, etc.) ~is caput urbibus exit VERG.A.8.65; ~ae grauiore casu decidunt turres HOR. Carm.2.10.10; Priami regia ~a OV.Ep.1.34; ~as Homoloidas occupat Haemon (portas) STAT.Theb.8.354;—(of trees) ~a..arbore PHAED.1.13.4; placuit..populus ~a Herculi 3.17.4;—(of ships) ~is in puppibus VERG.A.1.183; ut ~as uidere rates 8.107;—(of chariots) ~os ut Gallia currus nobilis..sequeretur LUC.3.77. **b** Iudaeae gentis hominem prociorem ~issimo Germano COL.3.8.2; ~ior in campo sonipes LUC.8.295; ~ior armis taurus V.FL.2.547; aequat ~us residentis consulis ora ipse pedes SIL.4.237.

2 Situated in a lofty position, high up, elevated. **b** (of a magistrate, etc., or his chair). **c** (of a mounted horseman).
in loco aperto ~o CATO Agr.35.1; ex ~o..uertice montis VERG.A.5.35; ~ae nidum Acherontiae HOR.Carm.3.4.14; GERM.Arat.23; ~i..dominator poli SEN.Ep.107.10;—(w. advl. force) ne, si demissior ibis, unda grauet pennas, si ~ior, ignis adurat OV.Met.8.205; ille Claudianus (cometes) ..non desiit in rectum assidue ~ior ferri SEN.Nat.7.29.3; nec terra ~ior ulla nox cadit in caelum LUC.9.692;—(w. abl.) iam rate ~us Iason ire iubet STAT.Theb.5.479. **b** patrioque sede ~us solio SEN.Tro.727; Lentulus e ~a sublimis sede profatur LUC.5.16; nec dubitant ~i praetoris uendere ludis JUV.8.194. **c** ~us et in magno praecedens agmine ductor SIL.1.249; ~usque ruebat 17.125; (cf.) nunc pedes.. prensis nunc ~us habenis..agit STAT.Theb.8.563.

3 Upright, erect; (of the head) held high. **b** erect with pride, high spirits, etc. **c** (transf.) proud, confident, elated.
expedito bracchio, alacer ~us ENN.Sat.16; in gestu status erectus et ~us CIC.Orat.59; eos humo excitatos ~os et erectos constituit N.D.2.140; plebs..cristis ~a PLIN.Nat. 10.47; ~um procurauat Agyllea Tydeus STAT.Theb.6.852; (w. in+acc.) ~um in cornua ceruum OV.Met.10.538;—~oque exstant super aequora collo (boues) 11.358; sic tulit ~um caput SEN.Phaed.656; ~ae procul aspice frontis honores STAT.Silv.1.2.113. **b** erectum et ~um, alacri et prompto ore atque uultu CIC.de Orat.1.184; ~i praetereunt austera poemata Ramnes HOR.Ars 342; OV.Ep.10.126;—(of animals) sicut equus..fert sese..~o pectore ENN.Ann.517; sint ~i uoltus (canum) GRAT.269; ille (mulus) onere diues ~a ceruice eminens PHAED.2.7.4; (of carriage) omnibus (sc. regibus, queen bees)..ingressus ~ior PLIN.Nat.11.51; (w. abl.) ceruice subito ~us (sc. taurus) et fronte arduus SEN. Tro.539. **c** qui autem poterit esse ~us et erectus et ea ..omnia parua ducens CIC.Tusc.5.42; ~ique et spe haud dubia feroces in proelium uadunt LIV.7.16.5; (w. abl.) ~us muralis honore coronae SIL.15.257; ~us mente Syphax 16.187.

4 High, elevated (in rank).
non labente Numa timuit sic curia felix Pompeio nec ~us eques STAT.Silv.1.4.42; (masc. pl. as sb.) qui regna miseris donat et ~is rapit SEN.Her.O.412.

5 High-minded, noble, lofty.
res magnas et ~as sequi et appeti Rhet.Her.3.5; quo generosior ~iorque (animus) est QUINT.Inst.1.2.30; conscientiae ~ioris APUL.Mun.25.

6 (as a cognomen).
HOR.Ep.1.3.15; OV.Pont.1.9.1; LARG.94; PLIN.Ep.6.5.4.

Celtae ~ārum, *m. pl.*

1 One of the peoples inhabiting Gaul in Roman times. **b** a breed of dog.
tertiam (partem incolunt) qui ipsorum lingua ~ae, nostra Galli appellantur CAES.Gal.1.1.1; LIV.5.34.1; MELA 3.20. **b** magnaque diuersos extollit gloria ~as GRAT.156.

2 (as associated with the *Hiberi* in Spain; cf. CELTIBER).
~ae miscentes nomen Hiberis LUC.4.10; PLIN.Nat.3.8; MART.4.55.8; SIL.3.340.

celt(h)is ~is, *f.* [foreign word] (See quot.)
eadem Africa, quae uergit ad nos, insignem arborem loton gignit, quam uocat ~im PLIN.Nat.13.104.

Celtibēr ~ra ~rum, *a.* PROS.: *Celtibĕr* MART. 10.13(20).1.

1 Of Celtiberia, Celtiberian.
~rarum urbium V.MAX.5.1.5; Salo ~r MART.10.13(20).1; ~ris..terris 12.18.11.

2 (masc. as sb.) A native or inhabitant of Celtiberia.
at Cimbri et ~ri in proeliis exultant CIC.Tusc.2.65; nunc ~r es CATUL.39.17; LIV.24.49.8.

Celtibēria ~ae, *f.* A district occupying the north-eastern part of central Spain, Celtiberia.
CIC.Phil.11.12; CATUL.37.18; CAES.Civ.1.61.2; LIV. 28.1.4.

Celtibēricē, *adv.* In the Celtiberian language.
uiriolae Celtice dicuntur, uiriae ~ PLIN.Nat.33.39.

Celtibēricus ~a ~um, *a.* Of or connected with Celtiberia or the Celtiberians.
~o bello LIV.22.22.4; ~am fidem V.MAX.2.6.14; FLOR. Epit.2.17(1.33.10).

Celtica ~ae, *f.* Celtic country.
(in Gaul) PLIN.Nat.4.105; (in central Europe) VITR.8.2.6; PLIN.Nat.6.34; (in Spain) PLIN.Nat.3.14.

Celticē, *adv.* In the language of the *Celtae.*
uiriolae ~ dicuntur PLIN.Nat.33.39.

Celticum ~ī, *n.* The Celtic race.
ii regem ~o dabant LIV.5.34.1.

Celticus ~a ~um, *a.* Celtic; *promunturium ~um,* Cape Finisterre. **b** (masc. pl. as sb.) Celtic peoples. **c** *nardus ~a,* Celtic nard, *Valeriana celtica.*
per ~a rura (in Cisalpine Gaul) SIL.1.46; ~i Turduli PLIN.4.116;—MELA 3.12. **b** (in Spain) MELA 3.47; PLIN. Nat.3.13; FLOR.Epit.2.17(1.33.12). **c** LARG.177; (nardi) ..~ae, id est saliuncae 258.

cēmentum, etc.: see CAEM-.

cēmos, *f.* [Gk. κῆμος] An unidentified plant.
cum sit usus eius ad amatoria tantum..eadem ex causa et ~os silebitur nobis PLIN.Nat.27.57.

-cen -cinis, *m. suff.* From CANO; forms sbs. from the names of musical instruments to denote one who plays on them (*fidicen, tubicen*).

cēna ~ae, *f.* [Osc. *kersnu,* Umb. *šesna*; cf. Skt. *kr̥ntáti 'secat',* Gk. κείρω] FORMS: *caena* prob. corrupt form in SUET.fr.112(p.148Re), PAUL.Fest.p.54M; *cesnas* FEST.p.205M, 209M.

1 The principal Roman meal, normally eaten in the evening, dinner, supper. **b** (of var. spec. public or private functions). **c** the meal placed on a funeral pyre.
qui posthac ~am parasitis dabit PL.Capt.910; hospes me quidam adgnouit, ad ~am uocat Mer.98; scelestiorem ~am cenaui tuam Rud.508; non rediit hac nocte a ~a Aeschinus TER.Ad.26; ad ~am nequo eat CATO Agr.5.2; bibito ante ~am 114.2; quorum omnis industria uitae et uigilandi labor in antelucanis ~is expromitur CIC.Catil.2.22; uenit ad nos Cicero tuus ad ~am Q.fr.3.1.19; bonam atque magnam ~am CATUL.13.4; is nunc flos ~ae habetur inter istos FAV.orat.1; post ~ae tempus SULP.RUF.Fam.4.12.2; ut aiebat ~ae pater HOR.S.2.8.7; etiam ad ~am eum cum patre uocari iussit LIV.23.8.4; cum in naui Caesaremque et Antonium ~a exciperet VELL.2.77.1; parare ~am iussus est maturius PHAED.3.19.2; quid habuistis in ~a? PETR.66.1; folia lauri decem trita in aqua bibenda inter ~am PLIN.Nat.20.193; datur..in noctem secundum ~am LARG.121; Tiberium.. cotidie inuitabo ad ~am AUG. in SUET.Cl.4.5;—(fig.) ~ae fercula nostrae malim conuiuis (i.e. readers) quam placuisse cocis (i.e. writers) MART.9.81.3; (facet.) ad ~am Selium tu, rogo, taure, uoca 2.14.18. **b** (w. adjs.) ego sorori meae ~am hodie dare uolo uiaticam PL.Bac.94; tu ut hodie adueniens ~am des sororiam, hic nuptialem cras dabit Cur. 660; adposita ~a sit popularem quam uocant Trin.470; in ~a augurali apud Lentulum CIC.Fam.7.26.2;—(w. gen.) collegiorum ~ae VAR.R.3.2.16; mero tinget pauimentum superbo, pontificum potiore ~is HOR.Carm.2.14.28; ~am funeris heres negleget PERS.6.33. **c** ipso rapere de rogo ~am CATUL.59.3.

2 A course in a dinner.
hic aper, cum heri summa ~a eum uindicasset PETR.41.4; has prima feret alteraue ~a, has ~a tibi tertia reponet MART.11.31.6.

3 The company at a dinner, the 'table'.
quam ~am appellauit ille nidum PLIN.Nat.12.10; signatae tabulae, dictum 'feliciter', ingens ~a sedet JUV.2.120.

cēnāculāria ~ae, *f.* [next] The business of letting attic lodgings.
si quis ~am exercens ipse maximam partem cenaculi habeat ULP.dig.9.3.5.1.

cēnāculārius ~iī, *m.* [next+-ARIVS] A lodging-house keeper.
ULP.dig.13.7.11.5.

cēnāculum ~ī, *n.* [CENO+-CVLVM²] ORTHOG.: misspelt *caen-* in codd.

1 A top-story, garret, attic (often let as lodgings).
siquod est ~um, quo recipiat te LUCIL.846; posteaquam in superiore parte cenitare coeperunt, superioris domus uniuersa ~a dicta VAR.L.5.162; Romam in montibus positam et conuallibus, ~is sublatam atque suspensam CIC.Agr.2.96; quid pauper? ride: mutat ~a, lectos HOR. Ep.1.1.91; altitudines..contignationibus crebris coaxatae ~orum ad summas utilitates perficiunt despectationes VITR.2.8.17; ~um super aedes datum est LIV.39.14.2; ex kalendis Iuliis ~um locat PETR.38.10; LOCANTVR ..TABERNAE CVM PERGVLIS SVIS ET ~A EQVESTRIA ET DOMVS CIL 4.138.4; PLIN.Nat.36.88; QUINT.Inst.6.3.64; JUV.10.18; circenses ex amicorum..~is spectabat SUET. Aug.45.1; APUL.Met.9.40; ULP.dig.7.1.13.8;—(transf.) ~a maxima caeli ENN.Ann.60; (facet.) in superiore qui (i.e. Jupiter) habito ~o PL.Am.863.

2 (See quot.)
ubi cenabant ~um uocitabant ut etiam nunc Lanuui apud aedem Iunonis et in cetero Latio ac Faleris ad Cordubae dicuntur VAR.L.5.162.

Cēnaeus ~a ~um, *a.* Of or associated with Cenaeum, a headland in NW. Euboea.
~o sacra parabat uota Ioui OV.Met.9.136; SEN.Her.O.783.

cēnālis ~is ~e, *a.* [CENA+-ALIS] Of or belonging to a dinner.
ouom..quod in ~i pompa solet esse primum VAR.R. 1.2.11.

cēnāticus ~a ~um, *a.* [CENA+-ATICVS] Of a dinner.
est illic mi una spes ~a PL.Capt.496.

cēnātiō ~ōnis, *f.* [CENO+-TIO] A dining-hall or dining-room.
non circa ~onem eius tumultus cocorum est SEN.Ep. 78.23; 115.8; habet quattuor ~ones, cubicula uiginti PETR. 77.4; ut spectent..~ones aequinoctialem occidentem COL. 1.6.1; PLIN.Nat.36.60; mica uocor: quid sim cernis, ~o parua MART.2.59.1; cottidiana amicorum ~o PLIN.Ep.5.6. 21; JUV.7.183.

cēnātiuncula ~ae, *f.* [prec.+-VNCVLA] A small dining-room.
fons..per saxa decurrit, excipitur ~a manu facta PLIN. Ep.4.30.2.

cēnātōria ~ōrum, *n. pl.* [as next] Evening dress, dinner wear.
lassitudine abiecta ~a repetimus PETR.21.5; 56.9; MART.10.87.12; 14.136(135); muliebribus ~is POMPON.*dig*.34.2.33.

cēnātōrium ~iī, *n.* [next] A hall or dining-room.
~IVM P S F *CIL* 11.696.

cēnātōrius ~a ~um, *a.* [CENO+-TORIVS] Of or used for dining.
CERVICALIA DVO PAR(IA) CENATOR(IA) *CIL* 13.5708.1.7; instrumentum ~um APVL.*Met*.5.3; ABOLLAM ~AM *CIL* 8.4508.

cēnāturiō ~īre, *intr.* [CENO+-VRIO] To desire to dine.
in omnibus Vacerra quod conclauibus consumit horas.. ~it Vacerra MART.11.77.3.

cēnātus ~a ~um, *pple. and a.* [pple. of CENO]
1 Having dined or eaten.
postquam ~i atque adpoti, talos poscit sibi in manum PL.*Cur*.354; VAR. in Gel.2.25.7; ~i discubuerunt ibidem CIC.*Inv*.2.14; ~o mihi et iam dormitanti *Att*.2.16.1; cum iam ~us esset cum Petreio *B.Afr*.94.1; milites ~os esse in castris..iubet SAL.*Jug*.106.4; amet scripsisse ducentos ante cibum uersus, totidem ~us HOR.*S*.1.10.61; globuli, qui etiam ~is dantur LARG.139; TAC.*Ann*.14.16.
2 Supplied with a dinner.
centum ~as noctes PL.*Truc*.279.

Cenchreae ~ārum, *f. pl.* A harbour on the east side of the isthmus of Corinth.
LIV.28.8.11; 41.24.13; OV.*Tr*.1.10.9; MELA 2.48.

Cenchrēus ~a ~um, *a.* Of Cenchreae, Cenchrean.
~ae..manus STAT.*Theb*.4.60.

cenchris[1] (*acc.* ~im), *m.* [cf. Gk. κεγχρίας] A kind of snake.
et semper recto lapsurus limite ~is: pluribus ille notis uariatam tinguitur aluum quam paruis pictus maculis Thebanus ophites LVC.9.712; PLIN.*Nat*.20.245.

cenchris[2] ~idis, *f.* [Gk. κεγχρίς] A species of hawk, (prob.) a kestrel.
~is sola ex his supra quaterna edit oua PLIN.*Nat*.10.143; 29.127.

cenchrītis ~is, ? *m.* [Gk. κεγχρῖτις] A precious stone.
~is PLIN.*Nat*.1.37.73; ~e sparsis milii granis 37.188.

cenchros ~ī, *m.* [Gk. κέγχρος] A small diamond.
unum ex iis (*sc.* adamantibus) uocant ~on, milii magnitudine PLIN.*Nat*.37.57.

cēnitō ~āre, *intr.*, (*tr.*). [next+-ITO]
1 To dine or eat habitually (in a particular place or manner).
ut..inclusum triclinium haberet, ubi delicate ~aret VAR.*R*.3.4.3; non desino apud istos, qui nunc dominantur, ~are CIC.*Fam*.9.7.1; 9.24.3; feminae cum uiris cubantibus sedentes ~abant V.MAX.2.1.2; PLIN.*Nat*.33.143; SVET.*Aug*.76.2.
2 To have dinner, dine. **b** (w. internal acc.).
opportune maritus foris apud naccam proximum ~abat APVL.*Met*.9.22. **b** triclinio, in quo dominus aedium sacrificales epulas..~abat APVL.*Met*.9.1.

cēnō ~āre ~āuī ~ātum, *intr.*, *tr.* [CENA+-O[3]]
1 To have dinner, dine. **b** (w. place, host, or company, indicated).
heri ~auistine? PL.*Cur*.18; si tu de illarum ~aturus uesperi es, illis curandum censeo *Rud*.181; siquem purgare uoles, pridie ne ~et CATO *Agr*.157.12; cum bulga ~at, dormit, lauit LVCIL.245; quis umquam ~arit atratus CIC.*Vat*.20; pridie Idus Fundis accepi tuas litteras ~ans *Att*.14.6.1; quod..posset ~antis offendere HOR.*S*.2.8.13; ~are deinde uomere CELS.4.26.3. **b** utrubi ~aturi estis, hicine an in triclinio? NAEV.*com*.81; ibi ~aui PL.*Am*.732; si ~assit domi *St*.192; simul ~are et in eodem loco somnum capere CIC.*Inv*.2.14; cum Pomponia foris ~aret *Q.fr*.3.1.19; se postridie ~aturum esse Syracusis CIC.*Div*.1.50; potantibus his apud Sex. Tarquinium, ubi et Collatinus ~abat LIV.1.57.6;—(*w.* ad) cum ad eum ~assemus GEL.19.7.2; AT QVEM NON ~O BARBARVS ILLE MIHI EST *CIL* 4.1880;—(*w.* apud) apud me ~abis PL.*Cur*.728; cum ~aret Crannone in Thessalia Simonides apud Scopam CIC.*de Orat*.2.352; sic..prandete tamquam apud inferos ~aturi SEN.*Ep*.82.21; (*impers. pass.*) ~atum forte apud Vitellios esset LIV.2.4.5;—(*w.* cum) quae cum amatore quom ~ant ligurriunt TER.*Eu*.936; ut cum P. Clodio, hoc est cum amoribus suis, ~et CIC.*Pis*.65; VELL.2.114.3.
2 (tr.) To dine on, eat at dinner. **b** to enact while dining.
eum odorem ~at Iuppiter cottidie PL.*Ps*.842; scelestiorem cenam ~aui tuam quam..*Rud*.508; ut aprum ~em ego HOR.*S*.2.3.235; emptum ~at holus *Ep*.2.2.168; olla..insulso ~anda Glyconi PERS.5.9; PETR.76.11; PLIN.*Nat*.24.5; APVL.*Met*.10.13; (*facet.*) ecastor ~abis hodie, ut dignu's, magnum malum PL.*As*.936. **b** impia dum Phoebi Caesar mendacia ludit, dum noua diuorum ~at adulteria *Vers.pop.* in Suet.*Aug*.70.1.(*poet*.p.103).

Cenomānī ~ōrum, *m. pl.* Also **Genu-** (CINNA *poet*.9(1)). A Gallic tribe.
(*in Cisalpine Gaul*) CIC.*Balb*.32; LIV.5.35.1;—(*in Gallia Lugdunensis*) CAES.*Gal*.7.75.3; PLIN.*Nat*.4.107; me Genumana per salicta bigis raeda rapit citata nanis CINNA *poet* 9(1).

cenotaphium ~iī, *n.* [Gk. κενοτάφιον] A cenotaph.
HYG.*Fab*.273.12; VLP.*dig*.11.7.6.1.

censa ~ōrum, *n. pl.* [pple. of next] One's property or fortune.
quorum luxuries fortunas, ~a peredit CIC.*Cons*.fr.7.

censeō ~ēre ~uī ~um, *tr.* [dub.] FORMS: dep. use in OV.*Pont*.1.2.138, *Fast*.5.25 (s.v.l.).
1 To give or hold as one's considered opinion.
(*w. acc. and inf.*) ~et eo uenturum obuiam Poenum NAEV.*poet*.44(45); neque ego hac nocte longiorem me uidisse ~eo PL.*Am*.279; nimium te patrocinari ~eo benigniter TITIN.*com*.49; quid ~es hunc ipsum Sex. Roscium quo studio et qua intellegentia esse in rusticis rebus? CIC.*S.Rosc*.49; Empedocles animum esse ~et cordi suffusum sanguinem *Tusc*.1.19; si id e re publica esse ~eret LIV.28.45.8; Parmenio non alium locum proelio aptum esse ~ebat CVRT.3.7.8; ~et..satis esse ciuibus ad immolandas uictimas templa publica APVL.*Apol*.65;—(*w. double acc.*) qui se libertate dignos ~ent LIV.8.21.2; ideo quod minus est (aes) pretiosius ~ent MELA 3.86;—(*w. dir. qu.*) ~en hodie despondebit eam mi, quaeso? PL.*Rud*.1269; num ~es faceret, filium nisi sciret eadem haec uelle? TER.*An*.578;—(*ellipt.*) quid ipsae? quid aiunt? — quid illas ~es? *Ad*.656; tument negotia. nam cum Matius, quid ~es ceteros? CIC.*Att*.14.4.1;—(*w. adv.*) si Mimnermus uti ~et sine amore..nil est iucundum HOR.*Ep*.1.6.65.
2 To think (often mistakenly), suppose, imagine.
(*w. acc. and inf.*) illa illum ~et uirum suom esse PL.*Am*.134; ut ~eret suam sese emere filiam *Epid*.88; Philocomasium me uidisse ~ui *Mil*.557; me aetatem ~es uelle id adsimularier? TER.*Hau*.716; ne plus ~eat sapere se quam dominum CATO *Agr*.5.2; ~uit sese regem Porsennam occidere HEM.*hist*.16; eos de uestra uita cogitare non ~etis? CIC.*Phil*.1.38; in quo sibi libertatem ~ent Graeci datam *Att*.6.1.15; ne nihil actum..hac legatione ~eatis LIV.9.1.3; illud a principio nihil referre ~ent, quem locum conserant COL.3.3.5; (*ellipt.*) si tu me uno non sine maerore cares, quid me ~es qui et te et omnibus? CIC.*Att*.3.15.2; munere cum fungi propioris ~et amici HOR.*Ep*.1.9.5;—(*w. inf.*) dum ~ent terrere minis ENN.*Ann*.256; in noctis caligine caeca cernere ~emus solem LVCR.4.457;—(*w. acc.*) quid enim ~es? te ut deludam contra lusorem meum PL.*Am*.694.
3 (of a person recommending a course of action) To give as one's opinion, think, recommend. **b** ~*eo* (in reply to a suggestion), I think (you) should, I think so.
(*w.* oportere *and sim.*) illi me soli ~eo esse oportere opsequentem PL.*Mos*.205; quoi deos atque homines ~eam bene facere magi' decere *Rud*.407; qui aequom esse ~ent nos a pueris ilico nasci senes TER.*Hau*.214; quibus..argumentis accusatorem ~es uti oportere? CIC.*S.Rosc*.38; *Fam*.4.9.1; CAES.*Civ*.1.44.3; Leontinos quoque aequum ~ere liberos se esse LIV.24.29.8;—(*w. gd. or gdve.*) ~eo ecastor ueniam hanc dandam PL.*Cas*.1004; militem riualem ego recipiundum ~eo TER.*Eu*.1072; camino luculento utendum ~eo CIC.*Fam*.7.10.2; Caesar maturandum sibi ~uit CAES.*Gal*.7.56.1; non aliter utendum eo quam contra uenena ~uerim PLIN.*Nat*.21.153; IVV.13.140;—(*w. inf.*) aes ~et dari PL.*Aul*.528; ~eo igitur in propinquo agrum mercari COL.1.2.1; hoc facere..~eo 4.11.1; spectare olivieta in fauonium..~et PLIN.*Nat*.15.21;—(*w. subj.*) immo dicamus senibus legem ~eo PL.*Mer*.1015; consideres ~eo diligenter CIC.*Clu*.135; ~eo uia Appia iter facias POMP.*Att*.8.11C; uites ~eo porticum Philippi MART.5.49.12;—(*w.* ut, ne+*subj.*) alii cuneo facto ut celeriter perrumpant ~ent CAES.*Gal*.6.40.2; illud ~eo, ne confundantur opera familiae COL.1.9.5;—(*w. acc.*) quoniam ~uimus cultum curamque recte ualentium 7.5.1;—(*w. acc. of pron.*) incumbe in eam rem et ad me scribe quid et possit et tu ~eas CIC.*Att*.5.17.4; quem pater non dimittebat teque id ~ere moleste ferebat CIC.*Att*.6.6.4; illud..uel tu me monuisse uel ~isse puta *Fam*.4.8.2; (*w.* de) uide quid de aduentu meo ~eas *Att*.13.40.2;—(*w. advs.*) ita faciam, ut frater ~uit TER.*Ph*.776; paeane maxime, quoniam optimus auctor ita ~et..temperata CIC.*Orat*.196;—(*ellipt.*) at pol ego neque facio (*sc.* gratiam) neque ~eo PL.*Cas*.373; quo ego redeam? — equidem ad phrygionem ~eo *Men*.618; ~eo prius quam proficiscaris CIC.*Att*.13.42.1. **b** quid si eloquamur? — ~eo hercle, patrue PL.*Poen*.1249; etiamne adueniens complectar eius patrem? — non ~eo *Rud*.1277; abi sane istac, istorsum, quouis. — recte dicit, ~eo TER.*Hau*.588; ego rus ibo atque ibi manebo. — ~eo *Eu*.217; ibi continuo Antipho 'ultisne eamu' uisere?' alius '~eo: eamu'' *Ph*.102; iam ad oratores reuertamur. ~eo, inquit Atticus CIC.*Brut*.176; (*cf.*) quid grauare? ~eas PL.*St*.476.
4 (of a senator) To express as his opinion, recommend, say. **b** (of members of other councils, etc.). **c** *quid ~es?* (the formula with which the presiding magistrate invited a senator to express his opinion); (also, transf.).
(*w. acc. and inf.*) eas leges..omnis ~eo per uim et contra auspicia latas eisque legibus populum non teneri CIC.*Phil*.5.10; quibusdam ~entibus Romulum appellari oportere SVET.*Aug*.7.2;—(*w. gd. or gdve.*) legem de meo reditu ferendam non ~uit CIC.*Dom*.68; ego numquam legatos mittendos ~ui *Phil*.12.17; cum..M. Marcelli sententia pronuntiata esset, qui agendum cum tribunis pl. ~ebat, frequens senatus in alia omnia iit CAEL.*Fam*.8.13.2; unam fore tabellam, qui liberandos omni periculo ~erent CAES.*Civ*.3.83.3; SAL.*Cat*.52.36; cum omnes ~erent..consulibus eundum ad bellum LIV.27.38.6; TAC.*Ann*.4.30;—(*w.* ut) de ea re ita ~eo uti C. Pansa A. Hirtius, consules designati, dent operam CIC.*Phil*.3.37; qui ~ebat ut Pompeius in suas prouincias proficisceretur CAES.*Civ*.1.2.3; (*of* sententiae) cum..existerent non nullae..acerbae sententiae, quae..~erent ut tribuni..lege hac tenerentur CIC.*Rab.Post*.13;—(*w. internal acc.*) quod non idem illis ~uissemus *Fam*.9.6.3; de ceteris rebus quid senserim quidque ~uerim audisse te arbitror ad *Brut*.1.15.11; quod ego mea sententia ~ebam CATO *Fam*.15.5.2; per taedium ac dissensionem diuersa ~entium SVET.*Cl*.10.4;—(*w. adv., etc.*) de ea re ita ~eo: 'cum..' CIC.*Phil*.10.25; SENTENTIAM INTERROGATVS ~VIT IN VERBA INFRA SCRIBTA *CIL* 8.15880;—(*absol.*) cum parum esset in senatu breuiter ~ere TAC.*Dial*.36.7; ~ENTE C CLVVIO SABINO *CIL* 11.5694. **b** quod aequitatis ~eant rationem, non uerbi haberi oportere CIC.*Caec*.66; plerique ~ebant ut noctu iter facerent CAES.*Civ*.1.67.1; non arma neque secessionem, tantum modo ne amplius sanguinem uestrum praebeatis ~ebo SAL.*Hist*.3.48.17; ego hanc legem..uti rogas, iubendam ~eo LIV.10.8.12; quod de quoque ~ueritis fiet 23.3.6; dignum fama sua ratus..de toto genere belli ~ere TAC.*Hist*.2.32. **c** dic' inquit ei quem primum sententiam rogabat, 'quid ~es?' LIV.1.32.11; (*cf.*) ut cogitem, quid designatus consul in honorem principis ~eas PLIN.*Ep*.6.27.1;—(*transf.*) dicet aliquis 'quid igitur ~es?' SAL.*Jug*.31.18; 'quid ~es igitur?' aliquis uestrum subiecerit *Hist*.3.48.14.
5 (techn., of the senate) To recommend, decide, decree (N.B: this was strictly advisory, but was *de facto* binding). **b** (of bodies other than the senate, also of supreme magistrates, etc.).
(*w. acc. and inf.*) SENATV D CONSVLVERE IEI ~VERE AVT SACROM AVT POVBLICOM ESE *CIL* 1.402; uim in corpus liberum non aecum ~uere adferri CATO *orat*.205; de ea re ita ~uerunt comitia primo quoque tempore haberi esse e re publica CIC.*Att*.4.17.3(16.6); uelle et ~ere eos ab armis discedere SAL.*Jug*.21.4; de bonis regiis, quae reddi ante ~uerant LIV.2.5.1;—(*w. gd. or gdve.*) ITA EXDEICENDVM ~VERE *CIL* 1.581.3; quos nuper senatus in hostium numero habendos ~uit CIC.*Ver*.1.87; senatus quos ad soleret referendum ~uit *N.D*.2.10; senatusque Caelium ab re publica remouendum ~uit CAES.*Civ*.3.21.3; ~uerunt patres Apollini ludos uouendos faciendosque LIV.25.12.12;—(*w. subj.*, or ut *or* ne+*subj.*) patres ~eant exquaeras VAR.*L*.6.91; ~uerant patres ut praetor scriberet consuli LIV.30.24.2; senatum exterritum ~uisse, ne quis illo anno genitus educaretur SVET.*Aug*.94.3; VLP.*dig*.24.1.32;—(*w. acc.*) prudens omnium quae senatus ~uerat SAL.*Hist*.1.71; bellum Samnitibus et patres ~uerunt et populus iussit LIV.10.12.3; aram clementiae..~uere TAC.*Ann*.4.74; (*w. dat.*) ~entur Ostorio triumphi insignia 12.38;—(*absol. or ellipt.*) poteramusne..cum senatus ~uisset? CIC.*Lig*.20; sedere patres ~ere parati LVC.3.109; (*cf.*) etiam si senatus Carthaginiensium non ~uisset LIV.27.20.6. **b** decumani..remouendas de medio litteras ~uerunt CIC.*Ver*.2.175; nec solis Biturigibus communem salutem committendam ~ent CAES.*Gal*.7.21.3; fetiales prius mittendos ad res repetendas ~uere (consules) LIV.4.30.13; P. Decium ~uisse ferunt, ut omnia integra..Q. Fabio seruarentur 10.25.17; SVET.*Ves*.2.3; (*transf.*) qui dicere legem fletibus aut finis audet ~ere dolendi STAT.*Silv*.5.5.61; (*of a goddess*) de coma pretiosi uelleris floccum mihi..afferas ~eo APVL.*Met*.6.11;—(*cf., w. inf.*) turba uetustior uelut quidam senatus minoribus parere non ~et COL.9.11.2.
6 (of the censor at Rome or in the provinces) To register or enrol at a census, assess; *capite ~us*, see CAPVT. **b** (w. cogn. obj.). **c** to have assessed, register (possessions). **d** to assign (property). **e** (w. abl. of name) to be called.
~us quom ⟨sum⟩, iurati rationem dedi PL.*Trin*.872; cum quaeritur, is, qui domini uoluntate ~us sit, continuone, an, ubi lustrum sit conditum, liber sit CIC.*de Orat*.1.183; qui post eos censores ~us esset *Ver*.1.107; quinto quoque anno Sicilia tota ~etur 2.139; ~a ciuium capita centum quattuor milia septingenta quattuordecim dicuntur praeter orbos orbasque LIV.3.3.9; eodem anno census actus nouique ciues ~i 8.17.11; decretum, uti (Campani) Romae ~erentur 38.28.4; PLIN.*Nat*.33.16; TAC.*Ann*.11.25;—(*w. abl.*) uos qui potestis ope uostra ~erier PL.*Capt*.15; qui..milibus aeris quinquaginta..~us fuisset usque ad centum milia LIV.24.11.7; PLIN.*Nat*.33.32;—(*pass., w. acc. of property*) cum te audisset seruos suos esse ~um CIC.*Flac*.80; HOR.*Ars* 383; GAIVS *Inst*.2.274;—(*w.* in+*acc.*) INQVE EA⟨M⟩ TRIBVM ~ENTO *CIL* 1.583.77;—(*w.* in+*abl.*) quid se uiuere, quid in parte ciuium ~eri LIV.7.18.5;—(*absol.*) frequentia..conuenit..ludorum ~endique causa CIC.*Ver*.54; VELL.2.14.3. **b** illud quaero sintne ista praedia censui ~endo (*i.e. liable to*) CIC.*Flac*.80; legem censui ~endo dicturos esse LIV.43.14.5; PAVL.*Fest*.p.58M. **c** in qua tribu denique ista praedia ~uisti? CIC.*Flac*.80. **d** pars deinde (agri) suo domino quaeque ~etur SEN.*Ben*.7.4.3. **e** quo cognomine ~eretur interrogatus, non se sapientem..sed amatorem sapientiae..edidit V.MAX.8.7.ext.2; nomen quo tu ~eris aiebat APVL.*Met*.5.26; 8.25.
7 (transf.) To assess, credit (with amounts, properties, etc.); also, to register, count, include (under).
uno ~etur Aquarius astro MAN.2.667; 3.127; non infitias eo..quin figura multitudinis perpetua ~eantur (arma, moenia, comitia) GEL.19.8.5; (*w.* per) imaque tricenos bis fundamenta per annos ~entur MAN.3.598;—aequo mendicus atque ille opulentissumus ~etur censu ad Accheruntem mortuos PL.*Trin*.494; hoc domui debes, de qua ~eris OV.*Pont*.3.1.75; semper enim dextris ~entur signa priora MAN.2.293; cognata quaternis corpora ~entur signis et amica trigonis 2.653; bracchia sub Geminis ~entur, pectora Cancro 4.705; uno boum iugo ~eri anno facilis soli quadragena iugera..iustum est PLIN.*Nat*.18.173; ista enim omnia uocabula ~entur continenturque 'rogationis' principali genere et nomine GEL.10.20.8.
8 To appraise, value, assess; (w. abl.) to measure (by). **b** (pass, w. abl.) to be valued (for), have one's reputation based (on). **c** (dep.) to reckon, count (as).
argumentum hoc hic ~ebitur PL.*Poen*.56; rem, quom uideas, ~eas TER.*Hau*.1023; si ~enda nobis atque aestimanda res CIC.*Parad*.48; anule..in quo ~endum nil nisi dantis amor OV.*Am*.2.15.2; GEL.1.13.1;—uidemus..feras..istius (*sc.* naturalis) iuris peritia ~eri VLP.*dig*.1.1.3; priuatorum enim cautiones legum auctoritate non ~eri PAPIN.*dig*.38.16.16. **b** Aristides..quo totius Graeciae iustitia ~etur V.MAX.5.3.ext.3; homo qui iudicio ~ebatur SEN.*Con*.9.2.22; id in quoque optimum esse debet cui nascitur, quo ~etur SEN.*Ep*.76.8; Naucydes Mercurio et discobolo..~etur PLIN.*Nat*.34.80; ~etur Aponi Liuio suo tellus MART.

1.61.3; ut ipsi..qui egerunt non aliis magis orationibus ~eantur TAC.*Dial.*39.5; PLIN.*Pan.*15.5; te ~eri laude tuorum, Pontice, noluerim JUV.8.74; pro studio bibendi, quo solo ~etur APUL.*Apol.*57. **c** hinc sata Maiestas, hos est dea ~a parentes OV.*Fast.*5.25 (*s.v.l.*); hanc..est inter comites Marcia ~a suas *Pont.*1.2.138.

9 (acc. Non.p.267M) To be angry (with).
ne uobis ~eam, si ad me referetis VAR.*Men.*72.

censiō ~ōnis, *f.* [prec.+-TIO]

1 Assessing or rating in a census.
censor ad cuius ~onem, id est arbitrium, censeretur populus VAR.*L.*5.80; ut discrimina, quae fuerint..pueritiae, iuuentae, senectae, ex ista ~one, Serui Tulli..noscerentur GEL.10.28.2; et non capitis ~one, sed prosperiore uocabulo ..appellati sunt 16.10.13; (*facet.*) adsum equidem, ne ~onem semper facias PL.*Rud.*1273.

2 The punishment imposed by a censor.
~onem facere dicebatur censor, cum multam equiti inrogabat PAUL.*Fest.*p.54M; ~o hastaria dicebatur, cum militi multae nomine ob delictum militare indicebatur p.54M; (*facet.*) qui ea curabit apstinebit ~one bubula PL. *Aul.*601.

3 A recommendation or decision.
COMMVNEM NVMMVM DIVIDENDVM ~O EST *CIL* 4.1597.

censitor ~ōris, *m.* [CENSVS+-TOR] The registrar or taxation officer in a Roman province.
~ORI PROV LVGD *CIL* 2.4121; M VALERIVS..~OR PROVINCIAE AQVETANICAE 5.7783; flumina..~orum uice funguntur POMPON.*dig.*41.1.30.3; ULP.*dig.*50.15.4.1.

censor ~ōris, *m.* [CENSEO+-TOR] FORMS: *cesor CIL* 1.8.

1 One of two magistrates appointed at Rome every four (later five) years for a period of eighteen months; their duties included the registering and classifying of citizens according to their property, removal of names on account of moral or other delinquencies, placing of public contracts, etc. **b** (adopted as a permanent title by Domitian). **c** a similar official in a Roman colony.
CENS. L. PAPIRIVS. L. F. *Fast.Cos.Cap.*4(*CIL* 1.p.17); AIDILES COSOL CESOR *CIL* 1.8; lustrum illo ~ore malum infelixque fuisse LUCIL.395; uir cum diuortium fecit, mulieri iudex pro ~ore est CATO *orat.*218; NEIVE EVM ~OR IN SENATVM LEGITO *CIL* 1.582.20; non se de moribus eius apud ~ores..dicere *Rhet.Her.*2.5; Attalicos agros..qui item a ~oribus locati sunt CIC.*Agr.*2.50; illud quaero sintne ista praedia censui censendo..subsignari apud aerarium aut apud ~orem possint *Flac.*80; Asiam qui de ~oribus conduxerunt *Att.*1.17.9; ~ores populi aeuitates, suboles, familias pecuniasque censento *Leg.*3.7; Papirium Semproniumque..censui agendo populus suffragiis praefecit. ~ores ab re appellati sunt LIV.4.8.7; ut alter utique ex plebe..~or crearetur 8.12.16; ut ei (equites) omnes quos ~ores notassent pedibus mererent 24.18.9; ~ores interim Romae..senatum recitauerunt 29.37.1; cum..Paulus uix posset implere ~orem VELL.2.95.3; SEN.*Ep.*98.13; PLIN. *Nat.*7.157; aqua Appia in urbem inducta est ab Appio Claudio Crasso ~ore FRON.*Aq.*5; JUV.11.92. **b** IMP CAESAR..DOMITIANVS..~OR PERPETVVS *Priv.Mil.Vet.*13 (*CIL* 3.p.856); ~or maxime principumque princeps MART. 6.4.1; STAT.*Silv.*5.1.42; sanctissimus ~or QUINT.*Inst.*4.pr.3. **c** ~ores quem ad modum isto praetore in Sicilia creati sint, operae pretium est cognoscere CIC.*Ver.*2.131; LIV.29.37.7; ~OR GERM INFERIOR *CIL* 11.709.

2 (transf.) One who criticizes or judges behaviour, morals, etc. **b** a critic, assessor (of literary work).
fuit in hac causa pertristis quidam patruus, ~or, magister CIC.*Cael.*25; castigator ~orque minorum HOR.*Ars* 174; alii simul delinquunt, ~ores sumus PHAED.4.10.5; cum.. animus..speculator sui ~orque secretus cognouit de moribus suis SEN.*Dial.*5.36.2; praesides deos..supra me circaque me stare factorum dictorumque ~ores 7.20.5; neque Caecinam dignum tantae rei ~orem TAC.*Ann.*3.34; ~or meus Aemilianus APUL.*Apol.*8. **b** animum ~oris.. honesti HOR.*Ep.*2.2.110; saepe ego correxi sub te ~ore libellos OV.*Pont.*4.12.25.

Censōrīnus ~ī, *m.* A Roman cognomen.
C MARCIVS C.F.L.N. RVTILVS QVI POSTEA ~VS APPELLATVS EST *Fast.Cos.Cap.*10b(*CIL* 1.p.21); V.MAX.4.1.2; CIC.*Q.fr.* 1.2.13.

censōrius ~a ~um, *a.* [CENSOR+-IVS]

1 That has been or is a censor; *homo ~us*, an ex-censor.
C. Metellus ~us CIC.*Red.Pop.*6; NEP.*Ca.*1.1; PLIN.*Nat.* 7.142; patrem ei ~um fuisse memoraui TAC.*Ann.*6.10; illae ueteres prosapiae..~ae APUL.*Apol.*18; (*cf.*) ~ae mentis leuamentum TAC.*Ann.*12.5;—(*of Cato*) ~us Cato SEN.*Dial.* 7.21.3; quantum mutati a moribus Catonis ~i PLIN.*Nat.* 19.24; QUINT.*Inst.*9.4.39;—consularem se..hominem et ~um CIC.*de Orat.*2.364; L. Cotta, homo ~us *Dom.*84;—(*masc. as sb.*) celere sancto subueni ~o! PAC.*praet.*3; qui censor ante fuisset uetustissimusque ex iis qui uiuerent ~is esset LIV.23.22.10.

2 Of or belonging to a censor. **b** that is dealt with by the censor; (of punishment, degradation, etc.) censorial. **c** *~um funus*, a public funeral.
ut ~ae tabulae loquuntur CIC.*Orat.*156; ~um nomen, quod asperius antea populo uideri solebat *Div.Caec.*8; ~a locatio *Ver.*3.12; ~A POTEST(ATE) *Fast.Ven.*(*CIL* 1.p.66); lege ~a ALF.*dig.*50.16.203; auctoritate ~a LIV.42.3.3; cum alteri uis ~a, alteri uita deesset VELL.2.95.3; adfectabat enim ~um supercilium SEN.*Con.*10.pr.4; ~a etiam potestate legendis equitum decuriis functus TAC.*Ann.*3.30; EX FORMA ~A *CIL* 8.23956. **b** sed uide ne quid Catulus attulerit religionis; opus hoc ~um est CIC.*de Orat.*2.367; ~um crimen erat paucae argenti lamellae SEN.*Dial.*7.21.3; agrum male colere ~um probrum iudicabatur PLIN.*Nat.*18.11; GEL. 4.12.1; 14.7.8;—~am ignominiam CIC.*Clu.*121; animaduersionem ~am 129; ~um iudicium ac notionem *Prov.*46; additumque tam truci ~ae notae triste senatus consultum LIV.24.18.9; VELL.2.68.5; ~a castigatio erat minus arare quam uerrere PLIN.*Nat.*18.32; QUINT.*Inst.*5.11.13; nudatos opere ~o..restituit SUET.*Jul.*41. **c** funus..~um Flauio Sabino ductum TAC.*Hist.*4.47; ita quamquam nouo homini ~um funus..patres decreuere *Ann.*4.15; 6.27; 13.2.

3 Suggestive of a censor, austere, moral. **b** (of literary criticism).
consulem habuimus tam seuerum tamque ~um, ut in eius magistratu nemo pranderit CIC.*Facet.*24; isti tam ~o adultero SEN.*Con.*2.7.8;—(*of actions, behaviour, etc.*) quamdiu citra iocos se continebat ~a oratio erat 3.pr.4; audiebat senatus grauitate ~a PLIN.*Ep.*3.20.6. **b** (libellus) quem ~a..docti lima momorderit Secundi MART. 5.80.12; uersus..~a quadam uirgula notare QUINT.*Inst.* 1.4.3.

censuālis ~is ~e, *a.* [CENSVS+-ALIS] Of or connected with the census of citizens.
incensis, qui ex forma ~i uenire iubentur GAIUS *Inst.* 1.160; uinculis ~ibus tenetur ULP.*dig.*50.15.4.8; CVRAM TABVLARI ~IS *CIL* 2.4248; AB INSTRVM ~IBVS *CIL* 3.7974.

censūra ~ae, *f.* [CENSEO+-VRA]

1 The office of censor, the censorship; also, the period of office. **b** the conduct or discharge of the duties of censor. **c** the powers of censors.
officium ~ae CIC.*Prov.*20; quem..ad ~am petendam impulisti *Phil.*2.98; CAEL.*Fam.*8.14.4; me neque ~ae legem mollisse PROP.4.11.41; alios magistratus annuos esse, quinquennalem ~am LIV.4.24.5; ~a duobusque consulatibus simul gestis 10.22.3; OV.*Fast.*6.647; gessit et ~am intermissam diu post Plancum Paulumque censores SUET.*Cl.* 16.1; (*in the provinces*) pecuniam illam ob ~am contra leges clam dederunt CIC.*Ver.*2.137;—IN ~A VIAM APPIAM STRAVIT *Elog.*10(*CIL* 1.p.192); in ~a..de proauo multum cogitato tuo CIC.*Fam.*3.11.5; quem in consulatu ~aque habuit collegam NEP.*Ca.*1.1. **b** Q. Metelli praeclarum imperium re militari fuit, egregia ~a CIC.*Dom.*87; ~a clara eo anno Ap. Claudi et C. Plauti fuit LIV.9.29.5; in censibus quoque accipiendis tristis et aspera in omnes ordines ~a fuit 39.44.1; innocuos ~a potest permittere lusus MART.1.4.7; 6.91.1. **c** ~am minuere parat LIV.4.24.3.

2 Assessment, appraisal.
uiuorum ut magna admiratio, ita ~a difficilis est VELL. 2.36.3; in iis exige ~am et personarum aestimationem SEN. *Ben.*4.28.5; alius (seruus), cui conuiuarum ~a permissa est *Ep.*47.8; eadem aquatilium genera aliubi atque aliubi meliora, sicut..murena in Sicilia, elops Rhodi, et alia genera similiter, ne culinarum ~a peragatur PLIN.*Nat.*9.169; ~am uini..facientem 14.72.

3 Oversight or control in moral and other matters like that of the censors.
nec te nostra iubet fieri ~a pudicam OV.*Am.*3.14.3; ~am longa senecta dabat *Fast.*5.70; qui supra flentem patrem ~am lugendi postulat SEN.*Con.*exc.4.1; nisi quoi omnia acta sunt sub ~a sua SEN.*Dial.*10.10.3; dat ueniam coruis, uexat ~a columbas JUV.2.63; facilis cuiuis rigidi ~a cachinni 10.31; si eum ex fortunae indulgentia, non ex philosophiae ~a metiris APUL.*Apol.*19; (*transf.*) dum.. (tonsor) repetit pilos eosdem, ~a speculi manum regente MART.8.52.7.

census ~ūs, *m.* [CENSEO+-TVS]

1 The quinquennial registration of Roman citizens and their property and the classification of them according to the amount of their property or otherwise by the censors, the census; (also a similar assessment in the provinces). **b** the written records of the census, the census roll; census returns.
ut ad ~um nemini necessus sit uenire SCIP.min.*orat.*7; ubi censores ~u admittant populum VAR.*R.*3.2.4; cumque insitium Gracchum..~u prohibuisset CIC.*Sest.*101; qui.. omnino nihil in suum ~um praeter caput attulissent *Rep.* 2.40; CVM ~OR..CENSVM AGET *CIL* 1.593.144; tum classes centuriasque et hunc ordinem ex ~u discripsit LIV.1.42.5; Papirium Semproniumque..~ui agendo populus suffragiis praefecit 4.8.7; ~VM POPVLI CONLEGA M. AGRIPPA EGI AUG. *Anc.*2.2; quae quisque aliena in ~um deducit SCAEV.*dig.* 41.1.64;—(*in the provinces*) sic ~us habitus est te praetore CIC.*Ver.*2.138; ~u habito CAES.*Gal.*1.29.3; Germanicum agendo Galliarum ~ui tum intentum TAC.*Ann.*1.31; PROC AVG ARMENIAE..ET A ~IBVS *CIL* 11.5213;—(*fig.*) quibus..imposuit (Vergilius) ~us atque dilectus sui supremam manum, omni poeticae uenustatis laude florent GEL.17.10.5. **b** qui aedis sacras, qui ~um populi Romani..incendit CIC.*Cael.*78; non enim furatus esse ciuitatem..non inrepsisse in ~um dicitur *Balb.*5; non in ~u illos inuenies SEN.*Con.*10.4.14; (*fig.*) non enim citamur ex ~u SEN.*Ep.*12.6;—in ~ibus.. accipiendis LIV.39.44.1; nostrum in modum deferre ~us TAC.*Ann.*6.41; LEGATO IMP NERVAE..AD ~VS ACCIPIENDOS *CIL* 13.5089; A LIBELLIS ET ~IBVS IMP ANTONINI AVG PII 14.5347.

2 The money-qualification of a particular class. **b** the attributes or endowments of a particular status or condition. **c** the members of a particular census class.
homo leuis ac sordidus sed tamen equestri ~u, Catienus CIC.*Q.fr.*1.2.6; quamuis infra Lucili ~um ingeniumque HOR. *S.*2.1.75; quibus ~us equester erat LIV.5.7.5; senatorumque ~um..quam libenter expleuit VELL.2.129.3; MART.5.38.1; SUET.*Jul.*33; expleuit ~um senatorium, consulares inopes quingenis sestertiis annuis sustentauit *Ves.*17.1. **b** facultas inuidiosa adeo, nec nostri munera ~us MAN.2.110; atque haec ex paribus toto gaudentia ~u signa meant 2.167; 3.72. **c** ad tris iudicum decurias quartam addidit ex inferiore ~u SUET.*Aug.*32.3; (*transf.*) maxima pars numero ~u concluditur imo MAN.5.718.

3 Property in general, wealth, substance, one's fortune. **b** (of states). **c** (transf., of other things, often abstract, considered as wealth).
aequo mendicus atque ille opulentissumus censetur ~u ad Accheruntem mortuos PL.*Trin.*494; homini egenti, sordido, sine honore..sine ~u CIC.*Flac.*52; funerum sumptus praefinitur ex ~ibus a minis quinque usque ad minam *Leg.*2.68; priuatus illis ~us erat breuis, commune magnum HOR.*Carm.*2.15.13; a ~u maxime et senatum et iudices legit LIV.34.51.6; curia pauperibus clausast; dat ~us honores OV.*Am.*3.8.55; ~us senatorium gradum ascendit SEN.*Con.*2.1.17; patrios optat qui uincere ~us MART.2.90.5; ne ~ibus negotiatorum naues adscriberentur TAC.*Ann.* 13.51; protinus ad ~um, de moribus ultima fiet quaestio JUV.3.140; SUET.*Nero* 44.2;—(*esp. when squandered or wasted*) demisso in uiscera ~u OV.*Met.*8.846; ~ibus aequantur conchae MAN.5.404; uxor..locupletis domus ~um auribus gerit SEN.*Dial.*7.17.2; COL.12.pr.9; LUC.4.95; ~um in damna furentem PETR.120,l.86; STAT.*Silv.*2.1.163. **b** sic magna fuit ~uque uirisque (Troia) OV.*Met.*15.422; Gallia per ~us, Hispania maxima bellis MAN.4.693; LUC.3.157; ~um..et patrimonium populi Romani FLOR.*Epit.*2.13 (4. 2.21). **c** fauet mundus..et cupit aetherios per carmina pandere ~us MAN.1.12; prudentes..uiri, quibus omnis in ipsis ~us erat 1.773; 2.457; 3.4; unus Miltiadis ~us inuentus est Cimon filius SEN.*Con.*9.1.2; integrum incolumemque esse ~um meum profiteor SEN.*Dial.*2.6.5; perdidi..honorem, pretiosissimum pauperum ~um QUINT. *Decl.*252(p.35,l.15); APUL.*Pl.*1.15.

centaurēum ~ēī or **~ium (-ion)** ~(i)ī, *n.* Also **~ios.** [Gk. κενταύρ(ε)ιον] 'Centaury': **a** (also *~ium maius*) usu. identified as a kind of *Centaurea*. **b** *~ium lepton* (*minus*), (perh.) feverfew, *Erythraea centaurium.*
a tristia ~ea LUCR.4.125; graue olentia ~ea VERG.*G.* 4.270; Thessala ~ea LUC.9.918; PLIN.*Nat.*19.186;—taetra absinthi natura ferique ~i LUCR.2.401; ~i sucus CELS.6.7.2; ~io curatus dicitur Chiron PLIN.*Nat.*25.66; ~um maius 26.27; ~ii suci p ⋇ II LARG.227;—satis proficit herba Vettonica..uel ~ios CELS.5.27.10. **b** est alterum ~ium cognomine lepton, minutis foliis, quod aliqui libadion uocant PLIN.*Nat.*25.68; purgat aluum sucus ~ii minoris 26.54.

Centaurēus ~a ~um, *a.* Of or connected with Centaurs.
~ea..cum Lapithis rixa HOR.*Carm.*1.18.8; ~os..ensis *Culex* 29; ~usque Lycormas STAT.*Theb.*4.839.

Centauricus ~a ~um, *a.* Of or connected with Centaurs.
~a saxa PROP.4.6.49; ~a dicunt semina STAT.*Theb.*6.333; ~a..lustra *Ach.*1.266.

centauris ~idis, *f.* [Gk. κενταυρίς] (app.) A species of centaury.
tertia est ~is cognomine triorchis PLIN.*Nat.*25.69; 26.104.

Centaurus ~ī, *m.*, (*f.*). (myth.) One of a race, half man half horse, living in Thessaly, the sons of Ixion and a cloud which he took for Juno, famed for their war with the Lapiths. **b** the Centaur, a constellation. **c** (fem., as the name of a ship).
~os foedare bimembres CORNIF.*poet.*2; quasi aliquod Lapitharum aut ~orum conuiuium CIC.*Pis.*22; *N.D.*3.51; LUCR.4.739; nubigenae..~i VERG.*A.*7.675; HOR.*Carm.* 4.2.15; semihomines ~os OV.*Met.*12.536; MART.10.4.9; (*in sculpture*) ~os sustinentes epistylia VITR.7.5.5. **b** sin umeros medio in caelo ~us habebit CIC.*Arat.*447(203); VITR.9.5.1; duplici ~us imagine fulget MAN.1.418. **c** VERG. *A.*5.122; 10.195.

Centemmanus ~a ~um, *a.* (appell.) = CENTIMANVS.
hic (*sc.* Appius Claudius) ~us appellatus est POMPON.*dig.* 1.2.2.36.

centēnārium ~ii, *n.* [next; sc. *pondus*] A hundred (Roman) pounds weight.
~io sublato VITR.7.8.3.

centēnārius ~a ~um, *a.* [next+-ARIVS] That is or contains a hundred; *gradus ~us*, the series of numbers containing three digits, hundreds; having 100 victories. **b** (of weights) consisting of 100 (Roman) pounds; *ballista ~a*, one throwing a missile of this weight. **c** *fistula ~a*, a water-pipe 100 digits in circumference; also, one having a nominal cross-section of 100 sq. digits. **d** costing 100 (asses); that possesses 100 (thousand sesterces). **e** *procurator ~us*, a provincial administrative official of equestrian rank; so *procuratio ~a*.
quorum ~us iustus numerus VAR.*L.*5.88; grex ~us *R.* 3.6.6; V.MAX.4.3.4;—denarius gradus a decem ad nonaginta, ~us a centum ad nongenta VAR.*L.*9.87;—DIOCLES AGITATOR..EQVOS ~OS FECIT N VIIII *CIL* 6.10048. **b** duo ~a pondera VAR.in Plin.*Nat.*7.83; lapideum ~um pondus VITR.7.8.3;—ballistas..~as LUCIL.776. **c** quae (fistulae) si ~ae erunt VITR.8.6.4;—FRON.*Aq.*23; 62. **d** ~ae cenae dicebantur, in quas lege Licinia non plus centussibus praeter terra enata inpendebatur PAUL.*Fest.*p.54M;—~i liberti ULP.*dig.*37.14.16. **e** PROCVRATORI ~O REGIONIS HADRIMETINAE *CIL* 8.11174; PROC SEXAGENARIVS PROVINCIAE THRACIAE ~VS ALEXANDRIAE *A.Epig.*40.95;—CVI

..ANTONINVS ~AM PROCVRATION PROV HADRYMETINAE DEDIT *CIL* 13.1684.

centēnī ~ae ~a, *pl. a.* Also sg. **~us,** etc. [CENTVM+-ENI] FORMS: *~um* (gen. pl.) PLIN. *Nat.*7.164, FRON.*Aq.*63.

1 One hundred each. **b** (in cpd. numbers; in multiplication). **c** (w. *milia*; w. ellipsis of *milia sestertium*).
postea ~is (*sc.* assibus) obsonitauere CATO *orat.*141; sestertiis ~is milites donauit *B.Alex.*48.2; in capita Romana trecenis nummis quadrigatis..in seruos ~is LIV.22.52.3;—(*w.* quisque, singuli, *etc.*) ne minus habeamus in ~as oues hirtas singulos homines VAR.*R.*2.2.20; illos ~i quemque sequuntur..iuuenes VERG.*A.*9.162; cum ~is hostibus singulos pugnaturos LIV.6.7.2. **b** in ~os uicenos turtures fere semodium VAR.*R.*3.8.3; ~i et octogeni in quamque partem pedes QUINT.*Inst.*1.10.43;—quinquagies ~i (pedes) fiunt quinque millia COL.5.2.6. **c** peditum sexiens ~a milia LIV.10.30.5;—res ad ~a perducitur CIC.*Att.*14.11.2; capit ille ex suis praediis sescena sestertia, ego ~a ex meis *Parad.*49; ~a matri conferant sestertia PHAED.4.5.12.

2 (as cardinal number) One hundred.
centum cui bracchia dicunt ~asque manus VERG.*A.*10.566; tibi..indomiti ferent ~a tauri colla SEN.*Her.F.*300; ~is uenit in arma Creta uetus populis LUC.3.184; ostia Ditis ~is suetus Briareus recludere palmis SIL.13.588.

3 (sg., in multiplicative sense).
~aque arbore fluctum uerberat VERG.*A.*10.207; ut par sit ~o gutture niti PERS.5.6; firmare..~o iudice causas *Laus Pis.*42; MART.8.45.4; angustam ~i (*i.e. hundred-handed*) Aegaeonis umbram STAT.*Theb.*4.535; ~o pondere *Silv.*5.1.190; ~o..uerbere SIL.11.490; (*distributively*) septem numero turmas (~us ubique surgit eques) STAT.*Theb.*6.213; (*in cpd. number*) ~a quinquagena fruge fertilem campum PLIN.*Nat.*17.41.

centē(n)simus ~a ~um, *a.* [CENTVM+-ESIMVS]

1 Hundredth in serial order (alone or in cpd. numbers). **b** (w. *fruge*, etc., in cumulative sense).
~a lux est haec ab interitu P. Clodi et, opinor, altera CIC.*Mil.*98; legis..unum et ~um caput legit CAEL.*Fam.*8.8.3; LIV.9.34.6; ~um et uicesimum annum transgredi V.MAX.8.13. ext.5; ~um locum non optinuit PLIN.*Nat.*36.109; ~um et quinquagensimum lapidem PLIN.*Ep.Tra.*10.8.6; expleta ~a hostium congressione HYG.GR.*agrim.* p.141;~is kalendis dari PAUL.*dig.*45.1.46; (*cf.*) ~a summa (= 100) MAN.2.335. **b** cum ~o redire VAR.*R.*1.44.2; cum ~a fruge agricolis faenus reddente terra PLIN.*Nat.*5.24; cum ~o quidem..Leontini Siciliae campi fundunt 18.95.

2 Forming a hundredth part.
consanguineae..~a turbae OV.*Ep.*14.121; iacebat conuiua ~us SEN.*Dial.*4.33.4;—(*w.* pars) pol istic me hau ~am partem laudat PL.*Capt.*421; hau ~am partem dixi *Mil.*763; dimidia sextula ~a quadragesima quarta (*sc.* pars est) MAECIAN.*iur.*33.

centēsima ~ae, *f.* [next; sc. *pars, usura*] A hundredth part, one per cent. **b** (as interest) one per cent per month, twelve per cent per annum. **c** a one-per-cent tax.
omnis pecuniae ~a accedet CATO *Agr.*146.1. **b** pensitaritne tibi (pecunia publica) binas ~as? CIC.*Ver.*3.165; *Att.*1.12.1; qui ~is cum anatocismo contentus non esset 5.21.12; sanguinulentae ~ae SEN.*Ben.*7.10.4; appositis..usuris, quas ego..~as computabo PLIN.*Ep.*9.28.5. **c** ut nostri facere coactores solent in ~a CIC.*Rab.Post.*30; quod ex ~a conlatum..in duarum legionum praemiis omne consumitur *ad Brut.*1.18.5; ~am rerum uenalium..institutam TAC.*Ann.*1.78; ~ae uectigal 2.42.

centiceps ~cipitis, *a.* [CENTVM+-CEPS²] Having a hundred heads.
belua ~ceps (*i.e. Cerberus*) HOR.*Carm.*2.13.34; SEN.*Apoc.*13.

centiē(n)s, *adv.* [CENTVM+-IENS] A hundred times (often hyperb.). **b** (w. ellipsis of *centena milia sestertium*).
siquidem ~ hic uisa sit, tamen infitias eat PL.*Mil.*187; *Rud.*1167; ut nil credas intellegere nisi idem dictumst ~ TER.*Hau.*881; ducimus ~ centenos, fiunt decem milia COL.5.2.1; prius..~ moriar quam..APUL.*Met.*5.6; (*cpd. number*) cum..depugnasset..~ uiciens semper uictor PLIN.*Nat.* 22.9. **b** sic per triennium..prope ~ et uiciens erogatum est CIC.*Ver.*3.163; ut omnes optarent tibi ~ amici MART.1.99.4; o quanta est gula, ~ comesse! 5.70.5; (*cf.*) cum ~ atque quinquagies sestertii summam in faenore haberet V.MAX.4.8.3.

centifolius ~a ~um, *a.* [transl. Gk. ἑκατοντάφυλλος] Having a hundred petals.
(rosa) quam ~am uocant PLIN.*Nat.*21.17.

centigrānius ~a ~um, *a.* [CENTVM+GRANVM+-IVS]
fertilissima tritici genera ramosum ac quod ~um uocant PLIN.*Nat.*18.95.

centimanus ~a ~um, *a.* [CENTVM+MANVS¹] Hundred-handed.
~us Gyas HOR.*Carm.*2.17.14; 3.4.69; ~um..Gygen OV.*Am.*2.1.12; ~um..Typhoea *Met.*3.303; *Tr.*4.7.18.

centipeda ~ae, *f.* [CENTVM+PES] A centipede.
milipeda, ab aliis ~a aut multipeda dicta PLIN.*Nat.*29.136.

centipelliō ~ōnis, *m.* [CENTVM+PELLIS+-IO¹] The third stomach of a ruminant, the psalterium or manyplies.
uenter (cerui), quem ~onem uocant PLIN.*Nat.*28.150.

centipēs ~edis, *m.* [CENTVM+PES] A centipede.
scolopendrae, terrestribus similes, quas ~edes uocant PLIN.*Nat.*9.145.

centiplicātō, *adv.* [CENTVM+PLICO] At one hundred times (the price).
merces remittente (India) quae apud nos ~ ueneant PLIN.*Nat.*6.101.

centō ~ōnis, *m.* [Skt. *kanthā*, OHG. *hadara*] A quilt, blanket, or curtain made of old garments stitched together.
cum tempestates pluuiae fuerint..~ones, cuculiones familia⟨m⟩ oportuisse sibi sarcire CATO *Agr.*2.3; quotiens cuique tunicam aut sagum dabis, prius ueterem accipito unde ~ones fiant 59; suere ~onem optume LUCIL.747; coria autem..~onibus conteguntur CAES.*Civ.*2.10.6; 3.44.6; uento, frigore pluuiaque, quae cuncta prohibentur..~onibus confectis COL.1.8.9; ~onem anus..reiecit PETR.8.2; PLIN.*Nat.*9.181; JUV.6.121; (*fig.*) tu alium quaeras quoi ~ones sarcias PL.*Epid.*455.

centōnārius ~iī, *m.* [prec.+-ARIVS] A fireman who used mats for extinguishing fires.
~IES MAG *CIL* 1.1457; Echion ~ius PETR.45.1; CORPVS ~I⟨ORVM⟩ *CIL* 2.1167; COLL ~IOR 3.1174.

centrālis ~is ~e, *a.* [CENTRVM+-ALIS] Centrally situated.
quoniam terra ~is interueniat PLIN.*Nat.*2.86.

centrinās, *acc. pl. m.* [Gk. κεντρίνης] (See quot.)
est et aliud genus culicum, quos uocant ~as, fucis apium similes ignauia malitiaque PLIN.*Nat.*17.255.

centrōsus ~a ~um, *a.* [next+-OSVS] Characterized by knots or similar flaws.
~as (gemmas) cote (*s.v.l.*) deprehendunt et pondere PLIN.*Nat.*37.98.

centrum ~ī, *n.* [Gk. κέντρον]

1 The (point of the) stationary leg of a pair of compasses (also *~um circini*). **b** (s.v.l.) the spur of fowls.
si homo conlocatus fuerit supinus..circinique conlocatum ~um in umbilico eius VITR.3.1.3; ~o conlocato in sinistro cornu..circumagitur (circinatio) 5.7.1. **b** est et pumilionum genus non sterile..sed quibus ~a (*s.v.l.*), fecunditas rara et incubatio ouis noxia PLIN.*Nat.*10.156.

2 The centre of a circle or sphere, the earth, the universe, etc. (also *medium ~um*). **b** the centre of an arch or other circular structure. **c** the centre of a non-circular area or object.
per decusationem et medium ~um linea perducenda est VITR.1.6.7; hemicycli ~a signantur 5.7.1; aquam..ibi habere ~um quo loci habet orbis terrarum 8.5.3; media terra cum mari ~i loco naturaliter est conlocata 9.1.2; terra..~um caeli nec non et signiferi PLIN.*Nat.*2.63; siue uniuersa tellure a ~o suo aliquid emota 36.73. **b** in rotundationibus..ad ~um adigendo laedere non possunt VITR.1.5.5; ad ~um respondentes earum (*sc.* fornicationum) conclusurae 6.8.3. **c** corporis ~um medium naturaliter est umbilicus VITR.3.1.3; onerum..maxima pondera, cum feruntur a phalangariis..examinantur per ipsa media ~a phalangarum 10.3.7.

3 A vanishing-point in a perspective drawing; the point of intersection of lines of vision.
scaenographia est frontis et laterum abscedentium adumbratio ad circinique ~um omnium linearum responsus VITR.1.2.2;—quemadmodum oporteat ad aciem oculorum radiorumque extentionem certo loco ~o constituto lineas ratione naturali respondere 7.pr.11.

4 The point or axis about which something revolves. **b** the pivotal point of a mechanism.
conlocauitque cardines tamquam ~a VITR.9.1.2; contra ~i tympani uersationem 9.8.10. **b** si..caput eius (*sc.* uectis) propius ~um pressiones habuerit VITR.10.3.3; cum enim ansa propius caput, unde lancula pendet, ibi ut ~um est conlocata 10.3.4; una manu momento per ~um ratione pressionibus aptis agitans 10.3.5.

5 A knot or sim. concretion in wood, gems, etc.
inueniuntur in quibusdam (iuniperis), sicut in marmore, ~a, id est duritia clauo similis PLIN.*Nat.*16.198; (crystalla) infestantur plurimis uitiis, scabro ferumine..praeduro fragilique ~o, item sale appellato 37.28; crystallinis ~is 37.120.

centum, *a. indecl.* [Gk. ἑκατόν, Skt. *śatám*, Eng. *hundred*] *centum* is regularly represented by the symbol C. A hundred. **b** (hyperb., or as a typically large number). **c** (in compound numbers).
~ in Scytholatronia..sunt homines quos tu occidisti uno die PL.*Mil.*43; quid uero est, ~ ac ducentum possideas si milia? LUCIL.1051; pagos ~ Sueborum CAES.*Gal.*1.37.3; ~ pondo coronam auream posuerunt LIV.36.35.13; puto..illum reliquisse solida ~ PETR.43.2; a fine Actiaci belli..per annos ~ TAC.*Ann.*3.55; (*w. ellipsis of* milia) qui quadringenta ad opus possunt parare, si adicient ~ VITR.10.pr.2; mulier, quae ~ dotis apud uirum habebat JAVOL.*dig.*24.3.66.4; (*loosely*) ~ hos uersus quos in ecum maximum feci STAT.*Silv.*1.pr. **b** ~ doctum hominum consilia sola haec deuincit dea PL.*Ps.*678; non si mihi linguae ~ atque ora sient HOST.*poet.*3(5).2; si..Fidulii ~ se uelle et iubere dixerint CIC.*Dom.*80; VERG.*G.*2.43; PERS.5.1; tu comitatus..ad me uenisti ~..discipulis MART.5.9.2; cenet licet ostrea ~ Gaurana JUV.8.85. **c** lupini modios ~ uiginti CATO *Agr.*60; ter ~ niuei..iuuenci VERG.*G.*1.15; milia frumenti..~ HOR.*S.*1.1.45; ~ octoginta sex homines erant LIV.8.8.8.

centumgeminus ~a ~um, *a.* [prec.+GEMINVS; cf. TRIGEMINVS] Hundredfold; (of Briareus) hundred-handed; (of Thebes) hundred-gated.
Scyllaeque biformes et ~us Briareus VERG.*A.*6.287; ~ae..Thebes V.FL.6.118.

centumplex ~icis, *a.* [CENTVM+-PLEX] Hundredfold.
ubi ea aderunt, ~ex murus rebus seruandis parumst PL.*Per.*560.

centumpondium ~iī, *n.* [CENTVM+PONDVS+-IVM] A weight of 100 pounds.
ad pedes quando adligatumst aequom ~ium PL.*As.*303; CATO *Agr.*13.3.

centumuirālis ~is ~e, *a.* [next+-ALIS] FORMS: abbrev. to *C uiralis* CIC.*Caec.*53, etc. Of or belonging to the *centumuiri* or their jurisdiction. **b** (w. ellipsis of *causa*, or as sb.).
cum dicimus..~e esse iudicium Romae VAR.*R.*2.1.26; iactare se in causis ~ibus CIC.*de Orat.*1.173; V.MAX.9.15.4; SEN.*Con.*7.pr.6; QUINT.*Inst.*11.1.78; TAC.*Dial.*38.2; ut ~em hastam..decemuiri cogerent SUET.*Aug.*36; quique iudicia ~ia..extra ordinem diiudicarent *Ves.*10.1; in ~ibus iudiciis hasta proponitur GAIUS *Inst.*4.16; (*of a subject for declamation*) in illa..~i (*sc.* materia) non inueni praeter ἐπιφωνήματα AUR.*Fro.*1.p.208(84N). **b** partibus ~ium, quae in duas hastas diuisae sunt QUINT.*Inst.*5.2.1; praetor, qui ~ibus praesidet PLIN.*Ep.*5.9(21)5.

centumuiri ~(ōr)um, *m. pl.* [CENTVM+VIR] FORMS: abbrev. to *C uiri* CIC.*Agr.*2.44, *CIL* 11.3801. A court instituted at Rome to settle various civil cases such as those concerning inheritance; originally numbering 105 (3 per tribe), it was later increased; also, a similar court at Rome or in the provinces.
dicimus iudicium fuisse..~um non centum uirorum VAR.*L.*9.85; cum..pater eius..testamentum mutasset et, quem ei uisum esset, fecisset heredem essetque ipse mortuus, res delata est ad ~os CIC.*de Orat.*1.175; accusatores postularunt mulierem, Romamque pertraxerunt ad ~os PHAED.3.10.35; cum apud ~os..quaeritur..hoc QUINT.*Inst.*3.10.3; ambitiosas ~orum sententias recidit SUET.*Dom.*8.1; CENTVM VIRI MVNICIPII AVGVSTI VEIENTIS *CIL* 11.3805;—(*in tmesis*) centum grauis hasta uirorum MART.8.63.7; centumque dedisti iudicium mentemque uiris STAT.*Silv.*1.4.24.

centunculus ~ī, *m., f.* [CENTO+-CVLVS]

1 (masc.) A blanket, cloth, etc., made of patchwork.
deinde tunc candela ~isque puris subigat (parietem) VITR.7.9.3; mulis strata detrahi iubet binisque tantum ~is relictis..LIV.7.14.7; in ~o dormit SEN.*Ep.*80.8; iumentorum..instratorum ~is FRON.*Str.*2.4.6; iuuenem..~is disparibus et male consarcinatis semiamictum APUL.*Met.*7.5.

2 (fem.) A plant of doubtful identity.
~um uocant nostri, foliis ad similitudinem capitis paenularum, iacentem in aruis, Graeci clematidem PLIN.*Nat.*24.138; ~us trita 26.114; ~us decocta 26.105; ~um herbam..quam Graeci γναφαλίδα dicunt LARG.121.

centuria ~ae, *f.* [CENTVM; perh. on anal. of *decuria*]

1 A military unit of (nominally) 100 soldiers, a century.
in legione sunt ~ae sexaginta CINC.*iur.*15; VAR.*L.*5.88; infirmiores milites ex omnibus ~is deligi iubet CAES.*Civ.*1.64.4; eum electi milites circiter CXX uoluntarii eiusdem ~ae sunt prosecuti 3.91.4; SAL.*Jug.*91.1; ~ae tres equitum conscriptae sunt LIV.1.13.8; me..dignum iudicauit, cui primum hastatum prioris ~ae adsignaret 42.34.7.

2 One of the units into which the Roman people was divided for the purpose of voting (in the *comitia centuriata*).
ei paucae ~ae ad consulatum defuerunt CIC.*Brut.*237; ter praetor primus ~is cunctis renuntiatus sum *Man.*2; ad illa augusta ~arum auspicia *Mil.*43; ~a praerogatiua *Planc.*49; ad conficiendas ~ias homines excellenti gratia Q.CIC.*Pet.*18; omnes ~ae iussere LIV.4.30.15; cum Q. Fabium consulem non petentem omnes dicerent ~ae 10.9.10; SUET.*Jul.*19.1;—(*w. composition indicated*) quam ~am fabrum et procum..audeo dicere, non fabrorum aut procorum CIC.*Orat.*156; seniorum iuniorumque ~is *Ver.*5.38; in equitum ~is uoluit esse *Mur.*73; primae classis permultae ~ae V.MAX.6.5.3;—(*cf.*) lex, quam C. Gracchus..promulgauerat, ut ex confusis quinque classibus sorte centuriae uocarentur SAL.*Rep.*2.8.1; ~ae seniorum agitant expertia frugis HOR.*Ars* 340.

3 A unit of land consisting most often of 100 *heredia* or 200 *iugera*.
EAE OMNES PVBLICAE SVNTO LIMITESQVE INTER ~A⟨S⟩ *CIL* 1.585.89; haec (heredia) postea centum ~a. ~a est quadrata, in omnes quattuor partes ut habeat latera longa pedum MMCD VAR.*R.*1.10.2; est in eo agro ~a quae Populiana nominatur CIC.*Tul.*16; COL.5.1.4; sunt qui ~am maiorem modum appellant, ut Cremonae de⟨nu⟩m et duce⟨nu⟩m. sunt qui minorem, ut in Italia triumuirale⟨m⟩ iugerum quinquagenum FRON.*agrim.*p.14; si habet ~a iugera CCXL SIC.FL.*agrim.*p.123.

centuriālis ~is ~e, *a.* [prec.+-ALIS]

1 Belonging to a given *centuria* for voting purposes.
in ea centuria neque censetur quisquam..neque ~is (*sc.* ciuis) potest esse FEST.p.177M.

2 (of stones) Marking the boundaries of a *centuria* of land.
lapides..~es NIPS.*grom*.p.290La.

centuriātim, *adv.* [CENTVRIA+-IM] By centuries (either of citizens voting or of soldiers).
tributim et ~ discriptis ordinibus, classibus, aetatibus CIC.*Flac*.15; ~ producti milites idem iurant CAES.*Civ.* 1.76.3; in campo Martio cum ~ populus citaretur LIV. 6.20.10; (*transf.*) continuo ad te ~ current qui panem petent POMPON.*com*.153.

centuriātiō ~ōnis, *f.* [CENTVRIO[1]+-TIO] A division of land into *centuriae*.
hi autem quibus (agri) adsignati sunt, deducebantur intra ~onem HYG.*agrim*.p.81; alii dicunt perticam, alii ~onem, alii metationem SIC.FL.*agrim*.p.118.

centuriātō, *adv.* [abl. of next] By centuries.
quod censor exercitum ~ constituit quinquennalem VAR. *L*.6.93.

centuriātus[1] ~a ~um, *a.* [pple. of CENTVRIO[1]]

1 Voting in *centuriae*; *comitia ~a*, the assembly of the Roman people which elected the chief magistrates and decided capital issues; also transf. **b** *~a lex*, a law passed by the *comitia centuriata*.
VAR.*L*.6.88; illo die quo auspicato comitiis ~is L. Murenam consulem renuntiaui CIC.*Mur*.1; auctores ~orum et curiatorum *Dom*.38; de capite non modo ferri, sed ne iudicari quidem posse nisi comitiis ~is *Sest*.73; *Leg*.3.44; comitia curiata, quae rem militarem continent, comitia ~a, quibus consules tribunosque militares creatis LIV.5.52.16; 42.30.10; V.MAX.4.1.1; GEL.15.27.2; (*transf.*) Pseudolus mihi ~a habuit capitis comitia PL.*Ps*.1232. **b** cum ~a lex censoribus ferebatur CIC.*Agr*.2.26.

2 (of land) Divided into *centuriae*.
in agris ~is excipitur limitum latitudo causa itineris AGEN.*agrim*.p.49; SIC.FL.*agrim*.p.127; ~us ager in ducena iugera definitus PAUL.*Fest*.p.53M.

centuriātus[2] ~ūs, *m.* [cf. CENTVRIONATVS] The office of centurion.
cuius in exercitu ~us ueneant CIC.*Man*.37; *Pis*.88; M. Valerius Probus, Berytius, diu ~um petiit SUET.*Gram*.24 (p.118Re).

centuriō[1] ~āre ~āuī ~ātum, *tr.* [CENTVRIA+-O[3]]

1 To arrange (recruits, etc.) in military centuries.
cum homines in tribunali Aurelio palam conscribi ~arique uidissem CIC.*Red.Pop*.13; dilectum iuniorum habuit ita ut seniores quoque..in uerba sua iuratos ~aret LIV.6.2.6; seniorum etiam cohortes factae libertinique ~ati 10.21.4; 29.1.1; (iuuentus) equis delapsa se ipsa ~auit (*i.e. as infantry*) V.MAX.3.2.8; (*absol.*) ~at Capuae, dinumerat. iam iamque uideo bellum CIC.*Att*.16.9;—(*in fig. phrs.*) miles pulchre ~atus est expuncto in manipulo PL.*Cur*.585; si ~ati bene sunt manuplares mei *Mil*.815.

2 To divide (land) into *centuriae*.
cum ager est ~atus ex alieno territorio HYG.*agrim*.p.81.

centuriō[2] ~ōnis, *m.* [CENTVRIA+-O[1]] The officer commanding a century, a centurion.
municipem Ponti, Tritani, ~onum LUCIL.89; cum Africanus censor tribu mouebat eum ~onem, qui in Pauli pugna non adfuerat CIC.*de Orat*.2.272; L. Marcius, primi pili ~o *Balb*.34; milites ~onesque quique equitatui praeerant, perturbabantur CAES.*Gal*.1.39.5; primorum ordinum ~ones se sequi iubet 5.37.1; pueri magnis e ~onibus orti HOR.*S*.1.6.73; qui alternis prope annis et tribunus militum et primus ~o erat, quem nunc primi pili appellant LIV.7.41.5; T. Pedanius princeps primus ~o 25.14.6; aliquis de gente hircosa ~onum PERS.3.77; ne miles ~oni, ne centurio tribuno obsequatur TAC.*Hist*.1.84; JUV.16.17; IVLIVS ~O SVPERNVMERARIVS LEG XI CLAVDIAE *CIL* 5.8278; (*transf.*) ubi ~ost Sanga et manipulus furum? TER.*Eu*.776.

centuriōnātus ~ūs, *m.* [prec.+-ATVS[1]]

1 The office of centurion.
~us honore V.MAX.3.2.23.

2 A revision of the list of centurions.
~um inde egit. citatus ab imperatore nomen, ordinem, patriam, numerum stipendiorum, quae strenue in proeliis fecisset..edebat TAC.*Ann*.1.44.

centuriōnicus ~a ~um, *a.* [CENTVRIO[2]] Of, in the capacity of, a centurion.
MILITAVIT..STIPENDIS ~IS *CIL* 3.1480; PRAEDIA CENTVRIONICA 15.142.

centuriōnus ~ī, *m.*: (see quot.).
~us antea, qui nunc centurio PAUL.*Fest*.p.49M.

Centuripīnus ~a ~um, *a.* Of or belonging to Centuripae, a town of Sicily.
legati ~i CIC.*Ver*.2.120; ~a nauis 5.88; ~o (croco) PLIN. *Nat*.21.31.

centussis ~is, *m.* [CENTVM+AS] The sum of 100 *asses*.
Fanni ~is misellus LUCIL.1172; nam in aere usque ab asse ad ~is numerus aes adsignificat VAR.*L*.9.81; te qui nouit, nemo ~is (*sc.* uult emere) *Men*.404; centenariae cenae dicebantur in quas lege Licinia non plus ~ibus praeter terra enata inpendebatur PAUL.*Fest*.p.54M; (*app. a coin*) centum Graecos curto ~e licetur PERS.5.191.

cēnula ~ae, *f.* [CENA+-VLA] A (little) dinner, supper.
dum sermone ~am uariamus VAR.*Men*.103; uereor..ne nescio quid illud..dediscas et obliuiscare, ~as facere CIC. *Fam*.9.24.2; attulit in monumentum ~am suam PETR. 111.8; capiet ~a parua duos MART.7.51.12; frugi ~a JUV. 3.167; SUET.*Cl*.21.4; GEL.7(6).13.2; raptim paupertina Milonis ~a perfunctus APUL.*Met*.3.13.

cēnum ~ī, *n.* : see CAENVM.

Ceōs (*acc.* ~ō), *f.* Gk. form of CEA.

cēpa ~ae, *f.* : see CAEPA.

cēpaea ~ae, *f.* [Gk. κηπαία] An unidentified herb.
~a, similis porcilacae, nigriore radice..nascens in litoribus harenosis, gustu amara PLIN.*Nat*.26.84.

cēpāticus, cēpētum: see CAEP-.

cephalaea[1], *n. pl.* [Gk. κεφάλαιος] Head-portions.
abdomina tunni..~aque acarnae LUCIL.50.

cephalaea[2] ~ae, *f.* [as prec.] A persistent headache.
si uero sit ~a, cum farina hordeacia et aceto (ruta inlita lenit) PLIN.*Nat*.20.135.

cephalicus ~a ~um, *a.* [Gk. κεφαλικός] For the head, head-.
(emplastra) ~a CELS.5.19.7.

Cephallānes ~um, *m. pl.* Also **-lēn-.** The inhabitants of Cephalonia.
LIV.37.13.12; SEN.*Tro*.518;—SIL.15.305.

Cephallānia ~ae, *f.* An island in the Ionian Sea, Cephalonia.
LIV.37.13.11; MELA 2.110; PLIN.*Nat*.11.95.

Cephalus ~ī, *m.* The husband of Procris, whom he accidentally killed.
OV.*Am*.1.13.39; *Ars* 3.84; 3.725; *Met*.6.681.

Cēphēis ~idos, *f.* Daughter of Cepheus, Andromeda.
albis, ~i, placebas OV.*Ars* 3.191; expositae fatum ~idos MAN.1.436; (*as a constellation*) GERM.*Arat*.240.

Cephēius ~a ~um, *a.* Descended from Cepheus.
~a..Andromede PROP.1.3.3; OV.*Am*.3.3.17; [OV.]*Ep. Sapph*.35.

cēphēnes[1], *m. pl.* [Gk. κηφῆνες] Drones.
cetera (apium) turba..nymphae uocantur, ut fuci serenes aut ~es PLIN.*Nat*.11.48.

Cēphēnes[2] ~um, *m. pl.* (mythol.) A people of Ethiopia.
~um medio..agmine OV.*Met*.5.1; 5.97; *Ib*.552.

Cēphēnus ~a ~um, *a.* Of the *Cephenes*.
~i proceres OV.*Met*.4.764.

Cēpheūs[1] ~eī, *m.* FORMS: *~ea* (acc.) OV.*Met.* 5.62, MELA 1.64; *~eos* (gen.) GERM.*Arat*.189. A king of the Cephenes (usually located in Ethiopia) and father of Andromeda. **b** (as a constellation).
OV.*Met*.4.738; 5.42, 44; MELA 1.64. **b** CIC.*Arat.* 286 (52); minorem..Septentrionem ~eus..subsequitur *N.D.* 2.111; VITR.9.4.6; MAN.1.354; COL.11.2.51.

Cēphēus[2] ~a ~um, *a.* Of or belonging to Cepheus, i.e Ethiopian.
~am..Meroen PROP.4.6.78; ~a..arua OV.*Met*.4.669.

Cēphīsias ~adis, *f. adj.* Of the Cephisus in Attica.
uidit et inmitem ~as ora Procrusten OV.*Met*.7.438.

Cēphīsis ~idos, *f. adj.* Of the Cephisus in Boeotia.
~idas undas OV.*Met*.1.369.

Cēphīsius ~iī, *m.* The son of Cephisus, Narcissus.
OV.*Met*.3.351.

Cēphīsos ~ī, *m.* A river in Phocis and Boeotia, the Cephisus, (as a god) the father of Narcissus.
VITR.8.3.14; OV.*Met*.3.19; ~on..deflentem fata nepotis 7.388; LUC.3.175; STAT.*Theb*.7.340.

cēpīna ~ae, *f.*: see CAEPINA.

cēpītis ~idis, *f.* [? cf. C(A)EPA] A kind of veined gem.
cepitis siue cepolatitis candida est, uenarum coeuntibus lineis in unum PLIN.*Nat*.37.152.

cēpolatītis ~idis, *f.*: see prec.

cēpolendrum ~ī, *n.* [CEPA; cf. COCILENDRVM] An imaginary condiment.
cocilendrum quando in patinas indidi aut ~um aut maccidem PL.*Ps*.832.

cēpotaphiolum ~ī, *n.* Also **-tafi-.** [next +OLVS] A small garden tomb.
SEPVLCHRM HOC SIVE ~VM *CIL* 6.2259; IN HOC ~O 6.19039.

cēpotaphium ~iī, *n.* **~ius** ~iī, *m.* Also **-tafi-.** [Gk. κηποτάφιον] A garden tomb.
HVNC ~IVM *CIL* 6.3554; AELIVS DIGNVS, PACCIVS CHARITO ET SOCII HOC ~IVM MVRO CINCTVM..POSSEDERVNT 6.10675.4; FECIT SIBI..HOC MVNIMENTVM SIVE ~IVM 6.13040; ~IVS 6.21020.

-ceps[1] -cipis *or* -cupis, *m. suff.* From CAPIO; formed from sbs. to denote one who takes or catches (*auceps, -upis; princeps* < **primoceps, -ipis*).

-ceps[2] -cipitis, *adjl. suff.* FORMS: nom. sg. *-cipes* PL.*Rud*.671, 1158; abl. *-cipe* ENN. *Ann*.399. From CAPVT; w. prep. or numerical prefixes (*anceps, praeceps; biceps*).

cēra ~ae, *f.* [cf. Gk. κηρός]

1 Beeswax, wax. **b** *~a sacra*, bee-glue, propolis.
quasi igni ~a super calido tabescens multa liquescat LUCR.6.516; haec ut ~a liquescit VERG.*Ecl*.8.80; pinguis unguine ~as *G*.3.450; ~ae ducenta milia pondo LIV.42.7.2; ut Hymettia sole ~a remollescit OV.*Met*.10.285; LUC.9.782; —(*w. ref. to its colour*) membraque sunt ~a pallidiora noua OV.*Pont*.1.10.28; *Priap*.32.2; (*to its consistency*) mel miscetur contusis et tritis, donec ~ae mollis habeat temperaturam LARG.79. **b** propolis, quam quidam ~am sacram uocant LARG.82.

2 (usu. pl.) The wax cells of bees, honeycomb; (also sg.) a single cell. **b** (pl.) the papery cells of wasps, etc.
hinc arte recentis excudunt ~as VERG.*G*.4.57; effetas linquunt examina ~as LUC.9.285; PLIN.*Nat*.11.59; Atticarum prima mella ~arum MART.5.37.10; opera quaedam nobis inimitabilia, qualia sunt ~arum ac mellis QUINT.*Inst.* 2.16.16;—quos ~a tegit sexangula, fetus OV.*Met*.15.382; ~ae eius..partem recidere COL.9.11.4. **b** uespae in sublimi e luto nidos faciunt, in iis ~as PLIN.*Nat*.11.71; ~as largius quam apes faciunt (bombyces) 11.75.

3 Wax in var. uses: **a** for fixing or plugging. **b** as a vehicle or excipient for medicines. **c** (for sealing letters, etc.). **d** (as a coating for writing-tablets). **e** (in encaustic painting). **f** (in modelling, etc.).
a aut umquam tibi fistula ~a iuncta fuit? VERG.*Ecl.* 3.25; imaque pars ~is adstringitur igne solutis OV.*Ars* 2. 47; spoliataque tegmine ~ae rima patet *Met*.11.514; conpactam ~is et harundine MART.14.64(63).1; aures, quibus ~am parum est obdere SEN.*Ep*.31.2; JUV.9.149. **b** ~ae, resinae terebenthinae, singulorum P. ✕ VI CELS.5.19.26; cum melle et adipe anserino aut ~a Cypria PLIN.*Nat*.20.240; LARG.157. **c** cedo tu ~am ac linum actutum PL.*Bac*.748; *Ps*.42; in illo..testimonio..~am esse uidimus CIC.*Flac*.37; OV.*Pont*.3.7.6; linum ruptum aut turbatam ~am..frequentur inuenies QUINT.*Inst*.12.8.13. **d** ~ae..hau parsit neque stilo PL.*Bac*.996; ceratam uni cuique tabellam dari ~a legitima, non illa infami ac nefaria CIC.*Div.Caec*.24; *Ver*.5.173. **e** loculatas magnas habent arculas, ubi discolores sint ~ae VAR.*R*.3.17.4; pictor..inter ~am opusque facili uultu ac manu commeat SEN.*Ep*.121.5; ~is pingere ac picturam inurere quis primus excogitauerit, non constat PLIN.*Nat*.35.122; Apelleae cuperent te scribere ~ae STAT.*Silv*.1.1.100. **f** quorum alterum fingere opinor e ~a solitum esse, alterum esse pictorem CIC.*Ver*.4.30; SAL.*Jug.* 4.6; PLIN.*Nat*.35.153; ut laus est ~ae, mollis cedensque sequatur si doctos digitos PLIN.*poet*.2.1(*Ep*.7.9.10); ut si quis ~a uoltum facit JUV.7.238.

4 A writing-tablet coated with wax. **b** (containing accounts or other records). **c** (w. *ultimae, supremae*) a will. **d** (pl.) a writer's works.
expleui totas ~as quattuor PL.*Cur*.410; in codicis extrema ~a CIC.*Ver*.1.92; HOR.*S*.2.5.54; uulgari buxo sordida ~a fuit PROP.3.23.8; ut illa palam prima postrema ex illis tabulis ~aue recitata sunt LIV.1.24.7; ~a tuae primum conscia mentis erat OV.*Ars* 1.438; quinquiplici ~a MART. 14.4.2; scribi optime ~is, in quibus facillima est ratio delendi QUINT.*Inst*.10.3.31; medio ~as inplere capaces quadriuio JUV.1.63; in ima ~a Gaium Octauium..adoptauit SUET.*Jul*.83.2. **b** Caerite ~a digni HOR.*Ep*.1.6.62; inmunes publica ~a facit (nos) OV.*Pont*.4.9.102; indignum rati integritatem tanti uiri exigua ~a..perpendi V.MAX. 2.10.1. **c** restem moriens reliquit ultimis pater ~is MART.4.70.2; SVPREMAS ERROR NE POSSET RVMPERE ~AS *CIL* 12.4036. **d** neque alio ⟨in⟩ ~is Platonis inuenta sunt quattuor illa uerba QUINT.*Inst*.8.6.64.

5 A wax bust or figure.
nec te decipiant ueteres circum atria ~ae OV.*Am*.1.8.65; artifici uicturae pollice ~ae STAT.*Ach*.1.332; *Silv*.4.6.21; licet ueteres exornent..~ae atria JUV.8.19.

6 A candle.
tus et ~as contineri negauerunt ULP.*dig*.33.9.3.9.

cērachātēs, *m.* [Gk. κηραχάτης] Wax-coloured agate.
PLIN.*Nat*.37.139.

cerais ~idis, *f.* [Gk. κεραΐς] = ARMORACIA.
unum siluestre (genus raphani) Graeci ~in uocant PLIN *Nat*.19.82.

Ceramīcus ~ī, *m.* A district of Athens partly outside the city, containing among other things tombs and statues of heroes and great men.
CIC.*Leg*.2.64; *Fin*.1.39; ATT.in Cic.*Att*.1.10.1.

ceramītis ~idis, *f.* [Gk. κεραμῖτις] A kind of gem.
~is testae colorem habet PLIN.*Nat.*37.152; 37.177.

cērārium ~iī, *n.* [next] (app.) A charge for sealing.
deductiones fieri solebant, primum pro spectatione et collybo, deinde pro nescio quo ~io CIC.*Ver.*3.181.

cērārius ~a ~um, *a.* [CERA+-ARIVS]
1 Concerned with writing-tablets; (also, masc. as sb.).
DECVRIALI SCRIPTVS CERAR *CIL* 14.347; PATRONO DECVRIAE SCRIBAR ~OR ET LIBRARIOR 14.409; *A.Epig.*48.28; —L TONNEIVS MARTIALIS CERAR LEG *CIL* 8.2986.
2 Of a worker in wax.
FIG(LINA) ~A *CIL* 15.4181.

cerasinus ~a ~um, *a.* [Gk. κεράσινος] Cherry-coloured.
~o succinctus cingulo PETR.28.8; ~a..tunica 67.4.

cerasium ~iī, *n.* [Gk. κεράσιον] A cherry; also (collect.) the cherry. **b** the cherry-tree.
~ia aluum molliunt, stomacho inutilia PLIN.*Nat.*23.141; —stomacho..aptissima sunt..ex pomis ~ium..CELS.2.24.2. **b** surculi..inserendi sunt, ut ~iorum COL.11.2.11.

cerastēs ~ae, *m.* [Gk. κεράστης]
1 The horned serpent or asp, *Cerastes cornutus.*
at non squamoso labuntur uentre ~ae PROP.3.22.27; si ~es..percussit CELS.5.27.7; spinaque uagi torquente ~ae LUC.9.716; ~is corpore eminere cornicula saepe quadrigemina PLIN.*Nat.*8.85; aduersus ~en et presteras 32.30; dubiam admoto subolem explorare ~e SIL.1.413;—(*poet.*) centum illi stantes umbrabant ora ~ae STAT.*Theb.*1.103; 11.65.
2 An insect parasitic on fig-trees.
eorum (*sc.* uermiculorum)..alii pariuntur sicut in arboribus ex eo, qui ~es uocatur PLIN.*Nat.*16.220; 17.221.
3 (pl., mythol.) A race of horned men in Cyprus.
OV.*Met.*10.223.

cerasus ~ī, *f.* Also **~um** ~ī, *n.* [Gk. κερασός]
1 The cherry-tree. **b** cherry-bark; cherry-wood.
brumalibus diebus ~os (inseri) VAR.*R.*1.39.2; VERG.*G.*2.18; peregrinae et ~i Persicaeque PLIN.*Nat.*12.14; ~i libro dempto finduntur 17.110; (*neut.*) ~a circa brumam seri 18.232. **b** seu spirent cinnama surdum seu ~o peccent casiae PERS.6.36;—us firma, ulmus et fraxinus lentae PLIN.*Nat.*16.219.
2 The cherry.
hic dulcis ~os, hic autumnalia pruna cernis PROP.4.2.15; bacis, quarum intus lignum et extra caro, ut oliuis, ~is PLIN.*Nat.* 15.111.

ceratia ~ae, *f.* [Gk. κερατία] An unidentified plant.
~a uno folio, radice nodosa et magna, in cibo coeliacis et dysintericis medetur PLIN.*Nat.*26.52.

cerātiās ~ae, *m.* [Gk. κερατίας] A horn-shaped comet.
~as cornus speciem habet PLIN.*Nat.*2.90.

cerātina ~ae, *f.* [Gk. κερατίνης] The horn-fallacy (*quod non perdidisti, habes; cornua non perdidisti: habes igitur cornua* GEL.18.2.9).
non quia ~ae aut crocodilinae possint facere sapientem QUINT.*Inst.*1.10.5; 8.6.53(*cj.*); discere te..~as et soritas et pseudomenus FRO.*Aur.*2.p.66(146N).

cerātītis ~idis, *f.* [Gk. κερατῖτις] The horned poppy, *Glaucium flauum.*
siluestrium (papauerum) unum genus ~im uocant, nigrum PLIN.*Nat.*20.205.

cerātium ~iī, *n.* [Gk. κεράτιον] The carob-tree.
siliquam Graecam, quam quidam ~ium uocant COL.*Arb.*25.1.

cerātoīdēs, *a.* [Gk. κερατοειδής] Horn-like (of the outer coat of the eye or sclerotic).
(oculus) summas habet duas tunicas, ex quibus superior a Graecis ~es uocatur CELS.7.7.13.A.

cērātum ~ī, *n.* [pf. pple. of CERO; cf. Gk. κηρωτή] Ointment made by mixing oil and wax and usu. other substances, wax-salve, cerate.
~um..ex aliquo horum..inponendum est CELS.3.19.2; ~o..liquido ceruicem perunguere 4.6(3).3; nec labra pingui delibuta ~o MART.11.98.6; oleum ex Delphica ad ~a..utile est PLIN.*Nat.*23.157; ~i spissi LARG.81; ~um ex rosa 130; ut ~i teneri spissitudinem habeant 173.

cērātūra ~ae, *f.* [CERO+-VRA] Coating with wax.
uetera (uasa) non crediderim propter olei succum ~am pati COL.12.52.16.

cērātus ~a ~um, *a.* [pple. of CERO] Provided, coated, fastened, or caulked, with wax.
~a..tabula PL.*As.*763; ~is ope Daedalea nititur pennis HOR.*Carm.*4.2.2; ~as..puppes OV.*Rem.*447; ~as..rates *Ep.*5.42; uror, ut inducto ~ae sulpure taedae 7.23; ~is codicillis ULP.*dig.*32.52.

ceraulēs ~ae, *m.* [Gk. κεραύλης] A horn-blower.
quod monumentarii ~ae tibicines dicerentur APUL.*Fl.*4; CANTAVI ~ES *CIL* 11.627.

Ceraunia ~ōrum, *n. pl.* A rocky promontory on the north west of Epirus; also, the Acroceraunian mountains which terminate in this.
CAES.*Civ.*3.6.3; VERG.*G.*1.322; OV.*Am.*2.11.19; SIL.5.386.

ceraunius ~a ~um, *a.* [Gk. κεραύνιος] Connected with thunderbolts.
1 (denoting varieties of plants, minerals, etc.).
(*a leguminous tree*) similis et quam Iones ~am uocant, trunco et ipsa fertilis PLIN.*Nat.*13.59; (*a vine*) Libycae quoque et ~ae (uites) COL.3.2.1; (*a gem*) ~am etiam uocari (astrion) quae sit deterior PLIN.*Nat.*37.132; GEMMAE ~AE DVAE *CIL* 2.3386.
2 *~i montes*, the Acroceraunian mountains in Epirus.
MELA 2.54; PLIN.*Nat.*4.2.

Ceraunobolia ~ae, *f.* [Gk. κεραυνοβολία] Hurling of thunderbolts (a painting by Apelles).
Bronten, Astrapen, et ~an appellant PLIN.*Nat.*35.96.

Ceraunus ~a ~um, *a.* **a** Of Acroceraunia. **b** *~i montes*, the Caucasus.
a saxo..~o PROP.2.16.3. **b** MELA 1.109.

Cerbereus ~a ~um, *a.* Of or connected with Cerberus; like that of Cerberus.
~asque canum facies LUCR.4.733; oris ~i spumas OV.*Met.*4.501; ~ae..limina portae *Theb.*8.56; ne ~os Priscilla tremescat latratus STAT.*Silv.*5.1.249;— ~os rictus OV.*Met.* 14.65; stridore..~o SIL.6.178.

Cerberus (~os) ~ī, *m.* (mythol.) The three-headed dog guarding the entrance to the underworld.
triceps apud inferos ~us CIC.*Tusc.*1.10; LUCR.3.1011; VERG.*G.*4.483; HOR.*Carm.*2.19.29; OV.*Met.*4.450; PLIN.*Nat.*27.4; STAT.*Silv.*5.2.95.

cercēris. [Gk. κέρκηρις] An unidentified aquatic bird.
alia in hoc genere a Graecis, ut querquedula, ~is, alcedo VAR.*L.*5.79.

cercis ~idis, *f.* [Gk. κερκίς] The radius of the arm.
radius, quam ~ida Graeci appellant superior breuiorque CELS 8.1.19.

cercītis ~idis, *f.* [Gk. κερκῖτις] A variety of olive.
COL.5.8.3.

cercius ~iī, *m.* = CIRCIVS.

cercolōpis, *m.* [Gk.] (See quot.)
~is genus simiae, qui ultimam partem caudae uillosam habet PAUL.*Fest.*p.54M.

cercopithēcus (~os) ~ī, *n.* [Gk. κερκοπίθηκος] A long-tailed monkey.
uernam ac ~on LUCIL.1321; VAR.*Men.*127; ~os nigris capitibus, pilo asini PLIN.*Nat.*8.72; si mihi cauda foret, ~us eram MART.14.202.2; effigies sacri..~i JUV.15.4.

cercops ~ōpis, *m.* [Gk. κέρκωψ]
1 A long-tailed monkey. **b** (transf.) a money-grubber.
et portentosos ~opum ludit (Africa) in ortus MAN.4.668. **b** ~opa Graeci appellant lucrari undique cupientem PAUL.*Fest.*p.56M.
2 (pl., mythol.) Inhabitants of the island of Pithecusae near Cumae, changed into monkeys for their treachery.
OV.*Met.*14.92.

cercūrus ~ī, **cercȳrus** ~ī, *m.* [Gk. κερκοῦρος, κέρκυρος]
1 A fast light vessel.
aedificat nauim ~um et mercis emit PL.*Mer.*87; *St.*368; LUCIL.316; LIV.23.34.4; ~isque ac lembis 33.19.10; GEL. 2.25.5. **β** ~um Cyprii (inuenerunt) PLIN.*Nat.*7.208.
2 A sea-fish found among rocks.
β ~osque ferox, scopulorum fine moratus OV.*Hal.*102; PLIN.*Nat.*32.152.

Cercyō ~onis, *m.* A robber killed by Theseus.
OV.*Met.*7.439; STAT.*Theb.*12.577; GEL.15.21.

Cercyonēus ~a ~um, *a.* Of Cercyo.
uidit pereuntia..corpora Thesea ~a manu OV.*Ib.*410.

cerdō ~ōnis, *m.* [cf. Gk. Κέρδων, κέρδος] An artisan.
tollat sua munera ~o PERS.4.51; periit postquam ~onibus esse timendus coeperat JUV.4.153; 8.182;—(*as proper name*) aiebat..unum ~onem, alterum Felicionem PETR.60.8; (*perh.*) sutorum regule, ~o MART.3.16.1; 3.59.1; 3.99.1.

cerea ~ae, *f.* [app. Celtic] A beverage made from grain, perh. beer.
ex iisdem (*sc.* frugibus) fiunt et potus, zythum in Aegypto, caelia et ~a in Hispania PLIN.*Nat.*22.164.

Cereālicius ~a ~um, *a.* **(Caer-).** Of or connected with the cult of Ceres.
(*masc. pl. as sb.*) EPVLVM CVRIIS ET CAEREALICIS EXIBVER *CIL* 8.16417.

Cereālis ~is ~e, *a.* **Ceri- (Caer-)** (for *Cerealia* see CERI-).
1 Of, belonging to, or associated with, Ceres. **b** suitable for the festival of Ceres. **c** (transf., app.) ripening. **d** (masc. pl. as sb.) members of a *collegium* devoted to Ceres.
lini segetem et ~e papauer tempus humo tegere VERG.*G.* 1.212; ~is Eleusin OV.*Ep.*4.67; ~e nemus *Met.*8.741; ~ibus sacris VELL.1.4.1; sacrificio ~i CAP.*gram.*7; ~es ludi TAC. *Hist.*2.55; SACERDOTES CEREAL *CIL* 8.24586. **b** ~is cenas dat PL.*Men.*101; (*perh.*) inferiorem crustam apium gitque ~i sapore condiunt PLIN.*Nat.*19.168. **c** ~esque auras inmittunt (ficis) foribus adapertis PLIN.*Nat.*15.80. **d** DECVRIONES ET CAEREALES *CIL* 8.12300.
2 Of or consisting of wheat; used for (the growing, preparation, etc., of) wheat. **b** of or consisting of bread, also of food in general. **c** *aedilis ~is*, an official first appointed by Julius Caesar to administer the corn supply.
~is mergite culmi VERG.*G.*2.517; ~ia semina OV.*Rem.* 173; ~ibus herbis *Fast.*4.911; spicis..~ibus APUL.*Met.* 11.3;—~ia..arma VERG.*A.*1.177; neue..~ia rura..depopulentur aues OV.*Fast.*1.683; ~ibus..sulcis *Tr.*3.12.11. **b** ~e solum pomis agrestibus augent VERG.*A.*7.111; ~e.. libum OV.*Fast.*1.127; iaciunt ~ia dona 6.391;—munera cum liquido capiunt ~ia Baccho *Met.*13.639. **c** Q VRBANO AEDILI PLEB CERIAL *CIL* 3.678; AEDIL CERIAL ⟨QVAE⟩STORI PROVINC ASIAE *A.Epig.*53.83; POMPON.*dig.*1.2.2.32.

cerebellum ~ī, *n.* [CEREBRVM+-LVM] The brain. **b** as the seat of the intellect and senses.
farticulam, ~um, lactis agninas TITIN.*com.*90; ex eodem sue ungulae, rostrum, aures, ~um CELS.2.18.8; 3.22.11; gallinacei ~um PLIN.*Nat.*30.112; noctuae ~um LARG.43. **b** dominus in domo factus sum, et ecce cepi ipsimi ~um PETR.76.1.

cerebrōsus ~a ~um, *a.* [next+-OSVS] Liable to or affected with passion, enraged.
insanum hominem et ~um LUCIL.514; ~us prosilit unus ac mulae nautaeque caput..saligno fuste dolat HOR.*S.* 1.5.21; quod (eruum) eo tempore satum..pabulo suo ~os reddat (boues) COL.2.10.34.

cerebrum ~ī, *n.* [< **ceres-rum*; cf. Gk. κέρας, κάρα, Skt. *śiras*]
1 The brain. **b** *~um Iouis*, a choice dish, delicacy.
CAPILV(M) ~V(M) FLATVS REN(ES) *CIL* 1.2541.1.3; m misero ~um excutiunt tua dicta PL.*Aul.*151; ut ~o dispergat uiam TER.*Ad.*317; aliis pars quaedam ~i uisa est animi principatum tenere CIC.*Tusc.*1.19; arma cruenta ~o VERG.*A.*9.753; sanguinis ~ique profluuio VELL.2.120.6; ~i membranam CELS.8.1.1; PLIN.*Nat.*24.51; strictus aper, penitus cui non infossa ~o uulnera STAT.*Theb.*8.533; (*in tmesis*) saxo cere comminuit brum ENN.*Ann.*609. **b** quid scarum praeterit ~um Iouis paene supremi ENN.*var.*40.
2 The top of the head, skull.
truncus illapsus ~o HOR.*Carm.*2.17.27; PLIN.*Nat.*32.138; unde ~um testa ferit JUV.3.269.
3 The seat of intelligence, sense, or the senses. **b** the seat of anger; (hence) anger, wrath.
carbonumque grauis uis atque odor insinuatur quam facile in ~um LUCR.6.803; putidius multo ~um est..Perelli HOR.*S.*2.3.75; o quanta species..~um non habet! PHAED. 1.7.2; felicitas..mouet ~um non uno genere SEN.*Ep.*36.1; uacuum..~o iam pridem caput hoc JUV.14.57. **b** id nunc his ~um uritur PL.*Poen.*770;—o te, Bolane, ~ felicem! HOR.*S.*1.9.11; experieris ~um meum PETR.75.6.
4 The terminal bud or cabbage of a palm.
a ~o ipso arboris PLIN.*Nat.*13.36; dulcis medulla earum in cacumine, quod ~um appellant 13.39; 21.97.

cēreolus ~a ~um, *a.* [CEREVS+-OLVS] Wax-coloured.
Armeniisque et ~is prunisque Damasci stipantur calath COL.10.404.

Cererius ~a ~um, *a.* Of or associated with Ceres.
SACERDOTI ~AE *CIL* 9.3385; (*as a cult title*) AVGVSTAE BONAE DEAE ~AE 5.761.

Cerēs ~eris, *f.* FORMS: gen. sg. ~*erus CIL* 1.677, 679.
1 The goddess of grain and fruits and mother of Proserpina, identified with Demeter. **b** (in periphrases for wheat or bread, sts. food in general). **c** *~es inferna, profunda,* Proserpina.
~eris Proserpina puer NAEV.*poet.*29(31); ~eris uigiliis PL.*Aul.*36; ~eri porca praecidanea (fieri oportet) CATO *Agr.* 134.1; mater (Proserpinae)..est a gerendis frugibus ~es tamquam Geres CIC.*N.D.*2.67; flaua ~es VERG.*G.*1.96; nutrit rura ~es HOR.*Carm.*4.5.18; ad generum ~eris (*i.e. Pluto*)..descendunt JUV.10.112; ~eris sacerdotibus SUET. *Nero* 12.4; (*w. pun on sense 2, prov.*) sine ~ere et Libero friget Venus TER.*Eu.*732; (*a statue*) tria signa aenea, ~erem Liberumque et Liberam LIV.33.25.3;—(*w. prop. adjs.*) de Hennensi ~ere CIC.*Orat.*210; Actaea ~es STAT.*Silv.*4.3.50; —(*facet.*) ~erem te melius⟨t⟩ quam Venerem sectarier *Rud.* 145;—(*cf. sense 2*) cum fruges ~erem appellamus CIC.*N.D* 2.60; LUCR.2.655. **b** quercus ante datae ~eris quam semina uitae *Culex* 135; dona fero ~eris OV.*Met.*5.655;

~eris sine munere 10.74; V.Fl.2.69. **c** ara profundae erigitur ~eri Stat.*Theb.*4.460; inferna ~es Stat.*Theb.*5.156.

2 a Wheat, corn. **b** bread, also food in general.

a immetata quibus iugera liberas fruges et ~erem ferunt Hor.*Carm.*3.24.13; terra ferax ~eris Ov.*Am.*2.16.7; quodcumque est solidae ~eris, caua machina frangat *Fast.*6.381;—(*growing or standing*) rubicunda ~es medio succiditur aestu Verg.*G.*1.297; incurua falce resecta ~es Ov.*Am.* 1.15.12; strata ~es V.Fl.1.578. **b** cocus edit Neptunum ~erem Naev.*com.*121; deficit alma ~es, nec plebes pane potitur Lucil.200; somnum capiunt sine ~ere Catul.63.36; ~eremque canistris expediunt Verg.*A.*1.701; satis est populis fluuiusque ~esque Luc.4.381; V.Fl.1.254; Picentina ~es Mart.13.47.1.

cēreus[1] ~a ~um, *a.* [CERA+-EVS]

1 Made of wax, waxen. **b** soft, delicate. **c** pliant, easily swayed.

osse arare campum ~um (*i.e. writing-tablet*) Titin.*com.* 160; si in ~is fingeretur..figuris Cic.*N.D.*1.71; ~a regna (*combs*) refigunt Verg.*G.*4.202; lanea et effigies erat, altera ~a Hor.*S.*1.8.30; simulacra..~a Ov.*Ep.*6.91; consummatis operibus ~is Col.9.13.11. **b** radices..~as adhuc et precario haerentes Sen.*Ep.*86.18. **c** imberbus iuuenis.. ~us in uitium flecti, monitoribus asper Hor.*Ars* 163.

2 Wax-coloured, pale yellow. **b** like wax in texture, etc., waxen.

~a pruna Verg.*Ecl.*2.53; ~a..cydonia Calp.*Ecl.*2.91; candidum (*sc.* sucinum) atque ~i coloris Plin.*Nat.*37.33; ~a si pendet lumbis et scripta lacerna Mart.1.92.7; ~us turtur 3.58.19; ~a poma 10.94.6. **b** Telephi ceruicem roseam, ~a Telephi laudas bracchia Hor.*Carm.*1.13.2.

cēreus[2] ~ī, *m.* [prec.] A wax taper. **b** (presented by clients to their patrons at the Saturnalia).

tute tibi puer es, lautus luces ~um Pl.*Cur.*9; IISQVE II VIR AEDILIBVSQVE..FVNALIA, ~OS HABERE IVS POTESTASQ. ESTO *CIL* 1.594.1.3.22; ~o funali Cic.*Sen.*44; V.Max.3.6.4; totiens praeter limen immaturas exequias fax ~usque praecessit Sen.*Dial.*9.11.7; ardentibus ~is Suet.*Jul.*84.3; Gel.4.1.20; Apul.*Met.*11.9. **b** Saturnalibus ~i superioribus mittuntur Var.*L.*5.64; Mart.5.18.2; nec dare ~os olentis Stat. *Silv.*4.9.40.

Ceriālia ~ium, *n. pl.* The festival of Ceres.

Var.*L.*6.15; litteras scripsi hora decima ~ibus Cic.*Att.* 2.12.4; MEMMIVS AED ~IA PREIMVS FECIT *BMCR* 1.p.496, no.3940(*c.* B.C.50); Liv.30.39.8; uestis ~ibus albas sumite! Ov.*Fast.*4.619.

ceriāria ~ae, *f.* [? Ceres] A female worker whose function is not known.

iam pridem, quia nihil apstulerit, suscenset ~a Pl.*Mil.* 696.

cērificō ~āre ~āuī, *intr.* [CERA+FACIO] (of purple-fish) To spawn.

cum ~auere, fluxos habent sucos Plin.*Nat.*9.133.

cērineus ~a ~um, *a.* [CERINVS+-EVS] Made of wax.

CVRRERE BLANDAS INTVS APES ET ~OS COMPONERE NIDOS *CIL* 8.212.

cērintha ~ae, **~ē** ~ēs, *f.* [cf. next] The plant honeywort (genus *Cerinthe*).

~ae ignobile gramen Verg.*G.*4.63; thymum..melissophyllum, ~en Plin.*Nat.*21.70.

cērinthus ~ī, *m.* [Gk. *κήρινθος*] Bee-bread.

erithace, quam aliqui sandaracam, alii ~um uocant Plin. *Nat.*11.17.

cērinus ~a ~um, *a.* [Gk. *κήρινος*] Wax-coloured.

sunt minora, at laudatiora ~a atque purpurea (pruna) Plin.*Nat.*15.41; 19.65; postea ~i ac deinde oleagini (*sc.* berulli) 37.77; (*fashionable term in women's dress*) cumatile aut plumatile, carinum aut ~um (*s.v.l.*) Pl.*Epid.*233.

cēriolāre ~is, **~ium** ~iī, *n.* [CEREOLVS+-ARIS (-ARIVM)] A taper-holder.

CVM..~IB DVOBVS AEREIS *CIL* 6.9254; DELFICAM CVM LARIBVS ET ~IS N XXX 6.30972.

cēriolārius ~iī, *m.* [as prec.+-ARIVS] A maker or seller of tapers.

ASIDONIVS ~IVS *CIL* 3.2112.

cērītis ~idis, *f.* [Gk.] A precious stone.

~is cerae similis est Plin.*Nat.*37.153.

cērium ~iī, *n.* [Gk. *κηρίον*] A cyst or growth characterized by a honeycomb pattern.

ulcera concreta in modum faui, quae ~ia uocant Plin. *Nat.*20.11; (grossi) ~ia sanant 23.128.

Cermalensis ~is ~e, *a.* **(Germ-).** Of Cermalus.

'~e quinticeps apud aedem Romuli..' *in* Var.*L.*5.54.

Cermalus ~ī, *m.* **(Germ-).** A part of the Palatine Hill at Rome.

Var.*L.*5.54; Cic.*Att.*4.3.3; Liv.33.26.9; Paul.*Fest.*p. 55M.

cernō ~ere crēuī crētum, *tr.* [cf. *cribrum*, Gk. *κρίνω*, Welsh *go-grynu* 'sift', AS. *hrēni* 'clean']

1 To sift.

iris aridae contusae heminam..contundas quam minutissime, per cribrum ~as Cato *Agr.*107.1; Vitr.7.6.1; protinus innumeris omnia ~e cauis Ov.*Med.*62; rursus, quae transit, artiore (cribro) ~itur Plin.*Nat.*18.115; his tritis cretis Larg.70; EXPEDIRE FRANGERE ~ERE LAVARE *CIL* 2. 5181.48.

2 To distinguish, separate (from other things or each other).

in temporibus..praesentia praeterita futura ~untur Cic. *Part.*37; causa certis personis locis..negotiis ~itur *Top.*80; et paribus spatiis occasus ~it et ortus Man.1.636; qua primum terras aequali limite ~it 2.792.

3 To decide, determine; *certamen ~ere*, to decide a contest or (transf.) a question. **b** (usu. w. abl.) to decide by fighting; *~ere uitam*, to decide a question of life or death.

quodcumque senatus creuerit agunto Cic.*Leg.*3.6; priusquam id sors ~eret Liv.43.12.2; quid de Armenia ~erent Tac.*Ann.*15.14;—(*w. inf.*) postquam praesidium castris educere creuit Lucil.220; mihi quae diem serenum hilarula praepandere cresti Laev.*poet.*22.4; potius germanum amittere creui Catul.64.150; quid primum..incertis crerint committere uentis Lucr.5.782;—(*w. acc. and inf.*) quom ego antehac te amaui et mi amicam esse creui Pl.*Cist.*1;—(*w. indir. qu., impers.*) ut nostro duorum iam hinc euentu ~atur quantum eques Latinus Romano praestet Liv.8.7.7; (*w.* de) apud mensam..de diuinis atque humanis ~itur Pl.*Trin.* 479;—(*ellipt. or absol.*) iurati ~ant Pac.*trag.*33; quibus diuis creuerint (*sc.* haruspices), procuranto Cic.*Leg.*2.21;— nunc..specimen specitur, nunc certamen ~itur Pl.*Bac.*399; *Cas.*516. **b** si esset quis, qui armis secum uellet ~ere Acc.*trag.*326; ingentis..inter se coiisse uiros et ~ere ferro Verg.*A.*12.709; hi creuere pares ferro Sil.16.531; (*cf.*) sicut '~ere ferro inter se' dicebant Sen.*Ep.*58.3;—(*w.* de) saeuiter fortuna ferro ~unt de uictoria Enn.*scen.*180; Pac.*trag.*24; magnis ⟨inter se⟩ de rebus ~ere certant Lucr.5.393;— ferro, non auro, uitam ~amus utrique Enn.*Ann.*196; *scen.* 262.

4 *~ere hereditatem*, to make formal acceptance of an inheritance.

quoniam hereditatem iam creuimus, regnum Bithyniae Cic.*Agr.*2.40; *Att.*11.2.1; cum..hereditatem regni creuerit Liv.24.25.3; ut hereditatem suam adirem ~eremque Plin. *Ep.Tra.*10.75(79).2; ~ito..hereditatem meam in diebus LX proximis *FJRA* 3.47.14; Gaius *Inst.*2.164; (*facet.*) heres cadauer ~it [Quint.]*Decl.*12.9;—(*transf.*) debet etiam fratris Appi amorem erga me cum reliqua hereditate creuisse Cic.*Att.*6.1.10; omnium animalium post mortem hereditas ~itur: oui lana statim detrahitur, et elephanto ebur Fro.in Aur.*Fro.*1.p.160(17N);—(*cf.*) heres cum constituit se heredem esse, dicitur '~ere', et cum id fecit, 'creuisse' Var.*L.*7.98.

5 To discern with the eyes, distinguish, see. **b** (w. noun clauses). **c** (w. abl.) to recognize (by). **d** (hyperb.) to see (in one's mind's eye). **e** to perceive with the senses in general.

aliquod lumen—iubarne?—in caelo ~o Enn.*scen.*19; ut ille..ex cruce Italiam ~ere..posset Cic.*Ver.*5.169; in iis.. rebus, quas uos audistis, ego paene ~o *Fam.*15.1.4; ignis, aqua, terra anima corpora sunt eaque ~untur *Tim.*50; nec frigora quimus usurpare oculis nec uoces ~ere suemus Lucr.1.301; prima luce..hostium acies ~ebatur Caes.*Gal.* 7.62.1; procul e fluctu Trinacria ~itur Aetna Verg.*A.*3.554; uexilla se suorum..~ere equitum Liv.8.39.6; uarios uoltus digredientium ab nuntiis ~eres 22.7.12; ad hanc (*sc.* lunam) Capitolia ~ens Ov.*Tr.*1.3.29; horrida ~i foedaque contingi Luc.3.347; septentriones non ~it Trogodytice Plin.*Nat.* 2.178; insula..quae ~itur Macedoniam a Geraesto petentibus 4.51; cuncta e muris ~entes Tac.*Hist.*4.34; potestates quas licet sentire non datur ~ere Apul.*Fl.*10; (*w. pun on sense 4*) prospice tu qui plurimum ~is *Rhet.Her.*4.67; (*absol.*) lynces, quae clarissime..~unt Plin.*Nat.*28.122;—(*w.* oculis) satin ego oculis ~o? Pl.*Poen.*1299; nequeunt oculis rerum primordia ~i Lucr.1.268;—(*of the eyes*) oculi..uera ~entes Cic.*Div.*2.108; Lucr.3.359. **b** (*w. acc. and inf.*) iamque auroram rutilare procul ~o Acc.*trag.*676; hostem.. iter facere ~ebat Sis.*hist.*75; uti post auribus accipiamus, fulgere quam ~ant oculi Lucr.6.165; claro siluas ~es Aquilone moueri Verg.*G.*1.460; Liv.7.15.4; (*impers.*) ~ebatur..nouissimos illorum premi Caes.*Civ.*1.64.1;—(*w. indir. qu.*) ~is custodia qualis uestibulo sedeat Verg.*A.* 6.574; (*impers.*) Nep.*Timol.*2.2. **c** pitheus doliorum ~itur figura Plin.*Nat.*2.90. **d** ~o animo..insepultos aceruos ciuium Cic.*Catil.*4.11; bella, horrida bella, et Thybrim multo spumantem sanguine ~o Verg.*A.*6.87. **e** cumque locum moresque hominum cultusque sonumque ~imus Ov.*Tr.*3.8.38; certe lacrimas lamentaque ~o Stat. *Theb.*12.377; (*perh.*) uox illiust. — certe idem omnes ~imus Acc.*trag.*268.

6 To discern with the intellect, perceive clearly. **b** (w. noun clauses). **c** (pass.) to be discernible, be seen (in particular circumstances, etc.).

tum specimen ~itur quo eueniat aedificatio Pl.*Mos.*132; in oratione..pauci prima ~unt, postrema plerique Cic. *de Orat.*3.192; quasi coram adsis, ita ~o *συμπάθειαν* amoris tui *Att.*5.18.3; aliorum uitia ~ere, obliuisci suorum *Tusc.* 3.73; haec noui; alia quae possunt accidere non ~o Cael. *Fam.*8.10.4; Prop.2.16.37; non terra non mari quicquam sui iuris ~ere Liv.30.42.19; Plin.*Nat.*2.118;—(*w. pred.*) fecundamque minus naturam ~is in illis Lucr.2.533; ~entes..alios in possessione dignitatis suae Liv.4.54.7;— (*w.* animo, mente) species eloquentiae, quam ~ebat animo, re ipsa non uidebat Cic.*Orat.*18; eam esse uim et naturam deorum, ut primum non sensu sed mente ~atur *N.D.*1.49; sicut ~untur mente priores (circuli) Man.1.678; (*w.* mens *as subj.*) nisi quod mage tenuia ~it (mens) Lucr.4.756. **b** (*w. acc. and inf.*) quia amare ~it, tangere hominem uolt bolo Pl.*Poen.*101; facile ut ~erem te ardere studio Cic. *Top.*2; quod si nondum satis ~itis..pura mente..Milonem ..Romam reuertisse *Mil.*61; haec..mortalia ~imus esse Lucr.5.242; neque mutari ac misceri omnia ~eres Sal.*Cat.* 2.3; ubi se nullo iam cursu euadere pugnae posse..~it Verg.*A.*11.703; ibi rem summam agi ~entes Liv.23.49.8; sperni a senioribus iuuentam suam ~ens Tac.*Hist.*4.86;— (*w. indir. qu.*) nisi apud quos haec haberetur oratio ~erem Cic.*de Orat.*1.190; ~is ut insultent Rutuli? Verg.*A.*10.20; cum..nec quo euasura res esset ~erent Liv.3.40.1; ~is ut Admeti cantetur et Hectoris uxor? Ov.*Tr.*5.14.37; nec quae tibi fraudes tendantur..~is Sil.13.436;—(*w.* animo) ~o iam animo, quanto omnia uberiora..futura sint Cic.*Fam.*5.12.2; nisi animo ~erent posteritatem ad se posse pertinere *Sen.*82. **c** amicus certus in re incerta ~itur Enn.*scen.*210; ipsa uirtus in earum rerum usu et moderatione maxime ~itur Cic.*de Orat.*2.342; amicitiae..caritate et amore ~untur *Part.*88; si beata uita honestate ~itur *Fin.*3.28; animi quietus et placatus status ~itur, cum perturbatio nulla est, qua moueri queat *Tusc.*5.16.

7 To look at, examine.

~enda..sunt diligenter ne fallant ea nos uitia quae uirtutem uidentur imitari Cic.*Part.*81; (*from a particular point of view*) ut honorem, ut gloriam, quae genere non numero ~erentur *Tusc.*5.22; cuius..omne animal quasi particula quaedam est, siue in singulis siue in uniuerso genere ~atur *Tim.*11; quem (lapidem) si forte manu teneas ac robore ~as *Aetna* 402.

cernophorus ~ī, *m. f.* [Gk. *κερνοφόρος*] A bearer of the *cernus*, a vessel for holding offerings.

FL TYCHE CERNOPHOR *CIL* 2.179.

cernulō ~āre, *tr.* [next] To throw headlong.

non uertit fortuna, sed ~at et allidit Sen.*Ep.*8.4.

cernulus ~a ~um, *a.* [CERNVVS[1]+-LVS] Head foremost.

Var.*gram.*151; super mensam ~us corruens Apul.*Met.* 9.38; (*transf.*) cum rapidum turbo mare ~us (*s.v.l.*) aestu.. agit *Aetna* 495.

cernuō ~āre, *intr.* [next+-o[3]] To fall head first, dive; to turn a somersault.

catafractos similes esse beluis piscibus, eas eludere alto mari ~antes Fro.*Ver.*2.p.212(208N); corpus exanimatum in flumen paene ~at Apul.*Met.*1.19;—pellis..percurrebant ibique ~abant Var.in Non.p.21M.

cernuus[1] ~a ~um, *a.* [cf. *cerebrum*, Gk. *κερανίξαι*] Head foremost.

~us extemplo plantas conuestit honestas Lucil.129; 703; Var.*gram.*151; eiectoque incumbit ~us armo Verg.*A.*10. 894; Sil.10.255.

cernuus[2] ~ī, *m.*: (see quot.).

~us calciamenti genus Paul.*Fest.*p.55M.

cērō ~āre, *tr.* [CERA+-O[3]] To smear or coat with wax; (see also CERATVS).

fere sexta quaque oliuitate ~ari (dolia) oportere Col. 12.52.15.

cērōma ~atis, *n.* [Gk. *κήρωμα*] Forms: *~atīs* (abl. pl.) Plin.*Nat.*35.168.

1 A layer of soft earth or mud put down to form the floor of a wrestling-ring.

illa (strigmenta), quae sunt e ~ate permixta caeno Plin. *Nat.*28.51; ~ata ceu ualitudinis causa instituta 29.26; de terrae usu in ~atis 35.168; ~ata faece de Sabina (redolent) Mart.4.4.10; seu lentum ~a teris 4.19.5; endromidas Tyrias et femineum ~a quis nescit..? Juv.6.246; (*facet.*) totum athletarum fatum mihi illo die perpetiendum fuit: a ~ate nos haphe excepit Sen.*Ep.*57.1.

2 (meton.) **a** A wrestling-place. **b** a wrestler.

a qui in ~ate..spectator puerorum rixantium sedet? Sen.*Dial.*10.12.2; athletarum imaginibus..~ata sua exornant Plin.*Nat.*35.5. **b** castigatum Libycae ~a palaestrae Mart.5.65.3.

cērōmaticus ~a ~um, *a.* [Gk. *κηρωματικός*] Smeared with *ceroma*.

et ~co fert niceteria collo Juv.3.68.

cērōsus ~a ~um, *a.* [CERA+-OSVS] Containing wax.

liquore ueluti mellis ~i Plin.*Nat.*32.27.

cērōtum ~ī, *n.* [cf. Gk. *κηρωτή*] A wax ointment.

naturalia ~to liquido repleantur Col.7.7.4.

Cerretānus ~a ~um, *a.* Of the *Cerretani*, a people of north-east Spain; (also masc. as sb.) the people.

~a mihi fiat (perna) Mart.13.54.1;—Plin.*Nat.*3.22; Sil. 3.357.

cerreus ~a ~um, *a.* [CERRVS+-EVS] Of the oak *cerrus*.

feracissimi (saltus) querneae glandis et iligneae, nec minus ~ae Col.9.1.5; ~am (glandem) Plin.*Nat.*16.25.

cerrinus ~a ~um, *a.* [CERRVS+-NVS] = prec.

~o calice Plin.*Nat.*30.92.

cerrītus ~a ~um, *a.* *compar.* ~ior. [app. Ceres+-ITVS[2]] Possessed by Ceres, frenzied, demented.

tu certe aut laruatus aut ~us es Pl.*Am.*fr.8; neque nos populus pro ~is insectabit lapidibus *Poen.*528; elleborosus sum. — ego ~us *Rud.*1006; numquam..~ior fuit quam in hoc negotio Cic.*Att.*8.5.1; Marius cum praecipitat se ~us fuit Hor.*S.*2.3.278; ponit assidue..pro ~o uacerrosum Suet.*Aug.*87.2.

cerrō ~ōnis, m.: see GERRO.

cerrus ~ī, *f.* [perh. Hamitic] The Turkey oak, *Quercus cerris*.

~us..fagus..celeriter marcescunt Vitr.2.9.9; 7.1.2; Col.7.9.6; ~ri folia et cortex et glans siccat collectiones Plin.*Nat.*24.13.

certābundus ~a ~um, *a.* [CERTO¹+-BVNDVS] Disputing.

Diogenes..cum Alexandro Magno de ueritate regni ~us Apul.*Apol.*22.

certāmen ~inis, *n.* [CERTO¹+-MEN]

1 Competition, contention, rivalry. **b** (transf., of things).

nunc..specimen specitur, nunc ~en cernitur sisne necne ut esse oportet Pl.*Bac.*399; *Cas.*516; de quorum urbis possessione..etiam inter deos ~en fuisse Cic.*Flac.*62; sic fortuna in contentione et ~ine utrumque uersauit Caes.*Gal.*5.44.13; cum praecipiti ~ine campum corripuere (equi) Verg.*G.*3.103; et amore nominis Romani et ~ine aduersus fratrem Liv.40.5.8; cum Delphis utriusque partis legati magno ~ine agerent 41.25.6; quisque suam (coniugem) laudat: studiis ~ina crescunt Ov.*Fast.*2.731; etiam si in ~en iuuenilium annorum deduxerit senectutem plus quam maturam Sen.*Cl.*1.11.1; ingens ~en cum Morte gerit Stat.*Silv.*5.1.8; funereas tum deinde pyras ~ine texunt Sil.10.535; haec nobis in maiores ~ina ex honesto maneant Tac.*Ann.*3.55; miro..~ine procerum decernuntur supplicationes 14.12;—(*w. gen. of object sought*) honoris erat ~en Cic.*Sul.*49; neque gloriae neque dominationis ~en inter ciuis erat Sal.*Jug.*41.2; mitte leuis spes et ~ina diuitiarum Hor.*Ep.*1.5.8; regni ~ine ambigebant fratres Liv.21.31.6;—(*w. gen. of sphere*) si quis uini ~en mite recusat [Tib.]3.6.11; ~en adiuuandae rei publicae Liv. 26.36.8; accendebantur animi..~ine laboris 28.19.14; qui..pedum nuper ~ine uicerat omnes Ov.*Met.*12.304; inter ~ina uitiorum Tac.*Ann.*14.15;—(*w. indir. qu.*) ingens fuit cum hoste ~en, non segnius inter dictatorem et magistrum equitum ab utra parte uictoria inciperet Liv. 9.40.8. **b** arboribusque datumst uariis exinde per auras crescendi magnum immissis ~en habenis Lucr.5.787; (arbores) tunc uariis colorum picturis in ~en usque luxuriant Plin.*Nat.*16.95; cum opera eius pictura imitaretur.. essetque ~en artis ac naturae 21.4; (*cf.*) atque, ut ueteres dixere, summum Liberi Patris cum Cerere ~en 3.60.

2 A hostile contention, fight, battle. **b** (w. *belli*, *proelii*, etc.).

illam pugnam naualem..mediocri ~ine et parua dimicatione commissam arbitraris? Cic.*Mur.*33; reliquum erat ~en positum in uirtute Caes.*Gal.*3.14.8; ita uario ~ine pugnatum est *Civ.*1.46.4; multosque suorum..duro in ~ine linquit Verg.*A.*9.726; cur non (Turno) incolumi potius ~ina tollo? 12.39; bellum..~ine haud sane asperum fuit Liv.5.32.3; peditum ~ine immobilem hostem restare 10.14.12; sine ~ine tradita urbs Poeno 23.1.3; nec magni ~inis rem fore 26.5.14; contrahendo..militi ac remigi naualibusque adsuescendo ~inibus atque exercitationibus praefectus est M. Agrippa Vell.2.79.1; audaces ruere in ~ina turmas Luc. 1.474; cetera Paulus habet dextro ~ina cornu Sil.9.274; acerrimum tertiae septimaeque legionum ~en Tac.*Hist.* 3.29; uix cuiquam aut nulli toto ~ine nasus integer Juv. 15.55;—(*w.* cum) non est uobis..cum eo hoste ~en cum quo aliqua pacis condicio esse possit Cic.*Phil.*4.11; iniquom ~en sibi cum hostibus Sal.*Jug.*54.5; (*iron.*) Cic.*Flac.*92;—(*w. indir. qu.*) grande ~en, tibi praeda cedat maior an illi Hor.*Carm.*3.20.7;—(*transf.*) felix, quem Veneris ~ina mutua perdunt! Ov.*Am.*2.10.29. **b** graue ~en belli Cic. *poet.*29.7(*Fin.*5.49); cum..proelii..~en uarium atque anceps fuisset *Rep.*2.13; Planc.*Fam.*10.18.2; suaue etiam belli ~ina magna tueri Lucr.2.5; *B.Alex.*16.1; in ipso ~ine pugnae Liv.36.19.12; Stat.*Theb.*4.666; (*w. adj.*) spectandus in ~ine Martio Hor.*Carm.*4.14.17.

3 A sporting, musical, or other contest; (sg. also) a celebration of games. **b** (meton., dub.) an instrument of competition (in quot., a discus).

et ~en erat, Corydon cum Thyrside, magnum Verg.*Ecl.* 7.16; hac celebrata tenus sancto ~ina patri *A.*5.603; ad Circi..~ina Ov.*Pont.*1.4.15; ceu..litore in uno Aeolus insanis statuat ~ina uentis Stat.*Theb.*6.300; ~inibus sacris prohibebantur Tac.*Ann.*14.21;—(*w. gen.*) pecorisque magistris uelocis iaculi ~ina ponit in ulmo Verg.*G.*2.530; nec te nobilium fugiat ~en equorum Ov.*Ars* 1.135; a Tuscis accitos histriones, a Thuriis equorum ~ina Tac.*Ann.*14.21; edidit..~en quoque Graecae Latinaeque facundiae Suet. *Cal.*20;—clarissimum..omnium ludicrum ~en Vel.1.8.1; Olympiae sacro ~ine Plin.*Nat.*29.106; quinquennale ~en Suet.*Nero* 12.3. **b** erigit assuetum dextrae ~en (*v.l.* gestamen) Stat.*Theb.*6.707.

4 **a** Dispute, quarrel, contention (esp. as a preliminary to fighting). **b** political dissension or strife. **c** a legal dispute or contest. **d** philosophical dispute, argument.

a ~ine accenso Liv.1.57.7; si..infestam multitudinem in se prauo ~ine mouisset 8.32.17; belli causa ~ina cum finitimis serebantur 21.6.1; inde ~en, mox etiam pugna 41.3.3; discordia quaesita auctaque prauo ~ine Tac.*Hist.* 4.48; (*w. indir. qu.*) ex ~ine Volsci Aequine imperatorem.. darent Liv.2.40.13; miserabile surgit ~en, qui iusta ferant, qui funera ducant Stat.*Theb.*12.34. **b** consulatu deuenimus in medium rerum omnium ~en atque discrimen Cic.*de Orat.*1.3; nostri..ad extremum ~en rem deducere non audeant Cael.*Fam.*8.11.3; atrox plebi patribusque propositum uidebatur ~en Liv.4.48.4; Tac.*Ann.*3.31;—(*w. preps.*) in aliena urbe cum patribus serere ~ina Liv.2.1. 5; ~ine inter tribunos dictatoremque iniecto 27.6.2; ~en Gallo aduersus Caesarem exortum est Tac.*Ann.*2.36;—(*w. defining gen. or adj.*) multis ciuilibus ~inibus infensos plebis animos Liv.2.45.16; ~inibus plebeiis 5.2.13; assidua senatus aduersus plebem ~ina Tac.*Dial.*36.3;—(*w. indir. qu.*) adducta res in ~en..putabatur, utrum quae..ille gessisset manerent, an rescinderentur Cic.*Pis.*79; Liv.2.27.5. **c** aequa..contentio, aequum ~en proponitur Cic.*Ver.*2.177; primo minax ~en et egregiis utriusque orationibus testatum Tac.*Hist.*4.6;—(*w.* cum) tibi cum homine disertissimo.. futurum esse ~en Cic.*Div.Caec.*44;—(*w. adj. or gen.*) remotum..a iudiciis forensique ~ine *Orat.*208; nam non ut eodem modo pro reo capitis et in ~ine hereditatis..dicat Quint.*Inst.*12.10.70;—(*w. indir. qu.*) in ~en iudiciumque ueniunt, quam plurimum ille dilexerit Cic.*Tusc.*5.78. **d** (*w.* cum) cum Zenone..Arcesilas sibi omne ~en instituit Cic.*Ac.*1.44; maximeque tibi de hoc ipso cum Diodoro ~en est *Fat.*13;—(*w. indir. qu.*) diu magnum inter mortalis ~en fuit, uine corporis an uirtute animi res militaris magis procederet Sal.*Cat.*1.5;—(*cf. sense 2*) est enim mihi tecum pro aris et focis ~en Cic.*N.D.*3.94.

5 A matter in dispute, point of contention.

quicquid est..illud in quo quasi ~en est controuersiae, quod Graece κρινόμενον dicitur Cic.*Orat.*126; unumque ~en esset relictum sententia Volcaci *Fam.*1.4.1; non foret ambiguus tanti ~inis heres Ov.*Met.*13.129; haec sunt ~ina Plin.*Nat.*17.51.

certātim, *adv.* [CERTO¹+-IM] With rivalry, in competition, emulously.

me ~ nutricant et munerant Pl.*Mil.*715; saxa ~.. coniciunt in hostes Sis.*hist.*7; cum omnes ~ aliusque alio grauius atque ornatius de mea salute dixisset Cic.*Sest.*74; ~ posthac ..ad hoc opus curretur *Phil.*2.118; tota ~ ex urbe ruentes Catul.64.392; ~ largos umeris infundere rores Verg.*G.* 1.385; ~ socii feriunt mare et aequora uerrunt *A.*3.290; ~ alter alteri obstrepere Liv.1.40.6; Ov.*Met.*3.244; mira de iis (ranis rubetis) ~ tradunt auctores Plin.*Nat.*32.51; cui geminae florent uatumque ducumque ~ laurus Stat. *Ach.*1.16; ~ structus..rogus Sil.2.599; ~ ostentantibus cruentas manus qui occiderant Tac.*Hist.*1.44; Apul.*Met.*5.4;—(*w. collect. subj.*) ut mos est uulgi, passim et ~ ruit Phaed. 5.1.3; Suet.*Vit.*15.3;—(*w. sg. subj.*) armis de uita ~ dimicare nitebatur Sis.*hist.*28; cingitur ipse furens ~ in proelia Turnus Verg.*A.*11.486; absentem ut cantat amicam multa prolutus uappa nauta atque uiator ~ Hor.*S.*1.5.17;—(*w. inanim. subj.*) etsi omni tempore summa studia offici mutuo inter nos ~ constiterunt Lep.*Fam.*10.34a.3; ~que ordine cunctae hospitibus patuere fores Stat.*Theb.*5.448.

certātiō ~ōnis, *f.* [CERTO¹+-TIO] Struggling for superiority or mastery, contention. **b** (spec. of fighting). **c** (of sports). **d** (of legal and sim. contests).

magna inest ~o Enn.*scen.*266; atque haec inter eos sit honesta ~o Cic.*Amic.*32; relinquitur non mihi cum Torquato, set uirtuti cum uoluptate ~o *Fin.*2.44; humanitatis optima est ~o Pub.*Sent.*H.23; ita exercentes ingenia ~onibus in dies melioribus iudiciis efficiebantur Vitr.2.1.3; eo plus abhorrebant a ~one animi Liv.2.57.2; (*w.* de) causam..esse..non obtrectationis nec inuidiae neque de gloria maiore parienda ~onis Gel.14.3.7; (*w. obj. cl.*) ~o (*MSS.* certo) hic est nulla quin monstrum siet Enn.*scen.*289. **b** iaculis celeriter consumptis ad gladios ~onem reuocauerunt Sis.*hist.*70. **c** sint corporum ~ones Cic.*Leg.*2.38; aut xysticorum ~ones aut gladiatorum pugnas Suet.*Aug.* 45.4; (*facet.*) Ter.*Ad.*212. **d** mihi tecum par ~o non est *Rhet.Her.*4.41; Cic.*Quinct.*68; non aequa mihi cum eo ~o Fro.*Aur.*1.p.62(42N); (*w. gen. of penalty involved*) per populum multae poenae ~o esto Cic.*Leg.*3.6; omissa multae ~one Liv.25.4.8.

certātor ~ōris, *m.* [CERTO¹+-TOR] **a** One who argues, a disputant. **b** a competitor.

a propter agrestes quosdam et indomitos ~ores, qui nisi auctoritatibus adhibitis non comprimuntur Gel.12.10.3. **b** carminum confidentia elatus ~orem se profiteri cupiebat Apul.1.2.

certātus ~ūs, *m.* [CERTO¹+-TVS³] A struggle, contention.

ridetque benigna Parthenope gentile sacrum nudosque uirorum ~us Stat.*Silv.*3.1.153.

certē, *adv.* (for *compar.* ~ius see CERTO²). [CERTVS+-E]

1 Without any doubt (in the mind of the speaker), certainly. **b** (in appeals or protests) surely. **c** (in answers). **d** (in questions).

~e Eurypylus hic quidem est Enn.*scen.*166; quod ui sua id quod sub eam uim subiectum est ~e efficit Cic.*Top.*58; hoc, si aliena res esset, ~e facere non potuisset *Ver.*1.150; quaecumque in equite Romano dignitas esse possit, quae ~e potest esse maxima *Cael.*3; si desperarit, ~e ruet *Att.* 10.12a.3(6); si me tanti facis quanti ~e facis 12.37.2; nescio quid ~e est Catul.80.5; quod ~e inde decedendum esset Afranio Caes.*Civ.*1.71.4; quia mihi noua nobilitas est, quam ~e peperisse melius est quam acceptam corrupisse Sal.*Jug.*85.25; o dea ~e (an Phoebi soror? an Nympharum sanguinis una?) Verg.*A.*1.328; uir ~e fuit dignus tanto cognomine Liv.30.26.8; Luc.7.201; habuimus..porcum poculo coronatum..et ~e betam et panem Petr.66.2; quod ~e scimus inuenisse eos Quint.*Inst.*10.2.5; homo, immo semideus, uel ~e deus Apul.*Met.*5.1;—(*w.* nam, enim) nam ~e ego te hic intus uidi Pl.*Mil.*379; hi enim fuerunt ~e oratores Cic.*Brut.*297; Quint.*Inst.*1.pr.20; Gaius *dig.* 39.6.31;—(*w.* hercle, edepol) ~e hercle quam ueterrumus homini optumust amicus Pl.*Truc.*173; Ter.*An.*495; ~e edepol, nisi me animu' fallit..meae nutricem gnatae uideo *Ph.*735. **b** ~e nescio quid secreto uelle loqui te aiebas mecum Hor.*S.*1.9.67; scis te mihi ~e, non socios iurasse tuos V.Fl.8.422. **c** estne ipsus an non est? is est, ~e is est, is est profecto Pl.*Trin.*1072; uenit? — ~e Ter.*Hau.* 431; credin? — immo ~e *Eu.*812; 'at dignitatem docere non habet.' ~e, si quasi in ludo Cic.*Orat.*144; quid enim diceres? damnatum? ~e non *Dom.*51; num igitur ulla quaestio de Africani morte lata est? ~e nulla *Mil.*16; est miserum igitur (mors), quoniam malum. — ~e *Tusc.*1.9; numquid Parthenium uidere? ~e Mart.11.1.3; Quint.*Inst.* 12.10.22. **d** ~en uidit? — tam hercle ~e quam ego te aut tu me uides Pl.*Mer.*186; non ante quam mihi tu ipse responderis..~en..Romulus Proculo Iulio dixerit se deum esse et Quirinum uocari Cic.*Leg.*1.3.

2 (in clauses or w. single words having a restrictive force) At all events, this at any rate is certain, that.., at least. **b** (after concessive, causal, or other clauses). **c** (after *aut* or *uel*). **d** (after *cum..tum..*, also *ut..ita..*).

exores tu me? — ego quidem ab hoc ~e exorabo Pl. *Bac.*1177; Varus imperium se habere dicebat; fascis ~e habebat Cic.*Lig.*22; spero tibi me causam probasse, cupio quidem ~e *Att.*1.1.4; cum bona in foro uenderet et bonorum uirorum et locupletium et ~e ciuium *Off.*2.27; desilite.. milites, nisi uultis aquilam hostibus prodere: ego ~e meum rei publicae..officium praestitero Caes.*Gal.*4.25.3; elephantorum traiciendorum uaria consilia fuisse credo; ~e uariata memoria actae rei Liv.21.28.5; non potes hoc.. praestare..uicto redeas ut Caesare? ~e, ut uincare, potes Luc.4.214; ego malo mihi uitrea: ~e non olunt Petr.50. 7; quisquamne, non dico de homicidio..sed de calculis ~e atque rationibus..in lite cantat? Quint.*Inst.*11.3.59; iuuabit hoc te: me ~e iuuat Plin.*Ep.*9.24.1; ~e sanus eras Juv.6.28;—(*w.* sed) ciuitatibus quidem suis non boni, sed ~e docti atque eloquentes Cic.*de Orat.*3.139; nondum te sibi satis esse familiarem..sed ~e fore *Fam.*7.8.1; Caes. *Gal.*6.31.2; in me tela manent, manet et puerilis imago: sed ~e pennas perdidit ille suas Prop.2.12.14;—(*w.* at) numquam ego te..aspiciam posthac? at ~e semper amabo Catul.65.11; Sen.*Phaed.*1183. **b** nam, utut erant alia, illi ~e..consuleres Ter.*Ph.*468; quae si cui leuior uidetur, illa quidem ~e quae summa sunt ex quo fonte hauriam sentio Cic.*Arch.*13; siue probabuntur tibi siue non probabuntur, ab optimo ~e animo..scripta esse iudices Dolab.*Fam.*9.9.1; quoniam..me una uobiscum seruare non possum, uestrae quidem ~e uitae prospiciam Caes.*Gal.*7.50.4; ubi etsi adiectum aliquid numero sit, magna ~e caedes fuit Liv. 3.8.10; at quoniam coniunx mea non potes esse, arbor eris ~e..mea Ov.*Met.*1.558; si non ingenium, ~e breuitatem adproba Phaed.4.epil.7; operumque tuorum etsi non socius, ~e mirator adessem Stat.*Silv.*3.2.95; nec rerum nimiam tenuitatem, ut non dicam pinguioribus, fortioribus ~e uerbis miscebimus Quint.*Inst.*12.10.35;—(*w.* at) necessario mihi..esse arbitror si non subtilius disputandum, at ~e dolentius deplorandum Cic.*Sest.*14; si non meo casu,..at illorum ~e Quint.*Inst.*6.pr.4; tamquam ducem haud spernendum etsi non proelium, at ~e bellum absumpsisset Tac.*Ann.*12.39. **c** aut falsa aut ~e obscura opinio Cic. *de Orat.*1.92; semel igitur aut non saepe ~e *Off.*2.50; aut cum honore aliquo aut ~e sine ignominia domum reuertantur Caes.*Civ.*1.85.10; aut nocte aut ~e luce prima Liv.9.37.4; populo Romano superstiti septem aut octo ~e dierum cibaria superesse Sen.*Dial.*10.18.5; destinaui illum artificii docere, aut tonstreinum aut praeconem aut ~e causidicum Petr.46.7; Tac.*Ann.*4.4; Apul.*Met.*4.25;—quis..haec non uel facile uel ~e aliquo modo posset ediscere? Cic.*de Orat.* 2.232; ex quo uel ex sobrio uel ~e ex ebrio scire posses *Fam.*9.17.1; rursus plenilunium nocet a. d. III non. Iul.. uel ~e XVI Kal. Aug. Plin.*Nat.*18.288. **d** quae cum omnibus tum ~e mihi notissimae sunt Cic.*Brut.*65; ex uictoria cum multa mala tum ~e tyrannus exsistet *Att.*7.5.4; Quint.*Inst.*2.1.10;—ut nihil boni est in morte, sic ~e nihil mali Cic.*Amic.*14; Larg.pr.p.2,l.2.

certiōrō ~āre ~āuī ~ātum, *tr.* [compar. of CERTVS+-O³] (leg.) To inform, apprise.

cum filio familias bonorum possessio delata est, dies, quibus ~are patrem non potest..non cedunt Marcel.*dig.* 38.15.5; putat Marcellus..spatium dandum, ut ~etur et sic iuret Ulp.*dig.*12.2.34; ubi ~atus retinet, dolo malo non caret 43.29.3.6;—(*w. acc. and inf.*) neque me ~asti ibi chirographum esse scriptum 13.6.5.8; 28.1.21.2;—(*w.* de) si quis alii obligatam mihi obligauit nec me de hoc ~auerit 13.7.36.1;—(*w.* super) si paenituerit eum qui tradiderit et super hoc eum ~auerit 12.4.5.1.

certiscō (*codd.* -issō) ~ere, *intr.* [CERTVS] (acc. Non.p.89M = *certum fieri*).

atque eccos unde ~ent Pac.*trag.*107.

certō¹ ~āre ~āuī ~ātum, *intr.*, (*tr.*). [CERNO+-TO] Forms: perh. dep. *CIL* 8.21510. Const.: field or object of contention expr. by abl., acc., *ad*, *de*, *in*+acc. or abl., final clauses, indir. qu., or inf.; rival or adversary expr. by dat., *cum* (refl. *secum*), *inter*, *apud*.

1 (of persons or things) To contend for superiority in any field: **a** (w. object or field of rivalry expr.). **b** (w. rival, adversary, etc. expr.; also w. pl. subj. absol.).

a (*w. abl.*) stultus atque insanus damnis ~ant Pl.*Truc.* 950; uolucres..cernere inexpletas studio ~are lauandi Var.At.*poet.*22.2; ~are ingenio, contendere nobilitate Lucr.2.11; Verg.*A.*1.548; Hor.*Carm.*4.1.31; perpetuo in Romanos odio ~auere Liv.3.4.2; in qua ciuitate semper uirtutibus ~atum erat, ~abatur sceleribus Vell.2.26.2; Luc.7.12; ~ant uario decore saxa Mart.6.42.12; Tac.*Hist.* 1.47;—(*w.* in+*abl.*) in D. Bruti salute ~atur Cic.*Phil.*13.16;—(*w. internal acc.*) primus Pisaea per arua hunc pius Alcides Pelopi ~auit honorem Stat.*Theb.*6.6;—(*w.* de) nihil enim supererat de quo ~arent Cic.*Agr.*2.91; Tac.*Ann.*2.86;—(*w.* ad) Planc.*Fam.*10.8.6; trium legionum legati..prosperis Vitellii rebus ~aturi ad obsequium Tac.*Hist.*2.97; (+*gdve.*) ad supplenda exercitus damna ~auere Galliae Hispaniae Italia *Ann.*1.71;—(*w.* in+*acc.*) ~ant in omne facinus Sen.*Phoen.*298;—(*w. final cl.*) Verrem esse qui cum L. Mummio ~et, ut pluris hic sociorum urbis quam ille hostium spoliasse uideatur Cic.*Ver.*3.9; alii sicuti populi iura defenderent, pars quo senatus auctoritas maxuma foret..pro sua quisque potentia ~abant Sal.*Cat.*38.3; modestia ~are milites ne..Liv.27.45.11;—(*w. inf.*) uelut uenti..indu mari magno fluctus extollere ~ant Enn.*Ann.* 445; Lucr.6.1248; quid, si idem ~et Phoebum superare canendo? Verg.*Ecl.*5.9; Ov.*Fast.*1.213; Luc.6.255;—(*w. indir. qu.*) (animas) ~are..praeproperanter inter se quae prima potissimaque insinuetur Lucr.3.779; ~emus, spinas animone ego fortius an tu euellas agro Hor.*Ep.*1.14.4. **b** (*w.* cum) ut utilitas cum honestate ~et Cic.*Part.*89; uitiis cum utroque ~abat *Phil.*10.10; non diuitiis cum diuite.. sed cum strenuo uirtute..~abat Sal.*Cat.*54.6; benignitate erga alios cum rege ipso ~asse Liv.1.35.5; cum ualentissimo quoque sodalium ~at frangere fluctus Plin.*Pan.*81.4; cum amanuensibus suis per ludum iocumque ~antem Suet. *Tit.*3.2; (*compendiously*) si cum aliorum improbitate ~et Cic.*Ver.*5.115; Scopae laus cum his ~at Plin.*Nat.*36.25;—(*w.* secum, *etc.*) malitia ~are tecum miseria est Pl.*Per.*238; ~antem secum ipsum adnisurum ut..efficiat Liv.6.6.9;—(*w.* aduersus) quibus ira patrum aduersus temeritatem plebis ~ari non placuit 2.55.11 9.46.4;—(*w.* inter se) illi inter se ~ant donis Pl.*Mil.*714; Cic.*Fam.*7.31.1;—(*w. dat.*)

Argitisque minor, cui non ~auerit ulla Verg.*G.*2.99; uiridique ~at baca Venafro Hor.*Carm.*2.6.15; uidere natum laude ~antem Ioui Sen.*Her.O.*1807; Mart.4.42.7; Stat. *Silv.*4.6.22;—ita animi decem in pectore incerti ~ant Pl. *Mer.*345; figite ~antes Prop.2.9.39; externa et domestica odia ~are in animis Liv.2.45.5; hodieque ~ant manus Plin.*Nat.*36.31; expauit tortae ~antia murmura conchae Sil.14.374; undecim urbes ~abant Tac.*Ann.*4.55.

2 (spec.) To contend in battle, fight. **b** (w. object expr.). **c** (tr., in pass.) to be fought over, contended for.

~are abnueo: metuo legionibus labem Enn.*Ann.*279; maxuma ui ~atur Sal.*Cat.*60.3; ~atur limine in ipso Ausoniae Verg.*A.*10.355; in cuius transgressu multum ~ato peruicit Vardanes Tac.*Ann.*11.10;—(*w.* inter se) qualescumque inter se ~auerint, necesse fuisse alteram partem uinci Liv.7.32.7;—(*w.* cum) te esse dignum, quicum ~etur Pac.*trag.*25; cum illo in acie tantum, cum hoc omnibus locis ac temporibus ~aturus es Liv.22.39.5 ;—(*w.* armis, bello, *and sim.*) pro Romano populo prognariter armis ~ando Enn.*Ann.*210; quicum ui et armis ~are noluisset Cic.*Caec.*1; Sal.*Jug.*48.1; hic acie ~are solebant Verg.*A.* 2.30; consulem iusto proelio ratus ~aturum Liv.23.37.8; equestri tantummodo proelio ~atum fuerat 30.12.4; mene.. bello ~are iubes? Stat.*Theb.*1.251;—(*in fig. phr.*) multa minuta..uidebis corpora..proelia pugnas edere turmatim ~antia Lucr.2.119; ~antesque mari moles Sil.14.645. **b** (*w.* de) qui..de imperio cum populo Romano..~asset Cic.*de Orat.*2.76; Turni de uita et sanguine ~ant Verg.*A.* 12.765; Liv.22.58.3; ut de principatu ~aremus armis Tac. *Hist.*2.47; (*of animals*) de principatu cum illi ~arent gregis Phaed.1.30.5;—(*w.* pro) se contra latrones inermis pro patria..~are Sal.*Cat.*59.5; consuestis cum eis pro imperio ~are Liv.6.18.11; ire comminus et ~are pro Italia Tac. *Hist.*3.1;—(*w.* in+*acc.*) mecum ~asse uolenti in decus et famam leti Sil.11.213; in euentum totius belli ~abant Tac. *Hist.*2.42. **c** ~atam lite deorum Ambraciam Ov.*Met.* 13.713; ~atus nobis hodie dominum accipit orbis Sil.17.337.

3 To contend in a sporting or other event, compete.

ali saltu ac uelocitate ~are Sis.*hist.*30; supplantare eum, quicum ~et Cic.*Off.*3.42; Sal.*Hist.*2.19; celeri ~are sagitta Verg.*A.*5.485; haec ego ludo, quae neque in aede sonent ~antia iudice Tarpa Hor.*S.*1.10.38; quid frustra missis in me ~atis habenis? Prop.3.1.13; nulla cuiquam ciuium necessitate ~andi Tac.*Ann.*14.20.

4 To contend with arguments, etc., dispute.

quianam..tantum..animis ~atis iniquis? Verg.*A.*10.7; illi haec inter se dubiis de rebus agebant ~antes 11.446;—(*w.* maledictis, uerbis, sententiis, *etc.*) haut doctis dictis ~antes nec maledictis Enn.*Ann.*270; benedictis si ~asset, audisset bene Ter.*Ph.*20; blanditia ~are Lucil.1233; deque is summa philosophorum dissensione ~atur Cic.*N.D.* 1.2; ~are odiis Verg.*A.*10.14;—(*w.* cum) meliust te minis (*i.e. money*) ~are mecum quam minaciis Pl.*Truc.*948; nemini omnium ~are oratione cum eo necesse fuit Liv. 21.11.1;—(*w.* inter, apud) acta..in senatu res est ~atum inter collegas maledictis Liv.5.8.13; in eandem ferme sententiam, in quam inter paucos ~atum uerbis fuerat 10.19.5; apud Germanos diuersis sententiis ~abatur Tac. *Hist.*4.76;—(*w. indir. qu.*) ~atur, utrum honestati potius an utilitati consulendum sit Cic.*de Orat.*2.335; id ~atum esse, utrius uestrum arbitrio iniuriae fierent Sal.*Rep.*1.4.3;—(*w. internal acc.*) multos incertos ~are hanc rem uidimus, palmam poetae comico cui deferant Volc.*poet.*1.1; haec illi inter se ~abant Gel.18.9.4.

5 To contend at law. **b** (w. acc.) to contest (a matter).

ut, qui armatus de possessione contendisset, inermis plane de sponsione ~aret Cic.*Caec.*93; se Romae iudicio aequo cum homine Graeco ~are non posse Q.Cic.*Pet.*8; multa ..dicta a pontifice, deque ea, cum prouocasset, ~atum ad populum Liv.40.42.9; ~ant de praemio Quint.*Decl.*382 (p.426,l.24); (*w. advl. acc.*) grande malum Turius (minitatur), si quid se iudice ~es Hor.*S.*2.1.49;—(*w.* legibus, iure, *etc.*) ut..domi ~et suis legibus Cic.*Ver.*2.32; ius esse certum Siculis inter se quo iure ~arent 2.39; sei is..d.e.r...ivdicio ~are ⟨volet⟩ *CIL* 1.600.5; si a duumuiris prouocarit, prouocatione ~ato *formula* in Liv.1.26.6; quo minus praeiudicio ~are possit Ulp.*dig.*25.3.5.18. **b** magna minorue foro si res ~abitur olim Hor.*S.*2.5.27; ducentum milium aeris multam M. Postumio dixerunt. cui ~andae cum dies aduenisset Liv.25.3.14.

6 To engage in political and sim. struggles, contend.

~abant urbem Romam Remoramne uocarent Enn.*Ann.* 82; quam diu ciuiliter sine armis ~etur Cael.*Fam.*8.14.3; ~atum eo quoque anno cum tribunis est Liv.2.42.8; nisi in contumeliam ignominiamque nostram ~are iuuat 4.4.12; nihil ~atum est quo minus consularia comitia haberentur 5.31.1; ad undecimum interregem seditionibus ~atum est 7.21.2; Flor.*Epit.*1.17(1.22.5).

certō², *adv. compar.* ~ius. [certvs+-o²]

1 Certainly, without doubt, for a fact. **b** (in answers).

mihi ~o nomen Sosiaest Pl.*Am.*180; quin exploratum dico et prouisum hoc tibi.—~on? *Capt.*644; ~o haec mulier non sanast satis *Men.*390; nunc quidem domi ~ost *Mil.*398; et ea est ~o *Poen.*1300; ~o enim mihi paternae uocis sonitus auris accidit *St.*88; quis umquam dixit..sapientem nihil opinari? ~o nemo Cic.*Luc.*113; nihil ita expectare quasi ~o futurum *Tusc.*5.81;—(*hyperb.*) felix et certo ~ius beatus Apul.*Met.*2.7; 9.41. **b** egon te iussi coquere? — ~o, tibi et parasito tuo Pl.*Men.*389; esne tu Syracusanus? — ~o 1109; an hic Palaestrast, opsecro, eri mei amica? — ~o *Rud.*351.

2 *~o scire*, to know for certain, for a fact.

si quicquamst aliud quod credam aut ~o sciam Pl.*Am.* 271; ~on scis non suscensere mihi tuam matrem? — scio *Mer.*1012; hoc ~o scio, Rhamnusium se aiebat esse Ter. *An.*929; nisi me dixisse nemini ~o scio *Ph.*953; haec.. oratio..quam te saepe legisse ~o scio Cic.*Brut.*161; quod ~o scio aliter esse *Dom.*31; quod te moleste ferre ~o scio *Att.*1.12.3; etsi te quidem id modice..laturum esse ~o scio *Sen.*2; quam rem tibi ~o scio gaudio esse Sal.*Jug.*9.2; alterum..damnatum iri ~o sciebat Apul.*Met.*10.5.

3 In a manner that can be depended on, firmly, surely.

unum quidem hercle ~o promitto tibi Pl.*St.*480; ego rus abituram hinc cum tuo me esse ~o decreui patre Ter.*Hec.* 586; uterne ad casus dubios fidet sibi ~ius? Hor.*S.*2.2.108.

4 (compar.) So as to give greater certainty, more definitely. **b** with greater certainty (of aim).

de Curtio ad me rescribe ~ius Cic.*Att.*2.5.3; de casu Sabini et Cottae ~ius ex captiuis cognoscit Caes.*Gal.*5.52.4; iam propius ac ~ius facie quoque Brutum cognouit Liv. 2.6.7; ea quamquam similia ueris erant, ~ius..exploranda ratus dimittit equites 10.20.5; si reperire uocas amittere ~ius Ov.*Met.*5.519; quo non agnouerit ullum ~ius armifero Cadmi de semine Mauors Stat.*Theb.*10.663. **b** auerso refugientis equo ~ius figentes Liv.35.48.3; negauit Apollinem potuisse ~ius mittere Sen.*Dial.*5.14.2.

certor ~ārī ~ātus, *intr.* [certo¹] To compete (in a contest).

gymnicos (ludos), in quibus ~ati sunt cursu Nestor Nelei filius, Helenus Priami filius Hyg.*Fab.*273.12.

certum ~ī, *n.* [next]

1 That which is fixed or regular; (pl.) fixed or settled conditions.

quibusdam..non uidetur (numerosa oratio) quia nihil insit in ea ~i ut in uersibus Cic.*Orat.*180; ~o anni bitumen egerit Tac.*Hist.*5.6;—Vespasianus..statos aestiuis flatibus dies et ~a maris opperiebatur 4.81.

2 That which is definite or specified.

in quibus ~a quaedam ponuntur, quae themata dicimus Quint.*Inst.*4.2.28; ~um incertumue mandante eo Afric. *dig.*21.1.51;—(*w. gen.*) si quis tutelam..~o loci administrauit Ulp.*dig.*5.1.19.1; si Capuae ~um olei pondo dari quis stipulatus sit 45.1.60.

3 That about which there is absolute certainty, fact; (pl.) certain information, established facts. **b** *pro ~o*, as or for a certainty.

quin nihil, inquam, inuenies magis hoc ~o certius Pl. *Capt.*644; nihil habeo ~i quid loquar *Mil.*407; neque de eius aduentu ~i quicquam habebam Cic.*Att.*5.10.1; quasi desperata cognitione ~i *Fin.*2.43; neque tanto spatio ~i quid esset explorari poterat Caes.*Gal.*7.45.4; donec ad ~um redigatur, uanusne hic timor noster an uerus fuerit Liv. 41.23.17; haec (*sc. the causes of eclipses*) apud nos quoque nuper ratio ad ~um perduxit Sen.*Nat.*7.25.3;—dubia sumpta esse pro ~is Cic.*Part.*44; mittique uiros qui ~a reportent Verg.*A.*9.193; ~a negantibus Liv.30.42.14. **b** (*w.* habeo) ut ego pro ~o habeo Calv.*orat.*28; Cic.*Att.* 7.12.5; (*w. acc. and inf.*) Pompeium pro ~o habemus per Illyricum proficisci in Galliam 10.6.3; pro ~o habetote uos simul..de omnibus coniuratis decernere Sal.*Cat.*52.17; Liv.6.6.13; (*w.* de) quoniam de aduentu Caesaris pro ~o habebamus Mat.Treb.*Att.*9.15.6;—(*w. other vbs.*) quod.. ego pro ~o dicere audeam Cic.*Brut.*10; omnia quae recta non erunt pro ~o negato *Att.*5.21.5; id eane de causa..an perfidia adducti fecerint..non uidetur pro ~o esse proponendum Caes.*Gal.*7.5.6; pro ~o creditur necato filio uacuam domum scelestis nuptiis fecisse Sal.*Cat.*15.2; illud adfirmare pro ~o audeo Liv.44.22.4; cum id coeperit esse pro ~o Quint.*Inst.*5.12.2.

4 That which can be counted on or relied on, a certainty.

pro ~o arbitrabor sortis oracla adytus augura? Acc.*trag.* 624; si quicquam humanorum ~i est Liv.5.33.1;—(*pl.*) ~a mittimus dum incerta petimus Pl.*Ps.*685; neque ego.. incerta pro ~is captarem Sal.*Cat.*20.2; incerta peti, ~a deseri Sen.*Suas.*1.10; fortunam inter dubia, uirtutem inter ~a numerare Tac.*Ger.*30.2.

certus ~a ~um, *a. compar.* ~ior, *superl.* ~issimus. [form of pple. of cerno] Forms: *~um* (for *~orum*) Var.*Men.*57 (dub.).

1 Fixed, settled, definite. **b** (of things fixed by divine or natural law). **c** a fixed number of, so many. **d** previously fixed, prearranged.

diem ~am utrique facito Cato *Agr.*149.1; nulla erat edicti poena ~a Cic.*Ver.*3.54; ad incertum..euentum ~us quotannis labor..impenditur 3.227; ne ~um ius non obtinuisse uideatur *Caec.*10; concilium..in diem ~am indicere Caes.*Gal.*1.30.4; neque quisquam agri modum ~um..habet 6.22.2; plostra h.l. ~eis hominibvs ~eis de cavseis agere dvcere licebit *CIL* 1.593.60; nullo ~o exilio uagabantur Sal.*Hist.*5.17; ubi ~a sedet patribus sententia pugnae Verg.*A.*7.611; ~o..pacto ne cuius ratio haberetur qui eo anno tribunus plebis esset Liv.4.55.6; nullus ~us finitus numerus ciuium Romanorum 43.12.5; finitaque ~is legibus est aetas Ov.*Fast.*5.65; ~am..horam, propositae quae foret apta uiae *Tr.*1.3.53; nulli ~a uxor est Mela 1.45; nullae..herbae fuere ~ae in hoc honore Plin.*Nat.*22.14; Quint.*Inst.*12.3.6; locus..regionibus ~eis determinatus Gel.13.14.1; Gaius *Inst.*1.40; (*phr.*) hoc certo ~ius est et saepissime constitutum Ulp.*dig.*42.8.10.14. **b** ~o lapsu spatioque feruntur (stellae) Cic.*Div.*1.17; florescunt tempore ~o arbusta Lucr.5.670; et Venerem ~is repetunt armenta diebus Verg.*G.*2.329; est modus in rebus, sunt ~i denique fines Hor.*S.*1.1.106; tertianarum..~us circumitus est Cels. 3.5.2; (aquae) quas ille creator..~o sub iure coercet Luc. 10.267; Plin.*Nat.*10.111; Larg.95. **c** nummos ~os dicas Pompon.*com.*117; a ~is annis aeuum remeare peractum Hor.*S.*1.6.94; post ~as hiemes uret Achaicus ignis Iliacas domos *Carm.*1.15.35; intra dies ~os, quam successor eius in castra uenerat Julian.*dig.*29.1.20. **d** instructi et ~is locis..conlocati Cic.*Caec.*41; ~um..in locum conuenire Caes.*Gal.*5.1.6; hos ~o signo reuocare constituit *Civ.*1.27.6; ~is castrorum locis Tac.*Ann.*1.25.

2 (of plans, opinions) Firm, settled, fixed. **b** *~um est*, (my) mind is made up, (I am) determined; also, *~a res est*.

senem oppugnare ~umst consilium mihi Pl.*Epid.*163; rustra dixti. hoc mihi ~issumumst *Mer.*658; ~a aliqua in sententia constitisse Cic.*Fam.*7.17.1; medias illis opponere turmas..~a est sententia Turno Verg.*A.*10.240; immutabile ~umque iudicium Sen.*Ep.*95.57; Quint.*Inst.*3.3.7; fugitiuum esse qui ~o proposito dominum relinquat Ulp. *dig.*21.1.17.2. **b** (*w. inf. and dat. of person*) tecum mi una ire ~um est Pl.*Poen.*1420; si ~umst tibi sic facere Ter. *Hau.*466; mi autem abiurare ~ius est quam dependere Cic.*Att.*1.8.3; ei cum ~issimum fuisset..contionem habere 10.4.8; ~um est dare lintea retro Verg.*A.*3.686; Ov.*Met.* 9.53; (*without dat.*) ~um est aperire atque inspicere Pl.*Am.* 787; illuc reuorti ~umst *Mer.*39; quapropter ~um est facere contra Lucil.920; ~um est non dare signum Liv. 2.45.13; quaerere ~um est..ubi sit scelus Luc.8.141; Mart. 5.60.3;—(*w. acc. and inf.*) eorundem libertati me parcere ~um est Enn.*Ann.*200; Turp.*com.*180;—(*w. indir. qu.*) nec quid agam ~umst Ter.*An.*209; est ~um quid respondeam Cic.*Arch.*15; Plin.*Pan.*75.5;— ~umst iam dicam patri Pl. *Bac.*382; pergin? — ~umst Ter.*Eu.*380;—~a res hanc est obiurgare Pl.*Am.*705; promitte. — ~umst. — sic face inquam. — ~a rest Pl.*St.*473.

3 (used to particularize, but not further identify or describe) Certain, particular, individual. **b** (masc. as sb.) a certain person. **c** specific.

alicuius facti..cum ~i auctoris nomine propositio *Rhet. Her.*4.62; utcumque..animum audientis moueri uolet, ita ~um uocis admouebit sonum Cic.*Orat.*55; quaerenti mihi iam diu..~a res nulla..ueniebat in mentem Cic.*Fam.*4.13.1; partes, unde flatus ~i uentorum spirent Vitr.1.6.5; lana tot aut plures sucos bibit; elige ~os! Ov.*Ars* 3.187; semet ipsi ex ~a rupe praecipites dant Mela 3.37; (controuersiae) quae..~is agentium nominibus continentur Quint.*Inst.* 3.8.52; neque enim hic..~a dominorum domus et ceteri serui Tac.*Hist.*1.16;—(*w.* quidam) cum sit quaedam ~a uox Romani generis urbisque propria Cic.*de Orat.*3.44; saltatori motus non quiuis, sed ~us quidam est datus *Fin.*3.24; Quint.*Inst.*5.10.2;—(*w.* aliquis) aut nexus modo atque in iis ~os aliquos docebit 2.8.13;—(*pregn.*) noctes ~arum mulierum Cic.*Att.*1.16.5; totam rem istam iam pridem a ~is hominibus..esse corruptam *Fam.*1.2.3; nam ~us ego sum, licet ille putet me alium esse quam sum Paul.*dig.*47.10.18.3. **b** ~os esse in consilio quibus ostendi tabellas uelit Cic.*Div.Caec.*24; qui..~os instituerit nomine decumanos *Ver.*3.21; posuisse dapes his addita cura ..necnon et ~is struitur penus Sil.11.277. **c** tutor.. ~us dari debet Gaius *Inst.*2.240; tertiam ~am eligere personam, cuius auctoritati pareatur Ulp.*dig.*4.8.17.6; siue ex ~o contractu petatur siue ex incerto 12.1.9; quotiens ~um mandatum sit..at quotiens incertum uel plurium causarum Paul.*dig.*17.1.46.

4 (of facts) About which there is no doubt, certain, indisputable. **b** (neut. sg. after vbs. of knowing, finding out, saying, etc.) for certain. **c** (spec., of children or parents in respect of paternity).

nec quid id sit mihi ~ius facit, quid uelit Pl.*Men.*763[a]; istuc quidem iam ~um est *Poen.*1172; satin hoc ~umst? Ter.*Ad.*329; haec quae ~issima sunt et clarissima Cic.*Ver.* 1.62; si quid habes ~ius uelim scire *Att.*4.10.1; ea enim ~issima putabo, quae ex te cognoro *Fam.*2.11.2; ceteri alia ~a, alia incerta esse dicunt *Off.*2.7; cum ad has suspiciones ~issimae res accederent Caes.*Gal.*1.19.1; id parum ~um est Liv.5.35.3; deinde subita consternatio ex somno.. postremo ~ior res aliis excitantibus alios 29.6.12; si ~um deorum etiam monitu uisum foret V.Max.1.7.3; ab hoc ego quae tum audiui, ~a clara affero Sen.*Apoc.*1.3; cum de altero intellectu ~um est, de altero dubium Quint.*Inst.* 7.6.3; quamquam nihil adhuc de Vitellio ~um Tac.*Hist.* 1.14;—(*w. acc. and inf.*) cum de nobis ~um sit nos quieturos Brut.Cas.*Fam.*11.2.3; ~um esse ratus..omnia Romae uenalia esse Sal.*Jug.*20.1; urbes Campaniae, quas satis ~um erat non mutasse fidem Liv.23.17.6; Quint.*Inst.* 2.17.12. **b** quo eam aut ubi sim aut qui sim nequeo cum animo ~um inuestigare Pl.*Aul.*715; arbitror; ~um non scimu' Ter.*Eu.*111; ~um scio esse ita ut dicis Lucil.879; quid respondit de Sulla Cassius? se nescire ~um Cic.*Sul.* 38; neque tamen id ipsum ~um habeo *Att.*1.13.1; dum ~um nobis..de eo quod audieram referretur 8.11d.2; quae.. quam diu adfutura sint, ~um sciri nullo modo potest *Leg.* 1.52; non habeo ~um quae te res hinc..retrahat Lucc. *Fam.*5.14.1; neque ~um inueniri poterat, obtinendine Brundisi causa ibi remansisset Caes.*Civ.*1.25.3;—(*w. acc. and inf.*) cum ~um comperissent legatorum responsa ita esse gesta *B.Hisp.*22.4; ~um uigilans, 'quartae sit partis Vlixes', audieris, 'heres' Hor.*S.*2.5.100; stare omnem multitudinem ad portas..~um habeo Liv.7.30.22; ut uix quicquam satis certum adfirmare ausus sim 22.36.1; tumidos et corruptos..~um habeo..infirmitatis uitio laborare Quint.*Inst.*2.3.9. **c** non ~os quisquam aspexerat liberos Cic.*Inv.*1.2; si tibi fortuna non dedit ut patre ~o nascerere *S.Rosc.*46; illum..nullam ~i patris notam habere Liv. 39.53.3; hunc..modicum uoluptatum, uno matrimonio, ~is liberis egisse Tac.*Ann.*2.73.

5 (of signs, information, etc.; also, witnesses, informants) Certain, sure, indisputable.

si non alia ~iora et clariora testimonia..haberem Cic. *Q.Rosc.*37; iudex esse bonus nemo potest qui suspicione ~a non mouetur *Ver.*5.65; ~issimis criminibus et testibus fretus *Clu.*10; nisi ista pecunia grauissimis esset ~issimisque monumentis testata *Fam.*5.20.5; quo somnio quid inueniri potest ~ius? *Div.*1.56; ~iores nuntii de exercitu Romanorum Caes.*Gal.*6.10.4; haec ut ~is possemus discere signis Verg.*G.*1.351; Prop.4.9.11; ~a..cladis fama Liv.21.61.1; pignora ~a Ov.*Met.*2.91; ~a fides facti *Fast.*6.609; ~ae.. sortes V.Max.1.8.10; ~iore id nota explorare Cels.8.4.2;— ut ipsus testis sit sibi ~issumus Pl.*Poen.*708; auctores ~issimos laudare possum Cic.*de Orat.*3.68; *Ver.*3.136; ibi per ~os exploratores..quae..agerentur cognoscebat Caes. *Gal.*7.16.2; Verg.*A.*10.510; cum..ualere Scipionem ~i auctores adferrent Liv.28.25.3; Hanno..~ior Romani animi aestimator V.Max.6.6.2; tibi ~ior omnia uates ipse canet..genitor Pompeius Luc.6.814; Tac.*Hist.*2.55;—(*of Apollo, the fates, etc.*) ~us enim promisit Apollo Hor.*Carm.* 1.7.28; ~ae iurant in uota Sorores Stat.*Silv.*5.1.262;—(*of the senses*) quid nobis ~ius ipsis sensibus esse potest? Lucr.

1.699;—(*w.* ad) ~usque ad talia Titan integer in fluctus.. decidit V.Fl.2.57.

6 Certain to happen or be realized, inevitable, sure. **b** certain of fulfilment.

spe incerta ~um mihi laborem sustuli Ter.*Hec.*17; quam illos..ad ~am mortem adducerem Cic.*Sest.*45; deorum immortalium has esse in impios..poenas ~issimas *Pis.*46; et seruare sibi curam ~umque dolorem Lucr.4.1067; ciuitatem quae ~issimam Galliae uictoriam distineat Caes.*Gal.*7.37.3; pro incerta spe ~a praemia Sal.*Cat.*41.2; nulla ~ior tamen ..aula diuitem manet erum Hor.*Carm.*2.18.29; ~am perniciem cernentes Liv.32.25.8; bis..se ~o consulatu deiectum 40.46.14; aleam in damnum ~iorem Sen.*Ep.*99.12; Col. 12.2.3; Luc.9.583; Stat.*Theb.*1.640; ob uirtutes ~issimum exitium Tac.*Hist.*1.2. **b** Caesarem..improbissimis litteris.. impulerunt in spem ~issimam consulatus Cic.*ad Brut.*1.10.3; ~o prope imbrium promisso Plin.*Nat.*18.224; ~a facis populi tu primus uota, December Mart.7.8.3.

7 (of things) That one can depend on having, safe, assured. **b** (w. nouns expr. a person of a particular rank or status) certain, assured (of that rank, etc.).

quod actum erat..putant id esse ~issimum Cic.*Ver.*1.141; aguntur ~issima populi Romani uectigalia *Man.*6; contentum..suis rebus esse maximae sunt ~issimaeque diuitiae *Parad.*51; fugitiuis..~us erat Alexandriae receptus ~aque uitae condicio Caes.*Civ.*3.110.4; tua si mihi ~a uoluntas Verg.*A.*4.125; haec si quis..laboret reddere ~a sibi Hor.*S.*2.3.270; spem bonam ~amque domum reporto *Saec.*74; non contenti libertate ~a Liv.1.23.9; Tarentum ad ~iorem spem proditionis proficiscitur 24.17.8; nil homini ~um est Ov.*Tr.*5.5.27; adeo..~a Atheniensium in Romanos fides fuit Vell.2.23.4; per spes tuorum liberum et ~um larem Sen.*Med.*478; ~os non rumpunt classica somnos Luc.4.395; ~a et fructuosa praedia Plin.*Ep.*4.6.3;—(*of ready money*) CCCC ~a, reliqua in spe Cic.*Att.*15.21.1; nunc praesens pecunia, ~a, numerata quaeritur *Agr.*1.2. **b** fortissimum uirum..~issimum consulem Cic.*Mil.*25; dissimulare me ~iorem quam se candidatum Cael.*Fam.*8.3.1; paterni clarus imperii comes et ~us heres Sen.*Phaed.*1112; uincendo ~ior exul Petr.122,l.162;—(*cf.*) de iis qui nunc petunt Caesar ~us putatur Cic.*Att.*1.1.2.

8 (of persons in various capacities) Absolutely dependable, certain, true. **b** (of things) functioning accurately, exact, precise; also, accurately done or made.

amicus ~us in re incerta cernitur Enn.*scen.*210; me.. M. Tullio fidelem ~umque amicum esse Cic.*Tul.*5; ut ..officia ~i patris familias nosse posset *Quinct.*11; illi ~issimi idemque acerrimi Caesaris actorum patroni *Phil.*10.16; flectitur assiduis ~a puella minis Prop.1.19.24; ~o bene nupta marito Ov.*Ep.*5.107; sed rectus, sed ~us, amicus amico Petr.44.7;—(*w. dat.*) tu ex amicis ~is mihi es ~issumus Pl.*Trin.*94; gladiatores, quam sibi ille manum ~issimam fore putauit Cic.*Catil.*2.26; tu mihi ~us eras Prop.2.24.36;—(*masc. as sb.*) per litora ~os dimittam Verg.*A.*1.576. **b** tu enim a ~o sensu et uero iudicas de nobis D.Brut.*Fam.*11.10.1; ~ae praedictionis somnium V.Max.1.7.ext.1; exige, sed ~a, quos legis, aure iocos Mart.7.28.8; ~a uelut aequus in statera, nil mutas Stat.*Silv.*4.9.46;— ~is ex aqua mensuris Caes.*Gal.*5.13.4; dum ~um flectit in orbem quadripedis cursus Ov.*Met.*6.225.

9 Unambiguous, unmistakable, palpable, manifest.

tu mihi es inimicus ~us Pl.*Per.*582; triumphis ditata ~issimis *Rhet.Her.*4.66; periculi metu ~issimi et maximi Cic.*Div.Caec.*31; impudentissimum tuum furtum ~issimumque peculatum *Ver.*3.168; esne igitur patriae ~issimus parricida? *Vat.*35; Gallia uastatur: quae pax potest esse ~ior? *Phil.*8.5; Anchisa generate, deum ~issima proles Verg.*A.*6.322; postquam lux ~ior erat Liv.25.10.6; ~os edidit hinnitus Ov.*Met.*2.668; uestigia uidit in alto puluere ~a ferae 4.106; Sardinia..~um recepit imperi iugum Vell.2.38.2; istae generis humani ~issimae pestes V.Max.4.3.intro.; natura..uitia confessa fecit etiam ubi bona ~a non fecerat Plin.*Nat.*17.32; Oceanum ~ior audit eques Mart.5.23.4; ullius gentis, quae ~o imperio contenta fuerit Tac.*Dial.*40.3.

10 Having one's mind made up, determined, resolved. **b** (of the mind, etc.).

quos ego..ex incertis ~os compotesque consili dimitto Enn.*scen.*143; medium Aeneas iam classe tenebat ~us iter Verg.*A.*5.2; ~a descendi ad preces Sen.*Phaed.*669;—(*w. gen.*) quando ~us consilii fueris *Dial.*10.3.3; iudex..quam primum ~us esse sententiae cupit Quint.*Inst.*4.3.8; Agrippina, sceleris olim ~a Tac.*Ann.*12.66; ~us fugae Plin.*Ep.*6.16.12;—(*w. gd. or gdve.*) iam ~us eundi Verg.*A.*4.554; relinquendae uitae ~us Tac.*Ann.*4.34;—(*w. inf.*) ~a mori Verg.*A.*4.564; ~i non cedere Ov.*Met.*9.43; ~a sequi V.Fl.4.47; ~us procul urbe degere Tac.*Ann.*4.57. **b** qui rem publicam animo ~o adiuuerit Acc.*trag.*357; satis animo ~o et confirmato Cic.*Quinct.*77; quid mecum ~a proelia mente geris? Ov.*Ep.*17.38.

11 (of persons, feelings, etc.) Assured, certain, confident.

(*of persons, w. abl.*) hostem nec spe nec animo ~iorem Liv.10.35.17;—(*w. gen.*) ~us et ipse necis Stat.*Theb.*7.699; gaudet Cadmeia plebes ~a tui 10.670; ~us iam laudis Sil.16.440; ubi sui matrimonii ~a fuit Tac.*Ann.*12.3; ~us.. posteritatis Plin.*Ep.*9.3.1;—(*w.* de) ~us de tua pietate fidei tuae committo Scaev.*dig.*32.1.37.3;—(*poet.*) ~a per extentos ponet uestigia funes Man.5.653; numquam placidam sceptra quietem ~umue sui tenuere diem Sen.*Ag.*61;—(*of feelings, etc.*) inde (est coorta)..~ior..inimicis adgrediendi fiducia Pol.*hist.*5; at qua spe, quam ~a opinione descenderat! Cael.*Fam.*8.4.1; ut..impleret homines ~ioris spei quam quantam fides promissi humani..subicere solet Liv.26.19.2; haec quoque adhuc uitae non est fiducia nostrae ~a satis Ov.*Met.*1.357; ut eadem illa intrepidus facias aut ~iore consilio Sen.*Ep.*116.1.

12 Having certain knowledge, convinced, sure; *~um facere*, to assure (cf. *b*). **b** *~iorem facere*, to inform; also *~um facere*.

numquid nunc es ~ior? Pl.*Am.*347; *Cur.*327; nec quisquam est a quo ~ior esse queam Ov.*Tr.*3.14.44; ~o ~ior Apul.*Met.*10.28;—(*w. gen.*) ⟨NEQVE FACTVRVM Q⟩VO QVIS SVAE ALTERIVS SENTENTIAE ~IOR SIET *CIL* 1.583.44; futurorum ~i Ov.*Met.*13.722; fati ~us..olor Stat.*Silv.*5.3.80; lapidis ictu cruentus et exitii ~us Tac.*Ann.*1.27; certi damnationis Suet.*Tib.*61.4; iam ~us erroris Apul.*Met.*4.12;—(*w. acc. and inf.*) uiuere me duro sidere ~us eris Prop.1.6.36; ~us Scythico concurrere ponto Cyaneas V.Fl.1.59; Ulp.*dig.*26.2.16.4;—(*w. indir. qu.*) fortasse erimus ~iores quid nobis faciendum sit Cic.*Fam.*14.22; quis.. loquar tecum, ~ior esse uelis Ov.*Pont.*1.2.6; tum ~us eram quae litora uellem Luc.8.191;—epistula atque imago me ~um facit Pl.*Ps.*1097; me non oracula ~um sed mors certa facit Luc.9.582. **b** abiit neque me ~iorem fecit Pl.*Aul.*244; ex me..numquam fies ~ior *Bac.*841; quantum potest me ~iorem..face Ter.*Ph.*674; ~iorem facit istum cuia res erat Cic.*Ver.*3.68; doleo non me tuis litteris ~iorem fieri *Att.*6.3.4; non facto ~iore senatu Liv.23.23.9;—(*w. gen.*) ~ior tui consili factus Cic.*Att.*8.11d.1; 9.2a.2;—(*w.* de) etsi de re p. rumoribus et nuntiis ~ior fio Cic.fil.*Fam.*16.25; ubi de eius aduentu Heluetii ~iores facti sunt Caes.*Gal.*1.7.3;—(*w. acc. and inf.*) cum..~ior factus essem non esse eos profectos Cic.*ad Brut.*2.4.1; Roma per litteras ~ior fit prouinciam Numidiam Mario datam Sal.*Jug.*82.2; Liv.3.52.1;—(*w. indir. qu.*) a quo factus Vibullius ~ior quae res ..gererentur Caes.*Civ.*1.15.4;—Anchisem facio ~um remque ordine pando Verg.*A.*3.179; consilii tamen ante sui.. ~am te facit Ov.*Met.*11.415.

13 (of a weapon or missile, also a blow or wound) That hits the mark, well-aimed. **b** (of a marksman or his hand) sure, unerring. **c** (of remedies) that cannot fail, certain.

~a Stymphalia monstra sagitta perculit Catul.68.113; ~am quatit improbus hastam Verg.*A.*11.767; metuende ~a Phoebe sagitta Hor.*Carm.*1.12.23; te..si ~o puer hic concusserit arcu Prop.1.7.15; quod petitur, ~o contingere telo Ov.*Met.*8.351; ut ~o exeant emissa neruo tela Sen.*Her.F.*118; harundo..quae uoto ~ior omni in caput.. descendit Luc.6.215;— ~iore ictu hostis uti Liv.44.35.9; qui dare ~a ferae..uulnera possumus Ov.*Met.*1.458. **b** illius tui ~issimi gladiatoris Cic.*Vat.*37; Prop.2.34.60; Deucalion ~us iaculis V.Fl.1.366; (*w.inf.*) ~us Aethalides subitas neruo redeunte sagittas cogere 1.436;—figentem ~a terga ferina manu Ov.*Am.*3.10.26; Luc.6.190; Mart.6.32.4; Quint.*Inst.*4.5.14; (*w. gen.*) unde manus Fatis tam ~a nocendi? Stat.*Silv.*2.6.59. **c** da ~a piamina.. fulminis Ov.*Fast.*3.333; etiamsi ~a sit medicina Plin.*Nat.*30.95.

14 Physically steady, constant, firm. **b** invariable, regular. **c** (of rhythmical movements, metre, etc.) regular. **d** (of prose periods or phrases) having a definite compass, rounded.

integra mente ~isque sensibus Cic.*Sen.*72; reddere qui uoces iam scit puer et pede ~o signat humum Hor.*Ars* 158; Cynthia non ~is nixa caput manibus Prop.1.3.8; ~o incedentibus gradu Liv.42.59.6; ob hoc..insulas esse ~ioris soli Sen.*Nat.*6.26.3; non eadem (in arbustis) ut in uite libertas, quoniam ~a latera Plin.*Nat.*17.214;—(*of persons*) gressuque manuque ~ior Stat.*Theb.*9.290;—(*of winds*) uento ~o celerique nauigio uectus *B.Afr.*2.5; uelut nauis..quam ~us in altum propellit Boreas Ov.*Ep.*20.41;—(*of lights*) neque ~a fulgent sidera nautis Hor.*Carm.*2.16.3; quibus ~is luminibus opus est partibus Vitr.1.2.7;—(*of actions*) instructas uelut in acie ~o gradu legiones accedere Hirt.*Gal.*8.9.1; ultima prona uia est et eget moderamine ~o Ov.*Met.*2.67; per nemus ignotum non ~is passibus errans 3.175. **b** uelim tabellarios instituatis ~os Cic.*Fam.*14.18.2; hoc mihi ~um ac iucundissimum uacanti negotium erat Cael.*Fam.*8.3.1; mane cliens et iam ~us conuiua Hor.*Ep.*1.7.75; aere non ~o corpora languor habet Ov.*Ars* 2.318; ~um iam alueo Rhenum Tac.*Ger.*32.1. **c** cantauit ~o rustica uerba pede Tib.2.1.52; ad ~os uerba canenda modos Ov.*Fast.*3.388; Man.3.35. **d** arguti ~ique et circumscripti uerborum ambitus conceduntur Cic.*Orat.*38; in oratione..esse quosdam ~os cursus conclusionesque uerborum 178; aliquos compositionis ~os pedes Quint.*Inst.*10.2.13.

cerua ~ae, *f.* [CERVVS] A hind or doe (the sex is usually indeterminate, sometimes spec. female).

nusquam insanum scripsit adulescentulum ~am uidere fugere Ter.*Ph.*7; ceu canis..si ueteris potuit ~ae comprendere lustra V.Ruf.*poet.*4.2; Cic.*N.D.*2.127; cerua siluicultrix Catul.63.72; fixerit aeripedem ~am licet Verg.*A.*6.802; Hor.*Carm.*3.5.32; ~a fugiens lupum Liv.10.27.8; Ov.*Met.*11.772; ~arum..quae nec dentes habent (ut neque mares) nec tamen cornua Plin.*Nat.*11.128; captos contempsit ~a leones Stat.*Ach.*1.466; ~am candidam insignis formae Fron.*Str.*1.11.13; (*in allusion to the substitution of a hind for Iphigenia*) pro fidicina haec ~a supposita est tibi Pl.*Epid.*490; Apul.*Met.*8.26.

ceruārius ~a ~um, *a.* [CERVVS+-ARIVS] Of or connected with deer: *lupus ~us*, perh. either the lynx or wolverine; *uenenum ~um*, a poison for arrows obtained from the plant *limeum*; *ouis ~a* (see quot.).

in eo genere (luporum) qui ~i uocantur Plin.*Nat.*8.84; 11.202;—27.101; Fest.p.355M;— ~a ouis, quae pro cerua immolabatur Paul.*Fest.*p.57M.

cerūchī ~ōrum, *m. pl.* [Gk. κεροῦχοι] (naut.) Braces (supporting the yard-arms).

instabit summis minor Vrsa ~is Luc.8.177; 10.495; temperet ut tremulos Zetes fraterque ~os V.Fl.1.469.

ceruesārius ~iī, *m.* [next+-ARIVS] (prob.) A brewer (of beer).

CIL 13.10012.7; 13.11319.

cerues(i)a ~ae, *f.* [Gall.] A kind of beer.

ex iisdem fiunt et potus, zythum in Aegypto..~a et plura genera in Gallia aliisque prouinciis Plin.*Nat.*22.164; Ulp.*dig.*33.6.9; OSPITA REPLE LAGONA ~A *CIL* 13.10018(7).

ceruīcal ~ālis, *n.* [CERVIX+-ALIS] A pillow or cushion.

alii ~alibus uestimentisque onerant (caput) Cels.4.2.7; fultus ~alibus multis Petr.78.5; Plin.*Nat.*28.47; Mart.14.146.1; ~ALIA DVO PAR(IA) CENATOR(IA) *CIL* 13.5708.1.6; ~alia capitibus imposita linteis constringunt Plin.*Ep.*6.16.16; Juv.6.353; Suet.*Nero* 6.4; (*facet.*) '~al': offla collaris allata est Petr.56.8.

ceruīcula ~ae, *f.* [CERVIX+-VLA]

1 The neck (of men, animals, etc.).

tamenne putamus patronum tuum in hoc crimine ~am iactaturum..? Cic.*Ver.*3.49;quem (*sc.*risum)..populo dabat et contracta etiam ~a Quint.*Inst.*11.3.180; Apul.*Fl.*12.

2 The neck of the air-container in a water organ.

supra..~am eius coagmentata arcula sustinet caput machinae Vitr.10.8.2.

ceruīnus ~a ~um, *a.* [CERVVS+-INVS] Of a deer or stag.

incendendum cornum ~um Var.*R.*3.9.14; ~am pellem Hor.*Ep.*1.2.66; ~a..uellera Ov.*Met.*6.592; ~o..contexere neruo Grat.90; medulla ~a Cels.4.27(20).1.c; Plin.*Nat.*25.164; Larg.238; ~us..sorbet..halitus anguem Mart.12 28(29).5; (*w. ref. to supposed longevity*) iam torquet iuuenem longa et ~a senectus Juv.14.251.

ceruiscus ~a ~um, *a.* [cf. perh. CERVVS] The name of a variety of pear.

Cloat.*gram.*10.

ceruix ~īcis, *f.* [cf. perh. CEREBRVM] N.B. The plural is often used with the same meaning as the singular, esp. in earlier authors; see also Var.*L.*8.14, Quint.*Inst.*8.3.35.

1 The neck, esp. the back of the neck, the nape. **b** (of animals, birds, etc.). **c** (in var. postures or attitudes). **d** the severed neck, i.e. head.

(*pl. form*) metuerem ne ibi diffregisset crura aut ~ices sibi Pl.*Mil.*722; si caput aut ~ices dolent Cato *Agr.*157.10; tuus..deus..redundat..capite collo ~icibus lateribus Cic.*N.D.*1.99; ~icium duritias..mitigat Plin.*Nat.*20.250; prolixo nec exili corpore erat..opimis ~icibus Suet.*Cl.*30.1;—(*sg.*) caput a ~ice reuulsum Enn.*Ann.*472; Afran.*com.*414; in..umeros ~ix conlapsa recumbit Verg.*A.*9.434; centum fronte oculos, centum ~ice gerebat Ov.*Am.*3.4.19; ut quaedam elisarum faucium in ~ice reperirentur notae Vell.2.4.5; aqua calida..~ices..perfundunt..cerato..liquido ~icem perunguere Cels.4.6.3; ~icem..uinxit meam (licio) Petr.131.4; cum ~ix reflexa est in posteriorem partem Larg.255; detractum ~ici monile Tac.*Ann.*16.31; Ulp.*dig* 9.2.5.3;—(*in comparisons*) ueluti ~icis incipit flexus Plin.*Nat.*3.43; Apul.*Mun.*6. **b** (*pl.*) ut..lumbos ~icibus tangat Lucil.1347; te tamquam serpens..inflato collo, tumidis ~icibus intulisti Cic.*Vat.*4; pluma columbarum..quae sita ~es circum collumque coronat Lucr.2.802; superant capite et ~icibus altis Verg.*A.*2.219; toris comisque ~icum fluctuantibus Gel.5.14.9;—(*sg.*) quadrupes tardigrada.. ~ice anguina Pac.*trag.*3; ouem..uillis altis et densis.. circum ~icem et collum Var.*R.*2.2.3; anguem..uaria grauiter ~ice micantem Cic.*poet.*7(19).4 (*Div.*1.106); rutilam ferox torosa ~ice quate iubam Catul.63.83; Verg.*G.*4.408; trans ~icem equi Liv.8.7.9; uariis coloribus pauonum ~ix.. nitet Sen.*Nat.*1.5.6; Stat.*Theb.*1.507; (*in a constellation*) perque pedes primos ceruicem transit et Vrsae Man.1.619. **c** inuersa uerba, euersas ~ices tuas..tussis risus abstine Ter.*Hau.*372; demissis supplex ~icibus ibam Prop.2.14.11; —simul..~icem inflexam posuit Verg.*A.*3.631; quidnam.. tenerum et laxa ~ice legendum? Pers.1.98; et uocem flectunt et ~icem reponunt Quint.*Inst.*4.2.39. **d** quantam (mercedem) pro Caesaris ipse auolsa ~ice daret Luc.8.12; postquam trunco ~ix abscisa recessit 8.674; iusso lictore recisa ignauos cadet ante pedes fortissima ~ix? Sil.13.373.

2 (in var. special connexions) **a** (as the part embraced). **b** (that bears a burden, etc.; so fig., as carrying responsibility). **c** (exposed to violence or danger). **d** (concerned in beheading, strangling, etc.). **e** (affected by subjugation, enslavement, etc.). **f** (w. *crassus, tantus*, and sim. as a mark of boorishness, insensitivity, etc.).

a cara uicibus ~ice fruuntur Stat.*Theb.*12.388; cara..in ~ice morari *Silv.*3.2.58; ut illa patris ~icibus inhaerebat! Plin.*Ep.*5.16.3. **b** uix illud lecti bis sex ~ice subirent Verg.*A.*12.899; aetherium qui fert ~icibus axem Ov.*Met.*6.178; quae lecta iuuentus patricia ~ice mouet Luc.9.479; cum iam sexta ~ice feratur Juv.1.64;—(*of yoked animals*) quem neque..tauri ducere protelo ualidis ~icibus possent Lucil.248; intacta..~ice iuuencas Verg.*G.*4.551; Stat.*Silv.*1.1.87;—(*fig.*) cum istius auaritiae poenam collo et ~icibus suis sustinerent Cic.*Ver.*5.108; non imponi ~icibus tuis onus sub quo concidas Liv.24.8.17; Sen.*Ep.*71.25; alieni poena timoris in nostra ~ice sedet Luc.7.645; (*cf.*) fortitudinem neruos animi ipsasque ~ices ait Apul.*Pl.*2.21. **c** suum praesidium in capite atque ~icibus nostris conlocare Cic.*Agr.*2.74; in puero qui a ~icibus nostris auertisset Antonium *ad Brut.*1.15.7; hostis..in ~icibus iam Italiae agentis ab Alpibus..summoui Sal.*Hist.*2.98.4; cum in ~icibus sumus nec fallere nos..abeundo ⟨potest⟩ Liv.44.39.7; Nero quem..sua immanitas, sua luxuria ~icibus publicis depulerunt Tac.*Hist.*1.16. **d** praetorem tu accuses? frange ~ices Cic.*Ver.*5.110; ~ices..suas ei subiecit securi *Phil.*2.51; militi ~ices abscisae *B.Hisp.*20.5; desecta Tolumni ~ix Prop.4.10.38; saeuite in tergum et in ~ices nostras Liv.3.45.9; ut..~icem securi Romanae subiciam 26.13.15; praebenti..inmotam ~icem caput praecisum est Sen.*Suas.*6.17; optabat, ut populus Romanus unam ~icem haberet Sen.*Dial.*5.19.2; ~icemque percussoribus obtulit Tac.*Ann.*1.53. **e** urbe carebant ea cuius a ~icibus iugum seruile deiecerant Cic.*Phil.*1.6; regno prope per largitionis dulcedinem in ~ices accepto Liv.4.12.6; deuictae Karthaginis ~icibus inposito iugo V.Max.6.9.2; si steteris umquam ~ice soluta Luc.9.603; summitte caput ~ice parata ferre iugum Juv.6.207. **f** qui tantis erunt ~icibus recuperatores qui audeant..contra uoluntatem eius..iudicare? Cic.*Ver.* 3.135; scholastici intueri me, quis essem, qui tam crassas ~ices haberem Sen.*Con.*3.pr.16.

3 (transf., of a tree, twig, etc.) The thin and more or less flexible part supporting the head.
decacuminare (malleolum) conueniet, ut in ~icem potius confirmetur Col.4.7.3; getium paene sine capite est, ~icis tantum longae Plin.*Nat.*19.107; (*poet.*) Alpini ueluti regina cupressus uerticis urgenti ~icem inclinat in Austro Stat. *Theb.*6.855.

4 a The cervix or neck of the urinary bladder, of the uterus. **b** the neck of a jar or other vessel. **c** a neck of land, an isthmus. **d** (applied to a vertical support in a mine).
a uesica autem..~ice plena atque carnosa Cels.4.1.11; ea (*sc.* uolua) recta tenuataque ~ice quam canalem uocant 4.1.12. **b** fistulae sunt continentes coniunctae pnigeos ~icibus Vitr.10.8.4; frangitur..~ix cucumulae Petr. 136.2; foco uirenti suberat amphorae ~ix Mart.12.32.14. **c** promunturium..quod..angustis..~icibus reliqua extendit in latius Mela 1.89; oppidum Pagae, unde Peloponnesi prosilit ~ix Plin.*Nat.*4.8; 6.170. **d** ~ices fornicum ab ultimo caedunt Plin.*Nat.*33.72.

cērula ~ae, *f.* [cera+-vla]

1 ~*a miniata* (-*ula*), a red crayon, red pencil.
quae..uereor ne miniata ~a tua pluribus locis notandae sint Cic.*Att.*15.14.4; ~as..tuas miniatulas illas extimescebam 16.11.1.

2 (app.) A candlestick.
horologivm et ~as ii argenteas *CIL* 12.3100.

ceruolus ~ī, *m.* [cervvs+-olvs] (pl., mil.) Chevaux-de-frise.
uallum ~is et alio materiae genere constructum Fron. *Str.*1.5.2.

Cerus: (see quot.).
in carmine Saliari ~us manus intellegitur creator bonus Paul.*Fest.*p.122M.

cērussa ~ae, *f.* [dub.] Carbonate of lead, white lead.
Vitr.8.3.18; lauatur (crocodilea) ut ~a Plin.*Nat.*28.109; —(*as a pigment, esp. in cosmetics*) cedo ~am. — quid cerussa opust nam? — qui malas oblinam Pl.*Mos.*258; Nov.*com.*83; nec ~a tibi nec nitri spuma rubentis desit Ov.*Med.*73; e uilioribus (coloribus) ochra, ~a usta, sandaraca Plin.*Nat.*35.30; Mart.10.22.2;—(*in medical use*) iuuat etiam panis..cum rosa, ~a, spumaque argenti Cels.3.10.2; Plin.*Nat.*33.102;—(*as a poison*) si ~am (aliquis ebibit) Cels.5.27.12.b; Larg.184.

cērussātus ~a ~um, *a.* [prec.+-atvs[2]] Painted or made white with white lead.
~a sibi placet Lycoris Mart.1.72.6; 2.41.12; epigrammata..~a candidiora cute 7.25.2.

ceruus ~ī, *m.* [cf. Gk. κεραός, Welsh *carw*, Eng. *hart*]

1 A stag, deer. **b** (see quot.).
cum leone, cum excetra, cum ~o..deluctari mauelim quam cum Amore Pl.*Per.*3; Var.*L.*5.101; quod ~is et cornicibus uitam diuturnam..dedisset Cic.*Tusc.*3.69; effugeret canis..cornigeri incursum ~i Lucr.3.751; est bos ~i figura Caes.*Gal.*6.26.1; nec retia ~is ulla dolum meditantur Verg.*Ecl.*5.60; Luc.9.921; hinnulei ~i coagulum Larg.13; ~orum (est) rugire Suet.fr.161(p.248Re);—(*w. ref. to its swiftness or timidity*) uinceretis ~om cursu Pl. *Poen.*530; alipedes..~i Lucr.6.765; dum pauidos formidine ~os claudat Luc.4.437. **b** aedem Dianae dedicauerit in Auentino, cuius tutelae sint ~i; a quo celeritate fugitiuos uocent ~os Fest.p.343M; (*cf.*) Mart.3.91.12.

2 (pl., mil.) Chevaux-de-frise.
~i ab similitudine cornuum cerui Var.*L.*5.117; grandibus ~is eminentibus ad commissuras..qui ascensum hostium tardarent Caes.*Gal.*7.72.4; aduersos hosti defigere ~os [Tib.]3.7.84; Liv.44.11.4.

cēryx, *m.* [Gk. κῆρυξ] A herald.
sic *ioù ioù* tragoedus Graius et ~x sonat Maur.531; (*app. as a magistrate*) non uis..nisi consul aut prytanis aut ~x aut sufes administrare rem publicam Sen.*Dial.*9.4.5.

cesna: see cena.

cespes, cespitō: see caesp-.

Cespius: see Cispivs.

cessātiō ~ōnis, *f.* [cesso+-tio]

1 Relaxation from business, rest. **b** respite or intermission (from an activity). **c** a period of disuse.
ita negotium institutumst, non datur ~o Pl.*Poen.*925 (*dub.*); ualde id..laborandum est ne..nostra nobiscum aut inter nos ~o uituperetur Cic.*Fam.*9.3.1; legationem aliquam nimirum ista oratio postulat aut eius modi quampiam ~onem liberam atque otiosam *Leg.*1.10. **b** Graeci..~onem istam pugnae pacticiam ἐκεχειρίαν dixerunt Gel. 1.25.8; iustitium, id est iuris inter eos quasi interstitionem quandam et ~onem 20.1.43. **c** quibus balineae..inter solitas ~onum uices parari purgari..sint soliti Scaev.*dig.* 32.35.3.

2 Idleness, inactivity. **b** (leg.) inactivity in respect of a particular function or duty, neglect, default.
Epicurus quasi pueri delicati nihil ~one melius existimat Cic.*N.D.*1.102; mirificam mi uerberationem ~onis epistula dedisti Q.Cic.*Fam.*16.27.1. **b** si forte impubes post matris ~onem fuerit adrogatus Ulp.*dig.*38.17.2.46; 50.7.2.2; ex die ~onis crescat usura Paul.*dig.*22.1.17.

cessātor ~ōris, *m.* [cesso+-tor] A sluggard, an idler.
non quo ~or esse solerem, praesertim in litteris Cic.*Fam.* 9.17.3; *Q.fr.*3.5&6.6; nequam et ~or Dauus Hor.*S.* 2.7.100; quid nauus operarius ignauo et ~ore praestet Col. 11.1.16; Gel.2.29.11.

cessicius ~a ~um, *a.* [cedo[1]+-icivs[2]] Made or appointed by *cessio*.
is..cui ceditur tutela, ~us tutor uocatur Gaius *Inst.* 1.169; a ~o tutela discedit 1.170; 1.171.

cessim, *adv.* [cedo[1]+-im] So as to give way or lose ground.
superius plostrum ~ ire coepit Alf.*dig.*9.2.52.2; cultor uirtutis..ibit interim ~ et remittet aliquid ex intentione mentis Sen.*Ep.*71.28.

cessiō ~ōnis, *f.* [cedo[1]+-tio]

1 A surrendering or conceding (in law).
abalienatio est eius rei quae mancipi est aut traditio alteri nexu aut in iure ~o Cic.*Top.*28; Gaius *Inst.*2.22; Paul. *dig.*39.3.9; ob ~onem donationemq monvmenti *CIL* 14.1135.4.

2 The running (of a period or term).
heredis aditio moram legati quidem petitioni facit, ~oni diei non facit Ulp.*dig.*36.2.7.

cessō ~āre ~āuī ~ātum, *intr.* [cedo[1]+-to]

1 To hold back from an action, be slow, stay, dally. **b** (w. inf., usu. in neg. or interr. cls.) to hesitate, be slow (to). **c** (transf. and poet. of things).
quid ~atis? Pl.*Mil.*1404; it dies; ego mihi ~o *Ps.*240[a]; paullum si ~assem..domi non offendissem Ter.*Eu.*672; intus ~as? Turp.*com.*1; ~as in uota precesque..? Verg.*A.* 6.51; neu populus frequens ad arma ~antis, ad arma concitet Hor.*Carm.*1.35.15; quid ~arent tergiuersarenturque? Liv.10.35.9; non ego ~aui, nec fecit inertia serum Ov.*Pont.* 3.4.57; sequor et, comitum licet agmina ~ent, solus eo Stat.*Theb.*10.217; gladiatori..haec proposita sors est aut occidere, si occupauerit, aut occumbere, si ~auerit Gel. 6(7).3.31; (*w. dat.*) tua non aetas umquam ~auit amori Prop.1.6.21; (*w.abl.*) spernere sororem, quod uirum nacta muliebri ~aret audacia Liv.1.46.6; uix Punica fletu ~assent castra Sil.2.653;—(*impers.*) Maharbal praefectus equitum, minime ~andum ratus Liv.22.51.2; cum..sperarent propinquum certamen et facere, si ~aretur, cuperet 21.53.11; ~(*w. advl. acc.*) quidquid apud durae ~atum est moenia Troiae Verg.*A.*11.288. **b** Hector qui haud ~at obsidionem obducere Enn.*scen.*175; sed quid ego ~o ire ad forum quo inceperam? Pl.*As.*125; nihil ~arunt ilico osculari atque amplexari inter se *Mil.*1432; ~o ego has consolari *Rud.*677; ~o adloqui? Ter.*An.*845; quid ~as hominem adire..? *Ph.*252; quid ~at hic homullus..dare haec praeclara praecepta sapientiae..genero suo? Cic.*Pis.* 59; quid mori ~as? Hor.*Carm.*3.27.58; Liv.8.6.6; Ov.*Fast.* 6.675; dextra quid ~as iners exigere poenas? Sen.*Phoen.*91; ~em licet ipsa profari Stat.*Theb.*3.688; nec uatum mentes agitare..~atum super imperio Sil.3.6; Plin.*Ep.*6.20.10; (*w. abst. subj.*) lenta meorum..cura..~at flammis imponere corpus Sil.13.461. **c** ~at uoluntas? Hor.*Carm.*1.27.13; parcis deripere horreo ~antem..amphoram 3.28.8; quid o tua fulmina ~ant, summe deum? Ov.*Met.*2.279; Circus adhuc ~at *Tr.*4.9.29; ~antibus Austris Luc.3.68; nec longius umquam ~auere nouae perfecto sole tenebrae Stat.*Theb.*5.180.

2 To desist or rest (from an activity). **b** (of conditions, emotions, practices, etc.) to cease, desist. **c** (of things) to stop, give out.
(*w. inf.*) haud ~auit pro te eniti Ter.*Ph.*475; de aedificatione tua Cyrum urgere non ~o Cic.*Q.fr.*2.2.2; nec gemere aeria ~abit turtur ab ulmo Verg.*Ecl.*1.58; Hor.*Ep.*1.7.78; Liv.39.26.5; arcus..si numquam ~es tendere, mollis erit Ov. *Ep.*4.92; Plin.*Nat.*18.44; nec ~auit ex eo criminari alterum alteri Suet.*Cal.*56.1; (*w. inanim. subj.*) haud igitur ~at (aer) gigni de rebus Lucr.5.279; V.Max.1.7.ext.4;—(*w.* ab) nec..~atum a leuibus proeliis est Liv.4.2.5; non nocte, non die unquam ~auerant ab opere 21.11.5; Neroni ne inter uoluptates quidem a sceleribus ~abatur Tac.*Ann.*15.35; (*w. inanim. subj.*) uelut infantia uinearum ~at a fructu Col.3.3.9;—(*w. abl.*) ⟨cvm legio⟩ div exercitatione ~asset *CIL* 8.2532;—(*absol.*) continuo capulator conca oleum..tollat, ne ~et Cato *Agr.*66.1. **b** ne nunc quidem ..in militibus uestris ~at ira deae Liv.29.18.10; non Euri ~asse minas..crediderim Luc.5.608; ~auit deinde ars ac rursus..reuixit Plin.*Nat.*34.52; ubi..impetus ~auerit Larg.160; ~at fiducia ualli, murorum patet omne latus Stat.*Theb.*12.703; perpetua anxietas nec mensae tempore ~at Juv.13.211. **c** nec saxa nec ullum telorum interea ~at genus Verg.*A.*2.468; nec pila ab antesignanis ~abant Liv.30.33.15; iaculis ~antibus Sil.14.553; mirum..uideretur, si..~antem..Nilum non sensisset urbis annona Plin. *Pan.*31.5; quotiens..a citeriore ripa aquae ~ant Fron. *Aq.*11.

3 To do nothing (when something is expected), be remiss. **b** (leg.) to fail to take appropriate action, default; to fail to appear in court. **c** to fail, not function.
aliquid exstabit, ne tibi plane ~asse uideamur Cic.*Att.* 2.7.1; semel hic ~auit et..latuit Hor.*Ep.*2.2.14; ~atum a milite ac de industria..impedita uictoria est Liv.8.36.4; ubi ~ares, causa ruboris eram Ov.*Tr.*3.7.26; signa ferat, ~a Luc.4.187; desertoris poena in eum qui ~auerit Plin.*Nat.* 11.105; longum ~ante magistro crescat opus Stat.*Theb.* 11.591; ut mihi semper..quotiens ~are uidebor,..conuicium facias Plin.*Ep.*6.12.5; speque tuae erga me benignissimae facilitatis interim in scribendo ~aui Ver.*Fro.*2.p.116 (129N);—(*transf., of activities, etc.*) quid queror officium lenti ~asse mariti? Ov.*Ep.*6.17; cur tua ~auit pietas..? *Tr.* 4.7.5. **b** uacuas areas occupare et aedificare, si possessores ~arent, cuicumque permisit Suet.*Ves.*8.5; si in exactione nominum ~auerint Scaev.*dig.*40.7.40.8; numquid, quia tutelae ~at (tutor), remouendus sit ab hac administratione Ulp.*dig.*26.10.3.8; cum patre ~ante praetor ei agere permittat 47.10.17.20; cuius tutores in solutione ~auerunt Paul.*dig.*4.4.38;—nullo dilectu culpane quis an aliqua necessitate ~asset Suet.*Cl.*15.2; quotiens..delator adesse iussus ~at Call.*dig.*49.14.2.4. **c** mihi qui multum ~at fit Choerilus ille Hor.*Ars* 357; sensit tripodas ~are Luc. 5.157; uindemiarum non ubique prouentus ~auit Mart. 9.98.2; perfecti illius et nulla parte ~antis (oratoris) Quint *Inst.*1.10.4; si tibi sidera ~ant Juv.9.33.

4 To do nothing (esp. as a relaxation), be inactive, idle, rest; ~*atus,* spent in idleness or doing nothing. **b** (of things) to be neglected, remain unused; (of practices) to be in abeyance, be neglected; ~*atus,* having been in abeyance. **c** (of land) to be fallow, remain uncultivated; ~*atus,* having been left fallow.
ne ~etur, munditias facito Cato *Agr.*39.2; meque..hoc ipsum nihil agere et plane ~are delectat Cic.*de Orat.*2.24; cur in lustris et helluationibus..tam eximia uirtus tam diu ~auit? *Red.Sen.*13; nemini nostrum ~andum est Pol.*Fam.* 10.33.5; et, si quid ~are potes, requiesce sub umbra Verg. *Ecl.*7.10; notum et properare loco et ~are Hor.*Ep.*1.7.57; dextra omnis acies extra proelium eminens ~abat Liv. 27.48.8; cum mare compositumst, securus nauita ~at Ov. *Ars* 3.259; Pers.4.33; formicam..interlunio semper ~antem Plin.*Nat.*2.109; Juv.11.185; (*cf.*) instrumenta ~ant, nisi illa..artifex mouit Sen.*Ben.*5.25.6; (*poet.*) noctes hiberno tempore longae ~ant Lucr.5.700; (*w.* in+*abl.*) neque umquam in suo studio atque opere ~auit Cic.*Sen.*13; (*w. pred.*) dum tamen haec fiunt, uiduae ~ate puellae Ov. *Fast.*2.557;—(*of parts of the body*) ne nares interim ~ent Sen.*Dial.*7.11.4; Sisyphia ceruix ~et *Her.O.*942; tot queritur ~are manus Stat.*Theb.*2.601; (*cf.*) anima..ne ~at quidem nisi tempore exiguo, dum in aliud corpus transfunditur Sen.*Ep.*108.19;—illa moram celeri ~ataque tempora cursu corrigit Ov.*Met.*10.669; ~ata reponere auebant tempora Sil.5.533; exceptis ~atis tribvs (*sc.* diebus) *Inst.Dac.*10 (*CIL* 3.p.948). **b** cur Berecyntiae ~ant flamina tibiae? Hor.*Carm.*3.19.19; at nunc desertis ~ant sacraria lucis Prop.3.13.47; sarcula ~abant Ov.*Fast.*1.699; ferulaeque tristes..~ent Mart.10.62.11; non te, Cytherea, pudebit hoc ~are decus? Stat.*Silv.*3.5.69; hei mihi quanta ~auit Latio dextra Sil.15.733; tertia ne uacuo ~aret culcita lecto Juv.5.17; repentina consulis morte ~antem honorem.. petenti dedit Suet.*Jul.*76.2; in piscinis repvrgatis longo tempore ~antibvs *CIL* 10.6526;—est incredibile quam.. praeclara opera ~et Cic.*Att.*5.15.1; graue suspenso uomere ~et opus Tib.2.1.6; ne ulla parte crudelitas eorum ~aret Liv.39.36.4; oculorum ~abat usus Curt.10.5.16; sola haec uirtus (*sc.* clementia) inter innocentes ~at Sen.*Cl.*1.2.1; quinque et septuaginta annis..neminem suffectum neque tamen ~auisse religiones Tac.*Ann.*3.58; frumentationes.. abolendi, quod earum fiducia cultura agrorum ~aret Suet *Aug.*42.3;—~ata diu referunt spectacula uenti *Aetna* 385. **c** alternis idem tonsas ~are noualis..patiere Verg.*G.*1.71 ~at iners rigido terra relicta situ Ov.*Tr.*3.10.70; terraque sub rudibus ~abat uasta colonis Man.1.74; Col.2.9.15 ~et (terra) quattuor mensibus hibernis Plin.*Nat.*18.191; Gaius *dig.*50.16.30.2; (*w. abl.*) curuoque soli ~antis aratro Luc.3.451;—largaque prouenit ~atis messis in aruis Ov. *Fast.*4.617.

5 (of things) To be at rest, be motionless.
si ~are putas rerum primordia posse Lucr.2.80; sidera ~are aetheriis adfixa cauernis cuncta uidentur 4.391; pigra ..tellus conserta in solidum segni sub pondere ~et *Aetna* 131; 154; ueluti deserta regente aequora natura ~ant Luc.5.444.

6 (of rules, processes, etc.) To be inoperative, not to apply.
an uero ~et obligatio, donec pecuniam conferre possit Ven.*dig.*45.1.137.4; nullam esse societatem..et ideo ~are partes praetoris Ulp.*dig.*4.4.16.1; mens senatus consulti non ~at 14.6.7.4; si intellegatur uitium morbusue mancipii.. potest dici edictum ~are 21.1.1.6; ~are fraudem dicitur Paul.*dig.*49.14.40.1.

7 To be free or clear (of), be wanting (in). **b** (of things) to be absent or wanting.
(*w. abl.*) prima dies belli ~auit Marte cruento Luc.4.24; nec aquarum natura miraculis ~at Plin.*Nat.*2.224; culpa modo pectora ~ent Sil.13.518;—(*w.* ab) nec ullum erat tempus quod a noxae semper cladis alicuius spectaculo ~aret Liv.5.42.6; et cuius nullum ~et ab hoste latus Ov. *Pont.*1.7.14; si a priuilegiis parentum ~aretur Tac.*Ann.* 3.28; ne qui sexus a laude ~aret Flor.*Epit.*1.4(1.10.7); nullus a poena hominum ~auit dies Suet.*Tib.*61.2. **b** nec uenena ~ant dira, ut in lepore Plin.*Nat.*9.155.

cessum ~ī, *n.* [pple. of cedo[1]] (app.) The part of a payment that has been made, an advance.
ex qva mercede adhvc in ~o accepit ✠ viginti qvinqve *Inst.Dac.*11(*CIL* 3.p.949).

cessus ~ūs, *m.* [cedo[1]+-tvs[3]] (app.) Backward or yielding movement.
bouem qui cornu petit uitiosum esse plerique dicunt, item mulas quae ~um dant Paul.*dig.*21.1.43.

Cestiānus ~a ~um, *a.* Of or named after a Cestius.
ad illum colorem redit ~um Sen.*Con.*1.7.17; genera malorum sicut..~a Col.12.47.5.

Cestīnus ~a ~um, *a.* = prec.
malorum genera..~a, Pelusiana Col.5.10.19.

Cestius ~a ~um, *a.* The name of a Roman *gens.*
Cic.*Flac.*31; *Att.*5.13.1; Sen.*Suas.*1.8.

cestos ~ī, *m.* [Gk. κεστός] A band supporting the breasts, esp. the 'girdle' of Venus.
Mart.6.13.8; ~on de Veneris sinu calentem 14.206.2; illa ..soluisse iugalem ~on..fertur Stat.*Theb.*5.63.

cestros[1] ~ī, *m.* [Gk. κέστρος] A pointed tool used in encaustic painting.
encausto pingendi duo fuere antiquitus genera, cera et in ebore ~o, id est uericulo Plin.*Nat.*35.149; 35.147.

cestros[2] ~ī, *f.* [cf. Gk. κέστρον] A plant identified with vettonica, perh. betony.
Plin.*Nat.*25.84.

cestrosphendonē ~ēs, *f.* [Gk. κεστροσφενδόνη] A catapult for discharging bolts.
maxime ~is uulnerabantur Liv.42.65.9.

cestrōtus ~a ~um, *a.* [Gk. κεστρωτός] Engraved.
nunc (cornua) quae ~a a picturae genere dicuntur Plin. *Nat.*11.126.

cestus ~ūs, *m.*: form of caestvs.

cētāria ~ae, *f.* Also **~um** ~ī, *n.* [next] A fish-pond.
Hispaniae ~as hi (scombri) replent Plin.*Nat.*9.49; in Carthaginis spartariae ~is 31.94; iuxta ~as 37.66;—plures adnabunt thynni et ~a crescent Hor.*S.*2.5.44.

cētārius ~iī, *m.* [cetvs+-arivs] A fisherman or fishmonger.
~ii lanii coqui fartores piscatores Ter.*Eu.*257; ~ios, cum uidere uolunt in mari thunnos, escendere in malum alte Var.*Men.*209; ~iorum officinis Col.8.17.12; 12.46.1.

cētē: see cetvs.

Cetēgus ~ī, *m.*: form of Cethegvs.

cēterā, *adv.* [abl. fem. of cetervs] For the rest.
~ quae uolumus uti Graeca mercamur fide Pl.*As.*199 (*s.v.l.*).

cēterō, *adv.* [cetervs+-o[2]] For the rest (in proceeding to further details, a new theme, etc.). **b** in other respects, otherwise; at other times.
~ per oram oppida a Nesactio Aluona, Flanona Plin. *Nat.*3.140; fissilis, praeacuta semper acie. geniculata ~ gracilitas nodisque distincta 16.158; item capitis dolori inlitum, ~ iners et graui sapore 23.88; 33.67. **b** ~ et in his quoque qua corpus intexit uilitas ossea Plin.*Nat.*8.7; pedes leporino uillo nomen hoc dedere ~ candidae 10.133; —auide uorantes, ~o praeparcae 11.67; radice messibus sanguinea, ~ nigra 22.51.

cēterōquī, *adv.* [next+qvi[2]] In other respects, otherwise.
quem nisi quod solum ~ recte quidam uocant Atticum Cic.*Orat.*83; pauca παρὰ λέξιν, ~..satis grauiter *Att.*16.4.1; ego ~ animo aequo fero; unum uereor *Fam.*9.10.3; non enim poeta solum suauis uerum etiam ~ doctus..traditur *N.D.*1.60; Gel.20.1.27; Ulp.*dig.*28.5.35.3.

cēterus ~a ~um, *a.* and *pron.* Also **caet-.** [cf. perh. -ce; term. as in *exterus*, etc.]

1 (adj.) The rest of, the remaining part of, the other: **a** (pl.). **b** (sg., usu. w. collective nouns).
a ubi conuiuae ~i? Pl.*Men.*280; ego uos curis solui ~is Ter.*Hec.*230; centumpondium incertum I et pondera ~a Cato *Agr.*13.3; ~arum rerum..si quis alteri damnum faxit *Leg.pub.*(*Font.iur.*p.46)2; pro triumpho ~isque laudis insignibus Cic.*Catil.*4.23; a Ioue Optimo Maximo ~isque dis immortalibus *Red.Pop.*1; ad ~as meas miserias accessit dolor *Fam.*14.9; Aeduos ~osque amicos populi Romani defenderet Caes.*Gal.*1.35.4; Hannibalem tanto praestitisse ~os imperatores prudentia Nep.*Han.*1.1; ingentem pugnam, ceu ~a nusquam bella forent Verg.*A.*2.438; nec istum ad ~a scelera impudentiam..adicere patiar Liv.3.56.3; nec ~a Phoebo sidera cedebant Ov.*Fast.*5.17; oculo..et ~is iunctis partibus bene obtectis Cels.7.7.7.C; illum..sua maiestas, imperium Romanum ~i exercitus defendent Tac. *Ann.*1.42; Apul.*Apol.*51; (*w.* alius) in ~is aliis rebus omnibus Fro.*Aur.*1.p.220(51N); sicut ex ~is aliis contractibus Papin.*dig.*45.1.121.3. **b** ne balant quidem, quom a pecu ~o apsunt Pl.*Bac.*1138[a]; ne conmisceas cum ~o uino Cato *Agr.*114.2; cum ~a copia Cael.*hist.*57; ianua..permutata ~aque eius generis diligentia Var.*R.*1.4.5; uestem et ~um ornatum muliebrem Cic.*Inv.*1.51; pro ~a eius audacia atque amentia *Ver.*1.6; post eas ~um exercitum in subsidiis locat Sal.*Cat.*59.5; et Spartam et ~am Graeciam Nep.*Paus.*2.4; ~a (aetas) nec feturae habilis nec fortis aratris Verg.*G.*3.62; scribat ut exemplo ~a turba tuo Prop.4.1.136; Pinarii extis adesis ad ~am uenirent dapem Liv.1.7.13; hostium cuneum..a ~a prominentem acie 22. 47.5; sacra tulere suam, pars est data ~a mensis Ov. *Met.*12.154; ~a classis abit summis spoliata carinis Luc. 2.714; effoditur (ceraunia) in quadem insula Rubri maris.. ~a sui parte crystallus Plin.*Nat.*37.136; ut cum ~o corpore caput quoque..inmergatur Larg.20; ubi cum ~o orbe.. et Britanniam recuperauit Tac.*Ag.*17.1; tu quidem pro ~a tua diligentia admones me Plin.*Ep.*2.16.1; brachio relicto ..~um Lamachum raptim reportamus Apul.*Met.*4.11;— (*w. neut. prons.*) argentum accepi, nil curaui ~um Pl.*Capt.* 989; quid ~um? *Epid.*7.

2 (pron. pl.) The others, the rest: **a** (masc.). **b** (fem.). **c** (neut.).
a uos ~i ite huc ad nos Pl.*Aul.*330; malum quom impluit ~is, ne impluat mi *Mos.*871; recto fronte ~os sequi si norit Cato *orat.*49; eius modi iudices infesti tum reo uenerant; ~i nocentissimum esse arbitrabantur Cic.*Clu.*75; si idem nos iuris haberemus quod ~i *Balb.*29; eumque unum praeter ~os obseruat *Fam.*13.17.1; erat una cum ~is Dumnorix Aeduus Caes.*Gal.*5.6.1; in haec uerba, L. Caecili, iures postulo, ~ique qui adestis Liv.22.53.12; ut paucis interfectis ~os pauore..cogerent Tac.*Hist.*3.6; reliquos dicimus relictos ex omnibus, ~os quos excipimus Suet.fr.176 (p.288Re); Ulp.*dig.*50.16.160; (*w. part. gen.*) ~i sociorum Tac.*Ann.*1.51. **b** quia tum mihi lamentari praeter ~as uisast Ter.*An.*121; huius Tertiae plus etiam quam Pipae, plus quam ~arum..auctoritas potuit Cic.*Ver.*3.78; quantum ~is praestet Lucretia sua Liv.1.57.7; (*w. part. gen.*) ~as nauium Tac.*Ann.*11.18. **c** tu ~a cura Pl.*Mil.*1029; sequere me: intus ~a Ter.*Ph.*765; ad eundem modum oblinito, integito, uti ~a Cato *Agr.*42; hic iam, ut omittam ~a, de te ipso..quaero Cic.*Rab.Perd.*20; si ~a paria sunt, hoc maxime officii est *Off.*1.49; per quae possis cognoscere ~a tute Lucr.1.403; ~a..omnia iam uulgata Verg.*G.*3.3; praeter ~a me Romaene poemata censes scribere posse.. Hor.*Ep.*2.2.65; nihil quod supra ~a emineat Liv.2.9.3; praeterque arcem ~a capta 4.61.6; Masinissam recenti super ~a uictoria terribilem 30.8.7; oscula qui sumpsit, si non et ~a sumpsit Ov.*Ars* 1.669; utque hoc, sic utinam defendere ~a possem! *Pont.*3.3.71; bubuli serum..prodest ante ~a addito nasturtio Plin.*Nat.*28.130; liquefiunt ~isque commiscentur Larg.265; ~a Oceanus ambit Tac. *Ger.*1.1;—(et ~a *and sim.*) ut fundum aedes..supellectilem penus et ~a Cic.*Top.*27; 'ex isto morbo conualesces', siue adhibueris medicum siue non adhibueris, non conualesces, deinde ~a *Fat.*29; eius..esse inuenire, disponere, eloqui et ~a Quint.*Inst.*3.3.11; ut adlegemus pro honestis dignitatem illi..pro humilibus iustitiam..et similiter ~a 4.1.16; Apul.*Met.*6.7;—(*w. part. gen.*) consilio in ~a exsequenda belli Liv.27.20.3; ~is animantium Plin.*Nat.*2.25; ~a corporis Apul.*Met.*1.6.

3 (neut. sg.) The rest, what remains (in quots. acc. only.) **b** *de ~o,* for the rest; otherwise. **c** *de ~o, in ~um,* for the future.
elocuta sum conuiuas, ~um cura Pl.*Men.*224; tu interibi adorna ~um quod opust *Rud.*1224. **b** haec igitur Epicuri non probo..de ~o uellem equidem..ipse doctrinis fuisset instructior Cic.*Fin.*1.26; de ~o bacas Liciniae nulla auis adpetit Plin.*Nat.*15.8;—oppida de ~o rara praeiacentibus stagnis 3.32; rufus de ~o colos splendescit igni 19.20; 31.37. **c** (ira) faciet de ~o quantum uolet Sen.*Dial.*3.8.1; ipse iam ..matrem suam de ~o exoret Apul.*Apol.*101;—pax in ~um parta Sen.*Ep.*78.16.

4 (neut. pl. as adv.) In other respects.
potin ut hominem mihi des, quiescas ~a? Pl.*Mil.*927; Capsenses una modo..iugi aqua, ~a pluuia utebantur Sal.*Jug.*89.6; hic scarus..uisceribus bonus est, ~a uile sapit Mart.13.84.2; armaque tantum haud dum sumpta uiro? nam ~a non latet hostis Sil.2.332;—(*w. single words or phrs.*) consertum tegimen spinis: at ~a Graius Verg.*A.* 3.594; hac in re scilicet una multum dissimiles, at ~a paene gemelli fraternis animis Hor.*Ep.*1.10.3; quia proximum regnum, ~a egregium, ab una parte haud satis prosperum fuerat Liv.1.32.2; uir ~a sanctissimus Vell.2.46.2; Artabanum..materna origine Arsaciden, ~a degenerem Tac. *Ann.*6.42; omnia..~a fratres manere Apul.*Met.*10.14.

5 (neut. sg. as adv.) For the rest. **b** moreover, in addition. **c** (in slightly adversative sense) apart from these exceptions, qualifications, etc., however that may be.
nunc quid nos uis facere? — enim nil est, nisi ut ametis impero. ~um quantum lubet me poscitote aurum Pl.*Bac.* 703; ego ob hanc operam argentum accepi, te macto infortunio: ~um qui sis, qui non sis, floccum non interduim *Trin.*994; ridiculum; non enim cogitaras. ~um idem hoc tute meliu' quanto inuenisses, Thraso! Ter.*Eu.*452; duae erant uiae..quarum breuior per loca deserta..~um dierum erat fere decem Nep.*Eum.*8.5; datur non plus quam X pondus aut uictoriati; ~um prout cuiusque uires postulabunt Larg.121; uinctus praefectus castrorum Iulius Gratus ..~um ea ubique formido fuit..ut deleri cum uniuerso exercitu Caecinam potuisse..percrebruerit Tac.*Hist.*2.26; coactam fecisse ais, ~um semper nubtias aspernatam Apul.*Apol.*70. **b** filium istinc tuom te meliust repetere. ~um uxorem quam primum potest abduce ex aedibus Pl.*Truc.*847; erant praeterea complures..consili huiusce participes nobiles..~um iuuentus pleraque..Catilinae inceptis fauebat Sal.*Cat.*17.6; regnauit..ita ut succedenti regi difficilis aemulatio esset; ~um id quoque ad gloriam accessit quod..Liv.1.48.8; Q. Fabius..bellum ad Sutrium excepit; collega Fabio C. Marcius Rutulus datus est; ~um.. Fabius supplementum ab Roma adduxit 9.33.2; ~um in promulsidari asellus erat Corinthius Petr.31.9. **c** illis merito accidet quicquid euenerit; ~um uos, patres conscripti, quid in alios statuatis, considerate Sal.*Cat.*51.26; eos multum laborem suscipere, ~um ex omnibus maxume tutos esse *Jug.*14.12; ut pretia seruorum acciperent; ~um non antequam bello confecto accepturos esse Liv.24.18.12; et ab nauibus..ea quae mari adluitur pars urbis oppugnari coepta est. ~um tumultus inde maior quam uis adhiberi poterat 26.44.10; hoc proficit, ut aquam postea sine timore sumant..~um nemo adhuc correptus hoc malo..expeditus est Larg.171; specie defendendae prouinciae ob imminentis Suebos ~um ut auellerentur castris Tac.*Ann.*1.44;—(*w. single words or phrs.*) imperator tu titulis..~um modestia, labore, uigilantia dux et legatus et miles Plin.*Pan.*10.3; proelia multa, ~um leuia, alia aliis locis facere Sal.*Jug.*87.1; aduersus haec Tempani oratio incompta fuisse dicitur, ~um militariter grauis Liv.4.41.1; minus cladis, ~um non plus animorum ad hostes erat 10.35.4; qui semper argumenta sermone puro..~um minime elato..putant esse dicenda Quint.*Inst.*5.14.33.

Cethēgus ~ī, *m.* A Roman cognomen, e.g. **a** M. Cornelius Cethegus, an orator of the 3rd century B.C. **b** C. Cornelius Cethegus, an accomplice of Catiline.
a orator Cornelius suauiloquenti ore ~us Marcus Enn. *Ann.*304; Cic.*Sen.*50; (*as a type*) speciosa uocabula rerum, quae priscis memorata Catonibus atque ~is nunc situs informis premit Hor.*Ep.*2.2.117; *Ars* 50. **b** Cic.*Catil.* 3.6; Sal.*Cat.*17.3; exerti..manus uaesana ~i Luc.2.543; (*transf.*) Clodius accuset moechos ,Catilina ~um Juv.2.27; 8.231.

cetionis ~idis, *f.* [Gk.] A precious stone.
~ides in Aeolide..nascuntur, multis coloribus tralucentes Plin.*Nat.*37.156.

Cētō ~ūs, *f.* (mythol.) The wife of Phorcus and mother of the Gorgons.
Luc.9.646; Plin.*Nat.*5.69; Hyg.*Fab.*pr.9(11.1–3).

cētra ~ae, *f.*: see caetra.

cette: see cedo[2].

cētus (~os) *m.*, *n.* [Gk. κῆτος] Forms and Gender: In singular usu. 2nd decl. (masc.); nom. neut. *~os* Man.1.433, *~us* 5.15; acc. *~os* Plin.*Nat.*32.10; nom., acc. pl. *~ē* (neut.). A large sea-animal (whale, porpoise, or dolphin) or its flesh. **b** (mythol.) the sea-monster to which Andromeda was exposed. **c** a constellation, 'the Whale'.
agninam caram, caram bubulam, uitulinam, ~um, porcinam Pl.*Aul.*375; *Capt.*851; scire..oportet..omnes beluas marinas, ex quibus ~us est Cels.2.18.2; unguine ~i Col. 6.32.1; ~um in furno arefieri per noctem praecipiunt Plin. *Nat.*32.82;—(*pl.*) tum uariae comitum facies, immania ~e, et senior Glauci chorus Verg.*A.*5.822; hoc genus..ut ea quae ~e appellant, animal parit Plin.*Nat.*9.78; Nereides supra delphinos et ~e aut hippocampos sedentes 36.26; scopulosaque ~e Stat.*Ach.*1.55; Sil.11.480. **b** Andromeda uincta et proposita ~o Var.*Men.*406; ~i subeuntis uerberat ora (Perseus) Man.5.600. **c** arieti et piscibus ~us est subiectus Vitr.9.5.3; biferum ~us Man.5.15; sidera ~i..Andromedan ponto caeloque sequentis 5.656.

ceu, *particle.* [< **cei-ue* (? Gk. (ἐ)κεῖ) cf. Skt. *iva,* Gk. ἠΰτε]

1 (introducing similes, comparisons) In the same way as, as. **b** (w. subordinate cl.). **c** (w. single words or phrs.) like.
quoniam mittunt..corpora res multae, partim diffusa solute, robora ~ fumum mittunt Lucr.4.56; ~ canis.. Gortynia..si ueteris potuit ceruae comprendere lustra, saeuit in absentem..V.Ruf.*poet.*4.7; tum Danai..undique collecti inuadunt..aduersi rupto ~ quondam turbine uenti confligunt Verg.*A.*2.416; ~ cum frigore inhorruimus, tremor sequitur, sic terras quoque spiritus..quassat Sen. *Nat.*6.24.4; Luc.2.297; Stat.*Theb.*11.42;—(*followed by* sic) hunc ubi..uidit..impastus stabula alta leo ~ saepe peragrans..si forte fugacem conspexit capream..gaudet hians immane..sic ruit in densos alacer Mezentius hostis Verg.*A.* 10.723; ~ pectora nautis congelat hiberni uultus Iouis.. comitis sic adficit error V.Fl.3.577; (*foll. by* haud aliter) Verg.*A.*10.357;—(*particular comparisons*) pars uertere terga, ~ quondam petiere rates 6.492; reducto coma capite, ~ noxii solent Suet.*Vit.*17.1. **b** sucum sentimus in ore cibum cum mandendo exprimimus ~ plenam spongiam aquai si quis forte manu premere ac siccare coepit Lucr.4.618; fulgit item, nubes ignis cum semina multa excussere suo concursu; ~ lapidem si percutiat lapis aut ferrum 6.161; namque aliae turpes horrent ~ puluere ab alto cum uenit.. uiator Verg.*G.*4.96; temptant in armis se duces ~ ubi solet nodo remissus..quadrupes..quatere..iubas Petr.89,l.58; Sil.16.384; inuitat genialis hiems curasque resoluit, ~ pressae cum iam portum tetigere carinae Verg.*G.*1.303 **c** et simul erubuit ~ lacte et purpura mixta Enn.*Ann.*352; dissolui..conuenit omnem animai naturam, ~ fumus, in altas aeris auras Lucr.3.456; genus omne natantum litore in extremo ~ naufraga corpora fluctus proluit Verg.*G.* 3.542; communemque prius ~ lumina solis et auras.. humum Ov.*Met.*1.135; ubi ~ mater carae dedit oscula natae 4.222; cernuntur et stellae cum sole..~ spiceae coronae Plin.*Nat.*2.98; Apul.*Apol.*43;—(*w. advl. phrs.*) fecundaque semina rerum uiuaci nutrita solo ~ matris in aluo creuerunt Ov.*Met.*1.420; lacerasset..pectora femineum ~ Bruti funere uolgus Luc.7.39; incerta uagatione ~ quodam exilio punitur Apul.*Soc.*15.

2 (w. subj.) As if (often in refuting a suggestion, etc.). **b** (w. single words or phrs.).
sed quid hoc refert..pendere ipsam ac non cadere nobiscum, ~ spiritus uis..dubia sit Plin.*Nat.*2.162; Sol..summo librabat Olympo lucentis, ~ staret, equos Stat.*Theb.*5.86; —(*foll. by* sic) hic uero ingentem pugnam, ~ cetera nusquam bella forent..sic Martem indomitum Danaosque ad tecta ruentis cernimus Verg.*A.*2.438; Stat.*Theb.*6.39; (*preceded by* talis) talis adhuc trepidum linquit Calydonius heros concilium infrendens, ipsi ~ regna negentur 2.477;—(*w.* uero) ~ uero nesciam aduersus Theophrastum..scripsisse etiam feminam Plin.*Nat.*pr.29; in qua et monumenta sibi instaurauerat, ~ uero non et in toto terrarum orbe fecisset 31.6. **b** ad auditas stupuit ~ saxea uoces Ov.*Met.*5.509; latebras tamen inguinis alte missile, ~ totis intortum uiribus, hausit Stat. *Theb.*8.586; ut..gloriosissimas uictorias ~ damnosas rei p. increparet Suet.*Tib.*52.2; (*w.* uero) ista fecere..mortales ..ut inter maculas lapidum iaceant, ~ uero non tenebris noctium..gaudia haec auferentibus Plin.*Nat.*36.3.

3 (w. no antecedent word or phr.) As it were, so to speak.
medullis eius nasci primo ~ uermiculum Plin.*Nat.*10.4; granum hoc primoque ~ scabies fruticis 16.32; inueniuntur et in bacchi piscis capite ~ lapilli 32.102.

4 As for example, like.
animalium quae semper defossa uiuunt, ~ talpae Plin. *Nat.*9.17; insectorum pedes primi longiores duros habentibus oculos..~ notamus in muscis 11.258; 34.67.

ceua ~ae, *f.* [foreign] A small breed of cow.
Altinae uaccae..quas eius regionis incolae ~as appellant Col.6.24.5.

Ceuenna ~ae: see Cebenna.

cēuentinābiliter: adv. as though from **ceuentino*: see next.
trebonivs evcini ~ *CIL* 4.4126; 4.5406.

cēueō ~ēre, *intr.* [cf. OBulg. *po-kyvati*] (of a pathic) To move the haunches in a lewd or effeminate manner; to practise such behaviour.
sed pedicaris, sed pulchre, Naeuole, ~es MART.3.95.13; JUV.2.21; 9.40;—an, Romule, ~es? PERS.1.87.

Cēus ~a ~um, *a.* **Cīus.**
1 Of Cia or Ceos, Cean; (neut. pl. as sb.) Cean fabrics; (masc. pl. as sb.) inhabitants of Ceos.
Simonidi illi Cio CIC.*de Orat.*2.351; Prodicus Cius CIC. *N.D.*1.118; Ceae pulcherrime gentis OV.*Met.*10.120;—LUCR.4.1130;—CIC.*Div.*1.130.
2 Of or connected with Simonides of Ceos.
ne..Ceae retractes munera neniae HOR.*Carm.*2.1.38; Ceae..Camenae 4.9.7.

Cēyx[1] ~ӯcis, *m.* (mythol.) The son of Lucifer and husband of Alcyone.
OV.*Ep.*17.81; Alcyone ~yca mouet *Met.*11.544; SEN. *Her.O.*197.

cēyx[2] ~ӯcis, *m.* [Gk. κῆϋξ] A sea-bird, perh. the tern.
fit in mari alcyoneum appellatum, e nidis, ut aliqui existumant, alcyonum et ~ycum PLIN.*Nat.*32.86.

chaere, *interj.* **chēre.** [Gk. χαῖρε] Welcome.
~, inquam, Tite. lictores, turma omnis chorusque: ~, Tite LUCIL.93; quis expediuit psittaco suum ~e? PERS. pr.8; ~ HYGIENE *CIL* 13.2004.

chaerephyllum ~ī, **chaerepolum** ~ī, *n.*: forms of CAEREFOLIVM.

Chaerōnēa ~ae, *f.* Also **-īa.** A town in Boeotia near which Philip defeated the Greeks in 338 B.C.
CURT.8.1.23; QUINT.*Inst.*9.2.62. β LIV.35.46.3.

chalaziās ~ae, *f.* [cf. CHALAZIVS] A precious stone.
~as grandinum et candorem et figuram habet, adamantinae duritiae PLIN.*Nat.*37.189.

chalazion ~iī, *n.* [Gk. χαλάζιον] A wart or tubercle on the eyelid.
CELS.7.7.3.

chalazius ~a ~um, *a.* [Gk. χαλάζιος] Resembling a hailstone (name of a precious stone).
etesium lapidem in iis (*sc.* lapidibus mortariorum) praetulere ceteris, mox Thebaicum..tertium ex ~o chrysiten PLIN.*Nat.*36.157.

chalazophylax ~acos, *m.* [Gk. χαλαζοφύλαξ] A hail-guard, an official at Cleonae whose duty it was to avert hail by sacrifice.
Cleonis fuisse publice praepositos ~acas, speculatores uenturae grandinis SEN.*Nat.*4b.6.2.

chalazōsis ~is, *f.* [Gk. χαλάζωσις] An attack of warts or pimples.
C T BALBINI CHARMA AD..~IN *CIL* 13.10021(181).

chalcān, *acc. f.* [cf. Gk. χαλκάς (-άδος)] A plant prob. of the chrysanthemum family = BVPHTHALMVS.
PLIN.*Nat.*25.82.

chalcanthon ~ī, *n.* Also **~um.** [Gk. χάλκανθον] = ATRAMENTVM *sutorium.*
CELS.5.1; PLIN.*Nat.*34.114; 34.123.

chalcaspis ~idos, *m.* [Gk. χάλκασπις] A soldier with a brazen shield.
frontem aduersus clupeatos habebat; ~ides appellabantur LIV.44.41.2.

Chalcēdōn, etc.: see CALCH-.

? **chalcēos** ~ī, *m.* [? Gk. χάλκειος] A prickly plant resembling the thistle.
PLIN.*Nat.*21.94 (*s.v.l.*).

Chalcidēnī ~ōrum, *m. pl.* Natives or inhabitants of Chalcis.
⟨IN COH.⟩ II ~ORVM *Priv.Mil.Vet.*20(*CIL* 3.p.863).

Chalcidensis ~is ~e, *a.* Of or belonging to Chalcis; (masc. pl. as sb.) inhabitants of Chalcis.
~is hospitis mei LIV.35.49.6; duce Xenoclide ~i 35.50.8;—35.38.10; 43.7.5.

Chalcidicensis ~is ~e, *a.* Of or belonging to Chalcis.
de colonia ~i HYG.*gram.*7.

chalcidicum ~ī, *n.* [next] A kind of portico or porch.
CVRIAM ET CONTINENS EI ~VM AUG.*Anc.*4.1; sin autem locus erit amplior in longitudine, ~a in extremis constituantur VITR.5.1.4; *CIL* 10.810; PAUL.*Fest.*p.52M; (= πρόδομος) Merope..in ~um cum secur iuenit inscia ut filium suum interficeret HYG.*Fab.*137.5.

Chalcidicus ~a ~um, *a.*
1 Of or belonging to Chalcis. **b** (spec., of varieties of produce, etc.). **c** of Euphorion, a poet of Chalcis.
~o Euripo CIC.*N.D.*3.24; ~as..harenas V.FL.1.454. **b** sic genera ficorum, Chiae ac ~ae VAR.*R.*1.41.6; ~os (gallos) 3.9.6; COL.5.10.11; genus (gallinarum)..~um 8.2.4. **c** ~o quae sunt mihi condita uersu carmina VERG.*Ecl.*10.50; QUINT.*Inst.*10.1.56.
2 Of Cumae in Italy, founded by Chalcis, and the home of the Cumaean Sibyl; (poet.) of Naples.
~a..arce VERG.*A.*6.17; ~as turris STAT.*Silv.*2.2.94; an sacris ab antris profert ~as Sibylla laurus? 4.3.118; ~um..carmen 5.3.182;—solaque ~ae Cerealia dona coronae..tuli 5.3.226.

chalcis[1] ~idis, *f.* [Gk. χαλκίς]
1 A kind of fish, perh. a sardine.
salibus exesam ~idem COL.8.17.12; (pariunt) mulli ter et ~is PLIN.*Nat.*9.162; 32.146.
2 A kind of lizard or snake.
lacerta, quam sepa, alii ~ide⟨m⟩ uocant PLIN.*Nat.*29.102; 32.46.

Chalcis[2] ~idis, *f.* The name of several towns in Greece and elsewhere, esp. of the chief city of Euboea.
~ide Euboica LIV.8.22.5; MELA 2.108; STAT.*Silv.*1.3.31.

chalcītis ~idis, *f.* [Gk. χαλκῖτις]
1 Copper pyrites.
sanguinem supprimunt..~is, acacia CELS.5.1; ~im uocant, ex quo..aes coquitur PLIN.*Nat.*34.117; ~idis ustae LARG.223.
2 A precious stone.
~is aeris (coloris est) PLIN.*Nat.*37.191.

chalcophōnos ~ī, *f.* [cf. Gk. χαλκεόφωνος] A precious stone.
~os nigra est, sed inlisa aeris tinnitum reddit PLIN.*Nat.* 37.154.

chalcosmaragdus ~ī, *f.* [Gk. χαλκός, σμάραγδος] A precious stone.
~us e Cypro, turbida aereis uenis PLIN.*Nat.*37.74.

chalcus ~ī, *m.* [Gk. χαλκοῦς] A copper coin, one-tenth of an obol.
(drachma) VI obolos pondere efficit, obolus X ~os PLIN. *Nat.*21.185.

Chaldaeī ~ōrum, *m. pl.*
1 The Chaldaeans, a people of southern Assyria.
Berosus..ab ~orum ciuitate siue natione progressus VITR.9.2.1; CURT.5.1.22; MELA.3.76.
2 Chaldaean soothsayers or astrologers (also sg.).
~um nequem consuluisse uelit CATO *Agr.*5.3; a quibus etiam dies tamquam a ~is petebatur CIC.*Mur.*25; ~orum promissa *Tusc.*1.95; Babylonica ~um doctrina LUCR.5.727; scientia ~orum artis TAC.*Ann.*6.20; JUV.6.553; SUET.*Vit.* 14.4; GEL.1.9.6.

Chaldaeus ~a ~um, *a.*
1 Of or belonging to the Chaldaeans.
arua super Cyri ~ique ultima regni LUC.8.226.
2 Of Chaldaean soothsayers or astrologers.
tres..fuere sectae, ~a, Aegyptia, Graeca PLIN.*Nat.*18.211; cum grege ~o JUV.10.94.

Chaldaicus ~a ~um, *a.*
1 Of or belonging to the Chaldaeans.
Babylon, ~arum gentium caput PLIN.*Nat.*6.121; in lacus ~os se fundit (Tigris) 6.130.
2 Of or belonging to Chaldaean astrologers.
~is rationibus CIC.*Div.*2.98; disciplinam ~am VITR.9.2.1.

chalō ~āre: see CALO.

chalybēius ~a ~um, *a.* [Gk. χαλυβήιος] Of or consisting of iron.
aes erat in pretio, ~a massa latebat OV.*Fast.*4.405.

Chalybes ~um (~ōn), *m. pl.* A people living on the south shore of the Black Sea, famous for their manufacture of steel.
MELA 1.106; aerariam fabricam alii ~as, alii Cyclopas (monstrasse putant) PLIN.*Nat.*7.197; V.FL.4.611;—(*as typical workers in iron*) ut ~on omne genus pereat! CATUL. 66.48; India mittit ebur..at ~es nudi ferrum VERG.*G.*1.58; striduntque cauernis stricturae ~um *A.*8.421; Ilua..insula inexhaustis ~um generosa metallis *A.*10.174; tunicas ~um squalore crepantis STAT.*Theb.*3.586; nexilis innumero ~um subtemine thorax 4.174.

chalybs ~bis, *m.* [Gk. χάλυψ]
1 Iron or steel.
uulnificusque ~bs uasta fornace liquescit VERG.*A.*8.446; aeternis ~bis nodis et carcere Ditis constrictae..manus LUC.6.797; atros ~bis fetus SIL.1.230;—(*w. ref. to its hardness or sharpness*) sit licet et ferro durior et ~be PROP.1.16.30; ferrum sentit hebes, lentior est ~bs SEN.*Her.O.*152; durior saxo horrido et ~be uoltus 1273.
2 **a** (pregn., of iron or steel in the form of weapons, implements, etc.). **b** (w. adjs. etc. indicating particular uses).
a (*of weapons*) quem..non strictus domuit ~bs SEN. *Thy.*364; LUC.7.518 ;namque uirum trahit ipse ~bs V.FL. 5.540;—(*of a bit*) primus..Thessalicus sonipes..exiluit, primus ~bem frenosque momordit LUC.6.398;—(*of a nail*) insertum manibus ~bem..sustulit 6.547. **b** ignes candensque ~bs (*i.e. hot iron for torturing*) SIL.1.171; uolucerque ~bs, Minoia tela (*i.e. missiles*) 2.107; cum..incuterent puppi ~bem morsusque tenaces (*i.e. grappling irons*) 14.327.

chama, *indecl. m.* [unkn.] (app.) A lynx.
~, quem Galli rufium uocabant, effigie lupi, pardorum maculis PLIN.*Nat.*8.70.

chamaeactē ~ēs, *f.* [Gk. χαμαιάκτη] The dwarf elder, *Sambucus ebulus.*
sabucus habet alterum genus magis siluestre, quod Graeci ~en, alii helion uocant PLIN.*Nat.*24.51; 26.120.

chamaecerasus ~ī, *f.* [Gk. χαμαικέρασος] The dwarf cherry, *Prunus prostrata.*
PLIN.*Nat.*15.104.

chamaecissos ~ī, *f.* [Gk. χαμαίκισσος]
1 Ground-ivy, *Glecoma hederacea.*
(hedera) e diuerso numquam nisi humi repens (uocata) ~os PLIN.*Nat.*16.152; 24.82; (*perh.*) 24.135.
2 (app.) A kind of cyclamen.
mihi et tertia cyclaminos demonstrata est cognomine ~os uno omnino folio, radice ramosa PLIN.*Nat.*25.116.

chamaecyparissos ~ī, *f.* [Gk. χαμαικυπάρισσος] A plant, sometimes identified with lavender cotton, *Santolina chamaecyparissus.*
PLIN.*Nat.*24.136.

chamaedaphnē ~ēs, *f.* [χαμαιδάφνη] A plant or plants, sometimes identified as **a** periwinkle, *Vinca herbacea*, or sim. **b** butcher's broom or sim., perh. *Ruscus racemosus.*
a uicaperuica siue ~e PLIN.*Nat.*21.172. **b** est et ~e siluestris frutex PLIN.*Nat.*15.131; ~e unico ramulo est, cubitali ferme: folia tenuiora lauro; semen rubens adnexum foliis 24.132.

chamaedrȳs ~yis, *f.* [Gk. χαμαίδρυς] (prob.) Germander, *Teucrium chamaedrys.*
~ys herba est, quae Latine trixago dicitur PLIN.*Nat.*24. 130; 14.112.

chamaeleōn ~ōnis *or* ontis (-os), *m.,* (*f.*). [Gk. χαμαιλέων]
1 The chameleon.
non minus nubes diuersam naturam speculis habent quam ..~ontes SEN.*Nat.*1.5.7; elephans, ~one concolori frondi deuorato PLIN.*Nat.*8.101; 11.152; librum esse Democriti ..de ui et natura ~ontis GEL.10.12.1.
2 Either of two plants, ~*on niger* or *alba*, identified as *Cardopatium corymbosum* and pine-thistle, *Atractylis gummifera*, respectively.
~ontis CELS.5.18.33; ~on in foliis non habet aculeos PLIN.*Nat.*21.94; ixia, quam quidam ~onta uocant LARG. 192; GEL.10.12.5;—(*spec.*) crocodileon ~onis herbae nigrae figuram habet PLIN.*Nat.*27.64; ~on niger 27.143; (*fem.*) cum ~on⟨t⟩os albae..radice PLIN.*Nat.*30.30.

chamaeleucē ~ēs, *f.* [Gk. χαμαιλεύκη] (prob.) Coltsfoot, *Tussilago farfara.*
~e apud nos farfarum siue farfugium uocant PLIN.*Nat.* 24.135; 26.30.

chamaemēlon ~ī, *n.* [Gk. χαμαίμηλον] = ANTHEMIS.
alii ~on (uocant) quoniam odorem mali habeat PLIN.*Na* 22.53.

chamaemyrsinē ~ae, *f.* [Gk. χαμαί, μυρσίνη] (perh.) Butcher's broom, *Ruscus aculeatus.*
siluestris (myrtus)..quam quidam oxymyrsinen, alii ~e⟨n⟩ uocant PLIN.*Nat.*15.27; 23.88; 23.165.

chamaepeucē ~ēs, *f.* [Gk. χαμαιπεύκη] An unidentified plant.
~e, larici folio similis PLIN.*Nat.*24.136.

chamaepitys ~yis, *f.* [Gk. χαμαίπιτυς] **a** One or other plant of the genus *Ajuga.* **b** = HYPERICVM, St. John's wort.
a CELS.5.4; ~yis (bacae) PLIN.*Nat.*14.112; ~ys Latine abiga uocatur 24.29; uinum ~yn decoctam in se habens LARG.188. **b** eadem praestat hypericon—alii ~yn, alii corissum appellant PLIN.*Nat.*26.85.

chamaeplatanus ~ī, *f.* [Gk. χαμαί, πλάτανος] A plane tree kept small by pruning, a pollard plane.
et ~i uocantur coactae breuitatis PLIN.*Nat.*12.13.

chamaerops ~ōpis, *f.* [Gk. χαμαίρωψ] **a** (prob.) The dwarf palm, *Chamaerops humilis.* **b** = CHAMAEDRYS.
a PLIN.*Nat.*13.39. **b** PLIN.*Nat.*24.130.

chamaesȳcē ~ēs, *f.* [Gk. χαμαισύκη] A kind of spurge, perh. *Euphorbia chamaesyce.*
~e lentis folia habet nihil se adtollentia, in aridis, petrosis PLIN.*Nat.*24.134.

? **chamaetortus** ~a ~um, *a.* [Gk. χαμαί + *tortus* (TORQVEO)] (app.) Twisted to the ground.
tortores istos qui te ut abietem..incuriant et ad ~a (*s.v.l.*) detrahunt FRO.*Aur.*2.p.70(148N).

chamaezēlon ~ī, *n.* [Gk. χαμαίζηλον] **a** A name for QVINQVEFOLIVM, cinquefoil. **b** = GNAPHALIVM.
a PLIN.*Nat.*25.109. **b** PLIN.*Nat.*27.88.

chamelaea, -lēa ~ae, *f.* [Gk. χαμελαία] **a** Dwarf olive, *Daphne oleoides*. **b** = THYMELAEA, perh. *Daphne gnidium*.
a PLIN.*Nat.*15.24; ad hydropicos..bene faciunt ~ae, quae herba est simillima oliuae, folia quinque uel sex LARG.133; 200. **b** PLIN.*Nat.*13.114.

channē ~ae, *f.* [Gk. χάννη] A sea-perch, perh. *Serranus cabrilla*.
et ex se concipiens ~e, gemino sibi functa parente OV.*Hal.*108; PLIN.*Nat.*9.56; 32.153.

Chāones ~um, *m. pl.* Natives or inhabitants of Chaonia.
PLIN.*Nat.*4.2.

Chāonia ~ae, *f.* A district in the north-west of Epirus.
CIC.*Att.*6.3.2; LIV.32.5.9.

Chāonis ~idis, *adj. f.* Chaonian, (poet.) of Dodona.
~is ales (*i.e. dove*) OV.*Ars* 2.150; ~is..quercus SEN.*Her.O.*1623; (*cf.*) non ~is abfuit arbor OV.*Met.*10.90.

Chāonius ~a ~um, *a.*

1 Of Chaonia, Chaonian.
portu..~o VERG.*A.*3.293; 3.334; ~us Molpeus OV.*Met.*5.163.

2 Of or belonging to Dodona in Epirus or the oracle of Jupiter there. **b** (as an epithet of *columbae*). **c** of the oak or oaks in general, oak-.
~ique patris glandes VERG.*G.*2.67; ~o..uertice LUC.3.180; ~i..Iouis V.FL.1.303; frondes..~as STAT.*Theb.*3.476. **b** VERG.*Ecl.*9.13; non me ~ae uincant in amore columbae dicere PROP.1.9.5. **c** ~am..glandem VERG.*G.*1.8; ~as..arbores SEN.*Oed.*728[b]; ~o..trunco V.FL.8.461; ~um..nemus STAT.*Theb.*6.99.

chaos ~ī, *n.* [Gk. χάος]

1 The formless state of primordial matter or the period of this state. **b** (partly personified). **c** (transf.).
aque ~o densos diuum numerabat amores VERG.*G.*4.347; inque suas partes cessit inane ~os OV.*Ars* 2.470; *Met.*1.7; 2.299; seu permixta ~os rerum primordia quondam discreuit partu MAN.1.125; SEN.*Ag.*487; LUC.5.634; effusum ~os in noua semina texens STAT.*Theb.*3.484; maga..omnem istam lucem..in uetustum ~os submergere nouit APUL.*Met.*2.5. **b** me ~os antiqui—nam sum res prisca—uocabant OV.*Fast.*1.103; *Pont.*4.8.57; iis qui sunt a ~o QUINT.*Inst.*3.7.8; HYG.*Fab.*pr.1. **c** iugera pessum intercepta..densaque abscondita nocte..~os ac sine fine ruinas *Aetna* 139; (*of the Epicurean void*) in Epicureum illud ~os decidunt, inane, sine termino SEN.*Ep.*72.9.

2 The underworld. **b** (transf.).
per..haec loca plena timoris, per ~os hoc ingens uastique silentia regni OV.*Met.*10.30; tu Ditis umbras tegis et immensum ~os *Prec.Ter.*7; noctis aeternae ~os SEN.*Med.*9; V.FL.7.402; triste ~os STAT.*Silv.*3.3.210;—(*w. defining adj.*) panditur Elysium ~os *Theb.*4.520; Tartareum ~os 12.772;—(*apostrophized*) ter centum tonat ore deos, Erebumque ~osque tergeminamque Hecaten VERG.*A.*4.510; 6.265. **b** sed ~os et nigro squalentia pumice saxa PETR.120,l.74; ad ignotos ibam..Indos Cimmeriumque ~os STAT.*Silv.*3.2.92.

chara. [unkn.] An unknown plant found in Epirus.
est..genus radicis inuentum ab eis..quod appellatur ~a CAES.*Civ.*3.48.1.

characātus ~a ~um, *a.* [Gk. χάραξ+-ATVS[2]] Staked.
quae (uineae) defixis arundinibus circumuinctae per statumina calamorum materiis ligatis in orbiculos gyrosque flectuntur: eas non nulli ~as uocant COL.5.4.1; 5.5.16.

characiās ~ae, *m. adj.* [Gk. χαρακίας] **a** (of a reed) Suitable for props. **b** (*tithymallus*) ~*as*, a kind of spurge, perh. wood spurge.
a ~an uocabant (harundinem) crassiorem firmioremque PLIN.*Nat.*16.168. **b** primus cognominatur ~as..ramis digitali crassitudine, rubris, sucosis, V aut VI, cubitali longitudine PLIN.*Nat.*26.62; 26.118.

charactēr ~ēris, *m.* [χαρακτήρ]

1 A branded or impressed letter, mark, etc.
maiora quadrupedia ~ere signari debent COL.11.2.14; INPRIMI ~ERE REGVLAS FERREAS..IVBEAS *CIL* 3.14165[8].

2 (transf.) Character, stamp.
item L. Abuccius..cuius Luciliano ~ere sunt libelli VAR.*R.*3.2.17.

charactērismos ~ī, *m.* [Gk. χαρακτηρισμός] Characterization.
descriptionem cuiusque uirtutis: hanc Posidonius ethologian uocat, quidam ~on appellant SEN.*Ep.*95.65.

Charis ~itos, *f.* One of the Graces (Lat. *Gratia*). **b** ~*iton blepharon*, (prob.) a kind of coral.
accedunt ~ites OV.*Fast.*5.219; Thalia..apud Hesiodum ~is est, apud Homerum Musa SEN.*Ben.*1.3.10; ~ites Iouis filiae sunt 1.4.4; (*statues*) ~ites in propylo Atheniensium, quos Socrates fecit PLIN.*Nat.*36.32; (*transf.*) paruula, pumilio, ~iton mia, tota merum sal LUCR.4.1162. **b** alium (fruticem tradit), qui uocatur ~iton blepharon, efficacem in amatoriis PLIN.*Nat.*13.142.

charistiō ~ōnis, *m.* [Gk. χαριστίων] A kind of weighing machine.
~ONEM AEREVM POS(VIT) *CIL* 11.5695.

charmidō ~āre ~āuī~ātum, *tr.* [nonce-wd.] To turn into Charmides.
proin tu te, itidem ut ~atus es, rusum recharmida PL.*Trin.*977.

Charōn ~ōnis, *m.* (mythol.) The ferryman of the Styx.
CIC.*N.D.*3.43; NEP.*Pel.*2.5; VERG.*A.*6.299; praeda ~onis agor *Culex* 216; DEO ~ONI *CIL* 8.8992.

Charōnēum ~ī, *n.* A cavity supposed to be an entrance to the underworld.
spiracula uocant, alii ~a, scrobes mortiferum spiritum exhalantes PLIN.*Nat.*2.208.

c(h)arta ~ae, *f.* [Gk. χάρτης]

1 'Paper' made from papyrus, or a sheet of it.
(merces) quidem fallaces et fucosae ⟨e⟩ ~is et linteis CIC.*Rab.Post.*40; et fragilis ⟨sonitus⟩ ~arum commeditatur LUCR.6.112; ~a substrata praedicta poma componi debent COL.12.47.5; praeparatur ex eo (*sc.* papyro) ~a PLIN.*Nat.*13.74; has (*sc.* lychnides) sole excalfactas aut attritu digitorum paleas et ~arum fila ad se rapere 37.103; in carbone tuo ~a pia tura soluta ponimus JUV.13.116;—(*burnt to produce a medicament*) adurunt..calx, ~a combusta CELS.5.8; ~a, quae fit ex eo, cremata inter caustica est PLIN.*Nat.*24.88.

2 (as a material for writing).
loci cerae aut ~ae simillimi sunt *Rhet.Her.*3.30; nihil fieri, frigere te, ne ~am quidem tibi suppeditare CIC.*Fam.*7.18.2; calamo et atramento temperato, ~a etiam dentata res agetur *Q.fr.*2.14.1; annales Volusi, cacata ~a CATUL.36.1; calamum et ~as et scrinia posco HOR.*Ep.*2.1.113; traditur huic digitis ~a notata meis OV.*Ep.*1.62; hoc et in ~is nascitur PLIN.*Nat.*11.117; 28.29; Decembri mense, quo uolant mappae..cereique ~aeque MART.5.18.2; stulta est clementia..periturae parcere ~ae JUV.1.18; si quis ~as legauerit puras ULP.*dig.*32.52.4; ~as epistulares 33.9.3.10; (*type specified*) ~ae regiae, noui libri, noui umbilici CATUL.22.6.

3 Pages or rolls containing literary or other works. **b** writings, 'pages'.
uoces tristificas ~is promebat Etruscis CIC.*Cons.fr.*2.48; ~ae..quae illam pristinam seueritatem continebant obsoleuerunt *Cael.*40; sacras Messalinum sine tangere ~as uatis TIB.2.5.17; sura ~as celare ligatas (*i.e. letters*) OV.*Ars* 3.623; quotiens alicui ~ae sua uincula dempsi OV.*Tr.*4.7.7. **b** claris conducere ~is LUCIL.1085; tuisque ex..~is..omnia nos..depascimur aurea dicta LUCR.3.10; ~is nomen uicturum meis PHAED.4.epil.5; MART.1.25.7; aliis enim ~is, aliis sum litteris initiatus PLIN.*Ep.*5.14.8;—(*w. proper adjs.*) Socraticae..~ae (*the writings of Plato*) HOR.*Ars* 310; Meleteas..~as (*i.e. of Homer*) [TIB.]3.7.200; Arpinis..~is (*i.e. of Cicero*) MART.10.20(19).17.

4 A thin sheet or leaf of metal.
plumbeam ~am supinus pectore sustinere SUET.*Nero* 20.1.

chartāceus ~a ~um, *a.* [prec.+-ACEVS] Made of papyrus.
in codicibus..membraneis uel ~is ULP.*dig.*32.52.

chartārius ~a ~um, *a.* [CHARTA+-ARIVS] Connected with the making of papyrus; (masc. as sb.) a maker of, or dealer in, papyrus. **b** used for papyrus.
hoc (*sc.* polline) aerariae officinae ~aeque utuntur PLIN.*Nat.*18.89;—TI CLAVDIO HERMETI PATRI ~O *CIL* 6.9255. **b** uno ~o calamo me reficere poemata omnigenus APUL.*Fl.*9.

charteus ~a ~um, *a.* [CHARTA+-EVS] Of papyrus; ~*um stadium*, the literary arena.
in ~o stadio ἐπιτάφιον ἀγῶνα quo quis certasset animo VAR.*Men.*519.

chartiāticum ~ī, *n.* [CHARTA; for term. cf. *uiaticum*] Money for buying papyrus.
~um quibusdam officialibus inde subscribere ULP.*dig.*48.20.6.

chartula ~ae, *f.* [CHARTA+-VLA] A scrap or piece of papyrus.
sed miror quid in illa ~a fuerit quod delere malueris CIC.*Fam.*7.18.2; ego contra quod possum, aut ~as ei aut tabellas porrigo FRO.*Amic.*2.p.172(182N); quod in ~is siue membranis meis aliquis scripserit GAIUS *Inst.*2.77.

c(h)artus ~ī, *m.* = CHARTA.
ubi nunc Socratici ~i? LUCIL.709.

Charybdis ~is, *f.* [Gk. Χάρυβδις]

1 A whirlpool on the Sicilian side of the strait between Italy and Sicily, regarded as a female monster. **b** (as typically voracious or cruel; also transf., of a person).
non enim ~im tam infestam neque Scyllam nautis quam istum..fuisse arbitror CIC.*Ver.*5.146; VERG.*A.*3.420; HOR.*Ars* 145; PROP.2.26.54; OV.*Am.*2.16.25; ipsis ~i et Scylla maius portentum SEN.*Suas.*1.13; LUC.4.461 ~is mare uerticosum PLIN.*Nat.*3.87; JUV.5.12;—(*transf.*) tu quoque, quae nimium grata fuere, caue! haec tibi sint Syrtes..hic uomit epotas dira ~is aquas OV.*Rem.*740. **b** quae ~is tam uorax? ~in dico? CIC.*Phil.*2.67; CATUL.64.156; OV.*Met.*8.121;—'~im' bonorum, 'uoraginem' potius CIC.*de Orat.*3.163; a! miser, quanta laborabas ~i, digne puer meliore flamma HOR.*Carm.*1.27.19.

2 A whirlpool.
et modo portus erat pelagi iam uasta ~is MAN.4.421.

3 (app.) A tortuous cavity.
qualis aceruos exilit imparibus iactis ex tempore saxis ut crebro introrsus spatio uacuata ~is pendeat in sese *Aetna* 107.

chasma ~atis, *n.* [Gk. χάσμα]

1 A chasm or fissure in the earth.
tunc ~ata tunc hiatus uasti aperiuntur SEN.*Nat.*6.9.2; si fundus ~ate perierit ULP.*dig.*30.1.47.6.

2 A supposed meteoric phenomenon: see quots.
sunt ~ata, cum aliquod spatium caeli desedit et flammam uelut dehiscens in abdito ostentat SEN.*Nat.*1.14.1; fit et caeli ipsius hiatus, quod uocant ~a PLIN.*Nat.*2.96.

Chattī ~ōrum, *m. pl.* A people of south-west Germany; (also fem. sg. as adj.).
MART.2.2.6; TAC.*Ger.*30; JUV.4.147;—uaticinante ~a muliere SUET.*Vit.*14.5.

Chatticus ~a ~um, *a.* Of the Chatti or their territory.
~a Teutonicos accendit spuma capillos MART.14.26.1.

Chaucī ~ōrum, *m. pl.* Also **Cauchi, Caȳcī.** A people of north-west Germany.
VELL.2.106.1; PLIN.*Nat.*16.2; TAC.*Ger.*35;—crinigeros..~os LUC.1.463.

chēlē ~ēs, *f.* [Gk. χηλή]

1 A claw-shaped piece of mechanism, a trigger.
~es, siue manucla dicitur, longitudo foraminum trium VITR.10.10.4; 10.11.7.

2 (pl., astron.) The claws of Scorpio which extended into the sign Libra; hence, Libra.
nam caeli mediam partem terit (Aries), ut prius illae ~ae CIC.*Arat.*237(3); VERG.*G.*1.33; LUC.1.659; COL.10.56;—et iuga ~arum medio uolitantia gyro MAN.1.611.

chelīdōn ~onis, *f.* [Gk. χελιδών 'swallow'] The female pudenda; (transf., perh.) = *os fellatoris* (? or prop. name)
cum colocyntha bibit uel cum barbata ~on JUV.6.O6.

chelīdonia ~ae, *f.* [CHELIDONIVS] **a** Greater celandine, *Chelidonium maius*. **b** a variety of fig. **c** a precious stone.
a ~ae..suco CELS.6.14.1; ~am uisui saluberrimam hirundines monstrauere PLIN.*Nat.*8.98; 25.89. **b** purpureae..~ae COL.10.415; PLIN.*Nat.*15.71. **c** ~ae duorum sunt generum, hirundinum colore PLIN.*Nat.*37.155.

chelīdoniās ~ae, *m.* [Gk. χελιδονίας] The west wind.
fauonium quidam a.d. VIII kalendas Martias ~an uocant ab hirundinis uisu PLIN.*Nat.*2.122.

chelīdonium ~iī, *n.* [Gk. χελιδόνιον]

1 (app.) The lesser celandine, *Ranunculus ficaria*.
ea sunt inponenda, quae etiam sana corpora exulcerant, ut alium,..~ium LARG.174.

2 An eye-salve containing celandine juice.
utuntur et per se suco (chelidoniae) et in collyriis, quae ~ia appellantur ab ea PLIN.*Nat.*25.90; CHELIDO AD CAL(IGINEM) *CIL* 12.5691(4).

chelīdonius ~a ~um, *a.* [Gk. χελιδόνιος] Of or belonging to the swallow; (app.) resembling the swallow in colour.
in uentre hirundinum pullis lapilli candido aut rubenti colore qui ~i uocantur..reperiuntur PLIN.*Nat.*11.203;—FAMILIAE QVADRIGARIAE T AT CAPITONIS PANNI ~I *CIL* 6.10046.

chelīum (*s.v.ll.*) ~iī, *n.* [Gk. χέλειον] (app.) The shell of a horned tortoise.
hippopotamorum coria, ~ium (*s.v.l.*) testudinum PLIN.*Nat.*6.173; 9.38.

chelōnia ~ae, *f.* [Gk.] A precious stone.
~a oculus est Indicae testudinis PLIN.*Nat.*37.155.

chelōnītis ~idis, *f.* [Gk.] A precious stone.
sunt et ~ides aliarum testudinum superficiei similes PLIN.*Nat.*37.155.

chelōnium ~iī, *n.* [Gk. χελώνιον] A socket-piece of a windlass or crane, one of the cheeks.
VITR.10.2.8; supra minorem columnam ~ium, siue puluinus dicitur 10.10.5; ~ia, in quibus includuntur suculae 10.12.1.

Chelōnophagī ~ōrum, *m. pl.* [Gk. Χελωνοφάγος] The turtle-eaters, a people living on the Persian gulf.
MELA 3.75; PLIN.*Nat.*9.38.

chelydrus ~ī. *m.* [Gk. χέλυδρος] A venomous water-snake.
VERG.*G.*2.214; galbaneoque agitare grauis nidore ~os 3.415; OV.*Met.*7.272; aduersus ~..ictum CELS.5.27.8; COL.10.378; LUC.9.711; tactuque graues sopire ~os SIL.1.412.

chelys ~yn (*acc.*), *f.* [Gk. χέλυς]

1 The tortoise.

sic Phoebea ~ys uinclo resoluta parentis Lucinae tepidis naribus oua fouet? PETR.*fr.*26.5.

2 A lyre (made originally from a tortoise-shell).

inde ~yn Phoebo, communia munera, ponam [Ov.]*Ep. Sapph.*181; leui canoram uerberans plectro ~yn SEN.*Tro.* 321; pendeat ex umeris dulcis ~ys P.POMPON.*trag.*8; V.FL. 1.139; Tyriam reptantia saxa ad ~yn et duras animantem Amphiona cautes STAT.*Theb.*8.233; ~y, iam repone cantus *Silv.*4.3.119.

chēma ~ae, *f.* [Gk. χήμη] A bivalve shellfish or clam.

~ae striatae, ~ae leues, ~ae peloridum generis PLIN. *Nat.*32.147.

chēnalōpēx ~ecis, *m.* [Gk. χηναλώπηξ] (perh.) The Egyptian goose, *Chenalopex aegyptiaca.*

anserini generis sunt ~eces PLIN.*Nat.*10.56; 10.166.

chēnamychē ~ēs, *f.* [Gk. χήν, ἀμυχή] = NYCTEGRETOS.

eandem (*sc.* nyctegreton) uocari ~em, quoniam anseres a primo conspectu eius expauescant PLIN.*Nat.*21.62.

chēnerōs ~ōtis, *f.* [Gk.] A small kind of goose.

quibus lautiores epulas non nouit Britannia, ~otes PLIN. *Nat.*10.56.

chēniscus ~ī, *m.* [Gk. χηνίσκος] A figure on the stern of a ship, resembling a goose.

puppis intorta ~o APUL.*Met.*11.16.

chēnoboscion ~iī, *n.* [Gk. χηνοβόσκιον] A place for feeding geese, a goose-pen.

in quibus ubi anseres aluntur, nomine ⟨alieno⟩ ~ion appellatis VAR.*R.*3.10.1; ~ia constituant COL.8.14.1.

chenturio: aspirated form of CENTVRIO².

erupit breui tempore nimius usus (adspirationis) ut 'choronae ~ones praechones' adhuc quibusdam inscriptionibus maneant QUINT.*Inst.*1.5.20.

cheragra ~ae, *f.* **(chīr-).** [Gk. χειράγρα] Pain in the hands, arthritis or gout.

CIC.*N.D.*2.7.6; postquam illi iusta ~a contudit articulos HOR.*S.*2.7.15; nodosa..~a *Ep.*1.1.31; CELS.1.9.1; lapidosa ~a PERS.5.58; PLIN.*Nat.*28.125; podagra ~aque secatur Gaius MART.9.92.9; (*facet.*) podagra..laborat. sed nil patrono porrigit: haec ~a est 1.98.2.

cheragricus ~ī, *m.* **(chīr-).** [Gk. χειραγρικός] A person suffering from *cheragra.*

podagrici pedibus suis male dicunt ~i manibus PETR. 132.14.

chēre: form of CHAERE.

chernītēs ~ae, *m.* [Gk. χερνίτης] A white marble.

~es ebori simillimus..Parioque similis..qui porus uocatur PLIN.*Nat.*36.132.

chernītis ~idis, *f.* [Gk.] A precious stone.

~is uelut in petra candidis manibus inter se complexis PLIN.*Nat.*37.191.

cherolaba ~ae, *f.* [Gk. χε(ι)ρολάβη] A handle or handspike.

~ae sucularum foraminum II s⁻ VITR.10.10.5.

Cherronēsus, Chersonēsus (-nessus, -nensus) ~ī, *f.* The name of various peninsulas and towns in the Greek world, esp.: **a** the Thracian Chersonese, on the north-west side of the Hellespont. **b** the Tauric Chersonese, the Crimea; also, a town in the south-west part of this.

a CIC.*Agr.*2.50; *Pis.*86; LIV.33.38.8; MELA 2.25; PLIN. *Nat.*11.190. **b** PLIN.*Nat.*19.95;—MELA 2.3.

chersinus ~a ~um, *a.* [cf. Gk. χέρσος] Living on land.

sunt et terrestres (testudines), quae ob id in operibus ~ae uocantur, in Africae desertis PLIN.*Nat.*9.38.

Chersonessitānus ~a ~um, *a.* Of or belonging to the Thracian Chersonese; (masc. pl. as sb.) its inhabitants.

IN VEXILLATIONE ~A *CIL* 3.13750; QVID AD DECRETVM ~ORVM RESCRIPSERIM 3.13750.

chersos ~ī, *f.* [Gk. χέρσος] A land tortoise.

gustatorium: femineam nobis ~on si credis inesse deciperis: pelagi mascula praeda sumus MART.14.88.1.

chersydros ~ī, *m.* [χέρσυδρος] An amphibious serpent.

natus et ambiguae coleret qui Syrtidos arua ~os LUC. 9.711; PLIN.*Nat.*22.18.

Cheruscī ~ōrum, *m. pl.* A people of western Germany.

CAES.*Gal.*6.10.5; VELL.2.105.1; TAC.*Ger.*36.

chīliarchēs ~ae, *m.* [Gk. χιλιάρχης] An officer commanding a thousand men in a Greek army.

CURT.5.2.3.

chīliarchus ~ī, *m.* [Gk. χιλίαρχος] = prec. (in quot., applied to a Persian official).

primum ex more Persarum ad ~um, qui secundum gradum imperii tenebat, Tithrausten accessit NEP.*Con.*3.2.

chīliodynamia ~ae, *f.* [cf. Gk. χιλιοδύναμος] = POLEMONIA.

Polemoniam alii Philetaeriam..appellant, Cappadoces autem ~am PLIN.*Nat.*5.64.

C(h)īlō. [Gk. χεῖλος] (see first quot.; also transf. app. = FELLATOR).

~o dicitur cognomento a magnitudine labrorum PAUL. *Fest.*p.43M;—quicquid impudicorum, cilonum, parricidarum..fuit in urbe [CIC.]*Sal.*18.

chīlōma ~atis, *n.* [Gk. χείλωμα, cf. χηλός] A box, coffer.

misi tibe..~a; entro ha⟨b⟩et collyram *BIFAO* 41(p.155).

Chimaera ~ae, *f.* [Gk. χίμαιρα 'goat']

1 A mythological monster.

CIC.*N.D.*25; prima leo, postrema draco, media ipsa, ~a LUCR.5.905; flammisque armata ~a VERG.*A.*6.288; [TIB.] 3.4.86; OV.*Met.*9.647; (*transf.*) flammam taetro spirantis ore ~as LUCR.2.705; (*applied to a rapacious woman*) uix illigatum te triformi Pegasus expediet ~a HOR.*Carm.*1.27.24.

2 A mountain in Lycia.

flagrat in Phaselitis mons ~a PLIN.*Nat.*2.236.

Chimaerēus ~a ~um, *a.* Of the Chimaera.

siue educat illum (*sc.* Phoebum) Arna ~o Xanthi perfusa liquore *Culex* 14.

Chimaerifera ~ae, *f. adj.* (of Lycia) That produced the Chimaera.

~ae..finibus in Lyciae OV.*Met.*6.339.

chīmerinus ~a ~um, *a.* [Gk. χειμερινός] Of winter.

HIEMPS INITIV(M) SIVE TROPAE ~(AE) *CIL* 6.2305; (*coined as proper name*) MART.9.13(12).2.

Chīonidēs ~ae, *m.* Son of Chione (the daughter of Boreas); (epithet of Eumolpus).

OV.*Pont.*3.3.41.

Chios (~us) ~ī, *f.* FORMS and PROS.: **Chīus** CIC.*Arat.*674(422). An island in the Aegean off the coast of Ionia.

CIC.*Ver.*1.49; nonnulli (scripserunt) ~i lapides esse coniectos VITR.7.pr.9; ad ~um LIV.44.28.12; MELA 2.101; Thoanta fraterna regnare ~o STAT.*Theb.*5.487.

chīramaxium ~iī, *n.* [Gk. χειραμάξιον] A hand-cart.

~io in quo deliciae eius uehebantur PETR.28.4.

chīridōtus ~a ~um, *a.* [Gk. χειριδωτός] *tunica* ~*a,* or fem. as sb., A sleeved shirt.

qui in conuiuiis adulescentulus..cum ~a tunica inferior accubuerit SCIP.min.*orat.*10;—molucium crocotam ~am ricam ricinum NOV.*com.*71; GEL.6(7).12.2.

chīrocmēta, *n. pl.* [Gk. χειρόκμητα] Manufactures (title of a book by Democritus).

PLIN.*Nat.*24.160.

chīrodytos ~ī, *m.* [cf. Gk. χείρ and perh. ἐνδυτά] An unknown garment.

~oe aurati, ricae, toracia, mitrae LUCIL.71.

chīrographārius ~a ~um, *a.* [next+-ARIVS] Holding a written bond.

res publica creditrix omnibus ~is creditoribus praefertur PAUL.*dig.*42.5.38.1.

chīrographum ~ī, *n.* **(-grafum).** Also **~us** ~ī, *m.* [Gk. χειρόγραφον]

1 One's handwriting.

quo me teste conuincas? an ~o? CIC.*Phil.*2.8; neque utar meo ~o neque signo *Att.*2.20.5; ~um sex primorum imitatus est *N.D.*3.74; imitari..proposita et ad illa reformare ~um SEN.*Ep.*94.51; cum quibusdam notissimis uersibus ipsius ~o scriptis SUET.*Nero* 52.1;—(*masc.*) QUINT. *Inst.*6.3.100.

2 A document in a person's own handwriting, a manuscript. **b** (spec.) a written undertaking, a promise or bond.

seseque ~a testificationes indicia..deferre CIC.*Brut.*277; qui ~a Caesaris defendisset lucri sui causa *Phil.*2.109; praeparatum sibi a reo uenenum testibus, ~is..probaturum adfirmans V.MAX.8.10.3; QUINT.*Inst.*5.13.8; JUV.13.137; cum..~um eius praeparatae apud milites contionis deprehendisset SUET.*Tit.*6.2. **b** credidi ~is eius PLANC.*Fam.* 10.21.1; abdicato frater ~um dedit dimidiam se partem daturum hereditatis si non respondisset SEN.*Con.exc.*6.1; SEN.*Ben.*2.23.2; QUINT.*Inst.*9.2.73; SUET.*Jul.*17.1; litterarum obligatio fieri uidetur ~is et syngrafis, id est si quis debere se aut daturum se scribat GAIUS *Inst.*3.134; ~um magnae pecuniae ULP.*dig.*48.20.6.

Chīrō(n) ~ōnis, *m.* A centaur, the tutor of Achilles, famous for his medical skill. **b** a constellation, the Centaur.

ANDR.*trag.*35; Phillyrides ~on VERG.*G.*3.550; OV.*Ars* 1.17; gemini..~onis *Met.*2.630; V.FL.1.139; STAT.*Silv.* 2.1.89; (*as a statue*) recubans sub eodem marmore Chiro JUV.3.205. **b** OV.*Fast.*5.379; LUC.9.536.

Chīrōnēus ~a ~um, *a.* Of or connected with Chiron.

~um..ulcus appellatur, quod et magnum est et habet oras duras, callosas, tumentes CELS.5.28.5.

Chīrōnīum (~īon), ~iī, *n.* Centaury, *Centaurea salonitana.*

tertium (genus) panaces ~ium cognominatur ab in uentore PLIN.*Nat.*25.32; 25.66; 25.99.

Chīrōnīus ~a ~um, *a.* Of or connected with Chiron, Chironian; (used in the names of species or varieties of certain plants).

spinam ipsam in Graecia quidam pyxacanthum ~um uocant PLIN.*Nat.*12.31; 24.125; est ergo et nigra (uitis) quam proprie bryoniam uocant, alii ~am 23.27; panacis radix..praecipue ~ae PLIN.*Nat.*25.165.

chīronomia ~ae, *f.* [Gk. χειρονομία] The rules of gesticulation.

haec ~a, quae est..lex gestus QUINT.*Inst.*1.11.17.

chīronomōn ~untos, *pple.* [Gk. χειρονομῶν] Gesticulating.

saltantem spectes et ~unta uolanti cultello JUV.5.121.

chīronomos ~os ~on, *a.* [Gk. χειρονόμος] Pantomimic.

~on Ledam molli saltante Bathyllo JUV.6.62.

chīrurga ~ōrum, *n. pl.* (dub.; either this or another word to be read here represents an antithesis to LEPTVRGA).

quid, si quis postularet..ut Calamis lepturga aut Polycletus ~a (fingeret)? FRO.*Aur.*2.p.48(113N).

chīrurgia ~ae, *f.* [Gk. χειρουργία] Surgery.

quod neque ~a sine diaetetica, neque haec sine ~a.. perfici possunt LARG.200; (*fig.*) ipse occidi potuit, sed ego diaeta curare incipio, ~ae taedet CIC.*Att.*4.3.3.

chīrurgicus ~a ~um, *a.* [Gk. χειρουργικός] Surgical.

Chiron..artem medicinam ~am ex herbis primus instituit HYG.*Fab.*274.9.

chīrurgus¹ ~a ~um, *a.* [Gk. χειρουργός] Of a surgeon.

cum penis mihi forte laesus esset ~amque manum miser timerem *Priap.*37.4.

chīrurgus² ~ī, *m.* [prec.] A surgeon.

CELS.7.pr.4; apud magnos ~os 7.11; Tryphon ~us carnem eminentem hoc medicamento compescebat LARG.240; MART.1.30.1; P. DECIMIVS..MEDICVS CLINICVS ~VS OCVLARIVS *CIL* 11.5400.

chīum ~ī, *n.* The small single seed of the Alpine Raetic grape.

haec breuis, conferta acino, degener uino..nucleo (quod ~um uocant) uno ac minimo PLIN.*Nat.*14.41.

Chīus ~a ~um, *a.* PROS.: 1st syll. short PL. *Cur.*78, *Poen.*699.

1 Of or belonging to Chios. **b** (masc. pl. as sb.) the people of Chios. **c** (fem. as sb.) the Chian fig. **d** (neut. as sb.) Chian wine.

(*of persons*) Agathocles ~us VAR.*R.*1.1.8; cum Hermarcho ~o CIC.*Har.*34;—(*of things, products*) uinum ~um PL.*Cur.* 78; (ficus) ~a alba nigra CLOAT.*gram.*9; HOR.*Epod.*9.34; ~ae telluris ad oras adplicor OV.*Met.*3.597; COL.10.414; marmor ~um PLIN.*Nat.*5.136; ~a terra candicans 35.194; masticles ~ae LARG.60. **b** CIC.*Arch.*19; LIV.27.30.4. **c** CALP.*Ecl.*2.81; mihi, quae nouit pungere, ~a sapit MART. 7.25.8. **d** ut ~o nota si commixta Falerni est HOR.*S.* 1.10.24; *Carm.*2.3.115; PLIN.*Nat.*14.73.

2 Of Chian wine.

quo ~um pretio cadum mercemur HOR.*Carm.*3.19.5; et ~o soluite uincla cado TIB.2.1.28.

3 Characteristic or suggestive of Chios (i.e. luxurious).

cum adhuc capillatus essem, nam a puero uitam ~am gessi PETR.63.3.

chlamida ~ae, *f.*: form of CHLAMYS.

ephebica ~a sinistrum tegebat umerum APUL.*Met.*10.30 umeris dependebat..talorum tenus pretiosa ~a 11.24.

chlamydātus ~a ~um, *a.* [next+-ATVS²] Dressed in a (military) cloak.

et ille ~us quisnam est qui sequitur procul? PL.*Poen.*620; *Ps.*1139; uiderunt ~um illum L. Sullam imperatorem CIC. *Rab.Post.*27; L...Scipionis statuam ~am et crepidatam V.MAX.3.6.21.

chlamys ~ydis (~ydos), *f.* Also **~is, clam-.** [Gk. χλαμύς] A Greek cloak or cape (orig. for riding and freq. in military use; often equated w. the Roman PALVDAMENTVM).

suam qui undantem ~ydem quassando facit PL.*Epid.* 436; si uis tribus bolis in ~ydem *Cur.*611; aduehitur cum iligna corona et ~yde CAECIL.*com.*269; VAR.*Men.*212; L.. Scipionis..non solum cum ~yde sed etiam cum crepidis in Capitolio statuam uidetis CIC.*Rab.Post.*27; ~ydes Lucullus ..si posset centum scaenae praebere rogatus HOR.*Ep.*1.6.40; quibus sceptrum et ~ydem in scaena fabulae adsignant SEN. *Ep.*76.31; ~ydas regum PERS.6.46; ~ys huic, ~ys aret et illi STAT.*Theb.*5.438; TAC.*Ann.*12.56; ULP.*dig.*34.2.23.2;— (*w. proper adjs.*) Phrygiam..~ydem VERG.*A.*3.484; Sidoniam..~ydem 4.137; ~ydem Tyriam OV.*Met.*5.51; ad effigiem Macedonicae ~ydis PLIN.*Nat.*5.62; Spartana ~ys JUV. 8.101;—aulaea, clamides, pallae VAR. in Non.p.537M; cum clamyde purpurea uariis coloribus intexta *Rhet.Her.*4.60; illum succinctum chlamide crepides et uenabula uenatorem fecerant APUL.*Met.*11.8

chlōra, *f.* [Gk. χλωρός] A variety of emerald.
Iuba auctor est smaragdum, quam ~an uocent, in Arabia aedificiorum ornamentis includi PLIN.*Nat.*37.73.

chlōreus, *m.* [Gk. χλωρεύς] An unknown bird.
dissident..coruus et ~eus noctu inuicem oua exquirentes PLIN.*Nat.*10.202.

chlōriōn ~ōnis, *m.* [Gk. χλωρίων] (app.) The golden oriole, *Oriolus galbula.*
~on..qui totus est luteus, hieme non uisus, circa solstitia procedit PLIN.*Nat.*10.87; 18.292.

chlōrītis ~idis, *f.* [Gk.] A green precious stone.
~is herbacei coloris est; eam in uentre motacillae auis inueniri dicunt Magi congenitam ei PLIN.*Nat.*37.156.

chlōron ~ī, *n.* [Gk. χλωρός] A kind of eye-salve.
~ON AD LIPPITVDINEM EX OVO *CIL* 13.10021(118); *A. Epig.*39.6a.

Choaspēs ~is, *m.* **a** A river in Susiana, whose water was said to be drunk by the Persian kings. **b** a river in north-west India.
a nec qua uel Nilus uel regia lympha ~es profluit [TIB.] 3.7.140; PLIN.*Nat.*31.35; quid si amnigenam mirere ~en? V.FL.5.584; milibus his ductor spectatus Marte ~es, Neritia Meninge satus SIL.3.317. **b** CURT.8.10.22.

choaspītis ~idis, *f.* [Gk. χοασπῖτις] A precious stone.
~is a flumine dicta est, ex uiridi fulgoris aurei PLIN.*Nat.* 37.156.

choenica ~ae, *f.* [Gk. χοῖνιξ, -ικη] A dry measure (= 2 *sextarii*).
~a mensurae genus PAUL.*Fest.*p.52M.

Choerilus ~ī, *m.* A poet patronized by Alexander the Great; a typically bad poet.
HOR.*Ep.*2.1.233;—*Ars* 357.

choeros ~ī, *m.* [Gk. χοῖρος] A pig; (transf.) the female pudenda.
porcus graecum est nomen antiquum, sed obscuratum, quod nunc eum uocant ~on VAR.*R.*2.4.17;—2.4.10.

cholera ~ae, *f.* [Gk. χολέρα] European or summer cholera, *cholera nostras*; an attack of it.
CELS.2.1.21; facienda mentio est ~ae, quia commune id stomachi atque intestinorum uitium uideri potest 4.18.1; LARG.90; FRO.*Aur.*1.p.240(87N);—tormina quoque et ~as ..sedant PLIN.*Nat.*31.66.

cholericī ~ōrum, *m. pl.* [Gk. χολερικός] Persons suffering from cholera.
malagma..~is prodest LARG.256; PLIN.*Nat.*23.8; 27.114.

chōma ~atis, *n.* [Gk. χῶμα] A bank or dyke.
in Aegypto qui ~ata rumpit uel dissoluit (hi sunt aggeres, qui quidem solent aquam Niloticam continere)..plectitur ULP.*dig.*47.11.10.

chondris, *f.* [Gk.] = PSEVDODICTAMNVM, (perh.) Bastard dittany.
PLIN.*Nat.*25.93; 26.49.

chondrylla ~ae, *f.* Also **condrillē** ~ēs, *f.* [Gk. χονδρίλη] A plant, perh. gum succory, *Chondrilla juncea.*
~a amara est et acris in radice suci PLIN.*Nat.*21.105;—condrion siue ~e folia habet intubi 22.91.

chōra ~ae, *f.* [Gk. χώρα] (?) A site for a monument.
QVINQVAGINTA ~AS QVAS MIHI OBTVLISTIS EXCVSO QVINDECIM CONTENTVS *A.Epig.*13.134.

chorāgiārius ~(i)ī, *m.* [next+-ARIVS] (app.) A supplier of stage properties.
A TITIO A L BELLICO VI VIR AVGVSTALI ~IO *CIL* 5.6795.

chorāgium ~(i)ī, *n.* [Gk. χορήγιον]

1 The equipment of a dramatic company, stage properties. **b** (transf.) gear or trappings for other purposes.
hoc paene iniquomst, comico ~io conari desubito agere nos tragoediam PL.*Capt.*61; VITR.5.9.1; (scaenam) argentatis ~iis P. Lentulus Spinther adornauit V.MAX.2.4.6; relicus (theatri) apparatus tantus Attalica ueste, tabulis pictis, cetero ~io fuit PLIN.*Nat.*36.115; si ~ium thymelicum possiderem APUL.*Apol.*13; *CIL* 6.10084. **b** ut..aliquod fragile falsae ~ium gloriae conparetur *Rhet.Her.*4.63; in ipso momento ~i funebris APUL.*Met.*2.20; feralium nuptiarum miserrimae uirgini ~ium struitur 4.33.

2 A piece of the operating mechanism of a water-organ.
haec regulae habent ferrea ~ia fixa et iuncta cum pinnis VITR.10.8.4.

chorāgus ~ī, *m.* [Gk. χορηγός] FORMS: *cor-* LUCIL.428. One who contracted to supply a dramatic company with all the equipment it required.
πόθεν ornamenta? — aps ~o sumito; dare debet: praebenda aediles locauerunt PL.*Per.*159; *Trin.*858; (*transf.*) cum primum istorum conduxit mensa ~um *Vers.pop.*in Suet.*Aug.*70.1(*poet.*p.103).

choraula ~ae, *m.*: see CHORAVLES.

choraulē ~ēs, *f.* [Gk. χοραύλη] A female player on a reed pipe.
LICINIA M CRASSI LIB SELENE ~E *CIL* 6.10122.

choraulēs ~ae, *m.* Also **~a** ~ae. [Gk. χοραύλης] A player on a reed pipe.
harundinibus quassis ~as imitatus est PETR.69.5; Ismenian ~en PLIN.*Nat.*37.6; quod optimum sit quaeritis conuiuium? in quo ~es non erit MART.9.77.6; JUV.6.77; ~ae mire placenti denarios quinque donasse SUET.*Gal.*12.3;—proditurum se partae uictoriae ludis etiam hydraulam et ~am SUET.*Nero* 54.1; ~a doctissimus APUL.*Met.*8.26.

chorda ~ae, *f.* Also **corda.** [Gk. χορδή]

1 Tripe.
β habuimus..et ~ae frusta et hepatia in catillis PETR. 66.7.

2 A string of a musical instrument.
nam uoces ut ~ae sunt intentae CIC.*de Orat.*3.216; *N.D.* 2.149; musaea mele, per ~as organici quae mobilibus digitis expergefacta figurant LUCR.2.412; uerba..socianda ~is HOR.*Carm.*4.9.4; VITR.6.1.6; non didicit ~as tangere: posce lyram OV.*Rem.*336; SEN.*Med.*626; PERS.6.2; septem ~is primum cecinit..Terpander PLIN.*Nat.*7.204; STAT.*Silv.*4. 4.53. β e septem ~is citharae VAR.*L.*10.46.

chorēa ~ae, *f.* [Gk. χορεία] FORMS: *~an* (acc. sg.) VAR.*Men.*269. PROS.: *chorĕa* VERG. *A.*6.644, TIB.1.3.59, PROP.2.19.15. A round dance. **b** (transf., of the movements of the stars or planets). **c** (meton.) dancers; (also transf. of a magistrate's escort).
cum pueri circum puerum pernice ~a armati in numerum pulsarent aeribus aera LUCR.2.635; *Culex* 19; iuuat indulgere ~is VERG.*A.*9.615; 10.224; ad numerum motis pedibus duxere ~as OV.*Met.*14.520; *Fast.*3.537; disponetue iugis (Bacchum) imitatus fronde ~as MAN.5.239; Aegyptias ~as PETR.fr.19; ludicris scaenicorum ~is APUL.*Met.*10.29; (*of circus elephants*) MART.1.104.9. **b** cum pictus aer feruidis late ignibus caeli ~an astricen ostenderet VAR.*Men.*269; exercent uarias naturae lege ~as MAN.1.671. **c** ubi te prima statuent in parte ~ae PROP.2.30.37;—nunc consul praetorue tenet (me) reducesque ~ae MART.10.70.9;—(*cf.*) animam..fortunatorum habituram loca deorum ~is.. permixtam APUL.*Pl.*2.23.

chorēus ~ī, *m.* Also **chorīus (-os).** [Gk. χορεῖος] PROS.: *chorī-* MAUR.1488, 1874. A metrical foot consisting of a long and a short syllable, a trochee.
trochaeum autem, qui est eodem spatio quo ~us, cordacem appellat (Aristoteles) CIC.*Orat.*193; QUINT.*Inst* 9. 4.81. β CIC.*de Orat.*3.193; ~on dici, quam saepe trochaeum dicimus MAUR.1874.

choreutēs ~ae, *m.* [Gk. χορευτής] A choral dancer.
reliqui..duo (*sc. stars*) ~ae dicuntur, quod circum polum uersantur HYG.*Astr.*3.1.

choriambicus ~a ~um, *a.* [Gk. χοριαμβικός] Choriambic.
MAUR.1862; hoc metrum ~um est 2607.

choriambus ~ī, *m.* [Gk. χορίαμβος] A metrical foot consisting of a *chorius* and an *iambus* (– ⏑ ⏑ –).
MAUR. 1872;2525.

choricum ~ī, *n.* [Gk. χορικόν] The choral part of a play.
inserit haec aeque Pomponius in ~is sic MAUR.1965.

chorioīdēs ~ae, *m.* [Gk. χοριοειδής] The choroid coat of the eye.
huic (*sc.* tunicae) inferior adiuncta est..modico foramine concaua, circa tenuis..quae ~es a Graecis nominatur CELS. 7.7.13.B.

chorion ~iī, *n.* [Gk. χόριον] The membrane enclosing the fetus, the afterbirth.
VAR.*R.*2.1.19.

chorīus (~ios) ~iī, *m.*: form of CHOREVS.

chōrobatēs ~ae, *m.* [Gk. χωροβάτης] FORMS: *~i* (? gen.) VITR.8.5.3. An instrument used in levelling ground, consisting of a long pole with supports and plumb-lines at either end and a groove for water along the top.
~es..est regula longa circiter pedum uiginti VITR.8.5.1; 8.5.2.

chorocitharistēs ~ae, *m.* [Gk.] One who accompanied a chorus on the lyre.
certabant..~ae quoque et psilocitharistae SUET.*Dom.*4.4.

chōrographia ~ae, *f.* [Gk. χωρογραφία] A work of geography.
fluminum, quae orbe terrarum ~is picta itemque scripta ..inueniuntur VITR.8.2.6.

chorōna ~ae, *f.*: aspirated form of CORONA.

chors, chortālis: see COHORS, etc.

chortinus ~a ~um, *a.* [cf. Gk. χόρτος] Made from grass or fodder.
plurimum autem in Aegypto (oleum fit)e raphani semine aut gramine herba quod ~on uocant PLIN.*Nat.*15.30.

chorus ~ī, *m.* [Gk. χορός] FORMS: *~ūs* (acc. pl. = *-ους*) *Culex* 116.

1 A performance of dancing with singing (in some cases one or other of the constituent parts predominates). **b** (transf., of the dance-like movement of the stars).
quid dubitatis hilareis dare ~os? *Inc.pall.*36; in ~o ludens NAEV.*com.*75; NOBILIVM LVDOS DECORAVI ~O *CIL* 1.1214.12; qualis..exercet Diana ~os VERG.*A.*1.499; te lustrare ~o 7.391; iam Cytherea ~os ducit Venus HOR. *Carm.*1.4.5; ferre pedem..~is 2.12.17; tibi..Osiri,..~us et cantus et leuis aptus amor TIB.1.7.44; PROP.2.28.60; Niobe festos ducat ut orba ~os OV.*Tr.*5.12.8; non omnes simul tamquam in ~o manum ducente grammatico SEN. *Suas.*2.13; STAT.*Silv.*1.5.3; JUV.11.163; SUET.*Cal.*37.2; adsunt Nerei filiae ~um canentes APUL.*Met.*4.31; (*w. ref. to literary form*) primus ego ingredior..Itala per Graios orgia ferre ~os PROP.3.1.4. **b** signorum..~os MAN. 2.118; unus stellarum ~us ex diuersis occasibus ortibusque APUL.*Mun.*29; si hic olim ~us antiquus steterit *Pl.*1.10; (*poet.*) nox iungit equos currumque sequuntur matris lasciuo sidera fulua ~o TIB.2.1.88.

2 A choral passage in a play.
ACC.*gram.*6; item in ~o in quo est 'Aenea..' VAR.*L.*6.60; interponentes e ~o canticum diuiserunt spatia fabularum VITR.5.pr.4.

3 The performers of a *chorus*: **a** (in a play). **b** (in other entertainments, festivals, etc.). **c** (poet., of the Muses). **d** (of the stars).
a actoris partis ~us officiumque uirile defendat HOR.*Ars* 193; aequabitque ~os gestu MAN.5.484; PHAED.5.7.25; AFRIC.*dig.*21.1.34. **b** tum Salii..adsunt..hic iuuenum ~us, ille senum VERG.*A.*8.287; doctus et Phoebi ~us et Dianae dicere laudes HOR.*Saec.*75; conticuere ~ri STAT. *Theb.*5.195; (*in the* lusus Troiae) olli discurrere pares atque agmina terni diductis soluere ~is VERG.*A.*5.581. **c** utque uiro Phoebi ~us adsurrexerit omnis VERG.*Ecl.*6.66; in quo Tonanti sancta Mnemosyne Ioui..artium peperit ~um PHAED.3.pr.19; OV.*Tr.*5.3.10; Pierio..~o MART.7.69.8. **d** Pleiadum ~o scindente nubes HOR.*Carm.*4.14.21; qualis ab Oceano nitidum ~us aethera uestit V.FL.5.565; uidit ~us omnis ab alto astrorum STAT.*Ach.*1.643.

4 a A band of nymphs, etc., often conceived of as singing and dancing. **b** a band of revellers, worshippers, Bacchantes, etc.
a Nereidum Phorcique ~us VERG.*A.*5.240; atque illi.. ~us, ecce, suarum occurrit comitum 10.219; dignior est uestro nulla puella ~o [TIB.]3.8.24; Hesperidumque ~os PROP.3.22.10; suo comitata ~o Dictynna OV.*Met.*2.441; Ditis ~us, horrida Erinys et Bellona minax facibusque armata Megaera PETR.124,l.255; omni Gratiarum ~o stipata APUL.*Met.*2.8; (*of fish*) nunc prima tangens rostra lasciuit ~us SEN.*Ag.*454. **b** saltatores, citharistas, totum denique comissationis Antonianae ~um CIC.*Phil.*5.15; omnibus in templis matrum ~us, omnibus arae VERG.*A.* 8.718; solumque cruorem femineis experte ~is STAT.*Theb.* 9.479; ipsa crine fluxo thyrsum quatiens, iuxtaque Silius hedera uinctus..strepente circum procaci ~o TAC.*Ann.* 11.31.

5 A group, band, or company of people (usu. companions, attendants, etc.); (in derogatory sense) a 'troupe', 'chorus'. **b** a school, body.
quem si puellarum insereres ~o HOR.*Carm.*2.5.21; formosae ueniant ~us heroinae PROP.1.19.13; (Flora) uolt sua plebeio sacra patere ~o OV.*Fast.*5.352; Vestalemque ~um ducit uittata sacerdos LUC.1.597; delicatae..~us mensae MART.10.62.3; (*fig.*) potest..quicquam utile esse, quod sit huic talium uirtutum ~o contrarium? CIC.*Off.*3.116;—lictores, turma omnis ~usque LUCIL.93; Catilinam..stipatum ~o iuuentutis CIC.*Mur.*49; ego..Baiana negotia ~umque illum de quo scire uis..scribam *Att.*14.8.1; notariorum quem premit ~us leuis MART.5.51.2; illae 'puellae' ~us erat cinaedorum APUL.*Met.*8.26. **b** totum Epicurum paene e philosophorum ~o sustulisti CIC.*Fin.* 1.26; EX EPICVREIO GAVDIVIGENTE ~O *CIL* 10.2971;—(*of poets, etc., cf. sense 3*) inter amabilis uatum ponere me ~os HOR.*Carm.*4.3.15; scriptorum ~us omnis amat nemus et fugit urbem *Ep.*2.2.77; OV.*Ars* 3.534; Lucanum canimus ..Romani colitur ~i sacerdos STAT.*Silv.*2.7.23.

Chremēs ~ētis (~ētos), *m.* FORMS: *~i* (gen.) TER.*An.*368 (*s.v.l.*). A Greek name, esp. a miserly character in the comedies of Terence.
fratrem..~em TER.*Ph.*63; qua profectus causa hinc es Lemnum, ~e? 567; Terentianus ille ~es 'humani nihil a se alienum putat' CIC.*Off.*1.30; quod aut auarus ut ~es terra premam HOR.*Epod.*1.33; ~eta..senem *S.*1.10.40.

chreston ~ī, *n.* [Gk. χρηστός] = CICHORIVM.
idem (*sc.* cichorium) propter singularem salubritatem aliqui ~on appellant, alii pancration PLIN.*Nat.*20.74.

chrīa ~ae, *f.* [Gk. χρεία] A topic of general application set for study and exercise in a school of grammar or rhetoric.
pueris et sententias ediscendas damus et has quas Graeci ~as uocant SEN.*Ep.*33.7; QUINT.*Inst.*1.9.3.

Christiānī ~ōrum, *m. pl.* Followers of Christ, Christians.
quaesitissimis poenis adfecit quos per flagitia inuisos uulgus ~os appellabat TAC.*Ann.*15.44 cognitionibus de ~is interfui numquam PLIN.*Ep.Tra.*10.96(97).1; SUET.*Nero* 16.2.

Christus ~ī, *m.* Christ.
auctor nominis eius ~us Tiberio imperitante per procuratorem Pontium Pilatum supplicio adfectus erat TAC.*Ann.* 15.44; PLIN.*Ep.Tra.*10.96(97).5.

chrōma ~atos, *n.* [Gk. χρῶμα] The chromatic scale (which divided the tetrachord into

two intervals of one semitone each and one interval of three semitones).
~a subtili sollertia ac crebritate modulorum suauiorem habet delectationem VITR.5.4.3; altera (regio) ~atos 5.5.3.

chrōmaticē ~ēs, *f.* [next] A note in the chromatic scale.
(in) quintis diatessaron ad ~en hypaton (habentia sonitum ponantur echea) VITR.5.5.4.

chrōmaticos ~ē ~on, *a.* [Gk. χρωματικός] Chromatic.
in ~o genere VITR.5.5.5.

chromis, *f.* [Gk. χρόμις] A fish, perh. *Umbrina cirrosa.*
inmunda ~is OV.*Hal.*121; PLIN.*Nat.*9.57; 32.153.

chronicum ~ī, *n.* [next] A book of annals.
quod et ipsius Timagorae carmine uetusto apparet, ~orum errore non dubio PLIN.*Nat.*35.58; quem in ~is scriptum est Olympiade ⟨LXII⟩ primum coronatum esse GEL.15.16.1; Nepos in primo ~o 17.21.3.

chronicus ~a ~um, *a.* [Gk. χρονικός] Written in the form of annals.
ex libris, qui ~i appellantur GEL.17.21.1.

chrȳsallis ~idis, *f.* [Gk. χρυσαλλίς] A chrysalis.
(uruca) accrescit, inmobilis, duro cortice ad tactum tantum mouetur, araneo accreta, quam ~idem appellant PLIN.*Nat.*11.112.

chrȳsanthemon (~um) ~ī, *n.* [Gk. χρυσάνθεμον] The name of (prob.) several plants of the order *Compositae.*
heliochrysum alii ~on uocant, ramulos habet candidos, folia subalbida PLIN.*Nat.*21.168; 26.87.

chrȳsanthus ~ī, *m.* [cf. Gk. χρυσανθές] = prec.
hic rhododaphne liliaque et roris non auia cura marini.. ~usque *Culex* 405.

Chrȳsēis ~idos, *f.* (mythol.) The daughter of Chryses, whose capture by Agamemnon resulted in Apollo's sending a plague on the Greek camp.
OV.*Rem.*469; *Ilias* 23; HYG.*Fab.*106.1.

chrȳsēlectros ~ī, *f.* [Gk. χρυσήλεκτρος] An amber-coloured gem, classed by Pliny with *hyacinthus.*
appellantur aliquae et ~oe, in colorem electri declinantes PLIN.*Nat.*37.127.

chrȳsēlectrum ~ī, *n.* [prec.] Gold-coloured amber.
hic (*sc.* Callistratus) et differentiam nouam fecit appellando ~um (sucinum) quod sit coloris aurei PLIN.*Nat.*37.51.

chrȳsendetus ~a ~um, *a.* [Gk. χρυσένδετος] Inlaid with gold; (neut. pl. as sb.) dishes, etc., inlaid with gold.
lances ~ae MART.14.97;—inmodici tibi flaua tegunt ~a mulli 2.43.11; 6.94.1.

Chrȳsēs ~ae, *m.* (mythol.) A priest of Apollo at Chryse in the Troad.
LUCIL.876; OV.*Ars* 2.402; HYG.*Fab.*106.1.

Chrȳsippēus ~a ~um, *a.* Of or belonging to Chrysippus.
haec ~a sunt, ne ab ipso quidem dissoluta CIC.*Luc.*96.

Chrysippīus ~iī, *f.* (app.) A plant named after a Chrysippus.
medetur..~ios cum ficis pinguibus PLIN.*Nat.*26.93.

Chrȳsippus ~ī, *m.* A Greek name, esp.: **a** a famous Stoic philosopher of the third century B.C., a pupil of Zeno and Cleanthes. **b** a physician of Cnidos in the 4th century B.C.
a CIC.*de Orat.*1.50; *N.D.*1.39; HOR.*S.*2.3.44; PERS.6.80; (*facet., fem.*) (Zeno) ~am numquam nisi ~am uocabat CIC.*N.D.*1.93. **b** CELS.5.18.30; PLIN.*Nat.*20.17.

chrȳsītēs ~ae, *m.* [Gk. χρυσίτης] A kind of stone.
etesium lapidem in iis (*sc.* lapidibus mortariorum) praetulere ceteris, mox Thebaicum..tertium ex chalazio ~en PLIN.*Nat.*36.157.

chrȳsītis ~idis, *f.* [Gk. χρυσῖτις] **a** = CHRYSOCOME. **b** an unknown precious stone (= PHLOGINOS). **c** (app.) a type of native lead oxide.
a PLIN.*Nat.*21.50. **b** PLIN.*Nat.*37.179. **c** fit in isdem metallis et quae uocatur spuma argenti. genera eius tria; optima quam ~im uocant PLIN.*Nat.*33.106.

chrȳsizōn ~ontos, *a.* [Gk. χρυσίζων] Of golden colour.
quibus uinum defusum e pleno sit ~on, ut ait Lucilius CIC.*Fin.*2.23.

chrȳsobērullus ~ī, *m.* [Gk. χρυσός, βήρυλλος] A gold-coloured beryl.
~i, paulo pallidiores, sed in aureum colorem exeunte fulgore PLIN.*Nat.*37.76.

chrȳsocarpus ~um, *a.* **~os** ~on. [Gk. χρυσόκαρπος] Having golden berries.
duo genera huius (*sc.* hederae) faciunt a colore acinorum, erythranum et ~um PLIN.*Nat.*16.147; hedera quam ~on appellauimus 24.77.

chrȳsocolla ~ae, *f.* [Gk. χρυσοκόλλα]
1 (app.) Green carbonate of copper, malachite. **b** (used as a pigment). **c** (as a medicament).
eruitur aurum et ~a iuxta PLIN.*Nat.*33.4; 33.86. **b** accedit huc ~a, ostrum, armenium VITR.7.5.8; uisumque iam est Neronis principis spectaculis harenam circi ~a sterni PLIN.*Nat.*33.90; FLOR.*Epit.*2.33(4.12.60); SUET.*Cal.*18.3. **c** rodunt alumen liquidum..~a CELS.5.6.2; hanc ~am medici acesim appellant PLIN.*Nat.*33.92.
2 A precious stone = AMPHIDANES.
PLIN.*Nat.*37.147.

chrȳsocomē ~ēs, *f.* [Gk. χρυσοκόμη] A plant, sometimes identified as *Chrysocoma linosyris.*
PLIN.*Nat.*21.50; ~es radix calfacit et adstringit 21.148.

chrȳsolachanum ~ī, *n.* [Gk. χρυσολάχανον] A plant, sometimes identified as orach.
~um in pineto lactucae simile nascitur..et alibi genus ~i traditur, flore aureo, foliis oleris PLIN.*Nat.*27.66.

chrȳsolampis ~idis, *f.* [Gk. χρυσολαμπίς] A precious stone.
~is in Aethiopia nascitur, pallida alias, sed noctu ignea PLIN.*Nat.*37.156.

chrȳsolithos ~ī, *m.*, (*f.*). [Gk. χρυσόλιθος] Topaz.
quosue dedit flauo lumine ~os PROP.2.16.44; OV.*Met.*2.109; PLIN.*Nat.*37.91;—(*fem.*) ~on XII pondo a se uisam 37.127.

chrȳsomallus ~a ~um, *a.* [Gk. χρυσόμαλλος] Having a golden fleece.
aries ~us HYG.*Fab.*188.4.

chrȳsomēlinus ~a ~um, *a.* [next] (adj. from next).
cydonia, quorum genera tria sunt..~a COL.5.10.9.

chrȳsomēlum ~ī, *n.* [Gk. χρυσόμηλον] A variety of quince.
plura eorum (*sc.* malorum cotoneorum) genera: ~a incisuris distincta, colore ad aurum inclinato PLIN.*Nat.*15.37.

chrȳsophrȳs ~yn (*acc.*), *f.* [Gk. χρύσοφρυς] A fish, prob. gilt-head, *Sparus aurata.*
et auri ~ys imitata decus OV.*Hal.*111; PLIN.*Nat.*32.152.

chrȳsōpis ~idis, *f.* [Gk. χρυσῶπις] A precious stone.
~is aurum uidetur esse PLIN.*Nat.*37.156.

chrȳsoprasos ~ī, *f.* **~um** ~ī, *n.* [Gk. χρυσόπρασος] A precious stone, chrysoprase.
uicinum huic genus (*sc.* berulli) est, sed pallidius et a quibusdam proprii generis existimatum uocatumque ~um PLIN.*Nat.*37.77; praefertur his ~os porri sucum et ipsa referens 37.113.

chrȳsopteros ~on, *a.* [Gk. χρυσόπτερος] 'Gold-winged' (of a kind of jasper).
recentissimi auctores..duo genera eius faciunt, prasoides atque ~on, simile chrysopraso PLIN.*Nat.*37.109.

chrȳsus ~ī, *m.* [Gk. χρυσός] Gold.
opus est ~o Chrysalo PL.*Bac.*240.

chydaeus ~a ~um, *a.* [Gk. χυδαῖος] Common, ordinary (in first quot. perh. concealing Semitic wd.)
quos ex his (*sc.* dactylis) honori deorum damus, ~os appellauit Iudaea gens PLIN.*Nat.*13.46; 14.102.

chȳlisma ~atis, *n.* [Gk. χύλισμα] Expressed juice (of plants).
acaciae ~atis p. ✕ VI, aloes p ✕ III LARG.23.

Cīa ~ae, *f.*: form of CEA.

cibāria ~ōrum, *n. pl.* [next]
1 A ration or allowance of food. **b** food supplied to animals.
(*for slaves*) cum serui aegrotarint, ~a tanta dari non oportuisse CATO *Agr.*2.4; 56; est aliquid, quod dominus praestare seruo debeat, ut ~a, ut uestiarium SEN.*Ben.*3.21.2;—(*for soldiers, etc.*) VAR.*L.*5.91; (exercitus) ferre plus dimidiati mensis ~a CIC.*Tusc.*2.37; trium mensum molita ~a sibi quemque domo efferre iubent CAES.*Gal.*1.5.3; 6.10.2; ~a cocta dierum decem NEP.*Eum.*8.7; Hispanis duplicia ~ia dari iussa LIV.24.47.11; QUINT.*Inst.*5.13.17; SUET.*Gal.*7.2;—(*supplied to magistrates, officials, etc.*) a decemuiris parum bene sibi ~a curata esse CATO *orat.*66; uberiora ~a facta sunt caritate CIC.*Ver.*3.216;—dantor publicitus Dossenno et fullonibus ~a POMPON.*com.*28; plebis Romanae prope menstrua ~ia CIC.*Ver.*3.72; quod sciebat populo Romano superstiti septem aut octo certe dierum ~ia superesse SEN.*Dial.*10.18.5; comites peregrinationum..numquam salario ~is tantum sustentauit SUET.*Tib.*46. **b** bubus ~a annua CATO *Agr.*60; anseribus ~a publice locantur CIC.*S.Rosc.*56; hiberna ~a praedictis pecudibus id holus praebet COL.2.10.22; PLIN.*Nat.*10.51; ~is abundanter instruxit praesepium APUL.*Met.*9.11.
2 Food, provisions (in general).
dat ~a (*sc.* terra) ENN.*var.*49; senes ut in otia tuta recedant..cum sibi sint congesta ~a HOR.*S.*1.1.32; multis regionibus ~is eorum (*sc.* panici et milii) coloni sustinentur COL.2.9.17; quid faciat, crucis offla, coruorum ~a (*i.e. carrion*) PETR.58.2; triticum ~is tantum serunt PLIN.*Nat.*18.79; (*cf.*) apes collecta mella ~is hiemis reponunt COL.9.14.11; (*incl. wine*) ego puto et uinum ad ~a paratum instrumento contineri ULP.*dig.*33.7.12.
3 Money supplied for the purchase of food, a food allowance.
dedin ego aurum— mihi? dedisti filio ~a PL.*Truc.*935; unde..me iubes petere ~a praefecti? CIC.*Att.*6.3.6; liberis suis ~a et uestiaria annua certorum nummorum reliquit PAUL.*dig.*34.1.12.

cibārius ~a ~um, *a.* [CIBVS+-ARIVS]
1 Of or concerned with food.
mihi rem summam credidit ~am PL.*Capt.*901; CATO *orat.*145; obpugnabat..oppidum..defensoribus ualidum..re etiam ~a copiosum GEL.6(7).1.8; decem..illis diebus ~am uoluptatem cohercerem neque ullum animal essem et in-uinius essem APUL.*Met.*11.23;—(*of utensils*) omnibus illis ~is uasculis raptim remotis 2.17; rerum adparatus ~i 9.1.
2 (of plain or common varieties of food, etc.) Such as is supplied to slaves, etc., ration-; (also transf., of a vine).
in cubiculo dormire mallem..potus uinum meum ~um VAR.*Men.*319; (Ptolomaeus) cui..~us in casa panis datus esset CIC.*Tusc.*5.97; CELS.2.18.4; oleum ~um COL.12.52.18; panem alter tenebat bene candidum, ut puer regius, alter autem ~um FRO.*Aur.*2.p.120(101N); APUL.*Met.*6.20;—conseminia (uitis) nigra, uino minime durante, uua maxime ..fertilis, set ~a PLIN.*Nat.*14.36; (*cf.*) arceraca..uino.. uix annua ac uilitatis ~ae 14.35;—(*transf., of persons, acc. Nonius*) tuus..ipse frater ~us fuit Aristoxenus VAR.*Men.*360.

cibātus ~ūs, *m.* [CIBO+-TVS[3]] Food, nutriment, fodder.
qua ~us commeatusque ad te..tuto possit peruenire PL.*Mil.*224; far, quod..ad usus ~us expedire uelis VAR.*R.*1.63.1; gentem..nullo ~u uescentem GEL.9.4.10; nec.. aliquid ~ui parabis? APUL.*Met.*9.5;—(*of animals, birds, etc.*) (auibus) ~ui offas positas VAR.*R.*3.5.4; aut fruges..in ipsas aut alios hominum pastus pecudumque ~us LUCR.6.1127; quos teredini..dentes adfixit potissimumque e ligno ~um fecit PLIN.*Nat.*11.3.

cibicīda ~ae, *m.* [CIBVS+-CIDA 'killer'] (facet., of a consumer of food).
uiginti domi an triginta an centum ~as alas LUCIL.718.

cibisis ~im (*acc.*), *f.* [Gk. κίβισις] A satchel.
quod illi (*sc.* Graeci) peram, in qua cibum recondunt, ~im appellant PAUL.*Fest.*p.42M.

cibō ~āre ~āuī ~ātum, *tr.* [CIBVS+-O[3]] To feed; (pass., also) to take food, eat.
locustae..pedibus ademtis utiles ~andis pullis habentur COL.8.11.15; serpens draco, quem..manu sua ~aturus cum consumptum a formicis inuenisset..SUET.*Tib.*72.2;—qui uenenarium accusat scrupulosius ~atur APUL.*Apol.*26.

cibōrium ~iī, *n.* [Gk. κιβώριον] A drinking cup, app. shaped like the flower of the Egyptian bean, *Nelumbo nucifera.*
obliuiosos leuia Massico ~ia exple HOR.*Carm.*2.7.21.

cibus ~ī, *m.* [dub.]
1 Food, nutriment. **b** (w. kind of food indicated or implied). **c** (used as a bait).
ille tristis est dum ~um seruat, tu ridens uoras ENN.*Sat.*19; quasi mures semper edimus alienum ~um PL.*Capt.*77; praebebo ~um *Epid.*727; und' mihi peterem ~um TER.*Hau.*978; magna..cura ~i, magna uirtutis incuria CATO *orat.*149; uino languidi, conferti ~o CIC.*Catil.*2.10; postea quam ~um cepisti *Fam.*1.6.1.1; ut quod ali ~us est aliis fuat acre uenenum LUCR.4.637; diem iam quintum ~o caruerat CAES.*Gal.*6.38.1; paucis diebus ~o se abstinuit atque ita interiit HIRT.*Gal.*8.44.3; quis ~us erat caro ferina atque humi pabulum uti pecoribus SAL.*Jug.*18.1; ne manus ad os ~um ferrent LIV.2.32.10; non capto ante ~o 21.54.8; ~o corpora firmare 27.13.13; inuisus pereas deficiente ~o OV.*Ib.*522; pauonem ~i gratia Romae primus occidit orator Hortensius PLIN.*Nat.*10.45; cocleae, quae sunt in usu ~i 29.137; ut nullum genus ~i continere possint LARG.104; non ullos ex more ~os hausisse STAT.*Ach.*2.98; ne uasa auro solida ministrandis ~is fierent TAC.*Ann.*2.33; his uiolare ~os..permittunt JUV.6.O4; (*prov.*) e flamma petere te ~um posse arbitror TER.*Eu.*491;—(*gen. of quality*) maximi ~i sunt bubuli (casei)..minimi ~i..caprini VAR.*R.*2.11.3; inter ea..et boletos..posuerim, opimi quidem hos ~i PLIN.*Nat.*22.92;—(*in conjunction w. drink*) audis in ~o et uino CIC.*Pis.*42; multo ~o et potione completi *Tusc.*5.100; impletae ~is uinoque LIV.26.14.5;—(*of animals*) fucum in alueo, apibus qui peredit ~um PL.fr.90; hirundo argutis reditura ~os..nidis..molli partitos ore ministrat MONT.*poet.*1.3; CIC.*N.D.*2.128; aequoreis piscibus esse ~um OV.*Tr.*1.2.56; quem tenebat ore dimisit ~um PHAED.1.4.6; plurimis..quadrupedum ~us (ex palmis) PLIN.*Nat.*13.27. **b** primum ~is ratione aptoque tempore datis temptat prodesse languentibus LARG.pr.p.13,l.12;—(*w. gen.*) quorum praedulcem ~um stomachus ferre non potest CALV.*orat.*36; pirorum omnium ~us..aegris..negatur PLIN.*Nat.*23.115; ~os assae carnis agrestis aut uolucrum LARG.134; (*cf.*) animi cultus ille erat ei quasi quidam humanitatis ~us CIC.*Fin.*5.54;—(*w. adjs.*) suopte utrosque decuit acceptos ~o NAEV.*com.*22; eosne in insula Cereris natos..eo ~o esse usos CIC.*Ver.*5.99; ~is..calidis neque inflantibus CELS.4.12.3; obsidione ac fame ad humanos ~os conpulit FLOR.*Epit.*1.40(3.5.10). **c** auceps quando concinnauit aream, offundit ~um PL.*As.*216; abdere sub paruis aera recurua ~is OV.*Rem.*210; *Fast.*6.240; uncos celare ~is MAN.4.287.
2 The food necessary for one's sustenance, one's keep; also, one's ration, allowance.
Veneri ~o meo seruio PL.*Rud.*283; (*w. other nouns expr. necessaries of life*) meo ~o et sumptu educatust *Men.*905.

quia tuo uestimento et ~o alienis rebus curas *Truc.*137; equitem Romanum..biduum ~o tectoque prohibitum Cic.*Ver.*3.60; homines..~um quaestumque ex mendaciis captantes Gel.14.1.2;—alii di isse ad uillam..seruis depromptum ~um Pl.*Trin.*944; siquaest habitior paullo..deducunt ~um Ter.*Eu.*315; fraudandoque parte diurni ~i seruitia Liv.4.12.10.

3 The eating of food, a meal.
primus ad ~um uocatur Pl.*Mil.*349; ~um sequitur somnus Lucr.4.954; si quis..amet scripsisse ducentos ante ~um uersus Hor.*S.*1.10.61; ~us a salsamentis, holeribus similibusque rebus melius incipit Cels.1.2.8; 2.8.24; (pauones) a ~o et a coitu prohibent minus ualidos Col.8.11.7; corpus augere uolentibus..conducit inter ~os bibere Plin.*Nat.*23.41; (*gen. of quality*) ~i plurimi traditur Suet.*Gal.*22.

4 (applied to other substances) The nutriment (of plants); (of air, as the nutriment of living creatures). **b** food for a fire, fuel.
crescunt arbuta..quod ~us in totas usque ab radicibus imis per truncos ac per ramos diffunditur omnis Lucr.1.352; serenda..in pingui (terra)..quae ~i sunt maioris, ut olus Plin.*Nat.*18.165; dedit ille (*sc.* deus) uentos..ad alendos..fructus, quos ad maturitatem..adducit ipsa iactatio attrahens ~um in summa Sen.*Nat.*5.18.13;—ut frequenter ducatur ~us animalis, quo maxime aluntur animantes Cic.*N.D.*2.136. **b** eamque causam Cleanthes adfert cur se sol referat..ne longius discedat a ~o Cic.*N.D.*3.37; siue ipsi (ignes) serpere possunt quo cuiusque ~us uocat Lucr.5.524; ubi terra ~os alimentaque pinguia flammae non dabit Ov.*Met.*15.352.

5 (fig., of things considered as one's sustenance).
tun uerberes, qui pro ~o habeas te uerberari? Pl.*As.* 628; tibi amor pro ~ost *Cas.*802; istuc ago, atque istic mihi ~us est, quod fabulare *Cist.*720; haec sunt iucundi causa ~usque mali Ov.*Rem.*138; omnia pro stimulis facibusque ~oque furoris accipit *Met.*6.480; (*as an endearment*) cor meum, spes mea, mel meum, suauitudo, ~us, gaudium Pl.*Bac.*18.

Cibyra ~ae, *f.* A town in southern Phrygia.
Cic.*Ver.*4.30; *Fam.*13.21.1; Liv.38.14.10.

Cibyrātēs ~ae, *a.* **Cibu-.** Of or belonging to Cibyra; (masc. pl. as sb.) the people of Cibyra.
~ae..fratres Cic.*Ver.*4.30; de ~is pantheris *Att.*5.21.5; Cael.*Fam.*8.4.5;—Liv.45.25.13.

Cibyrāticus ~a ~um, *a.* Of or belonging to Cibyra.
forum..~um Cic.*Att.*5.21.9; ~a..negotia Hor.*Ep.*1.6.33.

cicāda ~ae, *f.* [dub.] The cicada, *Cicada plebeia.* **b** an ornament for the hair in the shape of a cicada.
totum diem argutatur quasi ~a Nov.*com.*26; cum teretes ponunt tunicas aestate ~ae Lucr.4.58; at mecum raucis..sole sub ardenti resonant arbusta ~is Verg.*Ecl.*2.13; *Culex* 153; habet illam (*sc.* indolentiam) ~a Sen.*Ep.*87.19; Plin.*Nat.*11.92; pectus ~ae, crus colorque formicae Mart.3.93.3; ~arum (est) fritinnire Suet.fr.161(p.254Re); (*assoc. w. summer*) uere prius uolucres taceant, aestate ~ae Ov.*Ars* 1.271; durate atque expectate ~as Juv.9.69. **b** quem (*sc.* capillum) fibula ritu morsilis et tereti nectebant dente ~ae *Ciris* 128.

cicarō ~ōnis, *m.* [unkn.] (app.) A small boy.
et iam tibi discipulus crescit ~o meus Petr.46.2.

cicātrīcō ~āre, *tr.* [cicatrix+-o[3]] To form a scar over.
~are cicatricem inducere Paul.*Fest.*p.65M.

cicātrīcōsus ~a ~um, *a.* [cicatrix+-osvs] Marked by or covered with scars, scarred. **b** (of plants) shewing marks of pruning, scarred.
si tergum ~um Pl.*Am.*446; erubescit res publica tam ~o milite uti Sen.*Con.*1.8.3; corpore..~o Sen.*Dial.*12.2.2; ~a facies Quint.*Inst.*4.1.61; (*fig., of corrected writings*) sunt enim qui ad omnia scripta tanquam uitiosa redeant..accidit itaque ut ~a sint et exsanguia et cura peiora 10.4.3. **b** tum..uitis minus ~a fit Col.*Arb.*11.1; Plin.*Nat.*17.176.

cicātrīcula ~ae, *f.* [next+-vla] A small scar.
donec ualens ~a sit Cels.2.10.19; ~a inducitur 7.7.1.b.

cicātrix ~īcis, *f.* [dub.]

1 Granulation- or scar-tissue on a healing wound, a cicatrice. **b** (in var. fig. phrs. w. ref. to the healing or other effects of time).
et ex his nigrae ~ices fiant Cels.2.7.21; ne contentione uocis ~icem infirmam adhuc rumperet Curt.7.7.9; fluat et multo sanguine manet..rupta ~ix Sen.*Tro.*123; ulceribus, quae serpunt ~ici repugnantia Plin.*Nat.*23.99; sine ~ice sanare dicitur glutinum 28.235;—(*w.* ducere, *etc.*) ubi primum ducta ~ix patique posse uisus iactationem Liv.29.32.12; ubi inductae uulneribus ~ices sunt Cels.3.21.12; nondum prioris uulneris obducta ~ice Curt.4.6.24; (emplastrum) ~icem ducit diutini ulceris Larg.214. **b** neque..ante feci mentionem, ne..refricare obductam iam rei publicae ~icem uiderer Cic.*Agr.*3.4; uulnus in antiquum rediit male firma ~ix Ov.*Rem.*623; obducta iam uetustis ~icibus bellorum ciuilium uastissima uulnera..renouare V.Max.6.2.8; nunc etiam ad planctus refugit iam plana ~ix Stat.*Silv.*5.1.30.

2 The mark of an old wound, a scar. **b** (fig., w. ref. to the lasting effects of suffering, etc.).
neque pugnas narrat neque ~ices suas Ter.*Eu.*482; ~icum mearum Hort.*orat.*28; quoniam ~ix est, fuit uulnus Cic.*Inv.*1.47; luculentam tamen ipse plagam accepit, ut declarat ~ix *Phil.*7.17; Sal.*Jug.*85.29; at illi foeda ~ix..frontem turpauerat Hor.*S.*1.5.60; pectus insigne ~icibus bello acceptis Liv.6.20.8; insigne corpus honestis ~icibus, omnibus aduerso corpore exceptis, habeo 45.39.16; Curt.8.7.11; Quint.*Inst.*5.9.5; Tac.*Ann.*1.35; Vitelliana ~ice stigmosum Plin.*Ep.*1.5.2; ~icium..nulla fit aestimatio Gaius *dig.*9.3.7; (*cf.*) qui saepe ante in nostras scaplas ~ices indiderunt Pl.*As.*552;—(*fig.*) ~ix conscientiae pro uulnere est Pub.*Sent.*C.33. **b** agat..curam non tantum salutis sed etiam honestae ~icis Sen.*Cl.*1.17.2; in hoc pectore, cum uulnus ingens fuerit, ~ix non est Petr.91.6; signataque mente ~ix undantes aegro frenabat corde dolores Sil.8.287.

3 The mark of pruning or other injury in the bark of vines or other plants. **b** (applied to the marks of other real or imagined injuries).
frigora nec tantum..quantum illi nocuere greges..et admorsu signata in stirpe ~ix Verg.*G.*2.379; plerumque..germen de ~ice procedit Col.4.22.4; expletur..plaga resina, non cortice nec ~ice, quae in hac arbore non coit Plin.*Nat.*16.60; 17.118; reformidare ferrum uidentur (frondes) et nondum ~icem pati posse Quint.*Inst.*2.4.11; Sic.Fl.*agrim.* p.108. **b** perque ipsos fiat nexus manifesta ~ix fusuram faciens mundi Man.1.724; prostratas (arbores) restitui plerumque et quadam terrae ~ice uiuescere Plin.*Nat.*16.131; pretiosiorque talis existimabatur etiam ~icibus operis atque concisuris..remanentibus 34.63; crassum atque recens linum ostendit non una ~ix Juv.3.151.

ciccum ~ī, *n.* [cf. Gk. κικκός] A proverbially worthless object.
eluas tu anne exunguare ~um non interduim Pl.*Rud.*580; fr.inc.119; (*ancient explanation of sense*) ~um dicebant membranam tenuem, quae est ut in malo Punico discrimen Var.*L.*7.91; Paul.*Fest.*p.42M.

cicer ~ris, *n.* [Arm. *sisern*, Macedonian Gk. κίκερρος] Number: app. sg. only; cf. Var.*L.* 8.48, 9.63, 10.54. The chick-pea, *Cicer arietinum*, esp. as a common article of food. **b** (app. in obscene sense) the testicles (or perh. the penis).
tam frictum ego illum reddam quam frictum est ~r Pl.*Bac.*767; ~r, quod uellitur et quod salsum est, eo malum est Cato *Agr.*37; qui nobis ministrarunt pueri diebus festis ~r uiride Var.*Men.*504; *R.*1.23.2; fricti ~ris..et nucis emptor (*i.e. one of the common crowd*) Hor.*Ars* 249; Col.2.7.1; Petr.66.4; uigila et ~r ingere large rixanti populo Pers.5.177; Plin.*Nat.*18.48; otiosae uendit qui madidum ~r coronae Mart.1.41.6; Quint.*Inst.*2.20.3;—(*w. variety specified*) super arietem (imposuerat) ~r arietinum Petr.35.3; est et columbinum (~r), quod alii Venerium appellant Plin.*Nat.*18.124;—(*as an indication of size, shape, etc.*) staphis..fert folliculos..uirides, similes ~ri 23.17; fiunt globuli ~ris amplitudinis Larg.77. **b** mangonum pueros uera..urit debilitas, follisque pudet ~risque relicti Juv.6.373[b].

cicera ~ae, *f.* [prec.] The chickling vetch.
pabulorum optima sunt Medica et faenum Graecum..proxima deinde ~a Col.2.7.2; 2.12.4.

cicercula ~ae, *f.* [prec.+-cvla] A small variety of chick-pea.
serendum uiciam, lentem, ~am Var.*R.*1.32.2; sapori certe (cicera) nihilo differt a ~a Col.2.10.35; est et ~a minuti ciceris, inaequalis, angulosi, ueluti pisum..eruo simillimum Plin.*Nat.*18.124.

cicerculum ~ī, *m.* [cicer+-cvlvm] A kind of ochre.
(pretium) eius (Sinopidis)..octoni asses—~um appellant; magis ceteris rubet, utilior abacis Plin.*Nat.*35.32.

Cicerō ~ōnis, *m.* A cognomen in the *gens Tullia*, esp. **a** of M. Tullius Cicero, Roman orator, writer, and statesman, 106–43 B.C. **b** Q. Tullius Cicero, his brother, 102–43 B.C. **c** M. Tullius Cicero, his son, consul 30 B.C. **d** (pl.) members of the *familia Ciceronum*, esp. the son and nephew of Cicero.
a Cic.*Att.*5.16.3; Vitr.9.pr.17; Mart.3.38.3; Juv.10.114; (*transf.*) quoniam qui talem ~onis casum satis digne deplorare possit, alius ~o non extat V.Max.5.3.4; (*cf.*) regnare in iudiciis dictus est, apud posteros uero id consecutus ut ~o iam non hominis nomen sed eloquentiae habeatur Quint.*Inst.*10.1.112. **b** Caes.*Gal.*6.32.7. **c** Cic.*Fam.*14.4.6; Sen.*Ben.*4.30.2. **d** eas ego..in Formiano esse uolui et una ~ones Cic.*Att.*7.18.1; ~ones pueri 9.6.4; Plin.*Nat.*18.10.

Ciceromastix ~īgis, *m.* The title of a criticism of Cicero by Larcius Licinus.
Gel.17.1.1.

Cicerōniānus ~a ~um, *a.* Of or belonging to Cicero.
~us cliens Sen.*Con.*7.2.12; capiti, auribus priuatim medentur (aquae), oculis uero ~ae (*i.e. from his villa at Puteoli*) Plin.*Nat.*31.6; ~os (libellos) Fro.*Amic.*1.p.308 (190N).

cichorēum, ēī, **(~ion) ~ium** ~iī, *n.* [Gk. κίχορα, κιχόριον] Chicory, *Cichorium intybus.*
me pascunt oliuae, me ~ea leuesque maluae Hor.*Carm.*1.31.16; est et erraticum intubum, quod in Aegypto ~ium uocant Plin.*Nat.*19.129; 21.88; 21.101.

cici, *n. indecl.* [foreign] The castor-oil tree, *Ricinus communis.*
proximum fit e ~, arbore in Aegypto copiosa Plin.*Nat.*15.25; 16.85.

cicima(li)ndrum ~ī, *n.* [cf. perh. prec.] Comic name for an imaginary condiment.
terrestris pecudes ~o condio Pl.*Ps.*835.

cicindēla ~ae, *f.* [redupl. from candeo, cf. candela] The firefly, *Luciola italica.* **b** (transf., app.) a candle.
lucentes uespere per arua ~ae—ita appellant rustici stellantes uolatus, Graeci uero, lampyridas Plin.*Nat.*18.250; Paul.*Fest.*p.42M. **b** ~a: ancillam tibi sors dedit lucernae, totas quae uigil exigit tenebras Mart.14.40.

cicinus ~a ~um, *a.* [Gk. κίκινος] *oleum ~um*, Castor-oil.
~i olei et murtei singulorum heminae Cels.5.19.26; 5.24.3; oleum ~um bibitur ad purgationes uentris Plin.*Nat.*23.83.

Cicones ~um, *m. pl.* A people of southern Thrace, whom Ulysses attacked when returning from Troy, and among whom Orpheus met his death.
Verg.*G.*4.520; [Tib.]3.7.54; Ov.*Met.*10.2; 11.3; Mela 2.28.

cicōnia ~ae, *f.* [unkn.]

1 The stork. **b** (app.) a derisive gesture made with the fingers.
Pl.*Truc.*691; ~a..grata peregrina hospita pietaticultrix gracilipes crotalistria Pub.*com.*7; Var.*R.*2.1.27; Cic.*Fin.*3.63; Hor.*S.*2.2.49; sumptis quin candida pennis ipsa sibi plaudat crepitante ~a rostro Ov.*Met.*6.97; quaerit..~a lacertam Sen.*Ep.*108.29; Plin.*Nat.*18.314; serpente ~a pullos nutrit Juv.14.74; ~arum (est) crotolare Suet.fr.161 (p.251Re). **b** o Iane, a tergo quem nulla ~a pinsit Pers.1.58.

2 (app.) A T-shaped instrument for measuring the depth of a furrow.
id genus mensurae ~am uocant rustici Col.3.13.11.

cicuma ~ae, *f.* [Gk. κικυμίς] An owl.
~a auis noctua Paul.*Fest.*p.39M.

cicur[1] ~ris, *a.* [Skt. *śakura*]

1 (of animals, etc.) Tame, domesticated.
apros quidem posse haberi in leporario..et captiuos et ~ris Var.*R.*3.13.1; quam uaria genera bestiarum uel ~rum uel ferarum Cic.*N.D.*2.99; *Tusc.*5.38; omnium animalium agrestium et ~rum Apul.*Mun.*36;—(*as sb.*) ~res atque agrestes 28.

2 (of persons, actions, etc.) Mild, gentle.
Enn.*inc.*41; consilium ~r Pac.*trag.*387; ~r ingenium optineo *in* Var.*L.*7.91.

cicur[2] ~ris, *m.* [prec.] (See quot.)
bigenera dicuntur animalia ex diuerso genere nata, ut leopardalis ex leone et panthera; ~r ex apro et scrofa domestica Paul.*Fest.*p.33M.

cicurō ~āre, *tr.* [cicur[1]+-o[3]] To tame, pacify.
nulla res nec ~are neque mederi potis est Pac.*trag.*389; Var.*L.*7.91.

cicūta ~ae, *f.* [unkn.]

1 Hemlock, *Conium maculatum.*
ex segeti uellito ebulum ~am Cato *Agr.*37.2; pinguescere saepe ~a barbigeras pecudes, homini quae est acre uenenum Lucr.5.899; Ov.*Am.*1.12.9; rodunt..styrax, ~ae semen Cels.5.6.2; maestam..~am Col.10.20; ~ae suco extinguitur (noxia rutae) Plin.*Nat.*20.131.

2 The juice of hemlock: **a** (as a poison). **b** (as a cure for bile).
a Cic.*Fin.*2.56; sed mala tollet anum uitiato melle ~a Hor.*S.*2.1.56; tacta..ueluti gelida mea membra ~a Ov.*Am.*3.7.13; ~a magnum Socratem confecit Sen.*Ep.*13.14; Plin.*Nat.*23.30; ~am..potam caligo..et artuum gelatio insequitur Larg.179; gelidas..~as Juv.7.206. **b** sed quod non desit habentem quae poterunt umquam satis expurgare ~ae? Hor.*Ep.*2.2.53; Pers.5.145.

3 The reed of a pipe made from the stem of hemlock.
et zephyri..sibila primum agrestis docuere cauas inflare ~as Lucr.5.1383; est mihi disparibus septem compacta ~is fistula Verg.*Ecl.*2.36; Calp.*Ecl.*4.20;—(*poet. sg.*) hac te nos fragili donabimus ante ~a Verg.*Ecl.*5.85; Calp.*Ecl.*7.12.

-cīda ~ae, *m. suff.* From caedo+-a[1]; formed from sbs. to denote one who cuts or kills (*lapicida, parricida*; facet., *cibicida*).

cidaris ~is, *f.* [prob. Semitic, cf. Gk. κίδαρις] The head-dress of a Persian king, (app.) a tiara.
~im Persae uocabant regium capitis insigne Curt.3.3.19.

cieō ciēre cīuī citum, *tr.* Also **ciō** cīre. [cf. Gk. κινέω] Forms: from *cio*: *cit* Col.6.5.1; *cimus* Lucr.1.212; *citur* Cap.*gram.*10; *cibit* Pl.*Rud.*1101; *ciant* Apul.*Fl.*17; *ciretur Fast. Cos.Cap.*16b (*CIL* 1.p.23). Pros.: *cītus* in phr. *ercto non cito* according to Serv.*A.*8.642.

1 To move, set in motion, stir up. **b** (med.) to move (the bowels); to cause the discharge of (secretions, etc.).
quin priu' disperibit faxo quam unum calcem ciuerit Pl.*Poen.*908; quod..est animal, id motu cietur interiore et suo Cic.*Rep.*6.28; naturae ista sunt..omnia cientis et agitantis motibus et mutationibus suis *N.D.*3.27; at dextra laeuaque ciet rota fulgida Solis mobile curriculum Q.Cic.*poet.*15; inde ea..corpora..ictibus illorum caecis impulsa cientur Lucr.2.136; saepire plagis saltum canibusque ciere 5.1251; imo Nereus ciet aequora fundo Verg.*A.*2.419; Liv.28.27.11; extrema sonuit cita cuspide cassis V.Fl.3.197; flatusque ciete secundos Sil.1.601. **b** quem..frequenter cita aluus exercet Cels.1.6.1; nullo..tempore..utile est boues in cursum concitari: nam ea res..cit aluum Col.6.5.1; Plin.

*Nat.*20.96; GEL.18.10.1;—floris (salis) natura aspera.. sudorem ciet PLIN.*Nat.*31.92; (aristolochia)..et menses et secundas ciet et emortuos partus extrahit 26.154; (beta) ciet urinam 20.70; alum nos uocamus..odoratum, gustu dulce, saliuam ciens 27.41; (*cf.*) ex homine humanum semen ciet una hominis uis LUCR.4.1040.

2 To call, rouse up, muster, summon. **b** (w. abst. obj.).

comites..magna dispersos uoce ciemus LUCR.4.576; se uidisse Iouem, cum..nimbos..cieret VERG.*A.*8.354; ab ultimis deinde subsidiis cietur miles LIV.9.39.8; accusator de uia citur CAP.*gram.*10; coetus solitos si forte ciebo STAT.*Silv.* 5.2.160; Valentem..ueteres illic nouosque exercitus ciere credebant TAC.*Hist.*3.62; dum ipse..uiris intimas molemque belli ciet *Ann.*15.2;—(*w.* ad) primores Argiuorum coeperat ad sese Troia ciere uiros CATUL.68.88; cientibus (ranis) ad coitum feminas PLIN.*Nat.*11.173;—(*w.* aduersus) integrum militem aduersus uictorem hostem ciebat LIV.7.24.2;—(*w.* in) cum..in segetem agrestis cornutos cient ACC.*trag.* 494. **b** nunc aps te stat uerum hinc cibit testimonium PL.*Rud.*1101; nec fibra uiuis rapta pectoribus potest ciere nomen SEN.*Oed.*392.

3 To rouse to exertion, urge on. **b** to rouse, stimulate (the body or senses). **c** to rouse (a place with sound), disturb.

neque me Apollo fatis fandis dementem inuitam ciet ENN.*scen.*58; nomine quemque ciet BIB.*poet.*13(14); Romanosque cie PETR.120,l.95; nec iam sufficiunt stimuli, non uerbera; uoce nominibusque cient Pholoen Admetus.. Danaeius augur Ascheton STAT.*Theb.*6.461;—(*w.* ad, in) esse uidelicet in terris primordia rerum quae nos fecundas uertentes uomere glebas..cimus ad ortus LUCR.1.212; armatos ad pugnam ciens VELL.2.6.6; quos cum maxime Vitellius in nos ciet TAC.*Hist.*1.84; ut quemque notum.. aspexerat, ad ferendam opem nomine ciens 3.10. **b** qui unus ex septem motibus mentem atque intellegentiam cieret maxime CIC.*Tim.*19; cum cetera pars animai per membra atque artus nulla nouitate cietur LUCR.3.151; corporis haec quoniam penetrant per rara cientque tenuem animi naturam intus sensumque lacessunt 4.730. **c** absurdoque sono fontis et stagna cietis (*sc.* ranae) CIC.*Arat. Progn.*218.

4 To excite, stir up, give rise to (actions, conditions, etc.). **b** to stir up, provoke (wars, disturbances, etc.).

quid subiti mihi febris ciuit mali? ACC.*trag.*155; uenae.. ueneno inbutae taetros cruciatus cient 553; naturam esse.. uim quandam..cientem motus in corporibus necessarios CIC.*N.D.*2.81; est et frigida multa comes formidinis aura quae ciet horrorem membris LUCR.3.291; tempestasque cietur turbida caelo 6.376; ingentem molem irarum ex alto animo cientis LIV.9.7.3; alternosque ciet uindicta furores STAT.*Theb.*9.671; non usquequaque pruinas aut calores cient (stellae) GEL.14.1.9; animalium uoces..quas infesta rabies uel propitia uoluptas ciant APUL.*Fl.*17. **b** legiones ..belli simulacra cientes LUCR.2.324; quantas acies stragemque ciebunt VERG.*A.*6.829; aut tu bella cie conceptumque excute foedus 12.158; cum..seditiones agrariis legibus promulgandis cieret LIV.4.52.2; ingens partium eius fauor bellum excitauerat Africum, quod ciebat rex Iuba et Scipio VELL.2.54.2; ad cuius nutum absentis tumultus cierentur TAC.*Ann.*14.61; colonos incitando iterum arma cierat FLOR. *Epit.*2.16(4.5.2); (*cf.*) inter se uentorum proelia ciuntur APUL.*Mun.*22;—(*by encouragement, example, etc.*) insignem inter suos cientem pugnam LIV.9.22.7; uulneratur rex Epiphanes, impigre pro Othone pugnam ciens TAC.*Hist.*2.25;—(*of trumpets*) aera iam bellum cient SEN.*Phoen.*389.

5 To raise, produce (sounds, cries, tears, etc.).

frigidulos udo singultus ore cientem CATUL.64.131; cum pecudes mutae..dissimilis soleant uoces uariasque ciere LUCR.5.1060; talia fundebat lacrimans longosque ciebat incassum fletus VERG.*A.*3.344; talibus Aeneas ardentem.. lenibat dictis animum lacrimasque ciebat VERG.*A.*6.468; flebilis gemitus ciens PHAED.1.18.3; SEN.*Phoen.*387; densique cient uaga murmura circi STAT.*Theb.*6.562;—(*in external objects*) tereti tenuis tinnitus aere ciebant CATUL. 64.262; VERG.*G.*4.64; cum aeris crepitu qualis in defectu lunae silenti nocte cieri solet LIV.26.5.9; VELL.1.4.1.

6 To call on by name, invoke. **b** to invoke, appeal to, cite (for aid, witness, etc.).

multis nomen uestrum numenque ciendo ACC.*trag.*692; animamque sepulcro condimus et magna supremum uoce ciemus VERG.*A.*3.68; Phoebum omnis ad aram laude ciet comitum..manus STAT.*Theb.*1.554; amissos longo ciet ordine tauros 3.52; prensare circumstantium genua, ciere modo nomina singulorum TAC.*Ann.*1.21; (*cf., in supposed etymology*) en unquam fando audistis patricios primo esse factos..qui patrem ciere possent, id est, nihil ultra quam ingenuos? LIV.10.8.10;—(*w.* nomine) Triumphum nomine cient⟨es⟩ 45.38.12; exaudita uox est nomine eum cientis SUET.*Nero* 46.2; cum sit unus, plurimis nominibus cietur APUL.*Mun.*37. **b** non homines tantum sed foedera et deos ciebamus LIV.22.14.7; locum pugnae testem uirtutis ciens TAC.*Hist.*5.17; lamentatione flebili maiores suos ciens ipsumque Pompeium *Ann.*3.23; nos hominum diuumque fidem clamore ciemus JUV.13.31.

7 (phrs.) *erctum ciere, ercto non cito,* etc.: see ERCTVM.

cilibantum ~ī, *n.* [cf. Gk. κιλλίβας] (See quot.)

mensa uinaria rotunda nominabatur ~um, ut etiam nunc in castris VAR.*L.*5.121.

Cilicia ~ae, *f.* A country and Roman province in the south-east of Asia Minor.

PL.*Mil.*42; CIC.*de Orat.*1.82; MELA 1.14; PLIN.*Nat.*11.280.

Ciliciensis ~is ~e, *a.* Of, belonging to, or connected with Cilicia, Cilician.

ex prouincia..~i CIC.*Fam.*13.67.1; ~is legio CAES.*Civ.* 3.88.3.

cilicium ~iī, *n.* [Gk. κιλίκιον] A rug or blanket of goat's hair (app. originating in Cilicia).

perpetua ac laxe suspensa ~ia obtenduntur SIS.*hist.*107; VAR.*R.*2.11.12; cum iste ciuitatibus frumentum, coria, ~ia, saccos imperaret CIC.*Ver.*1.95; nunc ~iis praetentis, nunc foribus raptim obiectis LIV.38.7.10; COL.12.48.1; PLIN.*Nat.* 6.143; SUET.*Aug.*75.

Cilicius ~a ~um, *a.* Of Cilicia, Cilician: **a** (in geog. names). **b** (in names of plants). **c** (applied to fabrics, etc., made from goat's hair).

a saltum, in quo ~ae portae sunt sitae NEP.*Dat.*7.2; (mare) ~um PLIN.*Nat.*5.129. **b** (lactuca) quae ~a uocatur PLIN.*Nat.*19.128; prima nobilitas ~o (croco) 21.31. **c** udones ~i: non hos lana dedit sed olentis barba mariti MART.14.141(140); ~a uela aedium non sunt ULP.*dig.*19. 1.17.4.

Cilissa ~ae, *a.*: fem. of CILIX.

terque lauet nostras spica ~a (*i.e. saffron*) comas PROP. 4.6.74; OV.*Fast.*1.76; quotue ferat..terra ~a crocos *Ib.*198.

cilium ~iī, *n.* [perh. back-formation from SVPERCILIVM] The upper eyelid; also spec., its edge.

PLIN.*Nat.*11.227; ~iis alterna coniuens APUL.*Met.*10.17; ~ia turgentia *Apol.*59; FEST.p.305M;—extremum ambitum genae superioris antiqui ~ium uocauere PLIN.*Nat.*11.157.

Cilix ~icis, *m.* and *a.*

1 An inhabitant of Cilicia, a Cilician (freq. w. ref. to piracy, etc.).

VAR.*R.*2.11.12; non fuerat urbs antea ~icum atque praedonum CIC.*Ver.*4.21; qua ~ices maritimi colunt LIV. 38.18.12; ~icas..feros OV.*Am.*2.16.39; MELA 1.69; itque ~ix iusta iam non pirata carina LUC.3.228; ~icum flores (*i.e. saffron*) STAT.*Silv.*2.1.160; C LVCILIO LVCIANO..N̄ ~IX *CIL* 10.3402.

2 (as adj.) Cilician.

cum scena croco ~ici perfusa recens est LUCR.2.416; ardet Athos Taurusque ~ix OV.*Met.*2.217; tonsor..~ix MART.7.95.13; helops Rhodius, scari ~ices GEL.6(7).16.5.

cilliba ~ae, *f.* [Gk. κιλλίβας] (See quots.)

mensam escariam ~am appellabant; ea erat quadrata ut etiam nunc in castris est VAR.*L.*5.118; ~ae mensae rotundae PAUL.*Fest.*p.43M.

cillō ~ere, *tr.* (app. invented to explain etymology of *oscillum*).

SAN.*gram.*10(FEST.p.194M).

-cillum ~ī, *n. suff.* Neut. to -CILLVS (*corcillum, oscillum*).

-cillus ~ī, *m. suff.* Forms diminutives of diminutives (*caesticillus, penicillus*).

Cilnius ~a ~um, *a.* The Etruscan gentile name of Maecenas.

LIV.10.3.2; TAC.*Ann.*6.11.

cilō ~ōnis, *m.* [dub.] (See quot.; also CHILO.)

~o sine aspiratione, cui frons est eminentior, ac dextra sinistraque uelut recisa uidetur PAUL.*Fest.*p.43M.

cilōtrum (*acc.*) [cf. Gk. χιλωτήρ] A nose-bag.

consequitur paenularium, ~um petit NOV.*com.*35.

Cimber ~brī, *m.* and *a.*

1 (usu. pl.) One of the Cimbri, a German tribe who invaded Gaul and Italy at the end of the 2nd century B.C. and were defeated by Marius.

CIC.*Man.*60; *Off.*1.38; CAES.*Gal.*1.40.5; TAC.*Ger.*37.2;—(*sg.*) MAN.4.45; SEN.*Con.*7.2.6; (*cf.*) ~bri lingua Gallica latrones dicuntur PAUL.*Fest.*p.43M.

2 (as a cognomen).

L. Tillius ~ber CIC.*Phil.*2.27; T. Annium ~brum 11.14; SEN.*Dial.*5.30.5; SUET.*Jul.*82.1.

3 (adj.) Of or connected with the Cimbri.

ille Iugurthino clarus ~broque triumpho OV.*Pont.*4.3.45.

Cimbricē, *adv.* In the Cimbrian language.

an ~ loquendum sit [QUINT.]*Decl.*3.13.

Cimbricus ~a ~um, *a.* Of or connected with the Cimbrians, Cimbrian.

~ae uictoriae gloriam CIC.*Tusc.*5.56; *Arch.*19; bello ~o SAL.*Cat.*59.3; *Hist.*1.55.17; ~is caedibus SEN.*Ben.*5.16.2; scuto ~o QUINT.*Inst.*6.3.38.

cīmex ~icis, *m.* [cf. Skt. *śyāmāḥ* 'dark-grey'] The bed-bug, *Cimex lectularius*.

pulicesne an ~ices an pedes? responde mihi ANDR.*com.*1; PL.*Cur.*500; ~ices quem ad modum interfici oporteat VAR. *R.*1.2.25; CATUL.23.2; COL.6.18.2; folia (felicis) ~icem necant PLIN.*Nat.*27.80; tritus ~ice lectus MART.11.32.1; (*applied to a malicious critic*) men moueat ~ex Pantilius? HOR.*S.*1.10.78.

Cimin(i)us ~(i)a ~(i)um, *a.* The name of a lake, mountain, etc. in southern Etruria.

et ~i cum monte lacum lucosque Capenos VERG.*A.*7.697; silua..~ia LIV.9.36.1; (lacus) ~ius COL.8.16.2; ~ius..saltus FLOR.*Epit.*1.12(1.17.3); VIARVM CASSIAE CLODIAE ~IAE *CIL* 5.877; (*local title of Jupiter*) ARAM COSTITVIT IOVI ~IO 11.2688.

Cimmericus ~a ~um, *a.* Cimmerian.

~a oppida MELA 2.3.

Cimmeriī ~(ōr)um *or* ~ōn, *m. pl.* A semi-mythical people living in a cold and dark land to the north or north-west of the Black Sea.

~iis..quibus aspectum solis siue deus aliquis siue natura ademerat CIC.*Luc.*61; ~ion..arces [TIB.]3.7.64; OV.*Met.* 11.592; MELA 1.13; V.FL.3.399; (*cf.*) ~i dicuntur homines, qui frigoribus occupatas terras incolunt, quales fuerunt inter Baias et Cumas PAUL.*Fest.*p.43M.

Cimmerius ~a ~um, *a.*

1 Of the Cimmerians, Cimmerian. **b** (applied to the sea of Azov, or the strait leading into this; also, poet., to the Black Sea).

~as..opes V.FL.6.61; ~um..chaos STAT.*Silv.*3.2.92. **b** etiam in ipso ore ~o pugnatum est PLIN.*Nat.*6.3; mare Bosporicum, quod ~um appellatur GEL.17.8.16;—haec mihi ~o bis tertia ducitur aestas litore OV.*Pont.*4.10.1.

2 (applied to groves and lakes in the underworld). **b** (as epithet of the Cumaean Sibyl).

feror auia carpens auia ~os inter distantia lucos *Culex* 232; Lethaeamque ratem ~osque lacus [TIB.]3.5.24; SIL.12.132. **b** NAEV.*poet.*18(19).

Cimōlius ~a ~um, *a.* Of Cimolus; ~*a* (*creta*), cimolite, hydrous silicate of alumina.

delinendus homo est uel gypso..uel ~a creta CELS.3. 19.2; COL.6.17.4; adulterant (crocodileam) amylo aut ~a PLIN.*Nat.*28.110; LARG.244.

Cimōlus ~ī, *f.* One of the Cyclades.

cretosaque rura ~i OV.*Met.*7.463.

Cimōn ~ōnis, *m.* An Athenian general of the fifth century B.C.

CIC.*Off.*2.64; NEP.*Mil.*1.4; *Cim.*1.1; QUINT.*Decl.*302(p.191, l.29).

cīnāculum ~ī, *n.*: form of CENACVLVM.

cinaedia ~ae, *f.* [Gk.] A precious stone.

~ae inueniuntur in cerebro piscis eiusdem nominis PLIN. *Nat.*37.153.

cinaedicus ~a ~um, *a.* [CINAEDVS] Lewd.

lepidam et suauem cantionem aliquam occupito ~am PL.*St.*760;—(*masc. as sb.*) qui Ionicus aut ~us⟨t⟩, qui hoc tale facere possiet? 769; ut comici ~i scaenatici VAR.*Men.* 353.

cinaedium ~iī, *n.*: app. the same as CINAEDIA.

lapillos, qui uocantur ~ia quae et inguinum tumoribus adalligari solent PLIN.*Nat.*29.129.

cinaedologos ~ī, *m.* [Gk. κιναιδολόγος] A teller of lewd stories.

conuocat Ptolomaeum ~on, Nicona petauristen VAR.in Non.p.56M.

cinaedulus ~ī, *m.* [next + -VLVS] A catamite.

cum ~is et sambuca psalterioque eunt in ludum histrionum SCIP.min.*orat.*20.

cinaedus[1] ~ī, *m.* [Gk. κίναιδος]

1 A catamite (sometimes loosely used for a man of effeminate or luxurious habits). **b** (applied to Sotades, who wrote obscene poems called Κίναιδοι).

quisnam istuc adcredat tibi, ~e calamistrate? PL.*As.*627; te ~um esse arbitror magi' quam uirum *Poen.*1318; eumne quisquam dubitet, quin idem fecerit, quod ~i facere solent? SCIP.min.*orat.*10; Aureli pathice et ~e Furi CATUL.16.2; VERG.*Cat.*13.35; intrat ~us, homo omnium insulsissimus et plane illa domo dignus PETR.23.2; EROS CINEDAE *CIL* 4.4602; MART.1.41.13; cum sis inter Socraticos notissima fossa ~os? JUV.2.10;—(*as a dancer*) ad saltandum non ~us malacus aequest atque ego PL.*Mil.*668; stulte saltatum te inter uenisse ~os LUCIL.32;—(*of Ganymede*) Iliaco..~o MART.2.43.13; Idaeo..~o 10.98.2. **b** nec retro lego Sotaden ~um MART.2.86.2.

2 A sea-fish.

~i, soli piscium lutei PLIN.*Nat.*32.146.

cinaedus[2] ~a ~um, *a.* *compar.* ~ior. [prec.] Resembling or typical of a *cinaedus*.

ut decuit ~iorem CATUL.10.24; ~a fronte, candido uoltu MART.6.39.12.

cinara ~ae, *f.* [Gk. κινάρα] An artichoke or sim. plant.

hispida ponatur ~a COL.10.235; 11.3.14.

cinaris ~is, *f.* [unkn.] An unknown plant.

ceruus herba ~e uenenatis pabulis resistit PLIN.*Nat.*8.101.

cincinnātus ~a ~um, *a.* [next + -ATVS[2]]

1 Having the hair curled or in ringlets (esp. by artificial means).

subrufus aliquantum, crispus, ~us PL.*Capt.*648; magnidicum, ~um, moechum unguentatum *Mil.*923; Pelia ~us CAEL.*orat.*30; cum flens uniuersus ordo ~um consulem (*i.e.* Gabinium) orabat CIC.*Sest.*26; ~us ganeo *Red.Sen.*12.6.

2 (of comets; transl. Gk. κομήτης).

(stellae) quas Graeci κομήτας nostri ~as uocant CIC.*N.D.* 2.14.

3 (as a cognomen, esp. of L. Quinctius Cincinnatus, consul 460 B.C., dictator 458 B.C.).

*Fast.Cos.Cap.*2(*CIL* 1.p.16); ut maiores nostri ab aratro adduxerunt ~um illum, ut dictator esset CIC.*Fin.*2.12.

cincinnus ~ī, *m.* [Gk. κίκιννος] A lock of

curled hair, a ringlet. **b** (fig., of artificial embellishments in writing).

ante auris..paruuli intorti demittebantur sex ~i Var. *Men.*375; *R.*1.31.4; erant illi compti capilli et madentes ~orum fimbriae Cic.*Pis.*25: capitulo uolutas uti capillamento concrispatos ~os..conlocauerunt Vitr.4.1.7; Apul. *Met.*8.24. **b** in oratoris aut in poetae ~is ac fuco offenditur Cic.*de Orat.*3.100; myrobrechis, ut ait, ~os Suet.*Aug.* 86.2.

Cincius ~a ~um, *a.*

1 The name of a Roman *gens*, e.g. **a** L. Cincius Alimentus, a historian, praetor in 210 B.C. **b** M. Cincius Alimentus, tribune in 205 B.C.

a Liv.7.3.7; ~us in libro tertio de re militari Gel.16.4.1; (*transf.*) ne si Aelii quidem, ~i et Santrae dicendum ita censuissent 7(6).15.5. **b** Cic.*de Orat.*2.286.

2 Of Cincius (1*a*).

cum..ille admodum senex suasor legis ~ae de donis et muneribus fuit Cic.*Sen.*10; Liv.34.4.9; ~am rogationem Tac.*Ann.*15.20.

cincticulus ~ī, *m.* [CINCTVS[2]+-CVLVS] A belt or girdle.

~o praecinctus in sella apud magistrum adsideres Pl. *Bac.*432.

cinctōrium ~iī, *n.* [CINGO+-TORIVM] A sword-belt.

ei (*sc.* Marti) pro simulacris enses et ~ia dedicant Mela 2.15.

cinctūra ~ae, *f.* [next+-VRA] A means of girding, girdle.

pars eius (*sc.* togae) prior mediis cruribus optime terminatur, posterior eadem portione altius qua ~a Quint.*Inst.* 11.3.139; usum..fluxiore ~a Suet.*Jul.*45.3.

cinctus[1] ~a ~um, *a.* [pple. of CINGO]

1 Having one's dress girt in a specified way or by specified means. **b** *alte ~us*, with one's clothes girt up (for action). **c** (w. *gladio*, etc.) wearing a sword; (also absol.).

ritu..~a Dianae Ov.*Met.*1.695; ~ae..ad pectora uestes bracchia..mouent 6.59; Venus..balteo suo ~a Apul.*Met.* 2.8;—(*fig.*) quasi zona liene ~us ambulo Pl.*Cur.*220; ne procerae illae sententiae male sint amictae neue indecorius ~ae Fro.*Aur.*2.p.38(96N). **b** puer alte ~us Hor.*S.* 2.8.10; ex alte ~is unus atriensibus Phaed.2.5.11; (*fig.*) alte ~um putes dixisse Sen.*Ep.*92.35. **c** scuto pedestri et gladio Hispanico ~us Quad.*hist.*10b; Liv.8.5.7; ferro ~us V.Max.3.3.1; Tac.*Hist.*3.77;—tregeminos senatores ~os uidimus Horatios Paul.*dig.*5.4.3.

2 (of clothing) Fastened round (with a girdle, etc.).

PVBLICOS CVM ~O LIMO IIII *CIL* 1.594.1.3.18; ~asque resoluite uestes Ov.*Met.*1.382; limum ~um ideo quod purpuram transuersam habeat..appellauerunt Hyg.Gr.*agrim.* p.133.

3 Surrounded, encircled.

Gorgonis os pulcherrimum ~um anguibus Cic.*Ver.*4.124; ~um adsidue cui nubibus atris piniferum caput et uento pulsatur et imbri Verg.*A.*4.248; flammis ~a sub ipsa starem acie 12.811; Ver..~um florente corona Ov.*Met.*2.27; funeris ara..ferali ~a cupresso *Tr.*3.13.21; aspide ~a comas V.Fl.4.418.

4 Surrounded (by persons, esp. friends).

non enim corona consessus uester ~us est Cic.*Mil.*1; agminibus comitum qui modo ~us erat Ov.*Tr.*1.5.30; cum ..deserta sit futura uita hominis nullius amicitiae ~a praesidio V.Max.4.7.

5 (usu. of places) Surrounded, bordered, enclosed. **b** surrounded (by military forces, etc.), invested.

insula..duobus portibus ~a Cic.*Ver.*4.118; prouincia.. mari ~a *Flac.*27; ad tam exigua moenia et flumine altera parte ~a tuenda Liv.23.17.12; templa muris ~a Tac.*Ann.* 15.38;—per quod medium clauus ipse quoque interiore orbe ~us demittitur Cels.8.3.1. **b** legati uix regredi Capuam iam duplici fossa ualloque ~am potuerunt Liv. 25.22.16; ~us ab innumero me tenet hoste locus Ov.*Tr.* 5.12.20; (*w. abst. things*) Sicilia quam multis undique ~am periculis..consili celeritate explicauit Cic.*Man.*30.

cinctus[2] ~ūs, *m.* [CINGO+-TVS[3]]

1 The means of girding up clothes at the waist (either a girdle or the garment itself drawn tight). **b** *~us Gabinus*, the Gabinian method of girding with a loose end of the toga.

~us et cingillum a cingendo, alterum uiris, alterum mulieribus attributum Var.*L.*5.114; solutus uinculo omni ~us et calciatus Plin.*Nat.*23.110; cottidiani ~us 28.64; ut nudis pedibus eant (mulieres) capillo ~uque dissoluto 28.78; fibula pendentis circum latera aspera ~us Stat.*Theb.*9.695; ~u togae praeciso Fron.*Str.*4.1.26; prodierit in publicum sine ~u et discalciatus Suet.*Nero* 51.1; candido linteamine ~um pectoralem adusque uestigia strictim iniecti Apul. *Met.*11.10; habebat ~ui balteum *Fl.*9; (*as the place where articles were carried on the person*) uirgam qui in manu habeant aut in ~u Plin.*Nat.*24.63; habere ergo in ~u oportet peucedanum Larg.163. **b** Quirinali trabea ~uque Gabino insignis..consul Verg.*A.*7.612; ipse incinctus ~u Gabino, armatus in ipsum insiluit Liv.8.9.9; Paul.*Fest.*p. 225M.

2 (app.) A crown or garland.

aureolo ~u Lucil.290.

cinctūtus ~a ~um, *a.* [prec.+-VTVS] (perh.) Wearing a girdle or loin-cloth.

fingere ~is non exaudita Cethegis continget Hor.*Ars* 50; semicaper, coleris ~is, Faune, Lupercis Ov.*Fast.*5.101.

Cineās ~ae, *m.* An adviser and envoy of Pyrrhus of Epirus, noted for his memory.

Cic.*Sen.*43; non quaero, quanta memoria Simonides fuisse dicatur, . . . quanta..~as *Tusc.*1.59; Sen.*Con.*1.pr.19.

cinefactus ~a ~um, *a.* [CINIS+FACIO] Reduced to ashes.

at nos horrifico ~um te prope busto insatiabiliter defleuimus Lucr.3.906.

cinerāceus (~ius) ~ea ~eum, *a.* [CINIS+-ACEVS] Resembling ash in texture or colour.

si sit terra..leuis..natura quae non sit ~ia neue uehementer densa Var.*R.*1.9.7; (terram) ~eam Plin.*Nat.*17.33; capnos fruticosa, praetenera..~ei coloris 25.156.

cinerārium ~(i)ī, *n.* [CINIS+-ARIVM] A receptacle or niche for the ashes of the dead.

~IA N(VMERO) IIII *CIL* 6.10241.8; ARRVNTIAE DANAE ~IVM PARENTES FECERVNT 6.33504.

cinerārius ~(i)ī, *m.* [CINIS+-ARIVS] A hair-curler, hair-dresser.

Lucil.249; qui ea (*sc.* calamistra) ministrabat, a cinere ~ius est appellatus Var.*L.*5.129; nunc tuum ~ius tondet os Catul.61.131; quidam se a ~io impulsos moleste ferunt Sen.*Dial.*2.14.1.

cinerescō ~ere, *intr.* [CINIS+-ESCO] To turn into ashes.

~V⟨N⟩T CONQVIETA MEMBRA ANIMANTIVM *CIL* 6.37635.

cinereum ~ī, *n.* [next; sc. *collyrium*] An ash-coloured ointment.

oportet..sordida ulcera..~o superinunguere Larg.26; 37.

cinereus ~a ~um, *a.* [CINIS+-EVS] Resembling ashes, ashen. **b** (spec., of kinds of plants and animals).

id, quod..quidam a ~o colore tephron appellant Cels. 6.67; colorem (agri) nigrum uel ~um Col.2.2.14; duo eius (*sc.* cadmeae) colores, deterior ~us, pumicis melior Plin. *Nat.*34.102; Larg.23. **b** damnantur etiam uisu ~a et rabuscula et asinusca Plin.*Nat.*14.42; 29.87.

cinerōsus ~a ~um, *a.* [CINIS+-OSVS] Covered with ashes; consisting largely of ashes.

mater pueri..trahens ~am canitiem Apul.*Met.*7.27;— pulurei et iam ~i mortui 4.18.

cingillum ~ī, *n.* [next+-ILLVM] A woman's girdle, esp. that worn by a bride.

Var.*L.*5.114; nouos maritus tacitulus taxim uxoris soluebat ~um *Men.*187; uenit ergo galbino succincta ~o Petr. 67.4; Paul.*Fest.*p.63M.

cingō ~gere ~xī ~ctum, *tr.* [Umbrian *śihitu*, cf. Skt. *kañcatē*]

1 To surround, encircle (with clothing, head-dress or other adornments). **b** (refl. or pass.) to gird up one's dress (for action). **c** (of clothes, ornaments, etc.) to surround, encircle.

(*persons, parts of the body*) muralique caput summum ~xere corona Lucr.2.606; ~gite tempora ramis Verg.*A.* 5.71; mihi Delphica lauro ~ge..comam Hor.*Carm.*3.30.16; spicis tempora ~ge Tib.2.1.4; ~git inaurata penem tibi.. corona *Priap.*40.3; aurum, quo solent ~gi comae Sen.*Med.* 574; (eum) Germanicum appellauit ~xitque cunctis fortunae principalis insignibus Tac.*Hist.*2.59; (*cf.*) ut..collum..resticula ~geret, ut illa perisse suspendio putaretur Cic.*Scaur.*10; (*fig.*) Ennius hirsuta ~gat sua dicta corona Prop.4.1.61;— (*other things*) plaga cara madenti Surrentina deo sertis altaria ~gat Stat.*Silv.*4.8.9. **b** ~gitur: certe expedit se Pl.*Am.*308; ritu se ~git uterque Paeonio Stat.*Silv.*1.4.107; ita ~gatur ut tunicae prioribus oris infra genua paulum.. perueniant Quint.*Inst.*11.3.138. **c** cui tempora circum aurati bis sex radii fulgentia ~gunt Verg.*A.*12.163; uestis atri funeris..~git ilia Sen.*Ag.*764; (non) suppara..~gunt ..lacertos Luc.2.364; agrestes..omnia ~gunt exuuiae Stat.*Theb.*9.591.

2 To gird, equip (with weapons, armour, etc.). **b** (mil.) to embody.

~gitur ipse furens certatim in proelia Turnus Verg.*A.* 11.486;—(*w. abl.*) ~gor fulgentibus armis 2.749; Hispano ~gitur gladio Liv.7.10.3; nec acuto ~gimur ense Ov.*Fast.* 2.13; (*poet.*) praeda feras acies ~xit discordibus armis Tib. 2.3.37;—(*w. retained acc.*) et inutile ferrum ~gitur Verg.*A.* 2.511;—(*w.* latus *as obj.*) ense latus ~xit Ov.*Fast.*2.784; contentus ferro ~gi latus Stat.*Theb.*4.41. **b** Marcel. *dig.*29.1.25; miles..non ignominiae causa missus rursum ~ctus est in alia militia Paul.*dig.*29.1.38.1; in comitatu principum retentus ~gi confestim iussus Papin.*dig.*29.1.43.

3 To encircle, be placed round; also, to surround (with). **b** to surround, accompany (as a bodyguard, escort, etc.); also, to surround (with a guard or escort).

quianam tanti ~xerunt aethera nimbi? Verg.*A.*5.13; candida iamdudum ~gantur colla lacertis Ov.*Ars* 2.457; ubi..~get geminos stella serena polos *Fast.*6.718;—aetheriamque suis ~gens amplexibus arcem..circulus *Tr.*4. 3.5. **b** equitatus latera ~gebat Caes.*Civ.*1.83.2; equites cornua ~xere Liv.23.29.3; hic nympha ~git omnis Acheloum senem Maec.*poet.*7(6); cum procedit, una est totum examen circaque eum globatur, ~git, protegit Plin. *Nat.*11.53; ne egredientis in publicum (pantomimos) equites Romani ~gerent Tac.*Ann.*1.77; (*w.* latus *as obj.*) inermi..regi praetor Achaeorum et unus ex purpuratis latus ~gebant Liv.32.39.8;—ultimum agmen ualida manu ~xerat Curt.4.13.30; casta matrem ~xere corona Argolides Stat.*Theb.*2.227; tantam multitudinem custodia ~gere arduum Tac.*Ann.*12.17;—(*fig.*) fiduciam..temerariam, quae duobus acerrimis odiis latera sua ~gere ausa est V.Max. 3.7.5.

4 To surround (with walls, buildings, etc., usu. for military purposes). **b** to surround, ring (with hostile forces, siege-works, etc.; also with defensive forces).

Graecia..Asiae maritimam oram..~xit urbibus Cic. *Flac.*64; eaque (saepta) ~gemus excelsa porticu *Att.*4.17.7 (16.14); Longam muris cum ~geret Albam Verg.*A.*5.597; muro lapideo..urbem..~gere parat Liv.1.38.6; castra uallo ~gunt 7.39.8; nisi latifundiis uestris maria ~xistis Sen.*Ep.*89.20; ~ge aggere portas Stat.*Theb.*2.699; (*cf.*) diligentiusque urbem religione quam ipsis moenibus ~gitis Cic.*N.D.*3.94; (*poet.*) tris Eurus ab alto in breuia..urget.. inliditque uadis atque aggere ~git harenae Verg.*A.*1.112. **b** ut omnem rem publicam uestris militibus, uestris urbibus, uestris praesidiis ~geretis Cic.*Agr.*2.99; Neruii uallo..et fossa..hiberna ~gunt Caes.*Gal.*5.42.1; cum..~gi..urbem obsidione uideret Verg.*A.*3.52; moenia ~gere flammis 9.160; Bruttii corona ~xerunt urbem Liv.24.2.10; Geticis si ~gar ab armis Ov.*Pont.*2.8.69; subito discursu terga ~xerant equites Tac.*Hist.*2.25; (*w. abst.*) dux Latius tota subitus formidine belli ~gitur Luc.10.537; (*ellipt.*) ~ximus uallo et fossa Cic.*Att.*5.20.5; (*in hunting*) dum trepidant alae saltusque indagine ~gunt Verg.*A.*4.121;—(*fig.*) beneficiis illum tuis ~ge Sen.*Ben.*1.3.1;—praesidi tantum est ut ne murus quidem ~gi possit Caes.*Gal.*6.35.9; rara muros ~xere corona Verg.*A.*10.122.

5 (of static things) To be situated or extend round. **b** (of places) to lie or be situated round; (pass., w. acc. of distance) to have a circumference of.

foliis medium ~gentibus albis Ov.*Met.*3.510; fere spiculis ~gitur (sagitta) Cels.7.5.2; ~gunt regna decem portae Sil. 13.531;—(*parts of the body*) quid..interius mente: ~gatur igitur corpore externo Cic.*N.D.*1.26; ~gunt qua tempora cristae *Culex* 197; stomachus lateribus ~gitur Cels.4.13(6).1; Plin.*Nat.*11.49. **b** extremum omnia ~gentem atque conplexum ardorem (*i.e.* aethera) Cic.*N.D.*1.37; tellus..oras maris undique ~gens Lucr.6.632; hunc (*sc.* collem)..palus difficilis..~gebat Caes.*Gal.*7.19.1; Verg.*A.*5.288; ante circaque uelut ripa praeceps oram eius omnem ~gebat Liv.27.18.5; ~gitur Oceano, Libyco mare, flumine Nilo Var.At.*poet.*19(18); Ov.*Ep.*19.222; Ionia..a Posideo promunturio flexum inchoans ~git oraculum Apollinis Mela 1.86; Tac.*Hist.*2.6; (*of tribes; cf. 4b*) cum bellum Scythis indixisset orientem ~gentibus Sen.*Dial.*5.16.3; (*poet.*) te (*sc. Scyros*) longus honos aeternaque ~gent templa Stat. *Ach.*1.387; (*ellipt.*) Sauromatae ~gunt, fera gens Ov.*Tr.* 3.10.5;— ~gitur (Delos) $\overline{V}$ passuum Plin.*Nat.*4.66.

6 To ring, remove a ring of bark from (a tree).

arbores ~gi subsecari caedi Ulp.*dig.*47.7.7.4; ~gere est deglabrare (*sc.* arborem) Paul.*dig.*47.7.5.

7 To form into a ring or circle.

ipse..inmensum spiris facientibus orbem ~gitur Ov. *Met.*3.78; uiridi redimite parentem progenie, tu ~ge comas, tu dissere crines Col.10.165; ibi arcano florentis igne zmaragdos ~git Stat.*Theb.*2.277; (*w. acc. of distance*) murus Babyloniae..~gitur milia passuum XXX Amp.8.22.

8 To encircle, enclose (a space).

quid fiat domi, quae non ea est quam parietes nostri ~gunt Cic.*Rep.*1.19; ut..Italiae nisi quatenus uallum castrorum ~git nihil reliqueritis Poeno Liv.28.39.14; pretio mercata (*sc.* Dido) locos..~gere qua secto permissum litora tauro Sil.1.25.

9 (in time) To be before and after, to bound.

(dies) maxima sub Cancro minimis quae ~gitur umbris Man.3.397.

cingula ~ae, *f.*: = next (*c*).

ut..noua uelocem ~a laedat equum Ov.*Rem.*236; Calp. *Ecl.*6.41.

cingulum ~ī, *n.* [CINGO+-VLVM] A band that is put round something, a belt or other binding. **b** (spec.) a belt, often gilt or embossed, usu. a sword-belt. **c** a horse's saddle-girth; a (dog's) collar.

inponuntur his (*sc.* canibus) collaria, quae uocantur melium, id est ~um circum collum ex corio firmo cum clauulis capitatis Var.*R.*2.9.15; si bos decubuit, utilissimum est pedes eius sic ~is obligari Col.6.2.12; Gran⟨ius⟩..ait esse muliebre ~um capitis Fest.p.277M; quidam tunicas albas..~o subligati Apul.*Met.*8.27; (*transf.*) Asia..constringitur Oceani ~o et societate nostri maris *Mun.*7. **b** Penthesilea furens..ardet, aurea subnectens exsertae ~a mammae bellatrix Verg.*A.*1.492; 12.942; splendent clipei pharetraeque decorae ~aque Stat.*Theb.*8.405; ignea gemmis ~a 12.528. **c** rapiturque pauore tractus equi, uinctis connexa ad ~a membris Sil.4.256; Apul.*Soc.*23;— catellam ~o alligatam ducat Petr.71.11.

cingulus ~ī, *m.* [CINGO+-VLVS]

1 A belt or band.

terram quasi quibusdam redimitam et circumdatam ~is, e quibus duos maxime inter se diuersos..uides Cic.*Rep.*6.21.

2 (See quot.)

~os appellabant homines, qui in his locis, ubi cingi solet, satis sunt tenues Paul.*Fest.*p.43M.

ciniflō ~ōnis, *m.* [next+FLO+-O[1]] (app.) A heater of curling-tongs, hair-dresser.

multae tibi tum officient res, custodes, lectica, ~ones, parasitae Hor.*S.*1.2.98.

cinis ~eris, *m.*, (*f.*). [cf. Gk. κόνις] Forms: *~erorum* (gen. pl.) *CIL* 6.16822. Gender: fem. sg. Calv.*poet.*15,16, Catul. 68.90, 101.

LUCR.4.926, LARG.216, 228, etc., APUL.*Met.* 9.12.

1 The residue from a fire, ashes. **b** (in medicine) ashes of various materials; *~is Cyprius*, oxide of copper; *~is lixiua*, lye.

optumo iure infringatur aula ~eris in caput PL.*Am.*fr.4; stercus uetus et ~erem ueterem..circumdato radices uitis CATO *Agr.*114.1; mulieres nostrae capillum ~ere unguitabant *hist.*114; in lignis si flamma latet fumusque ~isque LUCR.1.871; fer ~eres, Amarylli, foras..transque caput iace, nec respexeris VERG.*Ecl.*8.101; VITR.2.6.6; fama est aram esse..cuius ~erem nullo unquam moueri uento LIV. 24.3.7; LUC.6.680; fulmineum ~erem STAT.*Theb.*7.326; (*as used for scouring or polishing, in fig. phr.*) edepol huiius sermo hau ~erem quaeritat PL.*Mil.*1000. **b** ~eris ex odoribus P. X I = CELS.6.6.22; Africanae (spongeae) ~is PLIN.*Nat.*31.129; hirundinum pullorum ~eris pondo quadrans LARG.70; ~is ex sarmentis cribrata aspersa 232; —exedunt corpus acaciae sucus..~is Cyprius CELS.5.7;— haec terere oportet ex ~ere lixiua ex caprifico uel sarmentis LARG.228.

2 The extinct or apparently extinct embers of a fire; also, hot embers by which food is cooked. **b** (fig.) the spent or smouldering 'fires' of love or enmity.

corripuit tremulis altaria flammis sponte sua, dum ferre moror, ~is ipse VERG.*Ecl.*8.106; cum femina primum.. ~erem et sopitos suscitat ignis *A.*8.410; ipsos subitus ~is abstulit ignis STAT.*Theb.*10.155; (*fig., cf. 2b*) possent ut iuuenes uisere feruidi..dilapsam in ~eres facem HOR.*Carm.* 4.13.28;—suppositum ~eri panem focus ipse parabat OV. *Fast.*6.315; MART.1.55.12. **b** lentus abesto, dum perdat uires sitque sine igne ~is OV.*Rem.*244; *Ep.*18.94; acrius multo atque uehementius Thessalici incendii ~eres recaluerunt FLOR.*Epit.*2.13(4.2.53).

3 Ashes regarded as the result of destruction or consumption by fire. **b** (fig.) the results of waste or destruction, ashes.

qua nostri fines olim, ~is omnia fiat *Dirae* 46; iam illa ..arsura omnia et ad ~eres reditura LIV.25.24.14; totas.. incendia gentes in ~erem uertunt OV.*Met.*2.216; cerui cornua..fornace uruntur, donec in ~erem candidissimum redigantur LARG.122; in ~eres abiere ruinae SIL.14.315; cuncta..atra et inania uelut in ~erem uanescunt TAC.*Hist.* 5.7; (*cf.*) ego deos quaeso ut, quidquid in illo uidulost, si aurum, si argentum est, omne id ut fiat ~is PL.*Rud.*1257. **b** nisi sanctissimae patriae miserandum uiderint ~erem *Rhet.Her.*4.12; ut gentem Allobrogum in uestigiis huius urbis atque in ~ere deflagrati imperi conlocarent CIC.*Catil.* 4.12; quidquid erat nactus praedae maioris, ubi omne uerterat in fumum et ~erem HOR.*Ep.*1.15.39.

4 Ashes as the condition of the body after death (whether cremated or not). **b** (as a stage in existence) death, 'the grave'. **c** burning on a pyre, cremation.

qui neque terraest datus, nec ~eris causa umquam euasit uapos ACC.*trag.*112; dedisse poenas sceleratum ~eri atque ossibus clarissimi uiri CIC.*Phil.*13.22; nec prope cognatos compositum ~eres CATUL.68.98; teque parentum manibus et ~eri..remitto VERG.*A.*10.828; ~is hic docta puella fuit PROP.2.11.6; accipe me, Capaneu! ~eres miscebimur OV. *Ars* 3.21; iam ~is est (Achilles) *Met.*12.615; quid putatis esse Cestium nisi Cesti ~erem? SEN.*Con.*9.3.12; ~is et manes et fabula fies PERS.5.152; nec attonito saltem ~is ibo parenti STAT.*Theb.*8.113; in tutelam ~erum QUINT.*Inst.* 7.9.5; ascendit classem cum ~eribus Germanici et liberis TAC.*Ann.*2.75; JUV.10.144; ~IS EN ET TOSTA FAVILLA ANTE OBITVS TRISTEIS HELVIA PRIMA FVI *CIL* 1.1732.3;—(*in entreaties and oaths*) obsecrauit per fratris sui mortui ~erem CIC.*Quinct.*97; expedit matris ~eres opertos fallere HOR.*Carm.*2.8.9; (*poet.*) Troia uirum et uirtutum omnium acerba ~is CATUL.68.90; ~eres atque ossa peremptae (Troiae) insequitur (Iuno) VERG.*A.*5.787. **b** illum post ~eres auguror ipse diem PROP.3.1.36; famaque post ~eres maior uenit OV.*Pont.*4.16.3; et quae diligis..et quae despicis unus exaequabit ~is SEN.*Dial.*6.11.2; haec ~ere ulterior metuas PERS.6.41; uates, cui referet serus praemia digna ~is MART.9.pr.2; STAT.*Silv.*2.1.97. **c** Hectora uenalem ~eri Priamumque ferentem MAN.3.8; funusne peremptis speratis ~eremque uiris? STAT.*Theb.*12.150.

-cinium ~(i)ī, *n. suff.* Forms sbs. denoting an activity or profession (*lenocinium, patrocinium*); usu. associated w. vbs. in *-cinor.*

Cinna ~ae, *m.* A family name in the *gentes Cornelia* and *Heluia*, e.g. of **a** L. Cornelius Cinna, who as consul with Marius in 86 B.C. organized the massacre of Sulla's supporters. **b** L. Cornelius Cinna, son of prec., who was one of Caesar's assassins. **c** C. Heluius Cinna, a poet contemporary with Catullus, killed by the mob after Caesar's murder in mistake for *b*.

a CIC.*Att.*7.7.7; (*transf.*) tyrannumque et ~am maxima uoce appellans SAL.*Hist.*1.64; LUC.2.546. **b** SUET.*Jul.*5. **c** meus sodalis ~a est Gaius CATUL.10.30; VERG.*Ecl.*9.35; OV.*Tr.*2.435; MART.10.21.4; SUET.*Jul.*85.

cinnabaris ~is, *f.* [cf. Gk. κιννάβαρι] (also *~is Indica*) A red pigment, 'dragon's blood', prob. a resin obtained from the tree *Pterocarpus draco* or sim.; (app. popularly confused with MINIVM).

conperique uolgo pro ~i Indica in medicamenta minium addi inscitia nominis PLIN.*Nat.*29.25; (basilisci) sanguinem ..dilutum ~i clariorem fieri 29.66; ~i ueteres..pingebant 33.117.

cinnameus ~a ~um, *a.* [CINNAMVM+-EVS] Of, scented with, or smelling of cinnamon.

per istos ~os..crines tuos APUL.*Met.*5.13; odor ~us 8.9.

cinnaminum ~ī, *n.* [cf. CINNAMOMINVS] An eye-salve made from cinnamon.

CL PEREGRINI ~VM AD CALI *A.Epig.*26.154b.

cinnamolgus ~ī, *m.* [cf. CINNAMVM] An Arabian bird.

in Arabia ~us auis appellatur cinnami surculis nidificans PLIN.*Nat.*10.97.

cinnamōminus ~a ~um, *a.* [Gk. κινναμώμινος] Made from cinnamon.

prodigiosa ~o (unguento) pretia PLIN.*Nat.*13.15.

cinnamōmum, ~ī, *n.* [Gk. κιννάμωμον] A superior kind of cassia, *Cinnamomum cassia*, cinnamon.

CELS.3.21.7; si quidem ~um idemque cinnamum nascitur in Aethiopia PLIN.*Nat.*12.86; (baccaris) odor est ~o proximus 21.29; quidam adiciunt..~i pondo sextantem LARG.265.

cinnamum ~ī, *n.* Also **~on.** [form of CINNAMOMVM] = prec. **b** the cinnamon shrub. **c** (pl.) twigs of cinnamon. **d** (applied to another aromatic oil).

~on et multi pastor odoris Arabs (praebet) PROP.3.13.8; adolebunt ~a flammae OV.*Ep.*15.335; MELA 3.79; seu spirent ~a surdum PERS.6.36; LUC.10.167; portus Mossylites, quo ~um deuehitur PLIN.*Nat.*6.174; LARG.93; tam bene rara suo miscentur ~a nardo MART.4.13.3; odoratisque rara ~a praeripiet Sabaeis STAT.*Silv.*4.5.32; Venus..~a fraglans APUL.*Met.*2.8; (*w. varieties distinguished*) quidam ~i duo genera tradidere, candidius nigriusque PLIN.*Nat.* 12.92; (*cf.*) nam omnium unguentum odor prae tuo nautea est, tu mihi stacta, tu ~um, tu..casia es PL.*Cur.*100. **b** ~a nec totis passim nascentia campis MAN.4.738; ~i siluis SEN.*Oed.*117; (maximum est pretium)..in frutice ~o PLIN. *Nat.*37.204. **c** quassaque cum fulua substrauit ~a murra (phoenix) OV.*Met.*15.399. **d** in Syria gignitur et ~um quod comacum appellant PLIN.*Nat.*12.135.

Cinnānus ~a ~um, *a.* Of, belonging to, or associated with CINNA (*a*).

excepto illo ~o tempore CIC.*Red.Sen.*9; in cruore ~o *Vat.*23; ~o tumultu NEP.*Att.*2.2; Marianos ~osque mucrones V.MAX.8.9.2.

Cinneus ~a ~um, *a.* = prec.

~is temporibus CIC.*Fam.*1.9.11; ~am..crudelitatem *Att.* 8.9.4.

cinnus ~ī, *m.* [unkn.] (app.) A kind of facial distortion or grimace.

feminae ~o crispat MAEC.in Sen.*Ep.*114.5.

-cinor -cinārī -cinātus, *vbl. suff.* Formed from sbs. to denote activity of a specified kind (*lenocinor, patrocinor, sermocinor*).

Cinxia ~ae, *adj. f.* An epithet of Juno (see quot.).

~ae Iunonis nomen sanctum habebatur in nuptiis, quod initio coniugii solutio erat cinguli, quo noua nupta erat cincta PAUL.*Fest.*p.63M.

Cīnyphius ~a ~um, *a.* Of the river Cinyps; belonging to the surrounding region. **b** (poet.) African, Libyan.

fonte ~o SEN.*Her.O.*907;—~ae segetis citius numerabis aristas OV.*Pont.*2.7.25; ~ae..paludes GRAT.34; ~is..campis STAT.*Silv.*4.9.32;—(*w. ref. to goat farming*) ~i..hirci VERG.*G.*3.312; ~o..marito MART.7.95.13; ~us tonsor 8.50 (51).11. **b** ~i..chelydri OV.*Met.*7.272; ~umque Iubam 15.755; ~as..pestes LUC.9.787; ~us..Bagrada STAT.*Silv.* 4.3.90.

Cīnyps ~phis, *m.* A river in Libya.

MELA 1.37.

Cinyrās ~ae, *m.* A king of Assyria and Cyprus, father of Myrrha and Adonis.

OV.*Ep.*4.97; *Met.*6.98; *Fast.*5.227; HYG.*Fab.*270.1.

Cinyrēius ~a ~um, *a.* Of Cinyras; *iuuenis, heros, ~us*, Adonis; *uirgo ~a*, Myrrha.

suem..fixerat obliquo iuuenis ~us ictu OV.*Met.*10.712; ~us heros 10.730;—at uirgo ~a peruigil igni carpitur indomito 10.369; COL.10.172.

Cinyrēus ~a ~um, *a.* = prec.; *~a germina*, myrrh.

~ae..Cypri LUC.8.716;—Coryciaeque comae ~aque germina STAT.*Silv.*5.1.214.

ciō: see CIEO.

cip(p)us ~ī, *m.* [cf. Skt. *śēpaḥ*; also Gk. σκοῖπος (Hsch.); L. *scipio.*]

1 A boundary stone or pillar.

~i pomeri stant..circum Romam VAR.*L.*5.143; ID QVOD INTRA ~OS AD CAMPVM VERSVS SOLI EST *A.Epig.*41.61a (*c.* 25 B.C.); inponi se supra ~um iussit SEN.*Con.*7.4.7; HAEC AREA INTRA HANC DEFINITIONEM ~ORVM CLAVSA VERVBVS ..DEDICATA EST AB IMP CAESARE DOMITIANO *CIL* 6.826.2.

2 A tombstone, usu. indicating the extent of the burial-ground.

CVIQVE SV(OM) ~O(M) *CIL* 1.2660; LUCIL.1255; GAL. *gram.*23; mille pedes in fronte, trecentos ~us in agrum hic dabat HOR.*S.*1.8.12; non leuior ~us nunc inprimit ossa? PERS.1.37; SIC.FL.*agrim.*p.104; HYG.*agrim.*p.75; (*facet.*) huc illi stipites demissi..ab ramis eminebant..hos ~os appellabant CAES.*Gal.*7.73.4.

Ciprius ~a ~um, *a.* **Cyp-.** *uicus ~us*, The name of a street in Rome, on the Esquiline.

uicus Ciprius a cipro, quod ibi Sabini ciues additi consederunt VAR.*L.*5.159; LIV.1.48.6.

ciprus: app. Sabine = *bonus.*

VAR.*L.*5.159.

Cīpus ~ī, *m.* A legendary Roman praetor on whose head horns are said to have grown.

aut sua fluminea cum uidit ~us in unda cornua OV.*Met.* 15.565; V.MAX.5.6.3; PLIN.*Nat.*11.123.

circā[1], *adv.* [as CIRCVM+-A[2]]

1 Round about, round. **b** (of motion) round, in a circle.

qua mons Appenninus regiones Italiae Etruriaeque ~ cingit VITR.2.6.5; ea conchylia..ferramentis ~ scinduntur 7.13.3; in loco ~ omni contecto LIV.10.38.8; campus ante montibus ~ saeptus erat 28.33.2; per patentem ~ campum 30.35.2;—(*on the body*) ea, quae ~ sunt, foliis contegi debent CELS.5.28.14.E; 8.1.11. **b** tanta supra ~que urgentur lumina mundi Q.CIC.*poet.*14; spiritus natura citus..cum ~ perlustrauit omne, quo tenebatur SEN.*Nat.*6.18.3.

2 In one's vicinity or company, round.

qui strepitus ~ comitum! VERG.*A.*6.865; consul..cadit, fusique ~ omnes LIV.2.47.7; centuria et auctoritate mota uiri et admirantium ~ fremitu 26.22.10; congestis telis et suffosso equo labitur, ac multi nobilium ~ TAC.*Ann.*2.11; —(*w.* sum) sed non passi sunt ii qui ~ erant NEP.*Eum.*10. 4; Tarquinium moribundum cum qui ~ erant excepissent LIV.1.41.1; 27.14.7.

3 In the neighbourhood, round about; *~ue* or thereabouts.

fontis egens erro ~que sonantia lymphis PROP.4.9.35; nec desunt uariae ~ oblectamina uitae STAT.*Silv.*3.5.95; PLIN.*Ep.*6.31.17; APUL.*Met.*10.34;—si ab ortu ~ue surrexit (arcus) SEN.*Nat.*1.6.1; ne quem..paterentur in foro ~ue..togatum consistere SUET.*Aug.*40.5;—(*attrib.*) an altero exercitu et duce Apuli ~..temptarentur LIV.9.15.1; turbida lux metum ~ insidiarum faciebat 10.33.5; praesidentem classi Brundisio Calabriaeque ~ litoribus 24.40.2; ex sociis ~ populis 25.13.5; ea urbs ceteraque ~ castella 33.37.4; innumerae ~ gentes fera bella minantur OV.*Tr.* 5.10.15;—(*w.* undique) farre ex agris ~ undique conuecto LIV.23.19.8.

4 On either side.

fluuius ab tergo, ante ~que uelut ripa praeceps..cingebat LIV.27.18.5; PLIN.*Nat.*2.172; quattuor legionum aquilae per frontem totidemque ~ e legionibus aliis uexilla TAC. *Hist.*2.89; (*attrib.*) media porta robora legionum..duabus ~ portis nouos milites..statuit LIV.23.16.8.

circā[2], *prep.* [prec.] CONST.: w. acc.; occasionally placed after its noun, e.g. PROP.4.6. 6, OV.*Ars* 2.577, STAT.*Theb.*10.883, [QUINT.] *Decl.*18.11; (after pron.) CIC.*Ver.*4.107, *Culex* 233, OV.*Met.*11.613, MAN.4.676.

1 On the circuit or outer bounds of, round. **b** on the outer extremes of, round. **c** (of circular motion) round, round about. **d** (so as to form a circle or ring) round. **e** on either side of.

(*places*) Capuam et urbis ~ Capuam CIC.*Agr.*1.22; animaduertit hostis ~ uallum trepidare *B.Afr.*82.1; ad tria milia hostium ~ muros caesa LIV.10.17.10; qui omnia ~ se ..domita armis habeat 7.32.9; qui tuendae ~ Siciliam maritimae orae praefuerat 28.10.16; Philota regioni ~ Tyrum iusso praesidere CURT.4.5.9; in eo loco, qui sit ~ urbem ULP.*dig.*4.8.21.10; ripae agriue qui ~ ripam est 43.15.1;—(*parts of the body*) ingluuies tori sunt ~ gulam VAR.*L.*fr.28(35[21]); illi robur et aes triplex ~ pectus erat HOR.*Carm.*1.3.10; ulcera, quae..callos eminentes ~ se habent LARG.205. **b** ~ latera atque imis radicibus Aetnae candentes efflant lapides *Aetna* 451; semper habe morsus ~ tua colla recentis PROP.4.5.39; fuliginem, quae ~ parietem ..adhaerescit VITR.7.10.2; tabernas argentarias quae ~ forum Romanum essent LIV.26.11.7; SIL.2.546. **c** terque focum ~ laneus orbis eat PROP.4.6.6; ~ tympanum inuolutus alter funis VITR.10.2.7; ut sciamus..(an) ~ nos deus omnia an nos agat SEN.*Nat.*7.2.3; in orbem ~ se euntes PLIN.*Nat.*2.90; SUET.*Cl.*1.3; (*in fig. phr.*) multos ~ unam rem ambitus fecerim LIV.27.27.12. **d** ligna contulerunt ~ casam NEP.*Alc.*10.4; ~ eum locum aedificium struxerunt VITR.2.8.15; ut ~ moenia eius ferreos murices spargeret V.MAX.3.7.2; pariter duos ~ tuum stringe complexum [QUINT.]*Decl.*18.11; (*cf.*) notauimus etiam ~ angulos repositorii Marsyas quattuor PETR.36.3. **e** ~ septentrionem thracias et gallicus VITR.1.6.10; in dextra sinistraque ~ guttur CELS.4.1.2; limitibus binis ~ singulos actus PLIN.*Nat.*11.22; Flauianus exercitus..densis ~ uiam ordinibus adstiterat TAC.*Hist.*3.63.

2 Round, in the company of, with (a person).

canibus suis, quos ~ se haberet CIC.*Ver.*1.126; at tibi succrescat proles quae..~ stet ueneranda senem TIB.1.7.56; quot..clientes ~ singulos fuistis patronos LIV.6.18.5; 26. 49.13; familiaeque eius ceterorumque, qui ~ eum sunt PAUL.*dig.*33.9.4.2; (*cf.*) quod ~ signa roboris de exercitu fuit LIV.4.46.6; nihil interest mea, quantus ~ mortem meam tumultus sit SEN.*Nat.*6.1.9; magnorum ~ uestigia regum uertitur STAT.*Theb.*5.636; plurimus ~ aquilas labor TAC. *Ann.*1.65; PAPIN.*dig.*27.1.30;—(*of abst. things*) clamor repente ~ duces ortus LIV.9.37.4; quieta omnia ~ se uidit 27.15.15; mira plebei ~ eum (*i.e. the queen bee*) obedientia PLIN.*Nat.*11.52;—(*fig.*) stetit omne coactum ~ pila nefas. ferro subtexitur aether LUC.7.519.

3 In the neighbourhood or region of, around, near. **b** close to (in a vertical direction).

(Henna) quam ~ lacus lucique sunt plurimi CIC.*Ver.*4.107; dilectus ~ urbem intermittuntur CAES.*Civ.*1.14.4; detrimentis..~ montem Amanum acceptis 3.31.1; collatum omne bellum est ~ Corinthum NEP.*Ag.*5.1; coluntur..~ utramque ripam Rhodani LIV.21.26.6; ab classe Romana quae ~ Sardiniam erat 30.19.5; ~ flumina..frequens nebula est SEN.*Nat*.5.3.2;—(*of single individuals, units, etc.*) quem occisum a Boiis ~ Mutinam esse opinio..fuerat LIV. 27.21.10; ~ Larisam erat rex 33.6.3; ~ lacum Fundani descendentibus qui Sabinum comitabantur armatis TAC. *Hist*.3.69; si ~ columnas aut stationes se occultet ULP.*dig*. 42.4.7.13; (*poet*.) ~ uirentis est animus tuae campos iuuencae HOR.*Carm*.2.5.5;—(*parts of the body*) si corpus dormientis ~ partes aliquas contra consuetudinem insudat CELS. 2.2.2; papulas habentibus et alia eiusmodi ~ cutem summam LARG.135; (*cf*.) modicum ~ mea tempora uinum OV.*Am*. 1.6.37. **b** non per magnam altitudinem cadit (nix) sed ~ terras initium eius est SEN.*Nat*.4b.3.5; cichorion et similia ~ terram folia habent PLIN.*Nat*.21.101; (*transf*.) qui praesumpta desperatione quo uelint euadendi protinus ~ima substiterint QUINT.*Inst*.1.pr.20.

4 Here and there in, at different points of, around. **b** to each of (various persons, places, etc., situated at different points), round.

nullam..sacra uite prius seueris arborem ~ mite solum Tiburis et moenia Catili HOR.*Carm*.1.18.2; ego apis Matinae more modoque grata carpentis thyma per laborem plurimum ~ nemus 4.2.30; fastosque ~ forum in albo proposuit LIV.9.46.5; placuit ut duae coloniae ~ Vescinum et Falernum agrum deducerentur 10.21.7; sedem cepere ~ Lesbum insulam VELL.1.2.3. **b** multis ~ finitimos populos legationibus..missis LIV.4.12.9; fallacibus litteris ~ Latium nomenque Volscum missis 8.11.10; matronae..~ deum delubra discurrunt 26.9.7; frumentatum ~ horrea Dassaretiorum mittebat 31.33.6; V.MAX.5.1.6; (*transf*.) ne ~ plura instabilis fortunae exempla te mittam SEN.*Con*.1.1.5; PLIN. *Nat*.7.123.

5 (of number, size, etc.) About.

desine..~ lustra decem flectere mollibus iam durum imperiis HOR.*Carm*.4.1.6; ~ partem latitudinis quintam VITR.4.8.2; ~ quingentos..uictores ceciderunt LIV.27.42.8; fere⟨que⟩ ~ magnitudinem fabae Aegyptiae est CELS. 5.28.14.B; lapides ~ pondo q[uadrant]ina COL.*Arb*.4.4; legato..~ sestertium uicies SUET.*Cl*.6.

6 About (in time). **b** about the time of. **c** in the neighbourhood of, near (an approaching event). **d** on either side of, round.

postero die ~ eandem horam LIV.42.57.10; id oriebatur ~ undecimam horam diei AUG.*hist*.4; ~ eadem tempora VELL. 2.8.2; ~ lucem SEN.*Nat*.5.8.2; hic (Olympias)..si flauit ~ brumam PLIN.*Nat*.17.232; ~ canis ortum 28.186; ~ septimum diem LARG.227; ~ mediam noctem SUET.*Dom*. 16.1. **b** in Accio ~que eum Romana tragoedia est VELL. 1.17.1; quidquid Romana facundia habet..~ Ciceronem effloruit SEN.*Con*.1.pr.6; ~ excessum eius PLIN.*Nat*.4.98; floruit..~ Philippum et usque ad successores Alexandri pictura praecipue QUINT.*Inst*.12.10.6; sub Gaio..secundam existimationem ~ initia imperii omnibus lenociniis colligente SUET.*Cl*.7.1. **c** fortiorem esse eum, qui ~ mortem est quam qui in ipsa morte SEN.*Ep*.30.8; (*in a book*) Plato.. qui nobis ~ exitum iam testium loco dandus est *Nat*.5.18.16. **d** brumae dies et ~ eum terni PLIN.*Nat*.18.231.

7 (indicating activity or occupation) Over, at, about. **b** (w. temporal emphasis) while engaged on.

cum omnes domesticos ~ rapinam et praedam occupatos uideret V.MAX.6.8.7; grammaticus ~ curam sermonis uersatur SEN.*Ep*.88.3; QUINT.*Inst*.2.15.15; passim ~ praedam occupatos FRON.*Str*.1.6.3; omne tempus modo ~ Medeam, ecce nunc ~ Thyestem consumas TAC.*Dial*.3.4; Neronem ~ summa scelera distentum *Ann*.16.8; quae (officia) studiis nostris ~ tuendos socios iniunxeratis PLIN. *Pan*.95.1; FRO.*Ant*.1.p.236(169N). **b** nouaeque ~ funus exequiae cadunt SEN.*Oed*.63; ~ ueneris preces crebris pedum orbibus adulatio PLIN.*Nat*.10.104; eos..qui ~ forenses insidias aliquem scripto callidiore cepissent QUINT.*Decl*. 350(p.187,l.8); Alexandriae ~ oppugnationem pontis SUET. *Jul*.64; APUL.*Met*.6.8.

8 About, concerning (the object of one's action, etc.). **b** (of actions, feelings) concerning, towards (people).

eam alitem..~ summum culmen hominis auspicium fecisse LIV.1.34.9; egregie dicta ~ eundem fere sensum tria SEN.*Ep*.7.10; multa promi amplius ~ haec possunt secreta naturae PLIN.*Nat*.2.77; aemulatione ~ bibliothecas regum Ptolemaei et Eumenis 13.70; iam enim Troianis temporibus rubrica in honore erat Homero teste..alias ~ pigmenta picturasque rarus 33.115; mouisse aliqua ~ rhetoricen Empedocles dicitur QUINT.*Inst*.3.1.8; edam nunc ~ oppugnationes urbium..*στρατηγήματα* FRON.*Str*.3.pr.; Treueri et Neruii ~ adfectationem Germanicae originis ultro ambitiosi sunt TAC.*Ger*.28.4; sobria et pulcherrima Romuli regis responsio ~ uini usum GEL.11.14. **b** quin cotidie aliquid reperias quod ~ me iucundius atque amicius facias FRO. *Aur*.1.p.162(18N); si..eadem affectione ~ me es SCAEV. *dig*.44.7.61.1; OB INSIGNEM ~ SINGVLOS VNIVERSOSQVE CIVES INNOCENTIAM AC FIDEM *CIL* 5.7375; EIVS INNVMERA ~ SE AC SVOS OFFICIA 8.22672; OB EIVS..BENEFICIA QVAE ~ CIVES SVOS EXHIBERE DIGNATVR 10.1201.

9 In the case of, in connexion with, with regard to. **b** relevant or related to.

⟨QVEIVE..CONDE⟩MNATVS SIET QVOD ~ EVM IN SENATVM LEGEI NON LICEAT *CIL* 1.583.13; benigna ~ hoc natura PLIN.*Nat*.8.219; LARG.163; nullam ingenii sperantes gratiam ~ res..procul..ab ostentatione positas QUINT.*Inst*. 1.pr.4; quosdam claritas ipsa notiores ~ uitia..fecit *Inst*. 3.7.19; ~ consilium eligendi successoris in duas factiones scindebantur TAC.*Hist*.1.13; ~ Classicum quidem breuis et expeditus labor PLIN.*Ep*.3.9.12; tertium autem (consulatum gessit) nouo ~ principem exemplo in locum demortui suffectus SUET.*Cl*.14.1; facit omnia ~ honorem meum obseruanter, ~ salutem sollicite, ~ amorem callide APUL.*Apol*.72; ~ procuratoris personam..non dubitandum, quin..AFRIC.*dig*.21.1.51.1. **b** omnia ista, quae ita extra rem sunt, ut ne ~ rem quidem sint, relinquam SEN.*Ben*. 1.4.1; nihil gloriosum esse nisi ~ indifferentia *Ep*.82.10; ut perscribam tibi, quaeque extra libros, quaeque ~ libros, totum denique ordinem rei PLIN.*Ep*.9.13.1.

Circa[3] ~ae, *f*.: Latinized form of CIRCE.

circaea ~ae, *f*. [Gk. *κιρκαία*] A plant, sometimes identified as *Vincetoxicum nigrum*.

~a trychno satiuo similis est, flore nigro, pusillo PLIN. *Nat*.27.60.

circaeon ~ī, *n*. [as prec.] Alternative name for MANDRAGORAS, mandrake.

mandragoran alii ~on uocant PLIN.*Nat*.25.147.

Circaeus ~a ~um, *a*.

1 Of Circe, Circean.

~o religata in litore pinu OV.*Met*.14.248; sors me fidumque Politen..~a ad moenia misit 14.253;—(*transf*.) sed repente e uestigio ex homine tamquam aliquo ~o poculo factus est Verres CIC.*Div.Caec*.57; seu mihi ~o pereundum est gramine PROP.2.1.53.

2 a Of Circeii in Italy, identified by Vergil with the island of Circe. **b** of Tusculum, believed to have been founded by Telegonus, the son of Circe. **c** of Colchis, the king of which, Aeetes, was the uncle of Circe, Colchian.

a proxima ~ae raduntur litora terrae VERG.*A*.7.10; 7.799; OV.*Met*.15.718; nauta..omnia subducit ~ae uela procellae LUC.6.287. **b** neque ut superni uilla candens Tusculi ~a tangat moenia HOR.*Epod*.1.30; SIL.7.692. **c** qua ~i plaga proxima campi V.FL.5.327; ~os..agros 6.426.

circāmoerium, *n*. (app. coined by Livy to explain the meaning of *pomoerium*).

pomerium uerbi uim solam intuentes postmoerium interpretantur esse; est autem magis ~um LIV.1.44.4.

circānea ~ae, *f*.: (see quot.).

~a dicitur auis, quae uolans circumitum facit PAUL.*Fest*. p.43M.

Circē ~ēs, *f*. ~**a** ~ae. (mythol.) Circe, a daughter of the sun and niece of Aeetes king of Colchis, who lived in the island of Aeaea, and used magical powers to turn men into animals. **b** the town of Circeii.

CIC.*Off*.1.113; carminibus ~e socios mutauit Vlixi VERG. *Ecl*.8.70; Penelopen uitreamque ~en HOR.*Carm*.1.17.20; sole satae ~es OV.*Met*.14.10; V.FL.6.445; MART.8.36.10. **β** ANDR.*poet*.26(28).1; PL.*Epid*.604; CIC.*N.D*.3.54; VERG. *A*.3.386; HOR.*Ep*.1.2.23; LIV.1.49.9; GEL.16.11.1. **b** non blanda ~ Dardanisue Caieta desiderantur MART.10.30.8.

Circēiensis ~is ~e, *a*. Of Circeii, Circeian.

in ~i agro PLIN.*Nat*.19.134; 32.62; (*masc. pl. as sb*.) CIC. *N.D*.3.48.

Circēii ~ōrum, *m. pl*. A town and promontory in Latium, noted for oysters.

CIC.*Fin*.4.7; *Att*.12.19.1; HOR.*S*.2.4.33; LIV.6.21.2; MART. 11.7.4.

circensēs ~ium, *m. pl*. [next, sc. *ludi*] Games held by the aediles, or later by the Emperor, in the *Circus maximus*

VAR.*gram*.188; ~ium obstrepit clamor SEN.*Ep*.83.7; PETR.70.13; NEPTVNO CIRC(ENSES) CONSTITVT S C *BMCI* 3. p.24.No.132 (Nerva); sedisse secum ~ibus proximis equitem Romanum PLIN.*Ep*.9.23.2; duas tantum res anxius optat, panem et ~es JUV.10.81; edidit..~es athletas naumachiam SUET.*Jul*.39.1;—(*w. spec. adjs*.) magnis ~ibus actis VERG.*A*.8.636; uotiuis ~ibus SUET.*Aug*.43.5; plebeis.. ~ibus *Tib*.26.1.

circensis ~is ~e, *a*. Also **circiensis.** [CIRCVS +-ENSIS] Of or belonging to the *circus*: **a** (spec. of games). **b** associated with the games in the *circus*; used at the *circus*.

a ludis ~ibus CIC.*Ver*.4.33; summis ~ibus ludis CAEL. *Fam*.8.12.3; SAL.*Hist*.2.48; VELL.2.27.6; cum ludos ~es aedilis faceret V.MAX.1.1.16; ludicro ~i LIV.44.9.3; TAC. *Ann*.15.23. **β** LVDEIS ~IBVS *CIL*1.593.64. **b** et altera traditur ~is turbae non minus similis ueri laetitia LIV.45.1.6; ~i pompa SUET.*Cl*.11.2; SPECTACVLVM GLADIA⟨TORVM⟩ ~IVM *CIL* 10.688;—SEN.*Dial*.25.2; tomentum concisa palus ~e uocatur MART.14.160.1.

circes ~citis, *m*. [CIRCVM] A circle or ring.

ut parui circuli anuli, sic magni dicebantur ~cites ani VAR.*L*.6.8; ~cites circuli ex aere facti PAUL.*Fest*.p.43M; VIXI BIS DENO ~CI⟨T⟩E SOLIS (*i.e. twenty years*) *CIL* 11.4188.

circiensis: form of CIRCENSIS.

circinātiō ~ōnis, *f*. [CIRCINO+-TIO]

1 A circular line or form.

conlocanda autem oppida sunt non quadrata..sed ~onibus VITR.1.5.2; extremam lineam ~onis 5.6.1; asseres, cum ad formam ~onis fuerint distributi 7.3.1; (*of the sun's course*) solis exitus percurrens reliquas partes leonis inminuit diei magnitudinem et ~onis 9.3.2.

2 Circular movement, revolution.

etiam stationibus propter eam ~onem morantur in spatiis signorum (stellae) VITR.9.1.6; ita dentes tympani eius ..cogunt fieri molarum ~onem 10.5.2; (*cf*.) faciundo motus ~onis 10.3.3.

circinātus ~a ~um, *a*. [pple. of next] Rounded, circular.

texere a medio incipit, ~o orbe subtemina adnectens PLIN.*Nat*.11.81; discernitur folio ~o 14.32; ~ae rotunditatis 16.86.

circinō ~āre ~āuī ~ātum, *tr*. [next+-o[3]]

1 To make circular, bend in circular form.

utque suos arcus per nubila ~at Iris MAN.1.713; cetera mensarum genera fissis arboribus ~antur in pulpam PLIN. *Nat*.16.185; cum ramos in orbem ~ant 17.88.

2 To traverse in a circular course, wheel through.

sic super Actaeas auidus Cyllenius arces inclinat cursus et easdem ~at auras OV.*Met*.2.721.

3 To take round in a circle or arc.

ab eo lapide qui limitem ductus est primum lapidem ~abis NIPS.*grom*.p.286La.

circinus ~ī, *m*. [CIRCVS] A pair of compasses. **b** *ad circinum*, in a circle, or arc, circularly. **c** a circular line or arc.

flumen Dubis ut ~o circumductum paene totum oppidum cingit CAES.*Gal*.1.38.4; geometria..~i tradit usum VITR. 1.1.4; HYG.*Fab*.274.14; (*transf*.) GESTATIO ~I EXTERIOR.. IN CIRCVITV P MCCLXXVII EFF VIII *CIL* 6.29774. **b** habeant spirae earum plinthum ad ~um VITR.4.7.3; eadem ratione uox item ad ~um efficit motiones 5.3.7. **c** BALB. *grom*.p.105La.

circiter[1], *adv*. [CIRCVM[1]; cf. *propter*] Nearly, about, almost: **a** (of place). **b** (of time). **c** (of length, amount, etc.).

a lapidem fuisse quadratum ~ in media arca euinctum candelis quoquouersus HEM.*hist*.37. **b** redito huc ~ meridie PL.*Mos*.579; huius ortus significat ~ esse extremam noctem VAR.*L*.7.76; ~ hora decima noctis SULP.RUF.*Fam*. 4.12.2; media ~ nocte CAES.*Civ*.1.66.1; ~..luminibus accensis *B.Afr*.89.5; tricesimo ~ die PLIN.*Nat*.6.104;—(*w. acc. of duration of time*) illic noster est fortasse ~ triennium PL.*Mil*.350; ~ horas duas graui proelio userunt QUAD. *hist*.51; annos natus ~ uiginti SAL.*Jug*.64.4. **c** ~ quingentae species declinationibus fiunt VAR.*L*.6.36; milites ~ XXX LENT.*Fam*.12.15.7; parte ~ tertia exercitus eo biduo dimissa CAES.*Civ*.1.87.4; Iugurtham ~ duum milium interuallo ante consedisse SAL.*Jug*.106.5; AUG.*Anc*.1.16;—(*w. acc. of distance*) hic locus ab hoste ~ passus sescentos.. aberat CAES.*Gal*.1.49.3; locus..~ duodecim pedes humi depressus SAL.*Cat*.55.3.

circiter[2], *prep*. [prec.] CONST.: w. acc. Near, round about, about: **a** (of place). **b** (of time).

a nisi ut opinor loca haec ~ mi excidit (cistella) PL.*Cist*. 677. **b** me ~ Nonas in Tusculano fore CIC.*Att*.13.12.4; nos..~ Idus Nou. in Italia speramus fore *Fam*.14.5.2; ~ kalendas Iunias..primo singulos appellare SAL.*Cat*.17.1.

circitō ~āre, *tr*. [CIRCVMEO+-TO] To go round as a hawker.

omnes istae artes, quibus aut ~atur ciuitas aut strepit, corporis negotium gerunt SEN.*Ep*.90.19.

circitor ~ōris, *m*. [CIRCVMEO+-TOR] A person who goes round. **a** as a watchman or overseer. **b** as a hawker. **c** as a ganger or inspector on aqueducts.

a quid mecum tibi, ~or moleste? ad me quid prohibes uenire furem? *Priap*.17.1; portat laetas securus ~or uuas CALP.*Ecl*.5.97. **b** ~ORIBVS, QVOS CONDVCTOR ⟨NON MISERIT, TONDENDI IVS NE ES⟩TO *CIL* 2.5181.40; quibus uestiarii..dant uestem circumferendam et distrahendam, quos uulgo ~ores appellamus ULP.*dig*.14.3.5.4. **c** utraque ..familia in aliquot ministeriorum species diducitur: uilicos, castellarios, ~ores FRON.*Aq*.117.

circius ~iī, *m*. Also **cerc-**. [Gk. *κίρκιος*] A wind between north and west.

ad latera cauri ~ius et corus VITR.1.6.10; solus sua litora turbat ~ius LUC.1.408; uehementi ~io bis paene demersus est SUET.*Cl*.17.2;—(*spec. in Gaul*) Atabulus Apuliam infestat,..Galliam ~ius SEN.*Nat*.5.17.5; PLIN.*Nat*.2.121; AMP. 5.2; '~ium' appellant a turbine, opinor, eius ac uertigine GEL.2.22.20;—uentus cercius, cum loquare, buccam impleat CATO *hist*.93; Cato..in libris Originum non ~ium sed Cercium dicit APUL.*Mun*.14.

circlus ~ī, *m*.: form of CIRCVLVS.

circō ~āre ~āuī, *tr*. [CIRCVS+-O[3]] (app.) To traverse.

DIPLOMA~AVI TOTAM REGIONE(M) PEDESTREM *CIL* 8.1027.

circos ~ī, *m*. [Gk. *κίρκος*] A precious stone.

ceritis cerae similis est, ~os accipitri PLIN.*Nat*.37.153.

circueō, circuitiō, circuitor, circuitus: see CIRCVMEO, etc.

circulāris ~is ~e, *a*. [CIRCVLVS+-ARIVS] Circular.

quotiens flexuosae lineae..~is linea interuenit BALB.*grom*. p.104La.

circulātim, *adv*. [CIRCVLO+-IM] In circles or groups.

exterarum gentium multitudo ~ suo quaeque more lamentata est SUET.*Jul*.84.5.

circulātor ~ōris, *m*. [CIRCVLO+-TOR] An itinerant performer or vendor who gathers impromptu groups round him.

bestiis..ciuis Romanos, in iis ~orem quendam auctionum ..obiecit POL.*Fam*.10.32.3; stupente ea (*sc*. colubra), quod per quaedam medicamenta ~ores faciunt CELS.5.27.3.C; nunquam didicit, sed ego ad ~ores eum mittendo erudibam PETR.68.6; PLIN.*Ep*.4.7.6; ~orem aspexi equestrem spatham..deuorasse APUL.*Met*.1.4; (*transf*.) ~ores qui philosophiam honestius neglexissent quam uendunt SEN.*Ep*.29.7.

circulātōrius ~a ~um, *a*. [prec.+-IVS] Of or characteristic of *circulatores*.

extemporalis garrulitas..~ae uere iactationis est QUINT. *Inst*.2.4.15; uim orandi non ~am uolubilitatem spectantibus 10.1.8.

circulātrix ~īcis, *f.* [CIRCVLO+-TRIX] (Fem. of CIRCVLATOR.)
Telethusa ~ix *Priap.*19.1; (*attrib.*) foeda linguae probra ~icis MART.10.3.2.

circulō ~āre ~āuī ~ātum *tr.* [CIRCVLVS+-O[3]]

1 To make circular or curved. eius anuli..orbiculum ~auerat APUL.*Fl.*9; quos ~are debueris digitos aperuisse *Apol.*89.

2 (as dep.) To form circles or groups round oneself (for the purpose of making impromptu speeches, giving performances, etc.). uidet oscitantem iudicem, loquentem cum altero, non numquam etiam ~antem CIC.*Brut.*200; totis..castris milites ~ari et dolere hostem ex manibus dimitti CAES.*Civ.*1.64.2; istam uim dicendi rapidam atque abundantem aptiorem esse ~anti quam agenti rem magnam ac seriam docentique SEN.*Ep.*40.3; qui uerba magna celeritate praecipitant..et in priuato ~antur 52.8; qui..tota ~atus est Graecia 88.40.

circulus ~ī, *m.* Also **circlus** (ACC.*trag.*100 (cj.), VERG.*G.*3.166). [CIRCVS+-VLVS]

1 A circular figure or form, circle; *in ~um*, in a circle, round. **b** (applied to the hexagon formed by joining alternate signs in the zodiac). **c** circumference, measurement round. cumque duae formae praestantissimae sint, ex solidis globus..ex planis autem ~us CIC.*N.D.*2.47; circinatio ~i describatur VITR.9.7.2; priusquam hoc ~o excedas..redde responsum LIV.45.12.5; SEN.*Ep.*74.27; palmae..superpositae deorsum uersus ~o curuantur COL.4.20.3; circumscribi ~o terue circumlato mucrone..prodest PLIN.*Nat.*34.151;—uasculum..rotabat in ~um APUL.*Met.*2.7. **b** flexibus et totidem similis sit ~us illi MAN.2.370. **c** coronas modici ~i magno ex interuallo loci adsueti traicere..capita..hostium uulnerabant LIV.38.29.7.

2 a A more or less circular structure, esp. an organic structure. **b** a ring or circular area (esp. of light or luminosity); also, a circular mark on a surface. **c** a belt, necklet, armlet, ring, or other circular ornament. **d** a hoop or loop of other material. **e** a type of round or ring-shaped cake. **a** constat (arteria aspera) ex ~is quibusdam CELS.4.1.3; 7.25.1.C; aquatilium mollibus nulla (medulla), sed corpus ~is carnis uinctum PLIN.*Nat.*11.215;—(*w. epexegetic gen.* relicto exteriore ~o muri LIV.36.9.12. **b** ~um..ipsum maior solis orbis extrinsecus inclusit LIV.30.2.12; claro uolat orbe Corona luce micans uaria; nam stella uincitur una ~us MAN.1.320; omnia eiusmodi simulacra (*sc.* parhelia) candida sunt, et similia lunaribus ~is SEN.*Nat.*1.13.2; Arabicae (sardonyches) excellunt candore, ~o praelucido PLIN.*Nat.*37.88;—uti si..nascuntur innumerabiles undarum ~i VITR.5.3.6; orbibus in nostris ~us esse potest MART. 14.139(138).2; ceruicula eius ~o mineo..cingitur APUL. *Fl.*12. **c** it pectore summo flexilis obtorti per collum ~us auri VERG.*A.*5.559; 10.138; lacertum armilla aurea cultum et eboreo ~o lamina splendente conexo PETR.32.4; ut (digitum) torpentem contractumque frigore uix cornei ~i supplemento scripturae admoueret SUET.*Aug.*80. **d** laxos tenui de uimine ~os ceruici subnecte VERG.*G.*3.166; in se inplicati rami suspensis ~is similes CURT.6.5.16; puerum..iussit..~os..ardentes transilire PETR.53.11; PLIN.*Nat.* 13.29. **e** ~i, quod mixta farina et caseo et aqua circuitum aequabiliter fundebant VAR.*L.*5.106.

3 a An imaginary circle in the sky, e.g. a circle of latitude or longitude, one dividing two zones, the horizon, etc. **b** a zone (in the sky or on the earth). **c** (applied to the Zodiac; to the Milky Way). **d** the orbit (or apparent orbit) of a heavenly body; also, the passage round an orbit. **a** ut ab aequinoctiali ~o ad solstitialem et hinc ad septemtrionalem diuisum VAR.*L.*9.24; ubi ~us axem ultimus extremum spatioque breuissimus ambit OV.*Met.*2.516; extremo proximus axi ~us MAN.1.590; nec sidera tota ostendit Libycae finitor ~us orae LUC.9.496; solstitialem ~um PLIN.*Nat.*2.50; 6.211; 'aequinoctialis' oriens (sol) dicitur, cum in ~o currit, qui appellatur ἰσημερινός GEL. 2.22.5; 2.30.5. **b** in septentrionali..~o duae positae sunt arctoe VITR.9.4.5; PLIN.*Nat.*18.216; caelum diuiditur in ~os quinque AMP.1.4; quanta..partium ~orumque caeli..uarietas sit GEL.14.1.8. **c** inclinatione signiferi ~i VITR.6.1.1; iacet obliquo signorum ~us orbe MAN.3.225; uarii mutator ~us anni LUC.10.212; STAT.*Theb.*2.400; ~o, qui zodiacus dicitur GEL.13.9.6;—ipse ~us (lacteus) fertur per sagittarium atque geminos PLIN.*Nat.*18.281. **d** luna de septem astris ~um proximum terrae..peruagatur VITR. 9.2.3; uester ab intacta ~us extet humo OV.*Tr.*4.3.6; natura uiarum ~orumque SEN.*Nat.*7.25.7; aestate..interlunio necesse est (luna) cum sole proximo nobis ~o currat PLIN.*Nat.*18.277; APUL.*Pl.*1.10;—quot luna ~os annuo in cursu instituit ACC.*trag.*100; lunaris ~i GEL.1.20.6.

4 A recurring sequence or cycle of activity. cibus, somnus, libido, per hunc ~um curritur SEN.*Ep.* 77.6.

5 A group or ring of people assembled for conversation, as an audience, etc. laetum in Parnaso inter pinos tripudiantem in ~is ludere ACC.*trag.*250; (eum) in conuiuiis rodunt, in ~is uellicant CIC.*Balb.*57; ~os aliquos et sessiunculas consectari *Fin.*5.56; NEP.*Ep.*3.3; patres circumire plebem inserentesque se in ~os sermones tempori aptos serere LIV.3.17.10; 28.25.5; quidam..beneficium..omnibus ~is narrant SEN.*Ben.*7. 22.2; duo spadones in diuersa parte ~i stabant PETR.27.3; PLIN.*Nat.*36.12; scribat carmina ~is Palaemon MART.2. 86.11; QUINT.*Inst.*2.12.10; TAC.*Ann.*3.54; sphaeristerium, quod plura genera exercitationis pluresque ~os capit PLIN. *Ep.*5.6.27.

circum[1], *adv.* [acc. of CIRCVS]

1 Round about, in a circle around. hoc..~ supraque quod complexu continet terram PAC. *trag.*86; arbor ilex, quae ~ proiectis ramis maiorem partem loci summi tegebat SIS.*hist.*8; tectorio tacta esse leui ~ ostia ac fenestras VAR.*R.*3.5.3; materiem ~ solidam constare necessest LUCR.1.512; 6.829; turrim in praecipiti stantem..adgressi ferro ~ VERG.*A.*2.463; 11.824; in primis Lucanus aper..acria ~ rapula HOR.*S.*2.8.7; *Aetna* 81; frater muris ~ omnibus instat STAT.*Theb.*11.243; leuis ~ armatura TAC.*Ann.*14.34.

2 Round or in attendance on a person. pueri et pauidae longo ordine matres stant ~ VERG.*A.* 2.767; pullo amictu Palatio degreditur, maesta ~ familia TAC.*Hist.*3.67.

3 Near by, round about. **b** on both sides. stant arae ~ VERG.*A.*4.509; mons ~ et uocem late nemora alta remittunt 12.929; ~ siluae paulatim adcliues TAC.*Ann.*1.63; (*in the body*) si ~ tensionem senserint LARG. 227. **b** aram amicitiae effigiesque ~ Caesaris ac Seiani censuere TAC.*Ann.*4.74.

4 At several points, in many places, around. quae Asia ~ dulcibus in stagnis rimantur prata Caystri VERG.*G.*1.383; uides toto properari litore ~ *A.*4.416.

circum[2], *prep.* [prec.] CONST.: w. acc.; frequently placed after acc., esp. in verse.

1 Round about (an object or place), in a circle round. **b** (w. motion), round. **c** (of distance round). ~ oleas autumnitate ablaqueato CATO *Agr.*5.8; ~ uestimenta eam dato 157.11; Sinuessae magalia addenda murumque ~ ea HEM.*hist.*38; ~..eam statuam locum..liberos posterosque eius..habere CIC.*Phil.*9.16;—(*after acc.*) strepit adsiduo caua tempora ~ tinnitu galea VERG. *A.*9.808; sedes..quam ~ flumina nigra sonant TIB.1.3.68. **b** ~ sese uruat ENN.*scen.*117; armillas III facito, quas ~ orbem indas CATO *Agr.*21.4; HOR.*S.*2.4.84; sarmentis ~ cornua bouum deligatis QUINT.*Inst.*2.17.19; ~ brachia torta ueste TAC.*Hist.*5.22; (*in fig. phr.*) doli ~ haec demum frangentur inanes VERG.*G.*4.400;—(*after acc.*) hunc ~ Arctoe duae feruntur numquam occidentes CIC.*N.D.*2.105; hanc sine tempora ~ inter uictricis hederam tibi serpere lauros VERG.*Ecl.*8.12. **c** †illi multa lacus quem ~ milia MACER. *poet.*14.

2 Gathered round or near (a person, etc.), in attendance on. paucae quae ~ illam essent TER.*Eu.*581; (cum haberet) ~ pedes..homines formosos et litteratos, suos esse dicebat CIC.*Ver.*1.92; cum tot essent ~ hastam illam qui alia omnia auderent *Phil.*2.64; omni militari instrumento quod ~ se habebat erepto CAES.*Gal.*6.30.2; *Civ.*2.40.1; omnium flagitiorum..~ se tamquam stipatorum catervas habebat SAL. *Cat.*14.1; ~ hos utrimque phalanges stant densae VERG.*A.* 12.662; ~ pulpita nostra..basia sola crepant MART.1.76.13; (*after acc.*) respicio et quae sit me ~ copia lustro VERG.*A.* 2.564; unum acies ~ consumitur STAT.*Theb.*8.701.

3 In the neighbourhood of, round about (but not necessarily encircling). ~ eos quae sunt magnae gentes opulentae ENN.*Ann.*151; ~ coronas et ~ uias ulmos serito CATO *Agr.*6.3; plenum est forum, plena templa ~ forum CIC.*Catil.*4.14; omnes urbes quae ~ Capuam sunt *Agr.*1.20; cum ea copia quam Capuae et ~ Capuam comparastis POMP.*Att.*8.12a.3; erant..~ castra Pompei permulti editi..colles CAES.*Civ.*3.43.1.

4 Round, at, or to (each of several places or persons, often in turn), round (an area, so as to visit, etc., various people or places in it). per myropolia et lanienas ~que argentarias. rogitando sum raucus factus PL.*Epid.*199; te adloquor..quae ~ uicinos uagas *Mil.*424; pueros ~ amicos dimittit CIC. *Quinct.*25; cum praetorem ~ omnia fora sectaretur *Ver.* 2.169; dimissis ~ municipia litteris CAES.*Civ.*3.22.1; conscriptis litteris ~ prouinciam *B.Afr.*26.1; ~ pagos et ~ compita pugnax HOR.*Ep.*1.1.49; ~ oram omnem maritimam misit LIV.29.24.9; Galbae imagines ~ templa tulit TAC.*Hist.*2.55;—(*after acc.*) praemiaque ingeniis pagos et compita ~ Thesidae posuere VERG.*G.*2.382; *A.*1.32.

5 In the vicinity of, somewhere near or in; *~que ea loca*, and thereabouts. aut etiam nunc ~ haec loca commorabor CIC.*Att.*3.17.2; praesidia..Tolosatibus ~que Narbonem..constituit CAES. *Gal.*7.7.4; qui ~ Thessaliam esse consuerat *Civ.*3.36.4; equites Romani, qui praesidi causa cum telis erant ~ aedem Concordiae SAL.*Cat.*49.4; aui similis, quae ~ litora, ~ piscosos scopulos humilis uolat aequora iuxta VERG.*A.* 4.254; deprensis in lecto eius ~ cercuicalia serpentis exuuiis SUET.*Nero* 6.4;—cum legionibus III, quas Narbone ~que ea loca..disposuerat CAES.*Civ.*1.37.1; Q. Marcius Rex Faesulas, Q. Metellus Creticus in Apuliam ~que ea loca missi SAL.*Cat.*30.3;—(*after acc.*) mussantque oras et limina ~ VERG.*G.*4.188; *A.*6.329.

6 a (of time) About, at some point in. **b** (of number) about. **a** radix acanthi media folia et cauliculos ~ uernum tempus profudit VITR.4.1.9. **b** haras quadratas ~ binos pedes et semipedem VAR.*R.*3.10.3.

circum-, *prefix*. [prec.] Round, about. (N.B.: not clearly dist. fr. *circum* [1, 2], the cpds. being freq. written as two words.)

circumactiō ~ōnis, *f.* [CIRCVMAGO+-TIO]

1 Driving round in a circle, rotation. deprimens se foramen rediensque ~one ad capricorni partem VIII VITR.9.9.15.

2 The action of making symmetrical, rounding off. ἐνθύμημα..breuibus..et rotundis numeris cum quadam aequabili ~one deuinctum GEL.17.20.4.

circumactus ~ūs, *m.* [CIRCVMAGO+-TVS[3]]

1 Revolution, rotation. quin ille (*sc.* sol) annum obseruabilem fecerit ~u suo SEN.*Ben.*4.23.1; ~u rotae *Ep.*70.23; assiduo caeli ~u *Nat.* 7.2.2; ad faciliorem ~um rotarum PLIN.*Nat.*28.141; APUL. *Mun.*29.

2 Encircling, encirclement. ceruicula eius circulo mineo uelut aurea torqui pari fulgoris ~u cingitur APUL.*Fl.*12.

3 A turning round or turning back. breui ~u corporis diem noctemque pariter ostendens PLIN.*Nat.*5.80; cum ~um angustiae non caperent 8.201; hanc latitudinem..occupat..~us aratri HYG.*agrim.*p.89.

circumaggerō ~āre ~āuī ~ātum, *tr.* [CIRCVM-+AGGERO] To pile (earth) round about; to surround (with heaped earth, etc.). cacumina cytisorum uere deponito et stercoratam terram ~ato COL.5.12.3;—terra minuta fimoque ~atas resistere frigori radices PLIN.*Nat.*19.68.

circumagō ~agere ~ēgī ~actum, *tr.*, (*intr.*). **(circuagō).** [CIRCVM-+AGO]

1 To drive or lead round or over; to sail (ships) round. **b** to take by a roundabout or circuitous route; to lead round in circles. **c** to follow or trace round. **d** to wind, place, construct, etc., round. impera suouitaurilia ~agi CATO *Agr.*141.1; (*w. two accs.*) agrum terram fundumque meum suouitaurilia ~agi iussi 141.2;—esse ostium fluminis praealti quo ~agi naues in stationem tutam ⟨possint⟩ LIV.10.2.6; 27.6.14; (*refl.*) quacumque se classis ~egerat per litorum anfractus 38.7.3. **b** nil opus est te ~agi HOR.*S.*1.9.17; per Macedoniam.. Asiamque et omnis prope oras bello ~actus SEN.*Dial.*10. 4.5; dum me uariae cogitationes per totius domus spatia ~agunt [QUINT.]*Decl.*19.3;—(Tellus) arto ~agit spatio sua per uestigia ductos SIL.15.620. **c** terrarumque faciem ~agere ad Persicum mare PLIN.*Nat.*6.114. **d** iunctis bobus, tauro et uacca, interiore aratro ~agebant sulcum VAR.*L.*5.143; et eo (*sc.* laqueo) ariete constricto, per tympanum ergata ~agentes VITR.10.16.12; saepiusque eadem ratione ~agi (*sc.* fascia debet) CELS.8.15.7.

2 To cause to move on a circular course or orbit; to describe (a circle). **b** (usu. pass. or refl., of times and seasons occurring in an annual cycle; also other periods of time or events). contraria (pars)..rotatione ~acta VITR.9.1.4;—~agendo rotundationem 3.1.3. **b** desuntque sex dies solido anno qui solstitiali ~agitur orbe LIV.1.19.6; neque eum abdicare se dictatura nisi anno ~acto passi sunt 6.1.4; ~acto tertio anno Punici belli 23.30.18; ⟨tempus⟩ anni post ~actum solstitium erat 44.36.1; PLIN.*Nat.*7.76; (*refl.*) in ipso conatu rerum ~egit se annus LIV.9.18.15; sed prius se aestas ~egit quam mouere..quicquam rex posset 23.39.4;—~actis decem et octo mensibus, quod..finitum censurae spatium temporis erat 9.33.4; uixdum indutiarum tempore ~acto 27.30.11; quin etiam parua haec..ordine quodam et uelut orbe ~agit PLIN.*Ep.*3.1.4; cum uideamus tot uarietates tam uolubili orbe ~agi 4.24.6.

3 To cause to turn round, to turn, revolve; (also refl., pass., and absol., in intr. sense). **b** (transf. and fig.) to throw into a turmoil, upset. ut eo insistente ~actus modiolus delabi non possit CELS. 8.3.2; quomodo mundi officium **est** ~agere rerum ordinem SEN.BEN.4.12.5; ad ~agendas molas..operam pistori locasset GEL.3.3.14; orbis a figulo ~actus APUL.*Apol.*45;—(*refl.*) stellas..alias..intra suum se ~agentis uestigium SEN. *Dial.*12.8.6; quo se frigida ~agunt pigri serraca Bootae JUV.5.23;—(*pass.*) uentus ~actus et eundem ambiens locum ac se ipsa uertigine concitans turbo est SEN.*Nat.*5.13.3; PLIN.*Nat.*8.20; praecipua cenationum rotunda, quae perpetuo..uice mundi ~ageretur SUET.*Nero* 31.2;—(*absol.*) ita uti minus tympanum..in maiore ~agendo arte leniterque uersetur VITR.9.8.11;—(*in fig. phr.*) ~agetur hic orbis; erit mox, qui arguat nequiquam Antiochum ultra iuga Tauri emotum LIV.42.42.6. **b** quasi somnio quodam turbulento ~actus PETR.100.5; uerna (*sc.* mala) acerba et stomacho inutilia sunt, aluum, uesicam ~agunt PLIN.*Nat.*23.100.

4 To bend round, make round or cylindrical in shape; (chiefly pass.) formed round, rounded off. **b** (physical features) to turn round, curve, bend. extremam ut habeat curuaturam molliter ~actam VITR. 10.11.4; tot figurae planis, concauis, longis, lunatis, in orbem ~actis PLIN.*Nat.*9.102; cetera (poma) et causis traxere nomen..orbiculata a figura orbis in rotunditatem ~acti 15.51; plumbea lammina plana..~acta in rotundum.. cum ~agitur..interiore parte adtrahitur FRON.*Aq.*25. **b** eius..montis iugum se ~agens..pertingit circumitionibus contra fretum VITR.2.10.1; Aegaeum statim pelagus.. summotas..terras hinc ad promunturium quod Sunium uocatur magno ambitu mollique ~agit MELA 2.27; inde primum ~agente se terrarum fronte in occasum PLIN.*Nat.* 6.199; sensim ~actis curuatisque litoribus PLIN.*Ep.*6.16.12.

5 To cause (persons or things) to turn round or face in another direction. **b** (pass. or refl.) to turn round or back; to turn (parts of the body, weapons, etc.). **c** (of plants, flowers, etc., turning with the sun). prius paene, quam..~agerent frenis equos LIV.1.14.9; cum ~acto agmine redirent 3.8.8; ut ~agi signa obuertique aciem uiderunt in hostem 6.24.7; totumque in hostem agmen ~egit 34.28.10; nauibus utrimque prorae, ne per angustias aluei ~agi sit necesse PLIN.*Nat.*6.82; anulum, quo ~acto habentem nemo cerneret 33.8; inuadit Notus ac..cunctantem et uana minantem ~agit..ducem SIL.12.663; an ..~agat madidas a tempestate cohortes JUV.7.164; (*of* *natural forces*) aqua natura defertur, si tamen aliqua uis accessit, quae illam in contrarium ~ageret, illo intenditur SEN.*Nat*.2.24.1; et huius (*sc.* salicis) ~agam (folia) PLIN.*Nat*.18.267;—(*transf.*) quod ~ agitur, cum uenit, imago LUCR.4.316; a Gallia Germaniaque bellum in urbem ~egit SEN.*Ben*.5.16.5. **b** ~actus ad interiorem partem regni tuendam LIV.44.35.8; ut ~agi (orca) nullo modo posset PLIN.*Nat*.9.14; ~actum in uulnus hominem 28.47; (*cf.*) olea et populus alba et salices solstitio folia ~agunt 2.108; (*fig., w. ref. to emancipation*) non differtur in diem qui se illi (*sc.* philosophiae) subiecit et tradidit; statim ~agitur 8.7;—(*refl.*) ~agenti se ad dissonos clamores ac subitos tumultus hosti LIV.4.28.2; quod phalanx Macedonum..nec ~agere se poterat 33.9.10; in hunc (uentum) ad coitum cum se pecus ~egerit PLIN.*Nat*.18.336; (*of wind*) ~agente se uento LIV.37.16.4; (*fig.*) quo te ~agas? JUV.9.81;—~agere hastas in uenientem ex transuerso hostem conati sunt LIV.33.18.18; ad omnem strepitum ~agenda ceruix SEN.*Ep*.74.3; ~acto capite PLIN.*Nat*.11.151/2; unde clamor acciderat, ~agere corpora TAC.*Hist*.4.29. **c** mirum ibi cum sole ~agi uuam PLIN.*Nat*.14.39; heliotropii miraculum..cum sole sese ~agentis etiam nubilo die 22.57; nomen accepit (helioscopion), quoniam capita cum sole ~agit 26.69.

6 a To change in views or opinions, to sway round, bring round; (also refl., of feelings) to change. **b** to change (in form).
a non pendere ex alterius uultu ac nutu nec alieni momentis animi ~agi LIV.39.5.3; in quo exercitu..imperator rumoribus uulgi ~agatur 44.34.4; tam facile eos ~egit et flexit SUET.*Jul*.70;—(*w.* ad, in) ad haec noua et diuersa imperia subito me ~agi putas posse? SEN.*Con*.1.8.5; uniuersum prope humanum genus ~egit (Asclepiades) in se PLIN.*Nat*.26.13;—cum se mobilis fauor ~egit SEN.*Dial*.7.1.5. **b** hac eius uita in contrarium ~acta SEN.*Ep*.122.13; subinde ~agentibus se maculis in purpuram candoremque et tertium ex utroque PLIN.*Nat*.37.21.

circumambulō ~āre, *tr*. [CIRCVM-+AMBVLO] To walk round or over.
ut..omnes glebas ~et PAUL.*dig*.41.2.3.1.

circumarō ~āre ~āuī, *tr*. [CIRCVM-+ARO] To surround with a furrow, to plough round.
agri quantum uno die ~auit, datum LIV.2.10.12; PLIN.*Nat*.18.9; (*absol.*) in aratis intra tot pedes aratrum ~arat HYG.*agrim*.p.90.

circumaspiciō ~ere, *tr., intr*. [CIRCVM-+ASPICIO] To look round; (fig.) to consider.
totius oculi uersatione ~it PLIN.*Nat*.8.121;—ut ~ias, quantum feras tecum SEN.*Ep*.22.12.

circumcaedō: see CIRCVMCIDO.

circumcaesūra ~ae, *f*. [CIRCVMCIDO+-VRA] The surface outline, contour.
extima membrorum ~a tamen se incolumem praestat LUCR.3.219; 4.647.

circumcalcō ~āre, *tr*. [CIRCVM-+CALCO] To tread earth, etc., down round.
radices..oblitas fimo bubulo scrobiculis deponi ac diligenter ~ari (oportebit) COL.5.6.8.

circumcīdāneus ~a ~um, *a*. [next+-ANEVS] The name of a kind of must obtained by a second pressing after the projecting parts of the mass of pressed grapes in the press have been trimmed off and put back.
tortiuum mustum ~um CATO *Agr*.23.4.

circumcīdō ~dere ~dī ~sum, *tr*. [CIRCVM-+CAEDO] FORMS: written separately as *circum caed-* (*caes-*) LUCR.3.403, 411.

1 To cut or make an incision round. **b** to cut the bark round, ring.
gladiis caespites ~dere CAES.*Gal*.5.42.3; acuto scalpello ~sam, delibrato diligenter, ne gemmam laedas COL.*Arb*.26.8; ~soque uulnere PLIN.*Nat*.25.61; 28.156. **b** ~sas quoque in medullam aliqui..relinquunt PLIN.*Nat*.16.192; etiam radices ~disse prodest uitium luxuriantium 17.254.

2 To reduce by cutting round, clip. **b** to circumcise. **c** to clip or prune round (a tree).
diligenter unguibus ~sis CELS.7.26.2E; SEN.*Ep*.95.26; alii uiperam..~dunt PLIN.*Nat*.30.40; (*cf.*) angulares columnae crassiores faciendae sunt..quod eae ab aere ~duntur VITR.3.3.11. **b** ~dere genitalia instituerunt TAC.*Hist*.5.5;—(*w. pers. obj.*) in eo, qui..~sus est CELS.7.25.1A; ~de nos, ut Iudaei uideamur PETR.102.14. **c** alias (arbores) ~dunt, ne proceritatem rami premant SEN.*Cl*.2.7.4; ut quindecim pedes altius rami arboris ~dantur ULP.*dig*.43.27.1.8; (*absol.*) CIC.*Fin*.5.39;—(*in fig. phrs.; cf. sense 4*) licet hinc quantum cuique uidebitur ~dat atque amputet *de Orat*.1.65; errorum..radicibus, quae euellenda et extrahenda penitus, non ~denda nec amputanda sunt *Tusc*.4.57; *Fin*.1.44; TAC.*Dial*.32.4.

3 To remove by cutting round a thing, prune off.
quamuis est ~sis lacer undique membris truncus LUCR.3.403; quod post primam pressuram uinaceorum ~so pede exprimitur COL.12.36; ~sis undique capreolis PLIN.*Nat*.17.208; testudinem ~sis pedibus, capite, cauda 32.43; (*in circumcision*) cutis ipsa ~denda est CELS.6.18.2.I.

4 To reduce in amount, whittle down, curtail. **b** to stop the use of, abolish, cut out, remove. **c** to deprive (a person) of his possessions.
~sis rebus, quae non arbitror pertinere ad agri culturam VAR.*R*.1.1.11; sumptus..~si aut sublati LIV.32.27.4; qui ~dis omnem inpensam funeris PHAED.4.20(21).25; ~denda concursatio SEN.*Dial*.9.12.2; *Ep*.89.13; PLIN.*Ep.Tra*.10.43(52).3. **b** ~dendum unum est in totum annum CELS.4.27.1B; ~sa omni negotiosa actione 4.32(25).1; subducit aliqua et ~dit (medicus) SEN.*Dial*.3.6.2; ut suppleat quae desunt ~dat si quid redundabit QUINT.*Inst*.10.2.28; TAC.*Ag*.19.4. **c** hic ipse quem ~dimus (*cj.*)..habet aliquid et superuacui SEN.*Ep*.119.10.

circumcingō ~gere ~xī ~ctum, *tr*. [CIRCVM-+CINGO]

1 To surround, lie around, be round.
(*the Nile*) ~git Meroen VITR.8.2.6; ceu fera, quae, telis ~gentibus, ultro assilit in ferrum SIL.10.2; PORTICOS..~GENTES COLIMBVM *CIL* 10.5348.

2 To surround, encircle (with).
Thebas muro ~xerunt HYG.*Fab*.9.1.

circumcircā, *adv*. [CIRCVM[1]+CIRCA] Round about, on all sides. **b** round about the body.
occepit ibi scalpurrire ungulis ~ PL.*Aul*.468; CATO *inc*.25(J); coepi regiones ~ prospicere CATO *Fam*.4.5.4; *B.Hisp*.41.4. **b** palla..~ remeans APUL.*Met*.11.3.

circumcīsē, *adv*. [CIRCVMCISVS+-E] Concisely, briefly.
uirtus non solum aperte ponendi rem ante oculos, sed ~ atque uelociter QUINT.*Inst*.8.3.81; modo splendide atque adornate, tum..~ ac sordide (declamare) SUET.*Rhet*.30 (p.126Re).

circumcīsīcius ~a ~um, *a*. [CIRCVMCISVS+-ICIVS[2]] = CIRCVMCIDANEVS.
rursus cum expressum, ~um (MSS. -cisicitum) appellant VAR.*R*.1.54.3.

circumcīsūra ~ae, *f*. [CIRCVMCIDO+-VRA] A cutting round or ringing (of trees).
ulmus et fraxinus..stantes..ac ~a siccatae fideliores PLIN.*Nat*.16.219.

circumcīsus ~a ~um, *a*. [pple. of CIRCVMCIDO]

1 Sheer on all sides.
CIC.*Ver*.4.107; ut ita munita arx circuitu arduo et quasi ~o saxo niteretur *Rep*.2.11; collis..egregie munitus atque ex omni parte ~us CAES.*Gal*.7.36.5.

2 Restricted in size, etc., limited. **b** (of composition) pruned of superfluities, concise.
~ae sunt peregrinantium sarcinae SEN.*Dial*.12.12.2; quid enim tam ~um, tam breue quam hominis uita longissima? PLIN.*Ep*.3.7.11. **b** aliud ~am expositionem, id est σύντομον, aliud breuem putauerunt QUINT.*Inst*.4.2.42; Gracchorum Catonisque quorum sane (orationes) plurimae sunt ~ae et breues PLIN.*Ep*.1.20.4.

circumclūdō ~dere ~si ~sum, *tr*. [CIRCVM-+CLAVDO]

1 To surround, encircle (with a structure, etc.). **b** to build round (an enclosure).
haec (cornua)..ab labris argento ~dunt atque..pro poculis utuntur CAES.*Gal*.6.28.6; si fronde ea ~dantur ignis et serpens PLIN.*Nat*.16.64; si nubes solem ~dent 18.344; AREA MACERIA ~SA *CIL* 6.13061. **b** supra eos trabes ~sae continebant totam compactionem VITR.10.15.3; MACERIAS A FVNDAMENTIS..~SIT *CIL* 6.14936.

2 To surround (armies, etc.). **b** (transf.) to hedge in, circumvent.
ne duobus ~deretur exercitibus CAES.*Civ*.3.30.7; *B.Hisp*.6.4; se..cum exercitu iniquitate loci ~sum SUET.*Tib*.20; (*w. siegeworks*) (ut) uallo ~derentur aduersarii *B.Hisp*.32.2. **b** mea diligentia ~sum commouere te contra rem publicam non potuisse CIC.*Catil*.1.7; L. Catilina consiliis laboribus, periculis meis ~sus ac debilitatus 2.14.

circumcolō ~ere, *tr*. [CIRCVM-+COLO] To dwell round about.
qui sinum ~unt maris LIV.5.33.10; 31.41.4; (*pple. as sb.*) flumen a riuo magnitudine discernendum est aut existimatione ~entium ULP.*dig*.43.12.1.

circumcurrens ~ntis, *a*. [next] That encircles or bounds (a figure).
illa ~ns linea, si efficiet orbem QUINT.*Inst*.1.10.41; (*transf.*) eamque artem (*sc.* rhetoricen) ~ntem uocauerunt, quod in omni materia diceret 2.21.7.

circumcurrō ~ere, *tr*. [CIRCVM-+CVRRO] (of structures) To run or extend round.
(*absol.*) et eae aeque corsae cum astragalis ~ant VITR.4.6.3.

circumcursiō ~ōnis, *f*. [prec.+-TIO] Running about or round.
cantherii..ungulas multiuia ~one in enorme uestigium porrecti APUL.*Met*.9.13.

circumcursō ~āre ~āuī, *tr., intr*. [CIRCVM-+CVRSO]

1 To run about over; also, to run round (a person).
omnia iam ~aui atque omnibu' latebris perreptaui quaerere conseruam PL.*Rud*.223;—quam ~ans hinc illinc saepe Cupido fulgebat CATUL.68.133.

2 (intr.) To run about; (of inanimate things) to revolve.
hac illac ~a TER.*Hau*.512;—atria uersari et ~are columnae usque adeo fit uti pueris uideantur, ubi ipsi desierunt uerti, uix ut iam credere possint non supra sese ruere omnia tecta minari LUCR.4.400.

circumdō ~are ~edī ~atum, *tr*. **(circun-.)** [CIRCVM-+DO]

1 (usu. w. dat.) To put, place (round or near). **b** to make, place, or build (a structure) round. **c** to pass round. **d** (fig.) to bestow (on).
iubebo ignem et sarmenta, carnufex, ~ari PL.*Mos*.1114; tectis ac moenibus subiectos prope iam ignis ~atosque restinximus CIC.*Catil*.3.2; aer omnibus est rebus ~atus appositusque LUCR.6.1036; in ea circuli sunt ~ati menstrua spatia finientes VITR.9.8.8; cum rex..~ari ignes minitabundus iuberet LIV.2.12.12; formas, in quibus aere tenui fistulas struimus per decliue ~atas SEN.*Nat*.3.24.2; planctum et lamenta et supremorum imaginem praesenti sibi ~ata TAC.*Hist*.4.45; (*cf.*) noxium sepulcro ~atur carmen (*i.e. recited round*) [QUINT.]*Decl*.10.7;—(*pple. as sb.*) cum integant aquae ~ata PLIN.*Nat*.16.3;—(*w. two accs.*) stercus uetus..~ato radices uitis CATO *Agr*.114.1. **b** neque enim possunt (porticus) ~ari templo PLIN.*Ep*.9.39.5; (*fig.*) si extra hos cancellos egredi conabor quos mihi ipse ~edi CIC.*Quinct*.36;—(*for defence*) cum fossam latam cubiculari lecto ~edisset *Tusc*.5.59; hunc (*sc.* montem) murus ~atus arcem efficit CAES.*Gal*.1.38.6; ita ~andum (murum) ad loca praecipitia VITR.1.5.2; ~ant fossas SIL.4.25; (*w. two accs., s.v.l.*) eum (*sc.* collem) multa opera ~ata SAL.*Hist*.1.122; (*fig.*) philosophia ~anda est, inexpugnabilis murus SEN.*Ep*.82.5;—(*with offensive intent*) munitiones postero die ~ant LIV.3.26.4. **c** (*tm.*) tu interim da ab Delphio cito cantharum circum PL.*Mos*.347. **d** hanc illi famam ~ederunt TAC.*Dial*.37.6; egregiam famam paci ~edit *Ag*.20.1; at tu gratiam immensam, innumeram pecuniam ~edisti *Ann*.14.53.

2 a To place or post round (troops, etc., as a protection or guard). **b** to place (attacking forces, etc.) round.
a horribilis custodias ~at CIC.*Catil*.4.8; orbem armatorum sarcinis ~ant LIV.10.36.13; equitem nec se posse ~are cornibus 28.33.10; donec..~aret principi ministeria TAC.*Hist*.2.59; ~ata hinc regi specie honoris ualida manus *Ann*.2.67. **b** exercitum omnem longo agmine ~at hostium castris LIV.3.28.2; eorum contioni satellites armatos ~edit 34.27.5; uentumque ad uicos Marsorum et ~atae stationes stratis TAC.*Ann*.1.50.

3 To place (round the person), put on. **b** to put round (as a covering); (also fig.); (pass.) to grow round.
~a torquem bracchiis PL.*As*.696; arma diu senior desueta trementibus aeuo ~at nequiquam umeris VERG.*A*.2.510; Tyrrhena pedum ~at uincula plantis 8.458; corpus uno torque spoliauit, quem respersum cruore collo ~edit suo LIV.7.10.11; dumque tuo possem ~are bracchia collo OV.*Ep*.15.167; pecuniam aut carissima sibimet ipsi ~are TAC.*Hist*.4.62; cum uirides gemmas collo ~edit JUV.6.458; laurea, quam religiosissime ~ederat SUET.*Vit*.9.1; (*cf.*) nescio an maiora uincula maioresque necessitates uobis quam captiuis fortuna ~ederit LIV.21.43.3;—(*tm.*) ter conatus ibi collo dare bracchia circum VERG.*A*.2.792; 6.700. **b** ~ata laeuo bracchio togae lacinia VELL.2.3.1; ~ata uniuerso corpori (conferua) PLIN.*Nat*.27.69; prodest et dolenti..~atum denti LARG.95; quid..~as uellera collo? MART.4.41.1; (*poet.*) pinus et incumbens lentas ~abat umbras PROP.3.13.37;—(*fig.*) segnis et pauidos supremis suis secretum ~are TAC.*Ann*.16.25;—in cubito enim celerius..callus ~atur CELS.8.16.4.

4 (usu. w. abl.) To surround, enclose, encircle. **b** to surround (with areas, structures, etc.). **c** (with clothing or other covering). **d** (w. troops, guards, etc.). **e** (in time).
inuenit auri aliquantum, idque ~atum argento CIC.*Div*.2.134; aedificio ~ato silua CAES.*Gal*.6.30.3; elephas..militem proboscide ~at *B.Afr*.84.2; taurino quantum possent ~are tergo VERG.*A*.1.368; Tellus, ut erat ~ata ponto OV.*Met*.2.272; lacus..incuruo ~atus litore MELA 1.113; haec medium terris ~at linea pontum MAN.4.628; totamque flammis arborem ~edit PHAED.1.28.9; breuibusque umeros ~abit ulnis STAT.*Silv*.2.1.66; caudices ligni..funiculo breui ~atos GEL.5.3.3; (*poet.*) planctu ~at pectus inani STAT.*Theb*.9.599; (*fig.*) quoniam exiguis quibusdam finibus totum oratoris munus ~edisti CIC.*de Orat*.1.264. **b** suam quisque domum spatio ~at TAC.*Ger*.16.2;—(*for defence, protection, etc.*) septemque una (*sc.* Roma) sibi muro ~edit arces VERG.*G*.2.535; muro ~ari templum uoluerunt LIV.29.18.17; ut saxo lucum ~edit alto OV.*Fast*.3.431; ciuitates..praesidiis castellisque ~atae TAC.*Ag*.20.3;—(*with aggressive intent*) uallo et fossa ~edi CIC.*Fam*.15.4.10; SAL.*Jug*.23.1; LIV.25.22.8; militari uallo Veronam ~are placuit TAC.*Hist*.3.10; an..Artaxata pergeret obsidioque ~aret *Ann*.13.41. **c** eum (*sc.* animum) ~edit (deus) corpore CIC.*Tim*.20; leuis ac diffusilis aether corpore concreto ~atus undique LUCR.5.468; Phaethontiadas musco ~at amarae corticis VERG.*Ecl*.6.62; lacerna caput ~edit VELL.2.70.2; alumen fissum linteolo spisso ~atum LARG.55; (*transf.*) omni autem totam figuram mundi leuitate ~edit CIC.*Tim*.18. **d** omnemque aciem suam raedis et carris ~ederunt CAES.*Gal*.1.51.2; uelut indagine hunc insidiis ~ederunt HIRT.*Gal*.8.18.1; cum..multitudine domum eius ~edissent NEP.*Han*.12.4; ~edit moenia armatis LIV.33.38.9; cum..patrem eius captiuum..destrictis militum gladiis ~edisset V.MAX.5.4.ext.7; ut..medium inter signa Othonem uexillis ~arent TAC.*Hist*.1.36; accepti in medium Vitelliani, et ~atos Primus Antonius clementer adloquitur 3.63; (*in hunting*) Parthenios canibus ~are saltus VERG.*Ecl*.10.57;—(*fig.*) ut quidquid aliarum legum effugisset auxilium quasi extrinsecus ~aretur QUINT.*Decl*.252(p.31,l.17); Britannici pueritiam robore ~aret TAC.*Ann*.12.25. **e** minus LXXX annis ~atum aeuum tulit VELL.1.17.2.

5 (w. the person or thing surrounding as subj.).
superimminentem excelsae altitudinis palmam ~edit (anguis) V.MAX.1.8.2; nisi Thasius lapis..piscinas nostras..~edit SEN.*Ep*.86.6.

6 To beset (with grief, danger, etc.).
hic modo laetans copia nunc miseris ~atur anxia fatis *Culex* 353; MAESTOSQ GRAVI ~ARE LVCTV *CIL* 10.5665.

circumdolō ~āre ~āuī ~ātum, *tr*. [CIRCVM-+DOLO] To chop round with an axe.
platanus..~atis lateribus restibilis PLIN.*Nat*.16.133.

circumdūcō ~cere ~xī ~ctum, *tr.* [CIRCVM-+DVCO]

1 To lead round (in a circle or part of a circle), wheel round. **b** to cause (things) to move round; to build (linear structures) round.
terga dantes ~cto cornu quo pepulerat Sardos inclusit Romanus LIV.23.40.11; ~ctis alis in latera incurrebant 28.14.20. **b** Casilinum coloniam deduxisti..ut uexillum tolleres, ut aratrum ~ceres CIC.*Phil.*2.102; flumen Dubis ut circino ~ctum paene totum oppidum cingit CAES.*Gal.*1.38.4; potest aestus per uestis interualla depelli,..potest ~ci FRO. *Aur.*1.p.12(66N);—utro modo uero id ~ctum est CELS. 8.3.5; si ter forte uel quater linum esset ~ctum ULP.*dig.* 37.11.1.11; (*w. dat.*) munitionibus Ateguam oppugnare et bracchia ~cere coepit *B.Hisp.*6.3; SEN.*Ep.*12.6.

2 To lead by a roundabout or indirect route (esp. as a strategic manœuvre). **b** (fig.) to mislead, deceive; (w. abl. of separation) to trick out of. **c** (fig., of the construction of a periodic sentence).
ille ~cto hoste qua uoluit alio itinere ad Capuam rediit LIV.25.19.8; pererratis plateis omnibus..~ctus angulatim forum..adstituor APUL.*Met.*3.2;—aliquo saltu ~ce exercitum PL.*Mil.*221; cohortibus..longiore itinere ~ctis CAES. *Gal.*3.26.2; *Civ.*1.28.4; suo iussu ~ci Albanum exercitum ut Fidenatium nuda terga inuadant LIV.1.27.8; 28.33.11; neque ante ~ctos sensere quam tumultum..ab tergo accepere 28.33.13; praeter castra hostium ~cit 34.14.1. **b** qua me, qua uxorem..potes, ~ce. aufer PL.*As.*97; dum miles aliquo ~citur *Truc.*874;—si me illoc auro tanto ~xerit *Bac.*311; numnam in balineis ~ctust pallio? *Poen.* 976; *Ps.*529; *Trin.*859. **c** cum sensus unus longiore ambitu ~citur QUINT.*Inst.*9.4.124; si quid modo longius ~xerunt, iurant ita Ciceronem locuturum fuisse 10.2.17.

3 To lead or take round (for the purpose of viewing, etc.), show round. **b** to lead round (for display, etc.).
(*w. two accs.*) istum..~ce hasce aedis et conclauia PL. *Mos.*843; quos Pompeius..omnia sua praesidia ~xit atque ostentauit CAES.*Civ.*3.61.1;—euocadum aliquem ocius, roga ~cat PL.*Mos.*680; eos..per castra qua uellent ~ci iussit LIV.30.29.2; captos Vitellii exploratores ~ctosque, ut robora uictoris exercitus noscerent, remittendo TAC.*Hist.* 3.54; reliquam diei partem per organa hydraulica..~xit (*sc.* eos) SUET.*Nero* 41.2. **b** placuit inde..ad perdomandum Latium uictorem ~cere exercitum LIV.8.13.8; quousque me ~cis? SEN.*Ben.*2.11.1; ~cto captiuorum agmine JUV.10.280; (*tm.*) Galli Cybebes circum in quaestus ducere asinum solebant PHAED.4.1.4.

4 To pronounce with a circumflex accent, to prolong (a sound).
ultima syllaba nec acuta umquam excitatur nec flexa ~citur QUINT.*Inst.*12.10.33.

5 To go round, make a circle round. **b** to draw a line round, ring round; (leg.) to cancel.
nouem granis furunculum si quis ~cat PLIN.*Nat.*22.135; —(*in founding a town, etc.*) NE QVIS INTRA FINES OPPIDI COLON(IAE)VE, QVA ARATRO ~CTVM ERIT *CIL* 1.594.2. 2.3; oppida quae prius erant ~cta aratro VAR.*L.*5.143. **b** umbra hominis lineis ~cta PLIN.*Nat.*35.15; ab extrema parte uersuum abundantis litteras..ibidem statim subicit ~citque SUET.*Aug.*87.3;—ad principem remissa cognitio ab eo ~ci potest, qui remisit PAPIN.*dig.*49.1.22; ULP.*dig.* 5.1.73; PAUL.*dig.*42.1.45.

6 To surround (with a structure).
HOC AEDIFICIVM MACERIA ~CTVM *CIL* 10.2765.

circumductiō ~ōnis, *f.* [prec.+-TIO]

1 A circuit, perimeter. **b** a circuitous or indirect course.
centron est cuius ab initio ~o sphaerae terminatur HYG. *Astr.*1.2; maiorem partem ~onis (*sc.* circuli) 4.11. **b** sin autem non longa erit circumitio, ~onibus..cursus dirigentur VITR.8.6.5.

2 A cheating or tricking (out of).
neque in hac (fabula)..argenti ~o PL.*Capt.*1031.

3 (style) The structure of a period, a period.
QUINT.*Inst.*9.4.118; sunt aliquando et sine respiratione quaedam morae etiam in perihodis..multa membra habent..sed unam ~onem 11.3.39.

circumductum ~ī, *n.* [pple. of CIRCVMDVCO] A period.
περίοδον quae est uel ambitus uel ~um uel..QUINT.*Inst.* 9.4.22.

circumductus[1] ~a ~um, *a.* [pple. of CIRCVMDVCO] Long-drawn-out.
infinito magis illa flexa et ~a sunt QUINT.*Inst.*11.3.172.

circumductus[2] ~ūs, *m.* [CIRCVMDVCO+-TVS[3]] Measurement round, perimeter.
si quini deni (pedes) per latera, quini in fronte sint, ex illo quod amplectuntur quartam deducent eodem ~u QUINT.*Inst.*1.10.43.

circu(m)eō ~(m)īre ~(m)iī (~(m)īuī) ~(m)itum *tr.*, (*intr.*). [CIRCVM-+EO]

1 To make the circuit of, go round. **b** to circle, prowl round (also intr.). **c** (w. ref. to distance of perimeter); (pass., w. abl.) to measure in circumference, have a perimeter of.
~mitis hostium castris CAES.*Gal.*3.25.2; metaque feruenti ~eunda rota OV.*Ars* 3.396; si mulier..unamquamque aream ter ~meat COL.11.3.64; secum fugientem ~mit hastam (ursa) LUC.6.223; seque ipse recedens ~it STAT. *Theb.*2.603; sol..fertur..orbem terrarum uiginti et quattuor horis ~mire HYG.GR.*agrim.*p.150; (*tm.*) terque nouas circum felix eat hostia fruges VERG.*G.*1.345;—(*transf., of time*) octonos bis iam tibi ~it orbis uita STAT.*Silv.*5.2.12. **b** more lupi clausas ~euntis oues OV.*Pont.*1.2.18; Arruns uelocem iaculo et multa prior arte Camillam ~it VERG.*A.* 11.761; (*fig.*) multa extra sunt, quae ~meunt nos, quo aut fallant aut urgeant SEN.*Ep.*82.4;—nam eum ~m ire in hunc diem, ut me, si posset, muliere interuorteret PL.*Ps.*899. **c** cum sint partes orbis per signa trecentae et ter uicenae quas Phoebi ~it ardor MAN.2.308; tantum agri..quantum arando uno die ~mire potuisset SEN.*Ben.*7.7.5; (*of a line*) quae ~mibit..linea, eiusdem spatii erit cuius ea, quae centum (pedes) continet QUINT.*Inst.*1.10.44;—(Imbrus) ipsa ~itur LXII·D PLIN.*Nat.*4.72; 5.140; urbis amplitudo ~mitur stadiis LXX 6.47.

2 To wind (be wound) or coil round.
hieme saepius fascia ~mire debet CELS.5.26.24.B; 8. 10.1.E; rapido celer ille uolumine telum ~it STAT.*Theb.* 5.576.

3 To pass by going round, skirt; (intr.) to make a detour. **b** (mil.) to outflank. **c** (fig.) to avoid mentioning; to express by circumlocution. **d** to swindle, cheat.
equitum..partem ~mire exteriores munitiones et ab tergo hostis adoriri iubet CAES.*Gal.*7.87.2; celeriter bestiis ~mitis legiones uallo hostium sunt potitae *B.Afr.*83.4; ut uix ~eant distentum cruribus uber OV.*Met.*13.826; infidi miles uestigia campi ~it STAT.*Theb.*8.132;—illac per hortum ~m iit clam PL.*As.*742; parte dextra tumuli ~mire donec..uiam inueniret LIV.27.18.15; si rectum limitem rupti..pontes inciderint, ~mire cogemur QUINT.*Inst.*2.13.16. **b** cum equites nostrum cornu ~mire uellent GALBA *Fam.*10.30. 3; CAES.*Civ.*3.93.4; nam et Lacedaemonios quondam ita a Persis ~itos fama erat LIV.36.16.7; subsidia ~mita ab tergo caedebantur 37.42.6; (*at sea*) regia classis..ipsa aciem aduersam explicuit laeuo tantum euecta cornu, ut amplecti et ~ire dextrum cornu Romanorum posset 37.29.8; (*cf.*) capitur haut difficulter ut noctuae, intentam in aliquem ~meunte alio PLIN.*Nat.*10.68. **c** Vespasiani nomen suspensi et uitabundi ~mibant TAC.*Hist.*3.37;—quod recte dici potest ~mimus amore uerborum QUINT.*Inst.*8.pr.24; ducti specie nitoris ~meunt omnia copiosa loquacitate 8.2.17; res plurimae carent appellationibus, ut eas necesse sit transferre aut ~mire 12.10.34. **d** facinus indignum, Chreme, sic ~miri! TER.*Ph.*614; ab inuisissimis ~miri V. MAX.5.2.ext.2; iuuenum miserorum simplicitatem ~meunt SEN.*Con.*10.4.18; puerum tunc arte dolosa ~it MART.8. 59.14.

4 To surround, crowd round (a person, etc.). **b** (mil.) to surround. **c** (of things) to encircle, to be or form round; also, to overspread, envelope. **d** (topog.) to lie round; also, to border, skirt.
~mitis rostris eicerentur lapidibus homines CIC.*Corn.*1. fr.42; paulatim fecere suam plausuque secundo ~meunt hilares (uolucres) STAT.*Ach.*1.378; aui quem turba nepotum ~mit *Silv.*4.8.11. **b** aduersariorum equitatus sese extendere..et Caesaris equitatum extenuare simulque ad ~meundum comparare se coeperant *B.Afr.*14.1; multitudine ~mitus est NEP.*Eum.*5.3; ~eunt unum OV.*Met.*5.157; ne ~miri posset a multitudine, ultimum agmen ualida manu cinxerat CURT.4.13.30; ac ne superante numero et peritia locorum ~miretur TAC.*Ag.*25.4; (*of ships*) hanc omni puppes statione solutae ~meunt LUC.4.464. **c** rusticus..aliquis ..cuius non hederae ~iere caput PROP.2.5.26; SEN.*Ep.*79.3; a dorso quae totam ~it aluum..cingula CALP.*Ecl.*6.40; si amnis aliquid ~meat ULP.*dig.*43.12.1.10; (*fig.*) se totius belli fluctibus ~miri..maluit CIC.*Phil.*13.20;—si (ignis).. paulatim uiuum corpus ~meat SEN.*Ben.*4.21.6; sed quid trementes ~it pallor genas? *Ag.*237; inde sonus geminas mihi ~it auris STAT.*Silv.*4.4.26. **d** nunc freta ~meunt (*sc.* Leucada) OV.*Met.*15.290; limosa pigrum ~mit fontem palus SEN.*Oed.*547;—tellus, quam uolucer Genusus, quam mollior Hapsus ~meunt ripis LUC.5.463; Narnia, sulphureo quam gurgite candidus amnis ~it MART.7.93.2; Tuscum, Tyrrhenum, idem inferum, quod dextrum Italiae latus ~it AMP.7.3.

5 (w. abl.) To encircle or surround (with).
~it extremas oleis pacalibus oras OV.*Met.*6.101; deae Sperchеos..dulci uestigia ~it unda STAT.*Ach.*1.103; illa quae rei publicae adsignabunt..priuata terminatione ~mibimus HYG.GR.*agrim.*p.159.

6 To visit one after the other, go the round of. **b** (w. sg. or collect. obj.) to go round, visit all parts of. **c** (w. pers. obj.) to go round in order to solicit, canvass, appeal to in turn.
non potuere uno anno ~mirier PL.*Cur.*451; qui fana uentris caussa ~mis *Rud.*140; cum ~iret praedia CIC. *Caec.*94; ~itis omnibus hibernis CAES.*Gal.*5.2.2; uigilias.. ipse cum legatis ~mire SAL.*Jug.*45.2; legatos ab Antio ~mire populos Latinorum ad concitandum bellum LIV.7. 27.5; omnes portas contionabundus ipse imperator ~miit 40.27.8; cum..coepisset deinde rhetores ~mire et declamare SEN.*Con.*9.4.18; ~ire omnes angulos coepi PETR. 92.6; ~miri tentoria iubet TAC.*Ann.*1.28;—(*absol.*) quare ~mirent, suas quisque contraheret copias NEP.*Eum.*9.2; (*w. pun on sense 3d*) an quasi mare omnis ~mimus insulas? PL.*Men.*231. **b** fundum eodem die..~meat CATO *Agr.* 2.1; ~mitam (Hispaniam) ab Romanis..legatis ad sollicitandos principum animos LIV.21.22.1; ut urbem ~mirent aperirique tabernas..iuberent 23.25.2; OV.*Met.*2.402; cui orbem terrarum ~mire non erit longum mea causa PLIN. *Ep.*7.16.4; (*facet., of a barber*) tonsor dum ~it ora Luperci MART.7.83.1; (*w. advl. cl.*) in uilla, cum pluet, ~mire oportet, sicubi perpluat CATO *Agr.*155.2. **c** cum conplures menses ..populum uicatim flens una cum liberis ~miret SIS.*hist.*47; flens Petreius manipulos ~mit militesque appellat CAES. *Civ.*1.76.1; Tarquinius ~mire et prensare..patres LIV.1.47.7; praetoriam nauem Antoni properantis ~mire et exhortari suos PLIN.*Nat.*32.3; senatum ~mirent PLIN.*Pan.*69.2; (*cf.*) non nisi aegre et ~ito demum triclinio recipiebatur SUET. *Cl.*8.1; (*w.* ut+*subj.*) illum ~mire ueteranos ut acta Caesaris sancirent CIC.*Att.*14.21.2;—(*absol.*) ipse equo ~miens unum quemque nominans appellat SAL.*Cat.*59.5; qui triplicem usuram praestare paratus ~mit et fatuos non inuenit JUV. 9.8.

7 To mention one after another, enumerate. **b** to consider in detail, survey, examine.
alia sunt quae ~m ire non difficile; sed quod..alia urgent, omitto VAR.*L.*8.19; cum omnes ~mierim Caesares SEN.*Dial.*11.17.3. **b** iuuat inspicere et ~mire bonam conscientiam SEN.*Cl.*1.1.; cum bene illum undique ~isses *Dial.*11.2.2; *Nat.*3.pr.1.

circumequitō ~āre, *tr.* [CIRCVM-+EQVITO] To ride round.
duas turmas..~are moenia..iubet LIV.10.34.7; 29.7.5.

circumerrō ~āre, *tr.*, *intr.* Also as two words. [CIRCVM-+ERRO]

1 (tr.) To wander or prowl round; to meander round (a course).
quos omnis undique Graiae ~ant acies VERG.*A.*2.599;—qua..Aufidus..curuo ~at gurgite ripas SIL.9.228.

2 (intr.) To wander or hover around.
~ant Furiae SIL.13.604; (*w. dat.*) non tibi..turba lateri ~at SEN.*Con.*2.1.7.

3 (of a planet) To go round its orbit.
tempora quae Saturnus sublimior XXX spatiis annorum ~at APUL.*Mun.*29.

circumfarciō ~cīre ~tum, *tr.* [CIRCVM-+FARCIO] To pack round (with).
traiectis per uasa fictilia..ramis terraque ~tis PLIN.*Nat.* 17.98.

circumferentia ~ae, *f.* [next+-IA] Circumference.
exeuntem umbram e circulo adtendemus, et ~am notabimus HYG.GR.*agrim.*p.152; (*w. ref. to measurement*) nec lacunarium refulgentia nec sedilium ~a (debent spectari) APUL.*Fl.*18.

circumferō ~ferre ~tulī ~lātum, *tr.* [CIRCVM-+FERO]

1 To carry or move round in a circle or round one; (pass.) to move round; (also w. acc.). **b** to turn (the eyes, face, hands, etc.) to face in a new direction, to cast round or about.
ter secum..immanem aerato ~fert tegmine siluam VERG. *A.*10.887; laeuam qua clipeum ad ictus ~ferebat CURT. 9.5.1; per pectus et clunes certis ductibus ~ferens eruditam manum (*sc. the carver*) SEN.*Ep.*47.6; si herba ipsa ter ~lata subiciatur capiti PLIN.*Nat.*22.60; ancipiti ~fert cornua gyro STAT.*Theb.*9.117; (*w. dat.*) si (uespertilio) ter ~latus domui uiuus super fenestram..adfigatur PLIN.*Nat.* 29.83; (*poet.*) patriae ~fert oscula dextrae V.FL.7.123;—non defertur quod ~fertur deinde SEN.*Nat.*7.29.3;—sol ut eam (*sc.* terram) ~feratur CIC.*de Orat.*3.178. **b** similisque roganti ~fert tacitos tamquam sua bracchia uultus OV.*Met.* 3.241; oculos ~tulit alta superbos 6.169; trepido ~fert lumina motu STAT.*Ach.*1.514; spectandis urbis tectis.. ~fert oculos SIL.11.261;—(*w. advs.*) huc atque huc acies ~tulit VERG.*A.*12.558; quocumque ~tuli oculos LIV.21. 44.1;—(*w. preps.*) ~ferens..truces minaciter oculos ad proceres Etruscorum 2.10.8; ut per omnes..partes oculos ~ferret V.MAX.7.2.ext.2; ad circumstantia agmina oculos mansueque ~ferens CURT.4.14.9; ~latis in frequentiam oculis SEN.*Con.*1.3.1.

2 To carry round on a circular or sim. course; (pres. pple., geom.) tracing a circular course.
in Tarquiniensi lacu magno Italiae duae (insulae) nemora ~ferunt PLIN.*Nat.*2.209;—(linea) ~ferens, cuius incessus a conspectu signorum suorum distabit BALB.*grom.*p.99La; ~ferenti semicirculo p.105La.

3 (w. double acc., relig.) To carry (ritual objects) round (for purification, etc.). **b** to go round (a person, with ritual objects).
uti illace suouitaurilia fundum agrum terramque meam quota ex parte siue circumagi siue ~ferenda censeas, uti cures lustrare CATO *Agr.*141.1. **b** quin tu istanc iubes pro cerrita ~ferri? PL.*Am.*776; pro laruato te ~feram fr.inc. 169; tum facta omnia, sum ~latus LUCIL.64; (*w. abl.*) ter socios pura ~tulit unda VERG.*A.*6.229.

4 To take, pass (food, drink, and other things) round a company. **b** to take round (for inspection). **c** (pass.) to be handed round, circulate.
~fer mulsum PL.*Per.*821; VAR.*L.*5.122; Catilinam.. humani corporis sanguinem uino permixtum in pateris ~tulisse SAL.*Cat.*22.1; poculum idem quod mihi datum fuerit ~ferre LIV.26.13.18; ~ferebat Aegyptius puer clibano argenteo panem PETR.35.6; ut in conuiuiis post cenam ~ferretur lyra QUINT.*Inst.*1.10.19; SUET.*Gal.*22; (*transf., of the vessel*) cohaerentes uidemus in conchis (margaritas) hac dote unguenta ~ferentibus PLIN.*Nat.* 9.109. **b** cedo, quaeso, codicem, ~fer, ostende CIC.*Ver.* 2.104; cum ipsius tabulae ~ferrentur inspiciendi nominis causa *Balb.*11; *Att.*1.16.4. **c** ex his (libellis) qui breues plerumque ~feruntur QUINT.*Inst.*2.13.15; principiorum libri ~feruntur PLIN.*Ep.*2.5.12.

5 To carry or take round in order to show off (for sale, as an example, etc.). **b** to carry about with one (often ostentatiously).
deligantur et ~feruntur, cruci defiguntur CLOD.*hist.*3; hinc trunca bracchia ~ferunt SEN.*Con.*10.4.2; ancipitem hostem (*i.e. a mercenary*) ad nutum licentium ~ferri CURT. 5.12.2; secuto die contra famam cutem sinceram ~ferens PLIN.*Nat.*13.126; tamquam parum ambitiose filium ducis gregali habitu ~ferat TAC.*Ann.*1.69; ~lato eius per urbes.. capite FLOR.*Epit.*2.19(4.9.7); APUL.*Apol.*76; eos..quibus uestiarii..dant uestem ~ferendam et distrahendam ULP. *dig.*14.3.5.4. **b** signis, quae uocant Corinthia, plerique in tantum capiuntur, ut secum ~ferant PLIN.*Nat.*34.48;

uniones capite ~feruntur, gemmae digitis *Nat.*37.49; n expeditionibus tessellata et sectilia pauimenta ~tulisse SUET.*Jul.*46; *Aug.*90; (*poet.*) litoribus ripisque suos ~feret annos MAN.5.397.

6 a To carry round, spread round (war, etc.; also other conditions). **b** to spread round, circulate (news, opinions, etc.). **c** to spread round, take up (an activity) all round.

a ad singula oppida ~ferendo arma LIV.1.38.4; uicatim ~ferentes bellum 10.17.2; belli..umbram ~tulit SIL.15.316; ut..Mazippa..incendia et caedis et terrorem ~ferret TAC.*Ann.*2.52; late per orbem terrarum arma ~tulit FLOR.*Epit.*1.1 (1.pr.2);—~ferens terrarum orbi praesentia sua pacis suae bona VELL.2.92.2. **b** senatus consultum..per omnes Peloponnesi urbes ~tulerunt LIV.43.17.2; nobilem illam sententiam, quam Fabius Maximus ~ferebat SEN.*Con.*2.4.9; magis enim ~fertur et in ore hominum est temeraria urbanitas SEN.*Dial.*5.23.4; ille amicitiam meam latissima praedicatione ~fert PLIN.*Ep.*6.8.2; (*w. acc. and inf.*) noui aliquam, quae se ~ferat esse Corinnam OV.*Am.*2.17.29; (*cf.*) non esse tam timendum quam fama ~fert SEN.*Ep.*94.7. **c** primo clamor ~latus exterruit LIV.2.50.7.

circumfīgō ~gere ~xum, *tr.* [CIRCVM-+FIGO] To fix or secure all round.

columellam ferream, quae in miliario stat, cuneis salignis ~gi oportet bene CATO *Agr.*20.1; (*tm.*) iaculis circum undique fixis STAT.*Theb.*4.432.

circumflectō ~ere, *tr.* [CIRCVM-+FLECTO]

1 To bend (one's course) round a turning-point.

praestat Trinacrii metas lustrare Pachyni cessantem, longos et ~ere cursus VERG.*A.*3.430; 5.131.

2 To prolong or circumflex (a vowel).

'Hannibalem' et 'Hasdrubalem' et 'Hamilcarem' ita pronuntiabat, ut paenultimam ~eret GEL.4.7.2.

circumflexē, *adv.* [pple. of prec.+-E] With a circumflex or prolonged sound.

nisi tertia syllaba de Hannibalis nomine ~e promatur GEL.4.7.4.

circumflexus ~ūs, *m.* [as prec.+-TVS[3]]

1 The action of bending round.

lacertae..~u uenerem nouere PLIN.*Nat.*10.174.

2 A rounded form, vault.

caelum..cuius ~u degunt cuncta PLIN.*Nat.*2.1.

circumflō ~āre, *intr.*, *tr.* [CIRCVM-+FLO]

1 (intr., of a wind) To veer round.

ceu ~antibus Austris alternus procumbit ager STAT.*Theb.*11.42.

2 (tr., in fig. phr.) To blow on from all sides.

sic est hic ordo quasi propositus atque editus in altum ut ab omnibus uentis inuidiae ~ari posse uideatur CIC.*Ver.*3.98.

circumfluō ~ere ~xī, *tr.*, *intr.* [CIRCVM-+FLVO]

1 To flow round. **b** (of a river that has overflowed its banks; also fig., of oratory).

spumaque pestiferos ~it albida rictus OV.*Met.*3.74; 13.779; utrumne terras uelut uinculum ~at (Oceanus) SEN.*Suas.*1.4; aquas..~entis ipsa conuiuia SEN.*Dial.*9.1.8; (*in fig. phr.*) uelocissimo ac facillimo cursu omnes res beata ~ebat oratio SEN.*Con.*2.pr.3;—(*med.*) meliceridi liquidior umor, ideoque pressus ~it CELS.7.6.3; 7.14.4. **b** cum agrum, qui aluei non fuit, amnis ~it POMPON.*dig.*41.1.30.2; (*absol.*) si ~ere (flumen) coeperit mutato alueo 43.20.3.2; —incitata et uolubilis nec ea redundans tamen nec ~ens oratio CIC.*Brut.*203.

2 To crowd round. **b** (of things) to be in abundant supply (round).

ultro mulos ~xisse (lupum) et ungulis caedendo eum occidisse VAR.*R.*2.9.2; totus ad cognitionem talis exempli orbis ~at [QUINT.]*Decl.*9.8; (*in fig. context*) hinc Romana manus (*i.e. authors*) ~at PETR.5.1.18. **b** iuncturae rimam..setae ~entis densitate saepimus APUL.*Met.*4.15; —(*of non-concrete things*) secundis rebus, quae ~unt uos CURT.10.2.22; ~entibus undique eloquentiae copiis imperat QUINT.*Inst.*12.10.78; nunc te ~ens pecunia, nunc ista mancipia..ditabunt? *Decl.*321(p.263,l.2).

3 (of a vessel or its contents) To overflow.

insatiabilis autem auaritiae est adhuc inplere uelle, quod am ~it CURT.8.8.12; in poculis repletis addito umore minimo ~ere quod supersit PLIN.*Nat.*2.163.

4 (w. abl.) To be surrounded, abundantly supplied (with).

istum rebus omnibus undique ereptis impune eludentem ~ere atque abundare CIC.*Ver.*3.9; Catilinam..~entem colonorum Arretinorum et Faesulanorum exercitu *Mur.*49; ~ere omnibus copiis *Amic.*52; (*immaterial things*) ille noster amicus insolens infamiae..~ens gloria *Att.*2.21.3.

circumfluus ~a ~um, *a.* [prec.+-VS]

1 (of the sea, rivers, etc.) That flows or lies round.

~us umor ultima possedit solidumque coercuit orbem OV.*Met.*1.30; est..tellus medio ambitu praecincta ~o mari PLIN.*Nat.*2.166; (*prolept.*) scinditur in geminas partes ~us amnis OV.*Met.*15.739; (*w. dat.*) Styx..nouem ~a campis STAT.*Theb.*2.5.

2 (of islands, etc.) Flowed round, surrounded; (of other places) bounded or skirted. **b** (of a person) surrounded (by water), immersed.

~a Thybridis alti insula OV.*Met.*15.624; Hadriaco tellus ~a ponto LUC.4.407; STAT.*Theb.*5.49; SIL.1.289; ~o Paphi sacrario APUL.*Met.*11.2;—gelido ~us orbis Hibero LUC.10.476; Verona, Athesi ~a SIL.8.595;—(*on both sides*) urbs..gemino ~a ponto V.FL.5.442; (campi) Euphrate et Tigre ..~i TAC.*Ann.*6.37. **b** aliquis regum medio ~us amni STAT.*Theb.*4.825.

3 (transf.) Surrounded, encircled.

Maeonio..~a limbo..chlamys STAT.*Theb.*6.540.

circumfodiō ~dere ~ssum, *tr.* [CIRCVM-+FODIO] FORMS: ~dīrī (pass. inf.) COL.5.9.12. To dig round about, ease the earth round (plants). **b** (so as to bare the roots). **c** to surround (trees) with a trench.

uineam putatam ~dito CATO *Agr.*33.2; 161.4; siquis has (*sc.* platanos) ~deret, si inrigaret SEN.*Ep.*12.2; bidentibus ~diri (id debet) COL.5.9.12; PLIN.*Nat.*17.140; 21.21. **b** ~ditur autumno et praecisa radice dat sucum PLIN.*Nat.*27.123. **c** uetus oliuetum..melius inuentum..~di..II cubitorum scrobe pedali altitudine PLIN.*Nat.*17.130.

circumforāneus ~a ~um, *a.* [CIRCVM-+FORVM+-ANEVS]

1 Connected with (the business of) the forum.

Tusculanum et Pompeianum ualde me delectant, nisi quod me..aere non Corinthio sed hoc ~o (*i.e. debt*) obruerunt CIC.*Att.*2.1.11.

2 That travels from market to market; itinerant.

Anconitanum quendam, L. Clodium, pharmacopolam ~um qui casu tum Larinum uenisset CIC.*Clu.*40; in modum eorum, quibus lustralibus piamentis minas portentorum hostiis ~is expiant, circumductus angulatim APUL.*Met.*3.2; (*transf.*) ~um mendicabulum producor ad uiam 9.4;—subliciae turres structae..ad instar ~ae domus 4.13.

circumforānus ~a ~um, *a.* (dub.) = prec. (2).

(eum) ~o (*v.l.* -aneo) lanistae uendidit SUET.*Vit.*12.1.

circumforō ~āre ~āuī ~ātum, *tr.* [CIRCVM-+FORO] To pierce with holes round about.

si..stipite..~ato defluens pituita abstergeatur PLIN.*Nat.*17.252.

circumfossor ~ōris, *m.* [CIRCVMFODIO+-TOR] One who digs round plants.

cum praestringuntur (uites) aut ~or iniurioso ictu uerberauit PLIN.*Nat.*17.227.

circumfossūra ~ae, *f.* [CIRCVMFODIO+-VRA] Digging round about.

cupressus..~am amputationemque et omnia remedia odit PLIN.*Nat.*17.247.

circumfremō ~ere ~uī, *tr.*, *intr.* [CIRCVM-+FREMO] To utter cries of anger, protest, etc., round; (also transf., of the utterance).

aues cum stridore magno inanes nidos ~uerunt SEN.*Dial.*6.7.2; (*tm.*) ergo omnes magno circum clamore fremebant VERG.*A.*6.175;—~ente undique barbaro ululatu [QUINT.] *Decl.*3.6.

circumfricō ~āre, *tr.* [CIRCVM-+FRICO] To rub or brush round about.

~qui labra doliorum ~es CATO *Agr.*26.1.

circumfulgeō ~ēre, *tr.* [CIRCVM-+FVLGEO] To shine round about.

hominum quoque capita uespertinis magno praesagio ~ent (stellae, *i.e. St. Elmo's fire*) PLIN.*Nat.*2.101.

circumfundō ~fundere ~fūdī ~fūsum, *tr.* [CIRCVM-+FVNDO] FORMS: in tmesis VERG.*G.*4.274, STAT.*Theb.*2.228, SIL.6.337; *circum* placed after *fundo* VERG.*A.*12.433, V.FL. 8.93, STAT.*Theb.*4.341.

1 To pour (a liquid) round; (pass., also) to overflow round. **b** to cause (seas, rivers, etc.) to go round.

in scrobiculis seruntur heminis faecis ~fusis PLIN.*Nat.*21.26;—(*w. dat.*) aqua quoque lupini decocti ~fusa pomis prodest 17.260;—(*w. ad*) amurcam cum aqua conmisceto..deinde ad oleam ~fundito CATO *Agr.*93;—cum feruet, ne ~fundatur, praestat cyathus argenteus..demissus PLIN.*Nat.*28.126. **b** (*w. dat.*) tacrum quiddam terris natura ~fudit Oceanum SEN.*Suas.*1.4;—(*pf. pple.*) umore ~fusae paludis nihil laedatur LIV.44.46.6; gens..~fusis inuia fluminibus OV.*Fast.*5.582; (*w. dat.*) paruae insulae ~fusum amnem LIV.21.27.4.

2 (transf.) To pour (fluids or physical conditions, etc., regarded as such) round; to utter (sounds) round. **b** to drape round (flowing objects, clothes; limbs or bodies in an embrace). **c** (fig.) to spread or shed around.

altissimum atque undique ~fusum et extremum omnia cingentem atque complexum ardorem, qui aether nominetur CIC.*N.D.*1.37; ~fuso consistit in aere tellus [TIB.] 3.7.151; cuius cenationes..parietibus ~fusus calor temperauit SEN.*Dial.*1.4.9; ~fusus nobis spiritus uolucribus conuenit QUINT.*Inst.*12.11.13; mihi marcentem animum..sopor ~fusus oppressit APUL.*Met.*11.3;—signum clamore uicissim per colles Tyria ~fundente corona SIL.5.200. **b** ~fusa cothurno palla imos ferit..pedes V.FL.1.384;—hunc tu, diua, tuo recubantem corpore sancto ~fusa super LUCR.1.39; nunc hac iuueni, nunc ~funditur illac OV.*Met.*4.360; SEN.*Dial.*12.18.4; (*tm.*) Ascanium fusis circum complectitur armis VERG.*A.*12.433; Medea..fusis circum proiecta lacertis V.FL.8.93. **c** nostris..acerbissimis doloribus uariisque et undique ~fusis molestiis CIC.*Tusc.*5.121; ~fuso undique pauore LIV.34.38.7; si quis..patri quoque ingentem ~funderet amam SEN.*Ben.*3.32.2; QUINT.*Decl.*337(p.329,l.10).

3 To distribute (forces) around or on the perimeter. **b** (pass. or refl., of armies and other large bodies) to spread round; (also w. acc.).

ut magna multitudine ~fusa..stirps ac nomen ciuitatis tollatur CAES.*Gal.*6.34.8; ~fundi noctu equitatum Caesaris atque omnia loca atque itinera obsidere *Civ.*1.67.3; in cornibus ~fudit decem milia equitum LIV.21.55.2; auxilia passim ~fusa sunt TAC.*Hist.*4.33. **b** magnaque multitudo sagittariorum ab utraque parte ~fundebatur CAES.*Civ.*3.63.6; inruimus densis et ~fundimur armis VERG.*A.*2.383; quos ~fusos sic est adfata Sibylla 6.666; ~fusis iam magna ex parte hostibus LIV.4.46.6; legationes in contionis modum ~fusas est adlocutus 34.48.3; ~fusaeque Dianam corporibus texere suis (nymphae) OV.*Met.*3.180; non tenebras, non ~fusa tremescens concilia umbrarum STAT.*Theb.*12.284; coire populum et ~fundi coram TAC.*Dial.*6.4;—(*w. dat.*) cedentibus ~fusi HIRT.*Gal.*8.29.3; ~fundebanturque obuiis sciscitantes LIV.22.7.11; uidi..parasitorum ~fusum patri gregem SEN.*Con.*2.6.9; TAC.*Hist.*5.18;—(*refl.*) armati..inermi contioni se ab tergo ~fuderunt LIV.28.26.13; 29.33.5;—(*w. acc.*) ut haberent facultatem turmas Iulianas ~fundi *B.Afr.*78.4.

4 (pass., of persons or things) To be distributed or situated round.

candor in medium uertitur, luteum ~funditur PLIN.*Nat.*10.148; (*w. dat.*) in foliis, quae plurima ~funduntur VERG.*G.*4.274; ~fundi terrae undique homines PLIN.*Nat.*2.161; Caria mediae Doridi ~funditur 5.103; ~fusas lecto Claudiorum ..imagines TAC.*Ann.*3.5.

5 (of water) To flow or be round, surround. **b** (of fluids, physical conditions; also territory) to spread round. **c** (transf. and fig.) to envelope. **d** (w. abl.) to surround (with) by pouring, enclose.

sese aliquando..gelidis fluminibus ~fusum fuisse CIC.*Tusc.*5.74; liquido Scyllae ~fusum aequore corpus *Ciris* 493; in ~fusam Oceano insulam LIV.28.32.8; a Carcinite Taurica incipit, quondam mari ~fusa PLIN.*Nat.*4.85; 5.116; Tigri ~funditur haec (*sc.* Apamea), diuiditur Archoo 6.132; alias (insulas)..~fundit Oceanus APUL.*Mun.*4. **b** omnia tenebris ~fusa esse CIC.*Ac.*1.44; terram..quam crassissimus ~fundat aer *N.D.*2.17; fuluo quae ~fusa nitebat margine STAT.*Theb.*6.723; caecis Fuga ~fusa tenebris 10.559;—~fundi Syria Phoenicen uolunt PLIN.*Nat.*5.67. **c** Augustus..~fusus..amplexibus Tiberi sui VELL.2.123.2;—(honestum), cuius pulchritudo animos ~fundit SEN.*Ben.*4.22.2. **d** eum amici..quod mel non habebant, cera ~fuderunt NEP.*Ag.*8.7; Venus..gradientis..et multo nebulae circum dea fudit amictu VERG.*A.*1.412.

6 (of an army, large crowd, etc.) To surround; (usu. pass. w. abl.) to be surrounded (by).

quo..ille ingenti ~fusus turba processerat CREM.*hist.*1 (SEN.*Suas.*6.19); quod se classe hostium ~fusos uiderent CIC.*Tusc.*3.66; ut ne magna quidem multitudine..praesidia ~fundi possent CAES.*Gal.*7.74.1; quo facto ~fusus hostium concursu NEP.*Cha.*4.2; ~fusi omnis generis hominum frequentia LIV.27.51.3; cernis, ut armata ~fundare corona SIL.7.308; praefectum castrorum et legionarias cohortis ..~fundunt TAC.*Ann.*12.38; ~fusus undique..equestris ordinis flore PLIN.*Pan.*23.3;—(*w. things*) M. Catonem..multis ~fusum Stoicorum libris CIC.*Fin.*3.7; ~fusa rosis et nigra recumbit amomo MART.12.17.7;—(*ellipt.*) ~fudit eques frontemque pedites inuasere TAC.*Ann.*3.46.

circumfūsus ~a ~um, *a.* [pple. of prec.] In senses of vb., also: Superfluous, extra.

uideamus igitur, si ista superuacua et ~a sunt QUINT *Decl.*247(p.11,l.19).

circumgelō ~āre ~āuī ~ātum, *tr.* [CIRCVM-+GELO] (app.) To freeze round.

andrachle est siluestris arbor..cortice non scabro quidem, sed qui ~atus uideri possit PLIN.*Nat.*13.120.

circumgemō ~ere, *tr.* [CIRCVM-+GEMO] To roar round about.

nec uespertinus ~it ursus ouile HOR.*Epod.*16.51.

? **circumgestātor** ~ōris, *m.* [next+-TOR] (app.) One who carries round about.

SER ~OR *CIL* 2.3442.

circumgestō ~āre, *tr.* [CIRCVM-+GESTO] To carry about.

eam..epistulam T. Catienus ~at CIC.*Q.fr.*1.2.6; ~antibus deam cornu canens adambulabat APUL.*Met.*8.26.

circumglobō ~āre ~āuī ~ātum, *tr.* [CIRCVM-+GLOBO] To form into a ball or cluster (round something).

ut cauponarum etiam aestiua animalia..existant (in mari) et ~ata escae saepe extrahantur PLIN.*Nat.*9.154.

circumgredior ~dī ~ssus, *tr.* [CIRCVM-+GRADIOR] (mil.) To go round behind by a flanking movement.

si tu Mesopotamia, nos Armenia ~dimur exercitum sine frumento, sine auxiliis SAL.*Hist.*4.69.21; alii qui terga ~ssi recluderent humum TAC.*Ann.*2.25; 4.73; (*absol.*) Stertinium cum ceteris turmis ~di tergaque inuadere iubet 2.17.

circumiacens ~ntis, *a.* [next] **a** Situated in the neighbourhood, lying round about. **b** situated round (in a sentence).

a ex ~ntibus insulis LIV.35.23.9; tandemque (Nilus)..cadit cum ingenti ~ntium regionum strepitu SEN.*Nat.*4a.2.5; TAC.*Ann.*2.72; *CIL* 13.1567. **b** (*neut. pl. as sb.*) si in media parte sententiae latet (sensus), transire intentionem et obscurari ~ntibus solet QUINT.*Inst.*9.4.29.

circumiaceō ~ēre, *intr.* [CIRCVM-+IACEO] To lie near or round about: **a** (of persons). **b** (of places, objects).

a praeclarasque contubernales..transuersas incubare et reliquas ~ere passim CAEL.*orat.*15. **b** (*w. dat.*) et Lycaonia et Phrygia utraque..et Chersonesus, quaeque ~ent Europae LIV.37.54.11; si..ornamenta capiti et collo ~ent APUL.*Soc.*23.

circumiciō ~icere ~iēcī ~iectum, *tr.* [CIRCVM-+IACIO]

1 To place or throw round.
amictui dictum quod amiectum est, id est ~iectum VAR.*L.*5.132; habebat amictui pallium candidum, quod superne ~iecerat APUL.*Fl.*9; (*w. two accs.*) quod anguis domi uectem ~iectus fuisset CIC.*Div.*2.62.

2 (mil.) **a** To put round or on the flank of. **b** to build (defensive structures) round.
a sagittariis funditoribusque ~iectis CAES.*Civ.*3.45.3; paucos erumpere ausos ~iecti pressere TAC.*Hist.*4.2;—(*w. dat.*) ~iecta multitudine hominum totis moenibus CAES.*Gal.*2.6.2; equites leuisque armaturae quod erat cornibus ~iectum LIV.33.18.11. **b** circumspectare..dux coepit si quo modo posset uallum ~icere LIV.25.36.5; 35.4.6;—(*w. dat.*) moenibus Cremonensium castra sua, castris uallum ~iecerat TAC.*Hist.*3.26.

3 To surround, envelop.
sic animus..extremitatem caeli..rotundo ambitu ~iecit CIC.*Tim.*26.

circumiectus[1] ~a ~um, *a.* [pple. of prec.]

1 (esp. topog.) Lying or situated round, surrounding. **b** enveloping, surrounding.
~a uehicula saepserant abitus TAC.*Ann.*14.37; (*of words, etc.*) quae in locis impetu feruntur et ~iectae orationis copia latent QUINT.*Inst.*4.2.117;—castellum..uiculosque ~os capit LIV.21.33.11; templum Herculis gymnasiumque et lucus erat ~us 31.24.17; montes ~i SEN.*Nat.*3.3; apud Brundisium et ~a oppida TAC.*Ann.*4.27;—(*w. dat.*) omnia aedificia..~a muris incendit LIV.9.28.5; ut ~um templo agrum popularetur 36.20.3;—(*neut. pl. as sb.*) uagi ~a populabantur TAC.*Ann.*1.21. **b** sidera ~um aera luci leni..feriunt SEN.*Nat.*1.2.11; (*neut. pl. as sb.*) hic (*sc.* spiritus) quamdiu non impellitur..iacet innoxius nec ~is molestus est 6.18.1.

2 (w. abl.) Surrounded, encircled.
eum..in planitiem saltibus ~am traxere TAC.*Ann.*2.11.

circumiectus[2] ~ūs, *m.* [CIRCVMICIO+-TVS[3]]

1 An encircling or surrounding.
aethera, qui terram tenero ~u amplectitur CIC.*N.D.*2.65; rudi parietum ~u (deuoratur uox) PLIN.*Nat.*11.270.

2 (app.) A wrap.
circumiectum, a quo etiam quo uestitas se inuoluunt ~ui appellant VAR.*L.*5.132.

circu(m)itiō ~ōnis, *f.* [CIRCVMEO+-TIO]

1 Revolution, rotation; rate of revolution.
quod oculus..maiore uisus ~one peruagatur VITR.4.4.3; 10.2.10; cuius dens circumactus..modicas efficiet ~ones 10.9.7;—uti..nihilominus..celeriter consequantur iustam ~onem 9.1.7.

2 Orbit (of a heavenly body).
alius alia ~onis magnitudine ab occidente ad orientem in mundo peruagantur VITR.9.1.5.

3 Circumference; also, peripheral line (on cylinder). **b** measurement round, perimeter.
ita erunt aequaliter uentorum octo spatia in ~one VITR.1.6.13; tangentes axem et extremam tympani ~onem 10.4.1;—traicitur oblique ad insequentis longitudinis et ~onis decusis 10.6.2. **b** si..animaduerterint orbis terrae ~onem..rationibus mathematicis et geometricis methodis esse inuentam ducentorum quinquaginta duum milium stadium VITR.1.6.9.

4 A passage or other structure round a building, etc.
interiore parte columnas in altitudine duplices (habet), remotas a parietibus ad ~onem VITR.3.2.8; cum haberent singula tabulata ~onem cubitorum ternum 10.13.5.

5 A circuitous course; the passage round.
incursionibus..et ~onibus..spiritus naturales aliter atque aliter fiunt VITR.1.1.7; eius..montis iugum se circumagens..pertingit ~onibus contra fretum 2.10.1;—sin autem non longa erit ~o 8.6.5.

6 A going round or visiting of posts.
munus uigiliarum senatores..obibant; ~o ac cura aedilium plebi erat LIV.3.6.9.

7 Circumlocution, verbiage, periphrasis. **b** indirect method of reasoning or communicating.
ita aperte ipsam rem modo locutu's, nil ~one usus es TER.*An.*202; ~o est oratio rem simplicem adsumpta circumscribens elocutione *Rhet.Her.*4.43; CIC.*Inv.*1.20; FRO.*Aur.*2.p.112(161N). **b** hic (*sc.* Epicurus) ~one quadam deas tollens CIC.*Div.*2.40; quid opus est ~one et anfractu? 2.127.

circumitor ~ōris, *m.* [CIRCVMEO+-TOR] (= CIRCITOR) A watchman, patrolman.
repudiata a ~ore liberta in balneatoris contubernio deprehensa PETR.53.10.

circu(m)itus ~ūs, *m.* [CIRCVMEO+-TVS[3]]

1 Motion in a circular course or orbit. **b** revolution, spinning, rotation.
de temporibus, quae ad solis ~um annu⟨u⟩m sint referenda VAR.*R.*1.5.4; nox..et dies..unum ~um orbis efficit sapientissimum atque optimum CIC.*Tim.*32; quid praemonstraret aut coetus stellarum aut ~us aut transitus GEL.14.1.14; molares illos ~us requirebam APUL.*Met.*7.17; (*transf.*) bonum exemplum ~u ad facientem reuertitur SEN.*Ep.*81.19. **b** nec pondere armorum pressus nec ullo uerticis ~u actus V.MAX.3.2.1; quod ad ~um pertinet, pars summa argutiore orbe finitur: ita..in latera quoque caput moueri sinit CELS.8.1.12; rotam figuli, cuius ~u uasa formantur SEN.*Ep.*90.31; inrequieto mundi ipsius..~u PLIN.*Nat.*2.11.

2 A recurring series of events, etc., a cycle. **b** the cycle of a recurrent fever; (also) periodic onset, recurrence.
hic ille iam uertetur orbis, cuius naturalem motum atque ~um a primo discite adgnoscere CIC.*Rep.*2.45; cum..duo..hi numeri..~u naturali summam tibi fatalem confecerint 6.12; cuius hilaritatis memoria annuo ~u feriarum repetitur V.MAX.2.2.9. **b** interdum etiam longiore ~u quaedam redeunt CELS.3.3.1; quadrini ~us febrem numquam bruma ..incipere PLIN.*Nat.*7.170; cum..~um certum habet LARG.95;—V.MAX.1.8.ext.16; febrium ~us tollit iocur delphini gustatum ante accessiones PLIN.*Nat.*32.113; LARG.95.

3 A periodic sentence, a period.
CIC.*de Orat.*3.191; in toto..~u illo orationis, quem Graeci περίοδον, nos tum ambitum, tum ~um, tum comprehensionem aut continuationem aut circumscriptionem dicimus *Orat.*204; uersus paucis (pedibus) continetur, oratio longiores habet saepe ~us QUINT.*Inst.*9.4.60; decurrentis contexto nitore ~us 11.1.6.

4 A path, wall, or other structure surrounding a place, a surround. **b** the orbit of a heavenly body.
supra coaxationem pauimentum, subdiu ut sit ~us VITR.6.3.9; (Mausoleum) cingitur columnis XXVI. pteron uocauere ~um PLIN.*Nat.*36.30; ~VM REFECERVNT *CIL* 6.25527; ~VM MVRI..FECERVNT 3.8031; ~VS NEMORVM *CIL* 8.213. **b** inde tibi obliquo sex tantum signa patebunt ~u MAN.3.363; cum CCCLX et fere sex partibus orbis solis ex ~u eius patere appareat circulum PLIN.*Nat.*2.86; oculis namque metitus est (homo) caelum siderumque ~us et astrorum obitus atque ortus APUL.*Pl.*1.14.

5 Outer surface or edge, boundary, circumference, perimeter.
ut ita munita arx ~u arduo et quasi circumciso saxo niteretur CIC.*Rep.*2.11; cum ex omnibus in ~u partibus altissimas rupes despectusque haberet CAES.*Gal.*2.29.3; hos aditus iamque hos aditus omnemque pererrat undique ~um VERG.*A.*11.767; striarum et striglium ~us maiorem efficit lineae longitudinem VITR.4.4.3; totius ~um domus..custodiis complexi sunt LIV.39.51.6; in ~u fauorum paulo maiora..inueniri recta foramina COL.9.11.5; plurimum refert, cuius sit formae ille ~us QUINT.*Inst.*1.10.40; adiacet gestationi interiore ~u uinea tenera PLIN.*Ep.*2.17.15; in extremis finibus fundorum suorum ponere per ~um aliquod genus arborum HYG.*agrim.*p.94; AB (H)AC MACERIA IN ~O PEDES TRES RECEDE *CIL* 6.28449.

6 External measurement, perimeter.
omnis insula est in ~u uicies centum milium passuum CAES.*Gal.*5.13.7; eius munitionis..~us XI milia passuum tenebat 7.69.6; urbs Croto murum in ~u patentem duodecim milia passuum habuit LIV.24.3.1; PLIN.*Nat.*3.84; sumere pinnam anseris..inuoluere eam fasciola tenui lintea..⟨et⟩ explere ~um eius LARG.47.

7 The action of going about, roving.
Democritus, qui tum imagines eorumque ~us in deorum numero refert CIC.*N.D.*1.29.

8 An indirect route to a place, a roundabout way, detour. **b** (w. gen.) a passing along the edge of, skirting.
qualis esset natura montis et qualis in ~u ascensus, qui cognoscerent misit CAES.*Gal.*1.21.1; ne semper magno ~u per pontem equitatus esset mittendus *Civ.*1.61.1; magno ~u difficili angustoque itinere 3.41.3; laeua tibi tellus et longo laeua petantur aequora ~u VERG.*A.*3.413; parte copiarum paruo ~u locum..secretum..petit LIV.4.27.8; cum breui ~u maceriae decurrere..possent 42.16.1; CURT.4.16.7; idem Nepos de septentrionali ~u tradit Quinto Metello Celeri..Indos a rege Sueborum dono datos PLIN.*Nat.*2.170; omisso ~u subterraneo uallium breuitatis causa FRON.*Aq.*18. **b** regressus ad naues quanta maxime potui celeritate tanto maris terrarumque ~u LIV.21.41.4; a Gadibus..Hispaniae et Galliarum ~u totus hodie nauigatur occidens PLIN.*Nat.*2.167.

9 Indirect or roundabout methods, ambages. **b** a roundabout way of talking or writing; a periphrasis, circumlocution.
nec per istos ~us, ut cum in Africam traieceris secuturum te illuc Hannibalem speres, potius quam recto hinc itinere LIV.28.41.8; ne ~o longo manifesta probentur MAN.2.129; quia ad me quoque ~u longo peruenit (munus) SEN.*Ben.*6.19.5; negaui ~u agendum, sed plane iure ciuili dimicandum PETR.13.4; QUINT.*Inst.*5.7.16; nisi forte malet legatarius ~u sublato heredi caueri MARCEL.*dig.*35.3.5. **b** ne te per ~us traham SEN.*Dial.*7.3.2; *Ep.*71.4;—nec per ~us loquatur illam, ex qua nascimur MART.11.15.8; QUINT.*Inst.*8.6.59; alia ~u uerborum plurium ostendimus, quale est..'pressi copia lactis' 10.1.12.

circumlambō ~ere, *tr.* [CIRCVM-+LAMBO] To lick round about.
linguae..ceteris ad ~enda ora PLIN.*Nat.*11.171.

circumlātiō ~ōnis, *f.* [CIRCVMFERO+-TIO] Revolution, circuit.
Mercurii stella ita peruolitat uti..perueniat ad id signum, ex quo priore ~one coepit facere cursum VITR.9.1.8; 9.1.15.

circumlatrō ~āre, *tr.* [CIRCVM-+LATRO] To bark round about.
(*in fig. phr.*) acerrimi canes..~are hominem..incipiunt SEN.*Dial.*6.22.5.

circumlauō ~āre and ~ere, *tr.* [CIRCVM-+LAVO] To wash round about, to wash the side of.
dubium an insula sit, quod Euri atque Africi superiactis fluctibus ~itur SAL.*Hist.*2.56; Aegyptus..quem Nilus ~at HYG.*Fab.*276.1.

circumligō ~āre ~āuī ~ātum, *tr.* [CIRCVM-+LIGO[1]]

1 To bind round about, surround, encircle. **b** (transf. and poet.).
funi ~ato miliarium arte crebro CATO *Agr.*22.2; 28.1; id (*sc.* ferrum), sicut in pilo, quadratum stuppa ~abant LIV.21.8.10; totas (radices) cum caespite ~ari PLIN.*Nat.*17.86; uenantur eum formica ~ata capillo 29.138. **b** smaragdum albis uenis ~atum PLIN.*Nat.*37.162; nec segnius..niueo quam flammiger ales olori imminet et magna trepidum ~at umbra STAT.*Theb.*8.676; exceptamque auidis ~at ulnis *Ach.*1.172; cur..hunc affusa globum Tethys ~et undis SIL.14.347; semenstri digitos uatum ~at auro JUV.7.89;—(*of a snake*) ut ~atus fuerit angui (Roscius) CIC.*Div.*2.66; quantus..geminum lapsu sidus ~at Anguis SIL.3.193; (*cf.*) Cerberus..uiperea latrans ~at ilia cauda 13.594.

2 To attach, fasten (by means of an encircling cord, etc.).
chartam inscriptam ~atam lino subnectebat collo PLIN.*Nat.*28.29; 28.166;—(*w. dat.*) huic (*sc.* telo) natam..implicat atque habilem mediae ~at hastae VERG.*A.*11.555; infantibus eam (*sc.* irim rufam) ~ari salutare est PLIN.*Nat.*21.140.

3 To pass or wrap round, put on (a bandage, etc.).
laxior..fascea ~abitur CELS.8.9.1.F; capillus..podagrae inpetus dicitur leuare ~atus PLIN.*Nat.*28.41; (*refl., of a plant*) est herba, quae cicer enecat et eruum ~ando se 18.155.

circumlinō ~inere ~ēuī ~itum, *tr.* Also **~iniō** ~inīre. [CIRCVM-+LINO]

1 To smear or anoint round (with). **b** to paint round, decorate.
quo labra doliorum ~inas CATO *Agr.*107.1; Persae..cera ~itos condunt (mortuos) CIC.*Tusc.*1.108; undique adrasos surculos inserimus atque ita ~inimus COL.*Arb.*8.4; lupi excrementis ~ini suffusiones prodest PLIN.*Nat.*28.167; uritur..(stimi) offis bubuli fimi ~itum 33.103; cetera..atro ~ita sulphure fumant SIL.1.355; oculum modo dextrum, modo sinistrum ~inebat PLIN.*Ep.*6.2.2; GEL.10.15.14. **β** et extra uulnera eodem medicamento ~inienda COL.6.16.3. **b** corpora..nullo ~ita fuco LUCR.2.745;—(*poet.*) ego laudo ruris amoeni riuos et musco ~ita saxa HOR.*Ep.*1.10.6; neue male optato maneas ~itus auro OV.*Met.*11.136;—(*fig.*) inania et specioso ac deceptorio fuco ~ta inueni (*sc.* illa quae omnes optant) SEN.*Dial.*12.5.6. **β** nec simplicem uocis naturam pleniore quodam sono ~iniri (patietur) QUINT.*Inst.*1.11.6; quidam, etiam si forte susceperunt negotia paulo ad dicendum tenuiora, extrinsecus adductis ea ~iniunt 12.9.8.

2 To put round about by daubing, to smear on. **b** to paint (a background) round.
Cato argillae uel cretae harenam..admiscet..idque interponi et ~ini (iubet) PLIN.*Nat.*17.111; (*w. dat.*) cum summis ~ita taedis admotas rapiunt uiuacia sulphura flammas OV.*Met.*3.373; uulneribus his ~initur (laser) PLIN.*Nat.*22.103. **b** nec pictura, in qua nihil ~itum est, eminet QUINT.*Inst.*8.5.26.

circumlitiō ~ōnis, *f.* [prec.+-TIO]

1 Anointing round about.
oris ~itiones PLIN.*Nat.*24.40.

2 Coating or covering (with paint or similar substance).
nisi illis (*sc.* marmoribus) undique operosa et in picturae modum uariata ~itio praetexitur SEN.*Ep.*86.6; PLIN.*Nat.*35.133.

circumlocūtiō ~ōnis, *f.* [after Gk. περίφρασις: cf. CIRCVM and LOCVTIO] Periphrasis, circumlocution.
περίφρασις est, cui nomen Latine datum est..~o QUINT.*Inst.*8.6.61; usum esse Sallustium ~one quadam poetica GEL.3.1.5; APUL.*Apol.*33.

circumlūceō ~ēre, *tr.* [CIRCVM-+LVCEO] To shine round, illuminate.
(*absol.*) ipsam magnitudinis fraternae nimis ~entem fortunam exosa SEN.*Dial.*6.2.5.

circumluō ~ere, *tr.* [CIRCVM-+*luo*[1] (LAVO)] (of the sea, rivers) To wash round (i.e. surround or skirt).
mari, quo in paene insulae modum pars maior ~itur LIV.25.11.1; MELA 1.2; insulam..quam mare Oceanus a fronte, Rhenus amnis tergum ac latera ~it TAC.*Hist.*4.12.

circumlustrō ~āre ~āuī, *tr.* [CIRCVM-+LVSTRO]

1 To traverse (a circular course), pace round.
~auit anhelo muros saeuus equo SIL.1.298; (*tm.*) mundi magnum uersatile templum sol et luna suo lustrantes lumine circum LUCR.5.1437.

2 To go round (with purifying ceremonies).
(*transf.*) ipseque te ~aui sulpure puro, carmine cum magico praecinuisset anus TIB.1.5.11.

circumluuiō ~ōnis, *f.* [CIRCVMLVO+-IO[1]] The formation of land in the middle of a river, etc., or land so formed.
in causis centumuiralibus, in quibus usucapionum..adluuionum, ~onum..iura uersentur CIC.*de Orat.*1.173.

circumluuium ~iī, *n.*: (app.) = prec.
~ium ius praediorum PAUL.*Fest.*p.64M.

circummētiō ~īre, *tr.* [CIRCVM-+METIOR] To measure round about.
si duae columnae aeque crassae lineis ~ientur Vitr.4.4.3.

(circummingō ~gere) ~xi, *tr.* [CIRCVM-+ **mingo* (MEIO)] To make water round or over.
si ~xero illum, nesciet qua fugiat Petr.57.3; ille ~xit uestimenta sua 62.6.

circummittō ~ittere ~īsī ~issum, *tr.* [CIRCVM-+MITTO]
1 To send round or to different parts (embassies, missions, etc.).
praeconibus ~issis pronuntiari iubent Caes.*Gal*.5.51.2; legationes in omnis partis ~ittuntur 7.63.1; dilectumque toto Piceno ~issis senatoribus habebat *Civ*.1.12.3; scaphas ~isit ut ex omnibus nauibus gubernatoresque et magistri nauium..in forum conuenirent Liv.29.25.7.
2 To send round, e.g. a flank, by a devious route.
ni iugo ~issus Veiens in uerticem collis euasisset Liv.2.50.10; ~issae quattuor cohortes..cum imminentem urbi collem cepissent 4.59.5; classe ~issus 26.42.5; 40.22.13.

circummoeniō: see CIRCVMMVNIO.

circummūgiō ~īre, *tr.* [CIRCVM-+MVGIO] To moo or low round.
te greges centum Siculaeque ~iunt uaccae Hor.*Carm*.2.16.33; has (*sc.* tigres)..ausae ~ire iuuencae Stat.*Theb*.7.573.

circummulceō ~ēre, *tr.* [CIRCVM-+MVLCEO] To lick round about, caress (with the tongue).
in dolium serpentium coniectus..~entibus linguis miraculum praebuit Plin.*Nat*.28.30; (*tm., fig.*) hic exsultat enim pauor ac metus, haec loca circum laetitiae mulcent Lucr.3.141.

circummūniō ~īre ~iuī ~ītum, *tr.* [CIRCVM-+MVNIO] Forms: *circummoeniti* Pl.*Capt*.254. To surround with a wall, siegeworks, etc. **b** to fence round.
uallo..crebrisque castellis ~iti oppido sese continebant Caes.*Gal*.2.30.2; conatur..eos uallo fossaque ~ire *Civ*.1.81.6; montem opere ~ire instituit 3.97.2; castra ponit oppidumque eo die ~ire coepit *B.Afr*.79.1; (*transf.*) ita uinclis custodiisque ~iti sumus Pl.*Capt*.254. **b** priusquam pomarium constituas, quam magnum habere uoles ~ito maceria, aut fossa Col.*Arb*.18.1; optimum est..plantas ~ire caueis Col.5.9.11.

circummūnītiō ~ōnis, *f.* [prec.+-TIO] Investing with walls, siege-works, etc.
id ne fieri posset, obsidione atque oppidi ~one fiebat Caes.*Civ*.1.19.5; *B.Hisp*.38.6.

circumnāuigō ~āre ~āuī, *tr.* [CIRCVM-+NAVIGO] To sail round.
classis, quae Oceani ~auerat sinus Vell.2.106.3.

circumnō ~āre, *tr.* [CIRCVM-+NO] To swim round.
amnis proprie dicitur a ~ando Paul.*Fest*.p.16M.

circumnotō ~āre ~āuī ~ātum, *tr.* [CIRCVM-+NOTO] To draw or paint round.
quaqua..uiseres, colore uario ~atis insignibar animalibus Apul.*Met*.11.24.

circumobruō ~ere, *tr.* [CIRCVM-+OBRVO] To heap earth up round.
incipiente incremento confert alterna folia ~ere Plin.*Nat*.19.83.

circumpadānus ~a ~um, *a.* That lies or is situated beside the Po.
subiectosque Alpinis montibus ~os campos Liv.21.35.8; ~a Italia Plin.*Nat*.18.101.

circumpauiō ~īre ~ītum, *tr.* [CIRCVM-+PAVIO] To beat down hard all round.
haec (spuma) concreta densatur..excipiente..area ~ita Plin.*Nat*.12.58.

circumpendeō ~ēre, *intr.* [CIRCVM-+PENDEO] To hang around, be suspended around.
Ov.*Fast*.2.529; aurea lectica margaritis ~entibus recubat Curt.8.9.24.

circumplaudō ~ere, *tr.* [CIRCVM-+PLAVDO] To surround with applause.
qua..ibis, manibus ~ere tuorum Ov.*Tr*.4.2.49.

circumplectō ~ctere ~xum, *tr.* **~ctor** ~ctī ~xus. [CIRCVM-+PLECTO[1]]
1 To cover round about, surround. **b** (of attacking forces). **c** to include or enclose (with a wall). **d** to surround or encircle on the inside.
dextra sinistra, foramina ubi feceris, lamnis ~ctito Cato *Agr*.21.2; turrim ligneam..cum ex omni latere ~xa igni foret Gel.15.1.6;—(*dep.*) eoque motu..undique est eas ~xus (deus) Cic.*Tim*.24; (*of things*) stupet ipse beatas ~xus opes et parcius imperat ignis Stat.*Silv*.1.5.44; Suet.*Tib*.6.2. **b** (*dep.*) Galli tragulis iaculisque oppidum..~xi oppugnare coeperunt *B.Hisp*.32.3. **c** (*dep.*) collis, quem propter magnitudinem circuitus opere ~cti non potuerant Caes.*Gal*.7.83.2; (*of the wall*) id pomerium..multos editosque collis ~xum est Gel.13.14.2. **d** uentrem hiris intestinorum ~xum Apul.*Pl*.1.15.

2 To enclose in the arms or body, encircle, embrace.
fac proserpentem bestiam me..circumda torquem bracchiis, meum collum ~cte Pl.*As*.696;—(*dep.*) tam uastis arboribus, ut terni non quirent ~cti Plin.*Nat*.13.65; 19.63; statuam eius..insignis aquila ~xa pinnis Suet.*Dom*.6.2; cadauer, quod ipse fecerat, auide ~xus Apul.*Met*.8.6; (*cf.*) domini patrimonium ~xus quasi thesaurum draco Cic.*Phil*.13.12.
3 To surround, embrace (the mind).
(*dep.*) animum..meum, cum illa M. Ciceronis lego, imago quaedam et sonus uerborum..~ctitur Gel.10.3.8.

circumplexus ~ūs, *m.* [prec.+-TVS[3]]
1 Coiling round, encircling.
dracones tantae magnitudinis ut ~u facili ambiant (elephantos) Plin.*Nat*.8.32.
2 A latitudinal encircling zone (of sky).
in hoc caeli ~u aequinoctii die medio Plin.*Nat*.6.212.

circumplicō ~āre ~āuī ~ātum, *tr.* [CIRCVM-+PLICO]
1 (of a snake) To coil round.
puerum dormientem ~atum serpentis amplexu Cic.*Div*.1.79; (*cf.*) esset..ostentum, si anguem uectis ~auisset 2.62.
2 To wind (a strip) round.
ubi ille..acceperat, surculo conpari..~abat (lorum) Gel.17.9.14.

circumplumbō ~āre, *tr.* [CIRCVM-+PLVMBO] To coat with lead.
modiolos in orbis oleagineos ex orcite olea facito, eos ~ato Cato *Agr*.20.2.

circumpōnō ~pōnere ~posuī ~positum, *tr.* [CIRCVM-+PONO] To place all round. **b** (w. dat.) to place near or on either side of. **c** to place (a circular object) round.
homines defoderunt in terram dimidiatas ignemque ~posuerunt Cato *orat*.183; piper album..puris ~posuisse catillis Hor.*S*.2.4.75; ferulae..quae fixae ~positaeque ossa in sua sede contineant Cels.7.10.1.k; Plin.*Nat*.17.263; ~positis armatis Suet.*Jul*.30.3; (*w.* circum) tris fasciculos ueratri atri ~ponito circum radices Cato *Agr*.115.2; (*w. dat.*) id genus speculorum ~ponam mihi Sen.*Nat*.1.16.8; apud nemus, quod nauali stagno ~posuit Augustus Tac.*Ann*.14.15. **b** Valentem et Caecinam..curuli suae ~posuit Tac.*Hist*.2.59. **c** uirga in manus tibi tradenda erat, diadema ~ponendum Aur.*Fro*.1.p.128(28N).

circumpositus ~a ~um, *a.* [pple. of prec.] Situated round, surrounding.
semper enim ~us res uerberat aer Lucr.6.1028; siue ~ae caluariae inhaeret exigua parte (fractum os) Cels.8.4.15; Sen.*Nat*.1.2.10; (*w. dat.*) ~i sunt huic oppido magni..colles *B.Alex*.72.2.

circumpōtātiō ~ōnis, *f.* [CIRCVM-+POTATIO] The practice of drinking together by passing a cup round the company.
seruilis unctura tollitur omnisque ~o Cic.*Leg*.2.60.

circumpulsō ~āre, *tr.* [CIRCVM-+PVLSO] To assail (with noise) from every side.
lituis aures ~antur acutis Stat.*Theb*.6.228.

circumpurgō ~āre, *tr.* [CIRCVM-+PVRGO] To clear or free of adhesions round about.
si quis eum (*sc.* clauum) ~at Cels.5.28.14.e; is (*sc.* dens) qui cadere debuit ~andus et euellendus est 7.12.1.f.

circumrādō ~dere ~sī ~sum, *tr.* [CIRCVM-+RADO] To scrape round about.
~di debet (dens), ut gingiuae ab eo resoluantur Cels.7.12.1.a; 8.8.9; sarmentum..leniter ~sum, ut cortex tantum detrahatur Col.4.29.14.

circumrāsiō ~ōnis, *f.* [prec.+-TIO] The action of scraping round the surface (of).
~o corticis Plin.*Nat*.17.246.

circumreferō ~rre, *tr.* [CIRCVM-+REFERO] To bring round again.
horae..nunc aestiuos uapores reuoluentes, nunc pruinas hiemis ~rentes Apul.*Mun*.22.

circumrētiō ~īre ~ītum, *tr.* [CIRCVM-+RETE+-O[3]] To encircle with a net.
(*transf.*) cum te implicatum seueritate iudicum, ~itum frequentia populi Romani esse uideam Cic.*Ver*.5.150; (*fig.*) ~it enim uis atque iniuria quemque Lucr.5.1152.

circumrōdō ~dere ~sī ~sum, *tr.* [CIRCVM-+RODO] To nibble round, eat off the outer part of.
folia habet intubi, ~sis similia Plin.*Nat*.22.91; polypum hamos adpetere..nec prius dimittere, quam escam ~serit 32.12;—(*fig.*) dudum enim ~do quod deuorandum est Cic.*Att*.4.5.1; dente Theonino cum ~ditur (*app. 'maligned'*) Hor.*Ep*.1.18.82.

circumrōrō ~āre, *tr.* [CIRCVM-+RORO] To sprinkle water over or round.
(me sacerdos) purissime ~ans abluit Apul.*Met*.11.23.

circumrotō ~āre, *tr.* [CIRCVM-+ROTO] To cause to revolve, turn round.
concitus alter (motus)..caeli ~at orbem Germ.fr.2.9; quamquam..machinas similiter ~ari uidissem Apul.*Met*.9.11.

circumsaepiō ~pīre ~psī ~ptum, *tr.* [CIRCVM-+SAEPIO] To surround, fence in.
(*transf.*) armatis corpus ~psit Liv.1.49.2.

circums(a)eptus ~a ~um, *a.* [pple. of prec.] fenced in, enclosed, walled in. **b** surrounded, encircled.
(*of places*) pecudibus stabula..parietibus altis ~a Col.1.6.4; Suet.*Nero* 50; feras, quae in siluis ~is uagantur Paul.*dig*.41.2.3.14; (*of persons*) ~us admirabili regia Apul.*Mun*.26;—(*fig.*) siue otiosa mutaque est (uirtus) et in angusto ~a Sen.*Dial*.9.4.7. **b** in lacum..amoenis ~um oppidis Plin.*Nat*.5.71; stagnum maris instar, ~um aedificiis ad urbium speciem Suet.*Nero* 31.1; (*in fig. phr.*) uos isdem ignibus ~i Cic.*Har*.45.

circumscalpō ~pere ~ptum, *tr.* [CIRCVM-+SCALPO] To scrape round.
radice eius ~pti dentes dolore liberantur Plin.*Nat*.20.32.

circumscariphō ~āre ~ātum, *tr.* [CIRCVM-+SCARIPHO] To scratch or scrape round about.
pedum clauos ~atos ferro..extrahit (laser) Plin.*Nat*.22.101; 30.21.

circumscindō ~ere, *tr.* [CIRCVM-+SCINDO] To tear (all round) the clothes of.
quo ferocius clamitabat, eo infestius ~ere et spoliare lictor Liv.2.55.5.

circumscrībō ~bere ~psī ~ptum, *tr.* [CIRCVM-+SCRIBO]
1 To draw a line or circle round. **b** to draw a circle on. **c** to make or draw in the form of a circle.
C. Popilius..cum tempus ille (*sc.* rex Antiochus) differret, uirgula stantem ~psit Cic.*Phil*.8.23; Liv.45.12.5; ~ptam (irim) mucrone gladii orbe triplici cum legerunt Plin.*Nat*.21.42; ulcera non serpere osse hominis ~pta 28.46; utrasque..herbas cum inueneris..oportet..~bere sinistra manu Larg.163; (*w. picture as subj.*) non esset pictura nisi quae lineas modo extremas umbrae..~eret Quint.*Inst*.10.2.7; (*in fig. phr.*) expugnare adfectus, non ~bere Sen.*Ep*.87.41. **b** aenea fibula pars auriculae latissima ~bitur Col.6.5.4; si terram surculo heliotropii ~bat aliquis Plin.*Nat*.22.60; 23.103. **c** lacus est in similitudinem iacentis rotae ~ptus Plin.*Ep*.9.20.4.
2 To confine within specified limits. **b** (fig.) to restrict the application or function of. **c** to mark the bounds of, delimit (in time).
ille se fluuio Rubicone et cc milibus ~ptum esse patiatur? Cic.*Phil*.6.5; ~bit includitque nos terminis montium fluminumque Liv.21.44.5; ne prouinciarum quidem spatio contenti ~bere praediorum modum Sen.*Ep*.89.20; (*w. boundary as subj.*) cum undique oceanus ~bat omnis terras et ambiat Gel.12.13.20;—(*transf.*) facilius..singula insidunt ~pta et carminis modo inclusa Sen.*Ep*.33.6. **b** esse..certarum rerum forensibus cancellis ~ptam scientiam Cic.*de Orat*.1.52; nullis ut terminis ~bat aut definiat ius suum (poeta) 1.70; 2.67. **c** exiguum nobis uitae curriculum natura ~psit, immensum gloriae Cic.*Rab.Perd*.30; quibus regionibus uitae spatium ~ptum est *Arch*.29.
3 To define or outline (esp. in words). **b** to exclude, rule out.
ante enim ~bitur mente sententia confestimque uerba concurrunt Cic.*Orat*.200; genus uniuersum..breui ~bi et definiri potest *Sest*.97; *Fin*.5.23;—(*w. abl.*) qui omne bonum honesto ~psit Sen.*Ep*.74.1; uti mihi dicas et quasi ~bas uerbis, cuius modi 'homo' sit Gel.4.1.12;—(*cf.*) (Parrhasius) ita ~psit omnia, ut eum legum latorem uocent Quint.*Inst*.12.10.5. **b** hoc omni tempore Sullano ex accusatione ~pto Cic.*Ver*.1.43; ~ptis igitur iis sententiis, quas posui *Fin*.3.31.
4 To restrict, confine (emotions, appetites, etc.). **b** to write in concise form, abridge.
~benda multis modis ira est Sen.*Dial*.5.11.2; laudes eius..quas ~bere est tam parce transcurrere 12.19.7; libebat ~bere gulam ac uentrem *Ep*.108.14; Petr.119,l.23; ut subiciendo uiliora luxuriam utilitate ~bamus Plin.*Nat*.22.4. **b** totum Dionysium..per multa diffusum uolumina sex epitomis ~psit Col.1.1.10.
5 To restrict the powers of (a magistrate, etc.).
senatus, credo, praetorem eum ~psisset Cic.*Mil*.88; *Phil*.2.53; 13.19; si forte tribunus pl...senatus consulto ~ptus..aut expulsus sit *Att*.7.9.2; insolentiam in ~bendis tribunis plebis Caes.*Civ*.1.32.6.
6 To impose on, cheat, defraud, circumvent. **b** (app. w. abl.) to defraud or deprive (of). **c** to circumvent, defeat the purpose of (a law, will, etc.).
fallacibus et captiosis interrogationibus ~pti atque decepti Cic.*Luc*.46; aperte ne minor ~batur timet Sen.*Con*.exc.6.3; Sen.*Ep*.81.6; Petr.112.6; uana mortalitas et ad ~bendam se ipsam ingeniosa Plin.*Nat*.7.131; quot ~pserit Hirrus pupillos Juv.10.222; et spoliare doces et ~bere 14.237; Ulp.*dig*.4.4.9.1; Paul.*dig*.19.2.22.3; (*in a pun*) demus operam Quirites ne omnino patres conscripti ~pti putentur *Rhet.Her*.4.30. **b** dic nunc te ab Roscio HS ꟾↄↄↄ ~ptum esse Cic.*Q.Rosc*.24. **c** quibus ~bi saluberrimas constitutiones in ipso actu deprehendimus Fron.*Aq*.112; ~bere uectigalia populi Romani Quint.*Decl*.340(p.344,l.14); ~pto testamento Plin.*Ep*.8.18.4; Paul.*dig*.4.3.18.4.
7 a To tell or describe in circumlocutory terms. **b** to write in well-turned phrases.
a circumitio est oratio rem simplicem adsumpta ~bens elocutione *Rhet.Her*.4.43. **b** ut contraria, ut geminata, ut ~pta numerose Cic.*Part*.72.

circumscriptē *adv.* [CIRCVMSCRIPTVS+-E]

1 Concisely, succinctly.
singulas..res definimus ~que complectimur CIC.*N.D.2.*147.

2 In periodic style.
raro in ueris causis aut forensibus ~numeroseque dicendum est CIC.*Orat.*221.

circumscriptiō ~ōnis, *f.* [CIRCVMSCRIBO+-TIO]

1 A (surrounding) circle.
nisi prius sibi respondisset quid facturus esset quam ex illa ~one exisset CIC.*Phil.*8.23.

2 Circumference, limits, compass. **b** limitation (in time).
cum totam terram contueri licebit eiusque..situm, formam, ~onem CIC.*Tusc.*1.45; (*cf.*) ipsa enim natura ~one quadam uerborum comprehendit concluditque sententiam *Brut.*34. **b** fuit quaedam..aeternitas, quam nulla ~o temporum metiebatur CIC.*N.D.*1.21.

3 Outline, definition.
sicut..~o, siue hoc nomine significatur comprehensa breuiter sententia siue finitio QUINT.*Inst.*9.3.91.

4 Cheating, defrauding.
praediorum proscriptiones cum aperta ~one fecisti CIC.*Flac.*74; ~ones, furta, fraudes SEN.*Dial.*4.9.4; QUINT.*Decl.*301(p.187,l.10); (*w. obj. gen.*) cum omnis ab eis fraus, omnes insidiae ~onesque adulescentium nascerentur CIC.*Clu.*46.

5 a Periphrasis. **b** periodic sentence.
a alia..relatio et digressio et ~o CIC.*de Orat.*3.207. **b** in toto..circuitu illo orationis, quem Graeci περίοδον, nos..~onem dicimus CIC.*Orat.*204; QUINT.*Inst.*9.4.124.

circumscriptor ~ōris, *m.* [CIRCVMSCRIBO+-TOR] A defrauder.
quis testamentorum subiector, quis ~or, quis ganeo..inueniri potest? CIC.*Catil.*2.7; SEN.*Con.*exc.6.3; SEN.*Dial.*9.8.4; pupillum ad iura uocantem ~orem JUV.15.136; (*w. obj. gen.*) ~or pauperis QUINT.*Decl.*343(p.353,l.7).

circumscriptus ~a ~um, *a. compar.* ~ior. [pple. of CIRCVMSCRIBO] In senses of verb, also:

1 Concisely expressed, succinct.
est enim definitio rerum earum, quae sunt eius rei propriae, quam definire uolumus, breuis et ~a quaedam explicatio CIC.*de Orat.*1.189; nam in contionibus eadem..uis est, pressior tamen et ~ior et adductior PLIN.*Ep.*1.16.4.

2 Rounded-off, periodic.
arguti certique et ~i uerborum ambitus CIC.*Orat.*38.

circumsecō ~āre ~tum, *tr.* [CIRCVM-+SECO] To cut or clip round. **b** to circumcise.
earum radices ~ato et purgato CATO *Agr.*114.1; aduncam ex omni parte dentatam et tortuosam serrulam qua illud potuisse ita ~ari uideretur CIC.*Clu.*180; ungulas ~are COL.6.6.4; LARG.229. **b** cum..inspiceretur nonagenarius senex, an ~tus esset SUET.*Dom.*12.2.

circumsecus, *adv.* [CIRCVM+-SECVS] Round about, in the parts around.
nos omnis ~ adstantes APUL.*Met.*2.14; qui..~ uenantur 5.17; nauem..picturis miris Aegyptiorum ~ uariegatam 11.16.

circumsedeō ~edēre ~ēdī ~essum, *tr.* Also **-sideō.** [CIRCVM-+SEDEO] FORMS: *-sideo* MELA 1.68, 2.21, TAC.*Ann.*4.24, 15.5.

1 To surround, blockade, invest. **b** to surround, mob (a single person). **c** (fig.) to beset.
(*a place*) ~edet Mutinam CIC.*Phil.*5.24; singulas ciuitates ~ederunt *B.Hisp.*26.4; Iugurtha oppidum ~edit SAL.*Jug.*21.3; legiones Samnitium..Luceriam omnibus copiis ~edere LIV.9.2.3; se..tertium annum ~edere Syracusas 25.31.5; in ~edentes Capuam se uertit 26.5.4; agmina militum, quibus curiam ~edisti V.MAX.3.8.5; GEL.1.13.11; (*transf.*) pestis ac belua immanis, quales fretum..ad perniciem nauigantium ~edisse fabulae ferunt LIV.29.17.12;—(*people*) cum a tanta Gallorum multitudine ~ederer *Rhet.Her.*4.3; CIC.*Phil.*13.21; nisi si maluit Pompeius Brundisi ~ederi CAEL.*Fam.*8.15.1; cum ~essi ab exercitu uictore aqua arceremur LIV.22.59.5; qui filium imperatoris uestri uallo et armis ~edistis TAC.*Ann.*1.42. **b** quaero abs te ~essusne sis Lampsaci? CIC.*Ver.*1.78; 1.83; dum confiteare hunc ordinem..ab Ituraeis ~ederi *Phil.*2.19. **c** ~edemur copiis omnibus CIC.*Att.*15.9.2; ~ederi urbem Romanam ab inuidia et odio finitimorum LIV.6.6.11; ~esso dies noctesque muliebribus blanditiis 24.4.4.

2 To surround, sit round.
qui..non mouear horum..omnium lacrimis a quibus me ~essum uidetis CIC.*Catil.*4.3; ignes quos ~ident (epulantes) MELA 2.21; hac re florentes amicorum turba ~edet SEN.*Ep.*9.9; (*absol.*) trepidatur a ~edentibus TAC.*Ann.*13.16.

3 To live or be settled round.
(*absol.*) inde..Asia grandem sinum..accipit. populi dites ~ident MELA 1.68.

circumserō ~ere, *tr.* [CIRCVM-+SERO[1]] (w. dat.) To plant round.
genistas ~i aluariis gratissimum PLIN.*Nat.*21.72.

circumsessiō ~ōnis, *f.* [CIRCVMSEDEO+-TIO] A surrounding or mobbing.
te ipso..teste docebo te huius ~onis tuae causam et culpam in alios transtulisse CIC.*Ver.*1.83.

circumsideō: form of CIRCVMSEDEO.

circumsīdō ~ere, *tr.* [CIRCVM-+SIDO] (N.B: the perfect tenses, being indistinguishable from those of *circumsedeo* are treated under that word). To surround, invest.
Plisticam..socios Romanorum..~unt LIV.9.21.6; Coroneam ~it 33.29.9; Pellinaeum..~unt et, priusquam oppugnarent, mittunt ad Philippum 36.13.7.

circumsignō ~āre ~āuī, *tr.* [CIRCVM-+SIGNO] To mark round about.
intra id spatium quod Ebusitana humo ~auerunt MELA 2.126; eam (*sc.* gemmam) duobus digitis quadratis ~ato COL.5.11.9; *Arb.*26.8.

circumsiliō ~īre, *intr.*, *tr.* [CIRCVM-+SALIO] To leap or spring round.
~iens (passer) modo huc modo illuc CATUL.3.9; (*fig.*) sanguis febre calet sola, ~it agmine facto morborum omne genus JUV.10.218—(*w. acc.*) mox instaurantis pugnam ~it (Murrus) arma..Hiberi SIL.1.391.

circumsistō ~ere, *tr.* [CIRCVM-+SISTO] N.B. for perfect tenses see CIRCVMSTO.

1 To gather or stand round, crowd round, surround. **b** (of ships or people in ships).
~amus, alter hinc, hinc alter appellemus PL.*As.*618; quid me ~itis? *Men.*998; uti..mercatores in oppidis uulgus ~at CAES.*Gal.*4.5.2; ciues infanda furentem armati ~unt ipsumque domumque VERG.*A.*8.490; dicere..incipientem primores ciuitatis ~unt LIV.2.2.8; curiamque..~unt 2.23.11; tres anseres..impetum in me faciunt foedoque..stridore ~unt trepidantem PETR.136.4; ~ere alii signa sua, quaerere alii TAC.*Hist.*2.41; (*poet.*) ~ite eam (*sc.* hendecasyllabi) CATUL.42.10; (*w. abst. subj.*) quod me reuersum ~at totius domus maligna cura [QUINT.]*Decl.*17.10;—(*ellipt.*) haec cum maxime loqueretur, sex lictores ~unt CIC.*Ver.*5.142; adferri catenas et ~ere lictores iussit LIV.36.28.6;—(*impers. pass.*) ne ab omnibus ciuitatibus ~eretur CAES.*Gal.*7.43.5. **b** IIII Rhodias nauis ~unt Alexandrini *B.Alex.*15.5; duae regiae unam ~unt, et..remos detergunt LIV.36.44.6; nauem eius Polyxenidas tribus quinqueremibus ~it 37.11.11.

2 To be on either side (in degree).
fortitudo..~itur hinc audacia, inde timiditate APUL.*Pl.*2.5.

circumsonans ~ntis, *a.* [pple. of next] In senses of vb., see also quot.
~ntes autem (sunt loci), in quibus (uox) circumuagando coacta exsoluens in medio sine extremis casibus sonans ibi extinguatur VITR.5.8.2.

circumsonō ~āre ~uī ~ātum, *tr.*, *intr.* [CIRCVM-+SONO]

1 (intr., esp. of places) To resound all round, re-echo.
(*tm.*) circum magna sonantibus excita saxis suauisona echo ACC.*trag.*571; conducere arbitror talibus aures tuas uocibus undique ~are CIC.*Off.*3.5; in locum, qui ~et ululatibus LIV.39.10.7.

2 (tr., w. abl.) To surround (with noise), cause to resound or re-echo.
hinc Rutulus premit et murum ~at armis VERG.*A.*8.474; Threicio Scythicoque fere ~or ore OV.*Tr.*3.14.47; 5.3.11; Orcus..nigris orbem ~at alis GRAT.348; dux ipse..plausu theatri sui in modum planctus ~atus (*s.v.l.*) FLOR.*Epit.*2.13 (4.2.45);—(*of the sea*) qua totum Nereus ~at orbem OV.*Met.*1.187;—(*app. w. dat.*) ~at aequor dentibus MAN.5.582;—(*fig.*) circumfudit me..multo splendore luxuria et undique ~uit SEN.*Dial.*9.1.9.

3 (of shouts, noise) To sound all round.
(*tr.*) clamor hostes ~at LIV.3.28.3; undique me uarius clamor ~at SEN.*Ep.*56.1; opiniones quae nos ~ant 94.55; (*absol. or intr.*) ad ~antem undique clamorem flectere cornua LIV.27.18.16; haec uox..ex omni terrarum parte ~at SEN.*Ep.*31.2; strepitus iste belli ~antis 49.7.

circumsonus ~a ~um, *a.* [prec.+-VS] Sounding or making a noise round about.
apri, quem turba canum ~a terret OV.*Met.*4.723. Dionaeisque auibus ~a Thisbe STAT.*Theb.*7.261; refugo ~a gurgite Thule *Silv.*5.1.91.

circumspargō: see CIRCVMSPERGO.

circumspectātrix ~īcis, *f.* [CIRCVMSPECTO+-TRIX] A female spy; one that goes round making eyes (at).
exeundum hercle tibi hinc est foras, ~ix cum oculis emissiciis PL.*Aul.*41;—uidistis..quam improba iuuenum ~ix APUL.*Apol.*76.

circumspectē, *adv. compar.* ~ius. [CIRCVMSPECTVS[1]+-E] Cautiously, circumspectly; carefully, meticulously.
eodem modo media ⟨saepta⟩, sed multo ~ius, excidenda sunt CELS.8.3.8; SEN.*Ben.*3.14.1; nec ob hoc resistimus aut ~ius pedem ponimus *Ep.*110.7; QUINT.*Inst.*9.2.69; sed monerent, uti rex ~ius ageret GEL.3.8.3; satis ~e factos esse uersus 9.10.6;—quod..~e compositeque indutus et amictus esset 1.5.2.

circumspectiō ~ōnis, *f.* [CIRCVMSPICIO+-TIO] Careful consideration.
sin ex ~one aliqua et accurata consideratione quod uisum sit id se dicent sequi CIC.*Luc.*35.

circumspectō ~āre, *tr.*, *intr.* [CIRCVM-+SPECTO]

1 (refl. or intr.) To look about one, look round; (also w. *inter se*).
~at sese atque aedis noscitat PL.*Trin.*863; (*cf. sense 2*) turbam trepidantium huc atque illuc ~antiumque se ac suos LIV.3.60.10;—dum ~o, atque ego lembum conspicor PL.*Bac.*279; simul ~at TURP.*com.*194; quanto se opere custodiant bestiae ut in pastu ~ent CIC.*N.D.*2.126; nutant ~antibus galeae LIV.4.37.10;—~are inter se attoniti TAC.*Hist.*2.29.

2 To look round at; examine, watch (esp. suspiciously). **b** to look round at (in expectation). **c** to see around one, i.e. see that one is surrounded by. **d** (w. *ne*) to watch in order to secure or prevent, be on the alert.
quanto cum fastu..~emus uacuam Romanis uatibus aedem! HOR.*Ep.*2.2.93; ~are tum patriciorum uoltus plebeii LIV.3.37.1;—te hercle ego ~abam, nimi' metuebam male ne abiisses PL.*Ps.*912; abiectum, contemptum..~antem omnia, quicquid increpuisset pertimescentem CIC.*Pis.*99; SAL.*Jug.*72.2; LIV.21.34.5; notae ignotaeque aures uitari; etiam muta atque inanima, tectum et parietes ~abantur TAC.*Ann.*4.69; (*w. cl.*) simul alia ~o, satin explorata sint TER.*Eu.*602. **b** quousque me ~abitis? LIV.6.18.8; (*foll. by* ut) cunctati aliquamdiu sunt, dum alius alium, ut proelium incipiant, ~ant 2.10.9. **c** donec quietem ipse timor ~antibus aquam fecisset LIV.21.28.11; trepidos ignorantia, caelum ipsum ac mare et siluas, ignota omnia ~antis TAC.*Ag.*32.3. **d** ~ans necunde impetus in frumentatores fieret LIV.22.23.10.

3 To look round one for, search for; to seek (an opportunity). **b** (intr., as characteristic action of person in difficulty). **c** (w. indir. qu.).
nescioquid ~at TER.*Eu.*292; ~are omnibus fori partibus senatorem LIV.3.38.9; ut Hannibal..iam hibernis locum ~aret 22.15.2; (*poet.*) cuneosque per omnis te meus absentem ~abit Achilles STAT.*Silv.*5.2.163;—caesis aliis, aliis ~antibus fugam LIV.22.29.3; TAC.*Hist.*3.73. **b** dubitans ~ans haesitans CIC.*Tusc.*1.73; quid quoque loco quaerant scient nec ~abunt nec offerentibus se aliunde sensibus turbabuntur QUINT.*Inst.*10.7.6. **c** ~arentque quanam..transirent LIV.5.34.7; ~are atque agitare dux coepit si quo modo posset uallum circumicere 25.36.5; 34.39.8.

4 (transf.) **a** To review, survey (mentally). **b** to look out for (a plan, opportunity, etc.).
a omnia ~antes..nihil reliqui habebant praeter unum tutissimum a malis consiliis receptum LIV.28.25.13; modo per omnis..argumentorum locos eat, quos..~are in agendo..minime conuenit QUINT.*Inst.*12.8.14; bellum armaque et procul uel iuxta sitas uiris ~abat TAC.*Hist.*2.74; (*cf. sense 2*) uultus..ac sermones omnium ~ans 4.8. **b** eos ~antes defectionis tempus LIV.21.39.5; quasso medicamina maesti imperio ~ant SIL.15.8; initium erumpendi ~abant TAC.*Hist.*1.55.

circumspectus[1] ~a ~um, *a. compar.* ~ior, *superl.* ~issimus. [pple. of CIRCVMSPICIO]

1 Carefully considered, guarded.
non ~is exactum uiribus ensem fregit OV.*Met.*5.171; uerba mouent iram non ~a deorum *Fast.*5.539; modesto..et ~o iudicio de tantis uiris pronuntiandum est QUINT.*Inst.*10.1.26.

2 Cautious, wary, prudent. **a** (of persons, etc.) **b** (of actions, attitudes, etc.).
a est ~i quoque hominis..nouare interdum..morbum CELS.3.9.4; neminem esse tam ~um, cuius non diligentia aliquando sibi ipsa excidat SEN.*Dial.*5.24.4; siue aliquis ~ior est *Nat.*5.1.5; ~i magis quam temerarii (debent esse canes) COL.7.12.5; non..cunctos illos tenues et ~os..superauit (Demosthenes)? QUINT.*Inst.*12.10.23; ~issimum et prudentissimum principem SUET.*Tib.*21.3. **b** decreti..~issima sanctitate inpium opus censoris retexuit V.MAX.1.1.20; adeo ~a ciuitatis nostrae uerecundia fuit 4.5.1; interrogatio..debet esse ~a QUINT.*Inst.*5.7.31; cauta sunt huiusmodi scelera et ~a *Decl.*328(p.288,l.24); (*transf.*) ~is nulli deprensus in armis..Fabius SIL.6.619.

circumspectus[2] ~ūs, *m.* [CIRCVMSPICIO+-TVS[3]]

1 Looking round, survey, visual examination; also, possibility of seeing all round, commanding view. **b** (transf.) contemplation, survey, observation.
ceruix, e multis..ossibus flexilis ad ~um PLIN.*Nat.*11.177; (*w. obj. gen.*) ut detineret regem ab ~u rerum aliarum LIV.44.35.16;—eo se progressos unde in omnes partes ~us esset 10.34.10; (*w. obj. gen.*) (natura) in media nos sui parte constituit et ~um omnium nobis dedit SEN.*Dial.*8.5.4; (*w. indir. qu.*) facilis est ~us unde exeam, quo progrediar CIC.*Phil.*12.26. **b** (*w. obj. gen.*) corpore sed mens est aegro magis aegra, malique in ~u stat sine fine sui OV.*Tr.*4.6.44.

2 Caution, care, heed.
cautoque ~u uitam..esse muniendam APUL.*Met.*11.19.

circumspergō ~ere, *tr.* **-spargō.** [CIRCVM-+SPARGO] To sprinkle or spray round about.
se purificantes sollemniter (elephantos) aqua ~i PLIN.*Nat.*8.2. β magnis arboribus quaternos modios stercoris caprini ~ere COL.11.87.

circumspicientia ~ae, *f.* [next+-IA] Caution, watchfulness.
est enim disceptatio..multa..et anxia cura et ~a indigens GEL.14.2.13.

circumspiciō ~icere ~exī ~ectum, *tr.*, *intr.* [CIRCVM-+SPECIO] FORMS: *~exti* (= *~existi*) TER.*Ad.*689; *~exe* (= *~exisse*) VAR.*Men.*490.

1 (refl. or intr.) To look all round one, cast one's eyes round. **b** (foll. by final cl. or indir. qu.) to look round (to ensure that, to find out). **c** (as a sign of hesitation or perplexity; also, of leisure).
infelix fui, uidulum q⟨ui⟩ ubi u⟨id⟩i, non me ~exi centiens PL.*Vid.*64;—~icedum, numquis est sermonem nostrum qui aucupet? *Mos.*472; escendo in quendam excel-

sum locum, ~icio Ter.*An.*357; diuorsi ~icimus Pac.*trag.* 224; nec suspicit nec ~icit (augur) Cic.*Div.*2.72; regreditur ..temptans omnia et ~iciens Sal.*Jug.*93.5; Verg.*A.*9.416; —(*w. advs.*) nusquam ~icientem aut respicientem Liv. 21.22.7; quacumque ~exeris 28.42.7; (*w. advs. of manner*) usque eone te diligis et magnifice ~icis Cic.*Q.Rosc.*5. **b** (*refl.*) ~icedum te ne quis adsit arbiter nobis, et quaeso identidem ~ice Pl.*Trin.*146; (*intr.*) ~icedum ne quis nostro hic auceps sermoni siet *Mil.*955; *Rud.*1167;—ut edax uultur corpus ~icit ecquod sub nulla positum cernere possit humo Ov.*Tr.*1.6.11; ~iciendum est quo modo exeas Sen. *Ep.*30.2. **c** ~icit, aestuat Cic.*Q.Rosc.*43;—non castra ponere pati, non respirare aut ~icere Liv.27.12.12; (*refl.*) opereque faciendo milites se ~iciendi non habebant facultatem *B.Afr.*47.2.

2 To look round at, survey; to go round and look at, inspect. **b** (poet., of buildings, topographical features, etc.). **c** (foll. by indir. qu.) to look round, examine (to see).

dux interea Gallorum..incedebat perque contemptum et superbiam ~iciens despiciensque omnia ? Quad.*hist.*12; haec ille intuens atque suspiciens uel potius omnis partis orasque ~iciens Cic.*Tusc.*5.71; oculis Phrygia agmina ~exit Verg.*A.*2.68; siluarum lucos ~icit antiquarum Ov. *Met.*5.265; ~ecta infrequentia militis Tac.*Ann.*14.33; (*w. abst. obj.*) illum..securi ~exere fragorem Elysii Stat.*Theb.* 8.14; (*poet.*) de te pendentem sic dum ~icis orbem Ov.*Tr.* 2.217;—~iciebat omnia, inquirens oculis ubinam bellum fuisset Liv.6.25.10; urbis situ ~ecto 9.28.5; (*cf.*) mox alio lacu maiore erumpit et hominum coetus ueluti ~icit Plin. *Nat.*5.52; (*absol.*) praetor secum duos legatos..habebat, cum quibus ~icere..posset Liv.31.21.9. **b** in latus omne patens turris ~icit undas Ov.*Ep.*6.69; quae de septem totum ~icit orbem montibus *Tr.*1.5.69; sic..Bruttia Sicanium ~icit ora Pelorum? Stat.*Silv.*1.3.33. **c** nec, quam infestus is locus esset..~iciendi spatium fuit Liv.44.5.9; ~ectis quae impenetrabilia quaeque peruia Tac.*Ann.*12.35.

3 To look round and see.

saxum ~icit ingens Verg.*A.*12.896; instantemque deae ~icit umbram Stat.*Theb.*11.204; (*w. pred.*) cum montibus fluminibusque clausam regionem ~exisset Liv.22.13.7.

4 To subject to close examination, look over, inspect, review.

se ~exe atque inuenisse se..esse factum ericium Var. *Men.*490; numquamne, homo amentissime, te ~icies Cic. *Parad.*30; nec tamen ante adiit..quam se conposuit, quam ~exit amictus Ov.*Met.*4.318; Romanus sermo magis se ~icit, et aestimat praebetque aestimandum Sen.*Ep.*40.11; fremere miles et uiris suas ~icere Tac.*Hist.*2.6;—(*followed by cl.*) cum sua quisque miles ~iceret, quid secum portare posset Caes.*Gal.*5.31.4; crura ipsa truncique ~iciendi sunt ne..uerrucae similis furunculus relinquatur Col.4.24.5.

5 To examine (otherwise than with the eyes), survey, investigate, consider, weigh up. **b** (w. indir. qu.) to reflect, consider, ponder. **c** (w. *ut, ne*) to take precautions, exercise care, be circumspect.

~icite omnis procellas quae impendent nisi prouidetis Cic. *Catil.*4.4; ~ectis rebus meis omnibus *Fam.*1.9.10; omnia ~icere..coepit Liv.7.14.6; ~ectis difficultatibus 28.6.12; Ov.*Tr.*1.1.47; ~iciebam omnis ultionis uias Sen.*Con.*9. 6.20; quin potius mala uestra ~icitis? Sen.*Dial.*7.27.6; —(*w.* animo, mente, *etc.*) ~cite paulisper mentibus uestris.. hosce ipsos homines Cic.*Sul.*70; quae si iudex non amplectetur omnia consilio, non animo ac mente ~iciet *Font.*25; Caes.*Gal.*6.5.3;—(*w. advl. acc.*) at postquam id euenit, cedo numquid ~exti? Ter.*Ad.*689. **b** sermo purus erit et Latinus..quid deceat ~icietur Cic.*Orat.*79; (rem publicam) cui mandetis ~icite Sal.*Hist.*2.47.11; Liv.27.34.1; ~iciebam ..num quid me praeterisset Sen.*Con.*9.pr.1;—(*w.* animo, *etc.*) ~icite celeriter animo..qui sint rerum exitus consecuti Cic.*Leg.*2.42; quale sit id, quod amas, celeri ~ice mente Ov.*Rem.*89;—(*w. pron.*) illud tute ~icito..num quos tibi putes ob eam causam esse amicos Q.Cic.*Pet.*14. **c** uti eo introeas et ~icias, uti inde exire possis Cato *Agr.*1.2; esse ~iciendum diligenter ut..omnis ministros imperi tui..rei publicae praestare uideare Cic.*Q.fr.*1.1.10; ergo caue, liber, et timida ~ice mente, ut satis a media sit tibi plebe legi Ov.*Tr.*1.1.87; quo curiosius etiam ~iciat, ne..maius..fiat Cels.5.26.1.D; Sen.*Ben.*1.11.6;—(*also w. acc.*) permulta sunt..~icienda, ne quid offendas Cic.*de Orat.*2.301; ~iciens dicta factaque sua, ne cuius suspiciones augeret Liv.40.20.6.

6 To look round for, search for, seek out. **b** to try to find, search for (not primarily by visual means).

ut modo uisum ab se Ambiorigem in fuga ~icerent captiui Caes.*Gal.*6.43.4; plenoque alium (*sc.* arietem) ~ice campo Verg.*G.*3.390; nec sicut aestiuas aues statim autumno tecta ac recessum ~icere Liv.5.6.2; locum fugae ~icere 40.40.8; oculis sub nocte natantibus atra ~exit Athin Ov.*Met.*5.72; ~iciendus est furunculus Col.4.24.17; saeuos ~icit enses oblitus simulare togam Luc.3.142; Stat. *Theb.*6.430; (*cf.*) ceteros castris occultari aut fugam ~icere Tac.*Ann.*14.35; (*absol.*) non ~iciam, non quaeram foris Cic.*Ver.*3.210. **b** Mithridates..diem bello ~icit Sal. *Hist.*1.77.8; ~icere et ipsi externa auxilia Liv.1.30.6; salutis remedia ~iciebant V.Max.3.8.ext.6; alius ~iciatur cum quo conferre possimus manum Sen.*Dial.*1.3.3; praeconem, Chaerippe, tuis ~ice pannis Juv.8.95; (*w. cl.*) uide, quaere, ~ice, si quis forte est ex ea prouincia..qui te nolit perisse Cic.*Ver.*3.180.

circumstantia ~ae, *f.* [circvmsto+-ia]

1 Surrounding or encircling position. **b** the action of a gas or liquid in closing round a body passing through it.

ostendit exitium de loci importunitate et hostium ~a maturum Gel.3.7.5. **b** hanc nostri ~am, Graeci ἀντιπερίστασιν appellant, quae in aere quoque sicut in aqua fit Sen.*Nat.*2.7.2.

2 A particular situation, the circumstances in a particular case.

hoc genus argumentorum sane dicamus ex ~a, quia περίστασιν dicere aliter non possumus Quint.*Inst.*5.10.104; ~ae ipsius necessitates Gel.1.3.28; ~a rerum negotiorumque 14.1.15; 17.5.13.

circumstatiō ~ōnis, *f.* [next+-tio] A circular group or circle (of people).

quod milites..captiuorum uenalium greges circumstarent eaque ~o militum 'corona' appellata sit Gel.6(7).4.4.

circumstō ~āre ~etī (~itī), *tr., intr.* [circvm-+sto]

1 (intr.) To stand around. **b** (fig., of dangers, etc.).

~ant cum ardentibus taedis Enn.*scen.*30; multi ~ant qui..nostris mortem minitantur Cic.*Att.*14.12.2; ~ant animae dextra laeuaque frequentes Verg.*A.*6.486; Lucr. 3.469; cum ~aret cotidiana multitudo Liv.2.27.12; cum magno pauore ~antium militum 25.39.16; Ov.*Met.*3.249; ait illos sodales..~etisse et dixisse Sen.*Con.*7.8.11; hilaris ~at turba tuorum Stat.*Silv.*4.8.43; ad ~antis amicos sic locutum Gel.1.3.1; (*of trees*) ad ~antes tendens sua bracchia siluas Ov.*Met.*3.441; (*pple. as sb.*) magno risu ~antium Liv. 40.47.5; prensare ~antium genua Tac.*Ann.*1.21. **b** mox et ipse aderat ancepsque terror ~abat Liv.21.28.3; in tot ~antibus malis mansit..immota acies 21.55.10; siquidem hic quoque duo pericula ~ant Cels.7.7.8.E.

2 (tr.) To stand round or gather round, to surround. **b** (of inanim. things). **c** (of dangers and other circumstances).

ceterique fortissimi ciues qui ~ant senatum Cic.*Catil.* 1.21; illum admirantur et omnes ~ant fremitu denso Verg. *G.*4.216; ~are sellam omnis nobilitas Liv.10.15.9; ~ant omnia Solem numina Ov.*Met.*2.394; ~etere uias Tac.*Ann.* 15.15;—(*of hostile forces, etc.*) desinant insidiari domi suae consuli, ~are tribunal praetoris urbani Cic.*Catil.*1.32; Verg.*A.*8.300; duo celeberrimi nominis duces ~are urbem Romanam Liv.27.40.6; complures..baculis armati, me ~eterunt Apul.*Met.*9.11; (*of ships*) cum singulas binae ac ternae naues ~eterant Caes.*Gal.*3.15.1;—(*w. abst. subj.*) ~ant te summae auctoritates Cic.*Ver.*52; scio acerba meorum ~are odia Verg.*A.*10.905; ~eterat..Palatium publica expectatio Tac.*Hist.*1.17. **b** ~abant nauem turbines uenti Pl.*Trin.*835; at illum curuata in montis faciem ~etit unda Verg.*G.*4.361; (*parts of a speech*) firmissimis argumentorum singulis instandum..quia illa per se fortia non oportet ~antibus obscurare Quint.*Inst.*5.12.4. **c** cum..omnia nos undique fata ~ent Cic.*Phil.*10.20; ancepsque proelium Romanos ~eterat Liv.25.34.10; cum terra marique tantum belli ~aret tyrannum 34.27.1; Ov.*Tr.* 5.6.41; quos indiscreta et uniuersa uitia ~ant Sen.*Ben.* 4.27.1; quo..notabilior paupertas et angustiae rerum nascentis eos ~eterunt Tac.*Dial.*8.3; haec me cura, haec difficultas sola ~at Plin.*Pan.*3.4; (*cf. w. abl.*) cum..me (diues)..toto..fortunae suae strepitu ~etisset [Quint.] *Decl.*13.4.

circumstrepō ~ere ~uī ~itum, *tr.* [circvm-+strepo]

1 To make a noise round about, surround with noise. **b** (transf., of sounds).

mundus et immenso uatem ~it orbe Man.1.23; istis qui te ~unt Sen.*Ep.*91.19; pulli tremibundi trepiduli ~ere orareque matrem Gel.2.29.8; (*absol.*) certatim ceteri ~unt, iret in castra Tac.*Ann.*11.31;—(*fig.*) quacumque te abdideris, mala humana ~ent Sen.*Ep.*82.4. **b** quomodo resistet.. egestati et tot humanam uitam ~entibus minis? Sen.*Dial.* 7.11.1; in his quae me sine auocatione ~unt *Ep.*56.4; clamore seditiosorum..~itur Tac.*Hist.*2.44; fenestrae canticis ~itae Apul.*Apol.*75; (*absol.*) non si (uox) inani sono uana ~et Sen.*Ep.*56.14.

2 To utter (shouts, etc.) round about a person.

haud dissimilia alii et quidam atrociora ~ebant Tac. *Ann.*3.36.

circumstruō ~ere ~xī ~ctum, *tr.* [circvm-+strvo] To build round, surround with a structure (either externally or internally).

ne sint stabula..furibus obnoxia, potest uitari latericio ~ctis aluis Col.9.6.4; ripisque undique ~ctis lapide Plin. *Nat.*19.163; effosso et ~cto iuxta Tiberim lacu Suet.*Dom.* 4.2; Cels.*dig.*19.1.38.2.

circumstupeō ~ēre, *intr.* [circvm-+stvpeo] To hang sluggishly round.

illinc obscura semper caligine nubes pigraque defuso ~et umida uoltu *Aetna* 336.

circumsūdō ~āre, *intr.* [circvm-+svdo] To sweat or be moist all round.

aliae (uuae) in sua tantum continentur anima, ollis fictilibus..inclusae, stipatae uinaceis ~antibus Plin.*Nat.* 14.16.

circumsurgō ~ere, *intr.* [circvm-+svrgo] To rise or project all round.

plumbea aut aenea fistula..uel recuruatis in exteriorem partem labris, uel in media ~ente quadam mora Cels. 7.15.2.

circumsūtus ~a ~um, *a.* [circvm-+svo] (w. abl.) Surrounded with or enclosed in (a covering) by means of sewing.

linamenta..molli pellicula cincta ~aque intus adigenda sunt Cels.8.5.1; ad eam (insulam) Britannos uitilibus nauigiis corio ~is nauigare Plin.*Nat.*4.104; 7.206; 34.156.

circumtectus ~a ~um, *a.* [circvm-+tego] Covered or clothed.

sedens in cella ~us tegetibus Naev.*com.*101.

circumtendō ~dere ~tum, *tr.* [circvm-+tendo] To cover or surround by stretching.

eru' meus elephanti corio ~tust, non suo Pl.*Mil.*235.

circumtergeō ~ēre, *tr.* [circvm-+tergeo] To wipe round about.

singula tracta, ubi depsueris, panno oleo uncto tangito et ~eto Cato *Agr.*76.2.

circumterō ~ere, *tr.* [circvm-+tero] To rub or press on all sides.

hunc puer, hunc iuuenis turba ~it arta Tib.1.2.95.

circumtextus ~a ~um, *a.* [circvm-+texo] Embroidered round about.

et quod amictui habet purpuram circum, uocant ~um Var.*L.*5.132; ~um croceo uelamen acantho Verg.*A.*1.649.

circumtinniō ~īre, *tr.* [circvm-+tinnio] To clash or ring round about.

iaciundo in eas puluere et ~iendo aere perterritae (apes) Var.*R.*3.16.30.

circumtonō ~āre ~uī, *tr.* [circvm-+tono] To make a loud noise round, to thunder round.

quem cepit uitrea fama, hunc ~uit gaudens Bellona cruentis Hor.*S.*2.3.223; saeuisque uirum ~at armis Sil. 4.253; 6.216; (*of the sea*) omne quod Isthmius umbo distinet et raucae ~at ira Maleae Stat.*Theb.*7.16.

circumtonsus ~a ~um, *a.* [circvm-+tondeo] Having the hair cut or trimmed all round.

sunt ~i et terti atque unctuli Var.in Non.p.179M; in puerilem habitum ~am matronam Suet.*Aug.*45.4; (*transf., of a tree*) tremulaeque cupressus et ~ae trepidanti uertice pinus Petr.131.8,l.3;—(*fig.*) si (oratio) ~a est et fucata et manu facta Sen.*Ep.*115.2.

circumtorqueō ~ēre, *tr.* [circvm-+torqveo] To pull or twist round.

prehenso loro retrorsum me ~et Apul.*Met.*6.30.

circumtueor ~ērī, *intr.* [circvm-+tveor] To look around.

aquila..pendula ~etur Apul.*Fl.*2.

circumuādō ~dere ~sī, *tr.* [circvm-+vado] To form a ring round, surround.

profecti..ad classem immobiles naues..~dunt Liv. 10.2.12; iura reddentem Claudium ~sere clamoribus turbidis Tac.*Ann.*12.43;—(*fig.*) is nouus additus terror cum.. ~sisset aciem Liv.9.40.13; anceps terror..barbaros ~sit 34.21.5.

circumuagor ~ārī, *intr.* [circvm-+vagor] To travel round (in quot., of sound).

circumsonantes autem (loci), in quibus ~ando coacta (uox)..extinguatur Vitr.5.8.2.

circumuagus ~a ~um, *a.* [circvm-+vagvs] Moving round, encircling.

nos manet Oceanus ~us Hor.*Epod.*16.41; aethereae moles ~a flammae *Laus Pis.*19.

circumuallō ~āre ~āuī ~ātum, *tr.* [circvm-+vallo]

1 To surround with siegeworks.

~atum esse Pompeium Cic.*Att.*9.12.1; idque (*sc.* oppidum) biduo ~auit Caes.*Gal.*7.11.1; ex castello in castellum perducta munitione ~are Pompeium instituit *Civ.*3.43.2; iussit extra telorum missionem eos ~ari Vitr.2.9.16; ut ~ari moenia uiderunt Liv.23.17.5; castelloque urbem ~are frequenti Sil.1.328; cum exercitum..~atum siti angeret Fron.*Str.*2.1.11; (*absol.*) ~are loci natura prohibebat Caes. *Gal.*7.17.1; (*masc. pple. as sb.*) ut..opem non circumsessis modo sed etiam ~atis ferret Liv.25.22.10.

2 a To beset, surround (with troops, etc.); (also fig.). **b** to surround (with other things considered as barriers or sim.).

a aciem denso ~auerat orbe Sil.7.583; consules..apud Caudium a Samnitibus ~ati Gel.17.21.36;—(*tm.*) furuae miseram circum undique leti uallauere plagae Stat.*Silv.* 5.1.156. **b** excipitur (turba piscium) uasta ~ata sagena Man.5.678; locus..~andus est duobus sulcis Col.11.3.4; insula fluctisono ~ata profundo Sil.12.355.

3 (refl.) To form a blockade (in quot., fig.).

tot res repente ~ant se unde emergi non potest Ter.*Ad.* 302.

circumuectiō ~ōnis, *f.* [circvmvehor+-tio]

1 Circular course, revolution.

ut terram lunae cursus proxime ambiret eique supra terram proxima solis ~o esset Cic.*Tim.*29.

2 Transport of goods from place to place.

animaduertas uelim de portorio ~onis Cic.*Att.*2.16.4.

circumuector ~ārī ~ātus, *tr.* Also act. ~**ō** ~āre. [next+-to]

1 To travel or sail round.

mihi nauem faciam atque imitabor Stratonicum, oppida ~abor Pl.*Rud.*932; qui Ligurum oram, maritumum quoque terrorem admouentes, ~arentur Liv.41.17.7; (*tm.*) circum.. Satureiano uectari rura caballo Hor.*S.*1.6.59;—(*fig.*) fugit inreparabile tempus, singula dum capti ~amur amore Verg. *G.*3.285.

2 (act.) To carry or transport round.

errantes ~are penates Sil.3.291.

circumuehor ~hī ~ctus, *tr., intr.* [circvm-+veho]

1 To travel to in succession, make the round of (also fig.).

(*by sea*) Histros, Hispanos, Massiliensis, Hilurios..orasque Italicas omnis..sumu' ~cti Pl.*Men.*238; ~ctus..classem Liv.26.43.1; (*on horseback*) Scipio ~ctus ordines signaque 27.18.8;—frustra ~hor omnia uerbis *Ciris* 271.

2 To travel round or past: **a** (w. acc.). **b** (intr.).

a (*by sea*) ~hens Peloponnesum Nep.*Timoth.*2.1; ~ctus inde Brundisii promunturium Liv.10.2.4; Plin.*Nat.*2.167; ita ~cti Britanniam Tac.*Ag.*28.4; (*of ships*) ~ctae prope omnem Italiae oram Liv.23.38.1; oram..classis ~cta Tac.*Ag.*10.5;—(*on horseback*) ~hi procul castra iubet Liv.27.47.3; moenia ~hitur 34.38.1. **b** (*by sea*) in terras solas orasque ultumas sum ~ctus Pl.*Mos.*996; nauibus ~cti milites in exteriorem uallum tela iaciebant Caes.*Civ.*3.63.6; ~ctus est eo mari, quod Africae partis esse dicitur *B.Alex.*28.2; sineret se classe ~hi ad Romanum agrum Liv.8.26.1;—(*on horseback, etc.*) muliones..collibus ~hi iubet Caes.*Gal.*7.45.2; equo ~ctus *B.Afr.*58.3; pars libero spatio ~cti..plerosque a castris auertunt Liv.3.61.9; pars equitum aequioribus iugis ~cta nobilissimos Belgarum..cepit Tac.*Hist.*4.71.

3 (of the sea) To flow round.

mare, per quod Gallicum ⟨sinum⟩ atque Gaditanas columnas ~ctus Oceanus..Apul.*Mun.*6.

circumuēlō ~āre, *tr.* [circvm-+velo] To cover, envelop.

pallamque induta nitentem insuper aurato ~atur amictu Ov.*Met.*14.263.

circumueniō ~enīre ~ēnī ~entum, *tr.* [circvm-+venio]

1 To surround (with hostile forces). **b** (fig.). **c** to surround, enclose (as a possession).

uereri se ne per insidias ab eo ~eniretur Caes.*Gal.*1.42.4; reliquis diebus oppidum uallo castellisque ~enire instituit *Civ.*1.18.6; consul nuntio ~enti fratris conuersus ad pugnam Liv.3.5.7; instruunt aciem, diductam in cornua ne ~eniri multitudine hostium possent 5.38.1; cerua cruentis ~enta lupis Stat.*Theb.*5.166; ~ento latronum insidiis Plin.*Nat.*8.61; trepidos, qui Ariminum tenebant..terra marique ~enit Tac.*Hist.*3.42; Romani milites ~eniuntur, ~enti repugnant Gel.3.7.14; (*w.* ab tergo) Siccensis hortatur, uti cohortis ab tergo ~eniant Sal.*Jug.*56.4; Liv.1.28.5; (*by fire*) uno..centurione..turrim..defendere auso..donec ignium iactu ~eniretur Tac.*Ann.*15.11;—(*at sea*) ita in medio ~enta Romana nauis capitur Liv.26.39.18. **b** undique ~enti sumus Sal.*Cat.*52.35; ibi non bello aperto sed suis artibus, fraude et insidiis, est prope ~entus Liv.21.34.1; ut sibi coponis insidiis ~ento subueniret V.Max.1.7.ext.10; ~eniant illum domesticae insidiae Sen.*Ben.*6.39.2; quibus insidiis ~entus miserrimam uitam pessima morte finierim Tac.*Ann.*2.71. **c** non enim exturbatis prioribus dominis omne stagnum..omnem etiam saltum immensa possessione ~enis Plin.*Pan.*50.1.

2 (of topographical features and other inanim. things) To be or go round, surround, enclose. **b** (w. ref. to size) to reach or extend round.

planitiem locis paulo superioribus ~entam Sal.*Jug.*68.2; tenent media omnia siluae, Cocytusque sinu labens ~enit atro Verg.*A.*6.132; is fulgor, qui sidera ~enit Sen.*Nat.*1.2.1; quo pluribus uitibus ~enta celerius uestiatur Col.5.6.30; si pituita ~enit oculos 8.5.22; utrumque zona ~enienti praecinxit Petr.114.10; chlamys imbelli ~enit ostro torta manum V.Fl.3.118; Rhenus uno alueo continuus aut modicas insulas ~eniens Tac.*Ann.*2.6. **b** ramos..quos comprehensos manus possit ~enire Col.5.9.2.

3 (of conditions) To surround, beset.

multis sum modis ~entus, morbo exilio atque inopia Enn.*scen.*22; nautae cum essent ~ent iuentis Turp.*com.*48; hominem..omnibus necessitudinibus ~entum Sal.*Cat.*21.3; multa senem ~eniunt incommoda Hor.*Ars* 169; fenore ~entam plebem Liv.6.36.12; adiuuari..debent hoc malo ~enti Larg.186.

4 To exceed, surpass.

sed omnium operum magnitudinem ~eniunt cauernae ingentem in altitudinem pressae Curt.5.1.28.

5 To cheat, trick, circumvent.

ne eum ~entum inique iniqui irrideant Ter.*Hec.*54; acerbum est ab aliquo ~eniri Cic.*Quinct.*95; ne quae ipsi nefanda aestimatis, ea parum credendo de aliis ~eniamini Sal.*Hist.*1.55.1; quae nunc certissima ~entae uirtutis nostrae excusatio est V.Max.7.4.ext.12; ne emptores a uenditoribus ~eniantur Ulp.*dig.*21.1.37; qui saluis uerbis legis sententiam eius ~enit Paul.*dig.*1.3.29.

6 To prosecute or convict unjustly.

homines clarissimos ciuitatis..hoc praetore ~entos Cic.*Flac.*45; quod pecuniam acceperit, quod innocentem ~enerit *Clu.*90; neque tenuiores propter humilitatem ~eniantur neque locupletibus..obsit inuidia *Off.*2.85; insontis sicuti sontis ~enire iugulare Sal.*Cat.*16.3; omnesque praeter Lepidum uariis mox criminibus struente Tiberio ~enti sunt Tac.*Ann.*1.13;—(*w. abl. of means*) quo quis iudicio ~eniretur Cic.*Brut.*48; innocentem pecunia ~entum *Clu.*9; se falsis criminibus ~entum Sal.*Cat.*34.2; Tac.*Hist.*4.10.

circumuentiō ~ōnis, *f.* [prec.+-tio] Circumvention, trickery.

alterius ~o alii non praebet actionem Ulp.*dig.*50.17.49.

circumuerrō ~rrere ~rsum, *tr.* [circvm-+verro] To sweep round or over.

focum purum ~rsum cotidie, priusquam cubitum eat, habeat Cato *Agr.*143.2.

circumuersiō ~ōnis, *f.* [circvmverto+-tio] The action of turning round, revolution.

uitiosa est una ~o (manus) Quint.*Inst.*11.3.105; siue illa (*sc.* luna)..pro ~one oris discoloris..speciem sui uariat Apul.*Soc.*1.

circumuersor ~ārī, *intr.* [circvm-+versor] To turn about repeatedly.

siue quod inclusi rapidi sunt aetheris aestus quaerentesque uiam ~antur Lucr.5.520; 6.200.

circumuertō (-uortō) ~tere ~tī ~sum, *tr.* [circvm-+verto]

1 (pass. or refl.) To turn (oneself) round, revolve; (w. acc.) to revolve round.

citius..abeunt quam in cursu rotula ~titur Pl.*Per.*443; ubi ~tor, cado *Ps.*1278; (*refl.*) C. Caesarem..adire..capite uelato ~tensque se Suet.*Vit.*2.5;—rota, perpetuum qua ~titur axem Ov.*Met.*15.522.

2 (act.) To free (a slave) by manumission, (a ceremony of which the turning round of the slave by his master formed a part).

an maius in hoc putamus esse momentum ut ~teres mancipium? Quint.*Decl.*342(p.350,l.15); c(irc)vmversos qvos relinqvam vel manvmitti volam *CIL* 10.3147.

circumuestiō ~īre, *tr.* [circvm-+vestio] To surround with a covering, clothe; (fig.) to cloak.

uernacula putatio deiectis per ramos uitium crinibus ~it arborem Plin.*Nat.*17.208;—quando quidem is se ~it dictis *Inc.trag.*113.

circumuinciō ~īre ~tum, *tr.* [circvm-+vincio] To bind or fasten round.

defixis arundinibus ~tae (uites) Col.5.4.1; (*facet., of flogging*) quasi murteta iunci, item ego uos uirgis ~iam Pl.*Rud.*732.

circumuīsō ~ere, *tr.* [circvm-+viso] To look round at.

angues oculis omnis ~ere Pl.*Am.*1110.

circumundique, *adv.* [circvm-+vndiqve] Round about on all sides.

semperque se ~ distrahentibus causis festinantes Gel.14.2.9; ~ sedentibus multis..nobilibus uiris 19.10.1.

circumuolitō ~āre ~āuī, *intr., tr.* [circvm-+volito]

1 (intr.) To fly round about. **b** (transf., of horsemen, horses' hooves).

et ~ant ficedula, turdi Lucil.978; circum late uolitans..Fama Verg.*A.*7.104; ~antium alitum Tac.*Hist.*2.50. **b** et ~ant equites mediosque repente transmittunt..campos Lucr.2.329; agmina infestorum equitum..~antia Sen.*Dial.*4.9.3;—ungula..~ans taetros e sanguine rores spargit humo Sil.4.165.

2 (tr.) To fly round, fly about over. **b** (of persons) to frequent, flit about.

aut arguta lacus ~auit hirundo Var.At.*poet.*22.4; ut non ~ent eas (*sc.* naues) apodes Plin.*Nat.*10.114; illa sagittiferi ~astis Amores funera Stat.*Silv.*3.3.131; (*in fig. phr.*) ipse quid audes? quae ~as agilis thyma? Hor.*Ep.*1.3.21. **b** mercennarii salutatoris..~antis limina potentiorum Col.1.pr.9; ut Varronem..uidit et iuxta sagulo ~are rubenti lictorem Sil.9.420.

circumuolō ~āre ~āuī, *tr., intr.* [circvm-+volo²]

1 (tr.) To fly or hover round. **b** (of persons) to run, dart, or flit round. **c** (of inanim. things) to rush round, encircle.

turba sonans praedam pedibus ~at uncis Verg.*A.*3.233; quam Iocus ~at et Cupido Hor.*Carm.*1.2.34; Ausoniumque ducem solitis ~et alis (Victoria) Ov.*Tr.*2.171; naue aliquando ~ata Plin.*Nat.*10.90; paulum egredi nidis et ~are sedem illam Quint.*Inst.*2.6.7; Suet.*Aug.*97.1;—(*poet., of death, darkness*) sed nox atra caput tristi ~at umbra Verg.*A.*6.866; seu me tranquilla senectus exspectat seu Mors atris ~at alis Hor.*S.*2.1.58;—(*fig.*) illum indulgentem tenebris..tamen adsiduis ~at alis saeua dies animi Stat.*Theb.*1.51. **b** ~ans ordines exercitus sui Telesinus Vell.2.27.2;—(*of ghosts*) queritur miserabile Graium nuda cohors uetitumque gemens ~at ignem Stat.*Theb.*12.56. **c** Peloponnesi patulas ~at oras (mare) Man.4.612; ingenti..tentoria saltu..~at ardor Sil.17.106.

2 (intr.) To fly, dart, flutter, etc. around.

ea (*sc.* gallina) cauea clausa fertur in agrum..ad quam ~ant pulli Col.8.11.15; exserto ~at igneus arcu Stat.*Theb.*9.736; dies..noctesque miseranda patris umbra ~at Quint.*Decl.*299(p.181,l.20); (*poet., of night*) nox atra caua ~at umbra Verg.*A.*2.360.

circumuoluō ~uere ~uī ~ūtum, *tr.* [circvm-+volvo]

1 To cause to revolve; (pass., w. ret. acc.) to revolve round.

haec..ratio machinationis, quod per tres orbiculos ~uitur, trispastos appellatur Vitr.10.2.3;—interea magnum sol ~uitur annum Verg.*A.*3.284.

2 a (w. dat.) To twine or coil round. **b** to wind round (with something).

a nerui, orsi a corde bubuloque etiam ~uti Plin.*Nat.*11.217; agricola..impositis..patibulis palmites ~uit 17.212;—(*refl.*) cadytas, non tantum arboribus, sed ipsis etiam spinis ~uens sese 16.244; 27.120. **b** oportet..fistulam..inuoluere..fasciola..atque ita ut est ~uta inmergere aceto acri Larg.47; Demosthenen lana multa collum ceruicesque ~utum Gel.11.9.1.

circumuolūtor ~ārī, *intr.* [circvm-+volvto] To roll over.

feram (*sc.* pantheram)..~ari non dubie blandientem Plin.*Nat.*8.59.

circumustus ~a ~um, *a.* [circvm-+vro] Burnt round.

ambustus ~us Paul.*Fest.*p.5M.

circus ~ī, *m.* [perh. Gk. κρίκος, κίρκος]

1 A circle or zone in the sky. **b** circular course, orbit.

hic (*sc.* Leo) totus medius ~o disiungitur Cic.*Arat.*512 (266); ille..quartus..~us partibus extremis extremos continet orbes 544(298); erat..is splendidissimo candore inter flammas ~us elucens *Rep.*6.16; (*cf.*) polus graecum, id significat ~um caeli Var.*L.*7.14. **b** quae (*sc.* stellae)..~os suos orbesque conficiunt celeritate mirabili Cic.*Rep.*6.15.

2 A circular or oval space in which games, esp. chariot races, are held.

munera principio ante oculos ~oque locantur in medio Verg.*A.*5.109; mediaque in ualle theatri ~us erat 5.289; mora totum praecludere ~um Man.5.81; non..tanta umquam..Oenomai fremuerunt agmina ~o Stat.*Theb.*6.254; 6.932; quatitur certamine ~us spectantum, ac nulli mentem non abstulit ardor Sil.16.322.

3 The circus as the place where public games were held (at Rome usually by inference the Circus Maximus). **b** the celebration of games. **c** the spectators at games.

uola curriculo. —istuc marinus passer per ~um solet Pl.*Per.*199; *Poen.*1291; ut locus et in ~o et in foro daretur amicis et tribulibus Cic.*Mur.*72; ludi publici quoniam sunt cauea ~oque diuisi *Leg.*2.38; Catul.55.4; carceres eo anno in ~o primum statuti Liv.8.20.2; scaenicos ludos per quadriduum, unum diem in ~o fecit (censor) 42.5.10; carcere partitos ~us habebit equos Ov.*Fast.*4.680; ad ~i..certamina *Pont.*1.4.15; Plin.*Nat.*33.90; omnem ~i turbam Quint.*Inst.*1.6.45; utque per ~um triumphali ueste uterentur Tac.*Ann.*1.15;—(*as the haunt of astrologers, etc.*) non habeo denique nauci Marsum augurem..non de ~o astrologos Cic.*Div.*1.132; fallacem ~um uespertinumque pererro saepe Forum Hor.*S.*1.6.113;—(*transf.*) iam est ante aedis ~us ubi sunt ludi faciundi mihi Pl.*Mil.*991; (*facet.*) quid cessamus ludos facere? ~us noster ecce adest! fr.60. **b** ~us in hunc (mensem) exit Ov.*Fast.*5.189; tollatur ~us; non tuta licentia ~i est *Tr.*2.283; plebs sordida et ~o ac theatris sueta Tac.*Hist.*1.4; Juv.8.118; his te consiliis..non ~us profecto nec lorica sed libri..imbuebant Fro.*Ver.*2 p.146(128N). **c** deliciae populi, magno notissima ~o Quintia *Priap.*27.1; ~o innumero Sil.16.534.

4 (w. prop. adjs., esp.) **a** ~*us Maximus*, a circus at the foot of the Palatine and Aventine hills in Rome; also, the region containing it. **b** ~*us Flaminius*, a circus built by C. Flaminius Nepos to the north-west of the Capitoline hill; also, the region containing it. **c** other circuses.

a ludos praetor in ~o maximo cum facturus esset Liv.25.12.14; Fron.*Aq.*97; Tac.*Ann.*2.49;—quis a signo Vortumni in ~um maximum uenit? Cic.*Ver.*1.154; Liv.36.36.5. **b** nummis quos in ~o Flaminio deprehensos esse dixisti Cic.*Planc.*55; actum de imperio Marcelli in ~o Flaminio est ingenti concursu Liv.27.21.1;—uti est Castoris in ~o Flaminio Vitr.4.8.4; castra in ~o Flaminio posuit Sen.*Ben.*5.16.5; accipe de ~o pocula Flaminio Mart.12.74.2. **c** concilium populorum omnium habentibus Anagninis in ~o quem Maritimum uocant Liv.9.42.11; obeliscum in Vaticano ~o statutum Plin.*Nat.*16.201.

cīris ~is, *f.* [Gk. κεῖρις] A mythical bird into which Scylla, the daughter of Nisus, was changed. **b** (app. confused with the fish κιρρίς).

Ciris 90; 488; in auem mutata uocatur ~is Ov.*Met.*8.151. **b** Scylla filia in piscem ~im quem uocant (conuersa est) Hyg.*Fab.*198.4.

cirrātus ~a ~um, *a.* [cirrvs+-atvs²] Having curled hair, curly-headed.

tu autem, etiam tu rides, cepa ~a? Petr.58.2; nec matutini ~a caterua magistri Mart.9.29.7; ~a loris horridis Scythae pellis 10.62.8; (*masc. as sb.*) ten ~orum (*i.e. schoolboys*) centum dictata fuisse pro nihilo pendes? Pers.1.29.

Cirrha ~ae, *f.* Also **Cyrrha.** The port of Delphi (in poets often not distinguished from it).

escendentibus ad templum a ~a Liv.42.15.5; Mela 2.53; Luc.3.172; non ~a deum promiserit antro certius Stat.*Theb.*3.474; Juv.7.64.

Cirrhaeus ~a ~um, *a.*

1 Of or belonging to Cirrha.

~i sanguis Imilce Castalii Sil.3.97.

2 (w. ref. to Apollo) Cirrhaean, Delphic. **b** of the oracle of Apollo.

fatidica uatis ora ~ae mouens Sen.*Oed.*269; Luc.5.95; ceu te ~o meritum tumularet hiatu Stat.*Theb.*8.331; ~is aemulus antris..Hammon Sil.3.9; ~i spicula uatis (*Apollo*) Juv.13.79. **b** nec..~a uelim secreta mouentem sollicitare deum Luc.1.64; Stat.*Theb.*3.455.

cirrītus ~a ~um, *a.* [next+-itvs²] (epithet of a variety of pear, perh.) Tufted or bearded.

Cloat.*gram.*10.

cirrus ~ī, *m.* [dub.]

1 A lock of curly hair, a curl. **b** (applied to a kind of tuft on a bird's head).

Var.in Non.p.94M; ~is dependentibus Phaed.2.5.13; caputque nudum ~is grandibus hinc et inde cingunt (capilli) Mart.10.83.6; flauam (Germani) caesariem et madido torquentem cornua ~o Juv.13.165; Suet.*Nero* 45.2. **b** ~os pico quoque Martio et grui Balearicae (dedit natura) Plin.*Nat.*11.122.

2 a A tuft-like growth on a plant. **b** (pl.) the tentacles of a cuttlefish; the beard of an oyster.
a ephedra. .nascitur uentoso fere tractu. .folio nullo ~is numerosa, qui sint iunci geniculati PLIN.*Nat.*26.36; androsaces. .folliculos in ~is habens 27.25. **b** PLIN.*Nat.*9.83; folliculis. .inter se inplexis ueluti polyporum ~is 25.70; 26.58;—ostreorum rapere liuidos ~os MART.7.20.7.

cirsion ~iī, *n.* [Gk. κίρσιον] A kind of thistle.
~ion cauliculus est tener II cubitorum. .in cacumine capitula purpurea, quae soluuntur in lanugines PLIN.*Nat.* 27.61.

cirsocēlē ~ēs, *f.* [Gk. κιρσοκήλη] A varicocele.
integris tunicis ramex innascitur; ~en Graeci appellant CELS.7.18.9.

Cirta ~ae, *f.* A town in Numidia.
SAL.*Jug.*102.1; LIV.30.12.3; MELA 1.30.

Cirtensēs ~ium, *m. pl.* The inhabitants of Cirta.
LIV.30.12.8; TAC.*Ann.*3.74; PAUL.*dig.*22.6.9.5.

cis, *prep.* [cf. prob. -CE] CONST.: w. acc.

1 (in time) Before, within.
~ hercle paucas tempestates. .augebis ruri numerum PL.*Mos.*18; ut nulla faxim ~ dies paucos siet *Truc.*348; SAL. *Hist.*1.70.

2 (in space) On the near side of, on this side of.
ager Gallicus Romanus uocatur, qui uiritim ~ Ariminum datus est CATO *hist.*43; QVAE SVNT ERVNTVE IN GALLIA ~ ALPEIS *CIL* 1.592.2.26; Oppius mons terticeps ~ lucum Esquilinum VAR.*L.*5.50; quoad hostis ~ Euphratem fuit CIC.*Att.*7.2.6; qui ~ Rhenum incolant CAES.*Gal.*2.3.4; incoluere. .terras, prius ~ Appenninum ad inferum mare LIV. 5.33.9; 26.20.2.

3 (expr. motion) To the near side of, to this side of, across.
eo die ~ Tiberim redeundum est VAR.in Non.p.92M; Hasdrubalem ~ Hiberum ad socios tutandos retraxit LIV.22. 21.5; 26.34.9.

Cisalpīnus ~a ~um, *a.* Lying or dwelling on the near or southern side of the Alps; (spec., designation of a part of Gaul) Cisalpine.
BELLVM GALLICVM ~VM *Fast.Cos.Cap.*18a(*CIL* 1.p.24); ex ~a Gallia CAES.*Gal.*6.1.2; ne Gallos ~os. .sollicitaret LIV.27.38.6; IN GALLIA ~A *CIL* 11.1146; (*masc. pl. as sb.*) CORPORIS SPLENDIDISSIMI ~ORVM ET TRANSALPINORVM 13.2029.

cisiānus ~ī, *m.* [CISIVM+-ANVS] = next.
CN SENTIO. .PATRONO. .IVVEN ~OR *CIL* 14.409.

cisiārius ~(i)ī, *m.* [next+-ARIVS] (app.) A maker or driver of a *cisium*.
~IEI PRAENESTINEI F.P.D.D. .*CIL* 1.1446; VIAM A MILLIARIO AD ~IOS. .SVA PEC MVNIERVNT 10.1064; L TAMPIVS L F PECCIO CISIAR 11.6215; si ~ius. .cisium euertit ULP.*dig.* 19.2.13.

cisium ~(i)ī, *n.* [app. Gallic; cf. CISTA] A light, two-wheeled carriage.
decem horis nocturnis sex et quinquaginta milia passuum ~iis peruolauit CIC.*S.Rosc.*19; *Phil.*2.77; neque ullius uolantis impetum ~i nequisse praeterire VERG.*Cat.*10.3; VITR.10.1.6; quaedam sunt quae possis et in ~io scribere SEN.*Ep.*72.2; ULP.*dig.*19.2.13.

cismontānus ~a ~um, *a.* [CIS+MONTANVS] That dwells on the near, or this, side of the mountains.
Aufinates ~i PLIN.*Nat.*3.107.

Cispius ~iī, *m.* **Cespius.** One of the summits of the Esquiline Hill; also *mons ~ius*.
~io monti LABEO *gram.*22; ~ium a Laeuo Cispio Anagnino (appellatum) VAR.*gram.*115; subeuntes montem ~ium GEL.15.1.2. **β** ~ius mons quinticeps cis lucum Poetelium Esquiliis est VAR.*L.*5.50.

Cisrhenānus ~a ~um, *a.* Belonging to the west side of the Rhine.
~is omnibus Germanis CAES.*Gal.*6.2.3.

cissanthemos ~ī, *f.* **~us.** [Gk. κισσάνθεμος] (perh.) Honeysuckle.
est et altera cyclaminos cognomine ~os, geniculatis caulibus superuacuis a priore distans, circa arbores se uoluens PLIN.*Nat.*25.116; 26.34; 26.76.

Cissēis ~idis, *f.* Daughter of Cisseus, a king of Thrace, i.e. Hecuba.
SCAEV.MEM.*trag.*2; VERG.*A.*7.320; 10.705.

cissītis ~idis, *f.* [Gk.] A precious stone.
~is in candido perlucet hederae foliis PLIN.*Nat.*37.188.

cissos ~ī, *f.* [Gk. κισσός] Ivy.
~os erythranos. .appellatur similis hederae PLIN.*Nat.* 24.82.

cista ~ae, *f.* [Gk. κίστη] A box or chest, usually made of wicker-work. (spec.) **b** for holding sacred objects used in celebration of mysteries, etc. **c** a ballot-box.
quaternos HS. .ego habebo et in ~am transferam de fisco CIC.*Ver.*3.197; aut ~am effractam et subducta uiatica plorat HOR.*Ep.*1.17.54; uetus graecos seruabat ~a libellos JUV.3.206; quem totiens texit perituri ~a Latini 6.44;—(*w. ref. to material*) VAR.in Non.p.334M; omnes (*sc.* hae arbores). .ad ~as quaeque flexili crate constent (utiles) PLIN.*Nat.* 16.209. **b** pars obscura cauis celebrabant orgia ~is CATUL.64.259; et leuis occultis conscia ~a sacris TIB.1.7.48; SEN.*Her.O.*595; V.FL.2.267; per tacita secreta ~arum APUL. *Met.*6.2. **c** ~asque, quae erant legum ferendarum gratia positae, deiecerant SIS.*hist.*118; *Rhet.Her.*1.21; VT AD ~AM CVIIVSQVE CVRIAE EX MVNICIPIBVS EIIVS MVNICIPI TERNI SINT, QVI EIIVS CVRIAE NON SINT *CIL* 2.1964.2.9; electi ad custodiendas suffragiorum ~as in comitiis PLIN.*Nat.*33.31.

cistārius ~iī, *m.* [prec.+-ARIVS] A guardian of the chest or 'wardrobe'.
ANTEROS TI CAESARIS ~IVS A VESTE FOREN VIXIT ANN XXV *CIL* 6.5193.

cistella ~ae, *f.* [CISTA+-ELLA] A small box or casket.
sed quid hoc est, haec quod ~a hic iacet cum crepundiis? PL.*Cist.*655; *Rud.*1362; ~am. .domo ecfer cum monumentis TER.*Eu.*753; VAR.*L.*9.74; ~a oliuarum MART.13.36.

Cistellāria ~ae, *f.* [prec.+-ARIA] Title of a comedy of Plautus.
VAR.*L.*7.64; in comoedia ~a GEL.3.16.2.

cistellātrix ~īcis, *f.* [CISTELLA+-TRIX] (app.) A woman in charge of clothes-chests or the 'wardrobe'.
ducitur familia tota, uestipica unctor, auri custos. .cantrices ~ices PL.*Trin.*254.

cistellula ~ae, *f.* [CISTELLA+-VLA] (dim. of CISTELLA).
id, quae in hac ~a tuo signo opsignata fertur PL.*Am.*753; *Cist.*731; sed isti inest ~a huiius mulieris, quam dudum dixi fuisse liberam *Rud.*1078.

cisterna ~ae, *f.* [CISTA; for term. cf. *cauerna*] An underground or sunken tank for water-storage, etc., a cistern.
si omnino aqua non est uiua, ~ae faciendae sub tectis VAR.*R.*1.11.2; SEN.*Ep.*86.4; balneum intrauimus, angustum scilicet et ~ae frigidariae simile PETR.73.2; ~arum (aquas) ab aliquis maxime probari PLIN.*Nat.*31.31; MART. 3.56.1; piscinae ~aeque seruandis imbribus TAC.*Hist.*5.12; FORNICEM ~AMQ. .FACIVNDVM COIRAVERE *CIL* 1.2112; quid si ~a uini sit. .aut aquae ~a? PAUL.*dig.*47.2.21.5.

cisternīnus ~a ~um, *a.* [prec.+-INVS] Obtained from cisterns; *aqua ~a*, rain-water.
arbores. .ait aqua adiuuandas ~a SEN.*Ep.*86.21; uasa in aqua fontana uel ~a. .mergi COL.12.44.6.

cisthos ~ī, *m.* [Gk. κίσθος] (prob.) The rock rose, *Cistus villosus* and *salvifolius*.
Graeci. .~on appellant fruticem maiorem thymo, foliis ocimi. duo eius genera: flos masculo rosaceus, feminae albus PLIN.*Nat.*24.81; 26.49.

Cistiber ~eris, *m.* [CIS+TIBER] FORMS: *~ero* (dat.) MART.5.17.4 (*s.v.l.*). Situated on this side of the Tiber (the title of a minor police official).
nupsisti, Gellia, ~ero (*v.l.* cistifero) MART.5.17.4; hi, quos ~eres diximus, postea aediles. .creabantur POMPON.*dig.*1.2. 2.33; M. ANTONIVS M F GAI. . ~ER *CIL* 6.420; GAIONAS ~ER AVGVSTORVM 6.36793.

cistifer ~erī, *m.* [CISTA+-FER] = next.
CALPVRNIVS FORTVNATVS ~ER PEDISEQVARIVS *A.Epig.* 94.85; *CIL* 8.10627.

cistophorus ~ī, *m.* [Gk. κιστοφόρος]

1 A bearer of a casket in religious ceremonies.
L LARTIO ANTHO ~O AEDIS BELLONAE *CIL* 6.2233.

2 A coin current in Asia, representing a bearer of the *cista* of Dionysus.
ut in Asia ~um flagitaret CIC.*Dom.*52; ecquae spes sit denari an ~o Pompeiano iaceamus *Att.*2.6.2; ego in ~o in Asia habeo ad sestertium bis et uiciens 11.1.2; LIV.37.46. 3; 39.7.1; Rhodium (talentum). .~um (*gen. pl.*) quattuor milium (est) FEST.p.359M.

cistula ~ae, *f.* [CISTA+-VLA] A (small) box or chest.
hic patera nulla in ~ast PL.*Am.*792; ea quae olim parua gestauit crepundia istic in ista ~a insunt *Rud.*1082; parcae ~a non capax oliuae MART.4.46.13; derepit in quandam ~am et supergesto delitiscit orificio APUL.*Met.*9.40.

(citātē), *adv. compar.* ~ius, *superl.* ~issimē. [as next+-E] Hurriedly, quickly.
ita ~ius bos agitur COL.6.6.5; ut nomina quaedam uersusque adfectatae difficultatis. .catenatos. .quam ~issime uoluant QUINT.*Inst.*1.1.37; in fabulis. .senum, militum. . grauior ingressus est, serui, ancillulae. .~ius mouentur 11. 3.112.

citātim, *adv.* [next+-IM] Quickly, hurriedly.
ipse cum expedita copia in eum locum ~ contendit *B.Afr.*80.4.

citātus[1] ~a ~um, *a. compar.* ~ior, *superl.* ~issimus. [pple. of CITO[2]]

1 (of living creatures) Speeded up, made to travel quickly. **b** (of limbs, etc.) moved quickly. **c** (of pace, actions) hurried, quickened.
(*of horses*) reprime. .uim ~um quadrupedum ACC.*trag.* 381; 582; CAES.*Civ.*3.96.3; ora ~orum dextra detorsit equorum VERG.*A.*12.373; ~is equis auolant Romam LIV. 1.57.8; 30.12.10;—(*of men, armies, etc.*) quam ~issimo poterant agmine sese abripuerunt 22.6.10; ferunt ~i signa 41.3.8; ~us ambulet milia passuum. .duo LARG.15; lapsisque ~ior astris tristibus exsiluit ripis STAT.*Theb.*1.92; (*in fig. phr.*) breuitatem huius spatii, per quod ~issimi currimus SEN.*Ep.*99.7. **b** ut nemus ~o cupide pede tetigit CATUL. 63.2; resonetque manu pulsa ~a uocale chelys SEN.*Ag.*330; capitisque ~i integer obsequio STAT.*Theb.*6.771. **c** ~is. . tripudiis CATUL.63.26; cum commotus ira se a uestibulo templi ~o gradu proriperet LIV.8.6.2; SEN.*Apoc.*12.3; gradibusque ~is ungula frondentem discussit cornea campum LUC.6.82; ~iore uolatu FRON.*Str.*1.2.7;—(*in fig. phr.*) hoc iter uitae adsiduum et ~issimum SEN.*Dial.*10.9.5; properat cursu uita ~o *Her.F.*179; APUL.*Fl.*9.

2 (of inanim. things) Moving quickly, rapid. **b** (of the bowels) loose. **c** (of movement, rhythm, etc.) rapid.
mundi turba ~i SEN.*Her.O.*1903; stella, cum stringens polum rectam ~i ignibus rumpit uiam *Phoen.*432; res deus nostras celeri ~as turbine uersat *Thy.*621; Cyproque ~as inmisere rates LUC.8.456;—(*of rivers*) Rhenus. . per finis. .Treuerorum ~us fertur CAES.*Gal.*4.10.4; imbribus. .continuis ~ior solito amnis LIV.23.19.11; LUC.6.366; STAT.*Silv.*1.3.17. **b** item et ad aluum ~am LARG.111. **c** uelocitatis ~issimae SEN.*Ben.*6.22; cantus nos. .et ~a modulatio instigat *Dial.*4.2.4; tardos siderum incessus si compares toti, ~issimos autem si cogites quanta spatia. . circumeant *Ep.*94.56; arteriarum pulsus. .stabilis aut ~us aut tardus PLIN.*Nat.*11.219; argumenta acria et ~a QUINT. *Inst.*9.4.135; ut sonus tum placidis tum ~is. .demissam iacentemque orationem eius erigeret GEL.1.11.15.

3 (of events) Coming quickly, early.
CVI VITA PARVA MORS VALDE ~A FVIT *CIL* 3.3362.

citātus[2] ~ūs, *m.* [CITO[2]+-TVS[3]] Impulse.
alione casu an. .uenti per caua terrae ~u rupti aliquot montes tumulique sedere SAL.*Hist.*2.28.

citer (~era ~erum) *a. compar.* CITERIOR, *superl.* CITIMVS. [CIS; for term. cf. EXTER] Lying on this side, nearer.
~er ager alligatus ad sacra erit CATO *orat.*211.

citeria ~ae, *f.* [? prop. name] (perh.) A clown.
quem ego denique credo in pompa uectitatum ire ludis pro ~a, atque cum spectatoribus sermocinaturum CATO *orat.*126; PAUL.*Fest.*p.59M.

citerior ~or ~us, *a.* [compar. of CITER]

1 The nearer part of, nearer. **b** in *Hispania ~or, Gallia ~or*, as designation of either of the two provinces constituted by the parts of Spain and Gaul that lay nearer to Rome; so *prouincia ~or*. **c** of or belonging to Hither Spain, etc.
~or eius curuatura, quae uergit ad Etruriae Campaniaeque regiones VITR.2.10.1; diffisi ~ore agro arceri Poenum posse LIV.21.26.6; ~orem ripam praedicti fluminis VELL. 2.107.1; lineas transuersas incidere, quae ~orem partem ab ulteriore ex toto deducant CELS.7.9.2; Arabiam ~orem PLIN.*Nat.*6.213;—(*in fig. phr.*) ~oris aetatis metas. . Chrysippi uiuacitas flexit (*sc.* than *Isocrates*) V.MAX.8.7.ext. 10; (*neut. pl. as sb.*) inde flexa retro classis reditumque in ~ora prouinciae LIV.22.20.10. **b** Sex. Pompeium. . fugisse in Hispaniam ~orem CIC.*Att.*12.37a.(4); SAL.*Cat.* 19.1; PLIN.*Nat.*3.6;—se ulteriorem Galliam Domitio, ~orem Considio Noniano. .traditurum CIC.*Fam.*16.12.3; HIRT. *Gal.*8.54.3; SAL.*Cat.*42.1;—ab Ocelo, quod est ~oris prouinciae extremum CAES.*Gal.*1.10.5; scutatae ~oris prouinciae et caetratae ulterioris Hispaniae cohortes *Civ.*1.39. 1; LIV.32.28.11. **c** ad recuperatores adducti a ~oribus populis P. Furius Philus. .LIV.43.2.8.

2 Sooner, earlier; (w. abl.) earlier than, short of. **b** more immediate or urgent. **c** nearer to the present, later.
homini. .~orem terminum stare SEN.*Dial.*10.1.2; ut ~ore die reddatur (dos) GAIUS *dig.*23.4.15; PAUL.*dig.*13.5.4;— ~orem delicto praebuit ultionem, ut potius caueret iniuriam quam uindicaret V.MAX.6.3.11; superiori Africano consulatus ~or legitimo tempore datus est 8.15.1. **b** quorum administrandorum ~or esse necessitas uidebatur V.MAX.3.8.1; 3.8.ext.1. **c** (*neut. as sb.*) nam ~ora nondum audiebamus CIC.*Fam.*2.12.1; nec poetarum in antiquius ~usue processit ubertas VELL.1.17.2.

3 Closer to one's experience, 'nearer home'.
deduc orationem tuam de eo loco ad haec ~ora CIC.*Rep.* 1.34; *Leg.*3.4; haec ille intuens. .quanta rursus animi tranquillitate humana et ~ora considerat! *Tusc.*5.71.

4 Lesser in degree.
~or est poena quam scelus QUINT.*Decl.*299(p.181,l.7).

citerius, *adv.* [prec.] Short of, to a less degree than.
modo ultra quam oportet excurrit (ira), modo ~ debito resistit SEN.*Dial.*3.17.7.

Cithaerōn ~ōnis, *m.* A mountain in the south of Boeotia, associated with the Muses and the worship of Bacchus.
Liber, qui augusta haec loca ~onis colis *Inc.trag.*217; VERG.*A.*4.303; PROP.3.2.5; LIV.31.26.1; natusque ad sacra ~on OV.*Met.*2.223; MELA 2.41; STAT.*Theb.*8.346.

cithara ~ae, *f.* [Gk. κιθάρα] A lyre.
e septem cordis ~ae VAR.*L.*10.46; uti citharoedus. .~am tenens exornatissimam auro et ebore distinctam *Rhet.Her.* 4.60; ~ae liquidum carmen chordasque loquentis auribus accipere LUCR.4.981; VERG.*A.*6.120; grataque feminis imbelli ~a carmina diuides HOR.*Carm.*1.15.15; nec ad ~am nec ad arcum segnis Apollo est OV.*Pont.*4.8.75; PHAED. 3.16.12; digitosque sonanti infringit ~ae STAT.*Ach.*1.575;

qui ~ae sonos nominibus et spatiis distinxerit QUINT.*Inst.* 1.10.3; ~a..canere TAC.*Ann.*14.14;—(*as an attribute*) ipse suas artis, sua munera, laetus Apollo augurium ~amque dabat celerisque sagittas VERG.*A.*12.394; Melpomene, cui liquidam pater uocem cum ~a dedit HOR.*Carm.*1.24.4; (*w. ref. to the kind of music played on it*) nunc aliam ~am me mea Musa docet PROP.2.10.10;—(*meton.*) stetit ante aram nec turpe putauit pro ~a uelare caput JUV.6.391.

citharista ~ae, *m.* [Gk. κιθαριστής] A player on the lyre.
saltatores, ~as, totum denique comissationis Antonianae chorum CIC.*Phil.*5.15; *Div.*2.133; (*a statue*) etiam illum Aspendium ~am..quem omnia 'intus canere' dicebant, sustulit *Ver.*1.53.

citharistria ~ae, *f.* [Gk. κιθαρίστρια] A woman player on the lyre.
quandam nactus est puellulam ~am TER.*Ph.*82.

citharizō ~āre, *intr.* [Gk. κιθαρίζω] To play the lyre.
et ~are et cantare ad chordarum sonum doctus est NEP. *Ep.*2.1.

citharoeda ~ae, *f.* [Gk. κιθαρῳδός] A woman who sings and plays on the lyre.
AVXESI ~AE CONIVGI OPTIMAE C CORNELIVS NERITVS FECIT *CIL* 6.10125.

citharoedicus ~a ~um, *a.* [Gk. κιθαρῳδικός] Of or belonging to a singer who accompanied himself on the lyre. **b** (of songs) suitable for singing to the lyre.
Arionem..~ae artis PLIN.*Nat.*9.28; sacras coronas.. circum lectos posuit, item statuas suas ~o habitu SUET. *Nero* 25.2; APUL.*Fl.*15; CALL.*dig.*50.16.127. **b** ~a carmina composuit Terpander PLIN.*Nat.*7.204.

citharoedus ~ī, *m.* [Gk. κιθαρῳδός] A musician who sang to his own accompaniment on the lyre.
non omnes qui habent citharam sunt ~i VAR.*R.*2.1.3; ut aiunt in Graecis artificibus eos auloedos esse qui ~i fieri non potuerint CIC.*Mur.*29; ut ~us ridetur chorda qui semper oberrat eadem HOR.*Ars* 355; VITR.5.5.7; MART.5.56.9; QUINT.*Inst.*1.12.3; non referre dedecori si ~us demoueretur et tragoedus succederet TAC.*Ann.*15.65; SUET.*Nero* 20.1; —(*appos.*) cui non tunc eliceret risum ~i cauda magistri JUV.7.212.

citharus ~ī, *m.* [Gk. κίθαρος] A kind of flat-fish.
peculiares autem maris..balanus, coruus, ~us, rhomborum generis pessimus PLIN.*Nat.*32.146.

Citiensis ~is ~e, *a.* Of Citium in Cyprus, the birthplace of Zeno, the Stoic founder.
VAR.*R.*2.1.3; GEL.17.21.38.

Citieus ~a ~um, *a.* = prec.
CIC.*Tusc.*5.34.

citimus ~a ~um, *a.* [superl. of CITER] That lies or is situated nearest.
usque ad ~am lunae helicem APUL.*Soc.*8;—(*w. ab*) quae ultima a caelo ~a ⟨a⟩ terris luce lucebat aliena CIC.*Rep.* 6.16; hanc autem ~am a mediana linea direxit ad laeuam *Tim.*25;—(*nent. pl. as sb.*) sequens circulus..uadit per medios Parthos..~a Persidis PLIN.*Nat.*6.213.

citirēmis ~is ~e, *a.* [CITVS+REMVS+-IS] Having swift oars, swift.
Argo ~em VAR.*Men.*15.

Citius ~a ~um, *a.* Of Citium in Cyprus.
magis tamen extendit (cutem) is (sal), quem ~um appellauimus PLIN.*Nat.*31.84.

cito¹, *adv.* *compar.* ~ius, *superl.* ~issimē. [CITVS+-O²]

1 With great speed, quickly, fast.
homines remigio sequi, neque aues neque uenti ~ius PL. *Bac.*290; hoc ~o et cursim est agendum *Poen.*567; abi ~o ac suspende te TER.*An.*255; si uoles uinea ~o crescat CATO *Agr.*43.2; quam ~issime conficies, tam maxime expediet 64.2; quo ~ius hoc..munus conficere possimus CIC.*de Orat.* 2.11; tu ~ius..quod maxime conuenit excogitabis CAEL. *Fam.*8.3.3; et multo ~ius ferri quam lumina solis LUCR. 2.162; se inde in currus ~issime recipere CAES.*Gal.*4.33.3; illa noto ~ius uolucrique sagitta ad terram fugit VERG. *A.*5.242; HOR.*Ep.*2.1.262; si ~ius agi uellet agmen, tardius sedulo incedere LIV.2.58.7; ~o gloria obsolescit in sordidis hostibus CURT.9.6.14; ~ius per prospera fata cucurrit LUC. 7.420; ad recentem comitialem morbum ~o proficit LARG.15; QUINT.*Inst.*10.3.4; TAC.*Dial.*41.4; nam diues qui fieri uult, et ~o uult fieri JUV.14.177; (*prov.*) nihil enim lacrima ~ius arescit *Rhet.Her.*2.50.

2 At an early moment, before long, soon. **b** *~ius dicto* and sim., sooner than it was spoken (cf. 'no sooner said than done'); (also other phrs.).
sed quid huc uos reuortimini tam ~o? PL.*Am.*689; quod opus⟨t⟩ qui det ~o *Mil.*921; tacitu' ~ius audies TER.*Eu.* 571; reddet tibi ~o *Ad.*981; labor ille a uobis ~o recedet CATO *orat.*20; quam ~o id, quod ualde dulce est, aspernatur ac respuit! CIC.*de Orat.*3.99; sed ~o Curio interuenit *Phil.* 2.44; confido..~o te firmum fore *Fam.*16.20; Galli ~o cognito consilio sine mora praefectos tradunt SAL.*Cat.* 45.3; quos..nec malis diuulsus querimoniis suprema ~ius soluet amor die HOR.*Carm.*1.13.20; quod duobus mensibus ~ius priuati facti sint LIV.5.11.12; officiique pium tam ~o ponis onus? OV.*Tr.*5.6.4; quod nulli umquam ~ius gladius commissus est SEN.*Cl.*1.11.3; quod ~ius decimo anno seueris COL.*Arb.*3.5; ~ius dabit illa nepotes STAT.*Silv.* 4.8.27. **b** sic ait et dicto ~ius tumida aequora placat VERG.*A.*1.142; dicto prope ~ius equum in uiam Claudius egit LIV.23.47.6; SEN.*Apoc.*13.2;—~iusque uitam ueniamque Caesar promisit, quam illis ut eam precarentur persuasum est VELL.2.85.5; ciuile bellum paene ~ius oppressum est quam inciperet FLOR.*Epit.*2.11(3.23.1);—tempus hercule te ~ius quam oratio deficeret CIC.*S.Rosc.*89; dies me ~ius defecerit quam nomina *Ver.*4.59.

3 Quickly, with slight provocation, readily.
quem tu non tam ~o rhetorem dixisses..quam..πολιτικόν CIC.*Brut.*265; nimium ~o ait me indignari de tabulis Q. *Rosc.*5; quod de me ~o credidisses *Fam.*3.11.5;—(*compar.*) ut ei multo rhetoricam ~ius quis ademerit, quam philosophiam concesserit *Inv.*1.8; nihil est..tam uolucre quam maledictum, nihil facilius emittitur, nihil ~ius excipitur *Planc.*57; *Tusc.*2.46; nos ~ius caruerimus patriciis magistratibus quam illi plebeiis LIV.3.52.8;—(*hyperb.*) nam ~ius paterer caput hoc discedere collo quam possem nuptae perdere more faces PROP.2.7.7; ut morituros se ~ius dicerent in conspectu populi Romani quam quicquam earum rerum rogaretur LIV.5.24.9.

4 Easily, with little trouble.
haud ~o mali quid ortum ex hoc sit publice TER.*Ad.*443; —(*w. neg.*) non ~o inuenietur quin in altera utra re claudicet VAR.*L.*8.41; non ~o flectitur ab onere VITR.2.9.6;—(*compar.*) quo ~ius rem ab eo auorrat cum puluisculo PL. *Truc.*19; Gabinium..si uidissent duumuirum uestri illi unguentarii, ~ius agnouissent CIC.*Pis.*25; nam quiduis ~ius dissolui posse uidemus quam rursus refici LUCR.1.556; JUV.16.32;—(*hyperb.*) qui tanto amore suas possessiones amplexi tenebant ut ab eis membra ~ius diuelli ac distrahi posse diceres CIC.*Sul.*59; eripiet quiuis oculos ~ius mihi quam te contemptum cassa nuce pauperet HOR.*S.*2.5.35; me..uita ~ius deseret quam fides LIV.3.45.11; longa dies ~ius brumali sidere, noxque tardior hiberna solstitialis erit..quam tibi nostrarum ueniant obliuia rerum OV.*Pont.*2.4.25; spiritu ~ius queam carere, membris, luce SEN.*Med.*548; ~ius me fulmina contra..ruere..aspiciat STAT.*Theb.*8.504.

citō² ~āre ~āuī ~ātum, *tr.* [CIEO+-TO]

1 To set in motion, rouse to activity. **b** to rouse, put up (game). **c** to set (a process) in motion. **d** (transf.) to stimulate.
gressum ~abat SEN.*Her.O.*513; tigris catulis ~ata raptis MART.3.44.6; iam uox ~at altera remos STAT.*Theb.*6.801; imbellisque ~ant (columbae) ad proelia pinnas 12.18; modo quo ~at orbe Lacaenas Delia *Ach.*1.833;—(*missiles*) didici, quo Paeones arma rotatu, quo Macetae sua gaesa ~ent 2.132; ~at improbus hastam SIL.4.536;—(*med.*) dictum ocinum, quod ~at aluom bubus VAR.*R.*1.31.4; COL.7.9.9. **b** at clangore ~at quos nondum conspicit apros GRAT.186. **c** nitamur ut V dicere, sic ~etur ortus MAUR.143. **d** hinc tua, Piso, nobilitas ueterisque ~ant sublimia Calpi nomina *Laus Pis.*3.

2 To excite, promote (excretions, growth, etc.). **b** to cause to come to the surface, draw out. **c** (of a plant) to put out (shoots, etc.). **d** (w. abstr. obj.) to arouse, produce.
aliae (res) ~ant urinam, aliae tardant CELS.2.19.2; modo arida est (tussis) modo pituitam ~at 4.10.1; medicamenta.. quae pus ~ent 5.28.13.C; quod..in medio carunculam ~et 7.7.9.B;—(*w. adv.*) tum medicamentum (inponitur), quod umorem illuc ~et CELS.4.13(6).2. **b** alumen scissile..in foramen coniectum dentem ~at CELS.6.9.6; flammata facies spiritum ex alto ~at SEN.*Med.*387; utrum ~atus uulnere angusto micat..cruor? *Oed.*345. **c** si..etiam e duro uirgam ..~at (uitis) COL.3.6.2; et hae (materiae) steriles, quae e duro ~antur 3.10.3; recisis radiculis, si quas in summo solo ~auerint 5.5.5; *Arb.*7.2. **d** cum..motus (animi) aut boni aut mali opinione ~etur CIC.*Tusc.*3.24; si collibuisset, ab ouo usque ad mala ~aret, 'io Bacche!' HOR.*S.*1.3.7 (*s.v.l.*).

3 To call, summon.
aduortito animum. — non adest. — at tu ~a PL.*Ps.*32; uenit apparitor..a consule et augures ait ~ari VAR.*R.*3.7.1; mane Kalendis Decembribus..Sthenium ~ari iubet CIC. *Ver.*2.97; nautas rogitare ~are PROP.1.8.23; magistratum Sidicinum ~ari iussit LIV.26.15.7; ego me sensi noto quater ore ~ari OV.*Ep.*7.101; nomenculator mugilem ~at notum MART.10.30.23; (*poet.*) ut leo..tunc iras, tunc arma ~at STAT.*Theb.*8.125; (*transf.*, *of things*) lex..a sexagesimo (anno) senatorem non ~at SEN.*Dial.*10.20.4; lana..tonsis neta ministris, quales non primo de grege mensa ~at MART. 14.158.2;—(*w. destination or object expr.*) quid si ego huc seruos ~o? PL.*Men.*844; audiens se ~arier ad suum munus CATUL.61.42; ~ari iubent in curiam patres LIV.3.38.6; Amyclaeos ad frena ~auit olores STAT.*Silv.*1.2.142.

4 a To summon (an accused person) by name to appear. **b** to call on (as a witness); also transf. **c** to summon to attend as member of a jury, empanel. **d** to call on, summon (for var. other specific purposes); to summon (the people by tribes or centuries) to vote, etc.
a animaduertere qua lege reus ~etur CIC.*Clu.*159; in me ..qui reus non fui, qui numquam sum a tribuno plebis ~atus, damnati poena esse potuit? *Dom.*83; tota denique rea ~aretur Etruria *Mil.*50; praeco Q. Fabium magistrum equitum ~auit LIV.8.32.2; praeconem, qui reum ex Rostris ~abat 38.51.12;—(*w. gen. of charge*) omnes ei..abs te capitis C. Rabiri nomine ~antur CIC.*Rab.Perd.*31;—(*w. ad*) ~ati ad causam dicendam partim se domi uulnerauerunt SUET.*Tib.*61.4; ~auit ad accusationem nostri ordinis uirum FRO.*Amic.*1.p.286(174N);—(*transf.*) ~auere leges nefas, sed abstulit uirtus parricidium FLOR.*Epit.*1.1(1.3.6). **b** in hanc rem te..testem, Naeui, ~abo CIC.*Quinct.*37; ~at praeco uoce maxima legatos Acmonensis *Flac.*34; ambiguae si quando ~abere testis incertaeque rei JUV.8.80; in testimonium..~are VEN.*dig.*22.5.20;—(*transf.*) quamuis..Themistocles iure laudetur ~eturque Salamis clarissimae testis uictoriae CIC.*Off.*1.75; LIV.38.47.4; siue ego te feci testem falsoue ~aui..numina magna Iouis OV.*Fast.*5.683. **c** quo ..die primum, iudices, ~ati in hunc reum consedistis CIC. *Ver.*1.19; *Phil.*5.14; cum ~arem iudices..Flauius Archippus uacationem petere coepit PLIN.*Ep.Tra.*10.58(66).1. **d** qui nisi adsint quom ~entur, census capiat ilico PL.*Men.*454; consul..cum dilectum haberet nec ~atus in tribu ciuis respondisset VAR.*Men.*195; magnis in laudibus tota fere fuit Graecia uictorem Olympiae ~ari NEP.pr.5; cum..praeco cunctaretur ~are ipsum censorem LIV.29.37.8; tres te uiginti centuriones..~ati tribunos plebis appellarunt 42.32.7; contemptores eorum ~a SEN.*Ep.*24.3; ~ato nomine candidati silentium summum PLIN.*Ep.*3.20.5; inter moras consul ~atis nominibus et peracta discessione mittit senatum 9.13.20; (equitibus) senio uel aliqua corporis labe insignibus permisit..ad respondendum quotiens ~arentur pedibus uenire SUET.*Aug.*38.3; (*poet.*) recipit populos urna ~atos SEN.*Her.F.*191; (*w. uox as subj.*) in publicis..iudiciis uox illa praeconis praeter patronos ipsum, qui egerit, ~at QUINT. *Inst.*6.4.7; (*w. law as obj.*) quod si uexantur leges..~ari ante omnes debet Scantinia JUV.2.43;—in campo Martio cum centuriatim populus ~aretur LIV.6.20.10; ubi tribus ad suffragium ineundum ~ari a Licinio Sextioque uiderunt 6.35.7; tribus urbanas ad sacramentum ~auit SUET.*Nero* 44.1.

5 To cite as authority; to mention, cite.
libri, quos..Macer Licinius ~at identidem auctores LIV. 4.20.8;—reliqui..Graeci, qui in hoc anapaesto ~antur CIC. *Fin.*2.18.

citrā¹, *adv.* [CIS; for term. cf. SUPRA, VLTRA]

1 On this side, on the near side. **b** (w. motion) to this side, towards one. **c** at a nearer point.
ad castra Appi praetoris pergit. paucis ~ milibus lignatores ei..occurrunt LIV.10.25.5; cum ~ fuere margines PLIN.*Nat.*2.73; elephans..duas (mammas habet) nec in pectore, sed ~ in alis occultas 11.233. **b** inque petendo dextera diriguit nec ~ mota nec ultra est OV.*Met.*5.186; PLIN.*Nat.*10.61. **c** non erit necesse id usque a capite arcessere. saepe etiam ~ licet CIC.*Top.*39.

2 Short of the mark.
baculum..etiamsi ~ ceciderit defectu mittentis PLIN. *Nat.*24.116; et falso..ictu tela hostium ~ cadebant TAC. *Hist.*3.23.

3 Short of a specified amount or degree.
desine ~ quam capis OV.*Ars* 3.757; culta quidem, fateor, ~ quam debuit, illa (*sc.* ianua) est *Pont.*1.7.55; SEN.*Dial.* 9.10.6; quia dici, quantum est, non potest, meliusque ultra quam ~ stat oratio QUINT.*Inst.*8.6.76.

citrā², *prep.* [prec.] CONST.: w. acc.

1 (in space) On the nearer side of, on this side of; *~ mare*, in Italy. **b** (w. motion) to the near side of, across. **c** (of a letter or symbol) nearer the beginning than, before. **d** (fig.) inside, within (a limit).
primus enim ~ postis tum cernitur aer LUCR.4.275; eis impedimentis..~ flumen Rhenum depositis CAES.*Gal.*2. 29.4; nihil ~ Capuam tutum esse *Civ.*1.14.4; quidquid ~ Collatiam agri erat LIV.1.38.1; alteros qui ~, alteros qui ultra quinquagesimum lapidem..omnem copiam ingenuorum inspicerent 25.5.6; cur..saepe ~ eas (partes) ad solem reciprocent PLIN.*Nat.*2.72; est ea facies ~ Caledoniam TAC. *Ag.*10.4;—(*w. distance indicated*) is locus est ~ Leucadem stadia CXX CIC.*Fam.*16.2; paulo..~ eum locum CAES.*Civ.* 3.46.6;—atque ego cum Graecos facerem, natus mare ~, uersiculos HOR.*S.*1.10.31; 2.8.47. **b** ut exercitum ~ flumen Rubiconem..educeret CIC.*Phil.*6.5; CAES.*Gal.*6.8.2; hostem..cedendo sensim ~ flumen pertrahere LIV.21.54.4. **c** ipsa..natura..in omni uerbo posuit acutam uocem..nec a postrema syllaba ~ tertiam CIC.*Orat.*58. **d** sunt certi denique fines, quos ultra ~que nequit consistere rectum HOR.*S.*1.1.106; quidquid ~ recti formulam cecidit SEN.*Ben.* 5.15.2; et optimos uiros ~ philosophiam fuisse constabit QUINT.*Decl.*268(p.93,l.17); bona fisco ~ poenam exilii perpetuam adiudicari sententia non oportet PAPIN.*dig.*49.14.39.

2 Not so far as, short of.
quae neruo tormentisue in altum exprimuntur..~ caelum..flectuntur SEN.*Dial.*2.4.1; serpentis..tuto conprendit guttura morsu letiferam ~ saniem LUC.4.728; ~que cruorem confixae stant tela ferae LUC.6.211.

3 (in time) Before, sooner than.
forsitan..~ Troiana perisset tempora OV.*Met.*8.365; ~que iuuentam..primos carpere flores 10.84; ~ constitutam horam maturato gressu V.MAX.5.6.ext.4; siue ~ senectutem finitus est SEN.*Ep.*74.26; COL.2.8.3; solebat ~ spectaculorum dies..id extra ordinem..publicare SUET. *Aug.*43.4.

4 Below in quality or degree, less than, falling short of.
nec uirtus ~ genus est OV.*Met.*10.607; haec ~ cancrum sunt CELS.6.18.3.A; lacus..~ magnitudinem prope Ponto similis MELA 1.113; semper ~ ueritatem est similitudo SEN. *Con.*1.pr.6; non ~ uicesimam quintam partem PLIN.*Nat.* 2.77; gustu amarum ~ acorem 12.35; iuuenem..tuum quidem et condiscipulum, sed mihi ~ hoc quoque ius artissime carum STAT.*Silv.*4.pr.; si parcius aut ~ honorem uerborum..quis se prosecutus fuisset SUET.*Aug.*66.4; (*poet.*) morere, sed ~ patrem SEN.*Oed.*951.

5 Stopping short of (a condition, result, etc.), without (something coming about).
huic opus est..ungi ~ sudorem CELS.1.6.1; quae ~ gustum tactumque odore proficiunt SEN.*Dial.*9.4.7; fiunt (cometae)..et in austrino polo, sed ibi ~ ullum iubar PLIN. *Nat.*2.91; (palma) femina ~ florem germinat tantum spicae modo 13.31; dedendine fuerint etiam ~ hanc denuntiationem QUINT.*Inst.*3.8.20; in ebore uero longe ~ aemulum (Phidias) 12.10.9; nec id Rutilio et Scauro ~ fidem aut obtrectationi fuit TAC.*Ag.*1.3; materia ad omnia utuntur informi et ~ speciem aut delectationem *Ger.*16.3; ~ spem omnium fortuna cessit, ut..fraude caperetur FLOR.*Epit.* 1.36(3.1.2); mulierem..~ poenae metum in matrimonio retinere posse respondi PAPIN.*dig.*48.5.40(37).4; (*after the sb.*) uulnera ~ mors trepidis ignaua uenit STAT.*Theb.*7.741.

6 Without going as far as or having recourse to (an action, procedure, etc.). **b** without

recourse to (a thing), without the use of. **c** without resorting to (a person).
peccaui ~ scelus Ov.*Tr.*5.8.23; eius modi dolores..uix ~ ustionem finiuntur Cels.4.30(23); splendores..caeli ~ ictum minaces Sen.*Nat.*7.4.3; potest..etiam ~ istam medicationem..seruari (lens) Col.2.10.16; leo (leontophonon)..~ morsum exanimat Plin.*Nat.*8.136; ad dentium dolorem..multa..~ hanc necessitatem scio profuisse Larg. 53; pignora ~ emptionem pecunia sua liberauit Papin. *dig.*20.6.1; si ~ emancipationem sui iuris factus sit Ulp. *dig.*14.5.2.1. **b** igni sacro ex uino ~ oleum aspergitur Plin.*Nat.*23.4; neque ~ musicen grammatice potest esse perfecta Quint.*Inst.*1.4.4; ingens uictoriae decus ~ Romanum sanguinem bellandi Tac.*Ag.*35.2. **c** qui..quod debebat, ~ iudicem soluit Sen.*Ben.*3.7.2; tranare aquas ~ docentem natura ipsa sciunt (animalia) Quint.*Inst.*2.16.13; (*cf.*) tuum ipsum consilium quid profuisset ~ manum meam? *Decl.*382(p.427,l.6).

7 Without reference or regard to. **b** without reference to (a person's will, permission, etc.).
cum aliqua ex ipsa ~ personam quoque argumenta ducuntur Quint.*Inst.*7.2.14; pleraque ~ uerba significat (gestus) 11.3.65; (uir bonus) ~ uirtutem intellegi non potest 12.2.1. **b** aliis ~ senatus populique auctoritatem..auxilia submittens Suet.*Jul.*28.1; quamquam..legem quam uelit etiam ~ personam mulieris is qui dat dicere possit Pompon.*dig.*23.4.7; sin autem alius argueretur ~ conscientiam eius Afric.*dig.*29.2.46; si quid procurator ~ mandatum in uoluptatem fecit Ulp.*dig.*17.1.10.10; ~ patris uoluntatem 24.3.22.1; ~ permissum praetoris 42.1.15.12; (*cf.*) transactio rata est et ~ praetorem 2.15.8.25.

citrārius ~(i)ī, *m.* [citrvs + -arivs] A dealer in or maker of articles of citron-wood.
neapolitanorvm ~iorvm *CIL* 6.9258.

citrātus[1] ~a ~um, *a.* [citrvs + -atvs[2]] (app.) Treated with citron-wood oil.
et libros ~os (*cj.* cedratos) fuisse, propterea arbitrarier tineas non tetigisse Hem.*hist.*37.

citrātus[2] ~a ~um, *a.* [citra[1]] Situated on the near side.
pars ~a (agri) Nips.*grom.*p.291La; sic scies te in dextrato et ~o esse p.291La.

citrea ~ae, *f.* [next] The citrus tree.
~ae et iuniperus et ilex anniferae habentur Plin.*Nat.* 16.107.

citreus ~a ~um, *a.* [citrvs + -evs]

1 Belonging to, growing on, the citrus-tree. **b** (as sb., sc. *mala*) the fruit of the citrus-tree.
mala ~a Larg.158; Mart.13.37; vt ~a poma *CIL* 12.533. **b** de ~is cum sua arbore diximus Plin.*Nat.*15.47; ~a grano et propagine..proueniunt 17.64; 23.105.

2 Made of the wood of the citron-tree, *Callitris quadrivalvis*. **b** obtained from citron-wood.
maximam et pulcherrimam mensam ~am Cic.*Ver.*4.37; Albanos prope te lacus ponet marmoream sub trabe ~a Hor.*Carm.*4.1.20; odore uti scobe ~o Vitr.8.3.8; quidquid..lectis scribitur in ~is Pers.1.53; Mart.14.3; Paul.*dig.* 19.1.21.2. **b** cupressinum oleum eosdem effectus habet quos myrteum, item ~um Plin.*Nat.*23.88.

citriārius ~(i)ī, *m.* [*citrium* (citrvs) + -arivs] = citrarivs.
negotiator eborarivs avt ~ivs *CIL* 6.33885.4.

citrō, *adv.* [as citra on anal. of *ultro*, etc.] N.B.: only used in phrs. w. *ultro*.

1 To this side; *ultro* (*et, ac*) *citro*(*que*), in both directions, to and fro.
ultro ~que sulcos perpetuos ducito Cato *Agr.*33.2; pisciculi ultro ac ~ commetant Var.*R.*3.5.16; cursare ultro et ~ Cic.*S.Rosc.*60; naturis is..sursus deorsus ultro ~ commeantibus *N.D.*2.84; uolitant ultroque ~que per auras Lucr.4.36; saepe ultro ~que cum legati inter eos mitterentur Caes.*Gal.*1.42.4; negat sibi placere legatos commeare ultro ~que Liv.25.30.5; Suet.*Cal.*19.2; (*cf.*) viatici nomine vltro ~ *CIL* 14.2112.1.29;—(*in fig. phr.*) omnia autem, quibus uulgus inhiat, ultro ~que fluunt Sen.*Ep.* 72.2.

2 On both sides, by both parties.
ea nunc derepente tanta beneficia, ultro ~que..relinquemus? Cato *hist.*95c; ultro ~que integrant in oppido caedem Sis.*hist.*89; ex beneficiis ultro et ~ datis acceptis Cic.*Off.*1.56; magnae clades ultro ~que illis diebus et inlatae et acceptae Liv.3.5.11; oratione ultro ~ habita 9.45.2; illud..habet formam communicatae ultro et ~ significationis Gel.9.12.17; locus erit furti actioni ultro ~que Ulp.*dig.*9. 4.38.2.

citrōsus ~a ~um, *a.* [citrvs + -osvs] (app.) Smelling of citron-wood.
uestemque ~am Naev.*poet.*10; Paul.*Fest.*p.42M.

citrum ~ī, *n.* [next] The wood of the citron-tree. **b** a table made of citron-wood.
quibus uillae..aedificatae atque expolitae maximo opere ~o atque ebore..sient Cato *orat.*175; nuncubi hic (*sc.* in uilla) uides ~um aut aurum? Var.*R.*3.2.4; Gallici apparatus ex ~o..constitit Vell.2.56.2; Sen.*Dial.*9.9.6; acer..operum elegantia ac subtilitate ~o secundum Plin.*Nat.* 16.66; carina ~o limpido perpolita florebat Apul.*Met.*11.16. **b** ingemuit ~o non satis esse suo Mart.9.59.10; aut ~um uetus Indicosque dentes 10.98.6; et Maurusiaci pondera rara ~i 12.66.6.

citrus ~ī, *f.* [cf. Gk. κέδρος] The African tree, *Callitris quadrivalvis*, the citron-tree.
in quibus Libyssa ~us fasciis cingit fores Var.*Men.*182; amoenique saltus ~o terebintho ebore abundant Mela 3.1043; ~i contenta comis uiuebat et umbra Luc.9.428; Plin.*Nat.*37.204.

citus ~a ~um, *a.* *compar.* ~ior. [pple. of cieo]

1 Moving or acting quickly: **a** (of persons and other animate beings, usu. quasi-adverbially). **b** (of things). **c** (of pace, gait). **d** (of rhythm, etc.) rapid.
a topper ~i ad aedis uenimus Circae Andr.*poet.*26(28).1; transnauit ~a per teneras caliginis auras Enn.*Ann.*21; pergunt ad cunas ~ae Pl.*Am.*1111; uiridem ~us adit Idam..chorus Catul.63.30; undique simul speculatores ~i sese ostendunt Sal.*Jug.*101.1; ferte ~i ferrum Verg.*A.*9.37; ~us uenator Hor.*Carm.*1.37.18; eques ~us ab Roma uenit Liv. 26.15.8; saepe ~os egi per iuga longa canes Ov.*Ep.*5.20; ille ~us sublime petit Stat.*Theb.*6.682; aderat..~us equo Numida Tac.*Hist.*2.40; ~o agmine forum..praeteruecti *Hist.*3.71. **b** classis ~a texitur Enn.*scen.*65; quod iubeat ~is quadrigis citius properet persequi Pl.*Aul.*600; nullam ego rem ~iorem apud homines esse quam famam reor Pl. fr.inc.124; uada salsa ~a decurrere puppi Catul.64.6; prima ~ae Teucris ponam certamina classis Verg.*A.*5.66; ~umque retro solue, solue turbinem Hor.*Epod.*17.7; arte ~ae ueloque rates remoque mouentur Ov.*Ars* 1.3;—(*of rivers*) arsit Orontes Thermodonque ~us *Met.*2.249; ~is..aquis *Fast.* 2.274; Mela 3.40; (*cf.*) cum capiant alti uix ~a musta lacus *Priap.*53.2;—(*w. advl. force*) roseis ut huic labellis sonitus ~us abiit Catul.63.74; duo de concursu corpora lata si ~a dissiliant Lucr.1.385. **c** colos ei exanguis..~us modo modo tardus incessus Sal.*Cat.*15.5; ~o passu Ov. *Fast.*2.741. **d** uoces ut chordae sunt intentae, quae ad quemque tactum respondeant, acuta grauis, ~a tarda, magna parua Cic.*de Orat.*3.216; syllaba longa breui subiecta uocatur iambus, pes ~us Hor.*Ars* 252; Maur.1383.

2 Passing or occurring quickly, speedy; also, early.
concurritur: horae momento ~a mors uenit aut uictoria laeta Hor.*S.*1.1.8; saepe ~ae longis uisae sermonibus horae Ov.*Pont.*2.4.11;—abstulit clarum ~a mors Achillem Hor. *Carm.*2.16.29.

cīuica ~ae, *f.* [next: sc. *corona*] A civic crown (see next); (also as a cognomen).
imperator aliquem torquibus, murali et ~a donat Sen. *Ben.*1.5.6; Mart.8.82.8; cum..Dolabella per iocum.. dixisset, 'imperator, torque me dona': 'malo' inquit 'te ~a donare' Quint.*Inst.*6.3.79; cui decus muralis aut ~a Plin. *Pan.*13.5;—occiso ~a Tac.*Ag.*42.2; *CIL* 14.3472.

cīuicus ~a ~um, *a.* [civis + -icvs]

1 Of one's town or city.
qui ilico errat intra muros ~os Pl.*Bac.*24.

2 Of or connected with fellow citizens, involving fellow citizens, civil. **b** ~*a corona*, a crown or garland of oak-leaves awarded for saving the life of a fellow soldier.
seu linguam causis acuis seu ~a iura respondere paras Hor.*Ep.*1.3.23;—(*esp. of civil war, etc.*) motum..~um *Carm.*2.1.1; rabiem tollere ~am 3.24.26; clausit et aeterna ~a bella sera Ov.*Pont.*1.2.124; quasi furorem ~um castigaret Oceanus Flor.*Epit.*2.13(4.2.75). **b** mihi..L. Gellius, his audientibus ~am coronam deberi a re publica dixit Cic. *Pis.*6; dona imperatorum ad quadraginta, in quibus insignes duas murales coronas, ~as octo Liv.6.20.7; praeferebantur..coronae..~ae xiii V.Max.3.2.24; Ostorius..~am coronam apud Britanniam meritus Tac.*Ann.*16.15; Suet.*Jul.*2; Gel.5.6.11.

3 Legal, civil (as opp. to military).
~a pro trepidis cum tulit arma reis Ov.*Fast.*1.22.

cīuīlis[1] ~is ~e, *a.* *compar.* ~ior. [civis + -ilis[2]]

1 Of, connected with, arising from, affecting the citizens or one's fellow citizens.
quae uersantur in consuetudine uitae, in ratione rei publicae, in hac societate ~i Cic.*de Orat.*2.68; quem semper omnes ad ~e latrocinium natum putauerunt *Sul.*70; ut deos immortalis scientia peregrina et externa, mente domestica et ~i precaretur *Balb.*55; cuique pax, praesertim ~is..in primis fuit optabilis *Phil.*7.7; Romani ~em esse clamorem..inter se gratulantes Liv.3.28.4; exercitu non suo ~i sed mixto ex conluuione omnium gentium 28.12.3; Carthaginiensi nihil ~is roboris est 28.44.5; hoc quem ~es hauserunt sanguine dextrae Luc.1.14; cvratore annonae ~is *CIL*2. 1532; (*w. ref. to the* corona ciuica) umbrata gerunt ~i tempora quercu Verg.*A.*6.772.

2 (of disturbances, war, strife) Occurring or existing between citizens, civil. **b** of, connected with, or resulting from, civil war.
nullum posthac malum ~e ac domesticum ad ullam rei publicae partem esse uenturum Cic.*Catil.*4.15; incidi in ipsam flammam ~is discordiae uel potius belli *Fam.* 16.11.2; qui fere bella et ~is dissensiones sequi consueuit Caes.*Civ.*3.1.3; huic..bella intestina caedes rapinae discordia ~is grata fuere Sal.*Cat.*5.2; aduena ~i qui semper crimine creuit *Dirae* 81; ~is alius furor..ortus Liv.28.24.5; ~ique cadunt acie Ov.*Met.*7.142; aestuat angusta rabies ~is harena Luc.6.63; irasque ~is in exitium hostibus uertant Tac.*Ann.*1.43;—(*w.* bellum) numquam enim in ~i bello supplicatio decreta est Cic.*Phil.*14.22; Caes.*Civ.* 29.3; Liv.9.19.15; bella..plus quam ~ia Luc.1.1; Tac. *Hist.*2.75;—(*w. arma, etc.*) patria per arma ~ia · expvlsvs *Elog.*18(*CIL* 1.p.195); ~is ferri..crudelitas Cic.*de Orat.*3.12; Sal.*Hist.*1.77.10; uidimus furentia toto orbe ~ia arma Sen. *Suas.*6.6; Luc.3.313. **b** nostram aetatem a castris, praesertim ~ibus, abhorrere Cic.*Att.*14.19.1; sanguine ~i rem conflant Lucr.3.70; Sal.*Hist.*1.55.14; ~ia busta Philippos Prop.2.1.27; Liv.7.40.2; cruor ~is [Sen.]*Oct.*822; rapitur ~ibus umbris Luc.8.505; cum..maesta..~i caede maderet humus Mart.9.70.4; subitam ~is Erinys..facem Phlegraeaque mouit proelia Stat.*Silv.*5.3.195; Tac.*Hist.*4.38.

3 *ius* ~*e*, the law of and for (Roman) citizens, private or civil law, derived from *leges*, *plebiscita*, *senatus consulta*, etc.; distinguished from *ius honorarium* or *praetorum*, from *ius gentium*, and, in a non-juristic sense, from *ius naturale*. **b** of, or according to, civil law. **c** forensic, legal.
haec iura ~ia, quae iam pridem in nostra familia..uersantur Cic.*de Orat.*1.39; praesertim cum haec (causa)..in ~i iure consisteret 1.182; Sex. Aelius, iuris..~is omnium peritissumus *Brut.*78; de iure..~i si quis noui quid instituit *Ver.*1.109; cum..libellis quos M. Brutus..de iure ~i reliquit *Clu.*141; eum..cui iam nulla lex erat, nullum ~e ius *Mil.*74; satisne tibi uideor abs te ius ~e didicisse? Cic.*Fam.*7.11.1; ~e ius, repositum in penetralibus pontificum, euolgauit Liv.9.46.5; pace data terris animum ad ~ia uertet iura suum Ov.*Met.*15.832; iuris..~is necessaria huic uiro scientia est Quint.*Inst.*12.3.1; ius..~e est, quod ex legibus, plebis scitis, senatus consultis, decretis principum, auctoritate prudentium uenit Papin.*dig.*1.1.7; Gaius *dig.*1.1.9; (*non-Roman*) habebat..magnam prudentiam cum iuris ~is tum rei militaris Nep.*Cim.*2.1; (*cf.*) quae..more agentur institutisque ~ibus Cic.*Off.*1.148;—quid agas mecum ex iure ~i ac praetorio non habes *Caec.*34; is qui honoraria actione, non iure ~i obligatus est, constituendo tenetur Ulp.*dig.*13.5.1.8;—quarundam rerum dominium nanciscimur iure gentium..quarundam iure ~i Gaius *dig.*41.1.1;—ut quodam tempore homines nondum neque naturali neque ~i iure descripto fusi per agros ac dispersi uagarentur Cic *Sest.*91; Javol.*dig.*35.1.40.3. **b** ciuibus cum sunt ereptae pecuniae, ~i fere actione et priuato iure repetuntur Cic. *Div.Caec.*18; studiis ~ibus Tac.*Ann.*3.75; ~i intentione incerti agendum est Nerat.*dig.*19.5.6; ad auxilium ~e decurrere Apul.*Met.*3.29; quia ~is mihi datur actio pro honoraria Ulp.*dig.*30.28; examinationem ~em 47.14.1.4; ~ibus professoribus 50.13.1.5. **c** rem paulo..elatiorem quam pressa et ~is oratio recipit Sen.*Con.*1.8.16; ~ibus officiis renuntiabit Quint.*Inst.*10.7.1; dic igitur quid causidicis ~ia praestent officia Juv.7.106.

4 Determined by law, legal, civil.
magnam fere partem non naturalis ille amor est, sed ~ et opinabilis Gel.12.1.23; utrum ~is an naturalis obligatio sit Gaius *Inst.*3.119ª; alterum..~e, alterum naturale nomen est Paul.*dig.*38.10.10.4; cum prior solutio.. naturale uinculum non dissoluit, nec ~e Papin.*dig.*12.6.59;—(*of divisions of time*) ad naturale discrimen ~ia uocabula dierum accesserunt Var.*L.*6.12; quae redacta ad dies ~es nostros, qui nunc sunt, primi uerni temporis ex a.d. vii id. Febr. *R.*1.28.1; quod rationem ~is anni non habuerit Gel. 3.2; diem, quem Romani '~em' appellauerunt, a sexta noctis hora oriri 3.2.16.

5 Of or connected with the running of the state, political; *uir* ~*is*, a statesman; *res* ~*is* (also pl.) politics.
in ~i consultatione *Rhet.Her.*3.3; ~is quaedam ratio est, quae multis et magnis ex rebus constat Cic.*Inv.*1.6; id quod in ~i causa hodierno die primum uidemus *Catil.*4.19; eum locum, quem ~em recte appellaturi uidemur, Graeci πολιτικόν *Fin.*4.5; mitte ~is super urbe curas Hor.*Carm.* 3.8.17; aetatis eius qua ~ibus officiis fungantur homines Liv.1.35.4; cuius ingenium utrum bellicis magis operibus an ~ibus suffecerit artibus, in incerto est Vell.2.97.2; quo animo ~em agas uitam Sen.*Dial.*8.6.1; ex summa ~is scientiae ratione Fro.*Ver.*2.p.216(210N);—uir ille uere ~is et publicarum priuatarumque rerum administrationi accommodatus Quint.*Inst.*1 pr.10; 11.1.35;—sine summa rerum ~ium cognitione et prudentia Cic.*de Orat.*1.60; qua nulla in re tam utor quam in hac ~i et publica *Att.*2.17.2; Alabandis satis acutos ad omnes res ~es haberi Vitr.7.5.6;—(*opp. military*) in perpetuum res publica ~e praesidium salutis suae perdidisset Cic.*Planc.*90; non militaribus solum sed ~ibus quoque abscesserat muneribus Liv.9.3.5.

6 Of or suited to one's status as a citizen.
nihil minus et ~e et humanum quam..quicquam agi per uim Cic.*Leg.*3.42; debeo pro ~i parte rem p. uelle saluam Mat.*Fam.*11.28.4; hoc est utile, hoc ~e imperium Sal.*Jug.* 85.35; parumque id non ~e modo sed humanum etiam uisum Liv.5.23.5; eo gratior ~is tanti imperatoris reditus fuit Vell.2.40.3; nihil tam ~e est, tam utile est, quam breuem potestatem esse, quae magna est Sen.*Con.*7.8.7; semper ab armis ~em repetisse (Pompeium) togam Luc.8.814; ~is, aequi patris familias modus est annona cuiusque anni uti Plin.*Nat.*18.320; legata non ultra ~em modum Tac.*Ann.* 1.8; non oportere maledici senatoribus, remaledici ~e fasque esse Suet.*Ves.*9.2; (*neut. pl. as sb.*) tamquam..plus quam ~ia agitaret Tac.*Ann.*1.12.

7 Suitable to a private citizen, unassuming, unpretentious.
ipse pater patriae (quid enim est ~ius illo?) Ov.*Tr.*4.4 13; disciplinam..Macedonum regum salubriter temperatam et ~em habitum uelut leuiora magnitudine sua ducens Curt.6.6.2; ~i et humano ingressu Quint.*Inst.*3.8.59; nam iuueni ~e ingenium Tac.*Ann.*1.33; quid tam ~e, tam senatorium quam illud additum a nobis 'Optimi' cognomen? Plin.*Pan.*2.7; in semet augendo parcus atque ~is praenomine Imperatoris abstinuit Suet.*Cl.*12.1; Ant.*Fro.*1.p. 126(164N); (*neut. pl. as sb.*) ceterum ut princeps loquebatur, ~ia de se, et rei publicae egregia Tac.*Hist.*4.3.

Cīuīlis[2] ~is, *m.* The Batavian leader of a nationalist movement against Rome around the years a.d. 69–70.
Tac.*Hist.*1.59; 4.13.

ciuilitās ~ātis, *f.* [civilis[1] + -tas]

1 The science of politics.
(rhetoricen esse) ~atis particulae simulacrum Quint. *Inst.*2.15.25; 2.17.14; quam ~atis articuli umbram..nominauit Apul.*Pl.*2.8.

2 Behaviour as an ordinary person, unassumingness.
clementiae ~atisque eius multa et magna documenta sunt Suet.*Aug.*51.1; iactator ~atis *Cl.*35.1.

cīuīliter, *adv. compar.* ~ius. [CIVILIS[1] + -TER[2]]

1 As between citizens, in a civil sphere.
ut..cum ~iter contendimus CIC.*Off.*1.38; quam diu ~iter sine armis certetur CAEL.*Fam.*8.14.3; tibi uictori de bello atque pace agitandum est, hoc uti ~iter deponas, illa ut quam iustissima..sit SAL.*Rep.*1.3.1.

2 According to civil law.
quem ~iter in mea potestate non habeo JAVOL.*dig.*41.2. 23.2; eo nomine ~iter agi posse PAPIN.*dig.*19.5.8; si dolus malus solus conueniatur eius hominis, qui ~iter obligatus non est ULP.*dig.*11.6.1.1; siue ~iter siue naturaliter possideat 43.16.1.9.

3 In a manner suited to citizens.
philosophiae quidem praecepta noscenda, uiuendum autem esse ~iter CIC.*Ep.*fr.9(8).4; magis pie quam ~iter uim fecisse LIV.38.56.9; nec uero ille ~ius quam parens noster.. reclusit uias, portus patefecit PLIN.*Pan.*29.2; ut..~iter sententia promeretur APUL.*Met.*10.6.

4 In the manner of an ordinary person, unpretentiously.
exercet memores plus quam ~iter iras OV.*Met.*12.583; semel est odio ~iter usus *Tr.*3.8.41; comitia consulum cum candidatis ~iter celebrans TAC.*Hist.*2.91; quae in praesens Tiberius ~iter habuit *Ann.*4.21; solum poscimus ut cenes ~iter JUV.5.112; uirum ~iter eruditum GEL.pr.13; deprecatur ~ius atque mansuetius uersari commilitonem APUL. *Met.*9.39.

cīuis ~is, *m., f.* [Osc. *ceus*; *cf.* Goth. *heiwa-* 'household', AS. *hi-red,* 'marriage', perh. Skt. *śevaḥ*] FORMS: ~*i* (abl. sg.) PL.*Per.*475, CIC. *Phil.*5.28, *Att.*7.3.4, etc. ORTHOG.: *ceiuis CIL* 1.581.7.

1 A fellow citizen, fellow countryman. **b** (w. ref. to civil war).
o ~es quae me fortuna ferocis contudit ENN.*Ann.*394; quod numquam opinatus fui neque alius quisquam ~ium sibi euenturum PL.*Am.*186; o ~es, ~es! *Cur.*626; quod ~is cum ~e agat CIC.*Ver.*2.32; Homerum Colophonii ~em esse dicunt suum *Arch.*19; hunc sui ~es e ciuitate eiecerunt *Sest.* 142; ~is ille tuus Demosthenes *Att.*2.1.3; priuatum.. oportet aequo et pari cum ~ibus iure uiuere *Off.*1.124; ne ~ibus quidem suis se committebat HIRT.*Gal.*8.38.4; ~es nos eorum esse LIV.4.3.3; trepidos ~es exhortor in hostem OV.*Met.*13.234; seruati ~is referentem praemia quercum LUC.1.358; TAC.*Ann.*12.31; laudo meum ~em JUV.12.121; —(*coupled w.* hostis) serua ~es, defende hostes, cum potes defendere ENN.*scen.*6; hostibu' uictis, ~ibu' saluis PL.*Per.* 753; LIV.22.38.4; simplicius..famam aestimabat in hoste quam in ~e CURT.8.14.46;—(*collect. sg.*) angulus magis hostem tuetur quam ~em VITR.1.5.2; LIV.2.24.3;—(*fem.*) cumque duas uxores haberet..Aristomachen ~em suam, Doridem autem Locrensem CIC.*Tusc.*5.59; 'quo tenditis' inquit, 'heu, miserae ~es?' VERG.*A.*5.671. **b** ter depugnauit Caesar cum ~ibus CIC.*Phil.*2.75; occupare urbis ~ium *Att.*7.11.1; contra ~em et consulem arma non laturos CAES. *Civ.*3.31.4; ~is acuisse ferrum quo graues Persae melius perirent HOR.*Carm.*1.2.21; VELL.2.24.4; ~isque superbi constitit ante pedes LUC.2.508.

2 A citizen, countryman, considered in his relationship to the state. **b** (w. state indicated by adj. or otherwise); ~*is totius mundi*, etc., a citizen of the whole world, a cosmopolitan.
~isne esset an peregrinus PL.*Mer.*635; quanto peiorem ~em existimarint feneratorem quam furem, hinc licet existimare CATO *Agr.*pr.1; non..idcirco te isti bonum ~em putabunt CRAS.*orat.*17; qui..rei publicae sit hostis eum ~em esse nullo modo posse CIC.*Catil.*4.10; non..potest.. ipse esse in re publica ~is turbulentus *Cael.*78; ut eum ~em retineatis *Mil.*3; ~em mehercule non puto esse, qui temporibus his ridere possit *Fam.*2.4.1; quod tribunus militum seditiosus malusque ~is fuisti *B.Afr.*54.4; ut..(eum) ~em..facere studerent NEP.*Att.*3.1; dum patria est, dum ~es eius estis LIV.22.60.15; quibus nemo ea tempestate instructior ~is habebatur 30.1.4; et genetrix Crete ~em sortita Tonantem MAN.4.634; plures..hic peregrini quam ~es consistunt SEN.*Dial.*12.6.5; si iure uenitis, si ~es, huc usque licet LUC.1.192; sedem figere Cumis..atque unum ~em donare Sibyllae JUV.3.3; gratum est quod patriae ~em populoque dedisti 14.70; (*of rulers*) quo meliores ~es utilioresque rebus suis publicis essent CIC.*Off.*1.155. **b** (*w. adjs.*) ~is eam emit Atticus PL.*Epid.*602; decem milia ~ium esse Centuripinorum CIC.*Ver.*2.163; clara uoce ait se Samnitem ~em esse LIV.9.10.10;—(*Roman*) *CIL* 1.581.7; ~es Romani tunc facti sunt Campani ENN.*Ann.*169; se ~em esse Romanum, municipem Consanum CIC.*Ver.*5.161; CAES.*Gal.*7.3; LIV.10.9.4;—non ~es illius ciuitatis, sed omnes sacerdotes CIC.*Ver.*4.111; is ~is ex Latio erat SAL.*Jug.*69.4; ~es Ephesiorum VITR.10.2.15; (*poet.*) qui gentis omnis mariaque et terras mouet eius sum ~is ciuitate caelitum PL.*Rud.*2; —seseque non..popularem alicuius definiti loci, sed ~em totius mundi CIC.*Leg.*1.61; *Tusc.*5.108; ~em esse se uniuersi SEN.*Ep.*120.12;—(*fem.*) ut ea..is Romana esset CIC.*Balb.* 55; is uxorem Acarnanam ~em duxit NEP.*Them.*1.2; uirgo ~is Corinthia iam matura nuptiis VITR.4.1.9.

3 (w. ref. to status) A citizen, free person. **b** (spec.) a Roman citizen.
quia aequalem et sodalem, liberum ~em, enicas PL.*Mer.* 612; an non ~is est? TER.*An.*781; ut non dominationem et seruos, sed rectorem et ~is cogitaret TAC.*Ann.*12.11; GAIUS *dig.*50.1.29;—(*fem.*) Glycerium se scire ~em esse Atticam TER.*An.*859; uirginem uitiare ~em *Eu.*858. **b** proletario iam ~i quis uolet uindex esto *Lex XII*(*Font.iur.*p.18); praetor urbanus..ius..inter ~es dicito *Leg.pub.*1(*Font.iur.* p.45); si cuiquam nouo ~i potuerit adimi ciuitas CIC.*Caec.* 101; quis ullius ordinis qui se ~em esse meminisset..in cliuo Capitolino non fuit? *Phil.*2.16; uos..Caesonem simul ~em et legem quam cupitis habere non posse LIV.3.11.12;—(*opp. to* socii) traditique in custodiam omnes sunt, seorsum ~es sociique 22.52.3; 26.28.7.

cīuitās ~ātis, *f.* [CIVIS + -TAS] FORMS: ~*um* (gen. pl.) *CIL* 8.1179, 7030, etc.; see also VAR.*L.*8.66. ORTHOG.: *ceiu- CIL* 1.2500.7, etc.

1 An organized community, esp. that in which one lives or to which one belongs as a citizen, a state. **b** (w. ref. to its constitution).
in ~ate fiunt facinora capitalia CAECIL.*com.*213; tantum flagitium ~ati accidere QUAD.*hist.*10b; in secundum ordinem ~atis se uenisse dicunt CIC.*Ver.*3.184; ut auctoritatem senatus, statum ~atis defenderitis *Red.Pop.*16; et uirum bonum et principem ~atis suae *Fam.*13.25; numquam maiore in periculo ~as fuit 16.11.3; ei, qui ~atis gerit sacerdotium VITR.2.8.9; si libertas suum haberet in ~ate locum SEN.*Suas.*7.1; Cato orator in ~ate et Plautus poeta in scaena floruerunt GEL.17.21.47;—(*pl.*) natura sumus apti ad coetus, concilia, ~ates CIC.*Fin.*3.63; duas ~ates ex una factas; suos cuique parti magistratus, suas leges esse LIV. 2.44.9;—(*cf.*) mundum..esse quasi communem urbem et ~atem hominum et deorum CIC.*Fin.*3.64. **b** a Platone; qui..nouam quandam finxit in libris ~atem CIC.*de Orat.* 1.224; quam primum tetigero bene moratam et liberam ~atem, in ea conquiescam *Mil.*93; nam concordiam ciuium qui habere potest, nullam cum habeat ~atem? *Phil.*4.14; nec leges ullae sunt nec iudicia nec omnino simulacrum aliquod ac uestigium ~atis *Fam.*10.1.1; ~as inmutata SAL. *Cat.*10.6.

2 The persons living in an organized community, the citizens of a state.
et multo fiat ~as concordior PL.*Aul.*481; ut ~as nomen mihi commutet *Ps.*192; tota ~as eum reduxit QUAD.*hist.*76; in maledicentissima ~ate CIC.*Flac.*7; nobilissima Graeciae ~as, quondam uero etiam doctissima *Tusc.*5.66; cuius pater..ab ~ate erat interfectus CAES.*Gal.*7.4.1; non semel dicemus, io Triumphe, ~as omnis HOR.*Carm.*4.2.51; in urbe prima luce cum ~as in foro exspectatione erecta staret LIV.3.47.1; paene maestior exercitu ipso ~tas esse 9.7.9; facili ~ate ad accipienda credendaque omnia TAC.*Hist.*1.19; —(*w. prop. adjs.*) qui Atticam hodie ~atem maxumam maiorem feci atque auxi ciui femina PL.*Per.*474; multos nostri similes in ~ate Romana esse LIV.26.50.7;—(*facet.*) compedium tritor, pistrinorum ~as PL.*Per.*420.

3 A state (usu. a city, or city and surrounding district). **b** a town or city.
sed quam capiam ~atem cogito potissumum PL.*Mer.*645; in qua ~ate tandem te arbitrare uiuere? TER.*Ad.*685; legati ..qui adirent Galliae ~ates CIC.*Att.*1.19.2; ad Venetos, Venellos, Osismos..quae sunt maritimae ~ates CAES.*Gal.* 2.34; Saguntum, foederatam ~atem, ui expugnauit NEP. *Han.*3.2; diuina mens ~atem populi Romani egregia temperataque regione conlocauit VITR.6.1.11; grande periculum Lilybaeo maritimisque ~atibus esse LIV.21.50.10; in Taurorum paeninsula, in ~ate Parasino PLIN.*Nat.*2.211; expugnatam esse ~atem QUINT.*Inst.*8.3.67; cum..Auenticum gentis caput infesto agmine peteretur, missi qui dederent ~atem TAC.*Hist.*1.68. **b** quotiens incendio laborat pars ~atis SEN.*Nat.*6.9.3; Amastrianorum ~as..et elegans et ornata habet..pulcherrimam..plateam PLIN. *Ep.Tra.*10.98(99).1; plurimas per totum orbem ~ates terrae motu aut incendio afflictas restituit in melius SUET.*Ves.*17; —(*opp.* rus, *etc.*) cum suprema sua ordinaret in ~ate et haberet neptem ex filia praegnatem rure agentem PAUL.*dig.* 28.2.25.1; possessor..qui in agro uel ~ate rem soli possidet MACER.*dig.*2.8.15.1.

4 The rights of a citizen, citizenship; (pl.) the gift of citizenship to single persons; ~*as sine suffragio*, citizenship conferring social and commercial, etc., but not political rights.
si Latinis ~atem dederitis FAN.*orat.*3; milites..uirtutis ergo ~ate donari SIS.*hist.*120; quod Arretinis adempta ~as esset CIC.*Caec.*97; non enim furatus esse ~atem *Balb.*5; ~as data non solum singulis sed nationibus et prouinciis uniuersis a mortuo *Phil.*1.24; Tusculanos..Hernicos in ~atem..acceperunt *Off.*1.35; quid mihi..aut uita aut ~ate opus est? CAES.*Civ.*3.18.4; pacem in praesentia nec ita multo post ~atem etiam impetrauerunt LIV.6.26.8; pollicitusque toti Italiae ~atem VELL.2.2.3; SEN.*Ben.*3.9.2; Rusucurium ~ate honoratum a Claudio PLIN.*Nat.*5.20; recenti dono Romanae ~atis TAC.*Hist.*1.8; Transpadani in ~atem recepti *Ann.*11.24; diplomata ~atis Romanae singulis optulit SUET.*Nero* 12.1; nec..aditus illis ad ~atem Romanam datur GAIUS *Inst.*1.26; (*transf.*) eiius (*sc.* Iouis) sum ciuis ~ate caelitum PL.*Rud.*2;—(*pl.*) ~ates Romanas parcissime dedit SUET.*Aug.*40.3; *Gal.*14.3; PARENTIBVS ET SIBI ET FRATRIBVS ~ATES VII A DIVO TRAIANO IMPETRAVIT *CIL* 11.3943;—Fundanisque et Formianis..~as sine suffragio data LIV.8.14.10; 38.26.7; VELL.1.14.3.

5 (fig., of words, subjects, etc.) Status in Latin, naturalization.
eurus iam ~ate donatus est et nostro sermoni non tamquam alienus interuenit SEN.*Nat.*5.16.4; ut agricolationem Romana tandem ~ate donemus..iam nunc M. Catonem.. memoremus COL.1.1.12; ut oratio Romana plane uideatur, non ~ate donata QUINT.*Inst.*8.1.3; tu enim, Caesar, ~atem dare potes hominibus, uerbis non potes SUET.*Gram.*22 (p.116Re); FRO.*Ver.*2.p.146(127N); GEL.19.13.3.

cīuitātula ~ae, *f.* [prec. + -VLA]

1 A (small) city or town.
ad quandam ~am peruenimus APUL.*Met.*10.1.

2 Citizenship (in a petty state).
hoc quaestu se sustinebat, uendere ~as solebat SEN. *Apoc.*9.4.

Cīus ~a ~um, *a.* = CEVS.

clacendix: form of CALCENDIX.
~ genus conchae PAUL.*Fest.*p.46M.

clādēs (~is) ~is, *f.* [cf. (PER)CELLO, perh. Gk. κλαδαρός 'quivering']

1 Calamity, disaster. **b** (pregn., of exile). **c** (applied to pestilence).
quantamque ex discorditate ~em inportem familiae PAC.*trag.*178; ~es patriae flamma ferroque parata CIC.*Cons.* fr.2.64; cursum ingeni tui..premit haec importuna ~es ciuitatis *Brut.*332; quo modo illa fert publicam ~em *Att.* 10.8.9; luxuria et ignauia..rei publicae innoxiae ~i sunt SAL. *Jug.*85.43; quis ~em illius noctis, quis funera fando explicet.. VERG.*A.*2.361; hoc fonte deriuata ~es in patriam populumque fluxit HOR.*Carm.*3.6.19; ne qua in rem publicam ~es ueniat LIV.10.6.10; apud praeoccupatos Locrensium ~e animos 29.22.7; renouata semper ~e domus JUV.10.244; non eadem ~es est in proeliis unum equitem obtruncari et triremem frangi FRO.*Amic.*2.p.180(195N);—(*affecting single persons*) ~esque exanclarem inpetibilis ACC.*trag.*91; quam ~em miserae postquam accepere Latinae VERG.*A.*12.604; apparuitque quantam excitatura molem uera fuisset ~es cum uanus rumor tantas procellas exciuisset LIV.28.24.2; conuerte uoltus ad meas ~es, pater SEN.*Her.O.*1290; sexagesimum tertium uitae annum cum periculo et ~e aliqua uenire GEL.15.7.1; (*poet., of a person*) aeternus Phoebo dolor et noua ~es semper eris STAT.*Theb.*8.195;—(*affecting a particular part of the body*) cui postea Scaeuolae a ~e dextrae manus cognomen inditum LIV.2.13.1; ~em lucis ademptae OV.*Met.*3.515. **b** illam meam ~em uos..maximum esse rei publicae uulnus iudicastis CIC.*Sest.*31; urbs ab armis sine Milonis ~e numquam esset conquietura *Mil.*68; *Phil.*2.54. **c** haec igitur subito ~es noua pestilitasque aut in aquas cadit aut fruges persidit in ipsas LUCR.6.1125; unde repente mortiferam possit ~em conflare coorta morbida uis hominum generi 6.1091; pestilentia incesserat pari ~e in Romanos Poenosque LIV.28.46.15.

2 A military disaster, defeat, reverse. **b** slaughter, casualties. **c** (concr.) carnage. **d** destruction, devastation (in war).
ruit ipse suis ~ibus CIC.*Phil.*14.8; recens ad Regillum lacum accepta ~is LIV.2.22.4; nobilior alius Trasumenno locus nostris ~ibus erit 22.39.8; non uolnus super uolnus sed multiplex ~es 22.54.9; incendio non proelio ~em acceptam 30.7.12; multis..nostris suisque ~ibus nobiles VELL.2.8.3; geminae..~e ruinae SIL.13.694; grauis ~es in Britannia accepta TAC.*Ann.*14.29;—(*w. prop. adjs.*) post Caudinam ~em LIV.9.16.2; ibi quaeratis socios censeo ubi Saguntina ~es ignota est 21.19.10; post Cannensem ~em 23.30.19; non defore Arsacidis uirtutem fortunamque saepius iam ~e Romana expertam TAC.*Ann.*13.37;—(*poet.*) exiguae ~es sumus orbe remoto? LUC.7.664. **b** ea res magnae initium ~is fuit SAL.*Cat.*51.33; primosque et extremos metendo strauit humum sine ~e uictor HOR.*Carm.* 4.14.32; recensente consule biduo acceptam ~em LIV. 10.36.15; Arpi sine ~e ullius..restituti ad Romanos 24. 47.10; quota pars ~is iaculis ferroque uolanti exacta est! LUC.7.489; plus ~is faciunt TAC.*Ann.*12.28; fauori ciuium etiam domus suae ~e..uelificatus est FLOR.*Epit.*1.3(1.9.5). **c** ut..cernere tantas permisit ~es compressus sanguine puluis LUC.4.795; 7.651. **d** ea ~es Capenatem populum subegit LIV.5.24.3; plus populationibus quam proeliis ~ium fecit 8.2.8; omni ~e belli peruastat (agrum) 22.4.1.

3 Physical destruction, dissolution; (concr.) ruins.
haec uetusta..luctifica ~es nostro infixa est corpori CIC.*Tusc.*2.25; caeli quoque item terraeque fuisse principiale aliquod tempus ~emque futuram LUCR.5.246; 6.566;— urbs tota..corruit et Taygeti montis magna pars..abrupta ~em eam insuper ruina pressit PLIN.*Nat.*2.191.

4 (applied to persons) A cause of calamity, scourge, pest, bane.
~es calamitasque, intemperies modo in nostram aduenit domum PL.*Capt.*911; has duplicis pestis sociorum, militum ~is, publicanorum ruinas CIC.*Prov.*13; geminos, duo fulmina belli, Scipiadas, ~em Libyae VERG.*A.*6.843; Epaminondas, maxima Thebarum felicitas idemque Lacedaemonis prima ~es V.MAX.3.2.ext.5; ~e et peste sub illa JUV.4.84;—(*cf.*) nam et ipse pars Romanorum ~ium erit TAC.*Ann.*15.72.

clam, *adv.* and *prep.* [cf. CELO; term. as in *coram, palam*]

1 (adv.) Secretly, under cover. **b** ~ *esse*, to be or be kept secret; ~ *habere*, to keep secret.
ne quid ~ furtim se accepisse censeas PL.*Poen.*1022; haec celamus nos ~ magna industria *Truc.*57; puerum.. ~ uoluit..exstinguere TER.*Hec.*749; QVOD NEQVE VI NEQVE ~ NEQVE PRECARIO POSSEDERIT AB EO *CIL* 1.585.18; si te ~ interfecisset QUAD.*hist.*41; quod ui aut ~ factum sit CIC. *Tul.*53; cum Roma ~ esset profectus *Flac.*47; CATUL.21.5; suos ~ ex agris deducere coeperunt CAES.*Gal.*4.30.3; ut..sub terra specus frumenti condendi gratia ~ habeant *B.Afr.*65.1; Cyrum fratrem ei bellum ~ parare NEP.*Alc.*9.5; transfugae Clusini tres ~ nocte ad Fabium consulem transgressi LIV. 10.27.4; de iis qui ~ in conloquiis hostium fuerant 23.17.1; quod ~ mihi rettulit OV.*Met.*14.310; me muttire nefas? nec ~? PERS.1.119; praemissis confestim ~ cohortibus, ne qua suspicio moueretur SUET.*Jul.*31.1;—(*contr. w.* palam, aperte) ~que palamque ENN.*Ann.*242; quae me ~ ratus sum facere, omnia ea fecit palam PL.*Men.*900; qui etiam si sunt ~ amici nobis, tamen aperte Parthis inimici esse non audent CIC.*Fam.*15.4.4; exercitum educunt, Pompeius ~ et noctu, Caesar palam atque interdiu CAES.*Civ.*3.30.3; multi palam, quidam..~ interfecti LIV.1.54.8; ad omnis..circenses..commeabat, primo ~, deinde propalam SUET. *Nero* 22.1; ULP.*dig.*29.5.1.18; 41.2.6;—(*poet., w. time as subj.*) per quae ~ tacitum tempus abire solet OV.*Pont.* 4.2.42;—(*w. adj.*) meus est istic ~ mordax canis PL.*Bac.* 1146. **b** nihil ~ est PL.*Mil.*882; mea nunc facinora aperiuntur ~ quae speraui fore *Truc.*795; nec id ~ esse potuit cum ante signa Etruscorum..pugnarent LIV.5.36.6; —id qua causa ~ me habuisse dicam non edepol scio TER. *Hec.*519.

2 (prep.) Without the knowledge of, unknown to: **a** (w. acc.). **b** (w. abl.). **c** ~ *esse*, to be unknown to, escape the knowledge or notice of; ~ *habere*, to keep from the knowledge of.
a is amare occepit Alcumenam ~ urium PL.*Am.*107; mihi ..concredidit auri thensaurum ~ omnis *Aul.*7; emptast amica ~ uxorem et ~ filium *Mer.*545; CAECIL.*com.*149; haec ~ me omnia TER.*Hau.*98; quo ex oppido..legati ~ praesidia Cn. Pompei Caesarem cum adissent *B.Hisp.*3.2; 35.3;

(*after sb.*) uxor uirum si ~ domo egressa est foras PL.*Mer.*821. **b** ~ patre ACC.*trag.*654; nec ~..Troianis Pergama..inflammasset equus LUCR.1.476; non sibi ~ uobis salutem fuga petiuit? CAES.*Civ.*2.32.8; *B.Afr.*11.4. **c** neque potest ~ me esse si qui sacruficat PL.*Rud.*133; haud ~ me est TER.*Hec.*424; neque adeo ~ me est quam esse eum grauiter laturum credam 261; dum illud quod miser est ~ esse censet alteros ACC.*trag.*345; [CIC.]*Sal.*15; nullum est..factum meum..quod ~ ceteris esse uelim FRO.*Amic.*2.p.172(182N); non ~ se esse Rufini exoratione secum expostulari APUL.*Apol.*77;—non ~ me haberet quae celasse intellego TER.*Hec.*657.

clāmātor ~ōris, *m.* [CLAMO+-TOR] A shouter (in quots., applied to a noisy orator).

non enim causidicum nescio quem neque ~orem aut rabulam..conquirimus CIC.*de Orat.*1.202; 2.86; 3.81; ut intellegi possit quem existimem ~orem quem oratorem fuisse *Brut.*182; GEL.19.9.7.

clāmātōrius ~a ~um, *a.* [CLAMO+-TORIVS] That shouts (epithet of an unknown bird).

cliuiam..auem ab antiquis nominatam animaduerto ignorari—quidam ~am dicunt, Labeo prohibitoriam PLIN. *Nat.*10.37.

clamis ~idis, *f.*: old form of CHLAMYS.

clāmitātiō ~ōnis, *f.* [next+-TIO] A shouting or bawling.

quid tibi, malum, hic ante aedis ~ost? an ruri censes te esse? PL.*Mos.*6.

clāmitō ~āre ~āuī ~ātum, *intr.*, *tr.* [next+-ITO]

1 To shout repeatedly, clamour. **b** (w. dir. sp.). **c** (w. acc. and inf.). **d** (w. pred. acc.). **e** (w. indir. command). **f** (w. acc.).

o facinus animaduortendum! — quid ~as? TER.*An.*767; ex quo genere peccati, ut illi ~ant..iudicia constituta sunt CIC.*Caec.*9; quo ferocius ~abat, eo infestius circumscindere ..lictor LIV.2.55.5; nunc deis iuuantibus..clarius ~o FRO. *Aur.*1.p.242(88N); contentissime ~at APUL.*Fl.*9;—(*w. abl.*) questuque uano ~antem (*sc.* passerem) interficit PHAED. 1.9.7. **b** uenit ad me saepe ~ans 'quid agi', Micio?' TER. *Ad.*60; etiam ~as, Laterensis: 'quo usque ista dicis?' CIC. *Planc.*75; signiferum..sequi in hostem rapit 'infer, miles' ~ans, 'signum' LIV.6.8.1; SIL.10.594; ut..pars: Tiberium ad Tiberim! ~arent SUET.*Tib.*75.1;—(*w. dat.*) plaudunt, 'parum' ~ant mi uti reuortar PL.*Ps.*1276; 'quid ergo.. tam longum iter emensi sumus?' ~ans militibus LIV. 27.48.12. **c** non quod pueri ~ant in faba se repperisse PL.*Aul.*818; uenit Chremes..~ans: indignum facinu'; comperisse Pamphilum pro uxore habere hanc peregrinam TER. *An.*144; accepisse pecuniam iudices..tribunus plebis ~abat CIC.*Clu.*77; saepe ~ans liberum se liberaeque esse ciuitatis CAES.*Gal.*5.7.8; indignum facinus esse ~antes LIV.2.29.3; ad eos..currunt furere ~antes CURT.9.8.7; quin prodi Othonem et accitum Caecinam ~abant TAC.*Hist.*2.18; miles..cuncta uirtute expugnabilia ~are *Ann.*12.35;—(*indir. qu.*) sequentes ~ant matronae, eamne liberorum procreandorum condicionem, ea pudicitiae praemia esse? LIV.3.48.8. **d** uocet beatos ~etque felices qui..MART. 10.5.8; propinquum Vitellii, proditorem Othonis, interceptorem donatiui ~abant TAC.*Hist.*3.10; ut..amatricem eam, me magum et ueneficum ~aret APUL.*Apol.*78. **e** (*w. subj.*) ~abat..audiret Octauiae et Britannici matrem TAC. *Ann.*11.34; ~ans aspiceret uerberum notas 11.36; 16.10;—(*w.* ut) dum se Agrippinam esse utque subueniretur matri principis ~at 14.5. **f** Naeuius semper id ~at CIC.*Quinct.* 68; haec Volscio ~ante..concitati homines LIV.3.13.3; equos illos..quorum ~ant nomina PLIN.*Ep.*9.6.2;—(*w. dat.*) ut..saeua et detestanda Quirinio ~arent TAC.*Ann.*3.23.

2 To name or call repeatedly in a loud voice. **b** to invoke repeatedly.

clara uoce Encolpion ~are PETR.92.6; uoce ipsius auum sibi saepicule ~antis APUL.*Met.*8.20. **b** deum fidem ~ans APUL.*Met.*8.18.

3 (of things) To indicate plainly, proclaim.

nonne ipsum caput et supercilia illa penitus abrasa olere malitiam et ~are calliditatem uidentur? CIC.*Q.Rosc.*20.

clāmō ~āre ~āuī ~ātum, *intr.*, (*tr.*). [cf. CALO[1]]

1 To shout, utter a loud noise. **b** (applied to the cry of birds or beasts). **c** (transf., of utterances).

hic senex iam ~at intus ut solet PL.*Aul.*37; (*facet.*) non naso quidem (dormit), nam eo magnum ~at *Mil.*823; dic mihi, non ~as? non insanis? TER.*Ad.*727; praeficae multo et capillos scindunt et ~ant magis LUCIL.955; ⟨ta⟩cito cum opus est, ~as *Rhet.Her.*4.21; ensem..Rutuli ~antis in ore condidit adverso VERG.*A.*9.442; quarum ~antia fratrem cortice uelauit populus ora nouo OV.*Pont.*1.2.31; MART. 2.67.1; neque immaniter ~o GEL.1.26.8; (*in protest*) refero ad Scaptium. homo ~are CIC.*Att.*5.21.12; (*of an orator*) ~are contra quam deceat et quam possit *de Orat.*2.86; *Div. Caec.*48;—(*w. dat.*) illis quae sunt intu' ~at de uia TER.*An.* 491;—(*w.* de) de te autem, Catilina, cum quiescunt, probant ..cum tacent, ~ant CIC.*Catil.*1.21; cum et de suo et de uxoris interitu ~aret *Clu.*31. **b** qui uerberarem asinos, si forte occeperint ~are hinc ex crumina PL.*As.*590; cana fulix..nuntiat horribilis ~ans instare procellas CIC. *Arat.Progn.*184; alii uestrum anseres sunt qui tantum modo ~ant, nocere non possunt *S.Rosc.*57. **c** ~antia ponto uota uirum STAT.*Theb.*6.52; ~at scopulis clamoris imago SIL.14.365.

2 a (w. dir. speech). **b** (w. acc. and inf.). **c** (w. pred. acc.). **d** (w. indir. command). **e** (w. indir. qu.). **f** (w. acc.).

a coepit ~are 'Aeschine' TER.*Ad.*407; ~es uidelicet: 'si habeo familiam, a familia mea fateor te esse deiectum' CIC. *Caec.*55; cum ~arem 'quo nunc se proripit ille? Tityre, coge pecus' VERG.*Ecl.*3.19; rustica pubes ~et 'io messes et bona uina date' TIB.1.1.24; ~ato 'tuos est hic ager, ille tuos!' OV.*Fast.*2.678; JUV.6.174;—(*w. dat.*) ~o mihi ipse 'numera annos tuos' SEN.*Ep.*27.2; MART.6.48.1. **b** ~ant omnes indignissume factum esse TER.*Ad.*91; ~abat ille miser se ciuem esse Romanum CIC.*Ver.*5.161; meministine te ~are causam perisse si funere elatus esset? *Att.*14.10.1; ~ent periisse pudorem HOR.*Ep.*2.1.80; ~abis capiti uina subisse meo PROP.4.2.30; legiones adesse hostium..~abant LIV. 3.3.3; 25.21.7; ~abat..se meruisse OV.*Pont.*1.1.54; cum ~aret (Cato) omni senatu Carthaginem delendam PLIN. *Nat.*15.74; MART.5.35.2; sortis Pythicae, quae te trucis bestiae nuptiis destinatam esse ~auit APUL.*Met.*5.17;—(*transf.*) ~at Epicurus..non posse iucunde uiui, nisi sapienter CIC.*Fin.*1.57; Erasistrati schola ~at nihil esse utilius stomacho PLIN.*Nat.*20.85. **c** se causam ~at crimenque caputque malorum VERG.*A.*12.600; solos felices uiuentis ~at in urbe HOR.*S.*1.1.12; idem si (*sc.* me) ~et furem *Ep.*1.16.36; meque deum ~ent PROP.3.9.46; (eum) malum et improbum pro se quisque ~are LIV.23.3.8; bis in Isthmiaca uictor ~atus harena Phaedimus STAT.*Theb.*6.557. **d** ~are coeperunt sibi ut haberet hereditatem CIC.*Ver.*2.47; cuncti undique..ut signum daret ~abant LIV.2.25.3; 7.13.11; planeque et articulate elocutus est ~ans in hostem, ne rex Croesus occideretur GEL.5.9.2. **e** (*poet., of a place*) quid agant uenti, quas torqueat umbras Aeacus..Frontonis platani conuulsaque marmora ~ant semper JUV.1.12. **f** neque..ad mensam publicas res ~o PL.fr.inc.162; illi ad me statim..uenerunt scelus hominis ~antes CIC.*Att.*11.9. 2; ingenuum infantem semenstrem in foro holitorio triumphum ~asse LIV.21.62.2; per urbem Saturnalia diem ac noctem ~ata 22.1.20; OV.*Ep.*5.101; rursus, io, magnos ~at tibi Roma triumphos MART.7.6.7; (*cf.*) cum concursatum ~atumque ad arma omnibus locis esset LIV.8.37.7;—(*w. pron.*) idem ego quod is..~o, praedico, denuntio CIC.*Rab. Perd.*fr.33; aut quia non sentis quod ~as rectius esse HOR. *S.*2.7.25; populus quod ~at Osiri inuento JUV.8.29; VT.. QVOD VNIVERSI DE PECTORE INTIMO ~ANT, EGO CENSEAM *CIL* 2.6278.22.

3 To accompany with shouts; to make to resound with shouting.

~ata..palma theatris OV.*Fast.*5.189;—et non speratis ~atur Lemnos alumnis STAT.*Theb.*5.462; tot dominis ~ata domus *Silv.*4.8.16.

4 (of places, etc.) To resound.

~ant amnes freta nubila siluae STAT.*Theb.*11.116; spumea saxosis ~at conuallibus unda SIL.4.524.

5 (transf.) To declare plainly, proclaim: **a** (of documents, etc.). **b** (of other things).

a quid enim restipulatio ~at? CIC.*Q.Rosc.*37;—(*w. acc. and inf.*) ipsius Haboni tabulae praedam illam istius fuisse ~ant *Ver.*1.150; 2.104;—(*cf., of a person in a letter*) ~at Metellus 'nisi litteras misissem' 3.126. **b** (*w. acc. and inf.*) quom mi ipsum nomen eiius Archidemides ~aret dempturum esse, si quid crederem PL.*Bac.*285; te non uiduas iacere noctes..cubile ~at CATUL.6.7; uulnus hoc hominem esse me ~at SEN.*Ep.*59.12; APUL.*Met.*8.19;—(*ellipt.*) sic certe est: ~ant Victoris rupta miselli ilia CATUL.80.7;—(*w. abst. subj.*) ipsum (Regulum)..~at uirtus beatiorem fuisse CIC. *Fin.*2.65; (*absol.*) an quia..non ulla meo ~at in ore fides? PROP.1.18.18.

6 To shout the name of, call by name. **b** (in invocations). **c** to shout (the name of a dead person) at his funeral.

e somno pueros cum mane expergitus ~o LUCIL.143; interdum ~at Scybalen *Mor.*31; morientem nomine ~at VERG.*A.*4.674; nec tibi ~atae somnus amarus erit PROP. 2.19.6; adspicit hanc uisamque uocat: ~ata refugit OV. *Met.*2.443; ueniet tibi conuiua ~atus prope MART.1.49.30; ~atus inducitur..reus APUL.*Met.*10.7; (*poet.*) Persephonen amnes siluae freta nubila ~ant STAT.*Theb.*12.267; (*w. inanim. subj.*) extemplo ianitorem ~at (ianua) PL.*As.*391; talis humus Venerem molles ~auit in herbas PETR.127.9,1.6; —(*things*) territa uicinas Teia ~at aquas PROP.4.8.58; multum ~atos frustra spectaueris ortus GERM.*Arat.*292. **b** quin diuom atque hominum ~at continuo fidem PL.*Aul.* 300; CAECIL.*com.*212; at sese non ~et Iuppiter ipse? PERS. 2.23; nec tibi parsero, licet Iouem Olympium ~es PETR. 58.5; Ditis opem ac saeui ~antem numina regni V.FL. 4.411; ille ego ~atus sacris ululatibus amnis STAT.*Theb.* 9.434. **c** illa meum extremo ~asset puluere nomen PROP.1.17.23; quo domini ~ate sono! STAT.*Silv.*2.6.82;— (*absol.*) si modo ~antis reuocauerit aura puellae PROP. 2.27.15;—(*w.* in) SAEPIVS IN NATI NOMEN ~ATO IACENTIS *CIL* 6.15876.

clāmor ~ōris, *m.* [prec.+-OR] FORMS: ~ōs (nom. sg.) ENN.*Ann.*422; see also QUINT.*Inst.* 1.4.13.

1 A shout, shouting. **b** a shout or cry of protest, an outcry. **c** a shout of approval, applause.

anum sectatus sum ~ore per uias PL.*Cist.*536; quid istic ~orem tollis? *Cur.*277; ne semper seruo' currens, iratus senex..agendi sint seni ~ore summo TER.*Hau.*40; ~ore et sonitu colles resonantes bount PAC.*trag.*223; ~or interea fit tota domo CIC.*Ver.*1.67; quorum ~or..admonere nos debebit ut eum ciuem retineatis *Mil.*3; eodem die uehementer actum de agro Campano ~ore senatus prope contionali *Q.fr.*2.5.1; ubique maior atque inlustrior incidit res, ~ore per agros..significant CAES.*Gal.*7.3.2; it ~or caelo VERG.*A.*5.451; cum magno blateras ~ore HOR.*S.*2.7.35; LIV.2.65.3; uulgus..solitas adulationes edoctum ~ore et uocibus adstrepebat TAC.*Hist.*2.90; ~ore opus est, ut sentiat auris JUV.10.215; furem noctu deprehensum occidere permittit, ut tamen id ipsum cum ~ore testificetur GAIUS *dig.* 9.2.4;—(*of orators*) *Rhet.Her.*3.21; qui..numquam..lateribus aut ~ore contenderent CIC.*de Orat.*1.255; LUCR.4.539; loquor de oratore, qui non clamorem modo suum causis.. debet QUINT.*Inst.*12.3.4;—(*w. indir. speech*) ~or e tota contione ortus, uti bonum animum haberet: neminem illi uim allaturum saluis legionibus Romanis LIV.8.32.1; 24. 25.7. **b** recitatur uno nomine HS $\overline{\text{CCC}}$ iussu praetoris data esse. fit maximus ~or omnium CIC.*Ver.*2.47; ~orem hominum auctoritate..sedauit *Sest.*62; ante curiam uariae atque incertae rerum multitudinis ~or erat LIV.24.24.9; —(*w. acc. and inf.*) ~or undique est sublatus, indignum facinus esse 37.32.11. **c** haec sunt, quae ~ores et admirationes in bonis oratoribus efficiunt CIC.*de Orat.*1.152; si umquam mihi περίοδοι, si καμπαί..suppeditauerunt, illo tempore. quid multa? ~ores *Att.*1.14.4; qui ~ores uulgi atque imperitorum excitantur in theatris *Fin.*5.63; CAES. *Gal.*5.53.1; Sarmaticas etiam gentes..laetitiae ~or terruit ipse nouae MART.8.11.4; cum multa et diserte summisque ~oribus..decantaueriunt QUINT.*Inst.*12.8.3; mereaturque ~orem dum dicitur 12.9.8; GEL.9.8.3.

2 a A shout of joy or pleasure. **b** a cry of pain. **c** a cry of mourning or sorrow, wailing, lamentation.

a intuentem te, admirantem, ~ores tollentem cum uideo CIC.*Parad.*37; blando ~ore nepotes tendebant ad auos bracchia parua suos OV.*Fast.*3.221. **b** apis aculeum sine ~ore ferre non possumus CIC.*Tusc.*2.52. **c** ~ore et gemitu templum resonit caelitum ACC.*praet.*2; maestam incendunt ~oribus urbem VERG.*A.*11.147; compesce ~orem ac sepulcri mitte superuacuos honores HOR.*Carm.*2 20.23; LIV.9.7.4; nec enim fumantia busta ~oremque rog potuit perferre STAT.*Silv.*5.1.227.

3 The shouting of soldiers in the attack, war-cry, battle-cry. **b** (in sim. uses) an alarm, a cry of fear, a shout conveying information, expressing triumph, etc.

tollitur in caelum ~or exortus utrisque ENN.*Ann.*442; consonat terra, ~orem utrimque ecferunt PL.*Am.*228; proelium magno cum ~ore uirorum commissum est SIS.*hist.*26; ~ore..sublato CAES.*Gal.*3.22.4; magnusque utrimque ~or oriebatur HIRT.*Gal.*8.42.4; ingenti ~ore per omnis condunt se Teucri portas et moenia complent VERG.*A.*9.38; HOR. *Carm.*1.2.38; primo ~ore oppidum..captum est LIV.6.33.7; signa canunt et tollitur ~or 25.39.3; primus ~or atque impetus rem decreuit 25.41.6; ~ore ruunt Neptunia plebes Onchesti STAT.*Theb.*7.271; mox ab uniuersis adici ~orem TAC.*Ag.*26.2; (*cf. sense 1b*) in acie uestrum ~orem hostes, non in contione patres Romani horrebant LIV.3.68.6; (*transf.*) magnisque uocant ~oribus hostem (apes) VERG.*G.* 4.76;—(*in fig. phr.*) educenda..dictio est..medium in agmen, in puluerem, in ~orem, in castra atque in aciem forensem CIC.*de Orat.*1.157. **b** ~or a uigilibus..tollitur CIC.*Ver.*4.94; LIV.29.6.11; simul eorum..~or fremitusque oriebatur CAES.*Gal.*2.24.3; magno ~ore discursuque passim fugae se mandant HIRT.*Gal.*8.29.2; subito ~ore sublato, qua significatione..de suo aduentu cognoscere possent CAES. *Gal.*7.81.2; namque et uictor exercitus ~ore lacrimas eorum iuuabat TAC.*Hist.*4.46.

4 Clamour, noise (raised by numbers of animals or birds).

uos quoque signa uidetis, aquai dulcis alumnae, cum ~ore paratis inanis fundere uoces CIC.*Arat.Progn.*217; ille gruum ..~or in aetheriis dispersus nubibus austri LUCR.4.182; cum medio celeres reuolant ex aequore mergi ~oremque ferunt ad litora VERG.*G.*1.362; discessu mugire boues atque.. colles ~ore relinqui *A.*8.216; demisso quaerunt uestigia rostro et produnt ~ore feram OV.*Hal.*79.

5 The roar (of thunder and other natural phenomena).

strepitus fremitus, ~or tonitruum et rudentum sibilus PAC.*trag.*336; ter scopuli ~orem inter caua saxa dedere VERG.*A.*3.566; non sine montium ~ore uicinaeque siluae HOR.*Carm.*3.29.39; haec (*sc.* tecta) pelagi ~ore fremunt STAT.*Silv.*2.2.50; βορέαν uero ἀπὸ τῆς βοῆς, quod non sine ~ore soleat intonare APUL.*Mun.*13;—(*cf.*) non modo tonante Ioue sed prope caelesti ~ore prohibente CIC.*Phil.*5.8.

clāmōsē, *adv.* [next+-E] In a loud voice with shouting.

ne dicamus omnia ~ QUINT.*Inst.*11.3.45.

clāmōsus ~a ~um, *a.* [CLAMOR; cf. *fragosus*]

1 (of persons) Given to or indulging in shouting, bawling, yelling. **b** (of a dog) barking, noisy.

etiam si amarum..dicimus, nec minus stomachosum, rabiosum, ~um SEN.*Dial.*3.4.2; iam tristis nucibus puer relictis ~o reuocatur a magistro MART.5.84.2; 10.37.13; ~i lictoris 11.98.15; JUV.14.191;—(*of an orator*) ne turbidus et ~us tantum sit altercator QUINT.*Inst.*6.4.15. **b** uenator tenet ora leuis ~a Molossi LUC.4.440.

2 (of speaking, etc.) Marked by shouting, loud, noisy; (of a subject) calling for shouting.

continuatio est orationis enuntiandae adceleratio ~a *Rhet.Her.*3.23; inde..~a est actio QUINT.*Inst.*5.13.2; ~is ululatibus APUL.*Met.*6.27;—quaere ~am ὑπόθεσιν AUR.*Fro.* 1.p.208(84N).

3 (of places) Filled with shouting, noisy, rowdy.

~i rabiosa fori iurgia SEN.*Her.F.*172; Scorpus, ~i gloria Circi MART.10.53.1; noua ~ae stupuere silentia ualles STAT. *Theb.*4.448; ~ae..Vrbi *Silv.*4.4.18; JUV.9.144; (*poet*). undae ~us Helorus SIL.14.269.

clamys: old form of CHLAMYS.

clanculārius ~a ~um, *a.* [CLANCVLVM+-ARIVS] Writing in secret, anonymous.

uernaculorum dicta, sordidum dentem..poeta quidam ~us spargit MART.10.3.5.

clanculō, *adv.* [as next+-O[2]] Secretly.

puer ~ profugit APUL.*Met.*3.8; furatis ~ partibus 10.14; nihil ego ~ sed omnia in propatulo ago *Apol.*40.

clanculum, *adv.* and *prep.* [CLAM+-CVLVM]

1 Secretly, by stealth, *sub rosa*.

~um abii PL.*Am.*523; quom illa noctu ~um ad me exit *Cur.*22; haec cura ~um ut sint dicta *Poen.*913; nauis ~um conducitur *Rud.*57; quom..ad te patris' penum omnem congerebam ~um TER.*Eu.*310; *Ph.*873; qui inscriptum e portu exportant ~um LUCIL.722; arbitrati sunt ~um uenisse *B.Hisp.*32.8.

2 (prep. w. acc.) Without the knowledge of.

alii ~um patres quae faciunt TER.*Ad.*52.

clandestīnō, *adv.* [next + -o²] Secretly.
nam hoc negoti ~ ut agerem mandatumst mihi PL.*Mil.* 956; ~ tibi quod conmissum foret LUCIL.651; *Arg.Pl.Truc.*4.

clandestīnus ~a ~um, *a.* [**clam-de* (CLAM) + -TINVS] Done, made, arranged, obtained, etc., secretly, secret, clandestine. **b** acting secretly or silently.
~a ut celetur consuetio PL.*Am.*490; malu' ~us est amor, damnumst merum *Cur.*49; ego misera risu ~o rumpier AFRAN.*com.*127; ~a crebritudine transigi SIS.*hist.*122; exercitus perditorum ciuium ~o scelere conflatus CIC.*Sul.*33; ~o introitu urbe est potitus *Off.*2.81; ~is nuntiis legationibusque Allobrogas sollicitat CAES.*Gal.*7.64.7; ex praeda ~a LIV.6.15.5; quaestio de ~is coniurationibus 39.8.3; ~is..fraudibus MAN.1.897; ~i coetus TAC.*Ann.*2.40; nec ..rursus te ad ~am ganeam..refers PLIN.*Pan.*49.6; ~ae possessionis AFRIC.*dig.*41.2.40.3; in ~i suspicionem non ueniret (*sc.* opus faciendum) POMPON.*dig.*43.24.21.1; de.. aliis ~is litteris GEL.17.9 pr.; ~ae ueneris APUL.*Met.*5.18; —(*poet.*) at primordia gignundis in rebus oportet naturam ~am caecamque adhibere LUCR.1.779; 2.128. **b** ubi illum ~um hostem impune intra murum uidi uagari RUT. LUP.1.7; Azorusque Pheraeque et ~us Acar⟨nan⟩ GRAT.183.

clangō ~ere, *intr.* [cf. Gk. κλαγγή, AS. *hlacerung*] To make a ringing noise. **b** (of an eagle) to scream. **c** (transf.) to speak with a ringing tone.
crepitu ~ente ACC.*trag.*573; ter inhorruit aether luctificum ~ente tuba V.FL.3.349; et iam horrida clangunt signa tubae STAT.*Theb.*4.342: coruus..dum uult clarissime ~ere APUL.*Soc.*pr.4. **b** aquilarum (est) ~ere SUET.fr.161 (p.250Re). **c** hoc indicat loqui te quam eloqui malle, murmurare potius et friguttire quam ~ere FRO.*Aur.*2.p.66 (146N).

clangor ~ōris, *m.* [prec. + -OR]

1 a The crying, clamour, screaming, etc., of various birds. **b** the baying of dogs. **c** a shrill cry (made by human beings).
a ~orem fundit uastum (*sc.* uultur) CIC.*Tusc.*2.24; Harpyiae..magnis quatiunt ~oribus alas VERG.*A.*3.226; aquila..cum magno ~ore uolitans LIV.1.34.8; ~ore eorum (*sc.* anserum) alarumque crepitu excitus 5.47.4; OV.*Met.* 12.528; COL.8.13.2; fulicae matutino ~ore PLIN.*Nat.*18.362; ~orem bis terque dedit (columba) SIL.4.118; SUET.*Dom.*6.2. **b** ~ore citat quos nondum conspicit apros GRAT.186. **c** exequias planctibus ~ore magnoque semper inquietamus ululatu [QUINT.]*Decl.*8.10.

2 a The blare or blast (of trumpets). **b** the ringing or clanging (of iron).
a Tyrrhenusque tubae mugire per aethera ~or VERG.*A.* 8.526; ~ore tubarum LUC.4.750; ut..tua non umquam Tyrrhenus tempora circum clangor et STAT.*Theb.*3.651; subito ~ore lituorum FLOR.*Epit.*2.13(4.2.67). **b** quis tantus ~or ad auris? VERG.*A.*6.561; Martius hic primum ter uomere fusus ab ipso ~or V.FL.7.611.

clārē, *adv. compar.* ~ius, *superl.* ~issimē. [CLARVS + -E]

1 So as to be heard clearly, out loud. **b** (w. vbs. of hearing).
~e aduorsum fabulabor, auscultet hic quae loquar PL.*Am.*300; qui non manibus ~e quantum poterit plauserit *Cas.*1017; ~e..quiritans LUCIL.262; cum tam ~e tonuerit POMPON.*com.*4; recita istam restipulationem ~ius CIC.*Q.Rosc.*37; ut..iam ~e gemant *Att.*2.20.3; ~e, ut milites exaudirent, 'tuemini', inquit, 'castra' CAES.*Civ.*3.94.5; 'Iane pater!' ~e, ~e cum dixit 'Apollo!' HOR.*Ep.*1.16.59; ut in eo (loco) uox quam ~issime uagari possit VITR.5.3.5; ~e legere CELS.1.8.3; ~ius cum audiuntur gemunt SEN.*Ep.* 99.16; ~e funesta precatur STAT.*Theb.*11.503; diu secum ipsi ~eque meditati QUINT.*Inst.*2.11.5; si qua ~ius proloquebantur TAC.*Ann.*16.34; SUET.*Aug.*98.4; ~e nimis et sonore oscitauit GEL.4.20.8; (*cf.*) non incisa notis marmora publicis..eius..~ius indicant laudes quam Calabrae Pierides HOR.*Carm.*4.8.19. **b** tum ille ~e omnibus audientibus se id non esse facturum CIC.*Ver.*2.94; 3.69; produntur ..~issime audire mugil, lupus PLIN.*Nat.*10.193.

2 Clearly (to the eye), distinctly. **b** (of seeing).
uidit..caesariem fulgentem ~e CATUL.66.9; (Venus) apparens in caelo ~issimeque lucens uesperugo uocitatur VITR.9.1.7; Aquarius incipit occidere ~e COL.11.2.52; qui (colores) et in opaco ~ius micant PLIN.*Nat.*10.43; ~eque ..cernitur excrescentium cacuminum articulatio 16.101. **b** ~e oculis uideo PL.*Mil.*630; lynces..~issime quadripedum omnium cernunt PLIN.*Nat.*28.122.

3 Clearly to the mind, lucidly; (also w. vbs. of understanding).
undest? dic ~e TER.*An.*754; ~ius id periculum apparet CAEL.*Fam.*8.14.2; quod ~issime intellegi potest ex M. Catone PLIN.*Nat.*29.13; illi satis ~e partem hanc esse..rei.. ostendunt QUINT.*Inst.*4.1.1; magna uirtus res..~e atque ut cerni uideantur enuntiare 8.3.62;—quod superest cognosce et ~ius audi LUCR.1.921.

4 With distinction or honour, honourably.
~ius..exsplendescebat, quam generosi condiscipuli animo aequo ferre possent NEP.*Att.*1.3; qui primus medendi praecepta ~issime condidit PLIN.*Nat.*26.10; QUINT.*Inst.* 1.pr.14.

clāreō ~ēre, *intr.* [CLARVS + -EO]

1 To shine brightly or clearly.
Deltoton dicere Graii..soliti, simili quia forma littera ~et CIC.*Arat.*240(6); rutilo cum lumine ~et feruidus ille Canis stellarum luce refulgens 348(107).

2 To be clear or plain to the understanding.
quod in primo quoque carmine ~et LUCR.6.937.

3 To be famous; (of fame) to be bright.
cuius aduentu insula hodie ~et Cypros TURP.*com.*152;— ergo postquae magisque uiri nunc gloria ~et ENN.*Ann.*372.

clārescō ~escere ~uī, *intr.* [prec. + -SCO]

1 (of sound) To become loud.
~escunt sonitus VERG.*A.*2.301; (tibiarum) praeclusis, quibus ~escunt, foraminibus QUINT.*Inst.*1.11.7; indumentum illud oris ~escere et resonare uocem facit BAS.*gram.*8.

2 To be illuminated, become bright, shine.
~escit dies SEN.*Her.F.*123; aurea si iam pellis et oblatis ~escant atria uillis V.FL.7.33; iubar ut ~escere ruptis nubibus..adspexit STAT.*Theb.*12.709; TAC.*Ann.*15.37; taedis, lucernis..~escunt tenebrae APUL.*Met.*4.19;—(*fig.*) cum uerba rebus aptentur, ipso materiae nitore ~escunt QUINT.*Inst.*3.8.61; magna eloquentia, sicut flamma, materia alitur ..et urendo ~escit TAC.*Dial.*36.1.

3 To become clear or plain to the understanding.
namque alid ex alio ~escet LUCR.1.1115; 5.1456; generis ..superbi..~escunt signa STAT.*Theb.*1.446; cum aliqua comparatione (sententia) ~escit QUINT.*Inst.*8.5.19.

4 To become famous or notorious.
obscurumque latus ~escere uidit conubio gauisa domus STAT.*Silv.*3.3.120; facilius inter ancipitia ~escunt TAC.*Ger.* 14.3; ut..magnis inimicitiis ~esceret *Hist.*2.53; *Ann.*4.52; ex gente Domitia duae familiae ~uerunt SUET.*Nero* 1.1.

clāricō ~āre, *intr.* [CLARVS + -ICO] To shine or gleam.
ignes, pernicitate sui ~antes, dicto citius nostrae uisioni conuibrant APUL.*Mun.*15.

clārigātiō ~ōnis, *f.* [next + -TIO] Satisfaction or reparation.
ut eius qui cis Tiberim deprehensus esset usque ad mille pondo assium ~o esset LIV.8.14.6; QUINT.*Inst.*7.3.13.

clārigō ~āre ~āuī ~ātum, *intr.* [app. CLARVS: for term. cf. perh. *pur(i)go*] To demand satisfaction formally (from another state in a ceremonial declaration of war).
cum ad hostes ~atumque [mitterentur (legati), id est res raptas clare repetitum PLIN.*Nat.*22.5.

clārisonus ~a ~um, *a.* [CLARVS + -SONVS] Loud or clear-sounding.
a ~is auris Aquilonis CIC.*Arat.*526(280); ~as imo fudisse e pectore uoces CATUL.64.125; 64.320.

clāritās ~ātis, *f.* [CLARVS + -TAS]

1 Loudness, sonority.
praestantiam aliquam partium singularum, ut in pedibus celeritatem..~atem in uoce CIC.*Ac.*1.19; uox a scaena.. se circumagens tactuque feriens singulorum uasorum caua excitauerit auctam ~atem VITR.5.5.3; 5.8.2; uocis iucunditas ~asque QUINT.*Inst.*6.pr.11; 9.4.131.

2 Clearness, vividness (of expression).
quotiens pulchritudinem rerum ~as orationis illuminat QUINT.*Inst.*2.16.10; contingit eadem ~as etiam ex accidentibus 8.3.70.

3 Brightness, brilliance (of light, colour, etc.).
abscondit illas (*sc.* stellas) diurni luminis ~as SEN.*Nat.* 1.1.11; paulatim magnitudo eius (*sc.* cometae) distracta est et euanuit ~as 7.15.1; ~atis quidem tantae (est Venus), ut unius huius stellae radiis umbrae reddantur PLIN.*Nat.*2.37; sed et luminum ratione magna, ne ~as colorum aciem offenderet 35.97; cuius tecta fulgerent..flammis ex auro uel electri ~ate APUL.*Mun.*26.

4 Clearness, distinctness (of vision).
emicantque fontes Araxi oculorum ~ati PLIN.*Nat.*18.114; adiuuat (nitrum) ~atem uisus 31.117; 32.31;—(*w. no gen.*) boae quoque fel praedicatur ad albugines..caligines, adeps similiter ad ~atem PLIN.*Nat.*29.122; Q IVLI MVRRANI MELINVM AD ~ATEM *CIL* 7.1311.

5 Distinction, renown, fame. **b** a particular distinction.
(*of persons*) num te..fortunae tuae, num amplitudinis, num ~atis, num gloriae paenitebat? CIC.*Phil.*1.33; quae quamquam ex multis pro tua ~ate audiam *Fam.*13.68.1; pari ~ate conspicuum M. Brutum MANC.*orat.*1; summum ad gradum cum ~atis ueneris LABER.*com.*128; ingentem spem indolis ante eum diem fratris ~ate suppressae CURT. 10.8.21; quae responsis uel auguriis futuram ~atem promiserint QUINT.*Inst.*3.7.11; tu uero felix, Agricola, non uitae tantum ~ate TAC.*Ag.*45.3; PLIN.*Ep.*6.24.1; (*dist. fr.* gloria) 'gloria' multorum iudiciis constat, '~as' bonorum SEN.*Ep.*102.17; (*cf. sense* 3) (Menander) omnibus eiusdem operis auctoribus..fulgore quodam suae ~atis tenebras obduxit QUINT.*Inst.*10.1.72;—(*of birth, descent*) quae generis ~as etiam inertes homines ad summos honores prouexit ASC.*Sc.*20; ~ate nascendi QUINT.*Inst.*5.11.5; sed ~as natalium TAC.*Hist.*1.49;—(*of literature, art, etc.*) qui singulas res..ad summam ~atem perduxerunt VITR.1.1.12; litterarum ~as ex hoc primum sinu effulsit PLIN.*Nat.*4.1; Ilium immune, unde omnis rerum ~as 5.124; (*cf.*) ~ATE INGENII CORONATVS EST INTER POETAS LATINOS *CIL* 9.2860. **b** locorum nuda nomina..ponentur, ~ate causisque dilatis in suas partes PLIN.*Nat.*3.2; (corona) data est..qua ~ate nihil equidem in rebus humanis sublimius duco 22.10; nunc ipsa ~as herbarum dicetur 24.188; ~ates animalium aut operum sequemur 28.87; 35.53;—(*cf.*) Italia, rectrix parensque mundi altera..artium praestantia, ingeniorum ~atibus 37.201.

clāritūdō ~inis, *f.* [CLARVS + -TVDO]

1 Distinction, fame, renown.
in maximum decus atque in excelsissimam ~inem CATO *hist.*63; ~inis inclitissimae 83; quod fortassean..summa cum ~ine celeriter confecisset SIS.*hist.*49; in tantam ~inem breui peruenerat SAL.*Jug.*7.4; Caeciliae (familiae) notanda ~o est VELL.2.11.3; quos nobilitas aut opes aut aliqua insignis ~o rumoribus obiecerat TAC.*Hist.*1.85; ~inem militiae *Ann.*4.6; ~ine infausti generis 4.13; per quae ~inem principis extolleret 16.24; (*meton.*) tibi, nobilitas senatorum, ~o ciuium..gratias canam APUL.*Fl.*16.

2 Brightness. **b** clearness (of vision).
si fulgor et ~o deae (*sc.* lunae) redderetur TAC.*Ann.*1.28. **b** ALBVCI TRIT AD CLARITVD *CIL* 13.10021(6).

3 Loudness or clearness of voice.
histrio..qui gestus et uocis ~ine et uenustate ceteris antistabat GEL.6(7).5.1; ~o arteriis obsolescit APUL.*Fl.*17.

clāritus, *adv.* [CLARVS + -ITVS¹] Clearly, distinctly.
⟨antiqui et publicitus⟩ et ~..dicunt CELS.in Char.p. 214K; ~ cernis haec duo distributa APUL.*Soc.*17.

Clarius ~a ~um, *a.* Of or belonging to Claros, Clarian. **a** (as epithet of Apollo); *~us (deus)*, Apollo. **b** of (the oracle of) Apollo. **c** *~us poeta*, Antimachus.
a Apollinis ~i fanum PLIN.*Nat.*5.116; ORACVLI CLARI APOLLINIS *CIL* 7.633; 8.8351;—~o Delos amata deo OV.*Ars* 2.80; *Met.*11.413; V.FL.3.299;—qui numina Phoebi, qui tripodas, ~i lauros, qui sidera sentis VERG.*A.*3.360. **b** ~as..foris STAT.*Theb.*8.199. **c** nec tantum ~o est Lyde dilecta poetae OV.*Tr.*1.6.1.

clārō ~āre ~āuī, *tr.*, (*intr.*). [CLARVS + -O³]

1 To make visible, light up; (also intr. acc. Nonius p.85M, quoting ENN.*scen.*326).
aestatis primordia ~at (signum) CIC.*Arat.*273(39); has.. stellas..non potuit nobis nota ~are figura (*sc.* astrorum custos) 410(166); nostrum..iter longae ~auit limite flammae STAT.*Theb.*5.286.

2 To make clear, explain.
animi natura uidetur atque animae ~anda meis iam uersibus esse LUCR.3.36; multaque nobis ~andumst 4.778; obscura ~are APUL.*Soc.*16.

3 To make famous.
Iuppiter excelsa ~abat sceptra columna CIC.*Cons.*fr.2.63; illum non labor Isthmius ~abit pugilem HOR.*Carm.*4.3.4; hunc et Mauortia ~ant (*MSS.* clamant) semina STAT.*Theb.* 11.652.

clāros¹ ~ī, *m.* [Gk. κλῆρος] A beetle infesting beehives (regarded by Pliny as a disease).
sunt et operis morbi: cum fauos non explent, ~on uocant PLIN.*Nat.*11.64.

Claros² ~ī, *f.* A town in Ionia sacred to Apollo.
mihi Delphica tellus et ~os et Tenedos Patareaque regia seruit OV.*Met.*1.516.

clārus ~a ~um, *a. compar.* ~ior, *superl.* ~issimus. [cf. CALO¹; term. as in *gnarus*]

1 Loud, sonorous.
sonitu ~o fulgoriuit Iuppiter NAEV.*trag.*12; uoce ~a exclamat PL.*Am.*1120; plausum fabulae huic ~um dare *Rud.*1420; exclamationem quam ~issimam *Rhet.Her.*3.25; ut idem omnes exaudiant ~issima uoce dicam CIC.*Sul.*43; ~o comitari Hymenaeo LUCR.1.97; ~iore uoce, ut magna pars militum exaudiret CAES.*Gal.*5.30.1; se in Noua uia.. uocem noctis silentio audisse ~iorem humana LIV.5.32.6; uituli..tempora discussit ~o caua malleus ictu OV.*Met.* 2.625; ~is latratibus 13.806; ~a lectio CELS.1.2.6; ~um.. tintinabulum PHAED.2.7.5; ~ae salutationis SEN.*Dial.* 12.19.2; gemitus ~i STAT.*Theb.*5.327; uoce palam ~oque tumultu 10.582; illa sublimia spatiosas ~asque uoces habent QUINT.*Inst.*9.4.136; ~a uoce gesta patefecit TAC.*Hist.*4.34; nos..in ~um cachinnum..effusos APUL.*Met.*2.14; (*neut. sg. as adv.*) ne..~um ingemat STAT.*Theb.*11.725.

2 (of light and sources of light) Bright, shining, clear; *~a lux*, broad daylight; also, characterized by clear skies. **b** (of reflecting or coloured objects) bright, gleaming. **c** (of places) bright (with light). **d** (fig., of literary ornament).
curate ut splendor meo sit clupeo ~ior quam solis radii esse..solent PL.*Mil.*1; Helicen et ~issimos Septentriones CIC.*Luc.*66; in luce et ~o candore LUCR.4.232; ~as scintillas 6.163; dant ~a incendia lucem erranti VERG.*A.*2.569; non ante oculis tam ~a ..refulsit alma parens 2.589; ~um Tyndaridae sidus HOR.*Carm.*4.8.31; ~a..sidera OV.*Pont.* 2.2.10; tertium (genus fulminum) est quod ~um uocant PLIN.*Nat.*2.137; omnia ~a nitent, sed ~ior omnia supra Hesperos exsertat radios STAT.*Theb.*6.580; ~a regione profundi 3.524; nox ~a TAC.*Ag.*12.3;—luci ~o deripiamus aurum matronis palam PL.*Aul.*748; ut..frequentissima celebritate et ~issima luce laetetur CIC.*Cael.*47; *Off.*2.44; VERG.*A.*1.588; foro medio, luce ~a LIV.23.10.7; MART. 14.60.2; (*fig.*) quique..fluctibus e tantis uitam tantisque tenebris in tam tranquillo et tam ~a luce locauit LUCR.5.12; —et ~o siluas cernes Aquilone moueri VERG.*G.*1.460. **b** pocula..gemmis erant distincta ~issimis CIC.*Ver.*4.62; insignis ~a conspicuusque domo [TIB.]3.3.4; ~o..marmore PROP.2.31.9; ~o..auro OV.*Met.*13.105; ~us..cycnus SEN. *Ag.*678; dea ~a (*sc.* Iris) STAT.*Theb.*10.82; (*w. abl.*) agrum.. aurea ~um coma ACC.*trag.*211; et circum argento ~i delphines VERG.*A.*8.673; ~am..auro gemmisque coronam OV.*Met.*13.704;—(*of colour*) purpura poeniceusque color ~issimu' multo LUCR.2.830; rosa..Sarrano ~ior ostro COL. 10.287; PLIN.*Nat.*35.183;—(*cf.*) suus quidem cuique color est: Saturno candidus, Ioui ~us PLIN.*Nat.*2.79. **c** laudabunt alii ~am Rhodon HOR.*Carm.*1.7.1; ~amque..sole Rhodon LUC.8.247. **d** quod incitatius feratur et ~issimis uerborum luminibus utatur..poema putandum CIC.*Orat.*67; quamuis ~is sit coloribus picta uel poesis uel oratio *de Orat.* 3.100.

3 (of the eyes or sight) Seeing clearly, clear.
quibus oculi parum ~i sunt CATO *Agr.*157.10; lumina ne facias oculorum ~a creata, prospicere ut possimus LUCR. 4.825; caesii (pupilli) in tenebris ~iores PLIN.*Nat.*11.142.

4 Distinct, unambiguous, clear, plain; *luce ~ior*, clearer than daylight.
ea transferri oportet. quae..~iorem faciunt rem CIC.

*de Orat.*3.157; solent tuae (litterae) compositissimae et ~issimae esse *Att.*6.9.1; ad aperta et ~a ueniamus *Div.* 2.135; quo studium suom in rem publicam ~ius esset SAL. *Cat.*49.4; parum ~is lucem dare HOR.*Ars* 448; nondum satis ~am uictoriam LIV.6.32.6; an somno ~ius illud erat? OV. *Fast.*3.28; inter ~issima publicae uoluntatis argumenta VELL.1.15.3; teneris in annis haud satis ~a est fides [SEN.] *Oct.*538; secuta est senatus ~issima adsensio PLIN.*Ep.*3.4.4; —(*coupled w.* certus) uide..ut mi haec certa et ~a attuleris TER.*Hec.*841; si non alia certiora et ~iora testimonia.. haberem CIC.*Q.Rosc.*37; SEN.*Apoc.*1.3; LIV.22.39.22;—luce sunt ~iora nobis tua consilia omnia CIC.*Catil.*1.6; *Tusc.*1.90; quem a M. Antonio interemptum luce ~ius erat V.MAX. 9.15.ext.2;—(*prov.*) caecis hoc, ut aiunt, satis ~um est QUINT.*Inst.*12.7.9.

5 Well-known, notorious.

illa..expugnatio fani..quam acerba toti Asiae, quam ~a apud omnis CIC.*Ver.*1.50; ~a res est quam dicturus sum, tota Sicilia celeberrima atque notissima 3.61; utrum furtum factum non est? at nihil ~ius Larini *Clu.*183; *Fam.*3.11.1; ille praepotens opibus populus, luxuria superbiaque ~us LIV.7.31.6; ut ~ior res erat quam ut tegi ac dissimulari posset 26.51.11; in Narbonensi prouincia ~issimus uentorum est circius PLIN.*Nat.*2.121; quo..euentu Germanica bella tractauerimus, satis ~um TAC.*Hist.*4.73; (*w. dat.*) castra hostium apud Sucronem capta..satis ~a uobis sunt SAL. *Hist.*2.98.6.

6 (of persons) Celebrated, famous. **b** (w. source or field of renown expr.). **c** (coupled or contrasted w. other adjs.).

in occulto iacebis quom te maxume ~um uoles PL.*Trin.* 664; Antimachum ~um poetam CIC.*Brut.*191; fortissimorum et ~issimorum ciuium *Prov.*18; C. Caelius, ~issimus ac fortissimus adulescens *Planc.*52; in ~is uiris et feminis *Tusc.*1.27; ubi accepit homines ~os..contra inceptum suom uenisse SAL.*Jug.*25.6; o ~issime..Pandare VERG.*A.* 5.495; abstulit ~um cita mors Achillem HOR.*Carm.*2.16.29; 4.6.31; uir non domi solum sed etiam Romae ~us LIV.8.19.4; 30.30.17; ~us erat siluis Cephalus OV.*Ep.*4.93; ~i monimenta Philippi *Fast.*6.801; ~is scriptoribus TAC.*Ann.*1.1; ~issimo cuique periculum facessit 1.74; quibus ~i parentes fuerant 11.25; (*masc. pl. as sb.*) Vibius Crispus, pecunia potentia ingenio inter ~os magis quam inter bonos *Hist.* 2.10; (*transf.*) nomine celebri ~oque potens pectore ACC. *trag.*521;—(*of families, etc.*) ~issimi nominis gloriam CIC. *Dom.*86; Messi ~um genus Osci HOR.*S.*1.5.54; familias ~as ac potentes LIV.23.4.7; ~um..inter Germanos Frisium nomen TAC.*Ann.*4.74;—(*of armies*) exercitum nostrum ~um atque uictorem CIC.*Man.*25. **b** (*w. abl.*) uir omnibus rebus ~issimus atque amplissimus CIC.*Dom.*43; Aiax.. totiens seruatis ~us Achiuis HOR.*S.*2.3.194; *Carm.*3.1.7; ambos ~os genere factisque LIV.2.10.6; Ponticus heroo, Bassus quoque ~us iambis OV.*Tr.*4.10.47; Hippocrates ~us arte medicinae QUINT.*Inst.*3.6.64; Gallica gens olim armis uirisque..~a TAC.*Hist.*1.67;—(*w.* in *and abl.*) multi..~i in philosophia et nobiles CIC.*de Orat.*1.46; OV.*Ib.*262; Timotheum ~um in arte tibiarum QUINT.*Inst.*2.3.3;—(*w.* ex) Demetrium..et ex re publica Atheniensi..et ex doctrina nobilem et ~um CIC.*Rab.Post.*23;—(*w.* ob) ~us ⟨ob⟩ obscuram linguam LUCR.1.639;—(*w. acc.*) ~i genus TAC. *Ann.*6.9. **c** multi oratores magni et ~i fuerunt CIC.*Orat.*6; magnus et ~us antea, maior atque ~ior haberi coepit SAL. *Jug.*92.1; ita ipsi ~i potentesque fieri *Cat.*38.1; ubi bonus deteriorem diuitiis magis ~um magisque acceptum uidet *Rep.*2.7.6; LIV.25.34.2; TAC.*Ag.*18.6;—~i magis quam honesti SAL.*Jug.*8.1; LIV.8.27.6.

7 *uir ~issimus* (an honorific expression increasingly during the empire restricted to those of senatorial rank). **b** (used spec. to designate persons of senatorial rank or members of their families).

ille uir ~issimus summusque imperator, M. Marcellus CIC.*Ver.*5.84; Cn. Pompeio, ~issimo uiro mihique..amicissimo *Sest.*39; patre tuo, ~issimo uiro *Fam.*2.2; MART. 9.pr.2; tribunatum quem a Neratio Marcello, ~issimo uiro, impetrau tibi PLIN.*Ep.*3.8.1; Gauium Maximum ~issimum et nobis obseruandum uirum FRO.*Aur.*1.p.260(167N). **b** ~a persona, ueluti senatoris uel uxoris eius GAIUS *dig.* 27.10.5; feminae nuptae ~issimis personis ~issimarum personarum appellatione continentur ULP.*dig.*1.9.8; PAUL. *dig.*50.1.22.1.

8 (of things) Illustrious, famous.

~is..cartis LUCIL.1085; ubi diuitiae ~ae habentur SAL. *Rep.*2.7.8; claris..armis HOR.*Ars* 289; asphodelum de ~issimis herbarum PLIN.*Nat.*22.67;—(*places*) in tam ~a ciuitate CIC.*de Orat.*2.334; duobus in ~issimis..templis *Ver.*5.184; ~as Asiae..urbes CATUL.46.6; Eoo ~um Marathona triumpho STAT.*Theb.*12.617;—(*actions, events, etc.*) dabo aliam pugnam ~am et commemorabilem PL.*Ps.*525; recordationem ~issimi iuris iurandi CIC.*Att.*6.1.22; multae res extiterunt urbanae maiores ~ioresque quam bellicae *Off.*1.74; quasi praetura et consulatus atque alia omnia huiusce modi per se ipsa ~a et magnifica sint SAL.*Jug.*4.8; ~is..factis VERG.*A.*7.474; duobus tam ~is funeribus LIV.2.47.9; triumpho..omnium ~issimo 30.45.2; ~o.. exemplo TAC.*Ann.*4.11; (*w. abl. supine*) ~umque dictu..in triumpho arbores quoque duximus PLIN.*Nat.*12.111; (*w.* ad) sicut truci ita ~o ad memoriam imperio LIV.8.12.4; (*neut. pl. as sb.*) grassandum ad ~a periclis SIL.1.570;—(*qualities, etc.*) ubi nobilitas mea erit ~a PL.*Rud.*933ᵃ; singularis uirtus, ~issima auctoritas CIC.*Man.*49; Memmi facundia ~a pollensque fuit SAL.*Jug.*30.4; ~is..uirtutibus OV.*Pont.*2.3. 1; ~issimum deinde Homeri inluxit ingenium VELL.1.5. 1; ~a..laus TAC.*Ann.*14.37.

classiārius ~a ~um, *a.* [CLASSIS+-ARIVS] Of the fleet or the marines; (masc. pl. as sb.) naval personnel, marines.

Anicetum trierarcho Herculeio et Obarito centurione ~o comitatum TAC.*Ann.*14.8;—per equites dispositos aqua prohibere ~os instituit CAES.*Civ.*3.100.2; *B.Alex.*12.1; signum a ~is regis datum NEP.*Milt.*7.3; ~orum remigio uehi TAC.*Ann.*14.4; cum ~os, quos Nero ex remigibus iustos milites fecerat, redire ad pristinum statum cogeret SUET. *Gal.*12.2.

classicula ~ae, *f.* [CLASSIS+-CVLA] A small fleet.

Cassius cum ~a sua uenerat CIC.*Att.*16.2.4.

classicum ~ī, *n.* [next] A military trumpet-call.

suum cum Scipione honorem partitur ~umque apud eum cani..iubet CAES.*Civ.*3.82.1; necdum etiam audierant inflari ~a VERG.*G.*2.539; ~a iamque sonant *A.*7.637; neque excitatur ~o miles truci HOR.*Epod.*2.5; ~o signum profectionis dedit LIV.2.59.6; ~um apud eos cecinit 28.27. 15; iam silet murmur graue ~orum SEN.*Thy.*574; stridor lituum clangorque tubarum non pia concinuit cum rauco ~a cornu LUC.1.238; STAT.*Theb.*12.610; QUINT.*Inst.*2.11.4; numquam..alacrior exercitus Caesaris fuit: inde ~a prius, inde tela FLOR.*Epit.*2.13(4.2.46); urbem..ad ~um introiit SUET.*Vit.*11.1;—(*sounded before a trial on a capital charge or an execution*) si..conuocanda ~o contio est SEN.*Dial.*3.16.5; in P. Marcium consules..cum ~um canere iussissent, more prisco aduertere TAC.*Ann.*2.32; (*typifying the commencement of a battle*) propera, ne te tua ~a linquant LUC.7.83;—(*cf.*) qui de censoribus ~um ad comitia centuriata redemptum habent *Edict.*in VAR.*L.*6.92.

classicus[1] ~a ~um, *a.* [CLASSIS+-CVS]

1 Belonging to the highest class of citizens.

'~i' dicebantur non omnes, qui in quinque classibus erant, sed primae tantum classis homines GEL.6(7).13.1; in M. Catonis oratione..quaeri solet, quid sit ~us, quid infra classem 6.13.3; ~i testes dicebantur, qui signandis testamentis adhibebantur PAUL.*Fest.*p.56M;—(*fig.*) uel oratorum aliquis uel poetarum, id est ~us adsiduusque aliquis scriptor, non proletarius GEL.19.8.15.

2 Of or belonging to the fleet, consisting of sailors; (masc. pl. as sb.) marines, sailors. **b** of or connected with fleets, or with naval warfare.

~os milites naualesque socios LIV.21.61.2; legione ~a 22.57.8; ~is peditumque expeditionibus VELL.2.121.1; legioni ~ae diffidebatur TAC.*Hist.*1.31; CENTVRIO ~VS *CIL* 11.4654; COHORTIS I ~AE 13.924;—ueluti eripientibus nauigia ~is CURT.4.3.18; FLOR.*Epit.*2.13(4.2.60); EQVITIBVS ET PEDITIBVS..ITEM ~IS *CIL* 8.20978. **b** Siculae ~a bella fugae PROP.2.1.28; praeconia ~a 3.3.41; ~i certaminis VELL.2.85.2; ~am..gloriam V.MAX.3.2.23; LEGAT IMP NERVAE CAES TRAIAN..DONATO..CORONA MVRALI VALLARI CLASSIC AVREA *CIL* 5.6977.

3 Of or connected with the trumpet call.

nec tota ~us horror nocte dieque gemit *Laus Pis.*141.

classicus[2] ~ī, *m.* [prec.] A trumpeter, who summoned the *comitia centuriata*.

uti curent, eo die quo die comitia erunt, in arce ~us canat *Ed.*in VAR.*L.*6.92.

classis ~is, *f.* [cf. CALO[1]] ORTHOG.: *clases CIL* 1.25.

1 One or other of the five classes into which Servius Tullius is said to have divided the Roman citizens on the basis of property (see esp. LIV.1.43). **b** *infra ~em*, of a lower class than the first.

⟨RECVPERATORES EX CI⟩VIBVS L, QVEI ~IS PRIMAE SIENT, XI DATO *CIL* 1.585.37; VAR.*L.*5.91; CIC.*Flac.*15; prima ~is uocatur..tum secunda ~is CIC.*Phil.*2.82; milites scribere, non more maiorum neque ex ~ibus sed..capite censos plerosque SAL.*Jug.*86.2; discriptio centuriarum ~iumque non erat; ab Ser. Tullio est facta LIV.4.4.2; 43.16.14; V.MAX. 6.5.3;—(*fig.*) reliquis inferioris aetatis (philosophis) qui mihi cum illo collati quintae ~is uidentur CIC.*Luc.*73; CATO *orat.*159. **b** 'infra ~em'..appellabantur secundae ~is ceterarumque omnium ~ium, qui minore summa aeris.. censebantur GEL.6(7).13.2; PAUL.*Fest.*p.113M.

2 A body of citizens summoned for military service, a levy.

cuius auspicio ~e procincta opima spolia capiuntur *Lex Reg.*(*Font.iur.*p.8); ⟨C⟩LASESQVE NAVALES PRIMOS ORNAVET *CIL* 1.25; Ortinae ~es populique Latini VERG.*A.*7.716; ~em procinctam..id est exercitum armatum GEL.10.15. 4; ~es clipeatas antiqui dixerunt, quos nunc exercitus uocamus PAUL.*Fest.*p.56M; (*transf., of ants*) (formicula) conuocat corrogatque cunctam formicarum accolarum ~em APUL.*Met.*6.10.

3 A naval force, fleet. **b** (abl.) by or with a fleet, by sea; in a naval battle.

(TRIVMPHVM) NAVALEM DE SICVL ET ~E POENICA EGIT *Act.Triumph.*20(*CIL* 1.p.47); ANDR.*trag.*6; sine ~e sineque exercitu PL.*Bac.*930; CATO *orat.*33; mihi ~em imperat.. in altum ut..deducerem PAC.*trag.*331; nauem tu de ~e populi Romani..ausus es uendere? CIC.*Ver.*1.87; nihil nisi ~is loquens et exercitus *Att.*9.2a.3; D. Brutum..~i Gallicisque nauibus..praeficit CAES.*Gal.*3.11.5; cum ~e nauium XVI *Civ.*2.3.1; ~em uelis aptare iubebat VERG.*A.*3.472; ~ique immittit habenas 6.1; iracunda diem proferet Ilio..~is Achillei HOR.*Carm.*1.15.34; ~is ornandae reficiendaeque causa LIV.9.30.4; qui ~i ad Ostiam stanti praeesset 22.57.1; LUC.2.711; praeter uiros armaque ~ibus ualent TAC.*Ger.* 44.2. **b** ~e fratrem Epheso Athenas..uenire CIC.*Att.* 3.8.1; Miltiades cum delecta manu ~e Chersonesum profectus NEP.*Milt.*1.4; raptos qui ex hoste penatis ~e ueho mecum VERG.*A.*1.379; me uel extremos Numidarum in agros ~e releget HOR.*Carm.*3.11.48; sineret se ~e circumuehi ad Romanum agrum LIV.8.26.1; licet totum ~e Orientem trahat SEN.*Suas.*2.1; nec terra olim sed ~ibus aduehebantur TAC.*Ger.*2.1;—qui Poenos ~e primus uicerat CIC.*Sen.*44; Aegea Minos ~e perdomuit freta PHAED.4.7.19; Lacedaemonii ~e uicti PLIN.*Nat.*2.96.

4 (transf.) A class or grade. **b** a class (of pupils).

inter..proficientes sunt magna discrimina: in tres ~es ..diuiduntur SEN.*Ep.*75.8; tribus ~ibus (*sc.* comitum) factis pro dignitate cuiusque SUET.*Tib.*46; (*facet.*) tutior at quanto merx est in ~e secunda libertinarum dico (*i.e. opp. freeborn*) HOR.*S.*1.2.47. **b** cum pueros in ~es distribuerant QUINT.*Inst.*1.2.23; consuetudo ~ium certis diebus audiendarum 10.5.21; cum perimit saeuos ~is numerosa tyrannos JUV.7.151.

5 A band, group, squad.

~es..non maiores quam denum hominum faciundae COL. 1.9.7; subiit..alia ~is PETR.74.7.

clātra: see CLATRI.

clātrātus ~a ~um, *a.* **clāthr-.** [pple. of CLATRO] Latticed or barred.

neque hortus ullus neque fenstra nisi ~a PL.*Mil.*379; CATO *Agr.*4.1; FORES ~AS *CIL* 1.698.2.9; ipsaque (ostia non fiunt ~a neque bifora sed ualuata VITR.4.6.6.

clātrī ~ōrum, *m. pl.* **clāthr-.** Also **~a** ~ōrum, *n. pl.* [Gk. κλῇθρα] Lattices or bars, railings.

bubilia bona, bonas praesepis, Faliscas clatratas, ~os interesse oportet pede CATO *Agr.*4.1; 14.2; uelut ursus, obiectos caueae ualuit si frangere ~os HOR.*Ars* 473; aditus ..ab inferiore (parte) ~is munitus COL.6.37.10; fenestellae ~is muniantur 8.3.3; *CIL* 12.2522;—(*neut.*) ~um fallenda meo pollice ~a forent PROP.4.5.74.

clātrō ~āre, *tr.* [prec.+-O[3]] To fit with bars or railings.

satis est..uacerras inter pedes octonos figere, serisque transuersis..~are COL.9.1.4.

clāua ~ae, *f.* [prob. cf. CLAVVS]

1 A wooden club, stick, cudgel. **b** (spec.) the club of Hercules; also, of the constellation Orion. **c** a dummy sword for exercise.

adfert⟨o domo⟩ duas ~as PL.*Rud.*799; te occidam ~a scirpea NOV.*com.*79; consectabantur siluestria saecla ferarum missilibus saxis et magno pondere ~ae LUCR.5.968; ~a..trinodi OV.*Ep.*4.115; *Pont.*4.10.79; ~ae tela erant CURT.9.4.3; uirgula..pluribus angulis in modum ~ae torosa SEN.*Nat.*1.7.1; ~a salignea COL.6.2.4; PLIN.*Nat.*9.93; (*cf.*) cui..fit ista mentula apta ~a dexterae *Priap.*85.21;—(*in ceremonial use*) ~AM EAM AIT ESSE..QVA ROMVLVS VRBEM INAVGVRAVERIT *Fast.Praen.*(*CIL* 1.p.234). **b** utrum Herculi an Herculis ~am dici oporteat VAR.*L.*8.26; PROP.4.9.17; LIV.1.7.7; SEN.*Apoc.*7.2; STAT.*Silv.*4.6.57;— Orion..~am altera (manu) ad geminos tollens VITR.9.5.2. **c** sibi habeant igitur (adulescentes) arma, sibi ~am et pilam CIC.*Sen.*58.

2 The Spartan *scytale*.

legatos cum ~a ad eum miserunt NEP.*Paus.*3.4.

clāuārium ~iī, *n.* [CLAVVS+-ARIVM] 'Nail-money', an allowance in respect of shoe-nails.

seditiosae militum uoces..~ium (donatiui nomen est) flagitantium TAC.*Hist.*3.50.

clāuātor ~ōris, *m.* [CLAVA+-TOR] One who fights with a club, a cudgeller.

optume edepol eccum ~or aduenit PL.*Rud.*805; PAUL. *Fest.*p.62M.

clāuātus ~a ~um, *a.* [CLAVVS+-ATVS[2]]

1 Furnished with nails or studs.

~a dicuntur..calciamenta clauis confixa PAUL.*Fest.* p.56M.

2 Striped.

alterum (genus concharum)..~um est ad turbinem usque aculeis in orbem septenis fere PLIN.*Nat.*9.130; ~a dicuntur ..uestimenta clauis intertexta PAUL.*Fest.*p.56M.

claudeō ~ēre, **~ō** ~ere, clausum, *intr.* Also **clūdō** (LUCIL.250). [CLAVDVS] FORMS: conj. usu. ambiguous; some clear exx. occur in sense 3.

1 To limp.

zonatim circum impluuium cinerarius..~ebat LUCIL.250.

2 (of words, sounds, etc.) To sound imperfect, limp.

quid est cur ~ere aut insistere orationem malint? CIC. *Orat.*170; si 'explicuit' diceret, inperfecto et debili numero uerborum sonus ~eret GEL.1.7.20; nisi tertia syllaba de Hannibalis nomine circumflexe promatur, numerus..claudsurus est 4.7.4; utinam..oratio..non hic maxime ~eret APUL.*Fl.*18.

3 To be imperfect or wanting, fall below the required standard, fall short. **b** (of schemes, processes).

in quacumque..una plane ~eret, orator esse non posset CIC.*Brut.*214; altera parte ~ente re publica LIV.22.39.3; ne in uerborum copia et pulchritudine ~eres FRO.*Aur.*2.p.38 (96N); (*w. abl.*) ingenium tuum uel desidia uel indiligentia ~at 1.p.104(54N). **b** an ubi non sitis, ibi consilium ~eat? CAECIL.*com.*32; beatam uitam, etiamsi ex aliqua parte ~eret CIC.*Tusc.*5.22; (*w. abl.*) neque..ignorantia ~it res SAL.*Hist.*3.48.26; nequid opere nostro ~at, aduigilamus AUR.*Fro.*1.p.186(71N).

Claudiālis ~is ~e, *a.* Of or connected with the Emperor Claudius or his worship.

decreti et a senatu duo lictores, flamonium ~e TAC.*Ann* 13.2; SODALI AVGVSTALI ~I *CIL* 5.6977; VI VIR CLAVDIAL *CIL* 11.714.

Claudiānus ~a ~um, *a.* Of or connected with various members of the *gens Claudia*, esp. **b** the Emperor Claudius.

in castra ~a LIV.23.31.3; quia moderatis studiis, non ui ~a inter plebeios certatum est 39.32.13; ~a tonitrua appellabantur, quia Claudius Pulcher instituit, ut ludis post scaenam coiectus lapidum..fieret PAUL.*Fest.*p.57M. **b** ille ~us (cometes) a septentrione primum uisus SEN.*Nat.*7.29.

3; P. Petronius, homo ~a lingua disertus *Apoc.*14.2; temporum acta Claudianorum MART.3.20.2; ex senatus consulto ~o GAIUS *Inst.*1.84.

claudicātiō ~ōnis, *f.* [next+-TIO] Limping, lameness.

CIC.*de Orat.*2.249; Volcanum (*i.e. a statue*)..in quo stante atque uestito leuiter apparet ~o non deformis *N.D.*1.83; V.MAX.8.11.ext.3; sanguis demissus in pedes ~onem adfert COL.6.12.1.

claudicō ~āre, *intr.* [CLAVDVS+-ICO]

1 To be lame, limp. **b** (transf., of physical effort, mental processes). **c** (of speech, rhythm).

~antem..equum VAR.*L.*9.33; Sp. Caruilio grauiter ~anti ex uulnere..accepto CIC.*de Orat.*2.249; quamuis..turpiter obliquo ~et ille pede OV.*Am.*2.17.20; percusso ~at ille genu *Fast.*3.758; occipio nutanti capite ~are APUL.*Met.*6.30;—(*fig.*) eam (*sc.* malitiam) inaequalitatis uitio ~are PL.2.4;—(*pple. as sb.*) fecit (Pythagoras Reginus)..~antem, cuius ulceris dolorem sentire etiam spectantes uidentur PLIN.*Nat.*34.59;—(*cf. sense 3*) si amicitiam propter nostram uoluptatem expetendam putemus, tota amicitia quasi ~are uideatur CIC.*Fin.*1.69; LARG.200. **b** ~at extemplo pinnarum nisus inanis LUCR.6.834;—~at ingenium, delirat lingua 3.453. **c** nihilne eis inane uidetur..nihil curtum, nihil ~ans, nihil redundans? CIC.*Orat.*173; omnis nec ~ans nec quasi fluctuans..oratio 198.

2 To be off the straight, incline to one side.

libella aliqua si ex parti ~at hilum LUCR.4.515; in Aegypto ..qua mundi ~at axis 6.1107.

3 To be halting or defective. **b** (of persons) to fall short, be deficient (in a particular quality or field).

non cito inuenietur quin in altera utra re ~et VAR.*L.*8.41; uulgus..si quid in nostra oratione ~at sentit CIC.*de Orat.*3.198; actio paulum cum uitio uocis tum etiam ineptiis ~abat *Brut.*227; tota..res uacillat et ~at *N.D.*1.107; nihil socordia ~abat SAL.*Hist.*inc.23. **b** nec in ullo officio ~are CIC.*Off.*1.119; in comoedia maxime ~amus QUINT.*Inst.*10.1.99.

4 To be short in amount, be defective or deficient.

apposita, numerus ne ~et, hora dimidia MAN.3.260; in pluribus pedamentis fructus ~at COL.4.2.1; quadratus ut sit, parte ab ima ~at MAUR.2377.

claudīgō ~inis, *f.* **clōd-.** [CLAVDVS+-IGO[2]] Lameness.

~o (*cj.*)..dupliciter infestat ouem COL.7.5.11.

claudităs ~ātis, *f.* [CLAVDVS+-TAS] Lameness.

dextrae (*sc. of the right leg*) ~atis PLIN.*Nat.*28.35; mihi..~atem dempsistis APUL.*Fl.*16;—(*pl.*) inpositiuorum nominum inparem uocalium numerum ~ates..dextris adsignare partibus PLIN.*Nat.*28.33.

Claudius ~a ~um, *a.* (See also CLODIVS.)

1 The name of a Roman *gens* and tribe.

~ia..et tribus et gens VERG.*A.*7.708; ~am..gentem LIV.6.20.3; uetus ~a tribus 2.16.5; SUET.*Tib.*1.1.

2 The name of various members of the *gens Claudia*, esp. Ti. Claudius Nero Germanicus, emperor A.D. 41–54. **b** (pl.) members of the *gens*.

~us Augusti priuignus HOR.*Ep.*1.3.2; censura clara eo anno Ap. Claudi et C. Plauti fuit LIV.9.29.5; tum praetores creati Cn. Fuluius Flaccus ⟨C.⟩ ~us Nero 25.2.5;—~um uidisse se dicet iter facientem 'non passibus aequis' SEN.*Apoc.*1.2; caelestes..honores ~o decernuntur TAC.*Ann.*12.69; SUET.*Cl.*1.1. **b** inter Marcellos et ~os patricios CIC.*de Orat.*1.176.

3 (fem.) The name of women in the *gens Claudia*.

nonne te..ne progenies quidem mea (*i.e.* Appi Claudi Pulchri), Q. illa ~a, aemulam domesticae laudis in gloria muliebri esse admonebat, non uirgo illa Vestalis ~a CIC.*Cael.*34; non ~a talis respexit populos mota iam uirgo carina STAT.*Silv.*1.2.245;—~a, uxore tua (*i.e.* Clodia) CIC.*Fam.*5.2.6.

4 Of members of the *gens Claudia*. **b** built or made by, or named after, the Emperor Claudius.

nil ~ae non perficiunt manus HOR.*Carm.*4.4.73. **b** LEG VII ~AE *CIL* 2.3230; 9.5973; ~a..porticus MART.*Sp.*2.9; (aqua) ~a FRON.*Aq.*4; uia ~a 11; lex ~a GAIUS *Inst.*1.157.

claudō[1] ~dere ~sī ~sum, *tr.* **clūdō.** [cf. perh. Russ. *kljuka*, OSl. *ključo*, etc.]

1 To close, shut (doors, gates, etc.).

~sa habere ostia ac fenestras VAR.*R.*2.7.10; seruis suis..ut ianuam ~derent..imperat *Ver.*1.66; LUCR.4.598; Caesar portas ~di..iussit CAES.*Gal.*2.33.1; SAL.*Jug.*69.1; VERG.*A.*11.883; hostes urbem inuasuros ni propere portas ~dant LIV.25.15.15; STAT.*Theb.*10.492; (*as a sign of mourning, in quot. iron.*) accepto ~denda est ianua damno JUV.13.129;—(*w. dat.*) cum L. Flacco consuli portas tota Asia ~debat CIC.*Flac.*61; portas Caesari ~serant CAES.*Civ.*1.34.4; LIV.31.16.6; (*cf.*) deos, ut adhuc caeli tibi limina ~dant..comprecor OV.*Tr.*5.11.25; (*fig.*) adulationi nos non ~dere ostium sed operire SEN.*Nat.*4a.pr.6;—(*w.* contra) quod contra sua praesidia portas ~sisset *B.Hisp.*27.6;—(*of bars*) sunt geminae Belli portae..centum aerei ~dunt uectes VERG.*A.*7.609. β non nullae ciuitates..portas contra ~debant *B.Hisp.*1.3; fores ~si SEN.*Ep.*8.1; ~so ostio PETR.63.8.

2 To close (an exit, approach, etc., by military or other means). **b** to close, block up (passages, etc., in the body, wounds).

~dere..maritimos exitus CIC.*Att.*9.15.1; priusquam..~derent exitus (munitiones) LIV.3.26.4; uia..quam a mari turris..~debat 28.6.2; aera non potuit Minos, alia omnia ~sit OV.*Ars* 2.53; fugam custodia ~dit *Met.*6.572; omne bonae ~dent utilitatis iter (fata)? *Tr.*3.6.16; STAT.*Theb.*10.248; ceteri Galliarum aditus Vitellianis exercitibus ~debantur TAC.*Hist.*1.87; *Ann.*16.15;—(*w. dat.*) ad omnes portas milite opposito hostibus uiam ~serat LIV.2.47.6; ~sit iter..Achelous eunti OV.*Met.*8.549;—(*of natural agencies*) hic fontes natura nouos emisit, at illic ~sit 15.271. β corporibus amnes ~sit SEN.*Tro.*186. **b** cum moribunda niger ~deret ora liquor PROP.3.7.56; in eam (fistulam) specillum demittendum est, ne ~datur CELS.6.18.4; oculos ingesto fulgure ~sit LUC.7.157; quid hiantia uulnera ~dat STAT.*Ach.*2.161; uinctum ~so ore in Palatium traxere TAC.*Ann.*2.40;—(*w. dat.*) aures externorum uocibus ~de SEN.*Con.*exc.2.7. β plaga contrahit se protinus ~ditque suum uulnus PLIN.*Nat.*16.209; VT PLENOS LACRIMIS OCVLOS MANVS ALTERA ~DAT *CIL* 11.1209;—(*w.* aduersus) aures suas aduersus omne solacium ~sit SEN.*Dial.*6.2.5.

3 To close, shut (a place or building); (pregn.) to close (shops and other places of business). **b** to make inaccessible (also fig.).

uillam uideat ~sa uti siet CATO *Agr.*5.5; saeptum..quod uno ostio ~datur VAR.*R.*3.11.2; aerarium ~sum CIC.*Att.*7.12.2; *CIL* 1.593.71; Ianum Quirini ~sit HOR.*Carm.*4.15.9; ~di regiam iubet LIV.1.41.1; si..urbem ac moenia ~serunt 26.31.3; SEN.*Phaed.*222; praesidium Legerda quod ferox iuuentus ~serat TAC.*Ann.*14.25; (*as a sign of mourning*) ut..~derentur domus 2.82;—(*poet.*) thalamos ~dit Nox atra SIL.15.542;—cum..tabernas ~di iubebas CIC.*Dom.*54; iustitium edici oportere..~di aerarium *Har.*55; nec tota ~des faenilia bruma VERG.*G.*3.321; LIV.3.27.2; a..censoribus ~dere, ut ait Cicero 'ludum impudentiae' iussi sunt TAC.*Dial.*35.1. β ~DATVRQ ID AEDIFI LAPIDE LVNENSI ITA, VT FACILE APERIRI ET DENVO ~DI POSSIT *CIL* 13.5708.1.9,10; seu ~sam magna Babylona refregerat hasta STAT.*Silv.*4.6.67; dum egregius imperator..ianua ac limine tenus domum ~dit TAC.*Hist.*1.33. **b** Syracusas, quae..loci natura terra ac mari ~deretur CIC.*Ver.*2.4; rura gelu tunc ~dit hiems VERG.*G.*2.317; LIV.27.36.4; LUC.9.374; nec ~dit castra saluti postpositus pudor SIL.10.642; flumina ac terram et caelum quodam modo ipsum ~serant Romani TAC.*Hist.*4.64;—(*w. dat.*) quibus..cunctus..terrarum ~ditur orbis VERG.*A.*1.233; (*fig.*) nolo tibi ullum commodum in me ~dier TER.*An.*573; in ipsius consuetudinem, quam adhuc meus pudor mihi ~sit, insinuabo CIC.*Fam.*4.13.6. β Haedi ~dentes sidere pontum MAN.1.365; Babylon ei ~ditur cui patuit Oceanus? SEN.*Suas.*4.3; (*fig.*) in angusto uiuebamus, si quicquam esset cogitationibus ~sum SEN.*Ep.*55.11;—(*w.* aduersum) frigidus iam artus et ~so corpore aduersum uim ueneni TAC.*Ann.*15.64.

4 To close (a container or other object). **b** to close (the eyes, esp. in death; also in ritual, the eyes of a dead person).

arca, quod arcebantur fures ab ea ~sa VAR.*L.*5.128; scrinia ..~sa PROP.3.6.14; machina..qua ~sa iumenta bouesque curentur COL.6.19.1; hi (*sc.* canales) superpositis operculis ~duntur 8.3.9; uas bene ~sum LARG.269; galeis iuuat oscula ~sis inserere STAT.*Theb.*4.20; summa nauium tabulis augent, donec in modum tecti ~dantur TAC.*Hist.*3.47; ~sa iam et obsignata epistula priore FRO.*Aur.*1.p.66(43N); (*fig.*) nec ita ~denda res est familiaris, ut eam benignitas aperire non possit, nec ita reseranda, ut pateat omnibus CIC.*Off.*2.55. β aut ~de..libellos JUV.7.26. **b** palpebrae..aptissimae factae..ad ~dendas pupulas CIC.*N.D.*2.142; in aeternam ~duntur lumina noctem VERG.*A.*10.746; quandocumque ..nostros mors ~det ocellos PROP.2.13.17; OV.*Met.*3.503; aegram et ~dentem oculos gallinam JUV.12.96;—inuitat ..patris ~denda ad lumina dextram LUC.3.740; 5.280. β CVI BIR ~SIT OCLOS *CIL* 10.7756.

5 To shut up, confine, enclose (men or animals). **b** (inanimate things). **c** to staunch or stop (a flow); to stop (breath, utterances). **d** to shut up, keep secret, suppress (thoughts, feelings, etc.).

canes interdiu ~sos esse oportet CATO *Agr.*124; domi quae ~deret agnos VERG.*Ecl.*7.15; saturos ubi ~serit haedos OV.*Fast.*3.879; qui uenationem uoluptati suae ~dunt COL.9.1.1;—(*w.* in *and abl.*) ~dam..in curia uos LIV.23.2.9;—(*w. abl.*) quod di..altis ~sere specis ACC.*trag.*63; ~dens..textis cratibus laetum pecus HOR.*Epod.*2.45; paucos..~di carcere iubet TAC.*Ann.*1.21; (*refl.*) corporibus sese spoliisque ..~serat STAT.*Theb.*8.701; TAC.*Ann.*2.80;—(*w.* in+*acc.*) in atras et profundas tenebras eum ~debant TUB.*hist.*9;—(*poet.*) innumeras nam ~dit (*i.e. keeps*) apes V.FL.1.395. β (*fig.*) dicitur gratus, qui bono animo accepit beneficium..hic intra conscientiam ~sus est SEN.*Ben.*4.21.1. **b** ossa..congesta..in unum parua ~sit humo LUC.8.789; ~sum omne ferrum TAC.*Ger.*40.4; uilissima utensilium anulo (*i.e. under seal*) ~sa *Ann.*2.2; (*transf.*) ista nostro in pectore..~det fides SEN.*Thy.*335. β cupam pertundito, qua clauus eat, qui orbem ~dat CATO *Agr.*21.3; unum..uentrem cui tot consulum..uina ~duntur SEN.*Ep.*114.26; marini lepores..plumbea puxide ~si LARG.80. **c** sideritis tantam uim habet, ut..inligata sanguinem ~dat PLIN.*Nat.*26.135; nequeo..~dere suspensos oculorum in margine fletus STAT.*Silv.*3.2.53;—horum ferocia uocem Euandri ~sit LIV.44.45.12; animam laqueo ~dunt OV.*Met.*7.604; animam ~sit dolor LUC.8.59; telum..~sit raucum letali uulnere murmur SIL.4.172. **d** quod habere ~sa non potuerit sua consilia CIC.*Ver.*3.63; aliud ~sum in pectore aliud in lingua promptum habere SAL.*Cat.*10.4; ~sum pectore uolnus habet OV.*Fast.*4.846; ~de..gemitus LUC.8.634; ~debam sub corde metus SIL.6.381.

6 To envelop, surround, cover, conceal; to bury.

classem..arboribus ~sam circum..occulit VERG.*A.*1.311; CELS.1.pr.24; superna parte (rostri) inferiorem ~dente pyxidum modo PLIN.*Nat.*9.37; putamine ~duntur nuces PLIN.*Nat.*15.112; qua tegmine thorax..~dit latus SIL.9.588;—(*w. darkness, etc.*) hunc (ramum)..obscuris ~dunt conuallibus umbrae VERG.*A.*6.139; orbem..relictum ultima perpetuis ~dit natura tenebris PEDO *poet.*17; alias serena ~duntur SEN.*Suas.*3.1;—~sam..aquilae..effigiem SIL.6.37; cum..terra ~ditur infans JUV.15.139; ~SA IACET LAPIDI *CIL* 3.10501. β quam (*sc.* aquam) multa niue ~sero SEN.*Ep.*119.3; ~de uagina impium ensem *Phoen.*467; alii sub gemmis uenena ~dunt PLIN.*Nat.*33.25; Cleonaeo iam tempora ~sus hiatu Alcides V.FL.1.34; BASIS LAPIDEA AERE ~SA *CIL* 2.4550.

7 (mil., usu. w. abl.) To invest, blockade, hem in (a place, person, etc.). **b** (of natural features, etc.). **c** (in hunting). **d** (of men) to hem in, surround.

nec locum munitionibus ~di..posse HIRT.*Gal.*8.11.1; Duratium ~sum Lemoni oppugnari 8.26.2; fame et ferro ~sum SAL.*Jug.*38.9; urbem eorum obsidione ~sit NEP.*Ep.*8.5; omnes..undique ~si commeatus erant LIV.21.57.5; ab lateribus montes ac lacus, a fronte et ab tergo hostium acies ~debat 22.5.6; omnem Africam exercitu tuo es ~surus 28.42.14; si ~dere muros obsidione paras LUC.3.342; Hesperio..~sos milite colles SIL.12.502; num..longis nauibus..mare ~deret TAC.*Hist.*2.83; (*cf.*) Pompeiana reum ~serunt signa Milonem LUC.1.323. β iudicium ..militibus armatis ~serat QUINT.*Inst.*4.2.25; (*in a game*) sic uincas Nouiumque Publiumque mandris et uitreo latrone ~sos MART.7.72.8. **b** difficultatibus locorum Romanos ~dere uoluerant HIRT.*Gal.*8.19.6; sinistrum..cornu oppido Uzitta ~debatur *B.Afr.*59.4; quam spem esse terra marique ~so? LIV.25.30.3; ~ditur extrema ..Antonius ora LUC.4.408; (*absol.*) flumen ab ea parte ripaeque deruptae ~debant LIV.37.39.11; (*poet.*) maris magna ~dit nos obice pontus VERG.*A.*10.377. **c** (*places*) insidiis altas..~dere ualles TIB.1.4.49; indagine colles ~dentem [TIB.]3.9.8; retibus..~dunt campos MAN.5.185;—(*animals*) uelut in laxo securas aequore phocas carceribus ~dent raris 5.662. β picta rubenti linea pinna uano ~dat terrore feras SEN.*Phaed.*47. **d** (*absol.*) maestus undique ~debat exercitus [QUINT.]*Decl.*11.10. β diuitis hic seruo ~dit latus ingenuorum filius JUV.3.131.

8 To surround (an area) with a wall or other boundary, enclose. **b** to enclose (a stated area). **c** (transf.) to include, embrace (within certain limits). **d** to bound, limit (activities, etc.). **e** (esp. w. *numeris*, *pedibus*, etc.) to frame in a (metrical) form.

locum ducto..~dere uallo [TIB.]3.7.85; forum porticibus tabernis ~dendum LIV.41.27.12; ~dendi horti ratio COL.11.3.8; duos collis..~debant muri TAC.*Hist.*5.11; *CIL* 1.1565.3;—(*of natural agencies*) linguam, Hadriacas flexis ~dit quae cornibus undas LUC.2.615; ~dere pontum (*of a harbour*) SIL.8.482. β prata, quae ~dit lapis SEN.*Thy.*232; sparteis retibus arbores ~dunt COL.12.46.2; praec⟨i⟩dere mensura cardinem, ut quadraturae diligenter ~di possint HYG.*agrim.*p.72; AQVAM VENTINAM EX S C ~DENDAM ..CVRARVNT *CIL* 9.3351. **b** qui sit circuitus (*sc.* iugeri) et quantum campi ~dat QUINT.*Inst.*1.10.42. β ut maiore circuitu minor loci amplitudo ~datur QUINT.*Inst.*1.10.45. **c** tot bona tam paruo ~sit in orbe dies PROP.3.18.16; quis..hanc conuexi molem..cernere et angusto sub pectore ~dere posset MAN.2.121; ut omnia intra fatum ~denda sint GEL.13.1.2. β magni artificis est ~sisse totum in exiguo SEN.*Ep.*53.11; neque oratoris uis et facultas..angustis et breuibus terminis ~ditur TAC.*Dial.*30.5; tot uerba..in paucissimas litteras ~dere inprobae cuiusdam subtilitatis est GEL.12.14.5. **d** ut..curas alieno limine ~dant MAN.5.363; V.MAX.3.2.23; usum ueneris intra coniugis caritatem ~sum tenuisse 4.3.3; ~sa fides miseris LUC.9.246. β acribus exemplis uideor te ~dere? JUV.14.322. **e** me pedibus delectat ~dere uerba Lucili ritu HOR.*S.*2.1.28; ~deret inparibus uerba Capella modis OV.*Pont.*4.16.36; ~dere sic uersum didicit PERS.1.93.

9 To bound on one or more sides, enclose.

non..portu illud oppidum ~ditur CIC.*Ver.*5.96; ea (*sc.* insula) sinum ab alto ~dit LIV.30.24.9; in regione, quam ab omni parte solitudines ~derent 40.22.8; nemus..praerupta quod undique ~dit silua OV.*Met.*1.568; *Fast.*2.215; qua litore curuo..~dit Tarbellicus aequor LUC.1.421; PLIN.*Nat.*4.50; fisos loco quia uastis circum saltibus ~debatur TAC.*Ann.*4.25; medium et minimum uitauerunt..et electus est (digitus), qui ab utroque ~ditur CAP.*iur.*10. β Vardulli una gens hinc..~dit Hispanias MELA 3.15; PLIN.*Nat.*6.116; uiridi si margine ~deret undas herba JUV.3.19.

10 a To close, terminate (a period of time); to conclude, complete (a process or action). **b** to close, conclude (a sentence, piece of writing, etc.). **c** to close, bring to an end (spatially).

a cuius octauum trepidauit aetas ~dere lustrum HOR *Carm.*2.4.24; hiemem hic (*sc.* Piscis) ~dit MAN.2.193; sol..annum circuitu suo ~dit SEN.*Nat.*7.1.3; VLTIMA ~SERVNT PARCARVM STAMINA FILO PRINCIPII MISERANDI DIEM *CIL* 3.8385;—~sit opus OV.*Fast.*3.384; insigne facinus..strenuo ac forti exitu ~sistis V.MAX.5.4.ext.3; plurimum interest..quo fine ~datur (uita) 9.12; nostrum exhausto ius ~ditur anno LUC.5.44. β postrema pater funera ~dis SEN.*Tro.*139; ~dere quae cenas lactuca solebat auorum MART.13.14.1; STAT.*Theb.*2.307. **b** non ~dunt numeris sententias CIC.*Orat.*229; ultima mandato ~detur epistula paruo OV.*Ep.*13.165; excultos..iubet ~damus ut hortos COL.10.424; puer ut sciat..ubi ~datur sensus, unde incipiat QUINT.*Inst.*1.8.1. β ~dit uolumen Genethliacon Lucani STAT.*Silv.*2.pr.; disputatio illa..ita ~ditur QUINT.*Inst.*2.15.27; ipsum illud, quo ueteres tragoediae comoediaeque ~duntur, 'plodite' 6.1.52. **c** principiumque suum (circulus) repetito cardine ~dit MAN.1.617; totis ~serunt ensibus ⟨hastas⟩ GRAT.112;—(*mil. formations*) qui hominum milibus circiter XV agmen hostium ~debant CAES.*Gal.*1.25.6; expeditae cohortes nouissimum agmen ~debant *Civ.*1.79.1; triarii postremos ~debant LIV.37.39.8; latus..dextrum quintani ~sere TAC.*Ann.*1.51; (*of a general*) triariis postremam aciem ~sit LIV.30.32.11. β (Pisces) ~dentis ultima signa MAN.1.274; puncta notis ilex et acuta cuspide ~sa MART.14.92.1.

claudō[2]: see CLAVDEO.

claudus ~a ~um, *a.* [dub.] Also **clōdus.**

1 Lame, limping. **b** (transf., of a disabled ship).

ad mandata ~us, caecus, mutus (es) PL.*Mer.*630; apud anum illam doliarem, ~am, crassam *Ps.*659; CIC.*Att.*1.16.13; ~um..habebimus deum, quoniam de Volcano sic accepimus *N.D.*1.83; ~us altero pede NEP.*Ag.*8.1; (*facet.*) ~a una est pedibus cariosis mensula LUCIL.1062;—(*of the foot*) HOR. *Carm.*3.2.32; pes alter ex uolnere ~us LIV.7.39.12;—(*of animals, birds*) eos asinos praedicas uetulos, ~os PL.*As.*340; ~i ac debiles equi LIV.21.40.9; aegithum, ~um altero pede PLIN.*Nat.*10.21; (*cf.*) pars uulnere ~a retentat (*sc.* serpentem) VERG.*A.*5.278;—(*fig.*) ego..magis sum ~us cum ista mea uerecundia AUR.*Fro.*1.p.82(4N);—(*masc. as sb.*) crudeles, tollite ~um HOR.*Ep.*1.17.61; (*prov.*) iste '~us', quem ad modum aiunt, 'pilam' CIC.*Pis.*69. β GAIUS *Inst.*3.214; item ~us morbosus est *dig.*21.1.13. **b** ~as mutilatasque naues LIV.37.24.6; ~a et inhabilia nauigia CURT.9.9.13; TAC.*Ann.*2.24; (*cf.*) maris ignaris..~a uidentur nauigia aplustris fractis obnitier undae (*i.e. by refraction*) LUCR.4.436.

2 (of rhythm, metre) Uneven, halting.

quaedam etiam clausulae sunt ~ae atque pendentes, si relinquantur QUINT.*Inst.*9.4.70; hic dimetrus non minus ut ille acephalus esse uel ~us potest MAUR.2459; (*cf. sense 1*) ~a quod alterno subsidunt carmina uersu, uel pedis hoc ratio, uel uia longa facit OV.*Tr.*3.1.11; (*neut. pl. as sb.*) (aures) ~a deprehendunt QUINT.*Inst.*9.4.116.

3 (of abstr. things) Crippled, imperfect, incomplete.

nequeiquam eo (*sc.* animo) postea hebeti atque ~o pro exercito uti uolunt SAL.*Rep.*1.8.2; ~a nec officii pars erit ulla tui OV.*Pont.*3.1.86; laetus opum, sed ~a fides SIL.13.33.

clāuicula[1] ~ae, *f.* [CLAVA+-CVLA] A rod or bar.

ferrea ~a caput (psittaci) tunditur APUL.*Fl.*12.

clāuīcula[2] ~ae, *f.* [CLAVIS+-CVLA]

1 A key.

qualis ferratos subicit ~a dentes GERM.*Arat.*196.

2 A vine-tendril.

(uitis) ut se erigat, ~is suis..quicquid est nacta, complectitur CIC.*Sen.*52; *N.D.*2.120; COL.4.6.2; PLIN.*Nat.*23.5.

3 (app.) A pivot.

rotundi..axis diametros aequaliter erit cheles, ad ~as autem minus parte sexta decuma K VITR.10.11.8.

clāuīc(u)lārius ~ī, *m.* [prec.+-ARIVS] A turnkey.

VALERIVS IVLIANVS M ~IVS *CIL* 10.7613; 13.1780.

clāuiger[1] ~era ~erum, *a.* [CLAVA+-GER] Carrying, or armed with, a club (esp. as epithet of Hercules).

~eram..Vulcani..prolem (*i.e. Periphetes*) OV.*Met.*7.437; ~eri..Herculis 15.284; heros..~er *Fast.*1.544; 4.68; ~eri..numinis SIL.3.14; (*as sb.*) hunc super incumbens..~er adloquitur OV.*Met.*15.22.

clāuiger[2] ~era ~erum, *a.* [next+-GER] Carrying a key, key-bearing.

placidis..~erum uerbis adloquor ipse deum (*i.e. Janus*) OV.*Fast.*1.228.

clāuis ~is, *f.* [cf. CLAVDO, Gk. κλείς] FORMS: *~im* (acc. sg.) PL.*Most.*425, TIB.2.4.31.

1 A door-key.

accipias ~is: si quid tibi opus erit prompto, promito PL. *Cist.*111; ~em..harunc aedium Laconicam *Mos.*404; ~es cum clostris in cellas II CATO *Agr.*13.3; unam arcam sine ~i TITIN.*com.*178; omnis horreorum ~is CIC.*Dom.*25; uti..portarum ~is adulterinas paret SAL.*Jug.*12.3; HOR. *Ep.*1.20.3; frustra ~is inest foribus TIB.1.6.34; ~es portarum pecuniaeque regiae ante pedes eorum posuit LIV.24.23.1; (*as symbol of Janus*) tenens baculum dextra ~emque sinistra OV.*Fast.*1.99; SEN.*Ep.*90.8; foribus ~es aptat emitque seras MART.9.46.2; JUV.15.158; ~e pessulis subiecta APUL.*Met.*9.20; ut sub una ~e tota eius habitatio esset ULP.*dig.*21.1.17.15; (*in the ceremonial of divorce*) illam suam suas res sibi habere iussit, ex duodecim tabulis ~is ademit CIC.*Phil.*2.69;—(*transf.*) eique (*sc.* Somno) ~es oculorum tradit (Iuppiter) FRO.*Aur.*2.p.16(229N).

2 a A bar or key for turning the screw of a press. **b** a hook for bowling a hoop.

a seriam uinariam I, ~em torculari I CATO *Agr.*13.1. **b** cum..increpat..uersi ~is adunca trochi PROP.3.14.6.

clāuola: see CLAVVLA.

claustellum ~ī, *n.* **clos-.** [CLAVSTRVM+-ELLVM] (app.) A keyhole.

dum frater sororis suae automata per ~um miratur PETR. 40.11.

claustrārius ~(i)ī, *m.* **clos-.** [CLAVSTRVM+-ARIVS] (app.) A maker of door-bolts.

A HIRTIVS FELIX ~IVS *CIL* 6.9260; 8.21104.

claustritumus ~ī, *m.* [next; cf. (AEDI)TVMVS] (See quot.)

Laeuius..ut opinor, in Protesilaodamia ~um dixit, qui claustris ianuae praeesset GEL.12.10.5.

claustrum ~ī, *n.* **clos-.** [CLAVDO+-TRVM] FORMS: *clus(t)ra P.Freib.*2.

1 A bolt or bar for securing a gate or door (often poet. as the thing which confines and shading into sense 2). **b** (app.) a key.

sonitum et crepitum ~orum audio PL.*Cur.*203; ~a foribus inposita periclitantur SIS.*hist.*84; ecfringi multorum foris, reuelli ~a CIC.*Ver.*4.52; ~a pandite ianuae CATUL. 61.76; portarum ingentia ~a VERG.*A.*7.185; ~a..cohibentia Ianum HOR.*Ep.*2.1.255; effracta ~a portarum LIV. 6.33.12; 23.18.2; abrumpat Erebi ~a SEN.*Her.O.*1311; at tu (*sc.* Iane)..ferrea perpetua ~a tuere sera MART.10.28.8; SIL.14.71; Euryclea Telemachum quo genere ~i incluserit GEL.14.6.3; sensim inmissa manu ~um euellere gestiebat APUL.*Met.*4.10; (*cf. sense 3*) tota Aegyptus maritimo accessu Pharo, pedestri Pelusio uelut ~is munita existimatur *B.Alex.*26.2;—(*poet.*) Iane pater..cui reserata mugiunt aurea ~a mundi SEPT.*poet.*23.4; si tibi uirgo fauens reseret cita ~a puerperii 22;—(*in fig. phrs.*) nos caput patrimoni publici..sub signo ~isque rei publicae positum uectigal seruare non potuisse CIC.*Agr.*1.21; effringere ut arta naturae primus portarum ~a cupiret LUCR.1.71; ne tarda prius..senectus..in nobis uitai ~a resoluat 1.415; mens animusque ..amat spatiis obstantia rumpere ~a HOR.*Ep.*1.14.9; soluamus nos eius uincula et ~a refringamus LIV.36.7.13. β claues cum ~is in cellas II CATO *Agr.*13.3; per ~um.. quattuor denarios in tabernam inseruit SEN.*Ben.*7.21.2; *CIL* 6.14128. **b** ~aque portarum genitor tenet OV.*Met.* 8.70; illum..~a aerarii..rebus nouis obtulisse TAC.*Ann.*5.8.

2 A confining space, cage, prison, etc. **b** the starting 'traps' on a racecourse.

illi (*sc.* uenti)..circum ~a fremunt VERG.*A.*1.56; nec te feriam neque intra ~a tenebo HOR.*Carm.*3.11.44; ferae bestiae uinctae aut clausae et refringere ~a cupienti regis iram uerbis aequabat LIV.36.7.13; 42.59.2; Daedalea uasto ~a (*i.e. the labyrinth*) mugitu replens SEN.*Phaed.*1171; LUC. 10.445; (*of the wooden horse*) pinea furtim laxat ~a Sinon VERG.*A.*2.259. **b** cum laxato fugerunt cardine ~a MAN. 5.76.

3 A position controlling access to a country, etc., a 'gateway', 'key'. **b** a place as the key to certain resources.

iis ~a loci committenda non existimauit CIC.*Ver.*5.84; *Agr.*2.87; ~a Macedoniae tradita Romanis esse LIV.44.7.9; Corinthum..~a Peloponnesi continentem VELL.1.3.3; Latii..~a tueri (*i.e.* Ariminum) LUC.1.253; ~um pelagi cepit Pharon LUC.10.509; obtinere ~a Aegypti TAC.*Hist.* 2.82. **b** Aegyptus, ~a annonae 3.8; SUET.*Ves.*7.1.

4 A pass or other narrow passage (commanding the entrance to a country, etc.) 'gate'. **b** a channel or strait of the sea, etc.

cur excessit faucibus Epiri ~isque illis inexpugnabilibus? LIV.32.21.14; peterem cum Caspia ~a LUC.8.222; hinc rupes, hinc undae ~a premebant SIL.5.44; ad ~a Caspiarum TAC.*Hist.*1.6. **b** quasi Helles pontum et ~a *Inc.trag.* 107; ubi..angusti rarescent ~a Pelori VERG.*A.*3.411; ~a Nili fluminis CURT.4.8.4; proximis..faucibus utrimque inpositi montes coercent ~a PLIN.*Nat.*3.4; pateant montes.. cunctaque ~a maris V.FL.1.557.

5 a A natural barrier or boundary. **b** an artificial barrier or obstacle. **c** a temporal boundary.

a Alpium Taurique montis conuulsa ~a V.MAX.2.8; duo montes, ~a profundi SEN.*Med.*342; LUC.10.313; torquetur (Taurus mons)..collisus inter haec ~a PLIN.*Nat.*5.98; quid tum ~a montium profutura? TAC.*Hist.*3.2; per Alpes, id est ~a Italiae, ferebantur FLOR.*Epit.*1.38(3.3.6);—(*cf.*) ipsa, ut ita dicam, mundi ~a (*i.e. Ocean*) perrumpit SEN.*Ep.*119.7; omnia mundi ~a (*i.e. the skies*) tonant STAT.*Theb.*3.27. **b** an memorem portus Lucrinoque addita ~a..? VERG.*G.*2.161; eo minoris molimenti ea ~a esse, quod..angustum et uadosum ostium portus sit LIV.37.14.6; dum adplicant nauigia crepidini portus, obicitur a uigilibus ~um CURT. 4.5.21; nec..intra ~a..dilato Marte quieuit LUC.6.264; nondum illi Thebarum ~a subibant STAT.*Theb.*10.474; perfringunt aggerem suisque ~is impeditos turbant TAC.*Ann.* 12.31. **c** eminentiam cuiusque operis artissimis temporum ~is circumdatam VELL.1.17.4.

clausula ~ae, *f.* [*claus-* (CLAVDO)+-VLA]

1 The concluding passage (of a letter, speech, argument, or other writing), ending.

salsa, ac tamen a te ipso ficta narratio; addidisti ~am CIC.*de Orat.*2.240; mimi..iam exitus, non fabulae; in quo cum ~a non inuenitur, fugit aliquis e manibus, dein scabilla concrepant, aulaeum tollitur *Cael.*65; ueniamus aliquando ad ~am: 'legatos uenire non credo' *Phil.*13.47; utar ea ~a, qua soleo, teque ad studium summae laudis cohortabor *Fam.*2.4.2; hanc adiciendo ~am nulli ambiguum (casum) reliquit V.MAX.5.10.2; iam ~am epistula poscit SEN.*Ep.* 11.8; ante quam disputationi ~am ponamus COL.3.19.3; hanc quidam partem enthymematis, quidam initium aut ~am epichirematis esse dixerunt QUINT.*Inst.*8.5.4; huius quoque loci ~a sit eadem necesse est quae ceterorum est, regnare maxime modum 11.3.181; SUET.*Aug.*99.1; ut.. adderet ~am; ego tamen uir sum *Ves.*13.1.

2 (rhet.) The end of a periodic sentence with particular regard to its rhythm. **b** (transf., in a bird's call).

~as..atque interpuncta uerborum animae interclusio atque angustiae spiritus attulerunt CIC.*de Orat.*3.181; sunt ~ae plures, quae numerose et iucunde cadant *Orat.*215; ut etiam..~as abrumpant, ne ad exspectatum respondeant SEN.*Ep.*100.6; QUINT.*Inst.*8.5.13; historiae..minus conuenissent insistentes ~ae et debita actionibus respiratio 9.4.18; si in ~a posuissent 'esse uideatur' 10.2.18; nec omnis ~as uno et eodem modo determinet TAC.*Dial.*22.5; terminet si ~am dactylus spondeus imam MAUR.1441. **b** cantus omnibus similis atque idem trino conficitur uersu praeterque in ~a gemitu PLIN.*Nat.*10.106.

3 the end (of a word; of a line of verse or metrical form).

at illi (*sc.* Graeci) ny..in fine praecipue..ponunt, quae est apud nos rarissima in ~is QUINT.*Inst.*12.10.31;—~a ipsa unius syllabae non usitata addidit gratiam (*sc.* mus) 8.3.20; 9.4.50; PAUL.*Fest.*p.56M; hos elegos dixere, solet quod ~a talis tristibus..aptior esse modis MAUR.1799.

4 The conclusion of a transaction or process.

~a est difficilis in tradenda prouincia CIC.*Att.*6.3.3; quod beatae uitae ~am inposuit SEN.*Ep.*66.48.

5 A clause in a law or other document.

illa uero praeclara est ~a edicti CIC.*Ver.*3.35; lapides.. inscripti nomine diui Vespasiani sub ~a tali: occupati a priuatis fines: p.r. restituit HYG.*agrim.*p.85; ex doli ~a tenetur CELS.*dig.*5.3.45; committitur..ob rem non defensam stipulationis ~a ULP.*dig.*3.3.15; sequentem ~am senatus consulti ULP.*dig.*5.3.23.

6 (of concrete object) End, extremity.

ungues ~ae neruorum summae existimantur PLIN.*Nat* 11.247.

cl(a)usūra ~ae, *f.* [CLAVDO+-VRA] (app.) The lock of a necklace.

clusu[r]am alexand(rinam) *P.Freib.*2 (2nd cent.); *CIL* 2.3386.

clausus[1] ~a ~um, *a.* **clūsus.** [pple. of CLAVDO[1]] In senses of vb., esp.: **1** (of places) Closed, inaccessible. **b** (of seas, mountains, etc.) inaccessible (from natural causes). **c** (of the ears) closed, 'deaf'; (of a person) impervious to feeling.

(*w. dat.*) mea domus tibi patet, mihi ~a est CIC.*S.Rosc.* 145; nostros (fontes)..amicis putes ~os esse oportere *Mur.* 9; femineae loca ~a deae PROP.4.9.25; ne regibus quidem exactis ~a urbs fuerit peregrinae uirtuti LIV.4.3.13; statio mihi publica ~a est OV.*Tr.*3.1.79; (*neut. as sb.*) nihil tibi ~i est SEN.*Apoc.*8.1; (*transf.*) domum ~am pudori CIC.*Quinct.* 93;—(*w.* contra) ut nullius res tuta, nullius domus ~a.. contra tuam cupiditatem et audaciam posset esse *Ver.*5.39. **b** adhuc ~um mare fuisse scio CIC.*Q.fr.*2.4.7; insignis annus hieme gelida..fuit, adeo ut uiae ~ae, Tiberis innauigabilis fuerit LIV.5.13.1;—(*w. dat.*) ~ae starent mortalibus Alpes SIL.1.546;—(*neut. pl. as sb.*) longinqua ~a abstrusa.. emetiemur SEN.*Phaed.*939. **c** (*w. dat.*) cuius..aures ~ae ueritati sunt CIC.*Amic.*90; ut..~ae aures etiam confitenti forent TAC.*Ann.*11.28; (*w.* ad) nostrorum hominum ad eorum..uoces aures ~as fuisse CIC.*Tusc.*4.2;—Tiberium sine miseratione, sine ira, obstinatum ~umque uidit, ne quo adfectu perrumperetur TAC.*Ann.*3.15.

2 (of a space) Shut in, enclosed. **b** (neut. as sb.) an enclosed space.

macellarii et in urbe quidam habent loca ~a VAR.*R.*3.4.2; 3.12.5; SAL.*Jug.*12.5; aestuat ut ~is rapidus fornacibus ignis VERG.*G.*4.263; iacet inter eos (*sc.* montes)..~us in medio campus herbidus LIV.9.2.7; suspensus in aere ~o.. globus OV.*Fast.*6.277; SEN.*Nat.*5.1.2; ~i proelia Campi LUC.7.306; PLIN.*Ep.*6.20.14. β PLIN.*Nat.*14.84; quaeque natat ~is anguilla domestica lymphis MART.12.31.5; furtum in loco ~o QUINT.*Inst.*7.2.44. **b** si intra ~um in consaepto et sub dio, furem..non metuunt VAR.*R.*1.13.2; uoces..~a domorum transuolitant LUCR.1.354; maior.. cunctatio..aperta quam ~a inuadendi LIV.5.41.7; adsueta ~o et delicatae umbrae corpora sub diuo stare non possunt SEN.*Con.*3.pr.13; quod in ~o est, quiescit SEN.*Nat.*6.18.5; COL.7.6.5; 12.pr.3.

3 Enclosed (in a container or confined space), shut or locked up. **b** (of documents) closed.

nihil se tam ~um..posse habere quod non istius cupiditati apertissimum..esset CIC.*Ver.*4.42; nihil erat ~um, nihil obsignatum *Phil.*2.67; ~ae..murmura flammae V.FL. 2.338. β ut neque ~am neque obsignatam traderet ALF.*dig.*19.2.31; QUINT.*Inst.*6.3.50; (*poet.*) oscula ~a dato MART.13.18.2;—(*of a person*) ipse..~us (*i.e. behind locked doors*) componebat LARG.97; (*in a word or phrase*) ~um nomine tertium trochaeum MAUR.2825. **b** si ~ae adhuc tabulae sunt ULP.*dig.*29.2.25.6; PAUL.*dig.*38.2.44.1.

4 Infibulated.

β nunc uitam perago..ut ~us citharoedus abstinentem *Priap.*77.14.

Clausus[2] ~ī, *m.* A Sabine chief, reputed ancestor of the *gens Claudia*; (pl.) members of the *gens Claudia.*

VERG.*A.*7.707; LIV.2.16.4; OV.*Fast.*4.305; TAC.*Ann.*11. 24;—ueteris ~orum nominis heres OV.*Fast.*5.155; ~orum decus SIL.15.547.

clāuula ~ae, *f.* **clāuola.** [CLAVA+-VLA] A graft or cutting.

quas alii ~as, alii taleas appellant VAR.*R.*1.40.4.

clāuulus ~ī, *m.* [next+-VLVS] A small nail.

imbrices medias ~is figito CATO *Agr.*21.3; VAR.*R.*2.9.15.

clāuus ~ī, *m.* [cf. CLAVDO]

1 A nail or rivet. **b** (hammered into the wall of a temple as a method of controlling plague by sympathetic magic and from its annual repetition used to mark the years). **c** (as a symbol of fixity or necessity). **d** (fig.) ~*o* (*trabali*, etc.) *figere*, to fix firmly. **e** a centre pin.

compediti ei..lapide excutiunt ~om PL.*Men.*86; *Rud.* 754; (nauibus) parum ~is aut materia atque armamentis instructis CAES.*Civ.*1.36.2; ~orum cacumina V.MAX.3.7.2; si sint ~i in calciamento PLIN.*Nat.*2.211; CONDVCTOR ~OM EX LEGE FERRARIAR⟨VM VENDITO⟩ *CIL* 2.5181.34; loris et ~is quibus in ascensu nitebantur adiuti FRON.*Str.*3.9.3; offendere tot caligas, tot milia ~orum JUV.16.25; EAM DOMVS PARTEM DIMIDIAM..CVM SVIS SAEPIBVS..CLAVSTRIS FIENESTRIS, ITA VTI CLAO FIXSA ET OPTIMA MAXIMAQVE EST *CIL* 3.944.7;—(*w. material specified*) (leges) ad parietem sunt fixae ~is ferreis PL.*Trin.*1039; CAES.*Gal.*3.13.3; COL. 8.5.12; ~us aereus PLIN.*Nat.*16.51; ~um Cyprii aeris acutum LARG.16;—(*w. other adjs.*) ~is muscariis VITR. 7.3.11; ~orum caligarium PLIN.*Nat.*9.69;—(*prov.*) nouo.. amore ueterem amorem tamquam ~o ~um eiciendum putant CIC.*Tusc.*4.75 **b** DICT ~I FIG CAVSSA *Fast.Cos. Cap.*10a(*CIL* 1.p.20); pestilentiam quondam ~o ab dictatore fixo sedatam LIV.7.3.3; ut qui praetor maximus sit idibus Septembribus ~um pangat 7.3.5; 8.18.12; ~us annalis appellabatur, qui figebatur in parietibus sacrarum aedium per annos singulos PAUL.*Fest*.p.56M; (*transf.*) ex hoc die ~um anni mouebis CIC.*Att*.5.15.1. **c** te semper anteit serua Necessitas, ~os trabalis et cuneos manu gestans aena HOR.*Carm*.1.35.18; si figit adamantinos summis uerticibus dira Necessitas ~os 3.24.7. **d** fixus hic apud nos est animus tuo' ~o Cupidinis PL.*As*.156; ut hoc beneficium, quem ad modum dicitur, trabali ~o figeret CIC.*Ver*. 5.53; ~o tabulari fixum est PETR.75.7. **e** modiolus ferramentum concauum..per quod medium ~us..demittitur CELS.8.3.1; 8.3.2.

2 (app.) A practice or dummy weapon (cf. CLAVA 1c).

TEMERE EMISSVS NON AD MEA FVNERA ~VS HAESIT *CIL* 13.2219.

3 A tiller, helm. **b** (fig.) the helm of the 'ship of state'.

dum ~um rectum teneam ENN.*Ann*.483; CIC.*Sen*.17; ~umque ad litora torquet VERG.*A*.5.177; ~um..regit 10.218; ~um..Ratis MAN.1.623; huc atque illuc agilem conuertere ~um 4.282; LUC.3.555; V.FL.2.430. **b** CIC. *Sest*.20; sedebamus enim in puppi et ~um tenebamus; nunc autem uix est in sentina locus *Fam*.9.15.3; ~umque regendae inuasit patriae SIL.4.711.

4 A purple stripe on the *tunica* worn by knights (narrow) or senators and their sons (broad); hence *latus ~us* as one of the insignia of senatorial rank; also meton., a person of senatorial rank. **b** a stripe of other material.

si quis tunicam in usu ita consuit ut altera plagula sit angustis ~is, altera latis VAR.*L*.9.79; uixit inaequalis, ~um ut mutaret in horas HOR.*S*.2.7.10; curia restabat: ~i mensura coacta est OV.*Tr*.4.10.35; adferunt lumen ~us et purpurae loco insertae QUINT.*Inst*.8.5.28;—Galli bracas deposuerunt, latum ~um sumpserunt *Vers.pop*.in Suet.*Jul*. 80.2(*poet*.p.92); lati ~i, anuli aurei positi LIV.9.7.8; latum ~um Diuo Iulio dante non recepit SEN.*Ep*.98.13; cui lati ~i ius non erit QUINT.*Inst*.11.3.138; eum diem..quo mihi latus ~us oblatus est TAC.*Dial*.7.1; SUET.*Cl*.24.1;—(*cf.*) notus adhuc tantum maioris (= lati) lumine ~i STAT.*Silv*.3.2.124; non sanguine cretus turmali trabeaque recens et paupere (= angusto) ~o 5.2.18;—(*on presents*) puero anulum aureum tunicam lato ~o..donat LIV.27.19.12; lato uariata mappa ~o MART.4.46.17;—dum te posse negas nisi lato, Gellia, ~o nubere 5.17.3. **b** ~i aurei et purpurae pars sunt uestimentorum etsi non sunt ~i uestimentis consuti ULP. *dig*.34.2.19.5.

5 A callus, wart, tumour, or other excrescence. **b** foul brood in bees. **c** a fungoid disease of olives.

~i..uocantur callosa in ⟨albo⟩ oculi tubercula CELS. 7.7.12; ~orum, qui fere ceruicem (bouis) infestant COL. 6.14.6; aiunt et ~is in pedibus mederi (git) PLIN.*Nat*.20.184; extrahit ~os 24.23; faciem purgat et psoras sanat.., in naribus ~os 24.126; erat illi natus insanabilis ~us PLIN. *Ep*.3.7.2; qui ~um habet, morbosus est ULP.*dig*.21.1.12. **b** fit in fauis quibusdam qui uocatur ~us..hic est abortus apium PLIN.*Nat*.11.50. **c** olea praeter uermiculationem, ..~um etiam patitur, siue fungum placet dici uel patellam PLIN.*Nat*.17.223.

Clazomenae ~ārum, *f. pl.* A town on the coast of Ionia, the birthplace of Anaxagoras.

CIC.*Tusc*.1.104; HOR.*S*.1.7.5; MELA 1.89; PLIN.*Nat*.5.117.

Clazomenius ~a ~um, *a.* Of or belonging to Clazomenae, Clazomenian.

~us ille Anaxagoras CIC.*de Orat*.3.138; VITR.9.6.3; nunc gratia ante omnia est ~o (uino) PLIN.*Nat*.14.73;—(*masc. pl. as sb.*) agris ~orum VITR.8.3.14; LIV.38.39.9.

Cleanthēs ~is, *m.* FORMS: *~as* (acc. pl.) JUV.2.7. A Stoic philosopher, pupil of Zeno, and teacher of Chrysippus; (pl.) works of Cleanthes.

~en CIC.*N.D*.3.5; ~em *Tusc*.2.60; quid dicemus, ~e? 3.77;—SEN.*Ep*.113.23; iubet archetypos pluteum seruare ~as JUV.2.7.

Cleanthēus ~a ~um, *a.* Of or belonging to Cleanthes.

cultor enim iuuenum purgatas inseris aures fruge ~a (*i.e. Stoic*) PERS.5.64.

clēma ~atis, *n.* [Gk. κλῆμα] Knot-grass, *Polygonum aviculare*.

PLIN.*Nat*.27.113.

clēmatis ~idis or ~idos, *f.* [Gk. κληματίς] A plant name, app. covering various kinds of clematis, convolvulus, etc.

similem huic (*sc.* milaci) aliqui ~ida appellauerunt, repentem per arbores geniculatam et ipsam PLIN.*Nat*.24.84; centunculum uocant nostri..Graeci ~idem 24.138; sed Graeci ~idas et alias habent 24.139; est alia ~is Aegyptia cognomine 24.141.

clēmatītis ~idis, *f.* [Gk. κληματῖτις] A species of aristolochia.

PLIN.*Nat*.25.95; LARG.206.

clēmens ~ntis, *a.* *compar.* ~ntior, *superl.* ~ntissimus. [dub.]

1 Mild towards others, clement, merciful, lenient. **b** (of character, etc.). **c** (of behaviour, actions). **d** (of animals, birds).

ille suam semper egit uitam..~ns placidus TER.*Ad*.864; uir et contra audaciam fortissimus et ab innocentia ~ntissimus CIC.*S.Rosc*.85; leni..et ~nti patre *Cael*.38; apud ~ntis iudices et misericordis *Planc*.31; non modo non tyrannum sed etiam ~ntissimum in uictoria *Deiot*.34; nec in caede principum ~ntiorem hunc fore quam Cinna fuerit *Att*.7.7.7; satis ~ns sum in disputando *Fin*.2.12; quod uiro ~ns misero peperci HOR.*Carm*.3.11.46; Horatius auctore Tullo, ~nte legis interprete, 'prouoco' inquit LIV.1.26.8; ~ntem uocabo non in alieno dolore facilem, sed eum qui..SEN. *Cl*.1.20.3; TAC.*Ann*.2.57; (*masc. as sb.*) dignum quidem morte eum..~nti tamen seruandum esse uel talem QUINT. *Inst*.5.13.6; (*cf. sense 4*) placido te (*sc.* Neptuno) et ~nti..usu' sum in alto PL.*Trin*.827. **b** per amorem si quid fecero, ~nti ⟨hic⟩ animo ignoscet PL.*Mil*.1252; TER.*Hec*. 472; in Caesare haec sunt: mitis ~nsque natura CIC.*Fam*. 6.6.8; ~ntibus accolarum ingeniis LIV.38.17.17; consilium capit..~ns CIC.*Ver*.5.101. **c** inclinaturum ad ~ntiorem sententiam animum LIV.8.31.8; ~ntissima suffragia V.MAX. 7.3.ext.6; uictoria..fuit ~ntissima VELL.2.86.2; sedes illis nemora, alimenta bacae,..ritus ~ntes PLIN.*Nat*.6.35; ~nti responso TAC.*Ann*.1.58. **d** alterum genus columbarum est ~ntius VAR.*R*.3.7.2; elephans homine obuio..oberrante ~ns placidusque..demonstrare uiam traditur PLIN.*Nat*.8.9.

2 (of conditions) Marked by leniency or complaisance.

ut semper tibi apud me iusta et ~ns fuerit seruitus TER. *An*.36; hanc ~ntem uitam urbanam atque otium *Ad*.42.

3 Modified in form or severity, mild, subdued. **b** (of sound) soft, gentle.

is rumor ~ns erat SAL.*Jug*.22.1; quodsi dat spatium ~ns ..morbus GRAT.413; ~ntioris libidinis COL.6.37.2. **b** ~ns quidam sonus aures eius accedit APUL.*Met*.5.4.

4 (of weather, water, etc.) Gentle, calm, mild. **b** (of motion) gentle, gradual; (of an incline) gentle, easy.

~nti flamine CATUL.64.272; qua sit ~ntissimus amnis OV.*Met*.9.116; campi, quos ~ntiore alueo praeterit CURT. 5.3.2; permittitque ~ntior dies opera moliri COL.11.2.2; ~nti turbine..erigitur V.FL.6.747; ~ntior Auster uela uocat STAT.*Theb*.5.468; nox fuit et ~ns mare GEL.2.21.2. **b** et gradu ~nti et silentio est opus GEL.1.11.9; iniecta manu me..~nti uiolentia secum adtraxit APUL.*Met*.3.10; ~nti motu brachiorum 11.7; *Fl*.2;—~nti..transmisso cliuulo *Met*.4.5.

clēmenter, *adv.* *compar.* ~tius, *superl.* ~tissimē. [prec.+-TER²]

1 In a kindly manner, leniently, mildly.

dixi..quo id pacto fieri possit ~tissume PL.*Mil*.1098; leniter hominem ~terque accepit CIC.*Ver*.4.86; Gnaeus noster ~ter id fert *Att*.6.1.3; quin..ille tertius accipiat quaedam ~tius aequo LUCR.3.313; his temporibus ~ter et moderate ius dicendum existimabat CAES.*Civ*.3.20.2; consul ~ter appellatos eos dimisit LIV.26.32.8; qui uictoria ciuili ~tissime usus est SEN.*Dial*.4.23.4; TAC.*Hist*.3.63.

2 At an easy pace or rate, slowly, gently. **b** (of the actions of natural forces).

~ter quaeso, calcis deteris PL.*Mer*.952; hodien exoneramus nauem, frater? — ~ter uolo *St*.531; modo acriter, tum ~ter..in omnes partes commutabimus..pronuntiationem *Rhet.Her*.3.24; ramus homine porrigente ~ter acceptus PLIN.*Nat*.8.25; caudam..~ter et blande mouet (leo) GEL. 5.14.12; pugnis malas eius ~ter obtundens APUL.*Met*.9.21; ~ter nauigantem *Fl*.15. **b** non desiit..assidue tremere Campania, ~tius quidem sed cum ingenti damno SEN.*Nat*. 6.31.1; hic..insani spirant ~tius austri STAT.*Silv*.2.2.27.

3 (of ground rising) In a gentle incline, gradually; (also, of movement uphill).

altus arua deserit..~ter acto colle Parnasos biceps SEN. *Oed*.281; ~ter crescente iugo SIL.1.274; colles..~ter adsurgentes TAC.*Ann*.13.38;—si qua Appennini iuga ~tius adirentur *Hist*.3.52; *Ann*.12.33.

clēmentia ~ae, *f.* [CLEMENS+-IA]

1 Clemency, disposition to spare or pardon, leniency; complaisance. **b** (personified). **c** (as a special attribute of the Caesars). **d** (of government, law).

aut saeuitiam aut ~am iudicis CIC.*Part*.11; ~a ac misericordia singulari *Red.Sen*.17; huius insidiosa ~a delectantur, illius iracundiam formidant *Att*.8.16.2; salutaris seueritas uincit inanem speciem ~ae ad *Brut*.1.2a.2(5); ut sua ~a ac mansuetudine in eos utatur CAES.*Gal*.2.14.4; HIRT.*Gal*.8.21.2; NEP.*Alc*.5.6; haec tua, Persephone, maneat ~a PROP.2.28.47; tutum receptum ad expertam ~am fore LIV.3.2.5; 28.25.13; quae ducis Emathii fuerit ~a OV.*Tr*. 3.5.39; Sosium..diu cum ~a luctatus sua Caesar, seruauit incolumem VELL.2.86.2; ~a est temperantia animi in potestate ulciscendi uel lenitas superioris aduersus inferiorem in constituendis poenis SEN.*Cl*.2.3.1; STAT.*Theb*. 11.606; TAC.*Hist*.1.75; et secuta sunt Claudii uerba in eandem ~am *Ann*.11.3;—(*attributed to animals*) leoni tantum ex feris ~a in supplices PLIN.*Nat*.8.48; 11.27;—(*facet.*) stulta est ~a..periturae parcere chartae JUV.1.17; uetus indulget senibus ~a porcis 6.160;—re ipsa repperi facilitate nil esse homini melius neque ~a TER.*Ad*.861. **b** insanos ~a contudit enses CALP.*Ecl*.1.59; PLIN.*Nat*.2.14; recta Fides, hilaris ~a MART.12.6.3. **c** ~AE CAESARIS *BMCR* 1.p.549, No.4176 (*c*.44 B.C.); *BMCI* 1.p.384, No.78 (A.D. 69); haec est quae..suum Dacis donat ~a montem STAT.*Silv*.3.3.169. **d** ~am mansuetudinemque nostri imperi CIC.*Ver*.5.115; iuris ~a QUINT.*Inst*.7.4.18; ~a legis PLIN. *Ep*.6.29.9.

2 (of the weather, climate, etc.) Mildness, genial character, clemency.

dum tepida indulget terris ~a mundi GRAT.295; si ~a hiemis permittit COL.2.9.16; emollit gentes ~a caeli LUC. 8.366; placidi ~a Nili STAT.*Theb*.3.527; aestatis mira ~a PLIN.*Ep*.5.6.5.

Cleōnae ~ārum, *f. pl.* The name of towns **a** in Argolis near Nemea. **b** (also sg.) in Macedonia.

a LIV.33.14.11; OV.*Met*.6.417; STAT.*Theb*.4.47. **b** PLIN. *Nat*.4.37; (*sg.*) inter Athon et Pallenen ~a et Olynthos MELA 2.30.

Cleōnaeus ~a ~um, *a.*

1 Of or belonging to Cleonae in Argolis.

~um agrum LIV.33.14.7; naporum quinque genera fecere, Corinthium, ~um [*etc.*] PLIN.*Nat*.19.75; ~i..Molorchi STAT.*Theb*.4.160.

2 (poet.) Nemean. **b** of the Nemean lion. **c** of Hercules (as the slayer of the Nemean lion). **d** *~um sidus*, the constellation Leo.

~i..terga leonis LUC.4.612; MART.5.71.3; ~i..monstr STAT.*Theb*.1.487; SIL.3.34. **b** ~um caput SEN.*Her.F* 798; ~o iam tempora clusus hiatu Alcides V.FL.1.34 **c** ~ae stirpis iactator Agylleus STAT.*Theb*.6.837; ~us.. arcus *Silv*.5.2.49. **d** ~o sidere MART.4.60.2; STAT.*Silv* 4.4.28.

Cleopatra ~ae, *f.* The name of various Macedonian princesses and queens of Egypt, esp. the daughter of Ptolemy Auletes whom Caesar supported against her brother Ptolemy and who fought with Antony against Octavian at Actium.

ibi casu rex erat Ptolomaeus, puer aetate, magnis copiis cum sorore ~a bellum gerens CAES.*Civ*.3.103.2; SEN.*Suas*. 1.6; quod..nec Actiaca fecit ~a carina JUV.2.109; SUET. *Nero* 3.2.

cleopiceton (*dub.*) ~ī, *n.* [Gk.] = CLINOPODIVM.

clepō ~ere ~sī ~tum, *tr.* [cf. Gk. κλέπτω, Goth. *hlifan*] FORMS: *~sit* (=~serit) CIC. *Leg*. 2.22, LIV.22.10.5.

1 To take away secretly, steal.

atque aliquos ibi ⟨si⟩ abreptos ~sere foro qui LUCIL.1118; ACC.*trag*.212; eum dictus Prometheus ~sisse dolo 535; sacrum sacroue commendatum qui ~sit rapsitue CIC.*Leg*. 2.22; MAN.1.27;—(*absol.*) rape, ~e, tene, harpaga, bibe, es, fuge PL.*Ps*.138; Spartae rapere ubi pueri et ~ere discunt CIC.*Rep*.4.3; si quis ~sit, ne populo scelus esto neue cui ~tum erit *formula* in Liv.22.10.5.

2 To listen to secretly, overhear.

sermonem hic nostrum ex occulto ~sit PAC.*trag*.185; ut ne quis nostra uerba ~eret auribus ACC.*trag*.292.

3 (refl.) To hide oneself away, steal away.

auida libido..coepit se..opificio non probiter ~ere VAR. *Men*.342; leuis est dolor qui capere consilium potest et ~ere sese SEN.*Med*.156.

clepsydra ~ae, *f.* [Gk. κλεψύδρα]

1 A water-clock, clepsydra (used for measuring the time allowed to speakers).

hunc (*sc. Pericles*) non declamator aliqui ad ~am latrare docuerat CIC.*de Orat*.3.138; cras ergo ad ~am (*sc.* dicamus) *Tusc*.2.67; quemadmodum ~am non extremum stillicidium exhaurit, sed quicquid ante defluxit SEN.*Ep*.24.20; MART. 6.35.6; huic silentium ~a indici PLIN.*Ep*.1.23.2.

2 The time measured by the emptying of one water-clock, app. about twenty minutes; *~as petere, accipere, dare*, to ask, be allowed, allow one, time to speak.

septem ~as..tibi..petenti..dedit MART.6.35.1; 8.7.3; dixi horis paene quinque: nam duodecim ~is, quas spatiosissimas acceperam, sunt additae quattuor PLIN.2.11.14; paucioribus ~is praecipitamus causas, quam diebus explicari solebant PLIN.*Ep*.6.2.6.

cleptēs ~ae, *m.* [Gk. κλέπτης] A thief.

dum illi agant ceteri ~ae PL.*Truc*.102.

clērus ~ī, *m.* [Gk. κλῆρος] An allotment of land.

⟨EVM MODV⟩M QVI IN VICINIS CIVITATIBVS ~ORVM NEC MAXIMVS NEC MINIMVS EST *CIL* 3.355[b].6.

clībanus ~ī, *m.* [Gk. κρίβανος, κλίβ-] An earthenware vessel or oven, narrowing towards the top, used for baking. **b** a vessel used for serving bread.

siccus calor est et harenae calidae et Laconici et ~i CELS. 2.17.1; oblita uasa ~o uel furno torrefaciunt COL.12.15.4; scrobis ~o similis esto, imus quam summus patentior *Arb*. 19.2; PLIN.*Nat*.18.105; 20.99; 27.83. **b** circumferebat Aegyptius puer ~o argenteo panem PETR.35.6.

clīdion ~iī, *n.* [Gk. κλειδίον] The (parts round the) 'shoulder-bone' of a fish.

(thynni) ceruice et abdomine commendantur atque ~io PLIN.*Nat*.9.48.

clīdūchus ~ī, *m.* [Gk. κλειδοῦχος] A key-bearer.

(Phidias) fecit et ~um et aliam Mineruam PLIN.*Nat*.34.54.

cliens ~ntis, *m.* [cf. CLINATVS] FORMS: (gen. pl.) *~ntium*, also *~ntum* PL.*Men*.576, HOR. *Carm*.3.5.53, *Laus Pis*.134; *clu-* PL.*As*.871, *Capt*.335, *Trin*.471.

1 A person who attached himself to one of greater influence or political power (PATRONVS) for protection, a client.

patronus si ~nti fraudem fecerit, sacer esto *Lex XII* (*Font.iur*.p.33); pluma haud interest patronus an ~ns probior siet PL.*Mos*.408; ~ns amicus hospes nemost uobis? TER.*Ad*.529; aduersus cognatos pro ~nte testatur, testimonium aduersus ~ntem nemo dicit CATO *orat*.190; orator id, si tamquam ~ntis causam didicerit, dicet melius CIC.*de Orat*.1.51; ab hospitibus ~ntibusque suis..iniurias propulsare *Div.Caec*.66; enitere per amicos, ~ntis ,hospites

*Att.*1.20.7; neque ~ntes sine summa infamia deseri possunt CAES.*orat.*43; circum se praesidia amicorum atque ~ntium occulte habebat SAL.*Cat.*26.4; VERG.*A.*6.609; est ut..illi turba ~ntium sit maior HOR.*Carm.*3.1.13; Attius Clausus.. magna ~ntium comitatus manu LIV.2.16.4; 6.18.5; extremi Pompeium emptique ~ntes continuo..satiabunt..regno? LUC.1.314; STAT.*Silv.*3.3.110; rari domos, plurimi amicorum tecta et ut cuique humillimus ~ns, incertas latebras petiuere TAC.*Hist.*1.81; praestare tributa ~ntes cogimur JUV.3.188; —(*w. ref. to practice of early morning salutation*) mane ~ns et iam certus conuiua HOR.*Ep.*1.7.75; procul horridus Liburnus et querulus ~ns MART.1.49.33; (*transf.*) ibi magnus mirandusque ~ns (*i.e. Hannibal*) sedet ad praetoria regis, donec Bithyno libeat uigilare tyranno JUV.10.161.

2 (usu. in pl.) The citizens of an Italian or other city in their relationship to the Roman (*patronus*) who looked after their interests in Rome.
adsunt Segestani, ~ntes tui CIC.*Ver.*4.80; *Font.*36; tuos.. ~ntis Transpadanos *Fam.*12.5.2; nostri ~ntes, Locri *Leg.* 2.15; equites illos, Cn. Pompei ueteres fidosque ~ntis SAL. *Cat.*19.5;—(*of the king of Egypt as Pompey's client*) ille rogauit summissa fugiens uoce ~ntis opem OV.*Pont.*4.3.42; Phario..~nti LUC.9.1096.

3 A dependant, vassal of a foreign chief or people.
Orgetorix..omnis ~ntis obaeratosque suos..eodem conduxit CAES.*Gal.*1.4.2; plurimos circum se ambactos ~ntisque habet 6.15.2; *Civ.*3.60.4; dilectu ~ntium habito LIV.26.50. 14; cum fuisset humillimus adsentator reginae et infra seruos ~ns VELL.2.83.1; honestior auriga, ~ntes propugnant TAC.*Ag.*12.1;—(*of a people*) in finis Eburonum et Condrusorum, qui sunt Treuerorum ~ntes CAES.*Gal.*4.6.4.

4 (transf.) **a** (of a votary of a god). **b** (of a satellite town).
a rite ~ns Bacchi somno gaudentis et umbra HOR.*Ep.* 2.2.78; diuom..genitor trinoctiali adfecit domicenio ~ntem MART.12.77.6; fortissimo deo Marti ~ntes mihique iam fidi commilitones APUL.*Met.*7.5; (*of a suppliant at a dead girl's tomb*) non feret usque suum te propter flere ~ntem TIB. 2.6.35. **b** statim primo impetu ~ns et alumna urbis Ostia..diripitur FLOR.*Epit.*2.9(3.21.12).

clienta ~ae, *f.* [prec.]

1 A female dependant or protégée.
habeo eccillam meam ~am, meretricem adulescentulam PL.*Mil.*789; *Rud.*893; AFRAN.*com.*239; nec Laconicas mihi trahunt honestae purpuras ~ae HOR.*Carm.*2.18.8; FRO.*Aur.* 1.p.146(32N).

2 A female votary.
tantus ibi ~arum erat numerus quae ad Calydoniam uenerant Venerem PL.*Poen.*1180.

clientēla ~ae, *f.* [CLIENS+-ELA]

1 The relationship, status, or position of a client, clientship. **b** the relationship of a provincial town, foreign people, etc., to their Roman *patronus*. **c** vassalage or dependency on a foreign chief or tribe.
Thais..in ~am et fidem nobis dedit se TER.*Eu.*1039; si hospitia ~as cognationes adfinitates caste colenda esse dicemus *Rhet.Her.*3.4; quaere in cuius fide sint et ~a CIC. *S.Rosc.*93;—(*fig.*) non pudet uirtutes in ~am uitiorum demittere? SEN.*Dial.*3.10.2. **b** ut conarere ~am tam splendidae, tam inlustris prouinciae traducere ad te CIC. *Ver.*4.90; Cn. Pompeium..neque..regum ac nationum ~is esse tutum DOLAB.*Fam.*9.9.2; obsecrantes ut..in fidem ~amque se urbemque Syracusas acciperet LIV.26.32.8; PLIN.*Nat.*34.32; cum te tot amicorum causae, tot coloniarum et municipiorum ~ae in forum uocent TAC.*Dial.*3.4; in Antoniorum ~a antiquitus erant SUET.*Aug.*17.2. **c** Carnutes..usi deprecatoribus Remis, quorum erant in ~a CAES.*Gal.*6.4.5; se Remis in ~am dicabant 6.12.7.

2 (concr.) The body of clients attached to a particular person. **b** a provincial or foreign city, etc., considered in relation to its Roman *patronus*. **c** a body of vassals of a foreign chief or people.
alia diuersa..ut nobilitas diuitiae ~ae CIC.*Part.*87; uerebatur fortasse ne amitteret tantas ~as *Phil.*8.26; aliis si deliquere..cognatorum et affinium opes, multae ~ae.. praesidio adsunt SAL.*Jug.*85.4; ex agro Piceno, qui totus paternis eius ~is refertus erat VELL.2.29.1; uitam ipsam in extremum adductam a ~is et seruitiis Octauiae TAC.*Ann.* 14.61. **b** duae maxime ~ae tuae, Cyprus insula et Cappadociae regnum CIC.*Fam.*15.4.15; magna esse Pompei beneficia et magnas ~as in citeriore prouincia sciebat CAES.*Civ.*2.18.7; TAC.*Dial.*36.5. **c** quod summa auctoritas antiquitus erat in Aeduis magnaeque eorum erant ~ae CAES.*Gal.*6.12.2; 7.32.5; Tiridates super proprias ~as ope Vologesi fratris adiutus TAC.*Ann.*13.37.

3 (transf.) Protection, guardianship.
qui se in horum (*sc.* philosophorum) ~am contulit SEN. *Dial.*10.15.2; quia scriptores ac poetas sub ~a Musarum iudicaret SUET.*Gram.*6(p.105Re).

clientulus ~ī, *m.* [CLIENS+-VLVS] (term of contempt for 'client') A mere client; a petty vassal.
ne ~orum loco potius quam patronorum numerarentur TAC.*Dial.*37.1;—incedentibus regiis ~is *Ann.*12.36.

clima ~atis, *n.* [Gk. κλίμα]

1 A measure of land, a square plot having a side of 60 feet.
pes multiplicatus in..~ata procedit..~a quoquo uersus pedum est LX COL.5.1.4.

2 Inclination of a particular part of earth's surface due to its latitude.
de inaequalitate ~atum PLIN.*Nat.*1.2.71.

3 Direction, cardinal point.
BAS.*gram.*9.

clīmacis ~idos, *f.* [Gk. κλιμακίς] The inclined channel or 'barrel' of a ballista.
~idos scapi longitudo foraminum XIII VITR.10.11.7; ad ~ida 10.11.8.

clīmactēr ~ris, *m.* [Gk. κλιμακτήρ] (astrol.) A 'rung', one of the critical points in human life occurring every seven years, a climacteric.
quoniam..ingens turba nascatur scansili annorum lege occidua quam ~eras appellant PLIN.*Nat.*7.161; GEL.3.10.9.

clīmactēricus ~a ~um, *a.* [Gk. κλιμακτηρικός] (astrol.) Critical, climacteric.
'habes', inquit, '~um tempus' PLIN.*Ep.*2.20.3.

clīnāmen ~inis, *n.* [as next+-MEN] A turning aside, swerving.
id facit exiguum ~en principiorum LUCR.2.292.

clīnātus ~a ~um, *a.* [app. back-formation from INCLINO, etc.] Inclined, slanting.
~a est ungula uemens fortis Equi CIC.*Arat.*287(53); haec (*sc.* Ales) ~a magis paulo est Aquilonis ad auras 327(86); ~o corpore 505(259).

clingō ~ere, ? *tr.* [cf. perh. Eng. *link*] (See quot.)
~ere, cingere, a Graeco κυκλοῦν dici manifestum est PAUL.*Fest.*p.56M.

Clīniadēs ~ae, *m.* The son of Clinias, i.e. Alcibiades.
OV.*Ib.*631.

clīnicē ~ēs, *adj. f.* [Gk. κλινική] Clinical, sick-bed; (as sb.) clinical medicine.
medicinam hanc, quae ~e uocatur PLIN.*Nat.*29.4; in quartanis medicina ~e propemodum nihil pollet 30.98;—Asclepius Apollinis filius ~en repperit HYG.*Fab.*274.9.

clīnicus ~ī, *m.* [Gk. κλινικός] A physician who tends patients in bed, a clinical physician.
coepit quo poterat ~us esse modo MART.1.30.2; 9.96.1; P DECIMIVS..MEDICVS ~VS CHIRVRGVS OCVLARIVS *CIL* 11.5400.

clīnopalē ~ēs, *f.* [Gk.] 'Bed-wrestling'; (see quot.).
assiduitatem concubitus uelut exercitationis genus ~en uocabat SUET.*Dom.*22.

clīnopodium ~(i)ī, *n.* [Gk. κλινοπόδιον] (perh.) Wild basil, *Calamintha clinopodium.*
~ium alii cleopiceton..appellant, serpyllo similem, surculosam, palmi altitudine PLIN.*Nat.*24.137.

clīnopūs ~odos, *m.* [Gk. κλινόπους] The foot of a bed.
porro '~odas' 'lychnos'que ut diximus semnos ante 'pedes lecti' atque 'lucernas' LUCIL.15.

Clīō ~ūs, *f.* Clio, the Muse of history.
quem uirum aut heroa lyra uel acri tibia sumis celebrare, ~o? HOR.*Carm.*1.12.2; ~o Cliusque sorores OV.*Ars* 1.27; *Fast.*5.54; V.FL.3.15; STAT.*Theb.*10.630.

Clipea ~ae, *f.*: var. CLVPEA².

clipeātus ~a ~um, *a.* **clup-.** [CLIPEVS+-ATVS²] Armed with a *clipeus.* **b** (usu. pl.) a soldier armed with a *clipeus.*
~aque totis agmina densentur campis VERG.*A.*7.793; seges ~a uirorum OV.*Met.*3.110; classes ~as antiqui dixerunt, quos nunc exercitus uocamus PAUL.*Fest.*p.56M. **b** cum..~i caetratique a fronte urgerent LIV.33.15.11; in proris ~os locauerat CURT.7.9.2. **β** quidni nouerim (signum)? ~us elephantum ubi machaera diligit PL.*Cur.* 424; a tergo caetrati erant, frontem aduersus ~os habebat; chalcaspides appellabantur LIV.44.41.2.

clipeō ~āre, *tr.* **clup-.** [prec.] To provide with a shield or protection.
clamide contorta astu ~at braccium PAC.*trag.*186.

clipeolum ~ī, *n.* [next+-OLVM] A small shield.
impuberes conuocauit eisque ~a aenea et hastas dedit HYG.*Fab.*139.3.

clipeus ~ī, *m.* ~**um** ~ī, *n.* Also **clup-, clyp-** (*cj.* in ENN.*scen.*84).

1 A round, usu. bronze, shield. **b** (prov.) *~um post uulnera sumere*, 'to lock the door after the horse is stolen'. **c** (see quot.).
uidi te..tegentem ~o classem Doricam *Inc.trag.*62; ei percontanti dictum est ~um ese saluum CIC.*Fam.*5.12.5; nec misero ~i mora profuit aerei VERG.*A.*12.541; hasta.. recludit..~i extremos septemplicis orbis 12.925; ~is antea Romani usi sunt LIV.8.8.3; depositis ~o..et hasta OV. *Fast.*3.1; alia tela ~o excipiebat CURT.6.1.4; STAT.*Theb.* 10.929; (*fig.*) ⟨uti⟩ ~o te Achillis in orationibus oportet, non parmulam uentilare FRO.*Aur.*2.p.108(158N);—(*clearly masc.*) ~i resonunt ENN.*Ann.*363; CIC.*Div.*1.99; mutemus ~os VERG.*A.*2.389; ~os..aereos CURT.4.3.25; STAT.*Theb.* 7.648; QUINT.*Inst.*7.2.7;—(*clearly neut.*) ~um in medio fixum est POMPON.*com.*29; laeuis ~a portant MACER *hist.*24; VERG.*A.*9.709; LIV.1.43.2. **β** ut splendor meo sit ~o clarior PL.*Mil.*1; arma ~us sarisaeque illis; Romano scutum..et pilum LIV.9.19.7; CIC.*Tusc.*1.34. **b** OV.*Tr.*1. 3.35. **c** ~um antiqui ob rotunditatem etiam corium bouis appellarunt, in quo foedus Gabinorum cum Romanis fuerat descriptum PAUL.*Fest.*p.56M.

2 An embossed or ornamented shield, regarded rather as a work of art than as armour.
si quis Phidiae ~um dissoluerit CIC.*Orat.*234; ~um efferri iussit, Didymaonis artis VERG.*A.*5.359; LIV.25.39.13; in caelatura ~i Achillis et lites sunt et actores QUINT.*Inst.* 2.17.8;—(*masc.*) ~us praetextae imaginis positus POL.*orat.* 34; STAT.*Ach.*1.722; TAC.*Ann.*2.83;—(*neut.*) (fuit) ~um unum ex auro totum LIV.34.52.7. **β** inauratos ~os VAR. *L.*7.40; LIV.35.41.10; ~VS ⟨AVREV⟩S IN ⟨C⟩VRIA IVLIA POSITVS AUG.*Anc.*6.20; ~os in sacro uel publico dicare priuatim prius instituit..Appius Claudius PLIN.*Nat.*35.12; *CIL* 9.2252.

3 The apparently concave vault of heaven.
in altisono caeli ~o ENN.*scen.*216.

4 a The disc of the sun. **b** a type of meteorite. **c** the adjustable circular lid of a ventilator.
a ipse dei ~us, terra cum tollitur ima, mane rubet OV. *Met.*15.192. **b** SEN.*Nat.*1.1.15; ~us ardens ab occasu ad ortum scintillans transcucurrit solis occasu PLIN.*Nat.*2.100. **c** ex eoque (*sc.* lumine) ~um aereum catenis pendeat VITR. 5.10.5.

clītellae ~ārum, *f. pl.* [cf. Umb. *kletram* 'litter' and -ELLA] A pack-saddle. **b** (applied to things resembling a pack-saddle: see quot.).
uehit hic ~as PL.*Mos.*778; ego..qui Albanas habeo columnas ~is eas adportaui CIC.*Scaur.*45(I); hinc muli Capuae ~as tempore ponunt HOR.*S.*1.5.47; ~is aptior mulus COL.6.37.11; ut..aliquam imaginem ualli obicerent, ~as inligatas oneribus..circumdabant LIV.25.36.7;—(*prov.*) ~ae boui sunt inpositae; plane! non est nostrum onus (*i.e. this is not my job*) *Inc.pall.*66; 'non nostrum' inquit 'onus: bos ~as' QUINT.*Inst.*5.11.21. **b** ~ae dicuntur..etiam locus Romae propter similitudinem, et in uia Flaminia loca quaedam deuexa subinde et adcliua. est etiam tormenti genus eodem nomine appellatum PAUL.*Fest.*p.59M.

clītellārius ~a ~um, *a.* [prec.+-ARIVS] Used for carrying a pack-saddle.
muliones mulos ~os habent, at ego habeo homines ~os PL.*Mos.*780; asinos ornatos ~os qui stercus uectent tris CATO *Agr.*10.1; CIC.*Top.*36; COL.2.21.3.

cliticos ~ī, *m.* [Gk. κλιτικός] A (statue of a person reclining or sitting.
fecit (Euphranor) et quadrigas bigasque et ~on eximia forma PLIN.*Nat.*34.78.

Clītomachus ~ī, *m.* A Carthaginian Academic philosopher, pupil and successor of Carneades as head of the Academy.
CIC.*de Orat.*1.45; *Orat.*51; *Tusc.*3.54.

Clītumnus[1] ~ī, *m.* A river in Umbria, believed to make white the cattle that drank from it.
hinc albi, ~e, greges VERG.*G.*2.146; qua formosa suo ~us flumina luco integit, et niueos abluit unda boues PROP. 2.19.25; SIL.4.545; (*as a river-god*) adiacet templum..stat ~us ipse amictus ornatusque praetexta PLIN.*Ep.*8.8.5.

Clītumnus[2] ~a ~um, *a.* Of Clitumnus, Clitumnian.
si..praestent niueos ~a noualia tauros STAT.*Silv.*1.4.129; ~um fontem PLIN.*Ep.*8.8.1.

clīuia ~ae, *f.* [cf. CLIVVS] An unknown bird (app. of ill-omen).
alii spinturnicem eam uocant..~am quoque auem ab antiquis nominatam animaduerto ignorari PLIN.*Nat.*10.37.

Clīuicola ~ae, *m.* (app.) A god presiding over slopes.
VAR.*gram.*146.

clīuis ~is ~e, *a.* [cf. CLIVVS, DECLIVIS]

1 Sloping, inclined, steep.
(*neut. pl. as sb.*) multi (*sc.* limites) exigent⟨e⟩ ratione per ⟨cl⟩iuia et confragosa loca eunt, qua iter fieri non potest FRON.*agrim.*p.10; AGEN.*agrim.*p.49.

2 (See quot.)
~ia auspicia dicebant, quae aliquid fieri prohibeban omnia enim difficilia ~ia uocabant PAUL.*Fest.*p.64M.

clīuolus: see CLIVVLVS.

clīuōsus ~a ~um, *a.* [CLIVVS+-OSVS] Characterized by slopes, steep, hilly.
~i tramitis VERG.*G.*1.108; ~i..ruris VERG.*G.*2.212; ~um ..Olympum OV.*Fast.*3.415; ~ae madidis in uallibus Idae *Am.*1.14.11; ~is locis COL.*Arb.*19.2; ~ae ueheris dum per monumenta Latinae JUV.5.55;—(*fig.*) ~o tramite uitae SIL.6.120;—(*ellipt. or neut. as sb.*) in ~is..potest palmipedalis deponi COL.3.19.1; ~a (*sc.* loca) altiores scrobes poscunt PLIN.*Nat.*17.168; in consito aut ~o (*sc.* solo) 18.200.

clīuulus ~ī, *m.* **-olus.** [next+-VLVS] A short slope.
duos parietes aduerso ~o inaedificatos COL.6.37.10; clementi..transmisso ~o APUL.*Met.*4.5.

clīuus (~os) ~ī, *m.* [cf. CLINATVS, Gk. κλίνω, AS. *hlinōn*, Skt. *śráyatē*] FORMS: neut. pl. CATO *orat.*155, CORN.SEV.*poet.*2, MEM.*poet.*1.

1 Sloping ground, a slope, incline. **b** (fig., of a task, etc.).
calcari quadrupedo agitabo (te) aduorsum ~om PL.*As.* 708; ~o' deorsum uorsum est: hac te praecipitato TER. *Ad.*575; AD SVMMVM CLEIVOM *CIL* 1.809.7; quidquid huc circuitus ad molliendum ~um accesserat CAES.*Gal.*7.46. 2; ex inferiore loco aduersus ~um..Pompeianos egerunt *Civ.*3.46.5; VITR.8.6.8; qua se subducere colles incipiunt

mollique iugum demittere ~o VERG.*Ecl.*9.8; *G.*3.293; ut ui summum ~i iugum euaderent LIV.2.65.6; 21.32.8; arduos in ualles per fora ~os erat OV.*Fast.*1.264; ~os lene iacentes CALP.*Ecl.*7.25; MART.10.5.3; aegre ~o instantes TAC.*Ag.* 36.3; multis..~is et anfractibus fatigatos APUL.*Met.*6.25; PAUL.*dig.*8.2.20.1; (*poet.*) iuga tollit ab undis Heniochus ~oque rotas conuellit ab imo MAN.5.69;—(*neut. pl.*) loca ardua et ~a depressa CATO *orat.*155; (*in fig. phr.*) ardua uirtuti longeque per aspera ~a eluctanda uia est CORN.SEV. *poet.*2. **b** surge et inspira et ~um istum uno..spiritu exsupera SEN.*Ep.*31.4; illius (*sc.* uirtutis) gradu ~us iste frangendus est *Dial.*7.15.5; perque aspera duro nititur ad laudem uirtus interrita ~o SIL.4.604; scandenti circa iura labor est, ceterum quantum processeris, mollior ~os QUINT.*Inst.*12.10.78;—(*w. ref. to progress*) principio ~i noster anhelat equus OV.*Rem.*394; mille doli restant: ~o sudamus in imo *Ep.*19.41; in summo deficit ~o SEN.*Ep.* 92.15; nos in medio lautitiarum, quod aiunt, ~o laborare PETR.47.8.

2 (w. prop. adjs. and sim. as names of streets); (also absol.) the *cliuus Capitolinus.*

~os Publicius VAR.*L.*5.158; dixerat..consul se ~i Capitolini (*i.e. where the Tullianum was situated*) poenas ab equitibus Romanis repetiturum CIC.*Red.Sen.*32; *Phil.*2.16; quandoque trahet feroces per sacrum ~um..Sygambros HOR.*Carm.*4.2.35; in Vrbium ~um LIV.1.48.6; accedo Bouillas ~umque ad Virbi PERS.6.56;—completur urbs, ~us, comitium tribunis, centurionibus, euocatis CAES.*Civ.* 1.3.3; TAC.*Hist.*3.71; (*perh.*) antea stolatae ibant nudis pedibus in ~um PETR.44.18.

3 a An inclined passage in a house. **b** an inclined surface on a table, etc.

a etiam in itineribus, ~is, scalis (usus est luminum) VITR.6.6.7. **b** mensae sed erat pes tertius inpar: testa parem fecit; quae postquam subdita ~um sustulit..OV.*Met.* 8.662; per tabulae ~om labi iubet (nucem) *Nux* 77.

cloāca ~ae, *f.* Also **clouāca, cluāca.** [CLVO²] An underground drain, sewer. **b** (prov.). **c** (applied to the maw, etc., of a voracious person).

SEI QVAS VIAS FOSSAS ~AS IIII VIR..PVBLICE FACERE..VOLET *CIL* 1.590.39; qui de fossis, de ~is..interdicit CIC. *Caec.*36; corporibus ciuium Tiberim compleri, ~as refarciri *Sest.*77; redundantibus ~is SAL.*Hist.*4.16; HOR.*S.*2.3.242; ad..~arum..ductiones VITR.1.1.10; foros in circo faciendos ~amque maximam, receptaculum omnium purgamentorum urbis, sub terra agendam LIV.1.56.2; 39.44.5; redemptor ~arum PLIN.*Nat.*36.6; AGEN.*agrim.*p.49; ULP.*dig.*43.23.1.4; (*facet.*) si ~a esses maxima esses SEN.*Con.*3.pr.16. **β** ~AS FACIVN⟨D⟩ COER *CIL* 1.1537.6; 10.5055. **γ** ad ~am maximam VAR.*L.*5.157; CVRATORI..~ARVM *CIL* 10.4752. **b** dixisti, dum Planci in me meritum uerbis extollerem, me arcem facere e ~a (*cf. turn a goose into a swan*) CIC.*Planc.*95; in quos (*sc.* causidicos) si incidisses..maluisses ~as Augeae (*i.e. Augean stables*) purgare SEN.*Apoc.*7.5. **c** ecfunde hoc cito in barathrum, propere prolue ~am PL.*Cur.*121. **β** sensus portae, uenae hydragogiae, ~a intestini VAR.*Men.* 290.

cloācālis ~is ~e, *a.* [prec.+-ALIS] Of sewage.

~e flumen dixit Cato pro cloacarum omnium conluuie PAUL.*Fest.*p.59M.

cloācārium ~iī, *n.* [CLOACA+-ARIVM] A contribution or levy towards the upkeep of drains.

si quid ~ii nomine debeatur ULP.*dig.*7.1.27.3; 30.1.39.5.

Cloācīna ~ae, *f.* **Clu-.** A cult-title of Venus ('the purifier').

qui peiiurum conuenire uolt hominem ito in comitium; qui mendacem et gloriosum, apud ~ae sacrum PL.*Cur.*471; LIV.3.48.5; ~am Tatius dedicauit deam SEN.fr.(Haase p. 425). **β** signa Veneris ~ae PLIN.*Nat.*15.119.

Clōdiānus ~a ~um, *a.* Of, or connected with, or characteristic of, Clodius, esp. P. Clodius Pulcher.

nunc Furniana (uasa ex argento), nunc ~a, nunc Gratiana ..quaerimus PLIN.*Nat.*33.139; CAELATVRA ~A *CIL* 6.9222; —inuidiam facinoris ~i CIC.*Sest.*82; his tu, ~e canis (*i.e.* Piso), insignibus consulatum declarari putas? *Pis.*23; ~is temporibus *Fam.*11.16.2; de ~is incendiis, trucidationibus, lapidationibus *Q.fr.*2.1.2.

clōdicō: facet. plebeian form of CLAVDICO (cf. CLODIVS).

quod Caluino Glaucia claudicanti 'ubi est uetus illud: num claudicat? at hic ~at'! hoc ridiculum est CIC.*de Orat.*2.249.

clōdīgō: see CLAVDIGO.

Clōdius ~a ~um, *a.*

1 A gentile name, the plebeian form of CLAVDIVS, esp. as used by P. Clodius Pulcher on his adoption into a plebeian family in 59 B.C. **b** other members and freedmen of the *gens.*

CIC.*Mil.*3; P. ~um, Appi f., credo te audisse cum ueste muliebri deprehensum domi C. Caesaris *Att.*1.12.3; *Q.fr.* 2.1.3; (*transf.*) sed nunc ad quas non ~us aras? JUV.6.345. **b** homini egentissimo et facinerosissimo, Sex. ~io, socio tui sanguinis CIC.*Dom.*25; comes..P.Clodi, C. ~ius *Mil.*46;—argentarius Sex. ~us cui cognomen est Phormio *Caec.*29; ~um Philhetaerum *Fam.*14.4.6.

2 (fem.) A woman of the plebeian branch of the *gens Clodia*, esp. the sister of P. Clodius Pulcher, and wife of Q. Caecilius Metellus Celer.

cum ~a, muliere non solum nobili uerum etiam nota CIC. *Cael.*31; *Att.*9.9.2; accusent C. Catullum, quod Lesbiam pro ~a nominauit APUL.*Apol.*10.

3 Clodian; of or named after a Clodius.

a gente ~a CIC.*Q.fr.*2.11.2;—legem illi se ~am timere dicebant *Sest.*69; Flaminiae ~a iuncta uiae OV.*Pont.*1.8.44.

clōdus ~a ~um, *a.*: see CLAVDVS.

Cloelius ~a ~um, *a.* Also **Cluilius.**

1 A Latin gentile name. **b** the name of var. members of the *gens*, esp. (fem.) a girl who escaped from Porsenna, whose hostage she was, and swam the Tiber to Rome.

~a familia a Clonio..est appellata PAUL.*Fest.*p.55M. **b** imperitabat tum Gaius Cluilius Albae LIV.1.22.4; imperium ad Gracchum ~um deferunt; is tum longe princeps in Aequis erat 3.25.5;—et fluuium uinclis innaret ~a ruptis VERG.*A.*8.651; LIV.2.13.6.

2 Made by a Cloelius.

~ae fossae PAUL.*Fest.*p.56M.

cloeō ~āre: see CLVO².

clostellum, clostrārius, clostrum: see CLAVST-.

Clōthō ~ō (*acc.*), *f.* That one of the Fates who spun the thread. **b** (transf.) one's thread of life, destiny.

at ~o iussit promissa ualere OV.*Ib.*241; prohibetque ~o stare Fortunam SEN.*Thy.*617; STAT.*Theb.*3.556; JUV.9.135. **b** ille sibi longam ~o turbamque nepotum crediderat SIL. 5.404.

clucidātus ~a ~um, *a.* Also **gluc-.** [cf. perh. Gk. γλυκύς] (See quots.)

in Nagidone (*by Naevius*) ~us (*cod.* caudacus) suauis, tametsi a magistris accepimus mansuetum VAR.*L.*7. 107; ~um dulce et suaue dicebatur PAUL.*Fest.*p.55M. **β** PAUL.*Fest.*p.98M.

cludine (*abl.*). [perh. Gk. κολοίδιον] FORMS: nom. ? *-do* (m.) or ? *-den* (m.). (app.) A dagger.

qua tandem manu? Philomelae an Medeae an Clytemestrae? quas tamen cum saltas..sine ~e saltas APUL. *Apol.*78.

clūdō: see CLAVDO.

cluens ~ntis, *m.*: see CLIENS.

Cluentius ~a ~um, *a.* A Roman gentile name, esp. of A. Cluentius Habitus, of Larinum, whom Cicero defended on a charge of poisoning.

pro A. ~o CIC.*Brut.*271; *Clu.*11;—Cloanthus..genus unde tibi, Romane Cluenti VERG.*A.*5.123; (*fem.*) CIC.*Clu.*14.

clueō ~ēre, *intr.* **~eor** ~ērī. Also **cluō** ~ere. [Skt. *śrutáḥ*, Gk. κλυτός]

1 To be spoken of, be known (as). **b** (w. adj. expr. manner). **c** *ut nomen ~et*, as the name is regarded, as the word implies.

(*w. nom.*) senati qui columen ~ent PL.*Epid.*189; ut uolup est homini..si quod agit ~et uictoria *Poen.*1192[a]; ego huius fani sacerdos ~eo *Rud.*285; qui animum uincunt quam quos animus semper probiores ~ent *Trin.*312; 'calix' per castra ~ebat LUCIL.1069; M. Tullium, qui caput atque fons Romanae eloquentiae ~et FRO.*Aur.*1.p.4(63N);—(*w. inf.*) esse per gentes ~ebat omnium miserrimus ENN.*scen.*366; Atridae duo fratres ~ent fecisse facinus maxumum PL.*Bac.* 925; ~et Asia lata esse oriundus *in* PLIN.*Nat.*35.115;—(*w. other pred.*) ut Accherunti ~eas gloria PL.*Capt.*689; res magis quaeritur quam clientum fides quoius modi ~eat *Men.*577; qui ~et Cygno patre 854;—(*dep.*) stratioticus homo qui ~ear *Ps.*918; hi ~entur hospitum infidissimi PAC.*trag.*194; Pacui discipulus dicor..Pompilius ~eor POMPIL.*poet.*2. **β** ego primam tollo nomine hoc quia rex ~o PHAED.1.5. 7; TYBRIS IBI VITRIVS NAR HIC ~IT ALBVS *CIL* 11.4188. **b** magna..facinora..quae post mihi clara et diu ~eant PL.*Ps.*591; coronam per gentis Italas hominum quae clara ~eret LUCR.1.119. **c** ubi mortuos sis, ita sis ut nomen ~et PL.*Trin.*496; nimium difficilest reperiri amicum ita ut nomen ~et 620.

2 To be reckoned as, said to be. **b** (absol.) to be reckoned as existing.

(*w. nom.*) quae nondum ~eant ullo temptata periclo LUCR.1.580; nec quae nigra ~ent de nigris 2.791; quae.. res..utilis inuenietur et opportuna ~ebit 3.207;—(*w. inf.*) cuiuscumque ~et de corpore fusa uagari LUCR.4.52;—(*w. other pred.*) res gestas..non ita uti corpus per se constare neque esse, nec ratione ~ere eadem qua constet inane 1.480. **b** quaecumque ~ent LUCR.1.449; primordia rerum..infinita ~ere 2.525.

clūma ~ae, *f.*: see GLVMA.

clūnāc(u)lum ~ī, *n.* [app. fr. CLVNIS; cf. PVGNACVLVM] A sacrificial knife.

hasta,..pugiones, ~a GEL.10.25.2; ~um cultrum sanguinarium dictum PAUL.*Fest.*p.50M.

clūniculus ~ī, *m.* (? ~**a**, *f.*). [next+-CVLVS] The upper leg or thigh (in quot. of a bird).

ceterarum auium atque altilium nisi tantum adponatur, ut a ~is inferiore parte saturi fiant FAV.*orat.*1.

clūnis ~is, *m. f.* [cogn. w. Gk. κλόνις 'os sacrum', Skt. *śróṇiḥ* 'loins']

1 Hind quarters, buttocks, haunches (of vertebrate animals): **a** (pl.). **b** (sg.).

a crisabit ut si frumentum ~ibus uannat LUCIL.330; si arietes sint.. pectore et scapulis et ~ibus latis VAR.*R.*2.2.4; LUCR.4.1270; HOR.*S.*2.7.50; LIV.44.5.7; per pectus et ~es (auium) SEN.*Ep.*47.6; MART.3.53.3; aliquid de ~ibus apr JUV.5.167;—(*masc.*) quasi lupus ab armis ualeo, ~is infractos fero PL.fr.5;—(*fem.*) lassas ~es SCAEV.*poet.*2; quod pulchrae ~es, breue quod caput, ardua ceruix HOR.*S.*1.2.89; CELS.7.29.8; extremas in ~es (elephanti) desiliunt PLIN. *Nat.*8.26. **b** poni..sine ~e palumbes HOR.*S.*2.8.91; MART.9.47.6; JUV.2.21;—(*masc.*) quae ~e nudo radat MART.11.100.3; tremulo..~e JUV.11.164.

2 The corresponding part of arachnids and insects: **a** (pl.). **b** (sg.).

a aranei conueniunt ~ibus PLIN.*Nat.*11.85; lucent ignium modo noctu laterum et ~ium colore lampyrides 11. 98. **b** (*fem.*) tertium genus (blattarum) et odoris taedio inuisum, exacuta ~e PLIN.*Nat.*29.141.

cluō¹: see CLVEO.

cluō² ~ere, *tr.* **cloeō** ~āre. [cf. CLOACA; Gk. κλύζω, Goth. *hlūtrs*] To purify.

~ere enim antiqui purgare dicebant PLIN.*Nat.*15.119; (*cf.*) ~are (*v.l.* cloacare) inquinare PAUL.*Fest.*p.66M.

clupea¹ ~ae, *f.* [unkn.] A small river-fish.

hunc (*sc.* attilum) minimus (piscis), appellatus ~a,.. exanimat PLIN.*Nat.*9.44.

Clupea² ~ae, *f.* **~a** ~ōrum, *n. pl.* **Clip-.** A town on the coast of N. Africa, east of Carthage.

MELA 1.34;—(*fem.*) LIV.27.29.7; LUC.4.586;—(*neut.*) CAES.*Civ.*2.23.3.

clūra ~ae, *f.* [perh. Gk. κόλουρος] A kind of ape, perh. Barbary ape.

~as simias a clunibus tritis dictas existimant PAUL.*Fest.* p.55M.

clūrīnus ~a ~um, *a.* [prec.+-INVS] Of apes (as prec.).

pudendumst..~um pecus PL.*Truc.*269.

clūsāris ~is ~e, *a.* [CL(A)VDO+-ARIS]

1 That encloses or marks the boundary of an area.

quarta..illi lapid⟨i⟩ portio ~is uacat ab inscriptione HYG.GR.*agrim.*p.137; decimano maximo et kardine maximo omnes lapides in frontibus inscribamus, reliquos in lateribus ~ibus p.157.

2 (of water) That is in a covered course.

AB STRVCTVRA AQVAE ~IS *CIL* 6.11535.

clūsilis ~is ~e, *a.* [CL(A)VDO+-ILIS] Capable of shutting, i.e. bivalve.

~es mordacesque conchae PLIN.*Nat.*9.132.

Clūsīnus ~a ~um, *a.* Of or belonging to Clusium; (masc. pl. as sb.) the people of Clusium.

~is..oris VERG.*A.*10.655; HOR.*Ep.*1.15.9; far, quod appellatur ~um, candidi oris et nitidi COL.2.6.3; inbue plebeias ~is pultibus ollas MART.13.8.1;—LIV.5.35.4; 28.45.18.

Clūsium ~(i)ī, *n.* The chief town of Etruria.

VERG.*A.*10.167; LIV.5.33.4.

Clūsius ~(i)ī, *m.* [CL(A)VDO+-IVS] A title of Janus.

modo..Patulcius idem et modo sacrifico ~ius ore uocor OV.*Fast.*1.130.

clustēr: see CLYSTER.

clustrum: see CRVSTVLVM, CLAVSTRVM.

Clustuminus: see CRVSTVMINVS.

clūsūra: see CLAVSVRA.

clūsus: see CLAVSVS.

clutus ~a ~um, *a.* (perh. word invented to connect Gk. κλυτός with *inclutus*).

~um Graeci κλυτόν dicunt. unde accepta praepositione fit inclytus PAUL.*Fest.*p.55M.

Clymenē ~ēs, *f.* The name of var. mythol. characters, esp. the mother of Phaethon.

OV.*Met.*1.756; *Epic.Drusi* 111; HYG.*Fab.*156.

Clymenēides ~um, *f. pl.* The daughters of Clymene and sisters of Phaethon.

sic fleuit Clymene, sic et ~ides *Epic.Drusi* 111.

Clymenēius ~a ~um, *a.* Of Clymene.

~a..proles (*i.e. Phaethon*) OV.*Met.*2.19.

Clymenēus ~a ~um, *a.* = prec. (in quot. of the daughters of Clymene).

~aque desse germina (*i.e. amber*) nec uiridis satis inlacrimare sorores STAT.*Silv.*1.2.123.

clymenus¹ ~ī, *m.* **~os.** [cf. Gk. κλύμενον] (perh.) Scorpion's tail, *Scorpiurus vermiculata.*

~us a rege herba appellata est, hederae foliis, ramosa PLIN.*Nat.*25.70; singultus hemionium sedat..suspiria ~us 26.41; 26.111.

Clymenus² ~ī, *m.* The name of var. mythol. persons, esp. = Pluto.

OV.*Fast.*6.757.

clypeus ~ī, *m.*: see CLIPEVS.

clysmus ~ī, *m.* [Gk. κλυσμός] A clyster or drench.
aluus acri ~o mane trahenda est LARG.155; 194.

clystēr ~ēris, *m.* **clus-.** [Gk. κλυστήρ] FORMS: *~ēra* (acc.) SUET.*Cl.*44.3; *clus-* LARG.179.

1 A clyster-pipe, syringe.
neque alienum est..per oricularium ~erem fistulam eluere CELS.5.28.12.M; 7.26.5.E; ~eribus..marinam infundunt tepefactam PLIN.*Nat.*31.65; chameleam..inicere ~ere LARG.200; inmisso per ~era (toxico) SUET.*Cl.*44.3; ULP. *dig.*9.2.9.1.

2 An injection, enema.
thoracis perniciosa uitia (emendat lini semen) ~ere in oleo aut melle PLIN.*Nat.*20.251; mane per ~erem aluus ducenda ouorum albis temperatum LARG.154.

clystērium ~(i)ī, *n.* [Gk. κλυστήριον] A small syringe.
salsamenta..infusa ~io PLIN.*Nat.*32.104; pastillus..qui ~io inmittitur torminosis per anum LARG.114.

Clyt(a)em(n)estra ~ae, *f.* One of the daughters of Tyndarus and Leda, the sister of Helen and wife of Agamemnon. **b** (appel.) a woman like Clytemnestra, a husband-killer.
in sedes conlocat se regias: ~a iuxtim ANDR.*trag.*11; CIC. *Fat.*34; *Off.*1.114; ~ae stuprum PROP.4.7.57; *Nux* 26; (*as the title of a tragedy*) quid..delectationis habent sescenti muli in '~a' CIC.*Fam.*7.1.2. **b** quadrantariam ~am CAEL. *orat.*23; ~am nullus non uicus habebit JUV.6.656.

Clytia ~ae, ~ē ~ēs, *f.* A daughter of Oceanus who was changed to the plant heliotrope.
OV.*Met.*4.206; 4.234; HYG.*Fab.*pr.37.

cnasonas, *acc. pl.* [? Gk. *κνήσων, cf. κνάω] (See quot.)
~as acus, quibus mulieres caput scalpunt PAUL.*Fest.* p.52M.

cnātus: = *gnatus* (NATVS).

cnēcos ~ī, *f.* **gnēcos, cnīcus.** [Gk. κνῆκος] Safflower, *Carthamus tinctorius*, or a similar thistle.
(in Aegypto) maxime celebrant ~on Italiae ignotam PLIN.*Nat.*21.90; 21.184. **β** COL.7.8.1. **γ** ~i purgati p ж IIII LARG.135.

cneōrum ~ī, *n.* [Gk. κνέωρον] A plant name prob. covering var. kinds of *Daphne*.
fruticem..thymelaean, alii chamelaean, alii pyros achnen, aliqui cnestorem, alii ~um (uocant) PLIN.*Nat.*13.114; ergo in coronamenta folio uenere..origanum, ~um, quod casiam Hyginus uocat 21.53; ~i duo genera, nigri atque candidi 21.55.

cnephōsus ~a ~um, *a.* [Gk. κνέφας+-OSVS] Gloomy, dark.
~um antiqui dicebant tenebricosum PAUL.*Fest.*p.51M.

cnestōr ~oris, *m.* [cf. Gk. κνῆστρον] = THYMELAEA.
PLIN.*Nat.*13.114.

cnīcus ~i, *f.*: see CNECVS.

cnīdē ~ēs, *f.* [Gk. κνίδη] Nettle (in quot., sea-nettle).
~e, quam nos urticam uocamus PLIN.*Nat.*32.147.

cnīdinus ~a ~um, *a.* [prec.] Of nettle, nettle-.
item (oleum) e sesima et urtica quod ~um (*cj.*) appellant PLIN.*Nat.*15.30.

Cnidius ~a ~um, *a.* Of or belonging to Cnidus. **b** as distinctive name of varieties of plants; *coccum ~ium*, the seed of spurge-flax; so *granum ~um*.
ab Eudoxo ~o CIC.*Rep.*1.22; ~usue Gyges HOR.*Carm.* 2.5.20; ~am Venerem PLIN.*Nat.*32.5; (*masc. pl. as sb.*) CIC. *Ver.*4.135. **b** omnibus..(generibus cepae) odor lacrimosus et praecipue Cypriis, minime ~is PLIN.*Nat.*19.101; 27.70;—cocci ~i p ж IIII LARG.134;—granum ~um PLIN. *Nat.*13.114.

Cnidos (~us) ~ī, *f.* **(Gn-).** A town in the extreme south-west of Caria.
CIC.*Man.*33; CATUL.36.13; o Venus, regina ~i Paphique HOR.*Carm.*1.30.1; piscosam..~on OV.*Met.*10.531; PLIN. *Nat.*12.132.

cnōdax ~acis, *m.* [Gk. κνώδαξ] FORMS: acc. pl. *~acēs* or *~acas*. A pin or pivot.
et ferreos ~acas..in capitibus scaporum inplumbauit et armillas in materia ad ~acas circumdandos infixit VITR. 10.2.11; 10.2.12.

Cnōs-: see GNOS-.

coa[1] ~ae, *f.* [prob. facet. formation from COEO] A lustful woman (perh. w. ref. to COVS[2]).
quadrantariam Clytaemestram, et in triclinio ~am, in cubiculo nolam CAEL.*orat.*23.

Cōa[2]**:** see COVS[2].

coaceruātim, *adv.* [next+-IM] In heaps.
quae utinam possem..non singillatim ac discretim, sed cunctim et ~ tibi..offerre APUL.*Fl.*9.

coaceruātiō ~ōnis, *f.* [next+-TIO]

1 A heaping or piling together. **b** a heaping together of arguments, etc.
inde ista tanta ~o aliorum super alios ruentium SEN. *Dial.*7.1.3. **b** hoc..utrique..faciendum; alteri frequentatione argumentorum et ~one uniuersa; alteri.. enumeratione CIC.*Part.*122; quaecumque explicari ~one non possunt, per partes uicesque seruantur [QUINT.]*Decl.* 5.12.

2 Adding together, aggregate.
si..~o..omnium excedat modum iurisdictionis eius GAIUS *dig.*2.1.11.

coaceruō ~āre ~āuī ~ātum, *tr.* [CON-+ACERVO]

1 To gather into a heap, pile up, crowd together. **b** to collect, amass (money, possessions, etc.)
Gallorum ossa..ibi ~ata VAR.*L.*5.157; quantum e multis splendidisque familiis in turba et rapinis ~ari una in domo potuit CIC.*S.Rosc.*133; his deiectis et ~atis cadaueribus CAES.*Gal.*2.27.4; hostes..angustioribus portis relictis ~antur 7.70.3; in medio foro lignis ~atis *B.Afr.*87.2; ~tas..moles *Aetna* 50; LIV.24.39.5; ~atis ardebant corpora membris MAN.1.890; cum in aeno pendente scintillae ~antur PLIN.*Nat.*18.358. **b** uidetis..omnibus rebus et modis constructam et ~atam pecuniam xuiralem CIC.*Agr.* 1.14; pecuniam qua hosce omnis agros..non modo emere uerum etiam ~are possis 2.66; auro, argento quaeque ~ata alia erant acceptis LIV.31.18.5; tantum pecuniae..partim ex fructu metallorum, partim ex uectigalibus aliis ~atum fuerat 45.40.2.

2 (w. abst. obj.).
per ~atos pereat domus inpia luctus! OV.*Met.*8.485; omnia (mala tua) ~ata ante te posui SEN.*Dial.*12.3.2;— (*arguments, etc.*) tum illi ipsi in medium ~ati loci procedent CIC.*Inv.*2.46; ueri similia..etiam si uidentur esse exigua per se, multum tamen cum sunt ~ata proficiunt *Part.*40.

3 To make by heaping up.
cum teres excelso ~atum aggere bustum excipiet..artus CATUL.64.363; armorumque cumulos..~are LIV.5.39.1.

4 To add together, total.
ut omnes summas maiores et minores ~et JAVOL.*dig.* 17.1.36.

coacescō ~escere ~uī, *intr.* [CON-+ACESCO] To become sour. **b** (fig.).
(*of wine*) si est..ex eo genere uuae quod mature ~escat VAR.*R.*1.65.1; POMPON.*dig.*32.85; (*cf. b*) ut..non omne uinum, sic non omnis natura uetustate ~escit CIC.*Sen.*65;— (*of food*) bono stomacho nihil nocet, in inbecillo ~escit CELS. 1.2.9; si ~uit intus cibus 4.12.11. **b** quam ualde eam (gentem) putamus tot transfusionibus ~uisse? CIC.*Scaur.*43.

Cōacon ~ī, *n.* A kind of plaster (from Cos).
alterum (*sc.* emplastrum) ad idem, quod ~on uocant, habet spumae argenti P. ж C CELS.5.19.2.

? **coactārius** ~(i)ī, *m.* [COGO+-ARIVS] = COACTILIARIVS.
CLEOMENES CORIARIVS ⟨CO⟩ACTARIVS *CIL* 10.1916.

coactē, *adv. compar.* ~ius. [COACTVS[1]+-E]

1 Briefly, shortly.
~ius quid factum et festinantius GEL.10.11.8.

2 Precisely, exactly.
ἀκολάστους enim, si interpretari ~ius uelis, nimis id uerbum insolens erit GEL.19.2.2.

coactiliārius ~(i)ī, *m.* [next+-ARIVS] A maker of felt.
M BALONIVS..LARISCVS LANARIVS ~IVS *CIL* 6.9494; *cj.* in LARG.230.

coactilis ~is ~e, *a.* [COGO+-ILIS] Made of felt.
(*neut. pl. as sb.*) Aristo etiam ~ia uesti cedere ait ULP.*dig.* 34.2.25.1.

coactiō ~ōnis, *f.* [COGO+-TIO]

1 The collection (of money).
~ones argentarias factitauit SUET.*Ves.*1.2; (*perh.*) uetus est; 'nihili ~ost'—scis quoiius PL.*As.*203; (? *as a reward*) NOVIS ~ONIBVS ET NVMQVAM ANTE TITVLIS SCRIPTIS DIOCLES EMINET *CIL* 6.10048.

2 A compressing or abridging.
solebant breuiter..rem exponere; quae dicebatur causae coniectio quasi causae suae in breue ~o GAIUS *Inst.*4.15.

coactō ~āre, *intr.* [COGO+-TO] (w. inf.) To compel.
aer inimicus..omne qua graditur conturbat et immutare ~at LUCR.6.1122; 6.1161.

coactor ~ōris, *m.* [COGO+-TOR] ORTHOG.: *coator CIL* 5.4504, 4505.

1 A collector (of money, taxes, etc.).
ab ~ore releget CATO *Agr.*150.2; CIC.*Clu.*180; ut nostri facere ~ores solent in centesima *Rab.Post.*30; si praeco paruas aut..~or mercedes sequerer HOR.*S.*1.6.86; argentarius ~or SCAEV.*dig.*40.7.40.8; ~OR VINARIVS *CIL* 6.9181b.

2 *agminis ~ores,* the troops bringing up the rear.
puluis procul et arma aspiciebantur..sed erant agminis ~ores TAC.*Hist.*2.68; (*cf., fig.*) quibus non duce tantum opus sit, sed adiutore et, ut ita dicam, ~ore SEN.*Ep.*52.4.

coactūra ~ae, *f.* [COGO+-VRA] The amount (of oil) expressed (in a given period).
ut separetur..uniuscuiusque diei ~a COL.12.52.3.

coactus[1] ~a ~um, *a.* [pple. of COGO] In senses of verb, esp.:

1 Compressed, condensed; (of milk) curdled. **b** (neut. pl. as sb.) felt cloak.
si matutinis temporibus ~a magis est (aluus) CELS.2.3.5; 2.8.6; fulmen est ~us ignis et in impetum iactus SEN.*Nat.* 2.16; sol causa uenti est..aera..ex denso ~oque explicans 5.6;—lactis massa ~i OV.*Met.*8.666; mollior..lacte ~o 13.796. **b** aut ex ~is aut ex centonibus..tegimenta fecerant CAES.*Civ.*3.44.6.

2 Unnatural, artificial, forced, contrived.
magistratus auspiciis utuntur ~is CIC.*Div.*1.27; capti.. dolis lacrimisque ~is VERG.*A.*2.196; riui non opere nec fistula nec ullo ~o itinere obsolefacti SEN.*Ep.*90.43; chamaeplatani uocantur ~ae breuitatis PLIN.*Nat.*12.13; dissimulatio curae praecipua, ut humeri sponte fluxisse, non arcessiti et ~i esse uideantur QUINT.*Inst.*9.4.147; uexare oculos umore ~o JUV.13.133; absurdum et nimis ~um foret, si nondum redditam gratiam eo ipso redditam diceret, quia debetur GEL.1.4.7; 16.14.4; potest ~a ratione dici SCAEV.*dig.*35.2.23.

3 (of instruments, actions, etc.) Unwilling, forced. **b** required by law, compulsory.
induet infelix arma ~a dolor OV.*Tr.*4.9.8; ut gladiis egeant ciuilia bella ~is LUC.3.323; thalami monimenta ~i enitor geminos STAT.*Theb.*5.463; robora ferre ~is..humeris SIL.3.638; studii..non ~i QUINT.*Inst.*6.pr.10. **b** quod non habitet nisi nocte ~ta..senator LUC.7.395.

coactus[2] ~ūs, *m.* [COGO+-TVS[3]] Compulsion, constraint.
~u atque efflagitatu meo CIC.*Ver.*5.75; quoniam me flagitas, ~u tuo scribam quae sentio BRUT.*ad Brut.*1.17.1; LUCR.2.273; neque id quod fecerit..aut iudicio aut uoluntate sua fecisse sed ~u ciuitatis CAES.*Gal.*5.27.3; ~us exagitant uentos *Aetna* 319.

coaddō ~ere, *tr.* [CON-+ADDO] To add (as an ingredient).
argillam uel cretam ~ito, harenae paululum et fimum bubulum CATO *Agr.*40.2.

coadūnō ~āre ~āuī ~ātum, *tr.* [CON-+ADVNO] To unite.
(*w. dat*) (si) bracchium statuae ~aueris ULP.*dig.*10.4.7.2; (*w.* in+*acc.*) in unam summam ~atae (summae) PAUL.*dig.* 2.14.9.1; (*w.* cum) ~ATIS SECVM MILITIBVS *CIL* 8.8924.

coaedificō ~āre ~āuī ~ātum, *tr.* [CON-+AEDIFICO]

1 To build (a town, etc.).
quarta (urbs)..est quae, quia postrema ~ata est, Neapolis nominatur CIC.*Ver.*4.119.

2 To occupy (a site) with buildings, build up.
celebres an deserti, ~ati an uasti (loci) CIC.*Part.*36; campum Martium ~ari *Att.*13.33a.1(4).

coaequālis ~is ~e, *a.* [CON-+AEQVALIS] (w. gen.) Having the same age as, as old as; (masc. as sb.) one of the same age.
dum ~e natalium suorum sinciput in carnarium..reponit PETR.136.1;—ANTHVS PLOCAMO COEQVALI *CIL* 6.6502; (*of geese*) (anserculus) in gregem ~ium compellitur COL.8. 14.8.

coaequō ~āre ~āuī ~ātum, *tr.* [CON-+AEQVO]

1 To make level.
SACELLVM CLAVDEND ET ~AND..COERAVERVNT *CIL* 1. 1003; conminuito terram et cylindro aut pauicula ~ato CATO *Agr.*129; diuitias..quas profundant in extruendo mari et montibus ~andis SAL.*Cat.*20.11; glaebas..inducta crate ~abimus COL.2.17.4; 11.3.48; APUL.*Soc.*pr.3.

2 To regard or treat as equal (in value, etc.), equate. **b** to adjust by weighing.
quoniam ~ari gratiam omnium difficile est SAL.*Rep.*2. 11.3;—(*w.* ad) ad iniurias libidinesque tuas omnia ~asti CIC.*Ver.*3.95;—(*w.* cum) absit ut simili mortis genere cum marito meo ~eris APUL.*Met.*8.12;—(*w. dat.*) ciuili ratione kapitis deminutio morti ~atur GAIUS *Inst.*3.153; trigemino corpori Geryonis..totidem peremptos utres ~ando APUL.*Met.*3.19;—(*w. abl.*) ita ~atur dignitate pecunia SAL. *Rep.*2.8.2. **b** ex ponderibus publicis..uti ~atur se dolo malo, uti quadrantal uini LXXX pondo siet *Leg. pub.*(*Font. iur.*p.46)3.

coaestimō ~āre ~āuī ~ātum, *tr.* [CON-+AESTIMO] To estimate in conjunction (with).
furti actione hoc quoque ~abitur CELS.*dig.*47.2.68(67).1.

coaetāneus ~ī, *m.* [CON-+AETAS+-ANEVS] One of the same age.
amicum, ~um, contubernalem APUL.*Met.*8.7.

coaggerō ~āre, *tr.* [CON-+AGGERO] To heap over (with).
multi..fresa faba ~ant (oua) COL.8.6.1.

coagmentātiō ~ōnis, *f.* [next+-TIO]

1 The state of being fitted or joined together, union.
quae est enim ~o non dissolubilis? CIC.*N.D.*1.20; 2.119; omnis..~o corporis..aliqua inpulsione uehementi labefactatur *Tim.*17.

2 A joint.
in commissuris e onibus..firmas recipiunt catena, tiones VITR.2.9.11; 10.7.1; alternas ~ones fieri PLIN.*Nat.* 36.172.

coagmentō ~āre ~āuī ~ātum, *tr.* [next+-o³]
1 To join or fasten together. **b** (transf.) to fit (words) together.
tabula quaedam, qua utuntur ad saxa ~ata VAR.*L.fr.* 49; his collocatis et ~atis (trabibus) alius insuper ordo additur CAES.*Gal.*7.23.3; tegulae bipedales inter se ~atae VITR.7.1.7; uersatilia cenationum laquearia ita ~at ut..SEN.*Ep.*90.15; cortices scalpro excidi..atque ita ~ari PLIN.*Nat.* 17.119. **b** ut neue asper eorum concursus neue hiulcus sit, sed quodam modo ~atus et leuis CIC.*de Orat.*3.171; QUINT.*Inst.*8.6.63; oratorem..uerba uertentem et perpendendis ~andisque eis intabescentem 12.10.77.
2 To make by joining together, construct.
cum..opus ipsa suum eadem quae ~auit, natura dissoluit CIC.*Sen.*72; dubitare non possumus..quin nihil sit animis admixtum..nihil ~atum, nihil duplex *Tusc.*1.71; habitus zmaragdo et gemmis ~atus CURT.4.7.23; pluribus ~atur nucleis (alium) PLIN.*Nat.*19.111; (*fig.*) docebo ne ~ari quidem posse pacem CIC.*Phil.*7.21.

coagmentum ~ī, *n.* [COGO+-MENTVM] A joint, esp. a vertical joint between two stones, etc.; the overlapping side of a tile. **b** (transf.) joining up (of letters into words).
uiden ~a in foribus? PL.*Mos.*829; orbem olearium latum P IIII Punicanis ~is facito CATO *Agr.*18.9; palma..inter ~a lapidum ex pauimento exstitisse ostendebatur CAES.*Cic.* 3.105.6; medii lateres supra ~a conlocati VITR.2.3.4; 5.12.6; signorum ~a soluuntur SEN.*Nat.*4a.2.18;—habentes singulis ~orum frontibus excelsos canaliculos digitales VITR.7.1.7. **b** inueniuntur litterae singulariae sine ~is syllaborum GEL. 17.9.2.

coāgulātiō ~ōnis, *f.* [next+-TIO] Coagulation, curdling.
lactis ~onem PLIN.*Nat.*23.30; 28.158.

coāgulō ~āre ~āuī ~ātum, *tr.* [next+-o³] FORMS: *cōgulet* (s.v.l.) *Dirae* 74, *coaglaui CIL* 14.2605.
1 To curdle (milk). **b** to make (other liquids) thick or solid.
decem grana cerae hausta non patiuntur ~ari lact in stomacho PLIN.*Nat.*22.116; 23.126; ~ato lacte 30.135. **b** genitale semen..primis septem diebus conglobatur ~aturque VAR.in Gel.3.10.7; ut aquae infusus (cannabis) ~are eam dicatur PLIN.*Nat.*20.259; 35.186.
2 To collect or gather (persons) together.
dum cupidius locum student tenere, propter pontem ~abantur *B.Hisp.*5.5; ~AVI SEMPER AMICOS *CIL* 14.2605.

coāgulum ~ī, *n.* [COGO+-VLVM]
1 A binding agency, bond, tie.
hoc (*sc.* uinum) continet ~um conuiuia VAR.*Men.*111; uinculum illud ~umque animi atque amoris, quo parentes cum filiis natura consociat, interscindunt GEL.12.1.21.
2 Curdled milk taken from the stomach of young mammals, rennet. **b** (app.) curds. **c** *~um terrae*, a plant, perh. *Gallium uerum.*
⟨in⟩ lactis duos congios addunt ~um magnitudine oleae VAR.*R.*2.11.4; et miscere nouo..~a lacte TIB.2.3.14ᵇ; sucus subest ~i naturae similis VITR.8.3.10; CELS.5.5.2; minimum ..~um recipit sinum lactis argentei pondus denarii COL. 7.8.2; si quis ~um leporis, hinnuli et porci in unum miscuerit LARG.188; ficis (umor) lacteus—huic ad caseos figurandos ~i uis PLIN.*Nat.*16.181. **b** partem (lactis) liquefacta ~a durant OV.*Met.*13.830; nullo tremuere ~a lacte CALP.*Ecl.* 3.69; qui ~um lactis sorbuerint PLIN.*Nat.*22.105; 28.158. **c** ~o terrae aluum sisti PLIN.*Nat.*26.77.
3 Thickening or congealing. **b** (applied to the formation of an embryo).
num..magis causa oleo ~i celerioris in leuitate est? GEL.17.8.15. **b** numerum dierum, quibus conceptum in utero ~um conformatur GEL.3.16.20.

coalescō ~escere ~uī ~itum, *intr.* Also **cōl-**. [CON-+ALESCO] FORMS: *col-* VAR.*R.*1.41.2, LUCR.2.1061, 6.1068; pf. pple. in act. sense TAC.*Ann.*13.26; GEL.12.1.11; APUL.*Pl.*1.11, *Soc.*11.
1 To grow or be joined together, combine, coalesce. **b** (of a wound or wounded part) to grow together, close.
(*w. pl. subj.*) saxa uides..sola ~escere calce LUCR.6.1068; ubi purgamenta aquarum ~uerunt SEN.*Nat.*3.25.10; litterae per eundem ambitum surculi ~escentes rursum coibant GEL.17.9.14; (*cf.*) quod..utraque pars in unam uocem ~uisset 6(7).7.4; (*w.* inter se) inter se palpebrae ~escunt CELS.7.7.6.A;—(*w. dat.*) interposito triennio ~escet ficus oliuae COL.*Arb.*27.4;—(*w. abl.*) plantae quae terra ~escunt solo cedunt (*s.v.l.*) GAIUS *dig.*41.1.9;—(*w.* cum) ibi cum terra semina ~escebant VAR.*L.*5.36; COL.5.11.15;—(*absol.*) ne prius exarescat surculus, quam ~escat VAR.*R.*1.41.2;—(*fig.*) VELL.2.90.1. **b** plagae quas in duro uitis accipit, obliquae rotundaeque fieri debent, nam citius ~escunt COL.4.26.7; PLIN.*Nat.*9.166; hoc (*sc.* cilium) uulnere aliquo diductum non ~escit 11.157.
2 To be formed by coalescence.
qui eorum (*sc.* piscium) ex limo ~escant APUL.*Apol.*38; (*pple. in act. sense*) cuius in corpore cuiusque ex sanguine concretus homo et ~itus sit? GEL.12.1.11; ex illo purissimo aeris liquido et sereno elemento ~ita (*sc.* daemonum corpora) APUL.*Soc.*11; (*of words*) compositae (uoces)..e duobus quasi corporibus ~escunt, ut 'male ficus' QUINT.*Inst.*1.5.65.
3 To grow together, unite, become unified.
breui spatio noui ueteresque ~uere SAL.*Jug.*87.3; *Cat.*6.2; ~escentium in dies magis duorum populorum LIV.1.2.5; ut..primo quoque tempore cum patribus ~escerent animi plebis 2.48.1; non sine quodam, ut ita dicam, fermento, quo in unum diuersa ~escunt SEN.*Ep.*84.4; bello ciuili uictores uictosque numquam solida fide ~escere TAC.*Hist.*2.7; ne in bellum atrox ~escerent *Ann.*3.38; ne animo quidem satis ad obsequium ~uisse 6.44;—(*w. sg. subj.*) in insula tum primum noua pace ~escente LIV.26.40.18.
4 To take root firmly, grow strong, consolidate growth. **b** (of persons).
in eo loco grandis ilex ~uerat inter saxa SAL.*Jug.*93.4; dum nouus in uiridi ~escit cortice ramus OV.*Ars* 2.649; triticum..sicco loco melius ~escit COL.2.6.3; infirma e singulis planta est, quaternae ~escunt PLIN.*Nat.*13.32; SUET.*Aug.*92.1; ULP.*dig.*6.1.5.3. **b** in matris aspectu ~escit infantia [QUINT.]*Decl.*18.9; in nexu germanitatis una ~uimus APUL.*Met.*2.3; ut..suboles..morum prouentu meliore ~escat *Pl.*2.26.
5 (chiefly of abstr. things) To become strong, or settled, be established.
ut..concordia inter ueteres et nouos ~escat SAL.*Rep.* 2.7.2; ita rem ~escere concordia posse LIV.1.11.2; VELL. 2.48.5; ~escere otio (animus) non potest SEN.*Ep.*69.1; partesque fugatas passus in extremis Libyae ~escere regnis LUC.10.79; ita eloquentia ~escere nequit nisi sociata tradentis accipientisque concordia QUINT.*Inst.*2.9.3; dum Galbae auctoritas fluxa, Pisonis nondum ~uisset TAC.*Hist.* 1.21; octingentorum annorum fortuna disciplinaque compages haec ~uit 4.74; ~itam libertate inreuerentiam *Ann.* 13.26.

coangustō ~āre ~āuī ~ātum, *tr.* Also **conang-**. [CON-+ANGVSTO]
1 To make narrower.
quo facilius cludatur ea (*sc.* fistula) uel certe ~etur CELS. 7.27.8; si..aedium aditum ~auerit dominus ULP.*dig.*19.2. 19.5. β VAR.*R.*3.16.15.
2 To confine in a narrow space, cramp.
fluminis ripas appropinquantes ~ati praecipitabantur *B.Hisp.*5.5; munitione praesidi ita ~abantur ut eques spatio intercluso uix se defendere posset 23.7.
3 To narrow the scope or application of.
haec lex dilatata in ordinem cunctum ~ari etiam potest CIC.*Leg.*3.32; POMPON.*dig.*50.16.120.

coaptō ~āre, *tr.* [CON-+APTO] To fit together, make by joining.
lectulo..~ando destrictus inseruit APUL.*Met.*10.35; (*w. abst. obj.*) matrimonium..~antes 9.8.

coarctō: see COARTO.

coarguō ~ere ~ī, *tr.* [CON-+ARGVO]
1 To make manifest, show up (usu. something wrong or undesirable.)
hominis non esset..refellere et ~ere nostrum mendacium CIC.*Lig.*16; erroremque eorum..~it *Ac.*1.13; Lacedaemoniorum tyrannidem ~it NEP.*Ep.*6.4; SEN.*Ep.*89.11; ipsis..~entibus imperitiam suam PLIN.*Nat.*17.94; TAC.*Ann.*3.12; (*w. acc. and inf.*) ut ~ant neminem ulla de re posse contendere CIC.*Luc.*35;—(*w. non-personal subj.*) sin..amicorum neglectio improbitatem ~it *Mur.*9; ne..linea..ipso mendosa ~at usu GRAT.84; ipsa suasoria insolentiam eius ~it SEN.*Suas.*1.5; species, cuius uanitatem capta mens non ~it SEN.*Dial.*9.12.5; PLIN.*Nat.*10.59; (*poet.*) dominique (*i.e. of Midas*) ~it aures (lucus) OV.*Met.*11.194; (*w. acc. and inf.*) Osos Pannonica lingua ~it non esse Germanos TAC.*Ger.*43.1.
2 To prove (a charge or allegation).
argumentum est per quod res ~itur certioribus argumentis *Rhet.Her.*2.8; CIC.*Inv.*2.137; quod..factum negatur, id ~i scripto non potest *Part.*107; haec a me suspicionibus et coniectura ~untur *Agr.*1.17; (*w. acc. and inf.*) scisse..te quis ~ere possit? *Fin.*2.59; *B.Alex.*68.1;—(*w. conative force*) iniuriam queror, improbitatem ~o CIC.*Ver.*3.217; non ~o inconstantiam orationis ac testimoni tui *Vat.*41;—(*w. non-personal subj.*) 'at hoc Galli negant.' at ratio rerum..~it *Font.*21; litterae..quae deprehensae rem ~ere possent LIV. 2.4.6; (*w. acc. and inf.*) eodem modo Hirtuleium dissoluisse publicae tabulae ~unt CIC.*Font.*2.
3 To convict or show to be guilty. **b** (transf.).
ne lituris ~i posset CIC.*Clu.*41; SAL.*Cat.*47.2; ut coram ~ebantur..fassi omnes LIV.26.27.9; PLIN.*Nat.*18. 15; Libonem..in senatu ~it SUET.*Tib.*25.3;—(*w. gen. of charge*) ante quam me commutati indici ~eris CIC.*Sul.*44; PLIN.*Nat.*11.187; si facinoris ~eretur TAC.*Ann.*13.20;—(*w. non-personal subj.*) hunc..haec eadem (*sc.* natura ipsius consuetudoque) ~ant CIC.*Mil.*36; *Sul.*17;—(*w. gen. of charge*) meum..crimen auaritiae te nimiae ~it *Ver.*5.153. **b** hanc (*sc.* uitam) ~e, hanc ad uerum..redige SEN.*Ep.*45.10; ~it illos conscientia et ipsos sibi ostendit 97.16.
4 To convict (a person) of error, show to be wrong, confute. **b** to show (a statement, belief, etc.) to be false, refute.
(Graecus testis) uinci, refelli, ~i putat esse turpissimum CIC.*Flac.*11; decretum..praetendit, quo maxime et refelli et ~i potest LIV.39.28.11; est tanti, ut tu ~aris, ista concidere? SEN.*Ben.*6.22; Homero auctore ~i possunt PLIN.*Nat.*22.55; (*absol.*) Socrates ne ~eret FRO.*Aur.*2.p.50 (114N);—(*w. non-personal subj.*) adeo ut quidam..negauerint omnino eas fieri, cum illos historiae ~ant SEN.*Nat.* 1.2.10; PLIN.*Nat.*28.114. **b** non ~imus illa, quae nos in metum adducunt SEN.*Ep.*13.8; testimonium eius testium turba ~itur *Nat.*4a.2.24;—(*w. non-personal subj.*) quam (*sc.* legem)..usus ~it LIV.34.6.4; quam..sententiam fucorum prouentus ~it PLIN.*Nat.*11.46.

coarmius ~(i)ī, *m.* [CON-+ARMA+-IVS] A comrade-in-arms.
DELICATVS ~IO MERENTI FECIT *CIL* 10.7297.

coartātiō ~ōnis, *f.* [next+-TIO] A fitting closely together, tightening; crowding together.
ut..laxatio earum aut ~o efficiat aut uehementem aut lenem..aqua influentem cursum VITR.9.8.6;—irridebat..eo loco militum ~onem *B.Alex.*74.4; ~o plurium in angusto tendentium LIV.27.46.2.

coartō ~āre ~āuī ~ātum, *tr.* [CON-+ARTO] ORTHOG.: freq. *coarct-* in codd.
1 To make narrower. **b** to bring closer together; to cause to converge. **c** to constrict (an orifice or passage); to tie tightly, constrict (with bonds). **d** to fit closely together.
ubi angustae fauces ~ant iter LIV.28.5.8; 33.6.7; auctusque suos non ante ~at (Nilus) LUC.10.217; latius apertas summa parte (fossas)..et ad solum ~atas COL.2.2.9; PLIN.*Ep.*2.17.3; alueum Tiberis laxauit..aedificiorum prolationibus ~atum SUET.*Aug.*30.1;—(*w.* in+*acc.*) ima uentriculi pars..in summum intestinum ~atur CELS.4.1.7; —(*fig.*) cum ea, quae rationi sunt parata..inportunis angustiis ~antur APUL.*Pl.*1.18; (*w.* ad) res suas ad naturalem modum ~are SEN.*Ep.*119.10. **b** paulum habenis suis ~ari (oportet ferulas) CELS.8.10.1.K;—deductas ab summa apside lineas ~ari ad centrum necesse est PLIN.*Nat.* 2.64. **c** sudario..ore et faucibus suis ~atis V.MAX. 9.12.7; araneis oleo madentibus uulnus..~auit PETR.98.7; —manicis..cunctos ~ant APUL.*Met.*9.9; si pedes pedicis ~entur *Fl.*17. **d** cardinibus..masculo et femina inter se ~atis VITR.9.8.11.
2 a To shorten, abridge (writings, etc.). **b** to restrict, reduce (in quantity, scope, etc.).
a ut..haec, quae ~auit..in oratione sua, dilatet nobis CIC.*de Orat.*1.163; si..quae praecipiuntur..in sententiam ~ata (sunt) SEN.*Ep.*94.27; recisa ac repurgata in unum librum ~asse PLIN.*Ep.*1.20.8. **b** sic et tua pars ~abitur NERAT.*dig.*17.1.35; ULP.*dig.*38.1.2; nec ita ~anda res est PAUL.*dig.*6.1.6; (*cf. sense 3*) nox..~at iter OV.*Fast.*5.546.
3 To shorten in time, reduce the duration of.
eam potestatem..cuius..tempus ~andum iudicassent V.MAX.4.1.3; ~ati aliorum consulatus TAC.*Hist.*2.71; tempus sponsas habendi ~auit SUET.*Aug.*34.2.
4 To crowd or pack together, confine in a narrow space, hem in. **b** to pack (a place).
Gnaeus noster..adhuc in oppidis ~atus CIC.*Att.*7.10; quemadmodum..exercitus..in angustum ~atur SEN.*Dial.* 7.4.1; (faenum) ~abimus in strigam COL.2.18.2; uelut conclausa et ~ata semina comprimere atque strangulare 3.12.2; (*words, letters*) illi duodecim numero (di) situ nominum in duo uersus ab Ennio ~ati APUL.*Soc.*2; uocalis ut illam ex latere utroque ~et MAUR.167;—(*refl.*) omnes ita se ~auerunt, ut uenientem non reciperent SEN.*Con.*7.3.9. **b** cum tot pariter ac tam nobiles forum ~arent TAC.*Dial.*39.4.
5 (w. inf.) To constrain, compel.
~andus est emptor uenditionem adimplere PAUL.*dig.*18, 1.57.

coassāmentum ~ī, *n.* [*coasso* (COAXO)+-MENTVM] A frame-work of planks.
rigorem..seruat ulmus, ob id cardinibus ~isque portarum utilissima PLIN.*Nat.*16.210.

coaudiō ~īre ~ītum, *tr.* **comaud-**. [CON-+AVDIO] (See quot.)
comauditum ~itum, sicut coangustatum dicitur PAUL *Fest.*p.65M.

coaxātiō ~ōnis, *f.* [next+-TIO] Floorboards, floor-planking.
maenianaque superioribus ~onibus conlocentur VITR. 5.1.2; 7.1.5; necessarium binas per diuersum ~ones substerni PLIN.*Nat.*36.186.

coaxō¹ ~āre ~āuī ~ātum, *tr.* [CON-+AXIS²+-o³] To fit with floor-planking.
altitudines extructae contignationibus crebris ~atae VITR.2.8.17; cum ~atum fuerit 7.1.5.

coaxō² ~āre, *intr.* [Gk. κοάξ+-o³] (of frogs) To croak.
negantur ibi ranae ~are SUET.*Aug.*94.7; fr.161(p.250Re).

cōbiō: = *gobio* (see GOBIVS).

cōbios ~iī, *m.* [Gk. κωβιός] A species of spurge.
septimum (genus tithymalli) dendroides cognominant alii ~ion, alii leptophyllon..comosissimum ex omnibus PLIN.*Nat.*26.71.

cōbius: see GOBIVS.

Cōcalides ~um, *f. pl.* The daughters of Cocalus.
SIL.14.43.

Cōcalus ~ī, *m.* (mythol.) A king of Sicily who gave protection to Daedalus.
OV.*Met.*8.261.

Cocanicus ~a ~um, *a.* The name of a lake in Sicily and a salt obtained from it.
lacu, qui ~us uocatur PLIN.*Nat.*31.73;—adulteratur (sal Hammoniacus) Siculo, quem ~um appellauimus 31.79.

Coccēius ~a ~um, *a.* A Roman gentile name, esp. of M. Cocceius Nerva, consul 36 B.C.; M. Cocceius Nerva, emperor A.D. 96–98
huc uenturus erat Maecenas optimus atque ~us HOR.*S.* 1.5.28;—TAC.*Ann.*15.72.

coccinātus ~a ~um, *a.* [COCCINVS+-ATVS²] Dressed in scarlet.
~us Euclides MART.5.35.2; stabat puerulus ~us SUET. *Dom.*4.2; (*masc. as sb.*) qui ~os non putat uiros esse MART. 1.96.6.

coccineus ~a ~um, *a.* [as next+-EVS] Scarlet-dyed.
pallio..~o PETR.32.2; ~um tomentum 38.5; lacernae ~ae MART.14.131.

coccinus ~a ~um, *a.* [Gk. κόκκινος] Scarlet-dyed; (neut. pl. as sb.) scarlet clothes, coverlets, etc. **b** of scarlet colour, scarlet.
~a..Sicyonia *Ciris* 169; ~a gausapa PETR.28.4; hunc, quem ~a laena uitari iubet JUV.3.283; (*fem. as sb.*) donasti tenero..Luperco Hispanas Tyriasque ~asque (? lacernas) MART.4.28.2;—si fuerit sanus, ~a quid facient? 2.16.2; 2.39.1. **b** in duobus eius (*sc.* trychni) generibus, quorum alterum, cui acini ~i..halicacabon uocant PLIN.*Nat.*21.177.

cocciō: see COCIO.

coccolobis, *f.* [dub.] A kind of vine.
COL.3.2.19 (*cj.*); baliscam Dyrrachini celebrant, Hispaniae ~in uocant PLIN.*Nat.*14.29.

coccum ~ī, *n.* [Gk. κόκκος]

1 The insect *Coccus ilicis* (believed in ancient times to be a berry or gall) or the scarlet dye obtained from it; the colour of this.
rubro..~o tincta..uestis HOR.*S.*2.6.102; sanguineo..~o *Ciris* 31; Cois fulgentem incedere ~is PROP.2.1.5; pars ignea ~o (nitet) LUC.10.125; ~o..tinctum Tyrio tinguere, ut fieret hysginum PLIN.*Nat.*9.140; licet..~o rubeat superbus index MART.3.2.11; QUINT.*Inst.*11.1.31; (*as a medicament*) ~um ilicis uulneribus recentibus ex aceto inponitur PLIN.*Nat.*24.8;—unam (lychnidem) quae purpuram radiet, alteram quae ~um 37.102; 37.176.

2 Scarlet wool or cloth.
amicti ~o alii, alii luteo et ostro et purpura FRO.*Aur.*1.p.98(12N); piscatus est..purpura ~oque funibus nexis SUET.*Nero* 30.3; ULP.*dig.*32.70.12.

3 *~um Cnidium*, the berry of the spurge-flax, *Daphne gnidium*.
purgant aerugo..~um Cnidium CELS.5.5.2; LARG.134; ~o Cnidio color ~i..uis ardens PLIN.*Nat.*27.70.

coccȳgia ~ae, *f.* [Gk. κοκκυγέα] (perh.) The wig-tree, *Rhus cotinus*.
similis et ~a folio PLIN.*Nat.*13.121.

coccymēlum ~ī, *n.* [Gk. κοκκύμηλον] A plum.
sunt autem genera malorum:..~um CLOAT.*gram.*7.

coccyx ~ȳgis, *m.* [Gk. κόκκυξ] The cuckoo.
~yx..parit in alienis nidis, maxime palumbium PLIN.*Nat.*10.26.

cocētum ~ī, *n.* [cf. Gk. κυκάω, κυκεών; *coc-* by false derivation fr. *coquo*] (See quot.)
~um genus edulii ex melle et papauere factum PAUL.*Fest.*p.38M.

coc(h)lea ~ae, *f.* Also **-ia.** [Gk. κοχλίας] FORMS: *coc(h)liam* VAR.*R.*3.5.3.

1 A snail. **b** a snail-shell.
uicistis ~am tarditudine PL.*Poen.*532; scorpionem I, ~as sex et lentis pugillum CATO *Agr.*158.1; ut apes ~ae glires VAR.*R.*3.3.3; qui tamquam ~a abscondens retentat sese tacitus quom domo..aufertur *Rhet.Her.*4.62; CIC.*Div.*2.133; SAL.*Jug.*93.2; CELS.2.20.1; PETR.66.7; PLIN.*Nat.*8.139; et ~ae dentes habent 11.164; MART.14.121.1; curuarum domus uda ~arum STAT.*Silv.*4.9.33; paratae erant lactucae singulae, ~ae ternae, oua bina PLIN.*Ep.*1.15.2; (*cf.* b) ~arum inanium cinis PLIN.*Nat.*30.1.36;—(*w. adjs.*) Afra..~a HOR.*S.*2.4.59; ~a uera Africana, id est inde adlata LARG.122; carnes..fluuiatilium ~arum PLIN.*Nat.*32.56. **b** iustam ~ae naturalemque imitationem VITR.10.6.2; ~am cum mittere possis MART.8.33.25; uix implet ~am peracta messis 11.18.23.

2 The form of a snail-shell, a spiral. **b** a screw for operating a press. **c** a screw for raising water, water-screw. **d** (app.) a kind of winding (? or revolving) entrance.
(fascea) quae circa fracturam ter uoluta, sursum uersum feratur et quasi in ~am serpat CELS.8.10.1.E; habere debet specus..alios simplices et rectos..alios in ~am retortos COL.8.17.2; mali rugis per ~am ambulantibus PLIN.*Nat.*18.317. **b** torcular, si non ~is torquetur sed uectibus et prelo premitur VITR.6.6.3; ~as quibus releuatur praelum ULP.*dig.*19.2.19.2. **c** ~is, rotis, tympanis conlocatis locus..exinaniatur sicceturque VITR.5.12.5; 10.6.1. **d** ostium habere (oportet ornithonem)..eius generis, quod ~am appellant VAR.*R.*3.5.3.

coc(h)lear(e) ~āris, *n.* [prec.+-AR]

1 A spoon (orig. one for extracting snails from their shells).
chelidoniae..suco per ~ar inlita uua CELS.6.14.1; ~aria non minus selibras pendentia PETR.33.6; aquae..~aris mensura PLIN.*Nat.*27.17; garum ~aribus subditum 32.90; nonus (annus) acu leuius uix ~are tulit MART.8.71.10; 14.121.2.

2 A spoonful.
ut..huius ~are plenum paulatim delingatur CELS.3.22.14; post salituram musti ~ar cumulatum..adiicitur COL.12.21.3; duobus suci ~aribus PLIN.*Nat.*20.45; sumuntur..~aria tria cumulata satis ampla LARG.122.

coc(h)leārium[1] ~(i)ī, *n.* [prec.]

1 A spoon.
aquam ~io exceptam CELS.6.14.2; datus mensura ~iorum trium LARG.76.

2 A spoonful.
minuiturque numerus ~iorum LARG.16; 133.

coc(h)leārium[2] ~(i)ī, *n.* [COC(H)LEA+-ARIVM] An enclosure for edible snails.
et idoneus sub dio sumendus locus ~iis VAR.*R.*3.14.1.

coc(h)lia ~ae, *f.*: see COC(H)LEA.

cochlis ~idis, *f.* [Gk. κοχλίς]

1 A spiral shell or conch.
~idis (*cj.*) inuentor (*i.e.* Capricornus) GERM.*Arat.*554.

2 A snail-shaped precious stone found in Arabia.
PLIN.*Nat.*37.194.

cochlos ~ī, *m.* [Gk. κόχλος] A kind of marine gastropod.
peculiares autem maris..~oe, quorum generis pentadactyli PLIN.*Nat.*32.147.

cocibilis: see COQVIBILIS.

cocilendrum ~ī, *n.* [facet.] An imaginary magic condiment.
~um (*s.v.l.*) quando in patinas indidi..eaepsae se patinae feruefaciunt ilico PL.*Ps.*831.

cocin-: see COQVIN-.

cōciō ~ōnis, *m.* Also **cocciō, coctiō.** [perh. Etr.] (app.) A dealer.
hercle hoc plus negoti est, inquit ~o LABER.*com.*63; ~ones qui ad clamorem confluxerant PETR.14.7; in Necyomantia ~onem peruulgate dicet (Laberius), quem ueteres arillatorem dixerunt GEL.16.7.12; arillator, qui etiam ~o appellatur PAUL.*Fest.*p.20M; ~ones dicti uidentur a cunctatione p.51M.

cōciōnor ~ārī ~ātus, *intr.* [prec.+-O³] To trade, traffic (in a petty way).
infelicitas mea ~anti tibi lenocinata est [QUINT.]*Decl.*12.19; ut hoc ad nostras accederet moras, fortasse diu ~atus est 12.21.

cocitātōrius: see COQVITATORIVS.

coclaca ~ae, *f.*: (see quot.).
~ae dicuntur lapides ex flumine, rotundi ad coclearum similitudinem PAUL.*Fest.*p.39M.

Cocles ~itis, *m.* **Cocul-.** [app. Gk. Κύκλωψ] (mythol.) A one-eyed person. **b** the cognomen of Horatius, who kept the Etruscans from the Sublician bridge.
decem ~ites quas montibus summis Ripaeis fodere ENN.*Sat.*67; de ~itum prosapia te esse arbitror nam i sunt unoculi PL.*Cur.*393; PLIN.*Nat.*11.150; (*w. ref. to supposed etym.*) ab oculo ~es, ut ocles, dictus, qui unum haberet oculum VAR.*L.*7.71. **b** CIC.*Leg.*2.10; *Off.*1.61; VERG.*A.*8.650; (*transf.*) supra ~ites Muciosque LIV.2.13.8.

coclia, cocliārium: see COCHLE-.

cocō ~ere, *tr.*: see COQVO.

coco coco, *interj.* [onomat.] The crow of a cock, cock-a-doodle-doo.
et tu cum esses capo, ~ atque cor non habebas PETR.59.2.

cocodrillus: see CROCODILVS.

cocta ~ae, *f.* [COCTVS] Water boiled (and then iced).
niueae custodia ~ae MART.2.85.1.

coctilis ~is ~e, *a.* [COQVO+-ILIS] (of bricks) Baked; also, made of baked bricks.
e lateribus ~ibus VAR.*R.*1.14.4; murus instructus laterculo ~i CURT.5.1.25; PLIN.*Nat.*7.193;—~ibus muris OV.*Met.*4.58.

coctiō[1] ~ōnis, *f.* [COQVO+-TIO]

1 Cooking.
cocula uasa aenea, ~onibus apta PAUL.*Fest.*p.39M.

2 Digestion (of food).
cibique uires non poterunt habere ~onis temperaturam VITR.8.pr.2.

coctiō[2] ~ōnis, *m.*: see COCIO.

coctiuus ~a ~um, *a.* [COQVO+-IVVS] Suitable for cooking, cooking-.
(castanea) quam rubens cortex praefert triangulis et popularibus nigris, quae ~ae uocantur PLIN.*Nat.*15.94.

coctor ~ōris, *m.* [COQVO+-TOR] A cook.
~ores insulariique mulcant exclusum PETR.95.8.

coctum ~ī, *n.* [COCTVS]

1 Cooked food.
utrum crudum an ~um ego edim PL.*Aul.*430; quod..inquilinos praediorum suorum contra uetitum ~a uendentes multasset SUET.*Cl.*38.2; ne quid in popinis ~i praeter legumina aut holera ueniret *Nero* 16.

2 Smelted ore.
id, quod ex ~o supersit, diphryga uocari PLIN.*Nat.*34.136.

coctūra ~ae, *f.* [COQVO+-VRA]

1 Cooking (of food). **b** method of cooking.
~ae genere idonei fieri (fungi) CELS.5.27.12.C; ut in ~a celerius madescat (brassica) COL.11.3.23; (*transf.*) ea caeli temperies fulsit (~am uocant) PLIN.*Nat.*14.55. **b** Apiciana ~a PLIN.*Nat.*19.143.

2 Heating, roasting, or smelting (of minerals, ores, etc.).
et lotionibus et ~is crebris..efficiuntur, ut adueniant, colores (*sc.* minii) VITR.7.9.1; qua hodieque ~a inuenti lapides..colorantur SEN.*Ep.*90.33; exurente enim ~a nigrum atque fragile conficitur (aes) PLIN.*Nat.*34.96.

3 That which is being heated or boiled.
si quinta pars picis Brutiae in uniuersam ~am adiciatur COL.12.18.7; cum..ad tertias subsederit ~a 12.20.4.

coctus ~a ~um, *a.* *compar.* ~ior. [pple. of COQVO] In senses of vb., esp.

1 Cooked; *exta ~a*: see EXTA. **b** (in a pun on *ius*, facet. for) learned, skilled.
salsugine amaritudo eorum (*sc.* raphanorum) eximitur, fiuntque ~is similes PLIN.*Nat.*19.85. **b** iuris ~iores (*s.v.l.*) non sunt qui litis creant PL.*Poen.*586.

2 Roasted, burnt, smelted; (of bricks) baked.
cadmiae ustae P X XII, stibii ~i P X XII LARG.23; 24;—~us later siue crudus VITR.1.5.8; lateribus ~is pluisse PLIN.*Nat.*2.147; MART.9.75.2; (*cf.*) ut solidum ~o tolleret aggere opus PROP.3.11.22.

3 Ripened, ripe.
poma..si matura et ~a, decidunt CIC.*Sen.*71.

4 (transf.) Softened, mild.
diserti senis ~a (*s.v.l.*) et mitis oratio CIC.*Sen.*28.

? **coculeātus** ~a ~um, *a.* [COCHLEA+-ATVS²] (app.) Spiral.
ubi insilui in ~um (*v.l.* coleatum) eculeum, ibi tolutim tortor POMPON.*com.*40.

Cocules ~itis, *m.*: see COCLES.

coculum ~ī, *n.* [COQVO+-VLVM] A (bronze) cooking vessel.
PL.*fr.inc.*181; ahenum ~um quod capiat culleum ⟨I⟩ CATO *Agr.*11.2; ~a, qui coquebant panem primum sub cinere, postea in forno VAR.*gram.*195; (*cf.*) ~a uasa aenea, coctionibus apta. alii ~a dicunt ligna minuta, quibus facile decoquantur obsonia PAUL.*Fest.*p.39M.

cocus ~ī: see COQVVS.

Cōcȳtius ~a ~um, *a.* Associated with Cocytus or the underworld, infernal.
subitam canibus rabiem ~a uirgo (*i.e.* Alecto) obicit VERG.*A.*7.479; inhiat ~a nubes (*i.e.* the Harpies) V.FL.4.495.

Cōcȳtus (~os) ~ī, *m.* [Gk. κωκυτός 'wailing'] One of the rivers of the underworld.
Acheron ~us Pyriphlegethon CIC.*N.D.*3.43; ~i fremitus *Tusc.*1.10; VERG.*G.*3.38; *A.*6.323; HOR.*Carm.*2.14.18; STAT.*Theb.*8.30;—(*not dist. fr. other rivers in the underworld*) PETR.120,l.69; SIL.13.425.

cōda, cōdātus: see CAVD-.

Cōdēta ~ae, *f.* (app.) The name of two pieces of ground at Rome **a** across the Tiber. **b** in the Campus Martius.
a ~a ager, in quo frutices existunt in modum codarum equinarum PAUL.*Fest.*p.38M; p.58M. **b** in minore ~a defosso lacu SUET.*Jul.*39.

cōdex, cōdicārius: see CAVD-.

cōdicillāris ~is ~e, *a.* [next+-ARIS] Appointed by the emperor's written order.
ADVOCATO ~I STATIONIS HEREDITATIVM ET COHAERENTIVM *CIL* 8.1439.

cōdicillus ~ī, *m.* **-ellus** (SEN.*Ep.*55.11). [CAVDEX+-ILLVS]

1 A small log.
~os domino in aceruum conpone CATO *Agr.*37.5; ~os oleagineos 55; 130.

2 (pl.) A set of writing-tablets. **b** (as the medium of a letter).
sententias uestras in ~os..referebat CIC.*Phil.*8.28; moecha putida, redde ~os CATUL.42.11; priusquam aperirentur ~i SEN.*Cl.*1.15.4; MART.5.51.3; ~os libidinum indices tradidit TAC.*Ann.*11.34; poscit ~os, legatum Regulo scribit PLIN.*Ep.*2.20.5; ceratis ~is ULP.*dig.*32.52. **b** omnia scripsi in ~is eosque Eroti dedi CIC.*Att.*12.7.1; epistulam hanc conuicio efflagitarunt ~i tui *Q.fr.*2.9.1; cum..per ~os questus esset diuus Augustus SEN.*Con.*4.pr.5; cur..Homerus..Bellerophonti ~os datos, non epistulas, tradiderit? PLIN.*Nat.*13.88; ~i dubium ad quem scripti QUINT.*Inst.*7.2.52; binos ~os exarauit SUET.*Otho* 10.2.

3 A rescript or sign-manual of the Emperor. **b** a petition to the Emperor.
habere quod..nec ~is datur nec cum gratia uenit TAC.*Dial.*7.2; libertum..ad Agricolam ~os, quibus ei Syria dabatur, tulisse *Ag.*40.2; *Ann.*13.20; datorum officiorum ~os SUET.*Cl.*29.1. **b** recitat ~os a Pisone in hunc ferme modum compositos TAC.*Ann.*3.16; ~is ad patrem tuum scriptis PLIN.*Ep.Tra.*10.4(3).2.

4 A supplement to a will or other posthumous instructions, codicil.
quod multa et probrosa..composuisset iis libris quibus nomen ~orum dederat TAC.*Ann.*14.50; ita ~is praescripserat 15.64; ~os Aciliani..pro non scriptis habendos PLIN.*Ep.*2.16.1; FRO.*Amic.*2.p.98(183N); ~is nemo heres institui potest neque exheredari GAIUS *Inst.*2.273; ~orum ius singulare est, ut quaecumque in his scribentur perinde haberentur, ac si in testamento scripta essent JULIAN.*dig.*29.7.2.2; EXEMPLVM ~ORVM *CIL* 10.7457.

Codrus ~ī, *m.* Greek name, esp. of a King of Athens who sacrificed his life to give his countrymen victory.
CIC.*Fin.*5.62; *Tusc.*1.116; ~us pro patria non timidus mori HOR.*Carm.*3.19.2; V.MAX.5.6.ext.1.

coecas, *n.* [cf. Gk. κόιξ] A kind of date. Plin.*Nat.*13.47.

Cōela[1] ~ōrum, *n. pl.* [as next] (topog.) The name of var. valleys and depressions.
Sinus Euboicus, quem ~a uocant Liv.31.47.1; V.Max.1.8.10.

Cōela[2] ~ae, **Coelē** ~ēs, *f. adj.* [Gk. κοῖλος] *Coela Euboea,* the hollows of Euboea; *Coele Syria,* the southern part of Syria, esp. the region between Lebanon and Antilebanon; *Coele Thessalia,* the plain of Thessaly.
~ae Euboeae V.Max.1.8.10;—~e Syria Liv.33.19.8; Mela 1.62; namque Palaestine uocabatur (Syria)..et Iudaea et ~e Plin.*Nat.*5.66;—imminentes, quam ~ en uocant Thessaliae Liv.32.4.3.

cōeliacus ~a ~um, *a.* [Gk. κοιλιακός]

1 (of pain, disease) Situated in, affecting, the bowels.
id est..ad lateris dolorem et ad ~um Cato *Agr.*125; in ipsius..uentriculi porta consistit is (*sc.* morbus)..~us a Graecis nominatur Cels.4.19.1.

2 Having disease in the bowels; (masc. as sb.) a person suffering from such a complaint.
is ait, cum sint apes morbidae..~as fieri Var.*R.*3.16.22;—Hippocrates ~is (dari iubet brassicam) Plin.*Nat.*20.68; muria..~is ueteribus infunditur 31.97; ~os, qui subito uniuersa deiciunt Larg.95.

3 (of medicines) Designed to cure abdominal disorders.
quas uocant ληξιπυρέτους quasque pepticas et ~as Plin.*Nat.*20.201.

Cōeliānus ~a ~um, *a.* Of the historian L. Coelius Antipater.
suppetit etiam ~um illud ex libro historiarum secundo Gel.10.24.6.

Cōelius ~a ~um, *a.* A Roman gentile name (freq. confused with Caelivs), esp. of L. Coelius Antipater, the historian (*c.* 120 B.C.).
Cic.*N.D.*2.8; *Div.*1.48; Liv.21.38.7.

coemō ~emere ~ēmī ~emptum, *tr.* [con-+emo] To buy, buy up.
te aiunt..~emisse hinc quae illuc ueheres multa Ter.*Ad.*225; qui..omne argentum, aurum, ebur, gemmas ~emeret Cic.*Ver.*4.8; (Thales) omnem oleam..~emisse dicitur *Div.*1.112; Caes.*Gal.*7.55.3; cedes ~emptis saltibus et domo Hor.*Carm.*2.3.17; dimissis passim ad frumentum ~emendum Liv.2.34.3; Plin.*Nat.*12.68; quod non tota..~emat Saepta Mart.10.80.4; Suet.*Ves.*16.1;—(*w. abl.*) ut priuatos agros..pecunia publica ~emeret Cic.*Agr.*2.82; omnia conductis ~emens obsonia nummis Hor.*S.*1.2.9; Liv.4.13.2.

coemptiō ~ōnis, *f.* [prec.+-tio] The (fictitious) sale of a woman to a man by which she passed into his *manus* or power on the occasion of marriage or for the purpose of changing tutors (*fiduciae causa*).
qui, quibus uerbis ~o fiat, nesciat Cic.*de Orat.*1.237; horum ingenio senes ad ~ones faciendas interimendorum sacrorum causa reperti sunt *Mur.*27; 'in manum', inquit, 'conuenerat.'..quaero, usu an ~one? *Flac.*84; ~one facta cvm vxore *CIL* 6.1527.1.14; ~one..in manum conueniunt per mancipationem Gaius *Inst.*1.113.

coemptiōnālis: see compt-.

coemptiōnātor ~ōris, *m.* [coemptio+-tor] A man acting as the fictitious purchaser in the *coemptio* of a woman.
a ~ore remancipata ei, cui ipsa uelit Gaius *Inst.*1.115; quod (ea) debuit..non transit ad ~orem 3.84.

coemptor ~ōris, *m.* [coemo+-tor] One who buys up (in quot., of bribery).
hic est..pueruli huius instigator..hic testium ~or Apul.*Apol.*74.

cōenon ~ī, *n.* [Gk. κοινόν] A kind of eye-salve.
p. ael. theophiletis ~on ad clar *CIL* 11.6714(1); 13.10021(152).

coeō ~īre ~iī ~itum, *intr., tr.* [con-+eo[1]] Forms: *conire* (for *coire*): see Quint.*Inst.*1.6.17.

1 To come together, meet. **b** (of soldiers, etc.) to gather round, rally. **c** (of opposing forces) to meet in battle, join battle.
heri aliquot adulescentuli ~iimus in Piraeo Ter.*Eu.*539; patricii..~iere et interregem creauere Liv.4.7.7; omnia monstra Pellaeae ~iere domus Luc.8.475; rabidi sic agmine multo sub noctem ~iere lupi Stat.*Theb.*10.43; ~ire populum et circumfundi coram Tac.*Dial.*6.4; (*cf.*) iam sermone ~imus (*i.e. by letters*) Ov.*Ep.*16.181;—(*w.* cum) cum rege Parthorum..~iit Vell.2.101.1;—(*w.* ad) matronae ad Veturiam Volumniamque frequentes ~eunt Liv.2.40.1; ad solitum ~iere locum Ov.*Met.*4.83;—(*w.* in+*acc.*) quemadmodum patres uocati non ~eant in senatum Liv.3.38.10; (*impers. pass.*) eundem in locum ~iretur Tac.*Ann.*2.65;—(*w. acc.*) Pharsalum ~eunt Catul.64.37;—(*w. adv.*) una ~ierunt Caes.*Gal.*6.22.2; quo..populus..~ibat Hor.*Ars* 207;—(*w. sg. subj.*) ut ~eat par iungaturque pari *Ep.*1.5.25;—(*transf.*) uix memini nobis uerba ~isse decem Prop.3.15.8. **b** aspice qui ~eant populi Verg.*A.*8.385; ad signa undique ~ibant Liv.9.31.9;—(*w.* in+*acc.*) manus..~it omnis in unum Verg.*A.*9.801; ~ire in orbem Liv.23.27.6;—(*w.* inter se) reliqui ~eunt inter se Caes.*Civ.*1.75.3; Liv.7.37.15;—(*w. sg. subj.*) furere adsimulare, ne ~iret, institit *Inc.trag.*57. **c** ~eundo conferundoque cum hoste castra Liv.26.12.14; modo cedebant retro, modo deinde ~ibant *Ilias* 457;—(*w.* in+*acc.*) mutuaque armati ~eunt in uulnera fratres Man.4.83; quid tantae ~eunt in proelia gentes? V.Fl.5.635;—(*w.* inter se) trepidae inter se ~eunt (apes) Verg.*G.*4.73; prius..quam ~ire inter se mediae acies possent Liv.28.14.16.

2 To have sexual intercourse.
prius..quam illi, ubi lectust stratu', ~imus Pl.*Mos.*327; gestit..(mulier) ~ire Lucr.4.1055; parum erit simul binis ~ire Sen.*Dial.*6.17.5; Plin.*Nat.*25.40;—(*w.* inter se) si tales personae inter se ~ierint Gaius *Inst.*1.59;—(*w.* cum) cum pare quaeque suo ~eunt uolucresque feraeque Ov.*Fast.*3.193; apud eos parentibus stupro ~ire cum liberis fas est Curt.8.2.19;—(*w. dat.*) quia priuigno uidear ~itura nouerca Ov.*Ep.*4.129;—(*transf., of plants*) cum sit mutua cupiditas utrimque ~eundi Plin.*Nat.*17.134.

3 (of things) To move or be placed together. **b** (of fluid) to collect, gather. **c** to meet exactly, fit together.
~eunt ignes stridentibus undis Luc.9.866; cornibus (theatrorum) in se ~euntibus Plin.*Nat.*36.117; nimbique hiemesque ~ibant Stat.*Theb.*5.584; huc undae ~eunt 9.502;—(*parts of the body, etc.*) ~eant in foedera dextrae Verg.*A.*11.292; Stat.*Theb.*1.470; ~eunt in proelia caestus 7.21; (*w. dat.*) maternum tuo ~ire pectus pectori clipeus uetat Sen.*Phoen.*470;—(*of heavenly bodies in conjunction*) lunam..cum sole..non ~ire aliquando in sagittario tantum Plin.*Nat.*2.78. **b** siue in magno abscessu multum puris ~it Cels.2.8.27; si pituita in stomachum ~it 3.7.2.B; 7.2.1. **c** ita uti orae adiunctae undique..~irent Gel.17.9.9.

4 To extend so as to meet, come together. **b** to approach together.
cornua cum lunae pleno semel orbe ~issent Ov.*Ep.*2.3; hae duae tunicae..rursus..~eunt Cels.7.7.13.B; in cubito ..tria ~ire ossa 8.16.1; (litoribus) ex diuerso prope ~euntibus Mela 1.6;—(*w. dat.*) hic (circulus) iterum ~it ipse sibi Man.1.630; (*poet.*) ~it ipsa sibi tellus (*i.e. by navigation*) 5.55;—(*w.* cum) (aer) per illa ipsa, quibus separari uidetur, ~it secum Sen.*Nat.*2.9.4. **b** promunturiis ~euntibus inter se ..clauditur portus Liv.37.28.7; quare..ultima in angustius ~eant Sen.*Ben.*7.1.5; feruent ~euntia Phrixi litora Stat.*Ach.*1.28.

5 (of wounded or broken parts of the body) To close up, mend, knit; (also of other breaks, gaps, etc.). **b** (of the eyes, mouth; also doors) to close.
usque dum ~eant (coxendices) Cato *Agr.*160; ulceribus uocis uia saepta ~ibat Lucr.6.1148; uulneraque ad sanum nunc ~iere mea Prop.3.24.18; neue retractando nondum ~euntia rumpam uulnera Ov.*Tr.*4.4.41; arteria incisa neque ~it neque sanescit Cels.2.10.15; (iugulum fractum) ⟨non⟩ numquam per se rursus recte ~it 8.8.1.A; herbarum quibus..uulnera ~irent Sen.*Ep.*95.15; ubicumque (cutis) per se..est, uolnerata non ~it Plin.*Nat.*11.227; parum apte collocata (coxa)..male ~iit Plin.*Ep.*2.1.5; (*fig.*) an male sarta gratia nequiquam ~it et rescinditur? Hor.*Ep.*1.3.32;—locum ~isse Var.*L.*5.148; expletur..plaga resina, non..cicatrice, quae in hac arbore non ~it Plin.*Nat.*16.60; campumque ~ire ingemuit Stat.*Theb.*7.821. **b** si palpebrae dormientis non ~eunt Cels.2.8.25; ipsum ⟨os⟩ ~it atque concurrit Quint.*Inst.*10.7.8; nec assiduo ~ierunt lumina fletu Stat.*Theb.*12.49;—omnis porta ~it 10.494.

6 To be concentrated into a smaller or narrow space, crowd together, contract. **b** to be concentrated or squeezed together, thicken, condense. **c** to solidify, crystallize; to freeze. **d** to clot, curdle, coagulate; (of the blood, also) to congeal (with fear, etc.).
Pleiadum spisso cur ~it igne chorus Prop.3.5.36; paulatim..ignes ~eunt *Aetna* 499; ~it angustis inclusum cornibus aequor Ov.*Met.*5.410; ~it area belli Luc.6.60;—(*w.* in+*acc.*) duum milium..passuum spatium murus amplectitur, ~it deinde..in artiorem uelut cuneum Liv.37.31.8; inde exspatiatur aequor rursusque in artum ~it Plin.*Nat.*4.76. **b** frigore cum premitur..terra ~itque et quasi concrescit Lucr.6.845; spissior densis ~it caligo tenebris Sen.*Thy.*993; uinum..uetustate crassescit, et in amaritudinem..~it Plin.*Nat.*23.40; spissantur haec utraque et in densitatem ~eunt 35.178; (*of sound*) creuisse sonum perspicis et ~isse crassum Maur.161. **c** (mel) thymosum non ~it Plin.*Nat.*11.39; gypso madido statim utendum est, quoniam celerrime ~it 36.183;—maris adstricto quae ~it unda gelu Ov.*Tr.*2.196; aqua frigore aeris duratur et ~it Gel.19.5.6. **d** ⟨in⟩ lactis duos congios addunt coagulum..ut ~eat Var.*R.*2.11.4; Cels.5.27.12.C; (basilisci) sanguinem..~euntem picis modo Plin.*Nat.*29.66; faciliora..ad ~eundum uidentur, quae leuatiora..sunt Gel.17.8.15; (*w.* in+*acc.*) nam uidebatur mihi (ouum) iam in pullum ~isse Petr.33.7;—gelidus..~it formidine sanguis Verg.*A.*3.30; Sen.*Oed.*224; (*w.* in+*acc.*) frigidus Arcadibus ~it in praecordia sanguis Verg.*A.*10.452; Luc.7.468.

7 (of physical or non-physical things) To unite to form an organic whole, coalesce, combine. **b** (of the ingredients of a medicament, etc.).
ignis terraeque ~ire corpus et aerias auras roremque liquoris Lucr.1.770; Xerxis et imperio bina ~isse uada Prop.2.1.22; digiti ~eunt Ov.*Met.*2.670; noctes cui ~iere duae (*i.e. Alcmena*) *Tr.*2.402; ~iisse animas et corpore in uno stare omnis Stat.*Theb.*10.750; ita litterae per eundem ambitum surculi coalescentes rursum ~ibant Gel.17.9.14;—(*w.* in+*acc.*) in formam iusti ~iere exercitus Vell.2.61.2; ultima in monstrum ~it facies Sen.*Phaed.*1046; ~ire frequenter in easdem sententias et τρόπον et figuram Quint.*Inst.*9.1.9;—(*w.* inter se) sanguenque creari sanguinis inter se multis ~euntibu' guttis Lucr.1.838;—(*in marriage*) taedae quoque iure ~issent Ov.*Met.*4.60; di studio similes ~eamus in unum *Fast.*3.683; sollemnem thalamis ~euntibus ignem Stat.*Silv.*1.2.5. **b** ut ~eant..adice de flauis Attica mella fauis Ov.*Med.*81; donec omnia..liquata in unitatem quandam ~eant Cels.4.26.6; cum oleo communi pix liquefit et coquitur, donec ~eat Larg.210; 219.

8 To form by the coming together or condensing of constituents.
ex his..congruentibus cum res omnes ~ire nascique uideantur Vitr.2.2.2; Man.1.485; minore rigore ~it (nix) Sen.*Nat.*4b.12; cum ~it umbra minax V.Fl.3.579; nullum ..sine illis potis est ~ire uerbum Maur.88.

9 To form an alliance or association, band together. **b** to conspire together. **c** (of abst. things, usu. w. neg.) to be found or go together, combine.
duodecim adulescentuli ~ierunt Nep.*Pel.*2.3; hac gener atque socer ~eant mercede suorum Verg.*A.*7.317; mille manus ~eunt Ov.*Fast.*4.275; ~eunt gens omnis et aetas Stat.*Ach.*1.406; collegiis, quibus ~eundi ius est Ulp.*dig.*40.3.1;—(*w.* ad) illorum ~eunt ad foedera mentes Man.2.626;—(*w.* in+*acc.*) in amicitiam ~eant Verg.*A.*7.546; nec discordia intestina ~ire eos in unum sinet Liv.26.41.22; Tac.*Ann.*12.47; Titia..in matrimonium ~it Gaio Seio Paul.*dig.*45.1.134;—(*w.* cum) Caesar cum eo ~ire per Arrium cogitat Cic.*Att.*1.17.11. **b** Cic.*Clu.*148;—(*w.* ad) plurimae factiones..ad nullius non facinoris societatem ~ibant Suet.*Aug.*32.1;—(*w.* de) conlegia..reperientur..quae ~eant de hominum locupletissimorum bonis Cic.*Dom.*47;—(*w.* in+*acc.*) in lites ~iri Plin.*Ep.*5.13(14).6; qui in accusationem innocentium ~ierint Macer *dig.*47.13.2;—(*w.* aduersus) qui usquam ~issent coniurassentue aduersus rem publicam Liv.9.26.8; materia daretur cum furibus aduersus eos..~eundi Ulp.*dig.*4.9.1.1;—(*w. final cl.*) qui eorum ~iit ~ierit conuenit conuenerit..quo quis iudicio publico condemnaretur *Leg.pub.*(*Font.iur.*p.92)13; Cic.*Red.Sen.*16; (*poet.*) Paetus ut occideret, tot ~iere mala Prop.3.7.54. **c** uirtus et summa potestas non ~eunt Luc.8.495;—(*w.* in+*acc.*) cum quaedam ne ~ire quidem in idem natura patiatur Sen.*Ben.*2.29.2;—(*w.* in+*abl.*) duo contraria in uno ~eunt 5.10.1;—(*w.* inter se) quamuis haec inter se raro ~eant, ut eadem uox et dulcis sit et solida Sen.*Con.*3.pr.3;—(*w. dat.*) non ut placidis ~eant immitia Hor.*Ars* 12.

10 (tr.) To enter into, form (an alliance, pact, etc.).
utinam..cum C. Caesare societatem aut numquam ~isses aut numquam diremisses! Cic.*Phil.*2.24; pina..cum parua squilla quasi societatem ~it *N.D.*2.123; nondum ~ito matrimonio Nerat.*dig.*12.4.8; Gaius *Inst.*3.149; si plures sint inter eosdem societates ~itae Ulp.*dig.*17.2.52.14; illicitum collegium ~isse 1.12.1.14; quidam sagariam negotiationem ~ierunt 17.2.52.4;—(*w.* de) qui societatem ~ieris de municipis..fortunis cum alienissimo Cic.*S.Rosc.*87; cum eo tu uoluntariam societatem ~ibas *Quinct.*76;—(*w.* in+*acc.*) si in rem..emendam..~ita sit societas Paul *dig.*17.2.65.2.

cōepī ~isse ~tum, *intr., tr.* Also ~**iō** ~ere. [con-+*apio* (apiscor)] Forms: pf. stem only normally used; pres. stem forms: *~iam* Pl.*Men.*960, Cato *orat.*247, Caecil.*com.*90; *~iat* Pl.*Truc.*234; *~ere* (inf.) *Per.*121, *~eret* Ter.*Ad.*397; *~ens* (pres. pple.) *P.Mich.*443.1. Pros.: *coēpī* (trisyll.) Pl.*Cist.*687, *Mer.*533, Lucr.4.619.

1 To begin: **a** (act., w. act. inf.). **b** (act., w. pass. inf.). **c** (pass., w. pass. inf.).
a signum cum dare ~isset Enn.*Ann.*229; ~i obseruare Pl.*Aul.*16; ubi pirus florere ~erit Cato *Agr.*149.1; ~iam seditiosa uerba loqui *orat.*247; seu recte seu perperam facere ~erunt Cic.*Quinct.*31; Lucr.5.1444; flumen transire ~erunt Caes.*Gal.*7.11.7; tum ire ~erint praecipites Liv.pr.9; Tac.*Hist.*4.14; (*pleon.*) hic primus ~it moenibus esse dies Prop.4.4.74;—(*impers.*) si nubilare ~it Var.*R.*1.13.5; ante quam paenitere ~it Cic.*Tusc.*5.104; Liv.40.21.10. **b** ubi satias ~it fieri Ter.*Eu.*973; cum ab aduersariis lapides mitti ~issent *B.Afr.*27.1; circumueniri innocentes..~ere Sal.*Cat.*51.40; Hor.*Ep.*1.15.17; eligi ~imus Tac.*Hist.*1.16; Suet.*Jul.*26.1;—(*impers.*) ubi primum concurri ~it Fron.*Str.*2.5.27. **c** iure ~ta appellari est Canes (Hecuba) Pl.*Men.*718; ante petitam esse pecuniam, quam esset ~ta deberi Cic.*de Orat.*1.168; comitia nostra..haberi ~ta sunt *Ver.*25; pons institui ~tus est Caes.*Gal.*4.18.4; lex ~ta ferri est Liv.3.14.4; 41.11.10; postquam senator censu legi ~tus Plin.*Nat.*14.5; sed nec ~ti scribi libri Ulp.*dig.*32.52.4;—(*impers.*) ~tum est referri Cic.*Dom.*10; *Att.*3.19.2.

2 (w. ellipsis of inf. or absol.) To begin (to do something). **b** to begin to speak.
pergam ut ~i tamen, quaeritabo Pl.*Cist.*687; ut magis paeniteret ~isse quam liceret desistere Cic.*Rab.Post.*5; dimidium facti qui ~it habet Hor.*Ep.*1.2.40; utinam mea sors, qua primum ~erat, isset Ov.*Fast.*3.477; subito strigae ~erunt Petr.63.4;—(*w.* ab) cum accusator a iure..~erit Quint.*Inst.*7.1.2; nos rite ~turi ab Homero uidemur 10.1.46. **b** desierat, ~i Ov.*Fast.*4.215; sed, ut ~i, non me hoc turpe deterret Cic.*Att.*13.28.2; placido sic pectore ~it Verg.*A.*1.521; Tac.*Hist.*1.36.

3 (w. acc.) To begin, initiate, set on foot. **b** (pass.).
iam bienniumst quom mecum rem ~it Pl.*Mer.*533; lubido extemplo ~erest conuiuium *Per.*121; postea..quam haec ~i φιλολογώτερα Cic.*Att.*13.12.3; iter, quod ~erunt, percurrunt Curt.5.1.13; nouam ~ere mapalibus urbem Sil.15.418; huiusce modi orationem ~it Tac.*Ann.*4.37. **b** est id quidem ~tum atque temptatum Cic.*Catil.*4.17; Catul.95.2; fuga ab Samnitibus ~ta Liv.9.40.13; iter..de integro ~tum 21.25.11; cum Syphace Romanis ~ta amicitia est 24.48.13; uixdum ~tus equis labor Stat.*Theb.*6.469; ut sit utraque portio ~ta saepe trochaeis Maur.2761;—(*of literary work*) accipe iussis carmina ~ta tuis Verg.*Ecl.*8.12; prima ..~to committam proelia uersu Ov.*Ib.*43;—(*pleon.*) initium ferendi ad Vespasianum imperii Alexandriae ~tum Tac.*Hist.*2.79.

4 (intr., of actions, conditions, etc.) To

begin, be begun. **b** (pple. w. quasi-active sense) having begun or started.

propter id bellum ~it CATO *hist.*22; ubi silentium ~it SAL.*Jug.*33.4; cetera equestris pugna ~it LIV.2.6.10; aquarum genus, quod nobis placet ~isse cum mundo SEN. *Nat.*3.22; uere ~turo PLIN.*Nat.*16.98; togas rasas..Diui Augusti nouissimis temporibus ~isse scribit 8.195; Latinos ..dicendi praeceptores extremis L. Crassi temporibus ~isse QUINT.*Inst.*2.4.42; bellum magis desierat quam pax ~erat TAC.*Hist.*4.1; quoniam ~it Graecorum mentio JUV.3.114; —(*w.* ab, inde, unde) unde ~it oratio mea LIV.31.29.16; primum ab laeuo cornu fuga ~it 36.45.1; (*pleon.*) neue inde nauis inchoandi exordium ~isset ENN.*scen.*249; origo emendi uendendique a permutationibus ~it PAUL.*dig.*18.1.1. **b** quaedam (animalia) modo ~ta per ipsum nascendi spatium OV.*Met.*1.426; inguinis dolores..sedat ~tos PLIN. *Nat.*26.91; obscuro adhuc ~tae lucis TAC.*Hist.*4.50; ~tus dies *Ann.*4.25; ~ta hieme 12.31.

coeptō ~āre ~āuī ~ātum, *tr., intr.* [prec.+-TO]

1 (w. inf.) To begin. **b** to set to work, try. **c** (w. ellipsis of inf., or absol.).

cum ~ant tutos contingere portus CIC.*Arat.*375(131); ~atque..ea, quae naturae sentit apta, appetere *Fin.*5.24; LUCR.4.113; cum commoliri tempestas fulmina ~at 6.255; de fide..eorum opinari ~abam sequius APUL.*Met.*11.29. **b** coercere seditionem ~abat TAC.*Hist.*2.29; (bellum) comprimere ~antem Cestium Gallum 5.10; ut eos, qui discedere et abire ~abant, corripi..sensit SUET.*Otho* 11.1. **c** perge qua ~as, ut quam maturrime merita inuenias SAL.*Hist.* 1.77.16.

2 (w. acc.) To venture on, begin, attempt.

qur istuc ~as consilium? PL.*Mer.*648; quid ~as? TER.*Eu.* 1025; popularis amor ~antis magna iuuentae SIL.2.275; incertum fuit insidias an proditionem uel aliquod honestum consilium ~auerint TAC.*Hist.*2.41; inermem neque fugam ~antem 3.73; *Ann.*1.38.

3 (intr.) To be begun, commence.

~ante legionum motu TAC.*Hist.*3.4; ~antem..coniurationem disiecit *Ann.*4.27.

coeptum ~ī, *n.* [pple. of COEPI] (usu. pl.) Something started or taken in hand, an undertaking, enterprise, scheme.

quid struat his ~is VERG.*A.*8.15; cum Sabinum bellum ~is interuenit LIV.1.36.1; ne audaci ~o deessent 42.59.7; ~a placent OV.*Met.*8.67; postquam manus ultima ~o inposita est 8.200; fractisque in gurgite ~is Sicanio Libycis SIL.1.34; quos idem Nero..opprimendis Vindicis ~is reuocauerat TAC.*Hist.*1.6; opperiens ~orum exitum SUET.*Nero* 34.3;—(*of literary work*) audacibus adnue ~is VERG.*G.*1.40; ~is, mater Amoris, ades! OV.*Ars* 1.30; exsequamur ~i propositum ordinem PHAED.4.21(22).9;—(*w. adv.*) ne..temere ~a segnitia insuper euerteret LIV.36.15.2; qui in bene ~o perseuerasset 45.15.7.

coeptus ~ūs, *m.* [COEPI+-TVS³] Beginning, undertaking.

primos suos quasi ~us appetendi fuisse CIC.*Fin.*4.41; ~usque (*cj.*) incendia fine subsistunt MAN.1.825; dignas insumite mentes ~ibus STAT.*Theb.*12.644; imber..differri auditorii coetum et auditionis ~um coegit APUL.*Fl.*16.

coepulōnus ~ī, *m.* [CON-+EPVLONVS] A table-companion; (mock-tragic for *parasitus*).

o mi Iuppiter terrestris, ~us compellat tuos PL.*Per.*100.

coerceō ~ēre ~uī ~itum, *tr.* Also **coherc-**. [CON-+ARCEO]

1 To restrain within bounds, confine, shut up. **b** to prevent from escaping, preserve (qualities).

quos..nouies Styx interfusa ~et VERG.*G.*4.480; hic superbum Tantalum..~et HOR.*Carm.*2.18.38; operibus.. quibus intra muros ~etur hostis LIV.5.5.2; grauibus..~ita uinclis OV.*Ep.*14.3; SEN.*Ben.*5.20.2; carcere animalia ~ere PLIN.*Nat.*10.141; ~ere intra munimenta militem TAC.*Hist.* 2.18; cedere patria et Massiliensium moenibus ~eri iubetur *Ann.*13.47; (*cf.*) cum..tristis cineres urna ~uit SEN.*Tro.* 375;—(*fig.*) magis est animus uitai claustra ~ens LUCR. 3.396; inuida me spatio natura ~uit arto OV.*Tr.*2.531; intra parietes suos uitam ~ere SEN.*Dial.*9.1.11;—(*transf.*) numeris modo uerba ~es OV.*Pont.*4.8.73. **b** sal adspersus olei naturam ~et PLIN.*Nat.*13.7.

2 (of topographical features, natural structures, etc.) To bound, enclose, shut in. **b** to confine, check (rivers, floods, etc.).

et uariare uiae (debent) proinde ac textura ~et LUCR. 4.657; altioribus ~entibus amnem ripis LIV.27.47.11; aquas sua ripa ~et OV.*Fast.*6.413; eripiunt terrae caelum uisusque ~ent MAN.1.220; LUC.4.20; iugi modici occursu tantus ille uentorum ~itus! PLIN.*Nat.*2.121; STAT.*Silv.*4.4.6; FRON. *agrim.*p.15; (*cf.*) addideratque consilium ~endi intra terminos imperii TAC.*Ann.*1.11; (*of astrol. divisions*) cuncta negotia rerum in genera et partis bis sex diuisa ~ent MAN. 3.163. **b** remedium ~endi fluminis TAC.*Ann.*1.76; non.. omne, quod in flumine publico ripaue fit ~et praetor ULP. *dig.*43.12.1.12; 43.22.1.9;—(*fig.*) ut nimis redundantis nos.. reprimeret et quasi extra ripas diffluentis ~eret CIC.*Brut.* 316; nusquam orationem rapidam ~eas *Fin.*2.3.

3 To restrict the growth of, constrict. esp. **b** to restrict by pruning, keep back. **c** to suppress, inhibit (growth or other natural processes).

haec..lienem ~et CELS.4.16.2; humili statu uitis..iuxta terram ~etur COL.4.1.5; duritia humi ~ita (radix) recuruatur *Arb.*22.2; quia siccitas ~et herbas PLIN.*Nat.*18.186; (*fig.*) soluta componere, exultantia ~ere QUINT.*Inst.*10.4.1. **b** quo minus illi ita ~ere lignaque sibi habere liceat *Ed.pr.* (*Font.iur.*p.235)43.15; illiusce sacri (*sc.* luci) ~endi ergo CATO *Agr.*139; quam (uitem) serpentem..~et ars agricolarum CIC.*Sen.*52; ~ita..gracilitate PLIN.*Nat.*16.140; surgentia in altum cacumina oleae ferro ~ebo QUINT.*Inst.* 8.3.10; ULP.*dig.*43.27.1.7; (*fig.*) carmen reprehendite quod non multa dies et multa litura ~uit HOR.*Ars* 293. **c** quod fluentem nauseam ~eat..Caecubum HOR.*Epod.*9.35; si corpus profluit, sudor ~endus, requies habenda erit CELS. 3.6.15; lana molli exceptum oui album..quod inflammationem ~eat 7.7.14.F; ne (humor)..incrementa uirentium.. ~eat COL.3.1.9; radix (hyacinthi)..pubertatem ~et PLIN. *Nat.*21.170.

4 To restrict in amount, limit. **b** to keep (practices, etc.) within bounds.

quod satis esse putat pater et natura ~et HOR.*S.*2.3.178; plebisscito Voconio de ~endis mulierum hereditatibus GEL.20.1.23; amiciorem esse ~itae mediocritati quam delicatae opulentiae APUL.*Apol.*19. **b** et legibus et senatus consultis..ea res ~etur GAIUS *dig.*3.4.1.

5 To keep under physical control, keep together or in order.

(*horses, etc.*) angusto prius ore ~ens insultare docet campis V.RUF.*poet.*3; geminos..angues curribus admouit frenisque ~uit ora OV.*Met.*5.642; terga nunc torto frequens uerbere ~et SEN.*Phaed.*1077; (*fig.*) ut prouideamus et ferentes equos frenis quibusdam ~eamus QUINT.*Inst.*10. 3.10; cuius primae iuuentutis caloratos impetus freno quodam ~endos existimaui APUL.*Met.*6.23;—(*bodies of men and sim.*) postrema ~ent Tyrrhidae iuuenes VERG.*A.*9.27; uirgaque leuem ~es aurea turbam HOR.*Carm.*1.10.18; disiectos ~ere TAC.*Ag.*20.2;—(*hair*) nodo ~es uiperino Bistonidum..crinis HOR.*Carm.*2.19.19; uitta ~uerat neglectos alba capillos OV.*Met.*2.413.

6 To put under restraint, keep in or bring to order, control, check, restrain. **b** to suppress by war, bring to submission. **c** to check, restrain (emotions, actions, etc.).

ut uerberibus ~eant potius quam uerbis VAR.*R.*1.17.5; nactus..locum resecandae libidinis et ~endae iuuentutis CIC.*Att.*1.18.2; esse abstinentem, continere omnis cupiditates, suos ~ere *Q.fr.*1.1.32; ut praeter auctoritatem uires quoque ad ~endum haberet CAES.*Civ.*3.57.3; genus hominum mobile, infidum, ante neque beneficio neque metu ~itum SAL.*Jug.*91.7; quos tu nisi fuste ~es HOR.*S.*1.3.134; ~iti ab lictore et iussi in uicem dicere LIV.1.40.6; 36.24.7; terrasque ~eat omnis Caesar OV.*Pont.*3.3.61; populi quem regna ~ent LUC.3.145; sic uoce ~et (*sc.* Martem) V.FL. 5.672; tribunorum Subrium et Cetrium adorti milites minis, Longinum manibus ~ent exarmantque TAC.*Hist.*1.31; quod non publica auctoritate populum ~uissent *Ann.*6.13; Saturnini seditiosum tribunatum senatus ~uerat SUET. *Jul.*12; is nos aquam multam ex diluta niue bibentis ~ebat GEL.19.5.2;—(*w. means as subj.*) at ista uis Septicium..non ~et CIC.*Ver.*3.37; nec pudor nec metus ~ebat LIV.2.58.7; et, quibus est undis audita (bucina), ~uit omnes OV.*Met.* 1.342;—(*transf. and poet.*) cum uentrem meum ~eam VAR. *Men.*572; sola gerat miles, quibus arma ~eat, arma OV. *Fast.*1.715; uolucres cum bruma ~et LUC.1.259; (aquae) quas ille creator..certo sub iure ~et 10.267;—(*refl.*) quod se ipsi continent et ~ent CIC.*Tusc.*4.70; quid te ~es et necas rectam indolem? SEN.*Phaed.*454;—(*w.* ab) ~eri..ab effuso studio nequit LIV.39.32.11. **b** HANNIBALEM COMPLVRIBVS VICTORIIS FEROCEM SVBSEQVENDO ~VIT *Elog.*13 (*CIL* 1.p.193); hos..poteram ~ere CIC.*Att.*6.2.7; sin imperium abnuerent, armis ~erent LIV.8.2.11; his ipsis militum gladiis, quibus obsessus erat, obsidentis ~uit VELL. 2.125.5; TAC.*Ann.*3.41. **c** ad quaestoris libidinem ~endam CIC.*Div.Caec.*57; ut ratio ~eat temeritatem *Tusc.* 2.47; ad ~endam luxuriam muliebrem LIV.34.4.5; multa metu poenae, poena qui pauca ~et OV.*Pont.*1.2.125; male ~itam famam supprimentes augebant TAC.*Hist.*1.17; satisque magnis documentis temeritatem Petilii ~itam *Ann.*14. 33;—(*in oneself*) atrocem ~e confidentiam PAC.*trag.*47; ~ere omnis cupiditates CIC.*de Orat.*1.194; animos ~e SEN. *Phaed.*256; cibariam uoluptatem ~erem APUL.*Met.*11.23.

7 (of a magistrate) To inflict summary punishment on (see COERCITIO). **b** (transf.) to punish.

magistratus..noxium ciuem multa, uinculis uerberibusue ~eto CIC.*Leg.*3.6; *Off.*3.23; an consules in praetore ~endo fortes fuissent? *Mil.*89; *Leg.pub.*(*Font.iur.p.*113)22; silentium per sacerdotes, quibus tum et ~endi ius est, imperatur TAC.*Ger.*11.4; relictum est illis (*sc.* consulibus), ut ~ere possent et in uincula publica duci iuberent POMPON.*dig.* 1.2.2.16; ULP.*dig.*42.8.6.8. **b** ratio..ita suppliciis delicta ~et? HOR.*S.*1.3.79; uerberare seruum ac uinculis et opere ~ere rarum TAC.*Ger.*25.2; SUET.*Gal.*9.1; quae..ipsum corpus eius acrioribus remediis ~eat APUL.*Met.*5.30; (seruos) quos poena ~uit aut ab honore ministrandi..remouit PAPIN. *dig.*40.4.51.1.

coercitiō ~ōnis, *f.* Also **coherc-**. [prec.+-TIO]

1 Physical or other restraint, repression.

eius consulatus omnem uim in ~onem ambitus exercuit VELL.2.47.3; cum..dissensiones ~one magis quam poena mollisset 2.121.1; eos..onerare asperioribus ~onibus superuacuum est CELS.3.18.4; affectibus tuis inter ipsam ~onem exeuntibus SEN.*Ep.*49.1; si desit..interpellatio, interpellantis ~o QUINT.*Inst.*9.2.2; num ~o plus damni in rem publicam ferret TAC.*Ann.*3.52.

2 The infliction of summary punishment by a magistrate or other person in order to secure obedience to his will; also the right of doing so.

eoque nomine iis pignoris capio multae dictio ~oque esto *Leg.pub.*(*Font.iur.*p.115)22; sine ~one magistratus LIV. 26.36.12; ad ~onem errantium..irato castigatore non opus est SEN.*Dial.*3.16.1; sine poena aut ~onibus agebant TAC. *Ann.*3.26; ~onem in histriones magistratibus..permissam ademit SUET.*Aug.*45.3; seuerior autem ~o est per contrarium iudicium GAIUS *Inst.*4.178; gladii potestatem sibi datam uel cuius alterius ~onis ULP.*dig.*1.16.6; leuem ~onem utique patrono aduersus libertum dabimus 47.10.7.2; (nouae) quae..~onem capitalem habent JULIAN.*dig.*50. 16.200.

coerō: see CVRO.

coerrō ~āre, *intr.* [CON-+ERRO] To go round together.

praefectum uigilum per totam noctem uigilare debere et ~are PAUL.*dig.*1.15.3.3.

coetus ~ūs, *m.* [COEO+-TVS³] N.B.: see also COITVS.

1 Meeting, encounter; *primo ~u*, at the first encounter. **b** (of planets) conjunction.

eos auspicio meo..primo ~u uicimus PL.*Am.*657; (eum) ad iudicem adduxi, adductum primo ~u damnaui SCIP.min. *orat.*23; *Rhet.Her.*4.48. **b** stellarum motus..et discessiones et ~us GEL.14.1.8; 14.1.14.

2 Union, combination.

si morae quid plusculae fuisset in ~u osculi *Inc.poet.*p.139 (Gel.19.11.4); amnium ~us..fluctus mouet CURT.9.4.9;—(*of atoms, elements*) ignis in ~u stingui LUCR.1.666; 1.775; at ~u concilioque nil facient praeter uulgum turbamque animantum 2.920; 5.428; neque corpora..sine principiorum ~u nasci VITR.2.1.9.

3 A gathering, assembly, concourse, crowd. **b** a political or sim. assembly. **c** (used of secret or illegal meetings).

Platonis instituto in Academia..~us erant CIC.*Ac.*1.17; quid fauor aut ~us, pleni quid honoribus anni profuerant CORN.SEV.*poet.*13.8; socios in ~um..aduocat Aeneas VERG. *A.*5.43; Olympiae ludicrum..quod maximo ~u Graeciae celebraretur LIV.27.35.3; nomen huic ~u dabo? militesne appellem..? TAC.*Ann.*1.42; defenderam reos ingenti..~u PLIN.*Ep.*7.6.9;—(*w. gen. of composition*) in ~um mulierum pro psaltria adducitur CIC.*Sest.*116; in ipsos..~us scholarum laeti..conuenient QUINT.*Inst.*2.9.2; ~us possit quae ferre uirorum JUV.6.399;—(*w. adj.*) Virtus..~us..uulgaris ..spernit HOR.*Carm.*3.2.23; ~u promisco TAC.*Ann.*14.20; —(*of the dead*) ~ibus assumptum functis STAT.*Theb.*8.11; —(*of birds, animals, etc.*) (cycni) ~u cinxere polum VERG.*A.* 1.398; congregare eas (*sc.* oues) ut ~u iuuentur PLIN.*Nat.* 8.188. **b** ~ibus ad eam rem consultandam habitis LIV. 5.25.8; maestum tenuere silentia ~um LUC.5.15; APUL. *Met.*1.10;—(*w. gen.*) in ~u..populi Romani negotium publicum gerens CIC.*Phil.*2.63; ubi in ..~um Samnitium ..uentum..est LIV.9.10.8;—(*w. adj.*) non modo operam nostram umquam a populari ~u remouimus CIC.*Luc.*6. **c** si neque nox tenebris obscurare ~us nefarios..potest CIC.*Catil.*1.6; plebs..~us nocturnos..facere LIV.2.28.1; 34.5.5; quo minus..~ibus et sacrificiis conspirationem ciuitatum sancirent TAC.*Ag.*27.3; ~ibus clandestinis *Ann.*4.27.

4 A band or company, set, gang, circle. **b** (transf., of stars).

ignotus iuuenum ~us ENN.*scen.*126; quos..in deorum immortalium ~u ac numero repono CIC.*Sest.*143; o dulces comitum ualete ~us CATUL.46.9; minore a fratre et ~u iuniorum..pellebatur LIV.21.31.6; uirgineos..~us desere OV.*Fast.*2.173; (Musarum) in ~um recipior PHAED.3.pr.23; SEN.*Ag.*597; STAT.*Theb.*9.351; in illo foedissimo ~u passus muliebria TAC.*Ann.*11.36; JUV.7.239;—(*of animals*) illa.. quoius dociles pecuaria ~us sufficient GRAT.529. **b** adspice ista (sidera) tanto superne ~u labentia SEN.*Ben.*4.23. 3; *Nat.*6.16.2; hic..~us astrorum 7.1.2.

5 (w. *hominum*, etc.) Social intercourse, society, company.

conuiuiorum delectationem..~u amicorum et sermonibus metiebar CIC.*Sen.*45; ~u hominum frequentiaque..se in solitudinem recipiebat *Off.*3.2; quantum a ~u congressuque impotentium dominorum se amouissent LIV.3.38.11; rure et procul ~u hominum 7.5.9; tollantur e ~u mortalium SEN *Dial.*3.15.1; PLIN.*Nat.*6.54; stupra..et comissationes et feminarum ~us uoluit animo TAC.*Hist.*1.30; (*without gen.*) (hunc) ~ibus abducam STAT.*Theb.*11.729; PLIN.*Pan.*49.4.

Coeus ~ī, *m.* A Titan, the father of Latona.

VERG.*G.*1.279; OV.*Met.*6.185; V.FL.3.224; TAC.*Ann.*12.61.

coexercitātus ~a ~um, *a.* [CON-+EXERCITO] That is practised together.

artem constare ex perceptionibus consentientibus et ~is ad finem utilem uitae QUINT.*Inst.*2.17.41.

cōgitābilis ~is ~e, *a.* [COGITO+-BILIS] Cogitable, conceivable.

'quod est' nec uisu nec tactu..conprenditur: ~e est SEN. *Ep.*58.16; paucis ~is, nemini effabilis (*sc.* deus) APUL.*Apol.* 64.

cōgitābundus ~a ~um, *a.* [COGITO+-BVNDVS] Wrapped in thought, thoughtful.

HYG.*Fab.*220.1; stare solitus Socrates dicitur pertinaci statu perdius atque pernox..~us GEL.2.1.2.

cōgitātē, *adv.* [pple. of COGITO+-E] With thought or reflection, carefully.

haec uti meditemur ~ PL.*Mil.*944; ~ et commode *Poen.* 1221; caute et ~ *Trin.*327; quae..accurate ~que scripsisset CIC.*Arch.*18.

cōgitātim, *adv.* [COGITO+-IM] = prec.

~ aduerbialiter pro cogitate PAUL.*Fest.*p.61M.

cōgitātiō ~ōnis, *f.* [COGITO+TIO]

1 The act or process of thinking, reflection, thought. **b** thought directed towards some future action, deliberation. **c** philosophical or other speculation.

animi sunt ea, quae consilio et ~one nostra constant *Rhet.Her.*3.10; omne illud tempus..Crassum in acerrima atque attentissima ~one posuisse CIC.*de Orat.*3.17; quorum animis diuturna ~o callum uetustatis obduxerat *Tusc.*3.53; auerterent ab ira parumper ad cognitionem ~onemque animos LIV.3.58.3; ne ~o quidem ei satis tuta est CELS. 1.4.5; siluae et solitudo..magna ~onis incitamenta sunt PLIN.*Ep.*1.6.2;—(*w. obj. gen.*) ipsa ~one hominum excellentium CIC.*Arch.*14; sollicitum..te habebat ~o cum officii tum etiam periculi mei *Fam.*7.3.1;—(*w.* de) ipsa..~o de ui et natura deorum studium incendit *Tusc.*5.70; (*cf.*) de his rebus rogo uos ut ~onem suscipiatis CAES.*Att.*9.7C.1;—(*w. indir. qu.*) in multas ~ones diductus sum, quare aper pilleatus intrasset PETR.41.1. **b** VAR.*L.*6.42; inpulsio est, quae sine ~one..facere aliquid hortatur CIC.*Inv.*2.17; Verrem tantum auaritia..fuisse, ingenio et ~one nulla *Ver.* 2.134; ~onem regiam Romana disiecit constantia VELL. 1.10.2; proxima stilo ~o est QUINT.*Inst.*10.6.1;—(*w. gen.*) dubitatio ~onem significat iniuriae CIC.*Off.*1.30; ad reliquam ~onem belli sese recepit CAES.*Civ.*3.17.6; LIV.36.7.1; sine ullius instantis officii ~one AUR.*Fro.*2.p.32(94N). **c** ~o in uero exquirendo maxime uersatur CIC.*Off.*1.132; ut quam minime animus a ~onibus abduceretur *Fin.*5.87.

2 Thought as opposed to reality.

quod neque oculis neque auribus neque ullo sensu percipi potest, ~one tantum et mente complectimur CIC.*Orat.*8; exsistat..ille uir parumper ~one uestra, quoniam re non potest *Balb.*47; complexus..sum ~one te absentem *Fam.* 11.2; cum mens nostra quiduis uideatur ~one posse depingere *N.D.*1.39.

3 One's thinking faculty, mind, thoughts.

e ipsi quae contraria sint taciti ~oni uestrae subiciatis CIC.*Clu.*6; nomen ipsum crucis absit..a ~one, oculis, auribus *Rab.Perd.*16; uidere te tota ~one cupio *Fam.*16.8.1; pestilentia coorta..~ones hominum a foro..auertit LIV. 4.52.3; omni impetu ~onis in superiore opere absumpto V.MAX.8.11.ext.5; quod..corpus animae per se?..ubi ~o illi? PLIN.*Nat.*7.189; cum semper ~o ultra eat QUINT.*Inst.* 11.2.3; utcumque..animum ~onemque collegi, coepi dicere PLIN.*Ep.*2.11.14.

4 The outcome of thinking, an idea, thought. **b** a thought occupying or occurring to the mind, reflection.

posteriores enim ~ones..sapientiores solent esse CIC. *Phil.*12.5; ad pristinas ~ones reuerti *Att.*9.13.2; uigilantium ~onum uestigia *Div.*2.140; quasdam uolo ~ones amici accipiat sui CATUL.35.5; ~onibus et sollertia fretus VITR. 2.pr.1; inanes..uoluentes ~ones LIV.6.28.7; quorundam discutiendae tristes ~ones CELS.3.18.10; gnari ~onum eius TAC.*Ann.*6.26; omnes ~ones tecum communicare PLIN.*Ep.* 4.24.7;—(*w. acc. and inf.*) cum..subiret..~o iam illa momento horae arsura omnia LIV.25.24.14; redit..illa ~o, quosdam fore..QUINT.*Inst.*1.7.33. **b** horret animus ~onem rei CURT.9.6.12; adulescentem..nobilitatis suae ~one insolentem SEN.*Con.*9.1.15;—(*w. acc. and inf.*) ~o.. diuturna nihil esse in re mali dolori medetur CIC.*Tusc.*3.74; ~ animum subit..indignum esse LIV.36.20.3;—(*w. indir. qu.*) ut..numquam dimittere uideatur ~onem cuius sit filius BRUT.*ad Brut.*2.3&5.6; subibat ~o animum quonam modo tolerabilis futura Etruria fuisset LIV.10.45.3; silentium subito ortum et tacita ~o quidnam egissent 26.18.10; 42.49.4;—(*w.* ut) si hanc ~onem homines habuissent, ut nemo..arbitraretur QUINT.*Inst.*12.11.27.

5 A thought with ref. to its subject, preoccupation, consideration.

uos me ab omnibus ceteris ~onibus..conuertistis CIC.*Sul.* 40; ut hanc ~onem toto pectore amplectare *Att.*12.35.(2); in multis et uariis molestiis ~onibusque meis *Fam.*3.2.1; mihi..multo difficilior occurrit ~o *Tusc.*1.51; suscipe curam et ~onem dignissimam tuae uirtutis BALB.*Att.*8.15A. 1; accingendum ad eam ~onem esse LIV.6.35.1; interuenit maiori minor ~o 29.6.1; ut dimissa priore cura nouae ~oni toto pectore incumbam TAC.*Dial.*3.3;—(*w. gen.*) nisi hanc rationem et ~onem salutis tuae pecuniae cupiditas ..superaret CIC.*Ver.*3.52;—(*w. obj. cl.*) ut suscipiam ~onem quidnam istis agendum putem *Att.*14.20.4.

6 What one thinks (on any subject), opinion, view.

summam feci ~onum mearum omnium CIC.*Fam.*1.9.10; magno impetu recta ~o pectus iuuenis occupauit V.MAX. 5.9.4; tacita..quaedam ~io refragatur his omnibus QUINT. *Inst.*5.7.2; aperiam..~ones meas TAC.*Dial.*16.2;—(*w. obj. gen.*) petitorum haec est adhuc informata ~o CIC.*Att.*1.1.2; —(*w. acc. and inf.*) in quibus..esset illa ~o, in alterius iniuria sese despectos *Ver.*3.95; TAC.*Ger.*19.4.

7 Intention, purpose, design.

qua ~one animus et spe ad maleficium profectus sit CIC. *Inv.*2.23; obstabat eius ~onibus nemo praeter Milonem *Mil.*88; ut minuerem suspicionem profectionis aut ~onis meae *Att.*10.16.4; has spes ~onesque secum portantes urbem ingressi sunt LIV.1.34.10; quae cum haud uana ~o uisa esset 27.15.11; ~ones suas in longum ordinant SEN. *Dial.*10.9.1; nescio quid tacitis ~onibus deus agit PETR. 127.6; ut omnes ~ones tuas tam laetus sequatur euentus PLIN.*Ep.Tra.*10.14(9); quod ad ~onem animi nocens est PAUL.*dig.*48.10.22.4;—(*w. obj. gen.*) ut nullam petendi consulatum ~onem habere uideretur VELL.2.17.2; sceleris ~o incertum an repens TAC.*Hist.*1.23; PAUL.*dig.*24.1.12;—(*w. inf.*) hoc opus meum est, haec ~o, imponere ueteribus malis finem SEN.*Ep.*61.1;—(*w.* ut+*subj.*) dum mente et ~one hac sit, uti totum fundum..uelit possidere PAUL.*dig.* 41.2.3.1.

8 Solicitude, thought (for or on behalf of).

ut numquam animum cura tuarum fortunarum ~oque tangeret CIC.*Ver.*3.65; ut tibi omnia mea officia, studia, curas, ~ones pollicear *Fam.*11.5.3; num ullam ~onem habuisse uideantur..aut argenti..aut amoenitatum *Parad.*10; ad beneficium dandum non adducit ~o auara nec sordida SEN.*Ben.*4.14.3; tota ~o a priuatis commodis quam longissime auersa sit *Ep.*113.31; QUINT.*Inst.*12.1.6.

9 Thought as to the future, expectation, anticipation.

nunc quidem certe ~one quadam speque delector CIC. *Arch.*30; uincam meis officiis ~ones tuas *Fam.*3.10.1; ipsae ..deliciae praeparant hunc cibum solum et ~one ante pascuntur PLIN.*Nat.*22.99; APUL.*Met.*10.22.

cōgitātum ~ī, *n.* [pple. of COGITO]

1 That which one has thought out, the result of one's deliberations.

non potuit ~a proloqui TER.*Ph.*283; VELL.2.13.3; ut ~a praeclare eloqui possent CIC.*Brut.*253; nisi qui..ad agendum nihil ~i praemeditatique detulerit QUINT.*Inst.*4.5.2.

2 One's intention, design.

ut..ibi ~a perficeret CIC.*Deiot.*21; *Att.*14.10.1; quo neque acutius ullius imperatoris ~um..legimus NEP.*Dat.*6.8; ne fremitu eorum ~a proderentur FRON.*Str.*2.5.31.

cōgitātus ~ūs, *m.* [next+-TVS³] The act of thinking.

hic adulescens erat..manu promptus, ~u celer VELL. 2.73.1; diuinato et antecapto meo ~u APUL.*Met.*4.5.

cōgitō ~āre ~āuī ~ātum, *tr.*, *intr.* [CON-+AGITO]

1 (absol.) To think. **b** (followed by expression of thoughts).

sexta (pars animae) qua ~amus VAR.*L.*9.30; interualla.. auditori spatium ~andi relinquunt *Rhet.Her.*3.22; loquor.. de docto homine et erudito, cui uiuere est ~are CIC.*Tusc.* 5.111; PHAED.3.14.13; et, ut ita dixerim, non animo sed auribus ~ant APUL.*Soc.*19. **b** siquis est qui hoc dicat aut sic ~et TER.*Ph.*12; magna uoluptas subit ~antem: 'hunc ego..'SEN.*Ben.*4.12.6;—(*w.* mecum) egomet mecum ~are.. occepi: festo die si quid prodegeris..PL.*Aul.*379; TER.*Eu.* 636; coepi egomet mecum sic ~are: 'hem!..' SULP.RUF.*Fam.* 4.5.4;—(*w. acc. of pron.*) haec coepi ~are: hem..TER.*Hau.* 128; SEN.*Con.*1.1.19.

2 To think about, ponder, consider.

(*w. acc.*) si uoles uerbum hoc ~are PL.*Mos.*790; aliam rem ex alia ~are TER.*Eu.*631; haec ego et multa alia ~ans hoc uidebam CIC.*Sest.*49; si insulam Britanniam coepero ~are *Fam.*15.16.2; LIV.44.24.6; PLIN.*Nat.*2.22; ne Vindicis aciem ~arent TAC.*Hist.*4.17;—(*w.* secum, *etc.*) uos..id potestis cum animis uestris ~are CIC.*Agr.*2.64; te solum candida secum ~at [TIB.]3.10.18;—(*w. cl.*) neque quid me ores ~as TER.*An.*826;—(*w.* de) me somnies, me exspectes, de me ~es *Eu.*194; quotienscumque de clarissimo et beatissimo uiro ~emus CIC.*Brut.*4.

3 To decide by thinking, think out, consider (questions of fact). **b** to deliberate, consider (what one is to do), decide on (one's policy). **c** to think out, excogitate (what one is going to do, say, etc.).

(*w. indir. qu.*) nec aequom anne iniquom imperet ~abit PL.*Am.*173; *Mos.*84; quid oneris haberes, numquam ~asti? CIC.*Ver.*5.38; semper..quid lex et religio cogat ~are *Clu.*159; *Luc.*37; ~are quid..uolueris sub alio principe TAC.*Hist.*1.16; —(*w. rel. cl.*) quod opust facto facito ut ~es PL.*Mer.*565. **b** (*w. indir. qu.*) neque is quom roget quid loquar ~atumst PL.*Mer.*344; num ~at quid dicat? TER.*An.*877; quid rectum et quid faciendum mihi esset diutius ~are malui CIC.*Att.* 8.12.3; quod..quo consilio ducerentur sibi quaerendum aut ~andum putarent CAES.*Gal.*1.40.1; Carthaginiensibus esse ..quo modo Africam retineant ~andum LIV.28.18.9; MART.12.65.3;—(*w.* secum, *etc.*) ibi quid agat secum ~at parat putat ENN.*scen.*340;—(*w. pron.*) aliud agendum ac ~andum quomodo resistatur patribus LIV.2.55.2; id ~are atque agitare quae ratio transportandae Romam deae esset 29.10.8;—(*w.* ne) ne similis fuga seruorum postea fieret, ~andum..esse 41.23.3;—(*absol.*) ego etiam atque etiam ~abo CIC.*Att.*12.7.1; quaerenti mihi multumque et diu ~anti *Div.*2.1. **c** (*w. acc.*) quantum ille potuit ~are commode qui orationem hanc scripsit TER.*Hau.*14; clandestina..apud notos ~ata dici decet, non explanari SIS. *hist.*122; ut quae secum commentatus esset, ea sine scripto uerbis eisdem redderet quibus ~auisset CIC.*Brut.*301; nisi ad ~atum facinus approperaret *Mil.*45;—(*w.* de) de quibus ..accuratius dicendum et ~andum fuit *de Orat.*2.291;— (*absol.*) ~andi non ferebat laborem *Brut.*268.

4 To have as one's opinion, think.

non.debetis hoc ~are CIC.*Ver.*3.199; ut tu..eadem ~ares *Fam.*6.21.2; 'quid ~as?' inquam PETR.72.5;—(*w.* de) uideas quid nobis de triumpho ~andum putes CIC.*Att.*6.8.5; V.MAX.6.9.pr.;—(*w. acc. and inf.*) uxor..aut te amare ~at aut tete amari TER.*Ad.*32; ~are coeperunt..hunc euerti bonis posse CIC.*Ver.*2.54; 3.223; hosti facile excidium et paucos ac semermos ~anti TAC.*Ann.*1.68; FRO.*Aur.*1.p.122 (23N);—(*w. adv.*) si uere ~are uolumus CIC.*Q.fr.*1.1.32.

5 To think about before doing, to consider ways and means of doing, prepare for, plan. **b** (w. *de*) to think about with a view to helping, etc., take thought for.

(*w. acc.*) aedificare diu ~are oportet, conserere ~are non oportet, sed facere oportet CATO *Agr.*3.1; quoi nihil procedit caduntque ea quae diligentissime sunt ~ata taeterrime CIC. *Att.*10.12.1; eaque ante effecit paene quam ~at *Div.*1.120; quare sibi eam rem ~andam et suscipiendam putaret CAES. *Gal.*1.33.2; ~auit nos ante natura, quam fecit SEN.*Ben.* 6.23.5;—(*w.* de) de Memmio restituendo ut Curio ~et te audisse puto CIC.*Att.*6.1.23; (*cf.*) cum spiritus magna ui uacuum terrarum locum penitus oppleuit coepitque..de exitu ~are SEN.*Nat.*6.25.1. **b** audite consulem..totos dies atque noctes de re publica ~antem! CIC.*Mur.*78; tempus ullum intermisi de re p. non ~andi solum sed etiam agendi *Fam.*10.28.2; HIRT.*Gal.*8.3.4; de matre illi ~andum SEN.*Suas.*1.8;—(*w. acc.*) de me ipso et de meo officio ut aliquid ~et CIC.*Att.*8.9.1; qui nihil praeterquam de libertate ~ent LIV.8.21.9.

6 To have in mind, intend, plan, contemplate. **b** (w. adv. or advl. acc.) to have certain designs or intentions.

(*w. inf.*) quando hinc ire ~as Carthaginem? PL.*Poen.* 1419; quid nunc facere ~as? TER.*Hau.*607; praedium quom parare ~abis CATO *Agr.*1.1; qui conciere ~es tantum mali AFRAN.*com.*46; exheredare pater filium ~abat CIC.*S.Rosc.* 53; si comportatis rebus bene ~at uti HOR.*Ep.*1.2.50; seu mare per longum mea ~et ire puella PROP.2.26.29; PLIN. *Nat.*3.101; oratiunculam, quam publicare ~o PLIN.*Ep.*5. 12(13).1;—(*ellipt.*) inde ad Taurum ~abam CIC.*Att.*5.15.3; si nondum profectus est, at saltem ~at? FRO. in *Aur.Fro.* 1.p.158(16N); (*w.* de) quid de his ~es et quando scire uelim CIC.*Att.*5.3.1;—(*w. acc. and inf.*) procurator calicem eius moduli..adhibitis libratoribus signari ~et FRON.*Aq.*105; —(*w. acc.*) eadem de profectione ~ans quae ante senserat CAES.*Gal.*7.53.1; quod ad perniciem suam fuerat ~atum NEP.*Dat.*6.8; quid ~et umidus Auster VERG.*G.*1.462; quid bellicosus Cantaber et Scythes..~et HOR.*Carm.*2.11.2; in me tardus Amor non ullas ~at artis PROP.1.1.17; LIV. 22.53.8; Dataphernem et Catanen..in societatem ~atae rei adsciscit CURT.7.5.21; SEN.*Dial.*5.32.3; non enim se..res nouas uno socio ~asse TAC.*Ann.*4.28; scelus intra se tacitum qui ~at ullum JUV.13.209; non fraus senatus consulto sit ~ata ULP.*dig.*14.6.3.3; (*w.* de) nihil se de bello ~auisse CAES.*Gal.*6.32.1; (*w.* aduersus) si qua..aut ~arentur grauius aduersus se aut dicerentur SUET.*Jul.*75.4; (*w.* contra) cum multa contra sociorum salutem..et faceret et ~aret CIC.*Ver.*3.213;—(*contr. w.* facere, suscipere, *etc.*) ea non modo ~ata..uerum etiam suscepta esse CIC.*Catil.*3.21; tanto scelere non modo perfecto sed etiam ~ato *Deiot.*15; nihil factum, ne ~atum quidem CAES.*Civ.*1.7.6;—(*w.* ut) CIC.*Q.fr.*3.1.21; neque iam ut aliquid adquireret..~abat CAES.*Gal.*7.59.4;—(*ellipt.*) cum se..in otium, ut ~at, soliumque contulerit CIC.*de Orat.*2.143; quod bene ~asti aliquando, laudo *Phil.*2.34; (*w.* de) ne illi quidem..de urbis incendio ~assent *Pis.*15. **b** minimeque male ~antes sunt qui in eo studio occupati sunt CATO *Agr.*pr.4; Karthagini.. male iam diu ~anti CIC.*Sen.*18;—(*w.* de) male eum de me ~are CAEL.*Fam.*8.12.1; si quid amice de Romanis ~abis NEP.*Han.*2.6; (*pass. impers.*) numquam..de te ipso nisi crudelissime ~atum est CIC.*Att.*11.6.2;—(*w.* in) si humaniter et sapienter et amabiliter in me ~are uis ANT.*Att.*14.13A.2; —(*w. acc.*) quid hunc hominem (possumus putare) magnum aut amplum de re publica ~are? CIC.*Man.*37.

7 To look forward to, expect, prepare for, count on. **b** to envisage, foresee as a possibility.

non ullum existimationis bonae fructum umquam ~arat CIC.*Clu.*39; consulatum sperare aut ~are *Tog.Cand.*fr.15; debebis optare optima, ~are difficillima, ferre quaecumque erunt *Fam.*9.17.3; exitus suos ~antibus *Div.*2.24;—(*absol.*) nec postulantibus nec ~antibus, ne optantibus quidem nobis *Phil.*3.3. **b** aliud agentem ac nihil eius modi ~antem CIC.*Clu.*179; a quo praesidium res publica, ne ~atum quidem, tantum haberet *Phil.*11.20; mors..quae quoniam numquam ~atur nisi aliena SEN.*Ep.*101.6; prouidet hic uentos, hic anxia ~at anguis, hic homines STAT. *Ach.*1.214;—(*w. acc. and inf.*) qui ~asset haec posse in itinere accidere CAES.*Gal.*5.33.2; parum ~auerunt nulla uirtute superari humanarum uirium modum LIV.4.58.4.

8 To call to mind, recollect, reflect on. **b** to bear in mind, take into account, think about.

te uero, M. Scaure, equidem uideo, uideo, inquam, non ~o solum CIC.*Scaur.*49; ea iam mihi exciderunt; beneficia eiusdem ~o, ~o etiam dignitatem *Att.*9.5.3; numquam illa (*sc.* beneficia) uir bonus ~at SEN.*Ben.*1.2.3; *Ep.*11.9; (*w.* mecum) quom egomet mecum ~o, stulte feci PL.*Mil.*1375; —(*w. cl.*) ~ato identidem tibi quam fidelis fuerim 1364; quid amiseris obliuisci, quid reciperaris ~are CIC.*Fam.* 6.11.2;—(*absol.*) sed quom ~o, non habuit gladium PL.*Cas.* 910; ~anti..mihi nihil tam uidetur potuisse facere rustice CIC.*Att.*12.36.2. **b** sunt alia quae magis timeam et ~em CIC.*Phil.*5.29; quid..significant nisi nos futura etiam ~are? *Tusc.*1.31; denique illud ~a, quod..CAEL.*Att.*10.9A.2; SEN. *Ep.*79.17; ituri in aciem et maiores uestros et posteros ~ate TAC.*Ag.*32.5; PLIN.*Ep.*5.5.4; cum..~anda sit mora temporis quod datur iudicatis SCAEV.*dig.*15.1.51;—(*w. acc. and inf.*) hoc..unum tamen ~ato, tibi proximam me..esse PL.*Aul.*127; ~ato, si nihil fiet, nihilo minus sumptum futurum CATO *Agr.*39.2; cura..ut ualeas et..Sardiniam istam esse ~es CIC.*Q.fr.*2.3.7; ~ate bellum Punicum in Italia ..esse LIV.26.22.9; QUINT.*Inst.*1.1.10; (*ellipt.*) erat modica (cena), si principem ~ares PLIN.*Ep.*6.31.13;—(*w. dir. sp.*) quom magis ~o cum meo animo: si qui' dotatam uxorem atque anum habet,..PL.*Mos.*702; TER.*Ad.*500; ~ate cum animis uestris: si..CATO *orat.*20;—(*w. indir. qu.*) ~atoque hiemis quam longa siet *Agr.*30; simul et illud quam sit iniquum ~emus CIC.*Clu.*155.

9 To imagine, conceive, picture.

iubebat eos..secum ipsos ~are pictam in tabula Voluptatem CIC.*Fin.*2.69; quare, quod cuique libido uenerit, extemplo mens ~et eius id ipsum LUCR.4.780; alipilum ~a tenuem SEN.*Ep.*56.2; QUINT.*Inst.*8.4.25; uiduamque domum gemitusque relictae ~at STAT.*Ach.*2.29; APUL.*Met.*8.26; —(*w. neg.*) nihil..illo oratore arbitror ~ari posse diuinius CIC.*Opt.Gen.*17; quae non modo ego optare numquam auderem sed ~are non possem *Pis.*41; nulla..species ~ari potest nisi pulsu imaginum *Div.*2.137; nondum inuentis seditiosis tribunis plebis, ne ~atis quidem *Leg.*3.44; semipedale (foramen)..ne ~andum quidem uidetur VITR.10.16.5; (*w. cl.*) non potest dici satis, ne ~ari quidem, quantum in illo sceleris..fuerit CIC.*Mil.*78.

cognāta ~ae, *f.* [COGNATVS] A female relation (by birth), a kinswoman.

ei nunc alia ducendast domum, sua ~a Lemniensis PL *Cist.*100; *Poen.*97; inter suas aequalis, ~as sermonem serit CAECIL.*com.*152; tuas amicas te et ~as deserere..nolo TER. *Hec.*592; APUL.*Met.*6.3; bonorum proximae ~ae PAPIN.*dig.* 39.5.29.2.

cognātiō ~ōnis, *f.* [as next+-TIO]

1 Blood-relationship, consanguinity, kinship. **b** a group of people related by blood, kinsfolk, relations. **c** a guild or society of kinsmen. **d** *cara* ~*o* (= CARISTIA).

natura ius est, quod ~onis aut pietatis causa obseruatur *Rhet.Her.*2.19; qui eos hac ~one attinget *Leg. pub.*(*Font.iur.*p.47)5; summa nobilitate hominem, ~one sodalitate conlegio CIC.*Brut.*166; ut quisque te maxime ~one adfinitate necessitudine aliqua attingebat *Ver.*2.27; ~onem, adfinitatem, praeterea foedus interuenisse SAL. *Jug.*111.2; Tarquinienses nomen ac ~o mouet LIV.2.6.4; Abdalonymum..longa..~one stirpi regiae adnexum CURT. 4.1.19; nisi..~onis iura impetrassent PLIN.*Pan.*37.3; legitima..eo sit ea, quae per uirilis sexus personas coniungitur GAIUS *Inst.*3.10; gradus ~onis *dig.*38.10.1;—(*acquired by adoption*) ULP.*dig.*23.2.12.4; 38.8.1.4;—(*of animals*) ~onem intellectus his (*sc.* equis) est PLIN.*Nat.*8.156;—(*w.* cum) sibi cum eo amicitiam ~onemque esse CIC.*Ver.*2.64; *Att.* 12.49.2(2);—(*w. gen.*) ~o materna Transalpini sanguinis *Red.Sen.*15; *N.D.*1.91; propinqua ~one Licini LIV.6.39.4; TAC.*Ger.*38.2;—(*transf.*) quippe qui (animus) deorum ~one teneatur CIC.*Div.*1.64. **b** tulit hoc commune dedecus familiae, ~onis, nominis grauiter filius Cic.*Clu.*16; bracatae ~onis dedecus! *Pis.*53; ~onem Superbi..esse tollendam *Off.*3.40; Caes.*Gal.*6.22.2; cum matre liberisque et totius ~onis grege Curt.8.2.31; si quis ~oni leget, idem est atque si cognatis legasset Ulp.*dig.*34.5.19(20).1;—(*cf.*) hominem erexit et ad caeli quasi ~onis domiciliique pristini conspectum excitauit (natura) Cic.*Leg.*1.26;—(*of animals*) capras..aduersas et inter ~ones (iacere) Plin.*Nat.*8.203;—(*represented in art*) Pamphili ~o 35.76; ~o nobilium 35.136. **c** matri magnae ~onis *CIL* 3.8675; m vlp attalvs collector ~onis 3.8676. **d** cara daret sollemne tibi ~o munus Mart.9.54.5; die kare ~onis *CIL* 6.10234.13.

2 (of plants and other natural objects) Relationship, affinity. **b** a natural class or family.

Pythagoras omnium inter omnia ~onem esse dicebat Sen.*Ep.*108.19; huic (*sc.* naphthae) magna ~o ignium Plin. *Nat.*2.235; calami, Aegyptii maxime ~one quadam papyri 16.157; (*cf.*) hic (*sc.* fimus)..quasi quadam ~one generis maxime est apibus aptus Col.9.14.1;—(*in particular respect*) facillime coalescunt..quae..pariter florentia eiusdem horae ~onem..habent Plin.*Nat.*17.104; lilium rosae nobilitate proximum est et quadam ~one unguenti oleique 21.22. **b** Plin.*Nat.*16.61; de porro in hac ~one dici conueniat 19.108.

3 (transf.) Relationship, affinity, kinship.

~oni uerborum..geremus morem Var.*L.*6.1; in poetis ..quibus est proxima ~o cum oratoribus Cic.*de Orat.*3.27; ~o studiorum et artium *Ver.*4.81; cum rerum..natura quam ~onem habent (exta)? *Div.*2.33; Sen.*Ep.*99.28; ~o caeli..urbium..singularum intellegitur Plin.*Nat.*18.216; quare discat puer, quid in litteris proprium, quid commune, quae cum quibus ~o Quint.*Inst.*1.4.12; 'sypnus'..per y Graecae Latinaeque ⟨o⟩ litterae ~onem 'somnus' (dicimus) Gel.13.9.5;—(*cf.*) omnes artes..quasi ~one quadam inter se continentur Cic.*Arch.*2; est crocodilo ~o quaedam amnis eiusdem geminique uictus cum hippopotamio Plin.*Nat.* 28.121.

cognātus[1] ~a ~um, *a.* [con-+natvs]

1 Related by birth. **b** (of animals, plants, natural objects) related.

si ~a est maxume Ter.*Ph.*295; moritur ~us senex *Hec.* 171; sed mea me uirtus..~ique patres..coniunxere tibi Verg.*A.*8.132; humanum genus ~um natura Sen.*Con.*2.6.2; fletaque ~is auibus Meleagria Pleuron Stat.*Theb.*4.103; (*facet.*) faba Pythagorae ~a Hor.*S.*2.6.63;—(*w. dat.*) is mihi ~us fuit Ter.*An.*926; qui propinquus ~usque Postumio erat Liv.25.3.15; (*cf.*) liber (animus) et deis ~us Sen.*Dial.* 12.11.7; mite et ~um est homini deus Sil.4.795;—(*w. inter se*) siue quis ~us ~a inter se *Leg.pub.*(*Font.iur.*p.47)5; Gaius *dig.*38.8.2. **b** siue recens tellus..~i retinebat semina caeli Ov.*Met.*1.81; nec fugiet ualidas ~i sideris ursas Man.5.703; sex genera ~arum arborum Plin.*Nat.*16.38; ~um hoc iis (*sc.* fimum bubulum apibus) 21.81; eius (*sc.* naphthae) ardens natura et ignium ~a 35.179; uos anguilla manet longae ~a colubrae Juv.5.103.

2 Of, belonging to, or connected with kinsmen, kindred. **b** (among animals).

nec prope ~os compositum cineris Catul.68.98; ~as urbes Verg.*A.*3.502; per mare, per terras ~aque flumina curris (*sc.* Io) Ov.*Ep.*14.101; ~a..litora *Met.*13.678; ~aque bella Man.1.906; ~o tantos inplerunt sanguine sulcos Luc. 4.554; siue quis infesto ~a in pectora ferro ibit Luc.7.323; ~a ministret laus animos Stat.*Silv.*5.2.52; (*cf.*) aetherias sedes ~aque sidera tanget (*sc.* Augustus) Ov.*Met.*15.839; animus..ad sedes suas et ~a sidera recurret Sen.*Suas.*6.6. **b** (alites) effigiem suam in iis (*sc.* oculis hominum) cernentes uelut ad ~a desideria sua tendunt Plin.*Nat.*11.148; parcit ~is maculis similis fera Juv.15.160.

3 (transf.) Akin, related, having affinity (with or to). **b** related by position.

formam autem et maxime ~am et decoram dedit (*sc.* mundo deus) Cic.*Tim.*17; inponens ~a uocabula rebus Hor. *S.*2.3.280; rore nimio scabiem fieri, pruina uredinem, ~is et niuis causis Plin.*Nat.*31.33; nam sunt quaedam ~a, ut dicunt, id est eiusdem generis..nam et 'an' et 'aut' coniunctiones sunt Quint.*Inst.*1.5.49; cum accusator et reus duae res quasi ~ae coniunctaeque sint Gel.2.4.6; Apul.*Pl.* 1.14;—(*w. dat.*) nihil est autem tam ~um mentibus nostris quam numeri atque uoces Cic.*de Orat.*3.197; esse aliquam ~am tristitiae uoluptatem Sen.*Ep.*99.25. **b** siquis.. foedera..inueniat mundi ~a per astra Man.2.301; (Taurus mons) euadit usque ad ~a Ripaeorum montium iuga Plin. *Nat.*5.98.

cognātus[2] ~ī, *m.* [prec.] A male relation, kinsman. **b** (pl., techn.) ~*i regis*, a contingent of the Persian king's bodyguard.

parentum amorem et ~um concordiam Pl.*Am.*841; quando habeo multos ~os, quid opu' sit mihi liberis? *Mil.* 705; Ter.*Hau.*194; aduersus ~os pro cliente testatur Cato *orat.*190; istius non modo amicus, uerum etiam ~us factus est Cic.*Ver.*2.138; tot propinqui ~ique *S.Rosc.*96; Asinius Pollio ad me scripsit de impuro nostro ~o *Att.* 12.38.2; uos mihi ~orum, uos adfinium loco ducerem Sal. *Jug.*14.1; Hor.*S.*2.3.316; ~orum sodaliumque Liv.2.49.5; 26.50.9; quid iuuat..inter ~os posse referre Iouem Ov.*Ep.* 11.18; sunt autem agnati per uirilis sexus personas cognatione iuncti, quasi a patre ~i Gaius *Inst.*1.156; Ulp.*dig.*38.8.1.1; —(*w. adj. indicating degree*) Hegio—est his ~u' proxumus adfini' nobis, pauper Ter.*Ad.*947; talione proximus ~us ulciscitur Cato *hist.*81. **b** quos ~os regis appellant Curt. 3.3.14.

cognitiō ~ōnis, *f.* [cognosco+-tio]

1 The act of getting to know (a fact, subject, etc.), the acquiring or possession of knowledge. **b** capacity for getting to know, comprehension. **c** an idea, notion.

haec ~o uitiosarum argumentationum *Rhet.Her.*2.31; causarum enim ~o ~onem euentorum facit Cic.*Top.*67; debet..excitare animos non ~o solum rerum sed etiam recordatio *Phil.*2.47; ~onem iuris auguri consequi cupio *Fam.*3.9.3; rerum natura nullam nobis dedit ~onem finium *Luc.*92; homo ad immortalium ~onem nimis mortalis est Sen.*Dial.*8.5.8; *Ep.*82.6; homines..quamlibet nuda rerum ~one capiuntur Plin.*Ep.*5.8.4; Apul.*Fl.*18;—(*w. obj. cl.*) sapientiam esse rerum diuinarum et humanarum scientiam ~onemque, quae cuiusque rei causa sit Cic.*Tusc.* 4.57;—(*cf.*) rerum autem ~ones, quas uel comprehensiones uel perceptiones uel..καταλήψεις appellemus licet *Fin.*3.17. **b** uis et natura quaedam..per se ipsa certa, ~oni autem hominum obscurior Cic.*Div.*1.15. **c** Speusippus..euellere ex animis conatur ~onem deorum Cic.*N.D.*1.32; tollit (Zeno) omnino usitatas perceptasque ~ones deorum 1.36; 2.140.

2 (w. emphasis on the process of acquiring knowledge) Study, investigation.

ut..ipsa..magnae atque arduae ~onis indigeat Cic.*Inv.* 1.86; res est ~ione dignissima *Orat.*70; auerterent ab ira parumper ad ~onem cogitationemque animos Liv.3.58.3; si quando..an altius descenderit utrumlibet, dubium est, in carie..expedita ~o est Cels.8.2.3; soli huic ~oni adeo per totos dies deditus et intentus Suet.*Tib.*62.1;—(*w. gen.*) subtilior ~o ac ratio litterarum Cic.*de Orat.*3.48; extorum ~oni se maxime dediderunt *Div.*1.93; (poetarum) ~o paruis gratior est Quint.*Inst.*1.1.36.

3 A judicial inquiry or investigation, cognizance; *a ~onibus esse*, to be secretary to the emperor for judicial matters.

cum ~onis dies esset Cic.*Brut.*87; amici recusare ne quod iudicium neue ipsius ~o illo absente..constitueretur *Ver.* 2.60; disceptationem et ~onem ueritatis *Flac.*24; quorum.. senatus consulto ~o et iudicium fuit *Att.*16.16c.12; ~ones capitalium rerum..solus exercebat Liv.1.49.4; ~o uacantium militiae munere post bellum differtur 4.26.12; ~onem placere senatui reseruari 39.29.2; maior..praetoria ~one summa Quint.*Inst.*3.6.70; cum..eum, cuius ~o est, onere liberet 5.6.4; Augustus ~onem de famosis libellis..tractauit Tac.*Ann.*1.72; nec patrum ~onibus satiatus iudiciis adsidebat 1.75; interfui principis optimi ~oni Plin.*Ep.* 4.22.1; iustissima centurionum ~o est igitur de milite Juv. 16.18; negantem..~onis rem sed ordinari iuris esse Suet. *Cl.*15.1; si ei fundus praetoria ~one ablatus fuerit Julian. *dig.*21.2.39; ubicumque causae ~o est, ibi praetor desideratur Paul.*dig.*50.17.105; (*transf.*) donec lassis caedentibus 'exi' intonet horrendum iam ~one peracta Juv.6.485;—is (illum) Menandro liberto suo tradidit, ut a ~onibus esset Sen.*Apoc.*15.2; t. flavi avg lib abascanti a ~onibvs *CIL* 6.8628.

4 The action of becoming acquainted (with a person, place, etc.), acquaintance.

non nobilitas urbis ad ~onem (deuocauit) Cic.*Man.*40; hunc..omnes qui aliquid de ingeniis poterant iudicare ~one atque hospitio dignum existimarunt *Arch.*5; huic ego.. aditum ad tuam ~onem patefacio *Fam.*13.78.2; si ad eorum ~onem diuina illa ingenia transferrem *Fin.*1.7; cum ea parte corporis..quam ne ad ~onem quidem admittere seuerioris notae homines solerent Petr.132.12; iners ac paene etiam turpe est non putare tanti ~onem Plin.*Ep.* 2.3.8; (*cf.*) prima est..quasi ~o et commendatio orationis in principio Cic.*de Orat.*2.315.

5 Recognition (of identity, etc.); (in drama = Gk. ἀναγνώρισις).

commemoratione hominum et ~one formarum Cic.*Ver.* 4.123; si..nihil inter deum et deum differt, nulla est apud deos ~o *N.D.*1.80; facilis etiam et necessaria ~o est naturam eius (*sc.* aquae) requirentibus Cels.2.18.12;—ibo intro de ~one ut certum sciam Ter.*Eu.*921; (*w. acc. and inf.*) inde est ~o facta Philumenam compressam esse ab eo *Hec.*831.

cognitor ~ōris, *m.* [cognosco+-tor]

1 One who knows or is acquainted with (a person or thing). **b** a guarantor of identity.

Milonis abstinentiae ~or Apul.*Met.*1.26; intimus ~or, adsiduus obseruator *Soc.*16. **b** qui neque tibi notus esset neque ~orem locupletem daret Cic.*Ver.*5.168; neque semper cum ~oribus esse possunt 5.167; (*of things, perh.*) qvique praediorvm ~ores accepti sint *CIL* 2.1964.4.12.

2 A legal representative, attorney.

ut maior annis lx..~orem det *Rhet.Her.*2.20; qui per se litem contestatur, sibi soli petit, alteri nemo potest, nisi qui ~or est factus Cic.*Q.Rosc.*53; mulierum adsentatoris, ~oris uiduarum *Caec.*14; Hor.*S.*2.5.38; cerae, quas aliquis duro ~or ore legat Ov.*Am.*1.12.24; Quint.*Inst.*3.6.71; ~or.. certis uerbis in litem coram aduersario substituitur Gaius *Inst.*4.83;—(*transf.*) hoc auctore et ~ore huiusce sententiae Cic.*Catil.*4.9; alienarum..simultatum tribunum plebis ~orem fieri turpe et indignum collegii eius potestate Liv. 39.5.2; ~or est urbis Man.5.321; Liber dithyramborum ~or Fro.*Aur.*2.p.66(146N).

cognitōrius ~a ~um, *a.* [prec.+-ivs] Of or concerning an attorney or agent.

hereditarias actiones procuratorio aut ~o nomine exequi Gaius *Inst.*2.252; si obiciatur exceptio ~a 4.124.

cognitūra ~ae, *f.* [as cognitor+-vra] The duty of a *cognitor* or attorney.

sectionibus et ~is uberius compendium nanctus Suet. *Vit.*2.1; cui non licet ~am suscipere Gaius *Inst.*4.124; (*transf.*) ~am male dicendi subire Quint.*Inst.*12.9.9.

cognitus[1] ~a ~um, *a. compar.* ~ior, *superl.* ~issimus. [pple. of cognosco] In senses of vb., esp.:

1 (of facts) Known from experience, ascertained, acknowledged. **b** (neut. as sb.) that which is known, a known fact.

ne temere uel falsae rei uel non satis ~ae assentiamur Cic.*Div.*1.7; nulla tum patebat, nulla erat ~a coniuratio *Sul.*81; tibi haec fuisse et esse ~issima ait phaselus Catul. 4.14; quanta sit herbarum..potentia, nulli quam mihi ~ius Ov.*Met.*14.15; nunc magis hoc, quo sunt ~iora, grauant (*sc.* mala nostra) *Tr.*4.6.28; ~a fata lacessis? Luc.8.533. **b** res ..indicat nihil ipsos habuisse ~i Cic.*Clu.*131; iudicium tollit incogniti et ~i *Luc.*18; longae, canitis si ~a, uitae mors media est Luc.1.457.

2 (of persons) Known, noted. **b** (carnally).

homo in rebus iudicandis spectatus et ~us Cic.*Ver.*1.29; homo per se ~us *Brut.*96; ita doctus es, ita etiam ~us, ut tibi id faciendum sit *Fam.*6.5.4;—(*w. dat.*) erat ei ~us Alexandriae *Cael.*24. **b** tacito iam ~a furto Deidamea mihi Stat.*Ach.*1.903; stupro ~am et nuptias..abnuentem Tac.*Hist.*4.44.

3 (of qualities) Proved, known, recognized. **b** (of persons, w. pred.) recognized as, known (to be).

fides huius multis locis ~a Cic.*Quinct.*75; cum..nobilitas nihil aliud sit quam ~a uirtus *Ep.*fr.7(6).3; cum suam lenitatem ~am omnibus sciret Hirt.*Gal.*8.44.1; C. Vrbinus aliique ~a uoluntate Sal.*Hist.*2.70.2; [Tib.]3.7.1; Liv.5. 26.10. **b** L. Murenam legatum fortissimi animi..~um esse defendimus Cic.*Mur.*34; cum fortissimus uir ~us sis *Fam.*11.22.1; uos bonae senibus uiris ~ae bene feminae Catul.61.180; Hectoreis ~e maior auis Prop.4.6.38; Ov. *Pont.*2.7.17.

cognitus[2] ~ūs, *m.* [cognosco+-tvs[3]] The act of getting to know.

multa sunt ~u digna Plin.*Nat.*8.142; Suet.*Aug.*43.4; multarum ciuitatium obitu et uariorum populorum ~u Apul.*Met.*9.13;—(*as supine*) ut ars difficilior ~u putaretur *Rhet.Her.*1.1; iucundum ~u Cic.*de Orat.*1.31; plura ambigua, sed ~u non absurda Tac.*Ann.*6.28; Gel.*pr.*13.

cognōbilis ~is, ~e, *a. compar.* ~ior. [cognosco+-bilis] Understandable, intelligible.

ego ~iorem cognitionem esse arbitror Cato *hist.*105; (acroatici libri) his solis ~es erunt Gel.20.5.9.

cognōmen ~inis, *n.* [con-+nomen, *g* inserted on anal. of *nosco* : *cognosco*, cf. *agnomen*]

1 The surname of a family or individual, derived usu. from some personal characteristic, achievement, or the like. **b** (transf., of Greeks or other foreigners). **c** an additional title of a god: an additional proper name of other things. **d** a sobriquet or appellative.

qvos legerit, eos patrem tribvm ~enqve indicet *CIL* 1.583.14; propter ea uerba quae erant proinde ac ~ina, ut prudens, candidus, strenuus Var.*L.*8.17; nomen..cum dicimus, ~en quoque intellegatur oportet Cic.*Inv.*2.28; quam laudem ille Africa oppressa ~ine ipso (*sc.* Africano) prae se ferebat *Mur.*31; quamquam uereor ne ~ine tuo lapsus ὑπεραττικὸς sis in iudicando *Att.*15.1a.2; eorvmqve nomina praenomina patres avt patronos tribvs ~ina.. ab ieis ivrateis accipito *CIL* 1.593.146; omnia grandia probanti inpositum est ~en uel, ut Messala ait, cognomentum, et uocari coepit Seneca Grandio Sen.*Suas.*2.17; quod nemo habet nisi liber, praenomen, nomen, ~en, tribum Quint.*Inst.*7.3.27; Aelius ~ine duplici fuit: nam et Praeconinus..uocabatur et Stilo Suet.*Gram.*3(p.101Re); (*facet.*) ita me amabit sancta Saturitas ..itaque suo me semper condecoret ~ine Pl.*Capt.*878;—(*w. name attracted to case of sb.*) P. Cornelius, cui primum ~en Sullae impositum Sulla *hist.*2; illi tardo ~en Hor.*S.*1.3.58; Mucium..cui postea Scaeuolae a clade dextrae manus ~en inditum Liv. 2.13.1;—(*name in appos. w.* ~ine) Cerrinus Vibellius.. ~ine Taurea Liv.23.46.12; recens fama Crateri Monocerotis ~ine Plin.*Nat.*10.124; (*cf.*) ingeniique sui dictus ~ine Largus Ov.*Pont.*4.16.17;—(*w. name in gen.*) Asinae..paternum ~en Hor.*Ep.*1.13.9; si mihi nouum hoc Coruini ~en.. dedistis Liv.7.32.15; Vell.2.15.3; (*cf.*) M. Pisone, qui ~en frugalitatis, nisi accepisset, ipse peperisset Cic.*Flac.*5.fr.; —(*name in case of* ~en) Sex. Clodius cui ~en est Phormio *Caec.*27; nec quicquam..amplius..quam ~en Creticum reportauit Flor.*Epit.*1.42(3.7.6). **b** Artemo quidam, Climachias ~ine Cic.*Ver.*2.128; Xerxes et duo Artaxerxae, Macrochir ~ine et Mnemon Nep.*Reg.*1.3; puer Ascanius, cui nunc ~en Iulo additur Verg.*A.*1.267. **c** geminae pestes ~ine Dirae Verg.*A.*12.845; ~enque addidit deo: 'Iuppiter Feretri' inquit Liv.1.10.5; 'uocaberis Vltor'..nec satis est meruisse semel ~ina Marti Ov.*Fast.*5.579;—sidus appellatum Veneris..ipsis..~inibus aemulum solis ac lunae Plin. *Nat.*2.36. **d** adeo excellebat Aristides abstinentia ut..~ine Iustus sit appellatus Nep.*Ar.*1.2; fit Mimnermus et optiuo ~ine crescit Hor.*Ep.*2.2.101; Zoilus, qui adoptauit ~en, ut Homeromastix uocitaretur Vitr.7.pr.8; insignis..Hasdrubal erat—Haedum populares ~ine appellabant Liv. 30.42.12; Sen.*Ep.*91.17.

2 (as an extra specification of **a** peoples or places, **b** plants, fruit, etc.).

a Volcentani ~ine Etrusci Plin.*Nat.*3.52; Larinates ~ine Frentani 3.105;—ubi quid generatim, additum ab eo ~en, ut forum bouarium, forum olitorium Var.*L.*5.146; (insula) Leuce..quod ibi Achilles situs est Achillea ~ine Mela.2.98; Corduba colonia Patricia ~ine Plin.*Nat.*3.10; (*cf.*) terra, cui uni..~en indidimus maternae uenerationis 2.154. **b** (pirus) Pomponiana ~ine mammosa Plin.*Nat.*15.54; hydropicos sanat..tithymallum platyphyllon ~ine 26.119; achates..numerosa uarietatibus, quae mutant ~ina eius 37.139.

3 A derived or allusive name.

fratris Tiburti dictam ~ine gentem Verg.*A.*7.671; (regio) circa Carthaginem Punicum malum ~ine sibi uindicat Plin.*Nat.*13.112;—(*esp. of places*) Hesperiam Grai ~ine dicunt Verg.*A.*1.530; Chaonios ~ine campos..Troiano a Chaone dixit 3.334; urbem..clari condet ~inis Albam 8.48; a duce Tarpeia mons est ~en adeptus Prop.4.4.93; is (*sc.* Auentinus)..~en colli fecit Liv.1.3.9; Euxini mendax ~ine litus Ov.*Tr.*5.10.13; ipsum uicum ~ine sceleris conmaculauit V.Max.9.11.1; sed maiora dedit ~ina collibus istis.. Scipio Luc.4.656.

cognōmentum ~ī, *n.* [cognosco+-mentvm]

1 A surname, cognomen. **b** a sobriquet. **c** an additional or cult title of a god. **d** a specifying name or title of other things.

~um erat duris Capitonibus Pl.*Per.*60; Cn. Lentulus..

cui ~um Clodiano fuit SAL.*Hist*.4.1; SEN.*Suas*.2.17; centurionem ~o Sirpicum TAC.*Ann*.1.23; in suum ~um (*sc.* Germanicum) adsci[s]ci imperatores 1.31; erat is in exercitu ~o Flauus 2.9; Faustiana uina de Sullae Fausti ~o felicia appello FRO.*Aur*.2.p.6(224N); GEL.4.20.13;—(*facet.*) pulcher, salue. — meum ~um commemorauit PL.*Mil*.1038; *Ps*.976. **b** Diodorus..cui Crono ~um fuit GEL.11.12.2; Alexandro..cui ex rebus actis..~um magno inditum est APUL.*Fl*.7. **c** 'io triumphe'..a θριάμβῳ ac graeco Liberi ~o potest dictum VAR.*L*.6.68; donum quod..equites Romani uouerant equestri Fortunae: nam..nullum (delubrum)..tali ~o erat TAC.*Ann*.3.71. **d** agrestium Cilicum nationes, quibus Clitarum ~um TAC.*Ann*.12.55; Londinium..~o..coloniae non insigne 14.33.

2 A derived or allusive name.
accolas Idaeos aucto in barbarum ~o Iudaeos uocitari TAC.*Hist*.5.2; conscripti sunt equites Romani ~o Augustianorum *Ann*.14.15; ut..mensis..Aprilis Neronis ~um acciperet 15.74.

3 A name.
uerso ~o Vahalem accolae dicunt (*the Rhine*) TAC.*Ann*.2.6; is (uentus) septemtrio habet ~um APUL.*Mun*.13.

cognōminātus ~a ~um, *a.* [pple. of COGNOMINO] In senses of vb., also (of words) Derived (from other words).
(uerba) iuncta facta ~a CIC.*Part*.53.

cognōminis ~is ~e, *a.* [COGNOMEN+-IS]

1 Having the same name.
quid agunt duae germanae meretrices ~es? PL.*Bac*.39; flumen Absarrum cum castello ~e PLIN.*Nat*.6.12;—(*w. gen.*) cognationes morborum ~es AFRAN.*com*.56; Cyprum adpulsus ~em patriae suae Salamina constituit VELL.1.1.1; ~es eorum Venetos PLIN.*Nat*.6.5;—(*w. dat.*) agrum Insubrium appellari..~em Insubribus pago Haeduorum LIV.5.34.9; Axiacae ~es flumini PLIN.*Nat*.4.82; duos filios..L. Titianum et minorem M. ~em sibi SUET.*Otho* 1.3.

2 Synonymous.
cum omnia ista utrobique multa et ~ia nihil plus demonstrent quam 'proelium' GEL.13.25.17.

cognōminō ~āre ~āuī ~ātum, *tr.* [COGNOMEN+-O^{3}]

1 To give a surname or a distinctive epithet to (a person), to surname; to give a sobriquet to.
quo ex facto ipsi posterique eius Torquati sunt ~ati QUAD.*hist*.10b; uir alioquin..excellens Maximus ~atus est V.MAX.2.2.10; praecones, sicut patrem L. Aelii Stilonis Praeconini ob id ~ati PLIN.*Nat*.33.29; Thurinum ~atum (Octauium) satis certa probatione tradiderim SUET.*Aug*.7.1; quem primo Germanicum mox Britannicum ~auit *Cl*.27.1; (*cf.*) ipse ~ari se frigida danda praeferens PLIN.*Nat*.26.14;—Occius, qui propter fortitudinem Achilles ~atus est V.MAX.3.2.21; Hammonius ob id lithotomos ~atus est CELS.7.26.3.C; (*a statue*) Satyrum, quem Graeci periboeton ~ant PLIN.*Nat*.34.69.

2 To give (a variety of thing) a specific name.
alterum genus (*sc.* inpetiginis)..rubrica ~at⟨ur⟩ CELS.5.28.17.B; amaracus, quem Phrygium ~ant PLIN.*Nat*.21.67; nascitur in petris (symphyton), ideo petraeum ~atum 27.41.

3 To name (after a person, object, cause, etc.). **b** (geogr. and sim. names).
ab terrestribus locis aliis ~atae (Musae) Libethrides, Pipleides, Thespiades, Heliconides VAR.*L*.7.20; alia factio ab experimentis se ~ans empiricen PLIN.*Nat*.29.5; ab animalibus ~antur (gemmae): carcinias marini cancri colore, echitis uiperae 37.187; QUINT.*Inst*.4.1.2; (limites) ab incolis uariis..uocabulis a caeli regione aut a loci natura sunt ~ati FRON.*agrim*.p.13; ipsi magistratus per deriuationem a magistris ~antur PAUL.*dig*.50.16.57. **b** uniuersus ager dictus Latius, particulatim oppidis ~atus, ut a Praeneste Praenestinus VAR.*L*.5.32; Lycia..~ata a Lyco rege MELA 1.80; quem sub Diuo Augusto ~auere Caesaris thronon PLIN.*Nat*.2.178; Ponticae gentes..a Pontico ~atae mari FLOR.*Epit*.1.40(3.5.1).

4 To call, name.
Danubius qui idem Ister ~atur in Moesia AMP.6.10; hesperum quem dico graece, uesperum ~at MAUR.650.

cognoscens ~ntis, *m.* [next] One taking part in or conducting a judicial investigation, an inquisitor, a judge.
uult..~ntium quisque firmam esse alterius sententiam QUINT.*Inst*.5.2.2; cum clementia ~ntis obuiam periclitantibus eat TAC.*Dial*.41.4; taedio quodam iustitia ~ntium..languesceret PLIN.*Ep*.3.9.19; ULP.*dig*.1.4.1.1.

cognoscō ~oscere ~ōuī ~itum, *tr.* [CON-+NOSCO] FORMS: contracted forms *cognōs-*, *cognōr-* (for *cognōuis-*, *cognōuer-*) freq. used.

1 To get to know (in pf. often = to know), learn, find out (facts, etc.). **b** (w. acc. and inf.). **c** (w. obj. cl.). **d** (w. *de*). **e** (app. also in pres.) to know.
nunc demum a me insipienter factum esse arbitror quom rem ~osco PL.*Mil*.562; maneo dum haec quae loquitur mage ~osco? TER.*Ph*.737; singularum..rerum praecepta ~oram CIC.*de Orat*.1.144; ~oscite hominis principium magistratuum gerendorum *Ver*.1.34; operae pretium est legem ipsam ~oscere 1.143; ~osce cetera *Att*.4.17.6(16.13); quod tibi ~osse in multis erit utile rebus LUCR.1.331; ut..omnia eius consilia ~osceret CAES.*Gal*.5.7.3; sed si tantus amor casus ~oscere nostros VERG.*A*.2.10; priusquam Volscos ~itus error reduceret LIV.4.39.9; OV.*Tr*.5.4.7; LUC.9.553;—(*w. abl.*) tuas litteras; quibus id, quod scire cupiebam, ~oscere non potui CIC.*Fam*.4.15.1; quod iam non dubiis poteris ~oscere signis VERG.*G*.4.253;—(*w.* ab, ex) ex Naucrate cognato id ~oscam meo PL.*Am*.860; non a reo causam ~oscere CIC.*Scaur*.7; qua..ex re hominum multitudo ~osci potuit CAES.*Gal*.5.42.4; ubi iter eius ex perfugis ~ouit SAL.*Cat*.57.3;—(*w.* unde, hinc) ipse, unde ~orit (*sc.* rem) CIC.*de Orat*.1.67; id licet hinc etiam ~oscere LUCR.6.167;—(*ellipt. or absol.*) haec dum incipias, grauia sunt, dumque ignores; ubi ~ori', facilia TER.*Hau*.1059; curabo, ubi ~orint, omnes una adsentiant POMPON.*com*.167;LUC.6.812. **b** ne uxor ~oscat te habere (*sc.* pallam) PL.*Men*.429; iam pridem ~oui..rem publicam curare industrie summum periculum esse CATO *orat*.23; illud..quod te uelim habere ~itum, meum..animum in acie esse CIC.*ad Brut*.2.1.3; quo ex portu commodissimum in Britanniam traiectum esse ~ouerat CAES.*Gal*.5.2.3;—(*impers. pass.*) ~itum compertumque sibi alieno esse animo in Caesarem milites *Civ*.1.6.2; ~ito uiuere Ptolemaeum LIV.33.41.5; APUL.*Met*.7.4; (*cf.*) ~itus Iphicli surripuisse boues PROP.2.3.52;—(*w.* ex) Syriam..prouinciam tibi tributam esse..ex tuis litteris ~oui CIC.*Fam*.12.19.1; ex agrestibus ~ito hostium naues ad Aethaliam stare LIV.37.13.5;—(*ellipt.*) quos fama nobilis potentisque bello ~ouerunt CAES.*Gal*.7.77.15. **c** ubi ~ouit, quo modo fundus cultus siet CATO *Agr*.2.1; tandem ~osti qui siem? TER.*An*.586; qualis esset natura montis..qui ~oscerent misit CAES.*Gal*.1.21.1; (*cf.*) postquam..sententiam..eius qualis futura esset parta uictoria ~orim CAEL.*Att*.10.9a.1;—(*w. abl.*) deos esse natura opinamur, qualesque sint, ratione ~oscimus CIC.*Tusc*.1.36;—(*w.* ab, ex) a me quae feram ~oscite VAR.*Men*.218; cum Tirone quid sit locutus ~oscam ex ipso CIC.*Att*.16.16.1; qui sim, ex eo..~osces SAL.*Cat*.44.5. **d** de ipsis Syracusanis ~oscite CIC.*Ver*.4.136; de consulum ficto timore ~ouerant *Att*.15.17.1; prius..quam Pomponius de eius aduentu ~osceret CAES.*Civ*.3.101.1;—(*w.* ex) cuius de itinere etiam ex te uelim..~oscere CIC.*Att*.15.23; de casu Sabini et Cottae certius ex captiuis ~oscit CAES.*Gal*.5.52.4. **e** mea in istum beneficia ~oscitis; nunc..accipite *Rhet.Her*.4.35.

2 (w. pred.) To find to be.
hominem grauem et prudentem..~oui CIC.*Att*.2.22.7; ~oui Hortensium percupidum tui *Fam*.1.7.2; quod eum infestum inimicum Cn. Pompeio ~ouerat SAL.*Cat*.19.1; quales (*sc.* eos)..experiundo ~orit LIV.27.17.14; postquam..callidos audaci[s]que ~ouit TAC.*Hist*.1.25.

3 To acquire a knowledge of, study, master, learn (a subject, etc.).
non publicum ius, non priuatum et ciuile ~ouerat CIC.*Brut*.214; temporis..uix satis habui ut rem tantam..possem ~oscere *uinct*.3; ut ille..minime naturam rerum ~osse uideatur *Div*.1.131; ut rem publicam..quantumque..posset ~itum habuerim SAL.*Rep*.2.1.3; ni refugis tenuisque piget ~oscere curas VERG.*G*.1.177; sed haec..quae non auditu ~oscenda, sed oculis spectanda haberemus TAC.*Dial*.8.2; initurus magistratum iura ~ouit PLIN.*Ep*.5.9(21).6; (*tech.*) '~oscere instrumenta' est relegere et recognoscere ULP.*dig*.50.16.56;—(*pple. w. gen.*) eum commodum et ~ntem sui fore in potestate (*cf.* γνῶθι σεαυτόν) *Rhet.Her*.4.25.

4 To investigate judicially, hear or try (a case). **b** (w. preps.). **c** (w. obj. cl.).
causa ~ita possunt multi absolui, incognita quidem condemnari nemo potest CIC.*Ver*.1.25; a recuperatoribus causa ~oscitur *Flac*.47; prius quam ego re ~ita permisissem *Fam*.3.7.2; ~ita Caesar causa repperit..auxilia missa esse CAES.*Gal*.6.9.8; LIV.26.48.9; 45.20.10; coniux Iunonis..~oscit crimina regum SIL.13.602; TAC.*Ann*.2.65; GAIUS *Inst*.1.93; (*w. ellipsis of* actionem) iudicis, qui tutelae ~oscit ULP.*dig*.27.2.2;—(*absol.*) ut eam causam..isto ~oscente obtineret CIC.*Ver*.2.20; CAES.*Civ*.1.87.3; si iudicas, ~osce, si regnas, iube SEN.*Med*.194; QUINT.*Inst*.6.4.5; eos iudices, qui..non iure et legibus ~oscunt TAC.*Dial*.19.5; iudex, qui ex hac actione ~oscit ULP.*dig*.13.4.4.1. **b** (*w.* aduersus) aduersus ipsos omnes ~oscere praeses debet ULP.*dig*.50.13.1.9;—(*w.* de) ut de Caesaris actis ~oscerent CIC.*Att*.16.16b.8; de stipendiis missorum ~oscebant LIV.43.15.8; V.MAX.3.7.6; eius iudicii, de quo ~oscitur QUINT.*Inst*.5.8.6; ~oscebat..de talibus causis SUET.*Cal*.38.3; (*fig.*) cum..animus..speculator sui censorque secretus ~ouit de moribus suis SEN.*Dial*.5.36.2;—(*w.* inter) ergo inter homicidium et parricidium ~oscetis QUINT.*Decl*.321(p.259,l.19); solent 'iudices' ~oscere et inter patronos et libertos ULP.*dig*.25.3.5.18;—(*w.* super+*abl.*) praetor debet super ea re summatim ~oscere 46.5.1.9; PAPIN.*dig*.22.3.26. **c** utique..consules..~oscerent qui ager eis coloniis esset CIC.*Phil*.5.53; uos..de hoc ~oscetis, an sacrilegium sit admissum QUINT.*Inst*.4.2.8.

5 To become acquainted with, get to know (persons; also places). **b** to get to know carnally.
si cognoris uel me uel amorem meum TER.*An*.652; postquam et ipse se et illam et hanc..~ouit *Hec*.162; acer et non talis qualem tu eum..iam deflorescentem ~ouisti CIC.*Brut*.317; cuius ante praedia possedisti quam ipsum ~osti *S.Rosc*.145; ~oui Cratippum *Tim*.2; talem eum futurum, qualem ~itum iudicarunt NEP.*Milt*.1.1; Gallos nouam gentem pace potius ~osci quam armis LIV.5.35.6; quoque loco primum tibi sum male ~itus infans OV.*Tr*.3.13.7; erit ille notus, quem per te ~oueris PHAED.3.10.58; nuper ~itis quibusdam gentibus ac regibus, quos bellum aperuit TAC.*Ger*.1.1;—(*w.* ex) si ex scriptis ~osci ipsi suis potuissent CIC.*de Orat*.2.8;—quod eas..nationes adire et regiones ~oscere uolebat CAES.*Gal*.3.7.1; an mihi sit tanti doctas ~oscere Athenas? PROP.1.6.13; OV.*Met*.14.112; calida medius mihi ~itus axis Aegypto LUC.2.586. **b** non ego sum furto tibi ~ita OV.*Ep*.6.43; turpiter illa uirum ~ouit adultera uirgo 6.133; mulierem, quae stupro ~ita in contubernio militis fuit PAPIN.*dig*.34.9.14;—(*of animals*) nam nisi prius ea (*sc. a mare*) marem ~ouit COL.6.37.9.

6 To have experience of, get to know by experience.
quorum habetis ~itam uoluntatem CIC.*Phil*.13.13; eandem clementiam experta esset Africa quam ~ouit Asia *Fam*.15.15.2; nondum legiones hostium ~ouerat *B.Afr*.72.2; longas solus ~oscere noctes cogor PROP.1.12.13; heu nimium misero ~ita tela mihi! OV.*Tr*.2.180; ne poenae genus hoc ~ouerit unus *Ib*.277; me domitus ~ouit Arabs LUC.2.590; non minus mirum ostentum et nostra ~ouit aetas PLIN.*Nat*.2.199; omnis eiusdem aetatis patronos in plurimis..causis..~oscebant TAC.*Dial*.34.4; mihi Galba Otho Vitellius nec beneficio nec iniuria ~iti *Hist*.1.1.

7 To become aware of, discern, detect, see. **b** to have evidence of, come across, meet, find.
aetas ~oscitur..equorum..quod equus triginta mensibus primum dentes medios dicitur amittere VAR.*R*.2.7.2; ut..Africani..humanitatem et aequitatem ~oscatis CIC.*Ver*.2.86; ~oui eiusdem generis *Att*.11.9.2; dies noctesque oculis ~itae..numerum machinatae sunt *Tim*.52; unde hic ~itus est ipsi quem nominat ignem LUCR.1.695; cum caecigeni..~oscant corpora tactu 2.742; cum uereretur ne ~oscerentur insidiae *B.Alex*.37.2; multi..qui eius formam ~oscere studebant, qualis esset NEP.*Eum*.11.2; rerumque uetant ~oscere finem mortales oculos PEDO *poet*.20. **b** ut non facile in ullo diligentiorem maioremque (accurationem) ~ouerim CIC.*Brut*.238; memoria tanta quantam in nullo ~ouisse me arbitror 301; quod in homine summam fidem probitatemque ~osset *Vat*.38; carmina quae uultis ~oscite VERG.*Ecl*.6.25.

8 To recognize (a person or thing one already knows). **b** to acknowledge, recognize.
ut pater ~oscat litteras quando legat PL.*Bac*.730; uostra nutrix primum me ~ouit *Poen*.1265; TER.*Eu*.893; eumque inter mortuos..~ouere CATO *hist*.83; ne cui ~oscar noto ACC.*trag*.284; ne..~oscat artem qui audiat CIC.*de Orat*.2.177; ego non ~osco uocem..tuam? 2.276; se..eum in Appia..~osse *Att*.9.11.1; hos..tu et..nosti et facile ~osces, sine quo amicitia esse non potest Q.CIC.*Pet*.31; incipe, parue puer, risu ~oscere matrem VERG.*Ecl*.4.60; ~osce Iouem PROP.3.15.39; pecus exceptum est quod intra dies triginta domini ~ouissent LIV.24.16.5; ~iti inter se quidam 24.47.4; Palladias ineo non ~oscendus Athenas OV.*Met*.7.723; mores..quos Volesus patrii ~oscat nominis auctor *Pont*.3.2.105; sanari hoc uitium, cum ~itum est LARG.18; (*w. pred.*) manibus tractata figura in tenebris quaedam ~oscitur esse eadem quae cernitur in luce LUCR.4.231. **b** primo ostendimus Cethego: signum ~ouit CIC.*Catil*.3.10; perlectis litteris, quom prius omnes signa sua ~ouissent SAL.*Cat*.47.3.

cōgō ~ere coēgī coactum, *tr.* [CON-+AGO]

1 To drive together, round up (cattle, etc.). **b** to drive (persons) together.
Tityre, ~e pecus VERG.*Ecl*.3.20; ~itque trementes sub iuga aena toros V.FL.7.595; POMPON.*dig*.9.2.39;—(*w. place specified*) ~antur quidem intro PL.*Bac*.1133; cum pecore diceretur multa et id esset coactum in publicum VAR.*L*.5.95; cum densas pastor pecudes ~ebat in umbras *Culex* 108; pecudes a sole in opaca ~ito PLIN.*Nat*.18.330; (*poet., of winter*) rauca..decedunt agmina Nilo, quo fera ~it hiems STAT.*Theb*.5.13. **b** summoti et intra moenia rursum coacti SIS.*hist*.88; omnem ex agris multitudinem..in oppidum ~it CAES.*Civ*.3.80.3; omnes eodem ~imur HOR.*Carm*.2.3.25; hostem adortus coegit in nauis TAC.*Hist*.3.48.

2 To bring (already existing forces) together, assemble, muster, concentrate. **b** *~ere* AGMEN, to keep (the rear of) a column compact, to bring up or form the rear (also transf. and fig.).
coactis omnibus copiis CAES.*Gal*.5.22.1; proximis quattuor coactis legionibus 6.3.1; (*ships*) coactis nauibus *Civ*.1.29.1;—(*w. place specified*) coactoque in unum locum exercitu CIC.*Fam*.15.4.2; nauis in Venetiam..quam plurimas possunt ~unt CAES.*Gal*.3.9.8; sociosque ad litora ~ant VERG.*A*.4.289; remiges ex hibernis..Magnesiam occulte ~it LIV.37.10.12;—(*of impersonal causes*) quos omnis eadem cupere, eadem odisse, eadem metuere in unum coegit SAL.*Jug*.31.14.

3 To collect (men, ships) in order to make an army, fleet, etc.; to recruit, raise (an army, fleet, or other force). **b** to collect (into a flock or herd).
ut sibi latrones ~erem et conscriberem PL.*Mil*.76; nauem..esse publice coactis operis aedificatam CIC.*Ver*.2.13; iudicio de ui coactis armatisque hominibus *Tul*.9; (*w.* sub arma) totamque sub arma coactam Hesperiam VERG.*A*.7.43;—homines seruos..arma capere et manum ~ere CIC.*Tul*.43; magna multitudine peditatus equitatusque coacta CAES.*Gal*.4.34.6; interim Iugurtha..~ere exercitum SAL.*Jug*.66.1; LIV.36.38.1; (*a fleet*) ingens coacta uis nauium est 21.26.8;—(*w. source specified*) magnam ex Asia Cycladibusque insulis..classem coegerat CAES.*Civ*.3.3.1; cum magno equitatu..quos uti ex Latio et a sociis ~eret, Romae relictus erat SAL.*Jug*.95.1; undique ~unt auxilia VERG.*A*.8.7; primo gentes oriente coactae innumeraeque urbes LUC.7.360. **b** coegit mille caprarum VAR.*R*.2.3.10.

4 To bring together, summon, convene (an assembly, meeting of the senate, etc.). **b** to call together (for a meeting, consultation, etc.).
rauco contionem sonitu et curuis ~ant cornibus LUCIL.605; senatum frequentem celeriter..coegi CIC.*Catil*.3.7; *Fam*.12.28.2; concilio coacto CAES.*Gal*.7.77.1; VERG.*A*.11.235; inde ad ~endum senatum in curiam rediit LIV.1.48.3; V.MAX.3.8.5; ut centumuiralem hastam..decemuiri ~erent SUET.*Aug*.36; an iudicia maiestatis ~i iuberet *Tib*.58;—(*transf.*) non fieri partum nisi concilio ante coacto LUCR.2.935. **b** ~endi iudices inuiti CIC.*Mur*.42; ~imur in senatum *Phil*.2.79; medicos coegi SULP.RUF.*Fam*.4.12.2; (*a single senator*) quis..umquam tanto damno senatorem coegit? CIC.*Phil*.1.12;—(*w. dat.*) concilio pater ipse duces ~ebat Adrastus STAT.*Theb*.3.346.

5 a To gather, collect (crops, produce). **b** to collect, raise (money, taxes, etc.).
a olea ubi matura erit, quam primum ~i oportet CATO *Agr*.64.1; cera Tarentina quam apes Milesiae coegerint VAR.*Men*.432; pancarpineo cibo coacto 567; bis grauidos ~unt fetus VERG.*G*.4.231; instrumenta..quibus fruges ~untur COL.2.19.1; ne uindemiam quidem ~i..feriis licet 2.21.4; ULP.*dig*.8.3.3.1; (*w.* in+*acc.*) aurum..sperne fortior quam ~ere humanos in usus HOR.*Carm*.3.3.51. **b** quasi talenta ad quindecim coegi TER.*Hau*.146; hoc qui ~am re ipsa repperi *Ph*.889; ~ENDEI DISSOLVENDEI TV VT FACILIA FAXSEIS *CIL* 1.632.5; frumenti tantus numerus imperio tuo datur et ~itur CIC.*Ver*.3.73; decumas imperatarum pecuniarum sibi coegisse *Rab.Post*.30; si quid

~i, confici potest..ex argento atque satis multa ex supellectile *Att.*11.25.3; magno pondere auri..coacto de publicis exactionibus POL.*Fam.*10.32.1; CAES.*Civ.*3.32.2; SAL.*Hist.* 2.80; ubi plura ~ere quam satis est..uidebor HOR.*Ep.* 1.10.46; quae pecunia capta ablata coacta ab rege Antiocho est LIV.38.54.3; si, quod ex mercedibus suis coegit, heredi dederit (seruus) ULP.*dig.*40.7.3.8; eius bona..non ante ad fiscum ~untur, quam..PAUL.*dig.*49.14.45.2.

6 To bring together, collect, concentrate (physical or non-physical objects). **b** to bring together (the horns of the moon when it becomes full). **c** (app.) to bring together (into line).

dum haec, quae dispersa sunt, ~untur CIC.*de Orat.*1.191; LUCR.1.761; reliqua hic liber ~it SEN.*Ben.*7.1.1; stetit omne coactum circa pila nefas LUC.7.518;—(*liquids*) tumorem eum premere, ut, si quid delapsum non est, manu ~atur CELS.7.14.6; quidquid Agenoreo Tyros inproba ~it aheno MART.10.17(16).7; quae..aqua plerumque hieme ~itur ULP.*dig.*43.14.1.4;—(*w. receptacle as subj.*) inproba Massiliae quidquid fumaria ~unt MART.10.36.1;—(*w.* in+*acc.*) litterae in syllabas ~untur VAR.*gram.*237; quibus (rebus) omnibus unum in locum coactis CIC.*Inv.*2.32; dissupatas animi partis rursum in suum locum ~ere *Tusc.* 4.78; ut scelera sua..in unum ictum et unum diem ~eret SEN.*Dial.*5.19.2; crinis..coactus in nodum 5.26.3; ~untur in unum sapores *Ep.*95.27; totis animae se ~it in ictum reliquiis STAT.*Theb.*8.725; SUET.*Nero* 23.1; uerisimilius esse in eundem semissem duos coactos..esse PAUL.*dig.*50.16.142; —(*w.* in+*abl.*) caelum hoc, in quo nubes imbres uentique ~untur CIC.*Tusc.*1.43;—(*w.* intra) lacrimae coacti doloris intra praecordia SEN.*Con.*exc.8.6;—(*w. adv.*) locus..quo copia tanta animai ~itur LUCR.3.537. **b** coactis cornibus in plenum menstrua luna redit PROP.3.5.27; OV.*Met.*10.295; cornuque coacto iam Phoebe toto fratrem cum redderet orbe LUC.1.537. **c** ad omnes angulos signa ponere, quae normaliter ex rigore ~antur FRON.*agrim.*p.17.

7 To bind, compress, etc., into a mass.

omne quod (aluus) accepit ~it et confundit CIC.*N.D.* 2.136; omnia..quorum diuersae partes iunctura in unum coactae sunt SEN.*Ep.*102.6; (*pple. as sb.*) ex cibo..recte coacta CELS.4.25.1;—(*medicaments*) arida medicamenta..umore..~untur 5.17.2.c; cinis..ex aqua coactus 7.1.2; tragacanthum ex alumine trito ~itur in pastillos LARG.149.

8 To compress; (w. *in*+acc.) to form into by compression; also, to bring (to a new condition) by pressure. **b** to make narrower (areas or solid figures). **c** to condense, abridge. **d** to shorten or restrict in time; to restrict in degree. **e** to form by contraction, compression or condensation.

ipsa copia nimborum turba maiore coacta urget LUCR.6.511; uela ~entem (*i.e. furling*) hunc sua tento rudente SEN.*Ag.* 533;—aer..concretus in nubes ~itur CIC.*N.D.*2.101; VERG. *A.*5.20; SEN.*Dial.*5.6.1; (*cf.*) toti digiti ~untur in singulas ungulas APUL.*Met.*3.24;—animum qui numquam minus contrahendus est et in minuta ac spinosa ~endus SEN.*Ep.* 82.22; exceptum id (*sc.* lacte) coactumque in duritiam PLIN. *Nat.*23.126; gemmae..et in artum coacta rerum naturae maiestas 37.1; carmina in uarias mensuras coegerunt QUINT.*Inst.*9.4.53; (*a book*) in breue te ~i (*i.e. rolled up*) HOR.*Ep.*1.20.8. **b** an..in cuneos alti ~at fundamina caeli MAN.1.728;—(*refl.*) latus angustum iam se ~entis in artum Hesperiae LUC.2.613;—(*pass.*) conum quod ~itur in cacumen uersus VAR.*L.*5.115; omnis Italia coacta in angustias SAL.*Hist.*4.23; saltum, qui..in artas coactus fauces imminet mari LIV.22.15.11; (*cf.*) nec tenui currus terraeque abrupta coegi STAT.*Theb.*9.656. **c** erant..de singulis rebus in breue coactae causae LIV.39.47.5; fabulam in pauca ~amus APUL.*Soc.*pr.4; (*cf.*) finitio summi boni..potest..colligi et in se ~i SEN.*Dial.*7.4.1. **d** qui quinquennalem..potestatem ..intra sex mensum et anni coegisset spatium LIV.9.33.6; SEN.*Ep.*74.27; (*w. pers. obj.*) me..ex comparato et constituto spatio defensionis in semihorae articulum coegisti CIC.*Rab.Perd.*6;—(iram) ad salutarem modum ~ere SEN. *Dial.*3.7.1. **e** ex ne et quicquam .media extrita syllaba coactum est nequam VAR.*L.*10.81; cum bene uir traxit uultum rugasque coegit OV.*Am.*2.2.33; tellus glomerata ~itur unda *Met.*15.251; densissima ruga ~itur in frontem JUV.13.216; APUL.*Met.*3.21.

9 a To make (liquids) thick or viscid; to curdle (milk); also, to solidify, congeal. **b** to full or shrink (cloth), to felt (wool).

a liquido..coacto *Mor.*46; nam frigore mella ~it hiems VERG.*G.*4.36; quidam decocunt eam..donec ~atur PLIN. *Nat.*25.39;—id (*sc.* lac) plerumque ~i agni aut haedi coagulo COL.7.8.1; PLIN.*Nat.*28.133; Velabrensi massa coacta foco MART.11.52.10; (*poet.*) calathos nutanti lacte coactos CALP.*Ecl.*2.77;—in eo umore quem coegit congelauitque (fulmen) SEN.*Nat.*2.53.1; grandinem conglaciato imbre gigni et niuem eodem umore mollius coacto PLIN. *Nat.*2.152; istaec, quae calidiora sunt, difficilius gelu ~untur GEL.17.8.13. **b** ut uestimentum apud fullonem cum ~itur VAR.*L.*6.43; lanae..per se coactae uestem faciunt PLIN.*Nat.*8.192; in uellera hanc (*sc.* lanuginem) ab iis (*sc.* papilionibus) ~i 11.77; (*cf.*) (linum) in mollitiem lanae coactum iniuria 19.5.

10 To reduce (to a particular condition or status); (esp.) to reduce to difficult circumstances; *in ordinem ~ere*, to bring back into line, bring to order.

finitumos armis aut metu sub imperium suom coegere SAL.*Jug.*18.12; sub ius iudiciumque suum totam coegit gentem LIV.41.22.4;—ita sum coactus..ut nesciam PL. *Mil.*514; locupletiorum domus quam fuerint angustiis paupertinis coactae VAR.in Non.p.55M; adeoque inopia est coactus Hannibal ut..LIV.22.32.3; et illi quidem multo miserabilius quam ante quo magis ~ebat fortuna egerunt 30.36.9;—decemuiri querentes se in ordinem ~i 3.51.13; 25.3.19; PLIN.*Ep.*1.23.1.

11 To drive, compel to go. **b** to drive (things), force onward.

quem pol ego ut non in cruciatum atque in compedis ~am PL.*Per.*786; V.FL.1.65; 2.505; fumantes uerbere ~i assiduo uiolenter equos SIL.16.383. **b** uis uentorum..in Rhodiorum portum nauem coegit CIC.*Inv.*2.98; est specus ingens..quo plurima uento ~itur..unda VERG.*G.*4.420; aera..pressionibus coactum in fistulas ~unt VITR.10.8.5; MAN.3.638; per squalida turbidus arua ~it aquas Ufens SIL. 8.382; FRON.*Aq.*18.

12 (with or without acc. of personal object) To compel, force, constrain (to an action, etc.) **a** (of personal agencies). **b** (of impersonal causes, incl. exx. of passive where the agent is not clearly stated or implied).

a (*absol. or ellipt.*) GLICIA..COACT ABDIC *Fast.Cos.Cap.*18a (*CIL* 1.p.24); dicas uxorem tibi necessum ducere; cognatos persuadere, amicos ~ere PL.*Mil.*1119; cur fecit? coactus est CIC.*Ver.*3.89; exercitum supplicio ~ere, id est dominum, non imperatorem esse SAL.*Jug.*85.35; nec recito cuiquam nisi amicis, idque coactus HOR.*S.*1.4.73; coacti..a primoribus LIV.4.6.10; sponte an coactus tam magna peccauisset TAC.*Ann.*11.36; (*pple. as sb.*) ambiguus paulum propiorque coacto STAT.*Ach.*2.95;—(*w. inf.*) PL.*Epid.*586; ut te ~am quae ego imperem facere TER.*Hec.*243; hoc tantum lucri ~untur dare publice CIC.*Ver.*3.75; *Att.*3.3.1; (eos) obsides sibi dare coegit CAES.*Gal.*6.3.2; ~e gradum conferre iuuencos VERG.*G.*3.169; LIV.5.9.6; coegit frenos inuitum pati PHAED.4.4.9; (*w. pass. inf.*) educi turres..~ebat SIL.13.106; PLIN.*Nat.*18.330;—(*w.* ut) ~ebant hostes lacrimantes ut misererent ENN.*Ann.*171; si puerum ut tollam ~it TER. *Hec.*571; summo dolore homines ~i, ut quicquid sciant dicant *Rhet.Her.*2.10; coegisti, ut concederem CIC.*Tusc.*1.15; LUCR.5.1050; CAES.*Gal.*1.6.3; HOR.*Ep.*1.9.2;—(*w. subj.*) illum..coegi peteret litus SEN.*Ep.*53.3;—(*w.* ad) iterum se ad proelia ~i VERG.*A.*12.581; detractantes ~ere ad defectionem iubet LIV.23.1.4; ceteros siti ad deditionem coegit TAC.*Ann.*6.44;—(*w. acc. of thing one is compelled to do, etc.*) cum expresso, coacto sollicitatoque periurio CIC. *Scaur.*20; eaque omnia..multa pignoribus ~ito exerceto *Leg.pub.*(*Font.iur.*p.114)22; quod rogant, ~ere possunt LIV. 32.21.32; qui mundum ~ere quid quid ~itur ipse potest LUC.6.498; QUINT.*Inst.*11.1.22; cur..stoicus homo ~i aliquid potest? GEL.12.5.4. **b** (*absol. or ellipt.*) nisi necessitate ~ar PL.*Epid.*731; hortante libidine, ~ente mercede CIC.*Phil.*2.45; CAES.*Gal.*7.78.2; nulla ~ente re LIV.7.25. 13; PLIN.*Nat.*16.17;—(*w. inf.*) huic leges ~unt nubere hanc TER.*Ad.*652; uis nos facere omnia ~it LUCIL.1340; quem id facere dolor et suspicio sua coegit CIC.*Scaur.*31; ut.. breuitate temporis tam pauca ~erer scribere *Att.*1.10.1; CAES.*Gal.*6.7.7; VERG.*A.*1.563; VITR.10.pr.3; (colice) uulnus ~it coire LARG.121; (*w. pass. inf.*) Gallicus tumultus dictatorem creari coegit LIV.7.11.4;—(*w.* ut) res ipsa..~ere uidetur, ut te..obsecret CIC.*Quinct.*91; *Rab.Perd.*2;—(*w.* ad) ad doctas proficisci ~or Athenas PROP.3.21.1;—(*w.* in+ *acc.*) ut ~i in lacrimas me quoque posse putem OV.*Ib.*204; —(*w. acc. of the thing one is compelled to do*) haec eri inmodestia coegit me PL.*Am.*164; quas nox coegerat sedes habebant SAL.*Jug.*18.2; nihil ~itur PLIN.*Pan.*6.1.

13 To apply forceful methods to; also, to produce by forcing.

aliae nullis hominum ~entibus ipsae sponte sua ueniunt VERG.*G.*2.10; iamque secuta manum nullo ~ente sagitta excidit *A.*12.423; cibis nullo ~ente creatis OV.*Met.*1.103; aluus nisi coacta non reddit CELS.2.8.38; pinus coacto uertice attingens humum SEN.*Phaed.*1223; (*w.* in+*acc.*) siquidem loci ubertate in fructum ~itur COL.3.10.4;—haec ..quae legitis..scribimus inuita uixque coacta manu OV. *Pont.*1.5.10; precationibus..~i fulmina PLIN.*Nat.*2.140; lacrimisque pressura palpebrarum coactis APUL.*Met.*5.17.

14 To compel belief (in), prove conclusively.

ex quibus id, quod uolumus, efficitur et ~itur CIC.*Leg.* 2.33; rationes, quae non persuadent sed ~unt SEN.*Nat.*1.4.1; —(*w. acc. and inf.*) hoc ~ere uolebat falsas litteras esse CIC. *ad Brut.*2.5(7).4; ratio ipsa ~et..quaedam esse uera *Fat.*38.

cōgulō ~āre: see COAGVLO.

cohaerens ~ntis, *a.* [pple. of COHAEREO] In senses of vb., also:

1 Touching, adjacent.

uicos locant non in nostrum morem conexis et ~ntibus aedificiis TAC.*Ger.*16.2; HORTOS COHERENTES SIVE SVBVRBANVM *CIL* 2.4332.4; AEDIFICIVM CVM SVPERIORIBVS ET ~NTI CVBICVLO 10.2338;—(*neut. pl. as sb.*) HEREDITATIVM ET ~NTIVM 8.1439.

2 (of literary composition) Holding together, coherent.

haec conlocatio..uerborum..quae uinctam orationem efficit, quae ~ntem CIC.*de Orat.*3.172;—(*neut. pl. as sb.*) non modo non ~ntia inter se diceres, sed maxime diiuncta *Phil.* 2.18.

cohaerenter *adv. compar.* ~tius. [prec.+ -TER²]

1 Connectedly, systematically.

prope ducentos per annos dimicatum est..non continuo nec ~ter FLOR.*Epit.*1.33(2.17.5).

2 Consistently, compatibly.

aptius et ~tius..'furem' a 'furuo'..appellari GEL.1.18.6.

cohaerentia ~ae, *f.* [as prec.+-IA]

1 A sticking or combining together.

eorum (*sc. the four elements*)..inter se ~am VITR.8.pr.1; cetera (mala) e causis traxere nomen: germanitatis ~a gemella PLIN.*Nat.*15.51; (*transf.*) ~a uocis GEL.15.3.6.

2 Organic structure.

ad mundi ~am pertinent CIC.*N.D.*2.155.

3 The fact of being contiguous (in time), contiguity.

por diuersorum inter se finium mortis et uitae ~am GEL. 7(6).13.11.

cohaereō ~rēre ~sī ~sum, *intr.* [CON-+HAEREO] FORMS: ~*sus* (pf. pple., app. in active sense) GEL.15.16.4.

1 To stick together, adhere (to each other, together, or to another object). **b** (of living or organic structures) to grow together. **c** (of persons) to cling together, embrace.

omnia autem duo ad ~rendum tertium aliquid anquirunt CIC.*Tim.*13; libris situ ~rentibus SEN.*Ep.*72.1; 95.27; fert fructum ouorum ~rentium modo PLIN.*Nat.*21.113; (*pf. pple.*) quercus..stricta denuo et ~sa dilacerandum hominem feris praebuit GEL.15.16.4;—(*w. dat.*) dextera fixa est cuspide..lignoque ~sit OV.*Met.*5.125; ratis..ictu uicta suo percussae capta ~sit LUC.3.564; PLIN.*Nat.*17.86; ut ossa tantum..funestae ~rerent arbori APUL.*Met.*8.22; de re solo ~renti ULP.*dig.*43.16.1.4;—(*absol.*) debilitatam ea ipsa, quae icta ~serat, nauis cepit LIV.37.30.10; (uitulos) inituu canum modo ~ret PLIN.*Nat.*9.41. **b** (*w. pl. subj.*) si digiti..propter communem exulcerationem..~serunt CELS. 7.32; sunt..populi..alii labris etiam ~rentibus MELA 3. 91; (*w.* inter se) latius f⟨r⟩acta ossa, si qua inter se non ~rebant, eodem callo glutinantur CELS.8.4.12;—(*w. dat.*) nec equo mea membra ~rent OV.*Am.*1.4.9; radici numerosae ~ret (saliunca) PLIN.*Nat.*21.43; fructus, quamdiu solo ~reant, fundi esse AFRIC.*dig.*47.2.62(61).8;—(*absol.*) ranis prima (lingua) ~ret, intima absoluta a gutture PLIN.*Nat.* 11.173. **c** nec crure ~re OV.*Am.*1.4.43; dum..sic ~rent PETR.67.12; alii extremo complexu suorum ~rentes QUINT. *Inst.*8.3.68; in amplexu Venerio scilicet nobis ~rentibus APUL.*Met.*10.34; (*w.* cum) difficile erat illi..rixam eius cum quo ~rebat effugere SEN.*Dial.*5.8.6.

2 To touch, be in contact with, be adjacent or contiguous, adjoin. **b** (of letters in a word). **c** (of temporal contiguity).

(*w. dat.*) (Leucadia) artis faucibus ~rens Acarnaniae LIV.33.17.6; ubi ~ret faucibus angustis 37.31.9; insulam.. quam continenti quondam ~sisse constat SEN.*Dial.*6.17.2; qui ~rent Mesopotamiae, Rhoali uocantur PLIN.*Nat.*5.87; neque ipsa (tubera) terrae ~rent 19.33;—(*ellipt.*) ~ret hypocauston PLIN.*Ep.*5.6.25. **b** ut inter se quam aptissime ~reant extrema cum primis CIC.*Orat.*149; MAUR.1078. **c** tempora..duo..ita ~rentia, ut alterius finis cum alterius initio misceatur GEL.6(7).21.3

3 (of complex structures) To hold or stick together, cohere; (also of abst. systems). **b** (of writings, etc.) to be coherent, hold together.

alia, quibus ~rent homines CIC.*Leg.*1.24; ut glaebam.. aut aliquid eius modi nulla ~rendi natura *N.D.*2.82; ipse (mundus)..ita apte ~ret, ut dissolui nullo modo queat *Tim.* 15; quae minimis stipata ~ent partibus arte LUCR.1.610; 2.67; uix ~rentem mediam aciem LIV.5.38.2;—nec enim uirtutes sine beata uita ~rere possunt nec illa sine uirtutibus CIC.*Tusc.*5.80; aegre ~rentis inter Cn. Pompeium et C. Caesarem concordiae pignus VELL.2.47.2; SEN.*Dial.* 11.15.1; QUINT.*Inst.*11.1.85. **b** fit ut dissoluta et ex diuersis congesta oratio ~ere non possit QUINT.*Inst.*2.11.7; non fluunt (sermo atque epistula) nec ~rent 9.420; male ~rentem cogitationem 10.6.6;—(*w. dat.*) oratio..tumultuetur necesse est et sine rectore fluitet nec ~eat sibi 7.pr.3.

4 To be consistent (in sense).

paullulum opsoni: ipsu' tristis; de inprouiso nuptiae: non ~rent TER.*An.*361; sermo hercule familiaris et cotidianus non ~rebit CIC.*Caec.*52; (*w.* inter se) illud dico, ea, quae dicat, praeclare inter se ~rere *Fin.*5.79; (*w.* cum) si hoc quod sequitur non uideatur necessario cum eo quod antecessit ~rere *Inv.*1.86.

5 To be connected, bound up (together or with). **b** *~rere personae* and sim. (of conditions, rights, etc.) to attach to the person.

sapienter..sentiendi et ornate dicendi scientiam re ~rentis..separauit CIC.*de Orat.*3.60; qui..haec natura ~rentia (*sc.* utilitas *and* honestas) opinione distraxissent *Off.*3. 11; immutabilis causarum inter se ~rentium series SEN. *Dial.*12.8.3; *Ep.*89.8;—(*w. dat.*) non ultra attingere externa, nisi qua Romanis ~rerent rebus LIV.39.48.6; quod (*sc.* exordium) causae non ~ret, separatum (appellatur) QUINT.*Inst.*4.1.71; species..actionis esse furto ~rentes GAIUS *Inst.*3.183;—(*w.* cum) ut proprie ~reat cum narratione *Rhet.Her.*1.11; CIC.*Top.*53. **b** POMPON.*dig.*34.3.8. 3; si ei legatum sit aliquid quod personae eius ~ret, puta ius militiae ULP.*dig.*4.4.3.7; PAUL.*dig.*44.1.7;—quia iussum domino ~reat 45.3.33.

6 To be joined (by ties of relationship, friendship, etc.).

non ulla deo meliore ~rent pectora STAT.*Silv.*2.2.154;— (*w. dat.*) quidquid erat, quo mihi ~reret SEN.*Ben.*7.19.8; etiam si nobis sanguine ~reant QUINT.*Inst.*8.3.75; qui mihi proximo nexu sanguinis ~rebant APUL.*Met.*11.18.

cohaerescō ~ere, *intr.* [prec.+-SCO]

1 To stick together, cohere; to stick, adhere.

atomorum, quae interiecto inani ~unt CIC.*N.D.*1.54; ut concursionibus inter se ~ant *Fin.*1.17; VITR.2.5.3; digitis tactu eius ~entibus PLIN.*Nat.*20.172; (*of rays*) respondent.. dextera dexteris, laeua laeuis conuersione luminum, cum ea inter se non ~unt CIC.*Tim.*49;—paleaeque in his lateribus) non ~unt VITR.2.3.1.

2 (of organic substances) To grow together, unite.

ut palpebrae cum albo oculi ~a⟨nt⟩ CELS.7.7.6.A; pituitae in gula ~enti PLIN.*Nat.*24.130; ut ~ere etiam carnes tradant 25.67.

coherceō ~ēre: see COERCEO.

cohērēs ~ēdis, *m., f.* [CON-+HERES] One who is heir along with another or others, joint heir.

a ~edibus nostris *Rhet.Her.*2.33; de ~edibus Fufidianis CIC.*Att.*11.13.3; Dolabellam..Liuiae testamento cum duobus ~edibus esse in triente 7.8.3; solum sine ~edibus sacris alligari *Leg.*2.51; nepos Q. Pedii..~edis Augusto dati PLIN.*Nat.*35.21; ~es es fratris QUINT.*Decl.*296(p.170,l.16);

de hereditate diuidenda inter ~edes GAIUS *Inst.*4.17ᵃ;—(*w. dat.*) solus multisne ~es HOR.*S.*2.5.54; ~edem me Caesari fecit PETR.76.2; (testamento) quo ~edem..uxori ..Domitianum scripsit TAC.*Ag.*43.4; te sibi a fratre ~edem relictam APUL.*Apol.*100.

cohibeō ~ēre ~uī ~itum, *tr.* [CON-+HABEO]

1 To hold together, secure.

nec ulla subscus ~et compagem aluei PAC.*trag.*250; murreum nodo ~ere crinem HOR.*Carm.*3.14.22; ferreis portas ~ere claustris SEN.*Thy.*569.

2 To have or hold within, contain, comprehend. **b** to cover (with garments, etc.), clothe. **c** to keep (information, etc.) secret, suppress.

(terra) cum..sparsum semen excepit, primum id occaecatum ~et CIC.*Sen.*51; omnis naturas ipsa ~et et continet (uniuersa natura) *N.D.*2.35; semina rerum corpore celare et uarias ~ere figuras LUCR.2.679; 6.107; marem ~ent callosa uitellum HOR.*S.*2.4.14;—(*w.* in se) inter causas ~entis in se efficientiam naturalem CIC.*Fat.*19; LUCR.2.1031. **b** annus erat unus ad ~endum bracchium toga constitutus CIC.*Cael.*11; auro ~ere lacertos OV.*Ep.*9.59; caput Tyria ~ere mitra SEN.*Oed.*413; luteo plantas ~ente socco *Phaed.*322. **c** litterae quas pridem adlatas et ~itas ab Augusta credidit uulgus TAC.*Ann.*5.3; mirum quam..taciturnitate omnia ~ita sint 15.54.

3 To keep (in a place), esp. against his, etc., inclinations, to confine, restrain; also, (refl.) to stay, remain. **b** (poet., of a prison, dwelling, etc.; also of bonds). **c** to keep (at a task).

tempestatibus in portibus ~ebatur *B.Afr.*98.2; nec Veientem satis ~ere intra munitiones LIV.5.8.8; ~entem carcere uentos OV.*Met.*14.224; ~ita intra Italiam (*sc.* uxore) TAC.*Ann.*3.33; ~ere parietibus deos *Ger.*9.3; (*cf. sense 6c*) ut eius furorem ne Alpium quidem muro ~ere possemus CIC.*Phil.*5.37;—~ete intra limen etiam uos parumper PL.*Mil.*596; ~et domi maestus se Albinus LUCIL.848. **b** at Scyllam caecis ~et spelunca latebris VERG.*A.*3.424; claustraque custodem pacis ~entia Ianum HOR.*Ep.*2.1.255; frigida me ~ent Euxini litora Ponti OV.*Tr.*4.4.55; —(*of a tomb*) te maris et terrae..mensorem ~ent..pulueris exigui..parua..munera HOR.*Carm.*1.28.2; (*cf.*) nec Stygia ~ebor unda 2.20.8;—amatorem trecentae Perithoum ~ent catenae 3.4.80. **c** quos opere in tali ~et uis magna necessis LUCR.6.815.

4 To restrain (from movement or other actions), hold back, check. **b** to check, stop (an action, etc.). **c** (w. acc. and inf.) to prevent.

deficientes ab Romanis cum ~uisset Siculos LIV.24.36.2; posse..qui a terra meauerit spiritum nube ~itum tonare PLIN.*Nat.*2.113; donec Otho..precibus et lacrimis aegre ~uit TAC.*Hist.*1.82; in adulationem lapsos ~ebat *Ann.*4.6; (*cf.*) nec ~endo efferentem se fortunam LIV.30.30.23; (*poet.*) deae fugaces lyncas et ceruos ~entis arcu HOR.*Carm.*4.6.34; —(*w.* ab) consedit ~etque omnis a praeda *B.Afr.*3.1;—(*w.* ut) quas..uerecundia stolae ut in foro..tacerent ~ere non ualuit V.MAX.8.3.intro.;—(*w.* ne) hae fundae Samaeos ~uerunt, ne tam crebro neue tam audacter erumperent LIV.38.29.8;—(*w.* quo minus) quo minus pugnam consererent ne flumine quidem interiecto ~ebantur TAC.*Ann.*2.10. **b** missa sum..quae cursum ~eam AFRAN.*com.*277; nisi..illius furentis impetus..~uisset CIC.*Phil.*3.5; ut ciuilia certamina terror externus ~eret LIV.6.31.4; Martem ~entia pacta SIL.1.116; ~ete gradum STAT.*Theb.*10.393; donec eam orationem Caesar ~uit TAC.*Ann.*13.43; (*cf.*) si neque tibias Euterpe ~et HOR.*Carm.*1.1.33. **c** puerum calamos et odorae uincula cerae iungere non ~es? CALP.*Ecl.*4.20; resistere et generationi (menta) creditur ~endo genitalia densari PLIN.*Nat.*20.147.

5 To check the growth of, restrict or reduce the size, etc., of; (also, w. abstr. obj.). **b** to check (a discharge, spread of disease, etc.).

ni ~eatur (uiueradix) castigatione tali PLIN.*Nat.*17.173; cinis eius in palpebris pilos inutiles euolsos ~et 32.70; folia in uino trita uirginum mammas ~ent 27.76; MAUR.2591; ceruix procera ~etur APUL.*Met.*11.13;—~ita artius et aedilium potestas TAC.*Ann.*13.28; ~itaque aedificiorum altitudine 15.43; sicut ipsae uirtutum amplitudines nullis finibus ~entur GEL.4.9.14. **b** spongia subinde in aceto tincta ~endus est CELS.8.4.9; adstringit (polium) et ~et uulnera PLIN.*Nat.*21.147; rheumatismos ~ent 27.114; quae ferro ~enda lues STAT.*Ach.*2.162; (*cf.*) saliua, quae ~et uirus LUC.9.926.

6 To hold in subjection, control, restrain, repress; (refl.) to exercise self-restraint. **b** (w. hands, organs of sense, speech, etc., as obj.). **c** to restrain, control or suppress (emotions, tendencies, etc.). **d** to withhold (assent).

adeo arte ~itum esse ⟨se⟩ a patre PL.*Mer.*64; cum aut poena ~endus esset aut beneficio conciliandus LIV.23.15.10; caprinum fimum inquietos infantes adalligatum panno ~et PLIN.*Nat.*28.259; non ~ente magistro spargitur in gyros (*sc.* equus) STAT.*Theb.*6.443; quae aliae (prouinciae) procuratoribus ~entur TAC.*Hist.*1.11; *Ann.*1.56;—non tu te ~es? TER.*Hau.*919; uisne tu te, Serui, ~ere? SULP.RUF.*Fam.*4.5.4; num se ~et et comprimit, cum dicit illa notissima? PLIN.*Ep.*9.26.8. **b** dextram ~ere memento JUV.5.71;—(*w.* ab) qui ab alieno facile ~erent manus PL.*Trin.*1019; qui ab auro gazaque regia manus, oculos, animum ~ere possit CIC.*Man.*66; cur solus linguam suam ~eret V.MAX.7.2.ext.6; ~e parumper ora SEN.*Tro.*517. **c** a coniugibus uestris numquam ille effrenatas suas libidines ~uisset CIC.*Mil.*76; iracundiam ~ere *Marc.*8; ~ere motus animi turbatos *Off.*2.18; o ~ete iras! VERG.*A.*12.314; in tacito ~e gaudia clausa sinu PROP.2.25.30; sic ~eri prauas aliorum spes rebatur TAC.*Ann.*3.56; satin ~eret ac premeret sensus suos Tiberius *Ann.*3.11;—(*refl.*) animus perturbatus..nec ~ere se potest CIC.*Tusc.*4.41. **d** sapientem adsensus omnes ~iturum CIC.*Luc.*68;—(*w.* ab) a rebus incertis adsensionem ~uisse *N.D.*1.1.

cohibilis ~is ~e, *a.* [prec.+-ILIS¹] (app.) Concise, terse.

celeri admodum et ~i oratione..fabulam scripsit Herodotus super fidicine illo Arione GEL.16.19.1.

cohibiliter, *adv. compar.* ~lius. [prec.+-TER²] Concisely.

eandem istam fabulam in pauca cogamus quantum fieri potest ~liter APUL.*Soc.*pr.4; ordinatius et ~lius eadem Graece et Latine adnitar conscribere *Apol.*36.

cohibitiō ~ōnis, *f.* [COHIBEO+-TIO] (app.) Restriction, compression.

qui (*sc.* angulus acutus) si a recta linea..rectam lineam secundum suam inclinationem emiserit, similique ~one rectam lineam in occursum exceperit BALB.*grom.*p.101La.

cohibitus ~a ~um, *a.* [pple. of COHIBEO] Restrained.

subtile (*sc.* genus dicendi) in Menelao et ~um GEL.6(7).14.7.

cohonestō ~āre ~āuī, *tr.* [CON-+HONESTO] FORMS: *cōnestat* ACC.*trag.*445 (cj.).

1 To do honour to, pay respect to, honour.

non amici conueniunt ad exsequias ~andas CIC.*Quinct.*50; quos ~aris *Fam.*13.11.3; consilium dispensandae ~andaeque uictoriae LIV.38.47.3; AD MEMORIAM PVELLAE IPSIVS ~ANDAM *CIL* 10.1784;—(*w. abl.*) quem saepe numero uestra laude ~astis [CIC.]*Exil.*30; ut, quod unum reliquum fortuna fecerit, id (*sc.* mortem) ~ent uirtute LIV.25.16.17; neque prohibuit quo minus laudatione pro rostris..funus ~aretur TAC.*Ann.*3.76.

2 To make respectable or honourable.

quorum tu auctoritate statuas ~are tuas conatus es CIC.*Ver.*2.168; ut acta tui praeclari tribunatus hominis dignitate ~es *Dom.*82; quare potius persona rem minuat, quam personam res ipsa ~et? SEN.*Ben.*3.28.1; (*of a hair-restorer*) defluuia capitis (urticae) semine inlito ~ari PLIN.*Nat.*22.34.

cohorrescō ~escere ~uī, *intr.* [CON-+HORRESCO] To shudder, shiver from emotion **b** (from illness).

~uisse..me eo quod tuae litterae de legionibus Caesaris adferrent CIC.*Att.*7.1.1; quem ubi agnoui, equidem ~ui *Rep.*6.10; exciderunt lacrimae iuueni, ~uit corpus V.MAX.5.7.ext.2; SUET.*Tib.*21.7; ut memorante quodam inter epulas de Cassi Brutique exitu ~uerit *Otho* 10.1. **b** ex quo (sudore) cum ~uisset, cum febri domum rediit CIC.*de Orat.*3.6.

cohors ~rtis, *f.* Also **chors, cors.** [CON-+**hors* (cf. HORTVS)]

1 A space surrounded by farm-buildings, farmyard. **b** ~*rtis aues,* poultry.

bubile, ouile, ~rtem, uillam bene purgato CATO *Agr.*39.1; mapalia..quasi ~rtes rotundae sunt *hist.*78; VAR.*R.*1.13.2; COL.8.3.3. **β** ~rtes magnitudinesque earum ad pecorum numerum..ita finiantur VITR.6.6.1; colluuies ~rtis balneariorumque COL.1.6.24. **γ** uillam in Tiburti habes, ~rtem in Palatio CIC.*de Orat.*2.263. **b** abstulerat multas illa ~rtis aues OV.*Fast.*4.704. **β** raucae ~rtis aues MART.7.31.1; 7.54.7.

2 (from camp 'lines') An armed force, esp. a contingent from a particular place. **b** (poet.) a ship's company, crew.

Marsa manus, Peligna ~rs, Vestina uirum uis ENN.*Ann.*276; una ingens Amiterna ~rs priscique Quirites VERG.*A.*7.710; additur et Perusina ~rs, homines quadringenti sexaginta LIV.23.17.11; cum Cretensium ~rte 32.40.5; praecipue Eleae Lacedaemoniaeque ~rtes STAT.*Theb.*8.364;—(*poet.*) mundi foedera mecum defensura ~rs 12.643; quem geminae pariter fleuere ~rtes 12.807; Graiae..~rtes *Ach.*1.482; ubi tota ~rs pede non est altior uno JUV.13.173; (*mounted*) tota ~rs..relictis ad terram defluxit equis VERG.*A.*11.500. **β** pauidi cernunt inclusum ~rte tribunal PETR.fr.30,l.10. **b** laeuam cuncta ~rs remis uentisque petiuit VERG.*A.*3.563; laboriosa nec ~rs Vlixei HOR.*Epod.*16.60; STAT.*Theb.*6.23.

3 A sub-division (tenth) of a legion, cohort. **b** a similar unit in auxiliary or foreign forces.

unamquamque turmam manipulum ~rtem temptabam CATO *hist.*128; duae ~rtes de subsidio procedunt SIS.*hist.*69; his uiginti ~rtibus, nullo equitatu CIC.*Phil.*14.27; cum suis ~rtibus XII et cum ~rtibus XIIII quas Vibullius adduxit POMP.*Att.*8.12A; quinque ~rtis..castris praesidio relinquit; quinque eiusdem legionis reliquas..proficisci imperat CAES.*Gal.*7.60.2; SAL.*Cat.*56.1; cum longa ~rtis explicuit legio VERG.*G.*2.279; ~rtes sibi quaeque centuriones legerunt LIV.3.69.7; equites in turmas, pedites in ~rtes..distribuit 30.11.4; Gerellanum tribunum cum ~rte militum immittit TAC.*Ann.*15.69;—(*as typical infantry units*) militia simul fessas ~rtis abdidit oppidis HOR.*Carm.*3.4.38; nec ipse eruptionem ~rtium sustinuit LIV.23.18.4; Senonum furias Latiae sumpsere ~rtes STAT.*Silv.*5.3.198. **γ** ~RS X ET VII *CIL* 8.8440. **b** scutatae citerioris prouinciae et caetratae ulterioris Hispaniae ~rtes circiter LXXX CAES.*Civ.*1.39.1; ~rs Illurgauonensis 1.60.4; adiungitque ei legioni..compluris ~rtis auxiliarias Hispanorum *B.Alex.*62.1; ~rs sociorum et ciuium legio LIV.25.14.8; Camertes..~rtem armatam sescentorum hominum miserunt 28.45.20; auxilia utrique ~rtium alarumque TAC.*Hist.*2.4;—praedatum in agrum Romanum ~rtes expeditas mittunt LIV.5.16.3; ut ~rtem hostium..inuadant 26.5.12.

4 a ~*rs praetoria* (*praetoris, praetoriana*), the bodyguard of a Roman general; later, one of nine such units formed into a permanent force by Augustus. **b** *urbanae* ~*rtes,* the garrison troops of Rome under the emperors; *uigilum* ~*rtes,* the imperial fire-brigade. **c** ~*rs regia,* a royal bodyguard. **d** (other spec. bodies or forces).

a praetoris ~rs LUCIL.1348; ubi ~rs Caesaris praetoria erat GALBA *Fam.*10.30.4; se cum sola decima legione iturum..sibique eam praetoriam ~rtem futuram CAES.*Gal.*1.40.14; SAL.*Cat.*61.3; (*cf.*) ~rti suae, quam delectam manum praesidii causa circa se habebat, dat signum LIV.2.20.5. **β** ~RTIVM PRAETORIARVM *BMCR* 2.p.526,No.183(*c.* 32 B.C.);—M(ILES) CH(ORTIS) I PR(AETORIAE) *CIL* 4.2145; PLIN.*Nat.*5.20; praetoriarum ~rtium militibus TAC.*Ann.*1.8; praetorianae ~rtes contra morem signa iumentis imponere..cogerentur SUET.*Cal.*43. **b** exauctorati per eos dies tribuni..ex urbanis ~rtibus Aemilius Pacensis, e uigilibus Iulius Fronto TAC.*Hist.*1.20; esse illi proprium militem ~rtium urbanarum, nec defuturas uigilum ~rtis 3.64; (*cf.*) ~rtes in auxilium Ostiensis coloniae cucurrerunt tamquam conflagrantis SEN.*Nat.*1.15.5. **β** MILITAVIT IN ~RTE XI VRB(ANA) *CIL* 6.2896. **c** cum ~rte regia LIV.28.5.15; 43.19.11; (*cf.*) pueri regii..uocabantur principum liberi ad ministerium electi regis; ea ~rs persecuta regem fugientem 45.6.7. **d β** ~RTIS SPECVLATORVM *BMCR* 2.p.527,no.185(*c.* 32 B.C.).

5 The retinue, staff (of a governor or other official). **b** a person's circle or entourage.

praetorem..~rtemque totam CIC.*Ver.*2.12; ingemuit nostra ~rs *Att.*7.1.6; qui quasi ex ~rte praetoris appellari solent *Q.fr.*1.1.12; ut placeat iuueni percontare, utque ~rti HOR.*Ep.*1.8.14; o utinam memores ipse ~rsque mei! TIB.1.3.2; si tibi sancta ~rs comitum JUV.8.127. **b** neque ei ..~rtis Augustae fauor deesset V.MAX.9.15.ext.1; totam ~rtem primae admissionis ex aduersariorum castris..conscripsit SEN.*Cl.*1.10.1; nitidaeque ~rs gratissima Pollae STAT.*Silv.*3.1.87; gratissimus Claudio receptusque in ~rtem amicorum SUET.*Gal.*7.1; FRO.*Aur.*1.p.72(59N);—(*cf. of philosophers*) a Pythagora in ~rtem illam disciplinarum recepti erant GEL.1.9.12; ex ~rte illa Socratica fuit 2.18.1.

6 Any band, group, or company (of persons, etc., having some common interest or tie).

illa diuae..uaga ~rs (*i.e. Maenads*) CATUL.63.25; fratrum ..~rs VERG.*A.*10.328; ~rs Gigantum HOR.*Carm.*2.19.22; adsueta ~rs Satyri Bacchaeque OV.*Met.*11.89; ~rs culta seruorum SEN.*Ep.*110.17; dira Furiarum ~rs *Thy.*250; deueniunt peritura ~rs (*i.e. warriors*) STAT.*Theb.*2.524; nuda ~s (*i.e. athletes*) 6.595; tuque regnator lyricae ~rtis ..Pindare *Silv.*4.7.5; rauca ~rs (*i.e. singers*) JUV.6.515; e ~rte illa..uel oratorum..uel poetarum GEL.19.8.15;—(*of birds*) fortior..aduentat per inane ~rs STAT.*Theb.*3.531; cantus..cristatae ~rtis APUL.*Met.*2.26;—(*of things*) noua februm..~rs HOR.*Carm.*1.3.31; noctis opaca ~rs (*i.e. dreams*) STAT.*Theb.*10.114.

cohortālis ~is ~e, *a.* **chort-.** [COHORS+-ALIS]

1 (of birds) Farm-yard. **b** that is concerned with poultry-keeping.

pullus ~is CELS.2.18.8; ~ium..auium COL.6.27.4; ait..~es aues puluere lauari 8.4.4. **b** his curis et ministeriis exercetur ratio ~is COL.8.2.6.

2 Of or connected with a military (in quot., praetorian) cohort.

~ES EQVITES *CIL* 8.2532.

cohortātiō ~ōnis, *f.* [COHORTOR+-TIO] An exhortation, encouragement. **b** (rhet., see quot.).

si qui satis esset concitatus ~one sua ad studium cognoscendae..uirtutis CIC.*de Orat.*1.204; neque..Hannibalis illam magis ~onem quam communem imperatorium uoluit esse: hostem qui feriet *Balb.*51; meis ~onibus omnis..ad patriae praesidium excitatos *Phil.*14.20; precibus nostris et~one non indiges *Att.*2.22.5; consilia, sermones, ~ones, consolationes *Off.*1.58; ab decimae legionis ~one ad dextrum cornu profectus CAES.*Gal.*2.25.1; tali ~one militum facta NEP.*Han.*11.1; LIV.28.19.9; ~onis calorem V.MAX.2.6.2; multum, inquis, ~one mea commotus! AUR.*Fro.*2.p.18(230N);—(*w.* ad) ad mouendos animos ~ones ad defendendam rem publicam, ad laudem, ad gloriam CIC.*Top.*86; ~onem quandam iudicum ad honeste iudicandum *Clu.*138;—(*w.* ne) ~onibus ducis et se ipsi stimulantes ne muliebre..agmen pauescerent TAC.*Ann.*14.30. **b** ~o est oratio quae aliquod peccatum amplificans auditorem ad iracundiam adducit *Rhet.Her.*3.24.

cohorticula ~ae, *f.* [COHORS+-CVLA] A little cohort (in quot., contempt.).

quoquo modo potuit, sine Parthis Bibulus in Amano nescio quid ~arum amisit CAEL.*Fam.*8.6.4.

cohortor ~ārī ~ātus, *tr.* Also ~ō ~āre. [CON-+HORTOR] FORMS: act. form QUAD.*hist.*54; pf. pple. in pass. sense CATO *Hist.*101. To exhort, rouse, encourage. **b** (w. action, etc., indicated). **c** to exhort (an attitude, activity, etc.).

(*ellipt. or absol.*) me..hic audat quod rettulerim, non quod patefecerim, ⟨quod⟩ ~atus sim CIC.*Att.*12.21.1; principibus..euocatis, alias territando..alias ~ando magnam partem Galliae in officio tenuit CAES.*Gal.*5.54.1; LIV.9.41.16; —(*w.* inter se) inter se ~ati..per medios hostis perrumpunt CAES.*Gal.*6.40.4;—(*w. acc.*) non sibi ~andum Sulpicium CIC.*de Orat.*1.30; uelim ~ere et exacuas Cluatium *Att.*12.36.2; in excitando..et in acuendo plurimum ualet, si laudes eum quem ~ere *Fam.*15.21.4;—(*of a general, esp. before battle*) Ambiorigem suos ~antem CAES.*Gal.*5.36.1; suos per Antonium..~atus *Civ.*3.46.4; si sit ad proelium miles ~andus QUINT.*Inst.*12.1.28; non retinere dubios, non ~ari bonos ausus TAC.*Hist.*1.56; (*pple. in pass. sense*) exercitum suum pransum, paratum, ~atum eduxit foras CATO *hist.*101. **b** (*w. inf.*) cum alterum sequi uitare alterum ~emur *Rhet.Her.*3.4;—(*w.* ad) neque..uos ad eam rem uideo esse ~andos CIC.*de Orat.*1.134; quod..milites ueteranos ad libertatem populi Romani ~atus sit *Phil.*5.46; cum ad philosophiam ~amur *Off.*2.6; exercitum cum militari more ad pugnam ~aretur CAES.*Civ.*3.90.1; (+*gdve.*) ad me conseruandum uos ~ati sunt CIC.*Red.Pop.*16; *Att.*1.14.5; APUL.*Met.*4.3; (*of things*) locupletes ad tollendos liberos ingentia praemia et pares poenae ~antur PLIN.*Pan.*26.5;—(*w.* ut) ~ari ausus est..uos..ut aliquando essetis seueri CIC.

*Sest.*135; ~atique oppidanos, ut..moenia tutarentur Liv. 23.49.7; Tac.*Ag.*36.1; (*act.*) hos ~arent, uti maturarent Quad.*hist.*54;—(*w.* ne) ~ati inter se, ne tantum dedecus admitteretur Caes.*Gal.*4.25.5; ~atur suos, ne animo deficiant *Civ.*2.43.1. **c** ea (*sc.* eloquentia) metum incutit,.. uirtutem ~atur Fro.*Ver.*2.p.136(123N).

cohum[1] ~ī, *n.* **coum.** [according to Var. (see below) cogn. w. cavvs]

1 The hollow in the middle of a yoke, into which the pole fitted.
sub iugo medio cauum, quod bura extrema addita oppilatur, uocatur ~um a cauo Var.*L.*5.135.

2 The thong used to attach the pole to the yoke.
~um lorum, quo temo buris cum iugo conligatur, a cohibendo dictum Paul.*Fest.*p.39M.

cohum[2] ~ī, *n.* [perh. same wd. as prec.] (app.) The vault of the sky.
uix solum complere ~um terroribus caeli Enn.*Ann.*545; ~um poetae caelum dixerunt Paul.*Fest.*p.39M.

cohūmidō ~āre, *tr.* [con-+vmidvs+-o[3]] To wet all over, moisten.
lacrimis emanantibus genas ~at Apul.*Met.*8.9.

cōiciō: see conicio.

coinquinō ~āre ~āuī ~ātum, *tr.* [con-+inqvino]

1 To befoul.
plumulae..detrahendae, ne stercore ~atae durescant Col.8.5.19.

2 (of disease) To attack, infect.
ne totam progeniem ~et Col.7.5.6.

3 To pollute, defile (with moral uncleanness, guilt, etc.).
matres ~ari (conq- *cj.*) regias Acc.*trag.*207;—(*w. abl.*) quia stupri se crimine ~auerat V.Max.6.1.6; homicidio ~ata Sen.*Con.*1.2.14.

coīnquō ~ere, *tr.* **coninq-.** [dub.] (app.) To cut back or prune.
porcas piacvlares dvas in lvco ~endi et operis faciendi immolavit *CIL* 6.2065; lvci coinchvendi et operis faciendi 6.2099; (*cf.*) ~ere, coercere Paul.*Fest.* p.65M; ~ere, deputare p.64M.

coirō ~āre: see cvro.

coitiō ~ōnis, *f.* [coeo+-tio]

1 A meeting, encounter.
uide quid agas: prima ~ost acerrima Ter.*Ph.*346.

2 A congregating, assemblage.
Lupercorum, quorum ~o illa siluestris ante est instituta quam humanitas atque leges Cic.*Cael.*26; *Har.*55; absterrendo singulos a ~onibus conciliisque Liv.2.35.4.

3 A political combination or conspiracy. **b** association, partnership.
dubitatis..quin ~o facta sit? Cic.*Planc.*53; dirempta ~one *Att.*4.17.3(16.6); in candidatorum consularium ~one me interfuisse *Q.fr.*3.1.16; deiectis..honore per ~onem duobus Quinctiis, Capitolino et Cincinnato Liv.3.35.9; qui maxime procul ab his ~onibus uitam egisset 9.26.14; te.. ~onem aduersum me et coniurationem eorum..suspicatum Apul.*Apol.*60. **b** nulla societatis in aeternum ~o est Paul.*dig.*17.2.70.

4 A physical or chemical union of elements.
istis..quarum substantia..~one conficitur Apul.*Pl.*1.7.

coitus ~ūs, *m.* [coeo+-tvs[3]] N.B.: see also coetvs, which is not distinguishable in some senses.

1 Coming together, meeting, encounter. **b** (astron.) conjunction (esp. of the sun and moon at new moon). **c** a junction or meeting-place.
siccus ille terrarum uapor..~u nubium uehementer in altum eliditur Sen.*Nat.*2.12.5. **b** non est ista solis defectio, sed duorum siderum ~us, cum luna..infra ipsum solem orbem suum posuit Sen.*Ben.*5.6.4; sub ipsum lunae solisque ~um *Nat.*3.28.6; morata (luna) in ~u solis biduo Plin.*Nat.*2.44; 16.190. **c** uenarum in umbilico nodus ac ~us Plin.*Nat.*11.220.

2 Physical union, uniting. **b** (gram.) coalescence, synaeresis.
nec..augendis rebus spatio foret usus seminis ad ~um Lucr.1.185; (*of injured tissues*) uena ferienda ut recens ~us eius resoluatur Cels.2.10.18; (*in grafting*) quae patiatur ~um talem arbor et cuius arboris Plin.*Nat.*17.103. **b** ~us ..syllabarum Quint.*Inst.*9.4.59; ex his..uocibus ('inde uti iam'), quasi per quendam ~um et copulam nomen indutiarum conexum est Gel.1.25.16.

3 The act of sexual intercourse or union or an instance of it; also *~us feminae*. **b** fertilization (of plants).
sacra tori ~usque nouos Ov.*Met.*7.709; raro noscitur (bos Apis) nec ~u pecudis..conceptus Mela 1.58; ~us nefandos Sen.*Phaed.*160; Col.10.197; Petr.86.4; primo ~u Plin. *Nat.*28.44; fortiores ita fiunt ~u negato 8.68; ego monstrifero ~u Stat.*Theb.*10.796; ut..'Venerem' quam ~um dixisse magis decet Quint.*Inst.*8.6.24; ~us iam longa obliuio Juv.10.204; clandestinos ~us Apul.*Met.*8.10;—pueros ante feminae ~um Cels.4.31(24).1. **b** tum ~us est earum (*sc.* uitis et oleae) Plin.*Nat.*17.11.

4 A gathering, assembly of people); also, a 'set' (of people). **b** (physiol.) a gathering (of pus or other liquid).
funera parentium..festo ~u familiarium celebrant Mela 2.9;—ex isto ~u..noxio abisse Sen.*Ep.*94.69. **b** ne ~us inutilis materiae fiat Cels.3.27.4.a; ~um umoris 5.18.31; ~us puris 7.9.4.

cōiux ~gis: see conivnx.

-cola ~ae, *m. suff.* From colo[1]+-a[1]; denotes one who inhabits, tills, or worships (*siluicola, agricola, Iunonicola*).

colaphus ~ī, *m.* [Gk. κόλαφος] Orthog.: *colaf-* Pompon.*com.*178. A blow with the fist, buffet, cuff.
qui ~os perpeti potes Pl.*Capt.*88; ~o me icit *Per.*846; plus quingentos ~os infregit mihi Ter.*Ad.*200; ~is tuber est totum caput 245; cuius filium..~o percussit V.Max.3.1.3; Sen.*Dial.*2.14.3; Petr.34.2; Plin.*Nat.*8.130; ~um..tibi ducam..quod caput durum habeas Quint.*Inst.*6.3.83; ~um incutimus..seruo Juv.9.5.

Colax ~acis, *m.* [Gk. κόλαξ] The Flatterer; the title of comedies by Menander, Naevius, and Plautus.
Ter.*Eu.*25.

Colchicum ~ī, *n.* [Gk. κολχικόν] Meadow saffron, *Colchicum speciosum*.
qui ~um biberint Plin.*Nat.*28.129.

Colchicus ~a ~um, *a.* Of Colchis; magic.
~o regno Sen.*Med.*225;—ossa..flammis aduri ~is Hor. *Epod.*5.24; uenenis officina ~is 17.36.

Colchis[1] ~idos, *f.* A country on the south-east of the Black Sea, Colchis.
~idos herba *Eleg.Maec.*112; ~ide..uenit Ov.*Tr.*3.9.12; ~ida petentes Mela 2.44; V.Fl.5.202.

Colchis[2] ~idis *or* ~idos, *f. adj.* Forms: archaic form *Culc-* cited in Quint.*Inst.*1.4.16.

1 Of Colchis, Colchian.
uecordem ~ida matrem *Culex* 249; ~ide nouerca Sen. *Phaed.*697; hospita ~is Luc.6.441; omnes aliae matresque nurusque ~ides V.Fl.8.142.

2 (as sb.) A Colchian woman, spec. Medea.
Hor.*Epod.*16.58; ~ida sic..decepit Iason Prop.2.21.11; sub truce..~ide *Aetna* 596; cum cuperes patria, ~i, manere domo Ov.*Rem.*262; Sen.*Med.*871; barbara ~is Luc.10.464;—(*pl.*) secretis quae ~idas ipsa sub antris nocte docet Stat. *Theb.*9.734; (*as subj. of a tragedy, etc.*) qui legis..~idas et Scyllas Mart.10.4.2.

Colchus ~a ~um, *a.*

1 Of or belonging to Colchis, Colchian. **b** (w. ref. to Medea); (also transf.) magic.
~um..Phasim Prop.3.22.11; litora..~a Ov.*Met.*13.24; ~a..aqua *Pont.*1.3.76. **b** laesa nequest ~a Thessala terra manu Ov.*Ep.*15.348; ~is..uenenis *Met.*7.394;—uenena ~a Hor.*Carm.*2.13.8; cum secta ~o Luna uapulat rhombo Mart.12.57.17.

2 (sb.) An inhabitant of Colchis (usu. pl.). **b** (pl.) the country of the Colchians, Colchis.
Cic.*Att.*9.10.3; Catul.64.5; Hor.*Carm.*2.20.17; Ov.*Ep.* 12.1; (*as type of cruel barbarian*) quis ~us hoc..commisit? Sen.*Tro.*1104. **b** ~os..delatus adhaesi *Inc.trag.*182; ~is ferunt..Circam procreauisse Cic.*N.D.*3.54; Mela 1.98.

cōleātus ~a ~um, *a.* [colei+-atvs[2]] Provided with testicles.
conspicio ~am cuspidem Pompon.*com.*69.

cōlēgium ~iī, *n.*: see collegivm.

cōleī ~ōrum, *m. pl.* [dub.] The testicles (or scrotum).
Laber.*com.*66; ad pubem capulumque ~orum *Priap.* 25.7; in geminis..nascuntur bigae et boues et ~i Petr. 39.7; si nos ~os haberemus (*i.e. if we were 'men'*), non tantum sibi placeret 44.14; depilatos..coleos Mart.9.27.1; (*cf.*) honesti '~i Lanuuini,' 'Cliternini' non honesti Cic. *Fam.*9.22.4.

cōlēpium ~iī, *n.* = colyphivm.
uolueris, de uulua faciet piscem..~io gallinam Petr.70.2.

cōles ~is, *m.*: var. cavlis.

cōlescō ~ere: see coalesco.

coliās ~ae, *m.* [Gk. κολίας] Coly-mackerel, *Scomber colias*.
peculiares..maris..~ae siue Parianus siue Sexitanus a patria Baetica Plin.*Nat.*32.146.

cōlicē ~ēs, *f.* [Gk. κωλική] A remedy for colic.
~e..Cassi ex his constat Cels.5.25.12; Larg.120; 121.

cōlicon ~ī, *n.* [Gk. κωλικόν] = prec.
medicamentum..quod ~on nominatur Cels.4.21.2.

cōliculus ~ī: see cavlicvlvs.

cōligō ~āre: see colligo[2].

colimbus ~ī, *m.* [Gk. κόλυμβος] A swimming-bath.
porticos..circvmcingentes ~vm a solo constitvit *CIL* 10.5348.

cōlis: see cavlis.

colīna ~ae, f.: form of cvlina due to false etymology.
~a, dicta ab eo quod ibi colebant ignem Var.*gram.*196.

colisatum ~ī, *n.* [Celtic] A kind of vehicle.
coepere..(Galli) esseda sua ~aque et petorita exornare simili modo Plin.*Nat.*34.163.

collabascō ~ere, *intr.* **conl-.** [con-+labasco] To become unsteady or waver at the same time.
sin res laxe labat, itidem amici ~unt Pl.*St.*522.

collabefactō ~āre, *tr.* **conl-.** [con-+labefacto] To cause to topple over.
uastum motu ~at onus Ov.*Fast.*1.566.

collabefīō ~fierī ~factus, *intr.* **conl-.** [con-+*labefio* (see labefacio)]

1 To fall in, collapse, break up.
quod fracta magis redolere uidentur omnia, quod contrita, quod igni ~facta Lucr.4.697; ut..altera..praefracto rostro tota ~fieret Caes.*Civ.*2.6.5; (*cf.*) mens animaeque potestas..ipso cum corpore ~fiunt Lucr.3.601.

2 To be overthrown politically.
a Themistocle ~factus..exilio decem annorum multatus est Nep.*Ar.*1.2.

collabellō ~āre, *tr.* **conl-.** [con-+labellvm+-o[3]] To make by putting lips together.
~a osculum Laber.*com.*2.

collābor ~bī ~psus, *intr.* **conl-.** [con-+labor[1]] Orthog.: *conlabsum CIL* 7.887.

1 To slip or slink (to meet).
nisi si clanculum ~psus est hic in corruptelam suam Pl. *Truc.*671.

2 To fall down, collapse (from loss of support or rigidity). **b** (of fires, embers) to collapse on burning out, fall in.
~psa ruinis pars moenium erat Liv.22.18.7; ~psae ueniunt in tempora flammae Stat.*Theb.*8.471; duodecim.. Asiae urbes ~psae nocturno motu terrae Tac.*Ann.*2.47; terminos vetvstate ~psos *CIL* 6.31554; templvm.. vetvstate ~bsvm 7.887; (*of diseased parts*) ossa minutatim morbo ~psa Verg.*G.*3.485; nares acutae, ~psa tempora Cels.2.6.1; senectute iter eius (*sc.* urinae) ~psum est 7.26.1.a; (*in fig. phr.*) ne ~psa ruant subductis tecta columnis Juv.8.77;—forum medium..uasto specu ~psum in immensam altitudinem Liv.7.6.1. **b** postquam ~psi cineres et flamma quieuit Verg.*A.*6.226; ~psae ceciderunt robora flammae *Ilias* 1061.

3 (of persons) To fall down from exhaustion, wounds, etc. **b** to fall voluntarily, sink down.
famuli ~psum in tecta ferebant Verg.*A.*8.584; ~psumque fouet Ov.*Met.*2.617; sanguine defectos cecidit ~psus in artus 5.96; uigore spiritus et corporis uiribus ~psus V.Max. 5.5.3; iniquum est ~psis manum non porrigere Sen.*Con.* 1.1.14; ut oculis caligine offusa ~beretur Curt.7.6.22; Luc.5.202; ad gemitum conlabentis adcurrere liberti Tac. *Ann.*2.31; Suet.*Nero* 42.1; (*cf. sense 4*) neque enim grauius est corpore quam corde ~bi Apul.*Apol.*52;—(*of the limbs, etc.*) inque umeros ceruix ~psa recumbit Verg.*A.* 9.434; ~psosque excipit artus Ov.*Met.*10.186. **b** uidet aliquem ~bentem et corpori..adfusum Sen.*Ep.*99.17; undantemque sinu ~psa cruorem excipit Stat.*Theb.*5.234; saxo ~bitur ingens centaurus *Ach.*1.195.

4 (of the mind, spirits, etc., also persons) To give way, fail.
subito furore ~psam patri mentem (*i.e. in madness*) Sen. *Con.*2.6.9; ad leuissimarum iniuriarum motus ~bantur Sen. *Dial.*12.2.3; ne militum animi..et ipsi ~bantur 11.5.4; (*cf.* 2*b*) carbonis..ira..in se ipsa ~psa est V.Max.6.2.10.

5 (of power, reputation, fortune, etc.) To collapse, end suddenly, be lost.
eorum dignitatem domi ~bi indignum..esse arbitrabantur V.Max.2.2.8; quia dominium rerum ~bi solet 4.4; ingentium imperiorum magna fastigia obliuione fragilitatis humanae ~psa sunt Sen.*Suas.*2.3; tu fortunam ~psam adfirma Apul.*Met.*11.2.

? **collacerō** ~āre ~āuī ~ātum, *tr.* **conl-.** [con-+lacero] To lacerate severely.
confossum laceratumque (~atumque *M*) et absciso capite truncum corpus Tac.*Hist.*3.74.

collacrimātiō ~ōnis, *f.* **conl-.** [next+-tio] Accompanying tears, weeping.
nisi tu ei signa doloris tui uerbis..uultu, ~one denique ostenderis Cic.*de Orat.*2.190.

collacrimō ~āre ~āuī ~ātum, *intr.*, *tr.* **conl-.** [con-+lacrimo] To weep together or in the company of someone; (w. acc.) to weep for.
tristis interim, nonnumquam ~abat Ter.*An.*109; simul omnes ~arunt *Epigr.Plaut.*3(*poet.*p.32); conplexus me senex ~auit Cic.*Rep.*6.9;—(*tr.*) histrio casum meum totiens ~auit *Sest.*123; ~antes suum patriaeque casum Liv.26.14.4.

collactānea ~ae, *f.* [as next] A foster-sister.
Seiam libertam eandemque ~am Scaev.*dig.*34.4.30.1; maecilia cn l elevtheris ~a *CIL* 6.19112.

collactāneus ~ī, *m.* **conl-.** [as collactevs +-anevs] A foster-brother.
si quis..aut paedagogum aut ~um manumittat Gaius *Inst.*1.39; ~o dvlcissimo *CIL* 14.2413.

collactea ~eae, *f.* **~ia.** [as next] = collactanea.
quid dicat notae ~ea Maurae Maura Juv.6.307; m d rriae geminiae..~iae arri germani *CIL* 10.1 78.

collacteus ~eī, *m.* **conl-, ~ius.** [CON-+LACTEO+-VS] = COLLACTANEVS.
L ARRVNTIVS L L DICAEVS ~EVS *CIL* 6.5939; ~IO SVO BENEMERENTI 6.15323; ~ius Musarum HYG.*Fab.*224.3.

collāre ~is, *n.* (~**is** ~is, *m.*). [next] A neck-band, collar.
(*for slaves*) collus ~i caret PL.*Capt.*357; LUCIL.854;—(*for dogs*) ne uulnerentur a bestiis, inponuntur his ~ia VAR.*R.*2.9.15; GRAT.401;—(*ornamental*) ~I ARGENTEO *CIL* 10.6303; *P.Freib.*2; (*masc.*) ~EM EX GEMMIS BERYLLIS *CIL* 14.2215.

collāris ~is ~e, *a.* [COLLVM+-ARIS] Of or belonging to the neck.
offla ~is allata est PETR.56.8.

Collātia ~ae, *f.* **Conl-.** A Sabine town near Rome.
LIV.1.38.1; OV.*Fast.*2.733; PAUL.*Fest.*p.37M.

collātīcius ~a ~um, *a.* **conl-.** [CONFERO+-ICIVS]

1 Contributed, raised or produced by contribution.
~is et ad dominos redituris instrumentis scaena adornatur SEN.*Dial.*6.10.1; ignotis..corporibus transeuntium uiatorum ~a sepultura [QUINT.]*Decl.*6.11; choraula doctissimus, ~a stipe de mensa paratus APUL.*Met.*8.26; EX PECVNIA PVBLICA ET ~A *CIL* 10.411.

2 Blended.
quarta (murra) ~a PLIN.*Nat.*12.69.

Collātīnus ~a ~um, *a.*

1 Of Collatia, Collatine.
~as..arces VERG.*A.*6.774; populus ~us LIV.1.38.2; PAUL.*Fest.*p.37M.

2 (sb.) The cognomen of L. Tarquinius, husband of Lucretia.
CIC.*Rep.*2.46; LIV.1.57.6; OV.*Fast.*2.787.

collātiō ~ōnis, *f.* **conl-.** [CONFERO+-TIO]

1 Placing together, juxtaposition; (mil.) ~*o signorum*, engagement in a pitched battle. **b** putting together (of non-material things), combination.
optimae sunt quae in ~one aurum albicare quadam argenti facie cogunt PLIN.*Nat.*37.126;—de exercitu, de castris..de signorum ~onibus CIC.*de Orat.*1.210. **b** ubi facta erit ~o nostrarum malitiarum PL.*Mil.*942; ~one centuriarum..ex postremo in tertium locum esse subiectum CIC.*Tog.Cand.*fr.5; longam illi uitam facit omnium temporum in unum ~o SEN.*Dial.*10.15.5; conuicium..dicitur..a conuentu, hoc est a ~one uocum ULP.*dig.*47.10.15.4;—(*mus.*) τὴν διὰ τεσσάρων συμφωνίαν, quae fit in ~one quaternarii numeri GEL.3.10.13.

2 Payment of tribute, other money, or goods to the state, the emperor, or any common or special fund; hence, tribute, tax, capital levy. **b** a fund raised from contributions.
aes graue plaustris..conuehentes speciosam etiam ~onem faciebant LIV.4.60.6; graui tributo et ~one iniqua frumenti pressos 23.32.9; uoluntaria ~o 26.36.8; Maecenatis rana (*i.e. a signet*) per ~ones pecuniarum in magno terrore erat PLIN.*Nat.*37.10; exempti oneribus et ~onibus TAC.*Ger.*29.2; te ~ones remisisse PLIN.*Pan.*41.1; SUET.*Nero* 38.3; si quid ad ~onem uiae (pendatur) ULP.*dig.*7.1.27.3; si res quae iactae sunt apparuerint, exoneratur ~o PAUL.*dig.*14.2.2.7;—(*to an educational fund*) si parentibus..religio recte iudicandi necessitate ~onis addatur PLIN.*Ep.*4.13.7. **b** si tali ~one non ad turbas..utuntur TRA.Plin.*Ep.*10.93 (94); ~onem in alimonium ac dotem puellae recepit SUET.*Cal.*42; EX ~ONE LEGATIVI EPVLI *CIL* 10.6090.

3 ~*o bonorum*, the process by which, under an intestate succession, emancipated heirs contributed a proportion of their own property to those hitherto in *patria potestas*; sim. ~*o dotis*, which remained conditional on the wife's acquiring the dowry through death or divorce.
de ~one bonorum *Ed.pr.*(*Font.iur.*p.224)25.A.3; ad ~onem bonorum cogendum emancipatum ULP.*dig.*37.6.1.8; (*cf.*) eo facto a ~onis commodo excluditur 38.6.6;—ex uoluntate defuncti ~onem dotis cessare SCAEV.*dig.*10.2.39.1; ULP.*dig.*37.7.1.

4 The act or process of placing together for comparison. **b** the adducing of a parallel, simile, or analogy. **c** comparison or collation of information.
~one (utemur) quid scriptum sit quid aduersarii se fecisse dicant *Rhet.Her.*2.13; imago est formae cum forma cum quadam similitudine ~o 4.62; reliqua ex ~one facile est conterere atque contemnere CIC.*Tusc.*5.85; cum..ab..iis rebus..ascendit animus ~one rationis *Fin.*3.33; quae (legio)..in ~one reliquarum nondum eandem..uirtutis ceperat opinionem HIRT.*Gal.*8.8.2; rerum saepe factarum inter se ~o SEN.*Ep.*120.4; periculorum ~o PLIN.*Ep.*6.16.16; ut altissimae ciuium dignitates ~one fastigii tui quasi deprimantur *Pan.*61.2. **b** sumetur similitudo—dicetur per ~onem—sic *Rhet.Her.*4.60; ~o est oratio rem cum re ex similitudine conferens CIC.*Inv.*1.49; παραβολή, quam Cicero ~onem uocat, longius res quae comparentur repetere solet QUINT.*Inst.*5.11.23; (similitudo)..cum re cuius est imago conectitur, ~one inuicem respondente 8.3.77; ne disparilitas ~onis euidens fieret GEL.6(7).3.47; nihil inter dulcia, nisi quod potionis fuisset, legatum putat Labeo ex ~one uini amphorarii PROC.*dig.*33.6.16.2. **c** parata inquisitio, sed onerosa ~o PLIN.*Ep.*5.8.12.

5 (gram.) Comparison; *secunda* ~*o* the comparative, *tertia* ~*o*, the superlative.
quor analogias in ~one uerborum sequi non debeamus VAR.*L.*8.78;—ocius secundae ~onis, et deinde tertiae ocissime frequentata sunt FEST.p.181M; p.286M.

collātīuus ~a ~um, *a.* **conl-.** [CONFERO+-IVVS] Supplied or produced by contributions from many quarters.
quis hic est homo cum ~o uentre atque oculis herbeis? PL.*Cur.*231; ~um sacrificium dicitur, quod ex conlatione offertur PAUL.*Fest* p.37M; p.58M.

collātor ~ōris, *m.* **conl-.** [CONFERO+-TOR] A joint contributor, subscriber.
symbolarum ~ores PL.*Cur.*474; PRO SALVTE SVA ET ~ORVM *CIL* 3.15179.

collātrō ~āre, *tr.* **conl-.** [CON-+LATRO¹] To bark in chorus at; (in quot., transf.).
ex istis, qui philosophiam ~ant SEN.*Dial.*7.17.1.

collātus ~ūs, *m.* [CONFERO+-TVS³] The joining of battle.
congressus enim et clamor..in ~u pari erant condicione *B.Hisp.*31.2.

collaudātiō ~ōnis, *f.* **conl-.** [next+-TIO] Eulogy, commendation.
scriptoris ~one *Rhet.Her.*2.13; CIC.*Inv.*2.125; ~o hominis turpissimi mihi ipsi erat paene turpis *Pis.*72.

collaudō ~āre ~āuī ~ātum, *tr.* **conl-.** [CON-+LAVDO] To eulogize, commend, praise. **a** (w. pers. obj.). **b** (actions, qualities, etc.).
a quantis laudibus suom erum seruos ~auit PL.*Capt.*421; illumne..an me..an fortunam ~em? TER.*Eu.*1046; filium ~auit, cum imperium retineret QUAD.*hist.*57; ~aui homines CIC.*Att.*5.21.11; te aliquando ~are possum, quod iam uideris ..*Fam.*7.17.1; Ciceronem pro eius merito legionemque ~at CAES.*Gal.*5.52.4; cum epistula Artabazum ad Pausaniam mittit, in qua eum ~at NEP.*Paus.*2.5; purus et insons (ut me ~em) si..uiuo HOR.*S.*1.6.70; ~atis Nolanis LIV.23.14.12; STAT.*Theb.*6.490; (*absol.*) ~antibus cunctis deducti sunt in Capitolium LIV.40.46.15;—(*w. abl.*) quem nos senatus consulto ~are debemus CIC.*Phil.*7.24; quorum rex fortia dictis pectora ~at *Ilias* 135. **b** uirtutes..tuas..~are PL.*As.*558; ~ato formam et faciem *Mil.*1027; cum res gestas consulatus mei ~asset CIC.*Pis.*72; eo libro, quo a nobis philosophia defensa et ~ata est *Fin.*1.2; CAES.*Civ.*1.6.1; militum..uirtutem ~auit quod eos..non munitissima arx deterruisset LIV.26.48.4; at ille non intellectam uocem ~at OV.*Met.*10.365.

collaxō ~āre, *tr.* [CON-+LAXO] To loosen.
facile omnia circum ~at rareque facit lateramina uasis adueniens calor eius (*sc.* fulminis) LUCR.6.233.

collecta¹ ~ōrum, *n. pl.* [pple. of COLLIGO¹] Collected sayings or writings.
apud Pomponium Rufum ~orum libro V.MAX.4.4.intro.

collecta² ~ae, *f.* [as prec.] A contribution.
quoniam ~am a conuiua..exigis CIC.*de Orat.*2.233.

collectāneus ~a ~um, *a.* [COLLIGO¹+-ANEVS] Assembled from various sources, collected.
dicta ~a SUET.*Jul.*56.6; (*of scrap metal*) in proflatum (aes) additur tertia portio aeris ~i PLIN.*Nat.*34.97.

collectīcius ~a ~um, *a.* [COLLIGO¹+-ICIVS²] Obtained or procured by collecting from various quarters.
tirone et ~o exercitu CIC.*Fam.*7.3.2; illic non caelestem esse nec ~um umorem SEN.*Nat.*3.7.3; 7.23.2.

collectiō ~ōnis, *f.* **conl-.** [COLLIGO¹+-TIO]

1 A bringing together, collecting; accumulation.
Medea..quam praedicant in fuga fratris sui membra ..dissipauisse, ut eorum ~o dispersa..celeritatem consequendi retardaret CIC.*Man.*22; in ~onem huiusmodi fructuum ULP.*dig.*9.2.27.25;—~one spiritus plenus ter..sternutauit PETR.98.4.

2 (med.) A gathering, abscess.
in pectore ipso ~o et uomica est SEN.*Ep.*68.8; omnes tumores ~onesque PLIN.*Nat.*20.216; 22.122; si quis emissarium ~onis apto loco fecerit LARG.206.

3 (rhet.) Enumeration, recapitulation.
*Rhet.Her.*1.10; (attulerat) ~ones, memor et quae essent dicta contra quaeque ipse dixisset CIC.*Brut.*302; quae solet in argumentis esse summa ~o QUINT.*Inst.*4.4.2.

4 Inference, argument, syllogism.
nisi forte illa acutior est ~o SEN.*Ep.*48.6; 82.9; una ratio geometricae ~onis PLIN.*Nat.*2.85; ~onem, qui apud illum (*sc.* Gorgian) est συλλογισμός QUINT.*Inst.*9.2.103; GEL.1.1.

collectīuus ~a ~um, *a.* [COLLIGO¹+-IVVS] Proceeding by inference, deductive.
συλλογισμόν, quem accipimus ratiocinatiuum uel ~um QUINT.*Inst.*3.6.46; ratiocinatiua atque ~a quaestio 7.1.60.

collector ~ōris, *m.* [COLLIGO¹+-TOR] One who collects.
M VLP ATTALVS ~OR COGNATIONIS *CIL* 3.8676.

collectum ~ī, *n.* [next] That which is collected.
cornea et acuta uolucribus rostra, eadem rapto uiuentibus adunca, ~o recta PLIN.*Nat.*11.159.

collectus¹ ~a ~um, *a.* *compar.* ~ior. [pple. of COLLIGO¹] In senses of vb., esp.

1 Compact; (of style) concise.
illic effusiora corpora, illic ~iora nascuntur CALP.*Decl.*2;—adstrictum et ~um..dicendi genus TAC.*Dial.*31.5.

2 Restricted.
tanto beatior futurus quanto ~ior APUL.*Apol.*21.

collectus² ~ūs, *m.* [COLLIGO¹+-TVS³] A heap or pile; accumulation (of liquid).
lapidum ~um (*cj.*) spicarumque LUCR.3.198;—~us (*cj.*) aquae digitum non altior unum 4.414; *Aetna* 295; ~us pluuialis aquae FRON.*agrim.*p.9.

collēga ~ae, *m.* **conl-.** [CON-+LEGO¹+-A¹]

1 A colleague: **a** (in a political office). **b** (in a priestly office).
a SIBI CONLEG SVBROG *Fast.Cos.Cap.*18b(*CIL* 1.p.25); additur orator Cornelius..Cethegus Marcus Tuditano ~a ENN.*Ann.*304; QUAD.*hist.*46; Q. Scaeuola, aequalis et ~a meus CIC.*de Orat.*1.180; bis una consules, ~as in censura *Amic.*39; hunc Marcellus ~a et plerique magistratus consecuti sunt CAES.*Civ.*1.14.2; SAL.*Cat.*21.3; C IVLIVS CAESAR IIII SINE CONLEG ABDIC *Fast.Col.*(*CIL* 1.p.64); res ad Camillum tribunum militum consulari potestate rediit; ~ae additi quinque LIV.6.6.3; nihil se absente ~a..acturum 26.26.5; TAC.*Ann.*6.8; (*cf.*) praetores..quod ita rogentur ut ~ae consulibus sint CIC.*Att.*9.9.3;—(*non-Roman*) Sopatro mandatum ab senatu et a ~is ut uerba faceret LIV.24.24.10. **b** ea quae sit augur a ~a requiro CIC.*Phil.* 2.84; *Att.*4.2.4; LIV.10.8.5; ut sacerdotes, quos antea ~ae sufficiebant, populus crearet VELL.2.12.3.

2 A colleague, associate, fellow (in any unofficial capacity).
id uirtute huiius ~ai meaque comitate factumst PL.*As.*556; Autronio nonne sodales, non ~ae sui, non ueteres amici..defuerunt? CIC.*Sul.*7; Metrodori..qui est Epicuri ~a sapientiae *N.D.*1.113; et ~ae quidem mei riserunt PETR.29.2; et fortasse tu pro ~a mentieris STAT.*Silv.*1.pr.; stupidi ~a Corinthi JUV.8.197; (*of animals*) de insolentia ~arum meorum APUL.*Met.*3.27.

collēgātārius ~iī, *m.* [CON-+LEGATARIVS] A joint legatee.
ut ~ius coniunctus, si liberos habeat, potior sit heredibus, etiamsi liberos habebunt GAIUS *Inst.*2.207; deficientis portionem collegatario adcrescere 2.199; ULP.*dig.*7.2.10.

collēgiālis ~is ~e, *a.* [COLLEGIVM+-ALIS] Of a *collegium* or fraternity.
FIDEIQ VESTRAE ~I COMMITTO *CIL* 11.6520.

collēgiārius ~iī, *m.* [COLLEGIVM+-ARIVS] A fellow member of a *collegium*.
COLEGIARIS DONAVERVNT *CIL* 8.6970; *A.Epig.*42-3.30.

collēgiātus ~ī, *m.* [next+-ATVS²] A fellow member of a *collegium*.
INTER PRIMOS COLLEGIATO⟨RVM⟩ *CIL* 5.4015; ~I EIVS AMICO KARISSIM..FECERVNT 5.4395.

collēgium ~(i)ī, *n.* **conl-.** [as COLLEGA+-IVM] FORMS: *gonl-* *CIL* 1.364; *collig-* 6.978; ~*ius* 6.2060, 9316, etc.; *colegi* 1.1555.2.

1 A college or board of priests.
ex amplissimo ~io decemuirali CIC.*Ver.*4.108; de rebus diuinis..pontificum ~ium docere conari *Dom.*33; M. Furium Flaccum..Capitolini et Mercuriales de ~io eiecerunt *Q.fr.*2.5.2; CAES.*Civ.*1.22.4; quemadmodum ad quattuor augurum numerum..id redigi ~ium potuerit LIV.10.6.7; SEN.*Ben.*4.30.2; ~ii Saliorum magistro V.MAX.1.1.9; ~IVS FRATRVM ARVALIVM *CIL* 6.2060; TAC.*Ann.*6.12.

2 A guild, club, society, fraternity (of men belonging to the same trade, or having some common tie or interest).
PL.*Men.*165; uni ~i sumus TITIN.*com.*7; ~IA AERARIOR *CIL* 1.977; Neratius Priscus tres facere existimat ~ium MARCEL.*dig.*50.16.85.

3 A board or body of magistrates holding the same office concurrently. **b** a committee appointed for a specific purpose.
apud hoc ~ium tribunorum plebis CIC.*Ver.*2.100; ex illa professione ~ioque praetorum *Arch.*9; cum..~ium..praetorium tribuni plebi adhibuissent *Off.*3.80; ut intercederet aliquis ex ~io LIV.2.56.4; 42.32.7. **b** ludi Capitolini fierent..~iumque ad eam rem M. Furius dictator constitueret LIV.5.50.4.

4 The holding of a joint office, colleagueship. **b** (transf.).
quocum me uno..cum mei fratris ~ia tum rei publicae causa sociarat CIC.*Planc.*95; quae nostra officia fuerunt pro ~io et pro propinquitate SULP.*Fam.*4.12.3; P. Decium, expertum mihi concordi ~io uirum LIV.10.13.13; ~ium tribuniciae potestatis VELL.2.90.1; generosissimum consulatus ~ium Lentuli et Metelli fuit V.MAX.9.14.4; consulatus, patris atque filii ~io insignis TAC.*Ann.*3.31; duos ~ii tui sanctitate decorasti PLIN.*Pan.*61.6. **b** (*among birds*) noctuarum contra aues sollers dimicatio..auxiliatur accipiter ~io quodam naturae PLIN.*Nat.*10.39; (*in signs of zodiac*) ambiguisque ualent, quis sunt ~ia, fatis ad meritum noxamque MAN.2.161.

collēuō ~āre ~āuī ~ātum, *tr.* **conl-.** [CON-+LEVO²] To make smooth.
hoc asperitas oculorum ~atur SEN.*Ep.*64.8; pastinacae..agrestis semina..cum melle ~ata COL.6.17.8; acie falcis exacuta plagaque ~ata PLIN.*Nat.*17.192; prodest (mustum) renibus, iocineri et interaneis uesicae; ~at enim ea 23.30.

collīberta ~ae, *f.* **conl-.** [next] A fellow freedwoman.

LOCVM..CONLIBERT ET ~ABVS DE SVO DEDERVNT *CIL* 6.34471; 14.2302.

collībertus ~ī, *m.* **conl-.** [CON-+LIBERTVS] A fellow freedman (i.e. having the same *patronus*).

~us meu' faxo tu eris PL.*Poen*.911; VIR CONLEIBERTVS FVIT *CIL* 1.1221b.7; CIC.*Ver*.5.154; unus ex ~is Trimalchionis excanduit PETR.57.1; ~O ET ADIVTORE MEO *CIL* 9.2438.10; ULP.*dig*.37.15.1.1.

collībrō ~āre, *tr.* **conl-.** [CON-+LIBRO] To measure.

inter arbores medium quod erit, id ad mediam ~ato.. lingulam cum facies, de medio prelo ~ato CATO *Agr*.19.2.

collibuit ~uisse, **~itum** (est), *intr.* **conl-, collub-.** [CON-+LIBET] (pf. in pres. sense) It pleases. **b** (w. act or activity as subj.).

cantat, ubi ~uit CATO *orat*.125; si ~uisset..citaret HOR. *S*.1.3.6; COL.11.1.2; (*w. dat., inf.*) ad ea patienda, quae alteri facere ~uisset [CIC.]*Sal*.13;—siquid ~itum, noui te TER.*Eu*. 1056; (*w. dat.*) PL.*Am*.343; simul ac mihi ~itum est praesto est imago CIC.*N.D*.1.108; (*w. inf.*) libera uti lingua ~itum est mihi PL. *Cist*.128;potare tecum ~itum est mihi *Mos*.295; CIC.*Fam*.15.16.2; pingere ~itum est SEPT.*poet*.21. **b** sin lenocinium forte ~itum est tibi PL.*Bac*.28; (*pl.*) matres familiarum pati quae uictoribus ~uissent SAL.*Cat*.51.9.

colliciae **~ārum,** *f. pl.* **colliquiae, conl-.** [CON-+LIQVEO+-IA] **a** (app.) A gutter or drain in the re-entrant angle formed by the junction of two inwardly-sloping roofs, gulley. **b** a field-drain or runnel.

a ~as ab angulis parietum ad angulos tignorum intercurrentes VITR.6.3.1; ~ae tegulae, per quas aqua in uas defluere potest PAUL.*Fest*.p.114M. **b** ut..omnem umorem in ~as..deriuemus COL.2.8.3; in usu est et ~as interponere..ampliore sulco PLIN.*Nat*.18.179.

colliciāris ~is, ~e, *a.* **conl-.** [prec.+-ARIS] (of tiles) Designed for making gulleys.

~es quae erunt pro binis putabuntur CATO *Agr*.14.4.

colliculus ~ī, *m.* [COLLIS+-CVLVS] A small hill, hillock.

~us saepimine consecratus APUL.*Fl*.1.

collīdō ~dere ~sī ~sum, *tr.* **conl-.** [CON-+LAEDO]

1 To batter, deform, crush. **b** to crush (a part of the body).

quaedam argentea uasa ~sa CIC.*Phil*.2.73; umor ita mollis est ut facile premi ~dique possit *N.D*.3.31; neque ~di sine inani posse uidetur quicquam LUCR.1.532; anulus ut fiat, primo ~ditur aurum OV.*Ars* 3.221; ~sa erat (phiala) tanquam uasum aeneum PETR.51.3; mensas..genialis impetu meo ~do atque disturbo APUL.*Met*.9.1; (*cf.*) torquetur itaque ~sus (Taurus mons) inter haec claustra PLIN.*Nat*.5.98. **b** quacumque de causa ruptum aliquid intus atque ~sum est CELS.2.10.6; peius est (uulnus), quod etiam ~sum quam quod tantum discissum est 5.26.5; ~sa per ossa SIL.2.200; propter os..fractum aut ~sum GAIUS *Inst*.3.223.

2 To bring into collision, force or crush together. **b** to strike together; (pass., of the teeth) to chatter. **c** to strike (the hands) together; also, to strike (with the hand).

~si ibi fluctus latratus uidentur exprimere SAL.*Hist*.4.27; mare..fluctus ciere et inter se nauigia ~dere CURT.4.3.17; magnoque motu amnis uterque ~ditur 8.9.8; ~di inter se naues 9.9.16; late patens uia ne populos quidem ~dit SEN. *Dial*.5.34.3; nubes ~sae mediocriter fulgurationes efficient *Nat*.1.1.6; pluribus osculis ~sa labra crepitabant PETR. 132.1; frangitur armatum ~so pectore pectus LUC.4.783; procursusque uiros ~serat acer SIL.7.566. **b** ~sis trabibus SIL.3.698; lapidibus..~sis ignem excussit FRON.*Str*. 1.12.10; (*w. collect. subj.*) cum silua sibi ~sa crematur MAN. 1.857;—quorundam dentes ~duntur, lingua titubat SEN. *Ep*.11.2. **c** auersas inter se manus ~de: non plaudent SEN.*Nat*.2.28.1; ~dere manus QUINT.*Inst*.2.12.10;—nunc lubrica forti pectora ~dunt plausu STAT.*Theb*.6.591.

3 To bring into conflict, set at variance with each other; (pass. or refl.) to be at variance, conflict. **b** to bring (letters) into collision, make to clash.

Graecia Barbariae lento ~sa duello HOR.*Ep*.1.2.7; qui.. ex longinquo..speculetur quos ~sit SEN.*Dial*.4.29.2; mille causae quotidie nos ~dent PETR.10.5; nec umquam ambitiosa pios ~dit gloria fratres STAT.*Theb*.6.435;—saepe inter se ~di solent inde testatio, hinc testes QUINT.*Inst*. 5.7.32; in quo (genere) non personae inter se, sed res ipsae ~duntur 7.2.11; ~duntur..aut pares inter se (leges)..aut secum ipsae 7.7.2;—ut fraternitas, ut amicitia se ~dat [QUINT.]*Decl*.14.7. **b** (consonantium) tristior etiam, si binae ~dantur, stridor est QUINT.*Inst*.9.4.37.

colliga ~ae, *f.* [dub.] (See quot.)

aphronitrum..in Asia colligi in speluncis molibus destillans..specus eos ~as uocant PLIN.*Nat*.31.113.

colligātiō ~ōnis, *f.* **conl-.** [COLLIGO²+-TIO]

1 The binding together (of a physical object). **b** (transf.) a bond, connexion.

clypeo Mineruae effigiem suam inclusit, qua conuulsa tota operis ~o solueretur V.MAX.8.14.6. **b** certior..~o est societatis propinquorum CIC.*Off*.1.53; (*in a chain of causation*) ~onem causarum omnium *Div*.1.127; omnia naturali ~one conserte contexteque fiunt *Fat*.31.

2 Something that binds or connects, a bond, tie; (gram.) a conjunction.

sesquealteris..interuallis..sumptis ex his ~onibus (*transl.* δεσμῶν) CIC.*Tim*.23; ea catenationibus..et plexis ~onibus ..continentur VITR.10.1.2 (*dub.*);—uel ~o quidem est disiunctia PAUL.*Fest*.p.369M.

colligō¹ ~igere ~ēgī ~ectum, *tr.* **conl-.** [CON-+LEGO²] FORMS: *collexi* (pf.) *P.Mich*. 471.12.

1 To gather together, collect, pick up (usu. in order to remove or appropriate). **b** (mil.) *uasa*, etc., *~igere*, to pack up one's kit (i.e. strike camp).

~egit, omnia apstulit praesegmina (unguium) PL.*Aul*. 313; qui fugere..spolia ~igunt TITIN.*com*.182; uoluptatum flagitiorumque istius ipse reliquias ~igebat CIC.*Ver*.2.136; in reliquiis ueteris negotiationis ~igendis *Fam*.13.66.2; ut..quam deposui pecuniam ~igerem LENT.*Fam*.12.15.1; ingenti agmine hominum ad ~igendas eas (*sc.* lucustas) coacto LIV.42.10.8; si quid scobis membranae insedit, ~igendum CELS.8.3.9; passim ad supremos ille ~igitur rogos SEN.*Phaed*.1113; ut totum in aerarium ~igatur MAUR.*dig*.49.14.15.3; (*of a brush*) sordida si flauo fuerit tibi puluere uestis, ~igat hunc tenui uerbere cauda leuis MART. 14.68(71).2; (*poet., of time*) si materiem nostram ~egerit aetas post obitum LUCR.3.847; (*w. abstr. obj.*) oculis ~iguntur paene innumerabiles uoluptates CIC.*de Orat*.3.25; ex multis ab adulescentia ~ectis perditorum hominum uitiis *Sul*.75; (*cf.*) qui omnis rumorum et contionum uentos ~igere consuesset *Clu*.77;—(*fig.*) tempus, quod adhuc aut auferebatur aut subripiebatur aut excidebat, ~ige et serua SEN. *Ep*.1.1. **b** signo dato conclamatur inde ut ~igantur uasa LIV.22.30.1; ut taciti uasa ~igerent 27.47.8;—prius quam exercitus..sarcinas ~igere..quiuit SAL.*Jug*.97.4; ~igere arma iubet VERG.*A*.5.15; JUV.6.146.

2 To gather, harvest (fruit, flowers, crops, etc.).

meridie ipso faciam ut stipulam ~igat TER.*Ad*.848; malum Punicum ubi florebit, ~igito CATO *Agr*.127.1; quasi ..messor unum quemque spicum ~egit *Inc.pall*.68; radices palmarum agrestium..~igebant CIC.*Ver*.5.87; fructibus ..quos ~igis HOR.*Ep*.1.12.1; faces undique ex agris ~ectae LIV.22.16.7; bacae eius ~iguntur PLIN.*Nat*.16.115; tamaricum longe a mari ~ectum LARG.128; (*sup.*) gignitur in planis quidem..difficilis ~ectu PLIN.*Nat*.12.89;—(*fig.*) quanta ego praeterita ~egi gaudia nocte PROP.2.14.9.

3 To pick up, get hold of (a single object, esp. one lost or sought for). **b** to get possession of.

neque postea, quia tenuis admodum est, potest ~igi (uesica) CELS.7.7.1.B; uestigium equi excussum ungula..si quis ~ectum reponat PLIN.*Nat*.28.263;—(*scent, a trail, etc.*) qui presso uestigia rostro ~igit LUC.4.443; donec..partus uestigia..~igat SIL.12.462; (*cf.*) uestigia..Pythagoreorum ..multa ~igi possunt CIC.*Tusc*.4.3. **b** quid si mandauit, ut hereditatem ~igat, an uidetur mandasse, ut adeat? ULP. *dig*.29.2.25.7.

4 To collect, accumulate (liquid); (pass., also) to be formed by the collection (of water). **b** (of a container) to hold, keep together.

aquam..imbri ~ectam CIC.*Top*.38; aquam..belle sane fluentem uidi..uberioremque aliquanto sese ~ecturos esse dicebant *Q.fr*.3.1.1; paludis ~ectum umorem VERG.*G*.1.114; ~ectosne bibant imbris HOR.*Ep*.1.15.15; stomachus.. ~igens bilem SEN.*Ben*.5.12.6;—(*of ground*) concauo loco et qui umorem ~igat PLIN.*Nat*.17.57;—(*of rivers*) multos.. ~igit fluuios 5.119;—(*in fig. phr.*) non enim 'pluuias', ut ait Pindarus, 'aquas ~igit sed uiuo gurgite exundat' (Cicero) QUINT.*Inst*.10.1.109;—(*pass.*) riuis ~ecte caducis OV.*Am*.3.6.91. **b** testa alta paretur, quae tenui muro spatiosum ~igat orbem JUV.4.132.

5 (usu. pass., also refl., of winds, clouds, dust, etc.) To gather, accumulate, build up. **b** to build up (anger and sim. emotions).

cum subito ualidi uenti ~ecta procella nubibus intorsit sese LUCR.6.124; 6.558; si nox pluuiam ne ~igat ante ueremur VERG.*Ecl*.9.63; ~ectas..fugat nubes *A*.1.143; uti puluis ~ectus turbine HOR.*S*.1.4.31; ieiunos ~igit ignes (*sc.* Aetna) *Aetna* 455;—(*refl.*) quod calor..se ibi ~igat omnis LUCR.1.1091; 6.326. **b** LUCR.1.723;—ectumque premens uoluit sub naribus ignem VERG.*G*.3.85; iram ~igit ac ponit temere HOR.*Ars* 160; quod sua sponte satis ~ectum animorum erat LIV.3.62.1; a Tyria ~ectum paelice transfert in generis socios odium OV.*Met*.3.258; bilem in homines ~ectam in res effundere SEN.*Dial*.4.26.3; LUC.1.207; V.FL. 7.335.

6 To bring together, assemble, collect (men, armed forces, ships, etc.); (also refl.) to rally. **b** to form (a force, etc.) by collecting men.

conglobati et ~ecti SIS.*hist*.64; ut is qui tibi successerit 'reliquos' aratores ~egisse et recreasse uideatur CIC.*Ver*. 3.124; omnes undique copiae ~igendae *Phil*.6.7; ~ectos armat agrestis VERG.*A*.9.11; ~igunt..discipulos..ambitione salutationum TAC.*Dial*.29.4; (*pple. as sb.*) unius cuiusque in hoc ~ectorum PAUL.*dig*.48.8.17; (*ships*) nauigia ~igebat CIC.*Att*.15.12.1; VERG.*A*.1.170; nauibus..in Oceano ~ectis LIV.28.23.7;—(*w.* ex) ut Pachyno e terrestri praesidio milites ~igeret CIC.*Ver*.5.133; equites..ex proximis hibernis ~igit CAES.*Gal*.5.46.5; NEP.*Han*.6.4; reliquias tantae cladis uelut ex naufragio ~igentem LIV.22.56.2;— (*w.* in+*acc.*) auxiliis in mediam aciem ~ectis CAES.*Gal*. 3.24.1; in editum tumulum ex multa trepidatione militibus ~ectis LIV.5.18.8; ~ECTI IN DECVRIAS *CIL* 5.5050.33; (*w.* in unum) ~igebantque in unum copias LIV.9.43.17; conuenire dicuntur qui ex diuersis locis in unum locum ~iguntur et ueniunt ULP.*dig*.2.14.1.3;—(*w. dat.*) ~ectam exsilio pubem VERG.*A*.2.798;—(*refl.*) neque sui ~igendi hostibus facultatem relinquunt CAES.*Gal*.3.6.1; ut..Punicum praesidium..in unum se ~igeret LIV.28.3.9. **b** manu ..~ecta NEP.*Alc*.7.4; cohortes..ex agro Piceno et Gallico ~ectas LIV.23.14.2; (*cf.*) (hostem) temere ~ectum TAC. *Hist*.4.71.

7 To collect over a period of time, amass, accumulate. **b** to attain or acquire (esp. by natural processes); *ignes ~igere* (poet.), to be illuminated; also, to catch fire. **c** to acquire, amass, build up (reputation, affections towards oneself, etc.).

omnem diu ~ectam uim improborum CIC.*Dom*.63; sin aliquid uirium forte ~egerit *Fam*.11.18.3; sunt quos curriculo puluerem Olympicum ~egisse iuuat HOR.*Carm*. 1.1.4; ~ecta uiatica multis aerumnis..ad assem perdiderat *Ep*.2.2.26; auriculas..~ecta sorde dolentis 1.2.53; uires.. ad agendum aliquid ~ecturum LIV.29.30.5; si squalorem opere ~ectum aduerso flumine eluerant SEN.*Nat*.1.17.7; plus..commodi, quam usurae istae ~igunt ULP.*dig*.22.1.37. **b** nullam memoriam antiquitatis ~egerat CIC.*Brut*.214; qui frigus ~egit HOR.*Ep*.1.11.13; ut nullum patiendi ~igat usum OV.*Am*.1.8.75; sitim ~egit ab aestu *Met*.6.341; cum iam aetas aliquid prudentiae ~egit SEN.*Ben*.5.5.2; (*poet.*) ubi quarta sitim caeli ~egerit hora VERG.*G*.3.327;—luna reuertentis cum primum ~igit ignis 1.427; primos cum ianua ~igit ignes JUV.13.146. **c** ab auditorum persona beniuolentia ~igitur *Rhet.Her*.1.8; propter hanc ex priuatorum negotiis ~ectam gratiam CIC.*de Orat*.3.135; ut ex eo crudelitatis inuidiam ~igam *Ver*.5.19; ut rumorem bonum ~igant, erubescunt *Leg*.1.50; nouam et repente ~ectam auctoritatem CAES.*Gal*.6.12.8; ut fama clementiae in principio rerum ~igeretur LIV.21.48.10; ~ecto in aedilitate fauore populi VELL.2.91.3; secundam existimationem..omnibus lenociniis ~igente SUET.*Cl*.7.1.

8 To collect (in a book, etc.), bring (literary works, etc.) together; also, to make by collecting.

ex eo libro..in quo ~igit uitia Catonis CIC.*Att*.12.40.1; hortaris me ut historias scribam, ut ~gam tanta eorum scelera 14.14.5; ea Posidonius ~egit permulta, sed ita taetra quaedam..ut dictu quoque uideantur turpia *Off*. 1.159; postmodo ~ectas (*sc.* litteras) utcumque sine ordine iunxi OV.*Pont*.3.9.53; unum de eis (scillis) uolumen condidit..~igens medicas uires PLIN.*Nat*.19.94;—συναγωγὴ consiliorum tuorum non est a me ~ecta ad querelam CIC.*Att*. 9.13.3.

9 To bring together, esp. mentally, to collect, assemble (facts, instances, examples).

trecentae possunt caussae ~igi PL.*Mil*.250; cum omnes res ostendemus nos ~egisse *Rhet.Her*.2.33; cum auctoritates principum coniurationis..~igeret Cassius CIC.*Sul*.37; sed cur inimicos ~igo? *Att*.10.8.3; ab iisque uitiis, quae paulo ante ~egi, abest plurimum *Fin*.1.62; has notas irritati eius animi ~egit senatus LIV.39.47.7; nihil ego..dubia argumentis ~igendo ago 40.9.13; nomina neu referam longum ~cta per aeuum OV.*Pont*.3.3.45;—(*w.* animo) cum..maximarum ciuitatum ueteres animo calamitates ~igo CIC.*Inv*. 1.1;—(*w.* in+*acc.*) haec sunt quae putaui..me..~igere unum in locum posse Q.CIC.*Pet*.58;—(*w.* ex) ex urbanis maleuolorum sermunculis haec ab istis esse ~ecta CIC. *Deiot*.33;—(*w. dat.*) argumenta..argumentis ~igebat SEN. *Con*.7.pr.1;—(*cf., w. indir. qu.*) infando quae det responsa tyranno, ~igit V.FL.7.88.

10 To summarize, sum up.

conplexio est quae concludit breuiter ~igens partes argumentationis *Rhet.Her*.2.28; bene etiam ~igit 'haec pueris et mulierculis..esse grata, graui uero homini..probari posse nullo modo' CIC.*Off*.2.57; finitio summi boni alias diffundi potest..alias ~igi et in se cogi SEN.*Dial*.7.4.1; naturas artius ~igi par est PLIN.*Nat*.15.111.

11 To deduce, infer, gather: **a** (w. acc.). **b** (w. acc. and inf.). **c** (w. obj. cl.). **d** (w. adv.). **e** (absol. or ellipt.).

a quid? Stoici..nonne ista ~igunt? CIC.*Tusc*.4.54; nec testamenti potuit sensus ~igi PHAED.4.5.19; si..~igere ac resoluere quae uelis oratorum est QUINT.*Inst*.12.2.10; rem dicit sensus alicuius ratione ~ectam et consertam GEL.11.13.9;—(*w. abl.*) quisquis dignus fuerit, uestigiis illam (*sc.* uirtutem) ~iget SEN.*Dial*.9.3.6; euentum uiridis quo ~igo panni JUV.11.198;—(*w.* ex) ex his..~iguntur fistularum sedes, spatia, noxae CELS.5.28.12.E; PETR.126.3; JULIAN.*dig*.36.1.24(23);—(*w. adv.*) paucitatem inde hostium ~igentes LIV.7.37.8. **b** Nereida ~igit orbam damna sua inferias..mittere OV.*Met*.11.380; disputatio nostra ~igebat unicuique corporis parti proprium esse attributum officium COL.3.10.13; a terra ad lunam $\overline{CXXVI}$ stadiorum esse ~egit PLIN.*Nat*.2.83;—(*w. abl., preps., etc.*) ~igitur..eo..in ceruice calculum esse CELS.7.26.2.N; ex quo ~igi potest.. Coruinum ab illis..audiri potuisse TAC.*Dial*.17.7; unde ~igitur..alia esse clariora PLIN.*Ep*.3.16.13; (*pass., w. nom.*) ~igor ex ipso dominae placuisse sepulcro OV.*Am*.2.6.61; PLIN.*Nat*.2.58. **c** ut commode, quid euenturum sit, ante animo ~igi possit CIC.*Inv*.1.42; ut quo quisque ualet suspectos terreat..sic ~ige mecum HOR.*S*.2.1.51; potes.. ~igere, quanto opere cupiam PLIN.*Ep.Tra*.10.94(95).3;— (*w.* ex, *abl.*) ex eo ~igere poteris quanta occupatione distinear CIC.*Att*.2.23.1; utrum..aliquod horum sanabile sit, an non sit, experimento facile ~igitur CELS.5.28.19.C. **d** mendose ~igis PERS.5.85; ut Cicero apertissime ~igit QUINT.*Inst*.1.pr.13; ut ego ~igo PLIN.*Ep*.6.16.19; continuo sic ~ige, quod uindicta nemo magis gaudet quam femina JUV.13.191; (*impers. pass.*) ne ferrum quidem superest, sicut ex genere telorum ~igitur TAC.*Ger*.6.1. **e** quid mihi tunc animi credis..fuisse (nam potes ex animo ~igere ipse tuo)? OV.*Ep*.11.88.

12 To compute, add up, (usu. in pass.) to amount to. **b** (of totals) to comprise, amount to (a number of units); (also, of units) to amount to.

urbis nostrae annos ex supra dicta comparatione olympiadum ~igere facile erit PLIN.*Nat*.34.7; capitulis Corinthiarum eadem est altitudo, quae ~igitur crassitudine ima 36.178; qui interualla siderum et mensuras solis ac terrae ~igunt QUINT.*Inst*.2.17.38;—⟨n⟩o⟨n⟩ enim illa soli inaequalitas re⟨cte⟩ ~igi poterit FRON.*agrim*.p.19;—(*w. num.*) ~iguntur a Libero Patre ad Alexandrum Magnum reges eorum CLIII PLIN.*Nat*.6.59; ad quos a regno Numae ~iguntur anni

DXXXV 13.85; centum et uiginti anni ab interitu Ciceronis in hunc diem ~iguntur TAC.*Dial*.17.3. **b** ut..longissimus dies XII horas aequinoctiales et octo partes unius horae ~igat PLIN.*Nat*.2.186; quae summa quadringentiens HS ~igebat 9.117; craterem..cuius pondus XV talentorum ~igebat 33.51; capitis per frontem ambitus centum duos pedes ~igit 36.77; extremae lineae eandem mensuram ~igunt QUINT.*Inst*.1.10.39; LOCVM ARAE DONAVIT QVAE ~IGIT IN SOLO POSITA PEDES QVADRATOS TOT III *CIL* 6.16259;—si omnes quidem absentiae annum ~igant ULP.*dig*.4.6.28.3.

13 To bring together (into a single mass, process, action, etc.), concentrate, combine.

ne omnis haec clementia ad Cinneam illam crudelitatem ~igatur CIC.*Att*.8.9.4; in unam causam omnis contentio ~ecta est de prouinciis CAEL.*Fam*.8.11.3; in unum tantum modo exitum ~ectam coactamque uocem ciet BAS.*gram*.8; (Nilus) circa Philas primum ex uago et errante ~igitur SEN.*Nat*.4a.2.3; (smaragdi) plerumque concaui, ut uisum ~igant PLIN.*Nat*.37.64; (*w. retained acc.*) (Nilus) omnes unum uires ~ectus in amnem LUC.10.309;—(*refl.*) paruis se primum e fontibus ~igit (Padus) MELA 2.62.

14 (refl. or pass.) To draw one's body together, confine or restrict oneself (to a space or position); (also, w. parts of the body as obj.); *gressum, unguem ~igere*, to run. **b** to gather, compress (into a geometric form); to restrict (movement) within certain limits. **c** to form by coming together or contracting.

neque tanto squameus in spiram tractu se ~igit anguis VERG.*G*.2.154; se..in sua ~igit arma *A*.10.412; in tenuis humilem te ~igis umbras PROP.3.9.29; (in sardonyches) zona alba fundat se, non ~igat PLIN.*Nat*.37.89; seseque uagantem ~igit (luna) STAT.*Theb*.8.273;—(*pass.*) alitis in paruae subitam ~ecta figuram VERG.*A*.12.862; testudinem, ubi ~ecta in suum tegumen est LIV.36.32.6; uiridi..~ectus gyro STAT.*Theb*.5.550; (*fig.*) si uita nostra non prominebit, si in se ~igitur SEN.*Ep*.101.9;—(*w. parts of body, etc., as obj.*) effugientem animam lassos ~egit in artus LUC.3.623; in clipeum turbatos ~igit artus STAT.*Theb*.11.545; territa pennas ~igit..columba SIL.5.282; stat..per se uitis..arcus suos in se ~igens PLIN.*Nat*.14.13;—~egit gressum SIL.6.399; 7.695; (*of a trotting horse*) ad numeros rapidum qui ~igit unguem MART.14.199.1. **b** ante fretum est ingens apicem ~ectus in unum..uertex OV.*Met*.13.910; de Oceano ..dubitant utrumne terras..circumfluat an in suum ~igatur orbem SEN.*Suas*.1.4; cucumis..~ectus in orbem COL. 10.391; alii in orbem ~ecti PLIN.*Nat*.19.141;—terminos..intra quos omne sidus cursus suos ~igit SEN.*Nat*.7.18.1. **c** cogebantur breuiore spatio et ipsi orbem ~igere LIV. 2.50.7; uoltus tuus..~igit rugas et trahit frontem SEN.*Ben*. 6.7.1.

15 To bind or mass (ingredients, etc.); to close up (a wound).

(uiperam discoctam) aut statim uescuntur aut pane ~igunt, ut saepius utantur PLIN.*Nat*.29.121; haec omnia ~iguntur scilla, fiunt globuli LARG.129; haec trita suco lactucae ~iguntur 138; sinistrum pedem..chamaeleontis ..macerari unguento ~igique in modum pastilli GEL.10. 12.5; niuem..~igi iactatione densarum nubium constat APUL.*Mun*.9;—sanguinem sistit, uoluera ~igit, glutinat neruos PLIN.*Nat*.35.181.

16 To gird up, hitch up (one's clothing, etc.); to gather in (reins, a thread); to furl (sails).

~ecto quidem est pallio PL.*Capt*.789; OV.*Ars* 1.154; ~egit altius tunicam PETR.126.12; MART.7.33.4; flauos ~egit amictus artius STAT.*Silv*.2.3.16; (*w.* in+*acc.*) croceam chlamydemque sinusque crepantis carbaseos fuluo in nodum ~egerat auro VERG.*A*.11.776; (*w. retained acc.*) illa super suras tunicam ~ecta ministrat OV.*Fast*.1.407;—habenas..dum ~igit VERG.*A*.11.671; et longa curua fila ~egit uia SEN.*Phaed*.650;—(*in fig. phr.*) Thebais optato ~egit carbasa portu STAT.*Silv*.4.4.89.

17 (refl.) To pull oneself together, recover one's senses, come to oneself. **b** *mentem, animum*, etc.,*~igere*, to recover one's senses, one's courage. **c** to recover, get back (one's breath, power to speak, etc.); also, to summon up, concentrate (one's powers).

quo setius me ~igam AFRAN.*com*.292; L. Crassum quasi ~igendi sui causa se in Tusculanum contulisse CIC.*de Orat*. 1.24; tu te ~ige, et qui sis..considera *Div.Caec*.37; te ~igas uirumque te praebeas *Fam*.5.18.1; sumpto tempore ad se ~igendum V.MAX.9.12.ext.1; ubi se ~igebat, uerecundiam ..uix potuit excutere SEN.*Ep*.11.1; SUET.*Cal*.50.2;—(*w.* ex) cum correptus homo ex somno se ~igit ipse LUCR.3. 925. **b** ~igit et ipse animum confusum tantae cogitatione rei LIV.35.35.18; 42.60.3; ~ige cum uultu mentem! OV.*Am*.1.14.55; TAC.*Ann*.1.12; animum cogitationemque ~egi PLIN.*Ep*.2.11.14;—(*w.* ab) ~ectis..⟨ab⟩ necopinato pauore animis LIV.44.13.3; ut primum ualido mentem ~egit ab aestu OV.*Met*.14.352;—(*refl., of* animus, *etc.*) animus..cum se ~egit atque recreauit CIC.*Tusc*.1.58; memoria mea..admonita..facile se ~iget SEN.*Con*.9.pr.1. **c** ~ecto spiritu non destiti totum parietem persequi PETR.29.2; uocem ~egi 100.5; uis mira (raphani) ~igendi spiritum PLIN.*Nat*.19.78; QUINT.*Inst*.11.3.53;—post ubi ~ectum robur uiresque refectae VERG.*G*.3.235; ~ecto sanguine discum ipse super sese rotat STAT.*Theb*.6.680; (*cf.*) extrema se ~igit ira 12.759.

colligō[2] ~āre ~āuī ~ātum, *tr*. [CON-+LIGO[1]] FORMS: *cōlig-* *Inc.pall*.32, cf. GEL.2.17.8.

1 To tie up, bind (a person), put in bonds. **b** (w. *manus* as obj.; esp. in praetor's formula). **c** to bandage. **d** (fig.) to tie up (in a place, etc.), immobilize.

nimium..arte ~or. cur re inquaesita ~or? NAEV.*com*.13; neque eum quisquam ~are quiuit incunabulis PL.*Am*. 1104; ~auit..eum miseris modis TER.*Eu*.955; in lecto cubantem inuadunt, ~ant NEP.*Di*.9.4; (*cf.*) ansaque compressos ~at arta pedes TIB.1.8.14. **b** em, ostendo manus; tu habes lora..quid nunc cessas? ~a PL.*Epid*.684;—haec tua..'i, lictor, ~a manus,'..huius libertatis mansuetudinisque non sunt CIC.*Rab.Perd*.13; LIV.1.26.7, 11. **c** interuentu..domesticorum inceptum exequi prohibitus ~atusque V.MAX.4.6.2; ~atis uulneribus SUET.*Tib*.61.4. **d** impetumque furentis..uitae suae periculo ~auit CIC.*Phil*. 11.4; ni Brutum ~assemus in Graecia 11.26; ad ~andos piratas SEN.*Ep*.94.64; magico susurramine..mare pigrum ~ari APUL.*Met*.1.3; (*cf.*) ~atos..uino magis quam uinculis 7.13.

2 To tie round; tie or bind together; *uasa ~are*, to tie up one's kit, pack up (cf. *uasa* COLLIGERE). **b** to fix or fasten together (by other means). **c** to fasten or secure (to something else or in a specified position). **d** (gram.) to connect (words). **e** (fig., w. contract, etc., as obj.).

gelum crassum..loro ~atum auferunt CATO *hist*.33; et eas (*sc.* arcas) ~atas nodi, non anuli, nota PLIN.*Nat*.33. 12; ULP.*dig*.13.6.5.7;—obliquo inter sese medullam cum medulla libro ~ato CATO *Agr*.41.2; quicquid est quod cum altero potest ~ari VAR.*L*.8.10; quorum corpora uiua cum mortuis..~abantur CIC.*Hort*.fr.95; in se ~antur ipsi caules PLIN.*Nat*.17.162; (*cf.*) annorum septingentorum memoriam uno libro ~auit CIC.*Orat*.120;—(*in fig. phr.*) cor ~atis uasis exspectat meum PL.*Ps*.1033. **b** pluribus eorum scutis uno ictu pilorum transfixis et ~atis CAES.*Gal*.1.25.3; uidere..tauri et ursi pugnam inter se ~atorum SEN.*Dial*.5.43.2; AMP.8.10. **c** traiecti..feruntur (*sc. ropes*)..in axe ibique, ut haereant, ~antur VITR.10.2.7; singulis..canalibus singula epitonia sunt inclusa, manubriis ferreis ~ata 10.8.3; in clipeo Mineruae..oris sui similitudinem ~asse APUL.*Mun*. 32. **d** eodem illo 'et' omnis binos consules ~are possumus VAR.*L*.8.10. **e** ob ~andas nuptias *Inc.pall*.32; acceptum fieri non potest, nisi quod uerbis ~atum ULP.*dig*. 46.4.8.3; 50.17.35.

3 To unite, join (persons) by social, political, etc., ties. **b** to join (things) by any sort of affinity.

ita se cum multis ~auit CIC.*Fam*.9.17.2; homines antea dissociatos iucundissimo inter se sermonis uinculo ~auit *Rep*.3.3; AMP.19.1. **b** continuatio seriesque rerum ut alia ex alia nexa et omnes inter se aptae ~ataeque uideantur CIC.*N.D*.1.9; *Off*.1.15.

4 To bind or knit together (esp. organically), to unify.

ut uerbis ~etur sententia CIC.*Orat*.168; unum interiectum medium et se ipsum et ea, quibus esset interpositum, ~aret *Tim*.14; ita apte cohaeret (mundus), ut dissolui nullo modo queat nisi ab eodem, a quo est ~atus 15.

collīmō ~āre ~āuī ~ātum, *tr*. **conl-**. [app. CON-+LIMVS[1]+-O[3]] To direct (the eyes) sideways.

casu fortuito ~atis oculis ad umbram meam APUL.*Met*. 9.42.

collīniō (-neō) ~āre ~āuī ~ātum, *tr*. **conl-**. [CON-+LINEO] To align, direct, aim.

~are hastam aliquo aut sagittam CIC.*Fin*.3.22; si..ad percutiendum superne aliquid manum et oculos ~es GEL. 9.1.6; ~ato pro fronte situ APUL.*Soc*.pr.3; (*absol.*) quis est..qui totum diem iaculans non aliquando ~et? CIC.*Div*.2.121.

collinō ~inere ~ēuī ~itum, *tr*. **conl-**. [CON-+LINO]

1 To smear over.

compositis cum ~init ora uenenis OV.*Rem*.351; GEL.17. 9.17.

2 To soil, defile; (also fig.).

serus adulteros cultus puluere ~ines (*i.e. in death*) HOR. *Carm*.1.15.20; caeno corpus ~itum FRO.*Aur*.1.p.8(64N);—pulchrum ornatum turpes mores peius caeno ~iunt PL. *Poen*.306; 826.

collīnus[1] ~a ~um, *a*. [COLLIS+-INVS] Of or belonging to hills.

tria genera sint..agrorum, campestre, ~um, montanum VAR.*R*.1.6.2; frumentum..~um CELS.2.18.9; putealis ~a (aqua) COL.1.5.2; campestria largius uinum sed iucundius afferunt ~a 3.2.6.

Collīnus[2] ~a ~um, *a*. Of or belonging to the *collis Quirinalis* in Rome (cf. COLLIS 2b); *Salius ~us*: see SALIVS[1]. **b** *porta ~a*, the Colline gate.

prima..est regio Suburana, secunda Esquilina, tertia ~a, quarta Palatina VAR.*L*.5.45; tribus dictae, ab locis Suburana Palatina, Esquilina, ~a 5.56; CIC.*Mil*.25; ~as (*i.e. from the* Campus Sceleratus) ad fossam mouerit herbas PROP.4.5.11; stantes ~a turre mariti JUV.6.291. **b** extra portam ~am CIC.*Leg*.2.58; VITR.3.2.2; LIV.8.15.8; OV.*Fast*.4.871.

colliquefaciō ~ere ~tum, *tr*. **conl-**. [CON-+LIQVEFACIO] To melt, liquefy; to dissolve.

non prius..quam..~ta est glacies VAR.*R*.2.4.6;—si totum ~tum in potione esset (uenenum) CIC.*Clu*.173.

colliquescō ~escere ~ī, *intr*. **conl-**. [CON-+LIQVESCO] To melt, liquefy; (w. *in*+acc.) to turn into by liquefying. **b** to melt along with.

ut..aurum ~isset VAR.in Non.p.334M; dum ea quae addideris in pice ~escant COL.12.22.2;—caro in umorem crassum et spumidum inimico igni ~escit (*i.e. in epilepsy*) APUL. *Apol*.50. **b** (*hyperb.*) Victorini mei lacrimis tabesco, ~esco FRO.*Aur*.2.p.222(232N).

colliquiae ~ārum, *f. pl.*: see COLLICIAE.

colliquiāria, *n. pl.* (cj.) [cf. prec.] (app.) A contrivance for relieving air-pressure in water-pipes.

n uentre ~ (colliuiaria *codd.*) sunt facienda, per quae uis spiritus relaxetur VITR.8.6.6.

collis ~is, *m*. [cf. Lith. *kálnas*]

1 A hill, hillock, eminence, hill-top. **b** (poet.) a mountain.

clamore et sonitu ~es resonantes bount PAC.*trag*.223; campos ~esque LUCIL.278; in celsis montibus..atque inter ~es ACC.*trag*.178; VAR.*L*.5.36; uallis Agrigentinorum atque ~is CIC.*Scaur*.25; ~is..paululum ex planitie editus CAES. *Gal*.2.8.2; omnibus eius iugi ~ibus occupatis 7.36.2; ex eo medio quasi ~is oriebatur, in inmensum pertingens SAL. *Jug*.48.3; ripae ~esque supini VERG.*G*.3.555; circa Aetnam et ~ibus Mysiae VITR.2.6.3; quadrifariam..urbe diuisa..~ibus LIV.1.43.13; TAC.*Hist*.3.82;—(*applied to a promontory*) prominet in pontum cuneatus acumine longo ~is OV.*Met*.13.779; (*meton.*) mea nec Falernae temperant uites neque Formiani pocula ~es HOR.*Carm*.1.20.12. **b** ~is o Heliconii cultor CATUL.61.1; MAN.1.427; desuper Alpis nubiferae ~es..abripimur LUC.1.689; SIL.3.420.

2 (particular hills): **a** *septem ~es* (poet.), Rome. **b** the Quirinal (hill). **c** *~is Dianae* (poet.), the Aventine hill.

a dis, quibus septem placuere ~es, dicere carmen HOR. *Saec*.7; (*cf.*) fallor, an hi fient ingentia moenia ~es? OV.*Fast*. 1.515. **b** si quid habet ~is ἐπιδήμιον CIC.*Att*.12.10; in aede Primigeniae Fortunae, quae in ~e est LIV.43.13.5. **c** domus est tibi ~e Dianae MART.7.73.1; 12.18.3.

3 A mound or hummock.

constat attolli ~es occursantium inter se radicum (*i.e. of oaks*) repercussu PLIN.*Nat*.16.6.

collīsiō ~ōnis, *f*. **conl-**. [COLLIDO+-TIO] Clash, collision.

sonum confundit ipsa partium ~o MAUR.831.

collīsus[1] ~a ~um, *a*. **conl-**. [pple. of COLLIDO] In senses of the vb., esp.: Crushed, flattened.

cum..nunc staturam humilem, nunc ~um nasum deriderent SEN.*Dial*.5.22.4.

collīsus[2] ~ūs, *m*. **conl-**. [COLLIDO+-TVS[3]] A striking or clashing together.

ignis ex hoc ~u nubium..emicuit SEN.*Nat*.6.9.1; PLIN. *Nat*.9.114.

collocātiō ~ōnis, *f*. **conl-**. [next+-TIO]

1 Arrangement, ordering (of physical objects).

reliquorum siderum quae causa collocandi fuerit, quaeque eorum sit ~o CIC.*Tim*.30; dispositio..est rerum apta ~o VITR.1.2.2; his rationibus..componuntur horologiorum..~nes 9.8.6; 10.2.2.

2 Placing or siting. **b** position, place.

de salubritatibus in moenium ~onibus VITR.5.3.1; ad regionum rationes..uidentur aedificiorum..debere dirigi ~ones 6.1.1. **b** paries ualuarum habuerit ~onem VITR. 4.4.1; habeant cum laxamento ibi ~onem 5.12.7.

3 a The arrangement or collocation (of words in a composition). **b** the arrangement (of the subject-matter in a speech, etc.).

a ipsa ~o conformatioque uerborum perficitur in scribendo CIC.*de Orat*.1.151; si..compositi oratoris bene structam ~onem dissoluas permutatione uerborum *Orat*.232; ~o..uerba..debet conectere QUINT.*Inst*.9.4.58. **b** de ordine argumentorum et de ~one rerum aliquid dicere CIC.*de Orat*.2.181; facta..quorum ~o triplex est *Part*.75; *Off*.1.142; quasi aliud sit dispositio quam rerum ordine quam optimo ~o QUINT.*Inst*.3.3.8.

4 The giving (of a daughter) in marriage, marrying.

accusatorem..donis, muneribus, ~one filiae..obstrinxit CIC.*Clu*.190; *Off*.2.55.

collocō ~āre ~āuī ~ātum, *tr*. **conl-**. [CON-+LOCO]

1 To put or set (persons or things) in a particular place. **b** to put in a particular position (in a speech, book, etc.). **c** to ascribe to a place or position, locate. **d** (topog.) *~atus*, situated, placed, lying.

hic istam ~a cruminam in collo PL.*As*.657; ut me ~auerat, exoritur uentus turbo *Cur*.646; postquam in tabernam uassa et seruos ~aui *Men*.986; (epistulam) inter tuniculam ac strofium ~aueram TURP.*com*.197; in muro..multitudine omni ~ata SIS.*hist*.80; maximo..plausu in rostris ~atus sum CIC.*ad Brut*.1.3.2; me..Veneris casto ~at in gremio CATUL.66.56; optat supremo ~are Sisyphus in monte saxum HOR.*Epod*.17.68; NEVE EAE FISTVLAE..NISI SVB TERRA..PONENTVR ~ENTVR *CIL* 10.4842; (*in fig. phr.*) qui..rei publicae nauem..saluam..in portu ~assem CIC. *Pis*.20;—(*immaterial things*) illum..multa in pectore suo ~are oportet PL.*Per*.8; sedem omnium rerum..suarum Romae ~auit CIC.*Arch*.9; ut..deos ipsos in animis suis ~atos putent *Leg*.2.28; Socrates primus philosophiam..in urbibus ~auit *Tusc*.5.10; (*w. adv.*) Literni honestius..quam Bais exulabit: ruina eius non est tam molliter ~anda SEN. *Ep*.51.11; (*mental images*) imagines eorum locis certis ~are *Rhet.Her*.3.29;—(*refl.*) in sedes ~at se regias ANDR.*trag*.10; PL.*Aul*.706; ut se ipsa (*sc.* Libertas) tamquam in captiuis sedibus ~aret CIC.*Dom*.108; se Athenis ~auit *Fin*.5.4. **b** firmissimas argumentationes in primis et in postremis causae partibus ~are *Rhet.Her*.3.18; tum..alii conclusionem orationis et quasi perorationem ~ant CIC.*de Orat*.2. 80; de cuius..sapientia in prioribus libris satis ~aui TAC. *Ann*.6.27. **c** acutarum grauiumque uocum iudicium ipsa natura in auribus nostris ~auit CIC.*Orat*.173. **d** quod oppidum tumulo in excelso propter mare paruis moenibus inter duas fluuias infra Vessuuium ~atum SIS.*hist*.53; quod ea condicione..(ciuitas) se in eis terris ~atum esse arbitratur ne..CIC.*Font*.45.

2 To set up, place, in a proper or particular position. **b** to set out, arrange. **c** to set up, establish; determine.

bene lineatam si semel carinam ~auit (*i.e. laid down*) Pl. *Mil.*916; in iis trabeculis trabes..~ato Cato *Agr.*18.6; ut..apud eos monumenta uictoriae..~aret Cic.*Ver.*2.3; in campo Martio mihi tabernaculum ~assem *Pis.*61; cum..uas illud in quo inerant sortes ~auissent *Div.*1.76; materiam..conuersam ad hostem ~abat Caes.*Gal.*3.29.1; praetor..tribunal suum iuxta C. Treboni..sellam ~auit *Civ.*3.20.1; pro caespite cadauera ~abantur *B.Hisp.*32.2; ut ad altitudinem sublata ~entur Vitr.10.1.2; ad confluentes ~at castra Liv.1.27.4; seruom..~arunt aeterna in basi Phaed.2.9.2; (corpus) equester ordo..in uestibulo domus ~auit Suet.*Aug.*100.2; calathum fetui gallinaceo destinatum angulo solito ~ato Apul.*Met.*9.33; (*words*) uti cognomen quod pro certo nomine ~emus *Rhet.Her.*4.42; (*w. pred. adj.*) columnas neque rectas neque e regione..~arat Cic.*Q.fr.*3.1.2; (*facet.*) quot tua..~at (*i.e. lays low*) hasta sues Mart.5.65.10. **b** sic in omni mundo partes omnes ~atae sunt, ut..Cic.*Tim.*16; siderum quae causa ~andi fuerit 30; equus..cui Tatius dextras ~at ipse iubas Prop.4.4.38; chlamydem..ut pendeat apte ~at Ov.*Met.*2.734; nec temere..~atur argentum Sen.*Dial.*7.17.2;—(*in a speech, etc.*) satis in ea uidetur..diligenter electas res ~asse Cic. *Inv.*1.8; ad philosophiam..ubi..nulla narratio breuiter et dilucide..~anda Fro.*Aur.*2.p.74(150N). **c** ad ~andum aliquem ciuitatis statum Cic.*ad Brut.*1.15.12;—unius partis columnae crassitudo ~etur Vitr.3.3.10.

3 To put together, assemble.

ornatus..duplex: unus simplicium alter ~atorum (*sc.* uerborum) Cic.*Orat.*80; 149; ut omnia ex altera parte ~ata uix minimi momenti instar habeant *Off.*3.11; neque..quamquam fusis omnibus membris statua sit nisi ~etur Quint. *Inst.*7.pr.2; quod male ~atum, id κακοσύνθετον uocant 8.3.59; coxam..fregit quae parum apte ~ata..male coiit Plin.*Ep.*2.1.5.

4 To station, post (troops, etc.) for tactical or strategic purposes. **b** to place in ambush.

partem cohortium propter mare ~at in litore Sis.*hist.*22; milites..quos in nauibus ~aret Cic.*Ver.*5.133; colonias..idoneis in locis contra suspicionem periculi ~arunt *Agr.*2.73; Caes.*Civ.*3.88.3; erat una nauis..in dextro..cornu longe ab reliquis ~ata *B.Alex.*11.1; ipse propior montem..suos ~at Sal.*Jug.*49.1; cohortes ad portarum exitus ~antur Liv.9.37.8; in prima acie ante signa elephantos ~at 27.48.5; super ipsam Rheni ripam ~ati Tac.*Ger.*28.5; (*cf.*) rebus omnibus confectis et ~atis *B.Alex.*33.5; (*hyperb.*) (legiones) in ceruicibus nostris ~are Cic.*Fam.*12.23.2;—(*fig.*) Q...Catulum filium abducamus ex acie, id est a iudiciis, et in praesidiis rei publicae..~emus *Brut.*222; senatum rei publicae custodem..~auerunt *Sest.*137. **b** certis locis cum ferro homines ~ati Cic.*Caec.*41; fuerant ad hanc rem ~ati *Cael.*64; quem ille ad Cn. Pompeium interficiendum ~arat *Mil.*18; iuuenem in latebris..~at Verg.*G.*4.424.

5 To settle (persons in farms, homes, colonies, etc.), establish, set up. **b** to billet, quarter, lodge. **c** to place (in a particular kind of company).

ut illa aratorum multitudo..in suis agris ac sedibus ~etur Cic.*Ver.*3.128; si Campanus ager diuidatur, exturbari et expelli plebem ex agris non constitui et ~ari *Agr.*2.84; si uos me in meis aedibus ~atis *Dom.*100; mimos dico et mimas..in agro Campano ~atos *Phil.*2.101; (*cf.*) filiam non in familia sed in carcere ~atam *Vat.*28;—(*refl.*) ii se Thermis ~arant in isdem agri finibus *Ver.*2.86; Ulp.*dig.*50.1.6.2. **b** comites..eius..apud ceteros hospites ~antur Cic.*Ver.*1.63; cum..Piliam in Cumano ~auissem *Att.*14.17.1;—(*troops*) cum prima aestiua attigissem militemque ~assem *Fam.*2.13.3; exercitum..in hibernis ~auit Caes.*Gal.*3.29.3; ceterum exercitum in prouinciam..hiemandi gratia ~at Sal.*Jug.*61.2. **c** tu inter eius modi mulieres praetextatum tuum filium..~auisti Cic.*Ver.*5.137.

6 To place, cause to lie down (on a bed, couch, etc.).

eam in lecto..~arunt Ter.*Eu.*593; ~emus (hunc) in culcita plumea? Cic.*Tusc.*3.46; homo lecto ~andus est Cels.5.26.25.A;—nouam nuptam..~o, fulcio, mollio, blandior Pl.*Cas.*883; Ter.*Ph.*759; iubeo hominem tolli et ~ari Afran.*com.*143; uos bonae..feminae, ~ate puellulam Catul.61.181; inter epulantes eos ~arunt Cels.3.18.11; comiter excepta superque ipsum ~ata Tac.*Ann.*14.4; (*cf.*) Satyrum in phiala grauatum somno ~auisse uerius quam caelasse dictus est Plin.*Nat.*33.156.

7 To put (into a situation or condition), place or involve (in). **b** *in tuto* (*tutum*) *~are*, to place in safety, make safe.

(*w.* in+*acc.*) homines quattuor in soporem ~astis nudos Pl.*Am.*304; ut eam in se dignam condicionem ~em *Trin.*159; (*refl.*) in otium te ~es *Mer.*553;—(*w.* in+*abl.*) in possessione praediorum eius familiam suam ~auit Cic.*Flac.*72; filius in patrimonio suo ~atus *Phil.*13.12; ut..deorum in numero ~atus putaretur *Rep.*2.17; qui..in re publica ~auit (*sc.* filium) *Parad.*25; (*refl.*) si quae..mulier..sese in meretricia uita ~arit *Cael.*49;—(*w. abl.*) ut modestia sit scientia rerum..loco suo ~andarum *Off.*1.142. **b** amici..res est uidenda in tutum (*s.v.l.*) ut ~etur Ter.*Hau.*689; uidendumst..amici..res..tui in tuto ut ~etur 695; qui suas rationes in tuto non ~arit *Rhet.Her.*3.8; in tuto ~ant Clodium Cic.*Har.*53; quies mentis in tuto ~atae Sen.*Dial.*7.4.5; Quint.*Inst.*12.11.7.

8 To base, ground (in), make dependent (on). **b** (pass.) to occur, be found or involved (in periods of time, circumstances, etc.); to have reference (to).

neque ubi meas ~cem spes habeo mi usquam munitum locum Pl.*Epid.*531; quodsi..in alicuius eloquentia..spem aliquam ~asset Cic.*Ver.*9; neque huius iudici ueritatem..in uoluntate testium ~ari sinam *Cael.*22; ut..spem malefici praesentis in incerto..euentu ~ares *Quinct.*83; ut in fuga spem salutis~arent *B.Alex.*29.5. **b** hic..debuit maxime ~ari Iuno Lucina Var.*L.*5.69; omnia sunt..posita ante oculos, ~ata in usu cotidiano Cic.*de Orat.*1.192; altera (materies) est, quae tota..in argumentatione oratoris ~ata est 2.116; et illa fuit pecunia..propria, haec in causa et in iudicio ~ata *Q.Rosc.*23; quoniam in grauissimis temporibus ciuitatis atque in ruinis euersae..rei publicae P. Sesti tribunatus est a Fortuna ipsa ~atus *Sest.*5; neque se in breuitate uitae ~atam putat (cogitatio) *Tusc.*5.70;—dandi faciendique condiciones in personas ~antur Paul.*dig.*35.1.60.

9 To give in marriage. **b** to transfer (property).

quodsi non..filiam Ti. Graccho ~asset Cic.*Inv.*1.91; *Off.*2.71; Caes.*Gal.*1.18.6; maior (filia) P. Cornelio Nasicae..a patre ~ata erat Liv.38.57.2; Sen.*Ben.*4.27.5; consul..filiam iuueni mihi despondit ac post consulatum ~auit Tac.*Ag.*9.7; Suet.*Cl.*27.2;—(*w. no dat.*) ut filiae eius..dotibus datis ~arentur Nep.*Ar.*3.3; Quint.*Decl.*247(p.11,l.18); (*refl.*) nuptiis se ~are Ulp.*dig.*3.2.11.2;—(*w.* nuptum) ut eam sine dote frater nuptum ~et Pl.*Trin.*735; Col.4.3.6;—(*w.* in matrimonium) sororis suae filiam in matrimonium ~are Cic.*Div.*1.104; Gaius *Inst.*2.235. **b** Gaius *dig.*41.1.9.7; ut saepius fundus ~etur Ulp.*dig.*18.2.11.

10 To spend (money) on; (also) to deposit, lodge (with a person). **b** to put (money, etc.) into a venture, invest.

ut pecunias tuas potius in emptiones praediorum ~es quam faeneres Gaius *dig.*17.1.2.6;—curator..apud quem refecta pecunia ~etur Ulp.*dig.*37.6.1.10. **b** bene res nostra ~ata est istoc mercimonio Pl.*Mos.*915; ut in eo fundo dos ~aretur Cic.*Caec.*11; in arcam relatum est quod ~ari non potuit Petr.53.4; Suet.*Tib.*48.1; Ulp.*dig.*22.1.33; (*cf.*) ut pecuniae non quaerendae solum ratio est, uerum etiam ~andae..sic gloria et quaerenda et ~anda ratione est Cic.*Off.*2.42; (*fig.*) aerumnas fugis bene ~atas? Sen.*Thy.*427; (*cf. 8*) Chaldaeos consuluerat, quo lucro filiam ~aret Apul. *Apol.*97.

11 To bestow, confer (a favour, honour, etc., esp. one from which some return is expected).

beneficiorum ~andorum..causa Cic.*Ver.*2.137; melius apud bonos quam apud fortunatos beneficium ~ari puto *Off.*2.71; ut (beneficia) male ~ata male debeantur Sen.*Ben.*1.1.1; *Dial.*7.24.2; ne..spe meriti ~andi in mendacio perseuerent Ulp.*dig.*48.5.28(27).13;—ut haec ipsa aedilitas..recte ~ata..esse..uideatur Cic.*Ver.*5.37.

12 To devote, apply (time, energy, resources, etc., to), spend (on).

totam suam quaesturam in me sustentando..~auit Cic. *Red.Sen.*35; ut..in uoluptatibus adulescentiam suam ~aret *Cael.*39; non enim effudit (patrimonium suum): in salute rei publicae ~auit *Phil.*3.3; si..omne suum studium in..sapientia ~assent Cic.*Q.fr.*1.1.29; auaritia in magnarum opum congestu ~ata Sen.*Ben.*2.27.3; satis longa uita..si tota bene ~aretur *Dial.*10.1.3; male ~are si bonas uoles horas Mart.1.113.3;—(*refl.*) in opus ut sese ~auit quam ⟨cit⟩o! Pl.*Vid.*75; tum..totum se in cognitione..~aret Cic.*Off.*1.158.

13 To put out on contract.

non..quicquam interest, utrum uno pretio opus an in singulas operas ~atur Javol.*dig.*19.2.51.1.

collocuplētō ~āre ~āuī ~ātum, *tr.* **conl-.** [CON-+LOCVPLETO] To enrich, make wealthy; (transf.) to enrich, embellish.

tu interea loci ~asti te Ter.*Hau.*258;—exornatio est qua utimur rei honestandae et ~andae causa *Rhet.Her.*2.28; ad exaugendam et ~andam argumentationem 2.46.

collocūtiō ~ōnis, *f.* **conl-.** [COLLOQVOR+-TIO] Talking together, conversation. **b** discussion, debate. **c** (mil.) a parley.

secutae ~ones familiarissimae cum Trebonio Cic.*Phil.*11.5; est profecto quiddam λέσχη, quae habet..~one ipsa suauitatem *Att.*12.1.2; *Fam.*7.11.2;—(*of ants*) quam diligens cum obuiis quaedam ~io atque percunctatio! Plin.*Nat.*11.110. **b** nec uero id ~o hominum aut consessus efficit Cic.*Tusc.*1.30. **c** C. Popilius..uenit cum hostium ducibus in ~onem *Rhet.Her.*1.25.

colloquium ~iī, *n.* **conl-.** [next+-IVM]

1 Talk, conversation (between private persons). **b** entering into conversation (with), talking (with), speaking (to). **c** (as a sign of social intercourse). **d** conversation, talk (in written form).

cesso..me in ~ium conferre horum? Turp.*com.*212; suauis..narratio est quae habet..~ia personarum Cic. *Part.*32; hinc (*sc.* a uoluptate) cum hostibus clandestina ~ia nasci *Sen.*40; cum in ~iis Pompeiani famem nostris obiectarent Caes.*Civ.*3.48.2; fruiturque deorum ~io Verg. *A.*7.91; qui clam in ~iis hostium fuerant Liv.23.17.1; ne quod iis ~ium inter se..esset 23.34.9; per occulta ~ia 25.33.3; Antonius..per ~ia repulsus a M. Lepido Vell.2.63.1; Plin.*Nat.*6.2; apta mouere ~ia Stat.*Silv.*1.2.50; seruataque reddes ~ia inque uicem medios narrabimus annos 3.2.135;—(*cf.*) hoc mihi ~ium tecum..manebit (*i.e. between Pan and Syrinx*) Ov.*Met.*1.710; serpens..quem quisquis ederit intellecturus sit alitum ~ia Plin.*Nat.*10.137;—(*w. gen. of subject-matter*) aut rerum ~ia leuiorum Cic. *Luc.*6. **b** ~io militibus permisso Sal.*Hist.*1.91; pudor quidam fugere ~ia et coetus hominum cogebat Liv.9.6.9; o uir ~io non abigende deum Ov.*Fast.*3.344. **c** in hac solitudine careo omnium ~io Cic.*Att.*12.15; nec fuge ~ium Ov.*Rem.*587; electa (Italia) quae..tot populorum discordes..linguas sermonis commercio contraheret ad ~ia Plin.*Nat.*3.39. **d** quid est aliud..tollere amicorum ~ia absentium? Cic.*Phil.*2.7; accipe ~ium gelido Nasonis ab Histro Ov.*Pont.*2.4.1.

2 A conference, discussion. **b** (as obj. of vbs. of asking) an interview, meeting. **c** (mil.) a meeting for discussion of terms, etc., esp. with an enemy; a parley.

Antonio ~ium cum heroibus nostris pro re nata non incommodum Cic.*Att.*14.6.1; fore uti per ~ia omnes controuersiae componantur Caes.*Civ.*1.9.6; Liv.24.19.10; cuncta ~iis inter praesentis..festinabantur Tac.*Ann.*6.50;—(*w. gen.*) cum..iam ad congressum ~iumque eius peruenisset Cic.*Phil.*9.2; Caes.*Civ.*1.26.5. **b** neque ~ium eius petiuit Nep.*Dat.*10.3; Ov.*Met.*13.552; ~ium filii exposcit Tac.*Ann.*13.21. **c** cum..in ~io dixisset glorians: 'solem..non uidebitis' Cic.*Tusc.*1.101; frumenti inopia ~ium petunt Caes.*Civ.*1.84.1; dux Veiens..~ium..sua fretus ab urbe dedit Prop.4.10.32; priusquam dimicent opus esse ~io Liv.1.23.5; contrahere in ~ium dirimendarum simultatium causa est conatus 28.18.2;—(*w. gen.*) nempe in Antoni congressum ~iumque ueniendum Cic.*Phil.*12.26; Tac.*Hist.*2.41.

colloquor ~quī ~cūtus, *intr.*, *tr.* **conl-.** [CON-+LOQVOR]

1 (w. *cum*, etc.) To talk to, converse with, speak to.

ubi cum lenone me uidebis ~qui Pl.*Per.*728; ut ~qui mecum una posset Ter.*Hec.*131; Titin.*com.*57; Cleophantus..cum Habito est ~cutus Cic.*Clu.*47; *Fam.*1.9.10; ut..~qui cum Orpheo Musaeo Homero Hesiodo liceat *Tusc.*1.98; confecto legationis officio liberius cum militibus regis ~qui coeperunt Caes.*Civ.*3.103.4; Liv.30.43.5;—(*w.* per litteras) ut..per litteras tecum quam saepissime ~quar Cic.*Fam.*1.7.1;—(*w. dat.*) earum..gentium uiris haut umquam per interpretem ~cutus est Gel.17.17.2;—(*w.* inter se) multum inter se..~cuti sunt Cic.*de Orat.*1.26; *Fam.*4.1.1;—(*absol.*) ~quuntur; dies ex utriusque commodo sumitur *Caec.*20; *Att.*13.17.2(18).

2 (tr.) To speak to (a person).

te uolo..~qui Pl.*Am.*898; perlubet hunc hominem ~qui *Capt.*833; *Trin.*1150;—(*ellipt. or absol.*) quae loquitur auscultabo priu' quam ~quar *St.*197; east ipsa: ~quar Ter.*Ph.*739; qui propter ueterem amicitiam ~qui consolarique cuperent Nep.*Eum.*11.2; (*cf.*) omnium aduersarios..diligenter cognoscere, ~qui, attemptare Cic.*Ver.*2.135.

3 To discuss (matters). **b** (w. acc. and inf.) to say in conversation.

de iis rebus, quas tecum ~qui uolo Nep.*Them.*9.4; Antonium Natalem multa cum Scaeuino ac secreta ~cutum Tac.*Ann.*15.55. **b** Socrates in eo libro ~quitur (*cj.*) cum Critobulo Cyrum minorem..comem erga Lysandrum..fuisse Cic.*Sen.*59; illi ~cuti satis quaesitum uideri Curt.6.11.34.

4 (w. *cum*, etc.) To hold business or other discussions, talk matters over. **b** (mil.) to hold a parley.

cum quibusdam adulescentibus ~quitur Caes.*Gal.*7.37.1; uelle sese (*sc.* iuniores) cum maioribus natu ~qui Liv.26.22.11; D VETVRIVS MACRINVS PROC AVG ~CVTVS CVM CANARTA PRINCIPE *A.Epig.*53.79; (*w.* de) quibuscum tu de hoc ipso ~quare uelim Cic.*Att.*11.14.2; Nep.*Att.*8.4;—(*w.* inter se) principes Britanniae..inter se ~cuti Caes.*Gal.*4.30.1. **b** per C. Valerium Procillum..cum eo ~quitur Caes.*Gal.*1.19.3; ~qui semet ipsum cum iis uelle Liv.21.24.3;—(*ellipt. or absol.*) utrique imperatores in medium exeunt..~quontur simul Pl.*Am.*224; Caesari non credebam prius quam conuenissem et ~cutus essem D.Brut.*Fam.*11.13.1.

collubus ~ī, *m.*: see COLLYBVS.

collūceō ~cēre ~xī, *intr.* **conl-.** [CON-+LVCEO]

1 (of sources of light) To give out light, shine brightly. **b** to light up (with fire).

clarum ~cens Scorpios Cic.*Arat.*452(208); quippe qui (*sc.* sol) inmenso mundo tam longe lateque ~ceat *N.D.*2.40; taedaque..accensa per undas ~cet Lucr.6.882; ~cent ignes Verg.*A.*9.166; undique ~cent..lampades Ov.*Ep.*14.25; qualis (flamma) in Herculeae ~xit collibus Oetae *Epic.Drusi* 257; ~centes per campum Martis faces Tac.*Ann.*3.4; (*cf.*) quarum (alitum) plumae ignium modo ~ceant noctibus Plin.*Nat.*10.132. **b** contermina caedis ~cet..aesculus Sil.5.511; ut..arae sponte subitis ~cerent ignibus Suet.*Tib.*14.3.

2 To reflect light, to be illuminated, shine, be lit up.

qua a sole ~cet albescit et uibrat (*sc.* mare) Cic.*Luc.*105; deus ipse solem..accendit..ut..caelum omnibus ~ceret *Tim.*31; ~cent pocula mensae Catul.64.45; moenia..quae..~cent flammis Verg.*A.*5.4; omnia luminibus ~cent Liv.24.21.9; Ov.*Met.*4.403; castra..magno ignis fulgore ~cere Curt.3.3.3; in his..aurum punctis ~cet Plin.*Nat.*37.119; Stat.*Silv.*1.6.89; Vitelliani aduerso lumine ~centes Tac.*Hist.*3.23; (*cf.*) placebit illi ignis, per quem bona fides ~cebit Sen.*Ben.*4.21.6.

3 To be bright or resplendent, to glitter (from the presence of bright or beautiful objects).

uidi ~cere omnia furtis tuis Cic.*Ver.*1.52; operibus agri insulae litoraque ~cent *N.D.*2.99; purpureis ~cent floribus agri Ov.*Fast.*5.363; uersicoloribus pomis grauidus ~cet autumnus Col.3.21.3; totumque sub armis ~cere iter Stat.*Theb.*2.553; (terra) uillulis urbibusque ~cens Apul.*Mun.*4;—(*of a person*) sacerdos..totus ~cens ueste atque insignibus albis Verg.*A.*10.539.

collūcō ~āre, *tr.* **conl-.** [CON-+LVCVS+-O[3]] To prune, thin out (trees).

lucum ~are Cato *Agr.*139; neque arborem ~are (feriis permittitur) Col.2.21.3; ~are..succisis arboribus locum inplere luce Fest.p.348M.

colluctātiō ~ōnis, *f.* **conl-.** [next+-TIO]

1 Physical struggling (with another person or animal). **b** (transf.) struggle, conflict.

non est in rixam ~onemque ueniendum Sen.*Dial.*2.19.1; ne in ~one alter (iuuencus) alteri noceat Col.6.2.4; Ulp.*dig.*9.2.7.4;—(*in love-making*) Apul.*Met.*2.17; dum Veneris ~onibus securius operantur 9.5. **b** in furorem se magnae ~onis exercuit [Quint.]*Decl.*11.2; (*at law*) redeuntis in damnatam ~onem 17.8.

2 a A death-struggle, death-agony. **b** a struggle against other conditions, etc.

a ipsa ~one animae deficientis SEN.*Nat*.3.18.1; strepitum..utrum putetis factum ~one morientis [QUINT.]*Decl.* 2.20. **b** est aliis concursus oris et cum uerbis suis ~o QUINT.*Inst*.11.3.56; cum..aduersa ceciderunt, repugnantis roboris ~one uincuntur [QUINT.]*Decl*.5.15.

colluctor ~ārī ~ātus, *intr.* **conl-.** [CON- +LVCTOR]

1 To struggle physically, wrestle (with).

militem..~antem et uim inferentem occidit SEN.*Con*.1.2; ~atam te..cum uiro 1.2.6; ne femina (*sc.* equa) ~ari..possit COL.6.37.10; SUET.*Dom*.17.2; (*transf., of atoms*) nascitur uentus, cum illa, quae ~abantur, incubuere et..inclinauere se SEN.*Nat*.5.2.

2 To struggle with, fight against (misfortunes, adverse conditions, etc.).

magnos uiros ~antis cum aliqua calamitate SEN.*Dial.* 1.2.7; senem..uiridem animo..cum corpusculo suo ~antem SEN.*Ep*.66.1; quamdiu cum affectibus ~amur *Nat*.1.pr.5; cum sit ~andum cum eo (*sc.* agro) COL.1.3.9; philosophum ..cum petulantia morbi ~antem GEL.12.5.9; (*of inanim. things*) cum eo solo (*sc.* ueneno) ~atur (aconitum) ueluti praesentius inuento PLIN.*Nat*.27.5.

collūdō ~dere ~sī ~sum, *intr.* **conl-.** [CON- +LVDO]

1 To play (with); (also) to make sport.

uulgare erat..lasciuienti pyrriche ~dere (elephantos) PLIN.*Nat*.8.5; (*poet., of feathers*) summa nantis in aqua ~dere plumas VERG.*G*.1.369; (*w. dat.*) puer..gestit paribus ~dere HOR.*Ars* 159;—si quis ~dendi..gratia id facit ULP. *dig*.47.10.15.23.

2 (leg.) To act in collusion (with).

ne nos ~dere tyrannus intellegat SEN.*Con*.9.4.5; ULP.*dig*. 43.29.3.10;—(*w.* cum) nisi tecum tum ~sisset CIC.*Ver*.2.58; an haec cum raptore ~serit SEN.*Con*.1.5.8; aediles..qui cum pistoribus ~dunt 'serua me seruabo te' PETR.44.3; ~dit.. cum auia QUINT.*Decl*.388(p.439,l.5); si ~si ego cum tutore ULP.*dig*.19.2.19.

collum ~ī, *n.* **~us** ~ī, *m.* [AS. *heals*, Ger. *Hals*] GENDER: masc. app. in authors up to Varro, also FRO.*Ant*.2.p.96(38N), *A.Epig*.01. 183; cf. QUINT.*Inst*.1.6.42. NUMBER: pl. freq. used by poets in sg. sense.

1 The neck (of men and animals).

utrum scapulae plus an ~us calli⟨mi⟩ habeat NAEV.*com*. 115; ~us collari caret PL.*Capt*.357; ACC.*trag*.302; VAR.*Men*. 500; procerum et tenue ~um CIC.*Brut*.313; tamquam serpens..inflato ~o *Vat*.4; tuus..deus non digito uno redundat sed capite ~o ceruicibus *N.D*.1.99; nec caput est oneri ~o LUCR.5.541; uentis dant ~a comasque VERG.*A*. 7.394; (gruis) gulae..credens ~i longitudinem PHAED.1.8. 8; ille caput labens et iam languentia ~a..leuat LUC.3. 737; PLIN.*Nat*.11.180.

2 (in var. special aspects): **a** (as the source of voice, song, etc.). **b** (the place where ornaments, etc., are placed or suspended). **c** (round which clothes, equipment, etc., are slung). **d** (the part on which burdens, esp. the yoke, are carried; freq. fig.). **e** (the part clasped in embracing). **f** (the part round which a noose is placed). **g** (as a vital part).

a quid hoc hic in ~o tibi tumet? PL.*Per*.312; cycni..dant per ~a modos VERG.*A*.7.701; longo resonantia sibila ~o MACER *poet*.7. **b** quasi puero in ~o pendeant crepundia PL.*Mil*.1399; haec ciuitas mulieri in redimiculum praebeat, haec in ~um CIC.*Ver*.3.76; ~oque monile bacatum VERG.*A*. 1.654; (torquem) respersum cruore ~o circumdedit suo LIV.7.10.11; STAT.*Silv*.3.4.52. **c** coniciam in ~um pallium PL.*Capt*.779; *Epid*.194; ensem ~o suspendit eburnum VERG.*A*.11.11; sit comes (Amor) et ~o fortiter arma gerat? TIB.2.6.2; STAT.*Silv*.5.2.130. **d** tollam ego ted in ~um PL.*Bac*.571; accipite..hoc onus in uestros ~os CATO *orat*.227; CATUL.10.23; (*fig.*) cum istius auaritiae poenam ~o et ceruicibus suis sustinerent CIC.*Ver*.5.108;—quamuis ~o timuisset aratrum VERG.*Ecl*.6.50; *G*.2.542; (*fig.*) iam ~um tritum habet (Cicero) SEN.*Suas*.6.12; (*the yoke or bonds of love*) Veneris uinclis subdere ~a senem TIB. 1.2.90; iniusto subtrahe ~a iugo PROP.2.5.14;—ductaque per uias regum ~a minacium HOR.*Carm*.2.12.12; sequitur captus coniectaque uincula ~o accipit OV.*Tr*.4.1.83; dare ~a catenis STAT.*Ach*.1.944. **e** qui lubet tam diu tenere ~um? PL.*Poen*.1266; proximae cuiusque ~um amplexu petebat CAEL.*orat*.15; in ~um (mulieris) inuasit CIC.*Phil*. 2.77; CATUL.9.8; ter conatus ibi ~o dare bracchia circum VERG.*A*.2.792; redeunt in ~a parentum PROP.4.8.13. **f** homini iam perdito et ~um in laqueum inserenti subuenisti CIC.*Ver*.4.37;—(*in arrests*) quom..Amphitruonem ~o hinc opstricto traham PL.*Am*.953; rapior optorto ~o *Rud*.868; in ~o iam mihi nodus erat PROP.2.29.10; LIV. 4.53.8. **g** ut ego ~os praetruncabo tegoribus! PL.*Capt*. 902; actumst de ~o meo *Trin*.595; ~um Ludo praecidi iube! CAECIL.*com*.56; Catilinam non latus aut uentrem sed caput et ~um solere petere CIC.*Mur*.52; posuitque ~um in puluere Teucro HOR.*Carm*.4.6.11; VERG.*A*.12.356; OV. *Tr*.4.2.5; quam frangere ~a Iugurthae LUC.9.600; (*meton.*) dabit auratis..cornibus igni ~a pater V.FL. 1.90.

3 The head and neck; also, a severed head.

tamquam ~us cernui LUCIL.703; ~aque uelocis flectere doctus equi OV.*Pont*.2.9.58; releuate ~a SEN.*Oed*.1054; ~a rotat STAT.*Silv*.4.3.121;—~a ducum..gestata per urbem LUC.2.160; 9.1083; SIL.5.285.

4 (of flowers, etc.) The upper part of the stem, the neck.

lassoue papauera ~o demisere caput VERG.*A*.9.436; tenero cucumis fragilique cucurbita ~o COL.10.234; PETR.132.11, l.3; PLIN.*Nat*.19.72.

5 A mountain ridge.

iamque fere medium Parnasi frondea praeter ~a tenebat iter STAT.*Theb*.9.644.

6 The neck of a vessel.

amphoram defracto ~o CATO *Agr*.88.1; quae cum lagonae ~um frustra lamberet PHAED.1.26.10; angustae ~o non fallier orcae PERS.3.50; PLIN.*Nat*.28.174.

collūminō ~āre, *tr.* **conl-.** [CON- +LVMINO] To illuminate.

ut..Seruius Tullius flamma ~etur a capite APUL.*Soc*.7.

colluō ~uere ~uī ~ūtum, *tr.* **conl-.** [CON- +*luo* (cf. ALLVO)]

1 To wash, rinse out.

ebuli recentis radix excussa tantum nec ~uta PLIN.*Nat*. 26.119; 32.58;—(*the mouth, teeth, etc.*) liquido cum plasmate guttur mobile ~ueris PERS.1.18; ~utis dentibus prodest (ruta) PLIN.*Nat*.20.137; dentes ter annis ~uantur testudinum sanguine 32.37; os ~uere aqua calida LARG.54; FRO.*Aur*.1.p.8(64N); (*poet.*) sitim conceperat, oraque nulli ~uerant fontes OV.*Met*.5.447.

2 a To wash or rinse away (impurities, pains). **b** to wash together.

a oris habitum iucundiorem facit (anesum)..manducatum matutinis..mox uino ~utum PLIN.*Nat*.20.186; dentium dolores efficaciter ~uunt 24.41. **b** cum paulatim ~uendo locum eminentem supra alueum fecit (flumen) POMPON.*dig*.41.1.30.2.

3 (dub.) To use as a wash.

eadem trita ex aceto ~uta (*s.v.l.*) matutinis..dentium dolorem prohibent PLIN.*Nat*.20.58; radix aceto decocta, si ~uatur (*cj.*) sucus, dentibus auxiliatur 20.232.

collurchinātiō ~ōnis, *f.* **conl-.** [CON-; as LVRCHINABVNDVS+-TIO] Gormandizing, guzzling.

quae omnia..hic degulator..omnimodis ~onibus dilapidauit APUL.*Apol*.75.

collus ~ī, *m.*: see COLLVM.

collūsim (dub.), *adv.* **conl-.** [COLLVDO+-IM] (app.) In collusion.

ego mihi ~ (*cj.*) nil moror ullum lucrum PL.*Rud*.1248.

collūsiō ~ōnis, *f.* **conl-.** [COLLVDO+-TIO] Secret understanding, collusion.

tuorum comitum..~o cum decumanis CIC.*Ver*.3.33; suspicionem..inter raptae patrem et raptorem ~onis SEN. *Con*.2.3.22; illa inter uirum et uxorem nota ~o APUL.*Apol*. 75; si per ~onem cum adultero constituerit fueritque absolutus ULP.*dig*.48.5.20(19).3.

collūsor ~ōris, *m.* **conl-.** [COLLVDO+-TOR]

1 One who plays with another, a playfellow. **b** (in games of dice, etc.) fellow gambler.

necesse est..lusor bonus aliter illam (*sc.* pilam) ~ori longo, aliter breui mittat SEN.*Ben*.2.17.3; M BAEBIO M F GAL..~ORES *CIL* 2.3853;—(*of pets*) delphinum gestatorem ~oremque puerorum PLIN.*Ep*.9.33.8; rusticus infans cum matre et casulis et ~sore catello JUV.9.61. **b** Coelius, ~or Galloni LUCIL.1134; agrum Campanum..tu compransoribus tuis et ~oribus diuidebas CIC.*Phil*.2.101; 13.3; cum..per iocum ~ori dixisset 'occide' V.MAX.9.9.3; SUET.*Cal*.41.2.

2 One who acts in collusion.

si rapinas fecerint inter se ~ores ULP.*dig*.11.5.1.1.

collūsōriē, *adv.* **conl-.** [COLLVSOR+-IVS+-E] In or by collusion.

qui ~ de hereditate litigauit ULP.*dig*.30.50.2.

collustrium ~iī, *n.* **conl-.** [next+-IVM] Ceremonial purification (of fields).

HS N̄ CC ~IO FVNDI VETTIANI DEDIT *CIL* 5.5005.

collustrō ~āre ~āuī ~ātum, *tr.* **conl-.** [CON- +LVSTRO]

1 To illuminate, make bright.

sol omnia clarissima luce ~ans CIC.*N.D*.2.92; flammatus Iuppiter..totum ~at lumine mundum *Div*.1.17; FRON.*Str*. 1.5.28; iubaris exortu cuncta ~antur APUL.*Met*.1.18; in loco lumine ~ato *Apol*.16; (*in a painting*) in picturis..alios nitida laeta ~ata delectant CIC.*Orat*.36.

2 (usu. w. *oculis*, etc.) To look over, survey; (also transf., w. *animo*) to survey mentally.

cum omnia ~arem oculis CIC.*Tusc*.5.65; uisu..tremendo ~at campos STAT.*Theb*.2.510; omnia ~ans..conspexi VERG. *A*.3.651;—si Samnium, si Etruriam, si magnam illam Graeciam ~are animo uoluerimus CIC.*Rep*.3.7.

3 To range over, traverse, explore.

ceu flauam Libyen..~ent STAT.*Theb*.4.739; equo ~ans cuncta TAC.*Ann*.2.45; caeli spatium sol annua reuersione ~at APUL.*Mun*.29.

collūtiō ~ōnis, *f.* **conl-.** [COLLVO+-TIO] Rinsing.

uarie sedandus est (dentium dolor), partim ~one quorundam LARG.53.

collutulentō ~āre, *tr.* **conl-.** [CON- +LVTVLENTVS+-O³] To cover with mud (in quot., fig.).

haec famigeratio te honestet, me ~et PL.*Trin*.693.

colluuiāris ~is ~e, *a.* **conl-.** [next+-ARIS] (See quot.)

~is porcus dicitur, qui cibo permixto et colluuie nutritur PAUL.*Fest*.p.57M.

colluuiēs ~ēī, *f.* **conl-.** [COLLVO+-IES]

1 Collected muck, decayed matter, etc., filth. **b** refuse, sewage.

aer, quo longius a terrarum ~e recessit hoc..purior..est SEN.*Nat*.4b.10; pestis..caeno et fermentata ~e uenenatas emittit (palus) COL.1.5.6; nigro si turbida limo ~es inmota iacet LUC.4.311. **b** omnis stercorata ~es chortis balneariorumque COL.1.6.24; cloaca..est locus cauus, per quem ~es quaedam fluit ULP.*dig*.43.23.1.4.

2 Pig-swill.

medetur (lappa) et subus..addita in ~em poturis PLIN. *Nat*.24.176.

3 (fig., of conditions, etc.) 'Cesspool', 'mire'. **b** (applied to a conglomeration of worthless people).

ut..te..uinci cum illo facilius patiaris quam cum hoc in ea quae perspicitur futura ~e regnare CIC.*Att*.9.10.7; in multa ~e rerum maioribus flagitiis permixtos TAC.*Hist*.2.16; uisa detectae fidei ~e APUL.*Met*.5.23. **b** struxere muros.. magna ~e et ceterarum urbium clade aucti TAC.*Hist*.5.12; quod..non Atheniensis..sed ~em illam nationum *Ann*. 2.55; 14.15.

colluuiō ~ōnis, *f.* **conl-.** [COLLVO+-IO¹]

1 A heterogeneous mass, jumble, welter.

ille nefarius ex omnium scelerum ~one natus CIC.*Sest*. 15; ea ~o mixtorum omnis generis animantium LIV.3.6.3; apud milites..mixtos ex ~one omnium gentium 22.43.2; 28.12.3; (*of words*) ut (lingua) fluat semper et aestuet ~one uerborum taeterrima GEL.1.15.17.

2 The fact or state of contamination, impure mixture.

~onem gentium, perturbationem auspiciorum..adferre LIV.4.2.5; sincerum atque ab omni ~one peregrini ac seruilis sanguinis incorruptum seruare populum SUET.*Aug*. 40.3.

3 A disordered state of affairs, turmoil, welter.

leges..quae in Gracchorum ferocitate..et in ~one Drusi ..etiam inter Sullana arma uixerunt CIC.*Vat*.23; *Har*.55; cum..ex hac turba et ~one discedam *Sen*.84; ne cui in ~one rerum maiestatem suam contumeliae offerrent LIV. 3.11.5; 34.51.4; Athenienses..~onem ordinum hominumque aegre ferebant CURT.10.2.6; qui uim herbarum..quasi quadam ~one naturae de summis montibus in mare transferatis APUL.*Apol*.31.

collybus ~ī, *m.* **collu-.** [Gk. κόλλυβος]

1 Cost of exchange, agio.

deductiones fieri solebant..pro spectatione et ~o CIC. *Ver*.3.181; sed certe in ~o est detrimenti satis *Att*.12.6.1.

2 (app.) Coin.

hanc finxit manibus ~o decoloratis Nerulonensis men sarius *in* Suet.*Aug*.4.2.

collȳra ~ae, *f.* [Gk. κολλύρα] (perh.) A kind of pasta.

~ae facite ut madeant PL.*Per*.92; entro ha⟨b⟩et (chiloma) ~am *BIFAO* 41(p.155).

collȳricus ~a ~um, *a.* [Gk. κολλυρικός] Of or made with *collyra*.

nisi cremore crassost ius ~um PL.*Per*.95.

collȳrium ~iī, *n.* [Gk. κολλύριον]

1 An eye-salve.

hic oculis ego nigra meis ~ia lippus illinere HOR.*S*.1.5.30; multa..~ia ad id apta sunt CELS.6.6.2; claritati uisus in ~iis conuenit (hammoniacum) PLIN.*Nat*.24.23; LARG.19; JUV. 6.579; *CIL* 7.1309.

2 A pessary or suppository.

ex..eo ~ium fieri debet altera parte tenuius, altera parte paulo plenius CELS.5.28.12.G; ~ia inmittuntur aluo COL. 6.6.5; (axungia) partus in abortum urgentes nutrit ~ii modo subdita PLIN.*Nat*.28.139; fiunt ~ia magnitudinis nucleorum pineorum LARG.142.

Colminiānus ~a ~um, *a.* = next.

in agro crasso et caldo oleam..~am..serito CATO *Agr*.6.1.

Colminius (~eus) ~ia ~ium, *a.* **Culm-.** The designation of a variety of olive.

oleam..~iam VAR.*R*.1.24.1. **β** (genera olearum) Pausia, Algiaria,..~ia COL.5.8.3; (oliuae) ~eae 12.51.3.

colō¹ ~ere ~uī cultum, *tr.*, (*intr.*). [< **quelo* (cf. INQVILINVS), Skt. *cárati*, Gk. πέλομαι] FORMS and ORTHOG.: *quolundam* (gdve.) *CIL* 1.364; *colundo* SAL.*Cat*.4.1.

1 To live in, inhabit (a town, district, etc.). **b** (intr. or ellipt.) to have one's habitation, live.

qui caelum ~unt PL.*Per*.581; Athenas nunc ~amus *St*. 670; urbem, mi Rufe, ~e CIC.*Fam*.2.12.2; mari ~itur medio gratissima tellus VERG.*A*.3.73; terrae extremas inter mediamque ~untur VAR.AT.*poet*.16(14); deuia rura ~es PROP.2.19.2; undis iura dabat nymphisque ~entibus undas OV.*Met*.1.576; deus ima ~entum (*i.e.* Pluto) SIL.5.241; liceat nobis uobisque utramque ripam ~ere TAC.*Hist*.4.64; uillam ~ere et ornare PLIN.*Ep*.3.19.2; (*ellipt.*) est locus..Oenotri ~uere uiri VERG.*A*.3.165; (*of settlements*) tribus..uicis ~entibus eam oram LIV.10.2.7;—(*of animals, etc.*) Stymphala ~entes LUCR.5.29; insulae quas dira Celaeno Harpyiaeque ~unt aliae VERG.*A*.3.212; natus et ambiguae ~eret qui Syrtidos arua chersydros LUC.9.710. **b** exerce uocem (*sc.* praeco) quam per uiuisque et ~is PL.*Poen*.13; *Ps*.202ª; qui iuxta Oceanum ~unt CAEL.*hist*.55; ~unt..circa utramque ripam Rhodani LIV.21.26.6; qui extra pomerium et urbem totam ~it APUL.*Met*.1.21; ULP.*dig*.43.13.1.4.

2 (of gods) To live, dwell in (a place, usu. by virtue of being worshipped there and thought of as giving protection, etc.).
deos deasque ueneror qui hanc urbem ~unt PL.*Poen*.950; Liber, qui augusta haec loca Cithaeronis ~is *Inc.trag*.217; urbs..quam Iuno fertur..unam..~uisse VERG.*A*.1.16; Iuno regina, quae nunc Veios ~is LIV.5.21.3; qui hanc urbem, hos sacratos lacus lucosque ~itis 24.38.8; Elim Messeniaque arua ~ebas OV.*Met*.2.679; cultaque Oresteae Taurica terra deae *Pont*.1.2.78.

3 To till, cultivate, farm (land). **b** to grow, cultivate (fruit, crops, etc.). **c** to keep, breed (animals, etc.).
quo modo fundus cultus siet CATO *Agr*.2.1; 61.1; agros optime cultos SCIP.min.*orat*.12; in praediis ~endis operae plurimum..consumere CIC.*S.Rosc*.43; arare atque agros ~ere *Ver*.3.43; LUCR.5.1441; sine timore ullo rura ~entes HIRT.*Gal*.8.3.1; SAL.*Cat*.4.1; HOR.*Carm*.3.5.24; LIV.5.4.5; COL.1.9.5; (*poet., of Jupiter*) ille ~it terras, illi mea carmina curae VERG.*Ecl*.3.61; (*cf. sense* 6) tellure, quae parens appellatur ~ique dicitur PLIN.*Nat*.18.21;—(*in fig. phrs.*) interea pax arua ~at TIB.1.10.45; inter..Helicona ~entes (*i.e. poets*) uberius nulli prouenit ista seges OV.*Pont*.4.2.11. **b** fructusque feros mollite ~endo VERG.*G*.2.36; harum quas ~is arborum HOR.*Carm*.2.14.22; nulla qua..solet..arbor..ferro ~i SEN.*Thy*.653; ipsa (castanea) se ~it PLIN.*Nat*.17.150; ~i utique non uult (lupinum) 18.134; sic ulmus uitisque, duplex iactura ~enti..cadunt STAT.*Theb*.8.544; (*of an ox*) quas ~uit fruges OV.*Met*.15.134. **c** Philiscum ..in desertis apes ~entem PLIN.*Nat*.11.19; graculos..ob id ~unt 11.106.

4 To look after, keep going, tend (things). **b** *~ere uitam* (*aeuum*), to live one's life (in a specified way, esp. in its material aspects).
culina, dicta ab eo quod ibi ~ebant VAR.in Non.p.55 M; urbem Troianam..dulcisque meorum reliquias ~erem VERG.*A*.4.343; ut illam (*sc.* domum) non magis officiis quam probitate ~as OV.*Pont*.3.1.76; puppis..~endae dura ministeria MAN.4.569; Libra ~it clunes 4.707; magna..res tuas mercede ~ui SEN.*Dial*.9.11.3; focus..uicini strue cultus iliceti MART.12.18.20; et nunc limite me (*sc. a stream*) ~is beato nec sordere sinis STAT.*Silv*.4.3.85; ~ATVRQ ID AEDIFICIVM ET EA POMARIA ET LACVS *CIL* 13.5708.1.10. **b** uino et uictu..uitam ~itis PL.*Mos*.731; usque dum ille uitam illam ~et inopem TER.*Hau*.136; is cum uirtute uitam non potest ~ere *Rhet.Her*.4.20; nec ego uictum nec uitam illam ~ere possum CIC.*Att*.12.28.2; tibi me profiteor..in cotidiana uita coniunctum, quam his artibus studiisque ~imus *Fam*.3.13.2; genus humanum, defessum ui ~ere aeuum LUCR.5.1145; A⟨D⟩ VEITAM QVOLVNDAM FESTOSQVE DIES *CIL* 1.364; hanc olim ueteres uitam ~uere Sabini VERG.*G*.2.532; APUL.*Pl*.2.23.

5 To decorate, adorn, embellish. **b** to deck, adorn, dress (the body); (refl. also) to look after or cultivate the body.
colligebant stramenta, qui domicilia ~erent VAR.*Men*.525; tres albi sues..capistris et tintinnabulis culti PETR.47.8; rubrica facies monstri (*sc.* sphingis) ~itur PLIN.*Nat*.36.77; rasum pumice purpuraque cultum..Martialem (*i.e. a book*) MART.1.117.16; omnis lucebit Latia culta fenestra nuru 10.6.4; haec mihi quae ~itur uiolis pictura rosisque 10.32.1. **b** munde corpore culto LUCR.4.1280; quisquis ~it arte capillos TIB.1.6.39; qualiter..tu quoque cultus eras OV.*Ep*.9.128; formam..augere ~endo *Met*.10.534; lacertum armilla aurea cultum PETR.32.4; uultus hac laude (*i.e. an ornament*) ~ebas STAT.*Theb*.8.295;—in sese ~endo non aeque esse parcum GEL.3.1.12.

6 To make the object of religious observances, etc., worship. **b** (w. temple, altar, etc.; also a festival as obj.). **c** to be a devotee of, i.e. imitate. **d** to cherish in one's mind, remember with respect.
ego uos uniuersos..deorum numero ~ere debeo CIC.*Red.Sen*.30; dii, quos tu castissime ~uisti *Fam*.14.4.1; ut deos pie ~eremus *N.D*.1.45; deum maxime Mercurium ~unt CAES.*Gal*.6.17.1; an..tua nautae numina sola ~ant VERG.*G*.1.30; Apollo, quem primi ~imus *A*.11.786; o ~endi semper et culti HOR.*Saec*.2; ite procul, Musae..non ego uos..~o TIB.2.4.16; haec culti neglectique numinis tanta monumenta LIV.5.52.1; eum..religiosius deos ~ere quam se? 10.7.5; quo..antistite Phoebus rite ~ebatur OV.*Met*.13.633; quam te ~imus inuiti SEN.*Phaed*.1116; statuarum locorumue in quis ~eretur haud facile quis numerum inierit TAC.*Ann*.2.83; Alexandria flumen Nilum maxime ~unt AMP.8.25;—(*of a place*) quos haec ~it insula OV.*Tr*.1.10.45; quis nescit..qualia demens Aegyptos portenta ~at? JUV.15.2;—(*poet., of a day*) dies..qui ~it primus..Ianum LUC.5.6;—(*w. abl.*) nocturno aditu occulta ~untur *Inc.trag*.71; spoliis aliorum alii ~endi LIV.42.3.9; te, Iuppiter..quem..tot triumphis ~uimus TAC.*Hist*.4.58. **b** Bellonae templum, quod tanta religione ~itur *B.Alex*.66.3; in sacrarium, quod summa ~ebatur caerimonia NEP.*Them*.8.4; ut haec ara quam illa..sanctius et a castioribus coli dicatur LIV.10.23.8; Iunonis templa ~ebat OV.*Met*.11.578; Chaldaeos culture focos LUC.8.338; alacres quae signa ~unt urbana cohortes STAT.*Silv*.1.4.9;—hoc est, cur nostros ars ~at ista dies OV.*Fast*.6.710. **c** Ortygiam studiis ipsaque ~ebat uirginitate deam OV.*Met*.1.694; te, Meleagre, ~unt (*i.e. they become hunters*) MAN.5.176. **d** memoriam uestri benefici ~am beniuolentia sempiterna CIC.*Red.Pop*.24; maiorum cineres tibi, Roma, ~endos PROP.4.11.37; beneficium..acceptum ~amus oportet LIV.7.30.3.

7 To pay constant attention to (persons), cultivate the friendship of, devote oneself or resort to. **b** to cultivate, court (peoples and sim. groups).
domi patres patriam ut ~atis potius quam peregri probra NAEV.*com*.93; merito uostro amo uos, quia me ~itis PL.*Cist*.23; nos amatores ~unt TER.*Hau*.389; natura ius est..quo iure parentes a liberis, et a parentibus liberi ~untur *Rhet.Her*.2.19; in parentis eum loco ~ere debebam CIC.*Brut*.1; meam Tulliam suauissime diligentissimeque ~uisti *Att*.10.8.9; qui simulatione amicitiae ~untur et obseruantur temporis causa *Amic*.26; QVAM ~VIT, DVLCI GAVISVS AMORE, PVELLA(M) *CIL* 1.1222.3; ~ite, obseruate talem hunc uirum SAL.*Jug*.10.8; solam nam perfidus ille te ~ere VERG.*A*.4.422; Scipionem..ab Antiocho cultum LIV.38.51.2; temporis illius ~ui fouique poetas OV.*Tr*.4.10.41; Iuliae Augustae, quam familiariter ~uisti SEN.*Dial*.6.4.1; ~e felices, miseros fuge LUC.8.487; quanto..pulchrius..se ipsum ~ere TAC.*Dial*.9.5; si minus illum sumptuose ~uerint TRA.Plin.*Ep*.10.44(53); (*cf.*) (te) absentem memoria ~am CIC.*Fam*.15.21.5;—(*w. abl.*) obseruantia qua me ~it accedit ad proximos 12.27; regionum principes donis ~uerat LIV.40.57.4;—(*w.* inter se) poterimus commodius ~ere inter nos in Tusculano CIC.*Att*.13.11.1; *Amic*.82;—(*transf.*) tua domus..si a litigiosis hominibus non ~atur *de Orat*.1.255; duorum egressus ~i, duo esse praetoria TAC.*Ann*.3.33; easdem auditiones eosdemque doctores ~ebamus GEL.18.2.2. **b** neque uero tam durus in plebem noster ordo fuit ut eam ~i nostra modica liberalitate noluerit CIC.*Planc*.45; eam ciuitatem..quam meus frater in primis ~it atque diligit *Flac*.52; semper ego plebem Romanam..~o atque ~ui LIV.7.32.16; Romanos a me cultos ait 40.12.14; SIL.2.9; ut suas legiones ~ere TAC.*Hist*.3.49;—(*w. manner specified*) neque illos arte ~am, me opulenter SAL.*Jug*.85.34; in amicitiam ut socii fideles accepti cultique LIV.25.40.4; sociis cum fide cultis 44.1.5.

8 To practise (religion); to keep, carry out (religious observances).
ut ne religionem quidem ~ere possint CIC.*Font*.31; omnia illa..quae reges omnes..summa religione ~uerunt *Har*.28; LIV.5.1.6; (*pple. w. gen.*) religionum ~entes CIC.*Planc*.80;—qui..sacra priuata ~uerunt *Dom*.105; (caerimoniae sepulcrorum), quas..nec tanta cura ~uissent *Tusc*.1.27; haruspicina quam ego..~endam censeo *Div*.2.28; ~ui uestros si semper honores VERG.*A*.12.778; caesa sue festa ~ebant OV.*Fast*.6.179; ut Pharios aliae ficta pietate dolores Mygdoniosque ~unt STAT.*Silv*.5.3.245; ipsa dierum festorum..~itur si quando..maiestas JUV.3.173;—(*transf.*) nos..sacra litterarum ~entes QUINT.*Inst*.10.1.92.

9 To maintain, foster (laws, sanctions, etc.). **b** to follow, practise, observe (types of moral conduct, customs, etc.).
illi suom officium non ~unt PL.*St*.36; (leges) sequitur et ~it CIC.*Parad*.34; turba puellarum si mea uerba ~it PROP.3.2.10; praecepta..cotidiana perpetuis industriis culta VITR.9.pr.2; incertum qua fide culturus (pacem) LIV.8.17.10; fidem erga populum Romanum..ab se cultam 24.4.5; animum..ibi esse ubi ius ac fas crederent ~i 27.17.13; aurea..aetas..fidem rectumque ~ebat OV.*Met*.1.90; ipse placita maiorum ~ebat TAC.*Ann*.14.22; (*cf. w. sense* 7) proinde pacem et urbem..amate ~ite *Hist*.4.74. **b** ~ere mores Massiliensis PL.*Cas*.963; nec leges neque aequom bonum usquam ~unt *Men*.580; TER.*Hec*.447; pudorem ac pudicitiam qui ~it CIC.*Ver*.3.6; testimoniorum religionem et fidem numquam ista natio ~uit *Flac*.9; omnisque uirtutes et ~unt et retinent *Fam*.15.19.3; mos erat..quem..urbes Albanae ~ere sacrum VERG.*A*.7.602; qui mos cui potius quam consuli..~endus..est? PLIN.*Pan*.1.2.

10 To promote the growth or advancement of, develop, foster (an activity, occupation, study, etc.); to cultivate or develop the use of (things). **b** to cultivate, keep up (friendship or other ties).
doli non doli sunt, ni⟨si⟩ astu ~as PL.*Capt*.222; antiquom quaestum..seruo atque optineo et magna cum cura ~o *Per*.54; hoc ~ere est satius quam illa LUCIL.627; non humani officii ratio ~ebatur CIC.*Inv*.1.2; (diligentia) ~enda est nobis *de Orat*.2.148; cur..animi..medicina nec tam desiderata sit..nec tam culta *Tusc*.3.1; haud umquam est culta labore Venus PROP.2.22.22; carmina tam sancte nulla puella ~it 2.26.26; rem militarem ~ant LIV.1.16.7; nationem..nullo commercio ~entem mutuos usus CURT.7.3.5;—cum ut ~erentur (aquae caldae) uenissent in usum nostris VAR.*L*.9.69. **b** ut amicitiam ~unt PL.*Cist*.26; si uirtute amicitia, fide societas, pietate propinquitas ~itur CIC.*Quinct*.26; hospitium uetus, quam ego necessitudinem sancte ~endam puto *Fam*.13.19.1; ut potius publice quam priuatim amicitiam populi Romani ~eret neu quibus largiri insuesceret SAL.*Jug*.8.2.

cōlō² ~āre ~āuī ~ātum, *tr.* [COLVM¹+-O³]

1 To strain or filter (a liquid).
~aturque in transitu mare quod..amaritudinem ponit SEN.*Nat*.3.5; sucus linteo ~atus PLIN.*Nat*.25.164; 31.38; postridie ~atur liquor LARG.134; (*cf.*) ~are uagos inductis retibus amnis MAN.5.193.

2 To remove (solids) by filtering. **b** to 'wash' (gold).
thymum contritum cribroque ~atum COL.7.8.7; diligentior cura mollia panis fermentati ~at aqua feruente PLIN.*Nat*.13.82; post dies triginta ~antur macerata LARG.269. **b** non illi norunt aruum colere uel aurum ~are APUL.*Flor*.6.

colocāsia ~ōrum, *n. pl.* **~a** ~ae, *f.* [Gk. κολοκάσιον] The Egyptian bean (and its fruit).
tellus mixta..ridenti ~a fundet acantho VERG.*Ecl*.4.20; media..terrena pars esse debet ut ~is conseratur COL.8.15.4; lenta minus gracili crescunt ~a filo MART.8.33.13; 13.57;—(*fem.*) in Aegypto nobilissima est ~a, quam cyamon aliqui uocant PLIN.*Nat*.21.87.

colocyntha ~ae, *f.* [Gk. κολοκύνθη] A kind of gourd; (transf., app. = *os cunnilingi*).
usa iubent frangenda lauari, cum ~a bibit uel cum barbata chelidon JUV.6.O6.

colocynthis ~idis, *f.* [Gk. κολοκυνθίς] The colocynth, *Citrullus colocynthis*.
~is uocatur alia (*sc.* cucurbita), ipsa plena semine, sed minor quam satiua PLIN.*Nat*.20.14.

cōloephium ~iī, *n.*: see COLYPHIUM.

colon¹ (~um) ~ī, *n.* [Gk. κόλον]

1 The large intestine.
si laxius intestinum dolere consueuit quod ~um nominant CELS.1.7; inflationes stomachi ~ique discutiunt PLIN.*Nat*.20.108; prodest compositio haec..~o inflato LARG.106.

2 Pain in the large intestine, colic.
(cuminum) propter ~um..bibitur PLIN.*Nat*.20.162; ~o liberatus est 30.63; 26.9.

cōlon² ~ī, *n.* [Gk. κῶλον] Part of a line of verse, a metrical entity; (also) a clause of a period. **b** a line, fragment, snatch.
Anacreontion protinus ~on efficies QUINT.*Inst*.9.4.78; uerbo numquam uno ~a ligari MAUR.1785;—ut ueterum commata, ut ~a, synonymorum ratione conuerteres FRO.*Aur*.2.p.76(151N). **b** uel prima carminis hypographa uel quodlibet ~on AUG.in [Suet.]*Poet*.(p.61Re).

colōna ~ae, *f.* [fem. of COLONVS]

1 A female cultivator (of land), 'farmer's wife'.
huc ignem curto fert rustica testu..ipsa ~a OV.*Fast*.2.646; 4.692; *Nux* 72.

2 A female tenant (of land).
quasi per ipsam adquisierit possessionem ueluti per ~am ULP.*dig*.6.1.77; PAUL.*dig*.19.2.54.2;—(*transf.*) NAIDES E NEMORE MEO ~⟨AE⟩ *CIL* 8.27764.

Colōnēus ~a ~um, *a.* [Gk. Κολώνειος] Of Colonus (an Attic deme); (as sb.) the play *Oedipus ~us*.
~us ille locus CIC.*Fin*.5.3; Oedipum ~um *Sen*.22;—Sophocles..protulisse dicitur ~um suam, peregregiam tragoediarum APUL.*Apol*. 37.

colōnia ~ae, *f.* [COLONVS+-IA]

1 A settlement or colony of citizens sent from Rome or the people composing it; *~am deducere, mittere*, to lead out, send out (a colony). **b** *~a Latina*, a colony whose settlers had given up their Roman citizenship for the *ius Latinum* (i.e. self-government). **c** a colony founded by a state other than Rome. **d** (applied to the swarming of bees.)
in ~am..scribere nolim..spatiatorem atque fescenninum CATO *orat*.123; ⟨QVO IN AGRO LOCO III VIR ⟩D OPPIDVM ~AMVE EX LEGE PLEBEIVE SC(ITO) CONSTITVIT DEDVXITVE CONLOCAVITVE *CIL* 1.585.22; ~as sic idoneis in locis contra suspicionem periculi conlocarunt ut esse non oppida Italiae, sed propugnacula imperi uiderentur CIC.*Agr*.2.73; qui pro salute mea municipia ~asque adisset *Red.Sen*.31; o ~a, quae cupis ponte ludere longo CATUL.17.1; multi ex ~is et municipiis domi nobiles SAL.*Cat*.17.4; qui uos urbe agrisque donatos in ~as mittunt LIV.4.49.14; in splendidissima Raetiae prouinciae ~a TAC.*Ger*.41.1; ignoti inter se, diuersis manipulis..numerus magis quam ~a *Ann*.14.27; GEL.16.13.8;—(*w. adjs.*) contra ~am Narbonensem CIC.*Clu*.140; ex ~is Transpadanis CAES.*Civ*.3.87.4; ~ae Iuliae Fanestri VITR.5.1.6; finitimas ~as Romanas LIV.7.42.8; Lugdunensis ~a exusta SEN.*Ep*.91.1;—(*fig.*) quod habeo ut commutet ~am PL.*Aul*.576; *Epid*.343;—(*facet.*) Pseudolum facere ut det nomen ad Molas ~am *Ps*.1100;—~AM . DEDVXIT . GRAVISCAM *Elog*.32(*CIL* 1.p.200); tum cum etiam Capuam ~am deducere conatus es! CIC.*Phil*.2.100; Lunam ~a eodem anno duo milia ciuium Romanorum sunt deducta LIV.41.13.4; Antium ~am deducit ascriptis ueteranis e praetorio SUET.*Nero* 9.1;—utroque ~ae missae LIV.1.11.4; 4.56.6. **b** quem ad modum in ~as Latinas saepe nostri ciues profecti sint CIC.*Caec*.98; *Dom*.78; eodem anno duae ~ae Latinae, Pometia et Cora, ad Auruncos deficiunt LIV.2.16.8; FEST.p.41M. **c** cum..Galli ..trans Rhenum ~as mitterent CAES.*Gal*.6.24.1; decem milia Atheniensium in ~am misit NEP.*Cim*.2.2; ab Hatria, Tuscorum ~a LIV.5.33.8; ~ae eius paene orbe toto diffusae sunt: Carthago in Africa..Gades ad Oceanum CURT.4.4.19. **d** ut ~as mittunt VAR.*R*.3.16.29; progeniem ut in ~am emittere uolunt 3.16.29; in nouam ~am cum introierunt 3.16.31.

2 The land attached to a farm.
neque enim ~ae suae terminos egredi debet COL.11.1.23.

colōniārius ~a ~um, *a.* [prec.+-ARIVS] Of, or belonging to, a colony, colonial.
Latini (appellantur) ideo, quia adsimulati sunt Latinis ~is GAIUS *Inst*. 1.22; si uxores duxerint uel ciues Romanas uel Latinas ~as 1.29; 3.56.

colōnicus ~a ~um, *a.* [COLONIA+-CVS]

1 Of, belonging to, or prescribed for, a colony or colonies, colonial. **b** (as designation of troops).
agrum ~um *Leg.pub*.(*Font.iur*.p.96)15; leges ~as tollis VAR.*R*.1.2.17; huius modi agrum more ~o..diuiserunt HYG.GR.*agrim*.p.168; decuriones ~i SUET.*Aug*.46; EIVS F(VRCTVS)..~AS PARTES PRAESTARE DEBEANT *CIL* 8.25902.1.19; CIVIS AFER ~VS 14.481. **b** cohortis duas, quae ~ae appellabantur CAES.*Civ*.2.19.3.

2 (of sheep) Common, 'farm'.
ouium summa genera duo, tectum et ~um PLIN.*Nat*.8.189; in lacte ouis ~ae 26.96.

colōnus ~ī, *m.* [COLO¹+-NVS]

1 A cultivator, farmer.
uirum bonum quom laudabant, ita laudabant, bonum agricolam bonumque ~um CATO *Agr*.pr.2; cum optimus ~us, parcissimus..frugalissimus esset CIC.*de Orat*.2.287; pauper..~us HOR.*Carm*.1.35.6; Venusinus arat finem sub utrumque ~us *S*.2.1.35; haec mea sunt; ueteres migrate ~i VERG.*Ecl*.9.4; uana laborantis si fallat uota ~i..Ceres OV.*Pont*.2.9.29; plangunt sua damna ~i STAT.*Theb*.11.117; (*cf.*) Nilus ibi ~i uice fungens PLIN.*Nat*.18.167; (*applied to nomads*) si qua (*sc.* ora) Parrhasiae glacialis ursae semper errantes patitur ~os SEN.*Phaed*.289;—(*facet.*) o catenarum ~e PL.*As*.298.

2 A tenant-farmer.
uxoris fundus erat ~o locatus Cic.*Ver*.3.55; qui ~us habuit conductum de Caesennia fundum *Caec*.94; nauibus actuariis vii, quas..seruis, libertis, ~is suis compleuerat Caes.*Civ*.1.34.2; fortem mercede ~um Hor.*S*.2.2.115; Sen. *Ben*.7.5.2; Col.11.1.14; nihil ~us uilicusque decoxit Mart. 2.11.9; (*poet., applied to working cattle*) mandere uos uestros scite et sentite ~os! Ov.*Met*.15.142; Plin.*Nat*.8.180; Ulp. *dig*.19.2.14.

3 An inhabitant (in quots., of gods).
ut Mercurium Arcadon ~um Var.*Men*.101; Threce Martem sortita ~um Man.4.691.

4 An inhabitant of or settler in a Roman or Latin colony, a colonist. **b** (in colonies or settlements from places other than Rome).
QVOI ~O EIVE, QVEI IN COLONEI NVMERO SCRIPTVS EST, AGER LOCVS IN EA CENTVRIA..DATVS ADSIGNATVS EST *CIL* 1.585.66; ~is municipibusue *Leg.pub.*(*Font.iur*.p.96)15; antiquissimi socii et fidelissimi, Siculi, ~i populi Romani atque aratores Cic.*Ver*.3.228; ~i decurionesque *Sest*.9; Campani ~i *Att*.7.14.2; ~orum qui lege Iulia Capuam deducti erant Caes.*Civ*.1.14.4; Setiam..noui ~i adscripti Liv.6.30.9; magnamque partem ~orum suorum dilapsam esse 28.11.10. **b** Agrigentinorum duo genera sint, unum ueterum, alterum ~orum Cic.*Ver*.2.123; ut Athenienses Chersonesum ~os uellent mittere Nep.*Milt*.1.1; urbs antiqua fuit (Tyrii tenuere ~i) Verg.*A*.1.12; Tibur Argeo positum ~o Hor.*Carm*.2.6.5; incolas ueteres noui ~i nocturna caede adorti Liv.4.37.2; huc..Mileto missi uenere ~i Ov. *Tr*.3.9.3.

Colophōn[1] ~ōnis, *m.* A city of Ionia, one of the 'birthplaces' of Homer.
Cic.*Man*.33; Hor.*Ep*.1.11.3; Vitr.4.1.4; Liv.37.26.5.

colophōn[2] ~ōnis, *m.* [Gk. κολοφών] (See quot.)
~n dixerunt, cum aliquid finitum significaretur Paul. *Fest*.p.37M.

Colophōniacus ~a ~um, *a.* Of Colophon, Colophonian.
~o..Homero *Ciris* 65; resinae ~ae Cels.5.19.17

Colophōnius ~a ~um, *a.* Of or belonging to Colophon, Colophonian; (*resina*) ~*a*, a kind of resin. **b** (masc. as sb.) an inhabitant of Colophon.
~us Xenophanes Cic.*Div*.1.5; id oppidum ~um Liv. 37.26.5; ~us Idmon Ov.*Met*.6.8; Gel.3.11.6;—Plin.*Nat*. 26.104; resinae ~ae Larg.212;— ~ae uictoriati pondus 137. **b** Cic.*Arch*.19; Liv.38.39.8.

color (~ōs) ~ōris, *m.* [cf. Skt. *śáras*- 'skin on milk', OHG. *hulsa*, Eng. *hull*] Forms: ~*os* Pl.*Men*.828, Titin.*com*.114, Plin.*Nat*.11.145, etc.

1 Colour as a property of physical objects, also, a particular colour.
ubi aetate hoc caput ~orem commutauit Pl.*Mos*.201; quo ~ore est, hoc ~ore capiuntur pauxilluli *Rud*.997; ut mutaret ~orem..figuram, cursum (*sc.* stella) Var.*hist*.6; ~orum pulchritudine et uarietate Cic.*de Orat*.3.98; neque se quo quid ~ore aut quo sono sit scire *Luc*.76; nullus..~or est..materiai corporibus Lucr.2.737; tum ~or in nigris exsistit nubibus arci 6.526; specie et ~ore et figura tauri Caes.*Gal*.6.28.1; ~or deterrimus albis (*sc.* equis) Verg.*G*. 3.82; nullus argento ~or est auaris abdito Hor.*Carm*.2.2.1; quos summittat humus formosa ~ores Prop.1.2.9; efficiunt silis attici ~orem Vitr.7.14.1; qui..per autumnum..est ~or in foliis Ov.*Tr*.3.8.30; caelo lucis ducente ~orem Luc. 6.828; omnibus medius ~os (oculi) differens Plin.*Nat*. 11.145; nec lanarum ~ores..elui possunt Quint.*Inst*.1.1.5; nil ~or hic caeli..minatur Juv.14.294;—(*w. adjs.*) ~os cumatilis Titin.*com*.114; poeniceus..~or Lucr.2.830; caeruleum..~orem Caes.*Gal*.5.14.13; nigro ~ore Plin.*Nat*. 22.63; ~orem rufum Larg.213.

2 Colouring matter, pigment. **b** the use of colour (in painting). **c** (fig., as the materials of a writer or orator).
fiunt..et ex floribus alii ~ores Vitr.7.14.1; addi scimus tinguendi gratia ~ores Plin.*Nat*.14.130;—(*as a cosmetic*) haerebit toto nullus in ore ~or Ov.*Med*.98; non faciem ~oribus ac lenociniis polluisti Sen.*Dial*.12.16.4;—(*in painting*) hic saxo, liquidis ille ~oribus sollers..hominem ponere Hor.*Carm*.4.8.7; statuitur..Parrhasius cum ~oribus Sen. *Con*.10.5.9; quamuis paratos habeat ~ores Sen.*Ep*.71.2. **b** Polygnotus atque Aglaophon, quorum simplex ~or.. sui studiosos adhuc habet Quint.*Inst*.12.10.3; nequis effigiem regis..adsimularet aere, ~ore, caelamine Apul.*Fl*.7. **c** neque distinxit historiam uarietate ~orum Cic.*de Orat*. 2.54; quamuis claris sit ~oribus picta uel poesis uel oratio 3.100; si forte aliqui inter dicendum offulserit extemporalis ~or Quint.*Inst*.10.6.5; nisi aut cursu argumentorum aut ~ore sententiarum..inuitatus..est Tac.*Dial*.20.2; os et oculos Iustitiae..seueris atque uenerandis uerborum ~oribus depinxit Gel.14.4.1.

3 (spec.) The colour of the skin, esp. of the face, complexion. **b** (as an indication of health or fitness); *sui ~oris*, healthy-looking. **c** (as a sign of fear, guilt, modesty, etc.). **d** (as a sign of exertion, anger, grief, madness). **e** (as an indication of race or birth). **f** the colour of the hair.
de forma noui, de ~ore non queo nouisse Pl.*Cur*.232; ~or ueru', corpu' solidum Ter.*Eu*.318; ~or iste seruilis Cic. *Pis*.1; fusca ~ore *Mor*.33; nimium ne crede ~ori! Verg. *Ecl*.2.17; quo fugit Venus..quoue ~or? Hor.*Carm*.4.13.17; Prop.2.25.42; cui ~or est, umero saepe patente cubet Ov. *Ars* 2.504;—(*w. adj. of colour*) ~ore mustelino Ter.*Eu*.689; rubicundo ~ore Pac.*trag*.147; candidis ~oribus Vitr.6.1.3; —(*prov.*) quem ego hominem nulli ~oris noui Pl.*Ps*.1196. **b** ERIPIAS SALVTEM CORPVS ~OREM..PLOTI *CIL* 1.2520.3; uirium et ~oris rationem habere Cic.*Fam*.1.9.15; ~or egregius, integra ualetudo *Fin*.2.64; continuo est aegris alius ~or Verg.*G*.4.254; palloribus occupatos habent corporis ~ores (plumbarii) Vitr.8.6.11; cicatrices ad ~orem reducit Plin. *Nat*.30.120; ~orem corporis restituit Larg.125; esset.. cum mali ~oris Mart.7.4.1; qui ~orem fuco..mentiantur Quint.*Inst*.2.15.25;—post hoc factum nunquam ~oris sui fuit Petr.63.10; (*fig.*) amisimus..omnem non modo sucum ac sanguinem sed etiam ~orem et speciem pristinam ciuitatis Cic.*Att*.4.18.2. **c** istuc quid est tibi quod commutatust ~or? Pl.*Mer*.368; uide num ei(u)s ~or pudori' signum usquam indicat Ter.*An*.878; timor eius, perturbatio, suspensus incertusque uoltus, crebra ~oris mutatio Cic.*Clu*. 54; talis uirgo dabat ore ~ores Verg.*A*.12.69; ingenuus ~or mouetur pudore Vitr.6.pr.5; pariter cum mente ~orem perdiderat Ov.*Met*.3.99; Stat.*Theb*.5.165; Quint.*Inst*.12. 5.4;—(*poet.*) exsangui chartam pallere ~ore Ov.*Tr*.3.1.55. **d** eo ~ore et eis oculis, ut egisse causam..putares Cic.*Brut*. 87; ~or, uox, oculi..quam partem habent sanitatis? *Tusc*. 4.52; cui..subito non uultus, non ~or unus, non comptae mansere comae, Verg.*A*.6.47; nec mens mihi nec ~or certa sede manent Hor.*Carm*.1.13.5; uidere..quos det ~ores Sen. *Thy*.904. **e** sin unus ~or, una uox, una natio est omnium testium Cic.*Scaur*.19; nec suus Andromedae ~or est obiectus ab illo Ov.*Ars* 2.643; una est nobilitas argumentumque ~oris ingenui Petr.fr.37.7; ipse hominum ~or ab alio uenire caelo fatebatur Flor.*Epit*.2.34(4.12.62). **f** uirum flaui ~oris V.Max.1.7.ext.6.

4 Colour (of other things, as indicative of quality, ripeness, etc.).
id uinum erit lene et suaue et bono ~ore Cato *Agr*.109; astrum quo..duceret apricis in collibus uua ~orem Verg. *Ecl*.9.49; emplastrum uiride Tryphonis..~oris boni Larg. 203.

5 Quality, complexion, shade. **b** (of diction, style, etc.) complexion, tinge.
quisquis erit uitae scribam ~or Hor.*S*.2.1.60; nunc tibi signorum mores summumque ~orem..ex ordine reddam Man.4.122; ut unus sit omnium actionum ~or Sen.*Ep*.20.2; non potest alius esse ingenio, alius animo ~or 114.3; uir..in omni uitae ~ore tersissime Stat.*Silv*.2.pr. **b** quidam sine ullo fuco ueritatis ~or Cic.*Brut*.162; qui est..iste tandem urbanitatis ~or? 171; descriptas seruare uices operumque ~ores Hor.*Ars* 86; unde saluteris, ~or hic tibi protinus index..esse potest Ov.*Pont*.4.13.3; 4.13.13; ~or orationis antiquae, uigor nouae Sen.*Con*.10.pr.5; sua cuique cum sit animi cogitatio ~orque proprius Phaed.4.pr.8; ut non tam sit in singulis dictis quam in toto ~ore dicendi (*sc.* urbanitas) Quint.*Inst*.6.3.107; modus et ~or declamationis sic ducendus est *Decl*.280(p.140,l.20); ueteris eloquentiae ~orem Fro.*Ver*.2.p.138(124N); in his umbra et ~or quasi opacae uetustatis est Gel.10.3.15.

6 An outward appearance, semblance.
qui multis apud philosophum annis persederint et ne ~orem quidem duxerint Sen.*Ep*.108.5; nec ~or imperii nec frons erit ulla senatus Luc.9.207; necessarium periclitanti misericordiae ~orem Quint.*Inst*.11.1.49; ad argumentum modestiae quaeritur imago quaepiam et ~or paupertatis Apul.*Apol*.19.

7 (rhet.) An appearance of propriety, equity, truth, etc., gloss. **b** a plea tendered in defence or extenuation, palliative, excuse. **c** (leg.) a pretext, excuse.
dandus..deformibus ~or idque etiam apud malos Quint.*Inst*.3.8.44; Celsus adicit uerbis et sententiis figuras ~orum 9.1.18; consilium et ~ores adiciunt 12.8.6. **b** defendi nullo mea posse ~ore..crimina Ov.*Tr*.1.9.63; ~orem introduxit..religionis Sen.*Con*.1.1.16; illud..quod ~oris loco rusticus dicit Quint.*Inst*.7.1.53; a parte diuitis ~or ille introduci potest *Decl*.364(p.396,l.1); dic aliquem sodes hic, Quintiliane, ~orem Juv.6.280; ne..fraudem suam ignorantiae ~ore defendant Fron.*Aq*.105. **c** opinio enim (uel metus uel ~or) eius, qui noluit adire hereditatem, inspicitur Ulp.*dig*.36.1.4; si ~or uel titulus, ut sic dixerim, donationi quaesitus est Marcel.*dig*.24.1.49.

? **colōrātilis** ~ilis ~ile, *a.* [coloratvs + -ilis[1]] (app.) Sunburnt, brown.
coloratum (~ilem *cod.* in Non. p.205M) frontem habet Pl.fr.107.

colōrātor ~ōris, *m.* [coloro + -tor] A colourer (? house-painter).
CIL 6.3953; 6.6217; 10.5352;—(*title of mime*) idem Laberius in ~ore Gel.6(7).9.4.

colōrātus ~a ~um, *a.* *compar.* ~ior. [pple. of coloro]

1 Coloured.
candens..magis spica eius est ~a Vitr.9.4.1.

2 a Sunburnt, tanned. **b** dark-complexioned, swarthy, 'coloured'. **c** having a heightened colour (opp. pallid).
a perque ~as subtilis Graecia gentes gymnasium praefert uultu Man.4.720; uirtutem in templo conuenies, in foro.. puluerulentam, ~am Sen.*Dial*.7.7.3. **b** ~is amnis deuexus ab Indis Verg.*G*.4.293; *Eleg.Maec*.57; ~i..Seres Ov.*Am*.1.14.6; ~is..Etruscis Mart.10.68.3; Silurum ~i uultus, torti plerumque crines Tac.*Ag*.11.2. **c** si plenior aliquis..et coloratior factus est Cels.2.2.1; namque (corpora) et ~a et adstricta..sunt Quint.*Inst*.8.pr.19; notabat ..~iora hominum, ut ex uia, corpora Fron.*Str*.1.2.9.

colōrius ~a ~um, *a.* [color + -ivs] Multicoloured.
gausapes, lodices purpureas et ~as meas Aug.in *G.L*.1. 104; uestem..~am Paul.*dig*.34.2.32.7; Paul.*Fest*.p.115M.

colōrō ~āre ~āuī ~ātum, *tr.* [color + -o[3]]

1 To give colour to, make coloured. **b** (spec.) to dye; to apply artificial colouring to (the face).
(indiuidua corpora) formare figurare ~are animare non possent Cic.*N.D*.1.110; quos Aurora suis rubra ~at equis! Prop.3.13.16; Ov.*Am*.2.5.35; ~atur id, cuius alia fit quam fuit facies Sen.*Nat*.2.40.6; Col.9.4.4; oportet..hoc medicamentum ~are rubrica uel atramento Larg.230; (*fig., cf. sense 4*) (uirtus) animum non ~auit sed infecit Sen.*Ep*. 71.31. **b** aquam ex uiolis ~atam Vitr.7.14.1;—omnis hos, qui togati purpuratique incedunt ut ualentes, ~atos male sanos esse Sen.*Dial*.2.13.2.

2 To make darker in colour (by ripening, baking, or other processes).
unguito ~atoque caldum ne nimium Cato *Agr*.80; quae septemgeminus ~at aequora Nilus Catul.11.7; falce ~atas subsecuit..comas (Ceres) Ov.*Am*.3.10.12; ad ~andas cicatrices potest ea compositio Cels.6.5.3; ~antur magis sole (pira Tiberiana) grandescuntque Plin.*Nat*.15.54.

3 To make sunburned, to tan.
etiam si ego aliam ob causam ambulem, fieri natura tamen, ut ~er Cic.*de Orat*.2.60; Sen.*Ep*.86.8; sol ~at Quint.*Inst*.5.10.81; ~atos sole..artus Apul.*Pl*.2.16.

4 To invest with a particular character, to 'colour', affect.
eloquentia..ipsa se postea ~at et roborat Cic.*Orat*.42; —(*cf.*) non est eorum urbanitate quadam quasi ~ata oratio *Brut*.170.

5 To give a deceptive colour or gloss to. **b** (rhet.) to give an appearance of justice or fairness, make specious.
quae scribis, unde ueniant, scio: non sunt ficta nec ~ata Sen.*Ep*.16.2. **b** aiebat adulescentis partem diligentius ~andam Sen.*Con*.2.6.7; libidinosam liberalitatem debiti nomine ~ando V.Max.8.2.2.

colōs ~ōris, *m.*: see color.

colossēus (~aeus) ~ēa ~ēum, *a.* [cf. next] (of statues) Much larger than life, colossal.
moles..statuarum, quas ~aeas uocant, turribus pares Plin.*Nat*.34.39; ~eum Serapim e smaragdo nouem cubitorum 37.75; statuam ~eam Suet.*Ves*.23.3.

colossiaeus ~a ~um, *a.* [Gk. κολοσσιαῖος] = prec.
Mars etiamnum est sedens ~us eiusdem manu in templo Bruti Callaeci Plin.*Nat*.36.26.

colossicus ~a ~um (~on), *a.* *compar.* (as Gk.) ~ōteros. [Gk. κολοσσικός] (esp. of statues) Much larger than life, colossal.
statuam ~am Vitr.2.8.11; ~i Apollinis 10.2.13;—duo signa..palliata et alterum ~on nudum Plin.*Nat*.34.54; ~otera amplitudinibus et ponderibus onera Vitr.10.2.5.

Colossīnus ~a ~um, *a.* Of, or made at, Colossae.
flos eius (*sc.* cyclamini) ~us in coronas admittitur Plin. *Nat*.21.51.

Colossus (~os) ~ī, *m.* The enormous statue of the sun-god at Rhodes. **b** any large statue, esp. one of a Roman Emperor, made to rival the original Colossus; (also allus.).
Solis ~us Rhodi, quem fecerat Chares Lindius Plin.*Nat*. 34.41; Rhodi signum Solis aeneum, id est ~us, altus pedibus xc Hyg.*Fab*.223.3; Suet.*Ves*.18.1; Paul.*Fest*. p.58M. **b** factitauit ~os et Italia Plin.*Nat*.34.43; ~on Augusti Mart.8.44.7; Palatini..~i 8.60.1; superimposito moles geminata ~o Stat.*Silv*.1.1.1; de marmoreo citharam suspende ~o Juv.8.230; ~OS..DEDICAVIT *CIL* 8. 26529;— ~us magnitudinem suam seruabit etiam si steterit in puteo Sen.*Ep*.76.31.

colostra (-lust-) ~ae, *f.* **~um** ~ī, *n.* [dub.] Beestings. **b** (as a term of endearment).
permulsam fomento..~a Lucil.311; exiguum lactis emulgendum est, quod pastores ~am uocant Col.7.3.17; primo semper a partu ~ae fiunt Plin.*Nat*.11.236; 28.123; de primo matrum lacte ~a Mart.13.38.2. **b** meum mel, meum cor, mea ~a, meu' molliculus caseus Pl.*Poen*.367; si quidem mea ~a fructus fecisset Laber.*com*.95.

colostrātiō ~ōnis, *f.* [as next + -tio] A fatal disease of new-born mammals, attributed to beestings.
Plin.*Nat*.11.237.

colostrātus ~a ~um, *a.* [colostra + -atvs[2]] Affected with disease from beestings.
concipere nutrices exitiosum est; hi sunt enim infantes, qui ~i appellantur, densato lacte in casei speciem Plin. *Nat*.28.123.

cōlōtēs ~ae, *m.* [Gk. κωλώτης] The gecko or spotted lizard, *Platydactylus mauretanicus*.
Plin.*Nat*.9.87; hunc (*sc.* stelionem) Graeci ~en uocant et ascalaboten et galeoten 29.90.

coluber ~brī, *m.* [prob. < *(*s*)*qel* 'bend', Gk. κελλόν, Skt. *kuṇiḥ*] N.B. Not distinguishable in dat. and abl. pl. from *colubra*. Exx. when possible are given under the form normally used by an author, otherwise with colubra. A snake, serpent. **b** (forming the 'hair' of mythological monsters, etc.).
tecto adsuetus ~ber succedere Verg.*G*.3.418; ~ber mala gramina pastus *A*.2.471; ecce latens herba ~ber fugientis adunco dente pedem strinxit Ov.*Met*.11.775; Col.8.3.6; 8.14.9; in..pruinoso ~ber distenditur aruo Luc.6.489; immanem ~brum Apul.*Met*.5.17. **b** horrere uidens iam colla ~bris Verg.*A*.6.419; tot pullulat atra ~bris 7.329.

colubra ~ae, *f.* [prec.] A snake, serpent. **b** (forming the 'hair' of var. monsters, the Furies, etc.; pl. also meton.) Furies. **c** a head of the Hydra; the Hydra itself. **d** (prov.).
ut Marsus ~as disrumpit cantu Lucil.575; Pompon.*com.* 118; utrum nunc sitis cercopitheci an ~ae Var.*Men.*127; nec uiridis metuunt ~as Hor.*Carm.*1.17.8; bracchia..sacris admorsa ~is (*i.e. asps*) Prop.3.11.53; ~a ipsa tuto estur Cels.5.27.3.c; Phaed.4.19(20).2; Plin.*Nat.*32.82; uos anguilla manet longae cognata ~ae Juv.5.103; (*applied to intestinal worms*) caecis..~bris indomito male sana cibo quas educat aluus Col.10.231. **b** Tisiphone..obstantes reiecit ab ore ~as Ov.*Met.*4.475; uillosa ~is terna Medusaei..guttura monstri 10.21; surgunt aduersa subrectae fronte ~ae Luc.9.633;—dic, qua Tisiphone, quibus exagitare ~is? Juv.6.29. **c** Lernaeaque pestis hydra uenenatis..uallata ~is Lucr.5.27;—pectora..unxerunt Erebeae felle ~ae Ov.*Ib.*225. **d** quid istic inest? — quas tu edes ~as (*i.e. mind your own business*) Pl.*St.*321; ~a restem non parit (*i.e. like father, like son*) Petr.45.9.

colubrifer ~era ~erum, *a.* [prec.+-fer] (of the Gorgon) Snake-bearing, i.e. snake-haired.
~eri..lumina monstri Ov.*Met.*5.241; ~eri..colli Luc. 9.677.

colubrīnus ~a ~um, *a.* [colvbra+-invs] Having the qualities of a snake (i.e. cunning).
uos ~o ingenio ambae estis Pl.*Truc.*780.

cōlum¹ ~ī, *n.* [dub.] A strainer, filter, sieve.
~a uitilia iii, ~a qui florem demat iii Cato *Agr.*11.2; subito per ~um uina uidemus perfluere Lucr.2.391; ~a iuncea uel spartea Col.5.19.4; Plin.*Nat.*36.173; colantur per linteum uel ex iunco factum de industria ~um Larg. 271; ~um niuarium Mart.14.103; Apul.*Met.*3.3.

colum²: see colon¹.

columba ~ae, *f.* [cf. Gk. κόλυμβος]

1 A pigeon, dove.
ubi quid dederam, quasi ~ae pulli in ore ambae meo usque eratis Pl.*As.*209; *Mil.*162; appellatur mas columbus, femina ~a Var.*L.*9.56; nec..expectandum est dum de remo inflexo aut de collo ~ae respondeam Cic.*Luc.*19; accipiter..consequitur..sublimem in nube ~am Verg.*A.*11.722; mollis ~as Hor.*Carm.*1.37.18; alba Palaestino sancta ~a Syro Tib.1.7.18; aspicis, ut ueniant ad candida tecta ~ae Ov.*Tr.*1.9.7; uariis albae iunguntur saepe ~ae [Ov.]*Ep. Sapph.*37; Plin.*Nat.*10.104; molles ubi reddunt oua ~ae Juv.3.202;—(*used as carrier-pigeons*) ~is..epistulas saeta ad collum religabat Fron.*Str.*3.13.8;—(*in ornamental representation*) pollice de Pylio trita ~a nitet Mart.8.6.10.

2 (in various special connexions): **a** (as the bird of Venus). **b** (as demonstrative of love). **c** (contrasted w. eagle, crow, etc., as types of gentleness, innocence, etc.).
a Verg.*A.*6.190; Veneris dominae uolucres, mea turba, ~ae Prop.3.3.31; Dionaea..~a Stat.*Silv.*3.5.80. **b** basia me capiunt blandas imitata ~as Mart.11.104.9; 12.65.8. **c** neque imbellem feroces progenerant aquilae ~am Hor.*Carm.*4.4.32; sic aquilam penna fugiunt trepidante ~ae Ov.*Met.*1.506; dat ueniam coruis, uexat censura ~as Juv.2.63; (*cf.*) tremeret..accipiter fugiens ueniente ~a Lucr.3.752.

3 (as a term of endearment) Dove.
dic igitur med aneticulam, ~am uel catellum Pl.*As.*693; meu' pullus passer, mea ~a, mi lepus *Cas.*138.

columbār(e) ~ris, *n.* [prec.+-ar]

1 A compartment for pigeons; (transf., app.) an instrument of constraint, a pillory or sim.
in ~ri collus hau multo post erit Pl.*Rud.*888; (*as a term of abuse*) non ego te noui, naualis scriba, ~r (*cj., cod.* ~ari) inpudens? fr.inc.137.

2 A niche in a sepulchre.
SVLPICIA AMPLIATA ~RE ET LOCVM DONAVIT PINNIAE NEBRIDI *CIL* 14.1650.

columbārium ~(i)ī, *n.* [colvmba+-arivm]

1 A box or compartment for a pair of pigeons, a pigeon nesting-box.
ne mus aut lacerta qua adrepere ad ~ria possit Var.*R.* 3.7.3; (stercus) quod ex ~riis egeritur Col.2.14.1; fictilia ~ria 8.8.3; Plin.*Nat.*17.51; Ulp.*dig.*10.2.8.1.

2 **a** (archit.) A hole left in a wall to receive the end of a beam. **b** one of the axially-situated exits in a water-raising wheel.
a nostri ea caua ~ria (appellant) Vitr.4.2.4. **b** item secundum axem ~ria fiunt Vitr.10.4.2.

3 A niche in a sepulchre for one or more funerary urns.
IS DEDIT TI CLAVDIO..VETERANO ~RIVM TOTVM *CIL* 6.4013; ~RIA II OLLARVM IIII 10.8299; ~RIA IIII 14.1083.

columbārius ~(i)ī, *m.* [colvmba+-arivs] A pigeon-keeper.
quos (*sc.* accipitres) ~rii interficere solent Var.*R.*3.7.7.

columbīnus ~a ~um, *a.* [colvmba+-invs]

1 Of pigeons, pigeon.
stercus ~um Cato *Agr.*36; saginare pullos ~os Var.*R.* 3.7.9; Cic.*Fam.*9.18.3; ~o..ouo Hor.*S.*2.4.56; Cels.6.18.7; cum fimo ~o Plin.*Nat.*22.125;—(*masc. as sb.*, ?*sc.* pulli) eiusdem mustelae cinis si detur in offa gallinaceis et ~is, tutos esse a mustelis 30.144.

2 (as the designation of varieties of plants, etc.; prob.) Dove-coloured. **a** (of a variety of chick-pea). **b** (of a variety of vine). **c** (a variety of marl).
a est et ~um(cicer), quod alii Venerium appellant, candidum, rotundum, leue Plin.*Nat.*18.124; 22.150. **b** sunt etiamnum insignes uua, non uino..~ae e racemosis Plin. *Nat.*14.40. **c** est enim (marga) alba, rufa, ~a, argillacea Plin.*Nat.*17.43; 17.46.

columbor ~ārī, *intr.* [colvmba+-o³] To bill and coo.
labris ~atur incipitque suspirans Maec.in Sen.*Ep.*114.5.

columbula ~ae, *f.* [colvmba+-vla] A little dove (in quot., fig.).
tu passerculis et ~is (*i.e. poetic trifles*) nostris inter aquilas uestras dabis pennas Plin.*Ep.*9.25.3.

columbulātim, *adv.* [prec.+-im] In the manner of doves.
~ labra conserens labris Mat.*poet.*12.

columbus ~ī, *m.* [cf. colvmba] A male or cock pigeon.
illic in ~um..leno uortitur Pl.*Rud.*887; Var.*L.*9.56; albulus ~us Catul.29.8; Pers.3.16; hac..ratione palumbos ~osque cellares pinguissimos facere contingit Col.8.8.1; (*pl. of a pair of pigeons*) adnuimus pariter uetuli notique ~i Hor.*Ep.*1.10.5.

columella ~ae, *f.* [colvmna+-ella]

1 A small upright post or column. **b** the central (upright) pivot of an oil-mill. **c** the pedestal of a table. **d** the stanchion of a catapult. **e** the (calibrated) pillar in a water-clock.
Var.*R.*3.5.14; duae..trabes in solo..collocantur inque eis ~ae pedum in altitudinem v defiguntur Caes.*Civ.*2.10.2; uitem quattuor ~ae Carystiae subeunt Plin.*Ep.*5.6.36; ~AS NVMIDICAS *A.Epig.*37.72. **b** ~am ferream..rectam stare oportet in medio ad perpendiculum Cato *Agr.*20.1. **c** uasaria mensa erat lapidea quadrata oblonga una ~a Var.*L.*5.125. **d** ~ae basis in solo foraminum VIII Vitr. 10.10.4. **e** in ~a horae..transuerse describantur, menstruaeque lineae ~a signentur Vitr.9.8.7.

2 A small ornamental column serving as a tombstone, etc.
Cic.*Leg.*2.66; ~am non multum e dumis eminentem *Tusc.*5.65; LABELLVM MARMOREVM CVM ~A *CIL* 14.2215.

3 (fig.) A prop, support, mainstay.
seruus neque infidus domino neque inutilis..Lucili ~a hic situ Metrophanes Lucil.580.

columellārēs ~ium, *m. pl.* [prec.+-aris] (prob.) The canine teeth of a horse.
incipiunt nasci (dentes), quos uocant ~es Var.*R.*2.7.2; amittit (equus)..sequenti anno totidem proximos, cum subeunt dicti ~es Plin.*Nat.*11.168.

columen ~inis, *n.* [*col-* (*cf. cel-sus*)+-men] Forms: *colomen* (s.v.l.) Acc.*trag.*660; see also cvlmen.

1 The roof or summit of a building. **b** a mountain-top, summit. **c** (w. *summum, magnum*) the highest point (of an orbit).
te surrupuisse..Ioui coronam de capite ex Capitolio quod in ~ine astat summo Pl.*Trin.*85; unum (columbarum genus) agreste..quod habetur in turribus ac ~inibus uillae Var.*R.*3.7.1; excelsum ad ~en Cic.*Div.*1.20; Sen.*Thy.*54; —(*transf., of the brain*) hanc habent sensus arcem..hoc ~en altissimum, hic mentis regimen Plin.*Nat.*11.135. **b** ego uitam agam sub altis Phrygiae ~inibus? Catul.63.71. **c** quae magnum ad ~en flammato ardore uolabat Cic.*Cons.* fr.2.21; obseruat ubi quaeque stella primum terris lumen ostendat, ubi ~en eius summum cursus sit Sen.*Nat.*1.pr.12.

2 The ridge-pole (of a roof); the coping (of a wall).
supraque eum fastigium, ~en, cantherii, templa..sunt conlocanda Vitr.4.7.5;—~en P. I, crassam P. I S, longam P. XIV Cato *Agr.*15.1.

3 (fig.) The highest point, peak, zenith.
iuris et humani ~en..egressus Luc.7.594; principium ergo ~enque omnium rerum pretii margaritae tenent Plin. *Nat.*9.106; pars haec uitae iam pridem peruenit ad ~en, expertis cuncta hominibus 15.57; ne meus animus amorem tuum usque ad summum ~en eius persequi posset Aur. *Fro.*1.p.76(69N); quid..superest ad honoris mei tribunal et ~en Apul.*Fl.*16.

4 (fig.) A person holding the highest (and key) position in a group, organization, etc., 'keystone'. **b** (applied to a key position, capital city, etc.). **c** the 'corner-stone' of a situation, argument, etc.
eccum egreditur, senati ~en, praesidium popli Pl.*Cas.* 536; ~en..familiae Ter.*Ph.*287; te tutamen fore..familiae domuique ~en *Inc.pall.*53; ~en rei publicae Cic.*Sest.* 19; ~en..amicorum Antoni *Phil.*13.26; Thessaliae ~en Peleu Catul.64.26; Maecenas, mearum grande decus ~enque rerum Hor.*Carm.*2.17.4; unum hominem caput ~enque imperii Romani esse Liv.38.51.4; fastorum illud ~en V.Max.4.4.1; socium nostrae ~enue carinae V.Fl.1.117; ~en partium Abdagaeses Tac.*Ann.*6.37; (*cf.*) hinc in millesimum annum eorum ~ine ciuitas continebatur Tub. *hist.*12. **b** ortum..e paruula Romuli casa totius terrarum orbis fecit ~en V.Max.2.8.intro.; ~en euersum occidit pollentis Asiae Sen.*Tro.*6; Memphim..inclutam olim et ueteris Aegypti ~en Tac.*Hist.*4.84; (*cf.*) quam diu..totius..terrarum orbis summum ~en arx Capitolina possideret V.Max.8.14.1. **c** istud ~en accusationis tuae, Mithridates Cic.*Flac.*41; consulatum superesse plebeiis; eam esse arcem libertatis, id ~en Liv.6.37.10; sin uictoriae..~en in Italia uerteretur Tac.*Hist.*2.28.

5 (fig.) The highest ornament, 'crown', 'jewel'. **b** the highest embodiment, peak (of a quality).
hoc Macedoniae ~en ac sidus Curt.9.6.8; Socrates..Graecae doctrinae clarissimum ~en V.Max.6.4.ext.2; diuus..Iulius..humani ingenii perfectissimum ~en 8.9.3; doctrinarum..multiformium uariarumque artium..~ina..M. Varronem et P. Nigidium Gel.19.14.1. **b** ne tu istic..aduenisti, audaciai ~en Pl.*Am.*367; T CLODIVS LOVELLA..COLVM(EN) MORV(M) AC PIE(TATIS) *CIL* 8.4681.

? **columis** ~is ~e, *a.* [? Back formation from incolvmis] Safe, unimpaired.
dotem..~em (*s.v.l.*) te sistere illi Pl.*Trin.*743.

columna ~ae, *f.* [cf. celsvs, colvmen] Forms: *colomna CIL* 1.1834.2. Orthog.: 'n' omitted in writing acc. Quint.*Inst.*1.7.29.

1 A column or pillar, esp. as a structural or ornamental part of a building. **b** (in var. spec. uses). **c** (pl., meton.) a portico. **d** (fig.) a pillar, prop.
iussin ~is deici operas araneorum? Pl.*As.*425; bubo in ~a aedis Iouis sedens Asel.*hist.*2A; ~ae templa et porticus sustinent Cic.*de Orat.*3.180; ad perpendiculum ~as exigere *Ver.*1.133; atria uersari et circumcursare ~ae Lucr.4.400; tectum..centum sublime ~is Verg.*A.*7.170; ~as ultima recisas Africa Hor.*Carm.*2.18.4; e ~arum crassitudinibus..inuenitur symmetriarum ratiocinatio Vitr.1.2.4; regia solis erat sublimibus alta ~is Ov.*Met.*2.1; regia auratas ~as habet Curt.8.9.26; suspendunt granaria lignea ~is Plin. *Nat.*18.302; Stat.*Theb.*7.44; adsiduo ruptae lectore ~ae Juv.1.13; (*facet., of the forearm*) ecce autem aedificat: ~am mento suffigit suo Pl.*Mil.*209. **b** (*as a whipping-post*) abducite hunc intro atque astringite ad ~am fortiter Pl. *Bac.*823;—(*for posting notices*) i puer, et citus haec aliqua propone ~a Prop.3.23.23. **c** centenis ostenditur ursa ~is Mart.3.19.1;—(*used as a bookshop*) mediocribus esse poetis non homines, non di, non concessere ~ae Hor.*Ars* 373. **d** regni uersatum summam uenere ~am Enn.*Ann.*348.

2 A pillar or column as a monument, memorial, or offering, or as the pedestal of a statue. **b** in full ~*a Maenia*, commemorative column and statue of C. Maenius, cos. 338 B.C., at south end of Forum, where names of debtors were published and the *tresuiri capitales* sat.
quantam statuam faciet populus Romanus, quantam ~am quae res tuas gestas loquatur Enn.*var.*2; quod Delphice cantat ~a Var.*Men.*320; talis..euersio illius exsecratae ~ae Cic.*Phil.*1.5; qui ~am illam de Cotta..conduxerat faciendam *Div.*2.47; nauali surgentis aere ~as Verg.*G.*3.29; foedus cum Latinis ⟨in⟩ ~a aenea insculptum Liv.2.33.9; 24.3.6; Ov.*Fast.*6.206; ~arum ratio erat attolli super ceteros mortales Plin.*Nat.*34.27; I O M ARAM ET ~AM *CIL* 13.6397; (*cf., of gold ingots*) lateres..praegrauis iacere, adstantibus parte alia ~is Tac.*Ann.*16.1. **b** potius quam aliquos ad ~am Maeniam uestri ordinis reos reperiatis Cic. *Div.Caec.*50; ne in Scyllaeo illo aeris alieni tamquam fretu ad ~am adhaeresceret *Sest.*18; ad eam ~am ad quam multorum saepe conuiciis perductus erat tum suffragiis populi peruenerat *Clu.*39.

3 (spec.) **a** A supporting post or stanchion in a wine-press, ballista, etc.; **b** the graduated pillar or drum of a water-clock; **c** a pit-prop.
a canalis extra ~am expolito Cato *Agr.*18.8; ~a, latitudo et crassitudo IS Vitr.10.11.9. **b** in his..aut in ~a aut parastatica horae describuntur Vitr.9.8.6. **c** tellusque ligneis ~is suspenditur Plin.*Nat.*33.68.

4 (*Herculis, Herculeae, Hesperiae*) ~*ae*, the 'pillars of Hercules' at the entrance of the Mediterranean, the western limit of the ancient world. **b** *Protei* ~*ae*, the 'ends' of Egypt.
qui pacato statuisset in orbe ~as Prop.3.11.11; ab Herculis ~is..huc peruenistis Liv.21.43.13; sub Hesperiis..~is Luc.9.654; a Gadibus ~isque Herculis Plin.*Nat.*2.167; Herculeis..~is Sil.1.142. **b** Atrides Protei Menelaus adusque ~as exsulat Verg.*A.*11.262; (*cf., perh.*) a Rubro mari nauigantes..non posse propter ardores ultra quasdam ~as—ita appellantur paruae insulae—prouehi Plin.*Nat.*6.199.

5 **a** A water-spout. **b** a pillar of fire.
a uocatur et ~a, cum spissatus umor rigensque ipse se sustinet Plin.*Nat.*2.134. **b** ~a ignis immensi Sen.*Nat.* 6.26.3; 7.20.2; totus uenientibus obstitit aether..aduersasque faces inmensoque igne ~as..detulit Luc.7.155.

6 (vulg.) The penis.
adstans inguinibus ~a nostris *Priap.*10.8; quae Titio ~a pendet Mart.11.51.1.

columnar ~āris, *n.* [prec.+-ar] (app.) A marble quarry.
EO LOCO..IN QVO ANTEA ~AR PVBLICVM FVIT *CIL* 14.2466.

columnārium ~iī, *n.* [as prec.+-arivm] A tax on pillars.
~ium uide ne nullum debeamus Cic.*Att.*13.6.1; ~ia, ostiaria, frumentum..imperabantur Caes.*Civ.*3.32.2.

columnārius ~iī, *m.* [as prec.+-arivs]

1 A frequenter of porticoes, an idler.
nolo te putare Fauonium a ~iis praeteritum Cael.*Fam.* 8.9.5.

2 (?) A builder of columns.
LOCVM ~IORVM EXTRA PORTAM ROMANAM *CIL* 5.2856.

columnātiō ~ōnis, *f.* [as next+-tio] Supporting with pillars.
nec proscaenii contabulatio nec scaenae ~o Apul.*Fl.*18.

columnātus ~a ~um, *a.* [COLVMNA+-ATVS²] FORMS: *columpn-* AMP.8.3. Supported on pillars; provided with pillars.
semita in tholum, qui est ultra rutundus ~us VAR.*R.* 3.5.12; pons magnus ~us duplex AMP.8.3; (*facet., of the head propped up by the forearm*) os ~um poetae esse indaudiui barbaro PL.*Mil.*211;—aliae (aedes) monopteroe sine cella ~ae constituuntur VITR.4.8.1; PORTICVM ~AM *CIL* 8.23280.

colurnus ~a ~um, *a.* [CORYLVS+-NVS] Of hazel, hazel.
pinguiaque in ueribus torrebimus exta ~is VERG.*G.*2.396; ~a hastilia PAUL.*Fest.*p.37M.

colus ~ī, *m.* (*f.*) ~**us** ~ūs, *f.* (*m.*). [dub., perh. Gk. πόλος] α = clearly 2nd, β = 4th declension forms.

1 A distaff. **b** (regarded as woman's concern).
iussin ~um ferri mihi? PL.*Cas.*170; grauem lana..~um OV.*Ep.*9.116; ~um..i, cape cum calathis et stamina pollice torque *Met.*12.474; (*masc.*) ~um molli lana..amictum CATUL.64.311; (*fem.*) ~us compta PLIN.*Nat.*8.194. **β** palo uestras scicidistis ~us AFRAN.*com.*227; Palladia ~u lassauit omnem..famularum manum SEN.*Her.O.*563; et ~u antiquae utebantur exili PLIN.*Nat.*21.90. **b** nulla ~um nouit *Ciris* 177; hinc et femineus labor est, hic pensa ~usque TIB.2.1.63. **α** non illa ~o calathisue Mineruae femineas adsueta manus VERG.*A.*7.805; minuent plenos stamina nostra ~os OV.*Ep.* 3.76; (*fem.*) plenas exonerare ~os *Fast.*3.818. **β** quando ad me uenis cum tua ~u et lana? CIC.*de Orat.*2.277; deducat plena stamina longa ~u TIB.1.3.86; ad leues sedit ~us SEN.*Her.O.*372; turbare ~us STAT.*Theb.*10.649.

2 (meton.) **a** The wool on the distaff. **b** spinning.
a β quaelibet herbae tinxere ~us SEN.*Her.O.*668. **b α** femina..cui tolerare ~o uitam..impositum VERG.*A.* 8.409.

3 The distaff of the Fates, from which the thread of each man's life is spun. **b** what is produced by the distaff of the Fates, destiny.
α non sunt a dextro condita fila ~o PROP.4.1.72; stabat uacuo iam tibi Parca ~o OV.*Am.*2.6.46; Parcarum exoras pensa breuesque ~os MART.9.17.2; STAT.*Theb.*5.150; (*fem.*) nunc plenas posuere ~os et stamina Parcae LUC.*poet.*1(6). **β** seruatque suae decreta ~us Lachesis SEN.*Oed.*985; MART. 7.47.8; recolit fessos aetate parentes datque alias sine lege ~us (*i.e. a new lease of life*) V.FL.6.445; huius extrema iam fila ~u STAT.*Theb.*6.380; sed graue tardas expectare ~us; morieris stamine nondum abrupto JUV.14.249; ~us et fila fatis adsignant FRO.*Aur.*2.p.224(233N); (*masc.*) consumptos iterum deae supplent Eurydices ~us! SEN.*Her.O.*1084. **b β** si me cadere..uoluere fata perque tam turpes ~us mea mors cucurrit SEN.*Her.O.*1180; diua supremas rumpit iniqua ~us V.FL.6.645; premit hinc Mauortia cuspis, hinc plenae tibi, parue, ~us STAT.*Theb.*9.839; ERVBVIT NOSTRAS ATROPOS IPSA ~VS *CIL* 11.1209.

colustra ~ae, *f.*, ~**um** ~ī, *n.*: see COLOSTRA.

colūtea ~ōrum, *n. pl.* (dub.). [Gk. κολουτέα] The pods of an unidentified tree.
commisce mulsum, struthea ~aque (*cj.*) appara PL.*Per.* 87.

colūthia ~ōrum, *n. pl.* [Gk.] A kind of gasteropod mollusc.
muricum generis sunt quae uocant Graeci ~a, alii coryphia PLIN.*Nat.*32.84; 32.147.

colymbas ~adis, *f.* [Gk. κολυμβάς] A pickled olive.
maturam oliuam in salsura factam ~adem de muria tollito COL.12.50.5; nec non aliquae oleo suo..purae innatant, ~ades PLIN.*Nat.*15.16; 23.73; *P.Mich.*467.28.

colȳphium ~iī, *n.* **cōloe-.** [Gk. κωλύφιον] An unidentified preparation of meat.
collyrae facite ut madeant et ~a PL.*Per.*92; comedunt ~a paucae JUV.2.53. **β** cum ~a sedecim comedit MART. 7.67.12.

com, *adv.* [cf. CVM¹] Together.
~ peroranto ambo praesentes *Lex XII*(*Font.iur.*p.19).

coma ~ae, *f.* [Gk. κόμη]

1 (sg. or pl.) The hair of the head; (sg. also) a lock of hair. **b** the mane of an animal (also, of the snakes forming the 'hair' of Furies, etc.). **c** the plumes of a helmet. **d** (poet., of flowers, corn, etc., as the earth's 'tresses').
~a prolixa impexa conglomerata atque horrida PAC. *trag.*20ᵇ; euoluite rapite, ~a tractate per aspera saxa 350; implicuitque ~am laeua VERG.*A.*2.552; intonsae sub nube ~ae STAT.*Theb.*6.587; puer malasque ~amque integer 8.486; ~am trahentes et..ora lacerantes APUL.*Met.*5.11;—(*pl.*) ~is passis ENN.*Ann.*349; iactari caput atque ~as LUCIL.288; maiorumque refert uultus uocesque ~asque LUCR.4.1224; cum..deciderint ~ae HOR.*Carm.*4.10.3; flaua ~as OV.*Met.*9.307; riguere ~ae LUC.1.193; (*in fig. phr.*) nec te facundi scaena Catulli detineat cultis aut elegia ~is MART.5.30.4;—(*coupled w.* capillus) madenti ~a, composito capillo CIC.*Red.Sen.*13; molles..coluisse capillos saepeque mutatas disposuisse ~as TIB.1.8.10;—arctoa de gente ~am tibi..misi MART.5.68.1. **b** leo..~as..arrexit VERG.*A.* 10.726; attollit hirtas angue uibrato ~as (*sc.* Cerberus) SEN.*Her.F.*789; taedas auferte ~asque Eumenidum STAT. *Silv.*5.3.278. **c** galeaeque tremunt horrore ~arum *Theb.* 8.389. **d** deponit flauas annua terra ~as TIB.2.1.48; Tellurisque ~as sacris aptate canistris COL.10.277.

2 (of sheep) Fleece, wool.
agnum..aurea clarum ~a ACC.*trag.*211; languet omne uellus et perdit ~as SEN.*Her.O.*735; gregibusque notatis consimiles include ~as CALP.*Ecl.*5.70.

3 a The foliage (of trees). **b** (applied to the awn, tuft, or sim. growth on var. plants). **c** blooms, heads (of flowers); *Coryciae ~ae*, saffron.
a hostias..uelatas frondenti ~a *Inc.trag.*221; saepe sibilum edidit ~a CATUL.4.12; pinea frondosi ~a murmurat Apennini CORN.SEV.*poet.*10; VERG.*A.*2.629; redeunt..gramina campis arboribusque ~ae HOR.*Carm.*4.7.2; arborea ..~a PROP.3.16.28; populeas..~as OV.*Am.*1.7.54; capillacea ~a PLIN.*Nat.*12.114; ~a omnis in cacumine..est 13. 30; e buxi ~a 34.133; Nemea..obtenta ~is et ineluctabilis umbra STAT.*Theb.*5.45; APUL.*Met.*5.25;—(*w. ref. to pruning*) uiridem dura caedere falce ~am TIB.1.7.34; ceu nescia falcis silua ~as tollit STAT.*Silv.*5.2.70. **b** ~as apii gracilis *Mor.*88; ~a lactenti spicea fruge tumet PROP.4.2.14; sustulerat nullas..herba ~as OV.*Fast.*3.854; adarca..in cortice calamorum sub ipsa ~a nascens PLIN.*Nat.*20.241; in niueo uirides stipite cerne ~as MART.13.19.2. **c** ~am ..tondebat hyacinthi VERG.*G.*4.137; papaueras subsecat ungue ~as OV.*Fast.*4.438;—Coryciaeque ~ae STAT.*Silv.*5. 1.214.

4 (applied to other phenomena resembling hair).
(*wisps of cloud*) umentis late nebulas nimbosque solutis excussere ~is (*sc. witches*) LUC.6.469; (*the tail of a comet*) ~ae ..radios solis effugiunt SEN.*Nat.*7.20.4; (*flames*) uiden ut faces splendidas quatiunt ~as? CATUL.61.78; SEN.*Oed.*311; (*lightning*) caelumque trisulca territat omne ~a STAT.*Theb.* 3.322.

cōmacum ~ī, *n.* [Gk. κώμακον] An aromatic plant (perh. nutmeg), used as a substitute for cinnamon.
in Syria gignitur et cinnamum quod ~um appellant. id est sucus nuci expressus PLIN.*Nat.*12.135; cinnamo ~o 13.18.

comans ~ntis, *a.* [COMA; cf. Gk. κομάω]

1 Having (long) hair, covered with hair. **b** (of beards, manes) flowing (like hair). **c** (of a helmet) having horse-hair plumes, plumed; (of plumes) flowing like hair.
uide lata ~ntem pectora V.FL.5.594; in terga ~ntis.. Abantiadas STAT.*Theb.*7.369; humero..~nti (*i.e. of Paean*) *Silv.*1.2.2; (*poet., w. abl.*) Ampyciden astroque ~ntes Tyndaridas V.FL.5.366; (*of the Golden Fleece*) uillis..~ntem sidereis..pellem 8.122;—(*esp. of the neck of horses, etc.*) gaudetque ~ntis excutiens ceruice toros VERG.*A.*12.6; colla ~ntia pectunt 12.86; colla ~ntia monstri STAT.*Theb.*4.828; (*cf.*) equarum iubas tondere praecipiunt..~ntes enim gloria superbire PLIN.*Nat.*10.180. **b** barbas incanaque menta..hirci saetasque ~ntis VERG.*G.*3.312; eum equum fuisse..flora et ~nti iuba GEL.3.9.3. **c** crista..galeae ~ntes SEN.*Phaed.*549; galeasque uidet rutilare ~ntis STAT. *Theb.*2.530;—conum insignis galeae cristasque ~ntis VERG. *A.*3.468; *Ilias* 569; ~ntes disiecit crines SIL.16.59.

2 That puts out or has foliage, flowers, etc., leafy; (of leaves) forming foliage.
nec sera ~ntem narcissum VERG.*G.*4.122; puberibus caulem foliis et flore ~ntem purpureo *A.*12.413; ~ntis.. ramos *Dirae* 28; siluis..~antibus MAEC.in Sen.*Ep.*114.5; ~ntibus fulgore auri corymbis PLIN.*Nat.*21.50; (*of the ground*) ille grauis oculos languentiaque ora ~nti mergit humo STAT.*Theb.*5.502;—semper ~ntibus foliis PLIN.*Nat.* 13.59;—(*transf., cf. next*) celsam pinum flammaque ~ntem SIL.10.549.

3 Trailing (flame); *stella ~ans*, a comet.
in sidus..nouum stellamque ~ntem OV.*Met.*15.749.

cōmarchus ~ī, *m.* [Gk. κώμαρχος] The headman of a village.
nec demarchus nec ~us PL.*Cur.*286.

comaros ~ī, *f.* [Gk. κόμαρος] The (fruit of the) strawberry-tree, *Arbutus unedonis.*
(pomum unedonis) duobus..his nominibus appellant Graeci ~on et m⟨e⟩maecylon PLIN.*Nat.*15.99.

comātōrius ~a ~um, *a.* [as next+-TORIVS] For the hair.
acu ~a..malas pungebat PETR.21.1.

comātus ~a ~um, *a.* [COMA+-ATVS²]

1 Having (long) hair, wearing the hair long (freq. as sb.). **b** *Gallia ~a*, Gaul other than the existing province at the time of Caesar's conquest.
non minus molestum esse caluis quam ~is pilos uelli SEN.*Dial.*9.8.3; hac..ratione..caluus cum fueris, eris ~us MART.1.72.8; o quantum diatreta ualent et quinque ~i (*i.e. slaves*)! 12.70.9; qualis..exsectos lacerat Bellona ~os V.FL. 7.636; pulchros et ~os..occipitio raso deturpabat SUET. *Cal.*35.2; (*perh. as nickname*) ⟨CO⟩RNELIVS L.F.L.N. ⟨SCI⟩PIO ASIAGENVS ~VS *CIL* 1.13;—(*parts of the body*) ~a colla VERG.*Cat.*10.10; latum..caluae campum temporibus tegis ~is MART.10.83.3. **b** 'Galliam' inquit 'togatam remitto, ~am postulo' CIC.*Phil.*8.27; CATUL.29.3; MELA 3.20; Gallia omnis ~a uno nomine appellata in tria populorum genera diuiditur PLIN.*Nat.*4.105; TAC.*Ann.*11.23; SUET.*Jul.*22.1.

2 Leafy.
Ponticum sinum, ubi iste post phaselus antea fuit ~a silua CATUL.4.11.

comaudiō ~īre: see COAVDIO.

combardus ~a ~um, *a.* [CON-+BARDVS] Thoroughly stupid.
quasi stolidum, ~um me faciebam PL.*Epid.*421.

combennō ~ōnis, *m.* **con-.** [CON-+BENNA+-O¹] (See quot.)
benna lingua Gallica genus uehiculi appellatur, unde uocantur ~ones in eadem benna sedentes PAUL.*Fest.*p.32M.

combibō¹ ~ere ~ī, *tr., intr.* **conb-.** [CON-+BIBO]

1 To drink completely, drink up.
sicco lacrimas ~at ore tuas OV.*Ars* 2.326;—(*ellipt.*) ~ere iussit ipsum PHAED.1.14.9;—(*of the throat*) uix bene ~erant ignotos guttura sucos OV.*Met.*13.944.

2 To absorb (by other means as well as drinking). **b** *~ere soles*, to sun-bathe. **c** (poet.) to hold back, swallow (one's tears).
ut atrum corpore ~eret uenenum HOR.*Carm.*1.37.28; sucos quos postquam ~it Aeson aut ore acceptos aut uulnere OV.*Met.*7.287; (*ellipt. or absol.*) cum ~erint oculi ad singulas inunctiones LARG.20; (*pregn.*) ~it os maculas OV. *Met.*5.455. **b** i precor et totos auida cute ~e soles MART. 10.12.7. **c** cogor lacrimas ~ere ipsa meas OV.*Ep.*11.54; uideo (te) lacrimas ~entem SEN.*Ep.*49.1.

3 (of substances) To absorb, soak in (moisture; also, poet., flames); (of the earth) to swallow up (a river). **b** (fig.) to absorb, become imbued with (teaching, habits, etc.).
manu conprimito acina, ut ~ant aquam marinam CATO *Agr.*112.3; ut ii, qui ~i purpuram uolunt, sufficiunt prius lanam CIC.*Hort.*fr.23; non recipit in se nec ~it liquorem VITR.2.3.4; Iouis ara cruorem ~erat OV.*Met.*13.410; quae (*sc.* cepa) cum ius ~erit COL.12.10.2; (*cf.*) ut solem pluuiosque ~ant (scrobes) PLIN.*Nat.*17.80; (*poet.*) cupressus ~it infestas et stirpe et uertice flammas STAT.*Theb.*10.675; —(*absol. or ellipt.*) sinito ~ant noctem et diem CATO *Agr.* 109; ubi ~erint uuae seque impleuerint COL.12.39.1;—sic modo ~itur, tecto modo gurgite lapsus redditur..ingens Erasinus OV.*Met.*15.275. **b** iam infici debet iis artibus, quas si..~erit, ad maiora ueniet paratior CIC.*Fin.*3.9; ~at illapsos..per uiscera luxus SIL.11.400.

4 To drink together.
aeque ~endi et conuiuendi sapiens est peritissimus SEN. *Ep.*123.15.

combibō² ~ōnis, *m.* **conb-.** [prec.+-O¹] A drinking-companion.
quandoquidem repperii magnis ~onum ex copiis LUCIL. 665; cum tuis ~onibus Epicuriis CIC.*Fam.*9.25.2.

combrētum ~ī, *n.* [? Gall.; cf., perh., Lith. *šveñdrai*] An unidentified plant.
simillimum ei (*sc.* baccari) ~um appellatur, foliorum exilitate usque in fila adtenuata et procerius quam baccar PLIN.*Nat.*21.30; 21.133.

combūrō ~ūrere ~ussī ~ustum, *tr.* **conb-.** [CON-+VRO (on anal. of AMB-VRO)] ORTHOG.: *comurat CIL* 6.27593; *comm-* 6.20905, 14. 850.4; *combuserit* 8.25902.3.23.

1 To destroy or consume with fire, burn; (also absol.). **b** to reduce to ashes (esp. in the making of medicines), to calcine. **c** to injure with hot water, scald. **d** (pass., fig.) to be consumed with love.
nec cum capta capi (potuere Pergama) nec cum ~usta cremari ENN.*Ann.*359; nos nostras aedis postulas ~urere? PL.*Aul.*361; uirgas et sarmenta..in segete ~urito CATO *Agr.* 38.4; lituum Romuli quem..negas potuisse ~uri CIC.*Div.* 2.80; frumentum omne..~urunt CAES.*Gal.*1.5.3; naues sunt ~ustae quinque *Civ.*3.101.4; ~uri incendiis uillas SEN.*Con.* 1.6.12;—(*prov.*) ~uri nil potest, flamma potest PL.*Cur.*54; (*of flame, absol.*) lauricomos ut si per montis flamma uagetur ..~urens impete magno LUCR.6.153. **b** nucleos ~ustos item addito CATO *Agr.*37.2; larix..longo spatio tarde ~uritur VITR.2.9.14; (pullum) seruatum..ex sale..~uri CELS. 4.7.5; (fulmen) tribus modis urit; aut afflat..aut ~urit aut accendit SEN.*Nat.*2.40.4; (alium) suggillata..ad colorem reducit ~ustum ex melle PLIN.*Nat.*20.55; chartae ~ustae cineris LARG.237. **c** ea quae feruenti aqua ~usta sint PLIN.*Nat.*32.119. **d** ut Semela est ~ustus (*sc.* Iuppiter) PROP.2.30.29.

2 To cremate (a dead body); (also, w. *uiuum*) to burn alive, i.e. kill by burning.
VAR.*L.*5.23; ante noctem mortuus et postridie..~ustus est CIC.*Clu.*27; VBI HOMO MORTVVS ~VSTVS NON ERIT *CIL* 1.594.2.2.13; elatus ~ustus est SEN.*Ben.*7.21.1; (*fig.*) clam uxorem ubi..hunc ~uramus diem PL.*Men.*152;—hasce ambas..ut uiuas ~uram *Rud.*768; legatum populi Romani ~urere uiuum CIC.*Ver.*1.78; *B.Hisp.*20.3; PETR.78.2; (*cf.*) PICEM CANDENTEM (*sc.* opto illi) PECTVS MALVM ~VRAT SVVM *CIL* 6.20905; (*oxen*) eos (*sc.* boues) uiuos ~uri..iusserunt LIV.36.37.2; (*w. abl.*) praefectos nauium igne ~urunt FLOR. *Epit.*1.21(2.5.3);—(*absol.*) NE QVIS VBI EGO CONQVIESCO, COMVRAT *CIL* 6.27593.

3 To use up by burning, burn to an end.
omnis cum lucerna ~usta est VAR.*Men.*219.

4 (of corrosive agent, disease) To cause decay in, eat into.
ne ungulas ~urat stercus tenellas VAR.*R.*2.7.11.

combustum ~ī, *n.* **conb-.** [pple. of prec.] An injury from burning or scalding, burn.
corticis per se cinis ~is pilos reddit PLIN.*Nat.*23.6; emplastrum ad ~um mirifice facit LARG.221.

comē ~ēs, *f.* [Gk. κόμη] One or more plants of the genus *Tragopogon*, goat's-beard or salsify.
~e, quae ab aliis tragopogon uocatur, foliis croco simillimis PLIN.*Nat.*21.89; 27.142.

comedō¹ ~esse (~edere) ~ēdi ~ēs(s)um (~estum), *tr.* [CON-+EDO¹]

1 To eat up, finish eating, consume (food). **b** (of the teeth) to chew up. **c** (refl., fig.) to fret (oneself), chafe.

corbitam cibi ~esse possunt PL.*Cas.*779; faxo haud inultus prandium ~ederis *Men.*521; ne clam me ~esses prandium 611; quid ~edent! TER.*Hau.*255; ubi daps profanata ~estaque erit CATO *Agr.*50.2; ubi oleae ~esae erunt 58; ego quod ~edim quaero POMPON.*com.*151; quom domo totus ut ~editur aufertur (coclea) *Rhet.Her.*4.62; ~edisse eum lacertum Largi CIC.*de Orat.*2.240; celerius potuit (uenenum) ~estum quam epotum in uenas..permanare *Clu.* 173;—(*ellipt.*) non ~edi: pane et aqua uiuo QUINT.*Inst.* 6.3.93;—(*of animals*) ~edente asino carduos *Inc.pall.*102; piscis ut saepe minutos magnu' ~est VAR.*Men.*289; haec porcis..~edenda relinques HOR.*Ep.*1.7.19; ~esse fetus ⟨in⟩ his (*sc.* subus) non est prodigium PLIN.*Nat.*8.206; (*hyperb.*) hodie te istic muscae ~edissent CIC.*Brut.*217; (*of the earth, personified*) (terra) esurire creditur et ~esse semen PLIN. *Nat.*18.196; (*refl.*) ipsa se ~est terra. deuorauit Cibotum.. montem 2.205;—(*prov.*) tam facile uinces quam pirum uolpes ~est PL.*Mos.*559. **b** quorum dentes uel silicem ~esse possunt CATUL.23.4; malim eas (*sc.* uuas) pedibus calcare quam dentibus ~esse AUR.*Fro.*1.p.176(67N). **c** quisnam illic homost qui ipsus se ~est, tristis, oculis malis? PL.*Truc.*593.

2 To spend, squander, dissipate (money, property, etc.) on gluttony or riotous living; to spend on food the price of. **b** (w. pers. obj.) to squander the money or property of.

aurum..quod dem scortis quodque in lustris ~edim PL. *Bac.*743; quid factumst eo? — ~essum, expotum; exussum: elotum in balineis *Trin.*406; meam dotem ~est TITIN.*com.*16; quasi bona ~esse Romae non liceret CIC. *Flac.*91; *Fam.*9.20.3; patrimonio non ~eso, sed deuorato [CIC.]*Sal.*20; ut..ducenties ~esset aut trecenties CATUL. 29.14; HOR.*Ep.*1.15.40; quod patrimonium ~edisset QUINT.*Inst.*6.3.74; (*hyperb.*) locum quoque illum omnem ubi situst ~ederit PL.*Trin.*753;—cantherium ~edisti CIC.*Fam.* 9.18.4; iam pannos meos ~edi PETR.44.15. **b** quem apsentem ~es PL.*Mos.*12; iamne illum ~essurus es? *Ps.* 1126; hunc ~edendum uobis propino TER.*Eu.*1087; LUCIL. 171.

3 (transf.) To eat away, destroy.

delator..cito rapturus de nobilitate ~esa quod superest JUV.1.34.

4 To feast on, devour (with the eyes).

inspexit molles pueros oculisque ~edit MART.9.59.3.

comedō² ~ōnis, *m.* [prec.+-O¹] A glutton, gourmet; one who spends his money on feasting, etc.

uiuite lurcones, ~ones, uiuite uentris LUCIL.75; quod.. ~onibus uenit usu, quibus mota uoluptate cum edunt, dum taxat gula gaudet VAR.*Men.*317;—~o..qui..bona sua consumit PAUL.*Fest.*p.58M.

comedus ~ī, *m.* = prec.

~um bona sua consumentem antiqui dixerunt PAUL.*Fest.* p.58M.

comes ~itis, *m.* (*f.*) [CON-+EO¹+-ES¹]

1 One who goes with or accompanies another, a companion, (w. vbs. of motion freq., 'to accompany'). **b** (w. gen., cf. 5b) a companion (on a journey, flight, etc.). **c** (of abstract things, more or less personified). **d** a thing that moves along with a person or other thing.

o Palaemo..sancte Neptuni ~es PL.*Rud.*160; ~itemque eis adiunctum esse T. Volturcium CIC.*Catil.*3.4; unus uir cuius fugientis ~es..uideor esse debere *Att.*8.14.2; ~es meus fuit illo miserrimo tempore *Fam.*13.71; meque deosque tibi ~ites..futuros *Ciris* 338; ni docta ~es tenuis sine corpore uitas admoneat uolitare VERG.*A.*6.292; rhetor ~es Heliodorus HOR.*S.*1.5.2; ~es iis additus L. Iunius Brutus LIV.1.56.7; siqua repugnarat nimium ~itemque negabat OV.*Ars* 1.127; miseris ~es additus armis STAT.*Theb.*8.184; Alcides Telamonque ~es dum litora..legunt V.FL.2.451; C. Caesar, discedenti Capreas auo ~es TAC.*Ann.*6.20; municipalis harenae perpetui ~ites JUV.3.35;—(*w. ire*) his Laodamia it ~es VERG.*A.*6.448; it ~es armentis OV.*Ars* 1.301; STAT.*Silv.*4.6.81;—(*animals, etc.*) tu potes tigris ~itesque siluas ducere HOR.*Carm.*3.11.13; tuque, ~es ratium..pompile (*a fish*) OV.*Hal.*100. **b** qua re eius fugae ~item me adiungerem CIC.*Att.*9.10.2; ~es..paternae fugae LIV.1.3.2; quos miserant expeditionis eius ~ites 3.43.3; mulierum ac puerorum qui exsilii ~ites trahebantur 6.3.4; OV.*Tr.*4.1.20; Rhodii secessus ~es TAC.*Ann.*4.15. **c** hac igitur conscientia ~ite proficiscar CIC.*Att.*10.4.5; uirtute duce, ~ite fortuna *Fam.*10.3.2; castra Macer sequitur: tenero quid fiet Amori? sit ~es TIB.2.6.2. **d** uiam qui nescit qua deueniat ad mare, eum oportet amnem quaerere ~item sibi PL.*Poen.* 628; quis (*sc.* Piscibus) ~es est Aries CIC.*Arat.*575(329); LUCR.3.400; ~es huic erat aura secunda *Culex* 344; utque ~es radios per solis euntibus umbra est OV.*Tr.*1.9.11.

2 A companion, friend, comrade (often in an inferior capacity or of humbler rank). **b** a member of the same group or class.

ne ~ites morer PL.*Epid.*631; exhaurietur ex urbe tuorum ~itum magna..sentina CIC.*Catil.*1.12; in uilla P. Valeri, ~itis et familiaris mei *Phil.*1.8; ~ites ad portam exspectare dicunt *Fam.*15.17.1; quo nos cumque feret.. fortuna..ibimus, o socii ~itesque HOR.*Carm.*1.7.26; nec ~es hic Phrygias umquam uenisset ad arces OV.*Met.*13.44; impiger Hyrtacides Hyrtacidaeque ~es *Ib.*630; is me nec ~item nec dedignatus amicum est *Pont.*1.7.33; timidus accurrit ~es PHAED.5.2.4; JUV.1.119; ~itibus adscitis qui uulnerati remanserant APUL.*Met.*6.26; (*cf.*) durae ~es ille ferae (*i.e. Cerberus of Hydra*) STAT.*Silv.*2.1.230;—(*fig.*) membra ipsa sensusque considera, qui tibi.. non ~ites solum uirtutum, sed ministri etiam uidebuntur CIC.*Fin.*2. 113. **b** Cinna quoque his ~es est, Cinnaque procacior Anser OV.*Tr.*2.435.

3 A person in the service or under the leadership of another, a follower, soldier (of); *signorum ~es*, a soldier. **b** a worshipper, devotee (of a deity, etc.); *Heliconiadum ~ites* and sim., poets. **c** an adherent (of a school or system).

praebuit se mercennarium ~item regi Alexandrino CIC. *Pis.*49; ~ites familiaresque eius..paulisper equitum..uim sustinuerunt CAES.*Gal.*6.30.3; quem Gaetuli, sui ~ites, in itinere..concidunt *B.Afr.*93.1; ~es infelicis Vlixi VERG.*A.* 3.691; Hectoris hic magni fuerat ~es 6.166; ~ites tribus ordine deni STAT.*Theb.*10.251; (*cf.*) illi..chorus, ecce, suarum occurrit ~itum VERG.*A.*10.220;—Coranum signorum ~item JUV.16.55. **b** matrem ~itumque catervas LUCR.2.628; hunc..~item famulumque sacrorum cepimus OV.*Met.*3.574; Bacchi ~ites STAT.*Ach.*1.646;—adde Heliconiadum ~ites LUCR.3.1037; Pieridum..~es MART.12.68.4; Corymbus, ante ~es Musis STAT.*Theb.*8.549. **c** neque enim sapientem informamus neque Stoicorum ~item TAC. *Dial.*31.7.

4 a (usu. pl.) A member of the staff of a Roman magistrate, provincial governor, or other official; a retainer of an emperor, king, or sim. **b** an attendant or servant of a private person.

a ut tribuni, ut praefecti, ut scribae, ut ~ites omnes magistratuum lege hac tenerentur CIC.*Rab.Post.*13; sequebatur raeda cum lenonibus, ~ites nequissimi *Phil.*2.58; hominemque certum misi de ~itibus meis *Att.*8.1.2; stellasque salubris appellat ~ites HOR.*S.*1.7.25; inter ~ites legatorum LIV.25.30.2; cum..~item suum, in multis flagitiis deprendisset PLIN.*Ep.*6.22.1; nulli ~es exeo JUV.3.47; (*cf.*) centeni singulis ex plebe ~ites consilium simul et auctoritas adsunt TAC.*Ger.*12.3;—Callisthenem, doctum hominem, ~item Magni Alexandri CIC.*Rab.Post.*23; Tyrii ~ites VERG.*A.*4.162; fit fuga regis apparitorum atque ~itum LIV.1.48.4; TAC.*Hist.*1.88; SUET.*Gal.*15; peregrinatione Achaica inter ~ites Neronis *Ves.*4.4. **b** iuben mi ire ~ites? PL.*Am.*929; unam ei cenam atque eiu' ~itibus dedi TER.*Hau.*455; tu ~itibus, tu praesidio..discessum illum sustentasti CIC.*Rab.Post.*47; ~item Ascanio pater addidit (*sc.* Buten) VERG.*A.*9.649; mos erat Faliscis eodem magistro liberorum et ~ite uti LIV.5.27.1; comprehensae..earum ~ites 8.18.10; inter ~ites utique et paedagogi erunt ULP. *dig.*47.10.15.16;—(*of dogs*) nec desunt ~ites, sedula turba, canes OV.*Rem.*182; (*poet.*) ~es obscurus tripodum (*i.e. the crow*) STAT.*Theb.*3.506;—(*cf.*) non ut ullam artem doctrinamue contemneres, sed ut omnis ~ites ac ministratrices oratoris esse diceres CIC.*de Orat.*1.75.

5 (usu. w. gen.) A partner, sharer, associate (in enterprises, actions, views, etc.). **b** a sharer (in a fate, death, etc.).

tu me antidhac supremum habuisti ~item consiliis tuis PL.*Ps.*17; me non solum ~item esse sententiae uestrae sed etiam laudatorem CIC.*Prov.*25; ~es esse eius amentiae noluit *Phil.*3.6; ut principibus heroum..certos deos discriminum et periculorum ~ites adiungeret *N.D.*2.166; nullo loco deest seditionis uoluntarius ~es LIV.2.23.8; si se plebs ~item senatui det 3.38.10; ~item..sacrorum OV.*Met.*11.94; nec..inuenit fletus ~item LUC.9.1105; et fors ingentibus ausis rara ~es STAT.*Theb.*10.384; fit temeritatis alienae ~es Spurinna TAC.*Hist.*2.18; Antonio uexillarios e cohortibus.. rapienti ~es fuit Arrius Varus 3.6;—(*dist. fr.* dux, auctor) quod erat optabile antea ut populum Romanum ~item haberemus, nunc habemus ducem CIC.*Phil.*7.22; consul alter, ~es animosior quam auctor LIV.3.20.1; quorum tu princeps. neque enim ~es esse, sed auctor..dignus eras OV.*Pont.*2.3.31;—(*fig.*) quin etiam ipsi casus..non duces, sed ~ites eius consiliorum fuerunt CIC.*Balb.*9; uirtutum amicitia adiutrix..non uitiorum ~es *Amic.*83. **b** cum se uictoriae Pompei ~item esse mallet CAES.*Civ.*3.80.3; hos cape fatorum ~ites VERG.*A.*2.294; uetat ille..tranquilli ~item temporis esse fidem OV.*Pont.*4.10.74; sociam se cuiuscumque fortunae et si ita ferret ~item exitii promittebat TAC.*Ann.*3.15;—~itemne sororem spreuisti moriens? VERG.*A.*4.677; ipsa..uirum ~item mortis complexa in mare sese deiecit LIV.40.4.15; aut ~es extincto Laudamia uiro OV.*Tr.*1.6.20; ~itemque illi iubet ire sub umbras Phegea STAT.*Theb.*2.608; (*cf.* 1b) ~ites Rhesi tum necis, ante uiae OV.*Ib.*628.

6 (applied to a thing that is given, sent, etc., along with another thing or person). **b** (of states, emotions, etc., which go along with others, esp. as a consequence) a concomitant. **c** (applied to a person or phenomenon occurring or existing at the same time as another).

quo lubeant nubant, dum dos ne fiat ~es PL.*Aul.*491; anulum..abs te donatum ~item pecuniae iudicamus CIC. *Ver.*3.187; missa ratis prono defertur lapsa profundo et geminae ~ites LUC.4.431; ut (acinis) praegrandibus adhaereant parui ~ites PLIN.*Nat.*14.15; nuces iuglandes.. nuptialium Fescenninorum ~ites 15.86; (misisti mihi) dentiscalpia septem; his ~es accessit spongea, mappa, calix MART.7.53.4; et ~item occasus secum portabat et ortus (*sc.* opus sacrum) STAT.*Silv.*4.6.61; tum dictis ~item contorquet..in hostes..hastam SIL.4.134;—(*as adj.*) errantem ~itis solacia flammae destituunt STAT.*Theb.*12.241; quid causidicis..praestent..magno ~ites in fasce libelli JUV. 7.107. **b** uoluptatem ut maeror ~es consequatur PL. *Am.*635; consequitur ~es insomnia CAECIL.*com.*168; o uirtutis ~es inuidia! *Rhet.Her.*4.36; pacis est ~es otique socia.. eloquentia CIC.*Brut.*45; multarum deliciarum ~es est extrema saltatio *Mur.*13; ploratus mortis ~es LUCR.2.580; culpam poena premit ~es HOR.*Carm.*4.5.24; tanta meo ~es est insania morbo OV.*Tr.*2.15; semper magnae fortunae ~es adest adulatio VELL.2.102.3; ratio omnis honesti ~es est SEN.*Ben.*4.10.2; sociisque ~es discordia regnis STAT. *Theb.*1.130; TAC.*Dial.*40.2. **c** deuexi rapidus ~es Orionis..Notus HOR.*Carm.*1.28.21; ueris ~ites..animae.. Thraciae 4.12.1; dumque hoc..rerum naturae corpus.. manebit incolume, ~item aeui sui laudem Ciceronis trahet VELL.2.66.5; (*cf.*) oceanus quasi lunae ~es cum ea simul senescit adolescitque GEL.14.1.3.

comēsor ~ōris, *m.* **(-estor).** [COMEDO¹+-TOR]

1 A glutton, gourmand.

si..somniculosus piger tardus ~or inueniatur GAIUS *dig.* 21.1.18.

2 A member of a dining-club.

COLLEG(IVM) ~TO(RVM) *CIL* 9.3693; 9.3815.

comētēs ~ae, *m.* [Gk. κομήτης] FORMS: *~am* (acc.) [SEN.]*Oct.*232. A luminous body in the sky having a train or tail, a comet or meteor. **b** (as a portent, esp. of a great disaster).

uidisti et claro tremulos ardore ~as CIC.*Cons.*fr.2.15; pariterque cadunt fulgentque ~ae MAN.1.826; duo..~arum genera sunt: alii ardorem undique effundunt nec locum mutant, alii in unam partem ignem uagum in modum comae porrigunt et stellas praetermeant SEN.*Nat.*7.6.1; ~as Graeci uocant, nostri crinitas PLIN.*Nat.*2.89;—(*mythol.*) de choro sororum expulsa (Merope) maerens crinem solutum gerit, quae ~es appellatur HYG.*Fab.*192.6. **b** nec diri totiens arsere ~ae VERG.*G.*1.488; haec fore dixerunt belli mala signa ~en TIB.2.5.71; tristem nosse ~en *Aetna* 242; terris mutantem regna ~en LUC.1.529; regnorum euersor, rubuit letale ~es SIL.8.637; sidus ~es TAC.*Ann.*15.47; instantem regi Armenio Parthoque ~en prima uidet JUV. 6.407.

cōmicē, *adv.* [next+-E] In a style suited to comedy.

quis umquam res praeter hunc tragicas paene ~..tractauit? CIC.*de Orat.*3.30; sit aliquid oratorie acre, tragice grande, ~ exile SEN.*Ep.*100.10.

cōmicus¹ ~a ~um, *a.* [Gk. κωμικός]

1 Of or belonging to comedy, comic. **b** appropriate or suited to comedy.

~o choragio PL.*Capt.*61; aurum est..hic..~um *Poen.* 597; poematis..tragici ~i epici melici etiam ac dithyrambici..suum cuiusque (genus) est CIC.*Opt.Gen.*1; ~orum poetarum *Orat.*67; illum..ex artificio ~o aestimabat *Q.Rosc.*28; ~a ut aequato uirtus polleret honore cum Graecis CAES.*poet.*2.4; ~ae (scaenae)..aedificiorum priuatorum..habent speciem VITR.5.6.9; ex illo ~o uersu PLIN. *Nat.*14.95; ille ~us..senarius, quem trochaicum uocant QUINT.*Inst.*9.4.140. **b** leuitates ~ae CIC.*N.D.*3.72; uersibus exponi tragicis res ~a non uult HOR.*Ars* 89.

2 Typical or characteristic of comedy.

eodem pacto ut ~i serui solent PL.*Capt.*778; ante omnes ~os stultos senes CAECIL.*com.*243; utrum hunc ego ~um adulescentem..nominem CIC.*S.Rosc.*47; ~a moecha PROP. 4.5.44.

cōmicus² ~ī, *m.* [prec.]

1 A comic actor.

tragici et ~i numquam aeque sunt meditati PL.*Per.*465; *Poen.*581; *CIL* 14.2408.

2 A writer of comedies, a comic poet.

VAR.*L.*5.62; ~orum senarii..saepe sunt abiecti CIC. *Orat.*184; OV.*Ib.*589; SEN.*Ben.*2.5.2; liberrimum hominum genus, ~i ueteres QUINT.*Inst.*12.2.22; Terentii..~i uersus GEL.4.16.2.

comincommodus, *a.* App. a facet. conflation of COMMODVS and INCOMMODVS.

iustus iniustus, malignus largus, ~us (*s.v.l.*) PL.*Bac.*401.

cōminus, *adv.*: see COMMINVS.

cōmis ~is ~e, *a.* *compar.* ~ior, *superl.* ~issimus. [perh. *co-smi-s, cf. Skt. *smáyatē*, Gk. φιλομμειδής]

1 (of persons or character) Kind, obliging, affable, gracious. **b** (of qualities, actions, etc.).

fit ipse, dum illis ~is est, inops amator PL.*Tr.*255; modo fit obsequens hilarus ~is communis concordis CAECIL.*com.* 108; illo..usa sum benigno et lepido et ~i TER.*Hec.*837; munifici ~esque amicis nostris uideamur uiri LUCIL.664; ~es benigni, faciles, suaues homines esse dicuntur CIC.*Balb.* 36; nihil ~e, nihil simplex *Att.*1.13.4; Cyrum minorem.. ~em erga Lysandrum atque humanum fuisse *Sen.*59; bonus sane uicinus..~is in uxorem HOR.*Ep.*2.2.133; ut eum et patres seuerum consulem et plebs satis ~em crediderint LIV.4.10.8; maiestas adeo ~is ubique tua est OV.*Tr.* 2.512; si nec blanda satis nec erit tibi ~is amanti *Ars* 2.177; ut erat ~is bonis, ita aduersus malos iniucundus TAC.*Ag.*22.4; ~is ultra quam antiquis feminis probatum *Ann.*5.1; ~i facilique natura SUET.*Gram.*7(p.105Re); senex ~issimus APUL.*Met.*11.22. **b** illud superius ~e iucundum, ad beneuolentiam conciliandam paratum CIC.*Orat.*128; ~i hospitio acceptum LIV.9.36.8; sermo ~is et sine adulatione iucundus SEN.*Ben.*6.29.2; quae cuncta non quidem ~i uia sed horridus ac plerumque formidatus retinebat TAC.*Ann.* 4.7; uel graues ex orationibus ueterum sententias arriperetis..uel ~es ex comoediis FRO.*Aur.*1.p.304(106N); me.. ~issimis adfatur sermonibus APUL.*Met.*10.18.

2 Having good taste, elegant, cultured.

quiddam ~e loquens (*of Terence*) CIC.*poet.*2(16).4; memor an obliuiosus, ~is an infacetus *Inv.*1.35; quis..C. Laelio ~ior? *Mur.*66; ~is garrire libellos HOR.*S.*1.10.41; et parum ~is sine te (*sc.* Venere) Iuuentas *Carm.*1.30.7; aptior hunc Gallus..aptior, ingenium ~e, Tibullus erit OV.*Tr.*5.1.18; posuit (tabulas) et Tiberius Caesar, minime ~is imperator PLIN.*Nat.*35.28.

cōmis(s)ābundus ~a ~um, *a.* [COMISSOR+-BVNDVS] Carousing, revelling.

per quam (*sc.* Indiam) temulento agmine ~us incessit LIV.9.17.17; tam praeclaram urbem a ~o rege deletam esse CURT.5.7.10; 9.10.26; ~i iuuenes PLIN.*Nat.*21.9.

cōmis(s)ātiō ~ōnis, *f.* **(comm-).** [COMISSOR+-TIO] FORMS: *comess-* SEN.*Dial.*3.20.8, *Ep.*51.4; *comm-* PAUL.*Fest.*p.41M. Carousing, feasting, revelry.

VAR.*L.*7.89; nullum turpe conuiuium, non amor, non ~o, non libido..ostenditur CIC.*Mur.*13; totum..~onis Antonianae chorum *Phil.*5.15; iuuenes..regii..otium conuiuiis ~onibusque inter se terebant LIV.1.57.5; C. Caesar ..quod..~o sua fulminibus terreretur SEN.*Dial.*3.20.8; stupra nunc et ~ones et feminarum coetus uoluit animo TAC.*Hist.*1.30; SUET.*Tit.*7.1; hic a symposio Platonis incipere gestit propter Alcibiadae ~onem GEL.1.9.9;—(*of fig. use*) nolo esse aut maius, quam res postulet: 'tempestas ~onis'; aut minus: '~o tempestatis' CIC.*de Orat.*3.164.

cōmis(s)ātor ~ōris, *m.* [next+-TOR] FORMS: *comess-* GEL.4.14.5. A carouser, reveller.

edepol ~orem haud sane commodum TER.*Ad.*783; non idem iudicum ~orumque conspectus CIC.*Cael.*67; ~ores.. aditu ianuae arcet LIV.40.7.8; ~orem senem SEN.*Con.*2.6.7; amictusque ueste alba cum ingenti frequentia ~or intrauit PETR.65.3; oluere lares ~ore Lyaeo MART.9.61.15; triclinium ~oribus inquietum APUL.*Apol.*75;—(*transf.*) conuiua..~orque libellus (*i.e. read at parties*) MART.5.16.9.

cōmis(s)or ~ārī ~ātus, *intr.* [cf. Gk. κωμάζω] To revel, carouse, make merry.

tempestiuius in domum Pauli purpureis ales (*sc.* Venus) oloribus ~abere Maximi HOR.*Carm.*4.1.11; pinxit et lasciuiam, in qua tres Sileni ~antur PLIN.*Nat.*35.110; conuiuabatur..paene raptim; certe non ultra solis occasum nec ut postea ~aretur SUET.*Dom.*21;—(*pres. pple.; also as sb.*) epulantesque eum carmine triumphali et sollemnibus iocis ~antium modo currum secuti sunt LIV.3.29.5; ab Oceano reuertentes temulentos ~antesque CURT.8.10.18; adiuuit hilaritatem ~antis cymbalistria PETR.23.1; SUET. *Cal.*32.1;—(*sup.*) nunc ~atum ibo ad Philolachetem PL. *Mos.*317; *Per.*568; ~atum uolo uocari *St.*686; TER.*Eu.*442; ~atum..domum digredimur AFRAN.*com.*107; quin ~atum ..ad fratrem imus? LIV.40.7.5; APUL.*Met.*2.24.

cōmitās ~ātis, *f.* [COMIS+-TAS]

1 Friendliness, considerateness, courtesy, graciousness. **b** (in respect of giving) generosity, obligingness.

id uirtute huiius collegai meaque ~ate factumst PL.*As.*556; tua opera et ~ate et uirtute et sapientia fecisti ut redire liceat *Capt.*410; summa non uitae solum atque naturae sed orationis etiam ~as CIC.*Brut.*132; mulieres..delectari obsequio et ~ate adulescentis *Att.*6.6.1; erat..in illo uiro ~ate condita grauitas *Sen.*10; haud gratuitam in tanta superbia ~atem fore LIV.3.35.6; hac ~ate Marcelli ferocis iuuenis animus..est mollitus 23.16.1; PLIN.*Nat.*35.23; STAT.*Silv.* 2.7.85; ~ate quadam curandi prouinciam tenuit TAC.*Ag.* 16.4; quaesita interdum ~ate quamuis manifestam defectionem tegebat *Ann.*6.50;—(*contrasted w. opp. qualities*) si illius ~atem et facilitatem tuae grauitati seueritatique asperseris CIC.*Mur.*66; quanta in altero diritas, in altero ~as! *Sen.*65; pulcherrimum et humanissimum existimo seueritatem ~atemque miscere PLIN.*Ep.*8.21.1. **b** rem bene paratam ~ate perdidit PL.*Rud.*38; aliis qui ~ati simus beneuolentibus *Trin.*356; non eadem ~ate tribuentis SEN.*Ben.*1.14.3.

2 Good taste, elegance.

apud quas ~as habetur uulgati corporis uilitas CURT. 5.1.38; Massiliam..locum Graeca ~ate et prouinciali parsimonia mixtum TAC.*Ag.*4.3; cenam utrinque exquisitissimae ~atis dedit SUET.*Otho* 3.1.

comitātus[1] ~a ~um, *a. compar.* ~ior. [pple. of COMITO]

1 (of persons, usu. w. abl.) Accompanied, attended (by); (also a journey). **b** (compar.) having a larger following or retinue, better attended.

ut eam (*sc.* uiam) tu alienis uiris ~a celebrares CIC.*Cael.* 34; ipse uno graditur ~us Achate VERG.*A.*1.312; magna clientium ~us manu LIV.2.16.4; Inachis..pompa ~a sacrorum OV.*Met.*9.687; siluis ~us et amnibus Orpheus STAT.*Silv.*5.1.21; ~a Menaeis uenit Amastra uiris SIL. 14.266; uno aut altero amicorum ~us TAC.*Ag.*40.4;—(*poet.*) uaga uadit..~a tympano Attis CATUL.63.32; ueniat carae matris ~a dolore [TIB.]3.2.13; lacrimis ~a sororum STAT. *Ach.*2.23;—(*w. advs.*) quod ex urbe parum ~us exierit CIC. *Catil.*2.4; bene sudantes beneque ~i QUINT.*Inst.*12.8.3;—(*w.* per) per quos ~a redirem OV.*Ep.*3.29;—(*in fig. context*) quocumque ingreditur (oratio), eodem est instructu ornatuque ~a CIC.*de Orat.*3.23;—uti mihi omne iter tua praesentia ~um sit AUR.*Fro.*1.p.50(47N). **b** puero ut uno esset ~ior CIC.*Tusc.*5.113; hic..cultior ~iorque quam M. Cato SEN.*Ep.*87.9; et aliquos inuenit (anthias piscis) paulatimque ~ior postremo greges adducit innumeros PLIN.*Nat.*9.181; (*cf.*) est enim ars illis (*sc.* columbis)..corrumpere alias furtoque ~iores reuerti 10.109; neque uno baculo ~ior (Hercules) APUL.*Apol.*22;—nullius..trigarii ~ior egressus PLIN.*Nat.*29.9.

2 Accompanied (in time).

sequitur (*i.e. in blooming*) oenanthe ac melanium..deinde alterum genus anemones..post hanc gladiolus ~us hyacintho PLIN.*Nat.*21.65.

comitātus[2] ~ūs, *m.* [COMITOR+-TVS[3]]

1 An escort (esp. of slaves, attendants, clients, etc.), retinue, suite, staff; also, an accompanying crowd. **b** (opp. *duces*) 'rank and file'; (also contrasted w. *praesidium*). **c** the attendants, etc., of a god; the circle or court of an emperor or king. **d** (transf., of birds).

quid ~us nostri, quid gladii uolunt? CIC.*Mil.*10; adulescens..cum maximo ornatissimoque ~u uenit in oppidum Graecorum *Flac.*18; si..tecti satis est ad ~um nostrum recipiendum *Fam.*6.19.1; ~u equitum XXX ad mare peruenit CAES.*Civ.*3.96.4; nunc ille Paris cum semiuiro ~u.. rapto potitur VERG.*A.*4.215; ~us muliebris plus tacito fletu quam ulla uox mouebat LIV.3.47.3; magnus ~us fuit regius cum amicorum tum satellitum turba stipante 42.39.2; cum priuato ~u..in urbem rediit VELL.2.40.3; cum magno sequentium consilia sua ~u fugae fortunaeque se commisit 2.72.3; omnia tutiora parricidarum ~u ratus CURT.5.12.18; infelix ~us eunti haerebant nati STAT.*Theb.*5.98; profectio arto ~u fuit TAC.*Ann.*4.58; illa non furtim sed multo ~u uentitare domum 11.12; debet secundum condicionem mariti augeri ueste, ~u PLIN.*Ep.*6.32.1;—miros risus nos edere cum ille ignarus sui ~us repente aperuit lecticam CIC.*Q.fr.*2.8.2;—(*pl.*) ut..Allobrogum ~us deprehendant SAL.*Cat.*45.1; meo iussu tibi constricti ~us decedent populi APUL.*Met.*11.6. **b** cum ducibus ipsis, non cum ~u adsectatoribusque confligant CIC.*Balb.*62; *Marc.*11; ~um relinquo, duces nomino *Phil.*13.3;—*Att.*1.20.3; ut ~us magis praefecti uideretur quam praesidium LIV.35.34.10. **c** Iraeque Insidiaeque, dei (*i.e. Mars*) ~us VERG.*A.*12.336; Hecates ~us V.FL.6.113; (*poet.*) tristis ~us eunti circum lora fremunt nimbique hiemesque profundae STAT.*Theb.*3.434; (*cf.*) (Antonius) cum..habitu..et ~u Liberum imitaretur SEN.*Suas.*1.6;—gradus quin etiam ipse ~us habet, iudicio eius quem sectantur TAC.*Ger.*13.3; Cluuius ~ui principis adiectus *Hist.*2.65; SUET.*Aug.*98.4; filius familias..in ~u principum retentus PAPIN.*dig.*29.1.43. **d** semper..remeantes ~um sollicitant PLIN.*Nat.*10.66; multo ceterarum uolucrum ~u nouam faciem mirantium TAC.*Ann.*6.28.

2 (transf.) An attendant crowd or throng (of abstract qualities, etc.).

animus ipse, qui tot uirtutum praesidio tantoque ~u.. capi certe..non potuit CIC.*Parad.*16; *Tusc.*5.80; *Fin.*2.111; eloquentiam..quae olim omnium artium domina pulcherrimo ~u pectora implebat TAC.*Dial.*32.4.

3 Companionship, company, society. **b** attendance on a great man. **c** (transf., of things).

fecisse alios. quid est hoc? utrum crimini defensio an ~us exsilio quaeritur? CIC.*Ver.*3.205; Demetrius uenit ad me a quo quidem ~u ἀφωμίλησα satis scite *Fam.*16.17.2; eorum est habendus ad summum naturae bonum optumus beatissimusque ~us *Amic.*83; uos leuat tanti mali (*i.e. in misfortune*) ~us SEN.*Tro.*914; cuius adsiduus ~us etiam illos meliores faciat QUINT.*Inst.*1.2.5; (*of an animal*) quod derelictus senecta scandentia iumenta ~u nisuque exhortaretur (mulus) PLIN.*Nat.*8.175. **b** memoria Neroniani ~us TAC.*Hist.*1.23. **c** ipse (Indus)..quodam solis ~u in occasum uersus oceano infunditur PLIN.*Nat.*6.72.

4 A number of people associated together, company, crowd, throng; (also of the planets).

nihil est quod ex tanto ~u uirorum amplissimorum me unum abstrahas CIC.*Sul.*9; *Att.*8.3.2; magnum etiam ~um.. circumuentum iniquo loco interfecerant LIV.28.22.4; ~um istius tumultus SEN.*Con.*9.5.6; STAT.*Theb.*12.105;—cum uagantium stellarum ~us ad eundem peruenerit finem APUL.*Pl.*1.10.

5 (abst.) Combination, conjunction, association. **b** association in time.

sunt..aliae (*sc.* portae) Caspiis gentibus iunctae, quod dinosci non potest nisi ~u rerum Alexandri Magni PLIN. *Nat.*6.40; modus..huius iniuriae, quem fecit in quacumque conuexitate ~us utriusque causae 18.283. **b** hordearia (pruna) appellata a ~u frugis eius PLIN.*Nat.*15.41; rursus alio ~u aequinoctis autumni seruntur coriandrum, anetum 19.170.

cōmiter, *adv. superl.* ~issimē. [COMIS+-TER[2]]

1 In a friendly or sociable manner, courteously, pleasantly, with goodwill.

homo qui erranti ~iter monstrat uiam ENN.*scen.*398; datne ab se mulier operam? — lepidissume et ~issume PL. *Mil.*941; qui me dudum ut dixti adiuerit ~iter TER.*Ph.* 537; tum Scaeuola ~iter, ut solebat, 'cetera' inquit 'adsentior Crasso' CIC.*de Orat.*1.35; cum tristibus seuere, cum remissis iucunde, cum senibus grauiter, cum iuuentute ~iter..uiuere *Cael.*13; uniuersi ~iter ac benigne tribunos appellare LIV.2.44.5; legatisque..~iter munera missa 9. 43.26; legatos ~iter acceptos 29.11.7; ~iter..exceptus CURT.6.5.3; ego..qui domo..~iter habitem PLIN.*Nat.*17.4; ~iter administrata prouincia TAC.*Hist.*1.13; me satis humane satisque ~iter nutriebat APUL.*Met.*10.17; (*w.* esse) cum in conuiuio ~iter et iucunde fuisses CIC.*Deiot.*19; (*w. adj.*) in ludo..militari..~iter facilis LIV.7.33.2;—(*of corporate (actions)*) maiestatem populi Romani ~iter conseruanto *in* Cic.*Balb.*35; Apollini uouendos censeo ludos qui quotannis ~iter Apollini fiant LIV.25.12.9; PROC.*dig.*49.15.7.1.

2 With pleasantry, good-humouredly.

mihi propitius multa respondisti, illud uero etiam ~iter FRO.*Ant.*1.p.264(170N).

comitiālēs ~ium, *m. pl.* [next]

1 (app.) Attacks of epilepsy.

sic et contra ~es sumpti PLIN.*Nat.*32.29.

2 Epileptics.

datus et ~ibus potus (uitis alba) PLIN.*Nat.*23.23; ~es sanantur panacis radice 26.113.

comitiālis ~is ~e, *a.* [COMITIVM+-ALIS]

1 Of or connected with the *comitia*, comitial (esp. of days on which it was permissible to transact business in the *comitia*).

VAR.*L.*6.29; eum mensem qui consequitur mensem ~em CIC.*Ver.*2.130; se per omnis dies ~is de caelo seruaturum *Att.*4.3.3; biduo excepto ~i CAES.*Civ.*1.5.4; in lege, quae per omnes ~es dies ferebatur LIV.3.11.3; 22.35.4; PAUL. *Fest.*p.38M;—(*of witnesses*) istorum nullus nefastust: ~es sunt meri PL.*Poen.*584.

2 *morbus ~is, uitium ~e,* (major) epilepsy. **b** suffering from epilepsy, epileptic.

inter notissimos morbos est etiam is qui ~is uel maior nominatur CELS.3.23.1; in morbo ~i animo caligante (oculi) aperti nihil cernunt PLIN.*Nat.*11.146; ad ~em morbum, quem Graeci ἐπιληψίαν uocant LARG.12; TAC.*Ann.* 13.16; FEST.p.234M; SUET.*Cal.*50.2; est..morbo ~i ita confectus ut..corruat APUL.*Apol.*43;—qui ~i uitio solent corripi SEN.*Dial.*5.10.3; PLIN.*Nat.*20.191. **b** ab eo cibo ~es fieri qui ubera hauriant PLIN.*Nat.*20.114.

comitiāliter, *adv.* [prec.+-TER[2]] As a result of epilepsy.

folia..inlita medentur..contractionibus, etiam si id ~ accidat PLIN.*Nat.*22.59.

comitiātus ~ūs, *m.* [next+-TVS[3]] An assembly of the people.

de capite ciuis nisi per maximum ~um (*i.e.* comitia centuriata) *Lex XII*(*Font.iur.*p.34); cum classes comitiis ad ~um uocant VAR.*L.*5.91; posse a summis imperiis et summis potestatibus ~us et concilia..instituta dimittere CIC. *Leg.*2.31; 3.9; consul ab omnibus magistratibus et ~um et contionem auocare potest MES.RUF.*iur.*2.

comitiō ~āre ~āuī, *intr.* [COMITIVM+-O[3]] (app., of the *rex sacrorum*) To offer the sacrifice after which, on certain *dies nefasti*, the *comitia* could be held.

dies qui uocatur sic 'quando rex ~auit fas' is dictus ab eo quod..VAR.*L.*6.31; PAUL.*Fest.*p.259M.

comitium ~iī, *n.* [CON-+EO[1]+-IVM]

1 The place in the forum where the Roman people assembled for legislative and judicial purposes. **b** a similar place of assembly in towns other than Rome. **c** (fig.).

ni pacunt, in ~io aut in foro ante meridiem caussam coniciunto *Lex XII*(*Font.iur.*p.19); qui peiiurum conuenire uolt hominem ito in ~ium PL.*Cur.*470; cras mane..in ~io estote obuiam *Poen.*807; TIT.*orat.*2; VAR.*L.*5.155; pulsus e rostris in ~io iacuit CIC.*Sest.*76; completur urbs, cliuus, ~ium tribunis, centurionibus, euocatis CAES.*Civ.*1.3.3; statua in ~io posita LIV.2.10.12; uirgis in ~io caesi omnes ac de saxo deiecti 24.20.6; ut monumenta clarissimorum ingeniorum in ~io ac foro urerentur TAC.*Ag.*2.1; (*w. allusion to* coitio) non inforabis me quidem, nec mihi placet tuom profecto nec forum nec ~ium PL.*Cur.*403. **b** ut si priuatus in ~io esset Spartae NEP.*Ag.*4.2. **c** os quod esset..cogitationum ~ium APUL.*Apol.*7.

2 (pl.) An assembly of the Roman people for the purpose of electing magistrates, priests, etc., esp. one at which they voted by centuries, an election. **b** (w. composition indicated). **c** an elective assembly held elsewhere than in Rome. **d** (as an indication of date) the time of the elections.

DICT MAG EQ COMIT HABEND CAVS⟨SA⟩ *Fast.Cos.Cap.* 11(*CIL* 1.p.20); si cui..euenit, quod ~ia prohibere solet CATO *orat.*91; non enim ~iis iudicat semper populus, sed mouetur plerumque gratia CIC.*Planc.*9; si ~ia placet in senatu haberi *Phil.*11.19; praerogatiuam..maiores omen iustorum ~iorum esse uoluerunt *Div.*1.103; quo (*sc.* interrege) ~ia habente Ancum Marcium regem populus creauit LIV.1.32.1;~ia interim in foro sunt 3.17.4; ~ia in quem diem primum potuit edixit 27.6.2; ~is peractis PLIN.*Nat.*19. 156; tum primum e campo ~ia ad patres translata sunt TAC.*Ann.*1.15; (*transf.*) optimatis quis ferat qui non populi concessu sed suis ~iis hoc sibi nomen adrogauerunt? CIC. *Rep.*1.50; (*meton.*) non unius tribus pars sed ~ia tota ~iis fuerint praerogatiua *Planc.*49;—(*w. purpose expr. by gdve.*) iubet ..~ia xuiris habere creandis eum *Agr.*2.20; ~ia consulibus rogandis habuit *Div.*1.33; cum censoribus creandis indicta ~ia essent LIV.7.22.7; ~ia censoribus creandis habuit 24.11.6;—(*by gen.*) absentium rationem sacerdotum ~iis posse haberi CIC.*ad Brut.*1.5.3; praetorum ~ia BRUT. *ad Brut.*1.11.2; censorum..~ia LIV.40.45.6; ~ia secundi consulatus ineunte Galba SUET.*Ves.*5.7;—(*by adj.*) ~iis consularibus factis CIC.*Ver.*17; ~iis aediliciis *Planc.*68; proximis ~iis praetoriis CAES.*Civ.*3.82.4;—(*w. indication of the candidate concerned*) meis ~iis CIC.*Agr.*2.4; obieris Quinti fratris ~ia *Att.*1.4.1; ad ~ia eorum uentitauit NEP. *Att.*4.4;—(*fig.*) nihil petere, et tota fortunae ~ia transire SEN.*Ep.*118.3. **b** ille..qui ~iis tributis esset auspicatus, centuriata habuit CIC.*Fam.*7.30.1; tum primum tributis ~iis creati tribuni sunt LIV.2.58.1; ne ~iorum militarium praerogatiuam urbana ~ia iisdem tribunis plebis creandis sequerentur 3.51.8; ~ia curiata, quae rem militarem continent, ~ia centuriata, quibus consules tribunosque militares creatis, ubi auspicato, nisi ubi adsolent, fieri possunt? 5.52.16; Labeonem scribere 'calata' ~ia esse, quae pro conlegio pontificum habentur aut regis aut flaminum inaugurandorum causa GEL.15.27.1. **c** quem ad modum mense illo legitimo ~ia haberentur CIC.*Ver.*2.128; qui controuerstiam cum Clouatiulauti proximis ~iis habuerat CAES.*Gal.*7.67.7; IS NE QVEM EIS ~IS PRO TRIBV ACCIPITO *CIL* 1.594.3.4.18; cum ducem exercitus ~iis militaribus creari placuisset LIV.25.37.5. **d** scire..uelim numquid necesse sit ~iis esse Romae CIC.*Att.*12.8; uti ante ~ia.. bellum conficeret SAL.*Jug.*36.1; QUINT.*Decl.*252(p.30,l.20).

3 An assembly held for legislative, judicial, or similar purposes. **b** (transf.).

eos oportet contioni dare operam atque ~eis PL.*Men.* 459; quod ad populum centuriatis ~iis tulit CIC.*Phil.*1.19; *Att.*14.12.1; ferri de singulis nisi centuriatis ~iis noluerunt *Leg.*3.44; ~ia M. Volsci, falsi testis LIV.3.29.6; perduellionis se iudicare Cn. Fuluio dixit, diemque ~iis ab.. praetore..petit 26.3.9; ~ia rogationi ferendae 31.6.5; ~iis habitis omnes..tribus eum condemnarunt 43.8.10. **b** ibo intro, ubi de capite meo sunt ~ia PL.*Aul.*700; Pseudolus mihi centuriata habuit capitis ~ia *Ps.*1232; meo illic nunc sunt capiti ~ia *Truc.*819.

comitō ~āre ~āuī ~ātum, *tr.* [as next]

1 To go along with, accompany. **b** to attend (a funeral). **c** to follow (a camp).

Acc.*trag.*53; non ut..posset claro ~ari Hymenaeo LUCR. 1.97; uiuit, quia non ~auit Vlixen OV.*Met.*13.55; Pirithoum Theseus Stygias ~auit ad undas *Pont.*2.3.43; (*cf.*) ingenio tamen ipse meo ~orque fruorque *Tr.*3.7.47;—(*w. steps* *as obj.*) nostros ~ate gradus *Met.*8.692. **b** funera non potui ~are Ov.*Pont.*1.9.47. **c** si uera meae ~arem castra puellae Prop.2.7.15.

2 To grow alongside.
in eosdem situs ~antur et spina Plin.*Nat.*16.75.

comitor ~ārī ~ātus, *tr.* (*intr.*). [comes+-o³] Const.: w. acc. or absol.; also w. dat. (7).

1 To go along with, accompany, attend. **b** to attend (a funeral); (of an *imago*) to be carried at (a funeral). **c** to accompany one on (a journey, military expedition, etc.).
magnam armati matrem ~antur Lucr.2.640; cum his propinqui Indutiomari..~ati eos ex ciuitate excesserunt Caes.*Gal.*6.8.8; sola fuga nautas ~abor ouantis? Verg.*A.* 4.543; illa..quae eum semper ~abatur, cinctus multitudine Vell.2.14.1; hos..~atur Curio Luc.1.269; flagrant ~ari et iungere casus Stat.*Theb.*10.221; ~atae profugos liberos matres Tac.*Hist.*1.3; nupta senatori ~ata est Eppia ludum ad Pharon Juv.6.82; ~atus est patrem et Syriaca expeditione Suet.*Cal.*10.1; (*w.* pone) is..atria..linquentem.. ~atus pone parentem Sil.11.313;—(*poet.*) nullos ~ata est purpura fasces Luc.2.19; extremaque mundi signa suum ~tata Iubam 4.670;—(*absol.*) cum..me uniuersa res publica duce senatu, ~ante Italia..reciperauisset Cic.*Fam.* 1.9.16; primus..magna ~ante caterua Laocoon..decurrit Verg.*A.*2.40; ~abor gemens Sen.*poet.*3(*Ep.*107.10); ~abantur uiginti sociae cohortes Tac.*Hist.*5.1; (*pple as sb.*) prohibet coetus salutantium, uitat ~antis *Ann.*14.56;—(*of animals*) mox reddita..~antibus agmina tauris inuito pastore trahit Luc.2.606; Plin.*Nat.*8.43; ~abantur exercitum..magna uis camelorum Tac.*Ann.*15.12. **b** nos iuuenem exanimum..uano maesti ~amur honore Verg.*A.*11.52; elatus est in lecticula..sine ulla pompa funeris, ~antibus omnibus bonis Nep.*Att.*22.4; cum defunctas progerunt funerantiumque more ~antur exequias (apes) Plin.*Nat.* 11.63; Stat.*Theb.* 5.650; Apul.*Met.*4.34;—ne imago Libonis exequias posterorum ~aretur Tac.*Ann.*2.32. **c** meum ~atus iter Verg.*A.*6.112;—Riphea uenali ~antem sanguine pugnas (*i.e. as a mercenary*) V.Fl.6.558; bellum ~ata relictis Deipyle thalamis Stat.*Theb.*8.590; ut rem militarem ~arentur Tac.*Ann.*11.22; (*cf.*) meatum..earum (*sc.* uolucrum) terram petentium ~antur Plin.*Nat.*6.83;—(*in fig. phr.*) qui (amici) prosperum uitae cursum ~ati sunt V. Max.4.7.pr.

2 To guard or escort.
uexillarius ~atae Galbam cohortis Tac.*Hist.*1.41; descendentibus qui Sabinum ~abantur armatis 3.69; (*cf.*) uirgines..ex sacerdotio Vestae..fugientia sacra ~antur Flor.*Epit.*1.7(1.13.12);—(*ellipt.*) miles in curiam ~abatur Tac.*Ann.*1.7.

3 (of things) To go, be carried, etc., with (a person or other thing), accompany; (also) to be retained, stay with (in changing circumstances).
haec seditio pelagus..tenet..nunc anni spatio Phoebum ~ata uolantem Man.2.92; signa..teretem acclivi mundum ~antia spera 3.364; ut nubentes uirgines ~aretur colus Plin.*Nat.*8.194; cur ~ata dapes nulla lagona uenit? Mart. 9.72.4; ad terras longe ~ata cadentem..semita flammae Stat.*Theb.*11.3; neque enim loculis ~antibus itur ad casum tabulae Juv.1.89;—(*abst.*) sua Caesarem in Hispaniam ~ata fortuna est Vell.2.55.3; honosque is..exules etiam captosque ~atur Plin.*Nat.*18.6;—equam tibi commodaui, quam pullus ~abatur Ulp.*dig.*13.6.5.9; non mihi esse adquisitam illam portionem, sed ipsum ~ari Paul.*dig.*29.2.80.2.

4 To be or grow in company with.
quam (*sc. almond-tree*) ~abantur fatalia carmina quercus *Culex* 134; caulem habet..~antibus duobus aut tribus Plin.*Nat.*27.84.

5 To join with (in an enterprise, etc.); (also) to share in (a fate).
Teucrum ~antibus armis Punica se quantis attollet gloria rebus! Verg.*A.*4.48;—(Helenam) fata ~antem tua, Polyxene Sen.*Tro.*941.

6 a (of gods, pregn.) To attend (with their influence). **b** (of men) to attend on, serve (also transf.).
a nupsi non ~ante deo Prop.4.3.16; eum..fidissimus Romani imperii custos Iuppiter ~ata est V.Max.5.5.3; Erinys nimias semper ~ata domos Sen.*Ag.*84. **b** quemadmodum..mente in altum elata diuina ~entur Sen.*Ben.* 6.23.6; deum..sine murmuratione ~ari *Ep.*107.9.

7 (of qualities, circumstances, etc.) To be present with, attend.
(*w. dat.*) illi iniusto domino..aliquamdiu in rebus gerundis prospere fortuna ~ata est Cic.*Rep.*2.44; *Tusc.*5.68; nullo modo mihi placuit, bis in die saturum fieri..ceteraque, quae ~antur huic uitae 5.100;—(*w. acc.*) illam..amplitudinem quae fortunam eius ad ultimum uitae ~tata est diem Vell. 2.29.2; quos..pronior fortuna ~ata sit 2.69.6; an..omnium te beneficiorum memoria ~etur Sen.*Ben.*7.28.1; (*cf.* 8) hominem consequitur aliquando numquam ~atur diuinitas Curt.8.5.16.

8 (of concr. or abst. things) To occur, be found, done, etc., simultaneously with.
sunt quaedam ~antia aliorum satus Plin.*Nat.*19.167; si..tales iniurias ~etur et febris 22.18; hanc stragem ..equitatus leuis armaturae ruina ~ata est Flor.*Epit.* 1.13(4.2.49);—(*absol.*) capitis dolori medetur panacis..radix ..~ante balinei usu Plin.*Nat.*25.134; ad spem consulatus reuocatus est, ~ante opinione Britanniam ei prouinciam dari Tac.*Ag.*9.6.

9 To be connected or associated with.
~atur fama unionis eius parem..dissectum Plin.*Nat.* 9.121; et haec necessitas uitium ~atur, ut bibendi consuetudo augeat auiditatem 14.148; ~ata est et religio quaedam (hortos) 19.50; ~atur eam (*sc.* topazum) similitudine propior quam auctoritate callaina 37.110; quando ..~etur semper artem decor Quint.*Inst.*9.4.7.

comma ~atis, *n.* [Gk. κόμμα] (gram., in prose or verse) A phrase, part of a line.
hendecasyllabi, qui sunt ~ata Sotadeorum Quint.*Inst.* 1.8.6; ut ueterum ~ata, ut cola..conuerteres Fro.*Aur.*2. p.76(151N); finis ut quarti pedis nominis uerbiue fine ~a primum terminet Maur.309; 1736.

commaculō ~āre ~āuī ~ātum, *tr.* [con-+maculo]

1 To stain deeply, defile. **b** to cause (a place, etc.) to be ritually unclean, to defile, pollute. **c** to defile morally, contaminate.
natorum sanguine..~are manus Verg.*Ecl.*8.48. **b** qui ..igne supremo arceat exanimes et Manibus aethera nudis ~et Stat.*Theb.*8.74; 11.752; sanguine suo altaria deum ~auisset Tac.*Ann.*1.39. **c** satellites ~atos Sal.*Hist.* 1.55.21; fraudibus inuolutos aut flagitiis ~atos Tac.*Ann.* 16.32; omnis..cum polluto complexus..~at Fro.*Aur.*1. p.64(42N).

2 To sully, stain the reputation of; (also) to sully (one's reputation).
si sese isto infinito ambitu ~asset Cic.*Cael.*16; non solum se aeterna infamia, sed etiam ipsum uicum cognomine sceleris ~auit V.Max.9.11.1; Sal.*Jug.*102.5;—deterrumi mortales..quorum flagitiis ~aretur bonorum laus *Rep.* 1.4.3.

commadeō ~ēre, *intr.* [con-+madeo] To become tender or sodden.
coquito (brassicam) usque donec ~ebit bene Cato *Agr.* 156.5.

Commāgēnē ~ēs, *f.*

1 The northern part of Syria.
Cael.*Fam.*8.10.1; Mela 1.62.

2 A N. Syrian plant.
herba quae ~e uocatur Plin.*Nat.*29.55.

Commāgēnus ~a ~um, *a.*

1 Of or derived from Commagene, Commagenian.
regis Antiochi ~i Cic.*Fam.*15.1.2; optima (galla) ~a Plin. *Nat.*16.27.

2 a (masc. as sb.) An inhabitant of Commagene. **b** (neut. as sb.) a medicament made in Commagene.
a Cic.*Q.fr.*2.10.2; Mela 1.13; Tac.*Ann.*2.42. **b** praeclari medicaminis, quod ab gente dicitur ~um Plin.*Nat.* 10.55; 29.55; qualia sunt ~a glaucina crina Pompon.*dig.* 34.2.21.1.

commagister ~trī, *m.* [con-+magister] A joint-master (of a *collegium*).
~trvm svvm ex die magisteri svi non accessisse *Inst.Dac.*1(*CIL* 3.p.925).

commalaxō ~āre, *tr.* [con-+malaxo] To soften or subdue completely; (in quot., fig.)
nec dolorem ἀδιάφορον esse, quod philosophia ~aret ea πάθη Var.*Men.*177.

commalleō ~āre ~āuī ~ātum, *tr.* [con-+malleo] To weld on, attach; (in quot., transf.).
uacantia loca..per longum tempus inpune ~auerunt Agen.*agrim.*p.41.

commalliolō ~āre, *tr.* [con-+malleolvs+-o³] = prec.
quicumque modus limitem excedit, ~ari debet Hyg.Gr. *agrim.*p.167.

commandūcātiō ~ōnis, *f.* [next+-tio] Mastication, chewing.
~one oliuarum contusarum Larg.104.

commandūcō ~āre ~āuī ~ātum, *tr.* Also **~or** ~ārī ~ātus. [con-+mandvco] To masticate thoroughly, chew up.
(*dep.*) ipsum ~atur totum conplexa comestque Lucil.180; mediastrinum atque bubulcum ~atus corrupit 513;—dentibus abscisam et ~atam linguam V.Max.3.3.ext.4; radix ~ata purgat capitis pituitas Plin.*Nat.*25.141; ~andus erit pastillus et deuorandus Larg.165.

commanip(u)lāris ~is, *m.* [con-+manipvlaris] Forms: *commanu- CIL* 6.2502, 2543. A soldier in the same maniple, fellow soldier.
prensare ~ium pectora Tac.*Hist.*4.46; m vlpivs ivstvs ~i svo amicitiae cavsa de svo fecit *CIL* 6.2628.

commanip(u)lus ~ī, *m.* [con-+manipvlvs] = prec.
genio sancto legionis et ~orvm bonorvm *CIL* 3.6577; 6.2424.

commarītus ~ī, *m.* [con-+maritvs] (facet.) A fellow husband.
meu' socius, compar, ~us uilicus Pl.*Cas.*797.

commasculō ~āre, *tr.* [con-+mascvlvs+-o³] To screw up (one's courage).
animum meum ~o et ilico accedens praeconem..inquam Apul.*Met.*2.23.

commātūrēscō ~escere ~uī, *intr.* [con-+matvresco] To mature.
cum muria dura pausea alba ubi ~uerit Col.12.49.7.

commeātor ~ōris, *m.* [commeo+-tor] A go-between, messenger.
horrendus ille superum ~or et inferum..Anubis Apul. *Met.*11.11; *Apol.*64.

commeātus ~ūs, *m.* [commeo+-tvs³]

1 The act of coming and going, passage.
perfodi parietem qua ~us clam esset hinc huc mulieri Pl.*Mil.*143; per hortum utroque ~us continet *St.*452; duobus ~ibus exercitum reportare Caes.*Gal.*5.23.2; ut spatium diei habeat quo exploret ~us apium Col.9.8.12; si uiae publicae exemptus ~us sit Ulp.*dig.*43.8.2.25;—(*for business, trade, etc.*) ex omnibus prouinciis ~u et priuato et publico prohibebamur Cic.*Man.*53; (Traianus) alternis ~ibus orientem occidentemque conectit Plin.*Pan.*32.2.

2 A number of vehicles, ships, etc., engaged in transport, convoy.
neque maximi ~us..in castra peruenire poterant Caes. *Civ.*1.48.4; donec..legionum pars aliqua in secundo ~u occurrisset *B.Afr.*31.10; ex secundo ~u..nauis una 44.1; praesidiis datis quae ~us eos prosequerentur Liv.25.13.5; mare ~ibus compleri Tac.*Hist.*3.52; Alexandrinorum..qui de nouo ~u Neapolim confluxerant Suet.*Nero* 20.3; cunetatim stipato ~u Apul.*Met.*8.15.

3 Goods carried, cargo, merchandise.
quo maritimi ~us accipiantur Liv.5.54.4; magni ~us frumenti Romam subuecti 28.4.7; copia negotiatorum et ~uum maxime celebre Tac.*Ann.*14.33; (*facet.*) tantus uentri ~us meo adest in portu cibus Pl.*Capt.*826.

4 Supplies, provisions (esp. for an army; sts. distinguished from *frumentum*). **b** the obtaining of supplies, provisioning, commissariat.
qua cibatus ~usque..tuto possit peruenire Pl.*Mil.*224; tantum exercitum, tantum nauium, tantum ~um..comparare Cato *orat.*30; armis, equis, ~ibus nos..iuuerunt Sis.*hist.*113; bellum gerentem ~u pecuniaque iuuerunt Cic.*Balb.*40; ille ~u et reliquis copiis intercludendus *Att.* 7.9.2; ut..urbe, portu..~u, aqua denique prohiberentur Lent.*Fam.*12.15.2; neque exercitum sine magno ~u..in unum locum contrahere posse Caes.*Gal.*1.34.3; ubi stipendium et ~um locauerat Sal.*Jug.*90.2; conuecto ex.. aruis ~u Liv.2.14.3; naues onerarias ~um..ad exercitum portantes 22.11.6; ~uum sarcinarumque maiore parte deposita Curt.4.9.9; urbis..muro..et ~ibus firmatae Tac. *Ann.*11.8; satrivs..dedit..in commeatvm legionibvs hs mmmdcccl *CIL* 11.5820;—cum..res frumentaria, ~us, copiae, salus urbis..istius auaritia interierit Cic.*Ver.*3.127; frumento ~uque nostros prohibere Caes.*Gal.*4.30.2; Sal. *Jug.*46.5; Liv.28.45.15. **b** quo in ~um uolui—argentarium proficisci Pl.*Ps.*424; ad intercludendos ~us Italiae Cic.*Att.*9.9.2; ut pabulatione et ~u..prohibeantur Caes. *Gal.*7.14.2; qui ibi..praeerat commeatui *B.Afr.*34.2; auia ~ibus loca Liv.9.19.16; quo expeditiores ~us essent 10. 14.4.

5 Leave of absence from official, esp. military, duty, furlough; *dies ~us*, the last day of such leave. **b** (transf. and fig.) a period of respite, leave, delay.
in ~u Syracusis remanserit Cic.*Ver.*5.111; ~u dato *B.Afr.*77.3; in his statiuis..satis liberi ~us erant Liv. 1.57.4; frequentem..ad signa sine ullo ~u fuisse 3.24.5; ~um ab socero..petiit (Tiberius) Vell.2.99.2; reliquas (legiones) promiscis militum ~ibus infirmauerat Tac.*Ann.* 15.9; ~um triginta dierum Plin.*Ep.Tra.*10.8(24).6; qui ~us spatium excessit Paul.*dig.*49.16.14; senatores, qui liberum ~um, id est ubi uelint morandi arbitrium impetrauerunt 50.1.22.6; (*transf.*) amatoriae militiae breuem ~um indulsit Apul.*Met.*2.18;—ille qui ad diem ~us non uenit *Rhet.Her.*1.24; cum miles ad ~us diem non adfuit Quint. *Inst.*7.4.14; tam abrupti ~us diem [Quint.]*Decl.*16.9. **b** cras igitur, nisi quid a te ~us Cic.*Att.*13.41.2; longum mihi ~um dederat mala ualitudo Sen.*Ep.*54.1; cui rex indulsit ~um ad sororem collocandam Hyg.*Fab.*257.5.

commeditor ~ārī, *tr.* [con-+meditor] To study, practise; (poet.) to imitate.
locos quos sumpserimus, egregie ~ari (*s.v.l.*) oportebit *Rhet.Her.*3.31;—carbasus ut..perscissa..fragilis ⟨sonitus⟩ chartarum ~atur Lucr.6.112.

commēiō (?) ~ēiere ~i(n)xī ~i(n)ctum, *tr.* [con-+meio] To defile with urine, wet; (transf.) to soil, defile.
~inxit lectum potus Hor.*S.*1.3.90;—quod purae pura puellae suauia ~inxit spurca saliua tua Catul.77.8; tamquam ~ictae spurca saliua lupae 99.10.

commeletō ~āre, *intr.* [ad. Gk. συμμελετῶ] To exercise, practise.
quibus (*sc.* tibiis) assidue ~ando sonum suauiorem.. faciebat Hyg.*Fab.*165.3.

commeminī ~isse, *tr.* [con-+memini]

1 To remember, recollect. **b** (w. inf.) to remember (to do something).
(*w. acc.*) istaec uolo..uos ~isse omnia Pl.*Poen.*726; ecquid ~isti Punice? 985; quem hominem probe ~isse se aiebat Cic.*de Orat.*1.227; *Att.*9.2;—(*w. gen.*) non fugitiuost hic homo, ~it domi Pl.*Trin.*1027;—(*w. acc.+inf.*) non ~isti semul te hodie mecum exire ex naui? *Men.*1074; (*ellipt.*) non ~i dicere *Cur.*710; ego autem non ~i, ante quam sum natus, me miserum Cic.*Tusc.*1.13;—(*absol.*) ego si sati' ~i Ter.*Ph.*523; hac, si ~i, praeteritaque die Ov. *Fast.*3.792. **b** incommoditate apstinere me apud conuiuas commodo ~i Pl.*Mil.*645.

2 To mention, cite, recall.
(*w. acc. of thing*) cuius uersus, quoniam sunt iucundissimi, libens ~i Gel.2.26.13; 11.2.5;—(*w. gen. of person*) quamquam..Plato complurium Socratis sectatorum in sermonibus..~erit 14.3.2.

commemorābilis ~is ~e, *a.* [commemoro+-bilis] Memorable, remarkable.
dabo aliam pugnam claram et ~em Pl.*Ps.*525; Cic. *Marc.*10; multa..alia..~ia proferre possum *N.D.*2.131.

commemorāmentum ~ī, *n.* **conm-.** [COMMEMORO+-MENTVM] A reminder.

pudebat..~um stupri CAECIL.*com.*166; artis suae supremum ~um FRO.*Ar.*1.p.56(237N).

commemorātiō ~ōnis, *f.* **conm-.** [next+-TIO]

1 The recalling of a thing to the mind of another, reminder.

istaec ~o quasi exprobratiost inmemoris benefici TER. *An.*43; praeteriti benefici ~o CIC.*de Orat.*2.206; tabulas.. quae non solum pictorum artificio delectabant, sed etiam ~one hominum *Ver.*4.123; lacerat animum et premit frequens meritorum ~o SEN.*Ben.*2.11.1.

2 A recollection, memory.

non cum uitae tempore esse dimittendam ~onem nominis nostri CIC.*Arch.*29; me in scribendo ~o tuae uirtutis delectauit CIC.*Q.fr.*1.1.36; Carthalonem..cum ~one paterni hospitii positis armis uenientem LIV.27.16.5.

3 A recalling, citation. **b** a written record, reference; also, a visible mark of observance (of a law).

laudabile est quod conficit honestam..~onem *Rhet.Her.* 3.7; exemplorum ~one CIC.*Inv.*2.19; qui..in adsidua ~one omnium flagitiorum fuisset *Ver.*1.101; parentis et sororis ~one lacrimas profudisse *Font.*48; in multa ~one earum rerum quas gessimus..uersamur *Att.*2.23.3; ab huius necessitudinis ~one orsi LIV.42.38.8. **b** multa..diutius ~one manent quam natura stare potuerunt CIC.*Leg.*1.2; nam prior (pars libri) ~onem ueterum oratorum habet TAC.*Dial.*30.3; FRO.*Amic.*2.p.178(193N); cum testamento nulla exigendae satisdationis ~o fiat SCAEV.*dig.*33.1.21.4; ut ~o temporum repetitionis potestatem habeat PAPIN.*dig.* 7.4.2.1;—(arbores) signantur..ut legis Ma⟨m⟩iliae ~onem habeant SIC.FL.*agrim.*p.108.

commemorō ~āre ~āuī ~ātum, *tr.* **conm-.** [CON-+MEMORO]

1 To recall (usu. to someone else; also, to oneself).

(*w. acc.*) o~anda iudicia! CIC.*Ver.*42; legatum..quigratiam amicitiam cognationemque ~aret 2.64; quae (*sc.* officia) meminisse debet is in quem conlata sunt, non ~are qui contulit *Amic.*71; iis..necessitudines ~ato Q.CIC.*Pet.*40; CAES. *Civ.*1.22.3; nimius ~andis quae meruisset TAC.*Hist.*4.80;—(*w. obj. cl.*) alios..uidi..~are quae bona uobis fecissent PL.*Am.*43; ~at quo sit eorum usus studio..Caesar CAES. *Civ.*2.32.1;—(*w. acc. and inf.*) se meum condiscipulum.. ~abat fuisse CIC.*Sul.*18;—(*to oneself*) exercendae memoriae gratia quid quoque die dixerim..~o uesperi *Sen.*38; omnia dicta eius..et aliis expone et tibimet ipse ~a SEN.*Dial.* 11.18.8.

2 To recall in speech, mention, relate, enumerate.

(*w. acc.*) nec potis quicquam ~ari⟨er⟩ quod plus sali'.. habeat PL.*Cas.*218; meum cognomentum ~auit *Mil.*1038; in tumulis Teucrum ~ans suum PAC.*trag.*423; auspicia pulchra et luculenta ~at MACER *hist.*6; multi..oratores ~ati sunt CIC.*Brut.*138; Africanos mihi et Catones..~abis? *Ver.*3.209; multa..~ando argumenta LUCR.1.400; quibusdam de causis, quas ~ari necesse non est CAES.*Civ.*3. 66.7; ea ~ando militum animos accendebat SAL.*Cat.*59.6; pericula saepe ~are iuuat OV.*Met.*12.162; (*w. pred.*) nam te omnes saeuomque atque auidis moribu' ~ant PL.*Trin.*825;—(*w. obj. cl.*) non ~o quod draconis saeui sopiui impetum ENN.*scen.*274; chlamydem hanc ~a quanti conductast PL.*Ps.*1184; ~at quid olim mali C. Iulius fecerit CIC.*Att.*5.21.13;—(*w. acc. and inf.*) illum quem tibi istas dedisse ~as epistulas PL.*Trin.*951; ~auit testibus se militibus uti posse CAES.*Civ.*3.90.1; ~ant merito tot mala ferre senem TIB.1.6.82;—(*w.* de) C. Decianus, de quo tu saepe ~as CIC.*Rab.Perd.*24; de ea regione ut Thessalia ~ant VELL.1.3.2;—(*absol.*) malle eos ex imperatoribus suis..quam se ~ante cognoscere LIV. 37.52.5.

3 To place on record; (usu. pass.) to be recorded.

CARA CONIVX QV⟨E⟩ VENIT DE GALLIA..VT ~ARET MEMORIAM..MARITI *CIL* 5.2108;—(*pass.*) non solum litteris tradita neque ~ata uerbis CIC.*Ver.*5.125; multa ante.. pugnam in Leuctris a Callisthene ~ata *Div.*2.54; de arandi ratione dicemus, ante omnia Aegypti facilitate ~ata PLIN. *Nat.*18.167; an..etiam de numero annorum in ea (*sc.* lege) ~etur CALL.*dig.*50.6.6(5).1; super annua pensitatione.. nihil ~atum est PAPIN.*dig.*19.1.41.

commendābilis ~is ~e, *a.* [COMMENDO+-BILIS] To be commended, praiseworthy, notable (esp. w. abl.).

multa in eo..quae ~ia apud Africanum erant LIV.37.7.15; infamem nec ullo ~em merito 42.5.5; Pomponium..nouitate inuenti a se operis ~em VELL.2.9.6; densum arbustum ~e fructu et decore est COL.5.6.37; minus..~em forma APUL.*Apol.*15.

commendātīcius ~a ~um, *a.* [COMMENDO+-ICIVS²] FORMS: *command-* *P.Mich.*468.39. (of letters) Containing a recommendation or introduction.

multum tabellas non ~as sed tributarias ualuisse CIC.*Ver.* 4.148; litteras..~as *Fam.*5.5.1; *Fam.*13.26.3; APUL.*Met.* 7.1; PAUL.*dig.*41.1.65.

commendātiō ~ōnis, *f.* [COMMENDO+-TIO]

1 The entrusting or committal, esp. of dependants to the care of another.

liberorum aut parentium ~o CIC.*Inv.*1.109; *Fin.*2.99; (senatum) filii Nicomedis ~onem accipere LIV.45.44.13; (*w. subj. gen.*) testamenta ~onesque morientium CIC.*Fin.*3.64.

2 Recommendation (as being worthy of notice), praise. **b** (rhet.) recommendation of a cause or party. **c** the recommendation of a candidate for office.

hunc librum etiam si minus nostra ~one, tuo tamen nomine diuulgari necesse est CIC.*Orat.*112; nec sentit amens ~onem esse compellationem suam *Phil.*3.17; hominem.. dignum tua ~one *Att.*2.22.7; magna est hominum opinio de te, magna ~o liberalitatis *Fam.*1.7.9; ~one egere eum non putabam *Fam.*13.10.1; suos notos..quaerebant, per quem quisque eorum aditum ~onis haberet ad Caesarem CAES.*Civ.*1.74.5; tua fides..fiduciam ~oni meae tribuit SAL. *Cat.*35.1; LIV.36.8.4;—(*transf.*) pudor, qui..orationi..probitatis ~one prodesset CIC.*de Orat.*1.122. **b** duabus partibus orationis, quarum altera ~onem habet, altera concitationem CIC.*de Orat.*2.201; uel ad offensionem aduersarii uel ad ~onem sui *Orat.*124; finitae probationi uelut ~onem adicit QUINT.*Inst.*4.3.17. **c** ad petitionem aut ~onem honoris BRUT.*ad Brut.*1.6.1; HIRT.*Gal.*8.52.2; PER ~ON⟨EM⟩ TI. CAESARIS AVGVSTI *CIL* 9.2342; (*cf.*) non studiis priuatis nec ex ~one aut precibus centurionem militesue adscire TAC.*Ag.*19.2

3 (transf.) Recommendation, prompting (of things).

facillime animo teneri posse ea, quae perciperentur auribus..si etiam ~one oculorum animis traderentur CIC.*de Orat.*2.357; dulcissima ~one naturae *Planc.*31; ea ~one naturae, qua se ipsi diligunt *Fin.*5.33; 5.41.

4 Favourable notice, approval, esteem.

ne plus ~o in uulgus..molestiae habeat quam uoluptatis CIC.*Tusc.*5.103; cum in prima ~one uoluptatem dixisset (Epicurus) *Fin.*2.35; regiae cupidus ~onis VITR.2.pr.1; gentis..nobilissimae..omni ~one humanitatis LIV.37.54.17; ut sit in ~one candor PLIN.*Nat.*36.162; illi..~o ex iniuria, huic..odium ex inuidia oriebatur TAC.*Ann.*3.75;—(*iron.*) qui..~onem..ineuntis aetatis ab impietate et ab scelere duxerit CIC.*Deiot.*2.

5 Ground of recommendation, advantage, grace.

homo per se cognitus sine ulla ~one maiorum CIC.*Brut.* 96; si uultus..non omnem ~onem ingeni euerteret 238; obrepsisti ad honores..~one fumosarum imaginum *Pis.*1; eos qui aliquam formae atque aetatis ~onem habebant *B.Alex.*41.2; tanta erat ~o oris atque orationis NEP.*Alc.*1.2; inpietas sequentium temporum ~onem omnis prioris officii sustulit SEN.*Ben.*6.4.2; et huius (oleris) eadem ~o ad stimulandos coitus PLIN.*Nat.*22.82; 33.89; sine ~one natalium TAC.*Dial.*8.3.

commendātor ~ōris, *m.* [COMMENDO+-TOR] One who recommends.

neque..cuiquam tam clarum..ingenium, ut possit emergere, nisi illi..~or..contingat PLIN.*Ep.*6.23.5.

commendātrix ~īcis, *f.* [COMMENDO+-TRIX] (Fem. of prec.)

uitiorum emendatricem legem esse oportet ~icemque uirtutum CIC.*Leg.*1.58;—(*transf.*) miraculorum ferax ~ix que terra PLIN.*Ep.*8.20.2.

commendātus ~a ~um, *a.* *compar.* ~ior, *superl.* ~issimus. [pple. of next] In senses of vb., esp.

1 Recommended for a person's attention, favour, etc.

quis est..cui non illa ciuitas sit huius studio..~ior? CIC.*Balb.*43; tibi cum omnia mea ~issima esse cupio *Fam.* 2.8.3; ut nemini se intellegat ~iorem umquam fuisse 13.49; cum ipsi per se tibi ~issimi sint BRUT.*ad Brut.*1.7.2;—(*for election*) nec satis ~i multitudini possunt esse CIC.*Ac.*2.fr.13; —(*transf.*) quae (res) ~ior hominum memoriae sempiternae? *Phil.*2.32.

2 Acceptable, agreeable, suitable.

quae..ipsum ~iorem et inimicum inuisiorem factura uidebantur V.MAX.3.8.ext.1; immo ~ior uultus enituit, quia flauum corymbion erat PETR.110.5; tradunt..ea perunctos ~ioris esse famae PLIN.*Nat.*25.130; sententiae..ad communem sermonum usum ~issimae GEL.7.14.3; quo se patrono ~iorem faceret APUL.*Met.*10.17.

commendō ~āre ~āuī ~ātum, *tr.* [CON-+MANDO] CONST.: w. acc., dat.; also w. *ad* (2).

1 To give in trust or for safe-keeping; (usu. poet.) to commit or entrust (to a place).

non habere quoi ~arem capram PL.*Mer.*246; qualine amico mea ~aui bona? *Trin.*1095; cui tu et rem et famam tuam ~are..solebas CIC.*Quinct.*62; spem illam quam in aluo ~atam a uiro continebat (mulier) *Clu.*34; sacra suosque tibi ~at Troia penatis VERG.*A.*2.293; ULP.*dig.*50.16.186;—quin lectis nos actutum ~amus? PL.*Per.*765; Orion fugiens ~at corpora terris CIC.*Arat.*687(435); dis pelagi uentisque et Cycladas Aegaeoni amplexo ~o patrem STAT.*Theb.*5.289; ducis gremio ~at honorem frontis 10.255; ~et semina sulcis SIL.15.539; ULP.*dig.*11.7.14.4.

2 To entrust or commit (a person, state, etc., to a person, god, or his care) for protection; also, for instruction; (in formulas of execration) for punishment. **b** to entrust (a person's safety, etc., to another) for preservation; (refl.) to entrust oneself (to flight). **c** to entrust (a task, duty, etc., to another) for execution or attention.

mihi ~auit uirginem gnatam suam PL.*Trin.*113; ego me tuae ~o et committo fide[i] TER.*Eu.*886; ille tibi moriens nos ~auit senex *Ad.*457; quem pater moriens..iudiciis uestris ~atum putauit CIC.*Ver.*1.151; idem consulem uestrae fidei ~at qui antea dis immortalibus ~auit *Mur.*2; cum ..is, qui morti addictus esset, paucos sibi dies ~andorum suorum causa postulauisset *Off.*3.45; ~o tibi me ac meos amores CATUL.15.1; quos..Aeneas..~at Acestae VERG.*A.* 5.771; nunc tibi ~o..natos PROP.4.11.73; LIV.42.44.4; patres..natos ~ant curae numinibusque tuis OV.*Fast.*3.776; Paulinae..quae mihi ualitudinem meam ~at SEN.*Ep.*104.2; senatus uterum Poppaeae ~auerat dis TAC.*Ann.*15.23; (*w.* ad) Thetis..~auit eum (*sc.* Achillem) in insulam Scyron ad Lycomedem regem HYG.*Fab.*96.1; (*cf.*) filiam meam et nepotem meum heredes scripsi..quos inuicem ~o SCAEV. *dig.*36.1.80(78).8;—uigentis sensus adulescentulos..peritissimis agricolis ~emus COL.11.1.6; (*cf.*) infantem.. Mineruae gremio imposuit alendamque et instituendam ~auit SUET.*Cal.*25.4;—SOL TIBI ~O QVI MANVS INTVLIT EI *CIL* 6.14099; 10.8249. **b** tuae fidei..salutem urbis et ciuium ~abam CIC.*Flac.*102; libertas agitur populi Romani, quae est ~ata uobis *Phil.*7.27; ~antes uirtuti eorum.. urbis..quaecumque reliqua esset fortuna LIV.5.40.1; 8. 36.12;—se fugae ~at *B.Afr.*34.2. **c** cur non..eidem ..hoc quoque bellum regium ~amus? CIC.*Man.*50; consulatus..mihi..a uobis..~atus *Rab.Perd.*2; Paeti tibi negotia ~o *Att.*1.20.7; consilia mea aequis iudicibus ab obtrectatione inuidorum defendenda ~o PLANC.*Fam.*10. 8.7; uenire..ad iuuenem..ut aut sua aut amicorum discrimina ~ent TAC.*Dial.*6.2.

3 (transf.) To commit (to writing, fame, posterity, etc.); (refl.) to devote oneself (to a pursuit).

Sulpici uita multis erit..monumentis ad omnem memoriam ~ata CIC.*Phil.*9.10; ut me sempiternae gloriae per eum ~ari uelim *Fam.*5.12.6; quae litteris ~ari possint D.BRUT. *Fam.*11.10.2; nomen suum perpetuae ~auit memoriae VELL.2.4.3;—~are se bonis artibus SEN.*Dial.*8.3.4.

4 To bring (a person or thing) to the favourable notice (of another), recommend; to recommend (a candidate for office). **b** *dignitatem ~are*, to recommend a person's interests to the good offices (of); *dignitatem ~atam habere* and sim., to accept the care of a person's interests.

(*w. personal obj.*) eum..populo..~auit prope flens ASEL. *hist.*7; ut duos summos uiros eis..~emus CIC.*de Orat.*2.9; (homines) a meretricula ~ati *Ver.*3.30; scribis certissimum matricidam tibi a me intime ~ari *Q.fr.*1.2.4; omnis conseruauit militibusque suis ~auit, ne qui eorum uiolaretur CAES.*Civ.*3.98.2; alios ~et epistola MART.3.5.11; (*transf.*) minime mirum est primo nos sapientiae ~ari ab initiis naturae CIC.*Fin.*3.23;—(*w. pred.*) me legatis magistratibusque..ciuem seruatoremque rei publicae ~auit *Pis.*34; VELL.2.109.2;—(*w. quality, circumstance, etc., as subj.*) Ennius 'sanctos' appellat poetas, quod quasi deorum aliquo dono atque munere ~ati nobis esse uideantur CIC.*Arch.*18; res publica te mihi ita ~auit ut cariorem habeam neminem *Att.*14.13b.1; quod me..iuuenem ~et amicae HOR.*Ep.* 1.15.21;—(*w. impersonal obj.*) Lucceio scribis te nostram gloriam ~aturum CIC.*Att.*4.9.2; quibus M. Antoni..~auerat sacerdoti petitionem HIRT.*Gal.*8.50.1;—~o uobis illum et illum, ut uestro suffragio suam dignitatem teneant CAES.in Suet.*Jul.*41.2; VELL.2.124.4; CVIVS REI PETENTES SENATVI POPVLOQVE ROMANO ~AVERIT QVIBVSQVE SVFFRAGATIONEM SVAM DEDERIT *CIL* 6.930.11; ne plures quam quattuor candidatos ~aret TAC.*Ann.*1.15. **b** cuius causam dignitatemque mihi ut ~aret CIC.*Fam.*1.9.9; 11.6.1; ei..dignitatem Bruti et Cassi ~aui *Att.*15.6.1;—meam dignitatem ~atam habeas rogo PLANC.*Fam.*10.21a. 7; CAS.*Fam.*12.12.2;—ut infirmitatem filii ~atam haberet SCAEV.*dig.*33.1.21.2; rogo te, ~atum habeas..amicum meum ULP.*dig.*17.1.12.12; VT PATREM ET MATRE ~ATOS ABEATIS *CIL* 3.14206.

5 (w. pred.) To point out, designate.

siquidem..fraudulenta..et callida conuersatio (tutorem) suspectum ~et ULP.*dig.*42.5.31.1.

6 (of qualities, circumstances, etc.) To render agreeable or attractive, commend. **b** (of persons) to make attractive (by spec. means).

nulla re una magis oratorem ~ari quam uerborum splendore et copia CIC.*Brut.*216; magnam corporis dignitatem, quae non minimum ~at NEP.*Di.*1.2; rei militaris gloria recens utrumque ~abat LIV.35.10.4; quae faciem ~et cura OV.*Med.*1; foediora uerba ne consuetudine quidem.. ~ata sunt CELS.6.18.1; crimen ~at harenas LUC.9.82; in hortis nascentium alia bulbo ~antur PLIN.*Nat.*19.60; (anesum)..uina ~at 20.185; hunc (equum) mitis ~at eques STAT.*Silv.*1.1.15; (uxorem) sola corporis forma ~atam TAC. *Ann.*15.59; uoluptates ~at rarior usus JUV.11.208. **b** hoc idcirco commemoratum a te..ut te infimo ordini ~ares CIC.*Phil.*2.3; carmina lector ~et dulci qualiacumque sono OV.*Ars* 2.284; ac prius infanda ~at crimina uoceLUC.9.1013; cum reliquas coronas auro ~arent, salutem ciuis in pretio esse noluerint PLIN.*Nat.*16.14; 33.115.

commensus ~ūs, *m.* [COMMETIOR+-TVS³] Relative measurements, proportion.

cum..membrorum..~us iustas habeat symmetriarum ratiocinationes VITR.1.3.2; ~us aedificiorum 1.7.2; 3.1.2.

commentāriensis ~is, *m.* [COMMENTARIVS+-ENSIS] The official in charge of the *commentarii*, secretary or accountant.

CONMENTARIESI AVRARIARVM *CIL* 3.1997; ULP.*dig.*48. 20.6; ea..manu ~is adnotanda sunt PAUL.*dig.*49.14.45.7.

commentāriolum ~ī, *n.* [next+-OLVM]

1 A notebook.

CIC.*de Orat.*1.5; in ~is et chirographis et libellis *Phil.*1.16.

2 A textbook, treatise.

quasi dictata decantare neque a ~is suis discedere CIC. *Fin.*4.10; hoc ~um petitionis Q.CIC.*Pet.*58; QUINT.*Inst.* 1.5.7.

commentārius ~(i)ī, *m.* **~ium** ~(i)ī, *n.* **conm-.** [COMMENTVM+-ARIVS] GENDER: where distinguishable more commonly masc.; neut. VAR.*L.*6.90, CIC.*Brut.*164, VITR.9.pr.14, LIV.42.6.3, PLIN.*Nat.*34.108, etc.

1 A notebook, private journal. **b** an historical record or journal.

~iis commenticiis Cic.Phil.5.12; quod ipse..me referre in ~ium mea manu uoluit Att.7.3.7; duo genera librorum sunt, unum populariter scriptum..alterum limatius, quod in ~iis reliquerunt Fin.5.12; Caesaris nostri ~ios rerum gestarum Galliae..contexui Hirt.Gal.8.pr.2; inuenit in peculiari ~io ipsius manu conpositionem antidoti Plin.Nat.23.149; electorum..~ios Plin.Ep.3.5.17. **b** ~ios, quos idem (sc. Caesar) scripsit rerum suarum Cic.Brut.262; ~ium consulatus mei Graece compositum Att.1.19.10; ~ium rerum urbanarum Cael.Fam.8.2.2; Tac.Ann.4.53; (attrib.) librum ~ium de familia Porcia Gel.13.20(19).17.

2 A public record book kept by magistrates, priests, etc., register. **b** *a ~iis*, an official in charge of public records, secretary.

in ~iis consularibus scriptum Var.L.6.88; fundi..quos tibi pater publicis ~iis consignatos reliquit Cic.de Orat.2.224; ex pontificum ~iis Brut.55; duo consules..ex ~iis Ser. Tulli creati sunt Liv.1.60.3; ~iorum principalium Tac.Hist.4.40; in ~iis senatus Ann.15.74; Tra.Plin.Ep.10.105(106); quod in diurnos ~ios referretur Suet.Aug.64.2; ~IVM COTTIDIANVM MVNICIPI CAERITVM CIL 11.3614. **b** A ~IS AQVARVM CIL 6.8487; A ~IS VEHICVLORVM 6.8542; A ~IS PROVINC BELGICAE 10.6092; A ~IIS OPERVM PVBLICORVM 11.3860.

3 A treatise, textbook. **b** an expository treatise, commentary.

illa, quae in ~ium meum rettuli Cic.de Orat.1.208; Off.3.121; Democriti..~ium, quod inscribitur χειροκμήτων Vitr.9.pr.14; turpe est seni..ex ~io sapere Sen.Ep.33.7; pleni sunt..impedimentis grammaticorum ~ii Quint.Inst.1.8.19. **b** ~io Zmyrnae edito Suet.Gram.18; in ~iis Labeonis, quae ad duodecim tabulas composuit Gel.1.12.18; quidam ~iorum in Lucilium scriptores 2.24.5.

4 Notes, jottings; a collection of notes, memorandum.

quasi capita rerum et orationis ~ium paulo plenius Cic.Brut.164; sine ~io numquam dixit Sen.Con.3.pr.6; Quint.Inst.3.8.58; Tac.Dial.23.2;—~ium..quod de apparatibus belli omnia inquirens fecerat Liv.42.6.3; ~ii ad senatum missi Tac.Ann.6.47.

commentātiō ~ōnis, *f.* [COMMENTOR+-TIO]

1 Thinking out, (mental) preparation. **b** study.

si subitam et fortuitam orationem ~o et cogitatio facile uincit Cic.de Orat.1.150; omnem nostram de re p. curam..~onem causarum abiecimus Fam.9.20.1; quae..in lustris et in uino ~o potuit esse? 12.2.1; quod haec (sc. uirtus) plurimae ~onis et exercitationis indigeat Fin.3.50; defessus..diutina ~one Gel.14.5.1;—(transf.) tota..philosophorum uita, ut ait idem (sc. Socrates), ~o mortis est Cic.Tusc.1.75;—(pl.) accuratae ac meditatae ~ones de Orat.1.257; cogitationes ~onesque animi sui Gel.10.17.1. **b** inflammato cupidine animalium naturas noscendi delegataque hac ~one Aristoteli Plin.Nat.8.44.

2 (rhet.) A piece of reasoning, argument.

enthymema (quod nos commentum sane aut ~onem interpretemur) Quint.Inst.5.10.1; puerilium isagogarum ~onibus Gel.1.2.6.

3 A written account, treatise, textbook.

temptata Indiae ~one Plin.Nat.6.60; extant ~ones Democriti ad aliud noxii hominis..ossa plus prodesse 28.7; Serui Sulpicii principis uiri ~o est quamobrem mensa linquenda non sit 28.26; longinquis per hiemem noctibus..~ones hasce ludere ac facere exorsi sumus Gel.pr.4; 19.14.3.

commentātor ~ōris, *m.* [COMMENTOR[1]+-TOR] A deviser or inventor.

omnium falsorum ~or Apul.Apol.74.

commentīcius ~a ~um, *a.* [COMMINISCOR+-ICIVS[2]]

1 Invented or devised for a particular purpose, special, improvised.

attulit rem ~am: declinare dixit atomum perpaulum Cic.Fin.1.19; sine hac ~a declinatione (atomorum) Fat.23; spectacula..et ~a et ex antiquitate repetita Suet.Cl.21.1; ~o consilio regressi eodem Gel.6(7).18.9; si poena alicui irrogatur, receptum est ~o iure, ne ad heredes transeat Paul.dig.48.19.20.

2 Fabricated, fictitious.

quo modo crimen ~um confirmaret Cic.S.Rosc.42; fictam et ~am fabulam prolatam..a Platone Off.3.39; ne quis (rem) fabulosam aut ~am putet Suet.Jul.81.2; fuit et illa ~a epistula Apul.Apol.87.

3 Based on the imagination, imaginary, fanciful.

ut si in illa ~a Platonis ciuitate res ageretur Cic.de Orat.1.230; in ista scientia..quae tota ex rebus fictis ~isque constaret Mur.28; non futtilis ~asque sententias N.D.1.18; ista..sunt tota ~a, uix digna lucubratione anicularum N.D.1.94; sed hoc..nimis..esse uidetur ~um Gel.12.14.7.

commentior ~īrī ~ītus, *tr.* [CON-+MENTIOR] To state falsely.

siqua ~iatur Apul.Soc.16;—(w. acc. and inf. or pred. acc.) sese uirum ~itus bonum Met.7.1; lignum a me..quaesitum non piguit uos ~iri Apol.62; Ulp.dig.48.18.1.27.

commentor[1] ~ārī ~ātus, *intr.*, *tr.* [COMMINISCOR+-TO]

1 To think about, occupy one's mind with.

satin istuc tibi in corde certumst? —quin ne ~or quidem Pl.Cist.509; in decursu θέσεις meas ~ari non desino Cic.Att.9.9.1; futuras mecum ~abar miserias Tusc.3.29.

2 To study beforehand, practise, prepare. **b** (esp. a speech, etc.). **c** (a plan or sim.).

quid erit interea magistrae, dum tu ~abere? Pl.Truc.737; cum in hortos D.Bruti auguris ~andi causa..uenissemus Cic.Amic.7;—(w. acc.) incipiuntque (parui) ~ari aliquid et discere Fin.5.42; etiam inrisui sumus ista ~antes Plin.Nat.22.15. **b** uideas barbato rostro illum ~ari Var.Men.419; ~abar declamitans..saepe cum M. Pisone Cic.Brut.310; id quod Graeci frequentissime faciunt, crebro digitorum labrorumque motu ~ari Quint.Inst.11.3.160;—(w. acc.) quae secum ~atus esset Cic.Brut.301; ex alia oratione..quam in alium reum ~aretur S.Rosc.82;—(pple. in pass. sense) ut sua et ~ata et scripta..meminisset Brut.301; multis lucubrationibus ~ata oratione Q.Cic.Fam.16.26.1. **c** consules..multos mensis de populi Romani libertate ~ati atque meditati Cic.Phil.3.36;—(w. acc.) si cogitaras id quod imperatoris nomen..quod illa tropaea..te ~atum esse declarant Pis.97;—(w. cl.) ut ante ~emur inter nos, qua ratione nobis traducendum sit hoc tempus Fam.4.6.3.

3 To discuss, argue over.

ut carmina..legendo ~andoque et ceteris nota facerent Suet.Gram.2(p.101Re); neque percontari, si parum intellexerat, neque ~ari, quae audierat, fas erat Gel.1.9.4.

4 To write, compose (literary works), etc. **b** to produce by the imagination, imagine.

Catoni de militari disciplina ~anti Plin.Nat.pr.30;—(w. acc.) alter ~atus est mimos Cic.Phil.11.13; Plin.Nat.17.111; eo ipso anno, cum ~aremur haec 18.209; (gdve. in pass. sense) haec, quae remissa fronte ~anda sunt Sen.Dial.11.8.4. **b** hanc sibi dolor meus picturam ~atur Fro.Aur.2.p.228(234N).

commentor[2] ~ōris, *m.* [COMMINISCOR+-TOR] A deviser, inventor.

luce sua ludos uuae ~or habebat Ov.Fast.3.785; fraudis..~or Vlixes Ilias 527.

commentum ~ī, *n.* [next]

1 A scheme, device **b** (concr.) an invention. **c** intention, design.

eugae eugae, lepide, laudo ~um tuom! Pl.Mil.241; sicut pleraque noua conmenta mortalia in uerbis uim habent Liv.44.41.4; Sen.Ep.90.25; Columella suum tradit ~um, ut toto anno contingant, fruticem rubi..in apricum locum transferre Plin.Nat.19.68; Flor.Epit.1.5(1.11.3); Gel.17.9.11; callido ~o uideris accusationis instigator fuisse Papin.dig.3.2.20. **b** officinarum haec (sc. ceratum, malagmata, emplastra, etc.), immo uerius auaritiae ~a sunt Plin.Nat.22.117; et ipsius terrae sunt alia ~a 35.166. **c** nec tu nulla putes in eo ~a locasse naturam rerum Man.2.244.

2 A fabrication, invention, fiction.

ipsis ~um placet Ter.An.225; somniantium philosophorum esse ~a Cic.Rep.6.3; opinionis enim ~a delet dies N.D.2.5; sine aliquo ~o miraculi Liv.1.19.5; ~is poenas doque dedique tuis? Ov.Ep.20.32; magorum haec ~a sunt Plin.Nat.28.47; quonam timidae ~a parentis usque feres? Stat.Ach.1.624; pristini sermonis oblita nouum ~um instruit Apul.Met.5.15.

3 (app.) An argument.

enthymema (quod nos ~um sane aut commentationem interpretemur Quint.Inst.5.10.1; 9.2.106.

commentus ~a ~um, *a.* [pple. of COMMINISCOR.] Feigned, pretended, fabricated.

quem..ego..cogam adsumptumque patrem ~aque sacra fateri Ov.Met.3.558; 4.37; dat gemitus fictos ~aque funera narrat 6.565.

commeō ~eāre ~eāuī ~eātum, *intr.*, (*tr.*). [CON-+MEO]

1 To go regularly or frequently, to 'come and go', travel, journey. **b** to travel (on leave, etc.). **c** (of single journeys) to come or go. **d** to go (from one activity to another).

ut tuto..etiam singuli ~eare possent Caes.Gal.7.36.7; illa (sc. uia).., qua omnes ~eabant Nep.Eum.8.5; (eum) nocte maxime ~eare propter metum hostium credebant Liv.25.8.10; ~eantibus in uicem nuntiis Tac.Ann.13.38; plurimisque per eam (ciuitatem) ~eantibus transitum praebent Plin.Ep.Tra.10.77(81).3; te uirginem uectura leonis caelo ~eantem Apul.Met.6.4; (impers. pass.) VIAM..ITA MVNIT VT VEHICVLIS ~EETVR CIL 3.600; Ulp.dig.9.3.1.1;—(w. destination stated) iam postquam in urbem crebro ~eo, dicax sum factus Pl.Truc.682; insula Delus..quo omnes undique cum mercibus atque oneribus ~eabant Cic.Man.55; minime..ad eos mercatores saepe ~eant Caes.Gal.1.1.3; an Augustum fessa aetate totiens in Germanias ~eare potuisse? Tac.Ann.1.46; quod non cotidie ad te ~eem Ver.Fro.1.p.296(116N);—(w. both terminals stated) in eam paludem multi piscium salliendorum causa a nauibus semionustis ~eant Sis.hist.139; negat sibi placere legatos ~eare ultro citroque Liv.25.30.5; utrimque..accolunt Scythae angustias et inter se ~eant Plin.Nat.6.38; ~eauere nuntii inter Ciuilem Classicumque Tac.Hist.4.55; operarum, quae ex Umbria in Salinos ad culturam agrorum quotannis ~eare soleant Suet.Ves.1.4;—(of ships, vehicles) nauem..quae..ad ea furta quae reliquisses ~earet Cic.Ver.5.46; quadrigae inter se occurrentes sine periculo ~eare dicuntur (i.e. on a wall) Curt.5.1.25; fossam..latitudinis, qua contrariae quinqueremes ~earent Suet.Nero 31.3;—(transf.) cuius in hortos, domum, Baias iure suo libidines omnium ~earent Cic.Cael.38;—(pres. pple. as sb.) ~eantium in utramque partem cateruis Sen.Ben.6.34.4; uel inuitatos uel sponte ad se ~eantis Suet.Jul.27.1. **b** militum..ex Oriente ~eantium Tac.Hist.2.8; qui forte uelut ~eantes transissent Scaev.dig.33.7.20.5. **c** eum..ad carnuficem est aequius quam ad Venerem ~eare Pl.Rud.322; ergo omnes, age..prono limite ~eate gentes Stat.Silv.4.3.109; Charon..ad ripam ulteriorem..deducit ~eantes Apul.Met.6.18; ob iter illud, qua nobis erat ~eandum 8.15. **d** inuicem hoc et illo ~eandum est Sen.Ep.84.2.

2 a (of commodities, letters, etc.) To travel, be conveyed. **b** (of the breath, blood, etc., also, of water) to pass, flow, **c** (of heavenly bodies; also other natural things).

a illaec catapultae ad me crebro ~eant Pl.Cur.398; crebro enim illius litterae ab aliis ad nos ~eant Cic.Att.8.9.3; uirgis..turis ad nos ~eantibus Plin.Nat.12.57; posse..eodem..internuntio sermones ~eare Tac.Ann.2.28; cum per milites ~earent (litterae) 4.41; (cf.) per quas (sc. potestates) et desideria nostra et merita ad deos ~eant Apul.Soc.6. **b** uenae, ad uitam sanguis omnis qua ~eat idem Aetna 100; cum spiritus tantum aut uox ~eat Plin.Nat.11.176;—nares..quarum bifori uia odor cum spiritu ~eat Apul.Pl.1.14;—pontus..uetustas oblitus seruare uices non ~eat aestu Luc.5.445; ~eat hac penitus tacitis discursibus unda 10.249. **c** alterum (sc. genus siderum) spatiis inmutabilibus ab ortu ad occasum ~eans Cic.N.D.2.49; Tac.Hist.5.4;—animum esse per naturam rerum omnem intentum et ~eantem Cic.N.D.1.27; naturis (i.e. the elements)..sursus deorsus ultro citro ~antibus 2.84.

3 (pregn.) To bear transportation or change of situation, 'travel'.

arbores..quae in alienas non ~eant terras Plin.Nat.14.1

4 To communicate, be linked up.

cum pertusa sint cuncta et inuicem ~eent Sen.Nat.4a.2.30.

5 To pass (from one state to another).

quod fit cum terra in aquam se uertit et cum ex aqua oritur aer ex aere aether, cumque eadem uicissim retro ~eant Cic.N.D.3.31.

commercium ~(i)ī, *n.* [CON-+MERX+-IVM] FORMS: *commircium* (archaic) cited by Vel.gram.in G.L.7.77.

1 Buying and selling (of property, commodities, etc.), trade, commerce, business dealings. **b** exchange, trafficking. **c** the right to engage in trade; (usu. w. gen.) permission to buy or sell.

adsciuerunt sibi illud oppidum piratae primo ~io, deinde etiam societate Cic.Ver.4.21; si sit ~io locus Brut.ad Brut.1.16.5; mare magnum et ignara lingua ~io prohibebant Sal.Jug.18.6; Liv.45.30.2; ~ia tuta gentibus Luc.8.810; ob usum ~iorum aurum et argentum in pretio habent Tac.Ger.5.4; seruos condicionis huius per ~ia tradunt 24.4; mulier..iure ~ii uendita Pompon.dig.49.15.6; (poet.) cum toto ~ia mundo naufragiis Nasamones habent Luc.9.443;—(w. gen.) C. Claudio..~ium istarum rerum cum Graecis hominibus non fuisse Cic.Ver.4.133; cum quibus ~ium gemmae tantum Plin.Nat.5.34;—~io eorum (trading with them) Hispani..gaudebant Liv.34.9.9. **b** belli ~ia Turnus sustulit ista prior Verg.A.10.532; Tac.Ann.14.33;—(transf.) ut..quodam cum fluctibus procellisque ~io debellandum tradidisse regem uentis uideretur Flor.Epit.1.40(3.5.19). **c** ei se illum locum uendidisse cui ne ~ium quidem esse oporteret Cic.Ver.2.124; ceteris Latinis populis conubia ~iaque et concilia inter se ademerunt Liv.8.14.10;—arabat is agrum conductum in Segestano; nam ~ium in eo agro nemini est Cic.Ver.3.93; ut denorum equorum iis ~ium esset Liv.43.5.9; agrum, cuius ~ium non habes Paul.dig.39.1.49.2.

2 Purchased goods, esp. military supplies.

cur..duces primam semper in bellis ~iorum habuere curam? Plin.Nat.26.19; solitum hoc portari cum reliquis militaribus~iis 35.168; hostem inopem ~io laborare Fron.Str.2.5.14.

3 Means of intercourse for trade, trade-routes.

communi..bono erat patere ~ium maris Sen.Ben.4.28.3; harenas..per quas iter ad ~ia Indici maris est Nat.4a.24; Luc.10.314; eques Romanus..qui et ~ia ea et litora peragrauit Plin.Nat.37.45.

4 A giving and taking, exchange. **b** (w. *linguae*, etc.) exchange of speech, converse.

~ium tantum iuris praebendi repetendique sit Liv.41.24.16; LEGATIONVM ET AMICITIAE ~IVM Aug.Anc.6.8; ~ia epistularum Vell.2.65.1; dandi et accipiendi beneficii ~ium V.Max.5.3.ext.3; ueto esse tale luminis ~ium Phaed.4.11.11; non obscena litterarum ~ia [Quint.]Decl.18.12;—(of transmigration) animorum ~ium in alias atque alias formas transeuntium Sen.Ep.108.19. **b** neque ~ium linguae nec uestis armorumue habitus sic eos texit quam..Liv.9.36.6; ne tamen Ausoniae perdam ~ia linguae Ov.Tr.5.7.61; non ~io linguae nobiscum cohaerentes Curt.6.3.8; ignorans Latiae ~ia linguae Luc.8.348; (cf.) manibus et mihi sunt tacitae ~ia linguae 6.701;—per longinquitatem belli ~io sermonum facto Liv.5.15.5; linguas hominum..docebit..uolucres nouaque in ~ia ducet Man.5.379; audiuntur uocis..humanae ~ia Plin.Nat.6.2; adempto per inquisitiones etiam loquendi audiendique ~io Tac.Ag.2.3.

5 Connexion, intercourse, dealings, relationship (w. persons or things). **b** sexual intercourse, also *~um libidinis, stupri*.

(w. cum) quid tibi mecum est ~i? Pl.Aul.631; mihi cum uostris legibus nihil est ~i Rud.725; nec habet (uoluptas) ullum cum uirtute ~ium Cic.Sen.42;—(w. inter) sunt dis inter se ~ia Ov.Tr.5.3.45;—(w. gen.) interdicitis patribus ~io plebis Liv.5.3.8; est deus in nobis, et sunt ~ia caeli Ov.Ars 3.549; Man.2.467; cuius ~ia pacti obstrictos habuere deos? Luc.6.493; haec geminae ~ia terrae? Stat.Ach.1.404; Tac.Ann.6.19; ~io hominum frui Suet.Tib.50.1;—(w. adj.) tu, quisquis superum ~ia nostra perosus..Luc.9.860; Man.4.809;—(absol.) aspice quid faciant ~ia Juv.2.166. **b** cum ea quoque etiam mihi fuit ~ium Pl.Truc.94; furtiua ~ia et amorum pericula Calp.Decl.48;—quod cum ingenuo adulescentulo stupri ~ium habuisset V.Max.6.1.10; cum qua ~ium libidinis habuerat 8.2.2.

6 The possession or use of a thing in common.

sociae ueritus ~ia uittae Stat.Theb.5.668; pacem seruant ~ia culpae Sil.2.506; gratam sibi prouinciam (sc. Achaiam) ait communium studiorum ~io Suet.Cl.42.1.

commercor ~ārī ~ātus, *tr.* **conm-.** [CON-+MERCOR] To buy.

coepit captiuos ~ari Pl.Capt.27; qui hic ~aris ciuis homines liberos Per.749; arma tela aliaque..reficere aut ~ari Sal.Jug.66.1; (pple. in pass. sense) iucunditatis plus inest in te mihi quam ~atis conquisite edulibus Afran.com.259.

commereō ~ēre ~uī ~itum, *tr.* **~eor** ~ērī ~itus. **conm-.** [CON-+MEREO]

1 To merit fully, deserve: **a** (punishment, etc.). **b** (a reward or sim.).

a interrogabatur reus, quam ~uisse se maxime confiteretur CIC.*de Orat.*1.232; quid placidae ~uistis oues? OV.*Fast.*1.362; an semel est poenam ~uisse parum? *Tr.*2.4; *Pont.*3.6.34;—(*w.* ut+*subj.*) numquam sciens ~ui merito ut caperet odium illam mei TER.*Hec.*580. **b** (*dep.*) fidem sedulitatis ueritatisque ~itus GEL.1.6.6.

2 To commit, be guilty of (an offence).

(*w.* culpam) quae in se culpam ~ent PL.*Mer.*828; nullam de his rebu' culpam ~uit TER.*Hec.*631;—(*w.* noxiam) quasi non cras iam ~eam aliam noxiam PL.*Mos.*1178; pro ~ita noxia *Trin.*26;—uoltum tuom uideor uidere ~uisse hic me apsente in te aliquid mali *Epid.*62; ~ui malum *Mil.*531; nihil ego ~ui neque istas percussi fores *Mos.*516; quid ~ui aut peccaui, pater? TER.*An.*139;—(*dep.*) me culpam ~itum scio PL.*Aul.*738; quae numquam quicquam erga me ~itast TER.*Hec.*486.

commers (~rcis), *f.* [CON-+MERX] Friendly intercourse.

pax ~rsque est uobis mecum PL.*St.*519.

commētior ~tīrī ~nsus, *tr.* **conm-.** [CON-+METIOR]

1 To measure. **b** to pace out.

ceterorum..siderum ambitus..neque nomine appellant neque inter se numero ~tiuntur CIC.*Tim.*33; de ~tiendis agris COL.5.1.2. **b** in publico omnis porticus sumu' ~nsi PL.*Mos.*911.

2 To compare (in measurement).

oportet ~tiri cum tempore negotium CIC.*Inv.*1.39.

commētō[1] ~āre ~āuī, *intr.*, (*tr.*). [COMMEO+-ITO] To go constantly, come and go.

potiu' quam paterere filium ~are ad mulierculam TER.*Hau.*444; quo tu ~as? AFRAN.*com.*344; cum ad lupam nostram tam multi crebro ~ant lupi NOV.*com.*7; pisciculi ultro ac citro ~ant VAR.*R.*3.5.16;—(*w. acc.*) meu' scruposam uictus ~at uiam PL.*Capt.*185.

? **commētō**[2] ~ārī ~āuī, *tr.* [CON-+METO[1]] (app.) To survey thoroughly; (in quot., facet.).

nimi' bene ora ~aui atque ex mea sententia PL.*Men.*1019 (*s.v.l.*).

commi: see CVMMI.

commictilis ~is ~e, *a.* [COMMINGO+-ILIS[1]] (as a term of amuse) Filthy, foul.

si sciam quid uelis, quasi serui comici ~is POMPON.*com.*138.

commigrātiō ~ōnis, *f.* [next+-TIO] Removal (to a new place).

perpetua eius (*sc.* solis) agitatio et aliunde alio ~o est SEN.*Dial.*12.6.7.

commigrō ~āre ~āuī ~ātum, *intr.* [CON-+MIGRO] To move one's home, go and live (elsewhere), migrate. **b** (transf., of things).

(*w. destination expr. by prep.*) rus ad illas ~at TURP.*com.*77; paucis mensibus..in tuam (*sc.* domum) ~abis CIC.*Q.fr.*2.3.7; incolas intra sua praesidia coegisse ~are *B.Afr.*20.4; ut ii ~arent in loca tuta LIV.22.11.4; NEC VELLET IN DESERTA AC RVENTIA ~ARE *CIL* 10.1401.2.37; an Osi ab Arauiscis in Germaniam ~auerint TAC.*Ger.*28.3; relicta matre ad patruum ~auit APUL.*Apol.*98; (*w. acc. of towns, etc.*) VEIOS..~ARI PASSVS NON EST *Elog.*7(*CIL* 1.p.191); se..Romam cum coniuge ac fortunis omnibus ~asse LIV.1.35.4; ex finitimus urbibus ~are Alexandream iussis CURT.4.8.5; siquidem proposuerat Antium deinde Alexandream ~are SUET.*Cal.*49.2;—(*w. advs.*) is habitatum huc ~auit PL.*Trin.*1084; ex Andro ~auit huc uiciniae TER.*An.*70; istuc ~auit iam diu TURP.*com.*79;—(*absol.*) iusso (filio)..~are FRON.*Str.*4.1.10. **b** nuper uentosa istaec et enormis loquacitas Athenas ex Asia ~auit PETR.2.7; ut id potissimum ex Frontonis ore in pectus meum ~et AUR.*Fro.*1.p.50(47N).

commīles ~itis, *m.* [CON-+MILES] A fellow soldier.

CAES.*Civ.*2.29.3 (*dub.*).

commīlitium ~(i)ī, *n.* [prec.+-IVM] Association in military service. **b** (transf.) comradeship in other activities.

adsuetus ~io prudentissimi ducis VELL.2.29.5; ut..instantis belli ~ium exprimeret V.MAX.9.3.ext.3; erat usus ~io Thessalorum QUINT.*Inst.*5.10.111; principes Sarmatarum Iazugum..in ~ium adsciti TAC.*Hist.*3.5; PLIN.*Ep.Tra.*10.26(11).2; FLOR.*Epit.*2.15(4.4.2). **b** iure..studio confinia carmina uestro et ~ii sacra tuenda putas OV.*Pont.*2.5.72; habebo in ~io fratrum meorum animas QUINT.*Decl.*271(p.113,l.5); inter nos iura amicitiae a ~io studiorum..inchoata APUL.*Fl.*16.

commīlitō[1] ~ōnis, *m.* [as next+-O[1]]

1 A fellow soldier. **b** (form of flattery used by Julius Caesar and the emperors).

hic uero adulescens qui meus in Cilicia miles, in Graecia ~o fuit CIC.*Deiot.*28; milites ueteranos ~ones tuos *Fam.*11.7.2; ~ones appellans CAES.*Civ.*3.71.4; adeste, ciues; adeste, ~ones LIV.2.55.7; non mediocrem opem ~onibus suis attulerunt CELS.1.pr.3; ponat sane contra caelum castra, ~ones habebo deos SEN.*Suas.*2.17; sic, ~ones, prandete tamquam apud inferos cenaturi SEN.*Ep.*82.21; PETR.82.2; TAC.*Hist.*4.72; SUET.*Cl.*10.2; (*cf.*) templa..reddidit, plane quasi stipendium ~onibus diis FLOR.*Epit.*1.5(1.11.4); (*w. gen. expr. field of action*) eum..mox belli Getici..habiturus ~onem VELL.2.59.4. **b** sextus dies agitur, ~ones, ex quo..TAC.*Hist.*1.29; PLIN.*Pan.*13.3; nihil opus est..plures ~ones conuerti TRA.Plin.*Ep.*10.20(31).1; nec milites eos..sed blandiore nomine ~ones appellabat SUET.*Jul.*67.2; quid agitis ~ones? *Gal.*20.1.

2 (colloq.) Comrade, mate.

carissimum sibi ~onem PETR.80.8; miseri ~onis fortunam APUL.*Met.*4.5.

commīlitō[2] ~āre, *intr.* [CON-+MILITO] To fight on the same side.

Luna in partibus, quippe quasi ~ans dea cum a tergo se hostibus, a facie Romanis praebuisset..FLOR.*Epit.*1.40(3.5.23).

comminātiō ~ōnis, *f.* [COMMINOR+-TIO] A threatening or menacing.

orationis..ipsius tamquam armorum est uel ad usum ~o..uel ad uenustatem..tractatio CIC.*de Orat.*3.206; circumagi ad nutus ~onesque Hannibalis LIV.26.8.3; plurimis ~onibus Hannibalis inritatus V.MAX.3.8.2; PLIN.*Nat.*11.144; reges infestos..~onibus magis..quam ui repressit SUET.*Tib.*37.4; (*w. obj. gen.*) sub ~one..seueritatis ULP.*dig.*37.14.1;—(*transf.*) tauris..tota ~o prioribus in pedibus PLIN.*Nat.*8.181;—(*cf.*) est primus motus non uoluntarius, quasi praeparatio adfectus et quaedam ~o SEN.*Dial.*4.4.1; fulguratio ostendit ignem, fulminatio emittit; illa (ut ita dicam) ~o est *Nat.*2.12.1; haec controuersia..est..anticipalis et quasi ~o quaedam litium AGEN.*agrim.*p.31.

(commingō): see COMMEIO.

comminiscor ~iniscī ~entus, *tr.*, *intr.* Also **~iniscō** ~iniscere. [CON-+*miniscor* (MEMINI)]

1 To think up, contrive, devise, invent. **b** (transf., of non-personal subj.).

quid machiner? quid ~iniscar? PL.*Capt.*531; credo ego Amorem primum apud homines carnuficinam ~entum *Cist.*203; ut docte dolum ~entust! *Ps.*1206; quid agam? aut quid ~iniscar? TER.*Hau.*674; ludibrium oculorum..ad frustrandum hostem ~entus LIV.22.16.6; id uectigal ~entum alterum ex censoribus satis credebant 29.37.4; qui serram ~entus est SEN.*Ep.*90.14; Natura..nouos ~enta partus *Oed.*944; quin et saginam earum (*sc.* coclearum) ~entus est PLIN.*Nat.*9.174; Graia nouam ferro molem ~enta iuuentus V.FL.1.599; nouas..~entus est litteras tres SUET.*Cl.*41.3; GEL.17.9.22; (*absol.*) age ~iscere ergo PL.*Mos.*662;—(*w. inf.*) qui illum di omnes perduint quei primus ⟨hoc⟩ ~entus est, contionem habere *Men.*451; classe confligere, inperitare gentibus, regnum proeliumque ~enti MELA 1.65; Apelles ~entus est (atramentum) ex ebore combusto facere PLIN.*Nat.*35.42;—(*w.* ut) hi ~enti de sua sententia ut in seruitute hic ad suom maneat patrem PL.*Capt.*48;—(*w. indir. qu.*) noenum..quid ego ero dicam meo..euenisse..queo ~inisci *Aul.*69; ~entus quemadmodum eripiat etiam quod uixeras SEN.*Suas.*7.1;—(*pple. in pass. sense*) prandio ~ento pro tempore APUL.*Met.*10.28;—(*act. form*) remedium e re nata ualidum..~iniscimus APUL.*Met.*4.11. **b** aquam potare recentem de niue ~enta est ingeniosa sitis MART.14.117.2.

2 To invent, contrive, fabricate (a falsehood, etc.).

~inisci falsa de iis audent LARG.pr.p.4,l.18; id praestigiarum..genus ~entos esse homines aeruscatores GEL.14.1.2.

3 To state falsely, allege, pretend, feign.

cum iter est aliquo..~enta LUCIL.993; ne me hoc..~entum putes CIC.*Att.*6.1.8; quaedam..Posidonius..~inisci uidetur *Fat.*5; per iram..ex re fortuita crimen ~entum LIV.26.27.8; 40.8.19;—(*w.* de) cum tam inpudenter ~iniscantur de eo LARG.pr.p.3,l.25; ULP.*dig.*48.18.1.27;—(*w. acc. and inf.*) ~enta mater est esse ex alio uiro..puerum natum TER.*Ad.*657; qui..~enti sunt se de terra..extitisse CIC.*Rep.*3.25; ~entus ob iussum Veneris petere APUL.*Met.*6.15;—(*pple. in pass. sense*) quam subtiliter compositum et uerisimiliter ~entum, me..non domi meae potius facturum fuisse *Apol.*58.

comminō ~āre, *tr.* [CON-+MINO] To drive (cattle) together, round up.

adueniunt illi..gregatim pecua ~antes APUL.*Met.*7.11.

comminor ~ārī ~ātus, *tr.* [CON-+MINOR[1]] To make a threat of, threaten.

quid ~atu's mihi? PL.*Aul.*417; modo procurrerent modo recederent ~arenturque impetum *B.Afr.*71.1; ~ando..magis quam inferendo pugnam LIV.10.39.6; ~anda oppugnatione 31.26.6; manus equitum Romanorum..immoderatius perseueranti necem ~ata est SUET.*Jul.*14.2; (*transf., of non-personal subjs.*) ut Hannibali somnia orbitatem oculi ~entur APUL.*Soc.*7; quia et ipsa res mortem ~atur ULP.*dig.*47.11.9;—(*w. inf.*) qui poplites meos eneruare secure sua ~aretur APUL.*Met.*8.30;—(*w. acc. and inf.*) ~abatur..sese concisurum eum..frustatim 9.40; *Apol.*99;—(*absol.*) duo armati..~ati..inter se LIV.44.9.7; AUR.*Fro.*1.p.30(253N); eum..tyrannica superbia ~ari APUL.*Met.*9.36;—(*pple. in pass. sense*) contemplatione ~atae mihi mortis 6.26; 10.6.

comminuō ~uere ~uī ~ūtum, *tr.* [CON-+MINVO]

1 To break in pieces, shatter.

saxo cere ~uit brum ENN.*Ann.*609; nisi mauoltis fores et postis ~ui securibus PL.*Bac.*1119; ego tibi ~uam caput *Rud.*1118; falces iniectas ~unt SIS.*hist.*82; statuam..deturbant, adfligunt, ~uunt, dissipant CIC.*Pis.*93; ubi unae atque alterae scalae ~utae SAL.*Jug.*60.7; praeualidae fusos ~uere manus OV.*Ep.*9.80; considerandum est, alterum os an utrumque ~utum sit CELS.8.10.3.A; quaedam (gallinae)..oua ~uunt atque consumunt COL.8.5.6;—(*of inanim. subj.*) post ubi (*sc.* nubem) ~uit uis eius et impetus acer LUCR.6.128; candelabrum..uasa omnia crystallina ~uit PETR.64.10;—(*facet.*) ut illum di perdant primus qui horas repperit..qui mihi ~uit misero articulatim diem! PL.*fr.*23.

2 To break up, prepare by breaking, pulverize.

nucibus, fabulis..~uto crustulo PL.*St.*691; stercus..purgato et ~uito CATO *Agr.*5.8; ~uito terram et..coaequato 129; uineas nouellas..occare, id est ~uere, ne sit glaeba VAR.*R.*1.31.1; utraque de nigris ~uenda molis OV.*Med.*72; qui..aequaliter et minute soli terga ~uat COL.4.14.1; cortices in uino decocti..~uunt et eiciunt calculos PLIN.*Nat.*20.23; ut grana ~uantur LARG.111.

3 (transf.) To break up, smash, shatter, crush. **b** (w. pers. obj.).

nullum esse officium tam sanctum..quod non auaritia ~uere ac uiolare soleat CIC.*Quinct.*26; animo dumtaxat uigemus..re familiari ~uti sumus *Att.*4.3.6; regni opes ~utas esse SAL.*Jug.*62.1; quod si ~uas uilem redigatur ad assem HOR.*S.*1.1.43; arcus et ignes (*sc.* Amoris) ingenii uires ~uere mei OV.*Pont.*3.3.34; secunda temperabit, aduersa ~uet SEN.*Ep.*39.3; si ut auram ita illos (*sc.* Etesias) ~ueret sol *Nat.*5.11.2; his (*sc.* cauillationibus) ingenia concidi et ~i credo QUINT.*Inst.*1.7.33; FLOR.*Epit.*2.7(3.19.11); (*cf.* **b**) quidquid..monstri aut sceleris fuit uirtute animi ac robore dexterae ~uit V.MAX.5.3.ext.3. **b** quem C. Laelius..praetor fregit et ~uit CIC.*Off.*2.40; consul..equestri proelio uno et uolnere suo ~utus LIV.21.52.2; ut taceam, lacrimis ~uere meis OV.*Ep.*3.134; neminem aduersa fortuna ~uit SEN.*Dial.*12.5.4.

comminus, *adv.* [CON-+MANVS[1]] ORTHOG.: *cominus* CIC.*Sen.*19, LIV.2.49.10, etc.

1 (of fighting) At, or to, close quarters, in hand-to-hand fighting. **b** (in hunting).

quae mea ~ machaera atque hasta hostibitis manu ENN.*scen.*178; neque ictu ~ neque coniectione telorum, sed saepe clamore ipso militum CIC.*Caec.*43; qui cum hoste nostro ~in acie saepe pugnarit *Balb.*23; ~gladiis pugnatum est CAES.*Gal.*1.52.4; Afraniani..~us tam diu stetissent *Civ.*1.47.2; magnum ~ in angusto mari proelium factum est *B.Alex.*46.3; ab utrisque ~ pugna inita *B.Hisp.*5.5; ueterani..~ acriter instare SAL.*Cat.*60.3; laeuas caetra tegit, falcati ~ enses VERG.*A.*7.732; te ~ aequo mecum crede solo 11.706; flumina..Haemonio ~ isse uiro PROP.3.1.26; ducem Lucanorum ~ congressum obtruncat LIV.8.24.9; ~ eminusque rem gereret 21.5.14; non me nisi ~ esse timendum OV.*Ep.*15.363; tum fragor armorum..et uenientes ~ umbrae LUC.1.570; seu foret hostis ~ SIL.16.52; ire ~ et certare pro Italia TAC.*Hist.*3.1; sed Partho..nulla ~ audacia *Ann.*15.4;—(*of animals*) reboatque superbis ~ ursa lupis V.FL.3.635;—(*fig.*) nunc ~ agamus CIC.*Div.*2.26; iacto qui semine ~ arua insequitur VERG.*G.*1.104. **b** (ceruos) ~ obtruncant ferro VERG.*G.*3.374; celer agrestis ~ ire sues PROP.2.19.22; (*cf.*) iacto uelut aspera saxo ~ erigitur serpens STAT.*Theb.*2.412.

2 At close quarters, close at hand, not far away. **b** in each other's presence.

quos tibi tum supra sol montis esse uidetur ~ ipse suo contingens feruidus igni LUCR.4.407; 6.904; quicquid ~ acris irritat flammas *Aetna* 392; aspicit hirsutos ~ Vrsa Getas OV.*Pont.*1.5.74; Romae, ubi omnium gentium bona ~ iudicantur PLIN.*Nat.*11.240; cum iam Lethaeos audirem ~ amnis STAT.*Silv.*3.5.38; uiso ~ armatorum agmine TAC.*Hist.*1.41; non ~ Mesopotamiam, sed flexu Armeniam petiuit *Ann.*12.12; cum aduersus Lacedaemonios..castra ~ haberet FRON.*Str.*2.1.6; oportere eum..exerceri..in rebus ~ noscendis GEL.13.8.2; (*cf.*) imbecilli oculi ad sustinendum ~ solem SEN.*Nat.*1.17.2. **b** si quasi recepturus a debitore tuo ~ pecuniam reddidisti ei pignus POMPON.*dig.*13.7.3; ~ responderi stipulanti oportet VEN.*dig.*45.1.137.

commis: see CVMMI.

commisceō ~scēre ~scuī ~xtum, *tr.* [CON-+MISCEO]

1 To mix together: **a** (a number of ingredients or a compound). **b** (one thing or lot with another).

a ~sce mulsum PL.*Per.*87; cretae crudae partes duas, calcis tertiam ~sceto CATO *Agr.*39.2; utraque..sunt in mellis ~xta sapore LUCR.4.671; si..omnis (lana) ~xta esset ALF.*dig.*32.60.2; iterum ~scet opus *Mor.*115; (*w.* in unum) haec cum in unum ~xta sunt mortario LARG.122. **b** (*w.* cum) (amurcam) dato rarenter bibere ~xtam cum aqua aequabiliter CATO *Agr.*103; Vesta mater, cuius..ignem..non sum passus..cum totius urbis incendio ~sceri CIC.*Dom.*144; (*refl.*) seque simul cum eo ~scuit igni (uentus) LUCR.6.276;—(*w. abl.*) oh, lutum lenonium, ~xtum caeno sterculinum publicum PL.*Per.*407; magni primordia rerum referre..~xta quibus dent motus accipiantque LUCR.2.885; frusta cruento..~xta mero VERG.*A.*3.633; inde sumitur cyathus et duobus rosae ~scetur LARG.1; saliuis melle ~xtis SUET.*Vit.*2.4;—insequitur ~xta grandine nimbus VERG.*A.*4.161; simul ora manusque fractaque ~xto sederunt pectora ferro STAT.*Theb.*2.567.

2 (w. abst. obj.) To mix, confuse, combine.

materiae ad deliberandum..ex utroque genere ~xtae QUINT.*Inst.*3.8.55; tantum boni ex utriusque uoltu est ~xtum FRO.*Aur.*1.p.250(91N);—ius accusatoris cum iure testimonii ~scebis *Rhet.Her.*4.47; numquam enim temeritas cum sapientia ~scetur CIC.*Marc.*7;—tantum adest boni..uerum ~xtum malo PL.*As.*310; gemitu commixta querela LUCR.6.1159; caecis terroribus..~xtum clamorem VERG.*A.*12.618.

3 To unite sexually. **b** to mingle (with another race).

~scendorum corporum mirae libidines CIC.*N.D.*2.128; ~scendo cum semine forte uirilem femina uim uicit LUCR.4.1209; omnis magnus alit magno ~xtus corpore fetus (Aether) VERG.*G.*2.327; quod cum uno et altero pecunia accepta ~scuit ULP.*dig.*23.2.43.2. **b** ~xti corpore tantum subsident Teucri VERG.*A.*12.835.

4 (w. *cum*) To transact (business) with, do or discuss together.

ne quid tecum consili ~sceam PL.*Mil.*478; si quis cum eo quid rei ~scuit *Rud.*487.

commiserātiō ~ōnis, *f.* [COM-MISEROR+-TIO] The rousing of pity (esp. in a speech), pathos.

constant (*sc.* conclusiones) ex enumeratione amplificatione et ~one *Rhet.Her.*2.47; 4.11; quid de Q. Regis ~one dicam? Cic.*de Orat.*2.125; 3.219; salibus..et ~one, quae duo plurimum in adfectibus ualent Quint.*Inst.*10.1.107.

commisereor ~ērī ~itus, *tr.* [CON-+MISEREOR] To show pity at; (also impers., w. acc. of person and gen.).

ut..Electra..~eatur..interitum eius Gel.6.5.6;—nauitas precum eius harum ~itum esse 16.19.11.

commiserescō ~ere, *intr.* [CON-+MISERESCO] To have or show pity. **b** (impers., w. acc. of pers. and gen.).

per uos et uostrum imperium et fidem..~ite Enn.*scen.* 186;—(*w. gen.*) Priamus..ipse eius ~eret Pac.*trag.*391; ut illius ~as miserulae orbitudinis Turp.*com.*211; ~E MEI *CIL* 1.2540c.2. **b** ut ted huiius ~at mulieris Pl.*Rud.* 1090; ut ipsam Bacchidem..eiu' ~eret Ter.*Hec.*129.

commiseror ~ārī ~ātus, *tr., intr.* [CON-+MISEROR]

1 To feel pity or compassion for, sympathize with.

lacrimantes ~antes Enn.*Ann.*103; te ~abam magis quam miserebar mei Acc.*trag.*355; ut ~atus sit fortunam Graeciae Nep.*Ag.*5.2; (*poet., of night*) nox signa dedit nautis..~ans hominum..casus Cic.*Arat.*435(191).

2 (intr., rhet.) To seek to arouse sympathy, appeal to pity.

cum ~ari, conqueri..coeperit Cic.*Div.Caec.*46; conqueri, ~ari..expurgare..non licere [Cic.]*Exil.*21; cum dolendum ..~andum sit Quint.*Inst.*11.3.58.

3 (tr.) To seek pity or sympathy for.

in amplificanda et ~anda re *Rhet.Her.*4.69; leo..gemitus edens et murmura dolorem..uulneris ~antia Gel.5.14.19.

commissātiō: see COMIS-.

commissiō ~ōnis, *f.* [COMMITTO+-TIO] The commencement, holding, of games or other contests. **b** an event.

ut iam ab ipsa ~one ad me quem ad modum accipiantur hi ludi persequare Cic.*Att.*15.26.1; ~one Graecorum 16.5.1; in ~onibus nostris plus cantorum est quam in theatris olim spectatorum fuit Sen.*Ep.*84.10; proximis..ludis productis in ~one pantomimis Plin.*Ep.*7.24.6; ne paterentur nomen suum ~onibus obsolefieri Suet.*Aug.*89.3; (*transf.*) ut Senecam..~ones meras componere et harenam esse sine calce diceret *Cal.*53.2. **b** ~O NOVA IN QVA PANTOMIMVS PYLADES *A.Epig.*32.70.

commissōrius ~a ~um, *a.* [COMMITTO+-TORIVS] (*lex*) ~*a*, a clause in an agreement by which a creditor could take possession of a property, goods, etc., on non-payment of money owed for it.

si fundus ~a lege uenierit Ulp.*dig.*18.3.1; fundum..lege ~a emerat Paul.*dig.*4.4.38;—diuersam..causam ~ae esse ait (Papinianus) Ulp.*dig.*19.1.13.26.

commissum ~ī, *n.* [COMMITTO]

1 An undertaking, enterprise.

ecquod est huius factum aut ~um..audacius..? Cic. *Sul.*72.

2 An offence, crime.

nisi aut quid ~i aut iurgi est caussa Pl.*Men.*771; homine propter uim doloris enuntiante ~a, prodente conscios Cic. *Tusc.*2.31; magna luis ~a Verg.*G.*4.454; Hor.*Carm.*3.27. 39; ~i praemia raptor habet Ov.*Fast.*4.590; *Ep.*14.64; post poenam liceat ~a fateri Stat.*Silv.*5.5.5; cum per ignorantiam scripturae multa ~a fierent Suet.*Cal.*41.1.

3 Something entrusted, a trust; *fidei* ~*um*: see FIDEICOMMISSVM. **b** a secret, confidence.

~a duae sine fraude tuentur Pandrosos atque Herse Ov. *Met.*2.558. **b** ~a tacere qui nequit Hor.*S.*1.4.84; in primis ~a celans Nep.*Ep.*3.2.

4 A thing confiscated.

quod quis professus non est apud publicanos pro ~o tenetur Quint.*Decl.*341(p.345,l.26); ut..onus impositum ~o tolleretur Scaev.*dig.*19.2.61.1; Ulp.*dig.*4.4.9.5; Paul.*dig.* 39.4.11.4.

commissūra ~ae, *f.* [COMMITTO+-VRA]

1 The place where two parts of a structure, etc., come together, joint, juncture, seam (freq. w. emphasis on the gap). **b** (in an animal body). **c** (in plants).

in ~a abibit P. III Cato *Agr.*135.4; per ~as rimarum Lucil.209; Cic.*Tim.*24; per clostrum, qua se ~a laxauerat, quattuor denarios in tabernam inseruit Sen.*Ben.*7.21.2; insertans ~is secures claustrorum firmitatem laxauit Petr. 97.8; (paniculae coma) contusa et interiecta nauium ~is feruminat Plin.*Nat.*16.158; ~is (*sc. of water-pipes*) pyxidatis 31.57; in ~is saxorum colligere eos (*sc.* smaragdos) dicuntur 37.65;—(*fig.*) ut (sint sensus) inter se uincti atque ita cohaerentes ne ~a perluceat Quint.*Inst.*7.10.16; non cohaeret (oratio) nec ~is modo..hiantibus, sed ipsa coloris inaequalitate detegitur 12.9.17. **b** (ossa) mirabiles ~as habent Cic.*N.D.*2.139; cum in umeris aliisue ~is dolor aliquis exortus est Cels.4.30; ~a ceruicis Sen.*Dial.*1.6.8; ad ~am caudae Plin.*Nat.*8.122; in ~a scapularum (*sc. of locusts*) 11.107; linguam..albam habent ~asque dentium albicantes Larg.184. **c** per ipsam ~am, qua nascitur materia noua Col. 3.17.4; ~as et uincula luto oblinito 5.11.11; iuglandes nuces porrectae seruntur ~is iacentibus Plin.*Nat.*17.64; medulla calami ~ae in matre ligni corticisque iungatur 17.106.

2 An intersection or common point. **b** a crossing or intertwining in a knot. **c** a boundary- or dividing-line.

~ae apsidum Plin.*Nat.*2.79; ~as eorum (*sc.* circulorum) optinente hinc aquila illinc canicula 18.281; ~a piscium occidens 18.311. **b** ~as eorum et moras nouit Sen.*Ben.* 5.12.2. **c** ~a (colorum arcus) decipit Sen.*Nat.*1.3.4; unitas est sine ~a continuatio 2.2.2.

3 Collocation of letters or syllables constituted by the end of one word and the beginning of the next.

consonantes..in ~a uerborum rixantur Quint.*Inst.* 9.4.37; plerique..ex ~is eorum (*sc.* uerborum) uel diuisione fiunt pedes 9.4.90.

committigō ~āre, *tr.* **conm-.** [CON-+MITIGO] To soften.

utinam tibi ~ari uideam sandalio caput! Ter.*Eu.*1028.

committō ~ittere ~īsī ~issum, *tr.*, (*intr.*). **conm-.** [CON-+MITTO] Forms: *comitto CIL* 6.10229.30; *cosmittere* according to Paul.*Fest.* p.67M; ~*isserit* (for ~*iserit*) Apul.*Met.*3.3. Const.: w. acc., also dat. (1, 4, 10, 11, etc.), cum (1, 4, 7, 8), *in*+acc. (10, 11, 12), *inter se* (6), *ut*, *ne*+subj. (14, 15), *quare*, *cur*, inf. (15), intr. or absol. (5, 9b).

1 To bring into contact (with); to bring together.

uacuis ~ittere uenis nil nisi lene decet Hor.*S.*2.4.25; ni penitus uenae fuerint ~issa molari (*sc.* saxa) *Aetna* 536; nec femori ~itte femur Ov.*Am.*1.4.43; iura, fides ubi nunc, ~issaque dextera dextrae? *Ep.*2.31; ~issaque corpore toto sicut inhaerebat *Met.*4.369; neque potest (palpebra inferior) cum superiore ~itti Cels.7.7.10; Sen.*Nat.*6.31.3; iugulo manum ~isit *Thy.*723; ~issum capiti decus Stat.*Theb.* 7.784;—per..somnum palpebrae non ~ittuntur Cels.2.6.3; uictores ~itte, Venus Mart.8.43.3; qua..gemini ~ittunt ora dracones V.Fl.3.190; (*w.* in unum) quae nos ~isit in unum, ..hora Ov.*Ep.*11.21.

2 To join together, join up, make continuous; (pass., of lines) to intersect. **b** to weld together (a broken object); to fill up, close (a break or gap). **c** to connect words in sense or syntax, collate; to interconnect or weld together (matters in a speech). **d** to consider or take together, combine. **e** to make (periods of time) continuous.

nostrarum turrium altitudinem..~issis suarum turrium malis adaequabant Caes.*Gal.*7.22.4; per nondum ~issa inter se munimenta urbem intrauit Liv.38.4.8; ~issaque in unum paulatim..crura Ov.*Met.*4.579; Germ.*Arat.*453; ut ignis..miscet incendium flammis coire properantibus, sic..se..maria ~ittent Sen.*Nat.*3.30.6; si iungi iubes, ~ittat undas Isthmos *Her.O.*83; aggere diuersos uasto ~ittere colles Luc.3.382; inflatis utribus..quos..duabus regulis..~iserat Fron.*Str.*3.13.6; (*w. link as subj.*) articulus ille qui caput collumque ~ittit Sen.*Dial.*1.6.8;—(*of a skin eruption*) duobus capitibus serpit..ad frontem, donec se duo capita in priore parte ~ittant Cels.6.4.2;—atramento duas lineas duxerunt..tum ubi lineae ~ittebantur, scalpello inciderunt 7.7.15.F; Col.3.13.12. **b** eadem plumbo ~issa manebit Juv.14.310;—FISTVLAS CANALES TVBOS PONERE, APERTVRAM ~ITTERE *CIL* 10.4842.14. **c** luctifica caecis uerba ~ittens modis Sen.*Phoen.*132; (*w.* inter se) quae ~issis inter se uerbis duobus..deforme aliquod nomen efficiunt Quint.*Inst.*9.4.33; uel dure inter se ~issa potiora sunt inutilibus 9.4.58;—nisi illas (res) eadem dispositio in ordinem digestas atque inter se ~issas deuinxerit 7.pr. **d** ita ~ittenda utrimque causa est, ut non minor nobis defensionis, quam accusationis habenda sit ratio Quint. *Decl.*321(p.258,l.12). **e** ~isit noctes in sua uota duas Ov.*Am.*1.13.46; ~isitque uices Lucifer Hespero Sen.*Her.O.* 149; (*cf.*) cui nocte ~issa dies quieuit unus 1697.

3 To make by putting together, construct.

barbaricam pestem..noua figura factam, ~issam infabre Pac.*trag.*271; uni (mensae) ~issae ex orbibus dimidiatis duobus Plin.*Nat.*13.93.

4 To join (one thing to another), connect, attach; (esp. topographical features, parts of the body).

(*w. dat.*) Taurus..~ittitur Caucaso Curt.7.3.20; qua paludi ~ittitur Cimmerius Bosphorus Mela 1.7; ne ~issus flumine atque ita mari lacus effluat Plin.*Ep.Tra.*10.61(69).1; cum auribus extentis magnos ~isit elenchos Juv.6.459; (*w. link as subj.*) moles..quae continenti urbem ~itteret Curt. 4.2.16; (*w.* cum) totum spatium crudi soli cum emota iam terra ~itti Col.3.13.10;—(*parts of the body*) qua naris fronti ~ittitur Ov.*Met.*12.315; qua uir equo ~issus erat 12.478; Man.1.419; (*w. retained acc.*) delphinum caudas utero ~issa luporum Verg.*A.*3.428; (*w.* cum) qua summa uertebra cum capite ~ittitur Cels.3.23.7.

5 To engage (forces) in battle (also transf.): **a** (w. *pugnae, proelio*, etc.). **b** (w. *hosti, cum hoste*, and sim.). **c** (w. acc. only, or pass.; also absol.). **d** to engage (opposing forces).

a imparem copiis exercitum temere pugnae ~isit Liv.3.4. 7; exercitum nusquam se proelio ~ittentem 10.16.2; ut..nec tam oneratum agmen dimicationibus ~ittat 10.20.4; quia se in aciem nunquam ~iserit 23.11.10; Ov.*Met.*14.462; se.. Martio certamini ~issurus V.Max.1.1.2; (*transf.*) sic paratus cenae me ~itto Apul.*Met.*2.18. **b** nec se..aequo loco hosti ~isit Liv.5.18.8; si duobus exercitibus consularibus iunctis ~isisset sese hostis 27.25.14;—(*w.* cum) si cum inuolnerabili me hoste ~ittis Sen.*Ben.*5.5.1; captiuum.. cum electo popularium suorum..~ittunt Tac.*Ger.*10.6; (*transf.*) uiuacior est (ignis), qui cum lenta ac difficili materia ~issus..lucet Sen.*Dial.*6.23.4. **c** nulli loco aequo se ~ittere audebant *B.Hisp.*25.1; pedes fiducia equitis temere ~issus Liv.28.33.15;—(*transf.*) thoes ~issos ..leones..subiere astu Grat.256; elephantorum..pugnam edidisse ~issis more proeli innoxis hominibus Sen.*Dial.* 10.13.6; unde ~isso resonare ponto audies Calpen *Her.O.* 1568;—cum arietes uel boues ~isissent et alter alterum occidit Ulp.*dig.*9.1.1.11. **d** ~issas acies ego possum soluere Prop.4.4.59; tempus adest, ~itte ratis 4.6.53; ~ittere classes Mart.*Sp.*28.1; securus licet Aenean Rutulumque ferocem ~ittas Juv.1.162.

6 To set at variance, set against each other.

patres liberosque ~ittit (pecunia) Sen.*Dial.*5.33.1; exiguum dominos ~isit asylum Luc.1.97;—(*w.* inter se) inter se omnis ~ittere Suet.*Cal.*56.1; *Gram.*17(p.113Re).

7 To set against (another person or thing or each other), cause to compete, match (with).

sua cum antiquae ~ittit scripta Corinnae Prop.2.3.21; cum Iuuenale meo quae me ~ittere temptas Mart.7.24.1; ~ittit uates et comparat Juv.6.436; ~isit..etiam camelorum quadrigas Suet.*Nero* 11.1.

8 *proelium, pugnam*, etc., ~*ittere*, To engage the enemy in battle, join battle. **b** to begin, initiate (a war).

proelium magno cum clamore uirorum ~issum est Sis. *hist.*26; pugna acriter ~issa Quad.*hist.*96; diem proelii ~ittendi Cic.*Div.*1.77; alieno loco cum equitatu Heluetiorum proelium ~ittunt Caes.*Gal.*1.15.2; fugati equites; proelium ~issum; occisi aliquot Hirt.in Cic.*Phil.*8.6; eo uentum est, unde a ferentariis proelium ~itti posset Sal. *Cat.*60.2; graue proelium ~isit Hor.*Carm.*4.14.15; ubi rixae ~ittendae causa clamor ortus esset Liv.5.25.2; tertia pugna ad Suessulam ~issa est 7.37.4; equestre interim proelium ~issum 21.57.8; Ov.*Fast.*2.723; patriis aciem ~ittere templis Luc.6.323; hoc cratere ferox ~isit proelia Rhoetus cum Lapithis Mart.8.6.7; cui superum nostro ~ittere sanguine pugnas dulce? Stat.*Theb.*6.143; ~ittere Martem Sil.13.155; (*cf.*) primae ~isit funera pugnae Verg.*A.*7.542; —(*in games*) seu crudo fidit pugnam ~ittere caestu 5.69; proelium..duplex, equestre ae pedestre, ~isit Suet.*Dom.* 4.1;—(*transf. and fig.*) quid cessamus proelium ~ittere? Pl.*Per.*112; prima..coepto ~ittam proelia uersu Ov.*Ib.*43; (*cf.*) uendas potius ~issa quod auctio uendit Juv.7.10. **b** hoc bello tam prospere ~isso Liv.8.25.5; cum foederum ruptore..deos ipsos..~ittere ac profligare bellum 21.40.11; nondum aut indicto bello aut..~isso 35.51.2; cum bellum inter tam disparia animalia ~itteret Sen.*Dial.*10.13.7; bella uentorum undique ~itte *Thy.*1080; (*cf.*) cuius torta manu ~isit lancea bellum Luc.7.472.

9 To begin, commence (games; also other activities or enterprises). **b** (absol.) to begin, commence.

quo die ludi ~ittebantur Cic.*Q.fr.*3.4.6; ludis ~issis *Fin.* 3.8; et tuba ~issos medio canit aggere ludos Verg.*A.*5.113; nondum ~isso spectaculo Liv.2.36.1; ~isit et subitos (*sc.* circenses) Suet.*Cal.*18.3; (Iul.) PR N LVDI APOLLIN ~IT *CIL* 9.4192; (*facet.*) age, puere, ab summo septenis cyathis ~itte hos ludos Pl.*Per.*771;—dominus maturo ouo cenam ~ittit Var.*Men.*102; iudicium inter sicarios..~ittitur Cic. *S.Rosc.*11; id male ~issum ignauia hostium in bonum uertit Liv.2.31.6; fausto ~ittitur omine sermo Ov.*Met.*6.448; tribuni sanguine ~issa proscriptio, Ciceronis..paene finita Vell.2.64.4; quarta uigilia ~issa Fron.*Str.*1.5.17. **b** cum primum frequenti auditorio ~isisset, aegre perlegit Suet. *Cl.*41.

10 To expose to, involve in (conditions, circumstances). **b** to commit, consign (to a place); (refl.) to venture (to, into).

hiemi fluctibusque sese ~ittere maluit Cic.*Ver.*2.91; quid primum in luminis oras tollere et incertis crerint ~ittere uentis Lucr.5.782; uel paruum Aetnaeae corpus ~ittere flammae [Tib.]3.7.196; ~itti strictis mucronibus ausae Ov. *Fast.*3.231; non esse eius generis tussi aridas fauces ~ittendas Cels.4.13.5; Sen.*Ep.*116.5; melius Aquiloni uel Fauonio ~ittentur Col.3.12.6; sola serpentium frigori se ~ittit Plin.*Nat.*30.85; Tac.*Hist.*4.52; si qua adulteris uel stupratoribus se ~ittit Ulp.*dig.*23.2.43.1;—(*impers.*) saepe flauerant uenti quibus necessario ~ittendum existimabat Caes.*Civ.*3.25.1;—(*w.* in+*acc.*) certum in periculum se ~ittere Cic.*Inv.*2.27; utrum mihi..res publica in discrimen ~enda fuerit Liv.8.32.4; rari admodum..in eum laborem.. ..sese ~isere Fro.*Aur.*1.p.4(62N). **b** puellam infidos.. inter teneram ~ittere pisces *Ciris* 485; iam siluis ~itte greges Calp.*Ecl.*5.51;—caue te in pontum studeas ~ittere Cic.*Arat.*296(62); ~isisse sese in hostilem terram Liv. 28.18.10.

11 To bring (a person or matter) before (a judge, tribunal, etc.) for a verdict, decision, approval, or sim.

existimationis suae iudicium extra cohortem suam ~ittendum fuisse nemini Cic.*Ver.*3.142; amici illi tui..qui se populo ~iserant..repellebantur *Dom.*49; ecquis se theatro populoque Romano ~iserit *Sest.*116; constituit Curio.. proelio rem ~ittere Caes.*Civ.*2.33.2; fortunae rem ~ittere maluit *B.Alex.*46.1; ne iudicio se ~itteret Liv.4.15.2; ut imperatoris uel iustae irae uel non desperandae clementiae sese ~itterent 28.25.13; ut auderem ~ittere carmina famae Ov.*Pont.*2.3.77; et se..suffragiis populi Romani ~itteret Vell.2.49.4; aestimationis ratio arbitrio iudicis ~ittitur Afric.*dig.*13.4.8; (*ellipt.*) his ego iudicibus ~itterem? Cic. *Q.fr.*3.4.2; saepe discrimen omne ~ittunt Quint.*Inst.*6.4. 17;—(*w.* de) iste negat se de existimatione sua cuiquam nisi suis ~issurum Cic.*Ver.*3.137;—(*w.* in+*acc.*) in senatum se non ~ittebat *Q.fr.*3.2.2; increpare duces quod in aciem ..~issa res sit Liv.3.2.12;—(*w. adv.*) ne rem ~itterent eo ubi duae simul acies timendae essent 2.45.1.

12 (usu. w. dat.) To place (a person or thing) in the hands or keeping of, entrust to. **b** (w. dat., or *in*+acc., to places, impersonal agencies, etc.).

qui Veneri Veneriaeque antistitae..in custodelam suom ~iserunt caput Pl.*Rud.*625; qui denegaret se ~issurum mihi gnatam suam uxorem Ter.*An.*241; ouem lupo ~isisti *Eu.*832; cui sua ~ittunt mortali claustra Camenae Lucil. 1028; huiusce modi res ~issa nemini est ut idem iudicaret et underet Cic.*Agr.*2.64; iniquitate Dionysi..cui se ille ~iserat *Rab.Post.*23; huic quidem..iitam tuam ~itis *Tusc.*5.60; neque salutem suam Gallorum equitatui ~ittere audebat Caes.*Gal.*1.42.5; quibus summum imperium potestatemque omnium rerum ~itteret Nep.*Lys.*1.5; uirtus, indigno non ~ittenda poetae Hor.*Ep.*2.1.231; si..caput.. numquam tonsori Licino ~iserit *Ars* 301; quod tribus militibus fortuna publica ~issa fuerit Liv.1.27.1; conuiuam me tibi ~ittere ausus non sum 40.9.12; nec qua ~issas flectat habenas..scit Ov.*Met.*2.169; dextrum nauium.. cornu M. Lurio ~issum Vell.2.85.2; nudatam ~issae deseris arcem..Nuceriae Luc.2.472; quid enim cunabula paruo Pelion..~isimus? Stat.*Ach.*1.39; cuius probatis spectatisque moribus omnis..suboles ~itteretur Tac.*Dial.* 28.5; (*w. ellipsis of acc.*) sanan es, quae isti ~ittas? Pl.*Cur.* 655;—(*w. acc. alone*) dum amicam hanc meam esse credet, non ~ittet filiam Ter.*Hau.*714; ~itte habenas, genitor Sen. *Med.*33. **b** (mus) aetatem qui non cubili ⟨uni⟩ umquam ~ittit suam Pl.*Truc.*869; de pueris quid agam? paruone nauigio ~ittam? Cic.*Att.*10.11.4; non dubito quin..te neque nauigationi neque uiae ~ittas *Fam.*16.4.1; ante.. debita quam sulcis ~ittas semina Verg.*G.*1.223; qui fragilem truci ~isit pelago ratem Hor.*Carm.*1.3.11; primus inexpertae ~isit semina terrae Tib.1.7.31; nulli ~issa metallo forma dei Stat.*Theb.*12.493;—pecuniam..quam in uiri potestatem non ~ittit Cato *orat.*157; se in id conclaue ~ittere Cic.*S.Rosc.*64; qui se fortunae ~iserunt *Ver.*5.132; plura..~ittenda epistulae non erant *Fam.*6.2.3; uitam ~ittere uentis Verg.*A.*10.69; se ~ittere nocti Ov.*Met.*13. 342; fugae fortunaeque se ~isit Vell.2.72.3;—(*w.* fidei, *etc.*) ego me tuae commendo et ~itto fide Ter.*Eu.*886; qui in tutelam meam studium suom et se in uostram ~isit fidem *Hec.*53; ita ut ~issus sit fidei, permissus potestati Cic.*Font.*40; Caes.*Civ.*2.42.4; te ipsum spesque omnes tuas in fidem meam ~isse Liv.30.14.4.

13 To impart (information), entrust (a secret) to. **b** to commit (to memory).

clandestino tibi quod ~issum foret Lucil.651; si quicquam tacito ~issum est fido ab amico Catul.102.1; quibus tantum facinus ~ittere audebant Caes.*Civ.*3.60.4; accipe ~issae munera laetitiae Prop.1.10.12; cui et alia arcana ~ittere adsuerat Liv.24.24.2; V.Max.2.2.1; nec tam magnum consilium..~isi muliebri garrulitati Sen.*Con.* 2.5.12; quae nisi seductis nequeas ~ittere diuis Pers.2.4; nec ulli suorum ~ittebat (compositionem) Larg.97; Juv. 9.93; (*poet.*) uiuuntque ~issi calores Aeoliae fidibus puellae Hor.*Carm.*4.9.11; sibi ~issos fibra locuta deos Prop. 4.1.104; quid..tam cito ~isi..uerba tabellis? Ov.*Met.*9.587. **b** si qua illi (*sc.* memoriae)..~isi Sen.*Nat.*1.pr.3.

14 To entrust (a task, duty, enterprise, etc., to a person). **b** (to a thing).

res..ea quae tenuissimis ~ittebatur huic una in uita ~issa sola est? Cic.*Flac.*45; non illi ~ittendum illud negotium sed imponendum putauerunt Cic.*Sest.*60; iudicia ..omnibus primae classis ~ittenda putem Sal.*Rep.*2.12.1; Vitelliis Aquiliisque fratribus primo ~issa res est Liv.2.4.1; negotium populo Romano melius quam otium ~itti V.Max. 7.2.1; omnibusque inter se cognationum iura ~isit Plin. *Pan.*39.2; nisi si domino ~ittente hoc factum sit Ulp.*dig.* 9.2.7.4; (*w. gdve.*) cui calceandos nemo ~isit pedes Phaed. 1.14.16; medicus, cui curandos suos oculos..~iserat Ulp. *dig.*50.13.3;—(*impers.*) si imperitis sit ~ittendum Vitr.6. pr.6;—(*w. gdve.*) consumendum se dolori ~ittere Sen.*Dial.* 11.6.2;—(*w.* fidei, *also* ut *or* ne) quae dari iussero, ea uti dentur fiantque, fidei eius ~itto Scaev.*dig.*5.2.13; cum fidei heredis ~ittatur, ut ualeat prius testamentum Ulp.*dig.* 29.1.19; cum fidei heredis ~isit, ne seruus alienam seruitutem patiatur experiri Marcel.*dig.*40.5.9; hoc vt ita faciatis fidei vestrae ~itto *CIL* 11.6520.

15 To bring about, perpetrate, effect. **b** (w. *ut*+subj.). **c** (w. *quare, cur*). **d** (w. inf.).

nisi si ~issum non erit Ter.*Eu.*902; nec, si hoc Crassus non ~ittit, ideo non multi et saepe ~ittunt Cic.*de Orat.* 2.302; 'cur pateris?' inquam, 'malo enim ita dicere quam cur ~ittis?' *Att.*13.42.1; ~isisse cauet quod mox mutare laboret Hor.*Ars* 168; saepe Venus triuio ~issa est Prop. 4.7.19; sed adrogationes non temere..~ittuntur Gel.5. 19.5;—(*absol.*) equidem non ~ittam Cic.*Att.*14.4.2; accusator non ~ittet, si in pupillum dixerit Quint.*Decl.*355 (p.387,l.16). **b** quia ~isi, ut me defrudes Pl.*Men.*686; non ~ittet hodie..ut uapulet Ter.*Ad.*159; neque ~ittet, ut pereat sibi Lucil.744; non ~issem, ut in hunc locum res ueniret *Rhet.Her.*2.40; non ~issam ut..tibi causam..dem Cic.*de Orat.*2.233; *Clu.*167; *Catil.*3.17; caue..~ittas ut aut aeger aut hieme nauiges *Fam.*16.12.6; *Off.*2.50; nolite.. ~ittere..ut rei militaris dedecus admittatur Caes.*Civ.* 3.64.3; quamquam uisi sunt ~isisse ut hostium loco essent Liv.2.4.7; ~isit ut Philocratis quam Gracchi cadauer speciosius iaceret V.Max.6.8.3; Sen.*Ben.*2.14.5; Quint. *Inst.*1.10.30; (*w. abst. subj.*) nec umquam ~ittet uirtus, ut uitia..imitetur Sen.*Dial.*4.6.2;—(*impers. pass.*) id autem ut accideret ~issum est Hortensi consilio Cic.*Att.*1.16.2; neque ~ittendum ut per aestum anima deficiat Cels.2.17.8; —(*w.* hoc, id *before* ut) neque ego hoc ~ittam ut..homines ..dicant Pl.*St.*640; quin tu id ~issurus non fueris..ut ille.. non potius securi feriretur Cic.*Ver.*5.78. **c** ~issum nihil esset qua re ad istam rationem perueniretur Cic.*Quinct.*60; quod neque ~issum a se intellegeret quare timeret Caes. *Gal.*1.14.2; negare se ~issurum cur sibi..quisquam imperium finiret Liv.5.46.6; 32.21.32. **d** infelix ~ittit saepe repelli Ov.*Met.*9.632; non ~ittunt scamna facere Col.2.4.3.

16 To make (pass., become) operative (stipulations, etc.).

stipulatio de euictione pupillo aduersus uenditorem ~ittitur Pompon.*dig.*21.2.22; Ulp.*dig.*10.2.49; ut..tibi stipulationem euictionis ~ittat Paul.*dig.*3.5.18(19).3;— statim atque ~issa lex est Ulp.*dig.*18.3.4.2; plane si alius ~ittat edictum 37.4.3.11; an ob rem iudicatam clausula ~ittatur 46.7.13.

17 To commit (an offence), perpetrate (a crime), do (something wrong). **b** (absol.) to commit an offence, break a law, offend.

nihil alienum..uita superiore ~isit Cic.*Quinct.*98; ea natura quae tantum facinus ~iserit *Ver.*1.40; tanto scelere ~isso *Sul.*6; multis nefariis rebus ante ~issis *Phil.*6.2; quicquid contra leges ~iserint *Phil.*8.26; ~issum facinus et admissum dedecus confitebor *Fam.*3.10.2; si quae culpa ~issa est 16.10.1; sacrum ~issum, quod neque expiari poterit, impie ~issum esto *Leg.*2.22; maiore ~isso delicto Caes.*Gal.*7.4.10; quae multa saepe uirilis audaciae facinora ~iserat Sal.*Cat.*25.1; si quicquam tota ~isi stulta iuuenta [Tib.]3.18.3; nihil certe insanabile..~isi Liv.42.42.9; nihil hic ~ittit adulter Ov.*Ars* 2.365; si manus haec aliquam posset ~ittere caedem *Ep.*14.59; si quid manu ~iserint Paul.*dig.*1.18.3; (*cf.*) animalia, quae noxam ~iserunt Ulp. *dig.*39.2.7.1;—(*w.* erga) quod secus a me erga te ~issum aut praetermissum uideretur Cic.*Att.*3.20.3;—(*w.* in+*acc.*) multa..et in deos et in homines impie nefarieque ~isit *Ver.* 1.6; Verg.*A.*1.231; si quis seruum suum adulterium ~isisse dicat in uxorem suam Ulp.*dig.*1.12.1.5. **b** ne..lege censoria ~ittant Var.*R.*2.1.16; leges ex se, non ex eius, qui contra ~iserit, utilitate spectari oportere Cic.*Inv.*2.143; cum ueri simile erit aliquem ~isisse *S.Rosc.*57; credam ego narranti, noli ~ittere, famae Prop.2.18.37; mulierem..in legem Iuliam de adulteriis non ~isisse respondi Papin. *dig.*48.5.40(39); ne..litigator..ipse in poenam ipsius edicti ~ittat Gaius *dig.*2.2.4; ~ittis in eam partem, quod non das Ulp.*dig.*4.8.23.1.

18 To incur, become liable for (a penalty, etc.).

poenam octupli..~issam Cic.*Ver.*3.30; quae quis.. distulit in seram ~issa piacula mortem Verg.*A.*6.569; ne quod piaculi ~iserunt..publica clade luant Liv.29.18.9; an ~issa sit poena, an exigi debeat Quint.*Inst.*7.4.20; si piaculum..non ~ittitur Gel.19.13.5; multa testamento non ~ittitur ab herede Pompon.*dig.*35.1.6; poenam ex edicto praetoris ~ittere Gaius *Inst.*4.183; (*poet.*) discet ~issa quantum deus ultor in ira pone sequens ualeat Grat. 455.

19 To give up, forfeit, hand over.

ut de suis commodis aliquam partem uelit ~ittere Cic. *Quinct.*38; qui illam hereditatem Veneri Erycinae ~issam esse dicerent *Ver.*1.27; hanc fiduciam ~issam tibi dicis *Flac.*51; hanc ego deuotionem capitis mei..conuictam esse et ~issam putabo *Dom.*145; sponsione ~issa Liv.9.11.10; pars occvpatoris ~issa esto *Lex Vip.*(*Font.iur.*p.293)2; ipsi..capite puniuntur ~issis mercibus Paul.*dig.*39.4.11.2; quod fundus communis in publicum ~itteretur Afric.*dig.* 16.1.17.2.

commixtiō ~ōnis, *f.* [commisceo+-tio]

1 Mixture, mingling.

alia..quorum moderatus usus salutaris, sed ~o uel quantitas noxia est Apul.*Apol.*32.

2 Sexual intercourse.

uirorum illa turpis ~o [Quint.]*Decl.*3b.4.

commixtūra ~ae, *f.* [commisceo+-vra] Mixture.

quae uoca⟨n⟩tur septem bona in ~a..habet brassica Cato *Agr.*157.1.

(commodātē), *adv. superl.* ~issimē. [as next+-e] In a suitable manner, fittingly.

Fauorinus..'si ex Platonis' inquit 'oratione uerbum aliquod demas mutesue atque id ~issime facias, de elegantia tamen detraxeris' Gel.2.5.

commodātor ~ōris, *m.* [commodo+-tor] A lender.

~or poterit furti agere Ulp.*dig.*47.2.14.14; si seruus ~oris rem subripuerit Paul.*dig.*47.2.54(53).1.

commodātum ~ī, *n.* [pple. of commodo[1]] A borrowed object; a loan.

Sen.*Ep.*120.18; aliter utimur propriis, aliter ~is, Tac. *Dial.*32.1; Ulp.*dig.*13.6.3.3;—eiusdem naturae sunt actiones ~i, fiduciae Gaius *Inst.*4.33; Ulp.*dig.*13.6.1.2; Paul. *dig.*44.7.9.

commodē, *adv. compar.* ~ius, *superl.* ~issimē. [commodvs[1]+-e]

1 In a fitting manner, properly, appropriately. **b** neatly, tidily. **c** aptly.

satis ut ~e pro dignitate opsoni haec concuret coquos Pl.*Bac.*130; neque ~ius ullo pacto ei poteris auxiliarier *Trin.* 377; ut..transferri non satis ~e possit Cic.*Inv.*2.47; paean.. quam ~issime putatur in solutam orationem inligari *Orat.* 215; gladiatores Caesaris..sane ~e Pompeius distribuit *Att.*7.14.2; eam mutationem si tempora adiuuabunt, facilius ~iusque faciemus *Off.*1.120; Hor.*S.*2.2.91; cui ~issime subiungitur..ea species Quint.*Inst.*9.3.82. **b** suo quique loco uiden capillum sati' compositumst ~e? Pl.*Mos.*254; *Poen.*284; amictus non sum ~e fr.inc.145. **c** ~e et facete res parata est Pl.*Mil.*907; multa..breuiter et ~e dicta Cic.*Amic.*1; at ~e dixit Afranius: 'dum modo doleat aliquid, doleat quidlibet' *Tusc.*4.55; urbanus homo erit.. qui..omni denique loco ridicule ~eque dicet Quint.*Inst.* 6.3.105.

2 In a manner suiting the present requirements, adequately, satisfactorily, suitably. **b** at the right moment, opportunely.

id saepe ~e respondere experimenta testantur Cels. 4.11.7; palpebras lentiscina ~issime replicat Plin.*Nat.* 24.36; ad suspirium satis ~e proficit Larg.78;—(*of speaking, writing, etc.*) quantum ille potuit cogitare ~e Ter.*Hau.* 14; qui causam ~issime orare poterant Var.*L.*7.41; eum ~issime scribere Cic.*Inv.*2.152; quasi uero..id aeque ~e facere non possem *Phil.*8.11; quod opus..qui ~e tractauerit Quint.*Inst.*1.9.3; qui Hippocratem ~issime commentatus est Gel.3.16.8. **b** sed quos perconter ~e eccos uideo astare Pl.*Rud.*309; numquam ~ius umquam erum audiui loqui Ter.*Hau.*559; ~e eccum exit Titin.*com.*64; atque ipse ~e..descendebat Sis.*Mil.*3; exempla..tum ~ius expositurі uideamur Cic.*Inv.*1.16.

3 Conveniently, without difficulty, readily.

id..multo minus ~e fieri posse Cic.*Inv.*2.118; perficere rem eius modi ~ius in turba posse arbitrati sunt *Clu.*36; constitues, quo loco id ~issime fieri possit et quo die *Fam.* 3.6.6; cum id satis ~e facere potuero 13.1.1; qvominvs ~e popvlvs ea via vtatvr *CIL* 1.593.23; neque sinistra impedita satis ~e pugnare poterant Caes.*Gal.*1.25.3; quo ~issime itinere ualles transiri possit 5.49.8; portum habet, ubi ~e hibernaturum se..censebat Liv.28.37.5; captiuos suos, ut ~ius ueneant, pascit Sen.*Ben.*6.12.2; Col.2.10.1; neque tamen 'ad' particula satis ~e accentu acuto pronuntiatur Gel.6(7).7.7.

4 In an accommodating manner, helpfully, obligingly.

acceptae bene et ~e Pl.*Cas.*855; et illum obsequentem siqui' recte aut ~e tractaret Ter.*Hec.*152; misi ad te epistulam, quia ~e scripta erat Cic.*Att.*13.3.2; Apul.*Met.*7. 13;—(*w.* facere) fecisti ~e, bene ambula Pl.*Mos.*853; ~ius fecissent tribuni plebis..si..ea coram potiusme praesente dixissent Cic.*Agr.*3.1; *Att.*10.3; *Fam.*15.17.1.

5 Agreeably, pleasingly, tastefully.

non mo⟨do i⟩psa lepidast, ~e quoque hercle fabulatur Pl.*Cist.*315; numquam tam dices ~e ut tergum meum tuam in fidem committam Ter.*Hec.*108; saltasse eum ~e scienterque tibiis cantasse Nep.pr.1; ecquid iis uideretur mimum uitae ~e transegisse Suet.*Aug.*99.1.

6 Comfortably, pleasantly. **b** (of health).

ut nec cum illis satis ~e..uiui possit Cael.*orat.*8; ubi ~issime possint se quiete reciperare Var.*R.*1.13.1; Crassum 'immo uero ~ius etiam'; puluinosque poposcisse Cic.*de Orat.*1.29; magis ~e quam strenue nauigaui *Att.*16.6.1; hoc ego ~ius quam tu..uiuo Hor.*S.*1.6.110; ubi parum ~e essent Liv.32.24.4; tandem ~ius licet sedere Mart.5.8.7; iter ~e explicui Plin.*Ep.*8.1.1. **b** ut quam ~issime conualescas Cic.*Fam.*16.11.1; si satis ~e ualeret Liv.42.38.10; ualeo reuera multo quam opinabar ~ius Fro.*Aur.*1.p.90(8N).

Commodiānus ~a ~um, *a.* Of, or named after, the emperor Commodus.

herc ~o *BMCI* 4.p.830,No.669(Commodus); ordo decvrionvm ~or *CIL* 14.3449.

commoditās ~ātis, *f.* [commodvs[1]+-tas]

1 Opportuneness, timeliness.

~atis omnis articulos scio Pl.*Men.*140; salue, uir lepidissume, cumulate ~ate *Mil.*1383; meo amico amiciter hanc ~tatis copiam danunt *Per.*255;—(*personified*) quid agis, mea ~as? *Epid.*614; o mea ~as, o mea Opportunitas *Men.*137; satine ut ~as usquequaque me adiuuat! *Mil.*1134.

2 Aptness, suitability, proportion.

laudabimus scriptoris ~atem atque breuitatem *Rhet.Her.* 2.14; postquam..~as quaedam..dicendi copiam consecuta est Cic.*Inv.*1.3; ~ati ingenium..libertati tempora sunt impedimento *S.Rosc.*9; ~ate et aequitate membrorum Suet. *Aug.*79.2.

3 Advantage, convenience, utility. **b** an advantage.

ut ad eandem ~atem in dicendi opere uenire possimus *Rhet.Her.*1.11; tantum modo ~atis habuerunt rationem, nullam dignitatis Cic.*Orat.*193; ~atem conficiendi negoti *Q.fr.*1.1.35; ex ~ate rerum quas percipimus et copia *N.D.* 3.16; ad uitae ~atem iucunditatemque *Off.*1.9; non muro solum sed etiam ob commoditatem itineris ponte sublicio.. coniungi urbi placuit Liv.1.33.6; excedere..~ate fidem Man.2.618; loci ~as, in quo sacrificium abuti conmode possint Agen.*agrim.*p.33. **b** o Fors Fortuna, quantis ~atibus..hunc onerastis diem! Ter.*Ph.*841; se (*sc.* canes) ad hominum ~ates esse generatos Cic.*N.D.*2.158; externas ~ates..a dis se habere 3.86; ex bestiis..quae ~as, nisi homines adiuuarent, percipi posset? *Off.*2.14; in eo laedendo aliquam consecuturos sperabant ~atem Nep.*Att.*9.2; mari uicinum ad ~ates..locum Liv.5.54.4; ~ates uitae humanae Apul.*Mun.*31; si pro ~atibus rei suae administrandae aes alienum tardius exsoluerit Scaev.*dig.*40.5.41.1;—(*w.* quod) summam ~atem habet, quod..Col.3.21.7.

4 Complaisance, obligingness.

ita omnis meos dolos fallacias..praestrinxit ~as patris Caecil.*com.*209; adeo magnam mi iniicit sua ~ate curam Ter.*Ad.*710; ut..simplicis utamur ~ate uiri Ov.*Ep.*16.176.

commodō[1] ~āre ~āuī ~ātum, *tr., intr.* [commodvs[1]+-o[3]]

1 To lend, hire (to another; also transf.).

quod quis ~asse dicetur, de eo iudicium dabo *Ed.pr.*17.4 (*Font.iur.*p.221); se aedes maximas cuidam amico ad nuptias ~asse *Rhet.Her.*4.64; si se aurum Caelio ~asse non dicit Cic.*Cael.*32; nihil est quod in isto genere cuiquam possim ~are *Fam.*2.17.4; homo uitae ~atus, non donatus est Pub.*Sent.*H.18; equo, cuius usus illi Ariciam ~atus fuerat V.Max.8.2.4; si beneficium non dat, sed ~at Sen.*Ben.*3. 7.3; dii illum (*sc.* Caesarem)..terris diu ~ent! *Dial.*11.12. 5; tonsorem puerum..Rufo..~aui Mart.8.52.5; si quid ~atum non redditur Quint.*Decl.*383(p.428,l.27); si..recites, Maculonis ~at aedes Juv.7.40; si heres rem defuncto ~atam aut locatam..uendiderit Gaius *Inst.*2.50; apud quem deposuero uel cui ~auero Pompon.*dig.*34.3.8.7; —(*poet.*) quae (*sc.* templa) peruolat omnis astrorum series ducitque et ~at illis ipsa suas leges Man.2.960; nec gentibus ullis ~at in populum..inuidiam Fortuna suam Luc.1.83.

2 To put at the disposal (of): **a** (refl. and sim.). **b** (parts of the body); *aurem* (*aures*) *~are*, to lend an ear, listen; *manum ~are*, to give a hand, help. **c** (faculties, feelings, actions, etc.).

a non uidebitur durum..si te ~aueris mihi Sen.*Ben.* 2.34.2; suis se ~et (animus) *Ep.*104.3; neque..illo quicquam inueniri dignius potest, cui se non tantum ~et sed impendat *Nat.*6.3.4;—(*of things*) huic (*sc.* spiritui) se ~at (aqua), hoc attollitur inserto et cogente 2.9.2;—nomen suum isti ad translationem criminis ~aturum Cic.*Ver.*4.91; inanem ad spem Antoniam nomen et periculum ~auisse Tac.*Ann.* 15.53. **b** si modo culturae patientem ~et aurem Hor. *Ep.*1.1.40; Ov.*Tr.*5.12.53; ~es paulum..secretus aures Sen.*Phaed.*599;—adhuc..alienis opinionibus ~aui manum *Nat.*2.57.1; ut manum morituro ~aret sibi Vell.2.70.4; (*cf.*) nec..peiurare timeto: ~at in lusus numina surda Venus Ov.*Am.*1.8.86; ~a matri manum Sen.*Oed.*1032; pro consortio studiorum ~a manum Petr.101.2; Quint.*Decl.* 297(p.175,l.10); (*cf.*) numerare docet me et auaritiae ~at digitos Sen.*Ep.*88.10. **c** ~are alteri uocem, alteri operam Sen.*Dial.*9.1.12; ubi ueritati ~as uerba *Ep.*24.21; ut uocem mihi ~es patronam Mart.7.72.14; cum orationi oculos, uocem, manum ~ares Plin.*Pan.*71.6;—lacrimas ~abat lugenti Petr.111.4; cui ~at iras cuncta cohors Stat. *Theb.*4.75; licet dominationi alienae sanguinem ~ent Tac. *Ag.*32.1.

3 To provide, bestow, accord, give.
Ioui opulento, incluto..spes bonas, copias ~anti PL.*Per.* 253; qur tu aquam grauare..quam hostis hosti ~at? *Rud.* 434; quidquid sine detrimento ~ari possit CIC.*Off.*1.51; ex illis testis..falsos ~are SAL.*Cat.*16.2; ut reipublicae, ex qua creuissent, tempus ~arent LIV.23.48.10; ne suas uires aliis eas ~ando minuat 34.12.5; ~a effigiem mihi parem dolori SEN.*Her.O.*265; uendisque amplexus, non ~as PETR.126.1; epistolis ~at grauem uoltum MART.5.51.4; Augustus annis ~abit aestates (*i.e. by virtue of the month named after him*) 9.1.2; paruis peccatis ueniam, magnis seueritatem ~are TAC.*Ag.*19.3; neque cuiquam diplomata ~aui PLIN.*Ep.Tra.* 10.120(121).1.

4 (intr.) To be accommodating, help, oblige.
credetur, ~abo PL.*Per.*320; studiis..eorum ceteris ~andi fauetur CIC.*de Orat.*2.207; te..cupere ei societati quibuscumque rebus posses ~are *Fam.*13.9.1; quod cuique potui pro copia ~aui FRO.*Aur.*2.p.230(235N);—(*w.* de) ut de loco..et de tempore Auianio ~es CIC.*Fam.*13.75.2;—(*w. advl. acc.*) quod queam illi ut ~em TER.*Hec.*760; quibus tu quaecumque ~aris erunt mihi gratissima CIC.*Fam.*13.48.

5 To apply in an appropriate fashion, suit, adapt (to).
stirpium natura sic se ~at, ut iuxta cicatricem nouellis frondibus repullescant COL.4.22.5; praeceptorem eloquentiae..ita se ~aturum singulis QUINT.*Inst.*2.8.4; oratoria urbanitas..ad hanc consuetudinem ~ata 6.3.14; pedibus..ad hanc naturam ~atis 9.4.135; ad haec (*sc.* membra sermonis) ~anda manus est 11.3.110; uerbis nutum ~are APUL.*Met.*10.17.

commodō[2], *adv.* [COMMODVS[1]+-O[2]] (app.) Suitably, seasonably.
incommoditate abstinere me apud conuiuas ~ commemini PL.*Mil.*644; ~ dictitemus fr.75.

commodulātiō ~ōnis, *f.* [CON-+MODVLATIO] Common adaptation to a standard unit of measurement.
proportio est ratae partis membrorum in omni opere totiusque ~o VITR.3.1.1.

commodulē, *adv.* [as next+-E] Fairly suitably or aptly.
ubi tu es? etiamne hanc urnam acceptura's? ubi es? ~ meliust PL.*Rud.*468; hoc conuiuiumst pro opibus nostris salti' ~ nucibus, fabulis, ficulis *St.*690.

commodulum, *adv.* [COMMODVS[1]+-VLVS] = prec.
si certumst tibi, ~ opsona, ne magno sumptu PL.*Mil.*750.

commodum[1] ~ī, *n.* [COMMODVS[1]]

1 (usu. pl.) An advantage, benefit.
ne umquam eorum quisquam inuideat prosus ~is PL. *Mos.*307; matris seruibo ~is TER.*Hec.*495; tu hoc carebis ~o LUCIL.697; ~a aut incommoda corporis *Rhet.Her.*3.13; pro exterarum nationum ~is inimicitias suscipere CIC.*Div. Caec.*63; ut illi populi..aliquo ~o aut beneficio uterentur *Balb.*20; pacis ~a commemorat *Phil.*8.11; qui ad honestatem prima naturae ~a adiungerent *Luc.*138; incommoda..et ~a—ita enim εὐχρηστήματα et δυσχρηστήματα appello—(Stoici) communia esse uoluerunt *Fin.*3.69; tu mea tu moriens fregisti ~a CATUL.68.21; inlustrans ~a uitae LUCR.3.2; salutis causa rei familiaris ~a neglegenda CAES. *Gal.*7.14.5; rei publicae ~a *Civ.*1.8.3; in publica ~a peccem HOR.*Ep.*2.1.3; multa ferunt anni uenientes ~a secum, multa recedentes adimunt *Ars* 175; de ~is plebis LIV.4.35.7; flaua Ceres,..cur inhibes sacris ~a nostra tuis? OV.*Am.*3.10.4; habent paruae ~a magna morae *Fast.*3.394; urbanae ~a uitae *Pont.*1.8.29; quae mala sunt domini, quae serui ~a, nescis MART.9.92.1; apud iudicem..qui..erit..propter aliquod ~um a causa..auersus QUINT.*Inst.*11.1.75; pari dolore ~a aliena ac suas iniurias metiebantur TAC.*Hist.*1.8; quaedam (*sc.* coloniae) propter aquae ~um monti applicantur HYG.GR.*agrim.*p.145; bonorum possessio admissa ~a et incommoda hereditaria..tribuit ULP.*dig.*37.1.1.

2 Advantageous position, profit, interest.
si ex ea re plus malist quam ~i utrique TER.*An.*547; ut ex illiu' ~o meum compararem ~um *Hau.*397; neue..quicquam ~i expectaret QUAD.*hist.*41; amicitiae comparantur ut commune ~um mutuis officiis gubernetur CIC.*S.Rosc.*111; remoue te a suspicione alicuius tui ~i *Agr.*2.22; cum..populi ~um ab utilitate rei publicae discrepabat *Sest.*103; hominem hominis incommodo suum ~um augere *Off.*3.21; nil potest sine te Venus..~i capere CATUL.61.63; ad quorum ~um pertinebat CAES.*Civ.*3.20.4; maiusque ~um ex otio meo..rei publicae uenturum SAL.*Jug.*4.4; dulcedine priuati ~i sensus malorum publicorum adimi LIV.1.54.10; quibus aliquid noui adiectum ~i sit 5.4.3.

3 (usu. w. poss. prons. or gen.) Convenience; *~o meo*, etc., at my (etc.) convenience, without inconveniencing me; also w. *ex*, *per*.
quibus..contra ualetudinis ~um laborandum est CIC. *Mur.*47; uelim aliquando, cum erit tuum ~um, Lentulum puerum uisas *Att.*12.28.3; me antelaturum fuisse..uoluntatem tuam ~o meo *Fam.*5.20.1; ne quid contra tuum ~um facias PLIN.*Ep.*6.14.1;—nec exigam nisi tuo ~o CIC.*Brut.*17; etiamsi spatium ad dicendum nostro ~o..habuissemus *Ver.* 56; quo minus suo ~o in Tusculano sit *Att.*13.25.2; illuc te ire nisi tuo magno ~o nolo; nihil enim urget 13.27.2; quod ~o rei p. facere possis *Fam.*1.1.3; si ~o ualetudinis tuae fieri possit 16.1.2; cum..neque loqui neque audire meo ~o potuissem CAES.*Att.*9.6a; adulter meus exit et ~o suo SEN. *Con.*1.4.11;—haec aestimatio nata est initio..ex ciuitatum et aratorum ~o CIC.*Ver.*3.189; dies ex utriusque ~o sumitur *Caec.*20; melius esse ratus cognitis Mauris..ex ~o pugnam facere SAL.*Jug.*82.1; emetiri cuique annos suos ex ~o licet SEN.*Nat.*5.18.8; ut ex ~o mustum fereat COL.12.19.3; dies..quo ex ~o uenditoris tolli possent (uina) GAIUS *dig.*18.6.2;—si per ~um rei publicae posset LIV.10.25.17; satin per ~um omnia explorassent 30.29.3; ubi..copias per ~um exponere posset 42.18.3.

4 Reward, gift, bounty, emolument, salary. **b** yield, usufruct (of property).
si quam spem in Cn. Pompeio exercitus habeat aut agrorum aut aliorum ~orum CIC.*Agr.*2.54; inirentque rationem de ~is militum ueteranorum augendis *Phil.*5.53; sum admiratus cur tribunatus ~a..contempseris *Fam.*7.8.1; de militum ~is fuit tibi curae PLANC.*Fam.*10.24.2; ~a accepi VITR.1.pr.2; ~a publicae familiae ex aerario dantur FRON.*Aq.*118; (milites) immodeste missionem postulantes citra ~a emeritorum praemiorum exauctorauit SUET.*Aug.* 24.2; Germanorum cohortem..sine ~o ullo remisit in patriam *Gal.*12.2; ~A MILITIAE *CIL* 11.6125. **b** nec ulterius illi dantur actiones, quam apud eum ~um hereditatis remanet GAIUS *Inst.*2.255; quamuis ~um temporis retenta pecunia sentire potuerit POMPON.*dig.*24.1.31.6.

commodum[2], *adv.* [next]

1 A very short time before, this (or that) very minute, just.
ad aquam praebendam ~ adueni domum PL.*Am.*669; ad te hercle ibam ~ *Cas.*593; id cum hoc agebam ~ TER.*Ph.* 614; Taurus sectatoribus ~ dimissis sedebat pro..foribus GEL.2.2.2; ferro, quo ~..caseum..diuiserat APUL.*Met.*9.38;—(*w.* cum) emerseram ~ ex Antiati in Appiam..cum in me incurrit CIC.*Att.*2.12.2; 10.16.1;—(*w.* et) ~ quieueram, et repente..ianuae reserantur APUL.*Met.*1.11; 4.8.

2 At this very moment, even now; just at that time.
ecce autem ~ aperitur foris PL.*Mil.*1198; ~ ipse exit Lesbonicus *Trin.*400;—si istac ibis, ~ obuiam uenies patri *Mer.*219; postquam me misisti ad portum..~ radiossus sese sol superabat ex mari *St.*365; ~ noctis indutias cantus perstrepebat cristatae cohortis APUL.*Met.*2.26; iuuenem ~ lanoso barbitio genas inumbrantem 5.8.

commodus[1] ~a ~um, *a. compar.* ~ior, *superl.* ~issimus. [CON-+MODVS]

1 Of full size or weight, standard.
truculentis oculis, ~a statura, tristi fronte PL.*As.*401; uiginti argenti ~as minas 725; talentum argenti ~um magnum *Rud.*1318; bis quina octogena uidebis ~a (*sc.* milia passuum) LUCIL.108.

2 Convenient, suitable. **b** convenient (for an expressed purpose, etc.).
idem Mercurius qui fit quando ~umst PL.*Am.*863; quia non est illi ~um *Mer.*918; nunc si ~umst, Dionysia hic sunt hodie TER.*Hau.*161; comissatorem haud sane ~um *Ad.*783; ~um est, satis uidetur CAEL.*hist.*24; ut ante, si reo ~um sit, iudicium de accusatore fiat *Rhet.Her.*1.22; ut..cui tibi esset ~um condonares CIC.*Ver.*1.113; uide quam ~am defensionem excogitaris! 5.153; erat id mihi multo breuius multoque ~ius *Fam.*3.5.3; ut ~ius putarent numerari sibi, quod tanti esset *Off.*2.82; quo ex portu ~issimum in Britanniam traiectum esse cognouerat CAES.*Gal.* 5.2.3; ~ioreque itinere Pompeianis occurrere coepit *Civ.* 3.97.3; tribus aut nouem miscentur cyathis pocula ~is HOR. *Carm.*3.19.12; interualla uides humane ~a *Ep.*2.2.70; quantum conferre cuique ~um esset LIV.22.1.18; Hannibal tumulum..tutum ~umque..cepit 30.29.10; spes exilii ~ioris adest OV.*Pont.*2.8.72; ut acuto..quam retunso telo uulnerari ~ius sit CELS.5.26.5; ~ius est patri remancipari GAIUS *Inst.*1.134; id..et ~ius ius et plenius est 4.31. **b** tempore anni ~iore usus ad nauigandum CAES.*Civ.* 3.100.3; armis apta magis tellus quam ~a noxae PROP. 3.22.19; ~ioris ad omnia turbanda consilii LIV.6.14.9; nulla lex satis ~a omnibus est 34.3.5; nec satis ad cursus ~a uestis erit OV.*Fast.*2.288; sexta (signa)..in nullas numerantur ~a uiris MAN.2.391; tutis iuga quaerere ~a castris STAT.*Silv.* 5.2.42.

3 Opportune, timely.
edepol hic uenit ~us PL.*Poen.*1331; ~iorem hominem aduentum tempu' non uidi TER.*An.*844; potestne tibi ulla spes salutis ~a ostendi? CIC.*Ver.*1.47.

4 Favourable, advantageous, beneficial. **b** (of policies, courses of action). **c** (of health) good; (also neut. of compar. as sb.) better news; (of persons) in good health.
hoc et uobis et meae ~um famae arbitror TER.*Hec.*585; ea quae..gesta erant cognoui ~iora esse multo CIC.*Att.* 8.11b.1; ut quam ~issima condicione..negotium conficiat *Fam.*13.14.2; nec pecori opportuna seges nec ~a Baccho VERG.*G.*4.129; quae sit stella homini ~a quaeque mala PROP.2.27.4; sperans..curationi omnia ~iora (fore) LIV. 30.19.5; quo ~ior pax Antiocho daretur 38.55.6; non Dryadum placet umbra choris, non ~a sacris Faunorum STAT. *Theb.*2.521; spem de se ~iorem in posterum facere SUET. *Cl.*3.1; qui (dies) negotiatori ~us APUL.*Met.*2.12. **b** ~issimum putauit esse de prouincia clam abire CIC.*Ver.*2.55; ~issimum duxi dies eos..cum Pompeio consumere *Att.* 5.6.1; ~issimum esse statuit..eo legionarios milites..imponere CAES.*Gal.*1.42.5; hanc sibi ~issimam belli rationem iudicauit *Civ.*3.85.2. **c** ualetudine minus ~a utebatur CAES.*Civ.*3.62.4; cum uellet uideri ~ioris ualetudinis factus QUINT.*Inst.*6.3.77; quamquam recuperata sit ~a ualetudo FRO.*Amic.*2.p.242(187N);—me adleuant nuntii de Domnula mea, ~iora..indicantes AUR.FRO.1.p.212(83N);—uiuere filium atque etiam ~iorem esse simulabat PLIN.*Ep.* 3.16.4; te ~iorem esse audieram AUR.FRO.1.p.172(57N).

5 Desirable, agreeable. **b** (of persons) agreeable in manner, pleasant, obliging; (also of character, actions, etc.).
SERMONE LEPIDO TVM AVTEM INCESSV ~O *CIL* 1.1211.7; qui tollit uitium, uxorem ~iorem praestat VAR.*Men.*83; tam ~a uacatione omnium rerum CIC.*Ver.*5.58; si ista uita tibi ~ior esse uideatur *Fam.*4.9.4; diuitias, ualetudinem, pulchritudinem ~as res appellet (Zeno), non bonas *Leg.*1.55; qualiter nunc omnes paene ~iores purpurae tinguuntur PLIN.*Nat.*9.137; si te Quintus amat, ~iora bibes (*sc.* uina) MART.13.119.2; (poemata) quae sunt ~issima, desinent uideri PLIN.*Ep.*4.14.6. **b** suauis homo, facundus..secunda loquens in tempore, ~us ENN.*Ann.*246; conuiua ~us PL.*Mil.*642; ubi tu ~a es, capillum ~um esse credito *Mos.*255; mulier ~a et faceta haec meretrix TER.*Hau.*521; ut Apronius, qui aliis inhumanus ac barbarus, isti uni ~us ac disertus uideretur CIC.*Ver.*3.23; donarem pateras grataque ~us..meis aera sodalibus HOR.*Carm.*4.8.1; mihi commodus uni *Ep.*1.9.9; (*transf.*) spondeos stabilis in iura paterna recepit (*sc.* iambus) ~us et patiens *Ars* 257;—at mores ~i CIC.*Ver.*2.192; *Amic.*54; dixi illum ~as ad matrem litteras *Att.*13.41.1; minus ~os sermones maleuolorum fuisse *Fam.*2.17.3; in conuiuio..frequenti loqui solum unum neque honestum est..neque ~um GEL.2.22.26.

Commodus[2] ~ī, m. A Roman cognomen, esp. of L. Aelius Aurelius Commodus, emperor A.D. 180–92.
CIL 6.631; 10.1791; *BMCI* 4.p.642, No.1516.

Commodus[3] ~a ~um, *a.* The title of a legion named after the Emperor Commodus.
LEGIO PIA FIDELIS CONSTANS ~A *CIL* 11.6053.

commoeniō ~īre, *tr.*: see COMMVNIO.

commoetāculum ~ī, *n.* [dub.] (See quots.
~um genus uirgulae, qua in sacrificiis utebantur PAUL. *Fest.*p.56M; ~a uirgae, quas flamines portant pergentes ad sacrificium, ut a se homines amoueant p.64M.

Commolenda ~ae, *f.* **(-land-)** A goddess presiding over the grinding or pounding down of ritually burned objects.
CIL 6.2099.

commōlior ~īrī ~ītus, *tr.* [CON-+MOLIOR]

1 To set in motion, move with an effort.
auellere tigna trabesque, et monumenta uirum ~iri LUCR.6.242; cum ~iri tempestas fulmina coeptat 6.255.

2 To put together, construct.
nec quem dolum ad eum aut machinam ~iar scio CAECIL. *com.*207; (*transf.*) nimis moleste..confabricatus ~itusque magis est originem uocabuli..quam enarrauit GEL.3.19.3.

commolō ~ere ~uī ~itum, *tr.* [CON-+MOLO] To grind down, pound.
tum ~ito minutissime COL.12.28.1; si protinus illata de agro bacca ~ita 12.52.18; lectam oliuam..~ere 12.52.20.

commonefaciō ~facere ~fēcī ~factum, *tr.* [next+FACIO] For pass. voice *commonefīō* (*~fierī*) is used.

1 To remind.
in suo quicque loco nisi erit mihi situm supellectilis, quom ego reuortar, uos monumentis ~faciam bubulis PL. *St.*63; te propter..multitudinem..negotiorum etiam atque etiam esse ~faciendum CIC.*Fam.*13.72.1; hos ego..~faciam et ad officium..reducam SEN.*Ben.*5.22.1;—(*w. gen. of thing*) cum ipse te ueteris amicitiae ~faceret *Rhet. Her.*4.33; nunc nemo est in Sicilia..quin tui sceleris et crudelitatis ex illa oratione ~fiat CIC.*Ver.*5.112; uiritim..~facere benefici sui SAL.*Jug.*49.4; GEL.6(7).3.52; nocturni ~factus oraculi APUL.*Met.*11.13;—(*w.* ut+*subj.*) eum ~faciunt ut..utatur instituto suo CIC.*Ver.*2.41;—(*w. indir. qu.*) simul ~facit quae ipso praesente..sint dicta CAES.*Gal.*1. 19.4;—(*w. acc. and inf.*) simul ~fecit..sanxisse Augustum quem intra diem..deferrentur TAC.*Ann.*6.12.

2 To recall (a thing) to mind, impress (something) on a person.
non laudationem sed potius inrisionem esse illam quae ~faceret istius turpem..praeturam CIC.*Ver.*4.144; de illis extraordinariis (desideriis)..hoc unum ~faciam SEN.*Ep.* 21.11; (*of inanim. subj.*) in Capitolio ~facere potest..mores uetustatis Romuli casa VITR.2.1.5.

commoneō ~ēre ~uī ~itum, *tr.* [CON-+MONEO] To remind (a person) of something. **b** (of inanim. subj.).
meretricem ~eri quam sane magni referat, nihil clam est PL.*Mil.*881; re ipsa modo ~itu' sum *Trin.*1050; iis litteris..putaui esse hominem ~endum CIC.*Fam.*7.10.3; ut ~eri nos satis sit *Fin.*3.3; ea epistula..exscribenda uisa est ad ~endos parentum animos GEL.9.3.4;—(*w. gen. of thing*) mearum me apsens miseriarum ~es PL.*Rud.*743; grammaticos officii sui ~emus QUINT.*Inst.*1.5.7; suae sordidae conscientiae ~ita APUL.*Met.*9.26;—(*w. acc. of thing*) officium uostrum ut uos malo cogatis ~erier PL.*Ps.*150; uos fortasse, quod uos lex ~et, id in hoc loco quaeretis CIC.*Ver.*3.40;—(*w.* de) de magnitudine uocis..nihil nos adtinet ~ere *Rhet.Her.*3.20; nolite pati..aras deorum mmortalium..cotidianis uirginis lamentationibus de uestro iudicio ~eri CIC.*Font.*47;—(*w.* ut) ut ordini rerum animum intendat, etiam ~endus est QUINT.*Inst.*4.1.78;—(*w. indir. qu.*) enumeratio est per quam colligimus et ~emus quibus de rebus uerba fecerimus *Rhet.Her.*2.47; CIC.*Mur.*50;—(*w. acc. and inf.*) cum quidam..~erent oportere decerni *Ver.*4. 141;—(*absol.*) (hoc) ~endi gratia dicam *S.Rosc.*45; ULP. *dig.*13.6.12.1. **b** ut hic modo me ~uit Pisonis anulus CIC.*Ver.*4.57; OV.*Met.*12.472; (*cf.*) ab ipsa urbe ~itus CIC. *Fam.*7.19;—(*w. gen. of thing*) non illae te tibiae eius matrimonii ~ebant *Rhet.Her.*4.44;—(*w.* ut) ut neque me consuetudo neque amor..~eat ut seruem fidem TER.*An.* 280;—(*w. indir. qu.*) quam id mihi sit facile atque utile aliorum exempla ~ent 812; CIC.*de Orat.*1.145;—(*w. acc. and inf.*) summae auctoritates..quae te noctes diesque ~eant fortissimum tibi patrem..fuisse *Ver.*52.

commonitiō ~ōnis, *f.* [prec.+-TIO] A reminder.
QUINT.*Inst.*4.2.51; ut sit haec ~o iudicis, quo se ad quaestionem acrius intendat 4.4.9.

commo(n)strō ~āre ~āuī ~ātum, *tr.* [CON-+MONSTRO] FORMS: *~asso* (= *~auero*) PL.*Epid.* 441.

1 To point out, show where (a person, object, place, etc.) is. **b** (w. indir. qu.).
potius..quam eum thensaurum ~aret filio PL.*Aul.*12; ecquis est qui mihi ~et Phaedromum genium meum? *Cur.* 301; quin ~as, sei uides? *Mer.*894; liberum ut ~aremus tibi locum et uoluptarium *Poen.*602; hominem ~arier mihi

istum uolo aut ubi habitet demonstrarier Ter.*Ph.*305; si quis eum reddere aut ~are uoluerit Petr.97.2; quae nitentibus speculis..uenienti deae obuium ~arent obsequium Apul.*Met.*11.9; (*pregn.*) quemadmodum domini crudeles tota ciuitate ~antur inuisique et detestabiles sunt Sen.*Cl.* 1.18.3;—(*in fig. phrs.*) non ut ipse dux essem..sed ut ~arem tantum uiam et..digitum ad fontis intenderem Cic.*de Orat.*1.203; qui illi sedis et quasi domicilia omnium argumentorum ~et 2.162. **b** ~abo quo in quemque hominem facile inueniatis loco Pl.*Cur.*467; qui illunc ubi sit ~et mihi 590.

2 To make known, declare, reveal, point out.

parentes meos ut ~es mihi Ter.*Hau.*1027; ~auitque leges fatales ac necessarias Cic.*Tim.*43; (sapiens sapienti) occasiones actionum honestarum ~abit Sen.*Ep.*109.3; argumentum explorandae sanitatis meae tale ~at ceteris Apul.*Met.*9.3; 11.2; (*w. pred.*) extremam fistulam intestini (hyaenae) contra ducum ac potestatium iniquitates ~ant Plin.*Nat.*28.106.

commorātiō ~ōnis, *f.* [commoror+-tio]

1 Stay (at a place).

et uilla et amoenitas illa ~onis est, non deuorsori Cic. *Fam.*6.19.1; Pompei ~o diuturnior erat quam putaram 7.5.1.

2 Delay.

quod multos dies epistulam in manibus habui propter ~onem tabellariorum Cic.*Q.fr.*3.1.23.

3 (rhet.) Dwelling on a point.

~o est cum in loco firmissimo..manetur diutius et eodem saepius reditur *Rhet.Her.*4.58; ~o una in re permultum mouet Cic.*de Orat.*3.202; Quint.*Inst.*9.2.4.

commordeō ~ēre, *tr.* [con-+mordeo] To bite or snap at; (also fig.).

quaedam ferae tela ipsa ~ent Sen.*Con.*9.6.2;—(*absol.*) gemite et infelicem linguam bonorum exercete conuicio, hiate, ~ete Sen.*Dial.*7.20.6.

commorior ~ī ~tuus, *intr.* [con+morior]

1 To die together or with. **b** (hyperb.) to work oneself to death (with).

morientibus gratissimum est ~i Sen.*Con.*9.6.2; Plin. *Nat.*10.47; interemunt..illos (*sc.* culices) atque ipsi ~iuntur 17.255;—(*w. dat.*) Sal.*Hist.*1.138; si multa milia tibi ~erentur Sen.*Ep.*77.13;—(*w.* cum) cum quo ~i destinauerat V.Max.6.8.2; Sen.*Ag.*202;—(*pple. as sb.*) licet de ~entibus oratio non senserit Ulp.*dig.*24.1.32.14; (*title of play*) eam ~ientis Plautu' fecit fabulam Ter.*Ad.*7. **b** quibusdam.. nullus est finis calumniandi se et cum singulis paene syllabis ~iendi Quint.*Inst.*8.pr.31.

2 (of things) To perish or be destroyed together.

duo uenena in homine conmoriuntur (*i.e. neutralize each other*), ut homo supersit Plin.*Nat.*27.5.

commoror ~ārī ~ātus, *tr., intr.* [con-+moror]

1 (tr.) To detain, delay.

an te auspicium ~atum est..? Pl.*Am.*690; mille passum ~atu's cantharum *Men.*177; male facis properantem qui me ~are *Mer.*873;—(*refl.*) me nunc ~or *Ps.*1131.

2 (intr.) To stay, stay on, remain, spend some time (in a place, etc.); also, to stay long (in a place). **b** to be inactive, delay, wait. **c** (of the menses) to be delayed.

quid illi tam diu quaeso igitur ~abare? Ter.*Ph.*573; deinde Romae dies xxx fere Quinctius ~atur Cic.*Quinct.*23; eum.. ubi pernoctarat ibi diem posterum ~aretur *Clu.*37; circum haec loca ~abor *Att.*3.17.2; quasi tibi non liceret in Sicilia diutius ~ari *Fam.*6.8.2; ~andi..natura deuorsorium nobis, non habitandi dedit *Sen.*84; dies circiter xxv in eo loco ~atus Caes.*Gal.*5.7.3; non est uisa ratio ad oppugnandum oppidum ~andi *B.Afr.*5; paucos dies ~atus apud C. Flaminium..dum uicinitatem..armis exornat Sal.*Cat.*36.1; increbescente rumore quasi ad occasionem maioris spei ~arentur Suet.*Tib.*11.1; in lectulo ad duas horas ~atus sum Aur.*Fro.*1.p.178(68N);— ~aturum me nusquam sane arbitror Cic.*Fam.*2.17.1;—(*of heavenly bodies*) eadem stationalis senis mensibus ~atur in signis Plin.*Nat.*2.60. **b** an tardare et ~ari te melius esset Cic.*ad Brut.*1.18.1; paululum ~atus signa canere iubet Sal.*Cat.*59.1. **c** (elelisphacos) ~antes menses trahit Plin.*Nat.*22.147.

3 To continue, remain (in a state or condition).

consilium tuum..diutius in armis ciuilibus ~andi Cic. *Fam.*6.10.1; etiam diutius in causa est quam nos ~atus 13.52; me diutius..in tam misera tamque turpi uita ~ari *Q.fr.*1.3.6; Sen.*Ep.*104.3.

4 (rhet.) To dwell (on a point or topic), to speak or write at length (about).

ut..una in re haereat in eademque ~retur sententia Cic. *Orat.*137; quoniam ille hic constitit paulisper, mihi quoque necesse est paulum ~ari *Q.Rosc.*28; non possum prae fletu et dolore diutius in hoc loco ~ari *Att.*11.7.6; omnis.. litterarum claritas ex hoc primum sinu effulsit, quapropter paululum in eo ~abimur Plin.*Nat.*4.1; in eo uitio..~antis Quint.*Inst.*8.3.46; circa causas et initia belli diu ~aberis Ver.*Fro.*2.p.196(132N).

commorsicō ~āre, *tr.* [con-+morsico] To bite all over; (transf., of the eyes) to devour.

(equus) dentium candentium renudatis asceis totum me ~at Apul.*Met.*7.16;—dulces gannitus ~antibus oculis iterabat illa 10.22.

commortālis ~is ~e, *a.* [con-+mortalis] Common to mortals, 'our mortal'.

propter infirmitatem ~is naturae Col.3.20.4.

commōsis ~is, *f.* [Gk. κόμμωσις] 'Gumming' (said to be the first layer in the construction of honeycombs).

prima fundamenta (alui) ~in uocant periti, secunda pissoceron, tertia propolin Plin.*Nat.*11.16.

commōtiō ~ōnis, *f.* [commoveo+-tio] Excitement, agitation. **b** the arousing (of an emotion, etc.).

illa..contrariis ~onibus auferenda sunt, ut odio beneuolentia, ut misericordia inuidia tollatur Cic.*de Orat.*2.216; temperantia..quae sit moderatrix omnium ~onum *Tusc.* 5.42; ~onem: hanc accipi uolunt temporarium animi motum, sicut iram, pauorem Quint.*Inst.*5.10.28;—(*w.* animi) cum impulsione aliquid factum esse dicet, illum impetum et quandam ~onem animi affectionemque uerbis ..amplificare debebit Cic.*Inv.*2.19; tibi omnisne animi ~o uidetur insania? *Tusc.*3.8; 4.11. **b** huic uerbo (*sc.* uoluptati)..duas res subiciunt, laetitiam in animo, ~onem suauem iucunditatis in corpore Cic.*Fin.*2.13.

commōtiuncula ~ae, *f.* [prec.+-vncvla] A mild agitation or upset.

Atticae hilaritatem libenter audio. ~is συμπάσχω Cic.*Att.* 12.11.

commōtus[1] ~a ~um, *a. compar.* ~ior, *superl.* ~issimus. [pple. of commoveo]

1 Excited, nervous. **b** (of style). **c** ~*a mens*, a frenzied or deranged mind.

quid illic ~us uenit? Ter.*Ph.*183; genere toto paulo feruidior atque ~ior Cic.*Brut.*129; non uultu alienatus, non uerbis ~ior Tac.*Ann.*2.28. **b** uidetisne, genus hoc quod sit Antoni? forte, uehemens, ~um in agendo Cic.*de Orat.* 3.32; ~issima et familiari oratoribus figura usum, quam scriptores artium ἐπαναφοράν uocant Fro.*Aur.*2.p.158 (108N). **c** si amans, si ~a mente, si uinolentus Cic.*Part.* 112; an ~ae crimine mentis absolues hominem et sceleris damnabis eundem? Hor.*S.*2.3.278;—(nasturtium) ~as mentes sedat Plin.*Nat.*20.127.

2 Angry, annoyed, irritated. **b** liable to anger, temperamental.

ob peccatum quoddam ~ior Sen.*Dial.*5.12.6; quae semper infesta et tunc ~ior Tac.*Ann.*11.12; ~o irritatoque animo exilit Gel.18.3.5. **b** ipsa Agrippina paulo ~ior Tac.*Ann.*1.33; nam etsi ~us ingenio simulationum..falsa.. perdidicerat 6.45.

3 (of conditions) Tempestuous, unsettled.

non est committendum ut incidamus in rem ~am, inpotentem, alteri emancupatam, uilem sibi Sen.*Ep.*116.5.

commōtus[2] ~ūs, *m.* [commoveo+-tvs[3]] Movement.

a ~u, quod ibi insula in aqua commouetur Var.*L.*5.71.

commouens ~ntis, *a. compar.* ~ntior. [pple. of next] That causes an impression, striking, rousing.

hoc castigandi genus ~entius uisum Sen.*Con.*2.6.11.

commoueō ~ouēre ~ōuī ~ōtum, *tr.* [con-+moveo] Forms: ~*osse* (= ~*ouisse*) Cic. *Ver.*3.45, 5.96, *Har.*1, etc.; ~*orunt* (= ~*ouerunt*) Lucr.2.766; ~*orat* (= ~*ouerat*) Ter.*Ph.*101, Cic.*Q.fr.*2.1.1.

1 To move vigorously, shake, agitate. **b** (parts of the body). **c** (fig.) to put in a state of turmoil, shake up.

ego iam te ~otum reddam Ter.*An.*864; mihi ~ota iam dudum mulio uirga adnuit Juv.3.317;—(*of earthquakes*) magna terrarum spatia ~ouerentur et una multa titubarent Sen.*Nat.*6.25.3; ipsaque ~oto quatiuntur Tartara mundo Sil.5.388; (*in fig. context*) cuius orbis ruinam timueramus, eum ne ~otum quidem sensimus Vell. 2.124.1;—(*in ritual*) qualis ~otis excita sacris Thyias Verg.*A.*4.301; tripodas..fauente ~otos dea Sen.*Med.*786; (*transf.*) scis tu..mea si ~oui sacra..quantas soleam turbellas dare Pl.*Ps.*109. **b** non indecenti risu latera ~ouit Petr.20.7; ~ouebat obiter labra 26.5; non..risit sed iratum ~ouens caput..inquit 113.2; (*cf.*) corpus ad sudorem uberem ~oueres Fro.*Aur.*2.p.4(224N). **c** posteaquam.. omnia..quae ~ouerat, pace et otio resederunt [Cic.]*Sal.*10; ~ota principis domo Tac.*Ann.*4.52.

2 To stir up, agitate (a liquid, esp. the sea).

~oueto, uideto ne aduras Cato *Agr.*107.2; aequor mare appellatum, quod aequatum cum ~otum uento non est Var.*L.*7.23; cum magni ~orunt aequora uenti Lucr.2.766; tranquillum mare dicitur, cum leuiter ~ouetur Sen.*Nat.* 5.1.1; iam prora fretum ~ouerat V.Fl.5.71.

3 (usu. in neg. or sim. expressions) To move, stir, make the slightest movement with (parts of the body, etc.).

radit iter liquidum celeris neque ~ouet alas Verg.*A.* 5.217; (*w. advl. acc.*) ne quid sui membri ~oueat quicquam Pl.*As.*786;—neque..me ~ouere possum prae formidine *Am.*183; iis uinclis simus astricti ut nos ~ouere nequeamus Cic.*Luc.*61.

4 To move (from a position), shift, disturb. **b** to move (deposits of money); to call in (debts).

si..conuellere adoriamur ea, quae non possint ~oueri Cic.*de Orat.*2.205; in illis columnis..quae a tuo redemptore ~otae non sint *Ver.*1.145; glebam ~osset in agro decumano Siciliae nemo 3.45; ex ea die..παράγγελμα ἐνιαύσιον ~oueto *Att.*5.14.1; ~oue (*sc.* caenum): senties *Tusc.*4.54; is (*sc.* odor) esse e ~ota (terra) debebit Plin.*Nat.*17.39;—(*refl.*) nec mea gratia ~ouent se ocius (*sc.* pessuli) Pl.*Cur.*154; ubi se caelum..~ouet Lucr.6.1120; Lanuui hastam se ~ouisse Liv.21.62.4;—(*non-material things*) ubicumque ~ouentur litterae Var.*L.*10.26; si una littera ~ota sit, fore tota ut labet disciplina Cic.*Fin.*4.53. **b** nummus in Gallia nullus sine ciuium Romanorum tabulis ~ouetur Cic. *Font.*11; nummus ~oueri nullus potest sine quinque praetoribus, tribus quaestoribus, quattuor mensariis Cic.*Flac.* 44;—~oto simul omnium aere alieno Tac.*Ann.*6.17.

5 To cause (a person, etc.) to move (from a place), rout out; (refl.) to make a move, budge. **b** *castra ~ouere*, to move camp, march off. **c** to compel (an enemy) to give ground in battle, to drive back, dislodge.

ab Amalthea te non ~ouebo Cic.*Att.*2.20.2; etsi mei commodi causa ~ouere me noluisti *Fam.*5.20.1;—neque se Septentriones quoquam in caelo ~ouent Pl.*Am.*273; ~ouet se nusquam Lucil.744; nec me Thessalonica ~oui Cic.*Att.* 3.13.1; nullam (legionem) putant se ~oturam 11.21.2; tanta ..tranquillitas exstitit ut se ex loco ~ouere non possent Caes.*Gal.*3.15.3. **b** praetorem ~osse ex eo loco castra senserunt Cic.*Ver.*5.96; latrones expergiti castra ~ouent Apul.*Met.*4.22;—(*in fig. phr.*) sexus infestus..iam sumpsit arma et castra ~ouit 5.12. **c** clamore renouato ~ouent aciem Liv.2.65.5; sensim suos signa inferre iussit et ~ouere hostem 10.29.9; (*ellipt., w. advl. acc.*) postquam nihil ~ouebant 30.18.3;—(*w. abl.*) agmen perturbatum..loco ~ouent Sis.*hist.*68;—(*in fig. context*) nunc comminus agamus experiamurque, si possimus cornua ~ouere disputationis tuae Cic.*Div.*2.26.

6 To injure by moving, disturb, upset, jolt. **b** to upset (a person) in health. **c** to upset, disturb (abst. things).

ne..uomis..colla (boum) ~oueat Col.2.2.26. **b** te ~oueri incommodo ualetudinis tuae nolo Cic.*Att.*7.7.3; ἠσίτησας quom leuiter ~otus esses 14.5.1; alii ~ouentur statis temporibus aluo, neruis, capite, mente Plin.*Nat.*2.108; mente ~otis aut uertigine laborantibus 23.23. **c** quod sit an non, nihil ~ouet analogian Var.*L.*9.105.

7 a To rouse from sleep, waken. **b** to raise (in hunting, etc.). **c** to raise (storms, wind).

a dormiunt: ego pol istos ~ouebo Ter.*Hau.*730; tertia iam uigiles ~ouerat hora secundos Luc.5.507. **b** spelunca subito ~ota columba Verg.*A.*5.213; hunc (ceruum) procul errantem rabidae uenantis Iuli ~ouere canes 7.494. **c** tantaque ~oti uis est Aquilonis, ut altas aequet humo turres Ov.*Tr.*3.10.17; eam..cum scarabaeo deiectam in aquam feruentem tempestates ~ouere Plin.*Nat.*37.155.

8 To cause activity in, rouse to action, stimulate, (refl.) to take action, bestir oneself.

non..spe quaestus aut gloria ~oti uenimus ad scribendum *Rhet.Her.*1.1; facilius est..currentem, ut aiunt, incitare quam ~ouere languentem Cic.*de Orat.*2.186; an.. ego..omnium parricidarum tela ~ossem? *Planc.*90; incredibiliter..me ~ouet tua cohortatio *Att.*16.13b(c).2; at ille qui me ~orit..flebit Hor.*S.*2.1.45; nondum ipsum Vologesen ~otum Tac.*Ann.*13.37;—(*to rebellion, etc.*) qui seruitia non ~ouit auctor Liv.3.17.2; agrestium Cilicum nationes.. saepe et alias ~otae Tac.*Ann.*12.55;—(*of things*) si quadratum temptamus et id nos ~ouet in tenebris Lucr.4.235; cantu ~otae Erebi de sedibus imis umbrae ibant tenues Verg.*G.*4.471; pudor deinde ~ouit aciem Liv.2.10.9;—(*refl.*) animus cum sese ita ~ouet ut uelit ire Lucr.4.886; regiones me hercule ipsae..~osse se uidentur Cic.*Mil.*85; si se ~ouerit, si respexerit patres Liv.2.54.6; (*w. adv.*) quacumque nos ~ouimus, ad Caesaris..acta..reuocamur Cic. *Att.*14.17.6;—(*w.* ut) primisque ab his..historia ~ota est, ut auderet uberius..et ornatius dicere *Orat.*39.

9 To interest, stimulate, prompt, strike. **b** to have an effect on, impress; (also absol.) be effective, tell.

unum..me ex tuo sermone maxime..~ouit, quod eum negasti..posse perdiscere Cic.*de Orat.*3.146; uidi..uos in hoc nomine..~oueri *Ver.*4.125; illud me..in extrema fere parte epistulae ~ouit *Att.*6.1.20; cum..aliqua species utilitatis obiecta est, ~oueri necesse est *Off.*3.35. **b** quod ..nuper cum..commemorassem intellexi uehementer populum Romanum ~oueri Cic.*Ver.*41; Antoni ludis ~ouebar *Mur.*40; me κατακλεὶς mea illa ~ouet quae est in libro tertio *Att.*2.3.4;—in primisque ~ouet explicatio uocabuli ac nominis *Part.*41.

10 To move or affect emotionally, stir the feelings of, touch, excite.

~orat omnis nos Ter.*Ph.*101; Bacchi sacris ~ota Pac. *trag.*423; misericordia ~oti Cic.*Inv.*2.153; quin ipse in ~ouendis iudicibus eis ipsis sensibus..permouerer *de Orat.* 2.189; quis nostrum tam animo agresti ac duro fuit ut Rosci morte nuper non ~oueretur? *Arch.*17; ceteros, cum sunt in aliqua perturbatione aut metus aut laetitiae aut cupiditatis, ~otos..et perturbatos dicere solemus *Tusc.* 4.82; fleuit memoria rerum gestarum ~otus Pol.*Fam.* 10.32.3; primo ~ota plebs est, utique postquam sordidatum reum uiderunt Liv.6.20.1; non uos pietatis imago ulla nec aduersa conspecti fronte parentes ~oueant Luc.7.322; aetate magis uestra ~ouor quam iniuria mea Petr.17.6; tarde ~ouetur, raro incalescit (Cicero) Tac.*Dial.*22.3; Apul. *Met.*6.3; (*w.* animum, *etc., as obj.*) uix sum apud me: ita animu' ~otust metu spe gaudio Ter.*An.*937; ~oti animi sunt omnium Cic.*Ver.*2.88; tibi (*sc.* Baccho) ~otae pectora matres fudere comam Sen.*Oed.*439; (*cf.*) ~ota feritate nocuit quadrupes Ulp.*dig.*9.1.1.4;—(*with love*) in hac ~otu' sum Ter.*Eu.*567; quod aspectu Proserpinae ~otus sit Cic. *N.D.*3.56.

11 To affect the attitude or conduct of a person, to move, influence.

nil me increpitando ~oues *Inc.trag.*234; nemo nisi graui ac suaui ~otus oratione..uoluisset Cic.*Inv.*1.3; ecquid te ratio iuris..ecquid auctoritas maiorum ~ouet? *Caec.*93; tua gratulatione ~otus..emi eam ipsam domum *Fam.*5.6.2; quem ego Romae adgrediar et, ut arbitror, ~ouebo *Q.fr.* 3.1.4; sese..et amore fraterno et existimatione uulgi ~oueri Caes.*Gal.*1.20.3; minus magnos ~oueantue deos Ov. *Ib.*92; ~oueratque quosdam magnitudine exempli Tac.*Ann.* 13.44; (*w.* animus *as obj.*) neque ~ouetur animus in ea re tamen Ter.*An.*94; cum ista res nihil ~ouisset eius animum Cic.*Lig.*28;—(*w.* ad) ad eorum animos..ad id, quod uolumus, ~ouendos *de Orat.*2.114; ut ad te litteras mitteret, quibus maxime ad remanendum ~oueri posses CAEL.*Fam.* 8.16.4;—(*w.* ut) uti credam..multa argumenta redigunt animum et ~ouent Acc.*trag.*516; CIC.*Tul.*41; multitudinem, sponte ~otam ut pro Romanis bellum capesseret TAC.*Hist.* 4.79.

12 To make anxious, trouble, worry, upset, frighten. **b** to make angry, enrage, annoy.
non solum ~oueor animo, sed etiam toto corpore perhorresco CIC.*Div.Caec.*41; uehementer ~ota ciuitas est *Ver.* 4.93; eorum minis et terrore ~oti esse *Font.*34; periculum te meum ~ouebat *Fam.*7.3.1; te suspicor eisdem rebus quibus me ipsum interdum grauius ~oueri *Sen.*1; si quos aduersum proelium et fuga Gallorum ~oueret CAES.*Gal.* 1.40.8; his nuntiis litterisque ~otus Caesar 2.2.1; his ~ota fugam Dido..parabat VERG.*A.*1.360;—(*w.* animus *as obj.*) ne animi partium Caesaris..uehementer ~ouerentur CIC. *ad Brut.*2.4.5(6.2); nouus hostis..~ouit animos militis Romani LIV.6.7.1;—(*ellipt.*) scribes tamen neque ista res ~ouebit CIC.*Att.*15.13.5;—(*w.* de) uehementer sum ~otus cum de Syria tum de mea prouincia *Fam.*15.4.4;—(*w. adul. acc.*) eloquentia Q. Hortensi ne me in dicendo impediat, non nihil ~oueor *Quinct.*1; se..ne tantulum quidem ~oueri *Pis.*42;—(*w. acc. and inf.*) deum rex..~otus talem ad superos uolitare puellam *Ciris* 522;—(*w. indir. qu.*) sane sum ~otus quid futurum esset postridie CIC.*Att.*13.52.1. **b** nos pro tuis iniuriis continuis animo tenus ~oti QUAD. *hist.*41; CIC.*Pis.*75; ne..iracundus homo ~oueretur *Att.* 15.8.1; cum te alicuius improbitas peruersitasque ~ouerit *Q.fr.*1.1.38; TAC.*Hist.*2.91; (*cf.*) siue ira ~otus SAL.*Cat.*31.6.

13 To arouse, produce, evoke (emotion, laughter, memory, etc.) in others. **b** to produce, give rise to.
ad misericordiam ~ouendam CIC.*Inv.*1.109; si haec (*sc.* motus animi) accendi aut ~oueri arte possint *de Orat.*1.114; porticus haec ipsa..et palaestra..Graecorum disputationum memoriam quodam modo ~ouent 2.20; cachinnos irridentium ~ouebat *Brut.*216; me populariter agere atque inuidiam ~ouere *Ver.*1.151; crebras exspectationes nobis tui ~oues *Att.*1.4.1; quandam laetitiam bonorum esse ~otam 11.16.2; uehementer..amor multitudinis ~ouetur ipsa fama..liberalitatis *Off.*2.32; ~otae questibus irae STAT. *Theb.*3.383; hoc (pretio) infiniti clamores ~ouentur PLIN. *Ep.*2.14.6. **b** eam admirationem adsensionemque ~ouit, dixisse ut contra nemo uideretur CIC.*Brut.*198; necesse est.. adsensionem uiso ~oueri *Fat.*42; hanc sui famam ea statim contione ~ouerat TAC.*Hist.*3.3.

14 To cause, start, begin (a war, battle, etc.).
maxime proelio ~oto QUAD.*hist.*10b; aliquid..dissensionis ~ouere CIC.*Agr.*3.4; seditione ~ota *Att.*2.1.8; bellum ~otum a Scapula *Fam.*9.13.1; qui tantas turbas..~orit CAEL.*Fam.*8.15.1; belli magnos ~ouit funditus aestus LUCR.5.1435; ~otaque proelia credunt STAT.*Ach.*1.877.

15 To raise (a point or question) in a discussion.
rem..~ouisti noua disputatione dignam CIC.*Brut.*297; dum noua quaedam ~ouet *Luc.*18.

commūgeō ~ēre, *tr.* [app. CON-+MVGIO] (See quot.)
~ento conuocanto PAUL.*Fest.*p.65M.

commulceō ~ēre, *tr.* [CON-+MVLCEO] To set at ease, pacify, soothe.
sensusque eorum (*sc.* iudicum)..honorificis uerecundisque sententiis ~ere GEL.6(7).3.13; trepidantem puerum serena fronte et propitiata facie ~ens APUL.*Met.*9.27.

commulcō ~āre, *tr.* [CON-+MVLCO] To lash or beat thoroughly.
indidem sese multinodis ~at ictibus APUL.*Met.*8.28.

commūnālis ~is ~e, *a.* [COMMVNIS+-ALIS] (of property) Common.
relicta sunt et multa loca, quae ueteranis data non sunt. haec..in Etruria ~ia uocantur AGEN.*agrim.*p.39.

commundō ~āre, *tr.* [CON-+MVNDO] To clean thoroughly.
uasa..eluenda sunt et ~anda COL.12.18.3; aliqua ex somno statim ornata, non tamen ~ata ULP.*dig.*34.2.25.10.

commūne ~is, *n.* [neut. of COMMVNIS]

1 Property or rights held in common, joint possessions; a public or common fund. **b** *in ~e*, for common or joint possession or use; (also transf.). **c** *in ~i*, in common possession.
~i diuidundo *Ed.pr.*15.13(*Font.iur.*p.219); si (flumen).. insulam fecisset, a cuius agro fecisset, is possideret; aut si ex ~i, quisque suum reciperet HYG.*agrim.*p.88; uelut si.. agatur..inter socios ~i diuidundo GAIUS *Inst.*4.42; ULP. *dig.*17.2.52.18;—(*pl.*) ut ~ibus pro ~ibus utatur, priuatis ut suis CIC.*Off.*1.20; sua seruat qui salua esse uult ~ia PUB. *Sent.*S.43; ne ~ia solus occupet OV.*Met.*13.271;—ut idem pro parte in commune Siciliae conferrent CIC.*Ver.*2.145; priuatus illis census erat breuis, ~e magnum HOR.*Carm.* 2.15.14; conferentes potius in medium quam ex ~i ad se trahente LIV.6.6.18; EX ~I FECER(VNT) *CIL* 6.15169. **b** DE PEQVNIA QVAM CONLEGIA IN ~E CONLATAM *CIL* 1.712. 3; est et pascuorum proprietas pertinens ad fundos, sed in ~e FRON.*agrim.*p.6; proximis possessoribus datum est in ~e HYG.GR.*agrim.*p.164;—ex nostro quoque nonnihil in ~e contulimus CIC.*Inv.*2.8; 2.44; hocine est in ~e honores uocare, ut duos plebeios fieri consules liceat, duos patricios non liceat? LIV.6.40.18;—(*colloq.*) heia..in ~e quodcumque est lucri! PHAED.5.6.3; quotiens aliquid inueni, non expecto donec dicas 'in ~e' SEN.*Ep.*119.1. **c** neque stipendia sine tributis haberi queunt: cetera in ~i sita sunt TAC.*Hist.*4.74; non frustra maiores..libertatem in ~i posuisse *Ann.*13.27.

2 *~ia*, Public places; *in ~e*, publicly.
paucis ostendi gemis et ~ia laudas HOR.*Ep.*1.20.4;—haec in ~e, ceterum timore occulto ne L. Silanus..imperium inuaderet TAC.*Ann.*15.52; ubi haec atque talia uelut in ~e disseruit, complectitur uxorem 15.63.

3 A common feature, characteristic, fact; a general rule. **b** (pl., poet.) the common lot. **c** a common remedy.
quin definitio genere declaretur et proprietate quadam aut etiam ~ium frequentia CIC.*Part.*41; difficile est proprie ~ia dicere HOR.*Ars* 128; quaedam ~ia morborum intueri CELS.1.pr.55; non propter illud ~e quod pater est QUINT. *Decl.*259(p.55,l.24);—~ia..omnibus sunt post fatigationem cibum sumpturis CELS.1.3.4. **b** ten..extra ~ia censes ponendum? JUV.13.140. **c** ~e..et iocineri et lieni et abscessibus..composuit ex his CELS.5.18.5; proxima in ~ibus adipi laus est PLIN.*Nat.*28.135.

4 *~ia*, The interests of the public, the common good; *in ~e*, for the good of all concerned, in the public interest. **b** commonwealth, state, collective body; (also) guild, corporation.
amore ~ium soles emendari cupere PLIN.*Ep.*6.2.9;—metuo in commune ne quam fraudem frausu' sit PL.*As.*286; id oro te in ~e ut consulas TER.*An.*548; suo quisque periculo in ~e consultum non uult LIV.32.21.1; si sociale animal et in ~e genitus (homo) SEN.*Ben.*7.1.7; apes..formicasque..in ~e ..laborare QUINT.*Inst.*5.11.24; TAC.*Ann.*2.38. **b** quo modo iste ~e Milyadum uexarit CIC.*Ver.*1.95; statuas..a ~i Siciliae positas 2.168; mille rates gentisque simul ~e Pelasgae OV.*Met.*12.7; tarda sunt quae in ~e expostulantur TAC.*Ann.*1.28;—L ACILIO..NOBILI ARCHIMIMO COMMVN MIMOR ADLECTO *CIL* 14.2408.

5 *in ~e*: **a** In general terms, without particularizing. **b** together, jointly, in the mass.
praeter illa, quae a praecipientibus in ~e dicuntur SEN. *Ben.*6.16.6; quoniam dixi de partibus..quaedam in ~e dicenda sunt *Nat.*2.2.1; hoc in ~e de iure omni disputandum semper QUINT.*Inst.*7.1.49. **b** in bellandum quae cuique potentia diuom in ~e uenit *Aetna* 61; in ~e rerum natura fruebantur SEN.*Ep.*90.38; quamquam in commune Suebi uocentur TAC.*Ger.*38.1; *Hist.*1.36; de huius nequitia ..in ~e omnes..loquebantur PLIN.*Ep.*4.22.6; aeris auri argentique uenae in ~e fluxerunt FLOR.*Epit.*1.32(2.16.7).

commūnicārius ~a ~um, *a.* [COMMVNICO+-ARIVS] (See quot.)
pandicularis dicebatur dies idem et ~us, in quo omnibus dis communiter sacrificabatur PAUL.*Fest.*p.220M.

commūnicātiō ~ōnis, *f.* [COMMVNICO+-TIO]

1 The action of sharing or imparting.
numquam est intermissa a maioribus nostris largitio et ~o ciuitatis CIC.*Balb.*31; mihi nunc te absente..etiam sermonis ~o..maxime deest *Att.*1.17.6; *Fin.*5.65; LIV. 23.34.9; his subteximus ea quae Graeci ~one nominum in ambiguo fecere, anne arborum essent PLIN.*Nat.*24.129; neque propulsationem translationemue criminis habent, sed cum pluribus aliis ~onem GEL.6(7).3.15; nec..~o iusta damni ex maleficio est ULP.*dig.*27.3.1.14.

2 Community of ground.
omnes disciplinas inter se coniunctionem rerum et ~onem habere VITR.1.1.12; ~onem omnium disciplinarum 1.1.12.

3 (rhet.) Consultation with one's audience or adversary.
~o, quae est quasi cum eis ipsis, apud quos dicas, deliberatio CIC.*de Orat.*3.204; illa quae dicitur ~o, cum aut ipsos aduersarios consulimus..aut cum iudicibus quasi deliberamus QUINT.*Inst.*9.2.20.

commūnicātus ~ūs, *m.* [COMMVNICO+-TVS³] Intercommunication.
deos ab hominibus plurimum differentis..nullo inter se propinquo ~u APUL.*Soc.*4.

commūniceps ~cipis, *m.* [CON-+MVNICEPS] A fellow citizen (of a *municipium*).
SANCTISSIMIS ~CIPIBVS SVIS D D *CIL* 9.5823.

commūnicō ~āre ~āuī ~ātum, *tr.* [COMMVNIS+-ICO] FORMS: dep. in LIV.4.24.2 (dub.).

1 To share (with). **b** to take a share in (with another). **c** (w. abl.) to make a sharer (in).
~andae laudis causa CIC.*Sul.*9; primo Cerialis labores modo et discrimina, mox et gloriam ~abat TAC.*Ag.*8.2; illud eandem habet formam ~atae ultro et citro significationis GEL.9.12.17;—(*w.* cum) cum omnibus ~are quod habebat CIC.*Cael.*13; Cimbricae uictoriae gloriam cum collega Catulo ~auit *Tusc.*5.56; cum his praemium ~at CAES.*Gal.*7.37.2; quippe non ~atum modo cum plebe sed prope amissum..summum imperium LIV.5.14.1; sua Tydides mecum ~at acta OV.*Met.*13.239; ~ATOS..CVM PLEBE HONORES *CIL* 13.1668.1.36; non habeo, cum quo te ~atum uelim SEN.*Ep.*10.1; optimumque est quod maxime uicinum et ~ato colore cum caeruleo PLIN.*Nat.*35.47; non est onerosum, quo uteris ipse, ~are cum pluribus PLIN.*Ep.* 2.6.5;—(*w. pl. subj.*) et hae (*sc.* formicae) ~antes laborem ut apes PLIN.*Nat.*11.108;—(*w.* inter) socii putandi sunt quos inter res ~ata est CIC.*Ver.*3.50. **b** ut me opera et consilio iuues ~esque hanc mecum meam prouinciam PL. *Trin.*190; cum mecum inimicitias ~auisti CIC.*Fam.*15.21.2. **c** ~abo semper te mensa mea PL.*Mil.*51.

2 To share out.
est etiam in opera, quam peruulga et ~a Q.CIC.*Pet.*44;—(*w. dat.*) his..omnium domus patent uictusque ~atur CAES. *Gal.*6.23.9.

3 To associate, unite, link (something of one's own with that of another).
qui uelint cum periculis nostris sua ~are CIC.*Balb.*24; priuabo potius illum debito testimonio quam id cum mea laude ~em *Luc.*3; quantas pecunias ab uxoribus dotis nomine acceperunt tantas ex suis bonis..cum dotibus ~ant CAES.*Gal.*6.19.1.

4 To impart, communicate (information, knowledge, or the like).
nonne oportuit praescisse me ante? nonne priu' ~atum oportuit? TER.*An.*239;—(*w.* cum) ~aui tecum consilia omnia PL.*Per.*334; mecum omnia ~abat CIC.*Fam.*13.29.4; si quis quid de re publica..acceperit, uti ad magistratum deferat neue cum quo alio ~et CAES.*Gal.*6.20.1; cum hoc Catilina et Autronius..consilio ~ato parabant..consules interficere SAL.*Cat.*18.5; ne omnia cum eo ad te pertinentia ~em SEN.*Ep.*3.1; (*w. obj. cl.*) cum his ~es quanto opere et qua re uelim hortos CIC.*Att.*12.29.2;—(*cf.*) quam (*sc.* orationem) nuper in publicum dedi ~aturus tecum, ut primum tabellarium inuenero PLIN.*Ep.*8.3.2.

5 To discuss together or along with, arrange or plan together or in concert. **b** (absol.) to consult together (with). **c** (rhet., cf. COMMVNICATIO 3).
(*sg. subj.*) ut ad se ueniat rationesque belli gerendi ~et CAES.*Gal.*7.63.4;—(*w.* cum) auxilium sibi se putat adiunxisse qui cum altero rem ~auit CIC.*S.Rosc.*116; quocum omnia.. uno ~em *Att.*1.18.1; omnia magna paruaque ~are cum sociis solitum LIV.33.11.5; non contentus cum Graccho concordiam ~asse V.MAX.4.2.3; mihi..familiare est omnes cogitationes meas tecum ~are PLIN.*Ep.*4.24.7;—(*pl. subj.*) consilia ~ant CAES.*Civ.*2.4.5; SUET.*Cal.*56.1;—(*w.* inter se) haec, ut spero, breui inter nos ~abimus CIC.*Q.fr.*2.4.3; (*also w.* de) cum..de societate multa inter se ~arent *Quinct.*15. **b** cum compluribus de ratione belli ~auit SUET.*Tib.*18.1. **c** alter ab altero adiutus et ~ando et monendo et fauendo CIC.*Brut.*3;—(*w.* cum) cum M. Baebio senatore..~auit *Clu.*47; uix adcredens ~aui cum Dionysio *Att.*6.2.3; ille cum Cotta saucio ~at, si uideatur, pugna ut excedant CAES.*Gal.*5.36.3; LIV.9.14.2;—(*also w.* de) Pompeium, qui mecum..sua sponte de te ~are solet CIC.*Fam.*1.7.3; non nunquam ~antes aliquid inexspectatum subiungimus QUINT.*Inst.*9.2.22.

6 To bring into common use, make generally accessible.
cum..altius extollendum erit, eadem ratio ~abitur VITR.10.4.3; neque aliis usus est quam inde funibus rex Antigonus..nondum sparto ~ato PLIN.*Nat.*13.73; ~ato orbe terrarum 14.2; quin et uocabulum ipsum tarde ~atum est 21.3.

commūniō¹ ~īre ~iuī *or* ~iī ~ītum, *tr.* Also **commoeniō**. [CON-+MVNIO]

1 To surround (a place) with fortifications, fortify, (sometimes) build and fortify. **b** to strengthen or secure (with a garrison).
oppidum magnum ~ibo PL.*Rud.*934; praesidia disponit, castella ~it CAES.*Gal.*1.8.2; hoc consedit loco atque eum ~iuit *Civ.*3.51.7; ~ire suos locos SAL.*Jug.*66.1; ibique seorsum Aequi, seorsum Volsci castra ~iuere LIV.4.26.4; castrisque ~itis ac praesidio modico imposito 23.18.9; statiuaque ad Ardoneas ~ita 24.20.8; in rupe castello..~ito PLIN.*Nat.*6.30; dirutaque quae Euphraten ultra ~iuerat TAC.*Ann.*15.17;—(*w. abl.*) uallo castra ~it CAES.*Civ.*1.42. 4; uallo fossaque ~itis castris LIV.2.32.4; locum quem tumultuario opere ~irent capiunt 6.29.4;—(*transf.*) stagnis Stygiis Acherunten aegre ~iri FRO.*Aur.*2.p.14(228N); nihil humoris influere in pulmonem ore ipso arteriae ~ito GEL. 17.11.5. **b** Atellam praesidio ~ient CIC.*Agr.fr.*1.2.

2 (fig.) To strengthen, fortify, reinforce.
firmissimis..et sanctissimis testimoniis uirorum optimorum causa Rosci ~ita est CIC.*Q.Rosc.*43; si parum est ~itum ius ciuile *Caec.*74; omni auctoritate aulae ~ita *Fam.* 15.4.6; quonam modo rem stabilias ~iasque SAL.*Rep.*2.4.4; simplicitas, quae..aliis utitur numeris, dissimulatque eos et tantum ~it occultius QUINT.*Inst.*9.4.21.

commūniō² ~ōnis, *f.* [next+-IO¹]

1 Mutual participation (in rights, ownership, etc.), association, sharing.
bona, fortunas meas..in ~onem tuorum temporum contuli CIC.*Mil.*100; ~one beneficiorum praemiorum ciuitatis *Balb.*29; tu (*sc.* philosophia) eos (*sc.* homines).. litterarum et uocum ~one iunxisti *Tusc.*5.5; patrimonii.. possidendi habendaeque scholae ~one coniuncti V.MAX. 1.8.ext.17; sibi et Claudio etiam ~onem uictoriae esse TAC. *Ann.*12.19; ~one parietum 15.43; ad ~onem sermonis tacentis..prouocabat SUET.*Aug.*74; an Seia in ~one cum libertis habeat portionem SCAEV.*dig.*31.88.6; cum feminis nulla comitiorum ~o est GEL.5.19.18; ab isto..nexu ~onis discedere APUL.*Met.*10.14; cum iuris ciuilis ~onem non habeat (seruus) in totum ULP.*dig.*28.1.20.7; (*concr.*) ~oni nominis ac familiae ueteris propinquitatis serie cohaerenti uirgarum contumeliosa uerbera adhibere V.MAX.2.7.5.

2 Possession of common qualities, kinship, association.
genus..id est, quod sui similis ~one quadam..duas aut pluris complectitur partis CIC.*de Orat.*1.189; si manere in pristina ~one uoluissent (*sc.* philosophi et oratores) 3.72; multum ualet ~o sanguinis *S.Rosc.*63; ea..se dilucide perspicere nec ulla ~one uisorum impediri *Luc.*44; mihi.. credas nullam ~onem cum improbis esse posse MAT.*Fam.* 11.28.5; neque ulla uerbis istis inter se ~o est neque propinquitas FRO.*Aur.*2.p.82(153N).

3 An amalgamation, association, union.
quorum (*sc.* corporis atque animi) ~o et copulatio sumus APUL.*Soc.*15.

commūnis ~is ~e, *a.* **conm-.** [CON-+*munis* (<**mei* 'exchange'; Skt. *máyatē*, Lett. *miju*, *mît*)] ORTHOG.: *comoin- CIL* 1.581.11; *comun-* 4.4855, 8.4310.

1 Belonging to, concerning, or shared by, each of two persons, parties, etc., joint, common. **b** (w. *cum*). **c** (w. *inter*). **d** *dies ~is* (app.) = *dies intercisus* (i.e. *deorum hominumque ~is* acc. Macr.1.16.3).
bene uale, Alcumena, cura rem ~em PL.*Am.*499; ego te

adiutabo in nuptiis ~ibus *Cas.*807; de saltu agroque ~ a seruis ~ibus ui detruditur CIC.*Quinct.*28; quae reliquias ~is calamitatis, ~is liberos tueretur *Q.fr.*1.3.3; ~ibus inter se radicibus haerent LUCR.5.554; cum ~ibus inimicis in gratiam redierat CAES.*Civ.*1.4.4; parabant..dis ~ibus aras VERG.*A.*12.118; ceruus equum..~ibus herbis pellebat HOR. *Ep.*1.10.34; arbitri ~ium parietum (*party-walls*) sumuntur VITR.2.8.8; ut coniunctis exercitibus ~i animo consilioque rem gererent LIV.22.3.8; spargitur et caeso ~is Terminus agno OV.*Fast.*2.655; seque super corpus fratris prostratum ~ibus flammis cremandum tradidit V.MAX.5.5.4; reliquit filiam heredem, quae illi cum fratre ~is, quia genitam fratre adoptauerat PLIN.*Ep.*8.18.2; APUL.*Apol.*38; dotem filiae ~is PROC.*dig.*23.3.82; stipulationum aliae iudiciales sunt, aliae praetoriae..aliae ~es praetoriae et iudiciales POMPON. *dig.*45.1.5;—(*w. gen.*) ipsa calamitas ~is est utriusque nostrum, sed culpa mea propria est CIC.*Fam.*14.3.1; Troia (nefas) ~e sepulcrum Asiae Europaeque CATUL.68.89; quae ~ia essent comitia patrum ac plebis LIV.4.35.6;—(*w. dat.*) non modo ~e sed concors etiam regnum duobus regibus fuit 1.13.8; ~emque duobus attagenam MART.2.37.3; TAC. *Ag.*1.1;—(*w. dat. sg.*) ingenti saxum ~e magistro STAT.*Ach.* 2.109;—(*w.* in+*abl.*) in pecunia et in sticho illud ~e est VEN.*dig.*45.1.137.4. **b** sperabam..onus meum uobiscum esse ~e CIC.*Ver.*1.19; hoc etsi ~e uidetur esse cum multis *Fam.*13.7.2; ob recens..rebellionis ~e cum aliis Latinis crimen LIV.8.14.9; putrescendi enim ratio ~is est cum ligno PLIN.*Nat.*19.34; totum hoc apte dicere..est cum inuentione ~e QUINT.*Inst.*11.1.7; (*cf.*) litteras ~is cum Oppio ad te dedi BALB.*Att.*9.7b.1;—(*w. dat.*) quam iste laudem ~em sibi ait esse mecum CIC.*Ver.*1.18; alterum nobis cum dis, alterum cum beluis ~e est SAL.*Cat.*1.2; omnia ei cum amicis fuisse ~ia NEP.*Ep.*3.4; per gentis Numidarum nomen, quod tibi cum Syphace ~e fuit LIV.30.12.13; ~is haec mihi tecum.. querela est PLIN.*Ep.*9.28.2;—(*w. two abl.*) is (*sc.* lembus) erat ~is cum hospite et praedonibus PL.*Bac.*282; cum astrologis et musicis est disputatio ~is VITR.1.1.16;—(*w.* habeo) cum rerum natura..quid habere potest ~e..tauri opimi iecur? CIC.*Div.*2.29; omnia cum Bauio ~ia frater habebat DOM.MARS.*poet.*1.1; HAEC HABES ~IA CVM.. S⟨ORORE TVA⟩ *CIL* 6.1527.1.9; OV.*Fast.*4.35; nihil ~e habet proprietas cum possessione ULP.*dig.*41.2.12.1. **c** esse quiddam nobis inter nos ~e atque coniunctum CIC.*Ver.*3.98; ut diceres omnia inter eos esse ~ia 2.89; si inter te et me ~es sunt Titianae aedes POMPON.*dig.*8.2.27. **d** cras est ~is dies ATTA *com.*9.

2 Occupying a middle position, neutral; (also) having the qualities of both sides. **b** (spec., of Mars) impartial. **c** (gram.) having the same form for two cases, genders, voices, meanings; (pros., of syllables) that may be long or short.

~isque Aries MAN.2.242;—ne sociale quidem, sed nec externum, sed potius ~e quoddam ex omnibus..bellum FLOR.*Epit.*2.13(4.2.4). **b** Martem belli esse ~em CIC. *de Orat.*3.167; in illa..calamitate non Martem fuisse ~em. sed Venerem possumus dicere *Ver.*5.132; *Mil.*56; ~em belli nec meminisse deum VERG.*Cat.*9.50; LIV.7.8.1; ~em uere Martem belli utramque aciem pari caede prostrauisse 8. 11.6. **c** casum, utrum recto sit, ut Marcus, an obliquo ut Marco, an ~i ut Iouis VAR.*L.*8.46; Iphis auus fuerat, gauisa est nomine mater, quod ~e foret OV.*Met.*9.710; utor et uereor et hortor et consolor ~ia uerba sunt ac dici utroqueuersus possunt GEL.15.13.1; pleraque uocabula.. ita fuisse media et ~ia, ut significare et capere possent duas inter se res contrarias 12.9.1;—his (*sc.* uersibus) quaedam etiam ~es (*sc.* sunt syllabae) QUINT.*Inst.*9.4.85; syllabas licet uideri potius has Graeci uelint esse ~es, easque dictitent κοινὰς magis MAUR.512.

3 Shared, possessed, used, etc., by all in a particular group, common, general. **b** (w. application limited by gen., dat., etc.). **c** (pl., app.) all (in a particular group or class).

ex ~i sapientiae iugo sunt doctrinarum facta diuortia CIC.*de Orat.*3.69; qui ~i studio..Sex. Naeuium defendunt *Quinct.*7; omnes artes..habent quoddam ~e uinclum *Arch.* 2; in magno (*sc.* periculo) omnes, sed tamen in ~i sumus *Fam.*4.15.2; una domus erat, idem uictus isque ~is *Amic.* 103; quia suum cuiusque fit eorum, quae natura fuerant ~ia *Off.*1.21; sese habere quasdam res quas ex ~i consensu ab eo petere uellent CAES.*Gal.*1.30.4; solae (apes) ~is natos, consortia tecta urbis habent VERG.*G.*4.153; ut Veios ~i animo consilioque omnes Etruriae populi ex obsidione eriperent LIV.5.17.6; quibus non lex, non mos, non lingua ~is 28.12.3; puta..seruum te esse ~em SEN.*Con.*7.4.4; reliqua praecepta reddentur suis locis quae propria..erunt. interim ~ia..non omittemus PLIN.*Nat.*18.44; praeter hoc..quod est ~e, propriam moderationem quaedam causae desiderant QUINT.*Inst.*11.1.58; aequa ibi libertas, ~ia pocula Juv. 8.177; unus ex sociis ~em seruum manumittendo liberum faciebat GAIUS *Inst.*3.154b; κοινὰς τὰς γυναῖκας id est ~es esse mulieres (censuit Plato) GEL.18.2.8;(*ellipt.*, *w.* de) id quidem ~e est de calido CIC.*N.D.*3.36;—(*spec.*, *of a prostitute*) datatim dat se et ~em facit NAEV.*com.*75; puella ..~is satis omnibus futura *Priap.*34.3. **b** (*gen.*) haec ~ia omnium quae sunt patrum TER.*Hec.*117; pernicies ~is adulescentium *Ad.*188; hoc ~e dedecus familiae CIC.*Clu.* 16; at id quidem non proprium senectutis uitium est, sed ~e ualetudinis *Sen.*35; multa modis ~ia multis multarum rerum in rebus primordia mixta sunt LUCR.1.814; in ~i Belgarum concilio CAES.*Gal.*2.4.4; ~e nobilitatis malum SAL.*Jug.*64.1; in ~i omnium gaudio LIV.23.12.8; partim suo proprio, partim ~i omnium hominum iure utuntur GAIUS *Inst.*1.1; mare ~e omnium est et litora ULP.*dig.* 47.10.13.7;—(*dat.*) mare quidem ~e certost omnibus PL. *Rud.*975; ~esne sint omni generi orationis CIC.*Orat.*180; ut..multis ~ia corpora rebus multa putes esse LUCR.1.196; ceteris..omnibus doctrinis multae res..~es sunt VITR. 1.1.16; tu causa malorum facta tribus dominis ~is, Roma LUC.1.85;—(*w.* inter se) ~ia esse amicorum inter se omnia TER.*Ad.*804; CIC.*Off.*1.53; sunt tamen inter se ~ia sacra poetis OV.*Pont.*2.10.17;—(*w.* in+abl.) aliquas ~es in omni eo genere obseruationes PLIN.*Nat.*22.99. **c** ~ium scriptorum uictoribus praemia et honores constituit VITR. 7.pr.4.

4 (rhet., of arguments, etc.) That can be used by both sides, applicable to either side. **b** *locus ~is*, a subject or topic that can be used equally well in different speeches (whether by accuser or defendant), a 'commonplace'.

~e (*sc.* exordium), quod nihilo minus in hanc quam in contrariam partem causae potest conuenire CIC.*Inv.*1.26; 1.90; QUINT.*Inst.*4.1.71; initia ~ia habet controuersia *Decl.* 266(p.85,l.21). **b** ea (*sc.* adprobatio) habet locos proprios atque ~es..~es suntqui alia in causa ab reo alia ab accusatore tractantur *Rhet.Her.*2.9; haec..argumenta, quae transferri in multas causas possunt, locos ~es nominamus CIC.*Inv.*2.48; (sensus) quos tu Luculle ~i loco defendis *Luc.* 79; hic ~em locum dixit in omnes qui hanc adfectarent scientiam SEN.*Suas.*3.4; QUINT.*Inst.*10.5.12.

5 Of, belonging to, or affecting, the whole community or state, public, national, communal. **b** *locus ~is*, a public place; (pl., also) the 'public' parts of a house. **c** *sensus ~is*, feeling for others in the same community (as a guide to conduct, etc.) (see also senses 6 and 7).

~em rem agi putatote CATO *orat.*234; si res ~is melioribus locis constitisset SIS.*hist.*99; post rerum nostrarum et ~ium grauissimos casus CIC.*Brut.*1; ad ~is fortunas conseruandas *Catil.*4.14; homo et humanitatis expers et uitae ~is ignarus *Phil.*2.7; quem ego..priuatis litteris ad bellum ~e uocare non desino *Fam.*11.25.2; rei publicae causa ~isque religionis *Div.*2.28; nec..~i desse saluti LUCR.1.49; nihil nisi ~i consilio acturos CAES.*Gal.*3.8.3; reges Attalici..cum.. bybliothecam Pergami ad ~em delectationem instituissent VITR.7.pr.4; suam quisque spem, sua consilia ~ibus deploratis exsequentes LIV.5.40.6; quam mihi mandaret ~is Graecia, causam OV.*Met.*13.199; ab omni foedere uitae ~is abstractus SEN.*Con.*7.1.2; certatum..in ~e nefas LUC.1.6; ~i dare signa tuba JUV.15.157; relegatus morari non potest Romae..quia ~is patria est CALL.*dig.*48.22.18(19). **b** oppidum..maximis ex pecunia sua locis ~ibus monumentisque decorauit CIC.*Ver.*2.112; sarta tecta aedium sacrarum locorumque ~ium tueri *Fam.*13.11.1; loco ~i VITR.2.8.17; in ~i loco stetisti SEN.*Con.*1.2.5;—~ia autem sunt (loca), quibus etiam inuocati suo iure de populo possunt uenire, id est uestibula, caua aedium, peristylia VITR.6.5.1. **c** a uulgari genere orationis atque a consuetudine ~is sensus abhorrere CIC.*de Orat.*1.12; ea sunt in ~ibus infixa sensibus 3.195; ipso nomine patrio ualeret..ualeret, inquam, ~i sensu omnium et dulcissima commendatione naturae *Planc.* 31; SEN.*Ep.*5.4; sensum..qui ~is dicitur, ubi dicet, cum se a congressu..segregarit? QUINT.*Inst.*1.2.20; rarus enim ferme sensus ~is in illa fortuna JUV.8.73.

6 Of, belonging to, or affecting, everyone or everything, universal. **b** *locus ~is*, the home of all, the grave. **c** made or expressed in general terms, of general application, general. **d** *~is est coniectura, existimatio*, it is open to conjecture, a matter of opinion.

~a esse haec, fieri posse TER.*Ph.*245; sed ~is exempli et fidei ergo uisum, ut te saluum uelimus QUAD.*hist.*41; ~e, quod accidit omnibus eodem fere tempore, ut messis, uindemia, calor, frigus CIC.*Inv.*1.40; Siculi neque suas leges ..neque ~ia iura tenuerunt *Ver.*13; non domus, ~e perfugium *Catil.*4.2; nec habere ne spei quidem..~e solacium *N.D.*3.14; a ~i parente natura *Tusc.*5.37; corpus enim per se ~is dedicat esse sensus LUCR.1.422; ~is culpae cur reus unus agor? PROP.2.30.32; ~emque prius..humum longo signauit limite mensor OV.*Met.*1.135; ut mihi felices sint illi saepe uocati, quos ~is hiems..mersit aquis 14.481; STAT. *Theb.*8.322. **b** qui nunc abierunt hinc in ~em locum PL.*Cas.*19. **c** at quos testis? primum dicam, id quod est ~e, Graecos CIC.*Flac.*9; tum de prouinciis ~is relatio fuit LIV.26.28.3; a ~i fluentis morbi contemplatione ad propriam medicina descendit CELS.1.pr.68; ~is (usus) et medullarum est. omnes molliunt, explent, siccant, excalfaciunt PLIN.*Nat.*28.145; utile consilium modo, sed ~e, dedisti JUV.9.124; apud Graecos..proprio nomine τόξευμα uocatur, apud nos autem ~i nomine telum appellatur GAIUS *dig.*50.16.233.2; lex est ~e praeceptum PAPIN.*dig.* 1.3.1. **d** sed id qua mente, ~is erat coniectura *B.Alex.* 58.2; quam uera sit ~is existimatio est LIV.23.47.8; qui si ea in re sit error..existimatio ~is omnibus est 4.20.8.

7 Common, ordinary.

in consuetudine ~i VAR.*L.*5.6; in causis forensibus atque ~ibus CIC.*de Orat.*1.213; quis denique ~i (te) salutatione dignum putat? *Pis.*96; is uincula reuellit non modo iudiciorum sed etiam utilitatis uitaeque ~is *Caec.*70; is cui est uisio ueri falsique ~is *Luc.*33; uitae ~em cultum atque usitatum *Tusc.*3.11; haec..officia..media Stoici appellant; ea ~ia sunt *Off.*3.14; de uita ~i omnium VITR.1.pr.2; qui ~i sunt fortuna 6.5.1; cum oleo ~i mixtus LARG.40; sermones id genus ~es a rebus paruis..abducebat GEL. 4.1.19; si ~i auxilio et mero iure munitus sit, non debet ei tribui extraordinarium auxilium ULP.*dig.*4.4.16;—(*w.* sensus) '~i sensu plane caret' inquimus HOR.*S.*1.3.66; quibu ..gloriam fortuna tribuit, sensum ~em abstulit PHAED.1.7.4; sit in beneficio sensus ~is SEN.*Ben.*1.12.3.

8 Courteous, sociable, obliging.

modo fit obsequens hilarus comis ~is concordis CAECIL. *com.*109; quemquamne existimas Catone..commodiorem, ~iorem, moderatiorem fuisse ad omnem rationem humanitatis? CIC.*Mur.*66; eum magis ~em censemus in uictoria futurum fuisse *Fam.*4.9.2; simplicem..et ~em et consentientem *Amic.*65; ut ~is infimis, par principibus uideretur NEP.*Att.*3.1; nec ullo spectaculi genere ~ior aut remissior erat SUET.*Cl.*21.5; SEMPER HONORIFICVS SEMPER ~IS AMICIS *CIL* 9.4796.

9 Related, having something in common.

si de pluribus controuersiis sumptus est nihil sibi ~ibus ULP.*dig.*4.8.21; licet interdum ~es (*sc.* actiones) sint cum hoc edicto 47.8.2.10; quae uel tota uel ex aliqua parte ~is est quaestioni de re maiori NERAT.*dig.*44.1.21.

commūnitās ~ātis, *f.* [prec.+-TAS]

1 Joint possession or use, participation, partnership, sharing.

quae uobis potest cum hoc gladiatore condicionis, aequitatis, legationis esse ~as? CIC.*Phil.*6.3; ut cum uiris bonis, iucundis, amantibus tui uiuas..nec id ad uoluptatem refero sed ad ~atem uitae atque uictus *Fam.*9.24.3; tum sit inter eos omnium rerum consiliorum uoluntatum..~as *Amic.*61; et mores eius erunt spectandi..et animus erga nos et ~as ac societas uitae *Off.*1.45; in qua omnium rerum..est seruanda ~as 1.51;—(*of things*) ad chromaticen synhemmenon diatessaron habet consonantiae ~atem VITR.5.5.4; symphoniarum ~ates 5.5.5.

2 Social relationship, fellowship, social ties. **b** organized society.

alteram si sequaris, multa ruunt et maxime ~as cum hominum genere, caritas, amicitia CIC.*Luc.*140; natosque esse ad congregationem hominum et ad societatem ~atemque generis humani *Fin.*4.4; in qua continetur deorum et hominum ~as et societas inter ipsos *Off.*1.153. **b** hominum..societas et ~as..iustitiam procreauit CIC. *N.D.* 3.38; hoc omne genus pestiferum atque impium ex hominum ~ate exterminandum est *Off.*3.32.

3 Community of nature or quality, kinship.

c cum G magnam habet ~atem VAR.*L.*6.95; inter se quoque de his perpauca sunt quae habeant quandam ~atem 9.59; unum adde uerbum: iure; iam a ~ate res diiuncta uidebitur CIC.*Top.*29; in eo (*sc.* uiso)..si erit ~as cum falso, nullum erit iudicium *Luc.*34; nec sit in duobus aut pluribus nulla re differens ulla ~as 54.

4 Obligingness.

in Militiade erat cum summa humanitas tum mira ~as, ut nemo tam humilis esset, cui non ad eum aditus pateret NEP.*Milt.*8.4.

commūniter, *adv.* [COMMVNIS+-TER²]

1 By joint or common action, jointly, in common, together.

si ~ pisunt CATO *Agr.*136; eos cogere oportet..pascere ~ VAR.*R.*2.10.2; ut hi rebus ~ gestis paene simul cum patre triumpharet CIC.*Mur.*11; alia epistula ~ commendaui tibi legatos..hac separatim Q. Fufidium *Fam.*13.12.1; NEP. *Pel.*2.2; HOR.*Epod.*16.15; cum ~ modulantur VITR.5.4.5; ipsi inter se tres populi ~ bellum parant LIV.1.10.2; ~ ambo exercitus lustrauerunt 41.18.7; cum ~ sitae (sc. Europa et Libye) effundant Zephyrum LUC.9.417;—(*w.* cum) cur..iste..omnia cum Chrysogono ~ possidet? CIC. *S.Rosc.*108; ut prouincias cum Augusto ~ administraret SUET.*Tib.*21.1.

2 Both or all alike, indiscriminately.

qui et uobis et rei publicae et sibi ~ prospiciat GRACCH. *orat.*17; duplices..catenae..una..in stella ~ haerent CIC. *Arat.*250(16); quae..et de hominis ingenio et ~ de ipso studio locutus sum *Arch.*32; quod nunc ~ in omnibus sepultis uenit usu *Leg.*2.57; hunc amor, ira quidem ~ urit utrumque HOR.*Ep.*1.2.13; interdum patres ~ increpare LIV. 7.12.12; di..o ~ omnes OV.*Met.*6.262; quamquam ipsum 'scire' de omnibus ~ rebus dicatur GEL.2.19.5; ULP.*dig.* 15.1.1.5; Graece παιδίον ~ appellatur (*i.e. of both sexes*) PAUL.*dig.*50.16.163.1.

3 In general terms, generally. **b** in the general or ordinary sense, ordinarily, commonly.

hoc sit nobis dictum ~ de omni genere locorum communium CIC.*Inv.*2.50; *Off.*2.36; ~ omnia amplectar LIV. 29.17.17; prouectus..est..in maledicta nunc ~ Romanorum, nunc proprie..Quinctii 35.48.11; indicanda quaedam puto ~ ad omnia ossa pertinentia CELS.8.7.1; APUL.*Apol.* 3. **b** poeta ~ dicitur—omnibus enim uersus facientibus hoc nomen est SEN.*Ep.*58.17; quintum genus est eorum quae ~ sunt 58.22; figura, quam non ~ sed proprie nominamus QUINT.*Inst.*9.1.23.

commūnītiō ~ōnis, *f.* [COMMVNIO¹+-TIO]

1 A fortification.

summos lapidum ordines deiciebant et ita gradatim.. totam ~onem dissipauerunt VITR.10.13.1.

2 The building up (of a road; in quot., fig.).

omne..principium..habere debebit aut aditum ad causam et ~onem aut quoddam ornamentum et dignitatem CIC. *de Orat.*2.320.

commūnitus, *adv.* **conm-.** [COMMVNIS+-ITVS¹] Jointly, as a group.

ut deos colere debet ~ ciuitas, sic singulae familiae debemus VAR.in Non.p.510M.

commurmurātiō ~ōnis, *f.* [next+-TIO] A confused noise of talking, buzz.

~o fieri coepta est a plerisque..quasi monstrum uerbi admirantibus GEL.11.7.8.

commurmurō ~āre, *intr.* **~or** ~ārī ~ātus. [CON-+MVRMVRO] To mutter, murmur. **b** to rumble.

(*w. dir. sp.*) ~antur αὐτό VAR.*Men.*380; ut scriba..secum ipse caput sinistra manu perfricans ~atus sit: 'ratio..' CIC. *Pis.*61;—(*w. acc. and inf.*) inferias in tempore dignas missurum fratri clauso ~at ore SIL.15.821;—(*of birds*) patentibus campis, ubi congregatae inter se ~ant (ciconiae) PLIN. *Nat.*10.62. **b** magnum ~at Aetna *Aetna* 301.

commūrō ~ere, *tr.*: form of COMBVRO.

commūtābilis ~is ~e, *a.* [COMMVTO+-BILIS]

1 Liable to change or reversal, variable. **b** (rhet.) reversible, adaptable (to use by an adversary).

uides quam sit uaria uitae ~isque ratio, quam uaga uolubilisque fortuna CIC.*Mil.*69; in re publica infirma misera ~ique uersamur *Att.*1.17.8; *Parad.*7; (*gram.*, *of vb. stems*) omnia uerbi principia..~ia, si perfecta ponerent VAR. *L.*9.99. **b** ~e (exordium), quod ab aduersario potest leuiter mutatum ex contraria parte dici CIC.*Inv.*1.26; QUINT. *Inst.*4.1.71.

2 Capable of change, plastic.
si omnis cera ~is esset Cic.*N.D.*3.30; materiam..rerum.. totam esse flexibilem et ~em 3.92.

commūtātē, *adv.* [pple. of COMMVTO+-E] In an altered manner.
eandem rem dicemus non eodem modo..sed ~ *Rhet.Her.* 4.54.

commūtātiō ~ōnis, *f.* [COMMVTO+-TIO]

1 A physical change, reversal, turning. **b** change (in arrangement, etc.). **c** a grammatical change; change in style or delivery.
quod..fretum..tantas, tam uarias habere putatis agitationes ~onesque fluctuum? Cic.*Mur.*35; ~onesque temporum quadrupertitas *Tusc.*1.68; propter crebras ~ones aestuum Caes.*Gal.*5.1.2; xv Kal. Ian. uentorum ~onem significat Col.11.2.94; (*cf.*) crebra tamquam tempestatum sic sententiarum ~o Cic.*Dom.*4. **b** his ~onibus et translationibus saepe uti necesse est *Rhet.Her.*3.17; in hyperbato ~o est ordinis Quint.*Inst.*9.1.6. **c** in figura uocis alias ~o fit in primo uerbo sūit modo sūt Var.*L.*10.25;—ad.. actionis suauitatem quid est uicissitudine et uarietate et ~one aptius? Cic.*de Orat.*3.225; nec sine ulla ~one in eodem semper uersetur genere numerorum *Orat.*231.

2 A progressive change, alteration.
in his fere ~o constitit omnis dissensioque Zenonis a superioribus Cic.*Ac.*1.42; ut ~o ex uero in falsum ne in futuro quidem ulla fieri possit *Fat.*17.

3 (usu. w. gen.) A change, reversal, upheaval (in circumstances, etc.). **b** (rhet.) a turning round, reversal (of an expression; see quot.).
(*w.* rerum *and sim.*) ~onem rerum portendit fore Acc. *praet.*35; Catilinae importunam manum..insperata ~one rerum esse renouatam Cic.*Sest.*42; ante hanc ~onem rei p. *Fam.*13.10.2; sunt orbes et quasi circuitus in rebus publicis ~onum et uicissitudinum *Rep.*1.45 de ~onibus rerum publicarum 1.65; Caes.*Gal.*1.14.5; 6.12.6; *Civ.*1.52.3; has tam prosperas..res consecuta est subita ~o Nep. *Di.*6.1; ~one status publici Vell.2.35.4;—(*w.* fortunae) Cic.*Inv.*1.27; queruntur fortunae ~onem Caes.*Gal.*7.63. 8; qui tantam fortunae ~onem miserarentur Tac.*Ann.* 12.47;—(*w.* uitae) Cic.*Att.*8.15.1; mortem non interitum tum esse..sed quandam quasi migrationem ~onemque uitae *Tusc.*1.27;—miram laetitiam ~onemque animorum *Att.*16.4.2; tantam..omnibus uoluntatum ~onem attulit Caes.*Gal.*5.54.4; tanta ~o incessit, ut ex maxuma inuidia in gratiam..ueniret Sal.*Jug.*13.7; ex nouitate et soliti ordinis ~one Sen.*Ep.*114.9; quanta morum ~o! Plin.*Nat.*7.113. **b** ~o est cum duae sententiae..ita efferuntur ut a priore posterior contraria priori proficiscatur, hoc modo 'esse oportet ut uiuas, non uiuere ut edis' *Rhet. Her.*4.39.

4 Change (of one thing for another), exchange, substitution. **b** interchange; exchange of views, etc.
eadem aqua uti oportet, quod ~o..lanam facit uariam Var.*R.*2.2.14; ~one ergo litterarum aras dici coeptas (asas) *gram.*128; propter nominum ~onem *Rhet.Her.*2.45; ~ones dominorum reformido Cic.*Att.*12.36.1; uideamus, quid sit exilium. nempe loci ~o Sen.*Dial.*12.6.1. **b** censuit.. ne ~o captiuorum reciperetur Flor.*Epit.*1.18(2.2.24);—eos qui foris atque qui in arce erant, inter se ~ones et consilia facere Quad.*hist.*5.

commūtātus ~ūs, *m.* [next+-TVS³] Change.
quae paulo diximus ante in ~um ueniunt Lucr.1.795.

commūtō ~āre ~āuī ~ātum, *tr.* [CON-+MVTO]

1 To change more or less completely, alter, modify. **b** (non-material things). **c** *~are cursum, uiam, iter*, to change one's course or route. **d** to alter (an arrangement), rearrange.
SEI QVAS VIAS FOSSAS CLOACAS..PVBLICE FACERE IMMITTERE ~ARE..VOLET *CIL* 1.590.40; uerba ..quae orta ab uno uarie ~antur, ut sapiens sapienter sapientia Cic.*Top.*12; iam paene belli depulso metu ~atam annonam esse (*i.e. the price had fallen*) *Dom.*15; materiam ipsam totam penitus ~ari putant *Ac.*1.28; litteras..uelim prius perlegas et si qua tibi uidebuntur ~es D.Brut.*Fam.*11.19.1; nec quicquam ~ari sine conciliatu Lucr.2.936; omnia ~at natura et uertere cogit 5.831; nisi si loci natura..coegerit symmetriam ~ari Vitr.5.1.4; nonne..tunc ~ata..omnia cupis? Plin.*Ep.*7.17.9;—(*non-personal subj.*) adiuncti uerbi prima littera praepositionem ~auit, ut subegit, summouit, sustulit Cic.*Orat.*158. **b** topper fortunae ~antur hominibus *Carm. Nelei* 3(*trag.*p.270); ut.. ne legem quidem..neue uendundi aut tempus aut locum ~arent Cic.*Ver.*3.14; uiolare libertatem huius populi..~are disciplinam conatus es *Rab.Perd.* 13; nihil est de Scipionis prouincia ~atum *Phil.*11.17; ~ata tota ratio est senatus, iudiciorum, rei totius publicae *Fam.* 1.8.4; SEI EAE RES..AD EAS LEGES ADDITAE CONRECTAE ESSENT *CIL* 1.593.162; sic uoluenda aetas ~at tempora rerum Lucr.5.1276; iure et legibus ~atus Caes.*Gal.*7.77.16; uitae statum ~atum ferre non potuit Nep.*Di.*4.5; instituta prioris potentiae ~at Tac.*Ann.*14.56; (*of a law*) ne iuris gentium regulam..lex aliqua..aliquo casu ~auerit Gaius *Inst.*1.83;—(*views, plans, policies, etc.*) saepe totius theatri tibiis crebro flectendo ~ari mentes Var.*Men.*365; haec, quae suscipitur ab oratore ad ~andos animos Cic. *de Orat.*2.211; te tam uehementer sententiam ~asse *Att.* 16.7.2; ~ato consilio Caes.*Gal.*1.23.3; ~ata omnium et uoluntate et opinione *Civ.*2.33.2; ~ata ratione belli 3.65.3. **c** stultum est eum tenere cum periculo cursum..potius quam eo ~ato quo uelis tamen peruenire Cic.*Fam.*1.9.21; multa uidebis..~are uiam retroque repulsa reuerti Lucr.2.129; consilium Scipio iterque ~at Caes.*Civ.*3.36.7. **d** cum ipsa res artificiosam dispositionem artificiose ~are cogit *Rhet.Her.*3.17; ~atis ordinibus Sal.*Jug.*49.6; 101.2.

2 To change (a person) in policy, outlook, opinion, etc.
sic..~atus est totus et scriptis meis..et praeceptis ut tali animo in rem publicam quali nos uolumus futurus sit Cic.*Att.*16.5.2; C. Caesarem..subito ~atum non sine magno consilio suspicabantur *B.Afr.*35.1; e duro..more ~ati in Graecorum..suauitatem sua uoluntate reducebantur Vitr.2.8.12;—(*w.* animo) quibus etiam qui assentiuntur nihil ~antur animo Cic.*Fin.*4.7.

3 (pregn.) To change (for the worse).
istuc quid est tibi quod ~atust color? Pl.*Mer.*368; ubi aetate hoc caput colorem ~auit *Mos.*201;—~atque sese (brassica) semper cum calore (*i.e. goes bad*) Cato *Agr.*157.1; alia..antequam se ~ent, ut celeriter promas ac uendas Var. *R.*1.69.1;—an audacius tabulas publicas ~auit (*i.e. falsified*)? Cic. *Ver.*3.83; ante quam me ~ati indici coargueris *Sul.*44.

4 To replace with another, change. **b** to change (one's position, abode, etc.). **c** to change the position of.
ut ciuitas nomen mihi ~et Pl.*Ps.*192; trapetos bonos priuos inpares esse oportet, si orbes contriti sient, ut ~are possis Cato *Agr.*3.5; ~andis (litteris) hoc modo: 'deligere oportet, quam uelis diligere' *Rhet.Her.*4.29; cum eiusdem nominis casus saepius ~antur Cic.*Orat.*135; eidem homines nomine ~ato coloni decurionesque *Sest.*9; libenter..~ata persona te mihi fratris loco esse duco Met.Nep.*Fam.*5.3.1; non sublatam dominationem sed dominum ~atum esse Brut.*ad Brut.*1.16.1; in principatu ~ando ciuium Phaed. 1.15.1;—(*w. abl.*) ornandi causa proprium proprio ~atum: desine, Roma, tuos hostis Cic.*de Orat.*3.167;—(*ellipt.*) cum paratam habuisset marmoris copiam in doricae aedis perfectionem, ~auit ex eadem copia et eam ionicam..fecit Vitr.4.3.1. **b** quod habeo ut ~et coloniam Pl.*Aul.*576; crebro ~at status *Mil.*206; ubi satias coepit fieri ~o locum Ter.*Eu.*973; omnes ~antur ibi positurae principiorum Lucr.4.667; ut..prope per singulas noctes ~are latebras cogeretur Suet.*Jul.*1.2. **c** amurcam ~et usque adeo, donec in lacum..postremum peruenerit Cato *Agr.*67.2.

5 To change (a thing of one's own) for that of another, exchange, barter; *uerba ~are*, to exchange words, talk. **b** (w. acc. of thing received) to change one's own for, take in exchange. **c** to give in exchange, barter, sell; (also refl.) to change places (with another).
libris ~andis Cic.*Q.fr.*3.4.5; cum de captiuis ~andis Romam missus esset *Off.*1.39;—(*w.* inter se) inter se ~ant uestem et nomina Pl.*Capt.*37; L et S inter se saepe locum ~ant Var.*L.*5.138;—(*w.* cum) quicum ~o omnia Lucil.670; prouinciam Galliam..quam cum Antonio ~aui Cic.*Pis.*5; Sen.*Ep.*122.7;—(*ellipt.*) uin ~emus, tuam ego ducam et tu meam? Pl.*Trin.*59;—numquam hodie tecum ~aturum patrem unum esse uerbum Ter.*An.*410; tria non ~abitis uerba hodie inter uos *Ph.*638. **b** nisi oculos orationemque aliam ~as tibi Pl.*Mil.*327; proin tu..ferreas aedis ~es *Per.* 571;—(*w. abl. of thing given*) si multi leue conpendium fraude maxima ~arunt *Rhet.Her.*2.29; cuius contumeliam homines ignauissimi uita sua ~are uolunt Sal.*Rep.*2.4.3; Styx..bene ~abitur Histro Ov.*Pont.*4.14.11;—(*w.* cum) Cic.*Sest.*37; mortem cum uita ~are Sulp.Ruf.*Fam.*4.5.3;—(*w.* pro) QVO PRO AGRO LOCO EX PRIVATO IN PVBLICVM TANTVM MODVM AGRI LOCEI ~AV⟨IT⟩ *CIL* 1.585.27; agri..qui.. ueteribus possessoribus redditi ~atique pro suis sunt Hyg. *agrim.*p.80; Ulp.*dig.*2.15.8.24. **c** dona atque ornamenta templorum subripuisse et ~asse quaedam ferebatur Suet. *Vit.*5.1;—(*w. abl.*) qui..fidem suam et religionem pecunia ~arit Cic.*Clu.*129; uictum uitamque priorem ~are nouis.. rebus et igni Lucr.5.1106; ne..studium belli gerendi agri cultura ~ent Caes.*Gal.*6.22.3; reliquum mustum..aere ~ato Col.12.26.2; aerumnas adoreis..~auit Fro.*Aur.*2. p.20(217N);—(*refl., w.* cum) qui neminem uidet, cum quo se ~atum uelit Sen.*Ep.*45.9.

6 To change (one thing) into another, transform.
quid? contraxistis frontem quia tragoediam dixi futuram hanc? deu' sum, ~auero Pl.*Am.*52; cum ea..~antur fiuntque contraria Cic.*Off.*1.31; si primordia rerum ~ari aliqua possent ratione reuicta Lucr.1.593;—(*w.* ex, in) nec magis ~ari ex ueris in falsa posse ea quae futura quam ea quae facta sunt Cic.*Fat.*17; ut Progne in hirundinem ~aretur Hyg.*Fab.*45.5.

cōmō ~ere ~psī ~ptum, *tr.* [CON-+EMO]

1 To make beautiful, dress, adorn. **b** to embellish in speech or writing.
colla genasque ~ere Stat.*Silv.*1.2.111; (corpora) si quis.. muliebriter ~at Quint.*Inst.*8.pr.19; munera..quibus noua nupta ~atur Tac.*Ger.*18.2;—(*refl.*) tibi se laetissima ~psit [Tib.]3.12.3; qualem fuisse cultum putas ad hoc se speculum ~entium? Sen.*Nat.*1.17.5;—(*absol.*) admoto non distat ~ere tactu Stat.*Ach.*1.343. **b** quem..locum ~it multa uenustate..idem Lucilius Cic.*Fin.*1.9; probabile..Cicero id genus dicit, quod non nimis est ~ptum: non quia comi expolirique non debeat Quint.*Inst.*8.3.42; est..qui Platonem legere postulet..linguae orationisque ~endae gratia Gel.1.9.10.

2 To dress, arrange, 'do' (hair); to arrange the hair of. **b** to trim (bushes).
seu soluit crines..seu ~psit, ~tis est ueneranda comis [Tib.]3.8.10; nec tibi..~at uirgineas hasta recurua comas Ov.*Fast.*2.560; exiguos secto ~entem dente capillos Mart. 12.82.9; crinem ~ite Stat.*Silv.*2.7.10; (*on a helmet*) ~unt Furor Iraque cristas Stat.*Theb.*3.424; 8.167;—~ere sed solas digna, Cypassi, deas Ov.*Am.*2.8.2; uolucris..auriga.. ~it equos Stat.*Theb.*4.43;—(*parts of the body*) eam huc ornatam adducas, ex matronarum modo, capite ~pto, crinis uittasque habeat Pl.*Mil.*792; Tib.1.8.16; non ⟨ut⟩ in gradus atque anulos ~tum (sit caput) Quint.*Inst.*12.10.47; (*cf.*) Theseus..a nulla tempora ~ptus acu Ov.*Ars* 1.510. **b** tonsilia arbusta..radi rigari ~i solita Fro.*Aur.*1.p.48 (216N).

3 To arrange in order, set out.
phalerasque et lucida ~unt arma manu Stat.*Theb.*11.405; optimus idem ~ere diuitias *Silv.*2.3.71.

cōmoedia ~ae, *f.* [Gk. κωμῳδία] Orthog.: *comodia* Var.*L.*7.89.

1 Comedy as a form of drama or literature. **b** *uetus, antiqua, prisca ~a*, the old (Attic) comedy; *media ~a*, middle comedy.
de ~a loquor, quae, si haec flagitia non probaremus, nulla esset omnino Cic.*Tusc.*4.69; sed habet ~a tanto plus oneris Hor.*Ep.*2.1.169; nec ~a in cothurnos adsurgit Quint.*Inst.*10.2.22;—(*personified*) postquam est mortem aptus Plautus, ~a luget *Epigr.Plaut.*1(*poet.*p.32). **b** Aristophanes, facetissimus poeta ueteris ~ae Cic.*Leg.*2.37; Atticorum antiqua ~a *Off.*1.104; quorum ~a prisca uirorum est Hor.*S.*1.4.2; Vell.1.16.3; Plin.*Nat.*21.29; Suet.*Aug.* 89.1;—Philemon, mediae ~ae scriptor Apul.*Fl.*16.

2 A comedy.
eandem hanc..faciam iam ex tragoedia ~a ut sit Pl.*Am.* 55; hoc poetae faciunt in ~is *Men.*7; si placuit, plausum postulat ~a *Poen.*1371; ex integra Graeca integram ~am hodie sum acturus Ter.*Hau.*4; quis umquam Graecus ~am scripsit in qua seruus primarum partium non Lydus esset? Cic.*Flac.*65; *Rep.*4.11; Menander, nobilis ~is Phaed.5.1.9; populo sex dedit ~as Volc.*poet.*2; (*cf. sense* 1b) cuius improbitatem ueteres Atticorum ~ae notauerunt Cic. *Brut.*224.

cōmoedicē, *adv.* [next+-E] In a manner appropriate to comedy.
euscheme hercle astitit et dulice et ~ Pl.*Mil.*213; Paul. *Fest.*p.61M.

cōmoedicus ~a ~um, *a.* [Gk. κωμῳδικός] Of comedy, comic.
hisce laudibus diu in arte ~a nobilis (Philemon) Apul. *Fl.*16.

cōmoedus[1] ~ī, *m.* [Gk. κωμῳδός] A comic actor, comedian.
et ~um in tragoediis et tragoedum in comoediis admodum placere uidimus Cic.*Orat.*109; nemo..a pessimo histrione bonum ~um fieri posse existimaret *Q.Rosc.*30; Sen. *Apoc.*4.2; ~i pueri Mart.14.214; Plin.*Ep.*1.15.2; cum uxorem ~us agit Juv.3.94; Suet.*Tib.*47.

cōmoedus[2] ~a ~um, *a.* [as prec.] That performs in comedy.
(*hyperb.*) natio ~a est Juv.3.100.

comōsus ~a ~um, *a.* [COMA+-OSVS]

1 Having long or abundant hair.
Phoebus ~us, Hercules lacertosus *Priap.*36.2; caluus ~a fronte nudo corpore Phaed.5.8.2.

2 (of plants) Having many leaves, leafy.
hemeris uocatur, breuior et in orbem ~a Plin.*Nat.*16.22; septimum (genus tithymalli)..~issimum ex omnibus 26.71.

compaciscor ~acisci ~ectus (~actus), *intr.* [CON-+PACISCOR] To make an agreement or arrangement.
si sumu' ~ecti seu consilium umquam iniimus Pl.*Ps.*543.

compactilis ~is ~e, *a.* [COMPINGO+-ILIS¹]

1 Joined, fastened or fitted together.
supra columnas trabes ~es inponantur Vitr.4.7.4; 10. 14.2; solum hoc pomum (*sc.* nucem iuglandem) natura ~i operimento clausit Plin.*Nat.*15.88.

2 Thick-set, compact.
leonum duo genera, ~e et breue..hos pauidiores esse quam longos Plin.*Nat.*8.46; optimae (apes) breues uariaeque et in rotunditatem ~es 11.59; ferunt et abellanae iulos ~i callo 16.120.

compactiō ~ōnis, *f.* [COMPINGO+-TIO] A fitting together; (concr.) a framework, structure.
quod contingit animalibus sensuum distributione et quadam ~one membrorum Cic.*Fin.*5.33;—insuper hanc ~onem erigantur postes compactiles Vitr.10.14.2; 10.15.2.

compactum ~ī, *n.*: see COMPECTVM.

compactūra ~ae, *f.* [COMPINGO+-VRA] Fitting or joining together.
eaeque trabes..ita sint compactae..ut ~a duorum digitorum habeant laxationem Vitr.4.7.4.

compactus ~a ~um, *a.* **conp-.** [pple. of COMPINGO]

1 Joined together, fastened together, united. **b** made with joints.
quid..tam compositum tamque ~um et coagmentatum inueniri potest? Cic.*Fin.*3.74. **b** se..puero quadrata et ~a (repositoria) aut acere operta aut citro coepisse Plin. *Nat.*33.146.

2 Closely packed; well-set, compact.
cum densos ~osque nubium sinus dissipat (aer) Sen.*Nat.* 2.15;—Etruria et Latium ~os sed ad opera fortis (progenerant) Col.6.1.2; etiam ultra matronalem modum ~o corpore et robusto Plin.*Ep.*7.24.1; statura fuit quadrata, ~is firmisque membris Suet.*Ves.*20.1.

comp(a)edagōgīta ~ae, *f.* **conp-.** [cf. Gk. συμπαιδαγωγέω] A fellow member of a *paedagogium*.
CARPIONI AMICO B M FECIT HELIVS ~A *CIL* 6.9760.

compāgānus ~ī, *m.* **conp-** [CON-+PAGANVS] A fellow villager.
INTER ~OS RIVI LARENSIS *CIL* 2.4125.

compāgēs ~is, *f.* **conp-.** [COMPINGO+-ES]

1 The action of holding together, binding, bond, tie. **b** putting together, construction.

ualuas in glutinis ~e quadriennio fuisse PLIN.*Nat.*16.215; nexae ferri ~e triremes SIL.14.418; (*of the embraces of love*) cupide in Veneris ~ibus haerent LUCR.4.1113; 4.1205; (*poet.*) artam ~ibus urbem STAT.*Theb.*3.356;—(*transf.*) post hinc deinde quanta ~es nouos alternet uarietque modos MAUR.1601. **b** quasdam (aquas) ~e sub ipsa (mundi) cum toto coepisse reor LUC.10.265.

2 A joint, seam (in a wooden or other structure). **b** a joint in the human frame, or other animal body; also, a suture. **c** (in other natural structures). **d** the junction of a graft or budding.

ut uitio uenae tabularum saepius hiscant quam laxare queant ~es taurea uincla LUCR.6.1071; hastam in latus inque feri curuam ~ibus aluum contorsit VERG.*A.*2.51; tumulos..qui..effudere suas uictis ~ibus urnas LUC.7.857; laxatis sellae curulis ~ibus SUET.*Aug.*43.5;—(*in a ship*) laxis laterum ~ibus omnes accipiunt inimicum imbrem VERG.*A.*1.122; LIV.35.26.8; nauigium..putre, resolutis ~ibus SEN.*Con.*7.1.8; sonuit uictis ~ibus alnus LUC.5.594. **b** dum sumus inclusi in his ~ibus corporis CIC.*Sen.*77; in ~e qua iungitur capiti ceruix (*sc.* elephanti) LIV.27.49.1; ossa..~ibus discussa ruptis SEN.*Her.O.*1228; laxumque caput ~e soluta oscitat PERS.3.58; dentes deciderent ~esque in genibus soluerentur PLIN.*Nat.*25.20;—capitis ossa plana, tenuia..structa ~ibus 11.132. **c** peruenit ad ipsum iam lapidem caecisque in eo ~ibus haesit (anulus) LUCR.6.1016; et specus..efficiens humilem lapidum ~ibus arcum OV.*Met.* 3.30; SEN.*Nat.*3.27.7; tellus ualidis ~ibus haerens MAN. 4.828; nec uentum tenet ulla ~es 6.18.3; seque includit (mundus)..nullarum egens ~ium PLIN.*Nat.*2.5; montes natura sibi fecerat ut quasdam ~es telluris uisceribus densandis 36.1. **d** sic ~e densata, ut cicatrici locus non sit PLIN.*Nat.*17.118.

3 A composite structure, framework. **b** one's physical frame or a part thereof. **c** the structure or framework (of the earth, the universe, etc.).

nec ulla subscus cohibet ~em aluei PAC.*trag.*250; crebris arietibus saxorum ~e laxata CURT.4.4.12; nondum sparsa ~e carinae LUC.1.502; ut..structa laterum ~e ligatum artet humum 3.397; densi ~em soluere muri 3.491; strage nemorum pineaque ~e (balneum fecit) MART.9.75.4; soluta ~e scutorum TAC.*Hist.*3.27; neque firmis nexibus ligneam ~em superstruxit *Ann.*4.62; tot..~ibus altum aedificat caput JUV.6.502;—(*transf.*) octingentorum annorum fortuna disciplinaque ~es haec (*sc. the Roman Empire*) coaluit TAC.*Hist.* 4.74. **b** sufficiente etiam uigori animi ~e corporis VELL. 2.127.3; quippe stimulo fluctuque furoris ~es humana labat LUC.5.119; male defensum fragili ~e cerebrum 6.177. **c** sub uertice caeli, quem gelidus rigidis fulcit ~ibus axis MAN.3.357; terrae solida fortisque ~es SEN.*Nat.*7.9.4; siue ipsa tellus..~e rupta sonuit *Oed.*580; sunt qui spiramina terris esse putent magnosque cauae ~is hiatus LUC.10.248; STAT.*Theb.*8.31; aetheriasque erigit aeternum ~es ardua ceruix (*i.e. of Atlas*) SIL.1.204; ~em hanc mundi GEL. 7(6).1.7;—(*in fig. phr.*) ardebant cuncta et fracta ~e ruebant JUV.6.618.

compāgō ~inis, *f.* **conp-.** [cf. prec.]

1 The action or fact of binding together, fastening.

disparibus calamis ~ine cerae inter se iunctis OV.*Met.* 1.711; media..ligat ~ine diuos GERM.*Arat.*180; num..rara ..labent ~ine rimae MAN.1.719; 1.727; quicquid nos elementorum uaria ~o formauit [QUINT.]*Decl.*8.11; postquam omnis ubique fixa catenatae siluit ~o tabernae JUV.3.304; —(*of non-material things*) uocum ne series hiet, neu ~o fragosa sit MAUR.77.

2 A framework, structure. **b** (of the human body). **c** (of non-material things).

interdum aequali laterum ~ine ductus (cometes) quadratam..trabem fingit MAN.1.840; siue flammarum uiolentia ~inem soli ruperit SEN.*Ep.*91.12; ferrea ~o laterum STAT. *Theb.*7.43; caelum ipsum stellaeque caeligenae omnisque siderea ~o aether uocatur APUL.*Mun.*1. **b** a ~ine corporis ad uiscera transeundum est CELS.4.14.1; prima illa duorum corporum animorumque ~o [QUINT.]*Decl.*8.12. **c** ἦτα quod ~o ficti comprehendit nominis (*i.e.* νεικεῖν *for* νη- ἐίκειν) MAUR.447.

compāgus ~ī, *m.* [CON-+PAGVS] (app.) A fellow member of a *pagus* (as cult-title).

CONLEGIVM SEIVE MAGISTREI IOVEI ~EI ⟨SVNT⟩ *CIL* 1.682.2.

compar ~ris, *a.* **conp-.** [CON-+PAR] FORMS: ~*ra* (nom. sg. fem.) *CIL* 6.10082.

1 Similar, alike, resembling; matching, corresponding.

nimis ~r Latinorum quondam postulatio erat LIV.23.6.8; neque uector equum, qui nuper sensit habenas, ~ribus frenis artificemque reget OV.*Ars* 3.556; V.MAX.9.14.ext.2; ubi ille..acceperat, surculo ~ri..circumplicabat GEL. 17.9.14;—(*w. dat.*) inuentast illis quoque ~r natura LUCR. 4.1255; quam ~r consilium tuum parentis tui consilio sit reputa LIV.28.42.20;—omnes..numeri..multitudinis sunt neque eorum quisquam habere potest singulare ~r VAR. *L.*9.65.

2 Equal, on equal terms.

id enim demum ~r conubium fore LIV.1.9.5; cursusque eorum ad eandem uirtutis calcem pergentium, quando est ~r GEL.14.3.10;—(*w. gen.*) tantisper similis et ~r eorum fias 7(6).11.1.

3 (as sb., masc. or fem.) A fellow, partner, comrade; (also) a husband, wife. **b** (of animals; also) one of a pair, mate.

sed eccum..meu' socius, ~r, commaritus uilicus PL.*Cas.* 797; hunc ~arem metuo meum ne deserat med *Ps.*1026; cum eius ~ ar proelium facere coepisset *B.Hisp.*23.4; LIV. 8.6.15; (*w. gen.*) ut..non inueniat miseriae suae ~rem APUL. *Met.*4.31;—MEMORIAM POSVIT ~RI SVE CARISSIME *CIL* 3.6441; AVRELIO AQVILINO ~RI CVM QVO VIXIT ANNIS XXII 5.870; (*of a piece in a game*) bellatorque sua prensus sine ~re bellat OV.*Ars* 3.359. **b** ualet..nondum munia ~ris aequare HOR.*Carm.*2.5.2; uirgea cum ~ribus hara claudi oportebit (agnum) COL.7.3.18;—nec tantum niueo gauisa est ulla columbo ~r CATUL.68.126; in uacca ~re taurus eras OV.*Am.*3.5.37.

4 (neut.) A sentence consisting of clauses of roughly the same number of syllables.

~r appellatur quod habet in se membra orationis..quae constant ex pari fere numero syllabarum *Rhet.Her.*4.27.

comparābilis ~is ~e, *a.* **conp-.** [COMPARO²+-BILIS] Similar, comparable.

simile..ex specie ~i..iudicatur CIC.*Inv.*1.42; trium clarissimorum..uirorum..~is mors uidetur esse LIV.39.52. 7; (*rhet.*) ~e..est, quod in rebus diuersis similem aliquam rationem continet CIC.*Inv.*1.49.

comparātē, *adv.* **conp-.** [pple. of COMPARO²+-E] Comparatively.

cum..quaeritur quale quid sit, aut simpliciter quaeritur aut ~ CIC.*Top.*84.

comparātiō¹ ~ōnis, *f.* **conp-.** [COMPARO¹+-TIO]

1 Preparation, making ready.

ut nihil de mea ~one deminuam CIC.*Q.fr.*1.2.16;—(*w. gen.*) ipsa illa ~one disciplinaque dicendi *Brut.*263; tempus non ad obliuionem ueteris belli sed ad ~onem noui contulit *Man.*9; ~onem..pugnae *B.Afr.*35.4; nihil acciderat in ~onem cladis, quae..imminebat FLOR.*Epit.*2.20(4.10.4).

2 Procuring, obtaining, provision (by purchase or otherwise).

non testium potius quam suffragatorum ~o CIC.*Mur.*44; sit, inquam, tam facilis..~o uoluptatis *Fin.*2.92; ordinatio est..membrorum operis..proportionis ad symmetriam ~o VITR.1.2.2; caloris..si non fuerit in corpore iusta ~o 8.pr. 2; cuius (ueneni)..~onem plurimum difficultatis..habere LIV.42.17.6; anxia diuitiarum ~o V.MAX.4.4.5; initium et ~onem nouae (amicitiae) SEN.*Ep.*9.6; ad ~onem frumentorum TRA.Plin.*Ep.*10.28(37); si pupillaris pecunia in arcam reposita sit ad praediorum ~onem ULP.*dig.*42.1.15.12.

3 The act or process of building, construction. **b** (pl., concr.) materials, constituents.

de copiis, quae sunt necessariae in aedificiorum ~onibus VITR.2.10.3; quibus sint ~onibus, exposui 10.13.8. **b** uti ex his ~onibus ad aeternitatem perfectus habeatur sine uitio murus VITR.1.5.8; spissis ~onibus solidata 2.7.4.

4 Combination, conjunction.

qualitatium inter se dissidentium quasi quasdam coniunctiones, quas Graeci συζυγίας ἐναντιοτήτων, nos discordantium ~ones tolerabiliter dixerimus COL.2.2.3.

5 Arrangement, settlement.

Manliis..Volsci prouincia sine sorte, sine ~one, extra ordinem data LIV.6.30.3.

comparātiō² ~ōnis, *f.* **conp-.** [COMPARO²+-TIO]

1 Comparison, a weighing of the relative merits or other values (of). **b** (rhet.) argument based on the more probable of two possible actions; plea of justification from the greater good of the ultimate end. **c** (*ex*) ~*one* (+gen.), in comparison with; also *in ~onem*.

quod uulgus interdum non probandum oratorem probat, sed probat sine ~one CIC.*Brut.*193; praestantia debent ea dici, quae habent aliquam ~onem *Tusc.*5.38; sed si contentio quaedam et ~o fiat, quibus plurimum tribuendum sit officii *Off.*1.58; ut..ante actorum ~onem amplitudine uicerit VELL.1.9.6; urbis nostrae annos ex supra dicta ~one olympiadum colligere facile erit PLIN.*Nat.*34.7; durissima in materia simili ~o est QUINT.*Inst.*10.1.51; cur abstinuerit spectaculo ipse, uarie trahebant..quidam..metu ~onis, quia Augustus comiter interfuisset TAC.*Ann.*1.76; Rhodii..~onis aculeis excitabantur PLIN.*Ep.*4.5.3; nihil non parum grate sine ~one laudatur *Pan.*53.1;—(*w. gen.*) per ~onem suarum et contrariarum argumentationum CIC.*Inv.*1.99; sic honestatis ~one ea, quae uidentur utilia, uincuntur *Off.* 3.114; ~onem militum generisque armorum fieri patiebatur LIV.32.18.1; clara..fuere ingenia..in tragoediis Pacuui atque Acci, usque in Graecorum ~onem euectis VELL.2.9.3; euanescunt haec atque emoriuntur ~one meliorum QUINT. *Inst.*12.10.75; neque..relatu uirtutum in ~one Othonis opus est TAC.*Hist.*1.30; in ~one extranei et eius, qui creditor cognatusue sit GAIUS *dig.*42.5.16;—(*w.* cum) illa orationis suae cum scriptis alienis ~o..non mediocris contentionis est CIC.*de Orat.*1.257; (*w.* de) ~onum..duo (genera): unum de eodem et alio, alterum de maiore et minore CIC.*Top.*84. **b** ex ~one causa constat cum dicimus necesse fuisse alterutrum facere et id quod fecerimus satius fuisse facere *Rhet. Her.*1.25; 2.21;—~o est, cum aliud aliquid factum rectum aut utile contenditur, quod ut fieret, illud, quod arguitur, dicitur esse commissum CIC.*Inv.*1.15; 2.72; 'ad aliquid', unde ductae translatio et ~o QUINT.*Inst.*3.6.23. **c** leuem ex ~one priorum ducere recentem..iacturam LIV.22.8.2; suos ~one eius damnat ut alienos PLIN.*Nat.*10.27; quibus eloquentia Aufidii Bassi aut Seruilii Noniani ex ~one Sisennae aut Varronis sordet TAC.*Dial.*23.2; tertium cum Africa bellum et tempore exiguum..et in ~onem priorum minimum labore FLOR.*Epit.*1.31(2.15.1).

2 The comparative degree, or an example of this.

per ~ones et superlationes (soloecismi) QUINT.*Inst.*1.5.45.

3 Relationship (of position). **b** ~*o pro portione*, proportion.

cum solis et lunae et quinque errantium ad eandem inter se ~onem..est facta conuersio CIC.*N.D.*2.51. **b** quae Graece ἀναλογία, Latine..~o pro portione dici potest CIC. *Tim.*13; 24; (*cf.*) ex iis rebus..mundi est corpus effectum ea constrictum ~one, qua dixi 15.

comparātīuē, *adv.* **conp-.** [next+-E] In a comparative sense.

'complures' cum dicimus, non ~ dicimus GEL.5.21.14.

comparātīuus ~a ~um, *a.* **conp-** [COMPARO²+-IVVS]

1 (rhet.) Based on or involving consideration of the relative merits of two or more possible actions, etc.

infirmatio est aut coniecturalis..aut haec ~a CIC.*Inv* 2.73; ipsam illam ~am iudicationem exponere tanquam causam deliberatiuam 2.76; hoc..maxime in ~o genere uersari putat, quoniam melius ac peius, maius et minus nisi alio relata non intelleguntur QUINT.*Inst.*3.6.51; 7.4.3; 7.4.12.

2 That is in the comparative degree.

pluria siue plura absolutum esse et simplex, non..~um SINN.*gram.*1; uocabulum neutrum ~um numero pluratiuo recto casu GEL.5.21.8; (*neut. pl. as sb.*) utimur uulgo..~is pro absolutis, ut cum se quis infirmiorem esse dicet QUINT. *Inst.*9.3.19.

comparātor ~ōris, *m.* **conp-.** [COMPARO¹+-TOR] A buyer, dealer.

~OR MERCIS SVTORIAE *CIL* 5.5927.

comparātus ~ūs, *m.* **conp-.** [COMPARO²+-TVS³] Proportion.

amplo modulorum ~u corinthiis symmetriis et proportionibus..architectandum VITR.7.pr.17.

comparcō ~ere: see COMPERCO.

compāreō ~ēre ~uī, *intr.* **conp-.** [CON-+PAREO]

1 To be able to be found, be to be seen. **b** (of qualities) to be obvious, be in evidence.

qui modo nusquam ~ebas, nunc quom ~es peris PL.*Aul* 629; signa et dona ~ere omnia CIC.*Ver.*1.132; quaerite nunc uestigia quibus exitus eorum ex illo loco ~eant 5.148; clauos indices numeri annorum fixos in templo Nortiae.. ~ere LIV.7.3.7; prima luce nec auctor nec causa terroris ~uit 8.37.7; ex nauibus..captis nihil praeter ipsas ~ebat naues 30.37.11; neque in iis (*sc.* bonis)..uestigium ullum ~uit pecuniae regiae 38.60.8; cum..idem profugisset nec exinde usquam ~eret APUL.*Met.*7.2;—(*w. pred.*) ita apud omnis ~ebo tibi res benefactis frequens PL.*Mil.*662; signum recte ~ebat; huiius contendi anulum *Vid.*fr.14;—(*of non-material things*) haec (oratio) omnium optima putabatur, quae uix iam ~et in hac turba nouorum uoluminum CIC. *Brut.*122. **b** ubi par in utroque uirtus est, non ~et aliarum rerum inaequalitas SEN.*Ep.*66.25.

2 *non ~ere*, To be missing, disappear, be lost; *non ~ens*, lost, missing.

IN ⟨BEL⟩LO LAVREN⟨TI GES⟩TO NON ~VIT *Elog.*1(*CIL* 1. p.189); seruus meus non ~et CIC.*Tul.*54; cum subito sole obscurato non ~uisset *Rep.*2.17; ut non ~ere eum uulgatum est LIV.33.48.10; aliquammultos (libros)..direptis bibliothecis suis non ~uisse GEL.3.10.17; etsi corpus eius non ~eat, lugebitur PAPIN.*dig.*3.2.25.1; ULP.*dig.*26.10.7.3;—inpositum est non ~entis in usum partis ebur OV.*Met.*6.410.

3 To appear, come into sight, show oneself; (also transf., of abst. things). **b** to be clearly set out or stated.

nec tamen omnino temere illis solibus ulla ~ebat auis LUCR.6.1220; repente in foco..~uisse genitale e cinere PLIN.*Nat.*36.204; lupi..ne procul saltem ulli ~uerant APUL.*Met.*8.16; cum totiuga sidera..sursum in aethere.. ~eant *Soc.*8;—in Thucydide orbem modo orationis desidero, ornamenta ~ent CIC.*Orat.*234; cum..aliquid actum est, in quo media officia ~eant *Off.*3.15; in quibus multa industria et diligentia ~et, nulla doctrina NEP.*Ca.*3.4; si cuius in te ~ebit similitudo SEN.*Ep.*84.8. **b** nequaquam argenti ratio ~et PL.*Trin.*418; reliqua quae sint uti ~eant CATO *Agr.*2.6.

4 To be realized, be forthcoming.

memor sum..ut quae imperes ~eant PL.*Am.*630; quam multa exspectata nusquam ~uerunt! SEN.*Ep.*13.10.

comparō¹ ~āre ~āuī ~ātum, *tr.* **conp-.** [CON-+PARO]

1 To prepare, get ready (physically or mentally). **b** to make preparations for (a policy or course of action).

in hac accusatione ~anda constituendaque CIC.*Ver.*1.2; cum..annus hibernus..imbris niuesque ~at, HOR.*Epod.*2. 30; satis omnibus instructis ~atisque LIV.7.23.5; mandunt (cichorium) igni ~atum PLIN.*Nat.*21.88;—(*refl.*) modo tute ipse ted offirma et ~a ACC.*trag.*372; dum se uxor, ut fit, ~at CIC.*Mil.*28; APUL.*Met.*2.10;—(*w.* ad) te..ad fructus deportandos onerariam nauem ~are CIC.*Ver.*5.46; ad omnis casus subsidia ~abat CAES.*Gal.*4.31.2; ad iter se ~are in diem posterum iubet LIV.28.33.1; QUINT.*Inst.* 10.1.67;—(*w. inf.*) an potius ita me ~em non perpeti meretricum contumelias? TER.*Eu.*47; ut cum ea..blanditer ⟨nos⟩ ~emus conloqui TITIN.*com.*57. **b** cum bellum nefarium contra aras et focos..non ~ari, sed geri iam uiderem CIC.*Phil.*3.1; ex eo tempore..fuga ~ata..finibus suis excesserant CAES.*Gal.*4.18.4; NEP.*Di.*5.1; LIV.9.29.5;—(*w. inf.*) in Asiam me ire..~antem non;est passus CIC.*Planc.* 100; siquis..urere tecta ~at OV.*Tr.*2.268; illi..fugere ~ant APUL.*Met.*8.15;—(*absol.*) ut, ne si cogitasset quidem largiri quispiam, daretur spatium ~andi CIC.*Planc.*49.

2 To make, prepare (for some purpose). **b** to plan, devise, scheme. **c** to produce, compose (writings).

est..medicamentum eius rei causa ~atum CELS.4.21.2; abies..leuioribus rerum natura e potestatibus ~ata non est ponderosa Vitr.2.9.6; nunc de organis..quemadmodum uariis generibus ~entur, exponam 10.4.1. **b** ita ~arunt et confinxerunt dolum Pl.*Capt.*47; qui hoc malum publicum clandestinis consiliis ~auerunt Sis.*hist.*111; ergo dicitur ut surdus uir..surda mulier, sic surdum theatrum, quod omnes tres ad auditum sunt ~atae Var.*L.*9.58; eaedem.. insidiae per eosdem homines ~antur Cic.*Ver.*17; nulla iam pernicies a monstro illo..moenibus ipsis intra moenia ~abitur *Catil.*2.1; nobis pericula ~antur *Flac.*96; dolum ad capiendos eos ~ant Liv.23.35.2; ~at indigno uimque metumque toro Ov.*Fast.*2.780;—(*w. obj. cl.*) proin tu id cui fiat, non qui facias ~a Acc.*trag.*309; id ego semper sic mecum agito et ~o, quo pacto magnam molem minuam 634. **c** qui potuissent non minus eleganter scripta ~are Vitr. 7.pr.15; (*ellipt.*) in prioribus..nouem de singulis generibus et partibus ~aui 10.16.12;—(*w. emphasis on purpose*) orationem generis eius quod esset ad delectationem ~atum Cic.*Orat.*208; haec (oratio erit) bonae existimationis causa ~ata *Q.Rosc.*15; duo..libri..artis rhetoricae neque editi a me neque in hoc ~ati Quint.*Inst.*1.pr.7.

3 To get together (for one's own or another's benefit), furnish, provide. **b** to collect, secure (merchandise), to purchase, buy; (of a connoisseur) to 'collect'.

negoti sibi qui uolet uim parare, nauem et mulierem, haec duo ~ato Pl.*Poen.*211; ut conuiuia publica et priuata cenaeque ad puluinaria facilius ~arentur Hem.*hist.*13; magnifice et ornate..conuiuium ~at Cic.*Ver.*1.65; qui in circo totas tabernas tribulium causa ~arunt *Mur.*73; tunc item Ptolomaeus..ad eundem modum contenderat Alexandriae ~are (*sc.* bybliothecam) Vitr.7.pr.4; pluribus conscis ~ari (id uenenum) Liv.42.17.6; cum omnes fructus rerum natura hominum gratia ~auerit Gaius *dig.*22.1.28.2; —(*w. dat.*) nisi hodie..~assit mihi quadraginta minas Pl. *Epid.*122; eis arma quae cuique habilia atque apta essent ~at Cic.*Tul.*18; illi tibi et locum furtis et furtorum uehiculum ~auerunt *Ver.*5.59; maximum..est in bonis praesidium quod mihi in perpetuum ~atum est *Catil.*3.27; delectationibus, quas tibi ipse ad arbitrium tuum ~aras *Fam.*7.1.1; uniones non singulos singulis auribus ~atos Sen.*Ben.*7.9.4; —(*w.* ad) ad magnitudinem frigorum..praeclarum hoc sibi remedium ~arat Cic.*Ver.*5.26; in iis rebus, quas sapientia ~at ad uoluptatem *Fin.*2.89. **b** des qui aurum ac uestem atque alia quae opu' sunt ~et Ter.*Hau.*855; uina ceteraque quae in Asia facillime ~antur..asportauit Cic.*Ver.*1.91; libris commutandis, Latinis ~andis *Q.fr.*3.4.5; saepius inspiciat ferramenta eaque semper duplicia ~et Col.11.1.20; libellos meos, quos studiosissime ~asti Plin.*Ep.*4.26.1; eam pecuniam, ex qua hordeum equis erat ~andum Gaius *Inst.*4.27; me..hortulanus ~at quinquaginta nummis Apul.*Met.*9.31; si merces solebat ~are Ulp.*dig.*13.4.2.8;—Sthenius ab adulescentia paulo studiosius haec ~arat Cic. *Ver.*2.83.

4 To raise, muster, collect (forces, an army, a fleet, etc.). **b** to win over (to one's side). **c** to collect (supplies of food, arms, equipment, etc.), to raise, obtain (money).

tantum nauium, tantum exercitum, tantum commeatum non opinatum esse quemquam hominem ~are potuisse Cato *orat.*30; et gladiatores et omnis ista uis..~abatur Cic. *Sul.*62; exercitum, copias, legiones idoneas per te breui tempore ~asti *ad Brut.*2.5(7).2; auxiliis equitatuque ~ato Caes.*Gal.*3.20.2; classem quingentarum nauium ~auit Nep.*Milt.*4.1; sibi pedites ~andos esse Liv.24.48.6; (*w.* sibi) manum sibi P. Sestius et copias ~auit Cic.*Sest.*84; *Fam.* 12.25.4;—(*w. ad*) dicuntur..occulte milites ad eam diem ~ari *Att.*14.22.2;—(*w.* aduersus) exercitum aduersus Lucanum hostem ~atum Liv.10.13.3;—(*w.* contra) contra Cn. Pompeium x duces ~antur Cic.*Agr.*3.16;—(*w.* ex) cum.. exercitus..quibuscumque ex gentibus potuisset ~asset *Man.*9; *Catil.*2.17;—(*in non-military contexts*) crimen incredibile confingunt, testis in hunc et accusatores huiusce pecunia ~ant *S.Rosc.*30; quod illic natum dicitur esse, ~asti ad lecticam homines Catul.10.15; aduersus quam (*sc.* familiam) tribunicium auxilium uobis ~astis Liv.9.34.3. **b** exordium est oratio animum auditoris idonee ~ans ad reliquam dictionem Cic.*Inv.*1.20; qua oratione..animus hominum..ad misericordiam ~atur 1.106; suadendo monendo pollicendoque..sex (tribunos) ad intercessionem ~auere Liv.4.48.11. **c** re frumentaria ~ata Caes.*Gal.* 2.2.5; frumenti uim maximam ex Thessalia..~auerat *Civ.* 3.5.1; magnum numerum frumenti ~ant Hirt.*Gal.*8.34.3; catapultas ballistas tormentaque alia quae oppugnandae urbi ~ata erant Liv.24.40.15; rates ad traiciendum exercitum..aegre ~antem 26.9.4;—(*w.* in) ignari, quantum telorum in auersos fortuna ~et Sen.*Ben.*6.3.2; curatori frvmenti ~andi in annonam vrbis *CIL* 8.5351;—argento ~ando fingere fallaciam Pl.*As.*250; pecuniis ~andis Cic. *Phil.*14.5; facultates ad largiendum magnas ~asse Caes. *Gal.*1.18.4.

5 To obtain by questionable means or for improper purposes, procure, get hold of.

sperabat illius morte se salutem sibi ~are *Rhet.Her.*2.28; consulatus petitio ipsi illi populari sacerdoti ~abatur Cic. *Sest.*66;—(*w. purpose expr.*) ut ad eam rem aliquam accusatorem ueterem ~arent *S.Rosc.*28; plena omnia malleolorum ad urbis incendia ~atorum *Mil.*64; Petilii quidam tribuni plebis a M..Catone, inimico Scipionis, ~ati in eum Gel. 4.18.7;—(*w. source expr.*) hunc homini alienissimo a ciuitatibus laudationes per uim et metum ~are Cic.*Ver.*4.147; illis honores, potestates, diuitiae..ex dissensionibus ciuium ~ari solent *Agr.*2.102; ex curia Curios et Annios..sibi amicissimos ~auit Q.Cic.*Pet.*10.

6 To achieve, acquire, secure.

sanctissimas amicitias intellego..eloquentia ~atas Cic. *Inv.*1.1; quibus artibus eae laudes ~antur *Fam.*2.4.2; in amicitiis ~andis *Amic.*60; sinusque pleni gaudent dum noua lucra ~antur Stat.*Silv.*1.6.80; de gignenda ~andaque sapientia Gel.13.8.1;—(*w. dat.*) huic optume uiuendi ratio ~ata est Cic.*Tusc.*5.36; tantam sibi iam his rebus in Gallia auctoritatem ~auerat Caes.*Gal.*5.55.4;—(*w. source expr.*) nescio unde auxili..mi aut opum copiam ~em aut expetam Pl.*Cas.*624; ex incommodis alterius sua ut ~ent commoda Ter.*An.*628; e quibus initia beneuolentiae conciliandae ~antur Cic.*Part.*28; ad gloriam, si qua ex bellicis rebus ~ari potest *Off.*2.45.

7 (usu. in pass.) To arrange, dispose, provide, constitute: **a** (of fate, nature). **b** (of tradition, custom, convention). **c** (of laws, etc.).

a ita ~atam esse hominum naturam omnium aliena ut meliu' uideant et diiudicent quam sua! Ter.*Hau.*503; sic fuimus semper ~ati, ut..quasi in aliquod contentionis iudicium uocaremur Cic.*de Orat.*3.32; ita ratio ~ata est uitae naturaeque nostrae ut alia ⟨ex alia⟩ aetas oriatur *Amic.* 101; natura hoc ita ~atum est, ut..Liv.3.68.10;—(*impers.*) ita quoiq' ~atum est in aetate hominum Pl.*Am.*634; cum ita natura ~atum sit, ut altius iniuriae quam merita descendant Sen.*Ben.*1.1.8; Plin.*Ep.*8.20.1; ita a natura ~atum est, ne..[Quint.]*Decl.*15.1. **b** quoniam ~atum est, uno ut simus contentae uiro Afran.*com.*117; ea..quae iam diu ad salutem sociorum..composita ~ataque essent Cic.*Ver.*3.21; hoc prope iniquissime ~atum est quod in morbis corporis, ut quisque est difficillimus, ita medicus.. optimus quaeritur *Clu.*57; bene ~atum apud Aetolos esse, ne praetor..ipse sententiam diceret Liv.35.25.7. **c** meque ex ~ato et constituto spatio defensionis in semihorae articulum coegisti Cic.*Rab.Perd.*6; ita ~atum est ut ciuis Romanus libertatem nemo possit inuitus amittere *Dom.*77; his utendum censeo, quae legibus ~ata sunt Sal.*Cat.*51.8; neque moribus neque legibus ullius ciuitatis ita ~atum esse, ut, si qui uelit inimicum perire..capitis damnetur Liv. 45.24.3;—(*act.*) id..praetores ut considerate fieret ~auerunt Cic.*Quinct.*51.

8 To set up, establish, institute (courts, authorities, a body of law, etc.).

iudicia..quae a maioribus nostris sociorum causa ~ata sunt Cic.*Ver.*42; nisi..cuperetis..uobis nouam dominationem ~are *Agr.*1.19; o iura praeclara atque diuinitus.. a maioribus nostris ~ata *Balb.*31; ueteribus clientelis restitutis, nouis per Caesarem ~atis Caes.*Gal.*6.12.6; potestatem istam ad singulorum auxilium, non ad perniciem uniuersorum ~atam esse Liv.3.9.11; ne nihil eos legationis ius externo, non ciui ~atum tegeret 6.17.8; Publiciana actio non ideo ~ata est, ut res domino auferatur Nerat.*dig.*6.2.17; —(*w.* aduersus) donec coitionibus factionibusque aduersus quas comparata erat oppressa est (quaestio) Liv.9.26.22;— (*w.* in+*acc.*) in omnis imperatores..quaestionem suo iudicio ~ant Cic.*Agr.*1.12.

9 (esp. of the consuls, w. *inter se*) To arrange, settle (their respective spheres of duty, etc.).

consules noui..~are inter se prouincias iussi Liv.8.20.3; decreuerunt patres, ut prouincias..consules ~arent inter se sortirenturue 32.8.1; 37.1.7;—(*w.* ut) ~ant inter se ut.. inde se consul deuoueret 8.6.13; inter se consules ~arunt ut Claudius comitia perficeret 25.41.10; (*impers.*) tandem ita ~atum est ut alternis diebus summam imperii haberent 4.46.3; (*cf.*) censuerunt uti consules prouincias inter se ~arent sortirenturue uter Italiam, uter classem..haberet 30.40.12;—(*w. indir. qu.*) inter se decemuiri ~abant quos ire ad bellum oporteret 3.41.7; ut consules sortirentur ~arentue inter se uter censoribus creandis comitia haberet 24.10.2.

comparō² ~āre ~āuī ~ātum, *tr.* **conp-.** [compar+-o³]

1 To place together or in a corresponding position, align. **b** to match, couple, unite, pair (with).

~a labella cum labellis Pl.*As.*668; cum..quae similiter cadunt uerba uerbis ~antur Cic.*Orat.*220; ex⟨t⟩ensa ponderibus et inter se ~ata fila..ita perspicere Fron.*agrim.*p.16. **b** proinde eri ut sint, ipse item sit; uoltum e uoltu ~et Pl. *Am.*960; quin meum senium cum dolore tuo coniungam et ~em Acc.*trag.* 90; ut inter ignem atque terram aquam deus animamque poneret eaque inter se ~aret et proportione coniungeret Cic.*Tim.*15; L. Volumnius de plebe cum Ap. Claudio consul est factus, priore item consulatu inter se ~ati Liv.10.15.12; ne male ~ati sitis 40.46.4; cultu uultuque quam maxime ad praesentem fortunam ~ato Tac.*Ann.*12.18.

2 To match, pit, or set (against). **b** (in single combat); (also, w. contest as obj.).

(*w.* cum) ut ego..cum patrono disertissimo ~er Cic. *Quinct.*2; 58; cum Aesernino Samnite Pacideianus ~atus uiderer Cic.*Q.fr.*3.4.2;—(*w.* aduersus) dux..in annum creatus aduersus..perpetuum imperatorem ~abitur Liv.24. 8.7;—(*w. dat.*) pater oranti filio ~atur Tac.*Ann.*4.28; (*w.* inter se) oportet..eos, qui puniunt, et qui relegant, absoluentibus primum, mox inter se ~ari Plin.*Ep.*8.14.21. **b** quis..ita ~atus..fortissimum uirum ⟨non⟩ uicerit? Liv. 44.38.10; hunc..hoplomacho ~auit Suet.*Cal.*35.2; (*cf.*) erexerant omnium animos Scipio et Hannibal uelut ad supremum certamen ~ati duces Liv.30.28.8; (*transf.*) committit uates et ~at Juv.6.436;—numquam uidi iniquius certationem ~atam quam haec hodie inter nos fuit Ter. *Ad.*212.

3 To treat (one person or thing) as equal to another, put in the same class with, regard as comparable. **b** (compendiary comparison).

Drusianis..hortis multo antepono neque sunt umquam ~ati Cic.*Att.*12.25.2; nullius umquam consilium non modo antelatum, sed ne ~atum quidem est Nep.*Timol.*3.6; quod nisi in iuuenta obiisset, nemo ~aretur Plin.*Nat.*35.134;— (*w.* cum) ausu's etiam ~are uidulum cum piscibus? Pl. *Rud.*982; non ego eum cum summis uiris ~o, sed simillimum deo iudico Cic.*Marc.*8; ut..nihil cum hac gloria ~andum putet *Phil.*5.49; neque hanc consuetudinem uictus cum illa ~andam Caes.*Gal.*1.31.11; fama et laus cuius artis cum oratorum gloria ~anda est? Tac.*Dial.*7.3;—(*w. dat.*) quis huic deo ~arier ausit? Catul.61.65; Hor.*Ep.*2.1.65; cui ipsi quoque se ~are erubuissent Liv.45.35.5; et se mihi ~at Aiax! Ov.*Met.*13.338; Vell.2.78.3; Plin.*Nat.*20.242; Quint.*Inst.*1.2.18; nec ~o testamento mille rates Juv. 12.121;—(*w.* inter se) quis inter se ista (beneficia) ~abit? Sen.*Ben.*3.8.3. **b** maiore mihi ingenio uidetur esse (Isocrates) quam ut cum orationibus Lysiae ~etur Cic. *Orat.*41; ut cum quolibet antiquorum ~ari possint tuae uirtutes Brut.*ad Brut.*1.4a.2(4); haec..uictoria, quae cum Marathonio possit ~ari tropaeo Nep.*Them.*5.3;—(*w. dat.*) Vell.2.92.5; suum habitum diuinum ex sole conceptum, cui ~ari suauitas nulla possit Plin.*Nat.*17.39;—(*poet.*) est etiam facies, quae se tibi ~et Ov.*Am.*1.8.33.

4 To estimate or evaluate in relation (to each other or another person or thing), compare (with or to). **b** (compendiary comparison).

quod ~atur, sine altero non intellegitur Sen.*Ben.*5.10.2; fuere qui..~arent..quae in Drusum..magnifica Augustus fecisset Tac.*Ann.*3.5; (*w. pl. obj.*) causas rerum uidet.. similitudines ~at Cic.*Off.*1.11; (*w.* inter se) non enim iam causae sunt inter se, sed uictoriae ~andae *Marc.*16;—(*w* ad) ne ~andus hi(c)quidem ad illumst Ter.*Eu.*681;—(*w* cum) ut..cum multo maioribus natu..~arentur Cic.*Brut.* 229; et hominem cum homine et tempus cum tempore et rem cum re ~ate *Dom.*130; uires deinde populi Romani.. cum uiribus Macedoniae..~auit Liv.44.1.12; Tac.*Ag.*41.3; —(*w. dat.*) cum una res uni, par pari ~atur Cic.*Top.*43; neque se maiori pauperiorum turbae ~et Hor.*S.*1.1.112; qui, si ~er illi, sum desidiosissimus Plin.*Ep.*3.5.19; (*w. abl.*) ut copiae copiis ~entur uel numero uel militum genere Liv.9.19.1;—(*ellipt.*) si diligenter et ex nostrorum et ex Graecorum copia ~are uoles Cic.*de Orat.*1.11; (*w.* in+*abl.*) hunc ipsum Frontinum in hoc ipso..~emus Plin.*Ep.*9.19. 6;—(*absol.*) nihil ~andi causa loquar Cic.*Pis.*3. **b** iter expediti latronis cum Milonis impedimentis ~ate Cic. *Mil.*55; ~ate..cum illorum superbia me hominem nouom Sal.*Jug.*85.13;—(*w.* ad) tantam uastitatem in Sabino agro reddidit ut ~ati ad eam prope intacti bello fines Romani uiderentur Liv.3.26.2.

5 (w. indir. qu.) To point out by way of, or by means of, comparison.

deinde ~at, quanto plures deleti sint homines hominum impetu..quam omni reliqua calamitate Cic.*Off.*2.16; ~ando hinc quam intestina corporis seditio similis esset irae plebis in patres Liv.2.32.12.

compartior ~īrī, *tr.* **conp-.** [con-+partior] To share.

cvm qvibvs mvnera decvrionatvs iam..de pleno ~amvr *CIL* 5.532.

compascō ~cere (-pāuī) ~tum, *tr.* **conp-.** [con-+pasco]

1 To pasture (cattle) on common land; (in quots., absol.).

neive defendito, qvo mi⟨nvs qvei v⟩elit ~cere liceat *CIL* 1.585.25; si compascuus ager est, ius est ~cere Cic.*Top.* 13; Scaev.*dig.*8.5.20.1.

2 To feed up.

Brundisina (ostrea) in Auerno ~ta Plin.*Nat.*32.61; (*transf.*) nuper excogitatum famem (ostrearum)..~cere in Lucrino 9.169.

3 To use as cattle-food, graze down.

spicilegium uenire oportet..aut, si sunt spicae rarae et operae carae, ~ci Var.*R.*1.53; 2.pr.5.

compascuus ~a ~um, *a.* **conp-.** [prec.+ -vvs]

1 (of land) That is common pasture, grazed in common; *ius ~i*, the right of common pasturage. **b** (fem. sg., neut. pl., as sb.) pasture possessed and used in common, common land.

qvei ager ~os erit *CIL* 1.584.33; qvei in agrvm ~om peqvdes maiores non plvs x pascet 1.585.14; si ~us ager est, ius est compascere Cic.*Top.*12;—quaero, an..aliquid iuris secum huius ~i traxerit Scaev.*dig.*8.5.20.1. **b** in formis locorum talis adscriptio, id est in modum ~ae, aliquando facta est, et tantum ~ae Hyg.*agrim.*p.80;— ea ~a multis locis in Italia communia appellantur Fron. *agrim.*p.6; Hyg.Gr.*agrim.*p.164.

2 (of beasts) Sharing the same pasture.

nec me cum asino uel equo meo ~us coetus attinere potuit Apul.*Met.*4.1.

compastor ~ōris, *m.* **conp-.** [con-+pastor] A fellow herdsman.

alter ~or rogauit ut sibi eum infantem donaret Hyg.*Fab.* 187.2.

compatriōta ~ae, *m.* **conp-.** [con-+(συμ)-πατριώτης] A fellow countryman.

conpatrota *CIL* 11.3541; crispo provocatori ~ae ⟨dede⟩rvnt 6.7658.

compatrōnus ~ī, *m.* **conp-.** [con-+patronvs] A co-patron (one who has joined in manumitting a slave).

Ulp.*dig.*26.4.3.5; 38.5.1.5.

compauescō ~ere, *intr.* **conp-.** [con-+pavesco] To become full of fear.

hoc illa ubi audiuit, animus ~it Gel.1.23.9.

compauiō ~īre ~ītum, *tr.* **conp-.** [con-+pavio] To trample on.

misera illa ~ita atque dirupta..cruciabilem cladem sustinuisset Apul.*Met.*7.21.

compectum ~ī, *n.* **conp-.** Also **compactum.** [pple. of compaciscor] A compact or agreement; *de ~o*, by previous agreement; also *~o* (abl.).

eum..a ~i fide desciuisse Apul.*Apol.*74;—sciui extemplo rem de ~o geri Pl.*Capt.*484; de ~o faciunt consutis dolis *Ps.*540;—te facere ~o omnia Afran.*com.*90; ~o cum matre Bostaris consilium cepit ut uterque Romam ueniret Cic. *Scaur.*8; ut multo ueri similius sit ~o eam rem et communi fraude patriciorum actam Liv.5.11.7; Suet.*Aug.*15. **β** non committendum ut etiam ~o prohibiti uideamur Cic.*Att.* 10.12.2; ut..productus..pro rostris auctores ex ~o nominaret Suet.*Jul.*20.5.

compediō ~īre ~īuī ~ītum, *tr.* **conp-.** [compes+-io²] To put fetters on, shackle.

(eum) in lapicidinas ~itum condidi Pl.*Capt.*944; (*transf.* pedes corrigiis ~io Var.*Men.*180.

compedītus ~a ~um, *a.* **conp-.** [pple. of prec.]. That wears fetters; (masc. as sb.) a fettered slave.

si ~um seruum meum ut fugeret solueris Ulp.*dig.*4.3.7.7; — ~i ei anum lima praeterunt Pl.*Men.*85; familiae cibaria.. ~is per hiemem panis P. III Cato *Agr.*56; ~os primo aegre ferre onera et inpedimenta crurum Sen.*Dial.*9.10.1; in uirgine (nascuntur) mulieres et fugitiui et ~i Petr.39.9.

compedus ~a ~um, *a.* [compedio + -vs] That fetters or restrains.

rete nexile..uiscum fugarum lineamque ~am Var.*Men.* 385.

compellātiō ~ōnis, *f.* **conp-.** [compello² + -tio]

1 The action of addressing or apostrophizing.

per hominis aut urbis aut loci, aut rei cuiuspiam ~onem *Rhet.Her.*4.22.

2 The action of reproaching, reproof.

nec sentit amens commendationem esse ~onem suam Cic.*Phil.*3.17; crebras..~ones meas non tulit *Fam.*12.25.2; maledictis ~onibusque probris iactatus est Gel.1.5.2.

compellō¹ ~ellere ~ulī ~ulsum, *tr.* **conp-.** [con- + pello]

1 To drive (cattle, etc.) together, round up, herd. **b** to compel (persons) to come together. **c** to force (things) together, to gnash.

pecus, cuius magna erat copia ab Mandubiis ~ulsa Caes. *Gal.*7.71.7; haedorumque gregem uiridi ~ellere hibisco Verg.*Ecl.*2.30; (*w.* in unum) ~ulerantque greges..in unum 7.2; (*w. dat.*) quam uirga..nigro ~ulerit Mercurius gregi Hor.*Carm.*1.26.18; (*ellipt.*) ~ellente uagae pastore capellae ..repetebant *Culex* 104;—(*in hunting*) pauidos..iuuat ~ellere dorcas Grat.200. **b** qui dispersos homines in agros..ratione quadam ~ulit unum in locum et congregauit Cic.*Inv.*1.2;—(*transf.*) qui hosce amores nostros dispulsos ~ulit Pl.*As.*738. **c** dente ~ulso (*s.v.l.*), quem primum insiliat..(bestia) rimatur Apul.*Met.*8.5.

2 To force to go, drive (into a confined or otherwise restricted space). **b** (w. sg. obj.). **c** to concentrate, localize (fighting). **d** (fig.) to restrict to or cause to concentrate on (a particular sphere of activity, etc.).

(*w.* ad) retro ad naues ~ulsi sunt Liv.22.31.4;—(*w.* in + *acc.*) Atrebates..ex loco superiore in flumen ~ulerunt Caes.*Gal.*2.23.1; reliquas (nauis) in portum ~ellunt *Civ.* 1.58.4; copiis in orbem ~ulsis *B.Afr.*15.3; ut..pecus.. omne in urbem ~elleretur Liv.2.11.3; Suet.*Vit.*15.3;—(*w.* intra) cum aduersarios intra moenia ~ulisset Nep.*Ag.*5.3; hostem..intra suamet ipsum moenia ~ulere Liv.6.36.4;—(*w.* sub + *acc.*) nos decliue sub antrum caeruleus..~ulit imber Ov.*Ep.*7.94;—(*w. advs.*) terror populationum eo plerosque ex agris ~ulerat Liv.21.57.11; quo agrestium multitudinem..metu populationum ~ulsam audierat 27. 32.7;—(*w. acc.*) sperans Pompeium..Dyrrachium ~elli.. posse Caes.*Civ.*3.41.3. **b** Cn. Pompeium domum suam ~ulistis Cic.*Pis.*16; singulari uirtute..ciuem domum ui et armis ~ulit *Mil.*73;—(*in hunting*) canes ~ellunt in plagas lepide lupum Pl.*Poen.*648. **c** omni bello Latino Medulliam ~ulso Liv.1.33.4; 2.16.8. **d** ex ingenti quodam oratorem..campo in exiguum sane gyrum ~ellitis Cic. *de Orat.*3.70; me..in Academiam totum ~ulisti 3.145; cuius (*sc.* philosophiae) in sinum cum..nostra uoluntas studiumque nos ~ulisset *Tusc.*5.5.

3 (of winds, waves, and other forces) To drive, force, push, impel. **b** to squeeze together, contract.

(*w. advs.*) mulserat huc nauem ~ulsam fluctibus pontus Enn.*Ann.*225; utinam rex ipse noto ~ulsus eodem adforet Aeneas! Verg.*A.*1.575; inspirandumque, ut ea medicamenta intus ~ellantur Cels.5.28.12L; ~ellendum eo lanae paulum est 6.7.9;—(*w.* in + *acc.*) in alteram oram ~ellitur (acus) 7.22.3; clystere acetum nitro mixtum per plagam in uesicam ~ellere 7.26.5E; fragmenta..singula in suas sedes digitis erunt ~ellenda 8.5.4; fossarum, quibus aquae.. ex lacu in primum riuum ~elli solent Ulp.*dig.*43.20.1.8. **b** utroque (mari) in artas fauces ~ellente terram Curt. 3.1.13; tam breuis in medium radiis ~ellitur umbra Luc. 9.530.

4 To bring or reduce by force (to a specified state or condition). **b** (w. *ab*) to compel to abandon (a condition).

(*w.* ad) omnis..coagmentatio corporis..aliqua inpulsione uehementi..ad morbos senectutemque ~ellitur Cic.*Tim.*17; Larg.171;—(*w.* in + *acc.*) in tantas angustias Antonium ~ulissem D.Brut.*Fam.*11.10.4; auxilia in eundem ~ulere metum Liv.25.29.8; Sen.*Suas.*7.6; haud proinde id damnum Vitellianos in metum ~ulit Tac.*Hist.*2.27;—(*w.* eo..ut) hostes..eo ~ulit, ut locorum angustiis clausi..interirent Nep.*Ham.*2.4; Sen.*Dial.*3.11.7. **b** Pudentillam non meis carminibus ab obstinata uiduitate ~ulsam Apul.*Apol.*71.

5 To force or drive (to a view, policy, course of action, etc.): **a** (w. preps.). **b** (w. *ut* + subj.). **c** (w. inf.). **d** (w. acc. only) to coerce, constrain.

a (*w.* ad) ecquid eum ad uirtutem..opera sua ~ulerit Pl. *Bac.*1085; nondum res ipsa ad eius modi praesidia uiros bonos ~ellebat Cic.*Sest.*84; magna parte Etruscorum ad rebellionem ~ulsa Liv.9.41.9; Fregellanis ad deditionem ~ulsis V.Max.2.8.4; si ne reus quidem..ad odium ~ellitur Quint.*Decl.*245(p.4l,7);—(*w. gd. or gdve.*) noua consilia Manli..~ulere senatum ad dictatorem creandum Liv. 6.11.10; inuitos ad accipiendum ~ellere Tra.Plin.*Ep.* 10.55(63); Ulp.*dig.*4.4.7.2;—(*w.* in + *acc.*) hunc..hominem ..nisi ex domesticis insidiis in castrense latrocinium ~ulissem Cic.*Catil.*3.17; quae nos dementia..in mutuum ~ellit exitium? Sen.*Nat.*5.18.6; iniuriae..Hipponenses in necem eius (*sc.* delphini) ~ulerunt Plin.*Nat.*9.26; ~uleruntque Cinithios..in eadem Tac.*Ann.*2.52. **b** callidum senem callidis dolis ~uli et perpuli mi omnia ut crederet Pl.*Bac.*644; nulla ui ~elli ut abdicaret potuit Liv.9.33.4; cuius filiam ut repudiaret nullo metu ~elli potuit Vell. 2.41.2; Luc.8.719; Tac.*Dial.*4.2; Crassum Pompeiumque ..~ulit ut..consulatum alterum peterent Suet.*Jul.*24.1. **c** ~ulerunt regem iussa nefanda pati Ov.*Fast.*3.860; uirum ~ulit amoenitatem naturae..imitari Curt.5.1.35; Metellum ~ulit audaci nimium desistere coepto Luc.3.144; haec.. uirum repudio misso proinde ~ellere potest Gaius *Inst.* 1.137; 2.237; me..facinus instaurare..lictores..quam instantissime ~ellunt Apul.*Met.*3.9; Ulp.*dig.*26.7.19. **d** ceteras (nationes) conterruit, ~ulit, domuit Cic.*Prov.*33; non modo praemiis..sed ne periculis quidem ~ulsus ullis *Fam.*1.9.11; uocibus consulis..minis amicorum Pompei plerique ~ulsi inuiti et coacti Scipionis sententiam sequuntur Caes.*Civ.*1.2.6; magna..pars auctoritate consulum ~ulsa in agros remigrauit Liv.28.11.9; ad riuum..uenerant, siti ~ulsi Phaed.1.1.2; eius..faciendae rei nos utilitas multis de causis ~ellere potest Col.3.21.2; (*ellipt.*) blandusque precum ~ellit Vlixes Stat.*Ach.*1.911.

compellō² ~āre ~āuī ~ātum, *tr.* **conp-.** [con- + *pello* (cf. appello²)]

1 To address, speak to. **b** to call upon, invoke, appeal to; challenge. **c** to accost, solicit (for immoral purposes).

~arem ego illum Pl.*Aul.*523; *Mil.*1052; blande hominem ~abo *Poen.*685; mihi mens iuuenali ardebat amore ~are uirum Verg.*A.*8.164; saepius..nomine ~atum Curt. 4.13.20;—(*w. abl.*) exim ~are pater me uoce uidetur his uerbis Enn.*Ann.*44; uos ego saepe meo uos carmine ~abo Catul.64.24; participes operum ~at Hyantius ore Ov. *Met.*3.147;—(*w. dir. speech*) prior Aenean ~at Achates: nate dea.. Verg.*A.*1.581; Apul.*Met.*4.7; ita eum tacitis cogitationibus meis ~abam: quid..Fro.*Ver.*2.p.132(121N) —(*ellipt.*) ~abo. — commorandust Pl.*Per.*203. **b** patrem P. Decius nomine ~ans Liv.10.28.12; Tauream nomine ~auit congredique ubi uellet iussit 23.47.2; paretis, an ille ~andus erit, quo numquam terra uocato non concussa tremit? Luc.6.745; dedit tibi..diuus Augustus pecuniam, sed non ~atus Tac.*Ann.*2.38. **c** eum de stupro~are ausus fuerat V.Max.6.1.12; mentita est se ab eo ~atam Hyg. *Fab.*57.1.

2 (w. pred. adj.) To address as, call; also, to call — at. **b** to call (a person) names.

~arat hospitem praesens Cic.*Phil.*2.94; quin eum fratricidam impiumque detestans ~aret Nep.*Timol.*1.5; perfidos socios, imbelles hostes ~ans Liv.4.32.12; pro cunctatore segnem, pro cauto timidum..~abat 22.12.12;—cui saepe uiator cessisset magna ~ans uoce cuculum Hor.*S.*1.7.31. **b** posthac ne ~arer inultus Hor.*S.*2.3.297.

3 To chide, reprove, rebuke. **b** to accuse, arraign.

in quo Laelius clamores..solebat edere, ~ans gumias ex ordine nostros Lucil.1237; mimus quidam nominatim Accium poetam ~auit in scena *Rhet.Her.*1.24; Q. Ciceronem ..~at edicto Cic.*Phil.*3.17; et cum hos ~o, praetereo animo ex grege latrocinii neminem 13.10; hac ego si ~or imagine, cuncta resigno Hor.*Ep.*1.7.34. **b** quos ei commodum fuit ~auit Cic.*Red.Sen.*12; Nigidium minari in contione se iudicem..~aturum *Att.*2.2.3; ~ari ea lege me uoluerunt qua dicere non poterant Cael.*Fam.*8.12.3; hoc crimine in contione ab inimicis ~abatur Nep.*Alc.*4.1; prohiberi a patronis nobiles ac potentes ~are Liv.43.2.11; nullo nominatim ~ato Tac.*Ann.*4.70; quod ~ari apud se maiorem potestatem passus esset Suet.*Jul.*17.2.

compendiāria ~ae, *f.* **conp-.** [as next (sc. *uia*)]

1 A short or quick route, short cut.

antecesserat..~a Narcissus libertus ad patronum excipiendum Sen.*Apoc.*13.2; si quis..cum posset ~a adportare ..longiori itinere uelit adportare Ven.*dig.*43.19.4.1.

2 A quick or easy method, a 'short cut'.

~a sine ulla sollicitudine ac molestia ducundi ad eandem uoluptatem posse perueniri Var.*Men.*510; ad maximas te diuitias ~a ducam Sen.*Ep.*119.1; Aegyptiorum audacia tam magnae artis (*sc.* picturae) ~am inuenit Petr.2.9; Plin. *Nat.*35.110.

compendiārium ~(i)ī, *n.* **conp-.** [next]

1 (sc. *iter*) A short or quick route.

te in caelum ~io uoco Sen.*Ep.*73.12.

2 A fitment in a granary.

in his horreis privatis..loc⟨antvr⟩ horrea apothecae ~ia armaria *CIL* 6.33860.

compendiārius ~a ~um, *a.* **conp-.** [compendivm + -arivs] (of routes) Short.

Socrates hanc uiam ad gloriam proximam et quasi ~am dicebat esse Cic.*Off.*2.43; V.Max.7.2.ext.1.

compendiōsus ~a ~um, *a.* **conp-.** [next + -osvs]

1 Profitable, advantageous.

quod etsi per partes non numquam damnosum est, in summa tamen fit ~um Col.1.4.5.

2 (of a route) Short, quick.

~um ad tuos iter monstrabimus Apul.*Met.*6.30.

3 Compendious, succinct.

libros..figuris cuiusce modi animalium concepti sermonis ~a uerba suggerentes Apul.*Met.*11.22.

compendium ~(i)ī, *n.* **conp-.** [con- + pendo + -ivm]

1 Gain, profit, acquisition; *~ii facere*, to gain.

~ium..haud aetati optabile fecisti quom istanc nactu's inpudentiam Pl.*Bac.*159; si multi leue ~ium fraude maxima commutarunt *Rhet.Her.*2.29; ut cum aliquo suo ~io negotia mulieris..susciperet Cic.*Caec.*13; tantum se negat facturum ~ii sui causa *Off.*3.63; Caes.*Civ.*3.32.4; ignotis repetens ~a terris Tib.1.3.39; praedae ~iique eius causa Vitr.6.pr.5; priuatum ~ium Liv.8.36.10; alter in alterius exitium leui ~io ducitur Sen.*Dial.*4.8.2; ubi sedulo colitur ager, plerumque ~ium..adfert Col.1.7.1; pretium maioris ~ii leuiorem facere iacturam Petr.14.4; ne ex lusu quidem aleae ~ium spernens Suet.*Cal.*41.2; cui officium publicum uel damno uel ~io sit Afric.*dig.*4.6.29; non spe aliqua ~ii Gel.17.5.6;—(*w. defining gen.*) damna et ~ia rerum Man.4.19; quaestu atque ~io gloriarum Gel.2.27.5; ~io tuae redemptionis Apul.*Met.*4.25; Paul.*dig.*7.1.59.2;— ut paululum tu ~i facias Cic.*Q.Rosc.*49.

2 A sparing or saving; *~(i)i facere*, to save. **b** (usu. colloq.) *ponere, conferre ad ~ium, mittere in ~ium, ~(i)i facere, ~ium facere* (+gen. or ? dat.), to save oneself or another (trouble, effort, etc.), dispense with, avoid.

subtilitas parsimoniae ~ia inuenit Plin.*Nat.*17.172; missiones ueteranorum rarissimas fecit..ex morte ~ium captans Suet.*Tib.*48.2;—(*w. defining gen.*) satius esse uidetur inpensa testaceorum in sumptu, quam ~io craticiorum esse in periculo Vitr.2.8.20; quae..omisi temporum ~ia sequens Col.9.4.6; pampinari ea non est moris; et hoc ~ium operae Plin.*Nat.*17.214; bubulas carnes additi caules magno ligni ~io percoquunt 23.127; quid timidae sequeris ~ia uitae? Stat.*Theb.*2.658;—nam ego hodie ~i feci binos panis in dies Pl.*Per.*471; si quid tibi ~i facere possum *Truc.* 377; distulit interiores ordines columnarum xxxiv eaque ratione sumptus operasque ~ii fecit Vitr.3.3.8. **b** id ponito ad ~ium Pl.*Cas.*517; quam potis tam uerba confer maxume ad ~ium *Mil.*781;—misso in ~ium bello, Horatiis Curiatiisque..utriusque populi fata permissa sunt Flor.*Epit.*1.1(1.3.3);—uerbiuelitationem fieri ~i uolo Pl. *As.*307; orationis operam ~i face *Mos.*60; lamentas fletus facere ~i licet Pac.*trag.*175; Lucil.771;—errationis fecerit ~ium Pl.*Rud.*180; ut faciam praeconis ~ium *St.*194;—iam fieri dictis uolo ~ium (*s.v.l.*) *Capt.*965.

3 (usu. pl.) A shorter route, a short cut. **b** (transf. and fig.) an easy method, a 'short cut', a 'royal road'.

~ia inuenit mercator Plin.*Nat.*6.101; si..~ia grata sunt tibi Sil.17.573; stratum..iter saepe deserimus ~io ducti Quint.*Inst.*2.13.16; qui dextris et propioribus ~iis ierant Tac.*Ann.*12.28;—(*w. gen.*) per ~ia montis anticipata uia est Ov.*Met.*3.234; qui cursus ~iis maris breuior fieri potest Plin.*Nat.*2.245; densaeque legunt ~ia siluae Stat.*Theb.* 2.497; ~iis uiarum Tac.*Ann.*1.63; (*cf.*) flexae circa ~ia metae (*i.e. the shortest way round the turning-post*) Stat.*Theb.* 6.440. **b** nec amat ~ia caelum Man.4.305; leti..~ia donat Sil.10.475; syllabis nullum ~ium est Quint.*Inst.* 1.1.30; nisi ambitiosa festinatione plerique a posterioribus inciperent, et..discipulos..~io morarentur 1.4.22; ea.. quae..ingenia..ad honestae eruditionis cupidinem..celeri facilique ~io ducerent Gel.*pr.*12.

4 a An abridgement, compendium. **b** abbreviated or concise method of writing; (pl. also) shorthand.

a pro condicione causae uel personae uel temporis ita ordinem edictorum uel ~ium moderari Ulp.*dig.*5.1.72; hominis enim legatum orationis ~io singulos homines continet Papin.*dig.*31.66.3. **b** ~ia (*i.e.* o *for Gk.* o *and* ω) nostri meliora crediderunt Maur.123; litteram..dedit propinquam, dum studet ~io 715;—cursimque loquentis excipiat longas noua per ~ia uoces Man.4.199; iam doctvs in ~ia tot literarvm et nominvm notare cvrrenti stilo qvot lingva cvrrens diceret *CIL* 13.8355.

5 A compendious device.

an non eiusmodi ~io machinatores fabricarum astutia unius conuersionis multa et uaria administrant? Apul. *Mun.*27.

compendō ~ere, *tr.* [con- + pendo] To weigh together.

compendium quod cum ~itur una fit Var.*L.*5.183.

compensātiō ~ōnis, *f.* [next + -tio]

1 Balancing of items in an account, offsetting.

liberum est iudici nullam omnino inuicem ~onis rationem habere Gaius *Inst.*4.63; ut habita ~one fructuum..fundus debitori restitueretur Ulp.*dig.*2.14.52.1; si uir et uxor quina inuicem sibi donauerint et maritus seruauerit, uxor consumpserit, recte placuit ~onem fieri donationum 24.1.7.2; Paul.*dig.*5.2.21.2;—(*transf.*) inuitus beneficium per ~onem iniuriae soluet Sen.*Ep.*81.17.

2 A weighing, balancing, or counterbalancing (of various factors).

fortitudo est contemptio laboris et periculi cum ratione utilitatis et ~one commodorum *Rhet.Her.*4.35; nisi aequabilis haec in ciuitate ~o sit et iuris et officii et muneris Cic. *Rep.*2.57; ita multa sunt incommoda in uita, ut ea sapientes commodorum ~one leniant *N.D.*1.23.

compensō ~āre ~āuī ~ātum, *tr.* **conp-.** [con- + penso]

1 To balance, make good, offset (a debt, deficit, item on an account, etc.). **b** (w. *cum*) to balance (against the account of).

nec ~are id quod consumpsit Ulp.*dig.*24.1.32.9; ~andum ei (*sc.* filiae) in dotem quod a patre datur 24.3.22.3; facilius hanc summam posse ~ari 32.11.19; an quae patri debeantur filius ~are possit Paul.*dig.*16.2.9.1;—(*w. dat.*) ~anda ..est heredi libertatis celeritas praematurae pecuniarum solutioni Pompon.*dig.*40.4.41.1;—(*w. abl.*) tu, qui decem arbuscularum umbram tricies sestertii summa ~as V.Max. 9.1.4; ut ad diem usuris non solutis fructus hypothecarum usuris ~arentur fini legitimae usurae Papin.*dig.*20.1.1.3;— (*w.* cum) ueluti pecunia cum pecunia ~atur, triticum cum tritico Gaius *Inst.*4.66; an commodum..~ari cum damno ..debeat Ulp.*dig.*17.2.23.1;—(*w.* pro) cum ab uno herede mulieri pro dote ~andi animo legatum esset Clem.*dig.*

31.53;—(*absol.*) 'dedisse' intellegendus est etiam is, qui permutauit uel ~auit PAUL.*dig.*50.16.76. **b** fideicommissum a fratre sibi debitum post mortem eius in ratione cum heredibus ~are uellet PAPIN.*dig.*22.3.26;—(*w.* secum) si coeperit (mulier) uelle de dote agere, ipsa secum debebit ~are iussum suum ULP.*dig.*23.3.38; 35.2.82; 47.2.39.

2 To counterbalance, make up for (a deficiency, etc.), make good in another way, offset. **b** (w. compensation, etc., as subj.).

facile iniuriarum omnium ~arem curam et molestiam CIC.*Rep.*1.7; ab utraque parte dolo ~ando JULIAN.*dig.* 2.10.3.3;—(*w. abl.*) de quibus uillaticis quoniam uel nimium dictum, breuitate reliqua ~abo VAR.*R.*3.9.16; paucitatem.. pedum grauitate sua et tarditate ~at (spondeus) CIC.*Orat.* 216; hoc uitium ~ant uel facultate uel copia 231; (senectutis) uitia diligentia ~anda sunt *Sen.*35; ~are offensionem prouinciae exercitus amore cupiebat *B.Alex.*48.1; ut ea ..non libenter tractare uidearis..et reprendens alia laude ~es QUINT.*Inst.*11.1.88; quom..dolorem constricti uinculi uoluptate resoluti ~aret FRO.*Aur.*1.p.186(71N); detrimentum litterae productione syllabae ~atur GEL.2.17.9;—(*w.* cum) ~are potest mulier cum actione, qua maritus agere uult ob res amotas ULP.*dig.*25.2.7. **b** ~aueratque ea praeda quod ignominiae ad Elim acceptum fuerat LIV. 27.32.8; nec tot facinora..~are poterat caedis..ministerium CURT.10.1.2.

3 To balance mentally, weigh (against).

(*w.* cum) nonne ~auit cum uno uersiculo tot mea uolumina laudum suarum? CIC.*Pis.*75; ~abatur..cum summis doloribus laetitia *Fin.*2.97;—si facta ~anda sunt, conferamus aequitatem [CIC.]*Exil.*13; amicus dulcis..cum mea ~et uitiis bona HOR.*S.*1.3.70.

4 To save, secure, obtain (at the expense of or by sacrificing something else). **b** to get rid of (by exchange).

(*w. abl.*) Catonis est dictum 'pedibus ~ari pecuniam' CIC.*Flac.*72; tot tamen amissis te ~auimus unum OV.*Ep.* 3.51; ut Romanam ciuitatem..adfinitatum damno bene ~ari putarent PLIN.*Pan.*37.5. **b** aegritudinem animi grauissimam leui turpitudine corporis ~at APUL.*Apol.*50.

5 To avoid by a short cut.

qua uia longum ~at iter SEN.*Phaed.*84; magnosque sinus Telmessidos undae ~at medio pelagi LUC.8.249.

compercō ~cere ~sī, *tr., intr.* **conp-.** [CON-+PARCO]

1 (tr.) To save up.

quod ille unciatim uix de demenso suo..~sit miser TER. *Ph.*44.

2 (intr., w. dat.) To refrain from hurting, spare.

nec fugientibus..(canes) ~cunt APOL.*Met.*9.36.

3 (w. inf.) To refrain from.

~ce amabo me attrectare PL.*Poen.*350; ~ce uerbis uelitare TURP.*com.*145.

comperendinātiō ~ōnis, *f.* **conp-.** [COMPERENDINO+-TIO] Adjournment of a trial for two days.

intra ~onem fides promissi mei stabit SEN.*Ep.*97.5; TAC. *Dial.*38.1; PLIN.*Ep.*5.9(21).1; an..nos legibus ipsis iustiores, quae tot horas..tot ~ones largiuntur? 6.2.6; in dierum.. diffissionibus ~onibusque GEL.14.2.1.

comperendinātus ~ūs, *m.* **conp-.** [next+-TVS³] = prec.

unum quasi ~us medium diem fuisse CIC.*Brut.*87; adimo ..~um *Ver.*1.26.

comperendinō ~āre ~āuī ~ātum, *tr.* **conp-.** [as next+-o³] To adjourn the trial of (a person); to adjourn (a trial); (also absol.).

ut..nemo istum ~atum, sed condemnatum iudicaret CIC. *Ver.*1.20; tulit ut ~aretur reus 1.26; 4.33;—res ~ata PAUL. *Fest.*p.283M; (*cf.*) Iouem..ubi..noctes quoque ~ari uideret FRO.*Aur.*2.p.14(228N);—CIC.*Ver.*34; tu uero ~asti uno teste producto *Scaur.*29.

comperendinus ~a ~um, *a.* **conp-.** [CON-+PERENDINVS] (of a day) On which an adjourned trial is resumed.

~um diem, ut ad iudicem uenirent, denuntiabant GAIUS *Inst.*4.15.

comperiō ~īre ~ī ~tum, *tr.* **conp-.** Also **~ior.** [CON-+-*perio* (cf. PERICVLVM, PERITVS)] FORMS: dep. forms in quots. only 1st pers. sg. pres. ind. and subj.

1 To find out (facts) by investigation, learn, discover, ascertain: **a** (w. acc., also pass. w. dat.). **b** (w. acc. and inf.). **c** (w.indir. qu.).

hac re ~ta manifestoque deprehensa CIC.*Clu.*48; me tantum '~isse' omnia criminabatur *Att.*1.14.5; aliquo facinore ~to CAES.*Gal.*1.40.12; paucitate nostrorum..~ta *B.Alex.* 74.3; LIV.25.12.4; carae ~ta iniuria natae STAT.*Ach.*1.912; ~to itinere hostium TAC.*Hist.*2.23;—(*w. abl.*) non modo animo nihil ~i, sed uix ad auris meas..fama peruenit CIC. *Sul.*12; nihil se testibus, nihil tabulis..~isse *Clu.*126; se id certis auctoribus ~isse *Att.*14.8.1; haec ~ta perfugarum indiciis LIV.10.40.1;—(*w.* ex) quid ex litteris ~isset NEP.*Paus.* 4.5;—(*w.* per) per exploratores ~tis hostium consiliis LIV. 9.45.17; peditum tantum agmine per exploratores ~to (*i.e. learnt about*) 25.15.11;—nobis ea res pro magnitudine parum ~ta est SAL.*Cat.*22.3; ubi haec ~ta Antonio TAC.*Hist.*3.15;—(*ellipt.*) atqui certe ~i TER.*Eu.*825; ubi ~i ex is qui ei fuere conscii *Hau.*121; ut postea ex captiuis ~it CAES.*Gal.*1.22.1;—(*dep.*) nouum mirumque plane ~ior APUL.*Met.*11.27;—(*sup.*) quae..non modo compertu euidentia uerum etiam factu facilia senties 1.3. **b** ~ibam nil ad Pamphilum quicquam attinere TER.*An.*90; ID..QVOD..MAXSVME VERVM ESSE ~IT *CIL* 1.585.39; si interfectum M. Aurium esse ~isset CIC.*Clu.*23; tempora multa latent, ratio quae ~it esse LUCR. 4.796; inde cum Hannibalem Latina uia iturum satis ~isset LIV.26.8.10; OV.*Pont.*1.2.93; quem..necem Claudio parare ~erat SUET.*Otho* 1.3;—(*w. abl.*) ubi rem haud uanam esse certis indiciis ~erunt LIV.24.24.4;—(*w. preps*) a quibus ~it..suum decretum pecunia esse temptatum CIC.*Ver.*2.59; postea quam per exploratores pontem fieri ~issent CAES. *Gal.*4.19.2; ab illa ~it agricolis semina tosta dari OV.*Fast.* 6.556;—(*pass.*) ea ita futura per quosdam Thurinos ~ta Hannibali cum essent LIV.27.26.5;—(*impers.*) ~to Eordaeam petituros Romanos 31.39.7; ~tum sibi..ex P. Quirinii seruis ueneno eum..petitum TAC.*Ann.*3.23;—(*dep.*) quiduis cupio dum ne ab hoc me falli ~iar TER.*An.*902. **c** ab exploratoribus ~it quanta..neglegentia apud hostes esset LIV.24.40.10; (*impers.*) nondum ~to, quam regionem hostes petissent 31.39.4.

2 To learn (a fact) by experience, to find, prove, establish, verify: **a** (w. acc.). **b** (w. acc. and inf.). **c** (w. pred. adj.).

a id quod maximis rei p. tenebris ~isti CAS.*Fam.*12.13.1; qui stellarum ortus ~it atque obitus CATUL.66.2; hoc cura ac ratione ~tum LIV.26.45.9; quid euidenter ~erit CELS. 2.33.6;—(*pass.*) obseruatum id multis..et dumtaxat in homine ~tum PLIN.*Nat.*2.220. **b** quam ego te esse praeter nostram opinionem ~i TER.*Hec.*763; quae ego cuncta esse fluxa in mea re crepera ~i ACC.*trag.*601; haec illum stupro ~it esse uirum OV.*Ars* 1.698;—(*w.* certum) cum certum ~issent legatorum responsa ita esse gesta *B.Hisp.* 22.4;—(*pass.*) qui..conloquia occulta habuisse ~ti sunt LIV.27.1.14; (*impers.*) uineis ita positis ~tum est nullas esse fertiliores PLIN.*Nat.*17.20;—(*dep.*) in ea difficultate Metellum..magnum et sapientem uirum fuisse ~ior SAL.*Jug.*45.1; 108.3; TAC.*Ann.*4.20; APUL.*Fl.*9. **c** quos sontes ~it.. securi percussit LIV.9.16.10; si uirum bonum ducerent..si noxium ~issent 27.34.13; quae omnia..Nero uana falsaque ~it PLIN.*Nat.*30.14; TAC.*Ann.*15.60; (*pass., w. dat.*) longe alia omnia inquirenti ~ta sunt quam quae..audierat LIV.23.43.6;—(*impers.*) non infumare taleas..utilius ~tum PLIN.*Nat.*17.130.

3 (spec.) To find (to have committed an offence, etc.).

(*pass., w. inf.*) Polum..mori coegit ~tum adulterare matronas SUET.*Aug.*67.2; qui dolo fecisse ~ietur ULP.*dig.* 47.8.2.16; (*impers.*) de uxoribus..quaestionem habent et, si ~tum est..interficiunt CAES.*Gal.*6.19.3;—(*w.* in+*abl.*) uxorem in stupro generi ~tam dimitteret SUET.*Tib.*35.1; —(*w. gen.*) filium iuuenem nullius probri ~tum LIV.7.4.4; duae Vestales..stupri ~tae 22.57.2; sacrilegii ~tos 32.1.8; nullius ante flagitii ~tum TAC.*Ann.*4.11; noxae ~tum APUL. *Met.*10.8.

compernis ~is ~e, *a.* **conp-.** [CON-+PERNA+-IS] Having the thighs close together.

aut uarum aut ualgum aut ~em aut paetum aut brocchum filium PL.fr.116; ~em aut uaram fuisse..Alcmenam LUCIL.542; VAR.*L.*9.10; PAUL.*Fest.*p.41M.

compertē, *adv. compar.* ~ius. [next+-E] On reliable information, informedly.

qui hoc ~ius memoriae tradiderunt GEL.1.11.13; exquisite..et ~e Iulius Paulus dicebat..1.22.9.

compertus ~a ~um, *a.* [pple. of COMPERIO] Ascertained, proved; *res ~a*, reliable information, a certainty; *male ~us*, (app.) known to be of bad character. **b** (neut. as sb.) an ascertained fact; *pro ~o*, (to regard, etc.) as certain, for a fact; *nihil ~i*, no certainty. **c** *~um habere*, to have found out for certain, have verified; (sim. w. other vbs.).

quendam ~ae grauitatis educatorem APUL.*Met.*10.4;—ut leuem auditionem habeant pro re ~a CAES.*Gal.*7.42.2; rem ~am ad senatum defert LIV.4.13.8; uix pro ~a tantam rem habiturus uidetur 39.49.8;—filiam Rufini male (*cj.* mali) ~am APUL.*Apol.*97. **b** laeta saepius quam ~a nuntiare TAC.*Ann.*2.12;—pro ~o habere Hasdrubalem.. Alpes traiecturum LIV.27.36.4; eundem..coniurasse..pro ~o fuit CURT.7.1.6; dum alii quoquo modo audita pro ~is habent TAC.*Ann.*3.19;—nihil ipsos habuisse cogniti, nihil ~i CIC.*Clu.*131; ipsine sibi eum finxerint metum..nihil ~i est LIV.38.28.8. **c** quod de his duobus habuerint ~um CIC.*Clu.*127; id se ab ipsis per eorum nuntios ~um habere CAES.*Gal.*1.44.12; mihi..qui ~um habeo credant *orat.*41; (*pl.*) cum omnia ea..per tribunos ~a haberet LIV.7.38.9;—(*w. acc. and inf.*) ~um ego habeo..uerba uirtutem non addere SAL.*Cat.*58.1; LIV.3.48.1; (*pl.*) auxilia..quae ex usu prodesse eis ~a habemus LARG.106;—(*w. indir. qu.*) neque, exercitus Manli quantus aut quo consilio foret, satis ~um habebat SAL.*Cat.*29.1;—~um attulerunt T. Quinctium in Tusculano agrum colere LIV.7.39.11; ~a omnia senatui relaturum 9.45.3.

compertūsiō ~ōnis, *f.* **conp-.** [CON-+PERTVNDO+-TIO] A joint tunnelling operation.

CERTAMEN OPERIS..DEDI ET SIC AD ~ONEM MONTIS CONVENERVNT *CIL* 8.2728.

compes ~edis, *f.* **conp-.** [CON-+**pedis* (PES)] FORMS: acc. pl. *~edis* PL.*Men.*80, *Per.*573; gen. pl. *-edium Per.*420. (usu. pl.) Shackles for the feet, fetters. **b** (transf., of var. things impeding physical movement). **c** (fig. or in fig. phrs.).

uincito aut neruo aut ~edibus XV pondo, ne maiore *Lex XII*(*Font.iur.*p.21); tintinnabant ~edes NAEV.*com.*114; ~edium tritor PL.*Per.*420; ~edibus quaeso ut tibi sit leuior filius *Capt.*1025; habendae ~edes TER.*Ph.*249; fures priuatorum furtorum in neruo atque in ~edibus aetatem agunt CATO *orat.*221; nequiquam saepe aeratas manus ~edes conor reuellere VAR.*Men.*423; ille ex ~edibus atque ergastulo Gracchus CIC.*Rab.Perd.*20; in manicis et ~edibus ..te..tenebo HOR.*Ep.*1.16.77; LIV.8.28.8; CURT.5.12.20; cruribus ~edes manibus catenas gerebat (*sc. a ghost*)PLIN. *Ep.*7.27.5;—(*sg.*) TIB.1.7.42; hoc est cur cantet uinctus quoque ~ede fossor OV.*Tr.*4.1.5; STAT.*Silv.*1.6.4; ~ede, quod dedecorum barbaris, trahebatur TAC.*Ann.*12.47; JUV.11.80;—(*iron. or contempt. of bracelets*) uidetis mulieris ~edes PETR.67.7; luxu feminarum plebis ~edes sibi facientium PLIN.*Nat.*33.152. **b** ubi corpori aerinas ~edes impositas uideo VAR.*Men.*473; Hebrusque niuali ~ede uinctus HOR.*Ep.*1.3.3; currentisque feras pedicarum ~ede nectunt MAN.5.187; donec in ponto manus mouit implicitas puer ~ede audacis uiae SEN.*Oed.*908. **c** has ~edes, fascis, inquam, hos laureatos CIC.*Att.*8.3.5; qui in ~edibus corporis semper fuerunt *Tusc.*1.75; ipsum Philippum.. ~edes eas Graeciae appellare (*sc.* Demetriadem, Chalcidem, Corinthum) LIV.32.37.4;—(*of love*) ipsum me melior cum peteret Venus grata detinuit ~ede Myrtale libertina HOR. *Carm.*1.33.14; 4.11.24.

compescō ~ere ~uī, *tr.* **conp-.** [<**comparc-sco* cf. COMPERCO]

1 To confine, imprison, restrain; to close, block (entrances, etc.). **b** to hold in, restrain physically.

qui ter amplum Geryonen Tityonque tristi ~it unda HOR. *Carm.*2.14.9; non potuit Minos hominis ~ere pinnas OV *Ars* 2.97; neque conpedibus nec me ~e catenis *Ep.*19.85; mundus impositus tuas ~et umbras SEN.*Her.O.*1770; LUC. 9.2; STAT.*Theb.*11.79; (*poet.*) arcana..regio..alta uetustum ualle ~ens nemus SEN.*Thy.*651;—pax missa per orbem ferrea belligeri ~at limina Iani LUC.1.62. **b** non..illa suos poterit ~ere ocellos PROP.1.16.31; fascia crescentes dominae ~e papillas MART.14.134.1; digito ~e labellum JUV.1.160.

2 To check or suppress the growth of (plant). **b** to check (flames, fire). **c** to arrest the spread of (disease); to check (an ulcerous or other growth).

(*by pruning*) ramos ~e fluentis VERG.*G.*2.370; adunca ..falce..spatiantia contra bracchia ~it OV.*Met.*14.630; pedali fere spatio citra iugum uitem ~ere COL.4.17.5; 5. 5.17;—(*by other means*) luxuriosa uitis nisi fructu ~itur 4. 21.2; ~itur cum obriguit hiberno frigore 4.32.5;—(*fig., of a writer*) luxuriantia ~et..uirtute carentia tollet HOR.*Ep.*2.2. 122. **b** saeuis ~uit ignibus ignes OV.*Met.*2.313; *Tr.*4.3.65; nullum..instrumentum ad incendia ~enda PLIN.*Ep.Tra.* 10.33(42).2;—(*the flames of love*) saepe mero uolui flammam ~ere OV.*Ep.*15.231; SEN.*Phaed.*165. **c** continuo culpam ferro ~e VERG.*G.*3.468;—collectiones minuit et nomas ~it PLIN.*Nat.*24.102; (squama ferri) haemorroidas ~it 34.154; omne ulcus luxurians et crescens carne ~it chalcitis LARG. 239; carnem eminentem hoc medicamento ~ebat 240.

3 To check the movement of, steady; (esp.) to subdue, calm (storms and sim.).

diluis elleborum, certo ~ere puncto nescius examen? PERS.5.100;—quae mare ~ant causae HOR.*Ep.*1.12.16; tantos ~ite fluctus OV.*Tr.*1.2.87; ut imbres terris subministrarent (uenti) idemque nimios ~erent SEN.*Nat.* 5.18.2; Oceani tumidas remo ~it undas LUC.1.370; hi et reliquos (uentos) ~unt PLIN.*Nat.*2.126.

4 To check, restrain, stop (activity of any kind). **b** to restrain, control (a person). **c** to subdue, quell, crush (an opponent, enemy, etc.).

sed timor officium cautus ~it OV.*Tr.*3.4b.65; ciuilia bella ~ui SEN.*Apoc.*10.2; *Ep.*95.30; ~ite litem STAT.*Theb.*6.627; nec..Varro..~eret arma SIL.9.16; in hoc (*sc.* oratore) quota pars erit, quod..improborum scelera ~et? QUINT. *Inst.*12.1.26; inhonestam adulationem ~it TAC.*Hist.*2.57; Aegyptios Iudaicosque ritus ~uit SUET.*Tib.*36. **b** in.. imperiis ~endis occupati erant (tribuni) V.MAX.2.2.7; non ~ere ruentis, non retinere dubios..ausus TAC.*Hist.*1.56; multitudinem..operam..tumultuosius pollicentem ~uit SUET.*Jul.*16.2; legiones..imperatorem Tiberium..recusantis..~uit *Cal.*1.1;—(*animals*) angustis quod equum ~it habenis TIB.1.4.11; caprificus tauros..collo eorum circumdata in tantum mirabili natura ~it ut inmobiles praestet PLIN.*Nat.*23.130; uix sterilis ~it equas STAT.*Theb.*6.333. **c** maior lanea (*sc.* effigies), quae poenis ~eret inferiorem HOR.*S.*1.8.31; Mitridatem ~uit V.MAX.6.9.6; cratera minantem non leuiore Pholum manus haec ~uit auro V.FL 1.338; Musulamos atque Gaetulos..Cosso duce ~uit FLOR. *Epit.*2.31(4.12.40); (*fig.*) autumno hiemps instat, quae uere ~itur SEN.*Ep.*24.26.

5 a To put a curb on (one's tongue, one's words, etc.), silence, suppress, stifle; (w. inf.) to stop (talking). **b** to restrain, curb, control (feelings, fears, behaviour, etc.); to stifle, subdue (laughter).

a linguam ~as face PL.*Poen.*1035; ~e querelas LUCR. 3.955; ~e clamorem ac sepulcri mitte superuacuos honores HOR.*Carm.*2.20.23; tu..uoces ~e molestas PROP.1.5.1; ~e diras..irarum minas SEN.*Her.O.*1456;—(*of others*) eoque terrore (*sc.* dracone depicto) aues..posse ~i PLIN.*Nat.* 35.121; carae gemitus ~it alumnae STAT.*Theb.*12.361;—~e in illum dicere iniuste PL.*Bac.*463. **b** ~e mentem HOR.*Carm.*1.16.22; animum rege..hunc frenis, hunc tu ~e catena *Ep.*1.2.63; uinoque nouos ~e dolores TIB.1.2.1; rabidos ~ere mores OV.*Ars* 3.501; tempore..~itur ira leonum *Tr.*4.6.5; temperauit..uim suam ardoremque ~uit TAC.*Ag.*8.1; (*poet.*) ille mihi tua damna dies ~ere cantu suadet STAT.*Silv.*3.3.41;—(*in others*) haec tibi uulgaris istos ~et amores PROP.1.13.11; LIV.2.43.3; Glauciae Saturninique..furorem..consul armis ~uit VELL.2.12.6; qui et saeuitiam et libidinem..~at SEN.*Ben.*3.22.3; AD LENIENDOS ~ENDOSQ DOLORIS IMPETVS *CIL* 8.15880;—mappa ~ere risum uix poterat HOR.*S.*2.8.63; OV.*Ep.*16.161.

6 To subdue (undesirable things, qualities, etc.). **b** to quench, allay (thirst, hunger).

crapula ~i feritatem nimiam (*sc. of wine*) PLIN.*Nat.*14.124; mitigatur usto pane..accenditur pipere..utique sale ~itur (acetum) 23.57. **b** ut lea saeua sitim multa ~uit unda OV.*Met.*4.102; poma ~unt famem SEN.*Phaed.*515; LARG.105; paribusque famem ~ere membris SIL.2.525.

competālis: see compit-.

competens ~ntis, *a.* **conp-.** [pple. of competo] Agreeing with, corresponding to, apposite, suitable. **b** (leg.) competent, suitable.
hunc modum si ~nti pertulit ductu stilus Maur.311; unus quisque ~ns capessit officium Apul.*Mun.*30;—(*w.* cum) adhibita quadam ratione etymologiae cum sententia uocabuli ~nte Gel.19.13.3;—(*w. dat.*) exemplum rei ~ns Apul.*Apol.*36; personas rebus ~ntes *Fl.*16. **b** uidebitur ipse fecisse et sufficient ~ntes aduersus eum actiones Marcel.*dig.*42.8.12; tunc dotem sequestrari, quatenus ex ea mulier ~ns habeat solacium Ulp.*dig.*24.3.22.8;—(*of persons, bodies*) actionem..fideicommissi in personam ~ntem omnibus inuicem manere Scaev.*dig.*31.89.4; absentem defendere in ~nti tribunali Ulp.*dig.*3.3.35.2.

competenter, *adv. superl.* ~tissimē. **conp-.** [prec.+-ter²] Suitably, appositely.
vt pro cvalitate factorvm ~ter in evm..vindicetvr *CIL* 3.12043; ~tissime uideor usus Platone Apul.*Apol.*66.

competentia ~ae, *f.* **conp-.** [as prec.+-ia] Correspondence, proportion.
secundum naturalem membrorum omnium inter se ~am Gel.1.1.3; (*of the conjunction of stars, etc.*) ut in eodem illo puncto..plures simul ad eandem ~am nasci non queant 14.1.26.

competītor ~ōris, *m.* **conp-.** [con-+petitor]
1 A fellow candidate or rival for an office or position.
Var.*R.*3.5.18; accusauit ambitus designatum ~orem Cic.*Brut.*113; ~ores tuos interficere uoluisti *Catil.*1.11; contendimus..aliter si est inimicus, aliter si ~or *Off.*1.38; experta nobilitas parum fuisse uirium in ~oribus eius Liv.22.35.3; ~ores habebat patricios L. Aemilium Q. Fabium Ser. Sulpicium Galbam, ueteres candidatos 39.32.6; editi in ~ores..libri uituperationem continent Quint.*Inst.*3.7.2.
2 (transf.) A rival claimant (e.g. to a throne).
maximae mercedis ~oribus fortunae beneficium expectantibus V.Max.7.3.ext.2; Quint.*Inst.*9.2.97; rapuit illam ~or diues *Decl.*343(p.353,l.13); ~orem imperii Massiuam inmisso percussore confecit Flor.*Epit.*1.36 (3.1.8).
3 A rival bidder (at an auction).
quod emere uelit, empturum sese negare propter ~ores emptionis Gel.12.12.4.

competītrix ~īcis, *f.* **conp-.** [con-+petitrix] A female fellow candidate; (transf.) a rival.
rapta ~ix diuitis filiae Quint.*Decl.*370(p.407,l.2);—nos quoque habuimus scaenam ~icem Cic.*Mur.*40.

competō ~ere ~īuī *or* ~iī ~ītum, *intr., tr.* **conp-.** [con-+peto]
1 (of objects having a linear character) To come together, meet.
ubi uiae ~unt tum in competis sacrificatur Var.*L.*6.25; quaedam (fossae)..occaecantur, ita ut in eas ora hiantium fossarum ~ant Col.2.2.9; si cacumina in unum ~unt 4.17.1; praeterquam ubi recti angulorum ~ant ictus Plin.*Nat.*2.80;—(*w.* in+*acc., transf.*) nec enim omnibus..fortunam suam inpressit, ut in unitatem illa ~ant Sen.*Ep.* 84.8.
2 (of events, etc.) To coincide in time, occur at the same time. **b** to happen, occur (at the time under consideration); *si ita ~it ut,* if it so happens that. **c** to fall due.
quarum uitium maturitas ~it Col.3.21.6; uina..diffundi..septimo die, utique si septima luna ~at Plin.*Nat.*18.232; (*w.* cum) initium finemque miraculi cum Othonis exitu ~isse Tac.*Hist.*2.51;—(*w.* in+*acc.*) si ~ant coitus in nouissimum diem brumae Plin.*Nat.*16.191. **b** quod ego, si tempestiue ~at, magis conducere agricolae non dubito Col.2.8.4; si ita ~ierit lunae cursus 11.2.85; ut neque messium feriae aestate neque uindemiarum autumno ~erent Suet.*Jul.*40.1;—si ita ~it, ut idem ille, qui sanare potest, compte..disserat, boni consulet Sen.*Ep.*75.6; modo ex parte, si ita ~it, ut in latus eius incurreret *Nat.*1.12.1. **c** vsvrar qvae annvae ~vnt *CIL* 2.4511; Ulp.*dig.* 22.1.31.
3 To be in accordance (with); to befit, suit. **b** *si (ita) ~it,* if it is suitable or convenient.
(*w. dat.*) si cuncta ~unt uoto Col.4.19.3; (*absol.*) aut adsumere in causam naturas eorum (*sc.* iudicum), qua ~ent, aut mitigare, qua repugnabunt, oportebit Quint.*Inst.*4.1.17;—nihil minus quam oris illuuiem libero et liberali uiro ~ere Apul.*Apol.*7. **b** area si ~it, ita constituenda est ut..despici possit Col.1.6.23; si non ~it, ut.. in uillam faenum portetur 2.18.2; si loci situs ita ~it 8.17.3.
4 To be adequate or sufficient, suffice. **b** (of persons) to be competent or efficient (in a particular respect).
quod si nec caeli nec campi ~it umor Col.10.50; Romanos terra atque undis, ubi ~et aetas, ferro ignique sequar Sil.1.114; Suet.*Aug.*31.3;—(*w.* ad+*gdve.*) ut uix ad arma capienda..~eret animus Liv.22.5.3; quid enim ~it ad amoris ardorem accendendum piscis brutus et frigidus Apul.*Apol.*30;—(*w. dat.*) tanto Othonis animo nequaquam corpus..~it Suet.*Otho* 12.1. **b** quasi formidine attonitus neque animo neque auribus aut lingua satis ~ere Sal.*Hist.*1.136; dux segnis et uelut captus animi non lingua, non auribus ~ere Tac.*Hist.*3.73; *Ann.*3.46.
5 To be applicable, apply, be relevant.
(*w. dat.*) ~it ferme et hoc omnibus (uentis) quos deinde ponam Plin.*Nat.*2.122; exempla, quae ~ant proelio nondum commisso Fron.*Str.*1.pr.;—(*w.* in+*acc.*) haec in eos fabula ~it Fro.*Aur.*2.p.74(150N).
6 To belong to, fall to.
(*w. dat.*) eius tutela tibi ~it Gaius *Inst.*1.167; earum rerum usucapio nobis ~it 2.43; cum aut corporalem rem intendimus nostram esse aut ius aliquod nobis ~ere 4.3; propter spem legati, quod ei post mortem patris ~it Ulp.*dig.*4.4.3.7.
7 To be admissible or competent in law, lie.
quibus non ~it bonorum possessio *Ed.pr.*25.c.1(*Font.iur.* p.225); ut actionem ~ere in equitem Romanum neget Quint.*Inst.*3.6.11; lex..ex qua de uitibus succisis actio ~eret Gaius *Inst.*4.11; certum extremae poenae, quae more maiorum in eum ~it Apul.*Met.*10.11; repetitio contra eum ~it Ulp.*dig.*17.1.29.5; cum..plenior aduersus heredem uel heredi ~at obligatio 21.2.51.3; retro ~it libertas 40.2.3.
8 (tr.) To be a candidate with others for (an office). **b** to meet, face (death) together.
eundem honorem ⟨duae⟩ uirgines ~ebant Quint.*Decl.*252 (p.32,l.19); (*absol.*) Otho Junius pater..agitatum se ~isse dixit Sen.*Con.*7.7.15. **b** svpremvm fati ~iere diem *CIL* 6.29436.

competum ~ī, *n.*: form of compitvm.

compīlātiō ~ōnis, *f.* **conp-.** [next+-tio] A burglary.
tu me hoc tibi mandasse existimas, ut mihi gladiatorum compositiones..et Chresti ~onem mitteres Cic.*Fam.*2.8.1.

compīlō¹ ~āre ~āuī ~ātum, *tr.* **conp-.** [con-+*pilo* (cf. pilatrix)]
1 To rob, pillage, steal from (a place or person). **b** (w. acc. of thing stolen).
illic homo aedis ~auit Pl.*As.*272; numnam ego ~or miser? *Aul.*389; nihil est quod mihi gratias agas..si malui ~ari quam uenire Cic.*de Orat.*2.268; sedem antiquam.. nocturno latrocinio atque impetu ~auit *Ver.*5.185; formidare..seruos ne te ~ent fugientes Hor.*S.*1.1.78; luce clara Gai nostri domum fugi tanquam copo ~atus Petr.62.12; ~are..hortum Mart.6.72.2; (*cf.*) uota illorum (*sc.* parentum) multos ~ant, ut te locupletent Sen.*Ep.*32.4;—(*w. abl.*) templa omnibus ornamentis ~ata Liv.43.7.10;—(*ancient explanation of sense*) ~are cogere est et in unum condere Paul.*Fest.*p.40M. **b** ubi uir ~et clanculum quidquid domist Pl.*Men.*560; qui..ab ipsis..iuris consultis eorum sapientiam ~arit Cic.*Mur.*25; ~atae hereditatis Papin.*dig.* 3.5.32(33).
2 To steal from another writer, plagiarize.
hoc quoque non curo, quod cum mea carmina carpas, ~as Mart.11.94.4; (*cf.*) ne me Crispini scrinia..~asse putes Hor.*S.*1.1.121.

compīlō² ~āre ~āuī, *tr.* **conp-.** [perh. same as prec., w. reference to *pilum*] To beat up thoroughly, cut up.
agaso..occipiens a capite..totum me ~abat fusti Apul.*Met.*7.18; me..bipennibus..membratim ~assent 9.2.

compingō ~ingere ~ēgī ~actum, *tr.* **conp-.** [con-+pango]
1 To shut up, put away. **b** to shut (in prison etc.), confine.
(eam) tibi habe, aufer..uel etiam in loculos ~ingite Pl.*Men.*691; uidulum, aurum atque argentum ubi omne ~actum fuit *Rud.*546; quae parentes tam in angustum tuos locum ~egeris 1147; (*obsc.*) quo ~ingam terminum in tutum locum Pompon.*com.*126. **b** si tresuiri me in carcerem ~egerint Pl.*Am.*155; *Rud.*715; oratorem..in iudicia et contiunculas tamquam in aliquod pistrinum detrudi et ~ingi uidebam Cic.*de Orat.*1.46; in Apuliam se ~egerat *Att.* 8.8.1; ciuem Romanum..in carcerem ~egit Fro.*Aur.*1.p.204 (834N).
2 To fix, attach (part of a structure); fix together, bind together.
super medium medii inpages conlocentur..alii in imo ~ingantur Vitr.4.6.5; circa lapidem fusos sextantales..ad circinum ~egit 10.2.14;—mixtas potuisse creari inter se pecudes ~actaque membra animantum Lucr.5.919; turrim ~actis trabibus quam eduxerat ipse Verg.*A.*12.674; quaedam..partium aptata positu suo..terrae motus saepius agitata ~egit Sen.*Nat.*6.30.4.
3 To build, construct, put together. **b** to compose (literary works); to compound (words).
(animus caeli) trium partium proportione ~actus Cic.*Tim.*27; haec..necessest..quasi ramosis alte ~acta teneri Lucr.2.446; Verg.*Ecl.*2.36; fores ita ~ingantur, uti scapi cardinales sint Vitr.4.6.4; ex tabulis arcam ~actam 10.15.7; Palladia ~acta manu..Argo Sen.*Med.*366; mea fistula, quam mihi nuper matura..~egit arundine Ladon Calp.*Ecl.*1.18; Mart.14.64(63).1; ut tenuissimis minutisque ossiculis caput ~ingeret (natura) Gel.7(6).1.10. **b** Graece nescio quid ais te compegisse Aur.*Fro.*1.p.18(252N); crepidas sibimet ~egerat Apul.*Fl.*9;—si ex multitudine et negotio uerbum unum ~ingerem Gel.11.16.4.

Compitālia ~ium, *n. pl.* **Conp-.** The festival of the *Lares Compitales,* held annually at the cross-roads.
Naev.*com.*100; rem diuinam nisi ~ibus in compito aut in foco ne faciat (uilicus) Cato *Agr.*5.3; ~ia dies attributus Laribus uialibus Var.*L.*6.25; tu pridie ~ia memento Cic.*Att.*2.3.4; Verg.*Cat.*13.27; Plin.*Nat.*36.204; Gel.10.24.3; —(*as the title of a mime*) item in ~ibus (*sc.* Laberius) Gel. 16.7.7.

Compitālicius ~a ~um, *a.* **Conp-.** [next+-icius¹] Associated with cross-roads or the cult of the *Lares Compitales* there; of the *Compitalia.*
ludi ~i tum primum facti Cic.*Pis.*8; ludos Saeculares et ~os Suet.*Aug.*31.4;—iiii Non. Ian. ~us dies est Cic.*Att.* 7.7.3; haec ambulationibus ~is reseruemus 2.3.4.

Compitālis ~is ~e, *a.* **Compet-, Conp-.** [compitvm+-alis] Associated with, worshipped at, cross-roads; (masc. as sb.) a priest of the *Lares Compitales.*
~es Lares ornari bis anno instituit uernis floribus et aestiuis Suet.*Aug.*31.4; mercvrio ~i *A.Epig.*03.235;—q obellio q lib aeqvali comp vi vir avg *CIL* 11.4810; vi viris avg et compit larvm avg 11.4815.

compitensis ~is ~e, *a.* **conp-.** [next+-ensis] (app.) Adjoining, or sharing, the same road-junction.
mvnicipes ~es veicorvm qvinqve *CIL* 14.2121.

compitum ~ī, *n.* **conp-.** Also **compet-.** [competo] Forms: *competum* Var.*L.*6.25. Gender: ~*us* (masc.) Caecil.*com.*226, Var.in Non.p.196M.
1 (usu. pl.) A place where three or more roads meet, road-junction, cross-roads. **b** (meton.) the people at the cross-roads. **c** (fig., of a point where a choice of courses, actions, etc., has to be made).
⟨a⟩d cast qvi est ad ~vm *CIL* 1.1853.13; Var.*L.* 6.43; ut in atriis auctionariis potius quam in triuiis aut in ~is auctionentur Cic.*Agr.*1.7; pagos et ~a circum Verg.*G.* 2.382; Prop.4.1.23; ad ~um Anagninum Liv.27.4.12; in ternas ~a secta uias Ov.*Fast.*1.142; ~ita grata deo (*sc.* Lari), ~ita grata cani 5.140; in ~o Acilio Plin.*Nat.*29.12;—(*as the place where people gather together*) frigidus a Rostris manat per ~a rumor Hor.*S.*2.6.50; quid aliud per uias et ~a faciunt..? Liv.34.2.12; Juv.9.112; Gel.1.22.2. **b** frequentia Mercuriale imposuere mihi cognomen ~a Hor.*S.*2.3.26; de te ~a nulla tacent Prop.2.20.22; nequitiam..tuam..narrant in multas ~a secta uias Ov.*Am.*3.1.18; te forum sonabit, aedes, ~a Mart.7.97.12. **c** a primo ~o dextimam uiam muniit Epicurus Var.*Men.*402; uitae nescius error deducit trepidas ramosa in ~a mentes Pers.5.35.
2 A shrine of the *Lares Compitales* at a cross-roads.
~vm refecervnt..valvas limen de sva pecvnia laribvs dant *CIL* 5.3257; flore sacella tego, uerbenis ~a uelo Prop.4.3.57; molimur ~a lucis Grat.483.

compitus: see compitvm.

complaceō ~ēre ~uī *or* ~itus sum, *intr.* **conp-.** [con-+placeo] Const.: w. dat. or absol.
1 (usu.) To take the fancy, capture the affections (of).
quantusque amator siet quod ~itum est semel Pl.*Am.* 106; si autem Veneri ~uerunt *Rud.*727; postquam me amare dixi ~itast tibi Ter.*An.*645; te uellem Aurorae ~uisse uirum! *Eleg.Maec.*122; gentibus totis ~itam..formonsitatem Apul.*Met.*4.32; cum ipsa anima ~ita est *Pl.*2.22.
2 (of a plan, etc.) To be approved or agreed to.
⟨satin⟩ hoc deo ~itumst, med..in incertas regiones timidam eiectam? Pl.*Rud.*187; neque id soli Hygino, sed doctis..etiam uiris ~itum Gel.1.21.3; consilium quod dabat..acceptum ab uniuersis et ~itum est 18.3.4; hocine tibi ~uit ut..diuersam sortem sustineremus? Apul.*Met.*5.9; —(*impers.*) ut et tibi et Gallioni nostro ~uerat Col.9.16.2; (*w. indir. qu.*) quaenam..littera pro qua scriberetur, ante is ..~ebat Gel.17.9.4.

complācō ~āre, *tr.* **conp-.** [con-+placo] To win the sympathy of, conciliate.
patroni..conciliare sibi et ~are iudices debent (inquit Tiro) Gel.6(7).3.13.

complānātor ~ōris, *m.* **conp-.** [next+-tor] One that makes smooth; (in quot., a dentifrice).
tenuem candificum nobilem puluisculum, ~orem tumidulae gingiuulae Apul.*Apol.*6.

complānō ~āre ~āuī ~ātum, *tr.* **conp-.** [con-+planvs+-o³]
1 To make (ground, etc.) level or flat. **b** (fig.) to smooth out (difficulties).
eam terram tabula aut pedibus ~ato Cato *Agr.*48.2; 151.3; priusquam (sulci) ~entur Col.4.33.2; Plin.*Nat.*9.37; repleto et ~ato lacu Suet.*Jul.*44.1; (*building stones*) lapidem ..probe omnifariam ~atum Apul.*Soc.*pr.3; Ulp.*dig.*39.3.3.2. **b** multa accident dura, aspera, sed quae molliat et ~et ipse Sen.*Dial.*1.5.9.
2 To reduce to ground level, raze, pull down (a building, etc.).
Sp. Maeli regnum adpetentis domus est ~ata Cic.*Dom.* 101; opera cum ~arent *B.Alex.*63.5; ~ata fossuris montium iuga Suet.*Cal.*37.3.

complector ~ctī ~xus, *tr.* Also **complectō** ~ere. **conp-.** [con-+plecto] Forms: act. Pompon.*com.*48, Vitr.10.2.11; pf. pple. in pass. sense Cic.*S.Rosc.*37, Lucr.2.154, 5.922, Apul.*Met.*6.15; pass. also Pompon.*dig.*22.2.2, Scaev.*dig.*45.1.133.
1 To hold in the arms as an expression of affection, embrace, hug. **b** (of a canvasser, suppliant, etc.) to put one's arms round, clasp; also, to clasp (a person's hand). **c** (fig., of sleep).

ten ~catur, carnufex? PL.*As*.697; etiamne. .~ctar eius patrem? *Rud*.1277; ut me primum. .uidit, ~xus et gratulans. .dixit CIC.*Phil*.2.12; ~xus. .sum cogitatione te absentem *Fam*.3.11.2; artius puellam ~xus *Div*.1.103; centum ~xa nepotes VERG.*A*.6.786; Ascanium fusis circum ~ctitur armis 12.433; me ~xae remorantur uerba puellae PROP. 1.6.5; alta sperare ~xa uirum iubet LIV.1.34.9; signataque saxo nomina ~xae OV.*Met*.8.541; non ante reuellar exanimem quam te ~ctar, Roma LUC.2.302; adeo propere ut non ~cti liberos. .permitteret TAC.*Ann*.15.60;—(*pple. w.* teneo) cum. .germanum fratrem ~xa teneat CIC.*Font*.46; CATUL.11.18; (*fig.*) quem haec. .patria propter recentem summi benefici memoriam ~xa teneat CIC.*Flac*.5;—(*w.* medius) mediam mulierem ~ctitur TER.*An*.133; LIV.23.9.9; —(*w.* inter se) nos inter nos esse ~xos CIC.*Div*.1.58; ~xi inter se VERG.*A*.5.766; LIV.7.42.6;—(*ellipt.*) cubat ~xus quoiius cupiens maxume est PL.*Am*.132; (*act. form*) quin ergo, quando conuenit, ~ctite? POMPON.*com*.48;—(*poet., of the earth, the grave*) quae. .tellus. .patris Anchisae gremio ~ctitur ossa VERG.*A*.5.31; sustinet (terra nos) semper nouissime ~xa gremio iam a reliqua natura abdicatos PLIN. *Nat*.2.154; AEQVIVS ISTE LAPIS ~CTERET OSSA PATERNA *CIL* 3.9259. **b** cum eum candidatus A. Sempronius. . ~xus esset CIC.*de Orat*.2.247; senatores equitesque Romanos . .~ctere Q.CIC.*Pet*.29; multis cum lacrimis Caesarem ~xus CAES.*Gal*.1.20.1; ~ctor regina pedes LUC.10.89;—dextram ~xus euntis VERG.*A*.8.558; OV.*Met*.6.494. **c** me. .de uia fessum. .artior quam solebat somnus ~xus est CIC.*Rep*. 6.10; sopor fessos ~ctitur artus VERG.*A*.2.253.

2 To welcome the friendship, services, etc., of (a person), embrace, take up. **b** to embrace, take up (a cause). **c** to welcome (qualities, characteristics, etc.). **d** to embrace, adopt (a course of action, etc.).

ego. .hos in omni fortuna. .~ctar CIC.*Sest*.146; uidesne ut te auctore sim utrumque ~xus? *Att*.7.1.2; qui omnis Cassios Antoniosque ~xi sunt *Fam*.2.15.4; te uictorem ~ctar re p. reciperata 10.12.1; Fortuna. .eos. .plerumque efficit caecos quos ~xa est *Amic*.54; comitem casus ~ctor in omnis VERG.*A*.9.277; te. .ante omnis. .sum ~xus OV.*Pont*. 2.3.81; (*cf.*) oratorem celeriter ~xi sumus CIC.*Tusc*.1.5;— (*w. abl.*) me. .Cn. Pompeius omnibus studiis suis, laboribus, uitae periculis ~xus est *Pis*.80; ut eum beneficio ~ctamini *Planc*.82; ego Niciam Smyrnaeum, ego nugas maximas omni mea comitate ~xus sum *Q.fr*.1.2.4; nec me ~xus uinclis propioribus esses OV.*Tr*.3.5.3. **b** eam ~xus est causam quae esset senatui. .gratissima CIC.*Phil*.5.44. **c** consilium hominis probauit, fidem est ~xus CIC.*Balb*. 63; eius. .bonitatem. .~cti. .et augere debetis *Rab.Post*. 44; quam (facultatem) quoniam ~xus es et tenes *Fam*. 10.12.5; quare non ~cteretur tanti uiri gratiam SEN.*Con*. 10.4.21; hoc ueri ~etere pignus amoris *Laus Pis*.213; ut. . formam. .ac figuram animi magis quam corporis ~ctantur TAC.*Ag*.46.3. **d** sic. .sum ~xus otium ut ab eo diuelli non queam CIC.*Att*.2.6.1; rem. .magnam ~xus sum et grauem et plurimi oti *Att*.4.16.2; amicitias et tueri, quas habeant, et nouas ~cti LIV.34.58.3; nec quisquam meliore fide ~ctitur illas (*sc.* artes ingenuas) OV.*Pont*.1.6.9; spes inprobissimas ~ctuntur insperata adsecuti SEN.*Cl*.1.1.7; honesta ~xi sunt cum primum audiere *Ep*.95.36.

3 To seize, grasp, grip, cling to. **b** to fasten together, interlock.

ipsum conmanducatur totum ~xa comestque LUCIL.180; dextra ~ctitur hostem VERG.*A*.11.743; ~xus Appium. . diremit certamen LIV.3.41.4; cumque ego quassa meae ~ctar membra carinae OV.*Ib*.17; saeuus ~ctitur hostem hostis LUC.3.694; in iis auibus, quarum digiti non sunt accommodati ~ctendis transferendisque ouis PLIN.*Nat*. 10.98;—(*w.* inter se) cum inter se ~xi in terram ex equis decidissent NEP.*Eum*.4.2;—(*of plants, w. abl.*) (uitis) claiculis suis quasi manibus quicquid est nacta, ~ctitur CIC. *Sen*.52; si modo radicibus terram ~xa fuerit (planta) GAIUS *Inst*.2.74;—(*pple. in pass. sense*) adreptam ~xamque (urnulam) APUL.*Met*.6.15; (*of things*) sed ~xa meant inter se conque globata (corpuscula) LUCR.2.154; non tamen inter se possunt ~xa creari 5.922;—(*transf.*) omnes horas ~ctere SEN.*Ep*.1.2. **b** scapos quattuor,. .duos transuersarios interpositos. .~ctit et compegit VITR.10.2.11.

4 (w. *animo, mente*, etc., or alone) To grasp mentally, comprehend, take in. **b** (w. *memoria*, or alone) to keep or retain in mind, remember.

ut animo rei magnitudinem ~ctantur CIC.*de Orat*.1.19; (id) cogitatione tantum et mente ~ctimur *Orat*.8; nec enim minus nostra sunt quae animo ~ctimur quam quae oculis intuemur *Fam*.5.17.4; hoc. .rerum naturae corpus, quod ille . .animo uidit, ingenio ~xus est VELL.2.66.5; uirum. .tot pulcherrimas artes penitus mente ~xum QUINT.*Inst*.12.1.25; (*w. indir. qu.*) ~ctatur animo. .quanto sit in usu omnibus terris nauium armamentis PLIN.*Nat*.19.30; (*absol.*) cum ~ctor animo, quattuor reperio causas CIC.*Sen*.15;—quas (artes). .si quis sit unus ~xus omnis *de Orat*.1.76; perficies ut ego ista innumerabilia ~ctens nusquam labar? *Luc*.114; magno labore. .solidum opus doctrinae ~xus V.MAX.4. 1.ext.1; ut omnem omnium artium uarietatem ~cteretur TAC.*Dial*.30.3;—(*of the mind*) mentemque. .sagacem, quae . .cum praesentibus futura copulet omnemque ~ctatur uitae consequentis statum CIC.*Fin*.2.45; ~cti illas (*sc.* sententias) puerilis animus potest SEN.*Ep*.33.7. **b** tantam causam. .et diligentia consequi et memoria ~cti CIC.*Div. Caec*.39; cum haud facile esset. .ea. .memoria ~cti LIV. 39.47.1; si longior ~ctenda memoria fuerit oratio QUINT. *Inst*.11.2.27;—in iis quae scripsimus ~ctendis 11.2.36; —(*of the memory*) libros, quos uix nomenclatorum ~ctitur aut memoria aut manus SEN.*Ben*.6.33.4; (*cf.*) hoc ad ~ctenda tantum quae uellem uelox mihi erat memoria SEN.*Con*.1. pr.3.

5 To surround, encircle, enclose, cover. **b** (of things) to extend round, encircle, surround. **c** (topog.) to include within its limits, embrace.

quoniam tantum esset necessario spatium ~xus CAES. *Gal*.7.72.2;—(*w. abl.*) (deus animum) circumdedit corpore. . caeloque soliuago. .~xus est CIC.*Tim*.20; totius circuitum domus. .custodiis ~xi sunt LIV.39.51.6; ruris. .tantum. . quantum depresso. .aratro ~cti posses ad finem lucis ab ortu OV.*Met*.15.619; quo minus. .obsidione munimentisque eum ~cteretur VELL.2.51.2; (*by flight*) cursus ut nulla serenos ales agat liquidoque polum ~xa meatu pendeat STAT.*Theb*.3.504;—(*w.* in+*abl.*) effigiemque meam fuluo ~xus in auro OV.*Tr*.1.7.7. **b** ubi manus manicae ~xae sunt PL.*As*.304; facito fortax totam fornacem. .~ctatur CATO *Agr*.38.1; uestis. .puluinar ~xa CATUL.64.266; ~ctitur inguine cortex OV.*Met*.2.353; fascea. .media in longitudinem incisa, ut utrimque mentum ~ctatur CELS. 8.7.3; glandem. .continent hispido calyce per genera plus minusue ~ctente PLIN.*Nat*.16.19; (*w. abl.*) ueterrima laurus . .umbra ~xa penatis VERG.*A*.2.514;—(*topog.*) extremum omnia cingentem atque ~xum ardorem CIC.*N.D*.1.37; ~xi terram maris incola, Proteu OV.*Met*.8.731; quaecumque uagam Syrtim ~ctitur ora LUC.9.431; quae. .moles. .stat Latium ~xa forum? STAT.*Silv*.1.1.2. **c** moenia. .~xa montes septem PLIN.*Nat*.3.66; insulas non ita multas ~ctuntur haec maria 5.41; Oceanus. .latos sinus et insularum inmensa spatia ~ctens TAC.*Ger*.1.1.

6 To encompass, attain. **b** to embrace, include (in one's empire, etc.). **c** (of power, reputation, knowledge) to extend over, be spread over, embrace.

tum ualet (philosophia) multum, cum est idoneam ~xa naturam CIC.*Tusc*.2.11; si. .nec auida spe (animus) infinita ~ctitur SEN.*Ben*.7.1.7; sic ille patriae primus Augustus parens ~xus astra est [SEN.]*Oct*.478; delubrum Olympii Iouis, ludorum claritate fastos Graeciae ~xum PLIN.*Nat*. 4.14; AETERNAS SEDES MERVIT ~CTI PIORVM *CIL* 11.2839. **b** cogitabat. .omnium partis corripere atque ~cti NEP. *Eum*.2.3; alia. .fauore ac beniuolentia ~ctentem LIV.42. 13.4; spe animoque ~xum orbis terrarum imperium 35. 42.12; iam totum terrarum orbem aut uictoriis aut spe ~xus V.MAX.4.7.ext.2. **c** ut terrarum orbem ~exa sit (potestas eius) CIC.*Fam*.4.7.4; uires. .iam orbem terrarum ~ctentis LIV.44.1.12; Britannia, insularum quas Romana notitia ~ctitur maxima TAC.*Ag*.10.2; prouinciam totam inclitae uestrae familiae nobilitas ~ctitur APUL.*Met*.3.11; (*cf.*) Coruinus omnes caritate ciues. .~xus LIV.7.40.3.

7 To involve, associate, bring in, include, (in a relationship, class, condition, activity, etc.). **b** (of actions, etc.) to include in their effect, concern, affect. **c** (of periods of time) to include, cover. **d** (of a term) to include. **e** to hold together, unite; also, to make by connecting.

ut, quae successori. .commodare potest is, qui prouinciam tradit, ut ea. .cura ac diligentia tua ~ctare CIC.*Fam*.3.3.1; (uirtus) si. .omnia sua ~xa nihil quaerat aliunde *Tusc*.3.37; omnes omnium caritates patria una ~xa est *Off*.1.57; —(*w. abl.*) materno. .genere. .insignis honoribus ~xum familias VELL.2.127.3; populum Romanum aequo iure ~cti TAC.*Ann*.2.82; multas insignisque familias paterna nobilitate ~xus 15.48; idem C. Caluisium. .arta propinquitate ~ctitur PLIN.*Ep*.4.4.1;—(*w. dat.*) si specialiter, cum quo adulterium fecerit, denuntiationi ~xus est ULP.*dig*.48. 5.18(17).3;—(*w.* ad) ~cti uis amplissimos uiros ad tuum . .scelus CIC.*Pis*.75;—(*w.* cum) quid enim possum aliud. . nisi te cum mea salute ~cti? *Planc*.102;—(*pple. in pass. sense*) facinus. .eius modi quo uno maleficio scelera omnia ~xa esse uideantur *S.Rosc*.37. **b** omnium salutem ciuium . .res tuae gestae ~xae sunt CIC.*Marc*.25; cogitatio in se ipsa uertitur, eloquentia ~ctitur eos, quibuscum. .iuncti sumus *Off*.1.156; eam solam possessionem putauerunt hanc actionem ~cti ULP.*dig*.6.1.9. **c** uergiliae. .ut quarum exortu aestas incipiat, occasu hiems, semestri spatio intra se messes uindemiasque. .~xae PLIN.*Nat*.18.280; isque annus horum. .annorum duodecim milia nongentos quinquaginta quattuor ~ctitur TAC.*Dial*.16.7. **d** tris uirtutes. .frugalitas ~xa est CIC.*Tusc*.3.17; sapientia. . et animi magnitudinem ~ctitur et iustitiam *Fin*.3.25; quia 'ei uel eis' uerba utrosque fratres ~cterentur PAUL.*dig*. 36.1.83(81); proauia. .quattuor personas ~ctitur *dig*.38. 10.10.14. **e** sic inligat sententiam uerbis, ut eam numero quodam ~ctatur CIC.*de Orat*.3.175; ipse (mundus) se concordi quadam amicitia et caritate ~ctitur *Tim*.15; pices neclectaeque unguen amurcae. .summam ~ctitur ignis in unam GRAT.417; multos. .uersus uno impetu spiritus ~ctebatur V.MAX.8.7.ext.1; aeterno ~ctens omnia nexu, o rerum. .salus Concordia LUC.4.189;—Neptuni imaginem quam poterat excellentissimis maiestatis coloribus ~xus est V.MAX.8.11.ext.5; ipsis syllabis uerba ~i QUINT. *Inst*.1.1.31.

8 To include in a book, speech, etc., include in one's scope, cover. **b** (of a book, speech, law, etc.; also, a pictorial illustration).

plura quam a te desiderata erant sum ~xus CIC.*Top*.100; caelum et mare praetermisit, cetera ~xus est *Agr*.3.7; tempora. .~ctar ut omnia uitae OV.*Pont*.4.15.5; nec mihi cuncta ~ctendi cupido incessit V.MAX.1.intro.; DCCCCX eam fecit Agrippa, deserta eius. .~ctens (*i.e. in the total*) PLIN. *Nat*.6.209; non solum. .dotem praelegatam praetor ~ctitur ULP.*dig*.37.5.8.6;—(*w. abl.*) si tantam uim rerum. .arte sua rhetorici illi doctores ~cterentur CIC.*de Orat*.1.86; omnia istius facta. .oratione ~cti *Ver*.4.57; non tamen. .~cterer omnia uerbis OV.*Tr*.1.5.55; quod praetor interdicto ~xus est GAIUS *Inst*.4.166; (*w. indir. qu.*) Solon quanta industria flagrauerit et uersibus ~xus est V.MAX.8.7.ext.14;—(*w.* in+*abl.*) non ~ctar in his libris amplius. .quam quod. .est tributum CIC.*de Orat*.1.22; edere est. .in libello ~cti et dare ULP.*dig*.2.13.1.1. **b** diuisionum. .definitio formas omnis ~ctitur CIC.*Top*.28; cuius oratio. .satisne uideatur Antiochi ~xa esse sententiam *Fin*.5.8; decreta. .omnis diuinos humanosque honores ~xa LIV.32.34.11; et manebant structis molibus litterae Aegyptiae, priorem opulentiam ~xae TAC.*Ann*.2.60; ut lex. .generale subiciat uerbum, quo specialia ~ctatur ULP.*dig*.9.2.716; (*w. indir. command*) qui (numerus militum) ut daretur illi, mandatis meis ~xus sum TRA.Plin.*Ep*.10.22(33).1;— ~xam eum (*sc.* orbem terrarum) porticum PLIN.*Nat*.3.17.

9 To state in a concise or summary manner, sum up.

ita ~ctemur ut in unum conducamus propositionem et assumptionem CIC.*Inv*.1.73; reliqua sunt in cura, attentione animi, cogitatione, uigilantia, adsiduitate, labore; ~ctar uno uerbo. .diligentia *de Orat*.2.150; hoc uno ~ctor omnia *Ver*.2.125; sed nolo pluribus; summam rem ~ctar LIV. 34.32.14; est tales ~xa preces OV.*Met*.10.483; beatae uitae finem Apollo. .~xus est V.MAX.7.1.2; totius Ponti forma breuiter ~ctenda est PLIN.*Nat*.4.75; simplex cunctaque ista ~xum. .uotum PLIN.*Pan*.94.2;—(*of a summary*) conplexio uitiosa est, quae non, quod quique primum dictum est, ⟨primum⟩ ~ctitur *Rhet.Her*.2.46.

complēmentum ~ī, *n.* **conp-.** [COMPLEO+ -MENTVM] Something that fills out or completes.

apud alios. .numero seruientes inculcata reperias inania quaedam uerba quasi ~a numerorum CIC.*Orat*.230; Caesium Cordum. .postulauerat repetundis, addito maiestatis crimine, quod tum omnium accusationum ~um erat TAC. *Ann*.3.38.

compleō ~ēre ~ēuī ~ētum, *tr.* **conp-.** [CON- +PLEO] FORMS: *~ēuisse, ~ēuērunt*, etc., commonly contracted to *~esse, ~ērunt*, etc.

1 To fill (a receptacle or other three-dimensional space). **b** to be large enough to fill. **c** to fill in (a hole, ditch, or other depression).

ibi erat bilibris aula. .ea saepe deciens ~ebatur PL.*Mil*. 854; tune. .inane quicquam putes esse, cum ita ~eta et conferta sint omnia CIC.*Luc*.125; doneque ~eatur structurae spatium VITR.5.12.3; ~ete manus SEN.*Tro*.102[b];—(*w. gen.*) Bacchi dolia ~et MAN.5.679;—(*w. abl.*) neu (terra) distracta suum late dispandat hiatum atque suis confusa uelit ~ere ruinis LUCR.6.600; duas fossas. .quarum interiorem. .aqua ex flumine deriuata ~euit CAES.*Gal*.7.72.3; farre. .conuecto cum complura dolia ~esset LIV.23.19.8; statuas aeneas. . sua pecunia ~et NEP.*Han*.9.3; APUL.*Met*.5.20;—(*w.* cum) sulcum cum instercorata terra ad medium ~to COL.*Arb*.4. 5. **b** arborem. .transferre quidam praecipiunt, alii cum manum ~eat PLIN.*Nat*.17.83. **c** simplicibus ~eto (*sc.* spiram) bene arte CATO *Agr*.77; uallum scindere et fossas ~ere CAES.*Gal*.3.5.1; foliis (urticae) cum axungia strumas discuti uel. .~eri PLIN.*Nat*.22.38; AD VETERES CICATRICES COMPL⟨ENDAS⟩ *CIL* 13.10021(172).

2 To fill (with food or drink). **b** to fill (parts of the body); to make pregnant.

adeo me ~eui flore Liberi PL.*Cist*.127; haec auis. .scribitur conchis se solere ~ere CIC.*N.D*.2.124; multo cibo et potione ~eti *Tusc*.5.100; ut capiat semet nec ~eat umquam MAN.4.540;—(*cf.*) quia ⟨ut⟩ in cibis alia aliis magis ~ent QUINT.*Inst*.11.1.91. **b** laeditur arteria, si. .acri clamore ~etur *Rhet.Her*.3.21; cum sanguis os oculosque ~esset CIC.*Ver*.5.142; ubi per fauces pectus ~erat. .morbida uis LUCR.6.1151; cura diligentiaque opus est, ut paulatim temet ~eas FRO.*Ver*.2.p.86(133N);—alias alii ~ent magis LUCR.4.1249; ne ~erentur crebro 4.1275.

3 a To fill (with noise, sound, etc.). **b** (w. light or darkness). **c** (w. smell).

a (*w. abl.*) ut. .plangore et lamentatione ~erimus forum CIC.*Orat*.131; ~etque querelis frondiferum nemus LUCR. 2.358; gens truci cantu. .horrendo cuncta ~euerant sono LIV.5.37.8; OV.*Met*.14.537; quis primus trepidae ciuitatis aures rumore ~euit [QUINT.]*Decl*.11.3; TAC.*Ann*.12.47;— (*w. gen.*) urbem ~et maesti clamoris SIL.4.775;—(*of sound*) quis est qui ~et aures meas tantus et tam dulcis sonus? CIC.*Rep*.6.18; ingens fragor aethera ~et VERG.*A*.12.724. **b** ut. .ipse sol mundum omnem sua luce ~eat CIC.*N.D*. 2.119;—(*light, etc. as subj.*) lumen quod maria ac terras. . rigando ~eat LUCR.5.595; uti tenebras omnis Acherunta rearis liquisse et magnas caeli ~esse cauernas 4.171. **c** omnia primo motu ac spiritu suo uini unguenti corporis odore ~esset CIC.*Ver*.3.31.

4 a To fill (with hope, fear, or other emotions or states of mind). **b** to fill (a person or his mind w. knowledge, accomplishments, etc.).

a uix solum ~ere cohum terroribus caeli ENN.*Ann*.545; ut. .meam domum. .~erent proscriptionis metu CIC.*Dom*. 55; pauida ~ebant pectora cura LUCR.6.645; aduentus. . Nasidi summa spe et uoluntate ciuitatem ~euerat CAES. *Civ*.2.4.4; omnia fuga et terrore ~et LIV.34.9.13; ualidos inualidosque pari metu ~et TAC.*Ann*.15.27;—(*w. gen.*) erroris ambo ego illos et dementiae ~ebo PL.*Am*.471; me ~euit flagiti et formidinis *Men*.901. **b** onerandum ~endumque pectus maximarum rerum. .suauitate, copia, uarietate CIC.*de Orat*.3.121; ~eti sunt animi auresque uestrae . .me. .agrariae legi. .obsistere *Agr*.3.3; utrique Platonis ubertate ~eti *Ac*.1.17; an supero dimissus Apolline ~et spiritus? STAT.*Theb*.4.586; prophetae quidam deorum maiestate ~eti APUL.*Mun*.pr.

5 (of persons or things) To occupy all the available space in or on, throng, fill; also to throng, fill, cover (with). **b** (in hyperb. exprs.). **c** to overcrowd.

matronae moeros ~ent spectare fauentes ENN.*Ann*. 419; gradus ~ebantur CIC.*Phil*.5.18; cum bene ~eta domus est tempore matutino *Att*.1.18.1; magnae legiones cum loca cursu camporum ~ent LUCR.2.324; hunc omnem locum copiae Gallorum ~euerant CAES.*Gal*.7.69.5; deducunt socii nauis et litora ~ent VERG.*A*.3.71; turba. .passim ~eurat uias LIV.29.28.3; TAC.*Ann*.3.2; (*of things*) silua. .quam densi ~erant undique sentes VERG.*A*.9.382; Aulidaque Euboicam ~erunt mille carinae OV.*Met*.13.182;—(*w. abl.*) fera ueliuolantibus nauibus ~ebit manus litora ENN.*scen*.68; matronas et uirgines conuenisse cum Diana exportaretur ex oppido, unxisse unguentis, ~esse coronis et floribus CIC.*Ver*.4.77; superiorum partem collis. .densissimis castris ~euerant CAES.*Gal*.7.46.3; tempus. .mercatus. .coloniam maiore opum specie ~ebat TAC.*Hist*.3.32; ~ebantur templa pessimis seruitiorum *Ann*.3.60;—(*w. gen.*) conuiuiumque uicinorum cotidie ~eo CIC.*Sen*.46; quae causa. .ararum ~euerit urbis LUCR.5.1162. **b** uortentibus Telobois telis ~ebantur corpora PL.*Am*.251; donec ~eris sanguine campum *formula* in LIV.25.12.6; corporibus ciuium Tiberim ~eri CIC.*Sest*.77; caede incendioque cuncta ~ent LIV. 2.17.2; sidera et manes et undas scelere ~eui meo SEN. *Phaed*.1211; Padumque et mare commeatibus ~eri TAC. *Hist*.3.52. **c** nautae metu, ne ~eantur nauigia,. .turbae obsistunt LIV.41.3.2.

6 To fill, man, equip (w. troops or armaments); to fill up (a mil. formation). **b** to man (walls, etc.) for defensive purposes. **c** to people (a town).
speculatoria nauigia militibus ~eri iussit CAES.*Gal.*4.26.4; (turris) multis tormentis et omni genere telorum ~etas *Civ.* 1.26.1; uterumque armato milite ~ent VERG.*A.*2.20; seu pluris (nauis) ~ere ualent 11.327; pars captiua nauigia armatis ~ent LIV.10.2.12; TAC.*Hist.*5.23;—sextadecimanos ..et primanos laeuum cornu ~esse 3.22. **b** portas claudere, murum ~ere coeperunt CAES.*Gal.*7.12.5; per omnis condunt se Teucri portas et moenia ~ent VERG. *A.*9.39;—(*w. abl.*) portas clauserunt murosque armatis ~euerunt CAES.*Civ.*3.81.1. **c** multitudo..quaeritur qua illa omnia oppida ~eantur CIC.*Agr.*2.86; Romulus infami ~euit moenia luco LUC.7.438.

7 To make up, complete (in number, size, length, etc.). **b** to live through, complete (a period of time). **c** (of constituents) to make up, complete.
numeros aures ipsae metiuntur, ne aut non ~eas uerbis quod proposueris aut redundes CIC.*Part.*18; neque est adhuc tamen ea summa ~eta *Flac.*32; ~ere paginam uolui *Att.* 13.34; absolutum annum perfectumque tum ~eri *Tim.*33; Bellouaci suum numerum non ~euerunt CAES.*Gal.*7.75.5; cohortis pro numero militum ~et SAL.*Cat.*56.1; horum aduentu decem milia armatorum ~eta sunt NEP.*Milt.*5.1; tempora Parcae debita ~erant 9.108; bina in Latino iugera ita ut dodrante ex Priuernati ~erent data LIV.8.11.14; ipso ~ente decimum mensem die PLIN.*Nat.*8.177; dies..cum noctibus mensium spatia ~ere APUL.*Pl.*1.10. **b** Gorgias centum et septem ~euit annos CIC.*Sen.*13; tali modo cum VII et LXX annos ~esset NEP.*Att.*21.1; iam ~erat genitor sua fata OV.*Tr.*4.10.77; donec duae partes eius temporis.. ~eantur CELS.8.10.1.L; ~eto..anno STAT.*Theb.*2.394; cum propinquo rure aut litore..extremam senectam ~euerit TAC.*Ann.*4.58; nisi nouissimus totus dies ~eatur, non finit obligationem PAUL.*dig.*44.7.6; (*of an unborn child*) patrio.. insuitur femori maternaque tempora ~et OV.*Met.*3.312. **c** corporis commodis ~eri uitam beatam putant CIC.*Fin.* 3.43; *Tusc.*5.40; honestum est perfectum bonum, quo beata uita ~etur SEN.*Ep.*118.10.

8 To complete (an action, transaction, or process); to fulfil (a promise); to satisfy (an appetite). **b** to reach, attain (a size, stage).
his rebus ~etis legionem reduci iussit CAES.*Civ.*3.46.2; ubi orbem ~euit (Luna) TIB.2.4.18; nocturnum erat sacrum, ita ut ante mediam noctem ~eretur LIV.23.35.15; ante relata suas quam nox bene ~eat umbras GRAT.396; tardius uiuentium bonorum uenditionem ~eri iubet (praetor) GAIUS *Inst.*3.79; ad studia doctrinarum ~enda GEL.13.5.2; electio promissoris ~etur PAUL.*dig.*46.3.98.6;— ut..summam mei promissi ~eam CIC.*Ver.*3.116;—~ETA CVPIDITATE AMORIS *CIL* 3.14406. **b** diutius uiret crescitque (galla), ut interdum mali ~eat magnitudinem PLIN. *Nat.*16.27; post hoc tempus (*sc.* annos uiginti quinque) ~eri uirilem uigorem constat ULP.*dig.*4.4.1.2.

complētus ~a ~um, *a. compar.* ~ior. **conp-.** [pple. of prec.] Rounded off, complete.
meae (aures)..perfecto ~oque uerborum ambitu gaudent CIC.*Orat.*168; illud..sic compositum iucundius ad aurem ~iusque, insuauius hoc inperfectiusque est GEL.1.7.20.

complexiō ~ōnis, *f.* **conp-.** [COMPLECTOR + -TIO]

1 The action of encircling or enfolding.
cum orbis inerrantis regione quam circulus ambit signifer obliqua ~one circumdatus APUL.*Mun.*2.

2 A combination, collection, group, mass. **b** a connected series (of words forming a sentence, period, etc.).
declinare dixit atomum perpaulum..ita effici ~ones et copulationes..atomorum inter se CIC.*Fin.*1.19; quam diu mansit aeris illa ~o umidi intra se terrenique multum uehens SEN.*Nat.*7.4.4; (*of non-physical things*) secretis malis omnibus cumulata bonorum ~o CIC.*Tusc.*5.29. **b** longissima est igitur ~o uerborum, quae uolui uno spiritu potest CIC.*de Orat.*3.182; nec aceruatim multa frequentans una ~one deuinciet *Orat.*85; at quibus uerbis? modo aequum sibi uideri, modo non iniquum. mira uerborum ~o! *Phil.*2.95.

3 (rhet.) **a** A summary, résumé. **b** a comprehensive argument, a dilemma. **c** the coalescing of vowels, syllables, etc., synaeresis. **d** a rhet. figure combining *repetitio* and *conuersio*.
a ~o est quae conclusit breuiter, conligens partes argumentationis *Rhet.Her.*2.28; 2.46; breuis ~o totius negotii, quae summam continet facti CIC.*Inv.*1.37; 1.59; QUINT. *Inst.*5.14.5. **b** ~o est in qua utrum concesseris reprehenditur ad hunc modum: 'si improbus est, cur uteris? si probus, cur accusas?' CIC.*Inv.*1.45. **c** adtenuatione aut ~one eiusdem litterae *Rhet.Her.*4.29; hoc secundum (uitium) diuisione ~one spatio sono contineri QUINT.*Inst.*1.5.6; 1.5.17. **d** ~o est quae utramque conplectitur exornationem..ut repetatur idem uerbum saepius et crebro ad idem postremum reuertamur *Rhet.Her.*4.20.

complexīuus ~a ~um, *a.* **conp-.** [COMPLECTOR + -IVVS] (gram.) Connective, conjunctive.
quod particula 'atque' non ~a tantum sit, sed uim habeat plusculam uariamque GEL.10.29.

complexus ~ūs, *m.* **conp-.** [COMPLECTOR + -TVS³]

1 The action of taking in the arms, an embrace; also, a clasping (of the hand). **b** (chiefly w. vbs. expr. violent separation) the 'arms' (implying affectionate or protective association).
alacris obuiam mihi ueniet, ~um exoptans meum TRAB. *com.*4; uenisti Brundisium, in sinum..et in ~um tuae mimulae CIC.*Phil.*2.61; (uoluptatem esse) 'saporem'..'et corporum ~um et ludos' *Tusc.*3.46; implicabitur in tuum ~um CATUL.61.105; quis te nostris ~ibus arcet? VERG.*A.* 5.742; non ego ~us potui diducere uestros PROP.1.13.19; cum ferret matri obuiae ~um LIV.2.40.5; manus ~ibus aufer! OV.*Met.*3.390; iunge ~us prior SEN.*Phoen.*464; extremo ~u suorum cohaerentes QUINT.*Inst.*8.3.68; obuius in litora..excepit manu et ~u TAC.*Ann.*14.4; (*iron., of a form of torture*) ~u in misero longa sic morte necabat VERG.*A.*8.488;—(*fig.*) me ipsa suo ~u patria tenuisset CIC.*Pis.*19; et in ~u libertatis expirat SEN.*Ep.*66.13; fortiora solacia e ~u rei publicae petiuisse TAC.*Ann.*4.8;— si in ~u dexterae eius supremum spiritum ac mandata posuisset V.MAX.5.2.ext.4. **b** qui e ~u parentum abreptos filios ad necem duceret CIC.*Ver.*1.7; genus..quod proprium Catilinae est, de eius dilectu, immo uero de ~u eius ac sinu *Catil.*2.22; uos in ~u liberorum coniugumque uestrarum trucidatos *Flac.*95; quem ego ferus ac ferreus e ~u dimisi meo *Q.fr.*1.3.3; qui natam possis ~u auellere matris CATUL. 62.21; ~u auulsus Iuli VERG.*A.*4.616; uirginem ingenuam.. ab ~u patris abreptam LIV.3.57.3; (*fig.*) urbem..quae se potius exscindi quam e suo ~u ut eriperer facile pateretur CIC.*Planc.*97.

2 (also w. *Venerius, femineus*) Sexual intercourse.
Latona pari‹e›t casta ~u Iouis MAN.*poet.*3; cum in somnis ~u Venerio iungeretur CIC.*Div.*2.143; tot femineis ~ibus unum non lassat nox tota marem LUC.8.403; pueros uel uirgines liberari post ~um et deuirginationem LARG.18; (*fig.*) praedicantes germina parturire, ideo faciles corticum esse ~us PLIN.*Nat.*17.135.

3 A clasping, grasp, hold. **b** an encircling or imprisoning grip, 'stranglehold'. **c** (w. *armorum, Martis*, etc.) hand-to-hand fighting. **d** interlacing, connexion (of things).
(quercum) dum ~ibus ambit OV.*Met.*12.328; formicae ~u extrahitur (gryllus) PLIN.*Nat.*29.138; sic hispida turpes proelia uillosis ineunt ~ibus ursi STAT.*Theb.*6.869; iuuenis ~u fortissimo arripit eius dexteram APUL.*Met.*9.38; (*cf.*) crassitudinis..ad trium hominum ~um (*sc.* cedrus) PLIN. *Nat.*16.203;—(*of roots*) uastas ~u radicum insulas secum auferunt (quercus) 16.5. **b** hos morsu, longis ~ibus illos..necat OV.*Met.*3.48; luctatur..~u et sorbet acetabulis (polypus) PLIN.*Nat.*9.91; uastas tenuat ~ibus ornos (serpens) STAT.*Theb.*5.515; (*fig.*) quid iuuat..animam per tot annos..tristissimo corporis retinere ~u? [QUINT.]*Decl.*4.9. **c** nos in ipso prosperi Martis cecidisse ~u [QUINT.]*Decl.*4.22; haec membra quae de ~u latronis uulnera nulla retulerunt 7.12; Britannorum gladii sine mucrone ~um armorum.. non tolerabant TAC.*Ag.*36.1;—(*transf., of litigation*) ipsum.. iudicii timeret adire ~um [QUINT.]*Decl.*15.1. **d** mutuo ~u diuersitatis effici nexum (*sc.* elementorum) PLIN.*Nat.* 2.11; (*of non-physical things*) in uerbis uim sermonis, in nominibus materiam..in..conuinctionibus..~us eorum esse iudicauerunt QUINT.*Inst.*1.4.18.

4 Mental grasp.
omnes igitur..animantes ~u rationis et intellegentiae.. sicut homines hoc mundo..et omnia, quae sub aspectum cadunt, comprehenduntur CIC.*Tim.*11.

5 A physical enveloping or encircling.
hoc uide, circum supraque quod ~u continet terram PAC. *trag.*86; altissimus omnia cingens et coercens caeli ~us, qui idem aether uocatur CIC.*N.D.*2.102; aether..omnia sic auido ~u cetera saepsit LUCR.5.470; (insulae) nunc triquetram figuram edentes, nunc rotundam ~u PLIN.*Nat.* 2.209; (calamos) longis..uestiri foliis spatiosius a nodo scandente ~u 16.166; macula ~u silicis alligata 36.161; septem (stellae)..~u illius orbis qui inerrabilis dicitur contineantur APUL.*Mun.*2.

6 The fact of bringing together, inclusion, embrace. **b** combining (of words) into a group, connexion, collocation. **c** combining (of physical constituents).
quae (caritas)..serpit sensim foras cognationibus primum, tum affinitatibus..deinde totius ~u gentis humanae CIC. *Fin.*5.65; finitae..(quaestiones) sunt ex ~u rerum, personarum, temporum ceterorumque QUINT.*Inst.*3.5.7; cum plurimae probationes in ipso causarum ~u reperiantur 5.10.103; MAUR.1226; quos et nominum et rei ~us iungit PAUL.*dig.*50.16.142. **b** nihil..horum nisi in ~u loquendi serieque contingit QUINT.*Inst.*1.5.3; 1.5.34; soloecismi.. uitium non est in sensu, sed in ~u 1.5.46. **c** ceteris (*sc.* generibus ferri)..admiscetur mollior ~us PLIN.*Nat.*34.145.

complicō ~āre ~āuī or ~uī ~ātum or ~itum, *tr.* **conp-.** [CON- + PLICO]

1 To fold together, fold up, roll up. **b** to wind (round).
armamentis ~andis, componendis studuimus PL.*Mer.* 192; dum hanc tibi..rudentem ~o *Rud.*938; cum ~arem hanc epistulam CIC.*Att.*12.1.2; SEN.*Ep.*18.14; aulaeo subducto et ~itis siparis scaena disponitur APUL.*Met.*10.29; (*fig.*) si qui uoluerit animi sui ~atam notionem euoluere CIC.*Off.*3.76. **b** circum eum surculum lorum..~abant GEL.17.9.9.

2 To bend (a limb) at the joint. **b** (refl. or pass.) to curl or double oneself up; (pass. also) to be doubled up.
si ~ari femur potest CELS.8.20.7. **b** (Diogenes) qui se ~uit in dolio SEN.*Ep.*90.14; bestiolae multorum pedum, quae tactae ~ant se in orbem LARG.39; ~itus in genua APUL.*Met.*1.19;—maritum articulari etiam morbo ~atum curuatumque 5.10.

3 To tie in bundles, tie together. **b** to bring or fold (extremities) together.
resticulam per ficos..maturas perserunt et eas, cum inaruerunt, ~ant VAR.*R.*1.41.5; me..~itis pedibus in superius cenaculum adtracto APUL.*Met.*9.40. **b** ne..ante cum hoste confligeret, quam cornibus ~atis medios undique circumuenisset FRON.*Str.*2.3.5; ~itis..pedibus..grabattum cossim insidens APUL.*Met.*3.1.

complōdō ~dere ~sī ~sum, *tr.* **conp-.** [CON- + PLAVDO] To strike or clap (the hands) together (as a sign of var. emotions).
irascentium eadem signa sunt:..~sae saepius manus SEN.*Dial.*3.1.4; ~sis deinde manibus in tantum repente risum effusa est PETR.18.7; ~sit Trimalchio manus et 'eheu' inquit..34.7; at illa ~sis manibus 'scelerate' inquit 'etiam loqueris?' 137.1; etiam ~dere manus scaenicum est ‹et› pectus caedere QUINT.*Inst.*11.3.123; APUL.*Met.*9.39.

complōrātiō ~ōnis, *f.* **conp-.** [COMPLORO + -TIO] Lamentation, (vocal) mourning.
~one in regia orta LIV.1.41.6; tamquam si uoce et ~one nocturna excitus..interuenisses 40.9.7; nulla domus..aut est aut fuit sine aliqua ~one SEN.*Dial.*11.14.2; quae ibi (*i.e. in a speech of Cicero's*) tunc miseratio? quae ~o? GEL. 10.3.7;—(*pl.*) nullos eiulatus, nullas ~ones..edebat 12.5.3; —(*w. obj. gen.*) miseri simul ac felicis ~oni permixta fuit gratulatio V.MAX.1.8.ext.11; ~onem..tam acerbae rei et odium in Verrem..inpense..facit GEL.10.3.13.

complōrātus ~ūs, *m.* **conp-.** [next + -TVS³] = prec.
ut..~us familiarum coerceant LIV.22.55.7; ut non modo lacrimis iustoque ~u prosequerentur mortuos 25.26.10.

complōrō ~āre ~āuī ~ātum, *tr.*, (*intr.*). **conp-.** [CON- + PLORO] To lament, bewail, mourn for (a person, event, etc.). **b** (intr.).
nondum morte ~ata CIC.*Dom.*98; ~ati omnes pariter uiui mortuique LIV.5.39.4; Aetolos..~antis inutili lamentatione fortunam gentis 37.7.4; se modo, desertos modo ~asse Penates OV.*Tr.*1.3.95; ~antes sortem suam SEN.*Ben.*4.4.3; dum haec..anseris..fatum ~at PETR.137.5; paucioribus.. lacrimis ~atus es TAC.*Ag.*45.6; (*facet.*) si quis despoliatus amissa unica tunica ~are se malit quam circumspicere, quomodo..SEN.*Ep.*63.11; (*fig.*) reus..perditam et ~atam defensionem in iudicium attulit V.MAX.8.1.10.absol. **b** grauiter questu Carme ~at anili *Ciris* 285; nunc quia tributum ex priuato conferendum est, tamquam in publico funere ~atis LIV.30.44.11; (*impers. pass.*) ~atum..publice statim et pari uoce clamatum est 'ad arma' FLOR.*Epit.* 1.31(2.15.8).

compluit ~ere, *intr. impers.* **conp-.** [CON- + PLVIT] Rain-water runs together, collects.
susum qua ~ebat compluuium (dictum) VAR.*L.*5.161.

complūrēs ~ēs ~a (~ia), *a.* **conp-.** [CON- + PLVRES] FORMS: ~*ia* (neut. pl.) TER.*Ph.* 611, CATO *hist.*24, CIC.*Prot.*fr.5 (see also GEL. 5.21.6); *quomplures* (cj.) *Rhet.Her.*3.30. A fair number, quite a number of, several, many. **b** (masc. as sb.) several or many people. **c** (neut. as sb.).
~A OPPIDA DE SAMNITIBVS CEPIT *Elog.*10(*CIL* 1. p.192); scio fures esse hic ~is PL.*Aul.*718; ubi illic dies est ~is, accersi iubet TER.*Hec.*185; ~es oneraria incendunt SIS. *hist.*39; Dinarchus aliique ~es CIC.*de Orat.*2.94; erant signa ex aere ~a *Ver.*2.87; senatus consulta ~a *Agr.*2.88; ~is annos CAES.*Gal.*1.18.3; ~a..castella et oppida non longe a mari reliquit *B.Afr.*2.6; hic ~es annos moratus NEP. *Att.*4.3; uos, Bibule et Serui,..~is alios HOR.*S.*1.10.87; ~a alia dixit scurrilia SEN.*Suas.*6.12; incenante eo ~a et ingentia saxa fortuito superne dilapsa sunt SUET.*Tib.*39. **b** ex Aetolia ~es uenerant CATO *orat.*71; ~is a praedonibus esse captos CIC.*Flac.*31; ~es de improuiso uulnerati proelio excedebant CAES.*Gal.*7.80.3; SAL.*Cat.*21.4; in consessu.. ~ium GEL.16.10.1. **c** VAR.*R.*2.5.18; multa minui, multa sustuli, ~a ne posui quidem CAECIN.*Fam.*6.7.3; haec atque eiusdem generis ~a CAES.*Civ.*2.12.4; de aquarum natura ~a dicta sunt PLIN.*Nat.*2.212; pharicum et ipsum dicitur ex ~ibus conponi LARG.195.

complūriens, *adv.* **conp-.** [prec. + -IENS] Several times, a good number of times, more than once.
sensi ego iam ~ PL.*Per.*534; quod ~ usu uenit CATO *orat.* 225; *hist.*79; GEL 6(7).3.5; quamquam..~ Laberius (dixerit) 17.2.21.

complūrimī ~ae ~a, *a.* **conp-.** [CON- + PLVRIMVS] A great many, very many.
cum ~is monumentis scriptorum admonear COL.1.pr.13; bucetaque in ea terra gigni pascique solita sint ~a GEL. 11.1.

compluscule, *adv.* **conp-.** [as next + -E] Fairly often, not infrequently.
recta..istaec oratio est, et ueteres ~ ita dixerunt GEL. 17.2.15.

compluscul̄ī ~ae ~a, *a.* **conp-.** [CON- + PLVSCVLVS] Several, more than one.
hos dies ~os PL.*Rud.*131; TER.*Hec.*177; TURP.*com.*183; —(*masc. as sb.*) GEL.pr.15; conueniebamus..ad eandem cenam ~i 18.2.2.

compluuiātus ~a ~um, *a.* **conp-.** [next + -ATVS²] Shaped like a *compluuium* (of a frame for training vines); (also, of vines trained on such a frame).
iugationis species duae, una derecta.., altera ~a in longitudinem et latitudinem iugata VAR.*R.*1.8.2;—~a (uitis) copiosior uino est PLIN.*Nat.*17.166.

compluuium ~iī, *n.* **conp-.** [COMPLVIT + -IVM]

1 A quadrangular, inward-sloping, central portion of roof, designed to guide rain-water into the *impluuium*.
haec in aedibus ad ~ium..ponebatur VAR.*L.*5.125; ~ii lumen latum latitudinis atrii ne minus quarta..parte

relinquatur VITR.6.3.6; palmam in ~ium deorum Penatium transtulit SUET.*Aug.*92.1.

2 A framework for supporting vines, resembling the above in shape.

si..uitis..brachiis in aliena iugorum ~ia perrepserit COL.4.24.14; 4.26.3.

compōnō ~ōnere ~osuī ~ositum, *tr.* **conp-.** [CON-+PONO] FORMS: *~ostus* (= *~ositus*) LUCIL.84, VAR.AT.*poet.*8(7), VERG.*A.*1.249, *CIL* 13.6858; *~oseiuerunt* (= *~osuerunt*) *CIL* 1.584.2.

1 To place (one thing beside or against another); to place (things together), collocate. **b** to add together.

(*w.* cum) quos inseres, medullam cum medulla ~onito CATO *Agr.*41.2;—(*w. dat.*) tum latu' ~onit lateri, et cum pectore pectus LUCIL.305; iungebat corpora uiuis ~onens manibusque manus atque oribus ora VERG.*A.*8.486; leuibus ~onere bracchia remis V.FL.6.326;—mollia ~osita litora fronde tegit PROP.1.20.22; quae (*sc.* fascea) iugulo ~osito circumdanda est CELS.8.1.D; diductis aedificia angulis uidimus moueri iterumque ~oni SEN.*Nat.*6.30.4; (lapides) si in hoc sint resoluti, ut ~onantur ULP.*dig.*34.2.25.11; (*w.* inter se) ~onentes inter se bracchia PLIN.*Nat.*9.158;—(*w. impers. subj.*) et tabula una duos poterit ~onere amantis PROP.2.26.33; hoc fortuna loco tantae duo nomina famae ~osuit LUC.5.469. **b** longitudo et latitudo ~onatur VITR.5.2.1; utramque summam ~onito COL.5.2.5; ULP.*dig.* 50.13.1.12.

2 To pack up, store up, hoard; to collect together. **b** to lay aside, put or stow away.

omnia ~osita sunt quae donaui: auferat PL.*Mil.*1304; ~one quae tecum simul ferantur TER.*Hec.*611; nec..~onere opes norant aut parcere parto VERG.*A.*8.317; aridum ~one lignum HOR.*Carm.*3.17.14; nisi argentum ~osuerit PETR. 67.2;—(*w. abl.*) herbam urceolarem..expressam olla noua ~onunt LARG.60; ULP.*dig.*33.7.12.1;—dum hospitium quis conducit, sarcinulas ~onit 4.6.15.3. **b** armamentis complicandis, ~onendis studuimus PL.*Mer.*192; te..Sygambri ~ositis uenerantur armis HOR.*Carm.*4.14.52; tristis istos ~one libellos PROP.1.9.13; ut ad ~onenda armamenta.. satis temporis esset LIV.26.39.8.

3 To match or set (one person or thing against another, against circumstances, etc.; against each other). **b** to match up (pairs). **c** to confront (with). **d** to put together for comparison, compare; to treat as comparable. **e** to balance (with), equate by balancing.

(*w.* cum) cum Pacideiano ~onitur LUCIL.151; uir fortis cum fortuna mala ~ositus SEN.*Dial.*1.2.9; primaque (Argo) cum uentis pelagique furentibus undis ~osuit mortale genus LUC.3.196; causa..cum causa, non illa (*sc.* rhetorice) secum ipsa ~onitur QUINT.*Inst.*2.17.33; uxor facilis et cum artibus mariti, simulatione filii bene ~osita TAC.*Ann.*5.1;—(*w. dat.*) hunc audet (dea) solum ~onere fatis SIL.1.39; solus.. manus ~onere monstro sufficiam 6.246;—gladiatori ~osito ad pugnandum GEL.6(7).3.31;—pergis pugnantia secum frontibus aduersis ~onere HOR.*S.*1.1.103; QUINT.*Decl.*305 (p.198,l.15); ubi cognitum reo se..et libertum pari sorte ~oni TAC.*Ann.*16.10; (*w.* inter se) saepe gladiatores..inter se ~onuntur QUINT.*Inst.*2.17.33. **b** par bene ~ositum *Epic.Drusi* 301; (*ellipt.*) sic bene ~ones [TIB.]3.12.9;—(*opponents*) Rupili et Persi par pugnat, uti non ~ositum melius cum Bitho Bacchius HOR.*S.*1.7.20; sic iam paria ~osueram, ut si depugnandum foret, ipse cum Quartilla consisterem PETR.19.5; paria (*sc. colours*) nunc ~onuntur, et natura atque luxuria depugnant PLIN.*Nat.*21.46. **c** accita..Epicharis et cum indice ~osita TAC.*Ann.*15.51. **d** quae cum ~onas, dicta factis discrepant ACC.*trag.*47; ubi Metelli dicta cum factis ~osuit SAL.*Jug.*48.1; totam causam nostram cum tota aduersarii causa ~onimus QUINT.*Inst.*7.2.22;—quid est, cur ~onere ausis mihi te aut me tibi? ACC.*trag.*147; sic paruis ~onere magna solebam VERG.*Ecl.*1.23; num..audes cladi ~onere nostrae..tuam? OV.*Met.*15.530; STAT.*Silv.*1.5.61. **e** haec (*sc.* Libra) autumnalis ~onit lucibus umbras MAN.4.341; paremque totiens libra ~osuit diem SEN.*Phaed.*839.

4 To settle in a place or position. **b** to settle in a position of rest. **c** to lay out for burial, place in an urn, bury.

Sanctum Tatiae ~osuere Cures PROP.4.9.74; si forte aliter ~ositus est (*sc.* infans) CELS.7.29.4; niues, quas..in summis Boreas ~osuit iugis SEN.*Thy.*128; uenturis ~onere carbasa uentis LUC.3.595; me..mittendis rectum ~onite telis 3.717; si paucas apes intra angustias pauperis horti ~osuimus [QUINT.]*Decl.*13.13; (uillam) in qua se ~osuerat homo felicior PLIN.*Ep.*5.18.1. **b** nunc placida ~ostus pace quiescit VERG.*A.*1.249; omnia noctis erant placida ~osta quiete VAR.AT.*poet.*8(7); si bene ~ositus somno uinoque iacebit OV.*Am.*1.4.53; sic agmen armis segne ~ositis uenit SEN.*Phoen.*418; nox illa..quae te prima meo pectore ~osuit PETR.fr.39.2; ~osita in mortem iacuit LUC.9.116;—(*refl.*) ubi iam thalamis se ~osuere VERG.*G.* 4.189; iam se regina..aurea ~osuit sponda *A.*1.698; super ea se, quae supersunt stantque, ~onunt SEN.*Nat.*6.9.2;—(*parts of the body*) uix defessa senem passus ~onere membra VERG.*G.*4.438; canis ~onit aures timidus SEN.*Her.F.*810; longo ~onit lumina somno SIL.5.529; pater ille..altero erecto altero ~osito est supercilio QUINT.*Inst.*11.3.74. **c** nec prope cognatos ~ositum cineris CATUL.68.98; haud mihi quisquam: omnis ~osui HOR.*S.*1.9.28; sic ego ~oni uersus in ossa uelim [TIB.]3.2.26; ~ositis plenae gemuerunt ossibus urnae LUC.1.568; Pisonem Verania uxor..Titum Vinium Crispina filia ~osuere TAC.*Hist.*1.47;—(*w. abl.*) ~oni tumulo..eodem OV.*Met.*4.157; alto ~ositus lecto PERS.3.104; (*cf.*) aut praeteriens aliquis tralaticia humanitate lapidabit, aut..imprudens arena ~onet PETR.114.11; (*poet.*) ante diem clauso ~onet Vesper Olympo VERG.*A.*1.374; —(*transf.*) ubi nos a corporibus dimissos natura ~onat SEN. *Dial.*10.19.1.

5 To arrange in order, lay out, dispose; to arrange in order of merit. **b** to arrange systematically. **c** to arrange properly, adjust. **d** to arrange, dispose (material for a speech, etc.). **e** to make up (accounts).

ad hunc modum uasa ~onito CATO *Agr.*18.1; conlocationis est ~onere et struere uerba sic, ut neue asper eorum concursus neue hiulcus sit CIC.*de Orat.*3.171; locus..in quo erant ea ~osita quibus te rex munerari constituerat *Deiot.* 17; quod signa ~onenda suscepisses *Att.*4.9.1; uidetur mundi conceptio tota..ad harmoniam esse ~osita VITR. 6.1.6; quaeris ubi hos (libellos) possis nullo ~onere laeso? OV.*Pont.*1.1.11; ex circulis..~ositis ad imaginem..uertebrarum CELS.4.1.3; mensas..cruento gramine ~ositas SIL. 15.51; si male ~osuit lapides et ideo lapsi sunt ULP.*dig.*9.2. 27.33; (*cf.*) ~ositum ius fasque animo PERS.2.73; (*pregn.*) ~ositos (*i.e. fraudulently*)..mittere talos MART.14.16.1;— reliquos (declamatores) ut uobis uidebitur ~onite SEN.*Con.* 10.pr.13. **b** nulli fuerunt, qui illa artificiose digesta generatim ~onerent CIC.*de Orat.*1.186; *Fam.*16.20; leges sine ordine latas in unum ~osuit POMPON.*dig.*1.2.2.2. **c** suo quique loco uiden capillum satis ~ositumst commode? PL.*Mos.*254; ~osito et dilibuto capillo CIC.*S.Rosc.*135; audire atque togam iubeo ~onere HOR.*S.*2.3.77; hesternos manibus ~onere crinis PROP.1.15.5; fuit utile multis puluinum facili ~osuisse manu OV.*Ars* 1.160; ~osita..in gremio Scintillae PETR.67.13; QUINT.*Inst.*11.3.148; raro contingit semel ferire carnifici, quamuis ~onat ipse ceruicem [QUINT.]*Decl.*1.10. **d** ut..statuamus ea, quae.. dicenda sunt, quem ad modum ~onamus CIC.*de Orat.*2.308; et ~onendum argumentum est et scribendi exspectandum tempus maturius *Att.*15.4.3; denique..sic fere ~onendum, quo modo pronuntiandum erit QUINT.*Inst.*9.4.138; inordinata digerere, soluta ~onere 10.4.1. **e** ~one hoc quod postulo de argento CIC.*Ver.*4.36; annus..sexque menses dati quis..rationes familiaris quisque ~onerent TAC. *Ann.*6.16.

6 To draw up, arrange, dispose, organize (troops, etc.);

exercitum dispertiunt, ad confligendum se ~onunt SIS. *hist.*63; exercitu in hibernaculis ~osito SAL.*Jug.*103.1; faciem ~onere pugnae [TIB.]3.7.100; intentus atque agmine ad omnes casus ~osito ibat LIV.24.35.10; necdum ~ositas belli in certamina Thebas STAT.*Theb.*4.666; Vitellianos, sua quemque apud signa, ~onunt TAC.*Hist.*3.35; uiae pariter et pugnae ~osuerat exercitum *Ann.*13.40; (*cf.*) quamque.. ad sua ~osi discedant munera serui MAN.3.137;—(*pass., of a general*) rarum apud signa militem..~ositus inuadit *Hist.*4.35;—(*w. abl.*) stabant ~ositi suis quisque ordinibus LIV.44.38.11; ~ositos firmis ordinibus TAC.*Ag.*37.5; ferocissimos auxiliarium imminentibus uiae lucis occultos ~onit *Hist.*2.24;—(*w.* in+*acc.*) ~ositi numero in turmas VERG.*A.* 11.599;—(*w.* per) acies per cuneos ~onitur TAC.*Ger.*6.6; iuuentute eorum per cohortis ~osita *Hist.*4.66; remiges.. per aetates..~onebantur *Ann.*15.37.

7 To construct (from constituent parts or materials), put together, build. **b** (pass.) to be composed, constituted or compounded (of). **c** to make up, compound (medicines, etc.). **d** to construct, devise (immaterial things).

tuta..urbem ~onere terra VERG.*A.*3.387; aggere ~osito tumuli 7.6; quae deletas potuit ~onere Thebas PROP.2.6.5; OV.*Fast.*1.708; VELL.2.14.3; iam ~ositum..bustum LUC. 8.748; nauem posse ~oni docet cuius pars ipso in mari.. soluta effunderet ignaram TAC.*Ann.*14.3; DEO MERCVRIO ATTEGIAM TEGVLICIAM ~OSITAM..POSVIT *CIL* 13.6054;—(*living creatures, natural objects*) equus..quamuis bene natura ~ositus sit *Rhet.Her.*4.59; is..qui cuncta ~osuit CIC.*Tim.* 47; ut..per..suos intus numeros ~onitur infans OV.*Met.* 7.126; quicquid ~osuit, resoluit, et quicquid resoluit ~onit iterum (natura) SEN.*Ep.*30.11; (uidemus) pedes ad gressum ~ositas COL.3.10.9. **b** (*w.* ex) uti genus hominum ~ositum ex corpore et anima est SAL.*Jug.*21; encyclios..disciplina uti corpus unum ex his membris est ~osita VITR.1.1. 12; molles calculos et ex pluribus minutisque sed inter se parum adstrictis ~ositos CELS.7.26.3.A; (*cf.*) haec (*sc.* proportionis symmetria) ~onitur ex quantitate VITR.1.2.2; —(*w.* de) fictilia..fecit agrestis pocula, de facili ~osuitque luto TIB.1.1.40;—(*w. abl.*) emendatus operis aspectus probatis rebus ~ositi VITR.1.2.5; hoc..militiae genus est, ciuilibus actis ~ositum MAN.3.107; (opali) ut pretiosissimarum gloria ~ositi gemmarum PLIN.*Nat.*37.80; JUV.6.13; (*cf.*) natura atque arte ~ositus adliciendis etiam Muciani moribus TAC.*Hist.*2.5. **c** ubi non sunt..medicamenta ~osita CELS.6.6.31.B; PLIN.*Nat.*17.263; letalisque manu ~onere sucos STAT.*Silv.*5.2.78; eme quod Mithridates ~osuit JUV. 14.253;—(*w.* ex) medicamento, quod ex his rebus ~onitur LARG.10;—(*w. abl.*) haec (compositio), quae ~onitur tribus rebus his 94. **d** quam lepide lexis ~ostae ut tesserulae omnes LUCIL.84; ipsa uerba ~one et quasi coagmenta CIC.*Brut.*68; quaeri enim potest, qui sit orationis numerus..quaque ratione ~onatur *Orat.*179; M. Lucullus.. primus hoc iudicium ~osuit *Tul.*8; ~onunt..artem quandam de his quae uisa dicimus *Luc.*40; sola Parim Phrygiae fatum ~onere..dixit PROP.3.13.63; sui iuris rerum natura est nec ad leges humanas ~onitur SEN.*Con.*2.5.7; discamus ..cultum uictumque non ad noua exempla ~onere SEN. *Dial.*9.9.2; uitilitigatores, quos Cato eleganter ex uitiis et litigatoribus ~osuit PLIN.*Nat.*pr.32; hoc modo..corporis decens et accommodatus orationi motus ~onitur QUINT. *Inst.*11.3.29; PAPIN.*dig.*48.5.6.1; haec uerba..'tollere' et 'ferre' lepide quidem ~osita sunt GEL.1.17.5.

8 To compose, write (a book, speech, letter, etc.). **b** to write a history, account, etc., of, write up. **c** to compile (from other writings, etc.). **d** to draw up, frame, formulate (laws, etc.).

quartum librum ~osuisset CIC.*de Orat.*2.224; ei..carmen ~ositum *Mur.*26; commentarium consulatus mei Graece ~ositum *Att.*1.19.10; causam ~osui; eum libellum tibi misi 15.24; plura de bonis falsa in deterius ~osuit SAL.*Hist.*1.5; non quia crasse ~ositum illepideue putetur HOR.*Ep.*2.1.76; sibi blanditias tremula ~onere uoce TIB.1.2.91; nec.. nostra teneri a ~onendo carmine Musa potest OV.*Tr.* 5.12.60; furiale carmen, detestandae familiae stirpique ~ositum LIV.10.41.3; uelut interceptas litteras quas ipse ~osuerat, recitat 24.31.6; ad quos aliqua ~onebat PLIN. *Nat.*pr.25; plurimos hic libros et doctissimos ~osuit QUINT.*Inst.*10.1.95; ~osita in magnificentiam oratione TAC.*Hist.*3.37; quod multa et probrosa in patres et sacerdotes ~osuisset *Ann.*14.50; repertis quae de ortu uitaque Ostorii Scapulae ~osita erant 16.14; (*sup.*) sermonem.. uobis auditu gratissimum, mihi ~ositu..congruentem APUL.*Fl.*18. **b** res populi Romani..militiae et domi gestas ~osui SAL.*Hist.*1.1; nec sermones ego mallem repentis per humum quam res ~onere gestas HOR.*Ep.* 2.1.251; ~osito poenas solus amore dedi OV.*Tr.*2.362; ~osita est aliis fucandi cura coloris 2.487; Iliaca ~onentes tempora VELL.1.3.2; Iuli Africani uitam ~onendo TAC. *Dial.*14.4; GEL.5.18.6; (*ellipt.*) uetustatem, ut cetera, in maius ~onentem SAL.*Hist.*3.14; (*absol.*) quique alii illustres uiri ~osuissent PLIN.*Nat.*18.23. **c** haec uetera.. iam undecim..Actorum libris et tribus Epistularum ~osita et edita sunt TAC.*Dial.*37.2; in senatu cuncta longis aliorum principatibus ~osita statim decernuntur *Hist.*2.55; ~onendis patrum actis delectus a Caesare *Ann.*5.4; ut..excellentium in utraque gente hominum συγχρονισμοὺς ~oneremus GEL. 17.21.1; (*w.* ex) ab isto libro, quem tibi magister ludi nescio qui ex alienis orationibus ~ositum dedit CIC.*Div.Caec.*47. **d** si hoc iuris..causa edixisses, cautius ~osuisses CIC.*Ver.* 1.109; de coactis ~ositum interdictum est *Caec.*59; causidici causas agere et ~onere leges (in somnis uidentur) LUCR. 4.966; obtestationem..aduersus hospites ~osuerunt LIV. 26.25.12; excepti sermonibus de industria ~ositis 28.26.9; sic ~onenda actio est tamquam nos audiant iudices illi QUINT.*Decl.*306(p.199,l.29); recitat codicillos a Pisone in hunc ferme modum ~ositos TAC.*Ann.*3.16; castigandae plebi ~ositum senatus consultum 6.13; ~onere preces 11.37; POMPON.*dig.*1.2.2.6; *cf.* uerba quaedam ~osuerunt ut omnibus in rebus ipsi interessent CIC.*Mur.*25;—(*absol.*) cum sic ~onimus GEL.17.13.2.

9 To arrange, plan, organize (a course of action, date, etc.). **b** to plan, devise, organize (treachery, rebellion, etc.).

itinera sic ~osueram ut Nonis..Puteolis essem CIC.*Att.* 15.26.3; ut Sullani fugam in noctem ~onerent SAL.*Hist.* 1.42; supplicia in post futuros ~osuit 1.55.6; nunc et campus et areae..~osita repetantur hora HOR.*Carm.*1.9.20; omnibus..ad tuendam arcem ~ositis LIV.5.41.1; dies ~osita gerendae rei est 25.16.9; per quos ut est facta fides ~ositusque rei gerendae modus 26.40.8; inter conscios ubi locus ueneficii tempusque ~osita sint TAC.*Ann.*4.10; (*w.* ut +*subj.*) crudele fatum ita ~osuit, ut nec fortunae meae interesses nec absentiae adsuesceres SEN.*Dial.*12.15.3. **b** sycophantias ~onit, aurum ut aps ted auferat PL.*Bac.* 740; ~ositast fallacia *Poen.*774; an gloria magna est insidias homini ~osuisse deum? TIB.1.6.4; Numidas fraude ~osita transisse LIV.26.12.16; secretum ~onendae proditionis quaesitum TAC.*Hist.*2.100; ~ositae seditionis auctores 4.14.

10 To make up, concoct, fabricate (a false report, charge, etc.). **b** to put on, contrive, feign (a facial expression, pose, etc.).

~ositis mendaciis PL.*Am.*366; hoc ficto et ~osito argumento LIV.40.12.7; crimen..non ab inimicis Romae ~ositum sed Romam ex prouincia deportatum CIC.*Ver.* 3.141; siue uerum istud, siue ex ingenio principis fictum ac ~ositum est TAC.*Ag.*40.2; qui crederent..crimen ac dolum ultro ~ositum *Hist.*1.7; multi arbitrabantur ~ositum auctumque rumorem mixtis iam Othonianis 1.34; quae ut augendae infamiae ~osita *Ann.*15.16; ~onere crimen in dominos JUV.9.110; (*cf.*) nec sine poena, si quis ~osuisse uel donasse negotium conuinceretur SUET.*Cal.*40. **b** nec bene mendaci risus ~onitur ore [TIB.]3.6.35; statum proeliantis ~onit PETR.95.8; palam ~ositus pudor TAC.*Ann.* 4.1; disserens..uocis..et uultus grauitate ~osita GEL. 4.1.1.

11 (w. *ad, in*) To modify one's appearance (so as to give a particular impression); *uultum ~onere,* to modify one's expression (so as to mask one's true feelings); *~ositus,* having put on a studied or masked expression.

(*w.* ad) cunetis ad tristitiam ~ositis TAC.*Ann.*3.1; imperator in senatu ad reuerentiam eius ~onebatur PLIN. *Pan.*76.5;—(*w.* in+*acc.*) legati..in squalorem maestitiamque ~ositi TAC.*Hist.*1.54; is in maestitiam ~osita 2.9; ueste seruili in dissimulationem sui ~ositus *Ann.*13.25;—peccasse iuuat, uultus ~onere famae taedet [TIB.]3.13.9; uultuque ~osito ne laeti excessu principis neu tristiores primordio TAC.*Ann.*1.7; ubi audiit ~onit uultum PLIN.*Ep.*2.20.3;— spectabatur occursante populo ~ositus ore TAC.*Ann.*2.34; ~ositus alias et uelut eluctantium uerborum 4.31.

12 To compose, organize, prepare (one's mind, oneself) for some action or other purpose. **b** to instruct, prime (a person).

facile est..teneros adhuc animos ~onere SEN.*Dial.*4.18.2; satis..in hoc nos ~onet multa scribendi exercitatio QUINT. *Inst.*9.4.114;—(*w. dat.*) noscendis animum ~one sagacem cardinibus MAN.2.788;—(*w.* ad) ad speciem ueri ~onite animum SEN.*Ben.*5.14.5; ~onite mentes ad magnum uirtutis opus LUC.9.380; animum ad omnes casus ~onere QUINT. *Inst.*12.9.20;—(*refl.*) ~onat se ad imitationem ueritatis 5.12.22; (*w.* in+*acc.*) in quas potes te ~one blanditias SEN. *Con.*10.3.2;—(*pass.*) uiuimus ad exempla, nec ratione ~onimur, sed consuetudine abducimur SEN.*Ep.*123.6; hos ad furta ~ositus Sinon firmabat PETR.89,l.13;—(*cf.*) κεῖσθαι, quod est ~ositum esse quodam modo, ut calere, stare, irasci QUINT.*Inst.*3.6.24. **b** quendam ex amicis ~ositum et formatum Karthaginem misit V.MAX.7.3.ext.7.

13 To calm down, make still or peaceful; to compose (oneself or one's appearance). **b** to appease, allay (hunger).

motos praestat ~onere fluctus VERG.*A.*1.135; tertia ~ositas uidit nox currere uenas PERS.3.91; nox..curas ..hominum motusque ferarum ~osuit STAT.*Theb.*3.416; ~onit dextra uictor concussa plagarum Iuppiter 11.5;— nec..ante adiit..quam se ~osuit OV.*Met.*4.318; PLIN.*Ep.* 4.11.3;—spectare feros in aqua et ~onere uultus OV.*Met.* 13.767. **b** uile holus et..mora..pungentis stomachi ~osuere famem ?PETR.fr.35.4.

14 To subdue, quell (rebels, uproar, sedition, etc.). **b** to calm, control, settle (one's

own or another's mind, feelings, behaviour, etc.); (also) to calm, soothe (a person).
tumultum ~osuit uoltu Luc.1.298; nec posse motum Orientem nisi Germanici sapientia ~oni Tac.*Ann.*2.43; primoribus interfectis ceteros clementia ~osuit 12.55; rebellis barbarum animos pace ~oni 14.39;—(*w.* ad, in) id damnum Vitellianos..ad modestiam ~osuit *Hist.*2.27; ~ositus in obsequium (miles) 1.82. **b** maius opus mores ~osuisse suos Ov.*Ars* 3.370; prodest..ad mentem ipsam ~onendam Cels.3.18.12; Pythagoras perturbationes animi lyra ~onebat Sen.*Dial.*5.9.2; concitandis ~onendisue affectibus animos audientium fingere Quint.*Inst.*3.4.15; ut..adulatione omnium aegre ~oneret animum Tac.*Ann.*4.42;—quisquis rationi cessit, in perpetuum ~onitur Sen.*Dial.* 12.17.2; tali oratione grauiora metuentis ~osuit erexitque Tac.*Hist.*4.74; concitatos..iuuenes iussa mutare in spondium modos tibicina ~osuisse Quint.*Inst.*1.10.32.

15 To settle, compose (differences, disputes, problems); *bellum ~onere*, to end a war by coming to terms. **b** to compose differences between, reconcile.
fore uti per colloquia omnes controuersiae ~onantur Caes.*Civ.*1.9.6; sponte mea ~onere curas Verg.*A.*4.341; turbatas seditione res principibus eius motus securi percussis..~osuit Liv.4.10.6; decem legatos..senatum missurum ad res Asiae disceptandas ~onendasque 37.55.4;—(*w.* inter) si possum hoc inter uos ~onere Pl.*Cur.*701; et coram inter eos controvosias ~oseivervnt *CIL* 1.584.2; non nostrum inter uos tantas ~onere lites Verg. *Ecl.*3.108; Hor.*Ep.*1.2.11;—ne sine maximo rei p. detrimento bellum ~oneretur Pol.*Fam.*10.33.3; integris suis finibus bellum ~ositum foret Sal.*Jug.*97.2; oblato gaudens ~oni foedere bellum Verg.*A.*12.109; Tac.*Ann.*3.56; (*w.* inter) conixique sunt..id bellum inter eos ~onere Gel. 6(7).3.2;—(*ellipt. or absol.*) coheredes mei ~onere et transigere cupiebant Plin.*Ep.*5.1.7. **b** Pompei summam esse..uoluntatem ut ~onerentur Caes.*Civ.*3.16.4; auersos soliti ~onere amicos Hor.*S.*1.5.29; ~onite aliquando bonos..uiros Sen.*Con.*1.1.4; quo ~oneret diuersos Tac.*Ann.*13.9.

16 To settle, arrange, order (affairs or details of any character); to order the affairs of (a place or people); to settle the details of (a situation).
praebeo exemplum, quo rectius tua ~onas Sal.*Hist.*4.69.4; Syracusis noua pace inconditas ~onere res Liv.26.40.1; nec quicquam cura sanctiore ~onimus, quam quod ad nos non pertinet Sen.*Ben.*4.11.5; cuncta..socialia prospere ~osita Tac.*Ann.*2.57; si..ita..rem ~osueris, ut necesse habeas proficisci Ulp.*dig.*12.4.5;—~onere legibus orbem Man.2.817; infrenos ~onere legibus Argos Stat.*Theb.*2.180; Gaius Caesar ~onendae Armeniae deligitur Tac.*Ann.*2.4;—qualeicumque modo tu uictoriam ~osuereis Sal.*Rep.*1.1.10; quod adest memento ~onere aequus Hor.*Carm.*3.29.33.

17 To produce by arrangement, agree on (terms, pacts, etc.); (also w. obj. cls.).
placitum laeti ~onite foedus Verg.*A.*10.15; ictum iam foedus et omnes ~ositae leges 12.315; his condicionibus ~osita pace Liv.2.13.4;—(*w.* cum) pacem ~oni uolo meo patri cum matre Pl.*Mer.*953; societatem praedarum cum latronibus ~osuisse Sal.*Hist.*4.53;—(*w.* inter) neque alio pacto ~oni potest inter eas gratia Ter.*Hec.*479; in hoc uelut foedus pax inter tres duces ~onitur Flor.*Epit.*2.16 (4.6.3);—(*w. indir. qu.*) quos dimitterent quosque retinerent milites, ~osuerunt Liv.40.40.14;—(*w. inf.*) ~onunt Florus Belgas, Sacrouir propiores Gallos concire Tac.*Ann.*3.40;—(*impers., w.* ut *and subj.*) ~ositum..sic fuerat, transitum..Bastarnis ut Philippus praestaret Liv.40.57.4; ~ositum inter ipsos ut Latiaris..strueret dolum Tac.*Ann.*4.68.

comportātiō ~ōnis, *f.* **conp-.** [next+-tio] Transportation.
quorum ~ones difficiles sunt et sumptuosae Vitr.1.2.8; cum (ciuitas)..habuerit ad moenia ~ones expeditas 1.5.1.

comportō ~āre ~āuī ~ātum, *tr.* **conp-.** [con-+porto] To carry or transport (esp. to a market or other centre), bring together. **b** to collect, amass.
ea ~atur praeda, ut fiat auctio Pl.*Per.*508; quidquid erat..in nauem ~at domo *Rud.*58; quibus ~atur fructus Var.*L.*5.139; haec nemo dubitabat quin..ex tota prouincia ad istum ~ari necesse esset Cic.*Ver.*2.46; ut esset locus ~andis condendisque fructibus *Agr.*2.88; qui..fortunarum mearum reliquias suas domos ~ari iuberent *Dom.*113; (frumentum) conferri, ~ari, adesse dicere Caes.*Gal.*1.16.4; frumenta ex agris in oppida ~ant 3.9.8; aurum atque argentum..domum regiam ~ant Sal.*Jug.*76.6; si quis emat citharas, emptas ~et in unum Hor.*S.*2.3.104; eo..commeatus e ciuitatibus suis ~abant Liv.25.27.1; ad hoc hiems accedet ad ~andum ex longinquo difficilis 34.34.6; amnem opportunum ad ~anda, quae usui sint 38.3.11; satis erit in singula iugera uehes stercoris ~are numero decem octo Col.11.2.86; quali uindemiatorii exceptoriique, in quibus uuae ~antur Ulp.*dig.*33.7.8;—(*fig.*) nobis opus est..rebus exquisitis, undique conlectis, arcessitis, ~atis Cic.*de Orat.*3.92. **b** semperque recentis ~are iuuat praedas Verg.*A.*9.613; si ~atis rebus bene cogitat uti Hor. *Ep.*1.2.50.

compos ~tis, *a.* **conp-.** [con-+potis] Forms: nom. sg. *~te CIL* 11.3247. Const.: usu. w. gen.; also w. abl. or absol.

1 That is in possession or control (of), endowed (with); *~s uoti* (*uoto*), having been granted one's prayer. **b** (w. *patriae* and sim.) enjoying the rights, etc. (of). **c** *~s animi, mentis* (*mente*), sound in mind, having possession of one's senses; *~s sui*, having command of one's faculties or feelings.
domum laudis ~s reuenit Pl.*Am.*642; suom erum faciet libertatis ~tem *Capt.*41; quarum (rerum) qui essent animo et scientia ~tes, eos esse imperatores dicerem Cic.*de Orat.* 1.210; sensus mentis rationis mundum esse ~tem *N.D.*2.47; qui se..urbis..opulentissimae..~tem fecissent Liv.26.48.3; perinde atque exoptatae rei ~tes V.Max.1.8.2; nec statim quisquam ~s agricolationis erit Col.1.1.17; iam regni ~s Sil.8.72; ~s memorabilis ausi 11.364; ne hominem bonis publicis maestum..ambitionis prauae ~tem facerent Tac. *Ann.*16.28; ut me..gratulationis ~tem facias Plin.*Ep.Tra.* 10.4(3).6; Apul.*Soc.*1;—(*w. abl.*) ea (copia) facitis nos ~tes Pl.*Capt.*217; praeda..ingenti ~tem exercitum Liv.3.70.13;—aliquis uoti ~s liba ipse ferebat Tib.1.10.23; eius me ~tem uoti uos facere potestis Liv.7.40.5; Ov.*Ars* 1.486; Sen.*Dial.*6.13.3; Suet.*Aug.*28.2; (*ellipt.*) haec..tibi dabo cvm ~te(m) feceris *CIL* 1.2520.18;—(*abl.*) voto svm compos 2.5965; 11.1331. **b** ita me rex deorum atque hominum faxit patriae ~tem Pl.*Capt.*622; his pulsis qui me huius urbis ~tem fecerunt Cic.*Sest.*146; si me aliquando uestri et patriae ~tem fortuna fecerit *Att.*3.15.4; patriae ~tem me nunquam siris esse Liv.1.32.7. **c** si tuae mentis ~s fuisses Cic.*Pis.*48; cum alterum quisque ~tem magis mentis ac consilii ducerent Liv.9.2.11; uix ut ~tes mentium prae gaudio essent 27.50.2; Cels.5.26.31.e.; Apul.*Apol.*80; (*cf.*) feruido adhuc et ~te mentis pectore Tac.*Ann.*15.70;—uix ~s mente refugit *Culex* 191;—(*ellipt. or absol.*) in suos quaeque simul corpore atque animo, uix prae gaudio ~tes, effusae Liv.4.40.3;—alienatas discordia mentes hominum eo piaculo ~tes sui fecisse 8.18.12; ~tem iam sui regem 42.16.6; frustra poeticas fores ~s sui pepulit Sen.*Dial.* 9.17.10.

2 Having a share in, participating in (undesirable things, evils, etc.), afflicted with.
aerumnosam et miseriarum ~tem mulierem retines Pl. *Epid.*559; culpae ~tem *Truc.*835;—(*w. abl.*) eam nunc esse inuentam probris ~tem scis Naev.*trag.*5; cur me miseram inuidet, magnis ~tem et multis malis? Acc.*trag.*36.

3 (of a prayer) Granted.
tibi grandaeui lassique senes ~te uoto reddunt grates Sen.*Ag.*379.

4 That is able to grant prayers.
hercvli ~ti l masvvivs bassvs d d *CIL* 9.5731.

compositē, *adv.* **conp-.** *compar.* ~ius. [compositvs+-e]

1 In an orderly, well-arranged manner.
(*of literary style*) sin oratoris nihil uis esse nisi ~e, ornate, copiose loqui Cic.*de Orat.*1.48; *Orat.*236; bene et ~e C. Caesar..de uita et morte disseruit Sal.*Cat.*52.13; si quid..parum ~e aut minus eleganter..scriptum foret Gel.11.8.3;—(*of dress*) quod..circumspecte ~eque indutus et amictus esset 1.5.2.

2 (of actions) In a composed manner, deliberately.
docere (boues) per mille passus ~e ac sine pauore ambulare Col.6.2.5; prudenter ambulare, ~e sedere Sen.*Ep.* 66.36; legiones..mittit occulto praecepto ~ius cuncta quam festinantius agerent Tac.*Ann.*15.3.

compositīcius ~a ~um, *a.* **conp-.** [compono+-icivs[2]] (of words) Compound.
Var.*L.*6.55; est uocabulorum genus quod appellant ~um 8.61.

compositiō ~ōnis, *f.* **conp-.** [compono+-tio]

1 The action of placing or fitting together. **b** placing together, combining (of words).
coagmentorum ~o planam habeat inter se directionem Vitr.7.1.4. **b** ea re ~o nominis ad hodiernum diem denarium retinet Vitr.3.1.8; neutrum enim (uerbum) uitiosum est separatum, sed ~one peccatur Quint.*Inst.* 1.5.35; ~onibus ambiguis 9.2.70; uulgo 'pridie' dicitur, conuerso ~onis ordine, quasi 'pristino die' Gel.10.24.8; Maur.443.

2 A pairing or matching.
ut mihi gladiatorum ~ones..mitteres Cic.*Fam.*2.8.1.

3 The action of putting up or storing.
sequuntur uindemiam rerum autumnalium ~ones Col. 12.46.1.

4 A mixture of var. substances or ingredients; the composition (of a medicament, etc.).
aeris etiamque terreni in corpore naturalis ~o..infirmat cetera Vitr.1.4.6;—(*of medicaments, etc.*) perspicuum est..quo ~ones unguentorum, quo ciborum conditiones..processerint Cic.*N.D.*2.146; idem effectus intra paucas ~ones sunt Cels.5.17.1.b; ~ones remediorum salutarium nemo subpressit, ne sanarentur indigni Sen.*Ben.*4.28.4; Col. 6.32.2; pilos etiam auferri hac ~one Plin.*Nat.*28.97; theriacarum ~ones, id est ad serpentum morsus..medicamenta Larg.163;—in sanctuariis Mithridatis..inuenit..~onem antidoti Plin.*Nat.*23.149; 26.19.

5 Physical arrangement or disposition. **b** arrangement in order or sequence. **c** arrangement, pattern (of musical notes). **d** arrangement, structure (of other non-physical things).
quae ~o membrorum..quae figura..humana potest esse pulchrior? Cic.*N.D.*1.47; ordinem sic definiunt (Stoici), ~onem rerum aptis et accommodatis locis *Off.*1.142; eurythmia est uenusta species commodusque in ~onibus membrorum aspectus Vitr.1.2.3; explicatis aedium sacrarum ~onibus 4.9.1. **b** totaque huius iuris ~o pontificalis magnam religionem caerimoniamque declarat Cic.*Leg.*2.55; quas (*sc.* ferias) ~o anni conferre debet ad perfectionem operum rusticorum 2.29. **c** harmoniam..ex interuallis sonorum nosse possumus, quorum uaria ~o etiam harmonias efficit pluris Cic.*Tusc.*1.41. **d** admirabilis ~o disciplinae incredibilisque rerum me traxit ordo Cic.*Fin.*3.74.

6 The artistic arrangement of words in prose, composition.
~o est uerborum constructio quae facit omnes partes orationis aequabiliter perpolitas *Rhet.Her.*4.18; ipsa ~one uerborum non impolitus Cic.*de Orat.*2.58; ~o uerborum mollior Sen.*Con.*2.pr.1; ~o uirilis et sancta Sen.*Ep.*46.2; abundabunt..copia uerborum optimorum et ~one ac figuris Quint.*Inst.*2.7.4; quem in poemate locum habet uersificatio, eum in oratione ~o 9.4.116; et uerbis dilectum adhibuit et ~oni artem Tac.*Dial.*22.2.

7 A settlement of differences by arrangement, agreement, composition.
quos..seruare per ~onem uolebat Cic.*S.Rosc.*33; pacis, concordiae, ~onis auctor esse non destiti *Phil.*2.24; *Att.* 9.6.7; legatos ad Pompeium de ~one mitti oportere Caes. *Civ.*1.32.8; 3.15.7; qui cum aduersario suo de ~one eius criminis quod intendebat fuerit locutus Paul.*dig.*48.16.6.

compositō, *adv.* **conp-.** [compositvs+-o[2]] By prearrangement, concertedly.
~ factumst quo modo hanc amans habere posset sine dote Ter.*Ph.*756; perfugas mala fide ~que fecisse Nep.*Dat.*6.6; ~ rumpit uocem et me destinat arae Verg.*A.*2.129.

compositor ~ōris, *m.* **conp-.** [compono+-tor] A writer, composer.
non enim inuentor aut ~or aut actor qui haec complexus est omnia, sed..eloquens dictus est Cic.*Orat.*61; Ov.*Tr.* 2.356; historiae Cumanae ~or Fest.p.266M.

compositum ~ī, *n.* **conp-.** [compositvs]

1 A made-up or compounded medicament.
~a..contra faetores..trademus Plin.*Nat.*25.175; Larg. 38.

2 *ex* (*de*) *~o*, By pre-arrangement, concertedly.
Sullam consulem de reditu eius legem ferentem ex ~o tribunus plebis..prohibuerat Sal.*Hist.*2.21; tum ex ~o orta uis Liv.1.9.10; Charilaus ex ~o ab sociis in urbem receptus 8.26.3; 40.5.7; Curt.7.1.5; Ciuilis, ausus an ex ~o, intulit se agmini Tungrorum Tac.*Hist.*4.66;—me..de ~o necopinantem patroni eius incessere maledictis Apul. *Apol.*1.

3 (pl.) A settled or peaceful situation, law and order, security.
quae si uobis pax et ~a intelleguntur Sal.*Hist.*1.55.25.

compos(i)tūra ~ae, *f.* [compono+-vra]

1 Fitting together, assembling.
trapetus emptus est in Suessano hs cccc..~ae hs lx Cato *Agr.*22.3.

2 Combination, collocation (of words).
soloecismus est impar atque inconueniens ~a partium orationis Sinn.*gram.*2.

3 (concr.) A structure.
aera per purum grauiter simulacra feruntur et feriunt oculos turbantia ~as Lucr.4.328.

compositus ~a ~um, *a.* **conp-.** Also **compostus.** *compar.* ~ior, *superl.* ~issimus. [pple. of compono] In senses of verb, esp.:

1 (of concr. or abst. things) Composed of, made from, several parts or ingredients; complex, composite, blended.
ille (*sc.* impetus) simplex est, hic ~us et plura continens Sen.*Dial.*4.1.5; quaedam continua esse corpora, ut hominem: quaedam esse ~a, ut nauem, domum *Ep.*102.6; cum..cursus ad singula uestigia restitit..non continua sed ~a est (oratio) Quint.*Inst.*10.7.14; Aegyptii..animalia effigiesque ~as uenerantur Tac.*Hist.*5.5;—(*of medicaments, etc.*) peregrinis et conquisitis et ~is medicamentis Cels.5.26.23.f; ~orum collyriorum Larg.21.

2 (of words) Compounded, compound.
de ~is (uocabulis) separatim dicam Var.*L.*8.61; singula sunt (*sc.* uerba)..aut simplicia aut ~a Quint.*Inst.*1.5.3; a littera in e mutata per ~i uocabuli morem 'dispessis' dicit Gel.15.15.4.

3 Orderly, tidy, regular. **b** (of a battle) fought with troops carefully disposed, organized.
nil uidetur mundius, nec mage ~um quicquam Ter.*Eu.* 935; solent (litterae) tuae ~issimae et clarissimae esse Cic. *Att.*6.9.1;—(*of actions, movement*) gradibusque sonare ~is Verg.*G.*3.192; plebs..personabat certis modis plausuque ~o Tac.*Ann.*16.4. **b** acrior impetu atque animis quam ~ior ordine ullo pugna fuit Liv.28.22.13.

4 (esp. of literary works, speeches, etc.) Well-arranged, well-ordered; (also transf., of writers or speakers). **b** (of expression) practised, studied.
~um dicendi genus Cic.*Brut.*271; quid enim..tam ~um tamque compactum inueniri potest? *Fin.*3.74; facundam et ~am orationem Sal.*Jug.*85.26; in his..libris erunt..multa mutata..omnia uero ~iora et..elaborata Quint.*Inst.*1.pr.8;—si..~i oratoris bene structam conlocationem dissoluas Cic.*Orat.*232; fiuntque pro grandibus tumidi..~is exsultantes Quint.*Inst.*10.2.16; (*cf.*) ut nemo unquam paratior, uigilantior, ~ior ad iudicium uenisse uideatur Cic.*Ver.*32. **b** uel tibi ~a cantetur Epistula uoce Ov.*Ars* 3.345.

5 Disposed, inclined, adapted, trained.
neminem non ita ~um animo, ut..Sen.*Ben.*4.15.2;—(*w.* ad) ad clamorem..multitudinis ~i Quint.*Inst.*4.2.37; non quia sunt maxime ad risum ~i (Attici) 6.3.18; 10.2.20.

6 (of the sea, etc.) Calm, unruffled.
blandaque ~as aura secundet aquas! Ov.*Ep.*13.136; cum mare ~umst, securus nauita cessat *Ars* 3.259.

7 Untroubled by passions, etc., calm, placid, sedate.
hic fera ~a uulnera mente feret Ov.*Ars* 3.572; parum bene ~um esse te Sen.*Ep.*55.8; intramus templa ~i *Nat.* 7.30.1;—(*of middle and later ages*) ~is aetatibus coacta matrimonia tamen facile fastidiuntur Quint.*Decl.*306 (p.203,l.12); quod is ~a aetate bonarum artium cupiens erat Tac.*Ann.*6.46.

8 Well-disciplined, orderly, law-abiding. ~a et constituta re publica Cic.*Leg.*3.42; ~a et quieta et beata re publica Tac.*Dial.*36.2; cui ~is rebus nulla spes *Hist.*1.21.

compostūra ~ae, *f.*: see COMPOSITVRA.

compostus ~a ~um, *a.*: see COMPONO, COMPOSITVS.

compōtātiō ~ōnis, *f.* **conp-.** [CON-+POTATIO] Translation of the Gk. συμπόσιον, a drinking party.
illi (*sc.* Graeci) συμπόσια aut σύνδειπνα, id est ~ones aut concenationes, nos 'conuiuia', quod tum maxime simul uiuitur Cic.*Fam.*9.24.3; *Sen.*45.

compotens ~ntis, *a.* **conp-.** [CON-+POTENS] That is able (to grant a prayer, etc.).
~NTI DIANAE MVMMEIVS ATTICVS ET MVMEIA FELICIA D D *CIL* 11.3198.

compotiō ~īre ~iuī ~ītum, *tr.* **conp-.** [prob. COMPOS+-IO²] To put in possession (of); (pass.) to attain.
(*w. abl.*) salute horiae, quae in mari fluctuoso piscatu nouo me uberi ~iuit Pl.*Rud.*911;—(*w. gen.*) diem..quo me maxumi uoti ~iret (dea) Apul.*Met.*11.22; coruus..praedae ..inductricem ~iuit *Soc.*pr.4;—(*pass., w. abl.*) hic sola solis locis ~ita Pl.*Rud.*205.

compōtō ~āre, *intr.* **conp-.** [CON-+POTO] To drink together.
si patior miser illas lupanarum insultationes, illa ~antium (*cj.*) maledicta [Quint.]*Decl.*14.12.

compōtor ~ōris, *m.* **conp-.** [CON-+POTOR] A drinking companion.
adhibes..magistrum suffragio tuo et ~orum tuorum rhetorem Cic.*Phil.*2.42; 5.22; ~ores..cachinnum integrant Apul.*Met.*2.31; OMNBVS COPOTORIBVS BENE *CIL* 13.645.

compōtrix ~īcis, *f.* **conp-.** [as prec.+-TRIX] A female drinking companion.
inportunitatem spectate aniculae quia ~ix eius est Ter.*An.*232.

compraecīdō ~ere, *tr.* **conp-.** [CON-+PRAECIDO] To cut (each other) off.
hae duae lineae altera alteram ~ent Hyg.Gr.*agrim.*p.154.

compraes ~aedis, *m.* **conp-.** [CON-+PRAES] A joint surety.
~aedes eiusdem rei populo sponsores Paul.*Fest.*p.39M.

compransor ~ōris, *m.* **conp-.** [CON-+PRANSOR] A table-companion.
hunc (agrum) tu ~oribus tuis et conlusoribus diuidebas Cic.*Phil.*2.101.

comprecātiō ~ōnis, *f.* **conp-.** [next+-TIO] Public supplication or prayers.
nulli umquam contioni..tam..necessaria haec sollemnis deorum ~o fuit Liv.39.15.2; ~ones deum inmortalium Gel.13.23.1.

comprecor ~ārī ~ātus sum, *tr.* **conp-.** [CON-+PRECOR] **a** To pray to (the gods), invoke, supplicate. **b** (w. acc. of thing, or cl.) to pray for, pray that. **c** (w. dat. of pers., also absol.).
a ~or uulgus silentum uosque ferales deos Sen.*Med.*740; Apul.*Met.*4.1.—(*w.* ut+*subj.*) deos ~are ut uxorem accersas Ter.*Ad.*699; Ov.*Tr.*5.11.26. **b** caelestumque fidem.. ~er Catul.64.191; mortem ~antur sibi Sen.*Ep.*99.16; senatus..ei..iratum principem (*i.e. the wrath of the emperor*) est ~atus Plin.*Ep.*4.25.2;—(*w. inf.*) ambo..una enicarier ~amur Pac.*trag.*365³;—(*w. subj.*) Cytherea..~or ausis adsit..nostris Ov.*Met.*10.640; alternisque uotis 'haec faciat, haec audiat'..~amur Plin.*Pan.*2.8;—(*w.* ut+*subj.*) ut maneat..amicus ~or Ov.*Pont.*2.5.74. **c** te prodigiali Ioui..ture ~atam oportuit Pl.*Am.*740;—abi intro et ~are *Mil.*394.

comprehendibilis: see COMPREHENSIBILIS.

compr(eh)endō ~dere ~dī ~sum, *tr.*, (*intr.*). **conp-.** [CON-+PREHENDO] FORMS: β indicates contracted forms (*-pren-*).

1 To seize in the hand, etc., take hold of. **b** (of inanim. things) to catch hold of, grip. **c** to close on (a graft); (of a woman, absol.) to conceive.
an..Theseus Marathonii tauri cornua ~dit iratus? Cic.*Tusc.*4.50; infantibus (placent) quae tangi ~dique manibus aut sinu possunt Sen.*Con.*2.1.13; tuto ~dit guttura morsu Luc.4.727; ut elephantos..mordicus ~sa manu eorum abstrahant Plin.*Nat.*9.46; ungulae..bisulcae et ~dendis lapidibus utiles 10.1. β ter frustra ~sa manus effugit imago Verg.*A.*2.793; natusque parenti oscula ~sis auribus eripiet Tib.2.5.92. **b** utique..~dit (*sc.* pulicem specillum) Cels.6.7.9.a; forfex cum dentem ~dere non possit 7.12.1.c; quam (*sc.* radiculam) cum recens plaga ~dit Col.6.5.4. β Var.*R.*1.50.2; ut noua Phasiaca ~sa est nupta corona Ov.*Ib.*601; (*intr.*) inde ea ~dunt inter se conque gregantur Lucr.6.456. **c** praesta..perraro unquam ~dit insertos surculos Col.*Arb.*8.3;—si non ~dit Cels.5.21.7.

2 (of plants, grafts, etc.) To take hold in; (usu. intr.) to take hold, take root.
(arbor) quamuis nondum ~derit terram Ulp.*dig.*47.7.3.4; —brumae temporibus aliquando insitam uitem ~dere Col.4.29.2; cum semina ~derint 5.5.5; in quolibet agro..celeriter ~dit (cytisum) *Arb.*28.1. β cum (ramulus) ~dit Var.*R.*1.40.6.

3 To catch (fire). **b** (of fire, etc.) to ignite, set on fire.
hae (*sc.* casae) celeriter ignem ~derunt Caes.*Gal.*5.43.2. β flamma ab utroque cornu ~sa naues sunt combustae quinque Caes.*Civ.*3.101.4; Lauinia..uisa..longis ~dere crinibus ignem Verg.*A.*7.73. **b** ea uineis et aggere suppressa ~debant id ipsum quod morabatur Hirt.*Gal.*8.42.2; nostri..opera flamma ~sa..restinguunt 8.43.3; ~sa postea priuata aedificia Liv.26.27.3. β ignis, qui furtim.. robora ~dit Verg.*G.*2.305; quid flamma? largas iamne ~dit dapes? Sen.*Oed.*307.

4 To tie or join together, fasten, unite. **b** to hold together, bind (ingredients).
etiam in uestimento sartum, quod ~sum Var.*L.*6.64; oras (*sc. of the wound*) suturae ~dunt Cels.7.4.3.a; acerruum illum..breui uinculo ~sum Gel.5.3.5. β easque ipsas (*sc.* naues)..malis antennisque..funibus..inligatis ~dit Liv.30.10.5. **b** haec omnia..melle Attico..~duntur Larg.70; tantum mellis, quantum satis erit ad ~denda et continenda ea 106.

5 To seize, arrest (a person); to lay hold of, detain. **b** to catch by pursuit, etc., take prisoner, capture. **c** to seize, take possession of (things).
coqui apstulerunt, ~dite, uincite, uerberate Pl.*Aul.*346; hominem ~dit et in custodiam..tradidit Cic.*Q.fr.*1.2.14; hunc illi..~derant atque in uincula coiecerant Caes.*Gal.*4.27.3; ~sos eos..ad Caesarem perduxerunt 7.13.2; praesidium Punicum ~dit Liv.26.14.7; 27.3.5; (*cf., of a sculptor*) Myron, qui paene animas hominum ferarumque aere ~derat Petr.88.5;—~dunt utrumque et orant Caes.*Gal.*5.31.1; eumque a coniuratis ~sum ut dux fieret Liv.7.42.4. β hunc pro moecho postea ~dere intus et constrinxere Ter.*Eu.*993; ~sis sceleris ministris Liv.1.41.7; ~sus..poenas persoluit cruce Phaed.3.5.10. **b** multique in fuga sunt ~si atque interfecti Caes.*Gal.*5.21.6; naues duas, quae eum ~derent, si possent consequi, miserunt Nep.*Han.*7.7; illos fugientes lictores ~dunt Liv.1.41.1. β quam facile accipiter..consequitur pennis..columbam ~samque tenet Verg.*A.*11.723; ~sos omnes retraxerunt Liv.25.7.14. **c** naues in flumine Volturno ~sas subigi ad..castellum iussit Liv.26.7.9; 29.24.9; uehiculis ~sis Suet.*Tib.*38; (*ground*) aliis ~sis collibus munitiones perfecerunt Caes.*Civ.*3.46.6.

6 To catch, find, come upon (in a particular place or circumstances); to find and seize (property). **b** to find, come upon. **c** to discover, detect (an action, fact, crime, etc.). **d** (of conditions) to overtake, catch.
ut..domi ~dar Pl.*Mil.*579; ut ~dar cum sacra urna Veneria *Rud.*475; si..tu..cum gladio cruento ~sus (es) in illo ipso loco Cic.*de Orat.*2.170; *Fam.*12.23.2;—Apameae manifesto ~sum *Flac.*68; cum..signa eius militaria atque arma Capuae essent ~sa Caes.*Civ.*3.21.5. **b** ecce mulierem quampiam..gradientem adcelerato uestigio ~do Apul.*Met.*2.2. β canis..si ueteris potuit ceruae ~dere lustra V.Ruf.*poet.*4.2; ~sus aliquis limes et interrogati incolae non patiuntur errare Sen.*Dial.*7.1.2. **c** quo facilius..~deretur res eius indicio Cic.*Clu.*47; qua ratione inuestigata et ~sa sint *Catil.*3.3; ut uenenum..manifesto ~di posset *Cael.*62; cuius nefandum adulterium..~derunt *Mil.*72. **d** uolui in consulatu tuo uenire, sed nox me ~dit Cic.*Facet.*32. β nisi quae ualidissima non ~datur hiemi Col.7.3.15; (*poet.*) fures, quos idem saepe reuertens, Hespere, mutato ~dis nomine Eous Catul.62.35.

7 To extend round or over, enclose, include, surround. **b** to travel over, cover; *uisu ~dere*, to see. **c** to embrace (in the scope of an activity, etc.). **d** to embrace, take in (periods of time). **e** to include (in a class or group); to include (in itself).
ab..montibus quos postea urbs muris ~dit Var.*L.*5.41; ~di..sutura..etiam aliquid ex carne..oportebit Cels.5.26.23.c; (fascia) lata esse debet, ut..etiam oras eius (*sc.* uulneris) ~dat 5.26.24; quicquid intra se ~dit (turbo).. leuat in altum Sen.*Nat.*7.8.1; cum talem cicatricem non facile cortex ~dat Col.5.6.16; (agri) mensura per extremitatem ~si Fron.*agrim.*p.1; (*cf.*) ipsa..natura circumscriptione quadam uerborum ~dit concluditque sententiam Cic.*Brut.*34. β luna..si nigrum obscuro ~derit aera cornu Verg.*G.*1.428; quidquid signiferi ~sum limite caeli.. hominum sumus Luc.7.363; Gaius *dig.*41.1.7.4. **b** β tantum campi dirimebat ab ictu, quantum impulsa ualet ~dere lancea nodo Sil.4.102;—qua uisu ~dere erat 3.408. **c** qui..uniuersas prouincias regionesque uno calamitatis iure ~deret Cic.*Off.*2.27; (*transf.*) declinant in peius et proxima uirtutibus uitia ~dunt Quint.*Inst.*10.2.16. β Romam ~dere bello Sil.1.269. **d** qui quadringenta septuaginta millia annorum..monumentis ~sa continent Cic.*Div.*1.36. β alterum (tempus) menstruum, quod luna circumiens ~dit Var.*R.*1.27.1. **e** ~dere multos amicitia, tueri obsequio Cic.*Cael.*13; quod..omnibus officiis per se, per patrem, per maiores suos totam Atinatem praefecturam ~derit *Planc.*47; si hunc adulescentem humanitate tua.. ~deris *Fam.*13.15.3;—omnes..animantes conplexu rationis et intellegentiae..~duntur *Tim.*11.

8 To hold (a particular amount).
ebuli recentis radix .quod II digiti ~dant Plin.*Nat.*26.119; quantum manu ~di potest Larg.83. β nuces.. quas uno modio ~dere possis Var.*R.*1.7.3.

9 To include, cover, deal with (in speech or writing). **b** to deal with, provide for, cover (in a law, agreement, will, etc.).
de utraque re a poetis ~sa Var.*L.*5.10; ad rerum nostrarum memoriam ~dendam Cic.*Brut.*19; uerbis luculentioribus et pluribus rem eandem ~derat *Att.*12.21.1; qui pluribus uoluminibus hanc partem diligentissime ~dit Cels.7.pr.3; partesque si uelimus eius percensere, uix numero ~damus Col.11.1.10; nihil diligentius ~dit Cato Plin.*Nat.*19.147; in satura..uersibus cenarum ciborum exquisitas delicias ~dit Gel.6(7).16.1. β breuiter paucis praestat ~dere multa Lucr.6.1083; omnis scelerum ~dere formas Verg.*A.*6.626; quorum numerum ~dere non est Ov.*Tr.*5.11.19; ~sa est Latiis quaecumque annalibus aetas Luc.3.309;—(*impers.*) et, ut supra ~sum est, uitare (debet) fatigationem Cels.1.10.1. **b** item si libellus aliudue quid relictum esse dicetur, decreto ~dam *Ed.pr.*43.1 (*Font.iur.*p.230); huiusmodi reticentiae iure ciuili ~di non possunt Cic.*Off.*3.67; etsi nominatim persona sit ~sa Proc.*dig.*17.2.76; rem nec lege ~sam nec satis usitatam Plin.*Ep.*5.20.7; haec ita lege Aelia Sentia ~sa sunt Gaius *Inst.*1.27; si neutrius heredis persona ~deretur Julian.*dig.*4.8.49.2; si aperte in uenditione ~datur nihil euictionis nomine praestatum iri Ulp.*dig.*19.1.11.18; (*impers.*) uti supra ~sum est *Ed.pr.*21.2(*Font.iur.*p.223); *CIL* 2.1964.1.36; in foedere ..nominatim ~sum inuenimus ne ferro..uteretur Plin.*Nat.*34.139. β quae omnia senatus decretis ~sa..sunt Vell.2.62.4.

10 To express (in words, literary forms, etc.). **b** to cover (by a term or symbol).
ut sit apte uerbis ~sa sententia Cic.*Orat.*170; uerborum quibus ius iurandum ~ditur *Q.Rosc.*46; non enim res gestae uersibus ~dendae sunt Petr.118.6; talis finitionum diuersitas, ut, qui idem sentiunt, non isdem uerbis ~dant Quint.*Inst.*7.3.12; Gel.16.1.3. β propriis uerbis ~dens solute et facile sententiam Cic.*Brut.*317; o quater et quotiens numero ~dere non est felicem Ov.*Ars* 2.447. **b** rei totius memoriam saepe una nota et imagine simplici ~dimus *Rhet.Her.*3.33; omnem omnium rerum atque artium scientiam ~dere uno oratoris officio ac nomine Cic.*de Orat.*1.213; ut sententias imaginibus, ordinem locis ~damus 2.359; quaedam..propter similitudinem eodem uocabulo ~sa sunt Sen.*Ben.*5.13.3.

11 (w. *animo, mente, scientia*, etc.; also alone) To group mentally, apprehend, appreciate, learn. **b** *memoria ~dere*, to retain in the memory, remember. **c** to include in one's studies or attainments, master; embrace.
si haec maior esse ratio uidetur, quam ut hominum possit sensu aut cogitatione ~di Cic.*de Orat.*3.21; habuit..~sam animo quandam formam eloquentiae *Orat.*19; nequeunt qualis animus sit..cogitatione ~dere *Tusc.*1.50; tanta cura Graecae linguae notitiam animo ~dit V.Max.8.7.6; quo modo..cibus..digeratur, ne sapientiae quidem professores scientia ~dunt Cels.1.pr.46; Col.5.1.3; ~sa..mensura Herculani pedis Gel.1.1.3. β si ita erat ~sum ut conuelli ratione non posset scientiam..nominabat Cic.*Ac.*1.41; nec..possunt dicere aliud alio magis minusue ~di *Luc.*128; eadem mente res dissimillimas ~dimus, ut colorem, saporem, calorem, odorem, sonum *Tusc.*1.46. **b** oratione aliqua lecta ad eum finem, quem memoria possem ~dere Cic.*de Orat.*1.154; has disputationes memoria ~damus *Tusc.*5.121. β memoria..ea ~debat Antonius Cic.*Brut.*215. **c** qui..omnia, quaecumque possent, uel scientiae peruestigatione uel disserendi ratione ~derint Cic.*de Orat.*1.9; omnia..~denda esse oratori puto 2.68; nulla mens est tam ad ~dendam uim oratoris parata 2.190. β totumque animo ~dere caelum Man.1.108; omnes bonas artes non quidem ~disti, attigisti tamen Sen.*Dial.*12.17.3.

comprehensibilis ~is ~e, *a.* Also **-dibilis**, **conp-.** [prec.+-BILIS] FORMS: *-dibilis* Cic.*Ac.*1.41. Able to be grasped by the senses or intellect.
id autem uisum cum ipsum per se cerneretur, ~e (dixit) Cic.*Ac.*1.41; obscurarum..causarum..quaestionem ideo superuacuam esse contendunt, quoniam non ~is natura sit Cels.1.pr.27; per tenuia foramina nec oculis ~ia Sen.*Nat.*6.24.1.

compr(eh)ensiō ~ōnis, *f.* **conp-.** [COMPREHENDO+-TIO] FORMS: β indicates contracted forms.

1 The action of taking hold, grasping. **b** arrest, apprehension.
ingressus cursus accubitio inclinatio sessio ~o Cic.*N.D.*1.94. **b** ~o sontium mea, animaduersio senatus fuit Cic.*Phil.*2.18.

2 **a** A region, zone (as bounding or containing specified places). **b** inclusion (in a description, etc.).
a sexta ~o, qua continetur urbs Roma, amplectitur Caspias gentes Plin.*Nat.*6.217. **b** Fron.*Aq.*77.

3 Scope, range. **b** a comprehensive statement. **c** comprehensive argument, dilemma.
β (artes) quae iuuant..latiore quadam ~one per omnes quidem species rerum..ire qui possunt? Quint.*Inst.*2.5.14. **b** ut iam liceat una ~one omnia complecti Cic.*Fin.*5.26. **c** ~o quae utrum concesseris debet tollere Cic.*Inv.*1.83.

4 Grouping (of words) in periods, sentences, etc. **b** grouping under a head, classifying.
in uerbis et eligendis..et conlocandis et ~one deuinciendis nihil non ad rationem..dirigebat Cic.*Brut.*140; quin etiam ~o et ambitus ille uerborum, si sic περίοδον appellari placet, erat apud illum contractus et breuis 162; ex duobus ..uersibus, id est membris, perfecta ~o est et in spondeos cadit *Orat.*223; corrupta oratio in uerbis maxime impropriis ..~one obscura..consistit Quint.*Inst.*8.3.57; neque uero tam sunt intuendi pedes quam uniuersa ~o 9.4.115. β hoc in oratore Latino (*i.e.* Lepido) primum mihi uidetur et leuitas apparuisse illa Graecorum et uerborum ~o Cic.*Brut.*96. **b** ut est utilis (*sc.* dialectice) saepe et finitionibus et ~onibus et separandis quae sunt differentia Quint.*Inst.*12.2.13.

5 Apprehension, perception, mental grasp, understanding. **b** something that is perceived, a perception.
inter scientiam et inscientiam ~onem illam quam dixi collocabat Cic.*Ac.*1.42; quanta primum intellegentia deinde consequentium rerum cum primis coniunctio et ~o esset in nobis *N.D.*2.147; cognitiones ~onesque rerum *Fin.*3.49; numquam expectare nos certissimam rerum ~onem Sen.*Ben.*4.33.2; quam facilis..cuiuis docto Veneriae cupidinis ~o Apul.*Met.*10.2. β (mens hominis) amplectitur maxime cognitionem et istam κατάληψιν, quam..~onem dicemus Cic.*Luc.*31; ratio illa certa..non dissidens nec

haesitans in opinionibus ~onibusque SEN.*Dial.*7.8.5. **b** sed cum (id uisum) acceptum iam et approbatum esset, ~onem appellabat, similem is rebus quae manu prenderentur CIC. *Ac.*1.41.

comprehensō ~āre, *tr.* **conp-.** [COMPREHENDO+-TO] To seize in an embrace.
~are suos quisque, sauiare, amplexare QUAD.*hist.*39.

compressē, *adv. compar.* ~ius. **conp-.** [COMPRESSVS+-E]
1 Briefly, succinctly.
quod latius loquerentur rhetores, dialectici autem ~ius CIC.*Fin.*2.17.
2 Urgently, insistently.
quaerit..~ius uiolentiusque GEL.1.23.7.

compressiō ~ōnis, *f.* **conp-.** [COMPRIMO+-TIO]
1 Squeezing, compression.
argentum per panni raritates propter liquorem extra labitur ~one coactum VITR.7.8.4; incitatur sanguinis eruptio musculorum ~one LARG.84; MAUR.190; GEL.16.3.4; illi dolorem uentris manuum ~one sedare APUL.*Met.*3.10.
2 A sexual embrace, copulation.
~ones artae amantum corporum PL.*Ps.*66; Neptunus eam compressit. qua ex ~one peperit infantem HYG.*Fab.*187.1.
3 Abridging, compression.
grandes erant uerbis, crebri sententiis, ~one rerum breues CIC.*Brut.*29.

compressor ~ōris, *m.* **conp-.** [COMPRIMO+-TOR] A ravisher, raper.
*Arg.*2.*Pl.Aul.*7.

compressus[1] ~a ~um, *a.* **conp-.** *compar.* ~ior. [pple. of COMPRIMO]
1 Constricted, narrow.
ut sint (pecudes)..~is malis subsimae VAR.*R.*2.5.7; pectore lata, iacens mammis, ~ior aluo *Mor.*34; ad supremum denique tempus ~ae nares LUCR.6.1193; pultarius oris ~ioris et rei commode aptatur CELS.2.11.2; in eadem (*sc.* picea) nucamenta maribus ~iora sunt PLIN.*Nat.*16.49; ~iorem..uallem FRON.*agrim.*p.18; acutus angulus est ~ior ecto BALB.*grom.*p.101La.
2 (of the bowels) Costive, tight; (also transf., of an ailment).
si firmus est stomachus et ~a aluus CELS.3.6.10; 4.29(22).2;—~orum et fluentium morborum genera 1.pr.66.

compressus[2] ~ūs, *m.* **conp-.** [COMPRIMO+-TVS[3]] N.B.: in quots. only in abl. sg.
1 Compression, pressure; closing, pressing together.
dein tepefactum (semen) uapore et ~u suo diffundit (terra) CIC.*Sen.*51; illa (*sc.* pina) ~u quicquid inclusit exanimat PLIN.*Nat.*9.142;—lucent..lampyrides, nunc pinnarum hiatu refulgentes, nunc uero ~u obumbratae 11.98.
2 Sexual intercourse (of a man).
grauidam fecit is eam ~u suo PL.*Am.*109; *Epid.*542; uirgo ex eo ~u grauida factast TER.*Ad.*475; si ex ~u Tyronis..fratris filiae procreasset liberos HYG.*Fab.*60.1.

comprimens ~ntis, *a.* **conp-.** [pple. of next] Astringent.
adhibere oportet ~ntia CELS.4.23(16).1; cibus ~ns 4.27(20).2.

comprimō ~imere ~essī ~essum, *tr.* **conp-.** [CON-+PREMO]
1 To exert strong pressure on, compress, crush. **b** to squeeze, constrict; to hem or shut in.
atque genua ~imit arta gena ENN.*inc.*14; manu ~imito acina CATO *Agr.*112.3; iam ista serpens..~essa atque inlisa morietur CIC.*Har.*55; tamquam ~essa manu sit (terra) LUCR.6.866; aeris hiberni uis ~imit et consolidat eas (*sc.* radices) VITR.2.9.2; ~esso digitis duobus oculo CELS.7.7.1.B; ~essum turba stetit omne cadauer LUC.4.787; ne..~essum necet (calamum arbor) PLIN.*Nat.*17.108; macie corticis..iusto..plus uitalia arborum ~imente 17.251. **b** torto frontem mihi ~ime faeno PROP.4.2.25; muscus, qui..crura uitium deuincta ~imit COL.4.24.6; Hispania..angustior..inmensum quantum hinc oceano, illinc Hiberico mari ~imentibus PLIN.*Nat.*4.110; domusque Antiphatae, ~essa freto SIL.8.530; (*in an embrace*) illam..erigit haerentem ~essaque colla trahentem V.FL.3.331;—magnus Scipio, qui Numantiam cludit et ~imit SEN.*Ep.*66.13; nec tota uacabat regia ~esso LUC.10.442.
2 (of a man, male animal) To copulate, have intercourse with.
te eam ~essise uinolentum uirginem PL.*Aul.*689; prius hanc ~essit quam uxorem duxit domum *Cist.*616; CAECIL. *com.*26; TER.*Hec.*572; testis Amymone..in aruis ~essa PROP.2.26.48; ui ~essa Vestalis LIV.1.4.2; MART.4.66.11;—si unam uel alteram foetam saepius ~essit COL.8.11.5.
3 To press (parts of the body) together, close; ~*imere manus*, to fold the hands (arms). **b** (in other persons). **c** (other things).
(*the mouth, etc.*) ~imere dentes PL.*Ps.*787; haec ego mecum ~essis agito labris HOR.*S.*1.4.138; obliquatque oculos oraque ~imit SEN.*Thy.*160;—(*the eyes*) ne oculi ad intentationem subitam digitorum ~imantur *Dial.*4.4.2; oculi ~essi, fluidum saliuis os COL.6.9.2;—(*the fist*) ~essan palma an porrecta ferio? PL.*Cas.*405; cum ~esserat digitos pugnumque fecerat CIC.*Orat.*113; ~essae in pugnum manus QUINT.*Inst.*2.20.7;—(*other parts*) ~essis natibus Iouem salutat MART.12.77.12;—cur..dux, fortissimus bello, ~essis, quod aiunt, manibus sedeas LIV.7.13.7; ~essis intra sinum manibus TAC.*Ann.*1.57. **b** ut..ille meos oculos ~imat, ille tuos OV.*Ep.*1.102; praegraue ~essa fauce pependit onus 9.98; Vlixes ei os ~essit HYG.*Fab.*126.7. **c** est et alia (arbor)..rosei..floris, quem noctu ~imens..meridie expandit PLIN.*Nat.*12.40; canere tibiae ipsae edocendae, ~imentibus se linguis 16.171.
4 To pack closely or densely, concentrate; to close up (the ranks of an army).
hasce (*sc.* nubes)..cum uentus agens contrusit in unum ~essitque locum cogens LUCR.6.212; ~imat ordinibus uersus OV.*Am.*1.11.21; cernere tantas permisit clades ~essus sanguine puluis LUC.4.795; ~essum pectine Serum (filum) 10.142; ex candore ~essi aeris albida et tumida tabes fluit APUL.*Apol.*50;—extemplo ~essis ordinibus LIV. 8.8.12; gladiosque suos ~essa timebat (acies) LUC.7.495; (*cf.*) si animaduerteris..conmeantium..caterius itinera ~essa SEN.*Ben.*6.34.4.
5 To constrict, make narrow, close up (a channel, orifice, etc.). **b** (med.) to bind or constrict (the bowels and other organs); to constrict (breathing).
eius (*sc.* fornaculae) praefurnium..~imitur VITR.7.10.2; sin foramen auris ~essum est CELS.6.7.6; modo coit (uena aquae)..~imitque quam perfecerat uiam SEN.*Nat.*3.15.6;—(*of an astringent*) uenas dum sucus ~imat acer GRAT.356; hoc (*sc.* aceto)..~imi ulcera CELS.4.9.2;—(*fig.*) receptos (ictus) euincit et sanat et ~imit SEN.*Dial.*2.10.4. **b** ~esserit aliquem morbus an fuderit CELS.1.pr.63; uentrem uomitus solutum ~imit ~essum soluit 1.3.31; plus..ad ~imendum stomachum potest 4.12.10;—uix ~essum artatis faucibus spiritum traxit in lucem SEN.*Ep.*101.3.
6 a To hold back, withhold (supplies). **b** to suppress (news).
a unde erat frumentum..si tu id non omne clausum et ~essum possidebas? CIC.*Ver.*3.179; *Dom.*14; *Att.*5.21.8; ex pecunia, qua frumentarios ob annonam ~essam damnarunt LIV.38.35.5. **b** duces primo ex industria famam captae Carthaginis ~esserunt LIV.26.51.11.
7 To curb, subdue, cow, restrain (persons). **b** to compel, constrain.
Lentuli poena ~essus conuertit se..ad timorem CIC. *Sul.*17; erit, credo, periculum ne improbum negotiatorem..~imere non possis! *Q.fr.*1.1.7; quem neque fama deum..nec minitanti murmure ~essit caelum LUCR.1.69; cuius aduentus Pompeianos ~essit CAES.*Civ.*3.65.1; ~essi a Q. Caedicio centurione..rem in noctem sustinuere LIV. 5.45.7; dispositis iam excubiis ~essisque militibus TAC. *Hist.*2.44; (*cf.*) qui illius acerbum cor contundam et ~imam ACC.*trag.*201; (*of fear*) ut quosdam spectantes iam arma..populos metus Romani nominis ~imeret LIV.10.18.5. **b** qua seueritate ~essi milites..loci tamen iniquitatem..superarunt V.MAX.2.7.10; ~essus..perseueranti interrogatione Laeli in eodem constantiae gradu stetit 4.7.1; cunctos..urgenti sermone ~imunt, promerent..aureum cantharum APUL.*Met.*9.9.
8 a To hold (the breath), arrest, stop (the breathing). **b** to hold, silence (the tongue, voice, words, etc.); to silence, shut up (a person). **c** to restrain, curb, suppress (one's limbs, bodily movements; also, weapons); (refl. or pass.) to curb, hold oneself back.
a animam ~essi, aurem admoui TER.*Ph.*868; ~esso spiritu inter ipsas custodum manus..adquieuit V.MAX. 9.12.ext; (*quasi-poet.*) animam terrae..includunt et ~imunt (niues) PLIN.*Nat.*17.14. **b** orationem ~imam PL.*Am.* 496; ne tu hercle..linguam ~imes *Mil.*571; ~imenda est mihi uox atque oratio *Ps.*788; ut..intenti et ~essa uoce audiatis SEN.*Dial.*7.26.7;—ut nequitur ~imi! PL.*Rud.*1064; non tacebo umquam alio pacto nisi talento ~imor 1402. **c** tu pol istas posthac ~imito manus TER.*Hau.*590; ~ime gressum VERG.*A.*6.389;—tot milia gladiorum, quae pax mea ~imit SEN.*Cl.*1.1.2; nunc uibrat nunc ~imit hastam SIL.13.165;—~ime te PL.*Cas.*250; uix ~imor quin inuolem illi in oculos *Mos.*203; num se cohibet et ~imit..? PLIN. *Ep.*9.26.8.
9 To suppress, control, stifle, smother (emotions or their expression, appetites, types of behaviour). **b** (in others).
~ime sis eiram PL.*Truc.*262; animum iratum ~ime ACC. *trag.*623; ne audaciae quidem locum ad timorem ~imendum fuisse CIC.*Dom.*140; (plausus) ipsa admiratione ~essus est *Deiot.*34; uitiosam..naturam ab eo..edomitam et ~essam esse doctrina *Fat.*10; postquam exempta fames et amor ~essus edendi VERG.*A.*8.184; insignem dolorem ingenti ~imi animo LIV.9.38.14; ~ime infirmum iecur SEN.*Her.O.* 1677; risum iam diu ~essum..effudit PETR.58.1; ne ~ime fletus STAT.*Silv.*2.6.12; uidemus..gemitus..ex eo ~essos erumpere GEL.12.5.2. **b** in ea (*sc.* inuidia) ~imenda CIC. *de Orat.*2.209; oratio..exsultantem laetitiam ~imens *Top.* 86; quaeritur consul qui..~imat tribunicios furores *Mur.* 24; libidinem muliebrem ~imendam putet *Cael.*1; ~essis pueri lacrimis *B.Alex.*24.4; uoce manuque murmura ~essit OV.*Met.*1.206; parens noster priuatas gratiarum actiones cohibet et ~imit PLIN.*Pan.*4.2.
10 To check, suppress, frustrate, put down (plans, lawless activity, etc.). **b** to put down, subdue (peoples). **c** to suppress, subdue (natural phenomena).
mala res..obicitur, bonum quae meum ~imit consilium PL.*Mer.*340; ~essi conatus tuos nefarios CIC.*Catil.*1.11; nisi se..in scalas..coniecisset eisque oppilatis impetum tuum ~essisset *Phil.*2.21; infidelitatem eius sine ulla perfidia iudicauit ~imi posse HIRT.*Gal.*8.23.3; Appi uiolentiam aptiorem rati ad ~imendos urbanos motus LIV.3.41.8; ad tribunicias seditiones ~imendas 5.2.13; atrox in Thracia bellum ortum..L. Pisonis..uirtus ~essit VELL.2.98.1; rebellione Britanniae ~essa TAC.*Hist.*2.11; coniurationes..complures prius quam inualescerent..~essit SUET.*Aug.* 19.1; (*poet.*) hi motus animorum atque haec certamina tanta pulueris exigui iactu ~essa quiescent VERG.*G.*4.87. **b** AD NATIONES QVAE SVNT IN MAVRETANIA ~IMENDAS *A.Epig.* 03.368; ut Belgarum..decus istud et claritudo sit..~essisse Germaniae populos TAC.*Ann.*1.43. **c** saepe furores ~essi et rabiem tantam caelique marisque VERG.*A.*5.802; num dubium est..quin alterius (*sc.* solis) calore..inmodici umores ~imantur? SEN.*Ben.*4.23.1; sol et auget et ~imit flatus PLIN.*Nat.*2.129.

comprobātiō ~ōnis, *f.* **conp-.** [COMPROBO+-TIO] Approval.
qui non moueatur et offensione turpitudinis et ~one honestatis CIC.*Fin.*5.62.

comprobātor ~ōris, *m.* **conp-.** [next+-TOR] An approver.
qui denique auctoritatis eius (*sc.* facti) et inuentionis ~ores atque aemuli (sint) CIC.*Inv.*1.43.

comprobō ~āre ~āuī ~ātum, *tr.* **conp-.** [CON-+PROBO]
1 To demonstrate the goodness or integrity of, bear out, confirm, justify.
lepidi mores turpem ornatum facile factis ~ant PL.*Poen.* 307; ut beneficium uerbis initum..re ~es TER.*An.*824; rem..hanc totam C. Sacerdotis..testimonio ~ari CIC.*Ver.*2.119; auctoritatem decreti nostri rebus gestis suis ~auit *Phil.*14.28; tale..genus non una ~atur uindemia COL.3.6.4; ~asti et ipse acclamationum nostrarum fidem lacrimarum tuarum ueritate PLIN.*Pan.*73.4.
2 To demonstrate the truth or soundness of, prove, confirm.
patris dictum sapiens temeritas filii ~auit CARBO ARV. *orat.*3; tuum iudicium nisi mea summa beneuolentia erga te..~aro CIC.*Fam.*11.29.2; quod matris somnium inmanis filii crudelitas ~auit *Div.*1.46; haec..uox, nimis uero euentu ~ata, ualuit, cur Hostilia damnaretur LIV.40.37.7; OV.*Pont.*2.5.3; non alia (ratio) magis usu ~ata est CELS. 8.15.5; quod nunc euentus..~auit PLIN.*Ep.*4.8.3;—(*w. obj. cl.*) posterior solutio ~abit, priora quinque utrum debita an indebita soluerentur ULP.*dig.*12.6.26.13.
3 To accept as true, approve.
in contrariis scriptis utrum magis ~andum sit CIC.*Part.* 108; si hoc a uobis erit ~atum *Ver.*2.142; crede huic testi, has ~a tabulas *Caec.*72; senatus religionis calumniam..~at *Fam.*1.1.1; somnio ~ato a senatu *Div.*1.55; ~ato eorum indicio SAL.*Cat.*50.1; (*w. acc. and inf.*) potius..quam fato omnia fieri ~em CIC.*Fat.*21.
4 To express approval of, approve. **b** to sanction, ratify (a proposal, arrangement).
de cuius meritis senatus tanta iudicia fecisset ~ante populo Romano CIC.*Orat.*140; ita mihi meam uoluntatem spemque reliquae uitae uestra existimatio ~et *Ver.*5.35; dis..immortalibus frugum ubertate..reditum meum ~antibus *Red.Pop.*18; si tu honorem meum sententia tua ~aris *Fam.* 15.4.11; nil potest sine te Venus, fama quod bona ~et, commodi capere CATUL.61.62; cum clamore ~ata adhortatio esset LIV.4.38.4; hortatu ~at acta suo OV.*Tr.*5.14.46; ~amus nos factum PETR.55.1; consensu potius eruditorum quam puerorum amore ~aretur QUINT.*Inst.*10.1.130; ut..negaret quicquam se imperasse, nihilo minus rem ~aret SUET.*Cl.* 29.2; illa (institutio) iam ~ata uidetur: Titium heredem esse iubeo GAIUS *Inst.*2.117; (*absol.*) ~auere patres TAC. *Ann.*13.28;—(*of things*) maiorum instituta quae res ipsa, quae diuturnitas imperi ~at CIC.*Mur.*75; ~at hominis consilium fortuna CAES.*Gal.*5.58.4; sententiam Iuliani utilitas ~at ULP.*dig.*39.2.9. **b** foedus totum accipitur, ~atur CIC.*Agr.*2.58; si uocatae tribus essent, proscriptionem..~auissent? *Dom.*58; poterit..nostros lictores ~are *Att.*11. 7.1; quod factum..eius conuentus ciues Romani ~auerunt CAES.*Civ.*2.20.5; id Karthaginem delatum publice ~atum est NEP.*Han.*3.1; cum senatus populusque Romanus pacem ~auerit LIV.37.45.14.

comprōmissārius ~a ~um, *a.* **conp-.** [next+-ARIVS] *iudex ~us*, a judge accepted as arbitrator by both parties.
ULP.*dig.*26.5.4; nemini licere minorem uiginti annis ~um iudicem eligere CALL.*dig.*4.8.41.

comprōmissum ~ī, *n.* **conp-.** [pple. of next] A joint promise or undertaking made by two or more persons, and guaranteed by a deposit of money, to abide by the decision of an arbiter.
quaero abs te quid ita de hac pecunia..de tuarum tabularum fide ~um feceris, arbitrum sumpseris CIC.*Q.Rosc.*12; poenis ~isque interpositis HS ccccc extorquenda curauit *Ver.*2.66; C HELVIDIVS PRISCVS, ARBITER EX ~O INTER Q TILLIVM ERYLLVM..ET M PAQVIVM AVLANIVM.. *CIL* 9.2827.2; ex ~o arbiter infamiam non facit ULP.*dig.*3.2.13.5; an de peculio actio ex poena ~i quasi ex negotio gesto danda sit 15.1.3.8.

comprōmittō ~ittere ~īsī ~issum, *intr., tr.* **conp-.** [CON-+PROMITTO] FORMS: *~esise* (=*~isisse*) *CIL* 1.581. To enter into an agreement or *~issum*; (w. *in*+acc.) to submit by agreement (to an arbitrator). **b** (w. acc.) to agree to pay (in submitting to arbitration).
si pupillus sine tutoris auctoritate ~iserit GAIUS *dig.* 4.8.35; si cum fideiussore ~isi ULP.*dig.*4.8.29; (*in nontechnical use*) NEVE POSTHAC INTER SED CONIOVRA(SE NEV)E COMVOVISE..NEVE ~ESISE VELET *CIL* 1.581.14;—(*w. inf.*) tribunicii candidati ~iserunt HS quingenis in singulos apud M. Catonem depositis petere eius arbitratu CIC.*Q.fr.*2.14.4;—(*w. de*) licet..et de una re ~ittere ULP. *dig.*4.8.13.1;—in seruum Labeo ~itti non posse..scribit 4.8.7; si in iudicem ~iserunt PAUL.*dig.*4.4.34.1. **b** qui arbitrium pecunia ~issa receperit *Ed.pr.*11.1(*Font.iur.* p.217); poena ~issa ULP.*dig.*4.8.11.5.

comptē, *adv. compar.* ~ius. [COMPTVS+-E] In a well-arranged manner, neatly.
si..~e de his quae facienda sunt disserat SEN.*Ep.*75.6; non..distincte nimis atque ~e atque modulate res acta est

(*i.e. in a speech*) GEL.6(7).3.52; (*of dressing*) se maiore cura quam Cleopatram reginam ornari, ~ius quam Laidem formosam FRO.*Aur*.2.p.84(154N).

comptiōnālis ~is ~e, *a*. [CO(E)MPTIO+-ALIS] (of cheap or worn-out property, etc.) Suitable for purchase in batches.
~em senem uendam ego, uenalem quem habeo PL.*Bac*. 976; quod quidem (mancipium) si inter senes ~is uenale proscripserit, egerit non multum CUR.*Fam*.7.29.1.

comptulus ~a ~um, *a*. [next+-VLVS] Elegantly dressed.
nosti ~os iuuenes ,barba et coma nitidos SEN.*Ep*.115.2.

comptus[1] ~a ~um, *a*. [pple. of COMO]
1 Adorned, decorated. **b** (of the hair) dressed, arranged. **c** (of persons) spruced or dressed up, smart (usu. w. ref. to the hair). **d** (see quot.).
Tisiphone, serpentibus undique ~a *Culex* 218; sacerdos fronde super galeam et felici ~us oliua VERG.*A*.7.751; uitta ~os..praetendere ramos 8.128; galea hirsuta ~a lupina iuba PROP.4.10.20; ut nubentes uirgines comitaretur colus ~a PLIN.*Nat*.8.194. **b** erant illi ~i capilli CIC.*Pis*.25; cui talia fanti..non ~ae mansere comae VERG.*A*.6.48; non sola ~os arsit adulteri crinis..Helene Lacaena HOR.*Carm*. 4.9.13; (*cf.*) in ~um..comas religata nodum 2.11.23. **c** ut omnes praecincti recte pueri ~ique ministrent HOR.*S*. 2.8.70; nec bene dispositas ~us, ut antea, comas OV.*Pont*. 3.3.16; qui non ~ior esse malit quam honestior? SEN.*Dial*. 10.12.3; hominis ~i semper et pumicati PLIN.*Ep*.2.11.23; ~am et incesto paratam TAC.*Ann*.14.2. **d** ~um genus libaminis, quod ex farina conspersa faciebant PAUL.*Fest*. p.40M.
2 (of speech or writing) Elegant, neat, polished; (also of writers, etc.).
probabile..genus est orationis, si non nimis est ~um atque expolitum CIC.*Part*.19; habebat ille (*sc.* Ouidius) ~um et decens et amabile ingenium SEN.*Con*.2.2.8; constabit sensus, etiamsi non aeque ~us, aeque tamen integer 9.1.13; apud senatum non ~ior Galbae,..quam apud militem sermo TAC.*Hist*.1.19; mitis ingenio et ~ae facundiae *Ann*.6.15; fabulam..bonam prae ceteris, suaue⟨m⟩, ~am APUL.*Met*.9.14;—Isocrates in diuerso genere dicendi nitidus et ~us QUINT.*Inst*.10.1.79.

comptus[2] ~ūs, *m*. [COMO+-TVS[3]]
1 Adornment; (pl.) well-dressed hair.
~um Afranius pro ornatu et excultu posuit PAUL.*Fest*. p.40M;—infula uirgineos circumdata ~us LUCR.1.87.
2 Union, conjunction.
nos qui ~u coniugioque corporis atque animae consistimus uniter apti LUCR.3.845.

compugnō ~āre, *intr*. **conp-**. [CON-+PVGNO] To fight together or with. **b** (transf.) to struggle together (in argument).
canes..ursis ac leonibus ad ~andum idoneos APUL.*Met*. 4.3; (*fig.*) congredientes ~antesque philosophum et dolorem GEL.12.5.3. **b** clamantes ~antesque illos (*sc.* grammaticos) reliqui GEL.14.5.4.

compulsiō ~ōnis, *f*. **conp-**. [COMPELLO[1]+-TIO] (leg.) Compulsion.
si fideicommissum pecuniarium alicui fuerit relictum, cessat ~o ULP.*dig*.36.1.15.6.

compulsō ~āre, *tr*. **conp-**. [CON-+PVLSO] To batter, pound.
ore improbo ~at ac morsicat (*sc.* mulieres) APUL.*Met*.7.21.

compungō ~gere ~xī ~ctum, *tr*. **conp-**. [CON-+PVNGO]
1 To prick, puncture (thoroughly).
quasi saetis labra mihi ~git barba PL.*Cas*.929; postero die acu ~gendum CELS.6.18.9.C; ne..aculeis urticae ~gatur COL.8.14.8; PLIN.*Nat*.30.28;—(*of an insect*) uide ne dolone collum ~gam tibi PHAED.3.6.3;—(*fig., of philosophers*) ad extremum ipsi se ~gunt suis acuminibus CIC.*de Orat*.2.158; —(*of atoms affecting the senses*) calidos ignis gelidamque pruinam dissimili dentata modo ~gere sensus corporis LUCR.2.432; (colores) qui ~gunt aciem lacrimareque cogunt 2.420.
2 To goad, stimulate; (in quot., fig.).
honestarum amore artium ~⟨g⟩ere animum AGEN.*agrim*. p.21.
3 To mark with points, tattoo.
barbarum, et eum quidem..~ctum notis Thraeciis CIC. *Off*.2.25; V.MAX.9.13.ext.3; caput..eius..in litterarum formas ~git GEL.17.9.22; (*facet.*) Aristarchi ineptias, quibus aliena carmina ~xit SEN.*Ep*.88.39.

computābilis ~is ~e, *a*. **conp-**. [COMPVTO+-BILIS] Calculable.
tritanum hoc genus (brassicae) uocatur bis ~i impendio taedioque PLIN.*Nat*.19.139.

computātiō ~ōnis, *f*. **conp-**. [COMPVTO+-TIO] Calculation, reckoning. **b** the form or result of a particular calculation.
VAR.*L*.6.63; si utilitas me et sordida ~o liberalem facit SEN. *Ben*.4.11.2; quid sunt istae tabellae, quid ~ones..et sanguinulentae centesimae? 7.10.4; ad ~onem aetatem tuam reuoca *Dial*.10.3.2; quae ~o (*i.e. of astronomical distances*) plurimum habet pudoris PLIN.*Nat*.2.88; nemo recentem et attonitam orbitatem ad ~onem uocet PLIN.*Pan*.38.3; SIC.FL.*agrim*. p.120; si triginta annos pro decem dixisses, posses uideri ~onis gestu errasse APUL.*Apol*.89;—(*w. obj. gen.*) non subtilis ~o annorum facta est ASC.*Pis*.5; ~one mensurae PLIN. *Nat*.3.16. **b** minores summas et dissidentes ~o una comprendit SEN.*Ep*.84.7; ut media ex omni uarietate prodentium sumatur ~o PLIN.*Nat*.6.208; si (actor) digitorum.. indecoro gestu a ~one dissenserit QUINT.*Inst*.1.10.35.

computātor ~ōris, *m*. **conp-**. [COMPVTO+-TOR] A calculator, accountant.
diligentissimi ~ores sic rationem ponitis singulorum, quibus aut pecuniam credituri estis aut beneficia SEN.*Ep*. 87.5.

computescō ~escere ~uī, *intr*. [CON-+PVTESCO] To decay, rot, putrefy.
in eo lapide insuper libros insitos fuisse, propterea arbitrarier non ~uisse HEM.*hist*.37; sanguisugae, quae in uino nigro diebus XXXX ~uere PLIN.*Nat*.32.67.

computō ~āre ~āuī ~ātum, *tr*. **conp-**. [CON-+PVTO] FORMS: *comptandis CIL* 11. 6133.
1 To calculate, count up, reckon. **b** to calculate, reckon (periods of time). **c** to reckon the cost of. **d** (absol. or ellipt.) to calculate (one's gains, expectations).
dextera digitis rationem ~at PL.*Mil*.204; ~arat pecuniam CIC.*Phil*.2.94; Galliarum..longitudinem CCCCXX latitudinem CCCXVIII ~auit PLIN.*Nat*.4.105; (laudatur) Eubulidis digitis ~ans (*i.e. a statue*) 34.88; ~atis singillatim quae fisco petebantur TAC.*Ann*.4.20; mouet labra, agitat digitos, ~at PLIN.*Ep*.2.20.3; regula, ad quam ratio eorum et initium ~atur FRON.*Aq*.23; PRO RATA ~ARE DEBEBIT *Inst.Dac*.10 (*CIL* 3.p.948); dodrantes eodem modo ~ati duodeciaere efficiunt MAECIAN.*iur*.59; aerumnas ~a APUL.*Met*. 8.12; ut ~etur id quod datum est cum eo quod debetur ULP.*dig*.50.13.1.12; (*fig.*) dies uobis impendimus, cum somno ualetudinem ~amus PLIN.*Nat*.pr.18;—(*w. pred.*) appositis.. usuris, quas ego..centesimas ~abo PLIN.*Ep*.9.28.5;—(*w. acc. and inf.*) superfuturum sibi sestertium centiens ~auit SEN.*Dial*.12.10.9;—(*w. indir. qu.*) non ~ant, quanta perceperint, quantum gauisi sint *Ep*.99.4; QUINT.*Inst*.1.12.17; JUV.1.117. **b** feminae non consulum numero sed maritorum annos suos ~ant SEN.*Ben*.3.16.2; at nostri bene ~entur anni MART.6.70.7; STAT.*Silv*.1.4.124; suos iam dextra (*i.e. in hundreds*) ~at annos JUV.10.249; fecit et ludos saeculares, ~ata ratione temporum ad annum..quo olim Augustus ediderat SUET.*Dom*.4.3; APUL.*Apol*.89; (*poet.*) facies tua ~at annos JUV.6.199;—(*pregn.*) sectum genetrix mihi ~at annum STAT.*Theb*.8.64; pactumque hic ~et annum 10.584; annos perpetua geres iuuenta..quos Tithonia ~at senectus *Silv*.4.3.151;—(*w. term specified*) ex quo si ad alterum..Traiani consulatum ~emus, ducenti ferme et decem anni colliguntur TAC.*Ger*.37.2; annus.. retrorsus ~atur, ex quo quis occisus est ULP.*dig*.9.2.21.1; ex die matrimonii an ex die traditi marito fundi maritus sibi ~et tempus 24.3.5. **c** cupidus superstes..ipsum ~at ignem STAT.*Silv*.4.7.40. **d** quotus quisque uxoris optimae mortem timet, ut non et ~et? SEN.*Ben*.5.17.4; plures ~ant quam oderunt *Ep*.14.9; ~as mecum QUINT.*Decl*.278 (p.135, l.18); illam ego non tulerim, quae ~at et scelus ingens sana facit JUV.6.651.
2 To take into reckoning, count.
pluuiales quoque et feriarum ~antur, quibus non aratur, dies quinque et quadraginta COL.2.12.8.
3 To include (in a reckoning); (w. dat. also) to set down (to).
(*w. dat.*) fetus dotalium pecorum ad maritum pertinent, quia fructibus ~antur ULP.*dig*.23.3.10.3;—(*w.* in+*acc.*) fructus perceptus in rationem donationis non ~atur POMPON.*dig*.39.5.9.1; si quid furti actione seruo deberetur ..in peculium ~abitur ULP.*dig*.15.1.7.5;—(*w.* n+*abl.*) in quibus iam scimus udas ~ari quattuor MAUR.972; (apes) in patrimonio nostro ~antur ULP.*dig*.10.2.8.1;—non debebit integra dos ~ari mulieri 37.7.1.6.
4 To work out (a problem, etc.), reckon.
ut debitor uel seruus domino uel dominus seruo intellegatur, ex causa ciuili ~andum est POMPON.*dig*.15.1.49.2.

computrescō ~escere ~uī, *intr*. **conp-**. [CON-+PVTRESCO] To decay, rot, putrefy.
si coacuit intus cibus, aut ~uit CELS.4.12.11; uacuae cerarum partes ~escunt COL.9.13.11; (*in tmesis*) penitus pereunt conuulsi conque putrescunt (artus) LUCR.3.343.

comula ~ae, *f*. [COMA+-VLA] Dainty or pretty hair.
curabo longe tibi sit ~a besalis PETR.58.5.

Cōmum ~ī, *n*. A town in Cisalpine Gaul (site of modern Como).
CATUL.35.4; LIV.33.36.14; PLIN.*Ep*.1.3.1.

comuoueō: see CONV-.

con-, *pref*. [= CVM[1]] FORMS: the original form was *com-*, retained before *b*, *m*, *p*, and occ. a vowel (e.g. *comes*); assimilated to *col-* before *l*, to *cor-* before *r*; before *n*, rarely *con-*, usu. *cō-*; before *gn*, *cō-* (e.g. *cognosco*); before other cons., *con-*; before vowels, *cō-* (sts. w. contraction, e.g. *cogo*); *cōniciō* is for *con-iiciō*.
1 Expressing collocation or simultaneity (e.g. *conuenio, consessor, collega, comminus*).
2 Expressing joint action (e.g. *colloquor, conuiua, concors*).
3 Expressing connexion or partnership (e.g. *consocer, commilito, commercium*).
4 Expressing enclosure or containing (e.g. *concauus, concipio, contineo*).
5 Expressing intensity of action (e.g. *contueor, consto, conitor*).
6 Expressing completeness (e.g. *compleo, conficio, commuto*).
hinc..comminisci dictum, a con et mente VAR.*L*.6.44; inde et 'coit', cum sit praepositio 'con' QUINT.*Inst*.1.5.69.

cōnāmen ~inis, *n*. [CONOR+-MEN]
1 An exertion of strength, effort; also, power to move.
~en..alarum proditur omne LUCR.6.835; molarem.. magnum magno ~ine misit OV.*Met*.3.60; languentis.. mouet frustra ~ina dextrae V.FL.4.40; laceras artus socio ~ine portant inualidae (sorores) STAT.*Theb*.12.411; solo.. uigens ~ine SIL.6.35;—(*poet.*) incita se uis colligit et magnum ~en sumit eundi LUCR.6.325; nutantes casside cristae hostilem tremulo pulsant ~ine frontem SIL.4.354;—mobile neruis ~en calidus praebet cruor LUC.4.287; suspensae.. carent ~ine uires STAT.*Theb*.5.384.
2 (often pl.) An attempt, endeavour; enterprise.
muta silet uirgo..et deprensa dolet tardae ~ina mortis OV.*Met*.10.390; neque ullo in suscepti operis sui ~ine minorem Catullum VELL.2.36.2; ipse adero et ~ina tanta iuuabo STAT.*Silv*.3.1.112; ~ine primae contuso pugnae SIL.1.33;—tanti pondus ~inis..uix aure ferens 11.329;—(*poet.*) rapiunt ~ina uenti (*i.e. attempted blows*) STAT.*Theb*. 6.791.

cōnāmentum ~ī, *n*. [CONOR+-MENTVM] An implement used in gathering esparto grass.
(spartum) euellitur..osseis iligneisue ~entis PLIN.*Nat*. 19.27.

cōnarachnē ~ēs, *f*. [Gk., cf. κῶνος] A type of sundial.
alii plures inuenta reliquerunt, uti ~en VITR.9.8.1.

cōnātiō ~ōnis, *f*. [CONOR+-TIO] An attempt.
illa (*sc.* fulguratio)..comminatio est et ~o sine ictu SEN. *Nat*.2.12.1.

cōnātum ~ī, *n*. [pple. of CONOR] (usu. pl.) An attempted action; (in pejorative sense) a design.
~a eloquar PL.*Mer*.39; ⟨quae⟩ ego incipio ~a exsequar ACC.*trag*.202; ~a efficere CIC.*Att*.4.16.2; neque adhuc ~a patrarunt LUCR.5.385; perfacile factu esse illis probat ~a perficere CAES.*Gal*.1.3.6; VELL.2.29.1; nam scelus..qui cogitat ullum, facti crimen habet. cedo si ~a peregit JUV. 13.210; nisi..eos..~o ipso et sono quodam..dicere existimamus CELS.*dig*.33.10.7.2;—Carthaginiensium ~a exposuit LIV.21.50.9; ut..moneret senatum, ut Persei ~is obuiam iret 42.11.3.

cōnātus ~ūs, *m*. [CONOR+-TVS[3]]
1 An effort to accomplish a desired end, endeavour, exertion, attempt. **b** (w. emphasis on physical effort). **c** an instinctive effort, impulse.
magno iam ~u magnas nugas dixerit TER.*Hau*.621; si non perfectio, at ~us tamen atque adumbratio CIC.*Orat*.103; quo maiore ~u studioque agantur *Quinct*.47; in mediis ~ibus aegri succidimus VERG.*A*.12.910; multis saepe frustra ~ibus captis LIV.3.5.6; in ipso ~u rerum circumegit se annus 9.18.15; quod..in ipso ~u gerendi belli..consul reuocaretur 32.28.4; celeritate magis in eam rem quam magno ~u et apparatu opus esse 35.46.2; felix euentu, forte ~u..opus VELL.2.112.1; aliì..quantum tendere ~us animae ualuere sub undis..latent STAT.*Theb*.9.238; quorum supercilia ad singulos uocis ~us adleuarentur QUINT.*Inst*. 1.11.10; omnem..~um uelut adstricti certis legum uinculis perdiderunt 5.10.101; Nymphidius..in ipso ~u oppressus TAC.*Hist*.1.5; Romae durior illis ~us JUV.3.166; (*of inanim. things*) adstricta citra ~um sata sub ipsis tabuere sulcis [QUINT.]*Decl*.12.4. **b** dolores..factos..ex..~u aliquo supra uires LARG.101; nec uis ~ibus ulla STAT.*Theb*.2.591; paribus..ruunt ~ibus hastae SIL.10.123; QUINT.*Inst*.10.3.6. **c** Stoici..amorem ipsum '~um amicitiae faciendae ex pulchritudinis specie' definiunt CIC.*Tusc*.4.72; ut..~um haberent (beluae) ad naturales pastus capessendos *N.D*. 2.122.
2 An attempted action, enterprise, design; an attempted blow, thrust.
tum fore ut occultos populus..cernere ~us posset CIC. *Cons*.fr.2.58; compressi ~us tuos nefarios *Catil*.1.11; eum principem fuisse ad ~um exercitus comparandi *Phil*.10.24; quod ~us aduersariorum infregissent CAES.*Civ*.2.21.1; praemonendo ~us hostis LIV.33.20.12; tantis fatum ~ibus obstat OV.*Met*.4.249; magnis ~ibus instas STAT.*Theb*.4. 328; primos Ciuilis ~us..aluit TAC.*Hist*.4.18; in exequendis ~ibus SUET.*Cl*.10.4;—ille periculum sublato ad eius ~um scuto uitauit CAES.*Civ*.2.35.2; simulanti uariantique ~us in latera atque in terga incurrere datur QUINT.*Inst*.9. 1.20.

conb-: see COMB-.

conca: see CONCHA.

concacō ~āre ~āuī ~ātum, *tr*. [CON-+CACO] To make foul with ordure, soil; *catillus ~atus* (colloq., app.) a dish of mince, hash, or the like.
totam timentes ~arunt regiam (canes) PHAED.4.18(19).11; (*facet.*) 'uae me, puto, ~aui me'. quod an fecerit, nescio: omnia certe ~auit SEN.*Apoc*.4.3;—catillum ~atum (*cj.*) PETR.66.7.

concadō ~ere, *intr*. [not a variant of *concido*[1], but a new coinage from CON-+CADO] To fall at the same time or together.
solus..an cum magno comitatu populorum ~entium ferar SEN.*Nat*.6.1.9.

concaedēs ~is, *f*. [CON-+CAEDES] A barricade, abatis.
latera ~ibus munitus TAC.*Ann*.1.50.

concalefaciō ~facere ~fēcī ~factum, *tr.* **concalf-.** FORMS: *concalfacio*, etc. CIC.*de Orat.*2.316, NEP.*Eum.*5.4; pass. *concalefaciuntur* VITR.4.7.4 (elsewhere *concalefio*, etc.). To make warm, heat.

oportet..uertere oua, ut aequabiliter ~fiant VAR.*R.*3.9.11; cum bracchium ~fecerit, tum se solere pugnare CIC.*de Orat.*2.316; (atomorum) concursionem fortuitam, quam tamen Democritus ~factam et spirabilem..esse uolt CIC.*Tusc.*1.42; quem ad modum stans iumentum ~fieri exercerique posset NEP.*Eum.*5.4; (trabes) ~faciuntur et celeriter putrescunt VITR.4.7.4.

concaleō ~ēre, *intr.* [CON-+CALEO] To be or become warm.

bene ut in scutris ~eat PL.*Per.*88.

concalescō ~escere ~uī, *intr.* [CON-+CALESCO] To become warm; (transf.) to warm up (with enthusiasm).

prius abis quam lectus ubi cubuisti ~uit locus PL.*Am.*513; quae..sic ~uerunt, restituunt se ac reuiuescunt VAR.*R.*3.16.38; corpora nostra..ardore animi ~escunt CIC.*Tusc.*1.42; ne (frumentum) concepto umore uitietur et ~escat SEN.*Dial.*10.19.1; (faenum) saepe, cum ~uit, ignem creat et incendium COL.2.18.1;—TER.*Hau.*349.

concalfactōrius ~a ~um, *a.* [CONCALEFACIO+-TORIVS] (med.) Causing warmth, thermogenic.

uis ei (*sc.* iridi) ~a PLIN.*Nat.*21.141.

concallescō ~escere ~uī, *intr.* [CON-+CALLVM+-ESCO] To become hardened (with practice); (transf.) to become dull or insensitive.

callidos autem (appello) quorum tamquam manus opere sic animus usu ~uit CIC.*N.D.*3.25;—locus ille animi nostri stomachus ubi habitabat olim ~uit *Att.*4.18.2(16.10).

concalō ~āre, *tr.* [CON-+CALO; perh. coined for etymological purposes] To summon.

concilium dicitur a ~ando, id est uocando PAUL.*Fest.* p.38M.

concamerātiō ~ōnis, *f.* **concamar-.** [next+-TIO] Vaulting, a vaulted roof.

α neque onerari se continenter paries patitur..neque ~ones recipit VITR.2.4.2; (arborum) radicibus et ~ones et latera soluuntur FRON.*Aq.*126; PARASTATICAS CVM..~ONE FERREA *CIL* 6.543. β VITR.6.8.1; struunt (apes) orsae a ~one alui PLIN.*Nat.*11.22.

concamerō ~āre ~āuī ~ātum, *tr.* **concamarō.** [CON-+CAMERO] (archit.) To cover with an arch or vault, to vault over; (also transf.).

α VITR.5.11.2; magnete lapide architectus..templum ~are incohauerat PLIN.*Nat.*34.148. β interualla..~anda aut solidanda festucationibus VITR.3.4.1; specus ipse (araneorum) qua ~atur architectura! PLIN.*Nat.*11.82; abditum et ~atum locum SUET.*Aug.*90; (*transf.*) lucerna..ardente ~ata frondibus PLIN.*Nat.*31.46; (*cf.*) durant aliae (uuae) per hiemes, pensili ~atae nodo 14.16.

concandefaciō ~facere ~fēcī ~factum, *tr.* [CON-+CANDEFACIO] To heat thoroughly.

atramentum sutorium, quod ~factum..sit CELS.6.8.1.C.

Concanus ~ī, *m.* A Concanian, one of a people of Cantabria.

laetum equino sanguine ~um HOR.*Carm.*3.4.34; SIL.3.361.

concapit: dub. word in *Lex XII* (*Font.iur.* p.26).

concastigō ~āre ~āuī ~ātum, *tr.* [CON-+CASTIGO] To chastise thoroughly, punish; to censure, dress down.

~a hominem probe PL.*Bac.*497; amicum..meum ~abo pro commerita noxia *Trin.*26;—tune es qui me nuper ~aras, quorum Graece scriberem? AUR.*Fro.*1.p.18(252N).

concauātus ~a ~um, *a.* [pple. pass. of next] Hollowed out.

ita factis ~is nidis COL.8.5.11.

concauō ~āre, *tr.* [CON-+CAVO] To give a hollow or curved form to.

in geminos ubi bracchia ~at arcus Scorpius OV.*Met.*2.195.

concauum ~ī, *n.* [next] A hollow space, gap, void.

uenti in ~a terrarum deferuntur SEN.*Nat.*6.12.1; lacuna secedentis retro aeris patuit et uastum in ~o lumen 7.20.3; pitheus (cometes) doliorum cernitur figura, in ~o fumidae lucis PLIN.*Nat.*2.90.

concauus ~a ~um, *a.* [CON-+CAVVS]

1 Curving inwards, hollow, concave; (of the eyes) sunken.

porcam planam facito, paulum ~am CATO *Agr.*48.2; speluncarum ~as altitudines CIC.*N.D.*2.98; cymbala..~a LUCR.2.619; ~a pulsu saxa sonant VERG.*G.*4.49; ~a..cumba OV.*Am.*3.6.4; uentus ~a uela tenet *Ep.*6.66; ~a litorei..bracchia Cancri *Met.*10.127; caluaria..ex interiore parte ~a CELS.8.1.1; manus ~a (*cupped*) SEN.*Ep.*119.3; specula..~a PLIN.*Nat.*2.239; (folia) ~a buxo 16.92;—ad ultima..uentum esse testantur..oculi ~i CELS.2.6.1; ~ae lucent genae SEN.*Her.F.*767; oculis et temporibus ~is SUET.*Cal.*50.1.

2 Having a cavity inside, hollow.

nulli cui cornua, exerti (dentes), sed omnibus ~i; ceteris dentes solidi PLIN.*Nat.*11.162; calamus..alius totus ~us 16.164; semen rotundum, durum, ~um 27.32; ~ae e cera pilae 31.70; naturam Aetnae et incendia ~i montis APUL.*Pl.*1.4;—(*cf.*) ~us oriens (sol) pluuias praedicit PLIN.*Nat.*18.342.

concēdō ~dere ~ssī ~ssum, *intr.*, *tr.* [CON-+CEDO[1]]

1 To go, go away, withdraw, retire. **b** (of inanim. things). **c** (w. emphasis on goal or purpose). **d** *uita* ~*dere*, to depart this life, die; so ~*dere* alone. **e** (of states, emotions, etc.) to pass away.

~dite atque apscedite omnes, de uia decedite PL.*Am.*984; dum ~do et consulo *Rud.*1036; tempust me ~dere TER.*Hec.*597; (*poet.*) ipsae rursus ~dite siluae VERG.*Ecl.*10.63; (*impers. pass.*) ~di optumumst PL.*Capt.*557;—(*w. place from expr.*) num oculis ~ssi tuis? *Epid.*681; se ~ssuram ex aedibus TER.*Hec.*679; orat, uti sua uoluntate Roma ~dat CALP.*hist.*19;—(*w. destination expr.*) tantisper huc ego ad ianuam ~ssero PL.*Aul.*666; ~de istuc paullulum TER.*Eu.*706; procul ~ssero AFRAN.*com.*200; apes in aluarium ~sserant CIC.*Oecon.*fr.14; Argos habitatum ~ssit NEP.*Them.*8.1; uita per auras ~ssit maesta ad manis VERG.*A.*10.820; cum ad suos ~ssisset LIV.35.35.15; securis ~de penatibus SIL.11.324; in insulam ~ssit TAC.*Hist.*5.19; angulo stabuli ~sseram APUL.*Met.*3.27;—(*place from and destination*) ~dite hinc uos intro PL.*Truc.*386; rus ~ssurum hinc Sostratam TER.*Hec.*629; ab Aethopia in altiorem..tumulum ~ssere LIV.38.2.13. **b** unde fulmen uenerit, quo ~sserit CIC.*Div.*2.45; ~dere porro quo poterunt undae, cum pisces ire nequibunt? LUCR.1.379; iamque dies caelo ~sserat VERG.*A.*10.215; PLIN.*Nat.*2.143; (*poet.*) qualiter haec patulum ~dit uallis in orbem CALP.*Ecl.*7.30. **c** ad Theophrastum omnes ~sserunt GEL.13.5.12; cum somno ~deres APUL.*Met.*2.6; ipsa cenae nubtiali ~ssit 6.10;—(*w. sup.*) maturius ~dam cubitum 2.15. **d** ut Agrippa uita ~ssit TAC.*Ann.*1.3; cum taedio curarum fessus Ostorius ~ssit uita 12.39;—quandoque ~ssero 4.38. **e** tumor omnis et irae ~ssere deum VERG.*A.*8.41.

2 (w. *in*+acc). To pass (into a new state or condition). **b** to go over, transfer (to a policy, party, etc.).

et mulier coniuncta uiro ~ssit in unum LUCR.5.1012; postquam res publica in paucorum potentium ius atque dicionem ~ssit SAL.*Cat.*20.7; cetera..multitudo in dicionem Syphacis ~ssit LIV.29.31.8; quando Eumenes in uoluntariam seruitutem ~ssisset 37.25.7; in Tyrias ne iam Tartessia leges ~dat tellus SIL.15.6; in tumuli ~ssit caespes honorem 16.43; donec in nostrum ius ~deretis TAC.*Hist.*4.74. **b** ~dente in partis patre TAC.*Hist.*2.1; neu quis obuiam ire sententiae auderet, in adulationem ~sserant 2.33; qui causam aduersariis suis donant et ex parte actoris in partem rei ~dunt ULP.*dig.*50.16.212.

3 To give place (to), make way (for). **b** to give way, defer (to). **c** *naturae, fato* ~*dere*, to submit to fate, etc., die. **d** (of time) to give way (to), be succeeded (by).

Phoebe pulsa loco cessit ~dens lucibus altis EGN.*poet.*2.2; fugere et sacris ~dere rebus *Aetna* 465; (*poet.*) ~ssere Alpes SIL.9.187. **b** de Casina certum est ~dere homini nato nemini PL.*Cas.*294; negaui..ipsi me ~ssurum Ioui, si is mecum oraret 323; SI QVIS ACCVSATOR DE SVO TEMPORE ALTERI ~SSERIT *CIL* 1.594.3.4.29; (*cf.*) ne, si forte de paupertate non persuaseris, sit aegritudini ~dendum CIC.*Tusc.*4.59;—(*w. inter se*) quia nec ipsi inter se ~derent TAC.*Ann.*2.30; 11.9;—(*transf.*) ut magnitudini medicinae doloris magnitudo ~deret CIC.*Tusc.*4.63. **c** pater, uti necesse erat, naturae ~ssit SAL.*Jug.*14.15; magnis Asiam ~dere fatis V.FL.1.554; qui electo successore fato ~ssit PLIN.*Pan.*11.3; si fato ~derem, iustus mihi dolor etiam aduersus deos esset TAC.*Ann.*2.71; APUL.*Apol.*68. **d** ubi ~ssit tempus puerile iuuentae OV.*Met.*6.719.

4 To give in, submit, defer (to another's wishes, etc.). **b** to yield, agree (to a policy, opinion, etc., proposed by others).

faciam ut tibi ~dam TER.*Hec.*245; neque temere dicto ~di (potest) propter aetatem et prudentiam CIC.*S.Rosc.*3; ut in feno deponerent postulantibus non ~ssi *Att.*5.21.12; Caesar precibus fratris..~ssit TAC.*Ann.*4.31;—(*w.* de) ut de isto ~datis alter alteri CIC.*Prot.*fr.3; ~ssumque ab nobilitate plebi de consule plebeio LIV.6.42.11;—(*absol.*) ~dentibus tribunis, comitia habita 27.6.11;—(*w.* ut+*subj.*) iam ~do ut uel Philippici uocentur BRUT. *ad Brut.*2.3&5.4;—(*w. acc. and inf.*) ~dendo plebei senatum ubi uellent defecturos se LIV.23.14.11. **b** in hanc sententiam..ceteri..~sserunt LIV.32.36.8; mox in deditionem ~sserunt 39.2.4; ut in sententiam Pisonis ~deretur TAC.*Ann.*1.79.

5 To give place to, be second or inferior to, be behind. **b** (w. acc.) to concede (by way of superiority, etc.).

is et genere et ui et uirtute bellica nemini ~debat QUAD.*hist.*7; cedant arma togae, ~dat laurea linguae CIC.*poet.*16(10); ut quisque aetate et honore antecedit ita primus solet..dicere, itaque a ceteris ei ~ditur *Ver.*4.142; quos effectus habeant signa XII..Chaldaeorum ratiocinationibus est ~dendum VITR.9.6.2; ~dent uerbis lumina nostra tuis OV.*Am.*3.14.46; nec amore in hanc patriam nobis ~dunt TAC.*Ann.*11.24; cum mihi per aetatem summo nomine ~ssisset 15.2;—(*w.* de) de cupiditate nemini ~dam CIC.*Att.*12.47.2; ne Antonio Varoque de gloria ~deret TAC.*Hist.*3.64;—(*absol.*) ~dentibus omnibus..collega datur consuli LIV.22.35.4. **b** neque ei quicquam in desperatione ~do CIC.*Att.*14.18.2; huic amoenitati..Thyamis Epirotes tuus ille nihil..~sserit *Leg.*2.7; quantum..~dunt flammis sidera cuncta tuis OV.*Ep.*17.72; (*w. abst. subj.*) non multum eius perturbationi meus dolor ~debat CIC.*Phil.*9.9.

6 To give up, surrender, concede, hand over (rights, property, etc.).

neque illi ~dam quicquam de uita mea PL.*Trin.*478; arma et impedimenta ~dere hostibus CIC.*Inv.*2.73; cui ciuitati maiores nostri maximos agros..~sserunt *Ver.*5.125; suum ius non deseruit neque quicquam illius audaciae petulantiaeque ~ssit *Caec.*103; stanti resistendum est aut ~denda una cum dignitate libertas *Phil.*12.4; sedes habere in Gallia ab ipsis ~ssas CAES.*Gal.*1.44.2; si Gallis egentibus agro..partem finium ~dant LIV.5.36.3; singula ~dendo nudatus ad extremum opibus 42.50.8; partem octauam pretii, quo quis emerat, ~ssi PLIN.*Ep.*8.2.3.

7 To concede, hand over, leave (what one has the power to withhold or to take or keep for oneself). **b** to give up, devote (time). **c** (in weakened sense) to grant, assign.

istam oscitantem et dormitantem sapientiam Scaeuolarum..otio ~damus CIC.*de Orat.*2.144; usum loquendi populo ~ssi, scientiam mihi reseruaui *Orat.*160; has manubias Rosciis Chrysogonum re cognita ~ssisse *S.Rosc.*108; hoc tertium (signum Iouis)..quod M. Marcellus..uiderat, quod religioni ~sserat *Ver.*4.130; auguratus petitionem mihi te ~ssisse dixisti *Phil.*2.4; Xenonem tuum..Quinto ~sseram *Att.*5.10.5; consuesse..deos immortalis..diuturniorem impunitatem ~dere CAES.*Gal.*1.14.5; ea praeda militibus ~ssa 6.3.2; ut uictor..huic..sororis filium et Q. Ciceronem ex Pompei castris ~sserit NEP.*Att.*7.3; at tu uenandi studium ~de parenti [TIB.]3.9.23; ubi profectione hostium ~ssam uictoriam uidet LIV.10.12.6; bona..eorum alterius factionis principibus..~ssit 29.8.2; constitit (equus) ut primum ~ssas sensit habenas OV.*Am.*3.4.15; cum diceret omnino non ~ssam futurorum scientiam SEN.*Suas.*3.7; haec..ratio..litteris astrologiae ~datur COL.1.1.5; balsamum, uni terrarum Iudaeae ~ssum PLIN.*Nat.*12.111; ~di corpora sepulturae..permisit TAC.*Hist.*1.47; pessimae condicionis hominibus..testamenti faciundi ius ~dere GAIUS *Inst.*3.75; (*poet.*) me consortem nati ~de sepulcro VERG.*A.*10.906; (*w.* in+*acc.*) ~ssit in iras ipse deum antiquam genitor Calydona Dianae 7.305;—(*w. cl.*) id..~ssum et datum mi esse ab dis aliis, nuntiis praesim et lucro PL.*Am.* 11; cui reliqui dii ~ssissent, ut praeter ceteros diuinaret CIC.*Tusc.*1.114; (*w. inf.*) amare et sapere uix deo ~ditur PUB.*Sent.*A.22. **b** quantum..ad ipsam requiem animi et corporis ~ditur temporum CIC.*Arch.*13; neque id tempus..quieti aut luxuriae ~dit SAL.*Jug.*61.3. **c** Seio ~di uolo, quidquid mihi ab eo debitum est SCAEV.*dig.*34.3.28.6; mancipia, quae in ministerium filiae ~sserat ULP.*dig.*40.9.12.4; (*cf.*) (ratio) sonitum uentis ~ssit, nubibus ignem MAN.1.105.

8 To concede or grant (on request, demand, etc.).

illum mi aequiust..quae uolo ~dere PL.*Cas.*265; ~dat homini id quod uelit LUCIL.918; cum M. Marcellum senatui reique publicae ~ssisti CIC.*Marc.*3; erit fortasse aliquid quod ~di possit roganti *Phil.*5.3; extremum hunc, Arethusa, mihi ~de laborem VERG.*Ecl.*10.1; quo minus pacem ~derent TAC.*Hist.*2.45; ut sine cunctatione ~deret quae statim tribui possent *Ann.*1.25; (*ellipt. or absol.*) rogare ut..id sibi facere liceat. Caesar..~dendum non putabat CAES.*Gal.*1.7.4; grauate et in magnam gratiam petentis ~ssit (*sc.* indutias) LIV.42.43.2;—(*w. inf., ellipsis of acc.*) uotis precibusque uirum ~de moueri STAT.*Silv.*1.2.68;—(*w. nonpersonal subj.*) utinam hanc mihi facultatem causa ~deret ut possem hoc praedicare CIC.*Rab.Perd.*18.

9 To make permissible or legal, permit, allow.

(*w. acc.*) licere id dicimus quod legibus, quod more maiorum institutisque ~ditur CIC.*Phil.*13.14; ne..amori..nostro plusculum etiam, quam ~det ueritas, largiare *Fam.*5.12.3; athletarum corpora..ab illa specie quae sit ~ssa hominibus abhorrere QUINT.*Inst.*12.10.41; experiar quid ~datur in illos JUV.1.170;—(*w. inf.*) consules quibus more maiorum ~ssum est uel omnis adire prouincias CIC.*Att.*8.15.3; de re publica nisi per concilium loqui non ~ditur CAES.*Gal.*6.20.3; quo mihi fortunam, si non ~ditur uti? HOR.*Ep.*1.5.12; ~dunt plangere matri STAT.*Theb.*6.134; attingere uni sacerdoti ~ssum TAC.*Ger.*40.2;—(*w.* ut+*subj.*) quis tibi..~ssisset..ut illa diceres..? CIC.*de Orat.*1.225; ut mihi Caesar ~dat ut absim *Att.*9.6.6; non quam ab his sit ~ssum arma uti capiant CAES.*Gal.*3.18.7; (*also w. pron.*) quis tibi hoc ~ssit..ut tantam pecuniam scriba tuus auferret? CIC.*Ver.*3.181; quid enim aliud laeso patrono ~ssum quam ut..libertum releget? TAC.*Ann.*13.26;—(*w. acc. and inf.*) haec tu..cum tanto periculo tuo fieri paterere atque ~deres? CIC.*Ver.*3.65; ~dite me..munere isto..pro collega meo..fungi PLIN.*Pan.*90.3; (*pass.*) fatis numquam ~ssa moueri..Camerina VERG.*A.*3.700;—(*w. adv.*) milites, ut lex Calpurnia ~sserat, uirtutis ergo ciuitate donari SIS.*hist.*120; quae cognosce ἐν ἐπιτομῇ; sic enim ~dis mihi proximis litteris CIC.*Att.*5.20.1;—(*absol. or ellipt.*) at ego ~do; prohibe, si potes *Ver.*1.114; palam si colloqui uellent, ~ssum est CAES.*Civ.*1.84.2; te..reuiset cum Zephyris, si ~des HOR.*Ep.*1.7.13.

10 a To concede that another has, grant, allow. **b** to agree to, concede (in argument), admit the truth of.

non omnia ~denda esse antiquitati *Rhet.Her.*4.4; sine ea scientia, quam ei non ~ditis CIC.*de Orat.*1.48; qui uobis ita summam ordinis consilique ~dunt ut uobiscum de amore rei publicae certent *Catil.*4.15; primam hanc tibi magnus Apollo ~dit laudem VERG.*A.*9.655; doctrinam his ~dit ac litteras QUINT.*Inst.*11.1.89; (*w. abst. subj.*) ne plus ei tribuamus quam res et ueritas ipsa ~dat CIC.*de Orat.*1.77; (*w.* ut) cui uni tu ~dis, ut sine ulla iuris scientia tamen causis satis facere possim 1.248; (*w. acc. and inf.*) nobis..~dentibus Romam caput Latio esse LIV.8.4.5. **b** neque..istis..multum sane in disputatione ~dimus CIC.*de Orat.*3.77; cum..intellegas quid quisque ~dat, quid abnuat *Fin.*2.3; id sumunt pro ~sso et probato *Tusc.*5.18; consequentia reprehendere, cum prima ~sseris 5.24;—(*w. acc. and inf.*) ~de non timuisse eos qui remanserunt *Dom.*10; ~detur..uerum esse, ut bonos boni diligant *Amic.*50; dari potiones..non nisi raro debere ~do CELS.3.4.3; non esse modum pluuiis ~sserim SEN.*Nat.*3.28.2; cur ~dant..historiam debere recitari PLIN.*Ep.*7.17.3;—(*ellipt.*) ut tu si laesum te a Verre esse dicis, patiar et ~dam CIC.*Div.Caec.*58;—(*w. nom. and inf.*) haec ubi ~eduntur esse facta *Caec.*44;—(*parenth.*) ducendast uxor, ut ais, ~do tibi TER.*Ph.*700; faciet quod oportet monitus, ~do SEN.*Ep.*95.40;—(*w.* ut) haec ut alius melius quam alius, ~dendum est CIC.*Opt.Gen.*4; nec uero histrionibus..~dendum est, ut is haec apta sint, nobis dissoluta *Off.*1.129;—(*w.* an) dum..nondum ~datur an omnino sint habendae (uineae) Col.3.3.1.

11 To concede (to weakness, prejudice, or other factors calling for special indulgence, etc.). **b** to condone or overlook (an offence); to grant indulgence.

id meis pedibus certe ~di est aequius Cic.*de Orat.*1.28; laudem ueritati tribuebas, crimen gratiae ~debas *Q.Rosc.* 19; est id quidem senile aetatique nostrae ~ditur *Sen.*30; unum illud orat ut timori suo ~datur Hirt.*Gal.*8.48.9; nec quicquam de maiestate sua detractum credere quod maiestati eius uiri ~ssissent Liv.6.6.7; pauca feminarum necessitatibus ~di Tac.*Ann.*3.34; ~dendum est pedibus Fro.*Aur.*1.p.244(88N). **b** aliud alii ~do Cic.*Ver.*2.162; si tibi hoc quemquam ~ssurum putasti 4.8; multa tacui, multa pertuli, multa ~ssi *Catil.*4.2; consilium non tam forte quam mihi praeter ceteros ~dendum *Att.*11.9.1; multa uirtuti eorum ~dens Caes.*Civ.*3.60.1; professis apud se obscaenitatem cetera quoque ~ssisse delicta Suet.*Nero* 29.1; —poetae non ignoscit (uulgus), nobis (*sc.* oratoribus) ~dit Cic.*de Orat.*3.198; Philoctetam, cui ~dendum est gementi *Tusc.*2.19; ut ipsi ~di non oporteret, si in nostros finis impetum faceret Caes.*Gal.*1.44.8; cui (*sc.* uitio) si ~dere nolis Hor.*S.*1.4.140.

concelebrō ~āre ~āuī ~ātum, *tr.* [con- + celebro]

1 To go to (a place) often or in large numbers, frequent. **b** to fill (with singing); also, to fill with living things.

aeque profesto ⟨ac festo⟩ ~as focum Afran.*com.*262; quae (*sc.* conuiuia) fac et abs te et ab amicis tuis ~entur Q.Cic.*Pet.*44; uolucres..quae loca aquarum ~ant Lucr. 2.345; Ov.*Fast.*4.354. **b** suaui cantu ~a omnem hanc plateam Pl.*Cas.*799;—Venus..quae terras frugiferentis ~as Lucr.1.4.

2 To honour by attendance in large numbers, celebrate. **b** to keep as a festival, celebrate (a day). **c** (transf.) to pay constant attention to.

rem..omnium..studio uisendam et ~andam Cic.*Man.* 61; Genium ludis centumque choreis ~a Tib.1.7.50; quantum militaribus studiis funus ullum ~ari potest Liv. 8.7.22; (*absol.*) ~ant plausu Sil.11.298. **b** omnes de nobis carnuficum ~antur dies Pl.*As.* 311; *Ps.*165; uos supremum meum ~etis diem Afran.*com.*103; Tac.*Ann.*6. 43; ut..diem quo mihi natus es tecum..~em Aur.*Fro.*1. p.50(48N). **c** uidentur..studia..per otium ~ata ab optimis enituisse Cic.*Inv.*1.4; ante..quam leuia carmina cantu ~are homines possent Lucr.5.1381.

3 To spread abroad, make known or famous.

multis indu locis sermonibus ~arunt Lucil.970; cum summae uirtutis ~andae causa..monumentum statuerent Cic.*Inv.*2.70; eadem ad rumorem ~andum ualent Q.Cic. *Pet.*50; fama ac litteris uictoriam..~abant Caes.*Civ.*3.72.4.

concēlō ~āre ~āuī, *tr.* [con- + celo] To keep secret, conceal altogether.

non id postea ~auit Gel.11.9.2; 15.2.5.

concēnātiō ~ōnis, *f.* [con- + ceno + -tio, a word coined by Cicero to translate Gk. σύνδειπνον] A dinner-party.

συμπόσια aut σύνδειπνα, id est compotationes aut ~ones Cic.*Fam.*9.24.3; *Sen.*45.

concentiō ~ōnis, *f.* [concino + -tio] Unison singing or utterance.

caterua tota clarissima ~one..contionata est Cic.*Sest.* 118; diuina mens mundanas uarietates ad instar unius ~onis releuat Apul.*Mun.*29;—(*transf.*) ~onis..quae ἁρμονία Graece, sempiternarum rerum Cic.*Tim.*27.

concenturiō ~āre, *tr.* [con- + centvrio[1]] To assemble, by centuries, marshal; (in quots., facet.).

dum ~o in corde sycophantias Pl.*Ps.*572; epistula illa mihi ~at metum in corde *Trin.*1002.

concentus ~ūs, *m.* [concino + -tvs[3]]

1 A singing together (esp. of birds); a playing together, sounding (of musical instruments). **b** a shouting in unison, acclamation. **c** a song, strain, tune. **d** (meton.) a choir, chorus.

~um auium Cic.*Leg.*1.21; Verg.*G.*1.422; tepidum uolucres ~ibus aera mulcent Ov.*Fast.*1.155; auium..~u dissono Sen.*Dial.*6.18.4; nullus hominum auiumque ~us *Ep.* 56.11;—~u tubarum ac cornuum cursu effuso in hostem feruntur Liv.9.41.17; Curt.7.11.25; tubicinum, cornicinum, omnis generis aenatorum tanta turba, tantus ~us Sen. *Apoc.*12.1; lituum ~us V.Fl.6.166; aeris sono, tubarum cornuumque ~u strepere Tac.*Ann.*1.28;—(*in fig. phr.*) quid nostrum ~um diuidat audi Hor.*Ep.*1.14.31. **b** si quis alius Ephesum..~u scholasticorum et clamoribus quatit Tac.*Dial.*15.3; quanto..paulo ante ~u formosum alium, hunc fortissimum (principem) personat (populus) Plin.*Pan.* 2.6; Fro.*Aur.*1.p.118(21N); (*transf.*) quanta concordia quantusque ~us omnium laudum Plin.*Pan.*4.6; (*cf.*) nec tam uocis ille quam uirtutis ~us uidetur Tac.*Ger.*3.1. **c** tibicinum..collegium..~us edit V.Max.2.5.4; patriis ~ibus audis exsultare gregem Stat.*Theb.*7.285; nec idem signorum ~us est procedente ad proelium exercitu, idem receptui carmen Quint.*Inst.*9.4.11; ut canorae..auiculae.. ~us suaues adsonarent Apul.*Met.*11.7. **d** ut..non modo cateruae atque ~us, sed etiam ipsi singuli discrepantes eiciantur Cic.*de Orat.*3.196; quantus..~us ad aras suscipit ..uota Mart.8.4.1.

2 An agreeable combination of sounds, concord; *~um seruare*, to keep in tune.

~us ex dissimillimarum uocum moderatione concors tamen efficitur et congruens Cic.*Rep.*2.69; 6.18; ~us.. graece quae συμφωνίαι dicuntur, sunt sex: diatessaron, diapente, diapason, et disdiatessaron et disdiapente, et disdiapason Vitr.5.4.7; Ov.*Met.*11.11; διὰ πασῶν ἁρμονίαν..hoc est uniuersitatem ~us Plin.*Nat.*2.84; 'ebriam' dixit propter insequentis a litterae ~um Gel.6(7).20.6; acuto tinnitu et grauit bombo ~um musicum miscuit Apul.*Fl.*3;—in fidibus pluribus, nisi nulla earum ⟨non⟩ ita contenta neruis sit, ut ~um seruare possit Cic.*Fin.*4.75.

3 An agreement of things other than sounds, concord, harmony; a blending (of scents or colours).

(stellarum) tantus est ~us ex dissimillimis motibus Cic. *N.D.*2.119; quo maior et melior actionum quam sonorum ~us est *Off.*1.145; a consensu ~uque falsorum Sen.*Ben.* 6.30.3; uocis sermonisque regimen primores (dentes) tenent, ~u quodam excipientes ictum linguae Plin.*Nat.*7.70;—tot generum aurae spirante ~u 12.86; colore inenarrabili et in unum redeunte ~um suauitate grata 37.91.

conceptāculum ~ī, *n.* [conceptvs + -cvlvm] A containing vessel, place, or space, receptacle; (in an aqueduct) reservoir. **b** (transf.) the place where an emotion is conceived.

in domibus..madefacta inclusa opacitate ~a auras suas habent Plin.*Nat.*2.115; pars mundi damnata..neque in alio quam rigoris opere gelidisque Aquilonis ~is 4.88; uena est ~um sanguinis Gel.18.10.9; undae..proximae ~o uallis inclusae Apul.*Met.*6.13; 7.20;—~a, id est piscinas Fron.*Aq.*22. **b** haec (supercilia) maxime indicant fastum, superbiam, aliubi ~um, sed hic sedem habet Plin. *Nat.*11.138.

conceptiō ~ōnis, *f.* [concipio + -tio]

1 The action of conceiving in the womb, conception; also, the fact of having conceived, pregnancy.

~o (mulae) contra naturam (est) Cic.*Div.*2.50; cum pecora suis temporibus anni parantur ad ~onem partus Vitr.8.3.14; ~o uno initu (tauri) peragitur Plin.*Nat.*8.177; (*cf.*) eam (*sc.* terram)..e caelestium imbrium ~onibus inseminatam fetus..procreauisse Vitr.8.pr.1;—ars sit, quae non..~onem solam uideat, sed uires aestimet Cels. 2.10.4.

2 A comprehensive system, complex. **b** *~onis modus*, the volume which a pipe, aqueduct, etc., will carry.

uidetur mundi ~o tota..ad harmoniam esse composita Vitr.6.1.6; mundus..est omnium naturae rerum ~o summa 9.1.2. **b** amplius quam in commentariis ~onis modum significari diximus Fron.*Aq.*66; 67; 71.

3 (leg.) A set form of words, formula.

(in iure) omnis ~o priuatorum iudiciorum constituitur Cic.*Inv.*2.58; stipulatio..est uerborum ~o Pompon.*dig.*45. 1.5.1; formulae..et uerborum ~ones..decretaue uocantur Gaius *Inst.*4.139; 4.160; Ulp.*dig.*12.2.34.5.

4 A mental concept, idea, notion.

quae nasci oririque ex ipsa rei ~one debebant Gel.11. 13.9.

conceptīuus ~a ~um, *a.* [concipio + -ivvs] (only of holidays) Proclaimed (because not held on the same day every year), movable.

sunt..feriae ~ae quae non sunt annales Var.*L.*6.26; Paul.*Fest.*p.62M.

conceptum ~ī, *n.* [next]

1 That which is conceived, the foetus.

~um leporis utero exemptum Plin.*Nat.*28.248; medicamentum, quo ~um excutitur Larg.pr.p.2,l.29; Suet. *Dom.*22.

2 *mente ~a*, Mental concepts, ideas.

consuetudo iam tenuit, ut mente ~a sensus uocaremus Quint.*Inst.*8.5.2.

3 A measurement of volume or capacity.

amplius quam in ~is commentariorum positum est Fron. *Aq.*67.

conceptus[1] ~a ~um, *a. superl.* ~issimus. [pple. of concipio] In vbl. senses, esp. *uerba ~a*, a solemn or formal utterance, formula.

ubi uerbis ~is sciens lubenter peiieraris Pl.*As.*562; *Bac.* 1028; si tu uerbis ~is coniurauisti Scip.min.*orat.*11; locus augurii..causa quibusdam ~is uerbis finitus Var.*L.*7.8; se scire illum uerbis ~is peierasse Cic.*Clu.*134; Sen.*Ep.*67.9; ut per ~a uerba, id est per formulas, litigaremus Gaius *Inst.*4.30; (*superl.*) ~issimis..iurauit uerbis Petr.132.2;—(*cf.*) ~i sermonis compendiosa uerba suggerentes Apul. *Met.*11.22.

conceptus[2] ~ūs, *m.* [concipio + -tvs[3]]

1 The action of conceiving in the womb, conception. **b** (applied to the reproductive processes of nature other than in the animal world; also to the act of catching fire). **c** that which is conceived, embryo, foetus.

ex hominum pecudumque ~u et satu Cic.*Div.*1.93; Oceanum Salaciamque Caeli satu Terraeque ~u generatos *Tim.*39; quid sit, quod geminorum ~um separet, partum iungat Sen.*Ben.*7.1.5; Olisipo, equarum e fauonio uento ~u nobile Plin.*Nat.*4.116; Stat.*Theb.*10.805; Apul.*Pl.*1.1. **b** (sidus Veneris) non terrae modo ~us implet uerum animantium quoque omnium stimulat Plin.*Nat.*2.38; uitibus ficisque..e summa parte ~us 17.103; esse quosdam ad ~um impetus et terrae 18.202;—16.208; flagrante triclinio ex ~u camini Suet.*Vit.*8.2. **c** ~us innuptae bouis Sen.*Oed.*373; non edendum grauidis nisi mortuo ~u Plin.*Nat.*20.248.

2 The storing up of water; a basin where water is stored, reservoir.

nouenorum..~u dierum Plin.*Nat.*3.53;—ex magnis caueis magnisque ~ibus excidunt amnes Sen.*Nat.*3.15.8; 5.15.1; fontem et ~vm aqvae *CIL* 11.5942.

concerpō ~ere ~sī ~tum, *tr.* [con- + carpo]

1 To pluck off.

lana ab iis partibus recenti ~ta Plin.*Nat.*29.35; herbas et folia ~ta Plin.*Ep.*7.27.10.

2 To pull to pieces, tear up; (transf.) to censure, abuse.

tu..eas epistulas..~ito Cic.*Att.*10.12.3; librum..rationis eius..suis ipsum manibus ~sisse Liv.38.55.11; undique lacerata et ~ta est (corona) Sen.*Nat.*1.2.9; auem.. ~sit Plin.*Nat.*10.41; in linteolis ~tis 28.216; Suet.*Nero* 47.1;—quod tibi supra scripsi Curionem ualde frigere, iam calet; nam feruentissime ~itur Cael.*Fam.*8.6.5.

concertātiō ~ōnis, *f.* [concerto + -tio] Strife, conflict (esp. of words), controversy, dispute, wrangling.

~onum..plenis disputationibus Cic.*de Orat.*1.194; sine ieiuna ~one uerborum 2.68; oritur ex ~one magistratuum (seditio) *Sest.*77; beneuolorum ~o non lis inimicorum, iurgium dicitur *Rep.*4.8; magna ob id ~one eruditorum Plin.*Nat.*18.107; circa aegros miserae sententiarum ~ones 29.11.

concertātīuus ~a ~um, *a.* [concerto + -ivvs] *accusatio ~a*, A charge brought against the accuser, counter-charge.

mutua accusatio, quam Graeci ἀντικατηγορίαν uocant nostrorum quidam '~am' Quint.*Inst.*7.2.9.

concertātor ~ōris, *m.* [concerto + -tor] A rival.

Paulinus Suetonius..militiae et rumore populi..Corbulonis ~or Tac.*Ann.*14.29.

concertātōrius ~a ~um, *a.* [next + -torivs] Concerned with disputes, controversial.

Thucydides..hoc forense ~um iudiciale non tractauit genus (dicendi) Cic.*Brut.*287.

concertō ~āre ~āuī ~ātum, *intr.*, (*tr.*). [con- + certo[1]]

1 To engage in a contest, contend; to fight; (transf., of inanimate objects) to vie with, rival.

Hercules quem ~auisse cum Apolline de tripode accepimus Cic.*N.D.*3.42; ut..nandi uelocitate ~ent Col.8.15.4; ~are equis regium et antiquis ducibus factitatum Tac.*Ann.* 4.14;—te audio nescioquid ~asse cum ero Ter.*Ad.*211; pro explorato habebat Ambiorigem proelio non esse ~aturum Caes.*Gal.*6.5.3; immensi dracones cum immanibus elephantis..in mutuam perniciem ~ant Apul.*Fl.*6;—triclinia templis ~ant Man.5.292.

2 To contend in words, argue, dispute; (tr.) to argue over.

saepius cum hoste conflixit quam quisquam cum inimico ~auit Cic.*Man.*28; ut cum eo uerbo uno ~arem *Att.*3.12.2; si lingua est ~andum [Cic.]*Exil.*13; reges..~antis apud se ..de nobilitate generis Suet.*Cal.*22.1;—quae etiam si..aut ~ata aut diiudicata aut confecta non sunt Cic.*Part.*99.

concessātiō ~ōnis, *f.* [concesso + -tio] The action of stopping or resting (on a journey).

qui nauiter et sine ullis ~onibus permeauit Col.11.1.16.

concessiō ~ōnis, *f.* [concedo + -tio]

1 The action of yielding, giving way. **b** (w. gen.) a grant, concession (of). **c** (w. *ut*+subj.) permission, leave.

cum..uestra ~one omnem uim sui iuris amiserint (tribuni) Cic.*Att.*3.24.1; te ~one competitorum..ex postremo in tertium locum esse subiectum *Tog.Cand.*fr.5. **b** quantas ~ones agrorum hic..facere conetur Cic.*Agr.*3.11; largitionibus ~onibusque praemiorum Planc.*Fam.*10.8.3; Antiochum ~one Asiae..auertere Sal.*Hist.*4.69.6; nedum ..Tacfarinas pace et ~one agrorum redimeretur Tac.*Ann.* 3.73;—(*meton.*) quid dicis, peregrini amoris ~o? (*you who yielded your love to another*) Petr.91.6. **c** ~one..ut peculiare aliquid in fundo pascere liceat Var.*R.*1.17.7

2 (rhet.) **a** An admission of guilt accompanied by an excuse or plea for pardon. **b** the conceding of a point, admission of an argument.

a *Rhet.Her.*1.24; ~o est, cum reus non id, quod factum est, defendit, sed ut ignoscatur, postulat Cic.*Inv.*1.15; alicui rei..causam attribuit..sine ~onis partibus 2.92. **b** ex conclusione, quae..confirmat ~onem Cic.*Inv.*1.54; ~o, cum aliquid etiam iniquum uidemur causae fiducia pati Quint.*Inst.*9.2.51.

concessō ~āre ~āuī, *intr.* [con- + cesso] To cease or desist temporarily, rest.

sed quid ego hic properans ~o pedibus, lingua largior? Pl.*As.*290; numquam ~amus lauari aut fricari *Poen.*219; tametsi interdum ~arit aut restiterit Fro.*Aur.*2.p.36(96N).

concessus[1] ~a ~um, *a.* [pple. of concedo] In senses of vb., esp.: permitted, allowable, lawful.

(quaestus) honestus atque ~us Cic.*Ver.*3.195; ut ad rem dubiam a ~is rebus peruenerit *Div.*2.104; nil nisi legitimum ~aque furta canemus Ov.*Tr.*2.249; per non ~as audaces ire tenebras Pedo *poet.*3; non ~um modo sed aliquando etiam necessarium Quint.*Inst.*4.2.85; quo facilius lubricam principis aetatem..uoluptatibus ~is retinerent Tac.*Ann.* 13.2 apud illum (*sc.* Philemona)..~i amores Apul.*Fl.*16;—(*neut. as sb.*) si ~a peto, si dant ea moenia Parcae Verg. *A.*5.798; nec deinde id plebem ~um semel obtinuisse aut certe temptasse Liv.4.16.4; rusticus alter motus, ~o mollior alter erit Ov.*Ars* 3.306; tamquam terminis aetatis et ~a filio egrederetur Tac.*Hist*.4.51.

concessus² ~ūs, *m.* [concedo + -tvs³]

1 Permission, leave, agreement, concession.
ipsorum inter ipsos ~u..tributum Cic.*Brut*.84; datur.. ~u omnium huic aliqui ludus aetati *Cael*.28; ratio..illius ~u et beneficio quiescendi *Fam*.4.6.3; cum..Seruius.. regnare coepisset non iussu sed uoluntate atque ~u ciuium *Rep*.2.38; regnum..malle Caesaris ~u quam ipsorum habere beneficio Caes.*Gal*.7.20.2; auctam..~u Herculis.. caerimoniam templo Tac.*Ann*.3.61.

2 (dub.) Movement.
Hispanico (gladio) pectus hausit, deinde continuo humerum dextrum eodem ~u (*s.v.l.*) incidit Quad.*hist*.10b; propter equitum ~um (*s.v.l.*) *B.Hisp*.25.7.

concha ~ae, *f.* Also **conca.** [Gk. κόγχη]

1 A mollusc, shell-fish. **b** (used particularly of the purple-fish or murex; the oyster).
echinos, lopadas, ostreas, balanos captamus, ~as Pl. *Rud*.297; ~as piscinarias fr.inc.136; ~ae inter se generatim innumerabili numero similes Var.*L*.9.28; ~as eos et umbilicos..legere consuesse Cic.*de Orat*.2.22; mitulus et uiles pellent obstantia ~ae Hor.*S*.2.4.28; iure..~arum Cels. 3.6.14; Col.8.16.7; Plin.*Nat*.11.139. **b** quos ~a purpura imbuens uenenauit Mat.*poet*.13; Lucr.2.50; et quae sub Tyria ~a superbit aqua Prop.4.5.22; stratis ~a Sidonide tinctis Ov.*Med*.10.267; Mart.14.154.1;—custos pretiosae uipera ~ae Luc.6.678; ebria Baiano ueni modo ~a Lucrino Mart.13.82.1.

2 The shell of a mollusc, sea-shell. **b** a pearl; (also) mother-of-pearl. **c** the shell from which Venus is said to have been born, and in which she rides. **d** (used as an instrument of call, esp. by Triton) a conch.
illa (bestia), quae in ~a patula pina dicitur Cic.*Fin*.3.63; *N.D*.2.123; ~arumque genus..uidemus pingere telluris gremium Lucr.2.374; 4.936; squalentis infode ~as Verg.*G*. 2.348; ostreaque in ~is tuta fuere suis Ov.*Fast*.6.174; tuguria ~is..instruunt Curt.9.10.10; scabritia (chartae) leuigatur dente ~aue Plin.*Nat*.13.81. **b** e Rubro lucida ~a mari Tib.2.4.30; Indis..~is Prop.1.8.39; ~a Erycina3.13.6; censibus aequantur ~ae Man.5.404;—(puella) ~a Lucrini delicatior stagni Mart.5.37.3; Suet.*Nero* 31. **c** et faueas ~a, Cypria, uecta tua [Tib.]3.3.34; haec.. mecum consurgere digna..et nostra potuit considere ~a Stat.*Silv*.1.2.118; 3.4.5. **d** caua dum personat aequora ~a Verg.*A*.6.171; Triton..caerula ~a exterrens freta 10.209; ~ae..sonanti inspirare iubet Ov.*Met*.1.333; deus quem..pontus audit uentosa perflantem marmora ~a Luc. 9.349.

3 An object shaped like a sea-shell. **a** a vessel (for holding or measuring oil, unguents, salt, etc.). **b** the female pudenda.
a in cellam oleariam haec opus sunt..~as maioris II et minoris II Cato *Agr*.13.2; sumito farinae minutae ~as duas 156.4; funde capacibus unguenta de ~is Hor.*Carm*.2.7.23; ~a salis puri *S*.1.3.14; ~ae ferreae, quibus depletur oleum Col.12.52.8; unam ~am (opobalsamo) impleri Plin.*Nat*. 12.117; cum bibitur ~a Juv.6.304. **b** (*cf. sense 2c*) te (*sc.* Venerem) ex ~a natam esse autumant, caue tu harum ~as spernas Pl.*Rud*.704.

conchātus ~a ~um, *a.* [prec. + -atvs²] Shaped like a sea-shell.
umbrae..repercussus..~ata (*i.e. like a scallop shell*) quaerit cauda (pauo) Plin.*Nat*.10.43; currit eadem (*sc.* uox) recto uel ~ato parietum spatio 11.270.

concheus ~a ~um, *a.* [concha + -evs] Produced by an oyster; ~*a baca*, a pearl.
nec Indi ~a baca maris pretio est *Culex* 68.

conchis ~is, *f.* [perh. Gk.] A leguminous vegetable, kind of bean.
si ~em..meam comesses Mart.5.39.10; ~is inuncta 7. 78.2; ~em aestiuam Juv.14.131; ~im caepas et maenas Aur.*Fro*.1.p.182(69N).

conchīta ~ae, *m.* [As if Gk. κογχίτης, which is not found in this sense] One who catches shell-fish.
fures maritumi, ~ae atque hamiotae Pl.*Rud*.310.

conchula ~ae, *f.* [concha + -vla] Forms: *conclarum* cod. in Pl.*Rud*.304. A small shell-fish.
constat..eos..~as et umbilicos lectitasse V.Max.8.8.1; aluum mouent..omnes fere ~ae, maximeque ius earum Cels.2.29.2; Larg.104; ~am striatam testam habentem Apul.*Apol*.35.

conchȳliātus ~a ~um, *a.* [next + -atvs²] Purple-dyed; (masc. as sb.) a person wearing purple clothes.
~is..peristromatis..lectos stratos Cic.*Phil*.2.67; aut ~um aut coccineum tomentum Petr.38.5; 54.4; usum.. ~ae uestis..ademit Suet.*Jul*.43.1;—relictis ~is cum illo seminudo loquor Sen.*Ep*.62.3.

conchȳlium ~iī, *n.* [Gk. κογχύλιον] Forms: *conculium* Cels.2.18.3.

1 A mollusc, shell-fish.
exstructa mensa non ~iis aut piscibus, sed multa carne subrancida Cic.*Pis*.67; ostreis..et ~iis omnibus *Div*.2. 33; non me Lucrina iuuerint ~ia Hor.*Epod*.2.49; lubrica nascentes implent ~ia lunae *S*.2.4.30; non est necesse.. ~a ultimi maris ex ignoto litore eruere Sen.*Dial*.12.10.2; Petr.119,l.35; lubrica qua recubent ~ia mollius alga Stat. *Silv*.4.6.11.

2 (spec.) The purple-fish. **b** purple dye. **c** cloth dyed purple, (pl.) purple garments.
tincta..roseo ~i purpura fuco Catul.64.49; purpureus.. color ~i iungitur una corpore cum lanae Lucr.6.1074; id (*sc.* ostrum) autem excipitur e ~io marino, e quo purpura efficitur Vitr.7.13.1; ad linamenta modo ~ii colore insignis Plin.*Nat*.16.73. **b** nihil nisi ~io tinctum Cic.*Ver*.4. 59; palliis ~io tinctis *Rep*.6.2; ~io inficiuntur Plin.*Nat*. 37.48. **c** Gallia herbis Tyria atque ~ia tinguit Plin. *Nat*.22.3; iam coccum intellegit, iam ~ium poscit (puer) Quint.*Inst*.1.2.6; Juv.3.81; ~ia Coa 8.101; fascias purpurae ac ~i Suet.*Cal*.17.2.

3 A name given to the plant *iasine*.
iasine olus siluestre habetur..~ium uocant Plin.*Nat*. 22.82.

concidō¹ ~ere ~ī, *intr.* [con- + cado]

1 (of men and other animals) To fall down (esp. in dying), to collapse; (w. *mortuus*) to fall dead. **b** to fall dead, to die or be killed, (esp. of soldiers) to fall; to succumb, fall victim (to a wound, etc.). **c** (poet., of victims) to be sacrificed. **d** to fall down in a faint, faint; to fall down in a fit.
~it, et sonitum simul insuper arma dederunt Enn.*Ann*. 415; paene in cursu ~i Pl.*Epid*.200; ut prae timore in genua in undas ~it! *Rud*.174; plagis confectum..ciuem ..~isse Cic.*Ver*.5.140; Lucr.6.758; equi atque uiri..niti modo ac statim ~ere Sal.*Jug*.101.11; ad terram pondere uasto ~it Verg.*A*.5.448; non imponi ceruicibus tuis onus sub quo ~as Liv.24.8.17; caesus ~it in dura sanguinulentus humo Ov.*Fast*.6.602; nec tamen..ille terrae ~it Apul. *Met*.9.37;—eo (*sc.* sanguine tauri) poto mortuum ~isse Cic.*Brut*.43; *Pis*.88. **b** interfectis bonis omnibus..una cum re publica ~issem Cic.*Dom*.63; si..illorum impiorum ferro ac manu ~issem *Planc*.90; pugnans..~it ac suis saluti fuit Caes.*Gal*.7.50.6; omnes..aduorsis uolneribus ~erant Sal.*Cat*.61.3; aqua, ex qua qui gustant, statim ~unt Vitr. 8.3.17; multae..~erant illo percutiente ferae Ov.*Ep*.4.94; ipsa sua Dido ~it usa manu *Fast*.3.550;—eos, qui ~entem uolneribus Cn. Pompeium uidissent Cic.*Tusc*.3.66; ~imus macie Ov.*Ep*.20.215; si febris saepius accesserit ~et Cels. 3.15.3; (*poet.*) et dubium pendet, uento cui ~at, aequor Luc.5.602. **c** uitulus..propter mactatus ~it aras Lucr. 2.353; ~it ad magicos hostia pulla deos Tib.1.2.62; hostia pro damnis ~at icta meis? Ov.*Ep*.6.78. **d** simul atque.. consulem aspexit, ~it in curiae paene limine Cic.*Har*.2; *Phil*.2.107; ~ere ex animi terrore uidemus saepe homines Lucr.3.157; consul..~it et parte membrorum captus.. decessit Liv.41.16.3; ubi ea (*sc.* caluaria) percussa..requirendum est..num ~erit Cels.8.4.1;—in eodem (*sc.* comitiali) morbo si..homo inprouiso ~it 2.8.29; si ~ere uitio locorum mulier solet 5.21.6.

2 (of buildings, trees, etc.) To fall down or in ruins, collapse; (of parts of the body) to drop.
uideor..mihi uidere hanc urbem..subito uno incendio ~entem Cic.*Catul*.4.11; simulacra deorum Romulusque et Remus..ui fulminis icti ~erunt *Div*.2.45; lapidibus.. subductis..pars eius turris ~it Caes.*Civ*.2.11.4; ut..caua ~it..radicibus eruta pinus Verg.*A*.5.448; si domum tuam ..ne ~at, excepero Sen.*Ben*.5.18; quod..nauis summa sui parte ueluti terrestre machinamentum ~isset Tac.*Ann*. 14.6;—si ea (*sc.* cartilago) incisa est, palpebra ~it, neque attolli postea potest Cels.7.7.9.

3 To lose one's power or authority, be overthrown. **b** (in a law-suit) to lose one's case, fail.
quibus..si edictum praetoris ostendero, ~ent Cic.*Catil*. 2.4; neque..Catilina..sine multo sanguine..~isset *Sest*. 21; cum..hac una plaga ~erit, ignominia senatus *Prov*. 16; tu tuis flagitiis, egestate, infamia ~isses *Phil*.2.24; iniquus Thraseae quod auctoritate eius ~isset Tac.*Ann*. 16.21. **b** ~it..maxime uno crimine Nep.*Phoc*.2.4; accusatus populi iudicio ~it V.Max.8.1.damn.6; (*cf.*) fractus reus et una patroni omnes ~erunt Cic.*Att*.1.16.5.

4 a (of cities) To be captured, fall; (of states, empires, etc.) to be overthrown or brought to ruin. **b** (of plans, actions, etc.) to fall to the ground, break down, collapse. **c** to fall, drop (in value).
a quia ~erat..per proditores Olynthos Sen.*Con*.10.5.25; te duce ~it..Troia Sen.*Ag*.865; ni statim Hierosolyma ~erent Tac.*Hist*.5.11;—non haec solum ciuitas sed gentes omnes ~issent Cic.*Mil*.19; post..uictoriam Lysandri, qua Athenienses ~erunt *Div*.1.75; manum qua ~it Ilia tellus Verg.*A*.11.245; illo..uolnere ~imus Liv.30.44.7; urbem creuisse, floruisse, ~isse, resurrexisse Vell.1.7.4; Sen.*Med*. 879; Galliam suismet uiribus ~isse Tac.*Hist*.4.17; postremo ..proelio Persarum illic opes ~erant *Ann*.12.13;—(*cf.*) ne.. tua fama simul cum urbe Roma breui ~et Sal.*Rep*.1.6.1. **b** qua (adoptione) sublata intellegis totum tribunatum tuum ~isse Cic.*Dom*.38; ut quae ipse gesserat ~erent *Pis*.79; cum senatus auctoritas ~isset *Att*.1.16.7; non modo enim ratio ruat omnis, uita quoque ipsa ~at extemplo, nisi credere censibus ausis Lucr.4.508; morte Othonis ~isse bellum accepit Tac.*Hist*.2.57. **c** iuuat me haec praeclara nomina artificum..Verris aestimatione sic ~isse Cic.*Ver*. 4.12.

5 To be insufficient, fail, give out; (of the mind or spirits) to fail, give way, become faint. **b** to fail in spirits, lose heart, break down; so also *mente*, (*animis*) ~*ere*.
cum meae forenses artes et actiones publicae ~issent Cic. *Orat*.148; scimus Romae solutione impedita fidem ~isse *Man*.19; omnis Catilinae copias, omnis spes atque opes.. ~isse *Catil*.3.16; ipsum morte tua ~it auxilium Ov.*Pont*. 4.6.14;—simul animus cum re ~it *Inc.trag*.95; mentem debilitatam metu ~isse Cic.*Dom*.135. **b** accusator dicet ..aduersarium..~isse *Rhet.Her*.2.8; quo..nuntio audito ..repente ~it Cic.*Phil*.5.23; magnis clamoribus adflictus conticuit et ~it *Att*.1.16.10; nonne..debilitaris et ~is? Plin.*Ep*.7.17.10;—adlato nuntio..mente ~it Cic.*Phil*.3. 24; hostes ~unt animis atque..fugam quaerunt Hirt.*Gal*. 8.19.6.

6 To subside or become quiet, (of winds) to drop; (transf., of anger, etc.) to cease.
~unt uenti Hor.*Carm*.1.12.30; si protinus uenae ~erunt Cels.3.5.9; flamma..diductis quibus alebatur ~et Quint. *Inst*.5.13.13;—omnis ferocia ~it Liv.28.26.14; ciuilis Erinys ~et Luc.4.188.

concīdō² ~dere ~dī ~sum, *tr.* [con- + caedo]

1 To cut or chop up, break up. **b** (of animals) to crop (grass). **c** to divide (ground) as though by cutting up.
qua locus ferax non erit, id plus ~dito aratoque Cato *Agr*.44; de iunipiro materiem semipedem crassam ~dito minutim 123; facite ut ignis feruat, ligna insipite, far ~dite Pompon.*com*.50; manus quas contudit, digitos quos confregit, neruos quos ~dit Cic.*Flac*.73; ut..quae..ibi naues regiae essent, ~deret crematque Liv.38.39.2; Cumanae plagae ~dunt apro saetas Plin.*Nat*.19.11 ~ditur (rhombus)? Juv.4.130; comminabatur..sese ~surum eum machaera sua frustatim Apul.*Met*.9.40;—(*facet.*) em istic homo te articulatim ~dit, senex, tuo' seruos Pl.*Epid*.488; —(*med.*) uetus..ulcus scalpello ~dendum est Cels.5.26.32; eadem (*sc.* suffusio) acu ~denda et in plures partes dissipanda est 7.7.14E. **b** quas..uides..capellas..lasciuo ~dere gramina morsu Calp.*Ecl*.5.6. **c** pedestria esse itinera ~sa aestuariis Caes.*Gal*.3.9.4; ipsa hortulorum descriptio quanto est minoribus modulis ~sa Col.4.18.2; umidiorem agrum fossis ~di..utilissimum est Plin.*Nat*. 18.47.

2 To kill, slaughter, cut to pieces (a man or body of men).
i dum ~derentur, hostium copias ibi occupatas futurum Quad.*hist*.43; sequitur, ut familiam..~di oportuerit? Cic. *Tul*.54; ~sae sunt optimae cohortes *Prov*.9; Pansae exercitum ~sum esse Pol.*Fam*.10.33.4; eos impeditos et inopinantis aggressus magnam partem eorum ~dit Caes. *Gal*.1.12.3; quibus cum neutri parcerent, celeriter sunt ~si Nep.*Dat*.6.6; tota..factione..confecta atque ~sa Apul. *Met*.7.7;—(*transf.*) uocibus ~de Enn.*scen*.421.

3 To beat, thrash.
nunc ea propter me cupis ~dere? Pompon.*com*.83; solitus uirgis plebem Romanam ~dere Cic.*Ver*.1.122; 3.56; pulsatus rogat et pugnis ~sus adorat Juv.3.300; consuetus ex forma ~di fustibus Apul.*Met*.7.25.

4 To destroy a person's power, reputation, etc., overthrow, crush.
cum omnem auctoritatem uniuersi ordinis pro pignere putaris eamque in conspectu populi Romani ~deris Cic. *de Orat*.3.4; decretis uestris eum ~distis *Phil*.5.28; Seuius adlisus est, ceteri ~duntur *Q.fr*.2.4.6;—(*in a book*) cum (Epicurus)..Timocraten..totis uoluminibus ~derit *N.D.* 1.93.

5 To make divisions in, split up (ideas, sentences, etc.); to ruin or destroy by splitting up.
infringendis ~dendisque numeris Cic.*Orat*.230; haec.. uniuersa ~dunt etiam minutius *Luc*.42; non est necesse per tam minutas rerum particulas rationem docendi ~dere Quint.*Inst*.3.11.21; spiritus..nec crebro receptus ~dat sententiam 11.3.53;—nec..paruorum siderum mentione ~denda ratio est et difficultas rerum augenda Plin.*Nat*. 18.223; illae artes..frangunt atque ~dunt quicquid est in oratione generosius Quint.*Inst*.pr.24.

? **conciens** ~ntis, *a.* [cf. inciens] (app.) Pregnant, teeming.
terram..aquarum agminibus ~entem (*s.v.l.*) Apul. *Mun*.23.

concieō (conciō) ~iēre (~īre) ~iuī ~itum (~ītum) *tr.* [con- + cieo]

1 To stir up or set in violent motion (a physical object). **b** to rouse up, muster (esp. mil., an army). **c** (dub.) to start, strike up (a song).
omnis fluctus ~iet (auster) Pl.*Mer*.877; maria Tyria ~iet Afran.*com*.112; omnis..materiai copia ~iri debet, ~ita per artus..ut studium mentis..sequatur Lucr.2. 267; cursu ~itus heros Verg.*A*.12.902; auferor ut rapida ~ita puppis aqua Ov.*Am*.2.4.8; contento ~ita neruo.. sagitta *Met*.6.243; quis..~itos currus agit? Sen.*Ag*.913; imber effusus ~iet flabra Apul.*Mun*.10. **b** cur tenebras ante et fremitus et murmura ~it (Iuppiter)? Lucr. 6.410; obscuram..~iendo ad se multitudinem Liv.1.8.5; aliquantum uoluntariorum in itinere ex agris ~iuit 25. 19.13; prius..quam clamor agrestes ~iret 29.28.6; missis ..qui auxilia ~irent Tac.*Hist*.4.24; *Ann*.6.44. **c** tiasantem fremitu ~ite melum! (*cj.*) Pac.*trag*.312.

2 To stir up, provoke (trouble, war, quarrels, etc.). **b** to arouse or excite (an emotion).
fac ut illi turbas, litis ~ias Pl.*As*.824; suae senectutis acriorem hiemem parat, quom illam inportunam tempestatem ~iet *Trin*.399; quantas turbas ~iui insciens! Ter.*Hau*. 970; di sunt irati tibi qui ~iere cogites tantum mali Afran. *com*.46; simultatium, quas sibi ipse caedibus..~ierat Liv. 1.60.2; de seditione quam Maecilius Metiliusque largitione.. ~irent 4.48.12; Romanis..bellum ingens multis ex gentibus ~itur 10.18.1; Tac.*Ann*.15.49. **b** unum..uerbum inter eas iram hanc ~iuisse Ter.*Hec*.313; ~itus a laeso..amore dolor Ov.*Tr*.2.388; quo..modo uanos populi ~iret amores Luc.3.54; tantum consternationis inuidiaeque ~iuit Tac. *Ann*.1.23.

3 To arouse to action or to anger, excite, incite.
~iuit hostis domi: uxor acerrumast Pl.*Mer*.796; Aegisthi fidem nuncupantes ~iebunt populum Pac.*trag*.141; prima est insano ~ita cursu Ov.*Met*.3.711; finis Neronis..omnis

legiones ducesque ~iuerat TAC.*Hist.*1.4; accusatorem ~iuit Fabium Romanum *Ann.*16.17;—(*w.* ad) ne cui fraudi esset ~isse milites aut plebem ad repetendam..libertatem LIV. 3.53.4; Samnium fama erat ~iri ad bellum 8.17.2; quem ad modum..~iret homines ad arma 31.3.5;—(*w.* in+*acc.*) Etruriam ~itam in arma 10.21.2; clamore ~iet simonem in spectaculi euentum PLIN.*Nat.*9.30.

conciliābulum ~ī, *n.* [CONCILIO+-BVLVM] FORMS: *conciliaboleis CIL* 1.583.31. A place of assembly, meeting-place, esp. as the administrative centre of a district. **b** a meeting, assembly.

CONQVAERI IN TERRA ITALIA IN OPPEDEIS FOREIS ~EIS..AVT EXTRA ITALIAM IN OPPEDEIS FOREIS ~EIS..*CIL* 1.583.31; in pagis forisque et ~is LIV.25.5.6; non Romae modo sed per omnia fora et ~a conquiri 39.14.7; quaestiones..quarum magnam partem..per municipia ~aque habuit 39.41.5; (ager) aut colonicus aut municipalis, aut alicuius castelli aut ~i AGEN.*agrim.*p.23;—(*facet., of a brothel*) ut solet in istis fieri ~is PL.*Bac.*80; ne penetrarem me usquam ubi esset damni ~um *Trin.*314. **b** qui nundinas et ~a obire soliti erant LIV.7.15.13; festis diebus et ~is FLOR. *Epit.*1.45(3.10.21); per ~a et coetus seditiosa disserebant TAC.*Ann.*3.40;—(*transf.*) mors..ad tranquilla nos..animarumque ~a trauehit FRO.*Aur.*2.p.226(233N).

conciliātiō ~ōnis, *f.* [CONCILIO+-TIO]

1 A bond of union.

totius generis hominum ~onem et consociationem colere..debemus CIC.*Off.*1.149; (deos) inter se..quasi ciuili ~one et societate coniunctos *N.D.*2.78.

2 The action of gaining (favour) for oneself. **b** (rhet.) the action of disposing (one's hearers) favourably, conciliation.

pecuniam Staieno dedit..ad conciliationem gratiae CIC. *Clu.*84. **b** illa..quae..~onis causa leniter..aguntur CIC.*de Orat.*2.216; digressio, purgatio, ~o, laesio, optatio atque exsecratio 3.205; honestum (genus causae)..ad ~onem satis per se ualet QUINT.*Inst.*4.1.41; nisi adiuuantur commendatione, ~one 9.2.3.

3 (phil.) The action or fact of making (a person) inclined, attraction.

honeste..uiuere, quod ducatur a ~one naturae, Zeno statuit finem esse bonorum CIC.*Luc.*131; prima est..~o hominis ad ea, quae sunt secundum naturam *Fin.*3.21; non inest in primis naturae ~onibus honesta actio 3.22.

4 The state of being content (with a thing), acceptance.

~o constitutionis suae eadem est SEN.*Ep.*121.16; 121.24.

conciliātor ~ōris, *m.* [CONCILIO+-TOR]

1 A mediator.

genti Germanorum idoneus ~or si paenitentiam quam perniciem maluerit TAC.*Ann.*1.58;—(*transf.*) esse te benignissimum omnium factorum et dictorum meorum ~orem bene noueram ANT.*Fro.*1.p.126(164N);—(*facet.*) hic enim (lanius) ~or suillae carnis datus populo VAR.*R.*2.4.8.

2 An intermediary (in an action), agent.

harum nuptiarum ~or fuit..M. Antonius NEP.*Att.*12.2; proditionis ~or LIV.27.15.17; (piscis) ut auctor spei ~orque capturae PLIN.*Nat.*9.181; TAC.*Ann.*12.25; quietis et concordiae et pietatis auctor, ~or, fauisor APUL.*Apol.*93.

conciliātrīcula ~ae, *f.* [next+-VLA] One that commends, recommender.

erat..hominum opinioni nobilitate ipsa, blanda ~a, commendatus CIC.*Sest.*21.

conciliātrix ~rīcis, *f.* [CONCILIO+-TRIX]

1 A go-between, intermediary (in marriages and other liaisons). **b** the promoter (of a relationship).

ancilla, ~rix quae erat, dicebat mihi PL.*Mil.*1410; saga et bona ~rix LUCIL.271; ~rix dicitur, quae uiris conciliat uxores et uxoribus uiros PAUL.*Fest.*p.62M; (*fig.*) non uides, quam blanda ~rix et quasi sui sit lena natura? CIC.*N.D.* 1.77. **b** orationis uim, quae ~rix est humanae maxime societatis CIC.*Leg.*1.27; cum ~rix amicitiae uirtutis opinio fuerit *Amic.*37.

2 One that commends or endears.

quanta apud te sit filiolae nostrae ~rix similitudo utriusque nostri AUR.*Fro.*1.p.250(91N).

conciliātūra ~ae, *f.* [next+-VRA] The practice of arranging liaisons.

cum Clodius..~as exerceret in ipsa causae dictione SEN. *Ep.*97.9.

conciliātus[1] ~a ~um, *a.* *compar.* ~ior. [pple. of CONCILIO] Favourably disposed, amenable.

ut iudex ad rem accipiendam fiat ~ior QUINT.*Inst.*4.2.24; est..genus hominum..blandientibus ~um FRO.*Aur.*1.p.102 (53N).

conciliātus[2] ~ūs, *m.* [next+-TVS[3]] A conjunction, joining, union.

sunt..pollentia..quorum condenso magis omnia ~u artari possunt LUCR.1.575; 2.100; ea quae paruo sunt corpora ~u 2.134; nec quicquam commutari sine ~u 2.936.

conciliō ~āre ~āuī ~ātum, *tr.* [next+-O[3]]

1 To bring or collect together, unite, join; to press together. **b** to bring a woman to a man as a wife, match; also, to procure as a mistress.

primordia..quae minimis stipata cohaerent partibus arte non ex illarum conuentu ~ata LUCR.1.611; corpora materiai..~antur ita ut debent animalia gigni 2.901; consulem cum exercitu..uelut ad ~andas reliquias naufragii nostri misistis LIV.28.39.3; traduces..inter se..alligantur..una ~ati PLIN.*Nat.*17.211; frater tacitas Asopos eunti ~at uiris STAT.*Theb.*9.449; (*cf.*) concilium..quod, ut uestimentum, apud fullonem cum cogitur, ~ari dictum VAR.*L.*6.43. **b** ut semel es flauo ~ata uiro CATUL.68.130; ~abat..mutua quamque cupido LUCR.5.963; num me nupsisti ~ante seni? OV.*Am.*1.13.42; cum ei dignatio Atiam ~asset uxorem VELL.2.59.2;—⟨a⟩ tua mi uxore dicam..datum, ut sese ad eum ~arem PL.*Mil.*801; 1212; ~o tibi..sororem PETR.127.1.

2 To render favourably disposed, to win over, attract the favour of; so *animum, animos ~are*; (also pass.) to take a liking to, become attached to.

tute ad eum adeas, tute ~es PL.*Trin.*386; nec timet ne..uos non ~arit meritis in rem publicam singularibus CIC.*Mil.* 95; mihi..tu sceptra Iouemque ~as VERG.*A.*1.79; cum aut poena cohibendus esset aut beneficio ~andus LIV.23.15. 10; truces haec fistula tauros ~at CALP.*Ecl.*4.61;—(*w. dat.*) parentibus..nos primum natura ~at CIC.*Har.*57; legionibus..quas sibi ~are pecunia cogitabat *Fam.*12.23.2; eam ciuitatem Aruernis ~at CAES.*Gal.*7.7.1; Mezentius arma quae sibi ~et VERG.*A.*10.151; turbam indignitas rei uirgini ~at LIV.3.44.7; Siciliam..Hannibali ~ari 24.7.8; fore ut nuru ac nepoti ~aretur Caesar TAC.*Ann.*6.23; homo..uoluptati..a natura ~atus (est) GEL.12.5.8;—(*w.* ad) quo maiore commendatione ~aretur ad consulatus petitionem HIRT.*Gal.* 8.52.2;—(*w.* inter) cum..feras inter sese partus..et natura ipsa ~et CIC.*S.Rosc.*63; non dubito quin..res publica nos inter nos ~atura coniuncturaque sit *Fam.*5.7.2;—animos..eorum, apud quos agetur, ~ari quam maxime ad beneuolentiam *de Orat.*2.182; sibi quisque eorum animos ~abat CAES.*Civ.*3.112.11; ~at animos coniugum partus fere SEN. *Her.O.*407; qui Maurorum animos Vitellio ~arent TAC. *Hist.*2.58; quo magis ~em animum tuum domui meae SCAEV.*dig.*17.1.60.1;—(*pass.*) animal..ipsum sibi ~ari et commendari ad se conseruandum CIC.*Fin.*3.16; ~atur saluti suae quidque (animal) SEN.*Ep.*121.21.

3 To render a person or thing acceptable, to commend, endear.

ingenio facies ~ante placet OV.*Med.*44; fertur..dictis artes ~asse suas *Tr.*3.11.42; tanta gratia ~abat uocem loquentis PETR.127.5;—(*w. dat.*) hi qui illum..~auerunt mihi PL.*Poen.*769; natura..hominem ~at homini CIC.*Off.* 1.12; hominem plebi insectatione principum..~atum LIV. 22.34.2; Euxenippon..aetatis flore ~atum sibi CURT.7.9.19; neque..ulla caro per se placet, sed arte quadam..stomacho ~atur auerso PETR.141.8; quas res quosque homines quibus rebus aut hominibus uel ~asset uel alienasset ipsa natura QUINT.*Inst.*5.10.17.

4 To bring about, procure, obtain. **b** to obtain (money) by improper means, get hold of. **c** to acquire by purchase, etc.; (w. adv.) to get as a good, bad, etc., bargain.

exeo ergo ut pacem ~em TER.*Hau.*1046; adfirmatio, quae motu animorum ~et in dicendo fidem CIC.*Part.*53; gloriam ~at magnitudo negoti, gratiam aequitatis largitio *Mur.*41; legatos..de pace et amicitia ~anda..missos CAES.*Gal.* 7.55.4; otii..nomine seruitutem ~as NEP.*Ep.*5.3; auro ~atur amor OV.*Ars* 2.278; (uinum) quo somnus ~etur PLIN. *Nat.*14.117; nec tantum Roma iugalis ~are toros..fertilis STAT.*Silv.*3.5.70; unde autem ~etur risus..difficillimum dicere QUINT.*Inst.*6.3.35;—(*w. dat.*) si qui mihi deus uestram ad me audiendum beneuolentiam ~arit CIC.*Clu.*7; id..mors eximit, esseque probet illum cui possint incommoda ~ari LUCR.3.865; malum facinus in se admittere, qui incommodo rei publicae gratiam sibi ~et SAL.*Rep.*2.6.2; omnis mentio Romanorum..ei..inuidiam..apud patrem ~abat LIV. 39.53.9;—(*w.* ab) solus sum orator datus qui a patre eiius ~arem pacem PL.*Mos.*1127; (*w.* ad) ipsa deformitas Plemini..fauorem ad uolgum ~abat LIV.29.22.8;—(*w.* inter) inter te atque nos adfinitatem ut ~arem et gratiam PL.*Trin.*443; pacem..inter duas potentissimas ciuitates ~auit NEP. *Cim.*3.3. **b** ABLATVM CAPTVM COACTVM ~ATVM AVERSVMVE SIET *CIL* 1.583.3; quare..HS uiciens ex hoc uno genere ~arit et ceperit CIC.*Ver.*2.142; hae pecuniae per uim atque iniuriam tuam captae et ~atae 3.91; docui..nec mihi ~are pecuniam licere nec illi capere *Att.*6.1.21. **c** si ullo pacto ille huc ~ari potest PL.*Capt.*131; sororem in libertatem..opera ~o mea *Epid.*654; inuehi peregrinas merces ~arique externa pretia PLIN.*Nat.*29.24;—estne empta mihi istic legibus?—habeas licet.—~auisti pulchre PL. *Epid.*472; ignaui, male habiti et male ~ati *Ps.*133; TER. *Eu.*669.

concilium ~(i)ī, *n.* [prob. CON-+CALO[1]+-IVM]

1 A popular assembly, public meeting or gathering, esp. that of the *plebs* at Rome; also, a private meeting (of a small number).

MAG(ISTRATVS) QVEIQVOMQVE COMITIA ~IVMVE HABEBIT *CIL* 1.582; hunc pater suus ~ium plebis habentem de templo deduxit CIC.*Inv.*2.52; ne obnuntiare ~io aut comitiis..liceret *Red.Sen.*11; ~ium..dimissise *Vat.*5; ciuem..tribuni plebis ~io ex ciuitate exturbari *Sest.*65; ~ium totius Galliae in diem certam indicere CAES.*Gal.*1.30.4; nocturna..in locis desertis ~ia habebant 5.53.4; ~ium Lutetiam Parisiorum transfert 6.3.4; in theatrum, cum ibi ~ium populi haberetur NEP.*Timol.*4.2; ille e ~io multis cum milibus ibat VERG.*A.*5.75; reditum pollicitus patrum sancto ~io HOR.*Carm.*4.5.4; uocato ad ~ium populo LIV.2.7.7; colonos palam ~ia facere 3.10.8; permixto paene senatus populique ~io consensum est 30.24.11; dea ~iis se miscet utrisque STAT.*Theb.*12.474; ne quis ad ~ium sociorum referret TAC.*Ann.*15.22; is, qui non uniuersum populum, sed partem aliquam adesse iubet, non comitia, sed ~ium edicere debet LAEL.FEL.*iur.*2; (*cf.*) Latinis populis conubia commerciaque et ~ia inter se ademerunt (*i.e. the right of holding them*) LIV.8.14.10;—in ~ium se pastorum recepit (Gyges) CIC.*Off.*3.38; dum..regum..uigebat ~iis VERG.*A.* 2.89; consules, cum per senatum..nihil agi posset, ~ia principum domi habebant LIV.4.6.6.

2 The assembling of men in societies, association.

nihil est..illi..deo..quod..in terris fiat acceptius, quam ~ia coetusque hominum iure sociati, quae ciuitates appellantur CIC.*Rep.*6.13; natura sumus apti ad coetus, ~ia, ciuitates *Fin.*3.63; cum propter ignis inuentionem conuentus initio apud homines et ~ium et conuictus esset natus VITR.2.1.2.

3 The union or connexion (of material objects).

primordia quae genitali ~io possent arceri LUCR.1.183; corpora sunt..partim primordia rerum, partim ~io quae constant principiorum 1.484; 2.110.

4 A number of individuals associated together, company, assemblage, band; *in uno ~o*, together. **b** a number of men meeting together and acting as a body, council, assembly. **c** a league of states; also, an assembly or council of towns in a province.

flagitii..auctorem in ~io deorum conlocandum CIC.*Tusc.* 4.69; cum in illud diuinum animorum ~ium coetumque proficiscar *Sen.*84; (Cyclopum) ~ium horrendum VERG.*A.* 3.679; amoena piorum ~ia Elysiumque colo 5.735; Furiarum..atra fatigat ~ia STAT.*Theb.*4.634; ~ia umbrarum 12.285; AEDICVLAM ~I DEORVM DEARVMQVE *CIL* 11.4082; (*cf.*) piget inrupisse uolantum ~ia STAT.*Theb.*3.550;—(*transf.*) tamquam meretricem in matronarum coetum, sic uoluptatem in uirtutum ~ium adducere CIC.*Fin.*2.12;—si ambas uidere in uno miles ~io uolet PL.*Mil.*249. **b** plebei..urbanae maiores nostri conuenticula et quasi ~ia quaedam esse uoluerunt CIC.*Dom.*74; nulla..societas uectigalium, nullum conlegium aut ~ium aut omnino aliquod commune consilium *Sest.*32; in quattuor regiones discribi Macedoniam, ut suum quaeque ~ium haberet, placuit LIV. 45.18.7; captae..ciuitatis..in qua omisso pudoris rectique respectu uires in ~io sunt SEN.*Ben.*7.27.1. **c** duae ciuitates..extra ~ium Achaicum erant LIV.36.31.2; 39.37.15;—mihi et patria in ~io Africae APUL.*Fl.*18.

5 A hearing in council.

in Achaia legatis Antiochi..coram T. Quinctio..datum est ~ium LIV.35.48.1; 39.33.6; Achaico ~io..iis dato 43. 17.4.

6 A debate, deliberation.

hic ~ium fuit PL.*Cist.*700; socium tuorum ~iorum et participem consiliorum *Mil.*1013; uellem..adfuissemus priore ~io LUCIL.29.

concinens ~ntis, *a.* [pple. of CONCINO] Harmonious, fitting.

reditus ad rem aptus et ~ns esse debebit QUINT.*Inst.* 9.1.28 (*quoting* CIC.*de Orat.*3.203, *where our MSS. read* concinnus).

concinnātīcius ~a ~um, *a.* [CONCINNATVS+-ICIVS[2]] Exquisite, elegant.

~am mensulam..adcubueram APUL.*Met.*2.11.

concinnātor ~ōris, *m.* [CONCINNO+-TOR] One who dresses something up, a titivator.

capitumque et capillorum ~ores COL.1.pr.5;—(*transf.*) si quos causarum ~ores uel redemptores deprehendat ULP. *dig.*1.16.9.2.

concinnātus ~a ~um, *a.* [pple. of CONCINNO] Elaborated, dressed up.

eloquentiae..non ~ae nec in uerba sollicitae, sed ingenti animo..res suas prosequentis SEN.*Ben.*7.8.2.

concinnē, *adv.* *compar.* ~ius. [CONCINNVS+-E] Neatly, prettily, daintily.

uestita, aurata, ornata ut lepide, ut ~e, ut noue! PL. *Epid.*222; aquae de siphunculis ~ius saliunt quam de imbribus FRO.*Aur.*2.p.108(158N);—(*of style*) ~e loqui dictum a concinere VAR.*L.*6.57; mouent illa etiam..sed acute atque ~e CIC.*de Orat.*2.280; rogare coepit blande et ~e scilicet *Q.Rosc.*49; uerbum aliquod requiras non fictum a te..sed usurpatum ~ius FRO.*Aur.*2.p.114(162N).

concinnis ~is ~e, *a.* [cf. CONCINNVS] Ready for use, trimmed.

absconde lucernam ~em APUL.*Met.*5.20.

concinnitās ~ātis, *f.* [CONCINNVS+-TAS] (usu. of style) Elegance, neatness; (also) excessive ingenuity or refinement. **b** (of appearance) grace, charm.

ornata sententiarum ~as CIC.*Brut.*325; ut forma ipsa ~asque uerborum conficiat orbem suum *Orat.*149;—non est ornamentum uirile ~as SEN.*Ep.*115.2; uitatis sententiarum ineptiis atque ~ate SUET.*Aug.*86.1; inscripta..multas..~ates redolentia GEL.pr.9. **b** nec..deliciarum ~ate decipi COL.1.4.3.

concinniter, *adv.* [CONCINNIS+-TER[2]] Cleverly, ingeniously.

uersuum, qui sunt..uno multifariam uerbo ~ implicati GEL.18.2.7.

concinnitūdō ~inis, *f.* [CONCINNVS+-TVDO] Neatness or elegance (of style).

splendoris et festiuitatis et ~inis minimum CIC.*Inv.*1.25.

concinnō ~āre ~āuī ~ātum, *tr.* [dub., cf. CINNVS]

1 To prepare for use, make ready; to repair, put right, touch up.

auceps quando ~auit aream PL.*As.*216; trapetum quo modo ~are oporteat CATO *Agr.*20.1; siquid plus uoles aquae marinae ~are 106; lucerna ~ata oleique plena et accensa VITR.8.1.5; siquid..curari aut ~ari oportet COL.12.2.6; ouium tegimenta ~are PLIN.*Nat.*18.236;—hanc (pallam) hodie probe lepideque ~atam referam PL.*Men.*467; 733; ut..caetera quae refectionem desiderant fabris concinnanda tradantur COL.12.3.9.

2 To arrange suitably, set in order, put together; to dispose (one's mind) suitably.
Corinthia..anxia suptilitate ~at SEN.*Dial*.10.12.2; ~abat spoliatum crinibus uultum PETR.113.5; cadauer..disiectis partibus tandem totum repertum aegreque ~atum APUL.*Met*.7.26; ~are est apte conponere PAUL.*Fest*.p.38M; (*cf.*) insulam integram urit, populatur, uastat, rem hostium ~at NAEV.*poet*.39(37).3;—adeo nemo nostrum, qui cum maxime ~amus ingenium, ferre impetum uitiorum..potest SEN.*Ep*.7.6.

3 To make up, construct, concoct, put together.
tantas struices ~at patinarias PL.*Men*.102; uinum si uoles ~are, ut aluum bonam faciat CATO *Agr*.114.1; tucceta ~at APUL.*Met*.7.11; panes et mellita ~abat edulia 10.13; (*cf.*) diu illud (*sc.* infirmum corpus) continuit et, ut uerius dicam, ~auit SEN.*Ep*.30.1;—(*literary works and other mental productions*) ~aui tibi munusculum ex instituto meo TREBON.*Fam*.12.16.3; aliaque ad exemplum huius acutae delirationis ~ata SEN.*Ep*.49.8; quod..librum..emisset (Plato) exque eo Timaeum..~asset GEL.3.17.5; e re ~ato mendacio APUL.*Met*.5.27; querellas..~at 7.20; hoc pectus, quod fraudulentas ambages in meum ~auit exitium 8.12.

4 To bring about, cause, give rise to. **b** (w. pred. adj.) to render, make.
liuorem..scapulis..~as tuis PL.*Truc*.793; aliquid..controuersiae ~o AFRAN.*com*.374; consuetudo ~at amorem LUCR.4.1283; uenti uis..feruorem mirum ~at in undis 6.437; quantum homo bilinguis saepe ~et mali PHAED.2.4.25; multum mihi negotii ~abis SEN.*Ep*.117.1; angorem ..tibi ~asse APUL.*Met*.3.13. **b** lacrumantem ex abitu ~as tu tuam uxorem PL.*Am*.529; me insanum uerbis ~at suis *Capt*.601; cubitis depulsa de uia, tranquillam ~a uiam *St*.286.

concinnus ~a ~um, *a. compar.* ~ior. [dub., perh. back-formation from CONCINNO]

1 Set in order, neatly arranged or made; nicely blended. **b** (of style) neat, elegant, clever; (also, transf., of authors, speakers, or artists).
tectorium ut ~um sit CIC.*Q.fr*.3.1.1;—sermo lingua ~us utraque suauior HOR.*S*.1.10.23. **b** ~ae uerborum elocutiones *Rhet.Her*.3.19; reditus ad rem aptus et ~us esse debebit CIC.*de Orat*.3.203; ~ae acutaeque sententiae *Brut*. 272; poema..ita festiuum, ita ~um, ita elegans, ut nihil fieri possit argutius *Pis*.70; uersus paulo ~ior HOR.*Ep*.2.1.74;—alii in eadem ieiunitate ~iores, id est faceti CIC.*Orat*.20; neque minus ~us in breuitate respondendi quam in perpetua oratione ornatus NEP.*Ep*.5.1; ineptus et iactantior hic paulo est: ~us amicis postulat ut uideatur HOR.*S*.1.3.50; adnumeratur his (*sc.* pictoribus) Nicophanes, elegans et ~us PLIN.*Nat*.35.111; (*cf.*) tam ~us helluo CIC.*Pis*.22.

2 Pleasing. **b** (of persons) pretty, handsome; (of places and things) pretty, elegant.
age age ut tibi maxume ~umst PL.*Mil*.1024; uiris Venus ut ~ior esset LUCR.4.1276; quo formam suam ~iorem efficerent (feminae) V.MAX.2.1.5. **b** sat edepol ~ast facie (uirgo) PL.*Per*.547; elegans et ~us ita, ut uenustate pauci ei conparentur PLIN.*Nat*.35.111;—~a Samos HOR.*Ep*.1.11.2; parua sunt (folia helicis) et angulosa ~ioraque PLIN.*Nat*.16.148.

concinō ~ere ~uī, *tr., intr.* [CON-+CANO]

1 To sing together or to an accompaniment; (w. external acc.) to celebrate in song, sing of (so also pass.). **b** to shout, chant together or in unison; (pass. of person) to be acclaimed; *laudes ~ere*, to utter, 'sing' praises.
haec..pressis et flebilibus modis..~untur CIC.*Tusc*.1.106; nuptialia ~ens uoce carmina tinnula CATUL.61.12; uictori laudes ~uisse Ioui TIB.2.4.10; COL.12.2.4; rustica..carmina..quae paribus modo ~uistis auenis CALP.*Ecl*.4.149; —~es maiore poeta plectro Caesarem HOR.*Carm*.4.2.33; 4.2.41; [Ov.]*Ep.Sapph*.154; hic penetrata tibi spoliataque limina mortis ~et STAT.*Silv*.4.6.105; (*w. double acc.*) et Linon in siluis idem pater 'aelinon' altis dicitur inuita ~uisse lyra Ov.*Am*.3.9.24; (*pass.*) Cybeleia mater ~itur Phrygiis exululata modis *Ars* 1.508—(*of birds*) funestum ~it omen auis PROP.2.28.38; sic..ad uada Maeandri ~it albus olor Ov.*Ep*.7.2;—(*of water*) cum praefluentes aquae tibiis fidibusque concinerent FLOR.*Epit*.1.24(2.8.9). **b** faxo ne iuuet uox ista u e t o, qua nunc ~entes collegas nostros tam laeti auditis LIV.6.35.9; ~ente tota familia μάδεια περιμάδεια PETR.52.9; expergefactus e somno..uocibus..undique ~entium: salua Roma, salua patria, saluus est Germanicus SUET.*Cal*.6.1;—(*pass.*) laetis..fauoribus omni ~itur uulgo STAT.*Theb*.10.787;—an aliquis..laudes eius..~et? QUINT.*Decl*.329(p.296,l.8).

2 (of mus. instruments) To sound together; (w. acc.) to play (a tune) in accompaniment. **b** (of persons) to sound, play (on a mus. instrument).
ut signa undique ~erent CAES.*Civ*.3.92.5; ~unt..tubae LIV.9.32.6; cornua..ac tubae ~uere TAC.*Ann*.1.68;—(*w. acc.*) clangor..tubarum non pia ~uit cum rauco classica cornu LUC.1.238; uarios modulos Iastia ~ente tibia APUL.*Met*.10.31. **b** sacerdotes..tibia tympanisque ~ebant TAC.*Hist*.5.5; aeneatoribus praecepit, ut uallum..circumirent ~erentque FRON.*Str*.2.12.1.

3 To say the same thing (as), to agree (with). **b** (of things) to be in harmony or agreement (with).
deblaterant, plennus bonus rusticus ~it una LUCIL.1063; Stoici cum Peripateticis re ~ere uidentur uerbis discrepare CIC.*N.D*.1.16; *Fin*.4.60; ita fit ut nulli duo ~ant PLIN.*Nat*.3.16. **b** quae cum similitudine ueri ~ere maxime sibi uideretur CIC.*Ac*.2.fr.10; uidesne, ut haec ~ant? *Fin*. 5.83; omnibus inter se ~entibus mundi partibus *N.D*.2.19; ratio..quae cum..partibus suis consensit et, ut ita dicam, ~uit SEN.*Dial*.7.8.5.

concipilō ~āre ~āuī, *tr.* [CON-+CAPVLO²] To lay violent hands on, seize.
quem ego offatim iam iam ~abo PL.*Truc*.621; inuasisse me domum Pudentillae et ~are bona eius APUL.*Apol*.96; ~auisti dictum a Naeuio pro corripuisti et inuolasti PAUL.*Fest*.p.62M.

concipiō ~ipere ~ēpī ~eptum, *tr.* [CON-+CAPIO] ORTHOG.: *concipei* (pres. inf. pass.) *CIL* 1.592.1.44; *cuncaptum* 1.365.

1 (of things) To receive or draw into themselves, take in, absorb, catch; (also of persons). **b** *ignem* (*ignes*), *flammam*, etc. *~ipere*, to catch fire, be set alight; (in fig. phrs.) to be smitten with love; also, with enthusiasm.
ex eaque (anima) pars redditur respirando, pars ~ipitur cordis parte quadam CIC.*N.D*.2.138; feruida fit glans..cum multa rigoris corpora dimittens ignem ~epit LUCR.6.308; (nubila) ~ipiunt..marinum umorem 6.503; terra caducas ~epit lacrimas Ov.*Met*.6.397; uineam nouellam..ablaqueatam habeto, ut omnes imbres limumque ~ipiat COL.*Arb*.10.4; ne (frumentum) ~epto umore uitietur SEN.*Dial*.10.19.1; platanis, quae plurimum uentorum ~ipiunt PLIN.*Nat*.16.131; QUINT.*Inst*.11.3.16;—Phaethon..~ipit aethera mente (*i.e. seems to breathe the upper air*) Ov.*Met*.1.777; uiuidos haustus leuis ~ipiat SEN.*Oed*.1057; insueto ~epit pectore numen LUC.5.163; (*cf.*) postquam sat uisus sibi ~episse uigoris (Theron) SIL.16.497. **b** materies..quae..ignem ~ipere possit CIC.*de Orat*.2.190; stuppa iacit flammam ~epto protinus igni LUCR.6.880; uti..turris, tormenta flammam ~iperent CAES.*Civ*.2.14.2; tandem ~epto, sed uix, fulgore *Mor*.13; LIV.37.11.13; ne..tot ab ignibus aether ~iperet flammas Ov.*Met*.1.255; PLIN.*Nat*.24.158;—(*in fig. phrs.*) cuncto ~epit corpore flammam CATUL.64.92; ualidum penitus ~epit in ossa furorem *Ciris* 164; Ov.*Met*.7.9; —felices..si nostrum illum ignem iudex ~eperit QUINT.*Inst*.11.3.3.

2 (w. *ab*, *ex*, abl., adv.) To draw or derive (from a source).
multum quoque tollere nubis umorem magno ~eptum ex aequore ponti LUCR.6.628; inde occultas uiris et pabula terrae pinguia ~ipiunt VERG.*G*.1.87; album opus..non modo ex propriis sed etiam alienis aedificiis ~ipit fumum VITR.7.3.4; quia..tantum (lumen) ex se terris ostendat (luna), quantum a sole ipsa ~ipiat PLIN.*Nat*.2.45; huius (*sc.* aegolethri) flore ~ipiunt (apes) noxium uirus aquoso uere marcescentis 21.74;—(*transf.*) dolorem non ~eptum a se CIC.*N.D*.3.91; e latitudine..lamnarum..magnitudinum ita nomina ~ipiunt fistulae VITR.8.6.4; si manus..similis docilis mihi fingere ceras..hinc..tuo solatia grata marito ~iperem STAT.*Silv*.5.1.4.

3 (of women and female animals, oft. absol.) To receive in the womb, conceive. **b** to be the mother of; (esp. *~eptus* as an expr. to denote the circumstances of birth; (w. abl., w. *ex*, *de*) to denote parentage). **c** (of trees and plants), to be fertilized, begin to form fruit, etc.; (of seed) to germinate. **d** (of the earth) to cause to germinate. **e** (fig.).
per te..genus omne animantum ~ipitur LUCR.1.5; hominum corpora..una mundi coniunctione ~epta VITR.6.1.8; sitque salax aries, ~eptaque semina coniunx reddat Ov.*Fast*.4.771; (phoenix) ipsa se ~ipit atque ex se rursus renascitur MELA 3.84; cum singuli uteri (piscium) innumerabilia ~ipiant PLIN.*Nat*.9.157; ut sola piscium et animal pariant et oua ~ipiant 9.165; JUV.12.104; (*cf., of a chick inside an egg*) pauonis oua gallinae iussi supponi.. timeo ne iam ~epti sint PETR.33.5;—(*absol.*) cum ~epit mula CIC.*Div*.2.49; CELS.7.29.1;—(*w.* ex) illud quod erat ex fratre ~eptum CIC.*Clu*.31; ex se ~ipiens channe Ov.*Hal*. 108; TAC.*Ann*.1.58; ULP.*dig*.40.5.24.6. **b** tamquam feceris ipse aliquid, propter quod nobilis esses, ut te ~iperet quae sanguine fulget Iuli JUV.8.42;—quem candida Maia Cyllenae gelido ~eptum uertice fudit VERG.*A*.8.139; canis.. triuio ~eptus PHAED.1.27.11; monstrum infandis..~eptum Eumenidum thalamis STAT.*Theb*.1.598;—(*w. abl.*) Troia Criniso ~eptum flumine mater quem genuit VERG.*A*.5.38; anguis immanis concubitu ~eptum LIV.26.19.7;—(*w.* ex) me uti credam ex tuo esse ~eptum satu ACC.*trag*.515; (*cf.*) funestum illud animal ex nefariis stupris, ex ciuili cruore.. ~eptum CIC.*Pis*.21;—(*w.* de) de..lupo ~epta Nape Ov.*Met*.3.214. **c** quae nata sunt..in fundo alescunt, adulta ~ipiunt VAR.*R*.1.44.4; uites..~ipiunt uergiliarum exortu PLIN.*Nat*.16.104; tota aestate aliud floret in eo genere (*sc.* carduorum), aliud ~ipit, aliud parturit 21.96; cum nulla arbor proprie dicatur, quae radicem non ~eperit ULP.*dig*.47.7.3.3;—festinata satione densum spargi semen, quia tarde ~ipiat PLIN.*Nat*.18.196. **d** omnia quae terra ~ipiat semina CIC.*N.D*.2.26; si (semen) inciderit in ~ipientem conprendentemque naturam 2.81; ne sitis exurat ~epto semine partum COL.10.144. **e** hoc quod ~eptum res publica periculum parturit CIC.*Mur*.84; furorem incredibilem biennio ante ~eptum erupisse in meo consulatu *Sul*.67; propria et peculiaria huius urbis uitia paene in utero matris ~ipi TAC.*Dial*.29.3.

4 To bring into existence, produce, form. **b** to give rise to (a river, etc.); to produce, generate (winds).
mysteria..castis ~epta sacris ACC.*trag*.528; tellus.. prima ~epta ab origine mundi LUCR.5.548; uocabula ex artis propria necessitate ~epta VITR.5.pr.2; citius..cadunt stillae quam ut ~ipere imagines possint SEN.*Nat*.1.5.6; ~eptaque classica cornu LUC.7.476; PLIN.*Nat*.37.134; omnis quae erat ~epta mentis intentio mora..excutitur QUINT.*Inst*.10.3.20. **b** Indus..~eptam..pluribus alueis undam lato spatio trahit MELA 3.69; torrens imbribus ~eptus COL.1.4.10; fontibus hic (*sc.* mons) uastis inmensos ~ipit amnes LUC.2.403; ~ipitur Appia in agro Lucullano FRON.*Aq*.5; (*cf.*) Pontus..ex Hellesponti fonte ~ipitur APUL.*Mun*.6;—uenti..fluminibus paludibusque ~epti.. uehementes sunt SEN.*Dial*.3.17.4; spiritum in cauernis ingentibus ~ipi *Nat*.6.24.3; V.FL.5.521; laborantes ~epto flamine terrae STAT.*Theb*.7.809.

5 (of things) To contain, hold.
lacunam..facito, uti satis siet ubi cinerem ~ipiat CATO *Agr*.38.1; (truleum) latius est, quod ~ipit aquam VAR.*L*.5.118; non ~ipientibus auras infirmis pennis Ov.*Met*.12.569; —cum easdem (nuces), si fregeris, uix sesquimodio ~ipere possis VAR.*R*.1.7.3; inflatam (tibiam) sensit habere sonum et modo dimittit digitis, modo ~ipit auras Ov.*Fast*.6.705; uentum ~ipere ueste QUINT.*Inst*.11.3.179; JUV.11.170; (*cf.*) VTEI EA NOMINA..IN EO IVDICIO..INCLVDANTVR ~IPIANTVR, QVAE INCLVDEI ~IPEI..OPORTERET *CIL* 1.592.1.43.

6 To perceive or grasp by means of the senses; *ore ~ipere*, to pronounce.
haec tanta oculis bona ~ipio PL.*Poen*.277; ego ullos aure ~ipio sonos? SEN.*Phoen*.224; (canis) ~eptum sectatus odorem SIL.10.81; ~eptum nescientibus oculis ignoti hominis aspectum [QUINT.]*Decl*.15.11;—quorum nomina nostro ore ~ipi nequeant MELA 3.15.

7 *furtum ~ipere* (leg.), To detect a theft by search.
ea quoque furta, quae per lancem liciumque ~epta essent GEL.11.18.9; 11.18.12; ~eptum furtum dicitur, cum apud aliquem testibus praesentibus furtiua res quaesita et inuenta est GAIUS *Inst*.3.186; 4.173.

8 To contract, catch (a disease or other physical infirmity). **b** to take upon oneself, contract (a moral stain).
cum iam praecordiis ~eptam mortem contineret CIC.*Tusc*.1.96; haec ideo difficulter medicantur, primum quod ex frigoribus ~ipiuntur VITR.1.6.3; fessa labore sitim ~eperat Ov.*Met*.5.446; CELS.6.6.8.E; is morbus aestate plerumque ~ipitur COL.7.5.14; (*cf.*) ut in nostris corporibus ita in illa (*sc.* terra) saepe umores uitia ~ipiunt SEN.*Nat*.3.15.4. **b** aliquot iam per annos ~eptam huic ordini turpitudinem CIC.*Ver*.49; furore ex maleficiis ~epto excitatus 5.73; delenda uobis est illa macula Mithridatico bello superiore ~epta *Man*.7; ipsa senectus dedecus ~ipit *Off*.1.123; ne quod in se scelus ~episse neu suos prodidisse uideantur CAES.*Civ*.1.74.3.

9 To conceive or grasp in the mind, form an idea of, imagine. **b** to devise, conceive (a plan).
quid mirum..si..inbecilli animi superstitiosa ista ~ipiant CIC.*Div*.2.81; quo haec celerius ~iperent (milites) *B.Afr*.73.3; ingenio uerbis ~ipe plura meis Ov.*Rem*.360; uaria..somnio uisa ~ipiunt (asinae) PLIN.*Nat*.8.169; numquam uoto saltem ~ipere succurrit similem huic PLIN.*Pan*. 4.4;—(*w.* mente, animo, animi) nec tantos mente furores ~ipit VERG.*A*.4.502; quantalibet magnitudo hominis ~ipiatur animo LIV.9.18.8; longe..aliud est, quam mente ~ipis SEN.*Ben*.5.2.1; animi male debita regna ~ipit STAT.*Theb*.1.315;—(*w. acc. and inf.*) quod..ita iuratum est, ut mens ~iperet fieri oportere CIC.*Off*.3.107; non ego ~epi.. clara mea tangi sidera posse manu Ov.*Pont*.2.2.9;—(*w. indir. qu.*) ~ipere animo potes, quam simus fatigati PLIN.*Ep*.3.9.24. **b** quid..mali aut sceleris fingi aut cogitari potest quod non ille ~eperit? CIC.*Catil*.2.7; quidquid usquam ~ipitur nefas tractauit HOR.*Carm*.2.13.9; tecta..intra quae tantum amentiae ~eptum esset LIV.4.15.8; quod numquam antea spe ~eptum, nedum opere temptatum erat VELL.2.106.2;—(*w. inf.*) cum indubitata ratione umbrarum Eratosthenes mensuram terrae prodere inde ~eperit PLIN.*Nat*.6.171; Agrippam ferre ad exercitus Germanicos non seruili animo ~epit TAC.*Ann*.2.39.

10 To undertake, assume (a responsibility; also, a law-suit).
ducis et tu ~ipe curam VERG.*A*.11.519; fortis castrorum ~ipe curas STAT.*Silv*.5.2.127;—solet iuris formula..inhibere mensores, ⟨n⟩e tal⟨es⟩ controuersia⟨s⟩ ~ipia⟨n⟩t AGEN.*agrim*.p.35; pro litibus ac iudiciis ubicumque ~eptis SUET.*Cal*.40.

11 To adopt, form (a particular mental attitude); esp. to conceive (a hope).
maiorem in sese ~ipiet metum (*i.e. take fright*) PL.*Am*.301; auribus tu tantam cupiditatem ~episti CIC.*Ver*.4.101; inimicitias..habebat etiam priuatas cum Caesare ex aedilitate..~eptas CAES.*Civ*.3.16.3; si tantum pectore robur ~ipis VERG.*A*.11.369; operisque sui ~epit amorem Ov.*Met*.10.249;—spem regni ~eperit LIV.4.15.4; ⟨ne⟩ frustra uos hanc spem de me ~eperitis 44.22.4; Ov.*Met*.6.554; SEN.*Dial*.6.1.1; PLIN.*Nat*.18.208; spem adoptionis statim ~eptam TAC.*Hist*.1.13.

12 (in religious ceremonies, etc.) To pronounce solemnly, utter (a formula or prayer); to take (an oath or vow); *uerba* CONCEPTA, a solemn utterance. **b** to fix by formal announcement, promulgate; to declare (war); to strike (a treaty); to give (bail).
sic uerba ~ipito CATO *Agr*.139; quas nunc ~ipiam per noua uota preces? Ov.*Am*.3.7.44; plenissima ~ipit..uerba, quibus Veneri grates agit *Met*.10.290; sollemnia pontificii carminis uerba ~epit SEN.*Dial*.6.13.1; cum cetera iuris iurandi uerba ~iperent TAC.*Hist*.4.31;—deinde ~ipiebatur iusiurandum, ut adessent CINC.*iur*.13(Gel.16.4.4); senatus ..ius iurandum ~epit TAC.*Hist*.4.41; VOOTVM..RECTED CVNCAPTVM *CIL* 1.365; populus in foro uotum ~epit LIV.41.21.11; dum uota salutis ~iperent LUC.1.507; **b** quotannis is dies ~ipitur VAR.*L*.6.25; magistratus uitio creatos Latinas sacrumque in Albano monte non rite ~episse LIV.5.17.2; nec sine auspiciis profectum in externo ea solo noua atque integra ~ipere posse 22.1.7;—ut iustum ~iperetur bellum VAR.*L*.5.86; age, ~ipe bella SIL.1.109;—fer sacra.. et ~ipe foedus VERG.*A*.12.13; iunge..manus et ~ipe foedus STAT.*Ach*.1.902;—negat..quemquam fuisse qui uadimonium ~ipere posset CIC.*Q.fr*.2.13.3.

13 To express in formal language, frame, draw up (a form of words, etc.). **b** to state expressly.
quod 'ex animi tui sententia' iuraris, sicut uerbis ~ipitur more nostro CIC.*Off*.3.108; nisi in quae ipse ~episset uerba iuraret LIV.7.5.5; formula ita ~ipitur GAIUS *Inst*.4.37; eas..formulas..in ius ~eptas uocamus 4.45; si condicionaliter ~epta sit causa *dig*.35.1.17.3; uerba erant ita ~epta GEL.4.20.3; si ita ~epta stipulatio fuerit AFRIC.*dig*.4.6.

43. **b** audet..Antias Valerius ~ipere summas LIV.3.5. 12; ~eptas foedere poenas SIL.2.14.

concīsē, *adv*, [CONCISVS+-E] In detail.
ea non tam est minute atque ~ in actionibus utendum quam in disputationibus QUINT.*Inst*.12.2.11.

concīsiō ~ōnis, *f.* [CONCISVS+-TIO] A dividing up (of words into clauses).
dilucidum fiet..~one uerborum CIC.*Part*.19.

concīsūra ~ae, *f.* [next+-VRA]

1 A cut, incision.
cicatricibus operis atque ~is, in quibus aurum haeserat, remanentibus PLIN.*Nat*.34.63.

2 A dividing up, distribution.
~a aquarum a cuniculis cubicula interfluentium SEN.*Ep*. 100.6.

concīsus ~a ~um, *a.* [pple. of CONCIDO²] In senses of vb., esp.:

1 (of speeches, expressions, etc.) Broken off, cut short, terse; (also transf., of an orator).
(Graeci) sunt angustis et ~is disputationibus inligati CIC.*de Orat*.2.61; genus sermonis..non liquidum, non fusum ac profluens, sed exile, aridum, ~um ac minutum 2.159; distincte ~a breuitas 3.202; ~is sententiis *Brut*.66; si non..breuia illa atque ~a singultantium modo eiecturi sumus QUINT.*Inst*.10.7.10;—cum ~us ei Thrasymachus minutis numeris uideretur CIC.*Orat*.40.

2 Minute, detailed; also, very small.
secuta aetas octo (uentos) addidit nimis subtili atque ~a (ratione) PLIN.*Nat*.2.119; ~a nimium et uelut articulosa partitio QUINT.*Inst*.4.5.24.

concitāmentum ~ī, *n.* [CONCITO¹+-MENTVM] A thing which rouses or agitates the mind, incentive.
quis..ignorat lituos et tubas ~a esse? SEN.*Dial*.5.9.2.

concitātē, *adv. compar.* ~ius. [CONCITATVS+-E]

1 Rapidly, quickly, hurriedly.
ut eo quisque..longius recedat, quo..~ius fertur SEN. *Dial*.7.1.1; ~e agitur pecus COL.6.6.4; Philippus..~ius intulit signa FRON.*Str*.2.1.9.

2 (of speaking, etc.) Vehemently, animatedly.
disputabat expedite magis quam ~e SEN.*Ep*.40.12; quid lentius celerius ~ius lenius dicendum QUINT.*Inst*.1.8.1; ut affectus concitatius moueat 12.10.26.

concitātiō ~ōnis, *f.* [CONCITO¹+-TIO]

1 Rapid or violent movement; animatedness, impetuosity (of speaking).
cum..~o remorum derectaeque in se prorae hostis adpropinquare aperuissent LIV.44.28.10; omnia uiolenta necesse est ipsa ~one in exitum sui tendant SEN.*Nat*.7.9.3; si..(equi) a ~one confestim biberint COL.6.30;—an..aut in illo lentiore tarditatem aut in illo paene praecipiti ~onem adiuuandam..existimarit QUINT.*Inst*.2.8.11.

2 The action of arousing the passions, an exciting, stimulation; also, of sexual desire. **b** the state of having the passions aroused, excitement; a disturbance.
duabus partibus orationis, quarum altera commendationem habet, altera ~onem CIC.*de Orat*.2.201; alia..uocis ..modulatione ~onem iudicis, alia misericordiam petimus QUINT.*Inst*.1.10.25; qua ~one consurgat uia 1.11.12;—Graeci, cum ~onem hanc uolunt significare, satyrion appellant PLIN.*Nat*.26.99. **b** plebei contra patres ~one et seditione nuntiata CIC.*Brut*.56; cum..hic feruor ~oque animi inueterauerit *Tusc*.4.24; sapientem ab omni ~one animi, quam perturbationem uoco, semper uacare 5.48; quam ~onem animorum fregit aduentus exercitus LIV. 9.7.10; ira est ~o animi ad ultionem uoluntate..pergentis SEN.*Dial*.4.3.5;—crebrae..ex concursu multitudinis ~ones fiebant CAES.*Civ*.3.106.5.

concitātor ~ōris, *m.* [CONCITO¹+-TOR] An instigator, provoker; an inciter, agitator.
seditionis..instimulator et ~or tu fuisti CIC.*Dom*.11; ecquae turbulenta contio cuius ille non ~or? *Sest*.110; eorum qui turbae ac tumultus ~ores fuerant LIV.25.4.10; is acerrimus belli ~or TAC.*Hist*.3.2;—~or tabernariorum CIC.*Dom*.13; auctor belli, ~or multitudinis HIRT.*Gal*.8.21.4.

concitātrix ~īcis, *f.* and *a.* [CONCITO¹+-TRIX] That which excites or stimulates.
eruca..~ix..ueneris PLIN.*Nat*.19.154; ~icem uim habet et satyrion 26.96.

concitātus ~a ~um, *a. compar.* ~ior, *superl.* ~issimus. [pple. of next] In senses of vb., also:

1 Fast, rapid.
caeli stellifer cursus, cuius conuersio est ~ior CIC.*Rep*. 6.18; (res) ita mobiles et ~ae ut nihil umquam unum esset *Ac*.1.31; C. Liuium..qui praeerat equitibus, quam ~issimos equos immittere iubet LIV.35.5.8; haud paulo ~iore cursu, quam secutus erat, fugiens 35.29.6; fugere, quod currendi genus ~issimum est SEN.*Ep*.108.25; ~issimum corporis motum QUINT.*Inst*.2.11.4.

2 (of emotions, states of mind, etc.) Roused, vehement, violent. **b** (of style) energetic, vehement, impetuous. **c** (of actions) excited.
a placido et leni adfectu..ad ~iorem pergam V.MAX.4.6; ~issuma est in morte rabies SEN.*Con*.9.6.2; ~ior est auaritia in magnarum opum congestu conlocata SEN.*Ben*.2.27.3; non tam acria et ~a habet omnia (uitia) 4.27.3; aspice.. animalium quam ~a sint desideria *Dial*.6.7.2; mores huius pecudis..qui sunt propiores placidis quam ~is COL.6.2. 14; ille ~is, hic remissis adfectibus melior QUINT.*Inst*.10. 1.73; numquam ~iore spiritu fuisse pugnandum *Decl*. 339(p.340,l.29). **b** oratione..celeri et ~a CIC.*de Orat*. 2.88; genus dicendi..ardens et ~um SEN.*Con*.3.pr.7; sublimius senatus, ~ius populus, et..publicae..causae poscunt accuratius dicendi genus QUINT.*Inst*.8.3.14; uibrantibus ~isque sententiis 12.9.3. **c** ~ior accidens clamor ab increscente certamine LIV.10.5.2.

concitō¹ ~āre ~āuī ~ātum, *tr.* [CON-+CITO¹]

1 To set in rapid motion; to discharge, hurl (a missile). **b** to spur, urge on (horses, etc.). **c** (pass. and refl.) to rush, hurl oneself; (of rivers, etc.) to flow rapidly, have a strong current. **d** *gradum, cursus* ~*are*, to move swiftly, take swift strides.
hunc (montem) magno cursu ~atos iubet occupare CAES. *Civ*.1.70.4; quosdam ipse retinens ~atam repressisset aciem LIV.25.37.14; sol..primos a carcere ~at axes SEN.*Apoc*.4.1; tibi ~atus substitit mundus *Ag*.827;—(*ships*) ~ato nauigio, cum remiges inhibuerunt, retinet tamen ipsa nauis motum et cursum suum CIC.*de Orat*.1.153; LIV.36.44.4; ~atam remige et uelo ratem SEN.*Thy*.438;—reciproca tendens neruo equino ~a tela ACC.*trag*.545; ad emittenda cum procursu, quo plurimum ~antur, tela LIV.34.39.3; in terga ruentum..cunctas..~at hastas SIL.9.641. **b** ecum ~atum..ad hostium permittit aciem SIS.*hist*.32; incensus ira equum in eum ~auit NEP.*Pel*.5.4; equum in medios moriturus et ipse ~at VERG.*A*.11.742; ~at calcaribus equum LIV.2.6.8; beluam (*sc.* elephantum) in fugam ~at (rector) CURT.8.14.34; minime aestate utilius est boues in cursum ~ari COL.6.5.1. **c** cohors una passim ~ata.. euadit SIS.*hist*.87; Allecto in Teucros Stygiis se ~at alis VERG.*A*.7.476; accensi ira ~ant se in hostem LIV.7.33.14; aduersum se ~at acer in hostem *Ilias* 287;—promunturium Trapeza, unde primum ~at se Hellespontus PLIN.*Nat*. 5.127; unde ~atur (flumen) a celeritate Tigris incipit uocari 6.127. **d** ~at (Perseus) aerios cursus MAN.5.577; nonne uides..si ille acer est et ferox, ~ari gradum? SEN.*Ep*. 114.3; ~a celerem gradum *Phoen*.403.

2 To agitate, stir up, disturb. **b** to excite, agitate (the mind). **c** to awaken, rouse.
frigida..aura quae ciet horrorem membris et ~at artus LUCR.3.291; mari tranquillo, quod uentis ~aretur LIV. 38.10.5; ut euersas ~et Eurus aquas OV.*Ep*.7.42; si alia quadrupes aliam ~auit, ut damnum daret ULP.*dig*.9.1.1.8; (*fig.*) tempus hoc tranquillum atque placatum, illud omnibus inuidiae tempestatibus ~atum CIC.*Clu*.94;—(*bodily organs*) ubi..quis..uenas..~atas habet CELS.2.7.24; folia stomacho inlinuntur et uuluae ~atae PLIN.*Nat*.23.90; (*cf.*) adusta (carcinomata) protinus ~ata sunt CELS.5.28.2.c. **b** uis illa terrae, quae mentem Pythiae diuino adflatu ~abat CIC.*Div*.1.38; mentes mortalium..mendacibus uisis ~are 2.127. **c** furias fraternas ~a LIV.40.10.1; nymphe.. fugiens ~at omne nemus OV.*Fast*.1.436; seruus..tam ualde intonuit, ut totam ~aret uiciniam PETR.78.6.

3 To summon, bring together, assemble.
quantam auditorum multitudinem infamia C. Verris ~atura CIC.*Div.Caec*.42; contionibus seditiose ~atis *Clu*.2; ~a perditos ciuis *Catil*.1.23; priuatus..poterit contiones ~are *Q.fr*.1.4.3; ~tatur..omne nomen Etruscum LIV. 7.17.6; Brutus clamore Quirites ~at OV.*Fast*.2.850;—(*w.* ad) omnem Galliam..quam ad nostrum auxilium ~auimus CAES.*Gal*.7.77.7; in Apuliam ad ~anda seruitia proficisci parabat SAL.*Cat*.46.3;—(*w.* aduersus) ad ~andum inde aduersus regem exercitum LIV.1.59.12; 5.4.14.

4 To rouse to exertion, exhort, impel.
uirtus, quae..animum gloriae stimulis ~at CIC.*Arch*.29; egiones ~auit LIV.10.29.10; plures fulgor ~at aulae SEN. *Her.O*.617;—(*w.* ad) admirabili..ad philosophiam studio ~atus CIC.*Brut*.306; neu populus..ad arma cessantis, ad arma ~et HOR.*Carm*.1.35.16; ad bellum palam..gerundum alios ~at populos LIV.1.27.2; generosus animus..~atur ad honesta SEN.*Ep*.39.2;—(*w.* in) equitatum in pugnam ~at LIV.10.28.7; ut eam imago..in lacrimas ~et SEN.*Con*. 9.6.11;—(*w. inf.*) quae uos dementia..~at..captam dimittere Troiam? OV.*Met*.13.226;—(*refl. or pass.*) cum se ad scribendum ~auerat SEN.*Con*.1.pr.14; aduersus petentia ~emur *Ep*.123.13.

5 To inflame the feelings of, incite, stir up; to rouse to anger, infuriate. **b** to produce or promote by inflaming feelings, stir up, foment. **c** to excite, arouse (an emotion).
inperitum ~at uulgum SIS.*hist*.48; aliud narrantem tenere auditorem, aliud ~are CIC.*Opt.Gen*.15; Themistagoram..scribis populum ~asse *Ver*.1.83; CAES.*Gal*.7.13.2; coniurasse populos ~ante Octauio Mamilio LIV.2.18.3;—(*w.* in) scribarum ordinem in me ~abit Hortensius CIC.*Ver*. 3.182; contionem habituri sunt ad..~andum..in uos populum LIV.24.38.4;—(*w.* aduersus) satis eos aduersus populum Romanum ~atos 24.29.6;—(*w.* contra) plures ..gentes contra imperatorem nostrum ~atae sunt CIC. *Man*.23;—tribunos plebis offensos ac ~atos esse LIV. 5.3.4; ad ista ~ari insania est SEN.*Dial*.4.25.1; aliquando frangi aspectu pignorum suorum, saepius ~ari TAC.*Ag*.38.1; —(*cf. sense 2*) fabula nulla tuas de nobis ~et auris PROP. 3.15.45. **b** non uides quam turbam, quantos belli fluctus ~es? ACC.*trag*.608; ne..nouum..bellum Gallicum ~aretur CIC.*Font*.33; sedato tumultu quem..aduentus Caesaris ~auerat CAES.*Civ*.3.18.3; circumire populos..ad ~andum bellum LIV.7.27.5; nec ignoro quantam mihi ~em pugnam QUINT.*Inst*.10.1.105. **c** ut in aliquem hominem magnum odium..~etur CIC.*Inv*.1.100; quam exspectationem tui ~asti *Fam*.2.1.2; ira exardescit, libido ~atur *Tusc*.2.58; uarios..irarum ~at aestus VERG.*A*.4.564; LIV.24.31.15; si quis sibi offensas ~aturus est SEN.*Ben*.4.20.2; quid sit misericordia et quibus animi motibus ~etur TAC.*Dial*.31.3.

6 To bring about, cause, provoke.
quid sit ipse risus, quo pacto ~etur CIC.*de Orat*.2.235; tempestates..saepe improuiso..obscura aliqua ex causa ~antur *Mur*.36; ante..dulcia quam nobis ~et arma Venus PROP.3.20.20; pluuias ~at Auster aquas OV.*Ars* 3.174; sibi nocituum ~ant periculum PHAED.1.29.3; ad ~andum ignem SEN.*Nat*.2.15; eadem (radix) ~at uomitiones PLIN. *Nat*.20.11; gustatum a pecore..balatum ~at 20.156; sternutamentum ~are LARG.10; C. Gracchum..totius populi Romani lacrimas ~asse QUINT.*Inst*.11.3.8.

concitō², *adv.* [CONCITVS+-O²] Rapidly.
cum eo equo per uiam ~ peruolant APUL.*Fl*.21.

concitor ~ōris, *m.* [CONCIEO+-TOR] An instigator, provoker; an inciter, agitator.
si..belli ~ores tradidissent uiuos LIV.29.3.3; 37.45.17; in Iulium Alpinum..ut ~orem belli..animaduertit TAC. *Hist*.1.68;—culpam..penes paucos ~ores uolgi esse dixit LIV.45.10.10.

concitus ~a ~um, *a.* [pple. of CONCIEO] In senses of vb., also: Moving rapidly, headlong.
Orphea..~a dicunt flumina..sustinuisse lyra PROP.3.2. 3; me referebat ~us amnis STAT.*Ach*.2.149.

conclāmātiō ~ōnis, *f.* [CONCLAMO+-TIO] A shouting or crying together (usu. as an expression of grief); also, an acclamation.
~onem tot milium sub gladio gementium SEN.*Cl*.1.12.2; ubique lamenta, ~ones TAC.*Hist*.4.1; lacrimis et ~onibus dolorem testabantur *Ann*.3.2;—uniuersi exercitus ~one imperator appellatur CAES.*Civ*.2.26.1.

conclāmitō ~āre, *intr.* [next+-ITO] To keep shouting loudly, to cry.
~are tota urbe PL.*Mer*.51.

conclāmō ~āre ~āuī ~ātum, *tr.*, *intr.* [CON-+CLAMO]

1 To shout aloud, cry out, exclaim; (w. acc.) to utter a cry of; so also in pass. **b** to acclaim. **c** (w. acc.) to cry to, invoke. **d** (app.) to make to resound with shouting.
'endoplorato', hoc est ~ato CIC.*Tul*.50; ~at omnis multitudo CAES.*Gal*.7.21.1; ~ant socii laetum paeana secuti VERG.*A*.10.738; cum ~asset gaudio Albanus exercitus LIV. 1.25.6;—(*w. dir. sp.*) ~o: 'heus quid agis tu..in tegulis?' PL.*Mil*.178; ~ate (o hendecasyllabi) iterum altiore uoce 'moecha putida..' CATUL.42.18; ~at..Volcens: 'state, uiri' VERG.*A*.9.375;—(*w. indir. sp.*) copo..~at hominem esse occisum CIC.*Inv*.2.15; ~antibus omnibus imperaret quod uellet CAES.*Civ*.3.6.1; cum deos pandere uiam fugae ~assent LIV.10.5.11; ~atum..legionem..ad proelium uenire TAC.*Hist*.2.68;—(*w.* ut) imperator ~at..ut uelites in sinistro cornu removeantur CAEL.*hist*.30; ~auerunt, uti aliqui..ad colloquium prodiret CAES.*Gal*.5.26.4; LIV.24.31. 1;—(*w. acc.*) uictoriam ~ant atque ululatum tollunt CAES. *Gal*.5.37.3; Italiam primus ~at Achates VERG.*A*.3.523;—~atum in uicinia incendium SEN.*Dial*.5.43.3;—(*w. pron.*) quod Mithridates..se uelle dixit, id sutores et zonarii ~arunt CIC.*Flac*.17; haec alii sex..uno ~ant ore sophistae JUV.7.167. **b** uulgus euntem auctorem pacis..~at gaudens STAT.*Theb*.10.685; duces..qui..gaudio et impetu uictoris exercitus ~abantur TAC.*Ann*.3.74. **c** et uictor deos ~at omnis: 'parcite, en, patriae precor' SEN.*Oed*.975. **d** inmensis..~ata querelis saxa senis (*sc.* Promethei) MART. 9.45.5.

2 (mil.) To give a signal; *ad arma ~are*, to call to arms; *uasa ~are*, to give the signal for packing baggage; so also ~*are* alone.
ueniri ad se confestim existimantes ad arma ~ant CAES. *Gal*.7.70.6; ut ad arma ~aretur uellerentque signa LIV. 3.50.11; 7.12.3; uelut aduersus hostes ad arma ~atum esset 29.9.5;—signum dari iubet et uasa militari more ~ari CAES.*Civ*.1.66.1; 3.37.4; initio statim noctis uasa ~are milites..iussit FRON.*Str*.1.8.9; (*cf.*) signo dato ~atur inde ut colligantur uasa LIV.22.30.1;—quod pridie noctu ~atum esset Caesaris castris CAES.*Civ*.1.67.2; 3.75.2.

3 To call up, summon.
duros ~at agrestis VERG.*A*.7.504; ~at socios OV.*Met*. 13.73; pagani..statim ~ant canes APUL.*Met*.4.3; 7.21.

4 To mourn with wailing, bewail; ~*atum est*, all is lost.
ex maestis..domibus quae ~auerant suos LIV.4.40.2; non laudatur ille nunc..sed ~atur SEN.*Ep*.52.13; cum corpora nondum ~ata iacent LUC.2.23; durum et deserti praerepta coniuge partem ~are tori STAT.*Silv*.2.6.5; domi tuae iam defletus et ~atus es APUL.*Met*.1.6; (*cf.*) planctu ~at uterque Isthmos STAT.*Theb*.6.13;—desine; iam ~atumst TER.*Eu*.348.

conclāuātus ~a ~um, *a.*: (see quot.).
~ae dicebantur, quae sub eadem erant claue PAUL.*Fest*. p.58M.

conclaudō: see CONCLVDO.

conclāue ~is, *n.* [CON-+CLAVIS, cf. *conclauia dicuntur loca, quae una claue clauduntur* PAUL.*Fest*.p.38M] FORMS: gen. pl. *conclauiorum* VITR.6.3.8. A room in a house. **b** an enclosed space for fowls, coop. **c** a public lavatory.
istum..circumduce hasce aedis et ~ia PL.*Mos*.843; est mihi ultimis ~e in aedibus quoddam retro TER.*Hau*.902; eo in ~e postquam introiit CALP.*hist*.27; cum cenatus cubitum in idem ~e..isset CIC.*S.Rosc*.64; porticum cum ~ibus pauimentatam *Dom*.116; HOR.*S*.2.6.113; cum..in ~i edito recubuisset NEP.*Di*.9.1; LIV.39.14.9; COL.12.2.2; NERAT. *dig*.39.2.47. **b** (auium) quae conclauibus septae saginantur COL.8.1.3. **c** quem..quaerere..~ibus omnibus solebas MART.5.44.6; 11.77.1.

conclūdō ~dere ~sī ~sum, *tr.* [CON-+CLAVDO] FORMS: *conclausa* COL.3.12.2. CONST.: w. acc.; also, abl., *in*+acc. or abl., *intra*, or adv.

1 To shut up (in a confined space), to confine; (transf.) to conceal, keep secret. **b** to enclose (land). **c** (of an outline or boundary) to contain. **d** to close in, contract. **e** (fig.) to hedge about.
~dere in fenstram firmiter PL.*Cas.*132; in cauea si forent ~si, itidem ut pulli gallinacei *Cur.*450; ~do in uincla bestiam nequissumam *Rud.*610; non placet qui amicos intra dentes ~sos habet *Trin.*909; illum aliquo ~sissem TER.*Eu.* 667; me iam in cellam aliquam cum illa ~dam *Ad.*552; gallinas..sic farcito. gallinas teneras..~dat CATO *Agr.*89; eos ~dit, magnam hominum multitudinem CIC.*Ver.*4.54; bestiae..quas delectationis causa ~dimus *Fin.*5.56; cum ..uenti..procella nubibus intorsit sese ~saque ibidem.. nubem cogit uti..LUCR.6.125; ~sas hircinis follibus auras HOR.*S.*1.4.20; cum..(natura) circum fusis orbem ~deret astris MAN.3.49; ~sit se loco nuper..perpolito VELL.2.22.4; (luxuria) uult..maria ~dere SEN.*Dial.*3.21.1; GAIUS *dig.* 41.1.5.2; duobus..infimis conclusis digitis (*i.e. pressed against the palm*) ceteros eminens et infesto pollice APUL.*Met.*2. 21;—egone ut haec ~sa gestem clanculum? PL.*Bac.*375. **b** pars optare locum tecto et ~dere sulco VERG.*A.*1.425; AEQVORA ~SIT CAMPI DIVISQVE DICAVIT *CIL* 2.2660. **c** hunc (*sc.* mundum) ea forma figurauit (deus), qua una omnes formae reliquae ~duntur CIC.*Tim.*17; qualitas in ha⟨s⟩ species diuiditur, ut extremitati⟨bu⟩s ~dentibus aut quadrata sit aut circa flexa aut c⟨u⟩neata HYG.*agrim.*p.77. **d** septunx a septem et uncia ~sum VAR.*L.*5.171. **e** tot nunc me rebu' miserum ~dit pater TER.*Hec.*702; hominem ..dolore ~sit [QUINT.]*Decl.*14.4.

2 To fasten in position.
cum..arcus cuneis erunt ~sae VITR.6.8.3; (rudentes) cuneis ad foramina ~duntur, ut non possint se remittere 10.12.2; 10.14.2.

3 To render impassible, close.
tu tibi iubeas ~di aedis foribus ferreis PL.*Per.*570; nec tamen saeuitia tempestatum ~dit mare PLIN.*Nat.*2.125.

4 To include (within certain limits).
ut equites Romani in huiusce legis periculum ~dantur CIC.*Clu.*152; omne hoc..quo diuina atque humana ~sa sunt, unum est SEN.*Ep.*95.52; quia plures causae sunt una quantitate ~sae ULP.*dig.*46.7.5.2;—(*in a book, etc.*) ita expositis tridui disputationibus quartus dies hoc libro ~ditur CIC.*Tusc.*4.7; concinnaui tibi munusculum..et dictum cum magno nostro honore a te dictum ~si TREBON. *Fam.*12.16.3; uno hoc uolumine uitam..uirorum complurium ~dere constituimus NEP.*Ep.*4.6;—(*in a period of time*) fortunam..quae tot res tantas tam opportune in unum ~sit diem TER.*Eu.*1047.

5 To restrict, confine, limit. **b** to define, state expressly.
(orator) ~datur in ea (studia), quae sunt in usu..forensi CIC.*de Orat.*1.260; qua ratione..in hoc singulare iudicium causa omnis ~deretur *Quinct.*67; eundem in angustissimam formulam sponsionis ~debas *Q.Rosc.*12; non..potui.. istum locum in unam speciem ~dere QUINT.*Inst.*6.2.1; aliis cognitionem senatus lege ~sam, aliis liberam solutamque dicentibus PLIN.*Ep.*2.11.4; nec tam anguste professio nostra ~ditur, ut..HYG.GR.*agrim.*p.168; hoc iudicium non ad id quod interest, sed quanti ea res est ~ditur ULP.*dig.* 2.3.1.4. **b** intentio est ea pars formulae, qua actor desiderium suum ~dit GAIUS *Inst.*4.41.

6 To bring to an end, conclude, finish; (absol.) to make an end, conclude.
facinus natum a cupiditate..crudelitate perfectum atque ~sum CIC.*Ver.*2.82; ~dam iam interrogationem meam *Vat.*40; hic dialogus sic ~sus est *Att.*13.42.2; orbis, annua sol in quo ~dit tempora serpens LUCR.5.692; singula statim argumenta ~dens dicendi genus TAC.*Dial.*31.5;—(*absol.*) conplexio est, quae ~dit breuiter *Rhet.Her.*2.28; deinde concludere ac perorare CIC.*de Orat.*2.80.

7 (rhet.) To construct (a sentence, etc.) in the form of a period; (absol.) to compose or employ periods; also, to form a period.
ipsa..natura..~dit..sententiam, quae..cadit etiam plerumque numerose CIC.*Brut.*34; paria paribus relata et similiter ~sa *Orat.*84; non nullos, quorum prope modum absolute ~deretur oratio 171; (*cf.*) neque..~dere uersum dixeris esse satis HOR.*S.*1.4.40; (*absol.*) ille ~dit adstrictius, hic latius QUINT.*Inst.*10.1.106;—idem hi tres pedes male ~dunt, si quis eorum in extremo locatus est CIC.*Orat.*217.

8 To derive by reasoning, infer, deduce, conclude; (absol.) to draw a conclusion or inference; (of facts, etc.) to involve as a consequence, imply.
demonstrando, id, quod ~dere illi uelint, non effici ex propositis CIC.*de Orat.*2.215; ut argumentum ratione ~dat *Orat.*137; si ita iudicium daretur ut id ~deretur quod a familia factum esset *Tul.*27; Cratippus solet rationem ~dere hoc modo *Diu.*1.71; cum alia coniectura quaerantur, alia finitionibus ~dantur QUINT.*Inst.*12.2.15;—(*absol.*) secundus is appellatur ~dendi modus CIC.*Top.*54; ~dit..Chrysippus hoc modo *Fat.*20;—(*w. acc. and inf.*) ex quibus bonorum beatam uitam esse ~ditur *Tusc.*5.47;—quattuor sunt capita quae ~dant nihil esse quod nosci possit *Luc.*83.

conclūsē, *adv.* [CONCLVSVS+-E] (rhet.) In the form of a period, in a rounded manner.
cum..fortuito saepe aliquid ~se apteque dicerent CIC. *Orat.*177.

conclūsiō ~ōnis, *f.* [CONCLVDO+-TIO]

1 (mil.) A state of siege.
graui..pestilentia conflictati ex diutina ~one CAES.*Civ.* 2.22.1; NEP.*Eum.*5.7; VITR.5.9.8.

2 a The enclosing (of an area). **b** a fastening in position.
a structuris siue aggeribus expediantur progressus, et ita conformandae portuum ~ones VITR.5.12.2. **b** cuneorum ~onibus ad sonitum..catapultae temperantur VITR.10. 12.2.

3 The act of finishing or completing. **b** (rhet.) the concluding passage of a speech, conclusion, peroration.
in extrema parte et ~one muneris ac negoti tui CIC.*Q.fr.* 1.1.46. **b** ~ones quae apud Graecos epilogi nominantur *Rhet.Her.*2.47; ~o est exitus et determinatio totius orationis CIC.*Inv.*1.98; *de Orat.*2.80; peroratio sequebatur, quam..~onem alii uocant QUINT.*Inst.*6.1.1.

4 (rhet.) The rounded arrangement of a sentence, a period.
quod carmen artificiosa uerborum ~one aptius? CIC. *de Orat.*2.34; quaedam ad numerum ~o nulla erat *Brut.*33; conpositio aspera et quae uitaret ~onem SEN.*Con.*3.pr.18; ea quae efficitur e pedibus aequa conclusio nomen aliquod desiderat QUINT.*Inst.*9.4.57.

5 The inferring, or deducing (of a proof), syllogism. **b** that which is inferred, the conclusion (of a syllogism).
~o est quae..ex iis quae ante dicta sunt..conficit quid necessario consequatur *Rhet.Her.*4.41; haec summa est ~onis meae CIC.*Phil.*2.32; argumenti ~o..ita definitur: 'ratio quae ex rebus perceptis ad id quod non percipiebatur adducit' *Luc.*26; nisi..~one falsa a uero nascens mendacium adstrinxero SEN.*Ep.*48.5; illa propositarum quaestionum ~o non fere tota constat syllogismis? QUINT. *Inst.*1.10.37; 7.3.14. **b** habet..rationem et propositionem, non habet ~onem; ita est ille inperfectus syllogismus QUINT.*Inst.*5.14.1; ~onem synlogismi non in fine posuit, set in principio GEL.2.8.8.

conclūsiuncula ~ae, *f.* [prec.+-VNCVLA] A quibbling syllogism.
qui contortulis quibusdam et minutis ~is..effici uolunt non esse malum dolorem CIC.*Tusc.*2.42; *Luc.*75.

conclūsum ~ī, *n.* [CONCLVSVS] A confined space.
alia..ad manum species (aedificii)..alia in excelso, non eadem in ~o VITR.6.2.2; cotoneis in ~o spiramentum omne adimendum PLIN.*Nat.*15.60.

conclūsūra ~ae, *f.* [CONCLVDO+-VRA] A joint or fastening (of an arch).
fornicationes cuneorum diuisionibus et ad centrum respondentes earum ~ae VITR.6.8.3.

conclūsus ~a ~um, *a. compar.* ~ior. [pple. of CONCLVDO] In senses of vb., also: (of spaces) Restricted, enclosed, confined.
~oque loco caelum mare flumina montis mutare..uidemur LUCR.4.458; nauigationem in ~o mari CAES.*Gal.*3.9.7; suaue locus uoci resonat ~us HOR.*S.*1.4.76; in ~o..aere si quae (columnae) extenuatae erunt, non discernentur VITR. 4.4.2; ut aliquem locum ~iorem totumque spatium impleat lumine HYG.*Astr.*4.14; ULP.*dig.*50.16.59; FECIT MVNIMENTVM..CVM AGELLO ~O *CIL* 6.26259.

concoctiō ~ōnis, *f.* [CONCOQVO+-TIO] (med.) The process of digestion.
maxime pertinere ad rem ~o uidetur CELS.1.pr.20; ~one maturata PLIN.*Nat.*11.200; ~ones adiuuant, cruditates.. numquam faciunt 20.64; 22.91.

conc(o)hortālis ~is ~e, *a.* [CON-+COHORTALIS] Belonging to the same cohort.
C VIRIVS CATVLINVS ET SEX BLESENVS LEO ~ES *A.Epig.* 16.48.

concolor ~ōris, *a.* [CON-+COLOR]

1 Having the same colour, matching. **b** having the same colour throughout. **c** (app.) belonging to the same faction.
candida..cum fetu ~or albo..sus VERG.*A.*8.82; flos de sanguine ~or ortus OV.*Met.*10.735; ~or in nostra, cammare, lance rubes MART.2.43.12;—(*w. dat.*) et populus festo ~or ipse suo est OV.*Fast.*1.80; si palatum atque lingua ~or lanae est COL.7.3.1; ~or Indo Maurus LUC.4.678; pallidus fossor redit erutoque ~or auro STAT.*Silv.*4.7.16. **b** PLIN. *Nat.*10.80; (smaragdi) acriter uirides, sed non facile puri aut ~ores 37.69. **c** ~OR VICTOR SVAVIS FIDVS *CIL* 6.33953.

2 (of statements) Agreeing with, matching.
exordio sermonis huius quam ~ores fallacias adtexamus APUL.*Met.*5.16.

concomitātus ~a ~um, *a.* [CON-+COMITOR] Accompanied, escorted.
sororem..adesse et matrem dicito, quibu' ~a recte deueniat domum PL.*Mil.*1103.

concoquō ~quere ~xī ~ctum, *tr.* [CON-+COQVO] FORMS: *concoquunt* COL.6.2.14, PLIN.*Nat.*23.154; *concoqunt* CELS.5.3; *concocunt* PLIN.*Nat.*30.125; *concocuntur* CELS. 5.18.7.

1 To cook down, heat thoroughly; to burn thoroughly (lime). **b** to boil or cook together. **c** (transf.) to concoct from var. ingredients.
ut Medea Peliam ~xit senem PL.*Ps.*869; ~quit partem uapore flammae ACC.*trag.*220; auis scribitur conchis se solere complere, eas cum stomachi calore ~xerit euomere CIC.*N.D.*2.124; COL.2.18.3; eadem (terra) acceptum umorem ..temperate ~quens intra se uice suci continet PLIN.*Nat.* 18.110;—uti..uno tenore ~quatur (glaeba calcis) VITR. 7.2.1. **b** quam minime ut possit (olium) mixtos in corpore odores ~ctosque suo contractans perdere uiro LUCR. 2.853; ostrea, echini, spondyli, multi perturbati ~ctique ponantur SEN.*Ep.*95.28; uitrum sulpuri ~ctum feruminatur in lapidem PLIN.*Nat.*36.199. **c** humanae quandam gentem stirpis ~quit VAR.*Men.*428.

2 To digest (food and drink); (absol.) to digest one's food; *bene, pulchre* ~*quere* to have a good digestion. **b** to promote or assist the digestion. **c** (transf.) to absorb into the mind, digest (a thought).
ubi uoles cibum ~quere CATO *Agr.*127.1; (cibus) facillimus ad ~quendum CIC.*Fin.*2.64; dummodo quod capias ~ctum didere possis artubus LUCR.4.631; cibum potionemque et adsumimus et ~quimus CELS.1.pr.19; (nuces iuglandes) difficiles ~ctu PLIN.*Nat.*23.147;—(*absol.*) non.. expectabat ut in balneo ~queret SEN.*Ep.*86.11; abstineri.. debent dum ~quant COL.8.5.17; somno ~quere corpulentiae quam firmitati utilius PLIN.*Nat.*11.283;—bene..ualetis omnes, pulcre ~quitis CATUL.23.8; hi melius ~quunt COL.6.2.14; bene ~quit..et tamen pallet MART.1.77.3. **b** (brassica) mirifice ~quit CATO *Agr.*156.1. **c** cum multa percurreris, unum excerpe, quod illo die ~quas SEN.*Ep.*2.4; ~quamus illa: alioquin in memoriam ibunt, non in ingenium 84.7.

3 To make ripe, ripen (crops, etc.); also, to change by ripening (into something else). **b** (med.) to bring to maturity, ripen (morbific humours, boils, etc.). **c** (pass., of the mind) to be brought to maturity, become alert.
iugata (uinea)..aequalius ~quit (*sc.* fructum) COL.*Arb.* 4.2; Aethiops (*i.e.* equus solis)..~quit fruges HYG.*Fab.* 183.1;—omnem ilico sucum (boleti) alienum saporemque in uenenum ~qui PLIN.*Nat.*22.94. **b** eadem (*sc.* brassica lenis) tumida ~quit CATO *Agr.*157.3; ~qunt et mouent pus nardum, murra, costus CELS.5.3; ad..suppurationes ~quendas PLIN.*Nat.*21.127; (habrotonum) ~quit panos 21.161; prima propolis aluorum..tubera discutit, dura ~quit 22.107. **c** erectiorque mens est, et melius ~quitur, ubi frigus..est CELS.1.9.4; siue maturatur atque ~quitur.. recordatio QUINT.*Inst.*1.2.43.

4 To tolerate, bear meekly, stomach.
haec (κρίσις) quam noster Diodotus non ~quebat CIC. *Fam.*9.4; ut eius ista odia non sorbeam solum sed etiam ~quam *Q.fr.*3.9.5; ut quem senatorem ~quere ciuitas uix posset regem ferret LIV.4.15.7; sicco ~quit ore famem PETR. 82.5,l.4; 105.5.

5 To ponder, ruminate; to devise, concoct.
tibi..diu deliberandum et ~quendum est utrum..CIC. *Q.Rosc.*45;—nocturnis uigiliis..iustitium illud ~ctum atque meditatum est *Har.*55.

concordē, *adv.* [cf. CONCORS] Amicably, harmoniously.
CIL 6.7579; QVIS VERA VT CVPIANT ~ VIVERE MENS EST 6.10237.

concordia ~ae, *f.* [CONCORS+-IA]

1 Mutual agreement, concurrence of feeling, friendship, harmony.
quod inter eos sciebant maxima ~a conuenire QUAD. *hist.*57; nuptiae..plenae ~ae CIC.*Clu.*12; *Att.*8.6.4; tanta ~a coaluerant omnium animi LIV.23.35.9; scilicet ingeniis aliqua est ~a iunctis OV.*Pont.*2.5.59; ~a duxit in aequas imperium commune uices LUC.4.5; quippe haec ~a uobis, hic amor est STAT.*Silv.*5.2.157; nec aequo animo perferre hanc nostram pro antiquorum laude ~am TAC.*Dial.*16.3; sed iam serpentum maior ~a JUV.15.159; (*w. obj. gen.*) non ego illam mi dotem duco esse quae dos dicitur sed pudicitiam..deum metum, parentum amorem et cognatum ~am PL.*Am.*841; (*w. dat.*) denique Alcumenam Iuppiter rediget antiquam coniugi in ~am 475; (*w. cum*) ex ~a quam mihi constituit cum conlega CIC.*Agr.*2.103;—(*w. inter*) nec gloria magis rerum..quam ~a inter se clari LIV. 10.24.2; TAC.*Ann.*3.64;—(*concr.*) et cum Pirithoo, felix ~a, Theseus OV.*Met.*8.303.

2 A state of peace and amity between opposing parties, classes, etc., concord.
di..conferunt ~am ENN.*scen.*343; dissensiones..eius modi fuerunt ut non reconciliatione ~ae sed internicione ciuium diiudicatae sint CIC.*Catil.*3.25; nihil tam populare quam pacem, quam ~am, quam otium reperiemus *Agr.*1.23; tueor..illam a me conglutinatam ~am *Att.*1.17.10; ut Caesarem et Pompeium perfidia hominum distractos rursus in pristinam ~am reducas BALB.*Att.*8.15a.1; libertas bellum ~a LUCR.1.456; ~a maxuma, minuma auaritia erat SAL.*Cat.*9.1; si e tanto felix ~a bello exstiterit PROP.3.6.41; redigi in ~am res LIV.3.52.2; ~am ordinum turbauit 7.22. 7; dum rei publicae constaret ~a VELL.2.62.3; temporis angusti mansit ~a discors LUC.1.98; quod (bellum) longa ~a quietus Oriens..parabat TAC.*Hist.*2.6.

3 An agreement or harmony between things, conjunction, union. **b** (of sounds) a harmony; also, a choir (in quot., of Sirens).
tantam..habet morum similitudo coniunctionem atque ~am CIC.*Ver.*3.23; quia..(temperantia animos) quasi ~a quadam placet ac leniat *Fin.*1.47; lasciuia et laus numquam habent ~am PUB.*Sent.*L.7; quid..possit rerum ~a discors HOR.*Ep.*1.12.19; ista ultima sit, faciam, Veneris ~a uestrae OV.*Met.*13.875; par est ~a flendi *Epic.Drusi* 201; rupta rerum ~a in ruinam diuina labantur SEN.*Ben.*6.22; quos non ~a mixti alligat ulla tori LUC.6.458; de magnete lapide ..~aque, quam cum ferro habet PLIN.*Nat.*34.147; illa.. dissimilium ~a, quam uocant ἁρμονίαν QUINT.*Inst.*1.10.12; rara est adeo ~a formae atque pudicitiae JUV.10.297;—(*cf.*) mihi..cum hoc mortis instrumento (*i.e.* ueneno) propria ~a est [QUINT.]*Decl.*17.15. **b** ex eiusmodi uocum ~a.. amicum quiddam et dulce resonat COL.12.2.4;—ut putares inter auras canere Sirenum ~am PETR.127.5.

4 (personified) The goddess of Concord.
SIGNVM BASIM ~AE DANT *CIL* 1.1508.6; Mens Fides Virtus ~a consecratae et publice dedicatae sunt CIC.*N.D.* 2.79; LIV.24.22.1; OV.*Ars* 2.463; ~A AVGVSTI *BMCI* I. p.380, No.65 (Vitellius); ~A EXERCITVVM *BMCI* 3.p.1,No.4 (Nerva); PACI PERPETVAE ET ~AE AVGVSTAE *CIL* 2.3349.

concorditās ~ātis, *f.* [CONCORS+-TAS] Mutual agreement, harmony.
~em hospitis adiunctam perpetem probitate conseruetis PAC.*trag.*188.

concorditer, *adv.* *compar.* ~ius, *superl.* ~issimē. [CONCORS+-TER²] In a concordant manner, harmoniously.
aeternum seritote diem ~iter ambo ENN.*Ann.*106; illi inter se congruont ~iter PL.*Cur.*264; quicum ~issime uixerat CIC.*Rab.Perd.*14; bellum utinam..consideratius ~iusque quam cupiunt gerant LIV.4.45.8; et dulces ~iter exigit annos OV.*Met.*7.752; CVM QVA ~ISSIME VIX ANN XXII *CIL* 6.18414.

concordium ~(i)ī, *n.*: var. CONCORDIA.
mulier ueluti uenali ~io ne dotata sit conueniat PAPIN. *dig.*23.4.27; ne ~ia (*s.v.l.*) pretio conciliari uiderentur ULP. *dig.*24.1.3.

concordō ~āre ~āuī ~ātum, *intr.*, (*tr.*). [CONCORS+-O³]

1 To be on good terms, be friendly, live in harmony.
si ~abi' cum illa TER.*Ph.*433; MAN.2.635; ut..diuersis nationibus conuenae..~arent FRO.*Aur.*1.p.72(58N).

2 (of things) To be in agreement, agree, harmonize. **b** (of melodies) to be in harmony, harmonize. **c** (of stars) to take up the same or proper relative positions, move according to a pattern.
animi (sanitas) dicitur, cum eius iudicia opinionesque ~ant CIC.*Tusc.*4.30; omnia opera eius (*sc.* uirtutis) cum ipsa ~ant et congruunt SEN.*Ep.*74.30; 75.4; tum accipiat (caput) aptos..motus ut cum gestu ~et QUINT.*Inst.*11.3.69. **b** per me (*sc.* Phoebum) ~ant carmina neruis OV.*Met.*1.518; et sensit uarios..~are modos 10.147. **c** ut uaga fulgentis ~ant sidera caeli MAN.3.101; SEN.*Nat.*1.pr.12; magnum annum dicunt mathematici, quo septem sidera errantia, expletis propriis cursibus sibimet ~ant PAUL.*Fest.*p.147M.

3 (tr.) To bring about a harmonious (relationship).
uolentes bene ~atum sequens matrimonium dirimere PAPIN.*dig.*48.5.12(11).11; ULP.*dig.*24.1.32.19; (*transf.*) Cato seri eam (*sc.* harundinem) iubet..simul et corrudae, unde asparagi fiant, ~are amicitiam PLIN.*Nat.*16.173.

concorporō ~āre, *tr.* [CON-+CORPORO] To unite into a single body, make one.
cortex..non umescit neque ~atur PLIN.*Nat.*17.107; mulsum..facillime..cum melle ~atur 22.113;—(*ellipt.*) (polyanthemum) uitiligines ~at 27.112.

concors ~dis, *a.* *compar.* ~dior, *superl.* ~dissimus. [CON-+COR: meaning influenced by false etym. from *chorda*] FORMS: *concordis* (nom.) CAECIL.*com.*109.

1 Concurring in feeling and opinion, agreeing, like-minded; (of a body of people) mutually agreeing, consentient. **b** (m. or f. as subst.) a like-minded person, friend, comrade.
nouem Iouis ~des filiae sorores NAEV.*poet.*1; credo ea gratia ~des..fore TER.*Hec.*617; an ille..cum P. Attio quam cum ~dissimis fratribus..esse..maluisset? CIC.*Lig.*5; aliis cor ipsum animus uidetur, ex quo excordes, uecordes ~desque dicuntur *Tusc.*1.18; ~DESQVE PARI VIXIMVS INGENIO *CIL* 1.1732.6; ~des..dracones CORN.SEV.*poet.*6; ~des stabili fatorum numine Parcae VERG.*Ecl.*4.47; et bene ~dis tristia ad arma uocat PROP.2.34.6; cetera par ~s et sine lite fuit OV.*Pont.*3.2.88; o male ~des LUC.1.87; fratres egregie ~des TAC.*Ann.*2.43;—(*w. dat.*) ~dem sibi coniugem 3.33; APUL.*Pl.*2.5;—(*w.* cum) adulescentis optumas..⟨bene⟩ ~des cum uiris AFRAN.*com.*53; dimidius patrum sit, dimidius plebis, ne secum quidem ipse ~s LIV.4.2.6;—ut..multo fiat ciuitas ~dior PL.*Aul.*481; ~s etiam tum senatus CIC.*Har.*45; exercitu ~di ac bene de re p. sentiente PLANC. *Fam.*10.18.2; neque omnis eques ~s TAC.*Hist.*3.79. **b** ingens cura mis cum ~dibus aequiperare ENN.*Ann.*132; quicquid natura protulerat..inter ~des diuidebatur SEN.*Ep.* 90.40; quaeque apud ~des uincula caritatis, incitamenta irarum apud infensos erant TAC.*Ann.*1.55.

2 (of abstract things) Harmonious, concordant. **b** (of sounds) harmonious.
possit..teneri ille moderatus et ~s ciuitatis status CIC. *Leg.*3.28; ex quo ipse (mundus) se ~di quadam amicitia et caritate conplectitur *Tim.*15; tam ~dibus iunctos animis LIV.6.6.18; quoniam ~des egimus annos OV.*Met.*8.708; sitque haec discordia ~s MAN.1.142; una efficietur uis ac potestas ~s sibi SEN.*Dial.*7.8.5; quos iam tenet Poppaea ~di fide? [SEN.]*Oct.*791; et uice ~di discis uentura docesque STAT.*Theb.*8.192; ambobus..ad pugnas Martemque insania ~s SIL.4.100; CVM QVO ~DEM VITAM..VIXIT *CIL* 6.26926. **b** concentus ex dissimillimarum uocum moderatione ~s tamen efficitur et congruens CIC.*Rep.*2.69; at nymphae uicisse deas Helicona colentes~di dixere sono OV.*Met.*5.664.

3 (transf., of things) Amicably shared, united, joint; produced by or indicating concord.
curru succedere sueti quadripedes et frena iugo ~dia ferre VERG.*A.*3.542; ~dique toro pessima semper auis PROP.4. 5.6; (sidera) omnia ~di tractu ueniuntque caduntque MAN. 1.537; ~dia fata duorum PERS.5.49; duro ~des caespite mensas instituunt LUC.4.197; nec ante Nilus (dictus) quam se totum aquis rursus ~dibus iunxit PLIN.*Nat.*5.53; agmina ~s auertit fuga SIL.16.68; (*cf.*) rupisse uidentur ~des elementa moras (*the bonds holding them together*) LUC.5.635; —nam sol non rutilas deducit in aequora nubes ~desque tulit radios 5.542; nec tura uidet ~dia Mopsus V.FL.8.248.

concrēbrescō ~escere ~uī, *intr.* [CON-+CREBRESCO] To become frequent.
cum leuis alterno Zephyrus ~uit Euro *Ciris* 25.

concrēdō ~ere ~idī ~itum, *tr.* [CON-+CREDO] FORMS: *~ui* (pf. ind.) PL.*Cas.*479; *~uo* (fut. pf. ind.) *Aul.*585. To entrust for safe keeping; to confide (a secret or sim.).
sed mihi auos..~idit auri thensaurum PL.*Aul.*6; quoi suom ~at filium *Capt.*348; fortasse metuis in manum ~ere? *Per.*441; uitam ac fortunas cui ~iderim meas LUCIL.780; cui tu et rem et famam commendare proficiscens et ~ere solebas CIC.*Quinct.*62; is cui fama mortui, fortunae uiui commendatae sunt atque ~itae *S.Rosc.*113; classi cum moenia diuae linquentem natum uentis ~eret Aegeus CATUL.64.213; uel quibus obsessos possit ~ere muros VERG. *A.*10.286; rursus calido (statu caeli) teneriores uberioresque (uites) ~et COL.3.1.7;—hoc docte consulendum quod modo ~itumst PL.*Poen.*926; HYG.*Fab.*82.2; (*facet.*) cui ~ere nugas (uellet) HOR.*S.*2.6.43.

concrēmentum ~ī, *n.* [CONCRESCO+-MENTVM] A concretion.
~a uarii fellis et turbidi spiritus et pinguis humoris nouissima aegritudinum incitamenta sunt APUL.*Apol.*49.

concremō ~āre ~āuī ~ātum, *tr.* [CON-+CREMO] To consume by fire, burn completely, burn down; also, to burn together.
uiuos..igni ~aturos minabantur LIV.3.53.5; non omnia ~ari tecta 5.42.2; duas naues fulminis ictu ~atas esse 41.9.5; repentino ~entur (sidera) incendio SEN.*Ben.*6.22; urbs ~etur *Phoen.*346; PLIN.*Nat.*12.83;—ignis..praemia captis ~at (*s.v.l.*) *Aetna* 624.

concrepō ~āre ~uī, *intr.*, *tr.* [CON-+CREPO]

1 (intr.) To make a noise: (of doors) to grate, creak (in opening); (of mus. instruments) to sound, crash; (of weapons) to clash. **b** (of persons, usu. w. abl. of instrument); *digitis ~are*, to snap one's fingers; so also *~are* alone.
sed fori' ~uit hinc a uicino sene PL.*Mil.*154; ~uerunt fores *Bac.*610; sed ostium ~uit abs te TER.*Ph.*840;—scabilla ~ant CIC.*Cael.*65; cymbala Thebano ~uere deo PROP.3.18.6; (*cf.*) aeriferae comitum ~uere manus OV.*Fast.* 3.740;—simul primo concursu ~uere arma LIV.6.24.1; 28. 8.2. **b** conglobati et conlecti ~ant armis SIS.*hist.*64; CAES.*Gal.*7.21.1; exercitus..gladiis ad scuta ~uit LIV. 28.29.10;—~uit digitis: laborat; crebro commutat status PL.*Mil.*206; CIC.*Off.*3.75;—simul ac xuiri ~uerint (*i.e. gave the signal*) *Agr.*2.82.

2 (tr.) To cause to make a noise, clash; *digitos ~are* to snap one's fingers.
Temesaea..~at aera OV.*Fast.*5.441; factio..hastis..scuta ~uit PETR.59.3; MART.11.16.4;—digitos ~uit PETR. 27.5.

concrescentia ~ae, *f.* [next+-IA] Coagulation, solidification.
dissipant quae ex aquarum subsidentia in corporibus et ~a offenderunt (*s.v.l.*) VITR.8.3.18.

concrescō ~escere ~ēuī *and* ~ētus sum, *intr.* [CON-+CRESCO] FORMS: *concresse* (= *concreuisse*) OV.*Met.*7.416.

1 To be formed by hardening or condensation, to harden, set, coalesce. **b** (of clouds, rain, etc.) to be formed by condensation, collect. **c** to grow organically, increase in thickness. **d** to condense, contract.
sanguinem bilem pituitam ossa neruos uenas..uideor posse dicere unde ~eta et quo modo facta sint CIC.*Tusc.* 1.56; de terris terram ~escere paruis LUCR.1.840; aliis rebus ~escunt semina membris atque aliis extenuantur 4.1261; ipse tener mundi ~euerit orbis VERG.*Ecl.*6.34; putris ~escere fungos *G.*1.392; ~etos sanguine crinis *A.*2.277; Gorgone conspecta saxo ~euit oborto OV.*Met.*5.202; rigido ~escere rostro ora uidet 5.673; cum uero ~eti (nodi) ademere transitum, repercussa erumpit (medulla) PLIN. *Nat.*17.153; (*cf.*) uidi ego rugoso tussim ~escere collo PROP. 4.5.67. **b** per totum ~escunt aera nubes LUCR.6.250; quae ~escunt in nubibus..nix uenti grando gelidaeque pruinae 6.528; quo pacto pluuius ~escat in altis nubibus umor 6.495; (*perh.*) ~escant (*s.v.l.*) animae penitus *Aetna* 283. **c** lanae, quae quanto prolixior in pecore ~escit ..COL.7.3.10. **d** nanus et ipse suos breuiter ~etus in artus PROP.4.8.41.

2 (of liquids) To congeal, coagulate, solidify, freeze solid.
usque adeo in sole habeto (muriam), donec ~euerit CATO *Agr.*88.2; qui..non habent ex arboribus exitus umores, intra ~escentes putrescunt VITR.2.9.4; si quid intus umoris ~euerit CELS.5.26.23.D; LARG.182;—quae uim habeant refrigerandi calfaciendi, ~escendi liquendi CIC.*Tim.*50; nix acri ~eta pruina LUCR.3.20; frigora..cana ~eta pruina VERG.*G.*2.376; LIV.21.58.8; nec mare ~escit glacie OV.*Tr.* 3.12.29; alia sunt..~eti in pruinas aut coacti in niues PLIN.*Nat.*2.105; (*poet.*) gelidus ~euit frigore sanguis VERG. *A.*12.905; (*fig.*) lacrimas..quibus ora rigabas cum mea ~eto sicca dolore forent OV.*Pont.*2.11.10.

3 (dub.) To arise, be caused.
sed summis si forte putas ~escere (*s.v.l.*) causis tantum opus *Aetna* 158.

concrētiō ~ōnis, *f.* [prec.+-TIO] Formation into solid matter or the condition of being so formed.
dum indiuiduorum corporum ~onem fugit..negat (Epicurus) esse corpus deorum CIC.*N.D.*1.71; mens..segregata ab omni ~one mortali *Tusc.*1.66; quae (*sc.* natura lactis) iam a principio imbuta paterni seminis ~one GEL. 12.1.20.

concrētus¹ ~a ~um, *a.* *compar.* ~ior. [pple. of CONCRESCO]

1 Composed, constructed, formed. **b** made up of diverse parts, composite.
ille qui asperis etl euibus..corporibus ~a haec esse dicat CIC.*Luc.*121; aut simplex est natura animantis..aut ~um ex pluribus naturis *N.D.*3.34; exisstunt animalia terris imbribus et calido solis concreta uapore LUCR.5.798; salem prouenire..ex contrariis inter se elementis, igne atque aquis, ~um TAC.*Ann.*13.57; 'flauus' contra uidetur e uiridi et rufo et albo ~us GEL.2.26.12. **b** nihil..est in animis mixtum atque ~um CIC.*Tusc.*1.66; 1.71.

2 Solid, hard; frozen; matted; *lac ~um*, curdled milk. **b** condensed, dense, heavy. **c** (transf., of moral stains) ingrained.
~us hic (adeps), et cum refrixit fragilis PLIN.*Nat.*11.212; omnibus..caua et in mucrone demum ~a sunt (cornua) 11.127; spuma id est, lacte ~ior 11.239; ~a cruento per nares cerebro sanies fluit SIL.9.398; callis quibusdam.. plurifariam ~is ad impetiginis formam SUET.*Aug.*80;—~i montes nimborum LUCR.6.159; mare ~um PLIN.*Nat.* 4.104; (*transf.*) exuti ~o frigore montes STAT.*Theb.*3.672;—riget squalidi capitis ~a canities [QUINT.]*Decl.*5.9;—lac ~um (*i.e. curdled*) TAC.*Ger.*23.1. **b** illorum qui utantur crasso caelo atque ~o CIC.*N.D.*2.42; crassus hic et ~us aer *Tusc.*1.42; pingue et ~um esse caelum *Div.*1.130. **c** donec longa dies..~am exemit labem VERG.*A.*6.746; 6.738.

3 Cohering, closed up; (of the bowels) constipated.
cum claram speciem ~o lumine luna abdidit CIC.*Cons.* fr.2.18; pars..ore ~o et naribus carens PLIN.*Nat.*6.188; 7.69;—herbam..laxandis intestinis, alioqui ~is, deuorant 8.129.

concrētus² ~ūs, *m.* [CONCRESCO+-TVS³] Coagulation, solidifying.
in ~u albicantis suci PLIN.*Nat.*12.70.

concrīminor ~ārī ~ātus sum, *intr.*. [CON-+CRIMINOR] To bring a charge, make an accusation.
ut si illic ~atus sit aduorsum militem meu' conseruos, eam uidisse PL.*Mil.*242.

concrispō ~āre ~āuī ~ātum, *tr.*, *intr.* [CON-+CRISPO] To curl (hair); (intr., of vapours) to move in curls, curl.
capitulo (columnae Ionicae) uolutas uti capillamento ~atos cincinnos..conlocauerunt VITR.4.1.7;—umores ~antes et in aera surgentes 8.1.1.

concruciō ~āre, *tr.* [CON-+CRVCIO] To cause violent pain to, torment.
cum caput..laeditur in nobis, non omni ~amur corpore LUCR.3.148.

conctātiō: see CVNCTATIO.

conctiō: see CONTIO.

concubīna ~ae, *f.* [CONCVMBO+-INA] FORMS: *cuncubina CIL* 10.8161. A concubine.
eripiam..~am militi PL.*Mil.*814; qui seni illi ~am dare dotatam noluit *St.*562; quae..in ~ae locum duceretur CIC. *de Orat.*1.183; semisomno sopore inter manu centurionum ~arumque iactabatur CAEL.*orat.*15; ortus ex ~a erat SAL. *Jug.*5.7; multo ac molli ~arum spadonumque agmine TAC. *Hist.*3.40; ego tandem liber asinus..equas opportunissimas iam mihi ~as futuras deligebam APUL.*Met.*7.16.

concubīnātus ~ūs, *m.* [prec.+-ATVS¹] The state of being a concubine, concubinage; illicit intercourse.
illam..in ~um sibi uolt emere miles PL.*Poen.*102; *Trin.* 690; cum in ~u erat mater eius SCAEV.*dig.*38.10.7;—in ~um iuniores leguntur [QUINT.]*Decl.*3.11; nuptiarum ~us SUET.*Nero* 28.1.

concubīnus ~ī, *m.* [CONCVMBO+-INVS] A catamite; a male paramour.
desertum domini audiens ~us amorem CATUL.61.123; libertum, qui fuisset eius ~us *B.Hisp.*33.4; cum ~o nocte dormiet MART.8.44.17;—~o mollior Celaenaeo (*i.e. Attis*) 5.41.2; quod nubis..~o et, moechum modo, nunc facis maritum 6.22.1; TAC.*Ann.*13.21.

concubitālis ~is ~e, *a.* [CONCVBITVS+-ALIS] Relating to sexual intercourse.
sit deus Conseuius quidam, qui con⟨satio⟩nibus ~ibus praesit [VAR.]*gram.*152.

concubitiō ~ōnis, . [CONCVMBO+-TIO] Sexual intercourse.
Perseus..quod inusitato genere ~onis esset natus HYG. *Astr.*2.12.

concubitor ~ōris, *m.* [CONCVMBO+-TOR]. A fellow sleeper.
si quis masculorum erat ~orum [QUINT.]*Decl.*3b.5.

concubitus ~ūs, *m.* [CONCVMBO+-TVS³]

1 The action of lying together (for sleeping or dining).
concubium a ~u dormiendi causa dictum VAR.*L.*7.78; quaeris ~us? inter utramque fui PROP.4.8.36.

2 Sexual intercourse; the sexual act.
~u grauidam feci filio PL.*Am.*1136; (deorum) cum humano genere ~us CIC.*N.D.*1.42; ~u prohibere uago HOR.*Ars* 398; ~us plebis patrumque LIV.4.2.6; pete ~us foedera OV.*Ars* 2.462; in ~u suae uxoris SEN.*Con.*2.5.14; (mulier) in ~u mariti fulmine exanimata TAC.*Ann.*14.12; in ~u dilecti adulescentuli SUET.*Cl.*29.2;—(*of animals*) neque ~u indulgent (apes) VERG.*G.*4.198; COL.9.2.4; SIL. 3.380;—(feminarum) naturalia nonnumquam..~um non admittunt CELS.7.28.1; SEN.*Ben.*7.1.5; PLIN.*Nat.*10.172.

concubius ~a ~um, *a.* [*concub-* (CONCVMBO) +-IVS]

1 *nox ~a*, the early part of the night, bed-time; so also *concubium* (neut. as sb.).

noctu summa arcis adorti moenia ~a Enn.*Ann.*165; ~a nocte oppido digressi Sis.*hist.*93; ~a nocte uisum in somnis Cic.*Div.*1.57; Hannibal ~a nocte mouit Liv.25.9.8; nox erat ~a Sen.*Con.*7.1.27; ~a nocte suos liberos..acciuit Tac.*Hist.*3.69;—~um sit noctis priu' quam ad postremum perueneris Pl.*Trin.*886; ~um a concubitu dormiendi causa dictum Var.*L.*7.78; (*pl., s.v.l.*) nox prouecta et nox altior et dein ~a altiora et iam nox intempesta Apul.*Met.*2.25.

2 (neut. as sb.) Sexual intercourse.

quae tibi in ~o uerecunde et modice morem gerit Enn.*scen.*207; illud ~i pudici secretum Gel.9.10.4.

concubō ~āre, *intr.* [CON-+CVBO] (w. dat.) To lie with.

me..Caleno ~antem Sulpicia *poet.*2.

conculcō ~āre ~āuī ~ātum, *tr.* [CON-+CALCO]

1 To tread underfoot, trample on.

et ego te ~abo ut sus catulos suos Pl.fr.inc.163; eos (*sc.* uinaceos) ~ato in dolia picata Cato *Agr.*25; ne noctu a matribus ~entur (agni) Var.*R.*2.2.15; cum hunc clarissimum uirum..a pedisequis ~ari iuberes Cic.*Dom.*110; Lucr.5.1140.

2 (fig.) To crush, oppress; to despise, disregard.

eam (*sc.* urbem) patimini..ab homunculis deterrumis proteri atque ~ari? *Rhet.Her.*4.66; rem publicam a..sicariis..oppressam atque ~atam Cic.*Sest.*81; cum Caesar..huic ~andam Italiam tradidisset *Phil.*2.57; ut ~atus (animus) exsurgat Sen.*Ep.*80.3;—qui..sanctissimas leges..solus ~aris ac pro nihilo putaris Cic.*Vat.*23; dissice et ~a ista quae extrinsecus splendent Sen.*Ep.*23.6.

concūlium: see CONCHYLIVM.

concumbō ~umbere ~ubuī ~ubitum, *intr.* [CON-+**cumbo* collat. form of CVBO] To lie together (for sexual intercourse).

Mossyni..promisce ~umbunt et palam Mela 1.106;—(*w.* cum) (eam) aiunt tecum..~ubuisse Ter.*Hec.*393; potius cum muliere fuisse quam ~ubuisse dicebant Var.*L.*6.80; si peperit, cum uiro ~ubuit Cic.*Inv.*1.44; si quis cum uxore sua..~umbat Sen.*Dial.*2.7.4;—(*w. dat.*) dicitur..~ubuisse deae Prop.2.15.16; caelestemque homini ~ubuisse pudet Ov.*Fast.*6.574.

concupiō ~ere, *tr.* [CON-+CVPIO] To desire greatly.

qui uideri Atticorum imitatores ~ebant (*s.v.l.*) Quint.*Inst.*12.10.14.

concupiscō ~iscere ~īuī *or* iī ~ītum, *tr.* [prec.+-SCO] To conceive a strong desire for, desire ardently, long for, covet.

ut si id quod ~isset non aptus ⟨foret⟩ Lucil.911; si contentus his non fuerit..maiora ~iscat Cic.*Orat.*41; haec iste ad insaniam ~ierat *Ver.*2.87; di immortales domum meam ~ierunt? *Dom.*108; laetitia ut adepta iam aliquid ~itum ecferatur *Tusc.*4.12; uti quisque..uas aut uestimentum aliquoius ~ierat Sal.*Cat.*51.33; at si quid umquam tale ~ieris Hor.*Epod.*3.19; ne..tyrannidem ~isceret Nep.*Alc.*7.3; Liv.3.67.7; saepe stomachus hunc (*sc.* cibum) respuit, etiamsi mens ~iscit Cels.3.6.1; is qui nullius non uxorem ~iscit Sen.*Dial.*4.28.6; nomen..matrimonii ~iuit Tac.*Ann.*11.26; liberos ~isco Plin.*Ep.Tra.*10.2.2; bonum primum est..amabile et ~iscendum Apul.*Pl.*2.2;—(*w. inf.*) qui..aedificare nauem ~iuisset Cic.*Brut.*197; ~iui negotiari Petr.76.3; uestigia..uictoriae lustrare oculis ~iuit Tac.*Hist.*2.70;—(*w. acc.+inf.*) Araxen et Euphraten sub imaginibus suis legi ~iscit Flor.*Epit.*2.20(4.10.2); Suet.*Cal.*28;—(*absol.*) si irascitur, etiam ~iscit Cic.*Tusc.*3.19; Tac.*Hist.*1.52;—(*of a plant*) (faba) aquas in flore maxime ~iscit Plin.*Nat.*18.120.

concūrātor ~ōris, *m.* [CON-+CVRATOR] A joint guardian, co-trustee.

actus sui rationem ~ori reddere non esse compellendum Ulp.*dig.*26.7.19.

concuriālis ~is, *m.* [CON-+CVRIALIS] One belonging to the same *curia*.

EX QVORVM VSVRIS CENTESIM ~ES EIVS EPVLENTVR *CIL* 8.1845.

concūrō ~āre, *tr.* [CON-+CVRARE] To attend to thoroughly.

satis ut commode pro dignitate opsoni haec ~et coquos Pl.*Bac.*131.

concurrō ~rere ~rī ~sum, *intr.* [CON-+CVRRO] FORMS: reduplicated pf. *concucurrit*, etc. Var.*Men.*218; Liv.5.38.3; Sen.*Dial.*1.2.10; 12.6.3; Plin.*Nat.*4.92; Suet.*Jul.*15; Flor.*Epit.*2.13(4.2).33.

1 To assemble at a run or in haste, hurry together; (of a single person or group) to come running up. **b** (of things) to come together, meet; to accumulate, collect.

tantus..clamor factus est ut populus ~reret Cic.*Ver.*2.47; id fieri..prius quam auxilia ~rerent Caes.*Civ.*3.80.6; undique papiliones ~rant Col.9.14.9; (*fig.*) confestim..uerba ~runt, quae mens eadem..statim dimittit, ut suo quodque loco respondeant Cic.*Orat.*200;—(*w.* ad) ad fanum ex urbe tota ~ritur *Ver.*4.95; ut undique ad eum legationes ~rerent Caes.*Gal.*5.55.4;—(*w.* in+*acc.*) ~rere in arcem Verg.*A.*2.315; ~sum..in muros est Liv.5.18.11;—(*w. acc. of place whither*) cur cuncta ciuitas..domum tuam ~reret Cic.*Ver.*1.80; Caes.*Gal.*7.3.1;—(*w. advs. of place*) ex proximis castellis eo ~sum est 2.33.3; quo cetera Teucrum ~rit legio Verg.*A.*12.563;—Herminius ubi tumultum sensit, ~rit ex insidiis Liv.2.11.9; ~rit unus e cella uinaria Apul.*Met.*9.34. **b** si plaustra ducenta ~rantque foro tria funera Hor.*S.*1.6.43; ex diuersis limitibus, qui oblique inter se ~runt Sic.Fl.*agrim.*p.126; (*cf. sense 3*) cernisne ut flamma recedat ~ratque tamen? Stat.*Theb.*12.441;—si in stomachum quaedam biliosa ~runt Cels.2.12.2.B; 3.10.2; (*cf.*) ~rit summos animosum frigus in artus Stat.*Theb.*6.395.

2 To come in large numbers to a person or place for some purpose; resort to; *ad arma ~rere* to arm oneself hastily, stand to arms. **b** (transf., where the sense of motion is unimportant) to rally round, go over (to one's side); to make a combined effort (for some purpose).

ad eum (*sc.* praetorem) statim ~sum est Cic.*Lig.*3; ad hos magnus adulescentium numerus disciplinae causa ~rit Caes.*Gal.*6.13.4; pars maxima turbae naufraga..puppis ad auxilium sociae ~rit Luc.3.663; Quint.*Inst.*1.2.16;—(*w.* ad+*gdve.*) ~ritur undique ad commune incendium restinguendum Cic.*Phil.*10.21; ad arcendam uim aduenarum armati..~runt Liv.1.1.5;—(*w. sup.*) uosque in theatro, qui uoluptatem auribus huc aucupatum concucurristis domo Var.*Men.*218; unde..amici gratulatum Romam ~rerent Cic.*Mur.*89;—(*w. rel.+final subj.*) cum..complures ~rissent, qui procacitatem hominis manibus coercere conarentur Nep.*Timol.*5.2;—(*w. fut. pple.*) noluit plures esse, qui idem rogaturi ~rerent Sen.*Ben.*2.7.3;—cum ad arma ~ri oporteret Caes.*Gal.*2.20.1; cum ad arma signo dato milites ~rissent Liv.27.3.5. **b** si diem nobis dixerit, tota Italia ~ret Cic.*Q.fr.*1.2.16;—(*w.* ad) ad nos ~ritur factique..populares sumus *Fam.*12.4.1; ad eum magnae copiae ~rebant Sal.*Cat.*56.5;—(*w.* in+*acc.*) homines..~rere in castra tua *Rep.*1.2.5;—(*w.* quo) num umquam perditis ciuibus uexillum quo ~rant defuturum putatis? Cic.*Phil.*5.29; nulla sedes quo ~rant qui rem publicam defensam uelint *Att.*8.3.4;—licet ~rant omnes..philosophi..nihil umquam tam eleganter explicabunt *Tusc.*1.55; (*w.* ad) ut omnes boni..ad opem praesidiumque ~rerent *Mur.*52;—(*w.* ad+*gdve.*) cum ad coercendos Silanum et Veterem certatim ~reretur Tac.*Ann.*16.22;—(*cf.*) si quid tale accidisset ut non ~rerent nomina (*i.e. if debts due to me were not to be met*) Cic.*Att.*16.3.5.

3 (of opponents in battle) To run together, charge. **b** to engage in battle, fight; (poet., of a battle) to be joined. **c** (transf.) to engage in a contest, strive, contend, fight.

ansatis ~runt undique telis Enn.*Ann.*154; uniuersi..exercitus ad non dubiam mortem ~rerunt Cic.*Tusc.*1.89; prius quam ~rerent acies Caes.*Civ.*3.86.1; Tros Aeneas et Daunius heros ~runt clipeis Verg.*A.*12.724; fronte inaequali ~sum est Liv.10.19.16; cum rostris ~rissent (naues) 26.39.12; frontibus aduersis molles ~rere dammas uidimus Mart.4.35.1;—(*w.* inter se) cum acies duae inter se ~rissent *B.Afr.*59.5; Verg.*G.*1.489; Liv.26.51.4;—(*w.* cum) existimans ultro aduersarios..secum ~suros *B.Afr.*58.2; Verg.*A.*11.117; Liv.5.38.3;—(*w. dat.*) audetque uiris ~rere uirgo Verg.*A.*1.493; quoniam ~rere comminus hosti non datur Ov.*Met.*12.595;—(*w.* contra) equites, quamquam erant pauci, tamen contra tantam multitudinem audacissime ~runt *B.Afr.*6.2; (*w.* aduersus) recenti milite aduersus fessos..~rerat Liv.35.1.6; (*w.* in+*acc.*) omnes ut in unam..~rant nauem Nep.*Han.*10.5. **b** utrum sit aequius ~rere nos Ant.in Cic.*Phil.*13.38; iis copiis ~sum est Liv.21.55.4; nec fas ~rere ferro Ov.*Fast.*3.811; Caesar et Antonius..cum M. Bruto Cassioque acie ~rerunt Vell.2.70.1; fratri ~ro Stat.*Theb.*11.185;—(*poet.*) omnia uentorum ~rere proelia uidi Verg.*G.*1.318; ultima funesta ~rant proelia Munda Luc.1.40; primasque sinit ~rere pugnas V.Fl.6.177. **c** contra impetum istorum impetu ego nostro ~ram atque confligam Cic.*Scaur.*20; nonnumquam iuuat cum fortuna sua ~rere Sen.*Con.*7.3.10; ne statim cum eo (*sc.* dolore tuo) ~ram Sen.*Dial.*12.2.1; si quis ~rere dictis (cum Sphinge)..audeat Stat.*Theb.*2.510;—(*in a race*) est quibus Eleae ~rit palma quadrigae Prop.3.9.17.

4 To knock together violently, collide. **b** (of the jaws or mouth) to snap together, shut. **c** (transf., of arguments, interests, etc.) to be at variance, conflict, clash; (of sounds) to come together.

quod in fretum saepe ~rat aestus atque efferuescat Var.*L.*7.22; Lucr.6.116; montis ~rere montibus altos Verg.*A.*8.692; ~rit dextera laeuae Hor.*Ep.*2.1.205; ne..inter se ~rerent naues Liv.29.27.11; ut ~rendo exasperentur (ossa) Cels.8.10.7.L; multis ~rere uisus Olympo Pindus Luc.7.173; ut noctu plerumque aduersa uela ~rant Plin.*Nat.*2.128; Paul.*dig.*9.2.45.3;—(*of the Symplegades*) ~rentis inter..cautes Ov.*Am.*2.11.3; Plin.*Nat.*4.92; Juv.15.19. **b** cum..ad rogandum os ~rat et subfundatur rubor Sen.*Ben.*2.1.3; dentes colliduntur, lingua titubat, labra ~runt *Ep.*11.2; receptas..in os fruges ~rens inter se duritia dentium frangit 90.22; elusos audit ~rere morsus Stat.*Theb.*5.169; Quint.*Inst.*10.7.8. **c** res..~rent contrariae Cic.*Fin.*5.28; ~rit illinc publica, hinc regis salus Sen.*Oed.*830; cum alia..ipsa inter se ~rant uel in diuersum ambiguitate ducantur Quint.*Inst.*12.2.15;—si uerba extrema cum consequentibus primis ita iungentur, ut neue aspere ~rant neue uastius diducantur Cic.*de Orat.*3.172; si ita (*sc.* 'cum nobis') diceretur, obscaenius ~rerent litterae *Orat.*154.

5 To exist or be present simultaneously; (of events) to take place simultaneously or within the same period, coincide. **b** (leg., of two or more people) to have a claim to the same thing.

tum uariae causae ~runt fulminis omnes Lucr.6.363; non in omnibus locis..eaedem opportunitates possunt similiter ~rere Vitr.2.6.5; aduersus has ~rentis belli minas Tac.*Hist.*4.22; non in eiusdem personam et emolumentum legati et obligatio iuris ~rere Julian.*dig.*36.2.17; utraque actio ~rit et legis Aquiliae et iniuriarum Ulp.*dig.*9.2.5.1;—nisi ista casu..~rerent Cic.*Div.*2.141; omnia licet ~rant *Att.*14.4.2; accessiones..modo singulae singulis diebus fiunt, modo binae pluresue ~runt Cels.3.3.5; si in idem tempus ~rant (sponsalia) Ulp.*dig.*3.2.13.2; numquam plura delicta ~entia faciunt, ut ullius impunitas detur 47.1.2;—(*impers., w.* ut) ~rit..ut sit eodem anno quaestor maximus ex liberis Rufi Plin.*Ep.*4.15.6; in unum ~rit, ut et heres exsistat et dies legati cedat Gaius *dig.*30.68.1. **b** (*w.* in+*acc.*) constat eos non ~suros in eundem seruum Julian.*dig.*30.84.12; ambo in pignus ~rent Ulp.*dig.*20.4.7;—(*w.* in+*abl.*) si tibi usus, mihi fructus legetur, ~rere nos in usu, me solum fructum habiturum 7.8.14.2; (*absol.*) sine soli sint, sine etiam sui heredes..~rant Gaius *Inst.*3.26.

6 (of facts, statements, etc.) To be in agreement, harmonize, fit in together; also impers. **b** to be equivalent in value.

multa ~runt simul qui coniecturam hanc nunc facio Ter.*An.*511; *Ad.*627; si..signa ~rent *Rhet.Her.*2.7; quae ut ~rant omnia, optabile est Cic.*Off.*1.45; si in unum sententiae ~runt Gaius *Inst.*1.7. **b** ~rentem enim pecuniam conpensari placuit Papin.*dig.*36.1.60(58).3; ~rentis apud utrumque quantitatis usuras non esse praestandas Ulp.*dig.*16.2.11.

concursātiō ~ōnis, *f.* [CONCVRSO+-TIO]

1 The action of running together, crowding, assembly.

quae ~o percontantium quid praetor edixisset! Cic.*Agr.*2.94; operarum illa ~o nocturna non a te ipso instituta *Dom.*14; ~o in obscuro incidentium aliorum in alios Liv.41.2.6; quae tunc earum (*sc.* formicarum) ~o Plin.*Nat.*11.110; primo ~o et preces Tac.*Ann.*6.17.

2 The action of running or journeying to and fro. **b** (mil.) a skirmish.

quam quaestuosa ~o xuiralis futura sit Cic.*Agr.*1.8; adsiduis laboribus ~onibusque confectum Planc.*Fam.*10.17.2; ~o incerta nunc hos, nunc illos sequentium Liv.5.40.3; ~o, qualis est magnae parti hominum domos et theatra et fora pererrantium Sen.*Dial.*9.12.2; ~ones..ad diuitias euntium *Ep.*17.9;—(*transf.*) inter se ~ones habent lucifer, Mercurius, sol, aliique alios uincunt uicissimque uincuntur Cic.*Tim.*29; illa..non est industria sed exagitatae mentis ~o Sen.*Ep.*3.5. **b** ~o et uelocitas illinc maior quam uis Liv.30.34.2; leuiter armatos, meliorem ~one quam comminus militem Curt.8.14.24.

concursātor ~ōris, *a.* [CONCVRSO+-TOR] That runs to and fro (in skirmishing).

leuem et ~orem hostem Liv.27.18.14; pedes ~or et uagus 31.35.6.

concursiō ~ōnis, *f.* [CONCVRRO+-TIO]

1 The action of running together, conjunction, concourse. **b** a juxtaposition, collocation (of vowels so as to cause hiatus). **c** (astrol.) a conjunction (of stars). **d** a coincidence, concurrence.

illa atomorum..turbulenta ~o Cic.*Fin.*1.20; indiuiduorum corporum..~onem fortuitam *Tusc.*1.42; *N.D.*2.93. **b** crebras uocalium ~ones *Rhet.Her.*4.18; Cic.*Orat.*151. **c** inter ipsos deos ~ones *Tim.*37; per huiuscemodi stellarum ~ones et similitudines Gel.14.1.29. **d** ~o..rerum fortuitarum Cic.*Top.*73; 75.

2 (app.) A repetition of a word or words at the end of successive phrases.

tum a primo repetitio, tum in extremum conuersio et in eadem uerba impetus et ~o Cic.*de Orat.*3.206.

concursō ~āre ~āuī ~ātum, *intr.*, *tr.* [CON-+CVRSO]

1 To run together, clash; to assemble.

turbines existere ictos undis ~antibus Acc.*trag.*398; nunc hinc nunc illinc abrupti nubibus ignes ~ant Lucr.2.215; prius..quam..possint (animai semina) ~are coire et dissultare uicissim 3.395; si cum inferiore ~es Sen.*Dial.*5.28.2;—repertus..a ~antibus Suet.*Otho* 7.2.

2 To run to and fro.

haec..rudet ex rostris..~ans Lucil.262; ~a qualubet Var.*Men.*327; qui tum armati dies noctesque ~abant Cic.*S.Rosc.*81; lenonem..~are circum tabernas *Catil.*4.17; tum demum Titurius..trepidare et ~are Caes.*Gal.*5.33.1; cum ~atum clamatumque ad arma..esset Liv.8.37.7; ardalionum..natio, trepide ~ans, occupata in otio Phaed.2.5.2; te cum uiderit ~antem et sollicitum Sen.*Ben.*7.14.5; (uentum praesagiunt) aquaticae aues ~antes Plin.*Nat.*18.362; (*of inanim. things*) uidemus corpuscula minima in aduersum ferri..uarie ~antia Sen.*Nat.*5.1.2.

3 (tr.) To run to visit, run through, visit in turn.

~aret agros Lucil.164; cum..omnes fere domos omnium ~ent Cic.*Mur.*44; ut nostras uillas obire et mecum simul lecticula ~are possis *Fam.*7.1.5; deos..inmortalis..~are omnium mortalium..lectos *Div.*2.129.

concursus ~ūs, *m.* [CONCVRRO+-TVS[3]]

1 A gathering of a crowd, assembly, concourse.

acrem..oratorem..~us hominum forique strepitus desiderat Cic.*Brut.*317; fit maximus ~us hominum *Ver.*2.187; qui ~us ex oppidis finitimis undique..! *Flac.*74; ad me ~um futurum ciuitatis putabant *Phil.*14.15; ne qua..ex eorum ~u..seditio oreretur Caes.*Gal.*7.28.6; fit..~us in praetorium *Civ.*1.76.2; conspicit ingentem ~um Verg.*A.*5.611; qui cum multitudinis ~u prope uiolati essent Liv.30.25.3; ~u facto 4.50.4; habet tubicen quoque Graecus et praeco ~um Sen.*Ep.*76.4; iuuentutis ~u Tac.*Ann.*5.10; ~u plurium iniciuntur catenae 12.47.

2 (mil.) A charge, attack, encounter; (also transf.).

seruorum armatorum fit ~us atque impetus Cic.*Ver.*4.94; iudicium tollere ac disturbare..uoluit..lapidatione atque ~u *Sul.*15; primo ~u in fugam coiecti Caes.*Gal.*6.8.6; duo (nauigia) perterrita ~u nostrarum nauium sese in portum receperunt *Civ.2.22.4*; barbarorum..maximam uim uno ~u prostrauit NEP.*Cim.2.3*; aliquarum nauium ~um LIV. 4.34.7; fusa ~u primo acies 5.32.3; OV.*Met.*14.544; per ~um exploratorum TAC.*Hist.*2.24;—(*transf.*) (uenti) caeli quoque nubila uexant excutiuntque feri rutilos ~ibus ignes OV.*Met.*11.436;—(*fig.*) uidetur non potuisse sustinere ~um omnium philosophorum (Antiochus) CIC.*Luc.*70.

3 A running to and fro.

fit ~us per uias PL.*Epid.*211; quorum timor cum fremitu et ~u significaretur CAES.*Gal.*4.14.3.

4 A concourse, conjunction (of things). **b** a violent encounter, collision. **c** a coming together, collision (of atoms). **d** (astr.) a conjunction (of heavenly bodies). **e** a juxtaposition (of letters, sounds).

ingens uorago ~u cauata torrentium iter ruperat CURT. 5.4.23; quinque amnium in unum confluente ~u PLIN.*Nat.* 6.75; caput eius (*sc.* chamaeleonis) et guttur, si roboreis lignis accendantur, imbrium et tonitruum ~us facere Democritus narrat 28.113; si in agro tuo aquarum ~us locum excauauit PAUL.*dig.*39.3.2.7. **b** uastaque ~u trepidantia saxa *Aetna* 362;—(*of ships*) ex eo ~u nauium magnum esse incommodum acceptum CAES.*Gal.*5.10.3; uix ut ~us nauium inter se uitarent LIV.29.27.6. **c** ex iis (*sc.* atomis) effectum esse caelum atque terram..~u quodam fortuito CIC.*N.D.*1.66; *Tusc.*1.22; duo de ~u corpora lata si cita dissiliant LUCR.1.384; corpora quorum ~us motus ordo positura figurae efficiunt ignis 1.685. **d** ~us ..grauis stellarum CIC.*Cons.*fr.2.12; lunae solisque ~um CELS.1.4.1; SEN.*Nat.*7.12.3. **e** struere uerba sic, ut neue asper eorum ~us neue hiulcus sit CIC.*de Orat.*3.171; habet.. ille tamquam hiatus et ~us uocalium molle quiddam *Orat.* 77; *Part.*21; QUINT.*Inst.*9.4.33.

5 A coincidence, concurrence, combination.

quinque artium ~us CIC.*Brut.*25; ui..tempestatum et ~u calamitatum *Fam.*5.13.2.

6 (leg.) Joint right, concurrence.

totam hereditatem et tota legata singulis data esse, partes autem ~u fieri CELS.*dig.*32.80; aequaliter omnes quasi in totum missi ~u partes habebunt ULP.*dig.*39.2.15.18.

concuruō ~āre ~āuī, *tr.* [CON-+CVRVO] To bend down.

cur cum uigebam membris praeuiridantibus,..non me flexibilem ~asti ut carperes? LABER.*com.*118.

concussiō ~ōnis, *f.* [CONCVTIO+-TIO]

1 A shaking, disturbance; an earthquake.

sine ~one eorum, per quae..cadit (aqua) SEN.*Nat.*6.20.2; uasa..sine ~one portare COL.9.14.20; non potest ullus adfectus sedibus suis..expelli nisi totorum ~one uitalium.. [QUINT.]*Decl.*14.7;—uasta ~o, quae duas suppressit urbes SEN.*Nat.*6.25.4.

2 (leg.) Extortion by violence or intimidation.

sordidis ~onibus ULP.*dig.*3.6.1.3; si simulato praesidis iussu ~o interuenit 47.13.1.

concussus ~ūs, *m.* [CONCVTIO+-TVS³] The action of striking together, shock.

quo de ~u sequitur grauis imber LUCR.6.290; 6.547; quae neque ~um caeli..metuunt OV.*Met.*15.811; micas (turis) ~su elisas PLIN.*Nat.*12.62.

concustōdiō ~īre ~iuī ~ītum, *tr.* [CON-+CVSTODIO] To watch over, guard, protect.

tantum auri perdidi, quod ~iui sedulo PL.*Aul.*723ᵇ; SESE PECVNIAM PVBLICAM EIVS COLON ~ITVRVM RATIONESQVE VERAS HABITVRVM ESSE *CIL* 1.594.2.3.20; pomaque ab insomni ~ita dracone OV.*Met.*9.190; NATOS ~ITE PARENTES *CIL* 6.19747.

concutiō ~tere ~ssī ~ssum, *tr.* [CON-+QVATIO]

1 To cause to vibrate, shake, agitate; to wave (one's hand); to brandish (a weapon); (of a sound) to strike (the ear).

it eques et plausu caua ~tit ungula terram ENN.*Ann.*439; quid tonitru turbida toruo ~ssa repente aequora caeli sensimus sonere? ACC.*trag.*224; ~ssit..micantia sidera mundus CATUL.64.206; sedes..quas neque ~tiunt uenti LUCR.3.19; ~titur sanguis 3.249; ~ssaque famem in siluis solabere quercu VERG.*G.*1.159; ea frena furenti ~tit.. Apollo *A.*6.101; Taenari sedes Atlanteusque finis ~titur HOR.*Carm.*1.34.12; terra ingenti ~ssa motu est LIV.3.10. 6; ~ssa dicta probare coma OV.*Fast.*2.846; ~ssis..pennis..edulat ales *Hal.*6; ~tiendum..multa gestatione corpus est CELS.3.21.12; sarcinas, rota quae tuto ~ti possint SEN.*Ep.*123.7; corui..latrantes seque ~tientes PLIN.*Nat.*18.362; tumidus..flumina ~ssit (Asopos) STAT. *Theb.*7.318; uetus est alienum..lectum ~tere JUV.6.22; —~saque manu dantem sibi signa maritum OV.*Met.*11. 465;—Mauors telum suum ~tit LIV.22.1.12; OV.*Met.* 12.79; manibus flagella ~ssit [QUINT.]*Decl.*18.13;—fragor ~ssit Caesaris aures LUC.6.163.

2 To strike together or against.

utrum cauae (manus) ~tiantur an planae SEN.*Nat.*2. 28.1.

3 To strike so as to weaken or damage. **b** to impair, weaken (more or less physically); (transf.) to weaken, shake (authority, confidence, loyalty, etc.).

frigus..~tit inuitos cogens tremere LUCR.6.595; te..si.. puer hic ~sserit arcu PROP.1.7.15; pulsusque deorum ~tiunt fragiles animas LUC.5.120; Padus..totos ~tit agros 6.273; subsedit duro ~ssus fragmine muri SIL.1.492. **b** sol ..efflauit languidus ignis ~ssos itere LUCR.5.653; uehementer ipse oculus ~ssus est CELS.6.6.36; licet..in ultimum aetatis humanae terminum procedat nec quicquam illi ex eo, quod natura constituit, fortuna ~tiat SEN.*Dial.*8.5.7; si coeperit (senectus) ~tere mentem *Ep.*58.35;—leniter atque placide fides..~ti debere CIC.*Rep.*6.fr.9; dictatorio imperio ~sso LIV.22.34.2; caduca possessio tam leui adflatu uiolentiae ~ssa dilabi potuit V.MAX.9.12.ext.1; felicitatem, quam tempestas nulla ~tiat SEN.*Ep.*115.18; Sabini consiliis ~ssam Caecinae mentem TAC.*Hist.*2.99.

4 To harass, distress, upset, shake. **b** (leg.) to intimidate.

ut rem publicam ~tere posset CIC.*Phil.*2.109; omnia cum belli trepido ~ssa tumultu..contremuere LUCR.3.834; orbis terrarum bello ~ssus foret SAL.*Rep.*1.2.3; ~ssam bacchatur Fama per urbem VERG.*A.*4.666; casu..animum ~ssus amici 5.869; ~sso iam et paene fracto Hannibale LIV.28. 44.11; impulsus, quorum ictibus hominum mentes ~ssae V.MAX.9.8; Graecia maximis ~ssa est motibus VELL.1.3.1; non expedit ~tere felicem statum SEN.*Oed.*833; ~ssa.. flagitio domus TAC.*Hist.*3.45. **b** illicita ministeria sub praetextu adiuuantium militares uiros ad ~tiendos homines procedentia prohibere ULP.*dig.*1.18.6.3.

5 To arouse to action or emotion, stir up, excite; (refl., w. indir. qu.) to rouse oneself to find out; also, to arouse an emotion.

terrorem metum ~tientem (definiunt) CIC.*Tusc.*4.19; fecundum ~te pectus VERG.*A.*7.338; acris ~ssit equos 8.3; Pharios hinc ~te reges LUC.2.636; tu ~te plebem PETR. 124,l.288; hae se ~ssere ambae JUV.10.328;—te ipsum ~te num qua tibi uitiorum inseuerit olim natura HOR.*S.*1.3.35; —perturbatione carere..ea, quam..ambitus ~tit SEN. *Ben.*7.2.3.

condalium ~(i)ī, *n.* [Skt. *kuṇḍala-* 'ring'] A ring (worn on the finger).

~ium es oblitus PL.*Trin.*1014; 1022; ~ium..anuli genus PAUL.*Fest.*p.38M;—(*the title of a comedy*) nec ~ium nec Plauti Anus..umquam fuit ACC.*poet.*17; VAR.*L.*7.77.

condecet ~ēre, *tr.* [CON-+DECET] CONST.: w. acc.; impers., w. acc. or acc.+inf. To be fitting or proper for, suit; (impers.) it is fitting, it behoves.

capies quod te ~et PL.*Am.*722; ornatus hic me satin ~et? *Ps.*935;—(*impers.*, *w. acc.+inf.*) *Aul.*590; meretricem similem sentis esse ~et *Truc.*227; etiam amplius illam apparare ~et TURP.*com.*127; cibaria..me comesse ~et POMPON.*com.*72; (*w. acc.*) ut bonam nurum ~et APUL.*Met.* 6.9.

condecōrē, *adv.* [CON-+DECORVS+-E] Elegantly.

condigne..et ~ Chrysippus..depinxit GEL.14.4.1.

condecorō ~āre ~āuī ~ātum, *tr.* [CON-+DECORO] FORMS: *gondecorant CIL* 1.364 .To embellish with ornament, adorn. **b** (transf.) to grace, adorn.

picturis ~auit..templum; *in* Plin.*Nat.*35.115; oua parire solet genus pennis ~atum ENN.*Ann.*10; tiara ornatum lepida ~at schema PL.*Per.*463; potestas ~andi ludos scaenicos TER.*Hec.*45; LITTERA NOMINIS AVRO ~ATA *CIL* 11.6551. **b** ita me amabit sancta Saturitas,..itaque suo me semper ~et cognomine PL.*Capt.*878; disciplina..~ata et abundans eruditionibus uariis et pluribus VITR.1.1.11; (animus bonus) actiones, amicitias, interdum domos totas.. ~at SEN.*Ep.*66.8.

condecuriō ~ōnis, *m.* [CON-+DECVRIO²] A fellow decurion.

ORDO SICCENSIVM CIVI ET ~ONI D D *CIL* 8.1647; DABVNTVR SPORTVLAE VNIVERSIS ~ONIBVS MEIS 8.9052.

condēliquescō ~ere, *intr.* [CON-+DELIQVESCO] To melt completely, dissolve.

eam (*sc.* fiscellam) quassato crebro, uti resina ~at CATO *Agr.*23.3.

condemnātiō ~ōnis, *f.* [CONDEMNO+-TIO] (leg.) A condemnation; also, a verdict. **b** the damages awarded in a civil case.

quod is ob Oppianici ~onem pecuniam accepisset CIC. *Clu.*135; GAIUS *Inst.*3.180;—~o est ea pars formulae, qua iudici condemnandi absoluendiue potestas permittitur 4.43. **b** iudex..plerumque..non audet minuere ~onem GAIUS *Inst.*3.224; ~o pecuniaria ULP.*dig.*2.9.5; quinquaginta aureorum ~o fit 9.3.1.5

condemnātor ~ōris, *m.* [next+-TOR] One who procures a condemnation, accuser.

matris eius ~or TAC.*Ann.*4.66.

condemnō ~āre ~āuī ~ātum, *tr.* [CON-+DAMNO] FORMS: *condumno CIL* 1.582. CONST.: w. acc., to denote the charge; w. gen., w. abl., w. *de*, *ex*, to denote the punishment or penalty; w. acc., w. gen., w. abl., w. *ad*, w. *in*+acc.; also, w. dat. of pers.

1 (leg.) To pass sentence of condemnation on, condemn (whether in a criminal or civil case). **b** (w. dat.) to condemn to pay (to). **c** to oblige to perform (a promise); (relig.) to doom (to the fulfilment of a vow, by granting a request).

QVEI EORVM EO IOVDICIO ~ATVS ERIT *CIL* 1.583.7; quo quis iudicio publico ~aretur *Leg.pub.*(*Font.iur.*p.92)13; in tribu sontes aperto capite ~ant reos PL.*Capt.*476; si cum alieno uiro probri quid fecit, ~atur CATO *orat.*218; qui.. pecuniam acciperet..ab accusatore ut reum ~aret CIC.*Ver.* 39; ut minus multos tabella ~et, quam solebat uox *Leg.* 3.39; tribum, quae se neque ~asset neque ~atum..consulem..fecisset LIV.29.37.13; damni formulam editam ~atumque addit Mucianus aestimata lite PLIN.*Nat.*9.182; (*transf.*) si ~are Asiam nolet CIC.*Agr.*2.40;—(*w. gen. of charge*) ~atus iniuriarum *Ver.*2.22; pecuniae publicae est ~atus *Flac.*43; rerum capitalium ~atis SAL.*Cat.*3.62; publico iudicio calumniae ~atus TAC.*Ann.*14.41;—(*w. abl. of charge*) ut eodem crimine..Sopatrum ~arent CIC.*Ver.* 2.70; si furti uel aliis famosis actionibus quis ~atus prouocauit ULP.*dig.*3.2.6.1; (*fig.*) si iniquus es in me iudex, ~abo eodem ego te crimine CIC.*Fam.*2.1.1;—(*w.* de) ut de pecuniis repetundis ~ari possit *Ver.*3.222; sententia iudicum de ambitu ~atos SUET.*Jul.*41.1; (*facet.*) qui et conuicti et ~ati falsis de pugnis sient PL.*Truc.*486;—(*w.* ex) furti uel ex alia simili specie ~atus ULP.*dig.*3.2.6.2;—(*w. acc. denoting the punishment*) ut, quanti ea res erit, tantam pecuniam ~etur *Ed.pr.*10.5(*Font.iur.*p.216); iudex..aduersarium mihi et sponsionis et restipulationis summas..~at GAIUS *Inst.*4.166; ULP.*dig.*21.1.21.2;—(*w. gen. denoting the punishment*) furem dupli ~ari CATO *Agr.*pr.1; ut capitis hominem innocentissimum ~arent CIC.*de Orat.*1.233; LIV.45.10.14; quamuis non maioris peculii, quam penes se est, ~ari debeat ULP.*dig.* 15.1.32;—(*w. abl.*) innoxii denis milibus grauis aeris ~ati sunt LIV.5.29.7; Epaphroditum..capitali poena ~auit SUET.*Dom.*14.4; si diuersis summis ~ent iudices PAUL.*dig.* 42.1.38.1;—(*w.* ad) multos..ad metalla et munitiones uiarum aut ad bestias ~auit SUET.*Cal.*27.3; *Cl.*14;—(*w.* in +*acc.*) uno..in antliam ~ato *Tib.*51.2; in summam uadimonii ~etur GAIUS *Inst.*4.185;—(*w.* ut+*subj.*) ~atus, ut pecuniam soluat ULP.*dig.*42.1.4.3. **b** neque aduersarius ei ~andus est GAIUS *dig.*10.2.1.1; pro his rebus alterum alteri ~andos esse intellegebat JULIAN.*dig.*10.2.52.2; deinde emptori ob hoc fuero ~atus ULP.*dig.*21.2.33. **c** (*w. gen.*) ~ari..sponsionis necesse esse CIC.*Caec.*91; (*w. abl.*) sponsione ~eris necesse est *Tul.*53;—(*w. gen.*) TE ORANT SE VOTI CREBRO ~ES *CIL* 1.1531.11; nunc eius uoti ~atust, immolauit hostiam TITIN.*com.*153; TURP.*com.*128; (*w. abl.*) L SAMNIVS SVLLA VOTO SANITATE ~AT *CIL* 2.1044.

2 To cause to be condemned, procure the condemnation of.

apud iudicem hunc argenti ~abo PL.*Mos.*1099; hunc per iudicem ~abis CIC.*Q.Rosc.*25; istum paucis horis primae actionis omnium mortalium sententiis ~aui *Ver.*5.177; SUET.*Tib.*8.

3 (transf.) To prove guilty, convict (of an error, etc.); to prove (accounts) false.

(*w. gen.*) tantae stultitiae prudentissimos homines ~ari CIC.*Caec.*40; me ipse inertiae nequitiaeque ~o *Catil.*1.4; summae se iniquitatis ~ari debere CAES.*Gal.*7.19.5; ~atum se uniuersus exercitus a te ignauiae ratus LIV.7.13.3;— aeque..tabulae ~antur eius qui uerum non rettulit et eius qui falsum perscripsit CIC.*Q.Rosc.*2.

4 To blame, censure; to call into question, impugn.

ut..hunc ordinem ~arint CIC.*Prov.*3; litteras insigni quadam nota atque ignominia noua ~astis 25; ne et tuum factum ~es *Fam.*11.7.2; te deprecor ne meum hoc officium adrogantiae ~es CAEL.*Fam.*8.1.1; (*cf.*) sic innocentissimi hominis fortunas praestantissimi imperatoris factum ~ari uolunt CIC.*Balb.*6;—fidem..consulum non ~abam *ad Brut.* 2.1.1; ut in acutis morbis cito mutetur quod nihil prodest, in longis..non statim ~etur CELS.3.1.6.

condenseō ~ēre, *tr.* [CON-+DENSEO; collat. form of next] To compress.

putat id fieri quia se ~eat aer LUCR.1.392.

condensō ~āre ~āuī ~ātum, *tr.* [CON-+DENSO]

1 To pack closely together; (pass.) to grow thickly.

oues quae se congregent ac ~ent in locum unum VAR.*R.* 2.3.9; sagittarios..interposuerant et ita ~auerant ut procul Caesariani pedestris copias arbitrarentur *B.Afr.*13.1;— pecudes..non sinunt herbarum radices serpere et ~ari COL.2.17.6.

2 To make hard or firm by compressing.

solum (horrei) terrenum..uelut Signinum opus pilis ~atur COL.1.6.12; ponderibus ~atur (caseus) 7.8.4; nauigia quae lino ac sparto ~antur FEST.p.343M.

condensus ~a ~um, *a.* [CON-+DENSVS]

1 Having its parts closely packed, thick, dense. **b** (of a number of people or objects) close together, tightly packed.

similes ex ordine partes agmine ~o naturam corporis explent LUCR.1.606; neque tam ~o corpore nubes esse queunt 6.102; oliuetum uetus crebris arboribus ~um *B.Afr.* 50.1; ~am aciem LIV.26.5.13; ~am arborem (*i.e. with foliage*) PLIN.*Nat.*10.202. **b** uti..~a queant apparere (nubila) LUCR.6.466; ex ~is turmis pedites..procurrunt *B.Afr.*14.2; fremunt ~ae litore puppes VERG.*A.*8.497; maxime si ~a harundo sit PLIN.*Nat.*10.9; litteris ignorabilibus..capreolatim..~is apicibus APUL.*Met.*11.22.

2 (of packing) Close, coherent.

~o magis omnia conciliatu artari possunt LUCR.1.575; 2.100.

condepsō ~ere ~uī *tr.* [CON-+DEPSO] To knead together.

haec una bene ~ito CATO *Agr.*40.2; 76.2; POMPON.*com.*86.

condiciō ~ōnis, *f.* [CONDICO+-IO¹] FORMS: *conditio Lex Vip.*27(*Font.iur.*p.294).

1 A contract, covenant, agreement; *in ~one manere*, to abide by an undertaking. **b** (freq. *~o(nes) pacis*) an agreement for the prevention or cessation of hostilities, truce, pact.

si quaeratur a naturane ius profectum sit an ab aliqua quasi ~one hominum et pactione CIC.*Top.*82; qui bello potiti sunt, aut lege, pactione, ~one, sorte *Off.*1.21; QVI DE ~ONE VENDIDERIT *CIL* 2.5181.18;—manet in ea ~one Fabius CIC.*Tul.*20; *Ver.*16;—(*transf.*) SI FATI ~ONEM REDDIDERO *CIL* 13.2016. **b** utrum satius fuerit amittere milites, an ad hanc ~onem uenire? CIC.*Inv.*2.73; cum quo aliqua pacis ~o esse possit *Phil.*4.11; magis ad ~onis spem quam uictoriae *Att.*11.12.3; armis..~one positis *Fam.*

6.2.2; dubitantis..ad ~ones pacis adducebat Hirt.*Gal.* 8.3.4; cognitum posse ~onibus bellum poni Sal.*Jug.*112.1; ut secunda fortuna in ~onem honestae pacis uteretur Liv. 42.62.3; ad dirimendum ~one bellum Mela 1.38; de pace ponendisque per ~onem armis Tac.*Hist.*3.65.

2 A marriage contract, marriage, match; also a love affair, liaison. **b** (meton.) a (prospective) partner in marriage, match.

sin flaccebunt ~ones, repudiato et reddito Enn.*scen.*344; ut eam in se dignam ~onem conlocem Pl.*Trin.*159; ut aliam ~onem filio inueniat suo *Truc.*849; filiam eius..eiecisti, alia ~one quaesita Cic.*Phil.*2.99; uxoriae ~onis *Amic.*34; qui.. aliter ~onem matris nostrae habere potuisset Sen.*Con.*7.6.1; in sponsalibus..discutiendis..haec uerba probata sunt: '~one tua non utor' Gaius *dig.*24.2.2.2;—tibi ~o noua.. fertur per me interpretem Pl.*Mil.*952; Cic.*Cael.*36. **b** sic homini..coepi bona esse ~o Quint.*Decl.*257(p.52, l.5); inter altissimas ~ones generum..sapientia elegit Plin.*Ep.*1.10. 8; Octauiam..~onem ei detulit Suet.*Jul.*27.1.

3 Terms as presented for acceptance, a proposal, offer.

nisi qui meliorem adferet quae mihi..placeat ~o magis Pl.*Capt.*180; accepit ~onem Ter.*An.*79; qui..~onem aequissimam repudiet Cic.*Quinct.*46; non respuit ~onem Caesar Caes.*Gal.*1.42.2; Hor.*Carm.*1.1.12; non receptae ~ones Tac.*Ann.*2.81;—(*w.* ferre) ~ones tetuli tortas Pl. *Men.*591; *Rud.*1030; feruntur..~ones ab illo, ut Pompeius eat in Hispaniam Cic.*Fam.*16.12.3; Caes.*Civ.*1.32.6; Liv. 27.30.14.

4 A term, stipulation or provision (of a contract, treaty, agreement, etc.). **b** (transf., where there is no specific agreement) provision, term, condition. **c** (in prep. phrs.). **d** *nulla ~one* (and sim.), by no means, in no way.

illum ad suas ~ones perducere Cic.*Quinct.*27; statuas.. faciundas..optima ~one locare *Ver.*2.144; aequitate ~onum perspecta Caes.*Gal.*1.40.3; bellum quibus posset ~onibus desineret Sal.*Hist.*1.28; quibus nulla erat per ~ones ueniae spes Liv.25.25.1; Rutili non usi reditus ~one dati Ov.*Pont.*1.3.64; Horatius prius proelio trium Curiatiorum, iterum ~one pugnae omnium Albanorum uictor V.Max.6.3.6;—(*followed by* ut, ne) ea ~one ne quid postea scriberet Cic.*Arch.*25; erat iniqua ~o postulare, ut Caesar Arimino excederet Caes.*Civ.*1.11.1; FVREM..EA ~ONE VENDITO VT IN PERPETVIS VINCVLIS SIT *Lex Vip.*27(*Font.iur.* p.294). **b** nascendi incerta ~o Cic.*Catil.*3.2; sperans barbaros..ad iniquam pugnandi ~onem posse deduci Caes. *Gal.*6.10.2; nec Iouis..domus, nec Mausolei..fortuna sepulcri mortis ab extrema ~one uacant Prop.3.2.22; clamitant matronae, eamne liberorum procreandorum ~onem..esse Liv.3.48.8;—(*foll. by* ut) ea ~one uixerunt ut populo Romano nihil darent Cic.*Ver.*5.58; fugitiuis..certus erat ..receptus certaque uitae ~o ut..militum essent numero Caes.*Civ.*3.110.4; Plin.*Nat.*25.24. **c** (*w.* in+*abl.*) abdicationum formae sunt duae: altera criminis perfecti.. altera uelut pendentis et adhuc in ~one positi Quint.*Inst.* 7.4.27; (*foll. by* ut, ne) in ea ~one est, ut..dedisse uideatur Ulp.*dig.*26.2.16; in ea ~one est, ne faciat..42.8.6.1;—(*w.* sub+*abl.*) cui sub ~one non faciendi aliquid relictum est Gaius *dig.*35.1.18; si mihi..pure, tibi sub ~one legatus sit Ulp.*dig.*7.2.6.2; (*foll. by subj.*) sub ~one..nos reficietis.. tribunos Liv.6.40.8; (*foll. by* si) sub ~one, si rationem dederit Julian.*dig.*40.7.12;—(*w. other preps.*) seruitutes.. neque sub ~one neque ad certam ~onem..constitui possunt Papin.*dig.*8.1.4; heredem facere potest..uel ex ~one uel in ~onem Ulp.*dig.*29.1.15.4. **d** neque ulla ~one.. adduci umquam potuisse ut uenderet illa Cic.*Ver.*4.16; qui se..morti obiecerit, nulla ~one huius ciuitatis praemiis adfici possit *Balb.*23; perferri litterae nulla ~one potuerunt Pol.*Fam.*10.31.4; Hirt.*Gal.*8.40.1.

5 A possible course, option, choice, (in pl.) alternatives.

duae ~ones sunt: utram tu accipias uide Pl.*Bac.*1041; Ter.*Hau.*326; hanc ~onem misero ferunt ut optet utrum malit Cic.*S.Rosc.*30; *Clu.*42; quam paucis uerbis de domicilio..imperii confirmata est ~o! V.Max.1.5.1; duas (Veneres) fecerat (Praxiteles) simulque uendebat, alteram uelata specie, quam ob id praetulerunt quorum ~o erat, Coi Plin.*Nat.*36.20;—(*w. indir. qu.*) ~o ei deferri debet, utrum prius mouere uolet Ulp.*dig.*5.2.8.12.

6 A circumstance, situation. **b** a state of affairs; esp., an unfavourable situation, plight. **c** position, state, circumstances (of personal fortune). **d** state of health.

quos intellegebat non communi ~one seruitutis uti Cic. *Cael.*57; ereptus ex his miseriis atque ex iniquissima ~one uitae *Fam.*5.16.4; sortis et excusa (libellum) ~one meae Ov.*Tr.*3.14.52; nescit..ultimus hic qua sit ~one locus *Pont.* 1.2.72; dissimillima enim utriusque rei ~o est Sen.*Ep.*87.27; (declinationes) uariam..postulant ordinationem pro ~one suae positionis in partibus uitium Col.4.24.2; quod praesens ~o poscebat Tac.*Ann.*14.55; si..parato tibi ad proficiscendum ~o temporis uel ualetudinis impedimento fuerit Ulp.*dig.*12.4.5. **b** ubi sis hibernaturus et qua spe aut ~one Cic.*Fam.*7.17.3; pudet ~onis ac fortunae Brut.*ad Brut.*1.16.1; de ipsa ~one..militantium Liv.5.4.1; si id ~o largita non sit Plin.*Nat.*17.80;—non tam adflictam regiam ~onem dolebam Cic.*Deiot.*3; suae quisque ~onis oblitus Liv.9.5.14; neque subire ~ones metus futuri neque palam aspernari ~o praesens sinebat Tac.*Hist.*4.65. **c** qua ~one..eos esse uelitis Cic.*Catil.*3.28; non adflictiore ~one quam ceteri *Fam.*6.1.6; haud equidem ullius ciuis..fortunae aut ~oni inuideo Liv.22.59.10. **d** uellem mihi scripsisses quae ~ones essent Atticae nostrae Brut.*ad Brut.* 1.17.7.

7 Legal position or status (of persons); (also, of land, etc.).

populi Romani ~one sociis, fortuna seruis Cic.*Ver.*1.81; Pythagoras et Empedocles unam omnium animantium ~onem iuris esse denuntiant *Rep.*3.19; omnis..homines natura..~onem seruitutis odisse Caes.*Gal.*3.10.3; qua ex ~one quisque esset miles factus Liv.23.35.9; Latinae ~onis Centuripini Plin.*Nat.*3.91; SI DVO..EIIVSDEM ~ONIS ERVNT *CIL* 2.1964.2.44; ~one fugitiuus Tac.*Hist.*2.72; est..peregrinae ~onis Plin.*Ep.Tra.*10.5(4).2; conubium efficit, ut qui nascitur, patris ~oni accedat Gaius *Inst.*1.80; par utriusque litigatoris in his ~o est, nec quisquam praecipue reus uel actor intellegitur 4.160;—optimo..iure ea sunt ..praedia quae optima ~one sunt Cic.*Agr.*3.9; (agros) in parem iuris libertatisque ~onem atque ipsi erant receperunt Caes.*Gal.* 1.28.5; locum..in formam ~onemque templi redigendo V.Max.8.15.ext.3; (territorium) habet autem ~ones duas Fron.*agrim.*p.7; Ulp.*dig.*39.3.1.23.

8 Nature, character.

quam ~onem supplici maiores..timiditati militis propositam esse uoluerunt Cic.*Clu.*129; ista ~o est testium ut, quibus creditum non sit negantibus, isdem credatur dicentibus? *Rab.Post.*35; terrae ~onem, habitum maris, siderum motus V.Max.3.3.ext.4; eius (morbi) haec ~o est: pulmo totus adficitur Cels.4.14.1; pleraque..hanc ~onem habent, ut eadem uoce ad omnes simul perferantur Quint.*Inst.*1. 2.13.

condiciōnālis ~is ~e, *a.* [prec.+-ALIS] Contingent upon certain circumstances, conditional.

ut ~em faciat condemnationem Gaius *Inst.*4.119; ~es.. uenditiones tunc perficiuntur, cum impleta fuerit condicio Ulp.*dig.*18.1.7; legata ~ia Papin.*dig.*35.1.99.

condiciōnāliter, *adv.* [prec.+TER[2]] In a conditional manner, conditionally.

si ~ concepta sit causa Gaius *dig.*35.1.17.3; Ulp.*dig.*26. 8.8.

condīcō ~īcere ~īxī ~ictum, *tr.* [CON-+DICO[2]]

1 To give notice. **b** (spec.) to engage oneself to (a meal with someone).

sacerdotes..cum ~icunt in diem tertium Gel.10.24.9; 'in diem trigensimum tibi iudicis capiendi causa ~ico'. ~icere autem denuntiare est prisca lingua Gaius *Inst.* 4.17[b]; ~icere est dicendo denuntiare Paul.*Fest.*p.64M. **b** ~ixerant..cenam apud me Turp.*com.*187; (*w. dat.*) Cestio Gallo..cenam ea lege ~ixit, ne quid ex consuetudine immutaret Suet.*Tib.*42.2;—(*absol.*) ducam scortum ad cenam atque aliquo ~icam foras Pl.*Men.*124; *St.*447; cum mihi ~ixisset, cenauit apud me Cic.*Fam.*1.9.20.

2 (leg.) To make the subject of an action for damages, claim redress for (a thing).

extinctae res, licet uindicari non possint, ~ici tamen furibus..possunt Gaius *Inst.*2.79; posse fundum ~ici Ulp. *dig.*13.3.2; ego tibi ~icere pecuniam possim Afric.*dig.* 16.1.19.5;—(*w. gen. of thing claimed*) quarum rerum litium causarum ~ixit pater patratus populi Romani Quiritium patri patrato Priscorum Latinorum Liv.1.32.11; incerti ~icam, ut iter mihi concedatur Pompon.*dig.*12.6.22.1; Ulp. *dig.*34.2.5.

3 To appoint, fix (a date, price, etc., usu. by mutual or common consent). **b** to fix by contract.

si statu', ~ictus cum hoste intercedit dies Pl.*Cur.*5; qui sciet hoc (*sc.* mori) sibi cum conciperetur statim ~ictum Sen.*Dial.*9.11.6; in ortus Phoebeos ~ixit iter Luc.6.330; ~icto pari noctis futurae pretio Apul.*Met.*10.22; (*cf.*) Volcano ~icta domus Grat.433;—(*w.* ut) Simonides..uictori laudem..ut scriberet, certo ~ixit pretio Phaed.4.25(26).6; —(*absol.*) sic constituunt, sic ~icunt Tac.*Ger.*11.2. **b** cum quid publice faciendum aut praebendum ~ixerant effecerantque Fest.p.270M; (*transf.*) cum hanc operam ~icerem Plin.*Nat.*pr.6.

condictīcius ~a ~um, *a.* [prec.+-ICIVS[2]] (leg.) Relating to the reclaiming of property; (f. as sb., sc. *actio*) an action for that purpose.

~a actione id persequi debet Ulp.*dig.*12.1.24;—~a.. solus fur tenetur 12.2.13.2; Paul.*dig.*24.1.55.

condictiō ~ōnis, *f.* [CONDICO+-TIO] (leg.) The giving notice of a legal action; a claim of restitution of property or for damages.

~o in diem certum eius rei, quae agitur, denuntiatio Paul.*Fest.*p.66M;— ~onem dicimus actionem in personam <esse, qua> intendimus dari nobis oportere Gaius *Inst.*4.18; rerum amotarum actio ~o est *dig.*25.2.26; certi ~o competit ex omni causa, ex omni obligatione ex qua certum petitur Ulp.*dig.*12.1.9.

condictor ~ōris, *m.* (dub.) [CONDICO+-TOR] (app.) One who fixes or arranges.

qui omnium legum atque iurum fictor, ~or (*dub.*) cluet Pl.*Epid.*523.

condictum ~ī, *n.* [pple. of CONDICO] An agreement; an appointment.

pactum atque ~um..perfide ruperat Gel.20.1.54;— neque Philemon ad ~um uenire Apul.*Fl.*16.

condignē, *adv.* [next+-E] In an appropriate manner, fittingly, worthily.

~ is quam techinam..aduorsum meum fecit patrem Pl. *Bac.*392; ~..haec meretrix fecit, ut mos est meretricius *Men.*906; quomodo istam necessitatem..~ incusauero Aur.*Fro.*1.p.80(3N); Gel.1.6.4; (*w. abl.*) ut ~ te cubes curabitur Pl.*Cas.*131; puellam..~ natalibus suis fornicem processuram Apul.*Met.*7.9.

condignus ~a ~um, *a.* [CON-+DIGNVS] Appropriate, worthy, befitting.

~um donum, qualest qui donum dedit Pl.*Am.*537; quas ~as Fotidi..deuotiones inprecer Apul.*Met.*7.14;—(*w. abl.*) ~am te sectatu's simiam Pl.*Mil.*505; Gel.3.7.1; FVIT.. OMNI GENERE LAVDIS ~A *CIL* 10.3980;—(*w. dat. or gen.*) senis..fortuna prouidentiae diuinae ~um accepit exitum Apul.*Met.*10.12.

condīmentārius ~a ~um, *a.* [next+-ARIVS] Used for seasoning.

duo prima genera (cepae): unum ~ae Plin.*Nat.*19.105; 19.165.

condīmentum ~ī, *n.* [CONDIO+-MENTVM]

1 A seasoning, condiment; (transf.) tempering quality (ascribed to scrap bronze).

Pl.*Cas.*219; cenas ubi coquont..non ~is condiunt *Ps.* 820; ~is..speciem ferinae carnis ex mansueto sue factam Liv.35.49.7; Col.12.59.4; lacerta uiridis cum ~is..et urticae Plin.*Nat.*30.90;—peculiare in eo (*sc.* aere collectaneo) ~um attritu domiti et..mansuefacti 34.97.

2 (fig.) that which renders (a thing) acceptable, seasoning, spice.

domi habet hortum et ~a ad omnis mores malificos Pl. *Mil.*194; *Rud.*402; omnia haec, quae a me de facetiis disputantur..omnium sermonum ~a sunt Cic.*de Orat.*2.271; cibi ~um esse famem *Fin.*2.90.

condiō ~īre ~īuī or ~iī ~ītum, *tr.* [by-form of CONDO]

1 To season *or* flavour (food, wine, etc.).

non ego item cenam ~io ut alii coqui Pl.*Ps.*810; Lucil. 1123; fungos, heluellas, herbas omnis ita ~iunt ut nihil possit esse suauius Cic.*Fam.*7.26.2; male ~itum ius Hor.*S.* 2.8.69; uinum..quod..resina ~itum est Cels.4.12.8; gulosius ~endi cibos Col.1.pr.5; ~ire eo (uino) aliud minus annosum insalubre est Plin.*Nat.*23.40; boletum ~ire Juv. 14.8;—(*transf.*) ut id quod alius ~iuit coquos, ego nunc uicissim ut alio pacto ~iam Pl.*Cas.*511.

2 To pickle, preserve; to embalm, mummify.

necant in garo et ~iunt uiuos (mullos) Sen.*Nat.*3.17.2; Plin.*Nat.*23.73;— ~iunt Aegyptii mortuos Cic.*Tusc.*1.108; corpus..differtum odoribus ~itur Tac.*Ann.*16.6.

3 (fig.) To render pleasant, season, give zest to.

duo sunt quae ~iant orationem, uerborum numerorumque iucunditas Cic.*Orat.*185; hilaritatem illam qua hanc tristitiam temporum ~iebam *Att.*12.40.3; Sen.*Ep.*66.46; a Cicerone sic est Fabrici fuga illa ~ita Quint.*Inst.*6.3.39; ut uoluptates..studiis ~iantur Plin.*Ep.*3.1.9.

condiscipula ~ae, *f.* [CON-+DISCIPVLA] A fellow pupil.

hac ~a uel hac magistra Mart.10.35.15; Apul.*Met.*9.17.

condiscipulātus ~ūs, *m.* [next+-ATVS[1]] The time or fact of being a fellow pupil.

cum quo a ~u uiuebat coniunctissime Nep.*Att.*5.3; *CIL* 8.23219; AB INEVNTE AETATE ~V ET OMNIB BONIS ARTIBVS COPVLATISSIMVS AMICVS 13.2027.

condiscipulus ~ī, *m.* [CON-+DISCIPVLVS] A fellow pupil, schoolfellow.

non docentem ~um Pompon.*com.*76; se meum ~um in pueritia..fuisse Cic.*Sul.*18; cum Aristoxeno aequali et ~o suo *Tusc.*1.41; Nep.*Att.*1.3; Stat.*Silv.*4.pr.; utrumne locus ipse an ~i..plus mali ingeniis adferant Tac.*Dial.*35.2.

condiscō ~iscere ~idicī, *tr.* [CON-+DISCO]

1 To learn thoroughly. **b** to learn about.

(*w. inf.*) merum ~idicit bibere Pl.*Cur.*161; *Poen.*514; ~iscas censeo mihi paulo diligentius supplicare Cic.*Planc.* 13; Hor.*Carm.*3.2.3; Quint.*Inst.*1.9.2;—(*w. indir. qu.*) ut in tua pecunia ~isceret qui pecuniae fructus esset Cic.*Quinct.* 12;—(*w. acc.*) ~isce modos Hor.*Carm.*4.11.34; ars fit, ubi a teneris crimen ~iscitur annis Ov.*Ep.*4.25; Suet.*Nero* 20.3; —(*transf., of plants*) paulatim fructum ferre ~iscit (uitis surculus) Col.3.10.16; dum stare ~iscat et recta surgere (uitis) Plin.*Nat.*17.184. **b** inter ipsa altaria..mortem ~iscite Sen.*Dial.*1.6.8; bellica uirgo, aegide deposita.. pacemque serenis ~iscens oculis Sil.7.462; ut..generis humani facta ~iscant Flor.*Epit.*1.1(1.pr.2).

2 (w. dat.) To learn in company with (another).

ex his qui mihi Athenis ~idicerunt Apul.*Fl.*18.

condītāneus ~a ~um, *a.* [*condit-* (CONDIO)+ -ANEVS] Suitable for pickling or preserving.

oleam ~am Var.*R.*1.24.1.

condītārius ~(i)ī, *m.* [as prec.+-ARIVS] A dealer in preserved foods.

AVL MAXIMVS ~IVS DE CASTRIS PRAETORIBVS *CIL* 6.9277.

condītiō ~ōnis, *f.* [CONDIO+-TIO]

1 The seasoning or flavouring (of food, wine, etc.).

ciborum ~ones Cic.*N.D.*2.146; uini ~onibus Col.12.53.1.

2 A method of preserving (food).

eius (*sc.* amurcae) ~o Var.*R.*1.61.1; nisi earum (*sc.* frugum, bacarum) cultus et ~ones tradidisset Cic.*Div.*1.116.

condītīuum ~ī, *n.* [next] A tomb, sepulchre.

VT VNA CONDEREMVS ~OM *CIL* 1.1220.7; sic in domo sunt quo modo in ~o Sen.*Ep.*60.4; ADCVMBITORIVM CVM CONDITIBVM *CIL* 14.1473.

condītīuus ~a ~um, *a.* [CONDIO+-IVVS] Suitable for preserving or storing. **b** (of food) preserved, stored.

oleam ~am Cato *Agr.*6.1; poma, mala strutea..item alia ~a 7.3; Var.*R.*1.59.1. **b** ~is cibis Col.7.9.9; 8.8.2.

conditor[1] ~ōris, *m.* [CONDO+-TOR]

1 The original builder, founder (of a city, temple, etc.).

Capsa, quoius ~or Hercules Libys memorabatur Sal. *Jug.*89.4; Romanae ~or arcis Verg.*A.*8.313; Hor.*Ars* 394;

condita urbs ~oris nomine appellata LIV.1.7.3; Augustum Caesarem, templorum omnium ~orem aut restitutorem 4.20.7; TAC.*Hist.*2.3; ~ores coloniarum HYG.GR.*agrim.*p. 134;—(*as a deity*) FAB.PICT.*iur.*6.

2 The originator (of a practice or institution, also of a product); the creator (of the world). **b** (as an honorific title) one who upholds or preserves.

L. Brutum, ~orem Romanae libertatis LIV.8.34.3; ~ores ..eius sacri 39.17.7; Romani ~or anni OV.*Fast.*6.21; sumque argumenti ~or ipse mei *Tr.*5.1.10; parum faustae ~or Artis *Pont.*2.11.2; legum ~ores SEN.*Dial.*9.17.7; peripateticae sectae ~or Aristoteles COL.9.3.1; quos..~ores gentis accepimus TAC.*Hist.*5.4;—reliqua (malorum genera) cur pigeat nominatim indicare, cum ~oribus suis aeternam propagauerint memoriam..? PLIN.*Nat.*15.49;—mundi ~or MAN.2.701; ille ipse omnium ~or et rector SEN.*Dial.*1.5. 8; JUV.15.148. **b** ~orem conseruatoremque Romani nominis VELL.2.60.1; te ~orem disciplinae militaris firmatoremque PLIN.*Ep.Tra.*10.29(38).1; L SEPTIMI SEVERI.. VINDICIS ET ~ORIS ROMANAE DISCIPLINAE *CIL* 8.17870.

3 One who records in writing, author.

si..humilis tantis sim ~or actis [TIB.]3.7.4; inpurae ~or historiae OV.*Tr.*2.416; celeberrimis rerum ~oribus PLIN. *Nat.*36.106; ~or Iliados JUV.11.180.

4 An organizer.

ipse ~or totius negoti Guttam aspergit huic Bulbo (*w. pun on* conditor[2]) CIC.*Clu.*71; hi sunt ~ores instructoresque conuiui *Red.Sen.*15;—(*tech.*) *CIL* 6.10046; M ANTONIO.. ~ORI FACTIONIS PRASIN 6.10067.

conditor[2] ~ōris, *m.* [CONDIO+-TOR] One who seasons; (in quot. fig., in pun on *conditor*[1]).

ipse ~or totius negoti Guttam aspergit huic Bulbo CIC. *Clu.*71.

conditōrium ~(i)ī, *n.* [CONDO+-TORIVM] A tomb, sepulchre.

auro argentoque ~ium repletum esse crediderat CURT. 10.1.31; in ~ium..prosecuta est defunctum PETR.111.2; PLIN.*Nat.*37.19; PLIN.*Ep.*6.10.5; SUET.*Aug.*18.1.

conditrix ~īcis, *f.* [CONDO+-TRIX] A female founder, foundress; also fig.

diua..Roma..nomen nouum Latio facit quod ~icis nomine Romam sub ipso omnes uocant MARIAN.*poet.*4; IMMINET LEONI VIRGO..IVSTI INVENTRIX VRBIVM ~IX *CIL* 7.759;—paupertas..prisca aput saecula omnium ciuitatium ~ix APUL.*Apol.*18.

conditūra ~ae, *f.* [CONDIO+-VRA]

1 A method of flavouring or seasoning.

quaesiit, an placeret ~a SEN.*Dial.*5.15.1; *Ep.*95.15.

2 A method of pickling or preserving (fruit, wine, etc.); (also, of the preparation of honey by bees). **b** the substance used for preserving. **c** (transf.) a method of tempering (glass, so as to render it unbreakable).

~a lactucae COL.12.9.1; in ~as oliuarum 12.11.2; de ~a uini PLIN.*Nat.*1.14 ad fin.;—SEN.*Ep.*84.4. **b** defrutum ..quod potius ~ae loco fuit ULP.*dig.*33.6.9. **c** numquid alius scit hanc ~am uitreorum? PETR.51.5.

conditus[1] ~a ~um, *a.* [pple. of CONDO] In vbl. senses, esp.:

1 Kept in store, preserved; *ex, in ~o*, from, in, store.

necesse est..ex ~o proferat SEN.*Nat.*6.16.3; quae in ~o habuerat pater familias frumenti uini et ceterarum rerum PAUL.*dig.*32.97.

2 Hidden, concealed, secret; (neut. as sb.) a secret. **b** (of eyes) sunken.

~a cum uerax aperit praecordia Liber HOR.*S.*1.4.89; populo nudantem ~a iura MAN.3.114; ~a..orgia SEN.*Oed.* 431;—(*neut. as sb.*) ~a quin ueri pectoris euoluam CATUL. 66.74. **b** PLIN.*Nat.*11.141; cauum macie caput et ~os penitus oculos [QUINT.]*Decl.*12.13.

conditus[2] ~a ~um, *a. compar.* ~ior. [pple. of CONDIO]

1 Seasoned; (neut. pl. as sb.) seasoned food.

~iora facit haec..aucupium atque uenatio CIC.*Sen.*56; nec ceruesia continebitur (uini appellatione) nec hydromeli. quid ~um? ULP.*dig.*33.6.9;—~a omnia..inutilia sunt CELS.1.2.9; qualia..fiunt pipere et melle addito, quae..~a ..appellant PLIN.*Nat.*14.108.

2 (fig.) Seasoned, flavoured; (also of an orator in reference to his style).

nec..grauior oratio..neque lepore et festiuitate ~ior CIC. *de Orat.*2.227; *Mur.*66; aliud oratio sapit nec uult nimium esse ~a QUINT.*Inst.*11.3.182; nihil ~us nihil latinius legi AUR.*Fro.*1.p.128(28N);—orator..fuit minime..uehemens, sed..nemo suauitate ~ior CIC.*Brut.*177.

conditus[3] ~ūs, *m.* [CONDO+-TVS[3]] The founding (of a city).

ueteranorum militum nouo ~u..colonia sumus APUL. *Apol.*24.

condō ~ere ~idī ~itum, *tr.* [CON-+*do* (cf. ABDO)]

1 To put or insert (into). **b** to put (a person in a given place); esp. to put (in prison, chains, etc.).

(*w.* in+*acc.*) uidulum intro ~am in arcam PL.*Vid.*59; sarcinulas..~e in illud culeum APUL.*Met.*1.23;—(*w. abl.*) ~ere semen humo OV.*Pont.*1.5.34; ~entem proelia sulcis STAT.*Theb.*1.8; lana naturalibus ~itur CELS.5.21.1.A; ceruices..nodo ~ebam PETR.94.8;—(*cf., w.* in+*abl.*) tu.. qui omne bonum in uisceribus medullisque ~ideris CIC. *Tusc.*5.27. **b** postquam in cunas ~itust PL.*Am.*1107; in puteum ~ite *Aul.*347;—in lapicidinas compeditum ~idi *Capt.*944; in carcerem ~i CIC.*Ver.*5.76; captiuis in uincula ~i iussis LIV.23.38.7; quos..in tutissimam custodiam ~iderat 31.23.9; incesta..quam uiolauit, in illam (*sc.* tellurem) ~itur OV.*Fast.*6.460; TAC.*Hist.*4.2;—(*w.* eodem) quod eodem ceteros piratas ~i imperarat CIC.*Ver.*5.69;— (*poet.*) ni teneant rigidae ~ita Bella serae OV.*Fast.*1.124.

2 To store up for future use, put away. **b** to preserve, store up (food, fodder, etc.); to bottle (wine, oil) for keeping. **c** (transf.) to store up in the mind, memory, etc.); to preserve, keep safe.

estne ita aurum ut ~idi PL.*Aul.*65; pellem anguinam ubi uideris, tollito et ~ito CATO *Agr.*73; CIC.*Agr.*2.69; VERG. *Ecl.*3.43; ~itus ut tineae carpitur ore liber OV.*Pont.*1.1.72; —(*w.* in+*acc.*) lucrum..~ere in loculos VAR.*R.*3.7.11; omne aes..in aerarium ~itum LIV.10.46.5; calculos..in urnam ~it PLIN.*Nat.*7.131; (*w. acc. of place whither*) ibo ut hoc ~am domum PL.*Aul.*712;—(*w. advs. of place*) arcam esse factam, eoque ~itas sortis CIC.*Div.*2.86; quo pretium ~at..sinum OV.*Am.*1.10.18;—(*w.* in+*abl.*) in eapse aede.. ~itumst PL.*Bac.*312; (sacra) ~ita in doliolis..defodere LIV.5.40.8;—(*w. abl.*) mel Atticum pyxide..~itum LARG. 25; opes uelut sanctiore quodam aerario ~itae QUINT.*Inst.* 10.3.3;—(*cf., w. loc.*) ut ei iam exploratus et domi ~itus consulatus uideretur CIC.*Mur.*49. **b** frondem populneam ..~ito non peraridam, pabulum ouibus CATO *Agr.*5.8; ex ~itis (fructibus) CIC.*Brut.*16; specus frumenti ~endi gratia *B.Afr.*65.1; HOR.*Carm.*1.1.9; ~itaque in liquida corna autumnalia faece OV.*Met.*8.665; illae (*sc.* apes) faciunt cibos, hae (*sc.* formicae) ~unt PLIN.*Nat.*11.108;—Sabinum ..Graeca quod ego ipse testa ~itum leui HOR.*Carm.*1.20.3; sucos ~idit uuae TIB.1.10.47; ~itum oleum pro uiridi adpositum SUET.*Jul.*53;—(*fig.*) ~o et compono quae mox depromere possim HOR.*Ep.*1.1.12. **c** omnia in pectore ~ita sunt PL.*Ps.*941; in animis ego uestris omnis triumphos meos.. ~i..uolo CIC.*Catil.*3.26; signa..~ita mente teneto VERG.*A.* 3.388; uocem memori ~idit aure tuam OV.*Ep.*19.98; ista ~enda in animum sunt SEN.*Ep.*7.12; qui crebro dicat ea, quae ~ita uelit PLIN.*Nat.*10.120;—tempora..semel notis ~ita fastis HOR.*Carm.*4.13.15; dies..Parcarum ~itus albo uellere STAT.*Silv.*1.2.24; APUL.*Met.*1.1.

3 To restore (a thing) to its place, put away. **b** to sheathe, put away (a sword or other weapon).

~ita cum fuerint (ancilia) OV.*Fast.*3.396; religionem.. nondum ~itorum ancilium TAC.*Hist.*1.89; SUET.*Otho* 8.3; —(*med.*) uenter saepe etiam telo perforatur, prolapsaque intestina ~untur CELS.7.4.3.A; si in posteriorem (talus excidit) calx paene ~itur 8.22.1. **b** cur dexteris aptantur enses ~iti? HOR.*Epod.*7.2; ~ito..telo *Saec.*33; ~e ferrum PHAED.5.2.10; hic gladium cito ~idit, numquam posuit SEN.*Ben.*5.16.5; similia gladio ~ito atque intra uaginam suam haerenti QUINT.*Inst.*8.pr.15; TAC.*Hist.*4.66.

4 To inter, bury (a corpse); to lay to rest (a spirit); also, to cause the death of, bring to the grave. **b** *fulgur ~ere*, to bury the traces or effects of lightning (as an expiatory rite).

heu quam crudeli ~ebat membra sepulcro ENN.*Ann.*139; IN HOC MONVMENTO NEMINEM INFERRI NEQVE ~I LICET *CIL* 1.1212.7; siti dicuntur ii, qui ~iti sunt CIC.*Leg.*2.57; ossa parentis ~idimus terra VERG.*A.*5.48; illis quos aurea ~idit aetas *Epic.Drusi* 343; Nerio iam tertia ~itur uxor PERS.2.14; corpora ~ere quam cremare e more Aegyptio TAC.*Hist.*5.5; (*poet.*) remque omnem surdaque uota ~idit Ionio PERS.6.29;—animamque sepulcro ~imus VERG.*A.* 3.68; domus postea rite ~itis manibus caruit PLIN.*Ep.*7. 27.11;—(Alexandrum) intemperantia bibendi..~idit SEN. *Ep.*83.23. **b** colitur ficus arbor..sacra fulguribus ibi ~itis PLIN.*Nat.*15.77; qui publica fulgura ~it JUV.6.587; FEST.p.333M; FVLGVR ~ITVM *CIL* 10.6990; (*cf.*) dispersos fulminis ignes colligit et terrae maesto cum murmure ~it LUC.1.607.

5 To put away for concealment, secrete, hide; (refl. and pass.) to conceal oneself, hide. **b** to keep secret, hide (a fact, condition).

hunc nunc uidulum ~am PL.*Rud.*936[a]; ne..omnia ita ~ita fuisse atque ita abdita latuisse uideantur ut..CIC.*Ver.* 2.181; scuta latentia ~unt VERG.*A.*3.237; callidum quidquid placuit iocoso ~ere furto HOR.*Carm.*1.10.8; turmas medio in saltu ~iderat LIV.27.26.8;—huc se prouecti deserto in litore ~unt VERG.*A.*2.24; ~iti nubibus siluisque LIV.22.14.8; OV.*Fast.*3.302. **b** metum ~ens STAT.*Theb.* 7.232; ~e, precor, quodcumque sumus 11.736; ~ito odio TAC.*Hist.*2.30; iram ~iderat *Ann.*2.28; (*cf.*) Domitianus.. modestiae imagine in altitudinem ~itus (*i.e. hiding his feelings*) *Hist.*4.86.

6 To put away for protection, hide; (usu. refl. or pass.) to take refuge.

frutices inter ~ebant squalida membra LUCR.5.956;— (*refl. and pass.*) optato ~untur Thybridis alueo VERG.*A.* 7.303; per omnis ~unt se Teucri portas 9.39; ille licet ferro cautus se ~at et aere PROP.3.18.25;—(*of animals hibernating*) ~untur hiemi et Pontici mures PLIN.*Nat.*8.132; 11.13; prius quam se ~ant serpentes 22.95.

7 To put out of sight (without any intention of keeping secret), obstruct the view of, hide, bury; (refl. and pass.) to depart from view, disappear, vanish. **b** to plunge, bury (a weapon in an opponent's body). **c** to close (the eyes of a corpse, as part of the ritual of burial). **d** (pass.) to be deep-seated; (of the eyes) to be sunken. **e** to quieten, suppress (a sound).

cum (sol) referetque diem ~etque relatum VERG.*G.*1.458; simul atra nubes ~idit lunam HOR.*Carm.*2.16.3; TAC.*Ann.* 1.28;—(*w.* in, sub+*abl., w. abl.*) in undis sol fit uti uideatur obire et ~ere lumen LUCR.4.433; miracula..non congesta pati nec aeruo ~ita rerum *Aetna* 249; uolui sub eodem cortice ~i OV.*Met.*9.362; (*w.* in+*acc.* ad, inter) caput inter nubila ~it VERG.*A.*4.177; gentes totas..(terrae motus) in altam uoraginem ~it SEN.*Nat.*6.1.7; dehisce, terra, et hanc noxiam ciuitatem..ad inferos ~e [QUINT.]*Decl.*12.28;— (*refl. and pass.*) sese in cunabula ~ent (apes) VERG.*G.*4.66; ubi Orion hibernis ~itur undis *A.*7.719; se in tenebras ~idit SEN.*Dial.*6.22.6. **b** pectore in aduerso totum cui comminus ensem ~idit VERG.*A.*9.348; noxia suilibus spicula ~at apis OV.*Ib.*540; nihil tam facile in corpus quam sagitta ~itur CELS.7.5.2.A; LUC.1.377; (*poet.*) stimulosque in pectore caecos ~idit OV.*Met.*1.727. **c** ~ita sunt uestro lumina nostra sinu PROP.4.11.64; OV.*Ars* 3.742; *Tr.*3.3.44; *Epic.Drusi* 157; ut mea ~am manu uiuentis oculos SEN. *Tro.*788; in aeternum ~itis oculis APUL.*Met.*2.28; (*cf.*) ~itque natantia lumina somnus VERG.*G.*4.496. **d** (lienis) sub his (*sc.* costis) ~itur CELS.4.1.5; intus..~itas uenas 5.26.3.A; penitus..~ita suppuratio est 5.28.11.D; uiperis dentes gingiuis ~untur PLIN.*Nat.*11.164;—introrsus ~itos oculos SEN.*Con.*1.1.8. **e** tubicen fera murmura ~e PROP. 4.4.61; qua sinus Ioniae murmura ~it aquae 4.6.16; nec semper (uocem) a contentione ~ere licet QUINT.*Inst.*11.3.22.

8 To cause to disappear (as an indirect result of one's action); *diem* (etc.) *~ere*, to see the day out.

Aries..cornua quem ~unt..Tauri Q.CIC.*poet.*3; tanta est in sede potestas quae uocat et ~it Phoebum MAN.2.957; in plures partes dissipanda est (suffusio) quae singulae.. facilius ~untur CELS.7.7.14.E; abscedunt terris et litora ~unt V.FL.4.636;—longos cantando puerum memini me ~ere soles VERG.*Ecl.*9.52; HOR.*Carm.*4.5.29; ~iderant iam uota diem STAT.*Theb.*10.54; PLIN.*Ep.*9.36.4.

9 To have hidden within, contain.

haec in corpore ~unt unde ignem iacere..possint LUCR. 2.674; ipse deum Cycnus ~it uocemque sub illo MAN.5.381; —(*transf.*) in causis ~itae sunt res futurae CIC.*Div.*1.128.

10 To found, establish (a city or state); freq. in phrs. *ab urbe ~ita, post Romam ~itam*, etc., in reckoning dates, i.e. after 753 B.C. **b** to set up, establish (a temple, altar, etc.). **c** to establish, form (a nation, etc.).

deus..qui urbem illam dicitur ~idisse CIC.*Ver.*1.49; Roma ~ita est secundo anno olympiadis septumae *Rep.* 2.18; ~ere coeperunt urbis LUCR.5.1108; Pallas quas ~idit arces ipsa colat VERG.*Ecl.*2.61; sic moenia ~unt *A.*12.361; urbem nouam ~itam ui et armis LIV.1.19.1; in aeternum urbe ~ita 4.4.4; nouas ut ~eret sedes TAC.*Ann.*4.55; (*hyperb.*) ab illo qui cepit ~itas, ab hoc qui constitutas accepit captas dicetis Syracusas CIC.*Ver.*4.115; seruando ~idit urbem SIL.14.681;—septingenti sunt..anni..postquam inclita ~ita Roma est ENN.*Ann.*502; annis quadringentis quinque post Romam ~itam QUAD.*hist.*12(Gel. 9.11.9); CIC.*Fam.*9.21.2; ab ~ita urbe LIV.1.60.3; ANNO VRBIS ~ITAE DCCCXCVII *CIL* 14.472. **b** hic templum Iunoni..Dido ~ebat VERG.*A.*1.447; aram ~idit dedicauitque LIV.28.46.16; SEN.*Suas.*2.1; sedem Iouis..auspicato a maioribus pignus imperii ~itam TAC.*Hist.*3.72. **c** (Romanos) pestem ~itos orbis terrarum SAL.*Hist.*4.69.17; Romanam ~ere gentem VERG.*A.*1.33;—(*cf.*) dux hominum et parens deorum, prouisum mihi ~itumque numen STAT. *Silv.*4.3.140.

11 To originate, institute (a custom, law, reputation, etc.). **b** to inaugurate (a period).

ius iurandum rei seruandae..~itum est PL.*Rud.*1374; tribuniciam potestatem..~itam a maioribus suis SAL.*Hist.* 1.55.23; collegium..ad id nouum..~idimus LIV.5.52.11; ne forte putes noua me tibi ~ere iura OV.*Rem.*465; fatorum ~itus ordo MAN.1.119; ille urbem, hic libertatem Romanam ~idit V.MAX.5.8.1; aeternam famam ~ere ingenio PHAED. 3.pr.53; PLIN.*Nat.*28.6; factis tibi nomina ~as SIL.3.71; (*impers. pass., w.* ut) natura..rerum ~itum est, ut plura sint negotia quam uocabula ULP.*dig.*19.5.4;—(*cf.*) noua ~ere fata VERG.*A.*10.35; diem qui fatum rebus in aeuum ~eret humanis LUC.7.132. **b** Augustus..aurea ~et saecula VERG.*A.*6.792; mecum altera saecula ~es STAT *Silv.*4.1.37; a ~ito aeuo PLIN.*Nat.*7.120; 7.141.

12 To make by putting together, construct, compose.

uerbum quod ~itum est e quibus litteris oportet VAR.*L.* 7.1; non sunt a dextro ~ita fila colo PROP.4.1.72; Vitellius.. ~idit patinam, cui faciendae fornax in campis exaedificata erat PLIN.*Nat.*35.163;—(*w.* in+*acc.*) (tellus) ~ita in orbem MAN.1.204.

13 LVSTRVM *~ere*, To conduct the ceremony of purification which concluded the census. **b** to bring to a close, end.

b licet quot uis uiuendo ~ere saecla LUCR.3.1090; ~ere bella et magnis patriam poterunt ornare triumphis MAN. 5.498;—(*cf.*) sic sit caelicolae, portentaque uestra secundi ~ite SIL.16.126.

14 To compose, write (a poem or other literary work). **b** to describe in literature, record, write of.

Graecum poema ~idit CIC.*Att.*1.16.15; si quis..carmen ~idisset quod infamiam faceret..alteri *Rep.*4.12; *Tusc.*4.4; LUCR.5.2; VERG.*Ecl.*10.50; HOR.*S.*2.1.82; ~itum ab Liuio poeta carmen LIV.27.37.7; ~ita disparibus numeris..misi uerba OV.*Pont.*2.5.1; ~ere uicturas..per saecula curas MART.1.107.5;—primus prorsam orationem ~ere instituit PLIN.*Nat.*5.112; libro de iaculatione equestri ~ito 8.162; primus..~idit aliqua in hanc materiam M. CATO QUINT. *Inst.*3.1.19; (*absol.*) auctor ille historiarum ~idit Thuriis PLIN.*Nat.*12.18. **b** tristia ~ere bella VERG.*Ecl.*6.7; PROP.2.1.42; numeris ~ere festa tuis OV.*Fast.*6.24; historiae seriem felici superiorum stilo ~itam V.MAX.1.pr.; ~endi.. res gestas et materiam dabit et exemplum SEN.*Dial.*11.8. 2; sanguinem et caedes ~ere annalibus PLIN.*Nat.*2.43.

condocefaciō ~facere ~fēcī ~factum, *tr.* [next+FACIO] (quantity of *-e-* is uncertain, cf. *mansuēfacio, patĕfacio*, etc.). To train, discipline.

ut..(beluis) utamur domitis et ~factis CIC.*N.D.*2.161; Scipio..elephantos hoc modo ~facere instituit *B.Afr.*27.1.

71.1;—nemo est enim eorum quin..(animum) ~faciat, ut ea..possit contemnere CIC.*Tusc.*5.87.

condoceō ēre ~uī ~tum, *tr.* [CON-+DOCEO] To teach, instruct.
quos..armauerat equoque uti frenato ~uerat *B.Afr.*19.3.

condoctus ~a ~um, *a.* *compar.* ~ior. [pple. of prec.] Well learnt; well instructed.
fac modo ut ~a tibi sint dicta ad hanc fallaciam. — quin edepol ~ior sum quam tragoedi aut comici PL.*Poen.*580.

condolescō ~escere ~uī, *intr.* [CON-+DOLEO+-SCO]

1 To be painful, ache.
mihi de uento miserae ~uit caput PL.*Truc.*632; si pes ~uit, si dens CIC.*Tusc.*2.52; si ~uit temptatum frigore corpus HOR.*S.*1.1.80; TIB.1.6.36; ut ulcera..ad suspicionem tactus ~escunt SEN.*Dial.*5.9.5.

2 To feel grief or sorrow, grieve.
cum..natura..et ~escere et concupiscere..(hominem) dicerent CIC.*Ac.*1.38; *Tusc.*1.41; admonitu matris ~uisse potes OV.*Tr.*5.3.32.

condōnātiō ~ōnis, *f.* [next+-TIO] A giving away.
bonorum..contra omnium instituta addictio et ~o CIC. *Ver.*12; *CIL* 6.16186.

condōnō ~āre ~āuī ~ātum, *tr.* [CON-+DONO]

1 To present as a gift, give away. **b** to grant as a favour. **c** to give permission to, permit.
illam (*sc.* pallam) non ~aui PL.*Men.*657; CIC.*Agr.*2.46;—(*w. dat.*) hanc pateram..tibi ~o PL.*Am.*536; totam insulam cuidam..sicut aliquod munusculum ~aras CIC.*Ver.*3.85; apothecae totae nequissimis hominibus ~abantur *Phil.*2.67; praeda omni regia militibus ~ata *B.Alex.*77.2; CURT.5.8.13; utrumque colorem Apollo suis alitibus ~auit APUL.*Soc.* pr.4. **b** illud..~are se his dicebat, quod non id quoque requireret GEL.14.1.31. **c** caue sis me attigas, ne tibi hoc scipione malum magnum dem. — tu utere, te ~o PL. *Per.*817.

2 To absolve (a person from the payment of a debt); to remit (a debt to a person).
mihi triobolum ob eam ne duis, ~o te PL.*Rud.*1367; (*w. two accs.*) argentum quod habes ~amu' te TER.*Ph.*947;—suam partem Roscius suo nomine ~are potuit Flauio CIC. *Q.Rosc.*56; pecunias creditas debitoribus ~andas putant *Off.*2.78.

3 To grant pardon for (an offence).
praeterita se Diuiciaco fratri ~are dicit CAES.*Gal.*1.20.6; haud facile alterius lubidini male facta ~abam SAL.*Cat.*52.8; ut..Iugurthae scelus ~aretur *Jug.*27.2; (*pass. w. ret. acc.*) habeo alia multa quae nunc ~abitur TER.*Eu.*17.

4 To deliver up or give over (to an enemy, punishment, etc.); to grant the pardon of (a person to an intercessor).
nulla caussa est quin me ~es cruci PL.*Rud.*1070; quoniam ..solum mihi superest animus et corpus, haec ipsa..uobis et uestrae ~o potestati *Rhet.Her.*4.39; uirum..inimicissimis..nationibus..tradere et ~are CIC.*Font.*43; ne huius honestissime actam uitam matris crudelitati ~etis *Clu.*195; 201; *Cael.*78;—qui illud..acerbe tulerit..non sibi ac defensioni suae ~atum esse Oppianicum *Clu.*109; *Lig.*36; peto ut eius filios..mihi..~es *Fam.*13.73.2; sibi..ut ~arent filium orabat LIV.3.12.8; 3.58.3.

5 To give up or set aside in favour of, sacrifice to.
omnis Caesar inimicitias rei publicae ~auit CIC.*Phil.*5.50; meam animaduersionem et supplicium..remitto tibi et ~o VAT.*Fam.*5.10a.2; incolumibus uobis me ~o [CIC.]*Exil.*21; seque uitamque suam rei publicae ~auere SAL.*Jug.*79.9; haec ego quamquam possim merito dicere, tamen uobis ~o APUL.*Apol.*90.

condormiō ~īre ~īuī or ~iī, *intr.* [CON-+DORMIO] To sleep soundly, be fast asleep.
scelerati conscientia obstrepente ~ire non possunt CURT. 6.10.14; cum Vlixes ~iret HYG.*Fab.*125.15a; SUET.*Aug.*78.

condormiscō ~iscere ~īuī or ~iī, *intr.* [prec. +-SCO] To fall asleep, go to sleep.
ille ebibit, caput deponit, ~iscit PL.*Cur.*360; *Mos.*486; da mihi aliquid ubi ~iscam loci *Rud.*571; cum absente marito cubans sola ~isset GEL.6(7).1.3.

condrillē: see CHONDRYLLA.

condrion, *n.* [Gk. χονδρίον] Gum succory.
~on siue condrille folia habet intubi PLIN.*Nat.*22.91.

condūcenter, *adv.* [*conducens* (CONDVCO)+-TER²] Profitably, wisely.
commode haec sane omnia et ~ (dixit) GEL.16.12.5.

condūcibilis ~is ~e, *a.* *compar.* ~ior. [next+-BILIS] Expedient, wise, advisable.
non ego istuc facinus mihi..~e esse arbitror PL.*Bac.*52; matronae magi' ~e est istuc..unum amare *Cist.*78; consilium catum..atque ad eam rem ~e *Epid.*260; utrum fuerit utilius ex contentione, hoc est utrum honestius facilius ~ius *Rhet. Her.*2.21; sententiam ~em APUL.*Met.*7.9.

condūcō ~cere ~xī ~ctum, *tr.*, *intr.* [CON-+DVCO]

1 To bring together, collect, assemble (persons or animals; also, water). **b** to bring together, collect (in a speech, book, etc.).
praetor..de castellis ad castra maxima pedites ~cit SIS. *hist.*65; populum in forum ~cit VAR.*Men.*259; Crotoniatae ..uirgines unum in locum ~xerunt CIC.*Inv.*2.3; exercitum in unum locum ~ci CAES.*Gal.*2.2.4; si uos aliquis casus ~cet in unum OV.*Rem.*673; dispersas per urbem cohortis una in castra ~cendo TAC.*Ann.*4.2; ~ctis ouiculis conuersus longe recessit APUL.*Met.*8.19;—si aqua in unum lacum ~catur ULP.*dig.*43.21.3.3. **b** unum in locum cum ~xerit breuiter propositionem et adsumptionem CIC.*Inv.*1.59; 1.73; ueteres ..scriptores artis..unum in locum ~xit Aristoteles 2.6.

2 To unite, join; also, to cause (milk to) curdle, coagulate. **b** to connect. **c** to cause to contract or close up.
nec..posset..ipse (aer) in se trahere et partis ~cere in unum LUCR.1.397; ignis..carnem trahit et ~cit in unum 6.967; siquis ~cat cortice, ramos..iungi..cernit OV.*Met.* 4.375; quasi diis immortalibus arbitris..dexteras eorum ~centibus repente amicissimi facti GEL.12.8.3; (*in perspective*) donec in obscurum coni ~xit acumen LUCR.4.431;—id (*sc.* lac) plerumque cogi (debet)..coagulo, quamuis possit et agrestis cardui flore ~ci COL.7.8.1. **b** plures (putei) circa sunt fodiendi et per specus in unum locum omnes ~cendi VITR.8.1.6. **c** quae..rugas ~cere uentris farre aceroso.. coegit LUCIL.501; ubi sunt nerui, interiores ~cunt membra, superiores reuocant PLIN.*Nat.*11.218; sors tibi, nequa parte trahat tacitum puppis mare..molli ~cere uulnera cera V.FL. 1.480.

3 To employ for wages, hire; so *mercede, pretio ~cere*; also, to hire (a person's services). **b** (transf.) to induce by an offer of money, etc., bribe.
postquam opsonauit erus et ~xit coquos tibicinasque hasce apud forum PL.*Aul.*280; praeconum iubere iam quantum est ~cier *Mer.*663; operarios facilius ~ces CATO *Agr.*4; cum operis ~ctis et ad diripiendam urbem concitatis CIC. *Sest.*38; CAES.*Gal.*2.1.4; mittere ad ~cenda Afrorum auxilia LIV.29.4.2; ~cendus..magister JUV.2.114; JAVOL.*dig.*18. 6.17(16);—mercede huc ~ctus tua aduenio CAECIL.*com.* 22; LUCIL.954; per sagam pretio ~ctam TURP.*com.*8; Zeuxin ..magno pretio ~ctum CIC.*Inv.*2.1; alios per totam Africam milites mercede ~ci LIV.27.5.11;—opera huc ~cta est uostra, non oratio PL.*Aul.*455; ~ctis operis..egentium CIC. *Dom.*79. **b** ut non..surrupiam..pallam..non edepol ~ci possum uita uxoris annua PL.*As.*886; tribu' non ~ci possum libertatibus quin ego illis hodie comparem magnum malum *Cas.*504; frusto panis ~ci potest, uel uti taceat uel uti loquatur CATO *orat.*122; qui ab eis ~cebantur ut aliquem occiderent CIC.*S.Rosc.*93; ut rex..consulem uestrum ad caedem faciendam..~ceret *Prov.*9; QUINT.*Decl.*345(p.363, l.27); (*cf.*) describit (Plato), quemadmodum simu omnis hominum multitudo bonitate et iustitia ~cta habeatur APUL.*Pl.*2.27.

4 To obtain on hire, rent. **b** to obtain on loan, borrow (money).
chlamydem hanc commemora quanti ~ctast PL.*Ps.*1184; ~cit nauem putridam CAECIL.*com.*6; Parhedrum excita ut hortum ipse ~cat CIC.*Fam.*16.18.1; QVEI EA (LOCA) FRVENDA TVENDAVE ~CTA HABEBVNT *CIL* 1.593.74; ~ctaque pater tellure serebat VERG.*A.*12.520; LIV.45.14.6; ~xi domum a te SEN.*Ben.*7.5.2; publicani, qui pascua ~cunt PLIN.*Nat.*19.39; ~cit Ogulnia uestem JUV.6.352; librum (Ennii)..studio pretioque multo..~xi GEL.18.5.11; dum hospitium quis ~cit ULP.*dig.*4.6.15.3. **b** omnia ~ctis coemens obsonia nummis HOR.*S.*1.2.9; ~cta pecunia JUV.11.46.

5 (esp. w. gdve.) To accept a contract for, undertake (a task); (also, w. acc.) to undertake a contract in connexion with (buildings, etc.). **b** to farm (taxes); also, to farm the taxes of (a province).
mea fiducia opu' ~xi PL.*Bac.*752; leui pretio fultura ~citur SEN.*Ben.*6.15.7;—(*w. gdve.*) caedundum ~xi ego illum (agnum) PL.*Aul.*567; quod molendum ~xit, comest POMPON.*com.*122; qui columnam..~xerat faciendam CIC. *Div.*2.47; qui columnam transportandam ~xit GAIUS *dig.* 19.2.25.7;—quis facile est aedem ~cere flumina portus JUV. 3.31. **b** si Rhodiis turpe non est portorium locare, ne Hermocreon ti quidem turpe est ~cere CIC.*Inv.*1.47; pars hominum gestit ~cere publica HOR.*Ep.*1.1.77; qui..publica uectigalia aut ultro tributa ~xissent LIV.43.16.2;—Asiam qui de censoribus ~xerunt CIC.*Att.*1.17.9.

6 (intr.) To be of advantage, be profitable or expedient. **b** to be proper or fitting.
sed ut ~cere putabis CIC.*Att.*16.5.4; uentosis locis crebriores seri ~cit PLIN.*Nat.*17.93; quoniam..deserere Rheni ripam..non ~cat TAC.*Hist.*2.32;—(*w. dat.*) quod hoc maxime rei publicae ~cit CIC.*Prov.*1; patriae ~cit pios habere ciues in parentes *Off.*3.90; nec per solstitia imbres uitibus ~cunt PLIN.*Nat.*17.14; sin rebus eius aliud ~ceret TAC.*Ann.*2.63;—(*w.* in) quid in rem publicam suam maxume ~cere uideretur SIS.*hist.*77; quod in commune ~cat loco sententiae proferre TAC.*Ann.*2.38. **b** (*w. dat.*) huic aetati non ~cit..latebrosus locus PL.*Bac.*56; ex uirtute tua et claris ~cere cartis LUCIL.1085; id quod minime ~cit ipsis, cuiusquam gloriam dignitatemque uiolari CIC.*Har.*46; quod non proposito ~cat et haereat apte HOR.*Ars* 195.

7 (intr.) To be conducive (to), tend (to). **b** (of books, remarks, etc.) to be directed (to) or concerned (with).
(*w. dat.*) (non) uersatus sum in prouincia..quomodo ambitioni meae ~cere arbitrabar GRACCH.*orat.*25; quae.. saluti tuae ~cere arbitrarer CIC.*Fam.*4.7.1; quod ualetudini tuae maxime ~cet 16.1.2; ueterem illam formam (urbis) salubritati magis ~xisse TAC.*Ann.*15.43;—(*w.* ad) alia.. quae ad uentris uictum ~cunt PL.*Capt.*906; consultant ad uitae commoditatem..~cat id necne CIC.*Off.*1.9; rerum ad..inlustrandam linguam Latinam ~centium GEL.13.10.2; —(*w.* in) quod in rem recte ~cat tuam PL.*Capt.*386; *Cist.* 634. **b** quaedam alia ad eam rem ~centia..dixit GEL. 13.22.2; ἐξωτερικὰ dicebantur, quae ad rhetoricas meditationes..~cebant 20.5.2.

conductīcius ~a ~um, *a.* [prec.+-ICIVS²] Hired, mercenary; (of a house) rented.
fidicinam..~am PL.*Epid.*313; cum ~is liberorum operis VAR.*R.*1.17.2; quem praeficeret exercitui ~o NEP.*Iph.*2.4; —eorum ille opera ne domum quidem habuit ~am PORC. *poet.* 3.11.

conductiō ~ōnis, *f.* [CONDVCO+-TIO]

1 The taking of a lease, renting.
cum idem ex eadem ~one fuerit in fundo CIC.*Caec.*94; LIV.43.16.2; OMNIA QVAE EI ADSIGNATA ERVNT INTEGRA ~ONE PERACTA REDDERE DEBETO *CIL* 2.5181.25; annua ~one solent locari HYG.*agrim.*p.80; locatio et ~o proxima est emptioni et uenditioni GAIUS *dig.*19.2.2; in ~onibus publicorum ULP.*dig.*17.2.33.

2 A bringing together (of the premisses of an argument).
in longis argumentationibus ex ~onibus..complecti oportet CIC.*Inv.*1.74.

conductor ~ōris, *m.* [CONDVCO+-TOR]

1 One who employs a person for wages, hirer.
res uortat bene gregique huic et dominis atque ~oribus PL.*As.*3; *Trin.*856; omnia ~or soluit OV.*Am.*1.10.45; APUL. *Apol.*74.

2 One who undertakes a contract, contractor.
materiem dumtaxat..secabit facietque ~or CATO *Agr.* 14.3; respondit se ipsum eius operis HS $\overline{XVI}$ ~orem fuisse CIC.*Q.fr.*3.1.5; ~ores sacrae arae V.MAX.8.12.ext.1; pro.. ~ore uectigalis PAUL.*dig.*46.1.68.1; ~OR BALINEI..BALINEVM..OMNIBVS DIEBVS CALFACERE ET PRAESTARE DEBETO *CIL* 2.5181.

3 One who rents (a house, etc.), lessee.
(legem) qua mercedes habitationum annuas ~oribus donauit CAES.*Civ.*3.21.1; ut..neque ipsi ~ori neque heredi eius praedium auferatur GAIUS *Inst.*3.145; ~OR HORREORVM SEIANORVM *CIL* 6.9471.

conductum ~ī, *n.* [next]

1 A rented residence, lodging.
solebat..extra portam aliquid habere ~i CIC.*Clu.*175; nec ~um meum..intrabis SEN.*Ben.*7.5.3; in ~um accurrit PETR.9.4.

2 A lease, contract; (esp. *actio ex ~o* and sim.).
quae ex empto aut uendito aut ~o aut locato contra fidem fiunt CIC.*N.D.*3.74; si actio sicut certae pecuniae aut ex ~o et locato datur SEN.*Ben.*3.7.1; in plerisque iudiciis priuatis de certa credita, locati et ~o, interdictis QUINT. *Inst.*4.2.61; ULP.*dig.*4.9.3.1; 39.2.13.6; ~i actione 47.2.52.8.

conductus ~a ~um, *a.* [pple. of CONDVCO] Hired; composed of hired men; (masc. as sb.) a hired man. **b** taken under contract, leased.
in me impetus ~orum hominum..parabatur CIC.*Phil.* 14.15; ut qui ~i plorant in funere HOR.*Ars* 431; ~i..testes OV.*Am.*1.10.37; si ~is iumentis iter facias COL.1.3.4; ~a Paulus agebat sardonyche JUV.7.143; (*transf.*) hoc nostra quoque ratio..seruet, ne ad res honestas ~a ueniat SEN. *Ben.*4.25.2;—~as habent contiones CIC.*Sest.*104; multitudine ~a SAL.*Cat.*52.14;—si ~i sectarentur CIC.*Mur.*67; ~os et sicarios et egentis et perditos *Dom.*45. **b** custodit ..~as Coruinus oues JUV.1.108; (*transf. ep.*) firmaque ~is adnectit licia telis TIB.1.6.79.

condulus ~ī, *m.* [Skt. *kuṇḍala-* 'ring', cf. Gk. κόνδυλος; dim. *condalium*] A ring.
~us anulus PAUL.*Fest.*p.38M.

condumnō ~āre: see CONDEMNO.

conduplicātiō ~ōnis, *f.* [next+-TIO]

1 A doubling; (in quot. facet., of an embrace).
quid hoc est ~onis? quae haec est congeminatio? PL. *Poen.*1297.

2 (rhet.) Reiteration (of a word or phrase).
~o est..eiusdem unius aut plurium uerborum iteratio *Rhet.Her.*4.38.

conduplicō ~āre ~āuī ~ātum, *tr.* [CON-+DVPLICO] To make twice as great, double; *corpora ~are* (facet.) to embrace. **b** to make twofold or of two kinds.
idem hoc tibi, quod boni promeritu' fueris, ~auerit TER. *Ph.*516; tenebrae ~antur PAC.*trag.*412; diuitias..~ant auidi LUCR.3.71; —ubi amans complexust amantem..ubi.. corpora ~ant PL.*Ps.*1261. **b** qui ~ant primordia rerum aera iungentes igni terramque liquori LUCR.1.712.

condurdum ~ī, *n.* [unkn.] An unidentified plant.
~um..herba solstitialis, flore rubro PLIN.*Nat.*26.26.

condūrō ~āre ~āuī ~ātum, *tr.* [CON-+DVRO] To make hard.
umor aquae porro ferrum ~at ab igni LUCR.6.968.

condus ~ī, *m.* [CONDO+-VS²] One who stores (provisions).
~us, promus sum, procurator peni PL.*Ps.*608.

condylōma ~atis, *n.* [Gk. κονδύλωμα] FORMS: nom., acc. pl. *~ata*, dat., abl. pl. *~atis*. A callous anal protuberance.
~a..est tuberculum, quod ex quadam inflammatione nasci ⟨solet⟩ CELS.6.18.8.A; sedis rimas et ~ata omniaque in corpore excrescentia sanat PLIN.*Nat.*21.142; LARG.224.

cōnea ~ae, *f.* Praenestine form of *ciconia*, a stork (see quot.).
Praenestinis '~a' est ciconia PL.*Truc.*691.

cōnectō ~ctere ~xuī ~xum, *tr.* **(conn-).** [CON-+NECTO]

1 To join, fasten, or link together. **b** to bind (with a garland). **c** (pass.) to be adjacent or contiguous (to).

manicas celeriter ~ctite PL.*Mos.*1065; facilius est.. apta dissoluere quam dissipata ~ctere CIC.*Orat.*235; nec tamen omnimodis ~cti posse putandum est omnia LUCR.2.700; ~xos..anguis VERG.*A.*8.437; ~xos..crinis PROP.2.5.23; fons..qui..domitas unda ~ctit harenas LUC.9.527; naues..ualidis utrimque trabibus ~xae TAC.*Hist.*2.34; hic alternis commeatibus orientem occidentemque ~ctit PLIN.*Pan.*32.2;—(*non-material things*) uerba lyrae motura sonum ~ctere digner? HOR.*Ep.*2.2.86; adlatos uel ibidem repertos uersus ~ctere atque ipsius uerba supplere TAC.*Ann.*14.16; 'eitur in siluam' necesse est E et I ~ctere MAUR.461. **b** uiridi ~ctit tempora lauro V.FL.4 334. **c** ~ctitur secunda regio PLIN.*Nat.*3.99;—(*w. dat.*) Adiabenis ~ctuntur Carduchi 6.44; frigidariae cellae ~ctitur media PLIN.*Ep.*5.6.26.

2 a To establish a relationship between, relate, associate (two things); (pass.) to be interdependent. **b** to link, relate (one thing to another); (pass.) to be associated, logically connected (with).

a dum res ac uerba ~ctere incipiunt (pueri) QUINT.*Inst.*2.4.15;—si semper motus ~ctitur omnis LUCR.2.251; legiones, prouincias, classis, cuncta inter se ~xa TAC.*Ann.*1.9. **b** pergam ~ctere rem quae ex hoc apta fidem ducat LUCR.2.478;—(*pass., w. dat.*) his causis ~xo uisu et earum (stellarum) PLIN.*Nat.*2.79; quid cuique ~ctatur QUINT.*Inst.*7.2.57;—(*w.* cum) amicitia cum uoluptate ~ctitur CIC.*Fin.*1.67; interim..cum re, cuius est imago, ~ctitur (similitudo) QUINT.*Inst.*8.3.77.

3 To make up, string together (from several parts); (pass., of a logical proposition) to be constructed. **b** *nodum ~ctere*, to tie a knot. **c** to make or form (a friendship).

ita ~xa est per uenas uiscera neruos ossaque (anima) LUCR.3.691; rates..~cti XL sestertium plerasque PLIN.*Nat.*16.202;—(*non-material things*) illud..non est in uno uerbo translatio, sed ex pluribus continuatis ~ctitur CIC.*de Orat.*3.166; ea quae ἀκροστιχίς dicitur, cum deinceps ex primis uersus litteris aliquid ~ctitur *Div.*2.111; his (*sc.* uerbis) sermonem ~ctere incipiat QUINT.*Inst.*1.1.31; GEL.1.25.16;—(*literary works*) ut fabellas quoque et Aesopeos logos..~ctas SEN.*Dial.*11.8.3; gracili ~ctere carmina filo COL.10.227;—si..est uerum quod ita ~ctitur CIC.*Fat.*12; *Luc.* 143. **b** stella..aeternum ex astris cupiens ~ctere nodum CIC.*Arat.*212; OV.*Met.*12.430. **c** cum sit ad ~ctendas amicitias uel tenacissimum uinculum morum similitudo PLIN.*Ep.*4.15.2; (*cf.*) uno amne discretis ~xum odium TAC.*Hist.*1.65.

4 (of words, ideas, etc.) To constitute a connecting link between; to lead on to.

uerba, quae quasi articuli ~ctunt membra orationis CIC.*de Orat.*2.359; ('atque') coniungit uerba et ~ctit GEL.10.29.1; 'quin'..uariis modis sententiisque ~ctere orationem uidetur 17.13.1;—contemplatio tam prodigae mentis aliam..~ctit maiorem insaniam PLIN.*Nat.*36.116.

5 To involve (a person in a charge, etc.).

~ctebantur ut conscii et adulteri eius TAC.*Ann.*6.47; recens (crimen) et quo discrimini patris filiam ~ctebat, quod pecuniam magis dilargita esset 16.30; 16.32.

cōnestō ~āre: see COHONESTO.

cōnexiō ~ōnis, *f.* [CONECTO+-TIO]

1 A junction, meeting.

omnis limitum ~o rectis angulis continetur HYG.GR.*agrim.*p.145.

2 A causal sequence (of events). **b** (log.) conclusion, deduction.

fatum est ~o rerum per aeternitatem se inuicem tenens CIC.*Fat.fr.*2. **b** ita erit prima (pars) intentio, secunda assumptio, tertia ~o QUINT.*Inst.*5.14.6; 5.14.23.

3 Association, connexion.

ei (*sc.* syllogismo) nonnulla etiam cum finitione ~o (*s.v.l.*) QUINT.*Inst.*7.8.1.

cōnexiuus ~a ~um, *a.* [CONECTO+-IVVS] (gram.) Copulative.

'atque' particula..coniunctio esse dicitur ~a GEL.10.29.1.

cōnexum ~ī, *n.* [next] (log.) A hypothetical proposition.

si igitur quod primum in ~o est necessarium est, fit etiam quod consequitur necessarium CIC.*Fat.*14; si Chaldaei ita loquentur ut negationes infinitarum coniunctionum potius quam infinita ~a ponant 15; *Luc.*96; quod Graeci συνημμένον ἀξίωμα dicunt, id alii nostrorum adiunctum alii ~um dixerunt GEL.16.8.9.

cōnexus¹ ~a ~um, *a.* **conn-.** [pple. of CONECTO]

1 Joined together, linked. **b** (of time) continuous.

illae (*sc.* apes) pedibus ~ae ad limina pendent VERG.*G.*4.257; pleraque ex longinquo speculantibus abscisa et ~a uideri solent SEN.*Dial.*2.1.2; lucus..obscurum cingens ~is aera ramis LUC.3.400; uicos locant non..~is et cohaerentibus aedificiis TAC.*Ger.*16.2;—(*w. dat.*) totius pars magna Iouis Cirrhaea per antra exit et aetherio trahitur ~a Tonanti LUC.5.96; nemorum..~a cacumina caelo SIL.3.675. **b** tropicis praecedunt omnibus astra bina..quod duplicis retinent ~o tempore uires MAN.2.180; 3.348.

2 Related, associated; mutually related, interdependent.

perseueremus..scrutari etiam ea, quae..~a sunt, non cohaerentia SEN.*Ben.*5.1.2; ~a et situs uinearum arbustorumque ratio est PLIN.*Nat.*17.19;—(*w. dat.*) ~um..sit principium consequenti orationi CIC.*de Orat.*2.325; quia dolori meo causa ~a est TAC.*Ann.*3.12; (*poet.*) eximii regum, quibus Argos alumnis ~um caelo STAT.*Theb.*6.16;—(*w.* cum) rerum, quae ~am rationem cum his habuerunt PAPIN.*dig.*26.7.37.1;—sic inter se sunt pleraque ~a et apta CIC.*Part.*137; omne quod ipsum ex se ~um sit uerum esse *Luc.*98; sunt inter se ~a et indiscreta omnia QUINT.*Inst.*10.1.2; earum (*sc.* seruitutum) usus ita ~us est, ut qui eum partiatur, naturam eius corrumpat POMPON.*iur.*1.

3 (of persons) Bound by ties (of friendship, kinship, etc.).

magno..~us amore STAT.*Ach.*1.174; per adfinitatem ~um Germanico TAC.*Ann.*2.43; Caesari..~a adulterio 2.50; (*cf.*) idem honor neque patruo laetus neque natura tam ~us fuerat 3.31.

cōnexus² ~ūs, *m.* [CONECTO+-TVS³] A joining together, connexion.

uarios ~us LUCR.1.633; quandoquidem ~u corpus adhaeret 3.557; ~us staminis ad subtemen VITR.10.1.5; nullone ~u natura se uinxit? APUL.*Soc.*4.

confabricor ~ārī ~ātus, *tr.* [CON-+FABRICOR] To build up, construct.

nimis moleste atque odiose ~atus commolitusque magis est originem uocabuli..quam enarrauit GEL.3.19.3.

confābulor ~ārī ~ātus, *intr.*, (*tr.*). [CON-+FABVLOR] To talk together, converse; (tr.) to talk about.

cum ea ~atust PL.*Mer.*188; siquando ad eam accesserat ~atum TER.*Hec.*182; si de id genus rebus..~emur VAR.*Men.*333; VER.*Fro.*1.p.296(116N);—rem meam magnam ~ari tecum uolo PL.*Cist.*743.

confarreātiō ~ōnis, *f.* [next+-TIO] A form of marriage ceremony.

nihil religiosius ~onis uinculo erat PLIN.*Nat.*18.10; farreo in manum conueniunt (feminae) per quoddam genus sacrificii, quod Ioui Farreo fit; in quo farreus panis adhibetur, unde etiam ~o dicitur GAIUS *Inst.*1.112: SACERDOTI ~ONVM ET DIFFARREATIONVM *CIL* 10.6662.

confarreō ~āre ~āuī ~ātum, *tr.* [CON-+FARREVS+-O³] To marry by *confarreatio*; (also) to contract (a marriage).

patricios ~atis parentibus genitos TAC.*Ann.*4.16; omissa ~andi adsuetudine 4.16;—~atis nuptiis APUL.*Met.*5.26; matrimonium ~aturus 10.29.

confātālis ~is ~e, *a.* [CON-+FATALIS] Fated by implication.

copulata..res est et ~is CIC.*Fat.*30; haec..~ia ille (*sc.* Chrysippus) appellat 30.

confectiō ~ōnis, *f.* [CONFICIO+-TIO]

1 A making ready for use, preparation.

arborum..~one (*s.v.l.*)..ad calficiendum corpus igni adhibito..utimur CIC.*N.D.*2.151; materiaue quid iuuaret, nisi ~onis (*s.v.l.*) eius fabricam haberemus *Div.*1.116.

2 The compiling (of a book, accounts, etc.); (also) make-up, composition.

erat..historia nihil aliud nisi annalium ~o CIC.*de Orat.*2.52; ~o..tabularum *Font.*3; mihi..iucunda huius libri ~o fuit *Sen.*2;—~o memoriae tamquam cera locis utitur *Part.*26; nec tributi ~o ulla recitatur *Flac.*20.

3 Conclusion, end.

~o..huius belli est D. Bruti salus CIC.*Phil.*14.2.

4 An impairing or diminution. **b** the reduction (of food, etc., by mastication; also, by digestion).

~o..ualetudinis CIC.*Hort.fr.*81. **b** eorum (*sc.* dentium) aduersi acuti morsu diuidunt escas, intimi autem conficiunt ..quae ~o etiam a lingua adiuuari uidetur CIC.*N.D.*2.134;—earum (*sc.* anatum) sanguinem miscere medicamentis, quae digerendis uenenis ualent, eumque sanguinem uel potentissimum esse in ea ~one GEL.17.16.2.

confector ~ōris, *m.* [CONFICIO+-TOR]

1 A maker; one who undertakes or conducts (business).

~ORES AERIS *CIL* 2.1179; *A.Epig.*46.91;—~or negotiorum CIC.*Ver.*2.108.

2 One who brings to an end or finishes.

eum totius belli ~orem fore CIC.*Fam.*10.20.3; dux et exercitus tanti belli ~or TAC.*Ann.*14.39.

3 A destroyer, slayer.

~ores cardinum LUCIL.773; ~or est et consumptor omnium CIC.*N.D.*2.41; tauri et ursi pugnam..quos..suus ~or expectat SEN.*Dial.*5.43.2; ~ores ferarum SUET.*Aug.*43.2.

confectōrārius ~(i)ī, *m.* [prec.+-ARIVS] A slaughterer, butcher.

CIL 6.9278.

confectūra ~ae, *f.* [CONFICIO+-VRA] Preparation, making, manufacture.

de ~a mellis COL.9.14.5; (chartae) datum fuerat (nomen) a ~ae loco PLIN.*Nat.*13.75; 33.161.

conferciō ~cīre ~sī ~tum, *tr.* [CON-+FERCIO]

1 To pack closely together. **b** to fill densely.

(apes) ~ciunt se li⟨n⟩gentes VAR.*R.*3.16.35; uentus..cum ~cit (*sc.* nimbos) LUCR.6.158; COL.2.10.12; (murram) in folles ~ciunt PLIN.*Nat.*12.68; ab Romanis ~tus pedes, dispositae turmae TAC.*Ann.*4.25. **b** ~ta mole (*i.e.* amphitheatro) TAC.*Ann.*4.62.

2 To raise (a shout) in unison.

repente signo dato et clamore ~to (*s.v.l.*) APUL.*Met.*9.11.

conferō ~rre contulī collatum (conl-), *tr.* [CON-+FERO]

1 To bring or take, carry, convey. **b** to cause to go or face (towards), direct.

perparuam partem postulat Plautus loci..Athenas quo sine architectis ~rat PL.*Truc.*3; in tectum ~rto (uinum) CATO *Agr.*105.2; omnia..corrumpier intus quae collata foris et commoda cumque uenirent LUCR.6.19; in siluas..confugiunt suaque eodem ~runt CAES.*Gal.*6.5.7; statuas..ex Capitolina area..in campum Martium conlatas SUET.*Cal.*34.1;—(*immaterial things*) domicilium hoc quidam contulit leno TURP.*com.*134; quo ~rrent suas controuersias VAR.*L.*5.145. **b** ad stabula haec itiner contuli PAC.*trag.*121; iter Brundisium uersus contuli CIC.*Att.*3.4.1; D.BRUT.*Fam.*11.13.4; ad Venerem conlata facie APUL.*Met.*6.23;—(gradum, pedem, *etc.*) propera..fer pedem, ~r gradum PL.*Men.*554; contra pariter fer gradum et ~r pedem *Mer.*882; extemplo rus in curriculum contuli propere pedes VAR.in Non.p.263M.

2 (refl.) To betake oneself, go, resort; to go for refuge; to go over (to a side, party, etc.). **b** to have recourse, resort (to an action, policy, etc.).

ego me..ad congerrones ~ram PL.*Mos.*931; istam in uicinitatem te meretriciam cur contulisti? CAECIL.*com.*235; si offendet me loci celebritas, alio me ~ram CIC.*Fam.*14.1.7; huc se..anguis contulit OV.*Met.*15.743; a funere filii contulit se in scholam SEN.*Suas.*2.15;—quo me miser ~ram? GRACCH.*orat.*58; nisi in nauim se contulerit CIC.*Att.*7.22.1; ad impedimenta et carros suos se contulerunt CAES.*Gal.*1.26.1; quo magna multitudo Volscorum se contulerat LIV.4.51.7;—erit ciuis nemo..qui se non in tua castra ~rat CIC.*ad Brut.*1.14.2; Macedones nonne..uniuersi..se ad Pyrrhum contulerunt? *Off.*2.26; ea gens..ad plebem se contulit (*i.e. became plebeian*) SUET.*Aug.*2.1; deficere..dicuntur, qui..in hostium numerum se ~runt PAUL.*dig.*4.5.5.1. **b** derepente contulit sese in pedes (*took to his heels*) ENN.*scen.*183; PL.*Bac.*374; me in colloquium conferre horum TURP.*com.*212; se ad historiam contulerunt CIC.*de Orat.*2.57; (*cf.*) totos se alii ad poetas..contulerunt 3.58; se in fugam ~runt *Caec.*22; se in Chrysogoni fidem et clientelam contulerunt *S.Rosc.*106; ad alia consilia..se contulisse PLANC.*Fam.*10.24.4; ad audiendas legationes..se contulit LIV.42.53.2; se..ad dolos contulit FLOR.*Epit.*1.13(1.18.14).

3 (also fig.) To direct, aim (weapons, etc., at); to address, direct (words). **b** to direct (hostile feelings against), cast (suspicion on).

orationis aciem contra ~ram PL.*Epid.*547; ut..omnia in illum tela ~ram CIC.*de Orat.*2.293; iam pridem oportebat, in te ~rri pestem quam tu in nos..machinaris *Catil.*1.2; in te..uim suam contulit *Fam.*1.9.2; solita ~rte undique uerba SEN.*Dial.*7.26.4;—illuc ~renda est oratio QUINT.*Inst.*7.2.36; ut spes uotaque sua non prius ad deos quam ad principum auris ~rret TAC.*Ann.*4.39. **b** si in nos aliquod odium offensioue conlata sit CIC.*Part.*28; non hanc suspicionem nunc primum in Capitonem ~rri *S.Rosc.*100.

4 To devote, apply, direct (one's attention, efforts, time, etc.). **b** (refl.) to apply oneself (to a course of action, etc.). **c** to apply (money, etc., to a given purpose).

(*w. adv.*) illi suom animum alio ~runt TER.*Hau.*390; quo accusationis meae rationem ~ram? CIC.*Ver.*5.2; quonam suas mentis ~rent? *Sest.*95; eam..facultatem disserendi..potius huc ~ras *N.D.*2.168;—(*w.* ad) praestantissimum ingenium contulerat ad summam iuris ciuilis..scientiam *Brut.*175; ut hae feriae nobis ad utilissimos..sermones potissimum ~rantur *Rep.*1.33; ut..ad fodiendos puteos animum ~rant *B.Alex.*9.1; V.MAX.8.7.ext.4;—(*w.* in+*acc.*) eam ciuitatem in quam ego multa et magna studia et officia contuli CIC.*Flac.*52; idem studium meum..in te contulit fauorem VITR.1.pr.2; OV.*Pont.*1.6.48;—(*w.* erga) beneuolentiae..eius, quam erga me a pueritia contulisses CIC.*Fam.*10.5.1. **b** cum..totum..se ad inuestigationem naturae contulisset CIC.*Ac.*1.34; qui ad rem publicam se contulerunt *Amic.*86; M. Tullius, cum se totum ad imitationem Graecorum contulisset QUINT.*Inst.*10.1.108. **c** si est aequum praedam ac manubias suas imperatores non in monumenta deorum..~rre CIC.*Agr.*2.61; nihil ullam in libidinem contulisti? *Rab.Post.*45; ad beneficentiam..~rre (pecuniam) *Off.*1.68; hanc (legem)..ad perniciem ciuitatis ~rri noluit NEP.*Ep.*7.5; impendiorum, quae in educationem contulerit QUINT.*Inst.*1.10.18; opes ornatum ad urbis..~rre TAC.*Ann.*3.72; eosdem patrimonii tertiam partem ~rre iussit in ea, quae solo continerentur PLIN.*Ep.*6.19.4; cum omne negotium..in condemnationem eius ~ratur JAVOL.*dig.*38.5.12; haec..in suam uterque sententiam ~rebant GEL.18.1.15.

5 To confer, bestow, (benefits, etc.). **b** to bring (upon), cause to come (to). **c** to put (blame on); to allege (against), lay to one's charge.

sumptum..nos dabimus, nos ~remus PL.*Mos.*1161;—(*w.* in+*acc.*) beneficia quae in me contulistis CIC.*Mil.*100; deos..in quos uoluntas sola ~rtur SEN.*Ben.*7.15.4; ULP.*dig.*24.1.34;—(*w. dat.*) si quis mulieri..cognatus dotem ~rre uolet *Leg.pub.*(*Font.iur.*p.47)5; nullaque non aetas uoluit ~rre futuris notitiam LUC.10.270; primus..gloriam penicillo iure contulit PLIN.*Nat.*35.60; STAT.*Ach.*1.284; ut nec mea senectus ~rre plus populo Romano possit..TAC.*Hist.*1.16; quae terraque marique adquirenda putas, breuior uia ~ret illi JUV.14.223; si quid quibusdam earum detrahas uel ~ras MAECIAN.*iur.*8. **b** fructum nequando iratu' tu alio ~ras TER.*Eu.*450; in actiones omnemque uitam nullam discrepantiam ~rre debemus CIC.*Off.*1.111; populus..quam uiuo iracundiam debuerat, in corpus mortui contulit VELL.2.21.4; nebulis..quae..pecudibus hominibusque ~runt pestem COL.1.5.4; cur sola cadenti haec placuit tellus, in quam Pharsalica fata ~rres poenasque tuas? LUC.8.517; post..condemnationem in duorum personam collatam PAUL.*dig.*17.1.59.3. **c** ne..in me culpam ~ras PL.*Am.*768; Orestes..in matrem ~rens crimen *Rhet.Her.*1.25; CIC.*Att.*9.2a.1; TAC.*Hist.*2.27;—permulta in Plancium quae ab eo numquam dicta sunt ~runtur CIC.*Planc.*35; qui noxii ambo alter in alterum causam ~rant Liv.5.11.6; inhonesta indignaque in philosophos ~rt Gel.10.22.2.

6 a To assign (a task or duty). **b** to refer, submit (to someone's judgement, mercy, etc.); to make dependent (on a circumstance, etc.). **c** to assign (an action, event, etc., to a particular date or time); (leg.) to make applicable to or on, refer to (a date). **d** to ascribe (to a person). **e** to transfer (to).

a curam restituendi Capitolii in Lucium Vestinum ~rt Tac.*Hist.*4.53; reliquus praeturae dies in Eprium Marcellum conlatus est *Ann.*12.4; (*cf.*) disputationem in Africani personam et Phili..contuli Cic.*Att.*4.16.2. **b** ut mihi quidem uideantur di immortales..omnem spem salutis ad clementiam uictoris..contulisse Cic.*Marc.*18; rem ad me esse conlatam *Att.*13.12.4; quod..omnia ad uestrum arbitrium essent conlata D.Brut.*Fam.*11.20.1; legatum in alterius arbitrium collatum Ulp.*dig.*31.1.1;—institutione collata in alterius factum aut quendam casum Pompon.*dig.*28.5.23.2. **c** caedem te optimatium contulisse in ante diem V Kalendas Nouembris Cic.*Catil.*1.7; quicquid..cogito, in ambulationis tempus fere ~ro *Q.fr.*3.3.1; quod in longiorem diem collaturus fuisset Caes.*Gal.*1.40.13;—ut in nouissimum uitae tempus..obligatio ~ratur Gaius *Inst.*3.100; cum ad praesens tempus condicio ~rtur Papin.*dig.*12.1.37; quia in praeteritum, non in futurum institutio collata est Paul *dig.*28.5.72(71). **d** ille uersus, qui in te erat conlatus cum aedilitatem petebas Cic.*Q.fr.*1.3.8; species istas hominum conlatas in deos *N.D.*1.77; ignorantia causarum ~rre deorum cogit ad imperium res Lucr.6.54. **e** ut facete orationem ad seruitutem contulit Pl.*Capt.*276; qui insitiones ficulnas ex uerno tempore in aestiuum contulerunt Var.*R.*1.18.8; ius dicitur locus in quo ius redditur, appellatione collata ab eo quod fit in eo ubi fit Paul.*dig.*1.1.11.

7 (w. *in*+acc., *ad*) To change (into something else). **b** (w. *in*+acc.) to cast (in a specified literary form).

eam seditionem illi in tranquillum ~ret Pl.*Am.*478; ferre possum..magnifica uerba, uerba dum sint; uerum enim si ad rem ~rentur, uapulabit Ter.*Eu.*742; totam Academiam..ex duobus libris contuli in quattuor Cic.*Att.*13.13,14.1; corpus deus aequoris albam contulit in uolucrem Ov.*Met.*12.145; ad instar tyrannicae potestatis sectam suam ~rre Apul.*Met.*7.4. **b** in figuram contulit declamationem Sen.*Con.*2.1.23; quae reliqua..pars subest..in carmen ~remus Col.9.16.2.

8 To bring together, collect, concentrate. **b** *in pauca* (*uerba*) *~rre*, to put briefly; so *ad compendium ~rre*. **c** to form by collecting, get together.

herbam ~runt Acc.*trag.*444; undique collatis membris Hor.*Ars* 3; omnes aquilas conlataque (*massed*) signa Luc.1.477;—(*w. preps.*) gaudia sua si omnes homines ~rant unum in locum Juvent.*com.*3; Cic.*Ver.*1.21; Deiotari legiones in mediam aciem contulit *B.Alex.*39.2; post hoc proelium collatum omne bellum est circa Corinthum Nep.*Ag.*5.1; tela in domum Maeli ~rri Liv.4.13.9; quam (supellectilem) in hortis..contulerat Ulp.*dig.*33.7.12.40;—(*w. acc.*) impedimenta omnium legionum Aduatucam contulit Caes.*Gal.*6.32.3;—(*w. dat.*) funeri ~rtur (*sc.* Hippolytus) Sen.*Phaed.*1114;—(*w. advs.*) huc..omnis obsides..impedimentorum magnam partem contulerat Caes.*Gal.*7.55.2; pituita eo se umorue aliquis..~rt Cels.2.12.2.B; (*w. abst. subj.*) quos eodem audita Cannensis clades contulerat Liv.23.17.8;—(*in a book or sim.*) (compositiones) in hunc librum contuli Larg.pr.p.5,l.18; quicquid utile..putabamus, in hos..libros contulimus Quint.*Inst.*1.pr.25; qui leges regias in unum contulit Pompon.*dig.*1.2.2.36;—(*into a period of time*) omnes insidiarum uias in unum diem contulit Liv.40.13.1; orbitas (*sc.* uxoris et liberorum)..in unum tempus collata Quint.*Decl.*337(p.327,l.25). **b** uerba in pauca conferam quid te uelim Pl.*As.*88; quam potero in uerba ~ram paucissuma *Men.*6; ut in pauca ~ram Cic.*Caec.*17;—quam potis tam uerba ~r maxume ad compendium Pl.*Mil.*781. **c** rogus inimicis collatus manibus Petr.115.20;—(*pass., w.* ex) hominis ortus ex utroque gignentium ~rtur Quint.*Inst.*2.9.3; oratio..e singulis non membris sed frustis conlata 8.5.27.

9 To supply as one's share to a common fund or stock, contribute. **b** to pay (tribute).

si principes eius ordinis pecunias contulissent Nep.*Att.*8.3; ceteri frumentum contulerunt Liv.41.17.2; MVRVM DE PEQVNIA CONLATA FACIVND(VM) COERAVIT *CIL* 1.1686.4; instructum eum uiatico conlataque ueste Vell.2.19.4; aere conlato funeratus est Sen.*Dial.*12.12.5; quos nobile contulit Argos V.Fl.1.359; (*w.* inter se) si uicini semipedes inter se contulerunt Ulp.*dig.*17.2.52.13;—(*w.* ad) de ea pecunia quam tibi ad statuam censores contulerunt Cic.*Ver.*2.141;—(*w.* in) multos..quod quisque potuisset, in illam orationem contulisse *Brut.*99; frumenti quod inuentum est in publicum ~runt Caes.*Civ.*1.36.3; laudem..~rentes potius in medium quam ex communi ad se trahentes Liv.6.6.18;—(*w. dat.*) COLONIA..QVAM LONGO IAM TEMPORE SENATORES HVIC CVRIAE ~RT *CIL* 13.1668.2.10;—(*absol.*) aratores tibi ad statuam..contulisse Cic.*Ver.*2.151; CONSERVI QVI IN HOC MONVMENT(VM) CONTVLER(VNT) *CIL* 6.33768; (*impers.*) *pass.*) cum et Socrati collatum sit ad uictum Quint.*Inst.*12.7.9;—(*pple. as sb.*) IVVENES..⟨D⟩IGNISSIMO P⟨ATRI⟩..⟨E⟩ COLLATO POS⟨VE⟩RVNT *CIL* 10.5657. **b** omnes Siculi ex censu quotannis tributa ~runt Cic.*Ver.*2.131; quadringena et sexagena talenta quotannis Delum sunt collata Nep.*Ar.*3.1; si quis in militare stipendium tributum non contulisset Liv.4.60.5; Sen.*Ep.*96.2.

10 (usu. of things and w. *multum, nihil*, and sim.) To contribute (to a result), help; (also impers., w. inf.).

in morbis, cum multum fortuna ~rat Cels.7.pr.1; quamlibet paruum sit quod contulerit aetas prior Quint.*Inst.*1.1.18;—(*w.* ad) ~rt etiam aliquid ad somnum silanus iuxta cadens Cels.3.18.15; si possunt aliquid non honesta ~re ad optimum statum Sen.*Ep.*92.4; Nero..plurimum ad uictoriam contulit Suet.*Tib.*4.1;—(*w.* in+*acc.*) plus regia Nili contulit in leges Luc.9.267;—(*w. dat.*) dicebam igniculum nihil ~rre lumini solis Sen.*Ep.*92.17; per omnes quae modo aliquid oratori futuro ~rant artes Quint.*Inst.*1.pr.6;—(*w. adv.*) multum..eo ~rt..neruorum habitus Cels.8.11.6;—~rt alterna folia circumobruere Plin.*Nat.*19.83.

11 To unite, join, combine (objects, actions, etc.). **b** (leg.) to add together (property for computation). **c** to form (a union).

coge gradum ~rre iuuencos (*i.e. keep in step*) Verg.*G.*3.169; quattuor gentes ~rre arma Liv.10.21.12; deus..aliorum (astrorum) oculos, aliorum contulit aures Man.2.477; ubi..in unum conlata nequitia est Sen.*Ep.*109.4; noctesque duas contulit Eos *Her.O.*1866; ~r gemitus pariterque fleamus Stat.*Silv.*2.1.35; utrumne sententiae duae collatis uiribus nouissimam periment Plin.*Ep.*8.14.17; tutos..somnos ut collata daret fiducia Juv.15.155; (*refl.*) cum ignis oculorum cum eo igne..se confudit et contulit Cic.*Tim.*49. **b** cum dos ~rtur Ulp.*dig.*37.7.1.5; si duae neptes sint ex diuersis filiis, ~rent et inuicem et patruo 37.7.1.4. **c** di..~runt concordiam Enn.*scen.*343; si fuerint nuptiae collatae Ulp.*dig.*23.1.9.

12 To bring together or into contact; *uultum ~rre cum*, to look in the face. **b** *capita ~rre*, to put heads together (in conference). **c** *sermones* (*sermonem*) *~rre*, to converse; (also) *uerba, ora ~rre*; *consilia ~rre*, to take common counsel.

membris collatis Lucr.4.1105; cetera turba (canum) coit ~rtque in corpore dentes Ov.*Met.*3.236; fas tamen est ~rre genas, fas iungere tecum pectora V.Fl.3.309;—ut possit cum illa (*sc.* fortuna) ~rre uultum Sen.*Ep.*71.34. **b** ~rent uiri boni capita, de comissatione loquerentur Cic.*Ver.*3.31; Liv.2.45.7; capita ~rentes Sen.*Apoc.*12.2; praeclarus ille uector meus cum asino capita ~runt Apul.*Met.*3.26. **c** ~runt sermones inter sese drapetae Pl.*Cur.*290; seueriter hodie sermonem amica mecum contulit Titin.*com.*68; ut habeat quibuscum possit familiares ~rre sermones Cic.*Off.*2.39; Liv.39.34.9; Apul.*Met.*5.11;—quod..cum ea parte corporis uerba contulerim Petr.132.12; ut..ora ~rat (cum sororibus) Apul.*Met.*5.6; (*cf.*) nutus ~rre loquaces Tib.1.2.21;—si omnia omnes sua consilia ~rant Ter.*Ad.*299; ~runt consilia ad adulescentes *Hau.*473; Cic.*Phil.*2.38; consilia ~runt de Romano bello Liv.2.35.7.

13 To discuss, debate; (absol.) to confer.

haec..non deflebimus..sed ~remus tranquillo animo Cic.*Att.*2.17.1; inter nos..~rre sollicitudines nostras *Fam.*6.21.2;—(*absol.*) si quid res feret coram inter nos ~remus *Att.*1.20.1; contuli cum prudentibus Plin.*Ep.*4.10.1;—(*w.* de) de iis rursus ~remus Tac.*Dial.*42.1; cum de ea re mecum contulisset Papin.*dig.*39.5.27;—(*w. indir. qu.*) nisi contulerimus inter nos..quid..sit ipsum bonum Cic.*Fin.*2.4; Liv.27.20.4.

14 To compare: **a** (with each other); *rationes ~rre*, to check or balance accounts. **b** (one thing with another).

a ualde Heraclitus obscurus, minime Democritus. num igitur ~rendi? Cic.*Div.*2.133; collatis utrorumque factis Nep.*Han.*13.4; ut amborum ~rre pericula possis Ov.*Ep.*19.163; *Fast.*6.16;—(*w.* inter se) uitam inter se utriusque ~rte Cic.*Q.Rosc.*20; (aquas) inter se ~rebant *B.Alex.*6.2;—opus est..rationes ~ratis Cic.*Att.*5.21.12; ut..rationes confectas conlatas deponeremus *Fam.*5.20.2; (*fig.*) inter beneficia quoque et iniurias ratio ~rtur Sen.*Ben.*6.4.5. **b** ubi exempla ~rentur meretricum aliarum Pl.*Poen.*298; Sullana ~rs Cic.*Att.*11.21.3; exercitum ~rendum non esse Cael.*Fam.*8.14.3; i nunc, Sisyphias, inprobe, ~r opes! Ov.*Ep.*12.204; ~r conductum latronem Juv.13.144;—(*w.* ad) non bos ad bouem collatus similis..? Var.*L.*9.28; 10.37;—(*w.* cum) ~rte crimen cum uita Cic.*Sul.*74; Liv.9.18.9; Quint.*Inst.*5.13.12;—(*w. dat.*) ne minima quidem ex parte Lycurgi legibus et disciplinae ~rendi sunt (Pausanias et Lysander) Cic.*Off.*1.76; tempora temporibus praesentia ~rt praeteritis Lucr.2.1165; Hor.*S.*1.5.44; Prop.2.24.49; Sen.*Ben.*6.26.2.

15 To bring together in hostile fashion, oppose. **b** *signa ~rre*, to engage in a pitched battle; (also fig.). **c** *manum* (*-us*) *~rre*, to come to blows. **d** *pedem* (*gradum, uestigium*) *~rre*, to engage at close quarters. **e** *certamina* (etc.) *~rre*, to join battle.

castra..in Thessalia castris conlata audiebamus Cic.*Div.*2.114; Caes.*Civ.*3.79.3; Hirt.*Gal.*8.9.2; non..cum quoquam arma contuli quin is mihi succubuerit Nep.*Eum.*11.5; seque uiro uir contulit Verg.*A.*10.735; mecum ~rtur Vlixes Ov.*Met.*13.6; aduersas conlatis cursibus hastas coniciunt V.Fl.6.270. **b** nos conlatis signis depugnabimus Pl.*Cas.*352; signis conlatis..pugnauimus Cato *hist.*99; Asel.*hist.*5; qui conflixit, qui signa contulit Cic.*Sest.*59; exercitus Latinus comminus cum Romanis signa contulerat Liv.1.33.4; 23.40.9;—qui..concedi putem utilius esse quod postulat quam signa ~rri Cic.*Att.*7.5.5. **c** qui cum ipso M. Fonteio ferrum ac manus contulerunt Cic.*Font.*12; Verg.*A.*9.690; manum cum hoste ~rre Liv.9.5.10; prope esse ut manus inter se ~rant 26.48.11; Cato non cum feris manus contulit Sen.*Dial.*2.2.2; (*cf.*) mouet..collata proelia dextra Ov.*Fast.*1.569. **d** ubi haerere iam aciem conlato pede uideris Liv.6.12.10; ut..gladiis etiam prope conlato pede gereretur res 26.39.12; in aggere uiae conlato gradu corporibus et umbonibus niti Tac.*Hist.*2.42; canum procaciores, quae comminus contulerant uestigium Apul.*Met.*8.4; (*fig.*) num possum magis pedem ~rre, ut aiunt, aut propius accedere? Cic.*Planc.*48. **e** ~rre manu certamina pugnae Lucr.4.843; illi inter sese duri certamina belli contulerant Verg.*A.*10.147; (*cf.*) collato Marte Ov.*Met.*12.379; (*transf.*) quo patre natus uterque contulerit litis Hor.*S.*1.5.54.

16 To pit (oneself or one's skill, strength, etc., against another); (absol.) to match oneself (with another).

diues satis ubere terra est, sed non Aetnaei uires quae ~rat igni *Aetna* 444 (*s.v.l.*); haud ignotas belli artes inter sese..~rebant Liv.21.1.2; 42.47.8; quorum se ingeniis..contulit Sen.*Dial.*11.2.6;—quid facilem titulum superando quaeris inertes? mecum ~r! Ov.*Met.*10.603.

confer(r)ūminō ~āre ~āuī ~ātum, *tr.* [con-+ferrvmen+-o[3]] To cause to join, knit together (fractures).

conferua appellata a ~ando Plin.*Nat.*27.69.

confersus ~a ~um: see confertvs.

confertim, *adv.* [next+-im] In a compact body or bunch.

non ~ neque in unum sese recipiebant, sed alius alio quam maxume diuorsi Sal.*Jug.*50.5; Liv.31.43.3.

confertus ~a ~um, *a. compar.* ~ior, *superl.* ~issimus. [pple. of confercio] Forms: *confersus*, dub. Cels.7.6.2.

1 Crowded together, thronging; (esp. mil.) in close order. **b** *~o gradu*, in close order, keeping together. **c** of many persons at once, united; dealt with as a whole, summarized.

~ae nubes ⟨umorem⟩ mittere certant Lucr.6.509; in ~issima turba Liv.2.12.6; concreti confersique pili Cels.7.6.2; multitudo ~a (stellarum) Plin.*Nat.*2.80;—spumat sale ~a rate pulsum Enn.*Ann.*385; ~issima acie Caes.*Gal.*1.24.4; ut numquam ~i sed rari magnisque interuallis proeliarentur 5.16.4; in ~issumos hostis incurrit Sal.*Cat.*60.7; quod ~iores steterant Liv.9.27.9; Tac.*Ann.*14.36; (*transf.*) ~oque agmine cerui torpent Verg.*G.*3.369. **b** hi ~o gradu, turbatis contra Britannorum ordinibus Tac.*Ann.*12.35; ~o gradu se penetrant Apul.*Met.*8.29; (*cf.*) ~o uestigio domum penetrant 5.14. **c** modulatae multitudinis ~a uoxApul.*Met.*5.3;—ut erogationem, quam ~am et, ut sic dicam, in massa inuenimus..per nomina aquarum..digeramus Fron.*Aq.*77.

2 Of compact substance, dense.

tune..inane quicquam putes esse, cum ita completa et ~a sint omnia Cic.*Luc.*125; in pondus ~a immobilis esset *Aetna* 157; puluerem ~um Fro.*Ver.*2.p.210(207N).

3 (usu. w. abl.) Crammed (with), full (of); transf., abounding (in).

~i cibo Cic.*Catil.*2.10; ~ae conspectu curiae..deterritus Apul.*Met.*10.7;—uita plena et ~a uoluptatibus Cic.*Sest.*23; (uitis) ~a acino Plin.*Nat.*14.41; ~issima lucis Nisa Stat.*Theb.*7.260; (orationem) ~am esse aggressionum..stipatione minime uelim Quint.*Inst.*5.14.27.

conferua ~ae, *f.* [conferveo+-a[1]] An aquatic plant, perh., a kind of conferva.

peculiaris est Alpinis maxime fluminibus ~a appellata a conferuminando Plin.*Nat.*27.69.

conferuēfaciō ~facere ~fēcī ~factum, *tr.* [next+facio] To make thoroughly hot, boil.

aurumque repente ~facit (fulmen) Lucr.6.353; uiolam aridam coicientes in uas cum aqua ~faciunt (*cj.*) ad ignem Vitr.7.14.1.

conferueō ~uēre ~uuī (~buī), *intr.* [con-+ferveo] (of broken bones) To grow together, knit.

eius temporis, intra quod quaeque ossa ~uent Cels.8.7.5; 8.10.1.l; 8.10.7.l.

conferuescō ~uescere ~uuī (~buī), *intr.* [prec.+-sco] To become heated; (also transf.).

aes et ea harena..~uescendo cum coaluerint Vitr.7.11.1; dum ~uescat (pix) Col.12.23.1; Plin.*Nat.*18.302;—mea cum ~buit ira Hor.*S.*1.2.71.

conferūminō ~āre: see conferrvmino.

confessiō ~ōnis, *f.* [confiteor+-tio]

1 An acknowledgement (of something to one's disadvantage), admission, confession. **b** an expressed opinion, acknowledgement.

Aproni de isto non modo ~o uerum etiam commemoratio Cic.*Ver.*3.142; credo te negaturum; turpis enim est et periculosa ~o 3.165; ~o temeritatis *Att.*1.17.9; ab nobis..~o culpae exprimitur Liv.21.18.5; 24.17.8; Delmatia..ad certam ~onem pacata est imperi Vell.2.90.1; sub nominibus honestis ~o uitiorum Tac.*Ann.*2.33. **b** Q. Catulus, omnium ~one senatus princeps Vell.2.43.3; aeui ~one optimus Plin.*Nat.*14.44; 35.67.

2 An admission of guilt.

quaerat..quo pacto suae ~oni possit mederi Cic.*Ver.*1.12; argumenta atque indicia sceleris, tabellae, signa, manus, denique unius cuiusque ~o *Catil.*3.13; se reum Atticus obtulerat eaque ~one..crimen..agnouisse..uidebatur Tac.*Hist.*3.75.

3 An act or process implying an admission, a tacit admission; also, a proof or token.

ea erat ~o caput rerum Romam esse Liv.1.45.3; licere abire, sed ut exprimatur tandem ~o subactam domitamque esse gentem, sub iugum abituros 3.28.10; interdum..solutio (beneficiorum) est ipsa ~o Sen.*Ep.*73.9; Quint.*Inst.*6.3.9; manifestae turpitudinis et ~onis est nolle..iurare Paul.*dig.*12.2.38.—extera corporum indubitatas ~ones habent Plin.*Nat.*22.103.

confessōrius ~a ~um, *a.* [confiteor+-torivs] (leg.) *actio ~a*, An action: **a** based on an admission. **b** claiming a right (opp. *negatoria*).

a hoc..solum remittere actori ~am actionem Ulp.*dig.*9.2.23.11. **b** ~a (*sc.* actio competit) ei qui seruitutes sibi competere contendit, negatoria domino qui negat Ulp.*dig.*8.5.2.

confessum ~ī, *n.* [next]

1 An acknowledged fact; *in ~o esse* (also,

in ~um uenire), to be generally admitted (also, impers. w. acc.+inf.); *in ~o*, *ex ~o*, admittedly.
a ~is transimus ad dubia SEN.*Nat.*2.21.1; duci argumenta non a ~is tantum QUINT.*Inst.*5.10.95;—horum in ~o merita sunt SEN.*Ben.*3.11.2; *Dial.*10.2.4;—in ea re, quae et in ~um uenit et exemplis defenditur PLIN.*Ep.Tra.*10.81(85).8; —(*w. acc.+inf.*) fuit..in ~o..imperatorem fugacissimi militis functum ⟨uice⟩ VELL.2.85.5; PLIN.*Nat.*35.55; dum modo in ~o sit eminentiorem illorum temporum eloquentiam fuisse TAC.*Dial.*25.2;—siquis..malus ex ~o sit SEN.*Ep.*76.12; uita ceruis in ~o longa PLIN.*Nat.*8.119; QUINT.*Inst.*3.5.3.

2 The substance of a confession.
si is..confessus est seruum occidisse, licet non occiderit, si tamen occisus sit homo, ex ~o tenetur PAUL.*dig.*42.2.4.

confessus ~a ~um, *a.* [pple. of CONFITEOR] In senses of *confiteor*, but esp. pass.

1 Admitted, acknowledged.
aeris ~i rebusque iure iudicatis XXX dies iusti sunto *Lex XII*(*Font.iur.*p.20); ~is..Graecis utimur uerbis QUINT.*Inst.*1.5.58; id aut ~um erat aut controuersum 7.1.5.

2 Generally admitted, manifest, obvious.
ut omnes intellegant..quam ~am rem pecunia redimere conetur CIC.*Ver.*3.130; in re ~a perdere operam SEN.*Ep.*113.15; ~a nec dubia signa..fertilis agri COL.2.2.14; 'apiastrum..in ~a damnatione est uenenatum in Sardinia PLIN.*Nat.*20.116.

3 (in act. sense) Admitted, confessed; (masc. as sb.) one who admits a liability, crime, etc.
qui ~um in iudicio reum..emiserit SCAEV.*dig.*48.4.4;—dabitur..~o tempus ad restitutionem ULP.*dig.*42.2.6.2; ~us pro iudicato est, qui quodammodo sua sententia damnatur PAUL.*dig.*42.2.1.

confestim, *adv.* [CON-+*festi-+-IM, cf. *festino*] Forthwith, immediately, without delay.
rus rusum ~ exigi solitum a patre PL.*Mer.*68; ~ secuta est SIS.*Mil.*6; CIC.*Arat.*42; ad urbem ~ incredibili celeritate aduolauit *Sest.*11; suppeditatur enim ~ lumine lumen LUCR.4.189; sese ~ subsequi dicit CAES.*Gal.*6.29.5; VERG.*A.*9.231; LIV.1.12.3; PLIN.*Nat.*24.170; FRO.*Amic.*2.p.184 (197N).

confēta ~ae, *f. adj.* [CON-+FETVS] (of a sow) Together with her litter (see quot.).
~a sus dicebatur, quae cum omni foetu adhibebatur ad sacrificium PAUL.*Fest.*p.57M.

conficiens ~ntis, *a.* *superl.* ~ntissimus. [pple. of next] Productive of; *~ns litterarum*, diligent in keeping accounts.
haec cum..bona sint, eorum ~ntia..in bonis numerabis CIC.*Fin.*5.81;—cum ciuitate..acerrima et ~ntissima litterarum *Flac.*44.

conficio ~icere ~ēcī ~ectum, *tr.* [CON-+FACIO] FORMS: *cofeci CIL* 1.560c.

1 To do, perform, accomplish. **b** to carry out, perform, discharge (a task or duty). **c** to perform, celebrate (a rite, festival, etc.).
quid ego hodie negoti ~eci mali PL.*Mos.*531; credebas dormienti haec tibi ~ecturos deos? TER.*Ad.*693; satisne temperi opera sie(n)t ~ect aCATO *Agr.*2.1; per quos homines hoc tantum facinus..~icere potuerit CIC.*S.Rosc.*76; ut ambulationem postmeridianam ~iceremus in Academia *Fin.*5.1; ad eas res ~iciendas biennium sibi satis esse duxerunt CAES.*Gal.*1.3.2; pretio, sicuti multa ~ecerat, insidiatores Massiuae paret SAL.*Jug.*35.4; calamis orientis populi bella ~iciunt PLIN.*Nat.*16.159. **b** oportueritne eos ~icere..legationem? CIC.*Inv.*2.87; aut tuo..gladio aut nostro defensio tua ~iciatur necesse est *Caec.*82; Numida mandata breui ~icit SAL.*Jug.*12.4; ~ecto quod mandatum est negotio LIV.23.31.8; consules dilectum cum aegre ~icerent 25.5.5. **c** ut hodie ~iciantur nuptiae TER.*Hau.*895; sacra per mulieres ac uirgines ~ici solent CIC.*Ver.*4.99; flammifera ~ectas nocte Latinas LUC.5.402.

2 To manufacture, make. **b** to make up (materials); to prepare (food).
puerarum manibus ~ectum pulcerrime ANDR.*trag.*40; lanam, und' tibi pallium ~iciatur PL.*Mil.*688; quam citissime ~icies (oleum), tam maxime expediet CATO *Agr.*64.2; factum (olei) dicunt quod uno tempore ~iciunt VAR.*R.*1.24.3; soccos, quibus indutus esset, sua manu ~ecisse CIC.*de Orat.*3.127; alutae..tenuiter ~ectae CAES.*Gal.*3.13.4; temptare an bonis lanis essent ~ecta PETR.78.1; (frondes) quibus..posse quales e bombyce uestes ~ici PLIN.*Nat.*5.14; hoc (*sc.* nitrum) quidem nascitur, in Aegypto autem ~icitur multo abundantius 31.109. **b** ut..uillis ~ectis atque contextis homines uestiantur CIC.*N.D.*2.158;—ligna..et uirgas et carbones, quibus ~iceretur penus GEL.4.1.22; ULP.*dig.*33.9.3.9.

3 To set down in writing, record; to copy out (books, etc.). **b** to make up, keep (accounts or records). **c** to compose, write (a letter or literary work).
omnia..ordine relata atque ~ecta sunt CIC.*Ver.*3.175; eius pecuniae cuius ratio in aede Opis ~ecta est *Phil.*5.15;—tantum..aberat ut binos (libros) scriberent; uix singulos ~ecerunt *Att.*13.21a.2(5); orationes tuas ~ectas omnis exspectabo *Fam.*3.11.4; tabulae..litteris Graecis ~ectae CAES.*Gal.*1.29.1; ingens..numerus librorum..uel conquisitus uel ~ectus est GEL.7(6).17.3. **b** rationes dominicas pecuarias ~icere VAR.*R.*2.10.10; cum omnes qui tabulas ~iciant menstruas paene rationes in tabulas transferant CIC.*Q.Rosc.*8; rationem carceris, quae diligentissime ~icitur *Ver.*5.147; PLIN.*Ep.*1.10.9; ante gestum, post relatum, aiunt qui tabulas sedulo ~iciunt FRO.*Aur.*2.p.122(102N); si ad denarium rationem ~icias MAECIAN.*iur.*48. **c** litteras Syracusanorum, quas ipse ad arbitrium suum ~ectas esse arbitratur CIC.*Ver.*5.147; *Att.*12.38a.1(3); nouissimumque (commentarium) imperfectum ⟨ab rebus gestis Alexandreae ~eci usque ad exitum HIRT.*Gal.*8.pr.2; ab adulescentia ~ecit orationes NEP.*Ca.*3.3; unus liber Graece ~ectus, de consulatu Ciceronis *Att.*18.6.

4 To bring about, produce, cause; (impers. pass. w. *ut*) it comes about (that). **b** (w. pred.) to make, render.
(utilitas) quae ~icit..periculi uitationem *Rhet.Her.*3.3; suauitas uocis..bene loquendi famam ~ecerat CIC.*Brut.*259; sententiis XVI absolutio ~ici poterat *Clu.*74; (*w. dat.*) aliquid gnato ~icies mali TER.*Hau.*1003;—(*w.* ex) ex unis geminas mihi ~icies nuptias *An.*674; ex perturbationibus..morbi ~iciuntur CIC.*Tusc.*4.23;—(*w.* ut) si id ~ecissent..ut..esset anomalia VAR.*L.*9.113;—(*impers. pass.*) ~ici in annis numero quadringentis quadraginta, ut idem corpus et eadem anima..redeant in coniunctionem *hist.*4; ex qua ~icitur, ut certas animo res teneat auditor CIC.*Inv.*1.31. **b** laudabile est quod ~icit honestam..commemorationem *Rhet.Her.*3.7; animum auditoris mitem..~icere oportet CIC.*Inv.*1.106; pelles candidae ~iciuntur iis PLIN.*Nat.*13.55.

5 To achieve, accomplish.
qui omnia sermone ~icerent paulo intentiore CIC.*de Orat.*1.255; uultu..multa ~iciens *Orat.*86; per te aliquid ~ici..poterit *Q.fr.*1.4.5; reliqua uaticinationis breui esse ~ecta *Div.*1.68; quom in spem uenero de compositione aliquid me ~icere BALB.*Att.*9.13a.1; (*transf.*) multa dies in bello ~icit unus ENN.*Ann.*287.

6 To demonstrate, establish.
hoc quidem Zeno gestu ~iciebat CIC.*Luc.*145; (*w. acc. and inf.*) his argumentis Tiro..M. Catonem..~icere dicit Rodiensibus quoque impune esse debere, quod..GEL.6(7).3.39.

7 (of constituent parts) To compose, make up; (pass., w. abl., w. *ex*) to consist in, be made up of. **b** to form, compose (a figure or shape).
nihil est..quod non atomorum turba ~iciat CIC.*Tusc.*1.22; animum atque animam..unam naturam ~icere ex se LUCR.3.137; dispersos ignis..coire..et ~icere orbem 5.665; —(*pass., w. abl.*) ~icitur..genus hoc dictionis narrandis exponendisque factis CIC.*Part.*71; corpora nostra terreno principiorum genere ~ecta *Tusc.*1.42; ~ectum carmine munus CATUL.68.149; (*w.* ex) omnis..oratio ~icitur ex uerbis CIC.*de Orat.*3.149; classem..~ectam ex nauiculis actuariis *B.Alex.*45.1; (*cf.*) in diebus, qui ~iciuntur ex numero septenario (*i.e. have seven as a factor*) GEL.3.10.14. **b** Draco..~iciens..sinus e corpore flexos CIC.*Arat.*48; (lacteus circulus) ~icit orbem 494(250).

8 To get together, collect, amass; to raise (troops). **b** to get together a total of, muster. **c** to win over (electors).
peculium ~icio grande PL.*Mer.*97; de quo homine praeconis uox praedicat et pretium ~icit CIC.*Quinct.*50; cum..ipse filiae nubili dotem ~icere non posset 98; ut illi pecuniam ~icere possent, uexandam iis Macedoniam..tradidisse *Sest.*94; LIV.4.60.4;—priuatum exercitum..~icere CIC.*Man.*61; tantas copias quantas hae gentes..~icere possunt PLANC.*Fam.*10.8.6; hos posse ~icere armata milia centum CAES.*Gal.*2.4.5. **b** summam..ad HS uiciens: tantum ~icietur ex testimoniis et litteris ciuitatum CIC.*Ver.*2.141; ut uir uirum legerent donec sedecim milium numerum ~ecissent LIV.10.38.12;—(*troops, etc.*) ex his circiter CCC equites ~icit CAES.*Civ.*1.24.2; ex iis..octoginta ~ecit centurias LIV.1.43.1; a praetore exercitu accepto, duo et uiginti milia peditum..~ecit 23.40.2; (*cf.*) nisi duo (censores) ~ecerint legitima suffragia 9.34.25. **c** ne ~icere necessariis suis suam tribum possint CIC.*Planc.*45; ut is nobis eas centurias ~iciat *Fam.*11.16.3; Q.CIC.*Pet.*18.

9 To bring to completion, finish off, conclude. **b** to deal with, dispose of (a matter). **c** (absol., esp. w. *cum* or *de*) to finish negotiations, make arrangements.
~ecto prandio uinoque expoto PL.*Men.*469; pensum meum quod datumst ~eci *Per.*272; bellum initum quo consule et quo ~ectum sit ASEL.*hist.*2; hereditas est pecunia quae morte alicuius ad quempiam peruenit iure. nondum est satis; adde: nec ea aut legata testamento aut possessione retenta; ~ectum est CIC.*Top.*29; reditum ad uestitum ~ectae uictoriae reseruate *Phil.*14.1; in nostra prouincia ~ectae sunt pactiones *Att.*5.13.1; reliquo sermone ~ecto *Civ.*1.8.2; se sine pugna..rem ~icere posse 1.72.1; ubi ~ecti cursus VERG.*A.*5.362; comitia..eo ipso die sunt ~ecta LIV.41.17.5; TAC.*Ann.*2.41. **b** uirginem..~eci sine molestia sine sumptu et sine dispendio TER.*Eu.*928; *Ph.*38; quae etiam si..diiudicata aut ~ecta non sunt CIC.*Part.*99; hortos mihi ~icias necesse est *Att.*12.37.2; ut rem sine controuersia ~ici nolint *Fam.*13.26.3; Telamo..uno uersu totum locum ~icit *N.D.*3.79. **c** de rege Alexandrino placuisse sibi aliquando ~ici CIC.*Att.*2.16.2; cum Apella Chio ~ice de columnis 12.19.1; si quid poteris, cum Pisone ~icies 13.4.2; de Dionysio, si me amas, ~ice *Fam.*5.11.3.

10 To traverse, cover (a distance).
quae caua caeli signitenentibus ~icis bigis ENN.*scen.*113; non toto triduo DCC milia passuum ~iciuntur CIC.*Quinct.*79; cum illud iter Hispaniense pedibus fere ~ici soleat *Vat.*12. CAES.*Gal.*3.29.2; immensum spatiis ~ecimus aequor VERG.*G.*2.541; donec sol annuus omnis ~iceret metas STAT.*Ach.*1.456; EXCVRSORE..QVI ~ECIT SVB DIE MILIA XCIV *CIL* 3.2007.

11 To live through, complete (a period of time); (pass., of a period) to be over, be completed. **b** to mark, denote (a point of time or the completion of a period); (pass.) to take place (in time).
prope..centum ~ecit annos CIC.*Orat.*176; cursum uitae ~icere sine dolore *Dom.*86; reliquam noctis partem ibi ~ecerunt CAES.*Civ.*3.28.6;—horae dimidio et tribus ~ectis LUCIL.571; biennio iam ~ecto CIC.*Quinct.*40; nondum hieme ~ecta CAES.*Gal.*6.3.1; uergiliarum signo ~ecto *B.Afr.*47.1; tempestatibus ~ici sidus intellegimus PLIN.*Nat.*2.108. **b** sol..annua ~iciens uertenti tempora cursu CIC.*Arat.*579(333); isque (*sc.* sol) oriens et occidens diem noctemque ~icit *N.D.*2.102; VIII kal..Iul. longissimus dies totius anni et nox breuissima solstitium ~iciunt PLIN.*Nat.*18.256;—ab aequinoctio primo, quod mense Martio..~icitur COL.9.14.1; donec bruma ~iciatur PLIN.*Nat.*18.231.

12 To reduce to small pieces, cut up, chop; to masticate, break up (food). **b** to assimilate, digest (food).
offatim ~iciam PL.*Truc.*613; ~ICE PISCIM *CIL* 1.560a; ligna ~icit ad fornacem CATO *Agr.*16; molarum et ~iciendi frumenti..solennis est huius pecoris labor COL.7.1.3;—intimi (dentes)..~iciunt CIC.*N.D.*2.134; LIV.2.32.10; PLIN.*Nat.*11.201; (*cf.*) ita lectio..multa iteratione mollita et uelut ~ecta QUINT.*Inst.*10.1.19. **b** ut..omnia cocta atque ~ecta in reliquum corpus diuidantur CIC.*N.D.*2.136; iis, qui cibos non ~iciant, utilissimus PLIN.*Nat.*30.60; LARG.122; (*cf.*) bene ~ectum..fimum reddit (asinus) COL.2.14.4.

13 To eat up, consume; to use up, expend. **b** (usu. pass., esp. in pf. pple.) to wear out, exhaust, enfeeble.
ut lurcaretur lardum et carnaria fartim porro ~iceret? LUCIL.80; ~icit ipse comestque 1091; pecudes..iusta cibariorum ~icient COL.5.6.4;—(*refl.*) praeualentis populi uires se ipsae ~iciunt LIV.pr.5. **b** ~icit animam uis uolneris ACC.*trag.*564; ne in opere (bos) firmior inbecilliorem ~iciat VAR.*R.*1.20.1; oppidanos..continens labor ~iciebat LIV.42.54.3; (*poet.*) ~icimus ferrum LUCR.2.1162;—(*pass.*) doloribus ~ectum corpus LUCIL.639; te..in uia ~ici minime uolo CIC.*Att.*13.33a.1(4); ~ecti uulneribus locum reliquerunt CAES.*Civ.*3.95.5; uino et scortis..~ectos LIV.23.45.2;—(*by old age*) equus..senio ~ectus ENN.*Ann.*375; summa senectute ~ectum CIC.*Pis.*84; ~ecto aetate parenti CATUL.68.119; CAES.*Gal.*6.31.5; terram sicut muliebrem sexum aetate anili iam ~ectam COL.2.1.2.

14 (esp. of grief, worry, etc.) To overwhelm, prostrate. **b** to upset (plans); to undo, ruin, subvert (a state).
~iciet iam te hic uerbis PL.*Ps.*464; aerumna corpus ~icit PAC.*trag.*276; me ~icit sollicitudo CIC.*Att.*11.4a(2); (aegritudo) exest animum planeque ~icit *Tusc.*3.27; ut..aegr ualidos..tabe ac pestifero odore corporum ~icerent LIV.25.26.11; ~ecerunt me infirmitates meorum PLIN.*Ep.*8.16.1;—(*pass., w. abl.*) animum aegritudine..~ici PAC.*trag.*128; cura ~ectus TER.*An.*304; desiderio..quo..~icior CIC.*Orat.*33; ~icior lacrimis *Fam.*14.4.1; LIV.22.61.9; (*w. no abl.*) quem..nemo nisi lacrimantem ~ectumque uidit CIC.*Dom.*59; (*w. acc. and inf.*) ipse ~icior uenisse tempus cum..*Att.*10.18.3; (*refl.*) est..inpudens luctus maerore se ~icientis *Tusc.*3.26. **b** ~ecisti omnis res ac rationes meas PL.*Capt.*673;—ut tanta ciuitas..a uiro tamen ~ecta uideatur CIC.*Har.*42; scelere consulum rem publicam esse ~ectam *Sest.*53; (*refl.*) nostra..ciuitas..donec se partibus et dissensionibus et discordiis ~ecit TAC.*Dial.*40.4.

15 To destroy, consume; to squander (money); to waste (time).
cuius ille ordinis nomen retinet, ornamenta ~ecit CIC.*Sest.*110; quae uetustas est quae uim diuinam ~icere possit? *Div.*2.117; ignem (*etc.*), quibus omnia ~iciuntur LUCR.1.535; V.FL.6.384; ut (cor) tinctum ueneno igne ~ici nequeat SUET.*Cal.*1.2;—ne..me ~icere credant argentum suom TER.*Ph.*839; cum suam rem non minus strenue quam postea publicam ~ecisset CIC.*Red.Sen.*11;—diem ~icimus PL.*Trin.*807.

16 **a** To kill, dispatch. **b** to defeat finally, subdue (an enemy); to reduce, pacify (a territory).
a uulneratum ferro ~ectumque uidistis CIC.*Red.Sen.*7; ibes maximam uim serpentium ~iciunt *N.D.*1.101; serpens..quae..sese mandendo ~icit ipsa LUCR.4.639; HIRT.*Gal.*8.23.5; elephantos..in ipso uallo ~iciunt LIV.26.6.1; Acerronia..naualibus telis ~icitur TAC.*Ann.*14.5. **b** Atheniensis..sexto et uicesimo anno bellum gerentes ~ecisse apparet NEP.*Lys.*1.1; hostem pro aris ac focis dimicantem ~icere LIV.10.44.8;—~ecta Britannia, obsidibus acceptis CIC.*Att.*4.18.5; si debellatum iam et ~ecta prouincia esset LIV.28.24.7.

confictiō ~ōnis, *f.* [CONFINGO+-TIO] Fabrication, invention (of an accusation).
criminis ~onem accusator Erucius suscepit CIC.*S.Rosc.*35.

confictō ~āre, *tr.* [CONFINGO+-TO] (dub., app.) To concoct (a falsehood) together.
NAEV.*com.*93[4](VAR.*L.*7.107; PAC.*trag.*337).

confideiussor ~ōris, *m.* [CON-+FIDEIVSSOR] (leg.) A joint surety.
POMPON.*dig.*46.1.43; AFRIC.*dig.*46.1.21.1; si..unus (fideiussor)..paratus sit offerre cautionem, ut suo periculo ~ores conueniantur ULP.*dig.*46.1.10.

confīdens ~ntis, *a.* *compar.* ~ntior, *superl.* ~ntissimus. [pple. of CONFIDO]

1 Confident, bold, assured.
qui me alter est audacior homo aut qui ~ntior? PL.*Am.*153; o Cupido..tu quemuis ~ntem..facis *Mer.*855; nescioquis senex..~ns catus TER.*An.*855; sapientem illum..securum et ~ntem..dicit futurum APUL.*Pl.*2.20.

2 Over-confident, daring, presumptuous. **b** (of actions, etc.) bold, daring.
nihil hoc ~ntius: quin quae uides ea pernegat PL.*Men.*615; est parasitu'..homo ~ns TER.*Ph.*123; inprobus, ~ns, nequam LUCIL.385; ~ns mala consuetudine loquendi in uitio ponitur CIC.*Tusc.*3.14; iuuenum ~ntissime VERG.*G.*4.445; HOR.*S.*1.7.7. **b** si aut ~ns astutia aut callida esset audacia CIC.*Clu.*183; clamorem..per fauces gradientem dicit (Lucretius), quod est nimio ~ntius, quam illud de nauibus Sallustianum GEL.10.26.9; ~ntissimo mendacio APUL.*Apol.*69.

confīdenter, *adv.* *compar.* ~ius, *superl.* ~issimē. [prec.+-TER²]

1 With assurance, confidently.
dico ~ius, quia mi pollictor dixit PL.*Poen.*62; bene ~erque astitisse intellego *Ps.*459; loquar ~ius CIC.*de Orat.*2.28; *Cael.*44; homines in lupos uerti..falsum esse ~er existimare debemus PLIN.*Nat.*8.80.

2 Audaciously, with effrontery.
ut confidenter mihi contra astitit PL.*Capt.*664; excludat uxor tam ~er urum? AFRAN.*com.*376 *Rhet.Her.*2.8; de qua ..satis confidenter mentitus es APUL.*Apol.*89.

confīdentia ~ae, *f.* [CONFIDENS+-IA]

1 Assurance, self-confidence.
excidit orationis omnis ~a NAEV.*trag.*4; neque ullast ~a iam in corde PL.*Am.*1054; occidit spes nostra, nusquam stabulum est ~ae *Mos.*350; dignitate, acrimonia, ~a pariter praecellebat QUAD.*hist.*8; illa praeterea Cn. Pompei sunt animaduersa, quae maxime ~am attulerunt hominibus CAEL.*Fam.*8.8.9; GEL.1.19.8; (*w. obj. gen.*) carminum ~a elatus APUL.*Pl.*1.2;—(*facet.*) scapularum ~a, uirtute ulnorum freti PL.*As.*547.

2 Audacity, temerity.
qua ~a rogare tu a med argenti tantum audes? PL.*Per.* 39; TER.*An.*876; audaciam atque ~am CATO *orat.*24; uidete quo uoltu, qua ~a dicant CIC.*Flac.*10; uitia ~ae, temeritatis, improbitatis QUINT.*Inst.*12.5.2; huc ~ae uenisse ut..ostenderet nepotem sub uerbere TAC.*Ann.*6.24.

3 A firm belief or expectation.
~ast nos inimicos profligare posse PL.*Mil.*229; ~a est inimicos meos me posse perdere *Ps.*763.

confīdentiloquus ~a ~um, *a.* *compar.* ~ior. [CONFIDENS+LOQVOR+-VS] Speaking audaciously.
nihil est profecto stultius..neque ~ius neque peiiurius quam..ciues quos scurras uocant PL.*Trin.*201.

confīdō ~dere ~sus sum, *intr.*, (*tr.*). [CON-+FIDO]

1 To put one's trust in, have confidence in; *sibi ~dere*, to trust in oneself, be confident; (so also absol.).
(*w. dat.*) quid rebus ~dam meis? PL.*Capt.*536; alter causae ~dit, alter diffidit CIC.*Q.Rosc.*11; eos..quibus ~debat (habet) alienissimos *Phil.*10.10; huic legioni..~debat maxime CAES.*Gal.*1.40.15; VERG.*A.*1.452; ne quis fidei Romanae..~dat LIV.21.19.10; OV.*Met.*10.69; satis ~sus Graecorum quoque erga se beniuolentiae ac fidei CURT. 4.10.16; si gratiae, aut meritis ~derent TAC.*Ann.*1.81;—(*w. abl.*) illum quo antea ~debant metuunt CIC.*Att.*8.13.2; qui..poterit aut corporis firmitate aut fortunae stabilitate ~dere? *Tusc.*5.40; natura loci ~debant CAES.*Gal.*3.9.3; potenti duce ~sos LIV.24.5.12;—(*w. acc.*, *s.v.l.*) terrigenas ~sus auos STAT.*Theb.*2.573; (*advl. acc.*) si confidentiam adhibes, ~de omnia CAECIL.*com.*247; NIHIL TIMEO NEC ~DO: MORIVNDVM SCIO *CIL* 1.1217.12;—cur sibi ~dat is qui ea ferenda..curauit? CIC.*Flac.*5; *Amic.*17; dum sibi uterque ~deret CAES.*Civ.*3.10.7;—haec me ut ~dam faciunt CIC.*Q. fr.*2.14.2; ubi legati satis ~dunt SAL.*Jug.*13.9.

2 To trust confidently, be sure.
(*w. acc. and inf.*) a, propitius sit potius. — ~do fore PL. *Am.*935; ~do parasitum hodie aduenturum *Cur.*143; ut ea ..aut recta esse ~damus aut praua intellegamus CIC.*de Orat.*2.232; ea ~do probata esse omnibus *Arch.*32; ~si.. inuiolatos sese fore SAL.*Jug.*26.1; ~dere propediem ipsum eos uisuros LIV.1.41.5; numquam reperio (causas) quas esse ueras ~dam, sed fortasse ueri similis VELL.1.17.5; ~sus.. facilius se..ueteranos conuocaturum SUET.*Jul.*29.2; (*poet.*) siccare..~dunt omnia posse (uenti et sol) LUCR.5.390;—(*w.* ut) uidemur posse ~dere, ut uniuersitatem omnibus uarietas ipsa commendet PLIN.*Ep.*2.5.7;—(*w.* de) diem mortis..propitius..expectat, quod de animae immortalitate ~dat APUL.*Pl.*2.20; ULP.*dig.*1.3.34;—(*ellipt. or absol.*) in spem maximam et, quem ad modum ~do, uerissimam sumus adducti CIC.*Mil.*78; simulatque adeptus eris quod et tu ~dis et ego opto *Fam.*3.9.2.

confīgō ~gere ~xī ~xum, *tr.* [CON-+FIGO] FORMS: *confictus* = *confixus* SCAUR.*hist.*5.

1 To fasten together; to fasten (one thing) to (another). **b** to make by fastening together, construct.
subscudes..ubi ~xeris, clauis..occludito CATO *Agr.*18.9; VITR.10.10.3;—(*w.* inter se) lamminas sub lamminas pollulas minutas supponito, eas inter sese ~gito CATO *Agr.*21.3;—(*w. dat.*, *s.v.l.*) transtra..trabibus ~xa clauis ferreis CAES. *Gal.*3.13.3;—(*w.* cum) in altero loculamento cum eo ~xo VITR.10.9.6. **b** alias ambulatorias (turres) totidem tabulatorum ~xerant *B.Alex.*2.5; ex tabulis arcam compactam et ~xam VITR.10.15.7.

2 To set or cover with pointed or projecting objects, stud. **b** to drive in or fix (nails).
is locus fodiatur..et palis..~gatur VITR.3.4.2; 5.12.6; robustam tabulam ~gunt aculeis COL.7.3.5; Cydonia.. mala spinis ~xa ut echinos efficerent PETR.69.7; (*cf.*) caelum ~xum uaporatis et radiantibus stellis APUL.*Mun.*29. **b** cultelli..lignei in eas ~gantur VITR.7.3.2.

3 To pierce, transfix.
tonsillas rapiunt, ~gunt litus, aduncas ENN.*Ann.*499; ~xa..parma VERG.*A.*9.765; malleolis ~xae (naues) VITR. 10.16.9; femur tragula ~xum erat LIV.24.42.2; corpora quasi puluerulenta..quae oculorum partes uelut ~gunt LARG.21; (*cf.*) Palaestinas (classis) uncis ~xit harenas LUC. 5.460; (*in fig. phr.*) scriba quidam..qui cornicum oculos ~xerit CIC.*Mur.*25.

4 To pierce with a weapon, strike down. **b** (fig.).
~ge sagittis fures PL.*Aul.*395; ~git tardus celeris, stans uolatilis ACC.*trag.*539; filios..suos ~gebat sagittis CIC.*Luc.* 89; in ipso transitu fossae ~xa et oppressa est (legio) *B.Alex.*40.2; pereunt..~xi a sociis VERG.*A.*2.429; ceruam Galli ~xere LIV.10.27.8; OV.*Pont.*2.7.15; LUC.8.432; TAC. *Ann.*14.37. **b** hominem..ducentis ~xum senati consultis CIC.*Har.*8; meminerant eius sententiis ~xum Antonium *Phil.*12.18; quod late furere coepit et omnes adpetit, undique ~gitur SEN.*Cl.*1.25.3.

configūrō ~āre ~āuī ~ātum, *tr.* [CON-+FIGVRO] To mould or shape.
ne prauitas statuminis ad similitudinem sui uitem ~et COL.4.20.1; (natura lactis) ex matris etiam corpore et animo recentem indolem ~at GEL.12.1.20.

confindō ~ndere ~dī ~ssum, *tr.* [CON-+FINDO] To split, cleave.
ligna senex minuit ~ssaque (*cj.*) construit arte OV.*Fast.* 2.647.

confīne ~is, *n.* [CONFINIS] A boundary; (fig.) a border-line.
maestum mundi ~e latentis ac nostri LUC.6.649; Lycen ferit ad ~e papillae V.FL.6.374;—nitorque luxuriae ~e tenens STAT.*Silv.*5.2.74.

confingō ~ngere ~nxī ~ctum, *tr.* [CON-+FINGO]

1 To construct by shaping or moulding; to form (a word by composition); to train, mould (a person).
eadem materia ~ngunt nidos (*sc.* hirundines) PLIN.*Nat.* 10.93; fauos ~ngunt (apes) 11.11;—quemadmodum, quodque poeta finxerit uerbum, quodque ~nxerit VAR.*L.*5.7; 'Agrippae' appellati uocabulo ab aegritudine et pedibus ~cto GEL.16.16.1;—(puella) docetur blanditias et in omnem corporis motum ~ngitur SEN.*Con.*1.2.5.

2 To invent, fabricate (a lie, false accusation, etc.); to devise (a deception, etc.); *fronte ~cta*, with a feigned expression. **b** (w. acc.+inf.) to pretend.
~ngis falsas causas ad discordiam TER.*Hec.*693; quam stulte ~cta, quam aperte sunt ementita! MEM.*orat.*14; crimen incredibile ~ngunt CIC.*S.Rosc.*30; ~cta aliqua probabili, cur afuisset, causa LIV.34.21.3; sensit miles in tempus ~cta TAC.*Ann.*1.37; commenticia epistula..neque uerisimiliter ~cta APUL.*Apol.*87; homicidium in se ~ngere ULP.*dig.*48.18.1.27; (*absol.*) de iis rebus caute ~ngendum est *Rhet.Her.*1.16;—inter sese hunc ~nxerunt dolum PL. *Capt.*35; facinus pessimum ex dementia ~ngit ACC.*trag.*639; —qui subito fronte ~cta immissaque barba..sederunt in scholis philosophorum QUINT.*Inst.*12.3.12. **b** id uos.. a uiro optimo..cogitatum esse ~ngitis? CIC.*Deiot.*16; ut.. matrem..sponte mortem sumpsisse ~ngeret TAC.*Ann.*14.9; ~ngit esse iuuenem quendam APUL.*Met.*5.8.

confīnis ~is ~e, *a.* [CON-+FINIS]

1 Having a common boundary, adjacent, neighbouring. **b** (masc. as sb.) one whose property is adjacent.
in ~ibus fundis VAR.*R.*1.16.1; excursiones inde in ~em agrum..factae erant LIV.4.49.4; hunc Venus e templis, quae sunt ~ia, ridet OV.*Ars* 1.87; uexat saepe meum Patrobas ~is agellum MART.2.32.3;—(*w. dat.*) ~es erant hi Senonibus CAES.*Gal.*6.3.5; gens iacet supra Ciliciam, ~is Cappadociae NEP.*Dat.*4.1; LIV.45.29.9; qua collo est ~e caput OV.*Met.*1.718;—(*w. gen.*) ut puta singuli plurium fundorum ~es sunt PAUL.*dig.*10.1.4.8. **b** si quis in uendendo praedio ~em celauerit GAIUS *dig.*18.1.35.8.

2 Closely connected, allied, akin. **b** (of persons) closely attached.
(*w. dat.*) studio ~ia carmina uestro OV.*Pont.*2.5.71; sunt enim..uirtutibus uitia ~ia SEN.*Ep.*120.8; cui ~e est παροιμίας genus illud QUINT.*Inst.*5.11.21; 10.5.12; in ea re quam tu iam praeiudicasti neque culpae neque crimini ~em APUL.*Apol.*48. **b** et prope Caesareae ~is Acilius aulae STAT.*Germ.*fr.4.

confīnium ~(i)ī, *n.* [prec.+-IVM]

1 A common boundary (between two or more territories), an area forming such a boundary; a junction (of a river with the sea).
arbores quae in ~io natae in utroque agro serpunt VAR.*L.* 5.74; in ~io consitum agrum *R.*1.16.6; quartam (legionem) in Remis..in ~io Treuerorum hiemare iussit CAES.*Gal.* 5.24.2; in ~io Lyciae et Pamphyliae Phaselis est LIV. 37.23.1; OV.*Met.*15.291; Germania..ab oriente Sarmatiarum ~io gentium..obducta est MELA 3.25; uides..trans mare iacere quod in ~io fuerat SEN.*Nat.*6.30.2; in ~io Germaniae Raetiaeque TAC.*Ger.*3.3; castella, quae in ~io erant FRON.*Str.*3.4.5; in ~io praediorum rusticorum PAUL. *dig.*10.1.4.10; (*cf.*) illum inter geminae nantem ~ia mortis (*i.e. Scylla and Charybdis*) [TIB.]3.7.70;—mersum Ismeni subter ~ia ponto miscentis STAT.*Theb.*4.415; 9.359; Ostia..in ipso maris fluminisque ~io coloniam posuit FLOR. *Epit.*1.1(1.4.2).

2 Any part or region which divides one thing from another, limit, border.
triplicis ~ia mundi OV.*Met.*12.40; non est (cometes).. species falsa nec duarum stellarum ~io ignis extentus SEN. *Nat.*7.17.1; per emeriti surgens ~ia Phoebi Titanis..biga STAT.*Theb.*1.336; accessi ~ium mortis APUL.*Met.*11.23;—(*of parts of the body*) supercilii ~ia OV.*Ars* 3.201; lata colubriferi rumpens ~ia colli LUC.9.677; supercilia..~io luminum paene permixta PETR.126.15.

3 A limit or interval separating one period of time from another.
cum luce..dubiae ~ia noctis OV.*Met.*4.401; cum tua sint cedantque tibi ~ia mensum *Fast.*5.187; ad ~ia lucis usque peruigiles APUL.*Met.*2.17.

4 (fig.) An intermediate condition or situation, border. **b** (pl.) limits, confines.
in quam arto salutis exitique fuerimus ~io VELL.2.124.1; quicquid est illud inter iuuenem et senem medium, in utriusque ~io positum SEN.*Ep.*70.2; mediocritas..in ~io boni malique posita est COL.3.5.2; FRON.*Aq.*30; mox patuit breue ~ium artis et falsi TAC.*Ann.*4.58; GEL.6(7).14.3; —(*cf.*) qui in mediocre genus orationis profecti sunt..errantes perueniunt ad ~ii genus eius generis *Rhet.Her.*4.16. **b** eius (*sc.* argumenti) nunc regiones, limites, ~ia determinabo PL.*Poen.*48; uirtutum..officia..et ~ia GEL.1.2.4.

5 Proximity, nearness, contiguity.
iunctae sentit ~ia mortis STAT.*Theb.*4.615; adhuc nemo exstitit, cuius uirtutes nullo uitiorum ~io laederentur PLIN. *Pan.*4.5; tanti mali ~ium sibi etiam..metuentes APUL. *Met.*5.21.

confīō ~fierī, *intr.* (collat. w. pass. of *conficio*) [CON-+FIO]

1 To be done, be accomplished; to come about, happen.
quod..~fieri atque ad exitum perduci potest CIC.*Inv.* 2.169; nunc qua ratione quod instat ~fieri possit..docebo VERG.*A.*4.116; quo facilius..per te..res tota ~fieret BALB. OPP.*Att.*9.7a.1; multa experiendo ~fieri TAC.*Ann.*15.59;—hoc quom ~fit quod uolo TER.*Ad.*946; spisse tu uideantur omnia ei (*sc.* senectuti) ~fieri PAC.*trag.*180.

2 To be made or manufactured.
curabit ut..panis diligenter ~fiat COL.1.8.12; quicumque ligno ~fit sal niger est PLIN.*Nat.*31.83.

3 To be produced or brought about. **b** to be made up (from).
geri debent nimirum et ~fieri res LUCR.2.1069; quibus haec rebus nouitas ~fiat 4.929; (genus stercoris) quod ex pecudibus ~fit COL.2.14.1; primum (genus culpabilium ciuium)..~fit cum prudentiores uiri..ciuitate pelluntur APUL.*Pl.*2.28. **b** cum..deesset aurum ex quo summa pactae mercedis Gallis ~fieret LIV.5.50.7.

4 To be recorded in writing, be written up.
ut..diurna acta ~fierent et publicarentur SUET.*Jul.*20.1.

5 (of money) To be spent, be exhausted.
comessum, expotum; exussum: elotum in balineis..~fit cito PL.*Trin.*408.

6 (of a period of time) To be completed.
dum aequinoctium uernum ~fiat COL.11.3.51.

confirmātē, *adv.* [CONFIRMATVS+-E] With assurance, confidently.
nec potest (id genus orationis) ~ neque uiriliter sese expedire *Rhet.Her.*4.16.

confirmātiō ~ōnis, *f.* [CONFIRMO+-TIO]

1 The action of making firm. **b** the establishment or confirmation (of a faculty, condition, etc.).
ad dentium dolorem et ~onem LARG.60. **b** ~onem auctoritatis suae uestrae potestati permissam esse sentit (senatus) CIC.*Flac.*4; ad ~onem perpetuae libertatis *Fam.* 12.8.1; ~o nostrae amicitiae 15.14.6; ut..non multum adiumento ullo ad suam ~onem indigerent (sensus) *Fin.* 5.59.

2 The action of making confident, encouragement.
neque..~one nostra egebat uirtus tua CIC.*Fam.*6.3.1; ~o animi mei fracti communium miseriarum metu 11.27.4; CAES.*Civ.*1.21.1.

3 A corroboration, confirmation (of an opinion, etc.).
si quid habet..auctoritatis ~o mea CIC.*Mur.*90; superiorum dierum Sabini cunctatio, perfugae ~o CAES.*Gal.* 3.16.6.

4 (rhet.) The action of supporting a statement, proof; that part of a speech which contains the proof of a case.
CIC.*de Orat.*2.331; quoniam in ~onem et reprehensionem diuiseras orationis fidem *Part.*44; destructio et ~o sententiarum QUINT.*Inst.*10.5.12;—duae (partes orationis) ualent ad rem docendam, narratio et ~o CIC.*Part.*4.

confirmātor ~ōris, *m.* [CONFIRMO+-TOR] A guarantor.
sequester et ~or pecuniae desiderabatur CIC.*Clu.*72.

confirmātus ~a ~um, *a.* *compar.* ~ior. [pple. of CONFIRMO]

1 Confident, assured.
animo certo et ~o CIC.*Quinct.*77; quae res..~iorem eius exercitum efficiebat CAES.*Civ.*3.84.2;—(*of arguments*) ~ior haec erit disputatio *Rhet.Her.*2.10.

2 Well established, firmly based.
sensum in re publica..rectum et ~um CIC.*Fam.*1.8.2; *Tusc.*3.2.

3 Well attested, certain, proven.
attulit litteras in quibus erat ~ius idem illud CIC.*Att.* 10.15.1.

confirmitās ~ātis, *f.* [CON-+FIRMVS+-TAS] Self-assurance.
confidentiam, ~atem, fraudulentiam PL.*Mil.*189ª.

confirmō ~āre ~āuī ~ātum, *tr.* [CON-+FIRMO]

1 To develop the physical strength of, strengthen, make robust; *se ~are*, to gain strength. **b** to strengthen, mature or develop (the mind or character); (esp. pass.) to become mature.
interualla uocem ~ant *Rhet.Her.*3.22; imbecillitatem ualetudinis animi uirtus..~auit CIC.*Phil.*14.4; ut prorsus

nisi ~ato corpore nolles nauigare *Fam.*16.1.1; hoc..uires neruosque ~ari putant CAES.*Gal.*6.21.4; bene iam ~atis intestinis CELS.4.20(13).4; haec..~ant stomachum LARG. 104; me..~ant otia ruris MART.6.43.3; (*cf.*) ubi eae (*sc.* cicatriculae) ~atae sunt CELS.7.25.3;—cum te bene ~aris CIC.*Fam.*16.13; ubi se paulum ~auit (anserculus) COL. 8.14.8;—(*of a plant*) cum..aliquatenus se ~auit (uinea) 4.3.4; ut..suas radices ~et 4.15.4. **b** si omne in animo bonum est, quicquid illum ~at..bonum est SEN.*Ep.* 76.17; quibus exercitationibus iuuenes..~are et alere ingenia sua soliti sint TAC.*Dial.*33.2;—nondum ~ato consilio sed ineunte aetate CIC.*Ver.*3.3; ~ata iam aetate *Fam.*10. 3.2; *Amic.*74; quoue modo poterit..~ata cupitum aetatis tangere florem uis animi? LUCR.3.770.

2 To make firm or secure (a physical object). (stipites) ~andi et stabiliendi causa CAES.*Gal.*7.73.7; quare..calx..~et structuram VITR.2.5.2; defluentem capillum~ant et densant PLIN.*Nat.*25.132; si quando mouentur dentes..~andi erunt LARG.57.

3 To assure or reassure (a person's mind); to render confident, encourage (a person); also, w. *ut, ne,* to encourage (a person to do something). **b** to confirm (a person) in his loyalty, attachment, or the like.
uolui animum..~are hodie meum PL.*Aul.*371; laetanti iam animo et spe optime ~ato CIC.*Clu.*28; quae res eorum perterritos animos ~auit CAES.*Civ.*2.36.3; LIV.37.25.13; LUC.4.250; JUV.13.107;—eum..timentem multumque dubitantem ~asti CIC.*Pis.*83; milites consolatur et ~at CAES. *Gal.*5.52.5; exercitum breui ~auit SAL.*Jug.*45.3;—(*w. animo*) eos..ad dimicandum animo ~at CAES.*Gal.*5.49.5; *Civ.*2.4.5;—(*w.* ut, ne) qui..Antonium ~asse dicitur ut me impediret CIC.*Att.*10.15.2; alius alium ~are ne nomina darent LIV.2.24.2. **b** Dolabellam..cohortare et ~a et redde plane meum CIC.*Fam.*7.32.3; amplissimas clientelas.. ~are 13.64.2; ~andus erat exercitus nobis magnis saepe praemiis sollicitatus PLANC.*Fam.*10.8.3; ad ~andam ciuitatem CAES.*Gal.*7.54.1; Gallias ~at VELL.2.120.1.

4 (mil.) To strengthen (a position); *se ~are* to strengthen, build up (one's own position by additions of troops).
Gallia Transalpina praesidiis ac nauibus ~ata CIC.*Man.* 35; tu occupes locum..~es praesidio quo uelis? *Agr.*2.74; castellum magnis munitionibus multisque tormentis ~arunt *B.Alex.*21.5;—Mithridates..se et suam manum iam ~arat CIC.*Man.*24; POL.*Fam.*10.33.5; prius quam ille sese transmarinis auxiliis ~aret CAES.*Civ.*1.29.1; (*cf.*) Cethego atque Lentulo..mandat..opes factionis ~ent SAL.*Cat.*32.2.

5 To strengthen in influence or authority.
ad rem publicam accessit ut eam ~aret, non ut euerteret CIC.*Phil.*5.50; tenebam memoria..ea fundamenta iacta.. ~andi senatus *Fam.*1.9.12; duabus rebus ~ari posse senatum puto SAL.*Rep.*2.11.5; NEP.*Milt.*3.5.

6 To establish on a firm basis (a state of affairs); also, to secure the position or prospects of. **b** to establish (teachings) firmly (in the mind).
diuturnitas pacis otium ~auit CIC.*de Orat.*1.14; uiuis non ad deponendam, sed ad ~andam audaciam *Catil.*1.4; ~at (potestatem) opibus et copiis *Agr.*2.32; bellum commotum a Scapula..postea ~atum est a Pompeio *Fam.*9.13.1; his rebus pace ~ata CAES.*Gal.*4.28.1; prius quam diuturnitate ~arentur regibus imperia *B.Alex.*33.2; qui (lapides)..~ant parietum soliditatem VITR.2.8.7;—cuius ministerio..nepotem..suum..ad successionem imperii ~aret SUET.*Tib.* 55. **b** primas quasque partes (rhetoricae) in animo frequenta et..exercitatione ~a *Rhet.Her.*3.40; praecepta.. quae..libri ~ant CIC.*de Orat.*3.48; si..doctrinam ~et 3.88.

7 To support, confirm, or prove (an argument, opinion, etc., by adducing reasons, evidence, authority, etc.); (w. acc. and inf.) to prove; (also, of documents) to constitute evidence, prove. **b** to prove the existence of.
~andum primum genus erit quaestionum CIC.*Part.*117; ~ata..suspicio est *Scaur.*12; Lycurgus..leges suas auctoritate Apollinis Delphici ~auit *Div.*1.96; haud erit..quo referentes ~are animi quicquam ratione queamus LUCR. 1.425; TAC.*Ger.*3.4;—(*absol.*) quidam inesse epichiremati apodixin putant et esse partem eius ~antem QUINT.*Inst.* 5.10.7;—(*w. acc.+inf.*) id solum bonum esse ~atur CIC.*Fin.* 4.68; illud quoque..~are tibi, nullam rem posse sua ui.. sursum ferri LUCR.2.185; (*of documents*) expensam latam non esse codices Fanni ~ant CIC.*Q.Rosc.*14;—(*cf.*) qui (*sc.* C. Licinius Stolo) propter diligentiam culturae Stolonum ~auit cognomen quod nullus in eius fundo reperiri poterat stolo VAR.*R.*1.2.9. **b** ad ~andam diuinationem CIC. *Div.*1.71; nec..quisquam magis ~are mihi uidetur..fatum *Fat.*48.

8 To confirm, corroborate (a promise, previous statement, etc.); (w. acc.+inf.) to repeat, confirm.
quas (litteras) cuncti postea nuntii ~arunt CIC.*Att.* 11.25.2; illud se polliceri et iure iurando ~are CAES.*Gal.* 5.27.10; (*cf.*) acceperam eas litteras in quibus ~at ante ludos Romanos CIC.*Att.*13.46.2; (*absol.*) iure iurando inter se ~ant CAES.*Gal.*6.2.2;—(*w. acc.+inf.*) locaturum se esse ~at CIC.*Ver.*1.140; *Att.*3.18.1; ~ata re ab exploratoribus CAES.*Gal.*2.11.3.

9 To give validity to, confirm officially, ratify (an agreement, decision, etc.); to confirm the tenure of (land, a province, etc.); to confirm (a person) in a position.
ut coram nuptiis dies constituatur; eadem haec ~abimus PL.*Trin.*581; quod factum non est, ut sit factum, ferri ad populum..aut suffragiis ~ari potest? CIC.*Dom.*47; acta.. Caesaris..~ata sunt a senatu *Phil.*2.100; ~abam omnium priuatorum possessiones *Att.*1.19.4; ciuitatem ~ari quibus ademptam negat SAL.*Hist.*1.77.14; NEP.*Phoc.*3.2; LIV.30. 44.13; ut quodammodo donationes inter uirum et uxorem ~entur JULIAN.*dig.*23.4.22; ueneditio..quam..~ari conuenit PAPIN.*dig.*41.3.42; collegia..quorum corpus senatus consultis..~atum est GAIUS *dig.*3.4.1; (*cf.*) illum diem.. omnis labores et uictorias ~aturum SAL.*Jug.*49.3;—genus id agrorum certo capite legis..~ari atque sanciri CIC.*Agr.* 3.3; (agri) ~abuntur optimo iure 3.14; prouincia a Caesare data et per senatum ~ata SUET.*Aug.*10.2;—tutores inutiliter dati neque decreto praetoris ~ati PAPIN.*dig.*26.7.39.9; ULP.*dig.*5.1.81.

10 To give assurances of, assert, declare, affirm.
audaciter hoc dico..non temere ~o CIC.*Font.*11; Q.CIC. *Pet.*19; unum elocutus, ut memoria tenerent milites ea quae pridie sibi ~assent CAES.*Civ.*2.34.5; (*absol.*) ut hominem ~are oportet CIC.*Clu.*143;—(*w. acc. and inf.*) cum ille ~aret sese nomen..de tabulis exempturum *S.Rosc.*26; hoc ..ausim ~are..nequaquam nobis diuinitus esse creatam naturam mundi LUCR.2.179; sese reuersurum ~at CAES.*Gal.* 6.33.4; SAL.*Jug.*33.3; LIV.10.10.2; nihil triste in uerbis eius aut uultu deprensum ~auit TAC.*Ann.*15.61.

confiscātiō ~ōnis, *f.* [next+-TIO] The confiscation or seizure of a person's property.
ut..socii..regis ~onem mandauerit FLOR.*Epit.*1.44(3. 9.3).

confiscō ~āre ~āuī ~ātum, *tr.* [CON-+FISCVS+-O[3]]

1 To confiscate, seize (property) for the public treasury. **b** to seize the property of (a person).
~abantur alienissimae hereditates SUET.*Dom.*12.2; *Cal.* 16.3. **b** LIBERVM (FVREM) PROCVRATOR ~ATO *Lex Vip.*29 (*Font.iur.*p.294); deuictis..is et ~atis SUET.*Aug.*15; cum.. duos equites..corripi ~arique iussisset *Cal.*41.2; ULP.*dig.* 27.3.9.6.

2 To lay up in a treasury, keep in store.
~atam semper repositamque habuerat (summam) SUET. *Aug.*101.2.

confīsiō ~ōnis, *f.* [CONFIDO+-TIO] Assurance, trust.
fidentia, id est firma animi ~o CIC.*Tusc.*4.80.

confiteor ~fitērī ~fessus sum, *tr.,* (*intr.*). [CON-+FATEOR]

1 To admit (a fact, etc.). **b** to admit the truth of (a statement, charge, etc.). **c** to admit the commission of (a crime, fault, etc.); (intr.) to confess. **d** (poet.) to admit defeat.
tibi est ~essus uerum PL.*Capt.*298; id necesse..non erat ~fiteri CIC.*Orat.*230; uerum..~fitentibus PLIN.*Nat.*18.35; conscientiam coniurationis ~fessus est TAC.*Hist.*1.42; certum ~fessus pro iudicato erit ULP.*dig.*42.2.6; (*poet.*) haec ..~fessa est pagina Calui PROP.2.34.89;—(*w. acc.+inf.*) ~fitemur cistellam habere PL.*Cist.*741; SEI IS EAM PECVNIAM ..D(ARE) O(PORTERE) DEBEREVE SE ~FESSVS ERIT *CIL* 1.592. 2.5; se id nescire ~fessus est CIC.*de Orat.*1.265; errasse nos ~fitendum est *Att.*10.12a.1; necesse est ~fiteare alia ex aliis constare elementis LUCR.2.691; CAES.*Gal.*5.27.2; SAL.*Cat.*52.36;—(*ellipt.*) redde bona..si non quae abstulisti, at quae ~fessus es CIC.*Ver.*1.94; quid potest dicere quin..se hostem ~fessus sit *Phil.*3.21; se uictos ~fiteri CAES.*Civ.*1.84.5;—(*w. indir. qu.*) nihil..erat periculosius ..quam ad quam rem (nummos) accepisset ~fiteri CIC. *Clu.*85;—(*absol.*) ut eampse uos audistis ~fiterier PL.*Cist.* 170; TER.*Hau.*1015; ~fitenti consultantique supererant spes uiresque TAC.*Hist.*3.54;—(*w.* de) ut de me ~fitear CIC. *Ver.*3; pudet me tibi ~fiteri et queri de Appi..iniuriis CAEL. *Fam.*8.12.1. **b** susciperem hoc crimen, agnoscerem, ~fiterer CIC.*Rab.Perd.*18; Quintia..mihi candida, longa, recta est: haec ego sic singula ~fiteor CATUL.86.2; omnia.. quae collegae dixerant, ~fessus est NEP.*Ep.*8.2; seruatae erga Galbam fidei crimen ~fessus TAC.*Hist.*1.71. **c** peccatum tuum quod tu neque negare posses..neque cum defensione aliqua ~fiteri CIC.*Ver.*1.144; *Mil.*80;—(*absol.*) quinque hominibus comprehensis atque ~fessis *Sul.*33; habes..~fitentem reum *Lig.*2; OV.*Pont.*2.2.54; STAT.*Theb.* 1.594; feci, ~fiteor JUV.6.639; metu..in se ~fitentur ULP. *dig.*48.18.1.27;—(*w.* de) cum..de patriae parricidio ~fiterentur CIC.*Phil.*2.17; de caede Sullae..haud ~fessus TAC. *Ann.*14.59. **d** sero ~fessum foedere Parthum PROP. 4.6.79; (*cf.*) supplex ~fessasque manus..tendens 'uincis', ait OV.*Met.*5.215.

2 To reveal or disclose (by an action;) (poet., w. acc.), to reveal oneself as. **b** to reveal by one's appearance.
quem terrorem..nocturna profectione ~fessi sunt LIV. 7.33.17; ut populus..admirationem..plausu ~fiteretur QUINT.*Inst.*8.3.3; hostem..perfidiam et ignauiam fuga ~fitentem TAC.*Ann.*13.39;—(*w. acc.+inf.*) caput Agamemnonis inuoluendo nonne summi maeroris acerbitatem arte non posse exprimi ~fessus est (pictor)? V.MAX.8.11. ext.6; PLIN.*Nat.*7.92;—(*w. obj. cl.*) ~fessus quam nolueris mori SEN.*Suas.*7.9; PLIN.*Nat.*22.9; QUINT.*Decl.*348(p.371, l.25);—(*poet.*) ~fessa deam VERG.*A.*2.591; se ~fessus erat (*i.e. had revealed his identity*) OV.*Met.*3.2; ~fessus auum STAT.*Theb.*2.122; (*cf.*) puer..modo Bromium, interdum Lyaeum Euhiumque ~fessus PETR.41.6. **b** ~fessa.. uultibus iram OV.*Met.*6.35; ~fessus gelidum pallore timorem *Tr.*1.4.11; uultu ~fessus STAT.*Theb.*1.257;—(*w. acc.+ inf.*) torpescunt scorpiones aconiti tactu stupentque pallentes et uinci se ~fitentur PLIN.*Nat.*27.6; sublatis oculis agitatoque corpore uiuere se..~fitetur PLIN.*Ep.*3.14.3.

3 (of things) To be evidence of, denote.
aurum in gemmis et in tunicis..matronam profecto ~fitebatur APUL.*Met.*2.2.

confixilis ~is ~e, *a.* [CONFIGO+-ILIS[1]] Fixed together, constructed.
~es machinae APUL.*Met.*4.13.

conflaccescō ~ere, *intr.* [CON-+FLACCESCO] To grow weak.
fluctus..simul ac uentus posuit, sternuntur et ~unt GEL. 2.30.2.

conflāgēs, *pl.* [perh. CONFLO cf. *confluges*] (See quot.)
~ loca dicuntur, in quae undique confluunt uenti PAUL. *Fest.*p.40M.

conflagrātiō ~ōnis, *f.* [next+-TIO] A conflagration; (applied to the eruption of a volcano).
~o, qua magna pars animantium exaruit SEN.*Nat.*3.pr.5; —~o Vesuuii montis SUET.*Tit.*8.3.

conflagrō ~āre ~āuī ~ātum, *intr.* [CON-+FLAGRO] FORMS: metath. *confraglauit,* HYG.*Fab.*25.3. N.B. pf. pple. commonly used in pass. or dep. sense.

1 To be destroyed by fire, be burnt down. **b** (of persons).
neque hanc urbem ~are..uoluerunt CIC.*Catil.*3.25; ne ..iisdem..flammis Carthaginem quibus castra ~assent absumi sineret LIV.30.7.9; tabernae..omnes..~auerunt 35.40.8; SEN.*Nat.*1.15.5; TAC.*Hist.*2.21; aerearum..tabularum tria milia, quae simul ~auerant SUET.*Ves.*8.5;—(*pf. pple.*) urbs acerbissimo..incendio ~ata *Rhet.Her.*4. 12; (naues) incendio sunt ~atae VITR.10.16.9; APUL. *Mun.*34. **b** fulmine ictum cum domo ~asse LIV.1.31.8; Semele ~auit HYG.*Fab.*179.3; (*cf.*) tunicam..in qua ~auit (Hercules) HYG.*Fab.*243.3.

2 To become inflamed.
quae (*sc.* colla boum) celeriter ~ant COL.2.2.28.

3 (fig.) **a** To be utterly destroyed or ruined. **b** (w. abl.) to incur, be the object of (hatred). **c** to be inflamed or fired (with passion).
a quae..leges..cum omni iure publico ~auerunt CIC. *Vat.*18; cum uideremus..ubi ~assent Sidicini, ad nos traiecturum illud incendium esse LIV.7.30.12; ne..incendio alieni indicii..~aret 39.6.5. **b** tum te non existimas inuidiae incendio ~aturum? CIC.*Catil.*1.29; addidit preces ..ne se innoxiam inuidia Hieronymi ~are sinerent LIV. 24.26.3; PLIN.*Ep.*3.9.31. **c** una..nox erat qua praetor amoris turpissimi flamma, classis..praedonum incendio ~abat CIC.*Ver.*5.92.

conflexus ~a ~um, *a.* [CON-+*flexus* (FLECTO)] Curved round, bent.
montium..~a cubito aut confracta in umeros iuga PLIN. *Nat.*2.115.

conflictātiō ~ōnis, *f.* [CONFLICTO+-TIO]

1 A struggle, contest, contention.
deformis et incommoda turbae..~o QUINT.*Inst.*3.8.29; certamen ~onis [QUINT.]*Decl.*10.1; exercituum duorum ~o GEL.15.18.3.

2 (app.) A convulsion.
morbo comitiali ita confectus ut..omnia..membra ~onibus debilitet APUL.*Apol.*43.

conflictiō ~ōnis, *f.* [CONFLIGO+-TIO]

1 A striking together, collision.
duorum inter se corporum ~o QUINT.*Inst.*3.6.6.

2 The action of fighting; a disagreement, clash (with an opponent in a law-suit).
eum (*sc.* serpentem)..magna totius exercitus ~one..diu oppugnatum GEL.7(6).3.1;—primus ille status et quasi ~o cum aduersario CIC.*Part.*102.

3 (rhet.) An inconsistency, disagreement (of two statements, etc.).
quaestio est ea, quae ex ~one causarum gignitur controuersia CIC.*Inv.*1.18; inter se pugnantium rerum ~o *Part.* 55; QUINT.*Inst.*7.1.18.

conflictō ~āre ~āuī ~ātum, *tr., intr.* (usu. in pass. or as dep.). [CONFLIGO+-TO]

1 To strike frequently, buffet.
grauibus superne ictibus ~abantur TAC.*Ann.*2.20; artius pressiusque ~ata essem GEL.10.6.2.

2 (usu. pass.) To harass, distress, torment.
(*pass.*) homines magnis et multis incommodis ~antur *Rhet.Her.*2.37; iniquissimis uerbis, improbissimis recuperatoribus ~ari malebant CIC.*Ver.*3.69; qua (superstitione) ceterae gentes ~antur *Leg.*1.32; graui..pestilentia ~ati CAES.*Civ.*2.22.1; neque uehementi siti ~atur CELS.3.7.2.D; ne..prob⟨i hom⟩ines ~ar⟨e⟩ntur di⟨ut⟩ina mora *BGU* 2.628; ~atum saeuis tempestatibus exercitum TAC.*Ag.*22.1; *Ann.*15.50;—(*act.*) feram..sese..~antem maerore PLIN. *Nat.*8.59; qui..per scelera rem publicam ~auisset TAC. *Ann.*6.48.

3 (usu. dep.) To enter into a contest, contend, struggle.
quid?..ut honestiore iudicio ~ere? CIC.*Quinct.*44; noli pati litigare fratres et iudiciis turpibus ~ari *Fam.*9.25.3; odio inter sese graui..~ati sunt GEL.12.8.5;—(*w.* cum) qui cum ingeniis ~atur eius modi TER.*An.*93; cum his ~ari et pro salute patriae cotidie dimicare CIC.*Har.*41; (*cf.*) ~atus.. est cum aduersa fortuna NEP.*Pel.*5.1;—(*act. form*) ut ~ares malo TER.*Ph.*505.

conflictus ~ūs, *m.* [next+-TVS[3]]

1 A striking together, collision, clash.
non solum impulsu scutorum neque ~u corporum CIC. *Caec.*43; lapidum ~u atque tritu *N.D.*2.25; ~u nubium PLIN.*Nat.*2.113; APUL.*Mun.*3.

2 An impact.
etiamsi paruo siue nullo fatalis incommodi ~u urgeantur (ingenia aspera) GEL.7(6).2.8.

conflīgō ~gere ~xī ~ctum, *intr.,* (*tr.*). [CON-+FLIGO]

1 To strike together, collide, clash; (w. acc.) to bring into collision (also transf.).

⟨cum⟩ cita saepe obuia ~xere (primordia rerum) LUCR. 2.86; grauiter inter se incitatae ~xerunt (naues) CAES.*Civ.* 2.6.5; aduersi..uenti ~gunt VERG.*A*.2.417; legiones impetu ingenti ~gunt LIV.4.32.11; 28.14.19;—semina cum..obuia ~xit conspirans mutuus ardor LUCR.4.1216; (*transf., w.* cum) cum scripto factum aduersarii ~gendo CIC.*Inv*.2.126.

2 To do battle, contend, fight; to fight against.

acribus inter se cum armis ~gere cernit LUCIL.449; ad ~gendum se componunt SIS.*hist*.63; manu cum hoste ~gere CIC.*Off*.1.81; ne noctu..~gere cogerentur CAES.*Civ*.1.66.2; LIV.22.19.3; TRIGINTA ROSTRATAE NAVES..INTER SE ~XERVNT AUG.*Anc*.4.47; ceu praepete cursu ~gant densae uolucres STAT.*Theb*.6.299;—(*w.* cum) cum magnufico milite ..~xi atque hominem reppuli PL.*Bac*.967; saepius cum hoste ~xit quam quisquam cum inimico concertauit CIC. *Man*.28; fore uti pars cum parte ciuitatis ~gat CAES.*Gal*. 7.32.6; SAL.*Cat*.57.5; LIV.23.11.8; SUET.*Ves*.4.1; (*w.* aduersus) aduersus Rhodiorum classem..~xit NEP.*Han*.8.4; (*w.* contra) ut..contra sceleratissimam conspirationem hostium ~gamus D.BRUT.PLANC.*Fam*.11.13a.5;—(*w. dat., poet.*) hic (*i.e. in autumn*) quoque ~gunt hiemes aestatibus acres LUCR.6.373.

3 To contend in words, argue (against). **b** (of principles, etc.) to be in conflict, disagree; to be a matter of contention.

potuisti..leuiore actione ~gere CIC.*Caec*.8; cum ducibus ipsis, non cum comitatu adsectatoribusque ~gant *Balb*.62; uniuersa..illorum ratione cum tota uestra ~gendum puto *Fin*.4.3; ~gere cum tuo maerore constitui SEN.*Dial*.6.1.5; duplici contra eos proque eis acie ~gitur actionum et interrogationum QUINT.*Inst*.5.7.3. **b** si..causas ipsas quae inter se ~gunt contendere uelimus CIC.*Catil*.2.25; diuersae ..leges ~gunt QUINT.*Inst*.7.7.3;—nec in causa Milonis circa primas quaestiones..iudicabo ~xisse causam 3.6.12.

conflō ~āre ~āuī ~ātum, *tr.* [CON-+FLO]

1 To blow on (a fire to make it burn); to raise, start (a fire); to ignite, set fire to.

ego dabo ignem, siquidem in capite tuo ~andi copiast PL.*Rud*.765; puero ignem ~ante PLIN.*Nat*.35.138;—quorum opera id ~atum incendium LIV.26.27.6; ignis aeria densitate ~atur APUL.*Mun*.5; (*in fig. phr.*) tantum ~auit incendium ut..in posteros suos bellum propagaret FLOR.*Epit*.2.5(3.17. 2);—isdem causis quibus trabes facesque ~antur (cometae) SEN.*Nat*.7.6.1.

2 (of persons, esp. w. dat. or w. *in*+acc.) To arouse, stir up (hatred, etc., against a person); (also, of things).

~ata..inuidia CIC.*Clu*.95; (*cf.*) Tyndaridis forma ~atus amoris ignis LUCR.1.473;—(*w. dat.*) summam illi iudicio inuidiam infamiamque esse ~atam CIC.*Clu*.79; *Cael*.29; SAL.*Cat*.49.4;—(*w.* in+*acc.*) quod in se tantum crimen inuidiamque ~aret CIC.*Ver*.2.73;—quiuis horum sensus potest ~are suspicionem *Rhet.Her*.2.8.

3 To bring about, occasion, cause (usu. something undesirable). **b** to form, hatch (a conspiracy), organize (sedition, etc.).

saepe ex..malo principio magna familiaritas ~atast TER. *Eu*.875; iniuriam nouo scelere ~atam CIC.*S.Rosc*.1; cladem ~are LUCR.6.1091; summum bellum..~ari HIRT.*Gal*.8.6.1; seu fatalem..seu ~atam insidiis..mortem obiit VELL.2.4.6; luxuria primum, tum hinc ~ata egestas rei familiaris FLOR. *Epit*.2.12(4.1.1); portentum inusitatum ~atum est recens *Vers.pop*.in Gel.15.4.3(*poet*.p.93);—(*w. dat.*) quantas..hic suis consiliis mihi ~auit sollicitudines TER.*An*.650; quibus ipsis periculum tum ~ari putabatur CIC.*Sul*.13; APUL.*Apol*. 74. **b** illam Norbani seditionem..neque reprimi potuisse et iure esse ~atam? CIC.*de Orat*.2.124; nefarias cum multis scelerum pactiones societatesque ~auit *Har*.42; posterior (coniuratio)..Beneuenti ~ata atque detecta est SUET. *Nero* 36.

4 To invent, concoct (a lie, etc.).

querella ~ati criminis CIC.*Part*.121; unde hoc totum ductum et ~atum mendacium est? *Q.Rosc*.48; (*cf.*) iudicia domi ~abant, pronuntiabant in foro LIV.3.36.8.

5 To melt, melt down. **b** to make by melting, cast; (also fig.) to make indissoluble, weld.

meae ~auit imaginis aurum PROP.4.7.47; aurea atque argentea templorum ornamenta..~ata sunt V.MAX.7.6.4; simulacra ~ant SEN.*Dial*.2.4.2; aes ~are et temperare PLIN.*Nat*.7.197; an dubitet solitus totum ~are Tonantem? JUV.13.153; (*w. ad*) uas ~atum ad rudem massam auri.. reueerti potest GAIUS *dig*.41.1.7.7; (*w.* in+*acc.*) et curuae rigidum falces ~antur in ensem VERG.*G*.1.508. **b** lateres argentei atque aurei primum ~ati atque in aerarium conditi VAR.in Non.p.520M; (*in fig. phr.*) ubi..Punici belli.. tempestas..fulmen Saguntino igne ~auit FLOR.*Epit*.1.22 (2.6.9);—(*fig.*) horum consensum conspirantem et paene ~atum CIC.*Lig*.34.

6 To make by combining.

ex his duabus diuersis sicuti familiis..unum quoddam est ~atum genus CIC.*Inv*.2.8; monstrum..ex contrariis.. studiis cupiditatibusque ~atum *Cael*.12; ut una ex duabus naturis ~ata uideatur *N.D*.2.100; (uita) ex infinitis.. uoluptatibus ~ata APUL.*Pl*.2.15.

7 To rake together, assemble (an army, etc.; also possessions). **b** to run up (a debt).

~atam improborum manum CIC.*Catil*.1.25; exercitus perditorum ciuium clandestino scelere ~atus *Sul*.33; VELL. 2.74.2; siue odio ~atos testes siue inuidia siue gratia siue pecunia QUINT.*Inst*.5.7.23;—quae ratio aut flandae aut ~andae pecuniae non reperiebatur? CIC.*Sest*.66; sanguine ciuili rem ~ant LUCR.3.70. **b** qui..alienum aes grande ~auerat SAL.*Cat*.14.2; 24.3.

confluctuō ~āre, *intr.* [CON-+FLVCTVO] To undulate, wave.

palla..decoriter ~abat APUL.*Met*.11.3.

confluens ~ntis, *m.*, **~ntēs** ~ntium, *m. pl.* [pple. of CONFLVO] A meeting place of rivers, confluence; (pl.as proper name) a town at the confluence of the Rhine and Moselle (now Coblenz).

(*sg. forms*) ad ~ntem Mosae et Rheni CAES.*Gal*.4.15.2; PLIN.*Nat*.3.149; AD ARAM QVAE EST AD ~NTEM *CIL* 13.1036; —(*pl. forms*) ad ~ntes conlocat castra LIV.1.27.4; PLIN. *Nat*.6.126; TAC.*Hist*.2.40;—SUET.*Cal*.8.

conflūgēs, *pl.* [next, cf. *conflages*] App. the same as prec.

~ ubi conuentu campum totum inumigant ANDR.*trag*.18.

confluō ~ere ~xī, *intr.* [CON-+FLVO] FORMS: *~xet* (= *xisset*) LUCR.1.991; *comfluont CIL* 1.584.13.

1 (of rivers, liquids, etc.) To flow together, meet; (of other objects) to come together, gather. **b** (fig., of var. streams or strands) to meet.

VBI ~ONT EDVS ET PROCOBERA *CIL* 1.584.13; quo possint cedentes ~ere undae LUCR.1.374; quamuis circum celerantibus auris ~at (aer) 1.388; remanat materies umoris et ad caput amnibus omnis ~it 6.637; duo amnes ~entes LIV. 44.31.4; nisi Lixus in Hebrum ~at OV.*Pont*.1.5.22; PLIN. *Nat*.6.13; si imbri crescat aqua in riuo aut ex agris in eum ~at POMPON.*dig*.8.3.20.1; (*cf.*) (portus) in exitu coniunguntur et ~unt CIC.*Ver*.4.117;—(*w.* in+*acc., i.e. so as to make*) Fibrenus..diuisus..in duas partes..cito in unum ~it *Leg*.2.6; LIV.21.31.4; in curuum pontus ~xerit orbem [TIB.]3.7.20;—(*w.* cum) Panticapen ~ere..cum Borysthene PLIN.*Nat*.4.83; 6.146;—reliqua..ad easdem..portas iecoris ~unt CIC.*N.D*.2.137; semina rerum cum ~xerunt LUCR. 1.177; omnis mundi quasi limus in imum ~xit 5.496; non crebriter in campis ~unt imbres VITR.8.2.1. **b** multa (nomina) ab duobus capitibus..~unt in obliquom unum (casum) VAR.*L*.10.50; ut eorum sanguis..in ortum..principis nostri ~eret V.MAX.2.9.6; cum utriusque obligatio in huius personam..~at GAIUS *dig*.46.2.34.2.

2 (of persons, and animals) To flock together, assemble. **b** (of abst. things) to gather, collect; to be brought. **c** (of acquisitions, etc.) to come in abundance.

uulgus ~it VAR.*Men*.146; ~xerunt enim et Athenas et in hanc urbem multi CIC.*Brut*.258; magnus ad eum..numerus ~ebat CAES.*Gal*.7.44.2; ii Romam..~xerant SAL.*Cat*.37.5; arbore summa ~ere (apes) VERG.*G*.4.558; ex Latio uoluntariis ~entibus LIV.5.46.4; VELL.2.25.2; a multitudine, quae ad opem illi ferendam ~xerat V.MAX.1.5.5; PLIN.*Ep*. 4.13.9; (*cf.*) si ad haec studia plures ~xerint CIC.*Tusc*.2.6. **b** ut ad nos pleraeque (causae) ~ant CIC.*Planc*.84; is maeror in urbem ~xit LUCR.6.1259; per urbem..quo cuncta undique atrocia..~unt celebranturque TAC.*Ann*.15.44; omnia ..in eius animum flagitia ~xerant APUL.*Met*.9.14. **c** ut nos dicamur duo..dignissumi esse quo cruciatus ~ant PL. *As*.314; hinc ad ipsos..laus, honos, dignitas ~it CIC.*Inv*.1.5; ad quem pecunia magna ~xit SEN.*Ep*.45.9; (*w. dat.*) quoi multa in unum locum ~ont PL.*Epid*.527.

confluuium ~(i)ī, *n.* [prec.+-IVM] A place where streams (of water or air) meet; (also, app.) a sink or drain.

apta necesse est ~ia errantes arcessant undique uenas *Aetna* 121; donec ~io ueluti siphonibus actus exilit (spiritus) 328;—ad quam rem nobis est ~ium, ad quam rem urnarium? VAR.*Men*.532.

confodiō ~odere ~ōdī ~ossum, *tr.* [CON-+FODIO]

1 To dig up, turn over (land); to dig round (a tree, etc.); to ditch, trench.

hortum ~odere iussi PL.*Aul*.244; ~odiatur minute terra CATO *Agr*.129; COL.2.19.1; FRON.*Str*.1.5.11;—(salices) omnibus annis ~odi iubent PLIN.*Nat*.17.142; 17.188;—loca palustria..erant et alte multifariam ~a SIS.*hist*.18.

2 To wound fatally, run through, stab. **b** (transf.) to harm, damage, pierce.

domi suae inparatum ~odere SAL.*Cat*.28.1; 60.7; NEP. *Pel*.5.4; tum super exanimum sese proiecit amicum ~ossus VERG.*A*.9.445; ipsos equosque spiculis ~odere LIV.3.70.7; infestis taurus mox ~odit cornibus hostile corpus PHAED. 1.21.7; SEN.*Tro*.559; TAC.*Hist*.3.56; SUET.*Jul*.81.3; (*cf.*) ut quaedam ex hac epistula..~odias (*i.e. obelize*) PLIN.9.26.13; —(*transf., of anger*) alium ira in cubili suo ~odit SEN.*Dial*. 3.2.2. **b** tot iudiciis ~ossos praedamnatosque LIV.5. 11.12; causa, quamquam grauissimis criminibus erat ~ossa ..absoluta est V.MAX.8.1.11.absol.; mala uestra..quae uos ab omni parte ~odiunt SEN.*Dial*.7.27.6.

confoedō ~āre ~āuī ~ātum, *tr.* [CON-+FOEDO] To make filthy, befoul.

donec..liquida fimo strictim egesta faciem atque oculos eius ~assem APUL.*Met*.7.28.

confoedustī ~ōrum, *m. pl.* [CON-+FOEDVS+-TVS[2]] Allies.

~i foedere coniuncti PAUL.*Fest*.p.41M.

confore, *fut. inf.* confutūrus. [CON-+*fore* (SVM)] To be about to take place.

confido confuturum PL.*Mil*.941; et spero confore TER. *An*.167.

conforiō ~īre ~iī, *tr.* [CON-+*forio* (FORIA)] To defile with ordure.

~isti me POMPON.*com*.64.

conformātiō ~ōnis, *f.* [next+-TIO]

1 A form, shape, configuration; an inflexion (of the voice). **b** the formation (of mental pictures).

~o quaedam et figura totius oris et corporis CIC.*de Orat*. 1.114; ~o liniamentorum *N.D*.1.47; qualis sit (animus).. quae ~o, quae magnitudo *Tusc*.1.50; theatri ~o sic est facienda VITR.5.6.1;—quae (*sc.* actio) uocis ~one ac uarietate moderanda est CIC.*de Orat*.1.18. **b** imaginum ~o *Rhet.Her*.3.34.

2 Constitution, character.

prima ~one eas (*sc.* causas) intelleget dissidere CIC.*Inv*. 2.110; in hac iuncta moderateque permixta ~one rei publicae *Rep*.1.69; *Off*.3.96; QUINT.*Inst*.9.2.46.

3 *~o animi*, An idea, notion; so *~o* alone.

omnem..talem ~onem animi..motum inanem uocant CIC.*N.D*.1.105;—quaedam ~o insignita et impressa intellegentia quam notionem uoco *Top*.27.

4 (rhet.) A figurative use (of words, language), figure of speech; also prosopopoeia.

inter ~onem uerborum et sententiarum hoc interest CIC. *de Orat*.3.200; in sententiarum ornamentis et ~onibus *Brut*. 140; 'figura'..(est) ~o quaedam orationis remota a communi et primum se offerente ratione QUINT.*Inst*.9.1.4;—~o est cum aliqua quae non adest persona confingitur quasi adsit aut cum res muta..fit eloquens *Rhet.Her*.4.66.

5 The training (imparted by instruction).

cum ad naturam eximiam..accesserit ~o..doctrinae CIC.*Arch*.15.

conformō ~āre ~āuī ~ātum, *tr.* [CON-+FORMO]

1 To shape, fashion, mould. **b** to give shape to, outline (a design, etc.); to form (a mental picture); to sketch in words, describe, delineate. **c** to turn out, deck.

~are locum (*i.e. for a tomb*) *Culex* 391; ⟨quae⟩ sub septentrionibus nutriuntur gentes..sanguine multo ab umoris plenitate..sunt ~ati VITR.6.1.3; in speciem uolucrum ~antur (oua) COL.8.5.10; Siculis..~ata caminis effigies STAT.*Silv*.1.1.3; conceptum in utero coagulum ~atur GEL.3.16.20. **b** caelum..sideribus et stellarum cursibus ~atum VITR.9.1.2; 9.1.3; quae figurata ~ataque sunt siderum in mundo simulacra 9.5.4; GEL.13.9.6;—rei totius imaginem ~abimus *Rhet.Her*.3.33;—qualem (*sc.* sapientem) ~amus, exhibuimus SEN.*Dial*.2.7.1. **c** uide ut puellam curent, ~ent probe AFRAN.*com*.177.

2 To give shape to (ideas, etc.).

est..ipsa oratio ~anda..constructione uerborum CIC. *de Orat*.1.17; non nulla..~are et leuiter emendare possim *Mur*.60; quippe qui..philosophiam..incomptam Latinam sua ~arit oratione NEP.fr.3.

3 To make to correspond or agree, bring into harmony.

ipse me ~o ad eius uoluntatem CIC.*Fam*.1.8.2; *Div*.2.29; secundum rationem rerum de quibus dicimus..~anda uox est QUINT.*Inst*.11.3.45; ad nostri similitudinem, qui uere lamentabamur, ~atus APUL.*Met*.8.6.

4 To train, educate, teach; also, to form by training.

de ~andis hominum moribus CIC.*de Orat*.1.86; haec uox huius hortatu praeceptisque ~ata *Arch*.1; alios..artifices praecepta ~ant SEN.*Ep*.95.7; TAC.*Ann*.4.8;—ut id ~aret in utroque (discipulo), quod utriusque natura pateretur CIC.*de Orat*.3.36.

confornicātiō ~ōnis, *f.* [next+-TIO] The arching over or vaulting (of a space).

satis altitudinem habebunt eorum ~ones VITR.5.6.5.

confornicō ~āre ~āuī ~ātum, *tr.* [CON-+FORNIX+-O[3]] To cover with an arched roof, vault over.

tredecim cellae..~entur VITR.5.5.2; 8.6.1.

confossus ~a ~um, *a. compar.* ~ior. [pple. of CONFODIO] Pierced, punctured.

te faciam..~iorem soricina nenia PL.*Bac*.889.

confoueō ~ouēre ~ōuī ~ōtum, *tr.* [CON-+FOVEO] To care for, tend.

iubeo hominem tolli et conlocari et ~oueri AFRAN.*com*. 143; inluuie paene conlapsa membra lauacro, cibo denique ~oueret APUL.*Met*.8.7.

confrescō ~escere ~uī, *intr.* [CON-+FRACESCO] To putrefy, rot.

alteram ueterem (partem stercilini) tolli in agrum, quod enim quam recens quod ~uit melius VAR.*R*.1.13.4.

confractus ~a ~um, *a.* [CONFRINGO] (of a surface) Broken, or irregular.

montium..flexus..et conflexa cubito aut ~a in umeros iuga PLIN.*Nat*.2.115; 5.99;—arte in aequo extantia ostendente et in ~o solida omnia 35.127.

confragōsus ~a ~um, *a.* [CON-+FRAGOSVS]

1 (of ground) Uneven, rough, broken; (neut. as sb.) uneven ground.

sin est ita dissimilis (ager), ut arari non possit, quod si⟨t⟩ ~us VAR.*R*.1.18.4; ~a loca LIV.28.2.1; 38.41.5; (locus) lapidibus ~us COL.2.2.8; in colle ~o FRON.*Str*.2.3.8;—(*cf., of sounds*) ut..uersus..ex pluribus et asperrime coeuntibus inter se syllabis catenatos et uelut ~os quam citatissime uoluant QUINT.*Inst*.1.1.37;—fortior miles ex ~o uenit SEN. *Ep*.51.10; PLIN.*Nat*.3.53; argumenta uelut horrida et ~a uitantes QUINT.*Inst*.5.8.1.

2 Difficult to accomplish, hard; (neut. as sb.) a difficulty.

illud quaero ~um, quo modo prior posterior sit et posterior sit prior PL.*Cist*.614; condiciones tetuli tortas, ~as *Men*.591; hoc iter uitae tam ~um putamus CIC.

*Consol.*fr.17; ~a in fastigium dignitatis uia est SEN.*Ep.* 84.13;—e ~is atque asperis euecti QUINT.*Inst.*6.1.52.

confragus ~a ~um, *a.* [CON-+*frag-* (FRANGO)+-VS] Uneven, rough; (neut. pl. as sb.) rough places.
~a densis arboribus dumeta LUC.6.126;—emicuit.. taurus per ~a saeptis obuia quaeque ruens V.FL.3.582; STAT. *Theb.*4.494.

confremō ~ere ~uī, *intr.* [CON-+FREMO] To make a noise, murmur; to resound, ring.
~uere omnes OV.*Met.*1.199; *Ilias* 62; illic agmina ~unt STAT.*Silv.*1.6.72;—nosterque ex ordine collis ~at 1.4.14; ~it et caelum et percussus uocibus altis spectantum circus SIL.16.397.

confrequentō ~āre ~āuī ~ātum, *tr.* [CON-+FREQVENTO]

1 To visit frequently or in large numbers. **b** to celebrate, keep (a festival, etc.); to keep in mind, maintain (the memory of the dead).
VT..DIEBVS INFRA SCRIPTIS LOCVM ~ARENT *CIL* 6.10234. 7; ~AREMVS TEMPLA DEORVM 6.35769. **b** ROSALIA ~AVIMVS *CIL* 3.7526; VT..SACRIFICIVM ~ETIS 6.23363a; VT..NATALE FILIAE MEAE EPVLANTES ~ETIS 10.107;—AD ~ANDAM MEMORIAM QVIESCENTIVM 10.2015.4.

2 To increase in numbers.
plurimae (apes) pereunt, nec ullis iuuentutis supplementis ~atae nouissime reliquae intereunt COL.9.13.13.

confricō ~āre ~ātum, *tr.* [CON-+FRICO] To rub; (esp. w. unguents) to massage, rub down (the body). **b** to rub down (to make a smooth surface).
quae in manu ~ata fecerit stridorem VITR.2.4.1; in ~ando odorem rosae emittit PLIN.*Nat.*21.120; cinerem.. in labellis aqua addita ~ant 29.34; pulmone marino si ~etur lignum 32.142; (*hyperb.*) non feres, ni genua ~antur PL.*As.*670;—cum..caput atque os suum unguento ~aret CIC.*Ver.*3.62; oleo et sale genua (bouis)..~anda sunt COL. 6.12.3; ~atis dentibus atque gingiuis PLIN.*Nat.*29.31; prodest (nitrum) manibus..~atis cum oleo 31.119. **b** ~entur..inter se coagmenta compressa VITR.7.1.7.

confringō ~ingere ~ēgī ~actum, *tr.* [CON-+FRANGO]

1 To break, destroy; (pass., of ships) to be wrecked. **b** to break up (a surface).
~ingi uas cito Samium solet PL.*Bac.*202; CATO *Agr.*81; limen superum, quod mei misero saepe ~egit caput NOV. *com.*49; digitos quos ~egit CIC.*Flac.*73; V.MAX.9.2.1; ~acti..ensibus enses LUC.7.573; arbores ui tempestatis ~actae ULP.*dig.*39.2.24.9; (*cf.*) hic apud nos iam..~egisti tesseram (*i.e. destroyed our friendship*) PL.*Cist.*503;—in saxo simul sedent eiecti: nauis ~acta est eis *Rud.*73; 152. **b** tumida ~actum grandine caelum PETR.123,l.198; (Auster) inlato ~egit litore pontum LUC.9.323.

2 To ruin, undo, subvert. **b** to break down (attitudes, forces, etc.).
uires cui sunt magnae, ⟨tamen⟩ topper ~ingent importunae undae ANDR.*poet.*20(22).3; dum parasitus mihi atque fratri fuisti, rem ~egimus PL.*St.*628; ~ingat iste sane ui sua consilia senatoria CIC.*Ver.*1.13; conspirationem..~ingere et labefactare *Catil.*4.22; ~egit rem publicam Terentius Varro Cannensis pugnae temerario ingressu V.MAX.4. 5.2. **b** ~inge eius superbiam TITIN.*com.*141; cupiditatibus ~actis CIC.*Mil.*78; postea lenis (Nilus) et ~actis aquis domitaque uiolentia PLIN.*Nat.*5.54.

confriō ~āre ~āuī ~ātum, *tr.* [CON-+FRIO] To cover with powder or the like.
orcites ubi nigrae erunt et siccae, sale ~ate dies V CATO *Agr.*7.4.

confugēla ~ae, *f.* [next+-ELA] A place of refuge.
~am antiqui confugium dicebant PAUL.*Fest.*p.39M.

confugiō ~ugere ~ūgī, *intr.* [CON-+FVGIO]

1 To flee for refuge or safety (to). **b** to flee (to a person or god) for protection.
quid ~ugisti in aram? PL.*Mos.*1135; ~ugiam huc *Rud.* 457; Romam ~ugit CIC.*S.Rosc.*27; ~ugiunt quasi ad aram in exsilium *Caec.*100; statuam in tuosne agros ~ugiam *Att.*3.15.6; in siluas paludesque ~ugiunt CAES.*Gal.*6.5.7; in arcem ~ugerunt LIV.5.38.10; ~ugerunt ad integram aciem 22.29.5; OV.*Fast.*3.432; ~ugisse ad tuam statuam PLIN.*Ep.Tra.*10.74(16).1; GAIUS *Inst.*1.53; ULP.*dig.*1.12.1. 1; (*poet., of laws*) inque sinum quae saepe tuum fora turbida questum ~ugiunt leges STAT.*Silv.*1.4.11; (*cf. w. sense 2*) sicut in aram ~ugit in huius domum, disciplinam, patrocinium, nomen CIC.*Q.Rosc.*30. **b** ne deos quidem..ad quos ~ugerent habere CIC.*Div.Caec.*3; supplex ad uos, iudices, ~ugit *Sul.*88; SAL.*Jug.*14.4; ad te ~ugio et supplex tua numina posco VERG.*A.*1.666; ad deos..~ugiam LIV. 9.1.8; TAC.*Hist.*4.40.

2 To seek to escape from a dangerous or difficult situation by appealing (to).
utrum ad patris eius uirtutem ~ugiet? *Rhet.Her.*4.33; testimonia..ad eundem impetum populi ~ugiendo refutasti CIC.*de Orat.*2.203; cum..in tuam..fidem, ueritatem, misericordiam..~ugerit *Quinct.*10; ad clementiam tuam ~ugio *Lig.*30; Pompeius eorum in fidem ~ugit *B.Hisp.*32.8; ad florentes opes Etruscorum..~ugiunt LIV.1.2.3.

3 To take refuge in, have recourse finally to (an expedient). **b** (w. acc. and inf.) to have recourse to saying (that).
~ugiet ad imprudentiam *Rhet.Her.*2.5; ad uim atque ad arma ~ugient CIC.*Ver.*1.78; cum..ad contiones ~ugisset *Att.*1.16.1; eo ~ugiam nisi quid inueneris 12.38a.2(4); ~ugitis ad deum *N.D.*1.53; ad uirtutem montanorum ~ugiebant CAES.*Civ.*1.58.2; LIV.22.8.5; patrias..ad artes ~ugit OV.*Fast.*1.572; ~ugiendum erit ad album ueratrum CELS.3.23.5; ~ugiendum est..ad Messalae Coruini..sententiam SEN.*Apoc.*10.2; ~ugiendum est ad imperium TAC. *Hist.*2.76; non uidetur mihi ~ugere ea mulier ad iustam defensionem PAPIN.*dig.*48.5.12(11).9. **b** illuc ~ugies..ternos denarios dare maluisse? CIC.*Ver.*3.191; scilicet in tenero tenerascere corpore mentem ~ugient LUCR.3.766.

confugium ~(i)ī, *n.* [prec.+-IVM] A place of refuge, sanctuary.
portus aperire fideles fulmine percussae ~iumque rati OV.*Tr.*4.5.6; 5.6.2; commune animantibus aegris ~ium STAT.*Theb.*12.504.

confulciō ~cīre ~sī ~tum, *tr.* [CON-+FVLCIO] To press together.
interuallis magnis ~ta resultant (corpora prima) LUCR. 2.98.

confulgeō ~gēre ~sī, *intr.* [CON-+FVLGEO] To shine, gleam, be resplendent.
ardere censui aedis, ita tum ~gebant PL.*Am.*1067; 1096.

confundō ~undere ~ūdī ~ūsum, *tr.* [CON-+FVNDO]

1 To pour (into a vessel).
(*w.* in+*acc.*) in uas picatum ~undito CATO *Agr.*106; cruor in fossam ~usus HOR.*S.*1.8.28; COL.12.28.4; (*w.* in+*abl.*) cum in aliquo uase est ~usum VITR.7.8.3.

2 To pour together, mingle, mix. **b** to mix by stirring, stir up. **c** to utter together, mingle (speech).
quom una multa iura ~udit coquos PL.*Mos.*277; cum ita ~usum esset (uenenum) ut secerni nullo modo posset CIC. *Clu.*173; omne quod accepit (stomachus) cogit et ~udit *N.D.*2.136; calce et harena..~usa VITR.7.3.10;—(*w. dat.*) Alpheum..amnem qui nunc..Siculis ~unditur undis VERG. *A.*3.696; ~usum sectis..herbis HOR.*S.*2.4.67; ubi puluereae fuerint ~usa farinae OV.*Med.*61;—(*w.* cum) cum ignis oculorum cum eo igne, qui est ob os offusus, se ~udit CIC.*Tim.*49; cumque tuis lacrimis lacrimas ~undere nostras OV.*Ep.*2.95. **b** ramo..oliuae omnia ~udit (Medea) OV.*Met.*7.278. **c** haec..turbatis uocis amarae ~udere sonis STAT.*Theb.*1.451.

3 To mingle or join together so as to make one, combine, unite, blend; to bring into mutual relationship; to mix together (individuals). **b** to form by mixing. **c** *proelia ~undere,* to join battle.
cuperem..utrumque..sed est difficile ~undere CIC. *Tusc.*1.23; ut ex ~usis quinque classibus sorte centuriae uocarentur SAL.*Rep.*2.8.1; ubi amborum fuerat ~usa uoluptas [OV.]*Ep.Sapph.*49;—(*w.* in+*acc.*) in corpus unum ~usi omnes LIV.34.9.3; in chaos antiquum ~undimur OV. *Met.*2.299; QUINT.*Inst.*1.7.26;—(*w.* in unum) duo populi in unum ~usi sunt LIV.1.23.2; imperium, promissa, preces ~undit in unum OV.*Met.*4.472; diis in unum ~usis SEN.*Ep.* 9.16;—(*w.* cum) decorum totum..est cum uirtute ~usum CIC.*Off.*1.95; cum multo Venerem ~undere uino OV.*Tr.* 2.363; cum dico: 'factum est'..'est'..~unditur..cum praeterito et praesens esse desinit GEL.17.7.7;—(*w. dat.*) clames licet et mare caelo ~undas JUV.6.284; (*w. acc. of respect*) diuersum ~usa genus panthera camelo HOR.*Ep.*2.1.195;—homines inter se natura ~usi CIC.*Leg.*fr.2;—caros urna ~undite manis STAT.*Theb.*3.168; ~usi pedites equitesque TAC.*Hist.*1.84;—(*w. dat.*) rusticus urbano ~usus HOR.*Ars* 213; ~usi..duces uulgo STAT.*Theb.*7.617. **b** ut a pluribus ~usa uideatur (oratio) CIC.*Brut.*100; (res publica) ex tribus generibus..~usa modice *Rep.*2.41; tanta multitudine ~usa CAES.*Gal.*7.75.1; nec ~undent ex diuersis orationem QUINT.*Inst.*10.6.7. **c** (*w.* cum) nec..cum Marte ~undet Thyoneus proelia HOR.*Carm.*1.17.23.

4 To spread over, diffuse.
(*w.* in+*acc.*) est id quidem in totam orationem ~undendum CIC.*de Orat.*2.322; (*w. abl.*) uis quaedam sentiens est toto ~usa mundo *Div.*1.118; 2.35.

5 To bring into disorder, jumble, upset, confuse.
Homeri libros ~usos antea sic disposuisse CIC.*de Orat.* 3.137; *Dom.*127; neu..(terra) dispandat hiatum atque suis ~usa uelit complere ruinis LUCR.6.600; perturbatum et ~usum dum explicant agmen HIRT.*Gal.*8.14.2; dumis quos ..aura..poscit ~undere *Culex* 156; ~usae stragis aceruum VERG.*A.*6.504; ~usae sonus urbis 12.619; et signa et ordines ~uderunt LIV.30.34.10; neque apparet quid corpus ~uderit CELS.3.5.2; si quinque continuos dactylos..~undas QUINT. *Inst.*9.4.49;—(*liquids*) uinum..~usum ab calore, efficietur inbecillum VITR.6.6.2; ~usi manant de fontibus amnes MAN.2.51; (*cf. sense 10*) cur ego ~undor, quotiens ~unditur aequor? OV.*Ep.*17.129.

6 To bring to an end by upsetting, ruin, destroy.
~undunt (semina) inter se concita sensum LUCR.2.439; 2.946; oris decorem uulneribus ~udit V.MAX.4.5.ext.1; quis dominae hilaritatem ~uderit PETR.132.5; ne lusus ~underetur SUET.*Cl.*33.2;—(*laws, treaties*) iussus ~undere foedus VERG.*A.*5.496; ~undi..iura gentium rebantur LIV.4.1.2; LUC.1.667;—(*regular arrangements*) ne naturae ordinem ~underet V.MAX.5.9.2; ~usum ordinem disciplinae TAC. *Hist.*1.60; 2.93.

7 To make indistinct or unrecognizable, blur; to blur (the eyes); to obscure (a light); to mangle, disfigure (a person or his body). **b** to make obscure, confuse (a point at issue); to blur (a distinction). **c** to confuse (a person or his mind, judgement, etc.).
aera per multum ~undi uerba necessest LUCR.4.558; cum ..~usa memoria esset LIV.5.50.6; quod..exercitus uestigia intra tam breuis aeui memoriam potuerint ~undi 26.11.12; interdum..accessiones..~unduntur CELS.3.3.5; SEN.*Ep.* 68.4; crasso sordida tabo ~udit maculas (tigris) STAT.*Theb.* 10.291; dies ~undit iter SIL.3.663; ~usa principis uestigia (*i.e. indistinguishable from others*) PLIN.*Pan.*24.5; si irruptione fluminis fines agri ~udit inundatio ULP.*dig.*10.1. 8;—sicca..Thessalia ~udit lumina Lesbos LUC.8.108;—uultum ~undere Lunae OV.*Met.*14.367; ~usa lux alta caligine SEN.*Suas.*1.1; (*cf.*) ~usoque dies respexit Olympo STAT.*Theb.*5.421;—fractis ~udit in ossibus ora OV.*Met.*5.58; 12.251; aduersosque iubet ferro ~undere uoltus LUC.7.575; QUINT.*Inst.*11.2.13. **b** nisi ~underet numerum Gallis.. additis LIV.21.38.3; noli..causam ~undere PETR.107.7;—discrimine recte an perperam facti ~uso LIV.1.33.8; 5.14.4. **c** ne ~undatur memoria custodis COL.7.9.12; plerosque similitudo nominum..~undit PLIN.*Nat.*20.36; quia ~undatur animus ac fatigetur tot disciplinis QUINT.*Inst.*1.12.1; ne..iudicum intentio multis nominibus..~underetur PLIN. *Ep.*3.9.9.

8 To fail to keep distinct, confuse (two or more things).
non ~usis personis CIC.*de Orat.*3.49; separabo ea, quae tu ~udisti LIV.40.12.12; fasque nefasque ~usura OV.*Met.* 6.586; PLIN.*Nat.*25.69.

9 (leg.) To extinguish an obligation, right, etc., by absorption in another, cause to merge.
seruitutes praediorum ~unduntur, si idem utriusque praedii dominus esse coeperit GAIUS *dig.*8.6.1; aditio hereditatis nonnumquam iure ~undit obligationem PAPIN.*dig.* 46.3.95.2; usu legato si eidem fructus legetur, Pomponius ait ~undi eum cum usu ULP.*dig.*7.8.14.2; poena..furti non ~unditur PAUL.*dig.*44.7.34.2.

10 To disconcert (a person's mind); to trouble in mind, dismay, embarrass (a person). **b** *~undere uultus,* to cause one's expression or appearance to be confused.
numen..~usam eripuit mentem VERG.*A.*2.736; haec.. ~udere audientium animos LIV.45.42.1; OV.*Pont.*1.3.3; TAC.*Hist.*1.44;—obstipuit uaria ~usus imagine rerum VERG.*A.*12.665; ~usus atque incertus animi LIV.1.7.6; ~usus animo 6.6.7; PETR.74.1; illum..~undit honos STAT. *Theb.*8.283; ne uos festis diebus ~underem PLIN.*Ep.*3.10.2; (*poet.*) ~usa pudore repulsae sumite plebeiae carmina nostra manus OV.*Tr.*3.1.81; arma calorque Martius horrenda ~undit luce penatis STAT.*Ach.*1.882;—(*followed by inf.*) ~usus..de impotentia..sua quicquam ad quemquam referre APUL.*Met.*9.41. **b** paulo post rediit ~usa uultu LIV.41. 15.1; OV.*Tr.*3.5.11; modestia..~undit uultus STAT.*Theb.* 2.233;—(*cf., in a statue*) ~usum Iunonis ebur 7.419.

confūsāneus ~a ~um, *a.* [CONFVSVS+-ANEVS] Derived from several sources, composite.
uariam et miscellam et quasi ~am doctrinam GEL.pr.5.

confūsē, *adv.* *compar.* ~ius. [CONFVSVS+

1 In an intermingled manner.
utra⟨e⟩que res coniuncte et ~e pronuntiatae *Rhet.Her.* 4.60.

2 In a disorderly manner, unmethodically, confusedly, indiscriminately.
ea quae ~e ab aliis..respondebantur CIC.*Brut.*153; ~ius hesterno die est acta res *Phil.*8.1; non ~e nec tumultuose eunt (cometae) SEN.*Nat.*7.8.3; ea (*sc.* uerba) iam ~e in usu sunt FEST.p.214M.

3 In a general manner, vaguely, indistinctly.
partes argumentandi ~e et permixtim dispersimus CIC. *Inv.*1.49; *Luc.*47; quae in uniuerso ~ius uidebantur SEN.*Ep.* 94.21; POMPON.*dig.*21.1.36.

confūsīcius ~a ~um, *a.* [CONFVSVS+-ICIVS²] Mixed, hotch-potch.
similest ius iurandum amantum quasi ius ~um PL.*Cist.* 472.

confūsim, *adv.* [CONFVSVS+-IM] In a disorderly fashion, confusedly.
~ ex utraque parte pleraque dicuntur VAR.*L.*9.4.

confūsiō ~ōnis, *f.* [CONFVNDO+-TIO]

1 The action of mixing, mixture; fusion. **b** that which is formed by mixing, mixture. **c** *oris ~o,* suffusion.
flumen..ab ~one peioris unde seruatum SEN.*Dial.* 6.17.3; FRON.*Aq.*72; ex discordibus pigmentorum coloribus..~one modica temperatis APUL.*Mun.*20;—ferruminatio per eandem materiam facit ~onem PAUL.*dig.*6.1.23.5. **b** arcum esse multarum solis imaginum ~onem SEN.*Nat.* 1.3.5. **c** crebra oris ~o pro modestia accipiebatur TAC. *Hist.*4.40.

2 The action of bringing together without distinction, combination. **b** the state of being combined. **c** (gram.) crasis.
~one partium CIC.*Part.*29; ~onem suffragiorum flagitasti *Mur.*47; *Leg.*2.25; QUINT.*Inst.*12.10.35. **b** haec coniunctio ~oque uirtutum..a philosophis ratione quadam distinguitur CIC.*Fin.*5.67; quemadmodum (ratio) ex ~one se liberabit, in qua peiorum mixtura praeualuit? SEN.*Dial.* 3.8.3. **c** duas partes in unam contrahat ~o MAUR.414.

3 Disorder, confusion, anarchy. **b** an uncertainty, doubt.
tanta perturbatio et ~o est rerum CIC.*Fam.*4.4.2; ut existat ex rege dominus..ex populo turba et ~o *Rep.* 1.69; ex omni colluuione et ~one in aliquam tolerabilem formam redigendae (erant ciuitates) LIV.34.51.4; caeli ~onem SEN.*Nat.*2.59.12; in discursu..et rerum omnium ~one TAC.*Hist.*1.84. **b** his adnectitur utilis..~o APUL. *Pl.*2.25.

4 A troubled state of mind, anxiety, consternation, embarrassment.

quae senatus trepidatio, quae populi ~o VELL.2.124.1; interrogauit quid ita tantam in uultu ~onem gereret V.MAX.3.1.ext.1; animorum nostrorum ~o SEN.*Ep.*110.6; QUINT.*Inst.*12.5.3; TAC.*Hist.*3.38; PLIN.*Ep.*1.22.12.

5 (leg.) The extinguishing of a right, action, duty, etc., by absorption in another, merger.

si fructuarius proprietatem adsecutus fuerit, desinit quidem usus fructus ad eum pertinere propter ~onem VEN.*dig.*7.9.4; obligatio ratione ~onis intercidit PAPIN.*dig.* 46.1.50; cum quis debitori suo heres exstitit, ~one creditor esse desinit ULP.*dig.*18.4.2.18.

confūsus ~a ~um, *a.* *compar.* ~ior, *superl.* ~issimus. [pple. of CONFVNDO] In verbal senses, esp.:

1 Mixed together.

aes ~um auro argentoque miscebatur PLIN.*Nat.*34.5; nec ~um metallis aurum gigni TAC.*Ann.*16.2; massa ~a POMPON.*dig.*41.1.27.2.

2 Suffused.

ingenuo ~a rubore..rosa COL.10.260.

3 Not distinguished in detail, treated together, general.

ut re distinguantur, uerbis ~a esse uideantur CIC.*de Orat.* 2.177; in hac ~a atque uniuersa defensione *Sest.*5; in secundo (*sc.* libro) quaestionum ~arum GEL.3.9.1; omnia ~o et indistincto uocabulo 'rogationes' dixerunt 10.20.10.

4 Lacking regular arrangement, disordered, jumbled. **b** (of emotions) confused.

ita ~a est oratio..nihil ut sit primum, nihil ut secundum CIC.*de Orat.*3.50; ingeni ~i et turbulenti SEN.*Suas.*2. 17; spectandi ~issimum..morem correxit SUET.*Aug.*44.1. **b** nulli pauor ~ior, nulli rabies acrior PLIN.*Nat.*7.5.

5 Indistinct, hard to recognize; (of sounds) inarticulate. **b** vague, indefinite, obscure.

inchoatum quiddam et ~um sonantes CIC.*Rep.*3.3; omnia quae nobis longe ~a uidentur LUCR.2.321; OV.*Met.*2.666; uoce ~a V.MAX.4.1.12; SEN.*Apoc.*5.2; stilus..rudis et ~us QUINT.*Inst.*1.1.28; si ~ior facies..errorem adgnoscentibus fecerat TAC.*Ann.*4.63; os ~um PLIN.*Ep.*4.7.4;—omnis uox aut articulata est aut ~a VAR.*gram.*238. **b** hanc initio institutionem ~am habet et incertam CIC.*Fin.*5.24; populi ~a ualeto fabula PROP.2.13.13.

confūtātiō ~ōnis, *f.* [next+-TIO] The action of proving false, refutation.

~o est contrariorum locorum dissolutio *Rhet.Her.*1.4; in confirmatione et ~one argumentationum 3.18.

confūtō ~āre ~āuī ~ātum, *tr.* [CON-+FVTO; cf. *refuto*]

1 To keep from boiling over.

cocus magnum ahenum, quando feruit, paula ~at trua TITIN.*com.*128.

2 To administer a check to, restrain, diminish.

ne quid in consulendo aduorsi eueniat, quod nostras secundas res ~et CATO *orat.*162; audaciam..~et eius qui.. factum..defendat CIC.*Part.*134; quae potest eloquentia disputando ignoti hominis impudentiam ~are? *Scaur.*19; (eloquentia) uitia ~at FRO.*Ver.*2.p.136(123N); uersus.. quibus delicatorum hominum luxuriantem gulam ~auit GEL.6(7).16; quae (*sc.* palla)..meum ~abat optutum (*i.e. dazzled me*) APUL.*Met.*11.3.

3 To abash, silence (esp. an accuser); to shock (a person's feelings); to convict of error, confute.

istos qui nunc me culpant ~auerim PL.*Truc.*349; ~auit uerbis admodum iratum senem TER.*Ph.*477; harum aedium summetria ~abat architectones VAR.*Men.*249; inuidos uituperatores ~are CIC.*N.D.*1.5; APUL.*Met.*9.10;—non iniuriis atque imperiosis minationibus ~are (sensus iudicum) TIRO in Gel.6(7).3.13;—an ~abunt nares (tactum)? LUCR.4.488; nullis testibus innisum facile ~auit TAC.*Ann.*15.51; GEL. 5.10.6.

4 To disprove, refute (a statement or argument).

quae reprehensione ~ari conueniat *Rhet.Her.*2.31; ut.. argumenta ~et CIC.*Div.*1.8; (crimina) etsi reuicta rebus uerbis ~are nihil attinet LIV.6.26.7; GEL.14.1.34.

confutuō ~uere ~uī ~ūtum, *tr.* [CON-+FVTVO (w. intensive force of *con-*)] To have sexual intercourse with (women).

solis (uobis putatis) licere, quidquid est puellarum, ~uere CATUL.37.5.

confutūrus: see CONFORE.

congarriō ~īre ~īuī *or* ~iī ~ītum, *tr.* [CON-+GARRIO] To prattle.

Fronto iste nullum uerbum prius neque frequentius ~it quam hoc 'da' FRO.*Amic.*2.p.172(182N).

congelascō ~ere, *intr.* [CON+GELASCO] To congeal owing to cold, freeze.

quoniam puer nunc admonuit solere oleum ~ere, consideremus, cur oleum quidem saepe et facile, sed uina rarenter ~ant GEL.17.8.8.

congelātiō ~ōnis, *f.* [next+-TIO] The action of freezing, frost.

hiemalis..aqua brumae ~onibus noua uulnera (uitis) peruret COL.4.8.2; minui..liquorem omnem ~ione deprehenditur PLIN.*Nat.*31.33.

congelō ~āre ~āuī ~ātum, *tr.*, *intr.* [CON-+GELO]

1 (tr.) To cause to freeze; (pass.) to become frozen, freeze; (also intr.). **b** to cause to solidify, coagulate; (refl.) to set hard. **c** (poet.) to dry up, restrain (tears).

cadentes pruinas ~at (luna) PLIN.*Nat.*18.277;—(*pass.*) mare ~atum VAR.*R.*1.2.4; non..debet oleum ~ari VITR. 6.6.3; ~atas caeli regiones 9.1.16; ~atas radices nimio frigore COL.3.12.1; ~ati gutta..nasi MART.11.98.7;—(*intr.*) Hister ~at OV.*Tr.*3.10.30. **b** ut habeant (palustres) insuper se salem ~atum VITR.8.3.7; in eo umore, quem coegit ~auitque (fulmen) SEN.*Nat.*2.53.1; COL.7.8.6; (*refl.*) ubi se ~auerit adeps LARG.271. **c** ~at (mater) interdum lacrimas duratque tenetque *Epic.Drusi* 113.

2 (tr.) To make hard, harden (into stone), 'freeze'; (intr.) to become hard.

in lapidem rictus serpentis apertos ~at (Phoebus) OV.*Met.* 11.60;—cum duro lingua palato ~at 6.307; quidquid uesica remisit, uertitur in lapides et ~at aere tacto 15.415.

3 (transf.) To strike fear into, chill; to render inactive (w. play on sense 1); (intr.) to become inactive or sluggish.

pectora nautis ~at hiberni uultus Iouis V.FL.3.578;—si te ~at uxor anus MART.14.147.2;—(*intr.*) ~asse nostrum amicum laetabar otio CIC.*Fam.*2.13.3.

congeminātiō ~ōnis, *f.* [next+-TIO] Doubling (facet., of an embrace).

quid hoc est conduplicationis? quae haec est ~o? PL. *Poen.*1297.

congeminō ~āre ~āuī ~ātum, *tr.* [CON-+GEMINO]

1 To double, increase.

substantiam mentis (caelestis)..numeris et modis confici ~atis ac multiplicatis augmentis APUL.*Pl.*1.9; (*absol.*) tu peperisti Amphitruonem ⟨alium⟩, ego alium peperi Sosiam; nunc si patera pateram peperit, omnes ~auimus PL.*Am.*786.

2 To produce or employ in a repeated action; *ictus ~are*, to deal blow upon blow; *securem ~are*, to strike repeatedly with an axe; to utter repeated (sounds).

crebros ensibus ictus ~ant VERG.*A.*12.714; V.FL.2.535; —ualidam perque arma uiro perque ossa securim..~at VERG.*A.*11.698; V.FL.6.379;—uocem furibunda..~at V.FL. 2.201; paeana..~ant 6.513; fera sibila..~at STAT.*Theb.* 1.116; 6.42; SIL.16.267.

3 To combine to form something of double size.

(Iuppiter) tam libens cum ea concubuit ut unum diem usurparet, duas noctes ~aret HYG.*Fab.*29.2.

congemō ~ere ~uī ~itum, *intr.*, *tr.* [CON-+GEMO]

1 (intr.) To utter a cry of grief or pain, groan; also, to make a moaning noise.

~uit senatus CIC.*Mur.*51; quattuor hic adeo disiecti mole sub una ~uere STAT.*Theb.*2.569; 10.792; uelut impar dolori ~uit SUET.*Tib.*23; (*poet.*) uulneribus..euicta supremum ~uit (ornus) VERG.*A.*2.631;—infractis manibus ~uit PETR. 23.2.

2 To bewail, lament for.

quid mortem ~is ac fles? LUCR.3.934; positumque feretro (Idmonem) ~uere V.FL.5.12; domus triste fatum cuncta etiam ciuitas ~ebat APUL.*Met.*4.33.

congener ~ra ~rum, *a.* [CON-+GENER] (of a plant) Belonging to the same family.

aliud corpus..terrestribus fragis. aliud ~ri eorum unedoni PLIN.*Nat.*15.98.

congenerō ~āre ~āuī ~ātum, *tr.* [in sense 1 app. CONGENER+-O³, in sense 2 CON-+GENERO]

1 To bind by ties of kinship; (gram.) ~*atus*, linguistically related, akin.

quaeue ut Graio tibi ~at gentum aut generum adfinitas? ACC.*trag.*580;—ἀνάλογον et ἀναλογία idem non est, sed item est ~atum VAR.*L.*10.39.

2 To give birth to at the same time; ~*atus*, innate.

neque ~ati (porci) alescendo roborari (possunt) VAR.*R.* 2.4.19;—quod ex uetere materia nascitur, plerumque ~atum parentis senium refert COL.7.3.15.

congeniculō: see CONGENVCLO.

congenitus ~a ~um, *a.* [CON-+*genitus* (GIGNO)] Existing from the time of birth, congenital, coeval.

pili in homine partim simul, partim postea gignuntur.. ~i..non desinunt PLIN.*Nat.*11.230; (*w. dat.*) roborum uastitas intacta aeuis et ~a mundo 16.6; 37.156.

congentīlēs ~ium, *m. pl.* [CON-+GENTILIS] Persons belonging to the same *gens*, relatives, kindred.

~IBVS ET SACERDOTIB⟨VS⟩ *CIL* 8.1321.

congenuclō ~āre ~āuī ~ātum, *intr.*, (*tr.*). [CON-+GENICVLVM+-O³] FORMS: *congenicules* (cj.) NOV.*com.*81. To fall on one's knees; ~*atus*, forced on to one's knees.

~at percussus CAEL.*hist.*44;—multi plagis aduersis icti et ~ati SIS.*hist.*33.

conger ~grī, *m.* Also **gonger.** [Gk. γόγγρος] A conger-eel.

~grum, murenam exdorsua PL.*Aul.*399; PLIN.*Nat.*9.57. **β** TER.*Ad.*377; OV.*Hal.*115.

congeriēs ~ēī, *f.* [CONGERO+-IES]

1 A heap, pile, mass.

~es..saxorum *Aetna* 207; lapidum ~e LIV.31.39.8; ~em siluae OV.*Met.*9.235; ~em harenae PLIN.*Nat.*4.5; ~em armorum TAC.*Ann.*2.22; alta ~es sordium 'squalor' appellabatur GEL.2.6.25; (*pleon.*) struis ~e PLIN.*Nat.*16.53; (*poet.*) ~es (*sc.* telorum) dum prima fluat V.FL.3.98.

2 A collection, accumulation (of events, words, etc.).

uenit aetas omnis in unam ~em, miserumque premunt tot saecula pectus (Pythiae) LUC.5.178; potest adscribi amplificationi ~es..uerborum ac sententiarum QUINT.*Inst.* 8.4.26; tanta prosperorum tristiumque ~e [QUINT.]*Decl.*4.3.

congermānātus ~a ~um, *a.* [CON-+GERMANVS+-ATVS²] Related, associated.

postea cum his una rem publicam coniuncti ac ~i (*s.v.l.*) tenuere VAR.in Non.p.90M.

congermānescō ~ere, *intr.* [CON-+GERMANVS+-ESCO] (w. *cum*) To become allied or united (to).

facite exempla eorum, ut uos cum illis ~ere sciatur QUAD.*hist.*93; aemula libidine in amoris parilitatem ~enti (puellae) mecum APUL.*Met.*2.10.

congerminō ~āre ~āuī, *intr.* [CON-+GERMINO] To put forth shoots, sprout.

cepetum reuirescit et ~at decedente luna GEL.20.8.7.

congerō ~rere ~ssī ~stum, *tr.* [CON-+GERO]

1 To bring together, collect, amass. **b** to make by collecting.

apicularum opera ~stum (cereum) PL.*Cur.*10; ut sibi cratis materiemque ~rerent ad arietes *B.Afr.*20.3; NEP. *Them.*6.5; ~stis undique saccis HOR.*S.*1.1.70; quo.. motu aestuet Aetna nouosque rapax sibi ~rat ignis *Aetna* 93;—(*absol.*) oblitus fragilitatis humanae ~ram? SEN.*Ep.*15.11;—(*w. destination expr.*) in neruom..nidamenta ~ret PL.*Rud.* 889; innumerabilis pecunia ~sta in illam domum est CIC. *Phil.*5.12; laticem pertusum ~rere in uas LUCR.3.1009; ~stos in unum locum cremauere suos LIV.27.2.9; tributa et stipes illuc ~rebant TAC.*Hist.*5.5; (*ellipt.*) quo ~ssere palumbes VERG.*Ecl.*3.69. **b** uiaticum ~sserunt CIC.*Planc.*26.

2 To consign (into one's stomach).

quom hasce herbas..in suom aluom ~runt PL.*Ps.*823; inque suam sua uiscera ~rit aluum OV.*Met.*6.651; 15.89; SEN.*Ep.*110.12; (ros) e fronde ac pabulis potus et in utriculos ~stus apium PLIN.*Nat.*11.31.

3 To make into a heap, heap up, pile up; (also) to pile up (with). **b** to make by heaping up. **c** (w. *in unum*) to make into one, merge.

si illi ~stae sint epulae a cluentibus PL.*Trin.*471; muneribus tuis quae..nobis ~sserant CIC.*Att.*5.9.1; ~sta.. robora VERG.*G.*3.377; ut..uallum ~stis arboribus saepirent LIV.6.2.9; ~stas exteret ille niues OV.*Am.*1.9.12; ~stis in modum tumuli coronis TAC.*Hist.*2.55; capillus..globosus et ~stus APUL.*Apol.*4; (*cf.*) ipse latet penitus ~sto corpore mersus LUC.9.796;—(*w. place expr.*) dona..ac fruges super eum..~stas LIV.7.6.5; sarcinas ~runt in medium 9.31.9; Pindo ~stus Athos SEN.*Her.O.*1153; humum effodit, et corbulae ~stam umeris extulit SUET.*Nero* 19.2;—tuguri ~stum caespite culmen VERG.*Ecl.*1.68; VITR.2.7.2. **b** donorum ingenteis..aceruos innumerabilibus ~stos undique saeclis CINNA *poet.*1(3).2; aram..sepulchro ~rere arboribus VERG.*A.*6.178; ~re extremum tuis natis..funus SEN.*Med.* 997. **c** propius adeuntibus eadem illa, quae in unum ~sserat error oculorum, paulatim adaperiuntur SEN.*Dial.* 2.1.2.

4 To assemble (persons) into a limited space, crowd together; to pack (places) closely with.

legiones duas..in angulo ~stas SEN.*Ben.*5.16.3; atria ~stos satis explicitura clientis STAT.*Theb.*1.146; 5.102; ~sti sunt (delatores) in nauigia PLIN.*Pan.*34.5;—lucifugis ~sta cubilia blattis VERG.*G.*4.243; horrea..magnis..~esta gazis APUL.*Met.*5.2; (*fig.*) ~sta fuit accusatio..aceruo quodam criminum CIC.*Scaur.*19.

5 To treat or speak of together; to assemble (arguments, etc.).

~ssisti operarios omnis CIC.*Brut.*297; ex ea quam ego ~ssi in hunc sermonem turba patronorum 332; nouas.. ⟨me⟩ in hoc libro ~sturum compositiones LARG.38; alia.. ibidem ~rit GEL.3.10.16;—philosophi..in eam (rem) quae conueniunt, ~runt omnia CIC.*Tusc.*5.18; in hoc exempla non ~ro SEN.*Ep.*24.9; ~rere argumenta QUINT.*Inst.*5.13.15; (*cf.*) spes omnis in unum te mea ~sta est OV.*Met.*8.113.

6 To collect or assemble (non-material things) in great measure, pile up, heap. **b** to build up or compile (non-material things).

κύριέ μου, μέλι μου, ψυχή μου ~ris usque MART.10.68.5; quid..deliramenta Masuriana ~ro? AUR.FRO.1.p.144(32N); 'atram nubem turbine piceo et fauilla fumantem'..crasse et immodice ~ssit (Vergilius) GEL.17.10.14;—(*w.* in+*acc.*) ~rantur in unum omnia (mala) CIC.*Tusc.*5.117; iuuenibus flosculos omnium partium in ea quae sunt dicturi ~rentibus QUINT.*Inst.*10.5.23. **b** laboratam ~stamque dierum ac noctium studio actionem QUINT.*Inst.*12.6.5.

7 To confer, or inflict in great measure, heap up; to heap (honours, punishments, etc., upon a person, etc.). **b** to heap (accusations on a person).

nihil quo expleri possit eorum meritum tributurum..si omnia simul ~sserit BRUT.*ad Brut.*1.16.7; ~stis omnibus humanis ab natura fortunaeque bonis LIV.30.1.4;—(*w.* ad) ad quem cum di atque homines omnia ornamenta ~ssissent CIC.*Deiot.*12;—(*w.* aduersus) ~rantur..licet aduersus.. nocentissimum cuncta supplicia [QUINT.]*Decl.*11.4;—(*w.* in+*acc.*) ne plus aequo quid in amicitiam ~ratur CIC.*Amic.*

58; LIV.42.11.2; TAC.*Dial*.8.3;—(*w. dat.*) quae mihi fortuna ..mala..~ssit SEN.*Con*.1.7.2; ambitiosae maiestati quidquid potuimus titulorum ~ssimus SEN.*Cl*.1.14.2; TAC.*Ann*. 1.4;—(*w.* eodem) eodem honores poenasque ~ri LIV.27. 34.12. **b** (*w.* in+*acc.*) haec..frequenter in me ~ssisti CIC.*Planc*.83; quae postea sunt in eum ~sta *Mil*.64; LIV. 3.38.7; QUINT.*Inst*.12.1.15;—(*w.* aduersus) ~sta sunt aduersus miseram debilitatem ferrum cruor uenenum [QUINT.] *Decl*.2.2.

8 To effect or give repeatedly, shower. **b** to throw (missiles) in large numbers; to strike repeatedly with (weapons, etc.).
oscula ~rimus OV.*Ep*.17.113; aliae plagae ~runtur mortuo PHAED.4.1.11; crebros..~rit ictus V.FL.4.306. **b** ~stis telis TAC.*Ann*.2.11; in ipsas (*sc.* beluas) pila ~sta sunt FLOR.*Epit*.1.13(1.18.10); (*cf.*) lapidum ~stus..imber APUL.*Met*.8.18;—alii fustes ~runt PHAED.3.2.3; ~stis.. simul undique dextris STAT.*Theb*.5.161; certatim gladios.. de proximo ~runt APUL.*Met*.4.21.

congerrae ~ārum, *m.* [CON-+GERRAE] (See quot.)
sodalis..crebro ~ae uocar⟨i a Graeco⟩ uocabulo, quod est g⟨erra⟩ FEST.p.297M.

congerrō ~ōnis, *m.* [CON-+GERRO] A fellow idler, boon-companion.
me..ad ~ones conferam PL.*Mos*.931; *Per*.89; *Truc*.100; ~o a gerra; hoc graecum est et in latina cratis VAR.*L*.7.55.

congesticius ~a ~um, *a.* [CONGERO+-ICIVS²] Composed of material brought to the spot, piled up, raised.
ille ~us ex materia..agger CAES.*Civ*.2.15.1; sin autem solidum non inuenietur, sed locus erit ~us ad imum aut paluster VITR.3.4.2; ~a humo COL.2.10.18; 2.15.5.

congestim, *adv.* [CONGESTVS¹+-IM] In heaps.
friuola..in litoribus omnibus ~ et aceruatim iacent APUL. *Apol*.35.

congestiō ~ōnis, *f.* [CONGERO+-TIO]
1 The action of filling up (holes, ditches).
ad ~onem fossarum VITR.10.14.1.
2 That which is heaped up, mass, pile.
in his (*sc.* substructionibus) infinita uitia solet facere terrae ~o VITR.6.8.5; 6.8.6; SIC.FL.*agrim*.p.113; JAVOL.*dig*. 19.2.57.
3 A combination or accumulation (of sounds).
consonantium uel interpositione..uel ~one ?VAR.fr. 130(GS).

congestus¹ ~a ~um, *a. compar.* ~ior. [pple. of CONGERO] In verbal senses, esp. crowded together, piled up.
fit longa et impedita (oratio), ubi ~ioribus (adpositis) eam iungas QUINT.*Inst*.8.6.42.

congestus² ~ūs, *m.* [CONGERO+-TVS³]
1 The action of bringing together or assembling.
herbam (extitisse)..credo auium ~u CIC.*Div*.2.68; multo ..concitatior est auaritia in magnarum opum ~u conlocata SEN.*Ben*.2.27.3; municipia ~u copiarum..uastabantur TAC. *Hist*.2.87.
2 The action of heaping up. **b** a heap, pile, mass.
harenae ~u simulacra domuum excitant SEN.*Dial*.2.12. 2; erexit..~u caespitis aras LUC.9.988; TAC.*Ann*.15.3. **b** magnus ~us harenae LUCR.6.724; LUC.9.487; hanc urbem..tectis et ~u lapidum stare creditis? TAC.*Hist*.1.84; (*cf.*) ~um..aeris atri uix recipit spatium LUC.4.74.
3 A large collection, accumulation.
tantus rerum ex orbe toto coeuntium ~us..exigendus est SEN.*Dial*.11.6.5; in dicendo quamlibet abundans rerum copia cumulum tantum habeat atque ~um QUINT.*Inst*. 7.pr.1.

congiālis ~is ~e, *a.* [CONGIVS+-ALIS] Holding a *congius*.
~em..fideliam PL.*Aul*.622; situlos..~es VITR.10.4.4.

congiārium ~(i)ī, *n.* [next]
1 A quantity of oil, wine, etc. (orig. one *congius*), or money distributed as a gift, gratuity, largess; sts. as given to the people dist. fr. *donatiuum* (given to soldiers). **b** a distribution of largess (to the people).
muneribus, monumentis, ~iis, epulis multitudinem imperitam delenierat CIC.*Phil*.2.116; eae (*sc.* legiones) ~um ..accipere noluerunt *Att*.16.8.2; HS QVADRINGENOS ~I VIRITIM PERNVMER⟨A⟩VI AUG.*Anc*.3.10; multa ~ia distribuerat LIV.37.57.11; in ~um militum CURT.6.2.10; Ancus Marcius rex salis modios VI in ~io dedit populis PLIN. *Nat*.31.89; QUINT.*Inst*.6.3.52; TAC.*Ann*.13.31;—additum ..donatiuum militi, ~ium plebei 12.41; PLIN.*Pan*.25.2; SUET.*Nero* 7.2. **b** proximo..~io..uidistis plerosque senes TAC.*Dial*.17.6.
2 A gift, donation.
auaritiam uideo fuisse et spem magni ~i CIC.*Att*.10.7.3; Plancus..magno ~io donatus a Caesare CAEL.*Fam*.8.1.4; Seianus patrem tuum clienti suo..~ium dedit SEN.*Dial*. 6.22.4; SUET.*Ves*.18.1.
3 A vessel with the capacity of one *congius*.
urnae aereae et ~ia sextaria et similia PAUL.*dig*.33.7.13.

congiārius ~a ~um, *a.* [next+-ARIVS] To the measure of a *congius*.
numquam ego argentum pro uino ~o..disdidi CATO *orat*.171.

congius ~(i)ī, *m.* [cf. Gk. κόγχος] A liquid measure, = 6 *sextarii* or ⅛ of an *amphora*; equivalent to about 6 pints.
~ius uini x p(ondo) siet; VI sextari ~ius siet uini *Leg.pub.* (*Font.iur.*p.46)3; CATO *Agr*.57; VAR.*R*.2.11.4; LIV.25.2.8; MAECIAN.*iur*.79.

conglaciō ~āre ~āuī, *intr.* **~or** ~ārī ~ātus. [CON-+GLACIO] To turn to ice, freeze.
quae (*sc.* aqua) neque ~aret frigoribus CIC.*N.D*.2.26; (*fig.*) Curioni nostro tribunatus ~at CAEL.*Fam*.8.6.4;— (*dep.*) ~antur aquae *Eleg.Maec*.101; grandinem ~ato imbre gigni PLIN.*Nat*.2.152.

conglīscō ~ere, *intr.* [CON-+GLISCO] To grow, increase, blaze up.
ne scintillam quidem relinques genu' qui ~at tuom PL. *Trin*.678.

conglobātiō ~ōnis, *f.* [next+-TIO] A massing together, accumulation; a crowding together (of persons).
multa..~one ignium indigent (cometae) SEN.*Nat*.1.15.4; nonnumquam ~onem illam (*sc.* nubem) spiritus rumpit 5.12.5;—non casus nec fortuita ~o turmam..facit TAC. *Ger*.7.3.

conglobō ~āre ~āuī ~ātum, *tr.* [CON-+GLOBO] FORMS: in tm. *conque globata* LUCR. 2.154.
1 To form into a ball or sphere; to make to resemble a sphere.
(Xenophanes dixit) unum esse omnia..~ata figura CIC. *Luc*.118; (fulmen) ~atur impetu PLIN.*Nat*.2.134;—~ato corpore in pilae modum 9.153; homo (gestatur) in semet ~atus inter duo genua naribus sitis 10.183; crines..ad finem ~atos APUL.*Met*.2.9.
2 To gather into a single mass, mass together; *sanguis ~atus*, a blood clot. **b** to form by coming together into a mass.
terra..solida et globosa et undique ipsa in sese nutibus suis ~ata CIC.*N.D*.2.98; sed complexa meant inter se conque globata (corpuscula) LUCR.2.154; sol..excitat umores et eos ~atos in altitudinem tollit VITR.5.9.6; in crassam nubium speciem ~antur (uenti) APUL.*Mun*.10;—~atum..sanguinem discutit (acetum) PLIN.*Nat*.23.56; 23.59. **b** si..te atomi..forte ac temere ~auerunt SEN.*Ben*.4.19.3.
3 To form into a crowd, mass together (persons and animals). **b** to form by crowding together. **c** (transf.) to mass together (abst. things).
~ati et conlecti concrepant armis SIS.*hist*.64; ut uuae aliae ex aliis pendent ~atae (apes) VAR.*R*.3.16.29; cunctae gentes ~atae SAL.*Rep*.1.5.2; in ultimam castrorum partem ~antur LIV.10.5.9; TAC.*Ann*.1.35;—(*w.* in+*acc.*) multitudo in unum metu ~ata LIV.9.23.16; hos in testudinem ~atos TAC.*Ann*.13.39;—(*refl.*) neque se ~andi coeundique in unum ..datur spatium LIV.6.3.6; TAC.*Ann*.14.32;—(*w. impers. subj.*) uti quosque fors ~auerat SAL.*Jug*.97.4; LIV.22.5. 8. **b** ~ato..cuneo cubiculum..inuadunt APUL.*Met*.4.26. **c** maxime..ualent..definitiones ~atae CIC.*Part*.55.

conglomerō ~āre ~āuī ~ātum, *tr.* [CON-+GLOMERO]
1 To gather into a compact mass, concentrate.
coma prolixa impexa ~ata atque horrida PAC.*trag*.20ᵇ; si possit ~ari (animus) LUCR.3.210; ea aes cyprum..conspargitur, ut ~etur VITR.7.11.1; (uenae) intortae ~ataeque CELS.7.18.9.
2 (w. *in*+acc.) To heap (evils upon a person).
eheu, mea fortuna, ut omnia in me ~as mala ENN.*scen*. 353.

conglūtinātiō ~ōnis, *f.* [next+-TIO] Joining by cohesion, joint.
omnis ~o recens aegre..diuellitur CIC.*Sen*.72; (*transf.*) circuitus ~oque uerborum *Orat*.78.

conglūtinō ~āre ~āuī ~ātum, *tr.* [CON-+GLVTINO]
1 To make to cohere, stick together.
quo fauos extremos inter se ~ant VAR.*R*.3.16.23; hominem..quae ~auit natura dissoluit CIC.*Sen*.72; nisi calx ..utrasquer es inter se ~et VITR.7.4.3; cortex uitium et folia..uulnus ~ant PLIN.*Nat*.23.4; ULP.*dig*.32.52.5; (*transf., w. dat.*) progressu (mulieris) adfixus atque ~atus APUL. *Met*.9.17.
2 **a** To bring into agreement, 'tie up'. **b** to stick together, cement (relationships, etc.). **c** to stick together (a plot).
a animi uitium cum causa peccati ~are *Rhet.Her*.2.5; uitae dissimilitudo non est passa uoluntates nostras consuetudine ~ari CIC.*Fam*.11.27.2. **b** meretricios amores nuptiis ~as? TER.*An*.913; ars..quae rem dissolutam diuulsamque ~aret CIC.*de Orat*.1.188; illam a me ~atam concordiam *Att*.1.17.10; ~are amicitias testimoniis 7.8.1; —(*w.* ex) ex his totus uitiis ~atus est *Phil*.3.28. **c** finge quod lubet, ~a, ut senem..fallas PL.*Bac*.693.

congluuiālis ~is ~e, *a.* [dub.] (See quot.)
~es dies in quibus quod ante intermissum fuerat gerebatur SUET.fr.115(p.159Re).

congraecō ~āre ~āuī ~ātum, *tr.* [CON-+GRAECVS+-O³; cf. *graecor*] To squander like a Greek.
pollicetur se daturum aurum mihi quod dem scortis quodque in lustris comedim, ~em PL.*Bac*.743.

congrātulātiō ~ōnis, *f.* [next+-TIO] A congratulating, congratulations.
~onem eius (*sc.* uictoriae)..spernendam..reddidit (ira) V.MAX.9.3.5.

congrātulor ~ārī ~ātus sum, *tr.* [CON-+GRATVLOR] To congratulate.
~antes quia pugnaui fortiter PL.*Men*.129; complexus hominem ~atusque GEL.12.1.4; (*w. acc. and inf.*) ~antur libertatem concordiamque ciuitati restitutam LIV.3.54.7.

congredior ~dī ~ssus sum, *intr.*, (*tr.*). [CON-+GRADIOR] FORMS: *~diri* = *~di* (*~di* codd.) PL.*Aul*.248; *~dias* Non. quoting PL.*Epid*.543 (*~diar* codd. Pl.).
1 To go near, approach, meet.
si opulentus it..pauper metuit ~diri PL.*Aul*.248; adi opsecro et ~dere *Mil*.1266; si..coram ~di poteris CIC.*Pis*. 59; si non extra castra ~diemur *Phil*.12.28; quo pacto ~ssa coibunt (corpora) LUCR.2.549; in itinere ~ssi CAES.*Gal*. 4.11.1; VERG.*A*.8.467; LIV.30.30.1; in commune ~ssi TAC. *Hist*.2.54;—(*w.* cum) cum seruo si quo ~ssus foret PL.*Rud*. 1259; si tecum ~diatur (populus) CIC.*Planc*.12; (luna) ~diens cum sole *N.D*.2.103; CAES.*Gal*.6.5.5; LIV.28.35.1; TAC.*Ann*.13.25;—(*w.* inter se) quaecumque inter se possent ~ssa creare (primordia rerum) LUCR.5.191;—(*w. acc.*) hanc ~diar astu PL.*Epid*.545; reducem Ogygiae ~ssus limine portae Oedipoden STAT.*Theb*.11.665.
2 To approach in order to fight, join battle, come to grips.
Mauortes armis duo ~ssos crederes ACC.*trag*.321; uenire iubet et ~di QUAD.*hist*.12; locus..ubi ~ssi sunt CIC.*Mil*.53; quoniam..armis ~ssi ac superati essent CAES.*Gal*.1.36.3; NEP.*Dat*.8.1; VERG.*A*.12.233; quin illi ~derentur acie LIV. 3.61.14; nec absistens nec ~diens 22.18.6; pugilum ~dientium QUINT.*Inst*.8.3.63; TAC.*Hist*.2.43;—(*w.* ad) ad pugnam ~ssi LIV.4.10.4; 36.17.10; (*w.* in+*acc.*) ~ssi in proelia VERG.*A*.11.631;—(*w.* contra) contra ipsum Caesarem est ~ssus armatus CIC.*Lig*.9;—(*w.* cum) cum finitimis proelio ~ssi CAES.*Gal*.7.65.2; TAC.*Ann*.13.36;—(*w. dat.*) ubiquomque hostibu' ~diar PL.*Ps*.580; ~ssus Achilli VERG.*A*.1. 475; OV.*Met*.12.76; SEN.*Ag*.748;—(*gdve. in pass. sense*) in ~diendis hostibus GEL.1.11.2.
3 (transf.) To contend, struggle (in discussion, at law, etc.).
~dientes conpugnantesque philosophum et dolorem GEL. 12.5.3; 15.2.8;—(*w.* cum) ~dere mecum criminibus ipsis CIC.*Mur*.67; qui cum Academico..~di conatus sim *N.D*. 2.1; Cato..cum ambitu ~ssus SEN.*Dial*.2.2.2; comminus cum re ipsa nauiter ~dere APUL.*Met*.2.6;—(*of inanim. subjs.*) quasi ad repugnandum ~ssa defensio CIC.*Top*.93; quotiens cum uirtute ~ssa est (fortuna) SEN.*Dial*.2.8.3.

congregābilis ~is ~e, *a.* [CONGREGO+-BILIS] Accustomed to live together, gregarious.
cum ~ia natura sint (*sc.* apium examina) CIC.*Off*.1.157.

congregālis ~is ~e, *a.* [CON-+GREGALIS] That groups together.
uinculum nam signat ista ~e dictio (*sc.* syllaba) MAUR. 1317.

congregātiō ~ōnis, *f.* [next+-TIO]
1 The act of forming a social group, association.
naturalis quaedam hominum quasi ~o CIC.*Rep*.1.39; ~one aliae (bestiae) coetum quodam modo ciuitatis imitantur *Fin*.2.109; 3.65; hoc primum philosophia promittit ..humanitatem et ~onem SEN.*Ep*.5.4.
2 A grouping, collocation (of things).
fit calida ~o ac rursus eruptio SEN.*Nat*.6.13.6; negotium est ~o personarum, locorum, temporum, *etc.* QUINT.*Inst*. 3.5.17; rerum repetitio et ~o 6.1.1; 7.1.31.

congregō ~āre ~āuī ~ātum, *tr.* [CON-+GREX+-O³] FORMS: tm. *conque gregantur* LUCR.6.456.
1 To bring together for the purpose of communal life, to form into social groups or flocks. **b** (pass.) to come together in groups, flocks, etc.
(uir) qui dispersos homines..conpulit unum in locum et ~auit CIC.*Inv*.1.2; natura ipsa ~atae sunt (dissimillimae bestiolae) *N.D*.2.124; Macedones eam (*sc.* Mesopotamiam) in urbes ~auere PLIN.*Nat*.6.117. **b** (bestias) partim soliuagas, partim ~atas CIC.*Tusc*.5.38; (aues) uncos ungues habentes omnino non ~antur PLIN.*Nat*.10.42; FRO.*Aur*.1. p.72(58N).
2 To bring into social relations; (pass. or refl.) to have dealings, associate (with).
quicum te aut uoluntas ~asset aut fortuna coniunxisset CIC.*Quinct*.52; (Italia) numine deum electa quae..sparsa ~aret imperia PLIN.*Nat*.3.39;—(*pass.*) pares..cum paribus facillime ~antur CIC.*Sen*.7; iis, quibuscum ~emur, uti moderate *Off*.2.18;—(*w. dat.*) dum uagus atque erro uernaculis ~atur SEN.*Ben*.6.11.2; Gamphasantes..nulli externo ~antur PLIN.*Nat*.5.45.
3 To bring together, assemble, collect (persons or animals); (usu. pass. or refl.) to flock together. **b** to form by assembling. **c** (of things) to cause to come together; (of a district) to have (its inhabitants) concentrated; (of a place) to be the place of assembly for.

cogit is qui ~at homines Cic.*Caec.*59; (formicas) in unum locum ~ant Plin.*Nat.*17.266; deterrimum quemque ~are Tac.*Ann.*1.16;—(*pass.*) magi qui ~antur in fano Cic.*Div.* 1.90; ~abantur undique ad..regem Liv.1.10.1; quo Pharsalica turba ~atur Stat.*Silv.*2.7.113; (*w.* inter se) ut non..~ari inter se..possent Tac.*Ann.*1.30;—(*refl.*) impii ciues unum se in locum..~abant Cic.*Phil.*14.15; ~antibus se..exercitibus Tac.*Hist.*4.65; (*w.* cum) se cum tuo patruo et ceteris..~are Cic.*Rab.Perd.*21. **b** milites..~ato agmine praedam prae se agentes Liv.5.45.5; (*w.* ex) multitudinem hominum ex seruis, ex conductis..~atam Cic.*Dom.* 89; Liv.32.20.7; (*cf.*) Chrysippus..magnam turbam ~at ignotorum deorum Cic.*N.D.*1.39. **c** religio ~auit eas (*sc.* matronas) Liv.34.3.8; fel stelionum..mustelas ~are dicitur Plin.*Nat.*29.73; Stat.*Theb.*6.601; Apul.*Met.*4.28;—Ariana regio..cultores ~at circa duos..fluuios Plin.*Nat.*6.93;—rates Danaas..~at Aulis Stat.*Ach.*1.447.

4 To bring or draw together, collect (things).
aer..tollit umores et ~at ad nubes Vitr.8.2.4; an hos libellos..~atos ipse dimitterem Stat.*Silv.*1.pr.; turbam (uerborum)..~at Quint.*Inst.*10.1.7; signa unum in locum..~ata Tac.*Ann.*1.28.

5 To treat together, group together.
me cum amplissimis et fortissimis uiris ~auit Cic.*Sest.*132; L. Paulum..in idem Vetti indicium atque in eundem hunc numerum ~asti *Vat.*25; Plin.*Ep.*3.9.19.

6 To bring to bear (on a single object), concentrate.
quanta uis illa fuerit oriens et ~ata Cic.*Dom.*67; huius..ingeniorum similitudinis ~antis..se et in studium par et in emolumentum Vell.1.17.5.

congressiō ~ōnis, *f.* [CONGREDIOR+-TIO]

1 A meeting, encounter, interview.
in ~one hominum Cic.*de Orat.*1.192; nemo illum aditu, nemo ~one..dignum iudicabat *Clu.*41; ut..eum..non modo tua familiaritate sed etiam ~one..prohiberet *Phil.* 2.46; *Fam.*7.10.4.

2 An act of sexual intercourse.
a prima ~one maris et feminae Cic.*Rep.*1.38.

3 An encounter with an enemy, engagement.
ea ~o in ipso ponti..facta est Quad.*hist.*10b; expleta centesima hostium ~one Hyg.Gr.*agrim.*p.141; Apul.*Met.* 9.2; QVI ‹I›N ~ON‹E› HOST DIMICANS OBIT *CIL* 8.3275.

congressus ~ūs, *m.* [CONGREDIOR+-TVS[3]]

1 A meeting, encounter, interview.
quem nemo ~u, nemo aditu..dignum putet Cic.*Vat.*2; tacitos ~us *Luc.*6; ut ex propinquo ~us facilior esset Liv. 21.24.3; Ov.*Met.*7.501; ~us abnuit Tac.*Ann.*2.28;—(*w. gen. or poss. pron.*) in Antoni ~um conloquiumque Cic.*Phil.* 12.26; ~us pete, nate, meos Verg.*A.*5.733; quod domum suam Mnesteris et Poppaeae ~ibus praebuissent Tac. *Ann.*11.4;—(*w.* cum) sibi cum dea Egeria ~us nocturnos esse Liv.1.19.5.

2 a Social intercourse, companionship. **b** an act of sexual intercourse.
a cum se a ~u..segregarit Quint.*Inst.*1.2.20; deicitur familiaritate sueta, post ~u et comitatu Tac.*Ann.*13.46; ignotis quoque comi sermone et ~u 15.48. **b** sicut coitus atque ~us citra ius non efficeret uxorem Quint.*Decl.*247 (p.12,l.1); Apul.*Met.*1.7.

3 The action of coming together, union, combination. **b** a collection, assembly (of matter).
quibus ille modis ~us materiai fundarit terram Lucr. 5.67; quibus..mixtionibus principiorum ~us temperentur Vitr.2.1.9; duriorum (litterarum) inter se ~us Quint.*Inst.* 11.3.35. **b** esse alios alibi ~us materiai Lucr.2.1065.

4 An agreement, understanding.
ne ~u quidem et constituto Cic.*Cael.*20; ~une aliquo inter se an..natura ipsa..congregatae sint (bestiolae) *N.D.* 2.124.

5 An encounter with an enemy, engagement. **b** (transf.) a contest, clash.
in..gladiatorio uitae certamine..ante ~um multa fiunt Cic.*de Orat.*2.317; cum his nauibus nostrae classi eiusmodi ~us erat Caes.*Gal.*3.13.5; Sal.*Jug.*59.3; Verg.*A.*12.514; concusserat primo..~u hostem Liv.4.33.1; inter se gladiatorios ~us edere Plin.*Nat.*8.5; Tac.*Ann.*2.3; in ~ibus proeliorum Gel.1.11.9. **b** quod ibi sit primus causae ~us Quint.*Inst.*3.6.4.

congrex ~egis, *a.* [CON-+GREX] Herded together.
equinis armentis me ~egem..permisit Apul.*Met.*7.16.

congruens ~ntis, *a.* *superl.* ~ntissimus. [pple. of CONGRVO]

1 Uniting or combining harmoniously. **b** sounding together, unison.
concentus ex dissimillimarum uocum..concors..efficitur et ~ns Cic.*Rep.*2.69;—(*w. dat.*) ex diuersis uni male ~ntibus membris Sen.*Ep.*92.9; (cunila) in omni usu mire ~ns uino Plin.*Nat.*20.169. **b** ~ns clamor Liv.30.34.1; ~ntissima uoce Apul.*Apol.*73.

2 According, agreeing, in keeping. **b** (of statements, etc.) agreeing, consistent; *~ns est* (w. *ut*), it is consistent (that). **c** agreeing in point of time. **d** corresponding (to a pattern, etc.), similar; matching.
concordia a corde ~nte Var.*L.*5.73; conuenientiae ex natura uocis ~ntis habent finitiones Vitr.5.4.9; ~ns tenor uitae Plin.*Pan.*91.6;—(*w. dat.*) actio..menti ~ns Cic. *de Orat.*3.222; euentus timori hominum ~ns fuerat Liv. 4.46.8; ~ntia tempori praefatus Tac.*Ann.*12.69;—(*w.* cum) uita seuerus et ~ns cum ea disciplina Cic.*Brut.*117; gestus erat..cum sententiis ~ns 141;—(*w.* ad) librum..nil..ad nostras paupertinas litteras ~ntem Gel.14.6.5. **b** principio extispicium ex prodigiis ~ns ars te arguit Acc.*trag.*419; transfugae..et captiui..~ntia ad consulem adferentes Liv. 9.31.7; (*w.* in unum) omnes eae res in unum ~ntes 3.24.6;—(*w. dat.*) sortem oraculi..~ntem responso..uatis 5.16.8; Tac.*Ann.*1.79;—~ns est, ut, quae frigidiora sunt, facile cogantur Gel.17.8.13; 4.17.13. **c** (*w.* in+*acc.*) in hoc tempus ~ns casus Sen.*Nat.*6.1.3. **d** Latinos..lingua, moribus..~ntes Liv.8.6.15; (*w.* cum) hominem..cum..iis natura et sermone et usu ~ntem Cic.*Fin.*2.45;—(*w. dat.*) unum conspexi..nocturnae imagini ~ntem Apul.*Met.* 11.27; Gel.3.3.3;—(equos) formosos, nulla parte corporis inter se non ~nti Var.*R.*2.7.4; debent esse (canes)..naribus ~ntibus 2.9.3; ceteris..membris usque ad imos pedes aequalis et ~ns Suet.*Tib.*68.1.

3 Appropriate, fitting; esp. w. vb., *~ns est*, etc., it is fitting.
quod ego aptum et ~ns nomino Cic.*de Orat.*3.53; saturas descripto iam ad tibicinem cantu motuque ~nti Liv.7.2. 7; Plin.*Ep.*2.12.4;—~ns uidetur primordia eius (urbis) aperire Tac.*Hist.*5.2; ~ns crediderim recensere ceteras.. partis *Ann.*4.6; Plin.*Ep.*3.8.2; *Pan.*38.6.

congruenter, *adv.* *compar.* ~tius. [prec.+-TER[2]] In a corresponding manner, agreeably. **b** appropriately, aptly.
(*w. dat.*) ~ter naturae conuenienterque uiuere Cic.*Fin.* 3.26; 4.26; (*w.* ad) ut ad id, quodcumque agetur, apte ~terque dicamus *de Orat.*3.37. **b** uerbum usurpatum concinnius aut ~tius Fro.*Aur.*2.p.114(162N).

congruentia ~ae, *f.* [CONGRVENS+-IA]

1 Accordance, consistency.
miratus ~am mandati muneris Apul.*Met.*11.13; 11.20.

2 An appropriate manner.
pronuntiandi ~am ab speculo petiuit Apul.*Apol.*15.

3 Similarity, likeness. **b** symmetry, good proportion.
~a morum Suet.*Otho* 2.2. **b** si auolsum statuae caput..inspiceres, non..ex illo posses ~am..deprendere Plin. *Ep.*2.5.11.

congruō ~ere ~uī, *intr.* [CON-+*gruo (cf. *ingruo*); perh. cogn. w. Gk. ἔχραον] Pros.: pres. inf. app. *congruēre* Ter.*Hau.*511.

1 To come together, unite, combine; (also transf.). **b** to combine harmoniously, blend. **c** to act together, combine.
quo iam manus..matrum ~erat V.Fl.2.307; ~ere iudicat stellas Sen.*Nat.*7.19.1;—(*w.* inter se) inter se ~unt et una confunduntur (guttae) Vitr.7.8.2; umore et igni inter se ~entibus 8.3.2;—(*poet.*) linguis..aduersus utrimque ~it (serpens) V.Fl.6.59;—(*transf.*) omnes fandi uirtutes..in illo uiro ~unt Apul.*Apol.*95. **b** (*w.* inter se) corporis temperatio, cum ea ~unt inter se e quibus constamus, sanitas (dicitur) Cic.*Tusc.*4.30; dulcia (genera uini)..inter se non ~unt Plin.*Nat.*14.75; (*w. dat.*) uino mire ~it (crocum) 21.33. **c** duae res diuersae..~entes uti principia Vitr.10.3.1.

2 To correspond, accord, fit in (also impers.). **b** (of statements, etc.) to be consistent, agree. **c** to agree in point of time, coincide. **d** to correspond in respect of var. qualities, be like.
ecce autem similia omnia! omnes ~ont Ter.*Ph.*264; nostri..sensus..~ebant Cic.*Marc.*16; ita ~entibus fatis, ut et liberet amplecti uitia et liceret Plin.*Nat.*33.150; nequaquam ~entibus institutis Tac.*Hist.*5.5; quo..magis..temporum ratio ~eret..interiecit duos alios (menses) Suet. *Jul.*40.2;—(*w.* cum) si aliquem nacti sumus cuius cum moribus et natura ~amus Cic.*Amic.*27; dies mensisque ~ere uolunt cum solis lunaeque ratione *Ver.*2.129; omnia opera eius (*sc.* uirtutis) cum ipsa concordant et ~unt Sen.*Ep.* 74.30; manus..~ere debet cum gradu Plin.*Nat.*18.197;—(*w.* ad) nec ~ebant ad horas eius (*sc.* solarii) lineae 7.214; murium iocusculis fibrae ad numerum lunae in mense ~ere dicuntur 11.196;—(*w.* pro) nisi pro magnitudine rerum gestarum scriptorum quoque ingenia ~erent Sal.in Fro. *Ver.*2.p.198(203N);—(*w. dat.*) finem bonorum esse..~ere naturae Cic.*Tusc.*5.82; alii fatum..~ere rebus putant Tac. *Ann.*6.22;—(*impers.*) timidius decessit, quam professioni eius..~ebat Vell.2.87.3; rursus partem deberi rationi non ~it Afric.*dig.*35.2.88.1; cui ~it..quidquid a fideiussore accepero, id me..praestaturum Ulp.*dig.*15.1.3.7. **b** (*w.* cum) illa, quae prima dicuntur, si..uelis ~ere et cohaerere cum causa Cic.*Inv.*1.19; cum..dicta cum scriptis ~erent Liv.23.38.5; adfirmat exta cum siderum significatione ~ere Plin.*Ep.*2.20.5;—(*w.* inter se) cum multae causae..inter se ~ere uidentur Cic.*S.Rosc.*62; uerbis uerba ea demum resolui possunt, quae inter se ~unt Paul. *dig.*46.4.14; (*cf.*) sermo inter omnes ~ebat Liv.9.2.4;—(*w.* in unum) omnium..in unum ~erunt sententiae 25. 32.2; 26.2.5;—(*w. dat.*) quibus litteris ~entes fuerunt aliae Cic.*Fam.*9.24.1; Nep.*Lys.*3.5;—(*impers.*) quemadmodum ~it, ut simul..adfirmes te..impediri et scripta nostra desideres? Plin.*Ep.*7.2.1. **c** quoi..tot ~erint commoda Ter.*Eu.*1033; Plin.*Nat.*29.53;—(*w.* cum) ~ere ..cum cogitatione magna uoluptas corporis non potest Cic.*Hort.*fr.81; Gel.14.1.4;—(*w.* in+*acc.*) in id..tempus naturalia ~unt desideria Col.6.24.2; Plin.*Nat.*11.37;—(*w.* ad) sciebat et tempus quo ipse eos sustulisset ad id ipsum ~ere Liv.1.5.5; 1.19.6;—(*impers.*, *w.* ut) forte ~erat ut Clodii Macri et Fontei Capitonis caedes nuntiarentur Tac. *Hist.*1.7. **d** (*w. dat.*) ~it (menta) puleio, cuius natura.. saepius dicta est Plin.*Nat.*19.160.

3 To be appropriate, be suited (also impers.).
ex sua quamque (lingulam) tantum harundine ~ere Plin.*Nat.*16.172;—(*w. dat.*) non omni causae..~ere orationis unum genus Cic.*de Orat.*3.210; NEQVAQVAM SECTAE SVAE ~ERE *CIL* 2.6278.25; cuius abditis adhuc uitiis..mire ~ebat (Narcissus) Tac.*Ann.*13.1;—(*w.* ad) apta et ~ente ad equestrem pugnam uelocitate peditum Tac.*Ger.*6.4;—(*impers.*) ~it bono..praesidi curare, ut..Ulp.*dig.*1.18.13.

4 (of persons) To concur in sentiment, agree.
(Academici et Peripatetici) rebus ~entes nominibus differebant Cic.*Ac.*1.17; de quibus ~unt (doctissimi) Tac. *Ann.*6.28;—(*w.* inter se, *etc.*) inter se ~ont concorditer Pl. *Cur.*264; ne nos inter nos ~uere sentiant (*s.v.l.*) Ter.*Hau.* 511; multitudo..nullo modo inter se ~ens Sal.*Rep.*2.5.6;—(*w.* cum) nec ista re cum Plautino milite ~ebat Apul.*Fl.*2.

congruus ~a ~um, *a.* [prec.+-VS] According, agreeing.
cum illa sane ~os sermo tibi Pl.*Mil.*1116; ~o cunctae multitudinis consensu Apul.*Met.*7.1;—(*w. dat.*) liberorum amor naturae ~us est *Pl.*2.13; Ulp.*dig.*2.14.1;—(*app. w. abl.*) nuptias..legitimas et iure (*cj.* iuri) ciuili ~as Apul. *Met.*6.23.

cōniciō ~icere ~iēcī ~iectum, *tr.*, (*intr.*). Also **cōiciō.** [CON-+IACIO] Forms: *conieciant* *CIL* 1.583.50; *coicio*, etc., is freq. at all periods.

1 To throw or put together. **b** to bring together in space or time, concentrate.
~iciam in collum pallium Pl.*Capt.*779; ~icito, contundito (manipulos brassicae) Cato *Agr.*156.3; magnus decursus aquai fragmina ~iciens siluarum arbustaque tota Lucr. 1.284; ~iectis celeriter stramentis Hirt.*Gal.*8.5.2; sarcinas in unum ~ici Liv.3.28.1; uix ~iectas area cepit opes Ov. *Fast.*4.618. **b** in id tempus ~iectis malis tuis Sen.*Dial.* 12.2.5; (spiritus) in terrena itinera ~iectus *Nat.*6.20.4; facies (cometarum)..non in angustum ~iecta et artata 7.27.6.

2 To put, cast, throw (a quantity of objects, material, etc., into a container or other limited space). **b** *sortes ~icere*, to put lots into an urn, cast lots. **c** to place, include, insert (in a speech or literary composition).
(*w.* in+*acc.*) glandem..oportet..in aquam ~ici Cato *Agr.*54.1; ~iectis in os calculis Cic.*de Orat.*1.261; ea (signa) ..in onerariam nauem suam ~icienda curauit *Ver.*1.46; in plaustra somno uinctos ~iciunt Liv.9.30.9; in uasa fictilia.. aqua ~icitur Cels.2.17.9; Proc.*dig.*33.6.15;—(*w.* in+*abl.*) medicamentum ~iciatur in nouo fictili caccabo Larg.220; 271;—(*w. abl.*) papaueris..capita..uase fictili ~iciuntur 73; —(*w. dat.*) quamuis frutectoso solo ~iectum (lupinum) Plin.*Nat.*18.134;—(*w.* intra) NIVE STERCVS TERRAMVE INTRA EA LOCA FECISSE ~IECISSEVE VELIT *CIL* 1.591.5;—(*w.* ubi) VBI OSSA SVA ~ICIANTVR 6.36467;—(*cf.*) mos ut tabes in urbem ~iectus Sal.*Hist.*4.46. **b** ~iciam sortis in sitellam Pl.*Cas.*342; tres sortis ~ici, unam educi Cic.*Ver.* 2.127; *Lig.*21; (*cf.*) nominibus in urnam ~iectis Liv.23.3.7; cum iam sententiae pares..in urnam aeream deberent ~ici Apul.*Met.*10.8. **c** si quae erunt mediocria (argumenta).. in mediam turbam..~iciantur Cic.*de Orat.*2.314; res cuius causa uerba haec in interdictum ~iecta sunt *Caec.*63; in disputando ~iecit illam uocem..omnis oportere senatui dicto audientis esse Cael.*Fam.*8.4.4; FECIT SIBI ET SVIS QVOS IN TITVLO ~IECIT *CIL* 6.14027.

3 a To devote (materials to a purpose). **b** to pour (money into a project), spend extravagantly.
a si..in aedificium eas (*sc.* tegulas) ~iecisset Pompon. *dig.*41.3.30.1; quid ex ueteri (*sc.* pariete) in nouum ~iectum sit Paul.*dig.*39.2.38.2. **b** quod tantam pecuniam in praeclara illa propylaea ~iecerit Cic.*Off.*2.60; cum sestertium milliens in culinam ~iecisset Sen.*Dial.*12.10.9.

4 To throw, cast, hurl, shoot (at a target). **b** to push forward, thrust; to project.
~iectis ignibus Cic.*Att.*4.3.2; cum uix pila ~iecta essent Liv.23.29.9;—(*w.* in+*acc.*) saxa..manibus ~iciunt in hostes Sis.*hist.*7; lapides telaque in nostros ~icere Caes. *Gal.*1.46.1; in multitudinem sagittas ~iciebant *Civ.*3.50.1; Liv.7.14.4;—(*w. dat.*) facem iuueni ~iecit Verg.*A.*7.456; 10.646;—(*in fig. phrs.*) tuas petitiones ita ~iectas ut uitari posse non uiderentur Cic.*Catil.*1.15; omnia tela totius accusationis in Oppianicum ~iciebantur *Clu.*50; in me..illa flamma illorum temporum ~iciebatur *Har.*45. **b** gladio in os aduersum ~iecto Caes.*Civ.*3.99.3; Phyllidos iratos in uultum ~icit unguis Prop.4.8.57; norma in cauo striae cum fuerit ~iecta Vitr.3.5.14; cultros..in guttura uelleris atri ~icit Ov.*Met.*7.245;—ex manu duo exigui processus in sinus radi ~iciuntur Cels.8.1.22.

5 To make (a person) to go, dispatch; (also) to drive (things). **b** (refl.) to go precipitately, rush or shoot off.
is illius filiam ~icit in nauem Pl.*Mil.*112; te..barba arripiam, in ignem ~iciam *Rud.*769; (lictores) in turbam ~ieci Cic.*Att.*11.6.2; *Rep.*1.18; mulieres..in eum locum ~iecisse Caes.*Gal.*2.16.4; (*cf.*) uiuum in pyram ~iectum Vitr.7.pr.9;—cum..nauis..ui tempestatis in portum ~iecta sit Cic.*Inv.*2.98. **b** ~icit in siluam sese Enn.*Ann.* 72; Ter.*Hau.*277; ~ice te intro Lucil.782; iste se raptim domum suam ~icit *Rhet.Her.*4.64; cur in noctem se ~iceret? Cic.*Mil.*49; in ultimam prouinciam se ~iecit *Att.*5.16.4; ubi ..animae..uis maxima..in loca se caua terrai ~iecit Lucr. 6.580; ~iciamus nos in balneum Petr.72.3.

6 *oculos ~icere*, To turn one's gaze (towards); also refl., to turn one's attention (to). **b** to direct (blame, accusations, etc., at); to bandy (words). **c** to direct, aim (at a result).
omnes oculos in Antonium ~iecerunt Cic.*de Orat.*2.28; cum in te..omnium ciuium ac paene gentium ~iecti oculi sint *ad Brut.*1.9.2; Verg.*A.*12.483; Liv.35.10.4; Tac.*Hist.* 1.17;—(*refl.*) cum se mente ac uoluntate ~iecisset in uersum Cic.*de Orat.*3.194. **b** in Palamedem ~iecta suspicionum proditionis multitudo Cic.*Top.*76; crimina..in tuam nimiam diligentiam..~iecta sunt *Mur.*73; *Sest.*40; culpam in multitudinem ~iecerunt Caes.*Gal.*4.27.4;—hi ~iecere uerba inter sese acrius Afran.*com.*309; (*cf.*) noli, mea mater.. cum patre ~icere 311. **c** aut ab eodem uerbo ducitur saepius oratio aut in idem ~icitur Cic.*Orat.*135; propositum esse debet oratori, quo omnes argumentationes..~iciantur *Part.*109.

7 To put (a person in prison, chains, etc.).
hominem..in carcerem ~ici iubet Cic.*Ver.*5.17; in lautumias..~iciebatur 5.143; legatos in uincla ~iectos *Flac.*60; in custodiam ~iectus Nep.*Phoc.*3.4; Papin.*dig.*48.3.2; (*cf.*) constanter grauiter sapienter fortiter. haec etiam in eculeum ~iciuntur Cic.*Tusc.*5.13.

8 To make (a person) the victim of, involve in. **b** *in sortem ~icere*, to subject to choice by lot.

me in tricas ~iecisti PL.*Per.*796; ~icitur ipse in morbum ex aegritudine *Poen.*69; in nuptias ~ieci erilem filium TER. *An.*602; ~iectus in fraudem CIC.*Att.*3.15.7; quem..~ieci in ..Octauiani plagas *Fam.*12.25.4. **b** proximi cuiusque conlegii..in sortem ~icerentur *S.C.* in Cael.*Fam.*8.8.8; praetoriae prouinciae in sortem ~iectae LIV.28.38.13; 30.27.1; NOMINA EORVM IN SORTEM ~ICITO *CIL* 2.1964.2.45.

9 To bring under a certain classification, assign, insert (in a group, etc.).

in hoc genus ~iciuntur etiam prouerbia CIC.*de Orat.*2.258; nulli ~icientur in illum ordinem *Pis.*94; turbam..in quattuor tribus ~iecit LIV.9.46.14; seruus ille in primam decuriam ~iectus SEN.*Ep.*47.9; PETR.47.13; (*cf. sense* 7) id uos sub legis superbissimae uincula ~icitis LIV.4.4.10.

10 To place in time, make contemporary with; *in noctem ~iectus*, overtaken by night.

(*w.* in+*acc.*) te..in ludos causam ~icere noluisse CIC. *Planc.*83; in hoc punctum (*sc.* temporis) ~iectus es SEN.*Ep.* 77.12;—naues..tardius cursu confecto in noctem ~iectae CAES.*Civ.*3.28.1; nisi in noctem proelium esset ~iectum *B.Afr.*52.4.

11 To bring into a state or condition; to cast into a certain literary form. **b** *in fugam ~icere*, to put to flight. **c** (*aliquem*) *in rutae folium ~icere*, (app.) to make a person feel or appear very small (see RVTA).

quin, pedes, uos in curriculum ~icitis? PL.*Mer.*932; hinc me ~icerem..in pedes TER.*Ph.*190; ne me in laetitiam frustra ~icias *Hau.*292; illum ex occultis insidiis in apertum latrocinium ~iecimus CIC.*Catil.*2.1; LUCR.1.1030; omnium ..animi in terrorem ~iecti *B.Afr.*16.4; LIV.34.28.3; in tantum metum..coniectos 39.25.11; cera..subacta manibus in pilam ~icitur LARG.264; non amplius se in periculum talis..~iecturum SUET.*Otho* 10.1;—~icere in uersus dictum praeconis LUCIL.411 poema..est uerba plura modice in quandam ~iecta formam VAR.*Men.*398; illa ipsa..ludens ~ieci in communes locos CIC.*Parad.*3. **b** in fugam sunt ~iecti QUAD.*hist.*51; hostis..in fugam ~iecerunt CAES.*Gal.* 2.23.2;—(*refl.*) se in fugam ~iecisse CIC.*Cael.*63.

12 *causam ~icere*, To make a summary statement of one's case.

in foro ante meridiem caussam ~iciunto *Lex XII*(*Font. iur.*p.19); causam ~icere hodie ad te uolo AFRAN.*com.*216; GEL.5.10.9.

13 To form a conclusion about, figure out, conjecture, guess.

nequeo satis mirari neque ~icere TER.*Eu.*547; CIC.*Ver.* 4.129; quantum ego ~icio SAL.*Hist.*3.74; LIV.3.70.15;—(*w. acc.*) remedium Mercurii monitu ~iecit HYG.*Fab.*125.9;—(*w.* de) qui de matre sauianda ex oraculo..tam acute ~iecerit CIC.*Brut.*53;—(*w. indir. qu.*) ~icito cetera, possisne necne..praeripere Casinam PL.*Cas.*94; tu ~icito cetera, quid ego ex hac inopia nunc capiam TER.*Ph.*166; quam multos esse oporteret, ex ipso nauigio..~iciebant CIC.*Ver.*5.71; LUCR.2.121;—(*w. acc. and inf.*) cito ~ieci Lanuui te fuisse CIC.*Att.*14.21.1; LUCR.1.751; NEP.*Eum.*2.2.

14 To expound, interpret (a dream, omen, etc.).

dum huic ~icio somnium PL.*Cur.*253; o praeclare ~iectum a uulgo..omen communis famae! CIC.*Ver.*2.18; *Div.* 1.118; GEL.13.31.1.

cōnicus ~a ~um, *a.* [Gk. κωνικός] Conical.

alia..genera (solariorum)..uti..~um (*cj.*) plinthium VITR.9.8.1.

coniectānea ~ōrum, *n.* [CONICIO+-ANEVS] (the title of several books) A miscellany.

GEL.pr.9; cum librum IX Atei Capitonis ~orum legeremus 4.14.1.

coniectārius ~a ~um, *a.* [CONICIO+-ARIVS] (of arguments) Based on inferences, conjectural.

eius rei argumenta quaedam ~a ex eorum scriptis protulerunt GEL.14.3.1.

coniectātiō ~ōnis, *f.* [CONIECTO+-TIO]

1 The act of guessing, surmising.

quo minus etiam plana de deo ~o esset PLIN.*Nat.*2.22; 28.13; mores naturasque hominum ~one quadam de oris et uultus ingenio..sciscitari GEL.1.9.2; 14.1.33.

2 An inference, conjecture.

perhibetur et Pherecydi..alia ~o..haustu aquae e puteo praesensisse..terrae motum PLIN.*Nat.*2.191; quo uera ~o existit, haut frustra spiritus sidus lunam existimari 2.221; somni quaestio non obscuram ~oem habet 10.209.

coniectiō ~ōnis, *f.* [CONICIO+-TIO]

1 The action of throwing (missiles).

neque ictu comminus neque ~one telorum CIC.*Caec.*43.

2 An interpretation, exposition.

somniorum ~onem CIC.*Div.*2.130.

3 A summary.

solebant breuiter ei..rem exponere; quae dicebatur causae ~o GAIUS *Inst.*4.15; PAUL.*dig.*50.7.1.

4 An inference, conjecture.

placeret ~onem fieri eius quod reliquit..ex uicinis scripturis ULP.*dig.*28.1.21.1.

coniectō ~āre ~āuī ~ātum, *tr.*, *intr.* [CONICIO+-TO] FORMS: *coiect-* SUET.*Nero* 6.1.

1 a To throw together, assemble. **b** to throw (a person into prison).

a ~abamus ad cenulam non cuppedias ciborum, sed argutias quaestionum GEL.7(6).13.2. **b** cum..hostium duces in carcerem ~arit *decree* in Gel.6(7).19.7.

2 To draw a conclusion, infer; (w. pron.) to make (a conjecture); to draw a conclusion about, judge. **b** to infer (a future event), forecast. **c** to interpret (a portent).

mihi quidem ex tuis litteris ~anti ita uidebatur CIC.*Att.* 14.10.2; ut ~are erat intentione uultus TAC.*Ann.*16.34; nec male ~at JUV.5.163;—(*w. indir. qu.*) qualis futurus sit equus, e pullo ~ari potest VAR.*R.*2.7.5; LIV.35.29.8; ex his ~are, quando dandus cibus sit CELS.3.4.15; QUINT.*Inst.* 7.3.5; facile est ~are, quod perceperis gaudium PLIN.*Pan.* 26.7;—(*w. acc. and inf.*) ~ans eum Aegyptum iter habere CAES.*Civ.*3.106.1; CURT.3.11.1; nemine..aliter ~ante quam laeta per haec..portendi SUET.*Aug.*95; APUL.*Apol.*99; (*cf.*) deum ipsum multi Aesculapium..~ant TAC.*Hist.*4.84;—neque scio quid dicam aut quid ~em TER.*Eu.*543; nihil ~ans de aetate Galbae SUET.*Nero* 40.3;—temere initae ualles a ~antibus iter LIV.21.35.4; ~are crassitudinem gelus PLIN.*Nat.*8.103; procul conspicati numerum arborum et ex eo nauium quoque ~antes FRON.*Str.*2.5.46; uultu offensionem ~auerat TAC.*Ann.*1.12. **b** proprium finem uitae ~antibus uulgantibusque TAC.*Ann.*4.58; de genitura eius statim multa et formidulosa multis ~antibus SUET. *Nero* 6.1; FRO.*Aur.*2.p.24(219N). **c** euentu rem ~antibus LIV.5.21.16; in ~andis deorum monitis V.MAX.8.11.2.

coniector ~ōris, *m.* [CONICIO+-TOR] FORMS: *coiector* SUET.*Jul.*7.2. An interpreter of dreams, etc., soothsayer.

isti..orationi Oedipo opust ~ore, qui Sphingi interpres fuit PL.*Poen.*444; haruspices augures harioli uates ~ores CIC.*N.D.*1.55; somniorum atque ominum interpretes ~ores uocantur QUINT.*Inst.*3.6.30.

coniectrix ~īcis, *f.* [CONICIO+-TRIX] A female interpreter (of dreams, etc.).

da quod dem..praecantrici, ~ici, hariolae atque haruspicae PL.*Mil.*693.

coniectūra ~ae, *f.* [CONICIO+-VRA] FORMS: *coiectura* SUET.*Vit.*18.1.

1 The inferring (of one fact from another), reasoning; esp. *~am facere* (pass. *~a fieri*), to draw a conclusion; (freq. as tech. term in rhet.). **b** the possibility or power of inferring.

~a si reperire possumus PL.*Trin.*921; etiamne in tam perspicuis rebus argumentatio quaerenda aut ~a capienda est? CIC.*S.Rosc.*98; ut ne ratione quidem et ~a ulla res percipi possit *Luc.*42; LIV.25.35.4; anceps ~a est CURT. 6.11.21;—(*w.* ex) ex hoc ~am ducebat PETR.137.10; (*w. acc. and inf.*) cum iam ex diei tempore ~am ceperat in castra peruentum CAES.*Gal.*7.35.5;—(*w. obj. gen.*) ~a tempestatum ac dierum CIC.*Att.*9.3.2; difficilis humani animi ~a est SEN. *Ben.*4.33.1; TAC.*Hist.*5.3; facilem iudici uoluntatis ~am fore ULP.*dig.*33.7.12.43;—quantum ex ipsa re ~am fecimus TER. *Hau.*266; (*w.* de) hanc ego de me ~am domi facio PL.*Cas.* 224; CIC.*Ver.*2.183; (*w. obj. gen.*) uos ~am totius prouinciae nonne facietis? 3.121; (*w. indir. qu.*) facite ~am..quid id sit quoi Lyco nomen siet PL.*Poen.*91; ~a fieri poterit quantum sis..uirium ac facultatis habiturus Q.CIC.*Pet.*34; PLIN.*Ep.*4.27.6;—(*rhet.*) in his omnibus..~am induci ab accusatore oportebit CIC.*Inv.*2.99; *Top.*82; cognitionis.. tres modi, ~a, definitio et..consecutio *de Orat.*3.113; QUINT.*Inst.*3.6.53. **b** si quam ~am adfert hominibus tacita corporis figura CIC.*Q.Rosc.*20; huius (*sc.* mundi) extera indagare nec interest hominum nec capit humanae ~a mentis PLIN.*Nat.*2.1.

2 (w. emphasis on the lack of factual certainty) Guesswork, conjecture.

quod ~a sapiens aegre contuit PAC.*trag.*6; non oratio neque defensio, sed ~a et quasi diuinatio CIC.*Tul.*55; in his locis opinio est ~a magis quam nuntio aut litteris Caesarem Formiis..fore *Att.*9.8.2; ea libera ~a est LIV.4.20.11; totam..medicinam ad causas reuocando ~ae fecit PLIN. *Nat.*26.12.

3 The interpretation (of dreams, etc.). **b** a prophecy, forecast.

~am postulat..ut se edoceret obsecrans Apollinem, quo sese uertant tantae sortes somnium ENN.*scen.*40; potin ~am facere, si narrem tibi..quod ego somniaui dormiens? PL.*Cur.*246; facilis ~a huius somnii CIC.*Div.*1.58; 1.72; PLIN.*Nat.*11.55. **b** facta ~a etiam in Dionysio CIC.*Div.* 1.73; augurium ratio est et ~a futuri OV.*Tr.*1.9.51; nec fefellit ~a eorum SUET.*Vit.*18.1.

coniectūrālis ~is ~e, *a.* [prec.+-ALIS] (usu. rhet.) Based upon conjecture or inference.

~is (constitutio) est cum de facto controuersia est *Rhet. Her.*1.18; CIC.*Inv.*1.10; locus hic magis ad ~es causas.. ualet *Top.*50; est..haec (*sc.* medicina) ars ~is CELS.1.pr.48; ~em quaestionem SEN.*Con.*1.5.8; est et nuda propositio, qualis fere in ~ibus QUINT.*Inst.*4.4.8.

coniectūrāliter, *adv.* [prec.+-TER[2]] By way of conjecture.

~ etiam mentiri artifices coguntur AGEN.*agrim.*p.51.

coniectus ~ūs, *m.* [CONICIO+-TVS[3]]

1 The action of throwing. **b** *teli ~us*, the distance which a missile can be thrown, range; also, the possibility of throwing missiles.

domus..fracta ~u lapidum CIC.*Att.*4.3.2; ad primum incursum ~umque telorum LIV.28.36.9; sine ~u teli TAC. *Ann.*2.13; (*cf.*) ~u radiorum (siderum) PLIN.*Nat.*2.106. **b** priusquam ad ~um teli ueniretur LIV.2.31.6; 7.26.9; extra teli ~um PETR.90.2;—montem, ex quo in iuga oppidi teli ~us erat, occupauit SAL.*Hist.*2.87.D; (*cf.*) cum undique ex altioribus locis in cauam uallem ~us esset (*sc.* iaculorum) LIV.25.16.22.

2 The action of thrusting.

fit..~us partim animai altior LUCR.4.959; quasi quid pugno bracchique superne ~u trudatur 6.435.

3 The action of throwing together or into a hole, container, etc. **b** (concr.) a gathering, collection. **c** *~us pugnae*, (app.) the joining of battle.

quibus ille modis ~us materiai fundarit terram et caelum pontique profunda LUCR.5.416; neque eam uoraginem ~u terrae..expleri potuisse LIV.7.6.2. **b** elementa uaporis undique conueniunt et sic ~us eorum confluit LUCR.5.600. **c** apparet acies (delphinorum), quae protinus disponitur in loco, ubi ~us est pugnae PLIN.*Nat.*9.31.

4 The action of directing (one's gaze; also, one's mind, threats, etc.).

oculi sunt, quorum..tum ~u tum hilaritate motus animorum significemus CIC.*de Orat.*3.222; QUINT.*Inst.*9.3.101;—uester iste in me animorum oculorumque ~us CIC.*Sest.* 115; coniectura dicta est a ~u, id est deiectione quadam rationis ad ueritatem QUINT.*Inst.*3.6.30; nec modo telorum tuorum, sed oculorum etiam minarumque ~um PLIN.*Pan.*17.3.

cōnifer ~era ~erum, *a.* [CONVS+-FER] Coniferous.

uertice celso..~erae cyparissi VERG.*A.*3.680.

cōniger ~era ~erum, *a.* [CONVS+-GER] Coniferous.

~eram sudanti cortice pinum CATUL.64.106.

coninquō ~ere: see COINQVO.

conistērium ~(i)ī, *n.* [Gk. κονιστήριον] A room in a palaestra for wrestlers to sprinkle themselves with dust.

VITR.5.11.2.

cōnītor ~tī ~xus *or* ~sus sum, *intr.* **(conn-).** [CON-+NITOR[1]] FORMS: *~tier* ACC.*praet.*23; *~xus* PL., CIC., LUCR., VERG., OV., LIV., etc.; *~sus* LIV., V.MAX., SEN., TAC., etc.

1 To make a concentrated physical effort, strain, strive.

si quidem ~xus esses, per corium..elephanti transmineret bracchium PL.*Mil.*29; deinde eius (*sc.* arietis) germanum cornibus ~tier in me arietare ACC.*praet.*23; CIC.*Arat.* 536(290); toto ~xus corpore ferrum conicit VERG.*A.*9. 410; omnibus copiis ~sus Ancus acie..uincit LIV.1.33.5; iumenta..niuem..iactandis grauius in ~tendo ungulis.. perfringebant 21.36.8; tres iuuenes ~xi arborem unam euellebant 33.5.7; nunc totis in me ~tere flammis, Iuppiter! STAT.*Theb.*10.904; corporis pondere ~sa tenuem iam spiritum expressit TAC.*Ann.*15.57; (*in giving birth*) gemellos ..silice in nuda ~xa reliquit (capella) VERG.*Ecl.*1.15; (*of inanim. things*) materiai copia conciri debet..ut studium mentis ~xa sequatur LUCR.2.268;—(*w.* ut) ~tuntur.. (infantes) ut sese erigant CIC.*Fin.*5.42;—(*w.* ad+*gd.*) ut rursus ad surgendum ~ti non possent CURT.7.3.13;—(*w.* in+*acc.*) ~xus in hastam ilia cornipedis..cuspide transit SIL.10.251.

2 To go with effort, struggle (to a place).

(*w.* in+*acc.*) equitatus..in iugum..~titur CAES.*Civ.* 1.46.3; Galli omni multitudine in unum locum ~xi LIV. 31.21.10; 33.18.16; Vettium..in praealtam arborem ~sum TAC.*Ann.*11.31;—(*w.* ad) muraena..ad laxata magis ~xa foramina retis..euadit OV.*Hal.*28.

3 To make a non-physical effort, endeavour, strive; (also w. abst. subj.).

quantum ~ti animo potes CIC.*Off.*3.6;—(*w.* ut) ~ti debeo, ut dignus talibus amicis sim CURT.5.8.7;—(*w. inf.*) latus omne diuinae domus semper demereri..~tor STAT. *Silv.*5.pr.; primores..labefacere et conscientia inligare ~sa est TAC.*Ann.*15.51; (*cf.*) Nero..effodere proxima Auerno iuga ~sus est 15.42;—(*w.* ad+*gdve.*) Metellus..ad reuocandam pristinae disciplinam militiae ~sus est V.MAX.2.7.2; ceteris..ad conuincendum eum ~sis TAC.*Ann.*15.66;—non ambitio ad gratiam, non iniquitas ad aemulationem ~tetur CIC.*Pis.*94; ratio, quae ~xa per se et progressa longius fit perfecta uirtus *Tusc.*2.47; hanc (*sc.* indolem naturalem) ne disciplina quidem philosophiae, toto impetu suo ~sa, restituet SEN.*Ep.*94.31.

cōnīueō ~ēre ~uī *or* ~xī, *intr.*, *tr.* **conn-.** [CON-+*NIVEO, cf. *nicto*] FORMS: *coniuēre* (inf. CALV.*poet.*11; pf. (very rare) *~ui*, NIN.*poet.* 2(4), (*~ueram*, *~uerat* APUL.); *~xi* TURP. *com.*173.

1 (of the eyes) To be tightly closed; (also transf., of parts of the body and other things). **b** to close in sleep.

~uentis illos oculos abaui tui CIC.*Har.*38; oculis..somno ~uentibus *N.D.*2.143; PLIN.*Nat.*2.145; (*poet.*) ~uentes oculos uiolaria soluunt COL.10.259;—(caua intus uentris) inanitate diutina contrahuntur et ~uent GEL.16.3.3; ἐπιγλωττίς, quasi claustra quaedam mobilia ~uentia uicissim et resurgentia 17.11.4; neque ~uentibus ad regulam lineis APUL.*Soc.*pr.3. **b** cum grauis ingenti ~uere pupula somno CALV.*poet.*11.

2 (tr., of persons) To close (the eyes); (usu. intr.) to close or screw up the eyes, blink; **b** to close the eyes in sleep, go to sleep.

non ~ui oculos ego deinde sopore NIN.*poet.*2(4);—palpebras..eius, ne ~uere posset, sursum ac deorsum diductas insuebant TUB.*hist.*9; cur te duobus contuear oculis et non altero ~ueam CIC.*N.D.*3.8; manifestum etiam ~uenti discrimen est SEN.*Ep.*81.25; qui (*sc.* gladiatores) contra comminationem aliquam non ~uerent PLIN.*Nat.*11.144; (*cf.*) quoque modo ⟨possent⟩ (sol et luna) offecto lumine obire ..cum quasi ~uent LUCR.5.778; (*facet.*) uiden coagmenta in foribus?—uideo.—specta quam arte dormiunt.—dormiunt?—illud quidem 'ut ~uent' uolui dicere PL.*Mos.* 830;—(*w.* ad) cum ~ueret ad prope admota PLIN.*Nat.*11.144; ad minima tonitrua et fulgura ~uere SUET.*Cal.*51.1. **b** dum ego ~xi somno TURP.*com.*173; cum..satis superque temporis quasi ~uentibus nobis transcocurrerint *Ed.*(*Font. iur.*p.252)78.1.17; ~uentem somno consopiri sempiterno CIC.*Tusc.*1.117; TAC.*Ann.*16.5; necdum satis ~ueram APUL. *Met.*11.3.

3 To relax one's attention deliberately, turn a blind eye; (also of the eyes); (w. *in*+abl.) to connive at, overlook (a fault).

si qui exire uolunt, ~uere possum CIC.*Catil.*2.27; consulibus..si non adiuuantibus, at ~uentibus certe *Mil.*32; PERS. 6.50;—uerum ~uentibus oculis credendum est suis nummis eum redemptum ULP.*dig.*40.1.4.1;—in tot tantisque sceleribus ~uebant CIC.*Har.*52; *Phil.*1.18; SUET.*Jul.*67.1.

4 (of faculties, rights, etc.) To fail to be active, lie dormant.

blandimenta..quibus sopita uirtus ~ueret interdum CIC. *Cael.*41; patrum iura cum filiorum..potestatibus collata interquiescere paululum et ~uere GEL.2.2.9; animus atque mens..numquam ~uens 13.28.4.

coniuga ~ae, *f.* [*coniug-* (CONIVNX)+-A[1]] A wife.

magni Iouis germana et ~a APUL*M.et.*6.4; 9.14; *CIL* 6.13528; 8.5370.

coniugālis ~is ~e, *a.* [CONIVNX+-ALIS]

1 Belonging or proper to marriage, marital; (of gods) presiding over marriage.

~i fidei V.MAX.2.1.4; ~ia sacra 2.9.2; noctem..actam licentia ~i TAC.*Ann.*11.27; ~I VINCVLO *CIL* 5.1721;—dis ~ibus Pilumno et Picumno..lectus sternebatur VAR.in Non. p.528M; di ~es tuque genialis tori, Lucina, custos SEN. *Med.*1; QUINT.*Decl.*347(p.368,l.3); TAC.*Ger.*18.2.

2 a Belonging to a husband or wife. **b** consisting of wives.

a ~e illud praeceptum APUL.*Met.*5.8. **b** debent (galli) et protegere ~em gregem COL.8.2.11.

3 (dub.) The name of a species of myrtle.

(myrtum) ~em (*s.v.l.*) existimo nunc nostratem dici PLIN.*Nat.*15.122.

coniugātiō ~ōnis, *f.* [CONIVGO+-TIO] Etymological connexion; also, a mixing together.

haec uerborum ~o *συζυγία* dicitur CIC.*Top.*12; 38;—~one quadam mellis et fellis APUL.*Fl.*18.

coniugātor ~ōris, *m.* [CONIVGO+-TOR] One who unites (in a pair).

boni ~or amoris (*sc.* Hymen) CATUL.61.45.

coniugātus ~a ~um, *a.* [pple. of CONIVGO] (of words) Etymologically connected; (of arguments) depending on etymological connexion.

quia ~a uerba essent pluuia et pluendo CIC.*Top.*38;—alia (argumenta) ~a appellamus 11; (*neut. as sb.*) quod ~um uocant, ut 'eos, qui rem iustam faciunt, iuste facere' QUINT.*Inst.*5.10.85.

coniugiālis ~is ~e, *a.* [next+-ALIS] Belonging to marriage; of a husband.

~ia festa OV.*Met.*5.3; nec ~e solutum est foedus in alitibus 11.743;—nec ~ia supra funera..mactabit STAT. *Theb.*12.158.

coniugium ~(i)ī, *n.* [CONIVNX+-IVM] FORMS: *coiugio CIL* 10.3304, 11.6424.

1 The condition of being married, marriage, wedlock. **b** (of animals) mating, union.

~io liberali deuinctum TER.*An.*561; ut ~ia uirorum et uxorum natura coniuncta esse dicerent CIC.*Fin.*4.17; regium adepta es ~ium CATUL.66.28; nec iam furtiuum Dido meditatur amorem: ~ium uocat VERG.*A.*4.172; ~ium castae uiolauerat Amphitrites *Ciris* 73; OV.*Met.*7.69; uix praesenti custodia manere inlaesa ~ia TAC.*Ann.*3.34; CVM QVA VIXIT IN ~IO *CIL* 9.1260. **b** saepe sine ullis ~iis uento grauidae (equae) VERG.*G.*3.275; iuuencam..operum ~iique rudem OV.*Fast.*4.336.

2 Entrance into marriage.

~ium Pisis petere ACC.*trag.*500; de ~io Tulliae meae CIC.*Att.*6.8.1; ~ii tempus..ad ipsum OV.*Ep.*20.45; *Fast.* 6.587; noua nobis in fratrum filias ~ia TAC.*Ann.*12.6; nisi ..uni ex illo..grege..in modum sollemnium ~iorum denupsisset 15.37.

3 (meton.) **a** A partner in marriage, husband or wife. **b** a pair (of animals), couple.

~iumque domumque patris natosque uidebit VERG.*A.* 2.579; quae uiua sequatur ~ium PROP.3.13.20; SEN.*Tro.*59; JUV.8.219. **b** iunctae..in amore columbae, masculus et totum femina ~ium PROP.2.15.28; ~ia (*sc. of snakes*) ferme uagantur PLIN.*Nat.*8.86; 9.21; 10.31.

4 A close connexion, union.

comptu ~ioque corporis atque animae consistimus uniter apti LUCR.3.845.

coniugō ~āre ~āuī ~ātum, *tr.* [CON-+IVGO] To join in marriage; to form (a friendship).

sororem tuam..mihi confarreatis nuptiis ~abo APUL. *Met.*5.26;—amicitia, quam similitudo morum ~auit CIC. *Off.*1.58.

coniugulus ~a ~um, *a.* [perh. CON-+IVGVLVM, but see PLIN. quot.] The name of a species of myrtle.

murtum ~um et album et nigrum CATO *Agr.*8.2; 133.2; (myrtum) nigram, candidam, ~am, fortassis a coniugiis PLIN.*Nat.*15.122.

coniunctē, *adv. compar.* ~ius, *superl.* ~issimē. [CONIVNCTVS+-E]

1 In combination, jointly, together. **b** in the manner of a compound proposition.

~e de confirmatione et confutatione dicendum fuit *Rhet. Her.*2.2; si quando risus ~e re uerboque moueatur CIC. *de Orat.*2.248; ~ene malles cum reliquis rebus nostra contexere *Fam.*5.12.2; LIV.6.39.11; VEN.*dig.*45.1.137.7; GEL. 6(7).10. **b** si ~e sit elatum et adiuncta sint alia CIC. *de Orat.*2.158; illa, quae ~e dicta sunt GEL.16.8.11.

2 In a friendly or familiar fashion, closely.

quibuscum priuatus ~issime uixerat CIC.*de Orat.*3.11; *Fam.*6.9.1; NEP.*Att.*5.3; quem et ipse amo, sed ~ius tu PLIN.*Ep.*6.8.4.

coniunctim, *adv.* [CONIVNCTVS+-IM] In combination, jointly.

neue quid prius ex K. Mart. ad senatum referrent neue quid ~ *S.C.* in Cael.*Fam.*8.8.5; huius omnis pecuniae ~ ratio habetur CAES.*Gal.*6.19.2; LIV.6.40.9; GAIUS *Inst.*2.199; si ~ sit usus fructus relictus ULP.*dig.*7.2.1.

coniunctiō ~ōnis, *f.* [CONIVNGO+-TIO]

1 The action of joining together, uniting; the state of being joined, union. **b** a point of junction; a conjunction (of heavenly bodies). **c** a thing made by uniting, composition.

~one ignis et humoris VAR.*L.*5.63; qua ex ~one (*sc.* ign s terrae, aquae, animae) caelum..aptum est CIC.*Tim.*15; potest (*sc.* glutinari) caro..si..~one corporis fouetur CELS. 5.26.23.A; inoffensa..litterarum inter se ~o QUINT.*Inst.* 1.1.31; PAUL.*dig.*32.92;—(*in mating*) ~onis appetitus procreandi causa CIC.*Off.*1.11;—ut idem corpus et eadem anima..rursus redeant in ~onem VAR.*hist.*4; habent..suam sphaeram stellae inerrantes ab aetheria ~one secretam CIC.*N.D.*2.55; VITR.2.3.2; SEN.*Nat.*7.19.1. **b** eorum (*sc.* portuum) ~one pars oppidi..mari disiuncta angusto, ponte rursus adiungitur CIC.*Ver.*4.117;—hominum corpora ..una mundi ~one concepta VITR.6.1.8. **c** (stantes sonitus) continent tetrachordi ~onem VITR.5.4.5.

2 (rhet.) The collocation or arrangement (of words or ideas). **b** (gram.) the joining of two phrases by placing a common word between them; (see quot.). **c** (gram.) the formation of a word from several elements, composition. **d** (gram.) a connecting particle, conjunction.

uersus in oratione si efficitur ~one uerborum CIC.*de Orat.* 3.175; *Part.*16; eius (compositionis) tres partes: ordo, ~o, numerus QUINT.*Inst.*9.4.146. **b** ~o est cum interpositione uerbi et superiores partes comprehenduntur et inferiores *Rhet.Her.*4.38. **c** 'uersutiloquas' et 'expectorat' ex ~one facta esse uerba CIC.*de Orat.*3.154. **d** cum demptis ~onibus dissolute plura dicuntur CIC.*Orat.*135; ⟨at⟩ cum 't' ~onem disiunctiuam facit VEL.gram. in *G.L.*7.69; ~onum ac praepositionum proprietates SEN.*Ep.*88.42; GEL. 10.29.1.

3 a A bond (of association, friendship, etc., between persons). **b** mutual association, friendship, familiarity; also, between classes of the community. **c** (spec.) an association by marriage or betrothal, connexion; (also) the entering into such an association.

a multorum officiorum ~one..priuatum CIC.*Brut.*1; tantam..habet morum similitudo ~onem atque concordiam *Ver.*3.23; propter tantam ~onem adfinitatis *Dom.*118; ea ~one, quae est homini cum deo *Leg.*1.43; sanguinis ~onem QUINT.*Decl.*264(p.78,l.18); ULP.*dig.*43.29.3.12. **b** illam ~onem Caesaris CIC.*Prov.*45; quin Pompeium a Caesaris ~one auocarem *Phil.*2.23; in omnibus nouis ~onibus interest qualis primus aditus sit *Fam.*13.10.4; nos ad ~onem congregationemque hominum..esse natos *Fin.*3.65; uetusta ~o cum Macedonibus LIV.41.24.14; SEN.*Ben.*1.11.4; ~one Caesaris dignus TAC.*Ann.*4.39; CALL.*dig.*27.1.17.1;—~onem uestram equitumque Romanorum CIC.*Catil.*4.22; illa ordinum ~o *Off.*3.88. **c** opto nobis hanc ~onem uoluptati fore CIC.*Fam.*1.7.11; NEP.*Att.*19.4; TAC.*Ann.*5.1; incestum..quod per illicitam matrimonii ~onem admittitur PAPIN.*dig.*48.5.39(38).7; PAUL.*dig.*1.5.11;—in ~one nuptiali VAR.*R.*2.4.9; ipsorum conubiorum quaeritur tempestiua ~o APUL.*Pl.*2.25.

4 A non-physical connexion, association, affinity. **b** (log.) a compound proposition.

ut se periculo litium, ~one criminum liberarent CIC.*Ver.* 1.97; tanta erat in illis (*sc.* armis) crudelitas, tanta cum barbaris gentibus ~o *Att.*11.6.2; ex quadam conuenientia et ~one naturae *Div.*2.124. **b** haec..~o est ex repugnantibus CIC.*Fat.*12; *Luc.*91.

5 A joint occurrence, combination.

populi..ius etiam cum seditionis ~one defenderam CIC. *de Orat.*2.200; ~onem..potestatis et sapientiae *Q.fr.*1.1.29; *Fin.*5.22; qualitatium inter se dissidentium quasi quasdam ~ones COL.2.2.3; ULP.*dig.*35.1.10.

6 The possession or use (of a thing) in common, community, affinity.

amor uoluntatisque ~o CIC.*Fam.*10.5.1; studiorum parium ~one 6.6.1; maiores accubitionem epularem amicorum, quia uitae ~onem haberet, conuiuium nominauerunt *Sen.*45; VITR.1.1.12.

coniunctīuus ~a ~um, *a.* [CONIVNGO+-IVVS] (app.) Connective.

(controuersiae de agris) effectus habent aut ~os aut disiunctiuos AGEN.*agrim.*p.28.

coniunctum ~ī, *n.* [next] A connected word or proposition; also, a compound proposition.

~a..non semper eueniunt; consequentia autem semper CIC.*Top.*53; *de Orat.*2.166; PAUL.*dig.*50.16.53;—quod illi *συμπεπλεγμένον*, nos uel ~um uel copulatum dicimus GEL. 16.8.10.

coniunctus[1] ~a ~um, *a. compar.* ~ior, *superl.* ~issimus. [pf. pple. pass. of CONIVNGO] In vbl. senses, esp.:

1 Adjoining, contiguous, linked together.

tellus..~ast, oras maris undique cingens LUCR.6.632; castra Vari conspicit muro oppidoque ~a CAES.*Civ.*2.25.1; ciuitates..Oceano ~ae HIRT.*Gal.*8.31.4; ~is spatiantur passibus OV.*Met.*11.64; scandentes per ~a aedificia TAC. *Hist.*3.71; si quis digitis ~is nascatur ULP.*dig.*21.1.14.6; de eo, quod uxoris in aedificium uiri ita ~um est, ut detractum alicuius usus esse possit PAUL.*dig.*24.1.63.

2 Connected (in time), contemporary or continuous.

horum aetati prope ~us L. Gellius CIC.*Brut.*174; dicendi ardore eram propior et aetate ~ior 317; *Leg.*1.6; ex praeterito tempore aut ex ~o aut ex sequenti QUINT.*Inst.*5.8.5; 5.10.45; praecedentium auctorum possessio non proderit quia ~a non est VEN.*dig.*44.3.15.1.

3 (of discourse, etc.) Connected, continuous; (of a proportion) having a mean term.

prima uis est in simplicibus uerbis, in ~is secunda CIC. *Part.*16; rationem sermonis ~i QUINT.*Inst.*8.3.40;—alterum (genus analogiae) ~um sic; ut est unum ad duo, sic duo ad quattuor VAR.*L.*10.45.

4 Made up of several parts, complex.

cum parua magnis simplicia ~is..inteximus CIC.*Part.*12; haec (causa) simplex dicitur, illa ~a QUINT.*Inst.*3.10.1; 7.1.9.

5 Closely associated (by friendship, obligation, kinship, etc.), attached. **b** (of relationships, etc.) close.

eo..fiunt firmiores ac ~iores fundo (serui) VAR.*R.*1.17.5; hominem..~issimum officiis, consuetudine, usu CIC.*Sul.*57; quis turpioribus ~ior? *Cael.*13; filio..cum re publica ~iore *Vat.*24; legiones..rei p. ~issimas PLANC.*Fam.*10.8.6; tam ~a populo Romano ciuitas CAES.*Gal.*7.33.1; OV.*Met.*7.485; C.Mario sanguine ~issimus VELL.2.41.2; QUINT.*Inst.*7.4.21; TAC.*Dial.*5.2. **b** cognatio studiorum et artium..non minus est ~a CIC.*Ver.*4.81; pro nostra ~issima necessitudine *Fam.*13.55.2.

6 (of things) Closely connected or related.

omnia..sunt..laudanda quae ~a cum uirtute sunt CIC. *Part.*71; ciuium..omnium sanguis ~us existimandus est *Ver.*5.172; neque officio ~ior dolor ullius esse potest quam hic meus *Sest.*4; recentior..memoria fili est et cum meis rebus gestis ~ior *Dom.*113; talis..simulatio uanitati est ~ior *Off.*1.44; quoniam ~ast causa duobus LUCR.3.579; GEL.2.4.6.

coniunctus[2] ~ūs, *m.* [next+-TVS[3]] The process or state of being joined together.

quadrigae a ~u dictae VAR.*L.*10.24; si..uno pretio comparatae..communi ~u (*s.v.l.*) fuissent (balneae) PAPIN.*dig.* 32.91.4.

coniungō ~gere ~xī ~ctum, *tr.* [CON-+IVNGO] FORMS: *coiunxit CIL* 4.5296.

1 To join together, connect; to yoke together. **b** to unite sexually. **c** to connect (words, as with conjunctions).

corpus et..anima, quae fuerint ~cta in homine VAR. *hist.*4; ne ratibus ~ctis freto..transire possent CIC.*Ver.*5.5; primordia ferri in uacuum prolapsa cadunt ~cta LUCR. 6.1007; auidi ~gere dextras VERG.*A.*1.514; quod..~gi diductam cutem prohibeat CELS.7.7.9.B; ignes..coire ac se ~gere uidentur MELA 1.94;—(*w.* cum) facito iis (*sc.* surculis) medullam cum medulla ~gas CATO *Agr.*41.3; epistulam cum hac epistula ~xi CIC.*Fam.*7.30.2;—(*w. dat.*) pars..Nili..diuersissimo ad litus interuallo mari ~gitur *B.Alex.*27.1; dextrae ~gere dextram VERG.*A.*8.164; infusos mihi ~gite artus SEN.*Med.*947; (*cf. sense 7c*) (uitis) ulmo ~cta marito CATUL.62.54;—boues feriis ~gere licet CATO *Agr.*138; VAR.*R.*2.8.5; LUCR.5.1300; (*cf.*) PL.*Aul.*229. **b** feminaque ut maribus ~gi possit LUCR.5.853; concubitusque fugis nec te ~gere curas OV.*Met.*14.668; COL.12.pr.1; TAC. *Ann.*12.53; *CIL* 4.5296. **c** 'atque'..~git uerba et conectit GEL.10.29.1; dubitatum, illa uerba 'ope consilio' quemadmodum accipienda sunt, sententiae ~gentium aut separantium PAUL.*dig.*50.16.53.2.

2 To place side by side, bring alongside; to juxtapose (vowels so as to form hiatus); (pass., of heavenly bodies) to be in conjunction. **b** to put together so as to form a continuous structure; to connect (words) to form a sentence. **c** to run together, merge (actions, processes).

Commius..equum ~git equo Quadrati HIRT.*Gal.*8.48.5; quidam..~ctis manebant capitibus PETR.22.2;—(*w. abl.*) ratis celsi ~cta crepidine saxi VERG.*A.*10.653; pede plantam ~git *Ilias* 296;—nemo ut tam rusticus sit qui uocalis nolit ~gere CIC.*Orat.*150;—stella Iouis..~cta cum luna *Div.*1.85. **b** ut neque..aedificia moenibus continuarentur, quae nunc uolgo etiam ~gunt LIV.1.44.4; diaetas transformare uel ~gere aut separare ULP.*dig.*7.1.13.7; (*cf.*) ~gere agellis Siciliam uolo PETR.48.3;—(*pass.*) summa pars caeli..cum aeris extremitate ~gitur CIC.*N.D.*2.117; APUL.*Mun.*4;—animalia quae non uerba ~gunt [QUINT.]*Decl.*13.17. **c** celeritate ~gendarum inter se actionum unam actionem occultari ULP.*dig.*24.1.3.12.

3 (mil.) To join (parties of men) into a single force, unite (forces); also, *arma* (*tela*), *castra* ~*gere*.

cum abessem..milia passuum XXX et se iam Ventidius ~xisset D.BRUT.*Fam.*11.13.3; Antoni exercitu ~cto CAES. *Civ.*3.34.1; si quos locus aut casus ~xerat SAL.*Jug.*97.5; ~gi..passi duos consulares exercitus LIV.9.43.11;—(*w.* cum) se..Sertori copias cum suis ~cturum CIC.*Mur.*32; si se tot hominum milia cum hostibus ~xerint CAES.*Gal.*7.39.3;—(*w. dat.*) ut se uobis ~gerent POMP.*Att.*8.12A.4; classem ..intercludi, ne Polyxenidae ~gatur LIV.37.15.8;—cum duabus legionibus..castra ~gunt Caes.*Civ.*1.63.1; quibus Sabini arma ~xerant Liv.2.53.1; consules castra ~gunt 3.8.11; ~cta..tela feramus Ov.*Met.*11.378.

4 To make or compose by joining; (gram.) to form compound (words).
ut in uilla ex pluribus tectis ~gitur ac quiddam fit unum Var.*L.*5.88; causa..~cta ex pluribus quaestionibus Cic. *Inv.*1.17; exercitus qui ~ctus est ex duobus (*sc.* legionibus) *Phil.*12.8; cum..fossae transitum ponticulo ligneo ~xisset *Tusc.*5.59; e duplici genere uoluptatis ~ctus est (Epicurus, *i.e. the Epicurean philosophy*) *Fin.*2.44; confines erant hi Senonibus ciuitatemque..~xerant Caes.*Gal.*6.3.5;—~cta uerba Cic.*Orat.*186; deriuare, flectere, ~gere Quint.*Inst.* 8.3.36.

5 To establish communication between, connect (two points or one with another); (pass., of points) to be connected.
se Oceanum cum Ponto..~cturum Cic.*Mur.*32; ut.. duo maria..paene ~geret (Corinthus) *Agr.*2.87; castra oppido ~xit Cas.*Fam.*12.13.4; nauis subduci et cum castris una munitione ~gi Caes.*Gal.*5.11.5; arboribus ~gat et ardor aristas *Dirae* 44;—(*pass.*) (portus) in exitu ~guntur et confluunt Cic.*Ver.*4.117; (insula) ponte cum oppido ~gitur Caes.*Civ.*3.112.2; itinere..quo ~gitur Aegyptus Syriae *B.Alex.*26.1; rapidus..Nereus saeuo diuiduos ~gi pernegat aestu Sil.14.19.

6 To join in time, make to follow without a break.
sex postea annos pari secreto ~xit Tac.*Ann.*4.57; a.. uersatus sermonem Nerua abstinentiam cibi ~xit 6.26; 13.17; duos nouissimos (consulatus) ~xit Suet.*Cal.*17.1;—(*w.* cum) cum his (*sc.* ludis Victoriae) plebeios esse ~ctos Cic.*Ver.*31;—(*w. dat.*) properans noctem diei ~xerat Caes. *Civ.*3.13.2; consultis..facta ~gens Vell.2.79.1; tristibus dictis atrocia facta ~gere Tac.*Ann.*4.71.

7 To bring into close association, unite (by friendship, obligation, kinship, etc.). **b** to bring into alliance; (esp. pass. and refl.) to form an alliance, make common cause. **c** to join in marriage; (usu. pass.) to be married.
socium..qui se in negotio ~xit Cic.*Q.Rosc.*16; scelerum foedere inter se ac nefaria societate ~tos *Catil.*1.33; Pompeium et Caesarem ~gi posse Balb.*Att.*8.15a.2; sanguine ~ctos Sal.*Jug.*10.3; propinqua cognatione ~ctus Nep.*pr.* 7; in unum semissem Seium et Sempronium ~gere Ulp.*dig.* 28.5.15; qui..per feminas ~guntur, cognati tantum nominantur Paul.*dig.*38.10.10.2;—(*w.* cum) quos..hodiernus dies uobiscum atque haec causa ~git Cic.*Catil.*4.15; cum hoc ego me tanta familiaritate ~xi *Att.*1.19.7; ut..~ctam.. cum diuina mente se sentiat (mens) *Tusc.*5.70; Catul.91.7; —(*w. dat.*) cui me..studia communia..~xerant Cic.*Fam.* 15.11.2; a stirpe..geminis ~ctus Atridis Verg.*A.*8.130; etsi per adoptionem nobis ~ctae sint Gaius *dig.*23.2.17.2; —(*w.* ad) hos ~xit ad societatem non consensus, sed res Paul.*dig.*10.2.25.16. **b** oppidanos..sibi ~git Hirt.*Gal.* 8.32.2;—(*pass. and refl.*) ne eae (ciuitates) se cum Heluetiis ~gerent Cic.*Att.*1.19.2; ne..tantae nationes ~gantur Caes.*Gal.*3.11.3; Liv.7.29.4. **c** filias suas..Nabidis filiis matrimonio ~gere Liv.32.38.3; huic Drusillam..~git Tac. *Ann.*6.15;—(*pass.*) ~cta Aeneae Lauinia Var.*L.*5.144; Lucr.5.1012; o digno ~cta uiro Verg.*Ecl.*8.32; Ov.*Met.* 6.433; Poppaeae ~gitur Tac.*Ann.*14.60.

8 To bring about, form (friendships, relationships, etc.).
Sabinorum conubia ~xisse Cic.*de Orat.*1.37; causam ~gendae necessitudinis *Ver.*4.145; cum hoc..pacem..~gi *Phil.*7.9; ad beniuolentiam ~gendam *Amic.*26; (*cf.*) (bellum) quod ~gant reges potentissimi *Man.*26.

9 To bring together in speaking or writing; to add, include.
ego..cum hoc (*sc.* Antonio)..in comparatione ~gar Cic. *de Orat.*3.32; dedecus est nostrum, nostrum, inquam, te ~gens *Att.*7.2.6; nos saeua iussa, continuas accusationes, fallaces amicitias..~gimus Tac.*Ann.*4.33; haec, quamquam ..pluris per annos gesta, ~xi 12.40;—hoc uel ~gi cum hoc senatus consulto licet uel seiungi potest separatimque perscribi Cic.*Phil.*13.50; Sil.13.687; (*w. acc. and inf.*) Mela ~git..uxorem..fundum..consequi Ulp.*dig.*33.4.1.15.

10 a To connect in idea, associate. **b** to treat in the same way, associate in practice. **c** to bring into harmony.
a ~ctam cum eo Verris causam Cic.*Ver.*3.153; omnes boni..suam salutem cum mea ~gunt *Sul.*29; oratores, quos eorundem hominum aures adgnoscere ac uelut ~gere et copulare potuerunt Tac.*Dial.*17.7; cum caecigeni..cognoscant corpora tactu..nullo ~cta colore Lucr.2.743; sophisticam coquinae ~git Apul.*Pl.*2.9. **b** cum his uos testibus uestram religionem ~getis? Cic.*Font.*31; ut domus ..Ciceronis cum domo Fului Flacci ad memoriam poenae.. ~cta esse uideatur *Dom.*102; *Phil.*1.13; ut inter ignem atque terram aquam deus animamque poneret eaque..proportione ~geret *Tim.*15. **c** si sua consilia cum illo ~xisset Cic.*Pis.*12; *Att.*8.3.2; nisi te cum libertate populi R. et cum senatus auctoritate ~xeris *Fam.*10.6.2.

11 a To use or perform at the same time, combine. **b** to join (with a person) in using or performing, share in.
a neque tanti sit illud (argumentum)..ut cum aliquo malo ~gatur Cic.*de Orat.*2.308; cum huius periculi propulsatione ~gam defensionem offici mei *Sul.*2; an possit cum honestate ~gi (utilitas) *Off.*3.50. **b** cum amicis ..consociare aut ~gere iniuriam Cic.*Fin.*3.71; *Amic.*15; tecum ~gere somnos Catul.64.331; tecum ~gere dicta Sil.13.446.

coniunx *or* **coniux** ~ugis, *m.* or *f.* (also *a.*.) [con-+*iug- (see ivgvm) cf. Gk. σύζυγος] Forms: *coniunxs CIL* 1.1221.8, 6.2067; *coniux* 3.10357; *conius* 11.1016; *congiugi* 11.1016; *coiux* 1.1930, 11.1068; *coius* 13.3321; *coiugei* 1.1930; *coiiuci* 1.1597.

1 A partner in marriage, consort. **b** a husband. **c** a wife; an intended wife, bride; (also, applied to a concubine).
boni ~uges, bene uiuite Catul.61.226; Iuppiter..cum Iunone, prius ~unx quam dictus uterque est *Lydia* 64; *CIL* 10.8400. **b** Alcumenam Iuppiter rediget antiquam ~ugi in concordiam Pl.*Am.*475; Acc.*trag.*38; de tui ~ugis consilio Gel.*hist.*15; mulier cum suo ~uge Cic.*Cael.*78; Verg.*A.*3.317; Ov.*Tr.*2.162; Tac.*Ann.*13.44; *CIL* 13.1902. **c** adiutricem ~ugem Acc.*trag.*213; ~uges liberosque uestros Cic.*Catil.*3.1; Caes.*Gal.*7.14.10; Verg.*A.*10.280; Liv.26. 15.14; (*poet.*) pater omnipotens fecundis imbribus Aether ~ugis in gremium laetae descendit Verg.*G.*2.326;—~ugis indigno Nysae deceptus amore *Ecl.*8.18; ereptae magno flammatus amore ~ugis..Orestes *A.*3.331; Ov.*Ep.*8.18;— abrepta desertus ~uge Achilles Prop.2.8.29; captiua ~unx, regii paelex tori Sen.*Ag.*1002.

2 (of animals, usu. fem.) A mate. **b** (of a vine trained upon an elm) a partner.
pro niuea pugnantes ~uge tauros Ov.*Am.*2.12.25; lanigerae ~uge..ouis *Fast.*1.334; suo ~unx abducta marito.. columba 1.451; mares (pauones) singuli quinis sufficiunt ~ugibus Plin.*Nat.*10.161. **b** si uetustae (ulmo) uitem applicueris, ~ugem necabit Col.5.6.18.

3 A yoke-fellow.
me cum meo famulo meoque uectore illo equo factum conseruum atque ~ugem Apul.*Met.*7.3.

4 (as adj.) Linked in a pair.
elementorum..quinque ~uges copulae Apul.*Mun.*5.

cōnīuolus ~a ~um, *a.* [coniveo+-olvs] (See quots.)
~i oculi sunt in angustum coacti coniuentibus palpebris Paul.*Fest.*p.42M; ~a occulta p.61M.

coniūrātī ~ōrum, *m. pl.* [pple. of conivro] Conspirators.
~i ad ferrum et flammam uocabantur Cic.*Flac.*102; Liv. 1.51.5; Ov.*Fast.*5.572.

coniūrātiō ~ōnis, *f.* [next+-tio]
1 The taking of an oath in common. **b** the action of leaguing together.
socios conquirit, aduersarios eius conuenit, ~one confirmat Nep.*Di.*8.3. **b** tot ciuitatum ~o Caes.*Gal.*3.10. 2; Hirt.*Gal.*8.1.1; Etruria..~one Samnitium erecta Liv. 10.45.3.

2 A conspiracy, plot, treason, intrigue; (also) a friendly conspiracy. **b** (meton.) a band of conspirators.
Iugurthinae ~onis inuidia Cic.*Brut.*127; hanc recentem urbis inflammandae delendique imperi ~onem *Har.*18; ~onem nobilitatis fecit Caes.*Gal.*1.2.1; ~o in tyranni caput facta Liv.24.5.9; propter ~onem deserendae Italiae ad Cannas factam 24.43.3; Tac.*Ann.*15.59; (*facet.*) quae haec est ~o! utin omnes mulieres eadem aeque studeant nolintque omnia! Ter.*Hec.*198;—urbana ~one eblanditas preces Plin.*Pan.*70.9. **b** extra istam ~onem perditorum hominum Cic.*Catil.*1.13; cetera multitudo ~onis Sal.*Cat.* 43.1; Vell.2.58.2.

coniūrō ~āre ~āuī ~ātum, *intr.* [con-+ivro] Forms: *coniourase* (= *coniurauisse*) *CIL* 1.581.13.

1 To join in taking an oath. **b** (of enemies) to form an alliance or league.
neve posthac inter sed ~a⟨se nev⟩e comvovise.. velet *CIL* 1.581.13; si tu uerbis conceptis ~auisti sciens Scip.min.*orat.*11; senatus..consulto..ut omnes iuniores Italiae ~arent Caes.*Gal.*7.1.1; quae iurat, mens est. nil ~auimus illa Ov.*Ep.*20.135;—(*w.* cum) quae ~asset mecum Pl.*Cist.*241; Bononiensibus..gratiam fecit ~andi cum tota Italia pro partibus suis Suet.*Aug.*17.2;—(*w. acc. and inf.*) inter se ~ant, nihil nisi communi consilio acturos Caes.*Gal.*3.8.3; Liv.22.38.4;—(*w. inf.*) ~auere nobilissumi ciues patriam incendere Sal.*Cat.*52.24;—(*w.* ut) equites ..~asse..ut transitionem facerent *B.Hisp.*26.2; haec.. omnia ut incenderent..Campani principibus Blossiis fratribus ~auerunt Liv.27.3.4;—(*pf. pple. in middle sense*) si quidem omnes ~ati cruciamenta conferant Pl.*As.*318; Verg.*G.*1.280; Graecia..~ata tuas rumpere nuptias Hor. *Carm.*1.15.7. **b** Etruriam ~are Sal.*Hist.*1.77.6; simul omne tumultu ~at trepido Latium Verg.*A.*8.5; ~et in arma mundus Luc.2.48;—(*w. dat.*) omnis quod plaga Graiugenum tumidis ~at Atridis Stat.*Ach.*1.36;—(*w.* contra) qui tum sub urbe populi..contra nos ~arunt Var.*L.* 6.18; Caes.*Gal.*2.1.1;—(*w.* in+*acc.*) Graiorum..classis in Troiam ~antium Mela 2.45;—(*pple. in middle sense*) ~atae..sequuntur mille rates Ov.*Met.*12.6; 5.150;—(*fig.*) alterius sic altera poscit opem res et ~at amice Hor.*Ars* 411.

2 To join in a plot, form a conspiracy.
~asse mallem quam restitisse coniurationi Cic.*Att.*2.2.2; (*w.* ad+*gdve.*) ~asse ad caedem senatus faciendam Asc. *Tog.*82;—(*w.* in+*acc.*) principes iuuentutis..in proditionem urbium suarum ~ati Liv.9.25.4; qui in mortem patris ~arant Quint.*Inst.*4.2.72; (*impers. pass.*) defectionis, in quam ~atum erat Liv.9.27.1;—(*w.* de) confessos se de interficiendo Cn. Pompeio ~asse Cic.*Mil.*65;—(*w.* contra) ~auere pauci contra rem publicam Sal.*Cat.*18.1;—(*w.* aduersus) qui usquam coissent ~assentue aduersus rem publicam Liv.9.26.8; 38.1.6;—(*pple. in middle sense*) homines..~atos cum gladiis in campum deduci Cic.*Mur.* 52; *Planc.*100; (*poet.*) ~ato descendens Dacus ab Histro Verg.*G.*2.497; (*transf.*) ~ata arma moueri Ov.*Met.*15.763.

3 (poet., of things) To act in unison, conspire.
~atis(auris) addit concordia uires *Aetna* 289; 360.

coniux: see coniunx.

conl-: see coll-.

conm-: see comm-.

connectō: see conecto.

connegotiātor ~ōris, *m.* [con-+negotiator] A fellow trader.
l pompilivs eros negotiator..qvi vocitatvs est svis ~oribvs adigillvs *A.Epig.*46.230.4.

connex-: see conex-

connītor: see conitor.

connīueō: see coniveo.

connumerō ~āre ~āuī ~ātum, *tr.* [con-+nvmero] To include in counting, reckon in.
uniuersi ciues..~atis et patriciis Gaius *Inst.*1.3; intra dies triginta post diuortium ~andos Ulp.*dig.*25.3.1.1; (*w. dat.*) eam..debuisse his ~ari 23.2.43.3.

Conōn ~ōnis, *m.* **a** An Athenian naval commander in the Peloponnesian War. **b** a Samian astronomer and mathematician of the 3rd century B.C.
a Cic.*de Orat.*3.139; Nep.*Con.*1.1; Amp.15.14. **b** Catul. 66.7; Verg.*Ecl.*3.40; Sen.*Nat.*7.3.3; Plin.*Nat.*18.312.

cōnōpium ~(i)ī, *n.* Also **cōnōpēum.** [Gk. κωνώπιον] A mosquito-net; a bed provided with mosquito-nets.
quae in ~iis iacent dies aliquot Var.*R.*2.10.8; Hor.*Epod.* 9.16; foedaque Tarpeio ~ia tendere saxo Prop.3.11.45;— ut testudineo..~eo..murmillonem exprimat infans Juv. 6.80.

cōnor ~ārī ~ātus, *tr.*, *intr.* [perh. con-+*snā-, cf. Hittite *sanh-*, to attempt]

1 (intr.) To make an effort, exert oneself.
~ari manibus pedibus noctesque et dies Ter.*An.*676; dum moliuntur, dum ~antur, annus est *Hau.*240; sine spe ~amur ulla Cic.*Att.*10.2.2; Nep.*Dat.*7.1; plus..queunt pecudes collo et pectore ~ari quam cornibus Col.2.2.23.

2 (w. acc. or cl.) To attempt, endeavour, try. **b** (ellipt.) to attempt to go; to attempt to rise; to attempt to speak.
(*w. acc.*) deumque de consilio hoc itiner credo ~atum Enn.*scen.*336; si sensero..quicquam in his te nuptiis fallaciae ~ari Ter.*An.*196; quae..Catilinam ~antem.. prohibui Cic.*Pis.*15; ~amur opus magnum Caes.in Cic.*Att.* 9.14.1; omnia..hostem ~ari Liv.26.43.1; honesta ~ari Sen.*Ep.*95.5; picasque docuit uerba nostra ~ari Pers.pr.9; ~antemque preces inclusaque pectore uerba V.Fl.4.372; Stat.*Theb.*11.471; (*w.* si) si perrumpere possent ~ati Caes.*Gal.*1.8.4;—(*w. inf.*) quo nunc..gradum regredere ~are? Enn.*scen.*14; neque ~ari id facere audebatis prius Pl.*As.*213; quaestionem habere ~ata es Cic.*Clu.*182; Lucr.5.838; transire ~antis Caes.*Gal.*2.23.1; Verg.*A.*2.792; Liv.1.45.1; Tac.*Ann.*2.68; Fro.*Aur.*1.p.262(167N). **b** at ego obuiam ~abar tibi Ter.*Ph.*52; Lanuuio ~or..in Tusculanum Cic.*Att.*13.26.2; animus..ultra thoracas anhelus ~atur Stat.*Theb.*8.389;—illum ab humo ~antem ut uidit 6.807;—nil contra ~or Juv.6.644.

conp-: see comp-.

conphrētōr ~oris, *m.* [con-+Gk. φράτωρ] A fellow member of a φρατρία.
optimi viri et ~ores *A.Epig.*13.134.

conquadrō ~āre ~āuī ~ātum, *tr.* [con+qvadro] To make square.
aurum, later quod ~auit regius Var.*Men.*96; perticae dolantur in quadrum..~atae deinde..parietibus induuntur Col.8.3.7.

conquaerō: see conqviro.

conquaestor: see conqvisitor.

conquassātiō ~ōnis, *f.* [next+-tio] A shaking up.
illa duo, morbus et aegrotatio, ex totius ualetudinis corporis ~one et perturbatione gignuntur Cic.*Tusc.*4.29.

conquassō ~are ~āuī ~ātum, *tr.* [con-+qvasso]

1 To shake violently. **b** to break, shatter.
cum..Apulia..maximis terrae motibus ~ata esset Cic. *Div.*1.97; Lucr.5.106; fronte et occipitio ~atus Apul. *Apol.*43; eam..capite ~ato grauiter affligit *Met.*6.10. **b** qualum incidito..siue calix erit, ~ato Cato *Agr.*52.2; corpus..cum cohibere (animam) nequit ~atum ex aliqua re Lucr.3.441.

2 To throw into confusion, unsettle, disturb.
exteras nationes illius anni furore ~atas Cic.*Sest.*56; ~atam ciuitatem *Vat.*19; ~atur..mens animaeque potestas Lucr.3.600.

conqueror ~rī ~stus, *tr.*, *intr.* [con-+qveror]

1 (intr.) To utter a complaint, complain, lament.
eiulans ~ritur maerens Pl.*Aul.*727; Ter.*Hec.*375; esset non mediocriter ~rendum Cic.*Quinct.*59; nequiquam in senatu est ~stus Liv.4.29.7; ~rar, an taceam? Ov.*Pont.* 4.3.1; Tac.*Ann.*3.50;—(*w.* de) de rebus tantis..satis grauiter ~ri Cic.*S.Rosc.*9; Liv.43.2.2.

2 (tr.) To complain of, bewail.

meam pauperiem ~ror PL.*Aul.*190; ~ri fortunam aduersam, non lamentari decet PAC.*trag.*268; si nostrum fatum..~remur *Rhet.Her.*2.50; ~renda condicio communis periculi CIC.*Part.*44; ad saxa et ad scopulos haec ~ri *Ver.* 5.171; perfractas ~riturque fores TIB.1.10.54; cum maxime ~reretur apud patres..iniuriam dictatoris LIV.8.33.4; contumelias ~rentes TAC.*Hist.*1.54; est quod ego tecum grauiter ~rar VER.*Fro.*1.p.294(116N);—(*w. obj. cl.*) ~rimur, quod ab iis..male tractemur CIC.*Inv.*1.109; TAC.*Ann.*15. 61;—(*w. acc. and inf.*) non tam se moriens dissolui ~reretur (mens) LUCR.3.613; LIV.2.3.3.

conquestiō ~ōnis, *f.* [prec.+-TIO] The action of complaining, lament. **b** (rhet.) a part of a speech designed to excite pity.

ut hic ~o, istic uituperatio relinquatur MET.NUM.*orat.*4; me..non minus..Ser. Sulpici ~o quam Catonis accusatio commouebat CIC.*Mur.*7; detrahendas praeteritorum dolorum ~ones puto SEN.*Ep.*78.14; conuenientes etiam forti uiro ~ones QUINT.*Inst.*6.1.27; SUET.*Tib.*70.2; (*applied to the call of a bird*) hinc uolantium (coturnicum) illa ~o labore expressa PLIN.*Nat.*10.66. **b** ~o est oratio quae incommodorum amplificatione animum auditoris ad misericordiam perducit *Rhet.Her.*3.24; CIC.*Inv.*1.106

conquestus ~ūs, *m.* [CONQVEROR+-TVS[3]] A complaint, complaining.

tam libero ~u coortae uoces sunt LIV.8.7.21; SIL.10.290; STAT.*Ach.*1.399.

conquiescō ~escere ~ēuī, *intr.* [CON-+QVIESCO] FORMS: *coquiescit CIL* 6.14994; *conquiesse*, etc.; AFRAN.*com.*341; LIV.30.13.12; CIC.*Fam.*1.1.1.

1 To rest, take repose. **b** to go to sleep. **c** (of the dead) to rest.

quo mollius ~escant (uaccae) VAR.*R.*2.5.14; ubi..aures conuicio defessae ~escant CIC.*Arch.*12; ut ~escere ne infantes quidem possint *Fin.*5.55; haec ~escere ante iter confectum uetuit CAES.*Civ.*3.75.1; LIV.38.22.4. **b** ut meridie ~euerat CAES.*Gal.*7.46.5; Psyche..suaue recubans ..dulce ~euit APUL.*Met.*5.1; (*cf.*) de istac re in oculum utrumuis ~escito. —utrum? anne in aurem? PL.*Ps.*123. **c** ut ne ad saxa quidem mortui ~escant CIC.*S.Rosc.*72; CLAVDIVS POLYDEVCE⟨S⟩ HIC ~ESCIT *CIL* 6.14994.

2 To cease from effort, pause. **b** to pause in speaking.

numquam ~escam neque defatigabor CIC.*de Orat.*3.145; tu nisi perfecta re de me non ~esti *Fam.*1.1.1; LIV.21.10.3; (*transf.*) quando illius..sica illa quam a Catilina acceperat ~euit? CIC.*Mil.*37. **b** notatur..maxime similitudo in ~escendo CIC.*de Orat.*3.191.

3 (w. *ab* or *ex*) To have respite (from).

tantum..temporis quantum ipse..a continuis bellis et uictoriis ~euit CIC.*Balb.*3; urbs ab armis..numquam esset ~etura *Mil.*68; nos ex omnibus molestiis et laboribus uno illo in loco ~escemus *Att.*1.5.7; quo funestorum principum manes a posterorum exsecrationibus ~escant PLIN.*Pan.* 53.5.

4 To find peace of mind, relax.

ut huc incideres, non ut hic ~esceres CIC.*Ver.*1.82; habebam quo confugerem, ubi ~escerem *Fam.*4.6.2; ~escere socios uestros non posse LIV.42.42.6;—(*w.* in+*abl.*) in iis studiis ~esco CIC.*Att.*1.20.7; ut aetas nostra..in amore atque in adulescentia tua ~escat *Fam.*2.1.2; SEN.*Ben.*2. 27.4.

5 (of things in motion) To settle or quiet down. **b** (of movements, activities, conditions) to come to an end, cease.

cum iam bene uenae ~euerunt CELS.3.4.16; cum resederunt (uenti), et pelagus ~escit SEN.*Nat.*4.2.22; (*fig.*) pergunt turbare usque ut ne quid possit ~escere PL.*Mos.* 1053. **b** mercatorum nauigatio ~escit CIC.*Man.*15; solum hoc..uectigal esse quod amissis aliis remaneat, intermissis non ~escat *Agr.*1.21; ne umquam ~escere possit fletus bonorum *Dom.*101; ~escent litterae nisi quid noui exstiterit *Att.*12.39.2; imbre ~escente LIV.24.47.1; nisi celeriter ea inflammatio ~euit CELS.7.18.11; (*in fig. phr.*) infestorum canum reuocata ~euit procella APUL.*Met.*8.18.

conquiētus ~a ~um, *a.* [pple. of prec.] Still in death, dead.

CINERESCV⟨N⟩T ~A MEMBRA ANIMANTIVM *CIL* 6.37635.

conquīliārius ~(i)ī, *m.* [var. *conchyliarius*, CONCHYLIVM+-ARIVS] A purple-fisher or dyer.

MAGISTER ~IVS *CIL* 3.2115.

conquiniscō ~iniscere ~exī, *intr.* [CON-+*quec-* (cf. *cossim*)+-*ni*-+-SCO; middle guttural lost by dissim.] To crouch down, stoop.

~iniscam ad cistulam PL.*Cist.*657; *Ps.*864; in terram, ut cubabat, nudam ad eum ut ~exi POMPON.*com.*171.

conquinō: see COINQVINO.

conquīrō ~rere ~sīuī *or* ~siī ~sītum, *tr.* [CON-+QVAERO] FORMS: *conquaeri CIL* 1.583.31; *conquaeisiuei* 638.11.

1 To search out and collect. **b** to collect (money or revenues). **c** to hunt out, rake up (in speech or writing).

FVGITEIVOS ITALICORVM ~SIVEI *CIL* 1.638.11; 1.583.31; cum undique nequissimos homines ~sisset CIC.*Ver.*3.22; scuta si quando ~runtur a priuatis 4.52; qui arma iumentaque ~rerent CAES.*Gal.*7.12.4; SAL.*Jug.*75.4; ut desertores.. ~rerent LIV.25.22.4; TAC.*Hist.*4.46. **b** quae (*sc.* pecunia) ~ritur undique CIC.*Fam.*12.30.4; LIV.29.18.6; donisque ac pecuniis acerbe per municipia ~rendis TAC.*Hist.*3.76. **c** eloquentis..uidebare, non sedulos uelle ~rere CIC.*Brut.* 176; cum iste omnis et suppliciorum et uerborum acerbitates ..ex annalium monumentis..~sierit *Rab.Perd.*15; neque acu quaedam enucleata argumenta ~iram *Scaur.*20; foedera ac leges..~ri, quae comparerent, iusserunt LIV.6.1.10.

2 To search out, go out of one's way to look for, hunt down. **b** to search out (facts, ideas, etc.).

ut oculis..figuras supellectilis nouas ~rant VAR.*L.*9. 21; ~ri Diodorum tota prouincia iubet CIC.*Ver.*4.40; LIV. 22.52.6; aliquid, in quo nitamur, ~rimus VELL.1.17.7; (Christiani) ~rendi non sunt TRA.Plin.*Ep.*10.97(98).1. **b** neque..uerbi litterae sunt cogitatione ~rendae CIC. *de Orat.*2.130; si quid ex litteris Syracusanorum ~rere *Ver.*4.136; intellegentis..naturae primas causas ~rere *Tim.* 51; ~sita diu dulcique reperta labore..carmina LUCR.3.419; COL.1.pr.29; ~sitis insuper acerbitatibus TAC.*Ann.*6.4.

3 To look into, investigate.

quaestores a quaerendo, qui ~rerent publicas pecunias et maleficia VAR.*L.*5.81; solebat mecum interdum eius modi aliquid ~rere CIC.*Rep.*1.17; PLIN.*Ep.Tra.*10.61(69).5.

conquīsītē, *adv.* [CONQVISITVS+-E] Painstakingly, carefully.

conmercatis ~ edulibus AFRAN.*com.*259; ut ~ conscripsimus *Rhet.Her.*2.50; GEL.3.10.16.

conquīsītiō ~ōnis, *f.* [CONQVIRO+-TIO]

1 a The levying (of troops). **b** the raising or requisition (of funds).

a exercitus..durissima ~one conlectus CIC.*Prov.*5; ut.. ~onem militum haberet LIV.23.32.19; ut ~o uolonum fieret 25.22.4; CURT.4.6.30. **b** pecuniarum ~o TAC.*Hist.*2.84.

2 A (physical or mental) search.

difficillimum..est in omni ~one rationis exordium CIC. *Tim.*7; piaculorum..~o LIV.7.3.3; 25.12.3; diligentissima ~one TAC.*Ag.*6.5.

conquīsītor ~ōris, *m.* Also **conquaestor** and **conquistor.** [CONQVIRO+-TOR] One who searches, an inspector; (mil.) a recruiting officer.

ut conquistores..eant per totam caueam spectatoribus PL.*Am.*65; orabo ut conquistores det mi in uicis omnibus *Mer.*665; a quaerendo quaestio. ab his conquaestor VAR.*L.* 6.79;—ut non nulli conquisitores tui dictitarunt CIC.*Mil.*67; conquisitores..dilectus habendi causa miserant *B.Alex.*2.1; LIV.21.21.13.

conquīsītus ~a ~um, *a.* *superl.* ~issimus. [pple. of CONQVIRO] Sought out with great pains, select, recherché.

~i atque electi coloni CIC.*Agr.*2.97; mensae ~issimis epulis extruebantur *Tusc.*5.62; peregrinis et ~is et compositis medicamentis CELS.5.26.23.F.

conquistor: see CONQVISITOR.

conr-: see CORR-.

consacr-: see CONSECR-.

cons(a)epiō ~īre ~sī ~tum, *tr.* [CON-+SAEPIO] (usu. in pf. pple.).

1 To surround with a fence or wall, fence in.

Gallorum ossa..ibi coaceruata ac ~ta VAR.*L.*5.157; ~tum agrum CIC.*Sen.*59; locus..~tus cratibus pluteisque LIV.10.38.5; locum saxo ~tum 22.57.6; bustum eius ~iri nisi humili leuique maceria neglexit SUET.*Nero* 33.1.

2 (transf.) To surround as with a wall, hedge in.

teneor ~ta, undique uenor ENN.*scen.*297; sic altis natura manet ~ta tenebris MAN.4.303; frequentis populi circulo ~tus APUL.*Met.*2.13; Charybdi ~tus est (Ulixes) *Soc.*24.

cons(a)eptum ~ī, *n.* [prec.] FORMS: *consiptum* ENN.*inc.*33. An enclosure, precinct.

intra clausum in ~o et sub dio VAR.*R.*1.13.2; ~i, ⟨in⟩ quo sacrata nobilitas erat LIV.10.38.12; EQ IN ~VM..⟨SVFF⟩RAGI FERENDI CAVSSA CONVOCABIT *A.Epig.*49.215.10; VT.. SINGVLAE (CVRIAE) IN SINGVLIS ~IS SVFFRAGIVM PER TABELLAM FERANT *CIL* 2.1964.2.8; populus..caueae ~um conpleuit APUL.*Met.*3.2; ~um templi 11.19;—(*cf.*) urbes esse humanarum cladium ~a miseranda V.MAX.7.2.ext.2; si ingenium suum ~o fori non ipsius rerum naturae finibus terminasset (Cicero) QUINT.*Inst.*12.2.23.

consalūtātiō ~ōnis, *f.* [next+-TIO] A greeting; an exchange of greetings.

huic plausus maximi, ~o forensis perhonorifica CIC.*Att.* 2.18.1;—nulla inter coeuntis exercitus ~o TAC.*Hist.*4.72; *Ann.*15.16; SUET.*Otho* 9.2.

consalūtō ~āre ~āuī ~ātum, *tr.* [CON-+SALVTO]

1 To greet; (absol.) to exchange greetings.

a Scipione ceterisque amicissime ~atus CIC.*Rep.*1.18; ut me ~auit PETR.131.3; SUET.*Tib.*17.2; caelum..~abo discedens FRO.*Aur.*2.p.228(235N);—qui cum inter se.. amicissime ~assent CIC.*de Orat.*2.13; iungunt manus (*sc.* duces) et exercitus ~ant FLOR.*Epit.*2.16(4.6.3).

2 (w. pred.) To greet as, hail as.

quam..non noto illo et mimico nomine, sed Volumniam ~abant CIC.*Phil.*2.58; utrumque regem sua multitudo ~auerat LIV.1.7.1; cum deus undique ~abor SEN.*Dial.* 7.25.4; imperatorem Vitellium ~auit TAC.*Hist.*1.57.

consānēscō ~escere ~uī, *intr.* [CON-+SANESCO] (of wounds) To heal up; (of persons) to be healed.

(*in fig. phr.*) hoc tam graui uulnere etiam illa, quae ~uisse uidebantur, recrudescunt CIC.*Fam.*4.6.2;—(*in plants*) id ex quo uiride et tenerum decerptum est (*i.e. in pruning vines*), celeriter ~escit COL.4.27.3;—plerique..ubi ~uerunt locuntur CELS.7.12.4.

consanguineus ~a ~um, *a.* [CON-+SANGVINEVS] FORMS: ~*um* (gen. pl.) LUCR.3.73.

1 Related by blood, kindred. **b** (as sb.) a blood-relation, kinsman.

~am esse abdicant PAC.*trag.*55; nec se intellegunt (homines) esse ~os CIC.*Leg.fr.*2; quos..~o..commendat Acestae VERG.*A.*5.771; LIV.5.35.4; post ~as acies sulcosque nocentis STAT.*Theb.*4.436; TAC.*Ann.*11.23; eodem patre nati fratres agnati sibi sunt, qui etiam ~i uocantur GAIUS *Inst.*3.10; (*of animals*) duos ~os arietes ACC.*praet.*21; (*poet.*) ~ae subeunt iam moenia Romae SIL.1.608. **b** meis ~is nolo te iniuste loqui PL.*Poen.*1037; in parentes, liberos, coniuges, ~os CIC.*Inv.*1.103; propinquis ~isque nostris CAES.*Gal.*7.77.8; PAUL.*dig.*38.17.6.1.

2 Of a brother or sister, fraternal, sororal. **b** (sb.) a brother; a sister.

~as..umbras OV.*Met.*8.476; specimen ~ae caritatis V. MAX.5.5.3; ni..Megaeram et ~os in proelia suscitet anguis (Tisiphone) STAT.*Theb.*11.61. **b** βοώπιδος nostrae ~us CIC.*Att.*2.23.3; ~o gestis regnare superbus exsule STAT.*Theb.*3.73; (*poet.*) ~us Leti Sopor VERG.*A.*6.278;—ut linquens genitoris filia uultum, ut ~ae complexum CATUL. 64.118.

3 (of things) Closely associated, akin.

ratio ~ast umoribus omnis LUCR.6.475.

consanguinitās ~ātis, *f.* [CON-+SANGVIS+-TAS] Blood-relationship, kinship.

~ate propinquum VERG.*A.*2.86; belli Fidenatis contagione inritati Veientium animi et ~ate LIV.1.15.1; 8.5.4; GAIUS *Inst.*3.24; ~atis itemque adgnationis iura a patre oriuntur ULP.*dig.*38.8.4; (*cf.*) quisnam inpacata ~ate ligauit Fortunam Inuidiamque deus? STAT.*Silv.*5.1.137.

consānō ~āre ~āuī ~ātum, *tr.* [CON-+SANO] To make whole, heal.

ut..nec plagae (uitis) ~entur COL.4.24.22; omnis surculus rigore torpet, nec..corticem mouet, ut cicatricem ~et 4.29.3; si homini digitus sit abscisus membriue quid laceratum, quamuis ~auerit..non uideri sanum esse ULP.*dig.* 21.1.10.

consarcinō ~āre ~āuī ~ātum, *tr.* [CON-+SARCINA+-O[3]] To stitch or patch together; (also transf.).

centunculis disparibus et male ~atis semiamictum APUL. *Met.*7.5;—uersus..Caecili trunca quaedam ex Menandro dicentis et ~antis uerba tragici tumoris GEL.2.23.21; uerbum..supplendi numeri causa extrinsecus additum et ~atum 13.25.19.

consariō ~īre, *tr.* Also **-sarr-.** [CON-+SARIO] To hoe thoroughly.

~to glebasque comminuito CATO *Agr.*48.2; sulci omnes ~endi herbaeque eximendae COL.11.3.46; 11.3.57.

consauciō ~āre ~āuī ~ātum, *tr.* [CON-+SAVCIO] To wound severely, injure.

crebro et celeri corpus uulnere ~arei *Rhet.Her.*4.26; crus et utrumque brachium ruina pontis ~atus SUET.*Aug.*20; *Nero* 26.2.

consāuiō: see CONSVAVIO.

consclerātus ~a ~um, *a.* *superl.* ~issimus. [pple. of next] Criminal, wicked, depraved; (also masc. as sb.). **b** (of actions, etc.).

a ~issimis filiis CIC.*S.Rosc.*67; nefarium et ~um uultum *Clu.*29; res..captis..magis mentibus quam ~is similis uisa LIV.8.18.11; (*transf. ep.*) ~a..uincula *Culex* 375;—cum illa tua ~orum ac perditorum manu CIC.*Dom.*6; TAC.*Ann.* 15.55. **b** proditio consulis tui ~a iudicaretur CIC.*Ver.*1.37; ~issimi periculosissimique belli nefarios duces *Catil.*3.16.

conscelerō ~āre ~āuī ~ātum, *tr.* [CON-+SCELERO] To stain with crime, pollute.

dicitur..miseram ~asse domum CATUL.67.24; ~ate aures paternas LIV.40.8.19; cur non et specto..oculosque uidendo ~o? OV.*Met.*7.35.

conscendō ~dere ~dī ~sum, *tr.*, *intr.* [CON-+SCANDO]

1 To go on board (a ship). **b** (absol.) to embark, take ship; (w. acc.) to set out on (the sea).

(*w. acc.*) nauem ~do PL.*Mer.*946; ~do cumbam piscatoriam AFRAN.*com.*138; CIC.*Pis.*92; CAES.*Gal.*4.23.1; classem ~dit..gens Lydia VERG.*A.*10.155; LIV.29.25.4; puppem ~dit Arion OV.*Fast.*2.95; TAC.*Hist.*4.84; ~sis nauibus APUL.*Met.*5.21;—(*w.* in+*acc.*) in nauem ~dimus PL.*Bac.* 277; ~dens ab hortis Cluuianis in phaselum epicopum CIC. *Att.*14.16.1; OV.*Ep.*6.65. **b** ab eo loco ~di ut transmitterem CIC.*Phil.*1.7; *Att.*9.2; ne quis moram ~dendi faceret LIV.21.49.8; quod non sum mecum ~dere passus OV.*Tr.* 1.2.41;—bis denis Phrygium ~di nauibus aequor VERG.*A.* 1.381; [QUINT.]*Decl.*5.10.

2 To mount (a horse or chariot); (also absol.).

(*w. acc.*) equum ~dit et fugit *B.Hisp.*13.2; iunctos ~debat equos VERG.*A.*12.736; currum triumphalem me ~dere prohibent LIV.38.47.4;—(*w.* in+*acc.*) in equi ~dere costas LUCR.5.1297; ~dunt in equos OV.*Met.*6.222;—iubet binos equites ~dere *B.Hisp.*3.6; peruentum est ad uehicula, et ~dimus GEL.12.5.15.

3 To climb to the top of or on to, scale (other high or raised objects). **b** (of things) to extend up, climb.

(*w. acc.*) praeruptos..~dere montes CATUL.64.126; uallum ~dunt CAES.*Gal.*5.39.3; scopulum..~dit VERG.*A.*

1.180; Liv.10.5.10; quo non alius ~dere summas ocior antemnas Ov.*Met.*3.615; si.. tribunal ~derit Sen.*Con.*9.2.14; si ~dere hunc uerticem libet Sen.*Ep.*84.13; postquam.. cubile solitum ~derit Apul.*Met.*5.20;—(*w.* in+*acc.*) in montem..~dimus Petr.116.1. **b** inluuies scabies oculos huic deque petigo ~dere Lucil.984; didicit..lenta excelsos uitis ~dere ramos [Tib.]3.7.171.

4 To go up to, climb to.
(*w. acc.*) sol medium caeli ~derat igneus orbem Verg.*A.* 8.97; altum aethera ~dit Ov.*Met.*3.299; Plataeas proximam ~dimus ciuitatem Apul.*Met.*4.13;—(*w.* in+*acc.*) ut pluribus gradibus in aedem ~deretur Gel.2.10.2.

5 To rise to (a position, reputation, achievement, etc.).
(*w. acc.*) heic viridis aetas cvm floreret artibvs crescente et aevo gloriam ~deret *CIL* 1.1214.8; inopes laudis ~dere carmen Prop.2.10.23;—(*w.* ad) miro gradu Varro..ad consulatum macellaria patris taberna ~dit V.Max.3.4.4; magna oportet serie parricida..ad ultimum nefas ~dat Quint.*Decl.*377(p.418,l.24).

conscensiō ~ōnis, *f.* [prec.+-tio] Embarkation.
remigem..uaticinatum..~onem in naues cum fuga..fore Cic.*Div.*1.68.

conscientia ~ae, *f.* [conscio+-ia] Forms: pl. is rare, e.g. Cic.*S.Rosc.*67, *Clu.*56, *Parad.* 18.

1 The holding of knowledge in common. **b** the fact of being privy to a crime, complicity.
obligentur..communi inter se ~a Cic.*Ver.*2.177;—(*w. subj. gen.*) hominum ~am *Fin.*1.51; consilia in priuato seductaque a plurium ~a habuere Liv.2.54.7; nec..mentiri sub triumuirorum ~a sustinebat Sen.*Suas.*6.15; maxima beneficia..saepe intra tacitam duorum ~am latent Sen. *Ben.*3.10.2; liberti unius ~a utebatur Tac.*Ann.*6.21. **b** persequi..etiam illos ad quos ~ae contagio pertinebit Cic.*Ver.*5.183; eodem se ~ae scelere deuinxit *Cael.*52; abacta nulla Veia ~a Hor.*Epod.*5.29; ~ae sit actio Quint. *Decl.*307 (p.206,l.17); sumitur in ~am Eudemus Tac.*Ann.*4. 3;—(*w. subj. gen.*) de huius ~a dubitabatur *B.Alex.*63.5; est tibi Augustae ~a Tac.*Ann.*2.77; (*cf.*) uitata lucis ~a Apul.*Met.*10.22;—(*w. obj. gen.*) ~ias..eius modi facinorum Cic.*Clu.*56; in ~am facinoris pauci adsciti Tac.*Hist.*1.25.

2 The act of being aware of something one has done or is responsible for, consciousness. **b** private knowledge (of external matters).
ei fiduciam ~a illa dedit qua meminerat omnes leges a se esse seruatas V.Max.3.7.1d; cum regio more cuncta ~a possideat (sapiens: *sc. is conscious of possessing everything*) Sen.*Ben.*7.6.2;—(*w. gen.*) ~a..peccati mutum atque exanimatum Cic.*Ver.*2.189; ~am rectae uoluntatis *Fam.* 6.4.2; Caes.*Gal.*5.56.1; ~a contracti culpa periculi Liv.3. 2.11; Tac.*Ann.*12.31;—(*w.* de) satisfactionem ex nulla ~a de culpa proponere decreuit Sal.*Cat.*35.2;—(*w. indir. qu.*) ~a quid abesset uirium Liv.3.60.6; 28.19.5;—(*w. acc. and inf.*) inerat ~a derisui fuisse..triumphum Tac.*Ag.*39.2;—(*cf.*) ut nemo in illum possit esse nisi ~a gratus Sen.*Ben.*6.29.1. **b** *B.Alex.*48.1; alia..quae siue contineas, nihil tacitam ~am iuuant, siue proferas, non doctior uidearis Sen.*Dial.*10.13.2; ut in somno quoque unionum ~a adsit Plin.*Nat.*33.40; dum aspectui consultur spreta ~a Tac.*Ann.*15.18.

3 (w. *animi*, w. *mentis*, or alone) An inward perception of the rectitude or otherwise of one's actions, moral sense, conscience. **b** (w. ep. denoting the rectitude, etc., of one's actions). **c** a good conscience. **d** a sense of guilt, guilty conscience.
~a optimae mentis Cic.*Brut.*250; suae malae cogitationes ~aeque animi terrent (quemque) *S.Rosc.*67; ex domestico iudicio atque animi ~a Caes.*Civ.*3.60.2;—magna uis est ~ae..et magna in utramque partem, ut neque timeant qui nihil commiserint et poenam semper ante oculos uersari putent qui peccarint Cic.*Mil.*61; ut nostram stabilem ~am contemnamus *Fin.*2.71; illud se tacere suam ~am non pati Liv.5.25.6; ~am suam exonerare Curt.6.8.12; nec consentire salua ~a possum Sen.*Ep.*117.1; Tac.*Ag.*2.2; (*prov.*) ~a mille testes Quint.*Inst.*5.11.41;—(*w. gen.*) qua sui ~a subnixus Gel.4.18.1. **b** praeclara..~a sustentor Cic. *Att.*10.4.5; a recta ~a trauersum unguem non oportet discedere 13.20.4; ex mala ~a digna timere Sal.*Jug.*62.8; iuuat inspicere et circumire bonam ~am Sen.*Cl.*1.1.1; malae ~ae poenas Quint.*Inst.*12.1.3; Tac.*Ag.*1.2. **c** in graui fortuna ~a sua niteretur Cic.*Mil.*83; beneficii fructus primus ille est ~ae Sen.*Ben.*2.33.2; nec bene factis tantum ex ~a merces Plin.*Pan.*44.6. **d** dicet..adsueramus..erubuisse expalluisse titubasse..quae signa ~ae sint *Rhet. Her.*2.8; fugam sceleris et ~ae testem Cic.*Clu.*25; ita ~a mentem excitam uastabat Sal.*Cat.*15.4; Liv.29.36.12; tamquam nimius pauor ~am argueret Tac.*Hist.*3.10.

conscindō ~indere ~idī ~issum, *tr.* [con-+scindo]

1 To tear in pieces, destroy by tearing.
~issa pallula est Pl.*Truc.*52; Ter.*Eu.*820; epistulam cur ~indi uelim causa nulla est Cic.*Fam.*5.20.9; expugnatur nauis, cum..uela ~induntur Call.*dig.*47.9.6; (*cf.*) uestem omnem miserae discidit, tum ipsam capillo ~idit Ter.*Eu.* 646.

2 To slaughter, cut to pieces (persons); (also transf.).
plebem Romanam in uilla publica pecoris modo ~issam Sal.*Rep.*1.4.1;—gladiatoribus qua dominus qua aduocati sibilis ~issi Cic.*Att.*2.19.3; is..me ab optimatibus ait ~indi 8.16.1.

consciō ~īre ~īuī, *tr.* [con-+scio] (w. *sibi*) To have (a crime) on one's conscience.
nil ~ire sibi, nulla pallescere culpa Hor.*Ep.*1.1.61.

consciscō ~iscere ~īuī *or* ~iī ~ītum, *tr.* [con-+scisco] Forms: *cosc-* (archaic) Cic.*Leg.*3.10.

1 To ordain, decree, decide on.
postea quam illud ~iui facinus Brut.*ad Brut.*1.16.6; Tusci..~iuerant bellum Liv.10.18.2; communi consilio aliquot circa urbes ~isse fugam 10.34.13; (*w. adv.*) puro pioque duello quaerendas censeo, itaque consentio ~iscoque *formula* in Liv.1.32.12; (*w.* ut+*subj.*) senatus..censuit consensit ~iuit ut bellum..fieret Liv.1.32.13.

2 (usu. w. *sibi*) To decree for oneself, inflict on oneself.
ueneno sibi ~iuisse mortem Cic.*Brut.*43; ut sibi ~iscant..letum Lucr.3.81; Caes.*Gal.*1.4.4; ut..exsilium..ac fugam nobis ex eo loco ~isceremus Liv.5.53.5; Tac.*Ann.*12.8;—(*without* sibi) alio modo..~iscam letum Pl.*Mil.*1241; uoluntarium ~iuerat exsilium Liv.24.26.1; Tac.*Hist.*3.9; caecitatem facile sollertia subtilissima ~iuit Gel.10.17. 2;—(*pass.*) ~iscenda mors uoluntaria Cic.*Fam.*7.3.3; Liv. 9.26.7.

conscius ~a ~um, *a.* [con-+scio+-vs]

1 Sharing knowledge (esp. secret knowledge), privy. **b** (poet. and transf., of things).
anum foras extrudit, ne sit ~a Pl.*Aul.*38; quod facias nobis, ~a Roma, moram Prop.1.12.2; ~a sit Iuno Ov.*Ep.* 12.87;—(*w. dat. of person*) nec mihi ~us est ullus homo Pl. *Rud.*926[a]; Luc.9.864;—(*w. gen. of thing known*) qui tam audacis facinoris mihi ~us sis Ter.*Ph.*156; urbem..quam haberet..flagitiorum omnium ~am Cic.*Ver.*5.160; homo omnium meorum in te studiorum et officiorum maxime ~us *Fam.*5.5.1; ante actae uitae uos ~os habeo Liv.9.26.14; Tac.*Hist.*2.90; qvae (*sc.* canis)..in sinv iacebat somni conscia semper et cvbilis *CIL* 13.488;—(*w.* in+*abl.*) qui mihi et in publica re socius et in priuatis omnibus ~us.. esse soles Cic.*Att.*1.18.1;—(*w. dat. of thing*) quem..~um illi facinori fuisse arbitrabatur *Clu.*56; uerbis ne quisquam ~us esset Tib.1.9.41;—(*w.* de) se audisse..his de rebus ~um esse Pisonem Cic.*Att.*2.24.3. **b** ~a sidera testor Verg.*A.*9.429; quo neque me Rutuli nec ~a fama sequatur 10.679; quorum nox ~a sola est Ov.*Met.*13.15; si huius consilii mei interiorem tunicam ~am esse sensero V.Max.7.4.5; quis hic nefandi est ~us monstri locus? Sen. *Thy.*632; simulacris noctium ~is inposita Plin.*Nat.*15.38; ~a miscet murmura Stat.*Theb.*9.733; nullo lumine ~o Apul.*Met.*8.10;—(*of omens and sim.*) fulsere ignes et ~us aether conubiis Verg.*A.*4.167; nec mihi sunt sortes nec ~a fibra deorum Tib.1.8.3; futuras tempestates..~um nemorum murmur enuntiat [Quint.]*Decl.*4.16.

2 Privy to a crime or plot; (masc. or fem. as sb.) an accomplice, accessory.
serui ~i Cic.*S.Rosc.*68; quaerere ~us arma Verg.*A.*2.99; accipiunt socios atque agmina ~a iungunt 2.267; Hor. *Carm.*3.6.29; damnata..dixit ~am sibi filiam esse Sen. *Con.*9.6; occupat arrepto iam ~a tempore mater Stat.*Ach.* 1.318;—(*poet.*) ~a de tergo pallia deme tuo Ov.*Am.*1.4.50. *Met.*2.438; ~um euasi diem Sen.*Oed.*1001;—cuius ministris ~isque damnatis Cic.*Clu.*125; ne..miseram se ~a clamet Hor.*S.*1.2.130; illa rudis animos per noctes ~a primas imbuit Prop.3.15.5; Liv.2.4.2; Tac.*Ann.*1.48.

3 (freq. w. dat. of refl. pron.) Inwardly aware, conscious (esp. of one's own past actions, etc.). **b** consciously recognized.
~ia mens ut cuique sua est Ov.*Fast.*1.485; (*w. gen.*) peccatorum suorum ~i Cic.*Sest.*99; Caes.*Gal.*1.14.2; mens sibi ~ia recti Verg.*A.*1.604; Liv.36.20.1; muraena..teretis sibi ~a tergi Ov.*Hal.*27; Plin.*Nat.*32.12; Quint.*Inst.*10. 3.19;—(*w. dat.*) mens sibi ~a factis praemetuens Lucr. 3.1018; Luc.1.20;—(*w. acc.*) quae mihi conscius sum protestabor Fro.*Ant.*2.p.228(235N);—(*w.* in+*abl.*) nulla sibi turpi ~us in re Lucr.6.393;—(*w. acc. and inf.*) Ter.*Hec.* 392; mihi sim ~us me..dignitati rei p. consuluisse Cic. *Fam.*6.21.1; Liv.1.49.2;—(*w. indir. qu.*) cum..mihi ~us essem quanti te facerem Cic.*Fam.*13.8.1; Hirt.*Gal.*8.44.5; —(*cf.*) caue sis nos aspernata sepultos: non nihil ad uerum ~a terra sapit Prop.2.13.42. **b** pudor incendit uiris et ~a uirtus Verg.*A.*5.455; uariae laudes et ~a uirtus Tydea ..stimulis ingentibus angunt Stat.*Theb.*6.826.

4 Conscious of guilt, having a guilty conscience. **b** prompted by guilt or shame, guilty.
nihil est miserius quam animus hominis ~us Pl.*Mos.*544; Sal.*Cat.*14.3; partim ~i sibi, alii ex partium inuidia pericula metuentes *Jug.*40.2. **b** huic manat tristi ~us ore rubor Catul.65.24; ~us mentis pauor Sen.*Phaed.*162; fraterni sanguinis illum ~us horror agit Stat.*Theb.*1.403.

conscreor ~ārī ~ātus, *intr.* [con-+screo] To clear the throat, hawk.
magnufice ~abor Pl.*Per.*308.

conscrībillō ~āre ~āuī ~ātum, *tr.* [con-+**scribillum* (scribo+-illvm)+-o[3]] Pros.: 2nd syll. short in Catul.25.11. To scrawl over, cover with scribbling.
Var.*Men.*76; astrologi non sunt? qui ~arunt pingentes caelum 280; (*transf.*) manus..mollicellas inusta turpiter tibi flagella ~ent Catul.25.11.

conscrībō ~bere ~psī ~ptum, *tr.* [con-+scribo] Orthog.: Apul.*Apol.*51; ~*bsisse* Fest.p.266M; ~*btus* Cato *orat.*180; *conscreiptus CIL* 1.593.109.

1 To enrol, enlist (men, esp. as soldiers). **b** to form by enrolment, raise (an army, etc.).
orauit..ut sibi latrones cogerem et ~berem Pl.*Mil.*76; remiges scribti ciues Romani sub portisculum, sub flagrum ~bti ueniere passim Cato *orat.*180; seruos simulatione conlegiorum nominatim esse ~ptos Cic.*Red.Sen.*33; decuriasse Plancium, ~psisse, sequestrem fuisse, pronuntiasse, diuisisse *Planc.*45; ad ~bendos omnes qui arma ferre possent Liv.3.4.10; ex duobus exercitibus in unam legionem ~beret Romanos milites 30.41.5; quod..decima pars eorum qui ducerentur consilii publici gratia ~bi solita sit Pompon.*dig.* 50.16.239.5; (*facet.*, *cf.* conscriptvs) dei ~pti Musarum albo Apul.*Met.*6.23. **b** habebas exercitum tantum..quantum tua libido ~pserat Cic.*Pis.*37; Collinam nouam dilectu perditissimorum ciuium ~bebat *Mil.*25; Caes.*Civ.*3.4.1; Liv.1.43.4.

2 To cover with writing, write on.
tacitus ~psit tabellas, opsignatas mi has dedit Pl.*Bac.* 984; tabellas ~ptas Liv.34.61.14; ~pta..uino mensa Ov. *Am.*2.5.17; Plin.*Nat.*28.20; Suet.*Jul.*81.1; (*facet.*) stilis me totum usque ulmeis ~bito Pl.*Ps.*545.

3 To commit to writing, write down.
cuiusque praecepta..~psit atque enodata diligenter exposuit Cic.*Inv.*2.6; non uenit in mentem..orationem Stratonis ~bere de furto *Clu.*184; magnitudinum rationes exquisitas et utilitati et aspectui ~bendas putaui Vitr.6.3.5; quicumque..artem sacrificandi ~ptam haberet Liv.25.1.12; ~ptas ab uno quoque sententias tacitus ac secreto legens Suet.*Nero* 15.1; Scaev.*dig.*46.3.88.

4 To compose, frame, draw up, write. **b** (absol., w. dat.) to write a letter (to); (w. acc. and inf.) to write (that). **c** (w. *de*) to compose a literary work (about).
leges ut ~bat Pl.*As.*600; quem ~psti syngraphum 746; (librum) de consulatu..~ptum Cic.*Brut.*132; ~psi epistulam *Fam.*9.2.1; quem aiunt Phrygias litteras ~psisse *N.D.* 3.42; stultam ~psimus Artem Ov.*Pont.*2.9.73; testamentum..~psit Suet.*Cl.*44.1; eadem Graece et Latine adnitar ~bere Apul.*Apol.*36; (*cf.*) quod aduersus miseros lex irata ~pserat Quint.*Decl.*305(p.195,l.12). **b** tu uelim et Basilo et quibus praeterea uidebitur, etiam Seruilio ~bas Cic.*Att.*11.5.3;—ut in ordinem se coactum ~beret Suet.*Cl.* 38.1; si..in tabula quidem ~pserit uni municipio deberi Ulp.*dig.*19.1.13.6. **c** ut de ratione dicendi ~beremus *Rhet.Her.*1.1; quin..~bis de iure ciuili..? Cic.*Leg.*1.13; Apul.*Apol.*40.

conscriptiō ~ōnis, *f.* [prec.+-tio] A written record; an account, treatise.
falsae ~ones quaestionum Cic.*Clu.*191;—in architecturae ~onibus Vitr.5.pr.2.

conscriptor ~ōris, *m.* [conscribo+-tor] Orthog.: *conscribtor* Fest.p.269M. An author, framer.
conditor ~orque legis Quint.*Decl.*277(p.130,l.6); Agathocles, Cyzicenarum rerum ~or Fest.p.269M.

conscriptum ~ī, *n.* [next] A written document, deposition.
quid istis ad istunc usust ~is modum? Pl.*Bac.*749; nihil contione, nihil ~o meo..opus esset Quint.*Decl.*254 (p.39,l.4).

conscriptus ~ī, *m.* [pple. of conscribo] A senator or councillor; so *patres* ~*ī*.
neve ibei senator neve decvrio neve ~vs esto *CIL* 1.593.96; quod sit ~i, quod iudicis officium Hor.*Ars* 314;—rem omnem ad patres ~os detuli Cic.*Catil.*2.12; traditum ..fertur ut in senatum uocarentur qui patres quique ~i essent; ~os uidelicet appellabant lectos Liv.2.1.11; Paul.*Fest.* p.7M; (*cf.*) tum Hanno: 'Tacuissem hodie, patres ~i..' Liv.23.12.8; (*sg.*) pater ~us repente factus est Cic.*Phil.* 13.28.

consecō ~āre ~uī ~tum, *tr.* [con-+seco]

1 To cut into pieces, cut up; to lacerate. **b** to cut deep.
si uoles eam (*sc.* brassicam) ~tam lautam siccam sale aceto sparsam esse Cato *Agr.*157.5; membra soror fratris ~uisse sui Ov.*Tr.*3.9.34; ex seruo..quaestionem ita habuisse ut eum articulatim ~aret Asc.*Mil.*30; Apul.*Met.*2.7;—canum procaciores..genis hac illac iactatis ~tas interficit (aper) 8.4. **b** ut..ad ossa ~et quidquid adflauerit corporis Plin.*Nat.*36.193.

2 To cut short, cut off; to intersect.
~ant surculos longitudine binum digitorum Plin.*Nat.* 12.96; Fro.*Ver.*2.p.148(128N);—ubi se ~uerit norma tua cum eo rigore quem dictaueris Nips.*grom.*p.286La.

consecrāneus ~ī, *m.* Also **consacrānius.** [con-+sacra+-anevs] One united by the same oath.
col et ~vs *CIL* 3.2109; 7.1039.

consecrātiō ~ōnis, *f.* [next+-tio]

1 The action of making sacred, dedication, consecration. **b** the deification (of a human being).
quae tua fuit ~o? Cic.*Dom.*106; 128. **b** (decretum) Claudio censorium funus et mox ~o Tac.*Ann.*13.2; Flor. *Epit.*1.1(1.1.17); defunctum (fratrem)..nullo praeterquam consecrationis honore dignatus Suet.*Dom.*2.3; *BMCI* 3. p.125, No.647 (Trajan).

2 The action of devoting (a person) to a god, either as a criminal or a scapegoat.
sanctiones sacrandae sunt..obtestatione et ~one legis aut poenae, cum caput eius qui contra fecerit consecratur Cic.*Balb.*33; Decius..sollemnem..familiae suae ~onem in uictoriae pretium redegit Flor.*Epit.*1.12(1.17.7).

consecrō ~āre ~āuī ~ātum, *tr.* Also **consacrō.** [con-+sacro] Forms: *consacr- CIL* 5.7747; 6.31013, etc.

1 To set aside as sacred, dedicate, consecrate (to a god). **b** to set apart (a day) as a festival.
spolia opi⟨ma⟩ iovi feretrio ~a⟨vit⟩ *Elog.*4(*CIL* 1.p.189); insulam Siciliam totam esse Cereri et Liberae

~atam CIC.*Ver*.4.106; te meam domum ~asse *Dom*.51; ~ata simulacra *N.D*.3.61; Caesaris statuam ~auerant CAES.*Civ*.3.105.6; SAL.*Jug*.79.10; bona Semoni Sango censuerunt ~anda LIV.8.20.8; si..uua picta ~etur inter uites, minus nocere tempestates PLIN.*Nat*.18.294; ludos.. ~auit qui quinto quoque anno aguntur HYG.*Fab*.170.10; (*a person*) ministri publici Martis atque ei deo..~ati CIC. *Clu*.43; (*transf.*) tu porro..diligentiam meam..re probasti.. quo tempore diuinis manibus laudando ~asti LARG.pr.p.5, l.30. **b** diem..aduentus eius ~ate LIV.23.10.8; Octobres Maro ~auit Idus (*i.e. by his birthday*) MART.12.67.3.

2 To make holy, hallow. **b** to hallow by burial.

illa sollemnis comitiorum precatio consularibus auspiciis ~ata CIC.*Mur*.1. **b** (Phoenix) ossa pristini corporis.. flagrantibus arae bustis inferens memorando funere ~at MELA 3.84; C VALERIVS..LIB ET ALVMNVM INDVLGENTISSIMVM HIC ~AVIT *CIL* 2.2243; 8.5846.

3 To assign divinity to, deify; to regard as divine. **b** to attribute to a god.

apud Aegyptios..beluas numero ~atas deorum CIC. *Rep*.3.14; *N.D*.3.39; PLIN.*Nat*.7.152; ~atum Claudium.. inuocare TAC.*Ann*.13.14;—Aristaeus..eodem erat in templo ~atus CIC.*Ver*.4.128; tuas uirtutes ~atas et in deorum numero conlocatas uides *Q.fr*.1.1.31; ut..dum colit terras, ipso nomine et titulo ~aretur FLOR.*Epit*.2.34(4. 12.66);—(*cf.*) Herculem..et Patrem Liberum ~atae (*i.e. acquired by deification*) inmortalitatis exempla referebas CURT.8.5.17. **b** eius (*sc.* artis medicinae) utilitas deorum immortalium inuentioni ~ata CIC.*Tusc*.3.1; si cui populo licere oportet ~are origines suas LIV.pr.7.

4 To vow as an offering to a god, lay under a curse; (transf., w. dat.) to surrender (a person) as a victim to, make the prey of.

dis pater Veiouis Manes..uti uos eas urbes agrosque ..deuotas ~atasque habeatis *formula* in Macr.*Sat*.3.9.10; Carthaginem..quam P. Africanus..ad aeternam hominum memoriam ~auit CIC.*Agr*.1.5; consecratione legis aut poenae, cum caput eius qui contra fecerit ~atur *Balb*.33; te.. tuumque caput sanguine hoc ~o LIV.3.48.5;—cogitet..esse ⟨se⟩ iam ~atum Miloni CIC.*Har*.7.

5 To devote, dedicate (to).

in qua (*sc.* patria) nostra omnia ponere et quasi ~are debemus CIC.*Leg*.2.5; qui certis quibusdam..sententiis quasi addicti et ~ati sunt *Tusc*.2.5; si animum uirtuti ~auit SEN.*Ben*.7.1.7; PLIN.*Nat*.28.116.

6 To establish firmly, make indisputable, hallow. **b** to hallow (a person's memory or reputation); immortalize (a person).

hanc opinionem..~atam uidemus CIC.*Sest*.143; (Socratis) ingenii magnitudo Platonis memoria et litteris ~ata *Tusc*. 5.11; QUINT.*Inst*.1.6.41; conuenientia..possessorum terminos ~at SIC.FL.*agrim*.p.106; FLOR.*Epit*.1.1(1.1.8); (*cf.*) ipsa (uirtus)..corpus suum ~at SEN.*Ep*.66.2. **b** honorem hominis deorum religione ~atum uiolare noluit CIC.*Ver*.2.51; tui nominis aeterna memoria simul cum templo illo ~atur 4.69;—quantum his temporibus tam eruditis fieri potuerit, profecto illam ~abo omni genere monimentorum *Att*. 12.18.1; (*of sense 3a*) Aeacum..lingua potentium uatum diuitibus ~at insulis HOR.*Carm*.4.8.27.

consectandus ~a ~um, *a.* [app. gerundive of an unattested *consecto*, cf. CONSECO] To be cut short, cropped.

sicilienda prata, id est falcibus ~a quae faenisices praeterierunt VAR.*R*.1.49.2.

consectārius ~a ~um, *a.* [prob. *consect-* (CONSEQVOR)+-ARIVS, but usage shows allusion to *conseco*] (of a syllogism) Effecting proof, conclusive.

~a me Stoicorum breuia et acuta delectant CIC.*Fin*.3.26; uenio ad tua illa breuia, quae ~a esse dicebas 4.48; illud uero minime ~um, sed in primis hebes 4.50.

consectātiō ~ōnis, *f.* [CONSECTOR+-TIO] A striving after, pursuit.

..in huius concinnitatis ~one CIC.*Orat*.165; ista liberalium artium ~o SEN.*Ep*.88.37; superuacuam generum ~onem in numerum PLIN.*Nat*.14.70.

consectātrix ~īcis, *f.* [next+-TRIX] One that pursues or strives after.

libidines..~ices uoluptatis CIC.*Off*.3.117.

consectiō ~ōnis, *f.* [CONSECO+-TIO] (A cutting up; *v.l.* in CIC.*Div*.1.116, *N.D*.2.151).

consector ~ārī ~ātus, *tr.* [CON-+SECTOR²] CONST.: in pass. sense, 4.

1 To go towards, seek, make for.

qui ~are qua maris qua feminas PL.*Mil*.1113; angiporta haec certum est ~arier *Ps*.1235; hos ~or TER.*Eu*.249; PLIN.*Nat*.8.188; TAC.*Hist*.4.78; (*in fig. phr.*) tardi ingeni est riuulos ~ari, fontis rerum non uidere CIC.*de Orat*.2.117;— (*w. inf.*) forte passerem..~atur arripere APUL.*Met*.8.20.

2 To endeavour to find or obtain, seek after. **b** to make researches into.

ne plura..~er, comprehendam breui CIC.*de Orat*.1.34; umbras..falsae gloriae ~ari *Pis*.57; qui non debita ~ari soleant *Att*.13.23.3; COL.1.pr.3. **b** Platonem..legunt.. etiam qui illa..non studiosissime ~antur CIC.*Tusc*.2.8; V.MAX.4.8.4; subtilius ista ~ati PLIN.*Nat*.2.139; 7.48.

3 To follow the example of, imitate.

primi eas (herbas) in nostro orbe celebrauere Pythagoras atque Democritus, ~ati Magos PLIN.*Nat*.24.156; cum uersus illos Homeri ~aretur GEL.12.1.20.

4 To seek out in order to destroy, pursue, hunt down.

consul quosdam in citeriore Gallia..~atus est et confecit CIC.*Inv*.2.111; ~abantur siluestria saecla ferarum missilibus saxis LUCR.5.967; equites quos possunt ~antur atque occidunt CAES.*Gal*.5.58.6; pecora ~ando LIV.21.43.8; TAC. *Hist*.4.1; (*transf.*) omnia me mala ~antur PL.*Bac*.1093;— (*in pass. sense*) meam nouercam ~ari lapidibus a populo uideo LABER.*com*.142.

5 To demonstrate hostility towards, inveigh against, attack.

Fufium..conuiciis et sibilis ~antur CIC.*Att*.2.18.1; ~ans proterue bene..de republica meritos *Rep*.1.68; CAEL.*Fam*. 8.12.2; PLIN.*Ep*.8.22.4.

consecuē: see CONSEQVE.

consecūtiō ~ōnis, *f.* [CONSEQVOR+-TIO]

1 Orderly or logical sequence.

numeri quidam sunt in coniunctione seruandi ~oque uerborum CIC.*Part*.18.

2 A logical consequence, resultant effect. **b** (rhet.) an investigation of consequences or effects.

simplex..conclusio ex necessaria ~one conficitur CIC. *Inv*.1.45; detractio molestiae ~onem affert uoluptatis *Fin*. 1.37; mentem..quae et causas rerum et ~ones uideat 2.45. **b** ~o est cum quaeritur quae signa nocentis et innocentis consequi soleant *Rhet.Her*.2.8; ~o..tractatur, cum quid quamque rem sequatur, anquiritur CIC.*de Orat*.3.113; 3.116.

consēdō¹ ~āre ~āuī ~ātum, *tr.* [CON-+SEDO] To check, stop, allay.

maximos tumultus..disieci atque ~aui CATO *orat*.51.

consēdō² ~ōnis, *m.* [CON-+SEDEO+-O¹, cf. *assedo*] One who sits by (perh. an assessor).

nemo uicinus ~o HEM.*hist*.33.

consēminālis ~is ~e, *a.* [CON-+SEMINALIS] Planted with several varieties (of vine).

~ium uinearum non est tam firmum uinum COL.12.47.6.

consēmineus ~a ~um, *a.* [CON-+SEMEN+-EVS] Planted with several varieties (of vines, trees, etc.).

in ~is uineis COL.3.21.7; siluam si quis barbaricam, id est ~am, uelit facere 11.2.83.

consēminia ~ae, *f.* [cf. prec.] A kind of vine.

PLIN.*Nat*.14.36.

consenescō ~escere ~uī, *intr.* [CON-+SENESCO]

1 To reach old age, grow old.

ne in tuto quidem exsilio posse ~escere LIV.39.36.15; 42.50.8; illa sunt annis iuncti iuuenalibus, illa ~uere casa OV.*Met*.8.633; inque securus patria ~uisse mea *Tr*.4.8.12; VELL.2.102.3; SEN.*Ep*.55.3; (*cf.*) uirtute ~ui [QUINT.]*Decl*. 4.11;—(*transf. and poet.*) haud ulla carina ~uit, fallit portus et ipse fidem PROP.3.7.36; iucundissime imperator; sit enim haec tui praefatio, uerissima, dum maximi ~escit in patre PLIN.*Nat*.pr.1.

2 To spend one's whole life, grow old (in an occupation or condition).

~uit socerorum in armis sub rege Medo Marsus et Apulus HOR.*Carm*.3.5.8; ut ~escat ad Veios iuuentus LIV.5.11.9; ~uisse sub armis 32.3.5; SEN.*Dial*.10.17.5; PETR.88.4; in commentariis rhetorum ~escere QUINT.*Inst*.3.8.67.

3 To grow feeble, waste away; (of inanimate objects) to decay, spoil, etc., with age.

macesco, ~esco et tabesco miser PL.*Capt*.134; inclusae (aues) ~escunt VAR.*R*.3.7.6; in..fratris manibus et gremio maerore et lacrimis ~escebat CIC.*Clu*.13; quamuis ~uerint uires atque defecerint *Sen*.29; animum quoque..~uisse in adfecto corpore LIV.9.3.8; celeriter ~escet (uinea) COL. *Arb*.6.1;—in manibus ~escit (uerum) PL.*Rud*.1302; oua aut inaequabiliter maturescunt aut ~escunt VAR.*R*.3.9.8; ~uit haec tabula carie PLIN.*Nat*.35.91.

4 To lose force, become invalid, fall into disuse; (of persons) to become of no account, fade into insignificance; (also of a town).

bonum proprium ciuitatis..aegrotare incipit et ~escit VAR.in Non.p.287; non uides ueteres leges..sua uetustate ~uisse? CIC.*de Orat*.1.247; spatio interposito et causa cognita ~escat (falsa inuidia) *Clu*.5; ~uisse iam secum..uim omnem tribuniciae potestatis LIV.6.39.6; QUINT.*Inst*.9.4. 112;—otio et tranquillitate rei publicae ~escebat CIC.*Sest*. 110; *Att*.2.23.2;—Antemnae..quod (*sc.* oppidum) bello male acceptum ~uit VAR.*L*.5.28.

consensiō ~ōnis, *f.* [CONSENTIO+-TIO]

1 Agreement in opinion or sentiment, consent, unanimity. **b** a subversive agreement, conspiracy, plot.

ut..sit..nulla bonorum ~o contra improborum furorem CIC.*Rab.Perd*.4; nulla de illis magistratuum ~o *Red.Sen*.38; tanta uniuersae Galliae ~o fuit libertatis uindicandae CAES. *Gal*.7.76.2; TAC.*Ann*.3.43. **b** nullaene ~ones factae esse dicuntur? CIC.*Ver*.5.9; tamenne plus Gallorum ~o ualebit quam summa auctoritas omnium? *Font*.16; sceleris.. insidiaramque ~o *Marc*.23; ille ~onis globus NEP.*Att*.8.4.

2 (of things) Likeness of purpose or action, harmony, agreement.

omnia haec..~one naturae constricta CIC.*de Orat*.3.20; uoluntatum studiorum sententiarum summa ~o *Amic*.15.

3 (rhet.) Agreement (with a statement of the opposing party).

tertia ~o, ut pro eodem: 'iudicium esse corruptum' QUINT.*Inst*.9.2.51.

consensus ~ūs, *m.* [CONSENTIO+-TVS³]

1 Agreement in opinion or sentiment, concord, unanimity. **b** a subversive or factious agreement, conspiracy, collusion. **c** the general consensus of opinion; esp. ~*u*, by general assent. **d** (leg.) agreement to a proposal, consent.

meum ius iurandum..iuratus ipse una uoce et ~u approbauit CIC.*Pis*.7; omnium ordinum ~u *Mil*.87; omnium ~us naturae uox est *Tusc*.1.35; CAES.*Gal*.7.15.1; uictus tamen patrum ~u quieuit LIV.2.57.4; confisi Carthaginienses ~u Africae 28.42.12; me deorum hominumque ~u ad imperium uocatum TAC.*Hist*.1.15. **b** res publica ui ~uque audacium armis oppressa CIC.*Sest*.86; triginta uirorum ~us et factio *Rep*.1.44; ~um patrum causabantur (tribuni plebis) LIV.3.64.2; 22.1.3; ~um filiorum aduersus patres SEN.*Con*.2.1.22. **c** huius famae ~u elatus ad iustam fiduciam sui LIV.27.8.7; PLIN.*Nat*.2.160;—intercessionem.. ~u sustulerant LIV.3.36.6; PLIN.*Nat*.17.39; haec ~u produntur TAC.*Ann*.14.9. **d** quoniam ~u nudo contrahi potest POMPON.*dig*.46.3.80; pactum est duorum ~us atque conuentio ULP.*dig*.50.12.3.

2 Agreement in action, combined action. **b** a general practice, custom.

cuius (*sc.* Galliae) ~ui ne orbis quidem terrarum possit obsistere CAES.*Gal*.7.29.6; neque ipsis promptus in rem subitam ~us TAC.*Ann*.14.5. **b** consuetudinem sermonis uocabo ~um eruditorum QUINT.*Inst*.1.6.45; aliis..usurpatum raro..apud Chattos in ~um uertit TAC.*Ger*.31.1.

3 (of things) Agreement in nature, concord, harmony. **b** harmony in sensation, sympathy.

conspiratio ~usque uirtutum CIC.*Fin*.5.66; symmetria est ex ipsius operis membris conueniens ~us VITR.1.2.4; totum..alterno ~u uiuere mundum MAN.2.63; quid fecissent admonuerunt (dei) pari somniorum ~u PETR.106.3; SIC STARE NITENTES ~VS LAPIDVM *CIL* 8.212. **b** neque.. poterunt subtiliter esse conexae (animae corporibus) neque ~u contagia fient LUCR.3.740; in ea (*sc.* natura) iste quasi ~us, quam συμπάθειαν Graeci uocant CIC.*N.D*.3.28.

consentāneus ~a ~um, *a.* [prob. CONSENTIO+-ANEVS]

1 Fitting, agreeable, appropriate, consistent. **b** (of a person) constant in principles, consistent.

(*w. dat.*) quod ~um sit unius cuiusque naturae *Rhet.Her*. 4.65; quasi aptum esse ~umque tempori et personae CIC. *Orat*.74; hae disciplinae..si sibi ~ae uelint esse *Off*.1.6; V.MAX.6.9.ext.7; QUINT.*Inst*.6.3.106; PLIN.*Ep*.2.19.2; ULP. *dig*.17.1.6.7;—(*w.* cum) cum cetera uita fuisse hoc magis ~um CIC.*Inv*.2.90; *Fam*.3.6.2;—(*absol.*) quod genus conueniens ~umque dicimus *Fin*.3.24;—(*neut. pl. as sb.*) contraria et consequentia et ~a CIC.*de Orat*.2.166; [QUINT.] *Decl*.8.17. **b** uir uita ac morte ~us VELL.2.63.2.

2 ~*um est*, (w. or without dat.) it is consistent or fitting.

uel quod ita rectum est uel quod rebus meis maxime ~um CIC.*Att*.1.20.3;—(*w. acc. and inf.*) procul ⟨a me⟩ amantem abesse hau ~umst PL.*Cur*.165; cui sententiae ~um est ultimum esse bonorum cum uoluptate uiuere CIC. *Fin*.1.41; *N.D*.2.42; LIV.10.18.13; (*w.* inter se) nec..quicquam minus inter se ~um est quam aliquem moueri SEN. *Dial*.11.10.6;—(*w. inf.*) quem ad modum his putes ~um esse id dicere CIC.*Tusc*.5.82; PLIN.*Nat*.17.246; PLIN.*Ep*. 4.9.17;—(*w.* quod) cui ~um est, quod initia uocantur..ea quae Cereri fiunt sacra VAR.*R*.3.1.5;—(*w.* ut, ne) non par uidetur neque sit ~um..praesentibus illis paedagogus ut siet PL.*Bac*.139; CIC.*Fin*.3.68; [QUINT.]*Decl*.17.16.

Consentēs ~ium, *a.* [perh. CON-+*sens* (SVM)] *Dei* ~*es*, the twelve major deities.

dei Penates, dei ~es VAR.*L*.8.70; duodecim deos ~is *R*. 1.1.4; I⟨OVI⟩ O⟨PTIMO⟩ M⟨AXIMO⟩ CETERISQ⟨VE⟩ DIS ~IBVS *CIL* 3.942.

consentia, *a.* [app. as prec.] (perh.) Rites connected with the *Dei consentes*.

~a sacra, quae ex consensu multorum sunt statuta PAUL. *Fest*.p.65M.

consentiens ~ntis, *a.* [pple. of CONSENTIO] In vbl. senses, esp.

1 Signifying agreement, unanimous.

(gloria) est ~ns laus bonorum CIC.*Tusc*.3.3; ex omn multitudine ~ns uox LIV.1.6.2; 10.40.1.

2 Harmonious, agreeing closely; consistent. **b** favourable.

una et ~ns duobus uocabulis philosophiae forma CIC.*Ac*. 1.17; nemo..est mihi tam ~ntibus sensibus *Att*.4.18.2 (16.10); tanta rerum ~ns conspirans continuata cognatio *N.D*.2.19;—in oratione..quid ~ns quid repugnet iudicando *Ac*.1.19; consilium omnis uitae ~ns *Tusc*.5.72. **b** MARTI AMICO ET ~NTI *CIL* 3.897.

consentiō ~tīre ~sī ~sum, *intr.*, (*tr.*). [CON-+SENTIO] FORMS: *cosentiont CIL* 1.9.

1 To join or share in sensation; (w. acc.) to join in feeling.

uitali ut possint ~tire undique sensu (partes corporis) LUCR.2.916; ~tire animam totam per membra uidemus 3.153; mortale aeterno iungere et una ~tire putare.. desiperest 3.801; stomachum..solutum habent..~tiente capite (*i.e. with a sympathetic headache*) LARG.104;—(*w. acc.*) uitalis motus ~tire atque imitari LUCR.2.717.

2 To be in harmony or unison in opinion, feeling, conduct, etc., be in agreement.

omnes mortales una mente ~tiunt CIC.*Phil*.4.7; uehementer eum ~tiens Etruria mouebit *Fam*.6.6.8;—(*w. dat.*) ~tit naturae, quod esse uolunt e uirtute uiuere *Fin*.2.34; SEN.*Ep*.66.41;—(*w.* cum) ~tite cum bonis CIC.*Agr*.1.26; non cum omni prouincia ~serat in odio Cassi *B.Alex*.53.

—(*w.* ad) qua uirtute ad communem salutem..~tiunt Cic. *Catil.*4.15; omnis undique ad uitia ~tiens multitudo *Tusc.* 3.3;—(*w.* in+*acc.*) nec in hunc furorem omnes..~sissent Sen.*Ben.*4.4.2.

3 To be of the same mind as to particular points, to concur in opinion, agree deliberately. uetere Academia et Peripateticis ~tientibus Cic.*Div.*1.5; talia dicente consule designato, ~tientibus aliis Tac.*Ann.* 11.6; non ~tiebatur Gel.5.13.1;—(*w. dat.*) in Oppianico sibi constare et superioribus ~tire iudiciis Cic.*Clu.*60; Quint.*Inst.*5.14.33;—(*w.* cum) senatus..~tiens cum populo Romano Mes.Cor.*orat.*25; se contra Cassium ~tire cum omnibus *B.Alex.*58.4; Quint.*Inst.*2.17.2;—(*w.* de) nos qui de communi salute ~timus Cic.*Vat.*23; de prioribus ~titur Tac.*Ann.*1.13;—(*w.* in+*abl.*) in illo uno laudando ~serunt Nep.*Alc.*11.1;—(*w.* super+*abl.*) super aetate Homeri..non ~titur Gel.3.11.1;—(*w.* ad) ~tientem Graeciam ad bellum barbaris inferendum Cic.*Off.*3.99; ad necem eius ~tiebant Liv.39.50.6;—(*w. acc. and inf.*) honc oino ploirvme ~tiont r⟨omai⟩ dvonoro optvmo fvise viro *CIL* 1.9; Cic.*Tusc.*1. 35; inter plurimos..~sum est, duas eius esse partes Quint. *Inst.*9.1.17.

4 To reach agreement, agree (on a decision, etc.); (also w. acc.) to agree on. **b** to form an agreement, plan joint action, combine. **c** to form a conspiracy; (also transf. and poet., of things). sine contentione ~tiendo praefecerunt..Remum et Romulum Hem.*hist.*11; cum optimi cito ~tiant Tac.*Dial.* 41.4; conuenire dicuntur..qui ex diuersis animi motibus in unum ~tiunt Ulp.*dig.*2.14.1.3; (*cf.*) diu quarum esset partium secum luctatus ac sibi difficile ~tiens (*i.e. finding it hard to make up his mind*) Vell.2.63.3;—(*w.* in+*acc.*) ~sisse..uidentur, qui sciant se non esse subiectos iurisdictioni eius et in eum ~tiant Ulp.*dig.*5.1.2; quia in corpus ~sum est 13.7.1.2;—(*w.* ad) comitate..hospitum, ad quam publice ~serant Liv.4.35.4;—(*w.* in+*abl.*) si uniuersi uidere optimum et in eo ~tire possent Cic.*Rep.*1.52;—(*w.* ut) senatus..censuit ~sit consciuit ut bellum..fieret *formula* in Liv.1.32.13; Liv.30.24.11;—(*w. indir. qu.*) quando proficiscantur, ~tiunt (grues) Plin.*Nat.*10.58;—(*w. acc.*) idne ~sisse..plurimas gentis arbitramur? Cic.*Fin.*2.117; ~sit et senatus bellum Liv.8.6.8; Gel.15.26.2. **b** quo minus..cum inimicissimo ~tiam Planc.*Fam.*10.11.3; undique abierat antequam ~tirent Liv.23.28.4;—(*w.* ad) deos ..ad rem publicam conseruandam..~sisse Cic.*Phil.*4.10; Nep.*Dat.*5.2; Liv.27.9.14;—(*w.* in+*acc.*) in meam perniciem ilico ~tiunt Apul.*Met.*3.26;—(*w.* de) cum Demade de urbe tradenda Antipatro ~serat Nep.*Phoc.*2.2;—(*w. inf.*) si ~serint possessores non uendere Cic.*Agr.*1.15; *Fam.* 6.18.2; Tac.*Ger.*34.2;—(*w.* ut, ne) ~sisse Gaditanos principes cum tribunis cohortium..ut Gallonium ex oppido expellerent Caes.*Civ.*2.20.2; Liv.4.26.7. **c** qui eorum coiit coierit conuenit conuenerit ⟨~sit⟩ ~serit *Leg.pub.* (*Font.iur.*p.92)13; si hisce inter se ~serunt Pl.*Ps.*539; seruos quos..belli faciendi causa ~sisse iudicauit Cic. *Ver.*5.18; se cum Belgis reliquis ~sisse Caes.*Gal.*2.3.2; Liv.22.1.3; augebat..scelera in quorum ultionem ~serat Tac.*Ann.*15.61; —~sere ignes nimbique et fluctus et ira uentorum Sil.17.253; in excidium infelicis exercitus dux terra, caelum dies, tota rerum natura ~sit Flor.*Epit.*1.22 (2.6.15).

5 a (w. dat.) To be in sympathy with, favour. **b** to assent; (w. acc.) to assent to, allow. **a** ~tire suis studiis qui crediderit te Hor.*Ep.*1.18.65; facile iis quibus delectantur ~tiunt Quint.*Inst.*5.11.19; 5. 14.9. **b** nullo gemitu ~sit ad ictum Luc.8.619; nigro (sonco) prohibet uesci..de albo ~tiens Plin.*Nat.*22.90; (fortuna) ~sit, ut nobis quem negauerant, non abstulissent [Quint.]*Decl.*5.5; Tac.*Ann.*12.53; in muneribus publicis, in quibus pater ei ~tit Ulp.*dig.*10.2.20.6; votis omnibvs caelestibvs ~tientibvs benevertentibvsq *CIL* 5.5634; —illud ~tio, ut..ex his..creentur Call.*dig.*50.4.14.6.

6 (of things) To be in harmony, accord, to coincide in any respect, be similar. **b** to come into harmony. utrumque nostrum incredibili modo ~tit astrum Hor. *Carm.*2.17.22; tempore quo in homine non ut nunc omnia (*sc.* membra) in unum ~tiant Liv.2.32.9; Pers.5.46; indicationem et statum ~tire semper existimarunt Quint.*Inst.* 3.11.20;—(*w. dat.*) quibus rebus uita ~tiens Cic.*Fin.*5.66; Sen.*Ep.*118.12;—(*w.* cum) mihi ne utiquam cor ~tit cum oculorum aspectu Enn.*scen.*34; cum consiliis tuis mea facta et consilia ~tiunt Cic.*Att.*9.13.3;—(*w.* inter se) inter se omnes partes..~tiunt *Off.*1.98;—qui non isdem rebus mouetur naturaque ~tit *Amic.*65; *Man.*4.487; Petr.124, l.246; nec refert quod inter se specie differunt, cum genere ~tiant Tac.*Dial.*25.4. **b** cum se disposuit et partibus suis ~sit (ratio) Sen.*Dial.*7.8.5; (*w. dat.*) ulceri uicina ~tiunt *Nat.*3.29.7.

7 (of statements, actions, etc.) To be consistent (with), answer (to), correspond, agree (with); (of a single statement, etc.) to be consistent in all its parts; (also, w. *sibi*, of a person) to be consistent. cuius de laudibus omnium esset fama ~tiens Cic.*Sen.*61; [Quint.]*Decl.*11.6;—(*w. dat.*) his principiis reliqua ~tiebant Cic.*Phil.*1.2; epistulae..regis..~tiunt his (scriptoribus) Plin.*Nat.*6.62;—(*w.* cum) ut uestrae..sententiae cum populi Romani..suffragiis..~tiant Cic.*Mur.*1; Paul.*dig.* 46.4.14;—(*w.* inter se) argumenta et signa, quae inter se ~tiant *Rhet.Her.*2.11;—ut..oratio sibi constet et ex omni parte secum ipsa ~tiat Cic.*Tim.*8; ut aliquid, quod inter se parum ~tiat, a teste dicatur Quint.*Inst.*5.7.29;—si sibi ipse ~tiat Cic.*Off.*1.5.

8 To act together or in unison; (of a heavenly body) to be in conjunction. (*w. dat.*) ubi chorus canentium non..numeris praeeuntis magistri ~sit Col.12.2.4; Plin.*Nat.*2.219;—(*w.* cum) per se non mouetur, sed cum umeri motu ~tit Cels.8.8.1; (*cf.*) siluarum et montium situs cum ingenio ~tiebant Flor. *Epit.*1.39(3.4.4);—si Martem quoque ~tientem habet Sen. *Nat.*7.4.2.

consentium ~(i)ī, *n.* [as consentes+-ivm] (app.) The council or body (of *dei consentes*). ~io deorvm marcana sozomene imperio fecit *CIL* 3.1935.

consep-: see consaep-.

consequē, *adv.* (4 syllables.) [*consequus* (conseqvor+-vs)+-e] Consequently (or perh. consecutively). ~ (*cj.*; consequiae *codd.*) quoque iam redeunt ex ordine certo Lucr.5.679.

consequens ~ntis, *a.* [pple. of conseqvor] In vbl. senses, esp.

1 Following in time, subsequent. **b** later in order, next, following. instantis aut ~ntis periculi uitationem *Rhet.Her.*3.3; ~ntis ac posteri temporis Cic.*Fin.*1.67; spe ~ntium (*sc.* uoluptatium) *Tusc.*3.33. **b** uerbi..uim ex contrario repetit..et ex ~ntibus Cic.*Part.*126; ut..id omne, et quae ~ntia essent, perpolirent et absoluerent *Tim.*46; similis nec minus altera pede ~nti ra ca Maur.1903; 2842.

2 Following as a logical consequence; (n. as sb.) a consequence; *~ns est* (w. acc. and inf. or *ut*) it follows that; (w. inf.) it is logical (to). id, quod concludere illi uelint, non effici ex propositis nec esse ~ns Cic.*de Orat.*2.215;—(*w. dat.*) *Brut.*152; quid cuique rei sit ~ns quid repugnans *Tusc.*5.68;—contraria et ~ntia *de Orat.*2.166; cum ~ns aliquod falsum sit *Fin.*4.68; haec ~ntia dico, ἀκόλουθα Quint.*Inst.*5.10.75;—(*w. acc. and inf.*) ~ns esse beatam uitam uirtute esse contentam Cic.*Tusc.* 5.18; huic propositioni non erit ~ns..nos..in mala incidere Sen.*Ep.*87.29;—(*w.* ut) ~ns est, ut utilis mihi actio aduersum te dari debeat Gaius *Inst.*2.78; Gel.7(6).2.10;—~ns est dicere posse eum adire Ulp.*dig.*29.2.34.1.

3 Consistent, corresponding; *~ns est* (w. *ut* or inf.) it is consistent that. **b** analogous, parallel. sequi debet..~ntis casus in declinando Var.*L.*9.90; his omnibus, quos dixi, ~ntes fines sunt bonorum Cic.*Fin.*2.34; id..est ~ns auctoritati ueterum Julian.*dig.*9.2.51.1;—~ns esse uidetur ut scribas..de legibus Cic.*Leg.*1.15; Quint. *Decl.*350(p.377,l.21); ~ns fuit et ei proponere (actionem) Ulp.*dig.*5.4.1. **b** pro uerbo proprio subicitur aliud.. sumptum ex re aliqua ~nti Cic.*Orat.*92; ~ns earum (*sc.* olearum) uindemia est Plin.*Nat.*15.5; 23.63; Ulp.*dig.*35.1.92.

consequenter, *adv.* [prec.+-ter²]

1 As a result, consequently. aliud est (genus ἀντιθέτου), item quod superiori infertur, sed ~ Rut.Lup.2.16; cetera ~ suspicatus Apul.*Met.*9.21; Ulp.*dig.*4.6.38; *CIL* 11.5265.

2 Fittingly, appropriately; (w. dat.) agreeably to, in accordance with. proferens..coronam—et hercules coronam ~ Apul.*Met.* 11.12; Gaius *Inst.*3.179;—(*w. dat.*) corpora..(lunae) incrementis ~ augeri Apul.*Met.*11.1; Ulp.*dig.*10.2.18.

consequentia ~ae, *f.* [conseqvens+-ia]

1 A succession or sequence (of events). **b** a progression (in order), sequence. cursum rerum euentorumque ~am Cic.*Div.*1.128. **b** quinariarum multiplicatio..seruare ~ae suae regulam debet Fron.*Aq.*34.

2 A logical consequence, necessary sequence. **b** *per ~as*, as a result, consequently. per ~am significatio fit cum res quae sequantur aliquam rem dicuntur ex quibus tota res relinquitur in suspicione *Rhet.Her.*4.67; necessaria rerum ~a..quae fatum uocatur Gel.7(6).2.9; 12.5.10. **b** per ~as contingit, ut debitum subeat Ulp.*dig.*26.8.1; 47.10.1.3; de reliquis, quae per ~as emptionis propria sunt Paul.*dig.*19.1.5.

3 An analogy. quod..contra rationem iuris receptum est, non est producendum ad ~as Paul.*dig.*1.3.14.

consequius ~a ~um, *a.* [next+-ivs] That follows or is in attendance; (in quots. as sb.) Psyche..penduli comitatus extrema ~a Apul.*Met.*5.24; carpentis quae..nouissimis trahebantur ~is 10.18.

consequor ~quī ~cūtus, *tr., intr.* [con+seqvor] Forms: *consequt-* or *consequut-* occur in codd. Const.: in pass. sense 8.

1 To go or come after, follow. **b** to follow as an attendant, attend on. **c** to follow in hostile fashion, pursue. (*w. acc.*) me ~quere hac Pl.*Ps.*1315; ~quar iam te Ter. *Hec.*358; nemo me uestrum..~quetur Cic.*Tusc.*1.103; iubet omnis legiones..se ~qui ad oppidum Ruspinam uersus *B.Afr.*37.2; ~quimur praecedentem Suet.fr.176(p.289Re); —(*absol.*) hic se coniecit intro, ego ~quor Ter.*Hau.*277; Turp.*com.*195; Cassi classis paucis post diebus ~quebatur Cic.*Phil.*10.8;—(*of things*) pars eius turris concidit, pars reliqua ~quens procumbebat Caes.*Civ.*2.11.4; cum haerente lacrima priore (turis) ~cuta alia miscuit se Plin.*Nat.*12.61; —(*of heavenly bodies*) Austrum ~quitur deuitans corpore Virgo Cic.*Arat.*507(261); Plin.*Nat.*2.45. **b** Mercurium iussi me continuo ~qui Pl.*Am.*880;—(*cf. sense 4*) uoluptatem ut maeror comes ~quatur 635; ~quitur comes insomnia Caecil.*com.*168. **c** Sestius cum illo exercitu summa celeritate est Antonium ~cutus Cic.*Sest.*12; reliquas copias Helvetiorum ut ~qui posset Caes.*Gal.*1.13.1; iuuat excitatas ~qui cursu feras Sen.*Phaed.*110.

2 To overtake, come up with; to keep pace with; (also transf., of the eyes). **b** to overtake in time, catch up with. cur..non aut stantem comprehenderint aut fugientem ~cuti sint Cic.*Cael.*67; te..iam ~qui non possemus *Att.* 8.11d.3; quando luna..solem ~cuta est *Tim.*32; reliquos omnis equitatu ~cuti nostri interfecerunt Caes.*Gal.*1. 53.3; Scipionem..litterae sunt ~cutae *Civ.*3.36.6;—(*absol.*) comitibus non ~cutis Cic.*Tusc.*5.97; Mercurii..stella.. ~cuto..sole ad quindecim partium interuallum consistit Plin.*Nat.*2.75;—(*poet., of a missile*) hunc lata retectum lancea ~quitur Verg.*A.*12.375; Ov.*Met.*7.683; (*cf.*) uulnere, non pedibus te ~quar 9.126; ~quar telo fugam Sen.*Her.O.* 516; (*fig.*) effugit mortem, quisquis contempserit: timidissimum quemque ~quitur Curt.4.14.25;—quo malum properas?..te nequeo ~qui tam strenue Pl.*Rud.*493; magnitudine itineris confecti ~qui non potuerant Caes. *Civ.*3.106.2; in stilo..dat..moram non ~quens celeritatem eius manus Quint.*Inst.*10.3.19;—animalia..minuta, quae non possunt oculi ~qui Var.*R.*1.12.2. **b** his diebus, quae praeterita erunt superioribus, opera ~qui oportebit Col.11.2.90; ego illum in praetura sum ~cutus, cum mihi Caesar annum remisisset Plin.*Ep.*7.16.2.

3 To succeed in time, happen subsequently, follow. **b** to follow in order or sequence. minas..decem habet..hasce..~quentur alterae Ter. *Hau.*837; quae ~cutast nox eam (noctem) *Hec.*137; mensem qui ~quitur mensem comitialem Cic.*Ver.*2.130; has..res ~cuta est subita commutatio Nep.*Di.*6.1;—(*absol.*) haec cum Crassus dixisset, silentium est ~cutum Cic.*de Orat.* 1.160; ~quentibus diebus *Pis.*52; eiusmodi sunt tempestates ~cutae Caes.*Gal.*3.29.2. **b** in sexto ~quetur hos Terentius Volc.*poet.*1.10; attendite animos ad ea quae ~quuntur Cic.*Agr.*2.38.

4 To follow as a necessary consequence, result from; (absol.) to ensue. ea..dico consequentia quae rem necessario ~quuntur Cic.*Top.*53; libertatem pax ~quebatur *Phil.*1.32; quod ~quitur rem quamque Lucr.4.806; quod dictum magna inuidia ~cuta est Nep.*Di.*6.4;—ubi animus semel se cupiditate deuinxit mala necessest..consilia ~qui consimilia Ter. *Hau.*209; maxime..pius quaestus stabilissimusque ~quitur Cato *Agr.*pr.4; querquera ~quitur..capitisque dolores Lucil.1277; quanta gratulatio ~cuta est! Cic.*Flac.*98; Cels.*dig.*1.7.7; (*w.* ab) tempus item per se non est, sed rebus ab ipsis ~quitur sensus Lucr.1.460; (*w.* ex) cognitionis amor, e quo..rationis explicandae..cupiditas ~quebatur Cic.*Fin.*4.18.

5 (of events) To come upon, overtake, attend on (a person); (of hostility, etc.) to pursue. matrem..ex aegritudine..mors ~cutast Ter.*Ph.*750; uti C. Verrem..dignus exitus eius modi..factis..~quatur Cic. *Ver.*5.189; *N.D.*1.26; qua in re summa felicitas..Fabium ~quitur Hirt.*Gal.*8.31.3; Nep.*Att.*19.3;—ex bellica uictoria non fere quemquam est inuidia ciuium ~cuta Cic.*Sest.*51.

6 To pursue with the mind; to follow, grasp, comprehend. **b** (w. *uerbis* and sim., also alone) to express fully, do justice to; to embrace, cover (with the memory). inuestigatione..earum rerum, quas cogitando ~quebatur Cic.*Off.*3.4;—rationem qua omnis illorum conatus inuestigare et ~qui possim *Ver.*48; de rebus, quas coniectura ~qui possumus *Fam.*6.5.2; ea quae..ne cogitando quidem ~quor *Q.fr.*3.5&6.4. **b** omnia dicendo ~qui Cic.*Clu.*7; *Sest.* 87; quibusnam uerbis eius laudes..~qui possumus? *Phil.* 5.35; quam breuissime..attingere potero et scriptura ~qui Vitr.10.8.1; Ov.*Met.*15.419; Quint.*Inst.*4.1.43; (*cf.*) quantum notando ~qui potuerant, interceptum..uulgauerant 1. pr.7;—qui uestram magnitudinem multitudinemque beneficiorum..enumerare aut ~qui possit Cic.*Red.Pop.*5;—nullo modo possum omnia istius facta aut memoria ~qui aut oratione complecti *Ver.*4.57.

7 To seek after, aim at (a result). ea, quae natura, quae studio, quae exercitatione ~quimur Cic.*de Orat.*2.232; ista exilitas quam ille de industria ~quebatur *Brut.*284; *Man.*70.

8 To bring about, achieve, reach. **b** (intr.) to succeed; (w. *ut, ne*; also w. inf.) to achieve the result that, succeed in. meam spem cupio ~qui Pl.*fr.*9; plus multo erunt uestris sententiis quam suis gladiis ~cuti Cic.*Mur.*79; consecutus es ut..nutu quod uelis ~quare *Fam.*13.65.1; quo facto duas res ~cutus est Caes.*Civ.*1.39.4; Liv.40.15.5;—(*in pass. sense*) quae uix ab hominibus consequi possunt Orb.*gram.*3. **b** quantum ~quar, uos iudicabitis Cic.*de Orat.*2.121;—ita mi uidentur omnia, mare, terra, caelum, ~qui iam ut opprimar Pl.*Am.*1055; is..~quebatur ut ad istum.. summa pecuniae referretur Cic.*Ver.*2.133; hoc uidemur esse ~cuti, ut ne quid agi cum populo..posset *Fam.*1.2.4; quidam ne umquam riderent ~cuti sunt Sen.*Dial.*4.12.4; Plin.*Pan.*86.6; Ulp.*dig.*19.2.41;—peruerse dicere homines peruerse dicendo facillime ~qui Cic.*de Orat.*1.150; si ~quor ..inter inhumanos esse poeta Getas Ov.*Pont.*1.5.66.

9 To acquire for oneself, gain, win. ~quendi quaestus studio Cic.*Man.*34; consulatum ~cuti sunt *Mur.*24; dignitas..quam ex re publica ~quebantur *Fam.*4.6.1; id quod petiuit ~cutus est Nep.*Ag.*1.4; Latini ius Quiritium ~cuntur Gaius *Inst.*1.32ᶜ; Ulp.*dig.*17.2.52.18; —(*w.* in+*acc.*) ~cvtvs in honores aedilicios *CIL* 2.4514.

10 To equal in achievement, come up to. interiectus..inter duas aetates Hortensi et Sulpici nec maiorem ~qui poterat et minori necesse erat cedere Cic. *Brut.*228; non..esset ullam partem istius nequitiae fugitiuorum insolentia ~cuta *Ver.*3.66; ad ~quendos quos priores ducimus accendimur Vell.1.17.7; non est turpe non ~qui, dummodo sequaris Sen.*Ben.*5.5.3; illam inmortalem Sallusti uelocitatem diuersis uirtutibus ~cutus est (Titus Liuius) Quint.*Inst.*10.1.102; (*cf.*) ut uerborum prope numerum sententiarum numero ~quatur (Thucydides) Cic.*de Orat.*2.56.

11 To act in accordance with, follow (a

plan, advice, example, etc.); to adopt or follow the opinion of (a person).

certum herclest uostram ~qui sententiam PL.*As.*261; ~qui senatus uoluntatem *Rhet.Her.*4.47; quo consilio profectus es, id adsiduitate et uirtute ~quere CIC.*Fam.*7.6.1; eum morem..~quar *Leg.*2.18;—quem..~quens in eo libro ..partum Iouis..diiungit a fabula *N.D.*1.41.

Conserentēs ~ium, *a.* [CONSERO¹] *di ~es*, The gods who preside over procreation.

GRAN.FL.*iur.*5.

consermōnor ~ārī ~ātus, *intr.* [CON-+SERMONOR] To converse, talk.

cum iis ~abatur QUAD.*hist.*6.

conserō¹ ~erere ~ēuī ~itum, *tr.* [CON-+SERO¹] FORMS: *~eruisti* (= *~euisti*) CELS.*dig.*6.1.38; *~eruerit* (= *~euerit*) COL.3.4.2 (*s.v.l.*).

1 To sow or plant (a field), sow plentifully. **b** (poet.) to strew or 'sow' thickly; *~itus* (of persons) beset (by conditions).

agrum ~erere studere oportet CATO *Agr.*3.1; agro colendo, saxis Sabinis..repastinandis atque ~erendis *orat.*69; Indus ..(agros) etiam ~erit CIC.*N.D.*2.130; quos (*sc.* scrobes) eris autumno ~iturus COL.11.2.28; ut pomaria ~erant TAC.*Ger.*26.2; lucos ~itos APUL.*Met.*4.17; (*poet.*) in eost Venus ut muliebria ~erat arua LUCR.4.1107;—(*w. abl. of the crop*) non arboribus ~ita Italia..? VAR.*R.*1.2.6; aquarum ..itinera..arboribus ~eri *S.C.*(*Font.iur.*p.193)47; iuuat Ismara Baccho ~erere VERG.*G.*2.38; LIV.22.15.2;—(*absol.*) qui in occasum aut septentriones ~eret PLIN.*Nat.*17.20. **b** sol..lumine ~erit arua LUCR.2.211; crebris..freta ~ita terris VERG.*A.*3.127; densis..~itus hastis..umbo STAT.*Theb.*8.704;—~itus sum senectute PL.*Men.*756; caeca mentem caligine Theseus ~itus CATUL.64.208.

2 To plant (trees, etc.); to sow (seed, crops); to breed (a beast). **b** (transf.) to set or plant plentifully.

hoc genus oleae in XXV..pedes ~erito CATO *Agr.*6.1; ut..neque ~erere arbores liceret *S.C.*(*Font.iur.*p.193)47; tum ~ita pomus TIB.2.1.43; quam arborem ~euisset LIV.10.24.5;—lini decem modii..quattuor iugis ~eruntur COL.2.12.5; ut ~ita rigataque imbribus celeriter prodeat (farrago) 2.10.31;—(*absol.*) in fundo alieno..~eruisti CELS.*dig.*6.1.38; qui in alienum fundum..~euit GAIUS *dig.*41.1.9; —GAETVLA HARENA PROSATA, GAETVLO EQVINO ~ITA *CIL* 6.10082. **b** extra uallum stili caeci mirabilem in modum ~iti *B.Afr.*31.7.

conserō² ~ere ~uī ~tum, *tr.* [CON-+SERO²]

1 To fasten together, join.

~tum tegimen spinis VERG.*A.*3.594; transuerberatis scutis plerique inter se ~ti haerebant LIV.38.22.9; partes corporis..quae articulis inter se ~untur CELS.4.29.1; rudis ..arbor ~itur LUC.3.513; sagum fibula..~tum TAC.*Ger.*17.1.

2 To bring into contact, press together, join. **b** *~tus* (of a group or its components) closely packed, serried.

labra ~ens labris MAT.*poet.*12; ~e dextram VERG.*A.*9.741; femori ~uisse femur TIB.1.8.26; OV.*Ep.*2.58; malleoli..imum caput, cum ~tum est bifurco pastini COL.3.18.6; spiritum..per cuncta rerum meabilem totoque ~tum PLIN.*Nat.*2.10; ~ta..gentibus arua V.FL.2.616; (*fig.*) comitatus uirtutum ~tarum et inter se cohaerentium SEN.*Ep.*90.3. **b** neque..~ta nauigia..regi poterant CURT.4.3.18; prope ~tis obduxit castra manipulis LUC.4.31; ratibus quas doliorum ~tis ordinibus inposuerat PLIN.*Nat.*8.16; ~tum nouae iuuentutis (apium) agmen [QUINT.]*Decl.*13.3.

3 To make by joining, construct.

leuibus..hamis ~tam..loricam VERG.*A.*5.259; sacris ~ta monilia conchis GRAT.403; nubem..tam arida quam umida ~unt SEN.*Nat.*2.30.4; LUC.4.136; FRON.*Str.*1.5.21; tegimen ..praeduro corio ~tum TAC.*Hist.*1.79; (*poet.*) nox..super campos telis ~ta LUC.7.520.

4 *~ere manum* (*-us*), to join in close combat, join battle (see MANVS); (also) *~ere dextras*. **b** to engage (weapons, forces) in battle. **c** *pugnam* (*proelium, certamen*, etc.) *~ere*, to join battle; also *~ere* alone. **d** *sermonem ~ere*, to engage in conversation.

edunt uulnera ~untque dextras STAT.*Silv.*1.6.60. **b** duos acerrima pugna ~tos exercitus V.MAX.3.2.1; ubi ~tis iunxere frementia telis agmina V.FL.6.182. **c** pugnam ~ui seni PL.*Bac.*967; proelia..~imus VERG.*A.*2.398; ~ebant ex propinquo pugnam LIV.26.39.12; ~ere certamen 35.4.2; iam ~e bellum LUC.3.560; dimicatione ~ta PLIN.*Nat.*8.98; (*cf.*) cum parasito..litem..~uit QUINT.*Decl.*296 (p.169,l.7); ~uit..casus durata longius..odia [QUINT.]*Decl.*9.3;—non, si ~tum super haec mihi membra Giganta subueheres STAT.*Theb.*5.569; certamine tanto ~uere acies SIL.1.339. **d** sine interprete non poterat ~i sermo CURT.8.12.9; FRO.*Ver.*2.p.240(136N).

5 (leg.) *ex* (*in*) *iure manum ~ere*, (of parties in a suit for possession) To engage in a symbolic struggle for ownership; *ex iure manum ~tum uocare*, to summon in such an action: see MANVS.

6 To make continuous, join (non-material things); to put together (a number of items). **b** to make by connecting, compose.

exodia..~ta..fabellis..Atellanis sunt LIV.7.2.11; nocti ~uisse diem OV.*Am.*3.6.10; ~ta..bellis bella LUC.2.442;—cantus et uerba medentia saeuus ~o STAT.*Silv.*2.1.6; sermone isto Milesio uarias fabulas ~am APUL.*Met.*1.1. **b** ordo rerum tribus momentis ~tus est QUINT.*Inst.*5.10.71; rem..sensus alicuius ratione conlectam et ~tam GEL.11.13.9.

consertē, *adv.* [prec.+-E] In a connected manner.

omnia naturali conligatione ~ contexteque fiunt CIC.*Fat.*31.

conserua ~ae, *f.* [CON-+SERVA] FORMS: *coserua CIL* 10.1094; 2017; *coserba* 14.1463; *~abus* (dat. pl., *s.v.l.*) SCAEV.*dig.*33.7.27.1. A female fellow slave (sts. informal wife).

Casinam, ~am tuam PL.*Cas.*108; TER.*Eu.*858; VAR.*R.*1.17.5; SEN.*Con.*7.6.8; APUL.*Met.*8.22;—(*transf.*) nolo ego fores ~as meas a te uerberarier PL.*As.*386; duraque ~ae ligna, ualete, fores OV.*Am.*1.6.74.

conseruātiō ~ōnis, *f.* [CONSERVO+-TIO]

1 The action of keeping intact or unharmed, preservation. **b** the preservation (of a state or condition).

diligentia est accurata ~o suorum *Rhet.Her.*4.35; intellegit maximam pietatem ~one patriae contineri CIC.*Phil.*13.46; ad conuenientiam ~onemque naturae *Off.*1.100; feruntur omnes ad ~onem sui 36.8. **b** incolumitas est salutis rata atque integra ~o CIC.*Inv.*2.169; aequabilitatis ~o *de Orat.*1.188; ad decoris ~onem *Off.*1.131.

2 The observance, maintenance (of duties, order, etc.).

summorum officiorum in extremo spiritu ~o CIC.*Fin.*2.99; εὐταξία, in qua intellegitur ordinis ~o *Off.*1.142.

conseruātor ~ōris, *m.* [CONSERVO+-TOR] One who preserves, saviour.

illum ~orem Asiae..nominabant CIC.*Flac.*60; immortales, custodes et ~ores huius urbis atque imperi *Sest.*53; existimari ~orem inimicorum *Att.*8.9.3; LIV.22.30.4; sacellum Ioui ~ori..posuit TAC.*Hist.*3.74; DIVO TRAIANO.. ~ORI GENERIS HVMANI *CIL* 2.2054.

conseruātrix ~īcis, *f.* [as prec.+-TRIX] One who preserves, protectress.

omnis natura uult esse ~ix sui CIC.*Fin.*4.16; FORTVNAE ~ICI POTENTI CALPVRNIA L PISONIS AVGVRIS FILIA *A.Epig.*49.199; diuinam sententiam, ~icem prosperitatis eius APUL.*Pl.*1.12; DIANAE ~ICI *CIL* 3.3632.

conseruitium ~(i)ī, *n.* [CON-+SERVITIVM] Fellowship in slavery.

nunc te oro per precem..perque ~ium commune PL.*Capt.*246.

conseruō ~āre ~āuī ~ātum, *tr.* [CON-+SERVO]

1 To save or keep from danger, preserve.

~auit me illic homo aduentu suo PL.*Ps.*667; retinete hominem in ciuitate..parcite et ~ate CIC.*Ver.*2.76; cum..bona fortunasque omnium liberosque ~arint *Phil.*14.37; suis laborantibus subsidio scaphas mittens non nullos ~auit *B.Alex.*21.3; umerus..in periculum uenit, sed facilius ~atur CELS.8.10.7.B; Augustus lactuca ~atus in aegritudine fertur PLIN.*Nat.*19.128;—(*w. dat.*) ~ate..rei publicae..ciuem bonarum artium CIC.*Cael.*77; ~a te mihi *Fam.*16.14.2; quonam modo has reliquias duorum exercituum patriae ~are possim LIV.25.38.4;—(*w. pred.*) ut salui omnes ~aremini CIC.*Catil.*3.25; *Fam.*13.50.2; CAES.*Civ.*3.11.4.

2 To keep intact or unharmed, preserve.

pabulum aridum quod condideris in hieme<m> quam maxime ~ato CATO *Agr.*30; ~a quaere parce TER.*Ad.*813; agrum Campanum, si diuidi non oportuit, ~aui CIC.*Pis.*4; libros tuos ~a *Att.*1.4.3;—(*w. pred.*) Latinitas est, quae sermonem purum ~at *Rhet.Her.*4.17; (ipsi) haec scripta ~ant CIC.*Div.*2 50.

3 To keep unchanged or undiminished, maintain.

concorditatem..perpetem probitate ~etis PAC.*trag.*189; ut ordinem rerum locorum ordo ~aret CIC.*de Orat.*2.354; neque ex portu neque ex decumis..uectigal ~ari potest *Man.*15; ut ~em dignitatem tuam *Planc.*10; mare..unum labendi ~ans usque tenorem LUCR.5.508; ordines ~arunt CAES.*Civ.*3.93.2; PAUL.*dig.*3.5.20(21).2;—(*w. pred.*) ut hanc causam illi integram ~ares CIC.*Fam.*13.7.3;—(*pple., w. gen.*) ea..quae ~antia sint eius status, diligenda *Fin.*3.16.

4 To act in accordance with, keep to, observe.

rerum ac temporum ordinem ~abimus *Rhet.Her.*1.15; patroni mortui uoluntatem ~abat CIC.*Ver.*1.124; ut morem ueterem..~arent 4.113; fidem erga imperatorem suum..~are CAES.*Civ.*1.84.3; LIV.42.24.10; si per regiones fuerint constituti curatores..puto regiones eos suas ~are debere ULP.*dig.*42.7.2.2.

conseruus ~ī, *m.* [CON-+SERVVS] FORMS: *coseruus CIL* 6.26590, 10.8340C; *quoseruus* 4.1241; gen. pl. *~um* TITIN.*com.*132. A fellow slave.

quom esse credent seruom et ~om suom PL.*Am.*129; VAR.*L.*8.6; duos ~os dormientis occidit CIC.*Clu.*179; HOR.*S.*1.8.9; TAC.*Ag.*31.3; *CIL* 2.5181.40;—(*of animals*) ut non numquam etiam ~os iratius intuantur (canes) COL.7.12.5; me cum meo famulo meoque uectore illo equo factum ~um APUL.*Met.*7.3;—(*fig.*) dominum ferre non potuimus, ~o seruimus CIC.*Fam.*12.3.2; *Parad.*36; (*cf.*) 'serui sunt.' immo ~i SEN.*Ep.*47.1.

consessor ~ōris, *m.* [CONSIDO+-TOR] One who sits together with or near (esp. in an assembly or gathering), a companion; a fellow juror.

accusatoris ~oribus, conuiuis, contubernalibus CIC.*Flac.*24; modo te ~ore spectare liceat *Att.*2.15.2; LIV.34.54.7; MART.1.26.3; magna ~orum fuga SUET.*poet.*47(p.51Re);—ut..Varius, qui est habitus iudex durior, dicere ~ori solebat CIC.*Fin.*2.62.

consessus ~ūs, *m.* [CONSIDO+-TVS³]

1 A gathering, assembly, meeting; (esp. of jurors) court; (in a theatre, etc.) audience, crowd.

nostrum in conuentum aut ~um AFRAN.*com.*188; a praeconum ~u CIC.*Quinct.*12; non ..umquam turpior in ludo talario ~us fuit *Att.*1.16.3; actum aliquid esse in ~u senatorum 10.1.2; I O M ET ~VI DEORVM DEARVMQVE *CIL* 3.1061;—hunc locum ~umque uestrum CIC.*Clu.*7; ~um meorum iudicum *Planc.*40; PLIN.*Ep.*2.19.2;—populum..uinctum ipso ~u et constrictum spectaculis CIC.*Har.*22; ludorum gladiatorumque ~u *Sest.*106; ~u gladiatorio 124; ~um caueai LUCR.4.78; postquam omnem laeti ~um..lustrauere in equis VERG.*A.*5.577; TAC.*Ann.*13.54.

2 The right to a place, seat.

CVI ORDO SPLENDIDISSIMVS..~VM DEDIT *CIL* 13.1954.

consīderanter, *adv.* [*considerans* (CONSIDERO)+-TER²] With consideration, carefully.

~ et mansuete (fecit)..magistratus V.MAX.8.1.amb.2.

consīderantia ~ae, *f.* [as prec.+-IA] Due thought, reflection, consideration.

tarditate animi sine ~a inruentes VITR.6.1.10.

consīderātē, *adv. compar.* ~ius, *superl.* ~ssimē. [CONSIDERATVS+-E] Upon consideration, carefully, cautiously.

quid feci non ~issime? CIC.*Att.*9.10.2; fac..ut ~e diligenterque nauiges *Q.fr.*2.1.3; si quando quid Pompeius tardius aut ~ius faceret CAES.*Civ.*3.82.2; LIV.4.45.8; SEN.*Ben.*4.36.1; fracta iuga ~e resarcire COL.11.2.38.

consīderātiō ~ōnis, *f.* [CONSIDERO+-TIO]

1 The action of looking, gaze, inspection.

disciplinarum scientiae sub oculorum ~one subiectae..probarentur VITR.3.pr.1.

2 Mental examination, contemplation, consideration.

~o cognitioque rerum caelestium CIC.*Fin.*5.58; *Luc.*35; in eius rei ~one aetatis quoque ratio habeatur SAT.*dig.*48.19.16.3; GEL.13.29(28).6.

consīderātor ~ōris, *m.* [CONSIDERO+-TOR] One who examines or considers (problems).

σκεπτικοί appellantur; id ferme significat quasi quaesitores et ~ores GEL.11.5.2.

consīderātus ~a ~um, *a. compar.* ~ior, *superl.* ~issimus. [pple. of next]

1 (of things) Thought out, careful, considered.

tardiore et ~iore gestu conueniet uti *Rhet.Her.*3.27; quam nihil non ~um exibat ex ore! CIC.*Brut.*265; illud uerbum ~issimum..'arbitror' *Font.*29; minus ~a..oratio QUINT.*Inst.*5.13.31.

2 (of persons) Careful, deliberate, cautious.

una in re paulo minus ~us CIC.*Quinct.*11; quis ~ior illo, quis tectior, quis prudentior? *Deiot.*16; tardiorque et ~ior erat factus *B.Afr.*73.1; LIV.22.39.20; PLIN.*Pan.*44.5.

consīderō ~āre ~āuī ~ātum, *tr.* [CON-+SIDVS+-O³, cf. *desidero*; for meaning cf. *contemplor*] FORMS: *cosider- CIL* 4.2416.

1 To observe attentively, examine, look at.

pecus ~et CATO *Agr.*2.7; rictum et labeas cum ~o POMPON.*com.*156; faciem utriusque ~ate CIC.*Q.Rosc.*20; SAL.*Cat.*58.18; OV.*Met.*3.95; est..maxime id ~are Rauennae VITR.2.9.11; latum pictae uestis ~at aurum JUV.6.482.

2 To take note of, notice, remark.

pictores..et uero etiam poetae suum quisque opus a uulgo ~ari uult CIC.*Off.*1.147; ~et surculum teretem COL.4.29.6; 4.29.13; ut et corpus iacentis conspexit et lacrimas ~auit PETR.111.8;—(*w. acc. and inf.*) cum pampinos ac folia decidere ~assent COL.11.2.67;—(*w. indir. qu.*) num tamen exciderit ferrum ~at hastae OV.*Met.*12.105; illud ~andum est, num cui saepius horum aliquid eueniat CELS.2.2.4.

3 To contemplate mentally, reflect on, think about.

eos casus..mecum ipse ~ans CIC.*Tusc.*5.3; quom res atque pericula nostra ~o SAL.*Cat.*52.2;—(*absol.*) estne hoc quod dico..? — quom ~o, meminisse uideor fieri PL.*Trin.*404; uide modo, etiam atque etiam ~a CIC.*Div.Caec.*46; LIV.27.24.3;—(*w. indir. qu.*) quantum obfueris, si uictus sies, ~a ACC.*trag.*311; CIC.*Ver.*5.174; SAL.*Cat.*20.6.

4 To examine mentally, investigate (a problem, unknown factor, etc.). **b** to examine, judge (from a particular point of view, in a particular light, etc.).

causam..explicemus atque ante oculos expositam ~emus CIC.*S.Rosc.*34; *Rep.*1.70; saepe te ~a PHAED.3.8.1;—(*absol.*) duplex est ~andi uia CIC.*Orat.*180;—(*w.* de) de me ipso ac de meis te ~are uelim *Att.*7.13.3;—(*w. indir. qu.*) ~abit accusator, num quando simile quid fecerit *Rhet.Her.*2.5; qui sis et quid facere possis ~a CIC.*Div.Caec.*37; ut ibi, quo se conferret, ~aret NEP.*Han.*9.1. **b** beneficia ex sua ui, ex tempore..~antur CIC.*Inv.*2.112; ex ipsius Chrysogoni iudicio..factum ~emus *S.Rosc.*108; cum per se ipsum ~es, graue est *Deiot.*4; ipsa (tetrachorda) cum separatim uniuscuiusque generis finibus ~antur VITR.5.4.3;—(*w.* de) de me..ita ~ent CIC.*Quinct.*55;—(*w. indir. qu.*) ex gula ~et, quod satis sit CATO *Agr.*89; inde potentis ~are, quomodo me putetis..uixisse GRACCH.*orat.*26;—(*w. pred.*) ista (sidera), quae tu non aliter quam in decorem sparsa ~as SEN.*Ben.*4.23.4.

5 To take into consideration, bear in mind (a fact, question, etc.). **b** (w. *ut, ne,* or subj. alone) to take care, bear in mind that.
quom egomet nunc mecum in animo uitam tuam ~o TER.*Hau.*385; scripto..omisso scriptoris sententiam ~are debebat CIC.*Inv.*1.69; in coloniis esse haec omnia ~anda *Agr.*1.16; PLIN.*Ep.*3.13.2;—(*w. acc. and inf.*) ~are debes nihil tibi esse committendum quam ob rem..te non simillimum praebeas CIC.*Fam.*6.12.5;—(*w. indir. qu.*) quibus ortus sis, non quibuscum uiuas ~a *Phil.*2.118; quid in alios statuatis, ~ate SAL.*Cat.*51.26; non quando coepisset febris, sed quando desisset,..~abat CELS.3.4.6; ipse qui suadet ~andus est, adiciatne consilio periculum suum TAC.*Hist.* 2.76; PLIN.*Pan.*3.2. **b** ~et (uilicus), quae dominus imperauerit fiant CATO *Agr.*5.2; hic erit ~andum, ne quid perturbate..dicamus *Rhet.Her.*1.15; uelim..~es ut sit unde nobis suppeditentur sumptus CIC.*Att.*11.13.4; illud..~es ne tua liberalitas dissolutior uideatur *ad Brut.*1.3.3; ~andum erit, ut solum..pingue sit COL.2.2.17.

considium ~(i)ī, *n.* [app. CON-+SEDEO+-IVM cf. *praesidium*] A court of justice.
ego tecum aequom arbitrum extra ~ium (*s.v.l.*) captauero PL.*Cas.*966.

consīdō ~sīdere ~sēdī, *intr.* [CON-+SIDO] FORMS: pf. ~*sidi* occurs in codd. LIV.9.37. 7, 28.12.15; PLIN.*Ep.*6.20.14; TAC.*Ann.*1.30; GEL.5.4.1. (ENN.*var.*13 may belong to *considero.*)

1 To adopt a sitting posture, sit down. **b** (of judges, etc.) to sit to try a case, hold a court.
flexo ~sidens corpore Nixus CIC.*Arat.*619(373); ~sedit ille: conticui *Har.*7; ~sidam uinctus ad aras [TIB.]3.19.23; cum dictator..~sedisset LIV.6.38.5; CELS.3.16.1; TAC.*Ann.* 4.16; JUV.4.34;—(*of several persons*) in pratulo propter Platonis statuam ~sedimus CIC.*Brut.*24; cum..populus ~sedisset *Div.*1.55; VERG.*Ecl.*5.3; uis scire, quam non ad docendam uirtutem ~sederit? SEN.*Ep.*88.4; ~sidunt armati TAC.*Ger.*11.3; (*impers. pass.*) in siluam uenitur et ibi..~siditur CIC.*de Orat.*3.18;—(*w. abl.*) ~sidere transtris VERG.*A.*3.289; hoc poteras mecum ~sidere saxo OV.*Met.* 1.679;—(*w.* in+*abl.*) omnis in eis sedibus..~sedisse dicebat CIC.*de Orat.*1.29; in molli ~sedimus herba VERG.*Ecl.*3.55; (*in fig. phr.*) aduersus hos quid ab aliis respondeatur, audi, antequam ego incipio secedere et in alia parte ~sidere (*i.e. adopt another view*) SEN.*Ep.*117.4;—(*w.* in+*acc.*) CVM IN AEDEM CAESAREI ~SEDISSENT *CIL* 6.2060;—(*w.* super+*acc.*) super eum cumulum coniuges..~sidere cum iussissent LIV.28.22.6; ouum..super quod columbae ~sederunt HYG. *Fab.*197. **b** (druides) ~sidunt in loco consecrato CAES. *Gal.*6.13.10; se ad causam cognoscendam ~sedisse LIV. 4.15.2; 26.48.9; OV.*Met.*12.627; horum (iudicum), qui ad certa iura, et quidem iurati, ~sederunt QUINT.*Decl.*313 (p.228,l.27); taxato prius modo summae ad quem conficiendum ~sideret SUET.*Cal.*38.3;—(*w.* in+*acc.*) quo..die primum, iudices, citati in hunc reum ~sedistis CIC.*Ver.*1.19; *Sul.*92.

2 (mil.) To take up a position (in readiness); to encamp, bivouac. **b** to take up a position (for other purposes).
trans id flumen omnis Neruios ~sedisse CAES.*Gal.*2.16.2; insidiaturus locis idoneis ~sidit *B.Afr.*65.3; LIV.10.4.11;—legio ~sedit Albae CIC.*Phil.*3.6; in castris..~sedit CAES. *Civ.*3.76.1; noctem..totam itinere facto ~sedit SAL.*Jug.* 91.3; LIV.9.37.7; TAC.*Hist.*4.75; (*poet.*) Dauni Mauors ~sederat aruis SIL.15.344. **b** ubi cohortes ad dilectum consuli adductae ~sidant VAR.*R.*3.2.4; cum plebes prope ripam Anionis ad tertium miliarium ~sedisset CIC.*Brut.*54.

3 **a** (of winged creatures, etc.) To alight, settle. **b** to come to rest (at the end of a voyage). **c** (of things) to settle (in or into a position).
a in iuba (equi) examen apium ~sederat CIC.*Div.*1.73; 1.78; una in praecelsa ~sedit rupe Celaeno VERG.*A.*3.245; puppi..deus ~sedit in alta 5.841; alto in luco cum forte cateruae ~sedere auium 11.457; HOR.*S.*1.8.7; LIV.21.46.2; ceterae (aquilae), cum occidere, ~sidunt PLIN.*Nat.*10.8; STAT.*Silv.*3.2.9; TAC.*Hist.*2.50; GAIUS *dig.*41.1.5.2. **b** Ausonio..~sidere portu VERG.*A.*3.378; SIL.15.178; (*cf.*) (ratis) flammifero tandem ~sedit Olympo V.FL.1.4. **c** leuiter homo concutiendus est; quo fit, ut..singula intestina in suas sedes deducantur et in his ~sidant CELS.7.16.3; quis terrae situs sit, qua parte mundi ~sederit SEN.*Nat.*2. 1.5; cum in cacuminibus montium nubes ~sident, hiemabit PLIN.*Nat.*18.356.

4 To settle as a colonist, make one's home; (also) to stop, stay (for a while); (transf., of institutions) to become domiciled. **b** (of qualities, etc.) to find a place, lodge.
qui..dubitem an hic Anti ~sidam CIC.*Att.*2.6.1; ex ueteranis militibus, qui..in his prouinciis ~sederant CAES. *Civ.*3.4.1; VERG.*A.*1.572; PROP.1.8.25; qui..domo profugus cum Tarquiniis forte ~sedisset LIV.1.34.2; Nabataeos Trogodytas, qui ~sedere ex Nabataeis PLIN.*Nat.*12.98; (*cf.*) cum et Quintus noster..in otio ~sederit CIC.*Att.*2.4.2;—ante quam aliquo loco ~sederio 5.14.1;—ludos..quorum religio tanta est ut ex ultimis terris arcessita in hac urbe ~sederit *Har.*24. **b** multa bona in pectore ~sident PL. *Trin.*300; sic ⟨inprobitas si⟩ cuius in mente ~sedit..turbulenta est CIC.*Fin.*1.50; *Tim.*5.

5 To sink to a lower level, subside; (of sediments) to settle. **b** (topog.) to become less high, sink. **c** to sink (into obscurity or sim.).
quae (*sc.* Alpes) iam licet ~sidant CIC.*Prov.*34; helepolis..in umido uoragine facta ~sedit VITR.10.16.7; terra ingentibus cauernis ~sedit LIV.30.38.8; SEN.*Ep.*71.15; defrutum infra tertiam partem uasis ~sidit COL.12.20.2; tabe grauatae ~sedere iubae STAT.*Theb.*2.678; (*in fig. phr.*) hoc totum e sophistarum fontibus defluxit in forum, sed spretum a subtilibus, repulsum a grauibus in ea de qua loquor mediocritate ~sedit CIC.*Orat.*96;—patiemur picem ~sidere et cum siderit aquam eliquabimus COL.12.24.2; PLIN.*Nat.*29. 34. **b** Alpium iuga..molli..deuexitate ~sidunt PLIN. *Nat.*3.147. **c** ~sedit utriusque nomen in quaestura CIC. *Mur.*18.

6 To sink to the ground, collapse. **b** to be overwhelmed (by circumstances).
Libra sub emerito ~sidens orbe laborum MAN.2.251; ab imo tota ~sidat domus SEN.*Phoen.*345; superne icti (fulmine) ~sidunt PLIN.*Nat.*2.145; cum omnia sacra profanaque in igne ~siderent TAC.*Hist.*3.33;—(*w.* in+*acc.*) uisum ~sidere in ignis Ilium VERG.*A.*2.624; STAT.*Theb.* 3.185. **b** totam..uidemus ~sedisse urbem luctu VERG. *A.*11.350.

7 (of things in violent motion) To subside, abate. **b** (of emotions) to quieten down, be allayed, abate; (also, of disturbances) to lessen, die down. **c** (of phrases) to reach a pause, end (cf. *cado*).
neque adhuc ~siderat ignis OV.*Met.*13.408; ut mare ~sidat OV.*Tr.*1.2.73; SEN.*Nat.*3.13.1; donec ~sideret puluis CURT.5.13.12. **b** ut eorum aspectu omnis..cura ~sederit CIC.*Brut.*10; cum ~sedit (ardor animi) 93; ubi primus terror ..~sedit LIV.33.7.5; quaedam..sunt irae, quae intra clamorem ~sidant SEN.*Dial.*3.4.3;—licentia urbium..numquam sponte ~sidet *Ep.*97.8; oppressum uidit ~sidere bellum SIL.8.331; modicis remediis primos motus ~sedisse TAC.*Ann.*14.61; PLIN.*Pan.*8.5. **c** ut..uerborum iunctio ..uarie distincteque ~sidat CIC.*de Orat.*3.191.

consignātē, *adv.* *compar.* ~ius, *superl.* ~issimē. [*consignatus* (CONSIGNO)+-E] Expressively, aptly.
Eupolidis..uersus de id genus hominibus ~issime factus GEL.1.15.12; Graeci..significantius ~iusque cessationem istam pugnae pacticiam ἐκεχειρίαν dixerunt 1.25.8.

consignātiō ~ōnis, *f.* [next+-TIO]

1 The affixing of a seal.
qui in rationibus tabulis litteris publicis aliaue qua re sine ~one falsum fecerunt PAUL.*dig.*48.10.16.2.

2 A sealed or attested document.
remisit (*sc.* operas) ~one facta SEN.*Con.*exc.4.8; QUINT. *Inst.*12.8.11; *Decl.*325(p.278,l.21); CALL.*dig.*22.4.5.

consignō ~āre ~āuī ~ātum, *tr.* [CON-+SIGNO] FORMS: *cosign-* *CIL* 8.1858.

1 To affix a seal to, seal (a document).
epistulas..~abo PL.*Trin.*816; tabulae..signis hominum nobilium ~antur CIC.*Quinct.*25; haec conscripta ~ataque sunt LIV.29.12.15; tabulas proprio lino propriaque cera ~amus GAIUS *Inst.*2.181; quod in uilla..tabulae nubtiales sint ~atae APUL.*Apol.*67.

2 To record in a sealed document. **b** to place on record in any manner, attest.
~ata..omnia ad senatum..misit LIV.23.38.4; (testamentum est) uoluntas defuncti ~ata iure legibusque ciuitatis QUINT.*Decl.*308(p.212,l.19); dote inter auspices ~ata SUET.*Cl.*2.6.2; (*cf.*) in tabellis quos ~aui (*i.e. enrolled*) hic heri latrones PL.*Mil.*73. **b** fundi..quos tibi pater publicis commentariis ~atos reliquit CIC.*de Orat.*2.224; ratio certa est Aetnensium et publicis et priuatis litteris ~ata *Ver.*3.109; quem (diem) apud Ennium et in maximis annalibus ~atum uidemus *Rep.*1.25; tot rerum..insitas et quasi ~atas in animis notiones *Tusc.*1.57; AGEN.*agrim.*p.28.

3 To indicate precisely, establish; ~*atus,* established on good authority, authentic.
ex quibus (sideribus) erat motus temporis ~andus CIC. *Tim.*30; rem causamque..interlocutionibus suis ita exprimere ~areque, ut..indicia faciat motus atque sensus sui GEL.14.2.17;—si quis in orationibus..auctoritates nostras ~atas se habere arbitratur CIC.*Clu.*139; monumentis testata ~ataque antiquitas *Div.*1.87.

consilescō ~escere ~uī, *intr.* [CON-+SILESCO] To fall silent, become still.
hostes uino domiti somnoque sepulti ~uere ENN.*Ann.*293; dum haec ~escunt turbae PL.*Mil.*583; omnis..sollicitudinis strepitus ~escit GEL.12.1.22.

consiliāris ~is, *m.* (dub.). [CONSILIVM+-ARIS] = CONSILIARIVS².
~i (*s.v.l.*) eo tempore quo adsidet negotia tractare in suum quidem auditorium nullo modo concessum PAUL.*dig.* 1.22.5.

consiliārius¹ ~a ~um, *a.* (CONSILIVM+-ARIVS] Advising, counselling.
senatum conuocabo in corde ~um PL.*Epid.*159; magis ..ei ~us hic amicust quam auxiliarius *Truc.*216; ~um (fulgur) ante rem fit SEN.*Nat.*2.39.1; illam ~am..animam (*translation of* βουλευτικός) APUL.*Pl.*2.15.

consiliārius² ~(i)ī, *m.* [prec.] An adviser, counsellor; (also) sharer of one's counsels. **b** an assessor. **c** a member of the *consilium principis.*
quem Marci Liui ~ium fuisse callebant SIS.*hist.*44; eius amici et ~ii CIC.*Ver.*2.42; rege ipso ~iisque eius *Fam.*1.2.3; LIV.35.42.13; (*w. gen.*) adiectis..~iis caedis familiarissimis omnium VELL.2.56.3;—est..boni auguris meminisse..Ioui ..optimo maximo se ~ium atque administrum datum CIC. *Leg.*3.43; FRO.*Amic.*1.p.280(175N). **b** magistratibus pro tribunali cognoscentibus plerumque se offerebat ~ium SUET.*Tib.*33; *Cl.*12.2. **c** ~ii Menandri Arrii persona ULP.*dig.*4.4.11.2; CENTENARIO ~IO AVG *CIL* 10.6662.

consiliātor ~ōris, *m.* [CONSILIOR+-TOR] An adviser, counsellor; sharer in the counsels (of).
~or maleficus PHAED.2.6.2; ille (meus) in gerendis (honoribus) ~or et rector PLIN.*Ep.*4.17.6; APUL.*Met.*1.12;—mathematicus..~or deorum PETR.76.10.

consiliātrix ~īcis, *f.* [as prec.+-TRIX] A female adviser.
illae..~ices egregiae tuae APUL.*Met.*5.24.

consilīgō ~inis, *f.* [dub.; for suff. see -IGO²] The medicinal herb *Pulmonaria officinalis,* lungwort (or green hellebore, *Helleborus uiridis*).
praesens etiam remedium cognouimus radiculae, quam pastores ~inem uocant COL.6.5.3; peculiariter..(medetur) pulmonibus et quos ab iis phthisis temptet radix herbae ~inis PLIN.*Nat.*26.38.

consilior ~ārī ~ātus, *intr.* [CONSILIVM+-O³]

1 To take counsel, deliberate.
difficili ad ~andum legatione CIC.*Att.*15.9.2; cum.. multum..cum suis ~andi causa secreto..colloqueretur CAES.*Civ.*1.19.3; gratum elocuta ~antibus Iunone diuis HOR.*Carm.*3.3.17; TAC.*Hist.*2.53; (*w. internal acc.*) haec ~antibus eis CAES.*Civ.*1.73.2.

2 To give advice.
bonis faueatque et ~etur amice (chorus) HOR.*Ars* 196.

consiliōsus ~a ~um, *a.* [next+-OSVS] Giving good advice, instructive.
'disciplinosus', '~us', 'uictoriosus', quae M. Cato ita affigurauit GEL.4.9.12; quom multa..~a exempla in historiis et in orationibus lectitares FRO.*Ver.*2.p.146(128N).

consilium ~(i)ī, *n.* [CONSVLO+-IVM, cf. *exilium, exulo*] FORMS: ~*ium* (gen. pl.) PAC. *trag.*81. PROS.: trisyll. in HOR.*Carm.*3.4.41.

1 Debate, discussion, deliberation; *in ~ium ire, ~ium inire, capere,* to hold a consultation, deliberate, take counsel; *res ~ii,* a matter for deliberation. **b** a meeting for deliberation.
qualis ~iis quantumque potesset in armis ENN.*Ann.* 222; quid in ~io consuluistis? PL.*Bac.*40; quis ergo intererat uestris ~iis? CIC.*Sul.*12; LIV.21.41.2; TAC.*Hist.*2.40; Q AXILIO VRBICO..A STVDIIS ET A ~IIS AVGG *CIL* 5.8972;—eunt in ~ium TIT.*orat.*2; IVDICES IN ~IVM QVOMODO EANT *CIL* 1.583.46; cum in ~ium iri oporteret CIC.*Clu.*55; dum de singulis capillis in ~ium itur SEN.*Dial.*10.12.3;—~ium ineunt QUAD.*hist.*13;—cum Mercurio capit ~ium CAECIL. *com.*4; ~ium uolo capere una tecum TER.*Eu.*614; neque.. contionandi potestas erat..nec ~i capiendi publici CIC. *Agr.*2.91;—quasi uero..~i sit res CAES.*Gal.*7.38.7; LIV. 22.53.6. **b** ~ium summis hominum de rebus habebant LUCIL.4; qui hoc malum publicum clandestinis ~iis comparauerunt SIS.*hist.*111; uenisse in ~ium publicae quaestionis CIC.*Caec.*29; in ~io pronuntiat Pompeium celeriter.. uenturum CAES.*Civ.*1.19.1; SAL.*Jug.*62.4; VERG.*A.*9.227; dimissa contione ~ium habitum omnibusne copiis Luceriam premerent LIV.9.15.1; publicum ~ium numquam adiit TAC. *Ann.*6.15; misso proceres exire iubentur ~io JUV.4.145.

2 Advice, counsel. **b** a particular piece of advice, suggestion. **c** ~*io, ~iis, de ~io alicuius,* on someone's instructions, at someone's instigation.
unde sibi populi et reges ~ium expetunt ENN.*scen.*141; neque tu ut facias ~ium dabo PL.*St.*73; malum ~ium consultori pessimum est *Vers.pop.*in Gel.4.5.5(*poet.*p.30); ad ~ium..de re publica dandum CIC.*de Orat.*2.337; ex iuris peritorum ~io et auctoritate *Q.Rosc.*56; uos lene ~ium.. datis HOR.*Carm.*3.4.41; non imperio modo sed ~io etiam ac prope precibus agens cum magistro equitum LIV.22.18.8; ~ium resque locusque dabunt OV.*Tr.*1.1.92; me tibi uenire in ~ium SEN.*Dial.*6.18.1; (*w.* in+*acc.*) serum post male gestam rem auxilium, ~io in cetera exsequenda belli haud parum opportuni LIV.27.20.3. **b** 'quid si abeamus, decumbamus?' inquit. ~ium placet PL.*Cur.*351; ~ium illud rectumst de occludendis aedibus TER.*Eu.*784; quare ~io eius accedam? STAT.*Silv.*4.pr.51; (*w. gen.*) qui mihi ~ium uiuendi mite dedisti OV.*Tr.*1.5.5. **c** ego sum Vlixes, quoius ~io haec gerunt PL.*Bac.*940; ne quid..nostro ~io ciuitates putarent factum QUAD.*hist.*41; deorum immortalium nutu atque ~io et gesta et prouisa CIC.*Catil.*3.18; CAES.*Gal.*7.76.4;—nihil ad Caudium..humanis ~iis gestum est LIV.9.9.10;—deum..de ~io hoc itiner credo conatum ENN.*scen.*336; TER.*Ph.*481; de suo ~io Diogenem emptum ..esse dicebat CIC.*Clu.*53; CAES.*Gal.*7.5.3;—(*cf.*) nihil est ab Oppianico sine ~io mulieris cogitatum CIC.*Clu.*189.

3 (meton.) A deliberative or advisory body, council; (transf., of individuals) an adviser or advisers. esp. **b** a council of state, senate. **c** a jury; also, a board of assessors. **d** *in ~io,* as advisers, available for consultation.
Catilina cum suo ~io nefariorum hominum CIC.*Mur.*83; Caesaris..aeternum meditans decus stellis inserere et ~io Iouis HOR.*Carm.*3.25.6; amicos quos uelut ~io adhibuerat princeps TAC.*Ann.*14.62;—quae mihi sunt comites ~iumque duae OV.*Ep.*16.268; Egeria..Numae coniunx ~iumque fuit *Fast.*3.276; ~ium ipse suum est Aries, ut principe dignum est MAN.2.485; esse illi matrem et auiam, propiora ~ia TAC.*Ann.*4.40; (*poet.*) ~ium formae speculum MART.9.16.1. **b** DVOVIR(VM) ET DVOVIRALIVM, QVI IN ~IO ESSE SOLENT PVTEOLEIS *CIL* 1.698.3.8; senatum, id est orbis terrae ~ium CIC.*Phil.*4.14; cum relatum se ad ~ium dixisset LIV.30.4.9; VELL.1.8.6. **c** PRAEDES FACITO DET DE ~I MAIORIS PARTIS SENTENTIA *CIL* 1.583.57; ex senatu in hoc ~ium delecti estis CIC.*S.Rosc.*8; quaesitore ~ioque delecto *Vat.*28; cum..tabulae..circa iudices ferrentur, totum ~ium ab earum contemplatione oculos auertit V.MAX. 2.10.1; de uno..reo ~ium cogitur QUINT.*Inst.*7.2.19;—cognitio sine ~io, poena sine prouocatione CIC.*Agr.*2.33; LIV.1.49.4; PLIN.*Ep.*6.22.2; quando in ~io est aedilibus (pauper)? JUV.3.162. **d** hos qui tibi in ~io sunt CIC. *Quinct.*4; (*transf.*) quos (scriptores) tu habere in ~io poteris VAR.*R.*1.1.8; (sapientis est) non se reputare solum esse.. sed habere in ~io legem, religionem, aequitatem fidem CIC.*Clu.*159.

4 A decision, resolution; a measure. **b** the taking of a decision, deciding.
habemus senatus consultum in te..non deest rei publicae ~ium neque auctoritas huius ordinis Cic.*Catil.*1.3; senatum publico ~io mutasse uestem *Sest.*27; ut sunt Gallorum subita et repentina ~ia Caes.*Gal.*3.8.3; neque urbem.. priuato ~io longius tueri poterat Sal.*Cat.*29.1; Nep.*Pel.* 1.2; imperium quam ~ium segnius fuit Liv.6.4.11;—(*w. gen.*) tam mature ~io belli bellum iunxit Vell.2.110.5; lugentem..ad uitae ~ium reduxisse Sen.*Ben.*3.9.2; *Phaed.* 854;—Catilina ~iis, laboribus, periculis meis circumclusus Cic.*Catil.*2.14; Flacci ~ium in remigibus imperandis reprehendetur *Flac.*31; quod in rebus trepidis ultimum ~ium erat, dictatorem dici iussit Liv.4.56.8. **b** dum est potestas ~i *Inc.trag.*29; uestrum iam ~ium est..quid sit uobis faciendum Cic.*Fam.*14.14.1; id arbitrium Conon negauit sui esse ~ii Nep.*Con.*4.1; Liguribus..libera ~ia esse Liv.29.5. 7; ~ium cui impar erat fato permisit Tac.*Ann.*6.46.

5 An intention, purpose; (also, of things) an intended effect, purpose. **b** an intended course of action, plan, policy. **c** (in depreciatory sense) a plot, scheme; (mil.) a stratagem.
~ium est ita facere Pl.*Mil.*344; qua spe aut quo ~io huc imus? Ter.*Eu.*1025; natura tu illi pater es, ~iis ego *Ad.*126; quo ~io quaque ratione gesta essent Asel.*hist.*1; non eo ~io profectus esse ut insidiaretur Cic.*Mil.*47; *Att.*5.20.2; quid ergo mei ~i est? Caes.*Gal.*7.77.12; non fuit ~ium socordia atque desidia bonum otium conterere Sal.*Cat.*4.1; ~ium uultu tegit Verg.*A.*4.477; Gel.7(6).1.8; aut facta puniuntur..aut ~ia Sat.*dig.*48.19.16; uertere ea (*sc.* uerba Platonis) ~ium non fuit Gel.10.22.3;—(*w. gen.*) ~ium belli faciendi Cic.*Catil.*2.14; *Phil.*1.1; fugae..nullum esse ~ium *B.Alex.*8.3; cum diuortii ~ium inisset (mulier) Ulp. *dig.*25.2.17.1;—cum uoluntas et ~ium et sententia interdicti intellegatur Cic.*Caec.*50; huius munitionis duplex erat ~ium Hirt.*Gal.*8.10.1. **b** at ego, omnipotens, te exposco ut hoc ~ium Achiuis auxilio fuat Enn.*scen.*177; qur istuc coeptas ~ium? Pl.*Mer.*648; qui nostra ~ia ad aduersarios deferat Cic.*Clu.*143; qui eius ~i principes fuissent Caes. *Gal.*2.14.3; quid aeternis minorem ~iis animum fatigas? Hor.*Carm.*2.11.12; malis ~iis pares adepti euentus Liv. 6.8.8; miscere in uicem ~ia aliqua, dein separare Tac. *Ag.*38.1;—(*w. gen.*) nullius rei mutasse ~ium Cic.*Mil.*52; aedificandi ~ium *Att.*5.11.6; ~ium omnis uitae consentiens *Tusc.*5.72; ni..auertissent colonias a ~iis pacis Liv.6.21. 7; Tac.*Ann.*2.26;—(*w.* capere, inire, *etc.*) quid nunc ~i captandum censes? Pl.*As.*358; Cic.*Fam.*14.9; ut..~ium.. pro tempore et pro re caperet Caes.*Gal.*5.8.1; ne quod calidius ineant ~ium Hirt.*Att.*15.6.2; ~ium..cepit..iter in urbem patefacere Liv.44.11.6. **c** tuopte tibi ~io occludunt linguam Pl.*Mil.*605; instructa sunt mi in corde ~ia omnia Ter.*Ph.*321; cum omnia ~ia frigerent Cic.*Ver.*2.60; si Adranodoro ~ia processissent Liv.24.26.5;—(*w.* inire, capere, *etc.*) quoniam uidemus auro insidias fieri, capimus ~ium continuo Pl.*Bac.*300; me ~ium inisse ut ui deiceretur Cic.*Tul.*29; Liv.6.17.7; festiui mendacii ~ium capit Gel.1.23.8;—~ium illud imperatorium fuit, quod Graeci στρατήγημα appellant Cic.*N.D.*3.15; Liv.22.16.7.

6 Deliberate action, choice; *~io*, deliberately, of set purpose.
facta et euentus aut ~i sunt aut imprudentiae Cic.*Part.* 38; lex est humanitatis ut ab homine ~i, non fortunae poena repetatur *Tul.*51; siue casu siue ~io deorum Caes. *Gal.*1.12.6; ne appellarent ~ium, quae uis ac necessitas appellanda esset Liv.7.20.5;—amor..quem ego tum ~io missum feci Ter.*Hec.*408; sapienter haec reliquisti, si ~io, feliciter, si casu Cic.*Fam.*7.28.3; neque ~io primordia rerum ordine se suo quaeque sagaci mente locarunt Lucr.5.419; Verg.*A.*7.216; seu forte seu ~io Liv.22.49.14.

7 The exercise of judgement or discernment; diplomacy, strategy; *~ii esse*, to be a matter for discernment.
ex incertis certos compotesque ~i Enn.*scen.*143; quae res in se neque ~ium neque modum habet ullum, eam ~io regere non potes Ter.*Eu.*57; tot homines sapientissimos.. prudentia ~ioque uicisti? Cic.*Ver.*3.16; *Catil.*3.22; uis ~i expers mole ruit sua Hor.*Carm.*3.4.65; nullo uiuere ~io Prop.1.1.6; per..hostium equites audacia magis quam ~io ..transgressus Liv.21.57.3; si..~ium insanientem fallit Cels.3.18.21; plus stomacho quam ~io dedit Quint.*Inst.* 10.1.117;—urbem..cum ui ~ioque cepisset Cic.*Ver.*2.4; cum non minus esset imperatoris ~io superare quam gladio Caes.*Civ.*1.72.2; Nep.*Han.*11.7; ~io uersare dolos ingressus et astu Verg.*A.*11.704; Liv.1.45.1; ~io ac, si res posceret, manu hostibus obniti Tac.*Hist.*2.5;—quando utendum sit aut non sit narratione, id est ~i Cic.*de Orat.*2.330; nihil.. mihi adhuc accidit quod maioris ~i esset *Att.*10.1.3.

8 A capacity for judgement or invention, mental ability, intelligence, sense; (phil.) rationality, reason.
egens ~i seruos Pl.*Bac.*651; fertur incredibili quadam magnitudine ~i atque ingeni..fuisse Themistocles Cic. *de Orat.*2.299; erat ei ~ium ad facinus aptum *Catil.*3.16; ~ium quoque maius et auctior est animi uis Lucr.3.450; terror hominibus mentem ~umque eripit *B.Alex.*18.2; egentibus ~ii mutis animalibus Col.9.9.1; quamquam res aduersae ~ium eximerent Tac.*Ann.*11.32; (*w. gen.*) ei quorum eminet audacia..a ~iis malitiae deseruntur Cic. *Clu.*183;—~io..dominante nullum esse libidinibus, nullum irae, nullum temeritati locum *Rep.*1.60; animum..in quo ~ium uitae regimenque locatum est Lucr.3.95; Man.4.900.

consimilis ~is ~e, *a.* [con-+similis] Similar, like. **b** (neut. pl. as sb.) similar things.
tam ~est quam potest Pl.*Men.*1063; ut..in ~em rem transeat *Rhet.Her.*4.45; Cic.*Inv.*1.24; cetera ~i fingit ratione Lucr.1.842; Prop.3.6.39; Ov.*Pont.* 3.7.3; Tac.*Ann.*3. 13;—(*w. gen.*) liber captiuos auis ferae ~is est Pl.*Capt.* 116; causa..posita ~i causarum earum Cic.*de Orat.*1.149; —(*w. dat.*) isti formae ut mores ~es forent Ter.*Hau.*382; Cic.*Phil.*2.28; aedificia fere Gallicis ~ia Caes.*Gal.*5.12.3; —(*w.* inter se) stellas..~es inter sese Hyg.*Fab.*14.33; Gel.14.3.8;—(*w.* atque) tam ~est atque ego Pl.*Am.*443; *Bac.*454;—(*w.* et, -que) quidnam tremulis facere artubus haedi ~e in cursu possint et fortis equi uis? Lucr.3.8; necessest ~i causa tactum uisumque moueri 4.233;—(*w.* quasi, uelut, *etc.*) estne ~is quasi quom signum pictum pulchre aspexeris? Pl.*Epid.*624; quoi homini erus est ~is uelut ego habeo hunc huiusmodi *Poen.*824; consimile ut si ab hospite, qui te Falerno accipiat..,Cretense postules Fro. *Aur.*2.p.50(115N). **b** contrapositis et pariter cadentibus et ~ibus Quint.*Inst.*9.3.102; Gel.2.17.6; sicuti saga tunicae paenulae..stragula et ~ia Ulp.*dig.*34.2.23.2.

consimiliter, *adv.* [prec.+-ter²] Similarly.
~ Q. quoque Claudius..'nequitiam' appellauit luxum uitae Gel.6(7).11.7; 13.21.10.

consipiō ~ere, *intr.* [con-+sapio] To be sane, be in one's right mind.
non sapiente opus est uiro, sed tantum ~iente (*cj.*) Sen. *Dial.*2.16.3; non est facile inter magna mala consipere *Nat.* 6.29.2; ne..de statu mentis suae deturbati non satis consiperent Gel.6(7).3.12.

consiptum: see consaeptvm.

consistiō ~ōnis, *f.* [next] The action of standing (in a place).
ab illa..grandis loci ~one (*v.l.* constitione)..uestibula appellata sunt spatia..ante fores aedium relicta Gel.16. 5.10.

consistō ~sistere ~stiti, *intr.*, (*tr.*). [con-+sisto] Forms: *cosist-* *CIL* 13.1985; pf. forms are not dist. from those of *consto*; pass. (gdve.) Gel.5.10.9.

1 To stop moving, come to a halt; to stop spreading. **b** (of liquids) to cease flowing, cease from motion; to congeal, set.
nisi piget, ~sistite Pl.*Poen.*1211; bestiae..immanes cantu flectuntur atque ~sistunt Cic.*Arch.*19; relinquebatur ut ..legionum signa ~sistere iuberent Caes.*Civ.*1.79.4; Ixionii uento rota ~stitit orbis Verg.*G.*4.484; ire modo ocius, interdum ~sistere Hor.*S.*1.9.9; si ~stitisset a fuga Romana acies Liv.10.36.11; (*in fig. phr.*) ~sistere..in meo praesidio sic, ut..capiendi loci causa cessisse uidear Cic.*de Orat.*2.294; —cum totius impetus belli ad Cyzicenorum moenia ~stitisset *Mur.*33; cum bellum..ad Pisas ~stitisset Liv.35. 4.1; neque..eatenus plaga ~stitit qua uestigium fecit acies Col.4.7.2; Luc.7.547. **b** neque sanguis ullo potis est pacto profluens ~sistere Enn.*scen.*163; rapidum placidis etiam mare ~stitit undis [Tib.]3.7.126; Curt.9.5.29; aestus triduo in mense ~sistit Plin.*Nat.*2.219;—(*med.*) tanta me διάρροια adripuit ut hodie primum uideatur coepisse ~sistere Cic.*Fam.*7.26.2; (*cf.*) si aluus non ~sistet Cato *Agr.*126; donec stomachus ~sistat Cels.4.12.9;— uides ut..gelu..flumina ~stiterint acuto Hor.*Carm.*1.9.4; uidimus..glacie ~sistere pontum Ov.*Tr.*3.10.37; quo facilius ~sistat (*sc. the mixture*) Cels.4.27(20).1.D.

2 To break one's journey, make a stay, stop (at a place). **b** (w. *cum*) to stop and talk, etc. (with).
ex iis oppidis in quibus ~sistere praetores..soleant Cic. *Ver.*5.28; tarde est nauigaturus ~sistens in locis pluribus *Att.*16.4.4; ignoras Thessaliae te ~sistere Apul.*Met.*2.21. **b** adeunt, ~sistunt, copulantur dexteras Pl.*Aul.*116; nec uobiscum quisquam..frugi ~sistere audet *Cur.*502; cum hoc ~sistit, hunc amplexatur Cic.*Ver.*19; negabat se umquam cum Curione ~stitisse *Att.*2.24.2.

3 To proceed no further (in an action, process, etc.), stop, halt. **b** (of processes) to come to an end, cease, stop. **c** (w. preps. or advs.) to stop (at a point, within certain limits, etc.).
ut, cum ad ultimum animo contendissemus, ibi tamen ubi oporteret ~sisteremus Cic.*Mur.*65; in altum..prouehitur (imbecillitas)..nec reperit locum ~sistendi *Tusc.*4.42; ille ⟨in⟩ infinitatem omnem peregrinabatur, ut nulla in extremitate ~sisteret 5.114; nusquam ~sistere ut ausis Lucr. 2.982. **b** ubi quiesco, omnis familiae causa ~sistit tibi Pl.*As.*520; si..forensium rerum labor..aetatis flexu ~stitisset Cic. *de Orat.*1.1; cum illa eius intermissa intolerabilis aedificatio ~stitisset *Pis.*48; ~stiterunt imbres Lucr.5.415; omnis administratio belli ~sistit Caes.*Civ.*2.12.1; ubi incrementum (morbi) ~stitit Cels.4.14.3; relicto omni actu uita ~sistit Sen.*Ben.*4.33.3. **c** citra..necem tua ~stitit ira Ov.*Tr.*2.127; ne isti quidem ipsi intra suam professionem ~sistere..possunt Cels.1.pr.66; nec intra rixam tumultus ~stitit Petr.64.10; Quint.*Inst.*1.5.7; dicit..conuiuarum numerum..proficisci a tribus et ~sistere in nouem Gel. 13.11.2;—ut unde culpa orta esset ibi poena ~sisteret Liv.28.26.3.

4 To pause, linger (in speaking, etc.); (w. *in*+abl.) to dwell (on).
ipsa mihi ueritas manum iniecit et paulisper ~sistere et commorari coegit Cic.*Q.Rosc.*48; in hac tam praecipiti festinatione, quae me..nusquam patitur ~sistere Vell.1.16.1; —(*w. inanim. subj.*) ad hunc exitum..ferri debet uerborum illa comprehensio et tota a capite ita fluere, ut ad extremum ueniens ipsa ~sistat Cic.*Orat.*199; continuata uox neque in finitionibus ~sistit neque in ullo loco Vitr.5.4.2;—ut docendi causa in hac potissimum causa ~sistamus *Rhet. Her.*1.26; ~sistam in uno nomine Cic.*Ver.*1.96; Sen.*Ep.* 120.1; (*cf.*) haesit et in uultu ~stitit usque tuo Ov.*Am.* 1.8.24.

5 To remain motionless, stand still; to be at rest (be free from care, toil, etc.). **b** to remain steady or at the same level (in quots., of fever); to remain fixed (in extent). **c** (of the faculties, etc.) to remain steady or under control; (w. abl., of a person) to remain in control of (one's faculties).
neque is ~sistens in loco, sed inambulans Cic.*de Orat.* 1.261; stare uidentur et in campis ~sistere fulgor Lucr. 2.332; circumfuso ~sistit in aere tellus [Tib.]3.7.151; Cels. 6.6.36; cum iam perfecte mustum deferbuit et ~stitit Col. 12.21.3; Fron.*Aq.*15;—hunc miserum..aliquando tandem posse ~sistere Cic.*Quinct.*94; ut numquam liceat quieta mente ~sistere *Div.*2.150. **b** morbus an increscat, an ~sistat, an minuatur Cels.3.2.2; 3.5.10;—fiet uti nusquam possit ~sistere finis Lucr.1.982; 1.989. **c** uti neque mens neque uox neque lingua ~sisteret Cic.*Dom.*139; neque enim patrius ~sistere mentem passus amor Verg.*A.*1.643; si mens homini ~sistit Cels.5.26.26.A; Gel.15.2.7;—nec.. te umquam..credo posse mente ~sistere Cic.*Phil.*2.68; ut neque mente nec lingua neque ore ~sisteret *Q.fr.*2.3.2.

6 To take up a position, stand; (esp. in a *contio*). **b** (esp. mil.) to take up a position (for fighting). **c** to appear in a court of law; (w. *cum*) to appear as litigant with, institute proceedings against.
~stitit inde loci propter sos dia dearum Enn.*Ann.*22; ad mensam..pueros delectos iussit ~sistere Cic.*Tusc.*5.61; uti..uento circumageretur et semper contra flatum ~sisteret (Trito aereus) Vitr.1.6.4; Triptolemi cuperem ~sistere curru Ov.*Tr.*3.8.1; calce aliquem super ipsum ⟨os⟩ debere ~sistere Cels.8.14.3; nec ante desinit niti (supinata testudo) ..quam in pedes ~stitit Sen.*Ep.*121.8; Tac.*Hist.*4.18; ede ubi ~sistas (*i.e. as a beggar*) Juv.3.296; (*fig.*) cum in ipso uitae fine ~stitimus Sen.*Ben.*4.11.4; qui sapientiam nondum habent, sed iam in uicinia eius ~stiterunt *Ep.*75.9; (*impers. pass.*) in eum locum, quo uolgo iter fiet uel in quo ~sistetur *Ed.pr.*(*Font.iur.*p.218)15.2;—existimatis uos ita, ut nunc ~stitistis, in contione habituras locum Fan.*orat.*3; ne mihi non liceat contra uos in contione ~sistere Cic.*Agr.*1.25; consules..ad impediendam legem in contione ~sistunt Liv.2.56.10; ~sistes aciemque meis hortabere uerbis Ov. *Ars* 1.207. **b** gladio Hispanico cinctus contra Gallum ~stitit Quad.*hist.*10b; ut reliquae (legiones) contra ~sistere non auderent Caes.*Gal.*2.17.3; naues eorum..nostris aduersae ~stiterunt 3.14.2; ipse contra Pompeium ~stitit *Civ.*3.89.3; pro castris..~sistunt Sal.*Jug.*53.1; media ~sistit harena Verg.*A.*5.422; quis deus in uestra ~stitit hostis aqua? Prop.3.18.8; dextro ipse cornu ~sistit Liv. 9.40.7; si depugnandum foret, ipse cum Quartilla ~sisterem Petr.19.5; hereditaria nobiscum ~stitit contentione Quint.*Decl.*323(p.270,l.22); (*in fig. phr.*) huic ne ubi ~sisteret quidem contra te locum reliquisti Cic.*Quinct.*73. **c** qui in forensibus causis possit praeclare ~sistere Cic. *Orat.*30; diffidebam..satis animo certo..me posse in hac causa ~sistere *Quinct.*77; uelis forum inumbrauit, ut salubrius litigantes ~sisterent Plin.*Nat.*19.24; ~sistentis ex diuerso patroni aut patris Quint.*Inst.*4.1.42; si pariter aduersus eum, qui de libertate litigat, ~sistant fructuarius et proprietarius Gaius *dig.*40.12.9;—alius cum matre ~sistit Sen.*Dial.*4.7.3; sciendum est eum, qui cum aliquo ~sistere uelit, in ius uocare oportere Gaius *Inst.*4.183; (*transf.*) cum quibus mihi ~sistere fortius..necesse est Quint.*Decl.*253 (p.36,l.10).

7 To find a home, settle. **b** (of liquids) to settle, stand.
me..fortuna..hac demum uoluit ~sistere terra Verg.*A.* 1.629; 6.807; Latio ~sistere Teucros 8.10; ut..aliqua sede certa ~sistant Liv.10.10.10;—(*transf.*) ubi litus..prolatum est et pelagus in alieno ~stitit Sen.*Nat.*3.28.3;—(*of abst. things*) aut..ueritas ualebit, aut ex hoc loco repulsa.. locum ubi ~sistat reperire non poterit Cic.*Quinct.*5; ut multis iniuriis iactatam..aequitatem in hoc tandem loco ~sistere et confirmari patiamini 10. **b** necubi aqua ~sistat Var.*R.*1.45.2; *CIL* 1.593.23; ne ~sistat umor Plin. *Nat.*17.214; (*cf.*) contrarios umores ~sistentes ibi (*sc.* in stomacho) 23.142.

8 To continue in a place, stay behind, remain.
ut non modo proficisci..non posset, sed uix in oppido ~sisteret Cic.*Ver.*1.46; cum..non potuerit priuatus in ciuitate ~sistere *Flac.*77; utrum ~sistere uspiam uelit an mare transire nescitur *Att.*7.12.2; in muro ~sistendi potestas erat nulli Caes.*Gal.*2.6.3; locum ~sistendi Romanis in Gallia non fore 7.37.3; Stat.*Theb.*1.279; (*of inanim. things*) uentosas nuces in summo umore ~sistere Petr.137.10; (*transf.*) ut haec rei publicae causa in Italia non posset duce te ~sistere Cic.*Att.*8.11d.5.

9 To reside, live; (med.) to be located, seated. **b** (of praise, suspicion, etc.) to reside. **c** to be placed (in a specified situation or condition).
hominem ferum atque agrestem fuisse..numquam in oppido ~stitisse Cic.*S.Rosc.*74; dum ~sisto in Tusculano *Att.*12.1.1; nec cunctos una uoluit ~sistere pisces (natura) Ov.*Hal.*93; Sen.*Dial.*12.6.5; vet et c r et bessi ~sistentes vico qvinis *A.Epig.*24.142; cives romani..in raetia ~sistentes *CIL* 3.5212; qui (morbi) in totis corporibus ~sistere uidentur Cels.3.1.3; 4.20.1. **b** in quo non modo culpa nulla sed ne suspicio quidem potuit ~sistere Cic.*S.Rosc.*152; *Clu.*78; eo transire..infamiam ubi cetera maleficia ~sistunt 83; in his maximam apud Persas..laudem ~sistere uidebat V.Max.9.2.ext.7. **c** sequentem honestum est in secundis tertiisque ~sistere Cic.*Orat.*4; in extremo iam uitae ~sistit periculo Apul. *Met.*8.20.

10 a (w. *ex*) To be composed of, consist of (a material). **b** (w. *in*+abl., w. abl.; also w. *de, ex*) to be comprised in, consist in; (of wealth, prices, etc.) to be reckoned in.
a e quibus haec rerum ~sistit summa refecta Lucr.1.235; ex igni summam ~sistere solo 1.636; 4.101; omnes res e liquoris potestate ~sistere Vitr.8.pr.4. **b** (*w.* in+*abl.*) leges in consilio scriptoris..non in uerbis ~sistere Cic.*Inv.* 2.143; nisi omne bonum in una honestate ~sisteret *Tusc.* 5.41; maior..pars eorum uictus in lacte, caseo, carne ~sistit Caes.*Gal.*6.22.1; Hor.*S.*2.4.82; alterum insaniae genus.. ~sistit in tristitia Cels.3.18.17; Quint.*Inst.*2.18.2; opera in actu ~sistit Paul.*dig.*7.7.1;—(*w. abl.*) quorum omnis paruo ~sistit passere census Man.5.387; Quint.*Inst.*12. 10.59; Gaius *Inst.*3.182;—(*w.* de, ex) de una quoque parte..posse ~sistere (argumentatio) Cic.*Inv.*1.67; quamquam usus fructus ex fruendo ~sistat Ulp.*dig.*7.3.1;—in pecore pecunia tum pastoribus ~sistebat Var.*L.*5.95; pretium in numerata pecunia ~sistere debet Gaius *Inst.*3.141.

11 (w. *in*+abl.) To be based or dependent upon, rest in.

omnis quaestio..in aliqua argumentatione ~sistit Cic. *Inv.*1.18; omnis auctoritas philosophiae..~sistit in beata uita comparanda *Fin.*5.86; cum omnis Gallicis nauibus spes in uelis..~sisteret Caes.*Gal.*3.14.7; in exiguo tempore magnoque casu totius exercitus salus ~stitit *Civ.*3.14.3; Nep.*Dat.*8.3; cum talis officii gratia in celeritate ~sisteret Plin.*Ep.Tra.*10.120(121).2; Scaev.*dig.*44.3.14.

12 To be erect, stand upright.

~stitit in digitos extemplo arrectus uterque Verg.*A.* 5.426; Ov.*Met.*7.573; Cels.8.15.5; (*fig.*) ut ubi dubitatione clauderet, ibi diuinatione ~sisteret Apul.*Soc.*17;—(*of things*) nuda..~sistunt, formam seruantia testae, uina Ov. *Tr.*3.10.23; uitis quae sine adminiculo suis uiribus ~sistit Col.5.5.1.

13 To be established (in a state or condition). **b** (w. *in*+abl., w. abl.) to take one's stand, base one's case on; to have a case; (of a case) to be maintained. **c** to be or remain valid; (of a term) to be applicable; (of an argument, etc.) to hold firm.

si res conmunis melioribus locis ~stitisset Sis.*hist.*99; si..res p. exsurget et in aliquo statu tolerabili ~sistet Cic. *Fam.*12.10.4; uitam consistere tutam Lucr.6.11; legum oportunitates et medelas..mutari atque flecti neque uno statu ~sistere Gel.20.1.22;—(*w.* in+*acc.*) ubi sensi me in possessionem iudici ac defensionis meae ~stitisse Cic.*de Orat.*2.200. **b** nihil certum..in quo..putet se posse ~sistere Cic.*Tul.*35; in hac ipsa (lege) qua ~sistimus Quint.*Inst.*7.1.49; necesse est in suo iure ~sistat 7.5.1; utrum igitur iure prius an aequitate ~sistes? *Decl.*280 (p.142,l.9); (*cf.*) ita ~sistendum est, ut id quo de agitur factum neges Cic.*Part.*101;—uerbo quidem superabis me ipso iudice, re autem ne ~sistes quidem ullo iudice *Caec.*59; —quia magistratus aliqui reperiebatur apud quem Alfeni causa ~sisteret *Quinct.*71; (*app. pass.*) cum ad iudices coniciendae ~sistendaeque (*s.v.l.*) causae gratia uenissent Gel.5.10.9. **c** quaero, utrum in partem an in totum uenditio ~sistat Javol.*dig.*18.1.64; mandati obligationem ~sistere puto Julian.*dig.*17.1.32; institutio in persona eius non ~stitit Gaius *Inst.*2.187;—hoc uerbum 'debere' non habet nisi inter duos locum; quomodo ergo in uno ~sistet? Sen.*Ben.*5.8.3;—controuersiam parum ~sistentem, quod genus Graeci ἄπορον uocant Gel.9.15.6.

14 **a** To come into existence, come about, arise; (of taxes) to fall due. **b** to have being, exist. **c** to continue in existence, remain.

a quaestus eorum non ~sistet, si eum sumptus superat Pl. *Poen.*287; eorum fructus id temporis maxime ~sistit Var. *R.*3.8.3; quadringentis talis iactis centum Venerios non posse casu ~sistere Cic.*Div.*2.48; haec faciunt primum paruas consistere nubis Lucr.6.455; hic ubi constiterit numerus Man.3.490; mandatum ~sistit, siue nostra gratia mandemus siue aliena Gaius *Inst.*3.155; Ulp.*dig.*5.1.11; (*w.* ex) ex scripto et sententia controuersia ~sistit, cum.. Cic.*Inv.*2.121;—postea qvam ⟨vec⟩tigalia ~sistent *CIL* 1.585.20. **b** neque omnino in uoluptatis regno uirtutem posse ~sistere Cic.*Sen.*41; quod (*sc.* otium) sine te ~sistere ⟨non⟩ potest D.Brut.*Fam.*11.20.4; qui posset mater rebus ~sistere certa? Lucr.1.168; 3.846; ea, quae in iure ~sistunt, sicut hereditates Gaius *Inst.*2.14; publicum ius in sacris..~sistit Ulp.*dig.*1.1.1.2;—(*w. condition specified*) dissimili..inter se ~sistere summa possunt (primordia) Lucr.2.697; coniunctam..naturam ~sistere eorum 3.349; uesicae dolorem, qui cum fluore ~sistit Larg.90; frigidam podagram, quae sine tumore et rubore ~sistit 160; quaestio uidetur circa res personasque ~sistere Quint.*Inst.*3.5.7; nec intra has solas species ~sistet huius generis auxilium Marcel.*dig.*4.1.7. **c** pectore ~sistere nil consili quit Ter.*Ad.*613; mali nihil sinet in corpore ~sistere Cato *Agr.* 157.6; uel concidat omne caelum..~sistat necesse est (motus principium) Cic.*Rep.*6.27; sunt..fines, quos ultra citraque nequit ~sistere rectum Hor.*S.*1.1.106; Col.1.pr.6.

consitiō ~ōnis, *f.* [consero¹+-tio] The act or planting or sowing.

nec ~ones modo delectant, sed etiam insitiones Cic. *Sen.*54; tali ~oni..abunde putat esse malleolorum sedecim milia Col.3.16.3; 4.15.1.

consitor ~ōris, *m.* [consero¹+-tor] A planter or sower.

tu, Bacche tener, iucundae ~or uuae Tib.2.3.63; Ov.*Met.* 4.14.

consitūra ~ae, *f.* [consero'+-vra] The planting or sowing (of land).

ex agri ~a Cic.*Rep.*1.29.

consitus¹ ~a ~um: pple. of consero¹.

consitus² ~a ~um, *a.* [con-+sitvs¹] Laid to rest (in a tomb).

hic in flore cvbat..bene ~vs *CIL* 14.3826; combvstvs sepvltvsve confossvsve conditvsve ~vsve 13. 5708.1.22.

Consīua ~ae, *f.* [consero¹] A name given to Ops; see also Opeconsiva.

illa (*sc.* Ops) quoque cognominatur ~a Fest.p.186M.

Consīuius ~iī *m.* **Consēu-.** A god who presided over procreation.

[Var.]*gram.* 152.

consōbrīna ~ae, *f.* [con-+sobrina] A female cousin-german.

Quincti ~am Cic.*Quinct.*16; Nep.*Att.*2.1; Gaius *dig.*38. 10.1.6.

consōbrīnus ~ī, *m.* [con-+sobrinvs] Properly, the son of one's maternal aunt; generally, a cousin-german.

Ter.*Hec.*459; qvi ei..gener socer, vitricvs privignvs, ..~vs ⟨sit⟩ *CIL* 1.594.3.2.18; Cic.*Clu.*11; Tac.*Ann.*2.27; (patrueles) qui ex duobus fratribus progenerati sunt, quos plerique etiam ~os uocant Gaius *Inst.*3.10; ~i consobrinaeque (id est qui quaeue ex duabus sororibus nascuntur, quasi consororini) *dig.*38.10.1.6; (*in the title of a play*) Afranius in ~is Gel.15.13.3.

consocer ~erī, *m.* [con-+socer] One's son's or daughter's father-in-law.

~eri claros retinere penates Mart.10.33.3; Appium Silanum ~erum suum Suet.*Cl.*29.1; Ulp.*dig.*24.1.32.20; *A.Epig.*14.177.

consociātiō ~ōnis, *f.* [consocio+-tio] An associating, uniting.

totius generis hominum conciliationem et ~onem colere Cic.*Off.*1.149; 1.157; erexerat..~o gentis eius animum regis Liv.40.5.10.

consociātus ~a ~um, *a.* *superl.* ~issimus. [pple. of next] Closely linked or associated.

pro nostra ~issima uoluntate Cic.*Fam.*3.3.1; ~a fides *CIL* 6.34056.

consociō ~āre ~āuī ~ātum, *tr.*, (*intr.*). [con-+socio]

1 To bring into alliance or close relationship; (intr.) to enter into partnership. **b** (things, sometimes quasi-personified); also, to make by amalgamation.

accusatorum atque indicum ~atos greges Cic.*Parad.*46; priusquam pignera coniugum ac liberorum..animos eorum ~asset Liv.2.1.5; Tac.*Ann.*14.58;—(*w.* cum) numquam tam uehementer cum senatu ~ati fuistis Cic.*Phil.*4.12; lege ..~ati homines cum dis putandi sumus *Leg.*1.23; Liv. 23.44.2; Gel.12.1.21;—(*w. dat.*) magno ~ata Ioui (*i.e. in marriage*) *Epic.Drusi* 380; quo..parta (ouis) nutrici ~ata minus laboret Col.7.4.3;—(*refl.*) in omnia belli pacisque se ~auerat consilia Liv.42.29.4;—uel ~are mihi quidem tecum licet Pl.*Rud.*551. **b** nec usquam ~are etiam motus potuere (corpora) Lucr.2.111; pinus..albaque populus umbram..~are amant ramis Hor.*Carm.*2.3.10;—(*w.* cum) ubi sese sudor cum unguentis ~auit Pl.*Mos.*276; (una uirtus) coniuncta et ~ata cum altera Cic.*Amic.*83;—(*w. dat.*) (Alpheus amnis) creditur non se ~are pelago Mela 2.117;—delecta ex iis et ~ata rei publicae forma Tac. *Ann.*4.33.

2 To associate or join in (plans, activities, etc.).

regnum ~ant Liv.1.13.4; ~atus triumphus 28.9.11; quasi seria ~aret Tac.*Ann.*14.4; scripto una uoce ~aret 13.23; (*cf.*) deos..~atos Liv.1.45.2;—(*w.* cum) cum A. Gabinio ~are consilia pestis meae Cic.*Red.Sen.*16; cum amicis..~are aut coniungere iniuriam *Fin.*3.71; quod..cum Gallis..arma quondam ~assent Liv.8.14.9; neque se..cum inermibus..tantum facinus ~aturum Tac.*Ann.*15.67;—(*w.* inter se) rem inter se centum patres..~ant Liv. 1.17.5.

consol: see consvl.

consōlābilis ~is ~e, *a.* [consolor+-bilis] Admitting of consolation, consolable; bringing consolation, consolatory.

est omnino uix ~is dolor Cic.*Fam.*4.3.2;—canere carmen casus illius sui ~e Gel.16.19.12.

consōlātiō ~ōnis, *f.* [consolor+-tio]

1 The act of consoling or an instance of it, consolation; the title of books, e.g. by Cicero and Crantor. **b** the act of allaying (fears).

omni officio—lacrimis, opera, ~one—omnis..meos subleuauit Cic.*Balb.*58; ut..appareat te et ~oni seruire et ueritati *Att.*3.16; ~o litterarum tuarum mihi gratissima est *Fam.*5.13.1; aiunt plerosque ~onibus nihil leuari *Tusc.*3.73; scriptam de amisso puero ~onem Stat.*Silv.*2.pr.;—(*w. obj. gen.*) eius rei ~onem ad te L. Saufeium missurum esse arbitror Cic.*Att.*1.3.1; ~o doloris tui *Fam.*4.13.1; *Sen.*1; —in ~one hoc expressimus *Tusc.*1.65; in ~one Crantoris 1.115; Plin.*Nat.*pr.22. **b** fuit mihi saepe..tua..timoris ~o grata Cic.*Att.*1.17.6; timentis omnium animos ~one sanat Hirt.*Gal.*8.38.2; *B.Alex.*8.1.

2 The fact of being consoled.

aequiore animo et maiore ~one moriere Cic.*Phil.*13.45; in magna ~one ingens inest sollicitudo *Fam.*16.8.1.

3 A consoling fact or circumstance.

me una ~o sustentat, quod tibi..nullum pietatis officium defuit Cic.*Mil.*100; *Phil.*14.34; stulta iam Iduum Martiarum est ~o *Att.*15.4.2; medicus..nihil aliud est quam animi ~o Petr.42.5.

consōlātor ~ōris, *m.* [consolor+-tor] One who consoles, a comforter.

me ipsum ~orem tuum Cic.*Fam.*6.4.3; *Tusc.*3.73; dolor qui recens ~orem inuenit Sen.*Ep.*63.13.

consōlātōrius ~a ~um, *a.* [consolor+-torivs] Consoling, consolatory.

litteras accepi ~as Cic.*Att.*13.20.1; codicillos exarauit, ad sororem ~os Suet.*Otho* 10.2.

consolidātiō ~ōnis, *f.* [next+-tio] (leg.) The merging of usufruct in property, consolidation.

si duobus usus fructus legetur et apud alterum sit consolidatus..ipse quibus modis amitteret ante ~onem, isdem et nunc amittet Ulp.*dig.*7.2.3.2.

consolidō ~āre ~āuī ~ātum, *tr.* [con-+solido]

1 To make solid.

perpetuam et unam crassitudinem parietum ~ant Vitr. 2.8.7; aeris hiberni uis comprimit et ~at eas (*sc.* arbores) Vitr.2.9.2.

2 (leg.) To merge (usufruct) into the property to which it is attached, consolidate.

si duobus usus fructus legetur et apud alterum sit ~atus Ulp.*dig.*7.2.3.2.

consōlō ~āre ~āuī ~ātum, *tr.* [next] To console; (pass.) to console oneself, take comfort.

Oedipus Athenas exul uenire dicebatur, qui ~aret Var. *Men.*347;—cum animum..uestrum erga me uideo, uehementer ~or Met.Num.in Gel.15.13.6; hoc ~abere, quod me de statu meo nullis contumeliis deterrere possunt D.Brut. *Fam.*11.11.2; cum ob ea, quae speraueram, dolebam, ~abar ob ea, quae timui Pol.*orat.*48.

consōlor ~ārī ~ātus, *tr.* [con-+solor]

1 To offer consolation to, comfort, solace.

ut..~er..eam, ne sic se excruciet animi Pl.*Rud.*399; ~andus hic mist *Bac.*625; spes..quae sociorum animos ~ari possit Cic.*Div.Caec.*18; ad me ~andum *Att.*3.8.3; milites ~atur et confirmat Caes.*Gal.*5.52.5; Liv.27.10.1; (*facet.*) hanc machaeram mihi ~ari uolo ne lamentetur Pl.*Mil.*5; (*of words*) ~antia uerba dixerunt Ov.*Met.*15.491;—(*refl.*) ~etur se cum conscientia optimae mentis Cic.*Brut.*250; his me ~or uicturum suauius ac si.. Hor.*S.*1.6.130.

2 (of facts or circumstances) To be a source of consolation to, console; to be a compensation for.

hoc unum ~atur me atque animum meum Pl.*Trin.*394; illa me res..consolatur, quod haec..non potius accusatio quam defensio est existimanda Cic.*Div.Caec.*5; nihil.. hunc uirum sagittae..~abantur *Tusc.*2.19; Cels.2.9.1;— esse hanc (*sc.* gloriam) unam quae breuitatem uitae posteritatis memoria ~aretur Cic.*Mil.*97; ut eius (*sc.* doloris) magnitudinem celeritas, diuturnitatem alleuatio ~etur *Fin.* 1.40.

3 To allay, assuage (grief, etc.).

in ~andis maeroribus Cic.*Part.*67; hac una re miseriam suam ~atur *Vat.*28; dicendi laborem delectatione oratoria ~or *Att.*4.18.2.

consoltum: see consvltvm.

consonans ~ntis, *a.* [pple. of consono]

1 Sounding in accord.

~antes sunt (loci), in quibus (uox)..egrediatur ad aures diserta uerborum claritate Vitr.5.8.2.

2 Agreeing; also, fitting.

~nte clamore nominatim Quinctium orare Liv.36.34.5; tenor uitae per omnia ~ns sibi Sen.*Ep.*31.8; Musis cum lyricum refert eundem ~ntia uerba cantitasse Maur.2854; —non semper..~ns est per omnia referri iusiurandum quale defertur Ulp.*dig.*12.2.34.8.

3 (as fem. sb., sc. *littera*) A consonant.

~ntes a uocalibus discernere Quint.*Inst.*1.4.6; Gel.4. 17.8; Maur.147.

consonanter, *adv.* *superl.* ~tissimē. [prec.+-ter²] Concordantly.

uidetur mundi conceptio..~tissime per solis temperaturam ad harmoniam esse composita Vitr.6.1.6.

consonantia ~ae, *f.* [consonans+-ia] (mus.) A concord, consonance; (of spoken sounds) harmony.

nec inter tria aut sex aut septem (interualla) possunt ~ae fieri Vitr.5.4.9; uox..excitauerit auctam claritatem et concentu conuenientem sibi ~am 5.5.3; 5.5.7;—de iucunda ~a litterarum Gel.6(7).20; 13.21.5.

consonē, *adv.* [consonvs+-e] In unison, (sounding) together.

quoad mutua hortatione ~ clamitarent Apul.*Met.*1.10.

consonō ~āre ~uī, *intr.*, (*tr.*). [con-+sono]

1 To sound together or at the same time; (tr.) to utter (sounds) together. **b** to resound, re-echo.

~ant uehementer (apes) Var.*R.*3.16.30; inter fremitum ~antis turbae Sen.*Con.*9.pr.5; omne tibiarum genus organorumque ~uit Sen.*Ep.*84.10; Petr.78.6;—omnis.. ~et arcana uolucris bona murmura lingua Stat.*Theb.*3.494; tibiae..cantus Lydios dulciter ~ant Apul.*Met.*10.32. **b** tubae contra utrimque occanunt, ~at terra Pl.*Am.*228; fremitu..uirum..~at omne nemus Verg.*A.*5.149; ~at adsensu populi..regia Ov.*Met.*7.451; quemadmodum theatra ~ent Sen.*Ep.*108.8; Tac.*Ann.*14.32.

2 (mus.) To make a concordant sound; (of spoken sounds) to have an assonance.

quo modo inter se acutae et graues (uoces) ~ent Sen.*Ep.* 88.9;—in uerbis tantum distantibus iucunde ~at uox Quint.*Inst.*9.3.73.

3 (transf.) To agree, accord, be in harmony.

sic ueri per totum ~at ordo Man.2.522; adpositis cum mundus ~at astris 3.110;—(*w. dat.*) ut omnis oratio moribus ~et [Cic.]*Sal.*1; *Culex* 4; Man.2.281; si ~are sibi..uirtus est Quint.*Inst.*2.20.5; hoc..contractui bonae fidei ~at Scaev.*dig.*19.1.48;—(*w.* cum) quo modo animus secum meus ~et Sen.*Ep.*88.9; si cum harmonia musicae dierum ~ent numeri Apul.*Pl.*2.25.

consonus ~a ~um, *a.* [prec.+-vs]

1 Sounding together.

~us exit in auras ter plangor Ov.*Met.*13.610; hinc arma simulque ~a uox urget Sil.5.199.

2 Harmonious, accordant; (of speech) having a common sound. **b** (transf.) agreeing, unanimous; that is in accord.

tractat..~a fila lyrae Ov.*Am.*1.8.60; musica..dissonis uocibus harmoniam ~am reddit Apul.*Mun.*20;—uox ~a linguae Sil.17.443. **b** cum nouam me Venerem ore ~o nuncuparent Apul.*Met.*4.34; (*w. dat.*) ducem praemissae ~a nocti territat (Fama) Stat.*Theb.*2.210;—credo

Platonem uix putasse satis ~um fore si hominem id aetatis ..diutius retinuisset CIC.*Att*.4.16.3.

3 (of letters) Consonantal; (fem. as sb.) a consonant.

elementa..uocalia quaedam memorant, ~a quaedam MAUR.86; ~is..litteris 778; ~a quia uis est illis 1225;—ante ~am V..obtinet uocalis usum 542.

consōpiō ~īre ~iuī ~itum, *tr.* [CON-+SOPIO] To send to sleep, make unconscious. **b** (transf.) to make obsolete.

a qua (*sc.* Luna) ~itus putatur (Endymion) CIC.*Tusc*. 1.92; LUCR.6.792; SUET.*Cl*.44.3;—(*w.* somno) somno ~iri sempiterno CIC.*Tusc*.1.117; *Div*.2.135. **b** cum..omnis.. illa duodecim tabularum antiquitas..lege Aebutia lata ~ita sit GEL.6.10.8.

consors ~tis, *m.* and *f.* and *adj.* [CON-+SORS] FORMS: abl. sg. as adj. *~ti* LUCR.3.332; OV. *Met*.8.444.

1 One who shares an inheritance (also as adj.).

sors et patrimonium significat, unde ~tes dicimus PAUL. *Fest*.p.296M; *Ciris* 15; qui frater germanus et..~s etiam censoris erat LIV.41.27.2; SIBI ET L AELIO..LIB ~TI *CIL* 5.2844; (*cf.*) Romulus..nondum formauerat urbis moenia, ~ti non habitanda Remo TIB.2.5.24; (*iron.*) fratres..~tes sunt mendicitatis CIC.*Flac*.35;—tres fratres ~tes *Ver*.3.57; legibus..cum periura..fides ~tem socium fallat HOR.*Carm*. 3.24.60; PLIN.*Ep*.8.18.4.

2 A partner, colleague, sharer. **b** (applied to a brother or sister; also, a wife); (as adj.) kindred.

~ti..in lucris atque furtis CIC.*Ver*.3.155; me ~tem nati concede sepulcro VERG.*A*.10.906; omnisque potestas inpatiens ~tis erit LUC.1.93; ~tem successoremque testari perseuerauit SUET.*Tit*.9.3;—(*w. gen. of thing shared*) socium ..et ~tem gloriosi laboris CIC.*Brut*.2; ~tes pariter generisque necisque OV.*Ep*.3.47; cum ~te tori *Met*.1.319; L. Antonius..uitiorum fratris sui ~s VELL.2.74.2; ~tem imperii TAC.*Hist*.3.75; *Ann*.1.3; (*transf., of things*) priori aduersus est (dactylus), ordinis situ repugnans, temporum ~s modo MAUR.1407; (*also w.* cum) tibi..~ti mecum tempo rum illorum? CIC.*Mil*.102;—(*w. abl.*) cetera (signa), uel numero ~tia uel uice sedis..nocturna feruntur MAN.2.216; Pallada ~tem curis..fallere..molitur V.FL.3.489; (*poet.*) admonet hunc studiis ~s puerilibus aetas LUC.4.178. **b** miracula narrat de ~te suo OV.*Met*.11.347; *Pont*.3.2.48; (*w. dat.*) ~s Ledaea gemellis *Ep*.13.61;—cum magni ~te Iouis *Met*.6.94;—recalfecit ~ti sanguine telum 8.444; ~tia corpora poenae dedidit 13.663.

3 (as adj.) Shared, held in common.

~ti praedita uita (corpus et anima) LUCR.3.332; qui ~tem properas euadere casum PROP.1.21.1; ~tia tecta urbis habent (apes) VERG.*G*.4.153; QUINT.*Decl*.320(p.255,l.22).

consortālis ~is ~e, *a.* [prec.+-ALIS] Held in association, joint.

sunt termini qui inter lineas ~es finem faciunt NIPS. *grom*.p.289La.

consortiō ~ōnis, *f.* [as prec.+-TIO] Association, partnership. **b** association, conjunction (of things).

redi in ~onem LUCIL.819; dissoluetur omnis humana ~o CIC.*Off*.3.26; quaenam ista societas, quaenam ~o est? LIV.6.40.18; hominum quadam ~one degentia (animalia) PLIN.*Nat*.9.1; *CIL* 12.5864; (*cf.*) stomachum, cui cum uesica quadam ~o est CELS.7.27.4;—(*w. gen. of thing shared*) tribuniciae potestatis ~one VELL.2.99.1; in ~one deliciarum et luxuriae V.MAX.4.7.intro. **b** cum debitor pretium pignoris ~oni subiecerit PAPIN.*dig*.46.3.96.3.

consortium ~(i)ī, *n.* [CONSORS+-IVM]

1 The sharing of property; community of life.

si..me in ~ium admisit SEN.*Ben*.6.13.2; si a duobus libertis in ~ium reciperetur SUET.*Cl*.28.1; GEL.1.9.12; Papinianus..ait si inter fratres uoluntarium ~ium initum fuerit ULP.*dig*.17.2.52.8; (*transf.*) si in eodem pectore nullum est honestorum turpiumque ~ium QUINT.*Inst*. 12.1.4;—qui in ~ium deo ueniat SEN.*Nat*.1.pr.6.

2 (w. gen.) A sharing, partnership, possession in common. **b** (meton.) a partner.

si in ~io, si in societate rei publicae esse..licet LIV.4.5.5; ~ium rerum omnium inter nos facit amicitia SEN.*Ep*.48.2; laude tumens ~ia famae despicit V.FL.3.677; te longa manent nostri ~ia mundi SIL.3.611; ad coniugii spem, ~ium regni et necem mariti impulit TAC.*Ann*.4.3. **b** male eripi maritis ~ia rerum secundarum aduersarumque TAC.*Ann*. 3.34.

3 A close connexion, company, association; conjunction (of stars).

quanto celerius liberata sunt (ordinaria semina) ~io uiuiradicum COL.4.16.1; spatium, quod dissociat ~ia terrae SIL.14.20; generis ~ia ferro dissiliant STAT.*Theb*.1.84; nonne habere tibi grande ~ium praedicti uidetur ipsa diuersitas? [QUINT.]*Decl*.4.17;—sacerdotem..diuino quodam stellarum ~io..mihi coniunctum APUL.*Met*.11.22.

consprāgō: see CONSPERGO.

conspector ~ōris, *m.* [CONSPICIO¹+-TOR] An inspector, overseer.

VICTORI FLAVI SECVNDI ~ORI EPAPHRODITVS EIVSDEM *CIL* 3.1840.

conspectus¹ ~a ~um, *a.* *compar.* ~ior. [pple. of CONSPICIO¹]

1 Visible, open to view.

in tumulum hosti ~um LIV.22.24.5; in collem aperta undique et ~a ferebat uia 27.27.3; locus ~us undique 30.29.10.

2 Attracting attention, conspicuous, striking; eminent, distinguished.

Tyrio ~us in ostro VERG.*G*.3.17; nihilo mea turba quam ullius ~ior erit LIV.6.15.10; quo ~ior uirtus esset 7.7.6; Galatea..platano ~ior alta OV.*Met*.13.794; ~ae similitudinis exempla V.MAX.9.14.intro.; TAC.*Hist*.4.11; JUV.8.140;—~a iuuentus OV.*Met*.12.553; gloria ~ae, nate, parentis *Epic.Drusi* 122.

conspectus² ~ūs, *m.* [CONSPICIO¹+-TVS³]

1 The action of seeing, sight, view. **b** the possibility or range of sight; esp. in phr. *in ~um; a, e, in, ~u*. **c** range of view (as indicating position).

tuom ~um fugitat TER.*Hau*.434; ne qui ~us fieret aut sermo CIC.*Att*.7.10; neque..~um multitudinis fugerat CAES.*Gal*.7.30.1; primo..~u contempta paucitas LIV.22. 28.9; accendebantur animi..ipso inter se ~u 28.19.14; (*w. obj. gen. or poss. pron.*) scio..is fore meum ~um inuisum hodie TER.*Hec*.788; cui patriae salus dulcior quam ~us fuit CIC.*Balb*.11; ~um Mari fugerat SAL.*Jug*.86.5; ire ad ~um cari genitoris VERG.*A*.6.108; ne ~um quidem rerum praestat (oculus) CELS.6.6.36; eadem anas..equinum genus ~u suo sanat COL.6.7.1. **b** reuocate parentem, reddite ~tum VERG.*A*.9.262; quo longissime ~um oculi ferebant LIV. 1.18.8; quae (*sc.* nox) ~um ademit 6.9.11;—nec se dedit in ~um ENN.*Ann*.48; se..in ~um nautis paulisper dedit CIC.*Ver*.5.86; equitatus noster in ~um uenit CAES.*Gal*. 4.37.4;—(*w.* in +*acc.*) unde ~us in Capitolium non esset LIV.6.20.11;—me aps tuo ~u occultabo PL.*Trin*.278; (*cf.*) haec quae procul erant a ~u imperi..adflixerunt CIC.*Agr*. 2.87;—nisi hunc iam e ~u abducitis PL.*Capt*.749; paulisper maestus ex ~u abit SAL.*Jug*.68.1;—ut ~u in medio.. constitit VERG.*A*.2.67; tu in ciuium esse ~u (audes)? CIC. *de Orat*.2.226; dextrum sinistrumque cornu..in ~u patenti aduersariorum constituit *B.Afr*.41.3; TAC.*Hist*.2.19; pecuniam..quae in ~u est ULP.*dig*.45.1.29;—(*w. obj. gen. or poss. pron.*) matres..ab extremo ~u liberum exclusae CIC.*Ver*. 5.118; ut non prius fuga desisterent quam in ~um agminis nostri uenissent CAES.*Gal*.4.12.2; LIV.26.29.2; (*cf.*) in ~u legum libertatisque moriatur CIC.*Ver*.5.170. **c** quercus.. quae est in oppidi ~u VAR.*R*.1.7.6; Italiae ~us..ab isto delectus est CIC.*Ver*.5.169; ex ~u castrorum discessit CAES. *Civ*.3.75.2; e ~u Siculae telluris VERG.*A*.1.34; Volsci Pontias, insulam sitam in ~u litoris sui, incoluerant LIV. 9.28.7; cum ~u solis excluditur (luna) SEN.*Nat*.7.27.1; si auferatur (uinum) e ~u templi PLIN.*Nat*.31.16;—(*transf.*) dicebam..in ~u esse me meae senectutis SEN.*Ep*.26.1; in ~u mortis stamus [QUINT.]*Decl*.12.18.

2 An appearance, aspect, look.

non idem iudicum comissatorumque ~us CIC.*Cael*.67; mihi nunc ante oculos tuum iucundissimum ~um propono CIC.fil.*Fam*.16.21.7; si contuleris eam, lacernae ~u melioris obruetur OV.*poet*.5(3); (*transf.*) uideamus animi partes, quarum est ~u illustrior CIC.*Fin*.5.48.

3 Mental perception, contemplation. **b** the examination or contemplation of several things together, survey.

in hoc ~u et cognitione naturae CIC.*Leg*.1.61; ut me a ~u malorum..auertam LIV.pr.5; 10.25.12; beneficium tam longe proiecit, ut extra ~um suum poneret SEN.*Ben*.3.2.2; cum illum in ~um suae condicionis adduxeris *Ep*.94.8. **b** ut explicatis ordinibus temporum uno in ~u omnia uiderem CIC.*Brut*.15; his uelut in ~um quendam..adductis CELS.4.2.1; QUINT.*Inst*.7.1.4; ut ~um quendam aetatum antiquissimarum..haberemus GEL.17.21.1.

4 (surv.) An area to be surveyed.

sit ergo forma ~us ABCD HYG.GR.*agrim*.p.156.

conspergō ~gere ~sī ~sum, *tr.* Also **conspargō**. [CON-+SPARGO] FORMS: *conspar-* CATO, VAR., VITR., PHAED., COL., APUL.

1 To cover with small drops or particles, besprinkle, strew; to sprinkle (a liquid).

farinae L. II ~gito CATO *Agr*.76.2; triticum ~gunt VAR.*R*. 1.57.2; VITR.7.11.1; uerri sibi uias et ~gi propter puluerem SUET.*Cal*.43;—(*w. abl.*) uino has ~si fores PL.*Cur*.80; amurca ~gito (locum) CATO *Agr*.91; cum complexus est (me) ~sitque lacrimis CIC.*Planc*.99; LUCR.4.1237; furfuribus..~sum..panem PHAED.4.18(19).4; LUC.6.582; cinerem sarmentorum..aceto ~sum PLIN.*Nat*.23.5;—(*w.* ex) nuclei pini ex mulso ~si VAR.in *G.L*.1.486.9; faba..ex aceto cum melle diluto ~sa LARG.158;—uinum uetus spergito, postea alterum supercalcato, item uinum ~gito COL.12.39.3.

2 (transf. and fig.) To diversify, intersperse, bespatter.

caput (Tauri) stellis ~sum est frequentibus CIC.*N.D*. 2.111; anni tempora ~gunt uiridantis floribus herbas LUCR. 2.33;—ut..~sa sit (oratio) quasi uerborum sententiarumque floribus CIC.*de Orat*.3.96; cum reliquum tempus aetatis turpitudinis maculis ~seris *Flac*.5; quae (*sc.* scripta).. quadam hilaritate ~simus *Ac*.1.8; QUINT.*Inst*.8.5.28.

conspiciendus ~a ~um, *a.* [gdve. of CONSPICIO] Attracting attention, conspicuous.

insideat celeri ~us equo TIB.1.2.70; opus uel in hac magnificentia urbis ~um LIV.6.4.12; inter Dictaeos ~a greges OV.*Fast*.5.118; ORNATVS NON ~VS *CIL* 6.1527.1.31; —(*w. abl.*) ut..incedat donis ~a meis TIB.2.3.52; ciuis non solum magnitudine uirtutum sed multitudine quoque conspiciendus CREM.*hist*.2.

? **conspicillum** ~ī, *n.* [CONSPICIO+-ILLVM] A place for spying out, look-out post.

PL.*Cist*.91(*dub.*); in ~o (*codd.* -ilio) adseruabam pallium, opseruabam PL.fr.99.

conspiciō¹ ~icere ~exī ~ectum, *tr.* [CON-+SPECIO]

1 To catch sight of, see.

quom ex alto..terram ~iciunt (nauitae) PL.*Men*.228; 429; simul ac procul ~exit armatos CIC.*Caec*.46; si queat usquam ~icere amissum fetum LUCR.2.358; CAES.*Gal*. 5.48.8; cum inter se ~ecti essent LIV.33.6.4; (*cf. sense* 5) nec teli ~icit usquam auctorem nec quo se ardens immittere possit VERG.*A*.9.420;—(*w. acc. and inf.*) cum repente ~iciunt..alios uia transire hostes LIV.21.33.2;—(*w. pred. pple.*) si..accubantem tuom uirum ~exeris PL.*As*.878; bubo in columna..sedens ~ectus est ASEL.*hist*.2A; collibus expositas hostium copias armatas ~exit CAES.*Gal*.4.23.2; NEP.*Han*.11.6; ad litora classem ~exi uenientem VERG.*A*. 3.652;—(*poet.*) hoc nulla lux ~iciat SEN.*Her.O*.531; colligi debere (herbam)..ita, ne luna aut sol ~iciat PLIN.*Nat*. 25.107.

2 To have a sight of, witness, see. **b** (pass.) to be visible; (act., of a place) to be within sight of. **c** (pass., w. pred. adj.) to have a particular appearance.

unde agros..posset ~icere LIV.24.1.5; comprecor, illi ipsi ~iciare senex *Epic.Drusi* 412;—(*w. acc. and inf.*) ~exit terra centum procumbere tauros CATUL.64.389; LUCR.6.706; nostros..flumen transisse ~exerant CAES.*Gal*.2.24.2;—(*w. pred. pple.*) Hispania quae..plurimos hostis ab hoc superatos..~exit CIC.*Man*.30; imaginem..quam paucis ante diebus laureatam..~exit *Mur*.88; qui paulo ante.. fugientis suos ~exerat CAES.*Civ*.3.70.1;—(*w. other pred.*) is non ~iciatur cum capide ac lituo? LIV.10.7.10. **b** in continenti lucus, qui ex insula ~iciebatur..incensus est NEP. *Milt*.7.3; unde castra Romana ~iciebantur LIV.30.25.4; nedum extremi inter se ~icerentur 37.41.4; aduentu solis occultantur stellae et ~ici desinunt PLIN.*Nat*.18.218; si aditum ad se praestet aut ex publico ~iciatur PAUL.*dig*. 2.4.19;—tuto consedimus..Ciliciam prope ~iciente..loco CIC.*Att*.5.18.2. **c** colorem corporis..qui..corrumpitur pallidusque ~icitur LARG.125; oculi sanguilenti ~iciuntur 182.

3 To fix one's gaze on, stare at, watch; (w. *in*+acc.) to stare (into). **b** (pass.) to be noticed, be the object of attention.

quid nunc supina susum caelum ~icis? PL.*Cist*.622; quando incedat per uias, contemplent, ~iciant omnes *Mer*. 407; VAR.*L*.7.9; (*poet.*) cum bene notum porticus Agrippae et uia te ~exerit Appi HOR.*Ep*.1.6.26;—gloriari solebat, quod nunquam..in tabernam ~exerat PETR.140.14. **b** qui constitit, culpant eum, ~icitur, uituperatur PL.*Cur*.503; infestis omnium oculis ~ici CIC.*Catil*.1.17; *Pis*.60; SAL.*Cat*. 7.6; non alius..aeque ~icitur HOR.*Carm*.3.7.26; uestitus nihil inter aequales excellens: arma atque equi ~iciebantur LIV.21.4.8; GRAT.502; PLIN.*Nat*.11.54.

4 (of a thing) To face towards.

si illud signum..solis ortum..~iceret CIC.*Catil*.3.20; si ⟨sic⟩ nubes fors aliqua disposuit, ut inter se ~iciant SEN. *Nat*.1.13.1; (uilla) semper mare recte ~icit COL.1.5.5; *Arb*.17.4.

5 To notice, remark (by primarily visual means); (pass. also) to attract attention. **b** (w. *ut, tamquam*) to look at, regard (as).

quorum ~icitur nitidis fundata pecunia uillis HOR.*Ep*. 1.15.46; quia nolint ~ici summam aeris alieni LIV.6.27.6; quorum aetatibus dignitatibusque ~ectis..dicere uere de pace agi 30.42.11; LARG.101;—(*w. acc. and inf.*) cur plus quam somno turbatos esse capillos..~icio..? OV.*Am*. 3.14.34;—prima bonis animi ~icere tui *Tr*.1.6.34; SEN. *Dial*.12.2.4. **b** quid te ut regium iuuenem ~ici sinis? LIV.1.47.5; tamquam bonos ciues ~ici 4.60.8; 39.53.2.

6 To perceive mentally, discern.

quantum ego nunc corde ~icio meo PL.*Ps*.769; symmetriae ~iciuntur his rationibus VITR.4.6.1; ut quae partibus notauimus, simul uniuersa ~ici possint VELL.2.38.1; ad ~iciendam ueritatem SEN.*Dial*.12.13.5; (*cf.*) ut ~iciatis eum mentibus, quoniam oculis non potestis CIC.*Balb*.47; —(*w. acc. and inf.*) ~icit inde sibi data Romulus esse priora ENN.*Ann*.95.

conspiciō² ~ōnis, *f.* [prec.] (in augury) The action of looking.

conregione ~one cortumione *formula* in Var.*L*.7.8; ideo dicere..augurem '~one' qua oculorum conspectum finiat VAR.*L*.7.9.

conspicor ~ārī ~ātus, *tr.* [CON-+*spic-* (see SPECIO)+O³] N.B.: in pass. sense VAR. in *G.L*.2.384; also SAL.*Jug*.49.4; APUL.*Fl*.9 (*s.v.ll.*).

1 To catch sight of, see.

nec quemquam ~or alium in uia PL.*Cist*.656; *Mos*.353; hostium copias ~atus est CAES.*Gal*.5.9.2; ~atae..naues triremes duae nauem D. Bruti *Civ*.2.6.4; LIV.25.16.23; VELL. 2.27.2;—(*w. pred. pple., etc.*) quid ego apertas aedis nostras ~or? PL.*Aul*.388; occisum ~atur *Rhet.Her*.1.19; uacua castra hostium..~atus CAES.*Gal*.7.45.7; ~atus..iuuenem ..ostentantem se in prima..acie LIV.2.20.1;—(*w. acc. and inf.*) abhinc annos factum est sedecim quom ~atust.. puellam exponi PL.*Cas*.40; quin te in fundo ~er fodere aut arare TER.*Hau*.68.

2 To observe, notice, perceive; (in pass. sense) to be conspicuous; also, to be regarded.

hoc ubi..erus ~atus est PL.*Am*.242; CAES.*Gal*.1.25.6; procul ~ati numerum arborum FRON.*Str*.2.3.46; ingenium intimum de exteriore ~atus est facie APUL.*Pl*.1.1;—(*w. acc. and inf.*) illam geminos..peperisse ~icor PL.*Am*.1070; *Cur*.595;—(*w. indir. qu.*) quae res in nostris castris gererentur ~atus CAES.*Gal*.2.26.4;—gestamina quibus erat ~atus (*s.v.l.*) APUL.*Fl*.9;—paupertas..haec tum non ita nutricata ut nunc ~atur VAR.in *G.L*.2.384.

conspicuus ~a ~um, *a.* [CONSPICIO¹+-VVS]

1 Clearly seen, visible. **b** *in ~o*, before one's eyes, in full view.

iure perhorrui late ~um tollere uerticem HOR.*Carm*. 3.16.19; omnibus e terris ~um fuit (sidus) AUG.*hist*.4; per te praesentem ~umque deum OV.*Tr*.2.54; inpetus idem rebus ab auditis ~isque uenit *Pont*.3.4.22; SEN.*Ep*.79.10; species uanas imaginesque ~as obuersari demonstrantes PLIN.*Nat*.21.178. **b** proponatur in ~o acies V.MAX. 5.1.8; nemo in ~o mortem habet SEN.*Dial*.10.20.5; APUL. *Apol*.7.

2 Attracting attention, remarkable, striking (in appearance); notable, famous, illustrious.
~am fuluo uellere..ouem Ov.*Am.*2.11.4; ~us longe fulgentibus armis *Pont.*4.7.31; gallinam ~i candoris PLIN. *Nat.*15.136; cupressus..~a altitudine TAC.*Hist.*2.78; PLIN. *Ep.*7.24.3;—pari claritate ~um M. Brutum MANC.*orat.*1; insignis clara ~usque domo [TIB.]3.4.4; LIV.1.34.11; nos quoque ~os nostra ruina facit Ov.*Pont.*3.1.56; ~ae felicitatis..municipium V.MAX.2.2.3; TAC.*Hist.*2.59.

conspīrātiō ~ōnis, *f.* [CONSPIRO+-TIO]

1 An agreeing together, harmony, concord.
coniunctionem uestram..et tantam ~onem bonorum omnium CIC.*Catil.*4.22; *Fam.*10.10.2; quae mihi quasi ~one quadam uulgi reclamari uidentur QUINT.*Inst.*12.1.14; quo minus..coetibus et sacrificiis ~onem ciuitatum sancirent TAC.*Ag.*27.3; SUET.*Jul.*15; (*w. defining gen.*) quanta..amoris ~one consentientis tenuit amicorum greges! CIC. *Fin.*1.65; (*w.* in+*abl.*) hanc ~onem in re publica bene gerenda *Dom.*28; (*w.* ad+*gdve.*) hanc concordiam et ~onem omnium ordinum ad defendendam libertatem LENT. *Fam.*12.15.3; (*cf.*) ubi..uelut facta ~one consensit atque concinuit (chorus canentium) COL.12.2.4;—(*of qualities*) ~o consensusque uirtutum CIC.*Fin.*5.66.

2 Combination for hostile or illegal activity, conspiracy. **b** (meton.) the members of a conspiracy.
non agam..cum ista Sardorum ~one CIC.*Scaur.*20; VAT. *Fam.*5.9.1; ~one inter tribunos facta LIV.3.64.1; erupturas in rem publicam ~ones QUINT.*Inst.*12.7.2; non..indefensum saeculum nostrum patiar hac uestra ~one damnari TAC.*Dial.*16.4; (*w.* aduersus) Eumeni..~o aduersus eum fauorem..apud Romanos fecit LIV.42.14.10; V.MAX.7.2. ext.15; (*w.* contra) de ~one..certorum hominum contra dignitatem tuam CIC.*Deiot.*11. **b** cum tota eius ~o late quaereretur V.MAX.4.7.2.

conspīrātus ~ūs, *m.* [next+-TVS³] The sounding together (of musical instruments); (in quot. also transf.).
pugnam indipisci ait non fidicularum tibiarumque, sed mentium animorumque concentu ~uque tacito nitibundos GEL.1.11.8.

conspīrō ~āre ~āuī ~ātum, *intr.* [CON-+SPIRO] N.B.: for pf. pple. in act. sense see end of each section.

1 To agree together, act in harmony, accord. **b** (of things) to be in harmony, act together, agree; (of trumpets) to sound together.
o dulcitas ~antum animae! ACC.*trag.*641; populo Romano ~ante CIC.*Phil.*3.32; sacroque meatu ~at deus MAN.1.251; in commune ~abat ab utroque (coniuge) COL.12.pr.8; PLIN.*Ep.*4.13.9; QVEM (*sc.* honorem)..A SENATV ~ANTE POPVLO ACCIPERE MERVIT *CIL* 10.112;—(*w.* cum) ~ate nobiscum, consentite cum bonis CIC.*Agr.*1.26; *Phil.*11.2;—(*w.* ad+*gdve.*) omnes ad auctoritatem huius ordinis..defendendam ~asse 3.13; *Fam.*10.12.4;—(*pf. pple. in act. sense*) milites..subito ~ati pila coniecerunt CAES.*Civ.*3. 46.5. **b** horum consensum ~antem et paene conflatum CIC.*Lig.*34; ~ans mutuus ardor LUCR.4.1216; an non pugnent (elementa) sed per diuersa ~ent SEN.*Dial.*8.5.6; COL.3.13.7; QUINT.*Inst.*1.10.16; (*w.* ut) gentium consensus tacitus..~auit ut Ionum litteris uteretur PLIN.*Nat.*7.210; —(*pf. pple. in act. sense*) multa praecepta sint, multarum aetatum exempla, sed in unum ~ata SEN.*Ep.*84.10;—aereaque adsensu ~ant cornua rauco VERG.*A.*7.615.

2 To combine for hostile or illegal action, conspire.
prius quam plures ciuitates ~arent CAES.*Gal.*3.10.3; uenit in suspicionem ~asse cum Marco Crasso SUET.*Jul.*9.1; (*poet.*) (ferrum) ~ante ueneno impellat mortis STAT.*Ach.* 1.433;—(*w.* in+*acc. of person*) quantalibet uis omnium gentium ~et in nos CURT.9.6.7; SUET.*Jul.*80.4;—(*w.* contra) ~asse eum contra se cum inimicis ULP.*dig.*1.12.1.10;—(*w.* in+*acc. of thing*) non in praesentis modo temporis eos iniuriam ~asse LIV.3.36.9; cur in caedem suam ~auisset TAC.*Ann.*15.68;—(*w.* ad) qui ad defectionem ~asent FRON. *Str.*2.7.3; 3.16.3; ~auerunt..ad res nouas SUET.*Cl.*13.2;—(*w.* ut, ne, *inf.*) ~asse..ne manus ad os cibum ferrent, nec os acciperet datum LIV.2.32.10; quem cum..~assent perdere SUET.*Cl.*37.2;—(*pf. pple. in act. sense*) ~atis factionum partibus PHAED.1.2.4; assidentem ~ati..circumsteterunt SUET.*Jul.*82.1; *Nero* 43.1.

conspissō ~āre ~āuī ~ātum, *tr.* [CON-+SPISSO] FORMS: *cosp-* PLIN.*Nat.*13.99, 17.87. To thicken, condense.
prius quam ~atum fuerit et herbis conligatum solum COL.2.17.5; uehementius premitur (caseus), ut ~etur 7.8.4; creta Cimolia decocta ~ataque PLIN.*Nat.*35.36.

conspondeō ~ndēre ~ndī ~nsum, *intr.* [CON-+SPONDEO] FORMS: *consposos* lemma in Paul. *Fest.*p.41M. To exchange pledges; *~nsus*, bound by mutual pledges.
NEVE POSTHAC INTER SED CONIOVRA⟨SE NEV⟩E COMVOVISE NEVE ~NDISE NEVE CONPROMESISE VELET *CIL* 1.581. 13;—NAEV.*com.*133; qui idem faciat obligatur sponsu, ~nsus VAR.*L.*6.69; ~sos antiqui dicebant fide mutua colligatos PAUL.*Fest.*p.41M; iugum sororium ~nsae factionis APUL.*Met.*5.14.

consponsor ~ōris, *m.* [CON-+SPONSOR] A joint surety; one who takes a joint oath.
ex ~orum tabulis CIC.*Att.*12.17; *Fam.*6.18.3;—~or coniurator PAUL.*Fest.*p.59M.

conspuō ~uere ~uī ~ūtum, *tr.* [CON-+SPVO] To bespatter with saliva, spit or splutter over.
immundissimo me basio ~uit PETR.23.3; faciem tuam spumabundus ~uisset APUL.*Apol.*44; ~uitur..sinus JUV. 7.112;—(*as a sign of contempt*) nisi quidam ex patibulo suo spectatores ~uerent SEN.*Dial.*7.19.3; PETR.132.3;—(*poet.*) Iuppiter hibernas cana niue ~uit Alpes BIB.*poet.*15(16).

conspurcō ~āre ~āuī ~ātum, *tr.* [CON-+SPVRCO] To befoul, pollute; to defile sexually.
(uas) taetro quasi ~are sapore omnia cernebat LUCR.6.22; auis proluuie uentris cibos..~at COL.8.3.9;—cum (iuuenem)..per uim ~asset SUET.*Nero* 35.4.

conspūtō ~āre ~āuī ~ātum, *tr.* [CON-+SPUTO] To spit on or over.
Clodiani nostros ~are coeperunt CIC.*Q.fr.*2.3.2.

constabiliō ~īre ~iuī *or* ~iī ~ītum, *tr.* [CON-+STABILIO] To establish, put on a sound basis, strengthen.
rem meam ~iui PL.*Capt.*453; dis quidem esses..ac tuam rem ~isses TER.*Ad.*771; legiones..subsidiis magnis †epicuri† ~itas LUCR.2.42.

constans ~ntis, *a. compar.* ~ntior, *superl.* ~ntissimus. [pple. of CONSTO] FORMS: *~nte* (abl. sg.) RUT.RUF.*hist.*8. In senses of vb., esp.:

1 Standing firm, stable; of firm consistency. **b** mentally or morally settled, steady. **c** definite, certain.
cuius in indomito ~ntior inguine neruus quam noua collibus arbor inhaeret HOR.*Epod.*12.19;—mellis ~ntior est natura LUCR.3.191. **b** grauitas iam ~ntis aetatis CIC. *Sen.*33; 76; quod perturbata mens melius possit facere quam ~ns *Tusc.*4.54; nondum aetate ~nti SUET.*Gal.*4.4. **c** complexio..quae non..certum et ~ns aliquid relinquit *Rhet.Her.*2.46; physica ~ntique ratione CIC.*N.D.*3.92.

2 Unchanging, unvarying.
sonum aequabilem atque ~ntem *Rhet.Her.*3.21; una atque ~nti haruspicum uoce CIC.*Har.*18; de te..fama ~ns *Fam.*10.20.1; ex ~ntissimo motu lunae *Div.*2.17; tamquam ~ntissimae rei fortunae fretus LIV.4.37.6; ut..ciuitatis opinionem..~ntem efficiat 6.6.9; per ~antem partes duxit ordinem QUINT.*Inst.*5.14.19; augebat miserationem ~ns rumor ueneno interceptum TAC.*Ag.*43.2; SUET.*Jul.*50.1.

3 (of persons or their minds) Persistent, unwavering, resolute. **b** (of actions, etc.) displaying constancy, resolute.
permanes ~ntissimus defensor Antoni CIC.*Phil.*8.17; qui ~ntes fuissent inimici NEP.*Lys.*2.2; LIV.26.12.13; ~ns aduersus metus TAC.*Hist.*4.5; si ~ntem aut laboriosum (seruum)..esse..adfirmauerit GAIUS *dig.*21.1.18;—(*w.* in+*abl.*) ciuis in rebus optimis ~ntissimus CIC.*Brut.*95; qui fuit in rebus gerendis..mea promissione ~ntior *ad Brut.*1.18.4; quanto ~ntior isdem in uitiis HOR.*S.*2.7.18; ~ntissimo uiro in optimatium causa LIV.3.35.9; OV.*Tr.*5.8.18;—(*w.* ad) ad omnis casus ferendos ~ntem ac paratum CIC.*Fam.* 6.12.4; V.MAX.6.4.1;—(*w. gen.*) neque fidei ~ns neque strenuus in perfidia TAC.*Hist.*3.57;—(*transf.*) (uitis) impatiens uariantis caeli, sed contra tenorem unum algoris aestusue ~ns PLIN.*Nat.*14.28;—(*cf.*) uirus homine firmius, mente ~ntius [QUINT.]*Decl.*14.4. **b** ~ns..defensio salutis meae CIC.*Red.Sen.*30; ~nti uoce..nega OV.*Am.* 1.4.70; ~nti uoltu graduque LIV.5.46.3; impetu ~nti 38.5.8; tam ~ntibus familiaris precibus conpulsus V.MAX. 1.7.ext.10; firmare animum..~ntibus exemplis TAC.*Ann.* 16.35; an ire comminus..~ntius foret *Hist.*3.1; (*cf.*) poculum..~nti dextera arripuit V.MAX.2.6.8.

4 **a** Steadfast in adherence to principles, consistent; (also transf., of conduct or actions). **b** steadfast in loyalty, constant; (transf., of affections).
a qui condemnauit ~ns existimatur CIC.*Clu.*108; esse apud hominem ~ntem ignoscendi locum *Mur.*63; ~ntem hominem et grauem *Tusc.*5.104;—uitam ~ntem et probatam *Top.*78; *Clu.*46; mea ratio in tota amicitia nostra ~ns et grauis reperietur *Fam.*3.8.6; modestius et ~ntius arbitratus immanissimum reum..proprio crimine urgere PLIN.*Ep.*9.13.4. **b** se..fidissimum et ~ntissimum praebuit CIC.*Phil.*10.24; si non ~ns illa et tam certa fuisset PROP.2.34.11; LEGIO PIA FIDELIS ~NS *CIL* 11.6053;—uoluntatem in rem publicam..perpetuam atque ~ntem CIC.*Phil.*13.13; ~ntis iuuenem fide (*gen.*) HOR.*Carm.*3.7.4; ~ntis amicitiae TAC.*Ann.*15.62.

5 (of things) Self-consistent.
quod genus philosophandi..maxime..~ns et elegans arbitraremur CIC.*Div.*2.1; in oratione ~nti *Off.*1.144; huius anni parum ~ns memoria est LIV.10.37.13; an credibilia dixerit, an inter se ~ntia QUINT.*Inst.*5.4.2.

constanter, *adv. compar.* ~tius, *superl.* ~tissimē. [prec.+-TER²]

1 Without change, equably; regularly, steadily; with resistance to change. **b** (w. ref. to conduct) in a settled manner, steadily.
(creator) ~ter in suo manebat statu CIC.*Tim.*47; aequabilius atque ~tius sese res humanae haberent SAL.*Cat.*2.3; aequabilius atque ~tius prouinciae regentur TAC.*Ann.* 15.21;—impetum caeli..~tissime conficientem uicissitudines CIC.*N.D.*2.97; *Tusc.*1.68; aquilones ~tius perflant diebus XL PLIN.*Nat.*2.124;—pulchriores (callainae)..colorem deperdunt, uiliores ~tius repraesentant 37.112 **b** si quae minus..~ter ab eo fieri uidebantur CIC.*Att.*16.5.2.

2 Without remission, continually, persistently.
ut..quos acerbissime ceteri oderunt, tu ~tissime diligas CIC.*Phil.*10.4; *Ac.*1.16; pars hominum uitiis gaudet ~ter HOR.*S.*2.7.6; quo ~tius ore laudamur uestro, iustius ille timet OV.*Ep.*16.167; *Tr.*3.2.27; dictaturam quam pertinaciter ei deferebat populus, tam ~ter reppulit VELL. 2.89.5; TAC.*Hist.*1.69.

3 With firmness of purpose, resolutely, with determination. **b** firmly, without ado.
si te..dolor aliquis peruellerit..non ~ter et sedate feres? CIC.*Tusc.*2.46; cum..~ter ac non timide pugnaretur CAES. *Gal.*3.25.1; satis ~ter ignorare se mulierem simulabat LIV. 26.12.17; 37.5.1; tam bona ~ter praeda tenenda fuit OV. *Ep.*15.154; si illi grauem fortunam ~ter tolerent TAC.*Ann.* 6.22. **b** ~ter..in hominem alienum ferte sententias APUL.*Met.*3.3; quod scelus nisi tandem desines, magistratibus te ~ter obiciam 3.16.

4 Steadfastly, faithfully, loyally.
quod constanter uetus decretum..tenuissent LIV.42.6.2; te..praesta constanter ad omne indeclinatae munus amicitiae OV.*Tr.*4.5.23; CURT.9.3.6; ~ter seruatae erga Galbam fidei TAC.*Hist.*1.71.

5 Consistently; in agreement.
cum..breuiter ~terque respondissent CIC.*Catil.*3.11; *Tusc.*2.44; haec..non ~tissime dici mihi uidentur 5.23; (*w. dat.*) quam..sibi ~ter conuenienterque dicat, non laborat 5.26;—hi ~ter omnes nuntiauerunt manus cogi CAES.*Gal.*2.2.4.

constantia ~ae, *f.* [CONSTANS+-IA]

1 Changelessness, invariability, steadiness; regularity; resistance to change.
omnium..causarum in aliis inest ~a, in aliis non inest CIC.*Top.*63; nihil..est tam contrarium rationi et ~ae quam fortuna *Div.*2.18; tanta ~a uocis atque uultus NEP. *Att.*22.1; ~am luminis VITR.6.4.2; nec..morte ~am uocis egregiae mutauit TAC.*Hist.*2.13; JUV.13.77;—ordo eorum (*sc.* astrorum) atque ~a CIC.*N.D.*2.43; quod..nulla ~a nullo rato tempore uidemus effici *Div.*2.44; is (*sc.* Euthycrates) ~am potius imitatus patris (*sc.* Lysippi) quam elegantiam austero maluit genere..placere PLIN.*Nat.*34.66; —contra salis et aceti sucos..~a superat omnia (aurum) 33.62.

2 The maintenance of the same attitude or conduct, steadfastness, persistence, consistency. **b** (as equivalent of the Stoic term εὐπάθεια) a state of good affection.
consilium a primo reprehendendum, laudanda ~a CIC. *Phil.*2.75; in ea (defensione)..non solum amicitiae nostrae sed etiam ~ae meae causa permanebo *Fam.*5.8.5; perseuerantia ~aque oppugnandi *B.Alex.*26.2; uirtutis ~am *B.Hisp.*17.1; CESSERVNT ~AE TVAE NEQVE AMPLIVS REM SOLLICITARVNT *CIL* 6.1527.1.25; acies inclinatas..a feminis restitutas ~a precum TAC.*Ger.*8.1; uariis..sermonibus moderationem laudantium aut ~am requirentium *Hist.*4.6; GAIUS *dig.*21.1.18. **b** tranquillitatem, id est placidam quietamque ~am CIC.*Tusc.*4.10; sic quattuor perturbationes sunt, tres ~ae 4.14; 4.47.

3 Firmness of purpose, resolution, fearlessness, self-possession.
certet..testium ~a cum illius patronorum minis CIC.*Ver.* 1.3; quae..pertinacia quibusdam, eadem aliis ~a uideri potest *Marc.*31; CAES.*Gal.*1.40.6; Romanae in aduersis rebus ~ae LIV.30.7.6; trepidi..modo ~am simulare, modo formidine detegi TAC.*Hist.*1.81;—(*w. gen.*) fortissime pugnandi durauit ~a VELL.2.85.4; haud creditus sufficere ad ~am sumendae mortis TAC.*Ann.*13.30; ~a exitus 15.49;—(*w.* mentis) ne Theramenis quidem..parua mentis ~a V.MAX.3.2.6; LUC.10.490.

4 Firmness of character, constancy. **b** adherence to obligations, loyalty.
fuit dignum ~a tua CIC.*Planc.*38; nisi uestrae uirtuti ~aeque confiderem *Phil.*5.1; quid..tam..indignum sapientis grauitate atque ~a quam..falsum sentire? *N.D.*1.1; amicitias dum magnitudine munerum, non ~a morum contineri putat TAC.*Hist.*3.86; (*cf.*) CONSTANTIAE AVGVSTI *BMCI* 1.p.164,no.1(Claudius). **b** de uirtute, ~a, grauitate prouinciae Galliae CIC.*Phil.*3.13; o ~am promissi et fidem miram! *Att.*4.19(17).1; fides, id est dictorum conuentorumque ~a et ueritas *Off.*1.23; de eorum fide ~aque dubitatis? CAES.*Gal.*7.77.10; multum in amore fides, multum ~a prodest PROP.2.26.27; OV.*Pont.*2.3.69; cur amicitiae ~aeque Seiani magis fideret TAC.*Ann.*4.59; per ipsam perpetuae benignitatis ~am GEL.17.5.13;—(*w.* in+*acc.*) meam in Caesarem ~am MAT.*Fam.*11.28.8; TAC.*Ann.* 3.62.

5 Consistency in opinions or statements; (of statements, etc.) the fact of being consistent.
summa ~a ad ea quae quaesita erant respondebat CIC. *Phil.*1.2; inter augures conueniens et coniuncta ~a *Div.* 2.82; quod..pariter ardescerent, pariter silerent, tanta aequalitate et ~a ut regi crederes TAC.*Ann.*1.32;—si mei facti rationem uobis ~amque huius offici ac defensionis probaro CIC.*Sul.*2; *Div.*2.80.

consternātiō ~ōnis, *f.* [CONSTERNO²+-TIO] Unsettlement or confusion (of the mind), shock, dismay. **b** excitement, disturbance, disorder.
subita ~o ex somno LIV.29.6.12; subita animi ~one V.MAX.4.6.4; ~onis inpulsu ad pedes se Memmii supplex prostrauit 8.1.3.absol.; PLIN.*Nat.*10.122; is pauor, ea ~o mentis TAC.*Ann.*13.16; SUET.*Cal.*51.1. **b** LIV.34.2.6; creditorum..~o aduersus Sempronii Asellionis..caput intolerabili modo exarsit V.MAX.9.7.4; decreuerant..excusare apud regem ~onem suam CURT.5.10.8; SEN.*Cl.*1.25.3; nuntiata ~one ac licentia militum TAC.*Hist.*2.49; tantum ~onis inuidiaeque conciuit *Ann.*1.23; SUET.*Cl.*12.3.

consternō¹ ~ernere ~rāuī ~rātum, *tr.* [CON-+STERNO]

1 (w. abl.) To cover by strewing; to spread (a couch with rugs, etc.); (also, w. no abl.) to spread with rugs. **b** (of strewn objects) to cover; (also poet., of falling persons or animals).
forum corporibus..~ratum CIC.*Sest.*85; omnia..~rata telis armis cadaueribus SAL.*Jug.*101.11; pars uiae quam..lauru rosaque ~rauerant TAC.*Hist.*2.70;—(*hyperb.*) ~ernit maria classibus suis LIV.35.49.5; CURT.9.24.7; late ~erni

milite campos..cerno Sil.1.125; Juv.10.175;—purpurea.. ~ernens ueste cubile Catul.64.163; Apul.Met.10.20;—~ratum lectum 9.2; (cf.) qui triclinium ~rarunt Var.L.9.9. **b** effusum..frumentum uias omnes..~rauerat Cic.Div.1.69; altae ~ernunt terram..frondes Verg.A.4.444;—ille graui moriens ~rauit corpore terram Cic.Arat.685(433); Lucr.5.1333; late terram ~ernere tergo Verg.A.12.543; Col.10.16.

2 To cover, pave, line (w. var. materials). **b** to cover (with paved ways).

(sulcos) lapide ~ernito Cato Agr.43.1; contabulationem summam lateribus lutoque ~rauerunt Caes.Civ.2.9.4; recentibus caespitibus tabernacula ~rata 3.96.1; semitam..lapidibvs perpetvis..~ratam..habeto CIL 1.593.54; (ratem) pontis in modum humo iniecta ~rauerunt Liv.21.28.7; totam (patinam) turdi..~rauerant Sen.Ep.95.26; Col.1.6.23; nidum mollibus plumis..~ernunt Plin.Nat.10.92;—(w. no abl.) pontibus traiectis ~ratisque Hirt.Gal.8.9.3; ~rato in nauibus ponte Plin.Nat.4.75; (cf.) a priuatis ..subuorsos montis, maria ~rata esse (i.e. with buildings) Sal.Cat.13.1. **b** pontibus palude ~rata legiones traducit Hirt.Gal.8.14.4; civitatem..silicibvs..~ernendam ornandamqve cvravit CIL 10.1199.

3 To lay low, fell, bring down; to make calm (the sea). **b** (app. w. sense of consterno²).

abies ~ernitur alta Enn.Ann.189; ad caducos (i.e. epileptics) ~ernendos Apul.Apol.45;—miti pelagus ~ernitur unda Man.3.652. **b** specus..adeo mirificus..ut mentes accedentium primo aspectu ~ernat Mela 1.72.

consternō² ~āre ~āuī ~ātum, tr. [perh. prec. +-o³]

1 To throw into confusion, confound, shock. **b** to unsettle mentally, drive frantic.

quo consilio ~atur Pac.trag.156; ~ati profugiunt Hirt.Gal.8.19.7; ~ato..agmine abeuntes Liv.2.47.9; tumultu..etiam sanos ~ante animos 8.27.9; turmas..metu ~at inani Stat.Theb.7.130; Tac.Hist.3.17; (w. animo) animo ~ati homines Caes.Gal.7.30.4; (w. ad) cur magis ad tuum..periculum ~atus sim Fro.Aur.1.p.202(73N);—(animals) equi sine rectoribus exterriti..~antur Sal.Hist.1.139; elephanti..tumultuoso genere pugnae ~ati Liv.28.15.5; Ov.Met.2.314; (w. ad) omnia, quae natura fera ac rabida sunt, ~antur ad uana Sen.Dial.5.30.1. **b** ~atae patriae ..furor V.Max.3.8.ext.3; ~atum..amentia pectus 9.11.4; adeo..~atum ferunt, ut..caput interdum foribus illideret Suet.Aug.23.2.

2 (prol.) To drive or compel (by fear or other emotion).

(w. ad) multitudinem coniuratorum ad arma ~atam esse Liv.7.42.3; metu seruitutis ad arma ~ati 21.24.2;—(w. in+acc.) in fugam ~antur 10.43.13; 38.46.4; (cf.) trepidantesque (elephantos) et prope iam in suos (sc. milites) ~atos..ad sinistrum cornu..agi iussit Hannibal 21.56.1;—(w. ab) prope ut amens ~atus ab sede sua cum ferret matri obuiae complexum 2.40.5.

constibilis ~is ~e, a. [con-+stabilis] Strong, stout.

fibulas xl ~is ligneas, qui arbores conprimat, si dishiascent Cato Agr.12.

constīpō ~āre ~āuī ~ātum, tr. [con-+stipo] To crowd together.

ne ~ari quidem tantum numerum hominum posse in agrum Campanum Cic.Agr.2.79; se sub ipso uallo ~auerant Caes.Gal.5.43.5.

constitiō: see consistio.

constituō ~uere ~uī ~ūtum, tr., (intr.). [con-+statvo]

1 To set up, place in position, erect; to plant (trees, etc.). **b** to lay or set down; esp. mil., *signa ~uere*, to call a halt, halt; (also) *agmen ~uere*. **c** to arrange in order, draw up. **d** (app.) to check (a motion of the bowels); to stabilize (the voice).

id (sc. candelabrum) apud istum in eius modi conuiuiis ~uetur Cic.Ver.4.71; in ea urbe in qua tropaea de me..uideam ~uta Dom.100; quae (sc. defensionis fundamenta) si erunt..posita et ~uta Scaur.21; aggere iacto turribusque ~utis Caes.Gal.2.12.5; tabernacula..~uta Civ.1.80.3; quattuor..aras..~ue Verg.G.4.542; ~uere pyras A.11.185; (cf.) in sepulcro Scipionum putatur is esse ~utus ex marmore Cic.Arch.22; (poet.) cum Titan medium ~uit diem Sen.Phaed.779; (fig.) eam..senectutem laudare quae fundamentis adulescentiae ~uta sit Cic.Sen.62;—(refl.) dum se Gallus iterum eodem pacto ~uere studet Quad.hist.10b;—Col.5.10.7; qui uineam uel arbustum ~uere uolet Arb.1.3. **b** primis ordinibus inperat..inpedimenta ~uerent Liv.44.36.6;—in Algidum perueniunt et..signa ~uunt 3.27.8; Quinctius..~uit signa 33.10.3;—cognitis insidiis paulisper agmen ~uit Sal.Jug.49.5; Liv.35.28.8; 38.25.12. **c** intra siluas aciem ordinesque ~uerant Caes.Gal.2.19.6; suis cum insignibus armisque uictores ~uit Tac.Hist.4.46. **d** si amplius ibit, sumito farinae..concas duas, infriet in aquam, paulum bibat, ~uet Cato Agr.156.4;—confirmatae ~utaeque uoci Quint.Inst.11.3.9.

2 To place, dispose, locate (in a specified position); to station, post (troops, etc.). **b** to settle (colonists).

in eum inuadunt et hominem ante pedes Q. Manli..~uunt Cic.Clu.38; in Belgis omnium legionum hiberna ~uit Caes.Gal.4.38.4; ubi castra habuit ~uta B.Hisp.28.3; clipeum ~uit contra exortum Hyperionis Laber.com.73; in angulares columnas triglyphi in extremis partibus ~uuntur Vitr.4.3.2; caput uitis pede infra iugum ~uito Col.4.24.11; qui alibi quam in semenstri luce ~uere eos (sc. Hyperboreos: i.e. regarded as situated) Plin.Nat.4.90; proximum sibi Tiridaten ~uit Tac.Ann.15.2; hortos..si qui sunt in aedificiis ~uti Ulp.dig.50.16.198; (transf.) in locis imagines ~uere Rhet.Her.3.30;—sex legiones pro castris in acie ~uit Caes.Gal.2.8.5; aduersas..nauis hostibus ~uit B.Alex.14.1; uti pullarios inter prima signa ~uerent Liv.10.40.12; in subsidiis triarios ~uit 30.8.5. **b** dico..expelli plebem ex agris, non ~ui et conlocari Cic.Agr.2.84; hos ego censeo..in coloniis ~uas Sal.Rep.2.5.8.

3 (of ingredients or component parts) To make up, produce, form; (pass.) to be formed (of certain materials).

eadem caelum mare terras flumina solem ~uunt Lucr.1.821;—(legio) ~uta ex ueteranis Cic.Phil.14.27; Lucr.4.132; nationibus exteris ex his rebus aedificia ~uuntur Vitr.2.1.4.

4 To set on a firm footing, make flourishing (the state, one's fortunes, etc.). **b** to set in order, arrange, organize. **c** to fix, establish (in the mind, etc.). **d** (w. *in*+abl.) to base or found upon.

fortunae ~ui tenuiorum uidebantur Cic.Sest.103; ~uta res publica uidebatur aliis Phil.2.92; ibi suas fortunas ~uit Tusc.5.109; quo..~ui..ciuitatis mores possent Liv.1.46.5. **b** in ~uentibus rem publicam Cic.Brut.45; opus est ~ui a nobis illa praediola Att.13.9.2; uitam legibus et institutis excultam ~utamque Consol.fr.11; (prouincias) ita relinquere ~utas ut..B.Alex.65.1; legionem..armatura disciplinaque nostra ~utam 68.2. **c** haec cum ~uta iudicio atque sententia Cic.Tusc.4.51. **d** parte eius generis..cum causam non in eo ~ueris, uti licebit Cic.Inv.2.104; uti..non nullum etiam in me praesidium suis fortunis ~utum esse arbitrarentur Div.Caec.2; ut omnem rationem salutis in pecunia ~ueret Ver.10; si in uerbis ius ~uamus Caec.55.

5 (w. pred.) To establish (a person as), make; (w. *ad*) to establish (in a particular frame of mind), dispose.

non oportuisse Cleomenen ~ui spectatorem illorum mortis Cic.Ver.5.134; cum..ceteros..cupidos tui ~ueris Q.Cic.Pet.32; quamuis doctrina politos ~uat pariter quosdam Lucr.3.308; hoc quidem pacto omnes homines rei ~uentur Apul.Apol.54;—per quod animus auditoris ~uitur ad audiendum Rhet.Her.1.4.

6 To bring about or set up (a state of affairs); to establish (a person in a state or condition). **b** to create, establish (an institution, etc.); to found (a city, colony, etc.). **c** to ordain, create (laws, regulations, etc.; also, examples, precedents).

ut bis ex eadem familia salus Siciliae ~ueretur Cic.Ver.2.8; cuius uirtute regibus exterminatis libertas in re publica ~uta est Flac.25; concordiam ~uere Att.8.11d.1; te duce latrocinium in foro ~utum.., non ciuitas erat Parad.27; nostrum..otium negotii inopia..~utum est Off.3.2; quorum omnia causa ~uisse deos cum fingunt Lucr.2.175; pacem..iis legibus ~uerunt, ut Athenienses mari duces essent Nep.Timoth.2.2; etiamsi cum ea quis nuptias uel sponsalia ~uat Ulp.dig.3.2.13.4; (impers. pass.) cum ita ~utum sit ut in illa culpa aut Cluentius sit aut Oppianicus Cic.Clu.102;—exsilio multatos in maxima apud regem auctoritate gratiaque ~ui Fam.15.4.6; socios in pace firma ~ues Sal.Rep.1.6.1. **b** mensas ~uit idemque (sc. Numa) ancilia Enn.Ann.120; quarum rerum causa iudicia sunt ~uta Cic.Vat.34; neque..maiores nostri sortitionem ~uissent aedilicium Planc.53; exercitui quem ipse ~uit Phil.10.26; Robigalia Numa ~uit Plin.Nat.18.285; (cf.) hunc mundum animal esse, idque intellegens et diuina prouidentia ~utum Cic.Tim.10;—quodue municipium praefectura forum conciliabulum ~utum erit Leg.pub.(Font.iur.p.95)15; ne in Ianiculo coloniam ~uatis Cic.Agr.1.16; Nep.Cim.2.2; moenia ~uis positoris habentia nomen Ov.Met.9.449; aedem Florae ab Lucio et Marco Publiciis aedilibus ~utam Tac.Ann.2.49; (cf.) tu, Iuppiter, qui isdem quibus haec urbs auspiciis a Romulo es ~utus Cic.Catil.1.33. **c** de legibus ~uendis Cic.de Orat.1.58; cum grandiorem aetatem ad consulatum ~uebant Phil.5.47; decreta..eorum proinde haberi iusserat ac si magistratus Romani ~uissent Tac.Ann.12.60; Julian.dig.34.8.1;—(w. in+acc.) cur nullum supplicium ~uisset in eum qui parentem necasset Cic.S.Rosc.70; ideo leges in facta ~ui quia futura in incerto sint Tac.Ann.3.69;—(w. ut, ne) Numa ~uit, ut pisces..ni pollucerent Hem.hist.13; ne censibus negotiatorum naues adscriberentur..~utum Tac.Ann.13.51;—(w. acc. and inf.) illo tempore..quo ~uebatur quasdam res mancipi esse Gaius Inst.2.16;—(impers. pass.) non tam sinistre ~utum est, ut..bonum (principem) non possimus imitari Plin.Pan.45.5;—(divine law, etc.) sic..insuperabilis quaedam necessitas fati ~uitur, ut omnia intra fatum claudenda sint Gel.13.1.2;—noui ~ui nihil uolt Cic.Man.60; maximum..exemplum est iustitiae in hostem a maioribus nostris ~utum Off.1.40; documentum more militari ~uam B.Afr.54.3.

7 To ordain as a particular or temporary measure, decree, decide; to fix (a price, etc.). **b** to create, appoint, elect (an official, etc.).

praetor urbanus supplicationes per dies quinquaginta..~uat Cic.Phil.14.37; nec (di) ignorant ea quae ab ipsis ~uta et designata sunt Div.1.82; arbitros..dat qui litem aestiment poenamque ~uant Caes.Gal.5.1.9; placuit dictatorem feriarum ~uendarum causa dici Liv.7.28.7;—(w. dat.) in bello poena ignauis ab imperatoribus ~uitur Cic.Caec.46; placet..praemia ~uere eis qui..arma ceperint Phil.5.4; triginta diebus, qui tibi ad decedendum lege..~uti essent Fam.3.6.3; cum aera militantibus ~uta sunt Liv.5.3.4;—(w. in+acc.) supplicium ~uitur in illos Cic.Ver.5.117; mors fata nouissima in se ~uet sibi Sen.Her.O.1117; si..amplius aliquid in eum iudex ~uerit Julian.dig.47.2.57(56).1;—(w. de) de omnibus controuersiis..~uunt (druides) Caes.Gal.6.13.5;—(w. acc. and inf.) ~ue nihil esse opis in hac uoce, 'ciuis Romanus sum' Cic.Ver.5.168; Vitr.5.1.3;—(w. indir. qu.) quid in annos singulos uectigalis..Britannia penderet ~uit Caes.Gal.5.22.4;—pretium ei frumento ~uere Cic.Ver.3.171; cum..nostra aetas dapibus libidinosa pretia ~uerit Col.10.pr.2; leuiore usura ~uta Plin.Ep.Tra.10.54(62).2. **b** ~ui senatores qui omnia..responsa perscriberent Cic.Sul.42; cum is de uno imperatore contra praedones ~uendo legem promulgasset Man.52; gloriosum putauit ~utum a se regem Sest.58; Caes.Gal.5.54.2; collegium..ad eam rem M. Furius dictator constitueret Liv.5.50.4.

8 To designate, assign, allot; to determine, fix (limits, bounds, etc.); to appoint, choose, (a person).

qua de re alius mihi locus ad dicendum est ~utus Cic.Ver.2.50; pecuniam ad emendos agros ~utam Dom.23; cotidiana consuetudine uocabula, ut obtigerant, ~uerunt Vitr.2.1.1;—si credendi ~uisset modum Cic.Rab.Post.5; quaeris a me quod summum pretium ~uam Att.12.31.2; latitudines..ne plus pedes duo semis..~uantur Vitr.5.6.3; arbiter..finium ~uendorum V.Max.7.3.4; finem militiae sibi ipsi ~uere conati sunt Vell.2.125.2; Tac.Dial.19.1;—si tu eris actor ~utus Cic.Div.Caec.48; Staienus non fuit ab Oppianico..ad iudicium corrumpendum ~utus Clu.83; eum, quem praetor heredis loco ~uit Julian.dig.37.4.13.

9 To set on foot, institute; (esp. legal proceedings).

ignarus quantum sibi..mali ~ueretur Cic.Ver.1.65; cum esset..~uta auctio Romae Caec.15; insidias rei publicae factas et me potissimum consule ~utas Sul.45;—de ~uendis actionibus, de capiendis subeundisue iudiciis Part.100; ne quod iudicium..illo absente de existimatione eius ~ueretur Ver.2.60; a ~uta lite (uos) dimitto Petr.18.5.

10 To set forth, present (a case, argument, evidence, etc.); (w. pred.) to show (as). **b** to set up as a hypothesis, suppose.

utraque (pars)..ad..~uendam pertinet controuersiam Cic.Inv.1.31; pars orationis, quae rem ~uat paene ante oculos Part.20; in digitis suis singulas partis causae ~uere Div.Caec.45; ita testis ~uam ut crimen totum explicem Ver.55; nihil potes in te..~uere quod sit proprium laudis tuae Planc.7; Tusc.5.13;—carnifex quidam..in hac causa est ~uendus Fro.Aur.1.p.64(42N). **b** duae coniurationes abs te..~uuntur Cic.Sul.11; ~uamus aliquem magnis ..fruentem..uoluptatibus Fin.1.40; quod motus exempto rebus inani ~uunt Lucr.1.743; ex sensilibus qui sensile posse creari ~uunt 2.903.

11 a To establish by argument, reason, etc., settle. **b** to establish by definition.

a ut ea dicamus, non quae auctoritate nostra ~uantur sed quae ex re ipsa..ducantur Cic.Clu.139; hac parte finita et ~uta Quint.Decl.344(p.358,l.1);—(w. indir. qu.) tum ~uo quid habeat causa quaeque boni Cic.de Orat.2.291; erit..nobis..~uendum tutone Romae esse possimus Att.15.3.1;—(w. acc. and inf.) praesidi Capuae quantum ~ueris satis esse relinquas Pomp.in Cic.Att.8.6.2;—(absol.) quo melius faciliusque ~uas Sal.Rep.1.2.1; (w. de) si de iudicato uobis iure esse ~uendum uidetis Cic.Balb.64; Dom.31. **b** ~uunt..in partiendis orationum modis duo genera causarum Cic.de Orat.2.133; formula quaedam ~uenda est Off.3.19;—(w. indir. qu.) ~uendum putarem principio, quis esset imperator de Orat.1.210; Fin.1.29.

12 To resolve or decide upon (a course of action).

etsi omnia sic ~ueram mihi agenda Cic.Fam.2.13.1; facies nos quid ~ueris..certiores ad Brut.1.5.2; mihi hoc ~utum est Pomp.Att.8.12c.3;—(w. ut) rus ut irem..~ueram Pl.Ps.549; Proc.dig.17.2.76;—(w. indir. qu.) quod quando et quo modo et per quos agendum sit, tu optime ~ues Cic.Fam.2.8.3; Pol.Fam.10.32.4;—(w. inf.) cum Pompeio esse ~ui Cic.Att.7.26.3; ut..omnium iudicio ~utum esset omnium uestrum bona praedam esse 11.6.2; Tac.Dial.11.3;—(ellipt.) quin sic faciam uti ~ui Pl.Am.1052; sed plura quam ~ueram; coram enim Cic.Q.fr.2.6.2.

13 To appoint by agreement, arrange, agree on. **b** (intr.) to make an appointment or assignation. **c** (leg.) to agree upon, arrange (a pledge, etc.); esp. to agree to pay (a sum of money) on a given date.

..ut..nuptiis dies ~uatur Pl.Trin.581; locus tempus ~utumst Ter.Eu.541; Cic.Caec.32; ea dies quam ~uerat cum legatis Caes.Gal.1.8.3; ad Cirtam oppidum iter ~uunt Sal.Jug.81.2; (impers. pass.) sicut cum Bostare ~utum erat Liv.22.22.18;—(w. in diem, etc.) diem quia olim in hunc sunt ~utae nuptiae Ter.An.269; auctionem..~utam in mensem Ianuarium Cic.Agr.1.4; tempus in posterum diem ~uitur Liv.38.25.2;—(w. acc. and inf.) is hodie uenturum ad me ~uit domum Ter.Eu.205; ~ui cum quodam hospite me esse illum conuenturam Hec.195; ~uit Scapulis se daturum (nummos) Cic.Quinct.18;—(w. ut)~uerunt ut in litore cenarent Quint.Inst.7.3.31;—(w. indir. qu.) ~ui cum hominibus quo die..praesto essent Cic.Ver.2.65; B.Alex.14.2. **b** (w. dat.) ubi nocturnae Numa ~uebat amicae Juv.3.12; (absol.) 6.487. **c** uadimonia ~uta Cic.Sen.21; testamento..pignus ~ui posse Ulp.dig.13.7.26; sufficit nudus consensus ad ~uenda sponsalia 23.1.4;—de pecunia certa credita et pecunia ~uta Gaius Inst.4.171; si quis in legatione ~uerit quod ante legationem debuerit dig.5.1.8; (w. acc. and inf.) si filii nomine ~uerit se decem soluturum Julian.dig.13.5.2.

constitūtiō ~ōnis, f. [prec.+tio]

1 Physical arrangement, disposition, structure; position, placing (in a scheme). **b** organization, arrangement, disposing (of affairs); an organized state.

ex cannula..casarum perficiuntur ~ones Vitr.2.1.5; neque enim haec prima ~o uinearum esse debet Col.4.19.1; optima..agrorum ~o est, cuius decimani ab oriente in occidentem diriguntur Fron.agrim.p.14;—ita suo ordine et loco huius erit uoluminis ~o Vitr.2.1.8; uti ~o mundi ad terrae spatium inclinatione signiferi circuli..est conlocata 6.1.1. **b** nec temporis unius nec hominis esse ~onem rei publicae Cic.Rep.2.37; Alf.dig.50.16.203; Vitr.1.pr.2; in prima..illa ~one, cum uniuersa disponerent (di) Sen.Ben.6.23.3; diligens dominus..(a mancipiis) quaerit, an ex sua ~one iusta percipiant Col.1.8.18;—ciuitas, quae est ~o populi Cic.Rep.1.41.

2 The permanent character (of an institution, society, etc.), system, constitution. **b** a set of principles, system.

illa praeclara ~o Romuli Cic.*Rep.*2.53; ista ~o religionum *Leg.*2.23; ~o illa prima naturae..his prope uerbis exponitur: omnis natura uult esse conservatrix sui *Fin.*4.15; uoluntaria mala ex ~one nostra pendentia Sen.*Ben.*7.10.4; quicquid ex uniuersi ~one patiendum est *Dial.*7.15.7. **b** cur Zeno ab hac antiqua ~one desciuerit Cic.*Fin.*4.19; hoc nescies, nisi ~onem ipsam, qua ista inter se aestimantur, inspexeris Sen.*Ep.*95.59.

3 The situation or complexion of affairs at any time.
ad te scribere quid sentirem tota de ~one huius belli Cic. *ad Brut.*2.5(7).1; uita omnis beata corporis firma ~one.. continetur *Off.*3.117; infans sine dentibus est: huic ~oni suae conciliatur Sen.*Ep.*121.15.

4 The act of deciding, determination, settlement.
~onem ueri falsi cogniti incogniti Cic.*Luc.*29; conuertendae sunt earum regionum ~ones Vitr.4.5.2; de eo, quod mihi ~one tua dignum uidebatur Plin.*Ep.Tra.*10.58(66).4; limitum ~o Hyg.Gr.*agrim.*131; opinio nostra et ~o locum a fundo separat Ulp.*dig.*50.16.60.

5 A decree, enactment, decision (of a magistrate, legislative body, etc., or esp. the Emperor). **b** convention as a source of justice. **c** destiny.
cogebatur..alia..ex noua ~one senatus facere Liv.39.53.10; egregia..praetoris urbis ~o V.Max.7.7.5; aliqua uel eorundem uel eiusdem potestatis hominum posterior ~o Quint.*Inst.*5.2.5; auditis ~onibus principum Plin.*Ep.Tra.*10.65(71).1; ~o principis est, quod imperator decreto uel edicto uel epistula constituit Gaius *Inst.*1.5; *CIL* 12.3312; —(*w. defining adj.*) ut cum pertinacia..maeroris publica ~one deciderent Sen.*Dial.*12.16.1; publicae ~ones Plin.*Nat.*34.99; per..~onem principalem Gaius *Inst.*3.32. **b** iustum omne continetur natura uel ~one:..~o est in lege, more, iudicato, pacto Quint.*Inst.*7.4.5. **c** ego dicar expugnasse ~onem [Quint.]*Decl.*4.21.

6 a (rhet.) The formulation of the point at issue in a case. **b** the definition of a term.
a ~o est prima deprecatio defensoris cum accusatoris insimulatione coniuncta *Rhet.Her.*1.18; eam..quaestionem, ex qua causa nascitur, ~onem appellamus Cic.*Inv.*1.10; 2.15; quod nos statum, id quidam ~onem uocant, alii quaestionem Quint.*Inst.*3.6.2. **b** neque eam ~onem summi boni, quae est proposita, mutauerit Cic.*Fin.*5.45; Sen.*Ep.*94.2.

constitūtor ~ōris, *m.* [constitvo+-tor] One who establishes, founder.
prudentissimi ~ores iuris Quint.*Decl.*262(p.72,l.20); constitutores huius ciuitatis 320(p.255,l.15); legis ~or *Inst.* 3.6.43; ~or sacri certaminis *CIL* 10.515.

constitūtōrius ~a ~um, *a.* [as next+-torivs] Relating to a *constitutum* (see next 1b).
nec..quod crescit peculium aut decrescit, pertinet ad ~am actionem Paul.*dig.*13.5.20.

constitūtum ~ī, *n.* [next]

1 An agreed arrangement: **a** an appointment; esp. *ad ~um*, at an appointed time. **b** (leg.) an agreement to pay a sum of money on a fixed date. **c** an agreed price.
si quod ~um cum podagra habes Cic.*Fam.*7.4; *Att.* 12.23.3; cum alicuius..uoluptatis expectatur ~um Sen.*Dial.*10.16.3;—qui tam sero uenisset ad ~um Var.*R.*2.5.1; v Kalend. igitur ad ~um Cic.*Att.*12.1.1; Flor.*Epit.*1.22 (2.6.16); (*cf.*) uentos per complures dies ad ~um redire Sen.*Nat.*7.6.2;—(*w.* temporum) ad ~um temporum sua corpori officia respondent *Ben.*4.6.6. **b** assem aerarium nemini debeo; ~um habui nunquam Petr.57.5; si quis centum debens frumentum eiusdem pretii constituat, puto ualere ~um Ulp.*dig.*13.5.1.5; 13.5.3.2. **c** artificiorum institoribus supra ~um aliquid adiecimus Sen.*Ben.*6.17.1.

2 An ordinance, decree; (archit.) a conventional rule, order.
naturam per ~a procedere Sen.*Nat.*3.16.3; 3.29.4; L. Sullae ~is nitebantur Tac.*Ann.*3.62;—de doricis corinthiisque ~is Vitr.4.pr.2.

constitūtus[1] ~a ~um, *a.* [pple. of constitvo] In vbl. senses, esp.:

1 (usu. w. adv.) Endowed with a given nature, etc., disposed, set up, constituted; arranged, ordered.
habitus animi sic adfecti et ~i, ut.. Cic.*Part.*79; qui.. bene de rebus domesticis ~i (sunt) *Sest.*97; a bonis uiris sapientibus et bene natura ~is 137; ita animo ac uita ~us, ut ratio postulat *Tusc.*2.11; ei sunt ~i quasi mala ualetudine animi 4.80;—cum..res suas ita ~as habeant ut iis pacem expediat esse *Ver.*5.8; fundatas praesertim atque optime ~as opes *Rab.Post.*1.

2 (in weakened sense, w. prep.) Being, standing.
adfinitate sociatum..praeterea in ea fortuna ~um Aur. *Fro.*1.p.136(33N); semitrepidus iuxta mucrones Martios ~us Apul.*Met.*7.8; in ipso finitae lucis limine ~os 11.21; ~vs vitae in confinio *CIL* 8.27587; pater in extremis uitae ~us Papin.*dig.*39.6.42.1; sin..apud hostes ~us decessit Ulp.*dig.*3.5.19(20); in saeuissimo furore muliere ~a 24.3.22.8; seruus..in spe ~us successionis 25.4.1.13.

constitūtus[2] ~ūs, *m.* [constitvo+-tvs[3]] (See quot.)
~us hominum a consistentium multitudine appellatur Paul.*Fest.*p.42M.

constō ~āre ~itī, *intr.* [con-+sto] Forms: *~etit* *CIL* 13.2237, *~ātūrus* (fut. pple.) Sen. *Cl.*1.19.3, Luc.2.17, Plin.*Nat.*18.30, Mart. 10.41.5. N.B.: perfect forms are not dist. from those of *consisto*; exx. having a 'punctual' sense are normally assigned to the latter word.

1 To stand together or in a group, take up a position. **b** (of things) to be collected in a mass, lie. **c** to stand up, stand erect.
~ant, conferunt sermones inter sese Pl.*Cur.*290; multitudinem procul hostium ~are uiderunt Sis.*hist.*58;—(*transf.*) nisi contra ~at contumelia Caecil.*com.*48. **b** ex spiritu atque anhelitu nebula ~at Pl.*Am.*234; in fossis sicubi aqua ~at Cato *Agr.*155.2; tanta mali tamquam moles in pectore ~et Lucr.3.1056; nubes ut uellera lanae ~abunt Var.At. *poet.*21. **c** cetera, quae per constructionem lapidum et.. terrenos tumulos in magnam eductos altitudinem ~ant Sen.*Dial.*11.18.2; (*cf.*) quomque tu..bene stabis, et meus animus bene ~abit Aur.*Fro.*1.p.170(56N).

2 To remain motionless, stand still; to remain constant, be steady.
quae in rerum natura..~arent quaeque mouerentur Cic. *Amic.*24; ut uas interdum non quit ~are Lucr.6.555;—neque suppletis ~abat flamma lucernis Prop.4.8.43; cuncta uidet caelo ~are sereno Verg.*A.*3.518; flamina non ~ant Ov.*Fast.*2.455.

3 a (w. *ex, de*, w. abl.) To be composed, consist of (a material). **b** (w. *ex*, w. abl.; also w. *in*+abl., *de*) to be comprised, consist in; (of wealth, prices, etc., w. abl.) to be reckoned in or by.
a (*w.* ex) ~are hominem ex anima et corpore dicunt Lucil.635; Thales..ex aqua dixit ~are omnia Cic.*Luc.*118; terram ~are necessest ex alienigenis Lucr.1.868; ut..muri ex sacellis sepulcrisque ~arent Nep.*Them.*6.5; (spina) ~at ex uertebri‹s› Cels.8.1.11;—(*w.* de) partus duplici de semine ~at Lucr.4.1229; substantia, quae de simplicibus ~at elementis Apul.*Pl.*1.17;—(*w. abl.*) gratissimam eam (*sc.* uenationem) tigribus elephantisque ~are Plin.*Nat.*6.91; uesica membrana ~at 11.208; Quint.*Inst.*1.7.1; (*cf. w.* unde) unde anima atque animi ~et natura Lucr.1.131. **b** omnis ex re atque uerbis ~et oratio Cic.*de Orat.*3.19; Asia uestra ~at ex Phrygia, Mysia, Caria, Lydia *Flac.*65; Vitr.1.2.1; uestis etiam ex pellibus ~abit Ulp.*dig.*34.2.23.3;—(*w. abl.*) 9.2.ext.2; totus..capite ~at (piscis) Plin.*Nat.*32.14;—(*w.* in+*abl.*) in contrariis..rebus..uirtus ~are *Rhet.Her.*3.6; causarum..est conflictio, in qua constitutio ~at Cic.*Inv.* 1.18;—(*w.* de) musica, quae de..acutis et grauioribus sonis ~at Apul.*Mun.*20;—multa legum antiquarum pecore ~at etiam Romae Plin.*Nat.*33.7; res, quae pondere, numero, mensura ~ant Gaius *Inst.*2.196.

4 (w. *ex, ab, per*, w. abl.) To be dependent upon, be based upon.
(*w.* ex) ceterarum rerum studia et doctrina et praeceptis et arte ~are Cic.*Arch.*18; aedium compositio ~at ex symmetria Vitr.3.1.1; Fron.*Aq.*29;—(*w.* ab) tamquam plane a perpendiculo mensura caeli ~et Plin.*Nat.*2.87;—(*w.* per) potentia (regum) per minorum consensum ministeriumque ~at Sen.*Ben.*5.4.3; ars musica per haec diastemata ~are fertur Hyg.Gr.*agrim.*p.149;—(*w. abl.*) cuius amoenitas non aedificio, sed silua ~abat Nep.*Att.*13.2; Man.2.98; fama.. bella ~ant Curt.8.8.15; Quint.*Inst.*2.13.15;—(*cf.*) ut uel totum opus (*sc.* Odyssea) non aliunde ~et Plin.*Nat.*30.5.

5 To exist; (esp. under specified conditions or circumstances). **b** to remain in existence, continue, last. **c** to be quartered, stay (in a place).
nec uirtutes in ea ratione nec amicitiae ~are possunt Cic. *Fin.*5.22; si ipsa mens ~are potest uacans corpore *N.D.* 1.25; res gestas..non ita uti corpus per se ~are neque esse Lucr.1.479; cum terra arida..~are per se..non posset Plin.*Nat.*2.166;—(*w. pred. adj.*) ita casta veitae ~itit rat‹io meae› *CIL* 1.1836.4; ut usque ad alterum R litterae ~arent integrae Cic.*Ver.*2.187; materiem circum solidam ~are necessest Lucr.1.512;—(*w. adv.*) seuera silentia noctis undique cum ~ent 4.461;—(*w. abl.*) quae..corporea ~are necessest natura 1.302; sani..partus multiplici ~ant cute Plin.*Nat.*9.108;—(*w. prep.*) qui sine manibus..~are deum ..decreuerint Cic.*N.D.*1.92; penes eos..summam uictoriae ~are Caes.*Gal.*7.21.3; licet sine crimine ~et uita *Laus Pis.*120; cum tricenas per partis sidera ~ent Man.2.696; pomiferae arbores..intra praedictas ~ant Plin.*Nat.*16.1. **b** quo minus mea in te officia ~arent Cic.*Att.*11.12.2; ut fumus ~are nequirent (nubes) Lucr.6.106; forma..castrorum ~abat Liv.28.24.10; ualitudo ei neque corporis neque animi ~itit Suet.*Cal.*50.2. **c** rogo, domine, digner‹i›s mihi rescribere ubi ~as *P.Mich.*472.12.

6 To remain, continue (in a state or condition); to remain unchanged or unimpaired. **b** (of the faculties, etc.) to remain under control; (of persons, w. abl.) to remain in control of (one's faculties).
in sententia si ~are uoluissent Cic.*Fam.*1.9.14; in equestri ordine ~iterunt usque ad Augusti patrem Suet.*Aug.*2.2;—cum patres rerum potirentur, numquam ~itisse ciuitatis statum Cic.*Rep.*1.49; ecferetur alacritate, ut 'nihil ei ~et', quod agat *Tusc.*4.35; nec fructus idem arboribus ~are solerent Lucr.1.165; ut paucis mutatis centurionibus idem ordines..~arent Caes.*Civ.*2.28.1; feminea non ~at foedus in ira Prop.2.9.35; ars ei ~at qui per ornamenta percussus est Sen.*Ep.*14.15; ceteris exercitibus ~are fidem Tac.*Hist.* 2.96; si ~ante matrimonio res aliena uxori a marito donata fuerit Clem.*dig.*24.1.25; (*cf.*) nec pugna..illis ~are nec fuga explicari..potuit Liv.1.30.10. **b** adeo perturbauit ea uox regem ut non color, non uultus ei ~aret Liv.39.34.7; qua patiens caput est, animusque pedesque ~ant Ov.*Ars* 3.764; si..neque mens ~at Cels.3.18.16; Sen.*Ep.*22.16; mihi ne mentem quidem satis ~are credo Quint.*Decl.*336 (p.321,l.1); —quo..menteuix ~es Cic.*Tusc.*4.39; non mentibus solum concipere sed ne auribus quidem atque oculis satis ~are poterant Liv.5.42.3.

7 To stand one's ground, stand firm.
mihi..si contigisset ut..occurrerem Antonio, non.. horam ~itisset Planc.*Fam.*10.18.3; gallum..noenu queunt rabidi contra ~are leones Lucr.4.712; postquam nullo loco ~abat acies Liv.6.29.3; 22.47.4.

8 To be fixed or established. **b** (esp. w. dat.) *~at*, a decision is taken; (of a plan, etc.) to be decided upon.
quoniam generatim reddita finis crescendi rebus ~at Lucr.1.585; quae nunc animo sententia ~et Verg.*A.*5.748; cenae ut..impendii sic temporis modus ~et Plin.*Ep.* 3.12.4; ut..secundum consuetudinem regionum..finis ~et Sic.Fl.*agrim.*p.104. **b** mihi quidem ~at nec meam contumeliam nec meorum ferre Ant.in Cic.*Phil.*13.42; neque utrum castra peterent an longiorem intenderent fugam, territis ~are poterat Liv.7.37.15; 30.28.1; quid quoque sit opus, ~are debet Quint.*Inst.*3.9.8;—cum..~itit consilium Cic.*Att.*8.11.1; siue..~are uobis, iudices, debet ultio Quint.*Decl.*305(p.195,l.7).

9 (of facts, etc.) **a** To be manifest, apparent; *~at*, it is apparent, plain. **b** to be known, be established, certain; *~at*, it is an established fact, it is known. **c** to be agreed upon; *~at*, it is agreed, there is agreement.
a quod huius..in illum ordinem summa officia..~abant Cic.*Planc.*24; nec tibi ~abunt aliter uestigia ueri Man. 3.247; Plin.*Pan.*1.6;—(*impers., w. indir. qu.*) mihi plane non satis ~at adhuc utrum sit melius Cic.*Fam.*14.18.2; neque satis Bruto..~abat quid agerent Caes.*Gal.*3.14.3; cur..afuissent parum ~abat Liv.4.30.6;—(*w. acc. and inf.*) mihi..~abat paucorum..uirtutem cuncta patrauisse Sal. *Cat.*53.4; Tac.*Ann.*13.16. **b** illud satis ~at ad alia discordes in uno..consensisse Liv.4.26.7; cum illi ~iterit abstinentia Sen.*Con.*9.2.19; unde plane ~ent gentes Plin. *Nat.*6.56;—(*impers., w. acc. and inf.*) lapide percussum esse ~abat; ui pulsum..nemo poterat negare Cic.*de Orat.*2.197; mihi pro uero ~at..mortalium uitam diuino numine inuisier Sal.*Rep.*2.12.7; cum..~et..in defectione totam Italiam esse Liv.23.12.15; Tac.*Dial.*25.1. **c** eorum.. quae ~ant, exempla ponemus Cic.*Inv.*1.68; nec locus nec ratio mortis..~at Liv.25.17.3;—(*w.* inter) quod inter omnis ~at Cic.*S.Rosc.*33; Caes.*Gal.*7.44.3; Vell.2.41.1;—(*impers.*) Seruius est, et ~at enim, sed causa latendi discrepat Ov. *Fast.*6.571; neque omnium rerum afferri posse causas minus mirum est quam ~are in aliquis Plin.*Nat.*2.55;—(*w. acc. and inf.*) te abiecisse illam aedificationem ~abat inter omnis amicos tuos Cic.*Fam.*13.1.3; Caes.*Gal.*7.47.7; nihil praeterquam seditionem fuisse..inter antiquos rerum auctores ~at Liv.7.42.7; Tac.*Hist.*3.29;—(*w. indir. qu.*) quantae copiae..fuerint nequaquam inter auctores ~at Liv.21.38.2; 27.44.1;—(*w.* de) ut id de quo quaeritur ei, de quo ~et, simile esse uideatur Cic.*Inv.*2.150; Cels.7.14.1; si de facto ~et Quint.*Inst.*7.2.7; (*w.* dat.) nec..Graecis de ea (*sc.* herba) ~at Plin.*Nat.*25.168;—(*cf.*) inter Aricinos Albanaque tempora ~at Ov.*Fast.*3.91.

10 (of statements, etc.) To be consistent, agree; (of persons) to act consistently; esp. *sibi ~are*, to be self-consistent. **b** (of sums, numbers) to be correct, balance, show no discrepancy; *ratio ~at* (fig.), a satisfactory account can be given.
fui est perfectum, cuius series sibi..in omnibus personis ~at Var.*L.*9.100; si spatia temporum..consiliorum rationes, locorum opportunitates ~abunt *Rhet.Her.*1.16; uideo adhuc ~are..omnia Cic.*Mil.*52; cum idem dies ~itisset *N.D.*2.6; ut idem omnibus sermo ~et Liv.9. 2.3; interior Africa..palmarum magnitudine et suauitate ~at Plin.*Nat.*13.111;—(*w.* cum) quae dicta sunt arbitror mihi ~are cum ceteris artis scriptoribus *Rhet.Her.*1.16; ~etne oratio aut cum re aut ipsa secum Cic.*Inv.*2.45;—(*of persons, w. dat.*) se superioribus suis iudiciis ~are putabant oportere *Clu.*76; si humanitati tuae ~are uoles *Att.*1.11.1; —(*w.* sibi, *etc.*) praeclare..tibi ~as *Brut.*251; qui in rebus contrariis parum sibi ~ent *Off.*1.71; Hor.*Ep.*1.14.16; *CIL* 6.1527.2.74; animus ~at sibi Sen.*Ep.*66.45. **b** auri ratio ~at Cic.*Flac.*69; uti numerus legionum ~are uideretur Caes.*Gal.*7.35.4; Ov.*Ars* 3.89; ~at inferno numerus tyranno Sen.*Phaed.*1153; (*fig.*) quis feret uxorem cui ~ant omnia? Juv.6.166; (*impers., w. dat.*) rationes ab eo..accepit et cum eis non ~aret, conperit..pecuniam eum consumpsisse Alf. *dig.*11.3.16;—facti ratio non ~abit Sen.*Ben.*2.16.1; ratio mihi ~at inpensae *Ep.*1.4; mihi et temptandi aliquid et quiescendi illo auctore ratio ~abit Plin.*Ep.*1.5.16; *Pan.* 38.4.

11 (esp. w. dat. of person making the expenditure) To cost; (also transf.). **b** to be worth.
(*w. abl. of price*) iam ‹mi› auro contra ~at filius Pl.*Truc.* 538; si HS vi milibus d tibi ~arent ea Cic.*Ver.*4.28; Aug. *Anc.*4.26; fructus..qui quam minimo inpendio ~aturus esset Plin.*Nat.*18.30; ~at leuiori belua sumptu Juv.7.77;—(*w. gen. of price*) prope dimidio minoris ~abit Cic.*Att.* 13.29.1(2); (libellus) mihi ~itit decussis Stat.*Silv.*4.9.9; tanti ~at ut sis disertissimus Plin.*Ep.*2.14.6;—(*w. adv.*) trado..nummo..quod mihi ~at carius Lucil.668; quae carissime ~ant Sen.*Ep.*42.6; hoc..uilissime ~at Col. 12.39.4; ~are gratis cum silentium possit Mart.10.3.12;—quanto detrimento et quot uirorum fortium morte necesse sit ~are uictoriam Caes.*Gal.*7.19.4; nulli tamen non magno ~itit etiam bona nouerca Sen.*Dial.*12.2.4; imperia pretio quolibet ~ant bene *Phoen.*664; non ullo ~et mihi sanguine bellum Luc.4.274; saeuos oryx ~at quot mihi morte canum! Mart.13.95.2; Quint.*Inst.*6.3.35. **b** ne gratis hic tibi ~et amor Ov.*Am.*1.8.72.

constrātum ~ī, *n.* [next] A platform, deck, etc.
nauigia, quae sub ~is pontium per interualla excurrebant Liv.30.10.14; Petr.100.3; 100.6.

constrātus ~a ~um, *a.* [pple. of consterno[1]] In senses of vb., esp.: **a** *nauis*, etc., *~a*, a decked ship. **b** flat, plane.
a nauis ~a et ita magna ut propugnaculo ceteris posset esse Cic.*Ver.*5.89; trireme ~a Caes.*Civ.*2.23.3; Liv.36.42.8. **b** planum est quod Greci epipedon appellant, nos ~os pedes Balb.*grom.*p.97La.

constrepō ~ere ~uī, *intr.* [CON-+STREPO] To make a loud noise; also, to resound.

horum omnium et testimoniis et exemplis ~ebat (grammaticus) GEL.4.1.4; gannitu ~enti lasciuiunt passeres APUL.*Met.*6.6; absonis ululatibus ~entes 8.27; (*impers. pass.*, *s.v.l.*) ~i aut linguis pluribus ominari FRO.*Ver.*2.p.216 (210N);—(*w. internal acc.*) sistris argutum tinnitum ~entes APUL.*Met.*11.10;—domus tota..~ebat hymenaeum 4.26.

constrictiō ~ōnis, *f.* [CONSTRINGO+-TIO] Compression, constriction.

omnis ~o in utramque partem exiget..subiectam materiam LARG.84.

constrictus ~a ~um, *a.* *compar.* ~ior. [pple. of next] In vbl. senses, esp.: Restricted in size, small; marked by contraction or tightening.

tenuius (folium)..et ~ius angustiusque PLIN.*Nat.*21.58; —in febribus ~is quas stegnas uocant 23.120.

constringō ~ngere ~nxī ~ctum, *tr.* [CON-+STRINGO]

1 To tie together, tie up; to fasten (clothing, etc.). **b** to put in bonds, tie up (a person). **c** to tie tightly, constrict, squeeze.

~nge tu illic..manus PL.*Bac.*799; *Ps.*854; uti sarcinam ~ngam *Trin.*719; (ossa) ualidis musculis neruisque ~cta sunt CELS.8.1.16; nodis et carcere..~ctae plausere manus LUC.6.798; APUL.*Met.*4.21; (*w. thing as subj.*) ~ngat.. purpura pexa toros MART.11.56.10;—(*fig.*) quae (*sc.* sententia) cum aptis ~cta uerbis est CIC.*Brut.*34; haec Amor ipse suo ~ngit pignora signo (*i.e. seals*) PROP.3.20.17;— ~nxit amictus LUC.9.482; galeam ~ngit Iason V.FL.3.80. **b** ancillas duas ~ctas ducere PL.*Truc.*771; si corpora capta sint armis aut ~cta uinculis CIC.*de Orat.*1.226; amici te ~ngendum putarent *Pis.*48; *B.Afr.*87.2; si me damnatum poena ~ngeret [QUINT.]*Decl.*16.5; SUET.*Nero* 34.3;—(*fig.*) qui senatum tribuno furenti ~ctum traderent CIC.*Dom.*113; *Fin.*1.47; ut se uirtuti tradat ~ngendam uoluptas 2.62; fulgente trahit ~ctos Gloria curru HOR.*S.*1.6.23. **c** quam altissimam uiniam facito alligatoque recte, dum ne nimium ~ngas CATO *Agr.*33.1; COL.5.6.27; utrem si quis medium laqueo ~nxerit LARG.84; manibus inter se usque ad articulorum strepitum ~ctis PETR.17.3; (*poet.*) posse.. cretam..duritiem reuocare suam et ~ngere uenas *Aetna* 518.

2 To confine (so as to prevent movement), hold down, secure; to hinder, obstruct.

eo (*sc.* laqueo) ariete ~cto VITR.10.16.12; ut ~cta terra uelut inclusa teneatur COL.5.9.8; in sua quaeque consistere, inrequieto mundi ipsius ~cta circuitu PLIN.*Nat.*2.11; 17.90; dimidio ~ctus cammarus ouo ponitur exigua..patella JUV. 5.84;—populum..unctum ipso consessu et ~ctum spectaculis CIC.*Har.*22; obsideri se passus ex utraque parte ~nxit Antonium *Phil.*11.4.

3 To bound, limit, confine; to limit in time.

linea..his undarum tractum ~ngit harenis MAN.4.629; debet..⟨minima⟩ quaeque pars agri..sua postulatione ~ngi FRON.*agrim.*p.16; Asia..~ngitur Oceani cingulo APUL.*Mun.*7;—omnis..cretio certo tempore ~ngitur GAIUS *Inst.*2.170.

4 To place (persons or actions) under restraint, restrain, inhibit, control.

~ctam..omnium scientia teneri coniurationem CIC. *Catil.*1.1; psephismata..non iure iurando ~cta *Flac.*15; prima aetate compressae et ~ctae (uoluptates) *Cael.*75; dum me ambitio..multis officiis implicatum et ~ctum tenebat *Ac.*1.11; consules..~cti legibus de prouocatione LIV.4.13.11; 22.44.6; omnis nimia potentia saluberrime in breuitatem ~ngetur SEN.*Con.*7.8.1; quae dubias ~ngere mentes causa solet LUC.5.256; superstitione ~cti QUINT. *Inst.*12.2.26.

5 To make smaller, lessen, contract; to contract (the forehead in a frown). **b** to bring into a narrow compass (in speaking or writing), compress.

densaturque globus, quantum pede prima relato ~nxit gyros acies LUC.4.781;—~cta..fronte PETR.132.15,l.1; aliorum (supercilia) ~cta QUINT.*Inst.*1.11.10. **b** haec.. ~nxi et breuiter percucurri SEN.*Ep.*76.26; ~cta an latius fusa narratio QUINT.*Inst.*2.13.5.

6 To hold together, make to cohere. **b** to make solid, congeal, freeze. **c** to make firm, tone up (the body).

mundi..corpus..ea ~ctum conparatione, qua dixi CIC. *Tim.*15; quae sanguine uisceribusque ~cta sunt [QUINT.] *Decl.*17.12;—(*transf.*) ars..quae rem dissolutam diuulsamque conglutinaret et ratione quadam ~ngeret CIC.*de Orat.* 1.188; concordia communis sanguinis uinculo ~cta V.MAX. 4.6.4; humana uita..mutuo amore in foedus auxiliumque commune ~ngitur SEN.*Dial.*3.5.3. **b** niues..gelu.. ~ctae CURT.7.3.11; quod obduruerit ~cta tellus SEN.*Nat.* 3.11.5; 3.25.1; aethere ~cto LUC.4.51; (*cf.*) omnia torpor pectora ~nxit 7.467. **c** lacertos exercitatione ~ngere QUINT.*Inst.*12.10.44; (*of astringent medicines*) ~ngentem illam uim suci PLIN.*Nat.*23.100; (res) quae stomachum ~ngere solent LARG.104.

constructiō ~ōnis, *f.* [next+-TIO] The putting together, piling up (of materials in building); erection (of a building). **b** the putting together or construction (of other things). **c** the arrangement (of words, literary matter, etc.).

per ~onem lapidum SEN.*Dial.*11.18.2;—maiore animo ~onem eius (*sc.* gymnasii) adgressi sunt TRA.Plin.*Ep.* 10.40(49).2. **b** bibliothecam mihi tui pinxerunt ~one (*sc. of rolls*) et sillybis CIC.*Att.*4.5.3; quanto artificio esset.. totam ~onem hominis fabricata natura *Luc.*86; ars est praeceptionum exercitatarum ~o *lib.inc.*fr.26. **c** oratio conformanda non solum electione, sed etiam ~one uerborum CIC.*de Orat.*1.17; uerborum..apta et quasi rotunda ~o *Brut.*272; grauis et decora ~o PLIN.*Ep.*1.16.2.

construō ~uere ~uxī ~uctum, *tr.* [CON-+STRVO]

1 To make into a heap, pile up. **b** to make by piling up. **c** to load, pile up.

~uunt carros et sarraca crebra disponunt SIS.*hist.*61; multis magnificisque rebus ~uctis ac reconditis CIC.*de Orat.* 1.161; ~ucta..mella diripuere (apes) VERG.*G.*4.213; confissa (ligna)..~uit arte OV.*Fast.*2.647; nec nisi siccum (faenum) ~ui oportet PLIN.*Nat.*18.262; (*fig.*) praeco..in meas fortunas ridiculos ~uebat iocos APUL.*Met.*8.23;—(*cf. sense 3*) ~uctam et coaceruatam pecuniam CIC.*Agr.*1.14. **b** lignis congestis maximam..pyram ~uxerat *B.Afr.*91.2; ~ucto..tumulo TIB.2.4.48;—(*cf. sense 3*) tanti aceruі nummorum apud istum ~uuntur CIC.*Phil.*2.97; HOR.*S.* 1.1.44. **c** large multiplici ~uctae sunt dape mensae CATUL.64.304.

2 To place or join together, arrange in a group. **b** to make by joining, build, construct. **c** (transf.) to devise (plans).

dentibus..in ore ~uctis mandatur..cibus CIC.*N.D.*2.134; (*fig.*) cetera (uisa)..similitudinibus (mens) ~uit, ex quibus efficiuntur notitiae rerum *Luc.*30. **b** uolucris uidemus.. ~uere nidos CIC.*de Orat.*2.23; ut nauem, ut aedificium idem destruit facillime qui ~uxit *Sen.*72; *N.D.*1.19; VERG.*A.* 9.712; perpetuus canaliculus humi depressus ~uatur COL. 8.15.6; super aequora Persen ~uxisse uias LUC.2.673; casas eorum luto..~ui PLIN.*Nat.*7.26; horrea..saxeo muro ~ucta erant SUET.*Nero* 38.1. **c** scaenas fraudulentas in exitium miserrimi mariti subdolis ambagibus ~uebat APUL.*Met.*9.15.

3 To amass, accumulate, collect (a store). **b** to make up, build up (a sum).

quas (*sc.* diuitias) qui ~uxerit ille clarus erit HOR.*S.* 2.3.96. **b** totius numeri qui ~uit orbem MAN.2.321.

constuprātor ~ōris, *m.* [next+-TOR] A ravisher, defiler.

simillimi feminis mares, stuprati et ~ores LIV.39.15.9.

constuprō ~āre ~āuī ~ātum, *tr.* [CON-+STVPRO] To ravish, rape, debauch.

qui..matrem familias ~assent *Rhet.Her.*4.12; ut..praetextatos liberos ~arit Q.CIC.*Pet.*10; ~ant matronas, uirgines, ingenuos LIV.29.17.15; SUET.*Tib.*44.2; (*cf.*) adflicta res publica est empto ~atoque iudicio (*i.e. bought over by vice*) CIC.*Att.*1.18.3.

consuādeō ~dēre ~sī ~sum, *tr.* [CON-+SVADEO] To recommend strongly, advocate; (w. dat.) to try to persuade.

sin saluti quod tibi esse censeo, id ~deo? PL.*Met.*143;— ~det homini, credo *Trin.*527;—(*absol.*) picus et cornix ab laeua, coruos, parra ab dextera ~dent *As.*261; ille qui ~det uotat *Trin.*672.

Consuālia ~ium, *n. pl.* [CONSVS+-ALIS] A festival in honour of the god Consus (but cf. Liv. in quot.), established by Romulus and celebrated on August 21st and December 15th.

~ia dicta a Conso VAR.*L.*6.20; CIC.*Rep.*2.12; Romulus.. ludos..parat Neptuno equestri sollemnes; ~ia uocat LIV. 1.9.6; *CIL* 9.4192.

consuāsor ~ōris, *m.* [CONSVADEO+-TOR] One who recommends or advocates.

haec omnia Quinctius agebat auctore et ~ore Naeuio CIC.*Quinct.*18.

cons(u)āuiō ~āre ~āuī ~ātum, *tr.* Also **~or** ~ārī ~ātus. [CON-+SVAVIOR] To cover with kisses.

Iuppiter..Cupidinis..manu..ad os suum relata ~at APUL.*Met.*6.22; ~atus eum 2.13.

consūcidus ~a ~um, *a.* [CON-+SVCIDVS] Fresh, juicy; (in quot., applied to a girl).

lautam uis an quae nondum sit lauta? — sic ~am, quam lepidissumam potis quamque adulescentem maxume PL. *Mil.*787.

consūdescō ~ere, *intr.* [next+-ESCO] To exude moisture or sweat thoroughly.

triginta dies pati ~ere (*sc.* oliuas), atque omnem amurcam extillare COL.12.50.2.

consūdō ~āre ~āuī, *intr.* [CON-+SVDO] To sweat well; (also transf., of fruit, etc.).

beatus eris, si ~aueris PL.*Ps.*666; cum detonderis (oues), unguito totas, sinito biduum aut triduum ~ent CATO *Agr.* 96.1; VAR.*R.*2.7.14; AUR.*Fro.*1.p.182(69N);—sale conspersa biduo sub umbra, dum ~ent, reponuntur COL.12.7.2.

consuēfaciō ~facere ~fēcī ~factum, *tr.* [as next+-FACIO] FORMS: *consue quoque faciunt* (tm.) VAR.*R.*2.9.13. To make accustomed, habituate.

(*w.* ut, ne) ea ne me celet ~feci filium TER.*Ad.*54; subulcus debet ~facere (porcos), omnia ut faciant ad bucinam VAR. *R.*2.4.20;—(*w. inf.*) ~facere filium..recte facere TER.*Ad.* 74; *B.Afr.*73.2; SAL.*Jug.*80.2;—(*ellipt.*) nil praetermitto; ~facio TER.*Ad.*414.

consuescō ~escere ~ēuī ~ētum, *intr.*, *tr.* [CON-+SVESCO] FORMS: contr. forms are freq. in pf. system; pf. pass. in act. sense, see 2, 2c.

1 To become accustomed or used (to a state of affairs); to accustom oneself. **b** (pf. in pr. sense) to be accustomed or used (to a state of affairs). **c** (tr.) to make accustomed or used.

bene salutando ~escunt (amatores) PL.*As.*222; pabulum ..amurca spargito; primo paululum, dum ~escant (boues) CATO *Agr.*103; sicco ut ~escat puluere planta COL.10.153; FRO.*Aur.*1.p.72(58N);—(*w. dat.*) fac tibi ~escat (puella) OV.*Ars* 2.345; ne grauissimo dolori tempore ~escerem PLIN.*Ep.*8.23.8;—(*w. inf.*) uersus multos uno spiritu pronuntiare ~escebat CIC.*de Orat.*1.261; ~escamus mori *Tusc.*1.75;—(*w.* ad) nisi quibusdam pugnae simulacris ad uerum discrimen..~escimus QUINT.*Inst.*2.10.8. **b** (*w. dat.*) nec magis humo quam stagno ~erunt (aquatilia) COL.8.13.1; ~euit frugalitati QUINT.*Decl.*306(p.206,l.10);— (*w. inf.*) qui sub imperio Aruernorum esse ~erunt CAES. *Gal.*7.75.2. **c** (di) bracchia ~escunt firmantque lacertos LUCR.6.397;—(*w. dat.*) ubi plaustro aut aratro iuuencum ~escimus COL.6.2.9;—(*w. inf.*) ut..(uilicus) ~escat..rusticos circa larem domini..epulari 11.1.19; semina ipsa fruticantia supputare ac falcem pati ~escere PLIN.*Nat.*17.70.

2 To form a habit (of), become accustomed (to do something); (also pf. pass. in act. sense). **b** (pf. in pres. sense) to be in the habit of (doing something). **c** (pf. pass. in pres. sense).

(*w. inf.*) cum minus idoneis (uerbis) uti ~escerem CIC. *de Orat.*1.154; cum antea meis commendationibus..auctoritatem suam tueri ~erit *Fam.*13.49; paulatim..Germanos ~escere Rhenum transire..periculosum uidebat CAES.*Gal.* 1.33.3; ~escet numerare pecus TIB.1.5.25; (*w. adv.*) quam male ~escit OV.*Met.*15.463; (*absol.*) adeo in teneris ~escere multum est VERG.*G.*2.272;—ut ~etus es puer olim PL.*As.* 703. **b** (*w. inf.*) quamquam ego uinum bibo, at mandata non ~eui simul bibere una PL.*Per.*170; ~esse eos, qui leges scribant, exceptionibus uti CIC.*Inv.*2.130; etsi tu meam stultitiam ~esti ferre *Att.*12.37.2; LUCR.2.300; ~esse..deos ..quos..ulcisci uelint, eis secundiores interdum res..concedere CAES.*Gal.*1.14.5; LIV.6.18.11;—(*absol. or ellipt.*) faciunt scurrae quod ~erunt PL.*Poen.*612; cum..aliquid agas eorum, quorum ~esti LUCC.*Fam.*5.14.1; quo ~erat interuallo hostis sequitur CAES.*Gal.*1.22.5; LIV.6.7.6;—(*w. adv.*) de criminibus sic audire ~estis ut eorum omnium dissolutionem..quaeratis CIC.*Clu.*3; ita ~euit *Mil.*68;—(*of things*) quod mihi ~euit in ceteris causis esse adiumento *Quinct.*4; uiolentia uini conturbare animam ~euit LUCR. 3.483; quod plerumque in spe uictoriae accidere ~euit CAES.*Gal.*3.26.4; PLIN.*Nat.*2.125; (*cf.*) qui semel a ueritate deflexit, hic non maiore religione ad periurium..perduci ~euit (*i.e. is usually*) CIC.*Q.Rosc.*46; (*impers.*) sicuti in sollemnibus sacris fieri ~euit SAL.*Cat.*22.2. **c** populus uniuersus debet..si perperam est ~etus, corrigere se ipsum VAR.*L.*9.5.

3 a (tr.) To familiarize oneself with. **b** (w. *cum*, also tr., in pf. act. or pass.) to have sexual intercourse, be intimate with.

a cetera liber explicabit, quem iam nunc oportet ita ~scere, ut sine praefatione intellegatur PLIN.*Ep.*5.12(13).3. **b** is se dixit cum Alcumena clam ~etum cubitibus PL. *Am.*1122; tu enumquam cum quiquam uiro ~euisti? *Cist.* 87; mulieres, quibuscum iste ~erat CIC.*Ver.*5.30; GEL.4. 3.3;—qui illam ~euit prior TER.*Ad.*666.

consuētiō ~ōnis, *f.* [prec.+-TIO] Sexual intercourse, intimacy.

ne in suspicione ponatur stupri et clandestina ut celetur ~o PL.*Am.*490; PAUL.*Fest.*p.61M.

consuētūdō ~inis, *f.* [as prec.+-TVDO]

1 A habitual or usual practice, usage, custom, habit. **b** (in prep. phrs.). **c** (w. gen.) the customary manner (of doing something). **d** the normal state or condition. **e** what is wont to happen, normal experience.

antiqua ut ~ine agitarem inter uos libere conuiuium TER.*Hec.*92; QVAE LEGES QVODQVE IOVS QVAEQVE ~O..INTER CIVEIS ROMANOS ET TERMENSES..FVIT *CIL* 1.589.2.18; est ~o Siculorum..ut..eximant unum aliquem diem..ex mense CIC.*Ver.*2.129; ueterem ~inem fori et pristinum morem iudiciorum *Mil.*1; ut..hanc inueterascere ~inem nolint CAES.*Gal.*5.41.5; a maioribus ~o tradita est gladiatoria munera in foro dari VITR.5.1.1; gladiatorum munus, Romanae ~inis,..dedit LIV.41.20.11; nisi..assidua nobis contentio iam prope in ~inem uertisset TAC.*Dial.*4.1; ne sint sonora uerba ~inis MAUR.2238;—(*w. defining gen.*) barbaram ~inem hominum immolandorum CIC.*Font.*31; ~inem rei publicae bene gerendae *Sest.*67; reuersam (*sc.* aspidem) ad ~inem cibi PLIN.*Nat.*10.208. **b** contra ~inem imperatorum RUT.RUF.*hist.*13; in eis locis ubi ex ~ine quaerebatur CIC.*Clu.*38; pro sua..dignitate ~ineque rei publicae bene gerendae *Phil.*10.25; ad ~inem nostrae orationis *Fin.*3.40; Hannibali dixit plures praeter ~inem armatos apparere NEP.*Han.*12.4; labor maior quam ex ~ine CELS.1.3.28; salsum in ~ine pro ridiculo tantum accipimus QUINT.*Inst.*6.3.18; quod mihi in ~ine est TAC.*Dial.*32.7. **c** cotidianae uitae ~inem TER.*Hau.*283; in ~ine scribendi aut sermocinandi CIC.*Inv.*2.54; ~o iuris eius quod erat tum *Ver.*1.104; hoc totum si uobis uersutius quam mea ~o defendendi fert uidebitur *Caec.*85; ~ine itineris nostri exercitus perspecta CAES.*Gal.*2.17.2; celerius quam ~o fert equestris proeli HIRT.*Gal.*8.12.4. **d** ~o ualentis et natura corporis cognoscenda est CIC.*de Orat.*2.186; id membrum quod deficit..moueatur, et..ad ~inem suam redeat CELS. 3.27.1.C; LARG.104. **e** haec etiamsi ficta sunt..non absunt..a ~ine somniorum CIC.*Div.*1.42; etiamsi praeter ~inem extiterit, praeter naturam tamen non possit existere 2.60; nuntiauerunt puluerem maiorem quam ~o ferret.. uideri CAES.*Gal.*4.32.1.

2 The general practice of society, custom, convention; custom as a source of law. **b** (spec.) linguistic usage, the normal manner of speaking.

quae putantur in communi uitae ~ine mala CIC.*de Orat.* 1.221; illa..a uitae ~ine et a ciuitatum moribus abhorrebant 1.224; interueniunt quaedam, quae ~o fecit arcana SEN.*Ep.*3.3; ~o uicit, quae cum omnium domina rerum, tum maxime uerborum est GEL.12.13.16;—*Rhet.Her.*2.19;

~ine..ius esse putatur id, quod uoluntate omnium sine lege uetustas comprobarit Cic.*Inv.*2.67; quae sunt moris et ~inis Ulp.*dig.*21.1.31.20. **b** qui bene loqui uelit ~inem sequi oportere Var.*L.*9.8; trium uirum, non uirorum (dico)..quod in his ~o uaria non est Cic.*Orat.*156; ad aliud nos..uitium ~o Latina traduceret *Fin.*3.40; quae (ciuitates)..eorum ~ine Aremoricae appellantur Caes.*Gal.*7.75.4; Cicero, qui eum (*sc.* Xenophontem) Latinae ~ini tradidit (*i.e. translated*) Col.12.pr.7; ~o..certissima loquendi magistra Quint.*Inst.*1.6.3.

3 The practising of anything habitually; the habitual use of anything; the habitual suffering of anything. **b** a disposition to act in a certain way, acquired by frequent repetition, habit. **c** the being used to a thing, accustomedness, habituation.

optima uiuendi ratio est eligenda: eam iucundam ~o reddet *Rhet.Her.*4.24; ~o..bene loquendi ualet plurimum Cic.*de Orat.*3.150; propter linguae Gallicae scientiam, qua multa iam..longinqua ~ine utebatur Caes.*Gal.*1.47.4; cum..sollertia ingenia exercendo per ~inem ad artes peruenissent Vitr.2.1.6;—resoluitur..omnium (herbarum) uis ~ine, et desinunt prodesse Plin.*Nat.*27.144;—ademit misericordiam ~ine incommodorum Cic.*S.Rosc.*154; si iam ~o eius (*sc.* doloris) facta est Cels.4.31.2. **b** ~ine animus rusus te huc inducet Pl.*Mer.*1001; eaque ~o (canum) firmior, quae fit ad pastores, quam quae ad pecudes Var.*R.*2.9.5; ut homines a ~ine subito conuerteret Cic.*Inv.*1.3; propter hominum malam ~inem nimiamque licentiam *Tul.*8; cum ~ine ad imperii cupiditatem trahi uideretur Nep.*Milt.*8.2; num qua tibi uitiorum inseuerit olim natura aut etiam ~o mala Hor.*S.*1.3.36; animalibus, quae ex ~ine abire et redire solent Gaius *Inst.*2.68. **c** spero ~ine et coniugio..deuinctum..facile ex illis sese emersurum malis Ter.*An.*560; alii..~ine dolendi..uim tormentorum pertulerint Cic.*Part.*50; magistrum me ei profitebor, cuius rei non nullam ~inem nactus sum *Q.fr.*2.12.2; ~o..laborum perpessionem dolorum efficit faciliorem *Tusc.*2.35; unus..~ine inuitatus anthias escam adpetit Plin.*Nat.*9.180.

4 What is known by experience, knowledge acquired empirically.

ea quae ducuntur a sensibus et ab omni ~ine Cic.*Luc.*42; mater geminos internoscit ~ine oculorum 57.

5 Familiar intercourse between persons, intimacy; esp. *~o uictus.* **b** amorous association; sexual intercourse.

~ine coepi amare contra ego illum, et ille me Pl.*Cist.*94; Ter.*An.*110; se..in Asuui ~inem penitus immersit Cic. *Clu.*36; humanitate eius..in ~ine cotidiana..delector *Fam.* 13.33; ~o concinnat amorem Lucr.4.1283; Liv.25.18.4; delphini amantis et pueri non abhorrentis ~ines Gel. 6(7).8.4;—congressus nostros, ~inem uictus Cic.*Orat.*33; *Mil.*21; Caes.*Gal.*1.31.11; Suet.*Gram.*14(p.111Re); (*cf.*) per hanc nutrimentorum ~inem *Cal.*9. **b** propter huiusce hospitai ~inem Ter.*An.*439; Ter.*Ph.*161; certior..factus de noua ~ine aduenae locupletis Liv.27.15.10; mulier ~ine capta 39.9.6; cum..Agrippinae ~ine teneretur Suet.*Tib.* 7.2;—ut, cum antea ~o inter eos fuisset, tum etiam nuptiis iungerentur Cic.*Scaur.*9; Quint.*Inst.*5.11.34; Octauiae ~inem..aspernatus Suet.*Nero* 35.1; QVAS SECVM CONCESSA ~INE VEXISSE PRO⟨BA⟩VERINT *CIL* 16.122; (*of animals*) (admissarius) potest..familiariter earum (*sc.* equarum) ~inem appetere Col.6.37.8;—(*w. defining gen.*) erat ei cum Fuluia..stupri uetus ~o Sal.*Cat.*23.3; Curt.4.10.31; per adulterii ~inem procreatum Suet.*Cl.*1.1.

consuētus ~a ~um, *a.* *superl.* ~issimus. [pple. of CONSVESCO]

1 Accustomed, used (to).

grex..comparatus..ex ~is una Var.*R.*2.3.2; quae..~as aures minus ferient Quint.*Inst.*9.3.4; (*w. dat.*) talis iactandis tuae sunt ~ae manus Pl.*Vid.*33; (*cf.*) lacrimas in uulnera fundit..~aque pectora plangit Ov.*Met.*13.491.

2 Customary, habitual, usual. **b** commonly employed, ordinary.

ut ~um facile amorem cerneres Ter.*An.*135; animum a ~a lubidine continuit Sal.*Jug.*15.5; ~a petens..antra Verg.*G.*4.429; fremitum ~um castrorum Liv.9.45.15; Ov.*Met.*2.266;—(*w. dat.*) non ego ~o mortalibus uror amore *Ciris* 259; ~issima cuique uerba Ov.*Met.*11.637;—(*neut. as sb.*) ubi ~a non suppetunt Sal.*Rep.*1.5.6. **b** credibilis sermo ~aque uerba Ov.*Ars* 1.467; 3.479.

consul ~lis, *m.* [prob. connected w. CONSILIVM, orig. uncertain, derived by Romans from CONSVLO, see 3] FORMS: *consol- CIL* 1.7, 585, 589, etc.; *cosol* 1.8; *cossule* 13.11753; abbrev. *cos.* (pl. *coss.*), *cons.*

1 One of the two highest magistrates at Rome, consul; for spec. epithets see DESIGNATVS, MAIOR, ORDINARIVS, SVFFECTVS. **b** used loosely of a consul elect or proconsul. **c** *pro ~le,* (usu. attrib.) proconsul; (normally of an ex-consul whose *imperium* was extended while he performed the function of provincial governor, etc.). **d** the supreme magistrate elsewhere than at Rome.

~L CENSOR AIDILIS QVEI FVIT APVD VOS *CIL* 1.7; Quintus pater quartum fit ~l Enn.*Ann.*295; Naev.*poet.*32 (35).2; Cato *orat.*73; qui..~l factus sim cum primum petierim Cic.*Agr.*2.3; A. Hirtius ~l *Phil.*7.12; ~les declarantur M. Tullius et C. Antonius Sal.*Cat.*24.1; ~lis imperium hic primus accipiet Verg.*A.*6.819; ~les in locum regum successisse Liv.4.3.9; Cingonio Varrone ~le designato Tac. *Hist.*1.6; Aur.*Fro.*1.p.188(p.72N). **b** contra quattuor ~les gerit bellum Cic.*Phil.*13.16; quaestor obtigit P. Africano ~li Nep.*Ca.*1.3. **c** Q. PVBLILIVS..PRIMVS PRO COS DE SAMNITIBVS *Act.Triumph.* (*CIL* 1.p.45); Q. Hortensi pro ~le opera et uirtute Cic.*Phil.*10.26; Asprenate pro ~le cum legionibus duabus relicto *B.Afr.*80.4; qui tribunus militum pro ~le ad Veios fuerat Liv.4.41.10; ut, cum Q. Publilius Philo consulatu abisset, pro ~le rem gereret 8.23.12; Suet.*Jul.*54.1; cum praetor aut pro ~le in balneum..eat Gaius *Inst.*1.20. **d** Tusculanorum rebellantium ~l Plin.*Nat.*7.136; *CIL* 9.1547.

2 As consuls were elected annually the names of the consuls served to denote the year; hence in var. expr., esp. abl. absol.

adiecto die et ~le *Ed.pr.*3(*Font.iur.*p.213); intellegetis..illa tempora..cum societatis tabulis non solum ~libus uerum etiam mensibus conuenire Cic.*Ver.*2.186; fumosos ueteris proferte Falernos ~lis Tib.2.1.28; qui inter magna bona multos ~les numerat Sen.*Ep.*4.4; bis iam paene tibi ~l tricensimus instat Mart.1.15.3; initium mihi operis Seruius Galba iterum Titus Vinius ~les erunt Tac.*Hist.*1.1; —(*abl. absol.*) bellum initum quo ~le et quo confectum sit Asel.*hist.*2; Sulla et Pompeio ~libus Cic.*Clu.*11; o fortunatam natam me consule Romam Cic.*Cons.*fr.9; Hor. *Carm.*3.8.12.

3 (w. ref. to supposed etym. connexion w. *consulo*).

qui recte consulat, ~l cluat Acc.*praet.*39; si ~l est, qui consulit patriae Carbo *orat.*8; Var.*L.*5.80; ii..a praeeundo, iudicando, consulendo praetores iudices ~les appellamino Cic.*Leg.*3.8; Quint.*Inst.*1.6.32; (*cf.*) est animus tibi..~l..non unius anni Hor.*Carm.*4.9.39.

consulāris ~is ~e, *a.* [prec.+-ARIS]

1 Of or proper to a consul. **b** (of laws) proposed by a consul. **c** (of armies, provinces, etc.) commanded or governed by a consul or ex-consul. **d** *~ia comitia,* elections for the consulship; *candidatus ~is,* a candidate for the consulship. **e** (of a road) constructed by a consul.

testis..non solum auctoritate deterrere, sed etiam ~i metu Cic.*Ver.*28; campus ~ibus auspiciis consecratus *Catil.* 4.2; nec..eguissem medicina ~i, nisi ~i uulnere concidissem *Red.Sen.*9; aetas nostris legibus decem annis minor quam ~is *Phil.*5.48; soror, quae tantum habeat ~is loci (*i.e. space reserved for the consul at the games*) *Att.*2.1.5; DECEMVIRI ~⟨I IMP⟩ERIO *Fast.Cos.Cap.*2(*CIL* 1.p.16); donec ~em animum incipias habere Liv.3.29.2; tribuno militum ~i potestate 4.6.8; adduntur Primo Antonio ~ia..insignia Tac.*Hist.*4.4; decem praetoris uiris ~ia ornamenta tribuit Suet.*Jul.*76.3. **b** leges..sunt ueteres neque eae ~es Cic. *Agr.*2.21; *Att.*4.1.7; Liv.3.55.13. **c** ad sumptum exercitus ~is Cic.*Ver.*3.177; Priuernum duobus ~ibus exercitibus cum obsideretur Liv.8.20.1; Tac.*Ger.*37.5; (*cf.*) uideor mihi nostrum illum ~em exercitum bonorum omnium..habere firmissimum Cic.*Att.*2.19.4;—de prouinciis ~ibus, praetoriis..referant *Phil.*11.31; Ligures, quae tum una ~is prouincia erat Liv.40.16.4. **d** ~ia comitia a praetore ait haberi posse Cic.*Att.*9.9.3; comitia ~ia instabant Liv.4.13.5;—tali uiro aduenienti, candidato ~i, obuiam prodisse multos Cic.*Mur.*68; Liv.10.15.8. **e** finiuntur Leboriae uia ab utroque latere ~i Plin.*Nat.* 18.111; Hyg.Gr.*agrim.*p.144; publicas uias dicimus, quas Graeci βασιλικάς, nostri praetorias, alii ~es uias appellant Ulp.*dig.*43.8.2.22.

2 (of men, often as sb.) Having been consul, of consular rank. **b** having consular powers; (as sb.) a consular governor. **c** (applied to the wives of men of consular rank). **d** of a man of consular rank.

is cuius quattuor filii ~es fuerunt Cic.*Brut.*81; M. Silanum, ~em hominem *Ver.*2.118; litteras missas ad ~is et praetorios *Att.*16.7.1; Caes.*Civ.*3.82.2; seruos ~ium appellantes Liv.4.48.16; P. Furius Philus, ~is uiri filius 22.53.4; Tac.*Ann.*3.30; uirum consularem ius publicum respondentem Fro.*Amic.*1.p.294(201N); LEGATO ~I PROVINC SYRIAE *CIL* 3.2864. **b** decemuiris..ac tribunis ~ibus Liv.6.1.1;—Britannia ~em Petilium Cerialem accepit Tac.*Ag.*8.2; quies prouinciae quamquam remoto ~i mansit *Hist.*1.60; 2.97; ~I AEMILIAE ET LIGVRIAE *CIL* 10.1125; 10.4752. **c** ~es..feminas dicimus consularium uxores Ulp.*dig.*1.9.1; *CIL* 8.8993; (*cf.*) illam odi male ~em Cic.*Att.*2.1.5. **d** ~ia capita auro rependuntur Sen.*Suas.*6.3; ~i nuper adoptione Quint.*Inst.*6.pr.13.

consulāriter, *adv.* [prec.+-TER²] In a manner befitting a consul.

uita..omnis ~ acta Liv.4.10.9.

consulātus ~ūs, *m.* [CONSVL+-ATVS¹] The office of consul, consulship. **b** a term of office as consul; (spec.) a person's actions as consul.

honorum populi finis est ~us Cic.*Planc.*60; *Off.*1.138; ~um peto Q.Cic.*Pet.*2; ~um gessit cum L. Valerio Flacco Nep.*Ca.*2.1; abdicauit se ~u Liv.2.2.10; cum..~u abisset 8.23.12; ~um L. Brutus instituit Tac.*Ann.*1.1. **b** PRIMO ~V LIGVRES SVBEGIT *Elog.*13(*CIL* 1.p.193); in illo diuino tertio ~u Cic.*Att.*7.1.4; ad cogitationem ~us bimestris Planc.*Fam.*10.24.6; peracto ~u Caesaris Caes.*Civ.*1.11.2; ipse duobus ~ibus et censura insignis Liv.25.5.3; Tac.*Hist.* 3.37; numerus..~uum celebrabatur *Ann.*1.9;—quos si meus ~us..sustulerit Cic.*Catil.*2.11; arbitrum me statuebat..totius ~us sui *Att.*15.1.2; (*cf.*) de meis scriptis misi ad te Graece perfectum ~um meum (*i.e. the poem*) 1.20.6.

consulō ~ere ~uī ~tum, *tr., intr.* [dub.; cf. CONSVL] FORMS: *consol- CIL* 1.581.1, 6.

1 (tr.) To apply to (a person) for advice or information, consult. **b** (of magistrates) to consult (an official body); (also ellipt.) to consult the senate. **c** to consult on a point of law. **d** (in divination) to consult (a seer, oracle, god, etc.); to observe (birds, etc.) for omens or auguries.

si me ~as Pl.*Men.*310; non iubeo, sed, si me ~is, suadeo Cic.*Catil.*1.13; Tac.*Hist.*3.56;—(*w.* de) quod me de Antonio ~is Cic.*ad Brut.*2.4.3;—(*w. two accs.*) ~am hanc rem amicos quid faciendum censeant Pl.*Men.*700; nec te id ~o Cic.*Att.*7.20.2;—(*w. indir. qu.*) amicos ~am quo me modo suspendere aequom censeant potissumum Pl.*Poen.*794; uos ~o quid mihi faciendum putetis Cic.*Ver.*32; Liv. 25.18.12; Ov.*Ep.*5.96; (*poet.*) pollutos ~e fluctus quid liceat nobis Luc.10.379;—(*absol.*) qui ~tum ueniant Cic.*de Orat.* 1.255; Liv.1.20.6;—(*refl.*) si se unusquisque ~uerit Sen. *Dial.*8.5.1; quid ipse temet ~is torques rogas..? *Ag.*51; Juv.11.33. **b** MARCIVS L F S POSTVMIVS L F COS SENATVM ~VERVNT *CIL* 1.581.1; si iam populus Romanus de ista re ~tus esset Cic.*Dom.*53; paruis de rebus..~imur, patres conscripti *Phil.*7.1; rex his ferme uerbis patres ~ebat Liv.1.32.11;—pro memoria mei nec ~at quisquam nec roget Tac.*Dial.*13.6; *Ann.*1.7. **c** cum et ~eretur plurimum et diceret Cic.*Brut.*98; iure, legibus, auctoritate omnium qui ~ebantur *Ver.*1.107; qui de iure ciuili ~i solent 1.120; ~ebar de fideicommisso Ulp.*dig.*34.1.14.3. **d** Teresiam coniectorem..~am quid faciundum censeat Pl. *Am.*1128; haruspicem, augurem, hariolum Chaldaeum nequem ~uisse uelit Cato *Agr.*5.4; de se ter sortibus ~tum dicebat utrum..Caes.*Gal.*1.53.7; nec responsa potest ~tus reddere uates Verg.*G.*3.491; augures ~ti eam religionem exemere Liv.4.31.4; ~itur Phoebus Ov.*Fast.*2.713; (manes) ut oracula ~unt Mela 1.46;—et uisam primum ~it augur auem Ov.*Fast.*1.180; trepidantia ~it exta *Met.*15.576; ~ti testor penetralia mundi Stat.*Theb.*3.637.

2 (tr., transf.) To make reference to, consult.

~e ueritatem: reprehendet; refer ad auris: probabunt Cic.*Orat.*159; ~e de facie corporibusque diem Ov.*Ars* 1.252; speculum ~at ante suum 3.136; ~uit nares an olerent aera Corinthon Mart.9.59.11; in suscipiendo onere ~at suas uires Quint.*Inst.*10.2.19; rigidumque latus fortisque lacertos ~it (*i.e. tests*) Stat.*Theb.*6.709; ipsa suas cogitationes ~uit Apul.*Met.*6.5.

3 To take counsel or consult about (a matter); (also absol.). **b** *in medium, in commune, in unum ~ere,* to take common counsel about; also, to take counsel for the common good.

~ere quiddam est quod tecum uolo Pl.*Mos.*1102;—(*absol.*) etiam ~is? *Trin.*572; ~ere in longitudinem Ter. *Hau.*963; libere ad summam rerum ~ere debet Caes.*Civ.* 3.51.4; facto, non ~to in tali periculo opus esse Sal.*Cat.* 43.3; Verg.*A.*12.21; quia ~endi res non dabat spatium Liv.1.37.6; Tac.*Hist.*1.62;—(*w. indir. qu.*) quid agant ~unt Caes.*Gal.*7.83.1; Liv.9.9.19;—(*cf.* 1b) DVM NE MINVS SENATORBVS C ADESENT ⟨QVOM E⟩A RES ~ERETVR *CIL* 1.581.6; 1.698.3.10;—(*cf.* 1c) re ~ta et explorata Cic. *Att.*2.16.4. **b** nihil salutare in medium ~ebatur Liv. 26.12.7; Curt.8.14.21;—(*absol.*) in commune non ~unt Tac. *Ag.*12.2; inuidia discordes, exitu demum Neronis positis odiis in medium ~uere *Hist.*2.5; ne duces quidem in unum ~ere 4.70;—id oro te in commune ut ~as Ter.*An.*548; —(*absol.*) ~ite in medium et rebus succurrite fessis Verg.*A.* 11.335; Luc.5.46; ut domestica cura uacuus in commune ~at Tac.*Ann.*12.5.

4 a (w. cogn. or internal acc.) To decide upon, adopt (a course of action, etc.). **b** (intr.) to take a decision, resolve.

a ~ta sunt consilia Pl.*Truc.*101; pessume istuc in te atque illum ~is Ter.*Hau.*437; omnia..~ta ad nos et exquisita deferunt Cic.*de Orat.*1.250; aliquid ~i et prospici poterit *Att.*11.14.2; quae reges atque populi..male ~erint Sal.*Cat.*51.4; ne quid per metum..mollius ~eretur Liv. 30.7.3;—(*w.* aduorsum, erga, in+*acc.*) qui nihil aliud nisi quod sibi soli placet ~it aduorsum filium Pl.*Trin.*396; si quid amicum erga bene feci aut ~ui fideliter 1128; quocumque tuos..in Argos ~erem Stat.*Theb.*1.287;—(*w. indir. qu.*) ~ere quid emam potero Pl.*Cas.*500; Ter.*Ph.*174; (*impers.*) neque quo eam neque qua quaeram ~tumst Pl.*Rud.*225. **b** ne quid in ~endo aduorsi eueniat Cato *orat.*162; tibi permitto, tu ~e Cic.*Att.*11.7.6;—(*w.* de) neue quid eum patiare grauius ~ere de se 3.23.5; si satis ~tum quadam de re haberem 12.50; de uita..regio more ~ere Sal.*Hist.*1.11; ciuitatibus de se ipsis ~endi potestatem facturos Liv. 42.38.5;—(*w.* in+*acc.*) ne grauius in eum ~eretur Sal.*Jug.* 13.8; uoltis crudeliter ~ere in deditos? Liv.8.13.15.

5 *boni* (*optimi*) *~ere,* To think well of, take in good part, be satisfied with.

quidquid attulerit, boni ~as Pl.*Truc.*429; Var.*L.*7.4; tu tamen haec, queso, ~e missa boni Ov.*Pont.*3.8.24; hoc munus rogo, qualecumque est, boni ~as Sen.*Ben.*1.8.1; quaerebat argentum auaritia; boni ~uit interim inuenisse minium Plin.*Nat.*33.4; Quint.*Inst.*1.6.32; quod a me retenta..non fueris, optimi ~e Apul.*Met.*6.3.

6 (intr., w. dat.) To consult the interests of, take thought for, look after (persons, the state, etc.). **b** to give thought to, pay attention to, look to (one's safety, reputation, property, etc.). **c** *male, duriter,* and sim. *~ere,* to plan harm (to), act mischievously, prejudicially, etc. (towards). **d** (w. *contra*) to take steps (against); (w. *ut, ne, quominus*) to take steps (that).

illi aequom me ~ere Pl.*Bac.*524; pudica quod sum, ~o et parco mihi Afran.*com.*116; si consul est, qui ~it patriae Carbo *orat.*8; qui me ~uisse rei publicae..dixit Cic.*Dom.* 68; quaedam uis, quae generi ~eret humano *Tusc.*1.118; sibi quemque ~ere iussit Caes.*Gal.*6.31.2; manu ~ere militibus, quoniam imperare..non poterat Sal.*Jug.*98.1; iussi..ipsi..exercitibus suis ~ere Liv.23.21.4; Ov.*Ep.* 12.210; optume rebus mortalium ~uisse naturam Tac.*Ann.* 1.79;—(*of things*) REMEDIA, QVAE ETIAM MALIS ~VNT *CIL* 2.6278.12; (*cf.*) cum prata..si centenos sestertios in singula iugera efficiant, optime domino ~ere uideantur Col.3.3.3; —(*impers. pass.*) qui mi ~tum optume uelit esse Ter.*Ph.* 153; Liv.43.2.12. **b** melius illi..~as quam rei tuae Pl.*Cist.*97; saluti perpetuae..~endum est Cael.*orat.*8; suae causae commodo ~uit Cic.*Inv.*1.31; cedant otio

~entes *Phil.*2.113; ut suis fortunis ~at CAES.*Gal.*7.8.4; Romanae ~ite historiae PROP.3.4.10; uisui..~uit, ne coram interficeret TAC.*Ann.*12.47; (*impers. pass.*) augendae.. multitudini ~itur *Hist.*5.5;—(*w.* ab) peronibus suis ab aquae madore ~ens APUL.*Met.*7.18; a labore graui digitis ~ui FRO.*Aur.*2.p.72(149N). **c** ne ille edepol tergo et cruribus ~uit hau decore PL.*As.*409; ne matri ~eres male 938; nisi..mi ires ~tum male *Bac.*565; quam duriter nunc ~is tergo meo! AFRAN.*com.*251; ut suae uitae durius ~ere cogantur CAES.*Civ.*1.22.6; quod patriae male ~uerat NEP. *Phoc.*2.2; ne..paci belloque male ~eret TAC.*Hist.*4.68; (*cf.*) eos sectatur (Amor); subdole blanditur, ab re ~it PL. *Trin.*238[a]. **d** hoc edicto contra ea, quae ui committuntur, ~uit praetor ULP.*dig.*47.8.2.1;—ne pupillo tutores..~erent quo minus fortunis omnibus euerteretur CIC.*Ver.*3.16; ut urbi..satis esset praesidi ~tum..est *Catil.*2.26; ne deficerent (uires) ~endum esse CELS.3.4.9; OV.*Fast.*2.238.

consultāta ~ōrum, *n. pl.* [pple. of CONSVLTO²] Deliberations.

quae ~a senatus..audierit SIL.6.455.

consultātiō ~ōnis, *f.* [CONSVLTO²+-TIO]

1 The consideration and discussion of a problem, deliberation. **b** a meeting for debate, also, an opportunity for debate. **c** (concr.) a subject for consideration, problem. **d** (rhet.) that part of a speech which discusses general principles.

ut putaremus in hominibus, non in re ~onis aut dubitationis causam aliquam fuisse CIC.*de Orat.*2.142; ne id ipsum quod ~oni reliquerant pro praeiudicato ferret LIV.26.2.4; cum tempus tamquam ad integram ~onem petiuisset TAC. *Ann.*4.40; transacta..raptim ~one SUET.*Nero* 41.2;—(*w.* de) de pace dilata ~o est LIV.27.30.6; si prohibuerunt, nulla de eadem re in eundem diem ~o TAC.*Ger.*10.3;—(*w. gen.*) ex cognitionis ~one, ubi sit necne sit..quaeritur CIC.*Part.* 64. **b** omnibus ~onibus inter se..coquebant bellum LIV.8.3.2; 10.12.1;—amota ei fuerit omnis ~o nuptiarum PL.*Epid.*282; nulla tibi..hic iam ~ost TER.*Hec.*650; de tribus ~one data LIV.26.22.13. **c** reliqua ~o est.. quonam modo..quietos obtineamus LIV.8.13.13; ea modo, qua irent, consultatio fuit 9.2.5. **d** deliberatiuum (genus causae) est in ~one *Rhet.Her.*1.2; CIC.*Part.*4.

2 The putting of a question, asking, consultation. **b** (concr.) the subject of a consultation, question.

res digna ~one PLIN.*Ep.Tra.*10.96(97).9; post ~onem amicorum AUR.*Fro.*2.p.96(39N); aut ualide stulta est ~o tua CELS.*dig.*28.1.27; is (*sc.* proconsul) ad ~ones legatorum debebit respondere ULP.*dig.*1.16.6.2; 49.1.1.1. **b** licebit ..iuris..peritis copiose de ~onibus suis disputare CIC.*Top.* 66; tuas litteras..exspecto, ut sciam quid respondeant ~oni meae *Att.*8.4.3; [QUINT.]*Decl.*4.15; uentitare ad eum nuntios et ~ones non frustra ratus TAC.*Ann.*16.14; PLIN. *Ep.*7.18.1; monebatur ut de ~onibus in Aponi fontem talos aureos iaceret SUET.*Tib.*14.3.

consultātor ~ōris, *m.* [CONSVLTO²+-TOR] One who consults, inquirer.

qui ~ori dicenti 'nauem diuidere uolo', 'perdes' inquit QUINT.*Inst.*6.3.87; POMPON.*dig.*1.2.2.35.

consultē, *adv.* *compar.* ~ius, *superl.* ~issimē. [CONSVLTVS+-E] With due deliberation, prudently.

ille qui ~e, docte atque astute cauet PL.*Rud.*1240; ferocius quam ~ius rem hostes gesturos LIV.22.24.3; quae caute ac ~e gesta essent 22.38.11; reciperare gloriam auidius quam ~ius properabat TAC.*Hist.*2.24; praetor ~issime interuenit ULP.*dig.*28.7.8.

consultō¹, *adv.* [as prec.+O²] Of set purpose, by design, deliberately.

~o hoc factum est PL.*Poen.*788; non ~o sed casu in eorum mentionem incidi CIC.*Div.Caec.*50; ut ea, quae gignuntur, donata ~o nobis..uideantur *Leg.*1.25; ~o equites cedere..iubet CAES.*Gal.*5.50.5; omnis natura uelut opere atque ~o praeceps SAL.*Jug.*92.5; HOR.*S.*1.10.14; PROP. 2.34.54; LIV.3.40.8; QUINT.*Inst.*8.4.19; TAC.*Ann.*4.16.

consultō² ~āre ~āuī ~ātum, *tr.*, *intr.* [CONSVLO+-TO]

1 (intr.) To deliberate, debate, consult, discuss; (also, of a part of a speech). **b** *in commune* (*medium*) *~are*, to take common counsel, consult together.

nimium ~as diu PL.*Cur.*207; tempus cum coniuratis ~ando absumunt LIV.2.4.3; ubi illis ~are mos est TAC. *Hist.*2.80; (*impers. pass.*) senatu uocato ~ari coeptum LIV. 39.49.1;—(*w.* de) CIC.*Off.*3.7; ciuitates de bello ~abant CAES. *Gal.*5.53.4; SAL.*Cat.*51.1; LIV.26.10.2;—(*w.* super+*abl.*) ut Medionos super tanta re ~are..pateretur 36.12.3; SIL.2.271; TAC.*Ann.*2.28;—(*w. indir. qu.*) si Hannibal ~et..an in Italia remaneat *Rhet.Her.*3.2; CIC.*Att.*16.8.2; decemuiri ~ant quid opus facto sit LIV.3.38.4; inter proximos ~auit, temptaretne defensionem TAC.*Ann.*16.25;—pars deliberatiua..de tempore futuro ~ans, quaerit etiam de praeterito QUINT.*Inst.*3.8.6. **b** in familias..dispersi nihil in commune ~ant MELA 1.42; dubitasse exercitus num..ipsi in medium ~arent TAC.*Hist.*2.37; ut missis legatis in commune consultarent, libertas an pax placeret 4.67; PLIN.*Ep.* 6.16.15.

2 (tr.) To discuss, debate (a question).

quid illaec illic in consilio duae secreto ~ant? PL.*Bac.* 1154; *Rhet.Her.*3.2; coetibus ad eam rem ~andam habitis LIV.5.25.8; dum ea..parant ~antque 21.7.1; maris et belli ~at tempora reges STAT.*Ach.*1.492.

3 To apply to (a person) for advice or information, consult; (esp. absol.). **b** to consult an oracle, astrologer, or other means of divination; also, to consult thus about (a question).

quid me ~as quid agas? PL.*Mil.*1097; me, qui spernentur, amantes ~ent TIB.1.4.78;—accitus ad ~andum LIV. 36.6.7; LUC.8.265; exceperat eos (*sc.* fastos) dies ~ando adsidue sagaci ingenio PLIN.*Nat.*33.17; confitenti ~antique supererant spes TAC.*Hist.*3.54; ~ante..praetore an iudicia maiestatis redderentur *Ann.*1.72. **b** ~are fibras MAN. 1.92; PLIN.*Nat.*32.17; ut ~auerit Libo an habiturus foret opes TAC.*Ann.*2.30; quoties super tali negotio ~aret 6.21; ~are aues PLIN.*Pan.*76.7;—uates..quos..ad eam rem ~andam..acciuerant LIV.1.55.6; non..aliud ~auerat quam de incolumitate domus TAC.*Ann.*16.30.

4 To form plans, take thought, provide.

si quidem ex re ~as tua PL.*As.*538; male corde ~are, bene lingua loqui *Truc.*226; ipse abunde ratus si praesentibus frueretur, nec in longius ~ans TAC.*Hist.*2.95;—(*w. dat.*) delecti..rei publicae ~abant SAL.*Cat.*6.6.

consultor ~ōris, *m.* [CONSVLO+-TOR]

1 One who gives counsel, adviser, counsellor.

malum consilium ~ori pessimum est *Vers.pop.*in Gel. 4.5.5.(*poet.*p.30); talia incepta, ni in ~orem uertissent.. pestem factura SAL.*Hist.*1.74; ~or idem et socius periculi uobiscum adero *Jug.*85.47; Iouem aut alium quem deum ~orem expectatis? *Hist.*3.48.15; TAC.*Ann.*4.24; (*fig.*) ita cupidine atque ira, pessumis ~oribus, grassari SAL.*Jug.*64.5.

2 One who consults: **a** (a lawyer). **b** (an oracle or astrologer).

a uigilas tu de nocte ut tuis ~oribus respondeas CIC.*Mur.* 22; *Balb.*45; ~or ubi ostia pulsat HOR.*S.*1.1.10. **b** ~or operti Castalia tellure dei LUC.5.187; STAT.*Theb.*8.200; magis ipso ~ore perterritus diu non commisisse uerbis quod uidebat [QUINT.]*Decl.*4.3.

consultrix ~īcis, *f.* [CONSVLO+-TRIX] One who takes thought for.

natura..~ix et prouida utilitatum oportunitatumque omnium CIC.*N.D.*2.58.

consultum ~ī, *n.* [CONSVLTVS¹]

1 A decision to act in a certain way, resolution, plan. **b** *bene ~um*, a good plan or measure; *male ~um*, an ill-advised measure. **c** *senatus ~um*, a resolution of the senate: see SENATVSCONSVLTVM. **d** a resolution or decree of other authorities.

approbare collegam ~a referens LIV.10.39.10; numquam desunt ~a duobus SIL.15.351; magnis..~is adnuere deam uidet TAC.*Hist.*2.4; *Ann.*1.40; (*w. gen.*) ~aque belli Iuppiter et tristis edixit caedibus annos STAT.*Ach.*1.82. **b** bene ~um inconsultumst, si id inimicis usuist PL.*Mil.*600; quis iam audebit, quod male cecidit, bene ~um putare? CIC.*Rab. Post.*5;—MAN.4.95; male ~orum poenas exsoluit VELL. 2.88.3; proximae seditionis male ~ta TAC.*Ann.*1.78; PLIN. *Pan.*70.7. **d** ~a et decreta (regis) omnia rescindi SAL. *Jug.*11.5; DECVRIONVMQVE ~VM FACITO FIAT *CIL* 1.594.3.3.9.

2 An oracular or sim. response.

dum ~a petis VERG.*A.*6.151; nostrane praeclari..~a nepotes poscitis? STAT.*Theb.*4.629.

consultus¹ ~a ~um, *a. compar.* ~ior, *superl.* ~issimus. [pple. of CONSVLO] In senses of vb., esp:

1 Skilled, practised, learned, esp. in the law.

consultorum alterum disertissimum, disertorum alterum ~issimum CIC.*Brut.*148; nec..magis iuris ~us quam iustitiae fuit *Phil.*9.10; ~issimus uir..omnis diuini atque humani iuris LIV.1.18.1; ~issimum astrologiae professorem COL. 1.1.4; quod esset..iuris consultissimus GEL.1.13.10; SI DE ~A, PALMAM, LOQVERERE, FEREBAT *CIL* 10.2483; (*cf.*) sapiens et boni ~us APUL.*Soc.*23.

2 Planned, deliberate, considered; well-advised, prudent.

rebus, quae..~o consilio latuerint GEL.2.19.3; non sponte neque opera ~a, sed a militibus forte..incensa sunt 7(6).17.3; ictus..fortuitus et ~us 20.1.16;——issimae opportunitatis FRO.*Amic.*2.p.192(178N); ~ius est huic poenalem quoque stipulationem subiungere PAUL.*dig.*2. 15.15.

consultus² ~ī, *m.* [prec.] *iuris* or *iure ~us* (sts. written as one word), A lawyer, jurist, also *~us* alone.

rettulit ad iuris consultos CIC.*Flac.*80; L. Valerium iureconsultum ualde tibi commendo *Fam.*3.1.3; HOR.*Ars* 369; consultoque fui iuris Amore uafer OV.*Ep.*19.30; ut iuris consultorum uerbo utar SEN.*Nat.*2.1.2; Trebatio, qui iuris erat consultus QUINT.*Inst.*3.11.18; quaesierunt iureconsulti ueteres GEL.4.2.2;—ut natura..~us esse uideatur CIC.*Caec.*78; tu, ~us modo, rusticus (eris) HOR.*S.*1.1.17; illo saepe loco capitur ~us Amori OV.*Ars* 1.83; SEN.*Ep.* 90.6; (*cf.*) insanientis dum sapientiae ~us erro HOR.*Carm.* 1.34.3.

(consum): only in forms CONFORE, *confuturus*; perh. also CONSENTES.

consummābilis ~is ~e, *a.* [CONSVMMO+-BILIS] Capable of being perfected.

(ratio) in illis (*sc.* dis) consummata est, in nobis ~is SEN. *Ep.*92.27.

consummātiō ~ōnis, *f.* [CONSVMMO+-TIO]

1 The process of adding together, accumulation; (also transf.).

non haec (*sc.* poma) sed ~o omnium nocet CELS.1.3.38; hac ~one operarum colligitur..COL.2.12.7; si..uniuersa tanti uenierunt, quantum ex ~one singulorum fiebat POMPON.*dig.*21.1.36;—honorum omnium ~one ciuis eximius V.MAX.9.8.3; QUINT.*Inst.*9.2.103.

2 The result of addition, total, sum. **b** a summing up, summary, résumé.

huius regis ~onem annorum minus admirabilem faciunt Aethiopes V.MAX.8.13.ext.5; si modo uniuersitas ~onis ad conductorem pertinuit JAVOL.*dig.*19.2.51.1. **b** ~o totius uitae et quasi funebris laudatio redditur SEN.*Suas.*6.21; PLIN.*Nat.*4.121; hanc esse ~onem orationis QUINT.*Inst.* 6.1.55.

3 The process of achieving or accomplishing.

satis longa uita, et in maximarum rerum ~onem large data est SEN.*Dial.*10.1.3; ~o susceptae professionis COL. 9.2.2; si ante ~onem testamenti factum est ULP.*dig.* 28.4.1.2; (*cf.*) PROPE DIEM ~ONIS PRIMI PILI SVI *CIL* 6.3580.

4 The final result, conclusion, completion, achievement. **b** the highest achievement, perfection, the acme or zenith; the action of bringing to perfection.

causa pacti mei fuit, ut haberem filios, ~o, ut perderem SEN.*Con.*9.3.2; nemo uilitatem eius (*sc.* alui) aestimat ~onis foeditate PLIN.*Nat.*26.43; (artes) quae operis..~one finem accipiunt QUINT.*Inst.*2.18.2; ut initium nouae liberalitatis esset ~o prioris PLIN.*Ep.*5.11(12).1. **b** quae..laudum eius ~o est V.MAX.3.4.2; 8.7.ext.1; pugnauere (elephanti).. in ~one gladiatorum PLIN.*Nat.*8.22; —ut res corporibus nostris..maxime conueniens minimam..~onem haberet COL.1.pr.7.

consummātus ~a ~um, *a. superl.* ~issimus. [pple. of next] In vbl. senses, esp.

1 Lacking nothing, complete, perfect.

ego tibi uitam dedi ~am, perfectam SEN.*Ben.*3.31.2; ~um est summum bonum nec quicquam amplius desiderat *Dial.* 7.9.3; ~a eloquentia QUINT.*Inst.*1.pr.20.

2 (of persons) Endowed with perfection, perfect, consummate.

~i..Catonis MART.1.8.1; opus etiam ~is professoribus difficile QUINT.*Inst.*1.9.3; 10.1.122; amaui ~issimum iuuenem PLIN.*Ep.*2.7.6.

consummō ~āre ~āuī ~ātum, *tr.*, (*intr.*). [CON-+SVMMA+-O³]

1 To add up, reckon up. **b** to make up by addition. **c** (of numbers) to add up to, make up (a total). **d** *~atus*, loaded, heaped (with honours).

per arithmeticen..sumptus aedificiorum ~antur VITR. 1.1.4; ~atum pretium COL.3.3.8; cum propensi soli spatium ~amus FRON.*agrim.*p.18. **b** in lustrum accedere debet, quae ~atur partibus, una dies OV.*Fast.*3.166; FRVCTVS SVIS INPENDIS ~AVIT *CIL* 14.4297. **c** is numerus ~at..seminum milia quattuor et uiginti COL.2.5.4; ~ant..septem cullei sestertia duo milia et centum nummos 3.3.10. **d** OMNIBVS HONORIBVS ~ATVS *CIL* 8.8939.

2 To bring to an end, finish off.

ut..~es uitam SEN.*Suas.*6.10; ~ato die SEN.*Dial.* 5.36.1; ~auimus bellum QUINT.*Decl.*306(p.201,l.3); ULP. *dig.*2.15.8.6; (*ellipt.*) QVI VIXIT BENE ET ~AVIT BENE *CIL* 6.17540.

3 To make complete, finish (abstr. or concr. things). **b** (pass., of plants and animals) to reach maturity, become fully grown. **c** (mil., pass. and intr.) to complete one's period of military service, serve one's time.

qui accepit..beneficium..nondum ~auit officium suum SEN.*Ben.*2.32.1; nec ~ata (nauigia) perinde instruunt armamentis COL.4.3.1; donec..uiam et huius aquae ductum ~aret FRON.*Aq.*5; ut eodem tempore et Italiam ~aret *i.e. complete the conquest of*) et transmarinos triumphos auspicaretur FLOR.*Epit.*1.13(1.18.1); aedificium inchoatum fructuarium ~are non posse placet NERAT.*dig.*7.1.61; uoluntatis est..suscipere mandatum, necessitatis ~are PAUL.*dig.*13.6.17.3; (*poet.*) inueniunt et in astra uiam numerisque modisque ~ant (*i.e. give a complete account of*) orbem MAN.4.159. **b** ut inde incipiat nascens quo ~atus homo peruenit SEN.*Ep.*124.7; pulli..semiformes interimuntur ante quam toti partibus suis ~entur COL.8.5.12; tertio (anno) ~atur (alium) PLIN.*Nat.*19.114; Serranum ~ari mors immatura non passa est QUINT.*Inst.*10.1.89. **c** agri, quem ~ati milites accipiebant FRON.*Str.*4.3.12; plerisque centurionum maturis iam et nonnullis ante paucissimos quam ~aturi essent dies SUET.*Cal.*44.1.

4 To bring about, achieve, accomplish.

ad eam rem ~andam LIV.29.23.4; ~atis uictoriis V.MAX. 6.2.11; duobus sententia uerbis ~atur SEN.*Con.*1.1.25; uidebar ~asse propositum SEN.*Ben.*5.1.1; si condicio ~ata est QUINT.*Decl.*336(p.322,l.23).

5 To bring (a thing) to perfection or its greatest excellence, perfect. **b** to put the finishing touch to, crown (an achievement, etc.).

quod..~ent..foci Cererem MAN.4.251; ~auit dignitatem meam SEN.*Dial.*5.31.2; nullam artium celerius ~atam PLIN.*Nat.*35.18; quem (*sc.* oratorem) nunc ~ari potissimum oporteat, cum tanto plura exempla bene dicendi supersunt QUINT.*Inst.*10.2.28. **b** in suum decus nomenque uelut ~atam eius belli gloriam spectabat LIV.28.17.3; quidquid ..laboris ac periculi hausissent, opere illo ~ari clamitantes TAC.*Hist.*3.84.

consūmō ~ere ~psī ~ptum, *tr.* [CON-+SVMO] FORMS: *~pse* (= *~psisse*) LUCR.1.233; *~psti* (= *~psisti*) PROP.1.3.37.

1 To destroy, wear away, consume (a material object). **b** (of personal or impersonal agencies) to cause the death of, kill. **c** to make smaller, reduce; to reduce to nothing.

si (aetas) penitus perimit ~ens materiem omnem LUCR. 1.226; uti..turris, tormenta flammam conciperent et..haec omnia ~erentur Caes.*Civ.*2.14.2; (aedes) incendio ~ptae Liv.25.7.6; ferreus adsiduo ~itur anulus usu Ov.*Ars* 1.473; Aug.*Anc.*4.14; ubi ~ptus est tumor Cels.6.18.8.c; Tac.*Hist.*1.2; tvrris vetvstate ~ptas *CIL* 3.2907. **b** lateris dolore ~ptus est Cic.*de Orat.*3.6; si me uis aliqua morbi.. ~psisset *Planc.*90; beluarum..quarum impetu docet quaedam hominum genera esse ~pta *Off.*2.16; magna hostium multitudo siti ~ebatur Hirt.*Gal.*8.41.6; Iuba Petreium facile ferro ~psit *B.Afr.*94.1; garrulus hunc quando ~et cumque Hor.*S.*1.9.33; illae..prouinciae Scipiones ~pserunt Vell.2.90.3; suspendio..se..~psit V.Max.58.3; Cannis ~pta iuuentus Juv.2.155; Ulp.*dig.* 48.19.3. **c** per latitudinem intercolumniorum aer ~it et inminuit aspectu scaporum crassitudinem Vitr.3.3.11; (dies) attritis ~itur horis Man.3.350; Luc.7.461;—spatio.. ~i umbras Plin.*Nat.*2.48; Aegypto medio die umbra ~itur Hyg.Gr.*agrim.*p.152; (*cf.*) editi montes, quorum altitudo totius mundi collatione ~itur Sen.*Nat.*4b.11.3.

2 To reduce to nothing (immaterial things), put an end to, destroy. **b** (leg.) to annul, extinguish (a right, agreement, etc.).
omnibus fortunis sociorum ~ptis Caes.*Gal.*1.11.6; spes anxia mentem extrahit et longo ~it gaudia uoto Stat.*Theb.*1.323; famem ~it in agna 8.576; ~psit uisus pontus, tellusque recessit Sil.3.157; ~pseritne uocem eius instans metus Tac.*Hist.*1.42; interiacens andron..omnem sonum media inanitate ~it Plin.*Ep.*2.17.22; ~ptis..bellis Sic.Fl. *agrim.*p.126; (*cf.*) quos iam ~psisset obliuio Sen.*Ben.*3.32.5. **b** omne ius legati prima testatione..~psit Labeo *dig.* 33.5.20; obligatio illa incerta actione..~itur Gaius *Inst.* 4.131ª; numquam actiones poenales de eadem pecunia concurrentes alia aliam ~it Ulp.*dig.*44.7.60; stipulationem ~it Papin.*dig.*3.3.66.

3 To weaken severely, wear down, prostrate, exhaust.
ut..omnes copiae regis diuturnitate obsessionis ~erentur Cic.*Mur.*33; uulnere ac dolore corporis cruciari et ~i *Har.*39; exercitum uictorem fame ~ptum Caes.*Gal.*7.20.12; ne lienem ~at (malagma) Cels.5.18.4; nihil queritur misera nisi..quod publicos ~at oculos (*i.e. with weeping*) [Quint.] *Decl.*10.9; Italiam interno bello ~ptam Tac.*Hist.*4.75;—(*w.* in+*abl.*) nec ego ~i studentem in his artibus uolo Quint.*Inst.*1.12.14;—(*poet.*) aequore qui (*sc. Homer*) multo reducem ~psit Ulixem Stat.*Silv.*4.2.4.

4 To eat, devour; to take (a medicine). **b** to use up, expend. **c** to swallow up, merge.
ubi res diuina facta erit, statim ibidem ~ito Cato *Agr.*83; corripuit pullos (draco); quos cum ~eret octo.. Cic.*poet.* 22.14(*Div.*2.63); fruges ~ere nati Hor.*Ep.*1.2.27; quem.. fructum..religiosum erat ~ere Liv.2.5.3; oua pullosque earum alitum ~ere (Pygmaeos) Plin.*Nat.*7.26; (*oct. sense 5c*) ualde..frugaliter uiuebat: nihil ~ebat nisi noctem Sen. *Ep.*122.16;—scobis eboreae heminam..~ere Larg.16; 136; 140. **b** nisi si qua ~endi causa imposita forent, quo in numero essent cibaria Paul.*dig.*14.2.2.2. **c** quorum controuersia..in sapientiae rationem et uirtutis utilitatem ~itur *Rhet.Her.*2.43; si statuae suae ferruminatione iunctum bracchium sit, unitate maioris partis ~i Paul.*dig.*6.1.23.5.

5 a To expend, use up, employ (labour, actions, etc., on a pursuit). **b** to spend money, resources). **c** to spend, pass, take up (time); (esp. w. specification of the occupation in which time is spent).
a studium omne hic ~ere Lucil.627; multam..operam ..frustra ~psi Cic.*Tusc.*1.103; Lucr.6.1082;—(*w.* in+*abl.*) quod in opere faciundo operae ~is tuae Ter.*Hau.*73; in praediis colendis operae plurimum studique ~ere Cic. *S.Rosc.*43; in armis..plurimum studii ~ebat Nep.*Ep.*2.5; plura uerba in castigandis matronis..~psit Liv.34.5.3; 35.31.2; (*cf.*) populum Romanum manus suas..in plaudendo ~ere Cic.*Att.*16.2.3; qui se totum in hac cura ~pserit Quint.*Inst.*9.4.113. **b** nequitia pecuniam magnam ~pserat Quad.*hist.*15; desinite mirari haec tam celeriter esse ~pta Cic.*Phil.*2.67; stipes quas..intemperantes gloria ~erent Tac.*Ann.*14.15; Ulp.*dig.*12.1.13.2; Paul.*dig.*4.4.34; —(*w.* in+*abl.*) qvo minvs in ea aede ~atvr (pecvnia) *CIL* 1.594.2.1.35; ~ptam esse istam omnem pecuniam in statuis Cic.*Ver.*2.141; in quo oppugnando..mille et ducenta talenta ~pserant Nep.*Timoth.*1.2; Sen.*Ben.*4.39.2;—(*w.* in+*acc.*) ex ea peqvnia qvod eos..in lvdos..~ere oportvit *CIL* 1.1635.7; Liv.39.5.9; ut ea pecunia in monumentum ~eretur Javol.*dig.*35.1.40.5;—(*w. abl.*) pecuniam ..tabernis utrique foro circumdandis ~pserunt Liv. 41.27.10;—(*poet.*) (uaccae) tota in dulcis ~ent ubera natos Verg.*G.*3.178;—(*of things*) quid eorum (*sc.* uectigalium) ordinarii rei publicae usus ~erent Liv.33.47.1; cena.. equestrem censum ~ente Sen.*Ep.*95.41. **c** nocte ~pta Sis.*hist.*6; eius modi materies est ut dies singulos possis ~ere Cic.*S.Rosc.*89; otii ~endi causa locuti sumus *Tusc.* 5.48; ne aestatem in Treueris ~ere cogeretur Caes.*Gal.*5.4.1; tecum..longos memini ~ere soles Pers.5.41;—(*w.* in+*abl.*) omnis uigilias in stupris constat..esse ~ptas Cic.*Ver.*4.144; Quintilis..in itinere est..~endus *Att.*5.21.9; cum totum iter et nauigationem ~psisset..in percontando a peritis *Luc.*2; Caes.*Civ.*1.81.3; Liv.42.9.7;—(*w.* in+*acc.*) temporibus in res nugatorias ~ptis Ulp.*dig.*21.1.17.14;—(*w. abl.*) quin..matutina tempora lectiunculis ~pseris Cic.*Fam.* 7.1.1; Caes.*Gal.*5.31.4; reliquum anni muris..reficiendis ~ptum Liv.7.20.9; Ov.*Tr.*5.13.27;—(*w.* per) die per sollemnes epulas ~pto Liv.40.4.10;—(*w.* circa) omne tempus..circa Thyestem ~as Tac.*Dial.*3.4.

6 To exhaust, expend, use up (a supply, stock, etc.); (pass., of liquids) to be used up (by absorption or evaporation). **b** to exhaust the possibilities of (a course of action).
magna penus paruo spatio ~pta peribit Lucil.1205; iaculis..~ptis Sis.*hist.*70; cum prope omnem uim uerborum eius modi, quae scelere istius digna sint, aliis in rebus ~pserim Cic.*Ver.*5.159; cum..instrumenta uirtutis in libidine..~eret *Catil.*2.9; ~tis..lacrimis..haeret dolor *Phil.* 2.64; frumenta..tanta multitudine..hominum ~ebantur Caes.*Gal.*6.43.3; constiterunt, ne ~ptis uiribus appropinquarent *Civ.*3.93.1; iamque dies ~ptus erat Sal.*Jug.*98.2; interest utrum ad ~ptam materiam an ad subactam accedas Sen.*Ep.*79.6; sanguine mundi fuso..semel totos ~e triumphos Luc.7.234; ~pta est uno si lemmate pagina Mart. 10.59.1; fecundam lasso Nioben (*i.e. her children*) ~pserat arcu Stat.*Theb.*9.682;—(*transf.*) fidem ~psi Sal.*Hist.* 2.98.9; si uitis luxuria se ~pserit Plin.*Nat.*17.181; furias uirtutis iniquae ~psit Capaneus Stat.*Theb.*11.2; gratiam rei nimia captatione ~psimus Quint.*Inst.*8.6.51;—ternis.. cyathis in sextarium aquae sensim decoctis, donec omnis aqua consumatur Plin.*Nat.*22.129; teritur in sole, donec acetum omne ~atur Larg.202; 268. **b** siquid consili habet, ut ~at nunc Ter.*An.*160; in iis, qui uiolassent ingenuum..maxima supplicia maiores ~pserunt *Rhet.Her.* 4.12; tanta commoueri actio non posset, si esset ~pta superiore motu et exhausta Cic.*de Orat.*3.102; cum mare, cum terras ~perit, aera temptet Ov.*Ep.*6.161; ~ptis precibus *Met.*8.106; scit eos, qui misericordiam ~pserunt, amplius sperare non posse Curt.6.8.6; Sen.*Cl.*1.14.1; mors uictis; nam ignominiam ~psistis Tac.*Hist.*3.24; cum.. nouitas omnis adulatione ~pta sit Plin.*Pan.*55.3.

7 To spend to no purpose, waste, squander.
inuenerat homines qui dicendo tempus ~erent Cic.*Ver.* 2.96; cur haec a me opera ~itur? 3.208; dies magna ex parte ~ptus est altercatione *Fam.*1.2.1; *Att.*4.2.4; multa..oratione ~pta legati frustra discessere Sal.*Jug.*25.11; annum integrum..nihil gerendo..~psisse Liv.27.7.6; Plin.*Pan.* 54.5.

8 To take up the whole extent of, swallow up. **b** to deal with or accommodate the whole number of. **c** to divide exhaustively (among).
Scorpios in Libra ~it bracchia Man.2.258; 2.318; terga.. ~unt pelagus 5.585; uiden' ut iugulo ~pserit ensem? Stat. *Theb.*10.813; 12.745. **b** tela omnia solus pectore ~o Sil. 5.642; ~it clipeo tela 10.128. **c** (*w.* in+*acc.*) inuentio in sex partes orationis ~itur *Rhet.Her.*1.4; (*w.* in+*abl.*) dolus ~itur in pecunia, pollicitatione, dissimulatione.. 3.3.

9 (poet.) To anticipate in action or thought.
mortem metu ~psit Sen.*Her.O.*811; in absentem ~it proelia fratrem Stat.*Theb.*2.133; ~psit uentura timor 10. 563.

consumptiō ~ōnis, *f.* [prec.+-tio] The process of consuming or wearing away.
se ipse (mundus) ~one et senio alebat sui Cic.*Tim.*18.

consumptor ~ōris, *m.* [consvmo+-tor] One that consumes; a spendthrift.
ignis..confector est et ~or omnium Cic.*N.D.*2.41;—circumuentus adulescens ab illis nouem ueteranis ~oribus Sen.*Con.*exc.3.1.

consuō ~uere ~uī ~ūtum, *tr.* [con-+svo] To sew together; to make by sewing together. **b** (transf.) to patch up, devise, plan.
coriis duplicibus ~utis Vitr.10.14.3; ~uto uulnere (*sc.* calcei) Juv.3.150; (*cf.*) pinacothecas ueteribus tabulis ~uunt Plin.*Nat.*35.4; (*fig.*) (seruorum) os non ~uebatur Sen.*Ep.*47.4; (*w. dat.*) etsi non sunt claui uestimentis ~uti Ulp.*dig.*34.2.19.5;—tunicis ~utis Pl.*Am.*368; si quis tunicam..ita ~uit ut.. Var.*L.*9.79; (*neut. of pple. as sb.*) uerius est (licium), ~uti genus esse Gaius *Inst.*3.193. **b** compositis mendaciis aduenisti..~utis dolis Pl.*Am.*367; *Ps.* 540;—(*facet.*) iurastin..? — fateor. — nemp' conceptis uerbis? — etiam ~utis quoque 353.

consupplicātrix ~īcis, *f.* [con-+svpplico+-trix] A fellow suppliant.
pavl(la) tovtia..et ~ices *CIL* 1.1512; Claudius scribit axitiosas demonstari ~ices, ab agendo axitiosas Var.*L.*7.66.

consurgō ~rgere ~rrexī ~rrectum, *intr.* [con-+svrgo]

1 (esp. as the concerted movement of a body of people) To stand up, rise (from a sitting, kneeling or lying posture). **b** (in order to terminate a session or meal); *~rgere in consilium*, (of a jury) to rise to consider their verdict. **c** (in order to address an audience; to make an accusation).
(ut senatus) cunctus ~rgeret et ad Caesarem supplex accederet Cic.*Fam.*4.4.3; ubi..proiecti ad terram flentes ab eo salutem petiuerunt, consolatus ~rgere iussit Caes.*Civ.* 3.98.2; ~rgunt studiis Teucri et Trinacria pubes Verg.*A.* 5.450; triarii genu dextro innixi nutum consulis ad ~rgendum exspectabant Liv.8.9.14; ~rrexit consul iussis sedere aliis 45.7.5; in plausus ~rrectum est Phaed.5.7.28; Plin. *Nat.*36.204; Tac.*Ann.*11.5; Suet.*Rhet.*30(p.126Re);—(*as a mark of respect*) honorifice sane ~rgitur Cic.*Ver.*4.138; ~rrexisse omnes illi dicuntur et senem sessum recepisse *Sen.*63; Petr.60.7; in uenerationem tui theatra ipsa ~rgent Plin.*Pan.*54.2. **b** cur non in media oratione mea ~rgitis atque disceditis? Cic.*Ver.*3.208; ~rgitur ex consilio Caes. *Gal.*5.31.1; Catul.62.1; relictis ~rgunt mensis Verg.*A.* 8.110; ~rrexerunt ac reliquerunt concilium Liv.32.22.9; Sen.*Suas.*6.27; Tac.*Ann.*13.46;—~rgitur in consilium cum sententias..palam ferri uelle dixisset Cic.*Clu.*75. **c** ~rgit P. Scaptius de plebe..et..inquit Liv.3.71.3; gaudium ~rgendi adsistendique inter tacentis Tac.*Dial.*6.4; ~rgenti ad censendum Plin.*Ep.*4.9.18;—quanta ui aduersus me inimici ~rrexissent? Quint.*Decl.*348(p.371,l.13); 355 (p.386, l.17).

2 To arise from bed or sleep, get up.
quasi uaccillans primum ~rgit Lucr.3.504; ~rgit senior tunicaque inducitur artus Verg.*A.*8.457; languida ~rgit Ov.*Fast.*3.25; Cels.3.18.3; Suet.*Tib.*73.2; (*cf.*) ab aequorei ~rgens aggere busti V.Fl.5.91.

3 To come out of hiding, rise from an ambush.
subito illi ex insidiis ~rrexerunt Caes.*Civ.*3.37.5; ~rrectum repente ex latebris est Liv.10.4.11; non ante apparuere quibus obuiis ab iugo ipso ~rgendum erat 27.27.4.

4 To go up, ascend, rise. **b** (of heavenly bodies) to rise. **c** to become higher, rise.
multa (corpora) uidentur posse quoque e salso ~rgere momine ponti Lucr.6.474; 6.885; quantum..licet ~rgere fumo Luc.9.461; contemplatus procul auium multitudinem ..ex silua ~rrexisse Fron.*Str.*1.2.7;—(*of waves*) paulatim sese tollit mare et altius undas erigit, inde imo ~rgit ad aethera fundo Verg.*A.*7.530; ~rgit ingens pontus in uastum aggerem Sen.*Phaed.*1015; Quint.*Decl.*388(p.436,l.28). **b** mixta ex diuersis ~rgunt uiribus astra Man.1.310; 5.38; pars caeli ~rgit, pars mergitur Sen.*Ep.*107.8. **c** radius in caput cartilaginosum ~rgens Cels.8.1.20; leuiter et sensim cliuo fallente ~rgit (uilla) Plin.*Ep.*5.6.14.

5 To stretch upwards (to make an effort).
sublatum alte ~rgit in ensem Verg.*A.*9.749; 12.729; cum prior ad iterandum ictum..~rrexisset Liv.8.7.10; erecta ~rgit ad oscula planta Juv.6.507;—(*of rowers*) tortas ~rgit in undas V.Fl.1.362; 1.387.

6 To extend upwards, reach a height, tower. **b** (transf.) to rise, be exalted.
terno ~rgunt ordine remi Verg.*A.*5.120; scandentisque Asis ~rgit uertice murus Prop.4.1.125; mons..Atlas, de se ~rgens Mela 3.101; inter et Aetnaeos aequus ~rgere fratres Stat.*Theb.*3.605;—(*w.* in+*acc.*) pars urbis celsam ~rgit in arcem Luc.3.379; haras ita fabricare, ut limen earum in tantam altitudinem ~rgat, quantam.. Col.7.9.13; —(*w.* ad) mundus, ut ad Scythiam Riphaeasque arduus arces ~rgit, premitur..in Austros Verg.*G.*1.241. **b** Maeonio ~rgere carmine Ov.*Pont.*3.3.31; nitidum ~rgat ad aethera tellus Eubois Stat.*Silv.*1.2.262.

7 To come into existence, arise, spring up (with implication of motion or extension upwards); (of buildings, etc.) to be constructed or built up. **b** (of rivers) to rise; (of winds) to get up, rise. **c** (of abst. things).
ex igni caeco ~rgere flamma Lucr.4.928; campo ~rgere nubem Luc.2.481; caeruleis mecum ~rgere digna fluctibus Stat.*Silv.*1.2.117;—fama est ~rgere Romam Ov.*Met.* 15.431; exhausta moenia pulchrioribus operibus ~rgunt V.Max.5.3.ext.3; abunde est gradum effodere tribus pedibus, ut in quattuor ~rgat regestum Col.11.3.10; Tac.*Ann.* 14.21; (*fig.*) tantam..operis ~rgere molem laetatur V.Fl. 1.499. **b** Nile..medio ~rgis ab axe Luc.10.287;—uespere ab atro ~rgunt uenti Verg.*A.*5.20; alios (uentos).. e terra ~rgere Plin.*Nat.*2.114. **c** nouum ~rgere bellum Verg.*A.*8.637; Ov.*Ep.*15.353; Sen.*Ep.*91.5; ~rgunt partes iterum Luc.1.692; siqua operis tanti domito ~rgere ponto fama queat V.Fl.1.75; qua concitatione ~rgat ira (*i.e. is excited*) Quint.*Inst.*1.11.12.

8 To grow towards maturity, grow up. **b** to advance (to a position or condition).
iugata uineta melius ~rgunt Col.4.1.5; in matris aspectu ..pueritia ~rgit [Quint.]*Decl.*18.9; me ~rgentem valida ..ivventa *CIL* 11.5836. **b** (*w.* ad) ad suam gloriam ~rgentes alios laetum adspicere Liv.10.13.7; Italiam ad ius ciuitatis nobiscum exaequandum ~rgere V.Max.6.4.1;—(*w.* in+*acc.*) in populi ~rget imperium [Quint.]*Decl.*4.16.

9 To make an effort, bestir or rouse oneself. **b** to take hostile action, prepare for war; to rise in revolt.
Sen.*Nat.*7.1.1; anime, ~rge et cape pretium furoris *Ag.*868;—(*w.* in+*acc.*) in curam nostri ~rge tuendi Ov.*Tr.* 4.3.71; si forte aliquas animus ~rget in artis Man.5.650; leo tota..ui ~rgit in poenam Plin.*Nat.*8.43; truces ~rgere in iras V.Fl.1.673;—(*w.* ad) tarde ~rgentis ad cursum equos stimulis..excitamus Sen.*Dial.*4.14.1;—(*cf.*) populi R. fortuna..semper in malis maior totis denuo uiribus ~rrexit Flor.*Epit.*2.6(3.18.13). **b** quae causa fuit ~rgere in arma? Verg.*A.*10.90; suis sociorumque uiribus ~rgere hostes ad bellum Liv.10.13.4; 33.19.7; donec..uires uniuersae ~rgerent Tac.*Hist.*3.1;—(oppida) ad finitimorum motus ~rrectura Liv.33.21.8; sua praesidia in ipsos (tyrannos) ~rrexerunt Sen.*Cl.*1.26.1; Fron.*Str.*1.9.4; pactum.. ut simul..ad res nouas ~rgerent Suet.*Jul.*9.3;—(*transf.*) ~rgamus..aduersus fortuita Sen.*Ep.*91.9.

consurrectiō ~ōnis, *f.* [prec.+-tio] The action of standing up, rising.
cepi..fructum maximum..ex ~rrectione omnium uestrum Cic.*Har.*2; quae ~o iudicum facta sit, ut me circumsteterint *Att.*1.16.4.

Consus ~ī, *m.* [cf. condo] The name of a god, prob. connected with the storing of the harvest.
festa parat ~o Ov.*Fast.*3.199; *CIL* 9.4192.

consusurrō ~āre ~āuī, *intr.* [con-+svsvrro] To whisper together.
Syru' cum illo uostro ~ant Ter.*Hau.*473.

contābēfaciō ~facere ~fēcī ~factum, *tr.* [con-+tabes+facio] To make to waste away, consume.
quae me miseria et cura ~facit Pl.*Ps.*21.

contābescō ~escere ~uī, *intr.* [con-+tabesco] To waste away, be consumed, pine.
cor..quod guttatim ~escit quasi in aquam indideris salem Pl.*Mer.*205; uixit in luctu eodemque etiam confecta ~uit Cic.*Tusc.*3.75; ut..grassante sensim ueneno ~esceret Gel.7(6).4.1;—(*transf.*) perfidiosae Fregellae, quam facile scelere uestro ~uistis *Rhet.Her.*4.22; illorum amicitia in consortione deliciarum et luxuriae ~uit V.Max.4.7.intro.

contabulātiō ~ōnis, *f.* [next+-tio] A floor or roof made of boards, flooring, boarding.
~onem summam lateribus..constrauerunt Caes.*Civ.* 2.9.4; Vitr.10.15.3; Apul.*Fl.*18; (*transf., of the folds of a garment*) palla..deiecta parte laciniae multiplici ~one dependula *Met.*11.3.

contabulō ~āre ~āuī ~ātum, *tr.* [con-+tabvla+-o³]

1 To cover with boards, furnish with a roof or floor.
turres ~antur CAES.*Gal*.5.40.6; LIV.24.34.7; pomaria in loco frigido ac sicco ~ari PLIN.*Nat*.15.59; 36.187; binas naues..~auit superstruxitque eis turres FRON.*Str*.3.9.8; (*cf.*) murum ex omni parte turribus ~auerant CAES.*Gal*.7.22.3.

2 To cover with a bridge, to bridge.
~ato mari molibus CURT.5.7.8; ~ato Hellesponto AMP. 13.4; SUET.*Cal*.19.3.

contactus ~ūs, *m.* [CONTINGO+-TVS³]
1 The action or fact of touching, touch, contact. **b** (as communicating infection, pollution, contagion).
contigit et glaebam: ~u glaeba potenti massa fit OV.*Met.* 11.111; qui..considerarint..(intestinorum) positum, colorem, figuram..~um CELS.1.pr.24;—(*w. gen.*) procul terrae ~u, alto mergendum (infantem) LIV.27.37.6; (deum) diuisum..a ~u et a conspectu mortalium SEN.*Ben*.4.19.2; exiguum..sudat (abies) aliquando ~u solis PLIN.*Nat*.16.42; QUINT.*Decl*.299(p.182,l.4);—(*w. adj.*) refugit..uiriles ~us OV.*Met*.7.240; SEN.*Her.F*.1318; foedum..~um..reiecit PLIN.*Ep*.4.11.9;—(*transf.*) honestum est perfectum bonum ..cuius ~u alia quoque bona fiunt SEN.*Ep*.118.10. **b** ~uque omnia foedant immundo (Harpyiae) VERG.*A*.3.227; ~us aegrorum uolgabat morbos LIV.25.26.8; (locustae) multa ~u adurentes PLIN.*Nat*.11.104; pollui cuncta sanie odore ~u TAC.*Ann*.4.49; (*cf.*) neu patiamini licentiam scelerum quasi rabiem ad integros ~u procedere SAL.*Hist.* 1.77.9;—(*transf.*) serpunt..uitia et in proximum quemque transiliunt et ~u nocent SEN.*Dial*.9.7.3; discedite a ~u TAC.*Ann*.1.43.

2 Contact (between persons), association; also, logical association.
(deus) ~um..ferens hominis LUC.5.91;—ominum..obseruatio aliquo ~u religioni innexa est V.MAX.1.5.1.

contāgēs ~is, *f.* [CON-+*tag-* (TANGO)+-ES²] FORMS: ~*ē* (abl. sg.) LUCR.3.734. Contact, touch; infection, contagion.
mala multa animus ~e fungitur eius (*sc.* corporis) LUCR. 3.734; 6.280;—multaque sunt oculis in eorum denique mixta, quae ~e sua palloribus omnia pingunt 4.336; 6.1243.

contāgiō ~ōnis, *f.* [as prec.+-IO¹]
1 The action of touching, contact, esp. as having some influence on the object touched. **b** social contact, communication, intercourse.
Ioui caste profanato sua ~one CATO *Agr*.132.2; anima..calescit..~one pulmonum CIC.*N.D*.2.138; seuocatus animus a societate et a ~one corporis *Div*.1.63; (*cf. sense 2a*) ministeria..in uicem ac ~o ipsa uolgabant morbos LIV. 3.6.3. **b** ab omni mentione et ~one Romanorum abstinebat LIV.40.20.6.

2 Touch or contact as communicating an infection: **a** infection with a disease. **b** infection or pollution with an evil of any kind.
a ne quis interueniat, qui ~one ceteros labefactet COL. 6.5.1; ne..uitia serpant ~one uini semper ocissima PLIN. *Nat*.14.134; (terra) pestifera ~one proluitur APUL.*Mun*.23. **b** ne ~o mea bonis umbraue obsit ENN.*scen*.350; ~one mei patris metuo malum PL.*Am*.31; funestari contionem ~one carnificis ueto CIC.*Rab.Perd*.11; ne quid ex ~one incommodi accipiant CAES.*Gal*.6.13.7; quin castra quoque urbanae seditionis ~one turbarentur LIV.5.12.7; superstitionis istius ~o PLIN.*Ep.Tra*.10.96(97).9; JUV.2.78.

3 A sympathetic influence, believed to affect natural events (as transl. of Gk. συμπάθεια).
ut..sit aliqua in natura rerum ~o CIC.*Div*.2.33; *Fat*.5; de ipsa ~one rerum respondeamus 7.

contāgium ~(i)ī, *n.* [as prec.+-IVM] FORMS: app. orig. only in pl. as poet. equiv. of CONTAGIO (the preferable form according to PAUL. *Fest*.p.59M); sg. from CURT. and SEN.*Ep*.
1 The action or fact of touching, contact.
corporis atque animai mutua uitalis discunt ~ia motus LUCR.3.345; LUC.6.379; quod ~ium quoque mei timeant SEN.*Ep*.13.6; STAT.*Ach*.1.227; (*cf.* contagio *3*) neque consensu ~ia fient LUCR.3.740.

2 Touch or contact as communicating an infection: **a** infection with a disease. **b** infection or pollution with an evil of any kind.
penetrant in eum (*sc.* animum) ~ia morbi LUCR.3.471; nec mala uicini pecoris ~ia laedent VERG.*Ecl*.1.50; *G*.3.469; HOR.*Epod*.16.61; ~ium morbi etiam in alios uulgatum est CURT.9.10.1; (*cf.*) uitiant artus aegrae ~ia mentis OV.*Tr*. 3.8.25. **b** inter scabiem tantam et ~ia lucri HOR.*Ep*. 1.12.14; ne ~ia fati corrumpant (*sc.* annos) timeo..mei OV.*Tr*.5.5.25; scelerum ~ia LUC.3.322; nomina libertati patriae deuota seruili ~io pollui GEL.9.2.10.

contāminātiō ~ōnis, *f.* [CONTAMINO+-TIO] Defilement, pollution.
qui patitur uxorem suam delinquere..quique ~oni non indignatur ULP.*dig*.48.5.2.3.

contāminātus ~a ~um, *a. superl.* ~issimus. [pple. of next] In vbl. senses, esp.:
1 Morally foul, guilt-stained, vile; ritually unclean, profane.
hominem uix liberum, ~um, perditum, flagitiosum CIC. *Ver*.3.134; homini sceleribus flagitiis ~issimo *Prov*.14; ~o cum grege turpium morbo uirorum HOR.*Carm*.1.37.9; (*masc. as sb.*) ex illo ~orum grege TAC.*Ann*.15.37;—pietate et religione..deorum mentis, non ~a superstitione..posse placari CIC.*Clu*.194; ~is manibus *Har*.26; [QUINT.]*Decl.* 12.28.

2 Soiled by use, 'second-hand'; (in quots. neut. as sb.).
ut anteponantur..innata atque insita adsumptis atque aduenticiis, integra ~is CIC.*Top*.69; ut de uolgaribus elegantia, de ~is noua redderes FRO.*Aur*.2.p.76(151N); 2.p. 114(162N).

contāminō ~āre ~āuī ~ātum, *tr.* [CON-+**tāmen* (*tag-* (TANGO) +-MEN)+-O³]
1 To defile with filth, pollute, befoul. **b** to infect with a disease.
sic interpositus uillo ~at uncto urbica Lingonicus Tyrianthina bardocucullus MART.1.53.4; hanc (deam) mox ita spreuit ut urina ~aret SUET.*Nero* 56.1; fit iniuria contra bonos mores, ueluti si quis..aquas spurcauerit, fistulas..ad iniuriam publicam ~auerit PAUL.*dig*.47.11.1.1; (*cf. sense 4*) partem..sanguinis..~ata ipsa respersaque, tulisse (fertur) ad penates suos LIV.1.48.7. **b** ablegatus est..ne familiam ~aret APUL.*Apol*.44.

2 To debase by admixture of an inferior strain or material, adulterate. **b** (app. applied by Terence's critics to his method of composition).
~ari stirpem ac misceri genus ACC.*trag*.208; perturbatis sacris, ~atis gentibus (*i.e. by adoption*) CIC.*Dom*.35; ~ari sanguinem suum patres confundique iura gentium rebantur LIV.4.1.2; amplissimos ordines..~atos ueteri neglegentia purgauit SUET.*Ves*.9.2; (*cf.*) illum (*sc.* proiectum corpus) se fingit sensuque suo ~at adstans (*i.e. wrongly endows it with his own feelings*) LUCR.3.883. **b** disputant ~ari non decere fabulas TER.*An*.16; rumores distulerunt maleuoli multas (fabulas) ~asse Graecas, dum facit paucas Latinas *Hau*.17.

3 To spoil, ruin, debase, corrupt.
ne hoc gaudium ~et uita aegritudine aliqua TER.*Eu*.552; per me ego ueritatem patefactam ~arem aliquo mendacio? CIC.*Sul*.45; uerbum ita ~atum est, ut iam 'squalor' de solis inquinamentis dici coeperit GEL.2.6.25; (uerbum) a grammaticis ~ari magis solitum quam enarrari 19.10.11.

4 To render (a sacred object, etc.) ritually unclean, profane, pollute, desecrate; also, to make (a person) ritually unclean.
(quod) religione omni uiolata religionis tamen nomine ~aris CIC.*Dom*.137; an supplicationes addendo diem ~ari passus es? *Phil*.2.110; penetralia uestra ~ari cruento latronis corpore sinetis? LIV.45.5.5; PLIN.*Pan*.63.7; imaginem suam ..noluit a multis artificibus uulgo ~ari APUL.*Fl*.7; (*cf.*) sanctissimam animam indignamque quae ferro ~aretur SEN.*Dial*.1.2.11;—se ut consceleratos ~atosque ab ludis..abactos esse LIV.2.37.9.

5 To pollute morally, defile, stain (with crime or impurity); to defile (another person) with sexual intercourse; also, to dishonour.
(reum) quam plurimis uitiis ~are (*i.e. represent as stained*) *Rhet.Her*.2.5; iudiciis..corruptis et ~atis paucorum uitio ac turpitudine CIC.*Div.Caec*.70; si summi uiri..Gracchorum..sanguine non modo se non ~arunt sed etiam honestarunt *Catil*.1.29; CAES.*Gal*.7.43.3; fraudibus..~ati LIV.39.18.4; illa se tantum stupro ~auit SEN.*Phaed*.690; Iulias..omnibus probris ~atas SUET.*Aug*.65.1; ~atis paene omnibus membris *Nero* 29.1; PECVNIA HORVM PRINCIPVM PVRA EST, NVLLA CRVORIS HVMANI ADSPERGINE ~ATA *CIL* 2.6278.7;—omnes (seruos)..qui ~assent dominas suas SEN.*Con*.7.6.14;—ut quisquam ingenuos contra fas legemque ~et PETR.108.3.

contārius ~(i)ī, *m.* [CONTVS+-ARIVS] A soldier armed with a *contus* or lance.
EX PRAEF ALAE ~IORVM *CIL* 3.4183; *Priv.Mil.Vet*.3.9 (*CIL* 3.p.881).

contechnor ~ārī ~ātus, *tr.* [CON-+TECHNA+-O³] To devise a trick, plot.
uide modo ne illic sit ~atus quippiam PL.*Ps*.1096.

contegō ~gere ~xī ~ctum, *tr.* [CON-+TEGO]
1 To cover over, usu. in order to conceal or protect, clothe; (of things) to form a covering over. **b** to cover with a roof, roof over; to shelter. **c** to entomb, bury; (also, of the earth). **d** to strew thickly, cover.
eas (partes corporis) ~xit atque abdidit CIC.*Off*.1.126; cum..arma..reposita ~ctaque essent CAES.*Civ*.2.14.1; ~cto oculo (*i.e. closed*) CELS.7.7.8.E;—(*w. abl.*) pro ueste pinnis membra textis ~git ACC.*trag*.540; caput glauco ~xit amictu VERG.*A*.12.885; spoliis..~ctum iuuenis corpus LIV.8.7.21; (*w. ret. acc.*) ~ctus umeros ferina pelle TAC. *Ann*.2.13; APUL.*Met*.10.30;—agger..ea quae in terra occultauerant Romani ~git CAES.*Gal*.7.85.6; omnia ~cta nebula erant LIV.40.22.4; sumit mutatque colorem semper ei similis quem ~git OV.*Hal*.34; inmensos tractus..dira..messibus nude ~gunt (locustae) PLIN.*Nat*.11.104. **b** lateribus lutoque musculus..~gitur CAES.*Civ*.2.10.5; locus ..linteis ~ctus LIV.10.38.5; COL.7.9.10; PLIN.*Nat*.16.36; ~ctis piscinis FRON.*Aq*.19; ~ctis uehiculis abduntur TAC. *Ann*.12.47; BALINEVM..AEDIFICAVIT ET ~XIT *CIL* 9.3152;—ut in aliquo ramorum nexu ~gantur (*sc.* infantes) TAC. *Ger*.46.4;—(*poet.*) stellae, quas ~git omnis formidans acrem morsum Lepus CIC.*Arat*.401(156); magnum uasto ~xit corpore pontum MAN.5.610. **c** ~ctos publicis operibus atque muneribus CIC.*Phil*.14.34; ut..eos uno tumulo ~gerent LIV.26.25.13; Taenaria ~gar exul humo OV.*Ep*. 15.276; TAC.*Hist*.1.49;—tumulus qui corpus eius ~xerat CIC.*Arch*.24; OV.*Pont*.1.2.58; ALTERA ~XIT TELLVS DEDIT ALTERA NASCI *CIL* 13.6429. **d** morte campos ~gi ACC. *trag*.317; rapta leoni fulua pellis ~cta iuba SEN.*Her.O*.1933; alga eas (*sc.* paludes) ~xerunt FRON.*Str*.2.5.6; PLIN.*Pan*. 12.1.

2 To conceal, hide (a person or thing). **b** (transf., a fact or event).
messoria se corbe ~xit CIC.*Sest*.82; uerberum notas arte ~xi PETR.132.6; quidam seruili habitu alii fide clientium ~cti TAC.*Hist*.3.73; (*in fig. phr.*) aperiet et recludet ~cta..uictricium partium uulnera bellum ipsum 2.77. **b** illi miserae indigne factam iniuriam ~xis TER.*Hec*.401; libidines..quas fronte et supercilio..~gebat CIC.*Prov*.8; nulla domus tales umquam ~xit amores CATUL.64.334; TAC.*Ann*.13.13.

contemerō ~āre ~āuī ~ātum, *tr.* [CON-+TEMERO] To violate, defile.
Cypassis obicitur dominae ~asse torum OV.*Am*.2.7.18; leo..ausus tam notas ~are manus MART.*Sp*.10.2.

contemnendus ~a ~um, *a.* [gdve. of CONTEMNO] To be despised or neglected; esp. w. neg. or virtual neg., not negligible, considerable.
qui ius ciuile ~um putat CIC.*Caec*.70; si ille rex ~us fuisset *Mur*.34; leuia sunt, ~a SEN.*Ep*.118.12;—oratores non ~i CIC.*Brut*.51; in parte Italiae minime ~a *Fam*.6.6.9; exercitus habent non ~os PLANC.*Fam*.10.24.6; bellum nequaquam ~um LIV.24.21.1; haud ~um exercitum fecerat 25.37.4.

contemnificus ~a ~um, *a.* [CONTEMNO+-FICVS] Scornful, contemptuous.
ego enim ~us fieri et fastidire Agamemnonis LUCIL.654.

contemnō ~nere ~psī ~ptum, *tr.* [CON-+TEMNO] FORMS: *contemserit CIL* 3.9450.
1 To regard with contempt, look down on, take a poor view of, despise. **b** (refl.). **c** to treat with contempt in word or action, scorn, insult.
ut ne ~nat te ille PL.*Per*.603; arbitror..te tuom consilium ~psisse TER.*Hec*.90; caueto alienam disciplinam temere ~nas CATO *Agr*.1.4; non est eis satis non ~ni, laudari etiam uolunt CIC.*Orat*.171; scilicet ~psi te, nec potest fieri me quicquam superbius *Fam*.3.7.4; suos cohortatus..ut uictos ~nerent CAES.*Civ*.2.5.2; (cunctatio Fabi) ~pta erat inter ciues armatos pariter togatosque LIV.22.23.3; primo statim conspectu ~pta paucitas 22.28.9;—(*w.* prae) hic ego illum ~psi prae me TER.*Eu*.239; illum exercitum prae Gallicanis legionibus..magno opere ~no CIC.*Catil*.2.5; OV.*Met*.11.155;—(*w. obj. inf.*) non tamen idcirco ~nas lippus inungi HOR.*Ep*.1.1.29; SEN.*Phoen*.197;—(*w. obj. cl.*) nec ~nas aut despicias quod..numquam cara est annona ueneni JUV.9.99;—(*absol.*) nisi ille ~net, etiam magistrum me ei profitebor CIC.*Q.fr*.2.12.2; PROP.2.14.19. **b** ut ipsa se ~nit! PL.*Mil*.1236; non ~nere se et reges odisse superbos LUCIL.1182; senatus se ipse non ~nit CIC.*Phil*.13.15. **c** quo redibo ore ad eam quam ~pserim? TER.*Ph*.917; ~psisti L. Murenae genus, extulisti tuum CIC.*Mur*.15; gratae mihi tuae litterae, nisi quod Sinuessanum deuersoriolum ~psisti *Fam*.12.20; *B.Alex*.43.2; bene ausus uana ~nere LIV.9.17.16; iuuat (grues) orbe sereno ~psisse niues STAT.*Theb*.12.518; nec tributis ~nuntur nec publicanus atterit TAC.*Ger*.29.2.

2 To treat as of no importance, pay no heed to, disregard. **b** (poet., of things).
tu, uerbero, imperium meum ~psisti? PL.*As*.416; cetera ~nit et in usura omnia ponit LUCIL.550; neque tam amentem, ut poenas ac iudicia ~neret CIC.*Part*.119; mortem..pro patria ~psisse dicuntur *Sest*.48; induxit..alios ut ipsum uinci ~nerent *Fam*.15.15.2;—nere uolnus consuetudo docet *Tusc*.2.38; SAL.*Cat*.52.35; ubi ~pti rupistis frena pudoris PROP.3.19.3; desierant iam ulla ~ni bella LIV.6.6.6; fortitudo est uirtus pericula iusta ~nens SEN.*Ben*.2.34.3. **b** saxa..ictus ~nere sueta LUCR.2.448; 5.379; ~nere uentos adsuescant (uites) VERG.*G*.2.360; *A*.3.77; nondum caeruleas pinus ~pserat undas TIB.1.3.37; JUV.5.102.

3 To keep away from, avoid, have nothing to do with (a thing).
caelo..examina ludunt ~nuntque fauos VERG.*G*.4.104; nullas illa suis ~net fletibus aras (*i.e. approach every altar*) PROP.1.4.23; siccus ~pta naue uiator eat OV.*Pont*.4.10.34; unicuique licet ~nere haec, quae pro se introducta sunt JULIAN.*dig*.4.4.41;—(*w. inf.*) si non latitet, ~nat autem uenire ULP.*dig*.40.5.28.1.

contemperō ~āre ~āuī ~ātum, *tr.* [CON-+TEMPERO] To temper (a drink).
aureum cantharum mulso ~a APUL.*Met*.10.16.

contemplātiō ~ōnis, *f.* [CONTEMPLO+-TIO]
1 The action of looking at, regarding, view. **b** the taking of aim.
cum ex terra nihil emineret quod ~oni caeli officere posset CIC.*Div*.1.93; totum consilium ab earum (*sc.* tabularum) ~one oculos auertit V.MAX.2.10.1; SEN.*Dial*.8.5.4; Ascyltos iniecit ~onem super umeros rustici emptoris PETR.12.4; in cuius (simulacri) ~one admonent aeditui parcere oculis PLIN.*Nat*.36.32; APUL.*Met*.3.9. **b** quia sagittis praecipua ~one utantur PLIN.*Nat*.6.194.

2 Mental contemplation, consideration, study.
est..animorum..naturale quoddam quasi pabulum consideratio ~oque naturae CIC.*Luc*.127; *Tusc*.5.8; natura nos ad utrumque genuit, et ~oni rerum et actioni SEN. *Dial*.8.5.1; si qua sunt his similia, ad quae ~onem suam dirigat COL.3.12.4; aufert animum..~o tam prodigae mentis PLIN.*Nat*.36.116; QUINT.*Inst*.2.4.20; TAC.*Ag*.46.1; totus animus in hac una ~one defixus est PLIN.*Ep*.2.1.12; (*pl.*) ἀκροατικά..uocabantur..quae..ad naturae ~ones..pertinebant GEL.20.5.3.

3 A taking into consideration; esp. abl. w. dependent gen., in consideration of, for the sake of.
personarum ~o habenda est ULP.*dig*.2.15.8.11; id, quod sibi relictum est hac ~one, ut..emanciparet 35.1.92;—simulacri iacentis ~one in uita me retinendum censuere APUL.*Met*.8.30; si quis negotia mea gessit non mei ~one ULP.*dig*.3.5.5.5; si ~one domini pecuniam dedi..seruo 15.3.10.5.

contemplātiuus ~a ~um, *a.* [CONTEMPLO+-IVVS] Theoretical, speculative.
nulla ars ~a sine decretis suis est..philosophia..et contemplatiua est et actiua SEN.*Ep.*95.10.

contemplātŏr ~ōris, *m.* [CONTEMPLO+-TOR] One who observes or studies.
hominem..(uidemus) quasi ~orem caeli ac deorum cultorem CIC.*Tusc.*1.69; animus ~or admiratorque mundi SEN.*Dial.*12.8.4; (Thales) astrorum peritissimus ~or APUL.*Fl.*18.

contemplātrix ~īcis, *f. adj.* [CONTEMPLO+-TRIX] That observes or studies.
eorum..quae in morbis communia sunt ~icem (medicinam) esse contendunt CELS.1.pr.57; disciplina ~ix bonorum APUL.*Pl.*2.8.

contemplātus ~ūs, *m.* [next+-TVS³] Pondering, contemplation.
sic meque reduco a ~u summoueoque mali OV.*Tr.*5.7.66.

contemplō ~āre ~āuī ~ātum, and **~or** ~ārī ~ātus, *tr.* [CON-+TEMPLVM+-O³, *cf.* VAR.*L.*7.9]

1 To look at hard, examine visually, gaze at. **b** to be a (living) spectator of.
α opulentum oppidum ~a ENN.*scen.*288; ~a placide formam et faciem uirginis NAEV.*trag.*3; habere speculum ubi os ~arent suom PL.*Epid.*383; *Trin.*863; ACC.*trag.*557; non prius ullam suo induisse capiti personam, antequam diu ex aduerso ~aret FRO.*Aur.*2.p.68(147 N); (*ellipt. or absol.*) quando incedat per uias, ~ent, conspiciant omnes PL.*Mer.*407; *Cist.*702. β ~or..aetheris oras ENN.*Sat.*3; mirari noli neque me ~arier PL.*Poen.*1129; TER.*Ph.*550; ~ari unum quidque otiose et considerare coepit CIC.*Ver.*4.33; imperator..auersos hostes ~atus LIV.40.40.10; diu tacitus ~atus Caesarem VELL.2.107.2; (*cf.*) te..~ans absentem et quasi tecum coram loquerer CIC.*Fam.*2.9.2. **b** α NI POSSIT AMPLIVS VLLVM MENSEM ASPICERE, VIDERE, ~ARE *CIL* 1.2520.46.

2 To observe, notice, remark, study.
α ~a..satin haec me uestis deceat PL.*Mos.*166; ~a ut haec me deceat 172. β codicis lituras tui ~are CIC.*Ver.*3.41; at mihi plaudo ipse domi, simul ac nummos ~or in arca HOR.*S.*1.1.67; ~atus ex propinquo situm urbis moeniaque LIV.24.46.1; PLIN.*Nat.*35.82;—(*w. indir. qu.*) corpus ~atur unde corporaret uulnere ENN.*scen.*114; ~ari ancillas, quam arbitrer illarum subcubonem esse TITIN.*com.*91; ~atus..qui tractus castrorum quaeque forma esset LIV.3.28.1;—(*w. acc. and inf.*) ~atus procul auium multitudinem..ex silua consurrexisse FRON.*Str.*1.2.7;—(*ellipt. or absol.*) ~ator enim, cum..nubila portabunt uenti transuersa per auras aut ubi.. LUCR.6.189; VERG.*G.*1.187.

3 To ponder, consider, contemplate.
α tu cetera cura et ~a PL.*Mil.*1029; uirtutes..cum ei uelut propius ~are licuisset [QUINT.]*Decl.*3.18; omnifariam sapientiae studium ~arent APUL.*Fl.*7. β anquirentibus nobis omnique acie ingeni ~antibus CIC.*de Orat.*1.151; id animo ~are quod oculis non potes *Deiot.*40; homo ortus est ad mundum ~andum *N.D.*2.37; exercitus..qui plerumque ~atus frequentiam suam a disciplina desciscit VELL.2.18.1.

4 To take into consideration, have regard for.
β ante oculos habere debet in decernendo et mancipia.. aetatem etiam ~ari ULP.*dig.*27.2.3.2; PAUL.*dig.*48.8.17.

contemplum ~ī, *n.* [CON-+TEMPLVM] (dub.) A place for observation in augury.
ideo dicere, cum ~um (tum cum templum *Turnebus*) facit, augurem 'conspicione' VAR.*L.*7.9.

contemptibilis ~is ~e, *a.* [CONTEMNO+-BILIS] Contemptible, worthless.
ne ~is uideatur (proconsul) ULP.*dig.*1.16.9.2; margarita.. uel uestis serica uel quid aliud non ~e 21.2.37.1.

contemptim, *adv.* [CONTEMNO+-IM]

1 Contemptuously.
superbiter ~ conterit legiones NAEV.*poet.*45(46); ut ~ carnufex! PL.*Per.*547; *Poen.*537; e summo..deicit ictos inuidia interdum ~ in Tartara taetra LUCR.5.1126; ~ de Romanis loquentes LIV.9.41.9; 37.10.2; CURT.8.13.15; quod ..ipsorum duces ~ tamquam insultantes Vitellio scripsissent TAC.*Hist.*3.9.

2 Without regard to danger, fearlessly.
effusi et ~ pugnam iniere LIV.2.30.12; 25.37.15; PLIN.*Nat.*8.50; barbari ~ uagabantur TAC.*Hist.*3.47.

contemptiō ~ōnis, *f.* Also, **contemtiō.** [CONTEMNO+-TIO]

1 The action of despising, scorn. **b** the state of being despised, contempt.
rerum humilium ~o *Rhet.Her.*3.3; hanc ~onem pecuniae CIC.*Phil.*3.16; neque Eburones..tanta ~one nostri ad castra uenturos esse CAES.*Gal.*5.29.2; deorum immortalium ~o atque iniuria LIV.6.41.4. **b** si eos in odium..in ~onem adducemus *Rhet.Her.*1.8; CIC.*Inv.*1.22; ut iam non solum hostibus in ~onem..ueniret CAES.*Gal.*3.17.5; TAC.*Ann.*11.20.

2 The action of disregarding or paying no heed to.
fortitudo est ~o laboris et periculi *Rhet.Her.*4.35; tanta licentia, tanta legum ~o CIC.*Sest.*134; *Tusc.*2.43; SEN.*Ep.*31.4.

contemptius, *compar. adv.* [CONTEMPTVS¹+-E] With greater contempt.
quos aut in sua uides turba speciosius elidi aut in aliena ~ SEN.*Dial.*10.12.1; SUET.*Dom.*11.2.

contemptor ~ōris, *m.* [CONTEMNO+-TOR]

1 One who looks down on or despises.
haudquaquam..~or eius (*sc.* plebis) habebatur LIV.6.34.5; hic est nostri ~or OV.*Met.*11.7; (Cicero) minime sui ~or QUINT.*Inst.*12.1.20; (*appos.*) quoi..inerat ~or animus et superbia SAL.*Jug.*64.1.

2 One who pays no heed to, scorner.
~or diuum Mezentius VERG.*A.*7.648; ~or gratiae, diuitiarum LIV.39.40.11; ~or ferri nulloque forabilis ictu OV.*Met.*12.170; hostium flammarumque ~or SEN.*Ep.*66.51; ~or suae infamiae TAC.*Ann.*6.38; religionum..~or SUET.*Nero* 56.1;—(*appos.*) animus lucis ~or VERG.*A.*9.205; sonipes strictae ~or habenae STAT.*Theb.*11.513; PLIN.*Pan.*55.9.

contemptrix ~īcis, *f.* [CONTEMNO+-TRIX] She who despises; she who pays no heed to or scorns.
ego illam me uelim conuenire..~icem meam PL.*Bac.*531; uirtus..~ix eius (*sc.* uoluptatis) et hostis SEN.*Ben.*4.2.4; —illa propago ~ix superum OV.*Met.*1.161; fortitudo ~ix timendorum est SEN.*Ep.*88.29; PLIN.*Nat.*19.154; SIL.13.830.

contemptus¹ ~a ~um, *a. compar.* ~ior, *superl.* ~issimus. [pple. of CONTEMNO] In vbl. senses, esp.: Despicable, paltry, mean.
non ~us orator CIC.*Brut.*96; ne ~issimi ac despicatissimi esse uideamur *Ver.*3.98; uita etiam ~a ac sordida *Planc.*12; nihil illo ~ius *Phil.*3.16; quo ~ior paucitate ipsa ordo esset LIV.1.49.6; GERM.*Arat.*334; ~issimorum uitiorum officinas COL.1.pr.5; QUINT.*Inst.*6.1.16; TAC.*Hist.*2.87; (*masc. as sb.*) hanc rem etiam a ~issimis posse contemni SEN.*Ep.*70.22.

contemptus² ~ūs, *m.* [CONTEMNO+-TVS³]

1 The action of despising, contempt. **b** the state of being despised, contempt, ignominy.
~u exercitus nostri *B.Alex.*74.3; usque ad nos ~us Samnitium peruenit LIV.7.30.18; VELL.2.60.3; inde..~us operis innascitur QUINT.*Inst.*12.6.2; degenerabat a labore ac uirtute miles..~u ducis TAC.*Hist.*2.62;—(*pred. dat.*) Gallis..breuitas nostra ~ui est CAES.*Gal.*2.30.4; iratus quod clementia sua ~ui esset SEN.*Con.*9.2.20; ceteras (caerimonias) ~ui habuit SUET.*Aug.*93. **b** turpis..~us et acris egestas semota ab dulci uita stabilique uidetur LUCR.3.65; aliud succrescit et ⟨e⟩ ~ibus exit 5.833; LIV.1.56.7.

2 The action of disregarding, scorn.
uirtutem..in ~u deorum hominumque ponis LIV.9.34.22; ~um legum, magistratuum, senatus 23.4.6; de mortis ~u SEN.*Suas.*11; SEN.*Ep.*23.7; QUINT.*Inst.*7.2.29; hinc generandi amor et moriendi ~us TAC.*Hist.*5.5.

contemtiō: see CONTEMPTIO.

contendō ~dere ~dī ~tum, *tr., intr.* [CON-+TENDO] CONST.: tr. in senses 1, 2, 3, 6, 7, 9; intr. 4, 5, 7, 8.

1 To draw tight, make taut, stretch; to draw or bend (a bow, catapult, etc.); to tune (a stringed instrument) by stretching. **b** to lay out, extend, stretch out.
~de tenacia uincla VERG.*G.*4.412; resticula circumdata et ~ta VITR.10.2.6; ~to retia fune trahunt OV.*Ars* 1.764; ualentius membrum duobus eget, qui in diuersa ~dant CELS.8.10.1.D; uos..~ta ferebant uela V.FL.4.748;—tormenta ~duntur SIS.*hist.*90; tormenta telorum eo grauiores emissiones habent, quo sunt ~ta atque adducta uehementius CIC.*Tusc.*2.57; non ut ~deret arcum VERG.*A.*12.815; OV.*Pont.*1.5.49;—in fidibus pluribus, nisi nulla earum ⟨non⟩ ita ~ta neruis sit CIC.*Fin.*4.75. **b** Hellesponto pontem ~dit in alto ENN.*Ann.*378; sarmentis connexus uelut funis ..per imum (fossae) ~detur COL.2.2.11.

2 To throw vigorously, hurl, shoot.
procul infensam ~derat hastam VERG.*A.*10.521; pectus harundo per medium ~ta fugit V.FL.3.136; sagittas ~dit neruo SIL.1.323;—(*refl., cf. sense 5*) celeri gradu per forum se in Capitolium ~dit MACER *hist.*25; (*transf.*) quo se ~dit dira libido LUCR.4.1046.

3 To exert, strain, tense (one's body, one's physical or mental powers).
~dit oculos *Inc.pall.*22; onera ~tis corporibus facilius feruntur CIC.*Tusc.*2.54; ~dit omnis neruos..ut persuadeat *Fat.*21; de palma summas ~dere uiris LUCR.4.989; ~to poplite HOR.*S.*2.7.97; nec sua perpetuo ~dant ilia risu OV.*Ars* 3.285; in talis animum ~dere curas *Pont.*1.5.11; membra..~dit toto, quicumque manebat, sanguine LUC.3.624;—(*refl.*) nonne uides oculos etiam, cum tenuia quae sunt cernere coeperunt, ~dere se atque parare..? LUCR.4.809;—(*poet.*) quis languida tela, quis ~ta ferat LUC.7.563.

4 To make an effort, strive, exert oneself; (rhet.) to speak seriously or passionately.
cum..ne pulsus quidem ita sim ut, si ~derem, superare non possem CIC.*Dom.*88; utrum remissior essem an summo iure ~erem *Att.*16.15.1; illos quidem ~dere, eniti, hos quiescere PLIN.*Ep.*9.3.2;—(*w. abl. of instr.*) sic pugnaui, sic omni ratione ~di CIC.*Clu.*51; quantum potero uoce ~dam *Lig.*6; dolis atque fallaciis ~dit SAL.*Cat.*11.2; non possis oculo quantum ~dere Lynceus HOR.*Ep.*1.1.28;—(*w.* ut, ne) quod ille..futura uiderit et ne fierent ~derit CIC.*Att.*12.4.2; ~de omnibus neruis..ut adipiscamur quod petimus Q.CIC.*Pet.*56; PLIN.*Pan.*78.2;—(*w.* ad) hunc..ad imitationem quasi nostri generis ~disse CIC.*Hort.*fr.22;—(*w. inf.*) Dyrrachium..perere ~di *Planc.*97; CAES.*Gal.*1.53.2; VERG.*A.*1.158; SIL.13.441; TAC.*Ann.*15.46; (*cf.*) et quia tenuia sunt, nisi quae ~dit, acute cernere non potis est animus LUCR.4.802;—(*w. internal acc.*) neque ego nunc hoc ~do.. mutare animum CIC.*Q.fr.*1.1.38; id sibi ~dendum..existimabat CAES.*Gal.*4.17.2;—cum..~dere oportebit *Rhet.Her.*3.25.

5 To go quickly, hasten, press forward. **b** (fig.). **c** (w. *cursum, iter*) to direct (one's course or way). **d** (transf.) to pass (into a new form, etc.). **e** (topog.) to extend.
quae res eum nocte una tantum itineris ~dere coeg t? CIC *S.Rosc.*97; Roma ~derat *Rab.Post.*21; inde ad Amanum ~di *Att.*5.20.3; quam maximis potest itineribus in Galliam ulteriorem ~dit CAES.*Gal.*1.7.1; ad exercitum Afranī ~dit *Civ.*1.37.3; quo ~derat, peruenit NEP.*Timoth.*3.4; media urbe per Carinas Esquilias ~dit LIV.26.10.1; recta patrium larem reuisurus meum..~do APUL.*Met.*11.26; (*impers. pass.*) qua causa huc opere maxumo ~ditur? TURP.*com.*178; —(*w.* ad+*gdve.*) ad eos persequendos ~dit HIRT.*Gal.*8.30.2; CURT.4.8.10;—(*poet.*) quo mihi diuersum fama ~dere in orbem? OV.*Pont.*1.5.67. **b** cum ad ultimum animo ~dissemus CIC.*Mur.*65; qui..ad summam laudem gloriamque ~deret *Phil.*14.32; aequitas loci aduersarios efflagitabat ut tali condicione ~derent ad uictoriam *B.Hisp.*29.7; ad id propositum ~dentes VITR.6.pr.4. **c** cursum huc ~dit suom PL.*Cist.*534; VERG.*A.*5.834; ad moenia Romae..~dat iter SIL.5.125. **d** cum uero praeterito iunguntur ('esse' et 'erit'), uim temporis sui amittunt et in praeteritum ~dunt GEL.17.7.6. **e** (gens) usque ad Cyrresticam eius regionem parte sua quae uocatur Cataonia ~dit PLIN.*Nat.*6.24.

6 (esp. w. acc. and inf.) To assert, allege, maintain.
audebo etiam hoc ~dere, numquam esse condemnatum.. ab imperatore nostro ciuitate donatum CIC.*Balb.*53; LIV.6.40.5; non minus pro eo esse..quod nos ~dimus QUINT.*Decl.*311(p.223,l.6);—(*w. acc. and inf.*) ego totum Rosci fuisse ~do CIC.*Q.Rosc.*28; *Caec.*97; quouis Sabinum pignore esse ~dunt CATUL.44.4; apud eos ~dit falsa iis esse delata NEP.*Them.*7.2; LIV.8.18.8; QUINT.*Inst.*1.2.25; purum te ~do uirum JUV.6.O28; ULP.*dig.*37.9.1.14.

7 (freq. w. *ab*) To ask for earnestly, demand, press for.
(*w.* de) a magistris cum ~derem de proferendo die CIC.*Fam.*12.30.5; *Q.fr.*3.1.15;—(*w.* ut, ne) ~das ut..liceat redire antiquam in consuetudinem TURP.*com.*93; cum a me peteret et summe ~deret ut propinquum suum defenderem CIC.*Quinct.*77; a militibus ~dit ne..reliqui negoti gerendi facultatem dimitterent CAES.*Civ.*3.97.1;—(*w. subj. alone*) nec dubito quin a me ~dat ad urbem ueniam CIC.*Att.*9.17.1; APUL.*Met.*2.18;—(*absol.*) sin..~dere perseueret CIC.*Quinct.*66; agam studiosius et ~dam ab illo uehementius *Att.*11.10.2;—(*w. acc.*) ~dere honores VAR.*Men.*450; hic magistratus a populo summa ambitione ~ditur CIC.*Ver.*2.131; petit..ut sibi Sassia nubat et id magno opere ~dit *Clu.*27; remissius istud ~deremus PLIN.*Pan.*79.2.

8 To engage in a contest, compete, contend. **b** (w. nature of contest expr. by abl. etc.). **c** to contend in a law-suit. **d** to contend in battle, fight. **e** to contend in words, dispute, argue; (w. internal acc.) to make the subject of contention, dispute.
(*w.* aduersus) non ~dam ego aduersus te ANT.*Att.*14.13a.2;—(*w.* cum) qui..tecum de honore..~dent CIC.*Sul.*24;—(*w.* inter se) inter se palam de praemiis..~debant CAES.*Civ.*3.82.3;—(*w. dat.*) fabriles operae rudibus ~dere massis festinant *Aetna* 563;—(*impers. pass.*) de praefecto urbis..magna utrimque ui ~debatur SAL.*Hist.*1.54; dum circa adprehendendum eum a multitudine ~ditur FLOR.*Epit.*2.7(3.19.12); in ciuilibus dissensionibus..non in exitium rei publicae ~ditur ULP.*dig.*49.15.21.1;—(*w. indir. qu.*) qui inter se ~derent, uter potius rem publicam administraret CIC.*Off.*1.87; SEN.*Nat.*7.32.3;—(*w. inf.*) in hoc ~ditur uincere MELA 2.19;—(*pple. as sb.*) inter ~dentes duos terrarum orbis elisus est SEN.*Ben.*6.3.2;—(*of things*) nulla est celeritas quae possit cum animi celeritate ~dere CIC.*Tusc.*1.43; non tamen ista meo ualeant ~dere amori PROP.1.14.7; dulcia cui nequeant suco ~dere mella VAR.AT.*poet.*20. **b** ut..cum iudice ipso..iurgio saepe ~deret CIC.*Brut.*246; uerbis inter nos ~dimus *Parad.*23; certare ingenio, ~dere nobilitate LUCR.2.11; si uellet..proelio ~dere CAES.*Gal.*1.48.3; alternis..~dere uersibus VERG.*Ecl.*7.18; ~dunt ludo *A.*6.643; contendat mecum ingenio, ~dat et arte PROP.2.24.23; iudicio ~dit QUINT.*Decl.*309 (p.215,l.8);—(*w.* de) qua de re iure disceptari oporteret, armis non ~dere CIC.*Caec.*1;—(*w. pred. adj.*) qui armatus de possessione ~disset *Caec.*93;—(*w. adv.*) cum ciuiliter ~dimus *Off.*1.38;—(*w. internal acc.*) in quibus (*sc.* ludis) ipse ~dit pammachium..cum Achareo HYG.*Fab.*273.5. **c** quicum tu posthac de possessione ~des CIC.*Caec.*76; non iam de uita P. Sullae, iudices, sed de sepultura ~ditur *Sul.*89; per collusionem..alterutrius ~dentium ULP.*dig.*43.26.3.4;—(*of things*) improbitatem et gratiam cum inopia et ueritate ~dere CIC.*Quinct.*84. **d** nostri cum illo rege ~derunt imperatores CIC.*Man.*8; ut magis uirtute quam dolo ~derent CAES.*Gal.*1.13.6;—(*fig., w.* contra) cum.. contra..uim grauitatemque morbi ~dit CIC.*Phil.*9.15; ut contra uniuersam naturam nihil ~damus *Off.*1.110. **e** quo uerbo quid appellandum sit, ~ditur CIC.*de Orat.*2.107; HOR.*Ep.*1.18.28; VELL.2.32.2;—remittendum aliquid uidetur, ne omnia ~damus CIC.*Ver.*2.52; id..uolumus, id contendimus, ut officii fructus sit ipsum officium *Fin.*2.72; nec..quod ~datis quicquam est LIV.4.4.12; cum lege agitur et uindiciae contenduntur GEL.20.10.1.

9 To bring into comparison, match, contrast (one thing with another or a number of things together).
signum recte comparebat; huiius ~di anulum PL.*Vid.*fr.14(11); ~de alterum genus..ecquid ibi uideris melius VAR.*Men.*210; suam quaeque nobilitatem formam opes ~dere TAC.*Ann.*12.1;—(*w.* cum) caue sis tuam ~das iram contra cum ira Liberi NAEV.*trag.*36; illi suam uitam mecum ~dunt MACER in Non.p.258M; quicquid tu contra dixeris, id cum defensione nostra ~dito CIC.*S.Rosc.*93; TAC.*Ann.*4.32;—(*w. dat.*) huncin ego umquam Hyacinto hominem.. ~di? LUCIL.277; ut..~dere te tibimet incipiam FRO.*Aur.*2.p.126(103N); (*w.* ad) ut uim ~das tuam ad maiestatem uiri ACC.*trag.*648;—leges oportet ~dere CIC.*Inv.*2.145; otiosum est uetera et praesentia ~dere TAC.*Ann.*13.3; (*w.* inter se) bella..duo maxima..~dere inter se pro copiis cuiusque ducis..pergam FRO.*Ver.*2.p.202(204N).

contenebrascō ~ascere ~āuī, *intr.* [CON-+TENEBRAE+-SCO] To become completely dark (in quot., impers.).
rursus pascunt (oues), quaad ~auit VAR.*R.*2.2.11.

conteneō: see CONTINEO.

contentē[1], *adv.* *compar.* ~ius, *superl.* ~issimē. [CONTENTVS[1]+-E] With great exertion, vehemently, vigorously.
cum ~e pro se ipse lege Varia diceret Cic.*Tusc.*2.57; plaga hoc grauior, quo est missa ~ius 2.57; acriter atque ~e pro suis utrimque decretis propugnantibus Gel.18.1.2; ~issime clamitat Apul.*Fl.*9;—(*transf.*) ornamentis eisdem uti fere licebit alias ~ius, alias summissius Cic.*de Orat.*3.212.

contentē[2], *adv.* [CONTENTVS[2]+-E] In a restrictive manner, closely.
quamquam illum mater arte ~que habet Pl.*As.*78.

contentiō ~ōnis, *f.* [CONTENDO+-TIO]

1 A stretching, tension.
quemadmodum..~onibus eae (*sc.* ballistae) temperentur Vitr.10.11.9; 10.12.1.

2 The strenuous exercise of any of the physical or mental faculties, exertion, effort. **b** the raising of the voice, vigour in speaking. **c** (rhet.) the use of impassioned or emphatic speech; such a passage in a speech. **d** intensification (of feelings, actions, etc.).
(pugna) summa ~one pugnata Cic.*Mur.*34; ut neque eloquentia maiore quisquam nec grauitate nec studio nec ~one agere potuerit *Fam.*1.1.2; ut..hominum membra nulla ~one mente ipsa ac uoluntate moueantur *N.D.*3.92; superioris temporis ~onem nostri omnem remiserant Caes.*Civ.*2.14.6; ingenti..~one exercitu scripto Liv.6.36.4; auibus deuoratis solidis ~one plumam excitam reuomunt (serpentes) Plin.*Nat.*10.197; Plin.*Pan.*75.4;—(*w. gen. of faculty, action, etc.*) oti fructus est non ~o animi, sed relaxatio Cic.*de Orat.*2.22; summa ~one corporis 3.31; laterum magna ~o *Brut.*313; studiorum in mea salute ~o *Sest.*130; infirmior, quam ut ~onem dicendi sustineret Liv.33.2.2; illi porrigerem manum quem iam membrorum ~one lassatum fluctus hauriret [Quint.]*Decl.*5.18; amouendum..censuit, tanta ~one animi ut iure iurando obstringeret e re publica id esse Tac.*Ann.*4.31. **b** ut una continuatione uerborum..binae ei ~ones uocis et remissiones continerentur Cic.*de Orat.*1.261; toto corpore atque omnibus ungulis, ut dicitur, ~oni uocis adseruiunt *Tusc.*2.56; a summa ~one paribus interuallis descendere Sen.*Con.*1.pr.16; Curt.7.7.9. **c** neque minus haec..sermonis lenitas, quam illa summa uis et ~o probatur Cic.*de Orat.*1.255; non..sunt alia sermonis, alia ~onis uerba 3.177; ut ne omnibus locis eadem ~one uterentur *Orat.*109;—hos motus subsequi debet gestus..supplosio pedis in ~onibus aut incipiendis aut finiendis *de Orat.*3.220. **d** breuis altercatio..in ~onem animorum exarsit Liv.10.23.4; nescis..quanta tibi opus sit ueritatis ~one [Quint.]*Decl.*7.13; cum seriarum laxamenta curarum uitiorum ~one supplerent Plin.*Pan.*82.9.

3 The act of competing (in or for a thing), competition, rivalry.
an decertare mecum uoluit ~one dicendi? Cic.*Phil.*2.2; Libonis et Hypsaei non obscura concursatio et ~o *Fam.*1.1.3; Liv.37.47.6; haec..licendi ~o fructus licitatio uocatur Gaius *Inst.*4.166;—(*w. obj. gen.*) in ~one suscipiendarum inimicitiarum Cic.*Div.Caec.*59; in honoris ~one *Mur.*8; ut..ipsa ~one decoris accenderentur Tac.*Hist.*3.27;—(*w.* de) his erat inter se de principatu ~o Caes.*Gal.*7.39.2; Nep.*Ag.*1.2;—(*w. indir. qu.*) cum esset in senatu ~o Lentulusne an Pompeius reduceret Cic.*Q.fr.*2.2.3; tanta erat completis litoribus ~o, qui potissimum..conscenderent Caes.*Civ.*2.43.4; Nep.*Milt.*4.4.

4 A conflict, contention, disagreement, dispute, quarrel. **b** *in ~onem uenire* (*uocari*), also *in ~one poni*, to become or be made the subject of dispute, to be disputed. **c** a discrepancy, disagreement (between statements, etc.). **d** a point of disagreement, subject of dispute.
sine ~one consentiendo Hem.*hist.*11; homines ~onis cupidiores quam ueritatis Cic.*de Orat.*1.47; omnem esse ~onem inter homines doctos in uerbi controuersia positam 1.107; magnae cotidie ~ones inter Habitum et Oppianicum ..excitabantur *Clu.*44; neue ex sua ~one seditio oreretur Sal.*Cat.*34.2; ~ones tribunorum aduersus nobilium iuuentutem ortas Liv.3.65.5; Tac.*Ann.*13.28; quantas ~ones excitarit lex tabellaria Plin.*Ep.*3.20.1;—(*w.* de) secuta est summa ~o de domo Cic.*Att.*4.2.2; de legione tricesima tradenda quantas ~ones habuerim Pol.*Fam.*10.31.5; Liv.22.61.8;—(*military*) omnis regum clarissimorum res gestas cum tuis nec ~onum magnitudine nec numero proeliorum..posse conferri Cic.*Marc.*5; equos propter crebras ~ones proeliorum ferocitate exultantes *Off.*1.90; erat Romanis nec loco nec numero aequa ~o Caes.*Gal.*7.48.4;—(*at law*) utrum fuerit utilius ex ~one *Rhet.Her.*2.21; scriptionum..quae absunt a forensi ~one Cic.*Orat.*37; cum..de priuatorum hominum ~one iuris loquamur *Caec.*41; Quint.*Decl.*268 (p.92,l.7). **b** uenit iam in ~onem, utrum sit probabilius Cic.*Div.*2.128; si res in ~onem ueniet *Off.*2.71; reliqui temporis spatium in ~onem uocatur *Mur.*18; ut res minime dubitanda in ~one ponatur *Cael.*55. **c** ut..disceptetur..in scripti sententiaeque ~one utrum potius iudex sequatur Cic.*Part.*108; ~o..uerborum 124. **d** quae ex statu ~o efficitur, eam Graeci κρινόμενον uocant Cic.*Top.*95; haec est una ~o quae adhuc permanserit *Luc.*78.

5 The bringing together of several things to contrast them, comparison. **b** (rhet.) the use of contrasting words or phrases, antithesis. **c** (gram.) the comparison of adjectives.
rerum ~ones, quid maius, quid par, quid minus sit Cic.*Part.*7; ea magis ex aliorum ~one quam ipsa per sese cognosci..possunt *Man.*36; fortunarum ~onem facere *Pis.*51. **b** ~o est cum ex contrariis rebus oratio conficitur *Rhet.Her.*4.21; contrapositum..uel..~o (ἀντίθετον dicitur) non uno fit modo Quint.*Inst.*9.3.81. **c** de altero genere uocabulorum, in quo ~ones fiunt, ut album albius albissimum Var.*L.*8.75.

contentiōsē, *adv.* *compar.* ~ius. [next+-E] Emphatically.
necesse est ~ius loquaris quod probare non possis [Quint.]*Decl.*18.6.

contentiōsus ~a ~um, *a.* [CONTENTIO+-OSVS]

1 Persistent, obstinate.
auidissimam moriendi cupiditatem ~a mendacitate fallebam [Quint.]*Decl.*5.1; iuuenis in omni genere animi ~us ac pertinax 15.1; ad hoc ipsum, quod non potest, ~a pernicie, quasi posset, impellitur Apul.*Met.*8.3.

2 Argumentative, quarrelsome.
oratio..pugnax et quasi ~a est Plin.*Ep.*2.19.5.

contentus[1] ~a ~um, *a.* *superl.* ~issimus. [pple. of CONTENDO] In vbl. senses, esp.: (of the physical faculties) Strained, exerted, tense; (of actions) energetic, vigorous.
(uocis genus) ~um, uehemens, imminens quadam incitatione grauitatis Cic.*de Orat.*3.219; *Ilias* 80; ~issima uoce clamitans Apul.*Met.*4.10;—nulla potest oculorum acies ~a tueri Lucr.1.324; Agrippinam..~is et umentibus oculis prosecutus est Suet.*Tib.*7.3;—ad tribunatum..~o studio cursuque ueniamus Cic.*Sest.*13.

contentus[2] ~a ~um, *a.* *compar.* ~ior. [pple. of CONTINEO] Content, satisfied; (w. abl., etc.) content with. **b** (of inanimate or abst. things, more or less personified); *se ~us*, self-contained.
si pauxillum potes ~us esse Pl.*Capt.*177; ~iores mage erunt atque auidi minus *Poen.*461; ~a non est (res publica) Cic.*Fam.*12.1.2; precandam post haec modestiam ut ~us esset Tac.*Ann.*4.7;—(*w. abl.*) suo ~us Enn.*Ann.*245; uxor ~a est..uno uiro Pl.*Mer.*824; ista tua mediocri eloquentia ~i sumus Cic.*de Orat.*1.133; ut eis (uectigalibus) ad ipsas prouincias tuendas uix ~i esse possimus *Man.*14; Caes.*Civ.*3.51.5; Verg.*A.*5.314; Liv.6.42.3; eques..scuto frameaque ~us est Tac.*Ger.*6.2;—(*w. dat., s.v.l.*) duo legata sunt, sed uni ~us esse debet Paul.*dig.*31.8.1;—(*w.* eo, hoc quod, *or* quod *alone*) hoc sum ~us, quod..quid fiat intellego Cic.*Div.*1.16; ~us eo quod ratio habita plebeiorum esset Liv.4.6.11; non..iniuriam tacitus tulit ~us, quod non et ipse donatus esset Sen.*Ben.*4.37.3;—(*w.* ut, ne) modo, ne intersimus armis, ~um ait se esse Liv.32.21.5; hoc ~us sum ut sic facias Sen.*Ep.*25.5; ~us esse praetor debet, ut iubeat eum nihil minuere Ulp.*dig.*42.5.31.4;—(*w.* si) ~ique esse debetis si probabilia dicentur Cic.*Tim.*8;—(*w. inf.*) non haec artes ~a paternas edidicisse fuit Ov.*Met.*2.638; senatus..non ~us capitali eum supplicio adficere V.Max.6.3.1b; Sen.*Ben.*1.1.5; ~us ferro cingi latus Stat.*Theb.*4.41; hoc quoque notare ~us sum Quint.*Inst.*1.5.17; Tac.*Dial.*23.2; Suet.*Cl.*1.5;—(*w. acc. and inf.*) summam terram ~us est subdi Plin.*Nat.*17.86; (*cf.*) ~us ero mihi licere Sen.*Ep.*58.6. **b** non enim potest ea natura..hoc uno scelere esse ~a Cic.*Ver.*1.40; est..philosophia paucis ~a iudicibus *Tusc.*2.4; non tua maiorum ~a est gloria fama [Tib.]3.7.29; ara..herbis ~a Sabinis Ov.*Fast.*1.343; aeternos Vestae focos fictilibus etiam nunc uasis ~os V.Max.4.4.11; Sen.*Dial.*3.9.1; luxuries numquam paruo ~a paratis Luc.4.374; terra suis contenta bonis 8.446; fimum odit (raphanus) palea ~us Plin.*Nat.*19.83; Cyprio suo (aere) assibus ~is 34.4; enthymema tantum intellegi ~um sit Quint.*Inst.*5.14.24;—quae se ipsis ~a sunt meliora quam quae egent aliis Cic.*Top.*70; sit se ipsa ~a (uirtus) *Phil.*5.35; ipsum se ~um esse mundum neque egere altero *Tim.*18.

conterminus ~a ~um, *a.* [CON-+TERMINVS]

1 (of districts, peoples, etc.) Having a common boundary with, bordering upon. **b** (masc. as sb.) a neighbour. **c** forming a boundary; (neut. as sb.) a region bordering (on).
(*w. dat.*) ~a Mauris regna Iubae Luc.9.300; Alexandria Africae ~a Mela 1.60; Plin.*Nat.*12.73; Sequanorum..qui finium extremi et Aeduis ~i..erant Tac.*Ann.*3.45;—(*w. gen.*) praedicti iugi ~os locos appulit Apul.*Met.*6.14; 6.18;—numquam agrum mercatus est ~um Plin.*Nat.*18.35; non modo Cherusci, sed ~ae gentes Tac.*Ann.*1.60; (*cf.*) sunt..haec omnia (uerba) quasi ~a iunctis inter se finibus cohaerentia Gel.12.13.9. **b** nisi..cuiquam potuit tolerabilis esse ~us Col.1.3.7; Plin.*Nat.*2.175. **c** dum flumen..~um ui trahunt Tac.*Ann.*13.57;—in ~o Arabiae Plin.*Nat.*37.122; in longinqua et ~a Scythiae fugam maturauit Tac.*Ann.*6.36.

2 Neighbouring, adjacent, close. **b** (fig.).
(*w. dat.*) unde oritur, domus est terrae ~a nostrae Ov.*Met.*1.774; tiliae ~a quercus 8.620; ~a caelo iuga calcantes Sil.17.318;—(*w. gen.*) ~a caedis..aesculus 5.510;—(*w. abl., s.v.l.*) locum..lacu aliquo ~um Apul.*Met.*4.17;—quando primum ~os portus..deprehenderis [Quint.]*Decl.*12.25; ~is in hortulis Apul.*Met.*4.1. **b** morti ~a Virtus Stat.*Theb.*7.702.

conternātiō ~ōnis, *f.* [next+-TIO] The grouping (of persons) in threes; a group of three.
si ~onem urna faciet, singulis sortibus singulorum nomina inscribemus, et a primo usque ad tertium qui exierit erit prima ~o Hyg.Gr.*agrim.*p.163.

釘conternō ~āre ~āuī ~ātum, *tr.* [CONTERNI+-O[3]] To divide (a number of persons) into groups of three.
si illis conuenerit, ut ~ati sortiri debeant Hyg.Gr.*agrim.*p.163.

conterō ~terere ~trīuī ~trītum, *tr.* [CON-+TERO] Forms: *~terui* (= *~triui*) Apul.*Met.*8.23; *~trieram* Cic.*Fam.*1.9.20, 9.25.1; *~trieris* Ov.*Med.*89.

1 To pound to pieces, crush, grind.
caput ulpici ~terito cum hemina uini Cato *Agr.*71; scillae medium ~terunt Var.*R.*2.7.8; quod fracta magis redolere uidentur omnia, quod ~trita Lucr.4.697; Ov.*Med.*60; Cels.6.6.21; manum cuiusdam..mordicus adreptam plenissime ~terui Apul.*Met.*8.23;—(*hyperb.*) stimulus..qui latera ~teram tua Pl.*As.*419.

2 To wear out or wear down by use, rub away. **b** (hyperb.) to wear out (paving, etc.) by constant treading. **c** (fig.) to trample on, treat with contempt; also, to wipe out, expunge.
in tergo meo tris facile corios ~triuisti bubulos Pl.*Poen.*139; si orbes ~triti sient Cato *Agr.*3.5; scaberat, ut porcus ~tritis arbore costis Lucil.333; Παιδείαν Κύρου..~trieram legendo Cic.*Fam.*9.25.1; permutatque domos et flammea ~terit (mulier, *i.e. by successive marriages*) Juv.6.225; (*hyperb.*) cum..alius eorum manus osculis ~terat Sen.*Ep.*118.3. **b** donec totum carcerem ~triueris Pl.*Rud.*716; immundo Sacra ~teritur Via socco Prop.2.23.15; forum ~terit Sen.*Ep.*14.18; omne limen ~teris salutator Mart.8.44.4; Juv.6.350. **c** ne nos tam contemptim ~teras Pl.*Poen.*537; quam (*sc.* uirtutem) cum ad caelum extulerunt ..reliqua ex conlatione facile est ~terere atque contemnere Cic.*Tusc.*5.85;—iniurias communis concordiae causa uoluntaria quadam obliuione ~trieram *Fam.*1.9.20.

3 To exhaust in mind or body, make weary, wear out.
~teris tu tua me oratione, mulier Pl.*Cist.*609; liberos parentibus sublectos habebis atque indigno quaestu ~teres? *Rud.*749; cum in causis..~teramur Cic.*de Orat.*1.249; an ille..se..in musicis, geometria..~tereret? *Fin.*1.72; ~terimus ..boues et uiris agricolarum Lucr.2.1161; qui animum minuta docendo demittunt et ~terunt Sen.*Ep.*71.6; lis te..~terit una tribus..foris Mart.7.65.2; corpora ipsa ac manus siluis ac paludibus emuniendis..~teruntur Tac.*Ag.*31.2.

4 a To spend, use up (time, freq. unprofitably or laboriously). **b** to use up, waste (effort). **c** to use up, get through (resources). **d** to exhaust (topics, etc.); *~tritus*, trite, hackneyed.
a ~triui diem, dum asto aduocatus Pl.*Cas.*566; frustra tempus ~tero Cic.*Q.Rosc.*41; melius hic eum diem cum Dionysio ~teremus *Att.*4.8a.1;—(*w.* in+*abl.*) ut..ferratus ..in pistrino aetatem ~teras Pl.*Bac.*781; Ter.*Ad.*869; quo in studio hominum ingeniosissimorum..totas aetates uidemus esse ~tritas Cic.*de Orat.*1.219;—(*w. abl.*) cursando atque ambulando totum hunc ~triui diem Ter.*Hec.*815; somno partem maiorem ~teris aeui Lucr.3.1047; Sal.*Cat.*4.1; Quint.*Inst.*1.12.18; (*w.* inter) ~teretur uita inter errores breuis Sen.*Dial.*7.1.2. **b** quid..operam sumam aut ~teram? Pl.*Mos.*581; quid hic ~terimus operam frustra? Ter.*Ph.*209. **c** is uel Herculi ~terere quaestum potest Pl.*Mos.*984; cum..tantum..luxuria et tot mortales ~terant Plin.*Nat.*2.207; (*cf.*) quod habuit (formonsitatis).. consumpsit atque ~triuit omne Apul.*Met.*6.16. **d** quae ..scribi solent ea temporibus his excluduntur, quae autem sunt horum temporum ea iam ~triuimus Cic.*Att.*9.4.1;—ista omnium communia et ~trita praecepta *de Orat.*1.137; ~tritum est uetustate prouerbium *Off.*3.77.

conterrāneus ~ī, *m.* [CON-+TERRA+-ANEVS] A fellow countryman.
Catullum ~um meum (agnoscis et hoc castrense uerbum) Plin.*Nat.*pr.1.

conterreō ~rēre ~ruī ~ritum, *tr.* [CON-+TERREO] To fill with terror, frighten thoroughly. **b** to suppress by frightening.
ceteras (nationes) ~ruit, compulit, domuit Cic.*Prov.*33; longius euectos..nouum pugnae ~ruit genus Liv.10.28.8; Sen.*Ep.*92.35; Tac.*Ann.*6.29;—(*w. abl.*) impia pectora uulgi ~rere metu Lucr.2.623; Verg.*A.*7.722; ea clade ~ritis hostium animis Liv.2.34.6; si..aduenientem..latratu ~rent Col.7.12.7; (*w.* ne) hic..apparatus praecipue ~ruit Campanos ne..bellum..Romani inciperent Liv.24.12.1. **b** hanc loquacitatem nostram uultu ipso aspectuque ~reat Cic.*de Orat.*1.214; nec tamen eorum (canum) ferociam uel conterrere uel expugnare potuere Apul.*Met.*9.37.

contestātiō ~ōnis, *f.* [CONTESTOR+-TIO]

1 (leg.) *litis ~o*, or *~o* alone, Joinder of issue (the end, thence sts. the whole, of proceedings *in iure*, in which the parties submit to a *iudicium*).
tollitur..obligatio litis ~one Gaius *Inst.*3.180; si quis.. contestatus postea destiterit, nihil ei proficit ad in integrum restitutionem ~o Ulp.*dig.*4.4.20.1.

2 An affirmation or solemn declaration (of a fact, intention, etc.).
compositum esse ('testamentum') dixit a mentis ~one Gel.7(6).12.2; in tam atroci re ac tam misera..iniuriae publicae ~one 10.3.4; Paul.*dig.*50.1.20.

contestātō, *adv.* [next+-O[2]] In the presence of witnesses.
si..custodes..non miserit neque ~ dixerit eam ex se praegnatem non esse Ulp.*dig.*25.3.1.12.

contestor ~ārī ~ātus, *tr.* [CON-+TESTOR]

1 To call to witness; (w. *ut*) to appeal to (the gods) that. **b** (pf. pple. in pass. sense) attested, proved.
deos hominesque ~ans Cic.*Ver.*4.67; caelum noctemque ~ans *Flac.*102; (*w. acc. and inf.*) te..et omnis qui adsunt ~or puerum illum..curae meae ereptum Apul.*Apol.*28;—(*w.* ut) ~atus deos, ut ea res legioni feliciter eueniret, 'desilite', inquit, 'milites' Caes.*Gal.*4.25.3. **b** perenni ~ataque uirtute Cic.*Flac.*25.

2 (leg.) *litem ~ari* or absol., To join issue (see CONTESTATIO 1); (also, in pass. sense).
qui per se litem ~atur Cic.*Q.Rosc.*53; *Att.*16.15.2;—

(*absol.*) si quis..~us postea destiterit Ulp.*dig*.4.4.20.1; ~ari est, cum uterque reus dicit: testes estote Paul.*Fest*.p.38M; —(*in pass. sense*) QVOS INTER ID IVDICIVM ACCIPIETVR LEISVE ~ABITVR *CIL* 1.592.1.48; lite ~ata, iudicio..constituto Cic.*Q.Rosc*.32; iste cum eo litem ~atam habebat 35; etiamsi ante litem ~atam fecerint *S.C.*(*Font.iur*.p.205)60; Ulp.*dig*. 33.9.1.

contexō ~ere ~uī ~tum, *tr.* [CON-+TEXO]

1 To join by weaving or otherwise closely linking. **b** to make by weaving, joining, etc., together.

ut earum (*sc.* ouium) uillis confectis atque ~tis homines uestiantur Cic.*N.D.*2.158; haec derecta materia iniecta ~ebantur Caes.*Gal*.4.17.8; ~unt amarantis alba puellae lilia [Tib.]3.4.33; densa stellarum turba corona ~it flammas (*i.e. in the Milky Way*) Man.1.756; serpentes ~ta oua in terra incubant Plin.*Nat*.10.170; margaritae, quae..ornamentis muliebribus ~tae sunt Paul.*dig*.34.2.32.1; (*in fig. phr.*) tu ~es (*i.e. make to match*) extrema cum primis Cic.*Fam*. 10.13.2. **b** praeclauium ~tumst Afran.*com*.180; ~tae uiminibus uineae Caes.*Civ*.2.2.1; trabibus ~tus acernis.. equus Verg.*A*.2.112; (corpus hominis) ex infirmis fluidisque ~tum Sen.*Dial*.6.11.3; septis, quae arundinibus ~i oportere proposueram Col.8.11.6; puppes tenui ~ere canna V.Fl. 2.108;—(*transf.*) uineae porriguntur unamque faciem longe lateque ~unt Plin.*Ep*.5.6.9.

2 To connect, link (words); to compose, assemble (speech, writings) by linking together.

apte uerba ~ta et oratio fluens leniter Sen.*Ep*.115.18; Plin.*Nat*.10.124;—longius mihi quidem ~ere hoc carmen (*sc. of Ennius*) liceret Cic.*Cael*.18; quam festiue crimen ~itur! *Deiot*.19; Caesaris..commentariis..~ui Hirt.*Gal*. 8.pr.2; ex hoc rerum ordo seriesque ~itur Sen.*Ep*.66.35; totus his ~itur liber 114.18; totam..ita ~it orationem ut ei nihil..desit Quint.*Inst*.10.6.2.

3 To bring into close association, combine, link. **b** to make continuous, join.

ista uero quae tu ~i uis aliud quoddam separatum uolumen expectant Cic.*Att*.14.17.6; ~imus et de sili Plin.*Nat*. 20.36; ~i..pat est reliqua circa hoc 33.94; quas (*sc.* partes orationis) ego omnis ausus ~ere Quint.*Inst*.4.pr.7; dies feriatus patitur plura ~i Plin.*Ep*.3.14.6;—(*w.* cum) nisi ea memoria rerum ueterum cum superiorum aetate ~itur Cic. *Orat*.120; coniunctene malles cum reliquis rebus nostra ~ere *Fam*.5.12.2;—(*w. dat.*) te mea Musa illis semper ~eret armis Prop.2.1.35; epilogum defensioni ~it Sen.*Con*.7.5.7; Plin.*Nat*.19.189. **b** neque tam facile interrupta ~o Cic. *Leg*.1.9; sapientis..~itur gaudium, nulla causa rumpitur Sen.*Ep*.72.4; quae numquam maternos dicere moechos tam cito nec tanto poterit ~ere (*i.e. recite a list of*) cursu, ut non terdecies respiret Juv.14.27;—(*w. dat.*) insanabilis animus et sceleribus scelera ~ens Sen.*Dial*.3.16.3; donec lassauit hiantis lux oculos longumque polo ~ere uisa est aequor Stat.*Theb*.5.484.

contextē, *adv.* [CONTEXTVS[1]+-E] In close combination; in a connected or coherent manner.

calx..durescendo ~que (*cj.*) solidescendo non patietur aquam..transire Vitr.7.1.7;—omnia naturali conligatione conserte ~que fiunt Cic.*Fat*.31.

contextim, *adv.* [next+-IM] In a continuous or uninterrupted manner.

turdi..luto nidificantes paene ~ Plin.*Nat*.10.147.

contextus[1] ~a ~um, *a.* [pple. of CONTEXO] In vbl. senses, esp.

1 Closely joined, interwoven. **b** (of a country) covered by a network (of rivers).

tam ~ae cum sint (animae cum corporibus) Lucr.3.695; corpora..~a magis condensaque 4.57; huic (*sc.* aeri) et ~us passim fluat igneus aether [Tib.]3.7.22;—(*transf. ep.*) (homo) totus et argento ~us, totus et auro Tib.1.2.69. **b** Gallia togata..quae multis ~a fluminibus inmodicas Alpium niues in mare transmittit Agen.*agrim*.p.43.

2 (of literary compositions) Connected, coherent.

non multum desideret historiam ~am eorum temporum Nep.*Att*.16.3; est..oratio alia uincta atque ~a, soluta alia Quint.*Inst*.9.4.19; (*neut. as sb.*) non posse perinde carptim ut ~a..placere Plin.*Ep*.8.4.7.

3 Continuous, uninterrupted, unbroken.

perpetuas et ~as uoluptates Cic.*Tusc*.5.96; non singulos peccare nec paucos, sed iam scelus esse ~um Sen.*Nat*. 4a.pr.19; Quint.*Inst*.9.2.47.

contextus[2] ~ūs, *m.* [CONTEXO+-TVS[3]]

1 The action of weaving or otherwise joining together.

pennarum..~u corpori tegumenta faciebat Cic.*Fin*.5.32.

2 The state of being joined. **b** logical connexion, coherence.

ubi nulla forent aeterno corpore quorum ~um uis deberet dissoluere quaeque Lucr.1.243; Hispanias a ~u Africae mare eripuit Sen.*Nat*.6.30.3; si..(domus) unita sit ~u aedificiorum Ulp.*dig*.39.2.15.13;—(*of non-physical things*) interim per partes dissoluitur, quod ~u nocet Quint.*Inst*. 5.13.28. **b** mirabilis est apud illos (*sc.* Stoicos) ~us rerum Cic.*Fin*.5.83; historia..orbem quendam ~umque desiderat Quint.*Inst*.9.4.129; Plin.*Ep*.4.9.13.

3 An ordered scheme, plan, course.

in toto quasi ~u orationis haec erunt inlustranda maxime Cic.*Part*.82; si..ad necessarium..urbis locum ~us operis nostri progressus fuerit V.Max.5.4.7; hoc commodius in ~u operis redderetur Sen.*Dial*.1.1.1; ut litterarum nomina et ~um prius quam formas paruuli discant Quint.*Inst*.1.1.24; rerum ac uerborum ~um sequi 11.2.2; Tac.*Hist*.2.8.

4 The manner in which a thing is made or constructed, structure.

ut existiment illam (*sc.* similitudinem oris) origini et ~ui sanguinis respondere V.Max.9.14.intro.; totus ~us illorum (philosophorum) uirilis est Sen.*Ep*.33.1; rhythmi..neque finem habent certum nec ullam in ~u uarietatem Quint. *Inst*.9.4.55; lenis et fluens ~us decet 9.4.127.

5 The state of being uninterrupted, continuity. **b** a continuous series or grouping together.

inde uentum nautici expectant, unde ~us coronae (*i.e. a halo round the sun*) perit Sen.*Nat*.1.2.5; iam deficiente fabularum ~u Petr.20.5; ~um dicendi intermittere ueremur Quint.*Inst*.10.7.26. **b** perpetua sollicitudo, ~us querellarum V.Max.7.2.ext.1; (lusciniae) loquentes longiore etiam ~u Plin.*Nat*.10.120; nec fortuiti sermonis ~um mirabor Quint.*Inst*.10.7.13; uno ~u actus testari oportet. est autem uno ~u nullum actum alienum testamento intermiscere Ulp.*dig*.28.1.21.3.

6 (concr.) A whole made up of numerous parts, complex. **b** fabric, structure.

plurium tabularum ~us caudex..uocatur Sen.*Dial*. 10.13.4; totus hic rerum omnium ~us *Ep*.71.12; ut.. laudaretur..operum id est factorum dictorumque ~us Quint.*Inst*.3.7.15; si..neque ex ~u testamenti possit apparere Ulp.*dig*.32.1.75. **b** Sen.*Ben*.6.22; infra sese sidera habeat (caelum) an in ~u sui fixa *Nat*.2.1.1.

conticeō ~ēre, *intr.* [CON-+TACEO] To be silent.

aspicis, ut uirides audito Caesare siluae ~eant? Calp. *Ecl*.4.98.

conticescō ~escere ~uī, *intr.* Also **conticiscō**. [CON-+TACEO+-SCO]

1 To cease to talk or utter sounds, fall silent, lapse into silence; (oft. on falling asleep). **b** (of inanimate things). **c** (of speech or other sounds) to cease. **d** (w. internal acc.) to be silent about.

sed ~iscam, nam audio aperiri fores Pl.*Bac*.798; si.. tibicen repente ~uit Cic.*Har*.23; quo in numero ~uisti, si ad eum numerum unum addidero, multane erunt? *Luc*.93; talia fata ~uit Verg.*A*.6.54; paulisper alter alterius conspectu admiratione mutua prope attoniti, ~uere Liv. 30.30.2; repente ~escere conuiuium adnotatum Plin.*Nat*. 28.27; nec loquax illa ~uit auis Apul.*Met*.5.28; (*poet.*) interciso..tumultu ~uit stupefacta domus Stat.*Theb*.6.46;— (*w.* de) neque illa umquam aetas de tuis laudibus ~escet Cic.*Marc*.9;—Rutuli somno uinoque soluti ~uere Verg.*A*. 9.237; nox ubi iam media est..uariae ~uistis aues Ov. *Fast*.5.430; Plin.*Nat*.11.26; V.Fl.2.263. **b** cessat opus; uacuae ~uere molae Ov.*Fast*.6.348; aequor ~uit Luc. 6.471; flumina ~uere V.Fl.3.732. **c** numquam..de uobis..gratissimus sermo ~escet Cic.*Phil*.14.33; dum ~isceret illa lamentatio et gemitus urbis *Red.Sen*.17; iam hic quo nunc omnia ardent ~escet furor Liv.2.29.11; ~escente deinde tumultu 2.55.10; 25.10.6; Sen.*Ep*.24.14. **d** tantumque nefas mens conscia uatum ~uit..tot acerba canens? V.Fl.3.302.

2 (of things or activities associated with sound) To cease to function, become idle.

iam pridem..~uerunt tuae litterae Cic.*Brut*.19; cum obmutuisset senatus, iudicia ~uissent *Pis*.26; donec suspecta seuero ~uit lyra Hor.*Ep*.1.18.43; ut inter strepitum tot bellorum ~escerent actiones tribuniciae Liv.4.1.5; ~uit Latiae tristis facundia linguae Corn.Sev.*poet*.13.11; ~uerat magis quam elanguerat militaris fauor Curt. 10.7.13; muto Parnasos (*i.e. the oracle*) hiatu ~uit pressitque deum Luc.5.132; uenientia fata scire ultra uetuit Iuno, fibraeque repente ~uere Sil.1.139.

conticinium ~(i)ī or **-innum** ~ī, *n.* [as prec. +perh. -CINIVM] FORMS: *-innum* Pl.*As*.685, Aur.*Fro*.1.p.142(31N); *-inium* Var.*L*.6.7, 7.79 (quoting Pl.) (app.) The quiet of night; (applied in quots. to the periods immediately following nightfall and preceding dawn).

redito huc ~o Pl.*As*.685; iam ~um atque matutinum atque diluculum usque ad solis ortum gelidum Aur.*Fro*. p.142(31N).

contignātiō ~ōnis, *f.* [next+-TIO] (archit.) A horizontal structure of joists and boards erected to form a roof or floor of an upper storey, flooring, storey.

non longe ab extremis parietibus, quibus suspenderent eam ~onem quae turri tegimento esset futura Caes.*Civ*. 2.9.2; sine ~one ac materia sunt aedificia et structuris ac fornicibus continentur tectaque sunt rudere aut pauimentis *B.Alex*.1.3; latericii (parietes)..non possunt plus quam unam sustinere ~onem Vitr.2.8.17; bouem in tertiam ~onem sua sponte escendisse Liv.21.62.3; Plin.*Nat*.36.100.

contignō ~āre ~āuī ~ātum, *tr.* [CON-+TIGNVM+-O[3]] To furnish with joists (for flooring or roofing).

quidquid est ~atum cratibus consternitur Caes.*Civ*. 2.15.2; itinera..interioribus partibus turrium contignata Vitr.1.5.4; Plin.*Nat*.9.7.

contignum ~ī, *n.* [CON-+TIGNVM] (See quot.)

~um frustum carnis cum septem costis demptum Paul. *Fest*.p.65M.

contiguus ~a ~um, *a.* [*contig-* (CONTINGO)+ -VVS]

1 Adjacent, near, neighbouring.

~as tenuere domos Ov.*Met*.4.57; quas..terras Suri Armeniique et ~i Cappadoces colunt Tac.*Ann*.2.60; ut ~i magis directioresque ictus fiant, si uel lapidem uel sagittam sursum uersus iacias quam deorsum Gel.9.1.2;— (*w. dat.*) Ennius emeruit..~us poni, Scipio magne, tibi Ov.*Ars* 3.410; alias admota (luna) caelo, alias (luna) ~a montibus Plin.*Nat*.2.43; Tac.*Ann*.6.45;—(*cf.*) hunc ubi ~um missae fore credidit hastae (*i.e. within range*) Verg.*A*. 10.457.

2 (transf.) Closely connected, allied.

~as didicere ex artibus artes proserere Grat.8.

continens ~ntis, *a.* *compar.* ~ntior, *superl.* ~ntissimus. [pple. of CONTINEO]

1 Uninterrupted, unbroken, continuous: **a** (in space); also, homogeneous. **b** (in time); *in ~nti*, *ex ~nti*, without delay, immediately. **c** (in sequence).

a ~ns flamma copias omnis..texit Hirt.*Gal*.8.15.6; ~ns agmen migrantium Liv.1.29.5; ~ns imperium usque ad nos habebitis 7.30.8; omnia..uelut ~nti incendio ardere uisa Curt.3.8.18; alias insulae uidentur alias una et ~ns terra Mela 3.55;—ut uno consensu uincta sit (Natura) et ~ns Cic.*Div*.2.33. **b** in extrema oratione ~ens uox remedio est uoci *Rhet.Her*.3.22; ~ntem orationem audire malo Cic.*Tusc*.1.16; ultimas oppidi partis ~nti impetu petiuerunt Caes.*Gal*.7.28.2; ~ntibus itineribus Liv.38.15.7; si ~ntes febres sine remissione sunt Cels.3.5.9;—⟨ut⟩ in ~nti filiam occidat *Leg.pub*.(*Font.iur*.p.112)21; utrum.. in ~nti potestatem inspiciendi..iubet an desideranti tempus dabit ad exhibitionem? Ulp.*dig*.29.3.2.7; Ven.*dig*. 40.12.44;—si..ex ~nti pacta subsecuta sunt Ulp.*dig*. 2.14.7.5; 14.5.4.41. **c** nos una aestate in Asia et Graecia gesta litteris idcirco ~ntia mandauimus Sis.*hist*.127; cum ..cecidisset in proelio seque e ~enti genere (*in successive generations*) tertiam uictimam rei publicae praebuisset Cic. *Fin*.2.61; (Alpes) nulladum uia, quod quidem ~ns memoria sit..superatas Liv.5.34.6; quod uno uolumine et ~nti scriptura expositum diuisit in septem libros Suet.*Gram*.2 (p.101Re).

2 a Adjacent, close, next. **b** close in time, immediately following, next. **c** closely associated, linked.

a ne in ~ntibus quidem terris uestrum nomen dilatari potest Cic.*Hort*.fr.87; ~ntis..siluas ac paludes habebant Caes.*Gal*.3.28.2; mons Mimas CL p. excurrens atque in ~ntibus campis residens Plin.*Nat*.5.116; '~ntes prouincias' accipere debemus eas, quae Italiae iunctae sunt Ulp.*dig*. 50.16.99.1;—(*w. dat.*) huic fundo..~ntia quaedam praedia Cic.*Caec*.11; ~ntem..ripae collem Caes.*Civ*.1.54.3; ~ns his (*sc.* equitibus) grex sedecim elephantorum est oppositus in subsidiis Liv.37.40.6; quae aedificia urbi ~ntia sunt erunt *Leg.pub*.(*Font.iur*.p.113)22;—(*w.* cum) per Cappadociae partem eam quae cum Cilicia ~ns est Cic.*Fam*.15.2.2. **b** aciem..instruxit, primum suis locis..~ntibus uero diebus, ut progrederetur a castris suis Caes.*Civ*.3.84.2;— (*w. dat.*) ~ntis his funeribus dies Cic.*Pis*.11; timori..perpetuo ipsum malum ~ns fuit Liv.5.39.8. **c** quod proxima illa et ~ns causa non moueat adsensionem Cic.*Fat*.44;— (*w.* cum) quae sint ~ntia cum ipso negotio, hoc est, quae ab re separari non possint *Inv*.2.39; Gel.10.10.2;—(*w. dat.*) neque motum sensu uinctum et ~ntem infinito ullum esse posse Cic.*N.D*.1.26.

3 (spec.) **a** (of land) Forming (part of) a continuous mass, mainland; (fem. as sb.) the mainland. **b** (applied to those parts of a town outside the city wall but forming an integral part of it); (neut. pl. as sb.) 'the suburbs'.

a in terra ~nti Var.*hist*.1; ad eum in ~ntem Galliam uenerat (*i.e. from Britain*) Caes.*Gal*.5.20.1; inter Euboeam ~ntemque terram Nep.*Them*.3.2; marisque Bais obstrepentis urges summouere litora, parum locuples ~nte ripa Hor.*Carm*.2.18.22; Sicilia, aliquando..~ns et agro Bruttio adnexa Mela 2.115; abacto amne tenuis alueus insulam inter Germanosque ~ntium terrarum speciem fecerat Tac. *Hist*.5.19;—in ~ntem legatis missis Caes.*Gal*.4.27.5; multi sunt relicti in ~nti (*i.e. in Italy and Gaul*) *Civ*.3.87.2; priusquam in ~ntem escensiones faceret, Menige insula uastata Liv.22.31.2; Peloponnesus angustis Isthmi faucibus ~nti adhaerens 32.21.26; Plin.*Nat*.4.5. **b** QVAE..EI OPPIDO ~NTIA AEDIFICIA ERVNT *CIL* 2.1964.3.62; ut Alfenus ait, 'urbs' est 'Roma', quae muro cingeretur, 'Roma' est etiam, qua ~ntia aedificia essent Marcel.*dig*.50.16.87; Macer *dig*.50.16.154;—qui in ~ntibus urbis nati sunt, 'Romae' nati intelleguntur Clem.*dig*.50.16.147; qui extra ~ntia urbis est, 'abest': ceterum usque ad ~ntia non abesse uidebitur Ulp.*dig*.50.16.173.1; Paul.*dig*.33.9.4.4;— (*cf.*) QVAE VIAE IN VRBEM ROM(AM)..VBEI ~NTE HABITABITVR, SVNT ERVNT *CIL* 1.593.20.

4 (neut. as sb.) **a** (rhet., transl. Gk. *τὸ συνέχον*) The essential point, central argument, basis (of a case). **b** a component part.

a quibus..hoc qua de re agitur continetur, ea ~ntia uocentur, quasi firmamenta defensionis, quibus sublatis defensio nulla sit Cic.*Top*.95; *Part*.103; *συνέχον*..quod .. ~ns alii, firmamentum alii putant Quint.*Inst*.3.11.9. **b** (spica) tria habet ~ntia, granum, glumam, aristam Var.*R*.1.48.1.

5 Not indulging in excesses, self-restrained, moderate, temperate; (of actions, etc.) exhibiting restraint, restrained.

uirum..siccum, frugi, ~ntem Pl.*As*.857; hoc nemo fuit.. mage ~ns Ter.*Eu*.227; moderatissimos homines et ~ntissimos Cic.*Arch*.16; quem tum moderatum,..alias constantem ~ntemque dicimus *Tusc*.4.36; Col.12.4.3; Gel. 7(6).8.3;—(*w.* in+*abl.*) ne ~ntior in uita hominum quam in pecunia fuisse uideatur Caes.*Civ*.1.23.4; in ceteris partibus uitae ~ntissimum Suet.*Aug*.72.1;—(*w.* ab) non solum manus a pecuniae lucro, sed etiam oculos a libidinoso aspectu ~ntes esse debere V.Max.4.3.ext.1;—quam grauis, quam ~ns, quam seuera sit (Epicuri disciplina) Cic.*Fin*. 1.37; rex nihilo ~ntioris exempli V.Max.9.1.ext.4.

continenter, *adv.* [prec. + -ter²]

1 a Without an interval of space, in an unbroken line, continuously. **b** without a pause, by a continuous process.

a ~ quod sedetis insulsi centum an ducenti Catul.37.6; (montes) ~..in ordinem expositi Mela 1.29. **b** uno spiritu ~ multa dicere *Rhet.Her.*3.21; quo modo..probas ~ imagines ferri? Cic.*N.D.*1.109; tota nocte ~ ierunt Caes.*Gal.*1.26.5; hoc ~ restituuntur in antiquam membrorum curationem Vitr.8.3.4; 10.8.4; Liv.25.7.7.

2 Repeatedly, successively.

conuersio est per quam..ad postremum (uerbum) ~ reuertimur *Rhet.Her.*4.19; ~ unum uerbum non in eadem sententia ponitur Cic.*Orat.*135.

3 With self-restraint, continently.

in Asia ~ uixisse laudandum est Cic.*Mur.*12; quam..honestum (sit uiuere) parce, ~, seuere, sobrie *Off.*1.106.

continentia ~ae, *f.* [continens + -ia]

1 The action of holding back, repression.

quo ueniam daret flatum crepitumque uentris..emittendi, cum periclitatum quendam prae pudore ex ~a repperisset Suet.*Cl.*32.1.

2 Repression of one's passions or appetites, restraint, self-control.

magnum exemplum ~ae Ter.*An.*92; ~a est, per quam cupiditas consilii gubernatione regitur Cic.*Inv.*2.164; adde siccitatem, quae consequitur hanc ~am in uictu *Tusc.*5.99; Caes.*Gal.*7.52.4; Tac.*Ann.*14.56;—(*w. defining gen.*) propter animi ~am Cic.*Man.*67; temperantia et ~a libidinum Liv.30.14.5; adfectum suorum..~a Sen.*Dial.*5.16.2.

contineō ~inēre ~inuī ~entum, *tr.* [con- + teneo] Forms: *contenentur CIL* 10.8259.

1 To hold together, connect, link, join. **b** (transf., pass.) to be held together (by bonds of relationship, common interests, etc.); (of things) to be associated (by similarity).

(temo) ~inet iugum et plaustrum Var.*L.*5.75; ut iugum ~inet sirpiculos, sic calles publicae distantes pastiones *R.*2.2.10; pars oppidi..ponte..adiungitur et ~inetur Cic.*Ver.*4.117; feret primordia..cum quibus et quali positura ~ineantur Lucr.1.818; non possunt (harenae) ~inere caementa Vitr.2.4.3; ut curiosius omnia in ~inendis ossibus fiant Cels.8.10.3.a; Fron.*Aq.*10; (*fig.*) hoc ~inet coagulum (*sc.* uinum) conuiuia Var.*Men.*111;—(*ellipt.*) per hortum utroque commeatus ~inet Pl.*St.*452. **b** coniuges ..amore maxime ~inentur Cic.*Part.*88; mihi maxime communione beneficiorum..~ineri (*sc.* ciuitas nobiscum) uidetur *Balb.*29; ut..communi odio..~ineri uiderentur Nep.*Dat.*10.3; qui..eius hospitio ~ineretur *Lys.*1.5;—de perfecta (analogia) in qua et res et uoces quadam similitudine ~inentur Var.*L.*10.69.

2 To hold in a specified position; to hold in position, fasten, secure. **b** to hold up, support. **c** to grasp firmly, hold tightly.

eum..aduersus ictus solis oppositum ~inebant Tub.*hist.*9; admouendae..cucurbitulae, ibique duabus..horis ~inendae sunt Cels.4.12.8; earum (stellarum) quae caelo ~inentur Plin.*Nat.*2.79;—clauis fixi ~inebuntur (axes) Vitr.7.1.2; nihil nisi ~inendus aeger est Cels.3.18.6; minus fideliter ~inetur (os fractum) 8.11.7; (*cf.*) (mare) ripis ~entum insularum..it angustum et par freto Mela 3.31. **b** perii! animo male fit. ~ine quaeso caput Pl.*Rud.*510; nisi utrimque recti..nerui collum ~inerent Cels.8.1.13. **c** (Ophiuchus) pressu duplici palmarum ~inet Anguem Cic.*Arat.*86; asello uix sedet et pressas ~inet arte iubas Ov.*Ars* 1.544; dominam tenero ~inuisse sinu Tib.1.1.46; (*cf.*) donec..angusta ceruice Peloponnesum ~ineat Hellas Plin.*Nat.*4.9; (*fig.*) ut sciat illam (*sc.* felicitatem) multis et fidis manibus ~inendam Sen.*Ben.*6.33.2.

3 To keep or hold together (non-physical things), prevent from disintegrating, sustain.

eorum columine ciuitas ~inebatur Tub.*hist.*12; uirtus amicitiam et gignit et ~inet Cic.*Amic.*20; ~ineant nobis omina prima fidem Prop.3.20.24; hostis uelut natus ad ~inendam..Romanis militarem disciplinam Liv.39.1.2; precationes..quibus nefanda coniuratio in omne facinus ac libidinem ~inebatur 39.18.3; admonitis..memoriam ~inet nec patitur elabi Sen.*Ep.*94.25; iactis..ancoris quae firmitatem pontis ~inerent Tac.*Hist.*2.34;—(*w. subj. cl.*) ~inet..rem publicam consilio..optimatium semper populum indigere Cic.*Leg.*2.30.

4 To maintain or keep a person or thing in a specified state or condition.

~ine te in tuis perennibus studiis Cic.*Brut.*332; *Fam.*7.19; Belgas adeat atque in officio ~ineat Caes.*Gal.*3.11.2; ~inuit ..ceteros in armis Liv.9.41.15; consul..silentio ~inebat suos 27.15.15; uultum in eodem habitu ~inuit V.Max.6.9.ext.1; quaeritur, primis diebus aeger qua ratione (*on what regimen*) ~inendus sit Cels.3.4.2.

5 To continue to have, retain, keep. **b** to keep safe, preserve; to preserve a record of. **c** to retain (in the memory), keep in mind. **d** to keep to oneself, withhold from publication.

quod odium scelerati homines..in omnis bonos conceptum iam diu ~inerent Cic.*Red.Pop.*1; si quod rei publicae uestigium illis moenibus ~ineretur *Agr.*1.19; difficile est ..~inere quod capere non possis Curt.4.11.8; uiolenta nemo imperia ~inuit diu Sen.*Tro.*258; aliqua arida diutius odorem ~inent Plin.*Nat.*21.39; Tac.*Ann.*15.1; suam speciem pristinam non ~inet Ulp.*dig.*6.1.5.1. **b** ut illae tabulae priuata..custodia..~inerentur Cic.*Sul.*42; *Scaur.*48; adstricti sunt in ~inendo patrimonio Sen.*Dial.*10.3.1; —qui quadringenta septuaginta millia annorum..monumentis comprehensa ~inent Cic.*Div.*1.36. **c** qui..omnis ..omnium rerum..fontis animo ac memoria ~ineret Cic.*de Orat.*1.94; recentem eorum pollicitationem animis ~inebant Caes.*Civ.*1.57.4; Vitr.1.1.12; (memoriae) duplex uirtus facile percipere et fideliter ~inere Quint.*Inst.*1.3.1. **d** quae uera audiui taceo et ~ineo optume Ter.*Eu.*103; ea, quae ~tinet neque adhuc protulit Cic.*de Orat.*1.206; nec priuata domus parietibus ~inere uoces coniurationis tuae potest *Catil.*1.6; qui arcanum sermonem non ~inuerit Sen.*Ben.*5.21.1; haec serum erat ~inere, cum illa uos..haberetis Stat.*Silv.*1.pr.; Plin.*Ep.*1.8.3; Ulp.*dig.*26.10.1.7.

6 To prevent from going away, hinder, detain, confine; to keep, confine (in a specified place); (refl.) to confine oneself, remain, stay.

an te..tempestas ~inet qui non abiisti ad legiones? Pl.*Am.*690; ne bestiae quidem..facile patiuntur sese ~ineri Cic.*Fin.*5.56; incolumis copias Caesar inferiore militum numero ~inebat Caes.*Civ.*3.47.3; agricolam si quando ~inet imber (*i.e. keeps indoors*) Verg.*G.*1.259; dextra..prehensum ~inuit *A.*2.593; celeres..carinas ~inuit Luc.4.435;—cum..omnes timore obpressi domi ~inerentur *Rhet.Her.*4.65; quibus..saeptis tam immanis beluas ~tinebimus? Cic.*Phil.*13.5; ut in isdem locis exercitum ~ineres *ad Brut.*1.5.1; si ~inere ad signa manipulos uellet Caes.*Gal.*6.34.6; limine curiae ~inebatur senatus Liv.5.7.9; ut uterque (consul) hostem in sua prouincia ~ineret 26.39.3; ~inere aeger sub ueste satis multa manus debet Cels.3.6.9; ad praesaepia ~ineri Col.6.27.8; statuit ~inere intra castra militem Tac.*Hist.*4.19; Apul.*Met.*9.6; uinculis publicis iubentur ~ineri Ulp.*dig.*26.10.3.16;—(*refl.*) ~inete uos domi Pl.*Capt.*804; ruri fere se ~inebat Ter.*Ph.*364; si Poenus sub angulo Alpium quietus se ~ineat Liv.29.5.9; ~inere se in lecticulo debet aeger Cels.2.12.2.e; ob infirmam ualetudinem diu cunctatus an se ~ineret (*i.e. stay at home*) Suet.*Jul.*81.4.

7 To restrain from physical or other action, keep under control. **b** to prevent from a specified course of action, keep from. **c** to hold back, restrain (parts of the body, bodily movements, etc.). **d** (a display of emotion, action, etc.).

iam nequeo ~ineri Pl.*Capt.*592; magistratus, qui et legum et existimationis periculo ~inentur Cic.*Ver.*5.167; neque..potest exercitum is ~inere imperator qui se ipse non ~inet *Man.*38; hominem furentem..~inui *Har.*1; qui se in aliqua libidine ~inuerit *Parad.*21; (legiones) quae omnem illam regionem..~inerent Hirt.*Gal.*8.46.4; populus Romanus..~inetur indigno foedere Sen.*Con.*9.2.15; artis ~inet frenis equos Sen.*Phaed.*1055; solitum uocabat uictos ~inuisse Tac.*Ag.*18.7; (*w. abst. subj.*) formido mortalis ~inet omnis Lucr.1.151; (*poet.*) dum se ~inet auster Juv.5.100. **b** (*w.* ab) ~ineo me ab exemplis Cic.*Fin.*2.62; Caesar suos a proelio ~inebat Caes.*Gal.*1.15.4; animum a consueta lubidine ~inuit Sal.*Jug.*15.5; Liv.25.25.5;—(*w.* ne) ut ~ineant milites, ne..longius progrediantur Caes.*Gal.*7.45.8; *B.Afr.*82.4;—(*w.* quin) nequeo ~ineri quin loquar Pl.*Men.*235; uix me ~ineo quin inuolem in capillum Ter.*Eu.*859; qui..non potuerint ~ineri quin bellum pararent Hirt.*Gal.*8.2.2; uix me ~inui, quin..clamarem Ov.*Ep.*12.157; (*absol. for refl.*) contingendi manum cupiditas non ~inentium protinus quin adicerent, 'uidemus te, imperator?' Vell.2.104.4;—(*w.* quominus) adeo exarsit, ut uix ab amicis, quo minus occideret eum..~ineretur Curt.7.4.19. **c** ne ille ~inebit posthac..manus Ter.*Ad.*565; quorum ego uix abs te iam diu manus ac tela ~ineo Cic.*Catil.*1.21; tibi esse diligentissime linguam ~inendam *Q.fr.*1.1.38; Hor.*Carm.*1.35.37; Ov.*Ep.*11.80; si profluuio laborat (corpus), ~inendum (esse) Cels.1.pr.56; uentrem ~inere Phaed.4.18(19).32; quorum brachium..ueste ~inebatur Quint.*Inst.*11.3.138;—(*the breath*) tantum ~inenda anima in dicendo est adsecutus Cic.*de Orat.*1.261; spiritum ~inere Cels.6.7.8.b; Plin.*Nat.*9.20;—(*cf.*) (echeneis) partus..~inens ad puerperium 9.79; mire ~inent..fluentem capillum 28.165;—(*absol.*) nullum puto tam magnum tormentum esse quam ~inere (*sc.* uentrem) Petr.47.4. **d** uix uidetur ~inere lacrumas Pl.*Mos.*822; modestia est in animo ~inens moderatio cupiditatem *Rhet.Her.*3.3; nemo erat qui..risum posset ~inere Cic.*Phil.*2.93; non potuisse ~inere iracundiam tuam quin nobis de morte Caesaris obiceres Brut.Cas.*Fam.*11.3.2; aspectu conterritus haesit ~inuitque gradum Verg.*A.*3.598; ni duces ~inuissent impetum militum Liv.7.37.9; nec..lacrimas ~inuere genae Ov.*Ars* 2.70; continente uinculo libertatem dehiscendi Plin.*Nat.*17.109; (*poet.*) tepidos autumnus ~inet imbres Grat.149.

8 To surround, enclose, embrace, bound. **b** to keep within certain bounds, limit, confine; (also transf.). **c** (pass.) to be concentrated or centred (in a place).

hoc (*sc.* caelum) uide, circum supraque quod complexu ~inet terram Pac.*trag.*86; urbe portus ipse cingitur et ~inetur Cic.*Ver.*5.96; uicus..altissimis montibus undique ~inetur Caes.*Gal.*3.1.5; oppidum magna munitione ~inebatur *B.Hisp.*41.3; ~inenti..cerebrum membranae Plin.*Nat.*24.75;—(*cf.*) Sol..qui..tuo cum lumine mare terram caelum ~ines Enn.*scen.*285; quandam uim diuinam hominum uitam ~inentem Cic.*Div.*1.118. **b** cuius res gestae ..isdem quibus solis cursus regionibus ac terminis ~inentur Cic.*Catil.*4.21; nullum..regnum fuit umquam quod non se ..regionibus..certis ~ineret *Agr.*2.35; omnium legionum hiberna..milibus passuum centum ~inebantur Caes.*Gal.*5.24.7;—nec..haec tua uita ducenda est quae corpore et spiritu ~inetur Cic.*Marc.*28; nondum iuuenes declamationibus ~inebantur Petr.2.3; alii curam deorum intra sidera ~inent Quint.*Decl.*268(p.94,l.17); nunc se ~inet (populus) atque duas tantum res anxius optat Juv.10.80. **c** forum in quo omnis aequitas ~inetur Cic.*Catil.*4.2; hic sacra, religiones, caerimoniae ~inentur *Dom.*109.

9 To have or keep inside oneself, retain, contain.

non ~inet uinum uas hederaceum Cato *Agr.*111; spem illam quam in aluo..~inebat (mulier) Cic.*Clu.*34; cum iam praecordiis conceptam mortem ~ineret *Tusc.*1.96; ~inendum ore calidum mulsum Cels.6.13.2; si cibus non ~inetur 4.12.8; aqua..gracili marmore ~inetur Plin.*Ep.*5.6.36;—(*ellipt.*) si stomachus non ~inet (*sc.* cibos) Cels.3.6.15;—(*cf.*) angulus, qui purissimum solem ~inet et accendit Plin.*Ep.*2.17.7.

10 To have as part of its contents, contain, include: **a** to contain as a constituent part, embrace. **b** to contain by implication or as a corollary, involve, imply, carry with it. **c** (of a term, expression, etc.) to contain as part of its meaning, cover (usu. pass.).

a ut una continuatione uerborum..binae ei contentiones uocis et remissiones ~inerentur Cic.*de Orat.*1.261; in communibus iniuriis totius prouinciae Stheni quoque causa ~ineatur *Ver.*2.118; magnum..mendum ~inent (Idus Martiae) *Att.*14.22.2; amicitia res plurimas ~inet *Amic.*22; Corinthum..claustra Peloponnesi ~inentem Vell.1.3.3; sexta comprehensio, qua ~inetur urbs Roma Plin.*Nat.*6.217; in hereditate res corporales ~inentur Gaius *Inst.*2.14; (*w. dat.*) omnia..quae huic actioni ~inentur Paul.*dig.*21.1.57; (*w. subj. cl.*) iudicis officio ~inetur, ut uictori..restituatur hereditas Javol.*dig.*5.3.44. **b** qua una uirtute omnes uirtutes reliquae ~inentur Cic.*de Orat.*2.150; eius modi facinus in quo omnia nefaria ~ineri mihi atque inesse uideantur *Ver.*4.60; nescio animi an ingeni tui maior in his libellis laus ~ineatur Brut.*ad Brut.*2.3.4; crimen adulterii duos ~inet Quint.*Decl.*249(p.23,l.1); quae res in personam Titii tacitam ademptionem ~inet Gaius *dig.*34.4.5; has causas deponendi..quae ~inent fortuitam causam depositionis Ulp.*dig.*16.3.1.2; in his (criminibus)..quae poenam mortis ~inent 48.21.1. **c** uerbum..ambiguum est, solumne hoc ~ineret Ulp.*dig.*5.3.23;—(*pass.*) si tuus seruus nullus fuerit et omnes alieni..tamen ei ipsi tuae familiae genere et nomine ~inebuntur Cic.*Caec.*58; urbis..quae et ipsa uoto ~ineatur, mentionem nullam fieri Liv.5.25.6; omnia quae solo non ~inerentur (*i.e. not real estate*) 26.34.5; inter liberos nepotem quoque ex filia ~ineri diuus Pius rescripsit Ulp.*dig.*50.12.15;—(*w. dat.*) omnes..casus ~inentur huic stipulationi 7.9.3; iumentorum cibaria penui ~inentur 33.9.3.7.

11 a (of books, documents, etc.) To have as main or entire contents, comprise. **b** (pass., w. abl. or *ex*) to consist in or be composed of; to be wholly taken up with.

a locus communis..certae rei quandam ~inet amplificationem Cic.*Inv.*2.48; chartae..quae illam pristinam seueritatem ~inebant *Cael.*40; fabula (*sc. the Iliad*)..stultorum regum et populorum ~inet aestus Hor.*Ep.*1.2.8; primus (liber) ~inet res gestas regum populi Romani Nep.*Ca.*3.3; (*w. acc. and inf.*) epistula ~inebat esse redditam orationem pro Clario Plin.*Ep.*9.28.5;—(*pass.*) litteris, quibus fons perfectae eloquentiae ~inetur Cic.*Brut.*322; opes publicae ~inebantur (*sc.* libello) Tac.*Ann.*1.11; ut senatus actis ~inetur Suet.*Aug.*5; (*w. subj. cl.*) tabulas, quibus centum talenta mutua Thessalis deditse Thebanos ~inebatur Quint.*Inst.*5.10.111; Ulp.*dig.*12.3.4. **b** intellegit maximam pietatem conseruatione patriae ~ineri Cic.*Phil.*13.46; cum ~ineantur (nostra physica) ex affectione et ex materia *Ac.*1.6; carpinus aeris..et umoris summa ~inetur temperatura Vitr.2.9.12; neque..dubitari potest quin artis pars magna ~ineatur imitatione Quint.*Inst.*10.2.1;—locus..et regio quasi ridiculi..turpitudine et deformitate quadam ~inetur Cic.*de Orat.*2.236; ceterae..urbis partes, quae..priuatis aedificiis ~inentur *Ver.*4.119; diei breuitas conuiuiis, noctis longitudo stupris et flagitiis ~inebatur *Ver.*5.26; ulterior (curuatura)..septentrionali regioni subiecta ~inetur umbrosis et opacis perpetuitatibus Vitr.2.10.1.

12 To be the essential factor in, form the basis of. **b** (pass.) to be dependent upon; (leg.) *iudicium quod imperio ~inetur* or *imperio continens*, an action expiring with the term of a particular magistrate. **c** (pass.) to be defined or reckoned (by).

quae res totum iudicium ~ineat Cic.*S.Rosc.*34; lex quae totum eius tribunatum ~inebat *Har.*48; se summo bono, quod ~inet philosophiam *Fin.*4.14; morbos ~inentium causarum notitiam Cels.1.pr.13; aliter..ad animum peruenit, quod uitam ~inet, aliter, quod exornat aut instruit Sen.*Ben.*1.11.1; hic calculus quem posuimus, Graecini rationem ~inet Col.3.3.11. **b** in eis causis..quae coniectura ~inentur Cic.*Part.*107; prouinciae, quibus uectigalia..~inentur *Fam.*15.1.5; Liv.41.23.9; quaestiones ..quae non ~inentur personis Quint.*Inst.*7.2.1; de ceteris quoque rebus, quae usu ~inentur Gaius *dig.*7.5.7;—(*w. dat.*) pacta conuenta..~ineri contractui uidentur Papin.*dig.*18.1.72; Scaev.*dig.*40.5.41.11;—omnia..iudicia aut legitimo iure consistunt aut imperio ~inentur Gaius *Inst.*4.103. **c** ea quae pondere numero mensura ~inentur Ulp.*dig.*30.1.30.

contingō ~ingere ~igī ~actum, *tr., intr.* [con- + tango; sense 5b app. influenced by association with tingo]

1 To come into physical contact with, touch; (freq. w. abl. of parts of the body, etc.).

mi extra unum te mortalis nemo corpus corpore ~igit Pl.*Am.*834; illa te..digito non auderet ~ingere Cato *orat.*219; nec se ~ingi patiuntur lumine claro Catul.64.408; funem..manu ~ingere gaudent Verg.*A.*2.239; nunc mihi summa licet ~ingere sidera plantis Prop.1.8.43; terram osculo ~igit Liv.1.56.12; praesentis..~ingere dextram 25.16.13; si nullos ~igit illic ore cibos Ov.*Met.*5.531; ~ingam certe quo licet illa pede *Tr.*1.1.16; adseruarent..corpus ut ne aues quidem ~ingerent Curt.7.5.40; ~igeris nostros..si forte libellos Mart.1.4.1; Tac.*Ann.*2.71; ut eam ne oculis quidem suis ~ingeret Gel.7(6).8.2; (*cf.*) (ne) suum postea ~ingat amplexum Apul.*Met.*5.6.

2 To be in physical contact with, be contiguous with, border on, touch. **b** to be in contact or connected with (a person) by relationship or friendship, etc.

si uitis uitem ~inget Cato *Agr.*41.2; luna..terram paene ~ingens Cic.*Div.*2.91; in Heluios, qui finis Aruernorum ~ingunt Caes.*Gal.*7.7.5; locus..qui non ~ingeret Tiberim daretur Liv.26.34.8; quotiens ultima est (littera 'm') et uocalem uerbi sequentis ita ~igit, ut in eam transire possit Quint.*Inst.*9.4.40;—(*of pl. subj. w.* inter se) ut..neque inter se ~ingant trabes Caes.*Gal.*7.23.3; Cels.5.26.33.d; Col.12.46.4; (*cf.*) (genus corporum), quod ex ~ingentibus, hoc est pluribus inter se cohaerentibus constat Pompon.*dig.*

41.3.30. **b** deos quoniam propius ~ingis HOR.*S*.2.6.52; quicumque aut propinquitate aut adfinitate aut aliquis ministeriis regiam ~igissent LIV.24.22.14; 45.7.3; cum.. diuum Augustum sanguine ~ingat SEN.*Apoc*.9.5; Latiaris, qui modico usu Sabinum ~ingebat TAC.*Ann*.4.68; ~ingens sanguine caelum JUV.11.62; Galba..nullo gradu ~ingens Caesarum domum SUET.*Gal*.2.1; ULP.*dig*.9.3.5.5.

3 To arrive at, reach; (often of reports, rumours, etc.); to hit (with a missile). **b** to extend to, reach to. **c** to reach (in time).

cum coeptant tutos ~ingere portus CIC.*Arat*.375(331); ut cibum terrestrem rostris facile ~ingant *N.D*.2.122; non ..hoc sperem Italiam ~ingere caelo VERG.*A*.5.18; qui studet optatam cursu ~ingere metam HOR.*Ars* 412; gladios ..habentes longos..ut ex tanta altitudine ~ingere hostem possent LIV.37.40.12; LUC.8.33;—fama, parentales, si uos mea ~igit, umbrae OV.*Tr*.4.10.87; ~igerat nostros infamia temporis aures *Met*.1.211; dum res..~ingat principis aurem JUV.10.341; (*cf. impers., w. acc. and inf.*) fando aliquem Hippolytum uestras, puto, ~igit aures..fraude nouercae occubuisse neci OV.*Met*.15.497;—auem ~ingere ferro VERG.*A*.5.509; OV.*Met*.8.351; quem ~igit improba Mauri lancea..leo V.FL.3.587. **b** (arbores) quae longitudine utramque ripam ~ingerent *B.Alex*.29.4; poteram a terra ~ingere ramos VERG.*Ecl*.8.40; aetherio ~ingens uertice nubes Taurus TIB.1.7.15; nullas profecto terras caelum ~ingere LIV.21.30.7; OV.*Fast*.3.34. **c** ubi nox iussam procedens ~igit horam SIL.13.419.

4 (transf.) To attain to, reach, achieve. **b** to mention in passing, touch upon.

quam regionem cum superauit animus naturamque sui similem ~igit CIC.*Tusc*.1.43; 5.76; aeui ~ingere florem LUCR.1.564; 5.391. **b** Siculos et, ut primordia nostra ~ingam, Pelasgos COL.1.3.6.

5 To touch so as to produce a sensible effect; *colore ~ingere*, to colour, stain. **b** to cover, sprinkle, etc. lightly (with a substance). **c** to touch detrimentally; to lay hands on, appropriate.

noto naris ~ingit odore VERG.*A*.7.480; fumis infans ~actus amaris OV.*Ib*.237; (Venus) ambrosia..~igit os fecitque deum *Met*.14.607;—(*transf.*) musaeo ~ingens cuncta lepore LUCR.1.934; omnia, quae uirtute ~acta sunt ..bona iudicare SEN.*Ep*.71.33;—colore caue ~ingas semina rerum LUCR.2.755; sputa..croci ~acta colore 6.1188. **b** oras pocula circum ~ingunt mellis dulci flauoque liquore LUCR.4.13; tristi ~ingunt corpus amurca VERG.*G*.3.448; quae..~acta sale modice sunt CELS.2.24.1; ~actam sanguine humano mensam SEN.*Con*.9.2.5; COL.10.356; inde linteola carpta ~inguntur LARG.237. **c** manibus..cruentis uirgineas ausi diuae ~ingere uittas VERG.*A*.2.168; me diuum pater..fulminis adflauit uentis et ~igit igni 2.649; metuens..uelut ~ingere sacrum HOR.*S*.2.3.110; quando..sumit..tuis ~acta labellis pocula? JUV.5.128; uenenatis morsibus ~acta APUL.*Met*.9.2;—ut ~acta regia praeda spem..pacis amitteret LIV.2.5.2; nec sua custodiunt nec aliena ~ingunt MELA 2.11.

6 (usu. in pass. w. abl.) To affect with a disease or other misfortune, smite, infect; to affect with a moral pollution, contaminate.

dum..religione animum turpi ~ingere parcat LUCR. 2.660; ~actos artus sacer ignis edebat VERG.*G*.3.566; uelut ~acta ciuitate rabie duorum iuuenum LIV.4.9.10; quas semideae dryades..numine ~actas attonuere suo OV. *Ep*.4.50; ~acti simili sorte *Tr*.3.4b.78; ueneficio ~actus sum PETR.128.2;—nisi..bona..~acta pretiis regni mercandi publicarentur LIV.4.15.8; omnibus eo uitio ~actis auspiciis 8.17.4; multis..~actis gentibus Punici belli societate 31.8.11; hic ~actus ensis deserat castum latus SEN.*Phaed*.714; nullis ~acta uitiis pectora TAC.*Dial*.12.2.

7 a To affect emotionally, move, touch. **b** to affect as a matter of interest, concern. **c** (of a lot, suspicion, etc.), to fall on, befall.

a ~actum nullis ante cupidinibus PROP.1.1.2; quos in aliqua sua fortuna publica quoque ~ingebat cura LIV.22. 10.8; quam me manifesta libido ~igit! OV. *Met*.9.484; ego beneficio laetor et ~ingor SEN.*Ben*.5.19.1. **b** haec consultatio..Romanos nihil ~igit LIV.34.22.12; meam causam, quae nihil eo facto ~ingitur, ne miscueris 40.14.9; prius de ea parte disseram, quae ipsum (principem) ~ingit SEN.*Cl*. 1.20.1; ULP.*dig*.47.10.13.5. **c** quos..suspicio fauoris in regem ~igerat LIV.45.31.3; sors Tyrrhenum ~igit VELL. 1.1.4; ut ignominia..heredem..~ingat GAIUS *Inst*.2.154.

8 (intr., w. dat.) To fall to one's lot, happen, be granted to one. **b** (absol.) to come about, happen; also, to come into existence, be produced. **c** (impers., w. or without dat.) it comes about, it befalls one (that). **d** (w. pred.) to come along (as).

quam mihi maxime hic hodie ~tigerit malum ENN.*scen*. 360; opta id quod ut ~ingat tibi uis PL.*As*.720; haec..gaudia illi ~igisse laetor TER.*Hec*.833; quando mortalium nulli uirtus perfecta ~igit POL.*hist*.5; tantum habemus oti, quantum iam diu nobis non ~igit CIC.*de Orat*.1.164; *Phil*. 13.38; si ~igerit nostris consiliis exitus quem optamus BRUT.*ad Brut*.1.11.2; ut Turno ~ingat regia coniunx VERG. *A*.11.371; HOR.*S*.2.4.87; quibus ars studiumque sapientiae ~ingit MELA 3.65; ut id sibi speret incipienti statim posse ~ingere QUINT.*Inst*.10.7.18; (*poet.*) summo dictator honori ~igit LUC.5.384;—(*ellipt.*) siquidem id saperest uelle te id quod non potest ~ingere TER.*Hau*.324; si uita longior ~igisset LIV.35.15.3; neque..eloquentiam gratuito ~ingere TAC.*Ann*.11.7;—(*w. gdve.*) ~ingent oculis crura uidenda tuis OV.*Ars* 1.156; *Priap*.50.5. **b** ut haec quae ~igerint sciat TER.*Ph*.845; neque nostro..merito id ~inget SULLA *hist*.3; num quis..est..qui hoc P. Clodio uiuo ~ingere potuisse arbitretur? CIC.*Mil*.78; quod tarditate hominum arbitror ~igisse *N.D*.1.11; neque..prius ~ingere cursus potest quam scierimus quo sit..perueniendum QUINT.*Inst*.10.7.5;—(*w. in+abl.*) quod idem ~ingit in laudationibus CIC.*Top*.94; id quod in hoc ~igit bello *B.Hisp*.8.5; GAIUS *Inst*.3.90;—(*w. ut*) ~igit, uti nos itidem integras raperent GEL.*hist*.15;—quonam maxime modo tantum ex his uectigal ~ingat PLIN. *Nat*.17.9; post cymam ex eadem brassica ~ingunt aestiui.. cauliculi 19.138; sine possessione usucapio ~ingere non potest LIC.RUF.*dig*.41.3.25. **c** ita erae meae hodie ~igit PL.*Am*.1061; cum ut Herculi ~igit..in lucem animus excesserit CIC.*Div*.1.47; hortos..riguos..maxime habendos, si ~ingat, praefluo amne PLIN.*Nat*.19.60;—(*w.* ut) ita enim ~ingit ut aestate pariat VAR.*R*.2.4.7; quoniam..tecum ut essem non ~igit CIC.*Att*.8.11d.5; non illo tempore cuiquam ~igit ut simili posset amare fide PROP.1.12.8; LIV.28.41.4; —(*w.* ne) sibi putat..tam facile posse ~ingere, ne reus fiat QUINT.*Decl*.294(p.167,l.6);—(*w. inf.*) quis ante ora patrum ..~igit oppetere VERG.*A*.1.96; non cuiuis homini ~ingit adire Corinthum HOR.*Ep*.1.17.36; OV.*Ep*.11.92; quod spectaculum..perquam clarum et memorabile..mihi uisere ~igit VELL.2.101.2; PLIN.*Nat*.23.145; QUINT.*Inst*.1. 1.7. **d** uera, sed inuito, ~igit ista fides PROP.4.1.98; corrupta est disciplina castrorum, ut tu corrector emendatorque ~ingeres PLIN.*Pan*.6.2; 15.5.

continor ~ārī ~ātus, *tr*. Also **continuor.** [dub.; codd. divided on forms] To encounter, meet with.

Marius ostio Liris euehitur adque Aenariam suos ~uatur SIS.*hist*.125; me..egredientem ~atur Pythias APUL.*Met*. 1.24; eam protinus Ceres et Iuno ~uantur 5.31; ~aberis claudum asinum 6.18; 11.6; 11.22.

continuāte, *adv*. [CONTINVATVS+-E] Uninterruptedly, continuously.

stri⟨gae appellabantu⟩r ordines rerum ⟨inter se conti-n⟩uate conlocata⟨rum, a stringe⟩ndo dictae FEST.p.314M.

continuātiō ~ōnis, *f*. [CONTINVO²+-TIO]

1 a The action of making longer, prolongation, continuation. **b** the fact of being uninterrupted, continuity.

a cum consules..aduersus ~onem tribunatus..tetendissent LIV.3.24.9; 6.39.12; commeatum..adquiescendi a ~one laborum petiit VELL.2.99.2; uitium, quod erat in fine, ~one emendatur QUINT.*Inst*.9.4.70; propter ~onem furti CELS.*dig*.47.2.68(67).2. **b** uti..~one imbrium diutius sub pellibus milites contineri non possent CAES.*Gal*.3.29.2; LIV.41.15.7; ~one bellorum dilatum ex Pannoniis..egit triumphum VELL.2.121.2; tristitia, quae ~one pertinacis studii adducitur SEN.*Con*.1.pr.15; non enim ubi interrupta est (philosophia), manet, sed..usque ad initia sua recurrit, quod a ~one discessit SEN.*Ep*.72.3; ~o..et ipsa consuetudo idem..efficit PLIN.*Nat*.17.15; breuium uerborum..uitanda ~o QUINT.*Inst*.9.4.42; TAC.*Ann*.3.40; nimiam prosperorum suspectam habens ~onem FLOR.*Epit*.2.13(4.2.79).

2 An unbroken extent, continuous stretch. **b** uninterrupted practice.

numerus..in ~one nullus est CIC.*de Orat*.3.186; quacumque in ora ac parte terrarum ab huiusce terrae quam nos incolimus ~one distantium *N.D*.2.164; molem ~one nidorum..Nilo..opponunt PLIN.*Nat*.10.94; in contextu et ~one sermonis QUINT.*Inst*.8.2.14. **b** alios ~o extundit QUINT.*Inst*.1.3.6; obsequii ~one PLIN.*Pan*.45.5; APUL. *Apol*.4.

3 (rhet., w. *uerborum* or alone) The formation of words into a continuous sentence, a period.

fugere oportet longam uerborum ~onem *Rhet.Her*.4.18; ~o uerborum, quae duas res maxime, conlocationem primum, deinde modum quendam formamque desiderat CIC.*de Orat*.3.171;—~o est et densa et continens frequentatio uerborum cum absolutione sententiarum *Rhet.Her*. 4.27; in toto..circuitu illo orationis, quem Graeci περίοδον, nos..~onem aut circumscriptionem dicimus CIC.*Orat*.204; QUINT.*Inst*.9.4.22.

4 (philos.) Interconnexion, concatenation.

quasi fatalem et immutabilem ~onem ordinis sempiterni CIC.*Ac*.1.29; admirabilis quaedam ~o seriesque rerum *N.D*. 1.9; ~o coniunctioque naturae quam..uocant συμπάθειαν *Div*.2.69.

continuātus ~a ~um, *a*. [pple. of CONTINVO²]

1 a Uninterrupted, unbroken (in space or time). **b** consecutive, uninterrupted (in series).

a in omni natura cohaerente et ~a cum omnibus suis partibus CIC.*Ac*.1.28; nisi ea uno diuino et ~o spiritu continerentur *N.D*.2.19; (regiones) quae sunt a Cumis ~ae ad promunturium Mineruae VITR.5.12.2; cum prope ~o agmine irent LIV.2.38.1;—~a quoque febris habet tempora quibus, etsi non remittit, non tamen crescit CELS.3.18.7; fit..ex his ~a exulceratio pruriens 5.28.16A. **b** hoc exornationis genus breuiter et ~is uerbis (*i.e. in a single sentence*) perfectum debet esse *Rhet.Her*.4.26; est quidam ornatus orationis, qui ex singulis uerbis est; alius, qui ex ~is constat CIC.*de Orat*.3.149; dia⟨tono⟩ toni duo sunt ~i VITR.5.4.3;—(*neut. as sb.*) correctio et dissipatio et ~um et interruptum ..CIC.*de Orat*.3.207.

2 (w. dat.) Contiguous to, adjacent to.

mari ~us et iunctus est (aer) CIC.*N.D*.2.117; domus Augusto ~a foro OV.*Pont*.4.15.16.

continuē, *adv*. [CONTINVVS+-E] Without interruption, continuously.

flumen quod fluit ~ VAR.*L*.5.27; MAUR.1964.

continuitās ~ātis, *f*. [CONTINVVS+-TAS] The state of being uninterrupted; prolongation, extension.

protinam a protinus, ~atem significans VAR.*L*.7.107;—collum ut iuba in ~atem (*cj*.) spinae porrigitur PLIN.*Nat*. 8.105.

continuō¹, *adv*. [CONTINVVS+-O²]

1 Forthwith, without delay, immediately. **b** immediately from the beginning, from the first. **c** (in an enumeration of places) immediately thereafter.

si quem alium aspexit, caeca ~ siet PL.*As*.770; *Epid*.424; haec ubi aperuit ostium, ~ hic se coniecit intro TER.*Hau*. 277; olea ubi lecta siet, oleum fiat ~, ne corrumpatur CATO *Agr*.3.2; ignis in aquam coniectus ~ restinguitur CIC. *Q.Rosc*.17; scies ~ quid actum sit *Att*.10.11.4; LUCR.2.771; haud mora: ~ matris praecepta facessit VERG.*G*.4.548; HOR.*S*.1.6.29; LIV.42.34.6; LUC.6.627; PLIN.*Nat*.27.77. **b** ~ in siluis..flexa domatur in burim et curui formam accipit ulmus aratri VERG.*G*.1.169; 3.75; ~ est aegris alius color 4.254; CELS.*dig*.50.17.193; edidit pullum, qui matrem suam coepit ~ comitari APUL.*Met*.9.33. **c** Lycia ~.. grandem sinum claudit MELA 1.80.

2 Without further evidence, without more ado; (esp. w. neg. expressed or implied in qu.) necessarily, in consequence.

quid si debuisset? ~ne causa fuisset cur a praetore postulares ut bona possideres? CIC.*Quinct*.48; *Off*.3.36; JUV. 13.191;—si hoc in Sasernae fundo..satis fuit, non ~ idem in agro Ligusco VAR.*R*.1.18.6; in philosophorum..cognitione non ~ inest eloquentia CIC.*de Orat*.3.143; *Fin*.2.24; quid, si quis non sit auarus, ~ sanus? HOR.*S*.2.3.160; SEN. *Ep*.55.5; (*without neg.*) nam quodcumque suis mutatum finibus exit, ~ hoc mors est illius quod fuit ante LUCR.1.671.

3 Without intermission, continuously.

qui grana ciceris ex spatio distante missa in acum ~.. inserebat QUINT.*Inst*.2.20.3; cum in eosdem casus..~ quis aut certa nimium frequenter incurrit 9.1.11; ducentos per annos dimicatum est..non ~ nec cohaerenter, sed prout causae lacessierant FLOR.*Epit*.1.33(2.17.5);—ut per biennium ~ (*i.e. in two successive years*) duo Romani consules.. occiderentur VELL.2.16.4;—omne templum esse debet ~ (*i.e. without a break*) septum VAR.*L*.7.13.

continuō² ~āre ~āui ~ātum, *tr*., (*intr*.). [CONTINVVS+-O³]

1 To make continuous in space, join together, connect. **b** (w. dat. or *cum*) to make continuous (with). **c** to form into a continuous whole, complete. **d** to bridge (a gap).

ista dena iugera ~abunt CIC.*Agr*.2.78; binas aut amplius domos ~are SAL.*Cat*.20.11; sublatis..supra capita scutis ~atisque inter se LIV.34.39.6; (*poet.*) tellus hinc ardua celsos ~at colles LUC.4.159. **b** si Mygdoniis regnum Alyattei campis ~em HOR.*Carm*.3.16.42; ut neque..aedificia moenibus ~arentur LIV.1.44.4; Suionibus Sitonum gentes ~antur TAC.*Ger*.45.9;—genus quoddam ignis..de oculis exire.. coniunctum ~atumque..cum luce solis GEL.5.16.4. **c** ut circumuallari moenia uiderunt, priusquam ~arentur.. dilapsi..LIV.23.17.5; ~atis aquis in faciem ac turbidi maris stagnat (Nilus) SEN.*Nat*.4a.2.8; pons ~atus TAC.*Ann*.15.9. **d** hoc interuallum pedestri ~are transitu pontibus iactis.. Pyrrus..cogitauit PLIN.*Nat*.3.101.

2 To make continuous in time, join in unbroken succession. **b** (w. dat. or *cum*) to make continuous (with). **c** (intr.) to be continuous, last, continue.

ubi tantum luctus ~atur CIC.*Tusc*.2.39; haec tria sunt.. festa inter se nulla ~ata die OV.*Fast*.5.492; in Thylen, in quo dies ~arentur PLIN.*Nat*.6.219; diem noctemque ~are potando TAC.*Ger*.22.2; septem (consulatus)..~auit SUET. *Dom*.13.3. **b** paci externae confestim ~atur discordia domi LIV.2.54.2; aliis somno mors ~ata est LIV.41.4.4; OV.*Ars* 1.406; hiemi ~atur hiems *Pont*.1.2.24; TAC.*Ag*.41.3; —omnis hereditas..cum tempore mortis ~atur PAUL.*dig*. 50.17.138. **c** si a prima hieme austri ad ultimum uer ~arint CELS.2.1.15; si..febris..aeque concitata ~at 2.4.6; PLIN.*Nat*.17.233.

3 To place together or in a continuous line; to place next (to). **b** to place together in succession. **c** to do a thing to (several persons or things or repeatedly to one person) without a pause: (the nature of the action is indicated by an abl.).

tauros solere diuersos adsistere clunibus ~atos (*i.e. flank to flank*) et cornibus..propulsare lupos VAR.*R*.2.9.2; fecerisne..pontem ~atis tribunalibus CIC.*Vat*.21; uicissest ~asse suos (lapillos) OV.*Ars* 3.366;—lateri ~asse latus 1.496. **b** dochmius..iteratus aut ~atus numerum apertum..facit CIC.*Orat*.64; hi sunt euitandi ~ati pedes 194; monosyllaba.. male ~abuntur QUINT.*Inst*.9.4.42. **c** ter Libas officio ~ata meost OV.*Am*.3.7.24; quoniam nemo tres siseres edendo ~aret (*i.e. eat in succession*) PLIN.*Nat*.20.35; et segnem Nomium fortemque Mimanta..~at ferro (*sc. slays in succession*) STAT.*Theb*.9.292; 12.745; (*ellipt.*) qui uomere bis in mense uult, melius consulet, si biduo ~arit CELS. 1.3.24.

4 a To extend in space, prolong. **b** to extend in time, prolong, continue; to renew (an office) without a break.

a Sullanus ager a certis hominibus latissime ~atus CIC. *Agr*.2.70; qua ceruix humeros ~ata premit OV.*Fast*.5.712. **b** hiemando ~are bellum LIV.5.2.1; somnos ~are (*i.e. to sleep for ever*) [OV.]*Ep.Sapph*.90; si ~atur febris neque leuior umquam fit CELS.3.5.4; quod biduo..perpotationem ~asset PLIN.*Nat*.14.145; ~are imperia ac plerosque ad finem uitae in isdem exercitibus..habere TAC.*Ann*.1.80; (*refl.*) quo magis se sopor interdiu noctuque ~at CELS.2.4.2; —CIC.*Rep*.1.68; tribuni plebis..~are magistratum nitebantur SAL.*Jug*.37.2; Fabio..~atur consulatus LIV.9.41.1; ne maximum imperium in una familia ~aretur V.MAX. 4.1.5.

5 To practise without interruption, keep on with (a course of action, etc.); to keep on saying.

~ato diem noctemque opere CAES.*Civ*.1.62.1; ~ato nocte ac die itinere 3.11.1; ueluti succinctus cursitat hospes ~atque dapes HOR.*S*.2.6.108; QUINT.*Inst*.4.1.61; TAC.*Ann*. 12.23; ut multos post annos Nero imperium et scelera ~auerit 14.12; (*cf.*) ut iuuenilis animus leuium quoque rerum gloria sublatus maiores ~aret (*i.e. proceed at once to*) 13.11; —magna uoce laeta Pisoni omnia tamquam principi ~are

*Hist.*4.49; (*w. dir. sp.*) inde orsus in ordine Tydeus ~at: 'maesti..' Stat.*Theb.*1.452.

continuor ~ārī: see continor.

continuus ~a ~um, *a.* [contineo+-vvs]

1 Uninterrupted by pauses, unremitting, continuous; (of periods of time) unbroken; (of a person) unremitting, assiduous. **b** (of discourse) continued, uninterrupted.

aggerem instruere coepit magno cum labore et ~a dimicatione Hirt.*Gal.*8.41.2; imbres ~i Liv.8.24.7; oppugnatio ~a, non nocte non die remissa 32.15.2; in eo conclaui.. ignis ~us esse debebit Cels.4.6(3).5; praeter terram nihil stare, cetera ~a uelocitate decurrere Sen.*Ep.*93.9; ~a ciuilium bellorum series Tac.*Hist.*4.54; Papin.*dig.*48.5.12(11).4; (*w. abl. of gdve.*) postulandis reis tam ~us annus fuit ut.. Tac.*Ann.*4.36;—quae..prandia, quae inter ~om perdidi triennium Pl.*St.*214; neu quis biennium ~um iudex esset Liv.33.46.7; Gaius *Inst.*1.111;—~us inde et saeuus accusandis reis Suillius Tac.*Ann.*11.5. **b** omnis oratio aut ~a est aut inter respondentem et interrogantem discissa Sen.*Ep.*89.17; uidebitur non solum composita oratio, sed etiam ~a Quint.*Inst.*7.10.17; interiectio est 'fato profugus' et ~um sermonem, qui faciebat 'Italiam Lavinaque', diuidit 11.3.37; paulatim..per altercationem ad ~as et infestas orationes prouecti sunt Tac.*Hist.*4.7; *Ann.*4.8.

2 Not coming to an end, continued, lasting. **b** constantly repeated or recurring, incessant.

hoc pro ~o te..monemus amore Prop.1.20.1; uim.. iuuentae ~am V.Fl.4.319; a regibus usque ad principes ~um et immortalem Tac.*Hist.*1.84; praefectus urbi recens ~am potestatem..mire temperauit *Ann.*6.10; ~us dehinc cohortium clamor 11.35. **b** tot, tantas, tam ~as uictorias Cael.*hist.*26; pro tuis iniuriis ~is Quad.*hist.*41; ex honoribus ~is familiae Cic.*Mur.*55; tot ~is incommodis..acceptis Caes.*Gal.*7.14.1; ~a messe senescit ager Ov.*Ars* 3.82.

3 Uninterrupted by an interval of space, unbroken, continuous; (w. abl.) completely covered with. **b** forming an integral whole, indivisible.

~i montes, ni dissocientur opaca ualle Hor.*Ep.*1.16.5; Leucada ~am (*i.e. forming part of the mainland*) ueteres habuere coloni: nunc freta circumeunt Ov.*Met.*15.289; Cels.5.25.19.a; (Euphraten) fluere..ultra Babylona ~o alueo....LXXXVIIp. Plin.*Nat.*6.124; lapis..nascitur, non.. caute ~a, sed sparsa bulbatione 34.148; (serpens) super fluuios geminae iacet aggere ripae ~us Stat.*Theb.*5.517; profunda moles ~i maris tardius impellitur Tac.*Ag.*10.6; ~um ferri tegimen *Ann.*3.43;—(amnis) ~us telis alioque adopertus aceruo Stat.*Theb.*9.430. **b** quaedam ~a esse corpora, ut hominem: quaedam esse composita, ut nauem Sen.*Ep.*102.6.

4 a Undivided by an interval of time, successive. **b** forming an uninterrupted series.

a ~as has tris noctes peruigilaui Pl.*Am.*314; haec rude misceto ter in die dies quinque ~os Cato *Agr.*104.2; mensis octo ~os his opus non defuit Cic.*Ver.*4.54; ~is itineribus ad Forum Voconi ueni Lep.*Fam.*10.34.1; post tres ~os consulatus Liv.2.42.8; non bis..de eadem re dicimus, et quidem ~as nonnunquam sententias? Quint.*Inst.*10.5.7. **b** mox oppida ~a Baracum, Buluba, Alasit Plin.*Nat.*5.37; dentium tria genera, serrati aut ~i aut exerti 11.160; Claudios..ab Atto Clauso ~os durauisse Tac.*Ann.*12.25; quorum librorum tres ~i..pleni sunt id genus rerum Gel. 13.10.2.

5 a Succeeding, next in time. **b** immediately, next in position. **c** (w. dat.) closely associated with.

a ~aque die sidus Hyantis erit Ov.*Fast.*5.734; 6.720. **b** ignis..proxima quaeque et deinceps ~a amplexus Liv. 30.5.7; mihi quidam spectanti senior ~osque loco..ait Ov. *Fast.*4.378; intendendus animus non in aliquam rem unam sed in plures simul ~as Quint.*Inst.*10.7.16; inde ~a Aegyptus Tac.*Hist.*2.6;—(*w. dat.*) aer ~us terrae est Sen.*Nat.*2.6.1. **c** Cocceius Nerua, ~us principi Tac.*Ann.*6.26.

contiō ~ōnis, f. [< *couentio* = conventio] Forms: *conctio* (dub.) *CIL* 1.583.18; also masc. according to Paul.*Fest.*p.59M; (*concio* is an incorrect form).

1 (at Rome) A meeting of the people summoned by a magistrate or priest; *~onem dare,* to grant an opportunity of addressing a meeting. **b** any public meeting, assembly; (esp. mil.) a parade addressed by a general; *in ~one,* in public.

facito recitentvr in ~one *CIL* 1.583.15; Cato *hist.*128; ~one dimissa Quad.*hist.*76; Antoni genus dicendi multo aptius iudiciis quam ~onibus Cic.*Brut.*165; cum primum ~onem ad urbem consul designatus habuit *Ver.*45; in ~onem escendit *Q.fr.*1.2.15; productus sum in ~onem a tr. pl. M. Seruilio *Fam.*12.7.1; eorum studia qui ~ones tenent adeptus es Q.Cic.*Pet.*51; Caes.*Civ.*1.30.5; consul pro ~one edixerat Liv.42.10.3;—data Laelio ~o est Cic.*Flac.*17; in ~onem escendit quam Appius ei dedit *Att.*4.2.3; data a M. Antonio tribuno plebis ~one Liv.45.40.9;—(*defined*) ~o significat conuentum, non tamen alium, quam eum qui ⟨a⟩ magistratu uel a sacerdote publico per praeconem conuocatur Paul.*Fest.*p.38M. N.B.: *the phrases* in ~onem escendere, *etc., gave rise to a false interpretation of* ~o *as a platform, see* Gel.18.7.5–7. **b** pube praesenti in ~one Pl.*Ps.* 126; cur cuncta ciuitas Lampsacenorum de ~one.. domum tuam concurreret Cic.*Ver.*1.80; *N.D.*1.63; Liv. 29.21.7; aduocata hominum ~one deorumque Plin.*Pan.*8.3; Apul.*Met.*6.23;—Theophanem..in ~one militum ciuitate donauit Cic.*Arch.*24; ~onem apud milites habuit Caes.*Civ.* 3.73.2; Liv.3.62.2; Tac.*Hist.*3.68;—nihil..habebat quod non uel in ~one recte legi posset Cic.*Fam.*7.18.4; *Amic.*97; in conuiuio, id est in ~one Sen.*Dial.*2.18.2.

2 The people present at a meeting, audience; also, public opinion.

erat semel a ~one uniuersa relictus Cic.*Brut.*305; ~ones saepe exclamare uidi *Orat.*168; iram suae ~onis excepit Sen.*Dial.*5.2.4;—(conscientia) quae ~oni ac famae reclamat *Ben.*4.21.5.

3 A speech made at a public meeting, a public speech.

habebamus..in manibus Antoni ~onem Cic.*Att.*7.8.5; ut scriptam ~onem mittam *Att.*14.20.3; ipse habuit grauis in Caesarem ~ones Caes.*Civ.*2.18.3; ~onem illi praebebimus? Sen.*Con.*1.1.11; utendum est et illis, ut ita dicam, ~onibus Sen.*Ep.*38.1; in his (*sc.* historiis) ~ones..plerumque suadendi ac dissuadendi funguntur officio Quint.*Inst.* 3.8.67.

contiōnābundus ~a ~um, *a.* [contionor+-bvndvs] Delivering a public speech or harangue.

omnes portas ~us ipse imperator circumiit Liv.40.27.8; Tac.*Ann.*1.17;—(*w. acc.*) haec prope ~us circumibat homines Liv.3.47.2;5.29.10.

contiōnalis ~is ~e, *a.* [contio+-alis] Belonging or proper to public meetings; (disparagingly, of persons) devoted to public meetings.

clamore senatus prope ~i Cic.*Q.fr.*2.5.1; hoc officium ~e esse iudicauerunt Quint.*Inst.*3.8.14; 9.4.130;—illa ~is hirudo aerari, misera ac ieiuna plebecula Cic.*Att.*1.16.11; ~i seni Liv.3.72.4.

contiōnārius ~a ~um, *a.* [contio+-arivs] = prec.

tibiae..illius ~ae in mentem uenit, quam C. Graccho cum populo agente praeisse ac praeministrasse modulos ferunt Gel.1.11.10;—ne opprimatur ~o illo populo a se prope alienato Cic.*Q.fr.*2.3.4.

contiōnātor ~ōris, *m.* [next+-tor] One who addresses a public meeting; (spec.) agitator, demagogue.

quid interesset inter leuitatem ~orum et animum uere popularem Cic.*Catil.*4.9.

contiōnor ~ārī ~ātus, *intr.*, (*tr.*). [contio+-o[3]]

1 To deliver a public speech, address a meeting, harangue.

nudus, unctus, ebrius est ~atus Cic.*Phil.*3.12; cucurrit.. Puteolos ut ibi ~aretur *Att.*10.4.8; Caesar apud milites ~atur Caes.*Civ.*1.7.1; Liv.1.28.2; Tac.*Hist.*2.94;—(*w.* de) de religionibus sacris..est ~atus Cic.*Har.*8; de iniuria decreti palam in foro ~ati Liv.4.9.7;—(*w. internal acc.*) haec uelut ~anti 22.14.15;—(*w. acc. and inf.*) C. Cato ~atus est comitia haberi non siturum Cic.*Q.fr.*2.4.6; cum Lepidus ~aretur atque omnibus scriberet se consentire cum Antonio Pol.*Fam.*10.31.4;—(*cf.*) cum ageretur togata..caterua tota ..~ata est: 'huic, Tite,..' Cic.*Sest.*118.

2 To attend a public meeting.

illi uos singuli uniuersos ~antes timent Liv.39.16.5.

contīrō ~ōnis, *m.* [con-+tiro] A fellow recruit.

CIL 6.2669.

contiuncula ~ae, *f.* [contio+-cvla] A small or negligible meeting.

oratorem..in iudicia et ~as tamquam in aliquod pistrinum detrudi et compingi Cic.*de Orat.*1.46; quae (*sc.* uicensima) mihi uidetur una ~a clamore pedisequorum nostrorum esse peritura *Att.*2.16.1.

contollō ~ere, *tr.* [con-+tollo] (For pf. *contuli* see confero.) *gradum ~ere,* To step up (to meet a person).

congrediar. — ~am gradum Pl.*Aul.*813; adibo contra et ~am gradum *Bac.*535.

contonat ~āre, *impers.* [con-+tono] It thunders violently.

continuo ~at sonitu maxumo Pl.*Am.*1094.

contor (dub.) ~āri ~ātus, *intr.* [see percontor] To inquire.

rogitare oportet prius et ~arier (*s.v.l.*) adsitne ei animus Pl.*Cas.*571.

contorqueō ~quēre ~sī ~tum, *tr.* [con-+torqveo]

1 To twist round or together, make twisted.

clamide ~ta astu clupeat braccium Pac.*trag.*186; ~ta toga *Rhet.Her.*4.68; ut nemo..tam tornare cate ~tos possiet orbes Cic.*Arat.*550(104); ~tis alligat ossa comis Prop.4. 7.80; saetas e cauda (cameli) ~tas Plin.*Nat.*28.91; uertex est ~ta in se aqua Quint.*Inst.*8.2.7; fatorum..inextricabiliter ~ta..licia Apul.*Met.*11.25.

2 To make crooked, twist.

~tis Aries cum cornibus Cic.*Arat.*230; lignum..durum et in fabrili opere ~tum Plin.*Nat.*16.47; ~ta et uituperante nare discessit Apul.*Met.*7.9; ~tis superciliis 6.13;—(*cf.*) lanificio neruos meos ~queo 9.5.

3 To make to rotate or move in an arc, whirl. **b** to discharge (missiles) with a rotatory movement. **c** to impart a whirling motion, to send whirling. **d** (fig.) to utter with great vigour.

~quet brachium *Rhet.Her.*4.68; turbo ~quens flamine robur Catul.64.107; (telum) ualidis..~tum uiribus Lucr. 1.971; proluit insano ~quens uertice siluas..Eridanus Verg.*G.*1.481; exutae ~to uerbere glandes Ov.*Met.*7. 777; mollia ~to descendunt stamina fuso Sen.*Apoc.*4.1. **b** pilum uiribus ~tum *B.Afr.*16.3; lenta lacertis spicula ~quent Verg.*A.*7.165; eam, quae missa optime est, hastam speciosissime ~tam ferri uidemus Quint.*Inst.*9.4.8; lapide ~to..iuuenis dexterum brachium longo iactu petierat Apul.*Met.*9.37;—(*w.* in+*acc.*) telum ~sit in auras Verg.*A.*5.520; remum ~sit in hostem alter Luc.3.671. **c** ut ea celeritate ~queatur (deus rutundus) Cic.*N.D.*1.24; non est..aetheris ea natura ut ui sua stellas conplexa ~queat 2.54; quas (arbores)..~tus repentino impetu turbo praefregit Sen.*Dial.*6.16.7; altas Aquilo ~quet niues *Ag.*479; ~ti uerticis undae Luc.4.460; pingui ~quet (ignis) nubila fumo Sil.4.307. **d** (Demosthenis) non tam uibrarent fulmina illa, nisi numeris ~ta ferrentur Cic.*Orat.*234; quae uerba ~quet! *Tusc.*3.63; tam longas..perihodos uno spiritu quasi torrente ~quent Plin.*Ep.*5.20.4; (*pple. as sb.*) (aures) ~tis excitantur Quint.*Inst.*9.4.116.

4 To stir up, agitate, make rough (the sea).

an omnis tempestas aeque mare illud ~queat Sen.*Ep.* 79.1; *Her.O.*235; Sil.3.50.

5 To turn in another direction, turn about. **b** (transf.) to sway (intellectually or emotionally).

gubernator magna ~sit equos ui Enn.*Ann.*486; amnes.. in alium cursum ~tos et deflexos uidemus Cic.*Div.*1.38; animal omne..membra quocumque uult..~quet 1.120; gubernaclum ~quet (nauem) quolibet unum Lucr.4.904; gladium in pectus piratae ui ~sit Sen.*Con.*1.2.18; Suet. *Jul.*62; (*fig.*) uidesne..quae dubia sint ea sumi pro certis?..deinde ~quent et ita concludunt.. Cic.*Div.*2.106. **b** (iudex) tum ad tristitiam tum ad laetitiam est ~quendus Cic.*de Orat.*2.72.

contortē, *adv.* *compar.* ~ius. [contortvs+-e] In an involved fashion.

ne quid perturbate, ne quid ~e..dicamus *Rhet.Her.*1.15; Cic.*Inv.*1.29; haec sic dicuntur a Stoicis concludunturque ~ius *Tusc.*3.22.

contortiō ~ōnis, *f.* [contorqveo+-tio]

1 The action of twisting round or swinging.

ex remotione brachii et ~one dexterae gladius ad corpus adferri (uidetur) *Rhet.Her.*4.26.

2 *~o orationis,* An involved expression.

maius est..has ~ones orationis..perdiscere Cic.*Fat.*17.

contortiplicātus ~a ~um, *a.* [facet. compound contortvs+*plicatus* (plico)] Compounded in an involved fashion.

ita sunt Persarum mores, longa nomina, ~a habemus Pl.*Per.*708.

contortor ~ōris, *m.* [contorqveo+-tor] One who perverts, twister.

bonorum extortor, legum ~or! Ter.*Ph.*374.

contortulus ~a ~um, *a.* [next+-vlvs] (contemptuous dim.) Wretchedly involved or complicated.

~is quibusdam et minutis conclusiunculis Cic.*Tusc.*2.42.

contortus ~a ~um, *a.* [pple. of contorqveo] In vbl. senses, esp.: Involved, tangled.

~o aliquo ex Pacuuiano exordio Lucil.875; ~as res et saepe difficilis necessario perdiscimus Cic.*de Orat.*1.250; Fro.*Aur.*2.p.66(146N).

contrā, *adv.* and *prep.* [con-+-ter[1]+-a[2]] Pros.: *contrā* Enn.*Ann.*463, 563, Lucil.864. Const.: w. acc.; anastrophe frequent, esp. in poetry and with pronouns.

A. Adverbial Uses

1 (w. vbs. of standing, looking, seeing, etc.) In front of one, in the eyes, face to face. **b** on the opposite side, facing it (him, etc.). **c** opposite each other. **d** directly over or level with a thing. **e** in the other scale; *auro ~* and sim., at its weight in gold. **f** in opposition or contrast; in antithesis.

quis pater aut cognatus uolet uos ~ tueri? Enn.*Ann.*463; hominem ~ conloqui Pl.*Am.*339; ut confidenter mihi ~ astitit! *Capt.*664; ut nequeant (*sc.* leones) ~ durare feroces Lucr.4.717; ubi me ~ uidet Verg.*Ecl.*7.8; ne ut oculos quidem attollerent aut consolantes amicos ~ intuerentur Liv.9.6.8; (*cf. sense* 5) primum Graius homo mortalis tollere ~ est oculos ausus Lucr.1.66. **b** hinc Venus, hinc ~ spectat Saturnia Iuno Verg.*A.*10.760; eius..montis iugum se circumagens..pertingit circumitionibus ~ fretum Vitr. 2.10.1; unum a terra inmani ⟨spatio⟩ in summo mundo.., alterum trans ~ sub terra in meridianis partibus 9.1.2; nec melior super occasus ~que sub ortu sors agitur mundi Man.2.871; spiculis cingitur (sagitta), quae magis laniant, si retrorsus quam si ~ eximatur Cels.7.5.2; domino ~ recubante Stat.*Silv.*2.2.81; septentrionalia eius, nullis ~ terris..mari pulsantur Tac.*Ag.*10.2; Suet.*Aug.*98.4; Apul. *Met.*7.17. **c** uti ~ ora sient, ad hunc modum uasa conponito Cato *Agr.*18.1. **d** uidendum..est, num ~ dens aliquis acutior sit Cels.6.12; si acuta fragmenta sunt, incidi ~ cutis debet 8.8.1.c. **e** si aquae et eius rei, quam ~ pensabis, par pondus erit Sen.*Nat.*3.25.5;—non carust auro ~ Pl.*Epid.*411; ⟨mi⟩ auro ~ constat filius *Truc.*538; cedo tris mi homines aurichalco ~ *Mil.*658. **f** quo.. modo prudentia esset, nisi foret ~ inprudentia? Gel.7(6). 1.4;—nec solum in eodem sensu, sed etiam in diuerso eadem uerba ~ sumuntur Quint.*Inst.*9.3.36; nec semper, quod aduersum est, ~ ponitur 9.3.84.

2 So as to face the enemy, on the other side, against one.

item hostes ~ legiones suas instruont Pl.*Am.*222; armat ~ praesto fuerunt Cic.*Inv.*2.59; munitiones ~ facere *B.Afr.*61.7; nusquam acies ~ Rutulas Verg.*A.*12.597; instruunt ~ et hostes Liv.8.38.8; cum primum saeuos ~ uidere leones Luc.9.947; qui ~ quantique duces Stat.*Theb.* 3.403; cum Romanae legiones ~ derexerint Tac.*Hist.*4.58.

3 (w. vbs. expressing or implying motion) Towards, up to, a person, so as to meet him, face to face. **b** to the other side, across. **c** in the opposite direction.

is est. adibo ~ et contollam gradum Pl.*Bac*.535; accede ad me atque adi ~ *Rud*.242; omnis uoco cinaedos ~ *St*.772; uti, speciem quo uertimus, omnes res ibi eam ~ feriant Lucr.4.243; me uesicam, ~ qui uenit, esse putat? Mart. 14.62.2; ~ subit obuia mater Stat.*Theb*.5.651; ueniret ~ Marcianus Quint.*Inst*.6.3.95. **b** partique dedere oscula quisque suae non peruenientia ~ Ov.*Met*.4.80. **c** cum spiritus austri..aquiloque suo cum flamine ~..fluctus extollere certant Enn.*Ann*.444;—(*w.* quam) si ~, quam rapit unda, nates Ov.*Ars* 2.182; *Pont*.3.7.8; (*in fig. phr.*) (orator) multus et torrens iudicem uel nitentem ~ feret Quint.*Inst*.12.10.61.

4 (expr. hostile motion) Against or at the enemy.

hostes crebri cadunt, nostri ~ ingruont Pl.*Am*.236; ~ est eundum cautim Acc.*trag*.541; tu ne cede malis, sed ~ audentior ito Verg.*A*.6.95; Aeneas instat ~ 12.887; ~que et ille concitat equum Liv.2.19.7; ni uenire ~ exercitum..audissent 7.39.17; sumptis..occurrere ~ caestibus V.Fl. 4.112.

5 (expr. hostile action, opposition, rivalry, etc.) Against a person, place, etc., on the other side. **b** in opposition or competition.

caue sis tuam contendas iram ~ cum ira Liberi Naev. *trag*.36; potius ut..id facias quam aduorsere ~ Pl.*Cas*.253; summa ui ~ nititur Cato *hist*.95b; certum est facere ~ Lucil.920; arma qui ~ tulerunt *Rhet.Her*.4.51; eos qui ~..pugnarunt Cic.*S.Rosc*.137; nitebantur ~ optimates *Sest*.103; neue te obrui tamquam fluctu..sinas ~que erigas ac resistas *Q.fr*.1.1.4; nostris ~ militibus acerrime pugnantibus *B.Alex*.31.2; nec ~ uiris audet Saturnia Iuno sufficere Verg.*A*.9.802; ex toto donec conquiescat, ~ siti, fame, uomitu niti Cels.4.26.3; non quisquam obsistere ~ Stat. *Theb*.10.753;—(*of things*) emineat nequid quod ~ pugnet et obstet Lucr.1.780. **b** cum in P. Gabinium..L. Piso delationem nominis postularet, et ~ Q. Caecilius peteret Cic.*Div.Caec*.64; nihil..superest de quo certarent, nihil quod ~ peterent, nihil ubi dissiderent *Agr*.2.91; quod patri adfuisset..quod honores ~ peteret Quint.*Inst*.6.1.17.

6 (in trials, arguments or sim. contexts) In opposition, by way of objection, on the other side; (for ~ *dicere* see contradico). **b** in reply, in answer.

disputabant ~ diserti homines Cic.*de Orat*.1.85; si de litteris corruptis ~ uenit *Ver*.2.107; plebes ~ fremit Liv. 7.18.5; ne ipso quidem ~ tendente praetore 27.8.10; ~, obpone: 'patri ergo beneficium dedi, quem non noui?' Sen. *Ben*.5.19.7; qui ~ sentiant et aduersentur Quint.*Inst*.3.1.5; impares agentium ~ ingeniis 4.1.8; quicquid omnino excogitari ~ potest 12.8.10; dicebatur ~: pietatem..et tempora..obtentui sumpta Tac.*Ann*.1.10;—(*w.* esse) ut, cum uerba (legis) ~ sint, de uoluntate quaeratur Quint. *Inst*.7.1.49; 7.3.14. **b** audi nunc ~ Ter.*Ph*.699; illam (*sc.* orationem)..quae erat ~ ab Demosthene pro Ctesiphonte dicta Cic.*de Orat*.3.213; quod cum dixissent, ille ~ *Fin*.2.2; flens orare ~ Caesarem coepit *B.Alex*.24.3; Aeolus haec ~ Verg.*A*.1.76; pauca accipe ~ Hor.*S*.1.4.38; dubio ~ cui pectore Magnus..respondit Luc.8.186; ille refert ~ Stat.*Theb*.1.466.

7 In return, by way of recompense.

auris tibi ~ utendas dabo Enn.*scen*.315; quae me amat, quam ~ amo Pl.*Am*.655; mihi..quom hic nugatur, ~ nugari lubet *Trin*.900; quod donum huic dono ~ comparet Ter.*Eu*.355; sed ~ accipies meros amores Catul.13.9; ille suae ~ non immemor artis Verg.*G*.4.440; Mettius Tullo..gratulatur; ~ Tullus Mettium benigne adloquitur Liv. 1.28.1; ipsi ~ saxa..ingerere 27.18.12; uidete filiam ~ sacerdotem Quint.*Decl*.252(p.35,l.9); tu mihi des ~ pro uerno flore tuum uer Apul.*poet*.4.7(*Apol*.9).

8 (as a connective particle or combined w. other particles indicating a different opinion, situation, etc.) On the other hand: **a** (w. single words or phrases). **b** (referring to whole clauses).

a (*placed after the word*) quem esse dementem uelit..quem ~ amari Caecil.*com*.263; Bruti..erat familiaris..tu ~ Burrieni Cic.*Quinct*.69; aduersarii postulant ut..Heraclius ~, ut.. *Ver*.2.38; beatusne igitur..? mihi ~..uidetur miser *Tusc*.5.55; seruitium ~ paupertas diuitiaeque ..haec soliti sumus..euenta uocare Lucr.1.455; Afranianos ~ multis rebus sui timoris signa misisse Caes.*Civ*.1.71.3; uos..faciendum putatis: ego ~..non censerem Liv.5.53.3; antea in causa sua fiduciam sibi fuisse..nunc ~ nullam in causa..spem positam habere 28.34.6; alii fustes congerunt ..quidam ~ miseriti Phaed.3.2.4; (*cf.*) erant ~ qui tantam fortunae commutationem miserarentur Tac.*Ann*.12.47;—(*before the word*) hostem esse..hominum morumque malorum, ~ defensorem hominum morumque bonorum Lucil. 1335; ~ mercator..'militia est potior' Hor.*S*.1.1.6; ~ diuites..plura quam fas est petunt Sen.*Phaed*.213; ~ in optimum quemque..saeuisse Tac.*Ann*.3.13. **b** se calcaribus in Ephoro, ~ autem in Theopompo frenis uti Cic.*de Orat*.3.36; at ~ bis Catilina absolutus est *Pis*.95; rati noctem..uictis sibi munimento fore..~ Romanis utrumque casum..difficiliorem fore Sal.*Jug*.97.3; ~ non ulla est oleis cultura Verg.*G*.2.420; si male rem gerere insani est, ~ bene sani Hor.*S*.2.3.74; a pereant, si quos ianua clausa iuuat! ~, reiecto quae libera uadit amictu,..placet? Prop.2.23.13; at ~ herbosa pisces laetantur harena Ov.*Hal*.118; quae (*sc.* mens)..aut languescit..aut ~ tumescit Quint.*Inst*.1.2.18; ~ illi initium belli nemo imputabat Tac.*Hist*.2.31.

9 (in rebutting another speaker or following up one's own denial) On the contrary.

nihil eorum est, ~que sunt omnia..summo dedecore..oblita Cic.*Ver*.3.8; non enim tua ulla culpa est..~que summa laus *Marc*.20; tamquam extruderetur..in Macedoniam et non ~ prohiberetur proficisci *Phil*.10.10; de illius ..discessu nihil adhuc rumoris, ~que opinio ualde esse impeditum *Att*.11.18.1; cuius a me corpus est crematum, quod ~ decuit ab illo meum *Sen*.84; negemus quicquam ratione confici, cum ~ nihil sine ratione recte fieri possit *Tusc*.4.84; tantum abest ut impedimento sim ut ~ te..adhorter Liv.6.15.5; adeo non sustinebant ut ~ etiam..pedem referrent 30.34.5; nam ~ punitis ingeniis gliscit auctoritas Tac.*Ann*.4.35;—(*w.* at, sed, *etc.*) nostri nosmet paenitet. — at tu mihi ~ nunc uidere fortunatus Ter.*Ph*. 173; at ~ omnes..adsunt Cic.*Quinct*.75; immo uero ~ rapiebat..quantum..uolebat Apronius *Ver*.3.29; sed ~ seditionibus omnia turbata sunt Sal.*Hist*.1.77.1.

10 Otherwise, differently. **b** (used in pred. to indicate the reverse of a given word or phrase expressed in any grammatical form) otherwise, not, not so. **c** ~ *ac, atque, quam*, otherwise than, contrary to.

te omnes saeuomque seuerumque..commemorant..~ opera expertus Pl.*Trin*.826; ut ~ si quis sentiat, nihil sentiat Volc.*poet*.1.4; magis erat quaerendum, si appellassent..scalam, cum origo nominatus ostenderet ~ Var.*L*. 9.69; id ego ~ puto Cic.*Att*.10.8.2; ambiguus an urbem intraret, seu, quia ~ destinauerat, speciem uenturi simulans Tac.*Ann*.6.1; Trebatius negat ad Plautium pertinere tutelam, Labeo ~ Javol.*dig*.26.2.33; quod si familiam uxoris..pauit, ~ puto obseruari debere Pompon.*dig*.24.1.31.10;—(*w.* esse) uirtutem non posse constitui, si ea, quae extra uirtutem sint, ad beate uiuendum pertineant. quod totum ~ est Cic.*Fin*.4.40; Sal.*Jug*.85.22; Sen.*Ep*.7.3; sed experimentum ~ fuit Tac.*Hist*.2.97; (*ellipt.*) omnia nunc ~ Juv.9.12. **b** (*w. adjs.*) alia probabilia, ~ alia dicimus Cic. *Off*.2.7;—(*w. advs., advl. phrs.*) caute an ~ demonstrata res sit *de Orat*. 2.330; eos..sanos..intellegi necesse est, quorum mens motu quasi morbo perturbata nullo sit, qui ~ adfecti sint, hos insanos appellari necesse est *Tusc*.3.11; Lucr. 3.690; Plin.*Nat*.2.163; qua..ratione..sit sapienter usus aut ~ Quint.*Inst*.2.5.15;—(*w. nouns*) de ordine laudis ~que 2.4.21; ut discipulo magister (nam tu magister, ego ~) Plin.*Ep*.8.7.1;—(*w. vbs.*) laudare testem uel ~ Quint.*Inst*.3.7.2. **c** item ~ atque apud nos fieri (dicitur) ..ut neque ficus neque uites amittant folia Var.*R*.1.7.6; quod ~ dicitur atque ii..fecerunt Cic.*Inv*.1.93; si..aliquid non ~ ac liceret factum diceretur, sed ~ atque oporteret *Balb*.7; quod ~ atque esset dictum..proelium pridie commisissent Caes.*Gal*.4.13.5;—~que faciunt quam polliceri uidentur *Rhet.Her*.4.6; Melini illius adulescentis..~ quam fas erat amore capta Cic.*Clu*.12; ~ quam in nauali certamine solet Liv.30.10.4; omnes (*sc.* uespae, crabrones) carne uescuntur ~ quam apes quae nullum corpus attingunt Plin.*Nat*.11.72; Tac.*Ann*.3.69.

11 Conversely; (ellipt.) vice versa.

ego quid ille et ~ ille quid ego sentirem..uidebat Cic. *Phil*.2.38; nam..ratione uti..decet, ~que falli, errare..dedecet *Off*.1.94; terra mare et ~ mare terras terminat omnis Lucr.1.986(1000); ut cum..eum, qui sit improbus, 'latronem', ~que eum, qui pulsarit, 'attigisse'..dicimus Quint.*Inst*.8.4.1; ut in sororis bonis frater et ~ in fratris soror..seruarentur immunes Plin.*Pan*.39.1; item ~, si duo fructuarii et unus fundi legatarius sit Afric.*dig*.7.2.9;—quod scalae et aquae caldae..multitudinis uocabulis sint appellata neque eorum singularia in usum uenerint; idemque item ~ Var.*L*.9.68; ut quidque erit dicendum ita dicet, nec satura ieiune nec grandia minute nec item ~ Cic.*Orat*.123; in quibus patrimium pro possessiuo dicitur uel ~ Quint.*Inst*.1.5.45; socrui a nuru uel ~ donari non est prohibitum Ulp.*dig*. 24.1.3.7.

B. As Preposition.

12 Opposite, facing (a person). **b** in front of, opposite (a thing); (also) directly over, level with. **c** (topog.) lying opposite, facing. **d** weighed against; ~ *aurum*, at its weight in gold; (transf.) in discharge of, against.

quis illic est qui ~ me astat? Pl.*Per*.13; *Ps*.156; rex cum equitibus..constiterat ~ pedites Curt.10.9.13. **b** quamuis subito..quamque rem ~ speculum ponas Lucr.4.156; clipeum constituit ~ exortum Hyperionis Laber.*com*.73; restantem ~que diem..obliquantem oculos..Cerberon Ov. *Met*.7.411; cum minima umbra ~ medium fiet hominem Plin.*Nat*.18.327; cum terrestres uolucres ~ aquam clangores dabunt 18.363; Apul.*Met*.2.9; (*w. anastrophe*) rotae..alternis se ~ subscudibus inter se coagmentatae Vitr. 10.15.2;—supra trabes ~ capitula..pilae sunt conlocatae 5.1.9; frictione uti diutissime in scapulis..leuiter ~ pulmonem Cels.4.14.2; summa costa ~ umerum sita est 8.1.14. **c** eas regiones quae sunt ~ Gallias Caes.*Gal*.4.20.3; tertium (latus) est ~ septentriones 5.13.6; urbs antiqua fuit..Italiam ~ Tiberinaque longe ostia Verg.*A*.1.13; decem nauibus in statione ~ Abydum relictis Liv.37.9.8; ea (*sc.* stabula) poni debent ~ medium diem Col.7.3.8; quae poma uitesque rorem oderint, ~ ortus (serendo) Plin.*Nat*. 17.22; ne ~ eum (*sc.* fundum) piscatio thynnaria exerceatur Ulp.*dig*.8.4.13; (*w. anastrophe*) insulam..litora Calabriae ~ sitam Tac.*Ann*.3.1. **d** ubi poma ueneunt ~ aurum Var.*R*.1.2.10; oneraui uinum—et tunc erat ~ aurum—misi Romam Petr.76.3;—quae pecunia inter se ~ sponsum rogata erat Var.*L*.6.70; ~ votvm..posvit *CIL* 3.4186; *CIL* 5.1641.

13 (of troops, military installations, etc.) Directed at, facing (an enemy).

hostium copiae magnae ~ me sedebant Cato *orat*.34; gladio Hispanico cinctus ~ Gallum constitit Quad.*hist*.10b; castra sunt in Italia ~ populum Romanum..conlocata Cic.*Catil*.1.5; ~ Labieni castra considunt Caes.*Gal*.7.58.6; tormentis ~ facillimos descensus collocatis Hirt.*Gal*.8.40.5; ~ Neptunum et Venerem ~que Mineruam tela tenent Verg.*A*.8.699; Carthaginiensibus ~ Masinissam locatis Liv.30.8.6; ponat..~ caelum castra Sen.*Suas*.2.17; cetera animantia..congregari uidemus et stare ~ dissimilia Plin.*Nat*.7.5;—(*w. anastrophe*) his (*sc.* armis) magnum Alciden ~ stetit Verg.*A*.5.414; Stat.*Theb*.2.596.

14 (w. vbs. of motion) Towards, up to; up; in the direction of. **b** against the direction of.

clipeum ~ peluem proici Laber.*com*.83; incessit ~ tribunal regis Vitr.2.pr.1; (*w. anastrophe*) ire diem ~ Stat. *Theb*.2.21;—ducenaria duo (pondera) umeris ~ scalas ferebat Plin.*Nat*.7.83; me..~ montis suetum ducit uestigium Apul.*Met*.7.24;—quae pars profluit ~ Etruriam Vitr.8.3.7; Rhodanus inde ~ occidentem ablatus Mela 2.79. **b** boues..se..lambentes ~ pilum Plin.*Nat*.18.364.

15 Against, to meet (an enemy).

pro sociis uos ~ hostis exercitus mittere putatis..? Cic. *Man*.66; ~ patriam exercitum ducere *Phil*.13.14; cum xxv cohortibus..~ hostem proficiscitur Caes.*Gal*.6.7.4; equitibus suis ~ nostros ferunt auxilium Hirt.*Gal*.8.28.3; ~ Gracchum in Algidum exercitum ducere Liv.3.25.9; ~ aucupis inlicem exeunte in proelium duce totius gregis Plin. *Nat*.10.101; (*cf.*) uti ~ iniurias armati eatis Sal.*Jug*.31.6; —(*w. anastrophe*) uim Gallicam obduc ~ in aciem exercitum Acc.*praet*.3; Tyrrhenos equites ire obuia ~ Verg.*A*.11.504.

16 In active opposition to, against. **b** (w. abst. nouns).

omnia parat ~ me Cato *orat*.185; ut quam maximae ~ Hannibalem copiae sint Cic.*Inv*.1.17; cum illo ~ hos inire consilia *S.Rosc*.110; nihil in tribunatu ~ me esse facturum *Sest*.15; Graecus..nimis pugnax ~ imperatorem..esse noluit *Pis*.70; ad bellum ~ hanc urbem gerendum *Lig*.22; imparata et infirma omnia ~ paratissimos *Att*.11.9.1; bellum gerimus, sed non pari condicione, ~ arma uerbis *Fam*.12.22.1; omnis Belgas..~ populum Romanum coniurare Caes.*Gal*.2.1.1; eos exercitus, quos ~ se multos iam annos aluerint *Civ*.1.85.5; ex nauibus ~ molem (pugnabatur) *B.Alex*.19.6; nos arma neque ~ patriam cepisse Sal.*Cat*. 33.1; Liv.28.28.15; ~ te sollers, hominum natura, fuisti Ov.*Am*.3.8.45; (*w.* esse) te omnis qui ~ te non essent tuos (putare) Cic.*Lig*.33; (*of writings*) multae..multorum (litterae) ad illum fortasse ~ me *Att*.11.9.1; me legisse libros ~ Catonem 13.50.1;—(*w. anastrophe*) eos ipsos quos ~ statuas *Orat*.34; *Ver*.5.153; (*separated fr. noun*) solus qui Paridem solitus contendere ~ Verg.*A*.5.370; quo pectore ~ ire Iouem..parem Stat.*Theb*.3.306. **b** illos..enixim ~ fortunas atque honores huius ordinis omnia fecisse ac dixisse Sis.*hist*.110; Bidinos..pecuniam ~ praetoris famam ac fortunas dedisse Cic.*Ver*.2.57; ~ bellum praedonum classem habuit ornatam 5.42; acerrimum ~ seditionem, fortissimum in bello *Mur*.90; omnia turbulenta consilia ~ hunc rei publicae statum..iniri *Agr*.2.8; ui et armis ~ uim decertare *Dom*.63; ~ rem publicam et salutem omnium facturum Sal.*Cat*.51.43; sane bonus ea tempestate ~ pericula et ambitionem *Hist*.5.23; cum ille peteret quod ~ libertatem populi Romani esset Liv.2.15.2; ut..~ eruptionem oppidanorum pugnarent 5.8.9; nec ullum factum dictumue nostrum ~ utilitatem uestram..referri posse 6.40.5; sit aliquis adeo ~ ueritatem obstinatus Quint.*Inst*. 12.1.10; plus molis aduersus ignauiam militum quam ~ perfidiam hostium erat Tac.*Ann*.13.35.

17 (w. vbs. of speaking, testifying, etc., esp. in law-courts and legislative assemblies) Against. **b** (w. vbs. of being present or appearing in court; undertaking a case; also, of defending).

~ carinantes uerba atque obscena profatus Enn.*Ann*.563; numquid recusas ~ me? Pl.*Poen*.1355; et pro tabulis et ~ tabulas et pro testibus et ~ testis..dicere solemus Cic. *de Orat*.2.118; Fannium inuitum..testimonium ~ se cogo dicere *Q.Rosc*.37; legationes quae ~ istum dicerent *Ver*.2.12; ut agerem causam ~ Interamnatis apud consulem *Att*. 4.15.5;—(*after* oratio) orationis suae, quam ~ conlegam censor habuit *de Orat*.2.45; orationem illam egregiam, quam in Ctesiphontem ~ Demosthenem dixerat 3.213; orationem Q. Celeris mihi uelim mittas ~ M. Seruilium 6.3.10; in orationibus ~ Verrem compositis Quint.*Inst*. 4.3.13;—(*w. abst. nouns*) Siculos omnis actorem suae causae ~ illius iniurias quaesisse Cic.*Div.Caec*.12;—(*w. anastrophe*) quos ~ dicas *Inv*.2.114. **b** aderat ~ Aculeonem Gratidiano L. Aelius Lamia Cic.*de Orat*.2.262; qui ~ hunc uenis *Q.Rosc*.18; ~ rem suam me..uenisse questus est *Phil*.2.3; —quam (*sc.* causam)..receperam ~ pueros Octauios..non libenter *Att*.13.49.1; si ~..perniciosum suscepta causa est Quint.*Inst*.6.1.12;—cum ego..Oratae ~ hunc nostrum Antonium..causam defenderem Cic.*de Orat*.1.178; eum regem..~ atrocissimum crimen cogor defendere *Deiot*.2.

18 Against the interests, to the detriment of.

neminem nisi consulto putet, quod ~ se ipsum sit, dicere Cic.*de Orat*.2.299; illa, quae suspicionem..efficient ~que nos erunt 2.330; eae (res) ~ nos ambae faciunt in hoc tempore *Quinct*.1; huic se etiam summis honoribus usi ~ dignitatem uenditabant *Phil*.8.28; colubram sustulit sinuque fouit, ~ se ipse misericors Phaed.4.19(2).3; nulla exsecratio sufficit ~ inuentorem Plin.*Nat*.19.6; licet omnia ~ nos sint Quint.*Inst*.4.2.75; plerumque ~ liberos amantur uxores [Quint.]*Decl*.2.14; poena statuitur aduersus eum, qui ~ annonam fecerit Ulp.*dig*.48.12.2.

19 In resistance to, in defence from, against. **b** in face of the opposition of.

qui tueri possit..pueritiam ~ improbitatem magistratuum Cic.*Ver*.1.153; quod habiturus essem ~ tribunum plebis furiosum..amicum et adfinem..consulem *Sest*.20; qui rem publicam ~ populi temeritatem defenderent 141; nouarum me necessitudinum fidelitate ~ ueterum perfidiam muniendum putaui *Fam*.4.14.3; nec est quicquam Cilicia ~ Syriam munitius 15.4.4; quae essent praesidio ~ Gaetulos *B.Afr*.55.2; ingentem clipeum informant, unum omnia ~ tela Latinorum Verg.*A*.8.447; ~..nocentia monstra Psyllus adest populis Luc.9.910; ~..uenantes refugere in suas cauernas Plin.*Nat*.9.175; (*cf.*) suscipere ~ improbos ciuis salutem rei publicae Cic.*Sest*.49;—(*of remedies, antidotes*) quorum saliuae ~ ictus serpentium medeantur Plin.*Nat*.7.13; Ti. principem..coronari ea (*sc.* lauro) solitum..~ fulminum metus 15.135; cinis irenaceorum..custodit partus ~ abortus 30.124; sanguisugae..tostae..eundem ~ pilos habent effectum 32.136. **b** neque ..praeter te quisquam fuit, ubi nostrum ius ~ illos obtineremus Cic.*Quinct*.34; qui suum ius retinere se ~ Apronium posse erant arbitrati *Ver*.3.37; si..publica lege ~ alicuius gratiam teneri non potest *Caec*.74; ~ne lucrum nil ualere candidum pauperis ingenium? Hor.*Epod*.11.11; rem ~ consules saepe temptatam Liv.3.1.2; (*cf.*) nomen..prorogans nostrum..~ breuitatem aeui Plin.*Nat*.2.154.

20 In reply or opposition to, against (arguments, views, proposals, etc.). **b** against the arguments, actions, etc., of (persons); (also) in reply to.

ubi nil ~ orationem aequam habuit Acc.*trag*.476; si ~

firmam argumentationem alia aeque firma..ponitur CIC. *Inv.*1.79; quae erant ~ ἀντικατάληψιν praeclare conlecta ab Antiocho *Att.*13.19.3; ~ ea Titurius sero facturos clamitabat CAES.*Gal.*5.29.1; ut Cicero dicit ~ contionem Metelli QUINT.*Inst.*9.3.50; (*w. anastrophe*) an ab sensu falso ratio orta ualebit dicere eos ~? LUCR.4.484. **b** quid possumus ~ illum praetorem dicere? CIC.*Ver.*3.223; cum scriberem ~ Epicureos *Att.*13.38.1; neque id est ~ uos *Luc.*58; sermo tuus ~ Epicurum *N.D.*3.2; haec fere ~ Regulum *Off.*3.103; (*w. anastrophe*) ecce mors, quam ~ multa animose locutus es SEN.*Ep.*82.7;— ~ quem talia fatur Euryalus VERG.*A.*9.280.

21 In one's dealings with, towards.

HAEC QVALIS FVERIT ~..PARENTEM CONIVGEM MONVMENTVM INDICAT *CIL* 1.2273.3.

22 Not in conformity with, contrary to. **b** in a manner unsuitable to or incompatible with.

(*expectation, hopes, etc.*) cum ~ exspectationem omnium Uxellodunum uenisset HIRT.*Gal.*8.40.1; ~ timorem animi praemia sceleris adeptum sese uidet SAL.*Jug.*20.1; ~ spem nuntio accepto 28.1; tales partus esse uitales, ~ priscorum opiniones PLIN.*Nat.*7.39;—(*wishes, instructions, etc.*) cum ~ uoluntatem Atheniensium loqueretur pro salute patriae CIC.*de Orat.*3.138; tam ~ meum consilium gesta esse omnia! *Att.*7.12.3; tune ~ Caesaris nutum? 14.10.1; cogitur in eius supplicium Caesar ~ suam naturam HIRT.*Gal.*8.38.5; imperator ~ postulata Bocchi nuntios mittit SAL.*Jug.*83.3; quae ~ uetitum discordia? VERG.*A.*10.9; quod ~ dictum suum pugnasset LIV.22.25.13;—(*laws, customs, contracts, etc.*) ~ consuetudinem imperatorum ipse pro lectis lecticis utebatur RUT.RUF.*hist.*13; ~ ius, consuetudinem, edicta praetorum de saltu..ui detruditur CIC.*Quinct.*28; ~ omnium instituta addictio et condonatio *Ver.*12; tulerunt de prouinciis ~ acta C. Caesaris *Phil.*5.7; (ueri) studio a rebus gerendis abduci ~ officium est *Off.*1.19; ~ legem Pompei et Crassi rettulerat ante tempus ad senatum de Caesaris prouinciis HIRT.*Gal.*8.53.1; quod L. Sulla exercitum..~ morem maiorum luxuriose..habuerat SAL.*Cat.* 11.5; ~ omina bellum, ~ fata deum..poscunt VERG.*A.* 7.583–4; legati ~ ius gentium arma capiunt LIV.5.36.6; in pedes procidere nascentem ~ naturam est PLIN.*Nat.*7.45; (argumentum) constitutum ~ fidem QUINT.*Inst.*5.13.34; aureas..litteras ~ patrium morem TAC.*Ann.*3.59; non esse seruandum pactum ~ dotem ULP.*dig.*23.4.2; ~ ipsum testamentum liberis competere bonorum possessionem PAUL.*dig.*37.4. 4; (*w. anastrophe*) quas (*sc.* leges) ~ CIC. *Vat.*18. **b** ~ aetatem proiectum ad bellum saeuissimum SAL.*Hist.*2.98.1; ubi ~ belli faciem tuguria plena hominum..erant *Jug.*46.5; ~ famam sui principium tanti facinoris capessiuere TAC.*Ann.*15.49; tales operas edere debebit, quae non ~ dignitatem eius fuerint CALL.*dig.* 38.1.38.1.

23 a Otherwise than, the reverse of. **b** in opposition or contradistinction to. **c** as against, in comparison with.

a ego hanc clementem uitam urbanam atque otium secutus sum..ille ~ haec omnia: ruri agere uitam TER.*Ad.*44; nunc ~ omnia haec repperi qui det *Ph.*521; per ignauiam et superbiam aetatem agere. sed mihi ~ ea uidetur SAL.*Jug.* 85.1; aut ex difficilioribus ad faciliora..et ad omnia, quae ~ haec sunt..argumenta ducuntur QUINT.*Inst.*5.10.90. **b** at quidam ~ haec, ignari materiai, naturam non posse.. credunt..tempora mutare LUCR.2.167; ~ ea Caesar neque satis militibus perterritis confidebat CAES.*Civ.*3.74.3; at hoc tempore ~ ea homines nobiles..per superbiam cunctis gentibus moderantur SAL.*Rep.*2.10.9; namque ille..unam cepit urbem, ego ~ ea..totam Graeciam..liberaui NEP.*Ep.* 5.6; ~ ea audire sese gentis suae homines agro..pelli LIV. 21.20.6; an infirmissimi omnium (*sc.* sumus)..? immo ~ ea uel uiribus nostris..uel regionis interuallo tuti 41.24.8; uidebar..~ uetera fratrum odia et certamina familiae nostrae penatis rite composuisse TAC.*Ann.*15.2. **c** sunt impii ciues..~ multitudinem bene sentientium admodum pauci CIC.*Phil.*3.36; iam nunc ~ istum librum faueo orationi quam nuper..dedi PLIN.*Ep.*8.3.2; Caesar si foro tantum uacasset non alius ex nostris ~ Ciceronem nominaretur QUINT.*Inst.*10.1.114.

contractābiliter, *adv.* [CONTRECTO+-BILIS +-TER¹] Caressingly, so as just to be felt.

leuissima corpora debent ~ caulas intrare palati LUCR. 4.660.

contractē, *adv. compar.* ~ius. [CONTRACTVS¹+-E] On a restricted scale, sparingly, economically.

adsuescamus..seruis paucioribus seruire..et habitare ~ius SEN.*Dial.*9.9.3.

contractiō ~ōnis, *f.* [CONTRAHO+-TIO]

1 The process of drawing together, contracting; esp. med., *~o neruorum* (*membrorum*), also *~o* alone, a cramp, contracture. **b** *~o animi*, dejection, depression.

tanta ~o frontis CIC.*Sest.*19; digitorum..~o *N.D.*2.150; superciliorum aut remissione aut ~one *Off.*1.146; intercolumniorum ~onibus VITR.4.3.2; umerorum..adleuatio atque ~o QUINT.*Inst.*11.3.83;—per longam neruorum ~onem extortos minutatim SEN.*Ep.*66.43; puberem..factum..absumptum ~one membrorum subita PLIN.*Nat.*7. 76; LARG.101;—(*without* neruorum) SEN.*Ep.*82.3; comitiale uitium aut ~ones sentientibus PLIN.*Nat.*20.191; 22.105. **b** animi ~o ex metu mortis CIC.*Tusc.*1.90; ut aegritudo sit animi aduersante ratione ~o 4.14; firmissimorum quoque animorum ~o SEN.*Dial.*6.7.1.

2 A compression, condensation (of speech or language). **b** (pros.) a shortening (of a syllable).

obscurum (fiet)..longitudine aut ~one orationis CIC. *Part.*19; huius paginae ~o *Att.*5.4.4. **b** in eis (*sc.* numeris ac modis) si paulum modo offensum est, ut aut ~one breuius fieret aut productione longius CIC.*de Orat.* 3.196; *Orat.*193.

contractiuncula ~ae, *f.* [prec.+-CVLA] *~a animi*, A slight (mental) depression.

morsus..et ~a quaedam animi CIC.*Tusc.*3.83.

contracto: see CONTRECTO.

contractura ~ae, *f.* [CONTRAHO+-VRA] The narrowing of columns, etc., towards the top, tapering, contracture.

~ae..in summis columnarum hypotracheliis VITR.3.3.12; 4.6.3; (arbor) decrescendo progreditur in altitudinem naturali ~a 5.1.3.

contractus¹ ~a ~um, *a. compar.* ~ior. [perf. pple. of CONTRAHO] In senses of vb., esp.:

1 a Restricted in space, narrow, pinched; (as transf. ep., of cold, etc.) causing one to draw oneself together, pinching. **b** restricted in time, short.

a nares..~iores habent introitus CIC.*N.D.*2.145; nil ad speciem est ~ior ignis LUCR.5.569; ~a sequi uestigia uatum HOR.*Ep.*2.2.80; COL.5.5.3; ipse fecunditatis parens (*i.e.* Nilus) ~ior PLIN.*Pan.*30.3;—(apes) ~o frigore pigrae VERG.*G.*4.259; frigidi mixtura timidos facit: pigrum est enim ~umque frigus SEN.*Dial.*4.19.2. **b** his iam ~ioribus noctibus CIC.*Parad.*5; (sol) ~iorem..peruolat cursum VITR.9.3.3; SEN.*Ep.*12.7.

2 Restricted in scope or effect; (of the voice) restrained, quiet; (of persons) parsimonious, sparing; (as transf. ep., of poverty) reducing one to straits, pinching (cf. sense 1a).

quae studia in his iam aetatibus nostris ~iora esse debent CIC.*Cael.*76;—plura genera uocis, leue asperum, ~um diffusum.. *de Orat.*3.216; in metu et uerecundia (uox) ~a, in adhortationibus fortis QUINT.*Inst.*11.3.64;—quis enim ~ior illo (*sc.* domino)? *Mor.*79; parcissimum..hominem uocamus pusilli animi et ~i SEN.*Ben.*2.34.4;—~a..in paupertate HOR.*Ep.*1.5.20.

3 (rhet.) Condensed in style, terse.

Stoicorum astrictior est oratio aliquantoque ~ior quam aures populi requirunt CIC.*Brut.*120; 162; siccum et sollicitum et ~um dicendi propositum QUINT.*Inst.*11.1.32.

contractus² ~ūs, *m.* [CONTRAHO+-TVS³]

1 A lessening in size, shrinking, narrowing.

~u acinorum VAR.*R.*1.68.1; quo minus haberit altior columna ~um VITR.3.5.7.

2 The undertaking of a transaction.

is ~us stipulationum sponsionumque dicebatur sponsalia SULP.RUF. in Gel.4.4.1; dicam quae acta sint ante ipsum rei ~um, dicam quae in re ipsa QUINT.*Inst.*4.2.49; GEL. 20.1.41.

3 A legal or commercial agreement, contract.

nullus inter nos ~us fuit QUINT.*Decl.*278(p.132,l.18); omnis..obligatio uel ex ~u nascitur uel ex delicto GAIUS *Inst.*3.88; ex hereditario ~u SCAEV.*dig.*29.2.89; *CIL* 9.4796.

contrādīcō ~īcere ~ixī ~ictum, *intr.*, (*tr.*). [CONTRA and DICO²] Often written as two words, or w. inversion of the two elements.

1 (absol. and w. dat.) To speak against, object to, oppose, contest (a measure, decision, claim, law, etc.).

aduersarii non audebant ~icere CIC.*Ver.*2.59; ~icente et nihil obtinente Torquato *Att.*4.18.3; latum ab x tribunis plebis ~icentibus inimicis..ut.. CAES.*Civ.*1.32.3; ~ixerunt pars maior decem legatorum LIV.38.44.11; SEN.*Con.*1.2.9; habere alias hic damnatus ~icendi causas potest QUINT. *Inst.*9.2.83; GEL.9.15.8; (*w. inversion* of contra) dicunt contra quibus inuitissimis imperatum est CIC.*Font.*14;—(*w. internal acc.*) quod ~iceretur, refellere *de Orat.*1.90; ceteri tribuni militum nihil ~icere LIV.5.9.2;—(*impers. pass.*) praetor..respondit..nec ~ici quin..amicitia de integro reconcilietur 8.2.2; (*abl. absol.*) an etiam ~icto aliquando iudicio consuetudo firmata sit ULP.*dig.*1.3.34;—(*w. dat.*) qui tribus rogationibus ~ixerit QUINT.*Decl.*263 (p.74,l.17); quibus (legibus)..~ici possit *Inst.*7.7.4; preces erant, sed quibus ~ici non posset TAC.*Hist.*4.46; huic ~ici potest: 'ergo pietatis gratia funerasti' ULP.*dig.*11.7. 14.13.

2 (w. dat.) To contradict, gainsay (a person); (leg.) to speak against (one's opponent in a case).

neque ei quisquam ~ixit LARG.84; si filia..patri ~icat ULP.*dig.*24.3.22.6;—quo facilius C. Curioni..causam Caesaris defendenti ~iceret SUET.*Rhet.*25 (p.121Re); (*impers. pass.*) cum ei (*sc.* mulieri) ~iceretur ULP.*dig.*12.2.3.3.

contrādictiō ~ōnis, *f.* [prec.+-TIO]

1 The action of speaking in opposition.

quidquid hoc in nobis auctoritatis est crebris ~onibus destruendum non existimabam TAC.*Ann.*14.43.

2 An argument advanced in opposition, counter-argument.

cum posuisset ~onem SEN.*Suas.*2.17; illa finitio ~ones inueniet SEN.*Cl.*2.3.2; constituerunt homines non parere ~oni meae QUINT.*Decl.*263(p.77,l.14); is qui primo loco dicet et ponet causam, contradictionem ipse non sumet 338 (p.331,l.25); *Inst.*2.17.63.

contrādictor ~ōris, *m.* [CONTRADICO+-TOR] One who replies or objects, an opponent.

si is, qui..litigat, desit, ~or uero praesens sit ULP.*dig.* 40.12.27.2; CALL.*dig.*40.16.3.

contrahō ~ahere ~axī ~actum, *tr.* [CON-+TRAHO]

1 To draw together, draw in, contract, esp. the body or parts of it. **b** *frontem ~ahere*, to frown, scowl, also, *uultum ~ahere*. **c** to make costive (the bowels), constipate. **d** to cause to shrink under pain, etc., make to flinch; (pf. pple.) huddled up (with cold). **e** *uela ~ahere*, to shorten sail, take in a reef.

in summum tracta singula indito, postea solum ~ahito (*i.e. draw the bottom crust together*) CATO *Agr.*76.4; pedes solent dolere, in fronte ~ahere rugas VAR.*R.*1.2.26; tempestas caelum ~axit HOR.*Epod.*13.1; ~ahendis uulnerum cicatricibus PLIN.*Nat.*12.77; plaga ~ahit se 16.209; quos.. suus quemque impetus uel pauor ~aheret diduceretue (*i.e. made them close or open their ranks*) TAC.*Hist.*3.25; Paean ~ahit arcum JUV.6.174; (*w. retained acc.*) Poeniceam fuluo chlamydem ~actus ab auro OV.*Met.*14.345;—quis..ferrum recipere iussus collum ~xit? CIC.*Tusc.*2.41; tua ~ahe crura OV.*Am.*3.2.23; nox ~ahit alas MAN.5.60; crura manusque ~ahuntur (*i.e. in a spasm*) CELS.4.18.2; (heliotropium) noctu..~ahit..florem PLIN.*Nat.*22.57; milipeda..tactu.. ~ahens se 29.136; nostra bibat uernum ~acta (*i.e. wizened*) cuticula solem JUV.11.203; (*w.* in+*acc.*) corpora..quae in arma sua ~ahi possunt SEN.*Dial.*9.8.9; digitis..in pugnum ~actis PLIN.*Nat.*18.189; olor..in pectora ~ahit alas STAT. *Theb.*9.860; (*cf.*) ~ahi..animum Zeno et quasi labi putat CIC.*Div.*2.119; (*comb. w. sense 4*) Thallus manus ~ahit, tu patronos APUL.*Apol.*52. **b** ~axistis frontem quia tragoediam dixi futuram hanc? PL.*Am.*52; CIC.*Clu.*72; explicuit uino ~actae seria frontis HOR.*S.*2.2.125; PLIN.*Ep.* 3.6.7;—quia ~axit uultum Fortuna OV.*Pont.*4.3.7; QUINT. *Decl.*367(p.402,l.22). **c** aluus..in senectute ~ahitur CELS.1.3.33; panem..praedulcem et qui ~ahat uentrem PLIN.*Nat.*22.27. **d** aeger..est quem leuis aura ~axit SEN.*Dial.*4.25.1;—quodsi bruma niues Albanis illinet agris.. ~actus..leget HOR.*Ep.*1.7.12; tuque tuo, Capricorne, gelu ~actus MAN.2.252; mori ~actam cum te cogunt frigora PHAED.4.24(25).20. **e** uela ~ahit malosque inclinat LIV.36.44.2; SEN.*Dial.*4.31.5;—(*fig.*) ~axi uela perspiciens inopiam iudicum CIC.*Att.*1.16.2; uoti..~ahe uela tui OV. *Pont.*1.8.72; SEN.*Ep.*19.9; QUINT.*Inst.*12.pr.4.

2 To reduce in size, diminish, narrow, compress, etc. **b** (phon.) to shorten (a syllable, vowel, etc.). **c** to limit the scope of, restrict (passions, etc.).

interualla aut ~ahimus aut diducimus CIC.*Luc.*19; (castra) angustiis uiarum quam maxime potest ~ahit CAES.*Gal.* 5.49.7; dies medius..~axerat umbras OV.*Ars* 3.723; sarcinas ~ahe. nihil ex his, quae habemus, necessarium est SEN.*Ep.*25.4;—(*pass. and refl.*) (craticii parietes) siccescendo ~ahuntur VITR.2.8.20; ~acta pisces aequora sentiunt HOR.*Carm.*3.1.33; CELS.7.18.5; morientium (hirudinum) capita se ~ahunt PLIN.*Nat.*32.124;—(*transf.*) ~ahere uniuersitatem generis humani eamque..deducere ad singulos CIC.*N.D.*2.164; nostras..~ahe poenas OV.*Pont.* 2.8.35; Euboea..latitudinem..numquam intra MM ~ahit PLIN.*Nat.*4.63;—(*periods of time or sim.*) quamquam quid de quinquennio cogitem? ~ahi mihi negotium uidetur CIC. *Att.*15.11.4; Iuppiter..~axit tempora ueris OV.*Met.*1.116; in quid sol diem..~ahit? SEN.*Ben.*4.12.5; ~actaeque uices et crebrior excubat ignis STAT.*Theb.*12.353;—(*language or subject-matter*) ut aut ex uerbo dilatetur aut in uerbum ~ahatur oratio CIC.*Part.*23; VITR.5.pr.2; ingens opus in minores ~ahe gyros STAT.*Silv.*4.7.4; ut breuiter ~aham summam QUINT.*Inst.*5.10.94; quaelibet..ex his artibus..in paucos libros ~ahi solet 12.11.16; (*absol.*) Latro semper ~ahebat et quidquid poterat toto relinquere praeteriebat SEN.*Con.*7.7.10. **b** uerba saepe ~ahuntur non usus causa sed aurium CIC.*Orat.*153; hoc..porrigenda aut ~ahenda litera..fieri consueuit RUT.LUP.1.3; uocabula..ad leuitatem uersus ~ahere, extendere, inflectere PLIN.*Ep.*8.4.4; (*absol.*) saepe breuitatis causa (nostri) ~ahebant, ut ita dicerent: multi' modis CIC.*Orat.*153. **c** ex infinita societate generis humani..ita ~acta..ut omnis caritas..inter paucos iungeretur CIC.*Amic.*20; appetitus omnes ~ahendos..esse *Off.*1.103; ~acto melius parua cupidine uectigalia porrigam HOR.*Carm.*3.16.39; cur noua ~ahis amens iura? quid anguste tantos metiris honores? STAT.*Theb.*11.682;—(*refl.*) quidam se domi ~ahunt, dilatant foris (*i.e. live frugally*) SEN.*Ep.*20.3.

3 To sadden, depress (the mind).

ne ~ahas ac demittas animum CIC.*Q.fr.*1.1.4; *Tusc.*4.14; cui non animus formidine diuum ~ahitur..? LUCR.5.1219; maeror contundit mentes, abicit, ~ahit SEN.*Cl.*2.5.5; GEL. 19.1.17;—(*refl. or pass.*) humilitas animi ~ahentis se ob dictum..inhonorificum SEN.*Dial.*2.10.2; nec in secundis rebus (sapiens) effertur nec ~ahitur in aduersis APUL.*Pl.* 2.20;—(*transf.*) sol..quasi tristitia quadam ~ahit terram tum uicissim laetificat CIC.*N.D.*2.102.

4 To bring together into one place. **a** to assemble (as members of a company), collect, muster. **b** to gather into a pile, amass, accumulate. **c** to bring together in the mind or a book, collect (instances, etc.). **d** (w. inanim. or abstr. subj.) to cause to collect in one place (e.g. fluids of the body).

a pauci admodum patrum..~acti ab consulibus LIV. 2.23.12; eos..~ahere in conloquium..est conatus 28.18.2; dispersos ciues suos in unam urbem ~axit V.MAX.5.3.ext. 3; praefectos..in praetorium ~ahit CURT.6.2.18; ~actis omnibus personis ad idem negotium pertinentibus TRA. Plin.*Ep.*10.84(88); (*ellipt.*) ~ahit..non officii modo cura sed etiam studium spectaculi LIV.42.49.3;—(*esp. for military purposes*) ut Luceriam omnes copiae ~ahantur CIC.*Att.* 8.1.2; exercitum..in unum locum ~ahere CAES.*Gal.*1.34.3; magnam ~ahunt classem NEP.*Con.*4.4; quanta poterat a sociis auxilia ~axerat LIV.40.30.2; nouas copias in Sogdianis ~ahebat CURT.7.4.21; aduersus Vindicem ~actae legiones TAC.*Hist.*1.51. **b** ~ahit admixtas nunc frondes atque farinas *Mor.*45; ~actis..quae fors obtulerat nutrimentis V.MAX.2.4.5; auri miro odio ~ahunt id defodiuntque PLIN.*Nat.*6.133; mella ~ahunt (apes) 11.11; aliud (uenenum) ex radicibus herbarum ~ahitur QUINT.*Decl.*350 (p.378,l.13);—(*money*) omnia nunc undique ~ahenda CIC. *Att.*12.5a; ut tributo nouum fenus ~aheretur LIV.6.32.1; pecuniam, quam saluti tuae ~axeram SEN.*Ben.*7.15.1; pro duobus pretia ~axi [QUINT.]*Decl.*5.10; TAC.*Ann.*1.37;—(*poet.*) ~ahe quidquid siue animis siue arte uales VERG.*A.* 12.891; dum pauca deus saecula ~ahet SEN.*Her.O.*131. **c** praecepta..in unum ~ahe OV.*Rem.*424; ordinem..sequi in ~ahendis quae mihi occurrent SEN.*Con.*1.pr.4; multa..exemplaria ~acta SUET.*Gram.*24(p.118Re). **d** genus, quod umorem in caput ~ahit CELS.4.2.9; uitatis..is, quae pituitam ~ahere consuerunt 4.12.5; (balsamum) melle mutatum..~ahit muscas PLIN.*Nat.*12.122; semen..in se caliginem (oculorum) ~ahit 27.40.

5 To unite in friendship or alliance.

quae in rerum natura..constarent quaeque mouerentur, ea ~ahere amicitiam, dissipare discordiam CIC.*Amic.*24; ~ahit..similitudo eos LIV.1.46.7; illa rudes animos hominum ~axit in unum OV.*Fast.*4.97; perniciosa seditione diuidua ciuitas..in unum ~ahi uoluit V.MAX.4.4.2; (*cf.*) (Italia) numine deum electa quae..tot populorum discordes..linguas sermonis commercio ~aheret ad conloquia PLIN. *Nat.*3.39.

6 (leg.) To establish or enter into (any formal relationship, e.g. between husband and wife, creditor and debtor) by mutual agreement (some exx. approach sense 8b). **b** (ellipt.) to enter into an agreement or contract, do business, have dealings (with).

magna ratione cum Mauretaniae rege ~acta CIC.*Sul.*56; hoc (periculo)..semel suscepto atque ~acto *Rab.Post.*25; nullum aes alienum nouum ~ahi ciuitatibus *Q.fr.*1.1.25; litis ~actas iudicanto *Leg.*3.6; (amicitia) infirmiore uinculo ~acta esset LIV.7.30.2; res inter se ~ahere uendendo, emendo 27.51.10; cum illo non ~axi societatem SEN.*Ben.* 5.11.2; cum emptio uel uenditio uel locatio ~acta est POMPON.*dig.*46.3.80; inter eas..personas..nuptiae ~ahi non possunt GAIUS *Inst.*1.59; nouo ~acto matrimonio APUL. *Met.*1.19; pignus ~ahitur..nuda conuentione ULP.*dig.* 13.7.1;—(*transf.*) adfinitas..inter Caesarem Pompeiumque ~acta nuptiis VELL.2.44.3; exsolutio omnis ~actae religionis FEST.p.238M. **b** uenire bona ibi oportet..ubi quisque ~axerit GAIUS *dig.*42.5.3; si male ~axerint (tutores) ULP.*dig.*26.7.7.2;—(*w.* cum) cum res ab eo quicum ~axisset recessisset CIC.*Quinct.*38; *Off.*1.4; SEN.*Ben.*6.30.1; pater noster ~axerat cum multis QUINT.*Decl.*336(p.323,l.17); ULP.*dig.*11.7.1;—(*w. dat.*) cum essem tibi ~acturus 16.1.8.14;—(*transf.*) qui nihil omnino cum populo ~ahunt! CIC.*Tusc.* 5.105;—(*in fig. phrs.*) qui minimum cum illa (*sc.* fortuna) ~axerant SEN.*Dial.*6.26.2; hos (scriptores)..prius quam cum agricolatione ~ahas aduocato in consilium COL.1.1.15.

7 To engage in, enter upon (a battle or sim.).

si quis pugnam exspectat, litis ~ahat PL.*Capt.*63; ex infinito ~actum tempore bellum LUCR.2.574; ~acto aduersus Numidas certamine nouo LIV.25.34.10; 36.45.1; 40.48.3; ~acta ex occursu rixa VELL.2.47.4; cum uidisset ~actum proelium FRON.*Str.*2.4.3.

8 To bring about, cause, provoke, induce (usu. something noxious, e.g. disease, war, unpopularity). **b** to bring on oneself (involuntarily), incur, sustain (misfortunes, etc.); to catch, contract (an illness or infection); (rarely in good sense) to win (an advantage). **c** to commit (a crime).

aliquid ~ahere cupio litigi inter eos duos PL.*Cas.*561; si causae turpitudo ~ahit offensionem CIC.*Inv.*1.24; uolebat Hannibal..causam certaminis cum Minucio..~ahere LIV. 22.28.4; tristitia, quam uidetur bilis atra ~ahere CELS. 3.18.17; inuidiam ~ahunt (diuitiae) SEN.*Ep.*87.31; coloris studiis ~acti PLIN.*Nat.*20.160; phthiriasis longa ualitudine ~actas 23.94; nisi id uitium morbo ~actum esset GEL. 4.2.11;—(*w. dat.*) nescio an amplius mihi negoti ~ahatur CIC.*Catil.*4.9; poena quam sibi ipsi ~axissent HIRT.*Gal.* 8.22.2; artes..quae numinis iram ~axere mihi OV.*Met.* 2.660; cui maritima tempestas causae dictionem ~axerat V.MAX.8.1.4; ipsae ~ahunt mortis sibi causas (apes) PLIN. *Nat.*11.67;—(*something good*) cum..~ahat amicitiam..si qua significatio uirtutis eluceat CIC.*Amic.*48; adiuuit..eum res seu casu ~acta seu consilio LIV.45.5.1. **b** molestiis, quas liberalitate sua ~axerat CIC.*Fam.*2.16.5; porcam heredi esse ~actam (*i.e. the heir incurs responsibility for offering a sow*) *Leg.*2.57; si..paulum aliquid damni ~axerit (mercatura) *Fin.*5.91; incerti morando an ueniendo plus periculi ~aherent LIV.2.23.14; exercitum..maxime sentientem ~acta ante mala 21.39.1; ~axisse eum necessitatem ratus ad bellandum 44.27.12; quibus rebus..plurimum ~axit inuidiae SUET.*Tit.*6.2; (*pf. pple. as sb.*) sollicitiorem certe hominem non suis ~actis neminem puto fuisse (*i.e. through no fault of his own*) PLANC.*Fam.*10.18.3;—ne quicquam nostro ~actum ex ore maneret CATUL.99.9; non haec inmodico ~axi damna Lyaeo OV.*Pont.*1.10.29; ~axit hanc (ualetudinem), dum adsidet Iuniae PLIN.*Ep.* 7.19.1; SUET.*Aug.*97.3; caue ne..diutinam bilis amaritudinem ~ahas APUL.*Met.*2.10; (*of inanim. subjs.*) ne..penora mucorem ~ahant COL.12.4.4;—beniuolentiam ~ahemus, si nostrum officium sine adrogantia laudabimus *Rhet.Her.*1.8. **c** delictorum quae sponte..~ahuntur coercitio PAPIN.*dig.*1.3.1; si modo incestum..~actum sit 48.5.39(38).3; hic quoque crimen ~ahit (iudicem enim corrumpere uidetur) ULP.*dig.*12.5.2.2.

contrāpōnō ~ōnere ~osuī ~ositum, *tr.*: usu. written as two words: see CONTRA and PONO.

contrāpositum ~ī, *n.* [pple. of prec.] (rhet.) An antithesis.

~um..uel, ut quidam uocant, contentio (ἀντίθετον dicitur) non uno fit modo QUINT.*Inst.*9.3.81; 9.4.18.

contrārēte, *m.* [CONTRA+RETE] A gladiator matched with the *retiarius.*

CIL 6.631; LONGINAS LIB ~E 6.10180.

contrāriē, *adv.* [next+-E]

1 In opposite directions.

bifariam ~ simul procedentia (sidera) CIC.*Tim.*31.

2 In opposition (to what has been said or written), contrariwise; in a self-contradictory style.

quae uidemus ~ paucis uerbis commutatis dici posse *Rhet.*3.11;—in quo aut ambigue quid sit scriptum aut ~ CIC.*de Orat.*1.140; TAC.*Dial.*34.3.

contrārius ~a ~um, *a.* [CONTRA+-ARIVS] CONST.: commonly absol. or w. dat.; more rarely w. gen. (5), w. *quam* (5, 6c), w. *atque, ac* (1, 5).

1 Opposite in position (of one thing in relation to another or of two things mutually); *in ~um (~a)*, in the opposite direction (in opposite directions); *e (ex) ~o*, on the opposite side. **b** proceeding in opposite directions; (also, transf., of movements). **c** opposite to normal, reverse; pointing in the wrong direction.

an se in ~am partem terrarum abdet? CIC.*Mur.*89; si..non ad ~am (ripam) nauis appulisset *Phil.*2.26; collis..aduersus huic et ~us CAES.*Gal.*2.18.2; Phrygiae ~a tellus OV.*Met.*13.429; MELA 3.79; Hellespontus..IIII..inter se ~as urbes habet PLIN.*Nat.*4.49; (*foll. by* ac) (aquila) in ~am ac ferebatur partem se ipsa conuertit V.MAX.1.6.11;—(*neut. as sb.*) ad caeli ima et meridiano ~a accedente (mundo) PLIN. *Nat.*2.212;—(*neut. quasi-advl.*) uentis ~a uoluens aestus LUC.9.333;—(naues) in ~um tendentes LIV.28.30.9; sol in ~um..ipsi mundo refertur SEN.*Dial.*12.6.7; PLIN.*Nat.*2.128;—saltu in ~a facto colla iugo eripiunt OV.*Met.*2.314; SEN. *Nat.*6.13.2; (*in fig. phr.*) diuersaeque uocant animum in ~a curae VERG.*A.*12.487;—quarum (partium) inferioresduae ex ~o harum sitae AMP.6.1. **b** fossam..qua ~ae quinqueremes commearent SUET.*Nero* 31.3;—~is inter se cursibus CIC.*Tim.*25; uineas limitari decumano XVIII pedum latitudinis ad ~os uehiculorum transitus PLIN.*Nat.* 17.169. **c** ut..flumina..in ~as partes fluxerint CIC.*Div.* 1.78; tota Trogodytice umbras..in ~um (*i.e. southwards*) cadere PLIN.*Nat.*2.185;—oryges..dicti ~o pilo uestiri et ad caput uerso 8.214.

2 (of armies, etc.) Ranged opposite in hostile array; so *e (ex) ~o.* **b** moving against someone or something in opposition.

induat aduersis ~a pectora telis miles OV.*Am.*2.10.31; LUC.6.174; duasque acies ~as..instruunt (apes) PLIN.*Nat.* 11.58;—Saturnus et Mars ex ~o stabunt SEN.*Ep.*88.14; (*in fig. phr.*) discedere a recto..deinde etiam e ~o stare 122.5. **b** rapido ~us euehor orbi OV.*Met.*2.73; inclinant tantum ~a iactu bracchia STAT.*Theb.*6.763;—(*esp. of wind, waves, and sim.*) si (nauis) in ~um tractum incidisset maris LIV.28.30.9; uento..~us aestus OV.*Met.*8.471; fratri ~a Phoebe ibit LUC.1.77; (aues) aluum exoneraturas subuolare..et ~o flatu PLIN.*Nat.*10.126; ~o amne (*i.e. upstream*) 21.73; ~us fluctus indurat (litus) PLIN.*Ep.*2.17.27;—(*transf.*) siderum meatus..~um mundo agere cursum PLIN.*Nat.*2.32;—(*in fig. phr.*) uitae ~us ire priori JUV.9.21.

3 (of persons, their policies, etc.) Hostile, adverse, opposing or opposed; *e (ex) ~o*, to the contrary, in contradiction. **b** (of winds, omens, etc. unfavourable. **c** (masc. as sb.) an opponent, rival.

abducere animos a ~a defensione CIC.*de Orat.*2.293; nemo..ut defenderet ~am partem laborabat *Clu.*130; a ~a factione nummis acceptis CAEL.*Fam.*8.15.2; ciuitates ~ae Pompeio *B.Hisp.*1.5; si forte tuis non est ~a uotis PROP. 1.5.9; non ~a foui arma OV.*Tr.*1.5.41; in iisdem castris didicere, quae postea in ~is facerent VELL.2.9.4; fata suae ~a menti LUC.7.86; de sapientibus alter ridebat..flebat ~us auctor JUV.10.30; (*poet.*) stat monitis ~a uirtus OV.*Met.* 10.709; (*transf., of natural forces*) ex ~is inter se elementis, igne atque aquis, concretum TAC.*Ann.*13.57;—si aut perspicue falsum erit..aut ex ~o quoque credibile aliquid habebit CIC.*Inv.*1.80; refutanda..quae ex ~o dicuntur QUINT.*Inst.*6.4.10. **b** ut uentus bonis uiris secundus esset, ~us malis SEN.*Ben.*4.28.3; ~a..auspicia SIL.9.15; cum tali sacrificio ~a exta potiora sint SUET.*Otho* 8.3; si debitor..causam egerit et ~am sententiam acceperit PAPIN.*dig.*44.2.29.1. **c** in ambitione certationis ~orum superatio VITR.3.pr.2.

4 Hostile in tendency, harmful, injurious, detrimental.

quae..~a sunt imperio ac dignitati CIC.*Q.fr.*1.1.39; habet inflationem magnam is cibus tranquillitati mentis..~am *Div.*1.62; *Sen.*77; (Auerna) sunt auibus ~a cunctis LUCR. 6.741; in huius modi militum consiliis otium maxime ~um esse CAES.*Civ.*2.30.2; nona (dies) fugae melior, ~a furtis VERG.*G.*1.286; SEN.*Con.*10.4.23; uinum..stomacho inutilissimum neruisque ~um PLIN.*Nat.*22.112; acrimoniam stomachi..et ~os umores consistentes ibi 23.142; ipsae..exercitationes magna ex parte ~ae TAC.*Dial.*35.3; PLIN.*Ep.* 7.6.3; a philosophia eum mater auertit monens imperaturo ~am esse SUET.*Nero* 52.1;—(~um est, *etc., w. inf.*) sulcum..ducere longiorem..~um pecori est COL.2.2.27.

5 Opposite in kind, contrary, antithetical (of one thing in relation to another or of two things mutually); *~um genus argumentationis,* see quot. **b** (of laws, etc.) opposite in intention, incompatible. **c** (neut. as sb., log.) an opposite quality, etc., a contrary; (rhet.) an argument from contraries.

caelum dictum..~o nomine, celatum quod apertum est VAR.*L.*5.18; de ceteris uirtutibus ~isque uitiis CIC.*de Orat.* 2.67; sunt..qui in rebus ~is parum sibi constent *Off.*1.71; apparebit uerba rebus esse ~a BRUT.*ad Brut.*1.17.5; siue uoluptas est siue est ~us ardor LUCR.3.251; qui color albus erat, nunc est ~us albo OV.*Met.*2.541; gratus..quem mala interpres opinio ~um tradidit SEN.*Ben.*4.21.5; nouos ritus ~osque ceteris mortalibus TAC.*Hist.*5.4;—(*quasi-advl.*) Cotta..sonabat..~um Catulo CIC.*Brut.*259;—(*w. gen.*) ~i horum (dierum) uocantur dies nefasti VAR.*L.*6.30; CIC.*Tusc.* 4.34;—(*foll. by* atque, ac) inter aliquos ~um..decernebat ac proxumis paulo ante decreuerat *Ver.*1.120;—(*foll. by* quam) ~a dicendi, quam quae intellegi uelis, ratio QUINT. *Inst.*9.2.50;—~um (genus argumentationis) est, quod contra dicitur atque ii, qui audiunt, fecerunt CIC.*Inv.*1.93. **b** ex ~is..scriptis si quid ambigitur CIC.*de Orat.*2.110; tolle inusitatas, tolle ~as (litteras) *Q.fr.*1.2.8; ubi duae ~ae leges sunt, semper antiquae obrogat noua LIV.9.34.7; QUINT.*Inst.*5.13.17; ~a ea dicuntur, quae simul uera esse non queunt GEL.16.8.14. **c** fidentiae ~um est diffidentia CIC.*Inv.*2.165; alia..sunt ~orum genera, uelut ea quae cum aliquo conferuntur, ut duplum simplum *Top.*49; duo ~a in uno coeunt SEN.*Ben.*5.10.1; (*gram., of active as opposed to passive forms*) in his uerbis quae ~a non habent, loquor et uenor VAR.*L.*8.59;—~um est quod ex rebus diuersis duabus alteram..contraria confirmat *Rhet.Her.* 4.25; QUINT.*Inst.*5.10.2; 9.3.90.

6 (phrs.) **a** *e (ex) ~o*, by inversion of the order or meaning; on the contrary, rather. **b** *de ~o*, on the other hand. **c** *per ~um*, conversely, contrariwise. **d** *~o*, on the contrary; conversely. **e** *in ~um (~a) uertere (mutare,* etc.) to change to the opposite state; *in ~um*, in a contrary manner; on the other hand.

a eadem sunt in aduersariis ex ~o conferenda CIC.*de Orat.*2.182; habere dicimur febrem..e ~o dicere solemus: febris illum tenet SEN.*Ep.*119.12; Catonis illud de oratore in hunc e ~o uertit PLIN.*Ep.*4.7.5; GAIUS *Inst.*1.80;—numquam hosti cessit..saepeque e ~o..lacessiuit NEP. *Ham.*1.2; SEN.*Ep.*73.1; non..idcirco te conuenit poena liberari, quin e ~o damnari multo magis QUINT.*Inst.*5.14.4. **b** AGEN.*agrim.*p.21. **c** per ~um pro patrono non habebor, si contra me iudicatum est ULP.*dig.*2.4.8.1; 7.2.8. **d** campestribus..locis ~o non possunt habere copias VITR. 8.1.7;—SIC.FL.*agrim.*p.125. **e** mutatione in ~um facta LIV.5.13.4; cur in ~a uersus (fuerit Caeneus) OV.*Met.* 12.179; CURT.9.4.7; uoluptates..in ~um abituras SEN.*Ep.* 23.6; TAC.*Ann.*3.19;—in ~um dato consilio V.MAX.1.1.14; o magnam in ~um saeculi nostri peruersitatem! SEN.*Con.* 7.5.3; (*w.* quam) omnes..exceptiones in ~um concipiuntur, quam adfirmat is, cum quo agitur GAIUS *Inst.*4.119;—PAUL.*dig.*46.5.2.2.

7 Reciprocal, mutual; counterbalancing, equivalent; *~um aes* = AES *graue.* **b** *iudicium ~um, actio ~a,* a cross-action brought by the defendant against the plaintiff.

utrumque comminus ictu cecidisse ~o CIC.*Tusc.*4.50; LIV.2.6.9;—cum obsides dedissent, quos recipere..studebant..(legatos) uelut ~a pignora retinuerunt FRON.*Str.* 1.8.6;—PAUL.*Fest.*p.64M. **b** ~um..iudicium ex certis causis constituitur, uelut si iniuriarum agatur GAIUS *Inst.* 4.177; in ~is (iudiciis) non de perfidia agitur, sed de calculo ULP.*dig.*3.2.6.7; ~am pigneraticiam actionem 21.2.38.

contrāscrība ~ae, *m.* [CONTRA+SCRIBA] = next.

CIL 13.5698.

contrāscriptor ~ōris, *m.* [CONTRA+SCRIBO+-TOR] A checking-clerk.

~ORI DOMVS AVG(VSTI) *CIL* 6.8641; 6.8950.

contrāuersia: see CONTROVERSIA.

contrāuersim, *adv.* [CONTRA+VERTO+-IM] In a reverse manner (as in a mirror).

num..imagines..retro expressae ~ respondeant APUL. *Apol.*15.

contrectābiliter: see CONTRACT-.

contrectātiō ~ōnis, *f.* [CONTRECTO+-TIO] The action of touching, handling. **b** fondling, caressing. **c** (leg.) handling with felonious intent.

taedio ~onis eorum qui de dentibus meis aetatem com putabant APUL.*Met.*8.23; neque..illos (*sc.* deos) a cura rerum humanarum sed ~one sola remoui *Soc.*6. **b** quam ~ones et amores soluti et liberi! CIC.*Rep.*4.4; cur non gestiret taurus eque ~one? *N.D.*1.77. **c** furtum sine ~one fieri non potest PAUL.*dig.*41.2.3.18; fullo..qui polienda..uestimenta accepit, si forte his utatur, ex ~one eorum furtum fecisse uidetur 47.2.83(82).

contrectātor ~ōris, *m.* [as prec.+-TOR] (leg.) A thief.

opem consilium ~ori (*sc.* fugitiuo qui cum rebus aufugerat) tulit ULP.*dig.*47.2.36.2.

contrectō ~āre ~āuī ~ātum, *tr.* Also **contractō.** [CON-+TRACTO] FORMS: *contract-* LUCR.2.853, 6.854; SEN.*Con.*1.2.3, 7.1.21; SEN.*Ep.*41.6; SUET.*Dom.*1.3.

1 To touch repeatedly, handle, finger.

(liber) ~atus ubi manibus sordescere uulgi coeperis HOR.*Ep.*1.20.11; ~atur (leo) et ad patientiam recipiendi ornamenti cogitur SEN.*Ep.*41.6; ne ~entur pocula..nisi..ab impubi COL.12.4.3; V.FL.6.669; ~andae pecuniae cupidine SUET.*Cal.*42; animalia..catulos suos unguibus aut dentibus male ~ant FRO.*Ant.*1.p.258(166N); APUL.*Met.*10.10;—(*in medical and other examinations*) nec obscena..(medicus) ~are..dedignatur SEN.*Dial.*2.13.2; uix remisit, ne feminae..~arentur SUET.*Cl.*35.2;—(*poet.*) sol nudum ~ans corpus aquai LUCR.6.854;—(*transf.*) ad conspiciendas totaque mente ~andas uarias uoluptates CIC.*Tusc.*3.33; nudare corpus et ~andum uulgi oculis permittere TAC.*Ann.*3.12;—(*in fig. phr.*) (scholasticorum studia) leuiter tacta delectant, ~ata..fastidio sunt SEN.*Con.*10.pr.1;—(*cf. sense 3*) furtum..fit..cum quis rem alienam inuito domino ~at GAIUS *Inst.*3.195.

2 To handle amorously, caress, fondle. **b** to have sexual intercourse with

te compellare et complecti et ~are PL.*Mil.*1052; lepidam mulierem complexum ~are *Poen.*698; ~atque sinus OV.*Ep.* 19.141; ~ata es alicuius manu, alicuius osculo, alicuius amplexu SEN.*Con.*1.2.9. **b** ~atis multorum uxoribus

SUET.*Dom.*1.3; studium ~andae mulieris APUL.*Met.*8.7; (*cf.*) ~atam filiarum pudicitiam TAC.*Ann.*14.35.

3 (leg.) To handle unlawfully (as in a theft or embezzlement).

boue subrepto et occiso..si et corium et caro ~ata fuerunt JULIAN.*dig.*13.1.41.2; si furtiua res ad dominum rediit et iterum ~ata est ULP.*dig.*47.2.46.8; cum creditor rem sibi pigneratam aufert, non uidetur ~are 47.2.56(55); PAUL. *dig.*47.2.21.

4 (transf.) To deal with, handle (a subject); to apply oneself to.

quae complecti tota nequeunt, haec facilius diuulsa..~ant CIC.*de Orat.*3.24; in argumentis..omnes fere colores ~auit SEN.*Con.*7.1.21; (uerba) inscie ~are FRO.*Aur.*1.p.4(62N);—disciplinas philosophiae ~are GEL.17.19.3.

contremescō ~escere ~uī, *intr.*, (*tr.*), **contremiscō**. [CON-+TREMESCO] FORMS: *contremisc-* CIC.*de Orat.*1.121; *Har.*63.

1 To tremble, shake violently, quake.

~uit templum ENN.*Ann.*541; cum maria atque terrae motu quodam nouo ~iscunt CIC.*Har.*63; CATUL.64.205; ~uere uada VERG.*A.*3.673; OV.*Met.*8.758; ~uere aurae SIL.17.406.

2 (of persons) To tremble with fear; to be greatly perturbed. **b** (tr.) to be afraid of.

ut..tota mente atque artubus omnibus ~iscam CIC. *de Orat.*1.121; *Diu.*1.58; toto corpore ~esco CAECIN.*Fam.* 6.7.4; quid ~escis, pectus? SEN.*Con.*2.3.1; ~uerant.. patres TAC.*Ann.*6.9;—(*rhet. or poet., of countries*) omnia cum belli trepido concussa tumultu horrida ~uere LUCR.3.835; quo metu Italia omnis ~uerat SAL.*Jug.*114.2;—(*fig.*) cuius ..numquam fides uirtusque ~uit CIC.*Sest.*68. **b** unde periculum fulgens ~uit domus Saturni HOR.*Carm.*2.12.8; non ~escamus iniurias SEN.*Ep.*65.24.

contremō ~ere, *intr.* [CON-+TREMO] To tremble violently.

caelum tonitru ~it PAC.*trag.*413; fulminis horribili cum plaga torrida tellus ~it LUCR.5.1221;—(*in terror*) ad hoc praecipue gens humana ~it SEN.fr.(Haase p.446).

contremulus ~a ~um, *a.* [CON-+TREMVLVS] Tremulous, shimmering.

(luna) ~a aquilenta VAR.*Men.*400.

contribūlis ~is, *m.* [CON-+TRIBVLIS] A member of the same *tribus*, fellow tribesman.

VOS ROGO BONI ~ES *CIL* 6.10213.

contribuō ~uere ~uī ~ūtum, *tr.* [CON-+TRIBVO] CONST.: commonly w. acc. and dat., or w. acc. alone.

1 To join in one, unite.

ex iis (urbibus), quae ad condendam Megalen polin.. ~utae forent LIV.32.5.5; alterum alteri ~uere..ut beneficium iniuria tollatur, beneficio iniuria SEN.*Ben.*6.5.4; ubi simul plura ~uuntur, ex quibus unum medicamentum fit POMPON.*dig.*41.1.27.1; CONIVGIS OSSA EXSPECTANT..SVIS VT MEA ~VAM *CIL* 6.20569;—(*w.* in+*acc.*) ut in octo tribus ~uerentur noui ciues VELL.2.20.2; tres aliorum plebes in unum ~uere COL.9.11.1; in oppidum ~uti Conuenae PLIN. *Nat.*4.108.

2 To attach (to a township, state, ruler, etc.) for political or administrative purposes. **b** (in general) to allot, assign.

Elei per se ipsi..maluerunt Achaico ~ui concilio LIV. 36.35.7; 38.3.9; Vxiorum..gentem subactam Susianorum satrapae ~uit CURT.5.3.16; in Gallico (agro), qui nunc Piceno ~uitur COL.3.3.2; Aegosthenenses ~uti Megarensibus PLIN.*Nat.*4.23; 14.62; (regna) alienigenis ~uit SUET. *Aug.*48;—(*w.* cum) Calagurritani, qui erant cum Oscensibus ~uti CAES.*Civ.*1.60.1;—(*w.* in+*acc.*) in eam (coloniam) ~uuntur Icositani PLIN.*Nat.*3.19;—(*pple. as sb.*) COLON(OS) INCOLASQVE ~VTOS⟨QVE⟩ *CIL* 1.594.3.5.3. **b** quibus operibus quemque habitum corporis..~uendum putemus COL.1.9.1; his..generibus singulis senae species ~uuntur 2.2.2; sciet..sicco (loco) recte ~ui diuersae quoque naturae semina 3.1.5; duos aut tres agros uni uillae ~uere HYG. *agrim.*p.93; neque furti actio neque legis Aquiliae ~utae sunt in hoc edicto (*i.e. are covered by this edict*) ULP. *dig.*47.8.2.10;—(*w.* in) ~VTVS EX LEG III GALLICAE IN LEG III AVG *CIL* 8.3157.

3 To share (something with); to contribute, give.

proprios ego tecum..annos ~uisse uelim TIB.1.6.64;— Spercheides undae ~uere aliquid OV.*Met.*7.231; suos (annos) tibi ~uet SEN.*Dial.*10.15.1; quod bonis iure Falcidiae ~uendum est a debitore PAPIN.*dig.*35.2.15; VER TIBI ~VAT SVA MVNERA *CIL* 11.6565.

contribūtiō ~ōnis, *f.* [prec.+-TIO] A payment, contribution.

ut pro portione temporis..pecuniae ~o fieret ALF.*dig.* 19.2.30.1; IN ~ONE SPORTVLARVM *CIL* 6.10234.18; liberi.. ~oni..ex persona sua tenebuntur PAPIN.*dig.*39.6.42; ⟨SO⟩LVTA ~ONE A CIRTENSIB(VS) *CIL* 8.8210.

contricō ~āre ~āuī ~ātum, *tr.* [CON-+TRICO(R)] To fritter away.

sic Paconius..pecuniam ~auit ut ad soluendum non esset VITR.10.2.14.

contriō ~īre, *tr.* [back-formation from *contriui*, *contritus* (CONTERO)] To wear down.

nec saxeas tantum sudes incursando ~ibam ungulas APUL.*Met.*7.17.

contristō ~āre ~āuī ~ātum, *tr.* [CON-+TRISTIS+-O[3]] To sadden, depress, discourage. **b** (poet.) to make dark or gloomy. **c** (transf.) to cause (plants, etc.) to languish, sap.

~auit haec sententia Balbum CAEL.*Fam.*8.9.5; SEN. *Suas.*6.16; ~at nos turba maerentium SEN.*Dial.*4.2.5; iniuria ~atae (apes) COL.9.14.11; FRON.*Str.*1.12.5; APUL. *Met.*6.23. **b** nigerrimus Auster..pluuio ~at frigore caelum VERG.*G.*3.279; *A.*10.275; ~at Aquarius annum HOR.*S.*1.1.36; quodam nitore (Cimolia) exhilarat (colores) ~atos sulpure PLIN.*Nat.*35.198; aras..instituit siluaque super ~at opaca V.FL.3.427; durus ~at sidera fulgor STAT.*Theb.*7.46; (*fig.*) simul ac se fortuna ~auerit RUT.LUP.2.13. **c** nec caloribus..~antur (uites) COL. 3.2.20; 3.20.1; quem (ramum) nisi recideris tota arbor ~abitur 5.9.17; (*in fig. phr.*) altera res ~abit uires et exhauriet, de stilo dico SEN.*Ep.*84.2.

contrītiō ~ōnis, *f.* [CONTERO+-TIO] Dismay, grief, despondency.

spem gaudia parant, aduersa ~onem [QUINT.]*Decl.*15.10.

contrōuersia ~ae, *f.* [CONTROVERSVS[1]+-IA] FORMS: *controuorsia* PL., TER.; *CIL* 1.584.1,2; *contrauersia CIL* 3.949.5.

1 The action of arguing or disputing, or an instance of it. **b** *in* ~*a esse*, to be disputed; *in* ~*am uenire* (*uocari*, etc.), to become a subject of dispute. **c** *sine* (*ulla*) ~*a*, beyond question, indisputably. **d** ~*am alicui facere* (*agere*, *mouere*), to quarrel with someone, take someone to task; also, to find fault with (a decision, etc.).

nulla ~a mihi tecum erit PL.*Aul.*261; DE ~EIS INTER GENVATEIS ET VEITVRIOS *CIL* 1.584.1; ciuilium ~arum patrocinia suscipere CIC.*Orat.*120; inter hos ipsos existunt graues ~ae *Q.fr.*1.1.7; si diutius alatur ~a CAES.*Gal.*7.32.6; quas disceptando ~as finire nequierant LIV.28.21.5; ne haec quidem sic praeteriri debent, quasi nullam ~am recipiant CELS.1.pr.54; cum ab utraque parte de proprietate alicuius rei ~a est GAIUS *Inst.*4.148;—(*w. gen. of matter under dispute*) cum esset ~a nulla facti CIC.*Mil.*23; de ~a finium LIV.39.47.2; ~am habitationis patiebatur Nicostratus PAPIN.*dig.*39.5.27;—(*w.* de) siquid de iis rebus ~ae erit CATO *Agr.*149.2;—(*w. indir. qu.*) admisceretur ne plebeii ~a aliquamdiu fuit LIV.3.32.7;—(*in neg. exprs. w.* quin) ~a non erat quin uerum dicerent CIC.*Caec.*31; LIV. 4.17.7; (*w. acc. and inf.*) id..ita esse factum ~a non erat GEL.12.7.2. **b** licueritne facere, id est in ~a *Rhet.Her.* 1.17; quae in ~a cum populo Romano essent LIV.35.45.3; —quicquid in ~am ueniat CIC.*de Orat.*1.138; ut omnibus in rebus, quae in aliquam ~am uocarentur, te arbitro.. uterentur *Fam.*13.26.2; re in ~am deducta CAES.*Gal.*7.63.5; ne illud quidem in ~am uenit, quin non omnes..sic curari possint CELS.3.21.16. **c** sine ~a ab dis solus diligere TER. *Ph.*854; CIC.*Brut.*82; ego sine ulla ~a consularis *Phil.*2.10; (*in a pun w. sense 2*) 'nolite quaerere', inquit 'quid sentiam; adulescens hic sine ~a disertus est' GEL.9.15.11. **d** de colore Latroni ~am fecit (Turrinus) SEN.*Con.*10.pr.15; ipsis diis de felicitate ~am agere SEN.*Nat.*6.32.5; libertinus..eius qui ei ~am mouet ULP.*dig.*22.3.14;—(*w. gen.*) qui..nominis ~am mouit TAC.*Dial.*25.1;—non facimus legi isti ~am QUINT.*Decl.*273(p.118,l.24); rei..iudicatae facere ~am 309 (p.215,l.11).

2 (rhet.) A hypothetical case debated in schools of rhetoric, etc., as a forensic exercise; also, the debate itself.

color..qui ~ae repugnaret SEN.*Con.*9.5.10; quam ~am hodie declamasti? PETR.48.4; duo genera materiarum apud rhetoras tractantur, suasoriae et ~ae TAC.*Dial.*35.4; poscit ~as plures, electionem auditoribus permittit PLIN.*Ep.*2. 3.2; ueteres ~ae..ex historiis trahebantur SUET.*Rhet.*25 (p.122Re);—exempla cum didicerunt, uolunt illa ad aliquod ~ae thema redigere SEN.*Con.*7.5.12; ~am sententiolis uibrantibus pictam PETR.118.2; QUINT.*Decl.*271(p.111,l.6).

3 An onrush (of water against a building).

si ~a aquae insulam subuerterit ULP.*dig.*39.2.24.5.

contrōuersiōsus ~a ~um, *a.* [prec.+-OSVS] Much disputed, debatable.

quem..hoc..iudicem fecisse ut sibi ~am adiudicaret rem LIV.3.72.5; falsam ..rem et ~am pro confessa uindicare SEN.*Ep.*85.24.

contrōuersor ~ārī ~ātus, *intr.* [next+-O[3]] To dispute (used by Cicero as transl. of Gk. ἀμφισβητεῖν).

ut..inter uos de huiusce modi rebus ~emini, non concertetis CIC.*Prot.*fr.3.

contrōuersus[1] ~a ~um, *a.* [*contro-*(CONTRA)+pple. of VERTO] Controversial, debatable, disputed.

etiam ~um ius nosse CIC.*Mur.*28; ~am rem et plenam dissensionis *Leg.*1.52; neque ~o auspicio reuocari a proelio potuit LIV.10.42.7; ~a confessis probare QUINT.*Inst.*5.14.14; GEL.12.13.3;—(*as tech. term in rhet.*) ~um (genus argumentationis) est, in quo ad dubium demonstrandum dubia causa affertur CIC.*Inv.*1.91.

contrōuersus[2], *adv.* [*contro-* (as prec.)+VERSVS[2]] In opposite directions.

perticis saligneis uiridibus ~us conlatis consternito (sulcos) CATO *Agr.*43.1.

contrucīdō ~āre ~āuī ~ātum, *tr.* [CON-+TRVCIDO] To inflict many wounds upon, hack about; to kill in large numbers, slaughter, butcher.

debilitato corpore et ~ato se abiecit exanimatus CIC. *Sest.*79; iugulum sibi multis ictibus ~at APUL.*Met.*9.38; (*in fig. phr.*) CIC.*Sest.*24;—legiones duas..~auit SEN.*Ben.* 5.16.3; taurorum opimis corporibus ~atis *Ep.*115.5; misit.. qui uniuersos ~arent SUET.*Cal.*28; *Nero* 43.1.

contrūdō ~dere ~sī ~sum, *tr.* [CON-+TRVDO] To thrust, impel (in some given direction); to thrust away (into a receptacle), cram, stow.

equi corpus..uidetur uis..in aduersum flumen ~dere LUCR.4.423; hasce (*sc.* nubes)..cum uentus agens ~sit in unum 6.211;—(uua) in dolia plena uinaciorum ~datur VAR. *R.*1.54.2; ut in balneas ~derentur CIC.*Cael.*63; tantum.. exhausit, quantum potuit..in naues ~di [CIC.]*Sal.*19.

contruncō ~āre ~āuī ~ātum, *tr.* [CON-+TRVNCO] To hack to pieces (in quot., in fig. phr.); (facet.) to gobble up, dispatch (food).

quadrigentos filios habet..eos ego hodie omnis ~abo duobus solis ictibus PL.*Bac.*975;—meum ne ~ent cibum *St.*554; polentae caseatae..offulam..~are APUL.*Met.*1.4; 6.31.

contubernālis ~is, *m.*, *f.* [CON-+TABERNA+-ALIS] FORMS: *contibernalis CIL* 8.12083; 11.218, etc.; (tm.) *conque tubernalem* LUCIL. 1137.

1 (mil.) One who shares the same tent, a comrade-in-arms. **b** (spec.) a young man attached for training to the staff of a general.

eadem suum quisque ~em..prosequens erat obtestatus *B.Alex.*16.4; TAC.*Hist.*1.23; in exercitu ~ibus uasa utenda ..dedi AFRIC.*dig.*13.6.21. **b** qui se illi ~em in consulatu fuisse narrabat CIC.*Brut.*105; *Cael.*73; fuit in Creta..~is Saturnini *Planc.*27; FRON.*Str.*4.1.11; SUET.*Aug.*42.1;— (*fem., facet., of prostitutes*) praeclaras..~s ab omnibus spondis transuersas incubare CAEL. in Quint.*Inst.*4.2.123.

2 One living under the same roof, housemate, intimate friend.

accusatoris consessoribus, conuiuis, ~ibus CIC.*Flac.*24; C. Arrius proximus est uicinus, immo ille quidem iam ~is *Att.*2.14.2; *Q.fr.*2.4.2; 'serui sunt.' immo ~es SEN.*Ep.*47.1; condiscipulus et ~is meus PLIN.*Ep.Tra.*10.4(3).1; tuo hospiti ~i consiliario FRO.*Amic.*1.p.280(175N); 2.p.242 (187N);—(*in a pun w. sense 1*) salax taberna uosque ~es CATUL.37.1.

3 (leg.) A slave's 'mate' (having the relationship but not the status of a husband or wife).

(*masc.*) nimia species desidiosum faciet eius (*sc.* uillicae) ~em COL.12.1.1; 12.3.7;—(*facet.*) illa nos uolt..omnis crucibus ~is dari PL.*Mil.*184;—(*fem.*) ~em meam redemi PETR.57.6; PLIN.*Nat.*36.82; Stichus..cum ~i sua liber esto GAIUS *dig.*40.7.31.1.

contubernium ~(i)ī, *n.* [CON-+TABERNA+-IVM]

1 (mil.) The fact of sharing the same tent, comradeship; (spec.) an attachment of a young man to the staff of a military commander for training.

nobis..qualis in castrensi ~io PLIN.*Nat.*pr.3; (*iron.*) illud ~ium muliebris militiae CIC.*Ver.*5.104;—ut..~i necessitudo ..postulabat *Planc.*27; ~io patris..militabat SAL.*Jug.*64.4; LIV.42.11.7; electus quem ~io aestimaret TAC.*Ag.*5.1; SUET.*Jul.*2.

2 The fact of living together, association, fellowship. **b** (concr.) a band, crew, brotherhood.

fortuitum feles ~ium..euertit PHAED.2.4.4; in materno ~io..perseuerauit SEN.*Dial.*6.24.1; neminem mihi coniunctiorem esse..assiduitate ~ii TAC.*Dial.*5.2; ne quis.. ~io nostro dies pereat PLIN.*Ep.*5.14(15).9; quos in ~io mecum adsiduos habeo FRO.*Amic.*2.p.240(180N);—(*w. gen.*) si hominis ~ium diu passa est (bestia) SEN.*Dial.*5.8.3; uixit in ~io auiae PLIN.*Ep.*7.24.3;—(*of attendance at court*) prohibitus..non ~io modo sed etiam publica salutatione SUET.*Ves.*4.4;—(*transf.*) ~ia sunt lacrimarum, ubi misericor miserum adspicit PUB.*Sent.*C.44;—(*fig.*) felicitatis et moderationis diuiduum ~ium est (*i.e. cannot exist together*) V.MAX.9.5.ext.3; homo ab omnibus gaudiis in ~ium doloris adductus [QUINT.]*Decl.*14.10. **b** ex hoc producere ~io reum SEN.*Con.*10.4.16;—(*of a* collegium) ~IVM VENERIS *CIL* 9.2354; ~IO NAVTARVM *CIL* 13.6324.

3 Cohabitation, concubinage; (leg., as the only marital relationship recognized between slaves or between a free man and a slave).

prostitutae turpe ~ium sororis VERG.*Cat.*13.7; pudicitiae eius famam nihil..praeter Nicomedis ~ium laesit SUET.*Jul.* 49.1;—in ~ium deducta serui domina est SEN.*Con.*7.6.12; uillicum..auersum a ~io suo COL.12.1.2; libertam.. dilectam quondam sibi reuocauit in ~ium SUET.*Ves.*3.1; PAUL.*dig.*23.2.14.3; (*applied to foreigners*) CURT.5.5.20.

4 A tent shared by a group of soldiers; a lodging, apartment.

aliquem..iussit occidi et membratim..in ~ia distribui FRON.*Str.*3.5.1; e ~iis hostem aspici TAC.*Ann.*1.17; 15.13; FRO.*Ver.*2.p.210(207N); (*sg. used collect.*) depositis in ~io armis uallum relinquebant CAES.*Civ.*3.76.3;—(*of cells in a hive*) adiciuntur ~ia et fucis PLIN.*Nat.*11.26;—non capit idem ~ium fortem uirum et uictum SEN.*Con.*10.2.19; disiecto aeditui ~io TAC.*Hist.*3.74; APUL.*Met.*10.13.

contubernius ~iī, *m.* [as prec.+-IVS] (app.) = CONTVBERNALIS.

CIL 13.10017(13).

contueor ~ērī ~itus, *tr.* Also **contuor** ~ī. [CON-+TVEOR] FORMS: *contuor*, etc., PL.*As.* 124, 403, 523, etc., POMPON.*com.*69, LUCR. 4.39, STAT.*Ach.*1.131; *contuit* PAC.*trag.*6 (cj.); pf. pple. app. only attested in SUET.*Aug.*94.8.

1 To look at, gaze on, contemplate. **b** (of places) to be within sight of, have a view of. **c** to contemplate mentally.

quotiens te uotui Argyrippum..colloquiue aut ~i? PL.*As.* 523; aspicite ipsum, ~emini os CIC.*Sul.*74; totam terram ~eri *Tusc.*1.45; in somnis, cum saepe figuras ~imur miras LUCR.4.39; (orygem) contra stare et ~eri (caniculam)

Plin.*Nat.*2.107; in tenebris fulgent..oculi ut ~eri non sit 11.151; Tac.*Hist.*3.85; Plin.*Pan.*61.1; Augustum..non sine admiratione ~itus Suet.*Aug.*94.8; (*ellipt.*) incepi ~i: conspicio coleatam cuspidem Pompon.*com.*69. **b** urbis.. celeberrimae..partes aduersum illud non monumentum, sed uulnus patriae ~entur Cic.*Dom.*146; Corinthos..ex summa arce..maria utraque ~ens Mela 2.48. **c** quae ~ens animus accedit ad cognitionem deorum Cic.*N.D.*2.153; *Tusc.*3.35.

2 To behold, see.
si uolturios forte possis ~ui Pl.*Mos.*838; Acc.*praet.*26; id nouum Agesilaus ~ens progredi non est ausus Nep.*Cha.* 1.2; alii ~entur longinqua, alii nisi prope admota non cernunt Plin.*Nat.*11.142;—(*w. pred. acc. or acc. and inf.*) infensos utero mihi ~or ensis, nunc planctu liuere manus Stat.*Ach.*1.131; uos quoque, quorum alia nunc ora, alia pectora ~eor Tac.*Ann.*1.43.

3 To look after, tend, supervise.
in alimoniis armenticium pecus sic ~endum Var.*R.* 2.5.16.

contuitus ~ūs, *m.* Also **contūt-.** [prec.+-tvs³] Contemplation, gaze.
~u..(oculi) multiformes, truces, torui.. Plin.*Nat.*11. 145; gemmarum scalptores ~u eorum (*sc.* scarabaeorum) adquiescunt 29.132; 37.63. **β** fugat ipsus se ab suo ~u Pl.*Trin.*262.

contumācia ~ae, *f.* [contvmax+-ia]

1 Proud and defiant behaviour, stubbornness, obstinacy (usu. in a bad sense).
Torquatus praeter ceteros furebat ~a responsi tui Cic. *Pis.*78; ~am a magnitudine animi ductam, non a superbia *Tusc.*1.71; dilectum remigum magna ~a ciuitatium.. habuimus Cas.*Fam.*12.13.3; eadem ~a in uoltu, idem in oratione spiritus erat Liv.2.61.6; 9.46.4; ~a, quae..tranquillissimis quoque pectoribus patientiam extorsit Sen.*Cl.* 1.1.3; Plin.*Nat.*34.62; inter abruptam ~am et deforme obsequium pergere iter Tac.*Ann.*4.20; Plin.*Pan.*18.1; Suet.*Aug.*54; (*w. obj. gen.*) ob hanc diuini ~am Apul. *Apol.*56;—(*attributed to nature*) moriuntur (*sc. birds*) ~a spiritu reuocato Plin.*Nat.*10.57; hoc alias ~a, saepius imbecillitate eorum (*sc. trees*) quae transferantur euenit 16.134.

2 (leg.) Wilful disobedience to a judicial order, contumacy.
si in ~a perseverassent *CIL* 10.7852.12; ~am litigatoris arbiter punire poterit Javol.*dig.*4.8.39; poenae.. quam ~a elusit Tra.Plin.*Ep.*10.57(65).2; Ulp.*dig.*12.3.1.

contumāciter, *adv.* *compar.* ~ius. [next+-ter²] Stubbornly, defiantly.
~iter, adroganter..solet scribere Cic.*Att.*6.1.7; *Div.*2.71; ~ius se gesserant Nep.*Cim.*2.5; Sen.*Con.*10.3.13; nos ~ius erigamus Quint.*Inst.*6.pr.15; Plin.*Pan.*41.3; legionem ~ius parentem Suet.*Aug.*24.2;—(*w.ref. to inanim. objs.*) erumpunt..cepae xviii aut xx, gethyum x aut duodecimo (die), ~ius coriandrum Plin.*Nat.*19.117; haec genera ~iter scalpturae resistunt 37.104.

contumax ~ācis, *a.* *compar.* ~ācior, *superl.* ~ācissimus. [dub.: con-+*tum-* (perh. temno or tvmeo)+-ax]

1 Proud and unyielding, stubborn, defiant (usu. in a bad sense).
quis ~acior, quis inhumanior, quis superbior? Cic.*Ver.* 2.192; *Pis.*66; ~aci..uultu intuens regem Curt.4.6.27; philosophiae..deditos ~aces esse ac refractarios Sen.*Ep.* 73.1; adrogantiam oris et ~acem animum incusauit Tac. *Ann.*5.3; Flor.*Epit.*1.22(2.6.35); (*w. dat.*) ~acem regibus populum suis Sen.*Thy.*644; (*w.* in+*acc.*) in superiores ~ax *Rhet.Her.*4.52; (*w.* aduersus) Claudios..fuisse..aduersus plebem..~aces Suet.*Tib.*2.4; (*w. obj. gen.*) Apul.*Pl.*2.21; —(*in a good sense*) animus contra calamitates fortis et ~ax Sen.*Nat.*3.pr.13; ~ax etiam aduersus tormenta seruorum fides Tac.*Hist.*1.3;—(*of animals*) idem equi obsequentes alteri equiti, alteri ~aces sunt Sen.*Dial.*4.26.5; Col.6.2.10; —(*transf.*) dolorem..~acissimum..tempus eneruat Sen. *Dial.*6.8.1; quicquid..solidum inuenit et ~ax, uincit (fulmen) *Nat.*2.52.1; materies..umori ~ax Plin.*Nat.*16.43; tu syllaba ~ax rebellas Mart.9.11.12.

2 (leg.) Wilfully disobedient to a magistrate's decree or summons, contumacious.
qui omnino non respondit, ~ax est Ulp.*dig.*11.1.11.4; 48.19.5.

contumēlia ~ae, *f.* [**contumelis* (perh. as prec.+-elis)+-ia] Insulting language or behaviour or an instance of it, indignity, affront. **b** (transf.) rough treatment.
qui alteri..dicunt ~am Pl.*Cur.*478; ut ferrem has ~as! *Mer.*704; ad ~am omnia accipiunt Ter.*Ad.*606; nequaquam ..nobis ~am imponi sinatis Gracch.*orat.*18; non ~as quibus uexati..erant conquerebantur Cic.*Ver.*4.111; si quid in uitam eius..cum ~a dixero *Phil.*1.27; ne turpem in conspectu hostium ~am acciperet *B.Alex.*11.2; Hor.*Epod.* 11.26; hanc ~am quo tandem animo fertis..? Liv.2.38.2; 26.13.14; iniuriae qui addideris ~am Phaed.5.3.5; Sen.*Cl.* 1.10.3; coactum..erigere os et offerre ~is Tac.*Hist.*3.85;— (*w.* in+*acc.*) cum grauibus..in Romanos ~is Vell.1.12.1; —(*w. obj. gen. or pron. adj. replacing this*) mihi..constat nec meam ~am nec meorum ferre Ant. in Cic.*Phil.*13.42; gens ~a numinum insignis Plin.*Nat.*13.46; ei lecti sui ~a uectigalis est Apul.*Apol.*75;—(*of written insults*) carmina.. referta ~is Caesarum Tac.*Ann.*4.34;—(*transf.*) cum queretur de ~is debilitatis suae Plin.*Ep.*8.18.9;—(*personified*) fecerunt ~ae fanum Cic.*Leg.*2.28. **b** naues totae factae ex robore ad quamuis uim et ~am perferendam Caes.*Gal.* 3.13.3.

contumēliō ~āre ~āuī ~ātum, *tr.* [prec.+-o³] To treat outrageously, insult.
rogo vos syperi ni me ~etis *CIL* 10.3030.

contumēliōsē, *adv.* *compar.* ~ius, *superl.* ~issimē. [next+-e] In an insulting manner.
enumquam..~ius audistis factam iniuriam? Ter.*Ph.*348; consulem ~e laedebat Cic.*Att.*1.14.5; *Off.*1.134; (testatus est) patriam..~issime Vell.1.7.2; Quint.*Inst.*6.3.28.

contumēliōsus ~a ~um, *a.* *compar.* ~ior, *superl.* ~issimus. [contvmelia+-osvs] Insulting, outrageous, humiliating; (of persons) acting insultingly, rude, abusive.
uoces..~ae Cic.*Cael.*30; nulla παρεγχείρησις fieri potest ~ior *Att.*15.4.3; ~a dicta Sal.*Jug.*20.5; ultionis ~issimum genus Sen.*Dial.*4.32.3; edictis..~is Suet.*Nero* 41.1;—(*w.* in+*acc.*) orationem..in conlegas tuos ~am fuisse Cic.*Fam.* 5.2.3;—(*w.* erga) id..erga principem ~um Tac.*Hist.*4.5;— (*w. dat.*) id demum ~um plebi est Liv.4.4.9; Sen.*Con.*1.5.6; —quam ~us in edictis! Cic.*Phil.*3.15; in uos ~us fuero Sen. *Suas.*4.4; Mart.10.7.4; cum patronus..~um sibi libertum queratur Ulp.*dig.*1.12.1.10.

contumulō ~āre ~āuī ~ātum, *tr.* [con-+tvmvlvs+-o³]

1 To bury, inter.
ut saltem patria ~arer humo Ov.*Tr.*3.3.32; *Ib.*460; adgesta (dentes) ~auit humo Mart.8.57.4; Apul.*Met.*1.13.

2 To heap together.
(perdices) ouis stragulum molle puluere ~ant Plin.*Nat.* 10.100.

contundō ~undere ~udī ~ūsum, *tr.* [con-+tvndo] Forms: *contūdit* Enn.*Ann.*449; *contunsus* Verg.*G.*4.240, Plin.*Nat.*24.46, 28.221.

1 To pound to pieces or powder, pulp, crush.
(oleae) in lentisco ~usae Cato *Agr.*7.4; 107.1; thymum ~undunt in pila Var.*R.*3.16.14; teneris harundinum radicibus ~usis Caes.*Civ.*3.58.3; Verg.*Ecl.*2.11; ~unditur.. cum corticibus..suis Punicum malum Cels.4.26.9; Col. 7.5.8; Plin.*Nat.*24.46;—(*hyperb.*) naresque a fronte resimas ~udit Ov.*Met.*14.96.

2 To bruise, make sore.
me pugnis ~udit Pl.*Am.*407; pugiles caestibus ~usi Cic. *Tusc.*2.40; (hasta) pectus tantummodo ~udit Ov.*Met.* 12.85; si facie ~usa liuor..est Cels.5.18.24; ~undite pectora Luc.2.38; sic (boues) minime colla ~undunt Plin. *Nat.*18.177; Juv.13.128;—(*cf.*) oculorum aciem ~uderat Sen.*Con.*1.pr.17; quadrigas agentes tractos..et quoquo modo sanguine ~uso Plin.*Nat.*28.237;—(*transf.*) quia grando ~uderit uitis Hor.*Ep.*1.8.5.

3 (transf. and fig.) To subdue utterly (nations, feelings, etc.), crush, quell, suppress. **b** to eclipse, outdo (a performance).
ferum feroci ~undendum imperiost Acc.*trag.*174; calumniam stultitiamque eius obtriuit ac ~udit Cic.*Caec.*18; ~udi..animum et fortasse uici *Att.*12.44.3; classis regis Antiochi..fusa ~usa fugataque est *formula* in Liv.40.52.6; ille genus Sueuos acre..~udit *Epic.Drusi* 18; sic ~usus et aeger Romani imperii spiritus erat V.Max.6.4.1; simul atque iras ~uderint Col.6.2.4; conamine primae ~uso pugnae Sil.1.34; Iceni..ualida gens nec proeliis ~usi Tac.*Ann.* 12.31; Plin.*Ep.*8.14.9. **b** ~undam facta Talthubi contemnamque omnis nuntios Pl.*St.*305.

contuō, contuor: see contveor.

conturbātiō ~ōnis, *f.* [contvrbo+-tio]

1 A disorder (of mental or physical functions), distemper.
purgatione medicorum ~o mentis aufertur Cic.*Tusc.*4.30; ad ~ones et epiphoras oculorum Larg.19; 21.

2 (esp.) A disorder of the emotions, perturbation, dismay.
signa ~onis et conscientiae Cic.*Top.*52; ~onem (definiunt) metum excutientem cogitata *Tusc.*4.19; Fron.*Str.* 1.12.10.

conturbātor ~ōris, *m.* [contvrbo+-tor]

1 One who spreads disorder, a disturber.
~orem absolues exercitus [Quint.]*Decl.*3b.6.

2 A bankrupt. **b** (poet., as adj.) leading to bankruptcy, ruinous.
cum pecunia ~ores liberaret Amp.27.4. **b** ~or aper Mart.7.27.10; hic pretiosa fames ~orque macellus 10.96.9.

conturbātus ~a ~um, *a.* *compar.* ~ior. [pf. pple. pass. of next] In vbl. senses, esp: Dismayed, perplexed.
eram in scribendo ~ior Cic.*Att.*1.12.4.

conturbō ~āre ~āuī ~ātum, *tr., intr.* [con-+tvrbo¹]

1 To mix up, confound, upset, derange, etc.; to put out of order (an organ of the body).
hi ~abunt pedes (*i.e. will sleep together*) Pl.*Cas.*465; si ~ati sunt (porci) in fetura Var.*R.*2.4.13; ~antur..positurae principiorum Lucr.4.943; Numidae..Romanorum ordines ~are Sal.*Jug.*50.4;—(*transf.*) illisce hodie hanc ~abunt fabulam Pl.*Mos.*510; ita ~asti mihi rationes omnis Ter.*Eu.*868; cum sacra ludosque ~as Cic.*Har.*39; ut ambitione mea ~em officium tuum *Fam.*13.5.1; ne Crassus.. rem publicam ~aret Sal.*Cat.*48.8; ne..leges astra ~ent Sen.*Her.O.*1575; annum a diuo Iulio ordinatum, sed postea ~atum Suet.*Aug.*31.2;—oculus ~atus Cic.*Tusc.*3.15; Sen. *Dial.*11.5.3.

2 To dismay, perturb, disquiet (a person or his mind).
quid est? num ~o te? Cic.*Phil.*2.32; ualetudo tua me ualde ~at *Att.*7.2.2; cuius mors ante abstulit animum quam ~auit Sen.*Ep.*82.11; Pompon.*dig.*18.1.6.1;—(*ellipt.*) multa ..occurrunt quae ~ent Cic.*N.D.*1.61.

3 (absol.) To go bankrupt, default.
rescripsi nihil esse quod posthac arcae nostrae fiducia ~aret Cic.*Q.fr.*2.10.5; Alf.*dig.*15.3.16; ne creditores illum ~are existimarent Petr.38.16; Mart.9.3.5; Quint.*Decl.*273 (p.117,l.23); sic Pedo ~at, Matho deficit Juv.7.129;—(*in fig. phr.*) Cic.*Planc.*68; postquam ~auit et libidinis suae solum uertit Petr.81.5.

conturmālis ~is, *m.* [con-+tvrma+-alis] A fellow soldier from the same *turma*.
*P.Lond.*482 (Lesquier, *Armée d'Égypte*, p. 503).

contus ~ī, *m.* [Gk. κοντός] A pole of any sort; esp. one used on a boat or ship. **b** a long spear, lance, or pike.
~is pungitur durescens calyx Plin.*Nat.*16.23; (*obsc.*) traiectus ~o..pedali *Priap.*11.3;—ipse ratem ~o subigit Verg.*A.*6.302; Prop.3.11.44; Curt.9.9.12; Tac.*Ann.*14.5; ~o pertentant, cognoscuntque nauigantes aquae altitudinem Fest.p.214M. **b** Macetum immensos..~os Grat.117; ingentis frenator Sarmata ~i V.Fl.6.162; Sil. 15.684; tum umido die et soluto gelu neque ~i neque gladii ..usui Tac.*Hist.*1.79; *Ann.*6.35; Juv.10.20.

contūsiō ~ōnis, *f.* [contvndo+-tio] A bruising, contusion.
(oliua) quae ex ~one liuorem contrahit Col.12.49.3; Plin.*Nat.*17.227; prodest et ad ~ones Larg.165; 208.

contūsum ~ī, *n.* [pple. of contvndo] A bruise, contusion.
clauus..nascitur praecipue ex ~o Cels.5.28.14.c; Plin. *Nat.*31.62; emplastrum..facit ad ~a Larg.210.

contūtor ~ōris, *m.* [con-+tvtor] A joint guardian.
aduersus ~orem negotiorum gestorum actionem tutori dandam Julian.*dig.*3.5.29(30); Ulp.*dig.*17.1.8.4; *A.Epig.* 35.28.9.

contūtus: see contvitvs.

conuador ~ārī ~ātus, *tr.* [con-+vador] To make a person give a surety to appear in court (in quot., fig.).
qui me ~atu's Veneriis uadimoniis Pl.*Cur.*162.

conualescō ~escere ~uī, *intr.* [con-+valesco]

1 To grow strong, thrive. **b** (of persons, opinions, etc.) to gain in power or influence.
(*of animals*) nata recentia ad ignem prope ponunt, quoad ~uerunt Var.*R.*2.2.15; Col.7.3.11;—(*of plants*) cum ~uerunt arbores Var.*R.*1.23.6; non ~escit planta, quae saepe transfertur Sen.*Ep.*2.3; montibus..difficulter uineae ~escunt Col.*Arb.*3.7; Plin.*Nat.*21.60;—(*transf., of fire*) postquam pestifer ignis ~uit Ov.*Met.*8.478; Petr. 136.2; Quint.*Inst.*5.13.13;—(*fig.*) nullum animal felix esse sine fortitudine, nisi contra fortuita ~uit Sen.*Ep.*113.27. **b** ille..ita ~uit ut nunc in uno ciui spes ad resistendum sit Cic.*Att.*7.3.4; ~uit..uis multitudinis *Leg.*3.17; nimis uicinas prope se ~escere opes rati Liv.1.14.4; cum mala per longas ~uere moras Ov.*Rem.*92; loci opportunitate ~uit (colonia) Sen.*Ep.*91.14; aduentu eius partes ~uerunt Tac. *Hist.*2.93; opinio uetus falsa..~uit Gel.4.11.1.

2 To regain one's strength after an illness, recover; (of the mind) to become composed again.
~uit saepeque postilla operam..strenuam perhibuit Cato *hist.*83; in morbum..incidit, ex quo non ~uit Cic. *Fam.*13.29.4; *N.D.*2.12; Caes.*Gal.*6.36.3; Liv.23.34.14; euocandus aeger est ad exercitationes..donec ex toto ~scat Cels.3.21.17; Plin.*Ep.*7.16.2;—(*pple. as sb.*) cordi conuenire ~escentium (siser) Plin.*Nat.*20.34;—mens mea ~uit, subitoque audacia uenit Ov.*Ep.*15.73.

3 (leg.) To become valid.
libertas seruo data..~escit Labeo *dig.*28.7.20.1; ne quidem ex senatus consulto Neroniano posse ~escere (legatum) Gaius *Inst.*2.218; Ulp.*dig.*28.3.6.12.

conuallis ~is, *f.* [con-+valles] Forms: abl. sg. ~*i* Var.*R.*1.12.3, Apul.*Met.*1.7. A deep, narrow, or enclosed valley, glen.
~es et arboreta magna erant Quad.*hist.*29; Romam in montibus positam et ~ibus Cic.*Agr.*2.96; depressas ~is Verg.*G.*3.276; in media ~e duorum montium Liv.1.12.10; Penius..nemorosa ~e defluens Plin.*Nat.*4.30; Stat.*Theb.* 2.82; Juv.16.36.

conuallō ~āre ~āuī ~ātum, *tr.* [con-+vallo] To surround as with a rampart, hedge in.
undarum illius (*sc.* Oceani) ambitu terris omnibus ~atis Gel.12.13.20.

conuariō ~āre ~āuī ~ātum, *tr.* [con-+vario] To variegate, spot.
(tabes) cutim..omnimodis maculationibus ~at Apul. *Apol.*50.

conuāsō ~āre ~āuī ~ātum, *tr.* [con-+vas²+-o³] To pack up (baggage).
aliquid ~assem atque hinc me conicerem..in pedes Ter. *Ph.*190.

cōnūbiālis ~is ~e, *a.* [next+-alis] Pros.: in the exx. given, app. to be scanned as a quadrisyllable by synizesis. Of or belonging to marriage, or a particular marriage, conjugal.
ubi ~ia iura? Ov.*Ep.*6.41; ~ia uincla Stat.*Theb.*5.112; ~ia pandunt antra sinus *Ach.*1.101.

cōnūbium ~(i)ī, *n.* [CON-+NVBO+-IVM] PROS.: *-ū-* certain in CATUL.62.27, OV.*Fast.* 3.195, SEN.*Tro.*901, etc.; *-ŭ-* oft. possible as in LUCR.3.776, VERG.*A.*3.136, but perh. in such cases the word is better scanned as a trisyllable by synizesis.

1 Intermarriage between two groups of people or an instance of it; (leg.) the right to intermarry.
~ium uetustum multas familias claras..Romanis miscuerat LIV.23.4.7; Persas et Macedones ~io iungi CURT.8.4.25; PLIN.*Nat.*12.86; Germaniae populos nullis aliarum nationum ~iis infectos TAC.*Ger.*4.1; (*transf., of plants*) siue illae (*sc.* pomiferae arbores)..ab homine didicere blandos sapores adoptione et ~io PLIN.*Nat.*16.1;—cum (mulier) fuisset nupta cum eo quicum ~ium non esset CIC.*Top.*20; ~ium petimus, quod finitimis..dari solet LIV.4.3.4; GAIUS *Inst.*1.57;—(*pl.*) quae diiunctis populis tribui solent ~ia CIC.*Rep.*2.63; OV.*Fast.*3.195.

2 Marriage between two persons; the right to marry. **b** (in quots., pl.) the act or ceremony of marriage. **c** (meton.) a married partner, husband or wife.
cum par ~ium maturo tempore adepta est (uirgo) CATUL.62.57; ~io iungam stabili propriamque dicabo VERG.*A.*4.126; puerum Lapithaona nymphe..cupido uiolauit amore..~ii STAT.*Theb.*7.300; prius..moriar quam tuo isto dulcissimo ~io caream APUL.*Met.*5.6;—(*pl. of a single marriage*) Pyrrhin ~ia seruas? VERG.*A.*3.319; Phoebus..cupit ~ia Daphnes OV.*Met.*1.490;—(*poet.*) ipsum in ~ia terrae aethera..soluo STAT.*Silv.*1.2.185;—si ab hostibus patronus captus esse proponatur, uereor ne possit ista ~ium habere nubendo ULP.*dig.*23.2.45.6. **b** fulsere ignes et conscius aether ~iis VERG.*A.*4.168; celebrate Pyrrhi, Troades, ~ia SEN.*Tro.*901; post ~ia..uenatrix animumque inrupta remansi STAT.*Theb.*9.615. **c** Sauromatae Gynaecocratumenoe, Amazonum ~ia PLIN.*Nat.*6.19; Tyriis..~ia, natos reddite STAT.*Theb.*10.768; (*pl. used of one person*) Siculo rapui ~ia campo 8.62.

conuectō ~āre ~āuī ~ātum, *tr.* [CON-+VECTO] To bring together, collect.
(formicae) praedam..per herbas ~ant calle angusto VERG.*A.*4.405; 7.749; quid si Phrygiae Tyriaeque sub unum ~entur opes? STAT.*Theb.*1.162; alii falcis scalasque ~ant TAC.*Hist.*3.27.

conuector[1] ~ōris, *m.* [CONVEHO+-TOR] One who brings together, a gatherer (as title of a god presiding over the gathering of the grain).
FAB.PICT.*iur.*6.

conuector[2] ~ōris, *m.* [CON-+VECTOR] A fellow traveller, fellow passenger.
naui eius me et ipso ~ore usurum puto CIC.*Att.*10.17.1; APUL.*Met.*1.15.

conuehō ~here ~xī ~ctum, *tr.* [CON-+VEHO] To carry into one place, gather in, collect.
in eam (*sc.* uillam) ~huntur fructus VAR.*R.*1.2.14; lintribus in eam insulam materiem..~xit CIC.*Mil.*74; LUCR.2.1101; frumentum ex finitimis regionibus..in urbem ~xerant CAES.*Civ.*1.34.5; praedam..Antium ~hit LIV.3.23.3; lacus..~ctis marinis seminibus replebant COL.8.16.2; (mel ericaeum) ~hitur post primos autumni imbres PLIN.*Nat.*11.41; TAC.*Hist.*4.22; SUET.*Cal.*15.4.

conuellō ~ellere ~ellī ~ulsum (~olsum), *tr.* [CON-+VELLO]

1 To tug at, pull violently.
dapes auido ~ellere dente OV.*Met.*11.123; ualidi (equi) caudam..paulatim carpi, infirmi..uniuersam ~elli iussit V.MAX.7.3.6; (*poet.*) crebraque sublimes ~ellunt uerbera puppes LUC.3.528;—(*fig.*) solet magno cursu uerba ~ellere, quae non effundit una, sed premit et urguet SEN.*Ep.*40.2; ~ellere uulnera questu SIL.6.431.

2 To pull from a fixed position, tear up or off, dislodge, uproot. **b** *signa ~ellere,* (mil.) to pull up the standards (as a signal for departure). **c** to wrench, strain or dislocate (a limb, etc.); to dislocate the limbs of (a person). **d** (hyperb.) to heave up, lift; to set in motion, bestir. **e** (fig.) to undermine, subvert (a system, law, state of mind, etc.).
cum praecides (ramum) caueto ne librum ~ellas CATO *Agr.*40.2; gradus Castoris ~ellisti ac remouisti CIC.*Dom.*54; Roma prope ~olsa sedibus suis *Pis.*52; *Leg.*1.54; CATUL.64.40; ab humo ~ellere siluam VERG.*A.*3.24; deos..~ulsos ex sedibus suis ablatos esse LIV.38.43.5; teneros ~ellere fetus (*i.e. procure an abortion*) OV.*Am.*2.14.5; ~ulsa ianuae claustra V.MAX.6.8.6; alius hamis blandientibus ~ellebat praedam repugnantem PETR.109.6; dentibus carne mandenda..~olsis PLIN.*Nat.*23.73; (*ellipt.*) haeserunt radice pedes: ~ellere pugnat OV.*Met.*9.351;—(*in fig. phrs.*) quae (epistulae) me ~ellerunt de pristino statu iam tamen..labantem CIC.*Att.*8.15.2; adfectiones istas..ratio..~ellere ab stirpe..uix potest GEL.12.5.8. **b** signa ~elli et se sequi iussit CIC.*Div.*1.77; LIV.5.37.4; SIL.3.220; (*cf.*) manipuli..uexilla ~ellunt TAC.*Ann.*1.20. **c** immoderato uocis impetu ~ulso pectore V.MAX.9.3.8; (bos) ~ellit armos COL.6.16.1; latere ~ulso SUET.*Tib.*72.2;—(*esp. by torture*) omnes artus ~olsi sunt SEN.*Con.*2.5.5; 10.4.2;—~ulsos laniatosque et partim exanimos..proiciunt TAC.*Ann.*1.32. **d** Heniochus cliuo..rotas ~ellit ab imo MAN.5.69;—rex deinde citatus ~ellit sese ENN.*Ann.*462. **e** T. Gracchus ~ellit statum ciuitatis CIC.*Har.*41; nolo plura, ne acta Dolabellae uidear ~ellere *Phil.*2.83; Caesaris..gratiam ~ellere HIRT.*Gal.*8.50.2; desine molle..uerbis ~ellere pectus OV.*Ep.*16.111; priscae consuetudinis auctoritas ~ellitur V.MAX.3.8.6; promissis fidem legionum~ellens TAC.*Hist.*4.30.

3 To shake violently, convulse; to batter, shatter.
dehiscit ~ulsum remis..aequor VERG.*A.*5.143; SEN.*Suas.*1.4; conferta mole, dein ~ulsa, dum ruit intus TAC.*Ann.*4.62; 12.57; platani ~ulsaque marmora clamant JUV.1.12;—(*fig.*) quo iudicio ~ulsam penitus scimus esse rem publicam CIC.*Brut.*115; caede Messalinae ~ulsa principis domus TAC.*Ann.*12.1;—cum..nullam partem munitionum ~ellere potuisset HIRT.*Gal.*8.26.4; uix septem (naues) ~ulsae undis Euroque supersunt VERG.*A.*1.383; SEN.*Ag.*501; subter equos iacuit ~ulsa cruentis ictibus..ceruix STAT.*Theb.*7.357.

conuēlō ~āre ~āuī ~ātum, *tr.* [CON-+VELO] To cover, veil, wrap round.
capite ~ato GEL.19.9.10;—(*transf.*) non nudam..hanc ἐπαγωγὴν facit, sed multis eam modis praefulcit multisque aliis argumentis ~at 6(7).3.44.

conuenae ~ārum, *m. pl.* [CONVENIO+-A[1]]

1 Persons met together for some purpose. **b** (esp.) strangers met to seek asylum, refugees, immigrants.
qui amantis una inter se facerem ~as PL.*Mil.*139. **b** eodem ~ae conplures ex agro accessitauere CATO *hist.*20; pastores et ~as congregasse CIC.*de Orat.*1.37; *Tusc.*5.58; ~arum ac fugitiuorum manum *B.Alex.*24.1; LIV.2.1.4; PLIN.*Nat.*5.73; Assyrios ~as TAC.*Hist.*5.2; FRO.*Aur.*1.p.72 (58N).

2 (as a proper name) A community of southern Aquitania.
PLIN.*Nat.*4.108; *CIL* 13.254.

conueniens ~ntis, *a. compar.* ~ntior, *superl.* ~ntissimus. [pple. of CONVENIO] CONST.: commonly absol. or w. dat.

1 Appropriate, fitting, or conformable. **b** internally consistent, harmonious.
multa disputas huic sententiae ~ntia CIC.*Att.*9.10.7; oratio tempori ~ns LIV.35.36.4; non ~ns omnibus omnis (sucus) erit OV.*Ars* 3.188; nemora sunt ~ntissima, quae uestiuntur quercu COL.7.9.6;—(*w.* in+*acc.*) ex dignitate..in illam ~niente amplitudinem VELL.2.29.2;—(*w.* in+*abl.*) gratulatio ~ns in ea uictoria LIV.45.19.3;—(*w.* ad) nihil est..tam ~ns ad res..secundas CIC.*Amic.*17; VITR.3.1.3;—(*w.* cum) motu quodam oris ~nte cum ipsius uerbi demonstratione utimur NIGID. in Gel.10.4.4;—(~ns est, *etc., w. inf.*) nihil ~ntius ducens quam necem auunculi uindicare SUET.*Aug.*10.1;—(*w. acc. and inf.*) his cum laetari Antiochum ~ns esset LIV.45.11.8; PLIN.*Ep.Tra.*10.41(50).1;—(*w.* ut) id naturali rationi ~ns est, ut is..alterius tutela regatur GAIUS *Inst.*1.189. **b** (stellarum) ~ns constansque conuersio CIC.*N.D.*2.54; *Tusc.*4.34.

2 Based on agreement, agreed, conventional.
institutio..aequitatis tripertita est; una pars legitima est, altera ~ns, tertia moris uetustate firmata CIC.*Top.*90; ex ~nti (termino) ad ~ntem rectus finis obseruari debebit SIC.FL.*agrim.*p.103.

3 Agreeable, compliant.
~ns animo non erat illa meo OV.*Rem.*312.

conuenienter, *adv.* [prec.+-TER[2]] Suitably, consistently, or conformably.
apte et ~..hoc genere utebatur SEN.*Con.*7 pr.6; aduersarium..condemnat et ~ me..absoluit GAIUS *Inst.*4.166[a];—(*w. dat.*) quam..sibi constanter ~que dicat CIC.*Tusc.*5.26; ~ naturae uiuere *Off.*3.13; HOR.*Ep.*1.10.12; studio mores ~ eunt OV.*Ars* 3.546; GAIUS *Inst.*1.81;—(*w.* ad) ~ ad praesentem fortunae nostrae statum locuti estis LIV.23.5.4;—(*w.* cum) congruere naturae cumque ea ~ uiuere CIC.*Tusc.*5.82.

conuenientia ~ae, *f.* [CONVENIENS+-IA]

1 Agreement between things, harmony, consistency; (mus.) harmony, concord.
quod ὁμολογίαν Stoici, nos appellemus ~am CIC.*Fin.*3.21; de ~a consensuque naturae *N.D.*3.28; uirtus..~a constat SEN.*Ep.*74.30; APUL.*Pl.*2.6;—(*w.* cum) si ullam esse ~am naturae cum extis concessero CIC.*Div.*2.34;—diatessaron et diapente et ex ordine ad disdiapason ~ae ex natura uocis congruentis habent finitiones VITR.5.4.9; 5.6.1.

2 Agreement between persons, arrangement, convention.
omnes ex ~a terminos ponebant SIC.FL.*agrim.*p.105.

conueniō ~enīre ~ēnī ~entum, *intr.*, (*tr.*) [CON-+VENIO, cf. Osc. *kumbened*] FORMS: *~enibo* PL.*Cas.*548.

1 To assemble, meet, convene. **b** (of persons meeting one another) to come together, be united; (also, in pass. form). **c** (euphem.) to couple. **d** (of communities) to meet (in a central city) for political or legal purposes. **e** *in manum ~enire,* (leg., of a wife) to come into the charge of her husband; *in matrimonium ~enire,* to marry.
~eniunt manuplares PL.*Mos.*312; non desistebant clam inter se ~enire CIC.*Agr.*2.12; ubi ~enit (classis) CAES.*Gal.*3.14.2; cum..omnes in uerba iurauerint ~enturos se iussu consulis LIV.3.20.3; cum aliis de rebus ~enerint patres TAC.*Ann.*2.38;—(*of an individual*) qui ex eis nouissimus ~enit..necatur CAES.*Gal.*5.56.2;—(*w. rallying-point expr.*) mortales multi, ut ad ludos, ~enerant PL.*Men.*30; Romam..Italia tota ~enit CIC.*Pis.*34; Samnitium legiones..in agrum Stellatem ~enerunt LIV.10.31.5; huc, huc cito ~enite PETR.23.3;—(*w. purpose of meeting expr.*) multitudo, quae ad audiendum ~enit CIC.*Ver.*15; si quis clamauit, ut ad auxilium ~eniretur ULP.*dig.*29.5.1.35. **b** ut amator eodem ~eniat OV.*Tr.*2.286;—(*w.* cum) consulem designatum cum uxore principis praedicta die..~enisse TAC.*Ann.*11.27; APUL.*Met.*6.11; (*poet.*) ubi intorto signauit uellere crinem ~enitque deis (sacerdos) STAT.*Theb.*8.295;—HI DVO ~ENTI..VNO LECTVI COMPOSITI VNA FAVILLA IACENT *CIL* 9.5140. **c** LUCR.2.923; aranei ~eniunt clunibus PLIN.*Nat.*11.85. **d** ex iis ciuitatibus quae in id forum ~enirent CIC.*Ver.*2.38; Carthaginem ~eniunt populi LXV PLIN.*Nat.*3.25; Lycaonia..cum qua ~eniunt Philomelienses 5.95. **e** cum mulier uiro in manum ~enit CIC.*Top.*23; *Flac.*84; quae..in manum flaminis ~eniret TAC.*Ann.*4.16; tribus modis in manum ~eniebant (feminae): usu, farreo, coemptione GAIUS *Inst.*1.109; (*cf.*) modo ne in Thrasylli manum sacrilegam ~enias APUL.*Met.*8.8;—quae in matrimonium cum uiro ~enisset GEL.18.6.8; nec in matrimonium ~enire (oportet) nouercam eius PAPIN.*dig.*23.2.15.

2 (tr.) To visit, approach, resort to (a person). **b** to take legal action against, sue, prosecute.
nisi tu dudum hanc ~enisti PL.*Am.*767; *Cas.*502; *Poen.*1119; nunc ~eniendust Phormio TER.*Ph.*896; ubi eos ~enit? CIC.*S.Rosc.*74; facere omnibus ~eniendi potestatem sui *Phil.*8.31; *Att.*16.3.1; Romam rediens ab nuntio uxoris erat ~entus LIV.1.58.6; 32.38.2; OV.*Ars* 3.586; nocte ~eniri..ab omnibus mortalibus possunt SEN.*Dial.*10.14.5; MART.7.73.5; PLIN.*Ep.*1.5.11; (mulierem) de nuptiis ~enire APUL.*Met.*8.8;—(*w. abl.*) licet..noua me reatus mole ~enias [QUINT.]*Decl.*17.19; summis..precibus primarium sacerdotem..~eneram APUL.*Met.*11.21;—(*facet.*) illis (*sc.* reliquiis) ~entis sane opus est meis dentibus PL.*Cur.*322;—(*transf.*) unde uos lacrimae gemitusque ~eniunt [QUINT.] *Decl.*19.2. **b** (*persons*) seruus ~eniri uel ~enire non potest JULIAN.*dig.*2.11.13; si creditores eos pro portionibus hereditariis ~eniant ULP.*dig.*10.2.20.3;—(*w.* in+*acc.*) siqui coetu..defuisset, in poenam decem milium nummum ~entum iri APUL.*Met.*6.23; ULP.*dig.*17.1.10.3;—(*w. gen.*) mandati ~eniendus est 17.1.43;—(*w.* ex) arbitror (pupillum)..ex suo dolo ~eniendum 4.3.13;—(*offences and sim.*) si dolus malus solus ~eniatur 11.6.1.1; nominibus, quae ~eniri possunt 27.9.5.9.

3 (of things) To come together, converge, concentrate. **b** (of lines) to meet.
(semen) in loca ~eniens neruorum certa LUCR.4.1043; ~enitque uagis permixtus limus harenis MAN.1.160;—(*w. dat.*) undique ~eniunt uelut imber tela tribuno ENN.*Ann.*401;—(*w. abst. subjs.*) multa ~enerunt quae mentem exturbarent meam, subita defectio Pompei, alienatio consulum CIC.*Q.fr.*1.4.4; extremi multorum tempus in unum ~enere dies LUC.1.651; oppido in quod negotiatio omnis ~enit PLIN.*Nat.*6.157; in uiro harum incrementa uirtutum..~enisse testatur APUL.*Pl.*1.2. **b** duo bracchia (munitionis) instituit ducere..ita..ut ad angulum dextrum sinistrumque eius oppidi ~enirent *B.Afr.*51.2; in quam (urbem) ab altera parte Surrentinum..litus, ab altera Herculanense ~eniunt SEN.*Nat.*6.1.1; huc ~enit..biuium PLIN.*Nat.*6.144; (*w. dat.*) sequitur..ut et orientis occidentisque linea huic (*sc.* umbrae) normaliter ~eniat HYG.GR.*agrim.*p.152.

4 To make an agreement, agree together. **b** (esp. w. *bene, optime*) to be on good terms, agree.
si de istac re umquam inter nos ~enimus PL.*Ps.*544; mulier mulieri mage ~enit TER.*Ph.*726; festum esse..diem..iterant: ita ~entum TURP.*com.*141; ~enire dicuntur..et qui ex diuersis animi motibus in unum consentiunt ULP.*dig.*2.14.1.3;—(*w. inf. or acc. and inf.*) qui ~enerant (*cj.*) abire ad Pompeium VELL.2.50.1; artifices ~enire solent..non periculo suo se facere ULP.*dig.*9.2.27.29;—(*w.* ut) quidam..~eniunt..uti seruitutem praestent his agris SIC.FL.*agrim.*p.110. **b** adulescentis optimas bene ~enientes, bene concordes cum uiris AFRAN.*com.*53; propinqui..optime ~enientes CIC.*S.Rosc.*96; totus populus in alia discors in hoc ~enit SEN.*Ep.*115.11; quos negant inter se ~enisse HYG.*Astr.*2.4;—(*of qualities personified*) non bene ~eniunt..maiestas et amor OV.*Met.*2.846.

5 To be correctly shaped or adjusted, fit.
noli mirari..si (corona) non ~enit, caput enim magnum est CIC.*de Orat.*2.250; sit bene ~eniens..toga OV.*Ars* 1.514; (*w. dat.*) peraequatis dentibus CCCC ~enientibus denticulo tympani VITR.10.9.5; (*w.* cum) cum qua ceruice recisum ~eniat..caput LUC.2.173; (*w.* ad) si cothurni laus illa esset, ad pedem apte ~enire CIC.*Fin.*3.46; (*w.* in+*acc.*) ~enibatne in uaginam tuam machaera militis? PL.*Ps.*1181; VITR.10.2.2; (*w.* inter) cupam facito..media inter orbis quae ~eniat CATO *Agr.*21.1;—(*in fig. phr.*) dicitur Afrani toga ~enisse Menandro HOR.*Ep.*2.1.57.

6 (esp. w. dat.) To be consistent, harmonize, agree, tally (with). **b** to be becoming to, befit; (as an impers. vb.). **c** to be adapted or suited to; to be suitable for, conduce to.
optume..~eniunt signa PL.*Men.*1110; num uidetur ~enire haec nuptiis TER.*An.*366; facta uestra orationi non ~eniunt LIV.35.16.2; ~enire..magnitudini uulneris..debet (pus) CELS.5.26.20.F; (*w.* cum) tua deliberatio non mihi ~enire uisa est cum oratione Largi CIC.*Fam.*6.8.2; CAES.*Civ.*2.39.2; (*w.* inter se) minime ~eniens inter se oratio LIV.32.21.12; (*w.* ad) ad formam tauri ~eniente sono OV.*Ib.*436; (*w.* in+*acc.*) erat..nemo in quem ea suspicio ~eniret CIC.*S.Rosc.*64; NEP.*Alc.*3.4; (*w.* secundum) si secundum proximi temporis possessionem (termini) non ~eniunt FRON.*agrim.*p.4;—(*impers., w. inf.*) CIC.*Rab.Post.*31; qui ~enit in minore negotio legem timere, quom eam in maiore neglexeris? SAL.*Cat.*51.24. **b** aetate alia aliud factum ~enit PL.*Mer.*984; quid uiro bono..magis ~enit quam abesse a ciuilibus controuersiis? CAES.*Att.*10.8b.2; uiris laborem ~enire SAL.*Jug.*85.40; maiestas ~enit ipsa deo OV.*Fast.*1.224;—ita priusquam..~enisse TAC.*Hist.*3.70;—(*w. inf. or acc. and inf.*) ignoscere his te ~enit PL.*Rud.*703; ilicone ad praetorem ire ~enit? CIC.*Quinct.*48; LIV.41.15.7. **c** non omnis aetas..ludo ~enit PL.*Bac.*129; Venucula (uua) ~enit ollis HOR.*S.*2.4.71; (siligo) ~eniens umidis tractibus PLIN.*Nat.*18.85; (*w.* cum) ~enit harundinetum cum corruda CATO *Agr.*6.4; (*w.* in+*acc.*) ceterae uites..in quemuis agrum ~eniunt 6.4;—(*poet., w. inf.*) nec mea ~eniunt duro praecordia uersu Caesaris..condere nomen PROP.2.1.41;—et fora ~eniunt..Amori OV.*Ars* 1.79;

claritati uisus in collyriis ~enit (hammoniacum) Plin.*Nat.* 24.23; ad parotidas ~enit noctuae cerebellum Larg.43; silentium scribentibus maxime ~enire Quint.*Inst.*10.3.22.

7 To be agreed upon, concerted, arranged; (also, in pass. forms). **b** (impers.) it is agreed; *bene ~enit nobis*, we are on good terms (and sim. phrs.).
res ~enire nullo modo poterat Cic.*Quinct.*21; si in eo manerent quod ~enisset Caes.*Gal.*1.36.5; condiciones non ~enerunt Nep.*Han.*6.2; id ~enerat signum Liv.9.23.15; Corinthus ubi deponerentur obsides ~enit 42.5.12; Mela 1.38; Tac.*Hist.*3.81;—(*w. dat. of agent*) omnibus amicis meis idem unum ~enit Pl.*Poen.*1340;—(*w.* cum) haec fratri mecum non ~eniunt neque placent Ter.*Ad.*59; Cic. *Tusc.*5.39;—(*w.* inter) sumbolum..qui inter me atque illum militem ~enerat Pl.*Ps.*1093; quod tempus inter eos committendi proeli ~enerat Caes.*Gal.*2.19.6; iudex inter eos ~enit Atilius V.Max.2.8.2; Gaius *Inst.*1.84;—(*pass.*) saepe antea..pacem ~entam frustra fuisse Sal.*Jug.*112.2. **b** si deliqui, nulla caussa est. — ~enit Pl.*Am.*853; foederd icto trigemini, sicut ~enerat, arma capiunt Liv.1.25.1; emptio et uenditio contrahitur, cum de pretio ~enerit Gaius *Inst.*3.139;—(*w. dat. of agent*) in hoc bonis malisque ~eniet Sen.*Ep.*81.30;—(*w.* cum) ita sibi ~enisse cum Dolabella Cic.*Phil.*13.37; Tac.*Hist.*2.100; si cum debitoris procuratore ~enit Gaius *dig.*20.6.7.2;—(*w.* inter) facilius inter philosophos quam inter horologia ~eniet Sen.*Apoc.*2.2;—(*w. inf.*) moenia ponere utrique ~enit Ov.*Fast.*4.812;—(*w.* ut) ~enisse ut ne quid dotis mea ad te adferret filia Pl.*Aul.* 258; mihi..cum Deiotaro ~enit ut ille in meis castris esset Cic.*Att.*6.1.14; Liv.5.17.5; Juv.6.281;—(*w. indir. qu.*) quibus consulibus interierit, non ~enit Nep.*Han.*13.1; Liv.2.33.2;—(*w. acc. and inf.*) ~enit..uictos discedere Verg.*A.*12.184; Liv.9.16.1; an imperare noluisset dubium: delatum ei a milite imperium ~eniebat Tac.*Hist.*1.8;—(*phr.*) bene ~enibat sane inter eas Ter.*Hec.*178; pulcre ~enit improbis cinaedis Catul.57.1; Mart.8.35.3.

conuenta ~ae, *f.* [pple. of prec.] (See quot.)
~ae (*sc.* coniugis) condicio dicebatur, cum primus sermo de nuptiis..habebatur Paul.*Fest.*p.62M.

conuentīcium ~(i)ī, *n.* [next] A fee paid for attending an assembly (transl. Gk. ἐκκλησιαστικόν).
utrubique..~um accipiebant, et in theatro et in curia res capitalis..iudicabant Cic.*Rep.*3.48; constitvit pecvniam vt ex vsvris paedonmi..convintic(ium) accipiant *CIL* 3.14195°.12.

conuentīcius ~a ~um, *a.* [convenio+-icivs²] (prob.) Met by chance.
ambae meretrices fuimus: illa te, ego hanc mihi educaui ex patribus ~is Pl.*Cist.*40.

conuenticulum ~ī, *n.* [conventvs+-cvlvm]
1 A (small) assembly.
plebei..urbanae maiores nostri ~a..esse uoluerunt Cic. *Dom.*74; ~a hominum, quae postea ciuitates nominatae sunt *Sest.*91; fuit in illo ~o matrona quaedam Apul.*Met.* 10.19.

2 A place of resort.
extructa..apud nemus..~a et cauponae Tac.*Ann.*14.15.

conuentiō ~ōnis, *f.* [convenio+-tio, doublet of contio] Forms: *conuentionid* (abl.) *CIL* 1.581.22.

1 (= contio), An assembly of the people.
haice vtei in ~onid exdeicatis *CIL* 1.581(10.104).22; ~onem habet (censor) *formula* in Var.*L.*6.87.

2 (phr.) *in manum ~o*, A woman's passing into the control of a husband (cf. convenio, sense 1e).
quae per in manum ~onem apud patrem nostrum iura filiae nancta est Gaius *Inst.*3.14.

3 (leg.) The suing or prosecuting of a defendant (cf. convenio, sense 2b).
si homo sit, qui post ~onem restituitur Ulp.*dig.*6.1.45; 43.24.15.2.

4 An agreement, compact, covenant.
quae pacta in ~one non praestitissent Sal.*Hist.*inc.24; quaedam parua contra fidem ~onis tempore indutiarum facta Liv.27.30.12; 34.57.8; mutuae facilitatis ~o Sen. *Dial.*5.26.4; Quint.*Decl.*336(p.322,l.8); eandem (portionem) tacita ~one saluam mihi pollicebatur Plin.*Ep.*5.1.2; Fest. p.297M; Ulp.*dig.*2.14.1.3.

conuentiōnālis ~e, *a.* [prec.+-alis] Based upon an agreement.
~es (stipulationes) sunt, quae ex conuentione reorum fiunt Pompon.*dig.*45.1.5; Ulp.*dig.*45.1.52.

conuentum ~ī, *n.* [pple. of convenio] An agreement, compact, covenant.
pacta quae sine legibus obseruantur ex ~o *Rhet.Her.*2.20; dictorum ~orumque constantia Cic.*Off.*1.23; Liv.29.24.3; ter..~a..Sidonii fregere duces Sil.1.9; Juv.6.25; erat.. ~um inter eos clandestinum de commutando situ litterarum Gel.17.9.3;—(*comb. w.* pactum, *sts. w. asyndeton*) Pomptinus..ex pacto et ~o..discesserat Cic.*Att.*6.3.1; Sen.*Ben.*3.15.1; obligatio pacto ~o non tollitur Gaius *Inst.*4.116.

conuentus ~ūs, *m.* [convenio+-tvs³]
1 The action of coming together, uniting; (of heavenly bodies) a conjunction.
comitum ~us, strepitus..fecere ut..exirem foras Ter. *Hec.*35; ciuitas ex nationum ~u constituta Q.Cic.*Pet.*54; pericula a ~u alienigenarum praedicta Liv.3.10.7; rarus duabus tribusue ciuitatibus ad propulsandum commune periculum ~us Tac.*Ag.*12.2;—(*of things*) confluges ubi ~u campum totum inumigant Andr.*trag.*18;—si duarum stellarum ~u gignerentur (cometae) Sen.*Nat.*7.12.4; 14.1.29.

2 An assembly, meeting; also, the people in an assembly.
palam res gesta est maximo ~u Cic.*Ver.*3.149; quaesiui a Catilina in nocturno ~u..fuisset necne *Catil.*2.13; *Tusc.* 4.80; cum..concilia ~usque hominum fugeret Caes.*Civ.* 1.19.3; primo ~u..placuerat diuidi thesauros Sal.*Jug.*12.1; ~um omnium sociorum..habuit Liv.26.19.12; mox in ~us scholarum recesserunt (studia sapientiae) Quint.*Inst.*12. 2.8; ut in ~n matronarum correpta iurgio..sit (Agrippina) Suet.*Gal.*5.1; Gel.12.5.1;—(*of the meeting of a* collegium) hoc decretvm ordini n(ostro) placvit in ~v pleno *CIL* 6.10234.23;—(*of a meeting of the* ἐκκλησία) cum in ~um uenisset Arcadum Nep.*Ep.*6.1; Liv.38.30.2;—(*contempt., of an irregular settlement of veterans*) noui ~us habitatores Cic.*Att.*15.3.1;—ridetur ab omni ~u Hor.*S.* 1.7.23; donec impleantur hominum ~u fora Plin.*Nat.*10.15; (*pl. used in sg. sense*) natum..~us trahit in medios Verg. *A.*6.753;—(= *Gk.* ἐκκλησία) est tam tyrannus iste ~us, quam si esset unus Cic.*Rep.*3.45.

3 (in full *~us ciuium Romanorum*) The Roman community residing in a non-Roman town or district and forming a separate group; (also of other racial communities).
selecti iudices ex ~u ciuium Romanorum Cic.*Ver.*2.32; ~us ille Capuae qui..me unum patronum adoptauit *Sest.*9; *Lig.*24; Cordubae ~us per se portas Varroni clausit Caes. *Civ.*2.19.3; 3.9.2; equite Romano de ~u Vticensi *B.Afr.*68.4; c(urator) c(iuium) r(omanorum) con(uentus) hel⟨uetici⟩ *CIL* 12.2618;—~vs civivm romanor(vm) et nvmidarvm qvi mascvlvlae habitant 8.15775.

4 A court of law held by a provincial governor in the leading cities of his province, 'assize'. **b** a district based on a particular city for juridical purposes (Gk. διοίκησις).
meus ~us erat Apameae Cic.*Fam.*3.8.6; in citeriorem Galliam ad ~us agendos profectus est Caes.*Gal.*1.54.3; Liv.31.29.8; ubi ~us ac iudicia poscerent, grauis intentus Tac.*Ag.*9.3; Plin.*Ep.Tra.*10.58(66).1; cum..iure dicundo ~us circumiret Suet.*Jul.*7.1; ultimo die ~us Gaius *Inst.*1.20. **b** iuridici ~us ei (*sc.* Baeticae) iiii Plin.*Nat.*3.7; ~um Scardonitanum petunt Iapudes 3.139; 4.117; 5.105; sacerdos..rom(ae) et avg(usti) ~vs bracaravg(ustani) *CIL* 2.2416.

5 = conventvm.
in quo (fundo) ex ~u uim fieri oportebat Cic.*Caec.*22.

conuerberō ~āre ~āuī ~ātum, *tr.* [con-+verbero] To beat, batter, bruise.
flere coepit et os suum ~are Curt.7.1.5; nocturnis grassationibus ~ata facie Plin.*Nat.*13.126; Suet.*Nero* 42.1; Apul.*Met.*8.9;—(*transf.*) (irae saeuitia) urbes et flumina.. ~at Sen.*Dial.*5.19.5;—(*in fig. phr.*) uirtutes exhortabor et uitia ~abo *Ep.*121.4.

conuerritor ~ōris, *m.* [next+*-itor*, on the anal. of vbs. w. sup. in *-itum*, see -tor] One who sweeps up.
puluisculum (*sc.* dentifricium)..~orem pridianae reliquiae Apul.*poet.*2.6(*Apol.*6).

conuerrō ~rere ~rī ~sum, *tr.* [con-+verro] Forms: *conuorro*, etc., Pl.*Rud.*845, *St.*351, etc.

1 To sweep together, sweep up.
reuorram hercle hoc quod ~ri modo Pl.*St.*389; (guttae argenti uiui) in uas aquae ~runtur Vitr.7.8.2; quicquid ouilibus..~sum progesserunt Col.1.6.22; Apul.*Apol.*58;—(*of the wind*) uenti..quidquid sabuli in campis iacet, ~runt Curt.7.4.27;—(*facet.*) ~ret iam hic me totum cum puluisculo Pl.*Rud.*845;—(*transf.*) hereditates..~rere Cic.*Off.*3.78; uaria lectitantes, in quas res cumque inciderant..~rebant Gel.*pr.*11.

2 To sweep clean.
uillam ~sam mundeque habeat Cato *Agr.*143.2; cellas seruorum ~ri Pub.*com.*1; Col.7.6.6.

conuersātiō ~ōnis, *f.* [conversor+-tio]
1 A turning round, revolution. **b** the action of moving about in a place.
contraria (pars, *sc. of the Zodiac*) e ~onis necessitate suppressa..egreditur ad lucem Vitr.9.1.4. **b** dolium ..praeter impedimentum ~onis nostrae nihil praestat amplius Apul.*Met.*9.6.

2 Habitual association, familiarity, intimacy (with a person). **b** constant practical experience (of a thing), acquaintance. **c** frequent resorting (to a place).
Quint.*Decl.*266(p.87,l.9); nec tutior inter seruos malos ..~o est *Inst.*1.2.4; ~o pristina castrorum Fron.*Str.*2. 4.10; Tac.*Dial.*9.6; parit..~o contemptum Apul.*Soc.*4;—(*transf.*) quae ad oculos non reuocantur, sed extra ~onem.. iacuerunt Sen.*Ben.*3.2.3. **b** quaedam (auspicia)..ne redigi quidem (in artem) possunt ob nimium remotam ~onem Sen.*Nat.*2.32.5. **c** ne cui frequentior ~o suspecta sit Plin.*Nat.*10.100; (*app.*) ne sepulchrum aliae ~onis usum accipiat Ulp.*dig.*11.7.12.1.

3 Conduct, behaviour.
nec defuit ~o hominum uitia eius adsentatione alentium Vell.2.102.3; si omnem ~onem tollimus et generi humano renuntiamus Sen.*Dial.*9.3.7; bonorum uirorum ~o *Ep.* 94.40; fraudulenta in rebus pupillaribus..~o Ulp.*dig.* 42.5.31.1.

conuersiō ~ōnis, *f.* [converto+-tio]
1 The action of turning in a complete circle or an instance of it, rotation; revolution; (as a measurement of time) a cycle. **b** a partial turn.
caeli ~o Cic.*de Orat.*1.187; quemadmodum..inaequabiles et uarios cursus seruaret una ~o *Rep.*1.22; *N.D.*2.49; mundi motus ~onesque *Tusc.*5.69; adsidua ~one immensae celeritatis Plin.*Nat.*2.33; Apul.*Mun.*29;—cum huius alitis ..uita magni ~onem anni fieri prodit..Manilius Plin.*Nat.* 10.5. **b** in illa perticarum..exigua ~one Fron.*agrim.* p.18; machinatores fabricarum astutia unius ~onis multa.. pariter administrant Apul.*Mun.*27.

2 **a** The action of turning upside down. **b** a transposition, inversion. **c** (med.) introversion of an organ (by prolapse).
a de ~one foliorum in arbore olea Gel.9.7. **b** respondent..dextera dexteris, laeua laeuis ~one luminum Cic. *Tim.*49. **c** uesicae ~o Plin.*Nat.*8.166; uuluarum ~one suffocatas 20.238; 24.39.

3 A change, alteration. **b** a political change, upheaval. **c** a rewriting of a passage, paraphrase.
defendendi facilis est cautio..tempestatum moderatione et ~one Cic.*Flac.*31; Plin.*Nat.*26.15; tantas ~ones.. fortunae mobilitas facit Plin.*Ep.*4.24.2; tanta ~o..actoris constantiam subsecuta est 9.13.18; Maur.664; terrena omnia mutationes et ~ones..habent Apul.*Mun.*34. **b** nouos motus ~onesque rei publicae Cic.*Sest.*99; in tanta ~one et perturbatione omnium rerum *Phil.*11.27; *Rep.*1.69. **c** illa ex Latinis ~o multum et ipsa contulerit Quint.*Inst.* 10.5.4.

4 (rhet.): **a** The repetition of a word at the end of successive clauses (Gk. ἀντιστροφή). **b** the transposing of words in a phrase as in '*esse oportet, ut uiuas, non uiuere, ut edis*' (Gk. ἀντιμεταβολή, Lat. *commutatio*, in *Rhet.Her.* 4.39). **c** the countering of an opponent's arguments by drawing opposite conclusions from his premisses. **d** a rhetorical period (Gk. περίοδος).
a ~o est per quam..ad postremum (uerbum) continenter reuertimur *Rhet.Her.*4.19; Cic.*de Orat.*3.206. **b** est etiam gradatio quaedam et ~o et uerborum concinna transgressio Cic.*de Orat.*3.207. **c** sin falsa (est comprehensio, reprehendetur) duobus modis, aut ~one aut alterius partis infirmatione Cic.*Inv.*1.83. **d** infringitur ille quasi uerborum ambitus; sic enim has orationis ~ones Graeci nominant Cic.*de Orat.*3.186; 3.190.

conuersō ~āre ~āuī ~ātum, *tr.* [con-+verso] To turn; to turn over in the mind, ponder.
(animus caeli) se ipse ~ans Cic.*Tim.*27;—aliquid in animo salutare ~o Sen.*Ep.*62.1.

conuersor ~ārī ~ātus, *intr.* [con-+versor]
1 To consort, associate (with); (pres. pple. as sb.) an associate. **b** to be a constant visitor (to a place).
(*w. dat.*) ~ata es cruentis Sen.*Con.*1.2.9; nemo libenter tristi ~atur Sen.*Ep.*99.23; 104.20; (asinus) a tenero ~atus equis Col.6.37.8;—(*w.* cum) animus..~atur quidem nobiscum, sed haeret origini suae Sen.*Ep.*41.5; Col.9.11.1; Apul.*Apol.*87;—(*w.* in+*abl.*) fama peruaserat deam..~ari populi coetibus *Met.*4.28;—sumuntur a ~antibus mores Sen.*Dial.*5.8.1. **b** ~atur (aquila)..in montibus Plin. *Nat.*10.6.

2 To conduct oneself, behave, act.
filium..qui non ut oportet ~ari dicatur Ulp.*dig.*1.16.9.3; 27.6.11.4; est ~atvs svmma sollicitvdine *CIL* 10.6093.

conuersus ~a ~um, *a.* [pple. of next]
1 Upside down, inverted. **b** (prob.) turned backwards, recurved.
C ~um, quo Gaia significatur Vel.*gram.* in *G.L.*7.53. **b** (cornua) supina, conuexa, ~a Plin.*Nat.*11.125.

2 Facing in a specified direction.
prope est spelunca quaedam ~a ad aquilonem Cic.*Ver.* 4.107; Caes.*Civ.*3.63.1; stabula..opponere soli ad medium ~a diem Verg.*G.*3.303; Sen.*Thy.*642.

conuertō ~tere ~tī ~sum, *tr.*, (*intr.*). Also **conuor-**. [con-+verto] Const.: used constantly (in some senses almost exclusively) in refl. consts. or in the 'medial' pass.; such exx. have not usu. been specially noted. Used intr. in senses 3c, 4, 5, 6c, 8, 8b, 10. Dep. in Pl.*Am.*238 acc. to Nonius p.480M, but text uncertain.

1 To cause to revolve, rotate. **b** to complete (a period of time) in the course of a revolution.
breui ~titur (Helice) orbe Cic.*Arat.*44; *Luc.*123; quis (potis est) pariter caelos omnis ~tere..? Lucr.2.1097; is (*sc.* modiolus)..quasi terebra ~titur Cels.8.3.2; (sidus) Martis ..binis fere annis ~ti Plin.*Nat.*2.34; (*in fig. phr.*) minore sonitu quam putaram, orbis hic in re publica est ~sus Cic. *Att.*2.9.1; (*cf.*) portam..~so cardine torquet Verg.*A.*9.724; —(*pass., of cycles of time*) cuius..anni nondum uicesimam partem scito esse ~sam Cic.*Rep.*6.24; nullo..sono ~titur annus Col.10.160. **b** cum aetas tua septenos octiens solis anfractus reditusque ~terit Cic.*Rep.*6.12.

2 To turn upside down or from one side to the other, invert; to convulse, shake. **b** (agr.) to turn over, work (the soil); also, to dig in (manure). **c** (med.) to introvert (an organ). **d** (transf.) to transpose, invert (an order or arrangement).
folia cum ~terunt se Var.*R.*1.46; ~so baculo oculos misero tundere..coepit Cic.*Ver.*5.142; muliones ~sum plostrum subleuabant Alf.*dig.*9.2.52.2; signum habebit

auiarius an a gallina ~sa sint (oua) Col.8.11.12; gutum..inanem..adfert ~titque eum Gel.17.8.5; (*fig.*) non putant satis ~sam rem publicam Cic.*Flac.*94;—qui (*sc.* Iuppiter) nutu, ut ait Homerus, totum Olympum ~teret (ἐλέλιξεν *Il.*1.530) *Rep.*1.56; nec ira numinum aut caelum ~ti aut terram Sen.*Nat.*6.3.1. **b** in duos pedes et semissem ~titur humus Col.3.5.3; 3.11.4; 11.3.11;—~titur (lupinum), ut celeriter..putrescat 2.15.6; 11.2.60. **c** uuluas ~sas corrigit (menta) Plin.*Nat.*20.154; 24.22. **d** licet idem exemplum ~tere Cic.*Top.*23; uide quam ~sa res sit; illum quo antea confidebant metuunt, hunc amant quem timebant *Att.*8.13.2; Sal.*Hist.*1.77.13; exiguane uia legem ~timus anni? Luc.9.875; uerba..corripere, ~tere, diuidere Quint.*Inst.*10.1.29; ~so compositionis ordine Gel.10.24.8; (*ellipt.*) quidam in totum ~terunt, et fecerunt decimanum in meridianum Hyg.Gr.*agrim.*p.135.

3 To turn backwards, reverse the natural direction of; (transf.) to cause (a disadvantage) to recoil (on another), retort (an argument). **b** to drive back, repulse (attackers); *in fugam ~tere*, to put to flight. **c** to turn about (oneself or one's horse, etc.); also, to cause to turn, march round (an army). **d** (phrs.) *signa ~tere*, to change front, face about; *terga ~tere*, to turn one's back in flight.

~sis aspergere fluctibus astra Man.4.262; cui..ceruix ~titur Cels.2.6.7; crinis calamistro ~tere (*i.e. to curl*) Petr. 102.15;—locorum..iniquitate, in qua ipse fuerat, in illos ~sa Fron.*Str.*1.5.24; argumentum..~ti..in eum potest, a quo dictum est Gel.5.10.3. **b** fugatae alae, ~sae cohortes sunt Vell.2.112.5; omnis Volscorum ~sus impetus V.Max.3.2.8;—cum hostium acies..in fugam ~sa esset Caes.*Gal.*1.52.6. **c** reliquos sese ~tere cogunt Caes.*Civ.* 1.46.1; ~sis equis in Numidas..impetum fecerunt *B.Afr.* 52.3; Ov.*Tr.*1.8.2; Sen.*Her.O.*1131; ~so Tyrios petierunt remige patres Sil.2.24; improuide secutos ~si equites circumeunerunt Tac.*Hist.*2.15; manu..admonitus ~tit se Plin. *Ep.*3.14.7; (*intr.*) ~tit Varro, manuque cornipedem inflectens ..inquit Sil.9.645;—(*transf.*) commutato consilio atque itinere ~so Caes.*Gal.*1.23.3; cunctaeque uolucres ~tunt clamore fugam Verg.*A.*12.252; uetitos ~tere cursus Luc. 5.574;—(*fig.*) ne se idem Appius repente ~tat et Caelium incipiat accusare Cic.*Cael.*35; ~tit se in bonos *Att.*2.22.1; non uiris alias ~saque numina sentis? Verg.*A.*5.466;—Puteolos repente agmen ~tit Liv.24.13.6; Tac.*Ann.*1.57; ~tebat..exercitum insignibus..aureis florentem Gel.5.5.2. **d** Romani ~sa signa bipertito intulerunt Caes.*Gal.*1.25.7; ad subsidiarios signa ~tit Liv.5.38.3; Curt.4.16.19;—pugnatur acriter..adeo ut paene terga ~tant Caes.*Civ.* 1.80.5; non alias ~sus terga Domator [Tib.]3.7.116; Sil. 13.677.

4 To direct the course of (a moving object) towards a specified goal; (refl., pass., or intr.) to betake oneself in a given direction. **b** to direct with hostile intent (a weapon against a person, etc.).

remigationis nauem ~tentis ad puppim Cic.*Att.*13.21.3; classem..ad insulas Balearis uersus ~tit *B.Afr.*23.3;—(*transf.*) quo ego..~ti iter meum Cic.*Att.*3.3.1; huc..~te gradum *Ilias* 818; (*in fig. phr.*) si L. Catilina..ex hoc cursu sceleris ac belli iter..in exsilium ~terit Cic.*Catil.*2.14;—ut praedati pulchre ad castra ~tamini Pl.*Per.*608; *St.*402; transacta re ~tam me domum Ter.*Ad.*286; hinc..nos in Asiam ~temus Cic.*Att.*3.14.2; (Euphrates) ~sus ad orientem relinquit..Palmyrenas solitudines Plin.*Nat.*5.87; —(*intr.*) agros populabundus ad Nuceriam ~tit Sis.*hist.*56; in regnum suom ~tit Sal.*Jug.*20.4. **b** in me ~tite ferrum Verg.*A.*9.427; an in hostes rostra ~teret Liv.28.30.7; ~so in se gladio V.Max.4.7.2; nudo ecce iugulum, ~tite huc manus Petr.80.4; Avit.*poet.*1.3; (*cf.*) mures..si manum admoueris, ora ~tunt Sen.*Dial.*4.34.1.

5 To cause (a stationary object) to face in a specified direction. **b** (pass., topog.) to face in a given direction (see also conversvs). **c** to turn (one's eyes or face) towards a given object. **d** (foll. by *in se, ad se*) to turn (other people's glances, etc.) towards oneself, attract the notice of (persons); (also without *in se*).

cum palam eius ad palmam ~terat Cic.*Off.*3.38; ~sus ad simulacrum Iouis, 'audi, Iuppiter, haec scelera' inquit Liv. 8.5.8; colla feroces ad freta ~tunt..quadripedes Ov.*Met.* 15.516; haec tu ~sus ad ortus dic quater *Fast.*4.777; fit, ut ..pili ad ipsum oculum ~tantur Cels.7.7.8; (linum) siccatur..~sis superne radicibus Plin.*Nat.*19.16;—(*intr.*) ad ipsos, qui audiunt, ~timus Cic.*Inv.*1.108; Gel.1.26.3. **b** ad meridiem terra ~titur usque ad Megaram Mela 2.47; optime..ad orientem..uilla ~titur Col.1.5.5; homines ~sis..inter se pedibus (*i.e. on different sides of the globe*) Plin.*Nat.*2.161. **c** uideo..in me omnium uestrum ora atque oculos esse ~sos Cic.*Catil.*4.1; Sal.*Jug.*85.5; Liv. 40.54.3; (*cf.*) attoniti uultus et ~sae ad omnia aures Tac. *Hist.*1.40;—(*pass., w. ret. acc.*) illi ad surgentem ~si lumina solem Verg.*A.*12.172; illa optutum in me ~sa Apul.*Met.* 2.2. **d** flammea tempestas..finitimis ad se ~tit gentibus ora Lucr.6.643; respersus..cruore tota in se castra ~tit Liv.3.50.3; omnes formonsae in se uniuersos oculos ~terent Sen.*Con.*2.7.3; nitidus (coccyx) in se nutricem ~tit Plin. *Nat.*10.27; Gel.5.14.9;—siue elephas albus uulgi ~teret ora Hor.*Ep.*2.1.196; uox..praeconis..uelut noua res..mirabundam plebem ~tit quidnam incidisset Liv.3.38.8; 22.51.9; (ferculi) nouitas..omnium ~tit oculos Petr.35.1; Suet. *Cal.*35.1.

6 (transf.) To direct (one's attention, energies, resources, etc.) towards a specified object, apply, concentrate, etc. (sts. w. implication of hostility); also, to cause (someone else) to do this. **b** to cause (a person) to turn to a particular activity, political cause, etc.; (pregn.) to reconcile to oneself, win over. **c** (refl., pass., or intr.) to turn (or return) to some given activity, topic, etc., to resort to a specified form of behaviour, source of help, etc.

omnem orationem..~ti in increpandam Caepionis fugam Cic.*de Orat.*2.199; ~tite animos nunc uicissim ad Milonem *Mil.*34; ad hanc scribendi operam omne studium..~timus *Off.*3.4; alio ~tere mentem Lucr.4.1064; inde ad negotia urbana animum ~tit Liv.1.55.1; Priuernum omnis ~sa uis 8.20.5; ~sus Drusi animus..ad dandam ciuitatem Italiae Vell.2.14.1; erepto Druso preces ad uos ~to Tac.*Ann.*4.8; —animos hominum ad me dicendi nouitate ~teram Cic. *Brut.*321; ferocitas Antisti omnium mentis ~terat ab opere ad spectandum *B.Hisp.*25.5; hominum potentium factionem in me ~to Sen.*Ben.*4.12.2. **b** uos me ab omnibus ceteris cogitationibus ad unam salutem rei publicae ~tistis Cic.*Sul.*40; fama huius..rei..~tit ad Masinissam Numidas Liv.29.30.7; laudo qvod ~tvit (*sic*) vos ad hanc exercitationem) *CIL*8.2532; —(Virtus) ~tit iuuenem Sil.15.123; Suet.*Tit.*5.1. **c** quod posterius postules te ad uerum ~ti (*i.e. correct yourself*) Pl.*Rud.*1151; quos..uideo ab exspectatione sortis ad salutem communem esse ~sos Cic.*Catil.*4.15; ad eos (philosophos)..~te te *Fin.*5.7; regium imperium.. in superbiam dominationemque se ~tit Sal.*Cat.*6.7; omni.. ciuitate in unam eam curam ~sa Liv.5.29.3; a negotiis in otium ~sa ciuitas Vell.2.1.1; capto Valente cuncta ad uictoris opes ~sa Tac.*Hist.*3.44; ~sis ad externa auxilia hostibus Flor.*Epit.*1.18(2.2.23); nunc ad reliqua litterarum tuarum ~tar Ver.*Fro.*2.p.236(138N);—(*intr.*) in amicitiam atque in gratiam ~timus Pl.*St.*414; huic..ad scribendum potius suadebo ~tere Quint.*Inst.*11.2.49; (Mithridates) ad Eunonem ~tit Tac.*Ann.*12.18.

7 To move from one place to another, shift, transfer; to pay over (money to a fund). **b** to turn aside, divert (water); (fig.) to draw (the mind) into new channels, distract. **c** to divert to a destination or purpose other than that intended.

castra de planitie ~tit in montes Sis.*hist.*51; munitiones proferunt castraque castris ~tunt (*i.e. keep on changing camp*) Caes.*Civ.*1.81.3; <ad> prouinciae regnique fines omnia ~tit praesidia Liv.24.7.9; tradunt (lepidium) in dolore dentium adalligatum bracchio..~tere dolorem Plin.*Nat.*20.181;—(*transf.*) ~te nunc ad equestrem ordinem ..easdem uitae condiciones non perferent Cic.*Clu.*150; condemnationem..in suam personam ~tit Gaius *Inst.*4.86; —reliquias Neronianarum sectionum nondum in fiscum ~sas Tac.*Hist.*1.90; si conuenerit, ut fructus in dotem ~teretur Ulp.*dig.*23.4.4. **b** incohabat piscinam..quo quidquid totis Bais calidarum aquarum esset ~eteretur Suet.*Nero* 31.3; si..nouus iste riuus in ueterem se ~terit Gaius *dig.*41.1.7.4;—emendando (librum)..~tere animum incipiunt (*sc.* insani) Cels.3.18.11. **c** si ex eo negotio tantulum in rem suam ~tisset Cic.*S.Rosc.*114; te..publicam pecuniam domum tuam ~tisse *Ver.*3.176; *Off.*1.42; quas (legiones) ab itinere Asiae..ad suam potentiam..~terat Caes.*Civ.*1.4.5; tempora..ad quietem..data in acerrimum laborem ~timus Quint.*Inst.*10.3.26; nihil opus est..ad continendas custodias plures commilitones ~ti Tra.Plin. *Ep.*10.20(31).1; neqve in alios vsvs ~tatis (pecuniam) *CIL* 10.107.

8 (esp. w. *in*+acc.) To change (physically or otherwise), alter, transform (into something else); to convert (property into cash). **b** (pass. or intr., w. *ad* or *in*+acc.) to develop into, turn out as.

totum..~tet atque alia finget Cic.*Flac.*51; neque permanendum in una sententia ~sis rebus *Fam.*1.9.21; (mors) efficit omnes res..~tant formas Lucr.2.1005; eius ciuitatis lingua..~sa conubio Numidarum Sal.*Jug.*78.4; mirabor, uitae uia si ~sa decebit Hor.*Ep.*1.17.26; abolitis uel ~sis prioribus (*sc.* plebiscitis) Tac.*Ann.*3.27; (*feelings*) hac oratione habita..~sae sunt omnium mentes Caes.*Gal.* 1.41.1;—(*w.* ad) ciuile bellum..ad pacem concordiamque ~tit Cic.*Phil.*5.40; quae..Romanum agmen ad similitudinem barbari incessus ~tant Tac.*Ann.*3.33;—(*w.* in+*acc.*) me ~tam in hirudinem Pl.*Epid.*188; deum sese in hominem ~tisse Ter.*Eu.*588; possitne eloquentia commutatione aliqua ~ti in infantiam Cic.*Top.*82; potes in totidem classem ~tere nymphas Verg.*A.*10.83; odium in amorem ~tere V.Max.4.7.ext.1; ludicram..licentiam..uelut in proelia ~tit Tac.*Ann.*13.25; Pan se in caprae figuram ~tit Amp. 2.10;—(*intr.*) si disputetur..num (uirtus) in uitium possit ~tere Cic.*de Orat.*3.114; *Fat.*14; in mulierem ~tere Rut. Lup.2.6;—sin uero in pecuniam..~sa sit (res) Julian.*dig.* 4.2.18. **b** in quartanam ~sa uis est morbi Cic.*Fam.* 16.11.1; in pus ~tuntur (ulcera) Cels.5.28.14.a;—(*intr.*) hoc uitium huic uni in bonum ~tebat Cic.*Brut.*141; ne ista uobis mansuetudo..in miseriam ~tat Sal.*Cat.*52.27; si.. tumor..in suppurationem ~tit Col.6.17.6; ea somnia..ad uerum ~tunt Fro.*Aur.*2.p.18(230N).

9 To render from one language into another, translate.

nomina rerum Graecarum quae ~timus *Rhet.Her.*4.10; orationibus e Graeco ~sis Cic.*Opt.Gen.*18; Electram..male ~sam Atilii *Fin.*1.5; *Tim.*38; a quo Graecae fabulae..in sermonem Latinum ~sae sunt Sen.*Suas.*7.12; Suet.*Rhet.*25 (p.122Re).

10 To modify the use or interpretation of, adapt.

si quid per iocum dixi, nolito in serium ~tere Pl.*Poen.* 1321; cum ad ridiculum ~tas, quam ob rem ita quis uocetur Cic.*de Orat.*2.257; noli..fortunam ~tere in culpam *Rab. Post.*29; quod ad perniciem suam fuerat cogitatum, id ad salutem ~tit Nep.*Dat.*6.8; V.Max.4.5.3; interpretari legem et ad ingenia utriusque ~ti Quint.*Decl.*313(p.229,l.25); Ventidius..perfidiam barbari ad utilitates suas ~tit Fron. *Str.*1.1.6;—(*intr.*) quam (uestem) reor..disperiisse neque in fructum ~tere quisse Lucr.5.1422.

11 (foll. by *ad* or *in*+acc.) To bring into a specified (new or altered) state of mind.

Lentuli poena compressus ~tit se aliquando ad timorem, numquam ad sanitatem Cic.*Sul.*17; subito in terrorem ~so equitatu *B.Afr.*40.2; in admirationem..omnes..~terunt Liv.22.30.1; subitam ~tor in iram Ov.*Met.*10.683; qui in odium eorum, in quibus errauerat..~sus est Quint.*Inst.* 11.1.81.

conuestiō ~īre ~īuī or ~iī ~ītum, *tr.* [con-+vestio] To clothe, dress; (transf.) to cover.

cruenta ~ire corpora Enn.*scen.*131; cernuus extemplo plantas ~it honestas Lucil.129;—herbis prata ~irier *Inc.trag.*137(Cic.*Tusc.*1.69); haec sol aeterno ~it lumine lustrans Cic.*Arat.*578(352); eius domum euersam duobus lucis ~itam uidetis Cic.*Dom.*101; *Q.fr.*3.1.5; Lucr.2.148.

conueterānus ~ī, *m.* [con-+veteranvs] A fellow veteran.

CIL 3.11189; 13.1837.

conuexiō ~ōnis, *f.* [convexvs; suffix on anal. of sbs. in -tio] Convexity, curvature.

quanta..partium..caeli ex deuergentia et ~onibus mundi uarietas sit Gel.14.1.8.

conuexitās ~ātis, *f.* [convexvs+-tas] Arched formation, curvature; concavity, hollowness.

quibus (regionibus)..inter se pares umbrae et aequa mundi ~as (*i.e. which are on the same latitude*) Plin.*Nat.*6. 211; ~ate circuli 18.217; caeli ~as 37.201;—(Fortunatas) uocari Inuallem ~ate et Planasiam a specie 6.202; 31.43.

conuexō ~āre ~āuī ~ātum, *tr.* [con-+vexo] To jostle, push against.

istam multitudinem..quae me nunc male miseram ~auit Gel.10.6.2.

conuexus ~a ~um, *a.* [con-+**uac-sos*, cf. Skt. *váñcati* 'go crookedly', *vakra-* 'bent, curved']

1 Curving outwards, arching, convex; (transf., of a syllogism) well-rounded. **b** (neut. as sb.) an arch, vault, dome (esp. that of the sky); *~a supera*, often periphr. for the upper world (as opp. to that of the dead). **c** *~us in*+acc., (app.) arranged in a curve round.

~um caeli..orbem Cic.*Arat.*560(314); ~o nutantem pondere mundum Verg.*Ecl.*4.50; inter ~a locatus sidera Ov.*Pont.*4.9.129; attollentibus se..leniter ~is iugis Plin. *Nat.*4.31; (cornua) supina, ~a, conuersa 11.125; lanosum aurum..stirpibus ~is obhaerescit Apul.*Met.*6.12;—(*w.* in+*acc.*) ~us in aequora uertex Ov.*Met.*13.911; folia..~a..in terram Plin.*Nat.*25.124;—ἐνθύμημα..~um breuibusque et rotundis numeris cum quadam aequabili circumactione deuinctum Gel.17.20.4. **b** breuiter supera aspectans ~a precatur Verg.*A.*10.251; ~i molem sine fine patentis Man.2.117; hoc omne ~um, intra quod iacent maria cum terris Sen.*Ep.*102.21; tum superum ~a tremunt Luc.5.632; —talis sese halitus..supera ad ~a ferebat Verg.*A.*6.241; Sen.*Phaed.*220; Stat.*Theb.*10.916. **c** discessimus a terris oceanum spectantibus ad ~as in nostra maria Plin.*Nat.* 12.107.

2 Hollowed, sunken, concave.

furta paro belli ~o in tramite siluae Verg.*A.*11.515; uallis repente ~a Plin.*Nat.*5.38;—(*neut. as sb.*) classem in ~o nemorum..occulit Verg.*A.*1.310; 1.608.

conuibrō ~āre ~āuī ~ātum, *intr., tr.* [con-+vibro] (intr.) To move rapidly, flash; (tr.) to set in rapid motion.

exiluit quasi petulcus quidam, pedibus ~auit *Inc.pall.*35; ignes..dicto citius nostrae uisioni ~ant Apul.*Mun.*15;—dum tenera lingua (psittaci), uti ~etur *Fl.*12.

conuīcānus ~ī, *m.* [con-+vicanvs] An inhabitant of the same *uicus*.

amico et ~o *CIL* 6.2732; 12.2611.

conuīciātor ~ōris, *m.* [next+-tor] One who utters abuse, a reviler.

maledictum est..maledici ~oris Cic.*Mur.*13; [Cic.]*Sal.*1; Sen.*Dial.*5.24.1; Suet.*Tib.*11.3.

conuīcior ~ārī ~ātus, *intr.* [next+-o³] To utter abuse (against), scold, jeer, revile, etc.

cum alius eum salutasset, alius ~atus esset, qui tam sero uenisset Var.*R.*2.5.1; *B.Hisp.*33.2; ut accusare potius uere quam ~ari uideantur Liv.42.41.3; Sen.*Ben.*7.28.3; Quint. 6.4.13; Suet.*Tib.*53.2;—(*w. dat.*) contra sentientibus inhumane ~antur Quint.*Inst.*3.8.69; 12.10.24; Ulp.*Dig.*49.1.8.

conuīcium ~(i)ī, *n.* [con-+**uic-* (prob. connected w. vox)+-ivm, cf. Paul.*Fest.*p.42M, Ulp.*dig.*47.10.15.4] Orthog.: sts. written *conuitium* in MSS.

1 Angry noise, clamour, uproar. **b** noisy importuning. **c** (meton.) a source of noise.

ut ne clamorem hic facias neu ~ium Pl.*Bac.*874; aures ~io defessae Cic.*Arch.*12; non moti flamine rami humanaeue sonum reddunt ~ia linguae Ov.*Met.*11.601; Sen.*Ep.*56.15; —(*of animals*) siue illa (canum) metus ~ia rupit Grat.188; querulae..~ia ranae Col.10.12. **b** ~ium..iudici.. maximum fecit ut ne sine illo in consilium iretur Cic.*Clu.*74; efflagitasti cotidiano ~io, ut libros..emittere inciperem Quint.*Inst.*pr.1; 4.5.10;—(*of things*) epistulam hanc ~io efflagitarunt codicilli tui Cic.*Q.fr.*2.9.1; ~io ueritatis coacti *Luc.*34. **c** nemorum ~ia, picae Ov.*Met.*5.676.

2 Insulting talk, abuse, reproof, mockery, etc., or a specimen of it; esp. in phr. *~ium facere alicui*. **b** (meton.) a quality that excites censure, a reproach; also, a person who brings shame on one.

e scaena non modo sibilis sed etiam ~io explodebatur Cic.*Q.Rosc.*30; maledictio..si petulantius iactatur, ~ium, si facetius, urbanitas nominatur *Cael.*6; hos..a contumeliis militum ~iisque prohibet CAES.*Civ.*1.23.3; quae mulier rabida iactat ~ia lingua PROP.3.8.11; cetera eorum oratio ~iis regis consumpta est LIV.32.37.1; posteritatis ~io lacerandus V.MAX.4.7.3; tam ~ium est 'recipe' quam 'debes' SEN.*Ben.*6.42.1; si aliquid muneris meo uernulae non tulero, habebo ~ium PETR.66.4; caue, ne..illos libellos ..~io scazontes extorqueant PLIN.*Ep.*5.10(11).2; SUET. *Cl.*18.2; (*cf.*) continentia plebis tacitum..uictorum ~ium fuit V.MAX.4.3.14;—male mihi precatur et facit ~ium PL. *Mer.*235; cum ei magnum ~ium fieret cuncto a senatu CIC.*Fam.*10.16.1; nec fac ~ia posti OV.*Rem.*507; SEN.*Ep.* 58.7. **b** peculiare inprobae iis (malis) acerbitatis ~ium PLIN.*Nat.*15.52;—~ium tot me annos iam se pascere PL. *Mer.*59.

conuictiō ~ōnis, *f.* [CONVIVO[1]+-TIO] The action of living with a person, social intercourse; (meton.) a companion, associate.

cuius cum frugi seueraque est uita tum etiam iucundissima ~o CIC.fil.*Fam.*16.21.4;—quos..ex domesticis ~onibus..tecum esse uoluisti CIC.*Q.fr.*1.1.12.

conuictor ~ōris, *m.* [CONVIVO[1]+-TOR] One who lives with a person on intimate terms, a friend, companion.

familiaribus et cotidianis ~oribus CIC.fil.*Fam.*16.21.5; HOR.*S.*1.6.47; OV.*Pont.*4.3.15; ebriosus ~ores in amorem meri traxit SEN.*Dial.*5.8.2; PLIN.*Ep.*2.6.3; SUET.*Tib.*56.

conuictus ~ūs, *m.* [CONVIVO[1]+-TVS[3]]

1 The action of living together, intimate association. **b** (meton.) one's intimate friends, circle.

~um humanum et societatem CIC.*Off.*3.21; ut..ad ~um nostrum redeas LUCC.*Fam.*5.14.3; cotidiano ~u..de philologia disputare VITR.8.3.25; SEN.*Dial.*5.8.3; praecipiendum est ne ~um cum domestico..habeat COL.1.8.5; ~u principis prohibitus TAC.*Ann.*6.9; PLIN.*Pan.*49.5; ciuitatem esse ~um inter se hominum plurimorum APUL.*Pl.*2.24. **b** Ponticus..Bassus quoque..dulcia ~us membra fuere mei OV.*Tr.*4.10.48.

2 A social gathering, esp. a banquet, dinner-party.

profusae..in aedificiis ~ibusque et apparatibus luxuriae VELL.2.33.4; interdum in ~u esse, interdum ab eo se retrahere CELS.1.1.2; solebas suauis esse in ~u PETR.61.2; PLIN.*Nat.*25.85; QUINT.*Decl.*289(p.157,l.7); tracto in longum ~u TAC.*Ann.*14.4; JUV.11.4.

conuincō ~incere ~īcī ~ictum, *tr.* [CON-+VINCO]

1 To overcome; (absol.) to win an argument or law-suit.

non temere ulla ui (deos) ~inci posse putabant LUCR. 5.1178;—QVI ~ICERVNT ET TITVL(VM) RESTITVERVNT *CIL* 14.1246.

2 To find guilty, convict (of a punishable offence or, with weakened sense, of a vice or fault). **b** *~incere deuotionis* (of a god) to find against, in respect of payment made in expectation of the granting of a request (cf. sense 4c).

se ~inci non posse, quod absit a culpa CIC.*Inv.*2.101; cognita causa in ~ictos uindicatum TAC.*Hist.*4.45; palam praetor in senatu ~incitur FLOR.*Epit.*2.12(4.1.9);—(*w. gen. of charge*) te..~inco non inhumanitatis solum sed etiam amentiae CIC.*Phil.*2.9; SAL.*Cat.*51.23; T. Romilio..~icto male imperatae rei militaris PLIN.*Nat.*7.102; APUL.*Apol.*44;—(*w. abl.*) neque ullo umquam crimine ~ictus V.MAX.3.7.7;—(*w.* de) qui et ~icti et condemnati falsis de pugnis sient PL.*Truc.*486;—(*w.* in+*abl.*) si quo in pari ante peccato ~ictus sit CIC.*Inv.*2.32; SEN.*Ep.*86.10; SUET.*Tit.*9.1;—(*w. inf.*) qui pro Perseo..dixisse quid aut fecisse ~incerentur LIV.45.10.14; ~ictus pecuniam ob rem iudicandam cepisse TAC.*Ann.*4.31; GAIUS *Inst.*1.13;—(*absol.*) 'arguisse' (est) accusasse et ~icisse ULP.*dig.*50.16.197;—(*w. inanim. subj.*) Autronium..non sua uita ac natura ~icit? CIC.*Sul.*71;—(*w. inanim. obj.*) ad eam causam accedere quae..ipsa opinione hominum tacita prope ~icta atque damnata sit *Clu.*7. **b** eius deuotionis me esse ~ictum iudicio deorum immortalium..laetor CIC.*Red.Pop.*1.

3 To convict of error, prove wrong, refute, confute: **a** a person. **b** a statement, argument, etc.

a quem ego iam hic ~incam palam PL.*Am.*779; ~icit (testem) et elinguem reddidit? CIC.*Flac.*22; fractam et ~ictam sectam *Leg.*1.38; aduersarium aliquem ~incere *Fin.* 1.13; QUINT.*Inst.*1.6.10;—(*poet., of inanim. objs.*) necesse est non possint alios alii ~incere sensus LUCR.4.496. **b** (praedia) ~icta (sunt) ab Apollonidensibus (*i.e. the claim to their possession has been denied*) CIC.*Flac.*79; falsa ~incere *N.D.*1.91; pictorum portenta ~incere *Tusc.*1.10; LUCR. 3.525; manifestior hic..error quam ut pluribus argumentis ~incendus sit COL.2.2.16.

4 To prove (a person's guilt, etc.), to expose (a failing). **b** (foll. by acc. and inf. cl. or its equiv.) to prove, demonstrate (a specified argument). **c** *deuotionem ~incere*, (of a god) to abjudicate a payment made in expectation of the granting of a request (in effect, to grant the request).

argumentis peccata ~inci CIC.*Part.*116; *Quinct.*79; aliquo acinore comperto auaritiam esse ~ictam CAES.*Gal.*1. 40.12; non..tyrannis ~incenda uestigiis erat QUINT.*Decl.* 322(p.268,l.11); ~incamus huius..amentiam *Inst.*12.1.10. **b** metuis ne non..~incas esse illum tuom? TER.*Hau.*1017; ut Stoicos nihil de dis explicare ~inceret CIC.*N.D.*3.44; *Parad.*41; quod quid ~incit? COL.4.3.6; QUINT.*Inst.*2.15.14. **c** hanc ego deuotionem capitis mei, cum ero in meas sedis restitutus, tum denique ~ictam esse et commissam putabo CIC.*Dom.*145.

conuinctiō ~ōnis, *f.* [CON-+VINCTIO] (gram.) A conjunction, connective particle.

uerba..et nomina et ~ones..quas coniunctiones a plerisque dici scio, sed haec uidetur ex συνδέσμῳ magis propria translatio QUINT.*Inst.*1.4.18.

conuiolō ~āre ~āuī ~ātum, *tr.* [CON-+VIOLO] To violate, desecrate (a tomb, etc.).

~ARE NOLI (*sc.* reliquias) *CIL* 6.39096a.

conuīsō ~ere ~ī ~um, *tr.* [CON-+VISO] To look at, watch, scan. **b** to go to see, visit.

nocturno ~ens tempore caelum CIC.*Arat.*489(245); LUCR.2.357; AN SVPERAS ~IT LVMINIS AVRAS *CIL* 6.27383; (*poet.*) omnia ~unt clara loca candida luce (sol et luna) LUCR.5.779;—(*in fig. phr.*) praepandere lumina menti, res quibus occultas penitus ~ere possis 1.145. **b** omnis saucios ~it, ut curentur diligentius ACC.*trag.*598; loca ~it (Corona) cauda tenus infera Piscis CIC.*Arat.*598(352).

conuitium: see CONVICIVM.

conuīua ~ae, *m.*, (*f.*). [CONVIVO[1]+-A] A table companion, guest.

quom..~ae alii accubent PL.*Bac.*141; *Ps.*812; TER.*Eu.* 405; carmina..in epulis esse cantitata a singulis ~is CIC. *Brut.*75; CATUL.44.10; Pelopis genitor, ~a deorum HOR. *Carm.*1.28.7; NEP.*Att.*14.1; satiatur ipsa et torquet ~am fame PHAED.1.26.9; STAT.*Silv.*1.6.50; JUV.5.74;—(*fem.*) conueni omnis ~as meas POMPON.*com.*16;—(*transf.*) nunc ~a est comissatorque libellus (*i.e. it is read at table*) MART. 5.16.9.

conuīuālis ~is ~e, *a.* [prec.+-ALIS] Of or proper to a feast or dinner-party, festal, convivial.

~ia..ludorum oblectamenta LIV.39.6.8; oris ~is hilaritatem deposuit V.MAX.6.9.ext.1; ~i ueste SEN.*Con.*9.2.14; ~es ludi CURT.5.1.37; ~ium fabularum simplicitas TAC. *Ann.*6.5; cremata est..~i lecto TAC.*Ann.*14.9; Tappulam legem ~em..conscripsit FEST.p.363M.

conuīuātor ~ōris, *m.* [CONVIVOR+-TOR] One who gives a dinner-party, host.

~oris..ingenium res aduersae nudare solent HOR.*S.*2. 8.73; LIV.35.49.6; SEN.*Dial.*5.37.4.

conuīuium ~(i)ī, *n.* [CONVIVO[1]+-IVM] FORMS: *comuiuium CIL* 1.364; *conuibium* 3.14250. A dinner-party, banquet, feast. **b** (meton.) the people at a dinner-party, the guests; a dining club.

adcuratote ut sine talis..agitent ~ium PL.*Mil.*165; si uoles in ~io multum bibere CATO *Agr.*156.1; ornare magnifice..~ium CIC.*Quinct.*93; *Mur.*13; CATUL.47.5; mutuaque inter se laeti ~ia curant VERG.*G.*1.301; misso ~io LIV. 26.14.4; SEN.*Suas.*6.7; ~ia nequiora uita MART.2.41.16; TAC.*Hist.*3.76; animal propter ~ia natum JUV.1.141; SUET. *Jul.*52.1. **b** nequitiam uinosa tuam ~ia narrant OV.*Am.* 3.1.17; (fungi) familias..interemere et tota ~ia PLIN.*Nat.* 22.96; APUL.*Met.*2.20;—PRO..NVMERO ~I AVRELI *CIL* 3.14242.

conuīuō[1] ~uere ~xī ~ctum, *intr.* [CON-+VIVO]

1 To be alive at the same time, be contemporary.

cum in Bruto M. Tullius..de omnibus aetatis suae, quiqui ~uebant (*s.v.l.*)..silentium egerit QUINT.*Inst.*10.1.38.

2 To spend one's time in company, live together.

nouercae occasio facilis ~uenti SEN.*Con.*9.6.15; SEN.*Ep.* 123.15; *CIL* 6.27853;—(*w. dat.*) quam diu auaro sordidoque ~xeris SEN.*Ep.*104.20;—(*w.* cum) MARITO..CVM ⟨Q⟩VO COMVIXI ANNIS SEX *CIL* 3.6059; 14.3458;—(*in fig. phr.*) consumi munus meum nolo; extet, haereat amico meo, ~uat SEN.*Ben.*1.12.2.

3 To dine together.

non ~uere,nec uidere saltem..licet MART.1.86.8; QUINT. *Inst.*1.6.44; (*w.* cum) (signum adulterae) erit..~uere cum adulescentibus 5.9.14.

conuīuō[2]: see next.

conuīuor ~ārī ~ātus, *intr.* Also **~ō** ~āre. [CONVIV(IVM)+-O[3]] To give or attend a dinner-party, feast, carouse.

nolunt crebro ~arier TER.*Hau.*206; de publico ~ari CIC. *Ver.*3.105; SEN.*Ep.*122.3; MART.6.51.1; candidati ne ~entur, ne mittant munera PLIN.*Ep.*6.19.1; SUET.*Cl.*32.1. **β** malo hercle magno suo ~at ENN.*Sat.*1; POMPON.*com.*85; ~are melius soles? PETR.57.2.

conuocātiō ~ōnis, *f.* [next+-TIO] The action of calling together, convoking, assembling.

nulla ad rem publicam defendendam populi Romani ~o CIC.*Red.Sen.*38.

conuocō ~āre ~āuī ~ātum, *tr.* [CON-+VOCO] To summon together, convoke, assemble, muster. **b** (transf.) to bring together, collect (a substance).

certumst amicos ~are, ut consulam PL.*St.*503; M. Scaurum..socios in arma ait ~asse SCAUR.*orat.*10; ~atis auditoribus CIC.*Brut.*191; *Caec.*24; senatum in aedem Iouis Statoris ~aui *Catil.*2.12; CATUL.41.6; ~ari milites Decius iubet LIV.10.17.4; 25.11.12; PHAED.2.8.26; (apes) gaudent.. tinnitu aeris eoque ~antur PLIN.*Nat.*11.68; SUET.*Cl.*18.1;—(*by supernatural means*) aestiuo ~at (saga) orbe niues TIB. 1.2.50; SEN.*Phoen.*569. **b** serpens, cui..sitis..~at in fauces et squamea colla uenenum STAT.*Theb.*2.414.

conuolnerō: see CONVVLNERO.

conuolō ~āre ~āuī ~ātum, *intr.* [CON-+VOLO[2]]

1 To assemble rapidly, flock together.

populus ~at TER.*Hec.*40; ii qui cuncta ex Italia ad me reuocandum ~auerunt CIC.*Dom.*57; *Att.*10.15.2; LIV.2.27.8; ~at omnis turba OV.*Fast.*6.343; SEN.*Apoc.*13.5; PLIN. *Nat.* 7.143; auxiliis hinc inde ~antibus APUL.*Met.*3.28.

2 (transf., of a single person, w. *ad*) To have recourse to (some expedient).

si..apparuerit..ad secundum legatum testatorem ~asse PAUL.*dig.*30.1.33.

conuolsiō, conuolsum, conuolsus: see CONVVLS-.

conuoluō ~uere ~uī ~ūtum, *tr.* [CON-+VOLVO]

1 To give a whirling motion to, roll round; to churn up (the sea). **b** to carry along by force, sweep away (to destruction).

(uenti) ignis semina ~uunt e nubibus LUCR.6.201; in naui onera..inaequaliter ~uta citius eam partem, in quam incubuere, demergunt SEN.*Ep.*28.3; fumo ~utum nidorem PLIN.*Nat.*13.2; (spuma) in ipsa flamma ~uta uericulo 33.107;—(*refl. or in 'medial' pass.*) quam propter..~uitur Ales CIC.*Arat.*326(85); cum se ~uens sol elaberetur et abiret *Div.*1.46;—Charybdis maria ~uit SEN.*Ep.*14.8; *Ag.*478. **b** hic (*sc.* spiritus)..uehementer concitatus.. arbusta siluasque ~uit SEN.*Nat.*2.6.4; cum mare ~uit gentes LUC.5.623; (*in fig. phr.*) Gallograeciam quoque Syriaci belli ruina ~uit FLOR.*Epit.*1.27(2.11.1).

2 To roll up, coil, twist (into a ball, spiral, etc.). **b** *terga ~uere*, (of snakes) to move sinuously, writhe. **c** to coil together, intertwine.

crines ~utos ad uerticem capitis VAR.*L.*7.44; memini.. magnam partem illum libri ~uisse SEN.*Con.*10.pr.8; turpi ~uens stamina fuso SEN.*Apoc.*4.1; (cornua) ~uta in anfractum arietum generi (natura dedit) PLIN.*Nat.*11.124; (*refl.*) ubi ~uere se uenae atque nodi (*i.e. in a piece of wood*) 16.198;—(*foll. by* in+*acc.*) (irenacei) ~uuntur in formam pilae 8.133; 18.300; funis nauticus in orbem ~utus FEST. p.330M. **b** anguis squamea ~uens sublato pectore terga VERG.*G.*3.426; *A.*2.474. **c** perplexis et in semet aliter atque aliter..~utis seminibus PLIN.*Nat.*9.2; quas (spinas) uentus ~uerit APUL.*Fl.*18.

3 To wrap round, enfold.

testudo ~uta omnibus rebus quibus ignis iactus et lapides defendi possent CAES.*Civ.*2.2.4; nubibus totum horridis ~ue mundum SEN.*Thy.*1079; cetera mala..foliis ficulnis..singula ~ui (iubet) PLIN.*Nat.*15.60; manu..textis manicis ~uta 19.27; 32.40; corpus..ueste lintea diligenter ~utum APUL.*Met.*4.11.

conuoluolus ~ī, *m.* [prec.+-OLVS]

1 A caterpillar which rolls up the leaves of the vine.

~s in uinia ne siet CATO *Agr.*95.1; PLIN.*Nat.*17.264.

2 Bindweed, *Calystegia sepium.*

est flos non dissimilis illi (*sc.* lilio) in herba, quam ~um uocant PLIN.*Nat.*21.23.

conuolūtor ~ārī ~ātus, *intr.* [CON-+VOLVTO] To whirl round, revolve; (fig.) to wallow in vice.

cum uagus et incertus spiritus ~atus est SEN.*Nat.*7.9.2;— non cum omni exoletorum feminarumque turba ~atur *Ep.* 114.25.

conuomō ~ere ~uī ~itum, *tr.* [CON-+VOMO] To vomit over.

ut tu..mensas hospitum ~eres CIC.*Phil.*2.76; illa maritum ~it JUV.6.101.

conuorrō: see CONVERRO.

conuōtus ~ī, *m.* [next] (See quot.)

~i isdem uotis obligati PAUL.*Fest.*p.42M.

conuoueō ~ouēre ~ōuī ~ōtum, *intr.* [CON-+VOVEO] To join in taking a vow.

NEVE POSTHAC INTER SED CONIOVRA⟨SE NE⟩VE COMVOVISE ..VALET *CIL* 1.581.13.

cōnus ~ī, *m.* [Gk. κῶνος]

1 (geom.) A cone, or the figure of a cone.

at mihi..~i (forma)..uidetur esse formosior (*sc.* quam sphaera) CIC.*N.D.*1.24; 2.47; (porticus) paulatim trahit angusti fastigia ~i LUCR.4.429; dum (luna) rigidas ~i perlabitur umbras 5.764.

2 (of different conical objects): **a** The upper part of the helmet to which the crest was attached, = APEX. **b** a form of sundial. **c** the fruit of a coniferous tree, cone.

a ~um insignis galeae cristasque comantis VERG.*A.*3. 468; OV.*Met.*3.108; ~os..bellicos PLIN.*Nat.*10.2; (mater) ~o crispauerat aurum STAT.*Theb.*8.568; 12.401; SIL.4.14; 8.419. **b** Dionysodorus ~um (dicitur inuenisse) VITR. 9.8.1. **c** cupressini quindecim ~i COL.6.7.2.

conuulnerō ~āre ~āuī ~ātum, *tr.* Also **-uoln-.** [CON-+VVLNERO] To inflict severe wounds upon (a person, part of the body). **b** to damage by cutting; to bore, perforate (a water-pipe).

multos iaculis ~arunt *B.Afr.*7.5; SEN.*Dial.*9.11.5; ~atum ab apibus os PLIN.*Nat.*8.129; FRON.*Str.*2.5.31; acu crinali..Thrasylli ~at tota lumina APUL.*Met.*8.13; (*w. collect. obj.*) neque primo aduentu ~ari exercitum uolebat

*B.Afr.*5;—(*transf.*) maledicta mores et uitam ~antia SEN. *Dial.*2.17.1;—(*fig.*) ~atum libidinibus SEN.*Con.*2.1.6. **b** ne..(uncus) in oram uulneris incidat eamque ~et CELS. 7.26.2.L; aut tota tollitur (gemma, *i.e. in pruning*) aut ~atur COL.4.24.18;—ne riuus saepius ~etur FRON.*Aq.*27; 115.

conuulsa ~ōrum, *n. pl.* Also **-uols-.** [pple. of CONVELLO] (med., app.) Dislocations, wrenches.
(lactucae) ~a et luxata..leniunt PLIN.*Nat.*20.66; 32.103.

conuulsiō ~ōnis, *f.* Also **-uols-.** [CONVELLO+-TIO] (med.) A violent displacement of some part or organ of the body, dislocation, etc.
a ~one reddito sanguine PLIN.*Nat.*28.62; 29.55; ~ones interiorum partium laterisque LARG.165.

conyza ~ae, *f.* [Gk. κόνυζα] A strong-smelling composite plant, *Inula viscosa* and related species.
~ae duo genera in coronamentis PLIN.*Nat.*21.58; 26.160.

cooperculum ~ī, *n.* **cōp-.** [COOPERIO+-CVLVM] The lid of a jar, coffin, etc.
in olla noua, ~o inlito PLIN.*Nat.*23.109; APUL.*Met.*6.21; ~o capuli remoto 10.12.

cooperīmentum ~ī, *n.* **cōp-.** [next+-MENTVM] A covering.
os ~o personae tectum BAS.*gram.*8(Gel.5.7.2).

cooperiō ~īre ~uī ~tum, *tr.* Also **cōp-.** [CON-+OPERIO] FORMS: *coperio*, etc., CATO *inc.*50(J), TURP.*com.*23, LUCR.5.342, 6.491, SAL.*Hist.*4.52, APUL.*Met.*1.11.

1 To cover completely, cover up. **b** *lapidibus ~ire*, to stone. **c** *~tus*, (app.) with the head covered, veiled.
PL.fr.inc.176; an Phrygia magis uitibus ~ta? VAR.*R.* 1.2.7; rapaces..amnis..oppida ~uisse LUCR.5.342; si.. tenebrae ~iant maria 6.491; Decii corpus..postero die inuentum..~tum telis LIV.8.10.10; cum se multa fronde ~it (uitis) COL.5.6.36; medicamento dens ~itur LARG.56; TAC.*Hist.*5.22; mensam argento ~tam JULIAN.*dig.*18.1.41.1; (*poet.*) uultus ille perpetua nocte ~tus [QUINT.]*Decl.*1.6;—(*fig.*) sit inter cetera uetustate ~ta hoc quoque in incerto positum LIV.4.23.3. **b** lapidibus ~tus esset in foro CIC. *Ver.*1.119; ut tribunus militum ab exercitu suo lapidibus ~iretur LIV.4.50.5; (*cf.*) eum..populus fustibus saxisque ~tum in ipsa morte lacerauit FLOR.*Epit.*2.4(3.16.6). **c** in fossa ~ti sanguinem instillabant SIC.FL.*agrim.*p.105.

2 *~tus* (w. abl.) Overwhelmed, buried, deep in (crime, misfortune, etc.).
nefariis sceleribus ~tum CIC.*Ver.*1.9; *Phil.*12.15; ~tum miseriis SAL.*Jug.*14.11; fenoribus ~tus est *Hist.*4.52; famosis..Lupo ~to uersibus HOR.*S.*2.1.68; ~ti stupris LIV.39.15.14.

coopertōrium ~(i)ī, *n.* [prec.+-TORIVM] A covering, garment.
~ia Tauiana et tunicas tres SCAEV.*dig.*34.2.38.1.

cooptātiō ~ōnis, *f.* Also **cōp-.** [next+-TIO] Co-option into an office or body; also, adoption.
sublata ~one censoria CIC.*Leg.*3.27; *Amic.*96; nobilitatem..quam plerique..non genere nec sanguine sed per ~onem in patres habetis LIV.4.4.7; 5.12.2;—(Antonius) ipsum (Octauium) insectari probris, cunctis artibus ~onem Iuliae gentis inhibere FLOR.*Epit.*2.15(4.4.2).

cooptō ~āre ~āuī ~ātum, *tr.* Also **cōp-.** [CON-+OPTO] FORMS: *cōpto*, etc., *CIL* 1.593. 106, 1520; read in CIC.*Fam.*3.10.9. To choose as colleague in office, member of one's *collegium* or sim., co-opt. **b** (more loosely) to choose, elect.
~atum me ab eo in conlegium recordabar CIC.*Brut.*1; *CIL* 1.594.1.5.13; ab iis qui creati essent ~ari collegas LIV. 3.64.9; (dictator) magistrum equitum L. Aemilium ~at 6.38.4; SEN.*Dial.*5.31.2; tamquam (me) in locum suum ~aret PLIN.*Ep.*4.8.3; (gens Claudia) in patricias ~ata SUET.*Tib.*1.1; inter quindecimuiros..~atus *Gal.*8.1. **b** in eo senatu quem maiore ex parte ipse (Caesar) ~asset CIC. *Div.*2.23; LIV.23.3.5; oppidum..quod me..patronum ~auit PLIN.*Ep.*4.1.4; *CIL* 2.2960; (*transf.*) adulescens..quem filium publicum omnis sibi ciuitas ~auit APUL.*Met.*4.26.

coorior ~īrī ~tus, *intr.* [CON-+ORIOR] FORMS: *cōritur* (s.v.l.) *Aetna* 408; *coorerer*, etc., VAR.*L.*5.88, TAC.*Hist.*2.24.

1 To spring forth, proceed, originate (from a specified source). **b** (of living things) to come into being, be born. **c** (of physical or non-physical phenomena, usu. unwelcome) to break out, arise.
corpora si nequeunt e ferro plura ~ta in uacuum ferri LUCR.6.1013; fumos e ture ~tos OV.*Tr.*5.5.29; lacrimas genis subito ~tas SEN.*Phaed.*887; Italiam ex Africa maxime ~tae infestant (locustae) PLIN.*Nat.*11.105;—(*transf.*) regna ex infimo ~ta SEN.*Nat.*3.pr.9; mihi plus gaudii in animo ~tum esse illis tuis prioribus litteris AUR.*Fro.*1.p.14(49N). **b** portenta..mira facie membrisque ~ta LUCR.5.838. **c** ubi mala tangit manu, dolores ~iuntur PL.*Per.*313; tempestates ~tae sunt maximae CIC.*Ver.*1.46; subitum bellum in Gallia ~tum est CAES.*Gal.*3.7.1; risus omnium cum hilaritate ~tus est NEP.*Ep.*8.5; uentis..~tis VERG.*A.*10.405; seditio tum inter Antiates Latinosque ~ta LIV.6.33.1; imber ab nocte media ~tus 24.46.4; quod pluribus simul locis..ignes ~ti essent 26.27.5; si ~iatur procella PLIN. *Nat.*11.24; acerbus dolor intestinorum ~tus APUL.*Fl.*16.

2 (mil.) To spring to the attack.
signo dato ~ti undique Poeni sunt LIV.25.11.5; SEN.*Ben.* 6.31.7; donec insidiae ~erentur TAC.*Hist.*2.24;—(*of animals*) ~itur..tamquam amentiae iratus PLIN.*Nat.*8.50;—(*transf.*) nec in eum consules acrius quam ipsius collegae ~ti sunt LIV.2.43.4; atroces in has rogationes nostras ~ti sunt 4.3.3; ~ae in nos Sarmatarum ac Sueborum gentes TAC.*Hist.*1.2.

coortus ~ūs, *m.* [prec.+-TVS³] A coming into being, birth; a breaking out (of a storm).
post mundi tempus genitale..solisque ~um LUCR.2.1106; —tempestates pluuiae grauiore ~u sunt 6.671.

Coos ~ī, *f.* **Cous.** An island in the Dodecanese, Cos.
CIC.*Att.*9.9.2; LIV.37.16.2; MELA 2.101; PLIN.*Nat.*5.134; QUINT.*Inst.*8.6.71;—(*meton.*) Coos insula et uites tunc serit PLIN.*Nat.*17.133; STAT.*Silv.*1.2.252.

cōpa ~ae, *f.* [unkn., cf. CAVPO] A woman who provides entertainment in taverns, dancing-girl.
~a Surisca..ebria famosa saltat lasciua taberna *Copa* 1; PLIN.*Nat.*34.90 (*cj.*); matronarum..~as imitantium SUET. *Nero* 27.3.

cōperculum, cōperimentum, cōperiō: see COOPER-.

cophinus ~ī, *m.* [Gk. κόφινος] A large basket, hamper.
terram inditam ~is obferat COL.11.3.51; Iudaeis, quorum ~us faenumque supellex JUV.3.14; 6.542; *P.Mich.*434.14 (*FIRA* 3.17.14);—(*as title of a mime by Laberius*) GEL.16. 7.2.

cōpia ~ae, *f.* [COPS+-IA]

1 (w. gen.) A plentiful supply, abundance, large quantity (of some specified object). **b** (absol.) abundance, plenty (as opposed to want); (also personified or as a goddess); for *cornu ~ae*, see CORNV. **c** profuseness of language, copiousness (cf. 6).
non mihi censebas ~am argenti fore?'PL.*Per.*415; operariorum ~a siet CATO *Agr.*1.3; magna argumentorum suppetit ~a CIC.*Top.*65; ~am rerum moderate ferre *Agr.*1.18; cum primum pabuli ~a esse inciperet CAES.*Gal.*2.2.2; pressi ~a lactis VERG.*Ecl.*1.81; ut uehiculorum fessis ~a esset LIV.27.43.10; cum ~a umoris exuperat SEN.*Nat.*2.26.3; ~a (cibi) ignauiam adfert PLIN.*Nat.*11.35; miserias ~a spei delectat 30.104; anus..~a atque turba et quasi ruina incidentis inopinati gaudii oppressa..est GEL.3.15.4. **b** ~a cum egestate..confligit CIC.*Catil.*2.25; an (mauis) in ~a famem? SEN.*Ep.*19.7;—apparet..beata pleno ~a cornu HOR.*Saec.*60; OV.*Met.*9.88; SEX. VERATIVS..~AE V.S.L.M. *CIL* 12.1023. **c** breuitas..aut ~a non genere materiae, sed modo constat QUINT.*Inst.*3.8.67; 10.1.46; leges, quae longissima tempora largiuntur, nec breuitatem dicentibus, sed ~am..suadent PLIN.*Ep.*1.20.11.

2 (in neutral sense) Number, amount, quantity; (pregn.) the whole amount, the sum.
tanta ibi ~a uenustatum aderat PL.*Poen.*1177; ut minuatur contra suum furorem imperatorum ~a CIC.*Mur.* 83; si tibi nulla sitim finiret ~a lymphae HOR.*Ep.*2.2.146; magnitudines..(fori) ad ~am hominum oportet fieri VITR. 5.1.2; trecenti equites (iere), numerus exiguus pro ~a agri LIV.35.9.7; plus dixit una significatione quam possit ulla ~a sermonis enarrari PLIN.*Nat.*17.35; modum eius (*sc.* usurae) ex ~a eorum, qui mutuabuntur, tu constitues TRA. Plin.*Ep.*10.55(63); quorum aliqua adhuc ~a..Capreis erat SUET.*Aug.*98.3;—cum de ~a uerborum (*i.e. the Latin vocabulary*) scribam VAR.*L.*8.2.

3 A body of men, band, troop (usu. in mil. context); (pl.) forces, troops.
ipse cum cetera ~a pedetemtim sequitur CAEL.*hist.*57; quam partem lati fundi diuites domesticae ~ae mandare solent VAR.*R.*1.16.4; cum..ipse Herbitam cum illa sua praedonum ~a..uenisset CIC.*Ver.*3.76; cum expedita ~a in eum locum citatim contendit *B.Afr.*80.4; ex ~a tubicinum ..quinque..delegit SAL.*Jug.*93.8;—hostium ~ae magnae contra me sedebant CATO *orat.*34; CIC.*Fam.*15.1.2; cum Viridouix..cotidie..productis ~is pugnandi potestatem faceret CAES.*Gal.*3.17.5; 7.55.9; Chabrias..Aegyptiae classi praefuit, pedestribus ~is Agesilaus NEP.*Cha.*2.3; LIV.5.34.5; 26.44.1; V.MAX.7.3.ext.7; Porsenna..ingentibus ~is aderat FLOR.*Epit.*1.4(1.10.1); (*in fig. phr.*) in meo pectore..paraui ~as, duplicis, triplicis dolos, perfidias PL.*Ps.*578.

4 A supply, stock, store (of some specified object); (pl., in genl. sense) supplies, necessaries, provisions, etc. **b** (of military supplies); *a ~is* (*militaribus*), (prob.) an official in charge of supplies. **c** (of building materials).
amanti argenti feci ~am PL.*As.*848; in creta tenuis et exilis et non alta est ~a (aquae) VITR.8.1.2; haec populo ~a (liborum) grata fuit OV.*Fast.*3.672; portarum aditus, ut rerum est ~a, firmant SIL.10.411;—suppeditantur omnes undique ad uitam ~ae CIC.*N.D.*2.152; tabernam omnibus ~is instruxit VITR.2.8.12; ut..~ae..etiam comitibus eius publice praeberentur V.MAX.5.1.1e; SEN.*Ben.*6.7.3; uilla.. mediterraneas ~as praestat, lac in primis PLIN.*Ep.*2.17.28. **b** commeatu et reliquis ~is intercludendus CIC.*Att.*7.9.2; nec exercitum sine ~is retineri posse TAC.*Hist.*2.32; 4.22; —TI CLAVDIVS AVG LIB FAVSTVS A ~IS MILITARIBVS *CIL* 6.8538; 10.6662. **c** de ~is, quae aptae sunt aedificiorum perfectionibus,..ratiocinabor VITR.2.1.9; lapideis et marmoreis ~is 5.3.3; 6.8.9.

5 (usu. pl.) The resources at one's disposal (material or otherwise). **b** (sg., of a person) a source of financial or other assistance. **c** phrs.) *pro ~a*, as one's circumstances allow; so also *ex ~a* (*rerum*); *bonam ~am iurare*, a phr. used by bankrupts in pleading insolvency; also app. *bonam ~am eiurare* in same sense.
experiar opibus, omni ~a, supplicabo, exopsecrabo PL. *As.*245; Ioui..~as commodanti *Per.*253; multa sunt orationum genera et grauiora et maioris ~ae (*i.e. which allow the speaker more scope*) CIC.*de Orat.*2.341; exponit suas ~as omnis, multum argentum, non pauca etiam pocula ex auro *Ver.*4.62; placebat illud, ut..auxiliis eum tuis et ~is adiuuares *Fam.*1.7.6; P. Valerius..moritur..~is familiaribus adeo exiguis, ut funeri sumptus deesset LIV.2.16.7; ludos pro temporis eius ~a magnifici apparatus 27.6.19; ad artis (mensoriae) ~a⟨m⟩ est recurrendum FRON.*agrim.* p.16; oratorum ~as..refutandi sollertiam, augendi facultatem FRO.*Aur.*2.p.76(150N); uir genere ~a opibus illustris AMP.15.12. **b** tuam ~am eccam Chrysalum uideo PL.*Bac.*639; per illam tibi ~am parare aliam licet *Epid.*323–4; TER.*Hau.*927. **c** uillam urbanam pro ~a aedificato CATO *Agr.*4.1; dona..pro ~a portantes LIV. 26.11.9; CURT.9.10.26;—ex ~a rerum statuit sibi nihil agitandum SAL.*Jug.*39.5; ex ~a quod optumum uidebatur consilium capit 54.9; 76.3;—omnes qui bonam ~am iurarunt, ne essent nexi, dissoluti VAR.*L.*7.105; NEVE QVOI ..SENTENTIAM..FERRE LICETO, QVEI..BONAM..~AM IVRAVIT IVRAVERIT *CIL* 1.593.113;—quod mihi bonam ~am eiures nihil est CIC.*Fam.*9.16.7.

6 (rhet.) *~a dicendi, uerborum*, etc., The ability to express oneself well and fully, command of the resources of oratory; also *~a* alone (cf. 1c).
orationis..~a uidemus ut abundent philosophi CIC. *de Orat.*2.151; quantum dicendi grauitate et ~a ualeat *Man.*42; ut a Graecis ne uerborum quidem ~a uinceremur *N.D.*1.8; ubicumque..~a dicendi postulatur QUINT.*Inst.* 1.pr.12;—quem..principem atque inuentorem ~ae dixerit CIC.*Brut.*254; materies digna facultate et ~a tua *Fam.* 5.12.3; ~am Senecae QUINT.*Inst.*12.10.11; est plerisque Graecorum..pro ~a uolubilitas PLIN.*Ep.*5.20.4.

7 (usu. foll. by gen.) The means, possibility, or opportunity of doing something specified or implied; also in phr. *~ae* (gen.) *est.*
ego dabo ignem, siquidem in capite tuo conflandi ~ast PL.*Rud.*765; TER.*Eu.*21; neque..conserundi manum ~a erat SAL.*Jug.*50.4; ut somni..Romanis ~a esset LIV. 2.64.11; mihi ne mortis quidem ~a eadem est 26.15.14; tibi di faciant adeundi ~a fiat OV.*Pont.*3.1.137; adest totiens optatae ~a pugnae LUC.7.251; postquam permissa gemendi ~a STAT.*Theb.*8.163; TAC.*Ann.*15.14; (*w. ellipsis of gen.*) neque..facio, neque, si cupiam, ~a est PL.*Aul.*254;—(*w. cl. replacing gen.*) mihi qui uiuam ~am inopi facis *Vid.* 87; —(*w.* ad) neque..consili locum habeo neque ad auxilium ~am TER.*An.*320;—(*w. inf.*) dederit fors ~am Achiuis.. Neptunia soluere uincla CATUL.64.366; quibus..molliter uiuere ~a erat SAL.*Cat.*17.6; VERG.*A.*9.484;—(*w.* ut) uti huic amanti ac Philocomasio hanc ecficiamus ~am ut hic eam abducat PL.*Mil.*769; TER.*Hau.*328;—illo morbo quo dirrumpi cupio, non est ~ae PL.*Cas.*810; *Mer.*990.

8 (usu. foll. by gen.) The means of availing oneself of something, the use of an object, the freedom of a place, etc.; control (over a person or his life); opportunity of intercourse (with a woman). **b** facilities to approach a person, admission or access.
clauis..abstrudi iubes, rusticae togai ne sit ~a TITIN. *com.*44; lecti ~a facta tui PROP.2.20.24; postquam..facta est inmensi ~a caeli, corripuere uiam (solis equi) OV.*Met.* 2.157; SEN.*Ben.*6.1.1; aperire ambages et ueri ~am facere TAC.*Ann.*11.34; ea Catonis uerba huic prorsus commentario indidissem, si libri ~a fuisset GEL.1.23.2;—est illi nostri non inuidiosa cruoris ~a OV.*Tr.*1.2.68; nihil mihi tecum, fortuna: non facio mei tibi ~am SEN.*Ep.*118.4;—si forte iam satias amoris in uxore ex multa ~a eum cepisset LIV. 30.3.4; ante..emoriar, quam sit tibi ~a nostri OV.*Met.* 3.391; quam Apollo cum uellet comprimere, corporis ~am non fecit HYG.*Fab.*93; GEL.1.8.5. **b** obsecrat (anum) ut sibi eius faciat ~am TER.*Ph.*113; CIC.*Ver.*1.158; quid si non esset facilis tibi ~a? PROP.1.9.15; ut primum soceri data ~a OV.*Met.*6.447; postero die Pharnabazi ~am fore adfirmant CURT.4.5.20; neque data senatus ~a: intra cubiculum auditur TAC.*Ann.*11.2; ULP.*dig.*4.6.26.4.

cōpiolae ~ārum, *f.* [prec.+-OLA] Small military forces.
recurri ad meas ~as; sic enim uere eas appellare possum; sunt extenuatissimae D.BRUT.*Fam.*11.13.2.

cōpior ~ārī ~ātus, *intr.* [COPIA+-O³] (mil.) To furnish oneself (with supplies).
Romani multis armis et magno commeatu..~antur QUAD.*hist.*24.

cōpiōsē, *adv. compar.* ~ius, *superl.* ~issimē. [next+-E]

1 With abundant provisions, sumptuously, etc. **b** abundantly, profusely, copiously.
in prouinciam sic ~e profectus erat ut domi prorsus nihil relinqueret CIC.*Ver.*1.91; tribus tricliniis accepti οἱ περὶ αὐτὸν ualde ~e *Att.*13.52.2. **b** senatorum..urna ~e absoluit (*i.e. by a large majority*) CIC.*Q.fr.*2.4.6; uino meraco ~ius utendum est CELS.4.5.6; caput frigida aqua ~e..perfundere LARG.46.

2 (rhet.) With a wealth of words and arguments, eloquently.
nihil est..aliud eloquentia nisi ~e loquens sapientia CIC. *Part.*79; ea quae ~issime dici possunt breuiter strictimque dicuntur *Clu.*29; *Tusc.*1.47; quam ~e ac uarie uexauit antiquos TAC.*Dial.*24.1; FRO.*Aur.*2.p.48(114N).

cōpiōsus ~a ~um, *a. compar.* ~ior, *superl.* ~issimus. [COPIA+-OSVS]

1 (of persons, cities, etc.) Having ample resources, rich, well-supplied. **b** (of plants) fruitful, prolific; (also fig., of the intellect). **c** (of languages) endowed with a rich vocabulary. **d** (of themes, etc.) giving wide scope for argument.
mulier..~a plane et locuples fuit CIC.*Div.Caec.*55; oppido munitissimo et ~issimo *Fam.*12.19.2; erat prouincia minime ~a ad exercitus alendos *B.Alex.*42.2; statiua tuta ~aque LIV.9.44.9; PHAED.4.24(25).21; amphoras ~as (*i.e. well-filled*) PETR.71.11; fuit..tam ~us, ut..hortos eodem, quo emerat, die instruxerit..statuis PLIN.*Ep.* 8.18.11; SUET.*Jul.*35.1;—(*w. abl.*) quo magis ceteris rebus erit ~us *Rhet.Her.*4.60; regiones fructibus..~ae VITR.1.5.1; Bruttedium artibus honestis ~um TAC.*Ann.*3.66; ~um sententiis et redundantem hominem FRO.*Aur.*2.p.102 (156N);—(*transf.*) ferebatur..~a et molli uita secretum illud toleraisse TAC.*Ann.*13.43. **b** illa (castanea) ~ior, haec..melior PLIN.*Nat.*17.122; 19.65; (*w. abl.*) sium..~um semine 22.84;—ingenium facile et ~um QUINT.*Inst.* 10.1.128; PLIN.*Ep.*9.2.2. **c** Graeci..quorum ~ior est lingua quam nostra CIC.*Tusc.*2.35. **d** addito 'DOLO MALO' actoris et petitoris fit causa ~ior CIC.*Tul.*28; quae tam recens, tam ~a, tam lata..materia? PLIN.*Ep.*8.4.1.

2 (rhet.) Having a plentiful command of language, eloquent (also sts. in a pejorative sense, = verbose).
locutus esse dicitur homo ~us aliquot horas de imperatoris officio CIC.*de Orat.*2.75; in interpretando..nihil erat Crasso ~ius *Brut.*144; *Att.*13.46.2; densior ille, hic ~ior QUINT.*Inst.*10.1.106; PLIN.*Ep.*3.9.7;—(*of speeches and writings*) ~issima atque ornatissima oratio CIC.*Sul.*12; ~um et effusum (senatus consultum) PLIN.*Ep.*8.6.2.

3 Abundant, plentiful, ample, extensive, copious, etc. **a** (applied to abst. or collect. sbs.). **b** (of material objects); (of persons) numerous, countless.
a patrimonium tam amplum et ~um CIC.*S.Rosc.*6; tenuem uictum antefert ~o *Tusc.*3.49; rubro saxo (copiae aquae sunt) et bonae et ~ae VITR.8.1.2; ~a stercoratione..terrestres fructus exuberant COL.6.pr.2; ~am..uerborum supellectilem QUINT.*Inst.*8.pr.28. **b** pus leue, album, ~ius CELS.5.28.12.F; rogauit, esset an dulcis liquor et ~us PHAED.4.9.7; ~issimum in quercu quod hyphear uocant PLIN.*Nat.*16.245; ~um amaraco..semen 21.61; 37.139; ceteri ~um instruunt ignem APUL.*Met.*7.10; (*in pred. use*) herba ebrio data ~a LARG.12;—aduenae copiosi, quos eximii spectaculi rumor..congregabat APUL.*Met.*4.28.

cōpis[1]: see COPS.

copis[2] ~idis, *f.* [Gk. κοπίς] A short curved sword.
~idas uocabant gladios leuiter curuatos CURT.8.14.29.

cōpla, cōplō: see COPVLA, COPVLO.

cōpō: see CAVPO.

coppa *n., indecl.* [Gk. κόππα] The archaic Greek letter ϙ.
~ apud Graecos nunc tantum in numero manet QUINT. *Inst.*1.4.9; SCAUR.gram. in *G.L.*7.16.

coprea ~ae, *m.* [Gk. κοπρίας] A buffoon, jester.
a quodam nano astante mensae inter ~as SUET.*Tib.*61.6; *Cl.*8.1.

(? cops) cōpis, *a.* [CON-+OPS] FORMS: nom. sg. hypothetical; gen. sing. *copis* VAR.*L.*5.92 (cj.). Well-supplied, rich. **b** (poet., of the chest, app.) swelling (with pride).
ut amantem erilem ~em facerem filium PL.*Bac.*351; (*w. gen.*) te quidem omnium pater iam ~em causarum facit TURP.*com.*61;—(*transf.*) o multimodis uarium, et dubium et prosperum ~em diem! PAC.*trag.*307. **b** ego nunc me ut gloriosum faciam et ~i pectore PL.*Ps.*674.

copta ~ae, *f.* [Gk. κοπτή] A kind of hard-baked cake.
clara Rhodos ~am quam tibi misit edat MART.14.69(68).2.

coptātiō: see COOPTATIO.

coptō: see COOPTO.

coptoplacenta ~ae, *f.* [COPTA+PLACENTA, cf. Gk. κοπτοπλακοῦς] = COPTA.
porcelli ex ~is facti PETR.40.4.

cōpula ~ae, *f.* [CON-+APIO+-VLA] FORMS: *cōplam P.Mich.*467.20.

1 A bond, fastening: **a** a leash for holding dogs, a mule's harness, or sim. **b** (app.) a mooring cable. **c** (app.) a grappling iron. **d** (in anatomy, perh.) a ligament. **e** (of links between pairs of elements).
duo defloccati senes quaeritant me, in manibus gestant ~as PL.*Epid.*617; gerens..sinistra (manu) ~am, qua uinctum ante se Thuynem agebat, ut si feram bestiam captam duceret NEP.*Dat.*3.2; ~a detrahitur canibus OV. *Met.*7.769; *Tr.*5.9.28; (muli) pectora ~ae spartae tritura continua exulcerati APUL.*Met.*9.13. **b** obtorque prorim ac suppa tortas ~as ACC.*trag.*575. **c** rogo te, pater, ut mitta‹s›..d‹o›labram et copla‹m› *P.Mich.*467.20. **d** illa ..quae iuncturis et ~is nexa sunt, ad celeritatem facilius se mouendi, haud multis sunt inpedita uisceribus APUL.*Pl.* 1.16. **e** elementorum inter se mutui nexus artis adfinitatibus inplicantur et quinque coniuges ~ae his ordinatae uicibus adtinentur APUL.*Mun.*5.

2 (transf.) A close relationship between persons or things, bond, tie, intimate connexion.
efficiebat ut..nulla intercederet obtrectatio essetque talium uirorum ~a NEP.*Att.*5.4; quos irrupta tenet ~a HOR.*Carm.*1.13.18; difficile erat illi in ~am coniecto rixam eius cum quo cohaerebat effugere SEN.*Dial.*5.8.6; negant posse uoluptatem a uirtute diduci..non uideo quomodo ista tam diuersa in eandem ~am cojciantur 7.7.1; qui dies ~as nuptiarum adfirmet APUL.*Met.*2.12.

3 (in various grammatical contexts). **a** (of sets of contrasted linguistic principles). **b** (of sets of contrasted grammatical forms). **c** (of connective particles). **d** (of associations of distinct words to form a compound).
a primum (discernendum) de ~is naturae et usuis VAR. *L.*9.4. **b** ab infecti et perfecti (~is), emo edo, emi edi VAR.*L.*10.33. **c** in his rebus quae ~ae sunt ac iungunt uerba VAR.*L.*8.10. **d** auarus..appellatur qui auidus aeris est. sed in ea ~a e littera..detrita est NIGID. in GEL.10.5.1; GEL.1.25.16.

cōpulātē, *adv.* [COPVLATVS+-E] As a compound word, connectedly.
'ususcapio' ~..dicitur GEL.6(7).10; 10.24.1; 17.7.8.

cōpulātiō ~ōnis, *f.* [COPVLO+TIO] The action of combining, uniting, association. **b** (concr.) that which is formed by combining, a union, synthesis.
(*in nature*) complexiones et ~ones et adhaesiones atomorum inter se CIC.*Fin.*1.19; ~o rerum et quasi consentiens ad mundi incolumitatem coagmentatio naturae *N.D.*2.119;—(*of persons*) primos congressus ~onesque..fieri propter uoluptatem *Fin.*1.69;—(*of words, syllables, etc.*) praepositiones..~o ista corrumpit: inde 'abstulit aufugit amisit' QUINT.*Inst.*1.5.69; inoffensa ~o uocum 1.10.23; 8.3.16. **b** cohaeret omnis rerum ~o QUINT.*Inst.*11.2.37; quorum (*sc.* corporis atque animi) communio et ~o sumus APUL. *Soc.*15.

cōpulātus ~a ~um, *a. compar.* ~ior, *superl.* ~issimus. [pple. of next]

1 Associated in nature, closely connected (of two things, or of one thing with another). **b** (of persons) connected by blood or marriage, related.
cum ita ~ae conexaeque sint (uirtutes) CIC.*Fin.*5.67; QUINT.*Decl.*249(p.23,l.7); *Inst.*10.7.5; (*w.* cum) sapientiam, temperantiam, fortitudinem ~as esse..cum uoluptate CIC. *Fin.*1.50; (*w. dat.*) quid naturae ~um habuit..somnium? *Div.*2.143. **b** personae, quae per feminini sexus personas ~ae sunt GAIUS *Inst.*3.30.

2 Made up of more than one element, compound, complex.
quin nihil sit animis admixtum..nihil ~um..nihil duplex CIC.*Tusc.*1.71;—(*gram., of words*) genera uerborum et simplicium et ~orum *Orat.*115; GEL.10.5.1;—(*log., of propositions*) est..~um 'luctabitur', quia sine aduersario nulla luctatio est CIC.*Fat.*30; GEL.16.8.10.

3 (of relationships, friends, etc.) Close, intimate.
nihil..est amabilius nec ~ius, quam morum similitudo bonorum CIC.*Off.*1.56; ~ISSIMVS AMICVS *CIL* 13.2027.

cōpulō ~āre ~āuī ~ātum, *tr.* [COPVLA+-O[3]] FORMS: *coplata* LUCR.6.1088. CONST.: w. acc., often foll. by dat. or *cum*.

1 To join physically, connect, couple. **b** to entangle (in a noose); (in quot., in fig. phr.). **c** (pass.) to be adjacent.
~ati in ius peruenimus (*i.e. holding on to each other*) CIC. *Ver.*4.148; auro res aurum ~at una LUCR.6.1078; altera ratis..huic ~ata est LIV.21.28.8; eadem catena et custodiam et militem ~at SEN.*Ep.*5.7; noua inserendi ratio..qua uel diuersae..arborum naturae ~entur PLIN.*Nat.*17.137; MART.12.43.8; hedera..uicinas..platanos transitu suo ~at PLIN.*Ep.*5.6.32;—(*in medial pass. w. ret. acc.*) adeunt, consistunt, ~antur dexteras PL.*Aul.*116. **b** aciem..compluribus astutiae ~atam (*s.v.l.*) laqueis V.MAX.7.4.ext.2. **c** Armeniae Maiori..Cephenia..~atur PLIN.*Nat.*6.41.

2 (mostly pass. or refl.) To unite (persons) for practical purposes, ally, associate, etc. **b** to unite in sentiment, cause to agree.
caue siris cum filia mea ~ari hanc PL.*Epid.*401; ille se.. cum inimico ~arat CIC.*Sest.*133; *Phil.*2.19; quos spero.. societate uictoriae tecum ~atos fore *Fam.*11.8.2; C. Marius L. Sullam..~atum sibi quaestorem habuit VELL.2.12.1; secundae aduersaeque res tuae ~auere nos tecum CURT. 5.11.6;—(*in marriage*) sin ~ari pertinax taedis negat SEN. *Her.F.*493; ne dispares sui..~entur APUL.*Pl.*2.25; qui ~atos matrimonio in potestate habent ULP.*dig.*24.1.32.16. **b** ita quodam uno uinculo ~auerit eos ut nulla..seditio exstiterit LIV.28.12.4; omnes amicos tuos concordia ~as FRO.*Aur.*1.p.72(59N);—(*transf.*) ad uoluntates nostras ~andas CIC.*Fam.*3.4.2; ~atos iam diu diducis animos QUINT.*Decl.*257(p.50,l.15).

3 (transf.) To connect (words, parts of a composition, etc.); to associate (ideas in the mind).
quod uerbum ~atum (est) singulare cum multitudine VAR.*L.*10.36; libenter..~ando uerba iungebant, ut sodes pro si audes CIC.*Orat.*154; uix ullus est tam communis locus, qui possit cohaerere cum causa nisi aliquo propriae quaestionis uinculo ~atus QUINT.*Inst.*2.4.30; (cogitatio) uerba etiam ~at 10.6.2; 11.2.26;—mentem..quae..cum praesentibus futura ~et CIC.*Fin.*2.45; uoluptatem cum honestate Dinomachus..~auit *Tusc.*5.85.

4 To make or construct by joining. **b** to produce (a song) from a succession of short notes, trill. **c** to form (a friendship, marriage or other association).
cohors..ex manipulis pluribus ~atur VAR.*L.*5.88; cum.. solida..omnia uno medio numquam, duobus semper ~entur CIC.*Tim.*15; genera, quae possunt..ambitu uerborum facile ~ari COL.2.2.2; (syllabae) ore..simul profectae ~ant unum sonum MAUR.1316; 'uescum'..ex ue particula et esca ~atum est GEL.16.5.6. **b** modulatus editur sonus et nunc continuo spiritu trahitur in longum..nunc distinguitur conciso, ~atur intorto PLIN.*Nat.*10.82. **c** sermonem ibi nobiscum ~at PL.*Poen.*655; quin illi..mediis ~arent concordiam LIV.4.43.12; tuere matrimonium quod ~asti QUINT.*Decl.*280(p.145,l.2); amor..qui..iustis..de causis ~atur FRO.*Aur.*1.p.86(7N); cupidissimus..amicitiarum cum eiusmodi uiris..~andarum *Amic.*2.p.190 (180N);—(*a theoretic connexion*) ut facetis quoque argumentis societas haec cum deo ~etur PLIN.*Nat.*2.27.

coqua ~ae, *f.* [COQVVS] A female cook.
~a est haec quidem..scit muriatica ut maceret PL.*Poen.* 248.

coque: see QVOQVE.

coquibilis (coci-) ~is ~e, *a.* [COQVO+-BILIS] Easy to cook.
glans fagea suem hilarem facit, carnem ~em PLIN.*Nat.* 16.25.

coquīna ~ae, *f.* [COQVVS+-INA, doublet of POPINA] The art of cookery.
sophisticam ~ae coniungit APUL.*Pl.*2.9.

coquīnāris ~is ~e, *a.* [prec.+-ARIS] Belonging to a kitchen, used in cookery.
cultro ~i se traiecit VAR.*Men.*197.

coquīnārius (cocī-) ~a ~um, *a.* [COQVINA+-ARIVS] = prec.
uasa ~a PLIN.*Nat.*33.140.

coquīnātōrium (coci-) ~(i)ī, *n.* [COQVINO+-TORIVM] A place for cooking, kitchen.
PORTICVM ET ~IVM CONSTITVI *CIL* 6.2273.

coquīnātōrius (coci-) ~a ~um, *a.* [next+-TORIVS] Used in cookery, culinary.
haec magis ~i instrumenti sunt ULP.*dig.*34.2.19.12.

coquīnō ~āre ~āuī ~ātum, ? *tr.* [cf. COQVO; for suffix cf. perh. LANCINO] To cook.
(*perh. tr.*) quanti istuc unum me ~are perdoces? PL.*Ps.* 875;—(*absol.*) ueni in bacchanal ~atum *Aul.*408; *Ps.*853.

coquīnus ~a ~um, *a.* [COQVVS+-INVS] *Forum ~um*, the market where cooks hired out their services.
forum ~um qui uocant stulte uocant, nam non ~um est, uerum furinum est forum PL.*Ps.*790.

coquitātiō ~ōnis, *f.* [COQVITO+-TIO] A long and thorough process of cooking.
(hordeum) diutina ~one iurulentum (*cj.*) APUL.*Met.*4.22.

coquitātōrius (coci-) ~a ~um, *a.* [next+-TORIVS] Used in cookery, culinary.
uasa ~a (*s.v.l.*) PAUL.*dig.*33.9.60.

coquitō ~āre ~āuī ~ātum, *tr.* [COQVO+-ITO] (See quot.)
~are pro coctitare, id est frequenter coquere, Plautus posuit PAUL.*Fest.*p.61M.

coquō ~quere ~xī ~ctum, *tr.* [< *quequo, cf. Skt. *pacati*, Gk. πέσσω] FORMS: *coco*, etc., sts. read by editors (esp. the forms *cocunt*, *cocuntur*); also *quoquere* according to VEL. gram. in *G.L.*7.79.

1 To prepare (food and other raw materials) by heat, boil or bake. **b** to produce (a meal) by boiling or baking, cook; to brew, concoct (poisons). **c** to boil down (so as to leave a specified residue); to extract by boiling down.
quis id ~xit coquos? PL.*Men.*141; iamne exta ~cta sunt? *St.*251; CIC.*Tusc.*5.98; cibum ~quere ac flammae mollire uapore LUCR.5.1102; cibaria ~cta dierum decem NEP.*Eum.* 8.7; liba..in subito ~cta..foco OV.*Fast.*6.532; columbina ..oua ~quenda sunt CELS.6.18.7.A; bitumen cum oleo ~quito COL.*Arb.*14; cupressus bacae ex uino ~ctae LARG. 233; APUL.*Apol.*31; (*poet.*) cruor..stridit ~quiturque ardente ueneno OV.*Met.*9.171; (*iron.*) at uos, praesentes Austri, ~quite horum obsonia (*i.e. make them go bad*) HOR. *S.*2.2.41; (*hyperb.*) cautissimos ex iis in balineis ~qui uidemus PLIN.*Nat.*14.139. **b** ~ctumst prandium? PL. *Bac.*716; cena ei ~quebatur NEP.*Cim.*4.3; APUL.*Met.*6.24; —(*absol.*) ea molet, ~quet, conficiet pensum PL.*Mer.*416; TER.*Ad.*847;—~quentes quasdam medicamenta..inuenerunt LIV.8.18.7; praesentaneum (uenenum) ~quere SUET. *Nero* 33.2. **c** pontum ~quere et ponti secernere uirus MAN.5.683; (medicamentum) per duplex uas ~quitur, donec mellis habeat spissitudinem LARG.73;—(*w.* ad) sucus.. ad mellis crassitudinem ~quitur CELS.6.11.5; LARG.228; —defrutum..de musto lixiuo ~ctum CATO *Agr.* 23.2.

2 (in various tech. uses). **a** To burn, calcine (limestone, etc.); to extract (lime or the like) by burning. **b** to smelt (ore); to extract (metal) by smelting; (poet.) to forge (metalwork). **c** to harden by exposure to heat, to bake (clay for bricks, etc.), season (timber);

to fire (pottery and the like). **d** to boil (fabrics, etc.) in a dye.

a antequam (saxa) ~quantur Vitr.2.5.2; ossa igne ~cta *CIL* 12.4756;—calcem partiario ~quendam qui dant Cato *Agr.*16; de calce diligentia est adhibenda, uti de albo saxo..~quatur Vitr.2.5.1; (gypsum) e lapide ~quitur Plin.*Nat.*36.182; Ulp.*dig.*8.3.5.1;—(*ellipt.*) si uno praefurnio ~ques Cato *Agr.*38.1. **c** ~quitur dum massa camino Pers.5.10; qvi..convictvs erit privs ~xisse venam *Lex Vip.*1(*Font.iur.*p.293);—inmensis ~xit fornacibus aera Luc.6.405; aurum..non ~quitur, sed statim suum est Plin.*Nat.*33.77; 34.117;—sarcula tantum adsueti ~quere..fabri Juv.15.167. **c** telum..solidum nodis et robore ~cto Verg.*A.*11.553; ~quitur pars umida terrae protectura hiemes atque exclusura pruinas Stat.*Silv.*3.1.120; ligna ~cta, ne fumum faciant Ulp.*dig.*50.16.167;—murreaque in Parthis pocula ~cta focis Prop.4.5.26; Vitr.6.1.8. **d** Calabrum ~xit uitiato murice uellus Pers.2.65; Tyrio..pars maxima fuco ~cta diu Luc.10.124; tinguitur..omne (caeruleum) et in sua ~quitur herba Plin.*Nat.*33.161; (*of the dye*) cortina..pingit..dum ~quit (uestes) 35.150.

3 (of the sun and other natural agencies). **a** To ripen, mature (crops or fruit, also transf., wine). **b** to dry, bake, scorch (soil, etc.); to drain off, evaporate (moisture), to dry up (a supply of moisture).

a uinum prius quam ~ctumst pendet putidum Pl.*Trin.*526; Cato *Agr.*25; eas (arbores) aequabiliter..sol ac luna ~quunt Var.*R.*1.7.4; mitis in apricis ~quitur uindemia saxis Verg.*G.*2.522; frumentum aetas..coxit Sen.*Ep.*124.11; ante quam fici ~quantur Plin.*Nat.*10.32; 17.165;—(*transf.*) maritimo adflatu paucas ~quente amphoras 14.60; Caecuba saccentur quaeque annus ~xit Opimi Mart.2.40.5. **b** locus..quem et non ~quit sol et tangit ros Var.*R.*3.14.2; uidi..rosaria..sub matutino ~cta iacere Noto Prop.4.5.62; Pers.3.6; terra..proscinditur..ut glaebas sol ~quat Plin.*Nat.*18.242; medius ~quit aethera feruor Sil.1.258; (*absol.*) omnis creta ~quet (*i.e. will dry up the crop*) Cato in Plin.*Nat.*18.34;—caua flumina..ad limum radii tepefacta ~quebant Verg.*G.*4.428; horum (lacuum) extremitates..inarescunt, sicut..Aspendi, ubi largius ~quitur (umor) et usque ad medium Plin.*Nat.*31.73.

4 To digest (food).

cibus..ad cor confectus iam ~ctusque perlabitur Cic.*N.D.*2.137; ut neque retineatur cibus neque, si quis retentus est, ~quatur Cels.7.27.4; Plin.*Nat.*29.26.

5 To hatch, mature (plots); to nurse, cherish (anger, etc.).

instructi consiliis, quae secreto ab aliis ~quebant Liv.3.36.2; inter se principes occulte Romanum ~quebant bellum 8.3.2; 34.61.7; ubi turpe malum..~quebant Sil.10.429;—trucem secreta ~quebat inuidiam Stat.*Theb.*2.300; ~quebat..immites iras Sil.2.327.

6 (fig., of emotions, etc.) To stir up, excite, agitate.

si..curam..leuasso quae nunc te ~quit Enn.*Ann.*336; egomet me ~quo et macero et defetigo Pl.*Trin.*225; quam ..femineae ardentem curaeque iraeque ~quebant Verg.*A.*7.345; alios maceraulit et ~xit (uita) Sen.*Ep.*70.4; quos ira metusque ~quebat Sil.14.103; Quint.*Inst.*12.10.77.

coquus (~quos) ~quī, *m.* **cocus** ~cī. [prec.+-vs] Forms: evidence of MSS. unreliable, but the forms in *coqu-* appear to be the earlier (so also Prisc. in G.L.2.36); forms in *quoqu-* attested by Quint.*Inst.*6.3.47, Vel.gram. in *G.L.*7.79. Nom. pl. *coques CIL* 1.1447 (Praeneste). A cook.

~cus edit Neptunum Cererem Naev.*com.*121; id quod alius condiuit ~quos Pl.*Cas.*511; *Rud.*659; Titin.*com.*128; ~cus has (*sc.* cocleas) uiuas an mortuas coquat..nescit Var.*R.*3.14.3; numquam puer..inter ~cos fueras? Cic.*Vat.*32; *Fam.*9.20.2; Liv.39.6.9; quomodo aper a ~co exeat Sen.*Dial.*10.12.5; redimunt soli carmina docta ~ci Mart.6.61.8; 7.61.9; Suet.*Vit.*16.1.

cor cordis, *n.* [cf. Gk. κῆρ, καρδία, AS. *heorte*, Skt. *hṛd-*, etc.] Forms: *cordi* (abl. sg.) Pl.*Cist.*109 (s.v.l.). N.B.: the pl. is often used in a sg. sense by poets.

1 The heart (as an organ of the body). **b** (transf.) a heart-shaped marking.

si cor dolet Cato *Agr.*157.7; in extis bouis opimi cor non fuit Cic.*Div.*1.119; cultrum..in corde defigit Liv.1.58.11; morientes..eadem, quae corde uulnerato, patiuntur Cels.5.26.13; (aconitum) cor adficit Larg.188; aquilam quae Prometheo cor exedebat..interfecit Hyg.*Fab.*31.5;—(*as typifying a living person*) ut pueri..credunt signis cor inesse in aenis Lucil.488;—(*as affected by excitement*) iam horret corpus, cor salit Pl.*Cist.*551; corda micant regis, totoque e corpore sanguis fugit Ov.*Fast.*3.331;—(*hyperb.*) Vlixi cor frixit prae pauore Andr.*poet.*16(17); cor stimulo foditur Pl.*Bac.*1159; ego non cotidie lauor..aqua dentes habet, et cor nostrum cotidie liquescit Petr.42.2. **b** tertia (encardia) nigrum cor ostendit, reliqua sui parte candida Plin.*Nat.*37.159.

2 (as the centre of thought, memory, and other mental processes) The mind, soul, spirit; *cordi habere aliquid*, to take something to heart (cf. 5b). **b** (as the seat of the conscience).

sed mihi ne utiquam cor consentit cum oculorum aspectu Enn.*scen.*34; tenes praecepta in corde? Pl.*Poen.*578; quom ..eam rem in corde agito *Truc.*451; iam instructa sunt mi in corde consilia omnia Ter.*Ph.*321; uera manet sententia cordi Lucil.190; secumque ita corde uolutat Verg.*A.*4.533; semisomno corde..adplicuit uirginale generi masculo Phaed.4.15(16).11; corda parumper huc aduerte Stat.*Ach.*1.896; procul ite nocentes, si cui corde nefas tacitum *Silv.*3.3.14;—quos (uersus) habere cordi et memoriae operae pretium esse..puto Gel.2.29.20; 17.19.6. **b** nec cor sollicitant facta nefanda meum [Tib.]3.5.12.

3 (as the seat of intelligence) The mind, wits, intellect; esp. in phr. *cor habere*, to have good sense.

qui propter haesitantiam linguae stuporemque cordis cognomen ex contumelia traxerit Cic.*Phil.*3.16; en cor Zenodoti, en iecur Cratetis! Bib.*poet.*2.7; longa dies acuit mortalia corda Man.1.79; obtunsi se cordis esse simulauit V.Max.7.3.2; quam proximum domino corde (uilicum) esse debere Plin.*Nat.*18.36; (*in poet. periphr.*) ut perhibent doctorum corda uirorum Mart.14.191.1; (*in a pun w. sense 5*) at mihi cordolium est—quid? id unde est tibi cor?..quod neque ego habeo neque quisquam alia mulier, ut perhibent uiri Pl.*Cist.*65;—hoc est non modo cor non habere, sed ne palatum quidem Cic.*Fin.*2.91; Musa rhetor..multum habuit ingeni nihil cordis Sen.*Con.*10.pr.9; Petr.59.2; Mart.11.84.17.

4 (as the seat of volition).

id petam id persequarque corde et animo Pl.*Capt.*387; satin istuc tibi in corde certumst? *Cist.*509; si fert ita corde uoluntas Verg.*A.*6.675; collidens dissona corda seditio Sil.11.45; qui..non suopte corde sed alterius uerbo reguntur Apul.*Soc.*19.

5 (as the seat of the character or emotions) The heart, spirit, feelings, etc. **b** (phr.) *cordi esse alicui*, to be dear or pleasing to someone, to be his delight; also (dub.) *in corde esse alicui*.

neque ullast confidentia iam in corde Pl.*Am.*1054; uideas corde (*i.e. whole-heartedly*) amare inter se *Capt.*420; meo neque cara est cordi neque placet *Epid.*133; cura ex corde excessit Ter.*Hec.*347; neque (est) cor tam ferum, quod non labascat lingua Acc.*trag.*683; ponuntque ferocia Poeni corda Verg.*A.*1.303; arrectae mentes stupefactaque corda Iliadum 5.643; nomen amicitiae barbara corda mouet Ov.*Pont.*3.2.100; fatale exilium corde durato feram Phaed.2.9.18; uincit Hispania..corporum humanorum duritia, uehementia cordis Plin.*Nat.*37.203; scio perfida regis corda V.Fl.5.290; Antonine meo cordi dulcissime Fro.*Aur.*2.p.34(95N); (*of animals*) qui metuenda ferarum corda domant Stat.*Silv.*3.3.74;—(*meton.*) Curia..pellitos habuit, rustica corda, Patres Prop.4.1.12. **b** si..tibi nuptiae hae sunt cordi Ter.*An.*328; Lucil.629; Dionysius nobis cordi est Cic.*Att.*5.3.3; Lucr.5.1391; cui..crimina noxia cordi Verg.*A.*7.326; cum..audirem..tibi eam cordi esse Liv.26.50.4; tamdiu uobis cordi sumus, quamdiu usui Sen.*Con.*2.1.36; Tac.*Hist.*3.53; Suet.*Jul.*49.2; (*combined w. adj.*) uirginibus cordi grataque forma suast Ov.*Med.*32;—(*w. inf.*) quibus non est cordi Catullum laedere Catul.44.3; Sil.13.503;—(*w. acc. and inf.*) si uobis non fuit cordi me duce haec castra incorrupta..seruari Tac.*Hist.*4.58;—(*w. obj. cl.*) an illud lene? magis cordi, quod desolata domorum tecta uides? Stat.*Theb.*1.653;—utut erga me est meritus, in (*s.v.l.*) cordi est tamen Pl.*Cist.*109.

6 (as a term of endearment) Sweetheart.

cor meum, spes mea, mel meum Pl.*Bac.*17; *Poen.*367.

coracēsia ~ae, *f.* [Gk.] The name of a magical herb.

~a et calicia Pythagoras aquam glaciari tradit Plin.*Nat.*24.156.

coracinus[1] ~a ~um, *a.* [Gk. κορακινος] Raven-black.

procreant (pecora) aliis locis leucophaea..aliis ~o colore Vitr.8.3.14; (*neut. as sb.*) quin minus..~um..suo nomine quam coccum..designatur? Paul.*dig.*32.78.5.

coracīnus[2] ~ī, *m.* [Gk. κορακῖνος] One of several dark-coloured species of fish, prob. usu. the 'bolti' of Egypt, *Tilapia nilotica*.

ibi (*sc.* in lacu Nilide) pisces reperiuntur alabetae, ~i Plin.*Nat.*5.51; 9.68; ~i fel excitat uisum 32.70; Mart.13.85.1.

corāgus: see choragvs.

corallachātēs ~ae, ? *f.* [Gk.] A precious stone, 'coral-agate'.

~es guttis aureis sappiri modo sparsa Plin.*Nat.*37.139; 37.153.

corallis ~idis, *f.* [Gk.] A precious stone.

ceritis cerae similis est..~is minio Plin.*Nat.*37.153.

coralliticus ~a ~um, *a.* Also **corolit-, corollit-.** [dub.] A name given to a white marble; (of statues, etc.) made of this stone.

corallitico (lapide) in Asia reperto..candore proximo ebori Plin.*Nat.*36.62;—templvm dianae corolliticae *CIL* 8.25515; simvlacra dvo spei corolitica d d 14.2853.

corallium ~(i)ī, *n.* Also **cūralium.** [Gk. κοράλλιον, κουράλιον] Coral.

adurunt (corpus)..cantharides, ~ium Cels.5.8. β ~io ..fragili *Ciris* 434; sic et ~ium..durescit Ov.*Met.*15.416; tantum (pretium est) apud Indos ~io Plin.*Nat.*32.21; (*pl.*) circa Melite⟨n⟩sia nectunt ~ia Grat.405.

cōram, *adv.* [perh. co-+os[1]; for termination cf. *clam, palam*]

1 (w. ref. to two persons or parties) Face to face. **b** without intermediaries, in person.

uereor ~ in os te laudare amplius Ter.*Ad.*269; libenter haec ~ cum Q. Catulo et Q. Hortensio..disputarem Cic.*Man.*66; occurrunt mihi quaedam. sed ea ~ *Att.*13.22.1; ut tamquam praesentibus ~ haberi sermo uideretur *Amic.*3; ~, quem quaeritis, adsum Verg.*A.*1.595; ~ data copia fandi 11.248; quae (uoces) plerumque uerae et graues ~ ingerebantur Tac.*Ann.*4.42;—(*w. vbs. of motion*) illum huc ~ adducam Ter.*An.*900; ~ producti Cic.*Flac.*35; deos.. accessi ~ Apul.*Met.*11.23. **b** rastros uilico..facito ~ ut tradas in manum Pl.*Mer.*278; romam ~ venire iovservnt *CIL* 1.584.4; hanc eius suspicionem..alii nuntiis, alii ~ ipsi excitauerunt Cic.*Sest.*41; quorum responsum..non potest ~ indicari Vitr.7.pr.9; cum testimonia..~ et praesentes dicere cogerentur Tac.*Dial.*36.7; ~ rem inuasuri suam Apul.*Met.*8.29.

2 (often w. vbs. of perceiving) In one's own or another person's presence, before one's own or another person's eyes. **b** in the presence of many, publicly, openly.

cernere uti uideamur eos audireque ~ Lucr.1.134; ~ (*i.e. when viewed close up*) quae sunt uereque rotunda 4.362; nec sopor illud erāt, sed ~ agnoscere uultus..uidebar Verg.*A.*3.173; nec ~ dentes defricuisse probem Ov.*Ars* 3.216; queruntur..raptasque domos abstractaque ~ armenta Stat.*Ach.*1.153; scrobem ~ fieri imperauit Suet.*Nero* 49. **b** habetis..reum ~ deprehensum Apul.*Met.*3.3; 9.21; ~ luce clarissima accubuit (uirgini) *Fl.*14.

3 (as prep., w. abl.) In the presence of, before. **a** (preceding its sb.). **b** (following its sb.).

a adferatvr ~ eo qvei postvlaver⟨it⟩ *CIL* 1.583.40; credo te memoria tenere me..~ P. Cuspio tecum locutum esse Cic.*Fam.*13.6.1; Cael.*Fam.*8.4.4; ne pueros ~ populo Medea trucidet Hor.*Ars* 185; Liv.30.21.11; crustallina.. omnia ~ se frangi iussit Sen.*Dial.*5.40.3; nudatam ~ propinquis expellit domo maritus (*sc.* adulteram) Tac.*Ger.*19.2; Juv.10.22. **b** illa (docet) uiro ~ nutus conferre loquaces Tib.1.2.21; Ov.*Ep.*8.59; non pudet..haec..funera dis ~ et caelo inspectante tueri? Stat.*Theb.*9.97; seque ~ mandata darent Tac.*Ann.*1.19; 3.18; Apul.*Apol.*44.

? **corambē** ~ēs, *f.* [Gk.] Some sort of cultivated plant.

nunc ueniat quamuis oculis inimica ~e (*cj.*) Col.10.178.

corārius: see coriarivs[2].

corax[1] ~acis, *m.* [Gk. κόραξ] A kind of siege-engine, (perh.) = corvvs (5a).

de ~ace nihil putaui scribendum Vitr.10.13.8.

Corax[2] ~acis (~acos), *m.* A 5th-cent. B.C. Sicilian rhetorician.

Cic.*de Orat.*1.91; *Brut.*46; Quint.*Inst.*2.17.7; 3.1.8.

corbis ~is, *m., f.* [cf. Middle Irish *corb* 'waggon'; cogn. w. Russ. *koróbit* 'to bend', Gk. κάρφω] Forms: abl. sg. ~*i* Cato *Agr.*136. Gender: masc. in *B.Hisp.*5.1, Col.6.3.5, 11.2.99, Petr.33.3; fem. in Cic.*Sest.*82; elsewhere uncertain. A basket, esp. one used for gathering corn and fruit; (ref. to the contents) a basketful.

geritote amicis uostris aurum ~ibus Pl.*Bac.*712; spicas coiciunt in ~em Var.*R.*1.50.1; messoria se ~e contexit Cic.*Sest.*82; lapidibus ~is plenos demisit *B.Hisp.*5.1; desectam ..segetem..~ibus fudere in Tiberim Liv.2.5.3; ~es ex uimine Col.11.2.90;—frondis ~em pabulatorium..uel.. farraginem hordeaceam dabit (*sc.* bubus) 11.2.99.

corbīta ~ae, *f.* [prec.+-itvs[2]] A slow-moving cargo ship; also *nauis ~a*. **b** (ref. to the contents) a ship-load.

tardiores quam ~ae sunt in tranquillo mari Pl.*Poen.*507; ut..cogitaremus ~ane Patras an actuariolis ad Leucopetram (*sc.* nauigaremus) Cic.*Att.*16.6.1; Gel.2.25.5; ~ae dicuntur naues onerariae, quod in malo earum summo pro signo corbes solerent suspendi Paul.*Fest.*p.37M; (*facet.*) operam celocem hanc mihi, ne ~am date Pl.*Poen.*543;—huic maius bacillum quam malus naui e ~a maximus ullast Lucil.483. **b** ~am cibi comesse possunt Pl.*Cas.*778.

corbitor ~ōris, *m.* [perh. corbis+-tor] (See quot.)

simpludiarea funera sunt, quibus adhibentur dumtaxat ludi ~oresque Fest.p.334M.

corbula ~ae, *f.* [corbis+-vla] A (small) basket; also, the contents of such, a basketful.

(cenam) coctam susum subducemus ~is Pl.*Aul.*366; ~ae sarciantur (*sc.* ad uindemiam) Cato *Agr.*23.1; salix.. legatur, uti sit unde ~ae fiant 31.1; Var.*R.*1.22.1; Col.12.52.8; humum effodit et ~ae congestam umeris extulit Suet.*Nero* 19.2;—maxime fructuosa (ulmus) quod..sustinet..aliquot ~as uuarum Var.*R.*1.15.1.

Corbulō ~ōnis, *m.* A Roman cognomen; esp. Cn. Domitius Corbulo, general against the Parthians under Nero.

Stat.*Silv.*5.2.35; Tac.*Ann.*13.8; Amp.39.4.

corchorum ~ī, *n.* **corchorus** ~ī, *m.* [Gk. κόρχορος] An edible plant, prob. jute, *Corchorus olitorius*.

~um Alexandrini cibi herba est conuolutis foliis Plin.*Nat.*21.183. β 21.89.

corcillum ~ī, *n.* [cor+-cillvm] The heart regarded as the seat of the intelligence, brains, *savoir-faire*.

uirtute mea ad hoc perueni. ~um est quod homines facit Petr.75.8.

corcodillus, corcodīlus: see crocodilvs.

corcōta ~ae, *f.*: var. of crocota.

pro illis ~is, strophiis, sumptu uxorio Pl.*Aul.*832.

corcōtārius ~a ~um, *a.* [prec.+-arivs] Concerned with saffron-coloured robes.

infectores ~i Pl.*Aul.*521.

corculum ~ī, *n.* [cor+-cvlvm] Forms:

masc. pl. *corculi* (only as a proper name) Plin.*Nat.*7.118.

1 A (little) heart, esp. as the seat of the feelings. **b** (as a term of endearment) sweetheart.

aselli piscis..in medio aluo ~um situm Apul.*Apol.*40; —(*in fig. exprs.*) stimulus ego nunc sum tibi, fodico ~um Pl.*Cas.*361; amburet ei misero ~um carbunculus *Mos.*986. **b** meum ~um, melculum, uerculum Pl.*Cas.*836.

2 A wise or shrewd person; esp. as a nickname of P. Cornelius Scipio Nasica, consul in 155 B.C.

~um a corde dicebant antiqui sollertem et acutum Paul. *Fest.*p.61M;—Cic.*Brut.*79; *Tusc.*1.18; (*pl. as a type*) sapientia (praestitere ceteros mortales) ob id Cati, ~i apud Romanos nominati Plin.*Nat.*7.118.

Corculus: see corcvlvm.

Corcȳra ~ae, *f.* An island in the Ionian sea, Corfu.

polypus ~ae Enn.*var.*43; Cic.*Att.*2.1.1; Liv.26.24.11; Mela 2.110.

Corcȳraeus ~a ~um, *a.* Of, or pertaining to, Corcyra; also sts. = Phaeacian (the Homeric island of Scheria being identified with Corfu). **b** (masc. as sb.) a native of Corcyra.

epistula tua ~a Cic.*Att.*6.2.10; bello ~o Nep.*Them.*2.1; —~i..pomaria regis (*i.e. Alcinous*) Mart.8.68.1. **b** Cic. *Fam.*16.9.1; Liv.45.43.10.

corda: see chorda.

cordātē, *adv.* [next+-e] With intelligence, sensibly, shrewdly.

dicito docte et ~ Pl.*Mil.*1088; *Poen.*131; Afran.*com.* 220 (*cj.*).

cordātus ~a ~um, *a.* [cor+-atvs²] Endowed with intelligence, sensible, judicious.

egregie ~us homo catus Aelius Sextus Enn.*Ann.*331; pulchre ~us homo Sen.*Apoc.*12.3; ~a mulier Apul.*Met.* 5.31; (*of a speech*) (oratio) et ornata fuit et ~a Fro.*Aur.*1. p.240(87N).

cordax ~ācis, *m.*, (*a.*) [Gk. κόρδαξ]

1 The cordax, an indecent dance.

~acem nemo melius ducit Petr.52.8.

2 A name given to the trochaic metre (see Aristotle, *Rhet.*1408b36); (as adj.) lively, tripping.

trochaeum..~acem appellat (Aristoteles), quia contractio et breuitas dignitatem non habeat Cic.*Orat.*193; Quint.*Inst.*9.4.88;—neque ita ~aces (sententias) Fro.*Aur.* 2.p.102(156N).

cordipugus ~a ~um, *a.* [cor+*pug*-(pvngo)+-vs] Heart-piercing.

~is uersibus ?Lucil.968.

cordolium ~(i)ī, *n.* [cor+doleo+-ivm] Heartfelt grief.

at mihi ~ium est Pl.*Cist.*65; ibi tibi erit ~ium si quam ornatam melius forte aspexeris *Poen.*299; non ulli familiarium ~io patefacto Apul.*Met.*9.21.

Corduba ~ae, *f.* A town in Hispania Baetica, Cordova.

Cic.*Arch.*26; Mart.9.61.2; Mela 2.88.

Cordubensis ~is ~e, *a.* Of, or pertaining to, Corduba; (masc. as sb.) one of its inhabitants.

conuentum ~em *B.Alex.*57.5; quod (aes) et ~e dicitur Plin.*Nat.*34.4;—*B.Alex.*59.2.

cordus ~a ~um, *a.* [dub.] (of hay and other crops) Produced late in the season; (of lambs) born out of season.

faenum ~um Cato *Agr.*5.8; Col.7.3.21; holus ~um 12.13.2; ~a frumenta, quae sero maturescunt Paul.*Fest.* p.65M;—dicuntur agni cordi, qui post tempus nascuntur Var.*R.*2.1.19; Plin.*Nat.*8.187; (*facet., of a person*) accipe a me cum Homerico Melanthio ~o de capellis Var.*R.*2.3.1.

cordȳla ~ae, *f.* [Gk. (σ)κορδύλη] A young tunny-fish.

~a appellatur partus (thynnorum) Plin.*Nat.*9.47; tenui maior ~a lacerto Mart.11.52.7; 13.1.1.

Corelliānus ~a ~um, *a.* Of or produced by Corellius (in quot., as the name of a special variety of chestnut).

Tereus..~am (castaneam) iterum inseuit Plin.*Nat.*17. 122.

Corfīniensis ~is ~e, *a.* Of or associated with Corfinium; (masc. as sb.) one of its inhabitants.

clementiam ~em illam Cic.*Att.*9.16.1;—Caes.*Civ.*1.21.6.

Corfīnium ~(i)ī, *n.* A town in the territory of the Paeligni.

Cic.*Att.*8.3.7; Sil.8.520; Suet.*Nero* 2.2.

corgō, *adv.* [< *com-rego 'with direction', 'forwards', cf. *ergo*] (See quot.)

~ apud antiquos pro aduerbio, quod est profecto, ponebatur Paul.*Fest.*p.37M.

coriāgō ~inis, *f.* [corivm+-ago] A hidebound condition in cattle.

est et infesta pestis bubulo pecori—~inem rustici appellant—cum pellis..tergori adhaeret Col.6.13.2.

coriandrum ~ī, *n.* [cf. Gk. κορίαννον] An aromatic herb, coriander.

(coqui) indunt ~um, feniculum Pl.*Ps.*814; Cato *Agr.*119; exiguo ~a trementia filo *Mor.*89; epinyctis..uiridi ~o curatur Cels.5.28.15.e; Col.6.33.2; Plin.*Nat.*12.109.

coriārius¹ ~a ~um, *a.* [corivm+-arivs] Of or relating to the tanning of hides; *frutex ~us*, sumach (*Rhus coriaria*).

lex ~a *CIL* 8.4508;—(rhus) frutex ~us appellatur ..cuius aridis foliis..coria perficiuntur Plin.*Nat.*24.91.

coriārius² ~(i)ī, *m.* [as prec.] Forms: *corar- CIL* 6.9281. A leather worker, tanner.

herba ~iorum officinis familiaris Plin.*Nat.*24,175; Larg. 41; Fest.p.165M; genio ~or confectorvm *A.Epig.*46. 91.5.

Corinna ~ae, *f.*

1 A Greek lyric poetess.

Prop.2.3.21; Stat.*Silv.*5.3.158.

2 The subject of many of Ovid's amatory poems.

Ov.*Am.*1.5.9; *Tr.*4.10.60; Mart.5.10.10.

Corintheus: see Corinthivs.

Corinthia: see Corinthivs.

Corinthiacus ~a ~um, *a.* Corinthian.

sinum ~um Liv.26.26.2; ~i..litora ponti Ov.*Met.*15.507.

corinthiārius ~(i)ī, *m.* [*Corinthia* (Corinthivs)+-arivs] A worker or dealer in 'Corinthian bronze'.

sabino..~io *CIL* 6.5900; 6.33768; (*iron.*) pater argentarius, ego ~ius *Vers.pop.* in Suet.*Aug.*70.2(*poet.*p.104).

Corinthiensis ~is ~e, *a.* Corinthian; (masc. pl. as sb.) the Roman settlers at Corinth.

~em fontem Pirenam Pl.*Aul.*559; ~e litus Tac.*Ann.* 5.10;—~es ex eo dici coeperunt, ex quo coloni Corinthum sunt deducti, qui ante Corinthii sunt dicti Paul.*Fest.* p.60M; Apul.*Met.*10.35.

Corinthius ~a ~um, *a.* Also **Corintheus.**

1 Of or pertaining to Corinth, Corinthian; (masc. or fem. as sb.) a citizen or citizeness of Corinth. **b** (as the name of a variety of turnip); (fem. as sb.) a magic herb. **c** *aes ~um*, 'Corinthian bronze', an alloy of gold, silver, and copper. **d** (archit.) *genus ~um*, the Corinthian order.

agrum..~um Cic.*Agr.*1.5; ~um sinum Liv.44.1.4; Isthmi..regna ~i Sen.*Thy.*124;—senatus..liberos..esse iubet ~os Liv.33.32.5; Lais..~a Gel.1.8.3. **b** raporum quinque genera..~ium, Cleonaeum,..Plin.*Nat.*19.75;—24.157. **c** aere non ~o sed hoc circumforaneo Cic.*Att.* 2.1.11; *Tusc.*4.32; Plin.*Nat.*34.6; (*cf.*) pellem aeream corinteam *CIL* 10.6. **d** (aedes) ~o genere constitutae Vitr.1.2.5.

2 Made of 'Corinthian bronze'; (neut. pl. as sb.) vessels of 'Corinthian bronze'.

domus referta uasis ~is et Deliacis Cic.*S.Rosc.*133; *Ver.* 2.46; Vitr.8.4.1; in promulsidari asellus erat ~us Petr. 31.9;—si quid de ~is tuis amiseris Cic.*Tusc.*2.32; Sen. *Dial.*9.9.6; ansae ueterum ~orum Mart.9.57.2; Plin.*Ep.* 3.1.9. β solus sum qui uera ~a habeam Petr.50.2;—(*neut. sg. used collect.*) respondeat his uestis, argentum, ~um Cic.*Fin.*2.23.

3 (archit.) Of or belonging to the Corinthian order; (neut. pl. as sb.) buildings in this style.

oeci ~i tetrastylique Vitr.6.3.8; de symmetriis ~is 7.pr.12; ~is (columnis) eadem ratio quae Ionicis Plin.*Nat.* 36.178;—quod et ab seuero more doricorum et ab teneritate ~orum temperabitur earum (aedium) institutio proprietatis Vitr.1.2.5; 4.3.10.

Corinthus (~os) ~ī, *f.* Gender: app. masc. or neut. in *CIL* 1.626. The city of Corinth.

corinto deleto romam redieit *CIL* 1.626; Cic.*Man.*11; Ov.*Met.*5.407; Mela 2.48; (*alluding to its licentiousness*) tu licet ediscas totam referasque ~on, non tamen omnino.. Lais eris Mart.10.68.11;—(*meton.*) captiuum portatur ebur, captiua ~us Hor.*Ep.*2.1.193;—(*prov.*) non cuiuis homini contingit adire ~um 1.17.36; Dionysium ~i esse (*i.e. life is full of ups and downs*) Quint.*Inst.*8.6.52.

Coriolānus ~a ~um, *a.*

1 Of or pertaining to Corioli, a town in Latium (in quot., the name of a type of pear).

(pira) ~a, Bruttia Plin.*Nat.*15.55.

2 (as a proper name) The name given to the Roman general Cn. Marcius, who during his exile was said to have led the Volsci against Rome.

Cic.*Brut.*41; Liv.2.33.5; Sen.*Ben.*5.16.1; Gel.17.21.11.

coriolum ~ī, *n.* [corivm+-olvm] A small piece of leather.

(offendices) Veranius ~a existimat, quae sint in loris apicis Fest.p.205M.

corissum ~ī, *n.* [cf. Gk. κόρις] The plant St. John's wort.

hypericon—alii chamaepityn, alii ~um appellant Plin. *Nat.*26.85; 26.129.

corium (corius) ~(i)ī, *n.*, (*m.*). [cf. Skt. *kṛtti-* 'hide', Russ. *skorá*, etc.] Forms: masc. in Pl.*Poen.*319, fr.inc.122; Var.*Men.*135; Hyg. *Fab.*195.2.

1 The thick skin covering of an animal, its hide. **b** (contempt., of the human skin, esp. as the part flogged) one's 'hide'; *~ium alicuius petere*, to ask for someone to be flogged; (in prov. phr.) *~io suo ludere*, to risk one's own skin.

eru' meus elephanti ~io circumtentust Pl.*Mil.*235; quarum (*sc.* rerum animantium) aliae ~iis tectae sunt Cic.*N.D.*2.121; Lucr.4.935; hippopotami ~io crassitudo talis, ut inde tornentur hastae Plin.*Nat.*11.227; Apul. *Met.*11.6;—(*of snakes and sim.*) (serpentis) ~ium longum pedes centum et uiginti Gel.7(6).3.1;—(*of fishes*) Arabi.. ~iis..piscium uestiti Plin.*Nat.*6.109; 32.73. **b** eius ornamenta et ~ium uti conciderent Pl.*Am.*85; deagetur ~ium de tergo meo *Epid.*65; *Poen.*855; nunc ~ius ulmum cum tuus depauit, pergis? Var.*Men.*135; non..debuit de ~io eius nobis satis fieri? Sen.*Con.*10.pr.10; *Suas.*7.13; —sequitur, ut familiam..concidi oportuerit? uix me hercule ut ~ium peti Cic.*Tul.*54; Sen.*Dial.*2.14.2;—ut uelles ~io ludere..tuo Mart.3.16.4; (*cf.*) ludis de alieno ~io Apul.*Met.*7.11.

2 The skin stripped from an animal and used for various purposes, a hide. **b** (sg. only) leather.

heri in tergo meo tris facile ~ios contriuisti bubulos Pl. *Poen.*139; amurca decocta..unguito..~ia Cato *Agr.*97; cum iste ciuitatibus frumentum, ~ia, cilicia, saccos imperaret Cic.*Ver.*1.95; (turres) ~iis intexerant Caes.*Gal.*7.22.3; *Civ.*2.10.6; ex ~iis utres uti fierent Sal.*Jug.*91.1; neque erat ~iis usus Verg.*G.*3.559; rex munientibus ~ia..iussit obtendi Curt.4.2.23; surculos..praesuunt recentibus ~iis quadripedum Plin.*Nat.*12.96; gallam..~iis perficiendis aptissimam 16.26; ~iis madefactis..uitam trahentes Fron.*Str.*4.5.18;—(*used for making sacks*) is obuolutus et obligatus ~io deuehatur in profluentem *Rhet.Her.*1.23; deducendum ~io bouis in mare Juv.13.155. **b** cingulum e ~io Var.*L.*5.116; impedienda est..procacitas eius (*sc.* galli) ampullaceo ~io Col.8.2.15; uitiles (naues) ~io circumsutae Plin.*Nat.*7.206;—(*used as coinage*) ~ium forma publica percussum, quale apud Lacedaemonios fuit Sen. *Ben.*5.14.4.

3 The outer covering of a fruit, etc., skin, peel, rind. **b** the outer covering of an earthenware pipe, 'shell'.

(alia) summis spoliat ~iis *Mor.*95; putamine clauduntur nuces, ~io castaneae Plin.*Nat.*15.112; mali granati ~ium Larg.234; (*as a writing material*) si in philyra aut in tilia ..aut in quo alio ~io (uolumina sint) Ulp.*dig.*32.52. **b** tubuli crasso ~io ne minus duorum digitorum fiant Vitr. 8.6.8.

4 A layer, stratum, coating (of any material); a course (of masonry).

calce harenato semipedem unum quodque ~ium struito Cato *Agr.*18.7; summum ~ium (lateris) sol acriter cum praecoquit Vitr.2.3.2; cum (tectorium) ab harena..non minus tribus ~iis fuerit deformatum 7.3.6; ubi (ichneumon) pluribus eodem modo se ~iis (limi) loricauit Plin.*Nat.*8.88; statim subest harena tenuissimo caespitum ~io 17.26;—alligant eorum (lapidum) alternis ~iis coagmenta Vitr. 2.8.5; isodomum dicitur, cum omnia ~ia aequa crassitudine fuerint structa 2.8.6; Plin.*Nat.*36.171.

Cornēlius ~a ~um, *a.*

1 The name of a Roman *gens* and tribe; see also Nepos, Scipio, Svlla. **b** (fem.) a woman of the Cornelian *gens*; esp. the mother of the Gracchi.

rogatio perlata est, ut..in ~a (tribu) Arpinates ferrent Liv.38.36.9;—L. ~ius Chrysogonus Cic.*S.Rosc.*6; e patriciis ~is *Leg.*2.57; tribunus militum A. ~us Cossus Liv.4.19.1. **b** legimus epistulas ~ae matris Gracchorum Cic.*Brut.*211; *Div.*2.62; Vell.2.7.1.

2 Named after the Cornelian *gens* or one of its members. **b** *lex ~a*, a law proposed by any member of the Cornelian *gens*, esp. Sulla.

cvratori viar avreliae veteris et novae ~ae *CIL* 14.3610. **b** (lex) ~a testamentaria, nummaria Cic.*Ver.*1. 108; (lex) ~a de sicariis Macer *dig.*48.1.1.

corneolus¹ ~a ~um, *a.* [corneus¹+-olvs] Resembling horn, horny; (fig., of a person, app.) hard as horn, i.e. tough, hardy (this ex. may perh. belong to corneolus²).

(aures) duros et quasi ~os habent introitus Cic.*N.D.* 2.144;—~us fuit, aetatem bene ferebat Petr.43.7.

corneolus² ~a ~um, *a.* [cornevs²+-olvs] Made of cornel-wood.

bacillum..~um Afran.*com.*225.

cornescō ~ere, *intr.* [cornv+-sco] To become horny.

urso..simul atque expirauerit, ~ere aiunt (genitalia) Plin.*Nat.*11.261.

cornētum ~ī, *n.* [cornvs+-etvm] A plantation of cornelian cherries.

~a (*sc.* a cornis), quae abscisae oco reliquerunt nomen Var.*L.*5.152; (*pl., as name of a locality in Rome*) ubi uariae res (uenduntur) ad ~a forum cuppedinis 5.146.

corneus¹ ~a ~um, *a.* [cornv+-evs]

1 Made of horn or some like substance.

aues..~o proceroque rostro CIC.*N.D.*1.101; somni portae, quarum altera fertur ~ea VERG.*A.*6.894; organa..~is ἠχείοις VITR.5.3.7; ~us arcus OV.*Am.*1.8.48; cum abdidisset ~ea corpus domo (testudo) PHAED.2.6.5; ungula..~a LUC.6.83; ~is..pyxidibus PLIN.*Nat.*29.124; lanterna ~a MART.14.61.

2 Resembling horn, horny: **a** (in hardness). **b** (in appearance).
a ~a uidemus corpora piscatorum PLIN.*Nat.*31.102; (*poet.*) non..laudari metuam, neque enim mihi ~a fibra est PERS.1.47. **b** ~us colos PLIN.*Nat.*36.61; hoc in Indicis caeruleum aut ~um inuenitur 37.89.

corneus² ~a ~um, *a.* [CORNVS+-EVS] Of cornel-trees; made of cornel-wood.
~a..uirgulta VERG.*A.*3.22;—clauis ~is occludito CATO *Agr.*18.9; ~a..praefixa hastilia ferro VERG.*A.*5.557; aureum baculum inclusum ~o cauato ad id baculo LIV.1.56.9; ~o..cratere MART.12.32.12.

cornicen ~inis, *m.* [CORNV+-CEN] A trumpeter, bugler.
~inem ad priuati ianuam..mittas M.SERGIUS in VAR.*L.*6.91; CIC.*Rep.*2.40; SAL.*Jug.*93.8; his accensi ~ines tubicinesque in duas centurias distributi LIV.1.43.7; SEN.*Apoc.*12.1; consonuere ~ines funebri strepitu PETR.78.6; JUV.2.118.

cornīcor ~ārī ~ātus, *tr.* [CORNIX+-O³] To say in a croaking voice, croak out.
nec clauso murmure raucus nescio quid tecum graue ~aris inepte PERS.5.12.

cornīcula ~ae, *f.* [CORNIX+-VLA] A crow.
~a..furtiuis nudata coloribus HOR.*Ep.*1.3.19.

corniculārius ~(i)ī, *m.* [CORNICVLVM+-ARIVS] FORMS: *cornuclarius CIL* 13.6622. (mil.) An adjutant (of an officer).
quod ~ium suum stupri causa adpellasset V.MAX.6.1.11; Caesarianus tribuni ~ius FRON.*Str.*3.14.1; SUET.*Dom.*17.2; CORNICVLAR(IO) PRAEF(ECTI) ANNO(NAE) *CIL* 11.20; ~IVS COH(ORTIS) SPANORVM *A.Epig.*37.56.

corniculātus ~a ~um, *a.* [next+-ATVS²] Crescent-shaped.
(luna) ~a APUL.*Soc.*1.

corniculum (cornu-) ~ī, *n.* [CORNV+-CVLVM] FORMS: *cornicl-* (*cornucl-*) *CIL* 13.1832, *P.Freib.*2.

1 A small horn (in quot., used as a funnel).
(lac caprinum) per ~um infunditur faucibus COL.7.5.20.

2 A small projection resembling a horn: **a** (on the heads of snakes, insects, etc.). **b** (bot.) a horn-shaped pod. **c** (in a surveying-instrument) a projection from which plummets were suspended. **d** (app.) a pommel (on a saddle). **e** (mil.) a small horn attached to a soldier's helmet as a decoration for distinguished service.
a cerastis corpore eminere ~a PLIN.*Nat.*8.85; (cocleae) ~is praetemptant iter 9.101; tauri uocantur scarabaei terrestres..nomen ~a dedere 30.39. **b** anagyros..semen in ~is non breuibus gignit PLIN.*Nat.*27.30. **c** ex omnibus ~is extensa ponderibus..fila FRON.*agrim.*p.16; aliis ~is tenebis alium limitem NIPS.*grom.*p.288La. **d** ~a consecta, a sedilibus equitum pluma..deuolsa FRO.*Ver.*2.p.148(128N). **e** CN POMPEIVS SEX F..TVRMAM SALLVITANAM DONAVIT..~O ET PATELLA *CIL* 1.709.4.5; LIV.10.44.5; PLIN.*Nat.*10.124; ~o..meruit SUET.*Gram.*9 (p.106Re); FRO.*Ver.*2.p.204(205N); QVI MILITAVIT (CENTVRIO) ANN(OS) VII EX CORNVCL(O) VIXIT ANN(OS) XXXXV *CIL* 13.1832.

cornifrons ~ntis, *a.* [CORNV+FRONS²] Having horns on the forehead, horned.
~ntes..armentas PAC.*trag.*349.

corniger ~era ~erum, *a.* [CORNV+-GER] Having horns or antlers; *Iuppiter ~er*, Ammon. **b** (masc. or fem. as sb.) a horned animal.
~er..Taurus CIC.*Arat.*173; haedi ~eras norunt matres LUCR.2.368; ~er..aries VERG.*Cat.*14.7; ~erumque caput pinu praecinctus acuta Faunus OV.*Ep.*5.137; ~eris..ceruis *Met.*7.701; sequebar..~eros greges SEN.*Oed.*810; Trogodytae ~as (testudines) habent PLIN.*Nat.*9.38; aeternae largitor ~er undae STAT.*Theb.*4.832; (*of a helmet*) casside ~era dependens infula SIL.15.679;—(qui) ~eri..Iouis monitu noua fata petebant LUC.9.545; SIL.3.667. **b** (*of a bull*) ~er ponti horridus SEN.*Phaed.*1081; (*of a deer*) ~ERAM CEPI VIRTVTE *CIL* 11.5262; (*of the constellation Aries*) quattuor in partis cum ~er extulit ora MAN.5.39.

cornipēs ~edis, *a.* [CORNV+PES]

1 Having horny feet, hooved.
~edes..equi VERG.*A.*7.779; OV.*Ars* 1.280; ~edi Fauno *Fast.*2.361; ~es..capella *Priap.*3.16; (*transf.*) ~edem..plantam SIL.13.338.

2 (masc. as sb.) A horse.
si dorso libeat ~edis uehi SEN.*Phaed.*809; ~edem exhaustum cursu LUC.8.3; aliena..cogunt ad iuga ~edes STAT.*Theb.*7.137; 8.539; SIL.2.72; 4.231.

Corniscae ~ārum, *f. pl.* The name of some local deities: see quot.
~arum diuarum locus erat trans Tiberim cornicibus dicatus quod in Iunonis tutela esse putabantur PAUL.*Fest.* p.64M.

cornix ~īcis, *f.* [cf. *coruus*, Gk. κορώνη, κόραξ; prob. orig. onomatopoeic] A crow (or related bird). **b** (noted for its wariness and cunning); (prov.) *~icum oculos configere*, etc., 'to catch a weasel asleep'. **c** (believed to be a sign of rain). **d** (regarded as giving omens, usu. good). **e** (as an example of longevity; also, as an insulting term applied to an old woman).
raucae ~ices LUCR.6.752; OV.*Am.*3.5.21; ~icem incubantem mas pascit PLIN.*Nat.*10.165; ~icis cerebrum coctum in cibo sumptum 29.113. **b** ubi ludificat una ~ix uolturios duos PL.*Mos.*832;—(*prov.*) scriba quidam..qui ~icum oculos confixerit CIC.*Mur.*25; hic hercule '~ici oculum', ut dicitur *Flac.*46. **c** ~icum ut saecla uetusta..aquam dicuntur et imbris poscere LUCR.5.1084; ~ix plena pluuiam uocat improba uoce VERG.*G.*1.388; LUC.5.556; PLIN.*Nat.*18.363. **d** picus et ~ix ab laeua..consuadent PL.*As.*260; quis ~icis cantum notauit? quis sortis? CIC.*N.D.*3.14; *Div.*1.12; ante sinistra caua monuisset ab ilice ~ix VERG.*Ecl.*9.15; PHAED.3.18.12; SUET.*Dom.*23.2. **e** quod ceruis et ~icibus uitam diuturnam..dedisset (natura) CIC.*Tusc.*3.69; nouem ~icis saecula passae OV.*Met.*7.274; MART.10.67.5;—~ix et caries uetusque bustum *Priap.*57.1.

cornū ~ūs, *n.* [cf. Goth. *haúrn*, Eng. *horn*, Galatian κάρνον (Hesych.), Skt. *śṛṅgam*] FORMS: nom. sg. *~um* VAR.*R.*3.9.14, LARG.141, GEL.1.8.2; acc. *~um* TER.*Eu.*775, LUCR.2.388, *B.Hisp.*30.7, 31.5, OV.*Met.*5.383, PETR.39.5, GEL.18.6; gen. *~u* CELS.5.22.2, 5.24.4; abl. *~uo* VAR.*L.*5.9.1, *CIL* 8.16566; gen. pl. *~orum* LARG.60.

1 An animal's horn. **b** (attributed to certain deities, esp. river-gods); *Hammonis ~u*, the name of a precious stone. **c** (of analogous appendages on the heads of insects, etc.). **d** (in fig. phrs., as a symbol of pride, defiance, etc.); *~ua alicui* (*in aliquem*) *obuertere* (*uertere*), to turn against a person.
boues incursent ~ibus PL.*Aul.*234; boues ne pedes subterant..pice liquida ~ua infima unguito CATO *Agr.*72; CIC.*Tusc.*1.87; ductus ~u stabit sacer hircus ad aram VERG.*G.*2.395; abducto uitantem ~ua (Minotauri) uultu STAT.*Theb.*12.671; bouem qui ~u petit uitiosum esse PAUL.*dig.*21.1.43;—(*of a stag's antlers*) ramosa mirans laudat ~ua (ceruus) PHAED.1.12.5;—(*of a rhinoceros's horn, cf. also 5a*) cum arbore exacuant..~ua elephanti et uri, saxo rhinocerotes PLIN.*Nat.*18.2;—(*astron., of the horns of Aries and Taurus*) exin contortis Aries cum ~ibus haeret CIC.*Arat.*230; Tauri ~ua uespere occidunt COL.11.2.88;—(*poet., of the head of a battering-ram*) aries murum ~u pulsabat aeno PROP.4.10.33;—(*sg. used collect.*) incendendum ~um ceruinum, ne quae serpens accedat VAR.*R.*3.9.14; aluum sistit..taurini ~us..cinis PLIN.*Nat.*28.202;—(*prov., of someone dangerous*) omnes hi metuunt uersus, odere poetas. 'faenum habet in ~u: longe fuge..' HOR.*S.*1.4.34. **b** Bacche, ueni, dulcisque tuis e ~ibus uua pendeat TIB.2.1.3; ~ua flens legit ripis Achelous in udis OV.*Ep.*9.139;—Hammonis ~u..aureo colore arietini ~us effigiem reddens PLIN.*Nat.*37.167. **c** Indicae formicae ~ua PLIN.*Nat.*11.111; in ~ibus cochlearum 30.24. **d** tu (*sc.* amphora uini)..addis ~ua pauperi HOR.*Carm.*3.21.18; uenerunt capiti ~ua sera meo OV.*Am.*3.11.6; quisquis nascitur illo signo (*sc.* Ariete)..habet..frontem expudoratam, ~um acutum PETR.39.5; (*cf. 1b*) ~ua..ter perfida contudit Histri (Caesar) MART.9.101.17;—ne..nunc mihi obuortat ~ua PL.*Ps.*1021; ea pars epistulae, quae similiter pro me scripta in memet ipsum uertit ~ua APUL.*Apol.*81.

2 Horn as a substance; *~u Indicum*, ivory. **b** a lantern of horn or the side of one.
corpora sicciora ~u CATUL.23.12; quinos adligat ungues perpetuo ~u leuis ungula OV.*Met.*2.671; oraque ~u indurata rigent 14.502; aluis ~u lanternae tralucido factis PLIN.*Nat.*11.49; (*used in medicine*) purgant..~u ceruinum..CELS.5.2.2;—dentata sibi uidetur..emptis ossibus Indicoque ~u MART.1.72.4. **b** tu qui Volcanum in ~u conclusum geris PL.*Am.*341; lumen per ~um transit LUCR.2.388; lanternae..fricare ~u *Priap.*32.14; id..tamquam in uitro ~ue per scrotum apparet CELS.7.18.8.

3 A hollowed-out horn used as a container, drinking-vessel, etc.; (as the emblem of certain deities); esp. *~u Copiae*, a magic horn supposed to provide whatever its owner desired. **b** a funnel made from a horn.
~u ipse bilibri caulibus instillat (oleum) HOR.*S.*2.2.61; urorum ~ibus barbari..potant PLIN.*Nat.*11.126; ~u propter oleum ad crus ligato fenisex incedebat 18.261;—apparet..beata pleno Copia ~u HOR.*Saec.*60; fortuna ~u abundanti copiosa PETR.29.6; illos..~u perfuderat omni Somnus STAT.*Theb.*2.144;—haec (epistula) allata ~u copiaest, ubi inest quidquid uolo PL.*Ps.*671; κέρας Ἀμαλθείας quod copiae ~u (uolebant intellegi) PLIN.*Nat.*pr.24; GEL.14.6.2. **b** profuit inserto latices infundere ~u Lenaeos (*sc.* iumentis aegris) VERG.*G.*3.509; COL.6.2.7; per nares..purgatur caput..per ~u, quod rhinenchytes uocatur LARG.7.

4 (of various objects made orig. from horn but later sts. from other materials). **a** A bow. **b** a trumpet, bugle. **c** the sounding-board of a lyre.
a Partho torquere Cydonia ~u spicula VERG.*Ecl.*10.59; ~uque infensa tetendit *A.*11.859; curuauit flexile ~um OV.*Met.*5.383; SIL.2.109;—(*poet., pl. for sg.*) adducto flectentem ~ua neruo OV.*Met.*1.455. **b** cornicem..curuis cogant ~ibus LUCIL.605; ~ua, quod ea quae nunc sunt ex aere, tunc fiebant bubulo e ~u VAR.*L.*5.117; ille arma misit, ~ua, tubas CIC.*Sul.*17; raucisonos efflabant ~ua bombos CATUL.64.263; ~u signum dare LIV.24.46.3; aeris ~ua flexi OV.*Met.*1.98; STAT.*Theb.*11.410; GEL.1.11.1. **c** plectri similem linguam nostri solent dicere, chordarum dentes, nares ~ibus is quae ad neruos resonant in cantibus CIC.*N.D.*2.149.

5 (of certain natural horny formations). **a** The tusk of an elephant, etc. **b** the hoof of a horse, etc. **c** the beak of a bird. **d** the cornea of the eye.
a praedam..expetendam (elephanti) sciunt solam esse in armis suis, quae Iuba ~ua appellat PLIN.*Nat.*8.7; non sine ~ibus apros CALP.*Ecl.*7.58. **b** litora, quae ~u pepulit Saturnus equino V.FL.5.153; SIL.4.96; (Pan) imo uix ulla inscribens terrae uestigia ~u 13.328. **c** argutumque tuo stridentia limina ~u STAT.*Silv.*2.4.13. **d** media eorum (*sc.* oculorum) ~ua fenestrauit pupilla PLIN.*Nat.*11.148.

6 (of various projections resembling horns): **a** A piece of land jutting into the sea, a spit, headland, or sim. **b** a mountain-peak. **c** a branch of an estuary. **d** an ornamental projection on a helmet (cf. CORNICVLVM); a horn-like tuft of hair.
a promunturia, quae ~ibus obiectis ab alto portum faciunt LIV.37.11.8; angustis inclusum ~ibus aequor OV.*Met.*5.410; *Fast.*4.480; MELA 3.46; flexi per ~ua portus ora petunt LUC.2.706; Berenice in Syrtis extimo ~u est PLIN.*Nat.*5.31. **b** qua Parnasia rupes..patula praependit ~ua fronte *Culex* 16; super..eoi ~ua montis emicuit (Sol) V.FL.4.96. **c** septem digestum in ~ua Nilum OV.*Met.*9.774; V.FL.8.186. **d** rubrae ~ua cristae VERG.*A.*12.89; ad eminentem ramum ~u alterum galeae praefregit LIV.27.33.2;—quis stupuit Germani..flauam caesariem et madido torquentem ~ua cirro? JUV.13.165.

7 The end, tip, wing, corner, or other extremity of anything (esp. something curved). **b** (pl.) the horns of the crescent moon; (also sg., of the actual crescent). **c** (pl.) the tips of a bow; also, of a lyre. **d** (pl.) the ends of the *umbilicus* or stick round which rolls of papyrus were wound. **e** either tip of a sail-yard, yard-arm.
ab utroque portus ~u moles iacimus CAES. in CIC.*Att.*9.14.1; in ~ibus (graduum theatri) utrimque..inferiores sedes praecidantur VITR.5.6.5; in ~u (*sc.* rostrorum) primus sedebat Casca LIV.25.3.17; V.MAX.5.7.ext.2; lunata figura ~ibus eius deorsum spectantibus CELS.7.7.9; in ~ibus comitii positas (statuas) PLIN.*Nat.*34.26; iudiciis adsidebat in ~u tribunalis, ne praetorem curuli depelleret TAC.*Ann.*1.75; in ~u porticus PLIN.*Ep.*5.6.23; utraque Aegypti ~ua, Paraetonium atque Pelusium FLOR.*Epit.*2.21(4.11.9); METAE..SVM ~VO LABSVS *CIL* 8.16566. **b** cuius (*sc.* lunae)..alias hebetiora alias acutiora uidentur ~ua CIC.*Ac.*2.fr.2; tertia iam Lunae se ~ua lumine complent VERG.*A.*3.645; coactis ~ibus in plenum menstrua luna redit PROP.3.5.28; OV.*Ep.*2.3; siue (luna) plena lucis suae est splendensque pariter adsurgit in ~ua SEN.*Suas.*3.1; PLIN.*Nat.*2.42; tibi nimbosum languet iubar: exsere quaeso ~ua STAT.*Theb.*12.306;—si nigrum obscuro comprenderit aera ~u (luna) VERG.*G.*1.428; senescentem exiguo ~u fulgere lunam LIV.44.37.7. **c** flexumque a ~ibus arcum OV.*Met.*2.603; SEN.*Her.F.*992; iunctus iam ~ibus arcus SIL.2.126;—Lyra diductis per caelum ~ibus inter sidera conspicitur MAN.1.324. **d** inter geminas pingantur ~ua frontes [TIB.]3.1.13; nec cedro charta notetur, candida nec nigra ~ua fronte geras OV.*Tr.*1.1.8; explicitum..usque ad sua ~ua librum et quasi perlectum MART.11.107.1. **e** una ardua torquent ~ua detorquentque VERG.*A.*5.832; non huc Sidonii torserunt ~ua nautae (*i.e. steered*) HOR.*Epod.*16.59; GERM.*Arat.*405; LUC.8.193; antemnae gemino considite ~u, Oebalii fratres STAT.*Silv.*3.2.9; cum..~ibus omnes (nauis) colligeret flatus SIL.14.389.

8 (mil.) Either wing of an army or fleet drawn up in line of battle.
dexterius ~u..impetu primo fugauerat legionem XXXV GALBA *Fam.*10.30.3; a dextro ~u..proelium commisit CAES.*Gal.*1.52.2; *Civ.*2.41.5; sinistrum..~u oppido Vzitta claudebatur *B.Afr.*59.4; dextro ~u Galli..constiterunt LIV.10.27.10; equites ~ua cinxere 23.29.3; 28.14.4; VELL.2.70.1; nonne superfusis collectum ~ibus hostem in medium dabimus? LUC.7.365; TAC.*Hist.*3.22;—(*of a fleet*) flamma ab utroque ~u comprensa naues sunt combustae quinque CAES.*Civ.*3.101.4; LIV.36.44.1; nauigia in duo diuidit ~ua CURT.4.3.11; LUC.3.529;—(*humorously*) in medium huc agmen cum uecti, Donax; tu, Simalio, in sinistrum ~um TER.*Eu.*775;—(*in fig. phr.*) comminus agamus experiamurque, si possimus ~ua commouere (*turn the flanks*) disputationis tuae CIC.*Div.*2.26.

cornuārius ~(i)ī, *m.* [prec.+-ARIVS] A maker of bugles.
tubarii, ~ii, arcuarii TARR.PAT.*dig.*50.6.7(6).

cornum¹ ~ī, *n.* [cf. CORNVS]

1 The fruit of the cornelian cherry, a cornel-berry.
uictum infelicem, bacas lapidosaque ~a, dant rami VERG.*A.*3.649; siluestria ~a HOR.*S.*2.2.57; OV.*Ars* 3.706; ~a satiua PLIN.*Nat.*32.22.

2 A spear of cornel wood.
aerata torsit graue cuspide ~um OV.*Met.*8.408.

cornum²: see CORNV.

cornus ~ī or ~ūs, *f.* [cf. Gk. κράνος] FORMS: forms belonging unambiguously to the 2nd or 4th decl. occur as follows: gen. sg. *~i* or *~us*; dat. sg. *~o*; abl. sg. *~o* or *~u*; nom. pl. *~us*; acc. pl. *~os*.

1 The cornel-tree or cornelian cherry, *Cornus mas*. **b** its wood.
floribus nucis graecae et ~us VAR.*R.*3.16.22; bona bello ~us VERG.*G.*2.448; (opulus) est arbor ~o similis COL.5.7.1;

transpadana Italia..~u..arbustat agros PLIN.*Nat.*17.201; sudor uirgae ~i arboris 23.151. **b** si ~us (esset), nodus inesset OV.*Met.*7.678; fulua ~us in uenabulis nitet PLIN. *Nat.*16.186.

2 A spear or javelin of cornel wood.

sonitum dat stridula ~us VERG.*A.*12.267; OV.*Met.*12.451; SEN.*Phaed.*547; ~u deprensus Achiua STAT.*Theb.*7.647; Libycae certant subtexere ~us densa nube polum SIL.4.550; ambustas sine cuspide ~os 8.549; penetrante per ilia ~o 10.37.

cornūtus ~a ~um, *a.* [CORNV+-VTVS] Having horns or horn-like appendages, horned; (masc. as sb.) an ox; (fem. as sb.) any horned animal; also the name of a fish or sea-animal.

quadripedes ~as VAR.*L.*7.39; aspicio Triptolemum.. bigas sequi ~as (*i.e. a pair of oxen*) *Men.*457; aues ~ae tragopanes MELA 3.88; (pecus) caprinum..aliter curatur mutilum..aliter ~um COL.1.pr.26; 7.3.4; qui simulacra faciunt Hammoni, capite ~o instituunt HYG.*Astr.*2.20;—(*masc. as sb.*) cum e somno in segetem agrestis ~os cient (*sc.* radii solis) ACC.*trag.*494;—(*fem. as sb.*) aetas cognoscitur ..fere omnium qui ungulas indiuisas habent et etiam ~arum VAR.*R.*2.7.2;—caniculae, drinones, ~ae, gladii, serrae PLIN.*Nat.*32.145.

corocottās ~ae, *m.* [Gk. κοροκόττας; a doublet of CROCOTAS] An unknown animal (see quot.).

huius generis (*sc.* hyaenae) coitu leaena Aethiopica parit ~am PLIN.*Nat.*8.107.

coroliticus: see CORALLITICVS.

corolla ~ae, *f.* [CORONA+-LA] A small wreath of flowers, etc., garland.

uiere Veneriam ~am ENN.*var.*25; pro insigni sit ~a plectilis PL.*Bac.*70; *Ps.*1299; VAR.*L.*5.178; CATUL.63.66; soluebam nostra de fronte ~as PROP.1.3.21; 2.34.59; PETR. 70.8;~is..propter gracilitatem nominatis PLIN.*Nat.*21.5; PAUL.*Fest.*p.63M.

corollāria ~ae, *f.* [prec.+-ARIA] (perh.) A flower-girl; (in ref., title of a comedy of Naevius).

VAR.*L.*7.60.

corollārium ~(i)ī, *n.* [COROLLA+-ARIVM]

1 A garland, often given as a reward.

Romae subrepsit appellatio corollis..mox et ~iis, postquam e lamina tenui aerea..aut inargentata dabantur PLIN.*Nat.*21.5; GEL.4.14.6.

2 An additional or unsolicited payment, a gratuity, extra, bounty, douceur.

~ium, si additum praeter quam quod debitum VAR.*L.* 5.178; ne sine ~io de conuiuio discederet, ibidem..emblemata euellenda curauit CIC.*Ver.*4.49; SEN.*Ben.*6.17.1; quisquis hunc indicem attulerit, ~ium accipiet PETR.74.3; PLIN. *Nat.*9.120; exiguissima legata, theatralis operae ~ium PLIN.*Ep.*7.24.7; SUET.*Aug.*45.2;—(*transf.*) mihi iam fatigato de propria liberalitate Fotis puerile obtulit ~ium APUL.*Met.*3.20.

corolliticus: see CORALLITICVS.

corōna ~ae, *f.* [Gk. κορώνη] ORTHOG.: *chor- CIL* 6.22102, 11.5607 (cf. CIC.*Orat.*160, QUINT.*Inst.*1.5.20); *corna CIL* 6.1449.

1 A wreath of flowers, etc., sts. of precious metals, a garland or crown, esp.: **a** (awarded as a prize for military valour or distinguished generalship; or for success in athletic and other contests; also on other occasions). **b** (worn at banquets and other festive occasions; also used to decorate buildings, etc.). **c** (placed on the statues of gods as an offering; also, as an offering to the dead). **d** (as an emblem of majesty). **e** (worn as a cure for headaches). **f** (worn by slaves when put up for auction); usu. in phrs. *sub ~a uendere, emere,* etc. **g** (transf.) a number of objects strung together in the form of a wreath.

a aduehitur cum iligna ~a et chlamyde CAECIL.*com.*269; CATO *orat.*151; Q. Rubrium..~a et phaleris et torque donasti CIC.*Ver.*3.185; tempora nauali fulgent rostrata ~a VERG.*A.*8.684; duas murales ~as, ciuicas octo LIV.6.20.7; uiros, quos..~a triumphali laureaque honoraritis 10.7.9; insigne ~ae classicae VELL.2.81.3; ~a..nulla fuit graminea nobilior PLIN.*Nat.*22.6;—(*awarded at games, etc.*) ut illic alii corporibus exercitatis gloriam..~ae peterent CIC.*Tusc.*5.9; seu septem spatiis Circo (equi) meruere ~am OV.*Hal.*68; facundiae ~am TAC.*Ann.*16.4; post scaenicas ~as SUET. *Nero* 53.1;—(*awarded on other occasions*) ut quisquam ~a donaretur in magistratu CIC.*Opt.Gen.*19;—(*fig.*) SPES ET ~A FVIT PATRIS SVI *A.Epig.*36.67.8. **b** capiam ~am mi in caput, adsimulabo me esse ebrium PL.*Am.*999; *Men.*463; ~am habebat unam in capite, alteram in collo CIC.*Ver.*5.27; LUCR.3.913; OV.*Ars* 1.582; inuitauit (Cleopatra) Antonium, ut ~as biberent PLIN.*Nat.*21.12;—festus dies cum erit, ~am in focum indat CATO *Agr.*143.2; puppibus et laeti nautae imposuere ~as VERG.*G.*1.304; spatium omne quod templo dicabatur euinctum uittis ~isque TAC.*Hist.*4.53; foribus suspende ~as JUV.9.85. **c** te sacram ~am surrupuisse Ioui' scio PL.*Men.*941; de Bacchi, de statuarum ~is CIC.*Att.*15.27.3; ~am auream Ioui donum in Capitolium mittunt LIV.2.22.6; antiquo positas a rege ~as JUV.13.149; —tegula porrectis satis est uelata ~is et sparsae fruges parcaque mica salis OV.*Fast.*2.537. **d** ipse oratores ad me regnique ~am cum sceptro misit VERG.*A.*8.505; certamini praesedit..capite gestans ~am auream SUET. *Dom.*4.4. **e** capitis dolores ~a ex iis (*sc.* hypoglossis) inposita minuit PLIN.*Nat.*27.93. **f** praeco ibi adsit, cum ~a, quique liceat, ueneat PL.fr.88;—si e praeda sub ~a emit VAR.*R.*2.10.4; reliquos sub ~a uendidit CAES.*Gal.* 3.16.4; sub ~a uenierunt coloni alii LIV.2.17.6; TAC.*Ann.* 13.39; GEL.6(7).4.4. **g** ~am pinguibus grauem turdis MART.3.47.10.

2 The name of a constellation, the Northern Crown, *Corona Borealis*, supposed to be Ariadne's hair; also, the Southern Crown, *Corona Australis*.

eximio..fulgore ~a CIC.*Arat.*73; Gnosia..ardentis decedat stella ~ae VERG.*G.*1.222; VITR.9.4.4; reget dubiam Cressa ~a ratem OV.*Ars* 1.558; MAN.5.253; COL.11.2.51;—est et sine honore ~a ante sagittiferi paulum pernicia crura GERM.*Arat.*391.

3 (of various things resembling a crown in shape, position, etc.). **a** A luminous halo surrounding a celestial body, corona. **b** the upper part of an animal's hoof, coronet. **c** a hoop or ring used as a target for slingers. **d** (perh.) a head of blossom. **e** a ring-shaped geographical feature (circle of hills, etc.). **f** (surv.) a surrounding fence, embankment, etc. **g** (archit.) the top part of an entablature, a cornice; also (app.) the top of a wall.

a si ~am circa se habebit (luna) VAR. in Plin.*Nat.*18.348; circa solem ulsum coloris uarii circulum..hunc Graeci halo uocant, nos dicere ~am aptissime possumus SEN.*Nat.*1.2.1; 1.10. **b** minus claudicabunt armenta si..lauentur pedes et deinde suffragines ~aeque..axungia defricentur COL.6.15.2; 6.29.3. **c** (funditores) ~as modici circuli magno ex interuallo loci adsueti traicere LIV.38.29.7. **d** sertulae Campanae ~as decem LARG.271. **e** natat tellus pelagi lustrata ~a MAN.4.595; hos (populos) Indus includit montium ~a circumdatos PLIN.*Nat.*6.73; STAT.*Theb.*6.255. **f** circum ~as et circum uias ulmos serito CATO *Agr.*6.3; sunt etiam et ~ae plerumque e uepribus quae limitibus seruiunt HYG.*agrim.*p.76. **g** mutuli in ~is..disponuntur VITR. 4.1.2; supra triglyphorum capitula ~a est conlocanda 4.3.6; 7.5.5; usus gypsi..sigillis aedificiorum et ~is gratissimus PLIN.*Nat.*36.183;—angusta muri ~a erat: non pinnae.. fastigium eius distinxerant CURT.9.4.30.

4 a A circle of bystanders, spectators, or listeners; esp. the crowd present at a judicial sitting. **b** (mil.) a ring of soldiers; esp. a cordon of troops thrown round an enemy position.

a scis quo clamore ~ae proelia sustineas campestria HOR.*Ep.*1.18.53; uulgi stante ~a OV.*Met.*13.1; PLIN.*Nat.* 8.145; (manes) montibus insidunt patriis tristique ~a infecere diem STAT.*Theb.*11.422;—si a ~a relictus sim, non queam dicere CIC.*Brut.*192; *Ver.*3.49; tibi..erit maxima ~a causa dicenda *Tusc.*1.10; CATUL.53.1; relicto iudice ad ~am uenis SEN.*Dial.*3.12.3; PLIN.*Ep.*7.17.9. **b** ~am hostium ..mediam diuidit *B.Afr.*17.1; Fabius Vibulanus ~a primum uallum defendit LIV.4.19.8; densius ut parua disponeret arma ~a LUC.6.289;—cur armatorum ~a senatus saeptus est..? CIC.*Phil.*2.112; quoniam..nec facile totum opus ~a militum cingeretur CAES.*Gal.*7.72.2; scalis et ~a capi urbem non posse LIV.26.45.5; non ~a..sed operibus oppugnare urbem 37.5.5; CURT.7.6.16; TAC.*Hist.* 3.27; (*cf., of huntsmen*) ut fera, quae densa uenantum saepta ~a contra tela furit VERG.*A.*9.551.

corōnālis ~is ~e, *a.* [prec.+-ALIS] Of or associated with a wreath or garland.

totam eius domum..flammis ~ibus deusserat (Medea) APUL.*Met.*1.10.

corōnāmen ~inis, *n.* [CORONO+-MEN] Wreaths collectively, 'garlandry'.

mulieres..uerno florentes ~ine APUL.*Met.*11.9.

corōnāmenta ~ōrum, *n. pl.* [CORONO+-MENTVM] Flowers for making garlands.

~a omne genus..facito uti serantur CATO *Agr.*8.2; PLIN. *Nat.*18.244; odoratum multa nihil adtinere ad ~a 21.40.

corōnāria ~ae, *f.* [CORONA+-ARIA] A woman who makes or sells garlands.

Glycerae ~ae PLIN.*Nat.*21.4; *CIL* 11.1554.

corōnārius[1] ~a ~um, *a.* [CORONA+-ARIVS]

1 Connected with crowns or garlands or their manufacture. **b** (of materials) used for making crowns or wreaths.

tantundem argenti in id ~ium opus admixtum esse VITR.9.pr.10; ~o naturae lusu (uitis) stephanitis, acinos foliis intercursantibus PLIN.*Nat.*14.42; (laurus) ~ii operis 15.131. **b** anemonas ~as PLIN.*Nat.*21.164; (aes) ~um.. speciem auri in coronis histrionum praebet 34.94;—quod ad quemque peruenerit ex praeda, ex manubiis, ex auro ~o CIC.*Agr.*1.12; *Pis.*90; AVRI ~I PONDO TRIGINTA ET QVINQVE MILLIA MVNICIPIIS ET COLONIS ITALIAE CONFERENTIBVS AD TRIVMPHOS MEOS CONSVL REMISI AUG.*Anc.*4.26; GEL.5.6.6.

2 (archit.) Of a cornice.

camerarum ~o opere subtilis ornatus VITR.7.4.4.

corōnārius[2] ~(i)ī, *m.* [prec.] FORMS: nom. pl. *~ies CIL* 1.980; *choronarius* 10.5372, 11.1450. A maker or seller of garlands or crowns.

P.MARCIVS..~IVS HEIC SITVS EST *CIL* 1.1566; ~ii..et spinae flore utuntur PLIN.*Nat.*21.68; ~iorum recisamentis 34.111; FRO.*Aur.*1.p.164(19N).

corōnātus ~a ~um, *a.* [pple. of CORONO] (of persons, animals, buildings, etc.) Adorned with wreaths, garlanded.

sedebat..amictus toga purpurea, in sella aurea, ~us CIC.*Phil.*2.85; ~is Musa triumphat equis PROP.3.1.10; decemuiri ~i laurea praetextatique LIV.27.37.13; festa ~o non pendent limine serta LUC.2.354; ubique serta ~umque merum STAT.*Theb.*8.225; equites ~i..uelut uictoriam nuntiantes FRON.*Str.*3.8.2; ~um et petulans madidumque Tarentum JUV.6.297;—(*of sacrificial victims*) quae..~a lustrari debeat agna 13.63;—(*of slaves put up for auction*) ut populus suus..potius..~us supplicatum eat, quam re male gesta ~us ueneat CATO *Mil.*2(J);—(*transf., of festivals*) saepe ~is iteres quinquennia lustris! STAT.*Silv.*4.2.62.

Corōnidēs ~ae, *m.* The son of Coronis, i.e. Aesculapius.

OV.*Met.*15.624; *Fast.*6.746.

corōniola ~ae, *f.* [cf. CORONA] A kind of autumn rose.

(rosa) autumnalis, quam ~am appellant PLIN.*Nat.*21.19.

corōnis[1] ~idis, *f.* [Gk. κορωνίς] A device or symbol marking the end of a book, colophon.

si nimius uideor seraque ~ide longus esse liber MART. 10.1.1.

Corōnis[2] (*acc.* ~idem *or* ~ida), *f.* The daughter of Phlegyas and mother of Aesculapius.

OV.*Met.*2.542; *Fast.*1.291; HYG.*Fab.*202.1.

corōnō ~āre ~āuī ~ātum, *tr.* [CORONA+-O[3]]

1 To deck with garlands, wreathe, crown (a person, statue, etc.). **b** (esp. winners of athletic and other contests); also, to award the prize to (a work of art).

socii cratera ~ant VERG.*G.*2.528; intenditque locum sertis et fronde ~at funerea *A.*4.506; paruos ~antem marino rore deos fragilique myrto HOR.*Carm.*3.23.15; templa ~antur OV.*Met.*8.264; ~antur illa (*sc.* ambrosia) Cappadoces PLIN.*Nat.*27.28; ~at emeritos Diana canis STAT.*Silv.* 3.1.57;—(*absol., of plants used to make garlands*) folio ~ant Iouis flos, amaracum PLIN.*Nat.*21.59. **b** Athenae.. uictores olea ~ant PLIN.*Nat.*15.19; rara ~ato plausere theatra Menandro MART.5.10.9; utroque certamine isdem diebus ~abatur QUINT.*Inst.*2.8.14; Palfurium Suram.. tunc de oratoribus ~atum (*i.e. crowned as the leading orator*) SUET.*Dom.*13.1; GEL.15.16.1;—(*w. Gk. acc.*) quis..magna ~ari contemnat Olympia? (*i.e. win a victory at Olympia*) HOR.*Ep.*1.1.50;—comoediam..docuit ac de sententia iudicum ~auit SUET.*Cl.*11.2.

2 To form a ring about, surround, encircle.

collum..torques gemmata ~at NAEV.*Cyp.Il.*1(*poet.*p.51); pluma columbarum..quae sita ceruices circum collumque ~at LUCR.2.802; suggesta castra ~at humo PROP.4.4.8; silua ~at aquas OV.*Met.*5.388; quamuis cingere ea (*sc.* sidera) et ~are uideantur (coronae) SEN.*Nat.*1.2.3; quidam uini aurei nitor..purpura ~atus PLIN.*Nat.*37.129; (*poet.*) qui limina bellicosa Iani iustis legibus et foro ~at STAT. *Silv.*4.3.10;—(*of persons*) omnemque abitum custode ~ant VERG.*A.*9.380; nec calculator..maiore quisquam circulo ~etur MART.10.62.5.

corōnopūs ~podis (*acc.* ~pum), *m.* [Gk. κορωνόπους] A plant with toothed leaves, buckshorn plantain, *Plantago coronopus* (and prob. also swine's cress, *Coronopus didymus*).

(de) ~pode PLIN.*Nat.*1.22.22; aculeatarum caules aliquarum per terram serpunt, ut eius, quam ~pum uocant 21.99; 22.48.

corpiō: see CORRIPIO.

corporālis ~is ~e, *a.* [CORPVS+-ALIS]

1 Of or belonging to a body. **b** relating to the body (as opposed to the mind, spirit, etc.), bodily, physical.

ARCAM ~E(M) DE PROPRIO SVO VIVI SIBI CONPARAVERVNT *CIL* 5.8741. **b** quanta nos uitiorum nostrorum sequeretur obliuio, etiam ~ium SEN.*Ep.*53.5; naturalis pars philosophiae in duo scinditur, ~ia et incorporalia 89.16; in qua (aetate) ~ibus bonis iuuentus..exultat [QUINT.]*Decl.*19.2; ~em possessionem JAVOL.*dig.*41.2.24; cetera bona omnia quae ~ia et externa appellarentur GEL.18.1.4; ex..aegritudine ~i morboque APUL.*Pl.*2.14.

2 Possessed of a tangible body, material, corporeal.

bonum hominis necesse est corpus sit, cum ipse sit ~is SEN.*Ep.*106.5; APUL.*Pl.*1.6;—(*leg.*) quaedam..res ~es sunt, quaedam incorporales. ~es hae sunt, quae tangi possunt, uelut fundus, homo GAIUS *Inst.*2.12; 4.3.

corporāliter, *adv.* [prec.+-TER[2]] In respect of material things; also, carnally.

~..possessionem amittunt JAVOL.*dig.*41.2.23.1; ~ res in solidum translatae sunt ULP.*dig.*43.3.1.5;—sed ego non mehercules ~ illam aut propter res uenerias curaui PETR. 61.7.

corporātiō ~ōnis, *f.* [CORPORO+-TIO] (app.) Physical make-up, build.

custodiendum, ne in ~one uel statura uel uiribus inpar cum ualentiore iungatur COL.6.2.13.

corporātūra ~ae, *f.* [CORPORO+-VRA] Physical structure, build, frame.

aer in corpora fundens umorem efficit ampliores ~as VITR.6.1.3; modica ~a pecoris operarii debet esse COL. 6.2.15; qualis ~ae mancipia cuique operi contribuenda sint 11.ad fin.arg.lib.1.

corporātus ~a ~um, *a.* [pple. of CORPORO] In vbl. senses, esp.:

1 Endowed with a tangible body.

ortus est (mundus) quandoquidem cernitur et tangitur et est undique ~us CIC.*Tim.*5.

2 Formed into a corporate society; (masc. as sb.) a member of such a society.
ORDO ~ORVM LENVNCVLARIOR(VM) CIL 14.250;—(masc. as sb.) ALVMNO ET ~O VTRICLARIORVM 12.729; 12.1898; A.Epig.40.64.

corporeus ~a ~um, a. [CORPVS+-EVS]

1 Consisting of a body; endowed with a body, corporeal, material.
anima ~um corticem facile relinquit VAR.Men.547; uinculis liberata ~is..anima APUL.Pl.2.20; ~OS NEXVS LINQVENS CIL 11.2839;—~um..et aspectabile itemque tractabile omne necesse est esse, quod natum est CIC.Tim. 13; 26; quae..omnia ~a constare necessest natura LUCR. 1.302; nullam rem posse sua ui ~am sursum ferri 2.186; 3.162; ~is similis ne quaere figuras (sc. in sideribus) MAN. 1.458.

2 Composed of animal tissue, fleshy, of flesh.
hic umerus..~us..fuit OV.Met.6.407; ~as..dapes 15. 105; spectatissimum insigne gallinaceis, ~um, serratum PLIN.Nat.11.122; succedente ~a cicatrice 11.132.

3 Relating to the body, bodily, physical.
ille ~us (ignis) uitalis..omnia conseruat CIC.N.D.2.41; nec funditus omnes ~ae excedunt pestes VERG.A.6.737; ~am..labem MAUR.10; ~i laboris APUL.Mun.24; sensibus ..~is Pl.1.8.

corporō ~āre ~āuī ~ātum, tr. [CORPVS+-O^{3}]

1 To strike dead, kill.
corpus contemplatur unde ~aret uulnere ENN.scen.114; ~are abs tergo es ausus ACC.trag.604.

2 To form into a body, furnish with a body.
quod (sc. germen e maribus) deinde tempore ipso animatur ~aturque (sc. in mulieris utero) PLIN.Nat.7.66; ipsum animal (sc. pullus) ex albo liquore oui ~atur 10.148.

3 To form (a corporate society).
in urbe ex diuersis et contrariis ~ata APUL.Mun.19.

corpulentia ~ae, f. [next+-IA] The putting on of flesh, obesity.
somno concoquere ~ae quam firmitati utilius PLIN.Nat. 11.283.

corpulentus ~a ~um, a. compar. ~ior. [next+-VLENTVS] Of a heavy build of body, corpulent; (also app.) large (see quot.).
~ior uidere atque habitior PL.Epid.10; ~o litigatori QUINT.Inst.6.1.46; censores equum adimere soliti sunt equitibus ~is et praepinguibus GEL.6(7).22; APUL.Met. 8.26; (of animals) (uinacia) ~um pecus faciunt COL.6.3.5;—~is Ennius pro magnis dixit PAUL.Fest.p.62M.

corpus ~oris, n. [cf. Skt. kṛp- 'form', 'beauty', Av. kərəfš 'body'] N.B.: the pl. is often used in a sg. sense by poets in senses 1 and 4; such exx. have not been specially noted.

1 The body of a man or beast. b (as the seat of strength and health) the constitution, etc.; also, the generative powers, virility. c (as used in physical exertion and resistance); toto (omni) ~ore, with all one's might. d (used sexually); ~ore quaestum facere, etc., to live by prostitution. e (as the centre of certain physiological needs and desires); (esp. as representing the grosser elements in human nature).
~us discerpere ferro ENN.Ann.404; ~u' solidum et suci plenum TER.Eu.318; ~us macie extabuit Inc.trag.189; toto ~ore perhorresco CIC.Div.Caec.41; deus inclusus ~ore humano Div.1.67; ut fuso germanum ~ore cernit VERG.A. 9.722; dum ~ora corporibus applicant armaque armis iungunt LIV.23.27.7; fessus in herbosa posuit sua ~ora terra ceruus OV.Met.10.128; (insectis) ~us parientibus (i.e. viviparous) PLIN.Nat.11.120; it fera candenti torrente bitumine ~us SIL.9.609; (of a river-god) magno maerentem ~ore Nilum pandentemque sinus VERG.A.8.711; (of a constellation) tum sese Orion toto iam ~ore condit CIC.Arat. 322(81);—(poet., of plants) (uitis) tenerum prono deflectens pondere ~us CATUL.62.51; plantas tenero abscindens de ~ore matrum VERG.G.2.23;—(in fig. phr.) Pompeio..de ~ore rei publicae tuorum scelerum tela reuellente CIC.Pis. 25. b ita boues..~ore curatiores erunt CATO Agr.103; de adleuato ~ore tuo CIC.Att.7.1.1; nondum satis firmo ~ore cum esset Fam.11.27.1; ~us patiens inediae SAL.Cat. 5.3; intoleranda uis aestus..omnium ferme ~ora mouit LIV.25.26.7; rem inimicissimam ~ori SEN.Con.1.pr.17;—eunuchus litigabat cum quodam improbo, qui..damnum insectatus est amissi ~oris PHAED.3.11.3. c qui se totos et animis et ~oribus in salutem rei publicae contulerunt CIC.Phil.12.7; potuisse..ancillam..auxilium rei ferre, si non ~ore suo, at certe uoce plorantem ULP.dig.29.5.1.28; (in fig. phr.) eadem (sc. Gallia) crudelitati M. Antoni suum totum ~us obiecit CIC.Phil.12.9;—toto ~ore atque omnibus ungulis, ut dicitur, contentioni uocis adseruiunt Tusc.2.56; VERG.A.4.253; ille omni ~ore saeuas contra pugnat aquas Ilias 917; (transf.) toto certatum est ~ore regni VERG.A. 11.313. d Alcumenae usuram ~oris PL.Am.1135; is quaestus mihi est: lingua poscit, ~us quaerit As.512; quae (sc. meretrix) sese toto ~ore prostituit CATUL.110.8; uolgato ~ore LIV.1.4.7; mimum ~ore infamem TAC.Ann.1.73;—nisi qui palam ~ore pecuniam quaereret CATO orat.205; QVEIVE ~ORE QVAESTVM FECIT FECERIT CIL 1.593.122; LIV.26.33.8; TAC.Ann.2.85. e quieti ~us..dedi ACC. praet.17; omnia depone, ~ori serui CIC.Fam.16.4.4; glandiferas inter curabant ~ora quercus LUCR.5.939; praecipitique iam die curare ~ora milites iubet LIV.4.9.13; secessit ad exonerandum ~us SEN.Ep.70.20;—qui se a ~ore auocent et ad diuinarum rerum cognitionem..rapiantur CIC.Div.1.111.

2 The body as distinct from, or as the abode of, the life or soul. b an animate body (and not a phantom, statue, etc.).
a ~ore uitam ut secludam PL.Rud.220; physici..constare hominem ex anima et ~ore dicunt LUCIL.635; ~us..quasi uas est aut aliquod animi receptaculum CIC.Tusc.1.52; animae, quibus altera fato ~ora debentur VERG.A.6.714; ~oribus geminis spiritus unus erat DOM.MARS.poet.1.4; si..non cum ~ore extinguuntur magnae animae TAC. Ag.46.1;—(transf.) ~us quidem caeli aspectabile effectum est, animus autem oculorum effugit optutum CIC.Tim.27. b nec..sanguis nec sudor nisi e ~ore CIC.Div.2.58; ~us adhuc Echo, non uox erat OV.Met.3.359; ~us erat: saliunt temptatae pollice uenae 10.289.

3 A dead body, corpse.
omnis hic locus aceruis ~orum et ciuium sanguine redundauit CIC.Catil.3.24; LUCR.6.1215; LIV.23.36.4; Vari ~us semiustum hostilis lacerauerat feritas VELL.2.119.5; TAC.Hist.5.5; (sg. collect.) aceruos alta in amni ~ore expleui hostico ACC.trag.323;—(used of a shade) ipse (Charon).. ferruginea subuectat ~ora cumba VERG.A.6.303.

4 The body as presented to the sight of others, the exterior, one's person. b the body in respect of its physique, bearing, or sim. c one's complexion, skin.
eunt ad fontem, nitidant ~ora ENN.scen.130; munde ~ore culto LUCR.4.1281; si..illa..~ore, non tantum sedulitate placet OV.Ars 1.384; familia aut ~oribus electa aut spectabilis cultu SEN.Ep.119.11; non illum..suo Briseis ~ore mouit Ilias 693; qui sapientiae studium habitu ~oris praeferunt PLIN.Ep.1.22.6; (cf.) multis profuit ad ~us (i.e. next the skin)..pellem caninam habere LARG.161. b nosti quam sit gracili ~ore TURP.com.13; quibus sit maioribus..quo animo, quo ~ore CIC.Inv.2.29; campo purgato animaduertit mirifica ~ora Gallorum B.Afr.40.5; celsus haec ~ore uoltuque ita laeto ut uicisse iam crederes dicebat LIV.30.32.11; solo ~ore (i.e. height) mensus Tydea non timuit STAT.Theb.8.577. c ~ore albo PL.Capt.647; statura hau magna, ~ore aquilo Poen.1112; et tua.. candida si fuerint ~ora, turpis eris OV.Ars 1.728.

5 Flesh; esp. quantity of flesh, plumpness. b the soft tissues of a fruit, etc., pulp, flesh; the central wood of a tree, the 'quick'. c solid substance (as opposed to fluids).
adiectoque cauae supplentur ~ore rugae OV.Met.7.291; neque..creatur ibi ~us, sed ex uicino adducitur CELS.7.9.1; ulcera atra aridi (lupini)..ad uiuum ~us redigunt PLIN. Nat.22.154; (as food) apes..nullum ~us attingunt 11.72; (in fig. phr.) nudae illae artes..ossa detegunt, quae..~ore operienda sunt QUINT.Inst.1.pr.24;—et uiris et ~us amisi (i.e. I've lost weight) CIC.Fam.7.26.2; LUCR.1.1039; potiones ..~ori faciundo aptae CELS.7.3.4; ~us augere (i.e. to put on weight) uolentibus PLIN.Nat.23.41; ut exspatientur et gaudeant materia (thematis) et quasi in ~us eant (i.e. run to fat) QUINT.Inst.2.10.5; (in painting) Zeuxis plus membris ~oris dedit 12.10.5. b in prima lanugine demetitur uua eiusque melligo. reliquum ~us sole coquitur PLIN.Nat.12. 131; radicem lotos habet..opertam nigro cortice..interius candidum ~us 13.110; aliis (glandibus)..candidum ~us 16.20;—cortex..aridus..~ore tenus delibrandus est COL. 4.24.6; 5.6.16; tilia et uitis corticem mittunt, sed non uitalem nec proximum ~ori PLIN.Nat.17.234. c ratio faciendi (unguentum) duplex, sucus et ~us PLIN.Nat.13.7; ut suco aliquo sicca temperentur ad meatus aut ~ore alio umentia ad nexus 22.117.

6 Any structure comparable to a body, a fabric, framework. b (rhet.) the structure of a speech. c ~us reipublicae (and sim. phrs.) the state regarded as a living organism, the body politic.
reliquum ~us nauium uiminibus contextum coriis integebatur CAES.Civ.1.54.2; cum non patiantur penetrare in ~us umidam potestatem (lateres) VITR.2.3.4; (uitia) ~oris (gemmarum) capillamentum, sal, plumbago PLIN.Nat.37.68; —(of the earth) terrae concreto ~ore pondus constitit LUCR. 5.495; in hoc uniuerso terrae ~ore euenit ut partes eius.. solutae cadant SEN.Nat.6.10.2;—(of the sky or universe) quae caua ~ore caeruleo cortina receptat ENN.Ann.9; flammae..quae mundi fecere oculos habitantque per omne ~us MAN.1.134; coetus astrorum, quibus immensi ~oris pulchritudo distinguitur SEN.Nat.7.1.2; ipsum..~us et habitum tam profundi aeris..non eundem manere GEL.14.1.10; —(of a metrical system) negant hoc ~ore metri..aliquid ueteres scripsisse poetas MAUR.1889. b cum unum ~us debeat esse defensionis CIC.Brut.208; quae (sc. αὔξησις).. aequabiliter toto ~ore orationis fusa esse debet Orat.126; SEN.Ep.100.8; in iis (sc. locis) non ~ori prospiciunt, sed abrupta quaedam..iaculantur QUINT.Inst.2.11.6; 9.4.61. c ut totum ~us rei publicae curent CIC.Off.1.85; ~us nullum ciuitatis nec senatum nec plebis concilium..esse (placuit) LIV.26.16.9; si immensum imperii ~us stare..sine rectore posset TAC.Hist.1.16.

7 The body without the head, the trunk; also, the body as moving distinct from its limbs (in order to avoid blows, etc.). b the main part of a plant, e.g. the trunk (of a tree), the bulb (of an onion). c the shaft (of a column).
sues procero ~ore, capitibus ut sint paruis VAR.R.2.1.14; fonti..subde caput ~usque OV.Met.11.141; CELS.1.3.10; (of statues) statuariae arti plurimum traditur contulisse.. capita minora faciendo..~ora graciliora PLIN.Nat.34.65; (in fig. phr.) ne sententiae emineant extra ~us orationis expressae PETR.118.5;—quot..petitiones ita coniectas ut uitari posse non uiderentur parua quadam declinatione et, ut aiunt, ~ore effugi CIC.Catil.1.15; stat..nisuque immotus eodem ~ore tela modo atque oculis uigilantibus exit VERG. A.5.438; CURT.6.1.4. b aesculus quantum ~ore eminet, tantum radice descendit PLIN.Nat.16.127; spissius mari (harundini) ~us, feminae capacius 16.162; omnibus (generibus cepae) ~us totum pingui tunicarum cartilagine 19.101. c transtra cum capreolis columnarum contra ~ora VIT. 5.1.9.

8 The body regarded as denoting the whole man, one's person, one's very self. b ~oris custos, a member of a bodyguard; also, ~ore (~ori) custos; c the body as representing the mere physical presence of a person.
uos, qui regalis ~oris custodias agitatis NAEV.trag.21; cum in paludibus demersus..~us ac uitam suam conseruaret CIC.Red.Pop.20; ~ora sua pro salute regum suorum hi legati regii tradunt Deiot.41; in captiuorum ~ora militum foede saeuitum LIV.9.43.1; ~oribus subtractis bona tantum ..pigneranda poenae praebebant 29.36.12; ullius hic parcet ~ori, qui patrem trucidauit? QUINT.Decl.322(p.269,l.8); salios Scaurorum nomina falso ~ore laturos JUV.6.605; erat..iniquum nequitiam eorum (sc. filiorum)..ultra ipsorum ~ora parentibus..damnosam esse GAIUS Inst. 4.75; (cf.) ipsa suo retinent primas in ~ore (i.e. for themselves) partes sidera MAN.2.715. b ornatu..militari inter ~oris custodes iter facere NEP.Dat.9.3; Eum.7.1; regia cohors custodesque ~oris LIV.40.6.3;—FANNIVS NERON CLAVDI CAESARIS AVG ~ORI CVSTOS A.Epig.52.145; BASSVS NERONIS CAESARIS ~ORE CVSTOS CIL 6.4342; 6.4343. c ut ~us abesset meum, dignitas iam in patriam reuertisset CIC.Red.Sen.5; Phil.10.8; ~us dumtaxat suum..apud eos fuisse: animum..ibi esse ubi ius ac fas crederent coli LIV. 27.17.13; nusquam erat Pompeius ~ore, adhuc ubique uiuebat nomine VELL.2.54.2.

9 A human being, person, individual (mostly in certain fixed phrs. where the emphasis is on the treatment received by the individual, or in poetic periphrases).
saluete, optima ~ora ENN.scen.282; uim in ~us liberum.. adferri CATO orat.205; amantes non longe a caro ~ore abesse uolunt CATUL.66.32; puer, impube ~us HOR.Epod.5.13; ~ora muliebria, cum conceperint fetus..non iudicantur integra VITR.2.9.1; libera ~ora dictator sub corona uendidit LIV. 5.22.1; 26.34.11; captiua ~ora Romanis cessere 31.46.16; consortia ~ora poenae dedidit OV.Met.13.663; dum utrumque ~us interficiat, sine fraude sit SEN.Con.1.4; ~ora quaestuaria (i.e. prostitutes) ULP.dig.23.2.43.9; (of animals) si speciale ~us ex grege petam POMPON.dig.44.2.21.1;—(w. gen., in poet. periphrases) multa uirum demittit ~ora morti VERG.A.10.664; Othonem comitabantur speculatorum lecta ~ora TAC.Hist.2.11.

10 (leg.) The body regarded as the actual instrument of possession or control; only in phr. ~ore, physically, materially.
quod..solo animo possidemus, quaeritur, utrumne usque eo possideamus, donec alius ~ore ingressus sit POMPON.dig. 41.2.25.2; ULP.dig.45.3.5; nulla possessio adquiri nisi animo et ~ore potest PAUL.dig.50.17.153.

11 A concrete object (and not something insubstantial); (geom.) a solid body; (abst.) solid character or appearance, substance. b (phil.) a thing capable of acting or being acted upon, a real entity. c (leg.) a tangible object as such (as opposed to its cash value, a usufruct, etc.), a separate item (as opposed to the sum it goes to make up); (w. gen.) the actual object specified. d (abst.) substance, matter (in a speech or theme).
animus..sensum omnem effugit oculorum; at ignis, aqua ..corpora sunt eaque cernuntur CIC.Tim.50; e quibus finitis..~oribus figurata similitudine sumuntur exempla VITR.7.5.1; quantum abesse debeat ~us ab imagine (in speculo) SEN.Ep.88.27; quidquid alteri simile est necesse est minus sit eo quod imitatur, ut umbra ~ore QUINT.Inst. 10.2.11; ~usne sit uox an incorporeum GEL.5.15.1;—cybus.. est ~us ex lateribus aequali latitudine planitiarum perquadratum VITR.5.pr.4;—si gentem, si agnationem definias, quarum rerum nullum subest ~us CIC.Top.27; Luc.124; hic (pictor) totum bouem atri coloris fecit umbraeque ~us ex ipsa dedit (i.e. the appearance of solidity) PLIN.Nat. 35.127; sine ~ore pigra uorago SIL.13.562. b quod ex utroque (sc. ui et materia), id iam ~us et quasi qualitatem quandam nominabant CIC.Ac.1.24; bonum facit; prodest enim: quod facit, ~us est SEN.Ep.106.4; GEL.5.15.3. c ut dos, quae in pecunia numerata esset, permutaretur et transferatur in ~ora JULIAN.dig.23.4.21; si ~us aliquod petamus, uelut fundum, hominem, uestem GAIUS Inst.4.48; siue in pecunia non ~ora cogitet, sed quantitatem PAPIN.dig.46.3.94.1;—praeda dicitur ~ora ipsa rerum, quae capta sunt GEL.13.25(24).26; loci ~us non est dominii ipsius, cui seruitus debetur, sed ius eundi habet ULP.dig.8.5.4; non tot sunt stipulationes, quot nummorum ~ora 45.1.29. d illi (oratores), qui abundantia laborant, plus habent furoris, sed plus et ~oris SEN.Con.9.2.26; tenuem..et paene uiduatam ~ore materiam COL.10.pr.4.

12 A distinct portion of matter; esp. a minute portion, a particle; ~us indiuiduum, primum, insecabile, an 'atom'.
uox..offensa superioribus solidis ~oribus repulsaque VITR.5.8.1; in aethere nulli incerto ~ori locus est SEN.Nat. 2.13.4; quot..coire stellas oportet, ut tantum ~us (sc. cometen) efficiant? 7.15.1;—sunt uenti ~ora caeca LUCR. 1.295; ~ora pauca caloris 3.121; 6.350; Aetna 293; quot haberet ~ora puluis OV.Met.14.137; dissimilitudo ~orum, quae uapor terrenus emittit SEN.Nat.5.12.1; ~ora quasi puluerulenta necesse est maneant LARG.21;—ille atomos quas appellat, id est ~ora indiuidua propter soliditatem, censet in infinito inani..ferri CIC.Fin.1.17; Fat.22; quae.. semina rerum appellare suemus et haec eadem usurpare ~ora prima LUCR.1.61; qui..~ora insecabilia esse, ex quibus res omnes initium duxerint, tradunt QUINT.Inst. 2.17.38.

13 A distinct form of matter, a substance; esp. one of the four 'elements'.
quicquid..acris irritat flammas, illius ~oris Aetna est Aetna 393; haec..decocuntur, donec ~us unum sit CELS. 6.6.22; quod..~us animae per se? quae materia? PLIN. Nat.7.189; hae (res), quarum ~us manet, forma mutata est ULP.dig.50.16.13.1;—naturam..quattuor omnia gignentium ~orum CIC.Tusc.1.40; aer et quae tria ~ora restant OV.Fast.1.105.

14 (abst.) Size, bulk, volume; also, density, mass. **b** area.

inuenit..quanto minus magno ~ore eodem pondere auri massa esset quam argenti Vitr.9.pr.12; cum esset (liber) nec mei nec tui ~oris, sed qui..Titi Liuii..posset uideri Sen.*Ep.*46.1;—grauius plus in se ~oris esse dedicat Lucr. 1.366; densitas earum (*sc.* nubium) ~usque haut dubio coniectatur argumento Plin.*Nat.*2.111. **b** qua hora (umbra) par esse ~ori (pyramidis) solet Plin.*Nat.*36.82; si ~us habet finis Agen.*agrim.*p.27.

15 An organized body of people, league, union. **b** (mil.) a body of troops, corps. **c** a society for the mutual benefit of its members, a guild (of craftsmen, traders, etc.). **d** a political, social, or other class.

ut ~us unum et concilium totius Peloponnesi esset Liv. 39.37.7; Latium sic scindere ~us dis placitum Luc.10.416; sparsa ac dissona moles in ~us uultumque coit et rege sub uno disposita est Stat.*Ach.*1.458; non omnes serui, sed ~us quoddam seruorum demonstratur Ulp.*dig.*50.16.195.3; (*of animals*) diuersi generis animalia..separata alienis in unum quodque ~us congregantur Vell.1.16.2. **b** studia excitauerant uterque sui ~oris hominum Liv.26.48.6; totidem pilanus habebat ~ora Ov.*Fast.*3.130; uos meorum militum ~ori inmiscui Curt.10.3.10; (*in fig. phr.*) unius ~oris duas acies lanista Cicerone dimicantis Ant.in Cic. *Phil.*13.40. **c** ~vs pistorvm *CIL* 6.1002; negotiatori ~oris splendidissimi cisalpinorvm 13.2029; qvisqvis ex hoc ~ore n(ostro) pariatvs decesserit 14.2112.1.23; (*cf.*) collegia..sunt, quorum ~us senatus consultis..confirmatum est Gaius *dig.*3.4.1. **d** oriundi ab Sabinis..sui ~oris creari regem uolebant Liv.1.17.2; potentis uiri cum inter sui ~oris homines tum etiam ad plebem 6.34.5; late fusum id ~us (*sc.* libertorum) Tac.*Ann.*13.27; cum..uellet (plebs) ex suo quoque ~ore consules creare Pompon.*dig.* 1.2.2.25.

16 A comprehensive collection of facts on a given subject; a compendium of scientific, literary, or other writings, an encyclopaedia, corpus, etc. **b** the gross amount, aggregate (of personal property); also, a sum (of money).

utilissimam rem putaui tantae disciplinae ~us ad perfectam ordinationem perducere Vitr.4.pr.1; totum ~us disciplinae quinque libris conplexus est Col.1.1.14; singula et sparsa per inmensum ~us historiarum persequi Fron. *Str.*1.pr.;—a principio..coniurationis usque ad reditum nostrum uidetur mihi modicum quoddam ~us (*sc.* historiae) confici posse Cic.*Fam.*5.12.4; utros eius habueris libros (duo enim sunt ~ora)..nescio *Q.fr.*2.11.4; cum ~us architecturae scriberem Vitr.2.1.8; 9.8.15; nec legitur pars ulla magis de ~ore toto Ov.*Tr.*2.535; ~ora..ignotorum auctorum Sen.*Dial.*9.9.6; hos (uersus) nisi retrahis in ~us Plin. *Ep.*2.10.3; si Homeri ~us sit legatum et non sit plenum Ulp.*dig.*32.52.2. **b** quae sunt parta labore militiae, placuit non esse in ~ore census, omne tenet cuius regimen pater Juv.16.53; si..in ~us patrimonii peruenit aliquid Ulp.*dig.*4.2.20; 5.3.25.16;—si non certum ~us nummorum saepius sit relictum 30.34.4.

corpusculum ~ī, *n.* [prec.+-cvlvm]

1 A small body; (oft. used of an adult human body to express contempt, pity, affection, etc.). **b** (playfully) plumpness, embonpoint.

uncus iniectus facile hebeti ~o (*sc.* partus emortui) labitur Cels.7.29.6; exigui mensura ~i (formicae) Sen. *Nat.*1.pr.10; tanta uox (lusciniae) tam paruo in ~o Plin. *Nat.*10.81;—~um malacum! Pl.*Cas.*843; ~um..magis necessariam rem credo quam magnam Sen.*Ep.*23.6; sine querela ~i tui Tra.Plin.*Ep.*10.18(29).1; quantula sint hominum ~a Juv.10.173; Aur.*Fro.*1.p.248(90N). **b** tibi statura deest, ~um non deest Aug.in Suet.*Poet.*40(p.47Re); ut..crederem, quid uiribus, quid ~o apparares Plin.*Ep.* 6.4.2.

2 A small object; esp. a minute particle. **b** one of the minute particles of which matter was believed to be composed, an 'atom'.

si aurum dedit aurifici, ut..fieret sibi aliquod ~um Pompon.*dig.*34.2.34;—uidemus ~a minima in aduersum ferri Sen.*Nat.*5.1.2; ipsa ~a (cytini) trita ulceribus..inlinuntur Plin.*Nat.*23.111. **b** de ~orum (ita enim appellat atomos) concursione Cic.*Ac.*1.6; Democritum..leuibus et rotundis ~is efficientem animum *Tusc.*1.22; ~a..uaporis Lucr. 2.153; si quae penitus ~a rerum..foras mittuntur 4.199; in magna copia ~orum, quae terrae eiectant Sen.*Nat.*1.1.8; Plin.*Nat.*22.111.

corrādō ~dere ~sī ~sum, *tr.* **conr-.** [con-+rado]

1 To rake together; to draw together as with a rake, sweep up. **b** to amass with difficulty, 'scrape together' (money, etc.).

homo in pratis per fenisecia eo (*sc.* rastello) festucas ~dit Var.*L.*5.136;—nil relinquo in aedibus..~si omnia Ter. *Hau.*141; alia (corpora) ex ipso ~dens aere portat (uentus) Lucr.6.304; 6.444; ~dentes omnia et in sacculos..facientes Apul.*Met.*8.28. **b** trecentos Philippos; credo ~di potest Pl.*Poen.*1363; ei credo munus hoc ~ditur Ter.*Ph.*40; *Ad.*242; uiaticulum mihi ~si Apul.*Met.*7.8; 11.28; Ulp.*dig.* 26.7.5;—(*transf.*) multa..possum commemorando argumenta fidem dictis ~dere nostris Lucr.1.401.

2 To remove by scraping, scrape off.

si tectorium..quod induxeris, picturasque ~dere uelis Cels.*dig.*6.1.38.

correctiō ~ōnis, *f.* **conr-.** [corrigo+-tio]

1 An amendment (of something faulty), the rectifying (of an error), **b** (rhet.) the substitution of another word for one less appropriate, correction.

sine ulla ~one rei publicae Cic.*Att.*2.15.2; ~o philosophiae ueteris et emendatio *Fin.*4.21; huius culpae..omnis a philosophia petenda ~o est *Tusc.*5.5; in ipsa publicorum morum ~one Suet.*Tib.*42.1; sine regulae ~one et..perpendiculi sollertia Apul.*Soc.*pr.3. **b** ~o est quae tollit id quod dictum est et pro eo id quod magis idoneum uidetur reponit *Rhet.Her.*4.36; Cic.*de Orat.*3.203; Quint.*Inst.*9.3.89.

2 A reproof or chastisement.

incestum excusari solet sexu uel aetate uel etiam puniendi ~one Papin.*dig.*48.5.39(38).7.

corrector ~ōris, *m.* **conr-.** [as prec.+-tor]

1 One who sets right or emends, a corrector, reformer, etc.

illud quod cecidit forte, id arte ut corrigas. — ~or! nemp' tua arte uiginti minae..periere Ter.*Ad.*742; hic ~or in eo ipso loco quo reprehendit..immittit imprudens ipse senarium Cic.*Orat.*190; ~orem atque emendatorem nostrae ciuitatis *Balb.*20; *Phil.*2.43; asperitatis et inuidiae ~or et irae Hor.*Ep.*2.1.129; usus..qui unus est legum ~or Liv.45.32.7; Plin.*Pan.*6.2.

2 The title of a special commissioner, appointed from the time of Trajan onward, to supervise the finances of a *libera ciuitas*.

~or apvliae et calabriae *CIL* 9.1127; ~or flaminiae et piceni 14.3594; *A.Epig.*55.150.8.

correctus ~a ~um, *a.* **conr-.** *compar.* ~ior. [pf. pple. pass. of corrigo] In vbl. senses: esp. (of persons), reformed.

~us Bestius Hor.*Ep.*1.15.37; ut is..attentior fiat ~iorque Gel.7(6).14.2.

corregiō ~ōnis, *f.* **conr-.** [con-+rego+-io] (app.) The drawing of boundary-lines (within which auspices might be taken).

inter ea ~one conspicione cortumione utique ea erectissime sensi *formula* in Var.*L.*7.8; (*cf.*) ~one e regione Paul. *Fest.*p.66M.

corrēpō ~ēpere ~epsī ~eptum, *intr.* **conr-.** [con-+repo]

1 To move stealthily, creep, crawl.

meliust te in neruom ~epere Pl.*Rud.*872; *Trin.*424; intra murum..patres familiae ~epserunt Var.*R.*2.pr.3; ~epsit in scalas Cic.*Corn.*1.fr.12; occulte in aliquam onerariam ~ependum *Att.*10.12.2; sub terram ~epere fulminum metu Sen.*Nat.*6.2.6; siquis metuens medium ~epsit in agmen Luc.4.773; Apul.*Apol.*57; (*in fig. phr.*) quod cum efficere uultis, in dumeta ~epitis? Cic.*N.D.*1.68.

2 (of the flesh) To creep.

~epunt membra pauore Lucr.5.1219.

correptē, *adv.* **conr-.** *compar.* ~ius. [correptvs+-e] With a short vowel or syllable.

quae (syllaba) nunc ~ius exit Ov.*Pont.*4.12.13; lustra producte et lustra ~e hoc interest Suet.*fr.*176(p.277Re); 'in' et 'con'..in aliis (uerbis)..~e pronuntiari Gel.2.17.1.

correptiō ~ōnis, *f.* **conr-.** [corripio+-tio]

1 The action of seizing, seizure; the attack, onset (of a disease).

~o manus in re atque in loco praesenti apud praetorem..fiebat Gel.20.10.8;—in ipsa..~one uti oportet ea (antidoto) Larg.171.

2 A rebuking, censure.

emendatae (lusciniae) ~o (*s.v.l.*) Plin.*Nat.*10.83.

3 A shortening, decrease; a shortening in pronunciation (of a vowel or syllable).

~ones dierum aut crescentiae Vitr.9.8.7;—productio..in scripto et ~o in dubio relicta causa est ambiguitatis Quint.*Inst.*7.9.13; 9.3.69; Maur.126.

correptus ~a ~um, *a.* **conr-.** [pple. of corripio] (pros., of a syllable) Short.

~a media syllaba uti Sen.*Nat.*2.56.2; cum syllaba ~a producitur Quint.*Inst.*1.5.18.

correus ~ī, *m.* **conr-.** [con-+revs] A joint defendant.

ne..~us meus liberetur Ulp.*dig.*34.3.3.3.

corrideō ~ēre, *intr.* **conr-.** [con-+rideo] To laugh together (in quot., poet.).

tam magis haec intus perfusa lepore omnia ~ent Lucr. 4.83.

corrigia ~ae, *f.* [app. not connected w. *corrigo*: = MIr. *cuim-rech* (chain); cf. OIr. *conriug* (bind together), Goth. *skaudaraip* (shoe-latchet)] A thong for securing shoes to the feet, shoe-latchet, shoe-lace; also, a thong of any kind.

pedes ~is compedio Var.*Men.*180; 267; abruptio ~ae Cic.*Div.*2.84;—tradunt..remedio esse..~am caninam ter collo circumdatam Plin.*Nat.*30.35.

corrigō ~igere ~exī ~ectum, *tr.* **conr-.** [con-+rego]

1 To direct (a road) in a straight line.

~igere uiam..per uineas medias Scip.min.*orat.*12.

2 To make straight, straighten out.

eius pampinos teneros alligato leuiter ~igitoque Cato *Agr.*33.4; ut..(puerorum) deprauata ~igant crura Var.*L.* 9.11; hastilia detorta, ut ~igamus, adurimus Sen.*Dial.* 3.6.1; martiolum..protulit et phialam..~exit Petr.51.4; torsere se fluminum aut ~exere flexus Plin.*Nat.*3.16; malas labantes ~igi praecepit Suet.*Aug.*99.1;—(*transf.*) abreptam..classem ad insulam Aegimurum, inde aegre ~ectum cursum Liv.29.27.14;—(*in fig. phr.*) ut ~igendus potius quam leuiter inflectendus esse uideare Cic.*Mur.*60; —(*prov.*) ~igi vix tandem qvod cvrvom est factvm ⟨c⟩rede *CIL* 1.2173.1; Sen.*Apoc.*8.3; inuenimus, qui curua ~igeret Plin.*Ep.*5.9(21).6.

3 To make alterations or improvements in, amend (a piece of writing, etc.), reform (practices, etc.). **b** (refl.) to amend one's previous statement, correct oneself.

suam quisque consuetudinem, si mala est, ~igere debet Var.*L.*9.6; ~igere testamenta uiuorum Cic.*Ver.*1.111; mora Alexandrina causam illorum ~exit, meam euertit *Att.* 11.16.2; tua ~ige uota Ov.*Met.*2.89; ~exi sub te censore libellos *Pont.*4.12.25; quis ferat militem scita plebis..~igentem? V.Max.9.7.mil.rom.1; consul ~igendis moribus delectus Tac.*Ann.*3.28; fastos ~exit Suet.*Jul.*40.1; quem ..librum manu ipsius ~ectum legi Gel.13.21.4. **b** cum ~igimus nosmet ipsos quasi reprehendentes Cic.*Orat.*135; Plin.*Nat.*18.212.

4 To put right (a fault) by removing it or substituting something else, rectify (a mistake), remedy (an undesirable situation); to make up for, atone for (an offence or sim. by subsequent action).

~rexit miles, quod intellexi minu'; nam me extrusit foras Ter.*Eu.*737; erratum iudicum ~igere *Rhet.Her.*2.48; quod mendum ista litura ~exit? Cic.*Ver.*2.104; hac rogatione..legis uitium ~igebatur *Sul.*63; nunc ea peccemus, quae ~iget hora iugalis Ov.*Ep.*15.297; adhortatione..legionum trepidationem ~exit V.Max.3.2.19; laesum..ius..~igitur Ulp.*dig.*4.6.1;—quod peccatum a nobis ortumst ~igo Ter. *Ad.*593; cursu ~igam tarditatem Cic.*Q.fr.*2.13.2; acceptam ..ignominiam ~igere Liv.43.21.4; ~ecta obliuia (deorum) damnis Ov.*Fast.*5.311.

5 To reform the character or habits of (a person, community, etc.); (refl.) to mend one's ways. **b** to admonish or chastise.

quin eum restituis, quin ad frugem ~igis? Pl.*Trin.*118; Ter.*An.*596; a Graecis..doctoribus, nisi Graece dicerem, neque ~igi possem neque doceri Cic.*Brut.*310; spe ~igendae et sanandae ciuitatis *Att.*1.18.2; exercitus..eam partem, quae corrupta est et ab re p. alienata..~igere Planc.*Fam.* 10.15.3; Sal.*Cat.*52.35; qui peccare se nescit, ~igi non uult Sen.*Ep.*28.9; Quint.*Inst.*1.3.14;—(*refl.*) ut tibi sit qui te ~igere possis Pl.*Trin.*653; populus uniuersus debet..si perperam est consuetus, ~igere se ipsum Var.*L.*9.5. **b** non ille tuum filium concupiscit (*sc.* adoptione): suos ~igit Sen.*Con.*2.1.28; pro modo querellae ~igere eum aut comminari aut fustibus castigare Ulp.*dig.*1.12.1.10; Call. *dig.*48.19.28.3.

6 (med.) To restore (a part of the body) to a healthy or normal condition; to cure, remove (diseases or sim.).

uuluas..(ruta) ~igit..conuersas Plin.*Nat.*20.136; radicum decoctum cutem in facie ~igit 23.144; coclearum saliua..infantium..palpebras ~igit 30.136;—oris graueolentiam commanducato (sonco) ~igi 22.88; 28.117.

corripiō ~ipere ~ipuī ~eptum, *tr.* **conr-.** [con-+rapio] Forms: *corpiunt* (s.v.l.) (= *corripiunt*) Cels.3.7.1.b.

1 To seize hold of, snatch up, grasp; *arma ~ipere*, to go to war. **b** to seize, apprehend (a person). **c** *in se ~ipere*, (of inanim. objs.) to attract or absorb; also *~ipere* alone. **d** (of fire) to catch; (pass.) to catch fire; *flamma, igni*, etc. *~ipere*, to set on fire, ignite. **e** (transf., of informers) to pounce on (a victim).

~ipuit (draco) pullos Cic.*poet.*22.14(*Div.*2.63); suis rebus celeriter ~eptis Malacam contendit *B.Alex.*64.2; ubi ~eptum manibus uinclisque tenebis Verg.*G.*4.405; ~epta dura bipenni limina perrumpit *A.*2.479; ~ipe lora manu Ov.*Met.*2.145; aurem eius morsu ~ipuit V.Max.3.3.ext.3; unda..quam..~ipiens patulum galeae confudit in orbem Luc.9.502; miles..~eptis signis..ruere Tac.*Hist.*2.18; (*in fig. phr.*) hos..uiscatis hamatisque muneribus..aliena ~ipere Plin.*Ep.*9.30.2;—uniuersa Pannonia..arma ~ipuit Vell.2.110.2; populus Romanus prima aduersus exteros arma pro libertate ~ipuit Flor.*Epit.*1.3(1.9.6). **b** hominem ~ipi ac suspendi iussit Cic.*Ver.*3.57; Caes.*Civ.*3.109.5; de nihilo hospites ~ipi Liv.34.61.13; equites..uagos e Cremonensibus ~ipiunt Tac.*Hist.*3.21; Suet.*Otho* 11.1. **c** cum patent foramina..harenae mixtionem in se ~ipiunt Vitr.2.5.3; calx..~ipit in se quae res forte contigerunt 7.3.7; 7.8.4;—(lunam) radiis et impetu caloris (solis) ~ipi 9.2.1; si..e sublimi deiecta (aqua) uerberatum ~ipiat aera Plin.*Nat.*31.39. **d** flammam..quae plurima uento ~ipuit tabulas Verg.*A.*9.537; ignes ~ipuere casas Ov.*Fast.* 2.524; Tac.*Ann.*13.37; ignis..uento citus longitudinem circi ~ipuit 15.38;—tempus, quo mare, quo tellus ~eptaque regia caeli ardeat Ov.*Met.*1.257; arida et ~ipi facilia scintillam..fouent usque in incendium Sen.*Ep.*18.15; Sil.4.695; —~epti alii flamma sunt, alii ambusti adflatu uaporis Liv.28.23.4; quae ~ipi igne..iubes Sen.*Phoen.*563; maiore igni nubibus ~reptis Plin.*Nat.*2.148. **e** passim delationes, et locupletissimus quisque in praedam ~epti Tac. *Hist.*2.84; Clutorium Priscum..~ipuit delator *Ann.*3.49; 6.40; (*cf.*) Vitellius..accusatione ~ipitur deferente Iunio Lupo 12.42.

2 To hasten over (a stretch of ground); to hasten upon or cover rapidly (a journey); *gradum ~ipere*, to hurry.

cum praecipiti certamine campum ~ipuere..currus Verg.*G.*3.104; *A.*5.316; ~ipuere leues spatium Stat.*Theb.* 6.594; Sil.16.395;—~ipuere uiam interea Verg.*A.*1.418; Ov.*Met.*2.158; iter..quam rapidum et praeceps..~ipuerit V.Max.5.5.3; cum quadridui iter biduo ~ipuerint Fron. *Str.*3.1.2; Plin.*Ep.*4.1.6;—semotique prius tarda necessitas leti ~ipuit gradum Hor.*Carm.*1.3.33; Dircaeusque gradum pariterque Acheloius heros ~ipuere toris Stat.*Theb.*2.143.

3 To seize unlawfully, appropriate, arrogate, etc.; (fig.) to assume arbitrarily (a conclusion). **b** to take possession of (a city) by force.

apertus in ~ipiendis pecuniis fuit Cic.*Ver.*5; *Balb.*56; uastata prouincia, ~eptis uectigalibus Lent.*Fam.*12.15.1; cogitabat..omnium partis ~ripere atque complecti Nep.*Eum.*2.3; cum iam Dolabella..fascis atque insignia ~ipuisset consulis Vell.2.58.3; neque cunctatur quin proximas praefecturas ~ipiat Tac.*Ann.*11.8;—(*fig.*) illud in his rebus ne ~ipuisse rearis me mihi Lucr.5.247. **b** ille dies, Marius quo moenia uictor ~ipuit Luc.2.100; Stat.*Theb.*3.248.

4 (of torrents, whirlwinds, etc.) To seize and carry away, sweep off. **b** to destroy, carry off. **c** to carry away emotionally, enrapture. **d** (refl., of persons) to rouse oneself, arise, or hurry off; so *corpus ~ipere*.

uiolento turbine..~eptus..fertur..ad uada leti Lucr.5.1232; obiecta..flumina ~eptosque unda torquentia montis Verg.*G.*3.254; *A.*1.100; (impetus fluminis) urbis tecta ~iperet, nisi essent specus..qui exciperent Curt.5.1.28;—(*fig.*) ingruere infensos hostis et Marte secundo omnia ~ipuisse Verg.*A.*11.900. **b** segetes..nimius..~ipit imber Ov.*Met.*5.483; si ~epti non sunt, diutius quidem uiuunt Cels.3.27.1A; subita morte ~eptus Curt.6.6.18; quia ui tot simul ~ipere intutum (esset) Tac.*Ann.*4.3; (*ellipt.*) uirus praesentaneum paro quod statim..~ipiat? [Quint.]*Decl.*17.11. **c** hunc plausus hiantem..~ipuit Verg.*G.*2.510; uisae ~eptus imagine formae Ov.*Met.*3.416; 4.676. **d** ut ~ipuit se repente atque abiit! Pl.*Mer.*661; intro me ut ~ipui timidus Ter.*Hec.*365; cum ~eptus homo ex somno se colligit ipse Lucr.3.925; ~ripuit sese atque inimica refugit Verg.*A.*6.472; 11.462;—corpus de terra ~ipere Lucr.4.999; ~ipio e stratis corpus Verg.*A.*3.176.

5 (esp. pass.) To attack suddenly, seize, or overcome. **a** (of diseases or other abnormal conditions). **b** (of emotions, esp. passions).

a nec singula morbi corpora ~ipiunt Verg.*G.*3.472; ferrum robigo..~ipit odorque dirus aera Plin.*Nat.*7.64; cum cancer os ~ipit Larg.62; trementem ~ipuit pallor Sil.4.456;—(*pass.*) pecudes..nausea ~eptae uomitant Col.7.10.5; solatis, id est sole ~eptis, (cocleae tritae) prosunt Plin.*Nat.*29.118; qui modice ~ipiantur spasmo 32.36; ualetudine aduersa ~ipitur Tac.*Ann.*12.66; ceruicum..dolore grauissimo ~eptus sum Fro.*Aur.*1.p.198(81N);—(*pass. used absol. or ellipt.*) non uota, non ars ulla ~eptos leuant Sen.*Oed.*69; si frequenter..~ipiuntur..danda erit antidotos hiera Larg.99. **b** cunctos pugnandi ~ipit ardor *Ilias* 143; ingens..uerberonem ~ipit trepidatio Apul.*Met.*10.10;—(*pass.*) Scylla nouo ~epta furore *Ciris* 130; duplici ~eptum ardore Prop.1.3.13; Byblis..~epta cupidine fratris Ov.*Met.*9.455; Asia..pari terrore ~epta est Flor.*Epit.*1.40(3.5.6); misericordia ~eptum Suet.*Cal.*12.3; ~ptum esse me ira Gel.1.26.8.

6 To censure, rebuke, find fault with (a person or his conduct, etc.).

(*persons*) ~eptus uoce magistri Hor.*S.*2.3.257; Liv.2.28.5; ~ipuisse patres..nuptas..ferunt Ov.*Fast.*1.625; V.Max.6.2.3; Quint.*Inst.*11.1.68; repeto me ~eptum ab eo, cur ambularem Plin.*Ep.*3.5.16; ~ipuit consulares..quod non..senatui scriberent Suet.*Tib.*32.1; *Cl.*38.1;—(*w. abl.*) omnes conuicio..consulis ~repti exagitabantur Caes.*Civ.*1.2.4; (Agrippina) ~epta iurgio Suet.*Gal.*5.1;—(*actions, habits, etc.*) ~ipis..peccata sodalis Ov.*Pont.*2.6.5; nec illas (sententias) ~ipere conor Sen.*Con.*9.1.13; ius uidemur perdidisse ~ipiendi gemmata potoria Plin.*Nat.*37.17; securitatem meam ~ipit Plin.*Ep.*6.20.5;—(*absol.*) ~ipis, obseruas, quereris Mart.11.39.9.

7 To contract (one's limbs) convulsively.

reges..~ipiunt diuum percussi membra timore Lucr.5.1223; ~ipere assidue neruos et membra 6.1161.

8 To reduce, shorten, diminish; to abridge (literary work). **b** (gram.) to pronounce (a syllable) short, to pronounce (a word) with a short syllable; also, to contract (a word).

~epta luce diei Lucr.4.83; foramen..gradatim ~ipiendo spatia contrahit horas Vitr.9.8.14; faueant tibi numina..~ipiantque moras Ov.*Met.*9.282; uitam ex centum annorum numero in quantum uoles ~ipe Sen.*Ep.*74.27; ludorum..impensas ~ipuit Suet.*Tib.*34.1; circensium die..singulos (missus) e septenis spatiis ad quina ~ipuit *Dom.*4.3;—quae nimium ~ipientes omnia sequitur, obscuritas Quint.*Inst.*4.2.44; Ver.*Fro.*2.p.196(132N). **b** quae (*sc.* uerba) neque augeri nec minui nec..produci aut ~ipi possunt Quint.*Inst.*9.4.89; Vel.gram.in *G.L.*7.53; audio..quosdam eam litteram in hac uoce barbare ~ipere Gel.4.6.6; 9.6.2;—cuius uerbi (*sc.* 'trabes') singularis casus rectus ~eptus ac facta trabs Var.*L.*7.33; quod..uerba..extendere, ~ripere, conuertere, diuidere cogatur (poesis) Quint.*Inst.*10.1.29.

corriuātiō ~ōnis, *f.* **conr-.** [next+-tio] The leading (of water) into the same channel.

~one aquae pluuiae Plin.*Nat.*31.44; 33.74; ~o aquarum 36.124.

corriuō ~āre ~āuī ~ātum, *tr.* **conr-.** [con-+rivvs+-o³] To lead (water, etc.) into the same basin or channel, collect.

uenas aquarum..ex quibus ~atis flumina effici possint Sen.*Nat.*3.19.4; ~atus salis e cautibus liquor Plin.*Nat.*6.43; pluuia aqua ~ato limo 34.125; ceterisque (aquae ductibus) ~atis atque emendatis lacus dcc fecit 36.121; Ulp.*dig.*39.3.1.4.

corrōborō ~āre ~āuī ~ātum, *tr.* **conr-.** [con-+roboro]

1 To give strength to (a person, organ of the body, etc.), strengthen; to harden (a material object). **b** (mil.) to reinforce. **c** (refl. and pass., of persons or their faculties, etc.) to become mature; *aetas ~ata*, a mature age.

catulos..dum ~entur, emitti non oportet Col.7.12.12; nec ~atur (cerebrum) ante primum sermonis exordium Plin.*Nat.*11.134; stomachum ~at (carduus) 20.263; 24.13; tironem militem opere assiduo ~auit Suet.*Gal.*6.3;—ut..structura..in unitatem ~etur Fron.*Aq.*123. **b** prius quam hostes magis ~entur Planc.*Fam.*10.21.6. **c** (*refl.*) cum iam sese ~auisset ac uir inter uiros esset Cic.*Cael.*11; puerilis tua uox..cum se ~arit *Sest.*10;—(*pass.*) amicitiae ~atis..ingeniis et aetatibus iudicandae sunt *Amic.*74; educatus in sororis stupris, ~atus in caede ciuium Q.Cic.*Pet.*9; in oratorem ~antur (declamatores) Sen.*Con.*9.pr.5;—qua non modo haec sed etiam iam ~ata caperetur Cic.*Cael.*41.

2 (transf.) To make powerful, strengthen (an argument), fortify (a resolution), etc.

confirmatio est ea quae pluribus argumentis ~at..rationem *Rhet.Her.*2.28; nolui ~ari impudentiam Cic.*de Orat.*3.93; coniurationem..nascentem..~auerunt *Catil.*1.30; renouat se et ~at cotidie luctus Sen.*Dial.*6.1.7; admonitio ~abit rectam..sententiam *Ep.*94.36; calumnias, ne ~arentur tempore, praecipitasti Apul.*Apol.*84.

corrōdō ~dere ~sī ~sum, *tr.* **conr-.** [con-+rodo] To gnaw, chew up.

Platonis Politian nuper apud me mures ~serunt Cic.*Div.*2.60; naribus et auribus ~sis V.Max.3.2.11; (lima) omne adsueui ferrum quae conrodere Phaed.4.8.7; ~dit..ungues Mart.4.27.5; Juv.15.80.

corrogō ~āre ~āuī ~ātum, *tr.* **conr-.** [con-+rogo]

1 To collect (money, etc.) by begging or entreaty.

si Prometheus..a uicinis..carbunculos ~aret *Rhet.Her.*4.9; nummulis ~atis de nepotum donis Cic.*Ver.*3.184; pecunia ad necessarios sumptus ~ata Caes.*Civ.*3.102.4; nec paruas mendicat opes nec ~at auras *Aetna* 372; auxilia ab sociis ~ando Liv.43.9.7; omnium (deorum) beniuolam misericordiam ~are Apul.*Met.*6.1.

2 To invite (persons) to a gathering, summon.

conuenerunt ~ati Cic.*Phil.*3.20; a ~atis laudantur etiam quae non placent Quint.*Inst.*10.1.18; ut auditores ~aret Plin.*Ep.*2.14.9; (formicula) conuocat ~atque cunctam formicarum accolarum classem Apul.*Met.*6.10; (*w.* ut) suos necessarios..~at ut ad tabulam Sextiam sibi adsint..postridie Cic.*Quinct.*25.

corrotundō ~āre ~āuī ~ātum, *tr.* **conr-.** [con-+rotvndo] Forms: *-rutund-* Quint.*Inst.*11.3.102. To make round; (transf.) to round off (a syllogism). **b** to amass the round sum of.

quaeram, an et auaritia et luxuria..rotundae sint..si has quoque ~auerint Sen.*Ep.*113.22; potest (grando)..dum defertur ~ari *Nat.*4b.3.5; 7.26.2; terra..quasi ouum ~ata Petr.39.15;—(*transf.*) quotiens enthymemata sua gestu ~ant uelut caesim Quint.*Inst.*11.3.102. **b** uno cursu centies sestertium ~aui Petr.76.8.

corrūda ~ae, *f.* [unkn.] Wild asparagus.

~am serito, unde asparagi fiant Cato *Agr.*6.3; Var.*R.*1.23.5; asparagi ~a simillima filo Col.10.375; 11.3.43; ~am—hunc enim intellego siluestrem asparagum Plin.*Nat.*19.151.

corrūgō ~āre ~āuī ~ātum, *tr.* **conr-.** [con-+rvgo] To make wrinkled.

ne sordida mappa ~et naris (*i.e. make one turn up one's nose*) Hor.*Ep.*1.5.23; ubi satis ~ata erunt acina Col.12.39.3; in tabulato ~ari oliuam 12.52.19.

corrūgus ~ī, *m.* [prob. connected with rvga, cf. arrvgia] (in mining) A channel constructed to bring water for washing ore or hushing.

flumina ad lauandam hanc ruinam..duxere..~os uocant a conriuatione credo Plin.*Nat.*33.74.

corrumpō ~umpere ~ūpī ~uptum, *tr.* **conr-.** [con-+rvmpo]

1 To spoil physically, damage, or destroy. **b** to injure, harm, disorder (the body or one of its organs). **c** (transf.) to ruin, destroy, undo, etc. (a person or his hopes, reputation, etc.).

~umpitur iam cena Pl.*Ps.*892; Ter.*Ad.*588; de ~uptis nauibus Cic.*Att.*9.9.2; uiride (frumentum)..protritum et ~uptum Liv.34.26.8; qui descripsit ~umpi semina matrum Ov.*Tr.*2.415; ora lacus ne ~umpantur uiolentia restagnantis undae Col.8.15.3; si familia alicuius album ~uperit Paul.*dig.*2.1.9. **b** ne ~umpe oculos Pl.*Am.*530; uino corpus ~umpis mero Var.*Men.*137; ~umpit dura catena manus Prop.3.15.20; exulceratis..oculis aciem..~umpit (pituitae cursus) Cels.6.6.15; mentem ~umpi Plin.*Nat.*25.37; medicamentum stomachum non ~umpit Larg.137. **c** ~upta sum atque apsumpta sum Pl.*Am.*1058; mihi hunc hodie..~umpit diem (cliens) *Men.*596; illos dubitando..magnas opportunitates ~umpere Sal.*Cat.*43.3; quod celeritate itineris profectum erat, id mora..~upit Liv.27.39.11; fletu ~umpere famam Luc.8.617; iurataque foedera Poeno ~upere Sil.12.303; miles..pauidus..officia prudentium ~umpebat Tac.*Ann.*2.23; ciuilis ratio ciuilia..iura ~umpere potest Gaius *Inst.*1.158.

2 **a** To spoil (food, etc.) by decomposition, cause to rot; to break up (food) by digestion; to infect (a wound or part of the body). **b** to spoil by admixture, adulterate, taint, or contaminate.

a olea ubi lecta siet, oleum fiat continuo, ne ~umpatur Cato *Agr.*3.2; imbri frumentum ~umpi..patiebatur Cic.*Ver.*3.36; est..Cerinthi..terra, quae (triticum) ~umpi non sinat Plin.*Nat.*18.305; ~upta stagnantibus aquis insularum fundamenta Tac.*Hist.*1.86; (*hyperb.*) neque ruri neque hic operis quicquam facio, ~umpor situ Pl.*Truc.*915;—(*of digesting*) aliae (res) non facile intus ~umpuntur Cels.2.19.2; 3.22.7; (*cf.*) ita ~upta alui (araneae) natura stato tempore Plin.*Nat.*11.80;—(*of infections*) ipsa materia et exhausta est et corpus ~⟨u⟩pit Cels.2.10.10; ~upta (uulnera) in malum ulcus uerterunt Sen.*Dial.*6.1.8. **b** nec casia liquidi ~umpitur usus oliui Verg.*G.*2.466; ne inmisso mari ~umperetur aqua Nili Plin.*Nat.*6.166; aquam elleboro ~uptam Fron.*Str.*3.7.6; (*poet.*) ebur ~umpitur (*i.e. is stained*) ostro Stat.*Ach.*1.308;—(*transf.*) humilibus per omnes tribus diuisis forum et campum ~upit Liv.9.46.11; familiae cum externis cognationibus nondum..permixtae ~uptaeque Gel.16.11.2.

3 To change for the worse, pervert; (gram.) to corrupt (a word) in form or pronunciation. **b** to falsify (documents). **c** to tamper with (a thing) by means of bribery.

cum permulta praeclare legibus essent constituta, ea iure consultorum ingeniis..~upta..sunt Cic.*Mur.*27;—(*w.* in+*acc.*) oris..uitia in peregrinum sonum ~upti Quint.*Inst.*1.1.13; ne..incredibilia..ueris neque in miraculum ~uptis antehabeant Tac.*Ann.*4.11;—nomen..paulatim Libyes ~upere Sal.*Jug.*18.10; Ov.*Fast.*5.195; Mela 3.96; adde, quod maximum ~uptum sit ex magnissimo Scaur.gram.in *G.L.*7.24; longo usu loquendi corruptam uocem esse Gel.16.6.13. **b** tabulae publicae ~uptae..sunt Cic.*S.Rosc.*128; Epicratem litteras publicas ~upisse *Ver.*2.60; *Flac.*39; (*transf.*) curam pacis et amorem rei publicae, ~uptas in adulationem causas, tradidere Tac.*Hist.*2.101. **c** qui ea (*sc.* suffragia) pecunia ~uperit Cic.*Rep.*5.11; comitum ~umpere curam Ov.*Met.*6.461; dilectum..militarem pretio et ambitione ~uptum Tac.*Ann.*14.18.

4 To render morally unsound, corrupt, deprave (a person, his character, etc.).

erilem filium..~uptum ex adulescente optumo Pl.*Mos.*83; *Ps.*446; ut mea facilitas ~umpat illorum animos Ter.*Hec.*248; Hannibalem ipsum Capua ~upit Cic.*Agr.*1.20; nec me..laudandis maioribus meis ~upisti *Fin.*1.34; luxu atque desidia ciuitas ~upta est Sal.*Cat.*53.5; illa puellarum ingenuos ~upit ocellos Prop.2.6.29; ne res disciplinae inimicissima, otium, ~umperet militem Vell.2.78.2; felicitate ~umpimur Tac.*Hist.*1.15; nos ~umpunt uitiorum exempla domestica Juv.14.32.

5 **a** To seduce (a person) to disloyal or dishonest conduct, bribe, suborn, etc. **b** to corrupt sexually, seduce. **c** (hyperb., of something attractive) to tempt, beguile, allure.

a in spe ~umpendi iudici Cic.*Ver.*5; seruum regium..ab isto adulescente esse ~uptum *Deiot.*17; plerisque ex factione eius ~uptis Sal.*Jug.*29.2; Liv.27.32.9; legionem..~uptam a se ad proditionem Fron.*Str.*1.11.2; ~upti in dominos serui Tac.*Hist.*1.2; Batauorum ala, quae iam pridem ~upta fidem simulabat 4.18; *Ann.*3.42; aduersarios..~umpere etiam solebat Suet.*Nero* 23.2;—(*w. instr. abl.*) testes ~umpi posse uel pretio uel gratia uel metu *Rhet.Her.*2.11; muneribus seruos ~umpam Hor.*S.*1.9.57; quos..ingentibus promissis ~uperat Tac.*Hist.*2.7; tenui popano ~uptus Osiris Juv.6.541;—(*w.* ut) egone talem uirum ~umpere potui, ut..falsum in codicem referret? Cic.*Q.Rosc.*1; filiam..auro ~umpit..ut armatos in arcem accipiat Liv.1.11.6; 40.24.1. **b** uereor ne mulier me absente hic ~upta sit Ter.*Hau.*231; ~uptae uxoris ab Lucumone Liv.5.33.3; matronam ~umpit Sen.*Con.*9.2.13; Petr.106.2; Suet.*Dom.*1.1; (*cf.*) corrumpere cubicula principum feminarum Tac.*Ann.*13.42. **c** quosdam fertilis orae..fama ~upit Sen.*Dial.*12.7.4; (Parthi) a coitu feminas (cicadas praeferunt), ouis earum ~upti Plin.*Nat.*11.92; addidi alios (elegos) facilitate ~uptus Plin.*Ep.*7.4.7.

corruō ~ere ~ī, *intr.*, (*tr.*). **conr-.** [con-+rvo]

1 (of men and animals) To fall down, collapse. **b** (of houses, trees, etc.) to topple down, collapse; (of the ground) to subside. **c** to fall from a height, drop.

~it quasi ictus Andr.*com.*2; ego risu ~i Cic.*Q.fr.*2.8.2; ~it ipse suo saucius ense latus Prop.2.8.22; equus repente ~it Liv.22.3.11; Sen.*Con.*10.4.4; ~ens morbo comitiali Plin.*Nat.*28.63; Stat.*Ach.*1.537; defatigati simul ambo ~imus Apul.*Met.*2.17;—(*pregn., of a sacrificial victim*) haedus ubi agrestis ~et ante focos Prop.2.19.14;—(*in fig. phr.*) alterius..scripta intra primas memoriae metas ~erunt V.Max.3.7.ext.1. **b** si aedes eae ~erunt Cic.*Top.*15; *Att.*14.9.1; adductaque funibus arbor ~it Ov.*Met.*8.776; cum..urbs tota..~it Plin.*Nat.*2.191; statuae equestres..~erunt Suet.*Vit.*9.1; (*in fig. phr.*) nisi oratoris futuri fundamenta fideliter iecit, quicquid superstruxeris, ~et Quint.*Inst.*1.4.5;—si..solum ~isset Afric.*dig.*19.2.33. **c** quo cum ~it (auis) Lucr.6.824.

2 (fig.) To be ruined, fail, come to grief.

(*of persons*) amicum..~ere non siuit, fulsit et sustinuit re, fortuna Cic.*Rab.Post.*43; ~at iste necesse est *Att.*10.8.8; *Q.fr.*1.4.1; quanto altius elatus erat, eo foedius ~it Liv.30.30.23; ~entium inter diuitias suas exempla Sen.*Con.*2.1.4; quod accusator eius praeuaricationis crimine ~isset Plin.*Ep.*3.9.34;—(*of things*) nostras contentiones, quae..saepe franguntur et ~unt Cic.*de Orat.*3.7; Antiochea ista tem uniuersa *Luc.*98; quibus causis..imperia ~issent Sal.*Rep.*1.7.4; quicquid uirtute partum erat, intemperantia ~it Sen.*Ep.*74.19.

3 To rush together.

quid est..fulguratio? aeris diducentis se ~entisque iactatio Sen.*Nat.*2.18.

4 (tr.) **a** To cause to fall, upset, overthrow. **b** to sweep together.

a neque..corpora desunt..quae possint..~ere hanc rerum uiolento turbine summam Lucr.5.368. **b** ibi me ~ere posse aiebas ditias Pl.*Rud.*542; corbes ab eo quod eo spicas aliudue quid ~ebant Var.*L.*5.139.

corruptē, *adv.* **conr-.** *compar.* ~ius, *superl.* ~issimē. [CORRVPTVS+-E]

1 Incorrectly, faultily; (rhet.) in a bad style.
de quibus neque deprauate iudicant neque ~e CIC.*Fin.* 1.71; SEN.*Con.*3.pr.15; uerba ~e pronuntiabat GEL.13.31 (30).9;—Damas ~issime (dixit) SEN.*Con.*10.5.21; *Suas.* 1.16.

2 In a depraved manner, licentiously.
intimi libertorum seruorumque, ~ius quam in priuata domo habiti TAC.*Hist.*1.22.

corruptēla ~ae, *f.* **conr-.** [CORRVMPO+-ELA]

1 Moral corrupting or perverting. **b** suborning, bribing. **c** enticement to sexual misconduct, seducing.
quae illic hominum ~ae fiunt! PL.*Poen.*830; nisi si.. conlapsus est hic in ~am suam *Truc.*671; ~a ac mutatio morum CIC.*Rep.*2.7; obiecta est (Socrati)..iuuentutis ~a SEN.*Ep.*104.28. **b** si..praeuaricationem..esse definiat omnem iudici ~am ab reo CIC.*Part.*124; ista ~a serui si.. impunita fuerit *Deiot.*30; *Parad.*46. **c** in mulierum ~is CIC.*Ver.*2.134; *Tusc.*4.75; ~ae..omnis generis fieri coeptae LIV.39.8.6; SUET.*Cl.*16.1.

2 A source of corruption, corrupting influence. **b** a brothel.
eccum adest communi' ~a nostrum liberum TER.*Ad.*793; adulescentulo quem ~arum inlecebris inretisses CIC.*Catil.* 1.13; mores..hac dulcedine ~aque deprauati *Leg.*2.38; (*in pred. dat.*) is apud scortum ~ae est liberis PL.*As.*867. **b** ~as..omnes perpetuis salientibus instructas FRON.*Aq.*76.

corruptiō ~ōnis, *f.* **conr-.** [CORRVMPO+-TIO]

1 A diseased or corrupt condition.
morbum appellant totius corporis ~onem CIC.*Tusc.*4.28; (*transf.*) ut in altera ~one opinionum morbus efficiatur et aegrotatio 4.29.

2 Seduction from loyalty by bribery or other means, corruption.
~o facta paucorum et exercitus Sullae datus est SAL. *Hist.*1.91; eo usque ~onis prouectus est ut..parens legionum haberetur TAC.*Ann.*2.55; ~onem militum 11.2; 12.46.

corruptor ~ōris, *m.* **conr-.** [CORRVMPO+-TOR]

1 A spreader of infection (in quot., as adj.); (transf.) one who ruins or spoils.
demptis..~oribus (*s.v.l.*) acinis PLIN.*Nat.*15.62;—pessumus hic mi dies hodie inluxit ~or PL.*Per.*780; me his dictis ~orem uictoriae tuae..praedicent SAL.*Rep.*1.3.4.

2 One who makes morally unsound, perverter. **b** one who incites to disloyal action, a briber, etc. **c** a seducer, ravisher.
~orem ciuium PL.*Poen.*816; Amor..latebricolarum hominum ~or *Trin.*240; philosophi uelut ~ores iuuentutis abire iussi sunt SEN.*Dial.*12.10.8; APUL.*Met.*10.33. **b** tribus uenditorem et ~orem et sequestrem CIC.*Planc.*38; ne proderent patriam..~oribus exercitus LIV.24.32.5; ~ores ministros Arsacis multo auro ad scelus cogunt TAC.*Ann.* 6.33; 12.14. **c** ~or iuuentutis CIC.*Catil.*2.7; nullus erit castis iuuenis ~or in agris PROP.2.19.3; alienarum ~or uxorum SEN.*Ep.*94.26; missis a ~ore tabellis JUV.6.233; SUET.*Dom.*8.4.

corruptrix ~īcis, *f.adj.* **conr-.** [CORRVMPO+-TRIX] Tending to deprave, corruptive.
in tanto imperio..tam ~ice prouincia CIC.*Q.fr.*1.1.19.

corruptus ~a ~um, *a.* *compar.* ~ior, *superl.* ~issimus. [pple. of CORRVMPO] ORTHOG.: *corupto* LUCIL.1243. In senses of verb, esp.:

1 Rotten, decayed; (of wounds, etc.) infected, corrupt. **b** impure, adulterated.
iter..factum ~ius imbri HOR.*S.*1.5.95;—cum sanguis ~us est CIC.*Tusc.*4.23; si ~us ulcus est CELS.7.4.1B; (menta) pituitas ~as purgat PLIN.*Nat.*20.149; (*neut. sg. as sb.*) multo plus intus ~i quam in furunculo apparet CELS. 5.28.13. **b** illa (aqua) inferior ~ior iam salsiorque reperiebatur *B.Alex.*6.3; lacus..sapore ~ior TAC.*Hist.*5.6.

2 Changed for the worse: (of etymological usage) improper, incorrect; (of a writer or his style) degenerate, decadent.
'sermocinari' tritius est, sed ~ius GEL.17.2.17;—inflatum et ~um orationis genus CIC.*Brut.*202; 261; ~iorem sententiam SEN.*Suas.*1.13; SEN.*Ep.*114.1; ~as..et uitiosas orationes QUINT.*Inst.*2.5.10; a ~issimo quoque poetarum 8.pr.25; (*masc. as sb.*) nemo ex ~is dicat, me inimicum esse culte dicentibus 8.3.7; (*neut. pl. as sb.*) separando a ~is sana SEN.*Suas.*1.16.

3 Morally unsound, depraved, corrupt. **b** disorderly, seditious; influenced by bribery, venal.
cuius mulieris animus esset ~us *Rhet.Her.*4.23; homines omnium ordinum ~issimi SAL.*Hist.*1.77.7; si res publica ~ior est SEN.*Dial.*8.3.3; in libidinem ac saeuitiam ~ior TAC. *Hist.*3.33; ~issimae uoluptatis APUL.*Pl.*2.14. **b** unde seditiosa colloquia et inter paganos ~ior miles TAC.*Hist.* 1.53; 4.59;—contionum significationes sunt interdum uerae, sunt non numquam..~ae CIC.*Sest.*115.

corruspor ~āri ~ātus, *tr.* **conr-.** [CON-+RVSPOR] To search for, seek out.
~are tua consilia in pectore PL.fr.inc.126; ~ari, conquirere PAUL.*Fest.*p.62M.

corrutundō: see CORROTVNDO.

cors ~tis: see COHORS.

corsa ~ae, *f.* [Gk. κόρση] (archit.) A fascia (on a door jamb or lintel).
reliqua pars..diuiditur in partes XII. harum trium prima ~a fiat cum astragalo VITR.4.6.3; ~ae sub cymatiis in antepagmentis circumdantur 4.6.6.

Corsica ~ae, *f.* The island of Corsica.
CIC.*N.D.*3.52; PLIN.*Nat.*3.80.

Corsicus ~a ~um, *a.* Of or belonging to Corsica.
mel ~um VAR.*R.*3.2.12; ~a..litora MAN.4.638; ~i rupes maris [SEN.]*Oct.*382.

corsoīdēs ~is, *m.* [Gk.] The name of a precious stone.
ceritis cerae similis est..~es canitiae capitis PLIN.*Nat.* 37.153.

corsum: see QVORSVS.

Corsus[1] ~a ~um, *a.* FORMS: *Cursorum CIL* 10.7890. Of or belonging to Corsica; (masc. pl. as sb.) its inhabitants.
~is obruta classis aquis OV.*Fast.*6.194; ~i..cadi MART. 9.2.6;—(*masc. pl. as sb.*) LIV.40.34.12.

corsus[2]: see QVORSVS.

cortex ~icis, *m.* (*f.*). [cogn. w. *corium, scortum*; cf. Lith. *kertù* (cut), Skt. *kṛttiḥ* (skin), etc.] GENDER: fem. LUCR.4.50; VERG.*Ecl.*6.63; OV.*Met.*10.512; PHAED.2.6.12; LARG.60; MART. 13.86.2, 14.209.1; cf. QUINT.*Inst.*1.5.35.

1 The outer covering of a tree, bark. **b** a piece of bark.
subernus ~ex VAR.*Men.*424; obducuntur..libro aut ~ice trunci CIC.*N.D.*2.120; scutis ex ~ice factis CAES.*Gal.*2.33.2; rudem nodis et ~ice crudo..hastam VERG.*A.*9.743; lacrimatas ~ice murras OV.*Fast.*1.339; summos ~ices dissipat (fulmen) interiores libros..rumpit SEN.*Nat.*2.52.2; percussi ~icis sono pabulum subesse intellegunt (pici) PLIN.*Nat.* 10.40;—(*poet.*) 'arma uirum' nonne hoc spumosum et ~ice pingui? (*i.e. in an inflated style*) PER.1.96;—(*transf.*) lacu Velino lignum deiectum lapideo ~ice obducitur PLIN.*Nat.* 2.226. **b** oraque ~icibus sumunt horrenda cauatis VERG. *G.*2.387; ~icibus teneris strictisque foliis uixere LIV.23.30.4; ~ices pro scutis militibus suis dedit FRON.*Str.*1.7.5.

2 (spec.) The bark of the cork-tree, cork. **b** a piece of cork used as a float by swimmers or for supporting nets. **c** a piece of cork used as a stopper for a jar, a cork.
siue regio ferulae uel ~icis ferax est, apibus aluaria fieri debent COL.11.2.90; (*as a type of lightness*) tu leuior ~ice HOR.*Carm.*3.9.22. **b** nabis sine ~ice HOR.*S.*1.4.120; incubans ~ici secundo Tiberi ad urbem defertur LIV.5.46.8; ut summa ~ex leuis innatet unda, cum graue nexa simul retia mergat onus OV.*Tr.*3.4.11. **c** in amphoram mustum indito et ~icem oppicato CATO *Agr.*120; hic dies..~icem adstrictum pice dimouebit amphorae HOR.*Carm.*3.8.10.

3 The tough outer coating of anything: **a** the skin or rind (of a fruit), the husk (of grain), etc. **b** the shell (of an egg); the carapace of a turtle, etc. **c** the chrysalis (of an insect).
a selibram tritici puri..lauet bene ~icemque deterat CATO *Agr.*86; narcissi..sine ~ice bulbos OV.*Med.*63; decoctis papaueris ~icibus CELS.3.18.13; mali granati ~ice PLIN.*Nat.*13.9; germinat omnis (rosa) primo inclusa granoso ~ice 21.14; leuis ab aequorea ~ex Mareotica (*i.e. papyrus*) concha fiat MART.14.209.1. **b** ouum in aceto si..positum fuerit, ~ex eius mollescet VITR.8.3.18;—ut scopulum super ..duram inlidat ~icem (testudinis) PHAED.2.6.12; PLIN. *Nat.*9.35; saepiae ~ex 32.71; ~ice deposita mollis echinus erit MART.13.86.2. **c** rupto deinde ~ice uolat papilio PLIN.*Nat.*11.112; (*transf.*) matura anima corporeum ~icem facile relinquit VAR.*Men.*547.

corticātus ~a ~um, *a.* [prec.+-ATVS[2]] (perh.) Derived from bark.
pix ~a appellatur qua utuntur ad condituras Allobroges COL.12.23.1.

corticeus ~a ~um, *a.* Also **~ius.** [CORTEX+-EVS] Made of bark.
alui optimae fiunt ~ae VAR.*R.*3.16.17. **β** tamquam pilae paruae ~ae VAR.*R.*1.40.1.

corticōsus ~a ~um, *a.* [CORTEX+-OSVS] Covered in bark or rind; containing pieces of bark.
siluestrium (papauerum) unum genus..radice crassa et ~a PLIN.*Nat.*20.205;—quod (tus) in arbore haesit, ferro depectitur, ideo ~um 12.58.

corticulus ~ī, *m.* [CORTEX+-VLVS] The thin rind (of the olive).
resolutis ~is eximimus eam (*sc.* bacam) COL.12.49.10; 12.52.10.

cortīna ~ae, *f.* [dub.]

1 A deep rounded pot, cauldron; (also used of its contents). **b** (spec.) the cauldron on the oracular tripod at Delphi and elsewhere; (also as a votive offering).
Aegyptini, qui ~am ludis per circum ferunt PL.*Poen.* 1291; ~am plumbeam in lacum ponito, quo oleum fluat CATO *Agr.*66; curandum est, ut..mustum in ~am defundas COL.12.26.1; cum..epulas pararent nec esset ~is attollendis lapidum occasio PLIN.*Nat.*36.191;—Tyrius (color) pelagio primum satiatur immatura uiridique ~a 9.135; 35.46. **b** mugire adytis ~a reclusis VERG.*A.*3.92; tremulae ~a Sibyllae PROP.4.1.49; ~aque reddidit imo hanc adyto uocem OV.*Met.*15.635; antistitem Delphicae ~ae V.MAX. 1.8.10;—~as tripodum, nomine et Delphicas, quoniam donis maxime Apollini Delphico dicabantur PLIN.*Nat.*34.14; SUET.*Aug.*52.

2 A water-organ.
magnis ~a theatris imparibus numerosa modis canit arte regentis *Aetna* 297.

3 An arch, vault: **a** the vault (of the sky). **b** (app.) a part of a law-court to which the public were admitted.
a quae caua corpore caeruleo ~a receptat ENN.*Ann.*9. **b** cum uix in ~a quisquam adsistat TAC.*Dial.*19.5.

cortīnāle ~is, *n.* [prec.+-ALIS] A cauldron-room.
~e, ubi defrutum fiat, nec angustum nec obscurum fiat COL.1.6.19.

cortīnipotens ~ntis, *m.* [CORTINA+POTENS] Master of the (oracular) cauldron, i.e. Apollo.
huncin ego umquam Hyacinto hominem, ~ntis deliciis contendi? LUCIL.276.

cortumiō ~ōnis, *f.* [perh. cogn. w. COR] (Augural wd. of uncertain meaning).
inter ea conregione conspicione ~one utique ea erectissime sensi *formula* in VAR.*L.*7.8; quod cum dicunt 'conspicionem' addunt 'cortumionem' dicitur a cordis uisu: cor enim ~onis origo VAR.*L.*7.9.

Cortȳnia: see GORTYNA.

Cortȳnius: see GORTYNIVS.

coruīnus[1] ~a ~um, *a.* [CORVVS[1]+-INVS] Of or belonging to a raven, raven-.
~um ouum PLIN.*Nat.*10.32; ~a nigredine APUL.*Met.*2.9.

Coruīnus[2] ~ī, *m.* A Roman cognomen; esp. M. Valerius Corvus, a traditional hero of the fourth century B.C. (also called M. Valerius Corvus).
? QUAD.*hist.*12(Gel.9.11.8); CIC.*Sen.*60; LIV.7.32.15; AMP. 22.2.

corulus: see CORYLVS.

Coruncānius ~a ~um, *a.* The name of a Roman *gens.*; esp. Ti. Coruncanius, consul in 280 B.C.and one of the first Roman jurists.
CIC.*Dom.*139; POMPON.*dig.*1.2.2.35; (*as a type*) ~i nostri, Fabricii, Catones CIC.*de Orat.*3.56.

cōruptus: see CORRVPTVS.

cōrus: see CAVRVS.

coruscāmen ~inis, *n.* [next+-MEN] A flash, gleam.
rapidissimo ~ine lumen candidum intermicare APUL.*Soc.*3.

coruscō ~āre ~āuī, *tr., intr.* [CORVSCVS+-O[3]]

1 (*tr.*) To move rapidly to and fro, shake, brandish.
corripit ignem sublataque..dextra conixa ~at et iacit VERG.*A.*5.642; duo quisque Alpina ~ant gaesa manu 8.661; V.FL.2.228; exundant diuiso uertice flammae alternosque apices abrupta luce ~ant STAT.*Theb.*12.432; hostia..frontem..~at JUV.12.6; APUL.*Soc.*6.

2 (intr.) To make rapid movements, quiver, shake.
satiati agni ludunt blandeque ~ant LUCR.2.320; (*cf. dub.*) trepidae inter se coeunt pennisque ~ant (apes) VERG.*G.* 4.73; linguis..~ant (colubrae) OV.*Met.*4.494; longa ~at serraco ueniente abies JUV.3.254;—caput opponis cum eo ~ans (*cj.*) CIC.in Quint.*Inst.*8.3.22.

3 (intr.) To emit or reflect flashes of light, glitter, flash, gleam.
flamma inter nubes ~at PAC.*trag.*413; elucent aliae (apes) et fulgore ~ant VERG.*G.*4.98; ~are igneas nubium rimas PLIN.*Nat.*2.112; 37.134; APUL.*Met.*5.1; (*w. internal acc.*) color..aurum ~ans 2.9;—(*impers.*) ordine quidem tonare prius oportet, postea ~are *Mun.*15.

coruscus ~a ~um, *a.* [cf. Gk. σκαίρω]

1 Moving rapidly, trembling, quivering; (fig., of reasoning) quick and elusive.
siluis scaena ~is desuper..imminet VERG.*A.*1.164; ~is cum fremit ilicibus (pater Appenninus) 12.701; dapes..quas ..angues..linguis rapuere ~is V.FL.3.458; (*humorously*) equidem me ad uelitationem exerceo, nam omnia ~a prae tremore fabulor PL.*Rud.*526;—(*fig.*) ἐνθύμημα crebrum et ~um GEL.17.20.4.

2 Emitting or reflecting flashes of light, glittering, glistening, gleaming, flashing.
~us imber alto nubilo cadens VAR.*Men.*557; feruore ~o LUCR.6.237; stat ferri acies mucrone ~o stricta VERG.*A.* 2.333; purpurei cristis iuuenes auroque ~i 9.163; Diespiter igni ~o nubila diuidens HOR.*Carm.*1.34.6; SEN.*Phaed.*889; ~o fulmine STAT.*Theb.*1.216; 4.175;—(*neut. sg. as adv.*) rutilante ~um uertice fulsit apex SIL.16.119.

coruus[1] ~ī, *m.* [prob. onomat.; cf. CORNIX, Gk. κόραξ]

1 A raven.
~us repente inprouisus aduolat ? QUAD.*hist.*12(Gel. 9.11.7); HOR.*S.*1.8.38; ~e loquax OV.*Met.*2.535; quod..nos ..uincant..spatio aetatis ~i SEN.*Ben.*2.29.1; PLIN.*Nat.* 10.32;—(*as feeding on corpses*) oculos uoret atro gutture ~us

CATUL.108.5; non hominem occidi. non pasces in cruce ~os HOR.*Ep*.1.16.48; PETR.58.2;—(*as giving omens*) non temere est quod ~os cantat mihi nunc ab laeua manu PL.*Aul*.624; CIC.*Div*.1.12; LIV.21.62.4;—(*as a weather prophet*) ~orumque greges ubi aquam dicuntur et imbris poscere LUCR. 5.1085; PLIN.*Nat*.18.362;—(*as a type of blackness*) niger tanquam ~us PETR.43.7; ~o. .rarior albo JUV.7.202;—(*prov.*) dat ueniam ~is, uexat censura columbas 2.63.

2 The constellation Corvus, the Raven.
nitens plumato corpore ~us CIC.*Arat*.464(220); VITR. 9.5.1; OV.*Fast*.2.243.

3 ~*us aquaticus*, A water-fowl, the cormorant.
quaedam animalium naturaliter caluent ut. .~i aquatici, quibus apud Graecos nomen inde (*sc.* φαλακροκόρακες) PLIN. *Nat*.11.130.

4 A kind of sea-fish.
ii (*sc.* pisces) qui. .duri sunt, ut aurata, ~us CELS.2.18.7; PLIN.*Nat*.32.146.

5 **a** A military engine, a kind of grapnel. **b** a surgical instrument.
a ~um demolitorem, quem nonnulli gruem appellant VITR.10.13.3; ferreae. .manus. .~ique et alia tuendis urbibus excogitata CURT.4.2.12. **b** eam (*sc.* tunicam) ferramento, quod a similitudine ~om uocant, incidere CELS. 7.19.7.

Coruus[2] ~ī, *m.* A Roman cognomen; esp. M. Valerius Corvus (see CORVINVS).
Act.Triumph.10(*CIL* 1.p.44); LIV.9.7.15.

Corybantius ~a ~um, *a.* [next+-IVS]. Of or belonging to the Corybantes.
hinc mater cultrix Cybeli ~aque aera VERG.*A*.3.111.

Corybās ~antis, *m.* FORMS: acc. ~*anta* JUV. 5.25; nom. pl. ~*antĕs* HOR.*Carm*.1.16.8, OV. *Fast*.4.210.

1 One of the priests of Cybele, later identified with the CVRETES.
non acuta sic geminant ~antes aera HOR.*Carm*.1.16.8; GERM.*Arat*.38; de conuiua ~anta uidebis JUV.5.25; HYG. *Fab*.139.4; (*sg. collect.*) qua. .Cybeles picto stat ~ante tholus MART.1.70.10.

2 The father of the second Apollo.
CIC.*N.D*.3.57; AMP.9.6.

cōrycēum ~ī, *n.* [Gk., cf. CORYCVS] A room in a palaestra for exercise with the punching-bag.
in duplici. .porticu conlocentur haec membra: ephebeum in medio. .sub dextro ~um VITR.5.11.2.

Cōrycides ~um, *f. pl.* ~*es nymphae* = *Coryciae nymphae* (see CORYCIVS).
OV.*Met*.1.320.

Cōrycius ~a ~um, *a.*

1 Of or belonging to Corycus in Cilicia.
~um. .senem VERG.*G*.4.127; ~o. .croco HOR.*S*.2.4.68; ~as (*i.e. Cilician*) classes LUC.8.26; lubrica ~o quamuis sint pulpita nimbo (*i.e. showers of saffron*) MART.9.38.5.

2 Of the Corycian cave on Mt. Parnassus; ~*ae nymphae*, nymphs inhabiting Mt. Parnassus, daughters of Pleistos.
~um. .nemus STAT.*Theb*.7.348; ~a quicquid modo Phoebus in umbra. .monstrarat *Silv*.5.3.5;—VAR.AT.*poet*.5.

cōrycus ~ī, *m.* [Gk. κώρυκος] A sack hung up and punched by boxers for exercise; (in quot., fig.).
~us laterum et uocis meae Bestia CIC.*Phil*.13.26.

Corydōn ~ōnis, *m.* A stock name for shepherds in bucolic poetry.
VERG.*Ecl*.2.1; CALP.*Ecl*.1.8;—(*alluding to Virgil's second eclogue*) PROP.2.34.73; COL.10.298; JUV.9.102.

corylētum ~ī, *n.* [next+-ETVM] A hazel-thicket.
in siluis inter ~a iacebat OV.*Fast*.2.587.

corylus ~ī, *f.* Also **corulus.** [cf. OIr. *coll*, AS. *hæsel*]. A hazel-tree; hazel-wood.
felices arbores putantur esse quercus,. .~us VERAN.*iur*.5; neue inter uitis ~um sere VERG.*G*.2.299; ~i fragiles OV. *Met*.10.93; PLIN.*Nat*.17.67. β nemora. .quae uestiuntur quercu, subere. .~is COL.7.9.6;—orbem ex ulmo aut ex ~o facito CATO *Agr*.18.9.

corymbiās ~ae, *m.* [Gk. κορυμβίας] A species of giant fennel (*Ferula*).
PLIN.*Nat*.19.175.

corymbifer ~era ~erum, *a.* [CORYMBVS+-FER] Wearing garlands of clusters of ivy-berries.
~eri. .Bacchi OV.*Fast*.1.393.

corymbion ~iī, *n.* [Gk. κορύμβιον] A curled wig.
~io. .dominae pueri adornat caput PETR.110.1; 110.5.

corymbītēs ~ae, *m.* [Gk. κορυμβίτης] A name given to a kind of spurge.
sextum (genus tithymalli) platyphyllon uocant, alii ~en PLIN.*Nat*.26.70.

corymbus ~ī, *m.* [Gk. κόρυμβος]

1 A cluster of ivy-berries; also, any cluster of flowers or fruit.
uitis diffusos hedera uestit pallente ~os VERG.*Ecl*.3.39; frons redimita ~is TIB.1.7.45; PROP.4.7.79; SEN.*Oed*.403; racemis (hederae) in orbem circumactis, qui uocantur ~i PLIN.*Nat*.16.146; CALP.*Ecl*.7.9;—haec (*sc.* cinara) modo purpureo surgit glomerata ~o COL.10.237; (chrysocome) comantibus fulgore auri ~is PLIN.*Nat*.21.50; 25.64.

2 (pl., cf. Gk. κόρυμβα) The stern of a ship.
auratis Argo reditura ~is V.FL.1.273; saxa sed extremis tamen increpuere ~is 4.691; 8.194.

coryphaeus ~ī, *m.* [Gk. κορυφαῖος] A leader, chief.
Zenonem, quem Philo noster ~um appellare Epicureorum solebat CIC.*N.D*.1.59.

coryphion ~iī, *n.* [Gk. κορύφιον] A small shell-fish, winkle, whelk.
muricum generis sunt quae uocant Graeci coluthia, alii ~ia PLIN.*Nat*.32.84; 32.147.

cōrȳtos: see GORYTOS.

cōs ~tis, *f.* [cf. Skt. *śiśāti* 'he sharpens', *śāṇaḥ* (whetstone); cogn. w. *catus*] FORMS: *cautibus* LUC.7.139. A stone for sharpening metal implements, etc., a whetstone; also, transf.
dixit se cogitasse ~tem nouacula posse praecidi CIC.*Div*. 1.32; subiguntque in ~te secures VERG.*A*.7.627; acuens sagittas ~te cruenta HOR.*Carm*.2.8.16; LIV.1.36.4; QUINT. *Inst*.2.12.8; gladium ~tis adtritu parabat APUL.*Met*.7.22; (*used for polishing*) ad regulam et libellam summo libramento ~te despumato redditur species nigri pauimenti VITR.7.4.5; (*used for testing gems*) adulterantur (carbunculi) uitro simillime, sed ~te deprehenduntur PLIN.*Nat*.37.98; —(*fig.*) iracundiam. .~tem fortitudinis esse dicunt CIC. *Tusc*.4.43.

cōs-: see CONS-.

cosmētēs ~ae, *m.* [Gk. κοσμητής] A slave responsible for the adornment of his mistress.
ponunt ~ae tunicas JUV.6.477.

Cosmiānus ~a ~um, *a.* Of or made by the perfumier Cosmus; (neut. as sb.) an unguent made by him.
~is ipse fusus ampullis MART.3.82.26;—nec erubescat pingui sordidus esse ~o 11.15.6; 12.55.7.

cosmicos ~ē ~on, *a.* [Gk. κοσμικός] (app.) Of the world, fashionable (in the quot. there is prob. also an allusion to COSMOS[2]).
~os esse tibi. .uideris: ~a. .tam mala quam bona sunt MART.7.41.1,2.

cosmis: perh. var. of COMIS.
NEI TED ENDO ~IS VIRCO SIED *CIL* 1.4.

cosmittō: see COMMITTO.

cosmos[1] ~ī, *m.* [Gk. κόσμος]

1 The universe.
mundus est uniuersitas rerum, in quo omnia sunt. .qui Graece dicitur ~os AMP.1.1.

2 One of the chief magistrates in Crete.
Spartae. .sunt. .quinque quos illi ephoros appellant, in Creta autem decem qui ~oe uocantur CIC.*Rep*.2.58.

Cosmos[2] **(~us)** ~ī, *m.* The name of a celebrated perfumier in Rome.
MART.1.87.2; 11.8.9; JUV.8.86.

cossim, *adv.* [cogn. w. *conquinisco* (= *con-*+**quinic-*+-*sco*), cf. OIce. *hvika* (to bend); for termination see -IM] Squatting on the haunches, in a crouching posture. **b** (perh.) doubled up (with old age).
qui ~ cacant POMPON.*com*.129; grabattum ~ insidens APUL.*Met*.3.1. **b** quom domum ab Ilio ~ uenero VAR. *Men*.471.

cossis: see COSSVS[1].

cossus[1] ~ī, *m.* **cossis** ~is. [dub.] A worm or grub found in wood. **b** (see quot.).
nec. .~i tantum in eo (*sc.* ligno) sed etiam tabani ex eo nascuntur PLIN.*Nat*.11.113; PAUL.*Fest*.p.41M. β praegrandes. .roborum (uermes) delicatiore sunt in cibo—~es uocant PLIN.*Nat*.17.220; 30.115. **b** ~i ab antiquis dicebantur natura rugosi corporis homines a similitudine uermium. .qui ~i appellantur PAUL.*Fest*.p.41M.

Cossus[2] ~ī, *m.* A Roman cognomen; esp. A. Cornelius Cossus, a military tribune who won the *spolia opima* about 425 B.C.
quis te, magne Cato, tacitum aut te, ~e, relinquat? VERG.*A*.6.841; LIV.4.19.1.

costa ~ae, *f.* [cf. OSl. *kostĭ* 'bone']

1 One of the bones enclosing the upper part of the body, a rib.
discrimina ~is per medium qua spina dabat VERG.*A*. 10.382; infra ceruicem. .summa ~a contra umerum sita est CELS.8.1.14; PLIN.*Nat*.11.207; curuas perfringit lancea ~as STAT.*Theb*.2.636; ballaenae ~a AMP.8.8.

2 (as a joint of meat) A rib with the adjacent flesh.
missam esse offulam (suis) cum duabus ~is VAR.*R*.2.4.11; nec ~a data est caudaue missa mihi MART.9.48.10.

3 (usu. pl.) The part of the body supported by the ribs, the side, flank, back.
(*pl.*) plagis ~ae callent PL.*Ps*.136; mantica cantheri ~as grauitate premebat LUCIL.1207; in equi conscendere ~as LUCR.5.1297; sus. .fricat arbore ~as VERG.*G*.3.256; cum. . posito uelamine ~as denudauit ouis CALP.*Ecl*.5.72;—(*sg.*) mater. .angulo parietis ~am inflixit AUR.*Fro*.1.p.196(79N); —(*in fig. phr.*) recorrexit ~as illius prima uindemia (*i.e.* '*put him on his feet again*') PETR.43.4.

4 One of the curved members forming the framework of a ship or other structure, a rib. **b** (pl.) the sides (of a pot).
(*in ships*) texitur et ~is panda carina suis OV.*Ep*.15.112; ~a ratis lacerae PERS.6.31; PLIN.*Nat*.13.63;—(*in other structures*) instar montis equum. .aedificant, sectaque intexunt abiete ~as VERG.*A*.2.16; (betella) circulis flexilis, item corbium ~is PLIN.*Nat*.16.75. **b** cum flamma. . uirgea suggeritur ~is undantis aeni VERG.*A*.7.463.

costātus ~a ~um, *a.* [prec.+-ATVS[2]] Having ribs, ribbed.
ut sint (pecudes). .corpore bene ~o VAR.*R*.2.5.8.

costum ~ī, *n.* Also **costos** or **costus** ~ī, *f.* [Gk. κόστον, κόστος] An aromatic plant, *Saussurea lappa*, or its powdered root.
~um molle date et blandi mihi turis honores PROP.4.6.5; nec miserat India ~um OV.*Fast*.1.341; COL.12.20.5; radix ~i gustu feruens, odore eximia PLIN.*Nat*.12.41; 22.118; LARG.70. β mouent pus nardum, murra, ~us CELS.5.3; Eoa. .~os LUC.9.917.

cōthō ~ōnis, *m.* [Gk. κώθων, not Sem.] An artificial harbour, basin.
Hadrumeto ex ~one egressus *B.Afr*.62.5; 63.5; ~ones appellantur portus in mari interiores arte et manu facti PAUL.*Fest*.p.37M.

cot(h)urnātus ~a ~um, *a.* [next+-ATVS[2]]

1 Wearing buskins.
'Caligulam' conuicium. .(Gaius) iudicabat ~us SEN. *Dial*.2.18.4;—(*of tragic actors*) cum praesente populo lati incesserunt et ~i *Ep*.76.31; (*masc. as sb.*) quam multa Publilii non excalceatis, sed ~is dicenda sunt! 8.8; (*in fig. phr.*) scaena leuis decet hanc. .non est illa ~as inter habenda deas OV.*Fast*.5.348.

2 (of poets) Concerned with tragic or elevated themes.
deque ~o uate triumphat Amor OV.*Am*.2.18.18; ~um. . Lycophrona *Ib*.529; ~i. .Maronis opus MART.5.5.8; 7.63.5.

cot(h)urnus ~ī, *m.* [Gk. κόθορνος]

1 A high boot or buskin. **b** a thick-soled boot worn by tragic actors to increase their height.
si ~i laus illa esset, ad pedem apte conuenire CIC.*Fin*. 3.46; ~is. .quingentum pondo calciatum PLIN.*Nat*.7.83; hominem altissimis ~is. .uenerabilem FRON.*Str*.1.11.10; breuiorque uidetur uirgine Pygmaea nullis adiuta ~is JUV. 6.506; SUET.*Cal*.52;—(*as worn in hunting*) purpureo suras include ~o ANDR.in Maur.1935; (Diana) puniceo stabis suras euincta ~o VERG.*Ecl*.7.32; *A*.1.337;—(*as worn by Bacchus*) cum. .thyrsum tenens ~isque succinctus curru uelut Liber Pater uectus esset VELL.2.82.4; TAC.*Ann*.11.31. **b** nil illi larua aut tragicis opus esse ~is HOR.*S*.1.5.64; quasi si personam Herculis et ~os aptare infantibus uelis QUINT.*Inst*.6.1.36; illam (uillam) tragoediam,. .appellare. . soleo. .quod quasi ~is. .sustinetur PLIN.*Ep*.9.7.3.

2 (in fig. expr., used for) **a** The style of tragic poetry, solemnity of expression. **b** tragic poetry, the tragic stage.
a Aeschyleo componere uerba ~o PROP.2.34.41; tragicos decet ira ~os OV.*Rem*.375; in ~is prodit Aesopus nouis PHAED.4.7.5; qui furias regumque dolos. .terrifico super intonuere ~o STAT.*Silv*.5.3.97; grauitas et ~us et sonus Sophocli uidetur esse sublimior QUINT.*Inst*.10.1.68; scito te tragoediam, non fabulam legere, et a socco ad ~um ascendere APUL.*Met*.10.2;—(*in painting*) ~us et grauitas artis multum a Leuxide et Apelle abest PLIN.*Nat*.35.111. **b** hunc socci cepere pedem (*sc.* iambum) grandesque ~i HOR.*Ars* 80; inpia nec tragicos tetigisset Scylla ~os OV.*Tr*. 2.393; Vario cessit (Maro) Romani laude ~i MART.8.18.7; nec solum ~um uestrum aut heroici carminis sonum TAC. *Dial*.10.4; nos uulgi scelus (referemus) et cunctis grauiora ~is JUV.15.29.

cōticula ~ae, *f.* [COS+-CVLA]

1 A touchstone.
his ~is periti cum e uena ut lima rapuerunt experimentum, protinus dicunt, quantum auri sit in ea PLIN. *Nat*.33.126.

2 A small mortar (used in preparing medicines).
(sal) cum lacte in ~is teritur PLIN.*Nat*.31.100; 34.105; 36.63.

cōtīd-: see COTTID-.

cotila: see COTVLA.

cotinus ~ī, *m.* [Gk. κότινος (oleaster)] A shrub producing a purple dye, the sumach-tree, *Rhus cotinus*.
frutex, qui uocatur ~us, ad linamenta modo conchylii colore insignis PLIN.*Nat*.16.73.

cotōnea ~ae, *f.* [unkn.] The name of a plant, perh. comfrey.
alus..quam Galli sic uocant, Veneti ~am PLIN.*Nat.*26.42.

cotōneus ~a ~um, *a.* Also **cotōnius.** [prob. cogn. w. but not derived from Gk. (μῆλα) Κυδώνια; cf. *Cydonius*]
1 *malum* ~*um*, A quince; also, a quince-tree.
mala strutea, ~a CATO *Agr.*7.3; 133.2; VAR.*R.*1.59.1; CELS.2.33.3; (arbores) ferunt mali ~i amplitudine cucurbitas PLIN.*Nat.*12.38;—cum tenerrimis ramorum partibus uel oleastri uel oleae uel ~i mali 34.133.
2 (neut. as sb.) **a** A quince. **b** a quince-tree.
a quaedam uetustate odoratiora, ut ~a PLIN.*Nat.*21.38; 23.97. **b** ~um ita satum degenerat PLIN.*Nat.*17.67.

cōtōria ~ae, *f.* [COS] A quarry for whetstones.
cum insulae Cretae ~as locaret ALF.*dig.*39.4.15.

Cotta ~ae, *m.* A Roman cognomen.
Graecia Sulpicio sorti data, Gallia ~ae ENN.*Ann.*329; C. ~a, in ambitione artifex Q.CIC.*Pet.*47; L. Aurunculeio ~ae CAES.*Gal.*4.22.5; decemuir M. Aurelius ~a LIV.29.38.7.

cottabus ~ī, *m.* [Gk. κότταβος] A game in which wine was thrown so as to fall noisily on a mark; in quot. humorously, of blows.
caue sis tibi ne bubuli in te ~i crebri crepent PL.*Trin.*1011.

cottana ~ōrum, *n.* Also **-ona.** [Semitic; cf. Heb. *qāṭōn*, *qeṭannā* (small, young)] A kind of small fig grown in Syria.
in ficorum..(genere habet Syria) caricas et minores eiusdem generis, quas ~a uocant PLIN.*Nat.*13.51; 15.83; testa..quae ~a parua gerit MART.4.88.6; 7.53.7; prunorum globus atque ~orum STAT.*Silv.*4.9.28. β aduectus Romam quo pruna et ~a uento JUV.3.83.

? **cottatium** ~ii, *n.* [unkn.] (app.) Some sort of gold ornament.
~ia tetar. una et semis *P.Mich.*434.9.

Cottiānus ~a ~um, *a.* Of or belonging to the Cottian Alps; *Alpes* ~*ae*, the Cottian Alps (see COTTIVS).
~ae ciuitates PLIN.*Nat.*3.135; PROVINCIAE ~AE *CIL* 5.7259;—~is Alpibus Italiam inrumpere TAC.*Hist.*1.61.

cottīdiānō, *adv.* **cōt-.** [next+-O²] Every day, daily.
nisi ~ sesqueopus confeceris PL.*Capt.*725; AFRAN.*com.* 369; res illum diuinas..in suo sacrario prope ~ facere uidisti CIC.*Ver.*4.18; *Rep.*6.2; quae ~ uehementer eius animum excruciant RUT.LUP.1.2; FRO.in *G.L.*1.197(fr.2N).

cottīdiānus ~a ~um, *a.* **cōtī-, quōt-.** [COTTIDIE+-ANVS] PROS.: *cŏtīdiānus* MART. 10.65.8, 11.1.2.
1 Occurring or employed every day, daily; (of fevers) quotidian.
quae facere nos solemus festiu die, ~o tu opere promisce omnia AFRAN.*com.*261; ut ei uictus ~us in Prytaneo publice praeberetur CIC.*de Orat.*1.232; epistulae ~ae *Att.*8.14.1; fere ~is proeliis..contendunt CAES.*Gal.*1.1.4; prodigia..prope ~as..ostentantia minas LIV.2.42.10; ~a..funera 25.26.9; leuis dropace tu ~o MART.10.65.8; iter aquae..~ae POMPON. *dig.*8.3.15;—(*used instead of adv.*) quantum has (*sc.* turres) ~us agger expresserat CAES.*Gal.*7.22.4; ROGAMVS..VT HVIIVS MANIB(VS) LVCERNA QVOTIDIANA..PONI (placeat) *CIL* 2.2102;—quid morbi est? — febris. — ~a? — ita aiunt TER.*Hec.*357; TRADAS ILLVNC FEBRI QVARTANAE TERTIANAE ~AE *CIL* 1.2520.6; CELS.3.3.1.
2 Occurring or employed constantly, habitual, normal, regular; (phr.) *in* ~*o*, as a matter of daily custom.
'Pax,' id est nomen mihi. hoc ~umst PL.*Trin.*890; ~ae uitae consuetudinem TER.*Hau.*283; apud Homerum ~ae neces CIC.*Tusc.*3.65; ~is interpretibus remotis per C. Valerium Procillum..cum eo colloquitur CAES.*Gal.*1.19.3; in porticibus triclinia ~a VITR.6.7.2; aetatis nostrae luxuria ~a fecit haec pretia COL.8.10.6; magnificam alias cenam.. sed ~am, Antonio apposuit PLIN.*Nat.*9.120; (liber) cultus Sidone non ~a MART.11.1.2;—(*neut. as sb.*) hoc..est eius ~um, se ne tribunum militum quidem facere CIC.*Q.fr.* 2.13.3;— artes..quibus in ~o uita utitur SEN.*Ep.*90.7.
3 Such as may be encountered every day, of the usual kind, not special or remarkable.
taedet ~arum harum formarum TER.*Eu.*297; sunt haec ~a, angues non item CIC.*Div.*2.62; ~o uerbo significanter usus est SEN.*Con.*7.5.9; potionem hanc non ~am et qua omnes utimur QUINT.*Decl.*321(p.265,l.12); humile atque ~um sermonis genus *Inst.*11.1.6;—(*neut. as sb.*) lectorem aliud acturum, si per ~a duceretur, miraculo excitant SEN.*Nat.*7.16.1.

cottīdiē, *adv.* **cōt-, quōt-.** [**quotti* (QVOTVS) +DIES]. FORMS: *quotidie* instanced as a pedanticism in QUINT.*Inst.*1.7.6. Every day, daily; (w. expr. denoting progressive development) day by day.
it ad cenam ~ PL.*As.*864; CATO *Agr.*67.2; hoc ~ fieri uidemus CIC.*Clu.*116; Quintum..~ exspectamus *Att.*1.5.8; CAES.*Gal.*3.17.5; ~ capitur urbs nostra, ~ diripitur LIV. 29.17.16; VELL.2.84.1; ego..non ~ lauor PETR.42.1; TAC. *Ag.*31.2; APUL.*Fl.*17;—mihi..~ augescit magis de filio aegritudo TER.*Hau.*423; mihi summa et ~ maiora praemia ..fore putabas CIC.*Dom.*113; maior ~ peccandi cupiditas SEN.*Dial.*4.9.1.

cottīdiō, *adv.* **cōt-.** [prec.+-O²] = prec.
cum ab isto uiderem ~ consiliis hosteis adiuuari CAEP. *orat.*6.

Cottius ~a ~um, *a.* Named after the Ligurian prince Cottius; *Alpes* ~*ae*, a district of the Alps including the sources of the river Po.
TAC.*Hist.*1.87.

cottona: see COTTANA.

cotula ~ae, *f.* [Gk. κοτύλη] A small cup; a liquid measure containing six *cyathi*, about half a pint.
in ~a rasa selibra (argenti) data est MART.8.71.8;—CATO *Agr.*146.1; ut mittas mi oleum cotilas VI *BIFAO* 41 (p.157).

coturnātus: see COTHVRNATVS.

coturnix ~īcis, *f.* [orig. prob. imitative; cf. PAUL.*Fest.*p.37M] PROS.: *cōt-* in PL. and LUCR.; *cŏt-* in OV., MART., and JUV. A quail; also, as a term of endearment.
aut anites aut ~ices dantur, quicum lusitent PL.*Capt.* 1003; VAR.*R.*3.5.2; ueratrum..capris adipes et ~icibus auget LUCR.4.641; ecce, ~ices inter sua proelia uiuunt OV.*Am.*2.6.27; PLIN.*Nat.*11.268; MART.10.3.7; puerum ~icum oculos eruentem QUINT.*Inst.*5.9.13; JUV.12.97;— dic me igitur tuom passerculum, gallinam, ~icem PL.*As.*666.

coturnus: see COTHVRNVS.

cotylēdōn ~onis, *f.* [Gk. κοτυληδών] A plant, navelwort.
~on paruula herba est, in cauliculo tenero, pusillo folio pingui PLIN.*Nat.*25.159; hydropicos sanat..~onis radix e mulso 26.119; LARG.55.

Cotys ~yis, *m.* Also **Cotus** ~ī. The name of several kings of Thrace.
cum ~ye LIV.42.67.3; ad ~ym 45.6.2; o ~y OV.*Pont.* 2.9.38; dictum regis ~yis V.MAX.3.7.ext.7; fortem..~yn LUC.5.54; partem (Thraecum)..~yi permisit TAC.*Ann.* 2.64. β ~i regis filia NEP.*Iph.*3.4; *Timoth.*1.2.

Cotȳtō ~ūs, *f.* A Thracian goddess worshipped with orgiastic rites.
Cecropiam soliti Baptae lassare ~on JUV.2.92.

Cotȳttia ~ōrum, *n. pl.* Rites in honour of Cotyto.
non me uocabis pulchra per ~a ad feriatos fascinos VERG.*Cat.*13.19; ~a..sacrum liberi Cupidinis HOR.*Epod.* 17.56.

Couella ~ae, *f.* A name of Juno.
in Capitolio in curia Calabra sic dicto quinquies 'kalo Iuno ~a' *formula* in VAR.*L.*6.27.

couinnārius ~(i)ī, *m.* [next+-ARIVS] One who fights from a *couinnus*.
media campi ~ius eques strepitu ac discursu complebat TAC.*Ag.*35.3; 36.3.

couinnus ~ī, *m.* [Gall. wd. **ko-ueg̑h-nos*; cf. OIr. *fēn*, Welsh *gwain* 'waggon'; cogn. w. VEHO] A war-chariot with scythes attached to the axles, used by some Celtic peoples; also, a kind of travelling carriage.
dimicant..curribus Gallice armatis: ~os uocant, quorum falcatis axibus utantur MELA 3.52; rector monstrati Belga ~i LUC.1.426; SIL.17.417;—o iucunda, ~e, solitudo, carruca magis essedoque gratum MART.12.24.1.

coum[1] ~ī: see COHVM[1].

Cōum[2]: see COVS[2].

courō: see CVRO.

Cous[1]: see COOS.

Cōus[2] ~a ~um, *a.*
1 Of or belonging to Cos, Coan; (masc. as sb.) one of its inhabitants. **b** *uestis* ~*a*, a garment made of very fine silk, first woven at Cos.
~ae Veneris pulchritudinem CIC.*Orat.*5; *N.D.*1.75; ~i.. poetae (*i.e.* Philetas) OV.*Ars* 3.329; de litore ~o LUC.8.246; conchylia ~a JUV.8.101;—(*of wine*) hoc uinum deterius non erit quam ~um CATO *Agr.*105.2; PLIN.*Nat.*14.79; (*cf.*) faecula ~a HOR.*S.*2.8.9. **b** addit auaritiae causas et ~a puellis uestis TIB.2.4.29; et tenuis ~a ueste mouere sinus PROP.1.2.2; 2.1.6; (*cf.*) ~ae..purpurae HOR.*Carm.*4.13.13.
2 (as sb.) **a** (masc. or fem.) An inhabitant of Cos; (used allusively of the poet Philetas). **b** (neut. sg.) Coan wine. **c** (neut. pl.) garments of Coan silk.
a Nicias ~us CIC.*Att.*7.3.10; ~a Bittide OV.*Pont.*3.1.58; Hippocrates ~us CELS.1.pr.8; TAC.*Ann.*4.14;—tu quoque, ~e, noces OV.*Rem.*760; *Tr.*1.6.2. **b** albo non sine ~o HOR.*S.*2.4.29. **c** ~is tibi paene uidere est ut nudam HOR.*S.*1.2.101; indue me ~is, fiam non dura puella PROP. 4.2.23; OV.*Ars* 2.298; lubrica ~a PERS.5.135.

coxa ~ae, *f.* [cf. OIr. *coss* 'foot', Skt. *kakṣaḥ* 'arm-pit', etc.]
1 The hip (of a human being); the haunch (of an animal).
~ae durant, non facile crura extendi possunt CELS. 7.27.1; equitatio stomacho et ~is utilissima PLIN.*Nat.* 28.54; SIL.10.181; ~am..fregit PLIN.*Ep.*2.1.5; hic ~a debilis JUV.10.227; 15.66;—arando ne ~am bos..offendat COL.5.9.11; (*of a constellation*) (haec ursa habet stellam) in extrema ~a claram unam HYG.*Fab.*177.3; (*as a joint of meat*) poscit..utramque ~am leporis MART.7.20.5.
2 (surv.) A re-entrant angle.
(termini) omnibus angulis ~isque positi esse debent SIC.FL.*agrim.*p.106; p.115.

coxendix ~īcis, *f.* [prec.+-*endix* (dub.; cf. CLACENDIX)] The hip; also, the hip-bone.
cor stimulo foditur. — pol tibi multo aequius est ~icem PL.*Bac.*1159; harundinem..mediam diffinde, et duo homines teneant ad ~ices CATO *Agr.*160; truncus sustinetur ~icibus LUCIL.949; ~icum dolores PLIN.*Nat.*20.90; ~ice et femore ..non perinde ualebat SUET.*Aug.*80; (*of an animal's haunches*) ut sint (boues)..crassis ~icibus VAR.*R.*1.20.1;— eidem (*sc.* uespertilioni)..~ix una traditur esse PLIN.*Nat.* 10.168; 28.179.

coxus ~a ~um, *a.* [COXA+-VS] Lame.
debilem facito manu, debilem pede ~o MAEC.*poet.*4(3).1

crabattus: see GRABATVS.

Crabra ~ae, *f.* The name of an aqueduct supplying Rome.
CIC.*Agr.*3.9; *Fam.*16.18.3; FRON.*Aq.*9.

crābrō ~ōnis, *m.* [< **crāsrō*; cf. Lith. *širšuo* 'wasp', OHG. *hornuz*, AS. *hyrnet* 'hornet'] A hornet.
asper ~o VERG.*G.*4.245; OV.*Fast.*3.753; ne apes intercipiantur uiolentia ~onum COL.9.14.10; PLIN.*Nat.*11.71;— (*in fig. phr.*) inritabis ~ones (*i.e. you'll be stirring up a hornets' nest*) PL.*Am.*707.

cracca ~ae, *f.* [unkn.] A kind of wild vetch.
omnia haec pabularia, degeneransque ex leguminibus quae uocatur ~a PLIN.*Nat.*18.142.

cracens ~ntis, *a.* [prob. for **gracens*, cogn. w. *gracilis*] Slender.
succincti gladiis media regione ~ntes ENN.*Ann.*505.

Cragēus ~ī, *m.* The name of a wind blowing from Mount Cragos in Lycia.
Atabulus Apuliam infestat..Pamphyliam ~us (*cj.*) SEN. *Nat.*5.17.5.

crambē ~ēs, *f.* [Gk. κράμβη] A kind of cabbage; ~*e repetita* (prov., of stale repetition).
tertia (species brassicae) est proprie appellata ~e PLIN. *Nat.*20.79;—occidit miseros ~e repetita magistros JUV. 7.154.

crāpula ~ae, *f.* [from Gk. κραιπάλη]
1 The after-effects of excessive wine-drinking, a state of intoxication.
ubi..obdormiui ~am PL.*Mos.*1122; *Ps.*1282; qui nondum Aproniani conuiui ~am exhalassent CIC.*Ver.*3.28; *Phil.* 2.30; plenos ~ae LIV.9.30.9; miseria haec et metus ~am facile excusserunt 40.14.3; hesterna ~a semisomnes et graues SEN.*Dial.*10.14.4; PLIN.*Nat.*24.78; cibo et ~a distentos APUL.*Met.*1.18.
2 (app.) The hard residue obtained after evaporating the oil from an oleo-resin, used to flavour wines.
~a conpesci feritatem nimiam (uini) frangique uirus PLIN. *Nat.*14.124; nouicium resinatum nulli conducit; capitis dolorem et uertigines facit; ab hoc dicta ~a est 23.46.

crāpulānus ~a ~um, *a.* [prec.+-ANVS] (app.) Containing resin, resinous.
Graecia argilla..(uini) lenitatem excitat, Italiae pars aliqua ~a pice PLIN.*Nat.*14.120.

crāpulārius ~a ~um, *a.* [CRAPVLA+-ARIVS] Good for removing the effects of intoxication.
unctiones Graecas sudatorias uendo uel alias malacas, ~as PL.*St.*227.

crās, *adv.* [dub.; cf. Skt. *śvaḥ*] On the day after today, tomorrow; (also, as sb.). **b** (poet.) in the future, 'tomorrow'.
petito ~ PL.*Mos.*654; necesse hodie Sicyoni me asse aut ~ mortem exsequi *Ps.*995; ~ mane argentum mihi miles dare se dixit TER.*Ph.*531; saga ~ sumentur CIC.*Phil.*8.6; *Att.*10.13.2; sciam et ad te ~ (*sc.* scribam) 16.1.3; mala decem misi; ~ altera mittam VERG.*Ecl.*3.71; SEN.*Con.*7. pr.8; ~ (*i.e. for tomorrow*) te, Caeciliane, non uocaui MART. 2.37.11; JUV.5.33; GEL.2.29.11;—(*as sb.*) cum lux altera uenit iam ~ hesternum consumpsimus PERS.5.68; ~ istud.. quando uenit? MART.5.58.2. **b** quid sit futurum ~ fuge quaerere HOR.*Carm.*1.9.13; credula uitam spes fouet et fore ~ semper ait melius TIB.2.6.20; OV.*Met.*15.216.

crassāmen ~inis, *n.* [CRASSO+-MEN] A sediment.
semper..in requieta aqua ~en aliquod in imo reperitur COL.12.25.2; 12.42.2.

crassāmentum ~ī, *n.* [CRASSO+-MENTVM]
1 A sediment.
aliquod ~um in imo simile faeci reperitur COL.12.12.1; 12.48.3.
2 Thickness.
surculi duo..oblonguli, pari ~o GEL.17.9.7.

crassātor: see GRASSATOR.

crassē, *adv.* *compar.* ~ius. [CRASSVS[1]+-E]
1 With a thick layer, thickly.
(uasa) ~e picari COL.12.44.5; faciem..~e oblinere LARG.46; laser..~ius per pinnam faucibus adhibitum 67.
2 In an obscure manner, dimly. **b** (transf.) without detail, indistinctly, confusedly.
(sardae) mares excitatius fulgent, feminae pigriores et

~ius nitent Plin.37.106. **b** (infans) constitutionem suam ~e intellegit et summatim et obscure Sen.*Ep*.121.12.

3 In a coarse style, inartistically.
quia ~e compositum illepideue putetur Hor.*Ep*.2.1.76; atram nubem turbine piceo et fauilla fumantem..~e et inmodice congessit (Vergilius) Gel.17.10.14.

crassescō ~ere, *intr.* [crassvs¹+-esco]
1 To become thick or fat, thicken, fatten.
quia tritico..minus ~at (turtur) Col.8.9.2; ~unt etiam in senecta (margaritae pelagiae) Plin.*Nat*.9.109; (pili) quadripedibus senectute ~unt 11.231; satis capita (ceparum Creticarum) ~unt 19.104.
2 To become dense or solid, condense, set.
quicquid efflauit (terra)..~it protinus Sen.*Nat*.3.9.3; uicensimo die ~it (mel) Plin.*Nat*.11.32; (plumbum) cum se ipso teritur..addita aqua caelesti, donec ~at 34.168;—(*w.* in+*acc.*) (aer) nec ~at in nubes 2.114; ~ente limo rigoribus hibernis usque in duritiam pumicis 33.86.

Crassiānus ~a ~um, *a.* Of or belonging to one of the Crassi, esp. M. Licinius Crassus the triumvir; *clades ~a* (and sim. phrs.), his defeat at Carrhae in 53 b.c.
clade ~i exercitus Vell.2.82.2; Romanos ~a clade captos Plin.*Nat*.6.47.

crassitās ~ātis, *f.* [crassvs¹+-tas] Thickness, density.
inferiora aeris noxii ~ate densa Apul.*Mun*.18.

crassitiēs ~ēī, *f.* [crassvs¹+-ies] = prec.; in quot., plumpness, fleshiness.
centunculis..inter quos pectus et uenter crustata ~e reluctabant Apul.*Met*.7.5.

crassitūdō ~inis, *f.* [crassvs¹+-tvdo]
1 The measurement of a thing in section, thickness. **b** relatively great thickness.
specta postis..quanta firmitate facti et quanta ~ine Pl.*Mos*.819; extremitatem et quasi libramentum (esse) in quo nulla omnino ~o sit Cic.*Luc*.116; parietum ~o pedes v Caes.*Civ*.2.8.2; cum omnia coria aequa ~ine fuerint structa Vitr.2.8.6; spiculum..infixum erat ~ine digiti Liv.42.65.9; lienis..natura..longitudinis ~inisque modicae Cels.4.1.5; fasciculos sarmentorum brachii humani ~ine deponito Col.*Arb*.20.3; terra super minuta incribrata ~ine, qua in cupressis Plin.*Nat*.17.76; (*pl.*) e columnarum ~inibus..inuenitur symmetriarum ratiocinatio Vitr.1.2.4. **b** hoc palpebrarum ~o tenuatur Sen.*Ep*.64.8; dein cum eualuissent flagella pedes binos, uinculum insiti incideretur, ubertati ~ine permissa Plin.*Nat*.17.116.
2 (of liquids or sim.) Consistency, density. **b** relatively great density. **c** (of soil) richness.
eo addito gypsum contritum, uti ~o fiat quasi emplastrum Cato *Agr*.39.2; scillae medium conterunt cum aqua ad mellis ~inem Var.*R*.2.7.8; mel instillatur, donec malagmatis ~o sit Cels.5.18.19; Plin.*Nat*.27.71. **b** propter aeris ~inem Cic.*Div*.1.93; septentrionales..gentes infusae ~ine caeli Vitr.6.1.9; quosdam ~o maxime delectat..linique iam, non solum perfundi, gaudent Plin.*Nat*.13.21. **c** qui locus restibilis ~ine fieri poterit Cato *Agr*.35.2; Plin.*Nat*.18.164.
3 (concr.) **a** The space between two opposite surfaces, a thickness (of masonry, etc.). **b** a swelling (on the body). **c** a sediment.
a in ~ine (muri)..taleae..instruantur Vitr.1.5.3; per octo ~inis diuisiones 10.6.2; in speculi usu polita ~ine paulumque propulsa dilatatur in inmensum magnitudo imaginum Plin.*Nat*.33.128; minutatim ex tabellis compacta ~ine Apul.*Apol*.61. **b** lauantur..ad genarum ~ines (mituli) Plin.*Nat*.32.98. **c** terere oportet (semina) et ~inem inlinere Plin.*Nat*.25.141.

crassiuēnius ~a ~um, *a.* [crassvs+vena+-ivs] Having thick veins (used as name of a kind of maple).
e uiliore genere ~ium uocatur (acer) Plin.*Nat*.16.66.

crassō ~āre ~āuī ~ātum, *tr.* [crassvs¹+-o³] To make thick, thicken.
pili mei ~antur in setas Apul.*Met*.3.24.

crassundia ~ōrum, *n.* [next+-*undia* (cf. *crep-undia*)] (perh.) Fat pork (exact reading and meaning uncertain).
quod fartum intestinum ~is, Lucanicam dicunt Var.*L*.5.111.

crassus¹ ~a ~um, *a.* *compar.* ~ior, *superl.* ~issimus. [dub.]
1 Having considerable thickness in section, thick. **b** (w. abl.) thickly coated with. **c** (fig.) *~as ceruices habere*, to be audacious.
ubi ponderosas, ~as capiat compedis Pl.*Capt*.722; restim..~am *Per*.815; e quibus (arboribus) nulla non ~ior est ab radicibus Vitr.5.1.3; ~issimum..in capite os post aurem est Cels.8.1.3; ~um..uolumen Mart.5.78.25;—(*of parts of the body*) ut Fortunata armillas suas ~issimis detraheret lacertis Petr.67.6;—(*of layers*) eo granarium totum oblinito ~o luto Cato *Agr*.92; ~umque trabes absconderat aurum Luc.10.113; (emplastrum) satis ~um inponere Larg.205;—(*neut. as sb.*) quibus..iocineris ~um..ulneratum est Cels.5.26.3.a. **b** ~um sanguine telum Stat.*Theb*.2.659. **c** scholastici intueri me, quis essem, qui tam ~as ceruices haberem Sen.*Con*.2.pr.16.
2 (of persons or animals) Stout, fat, plump.
anum illam doliarem, claudam, ~am Pl.*Ps*.659; Ter.*Hec*.440; postquam Crassus carbo factus, Carbo ~us factus est *Vers.pop.*(*poet*.p.44); ~is..turdis Mart.2.40.3; quis in Meroe (miratur) ~o maiorem infante mamillam? Juv.13.163.
3 (in giving measurements) Having a specified thickness or depth.
(maceriam) altam p. v..~am p. i s Cato *Agr*.15; 135.6; antas dvas..proicito longas p. ii, ~as p. i = — *CIL* 1.698.1.13; Vitr.3.4.4; caules si fuerint pollice ~iores Col.12.7.4; Hyg.Gr.*agrim*.p.157;—(*w. gen.*) columnae..~ae altitudinis suae..decumae partis Vitr.4.8.1; 8.6.8.
4 (esp. of liquids) Having a close consistency, thick, concentrated; (of rivers) muddy, turbid. **b** (of soil) heavy, impervious. **c** (of mist, air, etc.) dense, thick; also, (of a fire) murky. **d** (of rain) heavy, violent. **e** (of a tree, prob.) of dense growth, luxuriant.
nisi cremore ~ost ius collyricum Pl.*Per*.95; Cato *Agr*.86; steriles nimium ~o sunt semine Lucr.4.1240; tam ~o corpore terram 6.857; ~a magnum farragine corpus crescere..sinito Verg.*G*.3.205; ~um uomit ore cruorem *A*.10.349; pus ~issimum Cels.5.26.20; (oleum) ~ius melle, resina tenuius Plin.*Nat*.15.32; (*poet.*) densa stellarum turba corona..~o lumine candet Man.1.756;—~is oblimat Echinadas undis (*sc.* Achelous) Luc.6.364; ~us caenoque et puluere torrens Stat.*Theb*.4.821; (*cf., of marshes*) ~isque paludibus alni nascuntur Verg.*G*.2.110. **b** ager ~us et laetus Cato *Agr*.6.1; qui locus ~ior sit aut nebulosus Var.*R*.1.25; Cic.*Flac*.71; glaebas cunctantis ~aque terga exspecta Verg.*G*.2.236; Plin.*Nat*.16.129. **c** ~a puluis oritur Enn.*scen*.382; Athenis tenue caelum..~um Thebis Cic.*Fat*.7; nebula..~issima *B.Hisp*.6.3; Boeotum in ~o iurares aere natum Hor.*Ep*.2.1.244; ~um rapit eiectatque uaporem cornipedum flammata sitis Stat.*Theb*.6.471;—(*of fire*) (ignis) ruit atram ad caelum picea ~us caligine nubem Verg.*G*.2.309. **d** ~ae decidit imber aquae Mart.12.29.10. **e** buxus..~issima in Corsica Plin.*Nat*.16.71.
5 (transf., of darkness, shadow, etc.) Thick, deep, opaque.
~is occultata et circumfusa tenebris Cic.*Luc*.122; fuluae nubis caligine ~a Lucr.6.461; calorem solis aestiui umbra ~iore propellere Sen.*Ep*.90.17; Plin.*Nat*.17.90;—(*in fig. phr.*) ~os transisse dies (*i.e. that their days have been spent in darkness*) lucemque palustrem..ingemuere Pers.5.60.
6 (of activities, app.) Intensive, thorough.
purgatur (spodos) ante pinna, dein ~iore lotura digitis scabritiae excernuntur Plin.*Nat*.34.131.
7 Coarse, rough, heavy; (transf.) rude, homely. **b** (of sounds) coarse, harsh.
aes cyprum limis ~is uti scobis facta Vitr.7.11.1; ~a uel tenera caro Cels.2.28.1; in retuso et ~o ferramento Col.4.24.21; ~ior..harena..plus erodit marmoris Plin.*Nat*.36.53;—(*of cloth*) toga quae defendere frigus quamuis ~a queat Hor.*S*.1.3.15; ~a..fila Ov.*Ep*.9.77; munimenta togae duri ~ique coloris Juv.9.29; (*in fig. phr.*) munusculum mittere uolui leuidense ~o filo Cic.*Fam*.9.12.2;—Ofellus rusticus, abnormis sapiens ~aque Minerua Hor.*S*.2.2.3; ~o figuli polita caelo..synthesis Mart.4.46.14. **b** Celtiberis haec sunt nomina ~iora terris Mart.12.18.12; erat..~ius iam uetustiusque 'perangusto freto' dicere Gel.13.21.15; (*neut. sg. as adv.*) ~um ridet Pulfennius Pers.5.190.
8 (of persons or their faculties) Insensitive, dull, stupid; (of actions, etc.) marked by gross stupidity, crass.
sensibus ~is homulli non uidemu' quid fiat? Var.*Men*.487; populus ~aque turba Mart.9.22.2; quosdam imperitiores..'~iore' ut uocant 'Musa' Quint.*Inst*.1.10.28; ~is auribus et obstinato corde Apul.*Met*.1.3;—neglegentia ~a Ulp.*dig*.22.6.6.

Crassus² ~ī, *m.* A Roman cognomen; esp. L. Licinius Crassus, a famous orator, consul in 95 b.c.; M. Licinius Crassus Dives, the triumvir.
M. ~o, quem semel ait in uita risisse Lucilius Cic.*Fin*.5.92;—allatis..exemplis..a Scipione, Galba..~o *Rhet.Her*.4.7; Quint.*Inst*.12.10.11; (*as a type of Roman eloquence*) in eius modi causa quid facerent omnes ~i et Antonii? Cic.*Ver*.2.192;—Parthis..relictis, qui..M. ~um imperatorem interfecerant Caes.*Civ*.3.31.3; Ov.*Fast*.6.465; Mart.11.5.12.

crastinō, *adv.* [next+-o²] Tomorrow.
~ seges non metetur Gel.2.29.9; Apul.*Met*.2.11; 6.31.

crastinus ~a ~um, *a.* [cras+-tinvs¹]
1 Of tomorrow, of the next day. **b** *dies ~us*, *dies ~a*, tomorrow, the morrow; also in advl. phr. *die ~i*. **c** (as sb., perh. masc., sc. *dies*) tomorrow, the morrow; *in ~um*, for or till tomorrow or the following day.
usque ad diurnam stellam ~am potabimus Pl.*Men*.175; lux cum primum terris se ~a reddet Verg.*A*.8.170; ante ~am noctem Liv.30.32.2; ~a dira quies Luc.7.26; sera nimis uita est ~a: uiue hodie Mart.1.15.12; meum ~um deflebam cadauer (*i.e. I bewailed the corpse I would be next day*) Apul.*Met*.6.32;—(*neut. pl. as sb.*) pereat qui ~a curat *Copa* 37. **b** numquam edepol me uiuom quisquam in ~um inspiciet diem Pl.*St*.638; Cic.*Att*.15.8.2; nobis..forsitan includet ~a fata dies Prop.2.15.54; ~a die uestra opera utar Liv.3.46.8;—hoc die ~i quom erus resciuerit Pl.*Mos*.881; Gel.2.29.7; 10.24.8. **c** cenant..tamquam ~um desperent Sen.*Suas*.2.12; ~i neglegens Sen.*Ep*.32.4;—in ~um uos uocabo Pl.*Ps*.1334; nisi forte in ~um differre mauultis Cic.*de Orat*.2.367; Nep.*Pel*.3.2; parata erat in ~um turba Petr.18.5; Quint.*Inst*.5.10.16; cum oblatos tubures seruari iussisset in ~um Suet.*Dom*.16.1.
2 (poet.) Of the future.
quid ~a uolueret aetas scire nefas homini Stat.*Theb*.3.562.

crataegis (*acc.* ~in) *f.* [Gk.] A plant.
Graeci, cum concitationem hanc (*sc.* ueneriam) uolunt significare, satyrion appellant, sic et ~in cognominantes et thelygonon Plin.*Nat*.26.99.

crataegōn ~onis, *m.* **crataegos** ~ī. [Gk. κραταιγών, κράταιγος] (according to Pliny) The Greek name for holly.
Theophrastus arboris genus intellegi uoluit ~on siue ~ona, quam Itali aquifolium uocant Plin.*Nat*.27.63.

crataegonon ~ī, *n.* [Gk. κραταίγονον] A plant of doubtful identity, perh. *Polygonum hydropiper*.
~on spicae tritici simile est..alia est ~os, quae thelygonos uocetur Plin.*Nat*.27.62.

crataegonos ~ī, *f.* [Gk. κραταίγονος] (perh.) *Polygonum persicaria*; (see prec.).

crataegum ~ī, *n.* [Gk.] A kind of gall which grows on holm-oaks.
(ferunt ilices) granum, quod ~um uocant Plin.*Nat*.16.120.

Crataeis ~idis, *f.* The mother of the monster Scylla.
Ciris 66; Ov.*Met*.13.749.

crātēr ~ēris, *m.* Also **crātēra** ~ērae, *f.* [Gk. κρατήρ; cf. creterra] Forms: acc. sg. masc. *~era* Cic.*Att*.2.8.2, Vitr.9.5.2, and freq. in verse; *~erem* Vitr.9.5.1, Plin.*Nat*.33.51; nom. pl. *~erĕs* Lucr.6.701, Verg.*A*.6.225, Stat.*Ach*.1.114; acc. pl. *~erăs* Enn.*Ann*.511, Verg.*A*.1.724, Stat.*Theb*.2.76, etc.
1 A mixing-bowl (usu. for wine). **b** the basin of a fountain.
uertunt ~eras aenos Enn.*Ann*.511; socii ~era coronant Verg.*G*.2.528; ~eras magnos statuunt *A*.1.724; signis extantibus asper antiquus ~er Ov.*Met*.12.236; in aduersos Lapithas erexit inanem..~era Pholus Stat.*Theb*.2.564; (*used to denote the contents*) cremantur turea dona, dapes, fuso ~eres oliuo Verg.*A*.6.225; placant..magno ~ere deam Juv.2.87. **β** ~eras ex aere pulcherrimas Cic.*Ver*.4.131; nec desunt Veneris sodali uina ~erae Hor.*Carm*.3.18.7; Liv.5.28.2; V.Max.1.1.ext.4. **b** fonticulus in hoc (cubiculo), in fonte ~er Plin.*Ep*.4.6.23; fistulae..et canales et ~eres Ulp.*dig*.33.7.12.24.
2 A southern constellation.
anguis..medio..corpore sustinens ~erem Vitr.9.5.1; Ov.*Fast*.2.244; ~er umoris amator Man.5.250; Col.11.2.65. **β** in medioque sinu fulgens ~era relucet Cic.*Arat*.463(219); 538(292).
3 A bowl-shaped depression; esp., the crater of a volcano.
tellus..pronos currus medio ~ere recepit Ov.*Met*.5.424; (*as a name given to the Bay of Naples*) praetermittendum..~era illum delicatum Cic.*Att*.2.8.2;—in summo sunt uertice enim ~eres Lucr.6.701; semper ardens Nymphaei ~er Plin.*Nat*.2.237; 3.88; effusis ~eribus Apul.*Mun*.34.

craterītis ~idis, *f.* [cf. Gk. κρατερός] The name of a precious stone.
~is inter chrysolithum et electrum colorem habet, praedura natura Plin.*Nat*.37.154.

Crateros (~us) ~ī, *m.* **a** One of Alexander's generals. **b** a doctor of Cicero's time.
a Nep.*Eum*.2.2; Curt.30.9.8. **b** Cic.*Att*.12.13.1; Hor.*S*.2.3.161; Pers.3.65.

Crāthis ~idis, *f.* A river of Bruttium, said to impart a golden tinge.
Ov.*Met*.15.315; *Fast*.3.581; Plin.*Nat*.3.97; 31.13.

crāticius ~a ~um, *a.* [cratis+-icivs¹] Made of wattle.
~i (parietes)..uelim quidem ne inuenti essent Vitr.2.8.20; 7.3.11; Fest.p.301M; Ulp.*dig*.17.2.52.13.

crātīcula ~ae, *f.* [cratis+-cvla] A gridiron.
in torcularium in usu quod opus est..~as duas Cato *Agr*.13.1; tomacula super ~am argenteam feruentia posita Petr.31.11; 70.7; rara tibi curua ~a sudet ofella Mart.14.221.1.

crātīculum ~ī, *n.*: (see quot.).
~um a Graeco κρατευταί deducitur Paul.*Fest*.p.53M.

Cratīnus ~ī, *m.* An Athenian comic poet of the 5th century b.c.
Hor.*S*.1.4.1; Pers.1.123.

crātiō ~īre ~iuī or ~iī ~ītum, *tr.* [next+-io²] To bush-harrow.
utilissimum, si malae herbae, (prata) arare, dein ~ire Plin.*Nat*.18.258.

crātis ~is, *f.* [cf. Goth. *haúrds*, Skt. *kaṭaḥ* 'mat', < **kr̥taḥ*, cf. *kr̥natti*, 'he spins', Gk. κάρταλλος] Forms: acc. sg. *cratim* Pl.*Poen*.1025.
1 A light construction of wicker-work, a hurdle. **b** (as used to make temporary walls or partitions, esp. in sheep-folds). **c** (as building material, covered with mud). **d** (as a rack on which fruit, etc., was dried). **e** (as a basket). **f** (as the framework of a shield). **g** (used in executing criminals).
eo sarmenta aut ~is ficarias inponito, quae frigus defendant et solem Cato *Agr*.48.2; hoc ('gerra') graecum est et in latina ~is Var.*L*.7.55; alii ~is et molle feretrum arbuteis texunt uirgis Verg.*A*.11.64; ex ~ibus scuta Curt.

10.2.23. **b** portant (*sc.* pastores) secum ~es aut retia, quibus cohortes in solitudine faciant VAR.*R.*2.2.9; HOR. *Epod.*2.45; locus est consaeptus ~ibus pluteisque et linteis contectus LIV.10.38.5; claudere fraxinea..praesaepia ~e CALP.*Ecl.*1.39. **c** erant..pleraque (tecta) ex ~ibus ac tabulis facta LIV.27.3.3; inlini..~es parietum luto PLIN. *Nat.*35.169. **d** si pluuia erit, in tecto in ~ibus conponito (uuas) CATO *Agr.*112.2; COL.7.8.5; iuncea ~e sub diu siccant (ceram) PLIN.*Nat.*21.84; (*cf.*) sicci terga suis rara pendentia ~e JUV.11.82. **e** ~es stercerarias CATO *Agr.*10.3; nuces..cum medio amni..defluerent, ~ibus excipiebantur LIV.23.19.12. **f** flectuntque salignas umbonum ~is VERG.*A.*7.633; nuda iam ~e fluentis..clipeos LUC.1.241; omnibus aeratae propugnant pectora ~es STAT.*Theb.*4.110; SIL.5.522. **g** sub ~im, ut iubeas se supponi atque eo lapides imponi multos, ut sese neces PL.*Poen.*1025; quos necari sub ~e iusserat LIV.4.50.4; ignauos..caeno ac palude, iniecta insuper ~e mergunt TAC.*Ger.*12.1.

2 (mil.) A fascine (for building fortifications, filling in ditches, etc.).

pinnae loricaeque ex ~ibus attexuntur CAES.*Gal.*5.40.6; ~ibus atque aggere paludem explere 7.58.1; a fronte.. ~ibus ac pluteis protegebat (rates) *Civ.*1.25.9; circum tabulata conlocentur ~es ex tenuibus uirgis creberrime textae VITR.10.14.3; CURT.5.3.7; moenia non saxo sed ~ibus et uimentis..aduersum inrumpentis inualida erant TAC.*Ann.*12.16.

3 An agricultural implement, a bush-harrow; a heavier type of toothed harrow.

rastris glaebas qui frangit inertis uimineasque trahit ~is VERG.*G.*1.95; glaebas..inducta ~e coaequabimus COL. 2.17.4;—cratis et hoc genus dentatae stilis ferreis PLIN. *Nat.*18.186.

4 (transf.) Any criss-cross structure resembling a hurdle, a network or lattice.

(*of the ribs*) transadigit costas et ~is pectoris ensem VERG.*A.*12.508; pendere putares pectus et a spinae tantummodo ~e teneri OV.*Met.*8.806; perfracta..~e costarum APUL.*Met.*4.12;—(*of a honeycomb*) constructaque mella diripuere ipsae (apes) et ~is soluere fauorum VERG.*G.*4.214; —(*of interlocked shields*) uirtus incerta uirorum perpetuam rupit defesso milite ~em LUC.3.485;—(*of matted roots*) quia ~em factura sit (uitis) COL.4.2.1;—(*of papyrus*) in rectum primo supina tabulae schida adlinitur..trauersa postea ~es peragit PLIN.*Nat.*13.77.

crātītiō ~ōnis, *f.* [CRATIO+-TIO] The action of bush-harrowing.

de occando, runcando, sariendo. de ~one PLIN.*Nat.* 1.18.50.

creātiō ~ōnis, *f.* [CREO¹+-TIO] The begetting (of children); the election or appointment (of an official).

quia magis liberorum ~oni studere debeat ULP.*dig.*1. 7.15.2;—~o magistratuum CIC.*Leg.*3.10; PAPIN.*dig.*26.7. 39.6.

creātor ~ōris, *m.* [CREO¹+-TOR] One who begets, father; the creator (of the world); the founder (of a city); one who appoints (to an office).

deum..ipse ~or CIC.*poet.*22.24(*Div.*2.64); magnique ~or Achillis OV.*Met.*8.309; SEN.*Phaed.*888;—ille ~or atque opifex rerum LUC.10.266;—princeps ille ~or huius urbis, Romulus CIC.*Balb.*31;—~or hoc nomine nihil praestare debet ULP.*dig.*50.8.2.7.

creātrix ~īcis, *f.* [CREO¹+-TRIX] The mother (of a person); the creatress (of the world, etc.); the authoress (of a situation).

si qua uia est, si quam tibi diua ~ix ostendit VERG.*A.* 6.367; 8.534; (*fig.*) patria o mei ~ix CATUL.63.50;—rerum natura ~ix LUC.1.629; 5.1362; o hominum diuumque aeterna ~ix STAT.*Theb.*8.303; nimborum fulua ~ix 10.125; —illa ~ix prima manus belli V.FL.5.142; SIL.15.184.

crēber ~bra ~brum, *a.* *compar.* ~brior, *superl.* ~berrimus. [prob. cogn. w. CRESCO]

1 (of things) Placed at frequent intervals, closely set.

ne (rami) nimium ~bri relinquantur CATO *Agr.*32.1; semen serito ~brum 48.2; sarraca ~bra disponunt SIS.*hist.* 61; per ~bra foramina ferri LUCR.6.103; ~bris ad Rhodanum dispositis praesidiis CAES.*Gal.*7.65.3; ~bris conlucent ignibus agri VERG.*A.*11.209; angustiae saltibus ~bris ..inclusae LIV.28.1.6; (sutura) neque nimis rara neque nimis ~bra inicienda est CELS.5.26.23.D;—(*qualifying sg. noun used in pl. sense*) non uasto aggere ~braque turre cinxerant urbes latus SEN.*Phaed.*532.

2 (w. pl. or sg. sb., of action, states, events, etc.) Recurring at short intervals, frequent, repeated, constant, etc.

itiones ~brae et mansiones diutinae TER.*Ph.*1012; ~bra supplosio pedis CIC.*Brut.*158; (peccata) quae magis ~bra et iam prope cotidiana sunt *S.Rosc.*62; ~berrimis litteris *Att.*5.21.14; ~bras..excursiones faciebant CAES.*Gal.*2.30.1; ~ber anhelitus VERG.*A.*5.199; clamor..excitatior ~briorque ab hoste sublatus LIV.4.37.9; cum ~bro suspiritu et gemitu 30.15.3; singultus ~bros LARG.191; caelum ~brisimbribus..foedum TAC.*Ag.*12.3; seditionum..~berrima causa *Ann.*6.16;—(*in quasi-advl. use*) ~ber..aspirans ..Auster VERG.*A.*5.764; ~brior incussit mentem pauor V.FL.5.550;—(*advl. acc.*) equus..pede terram ~bra ferit VERG.*A.*5.500; APUL.*Met.*3.28;—(*poet.*) ~bri arietis ictibus urbis inclinare latus STAT.*Theb.*2.492;—(*cf.*) 'taxare' pressius ~briusque est quam 'tangere' GEL.2.6.5.

3 Numerous and in rapid succession; esp. of hailstones, blows, or the like. **b** (in genl.) numerous; (w. sg. sbs.) copious, abundant.

~brae acutaeque sententiae CIC.*de Orat.*2.34; mandat ut ~bros exploratores in Suebos mittant CAES.*Gal.*6.10.3; ~bris confecti uulneribus *Civ.*3.9.3;—tam ~bri ad terram reccidebant quam pira PL.*Poen.*484; caue..ne bubuli in te cottabi ~bri crepent *Trin.*1011; fundunt simul undique tela ~bra niuis ritu VERG.*A.*11.611; ~bri cecidere caelo lapides LIV.1.31.2; ~berrima grandine 40.58.4; ~bris cum lacrimis minorem ex nepotibus complexus TAC.*Ann.*6.46. **b** ~bris ante exitium diebus TAC.*Ann.*13.17;—spissus ~bro praebetur alumine sucus *Aetna* 391; (pantherarum et tigridum) genere, ~berrimo in Africa PLIN.*Nat.*8.63.

4 (w. abl.) Crowded or packed with, full of; (of writers, etc., and their style). **b** (without abl.) having the constituent parts closely arranged, dense, tight-packed; (of writers, etc.) packed with ideas, pregnant.

~berque procellis Africus VERG.*A.*1.85; platanis ~ber.. ordo PROP.2.32.13; ~berrimus ilice lucus OV.*Am.*3.5.3; *Met.*11.190;—qui (*sc.* Thucydides) ita ~ber est rerum frequentia CIC.*de Orat.*2.56; neque..alium dixerim..sententiis ~briorem *Brut.*264; modus (dicendi)..translationibus ~brior QUINT.*Inst.*12.10.60. **b** (pullus) iuba ~bra VAR.*R.*2.7.5; ~bram siluam LUCR.6.135; altera (lactuca) ~bra uiret COL.10.182; ~brae papaueratae (togae) antiquiorem habent originem PLIN.*Nat.*8.195; ~bra..agmina SIL.10.73;—Siculus ille capitalis, ~ber, acutus, breuis CIC. *Q.fr.*2.11.4; orationem similem niuibus hibernis, id est ~bram, et adsiduam PLIN.*Ep.*1.20.22; ἐνθύμημα ~brum et coruscum GEL.17.20.4.

5 (w. abl. or *in*+abl.) Making frequent use of (a medium), constantly resorting to (a practice); also, insistent on (a point).

in utroque genere et ~ber et distinctus Cato CIC.*Brut.*69; in scribendo multo essem ~brior quam tu *Att.*1.19.1; (Tiberis) ~ber ac subitus incrementis est PLIN.*Nat.*3.55; (*in quasi-advl. use*) densis ictibus heros ~ber utraque manu pulsat uersatque Dareta VERG.*A.*5.460;—in eo ~ber fuisti, te..in ludos causam conicere noluisse CIC.*Planc.*83.

crēbrātus ~a ~um, *a.* [prec.+-ATVS²] Closely woven.

~ae pexitas telae (*i.e. of a spider's web*) PLIN.*Nat.*11.81.

crēbrē, *adv.* [CREBER+-E] Thickly, densely; frequently.

(alnus) infra fundamenta..~ fixa VITR.2.9.10; 8.3.2; nisi harundines..~ disposueris COL.11.3.58;—id ultro citro ~ faciendo VITR.5.4.2; ~ fodito COL.*Arb.*7.6.

crēbrescō ~escere ~uī, *intr.* [CREBER+-ESCO] To become frequent or widespread, increase.

~escunt optatae aurae VERG.*A.*3.530; horror ~escit 12.407; cum ~esceret rumor ASC.*Mil.*31; gestus cum ipsa orationis celeritate ~escet QUINT.*Inst.*11.3.111; ~escentis seditionis TAC.*Hist.*1.39; crebrescebat..licentia..asyla statuendi *Ann.*3.60; tum ~escere fragor PLIN.*Ep.*7.27.8; —(*impers., w. acc. and inf.*) per idoneos..~escit uiuere Agrippam (*i.e. the rumour spreads that..*) TAC.*Ann.*2.39.

crēbrinōdus (? **-nōdōsus**) ~a ~um, *a.* [CREBER+NODVS] (of a reed) Having frequent knots.

bisulcam et ~am (*cj., codd.* crebrinodosam) arundinem VAR.*Men.*578.

crēbrisūrus ~a ~um, *a.* [CREBER+SVRVS] Fortified by closely packed stakes.

~o apud Ennium significat uallum crebris suris, id est palis, munitum PAUL.*Fest.*p.59M.

crēbritās ~ātis, *f.* [CREBER+-TAS]

1 Closeness of spacing, crowdedness.

uaIuarum aspectus abstruditur columnarum ~ate VITR. 3.3.3; 'squalere'..dictum a squamarum ~ate GEL.2.6.20; —(*pl.*) densae ~atibus arbores VITR.2.1.1.

2 Frequency in time.

tanta erat ~as litterarum CIC.*Att.*13.17.2(18); ~ate et magnitudine officiorum meorum *Fam.*3.1.1; (legionem) ~ate bellorum..deminutam *B.Alex.*69.1.

3 Closeness in succession, frequency.

concinnitas illa ~asque sententiarum CIC.*Brut.*327; ~ate fluctuum SAL.*Hist.*3.64; chroma..~ate modulorum suauiorem habet delectationem VITR.5.4.3.

4 Closeness of component parts, density.

non facile persecat aeris ~atem (oculi species) VITR.3.5.9; caeli ~atem 9.8.3.

crēbriter, *adv.* [CREBER+-TER²] Repeatedly, frequently.

harena ~ parietes satiati VITR.2.8.2; 7.1.3; quod..ei solet ~ euenire APUL.*Met.*3.15; mellitis sauiis ~ ingestis 4.26; 10.2.

crēbritūdō ~inis, *f.* [CREBER+-TVDO] = CREBRITAS.

clandestina ~ine transigi..decet SIS.*hist.*122.

crēbrō, *adv.* *compar.* ~brius, *superl.* ~berrimē. [CREBER+-O²]

1 In many places, thickly, densely.

perlucet ea (*sc.* uilla) quam cribrum ~brius PL.*Rud.*102; ubi per terras ~brius idem (*sc.* umor) percolatur LUCR. 2.474; crates ex tenuibus uirgis ~berrime textae VITR. 10.14.3.

2 Frequently, repeatedly, often.

~bro commutat status PL.*Mil.*206; *Truc.*682; scortari ~bro TER.*Hau.*206; ~bro aquam mutet CATO *Agr.*117; ~bro Catulum, saepe me..nominabat CIC.*Cael.*59; *Fam.* 7.9.3; somnia quae ~berrume commemorantur a Stoicis *Div.*1.56; suspirat arator ~brius LUC.2.1165; ~brius.. de caelo lapidatum LIV.29.10.4; 42.63.4; aqua mulsa ~brius furfuribus siligineis decocta LARG.66; uerbum in libris ueterum ~berrime positum GEL.16.9.pr.

crēdibilis ~is ~e, *a.* *compar.* ~ior. [CREDO+-BILIS]

1 (of statements, hypotheses, etc.) Capable of being believed, credible, conceivable; *~e est*, it is credible (that).

~e hoc est? PL.*Bac.*616; narrationes..ut planae sint.. ut ~es CIC.*Top.*97; ~e fore (crimen) non arbitrabar *Ver.* 5.158; quae..nemini ~ia sunt SAL.*Cat.*13.1;—(*neut. as sb.*) ~e ecastor dicit PL.*Poen.*1329; ~i fortior illa fuit OV.*Fast.* 3.618; hyperbole..incredibilia affirmat, ut ad ~ia perueniat SEN.*Ben.*7.23.2;—(*w. sup.*) misit..ex uno grano, uix ~e dictu, cccc..germina PLIN.*Nat.*18.94;—(~e est, *w. acc. and inf.*) neque ~e est..eam me emisse ancillam matri PL.*Mer.*210; ~e est..tantum facinus nullam ob causam esse commissum? CIC.*Cael.*56; LIV.4.16.4; nec mihi ~e est quemquam insultasse iacenti OV.*Tr.*2.571; TAC.*Ann.*1.6; (*w. indir. qu.*) ~e non est quantum ego in..prudentia tua.. ponam CIC.*Att.*2.23.3; (*w.* ut) non esse ~e ut..ab eo..non diligeretur V.MAX.4.1.ext.2.

2 Worthy to be believed: **a** (of speech, etc.) plausible, convincing. **b** (of suppositions) probable, likely; *~e est* (w. acc. and inf.), it is probable (that).

a maxime animo tyranni ~e indicium Thraso nominatus fecit LIV.24.5.13; sit tibi ~is sermo OV.*Ars* 1.467; ubi.. somnus ~is tarda desinit esse mora *Ep.*20.22; (*neut. pl. as sb.*) (doctores) qui..ueris ~ia praeferrent QUINT.*Inst.* 2.15.31. **b** uitia, quae te fecerunt tam ~em parricidam SEN.*Con.exc.*3.2; ~ior nouae libidinis meditatio in ea uisa est quae puellaribus annis stuprum..admiserat TAC. *Ann.*14.2;—~est caesos omnibus esse uiros OV.*Ep.*14.58; *Tr.*1.9.34; inter..ea (*sc.* ossa) uenae discurrunt, quas his alimentum subministrare ~e est CELS.8.1.1; ~e est.. frigidos spiritus inde ferri SEN.*Nat.*4b.5.2; QUINT.*Inst.*2.3.5.

crēdibiliter, *adv.* [prec.+-TER²] In a credible manner, credibly.

id uos..a uiro optimo..cogitatum esse confingitis? at quam non modo non ~ sed ne suspiciose quidem CIC.*Deiot.* 17; de qua..dici ~ potest QUINT.*Inst.*3.11.1; 6.2.19.

crēditor ~ōris, *m.* [CREDO+-TOR] One to whom money or sim. is due, a creditor. **b** (w. gen. of debtor or debt).

~orem debitoribus suis addixisti CIC.*Pis.*86; fraudator ~orum *Phil.*13.26; rem ~ori palam populo soluit LIV. 6.14.5; VELL.2.23.2; pessimum corporum uas (*sc.* aluus) instat ut ~or PLIN.*Nat.*26.43; diuisa inter ~ores bona TAC. *Hist.*4.42; decreuit..ut debitores ~oribus satis facerent SUET.*Jul.*42.2; GAIUS *Inst.*1.37;—(*transf.*) possum..scribere aliquid, quod non recitem, ne uidear, quorum recitationibus adfui, non auditor fuisse, sed ~or PLIN.*Ep.*1.13.6. **b** ~ores..regis aperte pecunias suppeditant CIC.*Q.fr.*2.2.3; Damasippi ~or HOR.*S.*2.3.65;—diligentius quaerendus beneficii quam pecuniae ~or SEN.*Ben.*2.18.5; totius summae ~orem QUINT.*Inst.*5.10.117.

crēditrix ~īcis, *f.* [CREDO+-TRIX] A female creditor.

inter ~icem et debitorem pactum intercesserat SCAEV. *dig.*46.1.63; res publica ~ix omnibus chirographariis creditoribus praefertur PAUL.*dig.*42.5.38.1.

crēditum ~ī, *n.* [next] What is lent or entrusted, a loan or debt. **b** (phrs.) *in ~um ire* (*abire*) *alicui*, to become someone's creditor; *in ~o*, on loan, in trust; *in ~um accipere*, to receive on loan.

ex thesauris Gallicis..~um solui posse LIV.6.15.5; 8.28.3; exactio ~i MELA 3.19; ut..~o satisfiat QUINT.*Decl.*273 (p.119,l.5); ~i seruandi causa SUET.*Cl.*16.2;—(*transf., of seed sown*) ~a non semper sulci cum foenore reddunt OV. *Ars* 2.513; Cererem plena uincentem ~a messe MAN.3.152. **b** si..rursus tu mihi in ~um isses AFRIC.*dig.*16.1.19.5; etsi in ~um abii filio familias ULP.*dig.*14.6.3.3;—argento omni legato..non debetur id, quod in ~o esset ULP.*dig.*34.2. 27.2;—is, qui in ~um uel in solutum acceperat (pecuniam) JULIAN.*dig.*12.1.19.1.

crēditus ~a ~um, *a.* [pple. of next] In senses of vb.; esp. in phr. *certa ~a* (sc. *pecunia*), a specified loan.

in plerisque iudiciis priuatis de certa ~a, locato et conducto QUINT.*Inst.*4.2.61; certam ~am periodis postulare 8.3.14; 12.10.70.

crēdō ~ere ~idī ~itum, *tr., intr.* [cf. Skt. *śrad-dadhāti* 'he trusts', OIr. *cretim* 'believe', etc.] FORMS: *creduam ~uas ~uat* (pres. subj.), PL.*Bac.*476, 504, *Poen.*747, *Trin.*606; *creduis ~uit* (pres. subj.), PL.*Am.*672, *Truc.*307; *credier* (pres. inf. pass.) PL.*Ps.*632, LUCR.4.852.

1 (w. acc. and dat.) To consign to the custody or protection of, commit, entrust. **b** to confide (secrets, etc.). **c** to entrust (a task, office, or sim.). **d** (refl.).

(*persons, material objects*) qui mi id aurum ~idit PL.*Aul.* 15; mihi rem summam ~idit cibariam *Capt.*901; quoinam praesidio pecuaria ~emus? *Rhet.Her.*4.46; Aenean ~am.. fallacibus auris..? VERG.*A.*5.850; dum ~ita signa tuetur PROP.4.1.95; in praesidio ~itae urbis moriturum se..responderit LIV.32.25.10; subsidit solum et ~itum sibi terra non retinet SEN.*Suas.*3.1; ~it cui Postumilla diues gemmas MART. 12.49.3;—(*immaterial objects*) mihi suom animum atque omnem uitam ~idit TER.*An.*272; uidebatur..male ~i libertas ei PLIN.*Nat.*8.55;—(*w. loc. abl. instead of dat.*) cum..anguino ~itur ore manus PROP.4.8.10;—(*poet.*) nox una tuis non ~ita muris LUCR.1.520; nec ullius turbae frequentioris concilio oculos suos ~iderat PETR.140.14. **b** suppositionem pueri quae mihi ~idit PL.*Truc.*437; illi ~unt consilia omnia TER.*Ad.*872; ille te colere, arcanos etiam tibi ~ere sensus VERG.*A*.4.422; (*absol.*) aures, si deliberari uelit, diligentes, tutae, si ~ere SEN.*Ben*.6.29.2;—(*transf.*) quod erat cerae ~itum PL.*Per*.528; dic nobis ubi sis futurus..~e luci CATUL.55.16. **c** facinus magnum timido cordi ~ere PL.*Ps*.576; causam..mihi ~itam CIC. *Div.Caec*.51; rem tanti sceleris..seruis non esse ~endam *Cael*.53; cui..custodia ~ita campi VERG.*A*.7.486; ut moderate honores crederent praecepit V.MAX.4.1.3;—(*pass. w. Gk. acc.*) ~itus ante annos Martem (*i.e. prematurely entrusted with command*) SIL.13.508. **d** uictori sese ~iderunt CIC.*Fam*.4.7.3; huic..sine dubitatione Marcellus se ~it atque offert *B.Alex*.63.2; inque nouos soles audent se gramina tuto ~ere VERG.*G*.2.333; medio se ~ere ponto OV.*Met*.13.900; templi..se religioni supplicem ~idit VELL. 1.9.4; labori se..~ere CELS.1.2.2; ductore amisso pedibus se ~ere Celtae SIL.4.300.

2 (w. acc. and dat.) To lend (money) to; (with acc.) to make loans, give credit.

ne quisquam ~at nummum PL.*Ps*.506; quod ei per syngrapham ~idisti CIC.*Har*.29; ut..sine usuris ~itae pecuniae soluantur CAES.*Civ*.3.20.5; LIV.8.28.9; certam ~itam pecuniam peto ex stipulatione QUINT.*Inst*.4.2.6;—metuont ~ere omnes PL.*Ps*.304; iniussu domini ~at nemini CATO *Agr*.5.3; qui..~idit P. Fului Nerati..fide CIC.*Flac*.46; magnas partis habuit publicorum; ~idit populis CIC.*Rab.Post*.4; MART.10.19(18).2; is, qui ad refectionem aedificii ~idit ULP.*dig*.20.1.20.

3 (intr., w. dat.) To have faith or confidence in, trust, rely on.

ut ego multis ~idi! PL.*Per*.476; certumst mustelae posthac numquam ~ere *St*.499; nil ~o auguribus ACC.*trag*. 169; nemo..proditori ~endum putauit CIC.*Ver*.1.38; carunculae uitulinae mauis quam imperatori ueteri ~ere *Div*. 2.52; equo ne ~ite, Teucri VERG.*A*.2.48; hastae ~ere 11.808; ubi ipsius loci ac stagni praesidio satis ~itum foret LIV.26.46.2; istorum tibi qui occurrunt ultibus ~is SEN. *Ep*.103.2; amicis, quibus aeque ac mihi ~o LARG.271;—(*w. gen. of respect*) quoii omnium rerum ipsus semper ~it PL.*As*.459;—(*foll. by* ut) amicus mihi ~idit, ut redirem (*i.e. trusted me to return*) [QUINT.]*Decl*.16.4.

4 (intr., w. dat.) To give credence to, believe (a person, report, etc.). **b** (parenth.) *mihi ~e, ~ite*, believe me, you may be sure; (also without *mihi*).

iniurato scio plus ~et mihi quam iurato tibi PL.*Am*.437; TER.*Ph*.997; rumoribus ~i non oportere *Rhet.Her*.2.5; mirabar..~i popae, confessionem seruorum audiri CIC. *Mil*.65; oculis magis quam auribus ~iderunt LIV.6.26.5; uix sibimet ipsi prae necopinato gaudio ~entes 39.49.5; Hippolytus obiit, quia nouercae ~itum est PHAED.3.10.3;—(*foll. by advl. acc., cf. 5*) quam ego illis posthac quod loquantur ~uam PL.*Poen*.747; o! si quid miserorum ~itur ulli, paenitet OV.*Pont*.1.1.59; GEL.13.31(20).8;—(*foll. by gen.*) numquam..tu mihi diuini ~uis (*i.e. never trust my sacred oath*) post hunc diem, ni.. PL.*Am*.672; *Bac*.504; numquam..mihi quisquam..posthac duarum (*s.v.l.*) rerum ~uit *Truc*.307;—(*foll. by* de) si uoluerit..nobis de Caesare ~ere BALB.*Att*.8.15a.2; HOR.*Ep*.1.16.19;—(*foll. by acc. and inf.*) ancillae tuae ~idi te domi non esse CIC.*de Orat*. 2.276; ducibus est ~itum breuius aliud esse iter LIV. 28.16.2; SEN.*Nat*.7.14.1; QUINT.*Inst*.12.11.21;—(*foll. by indir. qu.*) ut oculis meis ~erem, quid uiribus..apparares PLIN.*Ep*.6.4.2;—(*foll. by* quod, *cf. 7c*) nulli me..posse ~ere, quod tu quicquam in meam cogitaueris perniciem APUL.*Met*.3.14. **b** omnia uiscatis manibus leget.. omnia, ~e mihi LUCIL.797; sed mihi ~ite, non est iturus CIC.*Catil*.2.15; rides? non sunt haec ridicula, mihi ~e *Att*. 1.17.11; LIV.24.22.17; ego, ~e mihi, si te quoque pontus haberet, te sequerer OV.*Met*.1.361; *Tr*.3.14.49; ~ite mihi: cordacem nemo melius ducit PETR.52.8;—(*without* mihi) ~ito, cum illoc olli..numquam limauit caput ANDR.*trag*.28; hoc ferrum stratis, hoc, ~ite, ferrum imposuit STAT.*Theb*. 5.139.

5 (tr.) To accept as true, believe (assertions, etc.); (pass., of a person) to be believed. **b** to assume the reality or existence of, believe in.

credunt quod uident PL.*As*.202; mirum ni tu ~as quod iste dicat TER.*Eu*.711; haec non delata solum, sed paene ~ita CIC.*Mil*.64; homines id quod uolunt ~unt CAES.*Gal*. 3.18.6; aperit Cassandra..ora..non umquam ~ita Teucris VERG.*A*.2.247; numquid non testamentum uiri ~itis? SEN.*Con*.2.7.7; ~ita..fama uulneratum (Ciuilem) TAC. *Hist*.4.34;—~itus accepit cantatas..herbas OV.*Met*.7.98; certe ~emur *Fast*.3.351. **b** uenerabilior diuinitate ~ita ..matris LIV.1.7.8; utinam aut uerus furor ille aut ~itus esset OV.*Met*.13.43; in non ~endos corpora uersa modos *Tr*.2.64; deos ~ere SEN.*Ep*.95.50; 117.6; quis..Aethiopas ante quam cerneret ~idit? PLIN.*Nat*.7.6; illum qui meos ~iderit adfectus [QUINT.]*Decl*.16.2.

6 (w. pred. acc.) To believe to be, consider, regard as; (also pass. in pers. const.). **b** (w. advs.). **c** (w. advl. phrs.).

qua re filiam ~idisti nostram? PL.*Epid*.598; TER.*Eu*.428; qui mitem Cerberon..~idit *Culex* 271; Afros Romanam ~eres aciem LIV.22.46.4; si tales deos ~idissent SEN.*Dial*. 7.26.6; metui..~ebat honorem SIL.1.149;—(*pass. in pers. const.*) ne forte parum Minoia ~ar OV.*Ep*.4.61; omnia.. quae nunc uetustissima ~untur, noua fuere TAC.*Ann*.11.24; ULP.*dig*.21.1.23.3. **b** inter mutuum eius amorem aut certe ita ~itum SEN.*Con*.2.7.7; Claudia, non aequa populi male ~ita fama (*i.e. with a bad reputation*) SIL.17.34. **c** potest..falsum aliquid pro uero ~i SAL.*Cat*.51.36; somniaque in faciem ~ita saepe meam PROP.4.11.82; pro magno teste uetustas ~itur OV.*Fast*.4.204.

7 (w. substantival cls. or phrs.) To hold a certain opinion, suppose, believe, imagine. **a** (w. acc. and inf.); (also pass. in pers. const.). **b** (w. indir. qu.). **c** (w. *quod* cl.).

a in aqua numquam ~idi uoluptatem inesse tantam PL. *Rud*.458; *Truc*.322; ~itis me amici morte inbuturum manus? ACC.*trag*.433; ~idit..eum qui orationem bonorum imitaretur facta quoque imitaturum CIC.*Quinct*.16; *Q.fr*.1. 4.5; Arcades ipsum ~unt se uidisse Iouem VERG.*A*.8.353; ~itur Pythagorae auditorem fuisse Numam LIV.40.29.8; PHAED.1.10.10; milites uenisse in urbem..~ebant TAC. *Hist*.1.85; (*w. omission of inf.*) Sulla mortuo..finem mali ~ebatis SAL.*Hist*.3.48.9; (*w. subj. of phr. omitted*) inter somnum exaudisse uocem ~idit V.MAX.1.7.ext.8;—(*pass. in pers. const.*) mihi pollutas ~or habere manus OV.*Ep*. 8.114; perinde ac falso ~ita esset incendio perisse V.MAX. 9.15.ext.1; uoluntaria morte interisse ~itus TAC.*Hist*.4.67; TAC.*Ann*.5.4; SUET.*Cal*.24.1;—(*w. mixed const.*) si aut ipse sol lapis esse aut..lapidem in eo fuisse ~atur PLIN.*Nat*. 2.149. **b** uix ~ere possis quam sibi non sit amicus HOR. *S*.1.2.19. **c** ~o nunc quod Pudentilla me..non amabat APUL.*Apol*.79.

8 (in absol. or ellipt. usage). **b** *~o*, I think so (and analogous phrs.); (as a polite reply to greetings, etc.) I'm sure, I don't doubt; (also, in conceding an objection) granted, I don't deny it. **c** *~o*, (parenth. or introducing a sentence) doubtless, I suppose, presumably; (sts. iron.).

non sum (irata). — da ergo, ut ~am, sauium PL.*Poen*.404; licet quod cuique libet loquatur, ~ere non est necesse CIC.*Phil*.1.33; perdidi manus. non ~is? epistulas lege SEN. *Con*.1.7.3; huius potu mares generari, si ~imus PLIN.*Nat*. 26.162;—(*w.* de) de Aebutio non ~o CIC.*Att*.16.2.5; ut minus ~i de criminibus..appareret LIV.6.21.9; reuerentius uisum de actis deorum ~ere quam scire TAC.*Ger*.34.3;—(*w. advs.*) itan ~is? TER.*An*.399; amylon..gulae inutile, contra quam ~itur PLIN.*Nat*.22.137. **b** ~idi: factum est quod suspicabar, data uerba ero sunt PL.*Rud*.324; TER.*Ph*.900; paret senatui? '~o,' inquit Calenus 'sed ita ut teneat dignitatem.' CIC.*Phil*.12.4; 'uiuit' inquit 'frater'; non ~o SEN.CON.7.1.4;—quod tibi est aegre, idem mist diuidiae. — ~o ecastor PL.*Cas*.182; ne istam multimodis tuam inueniri gaudeo. — ~o, pater TER.*An*.939; uenire saluom uolup est. — ~o *Ph*.610; *Ad*.972; dicenti candidato 'semper domum tuam colui'..'~o,' inquit, 'uerum est' QUINT.*Inst*.6.3.94; (*cf., in impers. pass.*) bene factum te aduenisse..—~itur TER.*Hec*.457;—at uberiora cibaria facta sunt caritate. ~o CIC.*Ver*.3.217; *Flac*.57; *Sen*.21. **c** ~o aurum inspicere uolt PL.*Aul*.39; mercator ~o est *Poen*.1016; ei ~o munus hoc conraditur TER.*Ph*.40; rarius scribis quam solebas..~o quia nihil habes quod me putes libenter legere CIC.*Att*. 11.19.1; mentione nulla comitiorum..habita, ~o, ob iram dictatoris creati LIV.4.57.9; seruus..iussus, ~o, a domino suo proclamauit PETR.68.4; TAC.*Dial*.26.8;—(*iron.*) qui propter nescio quam, ~o, timiditatem..tecum semper pusio..cubitabat CIC.*Cael*.36; Hannibal, ~o, erat ad portas *Phil*.1.11; *N.D*.1.86.

credra ~ae, *f.* [app. for *cedra, perh. from Gk. κέδρος] A citrus-fruit.

omnia domi nascuntur: lana ~ae piper PETR.38.1.

crēdulitās ~ātis, *f.* [next+-TAS] Credulity, trustfulness.

~as..error est magis quam culpa PLANC.*Fam*.10.23.1; cauete rumores ~ate uestra alatis LIV.44.22.6; ~as damno solet esse puellis OV.*Ep*.16.39; nec sua ~as piscem suspenderat hamo *Met*.15.101; CURT.9.5.21; equites ad eliciendam Semproni ~atem adequitare uallo eius iussit FRON.*Str*. 2.5.23; GEL.14.1.33; (*w. gen. of thing believed*) ad criminis ~atem impelli APUL.*Met*.2.27;—(*personified*) OV.*Met*.12.59; tabula, in qua sunt Priamus, Helena, ~as PLIN.*Nat*.35.138.

crēdulus ~a ~um, *a.* [CREDO+-VLVS] (of persons) Prone to believe or trust, credulous, trustful.

stultus auditor et ~us CIC.*Font*.23; *Div*.2.117; ut Proetum mulier perfida ~um falsis impulerit criminibus HOR.*Carm*.3.7.13; PROP.2.21.6; deuouit natum ~us ille suom OV.*Fast*.6.738; uulgus ~um TAC.*Hist*.2.72; (*of animals*) ~a nec rauos timeant armenta leones HOR.*Epod*. 16.33; (*poet.*) nondum secabant ~ae pontum rates SEN. *Phaed*.530;—(*transf.*) ~a uitam spes fouet TIB.2.6.19; barbarum..regnum adfectantem..gentium ~a suffragatione fultum V.MAX.9.15.ext.2; ~a fama inter gaudentis et incuriosos TAC.*Hist*.1.34;—(*w. dat.*) sed non ego ~us illis VERG.*Ecl*.9.34; carpe diem, quam minimum ~a postero HOR.*Carm*.1.11.8; arbiter inflatis non ~us..uerbis CALP. *Ecl*.6.29; TAC.*Hist*.2.23;—(*w.* ad) me usque ad mendacia haec leuiora..~um praesto SEN.*Nat*.4.b.4.1;—(*w.* in+*acc.*) nos in uitium ~a turba sumus OV.*Fast*.4.312.

cremastēr ~ēros, *m.* [Gk. κρεμαστήρ] The cremaster muscle.

dependent..(testiculi) ab inguinibus per singulos neruos, quos ~eras Graeci uocant CELS.7.18.1.

cremātiō ~ōnis, *f.* [CREMO+-TIO] A burning.

~o ei (*sc.* faeci uini) multum uirium adicit PLIN.*Nat*.23.64; uiui ~o CALL.*dig*.48.19.28.

crēmentum ~ī, *n.* [*cre-* (CRESCO)+-MENTVM] An increase, growth.

ut ~o corpora fierent maiora paruo VAR.*Men*.199; cui (*sc.* crudelitati) silentium donare ~um est adicere V.MAX. 9.2.pr.; ~o DECEPTVS V(ixit) A(nnos) II *CIL* 8.20782.

Cremera ~ae, *f.* A river of Etruria, scene of a heroic stand by the Fabian *gens* against the Veientes in 477 B.C.

OV.*Fast*.2.205; SIL.2.6; JUV.2.155; GEL.17.21.13.

Cremerensis ~is ~e, *a.* Of or belonging to the river Cremera.

infausto die ~i Alliensique cladibus TAC.*Hist*.2.91.

cremiālis ~is ~e, *a.* Also **grem-**. [CREMIVM+-ALIS] (of trees) Suitable for making firewood.

si arbores caeduae fuerunt uel ~es ULP.*dig*.24.3.7.12.

cremitō ~āre ~āuī ~ātum, *tr.* [CREMO+-ITO] To burn, cremate.

pueros ~ari (*cj.*; cremari *codd.*) iube ENN.*scen*.291.

cremium ~iī, *n.* Also **grem-**. [CREMO+-IVM] (sg. collect. or pl.) Firewood.

tenuibus admodum lignis, quae ~ia rustici appellant COL.12.19.3; ex quibus (arboribus)..neque lignum neque ~ium caedant HYG.*agrim*.p.94. **β** uirgulae et ~ia et sarmenta ULP.*dig*.32.1.55.4.

cremnos ~ī, *m.* [Gk. κρημνός = κριμνός] An unidentified plant.

~os agrios gremias tollit oculorum inpositus PLIN.*Nat*. 25.155; 26.94.

cremō ~āre ~āuī ~ātum, *tr.* [dub., perh. cogn. w. *carbo*; cf. OIce. *hyrr* 'fire', Lith. *kuriù* 'kindle']

1 To destroy or consume by fire, burn. **b** to burn alive (esp. as a form of execution). **c** (w. dat.) to offer as a burnt-offering. **d** (of a fire, etc.) to consume.

nec cum combusta (potuere) ~ari Pergama ENN.*Ann*.359; Lauinia..uisa, omnem ornatum flamma crepitante ~ari VERG.A.7.74; ~ata et diruta urbe LIV.28.19.12; scripsit, ut.. naues..conciderет ~aretque 38.39.2; missi fulminis igne ~er OV.*Ep*.3.64; (cerussa) fit..~ato sile..et restincto aceto PLIN. *Nat*.35.38; odores aliaque funerum sollemnia ~abant TAC. *Ann*.3.2; libros per aedilis ~andos censuere patres 4.35; (*w.* in+*acc.*) purgamenta (ceparum)..~ata in cinerem PLIN.*Nat*.20.41;—(*transf.*) (sidera) negatis imbribus exurunt solum, et miseri ~ata agricolae lugent semina SEN.*Suas*.3.1; ANTE VALIDA FEBRE ~ATVS DIEM DEFVNCTVS OBIIT *CIL* 8.241; 8.11347. **b** serui et clientes..iustis funeribus confectis una ~abantur CAES.*Gal*.6.19.5; uiuum Samaritae ~auerant CURT.4.8.9; Atellanae poetam ob ambigui ioci uersiculum..igni ~auit SUET.*Cal*.27.4. **c** spolia hostium ..Ioui Victori ~auit LIV.10.29.18; spolia hostium.. Volcano uotum ~auit 23.46.5; 41.12.6. **d** ignis ubi ingentis siluas ardore ~arat LUCR.5.1243; ~at insontes hostica flamma casas OV.*Tr*.3.10.66; LUC.8.744; (*in fig. phr.*) eadam fax, quae illum ~auit, socios in arma..accendit FLOR.*Epit*.2.6(3.18.4).

2 To cremate (a corpse).

nec dispersis bustis humili sepultura ~atos CIC.*Phil*. 14.34; primus e patriciis Corneliis igni uoluit ~ari *Leg*.2.57; ingentem caedis aceruum..~ant VERG.*A*.11.208; cum uictores haud pretiose ~arentur CURT.3.12.14; SUET.*Nero* 49.4; CVIVS ~ATI RELIQVIAE HOC LOCO POSITAE SVNT *CIL* 6.35020.

Cremōna ~ae, *f.* A town of Gallia Cisalpina.

CAES.*Civ*.1.24.4; VERG.*Ecl*.9.28; TAC.*Hist*.3.33; SUET. *Ves*.7.1.

Cremōnensis ~is ~e, *a.* Of or belonging to Cremona; (masc. pl. as sb.) its inhabitants.

~is proelii nuntius TAC.*Hist*.3.48;—LIV.32.26.3; 33.23.6.

cremor ~ōris, *m.* [dub.] A thick juice made by boiling grain, etc., in water, a decoction, gruel.

nisi ~ore crassost ius collyricum PL.*Per*.95; ubi coctum erit, lacte addat..donec ~or crassus erit factus CATO *Agr*.86; hordea quem faciunt..~orem OV.*Med*.95; orizae ~or CELS. 3.7.2.B; fici ~ore 6.6.26; ~ore lenticulae 6.13.1; ptisanae ~orem LARG.99.

Cremūtius ~(i)ī, *m.* A Roman name; esp. A. Cremutius Cordus, a historian of the early 1st cent. A.D.

SEN.*Suas*.6.19; PLIN.*Nat*.16.108; TAC.*Ann*.4.34.

? **crēna** ~ae, *f.* [conjectural word deduced from certain Romance words] A notch, serration.

stomachus denticulatus callo..decrescentibus ~is (*cj.*; renis *codd.*) quicquid adpropinquent uentri PLIN.*Nat*.11.180.

creō[1] ~āre ~āuī ~ātum, *tr.* [app. cogn. w. CRESCO]

1 (in genl.) To procreate; (of males) to beget, sire; (of females) to give birth to. **b** (pass.) to be born; (w. abl., esp. in pf. pple.) to be born of, spring from. **c** (of places) to be the home of, bear; (pass., w. abl.) to be a native of.

multis sunt humandi liberi, rursum ~andi CIC.*Tusc*.3.59; (*absol.*) pecori nunc hora ~andi OV.*Fast*.3.241;—me ~at Archytae suboles Babylonius Orops PROP.4.1.77; is Aeneam Siluium ~at LIV.1.3.7; quattuor ille..iuuenes..~arat OV. *Met*.6.679; PHAED.1.6.9; CVM COIVGE..EX QVA ~AVIT FILIO(S) III *CIL* 13.2000;—1.1211.5; partu Terra nefando Coeumque Iapetumque ~at VERG.*G*.1.279; quem nympha ~arat *A*.10.551; V.FL.5.657. **b** non..temere ..sati et ~ati sumus CIC.*Tusc*.1.118; si deseet tibi forte ~ato nobilitas *Laus Pis*.6;—(*w. abl.*) Saturno sancte ~ate ENN.*Ann*.627; nos illorum sanguine ~atos CIC.*Agr*.2.1; fortes ~antur fortibus et bonis HOR.*Carm*.4.4.29; dubio genitore ~atus OV.*Met*.5.145; Ampelon..satyro nymphaque ~atum *Fast*.3.409; matre serua ~atum FLOR.*Epit*. 1.1(6.1); (*poet.*) o caeruleo ~ata ponto (*sc.* Venus) CATUL. 36.11. **c** (flores) quos Thessala..ora ~at CATUL.64.281; municipes, Augusta mihi quos Bilbilis..~at MART.10.102.2; —Idomeneus patriaque ~atis adem Meriones OV.*Met*. 13.358; iuuenes Praeneste ~ati SIL.9.404.

2 (of God, Nature, etc., as the source of all life) To bring into being, create. **b** (transf.) to institute (an office); to conjure up, conceive (an idea).

quae in terris gignantur, ad usum hominum omnia ~ari CIC.*Off*.1.22; nequaquam..diuinitus esse ~atam naturam mundi LUCR.2.180; in quibus (signis) articulos anni deus ipse ~auit MAN.2.657; quid me..ut saeuis..obstaturam animis, princeps Natura, ~abas? STAT.*Theb.*11.466;—(*of 'atoms' or 'elements' in Epicurean philosophy*) umorem quicumque putarunt fingere res ipsum per se, terramue ~are omnia LUCR.1.709; mentis naturam animaeque.. pauxillis esse ~atam seminibus 3.229; 4.698;—(*in fig. phr.*) cum ego hunc oratorem, quem nunc fingo, ut institui, ~aro aluero, confirmaro CIC.*de Orat.*2.123. **b** ante tribuniciam potestatem ~atam LIV.5.2.8; ille pontifices, augures Salios ceteraque..sacerdotia ~auit FLOR.*Epit.*1.1(1.2.2);—quanto ..ampliores sententiae ~antur, tanto difficilius uerbis uestiuntur FRO.*Aur.*2.p.38(96N).

3 To cause or allow to grow, produce (plants, animals, new tissue, etc.); (absol.) to bear fruit.

aliut stercus herbas ~at CATO *Agr.*161.4; hoc (ostrum) Rhodo etiam insula ~atur VITR.7.13.2; quo..plaga..plus ~are carnis possit CELS.7.20.6; fructuarii oculi (uitis).. mersi..non materias sed radices ~ant COL.3.18.4; ubi ulceribus insederunt, uermes ~ant (muscae) 6.16.3; puluis in lanis..tineas ~at PLIN.*Nat.*11.171; (terra) quae neglecta sentes..~at QUINT.*Inst.*5.1.24; quod suauissimum fructum ..~aret (uitis) FRO.*Aur.*2.p.84(154N);—(genus palmitum) quod quia protinus ~at, fructuarium appellant COL.5.6.29.

4 To bring about, occasion, cause (a state of affairs, feeling, etc.).

meis inimicis uoluptatem ~auerim PL.*Cas.*426; uenter ~at omnis hasce aerumnas *Mil.*33; tibi moram dictis ~as *Ps.*393; odium ~atur CIC.*de Orat.*2.208; ei quibus periculum ~abatur *S.Rosc.*85; errorem ~at similitudo *Div.*2.55; ferme fit ut secundae res neglegentiam ~ent LIV.21.61.2; (lepus) etiam tactu pestilens uomitum..protinus ~at PLIN.*Nat.* 9.155; taedium ex similitudine..~at QUINT.*Inst.*9.4.143.

5 To appoint (a magistrate, etc.); (w. pred. acc.) to invest (a person) with a specified office, appoint. **b** (said of the magistrate conducting the elections).

cum suffragiis tres (sacerdotes)..~ati sunt, res reuocatur ad sortem CIC.*Ver.*2.127; si per praetorem consules ~antur *Att.*9.9.3; Karthagine quotannis annui bini reges ~abantur NEP.*Han.*7.4; dictatorem..~emus LIV.2.29.11; Veientes.. regem ~auere 5.1.3; ut sacerdotes..populus ~aret VELL. 2.12.3; alium (magistratum) interim in locum eorum ~andum PAP.JUST.*dig.*49.1.21.2;—consules ~antur Iulius Caesar et P. Seruilius CAES.*Civ.*3.1.1; absens Marcellus consul ~atus LIV.24.9.9; toga..Scipionem ducem aduersus Poenos ~auit V.MAX.8.15.1. **b** qui magistratum Capuae illo ~ante ceperunt CIC.*Agr.*2.92; quos (consules) cum Ti. Gracchus consul iterum crearet *N.D.*2.10; LIV.10.47.5; 34.42.3; Pompeius ab interrege..consul ~atus est ASC. *Mil.*31.

Creō²: see next.

Creōn ~ontis, *m.* Also **Creō** (~ōnis). FORMS: *Creo* (nom.) PL.*Am.*351, SEN.*Med.* 178, 526, *Oed.*205; *~onta* (acc.) STAT.*Theb.* 12.174; *~oni* (dat.) PL.*Am.*194; *~one* (abl.) APUL.*Met.*1.10. The name of several mythological figures, esp.: **a** a king of Corinth, Jason's prospective father-in-law. **b** a king of Thebes, brother of Jocasta.

a magni ~ontis filiam HOR.*Epod.*5.64; OV.*Ep.*12.54; Pelasgo tumidus imperio ~o SEN.*Med.*178. **b** umbrae ~ontis et penates Labdaci SEN.*Her.F.*495; quae noster regat arma ~on STAT.*Theb.*7.251; HYG.*Fab.*67.4.

crepa ~ae, *f.*: var. of CAPRA.

caprae dictae..a crepitu crurum. unde et ~as eas prisci dixerunt PAUL.*Fest.*p.48M.

crepax ~ācis, *a.* [CREPO+-AX] Noisy, creaking, etc.

~acem molam MAEC.in Sen.*Ep.*114.5.

creper ~era ~erum, *a.* [dub., cf. *crepusculum*] Obscure, doubtful, uncertain.

non decet animum aegritudine in re ~era confici PAC. *trag.*128; ACC.*trag.*601; 628; LUCIL.192; crepusculum significat dubium; ab eo res dictae dubiae ~erae VAR.*L.*6.5; oracla ~era *Men.*326; exaequataque sunt ~eri certamina belli LUCR.5.1296; rebus ~eris et adflictis APUL.*Soc.*18; decrepitus est desperatus ~era iam uita PAUL.*Fest.*p.71M.

crepida ~ae, *f.* [Gk. κρηπῖδα (acc. of κρηπίς), w. shortening of vowels due to shift in accent] A kind of footwear consisting of a thick sole attached by straps to the feet, characteristically worn by Greeks and usu. regarded as an affectation when worn by Romans.

non solum cum chlamyde sed etiam cum ~is in Capitolio statuam uidetis CIC.*Rab.Post.*27; ~as..carpatinas CATUL. 98.4; sapiens ~as sibi numquam nec soleas fecit HOR.*S.* 1.3.127; cum pallio ~isque inambulare in gymnasio LIV. 29.19.12; exercitus..aureos clauos ~is subiectos habuit V.MAX.9.1.ext.4; ne supra ~am sutor iudicaret quod et ipsum in prouerbium abiit PLIN.*Nat.*35.85; SUET.*Tib.*13.1.

crepidārius ~a ~um, *a.* [prec.+-ARIVS] Used in, or concerned with, the making of *crepidae*; (masc. as sb.) one who makes such boots.

~um cultellum rogauit a ~o sutore ASEL.*hist.*11;—Q GAVIVS..~VS DE SVBVRA *CIL* 6.9284.

crepidātus ~a ~um, *a.* [CREPIDA+-ATVS²] Wearing *crepidae*.

~us ueste seruili nauem conscendit CIC.*Pis.*92; statuam chlamydatam et ~am V.MAX.3.6.2; SEN.*Dial.*2.18.3; SUET. *Dom.*4.4.

crepīdō ~inis, *f.* [Gk. κρηπίς, cf. *crepida*; term. unexplained] A raised platform supporting a building, statue, altar, etc., a base or foundation. **b** a raised causeway in a street, sidewalk. **c** a retaining wall or embankment. **d** a projecting ledge or rim. **e** an overhanging edge, brink. **f** a projecting rock or hill, spur.

~INEM ANTE COLOMNAS *CIL* 1.1834.5; omnia tamquam ~ine quadam comprehensione longiore sustinentur CIC. *Orat.*224; eque ~inibus cepit (Marius) Carthaginis urbem MAN.4.48; cum..uentum..esset incendiis ad ~ines obelisci PLIN.*Nat.*36.66; aeterna ~o quae superingesti portaret culmina montis STAT.*Silv.*1.1.58; ARAM ET ~INEM FECIT *CIL* 11.5418. **b** in ~ine conlocatus V.MAX. 4.3.ext.4; SEN.*Con.*1.1.3; VIAM CVM ~INIBVS..STRAVERVNT *CIL* 5.2116; ~INES CIRC(A) FORVM 10.4586. **c** piraticus myoparo..ad omnis ~ines urbis accessit CIC.*Ver.*5.97; ab ipsa terra siue ~ine puluinus..struatur VITR.5.12.3; dum adplicant nauigia ~ini portus CURT.4.5.21; Euphrates ..magnae..molis ~inibus coercetur 5.1.28; maris atrocitas obiectu ~inis frangitur COL.8.17.10; ~inibus stagni TAC.*Ann.*15.37. **d** circum totum parietem intrinsecus ~o lata, in qua..sint tecta cubilia VAR.*R.*3.11.2; proiecturae sic sunt faciundae, uti ~ines excurrant VITR. 4.6.2; (platanus) saxea intus ~inis corona..conplexa pumices PLIN.*Nat.*12.9. **e** si uastam altitudinem in ~ine eius constitutus despexerit SEN.*Ep.*57.4; uidi Gitona in ~ine semitae stantem PETR.9.1; gramineae..~ine ripae STAT.*Theb.*9.492. **f** ratis celsi coniuncta ~ine saxi VERG. *A.*10.653; eam (*sc.* planitiem)..altera ~o haud facilior in adscensum ambibat LIV.27.18.6; contra importuna ~o, Oedipodioniae domus alitis STAT.*Theb.*2.504; rupibus expositis longique ~ine dorsi..scandens Aulis mare *Ach.* 1.448; ~ines saxa prominentia PAUL.*Fest.*p.55M.

crepidula ~ae, *f.* [CREPIDA+-VLA] A small boot or sandal.

hanc hospitam..~a ut graphice decet! PL.*Per.*464; omnia..id genus..soleas dixerunt, nonnumquam uoce Graeca ~as GEL.13.22.5.

crēpis ~idis, *f.* [Gk. κρηπίς]

1 = CREPIDA.

illum..~ides et uenabula uenatorem fecerant APUL.*Met.* 11.8.

2 Some sort of prickly plant.

caule foliato est ~is et lotos PLIN.*Nat.*21.99.

crepitācillum ~ī, *n.* [CREPITO+-CILLVM] A child's rattle.

nec ~is opus est LUCR.5.229; MART.14.54.

crepitāculum ~ī, *n.* [next+-CVLVM] An instrument for making a loud percussion, a rattle; the sistrum of Isis.

~is aereis..terreatur fugiens iuuentus (apium) COL. 9.12.2; (*as a toy*) sonum..puerilium ~orum QUINT.*Inst.* 9.4.66;—dextra..ferebat aureum ~um (*sc.* dea) APUL.*Met.* 11.4.

crepitō ~āre ~āuī ~ātum, *intr.* [CREPO+-ITO] To produce a rapid succession of sharp, shrill or similar noises, rattle, rustle, chatter, etc.; (of flames or things being burnt) to crackle.

grauida ~ent tibi terga pharetra ANDR.in Maur.1937; ubi satur sum, nulla ~ant (intestina) PL.*Men.*926; ~ans.. dentibus algor LUCR.5.747; in tectis ~ans..grando VERG.*G.* 1.449; lenis ~ans..Auster *A.*3.70; fremunt ripae ~antibus undis 11.299; ~anti..sistro PROP.3.11.43; uani ~ant sine uulnere dentes MAN.5.602; saxa..circa galeas ~antia SEN. *Dial.*2.19.3; osculis collisa labra ~abant PETR.132.1; inter se ~antia (folia) PLIN.*Nat.*16.91;—(*of birds' bills or sim.*) quin..ipsa sibi plaudat ~ante ciconia rostro OV.*Met.*6.97; quae..salutato ~at Concordia nido JUV.1.116;—flamma ~ante LUCR.6.155; VERG.*G.*1.85; ~et bene laurea flammis TIB.2.5.81; ardentis stipulae ~antis aceruos OV.*Fast.*4.781; in igni nec ~at nec exilit Tragasaeus (sal) PLIN.*Nat.*31.85; STAT.*Theb.*6.207.

crepitulum ~ī, *n.* [CREPITO+-VLVM] A rattling ornament for the head.

~um ornamentum capitis; id enim in capitis motu crepitum facit PAUL.*Fest.*p.52M.

crepitus ~ūs, *m.* [next+-TVS³] A short sharp sound or a succession of such sounds, a creaking, cracking, crashing, clashing, etc.; a crackling (of flames or combustibles). **b** *~us digitorum*, a snapping of the fingers. **c** (in full, *~us uentris*) a fart.

molae ~um faciebant NAEV.*com.*114; ~um cardinum PL.*Cur.*158; creber ~us (plaustrorum) VAR.*R.*1.20.3; pedum ~us CIC.*Top.*52; ~um..plagarum *Ver.*5.162; dentium ~us (*i.e. chattering*) *Tusc.*4.19; gladiorum..~us *B.Hisp.*31.6; nec fulmine tanti dissultant ~us VERG.*A.* 12.923; alarum..~u excitus LIV.5.47.4; ~ibus..ululatibusque nocturnis 39.15.6; frangi se praenuntiat crepitu (iuglans) PLIN.*Nat.*16.223; (*of music*) aula resonit ~u musico PAC.*trag.*114; (*of verbiage*) philosophia et iustitia uerborum inanium ~u est SEN.*Ep.*123.10;—~u..uiridis materiae flagrantis LIV.6.2.11; laurus..abdicat ignes ~u PLIN.*Nat.*15.135; APUL.*Apol.*25. **b** dum poscor ~u digitorum MART.14.119.1; QUINT.*Inst.*9.4.55. **c** ex unoquoque eorum ~um exciam polentarium PL.*Cur.*295; ~us aiunt aeque liberos ac ructus esse oportere CIC.*Fam.*9.22.5; uentre redditos ~us SEN.*Ep.*91.19; PLIN.*Nat.*27.110; ueniam..~um..uentris in conuiuio emittendi SUET.*Cl.*32.1.

crepō ~āre ~uī, *intr.*, (*tr.*). [onomat.; cf. perh. Skt. *kŕpatē* 'groans']

1 (intr.) To make a sharp loud noise or a succession of such noises, clatter, crack, rattle, tinkle, etc.; (of the stomach) to rumble; (of fingers) to snap. **b** (of doors opening or closing). **c** (of flames or combustibles) to crackle. **d** to fart.

quid ~uit quasi ferrum modo? PL.*Aul.*242; iam ~abunt mihi manus, malae tibi *Mil.*445; quemadmodum ~at prima ad quartam cordam VAR.*L.*10.46; fameque genuini ~ant VERG.*Cat.*13.36; acuto in murice remi obnixi ~uere *A.*5.206; leuis ~ante lympha desilit pede HOR.*Epod.*16.48; ~ant cymbala et tympana MELA 3.95; ~ant aedificia ante quam corruant SEN.*Ep.*103.2; arma ciuilis ~uere belli *Thy.*562; ~uit senis ungula campo STAT.*Ach.*1.123;—(*w. internal acc.*) populus frequens laetum theatris ter ~uit sonum HOR.*Carm.*2.17.26; PROP.3.10.3; pulsa dinoscere cautus quid solidum ~et (*i.e. sounds solid*) PERS.5.25;—(*of the stomach*) enumquam intestina tibi ~ant..? PL.*Men.*925; —(*of fingers*) digiti ~antis signa MART.3.82.15. **b** ~uit ostium, exitur foras PL.*Cas.*813; quid ~uerunt fores hinc a me? TER.*Hau.*173; *Ad.*264; SEN.*Ep.*80.1; (*in a pun w.* 1d) fores hae fecerunt magnum flagitium modo. — quid ⟨id⟩ est flagiti? — ~uerunt clare PL.*Poen.*610. **c** ~at ad ueteres herba Sabina focos PROP.4.3.58; OV.*Fast.*4.742; cum flamma uitio lignorum uirentium ~at SEN.*Nat.*2.12.5; ardet adoratum populo caput et ~at ingens Seianus JUV. 10.62. **d** si quis eorum sub centone ~uit CATO *orat.*91; MART.12.77.11.

2 (intr.) To break or fall with a crack.

domus ~uit, damna..incucurrerunt SEN.*Ep.*96.1.

3 (tr.) To cause to rattle, clatter, etc.

forem hanc pauxillulum aperi; placide, ne ~a PL.*Bac.*833 qui ~et aureolos MART.5.19.14; gentes aera ~ant STAT *Theb.*6.687.

4 (tr.) To utter rapidly or repeatedly, rattle out; to harp on (a subject); (foll. by *ut*) to grumble at the way that.

si quid Stertinius ueri ~at HOR.*S.*2.3.33; ne..immunda ~ent..dicta *Ars* 247;—neque ego ad mensam publicas res clamo neque leges ~o PL.*fr.inc.*162; quis post uina grauem militiam..~at? HOR.*Carm.*1.18.5; fit rusticus atque sulcos et uineta ~at *Ep.*1.7.84;—~at, antiquum genus ut..perfacile angustis tolerarit finibus aeuum LUCR.2.1170.

crepundia ~ōrum, *n. pl.* [formed on **crepundus* (see CREPO)]

1 A child's rattle (often tied round the neck and used as a means of identification); *in ~is*, in one's earliest childhood.

~a insunt, quibu'cum te illa olim ad me detulit PL.*Cist.* 635; ut faciam quasi puero in collo pendeant ~a *Mil.*1399; *Rud.*1081; quoniam totum me non naeuo aliquo aut ~is, sed corpore omni uideris uelle cognoscere CIC.*Brut.*313; V.MAX.6.9.ext.7;—semenstris locutus est Croesi filius et in ~is prodigio, quo..concidit regnum PLIN.*Nat.*11.270.

2 A religious emblem, amulet.

quaedam sacrorum ~a APUL.*Apol.*56.

crepus ~ī, *m.* [prob. var. of CAPER, formed by popular etym. on *crepo*; cf. *crepa*] (See quot.)

crep[p]os, id est lupercos, dicebant a crepitu pellicularum, quem faciunt uerberantes PAUL.*Fest.*p.57M.

crepusculum ~ī, *n.* [**crepus* (cf. CREPER)+-CVLVM] Twilight, dusk.

primulo ~o PL.*Cas.*40; fr.104; ~um dies etiam nunc sit an iam nox multis dubium VAR.*L.*6.5; id..~o fieri debet COL.6.23.3; PLIN.*Nat.*18.219; post ~um SUET.*Nero* 26.1; —(*pl.*) sublucent fugiente ~a Phoebo OV.*Am.*1.5.5; sub prima ~a *Fast.*5.455; fugit ecce dies reuocatque ~a uesper CALP.*Ecl.*2.93;—(*poet.*) nebulae..exalantur humo dubiaeque ~a lucis OV.*Met.*11.596;—(*transf.*) senectus ~um est FRO.*Amic.*2.p.186(197N).

Crepuscus ~ī, *m.* A personal name at Amiternum.

id uocabulum (*sc.* crepusculum) sumpserunt a Sabinis, unde ueniunt ~i nominati Amiterno, qui eo tempore erant nati VAR.*L.*6.5.

Crēs ~ētis, *m.* FORMS: nom. pl. *Crētēs* OV. *Am.*3.10.19, SEN.*Phaed.*815; acc. pl. *Crētăs*. One of the inhabitants of Crete, a Cretan. **b** a Cretan dog. **c** (pros.) a cretic foot.

~etum..leges CIC.*Tusc.*2.34; Epimenides ~es *Div.*1.34; ~etes erunt testes; (nec fingunt omnia ~etes..) OV.*Am.* 3.10.19; quidam (Carios) ~etas existimant MELA 1.83. **b** pugnaces tendant ~etes fortia trito uincula collo SEN. *Phaed.*34; uenator..Spartanos ~etasque ligat LUC.4.441. **c** praecedet..quando ~es iambicum MAUR.2290.

crescentia ~ae, *f.* [pple. of next+-IA] An increase, lengthening.

(dierum) breuitates et ~as VITR.9.8.6; ~as..horarum 9.8.7.

crescō ~ere crēuī crētum, *intr.* [root cogn. w. *creo*+-SCO] FORMS: *cresse* (pf. inf.) LUCR. 3.683; pf. pple. *cretus* only in 1b. CONST.: often w. *in*+acc. in senses 2 and onwards.

1 To come into existence, be born, arise **b** *cretus*+abl., born of, sprung from (a father, family, city, etc.); also w. *ab* or *de*.

si e nilo ~ere possent LUCR.1.185; quos utriusque figurae esse uides..corpore de patrio et materno sanguine ~unt 4.1214; fortes et pulchro corpore creti 5.1116; prima ~entis origine mundi VERG.*G.*2.336. **b** quo sanguine cretus VERG.*A.*2.74; Idaeo Alcanore creti 9.672; mortali semine cretus OV.*Met.*15.760; quos ubi nudantes conspexit Hamilcare cretus terga fuga SIL.17.444; Chilon Lacedaemone cretus HYG.*Fab.*221.2;—(*w.* ab) ab origine cretus eadem OV.*Met.*4.607;—(*w.* de) tali de sidere cretus MAN.5.304.

2 To increase by organic growth, develop; *anni ~entes*, the years of growth, one's youth. **b** (of a person) to spend one's youth, grow up (in specified circumstances); (pres. pple. as sb.) a boy affiliated by hereditary right to his father's *collegium*. **c** (w. *in*, *ad* +acc.) to acquire (a characteristic) or attain (a status) by growth; also, to change into by growth.
si uoles uinea cito ~at Cato *Agr*.43.2; omnia..conseruare genus ~entia posse uidemus Lucr.2.709; prolem tarde ~entis oliuae Verg.*G*.2.3; quae..~it Albanis in herbis uictima Hor.*Carm*.3.23.11; (arbores) quae in aprica ualle creuerunt Sen.*Dial*.1.4.16; per hiemem..difficulter ~it (turtur) Col.8.9.1; nec patimur Tyrrhenum ~ere piscem Juv.5.96;—(*of parts of the body*) uter ~it Caecil.*com*.95; fascia, ~entes dominae compesce papillas Mart.14.134.1; (*transf*.) Medea nunc sum; creuit ingenium malis Sen.*Med*. 910;—(*of natural formations*) ulcus luxurians et ~ens carne Larg.239;—(*transf., of diseases*) medici ex quibusdam rebus et aduenientis et ~entis morbos intellegunt Cic.*Div*.2.142; —uipera..~entes..abstulit annos Ov.*Met*.10.24; raptum domino ~entibus annis Mart.1.88.1. **b** qui Caesareo iuuenes sub nomine ~unt Ov.*Tr*.4.2.9; sacras inter creuisse palaestras Stat.*Theb*.6.742; in cuius domo creuerat Suet. *Otho* 1.1;—cvra..conlegi caesariensivm ~ent(ivm) *CIL* 8.21106. **c** ~ens..in suum caput porrum *Priap*.51.16; ille ascendit Olympum lacte fero ~ens ad fulmina uimque tonandi Man.1.368; iste magnos ~it in luctus puer Sen.*Tro*. 738; ~at in mores patrios Stat.*Silv*.4.7.43;—in ramos bracchia ~unt Ov.*Met*.1.550; curuarique manus et aduncos ~ere in ungues 2.479.

3 To increase in size, volume, etc., to lengthen, swell, expand, etc.; (of the moon) to wax; (of rivers, tides, etc.) to rise. **b** (of objects which seem larger as they get nearer). **c** (fig.) to swell with pride.
fictilibus creuere deis haec aurea templa Prop.4.1.5; undarum circuli ~entes a centro Vitr.5.3.6; nonnulla..sunt, quae in exemplaribus uidentur ueri similia, cum autem ~ere (*i.e. to be enlarged*) coeperunt, dilabantur 10.16.5; ~ebat..urbs munitionibus alia atque alia appetendo loca Liv.1.8.4; ~unt loca decrescentibus undis Ov. *Met*.1.345; (Aegyptus) creuit in solidum arescente limo Sen.*Nat*.6.26.1; ~ere debent munera Mart.8.71.3; molles planctu creuere (*i.e. are swollen*) lacerti Stat.*Theb*.12.110; quantum tormenta iubebant creuerunt artus Sil.1.177; (*hyperb*.) interque molares difficili ~ente cibo Juv.13.213; (*transf*.) ut..in medio sint infirma (argumenta) et a uicinis ~ant Quint.*Inst*.5.12.14;—(*of the moon*) quaedam facienda in agris potius ~ente luna quam senescente Var.*R*.1.37.1; Plin.*Nat*.2.42;—(*of rivers, etc.*) cum sex horis aestus creuerunt Var.*L*.9.26; Liger ex niuibus creuerat Caes.*Gal*. 7.55.10; ~ere Thybrim sanguine Verg.*A*.11.393; Sen.*Nat*. 4a.1.2; flumen creuit et ratem abstulit Paul.*dig*.13.7.30. **b** a tergo decrescit..Naxos, ante oculos ~ente Samo Stat. *Ach*.1.679; nauis..propius appellitur et accedendo ~it [Quint.]*Decl*.12.17. **c** ~o et exulto et discussa senectute recalesco Sen.*Ep*.34.1.

4 To increase in numbers, amount, or sim., multiply. **b** (of a literary work) to increase in length. **c** (of a period of time) to progress, advance. **d** (of a quantity, dimension, etc.) to become larger.
nolito credere oleum in tabulato posse ~ere Cato *Agr*. 64.1; ~it mihi quidem materies (scribendi) Cic.*Att*.2.12.3; annona creuit Caes.*Civ*.1.52.1; multis occulto ~it res faenore Hor.*Ep*.1.1.80; in contionis magnitudinem ~ere turba Liv.7.12.14; ~ebat..in dies Sullae exercitus Vell. 2.25.2; diametro per singulos (modulos)..~ente Fron.*Aq*. 25; lapidicinae, in quibus lapis (*i.e. the supply of stone*) ~ere possit Javol.*dig*.23.5.18; poena ~it Pompon.*dig*.45.1.90; —(*w. pl. subj*.) plagae ~unt, nisi prospicis Ter.*Ph*.781; non mihi absenti creuisse amicos Cic.*Sest*.69; fidibus uoces creuere seueris Hor.*Ars* 216; sex praetores..creati ~entibus iam prouinciis Liv.32.27.6; ~entes dies..anxia numerat Apul.*Met*.5.12. **b** inque libellis creuisset sine te pagina nulla meis Ov.*Tr*.5.9.4; cumque tuis creuit mea Thebais annis Stat.*Silv*.3.5.36; liber creuit Plin.*Ep*.2.5.3. **c** ~ente die Liv.37.41.2; ~ebant tempora somni Sen.*Apoc*.2.1; ~ente aestate Plin.*Nat*.27.89;—(*app*.) xv Kal(endas) Septembr(es) q(uae) p(roximae) f(uerunt) cre(scentes) ad K(alendas) *BGU* 7.1692. **d** ~it in dies singulos hostium numerus Cic.*Catil*.1.5; sidebant campi, ~ebant montibus altis ascensus Lucr.5.492; aggeris latitudo ~ebat Curt. 4.2.21.

5 To increase in physical force, rise. **a** (of the wind). **b** (of the voice).
a uento ~ente Catul.64.274; *Aetna* 311. **b** illius uox ~ebat tanquam tuba Petr.44.9;—(*transf*.) in hac..parte ~ere debet oratio (*i.e. reach a crescendo*) Quint.*Inst*.6.1.29.

6 (w. abst. subjs.): **a** (of feelings, etc.) To increase in degree or intensity; *~it nobis* (etc.) *animus*, *~unt nobis animi*, our spirits rise. **b** (of conditions, practices, etc.) to gain ground, become established.
a plerisque hominibus rebus secundis..ferociam augescere atque ~ere Cato *orat*.162(*hist*.95a); exspectatio muneris quae..rumore non nullo..creuerat Cic.*Mur*.37; ~ebat in eos odium *Har*.46; non ~ere uoluptatem dolore detracto *Tusc*.3.47; ~ente certamine et clamore Liv.27.48.11; creuerat opprobrium generis Ov.*Met*.8.155; si..dolor creuit Cels.4.6(3).5; ~it..contumelia ex persona eius qui contumeliam fecit Ulp.*dig*.47.10.17.3;—creuit extemplo Romanis animus Liv.3.60.6; 10.14.17; morte Africani creuere inimicorum animi 38.54.1; Sen.*Con*.1.8.9. **b** cum ..in dies malum ~eret Cic.*Phil*.4.3; quo fuga atque formido latius ~eret Sal.*Jug*.55.7; ~ente..fama belli Liv.4.6.5; quae pessima ars nimis prosperis multorum successibus creuit 22.12.12; cupido belli creuit..totum per orbem [Sen.]*Oct*.426; antequam ~eret inualida adhuc coniuratio Tac.*Hist*.1.33.

7 (of persons) To advance in wealth, power, popular esteem, etc. **b** (of nations).
date ~endi copiam Ter.*Hau*.28; postquam hominem adulescentem..magis magisque ~ere intellegit Sal.*Jug*.6.2; quoad uixit, uirtutum laude creuit Nep.*Ca*.2.4; hedera ~entem ornate poetam Verg.*Ecl*.7.25; ~endi..in curia.. occasionem Liv.1.46.2; exeo, si plus quam tibi expedit, creui Sen.*Ep*.86.2; ab asse creuit Petr.43.1; ex paruo creuit 71.12; (*of a poem*) Homerus posteritate suum ~ere sensit opus Prop.3.1.34;—(*w. emph. on source of advancement*) si uideor..de uno isto uoluisse ~ere Cic.*Ver*.5.173; ut ex inuidia senatoria posset ~ere *Clu*.77; aduena ciuili qui semper crimine creuit *Dirae* 81; ne ~endi ex se inimico collegae potestas fieret Liv.27.35.8; Sen.*Con*.1.1.11. **b** labore atque iustitia res publica creuit Sal.*Cat*.10.1; in tantas breui creuerant opes (*sc*. Saguntini) Liv.21.7.3; per eum ~ere cum coepisset (gens Macedonum) 45.9.4; tam mature tantam urbem creuisse, floruisse Vell.1.7.4.

8 To rise to a higher level, extend upwards, ascend; (esp. of features in the landscape).
uox ~ens aequaliter ad summas gradationes..perueniet Vitr.5.6.4; (sol) magis ~it supra terram 9.3.1; Sen.*Nat*. 2.9.2; tonuit ex alto mare creuitque in astra *Phaed*.1008; tellus iam puluere primo ~it Stat.*Theb*.5.10; cum ~eret impia tellus despectura deos 10.850;—petra non..mollibus cliuis in sublime fastigium ~it Curt.8.11.6; domus..cuius extremum latus aequale monti ~it Sen.*Thy*.643; ordine contentae gemino creuisse Liburnae Luc.3.534; clementer ~ente iugo Sil.1.274.

Crēsius ~a ~um, *a*. Of or belonging to Crete, Cretan.
nemora inter ~a Verg.*A*.4.70; ~a regna Ov.*Ep*.15.301; ~us..taurus (*i.e. the Minotaur*) Sen.*Phaed*.1170.

Cressa ~ae, *f. adj*.

1 Of or belonging to Crete, Cretan; also, of Ariadne. **b** (as sb.) a Cretan woman.
~am..pharetram Verg.*G*.3.345; ~is..herbis Prop. 2.1.61;—saepe reget dubiam ~a Corona ratem Ov.*Ars* 1.558. **b** serua..~a genus, Pholoe Verg.*A*.5.285;—(*of Aerope*) ~a Thyesteo si se abstinuisset amore Ov.*Ars* 1.327; —(*of Telethusa*) *Met*.9.703;—(*of Ariadne*) uela..Thesei fleuit praecipites ~a tulisse Notos *Am*.1.7.16; *Ep*.2.76; Stat.*Silv*.2.6.25;—(*of Phaedra*) nec Stheneboea minus quam ~a excanduit Juv.10.327.

2 Of chalk (believed by Romans to come from Crete).
~a ne careat pulchra dies nota Hor.*Carm*.1.36.10.

Crēta[1] ~ae, *f*. Also **Crētē** ~ēs. The island of Crete. **b** (meton.) the Cretans.
Cic.*Planc*.27; Verg.*A*.3.104; Sen.*Phaed*.85; Stat.*Silv*. 2.6.167. β Hor.*Carm*.3.27.34; Mela 2.112. **b** non hoc..quamuis sit mendax, ~a negare potest Ov.*Ars* 1.298; ~a Dianam..colit *Fast*.3.81; Luc.8.872.

crēta[2] ~ae, *f*. [dub.; perh. for *terra creta* (cerno)]

1 A fine, usu. whitish, clay; clayey soil. **b** (with local epithets; see also the adjs. in question).
~ae crudae partes duas, calcis tertiam conmisceto Cato *Agr*.39.2; area..~a solidanda tenaci Verg.*G*.1.179; inter destinas ~a in aeronibus..calcetur Vitr.5.12.5; ~a uiridis.. pluribus locis nascitur 7.7.4;—in ~a et uligine..semen adoreum potissimum serito Cato *Agr*.34.2; in ~a tenuis et exilis et non alta est copia (aquae) Vitr.8.1.2; Plin.*Nat*.17.25. **b** ~a Cimolia Cels.2.33.3; ~am Eretriam Plin.*Nat*.33.163; ~am Selinusiam 35.46; ~ae Samiae Larg.24.

2 Clay or chalk used in various applications: **a** (for making bricks, earthenware, or sim.); *~a figularis*, *~a figlina*, potter's clay. **b** (for sealing letters). **c** (for cleaning clothes); *~a fullonia*, fuller's earth. **d** *~a sutoria*, shoemaker's black (a solution of copper or iron sulphate, sts. used medicinally). **e** (as a polish); *~a argentaria*, silversmith's whiting. **f** (as a cosmetic). **g** (for making marks; esp. for marking something as good or auspicious).
a quae (testa) non fuerit ex ~a bona Vitr.2.8.19; uasum ex ~a factum non coctum 8.1.5; ~a, qua utuntur figuli, quamque nonnulli argillam uocant Col.3.11.9; 12.44.5; ex rubra ~a fingere (*sc*. simulacra) Plin.*Nat*.35.152; (*of the clay from which Prometheus made men*) ista Prometheae genetrix fuit altera ~ae Col.10.59;—~a figularis corpori inlita Cels.1.3.30; Col.6.17.6; gallos castrant..et quod extat ulcus oblinunt figlina creta Var.*R*.3.9.3; ulcere oblito figlina ~a Plin.*Nat*.10.50; 15.64. **b** laudatio obsignata erat ~a illa Asiatica..qua utuntur omnes..in priuatis litteris Cic.*Flac*.37. **c** qui uestitu et ~a occultant sese Pl.*Aul*.719; ~am dum compescis, uestimenta qui laues Titin.*com*.29; (*humorously*) ~ast..horum hominum oratio. ut mi apsterserunt omnem sorditudinem! Pl.*Poen*.969;— ~a fullonia mixta pingui terra Plin.*Nat*.17.46. **d** melanterias, quae ~a sutoria dicitur Larg.208; 248. **e** nigrescit (argentum)..ut tamen aceto et ~a deteratur Plin. *Nat*.33.131;—alterum genus albae (terrae) ~a argentaria 17.45; 35.199. **f** ~a omne corpus intinxti tibi Pl. *Truc*.294; inlino ~am cerussam Nov.*com*.83; neque illi iam manet umida ~a Hor.*Epod*.12.10; inducta candorem quaerere ~a Ov.*Ars* 3.199; Petr.23.5; Mart.8.33.17. **g** qui carbone rudi putrique ~a scribit carmina Mart. 12.61.9;—sani ut ~a, an carbone notati? Hor.*S*.2.3.246; Pers.5.108.

3 (in a chariot-race) The white line marking the end of the course.
cursor ~am prior contigit Sen.*Ben*.5.3.1; hanc quam nunc in circo ~am uocamus, calcem antiqui dicebant *Ep*. 108.32; (equi) ad ~am stetere Plin.*Nat*.8.160; praesidente ad ~a⟨m⟩ aelio coerano *CIL* 6.2086; (*in fig. phr*.) sex superant uersus..haec spatiis ultima ~a meis Prop. 4.2.58.

crētāceus ~a ~um, *a*. [prec.+-aceus] Resembling chalk or pipe-clay.
rufior illa (siligo), at Pisana candidior ponderosiorque ~a Plin.*Nat*.18.86.

Crētaeus ~a ~um, *a*. Of or belonging to Crete.
~a..sagitta *Ciris* 115; ~is..in oris Verg.*A*.3.117; ~i ..iuuenci Prop.3.19.11; ~a..Ida Ov.*Fast*.5.115; ~as.. ceruas Sen.*Phaed*.60[b].

Crētānī ~ōrum, *m*. The inhabitants of Crete.
Pl.*Cur*.443.

crētārius ~a ~um, *a*. [creta[2]+-arivs] Dealing in chalk or pipe-clay.
taberna ubi uenit uinum, a uino uinaria, a creta ~a.. dicitur Var.*L*.8.55; ⟨ne⟩gotiatori a⟨rti⟩s ~a⟨e⟩ *CIL* 3.5833; 13.1906; negoti(a)tor ~vs 13.8793.

crētātus ~a ~um, *a*. [creta[2]+-atus[2]] Whitened with chalk or pipe-clay; (of a woman) powdered. **b** (of candidates for office) dressed in whitened garments; (in quot., transf.).
mihi caligae eius et fasciae ~ae non placebant Cic.*Att*.2.3.1; ~am..mappam Mart.12.28(29).9;—(*of victims, perh. as a festive decoration or to hide blemishes*) ~umque bouem duc ad Capitolia magna Lucil.1145; Juv.10.66;—(*of the feet of imported slaves exposed for sale*) quos..uidimus..cum laureatis fascibus remitti illo, unde ~is pedibus aduenissent Plin.*Nat*.35.201; (*cf*.) ~i (*cj*.) medio cum saluere foro Prop.4.5.52;—(*of a woman*) ~a timet Fabulla nimbum Mart.2.41.11. **b** quem tollit hiantem ~a Ambitio Pers. 5.177.

Crētē: see Creta[1].

Crētensis ~is ~e, *a*. Of Crete, Cretan; (masc. pl. as sb.) the Cretans; (neut. sg. as sb.) Cretan wine.
bellum ~e Cic.*Flac*.6; in ~i insula Hyg.*Fab*.139.3;— ciuitates..~ium Cic.*Phil*.2.97; Liv.37.60.5; 42.51.7;—si ab hospite, qui te Falerno accipiat..~e postules Fro.*Aur*. 2.p.50(115N).

crēterra ~ae, *f*. [cf. Gk. κρητήρ, Ionic form of κρατήρ] Forms: *creteras* read in Var.in Non.p.544M. (N.B.: for *creterra* as a constellation, see crater, cratera.) A large bowl for water or wine.
aquam ~is sumere Naev.*trag*.42; ~arum tria milia Cic. *Fam*.7.1.2; ~as uino repletas et alia eximiae magnitudinis uasa Curt.9.10.25; prima ~a ad sitim pertinet, secunda ad hilaritatem Apul.*Fl*.20; *Apol*.31.

crēteus ~a ~um, *a*. [creta[2]+-eus] Made of clay.
prius arida quam sit ~a persona Lucr.4.297.

Crēthēius ~a ~um, *a*. Of, or descended from, Cretheus, the father of Aeson and uncle of Phrixus.
~a uirgo (*i.e. Helle*) V.Fl.2.611; ~a proles (*i.e. Jason*) 8.112.

Crēthīdēs ~ae, *m*. A descendant of Cretheus, esp. Jason.
nec sua ~en latuit dea V.Fl.6.609.

crēthmos ~ī, *f*. [Gk. κρῆθμος] Forms: *crethmon* (nom.) Plin.*Nat*.1.26.50. The plant samphire, *Crithmum maritimum*.
eadem uis ~o ab Hippocrate admodum laudatae Plin. *Nat*.26.82; datur et ischiadicis cum ~o in uino 27.135.

Crēticus ~a ~um, *a*.

1 Of or belonging to Crete, Cretan; *mare ~um* (and sim. phrs.), the part of the Aegean immediately north of Crete. **b** (applied to particular kinds of plant); (fem. sg. as sb.) a species of *Aristolochia*. **c** (neut. pl. as sb., app.) a lost poem by Epimenides; also called *~i uersus*.
~o..armatu Liv.42.55.10; de ~o labyrintho Plin.*Nat*. 36.90; passum ~um Larg.63;—in mare ~um Hor.*Carm*. 1.26.2; ~um..fretum Sen.*Phaed*.661; ab hac (*sc*. Sicilia) Cretam usque Siculum (mare), ab ea ~um Plin.*Nat*.3.75; ~um pelagus 4.58. **b** dauci ~i Cels.5.23.3.B; ~am cupressum Plin.*Nat*.24.102;—tertium (genus aristolochiae) ..quae et clematitis uocatur, ab aliis ~a 25.95. **c** ut ait qui ~a conscripsit Hyg.*Astr*.2.5;—de qua in ~is uersibus *Fab*.177.2.

2 The title conferred on Q. Caecilius Metellus, who subjugated Crete 68–66 b.c.
Cic.*Att*.1.19.2; Flor.*Epit*.1.42(3.7.6); Amp.23.

3 (pros.) *pes ~us*, a Cretic foot (—∪—); also *~us* alone.
tertia (syllaba) sic longa efficitur, pes ~us exit Maur. 1123;—paean..par fere ~o, qui est ex longa et breui et longa Cic.*de Orat*.3.183; *Orat*.215; amphimacron..frequentius eius nomen est ~us Quint.*Inst*.9.4.81.

crētifodīna ~ae, *f*. [creta[2]+fodina] A clay- or chalk-pit.
qui salinas et ~as et metalla habent Gaius *dig*.39.4.13; Ulp.*dig*.7.1.9.2.

crētiō ~ōnis, *f.* [CERNO+-TIO]

1 The declaration by an heir of his willingness to accept an inheritance. **b** the terms laid down for making such a declaration, or a clause in a will containing them; also, the period (usu. 100 days) allowed for making the declaration.

in ~one adhibere iubent testes VAR.*L.*6.81. **b** ut in ~onibus scribi solet CIC.*de Orat.*1.101; Galeonis hereditatem creui. puto enim ~ionem simplicem fuisse *Att.*11.12.4; cognoui ~onem Cluui..liberam ~onem testibus praesentibus sexaginta diebus 13.46.3; si quis..aut noluerit heres esse..aut per ~onem exclusus fuerit GAIUS *Inst.*2.144; is, qui sine ~one heres institutus sit 2.167;—extraneis heredibus solet ~o dari, id est finis deliberandi, ut intra certum tempus uel adeant hereditatem uel..summoueantur 2.164.

2 (transf.) A heritage.

caelo in hereditate cunctis relicto si quisquam, qui ~onem eam caperet, inuentus esset PLIN.*Nat.*2.95.

Crētis ~idis, *f. adj.* Of Crete, Cretan.

nymphae..~ides OV.*Fast.*3.444.

crētōsus ~a ~um, *a.* [CRETA²+-OSVS] Abounding in clay, clayey.

ficos..in loco ~o et aperto serito CATO *Agr.*8.1; terram..~am 128; VAR.*R.*1.9.3; faciendi..sunt (lateres) ex terra albida ~a VITR.2.3.1; ~aque rura Cimoli OV.*Met.*7.463; spissis atque ~is regionibus COL.2.2.9; 3.11.9; ~um lutum HYG.*Fab.*220.1.

crētula ~ae, *f.* [CRETA²+-VLA] A kind of clay.

ex omnibus coloribus ~am amant udoque inlini recusant purpurissum, Indicum.. PLIN.*Nat.*35.49; (*used for making seals*) cum Valentio..epistula Agrigento adlata esset, casu signum iste animaduertit in ~a CIC.*Ver.*4.58.

crētulentum ~ī, *n.* [CRETA²+-VLENTVS] (app.) The right of fulling garments.

NIVE ~VM EXEGISSE VELIT, NISI IN DVABVS LACVNIS P(OPVLI) R(OMANI) IVS EMET *CIL* 6.10298.14.

crētus: see CERNO, CRESCO.

crēui: see CERNO, CRESCO.

Creūsa ~ae, *f.* A name given to several mythological princesses: **a** the wife of Xuthus and mother of Ion. **b** the daughter of Creon of Corinth, betrothed to Jason. **c** Aeneas' first wife.

a VITR.4.1.4; OV.*Am.*3.6.31. **b** PROP.2.16.30; OV.*Ep.* 12.53; STAT.*Silv.*2.1.142. **c** VERG.*A.*2.562.

crībrārius ~a ~um, *a.* [CRIBRVM+-ARIVS] Sifted.

quae transit, artiore (cribro) cernitur et secundaria uocatur, item ~a (alica) PLIN.*Nat.*18.115.

crībrō ~āre ~āuī ~ātum, *tr.* [next+-O³] To pass through a sieve, sift.

salem..~atum COL.12.8.3; molitur ac deinde tenuius ~atur (chrysocolla) PLIN.*Nat.*33.87; 34.172; contunditur hic cortex..et ~atur LARG.90; 232.

crībrum ~ī, *n.* [*cri-* (CERNO)+-BRVM] A sieve. **b** (in phrs. and comparisons alluding to its many perforations); (in prov. phr.) *imbrim in ~um gerere*, i.e. to perform a useless task.

calcem ~o subcretam CATO *Agr.*18.7; ~um farinarium 76.3; CIC.*Div.*2.59; fusas in ~a farinas *Mor.*39; ~o putrem terram..incernemus COL.5.6.6; Vestalis incesti deprecatio, qua usa aquam in ~o tulit PLIN.*Nat.*28.12; LARG.269; ruderarium ~um APUL.*Met.*8.23;—(*in fig. phr.*) istequidem gradus succretust ~o pollinario PL.*Poen.*513. **b** o carnuficium ~um, quod credo fore, ita te forabunt..stimulis PL.*Mos.*55; perlucet ea (uilla) quam ~um crebrius *Rud.*102; caedentes..corium nec ~is iam idoneum relinquunt APUL. *Met.*3.29;—non pluris refert quam si imbrim in ~um geras PL.*Ps.*102.

crīmen ~inis, *n.* [dub.; perh. *cri-* (CERNO, cf. *cribrum*)+-MEN]

1 An indictment, charge, accusation. **b** (w. defining gen.). **c** (w. obj. gen. or its equiv.). **d** (w. *in*+acc.); (also w. other preps.).

homines qui gestant quique auscultant ~ina..omnes pendeant PL.*Ps.*427; depulsio ~inis CIC.*Top.*93; ita testis constituam ut ~en totum explicem *Ver.*55; simplex in iudicium causa, certa res, unum ~en adlatum est *Clu.*49; concidit..maxime uno ~ine, quod..negauit esse periculum NEP.*Phoc.*2.4; falso damnati ~ine VERG.*A.*6.430; suspicio..cum atroci ~ine orta LIV.2.7.5; nunc purgando ~ina, nunc quaedam fatendo 30.42.14; quodsi delata perscrutatus ~ina ..esset PHAED.3.10.47; ~en omni exitio grauius TAC.*Ann.* 14.63; capitali ~ine reum facere eum GAIUS *Inst.*3.213;—(*transf.*) singula ~ina quae dicunt contra analogias soluemus VAR.*L.*9.36. **b** ~ine stupratae matrisfamiliae LIV.8.22.3; additis uiolentiae ~inibus aduersum ciuis Romanos TAC.*Ann.*4.36; aggredior..ad ipsum ~en magiae APUL.*Apol.*25;—(*transf.*) ingrati animi ~en horreo CIC.*Att.* 9.2a.2; quo facilius caream..arrogantiae ~ine HIRT.*Gal.* 8.pr.3. **c** meum ~en est, non Rabiri CIC.*Rab.Perd.*10; cum de se ingentia pollicendo tum regis ~inibus..crescere LIV.1.47.7; nec meus ullius ~ina uersus habet OV.*Tr.*2.564; (*cf.*) Turnus..medio..in ~ine caedis (*i.e. the outcry at the slaughter*) et igni terrorem ingeminat VERG.*A.*7.577. **d** ~en aliquod in P. Sullam quaeris CIC.*Sul.*67; sermones pleni ~inum in patres LIV.6.14.11; 24.23.10;—reliquum est ..~en de ueneno CIC.*Cael.*56; omnia suspecta ~inumque inter ipsos plena LIV.43.17.5.

2 (of qualities, facts, etc.) A matter for accusation or blame, a reproach; (esp. w. obj. gen. or its equiv.). **b** (of a person or object constituting a reproach).

at sectabantur multi. doce mercede; concedam esse ~en CIC.*Mur.*70; *Phil.*2.29; obsides datos ~en, non criminis defensionem esse LIV.45.42.9; inter ~ina ingrati animi et hoc duxerim quod naturam eius ignoramus PLIN.*Nat.*2.159; ueteribus Romanis summum luxuria ~en QUINT.*Inst.*3.7.24; si nullum in coniuge ~en JUV.8.128;—'Theopompum..confugere Alexandream neglexistis.' magnum ~en senatus! CIC.*Phil.*13.33; *Sen.*67; bonorum ~en est officiosus miser PUB.*Sent.*B.25; non foret angustae mors tua ~en aquae OV.*Tr.*3.10.42; hic (*sc.* Callisthenes) est Alexandri ~en aeternum SEN.*Nat.*6.23.2; ~en ciuile uidemus tot uacuas urbes LUC.7.398; nulla ergo sunt ~ina brassicae? PLIN.*Nat.*20.91; SIL.6.84. **b** ~en et illa fuit, patria succensa senecta..Myrrha PROP.3.19.15; iacui pigro ~en onusque toro OV.*Am.*3.7.4; manifestaque ~ina pleno fert utero *Met.*3.268; (Byblis) inpressa signat sua ~ina gemma 9.566;—(*w. subj. gen.*) perpetuae ~en posteritatis eris *Tr.*4.9.26;—(*w. obj. gen.*) Baiae, ~en amoris, aquae PROP.1.11.30; horrendos angues..~ina terrae MAN.4.665; alligatus iacebat ~en ingratae ciuitatis SEN.*Con.*9.1.4; SEN. *Oed.*875.

3 (in phrs. involving senses 1–2): **a** *in ~en uenire, uocari, poni, adduci*, etc., (of persons) To be subjected to accusation or blame, (of actions) to be called in question. **b** *in ~ine esse*, to be arraigned. **c** *~en (quoddam) habere*, to be open to (a specified) accusation. **d** (pred. dat.) *~ini dare, esse*, to make, be, an object of accusation or reproach.

a ne istaec pollicitatio te in ~en populo ponat PL.*Trin.* 739; era in ~en ueniet TER.*Hec.*335; proditionis est in ~en uocatus CIC.*Scaur.*1e; *Fam.*5.17.2; boletos..inmenso exemplo in ~en adductos PLIN.*Nat.*22.92; res..quae in ~en deducuntur QUINT.*Decl.*270(p.104,l.12). **b** ut is eo ~ine damnaretur, ne ipse esset in ~ine CIC.*Ver.*4.100; SIL. 13.832. **c** quid immeriti ~en habent cyathi? VERG.*Cat.* 11.4; in gracili macies ~en habere potest OV.*Rem.*328; scelus..qui cogitat ullum, facti ~en habet JUV.13.210. **d** cum id, quod datur ~ini, negat CIC.*Inv.*2.91; cui fortuna belli ~ini..fuit *Brut.*136; ~ini maxime dabant in Numitoris agros ab iis impetum fieri LIV.1.5.4; neque..candor apud bonos ~ini est VELL.2.116.5; qui..denas argenti libras in supellectile ~ini dabant PLIN.*Nat.*18.39; datum erat ~ini quod..proauum eorum Cn. Magnus inter intimos habuisset TAC.*Ann.*6.18.

4 A misdeed, crime.

me non admissi ~inis esse reum OV.*Am.*2.7.28; mea..excusari ~ina posse puto *Tr.*1.9.64; nisi post ~en (clementia) superuacua est SEN.*Cl.*1.2.1; uirgo..Fabium de ~ine laeto procreat SIL.6.634; QUINT.*Inst.*7.4.27; quaedam cum prima resecentur ~ina barba JUV.8.166; quod fas atque nefas, tandem incipiunt sentire peractis ~inibus 13.239; post ~en perduellionis contractum PAPIN.*dig.*39.5.31.4; huius ~inis siue delicti exsecutio ULP.*dig.*50.16.131.1;—(*w. obj. gen.*) legis Iuliae de ui priuata ~en committitur PAUL.*dig.*48.7.4.

crīminālis ~is ~e, *a.* [prec.+-ALIS] Criminal (as opposed to civil).

in ciuili negotio..uel in ~i SCAEV.*dig.*49.5.2.

crīminālīter, *adv.* [prec.+-TER²] (leg.) According to criminal procedure.

furti plerumque ~ agi ULP.*dig.*47.2.93(92).

crīminātiō ~ōnis, *f.* [CRIMINOR+-TIO] The making of accusations; a charge, accusation, indictment.

alterum genus est narrationis, quod intercurrit..~onis..causa *Rhet.Her.*1.12; optimi cuiusque ~one eo usque ualuit ut.. TAC.*Ann.*15.34;—~o tua quae est? Roscium cum Flauio pro societate decidisse CIC.*Q.Rosc.*37; *Flac.*27; ab aliquo allatas ~ones repellere *Amic.*65; nec tota ex uano ~o erat LIV.33.31.4; 40.12.7; insimulatum falsis ~onibus VELL.2.77.3; uariis ~onibus Senecam adoriuntur TAC.*Ann.* 14.52; SUET.*Tib.*12.2; GEL.17.1.11.

crīminātor ~ōris, *m.* [next+-TOR] An accuser, slanderer.

~orem meum PL.*Bac.*826; sui obtegens, in alios ~or TAC. *Ann.*4.1; 4.12.

crīminor ~ārī ~ātus, *tr.* Also **-ō** ~āre. [CRIMEN+-O³] FORMS: the active vb. in ENN.*Sat.* 8, PL.*Ps.*493; pf. pple. in pass. sense, HYG. *Astr.*2.18. CONST.: w. acc. and dat.; w. acc. and *ad*; w. acc. and *apud*.

1 To make charges against, denounce, accuse (a person, often falsely or maliciously). **b** (absol.) to make accusations.

men ~atust? PL.*Bac.*783; hanc metui ne me ~aretur tibi TER.*Eu.*855; aduersarios ~ando beniuolentiam captare *Rhet.Her.*1.6; apud quem tu..nos ~ari soles CIC.*Vat.*29; materiam ~andi ad plebem consules LIV.3.31.4; fortunam ..~ari 38.58.10; hic me diu..captatis ~atus est SEN.*Dial.* 5.34.2; filios uariis modis ~ari TAC.*Ann.*2.57;—(*ellipt.*) Trachalum aduersus ~antis Galeria..protexit *Hist.*2.60;—(*w.* quod) ~ando..augures quod dictatorem prohibuissent comitia perficere LIV.22.34.3;—(*w. advl. acc.*) nihil..ante hoc tempus..~amini Sestium CIC.*Sest.*77;—(*w.gen.*) illi..mutuo sese rapinae turpissimae ~abantur APUL.*Met.* 10.14. **b** aliud (est) argumentando ~ari CIC.*Opt.Gen.*15; *Off.*3.81.

2 To make the subject of an accusation, complain of (a fault, offence, etc.). **b** (w. neut. pron., cls., etc.) to allege by way of accusation.

contiones quibus..meam potentiam inuidiose ~abatur CIC.*Mil.*12; patrum superbiam ad plebem ~atus LIV.3.9.2; ~atus Metelli lentitudinem VELL.2.11.2; senatus consultum ..principi ~are PLIN.*Ep.*6.13.2; infectum pro facto ~aris APUL.*Apol.*52;—(*transf.*) commentaria Caeselli ~antem GEL.11.15.5. **b** (*w. pron.*) libet..tibi nescio quid etiam de illa tribu ~ari CIC.*Planc.*38;—(*w. acc. and inf.*) id odio factum ~aris *S.Rosc.*44; *Fam.*12.2.1; apud transfugas prodi Romano Syracusas ~abantur LIV.24.27.7; QUINT.*Inst.*2.17.26;—(*w.* quod) ~abatur..quod Titium filium..ab hominibus relegasset CIC.*Off.*3.112.

crīminōsē, *adv.* *compar.* ~ius, *superl.* ~issimē. [next+-E]

1 Abusively, slanderously.

quod possit ~e ac suspiciose dicere CIC.*S.Rosc.*56; ~e..de bello loqui SAL.*Jug.*64.5; LIV.40.9.13; nec defuere qui..~ius Blaesum incusarent TAC.*Hist.*3.38; (Agrippinam) ~issime insectatus SUET.*Tib.*53.2.

2 In a manner which invites accusation.

acta res ~e est CIC.*Deiot.*21.

crīminōsus ~a ~um, *a.* *compar.* ~ior, *superl.* ~issimus. [CRIMEN+-OSVS]

1 (of persons) Prone to vituperation, calumniating; (of speeches, etc.) accusatory, vituperative.

non sum tam ~a, quam tu, uipera AFRAN.*com.*282; incitans animos, acer acerbus ~us CIC.*Brut.*221; *Clu.*94; —quo..acrior aut ~ior oratio sit *Rhet.Her.*4.52; ~is..iambis HOR.*Carm.*1.16.2; orationibus in patres ~is LIV 8.12.14; ~issimo libro SUET.*Jul.*75.5.

2 Reflecting badly on a person, shameful, dishonouring. **b** constituting a criminal offence.

tibi hoc numquam turpe, numquam ~um..putasti.. palam tibi aedificari onerariam nauem CIC.*Ver.*5.46; non uideretur in hunc id ~um esse debere *Sul.*36; amicitiam nomine inquinas ~o *Planc.*46; res ~as..confiteri GEL 12.12.1; siquid mihi ex illis fieret ~um APUL.*Apol.*6. **b** ~um..senatori fuit supra quinquaginta iugera possedisse COL.1.3.11; capram nominare ~um et exitiale habebatur SUET.*Cal.*50.1; nihil..quod salutis ferendae gratia fit, ~um est APUL.*Apol.*40.

3 Guilty of an offence, vicious.

uxorem..infamem, propudiosam, ~am GEL.2.7.20; inopes ~i..diuitum inpotentiae subiacentes APUL.*Pl.*2.28.

crīnāle ~is, *n.* [next] An ornament for the hair.

ornabant..monilia collum et..curuum ~e capillos OV. *Met.*5.53; *Pont.*3.3.15.

crīnālis ~is ~e, *a.* [CRINIS+-ALIS]

1 Worn in the hair; *acus ~is*, a hairpin.

pro ~i auro VERG.*A.*11.576; ~es soluere uittas OV.*Met* 4.6; 9.771; (*poet.*) (Tisiphone) ~em attollit..cerasten STAT *Theb.*11.65;—acu ~i capite depromta APUL.*Met.*8.13.

2 Covered with hair-like filaments.

scopulis ~i corpore segnis polypus haeret OV.*Hal.*31.

crīniger ~era ~erum, *a.* [CRINIS+-GER] Long-haired.

~eros..Caycos LUC.1.463; (*poet.*) ~er..Titan feruoribus auras..oppleuit SIL.14.585.

crīniō ~īre, *tr.* [prob. a back-formation from CRINITVS] To deck with or as with hair (in quots., pass.).

frondenti ~itur cassis oliua STAT.*Theb.*4.217; frondibus annuis ~itur arbos *Silv.*4.5.10.

crīnis ~is, *m.* [perh. same root as *crista*] GENDER: fem. in PL.*Mos.*226, ATTA *poet.*1.

1 A lock of hair, tress; *Berenices ~is*, the name of a constellation (see CATUL.66). **b** one of the six plaits into which Roman brides and matrons had their hair parted.

ut..~is uittasque habeat adsimuletque se tuam esse uxorem PL.*Mil.*792; roseus medio surgebat uertice ~is *Ciris* 122; hunc toto capies pro corpore ~em STAT.*Theb.*9.901; uetera familiarum insignia..ademit, Torquato torquem, Cincinnato ~em SUET.*Cal.*35.1;—nec Canopum (cernit) Italia et quem uocant Berenices ~em PLIN.*Nat.*2.178. **b** soli gerundum censeo morem et capiundas ~is (*i.e. I suggest you get married*) PL.*Mos.*226; senis ~ibus nubentes ornantur *Fest.*p.339M);—(*cf., humorously*) uxor rufa ~ibus septem MART.12.32.4.

2 (pl. or collect. sg.) The hair of the head. **b** (loosened as a sign of grief). **c** (cut off as an offering). **d** (as a material); the plume of a helmet. **e** (of false hair). **f** (in names of plants, etc.) *Isidis ~is*, an alleged submarine shrub; *Veneris ~is*, a precious stone.

(*pl.*) flori ~es..ei propessi iacent ACC.*trag.*255; haec ciuitas mulieri in redimiculum praebeat..haec in ~is CIC *Ver.*3.76; praesectis omnium mulierum ~ibus tormenta effecerunt CAES.*Civ.*3.9.3; apio ~is ornatus VERG.*Ecl.*6.68; ~es calamistro conuertere PETR.102.15; ~um globos decoriter impeditos APUL.*Met.*5.22;—(*collect.sg.*) Lycum..nigro..~e decorum HOR.*Carm.*1.32.12; longo..decentia ~e tempora OV.*Met.*1.450; sese abdit, donec ~em barbamque promitteret TAC.*Ann.*2.39;—(*poet.*) ~ibus et roseis tenebras Aurora fugarat *Culex* 44. **b** nec totiens..lassa foret ~is soluere Roma suos PROP.2.15.46; matronae..~ibus passis aras uerrentes LIV.26.9.7; flebant demisso ~e ministrae OV.*Fast.*6.441. **c** meo caros donasset funere ~is PROP.1.17.21; tibi, Phoebe, uouet totos a uertice ~es Encolpos MART.1.31.1. **d** iugum fit ..~e funiculoue PLIN.*Nat.*17.166;—Scipio..cudone comantes disiecit ~es SIL.16.60. **e** femina..densissima ~ibus emptis Ov.*Ars* 3.165; adtextis capite ~ibus Apul.*Met.*11.8. **f** Iuba tradit..fruticem in alto uocari Isidis ~em Plin.*Nat.* 13.142;—Veneris ~es..continent in se speciem rufi ~is 37.184.

3 (pl. or collect. sg., of various things similar or analogous to human hair). esp. **b** (of the tail of a comet, meteor, etc.).

(*of the feelers of a polypus*) conchas conplexu ~ium frangunt (polypi) Plin.*Nat.*9.86;—(*of the cilia of an oyster's 'beard'*) praecipua..habentur (ostrea)..ambiente purpureo ~e fibras 32.61;—(*of foliage*) fusco nitet altera (lactuca) ~e Col.10.182;—(*of vine-shoots*) uernacula putatio deiectis per ramos uitium ~ibus circumuestit arborem ~esque ipsos uuis Plin.*Nat.*17.208;—(*of shavings of wood*) (abies) spectabilis ramentorum ~ibus, pampinato semper orbe se uoluens ad incitatos runcinae raptus 16.225;—(*of tongues of flame*) protulit ut ~em densis luctatus in extis ignis V.Fl.1.205. **b** (*pl.*) (cometae) ~es..in latera demissos Sen.*Nat.*7.11.3; effusis stellatus ~ibus aether V.Fl.2.42;—(*sg.*) ~emque uolantia sidera ducunt Verg. *A.*5.528; trahens..~em stella Ov.*Met.*15.849; cometes, argenteo ~e..refulgens Plin.*Nat.*2.90; Sil.8.636.

crīnītus ~a ~um, *a.* [prec. + -itvs²]

1 Having (long) hair.

~us Apollo Enn.*scen.*31; ~us Iopas Verg.*A.*1.740; 9.638; quae male ~ast Ov.*Ars* 3.243; ~us puer Sen.*Ep.* 119.14; crinitae Line paedagoge turbae (*i.e. a troop of young slaves*) Mart.12.49.1; adiit..palliatus quispiam et ~us Gel.9.2.1;—(*of parts of the body*) colla (equorum) toris ~a tument Stat.*Theb.*6.418; Erycem..~o a uertice figit 9.129.

2 Resembling a head of hair in some respect. **b** (of luminous bodies) having a fiery tail; *sidus ~um, stella ~a*, a comet.

(conchae) distinctione uirgulata, ~a, crispa Plin.*Nat.*9. 102; pauonibus ~is arbusculis (exeuntibus) 11.121; grana in stipula ~o textu spicantur 18.60. **b** illi (cometae) priores ~i undique Sen.*Nat.*7.6.1; ~a siderum flamma [Quint.] *Decl.*4.16;—sidus ~um..conspectum Aug.*hist.*4; Sen.*Nat.* 6.3.3; stellae repente nascuntur..cometas Graeci uocant, nostri ~as Plin.*Nat.*2.89; stella ~ita per septem..dies fulsit Suet.*Jul.*88; *Cl.*46.1.

3 (w. abl.) Provided with by way of hair.

~a draconibus ora Ov.*Met.*4.771; 6.119; ~as angue sorores 10.349;—(*transf.*) triplici ~a iuba galea Verg.*A.* 7.785; spiculaque et multa ~um missile flamma Stat.*Theb.* 5.387; (*cf., w. acc. for abl.*) nox..luciferas ~a faces V.Fl. 5.370.

crinomenon ~ī, *n.* [Gk. κρινόμενον] The point at issue in a dispute.

iudicii quaestio..eam nos iudicationem, Graeci ~on appellant *Rhet.Her.*1.26.

crinon ~ī, *n.* [Gk. κρίνον] A variety of lily; (pl.) a kind of ointment.

rubens lilium, quod Graeci ~on uocant Plin.*Nat.*21.24; —(unguenta) qualia sunt commagena glaucina ~a Pompon. *dig.*34.2.21.1.

? **cripa** ~ae, *f.* (app.) Some sort of plant.

~ae (*s.v.l.*) pampinaceae libram Col.12.20.5.

crisis (*acc.* ~in), *f.* [Gk. κρίσις]

1 (Literary) judgement.

horum est iudicium, ~is (*cj.*) ut discribimus ante, hoc est, quid sumam, quid non Lucil.386.

2 A critical stage in one's life, climacteric.

hic quidem ait nos eandem ~in habere, quia utrique dentes cadunt Sen.*Ep.*83.4.

crīsō ~āre ~āuī ~ātum, *intr.* [dub.] (of women) To move the haunches as in coitus.

~abit ut si frumentum clunibus uannat Lucil.330; Telethusa..~abit tibi fluctuante lumbo *Priap.*19.4; Mart. 10.68.10; tremulum ~at (puella) 14.203.1; Juv.6.322.

crispicō ~āre, *tr.* [crispvs + -ico] (of the wind) To ruffle (the sea).

uentus mare caerulum ~ans nitefacit Gel.18.11.3.

crispiō ~īre, *intr.* [onomat.] (of hens, app.) To cluck.

gallinae (est) ~ire Suet.fr.161(p.253Re).

crispisulcans ~ntis, *a.* [crispvs + svlco] That makes a wavy furrow.

cum in Aiacis nauim ~ns igneum [fulmen iniectum est *Inc.trag.*36(Cic.*Top.*61).

crispō ~āre ~āuī ~ātum, *tr., intr.* [crispvs + -o³]

1 (tr.) To make wavy, curl (hair). **b** (transf.) to produce ripples or undulations in (a surface).

fimi (cameli) cinere ~ari capillum Plin.*Nat.*28.91; 29.82; frontem..~atam prius decoriter discriminato Apul.*Met.* 6.28; *Apol.*63;—(*poet.*) apio uiridi ~etur florida tellus Col.10.166. **b** ~ans pelagus Tithonia V.Fl.1.311; mixtum cono ~auerat aurum Stat.*Theb.*8.568.

2 (tr.) To shake, brandish (weapons).

bina manu lato ~ans hastilia ferro Verg.*A.*1.313; ~are hastilia Sil.8.372; (*cf.*) (crepitaculi) uirgulae, ~ante brachio trigeminos ictus, reddebant argutum sonorem Apul.*Met.* 11.4.

3 (intr., of features) To become puckered or screwed up; (of wood) to have a wavy grain. **b** to tremble, quiver (in quot., transf., of a sound).

feminae cinno ~at Maec.in Sen.*Ep.*114.5; iuuentus inguinat tremulos naso ~ante cachinnos Pers.3.87;—materies honorata buxo est raro ~anti nec nisi radice Plin. *Nat.*16.70. **b** cum uibrat (motus terrae) ~ante aedificiorum crepitu Plin.*Nat.*2.198.

crispulus ~a ~um, *a.* [next + -vlvs]

1 Having short curly hair.

comatum et ~um Sen.*Ep.*66.25; 95.24; ~us iste quis est..? Mart.5.61.1.

2 (of style) Artificial, affected.

quid in orationibus meis nouicium, quid ~um..? Fro. *Aur.*2.p.110(159N).

crispus¹ ~a ~um, *a. compar.* ~ior, *superl.* ~issimus. [< *cripsos; cf. Welsh *crych*]

1 (of hair) Curly or curled. **b** (of persons) curly-haired; (also, of parts of the body).

fictos, compositos, ~os cincinnos Pl.*Truc.*287; (equi) cauda..setosa ~aque Col.6.29.3; ~ioribus iubis Plin.*Nat.* 8.46; capillos ~os facit 24.26; Sil.16.120. **b** subrufus aliquantum, ~us, cincinnatus Pl.*Capt.*648; Ter.*Hec.*440; ~us, mollis, formosus Petr.97.2;—boues..fronte lata et ~a Col.6.1.3.

2 Wrinkled, crinkly, twisted; (of plants and their leaves) crisped. **b** (of wood or marble) having a wavy grain.

tosti alti stant parietes deformati atque abiete ~a Enn. *scen.*91; distinctione (concharum) uirgulata, crinita, ~a Plin.*Nat.*9.103;—altera (brassica) est ~a Cato *Agr.*157.2; calami striati cum ~is foliis et uolutis Vitr.7.5.3; quae (lactuca)..candida est et ~issimi folii Col.11.3.26; Plin. *Nat.*12.67; acanthi..duo genera sunt: aculeatum et ~um.. alterum leue 22.76. **b** materies ~ioris elegantiae Plin. *Nat.*13.62; mensis..in uenam ~is uel in uertices paruos 13.96; (fraxinum) campestrem..esse ~am, montanam spissam 16.63; (marmor) Augusteum undatim ~um in uertices 36.55; Mart.14.90.1.

3 Trembling, tremulous, vibrating.

linguae bisulcis actu ~o fulgere Pac.*trag.*229; ~um sub crotalo docta mouere latus *Copa* 2; ~o numerantur pectine chordae Juv.6.382.

4 Elegant (in style).

~um sane..agmen orationis rotundumque Gel.1.4.4.

Crispus² ~ī, *m.* A Roman cognomen; esp. C. Sallustius Crispus, the historian.

Q. Marcio ~o pro consule Cic.*Phil.*11.30;—~e, Iugurthinae conditor historiae *in* Quint.*Inst.*8.3.29; Mart.14. 191.2; (*as a typical literary figure*) ualeant omnes Porcii et Tullii et ~i, dum tu ualeas Aur.*Fro.*1.p.54(93N).

crista ~ae, *f.* [perh. same root as *crinis*]

1 A crest on the head of a bird or beast; esp. the comb of a cock.

(leones) terrificas capitum quatientes..cristas Lucr.5. 1315; anguis..~is praesignis et auro Ov.*Met.*3.32; collaribus..~as inducere maelis Grat.402; serpens squalidum ~a caput uibrans Sen.*Her.O.*1254; upupa..~a uisenda plicatili Plin.*Nat.*10.86; (*in a constellation*) a cuius (*sc.* ceti) ~a..disposita est tenuis fusio stellarum Vitr.9.5.3; (*in fig. phr.*) quid apertius? et tamen illi surgebant ~ae (*i.e. his head became swollen*) Juv.4.70;—si sunt lacertosi, rubenti ~a (galli) Var.*R.*3.9.5; Plin.*Nat.*29.100; Fro.*Ver.*2.p.140 (124N).

2 A plume or crest surmounting a helmet; also on the head of a war-elephant.

terrificas capitum quatientes numine ~as Lucr.2.632; terribilem ~is galeam Verg.*A.*8.620; Liv.10.39.12; ocreas et ~as (iuuenerunt) Cares Plin.*Nat.*7.200; simili uibrabat ~a metallo Sil.4.156; Juv.6.256;—ingentes ipsi (elephanti) erant; addebant speciem frontalia et ~ae et tergo impositae turres Liv.37.40.4.

3 The name of a plant, prob. yellow-rattle, *Rhinanthus* spp.

alectoros lophos, quae apud nos ~a dicitur Plin.*Nat.* 27.40.

4 (app.) The mons veneris.

callidus et ~ae digitos inpressit aliptes Juv.6.422.

cristātus ~a ~um, *a.* [prec. + -atvs²]

1 (of animals) Having a comb or tuft on the head, crested; *~us ales* (etc.), the cock.

~i..draconis Ov.*Met.*4.599; Sen.*Her.F.*216; Plin.*Nat.* 8.35; ~i..galli Mart.9.68.3; pullus insigniter ~us Suet. *Tib.*14.2;—deae Nocti ~us caeditur ales Ov.*Fast.*1.455; ~aeque sonant undique lucis aues Mart.14.223.2; (*cf.*) cantus..~ae cohortis Apul.*Met.*2.26.

2 (of helmets) Surmounted with a plume or crest; (also, of one who wears such a helmet).

~ae galeae Liv.10.38.12; ~a casside pennis Ov.*Met.*8.25; fulmine ~um galeae iubar Stat.*Theb.*3.223;—hac..instaret curru ~us Achilles Verg.*A.*1.468; ~us uertice Mauors Germ.fr.2.3.

cristula ~ae, *f.* [crista + -vla] A small comb (on the head of a hen).

sint..matrices (*sc.* gallinae)..rectis rutulisque ~is Col. 8.2.8.

crīthē ~es, *f.* [Gk. κριθή] A swelling on the eyelid, sty.

in eadem palpebra..tuberculum paruulum nascitur, quod..a Graecis ~e nominatur Cels.7.7.2.

Critiās ~ae, *m.* One of the thirty tyrants at Athens, 404–403 B.C.

Cic.*Brut.*29; Nep.*Thr.*2.7.

critica ~ōrum, *n. pl.* [next] Literary criticism.

non didici geometrias, ~a et alogias menias Petr.58.7.

criticus ~ī, *m.* [Gk. κριτικός] A literary critic.

ego tamquam ~us antiquus iudicaturus sum utrum sint τοῦ ποιητοῦ an παρεμβεβλημένοι Cic.*Fam.*9.10.1; ut ~i dicunt Hor.*Ep.*2.1.51.

? **croca** ~ae, *f.* [Gk. κρόκη] (perh.) The filament of a stamen (N.B. found only in an ambiguous form which is usu. referred to *crocum, crocus*; it is then taken to mean 'a yellow anther').

candor eius (*sc.* lilii) eximius..staminis stantibus in medio ~is..est flos non dissimilis..nullo odore nec ~is intus Plin.*Nat.*21.23.

crocallis ~idis, *f.* [Gk.] The name of a precious stone.

~is ceras repraesentat Plin.*Nat.*37.154.

crocātiō ~ōnis, *f.* [**croco* (cf. croccio) + -tio] A croaking.

~o coruorum uocis appellatio Paul.*Fest.*p.53M.

crocātus ~a ~um, *a.* [crocvm + -atvs²] Saffron-coloured.

alicui (*sc.* hederae)..semen nigrum, alii ~um Plin.*Nat.* 16.147; uestem..purpuream..non luteam nec ~am Fro. *Aur.*1.p.120(22N).

crocciō ~īre, *intr.* Also **grocciō.** [onomat.] (of ravens) To croak.

(coruos) uoce ~ibat sua Pl.*Aul.*625. **β** coruus, ut se uocalem probaret..~ire adortus Apul.*Soc.*pr.4.

croceus ~a ~um, *a.* [crocvs + -evs]

1 Of saffron or its oil.

~os..odores Verg.*G.*1.56; Corycon flore ~o..inlustrem haberi Col.3.8.4; tinguentes ~o medicamine crinem Luc. 3.238; ~i coloris aut rufi Plin.*Nat.*31.90.

2 Saffron-coloured, yellow.

aries..~o mutabit uellera luto Verg.*Ecl.*4.44; ~um linquens Aurora cubile *G.*1.447; *A.*1.649; ~as inreligata comas Ov.*Ars* 1.530; (chamaeleon) aliubi cyaneus, aliubi ~us Plin.*Nat.*22.45; ~os..uitellos Mart.13.40.1.

crociās ~ae, *m.* [Gk. κροκίας] The name of a precious stone.

colos appellauit drosolithum herbaceus..~an croci Plin. *Nat.*37.191.

crocinum ~ī, *n.* [next] Saffron oil used as a perfume.

tu (*sc.* uinum) mihi stacta..tu ~um et casia es Pl.*Cur.* 101; ~o naris murreus ungat onyx Prop.3.10.22; ~um Solis Ciliciae diu maxime laudatum est Plin.*Nat.*13.5.

crocinus ~a ~um, *a.* [Gk. κρόκινος]

1 Of or made from saffron.

~um unguentum Cels.3.18.12; Plin.*Nat.*21.139; coquitur..donec ~um habeat colorem Larg.173.

2 Saffron-coloured, yellow.

~a candidus in tunica Catul.68.134; suco rubente, postea ~o Plin.*Nat.*23.22; in Cappadocia ~us (sal) effoditur 31.86.

crocis ~idos, *f.* [Gk.] A plant, perh. one of the catchflies, *Silene* spp.

herbam..~ida, cuius tactu phalangia mouerentur Plin. *Nat.*24.167.

crocitō ~āre, *intr.* [**croco* (cf. croccio) + -ito] (of ravens) To croak.

coruorum (est) ~are Suet.fr.161(p.250Re).

crocōdes ~is, *n.* [Gk. κροκώδης] Forms: *crocodem CIL* 12.5691(9), 13.10021(206). An eye-salve made from saffron.

sex ivl sedati ~es dialepidos *CIL* 7.1313; l m memorialis ~es regivm 13.10021(128); *A.Epig.*35.18a.

crocodīlea ~ae, *f.* [Gk.] An eye-salve extracted from the intestines of a kind of crocodile.

intestina eius (*sc.* crocodili) diligenter exquiruntur iucundo nidore referta; ~am uocant, oculorum uitiis utilissimam Plin.*Nat.*28.108.

crocodīleon ~ī, *n.* [Gk. κροκοδίλεον] Some prickly sea-shore plant.

~on chamaeleonis herbae nigrae figuram habet, radice longa Plin.*Nat.*27.64; 28.184.

crocodillina ~ae, *f.* [Gk.] A dialectical puzzle about a crocodile.

non quia ceratinae aut ~ae possint facere sapientem Quint.*Inst.*1.10.5.

crocodīlus (-illus) ~ī, *m.* [Gk. κροκόδιλος] Forms: *~os* (nom. sg.) Var.*L.*5.78; *~on* (acc. sg.) Juv.15.2; *corcodil(l)-* Cic.*Tusc.*5.78, Phaed.1.25.4, Mart.3.93.7; *cocodrill-* Sen. *Nat.*4a.2.13.

1 The crocodile.

ne fando quidem auditumst ~um..uiolatum ab Aegyptio Cic.*N.D.*1.82; color..stercore fucatus ~i Hor.*Epod.*12.11; hippopotamos ~osque..gignit (Nilus) Mela 1.52; maxillas ~us tantum superiores mouet Plin.*Nat.*11.159; 18.121.

2 A land reptile, the Nile monitor.
alter (~us) illi similis, multum infra magnitudine, in terra tantum..uiuit PLIN.*Nat*.28.108.

crocomagma ~atis, *n*. [Gk. κροκόμαγμα] The residue left after refining saffron oil.
faex..(croci) expressi unguento crocino, quod ~a appellant PLIN.*Nat*.21.139; ~atis pondo sextans LARG.4; 259.

Crocos ~ī, *m*. (mythol.) A youth changed into a saffron-flower.
OV.*Met*.4.283; *Fast*.5.227; PLIN.*Nat*.16.154.

crocōta ~ae, *f*. [Gk. κροκωτός; cf. CORCOTA] A saffron-coloured dress worn by women and effeminate men.
pallis patagiis ~is NAEV.*trag*.43; NOV.*com*.71; P. Clodius a ~a, a mitra, a muliebribus soleis..est factus repente popularis CIC.*Har*.44; *Ciris* 252; (sacerdotes) ~is..et bombycinis iniecti APUL.*Met*.8.27; histrionis ~a *Apol*.13.

crocōtās ~ae, *m*. [Gk. κρόκοττας; cf. COROCOTTAS] FORMS: *crocott-* PLIN.*Nat*.1.8.30. An African animal, prob. some kind of hyena.
~as uelut ex cane lupoque conceptos, omnia dentibus frangentes PLIN.*Nat*.8.72.

? **crocotillus** ~a ~um, *a*. (app.) Very thin (but cf. PL.*Cist*.408).
~um ualde exile. Plautus: 'extortis talis cum ~is crusculis' PAUL.*Fest*.p.52M.

crocōtinum ~ī, *n*. [prob. Gk. κροκώτινος] (See quot.)
~um genus operis pistorii PAUL.*Fest*.p.53M.

crocōtula ~ae, *f*. [CROCOTA+-VLA] A saffron-coloured dress for women.
indusiatam, patagiatam, caltulam aut ~am PL.*Epid*.231.

crocum ~ī, *n*. [next] N.B.: for an alleged third sense see under CROCA.

1 A preparation from the stigmas of *Crocus sativus*, saffron. **a** (as a perfume; used esp. in theatres). **b** (as a dye); (transf.) the colour of saffron. **c** (used in cooking). **d** (used in medicine).
a magis laudari quod terram quam quod ~um olere uideatur CIC.*de Orat*.3.99; sparso per uias identidem ~o SUET.*Nero* 25.2;—cum scena ~o Cilici perfusa recens est LUCR.2.416; recte necne ~um floresque perambulet Attae fabula (*i.e. be acted*) HOR.*Ep*.2.1.79; SEN.*Ep*.90.15; ultima..curuo quae cadit aura ~o MART.11.8.2. **b** picta ~o..uestis VERG.*A*.9.614; oculos tenui signare fauilla uel..~o OV.*Ars* 3.204; cum aliter rubeat ignis..aliter ~um GEL.2.26.5;—(*transf.*) (psittacus) tincta gerens rubro Punica rostra ~o OV.*Am*.2.6.22; Syrtitides (gemmae)..e melleo colore ~o refulgentes PLIN.*Nat*.37.182. **c** hoc ubi..inferbuit Corycioque ~o sparsum stetit HOR.*S*.2.4.68. **d** uidentur..hanc facultatem habere iris, nardum, ~um CELS.3.21.7; (anesum) cum ~o pari modo et uino PLIN.*Nat*.20.187; LARG.173.

2 The plant saffron.
urbem inclitam..nemore, in quo ~um gignitur SAL.*Hist*.2.81; CURT.3.4.10.

crocus ~ī, *m*. [Gk. κρόκος] GENDER: fem. in APUL.*Met*.10.34.

1 The plant saffron, *Crocus sativus*.
serere lilium et ~um VAR.*R*.1.35.1; ~us alterna coniungens lilia calta *Ciris* 97; pascuntur (apes)..casiam..~umque rubentem VERG.*G*.4.182; ~os tenues OV.*Fast*.4.442; bulbus ~i deponitur, qui coloret inodoretque mella COL.9.4.4; spirantis..~os JUV.7.208.

2 Oil of saffron.
in excelsum prorumpit uino ~us diluta APUL.*Met*.10.34.

crocyfantia ~ōrum, *n. pl*. [from Gk. κροκύφαντος] A kind of woven ornament for the head.
ornamentorum haec (sunt): uittae..reticula ~a ULP.*dig*.34.2.25.10.

Croesus ~ī, *m*. A king of Lydia of the 6th century B.C., famous for his wealth. **b** (as an embodiment of wealth).
~i filium cum esset infans locutum CIC.*Div*.1.121; diuitiis ~um superare CATUL.115.3; HOR.*Ep*.1.11.2; MART.5.39.8. **b** Irus et est subito, qui modo ~us erat OV.*Tr*.3.7.42; cum tot ~os uiceris MART.11.5.4.

crōma: see GROMA.

Cronius ~a ~um, *a*. Of the god Cronos; (neut. pl. as sb.) a festival of Cronos. **b** *mare ~um*, the Arctic Sea.
Athenae conficiunt sacra, quae ~a esse iterantur ab illis ACC.*poet*.3.2. **b** a Tyle unius diei nauigatione mare concretum a nonnullis ~um appellatur PLIN.*Nat*.4.104.

crotalia ~ōrum, *n. pl*. [Gk.] Ear-pendants composed of several loosely hanging pearls.
duo ~a protulit PETR.67.9; ~a appellant, ceu sono quoque gaudeant et collisu ipso margaritarum PLIN.*Nat*.9.114.

crotalistria ~ae, *f*. [Gk. κροταλίστρια] A woman who dances to the accompaniment of castanets; also, applied to the stork from the rattling noise it makes.
PROP.4.8.39;—ciconia..gracilipes ~a auis PUB.*com*.8 Petr.55.6).

crotalum ~ī, *n*. [Gk. κρόταλον] A kind of castanet used to accompany a dance.
(*sg*.) sub ~o docta mouere latus *Copa* 2; FRO.*Aur*.2.p.110 (160N);—(*pl*.) uidi..puerum..cum ~is saltare SCIP.min. *orat*.20; *Priap*.27.3; APUL.*Met*.8.24.

crotolō ~āre, *intr*. [onomat.] To make the characteristic sound of the stork.
ciconiarum (est) ~are SUET.fr.161(p.251Re).

Crotō(n)[1] ~ōnis, *f*. Also **Crotōna** ~ae. GENDER: masc. in LIV.24.2.5. A town of S. Italy in the territory of the Bruttii.
~onem petemus CIC.*Att*.9.19.3; urbs ~o LIV.24.3.1; ~ona esse (oppidum) cognouimus PETR.116.2; alta ~on SIL.11.18. β V.MAX.1.8.ext.18.

Crotō(n)[2] ~ōnis, *m*. The mythical founder of the town of Croton.
OV.*Met*.15.15.

crotō(n)[3] ~ōnis, *f*. [Gk. κροτών] The castor-oil tree, *Ricinus communis*.
cici arbor siue ~o PLIN.*Nat*.1.15.7; 15.25; ~oni, quam et cici diximus uocari 16.85.

Crotōna: see CROTO(N)[1].

Crotōniātēs ~ae, *m*. FORMS: *Crotoniata* (nom.) *CIL* 11.923. A citizen of Croton.
Milonis ~ae CIC.*Sen*.27; V.MAX.9.12.ext.9;—(*pl*.) ~ae..cum florerent omnibus copiis CIC.*Inv*.2.1; ~um optimates LIV.24.3.9.

Crotōniensis ~is ~e, *a*. Of or belonging to Croton; (masc. as sb.) a native of Croton.
in agro ~i LIV.29.36.4;—SAL.*Cat*.44.3; FRON.*Str*.3.6.4; GEL.15.16.1.

Crotōpiadēs ~ae, *m*. A descendant of Crotopus, king of Argos (in quot., Linus).
~en..Linum OV.*Ib*.478.

Crotos ~ī, *m*. A son of Pan and Eupheme who became the constellation Sagittarius; that constellation.
~os..in stellam Sagittarium (relatus) HYG.*Fab*.224.3; AMP.2.9;—profugit..spicula Phoebus dira Nepae tergoque ~i festinat equino COL.10.57.

cruciābilis ~is ~e, *a*. [CRVCIO+-BILIS] Characterized by extreme pain or anguish, excruciating, agonizing.
misero ~ique exitu periit GEL.3.9.7; ~em suspiritum ducens APUL.*Met*.1.7; ~i desiderio 2.2; ~em cladem 7.21.

cruciābilitās ~ātis, *f*. [prec.+-TAS] Torment, agony.
qui omnis homines supero, antideo ~atibus animi PL. *Cist*.205.

cruciābiliter, *adv*. [CRVCIABILIS+-TER[2]] With torture.
~ carnufex me accipito PL.*Ps*.950; ~ interfecti *B.Afr*. 46.2.

cruciāmentum ~ī, *n*. [CRVCIO+-MENTVM] A torture, torment.
si..~a conferant PL.*As*.318; quae Accherunti fierent ~a *Capt*.999; carnificum ~a CIC.*Phil*.11.8.

cruciārius ~(i)ī, *m*. [CRVX+-ARIVS] A crucified person; one who deserves crucifixion, a gallows-bird.
fecit se similem tyranno..libertum ~iis SEN.*Con*.7.6.2; unius ~ii parentes..detraxere nocte pendentem PETR.112.5; CALP.*Decl*.17(title);—nec tantillum ~ius ille..deterritus APUL.*Met*.10.7.

cruciātus ~ūs, *m*. [CRVCIO+-TVS[3]]

1 The action of torturing a person, or an instance of it; also, a form of torture. **b** (meton.) the apparatus of torture.
cum ~u magno dixisti id tuo PL.*Cur*.194; *Epid*.611; hanc iam oportet in ~um hinc abripi TER.*An*.786; insigni ~u carnificatus SIS.*hist*.138; ueri inueniendi causa tormentis et ~u..quaeri *Rhet.Her*.2.10; in ~um dari CIC.*S.Rosc*.119; omnem ~um perferre *Luc*.23; supplicia ~usque Gallorum ueriti CAES.*Gal*.4.15.5; necati omnes cum ~u sunt LIV. 25.23.7; CURT.9.7.8; ~ui aut praemio cuncta peruia esse TAC.*Ann*.15.59; HYG.*Fab*.8.4;—(*in imprecations*) abi in malum ~um ab aedibus (*i.e. get to hell out of here*) PL.*Aul*. 459; quin tu abis in malam pestem malumque ~um? CIC. *Phil*.13.48;—quolubet ~u per me exquire TER.*Hec*.773; cum ignes ardentesque laminae ceterique ~us admouebantur CIC.*Ver*.5.163. **b** spinas..in fascem..constrictas caudae meae pensilem deligauit ~um APUL.*Met*.7.18.

2 Severe physical pain (arising from disease, accident, etc.).
uenae uiscerum ueneno inbutae taetros ~us cient ACC. *trag*.553; lateris ~ibus uror OV.*Tr*.5.13.5; ~us puerperi times? SEN.*Con*.2.5.4; extracto surculo liberauit (leonem) ~u PLIN.*Nat*.8.56; in uesica..diro ~u..nascentes calculi 11.208; stomachi ~ibus 28.95; cito ac nullo ~u defunctum SUET.*Aug*.99.2; ~um..uulneris GEL.5.14.19.

3 Mental pain, anguish, agony.
~u timoris angi CIC.*Off*.2.25; mihi dolorem ~umque attulerunt errata aetatis meae CIC.fil.*Fam*.16.21.2; meis sospes multum ~ibus aufers OV.*Pont*.3.2.3; nec diutius quiui tantum ~um uoluptatis eximiae sustinere APUL.*Met*. 2.10.

crucifīgō ~igere ~ixī ~ixum, *tr*. Often written as two words. [dat. of CRVX+FIGO] To attach to a cross, crucify.
peruenerunt ad ~ixum imperatorem SEN.*Con*.7.7; PLIN *Nat*.8.47; quos rex iussit..~igi HYG.*Fab*.194.8.

cruciō ~āre ~āuī ~ātum, *tr*., (*intr*.). [CRVX+-O[3]]

1 To inflict torture on, torture; (also, intr.) to suffer torture. **b** (transf.) to subject (a thing) to rough treatment.
ancillas meas..insontis miseras ~abam PL.*As*.889; ciues Romani seruilem in modum ~ati et necati CIC.*Ver*.13; uerberatos..~ando occidit LIV.29.18.14; sub quo ~ata est Pisa tyranno OV.*Ib*.323; CURT.6.10.9;—in crucem sublatus est. ita ei ~anti somnium expeditum FRO.*Aur*.2.p.26(220N). **b** aes ~atur in primis accensumque restinguitur sale, aceto PLIN.*Nat*.33.65; nostra Thebais multa ~ata lima STAT.*Silv*. 4.7.26.

2 (of disease, hunger, etc., esp. in pass.) To cause acute physical pain to, torment, rack (a person or part of the body); (app. intr.) to be in agony.
qui aduehuntur quadrupedanti, ~anti cantherio PL. *Capt*.814; pulmones distrahuntur, ~atur iecur *Cur*.237; hic ~atur fame LUCIL.599; qui..doloribus podagrae ~entur CIC.*Tusc*.2.45; quantus sic ~at lumina uestra dolor! PROP. 2.25.40; (morbus) sic ~at, ut uitae spatio nihil demat CELS. 4.21.1; minus..liberati hac difficultate ~antur LARG.171;—(*intr*.) ut miserae matres sollicitaeque ex animo sunt ~antque! (*s.v.l*.) PL.*Truc*.450.

3 To cause mental anguish to; (refl. or pass.) to suffer mental anguish, be distressed or tormented in mind.
Chremes..grauiter ~at adulescentulum TER.*Hau*.1045; offici me deliberatio ~at CIC.*Att*.8.15.2; sin illa te res ~at *Fam*.5.16.4; men..~et quod uellicet absentem Demetrius? HOR.*S*.1.10.78; dubitas, cunctaris meque diebus..decem ~as MART.6.20.4;—quid facerem cura ~abar miser PL.*Mer*. 247; ne ~a te obsecro..mi Phaedria TER.*Eu*.95; nunc ~atur et sollicita est ne.. CIC.*Mur*.88; eum de quo angor et ~or *Att*.7.22.1; sine causa ~or et maereo SEN.*Ep*.13.6; (*of the heart*) ~atur cor mi PL.*Trin*.1169; (*w. internal acc*.) quod male feci ~or *Capt*.996; (*w. acc. and inf*.) ~or lapidem non habere me 600; TER.*Hau*.673.

Crucisalus ~ī, *m*. [CRVX+SALIO[2]+-VS] A facet. name for a slave, 'Cross-dancer'.
nomen mutabit mihi facietque extemplo ~um me ex Chrysalo PL.*Bac*.362.

crucium: (see quot.).
~um, quod cruciat. unde Lucilius uinum insuaue crucium dixit PAUL.*Fest*.p.53M.

crūdārius ~a ~um, *a*. [CRVDVS+-ARIVS] (of a vein of silver) Outcropping.
argenti uena in summo reperta ~a appellatur PLIN.*Nat*. 33.97.

crūdēlis ~is ~e, *a*. *compar*. ~ior, *superl*. ~issimus. [CRVDVS+-ELIS]

1 (of persons, their character, etc.) Cruel, merciless, relentless, savage. **b** (of fate and other personifications). **c** (poet., as transf. ep. of anything assoc. with an act of cruelty). **d** cruel in appearance.
tyrannum libidinosum ~emque CIC.*Ver*.1.82; Tarquini, superbissimi atque ~issimi regis *Rab.Perd*.13; ~es gaudent in tristi funere fratris LUCR.3.72; Catilinae ~is animus SAL.*Cat*.31.4; ~issima..gens LIV.21.44.5; ~em animam per uolnera reddas OV.*Fast*.5.469; post uictoriam audito..~ior VELL.2.25.3; MART.7.21.3; TAC.*Ann*.6.4; (*w. ref. to an animal*) mores (canis uillatici)..neque mitissimi nec rursus truces atque ~es COL.7.12.5;—(*w. dat*.) tanto ~is amori PROP.2.26.45;—(*w*. in+*abl*.) uidetur senatus in conseruanda patria fuisse ~is CIC.*Pis*.17;—(*w*. in+*acc*.) ~es in patriam *Catil*.4.13; in me ~is non potes esse diu OV.*Ep*.7.182. **b** ~is hiemps ENN.*Ann*.449; dura..mihi iam fortuna populi Romani et ~is uidebatur CIC.*Mil*.87; '~is ianua!' dicat OV.*Ars* 3.581. **c** dum trepidi ~ia limina (*sc*. Cyclopis) linquunt VERG.*A*.3.616; ~ia iussae instrumenta necis OV.*Met*.3.697; ibitis aequoreis ~ia pabula monstris STAT.*Theb*.9.300. **d** auratae ~is gloria frontis (serpentis) prominet STAT. *Theb*. 5.510; (*neut. sg. as adv*.) io quanti ~e rubebitis amnes! 3.211.

2 (of actions, etc.) Characterized by cruelty, savage, inhuman; *~e est*+inf., it is cruel to (and sim. phrs.).
multo ~ior..proscriptio CIC.*S.Rosc*.153; bellum ~e et exitiosum *Att*.9.6.7; dominatione ~issima *B.Alex*.23.2; nimium ~e luisti supplicium VERG.*A*.11.841; ~ia sacra OV.*Tr*.4.4.81; nil..~e minor STAT.*Theb*.7.29; libertis..~em in modum enectis SUET.*Jul*.75.3; (*w*. in+*acc*.) poena in ciuis nimis ~is CIC.*Phil*.11.1; SAL.*Cat*.11.4;—~e suos addicere amores OV.*Met*.1.617; LUC.5.692.

3 (of events, etc.) Exciting grief, painful, piteous. **b** (of feelings, conditions) hard to bear, grievous; (of lamentations, perh.) fierce, vehement. **c** (of the dead or bereaved, app.) cruelly treated, unfortunate.
rem..auditu ~em CIC.*Planc*.99; Amyci casum gemit et ~ia secum fata Lyci VERG.*A*.1.221; ~is amor tauri 6.24; illam..fugauit a foro..unius figurae ~is euentus SEN.*Con*. 7.pr.6. **b** cur ego ~em patior tam saepe dolorem? *Lydia* 38; desiderium misera et ~i patientia perferam SEN.*Con*. 2.2.11; trahitur uictu ~is egestas V.FL.4.459;—~es fundit questus *Ilias* 848. **c** ~ES PARENTES *CIL* 3.5246; QVINTIVS VICTOR ~IS VICXIT AN(N)IS XXXV 8.9981; 8.21804.

crūdēlitās ~ātis, *f*. [prec.+-TAS] Cruelty,

savagery, inhumanity: **a** (of persons); also, an instance of cruelty. **b** (of actions, etc.).

a quorum ~atem numquam ulla explet satias sanguinis Acc.*trag*.176; Cras.*orat*.23; hora nulla uacua a furto, scelere, ~ate Cic.*Ver*.1.34; dandae ceruices erant ~ati nefariae *Phil*.5.42; ne quid ~ate naturae uideretur asperius fecisse Hirt.*Gal*.8.44.1; credulitatis odio in ~atem ruitis Liv.3.53.7; 31.30.1; ardentes ~ate..oculos Sen.*Suas*.6.3; ~atem mox, deinde auaritiam..exercuit Tac.*Hist*.1.72; (*w.* in+*acc.*) ~atem regis in togatos Cic.*Rab.Post*.27;—quaeratur..num quod lateat facinus, num quae ~as *Sul*.78. **b** huius uictoriae ~atem Cic.*Catil*.3.24; uerborum ~ate inaudita *Rab.Perd*.13; ~atem imperi uerbo mitiore subducunt Sen.*Con*.10.3.6.

crūdēliter, *adv. compar.* ~ius, *superl.* ~issimē. [crvdelis+-ter²] Cruelly, savagely, relentlessly. **b** with cruel effect.

~iter ille, nos misericorditer Quad.*hist*.88; erant ~issime interfecti Cic.*Brut*.307; ~iter..minabantur *Fam*.9.6.3; suis manibus uulnus ~issime diuellit *B.Afr*..88.4; Deiphobum..lacerum ~iter ora Verg.*A*.6.495; pecunia..exacta ~iter Liv.3.13.10; Sen.*Suas*.6.1;—(*w. inanim. subj.*) neruorum distentio..hominem ~iter consumit Cels.2.10.15. **b** ecquis..~ius..amauit? Ov.*Met*.3.442; eo ~ius filio caret Sen.*Con*.exc.4.6.

crūdescō ~ere, *intr.* [crvdvs+-esco] To become fierce or savage: **a** (of persons or their minds). **b** (of battle, disease, etc.).

a ducem..furiis ~ere pugnae V.Fl.2.509; asperso ~it sanguine Gorgon Stat.*Theb*.2.717; tantum miserae dolor ultimus addit robur, et exsangues ~unt luctibus anni 11.323; ~ens caedibus Sil.4.449; remeantum gurgite mentes ~unt 14.555; (*poet.*) fidebat magica ferrum ~ere lingua 1.432. **b** coepit ~ere morbus Verg.*G*.3.504; effuso ~unt sanguine pugnae *A*.7.788; 11.833; nec iam amplius irae ~unt Stat.*Theb*.2.680; tantus ab exiguo ~it sanguine Mauors 7.624; ubi ~ere seditio Tac.*Hist*.3.10.

crūditās ~ātis, *f.* [next+-tas] Inability to digest one's food, indigestion (often caused by over-eating). **b** an attack of indigestion.

ne..(anseres) ~ate pereant Var.*R*.3.10.5; mortuum..~ate dicebant Cic.*Fam*.15.17.2; *Fin*.2.23; uitare fatigationem, ~atem Cels.1.10.1; ~atis signa sunt crebri ructus Col.6.6.1; Quint.*Inst*.2.21.19;—(*transf.*) (arbores) laborant et fame et ~ate, quae fiunt umoris quantitate Plin.*Nat*.17.219. **b** miserabilior ex ~atibus quam ex fame macies Sen.*Ep*.95.16; Col.6.25; folia contra ~ates manduntur Plin.*Nat*.20.31.

crūdus ~a ~um, *a. compar.* ~ior, *superl.* ~issimus. [cf. *cruor*, OIr. *crūaid*, etc.]

1 (of food, etc.) Uncooked, raw; (of the entrails of victims) offered without fire.

qui mi holera ~a ponunt, hallec adduint Pl.*Aul*.fr.5; ouum..~um Cato *Agr*.71; ut ~a..carne uescantur Mela 3.28; intubi cocti uel ~i Larg.104; turba..contenta cadauere ~o Juv.15.83; (*neut. sg. as sb.*) quid tu..curas utrum ~um an coctum ego edim..? Pl.*Aul*.430;—~a exta caesa uictima..in mare proiecit Liv.29.27.5; Ov.*Fast*.6.158; Mart.11.57.4.

2 (of things in their natural or primitive state) Untreated, rough, crude; (of a mass) solid, unbroken; (of a spring, perh.) foul, impure. **b** (of bricks or pottery) unbaked. **c** (of hide) untanned, raw; made of raw hide. **d** (of ground) not broken by the plough; also, untrodden, unexplored (in quot., neut. pl.+gen.). **e** (transf.) lacking in elegance, coarse, rude, unrefined.

amurca, ita uti est ~a Cato *Agr*.100; rudem nodis et cortice ~o (*i.e. untrimmed*)..hastam Verg.*A*.9.743; linum debet esse ~um (*i.e. undressed*) Cels.7.4.4.a; ~o, id est non malleato sparto Col.12.19.4; et stringere uenas feruentis massae ~o de puluere Pers.2.67; ~o flore resinae Plin.*Nat*.14.124; contentus potes arido uapore ~a (*i.e. unheated, cold*) Virgine Marciaue mergi Mart.6.42.18;—cum fuerit inducta (calx) habens latentes ~os calculos Vitr.7.2.1; ~ae putri fluxerunt puluere cautes Luc.3.507;—redolet..~arum nebulae quod Albularum Mart.4.4.2. **b** e lateribus coctilibus..e lateribus ~is Var.*R*.1.14.4; Vitr.1.5.8; Curt.8.10.25; ollis e figlino opere ~is Plin.*Nat*.31.46; fecit et Chalcosthenes ~a opera Athenis 35.155. **c** loris de corio ~o Var.*L*.5.116; Vitr.10.13.5; ~o residens sub uellere coniunx V.Fl.6.82; tegmina ~a boum Stat.*Theb*.6.733;—~o decernet Graecia caestu Verg.*G*.3.20; ~us..pero *A*.7.690; ~um thoraca Mart.7.1.1; Sil.5.525. **d** utraque satio potest ~a terra fieri, sed melius proscissa Col.2.10.29; 3.13.5; semina..~o caespite uirentia 9.4.4; scamna inter duos sulcos ~a ne relinquantur Plin.*Nat*.18.179;—uestigia linquere nota Herculis..~isque locorum ferre pedem Sil.3.514. **e** materna tibi farina est ex ~issimo Ariciae pistrino Cassius Parmensis in Suet.*Aug*.4.2; quercus laurique ferebant ~a puerperia Stat.*Theb*.4.280; nunc tibi ~us honos 10.342;—(*of literary style*) sed numeris decor est et iunctura addita ~is Pers.1.92.

3 (of food in the stomach) Undigested. **b** (of persons or animals) having undigested food in the stomach, dyspeptic; (of the stomach, etc.) containing undigested food.

~am materiam..in corpus omne diduci Cels.1.pr.20; 2.8.32; (*neut. as sb.*) reliquae (resinae) uentrem emolliunt, ~a concocunt Plin.*Nat*.24.36; (*in fig. phr.*) lectio non ~a, sed multa iteratione mollita et uelut confecta Quint.*Inst*.10.1.19. **b** cum ad illud prandium ~ior uenisset Cic.*Clu*.168; *Fin*.2.23; podex..~ae bouis Hor.*Epod*.8.6; ne ~us sumat medicamentum Larg.122; ~um aut saturum aut ebrium Quint.*Inst*.11.3.27; Juv.6.203;—ad aluum ~am Cato *Agr*.125; Var.*R*.2.4.21; urina tenuis et cruda Cels.2.7.32.

4 (of wounds) Raw, bleeding.

horrent admotas uulnera ~a manus Ov.*Pont*.1.3.16; Plin.*Ep*.5.16.11; Juv.2.73; (*prol.*) ~um..unguem adrodens (*i.e. biting it to the quick*) Pers.5.162.

5 (of fruit, etc.) Unripe, green. **b** (of persons, their qualities, etc.) not fully developed, tender, inexperienced, etc.

poma ex arboribus, ~a si sunt, uix euelluntur Cic.*Sen*.71; Col.12.10.3; siquos palmite ~o..sucos pressere Luc.4.317; piper..~um Mart.11.18.9; (*cf.*) (mala) siccatum frigore..autumnum et ~i posuere pericula suci Juv.11.76;—(*transf.*) si (ulcus) ~um incisum est Cels.7.30.1.b; scies esse adhuc ~am (muriam) Col.12.6.2;—(*fig.*) diem illum ~i adhuc seruitii et libertatis inprospere repetitae Tac.*Ann*.1.8. **b** (*of persons*) nuptiarum expers et adhuc proteruo ~a marito Hor.*Carm*.3.11.12; Mart.8.64.11; Stat.*Theb*.7.298;—(*transf.*) ~a heu festinaque uirtus 9.716; ~a exordia magnae indolis *Ach*.1.276; coniugi ~ae aetati extinctae *CIL* 10.663.

6 Unimpaired by the passing of time, thriving; (of old age) youthful, hardy, vigorous.

(*of vegetable growth*) quercus..quam plurimus ambit frondibus incuruis et ~o robore cortex Stat.*Theb*.2.709; (*of a feeling*) etsi ~us amor necdum post flammea toti intepuere tori 2.341;—~a deo uiridisque senectus Verg.*A*.6.304; durus senio nauita ~o (*i.e.* Charon) Sen.*Oed*.168; Sil.1.405; (*cf.*) patres..~am contra aspera mentem et magnos tollunt animos 4.35.

7 Fierce, wild, savage.

(*of persons*) mortalem catum, malum ~umque Pl.*Poen*.1108; *Truc*.644; ~i Diomedis imago Ov.*Ep*.9.67; ~is..Getis *Tr*.5.3.8; Gorgone ~a uirago (*i.e. Pallas*) Stat.*Theb*.11.414;—(*of the sea*) ~o luctari pelago Sil.14.454; ~um mare hibernum est Fro.in Aur.*Fro*.1.p.158(15N);—(*poet., of a weapon*) ~um transadigit costas..ensem Verg.*A*.12.507;—(*transf.*) ~a..bella Ov.*Am*.3.8.58; ~isque uirum sudoribus ardet puluis Stat.*Theb*.1.422; ~um Marte uiri nomen Sil.7.113; tam saeua ~aque tyrannide Juv.8.223; insania ~ae senectutis Apul.*Apol*.53.

8 (of pain, punishment, etc.) Hard to bear, bitter, grievous.

~um ac miserabile uitae supplicium Stat.*Theb*.1.53; ~os..sentire dolores 3.335; tam ~a nepotis funera 9.391.

cruentē, *adv. compar.* ~ius. [crventvs+-e] Bloodthirstily, savagely.

ceteri arma ~ius exercuerunt Sen.*Ben*.5.16.5; nihil haec in membra ~e, nil socerum fecisse pie Luc.8.315; multa ~e commiseras Quint.*Decl*.313(p.231,l.24).

cruenter, *adv.* [crventvs+-ter² w. syncope] = prec.

lanienam, quam ~ exercuit Apul.*Met*.3.3.

cruentō ~āre ~āuī ~ātum, *tr.* [next+-o³]

1 To stain with blood. **b** to pollute with blood-guiltiness. **c** (transf.) to make blood-red.

templum ~auit Cic.*Sest*.80; gladium..~auerat Sal.*Jug*.101.6; prata ~antur Zethi Prop.3.15.41; ut..mensam ~ares hospitis sanguine Liv.23.9.4; iuguloque Aegisthus aperto tecta ~auit Ov.*Ep*.8.54; classes ~aturas maria Sen.*Ben*.6.3.2; urina ~ata Plin.*Nat*.27.120; Stat.*Theb*.11.179; (*in fig. phr.*) ne..ciuium uulneribus res publica ~aretur Cic.*Red.Sen*.6. **b** trucidare aliquem et impie ~ari Cic.*Div*.1.60; ne manus suorum sanguine ~aret Nep.*Ep*.10.3; si sacra mensae..caede..principis ~arentur Tac.*Ann*.15.52. **c** conchylium..quo uestis ~etur Sen.*Con*.exc.2.7; ut..luna se in aquario ~aret Suet.*Dom*.16.1.

2 To cause to bleed, wound, etc.

uigilesque repente ~ant Enn.*Ann*.165; ~are corpus suum leue est Cic.*Pis*.47; imponitque notam collo morsuque ~at Prop.4.8.65; (thymion) facile finditur et ~atur Cels.5.28.14.b; cum aliquis..umeros suspensa manu ~at Sen.*Dial*.7.26.8; oculis ictu ~atis Plin.*Nat*.22.28; ferrata calce ~at cornipedem Sil.17.540; (*in fig. phr.*) haec te..lacerat, haec ~at oratio Cic.*Phil*.2.86.

3 To soak or bespatter with any liquid.

ut..profundant fluminis ingentis fluctus uestemque ~ent (*sc.* semine) Lucr.4.1036; ferus ante ictum spumis delubra ~at taurus Stat.*Theb*.11.228.

cruentus ~a ~um, *a. compar.* ~ior, *superl.* ~issimus. [cf. cruor]

1 Stained or mixed with blood, bloody; also, consisting of blood. **b** (hyperb.) polluted by blood-guiltiness. **c** (of wounds) bleeding. **d** (of diseases, etc.) marked by a discharge of blood.

~o..ore grundibat miser Caecil.*com*.103; cum gladio ~o comprehensus Cic.*de Orat*.2.170; ~as ceruices fili sui uiderat *Ver*.5.128; arma ~a cerebro Verg.*A*.9.753; dominum lauit maerens captiua ~um Prop.2.9.11; umbra ~a Remi Ov.*Fast*.5.457; pus ~um Cels.2.8.22; lapidis ictu ~us Tac.*Ann*.1.27; (*neut. pl. as sb.*) ~a excreantibus Plin.*Nat*.29.43; (*hyperb.*) quod non ~um ab Cannensi uictoria militem Romam duxisset Liv.30.20.8; (*poet.*) cuius erit, quamquam in chartis, stilus ipse ~us Man.5.459;—fontem..~is manasse respersum maculis Liv.22.1.10; imbre ~o informis facies Luc.6.224. **b** quotiens..ex P. Clodi telis et ex ~is eius manibus effugi! Cic.*Mil*.20; Atrides uela ~a dedit Prop.4.1.112; ~um diadema fraterna caede Liv.40.12.16; Aegypti, turba ~a, nurus (*i.e. the Danaids*) Ov.*Ib*.176; opes..nulli detractas nec alieno sanguine ~as Sen.*Dial*.7.23.1; (*transf.*) ~a mente, pura manu Apul.*Fl*.20. **c** (emplastra) quae ~is protinus uulneribus iniciuntur Cels.5.19.1. **d** in tussi ~a Plin.*Nat*.32.92; conuulsa ~is ictibus..ceruix Stat.*Theb*.7.357.

2 Accompanied by or involving bloodshed.

imperio ~o illo Cic.*Har*.3; pecunia..~a illa quidem, sed his temporibus..necessaria *Phil*.1.17; ~am..uictoriam *B.Afr*.31.9; ~a..ira Hor.*Carm*.3.2.11; ~um certamen Liv.21.43.11; neque..mea culpa ~a est Ov.*Tr*.5.2.33; imperii sitis ~a Sen.*Phaed*.543; tardum Galbae iter et ~um Tac.*Hist*.1.6; ~a mors Suet.*Cal*.26.1; (*w. abl.*) non aliud bellum ~ius caede clarissimorum uirorum fuit Vell.2.71.1; (*neut. pl. as sb.*) gaudens Bellona ~is Hor.*S*.2.3.223.

3 (of persons) Addicted to the spilling of blood, insatiably cruel, savage (cf. also 1b).

qui..me..dempto fine ~us agas Ov.*Tr*.3.11.2; descripsit mores hominis impii, ~i Sen.*Con*.1.7.13; Mariusque ferox et Cinna ~us Luc.4.824; Mart.11.5.9; regemque ~um temperat (Minos) Stat.*Theb*.8.28; (*w.* in+*acc.*) ~us in suos Flor.*Epit*.1.1(1.7.5); (*poet.*) ut torpore senex caruit uiresque ~us coepit habere dolor Luc.3.741;—(*transf.*) apstinere se..~issimo genere negotiationis (*i.e. buying up houses in order to demolish them*) *CIL* 10.1401.1.8.

4 Of the colour of blood, blood-red.

mora ~a *Copa* 21; ~a..myrta Verg.*G*.1.306; ~i (cometae)..omen post se futuri sanguinis ferunt Sen.*Nat*.7.17.3.

-crum -crī, *n. suff.* Collat. w. -cvlvm; forms sbs. denoting an instrument (*inuolucrum, simulacrum*) or place for a special purpose (*ambulacrum, lauacrum*).

crumilla ~ae, *f.* [next+-la] A small purse.

metuebas..ne ~am amitteres Pl.*Per*.687.

crumīna ~ae, *f.* Also **crumēna.** [dub.; perh. connected w. Gk. γρυμέα]

1 A small money-bag, purse.

uiginti minae hic insunt in ~a Pl.*As*.653; in meo collo tuo' pater ~am collocauit *Epid*.360; *Truc*.956; Apul.*Met*.2.13; *Apol*.42. **β** ~am plenam assium Labeo *iur*.25 (Gel.20.1.13).

2 A supply of money, resources.

non deficiente ~a Hor.*Ep*.1.4.11; Juv.11.38.

cruor ~ōris, *m.* [cf. Av. *xrū-* 'bloody flesh', Gk. κρέας, O.Polish *kry* 'blood', etc.]

1 Blood (fresh or clotted) from a wound. **b** (pregn.) blood spilt in battle or acts of violence (cf. 2). **c** (transf., of vegetable and other juices).

salsis ~orem guttis lacrimarum lauit Acc.*trag*.578; nisi ~or appareat, uim non esse factam Cic.*Caec*.76; sacrum iugulis demitte ~orem Verg.*G*.4.542; ceruice caesa fusus est ~or Liv.8.7.21; intestina exulcerantur: ex his ~or manat Cels.4.22.1; oculo ab ictu ~ore suffuso Plin.*Nat*.28.72; primum ab ore sanguinem expuunt, deinde ex stomacho ~orem reiciunt Larg.193; arentemque ~orem ferro detergent Sil.7.343; (*of the menstrual flow*) femina, quae..obsceno manat pudibunda ~ore Col.10.360; (*defined*) Suet.fr.176(p.290Re);—(*pl.*) atros siccabat ueste ~ores Verg.*A*.4.687; omnis..humanis lustrata ~oribus arbor Luc.3.405; V.Fl.5.585; hostiarum ~ores Apul.*Soc*.14. **b** quae caret ora ~ore nostro? Hor.*Carm*.2.1.36; iniusto praetorum ~ore manus suas contaminare V.Max.3.8.ext.3. **c** nigrum uomit illa (*sc.* sepia) ~orem Ov.*Hal*.21; cumulataque moris candida sanguineo manat fiscella ~ore Col.10.401; (Corduba) quae superas oues Galaesi nullo murice nec ~ore mendax Mart.12.63.4.

2 The shedding of blood or an instance of it, slaughter, etc.

leges..quae..in ~ore Cinnano, etiam inter Sullana arma uixerunt Cic.*Vat*.23; nullus ei ludus uidetur esse iucundior quam ~or *Phil*.4.11; prae se agere..formidinem ac fugam caedemque ac ~orem Liv.10.28.16; regna..nullo quaesita ~ore Luc.9.1022; primo tigris gauisa ~ore Stat.*Theb*.8.474; nec facilem dignatur dextra ~orem 12.737; multo suorum ~ore pulsus Tac.*Hist*.2.21;—(*pl.*) recensent Priamidas et quot dederit domus una ~ores (*i.e. how many victims for slaughter*) Ov.*Met*.13.482.

3 Blood in general, = sangvis.

cibos omnis..habere in se neruorum corpora parua..partisque ~oris Lucr.1.863; nec ~or in lignis 3.786; 5.130; sine carne, sine ~ore, sine sordibus (cerebrum) Plin.*Nat*.11.135; Apul.*Pl*.1.17; (*in fig. phr.*) scit ~or imperii qui sit, quae uiscera rerum Luc.7.579.

cruppellārius ~(i)ī, *m.* [Gallic] A fighter encased in armour from head to foot.

gladiaturae destinati quibus more gentico continuum ferri tegimen: ~ios uocant Tac.*Ann*.3.43.

crupta: see crypta.

crūrālis ~is ~e, *a.* [crvs+-alis] Of the shin: *fasciae ~es*, puttees.

fasciis ~ibus alligatus Petr.40.5; fasciae ~es pedulesque Ulp.*dig*.34.2.25.4.

crūricrepida ~ae, *m.* [crvs+crepito] (comic nonce-word) One who has chains clanking about his legs, 'rattle-shin'.

oculicrepidae, ~ae, ferriteri mastigiae Pl.*Trin*.1021.

Crūrifragius ~(i)ī, *m.* [next+*frag*-(frango)+-ivs] (comic name) 'Broken-shin'.

is me ex Syncerasto ~ium fecerit Pl.*Poen*.886.

crūs ~ūris, *n.* [dub.]

1 The leg of a man, beast, etc., esp. the lower leg, shin, shank. **b** (beaten or broken by way of punishment). **c** (as the part chained).

ait se obligasse ~us fractum Aesculapio Pl.*Men*.885; praepediuntur ~ura uacillanti Lucr.3.479; Pompeius..sinistro ~ure uehementer erat saucius *B.Hisp*.38.2; quo sonipes ictu furit arduus altaque iactat..~ura Verg.*A*.11.639; ~urum..nimiam tenuitatem Phaed.1.12.6; (aranei) prioribus ~uribus longissimis PLIN.*Nat.*11.79; natus uitulus cui caput in ~ure esset TAC.*Ann.*15.47; (*of a constellation*) ~us dextrumque pedem linquens obit infera Perseus in loca CIC.*Arat.*718(465); (*of a wooden leg*) frustra ~ure ligneo curres MART.10.100.6;—(*as dist. from the whole or upper leg*) ~urum tenus a mento palearia pendent VERG.*G.*3.53; sinistrum ~us ocrea tectum LIV.9.40.3; OV.*Met.*6.255; ipsum..~us est ex ossibus duobus CELS.8.1.25. **b** tergo et ~uribus consuluit hau decore PL.*As.*409; ostium lenonis crepuit. — ~ura mauellem modo *Ps.*131; amplectitote ~ura fustibus *Rud.*816; si luce..canes latrent..eis ~ura suffringantur CIC.*S.Rosc.*56; cui fracta prius ~ura brachiaque et oculi effossi SAL.*Hist.*1.44; SEN.*Dial.*5.32.1. **c** ~ura licet dura compede pulsa sonent TIB.1.7.42; 2.6.26; libera..a ferro ~ura OV.*Pont.*1.6.32.

2 The main stem of a shrub, etc., stock. **b** an upright support (of a bridge).

circa ~us (uitis) dolabella dimouenda terra est COL.4.24.4; arbusculae breui ~ure..stantes 5.4.1; punicea depexa coma, sed lactea ~ure est (lactuca) 10.188; (ramum oleae) defigi in ~ure fici PLIN.*Nat.*17.138. **b** uereris inepta ~ura ponticuli CATUL.17.3.

crusculum ~ī, *n.* [prec.+-CVLVM] A small leg.

cum extertis talis, cum todillis ~is PL.*Cist.*408; PAUL.*Fest.*p.53M.

crusma ~atis, *n.* [Gk. κροῦσμα] A musical air, tune.

edere lasciuos ad Baetica ~ata gestus MART.6.71.1.

crusta ~ae, *f.* [cf. Gk. κρύος (perh. < *κρύσος), κρύσταλλος; AS. *hruse* 'earth']

1 A hard coating or surface-layer, crust; (also applied to an internal layer). **b** the hard outer covering of some shell-fish, insects, etc.; also, of certain fruits. **c** (med.) a scab which forms on an ulcer, etc.

mollis..luti concrescere ~as LUCR.6.626; concrescunt..currenti in flumine ~ae (*i.e. of ice*) VERG.*G.*3.360; ~ae occupent intus uasa omnia, in quis aquae feruent PLIN.*Nat.*20.95; 31.36; (limus) interdum in ~am indurescit FRON.*Aq.*122;—(*of a loaf*) panis rustici ~ae inspergitur (papauer) PLIN.*Nat.*19.168;—(*of the earth*) omnis umor intra primam ~am (terrae) consumitur SEN.*Nat.*3.7.1; si ex fundo tuo ~a (*i.e. topsoil*) lapsa sit in meum fundum eamque petas ULP.*dig.*39.2.9.2;—tres suscitantur in ea structura ~ae, duae frontium et una media farturae VITR.2.8.7. **b** (aquatilia) integuntur..~is et spinis ut echini PLIN.*Nat.*9.40; quibusdam (insectis) pinnarum tutela ~a superuenit 11.97; saepiarum ~ae farina 32.67;—~am uerius quam cutem obducunt (fructus palmarum) 13.47; ~a teguntur glandes 15.112. **c** superponenda sunt, quae ~as a uiuo resoluant CELS.5.26.33.D; apparebit (*sc.* in aure)..~a, qualis super ulcera innascitur 6.7.7; sordida ulcera oculorum ~asque habentia LARG.25.

2 A thin leaf or flake of a mineral.

saxum ex quo ~a candidissimo colore fuerat deiecta VITR.10.2.15; PLIN.*Nat.*36.160; in tam paruas friatur (adamas) ~as, ut cerni uix possint 37.60.

3 A thin slab of marble, etc., used as an overlay in panelling walls. **b** an outer casing, made of some precious material and embossed, for a drinking-vessel or sim.

imitati sunt..~arum marmorearum uarietates et conlocationes VITR.7.5.1; ~AS SVPRA PARIETEM..POSVERVNT *CIL* 6.10237; Alexandrina marmora Numidicis ~is distincta SEN.*Ep.*86.6; uermiculatis..ad effigies rerum et animalium ~is PLIN.*Nat.*35.2; [QUINT.]*Decl.*9.17; (*in fig. phr.*) non est ista solida et sincera felicitas: ~a est et quidem tenuis SEN.*Dial.*1.6.4. **b** iis (*sc.* uasibus) ~ae aut emblemata detrahebantur CIC.*Ver.*4.52; cymbia argentea ~is aureis illigata PAUL.*dig.*34.2.32.1; (*poet.*) ipse capaces Heliadum ~as (*i.e. cups overlaid with amber*) et inaequales berullo Virro tenet phialas JUV.5.38.

crustall-: see CRYSTALL-.

crustārius ~a ~um, *a.* [CRVSTA+-ARIVS] (of shops) Selling encrusted or embossed ware; (masc. as sb.) a maker of such ware.

~ae tabernae a uasis potoriis crustatis dictae PAUL.*Fest.*p.53M; habuit et Teucer ~us famam PLIN. *Nat.*33.157.

crustāta ~ōrum, *n. pl.* [pple. of next] Animals with a hard shell, crustacea.

in marinis ~a et cartilaginea PLIN.*Nat.*11.165.

crustō ~āre ~āuī ~ātum, *tr.* [CRVSTA+-O³] To cover with a layer or coating, encrust; (spec.) to decorate with embossed work. **b** to carve in relief, emboss (in quot., transf.).

nec summis ~ata domus..nitebat marmoribus LUC.10.114; mala..~ant gypso uel cera PLIN.*Nat.*15.64;—quis primus Romae ~auerit parietes 1.36.7; uasis potoriis ~atis PAUL.*Fest.*p.53M. **b** inter quos (centunculos) pectus et uenter ~ata crassitie reluctabant APUL.*Met.*7.5.

crustōsus ~a ~um, *a. compar.* ~ior. [CRVSTA+-OSVS] Covered with a hard crust.

fragilius hoc (*sc.* bdellium) et ~ius PLIN.*Nat.*12.36.

crustulārius ~(i)ī, *m.* [next+-ARIVS] A seller of cakes, confectioner.

botularium et ~ium et omnes popinarum institores SEN.*Ep.*56.2.

crustulum ~ī, *n.* [next+-VLVM] FORMS: *crustlum CIL* 11.3303; *clustrum* 9.4957, 4970. A small cake or pastry.

comminuto ~o PL.*St.*691; gustaui ~a solus LUCIL.1183; pueris..dant ~a blandi doctores HOR.*S.*1.1.25; SEN.*Ep.*99.27; JUV.9.5; APUL.*Met.*10.13;—(*given as a largess*) POPVLO ~VM ET MVLSVM DEDER(VNT) *CIL* 11.3613; 14.3581.

crustum ~ī, *n.* [collat. w. CRVSTA] A cake or pastry.

orbem fatalis ~i VERG.*A.*7.115; *CIL* 1.1578; VT..MVLSVM ET ~VM NATALE CAESARIS AVGVSTI DARETVR 9.2226; 9.2252.

Crustumerīnus ~a ~um, *a.* = next.

in secessione ~a VAR.*L.*5.81.

Crustumīnus ~a ~um, *a.* FORMS: (in sense c) *Clus-* CIC.*Balb.*57, *Planc.*38. Of or belonging to Crustumerium (or Crustumium), a town in Sabine territory. **b** the name of a variety of pear. **c** the name of a tribe at Rome.

in agro ~o VAR.*R.*1.14.3; PLIN.*Nat.*3.52; (*neut. sg. as sb.*) in ~o aut in Capenati CIC.*Flac.*71; (*masc. pl. as sb.*) ~i, Antemnates LIV.1.9.8. **b** pirum fragile, quale ~um..est CELS.2.24.2; COL.5.10.18; LARG.104. **c** obiectum est..quod in tribum ~am peruenerit CIC.*Balb.*57; LIV.42.34.2; ~a tribus a Tuscorum urbe Crustumeria dicta est PAUL.*Fest.*p.55M.

Crustumius ~a ~um, *a.* = prec. b.

~is Syriisque piris VERG.*G.*2.88; PLIN.*Nat.*15.53.

crux ~ucis, *f.* [dub.] GENDER: masc., ENN.*Ann.*360, GRACCH.*orat.*36(Fest.p.150M).

1 Any wooden frame on which criminals were exposed to die, a cross (sts. also, a stake for impaling). **b** (in various phrs. denoting crucifixion or impalement; see also CRVCIFIGO).

scio ~ucem futuram mihi sepulcrum PL.*Mil.*372; ~uces ad ciuium Romanorum supplicia fixas CIC.*Ver.*3.6; *Rab.Perd.*11; acuta si sedeam ~uce MAEC.*poet.*4(3).4; aliquis pendens in ~uce uota facit OV.*Pont.*1.6.38; ~uces non unius quidem generis SEN.*Dial.*6.20.3; e reuulso ~uci quartanis..capillus (medetur) PLIN.*Nat.*28.41; JUV.14.77; (*cf.*) Amythaonius..nocturnas ~ucibus uolucres suspendit (*i.e. as a charm*) COL.10.349;—(*transf.*) ~uce uirginea moritura puella (*sc.* Andromeda) pependit MAN.5.552; axe uectus uno nutabat ~uce (*i.e. the carriage-pole*) pendula uiator STAT.*Silv.*4.3.28;—(*in fig. phr.*) illum ~ucem sibi ipsum constituere, ex qua tu eum ante detraxisses CIC.*Q.fr.*1.2.6. **b** quem tu in ~ucem egisti CIC.*Ver.*5.164; *Clu.*187; in ~uce omnis suffixit *B.Afr.*66.4; sufetes..~uci adfigi iussit LIV.28.37.2; 33.36.3; omnis, quos ceperat, suffixit ~uci VELL.2.42.3; qui pastorem..in ~ucem sustulit QUINT.*Inst.*4.2.17.

2 (pregn.) Death by the cross, crucifixion; (in imprecations) *i in malam ~ucem* (and sim. phrs.), go and be hanged! **b** (transf.) extreme discomfort, torture.

quid meritu's? — ~ucem TER.*An.*621; omnibus bonis ~uces ac tormenta minitatur CIC.*Phil.*13.21; peccat uter nostrum ~uce dignius? HOR.*S.*2.7.47; (seruo) ~ucem scripsit QUINT.*Decl.*380(p.424,l.25);—ilicet parasiticae arti maxumam malam ~ucem PL.*Capt.*469; i in malam a me ~ucem *Cas.*641; i dierecte in maxumam malam ~ucem *Poen.*347; *Ps.*335; TER.*Ph.*368; (*cf.*) dextrouorsum auorsa it in malam ~ucem PL.*Rud.*176. **b** summum ius antiqui summam putabant ~ucem COL.1.7.2; MART.10.82.6.

3 (colloq., often *mala ~ux*) Anything which causes grief or annoyance, a plague, torment, etc.

(*of things*) quae te mala ~ux agitat? PL.*Aul.*631; mala ~ux east (sors) quidem *Cas.*416;—(*of persons*) aliqua mala ~ux semper est quae aliquid petat *Aul.*522; quid ais, ~ux, stimulorum tritor? *Per.*795; TER.*Eu.*383.

crypta ~ae, *f.* **crupta.** [Gk. κρυπτή] A covered passage, arcade, etc.; *~a Neapolitana*, a tunnel connecting Naples and Puteoli. **b** (perh.) an underground room for religious rites, vault, crypt.

qui ~as domi non habent VAR.*Men.*536; ~AM..ET AREAM VBI VIRIDIA SVNT MVNICIPIO..DEDER(VNT) *CIL* 1.1505.3; SUET.*Cal.*58.1; IS AEDEM PODIVM ~AE PARTEM FACIENDA CVRAVIT *CIL* 9.3168; (*used for storing grain*) in aedibus ~ae..ceteraque quae ad fructus seruandos magis quam ad elegantiae decorem possunt esse VITR.6.5.2; (*applied to a sewer*) mediae ~am penetrare Suburae JUV.5.106;—a ceromate nos haphe excepit in ~a Neapolitana SEN.*Ep.*57.1; PETR.fr.16. **b** cuius uos sacrum ante ~am turbastis PETR.16.3.

cryptārius ~(i)ī, *m.* [prec.+-ARIVS] (app.) The caretaker of a covered gallery where gladiators practised.

COELIVS MAGNVS ~IVS *CIL* 6.631; 6.3713.

cryptoporticus ~ūs, *f.* [Gk. κρυπτός+PORTICVS] A covered gallery, cloister.

~us..quae..tenet solem PLIN.*Ep.*2.17.17; 5.6.28; 9.36.3.

crystallinum ~ī, *n.* **crus-.** [next] A vessel made of crystal.

fregerat..~um SEN.*Dial.*5.40.2; murrina ex eadem tellure et ~a effodimus PLIN.*Nat.*33.5; MART.9.59.13; grandia tolluntur ~a JUV.6.155; LIB(ERTVM)..PRAEPOSIT⟨VM⟩ A ~IS *CIL* 3.536.

crystallinus ~a ~um, *a.* **crus-.** [Gk. κρυστάλλινος]

1 Made of crystal.

utrum sit aureum poculum an ~um SEN.*Ep.*119.3; ~is tesseris PETR.33.2; uasa..~a 64.10; ~a pila aduersis opposita solis radiis PLIN.*Nat.*37.28.

2 Resembling crystal in quality or appearance.

sappiri..inutiles scalpturis interuenientibus ~is centris PLIN.*Nat.*37.120; cetionides..multis coloribus tralucentes alias uitreae, alias ~ae 37.156.

crystallion ~iī, *n.* [Gk. κρυστάλλιον] A plant, = PSYLLION.

PLIN.*Nat.*25.140.

crystalloīdēs ~es, *a.* [Gk. κρυσταλλοειδής] Crystalline.

gutta umoris est, oui albo similis, a qua uidendi facultas proficiscitur: ~es a Graecis nominatur CELS.7.7.13.C.

crystallum (crus-) ~ī, *n.* Also **~us (~os)** ~ī, *f.* [Gk. κρύσταλλος] GENDER: fem. forms (masc. not clearly attested) in CINNA *poet.* 4(6); PROP.4.3.52; *Priap.*63.6; LUC.10.160; PLIN.*Nat.*36.192, 37.129.

1 Ice.

rigetque dura barba uincta ~o *Priap.*63.6; quis non grauissimas esse aquas credat, quae in ~um coeunt? SEN *Nat.*3.25.12.

2 Rock-crystal (believed by the ancients to be formed by the condensing of ice). **b** crystalware; (pl.) cups made of crystal.

imitata niues lucens legitur ~us CINNA *poet.*4(6); ~i ferre nouos calices *Copa* 30; quo..~us..meas ornet aquosa manus? PROP.4.3.52; imago solis ~o inclusa CURT.3.3.8; uitrum candidum, quod simile ~o est LARG.60; (*pl.*) querimur..rara..longaeuis niuibus ~a gelari STAT.*Silv.*1.2.126; (*poet.*) manibus..ministrat Niliacas ~os aquas LUC.10.160. **b** hic utrum fabre sigillatum, ibi ~um inpunctum APUL.*Met.*2.19;—(*pl.*) ut..nec labris nisi magna meis ~a terantur MART.9.22.7; 10.66.5; murrasque grauis ~aque portat STAT.*Silv.*3.4.58.

Cuba ~ae, *f.* The goddess supposed to protect a child in bed.

VAR.in Don.Ter.*Ph.*49.

cubans ~ntis, *a.* [pple. of CVBO] In senses of vb., esp.:

1 Lying or resting on the ground.

putationis differentia ~ntis et stantis rectae uineae COL.5.5.18; neque est eadem lacus positio, quae recipit ~ntes (pisces, *i.e. flat-fish*) 8.17.9.

2 a Liable to subside, sagging. **b** (of a locality, perh.) low-lying.

a praua ~ntia prona supina atque absona tecta LUCR.4.517. **b** Vsticae ~ntis leuia..saxa HOR.*Carm.*1.17.11.

cubātiō ~ōnis, *f.* [CVBO+-TIO] The action of lying down.

a ~one cubiculum VAR.*L.*8.54.

cubi: see NECVBI.

cubiculāris ~is ~e, *a.* [CVBICVLVM+-ARIS] Of or proper to a bedroom.

omnis lectos haberemus..aut cum fulcro aut sine eo, nec cum ad triclinarem gradum, non item ad ~em VAR.*L.*8.32; ex fascea lecti sui ~is CIC.*Div.*2.134; RUT.LUP.2.7; V.MAX.9.13.ext.4; ~ia..stragula PLIN.*Nat.*8.226; lucerna ~is MART.14.39.

cubiculārius ~(i)ī, *m.* [CVBICVLVM+-ARIVS] A servant of the bed-chamber, *valet-de-chambre*.

hunc uestri ianitores, hunc ~ii diligunt CIC.*Ver.*3.8; *Att.*6.2.5; nomenculatoris superbiam, ~i supercilium SEN.*Dial.*2.14.1; PETR.53.10; Satur decurio ~iorum SUET.*Dom.*17.2; APUL.*Met.*10.28; *CIL* 10.7127.

cubiculāta ~ae, *f.* [next+-ATVS²] A ship equipped with sleeping apartments.

cui triremes et aeratas non mitterem, lusorias et ~as (*sc.* naues)..mittam SEN.*Ben.*7.20.3.

cubiculum ~ī, *n.* [CVBO+-CVLVM] FORMS: *cubiculus*, etc., (masc.) *CIL* 6.18423, 10.2533.

1 A sleeping apartment, bedroom. **b** (as the scene of marital and other sexual relations). **c** (used for studying, receiving visitors, etc.); *a ~o*, a servant attached to the imperial bed-chamber. **d** a bed.

uoluit in ~um abducere me anus PL.*Mos.*696; CATO *Agr.*10.5; assa..ita erant posita ut eorum uaporarium..esset subiectum ~is CIC.*Q.fr.*3.1.2; *Rep.*1.18; linquendum ubi esset..~um CATUL.63.67; ~a..ad orientem spectare debent VITR.6.4.1; PHAED.3.10.21; quod..in domo et ~o in quo pater eius..uitam finiuisset TAC.*Ann.*1.9; AUR.*Fro.*1.p.54(93N). **b** credebas..illam sine tua opera in ~um iri deductum domum? TER.*Ad.*694; an ex sororum ~o egressus pudorem pudicitiamque defendat CIC.*Har* 9; corrumpere ~a principum feminarum TAC.*Ann.*13.42. **c** causam..clientis in ~o meo discere CIC.*Scaur.*26; domum recipere legatum hostium, in ~um admittere *Phil.*8.29; lucubrantes silentium noctis et clausum ~um..maxime teneat QUINT.*Inst.*10.3.25; ut intrauimus ~um Materni, sedentem..deprehendimus TAC.*Dial.*3.1;—TI. CAESARIS AVG(VSTI) L(IBERTVS) A ~O *CIL* 6.4312.. **d** quousque duro castrorum iacebis ~o? SEN.*Con.*1.8.2; mollitie ~i refota lassitudine..exurgo APUL.*Met.*9.3.

2 (usu. w. defining wd.) A room of any description. **b** a private box for the Emperor in the theatre or the circus. **c** an inner shrine in a temple.

uirorum salutatoriis ~is PLIN.*Nat.*15.38; ~um dormitorium 30.52; ~a diurna, nocturna PLIN.*Ep.*1.3.1; huius a laeua..~um est amplum 2.17.6; 5.6.21. **b** dabitur non ~um principis, sed ipsum principem cernere in publico.. sedentem PLIN.*Pan.*51.5; SUET.*Nero* 12.2. **c** intra ~um deae recepti disponunt rite simulacra APUL.*Met.*11.17.

3 (inscr.) A sepulchral monument, tomb.
F⟨I⟩LIA⟨E⟩..MATER MISERA HOC ~VM FECIT *CIL* 10. 4035; 14.4768; 14.4827.

4 (archit.) A bed in which a beam rests.
ὀπάς..Graeci tignorum ~a et asserum appellant VITR. 4.2.4.

cubicus ~a ~um, *a.* **cybicus.** [Gk. κυβικός] Of cubes, cubic.
~is rationibus praecepta..scribere VITR.5.pr.3.

cubile ~is, *n.* [CVBO+-ILE] N.B.: pl. often used by poets in sg. sense.

1 A bed, couch. **b** (poet., of the sun, night, etc.). **c** ~*e aeternum* (inscr.), the grave.
qui non ~e ac lectulum suum..saluum esse uelint CIC. *Catil.*4.17; instrata ~ia fronde LUCR.5.987; alios semisomnos in ~ibus suis..caedes oppressit LIV.9.37.9; fatigato cotidianum ~e tutissimum est CELS.1.3.9; aegrorum ~ia PETR.101.11; protractum e ~i interficiunt TAC.*Hist.*4.36; (*of a litter*) ~e istud tuum circumferentibus SEN.*Ben.*3.28.5; (*app. of a dining-couch*) in ~i natant pisces, et sub ipsa mensa capitur (*sc.* mullus) *Nat.*3.17.2;—(*transf.*) mihi (est)..cubile terra CIC.*Tusc.*5.90. **b** imperii porrecta maiestas ad ortus solis ab Hesperio ~i HOR.*Carm.*4.15.16; ~e uideo Noctis SEN.*Her.O.*1440; extremam..petit, Phoebea ~ia, Tethyn SIL.3.411. **c** AETERNO IVNGIT PIA MEMBRA ~I *CIL* 3.2490.

2 (spec.) A bed regarded as the scene of sexual relations, marriage-bed, etc.
cum quod ineas ~e non sentis CIC.*Har.*39; superbus.. perambulabit omnium ~ia CATUL.29.7; nec deus hunc mensa, dea nec dignata ~i est VERG.*Ecl.*4.63; castum.. seruare ~e coniugis *A.*8.412; 'nube' ait 'et regni scande ~e mei!' PROP.4.4.90; nox..quae prima ~i miscuit incestam ducibus Ptolemaida nostris LUC.10.68; uiduo..sola ~i STAT.*Silv.*3.5.60; (*poet.*) pereant potius sperata ~ia (*i.e. marriage*) OV.*Met.*8.55.

3 An animal's den, a lair, hole, etc.; also, the nest of a bird. **b** a pen, nesting-box, etc. (for domestic animals).
mus..aetatem qui non ~i uni umquam committit suam PL.*Truc.*869; si ad ~ia (ferarum)..ire pergas LIV.26.13.12; ~e fodiens dum terram eruit (uulpes) PHAED.4.20(21).1; ubi uacuum ~e reperit feta (tigris) PLIN.*Nat.*8.66; uiperae ~e MART.4.4.11; turbare ~ibus ursos STAT.*Ach.*2.123; (*poet.*) prius ignoti quam dura ~ia ferri eruerent ensesque darent V.FL.5.144; (*transf.*) arcana illa ~ia saeuique secessus PLIN.*Pan.*49.1; (*in fig. phr.*) pecunia uestigiisne nobis odoranda est an ad ipsum ~e uobis ducibus uenire possumus? CIC.*Clu.*82;—corui..saepe ~ibus altis..strepitant VERG.*G.*1.411; SIL.2.216. **b** ut facile (subulcus) purigare possit ~e VAR.*R.*2.4.14; μελισσῶνες..quae nos..appellamus apum ~ia COL.8.1.4; excisa per ordinem gallinarum ~ia 8.3.4.

4 A base on which anything rests, foundation, bed, etc.
unum (genus uineae), in quo terra ~ia praebet uuis VAR. *R.*1.8.5; nec sane positio seminum praealtum sibi ~e substerni desiderat COL.4.1.3; ea maxima moles (*sc.* limen) fuit nec sedit in ~i PLIN.*Nat.*36.96; ne maligna sedes det pressis dubium ~e saxis STAT.*Silv.*4.3.46;—(*archit.*) reticulatum..dissoluta habet cubilia et coagmenta (*i.e. the horizontal and vertical joints*) VITR.2.8.1; 4.4.4; relinquantur aperturae inferiorum graduum ~ibus 5.5.1.

cubital ~ālis, *n.* [CVBITVM+-AL] An elbow-cushion.
ponas insignia morbi, fasciolas, ~al, focalia? HOR.*S.* 2.3.255.

cubitālis ~is ~e, *a.* [CVBITVM+-ALIS] One cubit long, broad, high, etc.; (w. sbs. expr. dimensions) consisting of a cubit.
murum..crebris ~ibus fere cauis aperuit LIV.24.34.9; simulacra ~ia auorum CURT.3.3.16; Syriae ~es ouium caudae PLIN.*Nat.*8.198; SUET.*Gal.*4.3;—oryzae..altitudo ~is PLIN.*Nat.*18.71; 26.62.

cubitō ~āre ~āuī ~ātum, *intr.* [CVBO+-ITO] To recline, lie down; to take one's rest, sleep. **b** ~*are cum aliquo*, to have sexual relations with a person.
Acerronia super pedes ~antis reclinis TAC.*Ann.*14.5;—tune etiam ~are solitu's in cunis puer? PL.*Ps.*1177; pusio cum maiore sorore ~abat CIC.*Cael.*36; SEN.*Ep.*90.14; qui (pulli) sic (*sc.* humi) ~ant, tollendi sunt COL.8.11.17; APUL. *Met.*1.15. **b** filiam..quicum ~ares dedi PL.*St.*547.

cubitor ~ōris, *m.* [CVBO+-TOR] One who lies down (in quot., of an ox refusing work).
fame et siti ~orem bouem emendare COL.6.2.11.

cubitōrius ~a ~um, *a.* [CVBO+-TORIVS] Suitable for reclining in at dinner.
uestimenta mea ~a perdidit PETR.30.11.

cubitum ~ī, *n.* Also ~**us** ~ī, *m.* [cf. CVBO; for suffix, cf. *dig-itus*] FORMS: *cubitus*, etc. PL.*Capt.*796, *St.*311; VITR.3.1.7; CELS.8.1.20, etc.

1 The elbow. **b** (as the part used to support the body when reclining, esp. at table); ~*um ponere*, to sit down to dinner. **c** (transf.) a sharp bend resembling the elbow.
~us catapultast mihi PL.*Capt.*796; ~is depulsa de uia *St.*286; ad ~um raucos excutiens calamos *Copa* 4; ~o stantem prope tangens HOR.*S.*2.5.42; (Ancona) in angusto.. duorum promunturiorum ex diuerso coeuntium inflexi ~i imagine sedens MELA 2.64; PERS.4.34; homini genua et ~a contraria PLIN.*Nat.*11.249; APUL.*Met.*9.40. **b** in ~um innixus NEP.*Att.*21.5; quibus (piscibus) assis languidus in ~um iam se conuiua reponet HOR.*S.*2.4.39; pallia uicini qui refugit ~i MART.3.63.10;—hic est quid quem ~um ponetis PETR.27.4. **c** flexa ~o aut confracta in umeros iuga PLIN.*Nat.*2.115; colonia Ancona, adposita promunturio.. in ipso flectentis se orae ~o 3.111.

2 The forearm; the inner of its two bones, the ulna. **b** (as a measurement) the distance from the elbow to the tip of the fingers, a cubit, i.e. about a foot and a half.
quiesce tu, cuius pater ~is emungi solebat *Rhet.Her.*4.67; pes..altitudinis corporis sextae (partis est), ~um quartae, pectus item quartae VITR.3.1.2;—~us inferior (radio) longiorque et primo plenior CELS.8.1.20; 8.16.1. **b** ~um..longis litteris PL.*Rud.*1294; quadraginta ~a altus LUCIL. 526; radices trium et triginta ~orum VAR.*R.*1.37.5; cum.. adsiduo cursu ~um nullum processerit CIC.*Att.*13.12.3; longos quaterna ~a LIV.37.40.12; CURT.8.9.28; PLIN.*Ep. Tra.*10.41(50).3.

cubitūra ~ae, *f.* [CVBO+-VRA] = next (1).
ad ~am..magi' sum exercita fere quam ad cursuram PL.*Cist.*379.

cubitus[1] ~ūs, *m.* [CVBO+-TVS[3]]

1 The state of lying down, reclining. **b** the action or state of taking one's rest in bed.
supino adsidue ~u PLIN.*Nat.*7.171; medicina (*sc. for sick hens*) in fame et ~us in fumo 10.157; 28.54. **b** primus ~u surgat CATO *Agr.*5.5; Fotis mea dominae suae ~u procurato ..aduenit APUL.*Met.*3.13; (*for sexual intercourse*) is se dixit cum Alcumena clam consuetum ~ibus PL.*Am.*1122.

2 A bed, couch.
matronae..his foliis ~us sibi sternunt PLIN.*Nat.*24.59; eunuchi..puluillis..terrestrem nobis ~um praestruunt APUL.*Met.*10.20.

cubitus[2]: see CVBITVM.

cubō ~āre ~uī ~itum, *intr.* [cf. Faliscan *cupa* (= *cubat*), Sabine *cumba* 'litter'] FORMS: pf. subj. *cubaris* PROP.2.15.17; inf. *cubasse* QUINT.*Inst.*8.2.20.

1 To lie down or to be lying down, recline. **b** to be in bed or on one's couch. **c** to be confined to bed by illness. **d** to recline at table.
tantillum loculi ubi catellus ~et PL.*St.*620; in lectica ~ans CIC.*Ver.*4.51; uipera nostris sibilet in tumulis et super ossa ~et PROP.4.7.54; ~are in uentrem CELS.7.26.5.1; canis.. admonitus..ostiarii calce, ut ~aret PETR.64.7; (ursorum) coitus (fit)..ambobus ~antibus conplexisque PLIN.*Nat.* 8.126; (*poet.*) an grauis hirsutis ~et hircus in alis HOR.*Epod.* 12.5; (*facet.*) eccam in tabellis porrectam: in cera ~at PL. *Ps.*36. **b** cum iste etiam ~aret CIC.*Ver.*3.56; quam iuuat immites uentos audire ~antem TIB.1.1.45; postmeridianis horis admittere solebat, ~ansque..legere quaedam SUET.*Gram.*24(p.119Re). **c** seruos qui in morbo ~at PL.*Cas.*37; si in plebeia ueste ~andum est LUCR.2.36; mater..pueri mensis iam quinque ~antis HOR. *S.*2.3.289; haec ~at, ille ualet OV.*Ep.*19.164; si robustus ~at CELS.7.19.10; ex duritie alui ~antem SUET.*Nero* 34.5. **d** quod meminisset quo eorum loco quisque ~uisset CIC. *de Orat.*2.353; HOR.*S.*2.6.110; qui infra ipsum ~abant CURT.8.1.28; SUET.*Tit.*2.

2 To take one's rest, sleep; ~*itum ire* (etc.), to retire for the night. **b** (w. *cum*) to lie (with) for sexual intercourse.
male ~andum est: iudicatum me uxor abducit domum PL.*As.*937; qui poturus erit..~et incenatus CATO *Agr.*156.3; lactentes cum matribus ne ~ent VAR.*R.*2.5.16; CIC.*Div.* 2.20; ut sola ~aret TIB.1.6.11; V.MAX.8.1.absol.13; (*of hibernating animals*) senium (glirium) finitur hiberna quiete —conditi enim et hi ~ant PLIN.*Nat.*8.224; 10.39; (*poet.*) plana suburbani qua ~at unda freti MART.5.1.4;—focum purum..cotidie, priusquam ~itum eat, habeat CATO *Agr.* 143.2; CIC.*S.Rosc.*64; (galli) cum sole eunt ~itum PLIN. *Nat.*10.46; SUET.*Aug.*6. **b** meu' pater..cum illa ~at PL.*Am.*112; *Bac.*1009; TER.*Ad.*851; cum ad se ~itum uenerit VAR.*L.*6.69; CATUL.78.4; APUL.*Met.*9.28.

3 To lie in death; (of the bones of a dead person) to lie, rest.
in capulo hunc non esse aliumque ~are LUCIL.61; cum summo gelidi ~at aequore saxi LUCR.3.892; Q. CORNELIVS.. CORNELIA..HEIC ~ANT *CIL* 1.1638.3; 1.2135.2; 6.18483; —HELENAI..OSSA HEIC ~ANT 1.1312.5; senis Anchisae molliter ossa ~ent! OV.*Ep.*7.162; *Tr.*3.3.76.

cubus ~ī, *m.* Also **cybus.** [Gk. κύβος]

1 A geometric figure, a cube. **b** a lump.
~us..est corpus ex lateribus aequali latitudine planitiarum perquadratum VITR.5.pr.4. **b** modicum e murris pinguibus adde ~um OV.*Med.*88.

2 A cubic number.
constitueruntque ~um CCXVI uersus VITR.5.pr.3; huius numeri ~um Pythagoras uim habere lunaris circuli dixit GEL.1.20.6.

cuccubiō ~īre, *intr.* [onomat.] (of owls) To hoot.
noctuarum (est) ~ire SUET.fr.161(p.252Re).

cuccurū, *int.* (prob. represents the cry of the cock) 'Cock-a-doodle-doo!'
id me celabat. — ~ AFRAN.*com.*22.

cūci, *indecl.* ? *neut.* [Gk. κοῦκι] The doum-palm, *Hyphaene thebaica.*
~..(arbor) palmae similis..differt quod in bracchia ramorum spargitur PLIN.*Nat.*13.62.

cucullīō ~ōnis, *m.* **cucūliō.** [CVCVLLVS+-IO[1]] A kind of headgear, hood.
centones, ~ones..sarcire CATO *Agr.*2.3; 135.1.

cuculliunculum ~ī, *n.* [prec.+-CVLVM] A small hood.
tegillum ~um ex scirpo factum PAUL.*Fest.*p.366M.

cucullus[1] ~ī, *m.* [Gall.] A covering for the head, hood.
quae cuncta (*sc.* uentus, frigus, pluuia) prohibentur.. sagis ~is COL.1.8.9; ~o prospicit caput tectus MART.5.14.6; 10.76.8; JUV.3.170;—(*worn as a disguise*) ausa..sumere nocturnos meretrix Augusta ~os 6.118; 8.145;—(*transf.*) ne (libelle)..turis piperisue sis ~us MART.3.2.5.

cucullus[2] ~ī, *m.* [perh. = prec.] A plant, = STRYCHNON.
PLIN.*Nat.*27.68.

cuculō ~āre, *intr.* [cf. next] To utter the cry of the cuckoo.
cuculorum (est) ~are SUET.fr.161(p.252Re).

cucūlus ~ī, *m.* [imitative; cf. Gk. κόκκυξ]

1 The cuckoo; (its note imitated in mockery of those who had not done their pruning by the time of its arrival).
pleraeque (uolucres) ab suis uocibus (dictae sunt) ut.. upupa, ~us VAR.*L.*5.75; PLIN.*Nat.*28.156; ante ~i cantum 30.85; SUET.fr.161(p.252Re);—uindemiator..cui saepe uiator cessisset magna compellans uoce ~um HOR.*S.*1.7.31; PLIN.*Nat.*18.249.

2 (as a term of reproach) A fool, ninny, 'cuckoo'.
cano capite te ~um uxor ex lustris rapit PL.*As.*934; quid fles, ~e? *Ps.*96; *Trin.*245.

cucuma ~ae, *f.* [dub.] A large cooking-vessel, kettle.
~am ingentem foco apposuit PETR.135.4;—(*humorously, of a small bath*) Torquatus..thermas extruxit; ~am fecit Otacilius MART.10.79.4.

cucumella ~ae, *f.* [prec.+-ELLA] A small vessel.
siluam..in qua labra et..~as positas haberet ALF.*dig.* 8.5.17.1.

cucumis ~eris, *m.* [dub.] FORMS: acc. sg. *cucumin* (~*im*) PLIN.*Nat.*9.3, 20.3, 8; gen. *cucumis* 37.55, 57; dat. and abl. *cucumi* 19.118, 181; acc. pl. *cucumis* 19.69.

1 The cultivated cucumber or its fruit. **b** (used in a generic sense); ~*is anguinus, siluester*, etc., the squirting cucumber, *Ecballium elaterium.*
num radix fuit? — non fuit. — num ~is? PL.*Cas.*911; ~eres dicuntur a curuore VAR.*L.*5.104; quo..modo..tortus ..cresceret in uentrem ~is VERG.*G.*4.122; caeruleus ~is PROP.4.2.43; COL.11.3.17; ~eris frustum SUET.*Aug.*77. **b** ~eris edulis seminis..cyathus unus LARG.148;—~erem anguinum condito in aquam VAR.*R.*1.2.25; radicis ex ~ere agresti CELS.5.18.7.B; ~in siluestrem esse diximus, multo infra magnitudinem satiui PLIN.*Nat.*20.3; sucus ~eris siluatici LARG.224.

2 Some kind of marine animal.
~in..colore et odore similem PLIN.*Nat.*9.3; 32.148.

cucumula ~ae, *f.* [CVCVMA+-VLA] A (small) cooking-vessel.
frangitur..ceruix ~ae PETR.136.2.

cucurbita ~ae, *f.* [cf. Skt. *carbhaṭaḥ*]

1 The large edible fruit of certain of the *Cucurbitaceae*, a gourd; also the vegetable producing this fruit. **b** ~*a siluestris*, the colocynth, *Citrullus colocynthis.* **c** (transf., of fruits resembling a gourd).
duplex ministerium praeberi, ut e..~a, brassica ceram et cibum VAR.*R.*3.16.25; cucumis tumidoque ~a uentre PROP.4.2.43; *Priap.*63.12; SEN.*Con.*7.pr.8; quaedam iacent crescuntque, ut cucurbitae PLIN.*Nat.*19.61; MART.11.31.1; maritum..~a caluiorem APUL.*Met.*5.9;—folia habet maiora etiam ~is PLIN.*Nat.*25.113. **b** ~ae siluestris floccorum aut seminio LARG.154. **c** (lanigerae arbores) ferunt mali cotonei amplitudine ~as PLIN.*Nat.*12.38.

2 (med.) A cupping-glass.
confugiendum..ad ~as est CELS.4.13.2; PLIN.*Nat.*32.123; ~am occipitio adfigere LARG.46; JUV.14.58.

3 (of a person, app.) A dolt, 'pumpkin-head'.
in aquario (nascuntur) copones et ~ae PETR.39.12; (*cf.*) nos ~ae caput non habemus, ut probe moriamur APUL.*Met.* 1.15.

cucurbitīnus ~a ~um, *a.* [prec.+-INVS] = next.
(pira) ~a, acidula suci (nomina habent) PLIN.*Nat.*15.56.

cucurbitīuus ~a ~um, *a.* [CVCVRBITA+-IVVS] The name of a variety of pear or fig, 'gourd-'.
pira..~a CATO *Agr.*7.4; (ficus) ~a CLOAT.*gram.*9.

cucurbitula ~ae, *f.* [CVCVRBITA+-VLA]

1 = CVCVRBITA 1.

~ae siluestris, quam κολοκυνθίδα appellant LARG.106.

2 A cupping-glass; the use of this.

~arum duo..genera sunt, aeneum et corneum CELS. 2.11.1; ~ae cute incisa..sub mammis admotae 4.27.1.D; 5.27.3.B;—demitur materia sanguinis detractione, ~a, deiectione 2.9.2.

cucurriō ~īre, *intr.* [onomat.] (of cocks) To crow.

gallorum (est) ~ire SUET.fr.161(p.251Re).

cūdō[1] cūdere (cūdī cūsum), *tr.* [cogn. w. OHG. *houwu*, Lith. *káuju*]

1 To beat, strike, hammer; (esp. in threshing).

(prima) quasi ~untur perque aeris interuallum non dubitant transire LUCR.4.187; (*absol.*) (plagae) ~ere..crebro possunt 1.1044;—durissimae..acus..separatae..erunt a ~entibus COL.2.10.14; faba metitur, dein ~itur PLIN.*Nat.* 18.257; (*in prov. phr.*) at enim istaec in me ~etur faba (*i.e. I'm the one who'll suffer for it*) TER.*Eu.*381.

2 To make by beating, strike (a coin), hammer out (a ring).

qui ~ere soles plumbeos nummos PL.*Mos.*892; argentum ~o quod tibi dem TER.*Hau.*740; qui anulum sibi ~i ab aurifice..iusserat QUINT.*Inst.*9.2.61.

cūdō[2] ~ōnis, *m.* [cf. perh. Av. *xaodā*] A helmet.

capiti ~one ferino sat cautum SIL.8.493; 16.59.

cūiās (quōiās) ~ātis, *interr. adj.* Also **cūiātis (quōiātis).** [CVIVS[2]+-AS[1]] FORMS: nom. sg. *~atis* in ante-classical authors and in Apuleius. Of what country, locality, etc.? **a** (in dir. questions). **b** (in indir. questions).

a ~ati's? — ..ab Therapontigono Platagidoro milite PL.*Cur.*407; *Poen.*994; ~atis stirpem funditus fligi studet! ACC.*trag.*22. **b** rogitant ~atis sit PL.*Men.*341; *Poen.*993; ACC.*trag.*625; Socrates..cum rogaretur, ~atem se esse diceret, 'mundanum' inquit CIC.*Tusc.*5.108; quem cum percontaretur Scipio quis et ~as (esset) LIV.27.19.9; V.MAX.8.5.6; cum quaereretur..~atis..linguae uocabulum esset GEL.15.30.3; APUL.*Met.*1.5.

cuicuimodī, cuimodī: see MODVS.

cūius[1]: gen. of QUI and QUIS.

cūius[2] ~a ~um, *interr.* and *rel. adj.* **quōius.** [formed from prec. on anal. of *suus*, etc.]

1 (interr.) Of whom, whose? **a** (in dir. questions). **b** (in indir. questions).

a ~am uocem ego audio? PL.*Cur.*229; *St.*370; *Trin.*45; ~um puerum hic adposisti? TER.*An.*763; *Eu.*321; ~um pecus? an Meliboei? VERG.*Ecl.*3.1; (*derided as an affected archaism*) *Obtr.Verg.*(*poet.*p.104)2. **b** rogitare occepit ~a esset (mulier) PL.*Mer.*199; TER.*Hau.*8; reperiunt, domus ~a sit *Rhet.Her.*4.64; APUL.*Met.*5.15.

2 (rel.) Of or belonging to whom, whose.

Helenam..~a caussa nunc facio opsidium Ilio PL.*Bac.* 948; ~am esse te uis..ad eum ducere *Ps.*1042; si deus, si dea es ~um illud sacrum est CATO *Agr.*139; QVEIVE IN EODEM CONLEGIO SIET, ~AVE IN FIDE IS ERIT MAIORESVE IN MAIORVM FIDE FVERI⟨N⟩T *CIL* 1.583.10; ~um nomen exisset, ut is haberet id sacerdotium CIC.*Ver.*2.127; 3.68; ea caedes..crimini..detur ei, ~a interfuit *Var.fr.*11; GEL. 1.13.7; philosophiae defensionem, ~a magnitudo uel minimam reprehensionem..aspernatur APUL.*Apol.*3.

cūiuscemodī, cūiusmodī: see MODVS.

cūiusnam (quōi-) cūianam cūiumnam, *interr. adj.* [CVIVS[2]+NAM] Of whatever person?

quoianam uox prope me sonat? PL.*Bac.*979; *Rud.*229.

cūiusquemodī: see MODVS.

cūiusuīs cūiauis cūiumuīs, *indefinite adj.* [CVIVS[2]+-VIS] Of anyone soever.

cuiauis oratio insimulari potest APUL.*Apol.*82.

-cula ~ae, *f. suff.* Fem. to -CVLVS (*classicula, uxorcula*).

Culcis: see COLCHIS[2].

culcita ~ae, *f.* Also **culcitra.** [cf. Skt. *kūrcaḥ* (bunch of grass)] FORMS: *culcitr-* PETR.38.5. A stuffed mattress or cushion for a bed or couch.

~as VIII, instragula VIII CATO *Agr.*10.5; in testudineo lecto ~a plumea..dormire VAR.*Men.*448; Silius ~as non habet CIC.*Att.*13.50.5; *Tusc.*3.46; ~am quae resisteret corpori SEN.*Ep.*108.23; uides tot ~as: nulla non..coccineum tomentum habet PETR.38.5; MART.11.56.9; tertia ne uacuo cessaret ~a lecto JUV.5.17; SUET.*Cl.*35.1;—(*humorously*) gladium faciam ~am eumque incumbam PL.*Cas.*307.

culcitula ~ae, *f.* [prec.+-VLA]

1 A small mattress.

~ae accedunt priuae centonibus binis LUCIL.1061;—(*facet.*) nouit erus me. — suam quidem ~am oportet PL. *Mos.*895.

2 (See quot.)

~a fusticulus quidam ligneus in sacris dicebatur PAUL. *Fest.*p.50M.

cūleus: see CVLLEVS.

culex ~icis, *m.* [cf. OIr. *cuil*] GENDER: fem. PL.*Cas.*239. FORMS: *culix* MART.3.93.9, 11.18.13.

1 A gnat, midge, or similar insect. **b** the title of a poem attributed to Virgil. **c** (applied to a person as a term of reproach).

muscae, ~ices, cimices PL.*Cur.*500; nec (sentimus)..uestigia..corpore quae in nostro ~ices..ponunt LUCR. 3.390; ~ices ranaeque palustres auertunt somnos HOR.*S.* 1.5.14; ~ices acida petunt PLIN.*Nat.*10.195; sunt et ~icum genera aliquis (pomis) molesta, ut glandibus 17.231; 23.114; HADR.*poet.*1.4; GEL.14.1.31. **b** quantum mihi restat ad ~icem! Luc.in Suet.*Poet.*fr.47(p.50Re); facundi ~icem.. Maronis MART.14.185.1; STAT.*Silv.*1.pr. **c** eho tu nihili, cana ~ex PL.*Cas.*239.

2 (pl., app.) Moving spots appearing before the eyes.

putant..suco..(centaurii) minoris cum melle ~ices, nubeculas, obscuritates discuti PLIN.*Nat.*25.142.

culicellus ~ī, *m.* [prec.+-ELLVS] A tiny gnat; (in quot. transf., of a person).

~us amasio SEPT.*poet.*14.

culigna ~ae, *f.* [Gk. κυλίχνη] A small vessel, cup; also, a cupful.

~am in feno Graeco ponit, ut bene oleat CATO *orat.*246; erant uasa uinaria: sini, cymbia, ~ae VAR.in Non.p.545M; PAUL.*Fest.*p.65M;—Ioui dapali ~am uini quantam uis polluceto CATO *Agr.*132.1.

culillus: see CVLVLLVS.

culīna ~ae, *f.* [perh. connected w. *coquo*]

1 A place for cooking food, kitchen.

senex in ~a clamat, hortatur coquos PL.*Cas.*764; LUCIL. 312; ~a uidenda ut sit admota VAR.*R.*1.13.2; HOR.*S.*1.5.73; ~a quam calidissimo loco designetur VITR.6.6.1; fumus.. qui erumpere ex lautorum ~is..solet SEN.*Ep.*64.1; MART. 3.2.3; captum..nidore suae..~ae JUV.5.162; APUL.*Met.* 8.31;—(*hyperb.*) ne quis intepescat cibus..cenam ~a prosequitur SEN.*Ep.*78.23.

2 Provision of food or the food provided, board, fare. **b** (w. gen.) the cooking of (a specified dish).

ganeones..quibus modulus est uitae ~a VAR.*Men.*315; Murena praebente domum, Capitone ~am HOR.*S.*1.5.38; iuuentus..studiosa ~ae 2.5.80; foedissimum patrimoniorum exitium, ~a SEN.*Ben.*1.10.2; tribuetur..a me ~is cuiusque palma cum fide PLIN.*Nat.*10.52; maior rapuit canem ~a MART.5.44.8; lauto cenare paratu semper et a magna non degenerare ~a JUV.14.14. **b** ita operosa eius (*sc.* sillybi) ~a traditur PLIN.*Nat.*22.85.

3 A place for burnt offerings at funerals.

~a uocatur locus, in quo epulae in funere conburuntur PAUL.*Fest.*p.65M; ~AE VSVS..CONCESSVS EST *CIL* 6.14614; —(*cf.*) loca suburbana inopum funeribus destinata, quae loca ~as appellant AGEN.*agrim.*p.47.

culīnārius ~(i)ī, *m.* [prec.+-ARIVS] A kitchen servant.

ex cinere lixiua, qua ~ii utuntur LARG.230.

culix[1] ~icis, ? *m.* [dub.] An indeterminable plant.

PLIN.*Nat.*19.68.

culix[2]: see CVLEX.

culleāris ~is ~e, *a.* [CVLLEVS+-ARIS] Holding a *culleus* (= 20 *amphorae*).

labrum ~e..facito CATO *Agr.*154; quae (dolia) cum sint ~ia VITR.6.6.3.

culleārius ~(i)ī, *m.* [next+-ARIVS] A maker or seller of leather sacks.

M MANNEIVS..~IVS *CIL* 6.33846.

culleus ~ī, *m.* Also **cūleus.** [app. cogn. w. Gk. κολεός] FORMS: *cullea* (neut. pl.) CATO *hist.*43; *culleum* (gen. pl.) CATO *Agr.*11.1.

1 A leather sack used to contain liquids, esp. wine.

si mihi non iam huc ~is oleum deportatum erit PL.*Ps.*212; cum in dolium aut ~um uinum addunt rustici VAR.*L.*5.177; imperauit quam plurimos utris atque etiam ~os comparari NEP.*Eum.*8.7; uehicula uini ~is onusta PLIN.*Nat.*7.82.

2 A liquid measure = 20 *amphorae* (approx. 120 gallons).

uini in ~os singulos quadragenae et singulae urnae dabuntur CATO *Agr.*148.1; qua fini ~um capiet (labrum) 154; VAR.*R.*1.2.7; uini Falerni..binos ~os LABEO *dig.* 33.1.17.1; COL.3.3.3; septenos ~os..hoc est amphoras centenas quadragenas PLIN.*Nat.*14.52.

3 A leather sack in which parricides were sewn up and drowned; punishment by this means.

iube hunc in ~o insui atque in altum deportari PL.*Vid.* fr.12; dum ~us, in quem coniectus in profluentem deferretur, compararetur CIC.*Inv.*2.149; CIC.*Q.fr.*1.2.5; V.MAX. 1.1.13; qui patrem occiderit, culleo insuatur QUINT.*Inst.* 7.8.6; cuius supplicio non debuit una parari simia..nec ~us unus JUV.8.214; (*transf.*) fratrem parricidii damnatum in exarmata naue dimisit: 'inposuit fratrem in ~um ligneum' SEN.*Con.*7.pr.9;—non ~um..non carcerem decreuit SEN. *Cl.*1.15.7; si te in ~um peterem QUINT.*Decl.*296(p.170,l.14); tu ~um meruisti SUET.*Nero* 45.2.

culliolum ~ī, *n.* [app. prec.+-OLVM, but perh. a rationalization of GVLLIOCA] (See quot.)

~a cortices nucum uiridium PAUL.*Fest.*p.50M.

cullus ~ī, *m.*: (see quot.)

~us quoque masculine dixerunt. est enim genus tormenti e corio PAUL.*Fest.*p.60M.

culmen ~inis, *n.* [doublet of COLVMEN]

1 The summit of a building, a roof. **b** (spec.) the ridge-pole of a roof.

tuguri congestum caespite ~en VERG.*Ecl.*1.68; uolucrum sub ~ine cantus *A.*8.456; 12.863; Iouis aedis ~en fulmine ictum LIV.27.4.11; e summae ~ine turris OV.*Met.*5.291; spumatque in ~ina pontus LUC.6.28; FLOR.*Epit.*1.31 (2.15.17); SUET.*Tib.*14.4; (*meton.*) quid pro ~inibus (*i.e. temples*) geminis matrona Tonantis (soluere potest)? MART. 9.3.9;—(*as marking the completion of a building*) manubiae, quae perducendo ad ~en operi destinatae erant, uix in fundamenta suppeditauere LIV.1.55.7. **b** transtra.. sustinent unum ~en perpetuae basilicae VITR.5.1.9; focus ~enque multo lumine sordidum STAT.*Silv.*4.5.14;—(*transf., app. of the ecliptic*) (orbes) ~ine transuerso retinentes sidera fulta CIC.*Arat.*553(307).

2 The highest part of anything; esp., a mountain-top, peak, height, or sim. **b** the highest part or point of the sky, zenith, etc.

durae ~en inane fabae OV.*Fast.*4.734; sublimi..~ine prorae LUC.3.709; inter frondes..torquet Vulcanus..globos flammarum et ~ina torret SIL.5.514;—~ina Alpium occupare CAES.*Gal.*3.2.5; spectacula..Tarpeium prope despectantia ~en CALP.*Ecl.*7.24; Maleae..in auras it caput et nullos admittit ~ine uisus STAT.*Theb.*2.34; ardua mox toruo metitur ~ina uisu 10.840; summumque Iouis conscendere ~en (*i.e. the Capitoline Hill*) SIL.3.510. **b** pedes ..in caelum uictor magno sub ~ine portat (Perseus) CIC. *Arat.*260(26); stellantis ~ina caeli MAN.1.150; medii cum solem in ~ina mundi tollit anhela dies STAT.*Theb.*4.680; (aquila) alti ~inis diales uias deserit APUL.*Met.*6.15; (*transf.*) (regio) submersi contingens ~ina mundi MAN.2.892.

3 (fig.) An exalted position, eminence; the zenith (of one's fortunes). **b** (of a person, prob.) one who holds an exalted position, a leader, chieftain.

ille senatus dies..uirtutem M. Catonis..in altissimo ~ine locauit VELL.2.35.1; stet quicumque uolet potens aulae ~ine lubrico SEN.*Thy.*392; expertus..quam non e stabili tremulo sed ~ine cuncta despiceret LUC.5.250; ex alto deiectus ~ine regni SIL.17.143; PATRICIVM ~EN GRADIBVS COSCENDIT HONORIS *CIL* 5.6253; (*cf. sense 2*) circa summum ~en hominis (alitem) auspicium fecisse LIV.1.34.9;—a summo ~ine fortunae 45.9.7. **b** patriae tot ~ina ciuis exuimus STAT.*Theb.*3.207.

culminālis ~is ~e, *a.* [prec.+-ALIS] (as ep. of Jupiter, perh.) Of the heights.

I(OVI) O(PTIMO) M(AXIMO) ~I *CIL* 3.5186.

Culminius (-eus): see COLM-.

culmus ~ī, *m.* [cf. OHG. *hal(a)m*, Gk. κάλαμος] FORMS: *culmum* (neut. sg.) NEP. in *G.L.*5.576.

1 The stem of a cereal grass; also, that of other plants.

VAR.*L.*5.37; (uiriditas) quae..sensim adulescit ~oque erecta geniculato uaginis..includitur CIC.*Sen.*51; ne grauidis procumbat ~us aristis VERG.*G.*1.111; HOR.*S.* 2.2.124; SEN.*Ep.*121.15; ubi ex uno semine pluribus ~is fructificauit COL.2.9.6; PLIN.*Nat.*18.52; (*meton.*) Cerealis mergite ~i (*i.e. corn*) VERG.*G.*2.517;—~os fabae COL. 12.16.3; pallentes declinant lilia ~os STAT.*Silv.*3.3.128.

2 The dry stems of cereals used for various purposes, straw. **b** hay.

(*as thatch*) Romuleoque recens horrebat regia ~o VERG. *A.*8.654; imbrem ~o..defendunt SEN.*Dial.*1.4.14; surgere congesto non culta mapalia ~o LUC.9.945; PLIN.*Nat.*17.71; —(*as bedding*) ut..filicibus uel ~is stabula constrata sint COL.7.3.8; siluestrem..torum cum sterneret uxor frondibus et ~o JUV.6.6;—(*as a material for birds' nests*) hirundines ~is oblitis luto tegulas fingebant VAR.*Men.*526;—(*as manure*) ~o ipso uel etiam felice stercorare PLIN.*Nat.*17.54. **b** aduectos cum plena ferant praesepia ~os LUC.6.85.

culō ~āre ~āuī ~ātum, *tr.* [perh. CVLVS+-O[3], cf. APOCVLO] (slang, perh.) To drive, thrust, shove.

arietes a Tarento emit et eos ~auit in gregem PETR.38.2.

culpa ~ae, *f.* [dub.; cf. Osc. *kulupu*]

1 (often w. gen.) The responsibility (for something wrong), the blame. **b** (phrs.) *in ~a esse*, to be to blame, be at fault, etc.; *mea (tua, illius, etc.) ~a est*, it is my (your, his, etc.) fault. **c** the attachment of blame to a person, censure. **d** (poet.) a cause of blame, a reproach.

ne posterius in me ~am conferas PL.*Am.*788; de me hanc ~am demolibor *Bac.*383; in te omnis haeret ~a TER.*Hec.* 229; aliqua ~a tenemur erroris CIC.*Marc.*13; librarios tuos ~a libero *Att.*13.22.3; horum malorum..~am fortuna sustinet *Fam.*15.15.2; unde consilium afuerit ~am abesse LIV.1.58.9; ~am omnem belli a publico consilio in Hannibalem uertentes 30.22.1; pestifera..animantia (alit terra). uitali spiritu habente ~am PLIN.*Nat.*2.155; nec..omnis ~a malorum me penes STAT.*Theb.*11.188; manus suae ~am bestiae dabat APUL.*Met.*8.6. **b** is quidem in ~a non est TER.*Hec.*700; et illi priores errant et Ephorus in ~a est CIC.*Orat.*192; LUCR.4.915; in ~a est animus HOR.*Ep.* 1.14.13; (fraxinum) aemularetur ulmus, ni pondus esset in ~a PLIN.*Nat.*16.228; (*cf., w. adj.*) in simili ~a uersabantur CAES.*Civ.*3.1.10.4;—si quid tibi euenit, id non est ~a mea PL.*Mer.*774; confitebor ~am esse Ligari CIC.*Lig.*25; *Att.*

5.17.1; nulla est mea ~a Ov.*Pont.*4.14.23; Quint.*Inst.* 8.3.45; (*foll. by conditional cls.*) meam ~am habeo, nisi probe excruciauero (diem) Pl.*St.*436; non..tua ulla ~a est, si te aliqui timuerunt Cic.*Marc.*20; (*foll. by* quod) non.. quod sum cito tradita regi, ~a tuast Ov.*Ep.*3.8. **c** neque te commeruisse ~am Pl.*Capt.*403; Ter.*Ph.*206; uitaui denique ~am, non laudem merui Hor.*Ars* 267; ista.. numquam in ~am, sed in laudem dicuntur Gel.4.9.12. **d** Phoebi ~a dolorque puer (*i.e.* Hyacinthus) Mart.14.173.2.

2 The state of having committed an offence, guilt; also, a sense of guilt.

serui qui quom ~a carent tamen malum metuont Pl.*Mos.* 859; uacare ~a magnum est solacium Cic.*Fam.*7.3.4; poterat sentire Diana mille notis ~am (nymphae) Ov.*Met.* 2.452; animus..~a plenus Sen.*Phaed.*163; purgant pectora ~a Sil.10.448;—stupet hic uitio..caret ~a, nescit quid perdat Pers.3.33; rubet auditor..tacita sudant praecordia ~a Juv.1.167.

3 Wrongdoing or an instance of it, an offence. **b** (often of sexual misconduct). **c** (in weakened sense) failure to take the right measures, neglect, or faulty judgement; an error, mistake. **d** (leg.) criminal negligence. **e** (in abl., usu. w. gen. or poss. adj.) through the fault (i.e. misconduct, etc.) of (a person, etc.).

haud apstinent saepe ~a Pl.*Men.*768; turpis haec ~a est, quod duas res sanctissimas uiolat Cic.*S.Rosc.*112; non de ~a sua dixit, sed de poena questus est *Flac.*17; eo grauior est dolor quo ~a maior *Att.*11.11.2; uobiscum, si est ~a, bibi Verg.*Cat.*11.3; fata quae manent ~as etiam sub Orco Hor.*Carm.*3.11.29; ob huic similem priuatus lumine ~am Ov.*Pont.*1.1.53; spiritu ~am lues Phaed.4.11.7; ~am.. pertinaciter tueri ~a altera est Quint.*Inst.*6.4.16; sociorum ~as edictis coercere Fro.*Aur.*2.p.58(142N); (*pred. dat.*) nec cuiquam ~ae fuit non omnes (feras) cepisse Col.5.1.2; —(*dist. from* error) ut confitendo seu ~ae seu errori ueniam ..peterent Liv.37.49.1. **b** Iuno..coniugis in ~a flagrantem contudit iram Catul.68.139; quia deus auctor ~ae honestior erat, Martem incertae stirpis patrem nuncupat Liv.1.4.2; Ov.*Met.*2.37; quaeritur, utrius ~a diuortium factum sit Quint.*Inst.*7.4.11; (*cf., of marital relations as contrasted w. virginity*) supremus uirginitatis amor, primaeque modestia ~ae Stat.*Theb.*2.233. **c** prius edico, ne quis propter ~am capiatur suam Pl.*Capt.*803; quotiens uel ducis uitio uel ~a tribuni in exercitu esset offensum Caes.*Civ.*3.72.4; si..nec sum facturus (rem) uitio ~aue minorem Hor.*S.*2.6.7;—graues solent offensiones esse ex grauibus morbis, si quae ~a commissa est Cic.*Fam.*16.10.1; eam ~am maxime uinitor fugito Col.4.24.7; tertia est ~a (*sc.* oleas colentium) in parsimonia Plin.*Nat.*15.11. **d** cum per legem Aquiliam..etiam ~a puniatur Gaius *Inst.*3.202; ~ae..reus est possessor, qui per insidiosa loca seruum misit, si is periit *dig.*6.1.36.1; cum duo..~am promisissent (*i.e. liability for negligence*) Papin.*dig.*45.2. 9.1; 'lata ~a' est nimia neglegentia Ulp.*dig.*50.16.213.2. **e** diutina ualetudine utetur, neque ullus morbus ueniet nisi sua ~a Cato *Agr.*157.13; si id ~a senectutis accideret Cic.*Sen.*7; Catul.11.22; belli ~a sua contracti taedium Liv.8.2.2; Tac.*Ann.*2.26;—(*without qualifying word*) utrum casu nescierit an ~a *Rhet.Her.*2.24.

4 An imperfection, fault, defect (moral or otherwise). **b** a sickness or injury.

dicam..in hoc uno genere omnis inesse ~as istius maximas auaritiae, maiestatis,..Cic.*Ver.*5.42; tanta stat praedita ~a (natura mundi) Lucr.2.181; laudes..tuas ~a deterere ingeni Hor.*Carm.*1.6.12; eorum operum et laudes et ~ae aeternae solent permanere Vitr.3.1.4; aer..qui.. terrarum ~a..torpescit Sen.*Nat.*6.27.2; montium ~a in bonum cedit Plin.*Nat.*18.110; suppleuit fortuna genus ~amque parentum occuluit Stat.*Silv.*3.3.45; si mali forent, usque ad ~am ignarus Tac.*Hist.*1.49; omnia istiusmodi inclinamenta..in ~as cadunt, ut 'uinosus', 'mulierosus' Gel.4.9.12. **b** ~am ferro compesce (*i.e. kill the infected ewe*) priusquam dira per incautum serpant contagia uulgus Verg.*G.*3.468; statim expuat in mediam manum qua percussit, leuatur ilico in percusso ~a Plin.*Nat.*28.36.

culpābilis ~is ~e, *a.* [culpo+-bilis] Deserving of censure, reprehensible.

hoc..~e iudicandum est Apul.*Apol.*14; ~ium..uirorum quattuor formae sunt *Pl.*2.15; 2.19.

culpātiō ~ōnis, *f.* [culpo+-tio] Censure, rebuke.

ne..~ones huiuscemodi mereamur Gel.10.22.2.

culpātus ~a ~um, *a. compar.* ~ior. [pple. of culpo] Deserving of censure, reprehensible.

molestius..~iusque esse arbitror uerba noua ..dicere Gel.11.7.1.

culpitō ~āre, *tr.* [next+-ito] To find fault with, censure.

hau metuo ne ius iurandum nostrum quisquam ~et Pl. *Cist.*495.

culpō ~āre ~āuī ~ātum, *tr.* [culpa+-o³] To blame, censure, find fault with: **a** (persons). **b** (things). **c** (w. acc. and inf.) to complain (that).

a falso..laudari multo malo quam uero ~ari Pl.*Mos.*179; *Truc.*349; qui ~at Homerum Lucil.345; Prop.2.1.49; medici merito essent ~andi Larg.84; sese ~at super omnia Stat.*Theb.*3.19; sola est, in qua merito ~etur, pecuniae cupiditas Suet.*Ves.*16.1; (*w. ret. acc.*) Danae ~ata sinus Stat.*Theb.*6.287; (*w. abl.*) Apollinem..aduersis uirtutibus ~abat (Marsyas) Apul.*Fl.*3. **b** qui deorum consilia ~et Pl.*Mil.*139; Ter.*Eu.*387; ~are iocos *Culex* 6; faciem..deae ~auit Ov.*Met.*11.322; ~antis..agrorum infecunditatem Col.1.pr.1; non suam ignauiam, sed perfidiam legati ~abant Tac.*Hist.*4.27; (*gdve. as sb.*) ~anda delens Maur. 326; (*w. pred. adj.*) de modo modus praemii poenaeue qui tam maior quam minor ~ari potest Quint.*Inst.*2.4.38; (*poet.*) arbore nunc aquas ~ante, nunc torrentia agros sidera Hor.*Carm.*3.1.31. **c** ~ant ablui (colores) usu Plin. *Nat.*22.4.

culta ~ōrum, *n. pl.* [pple. of colo¹] Cultivated lands; also, standing crops.

armenta..~a ac deserta tenerent Lucr.1.164; pinguia ~a Verg.*G.*4.372; ut..~a..ab incultis notaret Liv.27.8.18; Luc.3.210; alterum genus (milacis) ~a amare Plin.*Nat.* 24.83; paucissimis circa ipsum oppidum obiacentibus ~is Fron.*Aq.*93;—manus a messibus aufer neue noce ~is! Ov. *Fast.*4.922.

cultē, *adv. compar.* ~ius. [cultus¹+-e] (ref. to appearance) Smartly, stylishly; (ref. to oratorical style or sim.) with polish or refinement.

lectulo..cotidiana consuetudine ~ius strato V.Max.2.6.8; —quo didicit ~e lingua docente loqui Ov.*Fast.*5.668; quare nemo uideretur dixisse ~ius Sen.*Suas.*4.5; Quint.*Inst.*8.3.7; Tac.*Dial.*21.2.

cultellātus ~a ~um, *a.* [cultellus+-atus²] Shaped like a small knife.

(delphinorum) dorso tamquam ad hunc usum ~a inest pinna Plin.*Nat.*8.91; 32.13.

cultellō ~āre ~āuī ~ātum, *tr.* [next+-o³; for the sense, cf. *in cultrum collocare* (culter)] (surv.) To measure horizontal distances over (ground, esp. uneven ground) by means of vertical rods; (in quots., absol.).

~andi ratio quae sit, saepe quaeritur, cum propensi soli spatium consummamus, ut illam cliuorum inaequalitatem planam esse cogamus, dum mensurae lateribus inseruimus Fron.*agrim.*p.18; lineam autem per metas extendemus, et per eam ad perpendiculum ~abimus Hyg.Gr.*agrim.*p.155; Nips.*grom.*p.287La.

cultellus ~ī, *m.* [next+-lus]

1 A small knife.

crepidarium ~um Asel.*hist.*11; percussum ~o concidisse (patronum) Var.*R.*1.69.2; Hor.*Ep.*1.7.51; ~um tonsorium quasi unguium resecandorum causa poposcit V.Max.3.2.15; hae (*sc.* radices) conciduntur..osseis ~is Plin.*Nat.*25.117; structorem..saltantem spectes et chironomunta uolanti ~o Juv.5.122; Suet.*Cl.*34.2.

2 A peg or pin (for securing one thing to another).

hae (*sc.* harundines) ad asseres..tomice religentur ~ique lignei in eas configantur Vitr.7.3.2.

culter ~trī, *m.* [dub.; perh. related to ON. *skalm*]

1 A knife; esp.: **b** (used to slaughter animals, esp. sacrificial victims). **c** (as a weapon); (esp. of hunting-knives). **d** (used to trim the beard or hair).

acutum ~trum habeo, senis qui exenterem marsuppium Pl.*Epid.*185; *Mil.*1397; ~tro coquinari Var.*Men.*197; cocus..~trum arripuit porcique uentrem..secuit Petr.49.9. **b** ~tro facito struem Cato *Agr.*141.4; lanii, qui ad ~trum bouem emunt (*i.e. who buy for slaughter*) Var.*R.*2.5.11; cur aliquis sacris laniat sua bracchia ~tris..? Prop.2.22.15; coniectos incalfacit hostia ~tros Ov.*Met.*15.735; Sen.*Thy.* 688; bos, qui domini ~tris..miserabile collum praebet Juv. 10.269; (*in fig. phr.*) fugit improbus ac me sub ~tro linquit Hor.*S.*1.9.74. **c** ~tro succinctus Liv.7.5.3; fixo dare uulnera ~tro Ov.*Tr.*5.7.19;—dubitat, utrum se ad gladium locet an ad ~trum (*i.e. whether to become a gladiator or a bestiarius*) Sen.*Ep.*87.9; Tac.*Ann.*3.43; ~tro uenatorio Hyg.*Fab.*186.7. **d** senex est in tostrina, nunc iam ~tros adtinet Pl.*Capt.*266; ~trum tonsorium super iugulum meum posui Petr.108.11; Mart.9.76.5; cum pectere barbam coeperit et longae mucronem admittere ~tri Juv.14.217; (capilli) caede ~trorum desecti humi iacebant Apul.*Met.* 3.16.

2 (applied to other implements) The part of a pruning-hook with a straight edge; (app.) an implement for cutting the surface of heavy ground before ploughing. **b** (poet.) the point of a spear.

est..sic disposita uinitoriae falcis figura, ut capulo pars proxima, quae rectam gerit aciem, ~ter ob similitudinem nominetur Col.4.25.1;—~ter uocatur inflexus praedensam, priusquam proscindatur, terram secans Plin.*Nat.*18.171. **b** destrictas cortice uirgas praegrauat ingenti..Lucania ~tro Grat.120.

3 *in ~trum* (*~tro*) (*col*)*locare*, To set on edge, place perpendicularly.

(tympanum) ad perpendiculum conlocatum in ~trum uersatur Vitr.10.5.2; tympanum uersatile in ~tro conlocatum 10.9.2; lineam, quam in ~trum locatam perpendiculus adsignat Fron.*agrim.*p.17.

cultiō ~ōnis, *f.* [colo¹+-tio] Cultivation, tillage; only in comb. *agri* ~*o*.

quid est..Sicilia si agri ~onem sustuleris..? Cic.*Ver.* 3.226; *Sen.*56.

cultor ~ōris, *m.* [colo¹+-tor] N.B.: *agri* ~*or* sts. written as one word.

1 One who lives in a place, an inhabitant. **b** (of gods associated with a particular place).

tibi..propitius caeli ~or aduenit Pl.*Am.*1065; terrae ob nimiam ~orum fidem in Romanos laboranti Liv.21.52.6; 32.13.14; insula saepe iam ~ores mutauit Sen.*Dial.*12.7.8; ~or Ion Pisae Stat.*Theb.*8.453; Apul.*Soc.*8; (*sg. collect.*) Thuriae redditae ueteri ~ori Liv.10.2.2. **b** collis o Heliconii ~or..Hymenaee Catul.61.2; dis ~oribvs hvivs loci *CIL* 7.980.

2 A cultivator (of land); a grower (of crops); a keeper (of animals, etc.).

ut ager ipse ~orem desiderare..uideretur Cic.*Ver.*3.47; pecora ~oresque in agris erant Sal.*Jug.*46.5; extremis domitum ~oribus orbem Verg.*G.*2.114; seruos agri ~ores rem publicam abduxisse Liv.26.35.5; Curt.8.12.12; sufficiunt.. ~ores deni in centena iugera uinearum Plin.*Nat.*17.215; plus ~or quam ipsa per se bonitas soli efficiet Quint.*Inst.* 2.19.2; (*of an ox*) ~orem pauperis agri immolat..bouem Ov.*Fast.*5.515; (*of a river*) ~or Latii..Thybris Grat.38; (*in fig. phr.*) ~or..iuuenum purgatas inseris aures fruge Cleanthea Pers.5.63;—~or odoratae diues Arabs segetis [Tib.]3.8.18;—alueorum ~oribus Col.9.3.1.

3 A worshipper (of a deity), votary.

parcus deorum ~or et infrequens Hor.*Carm.*1.34.1; numina ~ori perniciosa suo Ov.*Tr.*2.14; quod inter ~ores Augusti..mimum corpore infamem adsciuisset Tac.*Ann.* 1.73; die, quo ~ores deum Matris..plangere incipiunt Suet.*Otho* 8.3; m. nonio..~ores larvm eivs *CIL* 5.4340.

4 One who cultivates the friendship of (a person, nation, etc.), a partisan, follower, etc.

populus, fautor et ~or bonorum Liv.9.46.13; Hiero fidissimus imperii Romani ~or 26.32.4; qui fuerat ~or, factus amator erat Ov.*Ars* 1.722; cuncta domus uaria ~orum personat arte *Laus Pis.*133; indulgebitis umquam ~ori..? Juv.9.49.

5 An observer or keeper (of laws, justice, religious practices, etc.).

iurum legumque ~ores Cato *hist.*116; ueritatis ~ores Cic.*Off.*1.109; diligentissimus religionum ~or Liv.5.50.1; eiusdem sacri ~or uterque sumus Ov.*Pont.*2.9.64; iustitiae ~or Luc.2.389; Mart.10.37.1.

6 One who interests himself in (an occupation, way of life, etc.); one who cherishes (a friendship).

artis..ingenuae ~or Ov.*Pont.*2.5.66; uetus frigidae (*sc.* aquae) ~or mitto me in mare Sen.*Ep.*53.3; ~or..uirtutis 71.28; quietae ~or..uitae Mart.10.92.1; (*cf. sense 2*) agri ac pecoris magis quam belli ~orem Sal.*Jug.*54.3;—Romanae amicitiae ~or Liv.25.28.8; Mart.9.84.4.

cultrārius ~(i)ī, *m.* [culter+-arivs] The official at a sacrifice who wielded the knife.

q. tibvrti..~i oss(a) heic sita svnt *CIL* 1.1604; admota altaribus uictima..malleo ~ium mactauit (Caligula) Suet.*Cal.*32.3.

cultrātus ~a ~um, *a.* [culter+-atus²] Shaped like a knife.

folia (palmae) ~o mucrone lateribus in sese bifida Plin. *Nat.*13.30.

cultrix ~īcis, *f.* [colo¹+-trix]

1 A female inhabitant; (esp. of goddesses associated with a locality).

sus nemoris ~ix Phaed.2.4.3; (*transf., of inanim. objs., cf. sense 2*) ~ixque foci secura patella Pers.3.26;—unigenam..~icem montibus Idri (*i.e. Diana*) Catul.64.300; mater ~ix Cybeli Verg.*A.*3.111; Stat.*Theb.*4.425; nymphae montium ~ices Fest.p.185M.

2 A female worshipper; a female adherent or devotee (of a person, etc.).

~ix placitissima nostri (*i.e. of Juno*) Stat.*Theb.*12.302; da..aurum, quo niteat..uultus Caesaris et propriae signet ~icis amorem *Silv.*5.1.191;—conivgis..~ix *CIL* 11.4631; d m tvtiliae lavdicae ~ices collegi fvlginiae 11.5223.

3 She who follows (a certain type of conduct); she who promotes (a cause or interest).

~ix pvdicitiae *CIL* 8.9050;—per deam..Lauernam, quae mei ~ix quaestuist Nov.*com.*105; earum (*sc.* rerum quas terra gignit)..augendarum..quandam ~icem esse, quae sit scientia..agricolarum Cic.*Fin.*5.39.

cultūra ~ae, *f.* [colo¹+-vra] N.B.: *agri* ~*a* sts. written as one word.

1 (esp. in comb. *agri* ~*a*) The tilling or cultivation (of land); also, a method of cultivation. **b** care bestowed on plants, etc.; also, a mode of growing plants. **c** (concr.) a piece of cultivated land, field.

cetera ~a est multum sarire et diligenter eximere semina Cato *Agr.*61.2; sine aqua omnis..misera agri ~a Var.*R.* 1.1.6; agros..et natura perbonos et diligentia ~aque meliores Cic.*Flac.*71; Caes.*Gal.*4.1.2; nec ~a placet longior annua Hor.*Carm.*3.24.14; propter facilitatem ~ae Plin. *Nat.*18.110; Suet.*Aug.*42.3; (*pl.*) possit..ab Idibus Ianuariis ..auspicari ~arum officia Col.11.2.3; (*personified*) insitiones, quibus nihil inuenit agri ~a sollertius Cic.*Sen.*54;—aliam atque aliam ~am dulcis agelli temptabant Lucr.5.1367; grauem terram uix ulla ~a uinci Col.3.12.3. **b** ~a uitium Cic.*Fin.*4.38; non ulla est oleis ~a Verg.*G.*2.420;— naturas earum (*sc.* arborum) a nobis..dici, non ~as Plin *Nat.*14.1. **c** iter ~as accedentium Hyg.*agrim.*p.89; frvctvs cvivsqve ~(a)e *CIL* 8.25902.1.13.

2 The training or improvement (of the faculties).

~a..animi philosophia est Cic.*Tusc.*2.13; nemo adeo ferus est ut non mitescere possit, si modo ~ae patientem commodet aurem Hor.*Ep.*1.1.40.

3 Care (of a monument), upkeep.

hvic monimento ex testamento in ~am legata svnt hs vii *CIL* 6.9625; 6.26174.

4 The cultivation of the acquaintance (of a person).

dulcis inexpertis ~a potentis amici Hor.*Ep.*1.18.86.

5 The observance (of religious rites).

sedulum..obibam ~ae sacrorum ministerium Apul.*Met.* 11.22.

cultus[1] ~a ~um, *a. compar.* ~ior, *superl.* ~issimus. [pple. of COLO[1]]

1 (of land) Under cultivation, tilled; (of plants) cultivated (not wild).
nec..~um agrum conspicor PL.*Rud.*214; in loca ~a euasere LIV.28.11.14; (*neut. pl. of compar. as sb.*) tandem..ad ~iora peruentum est CURT.6.4.20;—omni..materia et ~a et siluestri..utimur CIC.*N.D.*2.151.

2 (of land) Well cultivated. **b** (of animals, etc.) well looked after.
ecquam (terram) ~iorem Italia uidistis? VAR.*R.*1.2.3; ager, qui solebat esse ~issimus CIC.*Ver.*3.47; tam ~a noualia VERG.*Ecl.*1.70; SEN.*Dial.*7.17.2; ~a uineta COL. 4.3.3; QUINT.*Inst.*8.3.8; (*cf., w. abl.*) hortus odoratis.. cultissimus herbis OV.*Fast.*2.703. **b** quanto est ~ior, tanto laetior auis conspicitur COL.8.8.6; pecuaria ~a Galesi STAT.*Silv.*3.3.93.

3 (of the hair) Well-groomed; (of persons, etc.) smart in appearance, neat, spruce.
munditiis eius et ~ioribus capillis offensus SEN.*Dial.* 4.33.3;—uni si qua placet, ~a puella sat est PROP.1.2.26; ~issimus ille fur OV.*Ars* 3.447; (liber) erubui domino ~ior esse meo *Tr.*3.1.14; MART.10.98.3; ~is..seruis JUV.3.189; habebat..tam ~os (milites) SUET.*Jul.*67.2.

4 (of persons, etc.) Smart in one's behaviour or tastes, refined, sophisticated, etc.; (also transf.). **b** (of writers or their works) elegant, polished. **c** (of buildings, etc.) luxurious, elegant, well-appointed.
senis amplexus ~a puella fugit TIB.1.9.74; corrupta excipi non tantum a corona sordidiore, sed ab hac quoque turba ~iore SEN.*Ep.*114.12; cum in terras ~iores humanioris uitae cupidine conmigrasset GEL.19.12.7;—cum referent sonum linguae et corporum habitum et nitorem ~iora quam pastoralia esse LIV.10.4.10; oratoribus..et tempora et ingenia ~iora sortitis CURT.7.8.11. **b** culte Tibulle OV.*Am.*1.15.28; carmina ~a *Tr.*4.10.50; tantum orationis ~ae fluebat SEN.*Con.*7.pr.3; nihil ego umquam ~ius.. nihil latinius legi AUR.*Fro.*1.p.128(28N). **c** lecto..et conclaui ~iore CELS.3.24.5; templum..~ius extruxit QUINT.*Decl.*323(p.271,l.17); si uilla ~ior est ULP.*dig.*33.7. 8.1; TRAIECTVS..FIRMIORI ET ~IORI OPERE FECERVNT *CIL* 14.5320.

cultus[2] ~ūs, *m.* [COLO[1]+-TVS[3]] FORMS: *cultu* (dat.) PL.*Rud.*294.

1 The action of dwelling (in a place), habitation.
habitabiles regiones et rursum omni ~u propter uim frigoris..uacantis CIC.*Tusc.*1.45; nos deserta et humano ~u uacua magis quam urbes..sequimur CURT.7.8.23; gens et solitudinibus Africae propinqua, nullo etiam tum urbium ~u TAC.*Ann.*2.52.

2 The tilling (of the ground). **b** the cultivation (of plants) or a method of this. **c** the tending (of animals) or a method of this.
quod est tam asperum saxetum in quo agricolarum ~us non elaboret? CIC.*Agr.*2.67; nullo munuscula ~u..tellus.. fundet VERG.*Ecl.*4.18; dulcedine..urbis deserto agrorum ~u LIV.4.12.7; OV.*Med.*3; rediit cultus agris VELL.2.89.4; QUINT.*Inst.*1.pr.26; (*pl.*) genus hominum..rapinis suetum magis quam agrorum ~ibus SAL.*Hist.*2.85. **b** nec (natura) fruges terrae..generi humano dedisset nisi earum ~us..tradidisset CIC.*Div.*1.116; (capparis) ~u..leuissimo contenta est COL.11.3.55. **c** quae (*sc.* oues)..neque ali neque sustentari..sine ~u hominum et curatione potuissent CIC.*N.D.*2.158; nec..glabrae sues densaeque..eandem educationem ~umue quaerunt COL.1.pr.26; me docet ipsa Pales ~um gregis CALP.*Ecl.*2.36; (*pl.*) ~us alios et debita fetae blandimenta feres GRAT.301.

3 The training or education (of a person, his faculties, etc.).
genus hominum..malo ~u prauisque opinionibus..corruptum CIC.*Part.*91; quas (artes)..ad animorum corporumque ~um nobis eruditissima..gens inuexit LIV.39.8.4; SEN.*Ben.*6.15.2; Henioche, ~us primi cui creditus aeui V.FL.5.357; qui..in Graeciam ad capiendum ingenii ~um concesserant GEL.1.2.1; (*pl.*) recti..~us pectora roborant HOR.*Carm.*4.4.34; (*pred. dat.*) quod sit aut uoluptati legere aut ~ui legisse GEL.pr.11.

4 (also *~us corporis, ~us sui*) Personal care and maintenance (sts. dist. from *uictus*); also, the state of being well-groomed. **b** the management or care (of a house or sim.).
ut ei suppeditetur ad usum et ~um copiose CIC.*Att.* 14.11.2; quos (seruos)..sui ~us causa haberet ALF.*dig.* 32.60.1; ut curam ~umque feminarum impensius custodibus commendaret LIV.26.49.11; sumptus, quos in ~um praetorum socii facere soliti erant 32.27.4; studium ad curiosiorem sui ~um..conferre V.MAX.9.1.3; ~us corporum nimius et formae cura SEN.*Ben.*1.10.2; (*pred. dat.*) hisce hami atque haec harundines sunt nobis quaestu et ~u PL.*Rud.*294; (*dist. from* uictus) usus, fructus, uictus, ~us iam mihi harunc aedium interemptust *Mer.*832; CIC.*Off.*1.12; —~us ex illuuie..squalida..corpora uarie mouebat LIV. 21.39.2. **b** artifices..quos ~us domesticus desiderat NEP.*Att.*13.3; quae a ~u templorum, a sacris non recessura (sit) QUINT.*Decl.*252(p.34,l.5).

5 The adorning (of anything); esp. the decking or attiring (of a person, his body, etc.). **b** style of dress or ornament, 'get-up'; also *~us corporis.* **c** the state of being adorned, trimness, smartness; splendour, sumptuousness; elegance of design, orderliness.
sacrorum opera ingeniorum (*i.e. books*) in speciem et ~um parietum comparantur SEN.*Dial.*9.9.7; OBLATIONEM DEN⟨ARIORVM⟩..AD ~VM THEA⟨TRI⟩ *CIL* 8.7989; 8.25998; —delectari..uestitu ~uque corporis CIC.*Amic.*49; ille mei ~us unicus auctor abes [OV.]*Ep.Sapph.*78; ei circa ~um capitis sui occupatae V.MAX.9.3.ext.4; equites.. suo equorumque ~u ad luxuriam..exacto CURT.5.1.23. **b** Iugurtha..~u quam maxume miserabili..Romam uenit SAL.*Jug.*33.1; Vestalis, suspecta..propter mundiorem iusto ~um LIV.8.15.7; egregius forma, quam diuite ~u augebat OV.*Met.*5.49; hos..pro patrio ~u Persica braca tegit *Tr.* 5.10.34; dignitate, quantum ostendebat ~us, eminens VELL. 2.107.1; ut seruos a liberis cultus distingueret SEN.*Cl.*1.24.1; ~u leui, capite intecto TAC.*Ann.*13.35; eadem quam modica ~u, quam parca comitatu..! PLIN.*Pan.*83.7; ARMORVM ~VS PRO STIPENDI MODO *CIL* 8.2532; (*pl.*) mutet Honor ~us (*i.e. put on mourning*) MART.10.50.3; (*transf.*) oratio ~us animi est: si circumtonsa est et fucata..ostendit illum quoque non esse sincerum SEN.*Ep.*115.2;—eodem uictu et ~u corporis utuntur CAES.*Gal.*6.24.5; SAL.*Hist.*3.18. **c** uitate uiros ~um formamque professos OV.*Ars* 3.433; —respondente ~u triumphi rerum, quas gesserat, magnitudini VELL.2.129.2; de cuius (*sc.* domus aureae) spatio atque ~u suffecerit haec rettulisse SUET.*Nero* 31.1;—(utrumne) informia et confusa sint..an et illa in aliquem ~um discripta sint SEN.*Dial.*8.5.6.

6 (concr., pl. or collect. sg.) Adornments; esp. personal adornments, clothes, finery, etc. **b** apparatus, equipment.
ima uirent agresti stramina ~u; proxima gramineis operosior area sertis STAT.*Theb.*6.56; TEMPLVM..STATVIS OMNIQ ~V EXORNAVIT *CIL* 8.26121; (*pl.*) templorum ~us aurumque deorum LUC.8.121;—quoi omnes copiae in usu cottidiano et ~u corporis erant SAL.*Cat.*48.2; naturaeque decus mercato perdere ~u PROP.1.2.5; in gemino dispar cui pede ~us erat OV.*Ib.*344; omnem ~um reddi feminis iussit CURT.3.12.23; collecto..~u meo ire extra casam coepi PETR.136.8; fibulas et alia muliebris ~us, sicut inaures PLIN.*Nat.*33.12;—(*pl.*) heu serus adulteros ~us puluere collines HOR.*Carm.*1.15.20; ~ibus Alciden instruit illa suis OV.*Fast.*2.318; ~us..insignia regni purpureos STAT.*Theb.* 6.80; mensuraque maior ~ibus *Silv.*2.1.127; interrogante accusatore an ~us dotalis..uenum dedisset TAC.*Ann.*16.31. **b** Bononiae..gladiatorum spectaculum editur, aduecto ex urbe ~u TAC.*Hist.*2.71.

7 (rhet.) An instance or form of rhetorical ornament; stylistic elegance, polish.
color orationis antiquae..~us inter nostrum ac prius saeculum medius SEN.*Con.*10.pr.5; in uerbis effusiorem.. ~um adfectauerunt QUINT.*Inst.*3.8.58; ille pressus et uelut adplicitus rei ~us 4.2.117; neque..oratoris iste, immo hercule ne uirilis quidem ~us est TAC.*Dial.*26.2;—pro ~u habetur audax translatio SEN.*Ep.*114.10; scripsit..non sine ~u ac nitore QUINT.*Inst.*10.1.124.

8 (also *~us uitae*) A mode or standard of living.
cum..tenuissimo ~u uiuerent CIC.*Flac.*28; funera sunt pro ~u Gallorum magnifica CAES.*Gal.*6.19.4; nihil de cotidiano ~u mutauit NEP.*Att.*14.2; gens dura atque aspera ~u VERG.*A.*5.730; ~um maiorem censu HOR.*S.*2.3.323; fortitudinem suam effeminato eius (*sc.* Asiae) ~u mollire non erubuit V.MAX.2.6.1; Buri sermone ~uque Suebos referunt TAC.*Ger.*43.1; (*pl.*) qui feros ~us hominum recentum uoce formasti HOR.*Carm.*1.10.2;—(*coupled w.* uictus) qui nesciunt nobis, quocumque in loco simus, eundem ~um, eundem uictum esse CIC.*Fam.*9.3.1; *Div.*1.61; SAL. *Cat.*37.6;—(*foll. by* uitae) gentem..a ceteris Persis ~u uitae abhorrentem CURT.5.6.17.

9 The refining or elaborating (of standards of living, etc.). **b** the state of being refined, a civilized or sophisticated condition. **c** (in bad sense) over-refinement of living, luxury.
a quibus aliqua magna utilitas ad uitae ~um esset inuenta CIC.*N.D.*1.38; extenuatur..sumptus epularum, quod paruo ~u natura contenta sit *Tusc.*5.97; luxuriantia compescet, nimis aspera sano leuabit ~u HOR.*Ep.*2.2.123; id demum naturale esse dicunt, quod natura primum ortum est et quale ante ~um fuit QUINT.*Inst.*9.4.3. **b** Belgae..a ~u atque humanitate prouinciae longissime absunt CAES.*Gal.* 1.1.3; 1.31.5; gens..uirum..quis neque mos neque ~us erat VERG.*A.*8.316; quae..in scyphis cerni prodigum erat, haec in uehiculis adteri ~us uocatur PLIN.*Nat.*34.163; mitia ~u.. corda V.FL.2.646. **c** lubido stupri ganeae ceterique ~us SAL.*Cat.*13.3; non..prouiderunt..ad quem ~um tenderet.. (matronarum) pertinax studium V.MAX.9.1.3; infectum alimonio seruitio ~u, omnibus externis TAC.*Ann.*11.16.

10 The worship or veneration (of a deity). **b** an act of worship. **c** a form of worship, cult.
utrumne diui ~u erga se mortalium laetiscant SIS.*hist.* 123; haec (philosophia) nos primum ad illorum (*sc.* deorum) ~um..erudiuit CIC.*Tusc.*1.64; neglegentiam diuini ~us LIV.5.51.4; V.MAX.2.2.8; (*pl.*) Baccheos..relinquere ~us STAT.*Theb.*7.649;—(*of emperors, etc.*) ab illis..~us in regem exemplum esse prodendum CURT.8.5.12; TAC.*Ann.*4.37; tu procul a tui ~u ludicras artes remouisti PLIN.*Pan.*54.2. **b** nullum..di..admotum aris ~um adtentioribus oculis uiderunt V.MAX.3.3.1. **c** propter lucem amissam is ~us institutus VAR.*L.*6.79; promitti..illi (deo)..ampliorem apud Romanos ~um PLIN.*Nat.*28.18.

11 Devotion (to a dignitary, friend, etc.), loyalty, respect, etc. **b** the pursuit (of an interest, aspiration, etc.).
dignitas est alicuius..~u et honore..digna auctoritas CIC.*Inv.*2.166; Iugurtham..eodem ~u quo liberos suos domi habuit SAL.*Jug.*5.7; cuius familiari ~u..delectatus V.MAX. 8.14.2; qui in ~u regum consenuerat SEN.*Dial.*4.33.2; foedere longo ~uque Aeneadum nomen Masinissa superbum SIL.16.116; pio aliquo ~u parentis FRO.*Aur.*2.p.62(144N); (*pl.*) ~us contingant praemia quanta edocet MAN.3.109. **b** puerum..erudiri..artibus quibus ingenia ad magnae fortunae ~um excitantur LIV.1.39.4; litterarum ~us SEN.*Dial.* 5.17.1; per omnem honestarum artium ~um pueritiam.. transegit TAC.*Ag.*4.2; studiorum ~um teneto FRO.*Amic.*1.p. 306(190N).

12 The observance or fulfilment (of religious and other obligations).
remotos ab exactissimo ~u caerimoniarum oculos habuisse V.MAX.1.1.8; ~ui religionis 1.6.13; paria..in ~u amicitiae auso 4.7.5.

culullus ~ī, *m.* (or ~**a** ~ae, *f.*). **culill-.** [perh. from CVLIGNA] GENDER and FORMS: uncertain in quots.; scholiasts give both *culilae* and *culilli.* A drinking-vessel or its contents.
diues et aureis mercator exsiccet ~is uina HOR.*Carm.* 1.31.11; reges dicuntur multis urgere ~is et torquere mero quem perspexisse laborent *Ars* 434.

-culum[1] ~ī, *n. suff.* Neut. to ~CVLVS (*osculum*); also in adverbial formations (*clanculum*).

-culum[2] ~ī, *n. suff.* From **-tlom*; forms sbs. from vbl. bases denoting instruments, places, etc. (*cubiculum, curriculum, operculum*); fem. *-cula* (*nouacula*).

cūlus ~ī, *m.* [cf. OIr. *cul* 'back'] The fundament, anus.
~us tibi purior salillo est CATUL.23.19; 97.2; PHAED. 4.18(19).36; prostitutis leuius caput ~is (*i.e. those of catamites*) MART.9.27.3; 11.21.1.

-culus ~ī, *m.* and ~**a** ~um, *adjl. suff.* Enlargement of -VLVS; forms diminutives (*pisciculus, forticulus*); sbs. in *-o, -onis* and *-o, -inis* take the form *-un-* before this suff. (*sermunculus, homunculus*); hence *-unculus* (*auunculus, ranunculus*); also *-usculus* (*lacusculus*).

cum[1], *prep.* [Osc. *com-*; cf. OIr. *con-*, Welsh *cyf-*, Corn. *kev-*, etc.] FORMS: *quom CIL* 1.11, 1218.7, etc., SAL.*Rep.*1.65, PL.codd., etc.; *qum CIL* 1.1722.4, CELS.4.5.8. Regularly placed after the pronouns *me, te, se, nobis, uobis*; freq. after the relative and interrogative pronouns esp. up to the time of Cicero; *utriscum* PL.*Truc.*153, *utrocum Rhet.Her.*2.15 (*s.v.l.*). CONST.: w. abl.; w. acc. *CIL* 4.221, etc.

1 Along with, together with, jointly with, in company with. **b** *secum*, etc., along with one (it). **c** in the house, etc., of, in the same place as; in the suite of.
Romulus in caelo ~ dis genitalibus aeuum degit ENN. *Ann.*115; ab se ut abeat ~ sorore et matre Athenas PL.*Mil.* 1146; eo Orestem ~ Iphigenia atque Pylade dicunt.. uenisse CATO *hist.*71; potius ~ muliere fuisse quam concubuisse dicebant VAR.*L.*6.80; si..hanc causam uoles ~ Hortensio dicere CIC.*Quinct.*80; celebratote illos dies ~ coniugibus ac liberis uestris *Catil.*3.23; te Idibus uidebo ~ tuis *Att.*13.8; Sp. Albinus, qui..~ Q. Minucio Rufo consulatum gerebat SAL.*Jug.*35.2; si ~ iis copiis..interisset Darius NEP.*Milt.*3.4; feror exsul in altum ~ sociis natoque penatibus et magnis dis VERG.*A.*3.12; agite..ite mecum LIV.4.28.5; quod mille iugerum agri ~ filio possideret 7.16.9; famaque ~ domino fugit ab urbe suo OV.*Pont.*1.5.84; et superi mecum Parcaeque nocentes STAT.*Theb.*11.189 (*transf.*) quocumque progressa est natura ~ suu uocabuli VAR.*L.*9.62;—(*w.* et, -que) Mercurius ~que eo filius Latonas ANDR.*poet.*21(23); Ciceronem ad Caesarem mittere et ~ eo Cn. Sallustium CIC.*Fam.*14.11;—(*w.* una) eo tecum una TER.*Hec.*273; qui una ~ Ambiorige consilium inierat CAES.*Gal.*6.31.5;—(*w. pl. vb.*) sagittarius ~ funditore utrimque..spargunt fortissime QUAD.*hist.*85; Lentulus ~ ceteris..constituerant uti.. SAL.*Cat.*43.1; Hephaestion ~ Cratero et Coeno ad quaestionem..habendam consurgunt CURT.6.11.11; Iuno quidem ~ Minerua tristes et iratis similes e scaena redeunt APUL.*Met.*10.34. **b** secum abstulit hasta insigne ENN.*Ann.*416; hoc quidem hercle.. mecum erit, mecum feram PL.*Aul.*449; edepol, senectus, si nil quicquam aliud uiti adportes tecum CAECIL.*com.*174. **c** libris, quos poteris mecum legere cum uoles CIC.*Top.*99; Marcus est nobiscum *Fam.*13.79; multo maioris alapae mecum ueneunt PHAED.2.5.25; primum ei matrimonium et liberi fuere ~ Tiberio Nerone TAC.*Ann.*5.1;—ex omnibus, qui ~ Bibulo sunt CIC.*Fam.*2.17.6.

2 On the side of, with, supporting.
testi' mecum est anulus quem miserat TER.*Ad.*347; qui.. steterit ~ Achiuis ACC.*trag.*358; erat mecum cunctus equester ordo CIC.*Planc.*87; me ~ Gabinio sententiam dicere *Att.*10.8.3; quae pars ~ Romanis stabat LIV.42.56.4; illius (*sc.* amicitiae), ~ qua homines moriuntur, pro qua moriuntur SEN.*Ep.*6.2; (*cf.*) tertia uictoria ~ Poenis erat LIV.23.33.4;—(*w.* facere) quaeremus partes iuris utrocum faciant *Rhet.Her.*2.15; ostendit..uerba ipsa sponsionis facere mecum CIC.*Caec.*80; sperabam..Lepidum..tecum et ~ re p. esse facturum *Fam.*10.14.2; cum animaduerteret deum numen facere secum NEP.*Ag.*2.5.

3 Together with (as an extra or in an ancillary capacity), along with; (also connecting two more or less equal persons or things). **b** along with, in company with (as opposed to being alone). **c** complete with; (colloq.) you and your, etc.
symbolum hunc ferat lenoni ~ quinque argenti minis PL.*Ps.*753; id ~ melle aut ~ mulso adponito CATO *Agr.*80; alter ulteriorem Galliam decernit ~ Syria, alter citeriorem CIC.*Prov.*36; nautam unum ~ sex mensum stipendio daret LIV.24.11.7; panis non tam multum..~ pisciculo..sumere CELS.4.5.8; et per se solanum uel ~ pane prodest LARG.244; id bellum ~ causis et euentibus..mox memorabimus TAC. *Hist.*3.46; uerba M. Varronis, hominis..quam fuit Claudius ~ Coelio (*i.e. put together*) doctioris GEL.10.1.4;—(*indicating profit, increase*) ut ex eodem semine aliubi ~ decimo redeat, aliubi ~ quinto decimo VAR.*R.*1.44.1; CIC.*Ver.*3.112; COL. 3.3.4; ~ centesima fruge agricolis faenus reddente terra

PLIN.*Nat.*5.24;—aut haec ~ illis sunt habenda aut illa ~ his mittenda sunt TER.*Hau.*325; concedenda una ~ dignitate libertas CIC.*Phil.*12.4; iuuentutem luxuria atque auaritia ~ superbia inuasere SAL.*Cat.*12.2; ~ gemmis Tyrios mirare colores HOR.*Ep.*1.6.18; quae tum ~ Castore fratri (excepi) PROP.2.26.9; uel ~ Deiphobo Polydamanta roga OV.*Ep.*5.94; ut gemmae ~ sucinis atque crystallinis cum huic omnia ~ honore detracta sint CIC.*Sul.*90; semine.. murrinisque sileantur PLIN.*Nat.*36.1; decor oris ~ quadam maiestate TAC.*Hist.*2.1; quod miraretur ~ Coclite Mucius JUV.8.264;—(*w. pl. vb.*) dux hostium C. Herennius ~ urbe Valentia et exercitu deleti SAL.*Hist.*2.98.6; litora ~ plausu clamor..impleuere OV.*Met.*4.735; Ilia ~ Lauso de Numitore sati *Fast.*4.54. **b** eae nationes ~ aliis rebus..res publicas suas amiserunt GRACCH.*orat.*21; at te Iuppiter dique omnes perdant ~ condimentis tuis PL.*Ps.*837; magna mehercules causa..absolutionis ~ ceteris causis haec est CIC.*Font.*36; idque erat ~ aliis cur te..cuperem uidere *Att.* 11.15.1; sed ~ aliis multis hoc ferendum 16.2.1; quod enim omnis animantis..complectitur, id non potest esse ~ altero *Tim.*12; ~ omnibus potius quam solos perituros LIV.2.24.2. **c** qui salinum seruo opsignant ~ sale PL.*Per.*266; uirgas murteas si uoles ~ bacis seruare CATO *Agr.*101; non nullas (naues) ~ hominibus capiunt CAES.*Civ.*1.58.4; ~ stabulis armenta tulit VERG.*G.*1.483; magnae pereunt ~ moenibus urbes OV.*Met.*2.214; ipsum ~ fluctibus aequor *Ib.*69; ut.. Academiam ~ Platone reliquerit GEL.3.13.5; (*w. pl. vb.*) posthac Neptunus ~ Salacia et Portuno et omni choro Nerei ab aestibus fretorum ad aestus amorum transferentur APUL.*Apol.*31;—abin hinc in malam rem ~ suspicione istac? TER.*An.*317; ipso ~ domino calce omnis excutiamus LUCIL.1064; abi hinc ~ tribunatibus ac rogationibus tuis LIV.6.40.12; ut..~ opibus suis diuites superne despiciat (animus) SEN.*Ep.*92.32; (*cf.*) ~ uiro ~ uxore, di uos (*i.e. the household*) perdant! PL.*Men.*666.

4 a With (forces under one's command), at the head of; also, with (subordinates, assistants, etc.). **b** under the command of, with (an officer).

a ~ legionibus quom proficiscitur induperator ENN.*Ann.* 565; mittam te..~ equitibus CATO *hist.*87; ut ~ suis copiis quam proxime Italiam sit CIC.*Phil.*10.26; a P. Crasso, quem ~ legione una miserat ad Venetos CAES.*Gal.*2.34; C. Volusenum ~ naui longa praemittit 4.21.1; C. Manlium arma cepisse ~ magna multitudine SAL.*Cat.*30.1; C. Laelium.. ~ quibus uenerat nauibus redire in Hispaniam iussit LIV. 27.7.4; exercitu ~ quo ego die uno Carthaginem cepi 28.28.9; —PRAETOR ~ SOVEIS VIATORIBVS APPARITORIBVSQVE.. CVRATO *CIL* 1.583.50; duos legatos..habebat, ~ quibus.. obire ad omnis..conatus posset LIV.31.21.9. **b** mitte mecum Romam equitatum CATO *hist.*86; cum illo exercitu quem tum secum habebat CIC.*Sest.*11; cum..omnem equitatum ~ C. Trebonio legato misisset CAES.*Gal.*5.17.2; praesidio ibi ~ Oppio legato relicto *B.Afr.*68.4; classis Romana ~ M. Valerio Laeuino proconsule..in Africam transmissa LIV.28.4.5.

5 (after vbs. requiring a combination of objects) With, together with. **b** (in comparisons). **c** (in exchanges).

facito iis medullam ~ medulla coniungas CATO *Agr.*41.3; quin meum senium ~ dolore tuo coniungam et comparem ACC.*trag.*90; ut Pompeius istas Domiti copias ~ suis coniungat CIC.*Att.*7.23.3; quantas pecunias..acceperunt tantas.. ~ dotibus communicant CAES.*Gal.*6.19.1; legio coniuncta ~ cohortibus..erant collocatae *Civ.*3.88.3; et sua ~ miserae commiscuit ossa puellae PROP.2.8.23; ne ~ malefico usum bonus consociet ullius rei PHAED.4.11.20; aequa pondera misceri oportet ~ melle LARG.96. **b** egon uitam meam asticam contendam ~ istac rusticana..? CAECIL.*com.*222; conferte Verrem, non ut hominem ~ homine comparetis.. sed ut pacem ~ bello..conferatis CIC.*Ver.*4.121; cum suas quisque opes ~ potentissimis aequari uideat CAES.*Gal.* 6.22.4;—(*w.* contra) caue sis tuam contendas iram contra ~ ira Liberi NAEV.*trag.*36. **c** quicum uersipellis fio et quicum conmuto omnia LUCIL.670; ~ pedibusque manus, ~ longis bracchia mutat cruribus OV.*Met.*3.196.

6 a Simultaneously with, at (a point of time); at the same time as or contemporaneously with (another event, process, etc.). **b** (w. some causal sense) along with. **c** (after words expr. similarity, equality) with. **d** (in a spatial sense) together with. **e** *iuxta* ~, in the same degree as; ~ *primis*, first of all, chiefly, (w. adjs.) pre-eminently, in the highest degree.

a egone aps te abii hinc hodie ~ diluculo? PL.*Am.*743; ~ primo luci ibo hinc TER.*Ad.*841; ~..die surgunt OV.*Met.* 13.677; (*w.* simul) hinc abii mane ~ luci semul PL.*Mer.*255; cum..simul ~ sole experrectus essem CIC.*Att.*13.38.1;—mihi quidem profecto ~ istis dictis mortuost PL.*Ps.*310; cum huic omnia ~ honore detracta sint CIC.*Sul.*90; semine.. maturescente ~ hordeo PLIN.*Nat.*26.85; ~..tuis creuit mea Thebais annis STAT.*Silv.*3.5.36; TAC.*Dial.*37.5; (*w.* simul, *etc.*) noui (illum) ~ Calcha simul PL.*Men.*748; ut ego huc iam dudum simitu exissem uobiscum foras *St.*743; ut ille.. uixisse ~ re publica pariter et ~ illa simul exstinctus esse uideatur CIC.*de Orat.*3.10. **b** exit ~ nuntio Crassus CAES. *Gal.*5.46.3; simul animus ~ re concidit *Inc.trag.*95; VITR. 1.4.7; ~ timore simul fide decrescente LIV.26.17.12; qui ~ Fortuna terga dedere fugae OV.*Pont.*3.2.8; studium ~ spe senescit VELL.1.17.7. **c** TVRREIS..AEQVAS ~ MOIRO FACIVNDVM COIRAVERVNT *CIL* 1.1722.4; sextarius aequus aequo ~ librario siet *Leg.pub.*(*Font.iur.*p.46)3; sunt..quaedam animi similitudines ~ corpore CIC.*Tusc.*2.54. **d** ubi lassata ~ siderum ui Ripaeorum montium deficiunt iuga PLIN.*Nat.*6.34. **e** ut scias iuxta mecum mea consilia PL. *Mil.*234; quid istic scriptum? — iuxta tecum, si tu nescis, nescio *Per.*249; iuxtaque eam curo ~ mea *Trin.*197;—~ primis quaerere par est..inolentis oliui naturam LUCR. 2.849; 5.621;—Crotoniatae quondam, cum..in Italia ~ primis beati numerarentur CIC.*Inv.*2.1; uir bonus et ~ primis honestus *Quinct.*24; *Ver.*1.137.

7 Having with one in var. special ways: **a** (as clothing, ornaments, etc.; also, as a wrapping). **b** (something carried, held, etc.; also, a possession). **c** (weapons). **d** (a physical feature; physical condition). **e** (abst. qualities, power, authority, etc.).

eum suus pater ~ pallio unod ab amica abduxit NAEV. *com.*110; non ego te modo hic ante aedis ~ corona florea uidi astare? PL.*Men.*632; ille alter abundans ~ septem incolumis pinnis redit LUCIL.122; quis in funere familiari cenauit ~ toga pulla? CIC.*Vat.*31; ~ singulis uestimentis inermes extra uallum exire iussi LIV.9.5.12;—auriscalpium ~ lana..imponere LARG.56. **b** ~ lanterna aduenit PL. *Am.*149; qui seruom diceret ~ auro esse apud me *Poen.*774; ut comprehendar ~ sacra urna Veneria *Rud.*475; puerum bullatum..~ crotalis saltare SCIP.min.*orat.*20; ~ bulga cenat, dormit, lauit LUCIL.245; hi nunc ueniunt ~ litteris, ueniunt ~ mandatis CIC.*Ver.*2.155; ~ ea praeda..trans Rhenum sese receperunt CAES.*Gal.*6.41.1; redierant legati ~ Atticis legibus LIV.3.32.6; ab Alexandrea magno ~ pondere auri..missus 31.43.5; sequebatur puer ~ tabula terebinthina PETR.33.2;—ut ~ maiore dote abeat quam aduenerit PL.*Rud.*1243; cum reuertantur in suas ciuitates ~ uictoria VITR.9.pr.1; hac ~spe dimissi Tarentini LIV.24.13.5. **c** partim requiescunt tecti, ~ gladiis ENN.*Ann.*437; VAR. *L.*7.52; etiamne ad subsellia ~ ferro atque telis uenistis..? CIC.*S.Rosc.*32; milites ~ gladiis sequuntur consulem *Phil.* 7.13; repertum ~ ferro percussorem Agerinum TAC.*Ann.* 14.10; qui occidendi hominis causa ~ telo fuerit SAT.*dig.* 48.19.8; (*cf.*) non fuerunt armati, ~ fustibus et ~ saxis fuerunt CIC.*Caec.*64. **d** quoiusmodi reliqui..filium? — ~ pedibus, manibus, ~ digitis, auribus, oculis, labris PL.*Mos.*1118; a uermiculo piloso, qui solet esse in fronde ~ multis pedibus VAR.*L.*7.65; ~ elephanti capite puerum natum LIV.27.11.5; ~ cornibus taureis extitisse SUET.*Rhet.* 28(p.124Re);—~ febri domum redit CIC.*de Orat.*3.6; *Clu.* 175. **e** legatus quo hinc ~ publico imperio fui PL.*Truc.* 92; in fortuna quaeritur..priuatus an ~ potestate (sit) CIC.*Inv.*1.35; et de singulis testibus..si leues, si ~ ignominia *Part.*49; mercatorem in prouinciam ~ imperio ac securibus misimus *Ver.*4.8; curaui ut ~ auctoritate regnaret *Fam.* 15.4.6; quod rectum et honestum et ~ uirtute est *Parad.*9; quoniam ipse ad urbem ~ imperio rei publicae causa remaneret CAES.*Gal.*6.1.2; LIV.26.10.9;—(*in attrib. phrs.*) nil moror eum tibi esse amicum ~ eiusmodi uirtutibus PL.*Trin.* 337; quod is ~ illo animo atque ingenio hac e ciuitate potissimum natus est LAEL.*orat.*13; ~ dignitate otium CIC. *Sest.*98; omnia ~ pretio honesta uidentur SAL.*Jug.*86.3; multi..~ spe bona adulescentes *Rep.*2.4.2.

8 Having in it or attached to it, containing. **b** including, counting.

si quis perdiderit uidulum ~ auro PL.*Rud.*1295; cistellam ..domo ecfer ~ monumentis TER.*Eu.*753; pauimentum binis uasis ~ canalibus duabus P. XXX CATO *Agr.*18.2; fiscos compluris ~ pecunia..esse translatos CIC.*Ver.*22; magnum..numerum..scapharum producunt ~ malleolis ignibusque *B.Alex.*14.4; ut impetus..in castra relicta ~ leui praesidio fieret LIV.22.24.2; repositorium allatum est ~ corbe PETR.33.3; non hos detrahere pampinos, qui ~ uua sint PLIN.*Nat.*17.193. **b** iis..regis quadraginta annis et ducentis paulo ~ interregnis fere amplius praeteritis CIC. *Rep.*2.52; naues Massiliensium ~ eis quae sunt captae intereunt VIIII CAES.*Civ.*1.58.5; supplicatio..indicta est ex ante diem quintum idus Octobres ~ eo die in quinque dies LIV.45.2.12.

9 (indicating attendant circumstances) With, to the accompaniment of. **b** (following adjs. in amplifying or explanatory phrs.). **c** ~ *eo quod* (*ut, ne*), with the proviso, on the understanding that; in addition to the fact that.

abeuntes lacrimis ~ multis NAEV.*poet.*4.3; agite, ite ~ dis beneuolentibus PL.*Mil.*1351; adeste ~ silentio *Trin.*22; sic haec potius ~ bona ut componamus gratia quam cum mala TER.*Ph.*621; proelium magno ~ clamore uirorum commissum est SIS.*hist.*26; ut..in otio ~ dignitate esse possent CIC.*de Orat.*1.1; certo..scio te fecisse ~ causa *Q.fr.* 1.2.6; quod..~ cantu et ueluptate moriantur (cygni) *Tusc.*1.73; secunda uigilia magno ~ strepitu..castris egressi CAES.*Gal.*2.11.1; uitaque ~ gemitu fugit indignata sub umbras VERG.*A.*12.952; ~ multa caede ac foeda fuga retro ad naues compulsi sunt LIV.22.31.4; feruida ~ rauco.. stridore..spuma fluit OV.*Met.*8.287; ad tussim, quae ~ fluore est LARG.87; iis orationibus..quas hodieque ~ admiratione legimus TAC.*Dial.*34.7; singulos gestus dominae ~ canticis reddebant PLIN.*Ep.*7.24.7;—(*in attrib. phrs.*) ei rei supplicium ~ cruciatu constitutum est CAES.*Gal.*6.17.5; obsidio erat..et frumenti ~ summa caritate inopia LIV. 2.12.1; pacem petentibus ~ libertate ac legibus sua 27.21.8. **b** quis is est tam potens ~ tanto munere hoc? TER.*Eu.*353; exiguae tenui ~ lumine multae..stellae CIC.*Arat.*399(155); uitiorum..acrem quandam ~ amplificatione incusationem *de Orat.*3.106; at nunc inuisae magno ~ crimine Baiae PROP.3.18.7; cui cauta..consilia ~ ratione..placerent TAC. *Hist.*2.25. **c** sit sane..sed tamen ~ eo credo quod sine peccato meo fiat CIC.*Att.*6.1.7; Antium noua colonia missa, ~ eo ut..permitteretur..LIV.8.14.8; CELS.2.11.6; obsequar uoluntati tuae, ~ eo, ne dubites.. COL.5.1.4; AFRIC.*dig.* 46.3.39;—hoc (dentifricium) ~ eo quod candidos facit dentes, tum etiam confirmat LARG.60; do tempori, ne hirta toga sit..~ eo quod..eadem speciosiora quoque sint quae honestiora QUINT.*Inst.*12.10.47.

10 (expr. manner) With.

face rem hanc ~ cura geras PL.*Per.*198; qui..aetatem agitis ~ pietate et ~ fide *Rud.*29; VIXSI ~ FIDE *CIL* 1.1218.7; oratores ~ seueritate audiri CIC.*Orat.*174; sed me hercules facio ~ pudore PLANC.*Fam.*10.24.1; ut uideant qua quidque geratur ~ ratione LUCR.2.166; magna ~ cura et diligentia suos finis tuentur CAES.*Gal.*7.65.3; iussas ~ fide poenas luam HOR.*Epod.*17.37; ~ bona uenia se audituros LIV.29.1.6; OV.*Tr.*4.1.104; TAC.*Ann.*15.8; 'hesterna noctu' rectene an ~ uitio dicatur GEL.8.1.

11 By means of, using, with; (colloq.) with that — of yours, and sim.

effudit uoces proprio ~ pectore sancto ENN.*Ann.*540; crepundiis, quibuscum hodie filiam inueni meam PL.*Rud.* 1363; ~ uoce maxima conclamat QUAD.*hist.*10b; ~ corona clarum conestat caput ACC.*trag.*445; tera in augurum libris scripta ~ R uno VAR.*L.*5.21; ~ tertia parte (pecuniae) sponsio facta est CIC.*Q.Rosc.*14; terrificam..concussit.. caesariem, ~ qua terram, mare, sidera mouit OV.*Met.*1.180; —(*colloq.*) circumspectatrix ~ oculis emissiciis PL.*Aul.* 14; ista ~ lingua, si usus ueniat tibi, possis culos..lingere CATUL.98.3.

12 With as a consequence, with resulting (good, evil, etc.).

perdidici istaec esse uera damno ~ magno meo PL.*As.*187; tu istaec hodie ~ tuo magno malo inuocasti 909; apisci haut possem nisi ~ magna miseria TURP.*com.*10; auspicia, quibus ego et tu..~ magna rei publicae salute praesumus CIC. *de Orat.*1.39; nedum emori ~ pernicie rei publicae uellem *Planc.*90; haec genera officiorum qui persecuntur ~ summa utilitate rei publicae *Off.*2.85; non si..delicta perpessus praesens gaudium ~ mox futuro malo concesseris SAL.*Rep.* 1.6.5; praeda ad quaestores redacta ~ magna militum ira LIV.5.26.8; at tu hic laruale simulacrum ~ summo dedecore nostro uiseris APUL.*Met.*1.6; aequum est neminem ~ alterius detrimento fieri locupletiorem POMPON.*dig.*12.6.14.

13 (in actions which require two participants) With. **b** (in fighting or other forms of conflict). **c** (w. vbs. of sharing).

mihi ne utiquam cor consentit ~ oculorum aspectu ENN. *scen.*34; osculantem atque amplexantem ~ altero PL.*Mil.* 320; nos male agere praedicant..secum *Truc.*237; me..~ mea ancilla ait consuetum CAECIL.*com.*149; qui ~ eabus stuprum fecerat HEM.*hist.*32; status dies ~ hoste *Lex XII* (*Font.iur.*p.20); pactionibus..quae factae sunt ~ decumano Cn. Sergio CIC.*Ver.*3.102; tritici modios singulos ~ aratoribus denariis ternis aestimauit 3.188; fecerisne foedera.. ciuitatibus *Vat.*29; ~ mima fecit diuortium *Phil.*2.6.9;—(*discussions, etc.*) ausus uerbum ~ eo fuerim facere NAEV. *com.*88; ~ amicis deliberaui PL.*St.*580; quid ego ~ illo dissertem amplius? CATO *orat.*126; quos..~ ipsa solitudine loqui saepe delectat CIC.*Tusc.*3.63; quod collocuti ~ Aruernis dicerentur CAES.*Gal.*7.38.5; balbaque ~ puero dicere uerba senem TIB.2.5.94; libentius ~ fortuna nostra quam nobiscum (loquuntur) TAC.*Hist.*1.15; (*ellipt.*) pauca sunt tecum quae uolo AFRAN.*com.*96; sed ~ hoc alio loco plura CIC. *Luc.*71; FOEDVS P. R. QVM GABINIS *BMCR* 2.p98,No.4660 (*c.* 7 B.C.);—(*w. pl. vb.*) nunc si sponsionem fecissent Gellius ~ Turio CATO *orat.*198; CURT.5.9.2; praeclarus ille uector meus ~ asino capita conferunt APUL.*Met.*3.26;—(*after adj.*) adulescentis optumos..⟨bene⟩ concordes ~ uiris AFRAN. *com.*53. **b** adnuit sese mecum decernere ferro ENN.*Ann.* 133; quicumuis depugno multo facilius quam ~ fame PL.*St.* 627; qui armis secum uellet cernere ACC.*trag.*326; ~ consulibus..decertandum fuit CIC.*Dom.*91; simultates ~ hostibus exercebant SAL.*Cat.*9.2; de grege non ausim quicquam deponere tecum VERG.*Ecl.*3.32; una ~ gente tot annos bella gero *A.*1.47; maximum bellum patribus ~ plebe esse LIV.4.58.12; consulibus bellum ~ Hannibale et binae legiones decretae 25.3.3; gentis ~ qua bellum est TAC.*Ger.* 10.6; uenditorem..ex uendito actionem habere ~ priore emptore PAUL.*dig.*18.2.14.1. **c** quocum..mensam sermonesque suos..comiter impertit ENN.*Ann.*234; tu gaudia mecum partisses LUCIL.97; partitis copiis ~ C. Fabio legato CAES.*Gal.*6.6.1; mecum partire laborem VERG.*A.* 11.510; diuiso ~ Quinctio consule exercitu LIV.4.27.2.

14 (indicating the person or thing with whom or which a relationship, business, etc. exists). **b** (after adjs., indicating the person, etc., with whom a thing is shared or sim.). **c** in dealing with (a situation, etc.).

quid mihi tecum est? PL.*Men.*826; mihi ~ uostris legibus nihil est commerci *Rud.*724; quid tibi rei mecumst? TER. *Ad.*177; nihil cum fidibus graculost *Vers.pop.*in Gel.pr.19 (*poet.*p.30); mihi ~ isto..fuit amicitia *Rhet.Her.*4.49; quid mihi..~ ista summa sanctimonia ac diligentia? CIC. *Quinct.*55; ~ Thebanis sibi rem esse existimabant NEP.*Pel.* 1.3; quid tibi ~ tali..est flumine? PROP.3.3.15; Fabio aliquanto plus negotii ~ ciuibus quam ~ hostibus fuit LIV. 2.43.6; ~ quo uno maxime regum..publicum ciuitati nostrae hospitium est 37.54.5; quid sit ~ Marte poetae OV.*Fast.*3.3; multum illis ~ corpore fuit SEN.*Ep.*78.10; ~ quibus commercium gemmae tantum PLIN.*Nat.*5.34; quid mihi..~ pecunia est? QUINT.*Decl.*383(p.428,l.17); tecum est mihi sermo JUV.8.39; cui nullo modo legari possit uelut peregrino, ~ quo testament factio non sit GAIUS *Inst.*2.218; seruus hereditarius heres institui potest, si modo testamenti factio fuit ~ defuncto PAUL.*dig.*28.5.53(52). **b** sperabam iam onus meum uobiscum esse commune CIC. *Ver.*1.19; *Att.*11.1.1; alterum nobis ~ dis, alterum ~ beluis commune est SAL.*Cat.*1.2; LIV.30.17.12; OV.*Tr.*5.6.29;—ut ita sortem aequam sibi ~ collega dent LIV.10.24.16; Camertes cum aequo foedere ~ Romanis essent 28.45.20; VELL.2.31.2;—quandoque tu..omnibus..in isdem flagitiis mecum..hic in Sicilia uersatus es CIC.*Ver.*3.187; LIV. 30.12.15; hunc ego eodem mecum patre genitum..deduxi TAC.*Ann.*15.2. **c** sed tamen ~ eo ~ quiqui, quamquam sumus pauperculi, est domi quod edimus PL.*Poen.*536; 588; egon quicquam ~istis factis tibi respondeam? TER.*Eu.*153; et ~ bonitate eorum certus sum ita fore FRO.*Amic.*2.p.92 (186N).

15 (*secum, cum animo*, w. vbs. of thinking, talking, etc.) To or with oneself; (*secum* also) by oneself, alone.

quid agat secum cogitat ENN.*scen.*340; quid illic solus secum loquitur? PL.*Ps.*615; quid murmurillas tecum..? fr.inc.153; id ego semper sic mecum agito ACC.*trag.*634; multa mecum ipse reputaui CIC.*Red.Sen.*32; questa diu secum OV.*Fast.*4.585; tecum ipsa nunc euolue femineos dolos SEN.*Ag.*116; et secum, sed ut audiam, susurrat MART. 2.44.6;—hoc tu facito ~ animo cogites TER.*Ad.*500; cogitate ~ animis uestris CATO *orat.*20; si ~ uestris animis.. recordari C. Staieni uitam..uolueritis CIC.*Clu.*70; id..~ animo tuo cogitato FRO.*Aur.*2.p.160(108N);—ut tacita mecum gaudeam TER.*Hec.*107; animum ad se ipsum aduocamus, secum esse cogimus CIC.*Tusc.*1.75; non horam tecum esse potes HOR.*S.*2.7.112; statuitque secum ferre quo moritur malum SEN.*Phaed.*861.

cum², quom, *rel. adv.* [acc. of QVI¹] FORMS: *quom* apparently usual before the Ciceronian period and thereafter in archaizing writers.

1 (introducing a cl. determining the time at,

about, or during which the action of the main vb. takes place) At the time that, when. **b** (determining a point in the past from which time is reckoned) from the time when, 'since'. **c** (determining a period of time) during which time, 'since'. **d** ~ *extemplo, primum*, etc., the moment that, as soon as.

tu grauidam..fecisti, ~ in exercitum profectu's Pl.*Am.*1137; is me heredem fecit ~ suom obiit diem *Poen.*1070; ~ tibi do istam uirginem, dixtin hos dies mihi soli dare te? Ter.*Eu.*792; quod ~ dixero..facitote 1067; si ego consul ~ fui non fuissem Cic.*Red.Pop.*17; triginta dies erant ipsi ~ has dabam litteras per quos nullas a uobis acceperam *Att.*3.21; scribam ad te ~ certum habebo 9.9.4; ~ Caesar in Galliam uenit, alterius factionis principes erant Aedui Caes.*Gal.*6.12.1; sero ac nequiquam, ~ dominum Romanum habebitis, socium Philippum quaeretis Liv.31.29.14; ubi uos requiram, ~ dies aduenerit? Phaed.1.16.7;—(*w. correlative adv.*) actutum scibis, ~ in neruo nictabere Nov.*com.*47; Cic.*Ver.*2.160; tum decuit, ~ sceptra dabas Verg.*A.*4.597; tum pacem speratis ~ uincemur, quam nunc ~ uincimus dat nemo? Liv.23.13.4; ~ patriam amisi, tunc me periisse putato Ov.*Tr.*3.3.53; olim ~ legis actiones in usu erant, etiam ex illa causa tutor dabatur Gaius *Inst.*1.184;—(*w. subj.*) quem quidem hercle ego in exsilium ~ iret, redduxi domum Pl.*Mer.*980; magistratus ~ ibi adesset occeptast agi Ter.*Eu.*22; effice ut idem status sit ~ exigis qui fuit ~ promitterem Sen.*Ben.*4.39.4; esset ~ uinum uilior illa fuit Mart.13.122.2; Suet.*Cl.*6.1;—(*w. subj. induced by context*) ~ tu has litteras legeres, putabam fore ut scirem Cic.*Att.*9.1.1; tum id se facturos, ~ ille..uento aquilone uenisset Lemnum Nep.*Milt.*1.5; ~ in eorum..manu res Syracusana esset, tum reuerterentur Liv.24.33.7. **b** iam dudum factum est ~ primum bibi Pl.*As.*890; non sex menses Megaribus huc est ~ commigrauit *Per.*138; decimus mensis est, ~ factum est Pompon.*com.*55; nondum centum et decem anni sunt, ~..lata lex est Cic.*Off.*2.75;—(*w. subj., s.v.l.*) et non longinqua memoria est, ~ in arbore ensem uiderint, quem Orestes..reliquisse dicitur Cato *hist.*71. **c** iam anni prope quadringenti sunt ~ hoc probatur Cic.*Orat.*171; uicesimus annus est ~ omnes scelerati me unum petunt *Phil.*12.24; septima..iam uertitur aestas, ~ freta, ~ terras omnis ..emensae ferimur Verg.*A.*5.627. **d** ~ extemplo ad forum aduenero, omnes loquentur Pl.*Capt.*786; ut, ~ extemplo uocem, continuo exsiliatis *Mos.*1064;—qui consulatum petierim ~ primum licitum sit Cic.*Agr.*2.3; ipse, ~ primum per anni tempus potuit, ad exercitum contendit Caes.*Gal.*3.9.2; Liv.3.14.4; quod ~ primum senserit, remoueatur remedium Larg.11;—(*cf.*) nam quaedam solent, ~ subito euaserunt, sine cunctatione se proripere Col.9.9.3.

2 (in generalizing or iterative sense) On any or every occasion on which, when. **b** (in similes or comparisons after *quasi, uelut*, etc.).

amicum ~ uides, obliscere miserias App.*poet.*2.1; hoc nobis uitium maxumumst, ~ amamus tum perimus Pl.*Truc.*190; dolia quae opus sunt picentur, ~ pluet Cato *Agr.*23.1; domo ~ proficiscebatur, numquam minus terna..milia hominum sequebantur Asel.*hist.*6; ~ nexum faciet..uti lingua nuncupassit, ita ius esto *Lex XII*(*Font.iur.*p.25); ~ rosam uiderat tum incipere uer arbitrabatur Cic.*Ver.*5.27; nam loca declarat sursum uentosa patere res ipsa..montis ~ ascendimus altos Lucr.6.469; Caes.*Gal.*5.19.2; *Civ.*1.79.3; ~ opus est, nil habes Phaed.4.24(25).17; desinunt..tremores, ~ uentus emersit Plin.*Nat.*2.198; ~ potum est, e uestigio ciet dolorem Larg.194;—(*w. subj.*) praeterea salsamentorum in eas piscinas emptum coiciebat ~ mare turbaret Var.*R.*3.17.7; ~ ferrum se inflexisset, neque euellere neque..pugnare poterant Caes.*Gal.*1.25.3; dispersosque ~ longius necessario procederent adoriebatur magnoque incommodo adficiebat 7.16.3; saepe, ~ aliquem offensum fortuna uideret minus bene uestitum, suum amiculum dedit Nep.*Cim.*4.2; desperato..consulum senatusque auxilio ~ in ius duci debitorem uidissent undique conuolabant Liv.2.27.8; grunnire eum (*sc.* piscem porcum) ~ capiatur Plin.*Nat.*32.19;—(*w. cum-cl. as sb.*) nec noxia tantum pocula proficiunt aut ~ turgentia suco frontis amaturae subducunt pignora fetae Luc.6.455. **b** concurrunt ueluti uenti ~ spiritus austri imbricitor aquiloque..fluctus extollere certant Enn.*Ann.*443; quasi ~ uentus fert nauem in mare secundus Turp.*com.*214; uelut ingentem formicae farris aceruum ~ populant Verg.*A.*4.402; teruntur priora..donec quasi ~ collyrium conponitur leuia fiant Larg.42.

3 (w. qualitative force, w. subj.) At a time or in circumstances when.

iam pridem..frigida non laui magi' lubenter nec ~ me melius..rear esse deficatam Pl.*Mos.*158; celem tam insperatum gaudium, ~ illi pericli nil ex indicio siet? Ter.*Hau.*415; quis uidit corona donari quemquam, ~ oppidum captum non esset? Cato *orat.*151; num quem..scias tribunum plebis egisse cum plebe, ~ constaret seruatum esse de caelo Cic.*Vat.*17; paucis post diebus, ~ minime exspectarem, uenit ad me Caninius mane *Fam.*9.2.1; haec ~ legas tu, bellus ille..caprimulgus aut fossor rursus uidetur Catul.22.9; uti..resistere possint, ~ cunei..extruderent incumbas Vitr.6.8.4; ~ haec agerentur, iam consul..ad fanum Quietis erat Liv.4.41.8; ~ Varius Graccusque darent fera dicta tyrannis Ov.*Pont.*4.16.31; nil actum credens ~ quid superesset agendum Luc.2.657; quali digna tabella ~ Gaetula ducem portaret belua luscum Juv.10.158; Gel.7.16.1.

4 (w. ind.) In the situation or circumstances when.

eam laudem hic ducit maxumam ~ illis placet Ter.*Ad.*18; longior hic quam grus, grue tota ~ uolat olim Lucil.168; si breuitas appellanda est, ~ uerbum nullum redundat Cic.*de Orat.*2.326; id est parum tum ~ est aliquid amplius *Marc.*26; *Fin.*2.16; ~ etiam exesus est (dens)..tum non suadeo protinus tollendum Larg.53; malagma ad ὀπισθότονον id est ~ ceruix reflexa est 255; Stat.*Silv.*4.9.48; (*subj. induced by context*) animaduertit..'in' et 'con' praepositiones..tunc produci atque protendi, ~ litterae sequerentur, quae primae sunt in 'sapiente' atque 'felice' Gel.12.17.1.

5 (in narrative use, introducing a further incident or situation)When, after (w. plpf.).

(*w. subj.*) qui ~ post hunc Phliasium sermonem in Italiam uenisset, exornauit eam Graeciam..praestantissumis..artibus Cic.*Tusc.*5.10; ~ in Italiam proficisceretur Caesar, Ser. Galbam..in Nantuates..misit Caes.*Gal.*3.1.1; eo ~ uenisset, cohortes..pontem fluminis interrumpebant *Civ.*1.16.2; quo simul atque captiuus ~ peruenisset *B.Afr.*4.3; idem ~ aduersarios intra moenia compulisset et ut Corinthum oppugnaret multi hortarentur negauit id suae uirtuti conuenire Nep.*Ag.*5.3; ~..tritiores manus ad aedificandum perfecissent..tum etiam..perfecit ut.. Vitr.2.1.6; ad consulem tres legati missi..~ paucis ante diebus ex Sicilia redisset Liv.27.29.4; ego ~ uidissem indolem tuam, inieci manum Sen.*Ep.*34.2; Suet.*Nero* 49.2;—(*w. ind.*) quo ~ uenit, compluris ibi amisit nec egit quicquam Galba *Fam.*10.30.4; Mithrobarzanem persequitur tantum; qui ~ ad hostes peruenerat, Datames signa inferri iubet Nep.*Dat.*6.5; postera ~ prima lustrabat lampade terras orta dies, urbem ..explorant Verg.*A.*7.148; haec ~ facta sunt in consilio, magna spe et laetitia omnium discessum est Caes.*Civ.*3.87.7; Gel.1.23.5.

6 (introducing a circumstance which supports the action of the main verb) Since, seeing that. **b** (after vbs. of praising, thanking, etc.).

quae futura..eloquar, multo adeo melius quam illi, ~ sum Iuppiter Pl.*Am.*1134; mihi..~ hic nugatur, contra nugari lubet *Trin.*900; ~ intellexeras id consilium capere, quor non dixti? Ter.*An.*517; QVONQVE DE EIEIS REBVS SENATVEI PVRGATI ESTIS *CIL* 1.586.12; sed ~ ob tua decreta..pecuniae dabantur, non erat quaerendum cuius manu numerarentur Cic.*Ver.*2.26; quod est molestiae non sane multo leuius est, ~ te non uideo *Fam.*13.1.1;—(*w. subj.*) quae ~ ita essent..me ut magnopere cauerem praemonebat *Ver.*23; o bellum magno opere pertimescendum, ~ hanc sit habiturus Catilina scortorum cohortem praetoriam! *Catil.*2.24; quae ~ ita sint..tuam..legem..uehementissime..comprobo *Man.*69; illum, ~ antea nihil scripserim, existimaturum me..nihil scripturum fuisse *Att.*13.27.1; ne, ~ ad consulem scripsissem, publice uiderer scripsisse *Fam.*15.9.3; ~ uultus Domiti cum oratione non consentiret..res diutius tegi..non potuit Caes.*Civ.*1.19.3; illi ~ quid ageretur..ignorarent, coacti sunt cum iis pugnare Nep.*Dat.*6.6; cur ego posse negem minui mihi numinis iram, ~ uideam mitis hostibus esse deos? Ov.*Pont.*2.1.48; quae, genus utrumque nosset ~ pulcherrime, legem duabus hanc proposuit partibus Phaed.3.13.4; at quem dignitas sua defendet, ~ praefecto urbis non profuerit? Tac.*Ann.*14.43; Suet.*Cl.*36;—(*w.* praesertim) ~ praesertim..condemnati sint complures..duo soli absoluti Cic.*Ver.*2.155; nec causa eadem est..praesertim ~ Marcellum scribas..discedere *Att.*15.3.1; ~ praesertim nemo tam hebes sit, qui ignorare possit Liv.32.20.6; Larg.84. **b** Ioui disque ago gratias merito magnas, ~ te reddUcem tuo patri reddiderunt Pl.*Capt.*923; ~ tu liber es..gaudeo *Men.*1031; et ~ istas inuenisti filias..mihi uoluptatist *Poen.*1412; et est dis gratia ~ ita ut uolo est Ter.*Ad.*139; ~ saluus uenis..gratulor dis Afran.*com.*21;—(*w. subj.*) filium conlaudauit, ~ imperium..retineret Quad.*hist.*57.

7 a (introducing an adverse circumstance, which does not prevent the action of the main vb.) Though, even when. **b** (introducing a contrasting circumstance) while, whereas.

a (*w. ind.*) Cupido, ~ ⟨tu⟩ tam pausillu's, nimis multum uales Naev.*com.*55; hi (fontes).., ~ sunt frigidi, ideo uidentur aspectu feruere, quod.. Vitr.8.3.2; qui, magna ~ minaris, extricas nihil Phaed.4.23(24).4; Plin.*Nat.*11.227; (*ellipt.*) scio et perspexi saepe. — uerum ~ antehac, hodie maxume scies Pl.*Mil.*1366;—(*w. subj.*) ~ saucius multifariam ibi factus esset, tamen uulnus capiti nullum euenit Cato *hist.*83; non poterant tamen, ~ cuperent, Apronium imitari Cic.*Ver.*3.78; nec ausus est, ~ esset emptus, intercedere *Sest.*74; quare, omnia ~ rerum primordia sint in motu, summa tamen..uideatur stare Lucr.2.309; Iugurtha ..~ ipse ad imperandum Tisidium uocaretur, rursus coepit flectere animum suom Sal.*Jug.*62.8; et, ~ anceps caedes fuisset, aduersae tamen rei fama in Romanos uertit Liv.9.38.8; in quo diuersi niteant ~ mille colores, transitus ipse tamen spectantia lumina fallit Ov.*Met.*6.65; ~ multis usus sim, nullum magis probo (medicamentum) Larg.221. **b** (*w. subj.*) eo uos uostros panticesque adeo madefactatis, ~ ego sim hic siccus Pl.*Ps.*184; docui, ~ desertum esse dicat uadimonium, omnino uadimonium nullum fuisse Cic.*Quinct.*86; nostros equites..quorum erat $\overline{\text{V}}$ numerus, ~ ipsi non amplius octingentos equites haberent Caes.*Gal.*4.12.1; Hor.*S.*1.4.22; Capuae legio tertia hiemandi causa locatur..~ contra Tarracinenses nulla ope iuuarentur Tac.*Hist.*4.3; (*ellipt.*) quinquaginta prope sapores (*sc.* ex sue) ~ ceteris singuli Plin.*Nat.*8.209.

8 (quasi-participial use, w. cl. indicating what is being done at the time of the action of the main vb. by a person involved in that action) When, while, as.

ego ~ peribat uidi Pl.*Bac.*469; risi ted hodie multum..hic ~ auctionem praedicabas *St.*245; (*ellipt.*) ~ egomet mecum cogito, stulte feci qui hunc amisi *Mil.*1375;—(*w. subj.*) ego hoc ex eis saepe audiui, ~ dicerent pergratum Atheniensis..fecisse Cic.*de Orat.*2.155; non qui nouisse Gauium, sed se uidisse dicerent, ~ is..in crucem ageretur *Ver.*5.165; quis umquam audiuit ~ ego de me nisi..necessario dicerem? *Dom.*93; cuperem uultum uidere tuum ~ haec legeres *Att.*4.17.4(16.7); Nep.*Thr.*2.7; *Pel.*2.5.

9 (in sentences where the action of the main verb is said by the speaker to be involved in or implied by the action of the *cum*-cl.) When, in that. **b** (w. subj.) when (i.e. by one's action in doing something).

rem meam constabiliui, ~ illos emi Pl.*Capt.*453; amice facis ~ me laudas *Mos.*720; quod facere solent etiam nunc multi, ~ dicunt.. Var.*L.*6.21; ~ senatores summis iniuriis adficis, quid aliud dicis nisi hoc? Cic.*Ver.*3.96; peruertunt homines ea..~ utilitatem ab honestate seiungunt *Off.*3.101; fere cotidianis proeliis cum Germanis contendunt, ~..suis finibus eos prohibent Caes.*Gal.*1.1.4; frustra labore suscepto ~ se magnis itineribus extenderet *Civ.*3.77.3. **b** hanc nostram coniunctionem..diremerunt, ~..illum ut me metueret..monerent Cic.*Dom.*28; iucunda mihi eius oratio fuit ~ de animo tuo..mihi narraret *Fam.*3.1.2; deinde ~ se iactaret eodem modo dicere, Senecam infamabat Quint.*Inst.*10.1.127; ignotum adhuc ingenium..caede nobili imbuisti, ~..innoxios pueros inlustris senes conspicuas feminas eadem ruina prosterneres Tac.*Hist.*4.42.

10 a (after expressions of time, nouns, or advs., elaborating them in terms of a situation) On which, when. **b** (elaborating an event or situation; also a part of a speech, etc.).

a (*w. ind.*) nunc enim uero est, ~ meae morti remedium reperibit nemo Caecil.*com.*119; in eodem tempore periit, ~..maxime uiuo opus est Lael.*orat.*13; unus ille dies..quo in patriam redii, ~ senatum egressum uidi Cic.*Pis.*52; scilicet et tempus ueniet ~ finibus illis agricola..exesa inueniet ..pila Verg.*G.*1.493; fuit ~ hoc dici poterat Liv.7.32.13;—(*w. subj.*) nunc illud est ~ me fuisse quam esse nimio mauelim Pl.*Capt.*516; qui locus est..quod tempus, qui dies, quae nox ~ ego non ex istorum insidiis..eripiar atque euolem? Cic.*Mur.*82; utinam illum diem uideam ~ tibi agam gratias *Att.*3.3.1. **b** quid ego..illam labem..rei publicae querar, ~..classis ea..a praedonibus capta..est? Cic.*Man.*33; haec deorum immortalium uox..iudicanda est..~ maria atque terrae motu quodam nouo contremiscunt *Har.*63; tria genera exquirendi offici esse, unum, ~ deliberemus honestum an turpe sit *Att.*16.11.4; quae sunt ista arma (contra dolorem)? contentio confirmatio sermoque intumus, ~ ipse secum: 'caue turpe quicquam..' *Tusc.*2.51; Hirtius..in ipsa uictoria occidit, ~ paucis diebus ante magno proelio uicisset *ad Brut.*1.3a.(4);—maximeque eis locis, ~ aut arguas aut refellas *Orat.*225; incidique in eum locum in dicendo, ~ Sestius..subsidio Bestiae seruatus esset *Q.fr.*2.3.6; in hac ipsa suasoria, ~ describeret beluarum..magnitudinem Sen.*Suas.*1.13.

11 (following the main clause, to give accompanying circumstances): **a** While. **b** (giving additional information) on which occasion, during which time.

a iamque fuga timidum caput abdidit alte ~ medii nexus extremaeque agmina caudae soluuntur Verg.*G.*3.422;—(*w. subj.*) saepe uagus Liber..Thyiadas effusis euantis crinibus egit, ~ Delphi..acciperent laeti diuum Catul.64.392; consumitur uigiliis reliqua pars noctis ~ sua quisque miles circumspiceret, quid secum portare posset Caes.*Gal.*5.31.4; dicere nescio quid puero, ~ sudor ad imos manaret talos Hor.*S.*1.9.10; quam consulare quod triduum totum senatus sub exemplo patientiae tuae sedit ~ interea nihil praeter consulem ageres Plin.*Pan.*76.1. **b** boues nisi per hiemem, ~ non arabunt, pasci non oportet Cato *Agr.*54.5; de quo..tecum egi diligenter, ~ tu mihi humanissime respondisti Cic.*Fam.*13.75.1; tria milia ferme aberat ~ hauddum quisquam hostium senserat Liv.28.2.1; multum diei processerat, ~ etiam tum euentus in incerto erat Sal.*Jug.*51.2; Suet.*Vit.*8.2;—(*w.* interim, interea) te iam sector quintum hunc annum, quom interea, credo, oui' si in ludum iret, potuisset iam fieri ut probe litteras sciret, ~ interim tu meum ingenium..nondum etiam edidicisti Pl.*Per.*174; Sen.*Nat.*4a.pr.11; quattuor uentos generaliter..accepimus flare, ~ interim plurimi medii..deprehenduntur Quint.*Inst.*12.10.67; super ueterem segnitiae notam ebrietatis quoque..infamiam subiit, ~ interim..numquam..officium hominum..defuit Suet.*Cl.*5.1.

12 (following the main cl. and introducing a further, often sudden or unexpected, action or event) And then, when. **b** (where the main cl. indicates the temporal circumstances in which the action described in the *cum*-clause takes place).

tu clamabas deum fidem..~ ego accurro Pl.*Men.*1054; non dubitabat..quin iste..illo die rem illam quaesiturus non esset, ~ repente iubetur dicere Cic.*Ver.*2.72; legeram tuas litteras XIII K., ~ mihi epistula adfertur *Att.*9.12.1; iamque paulum a fuga aberant ~ Sulla..Mauris incurrit Sal.*Jug.*101.8; uincebaturque consulare imperium tribunicio auxilio ~ alius additur terror Liv.3.30.4; nondum Hannibal e castris exierat ~ pugnantium clamorem audiuit 27.42.1; iamque deos..Aeneia uirtus..ueteres finire coegerat iras ~..tempestiuus erat caelo Cythereius heros Ov.*Met.*14.583; transtulitque (signum) in cubiculum alio signo substituto, ~ quidem tanta pop. R. contumacia fuit, ut.. Plin.*Nat.*34.62; iam legiones in testudinem glomerabantur..~ languescere paulatim Vitellianorum animi Tac.*Hist.*3.31; turbabantur densis Germanorum cateruis leues cohortes, ~ Caesar aduectus ad uicesimanos..clamitabat *Ann.*1.51; (*cf.*) nec mora, ~ ritu Graeciensi ignis et rota, ~ omne flagrorum genus inferuntur Apul.*Met.*3.9;—(*w.* subito) erat igitur in luctu senatus..~ subito edicunt duo consules ut ad suum uestitum senatores redirent Cic.*Sest.*32. **b** una nox intercesserat ~ iste Dorotheum sic diligebat ut..Cic.*Ver.*2.89; iamque dies consumptus erat ~ tamen barbari nihil remittere Sal.*Jug.*98.2; uix prima inceperat aestas..litora ~ patriae lacrimans portusque relinquo Verg.*A.*3.10; tertius interea decimo successerat annus ~ pater..tibi..despondit Ianthen Ov.*Met.*9.715; iam nonum diem statiua erant ~ externa ui non tutus modo rex sed inuictus intestino facinore petebatur Curt.6.7.1.

13 a (w. superl. At the most —; *ut* ~ *maxime*, as much as ever; also, most particularly; ~ *magis* (dub.) the more particularly. **b** ~ *maxime* (also written as one word) at the very moment that; (as advl. phr.) at this (that) very moment; also *tum, nunc* ~ *maxime*.

a trium aut ~ plurimum quattuor ramorum uallos Liv.33.5.9; si totam mihi ex omnibus metallis, quae ~ maxime deprimimus, pecuniam proferas Sen.*Dial.*5.33.4; dein morata in coitu solis biduo, ~ tardissime, a tricesima luce rursum..exit (luna) Plin.*Nat.*2.44; non conparere in caelo Saturni sidus..~ plurimum, diebus CLXX, Iouis XXXVI aut, ~ minimum, denis detractis diebus 2.78; ab hora septima uel, ~ tardissime, octaua Plin.*Ep.*3.5.8; praeterquam in propinqua oppida et, ~ longissime, Antio tenus nusquam afuit Suet.*Tib.*38;—hanc Bacchidem amabat ut ~ maxume tum Pamphilus quom.. Ter.*Hec.*115; domus celebratur ita ut ~ maxime Cic.*Q.fr.*2.4.6;—perge istuc quoque uti ~ maxime delere Cato *orat.*171;—dicimus.. eos id quod alienis utantur, peccare, cummagis etiam delinquere quod a multis exempla sumant *Rhet.Her.*4.7(*s.v.l.*). **b** ~ maxime dissereret, interuenit Tarquinius Liv.1.50.7; ~ maxime haec in senatu agerentur, Canuleius..ita disseruit 4.3.1; totus mihi in oculis es, ~ maxime a te discedo Sen.*Ep.*49.1;—si..haec sitiens quommaxime loquatur *Rhet. Her.*4.9; etiamne ea neglegemus quae fiunt ~ maxime, quae uidemus? Cic.*Har.*32; Sen.*Con.*10.5.3; ~ maxime haec dicente Gaio puer..delapsus est Petr.54.1; Plin.*Nat.*9.123; Quint.*Inst.*6.1.23; Tac.*Dial.*16.7; ne id..referre huic, quod ~ maxime praecipimus, repugnet Plin.*Ep.*8.22.4; opus est nunc ~ maxume ut sis (apud te) Ter.*Ph.*204;—quae tum ~ maxime L. Hortensius faceret Liv.43.7.8; QVOD OPVS QVAM ARDVVM SIT NOBIS, NVNC ~ MAXIME..COGNOSCIMVS *CIL* 13.1668.2.39.

14 (introducing one of two co-existing or co-ordinate circumstances or actions, usually followed by *tum* which indicates the more particular or noteworthy circumstance) Not only, as well as. **b** (ellipt., w. single words or phrases).

(*w. ind.*) ~ ego antehac te amaui et mi amicam esse creui ..tum id mihi hodie aperuisti Pl.*Cist.*1; ~ haec metuo, metuo ne ille huc Harpax aduenat *Ps.*1030; ~ mihi paueo, tum Antipho me excruciat animi Ter.*Ph.*187; ex Samnio ~ laudationes honestissimae missae sunt, tum homines amplissimi..uenerunt Cic.*Clu.*197; nos..a te amari ~ uolumus tum etiam confidimus *Fam.*7.14.2; ~ omnis iuuentus, omnes etiam grauioris aetatis..eo conuenerant, tum nauium quod ubique fuerat in unum locum coegerant Caes.*Gal.*3.16.2;—(*w. subj.*) ~ me purgatum uobis esse cuperem, tum etiam uestra..benignitas prouexit orationem meam Cic.*Dom.*32; ~ haec ita..reciperent motus, tunc uero etiam plostra..eisdem rationibus..faciunt ad propositum effectus Vitr.10.3.9; quod ~ alii faciant, tragici frequentissime faciunt Vell.1.3.2; ~..ad omnia..manifeste prosit, tum praecipue ad phthisim..bene facit Larg.90. **b** scripti ~ odiosi tum obscuri interpretes sunt *Rhet.Her.* 2.16; ~ ex nostra ciuitate tum ex ceteris Cic.*de Orat.*1.211; dici ~ uere tum grauiter et uehementer potest *Ver.*1.86; hoc ~ ipse tum omnes eius amici..cognorunt *Clu.*161; idque ~ uerbis tum etiam animo ac uultu *Att.*5.1.3; P. Crassus ~ cognomine diues tum copiis *Off.*2.57; mirandumne sit, ~ compluribus aliis de causis, tum maxime quod..Caes.*Gal.* 5.54.5; fortuna, quae plurimum potest ~ in reliquis rebus tum praecipue in bello *Civ.*3.68.1; in Miltiade erat ~ summa humanitas tum mira communitas Nep.*Milt.*8.4; carmina ~ lingua tum sale Cecropio Verg.*Cat.*9.14; ~ et alii multi tum etiam Faberius scriba..parietes omnes induxit minio Vitr. 7.9.2; mouet res ~ multitudinem tum duces Liv.1.13.4; urbem esse uidebat ~ opulentam nobilemque, tum maritimam 24.13.5; quod malum ~ omnibus animantibus in-uisum esse debet, tum praecipue medicis Larg.pr.p.2,l.15; Saleium Bassum, ~ optimum uirum tum absolutissimum poetam Tac.*Dial.*5.2.

-cum -cī, *n. suff.* Neut. to -cvs (*canticum*).

Cūmae ~ārum, *f. pl.* See also Cyme. A coastal town of Campania.

Enn.*var.*39; Cic.*Tusc.*3.27; Verg.*A.*6.2; Stat.*Silv.*4.3. 115.

Cūmaeus ~a ~um, *a.* See also Cymaevs. Of or belonging to Cumae; also, of the Sibyl.

~am..urbem Verg.*A.*3.441; ~a Sibylla 6.98; etsi ~ae saecula uatis aget! Prop.2.2.16; Ov.*Fast.*4.158;—~i.. carminis Verg.*Ecl.*4.4; ~os..annos Ov.*Pont.*2.8.41.

cumalter: see cvmvlter.

Cūmānus ~a ~um, *a.* Of or belonging to Cumae. **b** (masc. pl. as sb.) the inhabitants of Cumae. **c** (neut. as sb.) the territory of Cumae; a residence there. **d** (as the appellation of var. products).

in..regna renauigare Cic.*Att.*14.16.1; Tib.2.3.48; ~ae carmina uatis (*i.e. the Sibyl*) Luc.1.564; Stat.*Silv.*4.9.43; ~us Apollo Flor.*Epit.*1.24(2.8.3); *CIL* 10.3683. **b** Neapolitanos et ~os Cic.*Att.*10.13.1; Liv.8.14.11. **c** subsedit in Cumano arbor Plin.*Nat.*17.243;—uenit etiam ad me in ~um Cic.*Att.*4.9.1; *Ac.*1.1. **d** ~os calices Var.*Men.*114; —est sua gloria et ~o (lino) Plin.*Nat.*19.10; (*cf.*) ~ae plagae concidunt apro suetas 19.11;—cetera genera (brassicae) complura sunt: ~um sessile folio 19.140.

cūmātilis ~is ~e, *a.* [Gk. κῦμα+-atilis] Wave- or sea-coloured.

basilicum aut exoticum, ~e aut plumatile Pl.*Epid.*233; quem colos ~is deceat Titin.*com.*114.

cūmatium ~iī: see cymativm.

cumba (cymba) ~ae, *f.* [Gk. κύμβη]

1 A small boat, skiff; esp. that in which Charon ferried the dead across the river Styx.

conscendo ~am piscatoriam Afran.*com.*138; Cic.*Off.* 3.58; ~a uelut, magnas sequitur cum paruula classis *Ciris* 479; Verg.*G.*4.195; tranquillo tuta descendis flumine ~a Prop.2.4.19; Ov.*Tr.*2.330; Sen.*Ep.*51.125; lembum Cyrenenses, ~am Phoenices (inuenerunt) Plin.*Nat.*7.208;—illa ..Stygia nabat iam frigida ~a Verg.*G.*4.506; ferruginea.. ~a *A.*6.303; sors..nos..impositura ~ae Hor.*Carm.*2.3.28; Petr.121,l.118; Stat.*Silv.*2.1.186;—(*in fig. phrs.*) non est ingenii ~a grauanda tui Prop.3.3.22; conueniunt ~ae uela minora meae Ov.*Ars* 3.26; aliquid..altius..in quo mea cumba non sidat Quint.*Inst.*12.10.37.

2 (See quot.)

~am Sabini uocant eam, quam militares lecticam Paul. *Fest.*p.64M.

cumbula ~ae, *f.* [prec.+-vla] A small boat.

saepe minores (insulae) maioribus uelut ~ae onerariis adhaerescunt Plin.*Ep.*8.20.7.

cumcumque, *conj.*, in quot. in tm. **cum.. cumque.** [cf. *quandocumque*] Whenever.

contemplator enim, cum solis lumina cumque inserti fundunt radii per opaca domorum Lucr.2.114.

cumera ~ae, *f.* **~um** ~ī, *n.* [dub.] A box or basket used to hold corn, etc., also ritual objects in a bridal procession.

uulpecula..repserat in ~am frumenti Hor.*Ep.*1.7.30; cur tua plus laudes ~is granaria nostris? *S.*1.1.53;—dicitur nuptiis camillus qui ~um fert Var.*L.*7.34; ~um uas nuptiale Paul.*Fest.*p.50M; p.63M.

cumīnum ~ī, *n.* Also **cymīnum.** [Gk. κύμινον] The plant cummin or its seed (used as a spice, drug, etc.).

concidito ipsas (*sc.* oleas), addito oleum, acetum, coriandrum, ~um Cato *Agr.*119; biberent exsangue (*causing paleness*) ~um Hor.*Ep.*1.19.18; ~i farina Cels.5.18.2; coriandra nascuntur gracilique melantia grata ~o Col. 10.245; putes illum piper et ~um non coniecisse Petr.49.5; ~um qui serunt Plin.*Nat.*19.120; sistunt uomitionem ~um siluestre, Vettonicae farina 26.41; ~i siluatici semen Larg. 119; ~i Aethiopici 165.

cummagis, cummaximē: see cvm² 13.

cummi, *n.* ~**is** ~is, *f.* Also **comm-, gumm-.** [Gk. κόμμι, Egypt. *kemai*] Forms: (neut.) usu. indecl.; gen. *~is* Larg.24; (fem.) acc. *~im*; abl. *~i* (*~e* Plin.*Nat.*35.43 *s.v.l.*); gen. pl. *~ium*; *comm-* Larg.; *gumm-* Ov.*Med.* 65, etc. A viscid secretion from trees, gum.

(*neut.*) sextantemque trahat ~i cum semine Tusco Ov. *Med.*65; ~i..hoc maxime praestare, ut..collyria.. glutinata sint neque frientur Cels.6.6.3;—(*fem.*) ~im..in aquam infundito Cato *Agr.*69.2; Alpinaque ~is Cinna *poet.*13; melliginem (faciunt apes) e lacrimis arborum quae glutinum pariunt..harundinis suco, ~i, resina Plin.*Nat.* 11.14; arborum suco ~um modo 11.17; lacrima uitium, quae ueluti ~is est 23.3; sillybi lacteus sucus, qui densatur in ~im 26.40;

cumminōsus ~a ~um, *a.* [prec.+-osvs] Full of gum, gummy.

Indicum (bdellium) umidius et ~um Plin.*Nat.*12.36; cerasis ~us (umor) 16.181; foliis..pinguibus tactuque ~ is 22.24.

cummitiō ~ōnis, *f.* **gumm-.** [cvmmi+-tio] An application of gum.

multi..una in perpetuum ~one contenti sunt. et sane quae semel oleum testa combibit, alteram ~onem non recipit Col.12.52.17.

cumprīmē, *adv.* [as next+-e] Especially, particularly.

cuiusque operam cum M. Furio dictatore apud Gallos ~ fortem atque exsuperabilem res p. sensit Quad.*hist.*7; Gel. 17.2.14.

cumprīmīs: see cvm¹ 6.

cumquam: see sicvmqvam.

cumque, *adv.* **cunque.** [cvm²+-qve; cf. Umb. *pisi-pumpe* (= *quicumque*)]

1 Appended to relative prons. and advs. to give them a generalized or indefinite force, = Eng. '-ever', '-soever'; see qvicvmqve, qvantvlvscvmqve, vtcvmqve, etc.

2 (app.) At any time.

o laborum dulce lenimen, mihi ~ salue rite uocanti Hor. *Carm.*1.32.15.

cumulātē, *adv. compar.* -ius, *superl.* ~issimē. [next+-e] Abundantly, copiously, liberally.

coepi iam ~ius hoc munus augere Cic.*Orat.*54; ~e publicanis satis factum *Att.*6.3.3; magno..meo beneficio adfecti ~issime mihi gratiam rettulerunt *Fam.*13.4.1; Balb.*Att.* 9.7b.2; propensius ~iusque..senatum facturum Liv. 37.52.6; hauriente medico ~e medicamentum Larg.227; quod..prolixe tibi ~eque contingit Plin.*Pan.*55.11.

cumulātus ~a ~um, *a. compar.* -ior, *superl.* ~issimus. [pple. of next]

1 Having its contents heaped up, heaped. **b** (w. abl., gen., transf.) abounding (in).

ligula ~a Col.12.21.2; coclearia tria ~a Larg.122. **b** (*w. abl.*) salue, uir lepidissume, ~e commoditate Pl.*Mil.* 1383; hoc uitio ~a est..Graecorum natio Cic.*de Orat.*2.18; omni genere rerum ~a oratio 2.34;—(*w. gen.*) scelerum ~issume Pl.*Aul.*825; homo ineptitudinis ~us Caecil.*com.* 61.

2 Abundant, vast, great.

~iore mensura uteretur Cic.*Ver.*3.118; subiecta notio est ..~a bonorum complexio *Tusc.*5.29; id efficiebat..~iorem..gratiam rei Liv.4.60.2; quando nulla maior ~iorque pulcritudinis laus dici potuerit Gel.9.9.17; ~iore svmptv *CIL* 10.1492; mihi..formido ~ior Apul.*Met.*2.25.

cumulō ~āre ~āuī ~ātum, *tr.* [cvmvlvs+-o³]

1 To gather into a heap, pile up, heap. **b** to acquire in large quantities, amass.

ubi materies omnis ~ata iaceret Lucr.1.994; nubila ui ~ata..uenti 6.518; ~atis in aqua sarcinis Liv.22.2.8; arma ~ata ‹in› ingentem aceruum 45.33.1; te penes..Danaae.. ~entur opes Stat.*Theb.*2.432. **b** omnia diuturna felicitate ~ata bona Liv.25.25.9.

2 (fig.) To add together, amass, accumulate, heap up. **b** to heap (honours, etc. on a person).

nunc adest occasio bene facta ~are Pl.*Capt.*424; ceterorum, quae multa ~abantur, receptus est reus Tac.*Ann.*4.21; nouos terrores ~at 4.69;—(*w. abl.*) Africanus eloquentia ~auit bellicam gloriam Cic.*Off.*1.116; ~abat funere funus Lucr.6.1238; sin caede mea ~are parat luctus nostros [Sen.]*Oct.*903;—(*w.* super+*acc.*) aliam (cladem) super aliam ~ante in eum annum fortuna Liv.23.24.6; ut aliud super aliud ~aretur familiae nostrae funus 26.41.8. **b** (*w. dat.*) ~atas ei ueteres laudes Liv.38.56.11;—(*w.* in+ *acc.*) probra in legatum ~ant Tac.*Ann.*1.21; omnes in eam honores ~abantur 13.2; 14.53;—Caesarem et Augustum et omnia principatus uocabula ~are *Hist.*2.80.

3 To cover as with a heap, pile high, load; to fill (a receptable, etc.) to overflowing; (also transf.). **b** to furnish (with something) in large quantities, load. **c** to heap, load, overwhelm (a person, etc., with honours, misfortunes, etc.).

pilorum missu fixa ~atur et concidit aduersariorum multitudo *B.Hisp.*31.3; ~antque oneratis lancibus aras Verg.*A.*8.284; dum ~ant aras Tib.2.5.6; qui (locus) strage semiruti muri ~atus erat Liv.32.17.10; ~atae flore ministrae Ov.*Fast.*4.451; alto cinere ~abo domum Sen.*Med.*147; cum frequenti subole (capillus) spissus ~at urticem Apul. *Met.*2.9;—nec ~ant altos feruida musta lacus Ov.*Tr.*3.10.72; ~atae corporibus fossae Tac.*Hist.*4.20;—(*transf.*) nunc meum cor ~atur ira Caecil.*com.*230. **b** Acesten muneribus ~at magnis Verg.*A.*5.532; propter quem..arae.. honore donis ~entur Liv.8.33.20; struem rogi nec uestibus nec odoribus ~ant Tac.*Ger.*27.2. **c** duplici dedecore ~atam domum Cic.*Att.*12.5.1; ~ari me maximo gaudio *Fam.*9.14.1; (di) me..aduersis ~ant Ov.*Tr.*5.1.55; uirtutem militum laudibus ~at Tac.*Hist.*2.57; ex immensis, quibus ~abatur, honoribus Suet.*Nero* 8.1; m. cornelivm..splendidissimvs ordo..statvae honore ~avit *CIL* 8.11546; (*w. no abl.*) dum bene te ~es et copia tollat amorem Ov. *Rem.*541.

4 To make by heaping; to make up, amount to; (pass., transf.) to be composed, made up (of).

congestum ~auit opus *Culex* 395; truncis..montis opus ~are pyram Stat.*Theb.*6.86;—~ent libras hordea nuda duas Ov.*Med.*56;—ut ad summum perueniret, quod ~atur ex integritate corporis et ex mentis ratione perfecta Cic. *Fin.*5.40.

5 To increase, augment, enhance.

ea (praemia) quae promisimus studiose ~ata reddemus Cic.*Phil.*14.30; ne ~aret inuidiam Liv.3.12.8; quae (uitia).. per singulos aetatis gradus ~antur Tac.*Dial.*28.3; viro cvivs aetatis lavdabilis constantia..~avit reipvblicae vires *CIL* 10.3725; si qua consulto in fundo congesta ..sunt, quo legatum ~aretur Sab.*dig.*33.7.18.12;—(*w. abl.*) alio incredibili scelere hoc scelus ~auisti Cic.*Catil.*1.14; id (*sc.* aes alienum) ~atum usuris Liv.2.23.6;—(*absol.*) in quo (*sc.* 'deprecor') 'de' praepositio ad augendum et ~andum ualet Gel.7(6).16.3.

6 (fig.) To add the finishing touch to, bring to perfection, consummate, crown.

unum ad ~andum gaudium conspectum..mihi tuum defuisse Cic.*Att.*4.1.2; ut ea, quae initio ostendisti..ad exitum augeri et ~ari per te uelis *Fam.*13.41.2; ~ata erant officia uitae *Tusc.*1.109; non coeptas solum ante sed ~atas noua uirtute laudes peragit Liv.7.37.1; hospitium lecto ~asse iugali paenitet Ov.*Ep.*2.57; ~atur infortunium meum Apul.*Met.*4.27; (*cf.*) Litorium quendam..trecentesimum annum ~asse V.Max.8.13.ext.6.

cumulter: (see quot.).

~ significat cum altero, dictum ab antiquis ita breuitatis causa Paul.*Fest.*p.50M.

cumulus ~ī, *m.* [cf. Gk. κῦμα]

1 A heap, pile, mound; a heaped-up mass (of water), a wave.

fiscina fallaci ~o..Lucil.201; ~osque ruit..harenae Verg.*G.*1.105; corpus..obrutum superstratis Gallorum ~is Liv.10.29.19; in alto caedis..~o Luc.7.722; ~i..saxei Plin.*Nat.*31.111; ~o..turis Stat.*Theb.*1.263; Tac.*Ann.* 14.37;—insequitur ~o praeruptus aquae mons Verg.*A.* 1.105; 2.498; ~us..inmanis aquarum Ov.*Met.*15.508; Sen. *Nat.*3.28.5; Stat.*Theb.*9.344.

2 An accumulation, mass: **a** (of material things). **b** (of immaterial things); also, an aggregate amount.

in domo..exstare debuisse nouae fortunae ~um Liv. 38.59.9; multo praestantior est totus luxuriae nostrae ~us Plin.*Nat.*6.89; horum (*sc.* templorum ac delubrorum) ~us in uituperationem non cadit Gel.4.9.9. **b** augent magnum quendam ~um aeris alieni Cic.*Clod.*fr.10; immenso aliarum super alias aceruatarum legum ~o Liv.3.34.6; cetera uero controuersiae maiorem ~um habent Quint. *Decl.*272(p.114,l.1); ~um luctuum meorum..ferre nequeo Fro.*Aur.*2.p.222(232N); (*cf.*) quamlibet abundans rerum copia ~um tantum habeat atque congestum, nisi illas eadem dispositio in ordinem digestas..deuinxerit Quint. *Inst.*7.pr.1;—Ulp.*dig.*27.2.3.3; ~um debiti et ad plures summas referemus Paul.*dig.*2.14.9.1.

3 An additional amount, increase. **b** the making of an addition, increase.

ille ~us dierum hominis est dignitati tributus Cic.*Prov.* 26; accedet magnus ~us commendationis tuae *Att.*16.3.3; magnum beneficium tuum magno ~o auxeris *Fam.*13.62; ut minus clarum de Samnitibus quam collegae triumphus fuerat, ita ~o Etrusci belli aequatum Liv.10.46.13; mille equites, ~us prosperis aut subsidium laborantibus Tac. *Hist.*2.24; cui gloriae amplior..~us accessit Suet.*Tib.*17.1. **b** non..tam ~us bonorum iucundus esse potest quam molesta decessio Cic.*Tusc.*1.110; ἐπεξεργασία, repetitio probationis eiusdem et ~us ex abundanti Quint.*Inst.*8.3.88.

4 The finishing touch, consummation, copestone, crown. **b** (fig.) the highest point,

peak, pinnacle; also *summus* ~*us*. **c** an appellation of the final part of a speech, culmination.
si ~us stupri facta priora notat Ov.*Ep*.9.20; addit, perfidiae ~um, falsis periuria uerbis *Met*.11.206; malorum maximum hunc ~um reor Sen.*Phaed*.1119; Tac.*Hist*.1.77; ultimus..aerumnae est ~us Juv.3.210. **b** de laudibus Dolabellae deruam ~um Cic.*Att*.16.11.2; ad ~um laudis perducitur V.Max.8.7.pr.; Apul.*Fl*.16; *CIL* 10.3980;—ad summum gloriae ~um V.Max.3.pr. **c** peroratio sequebatur, quam ~um quidam, conclusionem alii uocant Quint. *Inst*.6.1.1.

cūna ~ae, *f*.: var. of cvnae.

cūnābula ~ōrum, *n. pl.* [next+-bvlvm]
1 A cradle; (transf., of beehives, birds' nests). **b** the cradle (as a symbol of infancy), one's earliest years; (also, as a symbol of hereditary station).
cum esset in ~is Cic.*Div*.1.79; fundent ~a flores Verg. *Ecl*.4.23; infausta Lachesis ~a dextra attigit Stat.*Silv*. 2.1.120;—ipsae (apes) intima..sese in ~a condent Verg.*G*. 4.66; (aues) quae ~a in terra faciunt Plin.*Nat*.10.99;—(*cf*.) adtingam quasi ~a quaedam et elementa uirtutis V.Max.3. intro.; qui liber uelut ~a iuris continet Pompon.*dig*.1.2.2.38. **b** ortum nouum populum, neque ut in ~is uagientem relictum, sed adultum iam Cic.*Rep*.2.21; Hesiodus memorat ..Iouis..~a magni Man.2.15; a primis ~is..audisse potuerit Col.1.3.5; (*transf*.) a primis ~is huius urbis Apul. *Met*.2.31;—qui non in ~is (*i.e. by descent*) sed in campo sunt consules facti Cic.*Agr*.2.100.
2 The earliest home (of an individual, race, etc.), birthplace, cradle.
Creta..ubi..gentis ~a nostrae Verg.*A*.3.105; V.Fl. 5.417; non tibi digna..generis ~a tanti gramineos dedit herba toros Stat.*Theb*.1.582; oro..fulminei per uos ~a Bacchi 10.424; cumque datum fari, duc per ~a nostra Sil.3.81.

cūnae ~ārum, *f. pl.* Also ~**a** ~ae. [perh. cogn. w. Gk. κεῖμαι, κοίτη; for termination cf. εὐνή, κλίνη] A cradle; (poet., of a bird's nest). **b** the cradle (as a symbol of infancy), one's earliest years.
postquam in ~as conditust Pl.*Am*.1107; fasciis opus est, puluinis, ~is, incunabulis *Truc*.905; Platoni..in ~is paruulo dormienti Cic.*Div*.1.78; (phoenix) fert..pius ~asque suas patriumque sepulcrum, Ov.*Met*.15.405; Mart. 11.39.1; Suet.*Aug*.94.6; (*sg*.) propter ~am capulum positum Var.*Men*.222;—(*cf*.) hic conqviescit ~is terrae mollibvs *CIL* 11.1118;—hirundo sub trabibus ~as..facit Ov.*Tr*.3.12.10. **b** si puer..in ~is (occidit), ne querendum quidem (putant) Cic.*Tusc*.1.93; tener in ~is et sine uoce puer Prop.2.6.10; ~arum labor est angues superare mearum Ov.*Met*.9.67; Mart.9.7(8).3; corporum..educatio a lacte ~isque initium ducit Quint.*Inst*.1.1.21.

cūnāria ~ae, *f*.: (fem. of next).
teiae threpte soror piissimae~ae rvfinae v v̄ *CIL* 6.27134.

cūnārius ~(i)ī, *m*. [cvnae+-arivs] (app.) An attendant on infants.
ti. clavdio..evno neronis avgvsti ~io *CIL* 6.37752.

cunctābundus ~a ~um, *a*. [cvnctor+-bvndvs] Slow to action, delaying, hesitating, tardy.
~osque et resistentes egressos castris esse Liv.6.7.2; inuitum et ~um..perpulit 33.8.2; nusquam ~us nisi cum in senatu loqueretur Tac.*Ann*.1.7; Gel.3.1.5; ~o..incedebat uestigio Apul.*Met*.11.27; aquila..~o uolatu *Fl*.2.

cunctans ~**ntis**, *a. compar.* ~ntior. [pple. of cvnctor] Forms: ~*nte* (abl.) V.Max. 3.7.ext.1.
1 Slow to act, hesitant, tardy.
mellis..pigri latices magis et ~ntior actus Lucr.3.192; ~nte stilo V.Max.3.7.ext.1; manu ~nti iniecerat arma Atropos Stat.*Theb*.4.189; ~ntior..et cautior esse deberem Plin.*Ep*.2.16.4.
2 Offering resistance to movement, clinging, stubborn.
glaebas ~ntis crassaque terga exspecta Verg.*G*.2.236; corripit..auidusque refringit ~ntem (bratteam) *A*.6.211; Col.10.71.

cunctanter, *adv. compar.* ~tius. [prec.+-ter²] With delay or hesitation, hesitantly, tardily.
~terque eadem (*sc*. incendia) et pigre concepta remittit (lapis) *Aetna* 415; ~ter ab ruinis uici pecus propellentes Liv.10.4.8; e minus ~ter foedus ictum 10.10.12; quod..pecuniam..~tius daret V.Max.9.3.8; quarta legio promptius, duoetuicensima ~ter Tac.*Hist*.1.55; data utrique uenia, facile Segimero, ~tius filio *Ann*.1.71; Suet.*Jul*.19.2.

cunctātiō ~ōnis, *f*. [cvnctor+-tio] Hesitation, delaying, tardiness, inactivity; (w. gen., *de*) a hesitating about or delaying of (a thing).
ubi cura est..ibi ~o Acc.*trag*.154; dicam sine ~one quod sentio Cic.*Vat*.15; superiorum dierum Sabini ~o Caes.*Gal*. 3.18.6; inter ~onem opprimuntur Liv.10.20.10; fundum in adulescentia conserendum sine ~one Plin.*Nat*.18.31; interrupta silentio dictio et ~ones Quint.*Inst*.9.2.71; Mnester ~onem attulit Tac.*Ann*.11.36; quanta in sermone ~o! (*i.e. deliberation*) Plin.*Ep*.9.9.2;—(*w. gen*.) inter ~onem ingredienti Liv.21.56.4; saluberrimis ~onibus pugnae V.Max.7.3.ext.8; nulla pretii ~one Plin.*Nat*.28.201; grauis hinc misti ~o uoti Stat.*Theb*.8.613; (*w*. de) nulla..de morte hominis ~o longa est Juv.6.221.

cunctātor ~ōris, *m*. [cvnctor+-tor] One who is prone to hesitate or delay; an appellation of Q. Fabius Maximus, the dictator.
nosti Marcellum, quam tardus..sit, itemque Seruius quam ~or Cael.*Fam*.8.10.3; ~orem ex acerrimo bellatore factum Liv.6.23.5; pro ~ore segnem..compellabat 22.12.12; natura ac senecta ~or Tac.*Hist*.3.4; *Ann*.15.1; (*w. gen*.) non ~or iniqui Labdacus Stat.*Theb*.3.79;—Fabius inter plures imperatorias uirtutes ~or est appellatus Quint.*Inst*.8.2.11; hinc illi cognomen..~or Flor.*Epit*.1.22(2.6.27).

(**cunctātus** ~a ~um, *a*.) *compar*. ~ior. [pple. of cvnctor] Hesitant, tardy.
nec..ad dimicandum ~ior factus est Suet.*Jul*.60; tanto sum ad dicendum..~ior Apul.*Fl*.18.

cunctim, *adv*. [cvnctvs+-im] Taken all together, collectively.
non singillatim ac discretim, sed ~ et coacervatim Apul. *Fl*.9; *Soc*.4.

cunctor ~ārī ~ātus, *intr*., (*tr*.). Also ~**ō** ~āre. [cf. Skt. *śaṅkate* 'be anxious', 'doubt', OHG. *hangen* 'hang'].
1 To be slow in taking action, delay, hang back. **b** (w. const.) to hesitate (to do something).
(*act*.) tute ipse ~ato Enn.*scen*.368;—(*dep*.) unus homo nobis ~ando restituit rem *Ann*.370; non..dormitandi neque ~andi copia est Pl.*Epid*.162; an..quiesceretis, ~aremini, timeretis..? Cic.*Sest*.81; si ~etur atque agat lenius Caes.*Civ*.1.1.4; increpat ultro ~antis socios Verg.*A*. 10.831; Samnites parumper ~ati, quia dux aberat Liv. 10.19.16; nec Galliae ~abantur Tac.*Hist*.3.44; inter metum et iram ~atus *Ann*.2.66;—(*w. advl. acc*.) paulum fletu ~ata modesto Stat.*Theb*.5.28; legiones nihil ~atas sacramento adigit Tac.*Ann*.1.37;—(*impers*.) non ~andum in tali occasione ratus Liv.21.14.3; nec ~atum apud latera Tac. *Ann*.3.46. **b** (*w. inf., act*.) membra..~ant subferre laborem Acc.*trag*.72; (*dep*.) ~er sic agere..? Cic.*Balb*.8; non est ~andum profiteri..mundum animal esse *Tim*.10; Sal.*Cat*.44.6; multa metu ~antem et multa parantem dicere Verg.*A*.4.390; Liv.29.37.8; Tac.*Ann*.1.6;—(*w*. quin) non ~andum existimauit quin pugna decertaret Caes.*Gal*. 3.23.7; Liv.21.50.11; Tac.*Ann*.11.8;—(*w*. num) paulum ~atus est num..in Noricum flecteret *Hist*.1.70;—(*w*. ad) familiamque semper ad opera ~antem..festinanter producat (uilicus) Col.11.1.14; Tac.*Ann*.12.46;—(*w*. in+*gdve*.) ~arer in proferendo ex iis remedio Plin.*Nat*.29.65.
2 To remain overlong, tarry, linger, loiter (in a place). **b** (transf., of things). **c** (w. acc.) to hesitate over.
(*act*.) tu hic ~as, intus alii festinant Pl.*Cas*.792;—(*dep*.) si calidis etiam ~ere lauabris Lucr.6.799; clausis ~antur in aedibus Verg.*G*.4.258; trans maris aequora ~antem spatio longius annuo Hor.*Carm*.4.5.11; primo circa saltus..~ati sunt Liv.9.27.3; Tac.*Hist*.1.9; (*cf*.) in uita ~atur et haeret Lucr.3.407; (*poet*.) egestas..uidetur..quasi iam leti portas ~arier ante 3.67. **b** ~ante modestior ira Stat.*Theb*.5.680; nil ~ante malo *Silv*.1.4.52. **c** alternos aegro ~antem poplite gressus V.Fl.2.93; magnos ~amur..paratus Stat. *Theb*.3.719; ea ~antis Tyrii primordia belli..Pelasgos 7.1; pugnas ~antem Eteoclea 11.268.
3 To move slowly or hesitantly, dawdle.
(*of things*) tardum ~atur oliuum Lucr.2.392; refrigescit.. ~ando plaga (odoris) per auras 4.703; ~anti lente uestigio Apul.*Met*.10.32.
4 To hesitate in deciding, doubt.
(*act*.) neque..quisquam..facile ~auerit deos esse Apul. *Soc*.2; (*dep*.) ominum harioli uocem audiunt..de qua nihil ~entur ex ore humano profectam 20.

cunctus ~a ~um, *a*. [dub.] Forms: *conctos* *CIL* 1.2.
1 (sg.) The whole of, all. **b** (app.) total, complete. **c** every.
~a ciuitas Cic.*Ver*.1.80; ~a Asia atque Graecia *Man*.12; ~o a senatu *Fam*.10.16.1; ~um equitatum Caes.*Civ*.3.88.6; ~a festinat manus Hor.*Carm*.4.11.9; ~o patriae pro sanguine Stat.*Theb*.10.668. **b** fac istam ~am gratiam Pl.*Mos*. 1168; ~am antiquam castitudinem Acc.*trag*.585. **c** ~o sua regnat Erinys pectore Stat.*Theb*.5.202; ~a uernans frondibus annuis crinitur arbos *Silv*.4.5.9.
2 (pl.) All; (sts.) all with an exception stated or implied, all other. **b** (masc. and fem. as sb.). **c** (neut. as sb.). **d** (w. gen. of sb.).
amorem haec ~a uitia sectari solent Pl.*Mer*.18; impedimentum omne de ~is itineribus amoliuntur Sis.*hist*.74; ~ae gentes Cic.*Dom*.132; cum..quaestor sit ~is suffragiis factus *Vat*.11; ~is oppidis..desertis Caes.*Gal*.2.29.2; ~i mortales Sal.*Cat*.51.12; Liv.26.51.11; Tac.*Ann*.14.20;—nobile Lanigeri sidus, quod ~a sequntur Man.3.278; 4.897; uno..praeferendo ~is bonis Plin.*Nat*.2.25; uni gentium huic plura sunt genera (coronarum) quam ~is 16.10; Apul.*Met*.3.27. **b** advocapit ~os *CIL* 1.2; ~os exturba aedibus Pl.*Trin*.805; quem unum ex ~is delegissetis Cic.*Agr*.2.23; ~is..pollicentibus operam Liv. 6.6.16;—(*fem*.) quam mater ~as, tam matrem filia uicit Ov.*Met*.4.211. **c** ~a expedibo Acc.*trag*.490; Bibulus ..~a administrabat Caes.*Civ*.3.5.4; per legatos ~a edoctus Sal.*Cat*.45.1; ~a gerens, uocemque et corpus et arma Metisci Verg.*A*.12.472; plenaque hostium ~a erant Liv.4.59.6; Ov.*Pont*.4.9.55; Tac.*Hist*.3.61; ~a feminae oboediebant *Ann*.12.7. **d** (*agreeing in gender and number w. sb*.) hominum ~os Ov.*Met*.4.631; ~as prouinciarum Plin.*Nat*.3.7; ~a scelerum suorum Tac.*Ann*.14.60;—(*neut. pl*.) uiai ~a Lucr.5.740; ~a terrarum subacta Hor.*Carm*. 2.1.23; per ~a rerum meabilem (aera) Plin.*Nat*.2.10; ~a camporum Tac.*Hist*.5.10 ~a corporis mei considerans Apul.*Met*.3.25.

-cundus ~a ~um, *adjl. suff*. Forms adjs. denoting capacity or inclination (*facundus*, *iracundus*).

cuneātim, *adv*. [cvneatvs+-im] In a closely packed formation.
hostes..~ constiterunt Caes.*Gal*.7.28.1; non laciniatim disperso, sed ~ stipato commeatu Apul.*Met*.8.15.

cuneātiō ~ōnis, *f*. [cvneo+-tio] The action of making wedge-shaped.
donicum uideatur pator narium ~one quadam recipere posse fistulam Larg.47.

cuneātus ~a ~um, *a. compar*. ~ior. [pple. of cvneo] Wedge-shaped, tapering.
forma..scuti..ad imum ~ior mobilitatis causa Liv. 9.40.2; iugum montis in angustum dorsum ~um 44.4.4; prominet..~us acumine longo collis Ov.*Met*.13.778; ager.. ~us Col.5.2.1; Hyg.*agrim*.p.77;

cunēla ~ae: see cvnila.

cuneō ~āre ~āuī ~ātum, *tr*. [cvnevs+-o³]
1 To secure by wedging, wedge in. **b** (transf.) to force in like a wedge.
lapis..qui latera inclinata ~auit et interuentu suo uinxit Sen.*Ep*.118.16; si quid ~andum sit Plin.*Nat*.16.206. **b** eo uel maxime illustrari..orationem, sed, si cohaeret et sequitur, non, si per uim ~atur Quint.*Inst*.4.3.4.
2 (refl. and pass.) To become wedge-shaped, form a wedge, taper; (also, app.) to mass together.
(Britannia) iterum se in diuersos angulos ~at triquetra Mela 3.50; ubi ~atur (Hispania) angustiis inter duo maria Plin.*Nat*.3.29;—puelli puellaeque..in quadratum patorem ~ati Apul.*Met*.10.29.

cuneolus ~ī, *m*. [next+-olvs] A small wedge; a pin.
adactis harundineis ~is artantur Col.4.29.10;—crebris quasi ~is inliquefactis unum efficiebant ex omnibus corpus Cic.*Tim*.47; ~i ferrei, quas ἐπιζυγίδας Graeci uocant Vitr. 10.12.1.

cuneus ~ī, *m*. [dub.; cf. perh. *culex*] Forms: *cuniu* (= *cuneum*) *CIL* 1.2506.7.
1 A tapering bar of metal or other material, a wedge: **a** (as a splitting tool). **b** (for securing a thing in place). **c** (to stop a hole) a plug. **d** (w. ref. to the tapering form of a wedge).
a securis III, ~os III Cato *Agr*.10.3; ~is scindebant fissile lignum Verg.*G*.1.144; ~is eam (*sc*. terram) ferreis adgrediuntur Plin.*Nat*.33.72; Tac.*Hist*.5.6;—(*fig*.) his..suadelis ualidum addebat ~um qui rigentem prorsus serui tenacitatem uiolenter diffinderet Apul.*Met*.9.18. **b** si arte poteris accubare. — uel inter ~os ferreos Pl.*St*.619; columellam ..~is salignis circumfigi oportet bene Cato *Agr*.20.1; Necessitas, clauos trabalis et ~os manu gestans aena Hor. *Carm*.1.35.18; ~is ad foramina concluduntur Vitr.10.12.2; labant ~i Ov.*Met*.11.514; molibus obstantis ~os tabulataque saeuus restruit Stat.*Theb*.10.878. **c** in fissuram ~um pineum tedae adicito Col.*Arb*.24; adactos cauernis eorum (*sc*. picorum)..~os Plin.*Nat*.10.40. **d** figuretur..in speciem ~i, sic ut ab ima parte acutus surculus Col.4.29.9; fastigatio (calami) leui descendat ~o Plin.*Nat*.17.106; truncis arborum in ~um adactis Hyg.*Fab*.14.4.
2 (archit.) **a** A wedge-shaped stone, voussoir. **b** a narrow vertical strip of wall-surface between two panels, windows, etc.
a uti leuent onus parietum..fornicationes ~orum diuisionibus Vitr.6.8.3; (*cf*.) machinae..in rotundationibus.. uti ~os ad centrum adigendo laedere non possunt 1.5.5. **b** abaci ex atramento sunt subigendi..~is silaceis seu miniaceis interpositis Vitr.7.4.4; 7.5.1.
3 (applied to wedge-shaped areas; also in place-names). **b** a wedge-shaped block of seats in a theatre; (meton.) the spectators. **c** (app.) a compartment in a wine-store.
murus..coit..in artiorem uelut ~um Liv.37.31.8; in eo ~o (*sc*. agro cuneato) Col.5.2.4; ab extremae ~o ratis Stat. *Theb*.5.416; enorme spatium..uelut in ~um tenuatur Tac. *Ag*.10.4;—Anae proximum (promunturium)..~us ager dicitur Mela 3.7. **b** ~os dvos in teatro faciendos coi⟨raver⟩ *CIL* 1.685.3; ad tumulum ~osque theatri Verg.*A*.5.664; ~i spectaculorum in theatro ita diuidantur Vitr.5.6.2; Stat.*Silv*.5.2.162; Tac.*Ann*.2.83; Suet.*Aug*. 44.2;—ut..~is notuit res omnibus Phaed.5.7.35; attendunt ~i Stat.*Silv*.5.3.222. **c** (amphoras) in ~um conponito et instipa⟨to⟩ Cato *Agr*.113.2; pr idvs novembres vinvm in ~vm (compositum est) *CIL* 15.4653.
4 A closely packed formation of soldiers, etc., with considerable extension in depth (usu. offensive); (also as a division of an army).
alii ~o facto ut celeriter perrumpant censent Caes.*Gal*. 6.40.2; Hirt.*Gal*.8.14.5; densi ~is se quisque coactis adglomerant Verg.*A*.12.457; hostium ~um nimis tenuem ..a cetera prominentem acie Liv.22.47.5; ~um Macedonum—phalangem ipsi uocant 32.17.11; Luc.7.497; turba subit ~umque replent Stat.*Theb*.9.123; nunc acie derecta, nunc ~is..pugnabitur Quint.*Inst*.2.13.4; cateruis et ~is concurrebant Tac.*Hist*.2.42;—(*of the bodies of men*) publicani per uacuum submoto locum ~o inruperunt Liv.25.3.18; denso conglobatoque ~o cubiculum..inuadunt Apul.*Met*. 4.26; (*cf. of geese in flight*) a tergo sensim dilatante se ~o porrigitur agmen Plin.*Nat*.10.63; (*transf*.) an..in ~os alti cogat fundamina caeli Man.1.728;—Frisios, Batauos propriis ~is componit Tac.*Hist*.4.16; legiones..quattuor in ~os dispertit *Ann*.1.51.

cūnica ~ae, *f*. [perh. Gk. χοινίκη (Hesych.)] A bush (fitted round the axle on which the millstones revolve).
~as solidas latas digitum pollicem facito, labeam bifariam faciat habea⟨n⟩t Cato *Agr*.20.2.

cunīculōsus ~a ~um, *a.* [next+-osvs] Abounding in rabbits.
~ae Celtiberiae Catul.37.18.

cunīculus ~ī, *m.* [poss. Iberian, cf. Plin. *Nat.*8.217] Gender: neut. (in sense 2) Paul. *Fest.*p.50M.

1 A rabbit.
tertii generis est..simile nostro lepori..sed humilis, quem ~um appellant Var.*R.*3.12.6; mollior ~i capillo Catul.25.1; a ~is suffossum in Hispania oppidum Plin. *Nat.*8.104; Mart.13.60.1.

2 A subterranean passage, tunnel; a burrow, hole (of animals). **b** (mil.) a mine (in siege operations); (also fig.).
si..~os agat ad aerarium Cic.*Off.*3.90; perpetuus ~us iter praebet in campos Curt.8.2.21; Mela 1.74; Ulp.*dig.* 8.5.8.7; (*in mining*) illos (*sc.* inferos) auaritiae atque luxuriae ~i refodissent Plin.*Nat.*2.158; quoniam ad lucernas in ~is caederetur (marmor) 36.14; (*of underground rivers*) (amnis se) in totum ~is condens et saepius nasci gaudens 3.6; 6.128; (*in a furnace*) modico uapore torreri et ideo longinquae fornacis ~o 9.133;—uulpes, cubile fodiens dum..agit..altius ~os Phaed.4.20(21).2; conditis..in ~os formicis Plin.*Nat.*11.111. **b** in ~um qua adgressi erant Cic.*Caec.*88; ~is ad aggerem uineasque actis Caes.*Gal.* 3.21.3; Romani..omnibus supra terram operibus, subter Macedones ~is oppugnabant Liv.36.25.4; ~o..suffossa moenia Curt.7.6.23;—(*fig.*) quae res aperte petebatur, ea nunc occulte ~is oppugnatur Cic.*Agr.*1.1; Quint.*Inst.* 12.9.3; Fro.*Aur.*1.p.102(53N).

3 A conduit for water, channel.
causam de Velini fluminibus et ~is..agere Cic.*Scaur.*27; donec centum et lxxx ~is diuisum alueum in trecentos et sexaginta riuos dispergeret Sen.*Dial.*5.21.3; aquarum a ~is cubicula interfluentium *Ep.*100.6; Plin.*Nat.*31.57; *Lex Vip.* 36(*Font.iur.*p.295).

cunīla ~ae, *f.* **cunēla.** [Gk. κονίλη] A plant of the genus *Satureia* (savory) or sim. plant.
ubi apsinthium fit ac ~a gallinacea Pl.*Trin.*935; ~a defricare fauces Col.6.8.2; ~a bubula 6.13.1; Cratenas.. ~am bubulam eo nomine appellat, ceteri uero conyzam Plin.*Nat.*19.165; ~ae praeter satiuam plura sunt..genera 20.169; Larg.124.

cunīlāgō ~inis, *f.* [prec.+-ago] A variety of *cunila.*
conyzam, id est ~inem Plin.*Nat.*19.165; tertium genus.. a nostris ~o uocatur 20.171; 28.151.

Cūnīna ~ae, *f.* [cvnae+-ina] The goddess of the cradle.
his Semonibus lacte fit, non uino; ~ae propter cunas, Ruminae propter rumam Var.in Non.p.167M.

cuniō ~īre, *intr.* [cf. *caenum, inquinare*] To defecate.
~ire est stercus facere Paul.*Fest.*p.50M.

cunnilingus ~a ~um, *a.* [cvnnvs+lingo+-vs] A type of sexual pervert (see etym.).
amicae ~e uicinae *Priap.*78.2; Mart.4.43.11; 12.59.10; martialis cvnvligvs *CIL* 4.1331.

cunniō ~ōnis, *m.* [cvnnvs+-io¹] (?) = prec. *CIL* 9.6089.2.

cunnuliggeter. [quasi-Gk. -λιγγετήρ] As prec. *CIL* 4.4699.

cunnus ~ī, *m.* [dub.] Forms: *cunus CIL* 1.2541.2.5; 4.1261. The female pudenda. **b** (transf.).
mirator ~i..albi Hor.*S.*1.2.36; fuit ante Helenam ~us taeterrima belli causa 1.3.107; Mart.1.77.6; 2.34.3; (*pars pro toto*) lasciui nubite ~i 6.45.1; (*of a mule*) meientis mulae ~us Catul.97.8. **b** illa siligineis pinguescit adultera ~is (*i.e. loaves of obscene form*) Mart.9.2.3.

cūpa¹ ~ae, *f.* [cf. Skt. *kūpah* 'fit', 'well', AS. *hyf* 'beehive'] Forms: *cuppa* Ulp.*dig.* 7.1.15.6; 33.6.3.1.

1 A cask, tub, barrel.
~as minusculas x Cato *Agr.*12.1; ~as uinarias sirpare noli Var.*Men.*116; e ~is acris aceti 484; ~as taeda ac pice refertas Caes.*Civ.*2.11.2; si..in alia ~a clusum..triticum fuisset Alf.*dig.*19.2.31; Luc.4.420; circulus ingens, de ~a uidelicet grandi excussus Petr.60.3; Plin.*Nat.*16.42.

2 A niche in a *columbarium.*
fecit patri ~a(m) *CIL* 2.6178; 8.12593.

cūpa² ~ae, *f.* [Gk. κώπη] The bar of an oil-mill (on which the millstones were mounted), axle.
in ~am eos (*sc.* modiolos) indito Cato *Agr.*20.2; ~am facito p. x, tam crassam quam modioli postulabunt 21.1.

cūpārius ~(i)ī, *m.* [cvpa¹+-arivs] A maker of casks, cooper.
ivlivs victor ~ivs et saccarivs *CIL* 13.3700.

cūpēdia, cūpēdō: see cvpp-.

cupidē, *adv.* *compar.* ~ius, *superl.* ~issimē. [cvpidvs+-e]

1 Eagerly, zealously, with alacrity.
quid istuc tam ~ cupis? Pl.*Cas.*267; ~e accipiat faxo Ter.*Ad.*209; boues..qui fastidient cibum, uti magis ~e adpetant Cato *Agr.*103; cum ~ius instaret Cic.*Quinct.*77; mihi..gladiatores..~e relinquenti *Att.*2.1.1; ~issime.. scribam ad te Pol.*Fam.*10.31.1; iurasset ~e quidquid ineptus amor Tib.1.4.24; quae petierant ~issime loca, cupidius deserunt Sen.*Ep.*104.14; (*transf.*) tam ~e sursum reuomit (*sc.* aqua) Lucr.2.199.

2 Over-eagerly, hastily, rashly.
non in sperando ~e rem prodere summam Enn.*Ann.*428; ne ~e emas Cato *Agr.*1.1; Indutiomarum, talem uirum, tam ~e, tam temere dixisse Cic.*Font.*29; *Fam.*16.9.1; ~ius insecuti non nullos ex suis amiserunt Caes.*Gal.*5.15.2; dum conatus Poenorum ~ius quam consideratius speculatur V.Max.5.1.ext.6.

3 Partially, unfairly.
~e dicere et argumentari *Rhet.Her.*2.9; ob aliquod emolumentum suum ~ius aliquid dicere Cic.*Font.*27; cum.. ~issime falsum testimonium dixeris *Vat.*40; sorte iudex in reum ductus tam ~e condemnauit, ut ad populum prouocanti nihil aeque ac iudicis acerbitas profuerit Suet.*Jul.*12.

Cupīdineus ~a ~um, *a.* [Cvpido²+-evs] Of or belonging to Cupid; charming, alluring.
narcissus..cui gloria formae igne ~o proprios exarsit in artus *Culex* 409; ~is..telis Ov.*Tr.*4.10.65; *Rem.*157;— blanda ~i cur non amet ora Labycae? Mart.7.87.9.

cupiditās ~ātis, *f.* [cvpidvs+-tas]

1 Passionate desire, longing, yearning. **b** (usu. pl.) an instance of this, a desire, longing.
continentia est, per quam ~as..regitur Cic.*Inv.*2.164; causam meae uoluntatis, non enim dicam '~atis', exposui *Fam.*15.6.2; trisne partes habeat (animus)..rationis irae ~atis *Luc.*124;—(*w. gen.*) animum meum..conseruandae patriae ~ate incendistis *Sul.*40; uitae ~as *Planc.*90; ut ..arderent ~ate pugnandi Caes.*Civ.*3.74.2; qui aliquam ~atem habent notitiae clarorum uirorum Nep.*Att.*18.4; populum mobiliorem..ad ~atem agri Liv.6.6.1; urinae crebra ~as Cels.2.7.12; Sen.*Ben.*1.7.1. **b** in animo parare ~ates quas..paullo mederi possis Ter.*Ph.*821; apud maiores nostros cum et res et ~ates minores essent Cic. *Tul.*9; ut..ne ~ati quidem ulli seruias *Sul.*25; accensa..ea ~as est malignitate patrum Liv.2.42.1; Plin.*Ep.*8.6.8.

2 Immoderate desire, lust, cupidity, greed. **b** an immoderate desire, passion.
inmodestia, petulantia et ~as Pl.*Mer.*28; genus est omnium nimirum libidinum ~as Cic.*Inv.*1.32; ~as, quae recte uel libido dici potest, quae est inmoderata adpetitio opinati magni boni rationi non obtemperans *Tusc.*3.24;—(*w. gen.*) pecuniae ~as *Inv.*1.95; cum aedium ~ate flagraret *Dom.*107; Caesarem in ~atem regni impulit Brut.*ad Brut.* 1.16.3; haud tolerabili uini ~ate Curt.5.7.1. **b** del ciuilis causas in priuatorum ~atibus inclusas Cic.*Brut.*329; indomitae animi ~ates *S.Rosc.*39; cum adulescentiae ~ates deferuissent *Cael.*43; animus..ardens in ~atibus Sal.*Cat.* 5.4; eosdem in omnium libidinum ~atibus uiuere Nep.fr.5; animal..~atium incontinens Sen.*Dial.*2.14.1; Plin.*Pan.* 24.4.

3 a Desire for wealth, greed, avarice. **b** desire for power, ambition. **c** carnal desire, lust.
a cum ad omnia uestra pauci homines ~atis oculos adiecissent Cic.*Agr.*2.25; Asiam..questi sunt..se ~ate prolapsos nimium magno conduxisse *Att.*1.17.9; Sal.*Cat.*2.1; quanto rerum minus, tanto minus ~atis erat Liv.*pr.*12; 22.42.7. **b** si..multum de ~ate Caesar remisisset Cic. *Phil.*13.2; quantam..~atem hominibus iniciat uacuitas (*i.e. the lack of consuls*) D.Brut.*Fam.*11.10.2; ut..quo sua minus ~as emineret, consulibus quoque continuarent magistratum (tribuni) Liv.3.64.1. **c** dum illius te ~as atque amor missum facit Pl.*Mer.*657; propter mulierum ~atem Gracch.*orat.*55; si..mulier domum suam patefecerit omnium ~ati palamque sese in meretricia uita conlocarit Cic.*Cael.*49; ut accensum ~ate..sensit Liv.29.23.4; ut.. adsidua et nimia ~ate..uento concipiant Col.6.27.4; Suet.*Cal.*24.3.

4 The object of one's desire.
cuius tu ex impurissimis faucibus inhonestissimam ~atem eripuisti Cic.*Q.fr.*1.1.19.

cupīdō¹ ~inis, *f.* or *m.* [cvpio+-ido]

1 Passionate desire, longing; a particular desire.
aliud est..amor, longe aliud est ~o..alter bonus, alter malus Cato *orat.*89; a stultitia ~inis petunt consilium Titin.*com.*95; laceratur animi ~ine Sal.*Hist.*1.77.11;— unde haec..tam dira ~o? Verg.*A.*6.373;—(*w. gen.*) uitai tanta ~o Lucr.3.1077; somni ~o Sal.*Cat.*13.3; regnandi.. dira ~o Verg.*G.*1.37; rerum, quarum immodica ~o inter mortales est Liv.6.35.6; auditorem concitare ad ~inem recti Sen.*Ep.*108.8; ~o laudis Quint.*Inst.*12.9.1; Tac.*Hist.*4.20; —(*w. inf.*) ~o cepit miseram nunc me proloqui..Medeai miserias Enn.*scen.*257; si tanta ~o est bis Stygios innare lacus Verg.*A.*6.133; uetus illi ~o erat curriculo..insistere Tac.*Ann.*14.14.

2 a Carnal desire, lust; a particular desire. **b** desire of material gain, greed.
a pudicitiam et pudorem et sedatum ~inem Pl.*Am.*840; turpi..~ine captos Verg.*A.*4.194; equinae ~ini similem mortalibus amorem accendit Col.6.27.3;—modice atque parce eius seruiat (mulier) ~ines Turp.*com.*39; Prop.1.1.2; sexum natura inualidum..exponi suo luxu, ~inibus alienis Tac.*Ann.*3.34; 14.35;—(*w. gen.*) differor ~ine eiius Pl. *Poen.*157; magno correpta ~ine regis Ov.*Fast.*6.575; in admirabilem mei ~inem incidit Apul.*Met.*10.19. **b** nec leuis somnos timor aut ~o sordidus aufert Hor.*Carm.* 2.16.15; feruet auaritia miseroque ~ine pectus *Ep.*1.1.33; terram uestram..ingressi sunt duces..Romani nulla ~ine Tac.*Hist.*4.73.

3 *forum ~inis*: see cvppedo 1.
forum ~inis peto inque eo piscatum opiparem expositum uideo Apul.*Met.*1.24; 1.25; 2.2.

Cupīdō² ~inis, *m.* The personification of carnal desire, often regarded as a god, the son of Venus, Cupid.
si coronas..iusserit ancillam ferre Veneri aut ~ini Pl.*As.* 804; quom mihi Amor et ~o in pectus perpluit meum *Mos.* 163; ~inis signum Cic.*Ver.*4.135; sanctae Veneri ~inique uouit Catul.36.3; sacrum liberi ~inis Hor.*Epod.*17.57; uiolenta ~inis arma Ov.*Met.*9.543; Quint.*Inst.*2.4.26;— (*pl.*) lugete, o Veneres ~inesque Catul.3.1; mater saeua ~inum Hor.*Carm.*1.19.1; (pinxit) Venerem inter Gratias et ~ines Plin.*Nat.*35.141; (*as a statue*) argenteum ~inem Cic.*Ver.*2.115.

cupidus ~a ~um, *a.* *compar.* ~ior, *superl.* ~issimus. [cvpio+-idvs]

1 Having a strong desire, longing, anxious, eager. **b** (of things) showing alacrity, eager.
~um..uires deficiunt Hor.*S.*2.1.12; ~is uulnera ferte uiris, ferte et opes Tib.1.1.76; nil obstat ~is Stat.*Silv.* 4.3.111;—(*w. gen.*) auri ~us Pl.*Poen.*179; ~a eram huc redeundi Ter.*Hec.*91; qui..officii ~ior quam pecuniae sit Cic.*Inv.*1.80; domum uestram..dignitatis meae studiosissimam ~issimamque *Fam.*15.8; ~um rerum nouarum Caes. *Gal.*1.18.3; ~us uoluptatum sed gloriae ~ior Sal.*Jug.*95.3; animos..rixae ~os Hor.*Carm.*3.14.26; ingenia..quae discendi ~iora sunt Gel.10.12.4;—(*w. inf.*) ~um bellare Stat.*Theb.*8.728; ~ior iratum..precibus propitiare Apul. *Met.*6.1. **b** non posse..prorumpere equorum uim ~am tam de subito quam mens suet ipsa Lucr.2.265.

2 (w. gen.) Eager for the friendship of, well-disposed to (a person); (w. no gen.) partial.
homo..nostri..~issimus Cic.*de Orat.*1.104; quis erit tam ~us uestri, tam fautor ordinis? *Ver.*3.224; tui ~us, nostri amantissimus *Fam.*5.5.1;—forsitan improbis nimis ~us uideretur, qui qua de re iudex fuisset testis esset *Q.Rosc.*47; ne..(testi) ~o auctoritas attributa esse uideatur *Font.*22.

3 Desirous of wealth, avaricious, greedy.
ne..paulo ~iorem publicanum comprimere non possis Cic.*Q.fr.*1.1.7; reuocat ~as alea saepe manus Ov.*Ars* 1.452; domo capta ~us superstes imminens leti spoliis Stat.*Silv.* 4.7.38; Quint.*Inst.*11.1.88.

4 Eager for power or honour, ambitious.
homo non ~us neque appetens Cic.*Agr.*2.20; consulem non ~um, consulem..fortuna constitutum ad amplexandum otium *Mur.*83; quae cantus meditanti mittere certos magna mihi ~o tribuistis praemia..Pierides *Ciris* 93.

5 Eager for carnal pleasures, wanton, lecherous, passionately longing.
utinam ne umquam, Mede Colchis, ~o corde pedem extulisses Enn.*scen.*279; uino modo ~ae estis Pl.*Ps.*183; neu me ~um eo (*i.e. to get married*) inpulisset Ter.*Ph.*158; te..~a nouos captat aure maritus Catul.61.54; ~o..cordi Lucr.4.1138; Hor.*Ep.*1.2.24; hippomanes ~ae stillat ab inguine equae Tib.2.4.58; uirginibus ~as iniciuntque manus Ov.*Ars* 1.116; (*cf.*) ueneris ~ae gaudia [Tib.]3.9.18; puerum..Dircetis..~o uiolauit amore Stat.*Theb.*7.299; (*facet.*) eius (*sc.* uini) amor ~am me huc prolicit Pl. *Cur.*96ᵃ.

cupiens ~ntis, *a.* *superl.* ~ntissimus. [pple. of cvpio] Desirous, eager, anxious.
itane ille est ~ens? Pl.*Poen.*660; Sabinus suos hortatus ~ntibus signum dat Caes.*Gal.*3.19.2; ~ntissuma plebe consul factus Sal.*Jug.*84.1; ~nti uoluntate praeditus Apul.*Met.*11.19;—(*w. gen.*) ~ntes regni Enn.*Ann.*77; quoiius ~ns maxume est Pl.*Am.*132; ~ntissimus legis Sal. *Hist.*5.19; erogandae per honesta pecuniae ~ns Tac.*Ann.* 1.75; Apul.*Met.*10.19;—(*masc. as sb.*) anulum ab tui ~nti huic detuli Pl.*Mil.*1049.

cupienter, *adv.* [prec.+-ter²] Eagerly, avidly.
qui cupida ⟨mente⟩ cupiens ~ cupit Enn.*scen.*298; quod ~ dari petimus nobis Pl.*Ps.*683; tua ~ malis membra discerpat suis Acc.*trag.*543.

cupiō ~ere ~īuī or ~iī ~ītum, *tr.* [dub.] Forms: ~*iundus* (gdve.) Sal.*Jug.*64.2.

1 To wish for, desire, want. **b** ~*io omnia quae uis*, etc. (as a polite greeting or formula of acquiescence). **c** ~*io* (absol., in answer to a question, etc.) I desire it, I will, 'yes, certainly', 'please do'. **d** (of things) to want, need.
si regnum detur, non ~itast ciuitas Pl.*Mer.*841; tempus est mi ut ~iam filiam Ter.*Hau.*667; uidi..nostros amicos ~ere bellum Cic.*Fam.*9.6.2; non omnia omnibus ~iunda esse Sal.*Jug.*64.2; id..haud modice Hannibal ~iebat Liv. 23.36.6; illum armis animisque ~it Stat.*Theb.*7.727; ne.. elegantiam quam ~it non persequatur Quint.*Inst.*10.2.19; —(*w. inf.*) alter nare ~it Enn.*Ann.*252; nauim ~imus soluere Pl.*Mil.*1300; ~io te consulem uidere Cic.*Fam.* 15.13.3; ~iens eius diei detrimentum sarcire Caes.*Civ.* 3.67.2;—(*w. pred. adj. or pple.*) di hercle me ~iunt seruatum Pl.*Cas.*814; aratores de eo bene existimare..saluum ~ere Cic.*Ver.*2.151; quam populum Romanum liberum ~eret *Phil.*5.38;—(*w. acc. and inf.*) hicquidem ~it illum ab se abalienarier Pl.*Trin.*557; exspecto ~ioque te illud defendere Cic.*Ver.*3.151; hinc ~io nomen carminis ire mei Prop.1.7.10; Ov.*Am.*2.2.10; ~io..amicum tuum formari Sen.*Ep.*112.1;—(*w.* ut, ne) ut quem optas..nuntium accipias, tua..magis quam mea causa ~io Cael.*Fam.*8.3.1; si ~is, ut ploret Mart.6.63.8; mire..~io, ne nobiles nostri nihil..pulchrum..habeant Plin.*Ep.*5.17.6;—(*w. subj.*) tu uellem ego uel ~erem adesses Cic.*Att.*2.18.4; ~erem ipse parens spectator adesset Verg.*A.*10.443; Plin.*Ep.* 5.14(15).9; Fro.*Amic.*2.p.244(188N);—(*ellipt.*) (ut) essem una quacum ~iebam Ter.*Eu.*574; non possum disposite istum accusare, si ~iam Cic.*Ver.*4.87;—(*absol.*) magis inpense ~itis, consulitis parum Ter.*Ad.*993; (*poet., of things*) ~it ipsa pupula ad te sibi dirigere aciem Catul.63.56; Argolides ~erent fugisse Capherea puppes Ov.*Rem.*735; tellus.. ~iet se nubere plantis Col.10.158; ~iuntque decem tua nomina menses Stat.*Silv.*4.1.43. **b** omnia quae tu uis, ea ~io Pl.*Per.*766; ~io omnia quae uis Hor.*S.*1.9.5; (*cf.*) non eo quia tibi non ~iam quae uelis Pl.*As.*844. **c** operam dabo..ut hic accipias..aurum.. — ~io Pl.*Bac.*105; nunc te orare..iussit ut eam copiam sibi..facias. — ~io hercle equidem si illa uolt *Mil.*972; uin dare malum illi? — ~io *Poen.*161; quor non domum uxorem accersis? — ~io Ter.*Ad.*904. **d** (*w. inf.*) asperiora uina rigari..~iunt Plin.*Nat.*17.250.

2 To desire as a lover, long for.

spes reducendi domum quam ~io Afran.*com.*351; quae ..nulli sit ~ienda uiro Tib.1.8.40; multi illum iuuenes, multae ~iere puellae Ov.*Met.*3.353; *Fast.*3.21; (*cf.*) ignotum ~iens uana puella torum [Tib.]3.6.60;—(*w. gen.*) qui ingenuis satis responsare nequeas quae ~iunt tui (*s.v.l.*) Pl.*Mil.*963; (*impers. pass.*) adeoque eius ~iebatur, ut uirgo nobilis..eum sibi optauerit Apul.*Fl.*14.

3 (w. dat.) To be well disposed to, wish well to, favour; (phr.) *alicuius causa ~ere*, to have a person's interests at heart (see causa).

uel quod ipsi ~io Glycerio Ter.*An.*905; ego Fundanio non ~io, non amicus sum, non misericordia moueor? Cic. *Q.fr.*1.2.10; tibi, cui maxime ~io Planc.*Fam.*10.4.4; fauere et ~ere Heluetiis Caes.*Gal.*1.18.8; Tiro in Gel.6(7).3.15.

cupītor ~ōris, *m.* [prec.+-tor] One who desires, a seeker after.

unus talis matrimonii ~or Tac.*Ann.*12.7; incredibilium ~or 15.42; magiae noscendae ardentissimus ~or Apul. *Met.*3.19; quanto plurium ~or est, tanto egentior sibimet *Pl.*2.18.

cupītus ~a ~um, *a.* [pple. of cupio] In vbl. senses: esp., much desired, longed for; (neut. as sb.) that which one desires, one's desire; (fem., and perh. masc. as sb.) a beloved.

~e atque exspectate pater, salue Pl.*Poen.*1260; falsus.. ~i Ausoniae motus Sil.13.886; (*w. dat.*) ~um id Tiberio Tac.*Ann.*6.32; 14.2;—ut mox ~is ministram haberet Sal. *Hist.*4.47; moram ~is adferebant Tac.*Ann.*4.3; extorquet a marito ~is adnuat Apul.*Met.*5.6;—ne cum sua ~a conueniret 6.11; (*perh. masc.*) dominam..ad suum ~um sic deuolaturam 3.21.

cuppa ~ae: see cupa[1].

cuppēdenārius ~(i)ī, *m.* **-dinārius.** [cuppedo+-arius] A maker or seller of delicacies, confectioner.

concurrunt laeti mi obuiam ~ii omnes Ter.*Eu.*256; ~iis omnibus famem decernis Apul.*Apol.*29.

cuppēdia[1] ~ae, *f.* [cuppes+-ia] Gourmandism; (pl.) delicacies.

auaritia..uinulentia, ~a Cic.*Tusc.*4.26;—indagines ~arum Gel.6(7).16.6; ~as ciborum 7(6).13.2.

cuppēdia[2] ~ōrum, *n. pl.* **cūpē-, cūpī-.** [cuppes+-ium] Delicacies, tit-bits.

nil moror ~a Pl.*St.*714; pulchralibus atque ~is Cato *orat.* 210; cuppes et ~a antiqui lautiores cibos nominabant Paul.*Fest.*p.48M.

cuppēdō ~inis, *f.* **cūpē-.** [cf. next and cupido[1]]

1 *forum ~inis*, A market where delicacies were sold.

forum ~inis a fastidio (*codd.*, cupedio *edd.*), quod multi forum cuppidinis a cupiditate Var.*L.*5.146; macellum forum ~inis appellabant Paul.*Fest.*p.48M.

2 (in Lucr.) = cupido[1].

haud..possunt..teneri res in concilium medii ~ine uictae Lucr.1.1082; 3.994; ardescit dira ~ine pectus 4.1090; 5.45; 6.25.

cuppēs ~ēdis, *a.* [prob. var. of root of cupio] Gluttonous.

harpago, mendax, ~es, auarus Pl.*Trin.*239;—(*cf.*) ~es et cupedia antiqui lautiores cibos nominabant Paul.*Fest.* p.48M.

cuppula ~ae: see cupula[1].

Cupra ~ae, *f.* A goddess worshipped at Cupra in Picenum, perh. identifiable with the *Bona Dea.*

Veneris antistita ~a (*s.v.l.*) Pol. in *G.L.*1.100; hadrianvs..templvm deae ~ae restitvit *CIL* 9.5294.

cupressētum ~ī, *n.* [cupressus+-etum] A wood of cypress-trees.

quo pacto ~a seri oporteat Cato *Agr.*151.1; in ~is Gnosiorum Cic.*Leg.*1.15.

cupresseus ~a ~um, *a.* [cupressus+-eus] Of or belonging to the cypress-tree; made of cypress-wood.

arboris..eius (*sc.* cedri) sunt similes ~ae foliaturae Vitr. 2.9.13; Paul.*dig.*41.1.26;—(asseres) ~i Vitr.7.3.1; duo signa ~a Iunonis reginae Liv.27.37.12.

cupressifer ~era ~erum, *a.* [cupressus+-fer] Cypress-bearing.

~ero Erymantho Ov.*Ep.*9.87; ~erae Cyllenes *Fast.*5.87.

cupressīnus ~a ~um, *a.* [next+-inus] Of or belonging to the cypress-tree.

~is..frondibus Col.2.2.11; ~i..coni 6.7.2; ~um oleum Plin.*Nat.*23.88.

cupressus ~ī (~ūs), *f.* [Loan word from unkn. language; cf. Gk. κυπάρισσος also borrowed as cyparissus] Forms: gen. sg. *~us* Var.*L.*9.80, Plin.*Nat.*14.112, Apul.*Met.*6.30; abl. *~u* Catul.64.291, Ov.*Met.*3.155, Vitr.2.9.13; nom. pl. *~us* Petr.131.8. Gender: masc. Enn.*Ann.*262, 490.

1 A cypress-tree; also, a spear of cypress-wood.

longique ~i stant rectis foliis Enn.*Ann.*262; semen ~i ubi seres Cato *Agr.*48.1; non sine..aerea ~u Catul.64.291; Verg.*A.*2.714; impulsa ~us Euro Hor.*Carm.*4.6.10; Tac. *Hist.*2.78;—(*used at funerals*) stant manibus arae, caeruleis maestae uittis atraque ~o Verg.*A.*3.64; neque harum.. arborum te praeter inuisas ~os ulla..sequetur Hor.*Carm.* 2.14.23; ara..ferali cincta ~o Ov.*Tr.*3.13.21; Luc.3.442;—librabat magna uenturam mole ~um Stat.*Theb.*7.676.

2 Cypress-wood.

inopiae..abietis..uitabuntur utendo ~o Vitr.1.2.8; carmina..linenda cedro et leui seruanda ~o Hor.*Ars* 332.

3 (app.) Oil of cypress.

ad discutienda..ea, quae in corporis parte aliqua coierunt maxime possunt..~us, cedrus, iris Cels.5.11.

Cuprus ~ī, etc.: see Cyprus[1], etc.

cūpula[1] ~ae, *f.* [cupa[1]+-ula] Forms: *cuppula* Ulp.*dig.*33.6.3.1.

1 A small cask, tun.

in cuppis..siue ~is (uinum legatum) Ulp.*dig.*33.6.3.1.

2 A niche in a *columbarium.*

fecit..coivgi..~am strvctilem *CIL* 6.13236; 8.2192.

cūpula[2] ~ae, *f.* [cupa[2]+-ula] A small handle.

ne foramina maiora fiant, quo ~ae minusculae indentur Cato *Agr.*21.3.

cūr, *interr.* and *rel. adv.* Also, **quōr, qūr, quūr.** [< *quo-r* (qui); cf. Goth. *hvar*, AS. *hvær*; Skt. *kar-hi*] Forms: *quor, qur*, etc. Pl., Ter., etc., codd. Var.*L.*8.68, 71, 78; *qur CIL* 1.2187, etc.

1 (interr.) For what reason or purpose, why? **b** (esp. w. neg., implying impatience, indignation, offering a suggestion, etc.).

~ re inquaesita colligor? Naev.*com.*13; ~ me retentas? —quia tui amans abeuntis egeo Pl.*As.*591; ~ perdis adulescentem nobis? Ter.*Ad.*61; ~ me miseram inridet? Acc.*trag.*36; ~ fecit? coactus est Cic.*Ver.*3.89; ~..diuersus abis? Verg.*A.*11.855; ~ in nostra nimia est lasciuia Musa..? Ov.*Tr.*2.313; patimur ~ segnia fata in gladios iurata manus? Luc.9.849; immo uero ~ uel ipsius conspectum paueant? Plin.*Nat.*8.10; (*in final position*) Hor.*S.* 2.3.187; obsequium uentris mihi perniciosius est ~? 2.7.104;—(*ellipt.*) nemo me lacrimis decoret..~? uolito uiuos per ora uirum Enn.*var.*18; ~ iste potius quam ego? Cic.*Planc.*16; id ipsum ~? Plin.*Nat.*36.5. **b** ~ ante aedis astas? sequere intro Pl.*Men.*676; ~ impedimus Antonium..ut..disserat..? Cic.*de Orat.*2.26; ~ ego absum..? *Fam.*2.7.2;—(*w. neg.*) ~ non intro eo in nostram domum? Pl.*Am.*409; ~ non dixti extemplo Pamphilo? Ter.*An.*517; si finem edicto praetoris adferunt Kalendae Ianuariae, ~ non initium quoque edicti nascitur a Kalendis Ianuariis? Cic.*Ver.*1.109; ~ non..inter consedimus ulmos? Verg.*Ecl.*5.1; Liv.4.4.11;—(*w. potential subj.*) ~ negem quod uiderim? Pl.*Mil.*556; tibi porro inimicus ~ esset Cic.*Deiot.*25; ~..aliquos ex suis amitteret? Caes.*Civ.*1.72.2; —(*ellipt.*) tibi ego credam? — ~ non? Pl.*Ps.*318; pistori nubat? ~ non scriblitario..? Afran.*com.*161.

2 (in indir. qus.) Why.

nequoi sit uostrum mirum ~ partis seni poeta dederit quae sunt adulescentium Ter.*Hau.*1; quaeram..~ statim nihil egerit Cic.*Cael.*19; nescio ~ seueriorem Nicaeam putes *Planc.*84; succurret fortasse..alicui uestrum ~ nouissimum tempus exspectemus D.Brut.*Fam.*11.1.4; ~ tam uariae res possent esse requiro Lucr.1.645; ne doleas..neu miserabiles decantes elegos, ~ tibi iunior laesa praeniteat fide Hor. *Carm.*1.33.3; ~ uos mutetis, non uideo Liv.31.29.16; attende ~ negare cupidis debeas Phaed.2.pr.14; neque.. interest emptoris, ~ fallatur Ulp.*dig.*21.1.1.2;—(*also w. ind.*) admirari desine ~ fugiunt Catul.69.10; tum mihi naturae libeat perdiscere mores,..Pleiadum spisso ~ coit igne chorus, ~ue suos finis altum non exeat aequor Prop. 3.5.36;—(cur-*cl. forming subject of an accusation, etc.*) illud reprehendo et accuso, ~ in re tam uetere..quicquam noui feceris Cic.*Ver.*3.16; consules..inuasit, ~..nunc silerent Tac.*Ann.*6.4; sibi debebit imputare, ~ minori rem commisit Ulp.*dig.*4.4.3.11.

3 (rel.) On account of which (esp. phrs. *causa ~, quid est ~..?*; usu. followed by subj.).

quid obstat ~ non uerae fiant? Ter.*An.*103; satis.. fecisse uidear ~ secundum Roscium iudicari debeat Cic. *Q.Rosc.*14; idque erat..~ te..cuperem uidere *Att.*11.15.1; quid..accidit, ~ consilium mutarem? *Fam.*2.16.3; nec quicquam iam superat..~ eo magistratu..opus esset Liv.3.37.4; mora, ~ non extemplo oppugnarentur, ea fuit 32.32.5; hoc est ~ quaedam tigna..efferantur Sen.*Nat.* 3.25.6; quid peccaui, ~ abdicer? Quint.*Decl.*371(p.407,l.24); —causa nulla est ~ hunc..calamitate adfici uelis Cic. *S.Rosc.*146; *Ver.*5.7; quid..erat causae ~..in senatum.. cogerer? *Phil.*1.11; ea ultima fuit causa..~..bellum.. indiceretur Liv.7.9.2; causam, facias ~ ita saepe, dabit Ov.*Pont.*4.4.40;—quid est, ~ componere ausis mihi te? Acc.*trag.*147; quid est ~..commorari uelit..? Cic.*Prov.*29; quid est..~..lanceam tremam? Sen.*Nat.*6.32.2;—(*w. ellipsis of correlative*) en ~ magister eius ex oratore arator factus sit Cic.*Phil.*3.22; non esse ~ uelis uiuere *Fam.*7.3.4; timet insidias qui se scit ferre uiator ~ timeat *Nux* 44; fateatur..~..modestiae fronte substitit [Quint.]*Decl.*18.1.

4 (app.) Because.

ut pueri non facere quae recta sunt cogantur, sed ~ non fecerint puniantur Quint.*Inst.*1.3.15.

cūra ~ae, *f.* [dub.; cf. curo] Forms: *qura CIL* 1.1202.6, 13.11889, *curai* (dat.) *Elog.*6 (*CIL* 1.p.191).

1 Anxiety (about anything), worry, care, distress. **b** a particular anxiety, worry, care; a person or thing constituting a source of anxiety.

si quid ego adiuero ~amue leuasso Enn.*Ann.*335; ~a satis me et lacrumis maceraui Pl.*Capt.*929; sine omni ~a dormias *Trin.*621; lapit cor ~a Pac.*trag.*276; nec iocari prae ~a poteram Cic.*Att.*6.5.4; promulgatio, quae..animos a minore ~a ad summum timorem traduceret *Fam.*1.5a.2; illum ingens ~a atque laetitia simul occupauere Sal.*Cat.* 46.2; omnis ~ae casusque leuamen Verg.*A.*3.709; crescentem sequitur ~a pecuniam Hor.*Carm.*3.16.17; ~am acuebat quod aduersus Latinos bellandum erat Liv. 8.6.15; Phaed.3.3.13;—(*w. gen.*) simulando ~am belli Liv.3.40.8;—(*w.* de) quae me angebat de re publica ~a Cic.*Brut.*1.10; de Hasdrubalis aduentu..~a in dies crescebat Liv.27.36.1; est tibi de rebus maxima ~a meis Ov.*Tr.* 3.11.70;—(*w. indir. qu.*) quid facerem ~a cruciabar miser Pl.*Mer.*247;—(*w.* ne) ~a incesserat patres ne..plebs.. tribunos militum..crearet Liv.4.50.7; 27.4.2; ~am ne princeps..aduerteret Tac.*Ann.*3.52; (*also w.* pro) omnium.. non tanta pro Aetolis ~a erat..quam ne Philippus..rebus Graeciae..immisceretur Liv.27.30.5;—(*personified*) post equitem sedet atra ~a Hor.*Carm.*3.1.40; Hyg.*Fab.*220.1. **b** mentis metu perculsus, ~is sumptus suspirantibus Enn. *scen.*38; tot me inpediunt ~ae, quae meum animum diuorsae trahunt Ter.*An.*260; o ~as hominum! Lucil.9; anxiferas ~as requiete relaxans Cic.*Cons.*fr.2; qui te ista ~a liberarent *Catil.*1.9; acrior illum ~a domat Verg.*G.*3.539; pulsa ~arum nube Ov.*Pont.*2.1.5; motae urbis ~ae Tac.*Hist.* 1.88;—(*personified*) ultrices posuere cubilia ~ae Verg.*A.* 6.274; ~as laqueata circum tecta uolantis Hor.*Carm.* 2.16.11;—tuque, o mearum ~a..curarum Verg.*Cat.*5.6; praetor..maxima praeda tibi, maxima ~a mihi Prop. 2.16.2; siue Etruria se..siue noua haec ~a, Latini atque Hernici mouerint Liv.6.6.13.

2 Serious attention, carefulness, pains, care. **b** (a person's) attention.

curantes magna cum ~a Enn.*Ann.*77; me..decet ~am.. adhibere ut praeolat mihi quod tu uelis Pl.*Mil.*41; omnis ~a mea solet in hoc uersari Cic.*de Orat.*2.306; consulum grauis..~a ac diligentia debet esse *Agr.*2.100; omnes ~am et diligentiam remittunt Caes.*Civ.*2.13.2; amat uictoria ~am Catul.62.16; neque senatu..regendo ~a se censorum tenuit Liv.24.18.7; cultus..pratorum magis ~ae quam laboris est Col.2.17.1; quorundam ~a tarditatis..crimine laborauit Quint.*Inst.*12.9.14; impetu magis quam ~a uigebat Tac.*Ann.*4.61; (*poet.*) ne nuntiet hostis ~a canum Stat.*Ach.*1.708. **b** omnem ~am in siderum cognitione.. posuerunt Cic.*Div.*1.93; dum ~a omnium in Veiens bellum intenta est Liv.5.8.2; magna pars ~ae patribus ab Etruria in Samnites uersa est 10.11.8; ad ipsius uictus rationem potius omnem ~am suam transtulit Cels.5.pr.2;—(*pl.*) ut tibi omnia mea officia, studia, ~as, cogitationes pollicear Cic.*Fam.*11.5.3; omnis impendunt ~as denso distendere pingui (equum) Verg.*G.*3.124; principum..eo ~ae sunt intentae ut insidiis quaereretur locus Liv.9.31.6; Ov.*Pont.* 3.9.29.

3 The devotion of care or attention (to a thing); *~a* (abl.) purposely. **b** the object or product of (literary) application, study.

deorum immortalium ~a res illa perfecta Cic.*Mil.*85; regis ~a machinata fames Sal.*Hist.*4.8; ~am ..inanem Volcani Verg.*G.*4.345; ut legatos proficiscentes ~a magistratuum magis..quam ius gentium..tegeret Liv.8.6.7; si.. uetus (sebum) reuocetur ad ~am Plin.*Nat.*28.144; nouus impleuit uultus honor, ac sua flavis reddita ~a comis V.Fl.8.238; frequenter accidit ut successum extemporalem consequi ~a non possit Quint.*Inst.*10.7.13;—(*w. obj. gen.*) in ipsa ~a ac meditatione obeundi sui muneris excessit e uita Cic.*Phil.*9.2; ait se..~a reconciliandi eos in gratiam moratum esse Liv.1.50.8; ut..in alterius rei ~am conuerteret hostium animos 30.4.11; in ~a nominis huius eram Ov.*Fast.*6.12; exercitum..cum singulari ~a frugum..perduxit in Campaniam Vell.2.25.1; Germanicus Aegyptum proficiscitur cognoscendae antiquitatis. sed ~a prouinciae praetendebatur Tac.*Ann.*2.59; has..~as uocum uerborumque elegantias..insectatur Gel.2.9.5;—(*w.* habere *and gen. or* de) de uita communi omnium ~am..habere Vitr.1.pr.2; rerum..diuinarum habita ~a Liv.2.2.1.; quorum perinde ac si sociorum liberi essent ~a habita 26.47.4;—fit et ~a electrum Plin.*Nat.*33.80. **b** iuuenes, quorum..inedita ~a est Ov.*Pont.*4.16.39; siue accuratam meditatamque profert orationem..siue nouam et recentem ~am..attulerit Tac.*Dial.*6.5; quorum in manus ~a nostra uenerit *Ann.*4.11.

4 **a** The treatment (of a sick person, illness, etc.). **b** the rearing or tending (of animals or plants).

a cito sanum facies (hominem) hac ~a Cato *Agr.*157.10; saepe aliquem sollers medicorum ~a reliquit Ov.*Pont.*1.6.35; cum omnem ~am fata uincerent Vell.2.123.2; si quando medicina et ~a uicere Plin.*Nat.*7.58. **b** quae ~a boum, qui cultus habendo sit pecori Verg.*G.*1.3; si..nec Pelusiacae ~am aspernabere lentis 1.228; nullae pendebant debita ~ae roscida desertis poma sub arboribus Prop.1.20.35; sequitur arborum ~a Col.3.1.1; omnis ~a fertilitatem adicit (arboribus) Plin.*Nat.*16.119; (*poet.*) hoc faciunt custosque boum longaeuaque nutrix, tertius inmundae ~a fidelis harae (*i.e.* Eumaeus) Ov.*Ep.*1.104.

5 Solicitude, concern; (esp. on the part of a lover). **b** *~ae esse*, to be an object of care, be a matter of concern, be dear (to); (esp. impers. w. const.); also, *in ~a esse.* **c** *~ae habere*, to make an object of care or matter of concern, hold dear; also, *in ~a habere.*

nihil horum sine magna ~a et summa caritate uestri ordinis loquor Cic.*Rab.Post.*15; magis odio nobilitatis.. quam ~a rei publicae Sal.*Jug.*40.3; ecqua tamen puero est amissae ~a parentis? Verg.*A.*3.341; cum haberet eius rei ~am Vitr.9.pr.10; neque tamen elanguit ~a hominum ea mora Liv.23.23.8; suum sororisque filios in eadem habebat ~a 40.4.5; ~aque sit superis Caesaribusque tui Ov.*Pont.* 2.2.108; ~a iuris Sen.*Thy.*216; et his (*sc.* formicis) rei publicae ratio, memoria, ~a Plin.*Nat.*11.109; neutris ~a posteritatis Tac.*Hist.*1.1;—(*w. indir. qu.*) omnibus ~a uiris uter esset induperator Enn.*Ann.*83; nulla mihi ~a est, terra quo mittar ab ista Ov.*Pont.*4.14.7; (*cf. w.* inter) cum pus concoqui opus est, in uino (decoquitur farina ex hordeo); cum inter coquendum discutiendumque ~a est, tunc in aceto melius Plin.*Nat.*22.122;—nunc iam alia ~a impende pectori Pl.Epid.135; regina graui iamdudum saucia ~a Verg.A.4.1; iuuenum ~as..referre Hor.Ars 85; temptaui ~as depellere uino Tib.1.5.37; si..sit tibi ~a mei Ov.Pont.2.7.4; si nostri mutua ~a est Mart.10.13(20).9. **b** haec res mihi in pectore et corde ~aest quidnam hoc sit negoti Pl.Men.761; (seruos) quoi dominus ~aest Ter.Ad.894; nullius..salus ~ae pluribus fuit Cic.Phil.2.104; quibus est puella ~ae Catul.41.5; illi mea carmina ~ae Verg.Ecl.3.61; mihi legiones..~ae erunt Liv.8.38.16; non denique homines dis ~ae Tac.Ann.6.22;—(*impers., w.* de) de Tirone mihi ~ae est Cic.Att.12.49.3(2); de ceteris senatui ~ae fore Sal.Jug.26.1;—(*w. indir. qu.*) ~aest negoti quid sit Pl.Mer.121; mihi..non minori ~ae est qualis res publica..futura..sit Cic.Amic.43; Liv.42.14.5;—(*w. inf.*) est illi ~ae me perdere Ov.Pont.2.7.21; si mores humanaque pectora ~ae nosse deis Stat.Silv.4.6.89; Quint.Inst.7.1.4;—(*w.* ut, ne) RITVS SOLLEMNES NE ⟨INTERMITTE⟩RENTVR ~AI SIBI HABVIT Elog.6(CIL 1.p.191); senatui magnae ~ae esse..ut..honores eis habeantur Cic.Phil.3.39; patribus..~ae fuisse ne qua iniuria in eos oreretur Liv.4.7.6;—quibus..auiaria in ~a erant Plin.Nat.8.44. **c** ut imperium meum sapienter habeatis ~ae Pl.Men.991; eos tibi..uelim ~ae habeas Cael.Fam.8.8.10; Sal.Cat.21.5; qui sermonem ~ae habent Quint.Inst.1.pr.16;—(*w. indir. qu.*) ut senatus ~ae haberet, quomodo ea colonia muniretur Liv.43.1.6; ~ae, quid tibi dedit, habet Ov.Am.1.8.32;—(*w.* ut) ~ae habuit ut ei munera..darentur V.Max.5.1.1f;—peritia uilicorum in ~a habenda est Plin.Nat.18.36.

6 Eagerness, anxiety, zeal (for a thing).
(*w. gen.*) magna ~a cibi, magna uirtutis incuria Cato orat.149; quo captis libertatis ~am miseria eximat Sal.Hist.1.55.1; ~am quaerendi singula Hor.S.1.6.32; auertere plebem a ~a nouarum legum Liv.4.1.6; si ulla Hispaniae ~a esset 23.27.12; pacis mihi ~a tenendae..fuit Ov.Met.11.297; si libertatis superis tam ~a placeret quam uindicta placet Luc.4.808; pulsis uiuendi e pectore ~is Sil.13.263; uulgus..cui una ex re publica annonae ~a Tac.Hist.4.38;—(*w. inf.*) ingens ~a mis cum concordibus aequiperare Enn.Ann.132; uarium caeli praediscere morem ~a sit Verg.G.1.52; cui formam uendere ~a est Tib.1.9.51; cui ~a deos..nosse fuit Luc.1.639;—(*w.* ut, ne) haec mihi nunc ~ast maxuma ut nequoi mea longinquitas aetatis obstet Ter.Hec.595; maxima erat ~a duci..ne qua exprobratio..discordiam..sereret Liv.23.35.7; nec liber ut fieret..propositum ~aque nostra fuit Ov.Pont.3.9.52.

7 The administration, charge (of things, persons); the command (of an army, etc.); (leg.) the supervision (of minors, property, etc.).
~a uectigalium Cato orat.115; plures pueri..unius ~ae demandabantur Liv.5.27.1; prouincias..quas Tiberius ad ~am suam transtulerat Suet.Cl.25.3;—(*w. obj. gen.*) tibi ~a magni Caesaris fatis data Hor.Carm.1.12.50; demandata ~a sacrorum flaminibus Liv.1.33.1; displicet heredi mandati ~a sepulcri Ov.Fast.5.657; ~a..atque onus Germanici belli delegata Druso Vell.2.97.2; ~am..imperi sustinuit Suet.Vit.2.4;—cui classis ~a maritimaeque orae imperium mandatum Liv.32.16.2; cornus tibi ~a sinistri Luc.7.217; Tac.Ann.2.78; ~am sperare cohortis Juv.1.58;—si..is, apud quem uoluerit (parens liberos) educari, ~am non recipiet Ed.pr.21.2(Font.iur.p.223); si tutelam uel ~am huiusmodi personae administrent Ulp.dig.3.1.1.6; si quis ~am uentris bonorumue administrat 26.10.3.3.

8 A person or thing constituting an object of care.
raucae, tua ~a, palumbes Verg.Ecl.1.57; Anchisa..~a deum A.3.476; tu..iuuenum..prodis publica ~a Hor.Carm.2.8.8; Bacchi ~a Falernus ager Tib.1.9.34; tu mihi..~a perennis eris Ov.Am.1.3.16; uos eritis chartae proxima ~a meae Ars 2.746; (Palmyra) prima in discordia semper utrimque ~a Plin.Nat.5.88; Mart.1.82.10.

9 A task, responsibility, post.
tibi haec ~a suscipienda, tibi haec opera sumenda est Cic.Ver.4.69; haec detur ~a censoribus Leg.3.47; hi uel aetate uel ~ae similitudine patres appellabantur Sal.Cat.6.6; ducis et tu concipe ~am Verg.A.11.519; solutionem alieni aeris in publicam ~am uerterunt Liv.7.21.5; AGENTE ~AM T. BOVIO VERO CIL 9.5420.29; proxima est ~a ut dicamus..Quint.Inst.11.1.1; tempora ~arum remissionumque diuisa Tac.Ag.9.3;—(*w. gen.*) uacui ab operum locandorum ~a Liv.24.18.2; dilectus ~a..consuli inposita 44.21.5; ~am administrauit annonae Suet.Tib.8;—(*w. inf.*) obsidere portas ~a datur Messapo Verg.A.9.160.

cūrābilis ~is ~e, *a.* [cvro+-bilis] (app.) Requiring medical treatment.
omnesque manipli consensu magno efficiunt ~is ut sit uindicta et grauior quam iniuria Juv.16.21.

cūragō ~ere, *intr.* [cvra+ago] (inscr.; only in pres. pple.) To take charge, manage.
~ENTE CALPVRNIO CIL 11.671; 15.7241.

cūralium ~(i)ī: see corallivm.

cūrans ~ntis, *m.* [pple. of cvro] One who treats a patient.
obseruationes ad quas derigi ~ntis consilium debeat Cels.2.10.2; ut..pili in conspectum ~ntis ueniant 7.7.8.b.

cūrātē, *adv. compar.* ~ius. [cvratvs+-e] With care, carefully, diligently; elaborately.
eius negotii initium..~ius disseram Tac.Ann.2.27; diurna populi Romani..per exercitus ~ius leguntur 16.22;—ludos ~ius editos 14.21.

cūrātiō ~ōnis, *f.* [cvro+-tio]
1 The action of taking charge (of a thing), administration, superintendence. **b** *mea* (*mihi*), etc., *est* ~*o*, it is my, etc., business.
quod aedes Telluris est ~onis meae Cic.Har.31; Fam.11.27.7; utrum (dei)..omni ~one et administratione rerum uacent N.D.1.2; ad ~onem ministerii sui Liv.4.12.8. **b** namque istaec magis meast ~o? Pl.Poen.354;—(*w. acc.*) quid tibi hanc ~o est rem..? (*i.e. what business is this of yours?*) Pl.Am.519; quid tibi..med aut quid ego agam ~ost? Mos.34.

2 The taking care of (a thing), attention, treatment.
neque ullum fructum edere ex se sine cultu hominum et ~one potuissent (oues) Cic.N.D.2.158; reliquum diei..~one corporum consumptum Liv.25.38.23; celerior uentus distulit ~onis (*i.e. hair-cutting*) propositum Petr.107.13; ut sit odoratior uini ~o Col.12.25.4.

3 The treatment (of a disease, wound, sick person, etc.); an instance or method of treatment. **b** (spec.) a surgical operation. **c** an object of care or treatment.
altera (brassica)..ad ~onem ualidior est Cato Agr.157.2; medici..esse..finem sanare ~one Cic.Inv.1.6; ualitudinis ~o Off.2.12; ~o ipsa..uolgabat morbos Liv.25.26.8; ad sanitatem dum uenit ~o Phaed.5.7.12; Plin.Nat.31.65; si ~o (uulneris) differri potest Quint.Inst.4.2.84;—hac eadem ~one sanum facies Cato Agr.157.8;—~ones eius non probo Cic.Fam.16.4.1; ut ~ones aeger obeam Sen.Ep.27.1;—(*in fig. phr.*) qui uoluptatum libidine feruntur,..is nullane est adhibenda ~o? Cic.Tusc.3.4; luctetur cum uitiis..quosdam molli ~one decipiat Sen.Cl.1.17.2. **b** ubi uetustior (suffusio) facta est, manus ~onem desiderat Cels.7.7.13.a; Curt.9.5.25; debes fortiter praebere te ~oni Sen.Dial.12.3.1; a recenti ~one (*sc. castration*) Col.6.26.3; sanguis rapitur in secando, ut ~o perspici potest Plin.Nat.31.126. **c** ego illi (*sc.* medico) potissima ~o fui Sen.Ben.6.16.5.

4 An office to which duties are attached, charge. **b** (leg.) the office of *curator*, curatorship; *in* ~*one*, under the protection of a *curator*.
me sinas curare ancillas, quae mea est ~o Pl.Cas.261; magistratus, ~ones, sacerdotia Cic.Ver.2.126; cum quidam..agrariam ~onem ligurrirent Fam.11.21.5; eandem..~onem agens Liv.4.13.8; MAGISTRATVM POTESTATEM IMPERIVM ~ONEMVE CVIVS REI PETENTES CIL 6.930.10. **b** cui..ea tutela ~oue data erit Ed.pr.6.3;(Font.iur.p.215) furiosae matris ~o ad filium pertinet Ulp.dig.27.10.4;—quaedam (personae) uel in tutela sunt uel in ~one Gaius Inst.1.142; erunt ambo in ~one, quamdiu uel furiosus sanitatem uel ille (*sc.* prodigus) sanos mores receperit Ulp.dig.27.10.1.

cūrātor ~ōris, *m.* [cvro+-tor]
1 One who looks after or tends, a keeper.
gallinarius, ~or earum (*sc.* gallinarum) Var.R.3.9.7; ~or (pauonum) Col.8.11.2; ~orem (apium) 9.5.2.

2 One who has charge of, supervisor, superintendent, curator (esp. of public works).
legibus agrariis ~ores constituti sunt Cic.Agr.2.17; Leg.pub.(Font.iur.p.96)15; (uiae) ~ores accipiunt Sic.Fl.agrim.p.110;—(*w. gen.*) ludorum ~ores Pl.Poen.36; ~ores omnium tribuum *formula* in Var.L.6.86; ~or..uiae Flaminiae Cic.Att.1.1.2; ~or aquarum Leg.Pub.(Font.iur.p.114)22; ~ORES RIPARVM CIL 6.1235; ~ORI PROVINCIAE 2.6278.50; ~ORI FRVMENTI COMPARANDI IN ANNONA⟨M⟩ VRBIS 8.5351;—(*w. dat. and gdve.*) ~OR VIIS STERNVNDIS Elog.33(CIL 1.p.200); ~or muris reficiendis Cic.Opt.Gen.19; ~ores restituendae Campaniae Suet.Tit.8.4;—(*w.* ad) ad siliginem emendam ~orem..constitutum Julian.dig.3.5.29(30).

3 (leg.) A guardian appointed to administer the property of minors (*pupilli*), women, and insane persons.
⟨V⟩TEI ~OR EIVS PROFITEATVR CIL 1.585.56; nec medici credis nec ~oris egere a praetore dati Hor.Ep.1.1.102; scio nulli a praetore ~orem dari, quia inicus pater sit Sen.Con.2.3.13; Quint.Inst.7.4.11; ~oris eget qui nauem mercibus implet ad summum latus Juv.14.288; ~ores dicuntur, qui pupillis loco tutorum dantur Paul.Fest.p.48M; ~or uentris alimenta mulieri statuere debet Gaius dig.37.9.5; ~or furiosi Ulp.dig.23.3.5.3.

cūrātōrius ~a ~um, *a.* [prec.+-ivs] Of or belonging to a *curator* or guardian.
agere..nomine..tutorio, ~o Gaius Inst.4.82; STIP(ENDIA)..~A VETERAN(ORVM) CIL 13.7556.

cūrātūra ~ae, *f.* [cvro+-vra] Treatment, attention; the office of *curator*, management, superintendence.
reddunt (uirgines) ~a iunceas Ter.Eu.316;—ratio totius operis effecti sub ~a (*cj.*) Cocceiani Dionis excutiatur Tra.Plin.Ep.10.82(86).2; ~A EIVSDEM CORPOR(IS) BIS FVNCT(O) CIL 13.1954.

cūrātus ~a ~um, *a. compar.* ~ior, *superl.* ~issimus. [pple. of cvro]
1 Well looked after.
ita boues..corpore ~iores erunt Cato Agr.103; cur..ita est, ut tu sis quam equus ~ior? Sab.iur.16(Gel.4.20.11).

2 Carefully prepared.
~a uocant cum ex sebo puta omnes membranulae diligenter exemptae sunt Cels.5.19.11.B; adipis suilli ~i Larg.222; nitida illa et ~a uox insolitum laborem recusabit Quint.Inst.11.3.26.

3 Anxious, sollicitous, earnest.
donec..eius..~issimis precibus protegeretur Tac.Ann.1.13; secreto ~oque sermone Plin.Ep.9.13.10.

curculiō ~ōnis, *m.* [dub.] Forms: *gurgulio* Pers.4.38. A corn-weevil.
uel quingentos ~ones pro uno faxo reperias Pl.Cur.587; frumento ne noceat ~o Cato Agr.92; quo..spiritus non peruenit, ibi non oritur ~o Var.R.1.57.2; populatque ingentem farris aceruum ~o Verg.G.1.186; Vitr.6.6.4; Col.1.6.15; Plin.Nat.18.302;—(*obsc., of the penis*) inguinibus..detonsus gurgulio extat Pers.4.38.

curculiunculus ~ī, *m.* [prec.+-cvlvs] A small weevil; (in quot., transf.).
quingentos (nummos dabo).—cassam glandem.—sescentos.—~os minutos fabulare Pl.Rud.1325.

Cūrēnae: see Cyrenae.

Curensēs ~ium, *m.* The inhabitants of Cures.
Quirites a ~ibus Var.L.6.68; Plin.Nat.3.107.

cures[1]: see cvris[1].

Curēs[2] (~ium), *m., f.* Gender: fem. Prop.4.9.74. An ancient Sabine town.
habere quiddam a ~ibus uidebatur (Sabinus) Cic.Fam.15.20.1; ad regnandum Sabinum hominem Romam ~ibus acciuit Rep.2.25; Verg.A.6.811; Quirites a ~ibus appellati Liv.1.13.5; Stat.Silv.4.5.56; (*meton.*) sic uoluere ~es Ov.Fast.6.216.

Cūrētes ~um, *m.* [Gk. Κουρῆτες] An ancient people of Crete who worshipped Zeus with the beating of shields, etc.
~as nomine Grai quos memorant Phrygios Lucr.2.629; canoros ~um sonitus Verg.G.4.151; hoc ~es habent Ov.Fast.4.210; nunc ~es nunc Corybantes arma Idaea quassate manu Sen.Her.O.1877; rege ~um Plin.Nat.4.58.

Cūrēticus ~a ~um, *a.* Of the Curetes.
Iuppiter..carmina Dictaeis audit ~a siluis Calp.Ecl.4.96; Oeneasque domos, ~a tecta Sil.15.308.

Cūrētis[1] ~is, *m.* An inhabitant of Cures.
tubicen..~is Prop.4.4.9.

Cūrētis[2] ~idis, *f. adj.* Of or belonging to the Curetes; (as sb.) the ancient name of Crete; also, of Acarnania.
~ida terram contigit Ov.Met.8.153;—(*as sb.*) primum Aeriam dictam (Cretam), deinde postea ~im Plin.Nat.4.58;—Acarnaniae, quae antea ~is uocabatur 4.5.

cūria ~ae, *f.* [< *couiria (con-+vir)]
1 One of the thirty divisions of the Roman people established by Romulus by which voting took place in the *comitia curiata*. **b** (as transl. of Gk. δῆμος) 'ward'.
populum in ~as triginta discripserat Cic.Rep.2.14; si tamen id xxx ~ae iussissent Dom.77; Liv.1.13.6; signatur certa ~a quaeque nota Ov.Fast.2.530. **b** noster nostrae qui est magister ~ae Pl.Aul.107.

2 A building used for assemblies, meeting-hall.
quod iter longius..erat a ~a Cato hist.142; ~ae duorum generum: nam et ubi curarent sacerdotes res diuinas..et ubi senatus humanas Var.L.5.155; 6.15; nouae ~ae..aedificatae sunt Fest.p.174M;—(*w. defining gen. or ep.*) nec ~a calabra sine calatione potest aperiri Var.L.5.13; Angerona, cui sacrificium fit in ~a Acculeia 6.23; in ~a Saliorum Cic.Div.1.30; in ~a Pompeia Div.2.23.

3 (spec.) The meeting-place of the Roman Senate. **b** (regarded as conferring membership of the Senate by admission to it).
obsidere cum gladiis ~am Cic.Catil.1.32; si neque amici in foro requirunt studium meum neque res publica in ~a Sul.26; senatus uocatus in ~am Q.fr.2.3.2; reductis in ~am legatis Liv.26.31.1; Tac.Hist.1.85; Suet.Cl.10.3; (*cf.*) ut dies inter eos ~ae fuisse uideretur, conuiuium Tusculani Cic.de Orat.1.27. **b** hominibus ignominia notatis neque ad honorem aditus neque in ~am reditus esset Cic.Clu.119; si non..tibi ~am praeclusisses Pis.40; Gallos Caesar in triumphum ducit, idem in ~am Vers.pop. in Suet.Jul.80.2 (*poet.*p.92); ~a exactus est Tac.Ann.12.59.

4 The meeting-place of local senates in other cities.
in qua (urbe)..amplissima est ~a Cic.Ver.4.119; inclusum in ~a senatum Salamine obsederat Att.6.1.6; Vitr.5.2.1; Liv.24.22.1; in ~a Karthaginiensium Apul.Fl.16.

5 (meton.) The Roman Senate. **b** a local senate or other governing body. **c** a meeting of the Senate.
moderatrix offici ~a Cic.Flac.57; praesidium..consulenti..~ae Hor.Carm.2.1.14; tibi ~a nomen hoc dedit Ov.Fast.2.127; secreta..hospes in externis audiuit ~a tectis Luc.5.11; (murex) distinguit ab equite ~am Plin.Nat.9.127; (*cf.*) (municipiorum) tanta studia cognoscuntur..ut in singulis oppidis ~am populi Romani non desideretis Cic.Phil.7.23. **b** in ~am..loci cuiusque..legi Tra.Plin.Ep.10.80(84); ~ae proceres Apul.Mun.25; siue singularis sit persona..uel populus uel ~a Ulp.dig.4.2.9.1. **c** alteram statuam..in sequentem ~am protulisse Apul.Fl.16.

cūriālis ~is ~e, *a.* [prec.+-alis]
1 Of or belonging to a *curia*.
~es flamines curiarum sacerdotes Paul.Fest.p.64M; LARES ~ES CIL 6.36811; DEOS ~ES 11.3593;—(*cf. perh.*) ~es mensae, in quibus immolabatur Iunoni, quae Curis appellata est Paul.Fest.p.64M.

2 (masc. as sb.) A member of the same *curia*.
~es eiusdem curiae Paul.Fest.p.49M; ~ES VNIVERSI CVRIARVM VNDECIM A.Epig.41.40;—(*transl. Gk.* δημότης) neque quisquam ~ium uenit Pl.Aul.179; Cimonem Athenis..in suos ~es..hospitalem fuisse Cic.Off.2.64.

Curiānus ~a ~um, *a.* Of or belonging to a Curius.
(uilla) ~a in Sabinis Cic.Leg.2.3; in causa ~a *de Orat.*2.24; in iudicio ~o Quint.Inst.7.6.9.

cūriātim, *adv.* [cvriatvs+-im] By *curiae*.
populum consuluit ~im Cic.Rep.2.31; ut censores..optimum quemque ~ in senatum legerent Fest.p.246M

IS MVNICIPES ~ AD SVFFRAGIVM FERENDVM VOCATO *CIL* 2.1964.2.4.

cūriātius[1] ~a ~um, *a.* (inscr.) = CVRIATVS.

Cūriātius[2] ~a ~um, *a.* The name of a *gens* formerly of Alba, but subsequently of Rome; (esp.) the three brothers who fought the Horatii.
principes Albanorum in patres..legit, Iulios..~ios, Cloelios LIV.1.30.2;—Horatius occisis tribus ~iis..domum se uictor recepit CIC.*Inv.*2.78; LIV.1.24.1.

cūriātus ~a ~um, *a.* [CVRIA+-ATVS[2]] FORMS: *~ius CIL* 14.296, 2522, 2840, 4642. *Comitia ~a,* an assembly of the people divided into *curiae*; *lex ~a,* a law passed by this assembly; *lictor ~us,* the official who summoned this assembly.
centuriatorum et ~orum comitiorum CIC.*Dom.*38; populus ~is eum comitiis regem esse iusserat *Rep.*2.25; comitia ~a, quae rem militarem continent LIV.5.52.16; comitia arbitris pontificibus praebentur, quae '~a' appellantur GEL.5.19.6;—~a illa lex quae totum eius tribunatum continebat CIC.*Har.*48; LIV.5.46.11; si te priuatus lege ~a apud pontifices..adoptarem TAC.*Hist.*1.15;—(comitia) '~a' per lictorem ~um 'calari', id est 'conuocari' GEL.15.27.2; LICTOR ~IVS *CIL* 14.2522; (*cf.*) LICTORI DEC(VRIAE) ~IAE 14.296.

cūriō[1] ~ōnis, *m.* [CVRIA+-O[1]]
1 The title of a priest, app. presiding over a *curia*; *~o maximus,* the chief of this priesthood. **b** (facet., w. pun on *curiosus*).
~ones dicti a curiis, qui fiunt ut in his sacra faciant VAR. *L.*5.84; SACERD(OTI) ~ONI SACRIS FACIENDIS *CIL* 8.1174; 11.6955;—M. Aemilius Papus maximus ~o LIV.27.6.16; 27.8.1; ~o legitimis nunc Fornacalia uerbis maximus indicit OV.*Fast.*2.527; maximus curio, cuius auctoritate curiae, omnesque curiones reguntur PAUL.*Fest.*p.126M. **b** quo quidem agno sat scio magis curiosam nusquam esse ullam beluam. — uolo ego ex te scire qui sit agnus ~o. — quia ossa ac pellis totust, ita cura macet PL.*Aul.*563; (*cf.*) ~onem agnum Plautus pro macro dixit PAUL.*Fest.*p.60M.
2 A crier.
epigrammata ~one non egent MART.2.pr.6.

Cūriō[2] ~ōnis, *m.* A Roman cognomen, esp. C. Scribonius Curio, tribune in 50 B.C.
CIC.*Fam.*16.11.2; momentumque fuit mutatus ~o rerum LUC.4.819;—una familia ~onum PLIN.*Nat.*7.133.

cūriōnātus ~ūs, *m.* [CVRIO[1]+-ATVS[1]] The office of *curio*.
aes..quod dabatur curioni ob sacerdotium ~us PAUL. *Fest.*p.49M.

Cūriōniānus, ~a, ~um, *a.* Of or belonging to Curio.
equites ~i *B.Afr.*52.5.

cūriōnius ~a ~um, *a.* [CVRIO[1]+-IVS] Of or belonging to a *curio*.
~um aes dicebatur, quod dabatur curioni ob sacerdotium curionatus PAUL.*Fest.*p.49M; ~a sacra, quae in curiis fiebant p.62M.

cūriōnus ~ī, *m.*: var. of CVRIO[1].
centurionus antea, qui nunc centurio, et ~us et decurionus dicebantur PAUL.*Fest.*p.49M.

cūriōsē, *adv. compar.* ~ius, *superl.* ~issimē. [CVRIOSVS+-E]
1 With care, carefully, attentively. **b** elaborately, curiously.
conquiram ista posthac ~ius CIC.*Brut.*133; ~e et subtiliter omnia ordinata VITR.10.8.6; ~e..uestimentis inuoluendus est CELS.2.17.8; litteras ~ius scriptas PLIN. *Ep.*9.28.5; sacra..~issime administrabant FEST.p.290M. **b** aut minus describeret aut nimis ~e SEN.*Suas.*1.15; quos ~e potius loqui dixeris quam Latine QUINT.*Inst.*8.1.2; laquearia citro et ebore ~e cauata APUL.*Met.*5.1.
2 With curiosity, inquisitively.
ne uos ~ius eliceretis ex me quid..iudicarem CIC.*Brut.* 231; qui..requirunt quid..sentiamus, ~ius id faciunt quam necesse est *N.D.*1.10; sermones eorum..~ius captabam GEL.19.13.1; nemo..qui non illuc ~e confluxerit APUL.*Met.*10.12.

cūriōsitās ~ātis, *f.* [CVRIOSVS+-TAS] Excessive eagerness for knowledge, inquisitiveness, curiosity.
sum in ~ate ὀξύπεινος CIC.*Att.*2.12.2; ~atis inprosperae sinistrum praemium reportasti APUL.*Met.*11.15; delatoria ~as ULP.*dig.*22.6.6; (*w. obj. gen.*) malum..de uultus ~ate praeminatur APUL.*Met.*5.19; (*w.* in+*acc.*) quae saeuitia..mihi..~atem in suos mores ampliauerat 9.15.

cūriōsulus ~a ~um, *a.* [next+-VLVS] Somewhat inquisitive.
laciniam ~us uentus..reflabat APUL.*Met.*10.31.

cūriōsus ~a ~um, *a. compar.* ~ior, *superl.* ~issimus. [CVRA+-OSVS]
1 Careful, diligent, painstaking; (w. gen.) devoting care to, attentive to. **b** (of things) performed with or achieved by care.
omnia diligenter ~us pictor..reddiderat PETR.29.4; grana..putaminibus uestita ~a manu segrego 135.5; PLIN.*Nat.*34.58; ~us..debet esse creditor, quo uertatur ULP.*dig.*15.3.3.9; recte Labeo definit scientiam neque ~issimi neque neglegentissimi hominis accipiendam PAUL. *dig.*22.6.9.2;—(*w.* in+*abl.*) est in omni historia ~us CIC. *Tusc.*1.108;—(*w.* ad) quo minus familiaris sum, hoc sum ad inuestigandum ~ior *Fam.*4.13.5;—(*w. gen.*) mens..corporis sui..~a non anxie SEN.*Dial.*7.3.3; medicinae peculiariter ~us PLIN.*Nat.*25.7. **b** huic..~ior obseruatio necessaria est CELS.4.5.5; ~o uictu 4.31.9; ~ior inquisitio..debet esse COL.1.8.17; Horatii ~a felicitas PETR.118.5; praeturae ~a consilia QUINT.*Inst.*7.5.2.
2 Excessively careful, fussy. **b** (of things) laboured, elaborate, complicated.
~us, quod hac (*sc.* cura) praeter modum utitur VAR.*L.* 6.46; reperiam multos..non tam ~os..quam uos estis, quibus..facile persuadeam CIC.*Fin.*2.28; ut a diligenti ~us ..distat QUINT.*Inst.*8.3.55; (*w.* in+*abl.*) non sum in exquirendo iure augurum ~us CIC.*Dom.*39. **b** ~iorem sui cultum V.MAX.9.1.3; ~a Apionis interpretatione PLIN.*Nat.* 30.99.
3 a Eager for knowledge, inquiring. **b** inquisitive, curious; meddlesome, interfering.
a (capras) auribus spiritum ducere solere pastores ~iores ..dicunt VAR.*R.*2.3.5; homo non modo prudens, uerum etiam, quod iuuet, ~us CIC.*Fam.*3.1.1; rem..auribus erectis ~isque audiendam SEN.*Ep.*108.38;—(*w. gen.*) nec nostri ~us (deus) *Ben.*4.19.2. **b** neminem..~um interuenire.. qui me sequatur quoquo eam TER.*Eu.*553; seruus..sceleratus ~us AFRAN.*com.*190; quid est..tam ~um quam ea scire uelle..? CIC.*Dom.*33; ~os oculos excludit *Har.*37; omnia..scire..cupere ~orum (est) *Fin.*5.49; nec suturae quidem attulerat rusticus ~as manus PETR.13.1; nihil est.. ~ius otiosis PLIN.*Ep.*9.32;—(*masc. as sb.*) quae (basia) nec pernumerare ~i possint CATUL.7.11;—~i sunt hic complures mali, alienas res qui curant studio maxumo PL.*St.*198; minime..esse in aliena re publica ~um CIC.*Off.*1.125; (*masc. as sb.*) iste ~us dum inportune irrumpit APUL.*Met.* 1.17;—(*of things*) non delectauit me tam ~um principium PETR.92.4.
4 (app.) Careworn.
quo..agno sat scio magis ~am nusquam esse ullam beluam PL.*Aul.*562; nemo illa uiuit carie ~ior AFRAN.*com.* 250.

curis[1] ~is, *f.* **cures.** [Sabine wd.; etym. dub.] A spear.
siue quod hasta '~es' priscis est dicta Sabinis OV.*Fast.* 2.477; ~is est Sabine hasta PAUL.*Fest.*p.49M; p.63M.

Curis[2] ~is, *m.* (app.) form of QVIRIS through supposed connexion with CVRES[2]; (in quot., as adj.)
marite, si sanguis ~is, Sabina si caedes placet AVIT.*poet.* 1.1.

Cūritis ~is, *f.* **Curr-.** A Sabine cult-title of Juno.
IVNONI ~I IN CAMPO *Fast.Arv.*(*CIL* 1.p.214); ~im Iunonem appellabant, quia eandem ferre hastam putabant PAUL.*Fest.*p.49M.

cūritō ~āre ~āuī ~ātum, *tr.* [CVRO+-ITO] To give frequent or abundant attention to.
me..matrona prolixe ~abat APUL.*Met.*7.14.

Curius ~a ~um, *a.*
1 The name of a Roman *gens*; esp. M'. Curius Dentatus, a famous general of the early 3rd cent. B.C.; often as a type of antique severity.
C. Fabricium M'. ~um Ti. Coruncanium, quos sapientes nostri maiores iudicabant CIC.*Amic.*18; tenuitas uictus M'. ~i *Parad.*12;—ne semper ~os et Luscinos loquamur 50; Fabricios ~osque graues LUC.10.152; sis grauior ~o Fabricioque licet! MART.11.16.6; QUINT.*Inst.*7.2.38.
2 *~i fratres,* (app.) The Curiatii.
cecinit ~os fratres et Horatia pila PROP.3.3.7.

cūrō ~āre ~āuī ~ātum, *tr.,* (*intr.*). [CVRA+-O[3]; cf. Pelignian *coisatens* (= *~auerunt*), Umb. *kuratu* (= *~ato*)] FORMS: *coer- lex* in Gracchan.*iur.*11, *CIL* 1.672.7, 9.4170, etc.; *coir-* 1.364, 674, etc.; *cour-* 1.1806.5; *qur-* 1.2129a.5, 10.7596; *cor-* 1.2661.2; *~arier* (= *~ari*) PL.*Capt.*737, *Poen.*80, HOR.*Ep.* 2.2.151; *~assis, ~assint* (= *~aueris,* etc.) PL.*Mos.*526, *Poen.*27, 553, *Ps.*232.
1 To watch over, look after, care for. **b** *se, corpus, ~are,* to refresh oneself with food, sleep, etc., attend to one's bodily needs; (also pass.). **c** *cutem,* etc., *~are,* to take care of one's appearance.
muros urbemque forumque excubiis ~ant ENN.*Ann.*185; quaproptér Iuppiter nunc histriones ~et PL.*Am.*87; ~a te, amabo *Cist.*113; P. Clodius uestra sacra ~at CIC.*Dom.*104; ualetudinem tuam uelim ~es diligentissime *Fam.*14.8; eos ..per familias benigne accipiendos ~andosque cum diuisissent LIV.22.54.2; familiam..bene ~atam ac uestitam PLIN.*Nat.*18.42; pluribus salus eius ~abatur TAC.*Ann.* 14.58. **b** nam ut lassus ueni de uia, me uolo ~are PL.*Ps.* 662; spatium ~ando corpori honestum LUCIL.115; iam surgamus..nosque ~emus CIC.*de Orat.*3.230; non magnis opibus iucunde corpora ~ant LUCR.2.31; 5.939; tum tecta petunt, tum corpora ~ant VERG.*G.*4.187; corpora cibo somnoque ~ant LIV.3.2.10; corpora ~are somnoque operam dare 23.35.16; PLIN.*Ep.*6.20.19; (*cf.*) Genium mero ~abis HOR.*Carm.*3.17.15;—(*pass.*) uino ~atos ENN.*Ann.* 368; ~ati cibo corpora quieti dant LIV.9.37.7; uinoque et cibo ~atos domos dimisit 34.16.5; corporis ~atae tibi APUL.*Met.*5.2. **c** in cute ~anda plus aequo operata iuuentus HOR.*Ep.*1.2.29; 1.4.15; nimirum summi ducis est ..~are cutem JUV.2.105;—(*cf.*) ire domum atque pelliculam ~are iube HOR.*S.*2.5.38; ~atus inaequali tonsore capillos *Ep.*1.1.94.
2 a To tend (plants or animals). **b** to do what is necessary to, deal with, treat, prepare (things).
a uiniam sic facito uti ~etur CATO *Agr.*33.1; cum ea ratione ~atae fuerint (arbores) VITR.2.9.4; PLIN.*Nat.* 18.337; ULP.*dig.*25.1.3;—quo libentius boues ~ent CATO *Agr.*5.6; iumentum e manibus ~antium elapsum LIV. 44.40.7; apes ~andas COL.9.14.1. **b** e quibus metallis glaebae..per publicanos Romae ~antur VITR.7.9.4; arma ~are et tergere LIV.26.51.4; sic ~ata cum fuerit (aqua) COL.12.25.3; 12.38.3; (medullae) ~antur ante autumnum PLIN.*Nat.*28.145; non opus est eas (lanas)..radicula esse ~atas 29.39; aquam simul et ligna conferri ~ando mox cadaueri SUET.*Nero* 49.1; si fulloni polienda ~andae.. uestimenta dederim GAIUS *Inst.*3.143.
3 To administer remedies to, treat (a sick person, wound, disease, etc.). **b** (spec.) to perform a surgical operation on. **c** to treat successfully, cure.
ibi meo arbitratu potero ~are hominem PL.*Men.*949; ut ~entur diligentius (saucii) ACC.*trag.*598; cum..nec omnes, qui ~ari se passi sint, continuo..conualescant CIC.*Tusc.*3.5; ~andum cotidie uulnus CELS.8.4.18;—(*w. abl.*) quod diceres uinulentis te quibusdam medicaminibus solere ~ari CIC. *Pis.*13; uomitione canes..se..~ant *N.D.*2.126; cum herbis ~aret uolnus LIV.29.32.11; lichenas ex aceto bulbis ~at PLIN.*Nat.*20.103;—(*in fig. phrs.*) diaeta ~are incipio, chirurgiae taedet CIC.*Att.*4.3.3; differs ~andi tempus HOR. *Ep.*1.2.39. **b** caput eius, qui ~abitur, minister contineat CELS.7.7.14.C; 7.26.2.F; qui ferrum medici prius quam ~etur aspexit QUINT.*Inst.*4.5.5. **c** mali medici est desperare ne ~et SEN.*Cl.*1.17.2; fricari oportet impetiginem, quoad ~etur et non appareat LARG.249.
4 To have charge of; (absol.) to be in command.
cohortis Ligurum ~abat SAL.*Jug.*100.2; ~are eum.. triclinium sacerdotum non displicet nobis AUG.in Suet.*Cl.* 4.3; inferiorem (exercitum) A. Caecina ~abat TAC.*Ann.*1.31; qui pro consule Asiam ~auerat 4.36;—C. Manlium in dextra ..parte ~are iubet SAL.*Cat.*59.3; ubi quisque legatus aut tribunus ~abat *Jug.*60.1.
5 To devote oneself to, cultivate (a person).
eum..ultra Romanum..morem ~abant, exornatis aedibus per aulaea et insignia SAL.*Hist.*2.70.2; turba..non dest sterilem quae ~et amicum MART.10.19(18).3; ~atur a multis, timetur a pluribus PLIN.*Ep.*1.5.15; a prima aetate sua me ~auit..familiariter FRO.*Ver.*2.p.150(134N).
6 To undertake, see to (a task or responsibility). **b** (w. acc. and gdve.; also, w. pf. pple.) to have (something done). **c** (w. *ut, ne*; w. subj. alone; w. prolative inf.). **d** (absol. or ellipt.).
uos uostrum ~ate officium PL.*Bac.*760; cena ~etur uolo *Poen.*1151; ~abat una funus TER.*An.*108; custodis, qui id negotium ~abit CATO *Agr.*145.1; mea mandata de domo ~abis CIC.*Att.*4.7.3; an ea, quae per uinitorem antea consequebatur, per se ipsa ~abit (uitis)? *Fin.*5.40; iussus.. bellum maritimum ~are LIV.7.26.10; A. VITELLIO..ANNONAM ~ANTI *CIL* 8.26582;—(*poet.*) optima putri arua solo: id uenti ~ant gelidaeque pruinae VERG.*G.*2.263. **b** OPVS FACIVND⟨VM⟩ ~AVERVNT *CIL* 1.1806.5; eum hominem occidendum ~auit CIC.*S.Rosc.*103; pontem..faciendum ~at CAES.*Gal.*1.13.1; VIAS FACIENDAS ~AVIT *CIL* 3.470; quod..statuas segnius locandas ponendasque ~auisset SUET.*Cl.*9.1;—inuentum tibi ~abo et mecum adductum tuom Pamphilum TER.*An.*684. **c** ne peiierem ~a PL. *Bac.*1031; ~ate ut splendor meo sit clupeo clarior quam solis radii esse..solent *Mil.*1; quae reliqua opera sint ~are uti perficiantur CATO *Agr.*2.5; misisti qui ~aret ut dominus de suo fundo..ui deiceretur CIC.*Quinct.*81; ~a ut ualeas *Att.* 2.2.3; ~atum..ne quis effugeret FRON.*Str.*2.5.31;—boues aquam bonam..bibant semper ~ato CATO *Agr.*73; ~abo tibi cena sit cocta CAEL.*hist.*25; de Attica..quod ~asti.. scirem recte esse CIC.*Att.*14.16.4; HOR.*Carm.*1.38.6; PETR. 58.2;—(*poet.*) quod ne miremur sopor atque obliuia ~ant LUCR.4.822; (fulmen) ~at..uina repente diffugiant 6.231; —quantum quaeque ab nobis res absit, imago efficit ut uideamus et internoscere ~at 4.245. **d** omnia adparata iam sunt intus. — ~asti probe TER.*An.*847; lectisternium.. habitum decemuiris sacrorum ~antibus LIV.22.10.9; duo (quaestores) additi qui Romae ~arent TAC.*Ann.*11.22; MAGISTREIS..~AVERONT *CIL* 1.364;—(*w.* de) de Annio Saturnino ~asti probe CIC.*Att.*5.1.2; *Fam.*9.16.10.
7 a To attend to the making or fetching of (a thing), procure. **b** to attend to the payment of.
a signa quae nobis ~asti CIC.*Att.*1.3.2; coronis donauerat milites, quia uallum ~auerant GEL.5.6.26; id (uinum) sibi utrumque ut ~arent, petiuit 13.5.6; PATRONO..VNIVERSVS ORDO ET POPVLVS STATVAM DIGNO ~AVERVNT *CIL* 10.1815. **b** quibus nominibus pecuniam Romae ~ari oporteret CIC. *Quinct.*15; Bruto ~ata..talenta circiter c *Att.*6.3.5; *Fam.* 5.20.3; ut pro eo frumento pecunia Romae legatis eorum ~aretur LIV.44.16.2.
8 To regard with anxiety or interest, worry or care about, heed. **b** (w. dat.; also, w. *de*). **c** (w. acc. and inf.; also, w. subj.). **d** (w. indir. qu.). **e** (absol.). **f** (w. inf.) to take the trouble to, bother to.
non ~o istunc, de illa quaero PL.*Mer.*899; nil me ~assis.. ego mihi prouidero *Mos.*526; quid tu me ~as quid rerum geram? *Rud.*1068; aliud ~a..(*i.e. don't worry about this*) TER.*Ph.*235; ne acclametur times? ne id quidem est ~are philosophi CIC.*Pis.*65; magna di ~ant, parua neglegunt *N.D.*2.167; sociorum iniurias ~are SAL.*Jug.*14.19; etiamnunc ~o opiniones uiatorum SEN.*Ep.*87.5; seu..tibi dulcis in artem frangitur et nostras ~at facundia leges (*i.e. obeys the rules of verse*) STAT.*Silv.*1.4.30; quid enim Venus ebria ~at? JUV.6.300; DICENTES NON ~ATVROS SE..MEAS LITTERAS *CIL* 9.2438.21. **b** neque erili negotio plus ~at PL.*Mil.*482; tritico ~at Ceres *Rud.*146; neque profecto deum supremus rex ⟨iam⟩ ~at hominibus ACC.*trag.*143; qui rebus eius absentis ~abant GEL.17.9.1; rebus meis ~at APUL.*Apol.*36; qui nocti atque otio hominum ~aret FRO.

*Aur.*2.p.14(228N);—de emendo nihil ~at hoc tempore Cic.*Att.*14.13.5. **c** cocus non ~at caudam insignem esse illam, dum pinguis siet Lucil.716; quae..Caesar egit, ea rata esse non ~at Cic.*Phil.*10.17;—ne illa quidem ~o mihi scribas *Fam.*2.8.1. **d** quid tu..~as utrum crudum an coctum ego edim..? Pl.*Aul.*429; ubi terrarum sit..quis aut scit aut ~at? Cic.*Phil.*13.33; tu ciuitatem quis deceat status ~as Hor.*Carm.*3.29.26; Ov.*Met.*1.480. **e** si ~ent (di), bene bonis sit, male malis Enn.*scen.*318; seuero fronte ~ans, cogitans Pl.*Mil.*201; cum..alios nihil omnino ~are uideam Cic.*Phil.*14.17; Gnaeum fugisse nescio quo; neque enim ~o *Att.*12.37a.(4); non ~are sat est Ov.*Rem.*657; NON SVM, NON ~O *CIL* 13.530. **f** qui..res istas scire ~auit Cic.*Flac.*64; si..decidit..in puteum non sit qui tollere ~et Hor.*Ars* 459; Ov.*Pont.*3.9.32; quanquam bibliothecas..reparare ~asset Suet.*Dom.*20.

9 (esp. w. neg.) To desire, want, be anxious or care for.

ne id quod non ~as cupere uideare Cic.*Phil.*11.23; nihil sibi deesse putat, nihil ~at amplius *Parad.*43; nec munera ~at Alexis Verg.*Ecl.*2.56; caeli te regia, Caesar..hominum queritur ~are triumphos *G.*1.504; non intima curant (ferae) uiscera Luc.7.842;—(*w. inf.*) Persium non ~o legere Lucil. 593; hunc ego amicum habere non ~o Cic.*Fam.*3.8.7; nec ~ant caeco contendere Marte Verg.*A.*9.518; sunt qui non habeant, est qui non ~at habere Hor.*Ep.*2.2.182; (*ellipt.*) non possunt omnes esse patricii..ne ~ant quidem Cic. *Sul.*23.

currax ~ācis, *a.* [CVRRO+-AX] (of persons) Agile, quick, lively; *laqueus ~ax*, (app.) a running noose.

si..curracem uigilacem esse (seruum)..adfirmauerit et is..desidiosus somniculosus..inueniatur Gaius *dig.*21.1.18; —nam fuit et laqueis aliquis curracibus usus Grat.89.

curriculum ~ī, *n.* [CVRRO+-CVLVM²] Gender: *curriculus* (masc.) is cited by the grammarians from Cic. and dist. from *curriculum* as the proper form in sense 5 (cf. Paul.*Fest.* p.49M); but this is not supported by exx.

1 The action of running; esp. ~*o*, at the double, at a run. **b** the movement, course of the heavens or heavenly bodies.

quin, pedes, uos in ~um conicitis..? Pl.*Mer.*932; strenue curre in Piraeum atque unum ~um face *Trin.*1103; extemplo rus in ~um contuli propere pedes Var.in Non. p.263M; (*in fig. phr.*) ab optimis artibus fugit maxima fugella, perpetuissimo ~o Cato *orat.*81;—ut..te conspexi, ~o occepi sequi Pl.*Epid.*14; *Mos.*929; ~o percurre Ter. *Hau.*733; nonne is ~o atque oleum petis? Gel.17.8.8; pecuniam quam..iussi..aliquem ~o..adferre Apul.*Met.* 10.9. **b** non hiberna cito uoluetur ~o nox Cic.*Arat.* 298(64); Canis..~um numquam defesso corpore sedans 369(125); *Tim.*29; siderum obliqua ~a Apul.*Fl.*18; uolucri ..~o (mundi) *Mun.*pr.

2 (transf.) A course of action, way of behaving.

si..de meo ~o uitae..decessero Cic.*Ver.*2.179; tu cum te de ~o petitionis deflexisses animumque ad accusandum transtulisses *Mur.*46; deflexit iam aliquantum de spatio ~oque consuetudo maiorum *Amic.*40; degrediare paulisper ~is istis disputationum uestrarum academicis Gel.20.1.21.

3 A race; also, a place in the running (in quot., fig.). **b** a single circuit of a race-track, a lap; a heavenly body's circuit of its orbit. **c** (fig.) the race of life; also, its 'laps'.

spatium hoc occidit: breuest ~o Pl.*St.*307; qui tantum absit a primo, uix ut in eodem ~o esse uideatur Cic.*Brut.* 173; mihi uidetur praetorius candidatus in consularem quasi desultorius in quadrigarum ~um incurrere *Mur.*57; certamina hominum aut ~a equorum Liv.45.33.5; Sen. *Con.*3.pr.9;—quartum ~um..optinuere..Mamertina (uina) Plin.*Nat.*14.66. **b** ouom..quod ludis circensibus nouissimi ~i finem facit quadrigis Var.*R.*1.2.11; Liv. 41.27.6; ~a ludorum circensium sollemnia septem esse Gel.3.10.16;—lunae ~um confici integris quater septenis diebus 3.10.6; cum luna circuli sui completo ~o..reuertatur Apul.*Pl.*1.10; (*cf.*) medio iam noctis abactae ~o Verg.*A.* 8.408. **c** quam in omnibus minor uitae ~um cum fratre.. currat Apul.*Apol.*96;—in hoc tam exiguo uitae ~o Cic. *Arch.*28; breuia ~a uitae *Ac.*1.44; iuuentuti prolixa uitae ~a data sunt Fro.*Amic.*2.p.184(197N).

4 A race-track. **b** (fig.) a field for the display of talents.

athletas..se exercentes in ~o Cic.*Sen.*27; Gel.1.1.2; (*transf.*) illa (*sc.* Academiae spatia)..sunt ~a multiplicium uariorumque sermonum Cic.*Orat.*12. **b** ecquodnam ~um aliquando sit habitura tua..singularis industria Cic.*Brut.* 22; nec fas esse ducebam uersari me in nostro uetere ~o *Marc.*2; omne..~um industriae nostrae in foro *Phil.*7.7; ~um laudis Quint.*Inst.*12.2.31.

5 A chariot; esp. for racing.

equis (hominem) ad ~um ex utraque parte diligatum distraxit Var.in Non.p.287M; turbati equi..in amnem praecipitauere ~a Curt.8.14.8; draconum pinnata ~a Apul.*Met.*6.2; (*poet.*) at dextra laeuaque ciet rota fulgida solis mobile ~um Q.Cic.*poet.*16; Apul.*Met.*7.1;—sunt quos ~o puluerem Olympicum collegisse iuuat Hor.*Carm.*1.1.3; ~o grauis est facta ruina meo Ov.*Tr.*4.8.36; excussis a rheda uel ~o Larg.101; ~o quadrigarum insistere Tac.*Ann.* 14.14.

currō ~rere cucurrī ~sum, *intr.* [cf. Ir. *carr* 'chariot', Gall. *carros* (see CARRVS); perh. OIce. *hross*, Engl. *horse*] Forms: pf. *cecurri* in Gel.6(7).9.14 (cf. OCCVRRO), *CIL* 8.16566; *curri* Ver.*Fro.*p.296(116N).

1 To run (trot, gallop, etc.). **b** (w. exprs. implying purpose). **c** (prov.) ~*rentem incitare* (etc.), to spur a willing horse, urge on one who is hastening.

qui non ~ro curriculo domum Pl.*Mos.*362; liberos homines..modico magis par est gradu ire, seruoli esse duco festinantem ~rere *Poen.*523; ~re in Piraeum *Trin.*1103; ~renteis ego illos (equos) uendam (*i.e. as coursers*) Naev. *com.*8; pueris ~re..obuiam Ter.*Hec.*359; Olympia cum uenerit ~sum *Rhet.Her.*4.4; ut statim de iure aliquis cucurrerit Cic.*Quinct.*79; si stas ingredere, si ingrederis ~re, si ~ris aduola *Att.*2.23.3; in campum..~rebat 4.3.4; quo primum ~reretur Caes.*Gal.*7.24.4; si noles sanus, ~res hydropicus Hor.*Ep.*1.2.34; hac eadem rursus..~re uia Prop.3.6.36; undique ad consules ~ritur Liv.2.45.11; (equus) ad palmae per se ~surus honores Ov.*Pont.*2.11.21; canes ~rentes bibere in Nilo flumine..traditum est Phaed. 1.25.3; per inuia saxa ~suris Curt.8.11.21; ~rere non possum ut pedes non moueam Sen.*Dial.*2.7.5; ~re per Euboicos non segnis, epistula, campos Stat.*Silv.*4.4.1; singulis cruribus saltuatim ~rentes Gel.9.4.9;—(*w. internal acc.*) qui stadium..~rit Cic.*Off.*3.42; quot..Parthus milia ~rat equus Prop.4.3.36; (*cf. pass.*) campus ~ritur Quint. *Inst.*1.4.28;—(*poet.*) cum furor in cursust, ~renti cede furori Ov.*Rem.*119; (*facet.*) quid cessatis, compedes, ~rere ad me..? Pl.*Capt.*652;—(*of the feet*) inuitos ~rere coge pedes Ov.*Rem.*218; Apul.*Met.*2.4;—(*in fig. phrs.*) cur non eosdem cursus..cucurrerunt? Cic.*Agr.*2.44; mihi supremae praescripta ad candida calcis ~renti Lucr.6.93; Luc.2.100. **b** (*imper., w. paratactic const.*) ~re opsecro, patrem huc orato ut ueniat Pl.*As.*740; ~re, obstetricem accerse Ter. *Ad.*354; ~re, nuntia (me) uenire Afran.*com.*175;—(*w. inf.*) ecquis ~rit pollinctorem accersere? Pl.*As.*910;—(*w. sup.*) ad amicos ~ret mutuatum Caecil.*com.*11; ne in monumentum meum populus cacatum ~rat Petr.71.8;—(*w.* ut) ~re ut domi sis Pl.*Per.*190; abi prae, ~re, ut sint domi parata Ter.*Eu.*499;—(*w.* ad, *fig.*) certatim..ad hoc opus ~retur Cic.*Phil.*2.118;—(*w.* ad+*gdve.*) ~rere ad sua tutanda Liv.35.11.13;—(*w. fut. pple.*) cucurrerunt..salutaturi aliquem Sen.*Dial.*9.12.4;—(*w.* subsidio, in auxilium) uereor ne iste..Ἀτύπῳ (*sc.* Balbo) subsidio ~rat Cic.*Att.* 12.3.2; in auxilium..coloniae cucurrerunt Sen.*Nat.*1.15.5. **c** facilius est enim ~rentem, ut aiunt, incitare quam commouere languentem Cic.*de Orat.*2.186; ~rentem, ut dicitur, incitaui *Phil.*3.19; saepe tu me ~rentem hortatus es *Att.* 5.9.1; 6.7.1; ut ~rentem quoque instigem Plin.*Ep.*3.7.15.

2 To hurry, hasten; (w. *in*+acc.) to hasten to adopt (a motion). **b** to run to consult.

adest..dies et ille ~rit Cic.*Att.*12.8; *Fam.*3.7.4; ~re, per deos atque homines! Cael.*Fam.*8.14.4;—(*w.* in+*acc.*) raptim in eam sententiam pedarii cucurrerunt Cic.*Att.*1.20.4. **b** siquae (fabula) laboriosast, ad me ~ritur Ter.*Hau.*44; non statim..ad eorum aliquem, qui consuluntur, cucurrisses? Cic.*Quinct.*53.

3 To travel quickly (otherwise than by foot), speed: **a** (by sea, of men or ships; also of fish). **b** (on horseback or in a vehicle; also, of vehicles). **c** (through the air).

fauentem per fretum intro ~rimus Naev.*trag.*53; fractis discentem ~rere remis Verg.*A.*5.222; nautae..per omne audaces mare qui ~runt Hor.*S.*1.1.30; modo..Borea, modo ~rimus Euro Ov.*Ars* 2.431; Stat.*Silv.*3.2.87; (*w. internal acc.*) uastum..caua trabe ~rimus aequor Verg.*A.* 3.191; NAVIBVS VELIVOLIS MAGNVM MARE SAEPE CVCVRRI *CIL* 9.60;—~rit iter tutum..classis Verg.*A.*5.862; tam celeres..~rere lintres Prop.1.14.3; Man.1.413; Juv.12.67; —sed tibi subsidio delphinum ~rere uidi Prop.2.26.17. **b** carmen..quod ~rens uector..legat Prop.4.7.84; caeruleis Triton per mare ~ret equis Ov.*Ep.*7.50; ~rens..eques Luc. 6.82; uehetur diues et ingenti ~ret super ora Liburna Juv. 3.240; si..tu..desultor in his (equis) cucurreris et uiceris Ulp.*dig.*19.5.20; (*of things*) Actia..in Sacra ~rere rostra Via Prop.2.1.34;—si..mea sincero ~reret axe rota Ov. *Pont.*4.9.10; (*cf.*) cum rota posterior ~ras Pers.5.72. **c** uolucri ~rit axe quadriuga Pac.*trag.*398; medio..in limite ~ras, Icare,..moneo Ov.*Met.*8.203.

4 (of things other than vehicles or sim.) To move or travel swiftly, run, roll, etc. **b** (of heavenly bodies). **c** (of liquids) to flow swiftly, run. **d** (of non-material things).

ne ~rente retro funis eat rota Hor.*Carm.*3.10.10; deiectum longe caput a ceruice cucurrit *Ilias* 480; domitrix illa rerum omnium materia (*i.e.* ferrum) ad inane nescio quid (*i.e.* magnetem lapidem) ~rit Plin.*Nat.*36.127; gaudet.. desertos..iam sibi ~rere remos V.Fl.5.119; quantum Cortynia ~runt spicula Stat.*Theb.*5.361; moti..aura cucurrit fulminis 5.586;—ut caeca profundo ~rit hiems V.Fl.3.152; ut caua ~runt nubila Sil.15.713; anima aegra et saucia cucurrit ad labeas mihi *Inc.poet.*p.139,l.1;—(*of a pen in writing*) inoffensa ~ret harundo uia Mart.14.209.2; ~RENTI STILO *CIL* 13.8355;—(*of the spindle or thread of the fates*) uos, quae fata secuntur, ~rite ducentes subtegmina, ~rite, fusi Catul.64.327; si..per..tam turpes colus mea mors cucurrit Sen.*Her.O.*1181; ~rit dum immobile filum (*sc.* Parcarum) Sil.7.479; ~RENTIA FATA *CIL* 6.15897; (*cf.*) talia saecla..~ite Verg.*Ecl.*4.46. **b** sol..sub terras.. ~rens Lucr.5.683; de caelo lapsa per umbras stella..cucurrit Verg.*A.*2.694; libera ~rebant et inobseruata per annum sidera Ov.*Fast.*3.111; luna humiliore ~rens uia Sen.*Ben.* 5.6.4; non ante caelo lucidus ~ret dies *Oed.*219; (*w. internal acc.*) Iouis (stella)..inter Martis et Saturni (stellas) circinationem ~ens Vitr.9.1.14; (*cf., w. pred. adj.*) nec fulgura ~runt clara Luc.5.630. **c** (riuus) palustri et uoraginoso solo ~rens erat ad dextram *B.Hisp.*29.2; passim riuis ~rentia uina Verg.*G.*1.132; stantia ~renti diluerentur aqua Prop.4.5.12; Sen.*Nat.*3.29.7; amnisque cucurrit non qua pronus erat Luc.6.473; subitusque cucurrit sudor equis Stat.*Theb.*9.150; (*cf.*) postquam tertia conpositas uidit nox ~rere uenas Pers.3.91. **d** carmen tuba sola peregit et pereunte uiro raucum sonus aere cucurrit Enn.*Ann.*520; uarius..per ora cucurrit Ausonidum turbata fremor Verg. *A.*11.296; longusque uirum super ora cucurrit clamor 'aquae' Stat.*Theb.*4.805;—(*of bodily sensations*) gelidus.. per ima cucurrit ossa tremor Verg.*A.*2.120; rubor..calefacta per ora cucurrit 12.66; *Epic.Drusi* 153.

5 (of speech, verse, writing) To run fluently, proceed quickly or smoothly. **b** (w. pred.) to run (in a particular way).

est breuitate opus, ut ~rat sententia Hor.*S.*1.10.9; carmina..molli quae limite ~runt Mart.11.90.1; (historia) ~rere debet ac ferri Quint.*Inst.*9.4.18; 9.4.139; modulatus ..~rentis facundiae sonitus Gel.11.13.10; nec minus ~rit trochaeus, lege uersa temporum Maur.1384. **b** expedita ..et perfacile ~rens oratio Cic.*Brut.*227; ut tamquam in orbe inclusa ~rat oratio *Orat.*207; non quo multa parum communis littera ~rat Lucr.2.692.

6 (of time) To pass rapidly, speed, fly. **b** (of the process or march of events) to run or speed on; (of persons, etc.) to make rapid progress (from achievement to achievement).

~rit..ferox aetas Hor.*Carm.*2.5.13; nox..inter pocula ~rat Prop.3.10.21; hic tibi bisque aestas bisque cucurrit hiemps Ov.*Ep.*6.56; NONVS AB INCEPTO ~REBAT MIHI TEM⟨PO⟩RIS ANNVS *CIL* 11.4311. **b** non illa deo uertisse licet quae nexa suis ~runt causis Sen.*Oed.*990; facile est.. ubi omnia quadrata ~runt Petr.43.7; uatum non irrita ~runt omina Stat.*Silv.*5.2.164;—quae (urbs) latius orbem possedit, citius per prospera fata cucurrit? Luc.7.420.

7 (w. pred.) To run (in a particular position; in quots., transf.).

nec secus mutas uidemus posse geminas ~rere Maur.883; breuis ubi tertia ~rit 1557; quarto loco qui ~rit, poterit quasi Δωδωναῖος haberi 1565.

8 (of motionless objects having a linear character) To extend, run. **b** (of measurements) to be taken, run.

ut..olearum caerula distinguens inter plaga ~rere posset Lucr.5.1374; chlamydem..quam plurima circum purpura Maeandro duplici Meliboea cucurrit Verg.*A.*5.251; anguli trigonorum, qui ~runt circum curuaturam circinationis Vitr.5.6.2; supercilia usque ad malarum scripturam ~rentia Petr.126.15; qui..limes per agrum ~ret Plin.*Nat.*18.326; falsa cucurrit infula per crinis Stat.*Theb.*2.98; per quorum ..aedes cloaca ~rit Ulp.*dig.*43.23.1.11; (*cf.*) per cuius digitos ~rit leuis anulus omnis Mart.5.61.5. **b** mensura ~rit duplici uia Plin.*Nat.*2.243; mensura ~rente a miliario in capite Romani fori statuto 3.66; 6.209.

9 To extend, go on, continue (in time); (of conditions) to become or continue operative, run. **b** to run, be reckoned (from a date).

QVORVM VITA PER SAECVLA ~RIT *CIL* 11.6125;—quinquennium non ~rere dicendum est Ulp.*dig.*40.16.2.2; ut usucapio ~rat 41.3.10; finito primo mense primae pensionis usuras ~rere Paul.*dig.*12.1.40. **b** tempus redhibitionis ex die uenditionis ~rit Ulp.*dig.*21.1.19.6.

10 To run successively (through experiences, processes, etc.)

cum ratio tua per stellas et sidera ~ret Man.2.449; etsi per plures emptores mancipium cucurrerit Paul.*dig.*18.1.56.

currūlis ~is ~e, *a.* [CVRRVS+-VLIS; cf. CVRVLIS] Of or belonging to chariots.

~es equi quadrigales Paul.*Fest.*p.49M; equum ~em Apul.*Met.*4.2; ~i strepitu et cum fremitu equestri Fro. *Aur.*2.p.16(229N).

currus ~ūs, *m.* [CVRRO]

1 A light horse-drawn vehicle, chariot. **b** a racing chariot. **c** a war-chariot. **d** a triumphal chariot. **e** (poet.) the chariot of the sun; also, of the moon.

dictator ubi ~um insidit Naev.*com.*107; in ~ru conlocat Automedontem illum Cic.*S.Rosc.*98; *Tim.*43; ~u succedere sueti quadripedes Verg.*A.*3.541; (equos) pressos sacro ~u Tac.*Ger.*10.4; (*poet.*) soloque uolamus in caelum ~u Man. 2.59; famae ~ibus arduis leuatus Stat.*Silv.*2.7.108;— (*regarded as including the horses which draw it*) neque audit ~us habenas Verg.*G.*1.514; infrenant alii ~us *A.*12.287; Palladia..turbatos aegide ~us Luc.7.570. **b** quam mox emittat (carcer) pictis e faucibus ~us Enn.*Ann.*86; sustineas ~um, ut bonus saepe agitator, equosque Lucil.1305; ~u quadrigarum uehi Cic.*Div.*2.144;—(*fig.*) haec nostro signabitur area ~u Ov.*Ars* 1.39; *Pont.*3.1.67. **c** uidi.. Hectorem ~u quadriiugo raptarier Enn.*scen.*101; Pl.*Men.* 863; falciferos..~us Lucr.3.642; Caes.*Gal.*4.33.2; non illis omnibus arma nec clipei ~usue sonant Verg.*A.*7.686; Stat.*Theb.*3.581; quaedam nationes et ~u proeliantur Tac.*Ag.*12.1. **d** archipiratam..quem ante ~um tuum duceres Cic.*Ver.*5.67; ducti ante ~um hostium duces Liv. 3.29.4; hos super in ~u, Caesar, uictore uehens Ov.*Tr.* 4.2.47; Aug.*Anc.*1.28; V.Max.2.8.7; Luc.1.316; ~u uehi haud permissum Tac.*Ann.*1.15; (*cf.*) equis insignibus et ~u aurato reportati (sumus) Cic.*Red.Sen.*28. **e** sol qui micantem candido ~u..flammam..explicas Acc.*trag.*581; Cic.*Arat.*295(61); sol ubi montium mutaret umbras.. abeunte ~u Hor.*Carm.*3.6.44; Ov.*Pont.*4.6.48; Hyg.*Fab.* 88.2;—e ~u Lunam deducere Tib.1.8.21.

2 (poet., applied to a ship; a plough).

ipsa leui fecit uolitantem flamine ~um Catul.64.9;— stiua..quae ~us a tergo torqueat imos Verg.*G.*1.174.

3 (meton.) A triumph.

quem ego ~um aut quam lauream cum tua laudatione conferrem? Cic.*Fam.*15.6.1; quid ~us auorum profuit..? Prop.4.11.11; ~u externo et Quiritium iure donato Plin. *Nat.*5.36; patientia cunctos haec superat ~us Sil.6.546.

cursim, *adv.* [CVRRO+-IM] At a run, rapidly, fast. **b** quickly, rapidly; esp. without great pains, hastily, cursorily, in passing.

quadrigis ~ ad carnuficem rapi Pl.*Poen.*369; nunquam ad praetorem aeque ~ curram *Ps.*358; ~ isti impetum faciunt *Rhet.Her.*4.68; quid..Plancus tam ~..diem et noctem? Cic.*Att.*16.1.2; dies noctesque ~ agmine acto Liv. 27.16.10; ~ Ascylton persequi coepi Petr.6.2. **b** hoc cito et ~ est agendum Pl.*Poen.*567; ~..loquentis Man. 4.198;—quae ego ~ arripui..iste a puero, summo studio Cic.*de Orat.*2.364; ille sensim dicebat quod causae prodesset; tu ~ dicis aliena *Phil.*2.42; respondebo nunc singulis ~ Sen.*Ep.*102.11; percensuit..~ numerum legionum Tac.*Ann.*4.4; rationes legebam inuitus et ~ Plin. *Ep.*5.14(15).8.

cursiō ~ōnis, *f.* [CVRRO+-TIO] The action of running.

corpus est ut cursor, locus stadium qua currit..actio ~o VAR.*L*.5.11.

cursitō ~āre ~āuī, *intr.* [next+-ITO] To run about; to run habitually; to run or resort frequently (to); (of the sea) to be in quick movement.

ne sursum deorsum ~es TER.*Eu*.278; huc et illuc ~ant mixtae pueris puellae HOR.*Carm*.4.11.10; iussit..excalciatos ~are SUET.*Ves*.8.3;—quomodo Ladas aut †bouiscum sisonius ~arint *Rhet.Her*.4.4;—non esse te ad quem ~em discrucior CAEL.*Fam*.8.3.1; qui modo ad Celsum, modo ad Nepotem..~abant PLIN.*Ep*.6.5.5; etiam sapientes uiri ad hariolos..~ent APUL.*Soc*.17;—mare si tranquillum in portu ~abit murmurabitue intra se PLIN.*Nat*.18.359.

cursō ~āre ~āuī, *intr.* [CVRRO+-TO] To run, hurry, or rush constantly about or to and fro.

nequis..clam a milite ad istam ~et TER.*Eu*.287; trepidari sentio et ~ari rursum prorsum *Hec*.315; ~ando atque ambulando totum hunc contriui diem 815; toto die ~antes (agni) VAR.*R*.2.2.16; ~ans per litora cornix CIC.*Arat.Progn.* 223; homines ~are ultro et citro non destiterunt *S.Rosc*.60; quia cum lictoribus inuitus ~arem *Att*.10.10.1; ~arem uestros cum tener ante pedes TIB.1.10.16; cum..per noctem huc illuc ~aret incustoditus TAC.*Ann*.15.50;—(*of atoms*) corporibus huc et illuc casu et temere ~antibus CIC.*N.D.* 2.115.

cursor[1] ~ōris, *m.* [CVRRO+-TOR] One who runs, a runner. **b** a runner in a race. **c** a messenger, courier, runner. **d** a footman who runs ahead of a carriage, etc.

genua hunc ~orem deserunt PL.*Mer*.123; (*poet.*) pelagi ~ores (*i.e.* nautae) *Inc.trag*.251; (*of a horse*) ut sit (equus) aequabilis uector et ~or pernix APUL.*Apol*.21. **b** surrupuit currenti ~ori solum PL.*Trin*.1023; corpus est ut ~or, locus stadium qua currit VAR.*L*.5.11; in ~ore tantum uelocitatis esse oportet, ut efferatur ultra finem *Rhet.Her.* 4.60; CIC.*Tusc*.2.56; quasi ~ores uitai lampada tradunt LUCR.2.79; SEN.*Ep*.83.5; SUET.*Aug*.43.2. **c** Philippum ~orem eius generis, qui hemerodromoe uocantur NEP. *Milt*.4.3; Alexandri ~or Philonides PLIN.*Nat*.2.181; supremo quidem die momenta ipsa deficientis per dispositos ~ores nuntiata TAC.*Ag*.43.3; SUET.*Nero* 49.2; APUL.*Met.* 10.5. **d** lecticae impositus est praecedentibus phaleratis ~oribus quattuor PETR.28.4; neque ~or antecedit MART.12.24.7; tibi pocula ~or Gaetulus dabit JUV.5.52; COLLEGIVM ~ORVM ET NVMIDARV *CIL* 8.12905; PAUL.*dig.* 32.99.5.

Cursor[2] ~ōris, *m.* A cognomen, esp. of L. Papirius, consul and dictator during the Second Samnite War.

L. PAPIRIVS SP. F. L. N. ~OR *Fast.Cos.Cap*.10b(*CIL* 1.p.21); LIV.8.29.9; AMP.18.7.

cursūra ~ae, *f.* [CVRRO+-VRA] Running, esp. in a race.

non uides me ex ~a anhelitum etiam ducere? PL.*As*.327; exercent sese ad ~am *Mos*.861; alii (equi sunt idonei) ad ~am VAR.*R*.2.7.15; APUL.*Soc*.23.

cursus[1] ~ūs, *m.* [CVRRO+-TVS[3]]

1 The action of running. **b** ~*u*, at a run, at a gallop.

~u, luctando, hasta..sese exercebant PL.*Bac*.428; uinceretis ceruom ~u *Poen*.530; qui matutinum ~um huc celeranter rapit ACC.*trag*.123; non iter, sed ~us et fuga in Galliam CIC.*Phil*.13.20; ad ~um equum..esse natum *Fin.* 2.40; et ~u et spatio pugnae defatigati CAES.*Gal*.7.48.4; qui ..pedum ~u ualet VERG.*A*.5.67; equi libero ~u ferunt equitem in hostem LIV.4.33.7; Romanus miles..effuso ~u castra repetebat 6.24.4; peditum..iungentium ~um equis (*i.e. running alongside*) 44.26.3; ~u leui canes elusit (ceruus) PHAED.1.12.8; TAC.*Hist*.3.18;—(*pl.*) ~us..instruxit equorum VERG.*A*.5.549; omnia quae retinere gradum ~usque morari possent *Ciris* 152; tolerare diu ~us ego uiribus impar non poteram OV.*Met*.5.610; nec multum segnior Idas ~ibus STAT.*Theb*.6.584;—(*in fig. phrs.*) non gradu, sed praecipiti ~u a uirtute descitum VELL.2.1.1; mobili ~u fugit (aetas) SEN.*Phaed*.446; det pagina ~um PETR.5,1.17; non tam caeco trahis omnia ~u..Fortuna LUC.2.567. **b** ~uque amens ad limina tendit VERG.*A*.2.321; ~u in proelium ierant LIV.2.30.13; consequi ~u feras SEN.*Phaed.* 110; (*fig.*) uulgus..in eam (sententiam) ~u uadit PLIN.*Nat.* 2.21; statim eius acta ~u reddebat (*without stopping*) SEN. *Con*.1.pr.18.

2 a (mil.) A charge, onrush. **b** a contest of running, race. **c** running to and fro.

a magnae legiones cum loca ~u camporum complent LUCR.2.323; dum equites rursus ~u renouato peditibus suis succurrerent *B.Afr*.14.3; Furium..longius extulit ~us LIV. 3.5.6; uix ab impetu et ~u tenebantur 10.5.2; primo tot moenia ~u rapta LUC.2.653; (*cf.*) spumantis apri ~um VERG.*A*.1.324; (*fig.*) cum furor in ~ust, currenti cede furori! OV.*Rem*.119. **b** quasi reuocatus in ~um tenuit locum CIC.*Brut*.236; tu ~us spectas, ego te OV.*Am*.3.2.5; siquis.. non intermissis ~ibus ibit equus *Pont*.1.4.16; nobilis equos ~us et spatia probant TAC.*Dial*.39.2; ut..ludicrum pluribus equorum ~ibus celebraretur *Ann*.15.74; bigarum quadrigarumque ~us SUET.*Dom*.4.1; (*in fig. phr.*) (huic) fauebant etiam propter patris memoriam, sed cecidit in ~u CIC. *Brut*.127. **c** bestiae..montiuagos atque siluestres ~us.. patiuntur CIC.*Tusc*.5.79; uagos..per uias omnes ~u LIV. 5.42.5; (*cf.*) hic per omnis sonos uocis ~us CIC.*de Orat*.3.227.

3 Onward movement, motion. **b** movement (of fluids), flow; also, flowing out, running. **c** the revolution (of a wheel). **d** flow (of speech).

utrum ista classis ~u et remis..nauigarit CIC.*Flac*.32; minus tardabitur ~us animorum *Tusc*.1.75; de industria morati ~um nauium LIV.21.49.9; (aues) quae liquido libratis in aere ~us OV.*Am*.2.6.11; fallentia ~us uada SEN.*Suas*.2.1; uentus est..~us aeris aliquo concitatior *Nat*.5.1.3; rapiensque incendia uentus per Romana tulit celeri munimina ~u LUC.3.502;—(*of heavenly bodies*) ⟨solis⟩ exortus, ~us, occasus *Rhet.Her*.3.36; signa..legitimo..caelum lustrantia ~u CIC.*Arat*.469(225); est..spatium..quod neque clara suo percurrere fulmina ~u..possint LUCR.1.1003; SEN.*Suas*.3.1. **b** si lacus lapsu et ~u suo ad mare profluxisset CIC.*Div.* 1.100; cum..hiems..glacie ~us frenaret aquarum VERG.*G.* 4.136; augetur remis ~us euntis aquae OV.*Pont*.4.15.18; id (*sc.* fretum maris Siculi)..alterno ~u modo in Tuscum modo in Ionium pelagus perfluit MELA 2.115; sanguinem, cuius ~u uitalis continetur calor SEN.*Ben*.4.6.3; audio iam rapidae ~um Stygis STAT.*Theb*.7.782;—sanguinis ex naribus ~us CELS.2.1.19; pituitae ~us 6.6.1.E. **c** citius ..abeunt quam in ~u rotula circumuortitur PL.*Per*.443; membra celeri differens ~u rota SEN.*Thy*.8; ~V SVBVECTA ROTARVM *CIL* 11.4631. **d** minime impediendus est interpellatione iste ~us orationis tuae CIC.*de Orat*.2.39; cum sum in ~u orationis 2.82; alterius enim fecundi ~us scripta intra primas memoriae metas conruerunt V.MAX. 3.7.ext.1; dicebat..citato et effuso ~u SEN.*Con*.7.pr.2; infelicitas..quae..~um dicendi refrenat QUINT.*Inst*.8. pr.27; GEL.11.13.4.

4 Rapidity of motion, speed; rapidity of speaking. **b** quickness in action, zeal, vigour.

ingenti uadit ~u ENN.*Ann*.479; quid hic incredibilis ~us, quid haec tanta celeritas festinatioque significat? CIC.*S.Rosc*.97; cum contento ~u..classis Italiam..peteret *Mur*.33; uentorum..simul require ~um CATUL.58b.6; qui uectoriis..nauigiis..longarum nauium ~um adaequarunt CAES.*Gal*.5.8.4; Regium eo ~u contendit ut prope repentino aduentu incautos oppresserit LIV.26.12.2; moderari ~um nauium iussus erat 26.42.5; aliae (aquae) uasto ~u deferuntur SEN.*Nat*.6.7.3; necesse est laudis suae spatio et ~u et peregrinatione laetetur PLIN.*Ep*.4.12.7; (*fig.*) ad tribunatum, qui..quodam modo absorbet orationem meam, contento studio ~uque ueniamus CIC.*Sest*.13;—Q. Hateri ~um..longe abesse ab homine sano uolo SEN.*Ep*.40.10; nec tanto poterit contexere ~u (maternos moechos), ut non terdecies respiret JUV.14.27. **b** quam..non habeat satis magnum campum ille tibi non ignotus ~us animi et industriae meae CIC.*Att*.5.15.1; studio ~uque loquendi OV.*Ep.* 6.39; sunt cetera ~u acta meo LUC.5.482; en, qui nos segnes et nescire addere ~um factis iactastis SIL.12.45; ne impedisse ~um erga me pietatis tuae uidear TRA.Plin.*Ep.* 10.9(25).

5 A journey, voyage, passage. **b** the journey of a heavenly body around its orbit.

maritimos ~us praecludebat hiemis magnitudo CIC. *Planc*.96; ~um exspectabamus *Att*.5.8.1; hinc Syrum, inde Delum..~um confecimus 5.12.1; ~um Massiliam uersus perficit CAES.*Civ*.2.3.3; neque ullus flare uentus poterat quin aliqua ex parte secundum ~um haberent 3.47.3; nec candida ~us luna negat VERG.*A*.7.8; ~us duplicis per mare Vlixei HOR.*Carm*.1.6.7; prospero ~u Tyrum peruenit LIV.33.49.5; longis ~ibus aptus equus OV.*Pont*.1.2.84; STAT.*Silv*.3.4.3; (*cf.*) cui censemus ~um ad deos faciliorem fuisse..? CIC. *Amic*.14; (*in fig. phr.*) contentiones, quae..ante in ipso ~u obruuntur quam portum conspicere potuerunt *de Orat*.3.7. **b** quot luna circlos annuo in ~u instituit ACC.*trag*.100; Sol.. annua conficiens uertenti tempora ~u CIC.*Arat*.579(333); tu ~u, dea (Diana), menstruo metiens iter annuum CATUL. 34.17; quo pacto..luna..mensibus id spatium uideatur obire, annua sol in quo consumit tempora ~u LUCR.5.619; ad ~us lunae in duodecim menses discribit annum LIV. 1.19.6; PLIN.*Nat*.18.211; SUET.*Jul*.40.1;—(*cf.*) saecla.. quae..annuis ~ibus conficiuntur CIC.*N.D*.1.21; hiemis aestatisque ~us SEN.*Ben*.4.28.1.

6 A path followed or to be followed, course; the orbit of a heavenly body. **b** a distance traversed or to be traversed, course, journey.

mihi ~us in Graeciam per tuam prouinciam est CIC.*Att.* 10.4.10; in hoc medio ~u est insula quae appellatur Mona CAES.*Gal*.5.13.3; nunc retrorsum uela dare atque iterare ~us cogor relictos HOR.*Carm*.1.34.4; quo ~us nauibus tutus ex Africa esset LIV.23.15.1; ex quo (oppido) Cretam in insulam certissimus ~us PLIN.*Nat*.4.16; communia his (*sc.* larici et abieti) pinoque, ut quadripertitos uenarum ~us..haberent 16.195; intraque limen latus essedo ~us MART.12.57.23; (*of a river, etc.*) nec adiri usquam ad iusti ~um poterat amnis LIV.1.4.4; qui (*sc.* Hellespontus)..duas terras.. separat et ~us inter utramque facit OV.*Pont*.4.10.56; tectis sonuerunt ~ibus amnes LUC.4.299; PLIN.*Nat*.4.31; —(*fig.*) ~us est certus aetatis et una uia naturae CIC.*Sen.* 33; multis apertus ~us ad laudem *Phil*.14.17;—ut terram lunae ~us proxime ambiret *Tim*.29; quanto demissior eius (*sc.* lunae) ~us abest procul a caelo LUCR.5.630; signaque et aduersos stellarum noscere ~us MAN.1.15; aiunt (cometas)..habere ~us suos SEN.*Nat*.7.19.2. **b** uix etiam ~us quingentos..ueruti LUCR.4.409; unde iter Italiam ~usque breuissimus undis VERG.*A*.3.507; unam (insulam) abesse diei ~u PLIN.*Nat*.4.94; (*cf.*) quo minus emeritis exiret ~ibus annus OV.*Fast*.3.43;—(*fig.*) Cyri et Alexandri.. qui suum ~um transcurrerant CIC.*Brut*.282; ut qui non satis diu uixerit Hortensius tamen hunc ~um confecerit 324; uixi et quem dederat ~um fortuna peregi VERG.*A*.4. 653.

7 A line of advance, direction taken, course. **b** (fig.) a line of action, method of proceeding, course. **c** (of things) a tendency, trend.

dextrorsum orbem flammeum radiatum solis liquier ~u nouo ACC.*praet*.28; ut mutaret colorem, magnitudinem, figuram, ~um (stella Veneris) VAR.*hist*.6; sententiam tamquam aliquod nauigium atque ~um ex rei publicae tempestate moderari CIC.*Balb*.61; ad id recto contendere ~u LUCR.6.28; uento intermisso ~um non tenuit CAES.*Gal.* 5.8.2; lupus ad Romanos ~um deflexit LIV.10.27.8; Naxon..~us aduertite uestros OV.*Met*.3.636; COL.3.21.3; (*in fig. phr.*) cuius felicitas semper plenis uelis prosperum ~um tenuit V.MAX.6.9.ext.5; (*poet.*) labat incerto mihi limite ~us te sine STAT.*Silv*.5.3.237. **b** ~us, quos prima a parte iuuentae..petisti CIC.*Cons*.fr.6; nos in eodem ~u fuimus *Brut*.328; non tam uoluntate quam ~us errore falluntur *Tusc*.3.4; de suarum actionum ~u tua causa deflexit CAEL.*Fam*.8.11.2; quam nequiere proci recto defendere ~u HOR.*S*.2.5.78; in ~us animus uarios abit OV.*Met*.9.152;—(*w. gen.*) digrediens de ~u dicendi CIC. *Part*.14; ut eundem..petere ~um laudis uideretur *Cael.* 72; quem..neque honoris aura potuit..de suo ~u..demouere *Sest*.101; aliquo certo genere ~uque uiuendi *Off.* 1.117. **c** perspicis..qui ~us rerum, qui exitus futurus sit CIC.*Fam*.4.2.3; ea natura rerum est et is temporum ~us, ut non possit ista..fortuna esse diuturna 6.5.2; de omnium uirtutum ~u ad uoluptatem..disserendi locus *Fin*.1.37; ~um..rerum sequi TAC.*Hist*.4.34.

8 Progress, development, course. **b** *in ~u*, in progress, while still going on; (w. gen.) in the course of, in the midst of.

uirtutis esse quam aetatis ~um celeriorem CIC.*Phil*.5.48; studeo ~us istos mutationum..in omni re publica noscere *Rep*.1.64; quibus ~us rerum obseruando notatus est *Div.* 1.127; progressio admirabilis incredibilisque ~us ad omnem excellentiam *Tusc*.4.1; omnis nos hora per tacitos fallentesque ~us applicat fato [QUINT.]*Decl*.4.10; hunc rerum ~um ..pectore anxius excepit TAC.*Ag*.39.1; rapidissimus procurrentis imperii ~us FLOR.*Epit*.1.7(1.13.1). **b** in medio ~u amicitias..disrumpimus CIC.*Amic*.85; uox erat in ~u, cum me mea prodidit umbra OV.*Am*.1.8.109; in ~u..meus dolor est *Met*.13.508; spes erat in ~u *Fast*.6.362; quare ille in medio ~u raptus est? SEN.*Ep*.93.1;—(*w. gen.*) reliquo in ~u orationis CIC.*Part*.27; in ~u bonorum consiliorum Lepidum adiuuandum putaui PLANC.*Fam*.10.15.2; cum.. in ~u maximarum rerum essem LIV.28.40.10.

9 One's passage (through life, etc., esp. towards a higher position), career.

cum..numquam sit..illius a me ~us impeditus CIC. *Brut*.3; reliquum uitae ~um uidete *Phil*.2.47; tuorum.. honorum ~us cui suspectus umquam fuit? *Fam*.3.11.2; quantum spatium aetatis maiores ad senectutis initium esse uoluerunt, tantus illi ~us honorum fuit *Sen*.60; medii temporis ~us..modo aspero, modo tranquillo motu peragitur V.MAX.9.12; SEN.*Cl*.1.19.5; LUC.5.335; medium ~um aetatis agere APUL.*Met*.5.15.

10 A series, succession, run.

esse quosdam certos ~us conclusionesque uerborum CIC. *Orat*.178; nec..is ~us est numerorum..nihil ut fiat extra modum 198; in eodem..lectulo et spiritus eius et egregiorum operum ~us extinctus est V.MAX.8.7.3; inueniendum.. Britanniae terminum continuo proeliorum ~u TAC.*Ag*.27.1.

Cursus[2] ~a ~um: see CORSVS[1].

Curtilacum ~ī, *n.*: var. of *lacus* CVRTIVS.

PAUL.*Fest*.p.49M.

Curtius ~a ~um, *a.*

1 The name of a Roman *gens*, esp. var. more or less legendary figures associated with the *lacus Curtius*; Q. Curtius Rufus, the historian of Alexander's campaigns.

LIV.1.13.5; 7.6.3;—TAC.*Ann*.11.21; PLIN.*Ep*.7.27.2.

2 *lacus ~us* (~*i*), A part of Rome, at one time under water.

monumentum eius pugnae, ubi primum ex profunda emersus palude equus Curtium in uado statuit, ~um lacum appellarunt LIV.1.13.5; ~us ille lacus..nunc solida est tellus OV.*Fast*.6.403; iugulatus est ad lacum ~i SUET.*Gal.* 20.2.

3 *fons ~us* (*aqua ~a*), One of the sources of the *aqua Claudia*.

influxere ~us atque Caeruleus fontes PLIN.*Nat*.36.122; FRON.*Aq*.13; SUET.*Cl*.20.1; AQVAS ~AM ET CAERVLEAM *CIL* 6.1257.

curtō ~āre ~āuī ~ātum, *tr.* [next+-O[3]] To cut short, diminish.

quantulum..summae ~abit quisque dierum..? HOR.*S.* 2.3.124; heres..iratus, quod rem ~aueris PERS.6.33.

curtus ~a ~um, *a.* [cf. Ir. *cert* 'small', ON. *skarðr* 'damaged', 'mutilated']

1 Having a part missing, mutilated, damaged, broken. **b** (of men) mutilated, circumcised; (of beasts) castrated; having the tail cut off, docked.

Samio ~oque catino LUCIL.445; propter..dolia ~a.. extollere uestem LUCR.4.1026; ignem ~o fert..testu OV. *Fast*.2.645; cum quid deest, ut cum ~a pars aliqua est CELS.5.26.1.A; ~o centusse (*i.e. clipped*) PERS.5.191; MART. 1.92.6; TRISTIS INOPS ~A VESTE THALIA VENI *CIL* 8.1523;— (*w. abl.*) ~um temone iugum JUV.10.135. **b** ~is Iudaeis HOR.*S*.1.9.70;—nunc mihi ~o ire licet mulo 1.6.104;—~o lustra nouantur equo PROP.4.1.20.

2 (transf.) Incomplete, curtailed, imperfect.

meae (aures)..perfecto..uerborum ambitu gaudent et ~a sentiunt CIC.*Orat*.168; 173; *Fin*.4.36; tamen ~ae nescio quid semper abest rei HOR.*Carm*.3.24.64; dux pecoris ~as auxerat hircus opes TIB.2.1.58; ingratae ~a fides patriae JUV.14.166.

curuāmen ~inis, *n.* [CVRVO+-MEN]

1 Curvature.

Medon nigrescere coepit corpore et expresso spinae ~ine flecti OV.*Met*.3.672; conpositas (pennas) paruo ~ine flectit 8.194; flexi ~ine tergi SIL.6.259.

2 A curved form or outline; an arc (oft he sky, regarded as differing in different parts of the world).

partim succidit ~ine falcis aenae OV.*Met*.7.227; Iris.. arcuato caelum ~ine signans 11.590; donec..circulus.. contingat geminas patulo ~ine ripas SIL.13.29; finito uario illo multiplicique ~ine recto limiti redditur (hippodromus) PLIN.*Ep*.5.6.34;—corpus et habitum tam profundi aeris sub alio atque alio caeli ~ine non eundem manere GEL. 14.1.10.

curuātiō ~ōnis, *f.* [CVRVO+-TIO] Curvature, bend.

paulum infra ~onem uitis Col.4.12.2; forma simillima uncini ~one buris Fest.p.375M.

curuātūra ~ae, *f.* [CVRVO+-VRA]

1 A curved shape or outline, bend, curve.
is..locus est theatri ~ae similis Vitr.2.8.11; non intellegimus ~as maris Sen.Nat.3.28.5; ~a apsidum Plin.Nat.2.72; spinae..acutiore ~a 28.112.

2 (concr.) A curved part, bend.
montis iugum..media ~a prope tangens oras maris Vitr.2.10.1; aer conclusus ~a 5.3.2; aurea summae ~a rotae (*i.e. the rim*) Ov.Met.2.108; Plin.Nat.17.180; Varus ait urbum appellari ~am aratri Pompon.dig.50.16.239.6.

curuātus ~a ~um, *a.* [pple. of CVRVO] Curved, bent, crooked, swelling.
corpuscula..~a quaedam et quasi adunca Cic.N.D.1.66; solis orbis super caput eius ~us aequaliter rotundatusque Vell.2.59.6; nihil ~i habent: in rectum iacent Sen.Nat.1.9.1; ~a..cuspide pila Luc.1.242; ingenti traxit ~a uolumina gyro (serpens) Sil.13.644.

curūlis ~is ~e, *a.* [perh. for **currulis* (found only as a late formation) from CVRRVS+-VLIS; cf. Paul.Fest.p.49M; but possibly Etr.]

1 *sella ~is*, chair of state inlaid with ivory, used by consuls, praetors, curule aediles, etc.; also, *sedes ~is*, *ebur ~e*, or fem. as sb. **b** *in sella ~i sedere*, etc., to hold curule office. **c** (meton.) a curule office; a curule magistrate.
SELLAE ~IS LOCVS IPSI POSTERISQVE..DATVS EST Elog.5 (CIL 1.p.189); sellam ~em iussit sibi afferri Calp.hist.27; ob earum rerum laborem..fructus illos datos..togam praetextam, sellam ~em Cic.Ver.5.36; ab Etruscis finitimis, unde sella ~is..sumpta est Liv.1.8.3; sella in eo loco ~is posita 2.31.3;—(Maiestas) datos fasces commendat eburque ~e Ov.Fast.5.51; ut..sedes ~es sacerdotum Augustalium locis..statuerentur Tac.Ann.2.83;—uacuaeque loco cessere ~es Luc.3.107; licet..e ~i iura gentibus reddas Mart.11.98.18; Valentem et Caecinam..~i suae circumposuit Tac.Hist.2.59; Suet.Nero 13.1. **b** prius in capulo quam in ~i sella suspendes natis Nov.com.76; malo..in illa tua sedecula..sedere quam in istorum sella ~i Cic.Att.4.10.1; sella in ~i Struma Nonius sedet Catul.52.2; Liv.25.5.4. **c** post hunc XIII fuerunt sella ~i Cic.Fam.9.21.2; uidimus et fratrem sellam geminasse ~em Prop.4.11.65; cui libet hic fascis dabit eripietque ~e cui uolet importunus ebur Hor.Ep.1.6.53; Stat.Silv.1.2.179; (*fem. as sb.*) totidem felix tibi Roma ~is terque quaterque dabit 4.1.36; illi summas donare ~es Juv.10.91;—hinc multae sellae ~es..hinc equites Romani lautissimi et plurimi Cic.Phil.3.16; (*fem. as sb.*) lux una euersas bis centum in strage ~es..gemebat Sil.10.587.

2 (of magistrates or their office) Of curule rank, i.e. of consuls, praetors, or curule aediles; (masc. as sb.) a curule magistrate (perh. aedile).
qui magistratum ~em cepisset Cato hist.111; Cic.Att.13.32.3; qui eorum ~es gesserant magistratus Liv.5.41.2; ~i usus honore 38.28.2; praetura et ~i aedilitate 7.1.1; 22.26.3;—is..aedili ~i apparebat Calp.hist.27; res publica sine ~ibus magistratibus erat 30.39.5; primum de plebe aedilem ~em factum Cic.Planc.58; Gaius Inst.1.6; AEDILI CVI ET ~IS I(VRIS) D(ICTIO) ET PLEBEIA MANDATA EST CIL 11.387;—per edictum..~ium Ulp.dig.21.2.37.1.

3 (app.) Of or belonging to a (ceremonial) chariot; (cf. CVRRVLIS).
~ium..equorum Liv.24.18.10; BIS OVANS TRIVMPHAVI, TRIS EGI ~IS TRIVMPHOS (*i.e. driving in a chariot*) Aug.Anc.1.21; Suet.Aug.22.

curuō ~āre ~āuī ~ātum, *tr.* [CVRVVS+-O[3]]

1 To make curved or bent, bend. **b** to form in a curve. **c** (pass. and refl., of approximately linear objects) to extend in a curve, curve.
nux plurima..ramos ~abit olentis Verg.G.1.188; tollimur in caelum ~ato gurgite A.3.564; ~at aper lances (*i.e. by its weight*) Hor.S.2.4.41; ~arique manus et aduncos crescere in ungues Ov.Met.2.479; ~auit flexile cornum 5.383; manus festinat..succisum ~are nemus (*i.e. to make a bridge*) Luc.4.138; priora genua post ~antur Plin.Nat.11.249; siue catenatis ~atus membra palaestris staret Stat.Silv.2.1.110;—(*w.* in+*acc.*) iter..in orbem ~at eundem Ov.Met.2.715; exercitus..in cornua sinuata media parte ~atur Sen.Dial.7.4.1. **b** uitulus bima ~ans iam cornua fronte Verg.G.4.299; fretis acrior Hadriae ~antis Calabros sinus Hor.Carm.1.33.16; Prop.3.22.35; —et ut inpulsos utilis aura sinus Ov.Pont.4.10.16; Luc.8.178; arcus (radicum) ad ramos usque ~ari Plin.Nat.16.6. **c** ubicumque in aliquem sinum litus ~abitur Sen.Ep.89.21; circum largos ~ari bracchia (*i.e. fortifications*) fontes Luc.4.266; Pontus Euxinus..~atus in cornua Plin.Nat.4.76; (*cf.*) sol ~atus intrahebat uesperam Apul.Met.11.23;—(mare) ~ans..se subinde longo supercilio inflexum est Mela 3.31.

2 To make (a person) stoop, bow; also transf., to make to yield.
si..nec nostrum seri ~arent Aeacon anni Ov.Met.9.435; ~ata senio membra Tac.Ann.1.34; maritum articulari etiam morbo complicatum ~atumque Apul.Met.5.10;—quamuis neque te munera nec preces..nec uir..paelice saucius ~at Hor.Carm.3.10.16.

curuor ~ōris, *m.* [next+-OR] Curvature.
cucumeres dicuntur a ~ore Var.L.5.104; cornua a ~ore dicta, quod pleraque curua 7.25.

curuus ~a ~um, *a.* [cf. Gk. κυρτός, Welsh *cor* 'circle', etc.]

1 Having a curved surface or outline, bent, crooked, dinted. **b** (app.) veering, swerving. **c** (neut. as sb.) a curved object or line, curve.
contionem..~is cogant cornibus Lucil.605; ~o litore Acc.trag.569; ~us..Delphinus Cic.Arat.332(91); ~is..rastris Catul.64.39; ~i moderator aratri Lucr.5.933; ~is..carinis Verg.G.1.360; ~is unguibus Hor.Epod.5.93; duxit..sub iuga ~a boues Tib.1.10.46; ~a theatra Ov.Am.2.2.26; ~a decerpserat arbore pomum Met.5.536; ~is..rotis Pont.2.7.44; de nostro ~um pondere gramen erat [Ov.]Ep.Sapph.148; ~arum..coclearum Stat.Silv.4.9.33. **b** ~isque quadrigis monstratas liquisse uias Man.1.743. **c** caue sis tibi a ~o infortunium (*s.v.l.*) Pl.Ps.1143; quaedam rectissima..speciem ~i praefractique uisentibus reddunt Sen.Ep.71.24;—(*cf. sense 4*) ut uellem ~o dinoscere rectum Hor.Ep.2.2.44; rectum discernis ubi inter ~a subit Pers.4.12.

2 Having many bends, winding, tortuous; (also fig.).
flumina..~a Verg.G.2.12; ~as..latebras (*sc. serpentum*) 2.216; ~a..tecta (*i.e. the Labyrinth*) Ov.Ep.4.60; si ~a est (uena) et uelut in orbes quosdam implicatur Cels.7.31.1; Sen.Phaed.650; nitentem opponere ~os aut aequare gradus Sil.16.395;—non..~um sermone rotato torqueat enthymema Juv.6.449.

3 (of persons) Stooping, bowed, bent; (also poet., of old age).
te aggerunda ~om aqua faciam Pl.Cas.124; ~us arator Verg.Ecl.3.42; cum sis ipsa anus haud longa ~a futura die Prop.2.18.20; Pers.6.16; ~us caelator Juv.9.145; (*fig.*) o ~ae in terris animae Pers.2.61;—nec uenit tardo ~a senecta pede [Tib.]3.5.16; Ov.Ars 2.670.

4 Turning from the right course, wrong. **b** (prov.) *~um corrigere*, etc., to put right what is wrong, make the crooked straight.
~os deprendere mores Pers.3.52. **b** CONRIGI VIX TANDEM QVOD ~OM EST FACTVM CIL 1.2173.2; hic nobis ~a corriget? Sen.Apoc.8.3; inuenimus, qui ~a corrigeret Plin.Ep.5.9(21).6.

-cus -cī, *m.* and -ca -cum, *adjl. suff.* Formed from nouns (*iuuencus*; *bellicus*, *raucus*) N.B.: the development of this suffix was influenced by Gk. adjs. in -(ι)κός. Enlargements are found as *-ticus* (*rusticus*) and -ATICVS.

cusanies: wd. of unkn. meaning in *Carm.Sal.* 3.2(Var.L.7.26).

cusculium ~(i)ī, *n.* [unkn.] An excrescence found on a kind of holm oak and used as a scarlet dye.
granum hoc primoque ceu scabies fruticis, paruae aquifoliae ilicis. ~ium (*s.v.l.*) uocant Plin.Nat.16.32.

cuspidātim, *adv.* [next+-IM] Like a spear-tip, to a point.
~ decisus..calamus Plin.Nat.17.102.

cuspidō ~āre ~āuī ~ātum, *tr.* [next+-O[3]] To provide with a point, tip.
(urorum cornibus) praefixa hastilia ~ant Plin.Nat.11.126; purget uomerem subinde stimulus ~atus rallo 18.179.

cuspis ~idis, *f.* [dub.]

1 A sharp point, tip, esp. of a spear. **b** a spike on the butt-end of a standard, etc.
asseres..~idibus praefixi Caes.Civ.2.2.2; pastoralem praefixa ~ide myrtum Verg.A.7.817; acuta ~ide iunci Ov.Met.4.299; (calami) hastarum uicem praebent additis ~idibus Plin.Nat.16.161; clauis..baculi ~ide haerentibus 36.127; amicam..subtilem..cui serra lumbis, ~is eminet culo Mart.11.100.4; ambustas sine ~ide cornos Sil.8.549. **b** ut aquilifer moranti se ~ide sit comminatus Suet.Jul.62.

2 A spear, lance. **b** *~is triplex*, a trident, esp. that of Neptune; (also *~is* alone). **c** (applied to the sting of a scorpion or bee).
cetera namque uiri ~ide conciderant Verg.Cat.3.6; iacta caecum dare ~ide uulnus A.10.733; fracta pereuntis ~ide Gallos Hor.S.2.1.14; cum infestis ~idibus concurrissent Liv.8.7.9; traiectus ~ide serpens Ov.Met.4.571; soluere Echionias Lernaea ~ide portas Stat.Theb.3.492; (*facet.*) conspicio coleatam ~idem Pompon.com.69; (*fig.*) caelesti ~ide facta..uulnera nostra Ov.Pont.4.11.3. **b** triplici quid ~ide possim Ov.Met.12.594; ~ide uel triplici securum figere piscem Man.5.297;—deus aequoreas qui ~ide temperat undas Ov.Met.12.580; Neptunia ~is Luc.7.147; Stat.Theb.1.222. **c** (scorpium) uulnera curuata minitantem ~ide uidit Ov.Met.2.199; Man.4.217; non..apibus iam ~ides dederat (natura)..? Plin.Nat.21.78.

3 Any rod with a pointed end, stake, wand.
aliquot (harundines) colligatas libris demittunt in tubulos fictiles..quas ~ides appellant Var.R.1.8.4; medius docta ~ide Bacchus (*i.e. the thyrsus*) erit Prop.2.30.38; suggeritque ructanti..~ides..lentisci (*i.e. toothpicks*) Mart.3.82.9; 14.22.1; spumeus in longa ~ide (*i.e. spit*) fumet aper 14.221.2.

cussiliris. [unkn.] (See quot.)
~em pro ignauo dicebant antiqui Paul.Fest.p.50M.

custōdēla ~ae, *f.* [CVSTOS+-ELA] The keeping, charge, custody (of a person or thing).
(capram) in ~am simiae concredere Pl.Mer.233; in tuam ~am meque et meas spes trado Mos.406; familiam pecuniamque tuam endo mandatela tua ~aque mea esse aio *in* Gaius Inst.2.104; ~a salutaris mihi gaudebam carceris Apul.Met.9.1; suae dominae ~am omnem (seruulo) permittit 9.17.

custōdia ~ae, *f.* [CVSTOS+-IA]

1 Protection, safe-keeping, defence, guard. **b** the preservation or defence (of a state of affairs, practice, etc.).
uos, qui regalis corporis ~as agitatis Naev.trag.21; regi sui uitam..omni cura ~aque defenderent Cic.Fam.15.2.6; canum..tam fida ~a N.D.2.158; quos suae ~ae causa habere consuerat Caes.Civ.1.75.2; cuius experta uirtus..traducta ad ~iam Illyrici est Pol.hist.8; pecorum ~a sollers Verg.G.4.327; dispositis..praesidiis ad ~am urbis Liv.26.51.9; putabam..a ~a mei remouisse uultum Fortunam Petr.125.2; id nobis acriores ad studia dicendi faces subdidisse quam..paedagogorum ~am..contenderim Quint.Inst.1.2.25; misera est magni ~a census Juv.14.304; Ulp.dig.13.6.10.1. **b** propter urbis uestraeque salutis ~am Cic.Catil.4.23; nimium in ~a salutis meae diligentem Att.4.1.1; heu quam difficilis gloriae ~a est Pub.Sent.H.1; maximam..eius (*sc.* libertatis) ~am esse, si magna imperia diuturna non essent Liv.4.24.4; illis diligentior ritus patrii mansit ~a Vell.1.4.2; decoris ~a Quint.Inst.11.1.57; pes uterque..gaudet locorum dispari ~a Maur.2335.

2 a A thing which keeps safe or protects. **b** a place for safe-keeping; a protective space around a monument.
a rarae per eadem tempora litterae fuere, una ~a fidelis memoriae rerum gestarum Liv.6.1.2; uimine clausa leui niueae ~a coctae (*sc.* aquae) Mart.2.85.1. **b** frumentum ..~is suis clausum continebant Cic.Dom.11; castella, ~as thesaurorum, in deditionem acciperent Sal.Hist.3.58;—HAEC ~A MACERIA CIRCVM CLVSA..MONVMENTO CEDIT CIL 6.17979.

3 The responsibility for protecting or taking care of, custody, charge.
cum in eiusdem anni ~a te atque L. Murenam fortuna posuisset Cic.Mur.64; isdem..~am nauium longarum tradidit Caes.Civ.3.39.1; cui illa ~a crederetur Nep.Milt.3.2; sunt quibus ad portas cecidit ~a sorti Verg.G.4.165; turba ~ae impedimentorum adposita Liv.23.16.14; ancillae ~am cubiculi mandat Tac.An.13.44; creditoribus permittendum in ~a bonorum esse Ulp.dig.37.9.1.17; quia non sit (thensaurus) sub ~a nostra Paul.dig.41.2.3.3; (*cf.*) ut..quae (horrea) sunt in plano, ~am recipiant umidarum rerum Col.1.6.9; (*pl.*) id signum..Vestae ~is continetur Cic.Phil.11.24.

4 The keeping of a guard, watch. **b** a place held by a guard, guard-post.
quid faceret? adseruaret dies noctesque, in ~a esset semper Pl.Rud.380; huc redito atque agitato hic ~am 858; ~ae uigiliaeque..intentioris ubique curae erant Liv.8.8.1; laxatas..sensit ~as 21.32.12; 25.30.5;—(*transf.*) mirificae sunt ~ae Cic.Att.10.12a.2(5); uix praesenti ~a manere inlaesa coniugia Tac.Ann.3.34. **b** in urbe maneo..haec mea sedes est, haec uigilia, haec ~a Cic.Phil.12.24; cauillantes in stationibus ac ~is milites Liv.5.15.4; Pompon.dig.50.16.180.

5 (esp. mil.) A body of men, etc., or an individual posted as a guard, watch, picket; also, a protective force, garrison.
ita uinclis ~isque circummoeniti sumus Pl.Capt.254; ~ae in muro statuuntur cataphractarum Sis.hist.81; uigilat ~a Catul.62.33; cum..neque clam transire propter ~as Menapiorum possent Caes.Gal.4.4.4; erant omnibus ostiis Nili ~ae exigendi portorii causa dispositae B.Alex.13.1; transeundum per hostium ~as erat Liv.5.46.8; uigil..seruat ~a muros Ov.Met.12.148; quem ad modum extrema quoque mancipia..intentissimas ~as fallant Sen.Ep.70.25;—(*of ships*) haec a ~is classium loca maxime uacabant Caes.Civ.3.25.4; quia ~is nauium Romanarum tenebantur (portus) Liv.23.33.4;—(*poet.*) posita est nostrae ~a saeua puellae Tib.1.2.5; prohibent flammae ~a ignis Aetna 194; pelagus, totius orbis uinculum terrarumque ~a Sen.Suas.1.2;—(*of individuals*) cernis ~a qualis uestibulo sedeat? Verg.A.6.574; anser..minimae ~a uillae Ov.Met.8.684;—~am prouinciae..dimisisses, si tuae mentis compos fuisses? Cic.Pis.48; ~am ex suis ac praesidium sex milia hominum una reliquerunt Caes.Gal.2.29.4.

6 The keeping of a person in confinement, custody, imprisonment, durance. **b** a place of confinement, prison. **c** restraint, control (over a person or his feelings, actions, etc.).
qui se ipse iam dignum ~a iudicarit Cic.Catil.1.19; ut..in ~am traderetur 3.14; magistrum equitum..ne quid rei bellicae gereret, prope in ~a habitum Liv.22.25.6; in libera ~a Albae decessit Vell.1.11.1; sepositus..Cornelius Dolabella..neque arta ~a neque obscura Tac.Hist.1.88; (*fig.*) domi teneamus eam (*sc.* eloquentiam) saeptam liberali ~a Cic.Brut.330;—(*pl.*) si turpissimese illa pars animi geret..constringatur amicorum propinquorumque ~is Tusc.2.48; uti..ceteri in liberis ~is habeantur Sal.Cat.47.3. **b** si hunc subdituuum archipiratam in eandem ~am dedisset Cic.Ver.6.69; in praedonum hostiumque ~as tu tantum numerum ciuium Romanorum includere ausus es? 5.144; cum facile posset educi e ~a Tusc.1.71; comprehenditur ab rege et in ~a necatur Caes.Civ.3.104.3; omnis in ~am esse coniectos B.Hisp.26.2; sacerdos uincta in ~am datur Liv.1.4.3; conuictam attineri publica ~a iussit Tac.Ann.3.36; quiue in uinculis ~aue publica erit Leg.pub.(Font.iur.p.111)20;—(*of the body as the prison of the soul*) ut..animus in morte..euolet tamquam e ~a uinclisque corporis Cic.Amic.14; corpusculum hoc, ~a et uinculum animi Sen.Dial.12.11.7;—(*cf.*) ut sis apud me lignea in ~a (*i.e. the stocks*) Pl.Poen.1365. **c** nulla est..uel nequissimi hominis amplior ~a quam cotidiana operis exactio Col.11.1.25;—quae lex omnibus ~is subiectum aratorem decumano tradidit Cic.Ver.3.20; talis ~a Magno mentis erat Luc.8.635; minor..fuerit uerborum ~a Quint.Decl.306(p.201,l.18).

7 A prisoner; (also, sg. collect.) prisoners.
eadem catena et ~am et militem copulat Sen.Ep.5.7; unus ex ~arum agmine 77.18; Plin.Nat.21.12; utrum..per milites adseruare ~as debeam Plin.Ep.Tra.10.19(30).1; Apul.Soc.16; Call.dig.48.3.12;—quod ubique esset ~ae in Italiam deportari..praeceperat Suet.Nero 31.3.

custōdiārius ~(i)ī, *m.* [prec.+-ARIVS] (app.) A jailer, warder.
CORPOR(IS) ~IOR(VM) CIL 6.327.

custōdiō ~īre ~īuī or ~iī ~ītum, *tr.* [CVSTOS+-IO[2]] Forms: *~ibitur* (fut.) Pl.Capt.729.

1 To keep safe, protect, preserve (material objects). **b** to keep in stock or ready for use. **c** to keep or hold back. **d** to keep (things) in good condition, preserve; to keep alive, protect. **e** (of things) to retain, hold, keep.

quod ibidem recte ~ire poterunt, id ibidem ~iant *in* CIC.*Quinct.*84; reliqua urbis ornamenta sanctissime ~ita tenuerunt *Prov.*6; VTEI EA (LOCA) AB EIS ~IANTVR *CIL* 1.593.75; ad accipiendam pecuniam regiam ~iendamque missus LIV.25.31.8; aurum dum ~it PHAED.1.27.7;—(*w.* ab) cadauer ab incursu auium..corona ~it [QUINT.]*Decl.*6.3; APUL.*Met.*2.23. **b** haec genera tritici..~ienda sunt agricolis COL.2.6.4. **c** orationem tibi misi. eius ~endae et proferendae arbitrium tuum CIC.*Att.*15.13.1; in seminario licet trimam..uitem resectam..~ire COL.4.16.1. **d** frigidum (conclaue) commodissime uinum ~it COL.12.2.2; pauca poma in melle ~iri 12.10.5; leporis sale ~iti pulmones PLIN.*Nat.*28.224; cutem in facie ~it adeps anseris 30.29; —quare quaedam..aquae conseptum feminarum ~iant SEN.*Nat.*3.25.11; quae regiones antea propter hiemis adsiduam uiolentiam nullam stirpem uitis..~ire potuerint COL. 1.1.5; cinis irenaceorum..~it partus contra abortus PLIN. *Nat.*30.124; (*cf.*) quod (malum) ueteres ~it in ossibus ignis PROP.3.17.9. **e** uellera uirgati ~ibant calathisci CATUL. 64.319; aer..~iens incidentem in se rotundi lineam luminis SEN.*Nat.*1.2.7; 4b.13.9.

2 (mil.) To guard (a position).

~ire moenia LIV.3.42.6; C. Laelio..urbem ~ire iusso 26.48.1; nauibus ~iri placuerat Siciliae maritimam oram 30.2.1; plerisque ~iri suspecta potius uidebatur TAC.*Ag.* 18.3; (*absol.*) quacumque ~iant plebis homines, ea patere aditum LIV.24.2.10.

3 To keep unharmed, preserve, protect (a person or organization; also, their life, liberty, etc.).

rem familiarem curat, ~it domum PL.*Bac.*458; ut haec insula ab ea (*sc.* Cerere)..~iri..uideatur CIC.*Ver.*4.107; quantum (temporis) in me ~iendum transferre maluerit *Planc.*61; fac ut diligentissime te ipsum..~ias *Fam.*9.14.8; quam ~it Amor..puellam TIB.1.6.51; uidete..ne, dum caelum ~itis, terram amittatis V.MAX.7.2.ext.13;—summa diligentia uitam Sex. Rosci ~iri CIC.*S.Rosc.*28; in mea salute ~ienda *Planc.*1; ut et teneriores annos ab iniuria sanctitas docentis ~iat QUINT.*Inst.*2.2.3; quorum animas et farre suo ~it et aere JUV.9.123;—(*of things*) nulli parietes nostram salutem, nullae leges, nulla iura ~ient CIC.*Deiot.*30; hic stilus..me ueluti ~iet ensis uagina tectus HOR.*S.*2.1.40.

4 To observe, keep, follow out (a practice, promise, intention, etc.).

plus operis est in eo, ut proposita ~ias SEN.*Ep.*16.1; tria praecipue ~iat (uinitor) COL.4.24.1; oraculum illud magno opere ~iendum PLIN.*Nat.*18.200; modus ubique ~iendus QUINT.*Inst.*4.2.35; permitto seruis quoque quasi testamenta facere eaque ut legitima ~io PLIN.*Ep.*8.16.1; quod..naturalis ratio..constituit, id apud omnes populos peraeque ~itur GAIUS *Inst.*1.1.

5 To maintain, preserve, keep (a state of affairs); to retain (a name).

dedit ille (*sc.* deus) uentos ad ~iendam caeli terrarumque temperiem SEN.*Nat.*5.18.13; praecipuum (candorem) ~iunt pelagiae (margaritae) PLIN.*Nat.*9.109; nitrum in coquendo etiam uiriditatem ~it 19.143; ~ire pacem QUINT.*Decl.*253(p.37,l.28); ULP.*dig.*50.6.1.2;—chrysocolla..nomen ex auro ~iens PLIN.*Nat.*33.4; 37.102.

6 To keep on record, retain (in the memory or in writing); (also, of the memory).

id, quod tradatur..memoria ~ire CIC.*de Orat.*1.127; ut ea ~irem litteris 2.7; ars summa et ad comprehendenda quae tenere debebat et ad ~ienda SEN.*Con.*1.pr.18; quoniam illa quae scriptis reposuimus uelut ~ire desinimus QUINT.*Inst.* 11.2.9; milites..~ire sermones, uultum habitumque trahere in deterius TAC.*Hist.*2.52;—ut..has (*sc.* iniurias) tenax memoria ~iat SEN.*Ben.*1.1.8; PLIN.*Nat.*16.234.

7 To keep under observation, watch, guard. **b** to keep in custody, imprison.

~ite istunc uos, ne uim qui attolat PAC.*trag.*228; undique ~ior CIC.*Att.*10.12.1; (castra) nocte ~ita ne quis elabi posset LIV.9.42.6; lugentem..~ire solemus, ne solitudine male utatur SEN.*Ep.*10.2; siderum..motus ~it PETR.102.3; ~it nos recens audientium intentio QUINT.*Inst.*4.1.59; sed quis ~iat ipsos custodes..? JUV.6.O31; ut mittant, si uelint, qui uentrem ~iant *Ed.pr.*21.2;(*Font.iur.*p.222) ULP.*dig.*25.3.1.11; (*absol.*) canis..~ientes oculos exuerat APUL.*Met.*8.31. **b** neruo uinctus ~ibitur PL.*Capt.*729; datur mihi ~iendus AFRAN.*com.*111; alios in publico ~iri CIC.*Ver.*3.66; una boum..Caci spem ~ita fefellit VERG.*A.* 8.218; LIV.9.15.7; VELL.2.35.3; quod a me retenta ~itaque non fueris APUL.*Met.*6.3; (*facet.*) quid cessatis, compedes, currere ad me meaque amplecti crura, ut uos ~iam? PL. *Capt.*652.

8 To be cautious about, keep under strict control, guard; (refl.) to act cautiously; (absol.) to take precautions, take care.

nec uerba ~iebat SEN.*Con.*4.pr.9; SEN.*Ag.*719;—(*refl.*) cum diligenter te ~ieris (*i.e. guard your tongue*) SEN.*Suas.*6.1; sic me ~io, tamquam legibus..rationem redditurus sim SEN.*Cl.*1.1.4; QUINT.*Inst.*4.2.126;—(*ellipt.*) quod me de Antonio consulis..~iendum puto CIC.*ad Brut.*2.4.3;—(*w.* ut, ne) tu, ne qua manus se attollere nobis a tergo possit, ~i VERG.*A.*9.322; itaque ~iemus ut..semina legamus COL. 3.10.5; id est praecipue ~iendum, ne..obscurum sit QUINT.*Inst.*8.3.73; ut ~itum sit ne umquam in conspectum ei posthac ueniret SUET.*Tib.*7.3; siue ~iri potuit, ne damnum daretur ULP.*dig.*19.2.41; (*w.* sibi) semper sibi ~iunt miseri, ne esse miserabiles desinant [QUINT.]*Decl.*1.6.

custōdiola ~ae, *f.* [CVSTODIA+-OLA] A place of confinement (in quot., a tomb).

SEPTIMIA DIONYSIAS..IN HAC ~AM PELADIANA CVM EDIFICIOLO *CIL* 6.10246.

custōdītē, *adv.* *compar.* ~ius. [pple. of CVSTODIO+-E] Guardedly, cautiously.

parce ~eque ludebat PLIN.*Ep.*5.16.3; am illa ~ius pressiusque (dixit) 9.26.12.

custōdītiō ~ōnis, *f.* [CVSTODIO+-TIO] Guarding, protection.

~o est opera ad custodiendum quid sumpta PAUL.*Fest.* p.61M.

custōs ~ōdis, *m.* and *f.* [cf. Gk. κεύθω, AS. *hydan*, Welsh *cuddio*]

1 One who protects (persons, places, conditions, etc.), guardian, protector; *~os corporis*, a member of a bodyguard; see CORPVS. **b** (spec.) a guardian appointed to look after minors, lunatics, etc. **c** a keeper (of animals), herdsman.

qualem te patriae ~odem di genuerunt! ENN.*Ann.*112; ~os erilis, decus popli PL.*As.*655; bone ~os defensorque prouinciae CIC.*Ver.*5.12; tribunum plebis..libertatis ~odem *Agr.*2.15; LIV.2.1.8; uindicem ~odemque imperi sui VELL. 2.104.2; grammatici, ~odes Latini sermonis SEN.*Ep.*95.65; si quis erit recti ~os, mirator honesti MART.1.39.5; uario rumore ~os saluti an mortis exactor sequeretur TAC.*Ann.* 3.14;—(*of tutelary deities*) Ioui Statori, antiquissimo ~odi huius urbis CIC.*Catil.*1.11; nemorum Latonia ~os VERG. *A.*9.405; flammae ~os..dea OV.*Fast.*6.258; Ioui ~odi templum..sacrauit TAC.*Hist.*3.74; MARTI ~ODI *CIL* 3.3232;—(*fig.*) cum sapientiam totius hominis ~odem..esse uellent CIC.*Fin.*4.17; haec..natura..corporis est ~os LUCR.3.324; disciplina erat ~os infirmitatis LIV.34.9.4; cum primum pauido ~os mihi purpura cessit PERS.5.30. **b** si furiosus escit..ast ei ~os nec escit *Lex XII*(*Font.iur.* p.24); seruom una mittit..quasi uti mihi foret ~os PL.*Mer.* 92; bone ~os, salue..quoi commendaui filium..meum TER.*Ph.*287; ad militiam euntibus dari solitos esse ~odes CIC.*Rep.*4.3; sine ullo socio et ~ode ipsa omne imperium obtinebat *B.Alex.*4.2; imberbus iuuenis tandem ~ode remoto HOR.*Ars* 161; JUV.7.218. **c** ~odes ouium tenerae propaginis, agnum PORC.*poet.*6(5).1; hic alienus ouis ~os bis mulget in hora VERG.*Ecl.*3.5; greges ~os seruabat equarum OV.*Met.*2.690; si ~os (apium) adsit PLIN. *Nat.*11.58; pecoris ~os STAT.*Theb.*9.508;—(*prov.*) ut mauelis lupos apud ouis quam hos domi linquere ~odes PL. *Ps.*141; o praeclarum ~odem ouium, ut aiunt, lupum! CIC. *Phil.*3.27.

2 One who guards (a thing) against thieves, etc.; (also, fig., of the memory). **b** a doorkeeper, janitor, watchman. **c** (mil.) a sentry, guard; (sg. collect. or pl.) a garrison.

fur facile quem opseruat uidet: ~os qui fur sit nescit PL.*Rud.*385; auri ~os *Trin.*253; non ~odem aut continendas, sed portitorem ad partiendas mercis CIC.*Vat.*12; ~os furum atque auium..tutela Priapi (*i.e. against thieves and birds*) VERG.*G.*4.110; ~odisque feros clausit serpentis hiatus PROP.3.11.11; ~os pretiosae uipera conchae LUC.6.678; ARMOR(VM) ~(OS) *CIL* 6.31152; RAEDA⟨R⟩VM ~OS NVMQVAM LATRAVIT INEPTE 9.5785; PAUL.*dig.*49.16.14.1;—omnium partium rhetoricae ~odem, memoriam *Rhet.Her.* 3.28; QUINT.*Inst.*3.3.7. **b** anus..~os ianitrix PL.*Cur.*76; ~odes monumentorum CIC.*Ver.*4.82; clamor a uigilibus fanique ~odibus tollitur 4.94; fidusque ad limina ~os VERG.*A.*9.648; de mutis ~odibus (*sc. dogs*) loquar COL. 7.12.1; tergeminosque mali ~odis (*i.e. Cerberus*) hiatus STAT. *Theb.*7.783; (*facet.*) quid agis, ~os carceris? PL.*As.*297. **c** ibi ~os publice est nunc TER.*Eu.*290; nullus est portis ~os CIC.*Catil.*2.27;—mihi Barba Cassius subuenit, ~odes dedit *Att.*13.52.1; interfectis Nouioduni ~odibus CAES.*Gal.*7.55.5; eius pontis..~odes reliquit principes NEP.*Milt.*3.1; late finis ~ode tueri VERG.*A.*1.564; caesis summae ~odibus arcis 2.166.

3 One employed to keep persons in confinement or under observation, guard. **b** an overseer. **c** an officer appointed to prevent unfair voting at an election.

Argus..quem quondam Ioni Iuno ~odem addidit PL. *Aul.*556; quem concubinae miles ~odem addidit *Mil.*146; numnam hic relictu's ~os nequis forte internuntius..ad istam curset? TER.*Eu.*286; sic hanc ~odem (*sc.* aquilam) maesti cruciatus alo (Prometheus) CIC.*Tusc.*2.24; Dumnorigi ~odes ponit, ut quae agat..scire posset CAES.*Gal.*1.20.6; reliquos cum ~odibus in aedem Concordiae uenire iubet SAL.*Cat.*46.5; ~os uirginis Argus VERG.*A.*7.791; ut solet amoto labi ~ode puella PROP.1.11.15; iubendos..Italia excedere et ~odes cum iis..mittendos LIV.30.23.5; omnes illi..~odes animi tui sunt SEN.*Dial.*11.6.3; passim et sine ~ode transeunt TAC.*Ger.*41.2; acriora ex eo uincla, inditi ~odes *Ann.*3.28; efflagitare aliquem..~odem factis atque dictis suis SUET.*Tib.*12.3; si..~odes ad uentrem custodiendum..non miserit ULP.*dig.*25.3.1.12; (*transf.*) quid machinaris? quid abscondis? ~os te tuus sequitur SEN.fr. (Haase p.421). **b** duo ~odes liberi CATO *Agr.*13; ~odis et capulatoris officia. seruet diligenter cellam 66.1; putat se bonum in arationibus..suis habuisse ~odem ac uilicum CIC.*Ver.*3.119; ~os..in frumento publico est positus *Flac.* 45; ille (*i.e. the queen bee*) operum ~os VERG.*G.*4.215; TAC. *Ann.*15.43. **c** eius candidati ~os dicebatur deprensus VAR.*R.*3.5.18; quis tribus quas uoluit uocauit nullo ~ode sortitus..? CIC.*Agr.*2.22; quem comitiis praerogatiuae primum ~odem praefeceras *Red.Sen.*17; *Pis.*36.

4 A name of the constellation Boötes, the Warden.

septentrio..habet post se conlocatum ~odem VITR.9.4.1; ~odem..Vrsae OV.*Fast.*2.153; *Tr.*1.11.15.

5 a A thing which keeps or holds, a container. **b** a thing which protects, a guard. **c** (inviticulture) a shoot kept in reserve to replace any that die.

a eburnea..telorum ~os OV.*Met.*8.321; ~odem turis acerram 13.703; saxis cinerum ~odibus JUV.10.144. **b** lammina..quam ~odem eius membranae esse proposui CELS.8.4.17. **c** uinarios ~odesque recte relinquito CATO *Agr.*33.1; ~odem..id est, sarmentum gemmarum duarum uel trium COL.4.21.3; 4.24.7; ~os—hic est nouellus palmes, non longior tribus gemmis PLIN.*Nat.*17.181.

cusuc, *sb.* [dub. reading; perh. Persian *kūšk* 'pavilion', (whence Eng. *kiosk*)] A small hut, shanty.

aedificaui hanc domum. ut scitis, ~ erat; nunc templum est PETR.77.4.

cutīcula ~ae, *f.* [CVTIS+-CVLA] The skin.

adsiduo curata ~a sole PERS.4.18; nostra bibat uernum contracta ~a solem JUV.11.203.

Cutilia ~ae and ~**ae** ~ārum, *f.* The name of a lake (and town) in the Sabine country.

aquae frigidae genus nitrosum, uti..~is VITR.8.3.5; LIV. 26.11.10; in frigidis..fontibus quales ~arum CELS.4.12.7; ad ~as aquas PLIN.*Nat.*2.209; in agro Reatino ~ae lacum 3.109; ~as..ubi aestiuare quotannis solebat, petit SUET. *Ves.*24.1; PAUL.*Fest.*p.51M.

Cutiliensis ~is ~e, *a.* Of Cutilia.

ad lacum ~em VAR.*L.*5.71.

cutis ~is, *f.* [cf. Gk. κύτος, ἐγκυτί, σκῦτος AS. *hȳd*] FORMS: (acc.) ~*im* APUL.*Apol.*50.

1 The outer covering of the body, skin, hide; *ad ~em tondere*, to shave clean. **b** one's external appearance, exterior. **c** the person, body.

(pernae) ~is deosum spectet CATO *Agr.*162.1; si quid intra ~em subest uulneris PLANC.*Fam.*10.18.3; non missura ~em nisi plena cruoris hirudo HOR.*Ars* 476; per tenuem ossa..sunt numerata ~em PROP.4.5.64; qua maxime molli ~e uolnera accipiunt (elephanti) LIV.21.55.11; sulcauit..~em rugis OV.*Met.*3.276; si..figas in ~e solem PERS.4.33; ~is uitia PLIN.*Nat.*26.163; ad moechum lota ueniunt ~e JUV.6.464; (*cf.*) se contentus est sapiens. hoc..plerique perperam interpretantur: sapientem..intra ~em suam cogunt SEN.*Ep.*9.13;—quem..faciam hic arietem..itaque tondebo auro usque ad uiuam ~em PL.*Bac.*242; caput ad ~em tondere CELS.3.18.8; (*cf.*) tu..qui me usque admutilasti ad ~em PL.*Per.*829;—(*fig.*) neque primam tantum ~em ac speciem sententiarum, sed sanguinem..uerborum eius eruere GEL.18.4.2. **b** ingenium fortissimum..sub qualibet ~e latere SEN.*Ep.*66.1; ego te intus et in ~e noui PERS.3.30; (*cf.*) imaginem uirtutis effringere et solam, ut ⟨ita⟩ dixerim, ~em QUINT.*Inst.*10.2.15. **c** in ~e curanda plus aequo operata iuuentus HOR.*Ep.*1.2.29; pedicatur Eros, fellat Linus: Ole, quid ad te de ~e quid faciant ille uel ille sua? MART.7.10.2; nimirum summi ducis est..curare ~em JUV.2.105; inter ~em flagitatos dicebant antiqui mares, qui stuprum passi essent PAUL.*Fest.*p.110M.

2 The skin removed from the flesh, a flayed hide, leather.

Gorgadum ~es argumenti..gratia in Iunonis templo posuit PLIN.*Nat.*6.200; ~e, quam relincunt angues 28.175; calceus est sarta terque quaterque ~e MART.1.103.6.

3 a The outer layer of a fruit or other part of a plant, esp. when thin or soft. **b** a membrane.

a durae ~is uuas COL.3.2.15; casia..tenui ~e uerius quam cortice PLIN.*Nat.*12.95; nucleorum ~e uerius quam putamine 15.36; fagi glans..triangula ~e includitur 16.18; glycyside..~e lauri 27.84. **b** hac ~e Ledaeo uestitur pullus in ouo MART.8.33.21.

4 Any distinctive outer layer, surface.

obducta nubium ~e PLIN.*Nat.*2.131; quae summa patitur (terra) atque extrema ~e 2.158; fulget (gemma) intus aureis guttis, semper in corpore, nunquam in ~e 37.100; 37.199.

cutītus ~a ~um, *a.* [prec.+-ITVS²] (See quot.)

intercutitus uehementer ~us, hoc est ualde stupratus PAUL.*Fest.*p.113M.

cūturnium: see GVTVRNIVM.

cyamiās, *f.* [Gk., cf. next] A precious stone.

~ nigra est, sed fracta ex se fabae similitudinem parit PLIN.*Nat.*37.188.

cyamos, ~ī, *m.* [Gk. κύαμος] A name of the Egyptian bean, *Nelumbium speciosum.*

in Aegypto nobilissima est colocasia, quam ~on aliqui uocant PLIN.*Nat.*21.87.

Cyanē ~ēs, *f.* [Gk. Κυάνη] The name of a spring near Syracuse in Sicily; also, the eponymous nymph.

praeterit et ~en et fontes lenis Anapi OV.*Fast.*4.469; *Pont.*2.10.26; PLIN.*Nat.*3.89;—OV.*Met.*5.412.

Cȳaneae ~ārum, *f. pl.* Another name of the SYMPLEGADES.

instabilis..~as OV.*Tr.*1.10.34; MELA 2.99; PLIN.*Nat.*4.92; V.FL.4.658.

cȳaneus¹ ~a ~um, *a.* [Gk. κυάνεος] Dark blue.

~o..aethere *Dirae* 40; (halcyon) colore ~a PLIN.*Nat.* 10.89; 22.45; 37.120.

Cȳaneus² ~a ~um, *a.* Of or belonging to the Cyaneae; also, resembling them.

~os..metus *Eleg.Maec.*108; ~as..cautes LUC.2.716; ~os intrare fragores V.FL.5.482; MART.7.19.3; STAT.*Silv.*1.2.40; —sic constringuntur (tunicae) magni Symplegade culi et Minyas intrant ~asque natis MART.11.99.6.

cyanus ~ī, *f.* Also **~os.** [Gk. κύανος] GENDER: fem. in sense 1, dub. in 2; cf. Gk.

1 A precious stone, a kind of lapis-lazuli.

~os..optima Scythica, dein Cypria PLIN.*Nat.*37.119.

2 A blue cornflower.
in nomine et ~i colos PLIN.*Nat.*21.47; 21.68.

cyathiscus ~ī, *m.* [Gk. κυάθισκος] A kind of forceps.
euellendum est (telum)..genere quodam ferramenti quod Diocleum ~um Graeci uocant.. CELS.7.5.3.A.

cyathissō ~āre ~āuī, *intr.* [Gk. κυαθίζω] To ladle out wine.
non scis quis ego sim, qui tibi saepissume ~o apud nos, quando potas? PL.*Men.*303.

cyathus ~ī, *m.* Also, **cyatus.** [Gk. κύαθος] FORMS: *cyatus* CATO *Agr.*109, 122; FRON.*Aq.* 34; *CIL* 6.8816.

1 A ladle, esp. that used for wine. **b** (w. ref. to the office of wine-mixer or cup-bearer).
~um et cantharum PL.*Ps.*957; lapis albus pocula cum ~o duo sustinet HOR.*S.*1.6.117; PLIN.*Nat.*10.96. **b** puer quis..ad ~um statuetur..? HOR.*Carm.*1.29.8; Lygdamus ad ~os PROP.4.8.37; puerum..dignum ~o caeloque JUV. 9.47; SUET.*Jul.*49.2; DORYPHORO CAESARIS A ~O *CIL* 6.8816.

2 A liquid measure equivalent to one-twelfth of a *sextarius.* **b** (as a measure of the amount of wine mixed with water for drinking).
nebulai ~o PL.*Poen.*274; uini ~os IIII CATO *Agr.*109; LUCIL.924; ut tibi si sit opus liquidi non amplius urna uel ~o HOR.*S.*1.1.55; aceti ~os duos CELS.3.16.2; COL. 6.31.1; FRON.*Aq.*34. **b** ab summo septenis ~is committe hos ludos PL.*Per.*771[a]; *St.*706; VERG.*Cat.*11.4; tribus aut nouem miscentur ~is pocula commodis HOR.*Carm.*3.19.12; OV.*Fast.*3.532; quare quaterni ~i..non essent potandi PLIN.*Nat.*28.64; STAT.*Silv.*1.5.10.

3 A dry measure, equivalent to ten *drachmae.*
medicae singulos ~os serere COL.11.2.75; ~us pendet per se drachmas X PLIN.*Nat.*21.185; aquae mensuram octonis ~is salis temperari 31.67.

cybaea ~ae, *f.* [Gk. κυβαία] *nauis ~a* or *~a* alone, A kind of merchant ship.
nauem..~am maximam triremis instar CIC.*Ver.*5.44;— rogatus de ~a 4.17; 5.50.

Cybēbē ~ēs or ~ae, *f.* [Gk. Κυβήβη] = next.
ades..o Cybebe, fera montium dea MAEC.*poet.*5(4); typanum tuum, ~e CATUL.63.9; alma ~e VERG.*A.*10.220; dea magna ~e PROP.3.17.35; myrtus Veneri placuit..pinus ~ae PHAED.3.17.4; SEN.*Tro.*72; ~e Mater, quam dicebant Magnam PAUL.*Fest.*p.52M.

Cybelē ~ēs, *f.* FORMS: see also prec. and CYBELVS.

1 A goddess whose worship was brought to Rome from Phrygia, also called *Magna Mater.*
ite ad alta, Gallae, ~es nemora CATUL.63.12; OV.*Fast.* 6.321; V.FL.8.240; MART.13.25.1; per ~es lugentis agros STAT.*Silv.*2.2.88; ~e..dicta a loco, qui est in Phrygia PAUL.*Fest.*p.52M.

2 A mountain in Phrygia.
Dindymon et ~en et..Iden OV.*Fast.*4.249.

Cybelēius ~a ~um, *a.* Of or belonging to Cybele; *~a mater* (also, *~a* alone), Cybele.
~us Attis OV.*Met.*10.104; dente premunt domito ~a frena leones 10.704; ~a..limina STAT.*Silv.*1.2.176; MAUR. 2889;— ~a mater concinitur Phrygiis exsululata modis OV. *Ars* 1.507; *Ib.*451;—doctas ~a neptes uidit *Fast.*4.191.

Cybelus ~ī, *m.*: var. of CYBELE 2.
mater cultrix ~i (*s.v.l.*) VERG.*A.*3.111; sacer ~o (*s.v.l.*) Chloreus 11.768.

cybicus ~a ~um: see CVBICVS.

cybindis ~idis, *f.* [cf. Gk. κύμινδις] A nocturnal bird of prey.
nocturnus accipiter ~is uocatur PLIN.*Nat.*10.24.

Cybiosactēs ~ae, *m.* [Gk. κυβιοσάκτης] A nickname of the son-in-law of Ptolemy XIII, later applied to the Emperor Vespasian ('dealer in salt fish').
SUET.*Ves.*19.2.

cybium ~(i)ī, *n.* [Gk. κύβιον]

1 A young tunny-fish.
aquatilium uocabula animalium..muraena..~ium, thynnus VAR.*L.*5.77; caudam ~ii MART.11.31.14; (*cf.*) ~ios genus piscis PAUL.*Fest.*p.52M.

2 Chopped and salted pieces of young tunny-fish.
pelamydes..consectae in genera ~iorum dispertiuntur PLIN.*Nat.*9.48; putrescentia ~io uetere sanantur 32.126; pelamydum generis magni, ex quo terna ~ia fiunt 32.151; MART.5.78.5.

cychramus ~ī, *m.* [Gk. κύχραμος] A bird that accompanies quails on their migrations, perh. the corncrake.
abeunt..una (cum coturnicibus)..otus et ~us PLIN.*Nat.* 10.66; 10.68.

cycladātus ~a ~um, *a.* [CYCLAS[1]+-ATVS[2]] Dressed in a *cyclas.*
aliquando sericatus et ~us SUET.*Cal.*52.

cyclamīnos ~ī, *f.* and **~um** ~ī, *n.* [Gk. κυκλάμινος] The plant cyclamen, sowbread.
~i radix PLIN.*Nat.*25.114; ~os ex aqua pota 26.54; herbae ~i suco LARG.71;—(*neut.*) in uepribus nascitur ~um PLIN.*Nat.*21.51; 21.64.

cyclas[1] ~adis (~ados), *f.* [Gk. κυκλάς] A female's light outer garment having a decorated border.
haec nunc aurata ~ade signat humum PROP.4.7.40; hae sunt quae tenui sudant in ~ade JUV.6.259.

Cyclas[2] ~adis (~ados), *f.* FORMS: *~adi* (abl.) VITR.7.7.3 (s.v.l.). One of the Cyclades, the islands in the Aegean surrounding Delos (usu. pl.).
insulasue ~adas CATUL.4.7; pelago credas innare reuulsas ~adas VERG.*A.*8.692; HOR.*Carm.*1.14.20; LIV.36.43.1;— (*sg.*) errantem ~ada uentis SEN.*Ag.*387; JUV.6.563.

cyclicus ~a ~um, *a.* [Gk. κυκλικός] Of the Epic cycle; (or perh.) conventional, commonplace.
nec sic incipies ut scriptor ~us olim HOR.*Ars* 135.

Cyclōpius ~a ~um, *a.* Of or belonging to the Cyclopes.
~a saxa VERG.*A.*1.201; SEN.*Her.F.*997; ad caedes ~a.. libido SIL.14.531.

Cyclops ~ōpos, *m.* One of the Cyclopes, the fabulous giants of Sicily; (esp., sg.) the Cyclops Polyphemus.
Polyphemus ducentos ~ops longus pedes LUCIL.482; infandi ~opes VERG.*A.*3.644; (*as the smiths of Vulcan*) qui Ioui fulmen fabricatos esse ~opas in Aetna putes CIC.*Div.* 2.43; ferrum exercebant uasto ~opes in antro VERG.*A.* 8.424; OV.*Met.*3.305; STAT.*Theb.*2.274;—cum socios nostros mandisset impius ~ops ANDR.*poet.*32(36); ENN.*Ann.*321; nihilo enim erat ipse ~ops..prudentior CIC.*Tusc.*5.115; pastorem saltaret uti ~opa rogabat HOR.*S.*1.5.63; OV.*Met.* 13.744; MART.7.38.2; (*as a term of opprobrium*) ~ops alter multo importunior CIC.*Ver.*5.146; PETR.101.5.

Cycnēis ~idos, *f.* **Cygn-.** The daughter of Zeus and Leda, Helen.
incubuit membris ~idos *Ilias* 337.

Cycnēius ~a ~um, *a.* Of or belonging to Cycnus.
~a Tempe (*where Cycnus was metamorphosed*) OV.*Met.* 7.371; ~us heros (*i.e.* Tenes) *Ib.*461.

cycnēus ~a ~um, *a.* [Gk. κύκνειος] Of or belonging to a swan; *uox ~a,* a last utterance, swan-song.
~a mele LUCR.2.505; *Dirae* 1; ~o..edita Tyndaris ouo VERG.*Cat.*9.27; ~as..plumas OV.*Tr.*4.8.1; ~IS..MODIS *CIL* 6.10097;—illa tamquam ~a fuit diuini hominis uox et oratio CIC.*de Orat.*3.6.

cycnium ~i(ī), *n.* Also **~ion** and **~on.** [cf. Gk. κύκνος] An eye-salve.
ex frequentissimis collyriis est id, quod quidam ~on.. appellant CELS.6.67; C. IVLI ATILIANI ~ION *CIL* 13.10021 (90); PHILEROTIS ~IVM LEN⟨E⟩ 13.10021(189).

cycnus[1] ~ī, *m.* **cygnus.** [Gk. κύκνος] PROS.: *cy̆cni* HOR.*Carm.*4.3.20. A swan. **b** (believed to sing sweetly, esp. just before death). **c** (as a favourable omen in augury). **d** (drawing the chariot of Venus or love-poets).
nigros fieri nigro de semine ~os LUCR.2.824; niuei liquida inter nubila ~i cum sese e pastu referunt VERG.*A.*7.699; (*w. ref. to Zeus' visit to Leda in the form of a swan*) non ego fluminei referam mendacia ~i OV.*Ep.*8.67;—(*as a type of whiteness*) Galatea..candidior ~is VERG.*Ecl.*7.38; OV. *Pont.*3.3.96; tam subito coruus, qui modo ~us eras MART. 3.43.2; (*cf.*) rara auis in terris nigroque simillima ~o JUV. 6.165. **b** quid enim contendat hirundo ~is..? LUCR.3.7; certent et ~is ululae VERG.*Ecl.*8.55; multa Dircaeum leuat aura ~um (*i.e. Pindar*) HOR.*Carm.*4.2.25; 4.3.20; (*but cf.*) dant sonitum rauci per stagna loquacia ~i VERG.*A.*11.458; —ut ~i..cum cantu et uoluptate moriantur CIC.*Tusc.*1.73; cantator ~us funeris ipse sui MART.13.77.2. **c** ~us in auspiciis semper laetissimus ales MACER *poet.*4; bis senos laetantis agmine ~os VERG.*A.*1.393. **d** niueis semper uectabere ~is PROP.3.3.39; ~is descendere tempus OV.*Ars* 3.809; mollis agitat Venus aurea ~os STAT.*Silv.*3.4.22.

Cycnus[2] ~ī, *m.* **Cygnus.**

1 A mythical king of Liguria, son of Sthenelus, who was turned into a swan and became a constellation.
VERG.*A.*10.189; OV.*Met.*2.367; ~i, quem caelo Iuppiter ipse inposuit MAN.1.337; HYG.*Fab.*154.5.

2 A son of Neptune.
proles Neptunia ~us OV.*Met.*12.72; 12.150; SEN.*Ag.*215.

cydarum ~ī, *n.* [Gk. κύδαρον] A kind of small ship.
nauium..appellationes hae sunt: gauli, corbitae,..~um, ratariae GEL.2.25.5; *CIL* 8.27790.

Cȳdippē ~ēs, *f.* An Athenian maiden wooed by Acontius.
OV.*Ars* 1.457; *Ep.*19.107.

Cydnus ~ī, *m.* **~os.** A river of Cilicia.
CIC.*Phil.*2.26; VITR.8.3.6; OV.*Ars* 3.204.

Cydōn ~ōnis, *a.* Of or belonging to Cydonea, Cydonian; (masc. as sb.) one of its inhabitants.
latrator..~on (*i.e. Cretan*) SIL.2.444;—sagitta..quam.. Parthus siue ~on..torsit VERG.*A.*12.858; SEN.*Her.O.*820; LUC.7.229; e plebe ~onum STAT.*Theb.*6.596.

Cydōnaeus ~aea ~aeum, *a.* Also **~ēus.** Cydonian; (esp., as poet. ep. for arrows, etc.) Cretan.
Gnosiadesque ~eaeque iuuencae OV.*Ars* 1.293;—~aeas.. pharetras *Met.*8.22; ~ea..harundine STAT.*Theb.*4.269; ~eo fundebat spicula cornu SIL.2.109.

Cydōnea ~ae, *f.* A city on the north coast of Crete.
MELA 2.113; PLIN.*Nat.*4.59; FLOR.*Epit.*1.42(3.7.4).

Cydōnītēs ~ae, *a.* Cydonian (as the name of a variety of vine).
(uites) quae specie commendari possint, ut..~ae COL. 3.2.2.

Cydōnius ~ia ~ium, *a.* **~eus.** Of or belonging to Cydonea, (poet. for) Cretan; *malum ~ium,* a quince; also, *~ium* alone (cf. COTONEVS); (neut. sg. as sb.) a drink made from quince juice.
~ia..spicula VERG.*Ecl.*10.59; ~io..arcu HOR.*Carm.* 4.9.17;—~ia..mala spinis confixa PETR.69.7; mala ~ea decem LARG.111;—decussa ~ia ramo PROP.3.13.27; OV.*Ars* 3.705; COL.12.47.1; MART.10.42.3;—ULP.*dig.*33.6.9.

cygn- see CYCN-.

cyītis ~idis, *f.* [from Gk. κυέω] A precious stone.
~is..uidetur intus habere partum, qui sentiatur etiam crepitu PLIN.*Nat.*37.154.

cyix ~icis, *m.* [Gk. κυΐξ] The name of a bulbous plant.
PLIN.*Nat.*19.95.

cylindrātus ~a ~um, *a.* [next+-ATVS[2]] Shaped like a cylinder, cylindrical.
siliquae rotundae ciceri..piso ~ae PLIN.*Nat.*18.125.

cylindrus ~ī, *m.* [Gk. κύλινδρος]

1 (geom.) A cylinder.
mihi uel ~i (forma) uel quadrati..uidetur esse formosior CIC.*N.D.*1.24; in summo sepulcro sphaeram..positam cum ~o *Tusc.*5.64; *Fat.*43; VITR.9.pr.14; GEL.7(6).2.11; APUL. *Mun.*28.

2 A stone roller (for levelling ground, etc.).
comminuito terram et ~o aut pauicula coaequato CATO *Agr.*129; VERG.*G.*1.178; VITR.10.2.12; si..incrementum eius (*sc.* apii) superuoluto ~o coerceas COL.11.3.34; PLIN. *Nat.*19.158.

3 A precious stone cut in the form of a cylinder.
~os ex iis (*sc.* berullis) malunt facere quam gemmas PLIN.*Nat.*37.78; 37.113; nube atque tace: donant arcana ~os JUV.2.61; FILA II EX ~IS N(VMERO) XXXIII AVRO CLVS(IS) *CIL* 11.364.

cylistērium ~iī, *n.* [Gk. κυλιστήριον] (perh.) A kind of exercise-room in a bathing establishment.
ASSAM CELLAM..FECIT ET ~IVM INSTITVIT *A.Epig.*50.127.

cylix ~icis, *f.* [Gk. κύλιξ] A cup.
a poculo ~ice (*s.v.l.*) VAR.*L.*5.121.

Cyllarus ~ī, *m.* **~os. a** The horse of the Dioscuri. **b** a Centaur.
a domitus Pollucis habenis ~us VERG.*G.*3.90; frenis Castorea mobilior manu Spartanum poteris flectere ~on SEN.*Phaed.*811; Timauo, hic ubi septenas ~us hausit aquas MART.4.25.6; V.FL.1.426; STAT.*Theb.*6.328. **b** OV.*Met.* 12.393; 12.408.

Cyllēnē ~ēs or ~ae, *f.* A mountain in Arcadia on which Mercury was supposed to have been born.
Mercurius..quem candida Maia ~ae gelido conceptum uertice fudit VERG.*A.*8.139; OV.*Met.*7.386; MART.7.74.1; STAT.*Theb.*9.846.

Cyllēnēus ~a ~um, *a.* Of or belonging to Mount Cyllene; belonging to Mercury.
Pheneum..~um CATUL.68.109; uertice ~o OV.*Met.* 11.304;—fide ~a HOR.*Epod.*13.9; testudine ~a OV.*Ars* 3.147.

Cyllēnis ~idis (~idos), *f. adj.* Of or belonging to Mercury.
trepidum..~ide confodit harpe OV.*Met.*5.176; ~ida.. harpen LUC.9.676; ~ida plantam SIL.16.500.

Cyllēnius ~a ~um, *a.*

1 Of or belonging to Mount Cyllene; (as ep. of Mercury).
montes Pholoe, ~us, Parthenius MELA 2.43; HYG.*Fab.* 75.1;— ~a proles VERG.*A.*4.258; PETR.124,l.269; SIL. 13.630; templum Mercurio ~o..fecit HYG.*Fab.*225.2.

2 Of or belonging to Mercury; *ignis, orbis, ~us,* the planet Mercury. **b** (masc. as sb.) Mercury; also, the planet Mercury.
Fides ~a CIC.*Arat.*627(381); saepe lapis recrepat ~a murmura *Ciris* 108; Cephalus..~a proles OV.*Ars* 3.725;— quos ignis caelo ~us erret in orbis VERG.*G.*1.337; MAN.1.871. **b** VERG.*A.*4.252; OV.*Met.*1.713; tu princeps auctorque sacri, ~e, tanti MAN.1.30; STAT.*Theb.*2.89; ~us Mercurius dictus.. PAUL.*Fest.*p.52M.;—celer ~us haeret, et caelum Mars solus habet LUC.1.662.

cylon[1] ~ī, *n.* (dub.). [Gk.] The name of a kind of azurite.
idem et Puteolani (caerulei) usus, praeterque ad fenestras; ~on (*s.v.l.*) uocant PLIN.*Nat.*33.162.

cylon[2] ~ī, *n.* [cf. perh. Gk. κύλα] (app.) Hollowness of the eyes.
C T BALBINI CHARMA AD ~ON ET CHALAZOS⟨IN⟩ *CIL* 13.10021(181).

cȳma ~ae, *f.* Also **cȳma** ~atis, *n.* [Gk. κῦμα] (pl. or collect. sg.) The spring shoots of a cabbage or similar vegetable.
patella ~ae VOL.*poet.*1; CELS.in Non.p.195M; herbas in usum colligi..oportebit, ~am, caulem, capparim COL. 12.7.1; antequam caulem agant et ~am faciant (*sc.* napus et rapa) 12.56.4; post ~am ex eadem brassica contingunt aestiui..cauliculi, mox hiberni, iterumque ~ae PLIN.*Nat.* 19.138; 24.119. β asparagi molles et uirde ~a LUCIL. 945; (herba) quae..frigoribus caules et ueri ~ata mittit (*sc.* brassica) COL.10.129.

Cȳmaeus ~a ~um, *a.*

1 Of Cyme in Aeolis; (masc. as sb.) one of its inhabitants.
~us ille Athenagoras CIC.*Flac.*17; ~is..immunitatem concesserunt LIV.38.39.8.

2 Of Cumae in Campania; *uates ~a*, the Sibyl.
si ~ae mihi conscia uatis stat casta cortina domo V.FL. 1.5; SIL.9.57.

cȳmatium ~iī, *n.* Also **cūm-**. [Gk. κυμάτιον] FORMS: *cymatium* (gen. pl.) VITR.3.5.10. (arch.) A moulding; (esp. used of the echinus of an Ionic capital).
ANTEPAGMENTA..~IVMQVE INPONITO *CIL* 1.698.2.5; ~ium epistylii septima parte suae altitudinis est faciendum VITR.3.5.10; supra ~ium, quod erit in supercilio, conlocandum est hyperthyrum..et in eo scalpendum est ~ium doricum 4.6.2;—~io, adempto abaco et canali, reliqua sit pars (crassitudinis capituli) 3.5.7; 4.1.7.

cymba: see CVMBA.

cymbalissō ~āre, *intr.* [Gk. κυμβαλίζω] To play the cymbals.
mulier cantabat tibiis Phrygiis et altera ~abat HEM. *hist.*27.

cymbalistēs ~ae, *m.* [Gk. κυμβαλιστής] A cymbal-player.
strepitu ~arum et tympanistarum APUL.*Soc.*14; *CIL* 6.4627.

cymbalistria ~ae, *f.* [Gk.] A female cymbal-player.
intrans ~a et concrepans aera PETR.22.6; *CIL* 5.519.

cymbalum (~on) ~ī, *n.* [Gk. κύμβαλον] FORMS: *cymbalum* (gen. pl.) CATUL.63.21.

1 (usu. pl.) The cymbals. **b** (sg., as a term of reproach, applied to stupid and tedious speakers).
~is et plausibus..redducunt (apes) VAR.*R.*3.16.7; cum conlegae tui domus cantu et ~is personaret CIC.*Pis.*22; prae..~orum strepitu nulla uox quiritantium..exaudiri poterat LIV.39.8.8; MELA 1.73; cotyledonis, quae herba similia folia ~is habet LARG.55; PLIN.*Ep.*2.14.13; (*sg.*) ad modum crotali aut ~i FRO.*Aur.*2.p.110(160N);—(*esp. as used in the worship of Cybele*) iens..praeter matris deum aedem exaudio ~orum sonitum VAR.*Men.*149; LUCR.2.618; ~a pulsantis..amici JUV.9.62; APUL.*Met.*8.24. **b** ite hinc..scholasticorum natio..ite hinc, inanis ~on iuuentutis VERG.*Cat.*5.5; Apion quidem grammaticus—hic quem Tiberius Caesar ~um mundi uocabat PLIN.*Nat.*pr.25.

2 A cymbal-shaped valve (in a water-organ).
aerei delphini pendentia habent catenis ~a ex ore infra foramina modiolorum calata VITR.10.8.1.

cymbium ~iī, *n.* [Gk. κυμβίον] A small cup, esp. for wine.
uasa uinaria: sini, ~ia, culignae VAR.in Non.p.545M; tepido spumantia ~ia lacte VERG.*A.*3.66; 5.267; in me proicis insana ~ia plena manu PROP.3.8.4; PLIN.*Nat.*37.113; ficta Saguntino ~ia malo luto MART.8.6.2; STAT.*Theb.*6.212; lucernam..non adeo nostris illis consimilem..sed aureum ~ium medio sui patore flammulam suscitans APUL.*Met.* 11.10.

Cȳmē ~ēs, *f.*

1 A coastal town of Aeolis.
NEP.*Alc.*7.1; LIV.37.11.15; Aeolii..urbis condiderunt, Zmyrnam, Cymen.. VELL.1.4.4.

2 = CVMAE.
miratur sonitum quieta ~e STAT.*Silv.*4.3.65; grauida arcanis ~es anus SIL.13.494.

cymīnum: see CVMINVM.

cȳmōsus ~a ~um, *a.* [CYMA+-OSVS] Abounding in young sprouts.
quae duri praebent ~a stirpe Sabelli COL.10.137.

Cȳmothoē ~ēs, *f.* A Nereid.
VERG.*A.*1.144; PROP.2.26.16; V.FL.2.605; SIL.3.58.

cȳmula ~ae, *f.* (dub.). [CYMA+-VLA] (app.) (archit., app.) A small moulding.
strigileculam, recta fastigatione ~ae (*cj.*), flexa tubulatione ligulae APUL.*Fl.*9.

cynacantha ~ae, *f.* [Gk. κυνάκανθα] A kind of thorn, perh. the dog-rose.
uermiculi..~ae et rosae PLIN.*Nat.*11.118.

cynapanxis ~in (acc.), *f.* [unkn.] = CYNOSBATOS 1 (ad. fin.).
PLIN.*Nat.*24.121.

cynarium ~iī, *n.* [Gk. κυνάριον] A remedy for eye-trouble.
M VLPI HERACLETIS ~IVM AD IMP(ETVM) *CIL* 13. 10021(199).

cynas (decl. dub.). [unkn.] An Arabian tree.
Iuba..tradit..Arabiae..arborem, ex qua uestes faciant, ~ uocari PLIN.*Nat.*12.39.

? **cynēgiolum** ~ī, *n.* [app. Gk. κυνήγιον + -OLVM] (app.) A group of hunters.
RELIGIONI ~I *A.Epig.*54.94.

Cynēus ~a ~um, *a.* [Gk. κύνειος] *mare ~um*, a name for the Hellespont.
illa (*sc.* Hecuba) in Hellespontum mare se praecipitauit et canis dicitur facta esse, unde et ~um est appellatum HYG.*Fab.*111; 243.1.

cynicē, *adv.* [next+-E] After the manner of the Cynics.
in subsellio ~ accipimur PL.*St.*704.

cynicus ~a ~um, *a.* [Gk. κυνικός]

1 Canine; only in phr. *spasticus ~us*, one who suffers from facial paralysis.
(helleborum) medetur..spasticis ~is PLIN.*Nat.*25.60.

2 Of or belonging to Cynic philosophy; *saturae ~ae*, a name given to Varro's Menippean Satires. **b** (masc. as sb.) a Cynic philosopher.
ut aliquid gustes ex ~a haeresi LABER.*com.*36; ~ae institutionis doctori TAC.*Ann.*16.34; philosopho non secundum ~am temeritatem rudi APUL.*Apol.*39;—Menippus.. cuius libros M. Varro in Saturis aemulatus est, quas alii '~as', ipse appellat 'Menippeas' GEL.2.18.7; 13.31(30).1. **b** ~um esse egentem oportet parasitum probe PL.*Per.*123; ~orum..rationem atque uitam CIC.*Fin.*3.68; HOR.*Ep.* 1.17.18; ~i Diogenis patriam MELA 1.105; SUET.*Nero* 39.3.

cynocephalia ~ae, *f.* [Gk.] A plant, app. a kind of snapdragon, *Misopates orontium.*
cum..Apion..prodiderit ~an herbam, quae in Aegypto uocaretur osiritis, diuinam et contra omnia ueneficia PLIN. *Nat.*30.18.

cynocephalus ~ī, *m.* [Gk. κυνοκέφαλος] A dog-faced baboon, prob. *Simia hamadryas.*
erat praeterea ~us in essedo CIC.*Att.*6.1.25; Nomades, ~orum lacte uiuentes PLIN.*Nat.*6.190; 8.216; 37.124.

cynoglossos ~ī, *f.* [Gk. κυνόγλωσσος] A plant, hound's-tongue.
~os caninam linguam imitata PLIN.*Nat.*25.81.

cynoīdes ~is, *n.* [Gk. κυνοειδές] A plant, = PSYLLION.
PLIN.*Nat.*25.140.

cynomorion ~iī, *n.* [Gk. κυνόμοριον] A parasitic plant, dodder.
alii ~ion eam (*sc.* orobanchen) appellant a similitudine canini genitalis PLIN.*Nat.*22.162.

cynomyia ~ae, *f.* [Gk. κυνόμυια] A plant, = PSYLLION.
PLIN.*Nat.*25.140.

cȳnon ~ī, *n.* = COENON.
C IVL LVNARIS ~ON AD CLAR(ITATEM) *CIL* 13.10021(102).

cynops ~ōpis, *m.* A marine animal.
PLIN.*Nat.*32.148.

cynorrhodon (~um) ~ī, *n.* Also **~a** ~ae, *f.* [Gk. κυνόρροδον]

1 A dog-rose.
(arbor) foliis moro similis, calyce pomi ~o PLIN.*Nat.* 12.25; 25.17; canis..rabidi morsus..contra quos erit ~um 25.125. β radix siluestris rosae quae ~a appellatur PLIN. *Nat.*8.152; 24.121.

2 A kind of lily.
rubens lilium, quod Graeci crinon uocant, alii florem eius ~on PLIN.*Nat.*21.24.

cynosbatos ~ī, *f.* [Gk. κυνόσβατος]

1 A kind of rose.
rubi mora ferunt et alio genere similitudinem rosae quae uocatur ~os PLIN.*Nat.*16.180;—(*app. confused in part with another shrub, perh. the blackcurrant*) 24.121.

2 = CAPPARIS.
PLIN.*Nat.*13.127; 24.121.

cynosdexia ~ae, *f.* [Gk.] A marine animal.
PLIN.*Nat.*32.148.

cynosorchis ~im (acc.), *f.* [Gk.] A kind of orchid.
~im aliqui orchim uocant PLIN.*Nat.*27.65.

Cynosūra ~ae, *f.* [Gk. κυνόσουρα]

1 The constellation Ursa Minor.
ad tergum ~ae uertitur Arcti (Cepheus) CIC.*Arat.*186; VITR.9.4.6; esse duas Arctos, quarum ~a petatur Sidoniis, Helicen Graia carina notet OV.*Fast.*3.107; MAN.1.299; LUC. 3.219; V.FL.1.17;—(*in fig. phr.*) meas cogitationes dirigo, non ad illam paruulam ~am..sed Helicen et clarissimos Septentriones id est rationes..non ad tenue limatas CIC. *Luc.*66.

2 A mythical person, the nurse of Zeus.
~a Iouis nutrix in alterum Septentrionem (relata) HYG. *Fab.*224.3.

Cynosūris ~idos, *f. adj.* Of the constellation Ursa Minor; *~is Vrsa*, this constellation.
~ida caudam GERM.*Arat.*189;—stellis ~idos Vrsae OV. *Tr.*5.3.7.

cynosūrus ~a ~um, *a.* [Gk. κυνόσουρος] (of eggs) Addled.
urina (oua)..uere..fiunt incubatione derelicta, quae alii ~a dixere PLIN.*Nat.*10.166.

cynozolon ~ī, *n.* [Gk. κυνόζολον] A plant, = CHAMAELEON *niger.*
(chamaeleon) uocatur..~on propter grauitatem odoris PLIN.*Nat.*22.47.

Cynthia ~ae, *f.*

1 The goddess of Mount Cynthus, i.e. Diana (who was believed to have been born there). **b** the moon.
celeris spicula ~ae HOR.*Carm.*3.28.12; OV.*Met.*2.465; acceleret partu decimum bona ~a mensem STAT.*Silv.* 1.2.268. **b** si dubitas, caecum, ~a, lumen habes OV.*Ep.* 17.74; SEN.*Her.O.*641; auxerat undas tertia iam grauido pluuialis ~a cornu LUC.1.218; totoque effulgurat orbe ~a STAT.*Ach.*1.232.

2 Propertius' name for his mistress.
~a prima suis miserum me cepit ocellis PROP.1.1.1; carmina..tua, cuius opus ~a sola fuit OV.*Rem.*764; MART. 8.73.5.

Cynthius ~a ~um, *a.*

1 Of Mount Cynthus on Delos.
Creten Delia (tuetur) ~osque colles *Priap.*75.6; (Delos) adsurgit ~o monte PLIN.*Nat.*4.66.

2 (masc. as sb.) Apollo (who was believed to have been born on Mount Cynthus); also, the sun.
intonsum..~um HOR.*Carm.*1.21.2; PROP.2.34.80; OV. *Ars* 2.239; PAUL.*Fest.*p.52M;—protulerit cum totum crastinus orbem ~us OV.*Fast.*3.346.

Cynthus ~ī, *m.* The hill surmounting Delos.
per iuga ~i exercet Diana choros VERG.*A.*1.498; OV.*Met.* 2.221; STAT.*Theb.*1.702.

cyparissiās ~ae, *m.* [Gk. κυπαρισσίας] A kind of comet or meteor.
horum (*sc.* cometarum)' genera sunt pogoniae et ~ae et lampades SEN.*Nat.*1.15.4; ~ae dicuntur ignes prodigiosi a similitudine cupressorum PAUL.*Fest.*p.51M.

cyparissus ~ī, *f.* [Gk. κυπάρισσος; cf. CVPRESSVS] A cypress-tree; also, the name of a youth who was metamorphosed into a cypress.
Idaeis ~is VERG.*G.*2.84; aeriae quercus aut coniferae ~i *A.*3.680; V.FL.7.405;—Ceae pulcherrime gentis..~e OV. *Met.*10.121; MART.13.96.1.

cyparittiās ~ae, *m.* [Attic form of Gk. κυπαρισσίας] A species of spurge.
quintum (genus tithymalli) ~an uocant propter foliorum similitudinem PLIN.*Nat.*26.70.

cypēris ~idis (~idos), *f.* [Gk. κύπειρις, κύπηρις] The root of the plant galingale.
radix (cyperi) oliuae nigrae similis, quam, cum oblonga est, ~ida uocant, magni in medicina usus PLIN.*Nat.*21.117.

cypēros (~us) ~ī, *m., f.* Also **~um (~on)** ~ī, *n.* [Gk. κύπειρος or κύπερος, κύπειρον] PROS.: *cypēr-* in the only metrical ex. (PETR. 127.9). The plant galingale (*Cyperus* spp.) or a preparation of its aromatic root.
aliqui et ~um addunt et murram PLIN.*Nat.*13.12; ~os iuncus est..angulosus..laus ~o prima Hammoniaco 21.117; 25.165; ~i siccatae bene pondo quadrans LARG.72;—ii odores, nardi folium..~um, schoenum COL.12.20.5; molle ~on PETR.127.9.

cypīra ~ae, *f.* [cf. prec.] An Indian plant, prob. turmeric, *Curcuma longa.*
est et per se Indica herba, quae ~a uocatur, zingiberis effigie PLIN.*Nat.*21.117.

cypīros (~us) ~ī, *m.*, ? *f.* [prob. = CYPEROS] A name given to one or more sorts of gladiolus (confused with CYPEROS by some authorities according to Pliny, and prob. at times by Pliny himself or his copyists).
frutex est..radice..situm redolente, ut ~os PLIN.*Nat.* 12.42; 13.13; ~us est gladiolus..radice bulbosa..Cretico candor odorque uicinus nardo, Naxio acrior 21.115; LARG. 82; (*app. regarded as a tree or shrub*) ex his (arboribus) lentissima est pirus, ocissima omnium ~us (*s.v.l.*) PLIN. *Nat.*17.95.

cypreus ~a ~um, *a.* [CYPRVS[3]+-EVS] *oleum ~um*, Henna oil.
flos eius (*sc.* nitri) cum oleo ~o PLIN.*Nat.*31.121; LARG. 210; 255.

Cypria ~ae, *f.* The Cyprian goddess, i.e. Venus.
et faueas concha, ~a, uecta tua [TIB.]3.3.34; ~a Venus, quod ei primum in Cypro insula templum sit constitutum PAUL.*Fest.*p.52M.

Cypriacus ~a ~um, *a.* Of or belonging to Cyprus, Cyprian.
~am pecuniam V.MAX.4.1.14; ~ae expeditionis 4.3.2.

Cyprigenia ~ae, *f. adj.* **Cup-.** [Gk. Κυπρογένεια] Born in Cyprus (as ep. of Venus).
CIL 3.7623.

cyprinus[1] ~a ~um, *a.* [Gk. κύπρινος] Of the henna-tree, *Lawsonia inermis*; (neut. as sb.) henna-oil.
capitis uiperini cinis in oleo ~o PLIN.*Nat.*30.110; LARG. 156;—caput..irino uel ~o calido madefacere CELS.4.6(3).5; ceratum..ex ~o factum 8.11.8; PLIN.*Nat.*13.5.

cyprinus[2] ~ī, *m.* [Gk. κυπρῖνος] A carp.
silurus..fulgure sopitur: hoc et in mari accidere ~o putant PLIN.*Nat.*9.58; 9.162.

cyprium ~iī, *n.* [CYPRIVS[2]] A precious stone.
mormorion..uocatur et promnion..Alexandrion..~ium PLIN.*Nat.*37.173.

Cyprius[1]: see CIPRIVS.

Cyprius[2] ~a ~um, *a.*

1 Of or belonging to Cyprus; (masc. pl. as sb.) its inhabitants. **b** (as the name of kinds of plants, metals, etc.); esp. *aes ~um*, Cyprian copper.
~us rex CIC.*Dom.*52; ~ae Tyriaeque merces HOR.*Carm.* 3.29.60; telluris ~ae pars optima OV.*Met.*10.645; ~as opes FLOR.*Epit.*1.44(3.9.5); ⟨M⟩ARTI ~O *CIL* 11.5805; (*prov.*) ~o boui merendam Ennius sotadico uersu cum dixit, significauit id, quod solet fieri in insula Cypro, in qua boues humano stercore pascuntur PAUL.*Fest.*p.59M;—euocari ex insula ~os CIC.*Att.*5.21.6. **b** loream Delphicam et ~am CATO *Agr.*8.2; cera ~a PLIN.*Nat.*12.121; alium ~um 19.112; harundo ~a quae donax uocatur 24.86;—(aere) ~o suo assibus contentis 34.4; clauum ~i aeris LARG.16.

2 Made of Cyprian copper.
in pyxide ~a PLIN.*Nat.*20.131; in ~o uase 23.74; 33.93.

cyprius[3] ~a ~um, *a.* [CYPRVS[3]+-IVS] *oleum ~um*, Henna oil.
fimi pecudum cinis cum oleo ~o et melle PLIN.*Nat.*29.106; LARG.206.

cyprum[1] ~ī, *n.* [CYPRVS[2]] Cyprian copper.
coquitur (uitrum) addito ~o ac nitro PLIN.*Nat.*36.193.

cyprum[2] ~ī, *n.* [CYPRVS[3]] (app.) Henna oil.
parotidas cohibet..pusulasue, si..~um adiciatur et acetum PLIN.*Nat.*35.195.

Cyprus[1] ~ī, *f.* Also **~os.** The island of Cyprus.
iam ~um ueni PL.*Mer.*937; in ~um CIC.*Div.*1.53; Conon plurimum ~i uixit NEP.*Cha.*3.4; VERG.*A.*1.622; SEN.*Nat.* 6.26.4. **β** o Venus..sperne dilectam ~on HOR.*Carm.* 1.30.2; prouincia ~os V.MAX.4.3.2; AMP.15.18.

Cyprus[2] ~a ~um, *a.*: var. of CYPRIVS[2].
aes ~um VITR.7.11.1.

cyprus[3] ~ī, *f.* **~os.** [Gk. κύπρος] The henna-tree or Egyptian privet, *Lawsonia inermis*; also, its oil.
~os in Aegypto est arbor PLIN.*Nat.*12.109; ligustrum si eadem arbor est, quae in oriente ~os 24.74;—si pro rosa ~us infunditur CELS.5.24.3; PLIN.*Nat.*12.109.

Cypselidēs ~ae, *m.* A descendant of the Corinthian tyrant Cypselus, in quot., Periander.
~ae magni florentia regna Corinthi *Ciris* 464.

cypselus ~ī, *m.* [Gk. κύψελος] A bird, perh. the swift.
plurimum uolant quae apodes, quia careant usu pedum, ab aliis ~i appellantur, hirundinum specie PLIN.*Nat.*10.114.

Cȳrēnae (Cūr-) ~ārum, *f. pl.* Also **~ē** ~ēs, *f.* PROS.: *Cȳr-* CATUL.7.4; VERG.*Cat.*9.61. FORMS: *Cyrene*, etc. SAL.*Jug.*19.3; PLIN.*Nat.* 5.31; STAT.*Silv.*2.6.67, etc.

1 A town of north-west Libya.
huc ~as leno aduexit uirginem PL.*Rud.*41; ~e..colonia Theraeon SAL.*Jug.*19.3; moenia ~arum LUC.9.297;—(*in allusion to Callimachus, a native of it*) si..adire ~as, si patrio Graios carmine adire sales possumus VERG.*Cat.*9.61.

2 The district of which Cyrene was the chief town and which together with Crete formed a province.
quaest(or) in nouam prouinci(am) Curenas missus est SAL.*Hist.*2.43; AUG.*Anc.*5.32; prouincia quam ~as uocant MELA 1.22; STAT.*Silv.*2.6.67; PROCOS PROVINC(IAE) CRETAE ET ~ARVM *CIL* 12.3164.

Cȳrēnaeus ~a ~um, *a.*

1 Of Cyrene; (masc. as sb.) one of its inhabitants.
~as (*i.e. of Callimachus*) urna ministret aquas PROP.4.6.4; ~am..urbem SIL.8.158;—Eratosthenes ~us VITR.1.1.17.

2 (masc. as sb.) A philosopher of the Cyrenaic school.
~i..minime contempti philosophi CIC.*Luc.*76.

Cȳrēnaicus ~a ~um, *a.* FORMS: *Cyrenaeicus CIL* 13.1802; *Cyreneicus CIL* 11.6055, 7554.

1 Of or belonging to Cyrene; (fem. as sb.) the district around Cyrene. **b** (as a distinguishing name for particular commodities, varieties of plant, etc.).
~a prouincia MELA 1.39; finis ~us Catabathmos appellatur PLIN.*Nat.*5.38; P. Matium (centurionem) leg(ionis) III ~ae *FJRA* 3.64.6;—in interiore ~ae parte PLIN.*Nat.* 13.102. **b** laser ~um COL.*Arb.*23.1; ~o (croco) uitium, quod omni croco nigrius est PLIN.*Nat.*21.33.

2 Of the Cyrenaic school of philosophy, founded by Aristippus; (esp. masc. as sb.) one of its members.
~a philosophia CIC.*de Orat.*3.62; ~ae sectae repertor APUL.*Soc.*pr.2;—conclusum est..contra ~os satis acute CIC.*Fin.*1.39; *Off.*3.116.

Cȳrēnē: see CYRENAE.

Cȳrēnensis ~is ~e, *a.* Of or belonging to Cyrene; (masc. pl. as sb.) its inhabitants.
de senatu ~i PL.*Rud.*713; agros..~is CIC.*Agr.*2.51; Callimachus, poeta ~is GEL.17.21.41;—SAL.*Jug.*79.2; TAC.*Ann.* 3.70.

Cȳrēus ~a ~um, *a.* Of or belonging to Cyrus; (in quot. app., of an architect of that name).
nostram ambulationem et Laconicum eaque quae ~a (*dub.*) sint uelim..inuisas CIC.*Att.*4.10.2.

Cyrnēus ~a ~um, *a.* Of Corsica (Gk. Κύρνος).
sic tua ~as fugiant examina taxos VERG.*Ecl.*9.30.

Cyrrha: see CIRRHA.

Cyrr(h)estica ~ae, *f.* The district round Cyrrhus.
CIC.*Att.*5.18.1; 5.21.2; PLIN.*Nat.*5.81.

Cyrr(h)us ~ī, *m.* A town in the north of Syria.
PLIN.*Nat.*5.81; TAC.*Ann.*2.57.

Cȳrus ~ī, *m.*

1 The founder of the Achaemenid dynasty of Persia.
CIC.*Brut.*112; CIC.*Rep.*1.43; HOR.*Carm.*3.29.27; LIV. 9.17.6.

2 The son of Darius II, who rebelled against Artaxerxes and was killed in the battle of Cunaxa (401 B.C.).
CIC.*Sen.*59; *Div.*1.52.

Cytaeīnē ~ēs, *f.* The woman of Cyta or Cytaea (a mythical town in Colchis), i.e. Medea.
sidera..~es (*cj.*) ducere carminibus PROP.1.1.24.

Cytaeis ~idis, *f.*: = prec.
non hic herba ualet, non hic nocturna ~is PROP.2.4.7.

Cytaeus ~a ~um, *a.* Of Cyta or Cytaea in Colchis, (poet.) Colchian.
fama ~ae uirginis (*i.e.* Medeae) V.FL.6.156; ~is agminibus 6.543; (*masc. pl. as sb.*) noua lux offusa ~is 5.466.

Cythēra ~ōrum, *n. pl.* Also **~a** ~ae, *f.* An island in the Aegean south-west of Cape Malea, sacred to Venus.
super alta ~a VERG.*A.*1.680; OV.*Am.*2.17.4; LUC.9.37; **β** a ~a PLIN.*Nat.*4.57.

Cytherēa ~ae, *f.* The Cytherean, i.e. Venus.
~ae puer ales HOR.*Carm.*3.12.4; [TIB.]3.13.3; pollicitast thalamo te ~a meo OV.*Ep.*15.20; STAT.*Silv.*1.5.31; PAUL. *Fest.*p.52M.

Cytherēia ~ae, *f.*: = CYTHEREA.
OV.*Met.*4.190.

Cytherēias ~adis (~ados), *f. adj.* Of or belonging to Venus.
~adas..columbas OV.*Met.*15.386.

Cytherēis ~idis (~idos), *f.*: = CYTHEREA.
puerum diua ~ide natum OV.*Met.*4.288; MAN.2.33.

Cytherēius ~a ~um, *a.*

1 Of Cythera.
~a..litora OV.*Met.*10.529.

2 Of or belonging to Venus.
~us heros (*i.e.* Aeneas) OV.*Met.*13.625; mensis ~us (*i.e. April*) *Fast.*4.195; ~us ignis (*i.e. the planet Venus*) GERM.fr. 2.2; ~a Cypros MART.8.45.7; ~a proles (*i.e.* Hermione) STAT. *Theb.*4.554; ~a..ales (*i.e. dove*) SIL.3.683.

Cytherēus ~a ~um, *a.* Of Cythera.
iam ~a choros ducit Venus HOR.*Carm.*1.4.5.

Cythēriacus ~a ~um, *a.*

1 Of Cythera.
mater Amorum nuda ~is edita fertur aquis OV.*Ep.*7.60.

2 Of or belonging to Venus.
~a..myrto OV.*Fast.*4.15; ~ae..columbae NERO *poet.*2; ~o medicatum nectare ceston MART.14.207.1.

Cythērius ~(i)ī, *m.* A nickname given to Mark Antony on account of his association with the actress Cytheris.
hic..noster ~ius CIC.*Att.*15.22.

cytinus ~ī, *m.* [Gk. κύτινος] The undeveloped flower of the pomegranate.
primus pomi huius (*sc.* mali Punici) partus florere incipientis ~us uocatur a Graecis PLIN.*Nat.*23.110.

cytisus ~ī, *f.*, (*m.*). Also **~um** ~ī, *n.* [Gk. κύτισος] A fodder plant, tree-medick, *Medicago arborea*. **b** the wood of this shrub.
florentem ~um sequitur lasciua capella VERG.*Ecl.*2.64; nec ~o saturantur apes 10.30; *G.*3.394; tenues ~i OV.*Ars* 3.692; praecipue..ad id (*sc.* urinam mouendam) ualet..~us CELS.4.16.3; COL.2.10.24; (*app. masc.*) frutex est et ~us, ab Amphilocho..miris laudibus praedicatus pabulo omnium PLIN.*Nat.*13.130. **β** ~um seritur in terra bene subacta VAR.*R.*1.43; 2.1.17; ~um, quod Graeci..zeas ..uocant, quam plurimum habere expedit COL.*Arb.*28.1. **b** magis.. etiam (nigricans color) ~o, quae proxime accedere hebenum uidetur PLIN.*Nat.*16.204.

Cytōriacus ~a ~um, *a.* Of Mount Cytorus; also, of box-wood.
~o radium de monte OV.*Met.*6.132;—~o deducit pectine crines 4.311.

Cytōrius ~a ~um, *a.* Of Mount Cytorus.
~o in iugo CATUL.4.11; VERG.*Cat.*10.10; buxus Pyrenaeis ac ~is montibus plurima PLIN.*Nat.*16.71.

Cytōrus ~ī, *m.* **~os.** A mountain of Paphlagonia.
~e buxifer CATUL.4.13; VERG.*G.*2.437; PLIN.*Nat.*6.5; V.FL.5.105.

Cȳzicēnus ~a ~um, *a.* Of or belonging to Cyzicus; (masc. pl. as sb.) its inhabitants. **b** (archit., as the name of a certain type of room).
in nauis Rhodiam ~amque LIV.31.17.6; ~um marmor PLIN.*Nat.*5.151; in oratione tua ~a FRO.*Aur.*2.p.42(99N);—ad ~orum moenia CIC.*Mur.*33; *CIL* 3.7060.1. **b** oeci, quos Graeci ~os appellant. hi conlocantur spectantes ad septentrionem.. VITR.6.3.10; triclinia ~a 6.7.3.

Cyzicus (~os) ~ī, *f.* **Cyzicum** ~ī, *n.* A town on the south coast of the Propontis.
frigida..~us PROP.3.22.1; in..Propontiacis haerentem Cyzicon oris OV.*Tr.*1.10.29; ~os ostreosa *Priap.*75.13. **β** sedet in ceruice paene insulae ~um MELA 1.98.

D

D, d. The fourth letter of the Roman alphabet, representing the voiced non-aspirate dental stop and corresponding to the Gk. *delta* and Hebrew *daleth.*

1 The letter (as pronounced or written).
abbibere: ⟨hic⟩ non multum est d siet an b LUCIL.374; CD si scribas temonemque insuper addas, qui medium uult te scindere, pictus erit *Priap.*54.1; QUINT.*Inst.*12.10.32; 'bidennes' primo dictas d littera inmissa quasi biennes GEL. 16.6.13; MAUR.201.

2 (as an abbreviation). **b** D (as a numeral symbol) = *quingenti*, 500.
SA. STA. FL. VIC. D. D. (donum dederunt) L. M. *CIL* 1.387; NON FECERIT SCIENS D. M. (dolo malo) 1.582; D. (*i.e.* Decimus) Brutus oppugnatur CIC.*Phil.*8.5; a. d. (*i.e.* ante diem) IIII Nonas Quintilis Sufenas et Cato absoluti *Att.*4.15.4; d. (*i.e.* data) pr. Idus Ian. *Fam.*16.11.3; D. P. (*i.e.* Diti patri) *CIL* 3.4395. **b** AN. CDIII *Act.Triumph.*10(*CIL* 1.p.44); Roma condita anno DC septimum occipit saeculum his consulibus CALP.*hist.*36.

dablan (*acc.*). [? Semitic] A kind of palm.
Iuba apud Scenitas Arabas praefert omnibus saporibus (palmam) quam uocant dablan PLIN.*Nat.*13.34.

Dācia, ~ae *f.* The province of Dacia, north of the Danube; (app.) one of the divisions of the province.
BMCI 2.p.248,No.146 (Titus); ~A AVGVST PROVINCIA 3.p.204,No.960 (Trajan); TAC.*Agr.*41.2; FLOR.*Epit.*1.39 (3. 4.6);—DVCI TRIVM ~ARVM *CIL* 8.9365; ut praesidibus Syriarum, sed et ~arum ULP.*dig.*48.22.7.14.

Dācicus ~a ~um, *a.* Of or belonging to Dacia.
EXPEDITIONIS ~AE *CIL* 3.550; EXERC ~VS S C *BMCI* 3. p.498,No.1674 (Hadrian);—(*as a cognomen*) imperatori Domitiano Caesari Augusto Germanico ~o MART.8.pr.; ~VS COS IIII P P *BMCI* 3.p.49,No.138 (Trajan A.D. 102); JUV.6.205.

Dācius ~a ~um, *a.* Dacian.
~us orbe remoto Apulus *Epic.Drusi* 387.

dacrima ~ae, *f.*: old form of LACRIMA.
~as de ore..detersit ANDR.*poet.*19(21); PAUL.*Fest.*p.68M.

dactylicus ~a ~um, *a.* [Gk. δακτυλικός] Of or characterized by dactyls.
quod ille ~us numerus hexametrorum magniloquentiae sit accommodatior CIC.*Orat.*191; QUINT.*Inst.*9.4.46; ~um.. metrum MAUR.1100.

dactyliothēca ~ae, *f.* [Gk. δακτυλιοθήκη] A box or case for holding rings; such a case together with its contents.
MART.11.59.4; nec refert, in digito habeat anulum an ~a CELS.*dig.*47.2.68(67);—gemmas plures..habuit—quod peregrino appellant nomine ~am—priuignus Sullae Scaurus PLIN.*Nat.*37.11.

dactylis ~idis, *f.* [Gk. δακτυλίς] A kind of vine.
~ides digitali gracilitate PLIN.*Nat.*14.40.

dactylus ~ī, *m.* Also **~os.** [Gk. δάκτυλος]
1 A metrical foot (– ᴗ ᴗ), a dactyl.
CIC.*Orat.*25; ~us qui est e longa et duabus breuibus 217; ne ~um quidem aut forte spondeum alterum pro altero (metrorum ratio recipit) QUINT.*Inst.*9.4.49; 9.4.102; pes in ~on ire uidetur MAUR.1132.
2 a A kind of vine with long grapes, or its fruit. **b** var. kinds of grass, either resembling, or used for treating, fingers. **c** a kind of date. **d** a mollusc, perh. one of the common boring molluscs.
a COL.3.2.1; praelongis ~i porriguntur acinis PLIN.*Nat.* 14.15. **b** PLIN.*Nat.*24.182. **c** suum genus e sicciore turba ~is, praelonga gracilitate curuatis interim PLIN.*Nat.* 13.46. **d** concharum e genere sunt ~i, ab humanorum unguium similitudine appellati PLIN.*Nat.*9.184; 32.151.
3 ~*i Idaei* (also called *digiti Idaei*), Mythical beings connected with Mt. Ida in Crete; also certain mineral stones found there.
ferrum Hesiodus in Creta eos qui uocati sunt ~i Idaei (*sc.* monstrasse putat) PLIN.*Nat.*7.197; NIGID.*gram.*45;—Idaei ~i in Creta ferreo colore pollicem humanum exprimunt PLIN.*Nat.*37.170.

Dācus ~a ~um, *a.* Dacian; (masc. as sb., usu. pl.) an inhabitant of Dacia.
ducis ~i MART.9.35.5; ~a..proelia STAT.*Silv.*4.2.66;—ad finis ~orum et Anartium CAES.*Gal.*6.25.2; HOR.*S.*2.6.53; PLIN.*Nat.*4.80; TAC.*Ger.*1.1; SUET.*Jul.*44.3;—(*sg. collect.*) coniurato descendens ~us ab Histro VERG.*G.*2.497; HOR. *Carm.*1.35.9; TAC.*Hist.*1.2.

dādūchus ~ī, *m.* [Gk. δᾳδοῦχος] A priest carrying a torch who guided those to be initiated at the Eleusinian mysteries.
FRO.*Ver.*2.p.134(122N).

Daedalēus ~a ~um, *a.* Also **-eus.** Of or belonging to Daedalus.
~o..Icaro HOR.*Carm.*2.20.13; ceratis ope ~a nititur pennis 4.2.2. β ~a..claustra SEN.*Phaed.*1171; Minos ~am repetens poenam SIL.14.41.

Daedaliōn ~ōnis, *m.* A mythical king of Trachis who was changed into a hawk; a hawk.
OV.*Met.*11.295; 11.340; ~on..ab Apolline est conuersus in auem ~onem, id est accipitrem HYG.*Fab.*200.2.

Daedalius ~a ~um, *a.* = DAEDALEVS.
~um lino cum duce rexit iter PROP.2.14.8; ~ae..munera dextrae COL.10.29.

daedalus[1] ~a ~um, *a.* [Gk. δαίδαλος]
1 Skilful, dexterous.
~a tellus summittit flores LUCR.1.7; ~a Circe VERG.*A.* 7.282; ~a..apis CALP.*Ecl.*2.20; hominem..tot utensilium peritia ~um APUL.*Fl.*9; PAUL.*Fest.*p.68M;—(*w. gen.*) uerborum ~a lingua LUCR.4.551[549]; natura..~a rerum 5.234.
2 (of artistic productions, etc.) Skilfully or intricately worked.
~a signa polire LUCR.5.1451; ~a fingere tecta (*i.e. hives*) VERG.*G.*4.179; (*w. abl.*) Phoebea..~a chordis carmina LUCR.2.505.

Daedalus[2] ~ī, *m.* A mythical Athenian hero, the builder of the labyrinth and father of Icarus.
VERG.*A.*6.14; HOR.*Carm.*1.3.34; OV.*Met.*9.742; (*as a primitive craftsman*) Odyssia Latina est sic tamquam opus aliquod ~i CIC.*Brut.*71.

daemōn ~onis, *m.* [Gk. δαίμων] A supernatural being or spirit, a spirit intermediary between man and the gods.
~onas..quos genios et lares possumus nuncupare, ministros deorum arbitratur custodesque hominum et interpretes, si quid a diis uelint APUL.*Pl.*1.12; *Soc.*6; 13; dici beatos, quorum ~on bonus id est animus uirtute perfectus est 15.

Daemoniē ~ēs, *f.* [Gk. δαιμόνιος] (astrol.) The fifth of twelve equal parts or arcs of the circle (δωδεκάτροπος) through which the Zodiac was said to move, governing sickness and health.
MAN.2.897.

daemonion: see next.

daemonium[1] ~(i)ī, *n.* Also **~ion.** [Gk. δαιμόνιον] The indwelling spirit or genius claimed by Socrates; a familiar.
APUL.*Apol.*27;—63.

Daemonium[2] (i)ī, *n.* [Gk. δαιμόνιος] (astrol.) The fourth arc or section of the δωδεκάτροπος governing the fortunes of fathers and old men.
MAN.2.938.

dagnades. [cf. perh. Gk. δακνίς] (See quot.)
~es sunt auium genus..quae uellicando morsicandoque et canturiendo adsidue non patiuntur dormire potantes PAUL.*Fest.*p.68M.

Dahae ~ārum, *m. pl.* A Scythian tribe east of the Caspian Sea.
indomiti..~ae VERG.*A.*8.728; LIV.35.48.5; MELA 1.13; SEN.*Thy.*370.

daliuus: (see quot.).
~um supinum ait esse Aurelius, Aelius stultum. Oscorum quoque lingua significat insanum.. PAUL.*Fest.*p.68M.

Dalmatae ~ārum, *m. pl.* **Delm-.** Also sg. **~a** ~ae. The people of Dalmatia. **b** (as adj.).
CIC.*Fam.*5.11.3; AUG.*Anc.*5.40. β VELL.2.96.3;—(*sg. collect.*) ~a supplex *Epic.Drusi* 389; MART.10.78.8. **b** ~ae montes STAT.*Silv.*4.7.14; CIVES ~A *CIL* 10.7589.

Dalmatia ~ae, *f.* **Delm-.** A country on the east coast of the Adriatic.
CIC.*Fam.*5.9.2; VAT.*Fam.*5.10a.3. β crebris in Illyrico ~aque expeditionibus VELL.2.78.2.

Dalmaticus ~a ~um, *a.* **Delm-.** Of or concerning Dalmatia or its people.
frigus ~um VAT.*Fam.*5.10a.1; ~o..metallo (*i.e. gold*). STAT.*Silv.*1.2.153; TAC.*Hist.*2.86. β ~o triumpho HOR. *Carm.*2.1.16.

dāma[1]: see DAMMA.

Dāma[2] ~ae, *m.* A typical slave-name.
HOR.*S.*1.6.38; 2.5.18; MART.12.17.10.

Damascēna[1] ~ae, *f.* ~**ē** ~ēs. The territory of Damascus.
PLIN.*Nat.*5.66; MELA 1.62.

Damascēna[2] ~ōrum, *n. pl.* Plums (*pruna*) from Damascus, damsons.
acuta senibus testa cum ~is MART.5.18.3; 13.29; in peregrinis arboribus dicta sunt ~a PLIN.*Nat.*15.43.

Damascus (~os) ~ī, *f.* A city of Syria.
CURT.3.8.12; LUC.3.215; COL.10.404.

Damasichthōn ~onos, *m.* A son of Niobe.
OV.*Met.*6.254; *Ib.*579; HYG.*Fab.*11.

damasōnium ~(i)ī, *n.* **~ion.** [Gk. δαμασώνιον] = ALCIMA.
alcima, quam alii ~ion, alii lyron appellant PLIN.*Nat.* 25.124; 26.25; 26.92.

Dāmia, dāmiātrix: see next.

dāmium: (see quot.).
damium sacrificium, quod fiebat in operto in honore Deae Bonae, dictum a contrarietate..dea quoque ipsa Damia et sacerdos eius damiatrix appellabatur PAUL.*Fest.* p.68M.

dāmiurgus ~ī, *m.* **dēm-.** [Gk. δημιουργός, δαμ-] **a** A magistrate in various Gk. states. **b** a play by Turpilius (in an undetermined sense of the Gk. word).
a inter magistratus gentis (Achaeorum)—~os uocant, decem numero creantur LIV.32.22.2; ~is ciuitatium, qui summus est magistratus 38.30.4. **b** CIC.*Fam.*9.22.1.

damma ~ae, *f.*, (*m.*). Also **dāma.** [cf. OIr. *dam*, Welsh *dafad*] The general name of various, usu. small, members of the deer family (red or fallow deer, gazelle, antelope, etc.). **b** (as meat) venison.
retia ponere ceruis..tum figere ~as VERG.*G.*1.308; 3.410; pauidae..~ae HOR.*Carm.*1.2.12; OV.*Met.*10.539; SEN.*Ben.* 2.29.1; COL.9.1.1; sunt et ~ae et pygargi et strepsiceròtes multaque alia haut dissimilia PLIN.*Nat.*8.214; dedit (natura)..rupicapris in dorsum adunca (cornua), ~is in aduersum 11.124;—(*masc.*) aeuoque sequenti cum canibus timidi uenient ad pocula ~ae VERG.*Ecl.*8.28; *G.*3.539. **b** nunc diuitibus cenandi nulla uoluptas, nil rhombus, nil ~a sapit JUV.11.121.

dammula ~ae, *f.* [prec.+-VLA] A deer (as a small and harmless animal).
nec ulla caprea nec pauens ~a nec..cerua APUL.*Met.*8.4.

damnās, *indecl. a.* [prob. < *damnatos (DAMNO)] FORMS: freq. abbrev. to *d.* in inscr. Obliged, bound (to pay, etc.).
(*w. inf.*) ⟨POPVLO⟩ DARE ~ ESTO *CIL* 1.585.102; si quis seruum..alienum..quadrupedemue pecudem iniuria occiderit, quanti id in eo anno plurimi fuit, tantum aes ero dare ~ esto *Leg.pub.*(*Font.iur.*p.45)2; *Leg.pub.*(*Font.iur.*p.96)15; QUINT.*Inst.*7.9.9; GAIUS *Inst.*2.201; Publio Maeuio decem dare ~ sunto PAUL.*dig.*30.122.1;—(*w. gen.*) dupli ~ esto *CIL* 2.5439.61.8;—si quis maiorem pecuum numerum habere uoluerit tantum ~ esto CATO *hist.*95e.

damnātiō ~ōnis, *f.* [DAMNO+-TIO]
1 Condemnation in a court of law.
defensionem sine qua ne parua quidem dubitatio potest remorari ~onem *Rhet.Her.*1.26; quoniam ea poena ~onem necessario consequatur CIC.*Inv.*2.59; si propter diuitias poenam ~onis contemneret *Ver.*3.55; acerbissimas ~ones, libidinosissimas liberationes *Pis.*87; NEP.*Milt.*8.1; LIV.27.34.5; SEN.*Dial.*3.18.6; Silius imminentem ~onem uoluntario fine praeuertit TAC.*Ann.*4.19; JUV.8.94;—(*w. obj. gen.*) cotidianae ~ones inimicorum CIC.*Q.fr.*2.4.6; T. Meneni ~onem mortemque LIV.2.52.7; senatus..~one Rutili debilitatus FLOR.*Epit.*2.5(3.17.3);—(*of offence*) illa ~o ambitus CIC.*Clu.*98;—(*of the penalty*) absentis ~onem, praesertim tantae pecuniae *Ver.*2.42; bestiarum ~onem ULP.*dig.*48.13.7(6);—(*w.* ad+*acc. of penalty*) ad furcam ~o CALL.*dig.*48.19.28;—(*w. adj. indicating penalty*) pecuniaris ~o MACER *dig.*48.19.10.2.
2 The binding or obligation of an heir to do something under the terms of a will.
per ~onem hoc modo legamus: heres meus Stichum seruum meum dare damnas esto GAIUS *Inst.*2.105; 2.197; 2.282; 4.171.
3 Condemnation, adverse judgement (of things).
apiastrum..in confessa ~one est uenenatum in Sardinia PLIN.*Nat.*20.116; auditisne mendacii uestri ~onem? APUL. *Apol.*63.

damnātōrius ~a ~um, *a.* [DAMNO+-TORIVS] That involves or indicates condemnation.
Verres in Xenonem iudicium dabat illud suum ~um CIC. *Ver.*3.55; duas tabellas, ~am et absolutoriam SUET.*Aug.* 33.2.

damnātus ~a ~um, *a. compar.* ~ior. [pple. of DAMNO] Condemned, found guilty.
quis te miserior, quis te ~ior, qui..neque praesens dicere ausus es? CIC.*Pis.*97.

damnificus ~a ~um, *a.* [DAMNVM+-FICVS] That causes loss.
imitatur nequam bestiam et ~am. — quemnam, amabo? — inuoluolum PL.*Cist.*728.

damnigerulus ~ī, *m.* (facet. compound of *damnum* 'loss' and *gerulus* 'porter'.)
PL.*Truc.*551.

damnō ~āre ~āuī ~ātum, *tr.* [DAMNVM+-O[3]]
1 To pass judgement against (in a civil or criminal case), condemn. **b** (w. crime, etc., specified). **c** (w. penalty indicated) to mulct (of), sentence to pay; (w. preps.) to sentence, condemn (to). **d** (w. abst. or inanim. obj.); (also) to pass judgement on (a case).
~atus demum, ui coactus reddidit PL.*Bac.*271; ducent ~atum domum TER.*Ph.*334; si (reus) ~aretur CIC.*Inv.*2.58; Philodamum et filium eius a C. Nerone esse damnatos *Ver.* 1.71; qui inter sicarios ~atus est *Clu.*21; ~atum (Orgetorigem) poenam sequi oportebat ut igni cremaretur CAES.*Gal.* 1.4.1; quibus legibus exilium ~atis permissum est SAL.*Cat.* 51.40; ex multaticia..pecunia, quam exegerunt pecuariis ~atis, ludi facti LIV.10.23.13; PHAED.3.10.46; abstineas igitur ~andis JUV.14.38; (*transf.*) pauperibus..parcere.., diuites ~are atque domare PL.*Trin.*829; (*absol.*) ego accusaui, uos ~astis DOM.AF. in Quint.*Inst.*5.10.79;—(*w. dat. of interest*) reus ~atus est legi, perit fornici SEN.*Con.* 9.2.28; SEN.*Ben.*6.8.3; qui ~abatur uni adulterio, absolutus est multis *Ep.*97.9. **b** (*w. lege, crimine, etc.*) ut is eo crimine ~aretur, ne ipse esset in crimine CIC.*Ver.*4.100; qui Clodio interfecto eo nomine erat ~atus CAES.*Civ.*3.21.4; OV.*Fast.*6.189; quamquam (Aquiliam)..lege Iulia ~asset TAC.*Ann.*4.42;—(*w. gen. of crime*) si quam unius peccati mulierem ~abant *Rhet.Her.*4.23; peculatus ~ati sunt CIC. *Ver.*39; CAES.*Civ.*3.1.4; matronas ad populum stupri ~atas pecunia multauit LIV.10.31.9; VELL.2.8.1; TAC.*Ann.*2.55; MACER *dig.*47.2.63(62); (*w. pple.*) cum..et accusatus et ~atus sit pecuniae captae LIV.38.56.8; SEN.*Con.*10.4.11; SIL.11.161;—(*w. abl. of crime*) CIC.*Phil.*13.27; ~atum repetundis SUET.*Otho* 2.2;—(*w.* de) qui de maiestate ~atus est CIC.*Ver.*39; de ui publica ~atus TAC.*Ann.*4.13; GEL. 14.2.8;—(*w.* ex) miles..ex militari delicto ~atus ULP.*dig.* 28.3.6.6;—(*w. acc. and inf.*) contra edictum fecisse ~abere CIC.*Ver.*3.25; LIV.30.39.7; terga dedisse ~atis SIL.10.655. **c** (*w. gen.*) cupio octupli ~ari Apronium CIC.*Ver.*3.28; multi..capitis ~ati exsulesque conuenerant CAES.*Civ.* 3.110.2; hos iuxta falso ~ati crimine mortis VERG.*A.*6.430; ~atus..longi Sisyphus..laboris HOR.*Carm.*2.14.19; se conlaturos quanti ~atus esset LIV.5.32.8; 42.43.9; (*transf.*) quem..dignitatis et patrimonii..Fortuna ~auit APUL. *Met.*4.31;—(*w. abl.*) HS quinquagenis milibus ~ari CIC. *Ver.*3.69; 5.109; Frusinates tertia parte agri ~ati LIV.

10.1.3; ~atur..exilio ob saeuitiam TAC.*Hist*.4.45; (*transf.*) uolucrem..nidis ~are suis MAN.5.372;—(*w.* in+*acc.*) ~atus in metallum PLIN.*Ep*.2.11.8; ~are in eam insulam ULP.*dig*. 48.22.7.1;—(*w.* ad) lege eadem extremum ad supplicium ~atus TAC.*Ann*.6.38; PLIN.*Ep*.32.1; ad bestias hos ~auerunt CALL.*dig*.48.19.28.15;—(*w.* ut) ~atur, ut procul regno teneretur TAC.*Ann*.2.67;—(*w. gdve.*) qui exurendi ~antur ULP.*dig*.48.24.1. **d** reliquum iudicium iam non..de istius uita, quae ~ata est CIC.*Ver*.5.177; si..post mortem memoria eius ~ata sit ULP.*dig*.24.1.32.7; (*cf.*) dicet ~atas ignea testa manus PROP.4.7.38;—eam causam..quae iam.. ipsa opinione hominum tacita prope conuicta atque ~ata sit CIC.*Clu*.7; *Rab.Post*.8.

2 To bring about or secure the condemnation of.

quem ad recuperatores modo ~auit Plesidippus PL.*Rud*. 1282; ad iudicem adduxi, adductum primo coetu ~aui, ~atum ex uoluntate dimisi SCIP.min.*orat*.23; VAR.*R*.2.2.6; Verrem quem M. Cicero ~auerat PLIN.*Nat*.34.6; accusauit quidam et ~auit QUINT.*Decl*.313(p.227,l.27); (*cf.*) Milonem reum non magis inuidia facti quam Pompei ~auit uoluntas VELL.2.47.4;—(*w. gen. of crime*) ~are me nouerca parricidii potuit SEN.*Con*.7.1.11;—(*w. abl. of penalty*) C. Licinius Stolo a M. Popilio Laenate sua lege decem milibus aeris est ~atus LIV.7.16.9.

3 (transf.) To pronounce or judge to be at fault, condemn. **b** (w. gen. or abl.) to find fault with (for). **c** to renounce, reject; (w. inf.) to renounce (a course of action). **d** (w. abl.) to discredit (by the use of something better or sim.).

rerum naturam quam errorem nostrum ~are malumus CIC.*Tusc*.5.4; simo ~at sua prandia uultu *Mor*.108; segnitie deorum hominumque iudicio ~ata LIV.22.27.4; scribit ~atque tabellas OV.*Met*.9.523; 15.568; ~andae quae sint per sidera partes (*i.e. unlucky*) MAN.4.443; LUC.4.217; nigri coloris (boues)..ad laborem ~antur PLIN.*Nat*.8.179; MART.9.48.3; ad mores natura recurrit ~atos JUV.13.240;—(*w. acc. and inf.*) tantos ~at honores esse epulis SIL. 11.283;—(*w. pers. obj.*) ~ari se nostro iudicio CIC.*Att*.9.18.1; LIV.22.59.19; iam se ~antem, iam se peccasse fatentem OV.*Met*.3.718;—(*w. abst. subj.*) ueterem opinionem ~auit usus COL.4.11.1; panem ex hordeo antiquis usitatum uita ~auit PLIN.*Nat*.18.74. **b** cur prudentissimos..uiros summae stultitiae putet esse ~andos? CIC.*Part*.10; parce tuum uatem sceleris ~are, Cupido OV.*Rem*.3; rusticitatis ~ant Scipionem SEN.*Ep*.86.11; SIL.6.191; nisi..nostra.. tempora ~amus huius infelicitatis QUINT.*Inst*.10.2.8;—stultitiaque ibi se ~et LUCR.4.1183. **c** uoluptates non ~atas, sed relictas SEN.*Ep*.56.10; ~atis auidum pecus abstinet herbis STAT.*Theb*.2.520; [QUINT.]*Decl*.13.5;—~atum uiuere paci SIL.3.331; ales..~auit uesci 5.62. **d** flaua quercum ~auit arista V.FL.1.70; Eoas iaculo ~are sagittas STAT.*Silv*.3.2.126; Lycios ~ant hastilibus arcus SIL.8.494.

4 (w. dat. of aggrieved person) To deliver by judicial sentence, consign. **b** (transf.) to deliver over (to).

debitori suo creditor saepe ~atur SEN.*Ben*.6.4.4; coheredi erit ~andus PAUL.*dig*.10.2.29;—(*poet.*) (Ilion) mihi (*sc.* Iunoni) castaeque ~atum Mineruae HOR.*Carm*.3.3. 23; classis erat Teucro ~ata Quirino PROP.4.6.21; (*facet.*) nec mea uos uni ~at censura puellae OV.*Ars* 2.387;—(*poet.*) Stygio..caput ~auerat Orco VERG.*A*.4.699; ~ati superis nec iam reditura iuuentus SIL.4.229. **b** magno gens est ~ata triumpho STAT.*Silv*.3.3.118; quem deus..asset Stygiae nocti SIL.5.241;—(*things*) ~auit..rogis noxia ligna MART. 11.41.6.

5 To condemn, doom (to a fate, condition, etc.).

(*w. abl.*) sui..iudicis aeterna ~auit lumina nocte OV.*Met*. 3.335; nemo sapientiam paupertate ~auit SEN.*Dial*.7.23.1; omnium mortalium opera mortalitate ~ata sunt *Ep*.91.12; uxorem..perpetua praegnatione ~auit APUL.*Met*.1.9; (*poet.*) maesta..comam ~are cupresso STAT.*Silv*.5.1.136;—(*w. gen.*) neque enim nos tarditatis ~auit natura QUINT. *Inst*.2.5.24;—(*w.* in+*acc.*) sterilis ~atus in annos inuisusque deis STAT.*Ach*.1.800;—(*w. condition, etc., not specified*) infelix ~atae spongea uirgae MART.12.48.7; saeuos ~ati turis aceruos STAT.*Silv*.2.1.21; genus humanum ~at caligo futuri JUV.6.556.

6 (w. *uoti, uoto*, etc.) To oblige to fulfil a vow (by granting a petition).

(*w. gen.*) dixit nunc demum se uoti esse ~atum NEP. *Timol*.5.3; bis eiusdem uoti ~ata re publica LIV.10.37.16; ut..~arentur..uotorum quae pro iis suscepissent 27.45.8; optatorum uotorumque meorum ~atus..sum FRO.*Aur*. 2.p.124(103N);—(*w. abl.*) quo uoto ~ati fetum omnem dicuntur eius anni..consecrasse SIS.*hist*.100; ut Baccho ..tibi sic uota quotannis agricolae facient: ~abis tu quoque uotis VERG.*Ecl*.5.80; (*cf.*) pro quibus optatis sacro me carmine ~o PROP.2.28.43.

7 To bind, oblige (under the terms of a will).

(*w. inf.*) heredes Staberi..gladiatorum dare centum ~ati populo paria HOR.*S*.2.3.86; si quis seruos..eo testamento.. heredem dare mihi ~auerit POMPON.*dig*.30.12.1;—(*w.* ut, ne) 34.3.8.1; potest etiam in testamento heredem suum quis ~are, ne altius..tollat..uel ut patiatur eum tignum in parietem immittere GAIUS *dig*.8.4.16; ULP.*dig*.34.3.15.

damnōsē, *adv.* [next+-E] So as to cause loss, ruinously.

nos nisi ~ bibimus moriemur inulti HOR.*S*.2.8.34.

damnōsus ~a ~um, *a. compar.* ~ior, *superl.* ~issimus. [next+-OSVS]

1 That causes, or is attended with, financial loss. **b** resulting in other kinds of loss, detrimental, ruinous.

quid tibi commercist cum dis ~issumis? PL.*Bac*.117; quem ~a Venus, quem praeceps alea nudat HOR.*Ep*.1.18.21; semper ~i subsiluere canes PROP.4.8.46; SEN.*Ep*.76.18; nihil est damnosius deserto agro PLIN.*Nat*.18.28; MART. 14.19(18).1; saepe et aliis ~am ultionem APUL.*Met*.7.9; ~am hereditatem GAIUS *dig*.29.2.57.1; quid si ita..~us socius sit, ut non expediat eum pati? ULP.*dig*.17.2.14. **b** ~a quid non imminuit dies? HOR.*Carm*.3.6.45; haec.. infamia deleatur, foeda apud alias gentes, ~a apud nostros LIV.45.38.8; ~us pecori..~ior agris (amnis) OV.*Am*.3.6.99; ~is uires ignibus aura dabat *Fast*.4.708; nihil..tam ~um bonis moribus SEN.*Ep*.7.2; LUC.9.316.

2 Causing loss to one's own property, prodigal, spendthrift.

~os maritos sub basilica quaerito PL.*Cur*.472; alium repperit qui plus daret, ~iorem *Truc*.82; TER.*Hau*.1034; non in alia re tamen ~ior quam in aedificando SUET.*Nero* 31.1; APUL.*Pl*.2.16; (*masc. as sb.*) si de ~eis aut si de amatoribus dictator fiat nunc PL.*Ps*.415.

damnum ~ī, *n.* [< **dap-nom*; cf. Gk. δαπάνη, Lat. *daps*, ON. *tapa*] ORTHOG.: in codd., edd. also *dampn-*.

1 Financial loss. **b** (esp.) *~um dare*, to cause loss (to a person, also an estate); *~um facere*, to incur loss, (also) to cause loss (to another). **c** *~um iniuriā* (gen. also, *~i iniuriae*), loss unlawfully caused to another by injuring his beasts, slaves, etc. **d** *~um infectum*, apprehended loss; see INFECTVS[1].

dotatae (mulieres) mactant et malo et ~o uiros PL.*Aul*. 535; lucrifugas, ~i cupidos, qui..edunt, bibunt, scortantur *Ps*.1133; CATO *Agr*.3.3; ~a aleatoria CIC.*Phil*.2.67; ea ratio aedificandi initur..ut hoc ~um quaestuosum sit *Att*.14.9.1; quoniam egestas facile habetur sine ~o SAL.*Cat*.37.3; flagitio additis ~um HOR.*Carm*.3.5.27; unde..Venere exhaustae ~a querantur opes PROP.3.13.2; unicuique ex agris sua ~a nuntiabuntur LIV.3.68.4; accepto claudenda est ianua ~o JUV.13.129; si quid ex ea re ~um cepit POMPON.*dig*.9.2.39.1;—(*opp.* lucrum) multis..~o et mihi lucro..eris PL.*Cist*.50; cur mihi sit ~o, tibi sit lucrosa uoluptas? OV.*Am*.1.10.35; auidus (est), qui non lucri loco habet, quod accepit, sed ~i, quod reddidit SEN.*Dial*.11.10.2. **b** quamquam istuc mihi erit molestum triduom, et ~um dabis, faciam PL.*Cist*. 106; siquid redemptoris opera domino ~i datum erit CATO *Agr*.145.3; CIC.*Tul*.7; cum..aedes..si ruina sua ~um dederunt, desierint extare ULP.*dig*.39.2.7.1;—omnia ~a, quaecumque hereditati seruus dedit 47.4.1.14;—est..ubi.. ~um praestet facere quam lucrum PL.*Capt*.327; aut ~um aut certe non magnum lucrum fecisse decumanos CIC.*Ver*. 3.110; PLIN.*Ep*.8.2.3;—ceterarum rerum..si quis alteri ~um faxit *Leg.pub.*(*Font.iur*.p.46)2. **c** iudicio ~i iniuria constituto CIC.*Q.Rosc*.32; 54; *Tul*.11; ~i..iniuriae actio JAVOL.*dig*.19.2.57; ne ~um iniuria ab alio dari possit ULP.*dig*.19.2.41.

2 Loss (of other possessions, properties, etc.), deprivation, detriment. **b** physical or dimensional loss, esp. w. ref. to the waning of the moon. **c** military losses. **d** loss (of faculties, etc.).

~um..illius immaturo interitu res Romanae Latinaeque litterae fecerunt CIC.*Brut*.125; PROP.1.4.25; si niger..erit.. dens tibi, ridendo maxima ~a feres OV.*Ars* 3.280; sentit amans sua ~a fere, tamen haeret in illis *Tr*.4.1.33; ne senectus sua..~o dedecoriue rei publicae esset LIV.4.13.14; MART.1.12.11; num coercitio (cupidinum) plus ~i in rem publicam ferret TAC.*Ann*.3.52;—(*w. gen. of thing lost*) in ~o meae laudis rei p. commodo laetabor PLANC.*Fam*.10.8.7; ille locus casti ~a pudoris habet OV.*Ars* 1.100; VELL.2.21.4; TAC.*Dial*.27.2; quid suades post ~um temporis et spes deceptas? JUV.9.125;—(*w. gen. of cause, etc.*) ingenium caeleste..ignauae fert male ~a morae OV.*Ars* 1.186; PHAED.3.11.3; Caesaris an cursus uestrae sentire putatis ~um posse fugae? LUC.5.336. **b** pari momento damna trahuntur cum subeunt orbem MAN.3.287; paulatim non apparentibus ~is minui (Tigrim) SEN.*Nat*.6.8.2; LUC. 10.307;—MAN.2.95; nocturnam lunae successionem,.. accessionibus ~isque mutabilem SEN.*Dial*.6.18.2; GEL. 20.8.7. **c** paucitas ~o sentiendo propior erat LIV.2.64.6; ~is Allia nota suis OV.*Rem*.220; LUC.4.514; effugere hostes tenui ~o TAC.*Ann*.12.39;—(*w. obj. gen.*) exercitum Caesar duarum cohortium ~o..reducit CAES.*Gal*.6.44.1; unius oppidi ~o seruare universa statuit TAC.*Ann*.14.33;—(*w. subj. gen.*) post Crassi in Parthis ~um VELL.2.119.1; ad supplenda exercitus ~a TAC.*Ann*.1.71. **d** pinge Philippum..oculo effosso, iugulo fracto, per tot damna a dis immortalibus tortum SEN.*Con*.10.5.6; audax..damno (*i.e. of sight*) SEN.*Oed*.597; nullo temeratus corpora ~o STAT. *Silv*.2.1.156.

3 a (applied to persons or things) An occasion of loss. **b** a lost possession, part, etc.

a non fuit exuuiis tantis Cornelia ~um PROP.4.11.43; perdite Niliacas, Musae, mea ~a, papyros MART.13.1.3; leno est publicum ~um QUINT.*Decl*.385(p.431,l.4). **b** uolucrum..quas simul et matrem circum sua ~a uolantem corripuit serpens OV.*Met*.12.16; Nasamon..quem mundi barbara ~is Syrtis alit LUC.9.440; infelicium nauium durantibus ~is APUL.*Met*.3.17.

4 A sum to be paid in restitution or as a penalty, a fine. **b** (applied to other penalties or forfeits); (w. gen.) forfeiture (of).

eorum arbitrio..fructus duplione ~um decidito *Lex XII* (*Font.iur*.p.39); si..famigeratori res sit cum ~o et malo PL.*Trin*.219; uitia..hominum..~is, ignominiis, uinclis.. multantur CIC.*de Orat*.1.194; emptori ~um praestari oportere *Off*.3.66; LIV.4.53.7. **b** quis..umquam tanto ~o senatorem coegit? CIC.*Phil*.1.12; OV.*Met*.11.133;—sit capitis ~o Roma soluta mei *Fast*.6.452; non pecunia multabitur..non ~o iuris alicuius QUINT.*Decl*.331(p.301, l.30); quas..ciuitates..~o finium Galba perculerat TAC. *Hist*.1.53; ULP.*dig*.21.1.17.18.

Dāmōn ~ōnis, *m.* A Greek name, esp. of a Pythagorean under Dionysius I (or II) of Syracuse, famous for his loyalty to his friend Phintias.

CIC.*Off*.3.45; V.MAX.4.7.ext.1.

dampn-: see DAMN-.

Danaē ~ēs, *f.*

1 (mythol.) The daughter of Acrisius of Argos and mother by Zeus of Perseus.

Iouem quo pacto Danaae misisse aiunt quondam in gremium imbrem aureum TER.*Eu*.585; HOR.*Carm*.3.16.1; PROP.2.32.59; OV.*Met*.4.611.

2 A kind of laurel.

PLIN.*Nat*.15.131.

Danaēius ~a ~um, *a.* Of or connected with Danae (used to refer esp. to Perseus or Argos).

~us heros OV.*Am*.3.6.13; ~a Persis *Ars* 1.225;—~a.. arua STAT.*Theb*.1.324; ~us augur (*i.e.* Amphiaraus) 6.462.

Danaī ~um, *m. pl.* FORMS: *~orum* (gen. pl.) *Ilias* 12, HYG.*Fab*.106.4. The Greeks, esp. as taking part in the siege of Troy. **b** the Argives before Thebes.

PAC.*trag*.320; ACC.*trag*.16; Troas, reliquias ~um atque immitis Achilli VERG.*A*.1.30; OV.*Met*.13.181. **b** STAT. *Theb*.10.12; 12.39.

Danaidae ~ārum, *m. pl.* The descendants of Danaus; (poet.) the Greeks (in sense of prec.).

quid agis, Vlixe? ~ae credent tibi SEN.*Tro*.607; 757.

Danaides ~idum, *f. pl.* Also sg. **~is.** The fifty daughters of Danaus.

urnas..frustra ~ides plenas gerunt SEN.*Her.F*.757; *Med*. 749; ~ides coniuges suos patrueles occiderunt HYG.*Fab*. 255.2; (*sg.*) dest una numero ~is SEN.*Her.F*.500.

Danaus[1] ~ī, *m.* The son of Belus and brother of Aegyptus, from whom he fled to Argos.

VAR.AT.*poet*.1; ~i genus infame HOR.*Carm*.2.14.18; TIB. 1.3.79; OV.*Am*.2.2.4; HYG.*Fab*.168.1.

Danaus[2] ~a ~um, *a.*

a Of or belonging to the Greeks (before Troy). **b** of the Argives (at Thebes).

a ~is e classibus VERG.*A*.3.602; ~is..puellis OV.*Ep*.1.3; rem ~am *Met*.13.59. **b** impingit (Mars) Tyriis ~a agmina muris STAT.*Theb*.7.28; 10.714.

danista ~ae, *m.* [Gk. δανειστής] A moneylender.

id..argentum ab ~a..sumpsit faenore PL.*Epid*.53; *Mos*.626; *Ps*.288; PAUL.*Fest*.p.68M.

danisticus ~a ~um, *a.* [Gk. δανειστικός] Of moneylenders or usury.

nullum..genus est hominum taetrius..quam ~um PL. *Mos*.126.

danunt: see DO.

Dānuuius ~(i)ī, *m.* The river Danube.

CAES.*Gal*.6.25.2; HOR.*Carm*.4.15.21; OV.*Tr*.2.192; AUG. *Anc*.5.47; MELA 2.8; TAC.*Ger*.1.1; *BMCI* 3.p.84,No.395 (Trajan).

dapālis ~is ~e, *a.* [DAPS+-ALIS] Of a sacrificial feast, sacrificial.

toto fit in foco..~is cena TITIN.*com*.136;—(*as a cult-epithet of Jupiter*) Ioui ~i culignam uini..polluceto CATO *Agr*.132.1.

dapāticē, *adv.* [next+-E] (See quot.)

~ se acceptos dicebant antiqui, significantes magnifice PAUL.*Fest*.p.68M.

dapāticus ~a ~um, *a.* [DAPS+-ATICVS] (See quot.)

dicebant antiqui..~um negotium amplum ac magnificum PAUL.*Fest*.p.68M.

Daphnaeus ~a ~um, *a.* Of or connected with Daphne.

APOLLIN(I) ~O SACRV *CIL* 3.4285.

Daphnē ~ēs, *f.*

1 The daughter of the river-god Peneus, loved by Apollo and changed into a laurel-tree; (transf.) a laurel-tree.

OV.*Met*.1.452; [OV.]*Ep.Sapph*.25; HYG.*Fab*.203;—bacis redimita ~e PETR.131.8,l.2.

2 A place-name, esp. a grove and sanctuary of Apollo near Antioch in Syria.

sollemne ludorum ad ~en celebrantem LIV.33.49.6.

daphnea ~an (*acc.*), *f.* [Gk.] A precious stone.

~an Zoroastres morbis comitialibus demonstrat PLIN. *Nat*.37.157.

Daphnis ~idis, *m.* FORMS: acc. *~in* or *~im*. A stock hero in pastoral poetry.

VERG.*Ecl*.5.20; PROP.2.34.68; OV.*Met*.4.277;—(*appel.*) his adiecere mangones quam ~idis (casiam) uocant PLIN. *Nat*.12.98.

daphnītis ~idis, *f.* [Gk. δαφνῖτις] A kind of *casia*, app. resembling bay.

LARG.152; 269.

daphnoīdēs ~es, *a.* [Gk. δαφνοειδής] The epithet of **a** spurge laurel, *Daphne laureola*. **b** a kind of clematis.

a quod ~es uocatur genus PLIN.*Nat*.15.132; 23.158. **b** PLIN.*Nat*.24.141.

daphnōn ~ōnos, *m.* [Gk. δαφνών] A plantation of laurels.
in..~ona, qui ambulationi haerebat PETR.126.12; MART.10.79.5; ~onas, platanonas et aerios pityonas..habes 12.50.1.

dapinō ~āre, *tr.* [Gk. δαπανάω; in sense perh. influenced by DAPS] To meet the cost of, provide for.
aeternum tibi ~abo uictum, si uera autumas PL.*Capt.*897.

daps ~pis, *f.* [cf. Gk. δαπάνη, δάπτω; ON. *tafn* 'sacrificial victim', Arm. *taun*, Skt. *dāpayatē* 'divide']

1 A sacrificial meal.
ubi ~ps profanata comestaque erit, uerno arare incipito CATO *Agr.*50.2; obligatam redde Ioui ~pem HOR.*Carm.* 2.7.17; pro segete spicas, pro grege ferre ~pem TIB.1.5.28; LIV.1.7.12; GAIUS *Inst.*4.28; PAUL.*Fest.*p.68M;—(*pl.*, *oft. w. sg. sense*) sollemnis cum forte ~pes..libabat VERG.*A.* 3.301; 6.225; libare diis ~pes LIV.39.43.4; OV.*Fast.*4.745; Capitolinae pontificumque ~pes MART.12.48.12.

2 A feast, meal, banquet, or the food composing it. **b** the food or meal of animals. **c** (fig.) literary 'nourishment'.
quae haec ~ps est, qui festus dies? ANDR.*poet.*6(7); ACC. *trag.*218; large multiplici constructae sunt ~pe mensae CATUL.64.304; bis terque mutatae ~pis..spectaculo HOR. *Epod.*5.33; nec ~pis humanae (*i.e. of human flesh*) tibi erunt fastidia OV.*Ib.*425; cum me ~pe iuueris opima, exspectes similis et ipse cenas? STAT.*Silv.*4.9.51;—(*opp. drink*) nunc ~pe, nunc posito mensae nituere Lyaeo OV.*Fast.*5.521; —(*pl.*, *oft. w. sg. sense*) ~pibus mensas onerabat inemptis VERG.*G.*4.133; o..~pibus supremi grata testudo Iouis HOR. *Carm.*1.32.13; humanas ~pes ad hoc (*i.e. for manure*).. aduocant PLIN. *Nat.*17.51; STAT.*Silv.*1.6.48; TAC.*Ann.*14.22. **b** in reluctantis dracones egit (aquilam) amor ~pis atque pugnae HOR.*Carm.*4.4.12; felis..catulis largam praebuerunt ~pem PHAED.2.4.24; PLIN.*Nat.*9.142. **c** ceteri scholastici saturis auribus scholica ~pe..consurgimus VAR.*Men.* 144.

dapsile, *adv.* *compar.* ~ius. [next] Plentifully, copiously.
ubi qui inuitauit ~ius se LUCIL.1074; POMPON.*com.*161; conuiuabatur assidue ac saepius recta et ~e SUET.*Ves.*19.1.

dapsilis ~is ~e, *a.* [Gk. δαψιλής] Plentiful, abundant.
~is sumptus facit PL.*Mos.*982; corollas dari ~is *Ps.*1266; continuis superioribus annis ~i prouentu religatam uitem requiescere..par erit COL.4.27.6; ~em copiam elocutilis facundiae APUL.*Met.*11.3;—(*w. abl.*) erili filio largitu's dictis ~is PL.*Ps.*396; (uitis) ~is musto COL.3.2.27.

dapsiliter, *adv.* [prec.+-TER²] = DAPSILE.
ita ~ suos amicos alit NAEV.*com.*39.

dardanārius ~(i)ī, *m.* [dub.] (app.) A speculator or sim.
custodire, ne ~ii ullius mercis sint, ne..ab his, qui coemptas merces supprimunt..annona oneretur ULP.*dig.*47.11.6; PAUL.*dig.*48.19.37.

Dardanī ~ōrum, *m. pl.* **a** An Illyrian tribe. **b** a people of Asia Minor.
a CIC.*Sest.*94; CAES.*Civ.*3.4.6; LIV.31.28.1. **b** SAL. *Hist.*3.61.

Dardania ~ae, *f.* **a** The country of the Illyrian Dardani. **b** a city in the Troad; (poet.) Troy.
a SAL.*Hist.*2.80; LIV.40.57.6. **b** OV.*Tr.*1.10.25; MELA 1.96;—uenit summa dies..~ae VERG.*A.*2.325; ~ae muros OV.*Ep.*15.57; SIL.1.43.

Dardanicus ~a ~um, *a.*

1 Of or belonging to the Illyrian Dardani; (fem. as sb.) their country.
1 ~I *BMCI* 3.p.234,No.1106(Trajan);—boues perferi.. sunt multi in ~a VAR.*R.*2.1.5.

2 Of Dardanus, a Phoenician magician.
at si nulla ualet medicina repellere pestem ~ae ueniunt artes COL.10.358.

Dardanidēs ~ae, *m.* A descendant of Dardanus, i.e. a Trojan. **b** a Roman.
~es (*sc.* Aeneas) contra furit VERG.*A.*10.545; moenia ~es nuper noua fecerat Ilus OV.*Fast.*6.419;—(*pl.*) cuncti simul ore fremebant ~ae VERG.*A.*1.560; 5.45; 11.353. **b** ~e pulcherrime (*i.e.* Scipio) SIL.16.191;—(*pl.*) se laetus agebat ~is Mauors 16.24.

Dardanis ~idis (~idos), *f. adj.* Trojan.
~idas matres OV.*Met.*13.412; Circe ~isue Caieta MART. 10.30.8;—(*as sb.*) ~is et diuae Veneris nurus VERG.*A.*2.787.

Dardanius ~a ~um, *a.*

1 Of or descended from Dardanus.
OV.*Fast.*6.42; ~ae domus generosa uirgo SEN.*Tro.*871.

2 Of or belonging to Troy, Trojan; (poet., also) Phrygian; Roman. **b** (neut. as sb.) = DARDANIA (b).
~is campis ENN.*Ann.*358; urbis ~ae CATUL.64.367; ubi ~os habitus et Troia uidit arma VERG.*A.*3.596; ~am.. Romam OV.*Met.*15.431; LUC.2.393; ~i..equi STAT.*Silv.* 1.1.9;—Pelopis regna ~i SEN.*Her.F.*1165;—SIL.1.486. **b** PLIN.*Nat.*5.127.

3 Of the Illyrian Dardani.
habeant (*sc.* aurum) in lacertis..quod ex Dardani uenit —itaque et ~um uocabatur PLIN.*Nat.*33.39.

Dardanus¹ (~os) ~i, *m.* (mythol.) A son of Zeus and Electra who founded Dardania in the Troad, an ancestor of Priam.
ACC.*trag.*653¹; Troiae ~us auctor VERG.*A.*6.650; ~on Electra..Atlantide natum OV.*Fast.*4.31.

Dardanus² ~a ~um, *a.* Dardanian, i.e. Trojan; (masc. as sb.) a Trojan; (neut. as sb.) = DARDANIA (b). **b** (poet.) Roman; (as sb.) a Roman.
~a..arma VERG.*A.*2.618; ~a puppis PROP.4.1.40; ~a.. Troia OV.*Tr.*5.10.4; pastor ~us (*i.e.* Paris) STAT.*Ach.*1.21; —crudelis..~us VERG.*A.*4.662; SIL.2.425;— ~um primum, deinde Rhoeteum..uenit (consul) LIV.37.37.1. **b** STAT. *Silv.*1.2.192; ~us..ductor (*i.e.* Scipio) SIL.1.14;—(*collect. sg.*) diues ~us auri SIL.3.151.

Darēs ~ētis, *m.* A boxer in the funeral games of Anchises.
VERG.*A.*5.369; 5.456; 5.460; 5.483.

Dārīus (~ēus) ~īī, *m.* The name of several Persian Kings.
CIC.*Tusc.*5.97; VITR.7.pr.2; OV.*Ib.*313; CURT.3.1.8; TAC. *Ann.*3.63.

dartos ~on, *a.* [Gk. δαρτός 'stripped away'] The name given to a membrane enclosing the testicles.
CELS.7.18.2.

dasypūs ~podis, *m.* [Gk. δασύπους] A kind of hare.
lepus..solus praeter ~podem superfetat PLIN.*Nat.*8.219; 10.173; 11.229.

datārius ~a ~um, *a.* [DO+-ARIVS] That is given away; concerned with giving away.
an non prius salutas? — nulla est mihi salus ~a PL.*Ps.* 968;—nega esse quod dem..linguam quoque etiam uendidi ~am *St.*258.

datātim, *adv.* [DATO+-IM] By giving in turn or from hand to hand.
quase in choro ludens ~ dat se et communem facit NAEV. *com.*75; qui ludunt ~ serui scurrarum in uia PL.*Cur.*296; AFRAN.*com.*222; cum ~ in lecto tecum lusi POMPON.*com.*1.

dathiathum ~ī, *n.* [unkn.] A kind of incense.
PLIN.*Nat.*12.60.

datiō ~ōnis, *f.* [DO+-TIO]

1 The act of giving. **b** a donation, gift.
si..nimio cibo fastidiunt (gallinae), remittendum in ~one pro portione VAR.*R.*3.9.21;—(*abst. things*) ~one.. libertatis JULIAN.*dig.*33.5.9.2; ~o bonorum possessionis ULP.*dig.*37.9.1.1. **b** QVOD TESTAMENTO SVO LEGAVERIT EIS..~ONES ET VESTIARIVM QVOQ *A.Epig.*46.210.12.

2 Handing over, transfer, payment (of money, property, etc.); for *satis datio* see SATISDATIO. **b** handing in, delivery.
uti..Faeceniae Hispalae ~o, deminutio..item esset quasi ei uir testamento dedisset LIV.39.19.5; fideiussiones et mutui ~ones *S.C.*(*Font.iur.*p.194)50; testamenti factio, nexi ~o, nexi liberatio GAL.*iur.*9; POMPON.*dig.*12.1.8; ULP. *dig.*34.4.3.8. **b** usque ad denuntiationem uel libelli ~onem PAUL.*dig.*5.2.7.

3 The act of allotting or assigning.
cuius (*sc.* Pompei) iudicium legumque ~o..tollitur CIC. *Agr.*2.60; IVDICI IVDICIS RECVPERATORVM ~O *CIL* 1.585.35; curatoris..iuris dictio reciperatorumque ~o addictio esto *Leg.pub.*(*Font.iur.*p.96)15; ordinem exercitus, signi ~onem, tesseras..Palamedes inuenit PLIN.*Nat.*7.202; ~one tutoris GAIUS *Inst.*2.237.

datīuus ~a ~um, *a.* [DO+-IVVS]

1 (gram.) Dative; (masc. as sb.) the dative case.
(litteram i) ~is casibus in parte ultima adscribunt.. (Graeci) QUINT.*Inst.*1.7.17; FEST.p.261M; MAUR.702;— QUINT.*Inst.*1.4.26; ~us singularis GEL.4.16.3.

2 (leg., of a guardian, etc.) Assigned.
uocantur..hi, qui nominatim testamento tutores dantur, ~i GAIUS *Inst.*1.154.

datō ~āre ~āuī ~ātum, *tr.* [DO+-TO] To be in the habit or make a practice of giving.
pone. —id quidem pol te ~are credo consuetum PL. *Aul.*637; faenore argentum ~as (*i.e. lend*) *Mos.*602; numquam ego euectionem ~aui CATO *orat.*171; Manius Marcius ..primum frumentum populo in modios assibus ~auit PLIN.*Nat.*18.15; 25.58.

dator ~ōris, *m.* [DO+-TOR] A giver, donor.
qui ludunt datatim..in uia, et ~ores (*i.e. throwers*) et factores PL.*Cur.*297; neque ~ori neque acceptrici *Truc.*571; —(*w. gen.*) ~ores negotioli bellissumi *Cist.*373; adsit laetitiae Bacchus ~or VERG.*A.*1.734; iustitiae rectique ~or SIL. 6.467.

datum ~ī, *n.* [pple. of DO] That which is given, a present; a debit.
non suppetunt dictis ~a PL.*As.*56; 525; ~a corripere CATUL.110.6; PROP.3.15.6;—ut calculum reducas, si te alicuius ~i paenitet CIC.*Hort.*fr.60; ut par sit ratio acceptorum et ~orum *Amic.*58; ~a magno aestumas, accepta paruo SEN.*Dial.*5.31.3.

datus ~ūs, *m.* [DO+-TVS³] The act of giving.
is mille nummum se aureum meo ~u tibi ferre..aibat PL.*Trin.*1140.

daucos ~ī, *f.* **~um** ~ī, *n.* [Gk. δαῦκος] A name covering var. plants incl. prob. *Athamanta cretensis*.
~i Cretici seminis CELS.5.23.3.B; PLIN.*Nat.*19.89; subuenit..tussi ~um 26.28; ~os cruda 26.137; LARG.144.

Daulias ~ados, *f. adj.* Of Daulis; (in quots., of Procne or Philomela).
puellae ~ades *Ciris* 200; ~as ales [OV.]*Ep.Sapph.*154; (*as sb.*) ~as, absumpti fata gemens Ityli CATUL.65.14.

Daulis¹ ~idos, *f.* A town of Phocis.
LIV.32.18.7; OV.*Met.*5.276; STAT.*Theb.*7.344.

Daulis² ~idos, *f. adj.* = DAVLIAS.
SEN.*Thy.*275.

Daunī ~ōrum, *m. pl.* A people of Apulia.
MELA 2.59; 2.65.

Daunia ~ae, *f.*: (see quot.).
~a Apulia appellatur a Dauno PAUL.*Fest.*p.69M.

Dauniacus ~a ~um, *a.* Of Daunia, i.e. Apulia.
in ~os..campos SIL.12.429.

Daunias, *f. adj.* (as sb.) Daunia, Apulia.
HOR.*Carm.*1.22.14.

Daunius ~a ~um, *a.*

1 Daunian, Apulian.
~ae defende decus Camenae HOR.*Carm.*4.6.27; ~us.. bulbus OV.*Rem.*797.

2 Rutulian (cf. DAVNVS b); (also, from supposed Latin origin) Saguntine.
gens..~a VERG.*A.*8.146; 12.723; dea ~a (*i.e.* Iuturna) 12.785;— ~a pubes SIL.1.291.

3 Italian, Roman.
quod mare ~ae non decolorauere caedes? HOR.*Carm.* 2.1.34; SIL.13.9.

Daunus ~ī, *m.* **a** The legendary eponymous king of Apulia. **b** the father of Turnus, apparently ruler of Ardea in Latium; (also perh., appel.) a Rutulian.
a HOR.*Carm.*3.30.11; regna ~i..Apuli 4.14.26; OV.*Fast.* 4.76. **b** VERG.*A.*10.616; 12.22; SIL.2.557;—1.665.

dautia ~ōrum, *n. pl.*: arch. form of LAVTIA.
~a..dantur legatis hospitii gratia PAUL.*Fest.*p.68M.

Dāuus (~os) ~ī, *m.* A typical slave-name in comedy.
PL.*Am.*365; ~os sum, non Oedipus TER.*An.*194; *Ph.*52; HOR.*S.*2.5.91; *Ars* 237; PERS.5.161.

dē, *prep.* [Osc. *dat*, OIr. *di*] CONST.: w. abl.; occasionally placed after rel. pronouns, e.g. CIC.*Inv.*1.104, 2.141, LUCR.6.940. N.B.: for advl. use see SVSQVE DEQVE.

1 (indicating removal from a position) Away from, off. **b** down from (a higher position).
dacrimas ~ ore..detersit ANDR.*poet.*19(21); decedam ego illi ~ uia PL.*Trin.*481; castra ~ planitie conuertit in montes SIS.*hist.*51; litterae..omnes adsimulatae..~ tabulis in libros transferuntur CIC.*Ver.*2.189; Titio..anulus ~ digito detractus est 4.58; quam (epistulam)..~ phaselo dedisti *Att.*13.1; mortiferam uim, ~ terra quae surgit in auras LUCR.6.819; ut ~ finibus suis..exirent CAES.*Gal.*1.2.1; malum ~ naue..erigit VERG.*A.*5.487; ille sustulit phialam ~ terra PETR.51.3; ubi..Phario ~ litore puppis soluit iter STAT.*Silv.*5.1.242; libellum..mihi..reddidit ~ balneo egredienti FRO.*Amic.*1.p.308(190N). **b** PLEBEM ~ SACRO MONTE DEDVXIT *Elog.*5(*CIL* 1.p.189); omnis ~ tecto deturbauit tegulas PL.*Rud.*87; descendit ~ cantherio CATO *orat.*124; ~ caelo diuinum hominem esse in prouinciam delapsum CIC.*Q.fr.*1.1.7; horribilis ~ saxo iactus deorsum LUCR.3.1016; cadunt altis ~ montibus umbrae VERG.*Ecl.* 1.83; FRO.*Ant.*2.p.54(140N); APUL.*Met.*8.17.

2 (indicating the point or position from which an outward-reaching action is directed) From. **b** (indicating the point from which a downward-directed action proceeds); *de caelo tactus* and sim., struck by lighting; *de caelo seruare*, to watch for omens from the sky. **c** from the direction of.
~ plano..promittere LUCR.1.411; LIV.34.39.3; adspiciam notam ~ litore puppim OV.*Am.*2.11.43; si cecidit ~ genu pugnat SEN.*Dial.*1.2.6; manu..tangi ~ nostris Nouius potest fenestris MART.1.86.2; medii ~ gurgite ponti respicitur tellus STAT.*Theb.*7.143; proditionis rei causam ~ uinculis dicant QUINT.*Decl.*303(p.192,l.9); consuerat quadriplam strenam, et ~ manu, reddere SUET.*Tib.*34.2; (*w. ellipsis of vb.*) uale. K. Oct. ~ Venusino CIC.*Fam.*14.20. **b** quos ubi rex epulo spexit ~ cotibus celsis ENN.*Ann.*421; ~ tegulis..nescioquis inspectauit..Philocomasium atque hospitem osculantis PL.*Mil.*173; haec..agebantur in conuentu palam ~ sella ac ~ loco superiore CIC.*Ver.* 4.86; NEP. *Timol.*4.2; Iunonem..fulua pugnas ~ nube tuentem VERG.*A.*12.792; unus illinc denique ~ summo cupressus cacumine..inquit APUL.*Met.*8.18;—(*w. adv.*) temperauit aenea..picis ~ superne contra capita hostium VITR.10.16.10;—compluris in Capitolio res ~ caelo esse percussas CIC.*Catil.*3.19; ~ caelo tactas..quercus VERG. *Ecl.*1.17; LIV.22.36.8; TAC.*Ann.*14.12;—negant fas esse agi cum populo cum ~ caelo seruatum sit CIC.*Dom.*39; GEL. 13.15.1. **c** breuior (pars) clara caeli ~ parte uidetur CIC. *Arat.*606(360); Illyriis laeua ~ parte relictis OV.*Tr.*1.4.19; cum Cassiope..aequorei Iuuenis dextra ~ parte resurgit MAN.5.505.

3 From (a state, situation, etc.).

quanto e loco, quantis opibus, quibus ~ rebus lapsa fortuna accidat ENN.*scen.*356; Carthaginienses sextum ~ foedere decessere CATO *hist.*84; senatum..quem totum ~ ciuitate delerant CIC.*Sest.*44; me ~ mea sententia detruserunt *Fam.*14.16; me tropaea Miltiadis ~ somno excitant V.MAX.8.14.ext.1.

4 Starting with or at (a point of time). **b** immediately after, following; *diem de die*, day after day.

scortum adducere, adparare ~ die conuiuium TER.*Ad.* 965; senatus..~ nocte conuenire, noctu multa domum dimitti QUAD.*hist.*45; non solum ~ die sed etiam in diem bibere CIC.*Phil.*2.87; multa ~ nocte eum profectum esse *Att.*7.4.2; ut considerate..nauiges ~ mense Decembri *Q.fr.*2.1.3; ~ tertia uigilia..e castris profectus CAES.*Gal.* 1.12.2; bibulum liquidi media ~ luce Falerni HOR.*Ep.* 1.14.34; etiam media ~ morte timendum hostibus STAT. *Theb.*8.187; SUET.*Ves.*21.1. **b** non bonust somnus ~ prandio PL.*Mos.*697; ad iudicium non modo ~ contione sed etiam cum ipsa contione ueniebat CIC.*Clu.*93; uelim scire hodiene statim ~ auctione..uenias *Att.*12.3.1; ~ quiete molli..simul..sua facta recoluit CATUL.63.44; duo ~ concursu corpora lata si cita dissiliant LUCR.1.384; 5.651;—diem ~ die prospectans ecquod auxilium..appareret LIV. 5.48.6; 25.25.4.

5 After, according to (a precept, example, pattern, etc.). **b** (in var. advl. phrs. indicating the conditions, attitude, etc., on which an action is based; see also the nouns).

tu cetera cura..et ~ meis uenator uerbis PL.*Mil.*1029; ~ exemplo meo ipse aedificato *Mos.*773; NISEI..~SENATVOS SENTENTIAD..IOVSISENT *CIL* 1.581.8; ~ suo consilio Diogenem emptum..dicebat CIC.*Clu.*53; sedes..tenues ~ corpore eorum (*sc.* deorum) LUCR.5.154; genus ~ coniuge tanta OV.*Met.*3.133;—(*w.* more) solito matrum ~ more locuta est VERG.*A.*7.357; castae ~ more puellae..portabant sacra OV.*Met.*2.711;—(*w.* nomine *and sim.*) Tauriani uocantur ~ fluuio CATO *hist.*71; Romulus..Romanos..suo ~ nomine dicet VERG.*A.*1.277; festos..dies ~ nomine Phoebi 6.70; horum (uentorum) nomina plerique commutant ~ loco uel similitudine aliqua APUL.*Mun.*14. **b** magis armigero dat operam ~ industria PL.*Cas.*278; eadem aeque oriuntur ~ integro atque eodem occidunt PAC.*trag.*92; ~ inprouiso Chrysis ubi me aspexerit TRAB.*com.*3; LIV.5.5.6; 7.1.4; ac ne id quidem ~ professo audet APUL.*Apol.*2.

6 (indicating the person, etc., from whose possession or custody something is received, taken, etc.). **b** (indicating the person, etc., over whom (at whose expense) a victory or sim. is gained).

COMPLVRA OPPIDA ~ SAMNITIBVS CEPIT *Elog.*10(*CIL* 1. p.192); ~ illo emi uirginem triginta minis PL.*Cur.*343; agrum ~ nostro patre colendum habebat TER.*Ph.*364; quibus ~ hominibus..bene meritus siem SCIP.min.*orat.*9; fundum Cymaeum..mercatus est ~ pupillo CIC.*Flac.*46; ~ seruis liberisque..supplicium sumit CAES.*Civ.*3.14.3; LIV.1.38.4; spolia ~ hostibus sustinere non possunt CURT. 8.8.9; FLOR.*Epit.*2.8(3.20.7); exacta ~ sontibus poena SUET. *Jul.*69; AFRIC.*dig.*7.1.37; (*w. ellipsis of vb.*) haec sunt spolia et ~ rege superbo primitiae VERG.*A.*11.15. **b** ROMVLVS.. ~ CAENINENSIBVS *Act.Triumph.*1(*CIL* 1.p.43); tropaea ~ me et ~ re publica..constituta CIC.*Dom.*100; ~ Samnitibus triumphasse LIV.8.40.1; reus ille fere est ~ quo uictoria lucro esse potest *Nux* 41; VELL.2.67.4; LUC.6.5; fuit..~ seruis ouatione contentus FLOR.*Epit.*2.7(3.19.8); AMP.21; (*cf.*) triumphus fuit tantum ~ nomine FLOR.*Epit.*1.34 (2.18.17); (*poet.*) ~ Iunone Paphos centum mihi fumet in aris SIL.7.457.

7 (indicating the fund, etc., from which costs are met) From, at the expense of; (also, transf.). **b** (indicating other resources, etc.). **c** (indicating personal or other source of information, etc.).

non modo in publico, sed etiam ~ publico conuiuari CIC.*Ver.*3.105; ~ tua pecunia aedificatam esse nauem 5.45; dat ~ lucro, nihil detrahit de uiuo *Flac.*91; LIV. 4.59.11;—(*w.* meo, tuo, *etc.*) ad eam facere sumptum ~ tuo PL.*Bac.*98; opsonat potat, olet unguenta: ~ meo TER.*Ad.* 117; HAEC OMNIA ~ SVO ET VIREI FECIT *CIL* 1.981.7; adhuc ~ alieno liberalis sum SEN.*Ep.*16.7;—(*w. pers. pron.*) ~ te largitor TER.*Ad.*940;—(*facet.*) ~ tergo ducentas plagas praegnatis dabo PL.*As.*276; MART.7.46.4;—(*transf.*) haruspicum uerba sunt haec omnia: nihil addo ~ meo CIC.*Har.* 40; *Fam.*4.3.1. **b** quasi lumen ~ suo lumine accendat ENN.*scen.*399; ei paratae ut sint insidiae ~ auro et de seruo meo PL.*Poen.*549; ~ eodem oleo et opera exaraui nescio quid ad te CIC.*Att.*13.38.1; duo parietes ~ eadem fidelia dealbare CUR.*Fam.*7.29.2; humida loca ~ uua alba.. inserito COL.*Arb.*8.4; ridet procellas tuta ~ suo mensa MART.10.30.20. **c** meus est, scio iam ~ argumentis PL. *Truc.*507; audiui hoc ~ parente meo CIC.*Balb.*11; cum ~ eo curiose quaesisset seruus noster *Att.*9.3.1; (*w. ellipsis of vb.*) fac, si me amas, sciam. ~ Baebio poteris *Att.*13.45.1;—(*w. vbs. of speaking, reciting*) ~ tabulis publicis recitat *Flac.*40; ~ scripto sententia dicta *Sest.*129; nihil ~ memoria pronuntiandum FRO.*Aur.*2.p.82(154N).

8 (indicating the material from which a thing is made) Of.

si ~ nilo fierent, ex omnibus rebus omne genus nasci posset LUCR.1.159; templum ~ marmore ponam VERG.*G.* 3.13; uerno..~ flore coronam fecit TIB.2.1.59; adspice ~ canna straminibusque domum OV.*Fast.*3.184; signum ~ paupere loro JUV.5.165; fuluus..~ rufo atque uiridi mixtus GEL.2.26.11.

9 (indicating change) From, out of.

uerbum ~ uerbo expressum TER.*Ad.*11; qui..noctem facere possit ~ die TITIN.*com.*100; ~ INCERTO CERTA NE FIANT SI SAPIS CAVEAS *CIL* 1.2175; ~ scurra multo facilius diuitem quam patrem familias fieri posse CIC.*Quinct.*55; ~ templo carcerem fieri *Phil.*5.18; quam cito ~ tanto nomine rumor eris! PROP.1.5.26; Mars..~ duce terribili factus amator erat OV.*Ars* 2.564; si Fortuna uolet, fies ~ rhetore consul JUV.7.197; APUL.*Met.*2.1; CINIS ~ MILITE FACTVS *CIL* 11.4188.

10 (in partitive sense, indicating the whole from which part is taken) Of, out of, from.

dimidium..~ praeda dare PL.*Ps.*1164; ut aliquam partem ~ istius impudentia reticere possim CIC.*Ver.*1.32; pauci ~ nostris cadunt CAES.*Gal.*1.15.2; remittendum ~ celeritate existimabat 5.49.6; VERG.*A.*4.324; ~ mille fabae modiis cum surripis unum HOR.*Ep.*1.16.55; COL.4.7.2; tertia syllaba ~ Hannibalis nomine GEL.4.7.4; PAPIN.*dig.* 31.67.4.

11 (indicating the family, race, class, etc., from which a person or thing originates and to which he or it belongs) From, of.

eam ~ genere summo adulescenti dabo PL.*Rud.*1197; AMBO (*sc.* consules) PRIMI ~ PLEBE *Fast.Cos.Cap.*18b (*CIL* 1.p.25); faecem ~ uino bono CATO *Agr.*96.1; habeatur sane orator, sed ~ minoribus CIC.*Opt.Gen.*9; coponem ~ uia Latina *Clu.*163; Sulpici successori nos ~ meliore nota commenda CUR.*Fam.*7.29.1; canis Hyrcano ~ semine LUCR.3.750; Priami ~ stirpe Diores VERG.*A.*5.297; HOR. *Carm.*2.3.23; PROP.3.9.1; quam benignus resalutare.. tanquam unus ~ nobis PETR.44.10; asphodelum ~ clarissimis herbarum PLIN.*Nat.*22.67; miscere uisci ~ quercu pondo quadrantem LARG.82; aliquis ~ ponte JUV.14.134; alium ~ foro (*i.e. a lawyer*) APUL.*Met.*1.9.

12 (indicating the subject of speech, thought and sim.) About, concerning. **b** (indicating the subject of other actions). **c** (indicating the subject of judicial proceedings, an accusation, etc.).

~ illa quaero. — ~ illa ergo ego dico tibi PL.*Mer.*899; si sapis, quod scis nescis..~ eunucho TER.*Eu.*722; siquid ~ iis rebus controuersiae erit CATO *Agr.*149.2; ~ hoc genere parcius tetigi VAR.*L.*8.51; lege quae ~ proscriptione est CIC.*S.Rosc.*125; se..cupisse te celare ~ phaleris *Ver.*4.29; Epicuri ~ uoluptate liber *Div.*2.59; incredibili celeritate ~ uictoria Caesaris fama perfertur CAES.*Gal.*5.53.1; ~ quo paulo ante memoraui SAL.*Cat.*26.3; SEN.*Ep.*57.7; MART. 8.15.7; TAC.*Ann.*2.65;—(*w. ellipsis of vb.*) haec ~ se ~que prouincia..consul LIV.26.28.3; omne theatrum ~ Rutilo JUV.11.5. **b** quid nunc mihi es auctor ut faciam..~ concubina? PL.*Mil.*1095; homines ~ meo reditu laborasse CIC.*Vat.*7; ~ se, ~ liberis suis, ~ patria..decertari putat *Mil.*3; obsidibus..~ pecunia cauent CAES.*Gal.*6.2.2; ast ~ me diuum pater atque hominum rex uiderit VERG.*A.*10.743; quem missum..~ communibus commodis..iugulauit TAC. *Ann.*1.22; non est in bonis quibus ~ agitur factum ULP.*dig.* 42.8.10.9. **c** ~ HEISCE..IOVDICIVM NON FIET *CIL* 1.583.8; hoc..crimen ~ statuis relinquam CIC.*Ver.*2.151; ~ ueneficiis accusabant *S.Rosc.*90; Lenticulam ~ alea condemnatum *Phil.*2.56; NEP.*Phoc.*3.4; ad purganda crimina, si qua ~ rege Issaei deferrent LIV.42.26.4.

13 (forming a looser connexion) With regard to, in the matter of.

nil peccat ~ sauio CAECIL.*com.*161; ~ lingua Latina securi es animi CIC.*Att.*12.52.3; ~ Attio Dionysio nihil puto esse *Fam.*12.30.5; ~ leui armatura..longe..nostri erant superiores *B.Hisp.*7.5; sed ~ me minus est PROP.2.32.21; ~ cetero recentes (*sc.* spongeae) discutiunt PLIN.*Nat.*31.125.

14 (denoting cause or motive) From, on account of, by; *de nihilo*: see NIHILVM.

cum lassus..fuisset ~ summis rebus regundis ENN.*Ann.* 237; strenuiori deterior si praedicat suas pugnas, ~ illius illae fiunt sordidae PL.*Epid.*447; nisi ~ uia fessus esset CIC.*Ac.*1.1; quod erat ~ me (*sc.* Marte) feliciter Ilia mater OV.*Fast.*3.233; *Met.*6.80; incessit passu ~ uulnere tardo 10.49; Strymonio ~ grege ripa sonat MART.9.29.8; [QUINT.] *Decl.*5.13; ~ cutis roseo rubore..placituraе APUL.*Met.*2.8;—(*w.* causa) in nostra..consuetudine multis ~ causis fit, ut rarius incidant translationes CIC.*Inv.*2.57; LUCR.6.85; qua ~ causa Heluetii..reliquos Gallos uirtute praecedunt CAES.*Gal.*1.1.4; ULP.*dig.*4.6.28.

dē-, *prefix.* [prec.] PROS.: *de-* is usually shortened before **v**owels or *h.*

de- combines with verbs, etc., adding one or other of the following senses: motion down from or away (*deflecto, defluo, defluus, delabor*), removal (*deartuo, despolio, desquamo*), reversal of a process (*decresco, dedisco, desipio*), thoroughness or completeness (*deamo, debello, desaevio*); w. substantives it has a privative force (*debellis, deformis, deplumis*); it is also combined with adjectives with intensive force (*deparcus*).

dea ~ae, *f.* [DEVS] FORMS: dat. and abl. pl. ~*abus*; *diabus CIL* 3.5896; for exx. of *dis* see DEVS. A goddess.

oratum ierunt ~am ut sibi esset propitia PL.*Poen.*1134; ut..plus homini quam ~ae tribueretur CIC.*Balb.*9; magni.. aequoris..~as VERG.*A.*9.102; LIV.24.3.4; nemorum ~a GRAT.105; TAC.*Ger.*8.3;—(*pl., coupled w.* di) ut illum di immortales omnes ~aeque quantum est perduint PL.*Aul.*785; TER.*Hau.*810; ceterisque dis ~abusque CIC.*Rab.Perd.*5; precationibus ~orum dearumque LIV.pr.13;—(*w. spec. adjs.*) arquitenens..~a (*i.e.* Diana) ACC.*trag.*52; magna ~a, Cybebe CATUL.63.91; roseae..~ae (*i.e.* Aurorae) OV.*Ars* 3.84; Bacche nouemque ~ae (*i.e.* Musae) 3.348; taedifera.. ~a (*i.e.* Cerere) *Fast.*3.786;—(*gen. pl. after adj.*) Venus.. pulchra ~arum ENN.*Ann.*18; 64;—(*of a constellation*) (Argo) seruando ~a facta deos MAN.1.415; (*cf.*) huic parti ~a nomen erit 2.916;—(*transf.*) terrarum ~a gentiumque Roma MART.12.8.1; SIL.5.126.

deacinō ~āre ~āuī ~ātum, *tr.* [DE-+ACINVS+-O[3]] (app.) To cleanse of grape-skins, etc.

si bene ~ata erunt dolia CATO *Agr.*26.

deactiō. [next+-TIO] (See quot.)

~o peractio PAUL.*Fest.*p.74M.

deagō ~ere, *tr.* (dub.) [DE-+AGO; cf. *dego*] (app.) To take off, remove.

~etur (*s.v.l.*) corium de tergo meo PL.*Epid.*65.

dealbāmentum ~ī, *n.* [DEALBO+-MENTVM] Whitewash.

CIL 8.20252.

dealbātor ~ōris, *m.* [next+-TOR] A whitewasher.

~ORE ONESIMO *CIL* 4.222.

dealbō ~āre ~āuī ~ātum, *tr.* [DE-+ALBVS+-O[3]] To whitewash, whiten.

HANC ARAM NE QVIS ~E⟨T⟩ *CIL* 1.688; CALCE VDA ~ATA RECTE FACITO 1.698.2.18; columnas ~andas CIC.*Ver.*1.154; calce ex aqua liquida ~entur VITR.7.4.3; TABVLAS ~ATAS *A.Epig.*49.215.20; SUET.*Gal.*9.1;—(*prov.*) sine eum..putare me uirum bonum esse nec solere duo parietes de eadem fidelia ~are CUR.*Fam.*7.29.2;—(*transf.*) pruina ne iacentem subdiu ~et algu VAR.*Men.*171.

deambulātiō ~ōnis, *f.* [next+-TIO] The action of walking, a walk; a place for walking.

me haec ~o..ad languorem dedit TER.*Hau.*806;—~ones arboribus..opacas ULP.*dig.*7.1.13.4.

deambulō ~āre ~āuī ~ātum, *intr.* [DE-+AMBVLO] To go for a walk, take a walk.

abi ~atum TER.*Hau.*587; ~et..horas IIII CATO *Agr.*156.4; *Dict.*66(J); ~anti in litore SUET.*Aug.*96.2.

deamō ~āre ~āuī ~ātum, *tr.* [DE-+AMO] To love utterly, be passionately in love with.

illa quam tuos gnatus annos multos ~at PL.*Epid.*219; AFRAN.*com.*357; APUL.*Pl.*2.14; (*hyperb.*) ne ego sum homo fortunatus: ~o te, Syre TER.*Hau.*825;—(*things*) ~aui.. lepidissuma munera meretricum PL.*Poen.*1176; *Truc.*703.

deargentō ~āre ~āuī, *tr.* [DE-+ARGENTVM+-O[3]] (perh. facet.) To deprive of silver, 'unsilver'.

aliqua (*sc.* femina) sperans me..~assere LUCIL.682.

dearmō ~āre ~āuī ~ātum, *tr.* [DE-+ARMO] To deprive (of arms, etc.), strip; (also, app.) to deprive (a weapon) of its point, etc.

praelatis..spoliis quibus ~atum exercitum hostium sub iugum miserat LIV.4.10.7;—(uindicta) quae..faretram explicet et sagittas ~et APUL.*Met.*5.30.

deartuō ~āre ~āuī ~ātum, *tr.* [DE-+ARTVS[2]+-O[3]] To dismember (in quots., fig.).

~atus sum..huius scelesti techinis PL.*Capt.*641; me meamque rem..fallaciis delaceraui sti ~auistique opes 672.

deasceō: see next.

desciō ~āre ~āuī ~ātum, *tr.* Also **-eō.** [DE-+ASCIO[1]] FORMS: *-eato* APUL.*Met.*2.15. To cut or shape smoothly; to efface by cutting. **b** (fig.) to get the better of, do down.

lagoena..orificio caesim ~ato patescens APUL.*Met.*2.15;—QVISQVIS..TITVLVM ~AVERIT *CIL* 6.24799; 14.1153. **b** miles quem ad modum potisset ~arei (*cj.*) PL.*Mil.*884.

dēbacchor ~ārī ~ātus, *intr.* [DE-+BACCHOR] To rave, rage.

si satis iam ~atus es, leno, audi TER.*Ad.*184; (*poet.*) qua parte ~entur ignes HOR.*Carm.*3.3.55.

dēbattuō ~ere, *tr.* [DE+-BATTVO] To thump hard, belabour; (colloq., of sexual intercourse).

sic solebam ipsumam meam ~ere, ut etiam dominus suspicaretur PETR.69.3.

dēbellātor ~ōris, *m.* [next+-TOR] A conqueror, subduer.

equum domitor ~orque ferarum VERG.*A.*7.651; ~or.. cruenti gurgitis STAT.*Theb.*9.545; ~ORI HOSTIVM *CIL* 8.2786.

dēbellō ~āre ~āuī ~ātum, *intr., tr.* [DE-+BELLO]

1 (intr.) To fight a battle (or war) out, fight to a finish. **b** (w. internal acc.) to fight (a battle) to a finish.

Aulius cum Ferentanis uno secundo proelio ~auit LIV. 9.16.1; eum quasi ~ato triumphare 26.21.4; quod ad Siciliam attinet eo anno ~atum est 26.40.18; elephantorum aciem conspectu ipso ~aturam 35.35.7; ~atum apud Actium VELL.2.84.1; una, ut ~et, satis est uictoria Poeno SIL.7.233; ~atum illa uictoria foret TAC.*Ag.*26.4. **b** Centaurea..cum Lapithis rixa..~ata HOR.*Carm.*1.18.9.

2 (tr.) To fight into subjection, subdue. **b** (transf. and fig.).

gens dura..~anda tibi Latio est VERG.*A.*5.731; parcere subiectis et ~are superbos 6.853; ~ata..India OV.*Met.* 4.605; ~ati..Quirites PETR.123,l.224; Mithridates..quem ~auit Pompeius PLIN.*Nat.*25.5; TAC.*Ag.*24.3; SUET.*Nero* 43.2; (*cf.*) post ~ata animalia SEN.*Ben.*3.32.5. **b** lex..est ter anno ~andi eas (*sc.* locustas) PLIN.*Nat.*11.105; ~at.. canum morsus (*sc. garlic*) 20.50; ~atos..pudendo ense mares STAT.*Theb.*5.31; ~atas..relinquit Eurus aquas 7.86; —~andae sunt..uoluptates SEN.*Ep.*51.6; ~ata auctoritas nominis PLIN.*Nat.*33.34.

dēbeō ~ēre ~uī ~itum, *tr., (intr.).* [DE-+HABEO] FORMS: *dehibuisti* PL.*Trin.*426.

1 To be under an obligation to pay (money,

etc.), owe. **b** (fig.) to have business, have to do (with).
ut expungatur nomen, ne quid ~eam PL.*Cist.*189; quattuor quadraginta illi ~entur minae *Mos.*630; cum iis.. sumptus, qui ~ebatur de publico, non daretur CIC.*Inv.*2.87; 'uos quantum' inquam '~etis?' respondent 'cui' *Att.*5.21. 12; grandem pecuniam ~ebat SAL.*Cat.*49.3; LIV.22.23.7; PHAED.I.17.5; septem milia ~eo Secundo MART.2.44.7; ULP.*dig.*26.7.9.4; (*hyperb.*) quid si animam ~et? TER.*Ph.* 661;—(*absol. or ellipt.*) non dat, non ~et PL.*Mos.*595; ~et.. soluitque praeclare CIC.*Phil.*13.24; dicito illos tibi annua, bienni, trienni die ~ere SEN.*Suas.*I.7; PLIN.*Pan.*40.3; qui sub condicione uel in diem ~ent ULP.*dig.*18.4.17; (*impers. pass.*) pro eo nemo soluet neque ~ebitur CATO *Agr.*144. **b** quid tibi istic in istisce aedibus ~etur, quid negotist? PL.*Mil.*421; molestum..aduenire ad alienam domum, quoi ~eatur nihil *Rud.*117; isti tibi quid homines ~ent quos tu quaeritas? *Trin.*893.

2 (esp., leg.) To be under an obligation to give or provide. **b** to be bound logically to give.
(gladiatores) quos testamento patris ~eri uidemus CIC. *Sul.*54; quam ad diem ei legioni..~eri frumentum sciebat CAES.*Gal.*6.33.4; ~itas ex foedere (naues) LIV.26.39.5; per hos (*sc.* actuarios limites) iter populo sicut per uiam publicam ~etur HYG.GR.*agrim.*p.134; legatum matri ~itu iri putaui LABEO *dig.*32.30.5; *CIL* 5.2548;—(*transf., of things*) praeter instrumenta itineris omnes res quadragesimam publicano ~eant QUINT.*Decl.*359(p.391,l.9); si domus tua aedificiis meis utramque seruitutem ~eret POMPON.*dig.* 8.2.21;—(*poet.*) ~ent haec pignora Daphnim VERG.*Ecl.* 8.93; nauis, quae tibi creditum ~es Vergilium HOR.*Carm.* I.3.6;—(*as the result of a vow*) ~itae Nymphis opifex coronae 3.27.30; (Herculi) pro salute uotum ~ebat sua PHAED.5.4.2. **b** quem numerum ~et ratio sed non capit usus MAN.3.246.

3 To be under obligation to give or render (services, treatment of any kind, etc.). **b** (in phr. w. *posse*) to leave unpaid, withhold.
quoi ego nisi malum nil ~eo PL.*Cur.*570; me..tibi omnia studia atque officia..~uisse confiteor CIC.*Mur.*7; quod te.. a ~ita tibi peste seduxit *Phil.*13.22; cuius causa omnia cum cupio tum..etiam ~eo *Fam.*13.75.1; dies..longa uidetur opus ~entibus HOR.*Ep.*I.I.21; ~ebatur omnium consensu consuli triumphus LIV.3.10.2; OV.*Pont.*3.1.75; bene ~ere beneficia, bene soluere SEN.*Ep.*73.9; Germanico ne solitos quidem et cuicumque nobili ~itos honores contigisse TAC. *Ann.*3.5; minor admiratio summis ~etur monstris JUV. 6.647. **b** oratio iuuentuti nostrae ~eri non potest CIC.*Att.* 4.2.2; quod praesenti tibi prope subnegaram, non tribueram certe, id absenti ~ere non potui *Fam.*7.19; ~eri non posse huic ciuitati illam potestatem *Leg.*3.26.

4 To be bound to pay (by destiny or sim.), owe.
VERG.*A.*II.179; tu, nisi uentis ~es ludibrium, caue HOR. *Carm.*I.14.16; ~et multas hic legibus aeui ante suam mortes LUC.2.82;—(*pass.*) uita, quae fato ~etur, saluti patriae..soluatur *Rhet.Her.*4.55; ante..~ita quam sulcis committas semina VERG.*G.*I.223; cui regnum Italiae.. ~etur *A.*4.276; ~emur morti nos nostraque HOR.*Ars* 63; exercitum Deis Manibus..~eri LIV.8.6.10; SEN.*Ep.*124.11; alio mihi ~ita fato summa dies STAT.*Theb.*3.623; magnae uastator ~ite Troiae *Ach.*2.32.

5 To be indebted for, owe (to).
cum..omnia dis immortalibus ~eamus CIC.*Red.Sen.*2; nomen capiti ~entia porra *Mor.*74; nullae..~ita curae.. poma PROP.I.20.35; parentibus..uitam tantum ~eo LIV. 22.30.3; VELL.2.34.3; abominandum remedi genus est sanitatem ~ere morbo SEN.*Dial.*3.12.6; criminibus ~ent hortos JUV.I.75; (*refl.*) se tibi pax terrae, tibi se tuta aequora ~ent OV.*Ep.*9.15;—(*w.* quod *cl.*) tibi (*sc.* parieti) nos ~ere fatemur, quod datus est uerbis..transitus *Met.*4.76; exiguo ~et, quod non est insula, colli (urbs) LUC.6.25; PLIN.*Ep. Tra.*10.86b(18).2;—(*absol. or ellipt.*) ut mihi se ~ere dicant CIC.*Att.*I.I.I.

6 (w. inf.) To be under an obligation (to do something), (I) ought, should: **a** (for legal, moral, or sim. reasons). **b** (for logical or sim. reasons). **c** (for reasons of efficiency, convenience, etc.).
a ut periisse uelis, quem uisere nolueris, cum ~ueris LUCIL.185; id quod scire potuit et ~uit dixit CIC.*Q.Rosc.*42; te ex lege Rupilia sortiri iudices ~uisse *Ver.*2.44; scire suos fines matrona et femina ~et MART.12.96.11; non commisit (scelus), ~uit enim occidere eam quae hostis mortem maerebat QUINT.*Inst.*3.6.76; TAC.*Ann.*I.62; ne quis eorum operas..patrono..praestare ~eto PAUL.*dig.*38.I.37;—(*impers.*) docere ~itum est, delectare honorarium CIC.*Opt.Gen.*3; in aetatem infirmam..nemini ~et nimium licere QUINT.*Inst.* I.3.17;—(*absol. or ellipt.*) si nos, id quod maxime ~et, nostra patria delectat CIC.*de Orat.*I.196; scripsi, ut ~ui, diligenter *Att.*2.1.12; multa suppliciter locutus est, ut de sua..salute ~ebat CAES.*Civ.*3.19.3. **b** dies eius natalis uideri ~ebit et Kalendarum dimidiarum et qui est post VAR.in Gel.3.2.6; erat (candelabrum) eo splendore qui ex..pulcherrimis gemmis esse ~ebat CIC.*Ver.*4.65; ex quo intellegi ~et eum conscium fuisse *Phil.*2.30; corpora materiai..conciliantur ita ut ~ent animalia gigni LUCR.2.901; ut iam nunc dicat iam nunc ~entia dici HOR. *Ars* 43; duo ~ent esse motus eodem loco SEN.*Nat.* 7.10.2; hic nescio quid boni ~et esse PETR.33.8; PLIN.*Ep.* 8.6.1; ULP.*dig.*43.8.2.31;—(*absol., or w. ellipsis of inf.*) est tanta in te auctoritas quanta ~et in homine nobilissimo CIC. *Phil.*13.15; Syriaco bello successit, et ~ebat, Aetolicum FLOR.*Epit.*I.25(2.9.1). **c** in omni parte humanitatis..oratorem perfectum esse ~ere CIC.*de Orat.*I.71; principia..in sententiis dicendis breuia esse ~ebunt *Part.*97; VITR.I.I.8; mitti..is (sanguis) ~et..ex brachio CELS.2.10.12; PLIN. *Nat.*12.36; diplomata..non ~ent esse in usu TRA.Plin.*Ep.* 10.46;—(*impers.*) recastinari non ~et COL.2.20.2; (*absol. or ellipt.*) nec fundamenta, ut ~uit, posita ab ullo VAR.*L.* 10.1.

dēbil: see next.

dēbilis ~is ~e, *a. compar.* ~ior. [perh. DE-+-BILIS (cf. Skt. *bálam*, Gk. βελτίων)] FORMS: *debil* (nom. sg. masc.) ENN.*Ann.*324(*cj.*).

1 (of men, animals, etc.) Wanting, or deprived of, bodily strength, enfeebled, crippled. **b** (of inanim. things) maimed, impaired. **c** (of non-material things).
de istac re argutus es..ad mandata claudus, caecus..~is PL.*Mer.*630; pueros..si laues eo lotio, numquam ~es fient CATO *Agr.*157.10; si gladium..imbecillo seni aut ~i dederis CIC.*Sest.*24; claudi ac ~es equi LIV.21.40.9; TAC.*Ann.*13.14; APUL.*Met.*6.20; (*poet.*) senio trementem ~i SEN.*Med.*258; (*as sb.*) mancorum ac ~ium ducem LIV.7.13.6;—(*of the body or its parts*) ~e fit corpus LUCR.4.951; manus..~is OV.*Met.*12.106; os blaesum..~isque lingua MART.10.65.10; (*cf.*) cum..~ibus formentur sidera membris MAN.2.264;—(*w. abl.*) CIC.*Rab.Perd.*21; ~em..manu, ~em pede coxo MAEC. *poet.*4(3)1; ille umero, hic lumbis..~is JUV.10.227;—(*causal abl.*) membra metu ~ia sunt TER.*Ad.*612; mustela ..annis et senecta ~is PHAED.4.2.10; manus ~is doloribus FRO.*Amic.*I.p.308(191N); (*poet.*) cum (Nilus)..septem captiuis ~is ibat aquis PROP.2.1.32;—(*transf. ep.*) tela.. ferrumque haud ~e dextra spargimus VERG.*A.*12.50; ~e carpit iter STAT.*Theb.*12.144;—(*fig.*) ~em praeturam futuram suam consule Milone CIC.*Mil.*25; inperfecto et ~i numero uerborum sonus clauderet GEL.I.7.20. **b** aliud putrescit et aeuo ~e languet LUCR.5.832; pugna ~e cernis opus MART. 8.6.8;—(*facet.*) lippa ficus ~isque boletus 7.20.12; STAT. *Silv.*4.9.34. **c** mensibus eruptis donec sit ~is annus MAN.3.355; ipso duce..deminuti, ~em numerum reduxistis APUL.*Met.*4.8.

2 Wanting in force, competence, etc., feeble, ineffective.
sine animo anima est ~is ACC.*trag.*296; eos..infirmos sine illo (*sc.* Catilina) ac ~is fore putabam CIC.*Catil.*3.3; inscitia ~is PERS.5.99; nec per opacas bella geret tenebras incerto ~is arcu LUC.8.373; STAT.*Theb.*12.722; feminis uel pupillis uel alias ~ibus ULP.*dig.*I.16.9.5; dirus ore, ingenio ~ior TAC.*Hist.*4.62;—(*w.* ad) ad ea..discrimina haud dubie ~ior futurus fuit CURT.5.1.39.

dēbilitās ~ātis, *f.* [prec.+-TAS] Physical weakness, infirmity, debility. **b** (intellectual, moral) feebleness.
(quom) paupertatem, ~atem, dolorem incommodas, non malas (res appellet) CIC.*Leg.*I.55; cunctantem..ingens uis morbi adorta est ~ate subita LIV.2.36.5; ~atem nobis indixere deliciae SEN.*Ep.*55.1; QUINT.*Inst.*5.12.19; TAC. *Hist.*4.81; morbis et ~ate carebis JUV.14.156;—(*pl.*) ut a se..~ates repellant CIC.*Fin.*4.8; SEN.*Dial.*7.15.6;—(*w. gen.*) membrorum ~atem LIV.33.2.8; CELS.5.26.28.A; contra coxendicum et lumborum ~atem PLIN.*Nat.*22.156; ~ate pedum inualidum TAC.*Hist.*I.9; APUL.*Met.*9.38;—(*of trees*) dolor membrorum, unde partium ~as PLIN.*Nat.* 17.218. **b** ob eam..~atem animi CIC.*Fin.*I.49; (*cf.*) mollem ~ate galliambon MART.2.86.5.

dēbilitātiō ~ōnis, *f.* [DEBILITO+-TIO] An act or process of disabling, mutilation; enfeeblement (of the mind).
praemium..~onis consecutus APUL.*Met.*2.30;—~o atque abiectio animi tui CIC.*Pis.*88.

dēbiliter, *adv.* [DEBILIS+-TER[2]] With weakness, impotently.
lacrimis lingua ~ stupet PAC.*trag.*355.

dēbilitō ~āre ~āuī ~ātum, *tr.* [DEBILIS+-ITO]

1 To deprive of physical strength, weaken, disable, incapacitate. **b** to weaken, impair (things).
LIV.21.40.9; ~aturum quid te petis..munus? OV.*Met.* 13.112; is (*sc.* dolor)..saepe hominem ~at CELS.4.29.1; expositos ~abat et ~atos mendicare cogebat SEN.*Con.*10.4; SEN.*Ep.*101.12; TAC.*Ann.*4.63; qui (*sc.* gladiatores) occisi aut ~ati fuerint GAIUS *Inst.*3.146; (*facet., w. ref. to the appetite*) solebam..~ari oleis et lucanicis tuis CIC.*Fam.* 9.16.8; (*poet.*) (hiems) quae nunc oppositis ~at pumicibus mare HOR.*Carm.*I.11.5;—(*parts of the body, etc.*) membra.. quae ~auit lapidibus, fustibus CIC.*Flac.*73; uiri mentio.. uocem meam fletu ~auit CIC.*Cael.*60; lingua..~ata malis LUCR.6.1150; APUL.*Apol.*43;—(*w. strength, etc., as obj.*) ut fame ~etur eculeorum nimis effrenata uis CIC.*Hort.*fr.85; continuatio..laboris..uigorem ~at APUL.*Apol.*4;—(*w. abl. of respect*) cum corpore ~antur CIC.*Caec.*42; crure dextero.. me ~atum APUL.*Met.*6.25;—(*in fig. phr.*) neruis urbis omnibus exsectis urbem ipsam..~atam reliquerunt CIC. *Agr.*2.91; si me iubeas..Gigantas dicere, conantem ~abit onus OV.*Tr.*2.334. **b** uersus..qui ~atur, in quacumque est parte titubatum CIC.*de Orat.*3.192; OV.*Pont.*2.5.32.

2 To weaken mentally or morally, deprive of the power to act. **b** to deprive of (political or sim.) power, weaken.
quo metu ~aret nostros VAR.in Non.p.163M; recitatis litteris ~atus atque abiectus conscientia..conticuit CIC. *Catil.*3.10; sin aestiuorum timor te ~at *Fam.*7.14.1; V.MAX. 8.1.3; Vitellium ne prosperis quidem parem, adeo ruentibus ~atum TAC.*Hist.*3.64; PLIN.*Ep.*7.17.10;—(*w. the mind, abilities, etc., as obj.*) nolite animum meum ~are..luctu CIC.*Planc.*103; bonorum spem uirtutemque ~es? *Phil.*7.5; nec tarda senectus ~at uiris animi VERG.*A.*9.611; comminui et ~ari generosam indolem SEN.*Ep.*48.9; COL.4.18.2; in metu qui exercitam quoque eloquentiam ~at TAC.*Ann.* 3.67;—(*w. abl. of respect*) minime decet..eum ipsum animo ~atum uideri CIC.*ad Brut.*I.9.2. **b** se acilius inermem et ~atum te oppressuros CIC.*Mur.*82; melius esse deleri.. rem p. quam..~atam manere *Fam.*15.15.1; nisi domi ciuium..inuidia ~atus esset NEP.*Han.*I.2; (*cf.*) quae (*sc.* dies) ~at cogitationes..proditorum tuorum CIC.*Fam.*I.6.1.

dēbitiō ~ōnis, *f.* [DEBEO+-TIO] The state or fact of owing.
dissimilis est pecuniae ~o et gratiae CIC.*Planc.*68; torquetur ~one dotis *Att.*14.13.5; GEL.I.4.5.

dēbitor ~ōris, *m.* [DEBEO+-TOR]

1 One who owes (money or sim.), a debtor. **b** one who is under an obligation to pay. **c** ~*or uoti*, one who owes return (to a god) for a prayer granted.
creditorem ~oribus suis addixisti CIC.*Pis.*86; *Fam.* 9.16.7; *Off.*2.78; causa ~orum suscepta CAES.*Civ.*3.20.1; libero faenore obruebantur ~ores LIV.35.7.2; ~oris corpus inter creditores diuidi licuit QUINT.*Inst.*3.6.84; TAC.*Ann.* 6.17; quia..in eo, quod iam pro eo soluit, ~orem seruum sibi fecerit ULP.*dig.*15.I.11.5; (*cf. sense 2*) mercede soluta non manet officio ~or ille tuo OV.*Am.*I.10.46; (*w. gen.*) fugis ut Rusonem ~or aeris HOR.*S.*I.3.86. **b** utrum ex delicto..an ex contractu ~or sit GAIUS *Inst.*4.182;—(*w. gen.*) fideicommissi ~or SCAEV.*dig.*32.41.11. **c** ~or.. uoti casurum tibi..ad aras ducam..iuuencum MART.9.42.8.

2 One who is indebted (for a service).
hoc est praemium, intueri ~orem populum QUINT.*Decl.* 367(p.402,l.18); PLIN.*Ep.*3.2.6; obligabis me..obligabis ipsum, non minus idoneum ~orem 4.4.2;—(*w. gen.*) animae ~or huius ero OV.*Tr.*I.5.10; fassus huius se spectaculi ~orem SEN.*Con.*I.I.11; beneficii ~orem sibi adquirere GAIUS *dig.*47.2.55(54).1.

dēbitrix ~īcis, *f.* [DEBEO+-TRIX] A female debtor.
AFRIC.*dig.*24.3.33; uxor ~icem suam uiro delegauit PAPIN.*dig.*16.I.27.2; fisci ~ix ex conductione uectigalis PAUL.*dig.*49.14.47.

dēbitum ~ī, *n.* [pple. of DEBEO]

1 That which is owed, a debt, obligation; *uoti ~um*, the obligation undertaken by a vow. **b** *naturae ~um reddere, persoluere*, to pay one's debt to nature, die.
CIC.*Orat.*178; explicationem ~orum tuorum *Q.fr.*2.14.3; cum ~a reddet..sanctis..focis [TIB.]3.10.23; unum (dictum) haec epistula in ~um soluet SEN.*Ep.*7.10; ~a.. pereunt GAIUS *Inst.*2.35; quod..plus ~o..soluerit 2.283;—(*w. defining gen.*) parentes..uos..nepotum nutriendorum ~o..alligauerunt V.MAX.2.9.1;—uoti ~a soluit OV.*Fast.* 5.596. **b** morbo naturae ~um reddiderunt NEP.*Reg.*I.5; ~um naturae persoluit HYG.*Fab.*26.3; *CIL* 6.3580; 8.16374; (*ellipt.*) ~VM REDDIDIT 6.25617; (*cf.*) Mors..flagitabit ~um PHAED.3.epil.19.

2 That which is due or ought to occur.
neque ultra ~um imbres cadunt SEN.*Suas.*3.1; si creuit (Nilus) super debitum SEN.*Nat.*4a.2.9.

dēblaterō ~āre ~āuī ~ātum, *tr., intr.* [DE-+BLATERO] To utter in a foolish manner, babble.
~atis uersuum multis milibus GEL.9.15.10; (*w. acc. and inf.*) quae ~auisti iam uicinis..meae me filiae daturum dotem PL.*Aul.*268;—(*intr.*) iuuenes..theorematis..nugalibus..~antes (*s.v.l.*) GEL.I.2.6.

dēcacūminātiō ~ōnis, *f.* [next+-TIO] The removal by lopping of the crown of a tree.
PLIN.*Nat.*17.236.

dēcacūminō ~āre, *tr.* [DE-+CACVMEN+-O[3]] To remove the crown of (a tree) by lopping.
COL.4.7.3; ulmus..~anda est iuxta ramulum qui uidebitur esse nitidissimus 5.6.12; 5.7.1.

dēcalauticō ~āre, *tr.* [DE-+CALAVTICA+-O[3]] (app. facet.) To exact from (a person), or relieve of, a *calautica*.
sperans me..~are, eburno speculo despeculassere LUCIL. 683.

dēcalicātus ~a ~um, *a.* [DE-+*calic-* (cf. CALX[2])+-ATVS[2]] (See quot.)
~um calce litum PAUL.*Fest.*p.75M.

decānica ~ōrum, *n. pl.* [Gk. δεκανικά] A branch of astrology based on the division of the signs of the Zodiac into thirds (consisting of 10° each).
quam partem (*sc.* disciplinae) Graiae dixere ~a gentes MAN.4.298.

dēcantō ~āre ~āuī ~ātum, *tr.* [DE-+CANTO]

1 To recite through in a singing tone, chant (usu. in a disparaging sense). **b** (transf.) to reel off, repeat.
non ~andi augurii sed diuinandi tenuit disciplinam CIC. *Div.*I.105; neu miserabilis ~es elegos HOR.*Carm.*I.33.3; puerorum..nenia..~ata Camillis *Ep.*I.I.64; carmen.. magicum uoluit et..~at..quicquid..cogit umbras SEN. *Oed.*562; Halosin Ilii in suo scaenico habitu ~auit SUET. *Nero* 38.2; (*absol.*) cui Apollo..dixit ut ornatu suo..~aret HYG.*Fab.*194.2. **b** neque..sine causa tam uetera uobis et tam obsoleta ~o CIC.*Rep.*2.55; decantatae..in omnibus scholis fabulae SEN.*Ep.*24.6; cum multa..quae neque ad iudicem neque ad litigatorem pertineant, ~auerunt QUINT.*Inst.*12.8.3.

2 To pronounce a spell over; to bewitch (a person), enchant.
~atis spirantibus fibris APUL.*Met.*3.18;—ego nullo ~atus carmine 3.22; (*transf.*) his uerbis et amplexibus mollibus ~atus maritus 5.13.

decaprōtī ~ōrum, *m. pl.* [Gk. δεκάπρωτοι] A municipal finance committee.
~os etiam minores annis uiginti quinque fieri..placuit ULP.*dig.*50.4.3.10.

dēcarpō: see DECERPO.

decastȳlos ~os ~on, *a.* [Gk. δεκάστυλος] Having ten columns.
(aedes) hypaethros..~os est in pronao VITR.3.2.8.

decatressēs ~ium, *m. pl.* **-ensēs.** [app. Gk. δέκα+τρεῖς] (prob.) The members of a *collegium* at Puteoli which held its reunions on the 13th day of the month.
COLLIGEVS ~IVM PATRONO DIGNISSIMO *CIL* 10.1696; 10.1697.

dēcaulescō ~ere, *intr.* [DE-+CAVLIS+-ESCO] To form a stem, run to stalk.
raphanus..iucundior detractis foliis, antequam ~at PLIN.*Nat.*19.122.

dēcēdō ~dere ~ssī ~ssum, *intr.* [DE-+CEDO[2]] FORMS: *~sse* (= *~ssisse*) TER.*Hau.*32.

1 To go away, depart, withdraw. **b** (of military forces) to withdraw (from a position), retire. **c** (w. destination expr.) to leave (for). **d** to go off (for a spec. purpose). **e** (of things) to move or go away.
iactare indu foro se omnes, ~dere nusquam LUCIL.1230; llum saepe suis ~dens fouit in ulnis (Aurora) PROP.2.18.9; —(*w. place whence stated*) qui paene ex Italia ~dere sim iussus CIC.*Att.*11.7.2; quod..de altera parte (agri)..Sequanos ~dere iuberet CAES.*Gal.*1.31.10; sperasti..tacitus..mea ~dere terra? VERG.*A.*4.306; V.FL.2.401; ~de..istis aedibus protinus APUL.*Met.*6.3; cenati e triclinio domini ~sseramus 10.20; (*cf. 6c*) de foro ~sserat, timens proscriptionem NEP.*Att.*10.2;—(*of birds, animals, etc.*) e pastu ~dens..coruorum..exercitus VERG.*G.*1.381; uelut..lupus ..pectora..sanie grauis..~dit stabulis STAT.*Theb.*4.366. **b** quod de colle non ~derent CAES.*Civ.*1.71.3; ~dere barbari in iuga montium TAC.*Ann.*12.35;—(*of generals, etc.*) cuius ..uirtute Hannibal..Italia ~ere coactus est CIC.*Catil.* 4.21; nisi ~dat atque exercitum deducat ex his regionibus CAES.*Gal.*1.44.11; *B.Alex.*34.2; (*at sea*) CAS.*Fam.*12.13.3;—(*impers. pass.*) ad eum diem praesidio ~ssum est LIV. 38.37.11. **c** ~dit ex Gallia Romam simul Naeuius CIC. *Quinct.*16; edicto iustitio domum ~dens (consul) *Planc.*33; ex aequore..domum tardis ~dere plaustra iuuencis VERG. *G.*2.206. **d** ~do cacatum POMPON.*com.*130; flens ubertim ~ssit ad somnum APUL.*Met.*5.5. **e** ~dunt corpore febres LUCR.2.34; 4.1042; caelo noctis ~sserat umbra VERG. *Ecl.*8.14; ne cortex a ligno ~dat alterutri (*i.e. either the graft or the stock*) PLIN.*Nat.*17.107;—(*of the sun or stars setting*) sol crescentis ~dens duplicat umbras VERG.*Ecl.* 2.67; *G.*1.222; cum sidus..Orionis..longo ~dat spatio PLIN.*Nat.*18.223.

2 To desert (on mil. service); *praesidio ~dere*, to quit one's post. **b** *agmine ~dere*, to fall out on the march.
si quos equites ~dentes nactus sum, supplicio adfeci POL. *Fam.*10.32.5;—fustuarium meretur, qui..praesidio ~dit LIV.5.6.14; 24.37.9; (*cf.*) uetat..de praesidio et statione uitae ~dere CIC.*Sen.*73. **b** si quis agmine ~essisset, pro desertore fore clamitans TAC.*Ann.*1.38; 11.18.

3 (of civil and military holders of office) To quit office and return home (on the expiration of a term of service in the provinces or elsewhere abroad).
melior imperator nouus..quam ille qui ~dit *Rhet.Her.* 4.59; qui cum Antonio in Ciliciam profectus una ~sserat CIC.*de Orat.*2.2; te antea quam tibi successum esset ~ssurum fuisse *Fam.*3.6.2; legionem sextam ~dere ad..honores accipiendos in Italiam iubet *B.Alex.*77.2; ad triumphum ~ssit LIV.10.46.13; 36.37.6; ~dens..ante tempus SUET. *Jul.*8;—(*w. abl., prep., etc.*) antequam de Sicilia ~sseris CIC. *Div.Caec.*29; inde nos oportet ~dere a. d. III Kalendas Sextilis *Att.*5.21.9; quaestor..ex Africa ~dens NEP.*Ca.*1.4; utrumque (*i.e. both generals*) ~dere prouincia iussit LIV. 41.10.6; ab emerito..~dere bello STAT.*Silv.*3.2.128.

4 To move to one side, get out of the way; (esp. w. dat.) to make way (for), give place (to). **b** to give way, retreat (before weather or other conditions). **c** to yield (to other pressures). **d** (of things) to be inferior, yield (to).
concedite atque apscedite omnes, de uia ~dite PL.*Am.* 984; iubet uxorem ~dere utque in eius locum adsidam APUL.*Met.*1.23; diuinitus ~dente populo 11.12;—properanti hau quisquam dignum habet ~dere PL.*Mer.*117; TER.*Hau.* 32; Thessala pubes..coepit ~dere diuis CATUL.64.298; hi numero impiorum..habentur, his omnes ~dunt CAES. *Gal.*6.13.7; quod sibi inter spectacula..loco non ~ssisset TAC.*Ann.*3.31; SUET.*Tib.*31.2; (*impers. pass.*) ut..aselli sic incurrant, ut iis de uia ~dendum sit CIC.*Rep.*1.67; haec ..sunt honorabilia..salutari adpeti ~di adsurgi *Sen.*63; (*fig.*) uiuere si recte nescis, ~de peritis HOR.*Ep.*2.2.213; (*of land*) tamquam nulla portio (terrae) ipsi ~dat oceano PLIN. *Nat.*2.171. **b** nec serae meminit ~dere nocti V.RUF.*poet.* 4.6; ut..uicina inuitet ~dere ripa calori VERG.*G.*4.23; (*cf.*) suadebat maritum temperius quieti ~dere APUL.*Met.*9.26. **c** ~dam pro omnibus unus tribunicio furori [CIC.]*Exil.*13 facilius precariis ~dimus quam uiolentis deterremur FRO. *Aur.*1.p.102(53N). **d** ubi non Hymetto mella ~dunt HOR.*Carm.*2.6.15; si paulum summo ~ssit (poema), uergit ad imum *Ars* 378; ut (haec gnoma) poni in libro Sallustii possit, nec discrepet aut quicquam ~dat FRO.*Aur.*1.p.12 (48N).

5 To deviate, stray (from the course of a journey), turn off. **b** to digress (in speech, etc.).
naues..tempestate paulum suo cursu ~sserunt CAES.*Civ.* 3.112.3; cum luminibus extinctis ~ssisset uia SUET.*Jul.*31.2; (*in fig. phr.*) se nulla cupiditate inductum de uia ~ssisse CIC.*Cael.*38. **b** ut illo reuertar, unde ~ssi SEN.*Dial.* 10.13.8; uia dicendi non ~dere QUINT.*Inst.*4.5.3; APUL.*Met.* 10.33.

6 (w. abl., prep., or sim.) To depart (from a way of behaving, thinking, obligation, etc.), cease to observe, abandon. **b** to cease to make use (of), abandon one's claim (to). **c** to retire (from a profession or office), resign. **d** (of things) to depart (from their original character).
de foedere ~ssere CATO *hist.*84; ut..maluerint de suo more ~dere quam de tuis moribus non dicere CIC.*Ver.* 2.155; non ut ego de optima illa mea ratione ~derem *Att.* 2.1.6; ~deretis instituto uestro LIV.37.54.9; non ideo.. ~ssit sententia TAC.*Ann.*14.49; FRO.*Ver.*2.p.132(121N); (*cf. sense 3*) de ciuitate ~dere quam de sententia maluit CIC. *Balb.*11;—(*impers. pass.*) si ~di fide uidisset LIV.45.19.8. **b** prato sicco ~dat, ubi pirus florere coeperit CATO *Agr.* 149.1; Kal. Iun. emptor fructu ~dat 150.1; ne ei quidem ..~dent de possessione CIC.*Agr.*2.68; ut aut de hypothecis ~dat..aut pecuniam soluat *Fam.*13.56.2; ut ~deret iure suo uindicarique puellam..pateretur LIV.3.46.3; nisi ..ab hoc ~ssisse testatorem ostenderit CELS.*dig.*31.22. **c** quos ego honoris causa de scaena ~ssisse arbitrabar CIC. *Fam.*7.1.2; QVEMVE IMPERATOR INGNOMINIAE CAVSSA AB EXERCITV ~DERE IVSIT *CIL* 1.593.121; flamonio ~dit GEL. 10.15.22. **d** quaedam (stirpes uitium)..qualitate sua ~sserunt COL.3.2.30; pleraque uerborum Latinorum ex ea significatione..~ssisse..in aliam GEL.13.30(29).1.

7 To depart from life, die.
~SSIT AN XXIII CARISSVMA SVIS *CIL* 1.1419; anagnostes noster..~sserat meque plus quam serui mors debere uidebatur commouerat CIC.*Att.*1.12.4; NEP.*Ar.*3.3; ut plures post proelium saucii ~sserint quam ceciderant in acie LIV. 9.32.12; timidius ~ssit, quam professioni eius..congruebat VELL.2.87.3; V.MAX.8.7.ext.3; alter adulescens ~ssit, alter senex SEN.*Ep.*66.42; ~ssit..et quidem sponte PLIN. *Ep.*1.12.1; utraque a partu..~ssit 4.21.1; ~ssit paralysi SUET.*Vit.*3.1; (*pple. as sb.*) quem ~dens elegit ULP.*dig.* 11.7.12.4;—(*w.* de) qui iam de uita ~sserunt CIC.*Rab.Perd.* 30.

8 a (of feelings, conditions, etc.) To pass away, subside, cease. **b** (of seasons) to come to an end, pass away; (of the moon) to wane; (of rivers, floods, etc.) to recede, go down.
a ~det iam ira haec TER.*Hec.*505; alteram quartanam.. ~ssisse et alteram leuiorem accedere CIC.*Att.*7.2.2; ubi illa formido mentibus ~ssit SAL.*Jug.*41.3; ~det odor (*sc.* uini) HOR.*S.*2.4.53; CELS.3.2.3; ~sserat certamen uirtutis et ambitio gloriae TAC.*Ann.*15.16;—(*w. dat. of advantage*) nec tibi..~dunt amores HOR.*Carm.*2.9.11; nec patribus nec plebi cura ~sserat LIV.2.31.7. **b** te ueniente die, te ~dente canebat VERG.*G.*4.466; ~dentia certis tempora momentis HOR.*Ep.*1.6.3; hieme iam ~dente GEL.3.1.1;—cepetum reuirescit..~dente luna 20.8.7;—aestum ~dere LIV.26.45.7; si..tarde..~ssit (Nilus) SEN.*Ben.*6.7.3; circa Babylonis rigua ~dentibus fluuiis PLIN.*Nat.*9.175.

9 (of things) To be removed, taken away or subtracted, disappear.
octo tenor decies ducetur in annos si duo ~dant MAN. 3.593; quo facto decima pars (musti) ~det, sed reliqua perennis erit COL.12.20.8; huic picturae quater colorem induxit..ut ~dente superiore inferior succederet PLIN. *Nat.*35.102;—(*w.* de, ex) de summa nil ~det TER.*Ad.*816; ut de causa eius periculi nihil ~deret CIC.*Clu.*167; quod.. hae (particulae)..ex nostro corpore ~derent ALF.*dig.* 5.1.76; placet, quod alter alteri debet, de peculio eius ~dere ULP.*dig.*33.8.8.2;—(*w. dat.*) quae ~dunt corpora cuique unde abeunt minuunt LUCR.2.72; ut quaestioni Campanae materia ~ssit LIV.9.26.8; uiridis nemori sanguis ~dit MAN. 5.212; quo..nobis opinio ~dat (*we should get rid of the idea*) TAC.*Ann.*15.20.

decem, *indecl. a.* [*dékm, cf. Skt. *dása*, Gk. δέκα, Russ. *desyat'*] FORMS: *dece CIL* 4.3340.28; *decim* 12.2703.

1 Ten. **b** (as a typical number).
isti sunt ~ PL.*Men.*222; dos..est ~ talenta TER.*An.*951; cum ~ longis nauibus CAES.*Civ.*2.23.3; matri longa ~ tulerunt fastidia menses VERG.*Ecl.*4.61; STAT.*Silv.*4.1.43; ~ pondo olei JULIAN.*dig.*18.1.39;—(*in comp. num.*) sex ~que librari *Leg.pub.*(*Font.iur.*p.46)3; de tribus et ~ fundis CIC.*S.Rosc.*99; milia passuum ~ nouem CAES.*Gal.* 1.8.1; filium..septem ~ annos natum LIV.24.49.1; stellis quinque ~que OV.*Fast.*3.458; TAC.*Hist.*2.58; COHORTIBVS ~ ET VNA *Priv.mil.vet.*21(*CIL* 3.p.864). **b** (*large*) ducam hodie amicam.— uel ~ dum de tuo PL.*St.*426; si linguas ~ habeam CAECIL.*com.*126; HOR.*Ep.*1.18.25; ~ tanta te amo FRO.*Aur.*1.p.250(91N); nudum nec a ~ palaestritis despoliari posse APUL.*Met.*1.15;—(*small*) uix memini nobis uerba coisse ~ PROP.3.15.8.

2 (as sb.) The number ten; ten men.
si..in utrisque palmis..~ sunt perfecti VITR.3.1.5; adusque ~ numero crescente uenitur OV.*Fast.*3.125;—in Creta..~ qui cosmoe uocantur..constituti CIC.*Rep.*2.58; collegium, in quo nemo e ~ sana mente sit *Leg.*3.24; (*in comp. num.*) ~ septem..interfecti sunt LIV.38.33.10.

december ~bris ~bre, *a.* [**decemo-membris*, DECIMVS[1]+*mens-ri-* (MENSIS) cf. SEMESTRIS] ABBREV., FORMS: *dekem CIL* 1.1038; *dicimbr* 10.8375; commonly *dec.*
Of or belonging to December, the tenth month of the Roman year till the revision of the calendar by Julius Caesar, thereafter the twelfth and last month. **b** (masc. as sb.) the month of December.
VI K DEC A CXXCII *Act.Triumph.*2(*CIL* 1.p.43); nonis illis ~bribus CIC.*Att.*10.1.1; age, libertate ~bri (*i.e. during the Saturnalia*)..utere HOR.*S.*2.7.4; summo..~bri..die OV. *Pont.*4.9.59; mensis ~ber est? PETR.58.2; aquilone ~bri JUV.9.68. **b** usque ad ~brem VAR.*L.*6.34; hic tertius ~ber, ex quo destiti Inachia furere HOR.*Epod.*11.5; OV. *Fast.*3.58; cum ~ber canus..mugiet MART.1.49.19; grauidus mero ~ber STAT.*Silv.*1.6.5; (*pl.*) me quater undenos sciat impleuisse ~bris HOR.*Ep.*1.20.27; (*given as a personal name*) ~ber dispensator meus SCAEV.*dig.*40.5.41.15.

decemiugis ~is ~e, *a.* [DECEM+IVGVM+-IS] Equipped for yoking ten draught animals, ten-horse.
aurigauit..Olympiis..etiam ~em (*sc.* currum SUET. *Nero* 24.2; (*perh.*) QVI VICIT..PRAEMIA..OCTOIVG N̄ VIII DEC N̄ VIIII *CIL* 6.10049.

decemmodia ~ae, *f.* [DECEM+MODIVS] A basket holding 10 *modii*.
fabricandae ~ae et trimodiae COL.12.18.2; 12.52.8.

decempeda ~ae, *f.* [DECEM+-*peda* (PES)] A measuring pole ten feet long; a length of ten feet.
cum architectis et ~is uillas multorum..peragrabat CIC. *Mil.*74; *Luc.*126; ~is metata priuatis..porticus HOR.*Carm.* 2.15.14; siquid ~am effugit SEN.*Ep.*88.11; SUET.*Aug.*24.2; —unum latus..XII ~as esse uoluerunt FRON.*agrim.*p.13.

decempedātor ~ōris, *m.* [prec.+-TOR] A land-surveyor.
aequissimus agri priuati et publici ~or CIC.*Phil.*13.37.

decemplex ~icis, *a.* [DECEM+-PLEX] Tenfold.
alter ~ex..quod est ut unum ad decem, sic decem ad centum VAR.*L.*10.43; ~icem numerum hostium NEP.*Milt.* 5.5.

decemplicō ~āre ~āuī ~ātum, *tr.* [prec.+-O[3]] To multiply by ten.
VAR.*L.*6.38.

decemprīmus ~ī, *m.* [DECEM+PRIMVS] Usu. written as two words. ABBREV.: *xprimus*. One of the ten senior members of the senate in a *municipium* or *colonia*; one of a similar body in an order of priests.
ut ~i proficiscantur ad L. Sullam CIC.*S.Rosc.*25; Centuripinorum magistratus et ~os *Ver.*2.162; *Att.*10.13.1; VETVRIO PROCVLO XPRIM *CIL* 10.7236; 11.1420.14;—6.2010.4.

decemrēmis ~is, *f.* [DECEM+REMVS[1]+-IS] A large warship; (the precise arrangement of oars or rowers has not been determined).
quinqueremem..(fecisse) Salaminios, sex ordinum.. Syracosios, ab ea ad ~em..Alexandrum Magnum PLIN. *Nat.*7.208.

decemscalmus ~a ~um, *a.* [DECEM+SCALMVS] Having ten rowlocks, ten-oared.
conscendens e Pompeiano tribus actuariolis ~is CIC.*Att.* 16.3.6.

decemuir ~rī, *m.* [DECEM+VIR] Also written as two words. ABBREV.: *xuir*. A member of a commission of ten men appointed either permanently or for a limited term, esp.: **a** to look after the Sibylline books. **b** (traditionally appointed in 451 B.C.) to codify the laws (Twelve Tables). **c** to judge suits to decide whether a person was free or a slave. **d** to distribute land. **e** as native officials in subject territory.
a *CIL* 1.15; senatus ~ros ad libros ire iussit CIC.*Div.*1.97; ~ros sacris faciundis, carminum Sibyllae ac fatorum populi huius interpretes LIV.10.8.2; creatus..~r sacrorum 25.2.2; 44.18.7. **b** ~RI CONSVLAR(I) (imperio) *Fast.Cos.Cap.*2 (*CIL* 1.p.16); ~ros, qui XII tabulas perscripserunt CIC. *de Orat.*1.58; *Att.*6.1.8; ~ros legibus scribendis..et creauimus et e re publica sustulimus LIV.4.4.3; 7.18.7; PLIN.*Nat.* 34.21. **c** iudicium fuisse..~rum VAR.*L.*9.85; CIC.*Caec.* 97; si ~ri sacramentum in libertatem iniustum iudicassent *Dom.*78; ut centumuiralem hastam..~ri cogerent SUET. *Aug.*36; POMPON.*dig.*1.2.2.29; ~R STLITIB IVDICAND *CIL* 6.31652; 10.8260. **d** ~R AGR DAND *CIL* 6.1310; CIC.*Agr.* 1.9; D.BRUT.*Fam.*11.20.1; ut..eum agrum ~ri adsignarent LIV.31.49.5. **e** ~ros Bruttiani uerberauere CATO *orat.*66.

decemuirālis ~is ~e, *a.* [prec.+-ALIS] ABBREV.: *xuiralis*. Of or belonging to a decemvirate.
ex amplissimo collegio ~i sacerdotes CIC.*Ver.*4.108; tertius..annus ~is *Rep.*2.62; ~i potestate NEP.*Lys.*2.1; posito..~i odio LIV.3.42.6; SOLVTO..~I REGNO *CIL* 13.1668.1.33; TAC.*Ann.*1.1; legum ~ium GEL.20.1.3.

decemuirātus ~ūs, *m.* [DECEMVIR+-ATVS[1]] ABBREV.: *xuiratus*. The office of decemvir.
qui honore ~us excluditur CIC.*Agr.*2.60; qui ~um petissent LIV.3.40.9; QUINT.*Inst.*5.13.35; ~us libido FLOR. *Epit.*1.17(1.24.1); (*pl.*) Claudios, Cassios consulatibus, ~ibus ..sustulisse animos LIV.4.15.5.

decennālis ~is ~e, *a.* [DECEM+ANNVS+-IS] Recurring every tenth year; (neut. pl. as sb.) a festival originally held on every tenth anniversary of an emperor's accession.
PRIMI ~ES (*sc.* ludi) COS III *BMCI* 4.p.463, No.549 (Marcus Aurelius);—4.p.83, No.578 (Antoninus Pius); VOTA SOLVTA ~IVM 4.p.619, No.1401 (Marcus Aurelius); *CIL* 3.8706.

decennis ~is ~e, *a.* [DECEM+ANNVS+-IS] Lasting for ten years; ten years old.
~i Marte concussum Ilium SEN.*Ag.*921; crus compede lubricum ~i MART.9.57.3; QUINT.*Inst.*8.4.22;—coeunt (elephanti) mas quinquennis, femina ~is PLIN.*Nat.*8.12.

decennium ~iī, *n.* [prec.+-IVM] A period of ten years.

~ium praedixit (Calchas) Apul.Soc.18; fundum..post ~ium..dari iussit Paul.dig.33.2.26.

decens ~ntis, *a. compar.* ~ntior, *superl.* ~ntissimus. [pple. of DECET]

1 Conforming to an approved standard, seemly, fitting, appropriate.
quid uerum atque ~ns, curo Hor.Ep.1.1.11; spem..~ns doctae uocis amictus habet Ov.Pont.2.5.52; hoc est ~ntissimum quod ex communi sermone trahitur Sen.Suas.2.13; nec dapibus feris decerni potuit poena ~ntior Sen.Thy.151; corporis..aptus et ~ns motus Quint.Inst.1.10.26; ~ntius erit..seruare iudicum pudorem 11.1.78; (*iron.*) ~ntissimum sponsaliorum genus est adulterium Sen.Ben.1.9.4.

2 Having a pleasing appearance, becoming, graceful. **b** (of persons, animals, etc.).
quo fugit..color? ~ns quo motus? Hor.Carm.4.13.17; flore ~nti uincire comam Sen.Thy.945; monile ~ns Luc.2.363; frontis seruat honorem ira ~ns Stat.Theb.9.706; (*w. abl.*) prata nouo uere ~ntia Sen.Phaed.764. **b** iunctae..Nymphis Gratiae ~ntes Hor.Carm.1.4.6; ~ntis..malas 3.27.53; ~ns incede Ov.Ars 3.751; sumptis..~ntior armis uenit..nuda Minerua Ep.5.35; ~ntior equus..sed idem uelocior Quint.Inst.8.3.10; ~ntior quam sublimior Tac.Ag.44.2;—(*w. abl.*) longo..~ntia crine tempora (*sc.* Phoebi) Ov.Met.1.450; Plin.Ep.1.21.2; pulcher ac ~ns..et quidem toto corpore Suet.Dom.18.1.

decenter, *adv. compar.* ~tius, *superl.* ~tissimē. [prec.+-TER²] In a manner conforming to good taste, becomingly, gracefully, decently.
(flos) ~ter impositus fronti Prop.4.2.45; ut..~tius ad externa transeamus V.Max.3.7.11; Sen.Con.2.4.7; non quid uerissime, sed quid ~tissime Sen.Ep.86.15; Quint.Inst.9.3.59; Juv.6.487; (ipsa) lumbis sensim uibrantibus..~ter undabat Apul.Met.2.7; (*as exclam.*) quin..hoc optes audire '~ter' Pers.1.84;—(*w. adj.*) lasciua ~tius aetas Hor.Ep.2.2.216; maesta ~ter erat Ov.Am.2.5.44.

decentia ~ae, *f.* [DECENS+-IA] Propriety, becomingness.
uenustatem atque ordinem et ut ita dicam ~am oculi iudicant Cic.N.D.2.145.

dēceptor ~ōris, *m.* [DECIPIO+-TOR] (w. gen.) One who plays false (to), a betrayer (of).
proditus occidit ~or domini Myrtilus Sen.Thy.140; RAPTVS A NYMPHIS VIX ANN VIIII..~OR PARENTORVM (*i.e. by his early death*) CIL 6.29195.

dēceptōrius ~a ~um, *a.* [prec.+-IVS] Deceptive.
quae omnes optant..inania et specioso ac ~o fuco circumlita Sen.Dial.12.5.6.

dēceptrix ~īcis, *fem. a.* [DECIPIO+-TRIX] That betrays or deceives.
VIXIT ANN XIIII..VIRGO ~IX (*i.e. by her early death*). VALE CIL 10.2601.

decēris ~is, *a.* [Gk. δεκήρης] Having ten banks of oars or with oars or rowers grouped in tens in some other way.
fabricauit et ~is (*cj.*) Liburnicas Suet.Cal.37.2.

dēcermina ~um, *n. pl.* [DECERPO+-MEN] Trimmings, prunings.
~a..quae decerpuntur purgandi causa Paul.Fest.p.72M; (*fig., of persons*) solent fortunae ~a (*cj.*) stipes in triuiis erogare Apul.Met.1.6.

dēcernō ~ernere ~rēuī ~rētum, *tr., intr.* [DE-+CERNO] FORMS: *~resse, ~rero* (for *~reuisse, ~reuero*), etc., commonly found.

1 (w. acc. or absol.) To bring (an issue) to a decision, settle, decide, fight (it) out. **b** (w. means specified).
iis rebus quae in Italia ~ernuntur Cic.ad Brut.2.4.4(6); anceps pugna erat nec ipsa per se ~erni poterat Liv.28.14.12;—(*w. abst. or inanim. subj.*) primus..impetus rem ~reuit 25.41.6; quae (*sc.* tela) inritare magis quam ~ernere pugnam poterant 28.33.5;—(*w.* cum) cum hoc..apud Padum ~ernit Nep.Han.4.1; tamquam in acie quadam cum uoluptariis rebus..comminus ~ernendum Gel.15.2.8; (*fig.*) quod uitae ratio cum ratione uitae ~erneret Cic.Quinct.92;—(*w.* de) ut ~ernunt de uita Var.L.6.81; aduersarios in aequum locum deducere et..de bello ~ernere B.Hisp.5.7;—(*w. indir. qu.*) cum non possetur ~erni, utrius putaretur uictoria esse Quad.hist.33. **b** nisi seruire malumus quam ne seruiamus..armis..~ernere Cic.Phil.3.33; classe paucis diebus erant ~returi Nep.Han.10.4; cornibus inter se..~ernere amantes (*sc.* tauros) Verg.G.3.218; ~ernite criminibus, mox ferro ~returi Liv.40.8.19; uetant suos..caestu ~ernere Sen.Ben.5.3.1; ~ernunt digitis (*in a game of chance*) Calp.Ecl.2.27; V.Fl.5.637; qui iudicio ~ernent Quint.Inst.12.7.5;—(*w.* cum) mecum ~ernere ferro Enn.Ann.133;—(*w.* de, pro) quod uno iudicio de fortunis omnibus ~ernit Cic.Quinct.6; hi..pro pudicitia coniugum..uestrorum ferro ~ernerent? Liv.39.15.14.

2 To determine, decide (a question, matter of fact, etc.). **b** (w. acc. and inf.) to decide (that). **c** to determine (a thing) as being what it is, distingush.
hoc (*i.e. the suitability of the crop*) ex locorum occasione..~ernitur Plin.Nat.18.30;—(*w. indir. qu.*) quid sit facto opus ~ernite Pac.trag.35; cum..neque prae imbri satis ~ernere possent qua suis opem ferrent Liv.21.56.3; necdum..~erno quid uocent (hunc pisciculum) Apul.Apol.40; (*w. abst. subj.*) quippe cum..uerum falsumne sit, non uita (*i.e. living experience*) ~reuerit Plin.Nat.8.48;—(*absol.*) quid hoc..infelicitatis? nequeo satis ~ernere Ter.Ad.544; his uersibus ~ernit Plin.Nat.14.92; (*w.* de de ratione eorum (*sc.* uentorum) menstrua quarta maxime luna ~ernit 2.128. **b** id uitium numquam ~reui esse ego adulescentiae Ter.Hec.542; quod..in me ipso satis esse consili ~reras Cic.Att.3.15.7; Tusc.2.16; Academici..nihil posse ~erni quasi ~ernunt Gel.11.5.8; ~reuit sibi diutius in uiduitate non permanendum Apul.Apol.69;—(*impers. pass.*) Sal.Rep.2.2.1; iam pridem mihi ~retum est neque exercitus neque ducis terga tuta esse Tac.Ag.33.6. **c** uis ~ernitur per exercitus classes arma Rhet.Her.3.3; candore et pondere, quo maxime (triticum Italicum) ~ernitur Plin.Nat.18.63.

3 (esp. of persons exercising judicial or sim. functions) To announce as one's decision or judgement, declare, decide. **b** *tumultum ~ernere*, to declare a state of emergency.
dicam meam sententiam, siquidem uoltis quod ~rero facere Pl.Cur.703; qui iniuriam ~ernebat (*gave unjust decisions*) Cic.Quinct.69; in eius controuersiis quid ~ernas a te non peto Fam.13.59; ~erne..quod patitur fides, ut gratuler me stare iudicio tuo Phaed.3.epil.26; quodcumque..imperator..cognoscens ~reuit Ulp.dig.1.4.1.1;—(*w. acc. and inf.*) utrum (augur) ~returus fueris..Ioue fulgente cum populo agi nefas esse Cic.Vat.20; Att.1.13.3; frequens senatus ~ernit..indicium falsum uideri Sal.Cat.48.6; Liv.25.4.7; uere et autumno id..fieri ~reuere Plin.Nat.17.132;—(*w. pred. noun or adj.*) qui illum ~rerunt dignum suos quoi liberos committerent Ter.Hec.212; Dolabella..hoste ~reto Cic.Phil.11.16; piaculum ~ernis speculum philosopho Apul.Apol.13;—(*w. adv.*) aliter ~ernere eadem in causa non potuisti Cic.Ver.5.56; Tac.Ann.4.43;—(*absol.*) Caes.Gal.6.13.5; Ulp.dig.27.2.3.5; (*dist. from* edico) si non ~reuisset, sed edixisset.. Cic.Flac.78; (*w. abst. subj.*) in omnem uitam nostram memoria ~ernente Sen.Ben.4.22.1. **b** tumultum ~erni, iustitium edici..oportere Cic.Phil.5.31; 6.16; (*cf., w. acc. and inf.*) tumultum esse ~reuit senatus Liv.34.56.11.

4 To decide on (a course of action, or sim.). **b** (w. inf.) to decide, make up one's mind (to); (also w. *ut* or subj. alone).
quasi quicquam de nostra salute ~reuissemus, quod non idem illis censuissemus Cic.Fam.9.6.3; nescio quid ferox ~reuit animus Sen.Med.918; Plin.Ep.Tra.10.58(66).4; quid..decreueritis de isto asino Apul.Met.6.31;—(*absol.*) utinam meo solum capite ~ernerem! Cic.Att.10.9.2; expetenda..magis est ~ernendi ratio quam decertandi fortitudo Off.1.80; (*impers. pass.*) Nep.Timol.3.5; uiribus, non aetate ~ernitur Plin.Nat.17.178. **b** uiam..quam ~reui persequi Ter.Hec.454; haec non curare ~reui Cic.Q.fr.3.7.2; Caes.Gal.5.53.2; euicta dolore ~reuit..mori Verg.A.4.475; Luc.9.110; inibi larem..pastores..statuere ~ernunt Apul.Met.8.23; (*impers. pass.*) mihi bibere ~retum est aquam Pl.Aul.572; uobis cum uno..aetatem agere ~retumst uiro Ter.Hau.392; Luc.1.290;—(*w. acc. and inf.*) uxorem ~rerat dare sese mi hodie Ter.An.238; (*impers. pass.*) eos me ~retumst persequi mores patris Pl.As.73;—profestos festos habeam ~retum est mihi Poen.501; hic ~ernit, ut miser sit Cic.Tusc.3.65.

5 (esp. of legislative bodies, magistrates, etc.) To resolve on, decree, ordain (an action, policy, etc.). **b** (of gods, destiny). **c** to decide on, appoint (a person).
quin triumphus ~ernatur Quad.hist.70; earum rerum quas Caesar statuisset, ~reuisset, egisset Cic.Att.16.16c.11; cum ad templum..ciuitates pecunias ~reuissent Cic.Q.fr.1.1.26; Sal.Cat.51.25; auditis quae Romae quaeque Carthagine acta ~retaque forent Liv.21.21.1; (tribunus pl.) legem..ad populum tulit, qua..C. Mario bellum ~erneretur Vell.2.18.6; ex ~retis honoribus Plin.Pan.54.6; ut (praetor) non uniuersum reditum..in alimenta ~ernat Ulp.dig.27.2.3.1; (*w.* in+*acc., of the persons addressed*) in quos tum consules designatos idem illud senatus ~reuerat Cic.Clu.137;—(*w. dat. of advantage*) qui..quaesitori gratulationem, indici praemium ~rerit Catil.4.10; deum honores Poppaeae ~ernuntur Tac.Ann.16.21; eo pacto cuppedinariis omnibus famem ~ernis Apul.Apol.29; Ulp.dig.26.4.5.2; (*cf.*) nec dapibus feris ~erni potuit poena decentior Sen.Thy.151;—(*w.* ut, ne) IMPEIRATOR ~REIVIT VTEI..LEIBEREI ESSENT CIL 1.614; Centuripinorum senatus ~reuit populusque iussit ut..eas (statuas)..locarent Cic.Ver.2.161; ~reuistis ne quis ulla ratione rem impediret Red.Sen.27; Liv.2.28.5; Apul.Met.3.11. **b** an..liceat illi (*sc.* deo)..~ernere et ex lege fatorum aliquid derogare Sen.Nat.1.pr.3; ~retusne uenit fato pauor? V.Fl.3.374; ~ernat quodcumque uolet de corpore nostro Isis Juv.13.92; Fro.Aur.2.p.224(232N); (*w. pred. noun*) sacerdotem..mihi coniunctum sacrorum ministrum ~ernit (*sc.* dea) Apul.Met.11.22; (*w.* ut) lex ipsa naturae..~ernet..ut ab homine inerti..ad..fortem uirum transferantur res Cic.Off.3.31; (*w. adv.*) utcumque fata ~reuerint Apul.Met.1.20. **c** quae haberet palam ~retum semper aliquem Cic.Cael.38; legatos ad dedendam Romanis Capuam ~reuerunt miseruntque Liv.26.14.2; ut..senatus ~reuerat, qui eam rem quaereret 42.21.5; (*w. pred. noun*) qui contra istum legati ~reti erant Cic.Ver.2.14.

6 (of a member of the senate, etc.) To speak or vote in favour of, vote for, propose.
si quis uestrum..exspectat quas sim prouincias ~returus Cic.Prov.1; quam (*sc.* supplicationem) qui non ~reuit, plus ~reuit quam si omnis ~resset triumphos Att.7.1.7; Cael.Fam.8.11.2; Tac.Ann.14.45; si nihil quasi ex necessitate ~ernerem Plin.Ep.6.27.2; (*w. abst. subj.*) una (sententia) de pace legatos ad Scipionem ~ernebat Liv.30.7.6; (*w. gdve.*) legatos..Romam mittendos..~erno 21.10.13;—(*w. dat.*) ueniat sane, ~ernat bellum Cretensibus Cic.Ver.2.76; pro Caesaribus superis ~ernere grates Ov.Pont.4.9.49; Dolabella transmarinas (prouincias) ~reuit sibi Vell.2.60.5; Tac.Ann.15.74; (*ellipt.*) qui Lupo referente Pompeio ~ernit Cic.Fam.1.1.3; (*w.* ut) mea..sententia..tibi decernit ut regem reducas 1.1.3;—(*w. adv.*) ea..plerisque placuere; pauci ferocius ~ernunt Sal.Jug.104.2; (*impers. pass.*) licebitne ~erni libere? Cic.Att.14.14.4;—(*absol.*) Red.Sen.8.

dēcerpō ~ere ~sī ~tum, *tr.* [DE-+CARPO] FORMS: *-car-* Cato Agr.112.3, Var.R.2.1.4.

1 To remove (fruit, etc.) by plucking, pluck off, pick. **b** (of animals, etc., feeding). **c** to pluck off, snip off (other things). **d** (fig.) to pick off, cull.
iuuat..nouos ~ere flores Lucr.4.3; ~ens pira Hor.Epod.2.19; tria..~ta ferebam aurea poma Ov.Met.10.649; Stat.Silv.5.3.43;—(*w. abl.*) qui ~serit arbore fetus Verg.A.6.141; Ov.Met.5.536; (folia) palmis a messe ~untur Plin.Nat.16.89;—(*w.* de, ex) acina..~ito de scopione in idem dolium Cato Agr.112.3; Var.R.2.1.4; ex ea (arbore) nux ~itur Plin.Nat.16.107; (*poet.*) humanus..animus ~tus ex mente diuina Cic.Tusc.5.38;—(*w.* inde, undique) undique ~tam..oliuam Hor.Carm.1.7.7; Plin.Nat.22.8; putes ad cibum inde quaedam..posse ~i Apul.Met.2.4;—(*fig. and in fig. phr.*) unde laboris plus haurire mali est quam ex re ~ere fructus Hor.S.1.2.79; omnia sponte proueniunt, quae..nisi ~antur, arescunt Quint.Inst.12.10.79. **b** quos..greges..cernis in aprico ~ere gramina campo Calp.Ecl.5.8; ne quod animal..~at frondem Plin.Nat.17.267; 25.91;—(*of bees*) quae ex tenerrimis uirentium..~serint (apes) Sen.Ep.84.4. **c** ~ens (fila) aequabat semper opus dens Catul.64.315; Sen.Dial.10.12.3; Apul.Met.2.22; NEC SATIS EST ~ERE CRINIS CIL 11.6507. **d** nemo nostrum in altum descendit; summa tantum ~simus Sen.Ep.59.10; ex hac (materia)..aliqua in usum principii..~i oportebit Quint.Inst.4.1.23; 10.5.21.

2 To gather the produce of.
~ta palatia tauris Prop.3.9.49; (apes) idoneos ad foetum ~unt flores Col.9.14.18; Plin.Nat.21.56; (*cf.*) ille (*sc.* Vergilius) pratum ~it, tu fluctum scrutaris Apul.Apol.30.

3 To gather (with one's senses), catch; to snatch (kisses). **b** to reap, procure (advantages, benefits, etc.).
bos..naribus aerium patulis ~sit odorem Var.At.poet.22.6; uocis ~sit murmura primae Stat.Theb.6.165;—oscula..~ere Catul.68.127; (*cf.*) tenerae ~ens ora puellae Copa 33. **b** inlibatam uirginitatem ~unt Sen.Con.1.2.12; decus..~ere pugnae Sil.4.138.

4 To take away, remove, detract.
nec hac re de principatu, quem..obtinebat, quicquam ~sit V.Max.5.2.7; quae (*sc.* inuidia) spes tantas ~at Quint.Inst.6.pr.10; Plin.Ep.8.24.3; NVLLVS FVLGOREM VALVIT ~ERE LIVOR CIL 10.6785;—(*w. dat. of advantage*) primas epulis ~ere noctes Pers.5.42; (*w.* ex) nihil sibi ex ista laude centurio..~it Cic.Marc.7;—(*w.* de) ne quid iocus de grauitate ~eret Cic.de Orat.2.229.

dēcertātiō ~ōnis, *f.* [next+-TIO] The action of fighting out (an issue).
cum..harum rerum..~o consulibus..commendata sit Cic.Phil.11.21.

dēcertō ~āre ~āuī ~ātum, *intr., tr.* [DE-+CERTO]

1 To fight an issue out, fight to a finish. **b** (w. adversary specified).
imperatorem signis conlatis non ~are, nisi summa necessitudo..data esset Asel.hist.5; uictores..rursus ~are cogimur Cic.ad Brut.1.12.1; Caes.Gal.1.44.4; Civ.2.6.1; animi..obstinati ad ~andum Liv.6.3.9; Tac.Hist.2.33; Suet.Otho 9.1;—(*w. abl. of means*) si ferro inter se comminus ~arint Cic.Pis.81; suorum..hortatu statuerat proelio ~are Caes.Civ.3.86.1; Parthus hostis missilibus telis ~at Tac.Ann.15.7; (*impers. pass.*) omnia facienda ne armis ~etur Cic.Att.7.6.2; (*poet.*) quo minus infesto ~ent sidera bello Man.2.431;—(*w.* pro) armis ~are pro mea salute nolui Cic.Red.Pop.13; Planc.101;—(*w.* de) de sanguine et de spiritu ~at Phil.11.24; perpaucos..de salute omnium ~are B.Alex.16.2. **b** (*w.* cum) qui uns cum tot imperatoribus nostris ~auit Cic.Sest.142; ne..cum toto exercitu ~are cogerentur Hirt.Gal.8.7.7; cum mare trux aries cornu ~at Ov.Fast.4.101; Plin.Pan.16.2; (*transf.*) tua cum fatis pietas ~et Luc.8.77;—(*w.* contra, aduersus) se contra armatum tribunum pl..~are nolle Cic.Pis.77; aduersus..numerosum exercitum..paruis copiis..~are Fron.Str.1.11.2; (*cf.*) si..ui et armis contra uim ~are uoluissem Cic.Dom.63;—(*w. dat., poet.*) praecipitem Africum ~antem Aquilonibus Hor.Carm.1.3.13.

2 a To argue things out, contend (verbally). **b** to contend (in a competition, or sports).
a erat..non disceptando ~andum..armis fuit..dimicandum Cic.Planc.87; ubi Demosthenes et Aeschines inter se ~are soliti sunt Fin.5.5; de imperatore sumendo sententiis ~ant Liv.7.39.9;—(*w.* cum) an ~are mecum uoluit contentione dicendi? Cic.Phil.2.2; de eo tecum ~arem Apul.Apol.54. **b** ludicris uirginum inter se ~antium celebrant (*sc.* diem) Mela 1.36; (*w. internal acc.*) de..certamine, quod..a scriptoribus..~atum est Gel.10.18.

3 (tr.) To struggle over or for; to compete over.
regna profanis ~ata odiis Stat.Theb.1.2; uentis..~ata residunt aequora 1.479;—ad eas laudes ~andas uenisse dicuntur uiri..lingua praestabili Gel.10.18.6.

dēcessiō ~ōnis, *f.* [DECEDO+-TIO]

1 An act or process of going away, esp. the departure of a Roman magistrate from his province and return to Rome on the expiration of his term of office.
neque ante aduentum C. Verris neque post ~onem Cic.Ver.2.188; mihi ~onis dies..obrepebat Att.6.5.3; de tua mansione aut ~one Fam.4.4.5; Cic.Q.fr.1.1.1.

2 Departure (from a condition), change.
(*of the meaning of words*) eam..~onem factam esse..inscitia temere dicentium Gel.13.30(29).1.

3 A process of growing less, diminution, decrease; an abatement (of a disease).
utrum accessionem decumae..an ~onem de summa fecerit Cic.Rab.Post.30; non..tam cumulus bonorum iucundus esse potest quam molesta ~io Tusc.1.110; Alf.dig.39.3.24.3; et augmenti et ~onis (*sc.* peculii) rationem haberi oportet Ulp.dig.15.1.32.1;—cum..febris..decedat, deinde in ~one consistat Cels.3.5.10; 3.20.2; (*pl.*) ut..per ~ones molliantur (febres) 2.4.5.

dēcessor ~ōris, *m.* [DECEDO+-TOR] A magistrate retiring from his post in the Roman provincial administration.
successori ~or inuidit CIC.*Scaur.*33; Agricolam..uicesimae legioni..praeposuit, ubi ~or seditiose agere narrabatur TAC.*Ag.*7.5; si edictum ~ori suo (*i.e. predecessor*) miserit (proconsul) ULP.*dig.*1.16.4.4.

dēcessus ~ūs, *m.* [DECEDO+-TVS³]
1 Departure. **b** the retirement from a province of a Roman magistrate on the expiration of his term of office.
~us Gallorum ex urbe VAR.*L.*6.18; post Dionysii ~um (*i.e. from Syracuse*) NEP.*Timol.*2.3. **b** an..Creta post M. Bruti ~um potuit liberari? CIC.*Phil.*2.97; CAEL.*Fam.*8.10.5; HIRT.*Gal.*8.49.2.
2 Passing, death.
amicorum ~u plerique angi solent CIC.*Amic.*10; EX DECES⟨SV⟩..FRATRIS EIVS *CIL* 11.1421.14.
3 Diminution; the fall (of a river, tide); abatement (of a disease), decline.
uada ac ~um aestus CAES.*Gal.*3.13.1; a ~u eius (*sc.* Nili) PLIN.*Nat.*18.168;—sub ~u febris eius CELS.3.12.2; PLIN.*Nat.*30.102; quod..morbus cum accessu ~uque sit GEL.4.2.13.

decet ~ēre ~uit, *intr., tr.* [Umb. *tiçit*, cf. Skt. *dákṣati*, Hom. Gk. δηκνύμενος (Att. δέχομαι)] Only in 3rd person, with personal or impersonal constructions.
1 To add grace to, adorn, become. **b** (of persons, etc.) to grace, adorn.
te ut ~eat quidquid habeas PL.*Mos.*173; *Per.*464; TITIN.*com.*115; quem tenues ~uere togae HOR.*Ep.*1.14.32; pulla ~ent niueas OV.*Ars* 3.189; *Fast.*2.106; arma ~ent umeros STAT.*Theb.*9.332; ut..nec habitus triumphalis..feminas ~eat QUINT.*Inst.*11.1.3; JUV.2.76;—(*absol. or ellipt.*) uide caesaries quam ~et PL.*Mil.*64; leuis..puluis in ore ~et OV.*Ep.*4.78; *Met.*10.266; MAN.5.554; uelata parte oris..quia sic ~ebat TAC.*Ann.*13.45. **b** et Pallas ~eat pharetras et Delia cristas STAT.*Theb.*2.243; illam (*sc.* domum) Quadratus meus..~ebit PLIN.*Ep.*7.24.9.
2 (impers.) It is becoming.
(*w. inf.*) fusis ~et esse capillis [TIB.]3.8.9; (*w. acc. and inf., and dat. of person*) huic ~et inflatos laxe iacuisse capillos OV.*Ars* 3.145.
3 To accord with approved standards of taste or behaviour, be proper, be right. **b** (of persons) to be right or fitting for, become.
hicine istuc ~et? — iusque fasque est PL.*Cist.*19; ut..in uita sic in oratione nihil est difficilius quam quid ~eat uidere CIC.*Orat.*70; id non solum licuisse sed etiam ~uisse *Balb.*8; quae ab imperatore ~uerint omnia suis prouisa SAL.*Jug.*49.2; sobria grata parum: cum bibit, omne ~et PROP.4.8.30; QUINT.*Inst.*11.1.8;—(*w. dat. of pers.*) istuc facinus..nostro generi non ~et PL.*Am.*820; etiam uitiosis quid conueniat et quid ~eat CIC.*Off.*1.98; haec oratio amanti plus ~uit FRO.*Aur.*1.p.222(51N);—(*w. acc. of pers., etc.*) deos ~ent opulentiae *Trin.*490; tu..quem ~et muliebris ornatus, quem incessus psaltriae CIC.*Clod.*fr.22; paruum parua ~ent HOR.*Ep.*1.7.44; LIV.1.59.4; scaena leuis ~et hanc (*sc.* Floram) *Fast.*5.347; SEN.*Ep.*113.1; haut tales ~et inclementia uultus V.FL.7.416; Herculeas potuit qui (leo) ~uisse manus MART.*Sp.*15.6; TAC.*Ann.*13.3. **b** qui Libyam ~eant alumni STAT.*Silv.*4.5.48; ut (Vitellius) tot egregiae domus honores ~eret TAC.*Hist.*3.66.
4 (impers.) It is right, proper, fitting, etc.
(*w. inf.*) defaenerare hominem egentem hau ~et PL.*Vid.*89; illud..meminisse ~ebit LUCR.2.891; VERG.*A.*10.94; LIV.22.60.25; ut nihil nec facere ~eret nec dicere PETR.108.1; STAT.*Theb.*10.925; APUL.*Mun.*19; (*w. dat. of pers.*) ita uti liberali esse ingenio ~et TER.*Hec.*164; ~et..tantae maiestati (*i.e. the Emperor*)..seruare leges PAUL.*dig.*32.23;—(*w. acc. and inf.*) mea Iuno, non ~et esse te tam tristem tuo Ioui PL.*Cas.*230; CVM TE ~VIT FLORERI..INTERIEISTI *CIL* 1.1603.4; minime ~ere uidetur..falli..eum CIC.*Phil.*12.1; LUCR.5.50; quibus..iniurias omnis curae esse ~et SAL.*Jug.*14.16; VERG.*A.*12.797; ita forsitan ~uit, cum foederum ruptore..deos ipsos..committere..bellum LIV.21.40.11; aduersis non desse ~et, sed laeta secutos LUC.8.534; APUL.*Apol.*11;—(*w. subj.*, ne) diu qui..dormierunt, ~et animo aequo nunc stent PL.*Poen.*21; hominem..~uerat, ne uoluisset aliter reuerti [QUINT.]*Decl.*5.2;—(*w. adv., absol. or ellipt.*) satis audacter. — ut pudicam ~et PL.*Am.*838; ita nobis ~et TER.*Ad.*928; clamare contra quam ~eat CIC.*de Orat.*2.86; tibi inmaturo et unde minime ~uit uita erepta est SAL.*Jug.*14.22; tum ~uit, cum sceptra dabas VERG.*A.*4.597; CURT.5.12.11; VER.*Fro.*2.p.118(130N); (*app. w. abl.*) ut meque teque maxume atque ingenio nostro ~uit PL.*As.*577.

Deciānus ~a ~um, *a.* Of or belonging to a member of the *gens Decia.*
~o exercitu relicto LIV.10.30.8.

dēcidō¹ ~ere ~ī, *intr.* [DE-+CADO]
1 To fall down (from a position), fall off. **b** (of things) to fall or drop down; (of the sun) to sink; (of water) to flow down, fall. **c** to fall (by becoming detached from the parent body). **d** (of parts of the body) to drop to a lower position, hang down.
~o de lecto praeceps PL.*Cas.*931; anguis..~it de tegulis TER.*Ph.*707; NEP.*Eum.*4.2; VERG.*A.*5.517; dum legit in ramo..uuas ~it OV.*Fast.*3.414; ab equo praeceps in Aleia ~it arua *Ib.*255; V.MAX.4.8.5; cum ~isset uulpes in puteum PHAED.4.9.3; PLIN.*Nat.*28.78; super..lapidem propter iacentem ~ens APUL.*Met.*4.12;—(*w. abl. alone*) equo ~erat CAES.*Gal.*1.48.6; caelo deos ~ere SEN.*Ag.*487; (*transf.*) illa mihi referet..an toto pectore ~erim [TIB.]3.1.20;—(*in fig. phr.*) ~it in casses praeda petita meos OV.*Ars* 2.2; (*cf.* 4) quia ~erat ex astris CIC.*Att.*2.21.4. **b** ac (occasio) nunc quasi ~it de caelo PL.258; LUCR.5.193; lanx..~it de mensa LIV.40.59.8; quae (*sc.* pilae) in terram ~ebant PETR.27.3; tunica..ad pedes ~it SUET.*Aug.*94.10;—Titan integer in fluctus et in uno ~it auro V.FL.2.58; FEST.p.178M;—quaedam flumina..in aliquem specum ~unt SEN.*Nat.*3.26.3; quonam modo..extremum non ~at mare PLIN.*Nat.*2.164; 31.52; (*w. abl.*) Rhenus Alpibus ~ens MELA 3.24. **c** poma ex arboribus..si sunt..matura..~unt CIC.*Sen.*71; cum..quae nunc umeris inuolitant ~erint comae HOR.*Carm.*4.10.3; CELS.2.7.36; COL.3.1.7; qua (*sc.* aqua) pota..dentes ~erent PLIN.*Nat.*25.20;—(*w. dat. or abl.*) PHAED.1.3.5; nulli arborum folia ibi ~unt PLIN.*Nat.*12.40; ita praeriguisse manus, ut oneri adhaerentes truncis brachiis ~erent TAC.*Ann.*13.35;—(*in fig. phr.*) omnis fructus iam illis ~it PL.*Bac.*1136. **d** si ~at testium alter PLIN.*Nat.*30.72; dextera..contusa ~it APUL.*Met.*9.38.
2 To fall (from a standing to a prostrate or sim. position), fall down, fall over. **b** (of buildings, or other structures) to fall in ruin, collapse; (of plants) to droop, wilt.
in lectulum ~i PETR.80.7; prolapsus in Idan ~it STAT.*Theb.*9.756; ~isse simulans genua Mithridatis inuadit TAC.*Ann.*12.47; (*in a fit*) me coram semel ~it APUL.*Apol.*44. **b** grauiore casu ~unt turres HOR.*Carm.*2.10.11; ueluti si ~at olim..totus Athos V.FL.4.321; ~entium undarum fragor QUINT.*Decl.*388(p.436,l.21); PLIN.*Ep.*8.17.3; ⟨M⟩ONVMENTI..⟨QV⟩OD VETVSTATE DECI⟨DERAT⟩ *CIL* 14.1620;—lilia ~erant, uiolas arere uideres OV.*Fast.*5.317.
3 To die, fall; (also) to fall, sink (into sleep). **b** (of light, sound) to sink or drop suddenly.
cuncti solstitiali morbo ~unt PL.*Trin.*544; abhinc annos centum qui ~it HOR.*Ep.*2.1.36; HYG.*Fab.*14.26; ~IT IN FLORE IVVENT(A)E *CIL* 13.6270;—in somnum ~i PETR.87.8. **b** modesta (uox)..descendat, non ~at SEN.*Ep.*15.8; quotiens..~eret lumen et extingueretur SUET.*Tib.*19.
4 To fall or lapse from a better into a worse or less elevated condition. **b** (of things) to fail, go wrong. **c** to end up, land (in an undesirable situation or surroundings); (also of things).
quanta de spe ~i! TER.*Hau.*250; in hanc fraudem..isti CIC.*Ver.*4.101; *Rep.*1.69; LIV.37.26.1; MELA 2.26; ex quartana in hydropa ~erat CELS.3.21.8; si non potest..sapiens ex beato in miserum ~ere SEN.*Ep.*92.23; ab hoc archetypo labor et ~o PLIN.*Ep.*5.15.1; (*w. abl. alone*) spe ~it SUET.*Otho* 5.1. **b** saepe illi bene cessit, saepe ~it (*sc.* haec uirtus) SEN.*Con.*7.pr.5. **c** fugiens hic ~it acrem praedonum in turbam HOR.*S.*1.2.42; in similes ~is usque toros MART.7.58.6;—huc ~isse cuncta ut ne iuuenis quidem..adiret urbis deos TAC.*Ann.*3.59.

dēcīdō² ~dere ~dī ~sum, *tr., intr.* [DE-+CAEDO]
1 To detach by cutting, cut off, cut out. **b** to cut down, fell.
istam iam aliquouorsum tragulam ~dere PL.*Cas.*297; taleas oleagineas..~dito CATO *Agr.*45.1; ~sa..dextera VERG.*A.*10.395; LIV.29.18.13;—(*w. preps.*) si quid ex iuba sua ~sum est (*sc.* apud tonsorem) SEN.*Dial.*10.12.3; ea parte qua est (malleolus) a matre ~sus COL.3.18.5;—(*w. dat. or abl.*) ~de collum stanti PL.*Mer.*308; LUCR.5.936; ~sae uertice cristae SIL.1.524; uirgam frugiferae arbori ~sam TAC.*Ger.*10.1;—(*fig.*) ~sis amputatisque falsis opinionibus GEL.7(6).5.8. **b** si (frumenta) tempestiue ~sa sint COL.2.20.2; 4.33.5; ~isa robora TAC.*Ann.*4.51; ULP.*dig.*24.3.7.12.
2 To reduce by cutting, cut down.
me..~sis humilem pennis HOR.*Ep.*2.2.50; in quadratum tigna ~dere SEN.*Ep.*90.9; cuspidatim ~sus..calamus PLIN.*Nat.*17.102.
3 To delineate by cutting or notching, mark out, carve; (transf.) to make explicit (in words).
tam magna spatia ~dantur in longitudinem (tigni) VITR.10.6.1; ~sa..rutilanti carmina libro (*i.e. bark*) CALP.*Ecl.*3.44;—praeter nomen cetera propriis ~sa sunt uerbis QUINT.*Inst.*8.6.47.
4 To flog thoroughly.
sufficiet eos uerberibus ~dere *rescript* in CALL.*dig.*47.21.2.
5 To bring to a conclusion, settle, decide; *damnum ~dere,* to agree on the penalty to be paid, (later) to make good the loss. **b** (w. abl. of price).
res..istius more ~ditur CIC.*Ver.*2.128; 3.69; post ~sa negotia HOR.*Ep.*1.7.59; SUET.*Ves.*21.1; quibus uerbis utrumque..~deretur GEL.10.1.4; iurisiurandi religio, qua..~duntur controuersiae GAIUS *dig.*12.2.1; (*w. acc. and inf.*) iam ~sa quaestio est..actionem competere ULP.*dig.*18.3.4; (*w. indir. qu.*) per te..~dit..quid liberis eius dissolueret CIC.*Quinct.*17;—GAIUS *Inst.*4.37; si potuit pro fure damnum ~dere ULP.*dig.*4.4.9.2; 47.2.46.5. **b** fructus duplione damnum ~dito *Lex XII*(*Font.iur.*p.39); magno tuam dimidiam partem ~disti CIC.*Q.Rosc.*32.
6 (intr., esp. w. *cum*) To reach a settlement, come to terms. **b** (w. abl.) to come to terms (on payment of), agree (on), settle (for).
ut cum Chrysogono transigeret atque ~deret CIC.*S.Rosc.*114; te de Tadiano negotio ~disse *Att.*1.8.1; *CIL* 6.10229.119; ULP.*dig.*44.4.4.6; (*poet.*) cum tempestate ~de [QUINT.]*Decl.*12.23; (*transf.*) ut cum pertinacia muliebris maeroris..~derent SEN.*Dial.*12.16.1;—(*impers. pass.*) nisi cum muliere ~deretur CIC.*Ver.*1.125; indulgenter a fortuna ~ditur cum eo PLIN.*Nat.*7.130;—(*w.* ut, ne) cum propinquis suis ~dit ne reos faceret CIC.*Har.*42; tutor cum plerisque creditoribus ~dit, ut certam portionem acciperent SCAEV.*dig.*2.14.44. **b** ut in iugera singula ternis medimnis ~dere liceret CIC.*Ver.*3.117; 3.175; MART.9.3.6; (libertus) cum patrono ~dit pecunia ULP.*dig.*12.6.26.12;—(*transf.*) pro omnium horum salute hac tecum portione fortuna ~dit SEN.*Dial.*11.12.1; JUV.12.33.

dēciduus ~a ~um, *a.* [DECIDO¹+-VVS]
1 Tending to fall or be dropped, cast, etc., falling.
~a folia LABER.*com.*131; (dentes) ~os casu aliquo PLIN.*Nat.*8.7; (natura) dedit..capreis..parua (cornua), nec fecit ~a 11.124; cum..manus..sordescant ~a materia 33.60; (*w. ad*) qui (*sc.* ignes) ~i ad terras fulminum nomen habeant 2.82;—(*w. adv.*) inde ~is rerum omnium seminibus 2.7; 14.119.
2 Hanging down.
testes pecori..ad crura ~i, subus adnexi PLIN.*Nat.*11.263.

deciē(n)s, *adv.* [DECEM+-IENS] FORMS: *diciius CIL* 8.23774.7.
1 On ten occasions, ten times. **b** (as a round number denoting frequency).
luna nouum ~es inplerat cornibus orbem OV.*Fast.*2.175; *Tr.*4.10.96; SEN.*Tro.*73; iam ~es redit in rugam (*i.e. purse*); PERS.6.79; columbae ~ens anno pariunt PLIN.*Nat.*10.147; MART.14.170.20. **b** equidem ~ens dixi PL.*Am.*28; ~ens in die mutat locum *St.*501; haec (*sc.* poesis) ~es repetita placebit HOR.*Ars* 365; PROP.2.4.16; pedit ~esque uiciesque MART.12.77.10.
2 (in comp. num.). **b** (ellipt. = *~ens centum milia,* as neut. sg. sb., usu. of money) a million; *bis ~ens,* two million.
undenos ~es per annos HOR.*Saec.*21; lis..decem ~ens inspicienda uiris (*sc.* centumuiris) OV.*Tr.*2.94; ~es centena et uiginti milia passuum PLIN.*Nat.*3.43. **b** sume tibi ~es HOR.*S.*2.3.237; MART.1.103.12; PAPIN.*dig.*35.1.77.3; (*not of money*) ad hos (numeros)..ab ~es..imposuerunt uocabula VAR.*L.*9.88;—(*w. defining gen.*) usque ad ~ens aeris LIV.24.11.8; sestertium suum uidit ~es PETR.38.12; TAC.*Ann.*2.86;—bis..tuum ~ens..tabuit MART.9.82.5.

decima¹ ~ae, *f.* Also **-cum-**. [fem. of DECIMVS¹]
1 A tenth part, tithe. **b** an offering of a tithe made to a god. **c** (usu. pl.) a tax or the right to collect a tax of ten per cent on the produce of land.
~as uxoribus dari, quartas meretricibus TRACHALUS in Quint.*Inst.*8.5.19; non plus ~is concessis (*sc.* liberalitatum Neronis) SUET.*Gal.*15.1;—(*w. part. gen.*) si..~am musti decoxeris COL.12.26.2; eius quod soluerant ~am remisi PLIN.*Ep.*8.2.7. **β** ~as imperatarum pecuniarum CIC.*Rab.Post.*30. **b** cum ~arum nomine..aurum Apollini..mitti oporteret V.MAX.5.6.8; FRO.*Aur.*2.p.10(226N); ULP.*dig.*50.12.2.2. **β** ~am esse adauctam tibi (*sc.* Herculi) PL.*St.*386; *CIL* 1.1531.5; VAR.*L.*6.54; prandia in semitis ~ae nomine..fuerunt CIC.*Off.*2.58; PLIN.*Nat.*12.63; *CIL* 10.3956. **c** male me accipiunt ~ae et proueniunt male LUCIL.667. **β** *CIL* 1.585.82; ~as quas iste contra legem..uendiderat CIC.*Ver.*2.63; pro ~is octauas pendere iubet *B.Afr.*98.2; ut alteras ~as Siculis..imperarent LIV.42.31.8; (*w. gen. of the source*) eius agri ~as cum emisset CIC.*Ver.*3.67; (*sg.*) quantum decumanus edidisset aratorem sibi ~ae dare oportere 3.25.
2 The tenth hour of the Roman day (counted from dawn).
a ~a usque in crepusculum COL.11.2.55. **β** uos huc ~a uenitote *Rhet.Her.*4.64; quem nulla res ultra ~am detinuit SEN.*Dial.*9.17.7; MART. 7.51.11.

Decima² ~ae, *f.* Also **-cum-**. A Roman goddess presiding over the last month of a woman's pregnancy, also regarded as one of the three Fates.
VAR.*gram.*132. **β** tria..nomina Parcarum sunt: Nona, ~a, Morta CAESEL. in Gel.3.16.11.

decimānus¹ ~a ~um, *a.* Normally spelt **-cum-**. [DECIMVS¹+-ANVS]
1 Related to that which is tenth: **a** of or belonging to the tenth legion. **b** (from the belief that every tenth one in a series was larger than the rest) huge, outsize.
a ~um militem qui te petit scito esse *B.Afr.*16.3. **b** ~o pane LUCIL.502; ~a Albesia scuta 1150; 1240; ~a oua dicuntur..quia sunt magni PAUL.*Fest.*p.71M.
2 Subject or related to a tax of ten per cent.
frumenti ~i CIC.*Ver.*1.11; omnis ager Siciliae..~us est 3.13; 3.154;—(*iron.; cf.* DECIMANVS² 2) ne praetore Verre ~a mulier damno adfici posset 3.77.
3 *porta ~a.* The rear gate of a Roman camp, situated at the end of the street by which the camp was bisected.
ab ~a porta in castra irrumpere CAES.*Gal.*6.37.1; *Civ.*3.69.2; LIV.3.5.5; quarum (*sc.* portarum) ~a maxime petebatur, auersa hosti et fugientibus tutior TAC.*Ann.*1.66.

decimānus² ~ī, *m.* Also **-cum-**. [prec.] β = *decim-*.
1 A soldier of the tenth legion.
signa ~orum *B.Afr.*16.2; *B.Hisp.*30.7; Narbo Martius ~orum colonia PLIN.*Nat.*3.32. **β** FRON.*Str.*4.5.11; latere dextro tertia legio..incedebat, mediis ~orum delectis TAC.*Ann.*13.40; SUET.*Jul.*70.
2 A contractor who purchases the right to collect tithes on land, tax-farmer.
inter aratores et ~os..iudicia fiunt CIC.*Ver.*2.32; 3.87; *Att.*5.13.1.
3 (in surveying, sc. *limes*) A path or sim. boundary drawn across a piece of land, usu. from east to west, and forming one of a system

of parallel lines, each of which usu. bounds an area of 10 *actus*. **b** ~*us maximus*, the central line of a system of *decimani*.
Leg.pub.(*Font.iur.*p.95)15; NE QVIS LIMITES ~OSQVE OPSAEPTOS..HABETO *CIL* 1.594.3.5.14; uites..semitis ac ~is distinguendae Col.3.20.4; Plin.*Nat.*17.169; Hyg.Gr. *agrim.*p.131; (*drawn from north to south*) Fron.*agrim.*p.12. β ~us..diuidebat agrum dextra et sinistra, cardo citra et ultra Fron.*agrim.*p.11; Hyg.Gr.*agrim.*p.135; Sic.Fl.*agrim.* p.117. **b** β in maximo..~o..lapidem ponis Hyg.*agrim.* p.71.

Decimātrūs ~uum, *f. pl.*: (see quot.).
post diem quintum iduum est is dies festus (*sc.* Quinquatrus), ut aput Tusculanos Triatrus..et Faliscos ~us Fest.p.257M.

Decimiānus ~a ~um, *a.* **-cum-.** Belonging to the *gens Decimia*, esp. as the name of a variety of pear.
pira ~a Col.12.10.4; Plin.*Nat.*15.54.

decimō ~āre ~āuī ~ātum, *tr.* Also **-cum-.** [DECIMVS¹+-O³]
1 (mil.) To punish every tenth man chosen by lot.
cum..~ari deditos iuberet Tac.*Hist.*1.37; 1.52; cohortes..~atas Suet.*Aug.*24.2; classiarios..recusantis..~auit *Gal.*12.2.
2 To make an offering of a tithe to a god.
β quae familia et posteri eius non defuerunt ~antibus Fest.p.237M.

decimum, *adv.* [neut. of next] For the tenth time.
CAESARI..AVGVSTO COS NONVM DESIGNATO ~ *CIL* 12.3149; nos reficietis ~ tribunos Liv.6.40.8.

decimus¹ ~a ~um, *a.* Also **-cum-.** [ord. of DECEM, cf. Skt. *daśamáh*, Gall. *decametos*] Tenth (freq. counted inclusively). **b** ~*a unda*, ~*us fluctus*, the tenth wave (believed to be of great size). **c** *cum* ~*o*, with a tenfold yield (of corn, etc.).
soletne mulier ~o mense parere? Caecil.*com.*164; Cato *Agr.*87; Cic.*Caec.*28; cum..~a legione Caes.*Gal.*1.40.14; Verg.*G.*1.284; ad ~um lapidem Liv.3.69.8; nec Aonias ~a cum Pallade diuas..hortabor Stat.*Silv.*1.4.20; excessit..~um kalendas Septembris Tac.*Ag.*44.1; Apul.*Met.*7.6; (*approx., as round number*) uix pars aedium mearum ~a ad Catuli porticum accessit Cic.*Dom.*116;—(*in comp. num.*) septimum ~um annum ilico sedent Naev.*poet.*48(44); qui dies nudius tertius ~us fuerit Cic.*Phil.*5.2; anno trecentesimo ~o Liv.4.7.1. β ~am partem ei dedit Pl.*Bac.* 666; Col.5.2.5; *CIL* 14.3676.16. **b** ~ae ruit inpetus undae Ov.*Met.*11.530; fluctus hanc (nauem) ~us tegit Sen. *Ag.*502; V.Fl.2.54; (*cf.*) cum (Boreas)..~o..uolumine pontum expulit in terras Sil.14.122. **c** ut ex eodem semine..cum ~o (faba) redeat Var.*R.*1.44.1. β Cic.*Ver.* 3.114.

Decimus² ~ī, *m.* ABBREV.: *D.* A Roman praenomen.
Lucil.593; Var.*L.*9.60; Cic.*Att.*4.3.2; ~um Brutum etiam in secundis heredibus (nominauit) Suet.*Jul.*83.2;—nuptura est D. Bruto Cael.*Fam.*8.7.2; Caes.*Gal.*3.10.5.

dēcipiō ~ipere ~ēpī ~eptum, *tr.* [DE-+CAPIO]
1 To deceive (into taking false action or sim.), mislead, dupe. **b** (of circumstances, or sim.). **c** to escape the notice of, elude. **d** (pf. pple. app. w. act. sense).
ego hunc ~ipiam probe Pl.*Am.*424; egon propter me illam ~ipi miseram sinam? Ter.*An.*271; homines honestissimos..induxit, ~epit, destituit Cic.*S.Rosc.*117; in eo quidem fallis et ~ipis *Mur.*77; ne fur aut bestia halucinantem pastorem ~ipiat Col.7.3.26; quo incautior ~iperetur Tac.*Hist.*1.64; Apul.*Met.*9.14; (*facet.*) qui me ostreis..facile abstinebam, a beta et a malua ~eptus sum Cic.*Fam.*7.26.2;—(*w. abst. obj.*) ~eptae ignoscere culpae (*i.e. committed unwittingly*) Ov.*Pont.*4.6.15; quem fama genus non est ~epta Lyaei V.Fl.1.411; (*poet.*) Maeandria..errat et ipsa suas ~ipit unda uias Prop.2.34.36;—(*w. instr. abl.*) lino..solebat et hamis ~ipere..pisces Ov.*Met.*3.587;—(*w.* per) homines..per colloquium ~eptos..interfecisse Caes.*Civ.*1.85.3; rustica (gallina)..per aucupem ~ipitur Col.8.2.2;—(*in fig. phr.*) ~ipiemus fouea lenonem Lycum Pl.*Poen.*187; ~ipitur in trasenna auaritia sua *Rud.*1239. **b** tua honestitudo Danaos ~epit Acc.*trag.*16; illa amphibolia quae Croesum ~epit Cic.*Div.*2.116; specimen istud uirtutis ~eptum uana imagine decoris Liv.8.7.18; uestigia lusit (*sc.* lues) ~epitque pedes Petr.123,l.194; me..pyxidum similitudo ~epit Apul. *Met.*3.25;—(*w.* in+*abl.*) credidit mihi, neque ~eptust in eo Pl.*As.*501; in ceteris omnibus causis ~eptis (hominibus) Gaius *Inst.*2.163. **c** amatorem..amicae turpia ~ipiunt caecum uitia Hor.*S.*1.3.39; (*absol.*) quae (*sc.* caruncula).. sequitur ideoque ~ipit Cels.7.7.4.c. **d** ab tergo ac super caput ~eptae (*s.v.l.*) insidiae Liv.22.4.4.
2 To deprive of an expected advantage, disappoint, frustrate, foil, cheat. **b** (of inanim. or abst. things).
~ipit ora sequentis et redit in gyrum (fera) Ov.*Met.*7.783; 11.253; Luc.5.809; quid faceret..~eptus praedo? Stat. *Silv.*2.3.35; (*ellipt.*) alius mortem domini adiuuit, alius ~epit Sen.*Ben.*3.23.1;—(*poet.*) sic..absumo ~ipioque diem Ov.*Tr.*4.10.114; ~eptos instruit hamos Sen.*Her.F.*156; post cineres ~eptaque funera matris (*i.e. Semele*) Stat.*Silv.* 2.1.97; 4.4.19;—(*w.* in+*abl.*) Liv.36.40.7; de eo queruntur omnes, in quo uno nemo ~ipitur Sen.*Ep.*99.9; nec me ~ipi posse crediderem in ultione [Quint.]11.1;—(*w. abst. obj.*) exspectationibus..~ipiendis..risus mouentur Cic.*de Orat.* 2.289; Juv.6.603; Scaev.*dig.*32.39. **b** qui sperauerint spem ~episse multos Pl. *Rud.* 401; Liv.24.36.5; ut in nullo umquam uerbo eum memoria ~eperit Sen.*Con.* 1.pr.18; aspera scopulorum..quae nauigantum uota ~ipiunt *Suas.*2.1; ~epere fidem (tali) Sen.*Apoc.*15.1; illum si medio ~ipere ratis ponto *Her.O.*112; festinatam sementem saepe ~ipere, serotinam semper Plin.*Nat.*18.204; Suet.*Tib.*65; (*pass., w. retained acc.*) Prometheus..dulci laborem ~ipitur sono Hor.*Carm.*2.13.38.
3 To cheat (one's relatives, etc.) of their hopes or expectations by one's death; (pass. also) to be so cheated by one's own death.
ME..DECE(pit) *CIL* 5.1705; MATER ET..CONIVX ~EPTA.. POSVERVNT 9.5412;—(*w.* morte *or sim.*) primus amor (me) ~eptam morte fefellit Verg.*A.*4.17; *CIL* 5.7917; PATER.. AMISSIONE EIVS ~EPTVS 13.2174;—QVAE IMMATVRA MORTE ~EPTA VIX ANN XIIII 5.7962; AVLINO IMMATVRA AETATE ~EPTO 12.18.

dēcipula ~ae, *f.* Also **~um** ~ī, *n.* [DECIPIO+-VLA] A device serving to deceive, trap, snare.
Laev.*poet.*29; miles..auaritiae suae..illaqueatus ~a [Quint.]*Decl.*3b.6; nactus fraudium opportunum ~um Apul.*Met.*8.5; cuncta illa..~a aduersantium et artificia dicentium *Fl.*18.

dēcircinō ~āre, *tr.* [DE-+CIRCINO] To make rounded, round off.
Helice..~at arcum Man.1.296; quam (*sc.* terram).. natura..~at orbem in tumidum 3.326.

dēcīsiō ~ōnis, *f.* [DECIDO²+-TIO]
1 A curtailment, diminishment.
~one luminis menstrua tempora luna significat Apul. *Mun.*29.
2 A settlement, agreement.
Cic.*Q.Rosc.*48; ~onis arbiter *Flac.*89; pactiones pecuniarum cum tyrannis, ~ones, direptiones, latrocinia *Prov.*9; Ulp.*dig.*13.1.7; eam pecuniam..ex ~one habet Paul.*dig.* 35.2.3.1.

Decius ~a ~um, *a.* The name of a Roman plebeian gens, esp. P. Decius Mus, father and son, who according to legend devoted themselves to death in the Samnite wars.
Cic.*Phil.*13.27; haec (*sc.* Italia)..extulit..~os Marios magnosque Camillos Verg.*G.*2.169; Liv.7.21.6; Juv.8.254.

dēclāmātiō ~ōnis, *f.* [DECLAMO+-TIO]
1 The delivering of a set speech (as an oratorical exercise), declamation. **b** a speech or passage composed on a fictitious theme for delivery in the schools of rhetoric.
exercitatio ~onis *Rhet.Her.*3.20; Cic.*Fam.*7.33.1; in cotidiana ~one Cic.fil.*Fam.*16.21.6; litoribus insistens ~ones..edebat V.Max.8.7.ext.1; (*cf.*) haec (*sc. the teaching of philosophy*) mihi nunc senilis est ~o Cic.*Tusc.*1.7. **b** in ~one usus est..illo uersu Sen.*Con.*1.1.21; Sen.*Ep.* 83.16; uenit..ab extemporali ~one nescio cuius Petr.6.1; Quint.*Inst.*2.10.12; ut minus sanguinis..~ones habeant quam orationes 10.2.12; Gel.15.1.1; (*cf.*) ut pueris placeas et ~o fias (*sc.* Hannibal) Juv.10.167.
2 The use of a declamatory or rhetorical manner of speaking.
desinamus..uolgari et peruagata ~one contendere Cic. *Planc.*47; ut materiae abhorrenti a ueritate ~o..adhibeatur Tac.*Dial.*35.4.

dēclāmātiuncula ~ae, *f.* [prec.+-CVLA] A short argument composed as an oratorical exercise.
hanc utrimque ~am super Alexandro et Scipione celebrauerint Gel.7(6).8.4.

dēclāmātor ~ōris, *m.* [DECLAMO+-TOR] One who composes or delivers speeches as an oratorical exercise.
non..~orem aliquem de ludo..quaerimus Cic.*Orat.*46; *Planc.*83; Potamon magnus ~or fuit Mitylenis Sen.*Suas.* 2.15; Petr.1.1; ~oribus considerandum est, quid cuique personae conueniat Quint.*Inst.*3.8.51; 5.13.42; Juv.16.23.

dēclāmātōrius ~a ~um, *a.* [prec.+-IVS] Of or belonging to a rhetorician, rhetorical.
in hoc ~o..opere Cic.*de Orat.*1.73; *Q.fr.*3.3.4; ~ae uirtutis unicum exemplum Sen.*Con.*9.pr.3; nihil ergo inter forense genus dicendi atque hoc ~um interest? Quint.*Inst.*2.10.9; ab ostentatione ~a 4.3.2; Tac.*Dial.*14.3.

dēclāmitō ~āre ~āuī ~ātum, *intr.*, (*tr.*). [next+-ITO] To declaim (as an oratorical exercise) continually or habitually.
annos compluris sedentes ~ant Cic.*de Orat.*1.251; *Brut.* 310; XVII dies de me..~auit *Phil.*5.19; ~are Graece apud Cassium institui Cic.fil.*Fam.*16.21.5; Sen.*Con.*2.pr.4; quid attinet..~are in schola? Quint.*Inst.*12.11.15; Suet.*Rhet.* 25(p.121Re); Fro.*Amic.*2.p.168(179N);—(*w. acc.*) ~abam causas Cic.*Tusc.*1.7; ~arat..controuersiam de illa Sen. *Suas.*4.4.

dēclāmō ~āre ~āuī ~ātum, *intr.*, (*tr.*). [DE-+CLAMO] To make speeches (usu. as an oratorical exercise), declaim. **b** (w. acc.).
ille..insanus, qui pro isto uehementissime contra me ~asset Cic.*Ver.*4.149; ad fluctum..~are solitum Demosthenem *Fin.*5.5; Hor.*Ep.*1.2.2; Ov.*Ars* 2.507; ~as in febre Mart.4.80.1; scientiam ~andi ac facultatem tradere Quint.*Inst.*2.1.2; Tac.*Dial.*31.1; Latine..declamaturus sum Plin.*Ep.*4.11.3; Juv.7.150; Suet.*Aug.*84.1; (*impers. pass.*) ne in quemuis impune ~ari liceret Cic.*Fam.*3.11.2; Quint.*Inst.*9.2.81;—(*w. dat.*) quis, nisi mentis inops, tenerae ~at amicae? Ov.*Ars* 1.465; ~auit non quidem populo sed egregie Sen.*Con.*10.pr.4;—(*pple. as sb.*) ~antium auditor atque praeceptor Pol.*gram.*1. **b** quae..uisus est ex alia oratione ~are Cic.*S.Rosc.*82; Sen.*Con.*1.pr.12; quam controuersiam hodie ~asti? Petr.48.4; Quint.*Inst.*3.8.61.

dēclārātiō ~ōnis, *f.* [DECLARO+-TIO] The act of making known, revelation, disclosure, announcement.
quae ~o uoluntatis (fuerit) ab uniuerso populo Romano Cic.*Sest.*122; ~o animi tui, quem haberes de re p. *Fam.* 10.5.2; 15.21.2; *Ac.*1.41.

dēclārātor ~ōris, *m.* [next+-TOR] An announcer.
ut idem honoribus nostris suffragator in curia, in campo ~or exsisteres Plin.*Pan.*92.3.

dēclārō ~āre ~āuī ~ātum, *tr.* [DE-+CLARO]
1 To make known (by spoken or written statement), announce, declare, tell. **b** to make known (by other means), indicate, reveal, show.
id si uenditor scisset neque ~asset Cic.*de Orat.*1.178; ut istius epistula ad te missa ~at *Ver.*3.189; tantas res tam breuiter potuisse ~ari Nep.*Att.*18.6; ut rescriptis imperatoris..~atur Ulp.*dig.*18.3.4;—(*w. dat.*) id tibi a me ~ari uolo Cic.*Fam.*6.14.1; omnia propere per nuntios consuli ~antur Sal.*Cat.*46.1;—(*w. acc. and inf.*) hominem catum eum esse ~amus Pl.*Ps.*682; non alium regem se..passuros ..acclamatione ~ant Curt.10.7.6; Paul.*dig.*6.1.35.1; (*of writings*) quosdam senariolos..qui ~abant in summo sepulcro sphaeram esse positam Cic.*Tusc.*5.64;—(*w. indir. qu.*) ~atum esset ab senatu..quam gratus esset conatus.. tuus *Fam.*10.10.1; liberam contionem..~aturam, quid Argiui uellent Liv.32.40.2;—(*w. dir. speech*) ~at..Ennius de Africano: 'hic est ille situs' Cic.*Leg.*2.57. **b** oculos.. natura nobis..ad motus animorum ~andos dedit Cic.*de Orat.*3.222; ~ant gaudia uultu Catul.64.34; Nep.*Iph.*3.2; comitiis tribuniciis ~arent uoluntatem Liv.6.39.11; Mela 3.49; terminos..per mensorem ~ari iubet Ulp.*dig.*10.1.8; *CIL* 9.4796;—(*w. acc. and inf.*) qui..uictor pacis auctores diligit, is profecto ~at maluisse se non dimicare quam uincere Cic.*Marc.*15; Papin.*dig.*45.1.115;—(*w. pred. adj.*) ut uocabulo ipso..appetita religio externa..~etur Cic. *Har.*24; hisce argumentis neglegentia..aurea ~ata Fro. *Aur.*1.p.48(215N);—(*w. indir. qu.*) qui his lacrimis qua sit pietate ~at Cic.*Sest.*146; (*cf.*) qui uno cognomine ~abatur non modo quis esset sed etiam qualis esset *Font.*39.
2 (w. pred.) To declare (a person to be such and such).
me..una uox uniuersi populi Romani consulem ~auit Cic.*Agr.*2.4; ubi primum tribunatum militarem..petit.. per omnis tribus ~atur Sal.*Jug.*63.4; uictorem..Cloanthum ~at Verg.*A.*5.246; ex quo die dux est ~atus (*sc.* Hannibal) Liv.21.5.1; Suet.*Jul.*80.3.
3 (of things) To serve as an indication of, reveal, testify to, show. **b** (of words, etc.) to express (a meaning), signify, mean.
locus ut ipse raptum illum uirginis..~are uideatur Cic. *Ver.*4.107; ut ratio ~at eorum qui loca caeli..notarunt Lucr. 5.694; non (in uita) ut in certaminibus..meliorem palma ~at Sen.*Ben.*5.2.2; dentibus senecta ~atur Plin.*Nat.*8.116; Quint.*Inst.*11.3.66; Gel.11.15.8;—(*w. acc. and inf.*) iste anulus aureus..hominem locupletem esse ~at Cic.*Ver.*3.187; loca ~at sursum uentosa patere res ipsa Lucr.6.468; Liv. 21.52.1; Curt.6.9.8; gentem..praecipuam olim fuisse multa ~ant Suet.*Aug.*1;—(*w. indir. qu.*) quae (*sc.* consuetudo) quoiusque ingenium ut sit ~at Ter.*Hau.*284; quid parentes sentiant..haec praesens maestitia..~at Cic.*Cael.*4; Liv. 3.45.1;—(*ellipt.*) nemo me..cautior; res ~at Cic.*Phil.*12.24. **b** uerbis..quam maxime aptis, id est rem ~antibus Cic.*Fin.*4.57; *Div.*2.134; quae (*sc.* littera) inuersa mulierem ~at Quint.*Inst.*1.7.28; Ulp.*dig.*50.16.183; (*w. acc. and inf.*) quae uox ~at is esse haec acerba, quibus non fuerint cogitata Cic.*Tusc.*3.30.

dēclīnātiō ~ōnis, *f.* [DECLINO+-TIO]
1 The angle of the heavens observed in one place as compared with that at another, latitude; point of the compass.
in ~one caeli, quae est Romae Vitr.9.7.1; Col.3.1.3;— quae ~ones cum contrarias inter se qualitates habeant 4.24.2.
2 The act or process of turning aside from a course, deviation, swerve. **b** the act of moving or leaning to one side, inclination. **c** (concr.) a bend or slope.
~one atomi uitari necessitatem fati Cic.*Fat.*22; 48; (*fig.*) simplex recti cura est, multiplex praui, et quantumuis nouas ~ones capit Sen.*Ep.*122.17; Gel.1.3.14. **b** capitis ~one Curt.7.4.36; 9.7.21; (*in fig. phr.*) quot ego tuas petitiones..parua quadam ~one..effugi! Cic.*Catil.*1.15. **c** in ~onibus libramenti uentris (*i.e. of the water-pipes*) lapis est..in ipso geniculo conlocandus Vitr.8.6.8.
3 (transf.) Avoidance; (rhet.) the affected avoidance of a topic, paralipsis. **b** (in speech) a digression (less abrupt than *digressio*). **c** divergence, variation (from a mean).
Cic.*N.D.*3.33; quae ~o cum ratione fiet, cautio appelletur *Tusc.*4.13; hominum..uarias uoluntates adpetitionesque et ~ones Gel.14.1.23;—(*w. gen.*) laboris et periculi non legitimi ~o Cic.*Clu.*148; *Att.*2.19.5;—*de Orat.*3.207. **b** ~o breuis a proposito Cic.*de Orat.*3.205; in cursu ipso orationis ~ones ad amplificandum dantur *Part.*52. **c** non ita magnae uocis ~ones Quint.*Inst.*11.3.46.
4 The process of modifying the form of a word to express grammatical relations, inflexion; an inflected form.
~o inducta in sermones non solum latinos Var.*L.*8.3; 10.12; mutationes, quas adferunt ~o aut praepositio Quint. *Inst.*1.4.13; quam..non ~one sola, sed re..differrent Gel. 6(7).17.5; det licet (syllabam) longam priorem flexa ~o

Maur.413;—Graecis nominibus Graecas ~ones..dare Quint.*Inst*.1.5.63; seruandam esse utique n litteram a prima positione per ceteras ~ones Vel.gram.in *G.L*.7.78.

dēclīnātus ~ūs, *m.* [DECLINO+-TVS[3]] A manner of inflecting or modifying words, inflexion; an inflected form.
cum uerborum ~uum genera sint quattuor Var.*L*.6.36; 10.31;—non omnis uox..habet ~us 9.38.

dēclīnis ~is, ~e, *a.* [next+-IS] This word is freq. confused in the MSS. with DECLIVIS, and *vv. ll.* are found in many of the passages quoted.

1 Tending to move downwards; (of the sun) declining; (of the tide) ebbing. **b** bending down, drooping.
ipsa suo ~ia pondere..corpora *Aetna* 347;—ubi ~i iam nona tepescere sole incipiet..hora Calp.*Ecl*.5.60; Plin.*Nat*. 8.203; (*poet.*) nondum solis equos declinis mitigat aestas Calp.*Ecl*.1.1;—dum se ~ibus undis aestus agat Luc.4.427. **b** uiue diu..arbor, et haec..cubilia nymphae tu..~is ama Stat.*Silv*.2.3.45.

2 Deviating from a course, turning aside. **b** bending to one side, skewed, averted.
auersum Lemno iubar et ~ia Titan..iuga..refert Stat.*Theb*.5.297. **b** pronas (*sc.* Vrsas) rapit orbis in ipsos ~is umeros Germ.*Arat*.31; serpentis ~e caput 61.

dēclīnō ~āre ~āuī ~ātum, *tr.*, *intr.* [DE-+*clino*, cf. ACCLINO]

1 To change the direction of, deflect, divert, turn away. **b** to put out of alignment, bend. **c** to divert (from a state of mind, form of behaviour, etc.), distract; (pass.) to stray, vary; (of things) to be different. **d** to divert (intentions, feelings; also, responsibility, etc.).
quae..noua causa..est quae ~et atomum? Cic.*Fat*.46; si quo ego inde agmen ~are uoluissem Liv.1.28.6; Ov.*Met*. 2.138; cum uno aut altero uulnerato uideritis ceteros in fugam ~ari Curt.9.2.20; aliquis casus potest..emissa tela ~are Sen.*Dial*.2.7.6; Stat.*Theb*.12.564; (*in fig. phr.*) nec ~ari transcendique posse agmina fati Gel.7(6).2.5;—(*refl.*) ~aui paullulum me extra uiam Pl.*Aul*.711; omnia se a terris tunc numina ~arunt *Vers.pop*.in Suet.*Aug*.70.1(*poet*.p.103);—(*the eyes*) non..ex illo flagrantia ~auit lumina Catul. 64.91; V.Fl.3.69; obliquos..ad moenia uultus ~at Stat. *Ach*.2.28; (*cf.*) in uultu..uiso lumina fixa tenet..nec se ~at ab illo Ov.*Met*.7.88;—(*w. abst. obj.*) ~amus..motus Lucr.2.259; Liv.36.23.2; uirgo..~at cursus Ov.*Met*.10.667. **b** in alteram partem nares ~antur Cels.8.5.1; domus.. cuius exitus..in publicum uersus ~aretur Asc.*Pis*.12. **c** memoriae sui intentos ab alia inuentione ~ant (*i.e. intrusive ideas*) Quint.*Inst*.10.3.33; neque spe neque metu ~atus animus 12.1.16;—utin..neque (mulierem) ~atam quicquam ab aliarum ingenio ullam reperias Ter.*Hec*.200; in hoc genus (*i.e. style of oratory*) plerique..~antur *Rhet.Her*.4. 15; Gel.10.8.2;—quaedam uerborum figurae paulum figuris sententiarum ~antur Quint.*Inst*.9.3.88. **d** una..pars est (*i.e. among the constellations*)..quae..consulta alios ~et in usus Man.3.678; eaedem litterae..suspicionem ~abunt Petr.103.2; in Vibium Crispum..inuidiam ~auit Tac.*Hist*. 4.41;—secunda in casum, fortunam in temeritatem ~ando Sal.*Hist*.2.15; aduersa in inscitiam Paeti ~ans Tac.*Ann*. 15.26.

2 (intr.) To change direction, deviate, turn aside, swerve. **b** to deviate from a norm of behaviour, turn aside, change. **c** to turn one's attention; to digress (in speech). **d** to diverge (in quality).
non arbitrantur eum a Capua ~aturum Cic.*Att*.14.17.2; *Fin*.5.5; Liv.2.14.7; se, etiamsi in acie occurrerit, ~aturum 25.18.7; ~auit uia militari Curt.5.8.5; Plin.*Nat*.28.93; illa..dum colligit..aurum, ~auit Hyg.*Fab*.185.4; (*transf.*) Lycorida Cyri torret amor, Cyrus in asperam ~at Pholoen Hor.*Carm*.1.33.7;—(*of things*) atomum, cum..deorsus feratur, ~are paulum Cic.*N.D*.1.69; Lucr.2.221; quantum in Italiam ~auerat belli Liv.28.1.1; nubes alio ~abant Sen.*Nat*. 4b.6.2;—(*of a road*) uiam..nusquam ad mare ~antem Liv. 39.27.10; Curt.9.4.20. **b** si qua in re ipsa ab religione offici ~arit Cic.*Ver*.3.2; subire uim..malui quam..de meo statu ~are *Prov*.41; ~ant in peius..fiuntque pro grandibus tumidi Quint.*Inst*.10.2.16;—(*of a condition*) paulatim ~at amor Ov.*Met*.9.461; si qua in parte lubricum adulescentiae nostrae ~at, reuocas Tac.*Ann*.14.56. **c** egentes ope Galli ..ad uindices futuros ~ant Liv.21.52.6; desperata facultate agendi ad discendum ius ~auerunt Quint.*Inst*.12.3.9;—ut a proposito ~et aliquantum Cic.*Orat*.138; *Leg*.1.57; ut.. ab rerum ordine ~arem Liv.9.17.1;—(*of a speech*) ut eo reuocetur, unde huc ~auit oratio Cic.*de Orat*.2.157; Quint. *Inst*.4.3.14. **d** Plin.*Nat*.36.62; (*a tint*) ~antem a topazo in aurum 37.113.

3 To give a downward tilt or slope to, incline downwards. **b** to incline from a vertical position, bend down. **c** to close, droop (the eyelids, in sleep, death, etc.). **d** (transf.) to tone down, lessen, modify.
in ~ato loco cursus dirigentur Vitr.8.6.5; adeo citus (Araxes) ut qua ex praecipiti..casurus est non ~et statim undam Mela 3.40; ad posteriorem (partem uitis) ~atur (cicatrix) Col.4.9.2; statim ut lunam mundus..media plaga ~et Plin.*Nat*.2.216;—(*transf.*) litteras Graecas aetate iam ~ata didicit Quint.*Inst*.12.11.23. **b** (pedamenta) iacentia statuenda, ~ata corrigenda Col.4.26.2; 4.33.3; ~ant lilia culmos Stat.*Silv*.3.3.128. **c** Verg.*A*.4.185; cum poscentis somnum ~at ocellos Prop.2.1.11; sponsae munus miserabile tradunt ~are genas Stat.*Theb*.8.653. **d** tum augendi criminis gratia..tum ~andi Quint.*Inst*. 9.2.12; 12.8.5.

4 (intr.) To sink down, descend, decline. **b** (of conditions) to subside, decline.
donec in autumnum declinet Phoebus Luc.10.236; quotiens in alterum latus praeponderans ~arat sarcina Apul.*Met*.7.17. **b** ubi ea (*sc.* inflammatio) ~auit Cels. 5.27.13b; ~ante morbo Plin.*Nat*.23.48.

5 To turn aside in order to avoid, to dodge. **b** (transf.) to keep clear of, avoid. **c** to refrain from (a course of action), avoid.
urbem..mihi amicissimam ~aui Cic.*Planc*.97; Curt. 4.13.37; deuiis..itineribus ambiens patriam et ~ans Tac. *Ann*.6.15; (*cf.*) oculos fecit..mobiles, ut..~arent si quid noceret Cic.*N.D*.2.142; (*w. abst. obj.*) quorum (*sc.* equorum) impetus..funditores et uelox Cretensis momento ~abant Liv.37.41.11; (*in fig. phr.*) beluam iudici laqueos ~antem Cic.*Mil*.40. **b** eas (*sc.* minas) uideor..~are nulla cum molestia posse Cic.*Att*.2.19.1; tu..metuenda ~a Sen.*Ep*. 98.7; impudicitiam uxoris tolerans aut ~ans Tac.*Ann*.6.51; Suet.*Jul*.4.1; risum obuiorum ~ans Apul.*Met*.3.12; (*cf.*) potentium iras..~abit, non aliter quam in nauigando procellam Sen.*Ep*.14.7. **c** quibus uitiis ~atis Cic.*Off*.1.19; cum ~arem certamen Liv.21.41.5; Tac.*Ann*.13.4.

6 (intr.) To step aside, sheer off (from conditions, courses of conduct, etc.).
a malis natura ~amus Cic.*Tusc*.4.13; ab is (delictis) est diligentius ~andum *Off*.1.145.

7 To change the form of (a word, phrase), modify; to form by alteration. **b** to change the inflexion of, decline or conjugate; to form by inflexion.
~antes Graeci nostra nomina dicunt Lucium Λεύκιον Var.*L*.6.2; Quint.*Inst*.1.6.32; hoc oratio recta, illud figura ~ata commendat 10.5.8;—quemadmodum quodque poeta finxerit uerbum..quodque ~arit Var.*L*.5.7; 6.58; *R*.1.31.3; unde ueteres nostri nomen ~auerunt Plin.*Nat*.19.159. **b** nomina ~are et uerba..pueri sciant Quint.*Inst*.1.4.22; 9.3.78; Fro.*Ant*.2.p.28(221N); Nerio..sic ~abatur quasi Anio Gel.13.23.6;—(*w.* in+*acc.*) nomina recto casu accepto in reliquos obliquos ~ant Var.*L*.8.6; Gel.4.1.5;—sic mares liberos..notari, ut ex his feminae (*i.e. feminine names*) ~arentur Var.*L*.8.7; Gel.20.6.8.

dēclīue ~is, *n.* [neut. of next] A surface sloping downwards, declivity, slope; *per ~e*, downwards.
ut de locis superioribus haec ~ia et deuexa cernebantur Caes.*Gal*.7.88.1; procidit in ~e Liv.42.15.10; per ~e uiasque praecipites..feruntur Ov.*Met*.2.206; Man.2.919; dexteriora petens montis ~ia Luc.2.421; Apul.*Mun*.34;—fistulas struimus per ~e circumdatas Sen.*Nat*.3.24.2.

dēclīuis ~is ~e, *a.* [DE-+CLIVVS+-IS] (freq. confused in MSS. with DECLINIS) Having a surface which slopes downwards, sloping, shelving. **b** tending to move downwards, falling; (of stars) declining. **c** *aetate ~is*, well on in years.
collis ab summo aequaliter ~is Caes.*Gal*.2.18.1; *Civ*.1.79. 3; Sal.*Jug*.17.4; ~e..aruum Hor.*Carm*.3.29.7;—~e..antrum Ov.*Ep*.7.93; (fossas) latius apertas summa parte ~esque (*i.e. with sloping sides*) Col.2.2.9; Plin.*Nat*.17.147; Sil. 15.513; (*w. abl. of respect*) ad molli ~em tramite ripam Ov. *Fast*.3.13; (*in fig. phr.*) labitur occiduae per iter ~e senectae *Met*.15.227. **b** flumina..~ia Ov.*Met*.1.39; (*of motion*) non habeant amnes ~em ad litora cursum Luc.4.114;—stella..uergit ~is ad Arcton Ov.*Fast*.3.793; Germ.*Arat*. 663. **c** mulier..aetate ~is, diu uidua Plin.*Ep*.8.18.4.

dēclīuitās ~ātis, *f.* [prec.+-TAS] A tendency to slope downwards, falling gradient.
iniquum loci ad ~atem fastigium Caes.*Gal*.7.85.4.

dēclūdō ~dere ~si ~sum, *tr.* [DE-+CLAVDO] (app.) To unclose.
Fest.p.282M.

dēcocō see DECOQVO.

dēcocta ~ae, *f.* [DECOCTVS[1]; sc. *aqua*] A drink made by raising water to boiling point, then plunging the vessel into snow to cool.
Plin.*Nat*.31.40; frigidior Geticis petitur ~a pruinis Juv. 5.50; haec est..Neronis ~a Suet.*Nero* 48.3.

dēcoctor ~ōris, *m.* [DECOQVO+-TOR] An insolvent person, defaulting debtor.
(exercitum) conlectum..ex agresti luxuria, ex rusticis ~oribus Cic.*Catil*.2.5; *Phil*.2.44; ~oris amica Catul. 41.4; 43.5; V.Max.6.9.12; feneratorem non fugat a foro ~or Sen.*Ep*.81.2.

dēcoctum ~ī, *n.* [next] A potion made by boiling, decoction.
satis est singulos cyathos ~i sumi Plin.*Nat*.23.133; (*w.* ex) ex iisdem (lupinis) ~a lentigines..corrigunt 22.156;—(*w. defining gen.*) in ~o balani 22.49; 26.61.

dēcoctus[1] ~a ~um, *a.* *compar.* ~ior. [pple. of DECOQVO] (of fruit) Over-ripe; (of literary, rhet. style) luscious; (in a good sense) mature, ripe.
quae (*sc.* poma) neque cruda et inmitia sunt neque caduca et ~a Gel.10.11.3;—ut suauitatem habeat (orator) austeram..non dulcem atque ~am Cic.*de Orat*.3.103;—si forte aliquid ~ius audis Pers.1.125.

dēcoctus[2] ~ūs, *m.* [DECOQVO+-TVS[3]] (w. gen.) The process of boiling (in).
omnes gemmae mellis ~u nitescunt Plin.*Nat*.37.195.

decollo ~āre ~āuī ~ātum, *tr.* [DE-+COLLVM+-O[3]]

1 To behead; to cause to be beheaded.
se numquam uidisse hominem ~ari Sen.*Con*.9.2; Sen. fr.(Haase p.448); *Apoc*.6.2; Petr.51.6; miles ~andi artifex Suet.*Cal*.32.1; (*pple. as sb.*) similiter ~atorum capitibus Larg.194;—ut..eos ipse..ceperit et ~auerit Fen.*hist*.30; Sen.*Dial*.5.18.4.

2 (according to Nonius) To remove from the neck.
tibi tradidi, in tuo collo est: ~es caue Caecil.*com*.116.

dēcōlō ~āre ~āuī, *intr.*, *tr.* [DE-+COLVM+-O[3]] In some MSS. this word is spelt *-ollo*. FORMS: *~assit* (= *~auerit*) Pl.*Cas*.307. To trickle or drain away; (also transf.). **b** (unless belonging to *decollo*, tr., w. abl.) to drain (of).
si sors..~assit Pl.*Cas*.307;—si ea (spes) ~abit, redibo huc..ad cenam asperam *Capt*.497; quorum si alterutrum ~at Var.*R*.1.2.8; **b** quibus fructibus me ~aui uictus Lucil.433.

dēcolor ~ōris, *a.* [DE-+COLOR] N.B.: sts. confused in MSS. w. *discolor*.

1 Changed from its normal colour, discoloured, stained. **b** (applied to dark-skinned people).
~orem sanguinem Cic.*Tusc*.2.20; pix..minus copiosa et ~or Plin.*Nat*.16.59; nec ~or species aeris..medicaminum (*sc.* in fontibus) argumentum est 31.61; Juv.7.226;—(*w. abl.*) ~or ipse suo sanguine Rhenus Ov.*Tr*.4.2.42; *Epic. Drusi* 386; seges infecta..~or herba Luc.7.851; Stat. *Theb*.12.410. **b** ustus et Eoa ~or Indus aqua Prop. 4.3.10; Ov.*Ars* 3.130; ~or heres Juv.6.600;—(*poet.*) Ov. *Met*.4.21; India tigres ~or horret Sen.*Phaed*.345.

2 Involving moral turpitude, shameful; (of persons) depraved, degenerate.
fama..peruenit in urbes ~or Ov.*Ep*.9.4;—patrias..~or artes exuit Sil.11.422; (*cf. sense 1*) deterior..ac ~or aetas..successit (*i.e. after the golden age*) Verg.*A*.8.326.

dēcolōrātiō ~ōnis, *f.* [next+-TIO] A change of colour, discoloration.
~o quaedam ex aliqua contagione terrena Cic.*Div*.2.58.

dēcolōrō ~āre ~āuī ~ātum, *tr.* [DECOLOR+-O[3]]

1 To alter the normal colour of, discolour, stain.
liuore ~atum corpus *Rhet.Her*.2.8; quod mare Dauniae non ~auere caedes? Hor.*Carm*.2.1.35; idem pallor labra.. ~at Cels.2.6.4; 2.8.23; ex albo ~atur fitque luteola (oliua) 12.49.9; 12.54.1; (*cf.*) ~atur id cuius color uitiatur, non mutatur Sen.*Nat*.2.40.6; (*w. allusion to sense 2*) hanc (*sc.* farinam) finxit manibus collybo ~atis Cassius Parmensis in Suet.*Aug*.4.2.

2 To bring shame upon, disgrace.
(mulierem) non sumpsisse dotem ne..filium ~aret Quint.*Decl*.360(p.392,l.11).

dēconciliō ~āre, *tr.* [DE-+CONCILIO] (perh.) To extricate from trouble (cf. INCONCILIO).
nil ~are sibus nisi qui persibus sapis Pl.fr.inc.138.

dēcondō ~ere, *tr.* [DE-+CONDO] To hide deep down, stow away.
(alios) in alicuius inmensae uentrem beluae ~et (fortuna) Sen.*Dial*.6.10.6.

dēcontor: see DECVNCTOR.

dēcontrā, *adv.* [DE-+CONTRA] From a position opposite, facing.
TV QVI ~ LEGES *A.Epig*.52.108; (*as two words*) TV ~ ROG(are) DEB(es) ARTOR(ium) *CIL* 4.548.

dēcoquō ~quere ~xī ~ctum, *tr.*, *intr.* [DE-+COQVO]

1 To diminish the volume of (a liquid) by boiling, boil down; to boil (solids) so that the containing liquid is diminished. **b** to boil away (a part of a liquid). **c** to heat to boiling point, boil; *~cta aqua* = DECOCTA. **d** to concoct by boiling, brew.
id amurca ~cta unguito Cato *Agr*.99; coniunx..dulcis musti..~quit umorem Verg.*G*.1.295; quibus (*sc.* lignis) defrutum et sapam ~quat Col.11.2.71; (*w. abl. of the solid ingredients*) aqua mulsa crebrius furfuribus siligineis ~cta Larg.66;—(*w.* ad) quod de musto ad mediam partem ~xerant Var. in Non.p.551M; Plin.*Nat*.31.40; Larg.57;—(*w.* in+*acc.*) amurcae congios duos ~qui in crassitudinem mellis Plin.*Nat*.17.264;—(carnium) ~ctarum ad tertias partes sucus..bibitur 32.39; herba ex aquae tribus heminis ad tertias ~quitur Larg.153. **b** de ea (*sc.* amurca) ~quuntur duae partes Var.*R*.1.61; partem quartam eius musti.. ~quunt Col.12.19.1; (*fig.*) multum inde (*i.e. from natural exuberance*) ~quent anni Quint.*Inst*.2.4.7. **c** nulla aqua nisi ~cta potionis causa utatur Cels.3.23.7; caeno..~cto Curt.4.3.25; Plin.*Nat*.19.55; 31.40;—~ctae nobile frigus aquae Mart.14.116.2. **d** ~quitur uirus cognitis antea uenenis rapidum Tac.*Ann*.13.15.

2 To boil (solids) in liquid, stew. **b** (facet.) to 'stew' in a hot bath.
quae minus cruda esse poterant ~quebant in olla Var.*L*. 5.108; donec ~queretur holus Hor.*S*.2.1.74; Peliae senis ~cta aeno membra Sen.*Med*.134; Plin.*Nat*.29.135; Larg. 191; Juv.15.81;—(*w. liquid specified*) cum oleae foliis ante ex uino ~ctis Cels.5.22.2; Col.12.42.2; resina si cum aqua lenius ~quatur Plin.*Nat*.16.54; 16.180; aeruginis pondo quadrantem..in mellis..pondo libra ~quere Larg.50. **b** ~quere corpus atque exinanire sudoribus inutile Sen. *Ep*.108.16; (*pass. in refl. sense*) non in multa luce ~quebatur (Scipio) 86.11.

3 To melt down, smelt, fuse; to lose by smelting, melt away. **b** to cause to waste away, consume, shrivel.

si possumus quod debemus populo (*i.e. the bullion*) in foro ..~quere VAR.*Men*.512; quem ad modum ~ctus calculus in zmaragdum conuerteretur SEN.*Ep*.90.33;—experientibus ..pars quarta (argenti) ~cta erat LIV.32.2.2. **b** membra uenenum ~quit LUC.9.776; cum acini..~cuntur in callum PLIN.*Nat*.17.226.

4 (fig.) To squander (money, property, etc.); to ruin (a person).

nihil colonus uilicusque ~xit MART.2.11.9;—hunc alea ~quit PERS.5.57.

5 (intr.) To waste away, lose strength; (of an undertaking, property) to suffer loss. **b** to be unable to pay one's debts, become insolvent; (w. dat.) to fail to repay (a person).

quibus (*sc.* annis)..quasi consenuit atque ~xit (populus R.) FLOR.*Epit*.1.pr.8;—spero, non tibi ~quet ornithon VAR.*R*.3.2.16; res..domino ~xit COL.11.1.28; (*cf.*) serere (crocum)..minime expedit, ad scripula usque singula areis ~quentibus PLIN.*Nat*.21.31. **b** praetextatum te ~xisse CIC.*Phil*.2.44; SEN.*Ben*.5.21.3; si cum eo agitur, qui ~xerit GAIUS *Inst*.4.102;—nec quaerens, quomodo ~quat, sed quemadmodum plenius..respondeat..amicis SEN.*Ben*.3.17.4; eum..~xisse creditoribus suis PLIN.*Nat*.33.133; (*cf.*) minus turpe est creditori quam spei bonae ~quere SEN.*Ep*.36.5.

decor[1] ~ōris, *m.* [DECET+-OR]

1 A pleasing appearance, good looks, beauty, grace. **b** (of things) decorativeness, beauty, a decent appearance. **c** that which adorns, an embellishment, ornament.

puella..fulgens ~ore et gratia LAEV.*poet*.18.5; fugit retro leuis iuuentas et ~or HOR.*Carm*.2.11.6; OV.*Fast*.5.608; ob ~orem..uitro corpora infecti (*sc.* Britanni) MELA 3.51; barbaricae ~or ille iuuentae V.FL.8.460; senatorius ~or PLIN.*Ep*.1.14.8; JUV.6.501; si sibi praemium ~oris addixisset APUL.*Met*.10.31;—(*of birds, animals*) harum..~or auium etiam exteros..oblectat COL.8.11.1; puero capto eius (*sc.* equi) ~ore PLIN.*Nat*.8.154;—(*in fig. phr.*) oratio..pulchra est, in qua..neruos robur tegit et ~or commendat TAC.*Dial*.21.8. **b** uario florentia serta ~ore *Dirae* 20; LIV.10.46.4; tantus ~or adfuit arti (*sc.* lanificae) OV.*Met*.6.18; GRAT.134; sidereus ~or SEN.*Med*.95; *Oed*.651; perlucent (amethysti)..uiolaceo ~ore PLIN.*Nat*.37.121; MART.6.42.12; etiam frugiferis (*sc.* arboribus) adhibendus est ~or QUINT.*Inst*.8.3.9; TAC.*Ann*.15.43;—sucus hederae..cicatricibus..~orem facit PLIN.*Nat*.24.77; non minus salubritatis quam ~oris interest eam (*sc.* cloacam) contegi PLIN.*Ep*.10.98(99).2. **c** scaenai..splendere ~ores LUCR.4.983; OV.*Met*.9.98; GRAT.177; STATVIS..CVM OMNI ~ORE SVO REFECTIS *CIL* 14120.13.

2 Non-visual beauty, elegance, charm; adornment, distinction.

in uitio ~or est, quaedam male reddere uerba OV.*Ars* 3.295; nec illum gloriae stimulat ~or SEN.*Her.O*.416;—schema..~oris causa inuentum SEN.*Con*.1.pr.24; PERS.1.92; mihi..placet (in Graecis nominibus) rationem Latinam sequi, quousque patitur ~or QUINT.*Inst*.1.5.63; compositionis ~or 9.4.44; exigitur..ab oratore etiam poeticus ~or TAC.*Dial*.20.5.

3 Seemliness, propriety, rightness. **b** an appropriate quality or shape.

~or..est emendatus operis aspectus probatis rebus compositi cum auctoritate VITR.1.2.5; 7.4.4; ipse ~or, recte facti si praemia desint, non mouet OV.*Pont*.2.3.13; est aliquis et dolendi ~or SEN.*Ep*.99.21; cuncta ad ~orem imperii composita TAC.*Hist*.1.71. **b** mobilibus..~or naturis dandus HOR.*Ars* 157; ut habitus quoque et ~or alterius (ossis) ex altero cognoscatur CELS.8.1.25.

decor[2] ~oris (? or **~oris** ~ore). *a.* [cf. DECVS, INDECOR] PROS.: 2nd syll. short according to Prisc. in *G.L*.2.235, quoting first two exx. Pleasing to the senses, beautiful.

magnam domum ~oremque ditem uexerant NAEV.*poet*.51(50); equis et armis ~oribus cultus SAL.*Hist*.3.20; CHITARI CORDE (*i.e.* cordae) CVM VOCE ~ORES *CIL* 6.30122.

decorāmen ~inis, *n.* [DECORO+-MEN] An adornment.

uitta..maiorum ~en SIL.16.268.

decōrē, *adv.* [DECORVS+-E]

1 In a manner pleasing to the senses or mind, beautifully.

formata ~ sancta Iouis species CIC.*Cons*.fr.2.55; hi..pedes..satis ~ cadunt *de Orat*.3.182; per colla ~ crinibus effusis LUC.1.442; GEL.13.25(24).17; caput ~ corona cinxerat palmae APUL.*Met*.11.24.

2 In a correct or seemly manner, properly, suitably.

ne ille..tergo..consuluit hau ~ PL.*As*.409; neque ex caelo depulsa ~ fertur (Cassiepia) CIC.*Arat*.695(443); *Off*.1.114; res publica..bene atque ~ gesta SAL.*Jug*.100.5; parum ~ Domitianum..alienae gloriae interuenturum TAC.*Hist*.4.85.

decoriter, *adv.* [DECOR[2]+-TER[2]] In a pleasing manner, gracefully.

crinium globos ~ impeditos APUL.*Met*.5.22; 6.28; palla..~ confluctuabat 11.3.

decorō ~āre ~āuī ~ātum, *tr.* [*decor-* (cf. DECVS)+-O[3]] FORMS: ~*aat* (app. = ~*auit*) *CIL* 1.1570.5.

1 To add beauty to, embellish, adorn. **b** (of things).

quae digitos despoliat suos et tuos digitos ~at PL.*Mil*.1048; Gallus..torque armillis ~atus QUAD.*hist*.10b; oppidum..locis communibus monumentisque ~auit CIC.*Ver*.2.112; VERG.*A*.6.217; deorum templa nouo ~are saxo HOR.*Carm*.2.15.20; OV.*Hal*.71; V.FL.3.333; (libellus) binis ~atus umbilicis STAT.*Silv*.4.9.8; aetatis florem floribus ut ~es APUL.*Apol*.9; (*cf.*) delubra deorum pietate, domos suas gloria ~abant SAL.*Cat*.12.4; (*pregn.*) HIC ME ~AAT STOLA (*i.e. he married me*) *CIL* 1.1570.5. **b** cui ~ent..serta comas TIB.2.2.6; fasces imperatorum ~at (laurus) PLIN.*Nat*.15.133; (*facet.*) dum..calor..dissignatorem ~at lictoribus atris (*i.e. the unhealthy effect of hot weather*) HOR.*Ep*.1.7.6.

2 To add honour to, glorify, honour. **b** to be a source of honour to, do credit to, adorn.

nostram pietatem adprobant ~antque di inmortales PL.*Poen*.1255; in eius morte ~anda CIC.*Phil*.9.15; PLIN.*Nat*.37.169; APUL.*Apol*.39; (*w.* ut *cl.*) fidem..Magnetum ~auere, uti Dianae Leucophrynae perfugium inuiolabile foret TAC.*Ann*.3.62;—(*w. pers. obj.*) ~AVIT EAM MONVMENTO *CIL* 1.1837.7; nemo me lacrimis ~et ENN.*var*.17; quem..orationibus scriptisque ~assem CIC.*Pis*.75; VERG.*A*.9.215; bene nummatum ~at Suadela Venusque HOR.*Ep*.1.6.38; LIV.30.17.9; dii..Pana astrorum memoria ~auerunt AMP.2.10. **b** haec omnia uitae ~abat grauitas CIC.*Brut*.265; ut..imperatoris exortum uictoriae insigne ~aret PLIN.*Pan*.8.2;—(*of persons*) an te generum..Phyllidis flauae ~ent parentes HOR.*Carm*.2.4.14; Domitium ~auit pater ciuili bello maris potens TAC.*Ann*.4.44; QVAE..LVDOS ~AVI CHORO *CIL* 6.10096.

dēcorticātiō ~ōnis, *f.* [next+-TIO] The act or process of stripping off bark.

si angusta ~o fuit, nihil nocetur PLIN.*Nat*.17.236.

dēcorticō ~āre ~āuī ~ātum, *tr.* [DE-+CORTEX+-O[3]] To strip away the bark or rind of, peel. **b** to scrape (an outer skin) off.

abietem circa germinationes ~atam PLIN.*Nat*.16.221; hanc (*sc. a reed*) ~ari atque..siccari iubet 21.111. **b** (stuppa) pectitur..donec omnis membrana ~etur PLIN.*Nat*.19.17.

decōrus ~a ~um, *a.* *superl.* ~issimus. [DECOR+-VS]

1 a (of persons, parts of the body, etc.) Good-looking, becoming, handsome, comely. **b** (of things) fine in appearance, handsome, 'fair'.

a si..facies ~a ad senectutem..permansit POL.*hist*.5; SAL.*Jug*.6.1; uirgo..oculos deiecta ~os VERG.*A*.11.480; in quamcumque (figuram) uoles uerte, ~us ero PROP.4.2.22; quae corpus ~um..uulgauerat TAC.*Ann*.15.72; puellarum ~ae suboles APUL.*Met*.10.32; Zenonem longe ~issimum *Apol*.4; (*transf. ep.*) ~ae more palaestrae HOR.*Carm*.1.10.3; (*of animals*) nec ab aspectu ~os (*sc.* boues) COL.6.1.2;—(*w. abl.*) ~um mitibus pomis caput Autumnus..extulit HOR.*Epod*.2.17; deam..formaque armisque ~am OV.*Met*.2.773; lacrimis planctuque ~ae Troades STAT.*Ach*.1.943; TAC.*Ann*.11.16. **b** deum..delubra ~a LUCR.2.352; SAL.*Cat*.7.4; hunc..introrsum turpem, speciosum pelle ~a HOR.*Ep*.1.16.45; in armis habilibus magis quam ~is LIV.7.10.7; PLIN.*Nat*.12.22; ~us torquis STAT.*Theb*.10.517; posthabitis ~is..carpentis APUL.*Met*.10.18;—(*w. abl.*) galeam..cristis ..~am VERG.*A*.9.365; insignia armorum argento ~a TAC.*Hist*.1.57;—(*w. abst. sbs.*) simplex..horrore ~o crinis STAT.*Silv*.2.6.43; ~a proceritate TAC.*Ann*.12.44; (*advl. acc.*) reddes dulce loqui, reddes ridere ~um HOR.*Ep*.1.7.27.

2 (in a non-visual sense) Graceful, elegant.

satis ~us etiam Graeca facundia TAC.*Hist*.2.80;—(*of things*) parum ~o..silentio HOR.*Carm*.4.1.35; *Ep*.2.1.73; PLIN.*Ep*.1.16.2.

3 That confers honour, glorious, honourable, noble.

quae..quoique diuo ~ae grataeque sint hostiae CIC.*Leg*.2.20; dulce et ~um est pro patria mori HOR.*Carm*.3.2.13; haud satis ~o proelio LIV.28.19.15; OV.*Met*.13.309; TAC.*Ann*.11.7.

4 Worthy of approval, seemly, suitable, decent.

si uerum..et ~um erum uehere seruom, inscende PL.*As*.701; Patras accedere sine impedimentis non satis uisum est ~um CIC.*Att*.5.9.1; parum ~um inter collegas certamen LIV.4.45.8; QUINT.*Inst*.10.1.17; PLIN.*Ep*.2.12.4; GEL.13.22(21).1;—(*w. dat.*) NEP.pr.6; ordinem..uel paci ~um uel bello LIV.1.42.5; linum..nere et uiris ~um PLIN.*Nat*.19.18; STAT.*Silv*.2.7.83; nec Plancina..se intra ~a feminis tenebat TAC.*Ann*.2.55;—(*w. abl.*) facinora puerilia..neque te ~ra neque tuis uirtutibus PL.*Mil*.619;—(*w.* ad) auri uenas..ad ornatum ~asCIC.*N.D*.2.151;—(*w.* pro) ~um pro causa ratus, si..Galbae..partes reuirescere crederentur TAC.*Hist*.3.7.

dēcōtes, *pl.* [DE-+*co-t-*, cf. COS, CATVS] (See quot.)

~ togae detritae PAUL.*Fest*.p.72M.

dēcrēmentum ~ī, *n.* [DECRESCO+-MENTVM] A shrinkage, diminution.

uastiora..fuerunt corpora hominum antiquiorum et nunc ..rerum atque hominum ~a sunt GEL.3.10.11.

dēcrepitus ~a ~um, *a.* [prob. DE-+CREPO 'burst'; cf. late Gk. ψοφίζω, ψόφιον] Worn out (with age), enfeebled, decrepit.

Accheruntícus, senex uetus, ~us PL.*Mer*.291; anum ~am TER.*Ad*.939; V.MAX.8.9.ext.2; gladiatores..iam ~os, quos si sufflasses cecidissent PETR.45.11; libertinam..diligere simulauit quamuis anum ac paene ~am SUET.*Otho* 2.2; APUL.*Apol*.70; (*masc. as sb.*) inter ~os me numera SEN.*Ep*.26.1; (*transf.*) (bestiola) mortua est..~a (aetate) CIC.*Tusc*.1.94.

dēcrescentia ~ae, *f.* [pple. of next+-IA] A decrease.

~ia cotidiana (*of the moon*) VITR.9.2.2.

dēcrescō ~escere ~ēuī ~ētum, *intr.*, (*tr.*). [DE-+CRESCO] FORMS: pf. pple. (? in impers. pass. sense) LAEV.*poet*.2.

1 To grow smaller in size, dwindle, shrink. **b** (of the moon) to wane; (of tides) to ebb; (of watercourses, etc.) to subside, fall. **c** to seem to grow smaller (as a result of distance, comparison, or sim. causes). **d** to diminish gradually in size between one end and the other, become progressively smaller, dwindle; to taper.

ut cum luna pariter crescant, pariterque ~escant (*sc.* ostreae) CIC.*Div*.2.33; MES.COR.*hist*.2; LUCR.1.314; contignationes..siccitate ~escentes VITR.7.1.5; ~escunt effosso marmore montes OV.*Ars* 3.125; donec ~esceret umbra in medium surgente die LUC.4.154; STAT.*Theb*.8.397; (*cf.*) genus hoc (hominum) uiuo iam ~escebat Homero JUV.15.69; (*w.* huc) tam paruus cinis Herculeus, huc..ille ~euit gigans! SEN.*Her.O*.1759. **b** CATO *Agr*.31.2; inde rursus ad nouam lunam ~escit (*sc.* luna) VAR.*R*.1.37.1; COL.11.2.52; PLIN.*Nat*.28.229;—sex horis aestus creuerunt, totidem ~euerunt VAR.*L*.9.26;—~escentia ripas flumina praetereunt HOR.*Carm*.4.7.3; SEN.*Nat*.6.7.4; lacus cum..~escerent ALF.*dig*.39.3.24.3; ter in die..crescit ~escitque (fons) PLIN.*Ep*.4.30.2. **c** ubi omnis terra ~escet pelagusque crescet SEN.*Tro*.1048; V.FL.3.156; mersis ~escant rupibus Alpes 6.393; a tergo ~escit Bacchica Naxos STAT.*Ach*.1.678; PLIN.*Pan*.61.2. **d** fistula cui semper ~escit harundinis ordo TIB.2.5.31; PLIN.*Nat*.11.180;—(arbor) ~escendo progreditur in altitudinem VITR.5.1.3.

2 To grow less in number or amount, be diminished, decrease; (of time) to grow shorter. **b** to be subtracted.

MAN.3.414; ~euere greges, dum cadit agna frequens MART.7.54.6; primae ~escunt murmura noctis STAT.*Theb*.5.196; *Silv*.2.3.26; peculium..~escit PAUL.*dig*.13.5.20; (*w. instr. abl.*) tot..immeritas ferro ~escere gentis STAT.*Theb*.10.4; (*w.* in+*acc.*) si..in tantum ~euerint bona GAIUS *dig*.35.2.73; (*w.* numerus) cum lunae lumine fibrarum numero crescente atque ~escente PLIN.*Nat*.29.59;—cum crescimus, uita ~escit SEN.*Ep*.24.20; fiunt (*sc. rainbows*)..hieme maxime..die ~escente PLIN.*Nat*.2.151. **b** patere inde (*i.e. from the sum of money*) aliquid ~escere JUV.7.220; ULP.*dig*.5.4.4; quod ex pretio propter incendium ~escere fuerit inuentum PAUL.*dig*.18.1.57.

3 To lose vigour or intensity, decline, weaken, fade; to decline in influence, reputation, etc. **b** (of conditions, feelings) to decline, abate. **c** (of a speech) to fall off (e.g. into bathos).

multum ex nocturno calore ~escit (fons) CURT.4.7.22; ~escit anhelo pectore consumptus Lampon (*a horse*) SIL.16.391; quae (*sc.* umbra), ut dies creuit ~euitue, modo breuior modo longior..cadit PLIN.*Ep*.2.17.18; HYG.GR.*agrim*.p.150;—homo receptus in publicas gratulationes praesentiae humilitate ~esco [QUINT.]*Decl*.4.11. **b** ualetudo ~escit, adcrescit labor PL.*Cur*.219; dolor ~escit PUB.*Sent*.D.7; cum timore simul fide ~escente LIV.26.17.12; ubi febris ~euit CELS.3.6.15; QUINT.*Inst*.1.3.5; neque ex postfacto ~escat obligatio PAUL.*dig*.21.1.44.2; (*transf.*) iam castra uident animisque propinquant, et ~escit onus STAT.*Theb*.10.386;—(*w.* in+*acc.*) in quantum cotidie ingenia ~escant SEN.*Con*.1.pr.6; [QUINT.]*Decl*.5.12. **c** ne a potentissimis ad leuissima ~escat oratio QUINT.*Inst*.5.12.14; 9.4.23.

dēcrētālis ~is ~e, *a.* [DECRETVM+-ALIS] Depending for validity on the ruling of a magistrate or a judge's decision.

~is bonorum possessio ULP.*dig*.38.9.1.7.

dēcrētārius ~a ~um, *a.* [DECRETVM+-ARIVS] (app.) Appointed by a resolution (of the civic authority).

DENDROFORVS ~VS *CIL* 8.7956.

dēcrētōrius~a ~um, *a.* [DECERNO+-TORIVS] Leading to a decision, decisive, crucial.

SEN.*Cl*.1.14.1; remoue ista lusoria arma: ~is opus est *Ep*.117.25; pugnam..~am QUINT.*Inst*.6.4.6;—(*w. dat.*) hoc est illud quadriduum oleis ~um PLIN.*Nat*.17.11; 18.272.

dēcrētum ~ī, *n.* [pple. of DECERNO]

1 An idea held with conviction, dogma, principle, opinion.

quotus..quisque philosophorum inuenitur..qui..~is suis pareat? CIC.*Tusc*.2.11; artes..habent ~a sua, non tantum praecepta SEN.*Ep*.95.9; PLIN.*Nat*.18.63; QUINT.*Inst*.2.13.15; GEL.12.5.9; ~o et lege rectae rationis APUL.*Pl*.2.22; (*w. defining cl.*) quoniam..id haberent..~um..nihil posse percipi CIC.*Luc*.29.

2 A course of action on which one is determined, decision, resolve.

~is facta iungit VELL.2.118.3; perit..ex ~o suo SEN.*Ep*.104.32; *Med*.198;~a..tristia seruant V.FL.8.407; mors..~o latronum tibi comparata est APUL.*Met*.6.26; (*w. defining gen.*) mortis..expelle ~um horridum SEN.*Her.O*.928.

3 A decision having mandatory force: **a** (of a judge or sim.) a judgement verdict, order; a sentence of condemnation. **b** (of an administrative or sim. body, esp. of the Roman Senate) a resolution, decree, vote. **c** a vote (given by a member of a council). **d** a decree, ordinance (of fate, gods, etc.).

a reuocabat eos inter quos iam decreuerat, ~umque mutabat CIC.*Ver*.1.120; eos neque ex edicto neque ex ~o (pecuniam) depositam habuisse *Fam*.13.56.3; si qui..priuatus aut populus eorum (*sc.* druidum) ~o non stetit CAES.*Gal*.6.13.6; de iniuria ~i palam in foro contionati LIV.

4.9.7; 24.44.9; Gaius *Inst.*4.140; iuridici prouincialis ~o Apul.*Met.*1.6;—(*cf.*) credisne illos unius conuiuii ~o deos factos? Curt.8.5.17; in uicem..poenae uenit ~um Trimalchionis Petr.54.5; (*w. defining gen.*) alimentorum ~um Ulp.*dig.*25.3.5.18;—Tyndaris..sine ~o uiua reducta domum est Prop.2.32.32. **b** cum de me..is motus fuerit municipiorum..ea ~a publicanorum, ea conlegiorum Cic. *Pis.*41; *Att.*9.5.4; ~o (*i.e. of an Etruscan council*)..cautum ne quod ante concilium fieret Liv.4.25.8; extant ~a, quibus nos laudat..publica cera Ov.*Pont.*4.9.101; Plin.*Pan.*70.9; Suet.*Aug.*1; VOLVNTATE POPVLI ~O SENATVS TIBVRTIVM *CIL* 14.3674; (*w. defining gen.*) ad tollendum..~um Romanae societatis Liv.33.16.4;—senatus grauissima ~a perfregerat Cic.*Mil.*87; patrum..prosperes ~a Hor.*Saec.* 18; Liv.30.2.6; Ov.*Tr.*2.131; Tac.*Ann.*6.11; (*cf.*) si ad nos nihil referretur de Dolabella persequendo, tamen ego pro ~o putarem Cic.*Phil.*11.27. **c** sententia mea et ~o Cato *Fam.*15.5.1. **d** ferrea..ueterum ~a sororum Ov.*Met.* 15.781; omnia ex ~o dei fieri Sen.*Nat.*3.pr.12; V.Fl.1.536; naturae necessitatisque ~a Gel.12.5.12; Apul.*Mun.*38.

dēcrīminō ~āre ~āuī ~ātum, *tr.* [DE-+CRIMINO] To defame.
te ualdissime ~atum apud Iucundum *Stud.Pal.*14.7.5.

dēcubō ~āre, *intr.* [DE-+CVBO] (relig., perh.) To get down (from a bed).
(Dialis) de eo lecto trinoctium continuum non ~at Gel. 10.15.14 (*s.v.l.*).

dēculcō ~āre, *tr.* [DE-+CALCO] To tread down, crush with the feet.
(bacas) in qualo pedibus..~ant Plin.*Nat.*17.61; hi.. aspros..molaris ~are genis Stat.*Theb.*1.623.

dēculpātus ~a ~um, *a.* [DE-+pple. of CVLPO] Blameworthy, faulty.
itane..dehonestum tibi ~umque hoc uerbum uidetur? Gel.19.10.10.

decum-: see also DECIM-.

decumātēs ~ium, *pl. a.*[perh. ad. Celtic word; cf. OIr. *dechmad*; for sense cf. Eng. *tithing*] *agri ~es*, (app.) Land divided up into groups of ten districts, communes, or the like.
non numerauerim inter Germaniae populos..eos qui ~es agros exercent Tac.*Ger.*29.4.

dēcumbō ~mbere ~buī, *intr.* [DE-+*cumbo*, see ACCVMBO]

1 To lie down, recline. **b** (at table).
si sapias, eas ac ~mbas domi Pl.*Mer.*373; ~mbat purgetque sese Cato *Agr.*156.4; Phoebus..tenera ~mbere in herba suadet Col.10.283; ~buit super lectum Suet.*Nero* 48.4; (*w.* in+*acc.*) si in partem sanam aliquis ~buit Cels. 2.7.34;—(*of animals*) bos, qui ~mbit in sulco Col.6.2.11; Plin.*Nat.*8.201;—(*poet.*) tertia iam falce ~buit Ceres Sen. *Phoen.* 372. **b** ut ~mbamus suadebo, hi dum litigant Pl. *As.*914; *St.*646; Ter.*Ph.*342; bibulo ~buisse toro *Copa* 6; ascendit ad sacerdotes unaque ~buit Suet.*Cl.*33.1.

2 To take to one's bed, lie ill; (also) to die. **b** to fall (in a fight).
familia ~buit Sen.*Ep.*96.1; [Quint.]*Decl.*5.14; ibi.. accedente febri rapida ~bueram Gel.18.10.1; apud Appios multis diebus ~mbo Apul.*Apol.*72; si..post partum ~buerit (mulier) Ulp.*dig.*2.11.2.4;—te sumus obliti ~buisse senem *Eleg.Maec.*136; *CIL* 7.405; FVNERI DE SVBITO RAPTVS ~MBIS IN AGRO 11.6926. **b** quod gladiatores nobiles faciunt ut honeste ~mbant Cic.*Phil.*3.35; *Tusc.*2.41.

dēcunctor ~ārī, *intr.*, (*tr.*). [DE-+CVNCTOR] To take one's time, hesitate, delay (over).
dum in ista necis meae ~or electione Apul.*Met.*7.24;—(*w. noun cl.*) unde potissimum caperet exordium, ~atur 10.3.

decurēs, *m. pl.* [next] (See quot.)
~es decuriones Paul.*Fest.*p.71M.

decuria ~ae, *f.* [*decu-uiria* (DECEM+VIR), cf. CVRIA (= *co-uiria*)]

1 A group consisting of ten men (organized for work, recreation, etc.), gang, party. **b** (as an administrative unit in Roman government) a group consisting of ten families.
nisi gnatam tecum huc..adducis, exigam..te ex hac ~a Pl.*Per.*143; Caecil.*com.*15; primi singularum ~arum decuriones dicti Var.*L.*5.91; seruus ille in primam ~am (*i.e. a lot at a sale*) coniectus Sen.*Ep.*47.9; classes..denum hominum faciendae, quas ~as appellauerunt antiqui Col. 1.9.7; Petr.47.11; (*w.* hominum) ~a hominum inducta.. pisant materiam Vitr.7.3.10; (*transf.*) turdorum ~a Mart. 13.51. **b** rem inter se centum patres, decem ~is factis.. consociant Liv.1.17.5; Plin.*Nat.*3.142; mensura peracta sortes diuidi debent, et inscribi nomina per ~as Hyg.*agrim.* p.73.

2 One of the senatorial panels or (after 70 B.C.) one of the classes or divisions from which jurymen were selected.
hic alteram ~am senatoriam iudex obtinebit? Cic.*Ver.* 2.79; multa est ab eo petita..quod non suae ~ae munere ..sedisset *Clu.*103; *Phil.*5.15; iudicum..non nisi quattuor ~ae fuere Plin.*Nat.*33.30; Quint.*Inst.*4.2.45; Tac.*Ann.* 14.20; ut..non ~as equitum..suppleri Suet.*Tib.*41; *Gal.* 14.3; IVDICI DE IIII ~IS *CIL* 5.7567.

3 A group of public officials or others following the same occupation and organized as a society or club.
qui (*sc.* scribae)..cum ~am emerunt Cic.*Ver.*3.184; scribam eum quaestor..in ~am legeret Liv.40.29.10; cum posset in omnibus ~is Romae esse Petr.71.12; Tac.*Ann.* 13.27; Ulp.*dig.*37.1.3.4; ~AE EPVLVM DEDIT *CIL* 6.4421.4;—(*w. defining gen., adj.*) QVAM ~AM VIATORVM..AD AERARIVM APPARERE OPORTET *CIL* 1.587.1.9; obuiis scribarum ~is Suet.*Cl.*1.3; EX ~A ARMAMENTARIA *CIL* 5.1883; 6.1877.

4 a A group consisting of ten consecutive numbers (rising by units from one to ten, by tens from ten to a hundred, etc.). **b** a measure of ten feet.
a Var.*L.*9.87. **b** duodecim ~is actum (finierunt) Var. *L.*5.34.

decuriālis ~is ~e, *a.* [prec.+-ALIS] Enrolled in a *decuria* (sense 3); (of things) appropriate to a *decuria*. **b** (masc. as sb.) a member of a *decuria*.
T IVNI..~IS SCRIBAE LIBRARII QVAESTORII TRIVM DECVRIARVM *CIL* 2.3596; 6.360; 6.1008;— ~IB OMNIBVS HONER (*i.e.* oneribus) FVNCTO 10.5348. **b** *CIL* 2.4227; ~I III DECVRIARVM 6.32312; ~I GERVLORVM 14.2045.

decuriātiō ~ōnis, *f.* [next+-TIO] *~o tribulium*, A practice of dividing the members of a tribe for voting purposes into small groups to facilitate corruption and intimidation.
~o tribulium, discriptio populi, suffragia largitione deuincta Cic.*Planc.*45.

decuriō[1] ~āre ~āuī ~ātum, *tr.* [DECVRIA+-O[3]]

1 To form (cavalry) in squads of ten men each. **b** to organize in military fashion.
ubi (milites) ad ~andum (~atum *codd.*) aut centuriandum (-atum *codd.*) conuenissent..ipsi inter sese ~ati equites, centuriati pedites coniurabant Liv.22.38.3. **b** cum uicatim homines conscriberentur, ~arentur Cic.*Sest.*34; Plancium..tribulis ~auisse *Planc.*47; improbos ~abit *Phil.* 7.18;—(*pple. as sb.*) ut sodalitates ~atique discederent lexque de iis ferretur *Q.fr.*2.3.5.

2 To enrol in a *decuria* (sense 3).
(*pple. as sb.*) PERPETVARIVS ~ATVS ROM *CIL* 11.3041.

decuriō[2] ~ōnis, *m.* [DECVRIA+-O[1]] Forms: *deq- FJRA* 3.64.7.

1 An officer commanding a squad of ten cavalrymen in the Roman army. **b** a naval officer of sim. rank.
Var.*L.*5.91; L. Aemili, ~onis equitum Gallorum Caes. *Gal.*1.23.2; ~one percusso et ad equum defixo *B.Afr.* 29.3; Liv.4.38.2; (Siliani) instinctu ~onum..transiere in partes Tac.*Hist.*1.70; ~ONES ALARES *CIL* 3.6581.9; 6.4345. **b** in uiaticum ~onibus remigibusque conlaturos Liv.28. 45.17.

2 A member of a municipal senate (composed of ten divisions of ten men each), councillor. **b** a member of the governing committee of a *decuria* (sense 3) or *collegium*.
Cic.*Agr.*2.96; recita..quid decrerint Capuae ~ones *Sest.* 10; Caes.*Civ.*1.13.1; NEVE IBEI SENATOR NEVE ~O.. SENTENTIAM DICITO *CIL* 1.593.96; Pompeiano ex municipio ..~o Plin.*Nat.*2.137; genua..~onum contingens Apul. *Met.*10.6; *Mun.*35; Ulp.*dig.*18.1.50; ~ONI ORNAMENTAR(IO) *CIL* 12.3191. **b** in collegium me pastoforum suorum.. inter ipsos ~onum quinquennales adlegit Apul.*Met.*11.30; DEC COLL FABR *CIL* 5.731; 6.10045; 9.2998.

3 A foreman or sim. in charge of a group or class of slaves.
~o cubiculariorum Suet.*Dom.*17.2; ~O OSTIARIORVM *CIL* 6.8962; 6.37756; ~ONES DOMVVS PATRONI EIVS 9.4794; —(*of a woman*) HYLA LIVIAE A VESTE DEC 6.4251; 6.4484.

decuriōnālis ~is ~e, *a.* [prec.+-ALIS] Of or belonging to a (municipal) *decurio*.
HVIC ORDO SANCTISSIMVS..ORNAMENTA ~IA DECREVIT *CIL* 2.2017; 3.1079; 10.1217.

decuriōnātus ~ūs, *m.* [DECVRIO[2]+-ATVS[1]] The office or rank of **a** a military **b** a municipal *decurio*.
a pretium parauere bonis atque strenuis, ~us, optionatus ..aliosque honores Cato *orat.*21. **b** INDIGNVM..ORDINIS ~VS *CIL* 1.594.3.5.20; honorarium ~us Tra.Plin.*Ep.* 10.113(114); *CIL* 5.532; qui..pro ~u pecuniam dependisset Fro.*Amic.*2.p.186(198N); consensisse..~ui filii Ulp.*dig.* 50.1.2.

decuriōnus ~ī, *m.*: by-form of DECVRIO[2].
Paul.*Fest.*p.49M.

dēcurrō ~rrere ~(cu)rrī ~rsum, *intr.*, *tr.* [DE-+CVRRO]

1 To run down, hurry down; (w. acc.) to run down (a path). **b** (of things) to rush down, fall. **c** (of speech, writing) to run freely.
cum ipsi ex montibus in uallem ~rrerent Caes.*Gal.*3.2.4; cito ~rrit tramite uirgo Verg.*A.*5.610; uecors de tribunali ~rrit Liv.4.50.4; ~rrens..cliuo Capitolino Vell.2.3.10; V.Fl.1.186; Stat.*Theb.*12.791; uulgato Agrippinae periculo ..~rrere ad litus Tac.*Ann.*14.8; (*cf.*) non currere, sed ~rrere uidebatur (*i.e. when speaking*) Sen.*Con.*4.pr.7;—(*on horseback, etc.*) ex arce..in equis ~rrentes Liv.26.10.6; elephanto supersidens per catadromum ~currit Suet.*Nero* 11.2;—(*of animals*) saxi deiectae uertice caprae ~rrere iugis Verg.*A.* 4.153; ab agro..~rrens lupa Lanuuino Hor.*Carm.*3.27.3; Liv.10.27.8;—infernum ~rrit meatum..et..domum Proserpinae penetrat Apul.*Met.*6.20. **b** Vitr.9.8.3; ad terram caelo ~rrens ignea lampas Sil.1.359; ut ea, quae emiserint,..credas..qua iubentur ~rrere Quint.*Inst.*10. 7.11. **c** haec (*sc.* uerba)..si..poterunt sine ullo tuo labore ~rrere Sen.*Ep.*40.14; tereti ~rrent carmina uersu Calp.*Ecl.*4.152; ~rrentibus perihodis Quint.*Inst.*11.1.49; 11.3.84.

2 (of liquids) To run or flow down. **b** (of air, free-running solids; also, poet., of hair).
haec (*sc.* metalla) liquefacta calore quamlibet in formam.. ~rrere rerum Lucr.5.1263; non nimiae (lacrimae) ~currerunt Sen.*Ep.*63.1; canaliculis..per quem..misti cum aqua cibi ~rrant Col.8.15.6; Larg.55; si aqua naturaliter ~rrat Ulp.*dig.*39.3.1.10;—(*of rivers, etc.*) quae saxosas inter ~rrunt flumina uallis Verg.*Ecl.*5.84; monte ~rrens..amnis Hor.*Carm.*4.2.5; Liv.21.31.4; Mela 1.90; Phaed.1.1.8; Stat.*Silv.*1.2.127; fons..per saxa ~rrit Plin.*Ep.*4.30.2; (*cf.*) aures..ductae..uelut prono ~rrentis orationis flumine Quint.*Inst.*9.4.61. **b** tunsa Ceres (*i.e. the meal*) silicum.. ~rrit ab ictu *Mor.*27; isdem ~rrere uentos faucibus *Aetna* 330;—crinis ad obscurae ~rrens cingula mammae V.Fl. 3.526.

3 To extend downwards, slope, run down.
ab excelso ~rrens limes Olympo Man.1.609; in cliuosis, ubi terra ~rrit Col.3.19.1; 9.15.9; (Moesia) ad Pontum usque cum Danuuio ~rrens Plin.*Nat.*3.149; 6.60; ~rrunt.. in plana arbores sponte natae 12.53.

4 (of ships, voyagers) To travel shorewards, come to land. **b** to travel downstream. **c** to travel down (to the coast). **d** to make an excursion, 'run down'.
te bellissime..cum quaestore..~rsurum Cic.*Fam.*16.4.3; neque ullum portum..quo classes ~rrerent pro certo tutum *B.Afr.*3.5; pelago ~rrit aperto Verg.*A.*5.212; naues longae ..in magnum portum..ex alto ~rrere Liv.24.36.3; 29.27.12; Ov.*Met.*9.591; ~rrens inhibet iam nauita remos Germ. *Arat.*347; Sil.15.160; (*cf.*) credas..fractum pelago ~rrere montem Stat.*Theb.*5.339. **b** Tac.*Ann.*13.53; uti..naues quae frumentum Tiberi subuectassent onustae rudere ~rrerent 15.43. **c** licebit ~rrere in illud mare Curt. 9.3.13. **d** σοφιστεύω enim simul ut rus ~rro Cic.*Att.*9.9.1.

5 To run, esp. in a race or for exercise. **b** (of a heavenly body) to travel over its course; (also of other things). **c** (fig. and in fig. phrs.) to run one's course or race.
summa..~rrit pedibus super aequora siccis Ov.*Met.*14.50; cogit ignotis..equitem late ~rrere (*v.l.* dis-) campis Luc. 4.733;—hoplites in certamine..~rrens Plin.*Nat.*35.71; immiti cupidum ~rrere campo Hippomenen Stat.*Silv.* 1.2.85; Suet.*Aug.*83; (*of a horse*) qui motus non minus sudorem excutiebat, quam si in spatio ~rreret Nep.*Eum.*5.5; —(*fig.*) ~rrere per materiam stilo quam uelocissimo uolunt Quint.*Inst.*10.3.17. **b** qua (sol) ~rrit meridies (nuncupatur) Mela 1.3; quo Phoebus ~rrat in astro Man.3.315; stellae..per uacuum solitae noctis ~rrere tempus Luc.1.536; Plin.*Nat.*18.248;—corpus nostrum..irrigatur..spiritu, qui per sua itinera ~rrit Sen.*Nat.*6.14.1. **c** (*of life*) Sen.*Nat.* 5.18.8; iam quadrigae meae ~currerunt Petr.64.3; festinat ~rrere..uitae portio Juv.9.126;—(*impers. pass.*) ad quam (calcem) cum sit ~rsum, nihil sit praeterea extimescendum Cic.*Tusc.*1.15; Lucr.2.962;—(*of writing, speaking, etc.*) docete..a quibus carceribus ~rrat ad metas (*the science of agriculture*) Var.*R.*1.3; me..Calliope..paruo..iubet ~rrere gyro Col.10.226; Quint.*Inst.*9.2.48; Juv.1.19; Maur.1002; —(*of events*) multis itineribus fata ~rrunt Sen.*Con.*7.1.9; omnia..in aeternum dicta lege ~rrere Sen.*Dial.*1.5.6; (*cf.*) VT PRIMO COEPIT ~RRERE FILO (*sc.* Atropos) *CIL* 8.212;—(*of other processes*) PER GENVS IPSORVM POSESSIO ~RRERET 2.4332.7.

6 To run directly (to), make straight (for).
eo ~rrunt tribuni Liv.3.11.1; pars pede, pars etiam celeri ~rrite cumba Ov.*Fast.*6.777; ancillae..ad uapulantem ~rrunt Petr.105.6; suppetiatum ~rrunt anxii Apul.*Met.* 4.10;—(*of animals, etc.*) (agni) ad sua..~rrunt ubera lactis Lucr.2.370; ubi..occultum uisus ~rrere piscis ad hamum Hor.*Ep.*1.7.74; Sen.*Her.O.*1388;—(*transf.*) nec calida ad sensum ~rrunt nuntia rerum (*i.e. impressions*) Lucr.4.704.

7 To carry out military exercises or manœuvres, go through a drill; (freq. as part of a religious or sim. ceremony).
quia otiosa statiua erant, crebro ~rrere milites cogebat Liv.23.35.6; 24.48.11; miles in media pace ~rrit Sen.*Ep.* 18.6; militi sine gladio ~rrenti Quint.*Inst.*6.3.90; Fron. *Str.*2.2.12; (*impers. pass.*) iterum in armis ~rsum est Liv. 26.51.4;—ter circum accensos cincti..armis ~rrere rogos Verg.*A.*11.189; Liv.25.17.5; honori..patris princeps ipse cum legionibus ~currit Tac.*Ann.*2.7; Suet.*Cl.*1.3.

8 (w. acc.) To travel over (a course), cover (a distance). **b** (fig. and in fig. phrs.). **c** to run through (mentally, in speaking, etc.).
DCC milia passuum uis esse ~rsa biduo? Cic.*Quinct.*81; *Sen.*83; id (spatium)..quod..~rsuri sunt in certamine Sen.*Con.*9.pr.4; (*cf.*) ~rsa nouissima meta est Ov.*Met.* 10.597;—(*of the sun*) hibernas properat (Phoebus) ~rrere luces [Tib.]3.7.160;—(*in a ship*) ausi sunt uada salsa cita ~rrere puppi Catul.64.6. **b** (*life, etc.*) ~rso aetatis spatio Pl.*St.*81; prope acta iam aetate ~rsaque Cic.*Quinct.*99; mulier..sollicitat spatium ~rrere amoris Lucr.4.1196; qualem si cuncti cuperent ~rrere uitam Prop.2.15.41; Ov.*Tr.*3.4.33; *CIL* 10.3969;—(*work, etc.*) ades inceptumque una ~rre laborem Verg.*G.*2.39; non sua tantum causa ~rrere..opus suum Sen.*Ben.*6.23.3; rursus mihi uideor omnium quae ~curri candidatus Plin.*Ep.*6.6.2; *CIL* 2.2210. **c** ista, quae abs te breuiter de arte ~rsa sunt Cic.*de Orat.*1.148; seu..facundi ~rreret orsa Menandri Stat.*Silv.*2.1.114; 5.3.149; quae repetemus.. ~rrendum per capita Quint.*Inst.*6.1.2; ruricolae primum ~rre Maronis Maur.1139.

9 To have recourse (to), turn (to).
(*w.* ad) ad haec..inimicissima iura tam cupide ~rrebas Cic.*Quinct.*48; *Caec.*65; Lucr.3.311; adsuetas Circe ~rrit ad artes Ov.*Rem.*287; ad mediam noctem ~rro Cels.3.5.6; Petr.132.2; Plin.*Ep.*3.7.2; mihi..subuenit ad auxilium ciuile ~rrere Apul.*Met.*3.29;—(*w.* in+*acc.*) in unam sententiam ~rrunt Ulp.*dig.*2.14.1.3;—(*w. adv.*) neque si male cesserat usquam ~rrens alio Hor.*S.*2.1.32; se non illuc ~rrere, quod promptum rescriptu Tac.*Ann.*4.40;—(*w. abst. subj.*) quae (*i.e. open elections*)..fauore corrupta ad tacita

suffragia..~currerunt PLIN.*Ep*.3.20.7;—(*impers. pass.*) declinationem uocabulorum, quo ~rritur sine doctrina VAR.*L*.10.51; ~rritur ad illud..ultimum senatus consultum CAES. *Civ*.1.5.3; COL.12.52.21; ULP.*dig*.21.1.37;—(*w.* eo..ut) cum alii alium nominarent, postremum eo ~rsum est ut..comitia haberentur LIV.26.18.4; TAC.*Ann*.3.59; POMPON.*dig*. 38.2.2 1.

dēcursiō ~ōnis, *f*. [prec.+-TIO]

1 An attack made from higher ground, descent; a raid, inroad.
ut..Alpibus..se teneat et ~onibus per equites..uastet ea loca in quae incurrerit D.BRUT.*Fam*.11.10.4; *B.Alex*.42.3;—ne quod..incommodum accideret ~one barbarorum HIRT. *Gal*.8.24.3.

2 A mil. exercise organized for training purposes or as a pageant on ceremonial occasions; *~o Troiae*, an exercise by horsemen in armour.
indicta..~one praetorianis SUET.*Nero* 7.2; campestrem ~onem..moderatus *Gal*.6.3; ALBATA ~ONE *CIL* 3.14387ff.; *BMCI* 1.p.228,No.154 (Nero);—SUET.*Cal*.18.3.

dēcursus ~ūs, *m*. [DECVRRO+-TVS³] FORMS: ~*u* (dat.) TAC.*Ann*.3.33.

1 The action of running downhill, descent. **b** an attack made from higher ground, descent, swoop. **c** an excursion.
omnibus digitis (*i.e. toes*) inter praecipitem ~um cruentatis PETR.138.4; (*in fig. phr.*) facilis..in procliuia uitiorum ~us est SEN.*Dial*.4.1.1. **b** subito ex collibus ~u LIV.1.27.10; 42.67.6; ex qua (parte) ~us in auersam hostium aciem ferebat FRON.*Str*.2.2.12; inde (*from the mountains*) ~u in litora..uim cultoribus..audebant TAC.*Ann*.12.55. **c** rus decurro atque in ~u θέσεις meas commentari non desino CIC.*Att*.9.9.1.

2 Downward rush or fall (of things); the descent, sinking (of heavenly bodies). **b** a downward slope.
prono praeceps agitur ~u (*sc.* malum) CATUL.65.23; (pondus) uehementi ~u per fauces frequentiam caeli..extrudens VITR.9.8.3; FRON.*Str*.1.5.6;—[QUINT.]*Decl*.8.13; decumani secundum solis ~um diriguntur, kardines a poli axe HYG.GR.*agrim*.p.131. **b** cuius (planitiei) ~um antecedebat riuus *B.Hisp*.29.2.

3 A downward flow (of water), downrush. **b** a course or channel (for flowing water).
montibus ex altis magnus ~us aquai LUCR.1.283; ubi ~u rapido..dant sonitum..amnes VERG.*A*.12.523; VITR.8.6.6; OV.*Met*.15.266; V.MAX.2.4.6. **b** ~us imbribus, quamuis magnis, erat SEN.*Ep*.90.10; intra ~us Nili PLIN.*Nat*.5.64; qua detur..scatebris..~us 19.60; auersi..suis ~ibus amnes STAT.*Theb*.7.405; secutos Tiberis ~um FEST.269M; *CIL* 3.7000.29.

4 The action or facility of coming in to land.
quae (*sc.* insula)..tutum..ab utroque latere ~um nauibus praestet PLIN.*Ep*.6.31.16.

5 The running of a race, course; also, the finish. **b** the course, flow, run (of a sentence, verse, etc.).
(*in fig. contexts*) ~u honorum CIC.*de Orat*.1.1; si eam (*sc.* prouinciam)..mihi tradideris, facilior erit mihi quasi ~us mei temporis *Fam*.3.2.2; qui prior es, cur me in ~u lampada poscas? PERS.6.61;—cum perdurare non posset, destitit ante ~um SUET.*Nero* 24.2. **b** ut uersum facientes totum illum ~um..adspiciunt QUINT.*Inst*.9.4.115.

6 A military manœuvre (= DECVRSIO 2).
in..~u et simulacro ludicro pugnae funestum prope proelium fecisti LIV.40.9.10; 42.52.4; *Epic.Drusi* 461; exercitio equitum, ~ibus cohortium interesse TAC.*Ann*. 2.55; GEL.6(7).3.52.

dēcurtātus ~a ~um, *a*. [DE-+pple. of CVRTO] Deprived of limbs or sim. extremities, mutilated, cut short.
amicum suum undique ~um SEN.*Dial*.5.17.3; tenuissimae radices breuesque ac uelut ~ae PLIN.*Nat*.25.53; (*cf.*) animus aurium nuntio..multa sentit quaedam et quasi ~a..productiora alia CIC.*Orat*.178.

decus¹ ~oris, *n*. [from DECET, cf. also Skt. *daśas*, Ir. *dech*]

1 High esteem, honour, glory.
tibi potestas adipiscendist gloriam, laudem, ~us PL.*St*. 281; CATO *hist*.63; ad ~us et ad libertatem nati sumus CIC. *Phil*.3.36; ciuitatis..dignitatem et ~us sustinere *Off*.1.124; ~us imperiumque Latini te penes VERG.*A*.12.58; ingenio stat sine morte ~us PROP.3.2.26; nomen ~usque medicinae LARG.pr.p.3,l.3; STAT.*Theb*.3.217; pertinet ad ~us urbium aedificia non derelinqui ULP.*dig*.39.1.20.10;—(*w. defining gen.*) omne rei bene aut secus gestae..~us dedecusque LIV. 10.19.3; primus Caesareis pelagi ~us addidit armis LUC. 3.762; TAC.*Ann*.3.21;—(*pred. dat.*) nobis lucro fuisti potius quam ~ori tibi PL.*As*.192; praesidio..decorique parentibus esse LUCR.2.643; uitis ut arboribus ~ori est..tu decus omne tuis VERG.*Ecl*.5.32; qui imaginibus suis ~ori sunt SEN.*Cl*.1.9.10.

2 A particular source of honour, distinction, glory. **b** (of concrete things). **c** (pl.) honourable achievements, exploits.
hominis ~us ingenium CIC.*Brut*.59; ~us hoc aeui te consule inibit VERG.*Ecl*.4.11; cuius familiae ~us eiecti reges erant LIV.2.20.1; cum plurimis concubinisse maximum ~us (*sc.* feminae) MELA 1.46; LUC.1.174; hoc puerile ~us STAT. *Ach*.2.119; ~us triumphale..meruerat TAC.*Ann*.6.10; (*pl.*) decreuere patres uota pro reditu eius..et alia ~ora 3.47;—(*w. defining gen.*) ~us linguae MAN.4.194; ~us equestris..gradus VELL.2.118.2; STAT.*Silv*.5.3.124. **b** hoc (*sc.* equus) ~us illi, hoc solamen erat VERG.*A*.10.858; ~us Phoebi..testudo HOR.*Carm*.1.32.13; praecipuum muralis coronae ~us LIV.26.48.5; TAC.*Ann*.15.41. **c** feminae quoque ad publica ~ora excitatae LIV.2.13.6; orationem..plenam ueris ~oribus..familiae suae 38.58.3.

3 (applied to a person who by his presence or in other ways confers distinction).
Caesar..~us praesidiumque nobis SAL.*Rep*.2.13.1; Italides quas ipsa ~us sibi dia Camilla delegit VERG.*A*. 11.657; OV.*Fast*.6.810; V.FL.1.56; triste ~us pendet..Regulus SIL.2.435; GERONTIA SAPIENTIE LVMEN MORIBVS EXIMIIS ~VS *CIL* 5.1666; (*pl.*) e Iudaico exercitu lecta ~ora TAC.*Hist*.2.81;—(*w. adj.*) o ~us Argolicum..Vlixes CIC.*poet*.29.1; o et praesidium et dulce ~us meum HOR.*Carm*. 1.1.2;—(*w. gen.*) mi Libane..donum ~usque amoris PL. *As*.691; ~us patriae, ornamentum populi Romani CIC. *Flac*.75; Pierii laticis ~us, ite, sorores Naides *Culex* 18; Diana, lucidum caeli ~us HOR.*Saec*.2; V.FL.3.523; GEL. 19.8.6;—(*pl.*) Horatii, Decii et cetera imperi ~ora SEN. *Con*.9.2.9; STAT.*Theb*.6.391; illa aetas duo pacis ~ora simul tulit TAC.*Ann*.3.75; PLIN.*Pan*.23.1;—(*part. gen.*) electos iuuenes simul et ~us innuptarum CATUL.64.78.

4 Honourable or seemly behaviour, dignity, decorum.
adulescentem incensum cupiditate..gloriae..cohortantur ad ~us CIC.*Att*.13.28.2; *Fin*.2.35; pauidi sine ~ore ad Sullam profugiunt SAL.*Jug*.103.4; oblitus ~orisque sui sociumque salutis VERG.*A*.5.174; expugnato ~ore muliebri LIV.1.58.5; OV.*Met*.8.536; deponat omne et pellat ex animo ~us SEN.*Phaed*.429; inter ~us ac flagitium TAC.*Hist*.4.60; *Ann*.2.58; FRO.*Ant*.1.p.260(167N);—(*w.* contra) contra ~us regium cultu..miserabili..Romam uenit SAL.*Jug*. 33.1; contra ~us..properando TAC.*Hist*.1.77; 1.82.

5 A pleasing appearance, beauty, grace, splendour; (also transf., of things appealing to other faculties than sight). **b** that which adorns, a decoration, ornament.
quale manus addunt ebori ~us VERG.*A*.1.592; ~us egregium formae..atque iuuentae 7.473; auri..~us OV. *Hal*.111; debitum mundo ~us SEN.*Thy*.50; V.FL.3.180; non te, Cytherea, pudebit hoc (*i.e. the girl's*) cessare ~us? STAT.*Silv*.3.5.69;—perfectum..prosae eloquentiae ~us VELL. 1.17.3. **b** ~ora atque ornamenta fanorum CIC.*Ver*.4.97; qualis gemma micat..aut collo ~us aut capiti VERG.*A*. 10.135; LIV.1.34.9; OV.*Met*.9.690; cum..bruma discussit ~us nemorum SEN.*Med*.715; (lunam) solis aemulam, noctis ~us APUL.*Soc*.1; (*facet.*) carnufex, capuli ~us PL.*As*.892; (*w. defining gen.*) hoc inane purpurae ~us HOR.*Epod*.5.7; decus galeae..ligabat STAT.*Theb*.11.324; SIL.1.525.

decus²: see DECVSSIS.

decus(s)ātim, *adv*. [DECVSSO+-IM] So as to produce the shape of an X (the Roman symbol for 10), crosswise.
ex his duobus signis circino ~ describendum VITR.1.6.7; 1.6.13; ~ ferramento lunato incidito COL.12.56.1.

decus(s)ātiō ~ōnis, *f*. [DECVSSO+-TIO] An intersection, crossing (of lines).
VITR.1.6.7; (lineae) facient ~ones et in ~onibus finita puncta 10.6.1.

decus(s)is ~is, *or indecl*., *m*. [DECEM+AS] FORMS: contr. form *decus* HYG.*agrim*.p.75, MAECIAN.*iur*.57, etc.

1 A coin or weight of ten *asses*.
LUCIL.1153; ab decem assibus ~is..ab duobus ~ibus uicessis VAR.*L*.5.170; noster (libellus)..mihi constitit ~is STAT.*Silv*.4.9.9; quo tempore is (*sc.* denarius) ~is ualebat FEST.p.334M.

2 The number ten, a decade; (also in comp. numbers).
qui (*sc.* numeri)..non possunt esse perfecti, donec ad alterum ~is perueniant VITR.3.1.5; 3.1.6;—fecerunt perfectissimum (numerum) ~is sexis (*i.e. sixteen*) 3.1.8.

3 The intersection of two lines to form X (= ten); an X-shaped mark.
regula..figitur in primo ~is puncto VITR.10.6.2; ducantur..lineae in ~is obliquae PLIN.*Nat*.18.331;—aut decus in eis (*sc.* uersuris) inueniuntur aut gammae SIC.FL.*agrim*.p.108; HYG.*agrim*.p.75.

decussō ~āre ~āuī ~ātum, *tr*. [prec.+-O³] To arrange crosswise; to mark with a cross.
CIC.*Tim*.24; duas regulas..in speciem Graecae litterae *X* ~auimus COL.3.13.12; iugum in stellam ~ari atque diduci 4.17.6; 4.24.8;—aliquas (petras)..~atas inuenimus SIC.FL. *agrim*.p.104.

dēcutiō ~tere ~ssī ~ssum, *tr*. [DE-+QVATIO]

1 To cause to fall by shaking or striking, shake, knock, strike, etc., down or off. **b** (transf.) to shake off, shed (qualities, attributes, etc.).
quo..neque..errans bucula campo ~tiat rorem VERG.*G*. 4.12; ~ssa Cydonia ramo PROP.3.13.27; summa papauerum capita dicitur baculo ~ssisse LIV.1.54.6; hic..~tit ense caput OV.*Met*.5.104; COL.*Arb*.21.1; cribro ~... farina PERS. 3.112; (dentem) facilem ~ssu PLIN.*Nat*.11.163; reperiri (minium)..in rupe quadam inaccessa, ex qua iaculantes ~terent 33.114; STAT.*Theb*.2.590; SUET.*Ves*.5.4; (*facet.*) ex occluso..armario ~tio argenti tantum quantum mihi lubet PL.*Epid*.309;—(*of natural forces*) siluis Aquilo ~ssit honorem VERG.*G*.2.404; muri pinnae..~ssae erant (*by the storm*) LIV.40.45.3; SEN.*Nat*.3.28.1. **b** cetera..aetate iam sunt ~ssa CAEL.*Fam*.8.13.1; ad id non accedes, ex quo tibi aliquid ~ti doles SEN.*Dial*.6.18.8.

2 To force down from a position, dislodge; (also transf.).
~sso Labieni praesidio *B.Afr*.50.4;—procuratorem principis ducenaria perfunctum, dehinc fortuna tristiore ~ssum APUL.*Met*.7.6.

3 To cause to fall from an upright position, overturn.
murus turresque..non ictae modo fulminibus sed etiam ~ssae LIV.25.7.8; 33.17.9; quassata atque etiam ~ssa monimenta PLIN.*Ep*.8.17.5.

dēdecet ~ēre ~uit, *tr., intr*. [DE-+DECET] FORMS and CONST.: 1st pers. sg. ~*ui* STAT. *Theb*.10.340, otherwise only in 3rd pers. with pers. or impers. const.

1 To be unsuitable for or unbecoming to. **b** (absol.).
neque te ministrum ~et myrtus HOR.*Carm*.1.38.7; nec dominam motae ~uere comae OV.*Am*.1.7.12; preces quarum me ~et usus *Met*.6.689; tam effeminata uox uirum ~et SEN.*Ep*.96.4; COL.9.2.3;—(*w. inf.*) oratorem..irasci minime decet, simulare non ~et CIC.*Tusc*.4.55; HOR.*Carm*. 2.12.17; nec te Maeonia lasciuae more puellae incingi zona ~uisse putes? OV.*Ep*.9.66. **b** ubi uox uel inter dentes expressa non ~et QUINT.*Inst*.11.3.104;—(*impers.*) ut eis, quae habent..scienter utantur et ut ne ~eat CIC.*de Orat*.1.132;—(*w. inf.*) errare, labi..~et *Off*.1.94; togam..remoueri non ~ebit QUINT.*Inst*.11.3.124; 12.6.3.

2 To bring disgrace upon, dishonour.
si non ~ui tua iussa STAT.*Theb*.10.340; Atticus ~ere Claudiorum imagines uidebatur TAC.*Ann*.2.43.

dēdecor ~ris, *a*. [DE-+DECVS¹] Dishonourable, shameful.
~res inultique terga..caedebantur SAL.*Hist*.3.24; ~rem amplexi uitam STAT.*Theb*.11.760.

dēdecorāmentum ~ī, *n*. [next+-MENTVM] A source of disgrace.
tua..adulescentia senectuti ~um (fuit) GRACCH.*orat*.60.

dēdecorō ~āre ~āuī ~ātum, *tr*. [DE-+DECORO] To bring discredit on, dishonour, disgrace. **b** to disfigure.
PL.*Bac*.498; quae..familiam ~as TER.*Hec*.210; CIC.*Off*. 3.6; se flagitiis ~auere SAL.*Jug*.85.42; neque ~ant tua..munera..poetae HOR.*Ep*.2.1.245; GEL.18.11.2; pudorem tuum..conatus est publice ~are APUL.*Apol*.100; (*w. abst. subj.*) cuius infamiae aspergo inquinat simul multos, et ~at FRO.*Amic*.2, p.180(195N). **b** nec ualuit..faciem turpi ~are boue (*with bovine features*) PROP.3.22.36.

dēdecōrus ~a ~um, *a*. [DE-+DECORVS] Causing disgrace, dishonouring, discreditable.
Marcum Lepidum..maioribus suis ~um TAC.*Ann*.3.32; compede, quod ~um barbaris, trahebatur 12.47.

dēdecus ~oris, *n*. [DE-+DECVS¹]

1 Discredit, disgrace, dishonour, shame; (pl.) instances of disgrace. **b** (applied to persons). **c** a disgraceful action, misbehaviour.
aduorsari sine ~ore..hau possumus PL.*St*.72; carnificinas per ~us..te facere CATO *orat*.66; ad commune familiae ~us CIC.*Clu*.188; occidit infelix nostrum ne ~us..aspiceret VERG.*A*.12.641; HOR.*S*.2.2.96; LIV.22.3.7; consulatum..septimum Marius in priorum ~us iniit VELL.2.23.1; SEN. *Suas*.2.9;—(*pred. dat.*) an ea quoque dicetur huius, si una haec ~orist parum? TER.*Hau*.334; ne..~ori sim..litteris nostris CIC.*Att*.8.11.1;—(*w. gen. of origin*) omne rei bene aut secus gestae..decus ~usque LIV.10.19.3; quo amissi praesidii ~us lenirent TAC.*Hist*.3.61;—(*pl.*) damna, ~ora, quae res patris eius..pertulit CIC.*Ver*.1.33; SAL.*Jug*.31.19; ~ora militiae LIV.3.51.12. **b** male dicere Trimalchioni coepit et purgamentum ~usque praedicare PETR.74.9;—(*w. gen.*) bracatae cognationis ~us CIC.*Pis*.53; ~us Aegypti, Latii feralis Erinys LUC.10.59; APUL.*Met*.4.7; uniuersi sexus grande ~us 9.26; (*of an ass*) te, Naturae ~us PHAED. 1.21.11; (*pl.*) Romani nominis probra atque ~ora (*sc.* Antonios) CIC.*Phil*.11.36. **c** ita me..stupri, ~oris a uiro argutam meo! PL.*Am*.883; CIC.*Red.Sen*.25; commissum facinus et admissum ~us confitebor *Fam*.3.10.2;—(*pl.*) per ~ora patrimoniis amissis SAL.*Cat*.37.5; ~orum pretiosus emptor HOR.*Carm*.3.6.32; in scelera simul ac ~ora prorupit TAC.*Ann*.6.51; PLIN.*Ep*.8.6.14; (*w. gen.*) haec damna et ~ora morum APUL.*Apol*.99.

2 Shameful or repulsive appearance.
cum nec prodere uisum ~us auderet OV.*Met*.11.184; ea..tabes..maiore ~ore quam noxa diffunditur APUL.*Apol*.50;—(*w. gen.*) spoliati capitis ~us PETR.108.1; nasi..~us linteolo..obtexi APUL.*Met*.2.30.

dēdicātiō ~ōnis, *f*. [DEDICO+-TIO] An act or rite conferring sanctity, dedication, conservation; the ceremonial opening (of a public building). **b** (w. dat.) dedication, devotion (to a purpose).
istae ~ones et templorum..religiones CIC.*Dom*.119; cum sollemni ~one LIV.4.20.3; ~o est illa, quae deum inducit QUINT.*Decl*.323(p.273,l.2); lex ~onis nulla reperitur TRA. Plin.*Ep*.10.50(59);—(*w. obj. gen.*) ~onem tam incliti templi LIV.2.8.7; ~ONE STATVARVM CAESARVM *CIL* 11.3303; V.MAX.9.3.6; APUL.*Fl*.16; TEMPLVM..CVIVS OB ~ONEM DIVISIT..X V *CIL* 14.2793;—operum publicorum ~ones SEN.*Dial*.10.20.5; magni theatri ~one PLIN.*Nat*.7.158; ~one pontis SUET.*Cal*.32.1; *CIL* 4.1177. **b** urbes..quas..ab agrorum noua ~one culturae colonias appellauerunt HYG.GR.*agrim*.p.140.

dēdicātor ~ōris, *m*. [DEDICO+-TOR] One who dedicates.
INVENTOR ET ~OR POSVIT *CIL* 10.7861.

dēdicātus ~a ~um, *a*. *superl*. ~issimus. [pple. of next] Devoted, dedicated.
NVMINI..EIVS..~ISSIMI D D *CIL* 2.2071;—(*transf.*) pars temporis nostri sacra ac ~a SEN.*Dial*.10.10.4.

dēdicō ~āre ~āuī ~ātum, *tr.* [DE-+DICO[1]] FORMS: freq. abbrev. in inscr. to *dedic, ded, d*; in tm. LUCIL.997.

1 To make clear, proclaim, declare. **b** to declare, return (in a census).

te esse Alcimeonis fratrem factis ~at ACC.*trag.*78; legati ..~ant mandata CAEL.*hist.*9;—(*poet., of things*) at..grauius (*i.e. the heavier thing*) plus in se corporis esse ~at LUCR.1.367; 1.422; haec..res..naturam ~at eius (*sc.* animi), quam tenui constet textura 3.208. **b** quanti omne instrumentum fundi Sabini in censum ~auisti SCIP.min.*orat.*11; VAR.*L.*5.160(*cj.*); haec praedia in censum ~auisti CIC.*Flac.*79.

2 To dedicate (to) with religious rites, consecrate. **b** to dedicate a shrine to, enshrine. **c** to open ceremonially, dedicate, inaugurate.

*Fast.Cos.Cap.*9a(*CIL* 1.p.20); lucum Dianium..~auit dictator CATO *hist.*58; si qui..domum eius per pontificem ~auerit CIC.*Dom.*120; *N.D.*3.52; aram condidit ~auitque LIV.28.46.16; OV.*Fast.*5.155; cum Capitolium ~aret PLIN.*Nat.*19.23; ut capillos suos quos..ad..Asclepium mittebat, uersibus ~arem STAT.*Silv.*3.pr.; POMPON.*dig.*2.14.61; depictam in tabula..imaginem..~abo APUL.*Met.*6.29;—(*w. dat.*) CIC.*Leg.*1.3; negabant unam cellam amplius quam uni deo recte ~ari LIV.27.25.8; equi, quem amiserat, memoriae ..~ans urbem CURT.9.3.23; TAC.*Ann.*4.57; NYMPHIS.. FONTEM..DEDIC *CIL* 11.1162;—(*poet., of things*) se (*sc.* phaselus)..~at tibi, gemelle Castor CATUL.4.26; IVGERA QVOT TERRAE ~AT HIC TVMVLVS *CIL* 5.5320;—(*in formula*) PRO SALV. AVGG. N. N. M. AVR. SABINVS D. D. D. (donum dat ~at) *CIL* 6.261; (*facet.*) iuratam se uni, cui sit data deque dicata LUCIL.997. **b** Fides Virtus Concordia..publice ~atae sunt CIC.*N.D.*2.79; quid ~atum poscit Apollinem uates? HOR.*Carm.*1.31.1;—(*w. abl.*) te..Concordia, ~at aede OV.*Fast.*6.637; NYMFAE..ARIS ~ANDAE *CIL* 13.6649;—(*transf.*) cum..concilium caelestium in sedibus immortalitatis eum ~auisset VITR.1.pr.2; 6.7.6. **c** bybliothecam ~aturus PLIN.*Ep.*1.8.2; *Ep.Tra.*10.116.1; ~atis..thermis atque gymnasio SUET.*Nero* 12.3; *CIL* 3.3202.18.

3 (w. dat.) To cause to be used (for a purpose), devote (to), apply (to); (also w. *ad, in*+acc.). **b** to dedicate (a book, or sim., to a person). **c** to commit (to writing, etc.).

qui libros huic operi ~auerunt QUINT.*Inst.*9.3.89; ut uenationis suae primitias..uideretur ornando muneri ~asse APUL.*Met.*4.16; dum ludicris..choreis primitiae spectaculi ~cantur 10.29;—(*refl.*) ex quo se Caesar orbi terrarum ~auit SEN.*Dial.*11.7.2; te..obsequio religionis nostrae ~a APUL.*Met.*11.15;—in aliqua regione ad populi otium ~ata SEN.*Ep.*65.17; rem..prohibemur in sacrum ~are GAIUS *dig.*44.6.3; ~auit eam (*sc.* togam) in funus eius PAUL.*dig.*15.3.19. **b** meritis ~ans illum (*sc.* librum) tuis PHAED.3.pr.30; quod leuioris operae hos tibi ~aui libellos PLIN.*Nat.*pr.12; uobis pagina nostra ~atur MART.5.2.2; STAT.*Silv.*4.pr. **c** quod libris ~atum in exemplum edatur QUINT.*Inst.*12.10.50.

dēdignātiō ~ōnis, *f.* [next+-TIO] A feeling of disdain, contempt.

est quaedam tacita ~o, uim dicendi..ad unum auditorem demittere QUINT.*Inst.*1.2.31;—(*w. gen.*) ~one parendi PLIN.*Pan.*18.1.

dēdignor ~ārī ~ātus, *tr.* [DE-+DIGNOR] To reject with scorn, spurn; to feel contempt for. **b** (w. inf.) to refuse scornfully (to), disdain (to).

nisi ~aris id ipsum (*sc.* exemplum) OV.*Pont.*3.5.31; si ~aretur adfinitatem CURT.8.1.9; COL.9.9.1; tot ~ata..procos V.FL.3.535; STAT.*Theb.*10.775; o praua..ambitio, concupiscere honorem, quem ~eris PLIN.*Pan.*63.4; (*w. abst. subj.*) (uirtus) neminem ~atur SEN.*Dial.*11.17.2;—(*w. pred. acc.*) quos ego sim totiens iam ~ata maritos VERG.*A.*4.536; is me nec comitem nec ~atus amicum est OV.*Pont.*1.7.33; CURT.6.11.23;—Trebellium..uterque ~atur TAC.*Ann.*14.46. **b** OV.*Am.*1.10.63; genibus procumbere non est ~ata Iouis *Met.*13.586; nec (aegrorum) reliquias..intueri ~atur (medicus) SEN.*Dial.*2.13.2; ipsi praedia nostra colere ~amur COL.1.pr.12; MART.6.64.15; TAC.*Ann.*2.45; PLIN.*Pan.*49.6;—(*ellipt.*) quae coepi (neque enim ~or) amare OV.*Ep.*7.33.

dēdiscō ~scere ~dicī, *tr.* [DE-+DISCO] To put out of one's mind, unlearn, forget. **b** (w. inf.) to lose the habit (of doing something), forget (how to).

quod didicit id ~scit PL.*Am.*688; haec (uerba) mutari ~scique possunt CIC.*Brut.*171; *Quinct.*56; ~scendae tibi sunt sportellae *Fam.*9.20.2; nomen disciplinamque populi Romani ~dicerant CAES.*Civ.*3.110.2; amor..~scitur usu OV.*Rem.*503; CURT.3.2.18; SEN.*Ep.*50.7; leo..~dicit pacem subito feritate reuersa MART.2.75.3; QUINT.*Inst.*1.1.5; (*absol.*) sine ~scere oculos tuos SEN.*Ep.*69.2;—(*cf.*) *Tro.*884; ~dicit iam pace ducem (*i.e. his role as a leader*) LUC.1.131. **b** CIC.*Brut.*51; SEN.*Dial.*2.17.3; qui mori didicit seruire ~dicit *Ep.*26.10; APUL.*Fl.*15.

dēditīcius ~a ~um, *a.* [DEDO+-ICIVS[2]] Having surrendered (later a civil status).

ex ~is Belgis CAES.*Gal.*2.17.2; *B.Alex.*9.3; ~is hostibus parcimus PETR.107.4; uocantur..peregrini ~i GAIUS *Inst.*1.14;—(*masc. as sb.*) id..senatus consultum..ad tuos siue captiuos siue ~os pertinere CIC.*ad Brut.*1.3a(4); in tanta multitudine ~orum CAES.*Gal.*1.27.4; SAL.*Jug.*31.19; LIV.7.31.4; Caecinam ut..~um increpat TAC.*Hist.*4.80; SUET.*Aug.*15; *FJRA* 1.p.448.

dēditiō ~ōnis, *f.* [DEDO+-TIO] The surrender (of combatants, town, possessions, etc.), capitulation. **b** cession of a leg. right or title; *noxae ~o*, a claim or liability to forfeiture of a possession in redress for damage which it has caused: see NOXA.

Cretensibus..spem ~onis non ademit CIC.*Man.*35; *Off.*3.109; CAES.*Gal.*2.34.1; Antoni militumque ~one *Civ.*3.10.5; SAL.*Jug.*29.4; qui inermes in ~onem uenerunt LIV.2.30.15; 23.15.3; qui ~oni inminebant CURT.9.1.21; missi qui dederent ciuitatem, et ~o accepta TAC.*Hist.*1.68; *Ann.*1.57;—(*w. obj. gen.*) ceterarum rerum inrita fuit ~o LIV.8.39.15; ante ~onem Capuae 26.6.13; VELL.2.2.1; (*cf. w. adj.*) Mancinianae ~onis..contagium timens FLOR.*Epit.*2.2(3.14.2);—(*w. dat.*) qui..eorum ~onem uiuorum hosti fecissent LIV.31.18.6;—(*w.* ad) leuissimum malorum ~o ad Romanos uisa 8.25.8; QUINT.*Inst.*3.8.23. **b** QVOI..IS AGER..HEREDITATI ~ONIVE OBVENIT *CIL* 1.585.23; (*w. obj. gen.*) ~one ipsius corporis quod deliquerit GAIUS *dig.*9.4.1.

dēditus ~a ~um, *a. superl.* ~issimus. [pple. of next] CONST.: w. dat.; also w. *in*+abl., or adv.

1 Devoted (to a person, or sim.), attached (to), fond (of).

nimis equestri ordini ~us CIC.*Brut.*223; *Mil.*91; animo ..~issimo tibi DOLAB.*Fam.*9.9.1; TIB.1.2.98; mater ~a uiro erat LIV.39.9.3; QUINT.*Inst.*10.1.93; prasinae factioni ita addictus et ~us SUET.*Cal.*55.2;—(*w.* in+*abl.*) in mala ~us uir adultera CATUL.61.98;—(*absol.*) nemo non ~um se et deuotum professus est SEN.*Ben.*3.5.2; quis ~us..usque adeo est, ut non illam..horreat? JUV.6.181.

2 Devoted, given over (to an activity, etc.). **b** (of activity) devoted, directed (to).

alii..amatoriis leuitatibus ~i CIC.*Fin.*1.61; CAES.*Gal.*6.16.1; multi..~i uentri atque somno SAL.*Cat.*2.8; HOR.*S.*2.3.105; Lucretiam..~am lanae inter..ancillas..inueniunt LIV.1.57.9; ~a sacris incerti Iudaea dei LUC.5.592; TAC.*Ger.*15.1; APUL.*Apol.*5; (*masc. as sb.*) facilius sanescit..sobrius..quam uino uenerique ~us CELS.4.26.6;—(*w.* in+*abl.*) quibus est in rebus ~us ipse (*sc.* animus) LUCR.4.815; [QUINT.]*Decl.*6.22;—(*w. adv.*) ubi spectaculi tempus uenit ~aeque eo mentes..erant LIV.1.9.10. **b** adsiduus usus uni rei ~us CIC.*Balb.*45; omne aliud studium auribus ~um SEN.*Ep.*102.16.

dēdō ~ere ~idī ~itum, *tr.* [DE-+DO] FORMS: *~ier* (= *~i*) *formula* in LIV.1.32.7. CONST.: w. acc.; w. dat., *ad, in*+acc.

1 To yield possession of, give up, surrender, hand over. **b** (refl.) to give oneself up, surrender, give in; sim. *dextram, manus, ~ere*; (also pass. in refl. sense). **c** *~ere noxae* (also *ad, in noxam*), to surrender in forfeit for damage; *~ere noxam*, to pay forfeit: see NOXA.

ancillas ~o TER.*Hec.*773; quem pater patratus ~idit aut suus pater..uendidit CIC.*Caec.*98; LIV.9.8.6; ut ~erent rupem CURT.7.11.5; missi qui ~erent ciuitatem TAC.*Hist.*1.68; (*w. abst. subj.*) quos metus post captas Syracusas ~iderat LIV.25.40.4;—(*w. dat.*) ut..adulescens..carnifici Sextio ~eretur CIC.*Ver.*5.125; alia omnia ~erent populo Romano SAL.*Jug.*46.2; HOR.*Carm.*3.27.46; ad ~endam Romanis Capuam LIV.26.14.2; primaeua furenti huic (*sc.* beluae) manus..~itur V.FL.2.482;—(*w.* ad, in+*acc.*) mulieri..seruum..ad supplicium ~idit CIC.*Clu.*181; tu (Hymen)..iuueni in manus..puellulam ~is CATUL.61.58; CAES.*Gal.*7.71.3; (*cf. sense b*) ~unt..se..urbem et liberos in dicionem..Thebano poplo PL.*Am.*258;—(*w. pred. acc.*) LIV.24.30.14; quae partus suos..aliis nutriendos ~unt GEL.12.1.21; nos..maritis aduenis ancillae ~itae APUL.*Met.*5.9. **b** CAES.*Civ.*2.22.1; ciuitates quae..obsidibus datis ~iderunt sese LIV.23.41.6; GAIUS *Inst.*1.14;—(*w. dat.*) se mihi Pindenissitae ~iderunt CIC.*Att.*5.20.1; NEP.*Lys.*1.2; (*w.* in+*acc.*) qui se ~iderunt in arbitrium..populi Romani..proconsuli LIV.26.33.12;—succincti..dolis..~iderant dextras SIL.10.190; (*fig.*) si tibi uera uidentur, ~e manus LUCR.2.1043;—ne ubi abscessisset extemplo ~erentur Campani LIV.26.7.6; 27.19.3; (*cf.*) captum alterum, alterum a se ~itum VELL.2.114.4;—(*pple. as sb.*) ~itis..pepercerunt CURT.4.5.22; TAC.*Ann.*12.17.

2 To deliver over (to an influence, condition), consign (to), abandon (to).

qur tu..me morti ~ere optas? PL.*As.*608; ACERBO ES ~ITVS FATO *CIL* 1.1603.3; ne cum bonis..Naeui cupiditati ..~atur CIC.*Quinct.*59; *Mil.*2; somno ~ita membra LUCR.3.112; VERG.*G.*4.90; uesano ~ere ponto Andromedan MAN.5.543; SEN.*Ep.*82.12; TAC.*Ann.*3.23; (*cf.*) quae..non sunt huic parti (*of the speech*) proprie assignata et uelut ~ita QUINT.*Inst.*4.2.62; (*w. abst. subj.*) uicta metu pietas consortia corpora poenae ~idit OV.*Met.*13.664;—(*w. pred. acc.*) ne soli..piacula irae Romanorum ~erentur LIV.6.21.7;—(*w.* ad, in+*acc.*) te in pistrinum..~am usque ad necem TER.*An.*199; nec quisquam in barathrum..~itur LUCR.3.966; inauditum (delatorem) ~i ad exitium TAC.*Hist.*2.10.

3 (refl.) To give oneself up (to an activity, condition), devote oneself (to); to yield (to). **b** to devote oneself (to a person). **c** to devote (one's faculties, etc., to). **d** *operam (-as) ~ere*, to give one's attention (services); *~ita opera*, of set purpose, giving particular attention to this point: see OPERA; (also, *s.v.l.*, w. ellipsis of *opera*).

uni se..studio omnes ~ere et arti LUCIL.1231; CIC.*Q.fr.*3.5&6.4; Etrusci..extorum cognitioni se..~iderunt *Div.*1.93; una cum eis..quorum se amicitiae ~iderint CAES.*Gal.*3.22.2; perpetuae nocti se ~idere APUL.*Met.*4.35; (*w.* ad) qui se ad litteras..~iderat GEL.2.21.6;—se uitiorum inlecebris..~iderunt CIC.*Sest.*138; ne me totum aegritudini ~am *Att.*9.4.1; *Tusc.*2.48; patrum auctoritati se ~iderant LIV.6.19.4; (*w. abst. subj.*) ne languori se desidiaeque ~at (senectus) CIC.*Off.*1.123. **b** ut Thaidi me ~am et faciam quod iubeat TER.*Eu.*1026; cui (*sc.* Catoni) me totum ab adulescentia ~idi CIC.*Rep.*2.1; Q.CIC.*Pet.*35. **c** ut etiam Cordubae natis poetis..auris suas ~eret CIC.*Arch.*26; *Att.*2.14.2; nihil..minus regium quam sacris ~ere animum LIV.1.31.6; uitam..maritis ~ere STAT.*Silv.*3.5.51; PVER DOCTRINAE..~IDI MENTEM *CIL* 8.724. **d** foro operam adsiduam ~o PL.*As.*428; ubi ei ~iderit operas *Bac.*45;—(epistulam) misi ~ita CIC.*Att.*15.4.4.

4 To assign (to), allot (to), put at the disposal (of).

haec mihi ~ita est habitatio PL.*Mos.*498; hunc tibi ~o diem *St.*435; TER.*An.*953; soror, Assyrios cineri quae ~at odores TIB.1.3.7; MART.4.64.34;—(*w. pers. obj.*) senem..tibi ~o..ut lenitum reddas PL.*Bac.*1150.

5 (dub.) To issue, distribute.

neque..tabellas signatas ~iderat (*v.l.* dederat), ut..locum certum peterent uniuersi *B.Afr.*3.4.

dēdoceō ~ēre ~uī ~tum, *tr.* [DE-+DOCEO] To cause (a person) to discard previous teaching, cause to unlearn.

cum aut docendus is est aut ~endus CIC.*de Orat.*2.72; *Fin.*1.51; uiros..desidia ~et SEN.*Con.*2.2.8;—(*w. two accs.*) moneo, regnorum gaudia temet ~eas STAT.*Theb.*2.409;—(*w. inf.*) uirtus populum..falsis ~et uti uocibus HOR.*Carm*2.2.20;—(*absol. or ellipt.*) cum..fortis esse didicisset, a dolore ~tus est CIC.*Tusc.*2.60; ~endi grauius (*sc.* onus est) ac prius quam docendi QUINT.*Inst.*2.3.2.

dēdoleō ~ēre ~uī, *intr.* [DE-+DOLEO] To put an end to one's sorrow.

laedentia pectus uincula qui rupit ~uitque semel OV.*Rem.*294; *Fast.*3.480.

dēdolō ~āre ~āuī ~ātum, *tr.* [DE-+DOLO[1]] To cut down or hew into shape. **b** (applied colloq. to beating, sexual intercourse).

hunc senem osse fini ~abo assulatim uiscera PL.*Men.*859; partes eorum (*sc.* pedamentorum) putres ~andae acuendaeque COL.4.26.1; ridicas..querneas..~atas utraque parte 11.2.12; PLIN.*Nat.*16.188; fracta..fabrili ~at ossa manu (*i.e. the surgeon*) MART.11.84.6; crustallo ~atum uasculum APUL.*Met.*6.13. **b** fustium..crebris ictibus..~abar APUL.*Met.*7.17; inclinatam dolio pronam uxorem fabri..~abat 9.7.

dēdūcō ~cere ~xī ~ctum, *tr.* [DE-+DVCO] FORMS: imp. *~ce* PL.*Truc.*479, TER.*Eu.*538; *~c* CIC.*Rep.*1.34, STAT.*Theb.*12.266.

1 To lead or bring away (from), remove (esp. mil. forces). **b** to lead or drive away (animals). **c** (leg.) to eject formally (a rival claimant to land, as the first step in an action claiming possession).

uti..suis de finibus exercitus ~cerent PL.*Am.*215; SIS.*hist.*97; CIC.*Ver.*5.135; *Att.*6.1.6; nostros praesidia ~cturos CAES.*Gal.*2.33.2; Arsinoen..~cere ex regno statuit *B.Alex.*33.2; SAL.*Hist.*1.77.17; dominam Ditis thalamo ~cere adorti VERG.*A.*6.397; LIV.27.15.17; 34.58.6; ex Britannia ~cere exercitum cogitauit SUET.*Nero* 18;—(*refl.*) noctu ex aduersariorum conspectu se ~cerent *B.Hisp.*18.6;—(*transf.*) iuuenile aeuom..in flore ~cit (mors) SEN.*Dial.*6.20.1. **b** imperat ut pecora ~cant CAES.*Gal.*6.10.2; animalia..quamlibet longo itinere ~cta ad adsuetas sibi sedes reuertuntur QUINT.*Inst.*11.2.6; APUL.*Met.*7.15. **c** ut aut ipse Tullium ~ceret aut ab eo ~ceretur CIC.*Tul.*20; quo die..de fundo Caecina moribus ~ceretur *Caec.*20.

2 To draw, pull, carry, etc., away or off, remove. **b** to draw or lead (water) off, divert.

soleas mihi ~ce PL.*Truc.*479; summa uestem ~xit ab ora OV.*Met.*3.480; CELS.7.31.2; quia non sine tormento per nares ea (*sc.* materia) ~ceretur LARG.9; si qua asportari possent, sibi quemque ~cere..iubet TAC.*Ann.*16.11; ULP.*dig.*6.1.3.2; (*cf.*) cur Epicurus..eas (*sc.* atomos)..de uia ~cat CIC.*Fat.*18;—(*of natural forces*) (brassica) de capite et de oculis omnia (*sc.* mala) ~cet CATO *Agr.*157.6; non..aceruus..auri ~xit corpore febris HOR.*Ep.*1.2.48; (uenti) modo adducunt nubes, modo ~cunt SEN.*Nat.*5.18.2. **b** de segetibus, siqua est aqua, ~ci (oportet) VAR.*R.*1.36; CIC.*Div.*2.69; riuos ~cere nulla religio uetuit VERG.*G.*1.269; fastigia facientes..stillicidia ~cebant VITR.2.1.3; FRON.*Aq.*105; fontis..aquarum Simbruinis collibus ~ctos TAC.*Ann.*11.13.

3 To draw or extend outwards, stretch out; *~cere gladium*, to draw one's sword. **b** to extend, draw out (a line or linear structure). **c** (transf., an activity or occupation)

cum..~xerat (digitos) et manum dilatauerat CIC.*Orat.*113; VITR.9.8.3; per teretem ~cta est terra tumorem MAN.1.230; signa..~cta per orbem 1.457; quaecumque gignuntur..radices..dispergunt atque ~cunt COL.3.11.3;—gladio ~cto GEL.5.9.2(*s.v.l.*). **b** fossas duas..in eum locum ~xit *B.Alex.*38.3; ~cta mero littera OV.*Ep.*16.88; qui a capite recte eas lineas ad tempora ~cerent CELS. 7.7.15.E; ea..rasura (calami) ita ~citur, ut medullam contingat COL.4.29.9. **c** prope in noctem rem ~xerant CAES.*Civ.*3.51.6

4 To draw out (a thread in spinning), spin. **b** (fig.) to compose (literary work), 'spin'; to tell the story of, describe.

VAR.*L.*7.54; CATUL.64.312; ~cat plena stamina longa colu TIB.1.3.86; ~cens pollice filum OV.*Met.*4.36; SEN.*Phaed.*324;—(*of a spider*) OV.*Am.*1.14.7; tam tereti filo..~cit stamina PLIN.*Nat.*11.80;—(*cf.*) uetus in tela ~citur argumentum OV.*Met.*6.69. **b** mille die uersus ~ci posse HOR.*S.*2.1.4; tenui ~cta poemata filo *Ep.*2.1.225; PROP.1.16.41; ab origine mundi ad mea..~cite tempora carmen OV.*Met.*1.4; V.MAX.3.7.ext.1; in hos commentarios, quos adulescens ~xerat QUINT.*Inst.*3.6.59; (*poet.*) facilis ~cit pagina carmen *Laus Pis.*165;—tota iuuenem (*i.e. Achilles*) ~cere Troia STAT.*Ach.*1.7; FLOR.*Epit.*1.47(3.12.3); qui (*sc.* uates) nil expositum soleat ~ere JUV.7.54; (*w. indir. qu.*) quo sidere..nascantur flores..tenui ~cite carmine COL.10.40.

5 To cause to walk or travel down (from), lead or bring down; to bring (a ship) downstream. **b** to entice down, draw down.

PLEBEM DE SACRO MONTE DEDVXIT *Elog.*5(*CIL* 1.p.189); seruos agrestis..ex Appennino ~xerat CIC.*Mil.*26; eum consul..contionari conantem de rostris ~xit Caes.*Civ.* 3.21.3; Sal.*Jug.*52.5; nvnc data svm diti..~cta..fatali igne *CIL* 1.1732.8; Verg.*G.*3.11; siluis ~cti..Fauni Hor. *Ars* 244; ~ctas nocte ad fluuium legiones Liv.26.7.10; Luc.6.70; (*cf.*) nec ire labor est; ipsa ~cit uia Sen.*Her.F.* 675; (*of a constellation*) quattuor hic (*sc.* Arctophylax)..secum ~cere signa..solet Cic.*Arat.*608(362); (*in prosopopoeia*) quin ~cere deos in hoc genere dicendi..concessum est Quint.*Inst.*9.2.31;—septemremis omnes (naues) esse ~cique Babylona (imperauit) Curt.10.1.19. **b** cupiebat Caesar..aduersarios in aequum locum ~cere *B.Hisp.*5.7; Curt.6.1.2; Fron.*Str.*2.5.18.

6 To cause to move down (from), pull or draw down. **b** to cause to stretch or extend down. **c** to press or weigh down; (transf.) to outweigh.

~co pedes de lecto clam Pl.*Cur.*361; carmina uel caelo possunt ~cere Lunam Verg.*Ecl.*8.69; Prop.1.1.19; tuo consilio equitem ad pedes ~xeris Liv.4.40.7; pendentia..undique rector carbasa ~cit Ov.*Met.*6.233; Luc.2.697; (Circe) implicitum..me bracchiis..~xit in terram Petr. 127.8; si quis auem summi ~cat ab aere rami V.Fl.6.261; planas manus ab auribus..ad uentrem imum ~xisse Gel. 1.14.2;—(*of natural forces*) imbres niuesque ~cunt Iouem Hor.*Epod.*13.2; amnes..qui..in mare ~cunt..undas Ov. *Met.*1.582; 15.267; pluuiae..pinguiorem materiam in ima ~cunt Col.2.17.7;—(*of a writer*) conscia fati sidera..~cere mundo aggredior Man.1.3. **b** ~cit pectine crines Ov.*Met.*4.311; Cels.7.12.3a; ipsa arcum..locat uestemque latentem ~cit Stat.*Ach.*1.348; tristitia ~ctis (superciliis)..ostenditur Quint.*Inst.*11.3.79; Suet.*Jul.*82.2. **c** Lucr. 2.205; saburrae pondus infra ~cens uersat axem Vitr. 9.8.9; ~centia ramos pondere poma suo Ov.*Met.*15.76; Sen.*Ep.*41.7; nec niueus lapis ~cat auris *Phaed.*392; Stat. *Theb.*9.241; (*cf.*) ut..linea latens pondus ~ceret Vitr. 9.8.2;—leues ~cet pondere fratres (*sc.* catulus) Grat.299.

7 To bring down to the sea, launch.

classem..in altum ut properiter ~cerem Pac.*trag.*332; ex insulis quas potuimus nauis ~ximus Cas.*Fam.*12.13.3; Caes.*Gal.*5.2.2; ~cunt socii nauis Verg.*A.*3.71; Prop.1.6.15; Liv.30.4.10; iubet ille carinas in freta ~ci Ov.*Met.*6.445; Sen.*Ben.*6.3.2; sua diuinatione..classem ~xit Apul.*Soc.*18.

8 To lead or take off or along (to a destination). **b** to escort, accompany (often ceremonially); (pass.) to be given an escort. **c** to draw, entice (into a trap). **d** (of a path, or sim.) to lead. **e** to bring (a ship) to port. **f** to cause to complete a course, cycle, etc.

virgines ves>stales caere ~xit *Elog.*6(*CIL* 1.p.191); Pl.*Capt.*736; huc ~ctast ad..Thaidem Ter.*Eu.*352; vtei thermesvm..in hibernacvla meilites ~cantvr *CIL* 1.589.2.13; (mors) optanda si aliquo eum (*sc.* animum) ~cit ubi sit futurus aeternus Cic.*Sen.*66; praesidia..eo ~cebat Caes.*Civ.*2.18.5; in quascumque uelim pelago ~cere terras (*sc.* pubem) Verg.*A.*2.800; praetor Arpinus ab suis ad consulem ~ctus Liv.24.47.7; patefieri domum..atque illuc ~ci imperatorem iubet Tac.*Ann.*11.35; (Charon) ad ripam ulteriorem..cumba ~cit commeantes Apul.*Met.*6.18; (*of a ship*) quae (*sc.* nauis)..mare me ~xit in Helles Ov.*Tr.* 1.10.15;—(*animals*) agaso cum in tabernam equum ~ceret Alf.*dig.*9.1.5; Apul.*Met.*9.32;—(*things*) impedimentis in proximum collem ~ctis Caes.*Gal.*7.68.2; Stat.*Theb.*6.125; —(*fig., or in fig. phr.*) ne quis erret uostrum, paucis (*sc.* uerbis) in uiam ~cam Pl.*Trin.*5; ipsum nos carmen ~xit Pacis ad aram Ov.*Fast.*1.709; (*ellipt.*) quae (*sc.* oratio) in aliam causam ~cat Cic.*Inv.*1.97. **b** cum candidatum ~ceremus Cic.*Att.*2.1.5; occurram in triuiis, ~cam Hor.*S.* 1.9.59; Liv.23.23.8; ~cunt orgia mystae Sen.*Oed.*431; Plin.*Nat.*10.123; me, quem luna solet ~cere Juv.3.286; Suet.*Tib.*17.2;—ut..prouincias..petituri hinc (*i.e. from the temple of Mars*) ~cerentur *Aug.*29.2; (*cf. impers.*) haec..sunt honorabilia..decedi adsurgi ~ci Cic.*Sen.*63. **c** ~cti in insidias caesique sunt Fron.*Str.*3.10.6; Ulp.*dig.* 9.2.9.3; (*in fig. phr.*) hominem..in trasennam doctis ~cam dolis Pl.*Per.*480. **d** quia..ipsa uestigia quaerentem dominum eo ~ctura erant Liv.1.7.5; 21.38.7; ne..Elidis amnem (*i.e. Alpheus*) dulcis ad Aetnaeos ~cat semita portus Stat. *Silv.*1.3.69; (*cf.*) forte..uiator est ~ctus in eundem locum Phaed.2.1.5; (*transf.*) officium..hanc..habet uiam, quae ~cit ad conuenientiam..naturae Cic.*Off.*1.100; (*w.* iter *as obj.*) uiam, quae sola ~cit iter ad salutem Apul.*Met.*5.20: **e** ut nauis conquirant Brundisiumque ~cendas curent Caes.*Civ.*1.30.1; Liv.21.49.3; persuade gubernatori ut in..portum nauem ~cat Petr.101.8. **f** septima iam plenae ~citur orbita lunae Prop.2.20.21; in quocumque dies ~citur astro Man.3.241; 3.396.

9 To establish in residence (in a colony, or sim.), settle. **b** to found (a colony, or sim.).

ex eis colonis quos Faesulas L. Sulla ~xit Cic.*Catil.*3.14; iubet agros emi quo ~camini *Agr.*2.63; *Att.*16.16a.5; Liv. 6.16.6; Luc.4.397; non..ut olim, uniuersae legiones ~cebantur cum..sui cuiusque ordinis militibus Tac.*Ann.*14.27; *CIL* 10.867; (*pple. as sb.*) ~ctis olim..haec patria est Tac. *Hist.*4.65;—(*individuals*) fessus in acceptos miles ~citur agros Ov.*Am.*2.9.19; veterano..~cto ab divo vesp reate *CIL* 9.4682;—(*fig.*) ut (translatio) ~cta esse in alienum locum, non inrupisse..uideatur Cic.*de Orat.*3.165; fuisset..uerbum hoc a te..in Latinam coloniam ~ctum Gel.19.13.3. **b** coloniam ~xit graviscam *Elog.*32 (*CIL* 1.p.200); *CIL* 5.873; ueteranorum colonias, ~ctas lege Cic.*Phil.*13.31; triumuirum coloniis ~cundis Sal.*Jug.*42.1; Liv.10.21.7; a Themistagora..~ctum oppidum Mela 1.108; Suet.*Nero* 9.1.

10 (spec.) **a** To bring (a person, army) back with one to Rome. **b** to bring home in procession as one's bride; (iron.) to introduce as a paramour. **c** to take (a pupil to a teacher, school); *in forum ~cere*, to introduce to the forum at the outset of a public career. **d** to bring (before a court, magistrate, etc.); also, to bring (as a witness). **e** to instal (in a position of honour, authority). **f** to bring as an offering (to a shrine, tomb).

a ut Ciceronem meum ne dimittas tecumque ~cas Cic. *ad Brut.*1.14.2; quaestor..ex Africa decedens Q. Ennium poetam ~xerat Nep.*Ca.*1.4; inuidens..~ci superbo non humilis mulier triumpho Hor.*Carm.*1.37.31; decedere se inde ac ~ci exercitum consularem posse Liv.28.9.2; 42.34.10. **b** ubi intro hanc nouam nuptam ~xi Pl.*Cas.*881; credebas..illam sine tua opera in cubiculum iri ~ctum domum? Ter. *Ad.*694; Catul.68.143; Caes.*Gal.*5.14.5; Prop.4.3.13; se..pudicam..ut uni nuptam ad quem uirgo ~cta sit Liv. 10.23.5; Stat.*Theb.*8.235; ~cere uult filiam pauperis Quint.*Inst.*7.1.14; nullo exemplo ~ctae in domum patrui fratris filiae Tac.*Ann.*12.5; (*w. dat.*) iuueni..uirgo ~cta marito [Tib.]3.4.31;—(*cf.*) ad aras ~ctast, non ut..posset..comitari Hymenaeo Lucr.1.96;—hic est..ad quem iste ~xerat..mimi filiam, ui abductam Cic.*Ver.*3.78; paene suis ad te (*sc.* Helenam) manibus ~cit amantem Ov.*Ep.* 15(16).315. **c** ~cendi sunt ad eos, qui haec docent Cic. *de Orat.*2.84; *Cael.*9; a patre..eram ~ctus ad Scaeuolam *Amic.*1; adulescentuli nostri ~cuntur in scholas istorum, qui rhetores uocantur Tac.*Dial.*35.1;—Aug.*Anc.*3.3; quem iuuenem..in forum ~ximus Quint.*Inst.*12.6.6; Suet.*Aug.* 26.2; ~ctus in forum tiro *Nero* 7.2. **d** ipsi comprehensi ad me..~cuntur Cic.*Catil.*3.6; ~cti in comitium Liv. 25.7.14; 39.17.1; lis ad forum ~cta est, uespa iudice Phaed.3.13.3; Julian.*dig.*47.2.57(56).1; ~ctus ad magistratus Apul.*Met.*7.26; (*cf.*) non..factum..sed animus in quaestionem ~ctus est V.Max.6.1.8;—eos..~xi testis Cic.*Ver.*4.91; *Flac.*9. **e** Romam ~ctus ab aruis Pompilius Ov.*Fast.*3.151; beneficium uocas..in quattuordecim (*i.e. equestrian rank*) ~xisse Sen.*Ben.*3.9.2; adulescentem..~ctum ad longiorem ordinem Fron.*Str.*4.6.4; Tac.*Ann.* 2.3; hunc..in possessionem Armeniae ~xi 15.2. **f** *CIL* 5.6363; vt..ex vsvr rosas svo tempore ~cerent 5.7906.

11 To draw off, divert, lead away (from a state of mind, policy, etc.). **b** to lead (into a new state of mind, etc.), induce, impel. **c** to lead (to an extreme state, course of action, etc.), reduce.

hac (*sc.* eloquendi ui) ~cimus perterritos a timore Cic. *N.D.*2.148; facile homines nouos auctoritate principum de sententia ~ci Liv.4.48.7; (uir bonus) commodorum inopia non ~citur a beatissimo Sen.*Ep.*92.16; Gel.4.11.10; Apul. *Pl.*2.18; (*refl.*) te..cibo temet ~cere solitum Fro.*Aur.* 2.p.126(103N); (*w.* unde) posse..hominum..uoluntates..unde..uelit ~cere Cic.*de Orat.*1.30; (*w.* quominus) neque legis..poena ~ctus est quo minus..amicitiae ius..praestaret *Fam.*14.4.2;—(*of circumstances, etc.*) si impendens patriae periculum me..de hac animi lenitate ~xerit *Catil.* 2.28; illud..ne te ~cere uero possit Lucr.1.370; at me ab amore tuo ~cet nulla senectus Prop.2.25.9. **b** me..~cxstis in ignem (*i.e. of love*) *CIL* 1.2540a.1; iracundia ~ctus peccauit *Rhet.Her.*2.39; abducere animos a contraria defensione et ad nostram conor ~cere Cic.*de Orat.*2.293; Caes.*Gal.*7.37.6; Macedonas in societatem belli..~cendos esse Liv.36.7.3; Quint.*Inst.*4.1.63; (*w.* ut) sibi..esse facile Seuthem..~cere ut eum terra depelleret Nep.*Alc.*8.3;—(*of circumstances, etc.*) quae..me antea..in curiam ~cebant Cic.*Orat.*148; ad eam sententiam..haec quoque ratio eos ~xit Caes.*Gal.*2.10.5; V.Max.4.5.3; Cels.4.23.2; species libertatis ~cere ad temeritatem solet Quint.*Inst.*12.9.13. **c** huc est mens ~cta tua..culpa Catul.75.1; o saepe mecum tempus in ultimum ~cte..Pompei Hor.*Carm.*2.7.2; ad preces patrem ~xit Sen.*Con.*1.7.15; Javol.*dig.*17.1.36.1; —(*refl.*) in eum locum te ~cas ut..te summae neglegentiae..conuictum esse fateare? Cic.*Sul.*44; Paul.*dig.*23.2.47;—(*of circumstances*) unum hoc..quod diuites in aequum turbae ~ceret Sen.*Nat.*4b.13.4; ego..quem..eius (fortunae) impetus in bestiam..~xerat Apul.*Met.*7.3.

12 To bring, consign (things to a state, process, etc.); to bring down, reduce (to an extreme state, etc.). **b** *rem huc* (*eo*, or sim.) *~cere* (*ut*), to bring things to the point (that). **c** to reduce (by logic). **d** to convert (into another form), develop, adapt.

properauit rem ~cere in iudicium Cic.*Att.*1.16.2; ne sua dissensione..rem in summum periculum ~cant Caes.*Gal.* 5.31.1; V.Max.4.1.1; omnia delicta ad poenam ~cere Sen. *Cl.*2.5.2; Apul.*Pl.*1.7; trifariam pretia ~cantvr *CIL* 2.6278.53; (*of circumstances*) necessitas ipsa curam rei publicae ad senatum ~xit Pompon.*dig.*1.2.2.9;—cum..ea (*sc. emotions*) contraherent in angustumque ~cerent Cic. *Ac.*1.38; V.Max.8.15.11; cum..ad minimum ~ctus est (amnis) Sen.*Dial.*5.21.1; Larg.21; florem Thessalicae regionis ad instar solitudinis..~citis Apul.*Met.*1.25; (*w.* ab) antiquissimum sollemne..ab nobilissimis antistitibus..ad seruorum ministerium..~xisti Liv.9.34.18. **b** rem huc ~xi ut..palam pugnare possetis Cic.*Catil.*2.4; *Att.*7.3.5; res..eo ~cta est ut senatui permitterent Liv.30.40.11; Apul.*Met.*3.8. **c** huc uniuersa causa ~citur Cic.*Q.Rosc.* 34; licet..uniuersitatem generis humani..~cere ad singulos *N.D.*2.164; audi quo rem ~cam Hor.*S.*1.1.15; Quint.*Inst.* 2.4.22. **d** odium..ad beneuolentiam ~cendum est Cic. *de Orat.*2.72; princeps Aeolium carmen ad Italos ~xisse modos Hor.*Carm.*3.30.13; sic 'Ὀδυσσεύς..ad 'Vlixem' ~ctus est Quint.*Inst.*1.4.16; Gaius *Inst.*4.133.

13 To derive (from a source). **b** to trace (by log. argument), deduce.

quoniam haec ~cuntur de corpore Cic.*Fin.*5.47; ille..nostra ~cit origine nomen Verg.*A.*10.618; Hor.*Carm.*4. 4.19; Germ.*Arat.*1; Vell.2.41.1; pharnaceon..a Pharnace rege ~ctum Plin.*Nat.*25.33; Maur.350; (*of a writer*) quod (*sc.* sceptrum) a Ioue ad Agamemnonem usque ~cit (Homerus) Quint.*Inst.*9.3.57;—(*w. pers. obj.*) hominem ~ctum ex ultimis gentibus Cic.*Phil.*13.27; Sil.2.49; (*pple. as sb.*) Herophilus ~ctique ab illo uiro (*i.e. his school*) Cels.5.pr.1. **b** maiestatem (*sc.* dei) ~citis usque ad apium..perfectionem Cic.*Luc.* 120; quae (*sc.* ratio)..in proprias ~xit singula causas Man. 1.106; Sen.*Ep.*58.11; (*w. indir. qu.*) nocturna..signa..quae sint perspicere et propria ~cere lege Man.2.204.

14 To subtract (from an amount), deduct; (fem. pple. as sb., or w. ellipsis of *summa*) a deduction. **b** to reduce, lessen.

de his diuitiis sibi ~cant drachumam, reddant cetera Enn.*scen.*33; si (oleum) sumpserit, in singulas sumptiones ss n. xl ~centur neque debebitur Cato 145.2; Cic. *Ver.*3.116; addendo ~cendoque Cic.*Off.*1.59; de capite ~cite quod usuris pernumeratum est Liv.6.15.10; Plin. *Nat.*3.132; Quint.*Inst.*1.10.43; Papin.*dig.*29.5.21.1; fvneraticivm eivs..~ctis commodis et exeqviario *CIL* 14.2112.1.32;—si in testamento ~cta scripta non sit Cic.*Leg.*2.50. **b** uocem ~cas oportet, ut uideantur mulieris uerba Pompon.*com.*57; 60.

15 To bring (within the terms of a leg. procedure, or sim.), introduce, include.

quae (*sc.* pecunia)..~citur in obligationem Gaius *Inst.*3.124; si quis..plura in stipulatum ~cat Julian.*dig.* 34.5.13(14).5; quae quisque..in censum ~cit Q.Scaev. *dig.*41.1.64; Ulp.*dig.*50.16.195.1;—(*w.* in+*abl.*) quae in familiae erciscundae iudicio non ~cuntur Julian.*dig.*10.2. 51.1; 45.1.54.

dēductīcius ~a ~um, *a.* [prec.+-icivs[2]] Having the status of a settler in a colony.

q petronivs..vet leg vii..~vs *CIL* 3.8199.

dēductiō ~ōnis, *f.* [dedvco+-tio]

1 **a** Transportation (to a destination), delivery. **b** the drawing off, draining (of water).

a in epistyliorum ~one Vitr.10.2.12. **b** a maioribus Albanae aquae facta ~o est Cic.*Div.*1.100.

2 The settling of colonists; the establishing (of a settlement). **b** the billeting (of troops).

ciuitatem..perturbatam uestris..~onibus Cic.*Agr.*1.23; 2.92;—in ~one oppidi Plin.*Nat.*2.139. **b** (*w.* in+*acc.*) in oppida militum crudelis..~o Cic.*Phil.*2.62.

3 The action of escorting.

~one..opus esse in mariti..domum, quasi in domicilium matrimonii Pompon.*dig.*23.2.5.

4 The token act of ejecting a rival claimant to land.

Cic.*Caec.*27; cum ad constitutam diem..uenisset ut uis ac ~o moribus fieret 32.

5 The process of subtracting, deduction; (w. gen.) deduction (of, also from, an amount); *sine ulla ~one*, in full.

ex omni pecunia..certis nominibus ~ones fieri solebant Cic.*Ver.*3.181; nec ullam habet eo nomine ex dote ~onem Nerat.*dig.*25.1.16;—an ~ones impensarum fieri possint Javol.*dig.*31.41.1; ut..~o huius debiti a fratre ex eo (*sc.* peculio) fieret Afric.*dig.*12.6.38;—naturalia..debita spectamus in peculii ~one Ulp.*dig.*15.1.11.2;—ex argenti libris c sine vlla ~one *CIL* 2.1473; (*cf.*) annum unum atque octogensimum impleuit sine ulla ~one Sen.*Ep.*58.31.

6 *~o rationis*, The reduction of an argument to a narrower issue.

ex hac ~one rationis illa summa nascitur controuersia Cic.*Inv.*1.18; 1.19.

dēductor ~ōris, *m.* [dedvco+-tor] One who acts as an escort.

~orum officium..maius est quam salutatorum Q.Cic. *Pet.*36; ille in incohandis (honoribus) ~or et comes Plin. *Ep.*4.17.6.

dēductus[1] ~a ~um, *a.* *compar.* ~ior. [pple. of dedvco]

1 (of the face, features, etc., app.) Drawn downwards.

nasum ~ius quam pandius Lucil.942; Suet.*Aug.*79.2; facie ~a naso recto *P.Mich.*442.2(*FIRA* 3.20.4).

2 (of a voice) Attenuated, weak, soft.

~a tum uoce leo Lucil.985; et mea ~a carmina uoce legis Prop.2.33.38.

3 (of style) Fine-spun.

pastorem..oportet..~um dicere carmen Verg.*Ecl.*6.5; Quint.*Inst.*4.1.60.

dēductus[2] ~ūs, *m.* [dedvco+-tvs[3]] A downward pull.

ponderis ~u restis ad ingluuiem adstricta Apul.*Met.*1.16.

deerrō ~āre ~āuī ~ātum, *intr.* [de-+erro] Pros. and Orthog.: *deer-* scanned as one syllable (also written *der-*) Lucr.1.711, 3.860, Verg.*Ecl.*7.7, Sen.*Phaed.*1069.

1 To wander off, go astray. **b** to stray from the target, miss.

inter homines me ~are a patre Pl.*Men.*1113; *Rhet.Her.* 4.64; iis qui in itinere ~auissent Cic.*Ac.*3.2; *B.Afr.*8.2; huc mihi..caper ~auerat Verg.*Ecl.*7.7; in quas (*sc.* foueas) ~ante aliquo (elephanto) Plin.*Nat.*8.24; Quint.*Inst.*10. 3.29;—(*of things*) si..cibus..in alienum ~auerit tramitem Plin.*Nat.*11.176; (*cf.*) uage..~arunt..motus ab sensibus omnes Lucr.3.861. **b** sagittarius..debet..aliquando ~are Sen.*Ep.*29.3; (*of a shot*) iaculantium ictus ~aturos Plin.*Nat.*28.100.

2 To stray (from a correct or intended course of action, thought, etc.).

si non ~abimus ab eo, quod coeperimus exponere *Rhet. Her.*1.14; a uero longe ~asse uidentur Lucr.1.711; ab illa (*sc.* rerum natura) non ~are..sapientia est Sen.*Dial.*7.3.3; Quint.*Inst.*12.10.64; (*cf.*) sors ~abat ad parum idoneos Tac.*Ann.*13.29; (*impers. pass.*) ubi semel recto ~atum est, in praeceps peruenitur Vell.2.3.4.

3 To make a mistake, go wrong.

aliarum artium peccata..offendunt..deerrantem Sen. *Ep.*97.10; (Celsum) et sententia et uisu ~asse Col.2.2.15; Quint.*Inst.*11.2.32;—(*w. non-personal subj.*) dubito an id improprium potius appellem; significatione enim ~at 1.5.46.

dēfaecō ~āre ~āuī ~ātum, *tr.* [DE-+FAEX+-O³] FORMS: *-fic-* PL.*Mos.*158. To remove the dregs or sim. impurities from, strain, clear.
(uinum) ~atum quam limpidissimum COL.12.28.3; PLIN.*Nat.*18.232; lacuum altitudine..uelut ~atur (Anio) FRON.*Aq.*93; APUL.*Met.*9.22;—(*fig.*) ~ato..animo PL.*Aul.*79; *Ps.*760; (*w. pers. obj.*) nec me..melius..esse ~atam *Mos.*158.

dēfaenerō (-fēn-) ~āre ~āuī ~ātum, *tr.* [DE-+FAENVS+-O³] To bring to ruin, exhaust, by the extortion of usury.
~are hominem egentem hau decet PL.*Vid.*89; ad ~andas..prouincias CIC.*Parad.*46; creditoribus ~atus APUL.*Apol.*75.

dēfāmātus ~a ~um, *a.* *superl.* ~issimus. [DE-+FAMA+-ATVS²] Having a bad reputation, infamous.
ut uocabula quoque eorum ~a..cum ipsis uiderentur GEL.9.2.11; spurcissimae..uitae ac ~issimae 14.2.10.

dēfāmis ~is ~e, *a.* [DE-+FAMA+-IS] Disgraceful, shameful.
mortem..uiolentam ~em comminatus APUL.*Met.*9.17.

dēfatīgātiō (-fet-) ~ōnis, *f.* [next+-TIO] Physical or mental exhaustion, the state of being worn out. **b** tiredness or weariness (of an activity).
ne..possit animum tuum ~o retardare *Rhet.Her.*1.27; corpora..exercitationum ~one ingrauescunt CIC.*Sen.*36; factum est..hostium inscientia ac ~one..ut..terga uerterent CAES.*Gal.*3.19.3; HIRT.*Gal.*8.27.4; LIV.8.38.11. **b** quaerendi ~o turpis est CIC.*Fin.*1.3.

dēfatīgō (-fet-) ~āre ~āuī ~ātum, *tr.* [DE-+FATIGO]

1 To exhaust in mind or body, tire out, wear out. **b** to exhaust the fertility of (land). **c** to break the force of; (in quot., fig.).
ne te adulescens mulier ~et TER.*Ph.*794; quin deos..obsecrans..~arem AFRAN.*com.*172; te..nec animi neque corporis laboribus ~ari CIC.*Fam.*14.1.1; *Div.*1.104; ~atis..integri succedunt CAES.*Gal.*7.85.5; ne..~emus lectores NEP.*Lys.*2.1; VITR.1.6.3; quae (*sc.* res) intentione oculos ~at SEN.*Ep.*65.17; quem (*i.e. fish*) Tiberis aduerso torrente ~asset COL.8.16.4; APUL.*Met.*2.17;—(*refl.*) PL.*Trin.*225; ita se ~arit uelim ut..e lecto nequeat surgere TER.*Ad.*519. **b** ubertate..prioris anni ~atum..solum COL.1.pr.1. **c** quaedam (philosophia) ~at et uelut leuia tela laxo sinu eludit SEN.*Ep.*53.12.

2 (pass.) To be discouraged, lose heart. **b** (w. gdve. or sim. const.) to be discouraged (from), weary (of); (also w. inf.).
deceptus sum, at non ~atus TER.*An.*669; numquam..~abor ante, quam illorum..uias..disputandi percepero CIC.*de Orat.*3.145; *Catil.*2.21; ne ~ere neu diffidas BRUT. *ad Brut.*1.16.10. **b** noli..in conseruandis uiris bonis ~ari CIC.*Marc.*20; *Fam.*10.19.2; ne edendo ~entur FAV. *orat.*1;—non..~abor permanere..in studio libertatis LENT. 12.14.7.

dēfatiscor: see DEFETISCOR.

dēfectiō ~ōnis, *f.* [DEFICIO+-TIO]

1 A process of falling short, deficiency, failure. **b** weakness, faintness. **c** (gram.) ellipsis.
omnia mittit spei plena metuens, credo, ~onem animi mei CIC.*Att.*3.18.2; ista ~o uirium *Sen.*29; VITR.1.4.8; animae ~one moriuntur CELS.7.33.1; Anio..~oni aliarum (aquarum) succurrit FRON.*Aq.*91; PLIN.*Ep.*3.19.6; APUL. *Mun.*1. **b** pampini..mulierum a conceptu ~oni..prosunt PLIN.*Nat.*23.4; QUINT.*Decl.*257(p.52,l.3); qui recreandae ~oni cibum adferrent TAC.*Ann.*6.50; summa macies, summa ~o PLIN.*Ep.*7.19.3; SUET.*Ves.*24.1. **c** pleraque dici per defectionem solent GEL.5.8.3; 12.14.3.

2 An eclipse (of a heavenly body).
~ones Solis et lunae cognitae CIC.*N.D.*2.153; dicitur perfecta ~o, quae stellas quoque ostendit SEN.*Nat.*1.12.1; QUINT.*Inst.*1.10.47; TAC.*Ann.*1.28; FLOR.*Epit.*1.1(1.1.17).

3 The act of deserting (an allegiance, alliance), defection, revolt.
in illa omnium barbarorum ~one CIC.*Pis.*84; *Q.fr.*1.4.4; rebellio facta post deditionem, ~o datis obsidibus CAES.*Gal.*3.10.2; DVCIBVS EARVM ~ONVM INTER⟨CE⟩PTIS *CIL* 3.14147⁵.4; foedi exempli ~o magis quam seditio LIV.28.26.2; CURT.6.1.20; principes..~onem coeptantis securi percutit TAC. *Ann.*4.24; SUET.*Tib.*16.1;—(*w.* ab) istas tu partis potius quam a populo Romano ~onem uocas? CIC.*Phil.*13.39; LIV.8.20.9; TAC.*Ann.*16.7; (*cf.*) ~onis ab Romanis ad Hasdrubalem..consilia agitassent LIV.28.10.5;—(*transf.*) (intemperantia) est..a recta ratione ~o CIC.*Tusc.*4.22; *Ac.*1.43.

dēfector ~ōris, *m.* [DEFICIO+-TOR] A renegade, rebel; (w. gen.) one who revolts (from).
nox proditioni electa, ut ceteris ignaris..~ores coirent TAC.*Hist.*3.12; *Ann.*12.50; reuocatis..ad paenitentiam ~oribus SUET.*Nero* 43.2; ADVERS ~ORES ET REBELLES *CIL* 3.10473.6;—in..patris sui..~ores ira..accensus TAC.*Ann.*11.8.

dēfectus¹ ~a ~um, *a.* *compar.* ~ior, *superl.* ~issimus. [pple. of DEFICIO] In senses of vb., esp.:

1 Worn out, enfeebled, tired.
☞~o poplite labens OV.*Met.*13.477; ~um sidus (*i.e.* Engonasin) GERM.*Arat.*278; ~um et praemortuum corpus SEN.*Ep.*58.33; MART.13.77.1; TAC.*Ann.*2.70; sauciam Psychen atque ~am permulcet APUL.*Met.*5.25;—(*of feelings, physical states*) quae (*sc. a charm*) uires ~o reddat amori OV.*Met.*9.154; ~ae senectutis homine ULP.*dig.*7.1.12.3;—(*w. abl. of cause or respect*) ~us annis..leo PHAED 1.21.3; e turba pedisequorum..~issimum annis et uiribus COL.1.pr.12; 5.6.37; ratis..~a laboribus undae V.FL.2.285; uiae spatio ~us APUL.*Met.*4.4.

2 Faulty, defective. **b** reduced in size.
quo (*sc.* edicto)..scripseris uel indigna ~o aliquo libro FRO.*Aur.*2.p.112(161N); aut omissa adquirere aut ~a supplere APUL.*Apol.*36; (*w. abl. of respect*) pars ista..nec argumentis sit effetior..nec oratione ~ior *Soc.*pr.5. **b** in..globosis (speculis) omnia ~iora APUL.*Apol.*16.

dēfectus² ~ūs, *m.* [DEFICIO+-TVS³]

1 Failure, absence, deficiency; *~us animi*, faintness. **b** a weakness, defect, failing.
~us..aquarum..stragem siti pecorum morientum dedit LIV.4.30.8; in ~u lactis PLIN.*Nat.*13.131; ultra..Herculis columnas ex ipso rerum naturae ~u..(herbam) portari 27.2; 34.4;—cucumis odore ~um animi refouet 20.12. **b** (inula) thymo uariata ~us..stomachi excitat PLIN. *Nat.*19.92; etiamsi citra ceciderit (baculum) ~u mittentis 24.116.

2 An eclipse (of a heavenly body).
LUCR.5.751; Musae..sidera monstrent, defectus solis uarios lunaeque labores VERG.*G.*2.478; LIV.26.5.9; LUC.7.4; praenuntians horas..solis lunaeque ~uum PLIN.*Nat.*25.10.

3 The process of growing less, diminution; fading (of a colour).
CIC.*N.D.*2.50; quare..alia (flumina) in ~u ceterorum amnium crescant SEN.*Nat.*3.1.1; uitia..quorum substantia est ex redundantia uel ~u APUL.*Pl.*2.19;—genus..quintum ad uicina crystalli descendit albicante purpurae ~u PLIN. *Nat.*37.123.

4 (leg.) The fact of becoming ineffective, cessation.
post ~um condicionis JULIAN.*dig.*28.5.38.4; ULP.*dig.*28.3.5.

5 A revolt.
rex..magno..animo ~um eorum tulit CURT.7.4.39.

dēfendō ~dere ~dī ~sum, *tr.* [DE-+*fendo* ⟨*guhen-d(h)o; cf. Skt. *hán-ti*, Gk. *φόνος*, OIr. *gonim*]

1 To ward off, fend off (physical conditions, weapons, enemies, etc.). **b** to avert, fend off (harm or sim. circumstances). **c** (w. neg. final cl.) to prevent. **d** to rebut, refute (an allegation).
serua ciues, ~de hostes ENN.*scen.*6; PL.*Mer.*591; sarmenta..quae frigus ~dant et solem CATO *Agr.*48.2; CIC. *Sen.*53; omnibus rebus quibus..lapides ~di possent CAES. *Civ.*2.2.4; (Germani) imbrem culmo..~dunt SEN.*Dial.*1.4.14; GEL.14.1.4;—(*w. dat.*) solstitium pecori ~dite VERG. *Ecl.*7.47; HOR.*Carm.*1.17.3;—(*w.* ab) milites..a pinnis hostis ~debant QUAD.*hist.*85; OV.*Rem.*625; uti edulia..~deret ab arteria (*sc.* ἐπιγλωττίς) GEL.17.11.6. **b** ad ~dendam noxiam TER.*Ph.*225; CATO *Agr.*141.2; tu tua pericula communi periculo ~des? CIC.*Ver.*5.77; CAES.*Gal.*1.44.6; Nympharum..~de rapinas PROP.1.20.11; (hordeum) inopiam ~dit COL.2.9.14; APUL.*Fl.*14;—(*w. dat.*) qui his iniuriam foribus ~dat PL.*Mos.*900; ~dere..morti dedecus SIL.5.490;—(*w.* ab) qui non ~dit iniuriam..a suis CIC.*Off.*3.74. **c** haud facilest ~su qui ne comburantur proximae (aedes) *Inc.pall.*47; quae (*sc.* nauis) ~deret ne prouincia spoliaretur CIC.*Ver.*5.59. **d** si iniuriam tibi factam quereris, ~dam et negabo CIC.*Div.Caec.*58; crimen..minime..probabiliter..~sum LIV.42.48.2; QUINT.*Inst.*6.1.3;—(*of circumstances, etc.*) uterque ~dit parens caedem stuprumque SEN.*Oed.*663.

2 To act in defence of, defend, protect. **b** (w. abst. obj.). **c** to look after the private interests of (a person), take care of, protect. **d** (w. *ut*) to take care, make sure (that). **e** to preserve, keep (qualities, character, etc.). **f** *partes, uicem ~dere*, to sustain a part or role.
si se telo ~dit *Lex XII*(*Font.iur.*p.31); ~de ciuis tuas PL.*Rud.*742; CATO *Agr.*4; ad rem p. ~dundam ASEL.*hist.*2; uilla ~sa est CIC.*Att.*13.52.1; CAES.*Gal.*2.12.2; VERG.*A.*2.292; ut..quoniam armis uiri ~dere urbem non possent, mulieres..lacrimis..~derent LIV.2.40.2; non armenta..possunt ~dere tauri OV.*Met.*8.297; sua..~dunt tecta STAT.*Theb.*11.41; APUL.*Met.*7.27;—(*w.* ab) ipsa (Macedonia) per hunc a Thraecum aduentu..~sa CIC.*Font.*44; CAES.*Gal.*1.31.16; gladio se a multitudine ~dit SAL.*Cat.*45.4; Lernae ~sus ab angue Arcas V.FL.1.35;—(*w.* contra) CIC.*Att.*11.7.3;—(*w.* aduersus) quod..consanguineos aduersus populum Romanum non ~dissent LIV.5.35.4;—(*poet.*) ~dens piscis hiemat mare HOR.*S.*2.2.17; LUC.9.322;—(*w. non-personal or abst. subj.*) reliquos aditus locus ipse per se..~dit CAES.*Gal.*6.37.5; LIV.26.31.2; me mea ~dit grauitas OV.*Met.*9.39; TAC.*Ann.*14.43;—(*absol. or ellipt.*) adiutamini et ~dite! PAC.*trag.*98; certant ~dere saxis VERG.*A.*10.130. **b** cum..populus Romanus..suam auctoritatem uel contra omnis..possit ~dere CIC.*Man.*63; pacem optatis magis quam ~ditis SAL.*Hist.*1.77.3; quia libertatis causam ~dissent ab regio praesidio LIV.39.24.9; V.FL.4.67; STAT.*Theb.*2.360; ex quis (senatoribus) uiginti..ferro accincti..salutem eius ~derent TAC.*Ann.*6.2; ULP.*dig.*2.3.1. **c** sanctius habuere ~di pupillos CATO *orat.*190; CIC. *Ver.*1.146; tu uelim..nos absentis diligas et ~das *Fam.*15.3.2; NEP.*Iph.*3.2; fatis..deum ~sus..Sinon VERG.*A.*2.257; a curatore qui forisum ~dit PROC.*dig.*31.1.48.1; (*w.* ab) diui Augusti alumnos ab inopia ~de TAC.*Ann.*2.37; (*w.* contra) neminem contra te (*sc.* fortunam)..posse ~di SEN. *Dial.*11.3.5. **d** me..id maxime ~disse ut ei uincerent CIC.*S.Rosc.*136; diligentissime se ut annui essemus ~surum *Att.*5.17.5. **e** tempora..quamquam totidem ~dat uterque (*sc.* pes) MAUR.1616. **f** PL.*Mil.*811; meas partis in iis libris copiosius ~sas quam suas CIC.*Att.*13.25.3; sermone..~dente uicem modo rhetoris atque poetae HOR.*S.*1.10.12; *Ars* 194.

3 To protect from deleterious forces, activity, etc. **b** (of things) to serve as protection for, shelter, shield.
aedis Vestae uix ~sa est tredecim maxime seruorum opera LIV.26.27.4; puppes..contexere canna ausus et inducto cratem ~dere tergo V.FL.2.109; STAT.*Theb.*4.844; (*astrol.*) crura..~dit Iuuenis MAN.4.709;—(*w.* ab) ut ~dantur (*sc.* prata) a pastione VAR.*R.*1.37.5; manu lumen ~dit ab aura *Mor.*14; teneras ~do a frigore myrtos VERG.*Ecl.*7.6. **b** male tum mitis ~det pampinus uuas VERG.*G.*1.448; in quibus (*sc.* uestibus) nihil est, quo ~di aut corpus aut..pudor possit SEN.*Ben.*7.9.5; (*pass. w. retained acc.*) Antigone..~ditur atra ueste genas STAT.*Theb.*7.244;—(*w.* contra) ut ea (*sc.* nix)..contra anni feruorem ~deretur loci frigore SEN.*Nat.*4b.13.3.

4 To speak or write in defence of (a person, etc.), plead for, defend. **b** to plead for, defend (in a law-court).
uinum si fabulari possit se ~deret PL.*Truc.*830; qui agrum..possident, uetustate possessionis se..~dunt CIC. *Agr.*2.57; HOR.*S.*1.6.92; ~dente ipso quos ceperat armis LIV.27.25.1; SEN.*Her.O.*932; ne..ignorantiae se possit excusatione ~dere APUL.*Met.*6.7;—(*w.* aduersus) ut me aduersus populum Romanum..possem ~dere CIC.*Phil.*1.13; patrocinium ~dendae aduersus te poeticae exerceo TAC.*Dial.*4.1; SUET.*Jul.*71;—(*w.* contra) me..a te contra iniquos meos..~i CIC.*Fam.*11.27.7;—(*w.* in+*abl.*) ego in hoc Caecinam non ~do *Caec.*94;—(*w.* de) me de hoc uerbo tibi..~dam FRO.*Aur.*1.p.190(78N);—(*cf.*) secuta aetas..(ocimum) ~dit, nam id esse capras PLIN.*Nat.*20.121. **b** CRAS.*orat.*17; me reprehendisti quod nimium multos ~derem CIC.*Planc.*84; Catilinam..~dere cogitamus *Att.*1.2.1; reos empta..~dere lingua OV.*Am.*1.10.39; QUINT. *Inst.*12.7.1; TAC.*Dial.*9.2; pupillus..hoc solo ~debatur, quod tutor eius non interuenisset POMPON.*dig.*12.2.42; (*w.* contra) regem..contra..crimen cogor ~dere CIC.*Deiot.*2; (*w.* de) qui illum..de ambitu ~disset CIC.*Sul.*6.

5 To speak, write, etc., in defence of (an opinion, action, or sim.), support, uphold, justify. **b** to defend (a contention), maintain.
te..aequom fuit..id ~dere TER.*Ad.*675; si nequitiam ~dere uis SCIP.min.*orat.*11; cum uterque ex contraria parte ius ciuile ~deret CIC.*Brut.*145; a me Sullanas possessiones ~di *Agr.*3.10; LIV.21.18.2; non ego mendosos ausim ~dere mores OV.*Am.*2.4.1; QUINT.*Inst.*5.14.5; GEL.6(7).2.12; quidam tarditatem poetae murmurari, plures ~dere APUL. *Fl.*16; PAPIN.*dig.*7.4.2.1;—(*w. substance of defence as subj.*) res..se ipsa ~dit CIC.*Clu.*167; si occidissem, mors ipsa meam pietatem..~deret *Q.fr.*1.3.2;—(*w. noun cl.*) non sum..~surus..quod Dolopas armis coercuerim LIV.42.41.13; CURT.6.10.24. **b** AFRIC.*dig.*32.64; puto donationem ualuisse et his ex uerbis orationis ~dimus ULP.*dig.*24.1.32.14;—(*w. acc. and inf.*) integrum ius libertatis ~do seruari oportere CIC.*Rab.Perd.*11; *Luc.*144; (*impers. pass.*) potest ~di fideicommissum ualere ULP.*dig.*32.1.5;—(*w. indir. qu.*) cur non cadant in sapientem (turpitudines) non est facile ~dere CIC.*Fin.*2.117;—(*w. adv.*) cum omnia ita facta essent, quem ad modum nos ~dimus *Caec.*17.

6 To say by way of defence, urge in defence.
te quaero quid ~surus sis CIC.*Ver.*3.85; cum idem ~deret quod Attius *Clu.*101; *Div.*1.37;—(*w. acc. and inf.*) *Att.*4.3.2; cum..ille ab ipsis Argiuis se ~deret accitum LIV.32.40.1; ille nihil ex his sponte susceptum..~debat TAC.*Ann.*13.43; GEL.10.19.1; (*cf. pass.*) necessitudo..infertur, cum ui quadam reus id, quod fecerit, fecisse ~ditur CIC.*Inv.*2.98.

7 (of a party to litigation) To perform all or any of the actions necessary to defend (a case); (of an advocate) to plead (a case) for the defence. **b** (refl., or pass. in middle sense) to make one's defence, defend oneself. **c** to defend a case for (another person, e.g. one whose interests one has a contractual liability to protect).
ad ~dundum causam adest TER.*Ph.*266; causam nescio quam apud iudicem ~debat CIC.*Clu.*74; HOR.*S.*2.5.34; boni uiri arbitratu litem ~dere AFRIC.*dig.*3.3.78; APUL.*Met.*7.3; ob rem non ~sam ULP.*dig.*46.7.5.3; (*w.* in+*acc.*) duo defensores parati in quina (milia) ~dere 3.3.38;—ut causae singulae ~derentur a pluribus CIC.*Brut.*207; L. Gellius causam Liguris ~debat *Ver.*1.125; (*cf.*) posse Epicureos suam causam..~dere *Fat.*23;—(*impers. pass.*) publicitus ~dendumst CAECIL.*com.*185; reus ilico ~di postulabat TAC.*Ann.*13.52; si caueatur ei aduersus debitorem ~su iri POMPON.*dig.*34.3.4. **b** ut omnes intellegere possent iudicio ~di Quinctium CIC.*Quinct.*66; *Ver.*1.2; ut aduersus querimoniam uiri uxor alieno teste ~datur SEN.*Con.*2.7.(15).8; ULP.*dig.*42.4.2.3; qui ex libertinitate in ingenuitatem se ~debat MACER *dig.*49.4.2.2. **c** qui ~dit eum, cuius nomine ipse non agat GAIUS *dig.*3.3.46.1; si..ambo ~dere heredem parati sint PAUL.*dig.*31.8.3; (*w.* de) ut eum de appellatione..~deres ULP.*dig.*49.9.1; (*w.* aduersus) 32.11.21.

8 To defend one's right to (a possession), claim.
CIL 1.585.32; eandem hereditatem aduersus duos ~dit NERAT.*dig.*5.3.57; si oleum tuum quasi suum ~dat Titius ULP.*dig.*4.3.9.3; PAUL.*dig.*50.17.166;—(*w.* sibi) ut..possessor..sibi ~dat omnem locum deuexum HYG.*agrim.*p.92; SIC.FL.*agrim.*p.126; quia libertatem..sibi ~debat ULP. *dig.*5.3.7.1; (*poet.*) certantis..sibi dominum ~dere uillas STAT.*Silv.*1.3.4.

9 *mortem, necem ~dere*, To obtain leg. satisfaction for a death.
si quis..necem testatoris non ~derit ULP.*dig.*30.50.2; 38.2.14.7; si..mortem..propinquorum ~dent MACER *dig.*48.2.11.

dēfensiō ~ōnis, *f.* [prec.+-TIO]

1 The act of defending, protection, defence.
ubi..tua..uox atque ~o? CIC.*Mil.*94; *Off.*1.28; Remis cum spe ~onis studium propugnandi accessit CAES.*Gal.*2.7.2; VITR.1.3.1; OB INSIGNEM..~ONEM QVAM..CIVIBVS SVIS EXHIBET *CIL* 8.9290; (*w.* contra) non..est..~o

contra uim umquam optanda Cic.*Mil.*14;—(*w. subj. gen.*) omni me ~one usurum esse legis *Clu.*158;—(*w. obj. gen.*) ad legum ~onem *Div.Caec.*70; *Clu.*183; *Fam.*1.7.2; Caes.*Gal.* 7.23.5; Fron.*Str.*3.pr.; ~oni eius (*sc.* patriae) seruimus Plin.*Ep.*2.5.3.

2 Action taken (by a party or his advocate) to defend a lawsuit, a defence; (w. gen.) the defence (of a person or case). **b** an argument for the defence (in a lawsuit).

auxilium..~oni meae..pollicentur Cic.*Mil.*3; ~onum laboribus..liberatus *Tusc.*1.1; Tac.*Ann.*13.20; ~onis causa euocare testes Plin.*Ep.*5.20.2; Ulp.*dig.*46.7.5.3;—adripuisti ..~onem testamentorum Cic.*de Orat.*1.242; meam causam ..cum huius..~one esse coniunctam *Sest.*31; ex causarum ~onibus Q.Cic.*Pet.*20; Quint.*Inst.*12.1.33; si..non excitentur ad sui ~onem Gaius *dig.*3.4.1.2; sustineo..philosophiae ~onem Apul.*Apol.*3. **b** cum per se ~o infirma est *Rhet.Her.*1.24; uidetisne quot ~onibus eum..uti posse.. uoluerint? Cic.*Caec.*93; epilogum ~oni contexit Sen.*Con.* 7.5(20).7; Quint.*Inst.*11.1.11; ~o in ceteris trepidauit Tac. *Ann.*3.14; Apul.*Apol.*81; (*w.* ad) ad istam..orationem breuis est ~o Cic.*Cael.*9;—(*w. subj. gen.*) si ~oni Gabini fidem non habes *Rab.Post.*20; Liv.45.37.13; V.Max.3.7.1d; legit..~onem Demosthenis Plin.*Nat.*7.110;—(*w. defining gen.*) filiam ~o tuebitur uoluntatis (*sc.* patris) Papin.*dig.* 6.1.65.1;—(*w. gen. of crime, allegation, etc.*) ut ne ~onem quidem maleficiorum suorum sine aliis maleficiis reperire possit Cic.*Ver.*1.158; obsides datos crimen, non criminis ~onem esse Liv.45.42.9; Quint.*Inst.*7.4.3;—(*w. noun cl.*) hoc..esse..caput ~onis tuae, magno te decumas uendidisse Cic.*Ver.*3.148; attingenda ~o, ut id pro re publica fuerit Quint.*Inst.*7.1.35; Plin.*Ep.*5.13(14).2.

3 The justification of one's conduct, opinions, etc., or an argument used in such a case, defence, excuse.

~one eget meum factum..apud te qui id..adprobasti? Cic.*Att.*16.7.3; *Fin.*3.36; ~onem in nouo consilio non statui parare Sal.*Cat.*35.2; una ~o occurrit quod muneribus tuis obniti non debui Tac.*Ann.*14.53; Suet.*Jul.*52.2; ne diutius ~onem meam differam Fro.*Ver.*1.p.298(118N);—(*w. subj. gen.*) omnis et ~o et deprecatio legatorum respuebatur Liv.42.14.2;—(*w. obj. gen.*) quorum (*sc.* somniorum)..~o repetita quam longe est Cic.*Div.*2.119; breui primae propositionis ~one Quint.*Inst.*4.2.74; prioris silentii ~onem.. aperiam Tac.*Ann.*4.37; (*w.* aduersus) Ciceronis ~onem aduersus Asini Galli libros satis eruditam Suet.*Cl.*41.3.

4 *~o mortis*, Action taken at law to obtain satisfaction for a death.

heredi ~o mortis incumbit Ulp.*dig.*29.5.5.3.

dēfensitō ~āre ~āuī ~ātum, *tr.* [DEFENDO+-ITO]

1 To make a practice of defending (legal cases).

causas ~auit Cic.*Brut.*100; *Off.*1.121.

2 To defend habitually (contentions).

haec non acrius accusauit in senectute quam antea ~auerat Cic.*Luc.*69; sententiam..studiose ~abat 139; Gel. 2.25.4.

dēfensō ~āre ~āuī ~ātum, *tr.* [DEFENDO+-TO]

1 To act in defence against, avert constantly.

~are metus aduersaque tela..pellere Stat.*Silv.*5.2.105; ~abat inuidiam Gel.7(6).16.11.

2 To act in defence of, protect.

hinc ego uos ~abo Pl.*Rud.*692; qui moenia ~abant Sal. *Jug.*60.3; *Rep.*2.10.5; excipit..ictus..clipeo..~atque umeros Ov.*Met.*12.376; circumstat turbatuorum ~atque patrem Stat.*Silv.*4.8.44; Tac.*Ann.*12.29; QVOD.. POPVLVM..SEMPER..IVVERIT ~ARIT *CIL* 9.2641; (*in fig. phr.*) pluribus id (*sc. his argument*) propugnaculis ~at Gel.6(7).3.47; (*w. abl.*) dum te poteris ~are iniuria Pl. *Bac.*443; (*w.* ab) alios ab hostibus ~abant Sal.*Jug.* 97.5;—(*pple. as sb.*) Sil.12.109; longum impedimentorum agmen..~antibus iniquum Tac.*Ann.*2.5.

dēfensor ~ōris, *m.* [DEFENDO+-TOR]

1 (w. gen.) One who averts or repels.

me ~orem calamitatum suarum Cic.*Div.Caec.*11; *Mur.*3; ~ores necis *Mil.*58.

2 One who exerts force, authority, etc., to afford protection, a protector, defender. **b** (pl., in mil., naval context) a defending force, garrison; (sg.) a member of a garrison, or sim. **c** a thing which acts as a protection (against damage, etc.).

aliquem esse amicum et defensorem ei Ter.*An.*813; *Eu.* 770; quibus auctoribus et ~oribus omnium..salus esset.. defensa ac retenta Cic.*Flac.*2; *Fam.*13.1.2; Sal.*Jug.*31.2; Verg.*A.*2.521; adest ~or ubique Caesar Luc.10.488; Tac. *Hist.*3.31; (*of dogs*) cui (*sc.* lupo) opponimus canes ~ores Var.*R.*2.9.1;—(*w. obj. gen.*) acerrimum pueritiae tuae bonorumque patris tui ~orem Manc.*orat.*1; bone custos ~orque prouinciae Cic.*Ver.*5.12; ~or solii, Iuppiter alte, tui Ov.*Fast.*6.188; ~OREM COLONIAE *CIL* 4.768; (*of a river*) ut (Rhenus) liber esset receptator hostium atque ~or Flor. *Epit.*1.45(3.10.9). **b** ~ores oppido idonei deliguntur Caes.*Gal.*7.15.6; deiectis..~oribus..nauem expugnauit *Civ.*3.40.1; urbem copia ~orum..ualidam Tac.*Ann.*15.4; —(*w. obj. gen.*) legionarii interioris munitionis ~ores.. terrebant Caes.*Civ.*3.63.6; *B.Afr.*56.1; ~oribus moenium Sal.*Jug.*23.1;—~or nemo aderat Liv.36.24.5; arsuris cum ~ore carinis Ov.*Met.*13.274. **c** aliae (sublicae agebantur) ..supra pontem..ut..his ~oribus earum rerum (*i.e. logs, etc., carried downstream*) uis minueretur Caes.*Gal.*4.17.10.

3 One who declares his support for a person, cause, doctrine, etc., a supporter, champion. **b** an apologist.

cum actorum Caesaris ~or esse deberet Cic.*Phil.*2.109; *Fin.*5.20; Pompeianarum partium..~or *B.Hisp.*35.2; stat ..~or mali sui populus Sen.*Dial.*7.1.5; neque..~orem antiquorum exigimus Tac.*Dial.*24.2. **b** nec te..in culpa ~orem mihi paraui Planc.*Fam.*10.7.1; ~or culpae Juv. 8.163.

4 (leg.) **a** A person appearing as advocate for the defence. **b** the defending party in an action, a defendant; (w. gen.) a defendant acting on behalf (of another).

a si is uti me ~ore uoluerit Cic.*Clu.*158; alia coniectura accusatoris, alia ~oris *Div.*2.55; Quint.*Inst.*5.13.3;—(*w. obj. gen.*) posteaquam ~or eius consul est factus Cic.*Ver.*20; Hor.*S.*2.5.30; ut sit idoneus suae rei quisque ~or Quint. *Inst.*4.1.46. **b** est..tutius libellum ad ipsas aedes proponere..ut ita monitus ~or existat Ulp.*dig.*39.2.4.6; ille est accusator, is ~or Tryph.*dig.*34.9.22;—~or absentis uel praesentis Pompon.*dig.*12.2.42.2; si mulier ~or alicuius exstiterit Ulp.*dig.*16.1.2.5; (*cf.*) alienae litis..~or Gaius *dig.*3.3.46.2.

dēfenstrix ~īcis, *f.* [DEFENDO+-TRIX] (fem. of prec.)

Cic.*Tim.*48(Prisc. in *G.L.*3.463).

dēferbuī: see DEFERVESCO.

dēferō ~rre dētulī dēlātum, *tr.*, (*intr.*). [DE+FERO] Forms: *ditul- CIL* 10.2752.

1 To carry (a person, etc., to a destination), convey, bring. **b** (of non-physical agents) to cause to come, fetch; (pass., also) to travel, come. **c** to carry, impel (the thoughts, feelings, etc.).

arcesse homines qui illunc ad me ~rant Pl.*Men.*952; *Truc.*799; eadem lectica usque in cubiculum ~rebatur Cic.*Ver.*5.27; *Phil.*1.11; Catul.10.27; ne..capsa porrectus operta, ~rar in uicum Hor.*Ep.*2.1.269; quasdam forma excellentes, primoribus patrum destinatas, ex plebe homines ..domos ~rebant Liv.1.91.1; Curt.3.5.4; senatorum umeris delatus in Campum Suet.*Aug.*100.3; (*of a horse*) omnis.. assuerat in oras caeruleum ~rre patrem (*i.e. Poseidon*) Stat. *Theb.*6.309. **b** si forte eo ~rret fuga regem Liv.36.20.6; huc me..detulit..iuuenilis gratia Pollae Stat.*Silv.*2.2.10;—quo simul ac.. pennis delata sit ales Lucr.6.821; Germani..ad castra Romanorum delati Caes.*Gal.*6.42.3; Liv.27.43.2; ut ..putent se in alium orbem terrarum delatos Petr.1.2; (*transf.*) ad istam epistulam delati sumus Cic.*Fin.*2.104. **c** ne..animus in quemdam errorem ~ratur Cic.*Inv.*2.109; *Off.*1.147; huc rationis detulit ordo Lucr.5.64.

2 To carry (an article to a person or place), deliver, transport. **b** to cause to go along, carry. **c** to take to market. **d** *sitellam ~rre* (*de*), to present the voting urn, i.e. to take a vote (on the case of).

eius..mi anulum ad te ancilla..ut ~rrem dedit Pl.*Mil.* 960; cape hoc argentum ac ~r Ter.*Hau.*831; Cato *Agr.*52; quae dum laudatio recitatur, uos..qui eam detulistis adsurgite Cic.*Clu.*196; munera ei..iussit ~rri Nep.*Att.*4.2; ~r mea dicta per auras Verg.*A.*4.226; commeatu quem in uiam ipsi detulerant usus Liv.21.34.4; Sen.*Ep.*95.42; strigiles..ad balnea ~r Pers.5.126; Tac.*Hist.*1.64; Pontianum loculos..artifici detulisse Apul.*Apol.*62. **b** omnia, quae Cancer..detulit ortu Cic.*Arat.*617(371); cursum non tenuit,..longius delatus aestu Caes.*Gal.*5.8.2; aestus.. ~rre naues in terram posset Liv.24.1.11. **c** nexos ~rte maniplos Col.10.315; cum..raptum latrocinio pallium detulissemus Petr.12.2; Call.*dig.*50.11.2; (*w. gen. of price*) uideamus hoc..quanti ~ratur Sen.*Ep.*42.8. **d** collegae intercedere, ille nihilominus sitellam detulit *Rhet.Her.*1.21; Cic.*Corn.*1.fr.30; Gracchum..uideor..uidere de M. Octauio ~rentem sitellam *N.D.*1.106.

3 To bring, carry, convey, etc., down. **b** to cause to move down, carry down; (pass. in middle sense) to fall or sink down. **c** to lift or fetch down. **d** to cause to occupy a situation lower down, transfer (downwards). **e** (transf.) to reduce (to a lower condition). **f** (pple. as adj.) sloping downwards.

Ennius..qui primus..detulit ex Helicone..coronam Lucr.1.118; 5.1092; natos ad flumina..~rimus Verg. *A.*9.604; negotiorum ratio..~rebatur ad inferos Mela 3.19; Plin.*Nat.*19.172; indidem mihi de summi fontis ..scaturigine rorem..~r urnula Apul.*Met.*6.13; 9.7; inlibatam (*sc.* magnitudinem) detulisset ad inferos Vell. 2.48.2. **b** omnia delata grauitate Cic.*Tusc.*5.69; tensus.. arcus..astris ab ipsis detulit Stymphalidas Sen.*Her.O.*1237; temptaui..pedes in terram ~rre Petr.65.4; sublata manus cassos ~rtur in ictus Stat.*Theb.*2.670; 7.820; ferrum ..elatum..~rebat in pectus Tac.*Ann.*1.35;—Galli..in scrobes delati Caes.*Gal.*7.82.1; praeceps..specula de montis in undas ~rar Verg.*Ecl.*8.60; quidam stantibus scalis..ad terram delati sunt Liv.26.45.3; Cels.2.3.4; grando..dum ~rtur Sen.*Nat.*4b.3.5; fluctus donec ~rtur in imos (pistris) V.Fl.2.535; Quint.*Inst.*1.10.33. **c** faces..tecto detulit Ov.*Met.*8.645; pannum de carnario detulit furca Petr.135.4. **d** ~ram..in planum..aedes Liv.2.7.11; castra in uiam ~runt 22.15.12. **e** quem et ex quanto regno ad quam fortunam detulisset Nep.*Timol.*2.2. **f** (*app. of the seashore or sim.*) alte delata petrisque ingentibus tecta Enn. *Ann.*365.

4 (of rivers, etc.) To carry downstream, wash down. **b** (pass.) to flow. **c** to extend down (to the sea).

non sic nudos in flumen deicere ne, cum delati essent in mare, ipsum polluerent Cic.*S.Rosc.*71; ne secunda aqua ~rretur (ratis) Liv.21.28.7; Ov.*Fast.*6.228; palus..tecta ferarum detulit Luc.4.101; plurimum limi ~rentibus.. amnibus Plin.*Nat.*6.135; Stat.*Theb.*11.287; (*cf.*) fluit (*sc.* materies umoris)..qua uia secta semel..detulit undas Lucr.5.272. **b** uallis per quam ~rretur amnis Liv. 27.18.10; nec nisi per Tigrim ~rtur in mare (Euphrates) Plin.*Nat.*6.130. **c** cum ad mare ~rrentur uiuaria Col. 8.16.5.

5 (of winds, currents, etc.) To cause to travel (landwards) over the sea, carry. **b** (of a commander, also of a ship).

unde estis, nautae, huc hieme delati? Acc.*trag.*677; Cato *orat.*31; cum..me ex Sicilia ad Leucopetram..uenti detulissent Cic.*Phil.*1.7; *Att.*12.2.1; Danae..praecipiti delata Noto Verg.*A.*7.411; nauem Cyrenas detulit tempestas Liv. 23.10.11; uideo corpus..ad litus ~rri Petr.115.7; Plin. *Nat.*12.88; Plin.*Pan.*35.1; (*cf.*) ne piscatores nocte lumine ostenso fallant nauigantes, quasi in portum..delaturi Ulp. *dig.*47.9.10;—(*in fig. phr.*) quascumque in oras disputationis ..delata est (eloquentia) Cic.*de Orat.*3.22; Hor.*Ep.*1.1.15; Sen.*Ben.*1.15.3. **b** lectos iuuenes..~r in Italiam Verg. *A.*5.730; hanc turmam statuarum..ex Macedonia detulit Vell.1.11.3; Luc.2.677;—si e portu nauis huc nos..detulit Pl.*Am.*701.

6 To convey, transfer (to a different venue, situation, etc.).

si lenis est (fabula), ad alium ~rtur gregem (*i.e. troupe of actors*) Ter.*Hau.*45; causarum..quae in forum ~runtur Cic.*de Orat.*1.149; *Ver.*1.131; rem ab subselliis ad rostra detulit *Clu.*111; primam..aetatulam suam ad scurrarum.. libidines detulit *Har.*42; quae domui luserat ipse, nomine illius (*sc.* Terentii) in scaenam detulit Mem.*orat.*13; Quint. *Inst.*10.1.66.

7 **a** To pay over, transfer, remit (money). **b** to render, submit (financial accounts, etc.). **c** to deposit (documents for purposes of record, or sim.), file. **d** to enter (information in a record), register, record. **e** to give in the name of (a person to the appropriate authority); to put forward (in recommendation for an office, etc.).

a quoi decem talenta dotis detuli Pl.*Mer.*703; si quas habuimus facultates, eas Pompeio..detulimus Cic.*Att.* 11.13.4; ut..decimae pretium partis in publicum ~rret Liv.5.23.11; ex ea pecunia quam ipse in aerarium detulisset 28.38.14; ~ro lamnam Petr.58.8; Aug.*Anc.*3.35; Gaius *Inst.*2.150; amplam stipem mulieri detulerunt Apul.*Apol.* 75; (*cf.*) (cochleae) magnum bolum ~runt aeris Var.*R.* 3.14.5; (*impers. pass.*) ex qua specie statim fisco ~retur Ulp.*dig.*34.9.9.2. **b** quamquam..rationes ~rre properarim Cic.*Fam.*5.20.2; (census) ~rri..Romam ab.. censoribus coloniarum Liv.29.15.10; Plin.*Nat.*7.159; Tac. *Ann.*6.41; (*ellipt.*) omnia ipse qui ~rt aestimet Ulp.*dig.* 50.15.4. **c** tabulas..societatis in forum ~ro Cic.*Ver.* 2.187; senatus consulta numquam facta ad aerarium ~rebantur *Phil.*5.12; *Fam.*12.29.2; ne decreta patrum..ad aerarium ~rrentur Tac.*Ann.*3.51; (*w.* in+*abl.*) in quibus (aedibus) omnia scita sua plebs ~rebat Pompon.*dig.* 1.2.2.21. **d** horum nomina ad aerarium detulisset? Cic. *Phil.*5.15; quanti quidque in censum sit ~rendum Sen.*Ep.* 95.58; Plin.*Nat.*7.163; Gel.16.10.10; in rationes argenti pondus sic ~rtur Ulp.*dig.*34.2.19.3. **e** in beneficiis ad aerarium delatus est Cic.*Arch.*11; *Fam.*5.20.7; in cuius censum delatus est Quint.*Decl.*278(p.134,l.9); *S.C.* in Fron. *Aq.*100;—in consulatu praefectum fabrum detulit Cic. *Balb.*63; ait se..quinos praefectos delaturum nouos *Att.* 5.7.

8 To bring or take information about, report. **b** (w. noun cl.) to report (that, etc.). **c** (absol.) to lodge information.

qui nostra consilia ad aduersarios ~rat Cic.*Clu.*143; *Div.* 1.97; Caes.*Gal.*2.19.1; Curt.6.10.12; ultro Sabinus..dolores suos quasi ad fidissimum ~rre Tac.*Ann.*4.68; post delatum adulterium Plin.*Ep.*6.31.5; IS..QVI DETVLERIT ACCIPERE DEBEBIT SVM S̄ S̄ QVARTAS *CIL* 14.166;—(*w.* indicium) huius rei..indicium Romam ad..praetorem..delatum est Liv. 32.26.8; Petr.125.3;—(*w.* per) te..ei..uoluntatem tuam tantam per litteras detulisse Cic.*Fam.*13.18.1; haec..per exploratores..in hostis ~runtur Caes.*Gal.*6.7.9;—(*w.* de) quae apud uos de me ~runt Cic.*Agr.*3.1; eadem..filius detulit de nouerca Quint.*Inst.*4.2.98. **b** qui ad Caesarem detulerint..me..paenitere consili mei Cic.*Att.*11.7.5; Fama furenti detulit armari classem Verg.*A.*4.299; delaturus ..ad uos, quae agerentur Liv.42.13.7; Tac.*Ann.*13.19. **c** ad Verrem quis detulit? Cic.*Ver.*2.21; Sen.*Dial.*4.29.4; omnes..agere cogerentur, cum detulissent omnes Plin.*Ep.* 6.31.10; domesticorum aliquo ~rente Suet.*Cl.*9.1; (*w.* de) ad regem..transiit et de defectione patris detulit Nep.*Dat.* 7.1.

9 To give information against (a person), denounce, accuse; to denounce (an action). **b** (w. crime, etc., expr.) to denounce (for), charge (with). **c** *se ~rre quod*, to confess that. **d** *nomen ~erre*, to report a person to the authorities (with a view to criminal proceedings): see NOMEN. **e** *crimen*, *querellam*, etc., *~rre*, to lay a charge, complaint; *causam ~rre*, to bring a case into court.

a duobus indicibus..delatus Curt.7.1.6; Tac.*Ann.*14.41; neque ~ras me neque crimine aduersum Iunonem Gel. 13.4.2; ab alio delatum alius deferre non potest Macer *dig.* 48.2.11.2; (*refl.*) hortatur ut..ipse se ~rat Sen.*Ben.*3.27.1; (*w. pred. acc.*) ecce reum Carus te detulit Mart.12.25.5;— faciet quod ~rat ipse Juv.6.552. **b** (*w. gen.*) ~rtur impietatis in principem Tac.*Ann.*6.47; qui me magiae detulistis Apul.*Apol.*9;—(*w. pred. acc.*) Quint.*Decl.*249(p.20,l.2); Brutum Cassiumque..reos caedis..~rre statuit Suet.*Aug.* 10.1; (*w.* de) se Maeuiam..de adulteriis ream ~rre Paul. *dig.*48.2.3;—(*w.* tamquam) qui ad me tamquam Christiani ~rebantur Plin.*Ep.Tra.*10.96(97).2;—(*w. acc. and inf.*) Drusus ~rtur moliri res nouas Tac.*Ann.*2.27; ~rtur incestasse filiam 6.19. **c** cum quis se ad aerarium detulerit, quod capere non potuerit Maur.*dig.*49.14.15.3; ~rre.. se nemo cogitur, quod thensaurum inuenerit Call.*dig.* 49.14.3.11. **e** nouum crimen..ad te Q. Tubero detulit Cic.*Lig.*1; Liv.4.14.3; Phaed.3.10.47; quod tam seram querellam detuli Sen.*Con.*2.7.1; proprio nomine accusationem delatam Apul.*Apol.*2;—(*w.* de) ad purganda crimina si qua de rege..~rrent Liv.42.26.4; 43.5.1;—delata..causa ad me Romam est Cic.*Scaur*.24; si iustae ~rtur causa querellae Juv.16.19.

10 To entrust (a task to), put (into the hands of). **b** to refer for decision (to), put (before). **c** to attribute (an event, quality, to), ascribe.

qui ad nos causas ~runt Cic.*de Orat*.3.50; quicquid scripsero tibi praeconium ~ram *Att*.13.12.2; ad hunc..totius belli summam..~rri Caes.*Gal*.2.4.7; cognitionem senatui detulit Suet.*Jul*.23.1; Apul.*Mun*.pr.; Paul.*dig*.4.5.7. **b** Cic.*Div*.2.115; hac re ad consilium delata Caes.*Gal*. 3.23.8; ad quos soleo ~rre, si quid delibero Sen.*Ep*.22.5; causam fisco ~rre non prohibetur Papin.*dig*.48.2.21. **c** quicquid doloris habent, in pedes ~runt Petr.132.14; hanc (*sc.* sphaeram) aeri detulit Apul.*Pl*.1.7.

11 To confer (benefits, etc.), award, grant. **b** to present for acceptance, offer. **c** *iusiurandum ~rre*, to tender an oath (for another to swear).

palmam poetae..cui ~rant Volc.*poet*.1.2; cum..opes omnis..suas..Pompeius ad Caesarem detulisset Cic.*Phil*. 2.24; si quid petet, ultro ~r Hor.*Ep*.1.12.22; Liv.3.53.6; Aug.*Anc*.2.24; beneficia..in nos deus ~rt sine spe recipiendi Sen.*Ben*.4.9.1; Tiberius..petenti honores consularia ornamenta detulit Suet.*Cl*.5.1; Ulp.*dig*.10.2.2; *CIL* 5.7039;—(*w. abst. subj.*) quamuis ei secundas..consensus ~rat Quint. *Inst*.10.1.53; huic infantulae quod leges..patris successionem ~rrent Apul.*Met*.10.28; Ulp.*dig*.4.6.26.9. **b** qui (*sc.* honos)..claris uiris ~rtur et datur Cic.*Fam*.10.10.1; de pace..~enda hostibus Liv.23.13.5; cum summum ei a militibus ~rretur imperium, honoratiori parere maluit Vell. 2.54.2; parentis patriae delatum et antea uocabulum Tac. *Ann*.2.87. **c** ne qua umquam ius iurandum ~rremus Quint.*Inst*.5.6.6; Ulp.*dig*.6.2.7.7; nemine ei iusiurandum ~rente 12.2.3.

12 (intr.) To pay deference, defer (to a person).

erat tribuno grandiori reuerentia ~rendum [Quint.]*Decl*. 3b.8.

13 (app.) To bear, produce.

similem..barbatae nucis fructum ~rt (frutex) Plin.*Nat*. 19.14.

dēferuefaciō ~acere ~ēcī ~actum, *tr.* [de-+fervefacio] To boil thoroughly (liquids or solids).

brassicam..~acito bene Cato *Agr*.157.9; ex duabus partibus (musti) ad tertiam redegerant ~aciendo Var.in Non. p.551M; aqua ~acta Vitr.8.4.1; Plin.*Nat*.14.104; ~acti hi caules 20.67; 32.128.

dēferueō ~ēre, *intr.* [de-+ferveo] Forms: *~ĕre* (inf.) Stat.*Theb*.3.314.

1 To go through a process of heating, fermentation, etc.; (fig.) to rage furiously.

(glaeba calcis) liquore ~ere coacta Vitr.7.2.1; hoc (*sc.* mustum)..diffusum in lagonis suis ~ere passi Plin. *Nat*.14.85; me sanguineo late ~ere campo..uidebis Stat. *Theb*.3.314.

2 To cease fermenting, etc. (in quot. also fig.)

neque..metus est Gracchum (*i.e. a copy of his speeches*) ..cum musto ~ere posse Aur.*Fro*.1.p.78(61N).

dēferuescō ~uescere ~u(u)ī (~buī), *intr.* [de-+fervesco]

1 To come to a full boil.

aquam in qua lupinus ~uerit Cato *Agr*.96; Cels.2.33.5; (melilotos) ~uescit in uino dulci Plin.*Nat*.21.151.

2 To cease boiling, cool off; (also referring to fermentation and sim. processes). **b** (of animals) to cool off; (of the sea) to calm down. **c** (of activities, emotions, etc.) to calm down, subside.

cum iam ~buerit (defrutarium) Col.12.20.2; Gel. 17.8.17;—Labeo *iur*.2; dum musteus fructus ~uescat Col.9.15.13; 12.21.2; Larg.269; (*in fig. phr.*) ut primum (uersiculi) uidebuntur ~uisse Plin.*Ep*.9.16.2;—(faenum) non ante componunt quam..~uescere patiantur Col.2.18.3. **b** (oues) dum ~uescant, sub umbriferas rupes..subigunt Var.*R*.2.2.11;—ubi..~buit mare Gel.19.1.7. **c** sperabam iam ~uisse adulescentiam Ter.*Ad*.152; Cic.*Orat*.107; hominum studia ~uisse intellegebat *Clu*.108; *Cael*.43; dum ~uescat ira *Tusc*.4.78.

Dēferunda ~ae, *f.* (app.) The personification of the ritual taking down of an object.

CIL 6.2099.2.5.

dēfetīg-: see defatig-.

dēfetiscor ~tiscī ~ssus, *intr.* [de-+fatisco] To suffer exhaustion of mind or body, become worn or tired out, flag. **b** (w. inf.) to tire (of), become worn out (with). **c** to suffer discouragement, lose heart.

nam nos iam ~ssi sumus Pl.*Men*.654; Cic.*de Orat*.3.147; ueriti, ne mox uictos uictoresque ~ssos alius aggrederetur Sal.*Jug*.79.4; Liv.9.44.11; attonsis sonipes ~ssus in aruis Luc.6.84; V.Fl.7.624; me..in tantis exanclatis laboribus ~ssam Apul.*Met*.6.4; *CIL* 10.520; (*hyperb.*) cum iam tortor atque essent tormenta ipsa ~ssa Cic.*Clu*.177; (*pple. as sb.*) cum..ipsi recentes ~ssis succederent Caes.*Gal*.7.25.1;—(*w. abl.*) ~ssa iam sum misera te ridendo Ter.*Eu*.1008; aratores cultu agrorum ~ssi Cic.*Agr*.2.88; ~ssus..omnibus medullis ..essem te..quaeritando Catul.58b.8; Lucr.5.827; cum tristi morbo ~ssa iaceres Tib.1.5.9; Tac.*Ann*.2.75;—(*poet., of things*) humus..pluuiis ~ssa Col.10.46; (arbores), si blandiantur austri, ~tiscentes Plin.*Nat*.17.10;—(*transf., of affairs*) ~ssa ac refrigerata accusatione Cic.*Ver*.31; orant, ~ssis subeant rebus Sil.1.566. **b** quam..sumus ~ssi quaerere Pl.*Epid*.719; neque ~tiscar..experirier Ter.*Ph*. 589; genus humanum, ~ssum ui colere aeuum Lucr.5.1145; Sal.*Rep*.2.10.7; (*w. ellipsis of inf.*) paucae sunt ~ssae male quae facere occeperunt Pl.*Truc*.468. **c** senatum..iam languentem et ~ssum Cic.*Fam*.10.28.2; deseruere omnes ~ssi Verg.*A*.2.565; Fro.*Aur*.2.p.26(220N).

dēficiō ~icere ~ēcī ~ectum, *tr., intr.* [de-+facio] Forms: *defexit* (= *defecerit*) *formula* in Liv.1.2.48; for pass. see also defio.

A. Tr.

1 (of things) To leave without a sufficiency, cease to be available to, fail. **b** to withhold expected service from, let down, fail.

eum non modo ingenium..sed etiam..impudentia..~ecit Cic.*Catil*.3.11; uox eum ~ecit *Fam*.7.1.2; Caes.*Gal*.2.10.4; si quem proles..~ecerit omnis Verg.*G*.4.281; Hor.*Ep*. 1.11.30; Liv.22.59.8; turbam ~iciunt loca Phaed.5.5.12; Curt.5.6.13; Tac.*Hist*.4.58; dies me ~iciet Apul.*Apol*.54; (*w. inf.*) nec me ~iciet nautas rogitare Prop.1.8a.23;—(*w. non-personal obj.*) noctes lentus non ~icit umor Verg.*G*. 1.290; Sen.*Her.O*.46; actionem aqua (*i.e. in the water-clock*) ~icit Quint.*Inst*.12.6.5. **b** ubi equum..membra.. ~iciunt Lucr.5.887; nunc me mea ~icit aetas Ov.*Met*. 12.448; (*of a person*) esse..in quocumque corporis habitu fortem laetumque nec ~icientem, quamuis ~iciatur Sen. *Ep*.30.3;—(*poet.*) ille (*sc.* catulus) tuos..non ~ecturus honores Grat.291.

2 (pass., w. abl. or *ab*) To be left without, lack; (absol.) to have shortcomings, be wanting. **b** (leg.) to become ineffective, come to nothing. **c** *~ici condicione*, to fail to satisfy a condition.

mulier abundat audacia, consilio..~icitur Cic.*Clu*.184; solem ~ectum lumine uidit Tib.2.5.75; ~ecta uigore.. ceruix Ov.*Met*.10.194; Phaed.5.6.2; inertis est rustici.. ~ici stercore Col.2.14.5; ~ectus..epulis Luc.10.281; Plin.*Nat*.20.152; in locis..quae lignis ~iciebantur Fron. *Str*.2.13; haec amoenitas ~icitur aqua salienti Plin. *Ep*.2.17.25; spiritu ~icior Apul.*Met*.1.18; Ulp.*dig*.40.9.14; —cum..aquilifer..a uiribus ~iceretur Caes.*Civ*.3.64.3; ~icior..ab arte mea Ov.*Ep*.5.150; Cels.2.8.41;—in quo non modo ~ici sed etiam laborare turpe est Cic.*Brut*.34; Vitr.1.1.16; id genus (uinearum)..quadam parte ~icitur, quadam superat Col.*Arb*.4.1. **b** potest..~ici condicio Scaev.*dig*.28.6.48.1; Afric.*dig*.35.1.31; pro ~ectis nominibus Paul.*dig*.22.1.11.1. **c** quibusdam ex his ante mortuis Neratius respondit ~ici eum condicione Pompon.*dig*.35.1. 6.1; Ulp.*dig*.28.7.8.

B. Intr.

3 To be lacking, run short, fail. **b** (w. dat., *ad*) to be insufficient (for a purpose), be lacking (for).

~icit alma Ceres, nec plebes pane potitur Lucil.200; oratores magni..antea fuerant nec postea ~ecerunt Cic. *Orat*.6; manebat insaturabile abdomen, copiae ~iciebant *Sest*.110; Lucr.5.371; primo (*sc.* ramo) auulso non ~icit alter aureus Verg.*A*.6.143; Liv.7.26.14; dum..coma..~iciens hinc atque illinc in frontem compellitur Sen.*Dial*.10.12.3; Pers.3.76; Suet.*Cl*.18.1;—(*w. dat.*) qvoiei vita ~ecit *CIL* 1.11; cum..tela nostris ~cerent Caes.*Gal*.3.5.1; quotiens ager coloniae ~ecit Sic.Fl.*agrim*.p.124. **b** sermoni ~iciente die Ov.*Tr*.5.13.28; ipsum iam puppibus aequor ~icit Stat. *Ach*.1.446;—Cic.*Tim*.34; si tempus anni ad bellum gerendum ~iceret Caes.*Gal*.4.20.2; ~iciente ad iniurias (*wrongdoing*) terra Sen.*Nat*.3.pr.10.

4 a (of a source of supply) To give out, run short. **b** (w. abl., of persons) to become short, be deprived (of).

a non ~iciente crumina Hor.*Ep*.1.4.11; (fons) meridie semper ~icit Plin.*Nat*.2.228; ~icientia ubera puerperarum 28.250; Mart.5.39.4; non cepere fores, angustaque ~icit aedes (*i.e. has no room*) Stat.*Silv*.3.1.88; Tac.*Ann*.2.38; iam ~ecit nostrum mare dum gula saeuit (*for fish*) Juv.5.94. **b** quam (*i.e. the girl*) si intellegam ~icere uita Pl.*As*.609; animo non ~iciam et id quod suscepi..perferam Cic. *S.Rosc*.10; maestam tota..mente ~ecisse Ov.*Met*.9.636; V.Max.3.2.ext.5; se..commeatu ~ecisse Mela 3.90; Gaius *dig*.38.8.2; (*pple. as sb.*) ~icientium facultatibus..excusatio ..temporalis est Ulp.*dig*.50.4.4.1.

5 To lose strength, weaken, fail, fade. **b** to succumb to tiredness or weakness; to faint away.

ubi..segnior annis ~icit (equus) Verg.*G*.3.96; Sen.*Con*. 10.5.18; (*w. acc. of respect*) ne (apes) ~iciant animum Var.*R*.3.16.34;—(*w. abl.*) Liv.23.18.15; uoce ~iciens Curt. 7.7.5;—(*of the body or its parts*) uino et somno marcidus ~icientes oculos..leuat Sen.*Suas*.6.7; quibus..corpus.. maligne..alitur et ~icit Sen.*Dial*.4.19.5; (*cf.*) seniles ~iciunt gressus Stat.*Theb*.11.598;—(*of plants*) Col.*Arb*.1.4; ~icientem herbam Plin.*Nat*.27.69;—(*of faculties, appetites, etc.*) nisi memoria forte ~ecerit Cic.*Fin*.2.44; ~ecere mores Hor.*Carm*.4.4.35; ~ecisse famem Stat.*Theb*.10.292; (*w. ad*) nihil..dignum ad quod mens sana ~iciat Sen.*Ep*.74.31; —(*transf.*) postremo in Hispaniam regyrauit, et ibi aliquando ~ecit (*civil war*) Flor.*Epit*.2.13(4.2.6). **b** illa grauis oculos conata attollere rursus ~icit Verg.*A*.4.689; elephantus..qui multa exceperat tela, ~iciebat Curt. 8.14.37; turbata..discursibus..~icit (nympha) V.Fl.5. 428; iam lector queriturque ~icitque Mart.4.89.7; Apul. *Met*.1.19;—animo linquuntur ~iciuntque Larg.189; prope ~iciens..Menoetes Stat.*Theb*.12.245; (*pple. as sb.*) (ocimum) ~icientibus..odoratu salutare est Plin.*Nat*.20.121.

6 To die, pass away. **b** (of a race, or sim.) to become extinct, die out.

uiuere ne nolim ~iciamque Ov.*Pont*.2.7.80; paulatim ~ecit Sen.*Ep*.77.9; de ueneficio ~icientis Plin.*Nat*.28.47; Quint.*Inst*.7.2.14; Tac.*Ag*.45.4; in ea uoce ~ecit Suet. *Nero* 49.4; si miles..ante ~ecerit quam testaretur Ulp.*dig*. 29.1.3. **b** o pereant siluae ~iciantque canes! [Tib.]3.9.6; quod (*sc.* genus Pygmaeorum)..contra grues dimicando ~ecit Mela 3.81; Plin.*Nat*.10.37; progenies Caesarum in Nerone ~ecit Suet.*Gal*.1.1.

7 To come to an end (spatially), fade out; (also of a series).

~iciunt siluae Ov.*Met*.9.649; ~icientis in suo fine naturae Sen.*Suas*.1.1; Curt.9.4.18; in ~iciente..porticu Petr.29.5; a fine incipiente usque ad finem ~icientem Sic.Fl.*agrim*.p.106; (*cf.*) ubi lassata cum siderum ui.. montium ~iciunt iuga Plin.*Nat*.6.34; (*w. abl.*) spina (*of a centaur*) ~iciens equo Sen.*Her.O*.505; quoniam talis figura (*i.e. the earth's shadow*) semper mucrone ~iciat Plin.*Nat*.2.47;—remotioris quidem iamque ~icientis adfinitatis Plin.*Pan*. 39.5.

8 (of natural forces, etc.) To subside, sink. **b** (of the sun, moon) to suffer eclipse; (of the moon) to wane. **c** (of a colour) to fade.

ibi ignem ~icere extremum Verg.*A*.9.352; fluuio ~iciente Ov.*Fast*.2.410; Euphrates..nusquam manifesto exitu effluit..sed ~icit Mela 3.78; Sen.*Thy*.173; ~icientibus austris Juv.12.69; (*w.* in+*acc.*) (imber) in..nouum paulatim ~icit amnem V.Fl.6.635. **b** quod subito..plena luna ~ecisset Cic.*Rep*.1.23; *Tusc*.1.73; Liv.44.37.6; Curt. 4.10.6; Plin.*Nat*.20.1; sol..luridus..qualis esse, cum ~icit, solet Plin.*Ep*.6.20.18; (*w. acc. of respect*) genitor Phaethontis..cum ~icit orbem Ov.*Met*.2.383;—qua ~icit, unde..in plenum..luna redit Prop.3.5.27; Gel.20.8.5. **c** quiddam..non ex toto igneum, sed in uini colorem ~iciens Plin.*Nat*.37.121.

9 To be unable or unwilling to accomplish a task, falter, fail. **b** (w. dat.) to fail (in behaviour towards); (also w. *ad*). **c** (w. inf.) to fail (to do something). **d** (leg.) to fail to make a claim, fall out; *~icit condicio*, the condition remains unfulfilled.

hic ero succenturiatus, siquid ~icias Ter.*Ph*.230; 472; non ~iciam, ne omnia mea culpa cecidisse uideantur Cic. *Fam*.14.3.2; *Luc*.7; Sal.*Jug*.51.4; cur..in limine primo ~icimus? Verg.*A*.11.424; Ov.*Met*.14.484; Petr.76.4; in duris haut umquam ~ice V.Fl.4.35; Suet.*Vit*.15.3. **b** dubiis ne ~ice rebus Verg.*A*.6.196; illis legibus populus Romanus..non ~iciet Liv.1.24.7; V.Fl.2.596;—~iciunt ad coepta manus Ov.*Met*.8.492; nec..ad uetera tributa ~iciunt (socii) Plin.*Pan*.29.4. **c** unicum magistrum.. unum ~icere expedire nomen Bib.*poet*.2.6; non te ~icient nostrae memorare camenae [Tib.]3.7.191; Rut.Lup.2.18; Germ.*Arat*.260; ut scandere..~iciam montes Sil.3.112. **d** bona..Latini pro parte ~icientis patroni caduca fiunt Gaius *Inst*.3.62; *dig*.29.2.53.1;—~iciente condicione nullam esse uenditionem Julian.*dig*.18.4.19; Ulp.*dig*.23.3.21.

10 (in mil., political usage) To become disaffected, revolt, defect. **b** (w. *ad*) to go over (to the enemy's side).

Cato *orat*.187; ut..ciuitates..quae semel in amicitiam nostram uenissent, numquam postea ~icerent Cic.*Ver*.2.2; *Sul*.58; ne..cuncta Gallia ~iceret Caes.*Gal*.7.10.1; Liv. 21.25.2; Curt.7.9.17; Paul.*dig*.4.5.5.1;—(*w. abl.*) ~icere nostra amicitia noluerant V.Max.6.6.ext.2;—(*w.* ab) qui una cum illo a re p. ~ecerunt Cic.*Fam*.12.10.1; Sal.*Jug*. 56.3; numquam isti populi..ab nobis non ~icient Liv. 31.7.12;—(*fig.*) ut..a me..ipse ~icerem Cic.*Fam*.2.16.1; si a uirtute ~eceris *Amic*.37. **b** qui ad Latinos ~ecerant Liv.1.38.4; Suebae gentes..~ecere ad eum Tac.*Ann*.2.45; (*w.* ab) qui..a Dareo ~ecerant ad ipsum Curt.4.8.14; Suet.*Vit*.8.2;—(*fig.*) animus ad uoluptatem a uero ~icit Sal.*Rep*.2.7.6; se..ad mores Alexandrinos..~icere Fron. *Str*.1.1.5.

dēficō: see defaeco.

dēfīgō ~gere ~xī ~xum, *tr.* [de-+figo] Forms: pf. pple. *~ctus* Var.*R*.3.7.7, *~xsus* *CIL* 11.1420.30.

1 To fix by thrusting down into something, plant, embed. **b** to sink, bury, stick (a weapon in someone). **c** to inculcate (ideas, feelings in a person), impress (on).

medias uitis uinclis in terram ~gito Cato *Agr*.41.4; illa crux..quam non ausus est usquam ~gere Cic.*Ver*.4.24; *CIL* 1.756.6; sub aqua ~xae sudes Caes.*Gal*.5.18.3; penitus terrae ~gitur arbos Verg.*G*.2.290; Liv.2.30.12; Col. 4.16.3; rubi..curuati..~gunt rursus in terram capita Plin.*Nat*.17.96; arbores..sub quas ~gere terminos.. possessores consuerunt Agen.*agrim*.p.33; dolia..in cella ~xa Scaev.*dig*.32.93.4; (*facet.*) nisi te..~gam in terram colapheis Pl.*Per*.294;—(*fig., or in fig. phr.*) spem reliquorum..in hoc uno iudicio positam esse et ~xam Cic.*Flac*.3; uirtus..altissimis ~xa radicibus *Phil*.4.13; *CIL* 8.212.68. **b** illi..incipienti dicere..gladium in latere ~xit *Rhet. Her*.4.65; eam (*sc.* sicam)..in consulis corpore ~gere Cic.*Catil*.1.16; Liv.1.25.12; Man.5.594; Sil.10.300; (*cf.*) (dracones) coortos..in aurem morsum ~gere Plin.*Nat*.8.34. **c** ut non modo in auribus uestris, sed in oculis omnium sua..flagitia ~xurus sim Cic.*Ver*.7; *Dom*.9; uirginis in tenera ~xerat omnia mente *Ciris* 162; Sil.15.269.

2 To attach, affix. **b** to declare or define authoritatively, fix.

decurione percusso et ad equum ~xo *B.Afr*.29.5; cruci defiguntur Clod.*hist*.3; dorso quadrupedum..poterit ~gere plantas Man.5.86; Cels.4.21(14).1; duae tabulae in utroque poste ~xae Petr.30.3; (*transf.*) ingenuo culpam ~gere ludo Pers.5.16;—(*cf. sense 6*) saga..~xit nomina cera Ov.*Am*. 3.7.29; ~xa monvmentis..nomina *CIL* 11.4639. **b** quae ..augur iniusta..defixerit, inrita infectaque sunto Cic.*Leg*. 2.21.

3 To keep (one's thoughts, eyes, etc.) directed (on), fix, focus; (pass.) to have one's attention, etc., directed. **b** to keep (one's eyes or sim.) rigidly fixed.

ut omnis uigilias, curas ,cogitationes in rei publicae salute

~geret CIC.*Phil*.7.5; parum ~gunt animos..in ea quae perspicua sunt LUC.4.16; Libyae ~xit lumina regnis VERG.*A*.1.226; OV.*Am*.2.8.15; animo et oculis in terra ~xis V.MAX.8.7.ext.7; CURT.7.8.9; PLIN.*Ep*.2.1.12; qui sententiam suam una in parte ~xerint GEL.1.13.3;—in ea (specie)..~xus ad illius similitudinem artem..dirigebat CIC.*Orat*.9; obtutu..haeret ~xus in uno VERG.*A*.1.495; (*w. retained acc.*) (Annam) terrae ~xam oculos SIL.8.73. **b** acri et ~xo aspectu *Rhet.Her*.3.27; ~xa Latinus obtutu tenet ora VERG.*A*.7.249; egressa naui ~xit oculos TAC.*Ann*.3.1;—(*pass. w. retained acc.*) Aeneas maesto ~xus lumina uultu VERG.*A*.6.156; LUC.6.658.

4 To fix (with a glance).

nec..cessat nimio ~gere uisu uirginis ora STAT.*Ach*.1.367; nulla..secuantem signa pudoris ~git 1.766.

5 (of emotions, events) To render incapable of thought or movement, petrify, dumbfound, 'root to the spot'; (also) to arrest (actions).

silentium triste ac tacita maestitia..~xit omnium animos LIV.1.29.3; ~xerat pauor cum admiratione Gallos 7.10.12; SEN.*Cl*.1.9.10; V.FL.4.226; nouissimae res et extremus metus torpore ~xere aciem in his uestigiis TAC.*Ag*.34.3; sedeam ~xus et mutus PLIN.*Ep*.9.34.2; ~xus obstupui APUL.*Met*.2.7; (*w. pred. adj.*) utraque simul obiecta res oculis..immobiles..eos ~xit LIV.21.33.3;—incommobilitas..quae..ea (*sc. impulses*) stupore ~git inmobili APUL.*Pl*.2.4.

6 To bind with a spell, bewitch.

regis..animum ~gere uotis *Ciris* 377; caput sanctum tibi dira precatione ~gis SEN.*Ben*.6.35.4; PLIN.*Nat*.28.19; CARMINIBVS ~XA IACVIT *CIL* 8.2756; (*cf.*) hoc..amorem posse ~gi malo SEN.*Her.O*.524; (*transf.*) te Iuno duces, mitissime diuum Somne, iubet..~gere STAT.*Theb*.10.127.

dēfindō ~ere, *tr.* [DE-+FINDO] (app.) To split down the whole length.

malos ~unt, fiunt tabulata falaeque ENN.*Ann*.397.

dēfingō ~gere ~xī, *tr.* [DE-+FINGO] To mould into shape.

~gito (farinam) coquitoque sub testu CATO *Agr*.74; 121; (*cf.*) turgidus Alpinus..dum..~git Rheni luteum caput HOR.*S*.1.10.37.

dēfīniō ~īre ~īuī *or* ~iī ~ītum, *tr.* [DE-+FINIO]

1 To fix the limits of (a place, or sim.), delimit, bound; to mark out the limits of.

qui..imperium populi Romani orbis terrarum terminis ~isset CIC.*Sest*.67; VITR.5.12.3; tributarium solum per uniuersitatem populis est ~itum FRON.*agrim*.p.2; locus..latere potest, quatenus..~iatur ULP.*dig*.50.16.60.2;—(*of things serving as limits*) fundi extremam partem oleae derecto ordine ~iunt CIC.*Caec*.22; illi orbes qui..aspectum nostrum ~iunt *Div*.2.92; *N.D*.2.101;—urbare est aratro ~ire POMPON.*dig*.50.16.239.6; (*w. indir. qu.*) urbs cum condita est, tauro et uacca qua essent muri..~itum VAR.*R*.2.1.10.

2 To limit (in extent, scope, etc.), restrict. **b** (w. abl.) to restrict, confine (to).

nullis ut terminis circumscribat aut ~iat ius suum CIC.*de Orat*.1.70; habent..legationes ~itum tempus lege Iulia *Att*.15.11.4; COL.4.5.1; omnium (seminum) ~ita generatio est PLIN.*Nat*.18.195; QUINT.*Inst*.12.6.1; ~itur et numerus: centeni ex singulis pagis sunt TAC.*Ger*.6.5; (*w.* ad) ad nostrum usum..est ~ita moderatio rei familiaris CIC.*Dom*.147; (*w.* in+*acc.*) ~it (potestatem) in quinquennium, facit sempiternam *Agr*.2.32; (*w. abl. of the standard applied*) tu modum uitae tuae non salute rei publicae, sed aequitate animi ~ies? *Marc*.25. **b** oratio mea..eis..~ietur uiris CIC.*de Orat*.3.9; neque aequum est tempore et die memoriam benefici ~ire *Red.Pop*.23; qui mala dolore, bona uoluptate ~iunt *Pis*.42; *Amic*.58.

3 To put an end to, finish off; to end the life of (a person).

saepissime..similiter extrema ~iunt (sophistae) CIC.*Orat*.65; ut..totam huius generis orationem concludam atque ~iam *Ver*.4.115;——~ito iuuene APUL.*Met*.8.6.

4 To determine the course, nature of (events, etc.), settle, fix. **b** (w. dat.) to ordain (for), designate (for).

non remittam. ~itumst PL.*Cist*.519; uno proelio..si non totam causam, at certe nostrum iudicium ~iri CIC. *Fam*.15.15.1; omnia..~ita..esse fataliter *Div*.2.19; SUET.*Aug*.49.2; si..ipse..mercedem ~ierit GAIUS *dig*.19.2.25; APUL.*Mun*.38; (*w.* in+*acc.*) in annos..consulatum ~iebant CAES.*Civ*.3.82.3;—(*w. indir. qu.*) tibi quid facias ~it (*sc.* edictum) CIC.*Quinct*.84;—(*w. acc. and inf.*) ut etiam sedere eos et ambulare..principalibus causis ~itum *Fat*.9. **b** cum esset omnibus ~ita mors CIC.*Sest*.47; aedis sibi optimas..~iunt *Phil*.8.9; per ~itum uineis locum COL.3.13.5.

5 To give an exact description of, define, sum up. **b** (w. indir. qu.) to define, indicate (what, etc.). **c** to specify.

sin..quaereremus quis esset is..~irem hoc modo CIC.*de Orat*.1.211; unius cuiusque (*sc.* signorum) magnitudinem..litteris ~iri *Ver*.1.57; VITR.2.8.13; SEN.*Nat*.1.11.3; hoc (*i.e. this season*) Graeci ita ~iunt, cum sit calida (terra) PLIN.*Nat*.18.202; QUINT.*Inst*.7.3.16; hanc δύναμιν..~iuit Plato APUL.*Pl*.2.8; (*of the definition*) hi duo fundi iuncti iugerum ~iunt FRON.*agrim*.p.14; (*w.* sub) ut quisquis..egregium ciuem significare uelit, sub nomine Catonis ~iat V.MAX.2.10.8;—(*w. pred. acc. or sim.*) pirata non est ex perduellium numero ~itus, sed..hostis omnium CIC.*Off*.3.107; hic proximo nomine ~itur parentis sui sobrinus PAUL.*dig*.38.10.10.18;—(*cf.*) aures ipsae tacito eum (*sc.* modum uersuum) sensu sine arte ~iunt CIC.*Orat*.203. **b** uelim ~ias quid sit uoluptas CIC.*Fin*.2.5; neque ante quem diem iturus sit ~ire CAES.*Civ*.1.11.2; GEL.1.13.1; (*w. ind.*) nec satis quisquam ~ire poterit, quantas latebras..comminiscuntur APUL.*Met*.2.22. **c** quas..discordias a dis immortalibus ~iri putem? CIC.*Har*.53.

6 To state definitely, assert. **b** to lay down (a rule).

de accessionibus possessionum nihil..generaliter ~ire possumus SCAEV.*dig*.44.3.14; (*w. dir. speech*) ULP.*dig*.7.1.25.5;—(*w. acc. and inf.*) unum hoc ~io, tantam esse necessitatem uirtutis CIC.*Rep*.1.1; GEL.12.9.6; ~iendum est..nullam habere licentiam uxores..migrare JULIAN.*dig*.24.2.6; publicum flumen esse..~it ULP.*dig*.43.12.1.4;—(*w.* quod) ~it, quod quaedam 'agantur', quaedam 'gerantur' 50.16.19. **b** illam, quam ~ierat (grammaticus), regulam GEL.14.5.4.

dēfīnītē, *adv.* [DEFINITVS+-E] In a clearly defined manner, precisely; in a manner concerned with particular instances, expressly.

nihil potest..partite ~ distincte facete dicere CIC.*Orat*.99; lex..quae ~ potestatem Pompeio..dederat *Balb*.32; PLIN.*Pan*.88.6; AGEN.*agrim*.p.35; festiue magis dixit..quam aperte atque ~ GEL.1.25.7;—uel separatim dicere..de genere uniuerso uel ~ de singulis..causis CIC.*de Orat*.2.118.

dēfīnītiō ~ōnis, *f.* [DEFINIO+-TIO] FORMS: *diff-* often found in codd.

1 The fixing or marking of a boundary.

AREA INTRA HANC ~ONEM CIPPORVM CLAVSA VERIBVS *CIL* 6.826.2; 9.2827.12; FINES CONVENIENTES ~ONI REGIAE *A.Epig*.13.2; per incessum ~onis AGEN.*agrim*.p.29.

2 A precise description, definition. **b** specification (of a particular person or thing); classification. **c** (rhet.) a method of argument based on the definition of a term.

mala ~o est cum..communia describit CIC.*Inv*.1.91; maxime..ualent..~ones conglobatae *Part*.55; *Off*.1.7; in ~onibus assignatur etymologiae locus QUINT.*Inst*.1.6.29; GAIUS *dig*.39.6.31; ~onem omnem ex genere et differentia consistere GEL.4.1.10;—(*w. subj. gen.*) ~ones grammaticorum VAR.*L*.10.75; *Tusc*.4.11; at ille abunde sibi cauerit, cuius ~o haec fuerit SEN.*Nat*.5.1.3;—(*w. obj. gen.*) illa ~o iudiciorum aequorum quae nobis..tradita est CIC.*Clu*.5; ~ones sapientiae ueteres SEN.*Ep*.20.5. **b** hominum et temporum ~one sublata CIC.*Div*.2.111; LABEO *dig*.19.2.60.7;—falsa ~o est non decidere (folia) iis (*sc.* arboribus) PLIN.*Nat*.16.82; POMPON.*dig*.15.2.3. **c** ~one causa constat *Rhet.Her*.1.21; 2.17; ~o est, cum in scripto uerbum..est positum, cuius de ui quaeritur CIC.*Inv*.2.153.

3 An authoritative statement, pronouncement, ruling. **b** (w. gen.) a pronouncement (on the subject of).

secundum tuam ~onem GEL.14.5.3; omnis ~o in iure ciuili periculosa est JAVOL.*dig*.50.17.202; CELS.*dig*.34.7.1; ULP.*dig*.42.1.4.5. **b** stilicidii breuis ~o est PLIN.*Nat*.17.92.

dēfīnītor ~ōris, *m.* [DEFINIO+-TOR] One who makes a (grammatical) pronouncement or ruling.

huiusmodi ~ores non tam in ratione errare, quam in ordine uerborum PLIN.in *G.L.*suppl.p.135.

dēfīnītīuus ~a ~um, *a.* [DEFINIO+-IVVS] Involving definition, definitive.

causa non potest..et coniecturalis esse et ~a CIC.*Inv*.1.14; constitutio ~a 2.52; *Top*.92.

dēfīnītus ~a ~um, *a.* [pple. of DEFINIO] Having limits, finite, limited; limited in number; (transf.) kept within its proper limits. **b** clearly defined, precise. **c** (log.) concerned with the particular (opposed to the general).

bene dicere..non habet ~am aliquam regionem, cuius terminis saepta teneatur CIC.*de Orat*.2.5; *Luc*.118; ~o aliquo temporis spatio QUINT.*Decl*.316(p.245,l.20);——~a sunt genera numerorum CIC.*Orat*.188;—si recta intellegentia et ~a animi moderatione gubernetur (eloquentia) *Rhet.Her*.1.1. **b** certa quaedam et ~a lex CIC.*Orat*.198; *Fam*.3.8.2; quod..demonstrare non possit nisi certa ~aque materia QUINT.*Inst*.7.10.7. **c** a propria ac ~a disputatione hominis ac temporis CIC.*Brut*.322; *Top*.79; et generales quaestiones sunt et ~ae QUINT.*Inst*.7.2.1.

dēfīō ~ierī, *intr.* [DE-+FIO] To be in short supply, be lacking, run short. **b** to grow less, subside.

neque ~iat (opsonium) neque supersit PL.*Men*.221; omnia..uis memorari..ut ~iat dies *Rud*.1107; LUCR.3.220; nullo..tempore ~it Amor PROP.1.1.34; nunquamne causa ~iet cur..pacto non stetis? LIV.9.11.6; SEN.*Suas*.5.8; pingui numquam..ubere ~it, quod..impleat V.FL.6.39; SIL.9.335;—(*w. dat.*) id unum incommodis ~it meis ACC.*trag*.350; lac mihi non aestate..~it VERG.*Ecl*.2.22;—(*w.* ad) multa ad splendorem domus..~ieri GEL.1.14.1. **b** si febris non ~it CELS.7.27.1; quae crescente luna gliscunt, deficiente contra ~iunt GEL.20.8.5.

dēfixus ~a ~um, *a.* [pple. of DEFIGO] Motionless, still.

graue et ~um mare SEN.*Suas*.1.1; stat cuneo ~a acies STAT.*Theb*.9.677.

dēflagrātiō ~ōnis, *f.* [next+-TIO] Destruction by fire.

cum mea domus ardore suo ~onem urbi atque Italiae toti..minaretur CIC.*Planc*.95; *Fin*.3.64; ~onem futuram..caeli et terrarum *Div*.1.111.

dēflagrō ~āre ~āuī ~ātum, *tr.*, *intr.* [DE-+FLAGRO] FORMS: *-fragl-* APUL.*Apol*.25.

1 To destroy by fire; burn down. **b** (of the sun) to parch, burn up.

fana flamma ~ata ENN.*scen*.90; domo ~ata STRAB.*orat*.12; (*fig.*) in cinere ~ati imperi CIC.*Catil*.4.12. **b** quae (*sc.* loca)..proxime currendo ~at VITR.6.1.3.

2 (intr.) To be burnt down, be destroyed by fire.

aedis Nympharum manu tua ~auit CIC.*Parad*.31; *Luc*.119; is (*sc.* Phaethon)..ictu fulminis ~auit *Off*.3.94; eodem..die Aquilonia et Cominium ~auere LIV.10.44.2; SUET *Tib*.48.1;—(*fig. and in fig. phr.*) qui..communi incendio malint quam suo ~are CIC.*Sest*.99; ruere ac ~are omnia passuri estis? FLOR.3.52.6.

3 (of emotional states, or sim.) To die down, abate, 'burn out'. **b** (of persons) to lose ardour.

~are iras LIV.40.8.9; ~ante paulatim seditione TAC.*Hist*.2.29; ardor..periculi ~auit GEL.19.1.7; APUL.*Apol*.25. **b** sic ~are minaces in cassum et..languescere LUC.4.280.

dēflammō ~āre, *tr.* [DE-+FLAMMO] To put out the flame of, extinguish.

quae..taedam ~et APUL.*Met*.5.30.

dēflectō ~ctere ~xī ~xum, *tr.*, *intr.* [DE-+FLECTO]

1 To bend (an object) downwards. **b** to bend (a bow).

ramum oliuae..~cte COL.*Arb*.27.3; PLIN.*Nat*.17.204; folia ~xa circa obruuntur 19.94; (*pass. in middle sense*) (cinara) ~xa..collo COL.10.238; (*cf.*) (uitis) prono ~ctens pondere corpus CATUL.62.51. **b** Sagittari ~xum..arcum CIC.*Arat*.525(279).

2 To change the course of, turn aside, deflect (moving objects, persons, etc.). **b** to change the direction of, turn. **c** to turn (one's eyes or line of sight); (also) to cause (another's eyes) to turn; to turn (one's ears) to listen.

in alium cursum..~xos (amnes) CIC.*Div*.1.38; ~xit..(tela) stringentia corpus..Venus VERG.*A*.10.331; ut..huc atque illuc..sese exercitumque ~cteret VELL.2.21.2; quolibet..potius ~cte carinam LUC.5.789; PETR.101.11; FLOR.*Epit*.2.13(4.2.6);—(*w. abst. obj.*) cerua ad Gallos, lupus ad Romanos cursum ~xit LIV.10.27.8; in recta quid ~ctis errantem gradum? SEN.*Phoen*.4; LUC.3.337; (*w. pred. adj.*) Philippum nouam postea ~xisse uiam LIV.39.27.10—(*pass. in middle sense*) Phaethontem..~xum solito cursu MAN.1.743;—(*in fig. phr.*) cum..principes aliqua prauitas de uia ~xit CIC.*Rep*.1.68; APUL.*Apol*.77. **b** (*pass. in middle sense*) quae (*sc.* ora) a Bosphoro ad Tanain usque ~ctitur MELA 1.114; coloribus pauonum ceruix, quotiens aliquo ~ctitur, nitet SEN.*Nat*.1.5.6; PLIN.*Nat*.2.120. **c** sequeretur neque usquam a se ~cteret oculos LIV.21.22.6; paulum..~xa acie coeuntium speciem praebebant (*sc.* insulae) PLIN.*Nat*.4.92; V.FL.8.76; (*cf.*) neque uultum a publica religione ad priuatum dolorem ~xit V.MAX.5.10.1;—nec mihi notorum ~ctunt lumina uultus (*i.e. do not attract my glances*) *Ciris* 260; cuius conuersatio..ad se oculos poterat ~ctere QUINT.*Decl*.291(p.160,l.25);—~ctit aures..iam sua sponte credentes PETR.105.8.

3 To alter one's course round (a point), round.

ultimam diei metam curriculum solis ~xerat APUL.*Met*.10.35.

4 To turn the attention or interest of, divert, distract. **b** to divert the course or effect of (actions, feelings, etc.); to divert the responsibility for.

cum te de curriculo petitionis ~xisses CIC.*Mur*.46; ad gratuita carmina ~xi me SEN.*Nat*.4a.pr.14; quis..famulis..tumentem (te) leniet ardentique in se ~ctet ab ira? STAT.*Silv*.2.1.59; QUINT.*Inst*.6.3.87; APUL.*Pl*.2.27; (*w. abst. subj.*) Augustum ab institutis studiis ~xit cura terrarum QUINT.*Inst*.10.1.91. **b** ut declinet a proposito ~ctatque sententiam CIC.*Orat*.137; furorem..duramque uiri ~ctere mentem..parant LUC.3.304; belli ~cte tumultus STAT.*Theb*.1.280; si amorem in aliquam meretricem ~xisses QUINT.*Decl*.262(p.73,l.13); SUET.*Cal*.48.2;—in ipsos, quos..perisse dicemus, factum ~ctitur QUINT.*Inst*.7.2.23.

5 To change the character of (conditions, qualities, etc.), modify, turn (into). **b** to modify (words, ideas, etc.), twist.

in peius dotes ~cte puellae OV.*Rem*.325; perniciosa illorum consilia fortuna ~xit in melius SEN.*Ben*.6.8.1; uirtutes quoque in uitia ~xit SUET.*Dom*.3. **b** paulum immutatum uerbum atque ~xum CIC.*de Orat*.3.206; si ad uerba rem ~ctere uelimus *Caec*.51; disciplinam paululum a recto tenore ~xit V.MAX.7.3.7; SEN.*Ben*.1.3.6; cum sit (schema) a simplici..loquendi genere ~xa QUINT.*Inst*.9.3.3; GEL.15.5.1.

6 (intr.) To change one's course, turn aside or away, deviate. **b** (of speech) to digress. **c** to alter one's pitch.

delphinus motis iam tum ~xerit undis GERM.*Arat*.613; TAC.*Hist*.2.70; ~ctamus..dum uidemus, ne..turba in tenebris obteramur PLIN.*Ep*.6.20.13; ut quantumcumque de limite ~ctere uelint, incommodum iter patiantur SIC.FL.*agrim*.p.123; SUET.*Aug*.93; annus..ad hibernas Capricorni pruinas ~xerat APUL.*Met*.9.32; ULP.*dig*.4.6.38.1;—(*fig., and in fig. phr.*) qui semel a ueritate ~xit CIC.*Q.Rosc*.46; a pristina deflexit consuetudine (leo) PHAED.4.13.6; ad lyrica ~xit PLIN.*Ep*.9.22.2; (*w. abst. subj.*) ~xit..de spatio curriculoque consuetudo maiorum CIC.*Amic*.40. **b** redeat (oratio) illuc, unde ~xit CIC.*Tusc*.5.80. **c** mala (uox)..aliqua cogit, ut intermittere et ~ctere QUINT.*Inst*.11.3.13.

dēfleō ~ēre ~ēuī ~ētum, *tr.*, *intr.* [DE-+FLEO]

1 To pay a tribute of tears to, weep abundantly for (a dead person, etc.). **b** to mourn the loss of (a thing).

egone illum non fleam? egon non ~eam talem adulescentem? PL.*Capt*.139; te prope busto insatiabiliter ~euimus LUCR.3.907; VERG.*A*.6.220; OV.*Met*.10.12; qui (*sc.* amnis) Phaethonta suas ~euit ad undas GERM.*Arat*.363; non extinctos sed semetipsos ~ebant Curt.8.11.12; lacrimis meleagridum auium Meleagrum ~entium Plin.*Nat.*37.40; Tac.*Ann.*3.12; ~etam puellam tradunt sepulturae Apul. *Met.*10.25. **b** quot..cenae quas ~eui mortuae Pl.*St.* 212; nymphae..fontesque lacusque ~euere Ov.*Met.*2.239; Curt.6.6.16; pars currus ~ent Stat.*Theb.* 12.26.

2 To express or feel sorrow about (an event, condition), deplore, lament. **b** (w. *quod* cl., or acc. and inf.) to lament (the fact that). **c** to lament in a literary work.

meum discessum, quem saepe ~eras Cic.*Planc.*86; haec.. non ~ebimus..sed conferemus tranquillo animo *Att.*2.17.1; Liv.39.46.8; ~ere Caystrius ales dicitur..suam..necem Ov.*Tr.*5.1.11; Sen.*Dial.*6.4.2; ~enda in tempora Stat.*Theb.* 4.635; audire..aliena mala ~entis Quint.*Inst.*6.1.26; Tac. *Ann.*1.58; uirgo..~et desertam suam solitudinem Apul. *Met.*4.32. **b** Ahenobarbum ~entem, quod..tuo iussu esset occisus Manc.*orat.*1; minui ~euit onus Man.4.748; nec quod ..dominum..nihil agnouere Molossi, ~erim magis Stat. *Theb.*3.204; totum me periturum ~bam Apul.*Met.*7.24. **c** illo ingenio quo ciuilia bella ~euit Sen.*Dial.*6.26.1; carmen quo Germanici suprema ~euerat Tac.*Ann.*3.49; Plin. *Ep.*9.33.11.

3 (intr.) To give oneself up to tears, cry bitterly.

si amicus es, ~e Sen.*Con.*exc.5.1; Tac.*Ann.*16.13; si in amici sinu ~eas Plin.*Ep.*8.16.5; Psychen..in ipso scopuli uertice ~entem Apul.*Met.*4.35.

dēflexus ~ūs, *m.* [deflecto+-tvs³] A bend (in a line); a deviation (in behaviour), transition.

~us illi, qui de limite detorquentur Sic.Fl.*agrim.*p.123; —egregium humani animi ab odio ad gratiam ~um V.Max. 4.2.intro.; 7.3.intro.

dēflō ~āre ~āuī ~ātum, *tr.* [de-+flo] To blow away; to blow on (for the purpose of cleansing). **b** (app.) to brush aside.

quod est leuissimum ac summum ~atum Var.*R.*1.64.1; —uetabant..munditiarum causa ~are (cibum) Plin.*Nat.* 28.27. **b** Iuli et Augusti diplomata ut..obsoleta ~abat (*s.v.l.*) Suet.*Cal.*38.1.

dēfloccō ~āre ~āuī ~ātum, *tr.* [de-+floc-cvs+-o³] To rub the nap of (cloth); (transf.) to strip of possessions, fleece.

(*facet.*) fusti ~abit..homo lumbos meos Pl.*Cas.*967;— duo ~ati senes *Epid.*616.

dēflōreō ~ēre, *intr.* [de-+floreo] To shed blossom.

cum se multa fronde cooperit, peius ~et (uitis) Col. 5.6.36; (*transf.*) antho tvmvlvm male ~entibvs annis.. composvere *CIL* 14.1808.

dēflōrescō ~escere ~uī, *intr.* [prec.+-sco]

1 (of plants) To shed blossom (as a prelim. to fruit-bearing); (of flowers) to shed petals.

eo tempore anni..quo ~escit (cicer) Col.2.10.19; quarum (*sc.* uitium) inter caligines uuae ~escunt 3.1.7.; Floralia.. instituerunt..ut omnia bene ~escerent Plin.*Nat.*18.286; —idem (flos) cum..carptus ~uit Catul.62.43; Plin.*Nat.* 25.76.

2 To lose vigour, decline, fade.

formae dignitas..morbo ~escit *Rhet.Her.*4.37; (amores et deliciae) mature..~escunt Cic.*Cael.*44; cum corporibus.. ~escere animos Liv.6.23.4; 38.53.9; (*of a person*) qualem tu eum..iam ~escentem cognouisti Cic.*Brut.*317.

dēfluō ~ere ~xī ~xum, *intr.* [de-+flvo]

1 (of rivers, etc.) To follow a downward course, flow. **b** to emit a stream, flow; (w. abl.) to stream (with a liquid). **c** (of hair) to stream or flow down; (of pulverized solids) to run down. **d** (of wealth, possessions, etc.) to flow as a stream. **e** (fig., of time) to flow away or along; (of people) to progress.

lacus Velinus..in Nar ~it Cic.*Att.*4.15.5; Caes.*Gal.* 4.10.4; flumen..montibus praealto ~ens alueo Liv.5.37.7; ~it incerto lapidosus murmure riuos Ov.*Fast.*3.273; Plin. *Nat.*3.147; de quo (*sc.* montis uertice) fontis..~unt undae Apul.*Met.*6.13;—(*w. pred. adj.*) ut ipse (*sc.* Hypanis)..iam sui dissimilis et non dulcis hinc ~at Mela 2.7; turbidus.. ~ens Nilus Sen.*Nat.*6.26.1;—(*hyperb.*) in Tiberim ~xit Orontes Juv.3.62;—(*transf.*) turba per latissima itinera sine intermissione ~ens Sen.*Cl.*1.6.1. **b** Prop.2.20.8 (*s.v.l.*); torrens in campos ~it Aetna Luc.6.295; ~at..amphora Mart.8.45.3;—frigido sudore ~ens euado Apul.*Met.*2.30. **c** crines..per..colla passi..molliter ~ebant Apul.*Met.*11.3; —(gleba) resoluta ~xit Curt.4.6.11. **d** necesse est, si quid redundarit..ad illum..~xisse Cic.*Ver.*3.155; multa.. merces..tibi ~at..ab Ioue Hor.*Carm.*1.28.28. **e** illa beata uita secundo ~ens cursu Sen.*Ep.*120.11; ~it aetas.. patiens..ligonis Juv.7.32;—a necessariis artificiis ad elegantiora ~ximus Cic.*Tusc.*1.62.

2 To float downstream, swim down; to sail or row downstream. **b** to glide down (through the air), descend.

(aries) secundo ~it amni Verg.*G.*3.447; *A.*7.494; dolia medio missa amni ~xerunt Liv.23.19.9; hi (*sc.* trichiae)..ex eo (*sc.* Histro)..in Hadriaticum mare ~unt Plin.*Nat.*9.53; cum (nuces) aqua ferente ad oppidum ~erent Fron.*Str.* 3.14.2;—Verg.*A.*8.549; ~xit ad insulam medio..alueo enatam Curt.9.8.30; quotiens Ostiam Tiberi ~eret (Nero) Suet.*Nero* 27.3. **b** Cic.*N.D.*2.79; totis ubi somnus..alis ~it in terras Stat.*Ach.*1.621; quando uerbum..in linguam quasi palladium de caelo ~at Fro.*Aur.*2.p.54(140N); (*of St. Elmo's fire*) ~unt tantum et insidunt, non feriunt Sen.*Nat.* 1.1.14.

3 To be derived (from a source), originate, stem.

philosophorum..ingenia Socratico ore ~entia Vell. 1.16.4; quis ~at ordo sanguinis antiqui Stat.*Theb.*1.677; a quibus (*sc. Gnaeus and Gaius*) duplex Octauiorum familia ~xit Suet.*Aug.*2.2; inde..hic sermo ~xit Fro.*Aur.*1.p.74 (59N).

4 To flow away, drain off. **b** to die away, fade, disappear, be lost. **c** (of persons) to melt away, go off; (also transf.).

quod sanguen eius ~xerat Cato *hist.*83; *Agr.*40.2; ex quo tecto in eius aedis..aqua ~eret Cic.*Top.*24; ~it saxis agitatus umor Hor.*Carm.*1.12.29; Sen.*Nat.*3.28.5; ubi.. mel in subiectum alueum ~xit Col.9.15.13; uinum..sacco ~ens Petr.73.5; (aquae) ita..summersae, ut ~ere extra terram non possint Ulp.*dig.*43.20.1.6; (*cf.*) priusquam (nubes) in aquam ~ant Apul.*Mun.*9;—(*of quicksilver, molten metal*) per quas (pelles)..~ens (argentum uiuum) purum relinquit aurum Plin.*Nat.*33.99; aes..in catinos ~it 34.135. **b** Lucr. 3.518; antequam..tenerae..sucus ~at praedae Hor.*Carm.* 3.27.55; ~xit corpore somnus [Tib.]3.4.81; ut..illa (*sc.* merita) cito ~ant Sen.*Ben.*1.1.8; celerrime is (*sc.* odor) euanescit atque ~it Plin.*Nat.*13.7; 18.345. **c** ex nouem tribunis quos tunc habueram unus..~xit Cic.*Sest.*69; *Fam.* 9.20.3; ex queis magna pars..~xere, pauci restitere Sal. *Rep.*1.2.6.

5 (of things) To fall to the ground; (of hair) to fall. **b** (of clothes, etc.) to slip down or off. **c** (of persons) to slip down, sink; to alight. **d** (transf.) to fall away, decline.

saepe lapidum, sanguinis..imber ~xit Cic.*Div.*1.98; maior pars (segetis) ad terram ~it Col.2.20.2; ubi..pluuiis in lutum ~xit (oliua) 12.52.21; Plin.*Nat.*17.228; (*fig.*) neque.. (in amicitia) uerendum est..ne quid in terram ~at Cic. *Amic.*58;—medicamine tactae ~xere comae Ov.*Met.*6.141; Sen.*Ep.*95.20; ~ere eas (*sc.* palpebras)..uenere abundantibus Plin.*Nat.*11.154; omnis in toto corpore ~at pilus 29.75; Apul.*Met.*11.13. **b** pedes uestis ~xit ad imos Verg.*A.* 1.404; rideri possit eo quod..toga ~it Hor.*S.*1.3.31; ~xere sinus umeris Man.5.556. **c** habenas misit equi lapsusque in humum ~xit Bib.*poet.*8(9); nec quicquam..equo retardato, moribundus Romanus..ad terram ~xit Liv. 2.20.3; Ov.*Met.*6.229;—cohors..relictis ad terram ~xit equis Verg.*A.*11.501. **d** ab amicitiis..sapientium..ad leues amicitias ~xit oratio Cic.*Amic.*100; Sen.*Ep.*22.10; in omnia deliciarum uitia..~ximus Quint.*Inst.*1.8.9; tantum..ab eo ~ebant, quantum ille ab antiquis descenderat 10.1.126.

dēfluuium ~iī, *n.* [prec.+-ivm] Loss by flowing or falling away.

ut ~ia transtris eorum (*sc.* sulcorum) contineantur Plin. *Nat.*17.170;—(*of hair*) quae..capillorum ~ia continent 29. 108; 37.190; (*cf.*) capitis mulierum ~ia perfricari raphanis 20.27.

dēfluus ~a ~um, *a.* [deflvo+-vs] Flowing down; travelling downstream; (of a container) emitting a flow.

splendor ab alto ~us Stat.*Silv.*1.3.53;—leuat unda gradus, seu ~us ille (*i.e. the man wading*) siue obliquus eat *Theb.*9.325;—uasculo..per hoc (*i.e. a narrow tube*) guttatim ~o infusa aqua Apul.*Met.*3.3.

dēfluxus ~ūs, *m.* [deflvo+-tvs³] Downward flow or falling (of liquids).

nubes..quibus..est..retro ~us in terras Apul.*Soc.*11.

dēfodiō ~odere ~ōdī ~ossum, *tr.* [de-+fodio]

1 To put underground, bury. **b** to cause to go or send (men, beasts) underground. **c** to dig (manure, etc.) into the soil.

me..~odit insepultum clam in hisce aedibus Pl.*Mos.*501; thesaurum ~ossum esse sub lecto Cic.*Div.*2.134; Verg.*A.* 10.526; Liv.5.40.8; cum mortuis..~odiunt apta uiuentibus Mela 3.19; propinquo luco ~ossam Varianae legionis aquilam Tac.*Ann.*2.25; cum Corneliam..~odere uiuam concupisset Plin.*Ep.*4.11.6; (*w. depths specified*) signum septem pedes altum..in terram ~odi Liv.8.10.12; (*fig.*) fortunam exosa ~odit se et abdidit Sen.*Dial.*6.2.5;—(*w. non-personal subj.*) ~odiet condetque nitentia (aetas) Hor.*Ep.* 1.6.25; terra..ista (*sc. metals*) ~odit et mersit Sen.*Ben.* 7.10.2. **b** quae..necessitas hominem..incuruauit et ~odit..ut erueret aurum? Sen.*Nat.*5.15.3; *Her.F.*317; quae (*sc.* animalia) semper ~ossa uiuunt Plin.*Nat.*9.17; (feminae) ~ossae atque sub terra id opus agunt 19.9. **c** corrudam..nasci..arietis cornibus tunsis atque ~ossis Plin.*Nat.*19.151.

2 To make fast in the ground (by burying the lower portion), set up in the ground, embed. **b** to insert (a plant) in the soil, plant.

pali resupinati ~odiantur Vitr.10.2.3; ~ossus in agro stipes Ov.*Fast.*2.641; signis ~ossis aut terminis Hyg. *agrim.*p.77; Ulp.*dig.*33.7.8; priscvs fil dvlcissimae hvnc ⟨ti⟩tvlvm..~odit *CIL* 6.25048;—(*persons, in punishment*) abstractum (*sc.* Fadium) ~odit in ludo et uiuum combussit Pol.*Fam.*10.32.3; circumdati ~ossis corporibus ignes Sen. *Dial.*5.3.6; (*w. depth specified*) homines ~oderunt in terram dimidiatos Cato *orat.*183. **b** noua ~odere in terram uirgulta per agros Lucr.5.1366; curuatis et ~ossis cacuminibus (salicum) Col.4.30.7; in..uasis fictilibus ~odere propagines Plin.*Nat.*17.97.

3 To make (a hole, or sim.) by digging, dig. **b** to excavate (the ground). **c** (neut. pple. as sb.) a place dug out, underground chamber.

in ~ossis specubus Verg.*G.*3.376; secundum puteum.. ~odiantur aestuaria Vitr.8.6.13; Curt.7.4.24; Sen.*Nat.* 6.1.6; scrobem ~odiamus in limine stabuli Col.7.5.17; in depresso loco..balineum ~odiunt magis quam aedificant Plin.*Ep.Tra.*10.39(48).5; Suet.*Jul.*39.4; (*w. depth specified*) lacus ~oditur in duos pedes altitudinis Col.8.15.2. **b** te argenti pondus..~ossa..deponere terra Hor.*S.*1.1.42; Flor.*Epit.*1.7(1.13.11);—(*w. depth specified*) ut solum in altitudinem trium pedum ~odiatur Col.11.2.17; Plin.*Nat.* 31.46. **c** in ~osso latent Sen.*Ep.*90.17.

dēfōmitātus ~a ~um, *a.* [de-+fomes+-atvs²] (See quot.)

~um a fomitibus succisum, quibus confoueri erat solitum Paul.*Fest.*p.75M.

dēformātiō ~ōnis, *f.* [deformo+-tio]

1 Design; configuration. **b** a figure, representation.

Vitr.1.1.1; ararum ~ones 4.9.1; ut obliquam ~onem habeat 10.11.4;—persequi eorum corporum ~ones et in his numerum stellarum Hyg.*Astr.*pr. **b** uenti..qui sint.. ~onibus grammicis ostendi Vitr.3.pr.4; cum..in..tympani labro fuerint signorum caelestium ~ones 9.8.12.

2 Disfigurement.

quae ~o coloris et corporis..non euocetur..uoluptate? Cic.*Hort.*fr.81; ut..ab illa ~one tantae maiestatis..auerteret oculos Liv.9.5.14.

dēformis ~is ~e, *a.* *compar.* ~ior, *superl.* ~issimus. [de-+forma+-is]

1 Deviating from a normal or acceptable standard of beauty, misshapen, unshapely, ugly. **b** (of things) unsightly.

formonsus an ~is..sit Cic.*Inv.*1.35; ut eum paeniteat non ~em esse natum *Cael.*6; Ov.*Ep.*20.35; ~is (filia) cultum uendet ut uinum paret Phaed.4.5.41; puer.. domino..~ior Petr.28.4; inter..pulcherrimam feminam et ~issimam Gel.5.11.11; Apul.*Met.*6.10; (*poet.*) tam ~i non dignus nomine asellus Ov.*Hal.*133; (*w. abl.*) regis filia.. duplici ordine dentium ~is V.Max.1.8.ext.13;—(*of animals*) (iumenta) praua atque ~ia Caes.*Gal.*4.2.2; ~es..phocae Ov.*Met.*1.300; ~e pecus, quod in illo nascitur amne Calp. *Ecl.*7.67;—(*contrasted with human beings*) in ~e uiros animal mutauit Ov.*Met.*14.93; mihi delabitur ~is et ferina facies Apul.*Met.*11.13. **b** in quo (*sc. a statue*) stante..apparet claudicatio non ~is Cic.*N.D.*1.83; quos circum limus niger et ~is harundo Verg.*G.*4.478; Euxini ~ia litora Ov.*Tr.* 5.2.63; ~is hiemps Sen.*Apoc.*2.1; Tac.*Ann.*1.61; pallor ~is Apul.*Met.*10.2; (*w.* in+*acc.*) hoc..in speciem uarietatemque opus ~e non est Caes.*Gal.*7.23.5.

2 Made unsightly, disfigured. **b** (of things).

quod, ~is senex arthriticus ac podagrosus est Lucil.331; ululasse per agros ~es animas Ov.*Fast.*2.554; iacet ~e corpus Sen.*Tro.*1117; Luc.2.169; Quint.*Inst.*6.1.30; ~is et flens et praeter spem incolumis Valens Tac.*Hist.*2.29; ~em ..uultum dissimilemque sui Juv.10.191; (*cf. sense 3*) ~es ..umbras in imo gurgite turpitudinis suae iacere patiar V.Max.3.6.pr.; (*transf.*) nec eam (*sc.* patriam) diligere minus debes, quod ~ior est Cic.*Fam.*4.9.3; (*poet.*) ~is aegrimoniae Hor.*Epod.*13.18;—(*w. abl. of respect*) Acheloon utroque ~em cornu Stat.*Theb.*7.417;—(*w. abl. of cause*) ora..lato..~ia rictu Ov.*Met.*2.481; nigra..ueste ~is Petr. 133.4; cum..semet..inluuie ~is aspicerent Tac.*Hist.*4.46; Apul.*Met.*9.30;—(*w. gen.*) quem..uidit ~em leti Sil.1.166. **b** campus..sic erat ~is..ut in uberrima Siciliae parte Siciliam quaereremus Cic.*Ver.*3.47; Liv.9.40.5; uenit.. capillo..~i Sen.*Con.*1.1.8; Sen.*Her.O.*384; amisso..consorte laborum..taurus..iugum ~e..trahit Stat.*Theb.*9.84; Juv.6.107;—(*w. abl.*) ~is ipse cursus rigida ceruice..currentium (*sc.* equorum) Liv.35.11.8; tecta..~ia fumo Ov. *Fast.*5.505; fuit aliquando domus..pulchra, nunc ~is ruinis Plin.*Ep.Tra.*10.70(75).1; *CIL* 6.31912; (*fig.*) publico ..~em luctu lauream Liv.2.47.10.

3 Offending moral or sim. standards, degrading, discreditable, shameful. **b** (neut. as sb.) shameful thing, disgrace.

nec ulla ~ior species est ciuitatis Cic.*Rep.*1.51; Liv. 1.26.10; ira subit, ~e malum Ov.*Ars* 3.373; argenti..~ior aetas Germ.*Arat.*120; in loco tam ~i (*i.e. a brothel*) Petr.7.5; multa..dictu ~ia Quint.*Inst.*1.3.16; ~em Pyrrhi pacem 2.16.7; inter stupra concubinarum..et ~is moras Tac. *Hist.*1.72; (*of persons*) Sardanapallus ille uitiis multo quam nomine ipso ~ior Cic.*Rep.*3.fr.4;—(*w. dat.*) haec consternatio..uobis..an consulibus magis sit ~is Liv.34.2.6; gestum ..~em sapienti uiro Sen.*Dial.*5.12.6. **b** dandus illis ~ibus color Quint.*Inst.*3.8.44; feminae inlustres ~ia meditari Tac.*Ann.*14.15.

4 Offensive to good taste, congruity, or sim., inappropriate, unbecoming, unseemly.

~is cogitatio similitudinis Cic.*de Orat.*3.164; *Fin.*5.35; ~is adhuc uiuente marito..dolor Luc.8.81; ~e aliquod nomen Quint.*Inst.*9.4.33; ~is pertinacia 12.1.13; Plin.*Ep.* 6.19.4; (*of a person*) haud ~is..pacator Sil.16.220;—(*w. dat.*) sibi..crepidato Neapoli ambulare ~e non duxit V.Max. 3.6.3; donum ~e uiro Sil.15.117.

5 Lacking definite shape, shapeless.

~e chaos Sen.*Thy.*832; solum ~e bipenni..fodit Stat. *Silv.*3.1.126.

dēformitās ~ātis, *f.* [prec.+-tas]

1 The quality of being malformed or otherwise lacking in beauty, ugliness, unsightliness.

est etiam ~atis..bella materies ad iocandum Cic.*de Orat.* 2.239; constat..illam..~ate summa fuisse *Scaur.*6; Nep. *Ag.*8.1; in quo ~as corporis cum turpitudine certabat ingeni Vell.2.69.4; argumentum est ~atis pudicitia Sen.*Ben.* 3.16.3; Fron.*Str.*1.5.16; (elephantorum) ~ate et nouo odore..consternati equi Flor.*Epit.*1.13(1.18.8); Apul.*Pl.* 2.22;—(*of things*) offensus ~ate ueterum aedificiorum Suet. *Nero* 38.1.

2 The state of having one's appearance spoiled, disfigurement. **b** (w. gen.) a disfigurement (suffered by, or arising from). **c** defacement (of a thing), disrepair.

noscitabatur tamen in tanta ~ate Liv.2.23.4; V.Max. 4.5.ext.1; in..naribus ~as sola timeri potest Cels.7.9.1; Sen.*Ep.*101.10; (equa) speculata ~atem suam pristinae imaginis abolet memoriam Col.6.35.2; Larg.183; Gaius *dig.*9.1.3; unico solacio aerumnabilis ~atis meae APUL. *Met.*9.15. **b** ex quo prauitas membrorum, distortio, ~as CIC.*Tusc.*4.28; si uideatis catenas, squalorem, ~atem ciuium uestrorum LIV.22.59.15; 29.22.8; unde ea ~as oris interrogat fratrem TAC.*Ann.*2.9;—amissi oculi ~as QUINT. *Inst.*2.13.12; caluitii..~atem SUET.*Jul.*45.2. **c** eam.. ~atem (parietum)..passum in cubiculo suo Quintianum APUL.*Apol.*58; ULP.*dig.*43.6.1.2;—(*w. gen.*) urbis..similem ~atem futuram fuisse LIV.31.30.9; CIVITATEM..SOLI ~ATE SORDENTEM *CIL* 10.1199.5.

3 Disgrace, degradation.
in istis..nominibus honorum..erit summa ~as CIC.*Fam.* 10.6.3; formae cura prae se ferens animi ~atem SEN.*Ben.* 1.10.2; iudicibus..~ati futura absolutio (rei) QUINT.*Inst.* 6.1.12; TAC.*Hist.*4.62; PLIN.*Pan.*82.4;—(*w. gen.*) illius fugae..~as CIC.*Att.*9.10.2; hac ~ate reditus mei LIV. 30.20.4; opprobrii ~as seueritate supplicii emendata est V.MAX.6.3.7; SEN.*Ep.*83.27; flagitiorum ~as TAC.*Ann.* 11.32;—(*pl.*) meretricum uitia atque ~ates GEL.3.3.6.

4 A lack of good taste (esp. in speech, writing), inelegance, impropriety.
ne mala consuetudine ad aliquam ~atem..ueniamus CIC.*de Orat.*1.156; imperitia..et ~as afferunt interim frigus QUINT.*Inst.*6.1.37; 8.3.48;—(*w. gen.*) diserti ~ate agendi.. infantes putati sunt CIC.*Orat.*56; QUINT.*Inst.*8.3.39.

5 Lack of shape, shapelessness.
quis..in una ~ate iacentibus faciem diuiserit SEN.*Ep.* 65.19.

dēformiter, *adv.* [DEFORMIS+-TER²]

1 In an ugly manner, hideously.
~..formati facie..pigmento delita..prodeunt APUL.*Met.* 8.27.

2 In a disgraceful manner, shamefully.
tam ~ uicti V.MAX.9.5.ext.2; non ~ respectet (orator)? QUINT.*Inst.*12.3.2; uiuo ~, turpiter SUET.*Nero* 49.3; APUL. *Met.*8.30.

3 In an inelegant manner, unbecomingly.
siue iunctura (uerborum) ~ sonat QUINT.*Inst.*8.3.45; 11. 1.82.

dēformō ~āre ~āuī ~ātum, *tr.* [DE-+FORMO]

1 To give an outline to, design, shape, lay out. **b** to arrange (a plan of action).
cum areas ~abis CATO *Agr.*161.1; materia non ~ata rudis appellatur CINC.*gram.*3; VITR.1.6.12; tragicae (scaenae) ~antur columnis et fastigiis 5.6.9; marmora ~ata prima manu QUINT.*Inst.*5.11.30; (*cf.*) non enim flosculos.. sed..certos ac ~atos fructus ostendebat 6.pr.10; (*w.* ad) locus..~atus ad tabulae litterariae speciem VAR.*R.*3.5.10; (*impers. pass.*) cum ab harena..non minus tribus coriis fuerit ~atum VITR.7.3.6. **b** cuncta..certa, ~ata habebam PL.*Ps.*677.

2 To represent the figure or outlines of, portray, model. **b** to sketch in words, describe, delineate.
(Atlas) a pictoribus et statuariis ~atur..sustinens mundum VITR.6.7.6; AGEN.*agrim.*p.38; ~atam manum sinistram porrecta palmula APUL.*Met.*11.10. **b** ille quem supra ~aui CIC.*Caec.*14; cum..hominum..tamquam praesentium actionem sermonemue ~amus RUT.LUP.2.6; orator..uitia ..eorum, de quibus loquitur, ~at 2.7; SEN.*Ben.*7.2.4.

3 To spoil the appearance of, disfigure **a** (persons, etc.). **b** (things).
a uulnere taetro ~atum ACC.*trag.*606; mortuum ~atum.. fuisse *Rhet.Her.*2.44; SAL.*Jug.*14.7; canitiem multo ~at puluere VERG.*A.*10.844; ut..margaritis ac ueste longa.. ~entur uiri QUINT.*Inst.*11.1.3; SUET.*Cal.*27.3; ad miseram maciem ~atus APUL.*Met.*1.6; (*w. abl. of respect*) noster amicus..~atus corpore CIC.*Att.*2.21.3;—(*w. non-personal or abst. subj.*) uultum ~at macies VERG.*G.*4.255; nec male ~et ..tonsura capillos OV.*Ars* 1.517; QUINT.*Decl.*298(p.177,l.2). **b** stant parietes ~ati ENN.*scen.*91; Italiam ~auerunt *Rhet. Her.*4.20; CIC.*Ver.*4.122; SAL.*Rep.*1.1.3; ~are domum et luctu miscere hymenaeos VERG.*A.*12.805; ~atam incendio partem (castrorum) LIV.9.23.17; *CIL* 10.1401.2.43; templa ~antur APUL.*Met.*4.29; ne ruinis urbs ~etur ULP.*dig.* 43.8.2.17; (*of a storm*) tempestas..fulminibus..complura loca ~auit LIV.40.45.3.

4 (w. *in*+acc.) To transform (into something less beautiful).
cauponem..~auit in ranam APUL.*Met.*1.9.

5 To bring shame on, discredit, disgrace.
CIC.*de Orat.*3.8; criminum auctores..omni..flagitio ~atos *Scaur.*13; ~atum ordinem praua lectione senatus LIV.9.30.1.

6 To spoil, impair (non-physical or abst. things).
quid magis inquinatum, ~atum, peruersum..dici potest? CIC.*Har.*25; huic et genus et fortuna..erant nec ars..ea ~abat LIV.24.24.3; caue ~es multa bona uno uitio 30.14.11; 38.53.10; haec..fiducia..lacerat et ~at orationem QUINT. *Inst.*10.7.32.

dēfraglō: see DEFLAGRO.

dēfraudātor ~ōris, *m.* [next+-TOR] One who defrauds.
quod..~oris nomine debet GAIUS *Inst.*4.65.

dēfraudō ~āre ~āuī ~ātum, *tr.* Also **dē-frūd-**. [DE-+FRAVDO] FORMS: ~*it* (pres. ind.) PETR.69.2. N.B.: the forms *-raud-*, *-rud-* seem to be used indiscriminately by editors.

1 To defraud, cheat. **b** (w. abl.) to cheat (out of), rob (of); (sim. w. double acc.).
an tu te..uis..suspendere ut me ~es? PL.*Ps.*93; te ratus es nactum hominem quem ~ares? *Rud.*1387; TER.*Ad.*246; ~are iuuenes meos destinas? APUL.*Met.*4.25; (*transf.*) ne breuitas (orationis) ~asse auris uideatur CIC.*Orat.*221. **b** quem antea ne andabata quidem ~are poteramus CIC. *Fam.*7.10.2; ne te somno ~es FRO.*Aur.*2.p.12(227N); (*transf.*) si ea quae ex prioribus (*i.e. earlier phrases*) nexa sunt principio sui ~entur APUL.*Apol.*82;—nisi quid tu.. uxorem ~aueris PL.*As.*95; aes ~asse coponem VAR.*Men.* 329; (*ellipt.*) quod ego ~aui PL.*Trin.*413.

2 (phrs.): **a** *se* (*animum*, *genium suum*) *~are*, To deny oneself (one's inclinations, etc.), practise self-sacrifice; **b** *nihil sibi ~are*, to deny oneself nothing. **c** *segetem ~are*, to cheat the crop (i.e. to stint the seed in sowing corn).
a egomet me ~aui animumque meum geniumque meum PL.*Aul.*724ᵃ; suom ~ans genium TER.*Ph.*44; LUCIL.619; uide..ne temet ipse ~es FRO.*Aur.*2.p.124(102N). **b** PETR. 69.2. **c** CATO *Agr.*5.4; PLIN.*Nat.*18.200.

dēfremō ~ere ~uī, *intr.* [DE-+FREMO] To finish making a noise, quieten down.
cum..primus ille impetus (*sc. of public indignation*) ~uisset PLIN.*Ep.*9.13.4.

dēfrēnātus ~a ~um, *a.* [DE-+pple. of FRENO] Unbridled; (in quot., transf.).
(amnes) ~o uolguntur in aequora cursu OV.*Met.*1.282.

dēfrensus ~a ~um, *a.* [app. DE-+heter. pple. of FRENDO] (See quot.)
~am detritam atque detunsam PAUL.*Fest.*p.74M.

dēfretum: see DEFRVTVM.

dēfricātē, *adv.* [pple. of next+-E] (app.) Sharply, keenly (of speech).
facete et ~ NAEV.*com.*80.

dēfricō ~āre ~uī ~ātum *or* ~tum, *tr.* [DE-+FRICO] To rub thoroughly; (w. abl.) to rub (with an ointment, or sim.). **b** to rub (a person, beast) down. **c** to scour (a vessel).
nec coram dentes ~uisse probem OV.*Ars* 3.216; CELS. 6.6.29; radicem..~atam nequid terreni habeat COL.12.58.1; felle maluere uti..prius ~atis maculis PLIN.*Nat.*28.188; SUET.*Ves.*20; ~tis..pupulis APUL.*Met.*3.22;—hoc sibi solet mane dentem..~are CATUL.39.19; si (papula).. saliua cotidie ~atur CELS.5.28.18.B; os et palatum sale ~ato COL.6.2.7;—(*cf.*) quod (Lucilius) sale multo urbem ~uit HOR.*S.*1.10.4. **b** in balineas uenit, coepit..~ari *Rhet.Her.* 4.14; captiuos..ut opimos boues..~at SEN.*Ben.*6.12.2; equum ab ipso Catone ~tum *Ep.*87.10. **c** dolia..~ata et diligenter lota COL.11.2.70.

dēfrīgescō ~gescere ~xī, *intr.* [DE-+FRIGESCO] To cool off.
dum ~gescat (*sc.* quod decoxeris) COL.12.20.4; cum ~xit (*sc.* defrutum) 12.21.1.

dēfringō ~ingere ~ēgī ~actum, *tr.* [DE-+FRANGO] To remove by breaking, break off. **b** (w. non-material obj.).
amphoram ~acto collo..inpleto CATO *Agr.*88.1; ut ea (*sc. the shoots*) deplantes potius quam ~ingas VAR.*R.*1.40.4; *Rhet.Her.*4.68; qui praetereuntes ramum ~ingerent arboris CIC.*Caec.*60; COL.5.5.12; uasti specus hiant ~actis membris (colossi) PLIN.*Nat.*34.41;—(*w.* ex, ab) summa ~inge ex arbore plantas VERG.*G.*2.300; ab hasta ~ingit ferrum *A.*11.748; PLIN.*Nat.*24.68; ex naue..pars ~ingebatur GAIUS *Inst.*4.17; quin articulum..a crure ~ingerem APUL. *Fl.*16. **b** bonum..quod numquam ~ingitur SEN.*Ep.* 92.2; si nihil ex gratia eius (*sc.* beneficii) petitio mea ~egisset APUL.*Fl.*16.

dēfrūdō: see DEFRAVDO.

dēfruor ~ī, *intr.* [DE-+FRVOR] (See quot.)
~i dicebant antiqui..significantes omnem fructum percipere PAUL.*Fest.*p.70M.

dēfrustror ~ārī, *tr.* [DE-+FRVSTROR] To foil or thwart completely.
iste nos ~atur senex PL.*Mos.*944.

dēfrutārius ~a ~um, *a.* [DEFRVTVM+-ARIVS] Used for the making of *defrutum*; (neut. as sb.) a cauldron used for boiling grape juice.
in..cellam..~am COL.1.6.9; uasa ~a 12.19.3;—~um quod ceperit musti amphoras nonaginta 12.20.2.

dēfrutō ~āre, *tr.* [next+-O³] To boil down into a syrup.
quidquid uini ~abis CATO *Agr.*24; COL.2.21.4.

dēfrutum ~ī, *n.* [DE-+-fruo (**bhru*), cf. Thracian βρῦτος, Gk. ἀπέφρυσεν (Hsch. = ἀπέξεσεν), OHG. *briuwan*, Eng. *brew*, also FERVEO] FORMS: *-rūt-* PL.*Ps.*741; *-ret-* VAR. in NON.p.551M; *-rit-* *CIL* 4.5588: ABBREV.: *def* *CIL* 4.5585. Grape juice boiled down into a syrup.
dulce..ecquid habet? — rogas? murrinam, passum, ~um PL.*Ps.*741; ~um..de musto lixiuo coctum CATO *Agr.* 23.2; VAR.*R.*1.60.1; igni pinguia multo ~a VERG.*G.*4.269; CELS.2.18.12; COL.11.2.71; quoniam (uinum Ephesium).. ~o condiatur PLIN.*Nat.*14.75; nigri..~i lagona MART. 4.46.9; ULP.*dig.*33.6.9.

dēfugiō ~ugere ~ūgī, *tr.*, *intr.* [DE-+FVGIO]

1 (tr.) To make one's escape from (by flight); to escape, avoid (something unpleasant or undesirable). **b** to move away from, avoid.
~ugit patriam..et adscitus est ciuis a Tarquiniensibus CIC.*Rep.*2.34; quicquid..micat..omne..feri uenientis ~ugit ora GERM.*Arat.*606; cuius nunc ~ugis arma uimque times *Ilias* 260; (*transf.*) ~ugiunt..carmina sola rogos OV.*Am.* 3.9.28;—si auctoritatem postea ~ugeris PL.*Poen.*147; TER. *Eu.*390; illam coniunctionem Caesaris ~ugi CIC.*Prov.*45; non quo munus illud ~ugerem *Att.*8.3.4; *Tusc.*5.118; omnes..aditum sermonemque ~ugiunt CAES.*Gal.*6.13.7; cum in dicendo adsentationem uulgi..~ugerim PLIN.*Ep.* 1.8.17; GEL.*pr.*13; ~ugiendi oneris municipalis gratia ULP. *dig.*50.4.4.3. **b** quisquis medium ~ugit iter SEN.*Her.O.* 675.

2 (intr.) To make one's escape (by flight); to escape from, keep clear of, a responsibility, liability, or other undesirable condition.
quo armis abiectis totum sinistrum cornu ~ugit LIV. 5.38.8;—non committam ut, si ~ugerim, tibi causam aliquam recusandi dem CIC.*de Orat.*2.233; *Planc.*84; sin timore ~ugiant CAES.*Civ.*1.32.7; quolibet ~ugiente omnes tenebuntur PAUL.*dig.*45.1.85.5; Seio agente recte ~ugiet JULIAN.*dig.*21.2.39.5; (*w.* quin) nec..~ugio quin dicam quae scio VAR.*R.*2.4.2.

dēfunctōriē, *adv.* [next+-E] In a spirit which acts for form's sake only, perfunctorily.
~ causam meam egi SEN.*Con.*10.2.18; qui non ~.. officium impleuerant PAPIN.*dig.*29.5.21.2; ULP.*dig.*38.17. 2.32.

dēfunctōrius ~a ~um, *a.* [DEFVNGOR+-TORIVS] Perfunctory, routine.
mihi apodixin ~am redde PETR.132.10; ~o ictu 136.5.

dēfunctus ~a ~um, *a.* [pple. of DEFVNGOR] Dead. **b** (masc., fem., as sb.) a dead person; (neut. pl.) what is dead and gone.
~o adsidens corpori CURT.4.10.21; ex magna ~um parte cadauer LUC.3.720; iam sibi ~us..dum uiuit amicis MART. 4.73.5; PLIN.*Ep.*4.21.3; memoriae ~orum commilitonum APUL.*Met.*4.22. **b** si quis ~is sensus est SEN.*Dial.*11.5.2; LUC.6.825; hic orator et ~os excitabit QUINT.*Inst.*12.10.61; GAIUS *Inst.*2.50;—(*fem.*) ut mea ~ae molliter ossa cubent OV.*Am.*1.8.108; cum ~a (*sc. bees*) progerunt PLIN.*Nat.* 11.63;—nullis planctibus ~a reuocantur SEN.*Dial.*6.6.2.

dēfundō ~undere ~ūdī ~ūsum, *tr.* [DE-+FVNDO]

1 To pour (out of a container). **b** to discharge, pour down, shed. **c** to pour away or off. **d** (transf.) to pour out (sounds).
~usum e pleno..uinum LUCIL.1155; parcit ~undere uinum HOR.*S.*2.2.58; GERM.*Arat.*387; oui et album et uitellus in uas ~undendum est CELS.6.6.1.K; COL.12.26.1; (*poet.*) fruges Italiae pleno ~undit Copia cornu HOR.*Ep.* 1.12.29;—(*libations*) *Carm.*4.5.34; ~usis Mercurio delibamentis V.MAX.2.6.8. **b** siue fons..citas ~undit undas SEN.*Phaed.*513; plurimus Auster..~undit..imbris STAT. *Theb.*1.352; (*from the body*) abundanter ~uso sanguine SIL.5.453; (*poet.*) flendo ~undimus iram OV.*Ep.*8.61. **c** coquito (brassicam)..aquam ~undito CATO *Agr.*156.5; omne ius ~undunt..et amphoram replent COL.12.49.6. **d** ~udit pectore uoces PETR.121,l.102; VELLENT..MVSAE.. ~VNDERE CARMINA CAELO *CIL* 3.77.3.

2 To pour out the contents of (a vessel), empty.
paruam ~undens..urnam GERM.*Arat.*562; patulas ~undere pelues JUV.3.277.

3 To wet by pouring out.
nubes..~uso circumstupet umida uoltu *Aetna* 336.

dēfungor ~gī ~ctus, *intr.* [DE-+FVNGOR]

1 To bring a matter to an end, be quit of a matter. **b** (w. abl.) to be quit (at a cost of), get off (with); to make do (with). **c** (leg., w. abl. or gen. of price) to settle a case (for so much).
~ctus iam sum, nil est quod dicat mihi TER.*Eu.*15; ~ctos se esse satisque poenarum dedisse LIV.5.11.12; (*w.* in+*abl.*) cupio misera in hac re iam ~gier TER.*Ph.*1021; (*impers. pass.*) utinam hic sit modo ~ctum *Ad.*508. **b** ~cta ciuitate..perpaucis funeribus LIV.4.52.4; non leui ~cturum poena qui non restituisset 29.21.6; motus..qui Campaniam ..totiens ~ctam metu, magna strage uastauit SEN.*Nat.* 6.1.2; *Phaed.*128; (*w.* aduersus) quare et medico et praeceptori plus quiddam debeo nec aduersus illos mercede ~gor? *Ben.*6.16.1;—(*w.* pro) maximo se adfectum beneficio..cum tribus decumis pro una ~geretur CIC.*Ver.*3.42; PLANC.*Fam.* 10.24.1;—solitos..parco..uictu ad inplenda..desideria ~gi CURT.6.2.3; eas (*sc.* herbas) tradidere..nudis..nominibus ~cti PLIN.*Nat.*25.9. **c** JAVOL.*dig.*9.2.37.1; emptorem.. id tantum consequi, quanti minimo ~gi potuit ULP.*dig.* 19.1.11.12; nec una aestimatione..~gi poterit 47.6.1.1.

2 (w. abl.) To come to the end (of), be done (with), be rid (of). **b** to fulfil the requirements (of), carry out. **c** *~ctus honoribus*, having completed an official career; *~ctus*, having completed one's task.
ut omni populari concitatione ~gerer CIC.*Sest.*74; o.. magnis pelagi ~cte periclis VERG.*A.*6.83; ille ~gi proelio festinat LIV.1.25.9; gaude ~cta laboribus, Ino OV.*Fast.* 6.541; te..maerere cito ~ctam SEN.*Dial.*12.16.5; SUET. *Nero* 40.2; (*of things*) ~ctum..bello barbiton HOR.*Carm.* 3.26.3;—(*cf. sense 3*) ~ctaque..corpora uita..heroum VERG.*G.*4.475; OV.*Ep.*14.125; qui cito uita ~gitur SEN.*Ep.* 99.10;—(*ellipt.*) si qua pericula tibi impenderent, ut ~geremur CAEL.*Fam.*8.1.4. **b** uelut ~cti regis imperio LIV. 1.4.5; iuuenali lege ~gor SEN.*Con.*2.6.11; (*w. noun cl.*) ~ctos ..uulgo ferebant, quod..uates cecinissent LIV.39.46.4. **c** te liberatum iam existimationis metu, ~ctum honoribus CIC.*Ver.*5.175; *Planc.*52; (*as sb.*) ~cti..honoribus in curulibus sellis..consederunt V.MAX.3.2.7;—me..~ctum placide uiuere tempus erat OV.*Am.*2.9.24; (*of ships*) ubi ~ctae carinae)finem..tenebunt VERG.*A.*9.98.

3 (in quots. pf. tenses only) To have died.
~cto illo ueniere pisces PLIN.*Nat.*9.170; si..is..dicitur.. prius esse ~ctus QUINT.*Inst.*5.5.2; quartum intra mensem ~cta infante TAC.*Ann.*15.23; SUET.*Cal.*5; APUL.*Met.*10.2; QVI ~CTVS EST ANNORVM III *CIL* 6.25890;—(*w.* morte) iacebant..duces ante oculos regis egregia morte ~cti CURT.3.11.9; neque..quisquam (percussorum)..sua morte (*i.e. a natural death*) ~ctus est SUET.*Jul.*89.

dēfūsiō ~ōnis, *f.* [DEFVNDO+-TIO] The pouring out (of a liquid).
uitis uel ad escam uel ad ~onem deponitur COL.3.2.1.

dēfutūtus ~a ~um, *a.* [DE-+pple. of FVTVO] Worn out by excessive sexual intercourse.
puella ~a CATUL.41.1.

dēgener ~ris, *a.* [app. back-formation from next]

1 Of inferior stock, low- or base-born. **b** (of animals, plants, etc.) belonging to an inferior breed or variety; (sim. of inanim. things).
~res animos timor arguit VERG.*A.*4.13; ~rem Afrum LIV.25.40.12; non ego coniugium generosae ~r opto OV.*Ep.* 15.173; SEN.*Phaed.*908; ~res..Sindi V.FL.6.86; STAT.*Ach.* 1.901; (uxorem) ~rem et sola corporis forma commendatam TAC.*Ann.*15.59; uir plebeius et ~r AMP.16.5; (*w. acc. of respect*) materna origine Arsaciden, cetera ~rem TAC.*Ann.* 6.42. **b** ~r ac uulgaris asellus COL.6.37.9; ~ris harundinis, quam..cannam uocant 7.9.7; PLIN.*Nat.*11.61; canum ~res (caudam) sub aluum reflectunt 11.265;—(*w. abl. of respect*) haec (*sc.* uitis)..~r uino 14.41;—(*cf., app. w. epexegetic inf.*) tantus uterque color (*sc. of the mares*) credi nec ~r illo de grege STAT.*Theb.*6.337;—(*transf.*) mares (*sc.* equi)..adulterio ~ri praecauentes APUL.*Met.* 7.16;—(adamantes Cyprii) ut ~res nominis tantum auctoritatem habent PLIN.*Nat.*37.58; insitiuo ~rique alimento lactis alieni GEL.12.1.17.

2 Less admirable than one's forebears, degenerate. **b** (w. gen.) falling away from the standard (set by), unworthy (of), untrue (to); (also w. abl. or *ab*).
illi (*sc. his father Achilles*)..~rem..Neoptolemum narrare memento VERG.*A.*2.549; hi iam ~res sunt, mixti, et Gallograeci uere LIV.38.17.9; suboles oblita priorum, ~res semper semperque habitura minoris GERM.*Arat.*127; CURT.4.12.11; STAT.*Theb.*8.602; cuius (*sc.* patris) ego locum ..nequaquam ~r pari..honore..tueor APUL.*Apol.*24; (*w. abl. of respect*) Agrippa, claris maioribus quam uetustis uitaque non ~r TAC.*Ann.*4.61; (*w.* ad) se diuo Augusto ortam neque ~rem ad pericula 1.40;—(*of plants*) terram amaram demonstrant eius atrae ~resque herbae PLIN.*Nat.* 17.33. **b** iuuenis patrii non ~r oris OV.*Pont.*3.5.7; Atlantes ~res sunt humani ritus PLIN.*Nat.*5.45; nec ~r ille sanguinis STAT.*Theb.*9.619;—~r haud Gracchis consul SIL. 4.515;—bilingues erant paulatim a domestico externo sermone ~res CURT.7.5.29.

3 Having a degenerate nature, soft, weak; having declined from one's earlier standards, softened.
non praecedit armenta ~r taurus SEN.*Ep.*90.4; Romamne petes pacisque recessus ~r? LUC.2.523; PLIN.*Nat.*10.8; V.FL.7.430; quos deformis..~res occultat uita STAT.*Theb.* 10.333; priuatim ~res, in publicum exitiosi TAC.*Ann.*11.17; APUL.*Pl.*2.14;—~rem et emollitum amoenitate Asiae LIV. 38.49.4; una uox non ~ris animi excepta TAC.*Hist.*3.85.

4 (of actions, conditions, etc.) Contemptible, ignoble, unworthy.
trepidatione ~ri SEN.*Cl.*1.16.5; ~res passus latebras LUC.10.441; ~res..ad questus V.FL.1.164; nec cano ~ri.. plectro STAT.*Silv.*3.2.41; nec..~res insidiae fuere aduersus transfugam TAC.*Ann.*11.19.

dēgenerō ~āre ~āuī ~ātum, *intr.*, *tr.* [DE-+GENVS+-O³]

1 (intr.) To fall away from an earlier (esp. an ancestral) standard of behaviour, degenerate, deteriorate; (w. *ad*, *in*+acc.) to lower oneself (to), sink (to). **b** (w. *ab*) to decline (from a standard), fall away (from); to fall below the level or standard (of a person, or sim.); (also w. dat. or abl.).
ita ~ant, ut ipsi ex se nati esse uideantur CIC.*Fin.*5.13; hominum cum ~auit animus PLIN.*Nat.*14.125; mihi nunc dextera in armis ~at SIL.15.745; praecipua Marcomanorum gloria..nec..Quadi..~ant TAC.*Ger.*42.1; ut..~et.. studiis externis iuuentus 14.20; FRO.*Aur.*2.p.22(218N);—(*iron.*) Murredius non ~auit in hac controuersia (*i.e. he was as foolish as usual*) SEN.*Con.*9.4.22;—(*transf.*) naturale quoddam stirpis bonum ~auisse CIC.*Brut.*130; nec ~abat ducum successio FLOR.*Epit.*2.13(4.2.65);—(*impers. pass.*) ea arte aequasset superiores..ni ~atum in aliis huic quoque decori offecisset LIV.1.53.1;—Macedones..in Syros..~arunt 38.17.11; ne in peregrinos ritus..~are se cogeres CURT. 8.5.14; nec quemquam..ad theatralis artes ~auisse TAC. *Ann.*14.21. **b** cum..ab hac..uirtute maiorum..non ~auerit CIC.*Flac.*25; V.MAX.3.8.6; libertate, a qua uel magis ~auimus quam ab eloquentia TAC.*Dial.*27.3; cupiet.. a magna non ~are culina JUV.14.14; (*iron.*) neque..a fama ..sua quamuis pessimo flagitio ~auere TAC.*Hist.*3.28; (*impers. pass.*) ubi..a tuis auspiciis ~atum erat V.MAX. 2.7.7;—Zenonem significabat, a quo illum ~are dolebat CIC.*Tusc.*2.60; quod ~arit tantum a se LIV.38.56.11; (*iron.*) fratri tuo qui a uobis nihil ~at CIC.*Phil.*13.30;—~ant nati patribus MAN.4.77; me..Marti non ~are paterno STAT. *Theb.*1.464.

2 (of plants) To revert to a less highly developed condition, degenerate, go back; (also of animal organisms).
poma..~ant sucos oblita priores VERG.*G.*2.59; locis umidis ..frumenta ~ant COL.2.9.11; ~ans..ex leguminibus quae uocatur cracca PLIN.*Nat.*18.142; QUINT.*Inst.*12.10.19; FLOR.*Epit.*1.27(2.11.4); (*cf.*) omnia haec (*sc. trees*) tarda prouentu ac ~antia (*i.e. liable to revert*) PLIN.*Nat.*17.59; (*in fig. phr.*) ad semen nata respondent, bona ~are non possunt SEN.*Ep.*87.25;—(*w.* in+*acc.*) PLIN.*Nat.*17.117; ocimum senectute ~at in serpyllum 19.176;—paulatim in cartilaginem ~ant (costae) CELS.8.1.14; PLIN.*Nat.*32.98.

3 (tr.) To fall short of the standard set by, be unworthy of.
di mihi sunt testes non ~asse propinquos PROP.4.1.79; acer equus quondam..~at palmas OV.*Met.*7.543; hanc (*sc.* personam) caue ~es *Pont.*3.1.45; conspectum ~ati patris uitaturum V.MAX.5.8.4.

4 To cause deterioration in.
animos..~at (uenus) COL.7.12.11.

dēgerō ~rere ~ssī, *tr.* [DE-+GERO] To carry off (to a destination); to remove.
aurum meum..tuae ~ris amicae PL.*Men.*741; 804; huc bona mea ~ssi *Truc.*113;—de uinea..sarmenta ~re CATO *Agr.*37.5.

dēglabrō ~āre, *tr.* [DE-+GLABRO] To make smooth, i.e. remove the bark from (trees).
PAUL.*dig.*47.7.5.

dēglūbō ~bere ~psī ~ptum, *tr.* [DE-+GLVBO] To skin, flay; (w. abl.) to strip (of a covering).
~pta maena PL.*Poen.*1312; Pelian Medeae permisisse, ut se uel uiuum ~beret VAR.*Men.*285; tondere pecus, non ~bere SUET.*Tib.*32.2;—eo folliculo ~bitur granum VAR.*R.* 1.48.2.

dēglūtinō ~āre, *tr.* [DE-+GLVTINO] To unglue.
palpebras ~at (sucus) PLIN.*Nat.*25.163.

dēgluttiō ~īre ~iuī, *tr.* [DE-+GLVTTIO] To swallow down.
cibum ~iuit FRO.*Amic.*2.p.172(182N).

dēgō ~ere, *tr.*, *intr.* [DE-+AGO]

1 (tr.) To spend (one's life, etc.), pass (one's time). **b** to spend one's time in, carry on.
Romulus in caelo..aeuum ~it ENN.*Ann.*116; hunc diem ..cupio..perpetuom in laetitia ~ere TER.*Ad.*522; ut cum.. Catilina..foedissimam uitam..~eret CIC.*Sul.*75; *Amic.*87; quae (*sc.* pectora deum) placidum ~unt aeuum uitamque serenam LUCR.2.1094; HOR.*Carm.*1.31.20; PHAED.1.30.6; sic otia..~ere..assueuerat STAT.*Theb.*6.831; TAC.*Ann.* 4.41;—(*w. pred. noun, adj.*) te..mauis..seruom aetatem ~ere? PL.*Cas.*291; non licuit thalami expertem..uitam ~ere VERG.*A.*4.551; FRO.*Ant.*2.p.34(95N). **b** nautae contractum cum uentis ~ere duellum LUCR.4.968.

2 (intr.) To spend one's time, live. **b** to remain alive, live on; (of life) to continue. **c** (app.) to bide one's time, wait.
puellis in orbitate ~entibus LIV.24.26.8; si uolumus tranquille ~ere SEN.*Nat.*6.32.5; matrimoniorum exortes passim cum feminis ~unt PLIN.*Nat.*5.45; TAC.*Ger.*20.2; PLIN.*Ep.*5.6.46; (*pple. as sb.*) inter feras..~entes eruere ex latebris..suis expetis CURT.9.3.8;—(*of birds, animals*) quae (*sc.* aues) in aqua ~unt CELS.2.18.6; terrestria (animalia).. hominum quadam consortione ~entia PLIN.*Nat.*9.1;—(*w. pred. adj.*) ille potens sui..~et HOR.*Carm.*3.29.42; qui extremi gentium..~unt PLIN.*Nat.*4.81. **b** gens felix.. annoso ~it aeuo PLIN.*Nat.*4.89; Phrygiis..~ere longius annis STAT.*Theb.*5.752;—PLIN.*Nat.*14.125; uita humanior sine sale non quit ~ere 31.88. **c** ~ere antiqui posuerunt pro expectare PAUL.*Fest.*p.73M.

3 (?) To conduct away.
potest aestus per uestis interualla depelli, potest ~i, potest demeare FRO.*Aur.*1.p.12(66N).

dēgrandinat ~āre, *intr.* [DE-+GRANDINAT] (impers.) To go on hailing.
nec, dum ~at, obsit agresti fano subposuisse pecus OV. *Fast.*4.755.

dēgrassor ~ārī ~ātus, *intr.*, *tr.* [DE-+GRASSOR] To sink; (w. acc.) to descend upon.
si (nubes)..humore fecundae sunt..deorsus ~antur APUL.*Soc.*10;—ubi tanta iniuria primos ~ata duces STAT. *Ach.*1.406.

dēgrauō ~āre ~ātum, *tr.* [DE-+GRAVO] To rest heavily on, press down, weigh down. **b** to overpower, overwhelm.
meum ~at unda caput PROP.3.7.58; gradiens ingenti litora passu ~at OV.*Met.*13.777; ~at illa sinus (*i.e. with flowers*) *Fast.*4.436; PHAED.4.22(23).15; SEN.*Phaed.*1230; (aedificium) ~atum pondere suo COL.1.5.10; saucius ille leuantem ~at amplexu STAT.*Theb.*9.274; APUL.*Met.*7.28; TERRA..NE ~ET OSSA *CIL* 6.14404; (*w. abst. subj.*) etiam peritos nandi lassitudo et uolnera..~ant LIV.4.33.11;—(*cf., of the effect of a drug*) (erum) genua..~at PLIN.*Nat.* 22.153;—(*fig.*) plus illum ~at (aetas) quam quod possit adtolli SEN.*Ep.*30.1; 74.18. **b** quae (*sc.* milia hominum) ..~abant prope circumuentum cornu LIV.3.62.8.

dēgredior ~dī ~ssus, *intr.*, (*tr.*). [DE-+GRADIOR] N.B.: freq. confused w. *digredior* in codd.

1 To come or go down (freq. in command of an army), descend; (of horsemen) *ad pedes ~di*, to dismount. **b** (w. acc.) to descend (a hill). **c** to flow down. **d** (of heavenly bodies) to descend.
Metellus..monte ~diens cum exercitu SAL.*Jug.*49.4; qua triduo ascenderat, biduo est ~ssus LIV.40.22.7; propiore transitu Poeninis iugis ~di iussis TAC.*Hist.*1.61; sacerdos ..in specum ~ssus *Ann.*2.54; FLOR.*Epit.*2.4(3.16.6);—peditem ne ad pedes quidem ~sso equiti parem esse LIV. 3.62.9; 29.2.14. **b** paruulam procliuitatem ~ssus *B.Afr.* 37.3. **c** Atax ex Pyrenaeo monte ~ssus MELA.2.81. **d** PLIN.*Nat.*2.76; sol..incipit..~di ad austrum 18.264.

2 To move off (from a place), depart; (of water) to run away. **b** to turn aside; to move away (from another moving object); (of a line) to deviate. **c** (fig. and transf.) to depart (from a course of action, standard of behaviour, topic, etc.).
paulum ex eo loco ~ditur CAES.*Civ.*1.72.4; LIV.8.35.8; pullo amictu Palatio ~ditur TAC.*Hist.*3.67;—(*w. destination stated*) hinc ad capessendos magistratus in urbem ~ssus *Ag.*6.1; Seleuciam ~ditur *Ann.*2.69; (*in imagination*) inde Athenas ~dior AUR.*Fro.*1.p.50(47N);—in limo ~ssi amnis PLIN.*Nat.*18.169. **b** ~di uia capital reges fecere PLIN. *Nat.*12.63;—(luna) tum congrediens cum sole tum ~diens CIC.*N.D.*2.103;—ni talis obliquitas in latus ~di uideretur PLIN.*Nat.*3.43. **c** ut ne quoquam de ingenio ~diatur muliebri PL.*Mil.*185ª; cum ~dientur a causa CIC.*Part.*128; animum..a destinato itinere ~di cogit contemplatio PLIN. *Nat.*36.116; in proemio..~di QUINT.*Inst.*4.3.17; GEL.1.3. 15; ~ diare..curriculis istis..academicis 20.1.21.

dēgrūmō ~āre, *tr.* [DE-+GROMA+-O³] To lay out with a surveying instrument.
~are forum (*cj.*, *codd.* ferrum) ENN.*Ann.*453; uiam.. ~abis LUCIL.100.

dēgrunniō ~īre, *intr.* [DE-+GRVNNIO] To give a performance of grunting.
scurra ~it prior PHAED.5.5.27.

dēgulātor ~ōris, *m.* [next+-TOR] One who devours, a glutton.
quae..hic ~or..in uentrem condidit APUL.*Apol.*75.

dēgulō ~āre ~āuī, *tr.* [DE-+GVLA+-O³] To swallow down, devour.
iam dudum..~asse oportuit AFRAN.*com.*17; inter se ~arunt omnia (?)ATTA *com.*11¹.

dēgūnō ~ere, *tr.* [DE-+*gus-no*, cf. GVSTVS] (See quot.)
~ere degustare PAUL.*Fest.*p.71M.

dēgustātiō ~ōnis, *f.* [next+-TIO] The act of tasting.
dies..~oni (*sc.* uini) praestitutus ULP.*dig.*18.6.4.1; 33.5.3.

dēgustō ~āre ~āuī ~ātum, *tr.* [DE-+GVSTO]

1 To take a taste of, eat or drink a little of. **b** (of bees) to 'sip'. **c** (transf.) to enjoy a brief experience of, taste, glance at.
uinum..~ari medicamenti causa VAR.*L.*6.21; nec ~anti lotos amara fuit OV.*Pont.*4.10.18; paulum ex singulis (cibis) ~ando CELS.3.6.11; cum..lupum ~asset atque expuisset COL.8.16.3; PLIN.*Nat.*28.96; (*w. adv.*) inde quom..omnes ~auissent SAL.*Cat.*22.2;—(*of animals, birds*) pabulum..quod egredientes (uaccae) ~are possint VAR.*R.*2.5.15; LUC.7.844; aues, quae ~auerint (eum fontem) PLIN.*Nat.*31.27;—(*fig.*) ignes..~ant tigna trabesque LUCR.2.192; lancea..summum ~at uulnere corpus VERG.*A.*12.376. **b** nec iam ~at (*sc.* apis)..thymum LUC.9.287; CALP.*Ecl.*3.80; flore eius ~ato ..(apes) moriuntur PLIN.*Nat.*21.72. **c** uellem aliquid ~asses de fabulis CIC.*Att.*13.40.1; uix ~atam..iuuentam MAN.3.613; SEN.*Ep.*46.1; ~anda..haec prooemio, non consumenda QUINT.*Inst.*4.1.14; tu, Galba, quandoque ~abis imperium TAC.*Ann.*6.20; (*absol.*) ~andum ex philosophia.. non in eam ingurgitandum GEL.5.16.5.

2 To judge the flavour of, test by tasting. **b** (transf.) to form a judgement about.
uiri boni arbitratu ~ato (uinum) CATO *Agr.*148.1; sapor (*sc.* agri)..comprehendetur, si..aquam ~es COL.*Arb.*3.6; GEL.13.5.8; uina..intra diem certum ~anda ULP.*dig.* 18.6.4;—(*absol.*) ~ando quantum inter se differrent aquae cognoscebant *B.Alex.*6.2; PAUL.*dig.*18.1.34.5. **b** oportet..eorum..mentis sensusque ~et CIC.*de Orat.*1.223; tu uelim..istum conuiuam tuum ~es *Att.*4.8a.4; SEN.*Ep.*33.5.

dehauriō: see DEORIO.

dehibeō: see DEBEO.

dehinc, *adv.* [DE-+HINC] PROS.: disyll. (iambus) or monosyll.

1 After this, from now on, in future; (also w. causative force) so now. **b** after that, afterwards, thereupon, then. **c** at a later stage (in a poem, story, or sim.), after that, next.
nemo est quem iam ~ metuam PL.*As.*111; ut scias, nunc ~ latine iam loquar *Poen.*1029; ~ ut quiescant porro moneo TER.*An.*22; *Eu.*14; ~ temeritatem repudio AFRAN.*com.*263; me L. Tarquinium..ferro igni quacumque ~ uí possim exsecuturum LIV.1.59.1;—sequi decretumst. ~ conicito ceterum, possisne..praeripere Casinam PL.*Cas.*94. **b** primum..circlos ceruici subnecte; ~..iunge..iuuencos VERG. *G.*3.167; *A.*3.464; campos..desuper ostentat; ~ summa cacumina linquunt 6.678; aere, ~ ferro durauit saecula HOR.*Epod.*16.65; SEN.*Nat.*3.29.6; STAT.*Silv.*3.3.63; omne ~ caelum..in austrum cessit TAC.*Ann.*2.23; SUET.*Tit.* 8.1; coepit puellam..primo suspicari, ~ detestari APUL. *Met.*10.24. **c** ut speciosa ~ miracula promat (*sc.* scriptor) HOR.*Ars* 144; duplex ~ fama est SUET.*Cal.*58.2; MAUR.1486.

2 Next (in order of enumeration, value, etc.), then. **b** (in temporal order). **c** (topog.) next, then, from here on.
quartus (mensis)..dictus Iunius. ~ quintus Quintilis VAR.*L.*6.34; bellum scriptursum sum..primum quia magnum

. .fuit, ~ quia tunc. .superbiae. .obuiam itum est SAL. *Jug.*5.1; PLIN.*Nat.*18.36; altissimus est Anio nouus. .tertium locum tenet (aqua) Iulia, quartum Tepula, ~ Marcia FRON. *Aq.*18; APUL.*Pl.*2.2. **b** clari. .~ stant ordine patres SIL.8.471. **c** post eos Aethiopas esse, ~ loca exusta SAL.*Jug.*19.6; interiora Cedrosi, ~ Persae habitant MELA 3.75; PLIN.*Nat.*3.38; TAC.*Ann.*4.5.

dehiscō ~ere, *intr.* [DE-+HISCO] FORMS: *-hisse* (pf. inf.) VAR.*L.*5.148.

1 To develop a gap, split open, yawn, gape. **b** (w. abl.) to gape (with); (w. *in*+acc.) to split open (to form or show).

fores pessulis liberatae ~unt VAR.*Men.*577; terrae. .ardore ~unt VERG.*G.*3.432; mihi. .tellus. .ima ~at *A.*4.24; a media caelum regione ~ere coepit OV.*Fast.*3.371; nauigio ~enti SEN.*Ep.*30.2; PETR.124,l.254; (thynni) pinguescunt . .in tantum, ut ~ant PLIN.*Nat.*9.53; 12.26;—(*of topographical features*) altera. .Syrtis. .altero fere spatio qua ~it. .amplior MELA 1.37; ubi ~it (mons) seque populis aperit PLIN.*Nat.*5.99. **b** in ~entem interuallis hostium aciem LIV.29.2.7; rimis. .~it (cumba) OV.*Tr.*5.12.27; PLIN.*Nat.*33.101;—in longas flammarum figuras ~ebat (nubes) PLIN.*Ep.*6.20.9; iugulo eius uulnus ~it in profundum patorem APUL.*Met.*1.19.

2 To be or become situated apart, leave a gap.

ossa, infra supraque coniuncta, media. .~unt CELS. 8.1.26; ~entibus quae cohaerebant, aut his quae distabant sua sponte coeuntibus SEN.*Ep.*88.22.

3 (of a gap) To remain open, gape.

rictu ad aures ~ente PLIN.*Nat.*8.74; uel minimum rimae si ~at FRO.*Aur.*1.p.44(214N).

dehonestāmentum ~ī, *n.* [next+-MENTVM] A source of dishonour or disgrace. **b** an act, etc., inflicting dishonour, degradation. **c** a disfigurement.

Romanum increpans (*sc.* Meherdatem), auribus decisis uiuere iubet. .in nos ~o TAC.*Ann.*12.14; nullo insigni ~o id spectaculum transiit 14.21;—(*applied to a person*) Fufidius . .honorum omnium ~um SAL.*Hist.*1.55.22; scurrae, histriones. .quibus ille amicitiarum ~is mire gaudebat TAC.*Hist.* 2.87. **b** uerba probrosa et ignominias et cetera ~a SEN. *Dial.*2.19.3. **c** ~o corporis. .laetabatur SAL.*Hist.*1.88; simili oris ~o TAC.*Hist.*4.13.

dehonestō ~āre ~āuī ~ātum, *tr.* [DE-+HONESTO] To dishonour, discredit.

famam. .maculari ~arique LIV.41.6.10; animus est, qui. . magna et in pretio habita ~at SEN.*Ben.*1.6.2; ne. .publico theatro ~aretur TAC.*Ann.*14.15; 16.24; pars curiae in uno homine ~atur FRO.*Amic.*2.p.182(195N); (*by one's behaviour*) proauum suum. .Mamercus infami opera ~abat TAC.*Ann.* 3.66;—(*w. abst. subj.*) luxuria. .coepit. .~are speciosa principia SEN.*Dial.*6.22.2; remisse quid uel serio agentem multa ~abant SUET.*Cl.*30.1.

dehonestus ~a ~um, *a.* [DE-+HONESTVS] Low-class, vulgar.

~um. .deculpatumque. .uerbum GEL.19.10.10.

dehortor ~ārī ~ātus, *tr., intr.* [DE-+HORTOR] PROS.: scanned w. elision of the first syll. TER.*Ph.*910; written in tm. ENN.*Ann.*381. To advise (a person) against a course of action, discourage, dissuade; (w. *ne* or inf.) to advise (not to). **b** (of circumstances, etc.) to have a restraining influence on, deter.

neque nos hortari neque ~ari decet hominem peregrinum PL.*Poen.*674; quod. .bellum. .facere. .uolentem ~etur GEL. 6(7).2.6;— ~atus est me ne illam tibi darem TER.*Ph.*910; M. Piso repetere Syriam ~atus est TAC.*Ann.*3.16;—(*absol. or ellipt.*) si erit occasio, hau ~or PL.*Capt.*209; huiusmodi partes sunt. .adtenuandae, si ab his ~abimur *Rhet.Her.*3.6; ne frustra ~ando impedire conemini NEP.*Att.*21; QUINT. *Inst.*3.4.9; APUL.*Apol.*76. **b** res ipsa. .me. .aut inuitabit aut ~abitur CIC.*Pis.*94; (*w.* ab) multa me ~antur a uobis SAL.*Jug.*31.1;—(*w. inf.*) multa me ~ata sunt huc prodire CATO *orat.*186; plura. .scribere ~atur me fortuna mea SAL. *Jug.*24.4; (*absol.*) oppone. .illi multa quae ~entur SEN.*Ep.* 76.29.

Dēianīra ~ae, *f.* The daughter of Oeneus and wife of Hercules.

CIC.*Tusc.*2.20; OV.*Ep.*9.131; PLIN.*Nat.*35.139; HYG.*Fab.* 31.11.

dēiciō ~icere ~iēcī ~iectum, *tr.* [DE-+IACIO] In pros. the first two syll. are occ. fused in synizesis, HOR.*S.*1.6.39, V.FL.7.514.

1 To throw (a thing) down towards a lower position, cause to fall. **b** (of natural forces, etc.) to send down, pour down, precipitate; (esp. pass. in middle sense). **c** to bring down (a weapon so as to inflict a blow). **d** *sortem ~icere*, to drop a 'lot' into a vessel for casting lots. **e** to put or pour down (the throat).

oleae. .in aquam ~iciantur CATO *Agr.*117; has e fenestris in caput ~iciunt LUCIL.842; (opus) in illud ipsum mare ~iciemus quod spectantes scribimus CIC.*Q.fr.*2.12.1; quae (*sc.* fulmina). .caelo ~icit in terras VERG.*A.*8.428; SEN. *Ep.*94.63; ~iectae coronae in fontem lapideae fiunt PLIN. *Nat.*31.29; ULP.*dig.*9.3.5.5; (*w. dat.*) tela. .~iecta mari LUC.3.691; (*poet.*) Paris. .inuitas ~iecit in aequora pinus STAT.*Silv.*2.6.28. **b** aqua leuata uento. .tantum niuosae grandinis ~iecit LIV.21.58.8; 28.15.11; quantis imbribus repente ~iectis solum molliant (dei) SEN.*Ben.*4.25.2; in austros ~iecta (luna) PLIN.*Nat.*2.43; ~iecta. .saxis flumina V.FL.3.594; Marcia (aqua). .partem sui. .in riuum . .~icit FRON.*Aq.*19. **c** elatam securim in caput ~iecit LIV.1.40.7; 7.10.9. **d** Philippus et Cotta. .praetereuntur, neque eorum sortes ~iciuntur CAES.*Civ.*1.6.5; ~iectam . .sortem accepit galea VERG.*A.*5.490; LIV.21.42.2. **e** anguina pelle. .et farre. .contritis una ~iectisque. .in fauces boum PLIN.*Nat.*30.148; globuli. .integri ~iciuntur LARG. 138.

2 To cause (a person) to fall (from higher ground, freq. as a form of capital punishment), hurl down, push down. **b** to force to go down. **c** (refl.) to throw oneself down, jump down; (pass.) to fall (usu. with violence).

quem. .de ponte in Tiberim ~iecerit CIC.*S.Rosc.*100; ut Sopatrum de porticu. .praecipitem in forum ~iciant *Ver.* 4.86; audes ~icere de saxo ciuis? HOR.*S.*1.6.39; Seruium elatum. .e curia in inferiorem partem per gradus ~iecit LIV.1.48.3; TAC.*Ann.*2.32; (barbaros) a summa rupe ~iecit FLOR.*Epit.*1.7(1.13.15); (*w. abst. subj.*) me (*i.e. Pluto*). . ~iecit fortuna polo STAT.*Theb.*8.39. **b** mersos aciem ~iecit in agros LUC.4.745; magno cum fragmine ripae cunctantem ~iecit equum STAT.*Theb.*7.431;—(*poet.*) (Phoebus) inferiora petens ~iecto sidera cursu MAN.3.371; pugnas. .~iecit in amnem. .Bellona STAT.*Theb.*9.296. **c** se de muro ~iecit GRACCH.*orat.*45; si se in mare ~iecisset NEP.*Cha.*4.3; HOR.*Ars* 462; bouem in tertiam contignationem. .escendisse atque inde. .sese ~iecisse LIV.21.62.3; SEN.*Con.*exc.8.4; AMP.8.4; (*in fig. phr.*) se. .de tanto fortunarum suggestu pessum ~iciat APUL.*Met.*5.6;—dum cupidius instat, in locum ~iectus inferiorem concidit CAES. *Gal.*5.44.11; licet illa caelo ~iecta. .fuerit APUL.*Met.*2.8; (*pple. as sb.*) (lanam) sucidam inponunt. .conlisis, contritis, ~iectis PLIN.*Nat.*29.33.

3 (med.) To evacuate (through the bowels). **b** (of a drug) to cause the evacuation of. **c** to purge (one's digestive system).

qui facillime ~iciantur caprini (casei) VAR.*R.*2.11.3; nihil ~iciens aeger CELS.2.12.2.B; mane ~ici, quod satis sit LARG.139;—(*absol.*) qui ~icere uolet CELS.1.3.25; LARG.104. **b** (galbanum) mouet. .ructum et interdum ~icit uentum deorsum LARG.116; 133. **c** aluum si uoles ~icere superiorem CATO *Agr.*156.2; 158.1.

4 To remove with a blow or tug (so as to cause the thing affected to fall), knock or pull down. **b** to cause (a rider) to fall, unhorse. **c** to allow to descend, let fall; to shed. **d** to lower the pitch of (a sound).

hinc araneas de foribus ~iciam PL.*St.*355; uites. .uti. . de arbore ~iciantur CATO *Agr.*32.2; ex qua (*sc.* columna) tantum tectorium uetus ~iectum sit CIC.*Ver.*1.145; uno ~iectum. .ictu cum galea. .caput VERG.*A.*9.770; mensa. . catillum. .~iecit (amicus) HOR.*S.*1.3.91; VITR.10.2.15; iumenta, ex quibus onera ~iecta erant LIV.41.3.6; SEN. *Ben.*4.12.2; PLIN.*Nat.*28.56; ~iecta ab umeris toga SUET. *Aug.*52; spicae in messe ~iectae necdum lectae GAIUS *dig.* 50.16.30.1; (*colloq.*) pernam et glandium ~icite PL.*St.*360; —(*in fig. phr.*) mucrones. .eorum a iugulis uestris ~iecimus CIC.*Catil.*3.2; in qua (urbe) regem Romanis capitibus. . ~iecerunt SEN.*Dial.*6.16.2;—(*of natural forces*) tempestates . .oleam ~icere solere CATO *Agr.*3.2; ex aedibus. .uento tegulae ~iectae ULP.*dig.*39.2.24.4. **b** equo ~iectum Amycum VERG.*A.*12.509; LIV.2.17.3; Indus ab elephanto ~iectus 38.14.2; irruit in equum teque ~iecit JAVOL.*dig.* 9.2.57;—(*of the animal*) (equus) percussus ~iecit dominum CAEL.*hist.*44; (*cf.*) ut (iumentum) turbatum repente diuinum ~iciat simulacrum APUL.*Met.*8.25. **c** ruptis. .catenis ~iecit saxum, ferro quod. .pendebat VERG.*A.*8.226; membra. .~iecit. .lassis unguibus ales LUC.7.840; noctem ~iecit Olympo Iuppiter STAT.*Theb.*5.177; (*w. dat.*) non imo tellus ~iecta profundo MAN.1.179;—his (*sc.* dentibus) qui canini appellantur ~iectis COL.6.29.5. **d** nouissima (syllaba) ~icitur NIGID.*gram.*9.

5 To cause or allow to stretch down, draw down, let down, drop. **b** *oculos, uultum*, etc., *~icere*, to drop one's eyes, lower one's gaze.

~iecta. .in lumina palla V.FL.8.204; ~iecto. .pedes perfundis amictu MART.7.33.3; in ora mariti ~icit. .uelamina STAT.*Theb.*12.368; in modum Furiarum. .crinibus ~iectis TAC.*Ann.*14.30; APUL.*Met.*3.25; (*cf., pass. w. retained acc.*) tunicam. .deorsum ad pedes ~iectus *Fl.*15;—(*esp. the head, etc.*) ~iecto in pectora mento OV.*Met.*12.255; si ceruix (bouis) mota et ~iecta est COL.6.14.3; QUINT.*Inst.*11.3.69; ut. .quod uellem ~iecto capite monstrarem (*i.e. by nodding*) APUL.*Met.*10.17; (*cf.*) in quo loco arcus caelestes ~iecere capita sua PLIN.*Nat.*17.39. **b** si tantulum oculos ~iecerimus CIC.*Ver.*5.181; ~iecit uultum et demissa uoce locuta est VERG.*A.*3.320; ~ice in terram oculos SEN.*Con.* exc.2.7; STAT.*Theb.*10.689; APUL.*Met.*2.11; (*also transf.*) uoltum. .non ~iciet nec animum ob crus alicuius aridum aut pannosam maciem SEN.*Cl.*2.6.3;—(*w. abst. subj.*) gremio . .pudor ~iecit ocellos OV.*Ep.*11.35; V.FL.7.514;—(*pass. w. retained acc.*) ~iecto lumina uultu VERG.*A.*6.862; siue aliquast oculos in se ~iecta modestos OV.*Am.*2.4.11; V. FL.2.470; STAT.*Theb.*2.232;—(*in fig. phr.*) nec a re publica ~iciebam oculos CIC.*Phil.*1.1; PROP.1.1.3.

6 To overthrow (a structure, etc.), pull or knock down, fell. **b** to cause (a person, etc.) to fall, throw to the ground. **c** *de loco, gradu, ~icere*, to throw (a person) off his balance; sim., *de statu ~icere*. **d** to cause the (social, political) collapse of, bring down.

~iectum aedificium se uidisse CIC.*Tul.*24; *Ver.*2.158; ille (*sc. Jupiter*) flagranti aut Athon aut Rhodopen. .telo ~icit VERG.*G.*1.333; ~iecturum arces Italum *A.*12.655; arboribus circa. .~iectis detruncatisque LIV.21.37.2; STAT. *Theb.*6.657; TAC.*Ann.*15.40; (*in fig. phr.*) si. .illud propugnaculum. .ex defensione eius ~iecero CIC.*Ver.*3.40;—(*of non-personal force*) Minerua nostra. .quam turbo ~iecerat *Fam.*12.25.1; ballista. .turrem ~iecit *B.Hisp.*13.7; Tiberim. .ire ~iectum monumenta regis HOR.*Carm.*1.2.15; GAIUS *dig.*18.6.9. **b** ut me. .super lapidem propter uiam positum ~icerent APUL.*Met.*6.25; si magnum putarem caducum ~icere *Apol.*45; (*in fig. phr.*) studio feriendi plerumque ~iectus TAC.*Dial.*26.5;—(*transf.*) ad extremum stuporem ~iecerant animos APUL.*Met.*9.34. **c** de loco hominem iterum ~icit QUAD.*hist.*10b;—(*in fig. phr.*) nec ullo timore de gradu ~iecta est (legio) *B.Alex.*54.3; non ~iectus, ne motus quidem gradu SEN.*Dial.*2.19.3;—quo genere (orationis). .saepe aduersarios de statu omni ~iecimus CIC.*Orat.*129. **d** nuncine me~icis? quo? quid ad scaenam adfero? LABER.*com.*119; te. .~iectum fatis, humilem fractumque LUC.8.344; infra Ventidium ~iectus Oriens TAC.*Ger.*37.4; (*w. abst. subj.*) M. Coelium. .mentio illa fatua. .subito ~iecit CAEL.*Fam.* 8.4.3.

7 To cause to fall dead, strike or shoot down. **b** to fell (a sacrificial victim).

auem caelo ~iecit ab alto VERG.*A.*5.542; quem telo primum. .~icis? 11.665; super iuuencum. .~iectum PHAED.2.1.1; CURT.8.1.19; SIL.15.464; (*w. dat.*) Gyan . .~iecit leto VERG.*A.*10.319; (*of the means*) eum prior hasta Phaleri ~icit V.FL.6.218; (*w. abst. subj.*) tam uelox malum est ut transuolantes aues ~iciat SEN.*Nat.*3.21.1. **b** Thetidi. .iuuencam ~icit Ancaeus V.FL.1.191; 2.330.

8 (oft. mil.) To drive out or dislodge (from a position). **b** (leg.) to eject (so as to deprive of a right to possession). **c** (of winds or sim.) to drive (from an accustomed or right course), divert. **d** to throw out, reject (non-material things).

~iectus. .Italia LUCIL.825; me ui ~iectum domo POMPON. *com.*88; magistratus templo ~icias? CIC.*Sest.*78; praesidium ex saltu ~iecit CAES.*Civ.*1.37.3; 3.51.2; saxi ~iectae uertice caprae VERG.*A.*4.152; HOR.*Ep.*2.2.30; Philippum. .super Aoum amnem. .~iecit LIV.38.49.3; SEN.*Ep.*94.60; STAT. *Theb.*5.47; (*in fig. phr.*) ex qua αἱρέσει ui hominibus armatis' ~iectus sis CIC.*Fam.*15.16.3. **b** qui. .hunc per insidias ui de agro communi ~iecerit CIC.*Quinct.*46; aratores . .uideo ~iectos *Ver.*3.120; *Caec.*37; qui ui aliquem de fundo ~iecit ULP.*dig.*13.3.2. **c** CIC.*Caec.*88; ut. .(naues) ad inferiorem partem insulae. .~icerentur CAES.*Gal.*4.28.2; uenti. .procellosi ~iciunt (*sc.* classem) LIV.28.6.10; quae (*sc.* causae). .aquas. .cursu suo ~iciant SEN.*Nat.*3.11.3; *Thy.*804; TAC.*Ann.*2.60. **d** quae replenda uel ~icienda sunt (*i.e. in a script*) QUINT.*Inst.*10.4.1.

9 To remove (a person from a position of honour or sim. employment), depose, oust. **b** to prevent the election of, reject. **c** to deprive (of a leg. right).

consulem. .~ici de urbis praesidio. .uolunt CIC.*Mur.* 79; se ~iectos principatu CAES.*Gal.*7.63.8; te. .~iectam coniuge tanto VERG.*A.*3.317; de possessione imperii uos ~icere LIV.45.22.7; PETR.56.7; ~icitur familiaritate sueta, post congressu et comitatu TAC.*Ann.*13.46; (*in fig. phr.*) cum senatum a gubernaculis ~iecisses CIC.*Dom.*24. **b** pollicitum quantam uellent pecuniam, si me aedilitate ~iecissent CIC.*Ver.*23; *Mur.*76; eius iniuria. .suos honore ~iectos LIV. 4.44.5; 38.35.1. **c** qui ex ea possessione rem publicam demoueret ex qua. .nec Sullae dominatio ~iecisset CIC. *Agr.*2.81; *Mil.*75; GAIUS *Inst.*4.154; dominus ~iciendus erit possessione ULP.*dig.*39.2.15.23; (*pple. as sb.*) ~iectum ab usu fructu. .praetor restitui iubet PAUL.*dig.*43.16.9.1.

10 a To force to withdraw (from an attitude, purpose, etc.); *mente sua ~iectus*, driven out of one's mind. **b** to drive out, banish (feelings, etc.).

a eum. .de sententia ~iecistis CIC.*Phil.*9.8; cito ~iectus est de illo inani sermone *Att.*15.11.2; Heluetii ea spe ~iecti CAES.*Gal.*1.8.4; ~iectus. .uotis Catilina negandis CORN.SEV. *poet.*13.7; (*w. abst. subj.*) alios pudor coepto ~iecit SEN. *Dial.*5.1.2;—*Her.F.*110. **b** hunc ego si metum Siciliae damnatione istius. .~iecero CIC.*Ver.*5.130; quantum. .de doloris terrore ~ieceris *Tusc.*2.14.

deicō: see DICO.

Dēidamīa (-ēa) ~ae, *f.* A princess of Scyros who became the mother of Pyrrhus (Neoptolemus) by Achilles.

PROP.2.9.16; OV.*Ars* 1.704; STAT.*Ach.*1.607.

dēiectiō ~ōnis, *f.* [DEICIO+-TIO]

1 An act or process of ejecting from possession (of land, or sim.), ejection.

qui illam uim ~onemque. .fecerit CIC.*Caec.*57; etiamsi. . pecora demortua sint post ~onem ULP.*dig.*43.16.1.34.

2 The process of purging the bowels. **b** an attack of diarrhoea.

~o. .medicamento. .petenda est CELS.1.3.25; 2.12.1. **b** aliud ~onibus, aliud torminibus laborare CELS.1.pr.67; SEN.*Ep.*120.16; hoc collyrium. .ad omnem ~onem. .bene facit LARG.142; (*w. gen.*) aestas. .adicit. .uomitus, alui ~ones CELS.2.1.7.

dēiectiuncula ~ae, *f.* [prec.+-CVLA] A slight attack of diarrhoea.

(pastilli) faciunt. .ad. .~as LARG.52.

dēiectō ~āre, *tr.* [DEICIO+-TO] To keep on dropping, shed.

Veneris quod filia. .~at (*v.l.* eiectat) uirus in herbas STAT. *Theb.*3.290.

dēiector ~ōris, *m.* [DEICIO+-TOR] One who throws things down.

ei qui ob hoc (condemnatus est) quod hospes. .de cenaculo deiecit. .dandam esse (actionem). .aduersus ~orem ULP. *dig.*9.3.5.4.

dēiectus[1] ~a ~um, *a.* [pple. of DEICIO]

1 Hanging down, drooping. **b** low-lying.

(canis) ~is et propendentibus auribus COL.7.12.4. **b** etsi ~is atque inferioribus locis constiterat CAES.*Civ.* 1.46.3; (regio) ~a sub orbe imaque. .contingens culmina mundi MAN.2.891.

2 Downcast, dismayed. **b** subdued (in one's style). **c** humble, low-grade, despised.

VERG.*A*.10.858; fessus ac ~us et fletu grauis (*sc.* Hector) SEN.*Tro*.449; in modum pauoris feminei ~i APUL.*Met*.8.5. **b** (sumus) in epilogis..~i et infracti QUINT.*Inst*.9.4.138. **c** humilitas ~i et minus sublimis officii APUL.*Mun*.25.

dēiectus² ~ūs, *m.* [DEICIO+-TVS³]

1 The act of throwing or causing to fall downwards. **b** the act of felling. **c** the act of throwing so as to hang down (in quot., meton.).
neque altitudine ~us quassatus V.MAX.3.2.1;—(*esp. of water*) ~u..graui..nubila conducit (Peneus) OV.*Met*.1.571; SEN.*Nat*.3.11.6; ad capita ~us in superciliis montium piscinae cauantur PLIN.*Nat*.33.75;—(*w. gen.*) stillicidiorum in medium compluuium ~us VITR.6.3.1; fluctum aut ~um aquae SEN.*Ep*.56.3;—(*transf.*) in iram ~us animorum est *Dial*.5.1.5. **b** angustias..saeptas ~u arborum..inuenere LIV.9.2.1. **c** cornipedem..uelatum geminae~ u lyncis STAT.*Theb*.4.272.

2 A sloping surface, slope.
ex utraque parte lateris ~us habebat (collis) CAES.*Gal*.2.8.2; 2.22.1; ut..nunc sublimis in ~u positus uidetur hic uertex PLIN.*Nat*.2.179; 37.88.

dēierātiō ~ōnis, *f.* [next+-TIO] An oath.
~O ESTO APVD MAGISTROS *CIL* 6.10298.9.

dēierō ~āre ~āuī ~ātum, *intr.*, *tr.* Also **dēiūr-**. [DE-+*iero* (perh. -*iūso*), cf. IVRO] FORMS: deponent in APUL.*Met*.10.15. To take an oath, swear. **b** (w. acc. and inf.; also w. acc. of god invoked).
Bacchis ~at persancte TER.*Hec*.771;—(*w.* per) negant sub tecto per hunc (*sc.* Iouem) ~are oportere VAR.*L*.5.66; manes..deos putant, per eos ~ant MELA 1.46; SUET.*Cal*.24.2; (*w. internal acc.*) quod uos ~atis per numina deorum APUL.*Met*.6.15. **β** neque mulieres..per Herculem ~ant GEL.11.6.1; (*w. internal acc.*) ut..falsum ~aret 1.3.20. **b** ~a te mi argentum daturum PL.*Rud*.1336; LUCIL.818; CORNELIA Nep.fr.2; quod facturos ~auerant GEL.6(7).18.10; (*w. dat.*) ~antur utrique nullam se..fraudem..factitasse APUL.*Met*.10.15;—tibi..~abo solem..deum me uera..memorare 1.5. **β** SEI ~AVERIT CALVMNIAE CAVSA NON PO⟨STVLARE⟩ *CIL* 1.583.19; GEL.4.20.9.

dein: see DEINDE.

deinceps¹ ~cipis *or* ~cipitis, *a.* [prec.+-CEPS¹] Next in succession, following.
IVDEX ~CEPS FACIAT PR⟨INCIPE CESSANTE⟩ *CIL* 1.583.79; ~cipiti die APUL.*Fl*.16; ~cipem antiqui dicebant proxime quemque captum PAUL.*Fest*.p.75M.

deinceps,² *adv.* [prec.] PROS.: scanned as disyll. LUCR.2.333, HOR.*S*.2.8.80.

1 (w. ref. to things occurring in unbroken sequence) In succession, in turn. **b** (w. ord. num.). **c** one beside (or behind) another (in a spatial arrangement).
oritur (*sc.* paean)..a breuibus ~ tribus extrema producta atque longa CIC.*de Orat*.3.183; tris fratres..quos uideo ~ tribunos pl. per triennium fore *Fam*.2.18.2; *N.D.*2.93; hoc idem reliquis ~ fit diebus CAES.*Gal*.5.40.4; duabus tantis ~ cladibus icti LIV.26.20.1; V.MAX.4.1.ext.7; (bona) ~ proximo cuique transmittenda PLIN.*Pan*.37.2; GAIUS *Inst*.1.156; *CIL* 2.2102b;—(*w.* deinde, inde, *etc.*) sunt deinde posita ~, quae habemus..in publicis..legibus CIC.*Leg*.3.43; antecedente fama..Clusinorum, ~ inde aliorum populorum LIV.5.37.6; tum ~ singulae legiones 9.6.1; QUINT.*Inst*.2.11.5. **b** septimus sum ~ praetorius in gente nostra VAR.*R*.2.4.2; tertiam ~ personam induat iudicis QUINT.*Inst*.12.8.15; decimo ~ die omnia gallinacea subtrahantur COL.8.11.12. **c** fit (saeps)..ex arboribus..~ constitutis VAR.*R*.1.14.2; CIC.*Div*.2.111; alias ~..ratis iungebat CAES.*Civ*.1.25.8; *B.Alex*.45.4; circa uillam ~ haec esse oportebit COL.1.6.21.

2 (defining a stage in a sequence): **a** (of time) After that (or this), next. **b** (of space) beyond that. **c** (in other sequences) then, next.
a VAR.*L*.5.75; qui ~ eum magistratum petiturus putabatur CIC.*de Orat*.1.25; ex is Saturnum et Opem, ~ Iouem atque Iunonem *Tim*.39; *S.C.* in Cael.*Fam*.8.8.5; illa redde age quae ~ risisti HOR.*S*.2.8.80; QUINT.*Inst*.1.pr.22; ad Masinissam regem..concessimus ac ~..splendidissima colonia sumus APUL.*Apol*.24. **b** prima Cyrene est..ac ~ duae Syrtes SAL.*Jug*.19.3; in capite xysti, ~ cryptoporticus ..diaeta est PLIN.*Ep*.2.17.20; APUL.*Mun*.27; (*w.* inde) addit..Quirinalem Viminalemque; Viminalem inde ~ auget Esquiliis LIV.1.44.3. **c** ut..neque..argumentationem relinquamus, neque..ad aliam ~ (*i.e. the next argument*) transeamus *Rhet.Her*.2.27; principes sint..parentes,..proximi liberi..~ bene conuenientes propinqui CIC.*Off*.1.58; LUCR.2.333; sequitur ~ Caesonianum praeceptum COL.1.4.1; quae narrandi lux, breuitas..quanta ~ in diuidendo prudentia QUINT.*Inst*.2.5.8; PLIN.*Ep*.9.4.2.

3 (implying continuance) For the future, from now on; from then on. **b** (app.) now and always. **c** *sic* ~, on in the same manner, so on; also *et* ~ and sim. phrs.
uelim ~ meliora sint CIC.*ad Brut*.1.10.5; narrauit omnis aetas et ~ narrabit V.MAX.2.9.4; quia (tellus) et cuncta peperit semper et ~ paritura sit COL.1.pr.2; AUR.*Fro*.1.p.230(85N);—temporibus Appi et ~ aliquamdiu SUET.*Cl*.24.1; nec ~ postposito..negotio APUL.*Met*.11.30;—(*w.* inde) ~ inde multae (causae), quas nos..elaboratas..adferebamus CIC.*Brut*.312. **b** gallinae uillaticae sunt, quas ~ rure habent in uillis VAR.*R*.3.9.2. **c** sic ~ usque ad Decembrem VAR.*L*.6.34; sic perge ~ *R.*3.7.11; sic ~ omne opus contexitur CAES.*Gal*.7.23.4;—ut haec nostra in Corneliana et ~ omnia CIC.*Orat*.232; ita tertio et quarto ~que CELS.7.16.5; B pro A, C pro B ac ~ SUET.*Aug*.88;—horum similia ~ CIC.*Phil*.3.22; cetera ~ his similia SEN.*Nat*.2.1.1.

deinde, *adv.* **dein.** [DE-+INDE; cf. *proin*(*de*), etc.] PROS.: *dein-* scanned as one syll. by synizesis; disyll. MAUR.1412. α = *deinde*, β = *dein.*

1 Afterwards, then, next. **b** (repeated). **c** (w. some causal force).
α rex ~ citatus conuellit sese ENN.*Ann*.461; salutat, respondemus..quid ~? PL.*Poen*.655; uideamus quae ~ sint consecuta CIC.*Quinct*.61; CAES.*Civ*.1.74.2; incipe, Damoeta; tu ~ sequere, Menalca VERG.*Ecl*.3.58; primum in notitiam populi, ~ ad honores peruenit LIV.22.26.2; adspice uoltus; adspice ~ manus OV.*Fast*.3.438; QUINT.*Inst*.12.8.5; TAC.*Agr*.9.1; haec tribui, ~ illa dedi, mox plura tulisti JUV.9.39;—(*w. other temporal advs.*) post ~ manus iniectio esto *Lex XII*(*Font.iur*.p.20); ~ porro PL.*Trin*.945; mox ~ recurrit TIB.1.5.73; tum ~ comitia..habuit LIV.2.8.3; APUL.*Apol*.73. **β** ibo intro..~ susum ascendam in tectum PL.*Am*.1008; CIC.*Att*.10.6.2; LIV.26.33.5; cum Chattos, ~ Cheruscos petissent TAC.*Ann*.13.56; iurgia prima sonare incipiunt..~ clamore pari concurritur JUV.15.53;—(*w. other temporal advs.*) dicam prius contra uniuersam analogiam, ~ tum de singulis partibus VAR.*L*.8.25; ~ postea se..percussum esse CIC.*Mil*.65. **b** α primum..~..~..~ postremo adtendendum est CIC.*Inv*.1.43; ~ postea..ceram..sudare cogat..; ~ tunc..VITR.7.9.3; Assyrii principes omnium gentium rerum potiti sunt, ~ Medi, postea Persae, ~ Macedones VELL.1.6.6;—(*both forms*) basia mille, deinde centum, dein mille altera, dein secunda centum CATUL.5.8. **c** α nam aperte laetati sumus..~ habent in ore nos ingratos CIC.*Att*.14.22.2; inuidiam ac ~ periculum timens SAL.*Jug*.39.2.

2 In the next position, from there, next, then.
α prima Cyrene est..ac deinceps duae Syrtes..~ Philaenon arae..post aliae Punicae urbes SAL.*Jug*.19.3; uia tantum interest perangusta..~ paulo latior patescit campus LIV.22.4.2; 22.45.6; planities ~ sub radicibus montium..procumbit CURT.5.4.6; Indis proxima est Ariane, ~ Aria MELA 1.12. **β** hastatorum prima signa, ~ principum erant, triarii postremos claudebant LIV.37.39.8; primis munimentis urbs, ~ regia, templum intimis clausum TAC.*Hist*.5.8; *Ann*.2.16; crines..ceruice dependulos ac ~ per colla dispositos APUL.*Met*.2.9; (*of metrical position*) cum breuem primam locabis et duas longas ~ MAUR.1412.

3 (in enumerations, order of importance, etc.) In the next (second) place, then. **b** (referring to the third or subsequent places). **c** (repeated). **d** then, in that case.
α commoda..patriai prima putare, ~ parentum, tertia nostra LUCIL.1833; quem ad modum primum ornate, ~ etiam apte diceremus CIC.*de Orat*.3.144; maxime a Quinto fratre, ~ a C. Caesare *Att*.4.14.2; CELS.2.18.7; SEN.*Suas*.1.10; quid sit enim beneficium, non constat, ~, quantum sit SEN.*Ben*.3.7.6; QUINT.*Inst*.3.9.6. **β** CIC.*Att*.15.9.1; cum uidemus speciem primum..caeli, ~ conuersionis celeritatem..tum uicissitudines dierum *Tusc*.1.68; prima nobilitas Cilicio..~ Lycio mox Centuripino PLIN.*Nat*.21.31; laudatissimus in insulis Creta ~ Naxo et postea in Phoenice 21.115. **b** α prima societas in ipso coniugio est, proxima in liberis, ~ una domus CIC.*Off*.1.54. **β** Caecilio palmam..do..Plautus secundus..exuperat ceteros. ~ Naeuius..pretio in tertiost VOLC.*poet*.1.7. **c** α primum..leges oportet contendere considerando utra lex ad maiores..res pertineat..~ utra lex posterius lata sit..~..~..postremo..CIC.*Inv*.2.145; *S.Rosc*.130; uitem maxime populus alit, ~ ulmus, ~ fraxinus COL.*Arb*.16.1. **d** α quid faciam? roger anne rogem? quid ~ rogabo? OV.*Met*.3.465.

4 From that time forward, from then on. **b** from now on, henceforth.
α ~ etiam deinceps posteris prodebatur (imperium) CIC.*Leg*.3.4; res..M. Lepido Q. Catulo consulibus ac ~..gestas SAL.*Hist*.1.1; nec ~ in terris Romulus fuit LIV.1.16.1; 5.31.7; nec ~ ciuili bello interfuit TAC.*Hist*.2.85. **b** α sic ~, quicumque alius transiliet moenia mea LIV.1.7.2; sit Latium ~ an non sit 8.13.14; SIL.7.391. **β** in hodiernum ac ~ semper APUL.*Fl*.18.

deintegrō ~āre ~āuī, *tr.* [DE-+INTEGRO] To deprive of integrity, impair.
nomen uirginis..~auit CAECIL.*com*.255.

deinus: see DIVINVS.

Dēiotarus ~ī, *m.* A tetrarch of Galatia promoted by the Romans to be king.
CIC.*Deiot*.26; *Att*.6.1.4; CAES.*Civ*.3.4.3; LUC.5.55.

Dēiphobē ~ēs, *f.* The Sibyl who led Aeneas to the underworld.
Phoebi Triuiaeque sacerdos, ~e VERG.*A*.6.36.

Dēiphobus ~ī, *m.* A son of Priam, who took possession of Helen after the death of Paris.
VERG.*A*.6.495; PROP.3.1.29; OV.*Met*.12.547; HYG.*Fab*.110; (*as the type of an adulterer*) MART.3.85.4.

deisatus ~a ~um, *a.* [DEVS, SATVS¹] Having a divine ancestor.
IVLIAE..~AE VX(ori) EIVS *A.Epig*.36.70.

dēiūdicō ~āre, *tr.* [DE-+IVDICO] To give final judgement on (a question).
donec inter uos ~etur cuius oleum esset ULP.*dig*.4.3.9.3.

dēiugō ~āre, *tr.* [DE-+IVGO] To disconnect, disunite.
nostram..unanimitatem, quam memoria nulla ~at PAC.*trag*.110.

dēiungō ~gere ~xī ~ctum, *tr.* [DE-+IVNGO] To unyoke; to separate (a thing from another); to release (from an activity). **b** (gram., pple. as adj.) lacking a common term, disconnected.
uetitam currus ~gere Phoeben STAT.*Theb*.9.424;—ne (pulli), cum sint ~cti (*sc.* a matre), exterreantur VAR.*R*.2.7.12;—marem non ~gunt ab opere 2.6.4; me ~gere a forensi labore constitui TAC.*Dial*.11.3. **b** unum (genus analogiae) ~ctum..est..alterum coniunctum VAR.*L*.10.45; 10.47.

dēiūrium ~iī, *n.* [next+-IVM] An oath.
quoniam ~io uincti forent GEL.6(7).18.8.

dēiūro: see DEIERO.

dēiuuō ~āre, *tr.* [DE-+IVVO] To refuse help to.
deserere illum et ~are in rebus aduorsis pudet PL.*Trin*.344.

dēlābor ~bī ~psus, *intr.* [DE-+LABOR¹] FORMS: ~*bsus* (= ~*psus*) MAN.5.732.

1 To fall freely or out of control, drop. **b** (of internal parts of the body, etc.) to slip down, sink; (also of penetrating weapons). **c** (of upright things) to fall prostrate. **d** to slip downwards.
cum tu..~psus in flumen nusquam apparuisses CIC.*Div*.1.58; in terram ~bi pondere cogit (aues) natura LUCR.6.837; (soror) ab excelsa praeceps ~psa fenestra TIB.2.6.39; cum plerique ~psi ex equis essent LIV.10.36.4; OV.*Ars* 1.43; ~psae portitor Helles LUC.4.57; TRYPH.*dig*.7.1.62.1; (*w. dat. of destination*) tandem fessa ~bitur solo APUL.*Met*.5.24; (*pple. as sb.*) quae (*sc.* contusio)..accidere solet..arbore alta ~psis LARG.101;—(*of inanim. things*) signum..de caelo ~psum CIC.*Phil*.11.24; serta procul tantum capiti ~psa VERG.*Ecl*.6.16; ~psam in gurgite..Persephones zonam OV.*Met*.5.469; arboribus ~psa folia COL.2.1.6; TAC.*Hist*.4.40; (*cf.*) protinus mihi ~bitur deformis et ferina facies APUL.*Met*.11.13; (*of a sound*) sonus..uocis ululabilis per prona ~pso 5.7;—(*fig.*) deorsus ~psum nutriens amorem 8.2. **b** ~pso intestino ipse (*sc.* tumor) desidit CELS.7.14.3; si in alam ~psus est (umerus) 8.15.1; hic (*sc.* in uentre) conficiuntur cibi, hinc in aluum ~buntur PLIN.*Nat*.11.201; 28.190;—qua parte (*sc.* iuguli) gladium ~psum uideram APUL.*Met*.1.18; sagittam..Cupidinis in ima praecordia mea ~psam 2.16; (*transf.*) tui oculi per meos oculos ad intima ~psi praecordia 10.3. **c** ~psum Camuloduni simulacrum Victoriae TAC.*Ann*.14.32; TERMIN VETVSTATE ~PSOS EXALTAVERVNT *CIL* 6.31554. **d** ubi is (*sc.* aeger) deorsum ad pedes subinde ~bitur CELS.2.6.5.

2 To descend (of one's own accord) through the air, fly or glide down. **b** to descend quickly or unobtrusively, slip down; (of a snake) to glide down or away. **c** (of heavenly bodies) to sink.
de caelo diuinum hominem..in prouinciam ~psum CIC.*Q.fr*.1.1.7; regina deum caelo ~psa VERG.*A*.7.620; aequoream, uirgo, ~bere Lemnon V.FL.2.127; ~psa sedentis in ipsos..columba sinus MART.8.32.1; JUV.3.118; SUET.*Aug*.94.7. **b** didicit..Corinna..~bi..toro OV.*Am*.3.1.51; equis ~psi..regem salutauerunt V.MAX.7.3.ext.2; per puppim..~bendum est PETR.102.4; APUL.*Met*.5.20; (*cf.*) litus..quo tunc Macedonia ~psi grassabamur 7.7;—(serpens) gradibus nitidis ~bitur OV.*Met*.15.685. **c** cedit ~psa Corona CIC.*Arat*.597(351); sidera..~psa polo V.FL.2.62; sol ipsum quidem ~psus Oceanum APUL.*Met*.9.22.

3 (of water) To flow down. **b** to be carried downstream; also, over the sea (to land).
quo pluuia aqua ~batur VAR.*R*.1.29.2; CIC.*de Orat*.3.180; fluminis..~bentis..in mare HOR.*Carm*.3.29.35; Nilus lato ~psus in alueo OV.*Am*.2.13.9; MELA 2.4; fons..per..prona ~psus APUL.*Met*.4.6. **b** ad quas (*sc.* insulas) ~beretur Pado (electrum) PLIN.*Nat*.37.32;—hinc placidis alto ~bitur auris in litus (*sc.* Cato) LUC.9.41.

4 To be brought by circumstances (into a condition), fall. **b** to sink (by moral or sim. standards), slip. **c** (of physical, mental, etc., powers) to fail, lose strength.
Piliam in idem genus morbi ~psam CIC.*Att*.7.5.1; ~bitur in eas difficultates *Fat*.39; IN PLACIDAM ~BI VISA QVIETEM *CIL* 10.7570; (*of an activity*) cursus..eorum ad eandem uirtutis calcem pergentium..in aemulandi suspiciones..~bitur GEL.14.3.10;—(*into a physical situation*) medios ~psus in hostis VERG.*A*.2.377. **b** Appius..in hoc uitium scurrile ~bitur CIC.*de Orat*.2.246; ad Epicureas uoces ~beris SEN.*Ep*.68.10; ne..in philologum..~bar 108.35; ~pso Nerone in amorem libertae TAC.*Ann*.13.12; ad seruiles ~psus uoluptates APUL.*Met*.11.15; (*iron.*) qui ab iniuria in beneficium ~psus est SEN.*Ben*.6.10.1; (*w. abst. subj.*) crudelissimus ille..cuius in similitudinem dominatus unius..facile ~bitur CIC.*Rep*.1.44. **c** ~psa esse robora corporum animorumque LIV.23.45.2; ne patiaris impetum animi tui ~bi SEN.*Ep*.16.6; horum uirtus expectabitur, nostra ~bitur CALP.*Decl*.26.

5 To move gradually or insensibly, incline (to an attitude, policy, etc.); (of things) to slip into (a new or different form). **b** (of a speaker, discourse, etc.) to slip, run (into a new subject or sim.); also, to descend (to a lower subject). **c** to be derived (by gradual or unobtrusive changes).
in relationem criminis ~beremur CIC.*Inv*.2.70; eo magis ~bor ad Clodiam *Att*.12.47.1; cotidie..~bi ad aequitatem et ad rerum naturam uidetur *Fam*.6.10.5; *Luc*.59;—quamquam in ipsum iudicium saepe ~buntur (*sc. questions of procedure*) CIC.*Part*.100; si finitio infirma est, in syllogismum ~bitur QUINT.*Inst*.7.8.2. **b** optanti utrique nostrum cecidit, ut in istum sermonem..~beremini CIC.*de Orat*.1.96; *Q.fr*.1.1.18; scribere saepe aliud cupiens ~bor eodem OV.*Pont*.4.15.33; stilo meo ad externa iam ~bi permittam V.MAX.3.8.ext.1;—a maioribus ad minora ~bimur CIC.*Part*.12;

a sapientium familiaritatibus ad uulgares amicitias oratio nostra ~bitur *Amic.*76. **c** illa sunt ab his (*sc.* uocibus) ~psa plura genera Cic.*de Orat.*3.216.

dēlabōrō ~āre, *intr.* [DE-+LABORO] To work hard.
~at cum puera (*cj.*) statim Afran.*com.*11.

dēlacerō ~āre ~āuī ~ātum, *tr.* [DE-+LACERO] To tear to shreds.
(*fig.*) me meamque rem..tuis..fallaciis ~auisti Pl.*Capt.* 672 (dil- in Non.p.95M).

dēlacrimātiō ~ōnis, *f.* [DELACRIMO+-TIO] Watering of the eyes.
~one caligini medentur (cepae) Plin.*Nat.*20.39; 25.156; uis eius (*sc.* aeruginis)..~onibus mordendo proficiens 34.113; Larg.37.

dēlacrimātōrius ~a ~um, *a.* **dēlachr-.** [next+-TORIVS] Producing watering of the eyes.
STACTVM ~VM *A.Epig.*01.67a; *CIL* 13.10021(6).

dēlacrimō ~āre, *intr.* [DE-+LACRIMO] To shed tears (in quot., transf.).
ut in terram potius deuexa..~et (cicatrix, *i.e. on the pruned vine*) Col.4.9.2.

dēlambō ~ere, *tr.* [DE-+LAMBO] To lick all over.
~it uellera lingua (leo) Stat.*Theb.*2.681.

dēlāmentor ~ārī, *tr.* [DE-+LAMENTOR] To give oneself up to mourning for.
natam ~atur ademptam Ov.*Met.*11.331.

dēlaniō ~āre, *tr.* [DE-+LANIO] (See quot.)
~are est discindere et quasi lanam trahere Paul.*Fest.* p.73M.

dēlapidō ~āre ~āuī ~ātum, *tr.* [DE-+LAPIDO]
1 To pave over with stones.
ni sam (*sc.* eam uiam) ~assint (*cj.*) *Lex XII(Font.iur.* p.27); ~ata, lapide strata Paul.*Fest.*p.73M.
2 To remove the stones from.
eum locum..~ato..et in ordine serito Cato *Agr.*46.1.

dēlapsus ~ūs, *m.* [DELABOR+-TVS[3]] An outfall (for drainage).
is (*sc.* locus) cum aquae non habet ~um Var.*R.*1.6.6.

dēlargior: see DILARGIOR.

dēlassābilis ~is ~e, *a.* [next+-BILIS] Capable of fatigue.
celeres motus nec ~e pectus Man.4.242.

dēlassō ~āre ~āuī ~ātum, *tr.* [DE-+LASSO] To tire out, exhaust; to exhaust by experiencing.
hominem..labore ~atum Pl.*As.*872; cetera..adeo sunt multa, loquacem ~are ualent Fabium Hor.*S.*1.1.14; (signa) quasi ~ata..cessant Man.4.819; Hyg.*Fab.*31.1;—~et omnis fabulas poetarum (*sc. the sufferer in the underworld*) Mart.10.5.17.

dēlātiō ~ōnis, *f.* [DEFERO+-TIO]
1 The act of denouncing, denunciation, accusation; the laying (of a charge). **b** *~onem dare*, to grant the right to act as prosecutor; *~o nominis*, see NOMEN.
si ~onem eius damnabat Curt.6.8.13; qui temporibus Neronis ~ones factitauerat Tac.*Hist.*2.10; paelices..perpulit ~onem subire *Ann.*11.29; uastatas ~onibus terras Plin.*Pan.*34.5; circa ~ones fiscales Ulp.*dig.*49.14.25;—dimissa eius causae ~one Tac.*Ann.*3.10. **b** si certamen..sit cui potissimum ~o detur Cic.*Div.Caec.*10; 49.
2 The act of tendering (an oath).
qui processit ad ~onem iurisiurandi Ulp.*dig.*12.2.37.

dēlātō: see DILATO.

dēlātor ~ōris, *m.* [DEFERO+-TOR]
1 One who gives information, an informant; (w. gen.) a carrier (of information); one who reports (a state of affairs).
QVORVM (*sc.* Anaunorum) PARTEM ~OR ADTRIBVTAM TRIDENTINIS..ARGVISSE DICITVR *CIL* 5.5050.23; (*dist. from subscriptor*) IN SINGVL ACCVSATORES, QVI EORVM DELATOR ERIT, EI H IIII, QVI SVBSCRIPTOR ERIT, H II ACCVSANDI POTEST FACITO 1.594.3.4.27;—qui talis indicii ~or erat Liv.42.17.2; 45.31.10;—uacantium bonorum ~or Papin. *dig.*44.3.10.
2 One who denounces, an accuser, informer. **b** (w. gen.) one who accuses (of a crime); an informer (against a person).
exulat..~or ab urbe Mart.*Sp.*4.5; Quint.*Inst.*3.10.3; ~ores, genus hominum publico exitio repertum Tac.*Ann.* 4.30; de conspiratione ~orum Plin.*Ep.*4.9.5; quisnam ~or..quo teste probauit? Juv.10.70; Suet.*Cal.*15.4; Paul.*dig.* 49.14.44. **b** ~or uenit eius criminis, cuius..reus est Sen.*Dial.*4.7.3; maiestatis ~or Tac.*Ann.*2.50; (*cf.*) praemia ~orum Papiae legis ad quartas redegit Suet.*Nero* 10.1;—~orem Thraseae Tac.*Hist.*4.6; magni ~or amici Juv.1.33; ne serui ~ores dominorum audiantur Call.*dig.*49.14.2.6.

dēlātōrius ~a ~um, *a.* [DEFERO+-TORIVS] Of or belonging to an informer; (transf.) tell-tale.
ut neque..nimia securitas satis expedita sit neque ~a curiositas exigatur Ulp.*dig.*22.6.6;—calicem..sine ~a nota quom dico sine puncto dico Fro.*Aur.*2.p.6(224N).

dēlēbilis ~is ~e, *a.* [DELEO+-BILIS] Capable of being obliterated, effaceable.
nullis ~is annis uiuet (*i.e. the portrait drawn in verse*), Apelleum cum morietur opus Mart.7.84.7.

dēlectābilis ~is ~e, *a.* *compar.* ~ior. [DELECTO+-BILIS] Enjoyable, delightful; delicious (in taste).
illud Menandri..simplex et uerum et ~e Gel.2.23.12; 5.15.9; (*w. abl. of respect*) geometria..difficilis incessu, ~is ordine Agen.*agrim.*p.25; uoce hominis..tibia questu ~ior Apul.*Fl.*17;—infusum ~i boleto uenenum Tac.*Ann.*12.67.

dēlectābiliter, *adv.* [prec.+-TER[2]] Delightfully.
huius..rei..facies ~..uariis..uerbis depicta est Gel. 13.25.17; 15.1.1.

dēlectāmentum ~ī, *n.* [DELECTO+-MENTVM] An instrument of pleasure or amusement.
qui sibi me pro deridiculo ac ~o putat Ter.*Hau.*952; inania sunt ista..~a paene puerorum Cic.*Pis.*60; Labeo *iur.*25; comoedos..in deliciis atque in ~is habebat Gel. 20.4.1.

dēlectātiō ~ōnis, *f.* [DELECTO+-TIO] The conferring or gaining of pleasure or delight. **b** a source of delight or enjoyment.
res rusticas uel fructus causa uel ~onis inuisere Cic. *de Orat.*1.249; mihi maiori offensioni esse quam ~oni possessiunculas meas *Att.*13.23.3; genus ~onis Italica seueritate temperatum V.Max.2.4.4; iucundus et ~oni natus Quint. *Inst.*10.1.119; Tac.*Ger.*16.3; Apul.*Met.*9.12;—(*w. subj. gen.*) deploratur..in morte filii pueritiae ~o Cic.*Inv.*1.107; studiis ~onibusque urbium Gel.16.19.20;—(*w. obj. gen.*) solet..oculorum..~oni abdominis uoluptates anteferre Cic.*Pis.*66; ad ~onem lectoris *Fam.*5.12.4. **b** Ter.*Hau.* 988; in ipsa occupatione ~ones..multas habere possumus Cic.*Mur.*39; per ludos..~onibus detinentur Vitr.5.3.1; (*w. obj. gen.*) nec (animas) ~onibus corporum prorsus carere Apul.*Pl.*2.14.

dēlectātiuncula ~ae, *f.* [prec.+-CVLA] A little or trifling pleasure.
ad colligendas huiuscemodi memoriarum ~as Gel.pr.23.

dēlectō ~āre ~āuī ~ātum, *tr.* Also **~or** ~ārī. [DE-+LACTO[2]]
1 To lure, entice.
me Apollo ipse ~at ductat Enn.*scen.*361; ubi sementim facturus eris, ibi oues ~ato Cato *Agr.*30; coepit..hostem ~are, dum collega id caperet quod captabat Quad.*hist.*46.
2 To exert fascination on, delight, charm, amuse. **b** (refl., etc.) to amuse oneself, enjoy oneself.
tibicen uos interibi hic ~auerit Pl.*Ps.*573[a]; Pamphilam accerse ut ~et hic nos Ter.*Eu.*625; ~abat magis Atheniensis quam inflammabat (*as orator*) Cic.*Brut.*37; me ab eo ~ari facilius quam decipi *Div.Caec.*44; quia tum te nudus ~arat *Flac.*51; Hor.*Carm.*4.12.11; Sen.*Ep.*86.15; plus spectator quam te ~at adulter Mart.1.34.3;—(*w. abl. of means*) qui dicendo animos audientium et docet et ~at Cic.*Opt.Gen.* 3; compositione uerborum..scholasticos ~abat Sen.*Con.* 7.4(19).10;—(*absol.*) ~at Ennius Cic.*Ac.*1.10; aut prodesse uolunt aut delectare poetae Hor.*Ars* 333; ~as..non amaris Mart.7.76.6;—(*dep.*) deprehensus..cum dominam suam ~aretur Petr.45.7; 64.2. **b** mihi..upupa qui me ~em datast Pl.*Capt.*1004; cum Musis nos ~abimus animo aequo Cic.*Att.*2.4.2; ut peregrinatione te..amoena ~es Sen.*Dial.* 12.17.2; Fro.*Aur.*2.p.8(226N);—(*cf.*) ibi..animum ~at suum Enn.*scen.*237; oculos uolo meos ~are munditiis Pl. *Poen.*192; saporibus palatum suum ~antes Sen.*Dial.*7.11. 4; Apul.*Met.*8.7.
3 (of things) To be a source of delight to, please. **b** (w. inf.) *me*, etc., *~at*, it pleases me (to), I am glad (to); (w. *quod*) I am glad (that).
fundi ~at uirtus te Lucil.532; quem bellum ciuile ~at Cic.*Phil.*13.1; Hor.*S.*1.1.57; nos quoque ~ant, quamuis nocuere, libelli Ov.*Tr.*4.1.35; si te..serpentis amplexus ~ant Apul.*Met.*5.18; (*cf.*) dictorum sensus ut ~et uarietas Phaed.2.pr.10;—(*w. abl. of cause*) me Athenae ~arunt urbe dumtaxat et urbis ornamento Cic.*Att.*5.10.5; Ov.*Met.*15.203; (*ellipt.*) non ~abit popina secreta Sen.*Dial.*9.7.2; (*pple. as sb.*) ~antia malo scribere Mart.5.16.1. **b** quos ~at populi Romani gesta discribere Cato *hist.*1; nos..uenisse ~at Cic. *de Orat.*2.14; equitare in harundine..si quem ~et Hor.*S.* 2.3.249; ~at Veneris decerpere fructum Ov.*Rem.*103; Col. 5.11.6; Quint.*Inst.*1.1.29; ita..~abit emisse Plin.*Ep.* 1.24.2;—me ~at quod fugerunt Sen.*Suas.*2.8; me ~at, quod..narrabitur, qua..fide uixerimus Plin.*Ep.*7.20.2.
4 (pass.) To be delighted, take pleasure. **b** (w. inf.) to enjoy (being, doing something); (w. acc. and inf.) to be glad (that).
non ut ~emur solum legere..debemus Cic.*Rab.Post.*29; ~ata illa risit Petr.127.1; haec..rimabundus eximie ~or Apul.*Met.*2.5; (*w. abl. of respect*) ut non minus animo quam uentre conuiuae ~arentur Nep.*Att.*14.1;—(*w. abl. of cause*) cum poeticis..uerbis magis ~er quam utar Var.*L.*5.9; quae (*sc.* belua)..sui generis belua maxime ~etur Cic.*N.D.*1.77; iumentis, quibus maxime Galli ~antur Caes.*Gal.*4.2.2; Hor.*Carm.*4.1.23; praecipue ~atus insula Suet.*Tib.*40;—(*w. abst. subj.*) (senectus) modicis..conuiuiis ~ari potest Cic.*Sen.*44; Sen.*Cl.*1.25.2;—(*w.* in+*abl.*) in hac inani.. laude ~or Cic.*Fam.*6.4.4; *Leg.*2.17. **b** ut ur bonus..dici ~or Hor.*Ep.*1.16.32; quae ~aris bibere humanum sanguinem Phaed.5.3.9;—in quo ~or me ante prouidisse Cic. *ad Brut.*1.2a.1; AMICVM..MEVM ITA VOBIS PRAEFVISSE.. ~OR *CIL* 10.8038.7; Quint.*Inst.*2.2.13.

dēlectus[1] ~a ~um, *a.* [pple. of DELIGO] Chosen for attaining a high standard of excellence, picked, select. **b** (masc. pl. as sb.) picked men; (w. partit. gen.) the pick (of); the élite.
Argiui in ea (*sc.* naue) ~i uiri uecti Enn.*scen.*250; Cic. *Mil.*67; ductores Danaum ~i Lucr.1.86; Caes.*Gal.*1.46.3; huc ~a uirum sortiti corpora..includunt Verg.*A.*2.18; Liv.5.21.10; ~os..tauros Ov.*Met.*15.364; ~a..fera Mart. 1.60.6; (*iron.*) antequam hoc ~um praeclarumque consilium iste dedit Cic.*Ver.*5.55. **b** milia militum octo duxit ~os Enn.*Ann.*333; missi sunt ~i cum Leonida Nep. *Them.*3.1; Liv.8.24.9;—~i equitum circumuenti occiduntur 22.15.10; in ferocissimos..mittit ~os sagittariorum Tac. *Ann.*4.47;—quod populus a ~is principibusque dissentiat Cic.*Sest.*104; Sal.*Cat.*6.6.

dēlectus[2] ~ūs, *m.*: see DILECTVS[2].

dēlēgātiō ~ōnis, *f.* [DELEGO[1]+-TIO] (leg.) The assignment to a third party of the creditor's interest in, or the debtor's liability for, a debt.
Cic.*Att.*12.3.2; pecuniam dicimur reddidisse..quamuis.. delegatione..perfecta solutio sit Sen.*Ben.*6.5.2; non interpositis delegationibus Papin.*dig.*2.14.40.2; 21.2.68.1; Ulp. *dig.*46.2.11.1; (*w. gen.*) delegatione debitoris facta Afric. *dig.*16.1.19.5;—(*transf.*) delegationem res ista non recipit Sen.*Ep.*27.4.

dēlēgātus ~ūs, *m.* [next+-TVS[3]] = prec.
si debitor ex ~u pupilli pecuniam creditori eius soluit Ulp.*dig.*44.4.4.26; *CIL* 4.3340.45.15.

dēlēgō[1] ~āre ~āuī ~ātum, *tr.* [DE-+LEGO[1]]
1 To assign (a person to a task, or sim.), appoint. **b** to put into the charge (of another person), entrust (to); to consign (to a destination); to refer (to a source of information). **c** (leg.) to appoint (a person, usu. one's own debtor, to take over one's liability to a third party).
si quoi fauitores ~atos uiderint Pl.*Am.*67; quis non imprudentissimum quemque..huic negotio ~at? Col.3. 10.6; mancipia rustica tempore messium..~ata Scaev. *dig.*34.1.15.1; ~or..ligno monte deuehundo Apul.*Met.*7.17; (*w. rel. cl. expr. purpose*) si mihi adulteram, cui numerem, ~auerit Sen.*Ben.*7.19.3; (*w. ut*) creditorem ~auit, ut daret pro filia dotem Ulp.*dig.*23.3.5.8; (*pple. as sb.*) ~ati ut plauderent Pl.*Am.*83. **b** infans ~atur..ancillae Tac. *Dial.*29.1; *Germ.*20.1; uni M. Porcio me..despondi atque ~aui Aur.*Fro.*1.p.152(36N);—patefacto..scelere ~atum (Pleminium) in Tullianum Liv.29.22.10;—studiosos Catonis ad illud uolumen ~amus Nep.*Ca.*3.5. **c** uir..in id pretium creditori suo ~auerat (uxorem) Afric.*dig.*16.1.17; si Titius te pro se ~auerit mihi Gaius *Inst.*3.130; Ulp. *dig.*46.2.11; (*w. inf.*) is cui ~atus fuerat dare pretium hordei Paul.*dig.*14.5.8;—(*pple. as sb.*) aduersus creditorem, cui ~atus promisit Ulp.*dig.*44.5.1.10; doli exceptio, quae poterat ~anti opponi Paul.*dig.*46.2.19;—(*fig.*) discedit ille (*he who owes us gratitude*)..et..debitores nobis deos ~at Sen.*Ben.*4.11.3; *Ep.*18.14.
2 To commit (a task, or sim., to a person), delegate, entrust; (w. gdve., or *ut*) to order (action to be taken). **b** to refer (a matter to the jurisdiction of). **c** to ascribe (credit, blame, etc.), attribute, pass on. **d** to transfer the ownership of (property), assign, make over. **e** to assign liability for (a debt).
quod hunc laborem alteri ~aui Cael.*Fam.*8.1.1; obsidione ~ata in curam collegae Liv.9.13.11; Sen.*Ep.*120.12; munia..~anda ei (*sc.* uillicae) Col.12.1.4; Quint.*Inst.* 6.pr.1; ~ata..agrorum cura feminis Tac.*Ger.*15.1; (*cf.*) fortunae loci ~auerant spes suas Liv.6.28.7;—petit.. exscribendas (imagines)..~em Plin.*Ep.*4.28.1; proconsulem occidendum ~auerat Suet.*Cal.*57.3; Ulp.*dig.*47.2.43.2; (*w. ut*) si nominatim, ut maior pecunia solueretur, ~auit Papin.*dig.*12.6.57.1. **b** cum ea disceptatio..~ata ad pontifices esset Liv.5.25.7; appellationes..litigatorum praetori ~abat Suet.*Aug.*33.3; magia..res est legibus ~ata Apul.*Apol.*47. **c** causam peccati facillime mortuis ~ari Hirt.*Gal.*8.22.2; seruati consulis decus Coelius ad seruum.. ~at Liv.21.46.10; ubi..scelera..aliis ~ent Tac.*Ann.*13.43. **d** Quinto ~abo si quid..superabit Cic.*Att.*13.46.4; legata.. interim ~ari non potuerunt Ulp.*dig.*35.1.41; pecuniam ~atam in usum aliquem Paul.*dig.*48.13.2;—(*transf.*) nihil ex illa (uita) ~atur, nihil alio atque alio spargitur Sen. *Dial.*10.11.2; ~ASTI MIHI LVCTVM DESIDERIO TVI *CIL* 6.1527.2.64. **e** donicum pecuniam soluerit..aut ~arit Cato *Agr.*149.2.

dēlegō[2]: see DELIGO.

dēlēnificus ~a ~um, *a.* [DELENIO+-FICVS] Ingratiating, cajoling; soothing, mollifying.
~a facta Pl.*Mil.*192; (*of a person*) ~am mulierem Turp. *com.*29;—uerba ~a pietate..delibuta Fro.*Ver.*2.p.134 (121N).

dēlēnīmentum ~ī, *n.* [next+-MENTVM]
1 An ingratiating action, quality, etc., blandishment, enticement.
si possent homines ~is capi Afran.*com.*378; Laber.*com.* 134; Sal.*Hist.*3.48.21; eum..illius excetrae ~is..imbutum Liv.39.11.2; Sen.*Con.*2.7.9; nouercalibus ~is..corrupti Gaius *dig.*5.2.4;—(*w. gen.*) paulatim..discessum ad ~a uitiorum Tac.*Ag.*21.3; ingenii et..facundiae tuae ~a Fro. *Aur.*2.p.40(97N); consiluisse..attonitos..~is aurium Gel. 5.1.6.
2 A soothing act or process, mollification, consolation.
tempus erat..~um animis Bolani agri diuisionem obici Liv.4.51.5; aliquod exercitui Germanico ~um Tac.*Hist.*1.77;

posse animum..odorum ~o soporari APUL.*Apol.*43;—(*w. obj. gen.*) ~a magis quam remedia podagrae meae SEN.*Dial.* 7.17.3; ~is curarum et periculorum carendum esse TAC.*Ann.* 2.33; 15.63.

dēlēniō ~īre ~iī ~ītum, *tr.* Also **-līn-**. [DE-+LENIO]

1 To soothe down, mollify, cajole. **b** to soothe (feelings, etc.), mitigate.

ut eum..meis dictis ~iam PL.*St.*457; lena ~ita argento TRAB.*com.*1; epulis multitudinem imperitam ~ierat CIC. *Phil.*2.116; praeda ~ire popularium animos studebat LIV. 1.57.1; ut..Domitiani animum..~iret TAC.*Hist.*4.68; ut..te..aut Lucretio ~ires aut Ennio incenderes FRO.*Aur.*2.p.4 (224N); APUL.*Met.*3.11; (*of things*) quodsi dolentem nec Phrygius lapis nec..~it..Falerna uitis HOR.*Carm.*3.1.43; (*w. abst. obj.*) nec fortunae muneribus ~iri potest (philosophia) SEN.*Ep.*90.35. **β** ~iendum (agnum)..pabuli bonitate VAR.*R.*2.2.17; explicationibus audientis ~ire contentus est SEN.*Con.*9.pr.1. **b** in timore ~iendo CIC.*Part.*67; nec his dolorem ~irem remediis PHAED.3.pr.44; ipse..iram eius ~iat APUL.*Apol.*101. **β** iracundia..apium facile ~itur COL.9.3.3.

2 To weaken the resistance of, soften, bewitch.

~itus sum..ita ut me qui sim nesciam PL.*Am.*844; concedat homini id quod uelit, ~iat LUCIL.918; animum..malo..more ~itum molliuimus CIC.*Tusc.*5.78; LIV.7.38.5; Sirenum cantu ~iti QUINT.*Inst.*5.8.1; GEL.15.2.7. **β** crimen erat nostrum, si ~ita fuissem OV.*Ep.*16.23.

dēlēnītor ~ōris, *m.* [prec.+-TOR] One who mollifies, an appeaser, soother.

cum iudice ipso, cuius ~or esse debet orator CIC.*Brut.*246; ille immanium bestiarum delenitor APUL.*Fl.*17.

dēleō ~ēre ~ēuī ~ētum, *tr.* [DE-+**-leiuai*, cf. LINO]

1 To remove (written characters, or other marks) by wiping or scratching out, expunge, delete. **b** to efface, wipe clean (a tablet). **c** to efface (mental impressions), wipe out. **d** to blot out (a source of light).

usque istuc ad lignum ~e CATO *orat.*171; digito legata ~euit CIC.*Clu.*41; epistulas, quas ego lacrimis prope ~eui *Fam.*14.3.1; HOR.*Ars* 389; ne cuius militis scripti nomen..~eretur LIV.7.41.4; QVI ~ES AE⟨G⟩ROTES *CIL* 4.3775; STAT. *Ach.*1.60; scripta sua spongia linguaue ~ere iussos SUET. *Cal.*20; (*in fig. phr.*) ~enda uobis est illa macula Mithridatico bello..concepta CIC.*Man.*7;—(*of things*) illa uelim..carmina..~eat amnis aqua TIB.1.9.50; COL.10.125; stigmata..mandragoras inlitus ~et PLIN.*Nat.*25.175; stilum non minus agere cum ~et QUINT.*Inst.*10.4.1;—(*transf.*) nec illam (stigmam) nisi Orcus ~ebit PETR.45.9; cras bibet..aliquid..cuius..titulum..senectus ~euit JUV.5.35. **b** ~etis..ceris OV.*Ars* 3.495; si ~euerit..tabulas testamenti GAIUS *Inst.*2.151. **c** nisi uincit, nomen populi Romani ~eatur necesse est CIC.*Att.*10.7.1; nec, si quid olim lusit Anacreon, ~euit aetas HOR.*Carm.*4.9.10; OV.*Met.*1.445;—(*w.* ex) ~eo omnis dehinc ex animo mulieres TER.*Eu.*296; nominis prope Romani memoriam..ex sedibus Graecorum ~etam CIC.*Flac.*60; LIV.4.11.3;—(*neg. w.* quin) neque hominum morte memoria ~eri debet, quin a proximis retineatur CAES.*orat.*43. **d** luna..certo ~etur tempore LUCR.5.749; (*in fig. phr.*) huius scientiae splendor ~etus est CIC.*Off.*2.65.

2 To destroy completely (buildings, etc.), demolish, obliterate, wipe out. **b** to destroy (a political, economic, or sim. structure, sometimes also involving physical destruction), ruin.

Scipio Kartaginem ~euit *Rhet.Her.*4(5).19; idcirco illa aedificia non esse ~eta CIC.*Agr.*2.88; in ipso solo..quod nulla ui moueri neque ~eri potest *Phil.*9.14; LIV.32.33.16; CURT.5.7.3; ubi fuere Amyclae..a serpentibus ~etae PLIN. *Nat.*3.59; censuit..Carthaginem non esse ~endam AMP. 19.11; (*w. abst. obj.*) hanc pulchritudinem (*i.e. of the city*)..~ere et exstinguere CIC.*Ver.*4.120;—(*of natural forces*) quae (*sc.* flamma) ~eret Iouis..templum 4.69; ui fluminis agger ~etus PAUL.*dig.*39.3.11.6. **b** non ad ~endam sed ad commutandam rem publicam CIC.*Catil.*3.25; magnam..Graeciam, quae nunc quidem ~eta est, tum florebat *Amic.* 13; licet ~ere omne Latium LIV.8.13.15; (*cf.*) utrum pluris arbitramini..armis hostium urbis an hibernis sociorum ciuitates esse ~etas CIC.*Man.*38.

3 To kill every member of (a group of people), annihilate, exterminate. **b** to destroy completely (an individual person). **c** to destroy the power of, crush.

COPIAS REGIS..~EVIT *Elog.*15(*CIL* 1.p.194); ~eantur concordes, honesti, boni, tota res publica CIC.*Phil.*8.16; equitatus..funditus ad internecionem ~etus esset *B.Afr.* 52.4; non..omnino Teucros ~ere paratis VERG.*A.*9.248; LIV.6.2.9; V.MAX.3.7.4; ~eri cum uniuerso exercitu Caecinam potuisse TAC.*Hist.*2.26; fugitiuos..in itinere ~euit SUET.*Aug.*3.1. **b** neque excessu uitae sic ~eri hominem, ut funditus interiret CIC.*Tusc.*1.27; (*cf.*) quos si quis corrigit, ~et SEN.*Ep.*114.12. **c** L. Lucullum..~ere uoluisti CIC.*Vat.*24; (*cf.*) ad illam pestem (*i.e. Clodius*) comprimendam, exstinguendam, funditus ~endam *Har.*6.

4 To put an end to (conditions, institutions, activities), abolish. **b** to nullify, spoil.

ut..omnino omnis improbitas..exstinguenda atque ~enda sit CIC.*Div.Caec.*26; auspicia ~euit *Har.*58; eo..impetu bellum totum ~euit NEP.*Alc.*8.6; ad ~endam priorem ignominiam LIV.39.30.8; SIL.5.415; (*w.* ex) barbariam ex Gaditanorum moribus..~erit CIC.*Balb.*43; (*w.* de) senatum consules..uocassent, quem totum de ciuitate ~erant *Sest.*44. **b** illa omnia (beneficia) maleficiis esse ~eta CIC.*Inv.*2.108; ille abdicationem uirtute ~euit, ego merui SEN.*Con.*1.8.6; fulminis ictus priora (*i.e. omens*) ~euit SEN.*Nat.*2.34.3.

dēlēr-: see DELIR-.

dēlēticius ~a ~um *a.* [DELEO+-ICIVS²] On which the original writing has been erased, palimpsest.

chartae appellatio et ad nouam chartam refertur et ad ~am ULP.*dig.*37.11.4.

dēlētilis ~is, ~e, *a.* [DELEO+-ILIS¹] That expunges or erases.

spongiam ~em VAR.*Men.*305.

dēlētiō ~ōnis, *f.* [DELEO+-TIO] Destruction, annihilation.

~onem nostri ad unum exercitus LUCIL.823.

dēlētrix ~īcis, *f. a.* [DELEO+-TRIX] w. gen.) Causing the destruction (of).

est illa..scelerata et paene ~ix huius imperi sica depensa CIC.*Har.*49.

dēlēuō ~āre, *tr.* [DE-+LEVO²] To smooth down.

plagam (*i.e. on the vine*) acutissimo ferro ~ato COL.*Arb.* 6.4.

delf-: see DELPH-.

Dēlia ~ae, *f.* The goddess of Delos, i.e. Diana. **b** the poetical name of Tibullus' mistress.

VERG.*Ecl.*7.29; [TIB.]3.9.5; OV.*Met.*5.639; nemoralis ~a STAT.*Theb.*9.627;—(*poet., of the moon*) apparet ~a terris exoriens MAN.1.231; SEN.*Her.O.*150. **b** reseret modo ~a postes TIB.1.2.31; OV.*Am.*3.9.31; APUL.*Apol.*10.

Dēliacus ~a ~um, *a.* Born or living in Delos, Delian. **b** (of things) produced on Delos (celebrated for its bronze).

gallinarium..~um CIC.*Luc.*86;—(*masc. as sb.*) VAR.*R.* 3.9.2; CIC.*Orat.*232; PETR.23.3; gallinas saginare ~i coepere PLIN.*Nat.*10.139. **b** domus referta uasis..~is CIC. *S.Rosc.*133; *Ver.*2.83; antiquissima aeris gloria ~o fuit PLIN.34.9; (*cf.*) non ut (lectos)..~a specie faceret, sed Punicana PLIN.*Nat.*33.144.

dēlībāmentum ~ī, *n.* [DELIBO+-MENTVM] A libation.

defusis Mercurio ~is V.MAX.2.6.8.

dēlīberābundus ~a ~um, *a.* [DELIBERO+-BVNDVS] Occupied in deliberation, deep in thought.

rex uelut ~us LIV.1.54.6; consules uelut ~i capita conferunt 2.45.7.

dēlīberātiō ~ōnis, *f.* [DELIBERO+-TIO]

1 Careful consideration (usu. involving discussion with others), deliberation.

si in ~onibus publicis adhibendi auctores..sumus CIC. *de Orat.*3.122; *Red.Pop.*12; fuerit ista eius ~o qui bellum suscepit LIV.1.23.8; ibi..~oni..tempus patet CELS.3.1.4; SEN.*Suas.*2.4; inter ~ones contentionesque medicorum LARG.pr.p.1,l.6; APUL.*Met.*7.10;—(*w. obj. gen.*) offici me ~o cruciat CIC.*Att.*8.15.2; ~o eius rei differtur LIV.44.2.7;—(*w.* de) tenuit eum et de Hannibale ~o 35.42.3;—(*w. indir. qu.*) ut haec uobis ~o difficilis esset quemnam..praeficiendum putaretis CIC.*Man.*27; *Fam.*4.6.3; dignum est certe ~one, sitne faciendum PLIN.*Ep.Tra.*10.39(48).2; superest tertia ~o, cuius debet esse liberta PAUL.*dig.*19.1.45.2.

2 (rhet.) A speech, or the occasion for a speech, made in the 'deliberative' style (i.e. concerned with the discussion of a future course of action).

si ~o et demonstratio genera sunt causarum CIC.*Inv.*1.12; *Part.*10; narrationem..numquam exigit priuata ~o QUINT. *Inst.*3.8.10; in ~onibus de utilitate..disserimus TAC.*Dial.* 31.2.

dēlīberātīuus ~a ~um, *a.* [DELIBERO+-IVVS] Concerned with the discussion of a future course of action, deliberative.

~um (genus causae) est in consultatione *Rhet.Her.*1.2; tribus in generibus rerum uersari rhetoris officium..demonstratiuo, ~o, iudiciali CIC.*Inv.*1.7; QUINT.*Inst.*3.8.6.

dēlīberātor ~ōris, *m.* [DELIBERO+-TOR] One who deliberates.

illi..~ori merces..duplicata est CIC.*Sest.*74.

dēlīberātus ~a ~um, *a.* *compar.* ~ior. [pple. of next] Resolved upon, determined; worked out.

neque illi quicquam ~ius fuit quam me..ui..euertere CIC.*Fam.*5.2.8;—instructius ~iusque fore..theorematium hoc GEL.1.13.9.

dēlīberō ~āre ~āuī ~ātum, *intr., tr.* [DE-+LIBRA+-O³]

1 To engage in careful thought (usu. in consultation with others), weigh the pros and cons, deliberate. **b** (w. *cum*) to take counsel (with a person), consult. **c** to consult (with an oracle).

ego amplius ~andum censeo TER.*Ph.*457; quaeso cogita ac ~a TURP.*com.*6; facilius de pace ~abitis CIC.*Phil.*13.22; concilio conuocato de summa rerum ~are incipit CAES.*Civ.* 2.30.1; LIV.8.11.3; QUINT.*Inst.*10.7.22; ~andi potestas data est de adeunda hereditate uel non adeunda GAIUS *Inst.* 2.162;—(*impers. pass.*) in senatu de Syphace diu ~atum est CIC.*Inv.*2.105; SEN.*Ben.*6.29.2; ita Sardianos inter Zmyrnaeosque ~atum TAC.*Ann.*4.55; SCAEV.*dig.*34.1.13. **b** cum amicis ~aui PL.*St.*580; ut saepe cum eis qui audiunt..quasi ~et CIC.*Orat.*138; cum quibus de summa rerum ~aret LIV.36.6.6; utinam..nobiscum ~asses! CURT.6.8.4; COL. 1.8.15;—(*w.* mecum, *etc.*) tecum ergo ~a, ut..des eis impendia HADR.in Call.*dig.*22.5.3.4; de genere tumultuario mortis mecum ~abam APUL.*Met.*1.16;—(*w.* cum *w. personified qualities, etc.*) non cum ea parte animi, in qua inest..consilium, sed cum cupiditate..~at CIC.*Fin.*2.115; de quibus (rebus) non cum fama, sed cum rerum natura ~andum est SEN.*Ep.*81.29; QUINT.*Inst.*7.10.10. **c** Delphos ~atum missi sunt qui consulerent Apollinem NEP.*Milt.*1.2; *Them.* 2.6.

2 (w. acc.) To consider (a matter) carefully, ponder, think over. **b** (w. indir. qu.) to consider (what, whether, etc.); (w. inf.) to consider (whether to).

~a hoc dum ego redeo TER.*Ad.*196; re quaesita et ~ata CIC.*Caec.*97; pudet, etiamsi non fugimus, ~asse talia SEN. *Suas.*2.1; MART.9.35.3; TAC.*Ann.*14.44;—(*w.* cum) philologi cum Graecorum sapientibus multa ~antes VITR.9.pr.17; SEN.*Ep.*3.2. **b** ut..~are plebes Romana possit quid intersit sua CIC.*Agr.*2.66; LIV.7.30.10; ex eo ~ari poterit, ducenda necne aluus sit CELS.4.20.3; SEN.*Con.*10.1(30).4;—(*w.* cum) ~a tecum et perpende quid uelis SEN.*Dial.* 6.18.8; APUL.*Met.*3.26; (*w.* cum *w. abst. sb.*) utra sit..uia utilior, cum materia ~abimus QUINT.*Inst.*3.7.16;—qui ~auit uictor arma deponere *Decl.*352(p.382,l.12); dum ~ant heredes instituti adire ULP.*dig.*27.10.3.

3 (in pf. tenses) To have resolved on (after consideration); to have decided (that or to).

ut..combiberet uenenum, ~ata morte ferocior HOR.*Carm.* 1.37.29; si fixum tibi istud ac ~atum, sequar te PLIN.*Ep.* 7.33.6;—(*w. inf.*) cum ~assent nobiscum bellum gerere *Rhet.Her.*4.13; quod iste certe statuerat ac ~auerat non adesse CIC.*Ver.*1.1;—(*w. acc. and inf.*) occiso Domitiano statui mecum ac ~aui esse magnam..materiam insectandi nocentes PLIN.*Ep.*9.13.2;—(*impers. pass.*) certum ac ~atum est me illis obsequi TURP.*com.*180; CIC.*S.Rosc.*31; si..tibi ~tum est quibus abroges fidem *Q.Rosc.*44; mihi..~atum est..abesse ex ea urbe *Att.*15.5.3.

dēlībō ~āre ~āuī ~ātum, *tr.*, (*intr.*) [DE-+LIBO]

1 To remove (a small portion of), skim (flake, scrape, etc.) off; to channel off (water). **b** to pick out as a choice specimen.

ex uniuersa mente diuina ~atos animos CIC.*Sen.*78; quamuis..sol umoris paruam ~et ab aequore partem LUCR. 6.621; dum illa carnis..paululum ~at PETR.136.1; inepta ego..quae nec tantillum quidem indidem (*i.e. from the box*) mihi ~o APUL.*Met.*6.20;—~are aquam sulco deriuare PAUL.*Fest.*p.73M;—(*poet.*) summa..per galeam ~ans oscula VERG.*A.*12.434. **b** (*in fig. phr.*) is dictust..flos ~atus populi ENN.*Ann.*308; non sum..tam insolens in dicendo ut..omnis undique flosculos carpam atque ~em CIC.*Sest.*119.

2 To take a little from the substance, amount, etc., of, deplete, wear away, nibble at. **b** to offer to the gods a small part of.

ut ~ari sibi cenas iubeant, ne edendo defetigentur FAV. *orat.*1; quae ista crudelitas est..tam bene stipatam..adulescentium domum..~are? SEN.*Dial.*11.3.4; neue..bos..extremo iugo truncum ~et COL.2.2.26; quae (*sc. provisions*) domum..inferuntur, diligenter inspicere ne ~ata sint 12.1.5; SUET.*Aug.*57.2; (*absol.*) nefas est ~are gustu prius quam plena horrea securos spondeant menses [QUINT.]*Decl.*13.17. **b** (*absol.*) ubi deoutos altaribus admouere, ~ant MELA 3.18.

3 (transf.) **a** To take away (a little) so as to render imperfect. **b** to detract from the completeness of, diminish, infringe.

a ut..quod sit..de honestate ~atum, uirtute..recuperetur CIC.*Inv.*2.174; nec de laude ieiuni hominis ~are quicquam PLANC.*Fam.*10.21.2; LUCR.3.1088; SEN.*Dial.* 10.7.5; ne quid de uirginitatis integritate ~asse..uel oculis uideretur FLOR.*Epit.*1.22(2.6.40); (*impers. pass.*) nonne de sua gloria..~ari putent? CIC.*Inv.*2.114. **b** neque ulla res animi pacem ~at LUCR.3.24; 6.70; ne qua uirgo..nuberet, cuius castitatem non ante..aliquis ~asset V.MAX. 9.1.ext.2; SUET.*Aug.*68; GEL.1.3.23.

4 To have a brief or first experience of, take a taste of; to touch on (a subject of discourse). **b** to perform (a small part of a task, or sim.).

cur primus..ad nouum ~andum honorem sit habitus LIV.5.12.11; quisque suas artes..~at OV.*Fast.*1.169; PHAED.4.24(25).8; philosophiae..disciplinas..satius esse numquam adtigisse quam leuiter..~asse FRO.*Aur.*1.p.2 (62N);—omnia..narratione ~abimus QUINT.*Inst.*4.2.55. **b** ~asse quaedam..contentus..prope intactam bene faciendi materiam..reseruauit PLIN.*Pan.*38.1.

dēlibrō ~āre ~āuī ~ātum, *tr.* [DE-+LIBER⁴+-O³] To strip the bark from, peel; to strip off (bark).

horum (*sc.* ramorum) ~atis ac praeacutis cacuminibus CAES.*Gal.*7.73.2; antequam radix ulmi in eximendo ~etur COL.5.6.9;—cortex..aridus..corpore tenus ~andus est 4. 24.6.

dēlibūtus ~a ~um, *a.* [DE-+**leib-* (cf. Gk. λοιβή, λιβάς)+-VTVS] FORMS: *dil-* also found, e.g. CIC.*S.Rosc.*135, COL.7.4.8, but is not clearly distinguishable as a separate word. Thickly smeared or stained. **b** deeply imbued, overflowing (with feeling); steeped (in a condition).

amicas..miseras schoeno ~as PL.*Poen.*267; reliquias..mias..sanie ~as PAC.*trag.*201; qui..erat..medicamentis propter dolorem artuum ~us CIC.*Brut.*217; HOR.*Epod.*3.13;

conuersata es..humano sanguine ~is SEN.*Con*.1.2.9; labra ..~a cerato MART.11.98.6; APUL.*Met*.9.38; (*fig.*) haec (*sc.* pecunia) est sanguine nostro ~a SEN.*Dial*.5.33.1. **b** si te ~um gaudio reddo TER.*Ph*.856; uerba..pietate..et desiderio ~a FRO.*Ver*.2.p.134(122N); laetitia ~i..cuncti.. facessunt APUL.*Met*.3.10;—~o..senio luxu PLIN.*Nat*.4.89.

dēlicātē, *adv. compar.* ~ius. [next+-E]

1 In a manner agreeable to the senses, luxuriously, comfortably; without exertion, gently. **b** with care taken not to disturb, gently, considerately.
ubi ~e cenitaret VAR.*R*.3.4.3; recubans molliter et ~e CIC.*de Orat*.3.63; ~e natare SEN.*Ep*.122.8; insterni..~e arceram GEL.20.1.30;—Mineruae..seruiendum est, ~e tamen, ut in secessu et aestate PLIN.*Ep*.9.10.2; iter..confecit..adeo segniter ~eque, ut octaphoro ueheretur SUET. *Cal*.43; VEN.*dig*.45.1.137.2; (*cf.*) ut..adeo non recumbat in eo nec ~e se spargat (uitis) PLIN.*Nat*.17.179. **b** (animus iracundi) mollius ~iusque tractetur SEN.*Dial*.5.9.1; *Nat*. 5.18.8.

2 Wantonly, frivolously.
ad te ludibunda docte et ~e detulit (coronam) *Inc.pall*. 34; non solum ~e sed etiam inepte peregrinantem CIC.*Att*. 2.10.1; multa ~e iocoseque fecit NEP.*Alc*.2.3.

3 Fastidiously.
nec ~e accipiendum est (*sc.* beneficium) nec submisse SEN.*Ben*.2.24.2; (*cf.*) mediam temperiem ~e quaerit (*sc.* uitis) PLIN.*Nat*.14.28.

4 (of consistency) Finely.
(faba) ~ius fracta PLIN.*Nat*.18.117.

dēlicātus¹ ~a ~um, *a. compar.* ~ior, *superl.* ~issimus. [dub.]

1 Addicted to pleasure or ease, luxurious. **b** caring for one's own comfort, self-indulgent. **c** (of things) giving comfort or luxury, sumptuous, comfortable.
nimium ego te habui ~am PL.*Men*.119; qui tam beati quam iste est non sumus, tam ~i esse non possumus CIC. *Ver*.4.126; cum fuerunt Graeci ~iores et fortuna opulentiores VITR.6.7.4; ~us miseretur industrii SEN.*Ep*.71.23; auiae ~ae PLIN.*Ep*.7.24.3; quis (*sc.* puluillis)..ceruices ~ae mulieres suffulcire consuerunt APUL.*Met*.10.20;—(*transf., of actions, conditions*) in illo ~issimo litore CIC.*Ver*.5.104; ~is et obscenis uoluptatibus *N.D*.1.111; ad ~ius uitae genus V.MAX.2.6.1; APUL.*Apol*.19; (*cf.*) etesiae ob hoc somniculosi a nautis et ~i uocantur SEN.*Nat*.5.11.1. **b** ~a es, cruciatus puerperi times? SEN.*Con*.2.5.4; qui perseuerabit mori, ~us est SEN.*Ep*.104.3; PLIN.*Ep*.8.21.5; (*as sb.*) scribere longiores epistulas nolim..nihil est..pigrius ~is 9.32. **c** uestitum ~iorem ac luxuriosum VAR.in Non. p.542M; ~os hortulos PHAED.4.5.26; institores ~arum mercium SEN.*Ben*.6.38.3; ruris bibliotheca ~i MART.7.17.1; uectus est..~issimis nauigiis SUET.*Vit*.10.2; APUL.*Met*.6.20.

2 a (of animals) Treated as a pet, pampered. **b** (as sb., masc. or fem.) a paramour, favourite.
a soleas ~ioribus iumentis suis ex auro..induere PLIN. *Nat*.33.140; natat ad magistrum ~a murena MART.10.30.22; oues ~issimae PLIN.*Ep*.2.11.25; (*as a horse's name*) *CIL* 6.10050. **b** Domitillam..equitis R..ex Africa ~am SUET.*Ves*.3.1; e gratissimis ~orum *Tit*.7.2; CORELLIAE MELETE ~AE SVAE *CIL* 3.2414.

3 Wanton, skittish, frisky, frivolous.
ne..haec mutet fidem uide modo. — uah! ~us es PL. *Mil*.984; ubi tu es, ~a?..delituit mala *Rud*.465; puella tenellulo ~ior haedo CATUL.17.15; 50.3; ~ae laureum nemus Florae MART.10.92.11;—(*of actions, states of mind, etc.*) ut ..omnia stupra..eius ~issimis uerbis expresserit CIC. *Pis*.70; de illo ~o conuiuio *Att*.2.14.1; audentia..non ~a, sed necessaria PLIN.*Ep*.8.4.4; ~iorum quidam disciplinarum philosophi GEL.14.4.5.

4 Difficult to please in regard to comfort or taste, fastidious, squeamish. **b** particular about trifles, pernickety.
non offeres ~is oculis sordidam uestem SEN.*Con*.10.1.1; praesentia nos ~os facit SEN.*Ep*.55.9; matrona..cuius ut sexus ita animus est ~ior COL.1.4.8; PETR.45.3; rustica, ~e lector, rides nomina? MART.4.55.27; (*of attitudes*) aut inertissimae segnitiae est aut fastidii ~issimi CIC.*Fin*.1.5;—(*as sb.*) ad hunc fastum peruenit uenter ~orum SEN.*Nat*.3.18.3. **b** [QUINT.]*Decl*.9.19; ut neque ~us debitor neque onerosus creditor audiatur ULP.*dig*.13.7.25.

5 Caring for social refinement, elegant, foppish. **b** (of actions, attitudes, etc.) elegant, polite; effeminate.
quam delicatus fuerit (Maecenas) SEN.*Ep*.114.4; misi in ciuitatem; ~ior uenit QUINT.*Decl*.298(p.177,l.1);—(*as sb.*) ut isti ~i locuntur SEN.*Ep*.23.4; ut equorum cursum ~i minutis passibus frangunt QUINT.*Inst*.9.4.113. **b** gressu ~o et languido PHAED.5.1.13; ~um iracundiae genus SEN. *Dial*.3.4.2; urbanas ac ~as artes COL.1.8.1; PETR.33.2; uirgini ~as uoculas adhinnire temptabam APUL.*Met*.6.28; —iuris..uita carere quam tam ~o imperio obtemperare satius fuit V.MAX.9.1.ext.7; corpus..exinanire sudoribus.. ~um..credidimus SEN.*Ep*.108.16; QUINT.*Inst*.11.3.132.

6 Having delicacy of form, dainty, pretty; (of the edge of a blade) fine. **b** (of sound) delicate; (also of taste). **c** (of non-physical things).
capella ~a *Priap*.85.10; culmina ~a uillae MART.4.64.10; (puella) concha Lucrini ~ior stagni 5.37.3; Anio, ~issimus amnium PLIN.*Ep*.8.17.3; APUL.*Met*.5.10; plumulae tenellae ac ~ae 5.22;—oleo ~ior fiat acies PLIN.*Nat*.34.145. **b** molliores sunt et ~iores in cantu flexiones CIC.*de Orat*.3.98; nomen nobile, molle, ~um MART.9.11.10; QUINT.*Inst*.9.4.31; —(fici) cognomine ~ae PLIN.*Nat*.15.70; ~a..uua MART. 10.74.10. **c** cum (*sc.* in pedibus orationis) debeant..~a fluere QUINT.*Inst*.9.4.139; nox et ferrum et securus maritus, quid isto ~ius scelere? [QUINT.]*Decl*.1.13.

7 Not robust (physically or otherwise), delicate.
memoria est res ex omnibus animi partibus maxime ~a SEN.*Con*.1.pr.2; cum tam ~us fueris, tonitrua audienda sunt SEN.*Dial*.5.35.3; ~o magis corpore quam infirmo PLIN.*Ep*.3.7.9; paruulae (filiae)..~a ac tenera praecordia APUL.*Met*.10.28.

dēlicātus²: pple. of DELICO¹.

dēlicia¹ ~ae, *f.* (usu. pl.). [DE-+LACIO+-IA]

1 An activity or sim. which affords enjoyment, a pleasure, delight. **b** ~*as facere*, to find pleasure, enjoy oneself (sts. w. erotic sense); (colloq.) to have fun (at a person's expense).
tum tibi operam ludo et ~ae dabo PL.*Rud*.426;—(*pl.*) uos quae in..~is..aetatulam agitis *Ps*.173; multarum ~arum comes est extrema saltatio CIC.*Mur*.13; alteri..pro ~is crudelitas fuit *Phil*.11.9; ~is nocturna licentia nostris conuenit OV.*Fast*.5.367; SEN.*Con*.exc.5.5; urbis ~ae MART. 11.13.3; STAT.*Silv*.1.3.93; post mustulentas autumni ~as APUL.*Met*.9.32. **b** uno in Septimio..Acme facit ~as libidinesque CATUL.45.24; siquis ~as diceret aut faceret 74.2; facis ~as, quod..euenit quibus quod cupiunt..in manu est AUR.*Fro*.1.p.192(78N);—caedundus tu homo es: nimias ~as facis PL.*Cas*.528; *Men*.381; *Poen*.296; (*w. dat.*) anus cum ludit, morti ~as facit PUB.*Sent*.A.30.

2 (pl.) Things serving one's pleasure, luxuries, toys. **b** (spec.) ornaments, decorations; culinary delicacies; erotic verse. **c** physical attributes (of a person) tending to please, charms.
pluma atque amphitapoe et si aliud quid ~arum LUCIL. 252; domini ~as phaselon..soluit VAR.*Men*.85; CIC.*de Orat*. 3.81; illa uia uendibilis..multarum ~arum et magnae pecuniae *Agr*.2.36; ~as..uitae..omnis, carmina picturas LUCR.5.1450; HOR.*Carm*.4.8.10; taxatio in ~is tanta PLIN. *Nat*.37.49; ~as Cosmi (*a dealer in scent*) uos redolete MART. 14.59.2;—(*w. defining gen.*) perluciduli ~is lapidis CATUL. 69.4; amomi nardique ~ae PLIN.*Nat*.16.135. **b** excussis ~is cum argento puro (*i.e. plain*) domum reuertuntur CIC. *Ver*.4.52; his..diis..sine ~is aedificia constitui decet VITR. 1.2.5;—dissolutus ~is stomachus SEN.*Dial*.12.10.3; ~ae popinales COL.8.16.5;—(*w. defining gen.*) siliginem..dixerim tritici ~as PLIN.*Nat*.18.85; cenarum ciborum exquisitas ~as GEL.6(7).16.1;—nec me ~ae dedecuere meae OV.*Am*.3.15.4; *Tr*.5.1.15; (*w. defining gen.*) ecquis..tam fluentes carminum ~as fecisset GEL.19.9.7. **c** dan tu mihi de tuis ~is.. pauxillulum? PL.*Truc*.940; inter suos omnium ~arum.. puerulos CIC.*S.Rosc*.120; quarum ~as..panniculus bombycinus urit JUV.6.260; dignus..omnium matronarum ~is perfrui APUL.*Met*.9.16; (*poet.*) unda..instat ~as mirata suas STAT.*Silv*.1.5.50.

3 A person of whom one is fond, sweetheart, favourite, pet. **b** a pet animal. **c** a favourite spot, resort. **d** *in ~is habere*, and sim., to treat as a pet, favourite, etc. **e** *in ~is esse*, to be in favour; (w. dat.) to be regarded with favour or love (by).
ades, amica, te adloquor. — at ego ad te ibam, mea ~a PL.*Truc*.921; HIC..SEPVLTA EST ~A EIVS *CIL* 1.1734.6; Piliae..et Atticae, ~is atque amoribus meis CIC.*Att*.16.6.4; APUL.*Apol*.9; FAVSTILLAE ~AE SVAE ERVDITAE *CIL* 6.25808; —(*pl. in sg. sense*) tibi..loquor, ~ae summatum uirum PL.*Ps*.227; TITIN.*com*.94; acerrume..~ae meae Dicaearchus..disseruit CIC.*Tusc*.1.77; cum te ad ~as ferres Amaryllida nostras VERG.*Ecl*.9.22; PROP.4.7.75; MART.4. 87.2; Titus..amor ac ~ae generis humani SUET.*Tit*.1.1; —(*w. defining gen.*) Paegnium, ~ae pueri, salue PL.*Per*.204; **b** passer, ~ae meae puellae CATUL.2.1; occidisti Priapi ~as, anserem PETR.137.2; Issa est ~ae catella Publi MART. 1.109.5. **c** aestiuae Praeneste ~ae..petebantur FLOR. *Epit*.1.5(1.11.7); Comum, tuae meaeque ~ae PLIN.*Ep*.1.3.1. **d** (*persons*) habeo (publicanos) in ~is CIC.*Att*.6.1.16; ut te fortuna in ~is habeat SEN.*Ep*.96.4; puellam..in ~is amoribusque ab eo usurpatam GEL.7(6).8.6; ULP.*dig*.7.7.6.2; —(*animals*) simia quam..in ~is habebat CIC.*Div*.1.76; V.MAX.1.5.3; SEN.*Apoc*.13.3;—(*things*) ut..surrupiam in ~is pallam quam habet PL.*As*.885. **e** prauas..uidemus esse in deliciis LUCR.4.1156;—VIRGO..QVAE IN DELICIEIS FVERAT VETTIAE *CIL* 1.1213.2; quae (ciuitas) tibi una in amore atque in deliciis fuit CIC.*Ver*.4.3; SEN.*Ben*.2.29.5.

4 a Conditions affording physical or mental ease, comforts, luxuries. **b** luxurious habits, self-indulgence.
a num ullam cogitationem habuisse uideantur..supellectilis ad ~as CIC.*Parad*.10; animum scholasticis ~is languidum SEN.*Con*.9.pr.5; (salices) supinarum in ~as cathedrarum aptissimae PLIN.*Nat*.16.174; TAC.*Ger*.20.2; omnibus ~is, quis..innutrita sum, priuata APUL.*Met*.4.24. **b** si (ciuitas)..se in ~as dedit SEN.*Ep*.114.2; luxuriae et ~is nostris pristinum morem..displicuisse COL.1.pr.14; LUC. 10.478; iactat..~as et indiligentiam uiri PETR.67.11; PLIN.*Nat*.35.3; uocem ~is non molliamus QUINT.*Inst*.11. 3.24.

5 a Manners assuming an attitude of superiority, 'airs'. **b** elegant or affected manners, fopperies, mannerisms. **c** caprices, whims. **d** niceties.
a ecce..~ae equitum uix ferendae! CIC.*Att*.1.17.9; *ad Brut*.1.10.3; superbia atque ~is omissis SAL.*Cat*.31.3; ten (o ~as) extra communia censes ponendum? JUV.13.140. **b** Herodotus Thucydidesque..longissime..a talibus ~is uel potius ineptiis afuerunt CIC.*Orat*.39; eo ~arum peruenimus, ut nisi gemmas calcare nolimus SEN.*Ep*.86.7; 114.7; uir rusticitati proprior quam ~is PLIN.*Nat*.35.26; illas.. circa s litteram ~as QUINT.*Inst*.1.11.6. **c** si quis puerorum per ~as..imitari uatias coeperit VAR.L.9.10; SEN. *Con*.1.pr.5; ~as..lususque iocosque leonum uidimus MART. 1.14.1; ad fastidium legentium ~asque respicio PLIN.*Ep*. 2.5.4. **d** ut has demus ~as QUINT.*Decl*.331(p.304,l.24).

6 A man of exquisite taste, gourmet; a voluptuary.
ipsae suis manibus ~ae praeparant..cibum PLIN.*Nat*. 22.99;—monstrum nulla uirtute redemptum a uitiis, aegrae ..~ae JUV.4.4.

dēlicia² ~ae, *f.* Also **-liqu-**. [DE-+LIQVEO+-IA] A corner beam supporting a section of an outward-sloping roof.
PAUL.*Fest*.p.73M. **β** displuuiata..sunt in quibus ~ae arcam sustinentes stillicidia reiciunt VITR.6.3.2.

dēliciāris ~is ~e, *a.* [prec.+-ARIS] Fitting an outward-sloping roof.
tegulae ~es PAUL.*Fest*.p.73M.

dēliciātus ~a ~um, *a.* [DELICIA²+-ATVS²] (of a roof) Outward-sloping.
tectum ~um PAUL.*Fest*.p.73M.

dēliciō ~ere, *tr.* [DE-+LACIO] To lure, entice (from one's preoccupations).
qui illum sat sciat ~ere et noctem facere possit de die TITIN.*com*.100.

dēliciolae ~ārum, *f.* [DELICIA¹+-OLA] A little sweetheart, darling.
Tulliola ~ae nostrae CIC.*Att*.1.8.3.

dēliciolum ~ī, *n.* [next+-OLVM] = prec.
uilici filius, ~um tuum SEN.*Ep*.12.3.

dēlicium ~iī, *n.* [DE-+LACIO+-IVM] A person of whom one is fond, darling; (of an animal) a pet. **b** (of a thing) a source of joy, delight.
pupulus..~ium meum factus est SEN.*Ep*.12.3; CHRYSANTI FILIO BARBARO DOMITIAE AVG ~IO *A.Epig*.55.25; PVELLA ~IVM EIVS ANN VII..MORTVA *CIL* 6.5163;—Vestae ~ium est asinus *Copa* 26; PHAED.4.1.8; ~ium..donabis dorcada nato MART.13.99(98).1. **b** fons..gloria..~iumque domus MART.7.50.2.

dēlicō¹ ~āre, *tr.*: (see quots.).
~ata dicebant dis consecrata, quae nunc dedicata PAUL. *Fest*.p.70 M; ~are ponebant pro dedicare p.73M.

dēlicō²: see DELIQVO.

dēlictum ~ī, *n.* [pple. of DELINQVO] An act which falls short of an approved standard of conduct, misdeed, offence, fault. **b** a defect (in a thing).
ut eis ~a ignoscas PL.*Bac*.1185; TER.*Ad*.682; omne ~um scelus esse nefarium CIC.*Mur*.61; maiore commisso ~o CAES.*Gal*.7.4.10; sentiebat..si quid aduersi accidisset, se unum eius ~i futurum reum NEP.*Alc*.8.4; ~a maiorum immeritus lues HOR.*Carm*.3.6.1; LIV.1.58.9; OV.*Am*.2.4.3; STAT.*Theb*.1.214; in uxore ~i manifesta TAC.*Ann*.2.85; miles..ex militari ~o damnatus ULP.*dig*.28.3.6.6;—(*w. defining gen.*) non solum ignauiae ~um sed etiam perfidiae suspicionem fugiens CIC.*Att*.8.12.2; recolens festinationis suae ~um APUL.*Met*.9.21. **b** si defendere ~um quam uertere malles HOR.*Ars* 442; librorum uideo ~a meorum OV.*Pont*.3.9.7.

dēliculus ~a ~um, *a.* [prob. next+-VLVS] Having a (small) defect, blemished.
uendat..armenta ~a, oues ~as CATO *Agr*.2.7; FEST. p.330M.

dēlicuus ~a ~um, *a.* Also **dēliq-**. [prob. *delic-* (DELINQVO)+-VVS] Lacking, missing.
quando tibi nil domi ~om est PL.*Cas*.207; AUR.*Op. gram*.5. **β** PAUL.*Fest*.p.73M.

dēligō¹ ~igere ~ēgī ~ectum, *tr.* [DE-+LEGO²] FORMS: *-leg-* PL.*Am*.204, OV.*Ep*.4.30, CELS. 7.7.15.K.

1 To remove by plucking, pick off.
uuas..ubi pluerit et siccauerit, tum ~igito CATO *Agr*. 112.2; de iis uitibus quod ~egeris 115.2; melimela.. minorem ad lunam ~ecta HOR.*S*.2.8.32; poteris..~igere astra manu PROP.2.32.50; OV.*Ep*.4.30; COL.5.10.10; ~igi (poma)..ante perfectam maturitatem PLIN.*Nat*.15.62; (*fig.*) Hymnidis..ex facie florem ~egeris LUCIL.1116.

2 To pick out in preference to the rest, choose: **a** (persons). **b** (things). **c** (a condition, course of action, or sim.).
a ille..quinque (uirgines) ~egit CIC.*Inv*.2.3; *Pis*.94; ex legionibus fabros ~igit CAES.*Gal*.5.11.3; ~ectos ordine ab omni centum oratores VERG.*A*.7.152; LIV.27.43.11; trecenti opibus aut sapientia ~ecti ut senatus TAC.*Ann*.6.42; (*cf.*) urbes populus aut primores aut singuli regunt: ~ecta ex iis et consociata rei publicae forma 4.33;—(*w.* ad) non ad eam rem otiosos homines decuit ~igi PL.*Men*.453; in..uiris ad sacerdotia ~igendis CIC.*Dom*.2; APUL.*Pl*.2.24; (+*gdve.*) CIC.*Catil*.3.16; ad quod gerendum ipse dux ~ectus est NEP. *Alc*.3.1;—(*w.* in+*acc.*) qui..ex senatu in hoc consilium ~ecti estis CIC.*S.Rosc*.8;—(*w. dat.*) sceleri ~ectus Achillas LUC.8.538; TAC.*Ann*.1.64; (*dat. of gdve.*) Gaius Caesar componendae Armeniae ~igitur 2.4;—(*w. final rel. cl.*) me in quem inueheretur ~egerat CIC.*Fam*.7.2.3; qui in locum duorum succederet..cura ~igendum esse LIV.26.18.3; SEN. *Dial*.1.3.14; TAC.*Ann*.6.3; APUL.*Soc*.18;—(*w. pred. acc.*) CIC.*Planc*.2; quos..~egi comites VERG.*A*.5.191; LIV. 23.32.12; (*cf.*) equas..mihi concubinas futuras ~igebam APUL.*Met*.7.16. **b** ex quibus (statuis) iste C. Marcelli statuam ~egit CIC.*Ver*.4.86; quattuor eximios..tauros.. ~ige VERG.*G*.4.540; ut quas uellet naues ~igeret LIV. 30.41.6; APUL.*Met*.6.2; ~ecta metallis saxa STAT.*Silv*.2.2.85; TAC. *Ann*.4.8;—(*w.* in+*acc.*) in calamitatem ~igens quaedam (*sc. stories*) meam PHAED.3.pr.40;—(*w. pred. acc.*) (urbem) non sine causa ~ectam esse regiam LIV.44.46.4. **c** siue hanc aberrationem..~egerim CIC.*Att*.12.38a.1(3);—(*w.* ad)

tenebrae..~ectae augendam ad formidinem TAC.*Ann*.4.48; calumniam magiae..sibi ~egit ad accusandum APUL.*Apol*. 2;—(*w. dat.*) conloquio diem locum tempus ipse ~igeret SAL.*Jug*.108.2; PLIN.*Nat*.2.21; ~ectum capiendo diademati diem TAC.*Ann*.6.42;—(*w. noun cl.*) si ~igere potuisses ut potius telis tibi..quam periuriis intereundum esset CIC. *Font*.49; ad ~igendum, quam quisque uiam uiuendi sit ingressurus *Off*.1.118.

3 To levy (soldiers), enrol; to conduct a levy in (a place).

quos (*sc.* homines armatos) ex familiis societatum ~egerat CAES.*Civ*.3.103.1; Grais ~ecta iuuentus gymnasiis LUC. 7.270; legio cohortesque ~ectae a Clodio Macro TAC.*Hist*. 2.97; cohortes Etruria..~ectae *Ann*.4.5;—qui eum pagum ..oppidumue ~egerit CINC.*iur*.13.

dēligō[2] ~āre ~āuī ~ātum, *tr.* [DE-+LIGO[1]]

1 To make fast by tying, tie up, fasten (together or to something else). **b** (persons). **c** (animals).

uitem..~ato recte CATO *Agr*.33.1; struppis, quibus lectica ~ata erat GRACCH.*orat*.46; floribus nouis tuas.. ~auimus comas *Priap*.83.10; antemnis asseribusque.. ~atis CURT.4.3.15; (*cf.*) haec (*sc.* patella)..carne et neruis ~ata CELS.8.1.25;—(*w.* ab) ab axibus rotarum..~abantur falces LIV.37.41.7;—(*w.* ad) nauis..quae ad ancoras erant ~atae CAES.*Gal*.4.29.2; ut tragulam cum epistola ad ammentum ~ata..abiciat 5.48.5;—(*w.* in+*abl.*) sarmenta in cornibus iuuencorum ~ata NEP.*Han*.5.2; arma in sarcinis ~ata LIV.10.20.12; grana in linteolo ~ata PLIN.*Nat*.22.149; —(*w.* super) super uulnus spongiam..~ant CELS.7.15.2;—(*w. dat.*) alteris collo ascopa ~ata SUET.*Nero* 45.2; spinas ..in fascem..constrictas caudae meae..~auit APUL.*Met*. 7.18;—(*in fig. phr.*) alterum..ex altero (*i.e. good and evil*) ..uerticibus inter se contrariis ~atum est GEL.7(6).1.6. **b** hominem..nudari ac ~ari..iubet CIC.*Ver*.5.161;—(*w.* ad) i, lictor, ~a ad palum LIV.8.7.19; V.MAX.3.8.1; ~auit eum in monte..ad saxum clauis ferreis HYG.*Fab*.144.2; (*cf.*) alii (signum) ~atum omnibus membris rapere ad se funibus CIC.*Ver*.4.95; (*facet., w. dat. of advantage*) apud mensam plenam homini rostrum ~es PL.*Men*.89. **c** praesepio me ..~ant APUL.*Met*.8.26.

2 (med.) To bandage; (also) to tie (a bandage).

saucios..iubet in plaustris ~atos..deportari *B.Afr*.21.2; femora brachiaque pluribus locis ~abat CELS.4.11.6; 5. 26.24; qui erat propter ualetudinem..~atus QUINT.*Inst*. 11.3.129;—sic..~anda est (fascia) CELS.5.26.24.B.

dēlīmitō ~āre ~āuī ~ātum, *tr.* [DE-+LIMITO] To mark out the boundaries of, delimitate.

quidquid..in longitudinem est ~atum FRON.*agrim*.p.1.

dēlīmō ~āre ~āuī ~ātum, *tr.* [DE-+LIMO] To file down, produce by filing.

~atam aeris scobem aceto spargunt PLIN.*Nat*.34.111.

dēlīneō ~āre ~āuī ~ātum, *tr.* Also **-niō.** [DE-+LINEO] To trace the outline of, delineate.

arrepto carbone..imaginem in pariete ~auit PLIN.*Nat*. 35.89. **β** cum..eam (*sc.* effigiem) solus Apelles coloribus ~aret APUL.*Fl*.7.

dēlingō ~ere, *tr.* [DE-+LINGO] ORTHOG.: also *-nguo* in codd. To lick, lick up or off.

hic hodie apud me—numquam ~es salem PL.*Cur*.562; labra ~it, delenit amore LUCIL.1004; CELS.3.22.14; opus est..scillam ~ere 4.10.3; (*of the tongue*) PL.*Per*.430.

dēlīniō: see DELENIO, DELINEO.

dēlinō ~nere ~tum, *tr.* [DE-+LINO] To smear, daub, anoint (with). **b** (app.) *~tus*, daubed with the owner's mark (applied to pigs after a certain age). **c** to obliterate by smudging.

~nendus homo est..gypso CELS.3.19.2; calicem melle ~tum FRO.*Aur*.1.p.8(64N); me necesse est indidem ~tam theatrum..frequentare APUL.*Met*.6.16. **b** porci depulsi ..a mamma a quibusdam ~ti (*v.l.* delici) appellantur VAR.*R*. 2.4.16. **c** litterae ~tae mihi a te redditae sunt CIC.*Ep*. fr.10(9).1.

dēlinquō ~inquere ~īquī ~ictum, *intr.*, (*tr.*). [DE-+LINQVO]

1 To be lacking, be missing, fail; (of a heavenly body) to suffer eclipse.

~inquere frumentum CAEL.*hist*.58; ~inquat aut superet aliquid tibi TUB.*hist*.13; (*in pun*) utinam..in sortiendo sors ~iquerit. — tu ut liquescas ipse..uirgis calefactabere PL. *Cas*.399;—lunae uel nascentis incrementa uel senescentis dispendia uel ~inquentis obstacula APUL.*Fl*.18.

2 To fall short of an approved moral (or other) standard, misbehave, do wrong, err.

qui ~iquit uapulabit, qui non deliquit bibet PL.*Cist*.785; necesse esse eum qui uelit peccare aliquando primum ~inquere CIC.*Inv*.2.34; quod..homines..Prisci Latini aduersus populum Romanum..fecerunt ~iquerunt *formula* in LIV.1.32.13; PETR.130.1; quo saepius, eo apertius ~inquit APUL.*Apol*.3; PAUL.*Fest*.p.73M;—(*w. defining abl.*) ut praestet laxitate ~inquere (*sc.* agricolas) PLIN.*Nat*.17.94; domi seditione ~iquerant TAC.*Ann*.12.58;—(*w.* in+*abl.*) in stultitia si ~iqui PL.*Bac*.1014; CIC.*Tusc*.2.12; in ancilla siquis ~inquere possit OV.*Am*.2.8.9; QUINT.*Inst*.1.5.49; si in una uspiam littera ~ictum esset GEL.5.4.2;—(*pple. as sb.*) ut puniat ~inquentis COL.1.8.10; ULP.*dig*.4.6.26.6.

3 (w. internal acc.) To commit (an offence). **b** (w. victim, etc., specified).

num quid ~inquont rustici? PL.*Mer*.716; quodcumque ~iquisset, ignosciturum CALP.*hist*.18; CIC.*Off*.1.146; paulum ~iquit amicus HOR.*S*.1.3.84; hoc certe ~inquis SEN.*Ben*. 6.40.1; APUL.*Met*.5.31; *CIL* 13.10021.175[b]; (*w.* in+*abl.*) maiora in defectione ~iquerant LIV.26.12.6; (*pple. as sb.*) condicionem meam nihil ~inquentis deteriorem facere VEN.*dig*.43.24.2;—(*w. cogn. or sim. obj.*) damnatus.. flagitiorum quae duo ~iquerant Cumanus TAC.*Ann*.12.54; sceleri..quod uenti et fluctus ~iquerint 14.3; crimen, quod pubertate ~inquitur PAPIN.*dig*.48.5.39(38).4. **b** (*w. dat.*) quid ego tibi ~iqui? PL.*Am*.817; CALP.*Decl*.35(34);—(*w. preps.*) quasi quid filius meus ~iquisset med erga PL.*Epid*. 391; nescio quid..in uos inprudens ~iqui CURT.9.2.31.

dēliquescō ~quescere ~cuī, *intr.* [DE-+LIQVESCO] To melt away; (fig.) to dissipate one's energy.

inbutum..nectare corpus ~cuit OV.*Met*.4.253; 7.381; ubi ~cuit nondum prior, altera (*sc.* nix) uenit *Tr*.3.10.15;— nec alacritate futtili gestiens ~quescat CIC.*Tusc*.4.37.

dēliquia: see DELICIA[2].

dēliquiō ~ōnis, *f.* [DELINQVO+-IO[1]] A failure, lack; an eclipse (of a heavenly body).

quin mihi et parentum et libertatis apud te ~o siet PL. *Capt*.626;—solis..~onem GEL.*hist*.33.

dēliquium ~(i)ī, *n.* [DELINQVO+-IVM] An eclipse (of a heavenly body).

in metu fuisse..uatum sublimia ora..~io solis PLIN. *Nat*.2.54; PAUL.*Fest*.p.73M; GEL.*hist*.33.

dēliquō (-cō) ~āre, *tr.* [DE-+LIQVO] FORMS: *-quo* used regularly in sense 1, *-co* in sense 2.

1 To strain (a liquid) so as to leave it clear; to strain off (solid matter).

turbida quae sunt ~antur VAR.*L*.7.106; cum (passum) deferbuerit, in alia uasa ~are COL.12.39.2;—quae ex uino et teruntur et in ipso usu ~antur CELS.5.20.5.

2 To make clear, reveal, disclose.

ut tu ipse me dixisse ~es PL.*Mil*.844; quid istic sibi uult sermo? mater, ~a TITIN.*com*.102; qua re alia..effugere possis, ~a ACC.*trag*.1;—(*transf.*) haec ante solitus sum: res ~at CAECIL.*com*.128.

dēlīrāmentum ~ī, *n.* In codd. also **-lēr-.** [DELIRO+-MENTVM] The produce of a deranged mind, delusion, nonsense; (in quots., pl.).

haec quidem ~a loquitur PL.*Am*.696; *Capt*.598; matrimonia..inter deos credi..puerilium prope ~orum est PLIN. *Nat*.2.17; AUR.*Fro*.1.p.144(32N); ~a barbare effutiuit APUL.*Fl*.3.

dēlīrātiō ~ōnis, *f.* [DELIRO+-TIO]

1 The act of missing, or going off, the balks (in harrowing).

ni operiantur (semina)..~o est PLIN.*Nat*.18.180.

2 A derangement of the mental faculties, delirium; madness, craziness.

ne diutius id fieret (*i.e. the rinsing of the teeth*); ~onem enim gigni PLIN.*Nat*.21.180;—ista senilis stultitia quae ~o appellari solet CIC.*Sen*.36; *Div*.2.90; alia ad exemplum huius acutae ~onis concinnata SEN.*Ep*.49.8; PLIN. *Ep*.6.15.4.

dēlīritās (-lēr-) ~ātis, *f.* [DELIRVS+-TAS] Insanity.

quae ~as uos..facit..puellitari? LABER.*com*.138.

dēlīrium ~iī, *n.* [DELIRVS+-IVM] A derangement of the mental faculties, delirium, frenzy.

ubi caput uulneratum est, ~ium (oritur) CELS.2.7.28; 2.8.16; raro..ex metu ~ium nascitur 3.18.24.

dēlīrō (-lēr-) ~āre, *intr.*, (*tr.*). [DE-+LIRA+-O[3]]

1 To deviate from the balks (in ploughing, harrowing a field; also fig.).

sicuti boues, cum se a recto actu operis detorserint, ~are dicuntur, sic qui a recta uia uitae ad prauam declinant, per similitudinem translationis item ~are existimantur VEL. gram.in *G.L*.7.73.

2 To be out of one's mind, be mad. **b** to speak deliriously, rave.

~at uxor. — atra bili percita est PL.*Am*.727; ~at miser timore TER.*Ph*.997; ~antium somnia CIC.*N.D*.1.42; HOR. *Ep*.1.12.20; perfecte..iste ~at SEN.*Ep*.12.3; Apelles Phidiasque, Graeculi ~antes PETR.88.10; APUL.*Fl*.9; (*w.* in+*abl.*) in extis totam Etruriam ~are CIC.*Div*.1.35. **b** sicut..hariolus quispiam..clamat et ~at *Rhet.Her*.4.62; LUCR.3.453; per somnia..loquentes aut morbo ~antes 5.1159; (*of words*) erum qui ludificas dictis ~antibus PL. *Am*.585[b];—(*w. internal acc.*) quidquid ~ant reges plectuntur Achiui HOR.*Ep*.1.2.14.

dēlīrus ~a ~um, *a.* [prec.+-VS] Having a deranged mind, insane, crazy. **b** (of things) arising from a deranged mind, senseless.

~os senes CIC.*de Orat*.2.75; HOR.*S*.2.3.107; scriptor ~us *Ep*.2.2.126; Aesopum..quasi ~um risit PHAED.3.14.2; ~a et temulenta..anicula APUL.*Met*.6.25; SUET.*Nero* 33.1. **b** haec aliis ~a uisa sunt CIC.*Rep*.1.40; quod mihi cum uanum tum ~um esse uidetur LUCR.1.698; 3.464.

dēlītigō ~āre, *intr.* [DE-+LITIGO] To dispute wholeheartedly, 'have it out'.

iratus..Chremes tumido ~at ore HOR.*Ars* 94.

dēlitiscō ~iscere ~uī, *intr.* Also **-escō.** [DE-+LATESCO]

1 To go into hiding, hide oneself. **b** to go into seclusion, withdraw.

ubi tu es, delicata?..~uit mala PL.*Rud*.466; CIC.*Cael*.62; obscurus in ulua ~ui VERG.*A*.2.136; necubi notis sibi latebris ~escerent latrones LIV.39.49.7; OV.*Met*.4.340; ut..noctem haberent ad ~iscendum FRON.*Str*.2.1.13; apud..clientem iuxta Velabrum ~uit TAC.*Hist*.3.74; APUL.*Met*.6.7; (*of an animal*) cerua..in palude..~uit GEL.15.22.6; (*poet.*) in plumis ~uisse Iouem OV.*Ep*.8.68. **b** priuato liceat ~uisse loco OV.*Tr*.3.1.80; SEN.*Ep*.79.15; nec in domicilio suo statim ~iscat (uilicus) COL.11.1.18; in Campaniae secessu ~escens SUET.*Cl*.5.1;—(*of animals*) latebras, ubi lepores..~iscant in uirgultis VAR.*R*.3.12.3; CIC.*N.D*.2.126; sub..praesepibus.. uipera ~uit VERG.*G*.3.416; ~iscentibus fluuialibus animalibus COL.8.15.5.

2 (of things) To become invisible, vanish. **b** (of activities, conditions) to be concealed.

uespertinis temporibus ~iscendo (*sc. the planet Saturn*) CIC.*N.D*.2.52; nonnunquam etiam in quibusdam ~escunt (uenae) CELS.5.28.2.A; PLIN.*Nat*.2.61; ~uit caelum STAT. *Silv*.3.1.71; CLAVVS..IN TENERO VERTICE ~VIT *CIL* 13.2219. **b** satis occultata..~uit uirtus STAT.*Theb*.10.483; QUINT. *Inst*.10.5.10; tum maxime fauor..dominatur, cum sub.. specie seueritatis ~escere potest PLIN.*Ep*.3.9.10; in quo suspicio aliqua magiae ~escat APUL.*Apol*.62.

3 To take refuge, find shelter (in arguments, etc.).

inuenio..uerbum unum ubi ~iscam CIC.*Caec*.66; non in aliquo..mendacio ~uisse..dicitur *Balb*.5; sub tribunicia umbra consularem uirum ~uisse LIV.4.42.5; mulieri intra crimina sua ~escenti SEN.*Con*.1.2.12; SEN.*Ep*.105.2; QUINT. *Inst*.12.10.15; est in aliis artibus ubi interdum ~escas FRO. *Aur*.1.p.2(62N).

dēlitor ~ōris, *m.* [DELINO+-TOR] (w. gen., app.) One who wipes out (i.e. exacts vengeance for).

epularum fictor, scelerum fratris ~or ACC.*trag*.219.

Dēlius[1] ~a ~um, *a.* Of Delos, Delian. **b** of the Delian god (i.e. Apollo).

Apollinemne..~um spoliare ausus es? CIC.*Ver*.1.47; CATUL.34.7; ~us..uates (*i.e.* Apollo) VERG.*A*.6.12; ~ae.. deae (*i.e.* Dianae) HOR.*Carm*.4.6.33; ~a tellus OV.*Pont*. 4.14.57. **b** felix, si ~a numquam furta..sociasset STAT. *Theb*.1.573.

Dēlius[2] ~iī, *m.* Apollo, the god of Delos.

fulserit hic niueis ~us alitibus [TIB.]3.6.8; OV.*Met*.5.329; ~o profante PETR.89,l.4; V.FL.1.446; STAT.*Ach*.1.487.

Delm-: see **Dalm-.**

Dēlos ~ī, *f.* An island in the Aegean, the mythical birthplace of Apollo and Artemis; (meton.) the people of Delos.

miramur Athenis Mineruam, ~i Apollinem CIC.*Ver*.4.71; Latonia ~os VERG.*G*.3.6; natalem..Delon Apollinis HOR. *Carm*.1.21.10; OV.*Met*.3.597;—quod ~o imperauerat.. Apollo VITR.9.pr.13;—(*applied to Puteoli*) LUCIL.123; Minorem ~um Puteolos esse dixerunt PAUL.*Fest*.p.122M.

Delphī ~ōrum, *m. pl.* A town in Phocis, famous for the oracle of Apollo; (meton.) the people of Delphi.

quod scibo ~is tibi responsum dicito PL.*Ps*.480; illud oraclum ~is tam celebre CIC.*Div*.1.37; HOR.*Carm*.1.7.3; LIV.38.48.2; OV.*Met*.15.631; STAT.*Theb*.9.513;—cum ~i.. ex urbe ruentes acciperent laeti diuum CATUL.64.392; ULP. *dig*.50.1.1.2.

Delphica ~ae, *f.* ORTHOG.: *Delf-* PAUL.*dig*. 33.10.3. A three-legged table (after the Delphic tripod).

argentum atque aurum non simplex ~a portat MART. 12.66.7; PLIN.*Nat*.7.210; DONO ~AE AEREAE CVM OMNI CVLTV EXORNATAE *CIL* 6.10215.

Delphicus ~a ~um, *a.* FORMS: ~*ē* (nom. sg. fem.) VAR.*Men*.320. Of or connected with Delphi, Delphian. **b** (masc. as sb.) the Delphian god, Apollo.

Apollo..~us ENN.*scen*.361; CATO *Agr*.8.2; quod ~e cantat columna litteris suis ἄγαν μηθέν VAR.*Men*.320; mensas ~as e marmore CIC.*Ver*.4.131; Phoebi ~a laurus LUCR. 6.154; TIB.2.3.27; LIV.5.15.3; ~a tellus OV.*Met*.1.515; PLIN.*Nat*.34.14. **b** ~i responso erutus NEP.*Paus*.5.5; OV.*Met*.2.543; struxi tibi, ~e, templum ?PETR.fr.34.3.

delphīnus ~nī, *m.* Also **~n** ~nis. [Gk. δελφίς] FORMS: α = *~nus*, β = *~n*; acc. sg. *~na* OV. *Fast*.2.79, 113, STAT.*Theb*.9.331, etc.; abl. *~ne* OV.*Met*.11.237, STAT.*Theb*.1.121; nom. pl. *~nes* VERG.*A*.8.673, OV.*Met*.1.302, etc.; acc. *~nas* VERG.*Ecl*.8.56, STAT.*Ach*.1.222, etc.; gen. *~num* VERG.*A*.3.428, PROP.3.17.25, etc.

1 A dolphin. **b** the constellation Dolphin.

α rostris perfremunt ~ni ACC.*trag*.405; CAEL.*orat*.34; CIC.*Div*.2.145; ~num siluis appingit HOR.*Ars* 30; SEN.*Nat*. 4a.2.13; PLIN.*Nat*.11.191; ~nis ballaena Brittannica maior JUV.10.14; APUL.*Met*.6.29. **β** ~nes..aequora uerrebant caudis VERG.*A*.8.673; pandi..~nes OV.*Tr*.3.10.43; incertus qui prouocat aequora ~n LUC.5.552; gauisus Arione ~n MART.8.50(51).15. **b α** a ~ni exortu VAR.*R*.2.5.13; CIC.*Arat*.333(92); VITR.9.4.3; PLIN.*Nat*.18.234. **β** ~n.. sidus tollitur OV.*Fast*.1.457; GERM.*Arat*.321.

2 A figure or ornament shaped like a dolphin. **b** (as part of a water organ).

α PLIN.*Nat*.33.147; ante falas ~norumque columnas JUV.6.590; ~NIS BINIS PER VIAS THEATRI ADIVNCTIS *CIL* 8.7994. **b α** aerei ~ni pendentia habent catenis cymbala ex ore VITR.10.8.1.

Delphis ~idis, *f.* ORTHOG.: *Delf-* PAC.*trag.* 308. A priestess of the Delphian Apollo.
VAR.*gram.*179; nec ~is tua mentiatur ulli MART.9.42.4.

delta, *indecl.* [Gk. δέλτα] The Greek letter delta; the delta of the Nile.
(Sicilia) graecae litterae imaginem quae ~ dicitur efficit MELA 2.115;—locus..non ita longe ab Alexandrea, qui nominatur ~ *B.Alex.*27.1; MELA 1.51; PLIN.*Nat.*5.48.

Deltōton ~ī, *n.* [Gk. Δελτωτόν] The Triangle, a constellation.
CIC.*Arat.*239(5); GERM.*Arat.*235; ~on nomine sidus ex simili dictum MAN.1.353; 5.714.

dēlūbrum ~ī, *n.* [app. DELVO¹+-BRVM; cf. CINC.*gram.*16] A temple, shrine (often used affectively).
PL.*Poen.*1175; ~a caelitum, arae, sanctitudines ACC. *trag.*593; apud aedem dei Fidi in ~o VAR.*L.*5.52; pro patriis fanis atque ~is CIC.*Rab.Perd.*30; *Arch.*19; ~a spoliare SAL. *Cat.*11.6; ex alto ~i culmine VERG.*A.*2.410; HOR.*Carm.* 3.5.19; matronae..circa deum ~a discurrunt LIV.26.9.7; in ~o patris Caesaris PLIN.*Nat.*35.91; muri Hierosolymorum diruti, ~um mansit TAC.*Hist.*5.9;—(*pl. in sg. sense*) ~a ad summa dracones effugiunt VERG.*A.*2.225; OV.*Met.*1.373; quaerunt ~a Mineruae STAT.*Theb.*12.531.

dēluctor ~ārī ~ātus, *intr.* **~ō** ~āre ~āuī. [DE-+LVCTOR] To wrestle, fight it out (with).
cum Antaeo ~ari mauelim quam cum Amore PL.*Per.*4;—quibus aerumnis ~aui *Trin.*839.

dēlūdificō ~āre ~āuī, *tr.* **~or** ~ārī ~ātus. [DE-+LVDIFICO] To make a complete fool of, dupe.
~auit me ille homo indignis modis PL.*Rud.*147;— ~atust me hodie in perpetuom modum *Mos.*1035.

dēlūdō ~dere ~sī ~sum, *tr., intr.* [DE-+LVDO]

1 To make game of, deceive, dupe.
quod dat non dat; ~dit PL.*Cist.*218; in hac re me ~dier TER.*An.*203; 583; ~di uosmet ipsos diutius a tribuno plebis patiemini? CIC.*Agr.*2.79; responso animum ~sit Apollo VERG.*A.*6.344; coruum ~det hiantem HOR.*S.* 2.5.56; OV.*Met.*3.366;—(*w. actions as obj.*) dolos saltu ~dit *Hal.*26; ut..omnes terriculas eius ~das SEN.fr.(Haase p.447);—(*w. inanim. subj.*) sopitos ~dunt somnia sensus VERG.*A.*10.642; terra..falso partu ~det arantis PROP. 2.15.31; quem spes ~sit PHAED.5.6.7; fallax unda ~dat sitim SEN.*Her.O.*944; qui..existimantur ab incubone ~di LARG.100.

2 To play through, complete a performance.
licet uidere gladiatores, cum ~serunt, hac iuuari potione VAR.in Plin.*Nat.*36.203.

dēlumbis ~is ~e, *a.* [DE-+LVMBVS+-IS] Suffering from injury or lameness in the lumbar region, lame; (also fig.).
praegrauem aut ~em sese simulans (perdix) PLIN.*Nat.* 10.103;—summa ~e saliua hoc natat in labris PERS.1.104.

dēlumbō ~āre ~āuī ~ātum, *tr.* [DE-+LVMBVS+-O³]

1 To injure, app. by dislocating the hip or sim.; to bring down on the haunches. **b** (fig.) to lame, weaken.
alium distorquet, alium ~at SEN.*Con.*10.4.2;— ~ata quadrupede PLIN.*Nat.*28.36. **b** nec minutos numeros sequens concidat ~etque sententias CIC.*Orat.*231.

2 (transf.) To bend, make curved.
leuiter conuelluntur radices, ut ~atae alant PLIN.*Nat.* 19.109; (*archit.*) curua lacunaria ad circinum ~ata VITR. 6.3.9.

dēluō¹ ~ere, *tr.* [DE-+LVO¹] To wash off or away.
alii..dicunt delubrum esse locum ante templum, ubi aqua currit, a ~endo CINC.*gram.*16; cruorem praeterfluentis aquae rore ~ere APVL.*Met.*8.18; (*fig.*) ut..si quid in eo (*sc.* animo)..torpentis uerecundiae fuerit, ~amus (*v.l.* dil-; *sc.* uino) GEL.15.2.8.

dēluō² ~ere, *tr.* [DE-+LVO²] (See quot.)
~it soluit, a Graeco διαλύειν PAUL.*Fest.*p.73M.

dēlutō ~āre, *tr.* [DE-+LVTO] To plaster with (a preparation of) clay.
habitationem ~are:..ubi concideris (*sc. the plaster*), ~ato CATO *Agr.*128.

dēmadescō ~ere, *intr.* [DE-+MADESCO] To become thoroughly wet.
coquuntur, donec ~ant LARG.73.

dēmagis, *adv.* [DE-+MAGIS] (?) Furthermore, moreover.
hos uentos..nouisse aiebat solos, ⟨sed⟩ ~ istos..nec nosse nec esse putare LVCIL.528; PAVL.*Fest.*p.71M.

dēmandō ~āre ~āuī ~ātum, *tr.* [DE-+MANDO¹]

1 To entrust, hand over (to).
(*w. dat.*) ~ata cura sacrorum flaminibus LIV.1.33.1; plures pueri..unius curae ~abantur 5.27.1; trium legionum ..curam et imperium Rufioni..~auit SVET.*Jul.*76.3;—(*w. gdve.*) priuignum..mergendum mari..seruis ipsius ~auit *Nero* 35.5; HYG.*Fab.*119.1;—(*w.* ad) Haemon..Antigonam ad pastores demandauit 72;—(*w.* in+*acc.*) quicquid habui, in illius sinum ~ui PETR.61.8;—(*ellipt.*) iussus.. exercitui pro praetore praeesse..~atum bellum..confecit SVET.*Aug.*10.3.

2 (w. *ut*) To lay (a duty upon a person), charge (that).
(*w. dat.*) ac ~asset promissor quidem suo dispensatori, ut daret GAIVS *dig.*45.1.141.4; (*w.* apud) HVNC..APVT VOSTRVM NVMEN ~O DEVOVEO..VTI..EVM INTEREMATES *CIL* 11.1823.

dēmānō ~āre ~āuī, *intr.* [DE-+MANO] To run down, percolate.
tenuis sub artus flamma ~at CATVL.51.10; potum dixit defluere ad pulmonem eoque satis humectato ~are (*v.l.* dim-) per eum GEL.17.11.1; (*fig.*) meus..forensis labor.. ~auit (*v.l.* dim-) ad existimationem hominum CIC.*Cael.*6.

dēmarchia ~ae, *f.* [Gk. δημαρχία] The office of demarch.
HONORE ~AE PERFVNCTVS *CIL* 10.1478; 10.1492.

dēmarchisās ~antis, *pple.* [Gk. δημαρχίσας] Having served as demarch.
C HERBACIO..ROMANO ~ANTI *CIL* 10.1491.

dēmarchus ~ī, *m.* [Gk. δήμαρχος] The chief official or magistrate of a deme.
nec ~us nec comarchus PL.*Cur.*286; *Poen.*1060; *A.Epig.* 01.79.

dēmeāculum ~ī, *n.* [DEMEO+-CVLVM] A descent underground.
per..inluminarum Proserpinae nubtiarum ~a APVL. *Met.*6.2.

dēmens ~ntis, *a.* *compar.* ~ntior, *superl.* ~ntissimus. [DE-+MENS] Out of one's mind, mad, frenzied, insane. **b** (of behaviour, etc.).
me Apollo fatis fandis ~ntem inuitam ciet ENN.*scen.*58; quae meum erum ~ntem facit PL.*Poen.*204; errans patria careo ~ns TER.*Hau.*257; tragico illo Oreste..~ntiorem CIC.*Pis.*47; (Cato) homo ~ns, ut isti (*sc.* Epicurei) putant *Rep.*1.1; quem fugis, a, ~ns? VERG.*Ecl.*2.60; ~ns iudicio uulgi, sanus fortasse tuo HOR.*S.*1.6.97; PROP.1.8a.1; carmen ~ns carmine laesus amo OV.*Tr.*4.1.30; QVINT.*Inst.*10.1.41; JUV.6.222; (*transf. ep.*) dum Capitolio regina ~ntis ruinas.. parabat HOR.*Carm.*1.37.7;—(*in a medical or legal sense*) probat..nec fideicommissa ab intestato data deberi, quasi a ~nte PAVL.*dig.*5.2.13. **b** ~ntem reprimere audaciam SIS.*hist.*114; inconstantissimae ac ~ntissimae temeritatis CIC.*Har.*55; audiat..~ntem strepitum HOR.*Carm.*3.19.23; ~ntia somnia PROP.3.8.15; LIV.44.10.4; quid ~ntius quam ..flere! SEN.*Ep.*99.7; V.FL.6.474; ira..~ns STAT.*Theb.* 2.319;—(*med.*) ~ns hilaritas..melius curatur CELS.3.18.22.

dēmensus: see DIM-.

dēmenter, *adv.* *superl.* ~tissimē. [DEMENS+-TER²] Madly, crazily.
tam ~ter tantae res creditae CIC.*Catil.*3.22; ~ter amoribus usa OV.*Met.*4.259; caput imperio ~ter inminens V.MAX. 9.15.ext.2; SEN.*Con.*10.3.7; ~tissime testabitur, qui tutorem filio reliquerit pupillorum spoliatorem SEN.*Ben.*4.27.5.

dēmentia ~ae, *f.* [DEMENS+-IA]

1 Derangement of the mind, madness, insanity.
erroris..illos et ~ae complebo PL.*Am.*470; quae potest homini maior esse poena furore atque ~a? CIC.*Har.*39; *Tusc.*3.10; SAL.*Cat.*42.2; quae te ~a cepit! VERG.*Ecl.*6.47; solue me ~a HOR.*Epod.*17.45; si..dein secuta est ~a cum distentione neruorum, periculum mortis est CELS.2.8.4.z; 3.18.3; in actionibus ~ae, malae tractationis, rei publicae laesae QVINT.*Inst.*7.3.2; VLP.*dig.*27.10.6.

2 Craziness, folly.
hoscin mores! hanc ~am! TER.*Ad.*758; non iam leuitatis est, sed..~ae CIC.*Phil.*5.3; subita incautum ~a cepit amantem VERG.*G.*4.488; qua..profluit..rapidus, Cyri ~a, Gyndes, aret [TIB.]3.7.141; si tanta ~a patres conscriptos cepisset LIV.8.5.7; JUV.10.233;—(*pl.*) eius ~as caue contemnas CIC.*Att.*9.9.4;—(*w. inf.*) habere uelle (aegritudinem, summa ~a est *Tusc.*4.56; LVCR.1.704; CAES.*Gal.*4.13.2; frustra autem niti..extremae ~ae est SAL.*Jug.*3.3.

dēmentiō ~īre, *intr.* [DEMENS+-IO²] To become deranged, lose one's reason.
morbis in corporis..~it (animus)..deliraque fatur LVCR. 3.464; APVL.*Apol.*45; sese mea magia in amorem inductam ~ire 78.

dēmeō ~āre ~āuī ~ātum, *intr.* [DE-+MEO] To go down, descend.
potest aestus per uestis interualla depelli, potest degi, potest ~are FRO.*Aur.*1.p.12(66N); ut..frustulum panis.. neque deorsum ~are neque sursum remeare posset APVL. *Met.*1.19; Venus caelo ~at 6.7; cum..ad inferos ~aris 11.6.

dēmereō ~ēre ~uī ~itum, *tr.* Also **~eor** ~ērī ~itus. [DE-+MEREO]

1 To earn.
quaero quoi..artibus tribus tris ~itas dem laetitias PL. *Ps.*705; quid mercedis petasus hodie domino ~et? 1186; ob..uenustatem..formae grandem pecuniam ~ebat GEL. 1.8.3.

2 To oblige, please, win the favour of.
(occasio) ~endi beneficio..ciuitatem LIV.3.18.3; nec tibi sit seruos ~uisse pudor OV.*Ars* 2.252; amoenitate aliqua demerenda erit (matrona) COL.1.4.8; ~uisse duos uotum est MART.9.55.5; SVET.*Aug.*8.1;—(*dep.*) uoltu, qui maxime populos ~etur, amabilis SEN.*Cl.*1.13.4; elephantorum feritatem..~etur cibus *Ben.*1.2.5; ut..obsequio ~ere amantissimos mei QVINT.*Inst.*1.pr.3.;—(*absol.*) STAT.*Silv.*5.2.24; plura..peccantur, dum ~emur quam dum offendimus TAC.*Ann.*15.21.

dēmergō ~gere ~sī ~sum, *tr.* [DE-+MERGO]

1 To cause to go below the surface of (water), submerge. **b** to cause (a ship or its occupants) to sink or go down. **c** to plunge (into a liquid), dip, immerse. **d** to cause to sink or be swallowed up (in the earth).
cornix ~sit caput et fluctum ceruice recepit CIC.*Arat. Progn.*224; equus..mecum una ~sus rursus apparuit *Div.* 2.140; flumina ~so trahit (Alpheus) intemerata canali STAT.*Silv.*1.2.205; (*w. abl.*) repugnantes..cloacis..~gere assuerat SVET.*Nero* 26.1;—(*refl.*) si..nos ~simus ut qui urinantur CIC.*Ac.*2.fr.7; (*w.* ad) (gauia) ~git sese..ad Oceani profundum gremium APVL.*Met.*5.28. **b** ~sa naue periit *B.Alex.*64.3; eum..tempestas..prope cum omni classe ~sit LIV.33.41.7; parte liburnicarum ~sa SVET.*Aug.* 17.3;—(*w. abl.*) istum..~sum fluctibus audire malletis CIC. *Pis.*fr.2; OV.*Ep.*5.119; SIL.14.500;—(*fig.*) in naufragio rei publicae, tenebris offusis, ~so populo Romano CIC.*Dom.* 137; ~sos dabo SEN.*Med.*528. **c** (*w.* in+*acc.*) (ferrum) in gelidum..~simus imbrem LVCR.6.149; ~sis in acetum ..cruribus PLIN.*Nat.*23.58; terra..~sa in mare lapidea extrahitur 35.167. **d** eundem esse (amnem) manifestum, quod ~sa perfert PLIN.*Nat.*6.128; ~si (*i.e. in the earth*) funera lugens auguris STAT.*Theb.*9.646;—(*w.* in+*acc.*) est..animus caelestis ex altissimo domicilio depressus et quasi ~sus in terram CIC.*Sen.*77; (*poet.*) Antilochi.. ~sus in umbras ense Thalysiades *Ilias* 360;—(*cf. w.* ad) profundus umor ad ima ~sus [QVINT.]*Decl.*4.13;—(*transf.*) hoc uniuersum..dies aliquis..in confusionem ueterem tenebrasque ~get SEN.*Dial.*11.1.2.

2 To cause (a heavenly body) to sink (below the horizon) or set; (also pass. in middle sense).
(Cepheus) superas potis est ~gere partes CIC.*Arat.*691 (439); qui (cardo) ~git (Phoebum) in undas MAN.3.181; totidem ~serit orbes (zodiacus) OV.*Fast.*3.517;—ut illa (*sc.* luna) surgit ac ~gitur MELA 3.2; (*w.* quo) sol..quo ~gitur.. occasus (nuncupatur) 1.3;—(*cf.*) sidus hoc, quod..~so in tenebras orbi refulsit SEN.*Dial.*11.13.1.

3 To put in a submerged or underground position, to bury, sink, conceal. **b** to bury (a weapon). **c** to cause to move inwards, retract; to cause to droop.
(cernis) antra..~sas penitus fodisse latebras *Aetna* 141; radices..penitus demersae COL.2.10.5; 3.18.1; locus exciso penitus ~sus hiatu PETR.120,l.67; quae occultauit atque ~sit (tellus) PLIN.*Nat.*33.3;—(*w.* in+*acc.*) labores plebis in fossas cloacasque exhauriendas ~sae LIV.1.59.9; dapes auidam ~sit in aluum OV.*Met.*15.105; ~sis in humum sedibus MELA 2.10;—(*w.* in+*abl.*) uidetis extremam partem nominis ..~sam esse in litura? CIC.*Ver.*2.191; ne tam uegeta mens.. in corde cerebroue..~sa iaceat *Tusc.*1.41;—(*w. abl.*) corpus paludibus occultasse ~sum *Sest.*50; udo ~guntur ungulae COL.2.17.1;—(*transf.*) in profundo ueritatem esse ~sam CIC.*Ac.*1.44. **b** per iugulum sinistrum capulo tenus gladium totum ei ~git APVL.*Met.*1.13; 2.32;—(*w.* in +*abl.*) si telum..in articulo se inter duo ossa ~sit CELS. 7.5.4.A. **c** (*w. abl.*) colla..~sere umeris STAT.*Theb.*6.850; —(muli) capita ~si contruncabant moles palearum APVL. *Met.*9.13.

4 To submerge, overwhelm, engulf (in adverse circumstances or sim.).
quamuis..sint ~sae leges alicuius opibus CIC.*Off.*2.24; plebem aere alieno ~sam esse LIV.2.29.8; 6.27.6; uelut ~so ab admiratione animo 8.7.21; GERM.*Arat.*134; grauedine somnulenta iam ~sus APVL.*Met.*10.26.

dēmersus ~ūs, *m.* [prec.+-TVS³] The action of sinking or submerging.
sunt..in ista uitae humanae tempestate leuia sustentui, grauia ~ui APVL.*Apol.*21.

dēmētior: *see* DIMETIOR.

dēmetō¹ ~tere ~ssuī ~ssum, *tr.* [DE-+METO²]

1 To mow, reap (crops, fields).
ubi hordeum ~ssuit CATO *hist.*57; alienos agros ~tunt CIC.*Rep.*3.15; ~sso frumento CAES.*Gal.*4.32.4; ~ssis..segetibus LIV.42.64.7; COL.2.18.1; sacerdos..falce aurea ~tit (*sc.* uiscum) PLIN.*Nat.*16.251; TAC.*Ann.*14.24.

2 To pick, gather (fruit, flowers, vegetables). **b** to take (honey). **c** to shear (the fleece of sheep).
~ssum pollice florem VERG.*A.*11.68; totiens rigari.. debet, quotiens ~titur (porrum) COL.11.3.32; in prima lanugine ~titur uua PLIN.*Nat.*12.131; 19.54. **b** pariter et frumenta et faui ~tuntur COL.9.14.5; 11.2.50. **c** praestat (anser)..plumam, quam non ut in ou:bus lanam, semel ~tere..licet COL.8.13.3.

3 To cut off (part of body). **b** to cut down (in battle).
ut..testis caudamque salacem ~teret ferro HOR.*S.*1.2.46; ferro caput ~tere SEN.*Ag.*987; colla uiri dextramque..~tit SIL.5.286. **b** ~tit ense Protin V.FL.3.157; SIL.16.102.

dēmētō²: see DIMETOR.

Dēmētrius ~iī, *m.* A common Greek name, e.g. Demetrius Poliorcetes, king of Macedonia (294–287 B.C.); Demetrius Phalareus, a late 4th-century Athenian orator; var. theatrical performers, and others.
CIC.*Off.*2.26; VITR.10.16.4;—CIC.*Orat.*92; QVINT.*Inst.*2.4. 41;—HOR.*S.*1.10.79; JUV.3.99.

dēmigrātiō ~ōnis, *f.* [next+-TIO] The action of going out as colonists, emigration.
cum..multi eius ~onis peterent societatem NEP.*Milt.*1.2.

dēmigrō ~āre ~āuī ~ātum, *intr.* [DE-+MIGRO] To go away (from a position, locality, etc., esp. to settle elsewhere). **b** to depart (from a situation or condition). **c** (of inanim. things) to go away.

animam amittunt prius quam loco ~ent Pl.*Am*.240; ~aturos in illa loca nostros homines propter agrorum bonitatem Cic.*Agr*.2.42; ~andum potius aliquo est *Dom*.100; uti de oppidis ~arent Caes.*Gal*.4.19.2; ~antium magis quam in bellum euntium modo Liv.38.23.9; incolas..~are Pydnam cogit 44.6.3; ~ant Helicone deae Stat.*Silv*.1.2.4; Suet.*Tib*.35.2; (*impers. pass.*) intrantibus fines Romanis non ~atum ex propinquis..locis Liv.6.25.7;—(*poet.*) Baccho (*i.e. Bacchic frenzy*) iam ~ante quieuit Stat.*Theb*.4.405. **b** nec..de meo statu ~o Cic.*Att*.4.18.2(16.10); uetat..deus iniussu hinc (*i.e. from this life*) nos suo ~are *Tusc*.1.74; Apul.*Apol*.91. **c** strumae..ab ore improbo ~arunt et aliis iam se locis conlocarunt Cic.*Vat*.39; cum quaepiam earum (*sc*. qualitatum)..loco ~auit Apul.*Apol*.49.

dēminuō ~uere ~uī ~ūtum, *tr*. [de-+minvo]

1 To lessen the size, amount of, diminish. **b** to lessen the number of, make fewer. **c** to divide into small pieces, cut up small.

duo quae inter se trita, et ~uta Var.*L*.5.176; res familiaris mea lege Caesaris ~uta est Mat.*Fam*.11.28.2; Sal.*Rep*.2.5.2; agrum..uenisse nihil ob id ~uto pretio Liv.26.11.6; aut adiectum aut ~utum clamorem Petr.68.5; si fructus quibus res publica sustineretur ~uerentur Tac.*Ann*.13.50; deperdita..et ~uta sine dolo malo uenditoris Ulp.*dig*.18.4.2.5; (*w. in+acc.*) legata..~uta in dimidium Tryph.*dig*.37.4.20.2; —(*of inanim. forces*) uerrentes aequora uenti ~uunt Lucr. 5.389; fundus quem flumen ~uerat Papin.*dig*.21.2.64;—(*w. amount deducted as subj.*) quod in fructus redigendos impensum est..ipsos fructus ~uere debere Ulp.*dig*.22.1.46. **b** quo facilius ~uerent hostis Var.*L*.5.90; Tac.*Ann*.12.14; lites ~uere Julian.*dig*.12.1.21. **c** lapide pretioso caesim ~uto Apul.*Met*.5.1.

2 To lessen the scope, force of (an activity, or sim.), diminish, curtail, impair. **b** to understate. **c** to reduce (a word) to a diminutive form.

istum, soror, laborem..~uam tibi Pl.*Aul*.165; Cic. *de Orat*.3.132; si ulla ex parte sententia huius interdicti ~uta aut infirmata sit *Caec*.38; militum uires inopia frumenti ~uerat Caes.*Civ*.1.52.2; ~uo curam Prop.2.18.21; Liv.28.13.10; ~ui siqua numinis ira potest Ov.*Tr*.1.5.44; nullius per me libertatem ~utam Sen.*Dial*.7.20.5; nec illi.. aut facilitas auctoritatem aut seueritas amorem ~uit Tac. *Ag*.9.4. **b** quod, ne qua significetur..ostentatio, ~uitur et adtenuatur oratione *Rhet.Her*.4.50. **c** quia pro nomine integro positum sit ~utum Quint.*Inst*.1.5.46; 'sacellum'.. esse..ex 'sacro' ~utum Gel.7(6).12.6.

3 To take away (a part of an amount), deduct. **b** (leg.) to deduct (money, etc., from an estate).

de mina ~ui una..quinque nummos Pl.*Truc*.651; *Rhet. Her*.1.27; permultum erit ex maerore tuo ~utum Cic.*Fam*. 5.16.5; unde neque auelli quicquam neque ~ui iam concedit natura Lucr.1.613; quod multi..defecerant longumque iter ex Hispania magnum numerum ~uerat Caes.*Civ*.3.2.3; Liv. 2.1.7; quaedam ex regiis tributis ~uta Tac.*Ann*.2.56; quidquid inde decerptum ~utumque fuerit Apul.*Met*.2.22. **b** nihil..potest de tutela..nisi omnium tutorum auctoritate ~ui Cic.*Flac*.84; ne quid de bonis, quae..Nasonis fuissent ..~uerent *Q.fr*.1.2.10; Gaius *dig*.5.3.21; (*w. in+acc.*) quod in uentris alimenta ~utum est Ulp.*dig*.37.9.9;—(*absol.*) non ~uit de facultatibus suis qui donauit Ulp.*dig*.24.1.5.16.

4 (w. abl.) To deprive (of). **b** *capite ~uere*, to deprive of civil rights, see caput, sense 6a.

quae..sensu..aurium ~uta..sit Gel.1.12.3; arborem.. mortuis ramalibus..~utam prodigii loco habitum est Tac. *Ann*.13.58; duce uestro..~uti Apul.*Met*.4.8.

dēminūtiō ~ōnis, *f*. (In codd. written *dem-* or *dim-*). [prec.+-tio]

1 The action of making smaller in size or amount, diminution. **b** a reduction in number, depletion.

reliqua (uerba) obscuriora, quod ab ~one..ut deunx dempta uncia Var.*L*.5.172; Sen.*Ep*.58.22; lunam..lucere dodrantes semuncias horarum detrahentem..in ~onem Plin.*Nat*.2.58; auctibus ac ~onibus crescit decrescitque (fons) Plin.*Ep*.4.30.2; per ~onem, ut ebibit pro exbibit Scaur.gram.in *G.L*.7.32; ~ones (*i.e. of the Nile*) aeque coercentur Ulp.*dig*.47.11.10;—(*w. obj. gen.*) non queror ~onem uectigalium Cic.*Agr*.1.21; multari imperatorem ~one prouinciae *Prov*.38; Tac.*Ann*.2.42; simili euisdem sideris ~one..consternati Fron.*Str*.1.12.9. **b** quanta ~one ciuium Cic.*Catil*.3.24.

2 (leg.) The deduction of money (from an estate or sim.), conversion; a right to convert money. **b** subtraction, deduction (of abst. things).

nullum in eis nominibus..~onis uestigium reperietur Cic.*Font*.3; *Off*.2.73; bona filii pater sine ~one possideat Plin.*Pan*.38.3; funeris gratia ~onem permittit (praetor) Ulp.*dig*.5.3.5; ~o..ad hos sumptus fieri debet..ex pecunia numerata 37.9.1.20;—uti..Faeceniae..datio ~o..esset, quasi ei uir testamento dedisset Liv.39.19.5. **b** de imperio populi Romani tanta ~o facta est Sulp.Ruf.*Fam*. 4.5.4.

3 A diminution (of the scope, force of an activity, quality, or sim.), abatement, attenuation. **b** (w. gen.) an injury causing loss (to a person), detriment. **c** *capitis ~o*, deprivation of civil rights, see caput, sense 6a.

libertatis uestrae ~onem Cic.*Agr*.2.16; ~onem..maiestatis Lent.*Fam*.12.15.2; non..~onem malorum..sed uacationem Sen.*Ep*.85.5; Plin.*Nat*.13.77; magis praesagium quam mentis ~o fuit Suet.*Aug*.99.2; sine ~one patriae potestatis Ulp.*dig*.43.30.3.5. **b** Mes.Ruf.*hist*.2; omnis iniuria ~o est in quem incurrit Sen.*Dial*.2.5.4; muliebre fastigium in ~onem sui accipiens Tac.*Ann*.1.14; Plin.*Pan*. 19.2.

4 (rhet.) Understatement; (gram.) formation of a diminutive (from the stem of a word).

~o est quom aliquid inesse in nobis..dicemus egregium, quod..deminuitur..oratione *Rhet.Her*.4.50;— ~o genus (*i.e. gender*)..detegit Quint.*Inst*.1.6.6; capra per ~onem capella dicitur Scaur.gram.in *G.L*.7.13.

dēmīror ~ārī ~ātus, *tr*. [de-+miror] To be utterly astonished at. **b** (w. indir. qu.) to wonder (how, why, etc.).

quod ~or equidem Cic.*Att*.14.14.1; has..intemperies in maritum ~atus Gel.1.17.2; 16.18.3;—(*w. acc. and inf.*) eum ~or non uenire Pl.*Mer*.698; haec ego uos concupisse.. non miror, sperasse..adsequi posse ~or Cic.*Agr*.2.100; *Att*.15.1.4; Homerum calidorum fontium mentionem non fecisse ~or Plin.*Nat*.31.59;—(*ellipt.*) cum..ille ~atus aliena haec esse a poetis..diceret Gel.20.10.4. **b** nimis ~or qui illaec..sciat Pl.*Am*.765; ~or ubi nunc ambulet *Men*.706; Ter.*Hec*.529; in quo ~or cur Milonem..rem illam egisse dicas Cic.*Phil*.2.49;—(*cf.*) quam causam reperient? ~or Ter.*Ph*.235.

dēmissē, *adv*. *compar*. ~ius, *superl*. ~issimē. [demissvs+-e]

1 At a low altitude.

hic alte, ~ius ille uolabat Ov.*Tr*.3.4.23.

2 In a despondent manner, dejectedly; humbly, meekly.

me tueor ut oppressis omnibus non ~e Cic.*Att*.2.18.3;— cum..defensor suppliciter ~eque responderat *Flac*.21; *Tusc*.5.24; haec quam potest ~issime et subiectissime exponit Caes.*Civ*.1.84.5; petiit..~e et flebiliter ut sibi aluum leuare..liceret V.Max.9.13.2.

dēmissīcius ~a ~um, *a*. [demitto+-icivs[2]] (of clothes) Reaching to the ground.

tunicis ~is Pl.*Poen*.1303.

dēmissiō ~ōnis, *f*. [demitto+-tio] The action of letting down or lowering; extension downwards. **b** a lowering (of the spirits).

ex eo (*sc. the dome of the bathroom*)..clipeum..pendeat, per cuius reductiones et ~ones perficietur sudationis temperatura Vitr.5.10.5;—quantum storiarum ~o patiebatur, tantum eleuarant (*sc.* turris tectum) Caes.*Civ*.2.9.7. **b** in eundem timorem et infractionem quidem animi et ~onem Cic.*Tusc*.3.14.

dēmissus ~a ~um, *a*. *compar*. ~ior. [pple. of demitto]

1 Having a low altitude, low-lying, low. **b** (of persons) keeping close to the ground.

quanto ~or eius cursus abest procul a caelo Lucr.5.629; campestribus ac ~is locis Caes.*Gal*.7.72.3; loca sequi ~a ac palustria *Civ*.3.49.4; ne, si ~ior ibis, unda grauet pennas Ov.*Met*.8.204; Tiberis..~ioribus ripis alte superfunditur Plin.*Ep*.8.17.1. **b** dicitur humilior, qui ad humum ~ior Var.*L*.5.23; nemo usque eo tardus et hebes et ~us in terram est Sen.*Nat*.7.1.1.

2 Slanting downwards.

alios ab utroque latere ~ae falces laceraure Curt.4.15.4; quibus (supercilia) in totum ~a, maliuolos et inuidos Plin. *Nat*.11.275; urbs placidis ~a iugis V.Fl.2.635; ~us inde pronusque puluinus Plin.*Ep*.5.6.16.

3 (of clothes, etc.) Let down, hanging down.

cum etiam Thais..tunicam ~am habeat ad talos Var. *Men*.302; Cic.*Clu*.111; matronae..cetera (*i.e. the rest of her figure*)..~a ueste tegentis Hor.*S*.1.2.95; tribus obliquis (luminibus) ~us ducitur ensis (Orionis) Man.1.391; Quint. *Inst*.5.13.39.

4 **a** Living in humble circumstances, lowly. **b** degraded, abject, mean. **c** modest, unassuming, subdued.

a qui ~i in obscuro uitam habent Sal.*Cat*.51.12. **b** erat angusti animi atque ~i..triumphi honorem..contemnere Cic.*Pis*.57; 62; fecerunt..summum bonum ~um et ignobile Sen.*Ep*.92.9;—(*of speech, etc.*) defensionem.. ~am et supplicem V.Max.6.4.ext.2. **c** orator..in.. ornamentis..sententiarum ~ior Cic.*Orat*.81; sit ~is hominibus perfugium, sit auxilium pudori *Mur*.87; Hor.*S*. 1.3.57; usque ad seruilem patientiam ~us Tac.*Ann*.14.26; —(*of behaviour, etc.*) deiecit uultum et ~a uoce locuta est Verg.*A*.3.320; altera (*sc.* miseratio) cum deprecatione ~ior Quint.*Inst*.11.3.171; Plin.*Ep*.8.6.2.

5 Dejected, discouraged, despondent.

ex alacri atque laeto sic erat humilis atque ~us Cic.*Ver*. 17; erigebat animum iam ~um et oppressum *Clu*.58; nihilo ~iore animo..causa..pro se dicta Liv.4.44.10; Cels. 3.18.22; Quint.*Inst*.1.3.10; mutatione temporum non quantum inimici cuperent ~us Tac.*Ann*.13.42.

dēmītigō ~āre, *tr*. [de-+mitigo] To calm (a person) down.

(*pass. in middle sense*) nosmet ipsi..cotidie ~amur Cic. *Att*.1.13.3.

dēmittō ~ittere ~īsī ~issum, *tr*. [de-+mitto] Orthog.: sometimes spelt *dim-* through confusion w. dimitto: *~itito* (= *~itito*) *CIL* 1.583.53.

1 To let fall (from a height), shed, drop; to cause to flow down. **b** (refl. or pass. in middle sense) to go down, fall, sink. **c** to cause (blood) to flow, shed; (med.) to let (blood); to lose (blood); to shed (tears). **d** (of plants) to shed (leaves, etc.). **e** to cause to fall (by shooting, striking), bring down, strike off; to fell (a tree).

di..qui..caelo ~ittis imbrem Verg.*G*.1.23; Hor.*S*. 1.5.103; arma..a superis ~issa putant Luc.9.477; sensum a caelesti ~issum traximus arce Juv.15.146; Liuiae..praeteruolans aquila gallinam..~isit in gremium Suet.*Gal*.1.1; (*poet.*) num mons..~ittat celsior umbras in mare Ov.*Hal*. 88; (*in fig. phr.*) ut ille omnes iniurias in altum ~ittat Sen. *Dial*.2.9.4;—liquor ille..~ittit collibus undas *Aetna* 486; Col.1.2.4; stillicidium..inferius ~itti non potest Paul.*dig*. 8.2.20.5. **b** uallis erat, quo se demittere riui adsuerant pluuialis aquae Ov.*Met*.8.334; *Fast*.1.653;—pluuius.. umor..in terras ~issus Lucr.6.496; ubi ~issam (*sc.* puppim)..circumstetit aequor Ov.*Met*.11.505; demissa nox caelo est Sen.*Con*.exc.8.6; siluis ~issa uetustis frigora Stat. *Silv*.1.2.154. **c** sanguen ~ittatur Cato *orat*.203; iugulis ~itte cruorem Verg.*G*.4.542;—si hoc genus rebus non proficitur, ~ittitur sanguis Var.*R*.2.1.23; Fro.*Ver*.2.p.84 (133N); Gel.18.10.5;—si armos laeserit (equus) aut sanguinem ~iserit Col.6.30.6;— ~isit lacrimas Verg.*A*.6.455; in..meos..lacrimam ~ittere casus Ov.*Tr*.1.8.19; Sen. *Dial*.7.17.1; (*cf. of a miraculous stone*) quem (*sc.* lapidem) si ..fricueris, lac ~ittit Amp.8.11. **d** uerno tempore, antequam librum ~ittat (ulmus) Col.5.6.12; quercus.. numquam folia ~ittens Plin.*Nat*.16.81; 26.76. **e** quam (*sc.* manum)..ense ferit totoque semel ~ittit ab armo Luc.9.831; ille uagam caelo ~isit..uolucrem Sil.2.96;— iubet..~ittere ferro robora V.Fl.1.94.

2 To let fall, drop, plunge (into a receptacle, enveloping medium, etc.).

ubi ~isi retem atque hamum Pl.*Rud*.984; Cato *Agr*.88.2; lotium..calfacito, eo hominem ~ittito 157.10; gestit.. nummum in loculos ~ittere Hor.*Ep*.2.1.175; ~ittere remos in aquam..remiges..iussit Liv.36.44.8; Ov.*Met*.12.278; de quibusdam et inperitus iudex ~ittere tabellam potest (*i.e. cast his vote*) Sen.*Ben*.3.7.7;—(*w.* in+*abl.*) uas.. impleuit aquae, in quo ~isit argenteam massam Vitr. 9.pr.11; (oportet) ~ittere totum hominem in calido oleo Cels.4.20(13).3; Larg.123;—(*w. abl.*) cera..aqua feruenti ~ittitur 255;—(*of a chasm*) ima dehiscat terra mihi, manisque deam ~ittat ad imos Verg.*A*.12.884.

3 To insert (into the ground, a cavity, etc.), plant, sink; to thrust or plunge (a part of one's body down into). **b** to drop, insert downwards or inwards (medicine, medicaments into the mouth or other orifices of the body); to thrust down (food). **c** to thrust (a weapon or sim. into a person, animal). **d** to sink (a well); to drive (a wound) deep.

fossulas facito, quo radices asparagi ~ittas Cato *Agr*.161.3; aliquot (harundines)..~ittunt in tubulos fictiles Var.*R*.1.8.4; ut sit in mare de caelo tamquam ~issa columna Lucr.6.433; Caes.*Gal*.7.73.3; uina ~issis in terram doliis seruanda Plin.*Nat*.14.134;—(*w. pers. obj.*) quo (*i.e. into the brazen bull*) uiuos..~ittere homines.. solebat Cic.*Ver*.4.73; in arca quo te ~isit..conscia Hor.*S*. 2.7.60;—in eam sitellam manvm ~itito *CIL* 1.583.53; deus ..tergum ~isit in undas, haereat ut collo (Europa) Ov.*Fast*. 5.613; capite in dolium ~isso Apul.*Met*.9.7. **b** linamentum..~ittendum..in narem est Cels.6.8.1.d.; boui conuenit..brassicae coliculos triginta..~itti 6.9.1; offa ~ittitur boum faucibus Plin.*Nat*.27.101;—quos ~isit uastam Polyphemus in aluum Ov.*Ib*.385; ardentes boletos.. demittunt Sen.*Nat*.4b.13.10; Quint.*Inst*.10.1.19. **c** ~isisti gladium in iugulum Pl.*Mer*.613; quid iuuat extinctos ferrum ~ittere in artus? Ov.*Pont*.4.16.51; si timide scalpellus ~ittitur Cels.2.10.16;—(*w. dat.*) Sen.*Dial*.3.15.2; pinnam.. ueneno inlitam faucibus eius ~isisse creditur Tac.*Ann*. 12.67. **d** alte..iubebis in solido puteum demitti Verg. *G*.2.231;—Catonem..ulnera parum ante demissa laxantem Sen.*Ep*.67.13.

4 To make (a person, etc.) descend, send down; (refl., pass.) to walk, ride, fly, etc., down, descend. **b** to send deep (into a gorge or sim. place). **c** to send down (to the underworld). **d** to convey, float, sail downstream; to bring to land. **e** to move to a lower site.

ipse..tibi me claro ~ittit Olympo Verg.*A*.4.268; ~issae (*i.e. into the cave*) pallent ad sacra puellae Prop.4.8.9; nisi e campo in cauam hanc uiam ~ittimus equos Liv.23.47.5; Curt.4.13.16; Plin.*Nat*.26.13; (*of an impulse*) in ouilia ~isit hostem (*i.e. an eagle*) uiuidus impetus Hor.*Carm*.4.4.10;— (*refl.*) neminem in aequum locum sese ~ittere..uiderunt Caes.*Gal*.7.28.2; qui..spiritu libero..in illos se ~itterent specus Sen.*Nat*.5.15.3; cum se uerticibus..~isit Olympi Petr.123,l.207;—(*pass.*) agmen..supra montes..ductum, inde ~issum in campos Liv.3.8.6; animalia..per sublime ~issa Sen.*Ben*.4.5.2; Stat.*Theb*.11.444. **b** Liv.21.34.8; ~isso in angustias exercitu Fron.*Str*.1.5.16;—(*refl.*) cum se maior pars agminis in..conuallem ~isisset Caes.*Gal*. 5.32.2; *Civ*.1.79.4. **c** multos Danaum ~ittimus Orco Verg.*A*.2.398; (*cf.*) insontem..quia bella uetabat, ~isere neci 2.85; Stat.*Theb*.1.659. **d** nauem..secundo amni Scodram ~isit Liv.44.31.12; far in doliis secunda aqua.. fluminis ~ittebant Fron.*Str*.3.14.2; Tac.*Ann*.1.45;—quod ..nauis in omnem oram maritimam ~isisset Cic.*Tusc*.5.40; an sit mihi (tellus)..quo..magis..optem ~ittere nauis? Verg.*A*.5.29. **e** castra..relictis locis superioribus ad ripas esse fluminis ~issa Hirt.*Gal*.8.36.4.

5 To cause to descend, let down, lower. **b** (refl., pass., etc., of topog. features or sim.) to extend or slope downwards. **c** (pass., of a river) to fall in level.

cum tu..per tegulas ~itterere Cic.*Phil*.2.45; Lucr. 2.1154; non nullae de muro per manus ~issae Caes.*Gal*. 7.47.6; antemnis ad medium malum ~issis *B.Alex*.45.2; ~isso quotiens tibi fune pependi Prop.4.7.17; putares puellam ~itti, non deici Sen.*Con*.1.3.7; Plin.*Nat*.31.49; Tac.*Hist*.4.30; Suet.*Aug*.94.9; qui (*sc.* seruus)..in cloacam ~itti solitus esset Paul.*dig*.19.1.54;—(*refl.*) ut aegre..miles ..retinens..stirpes circa eminentes ~ittere sese posset Liv. 21.36.1. **b** (*refl.*) qua se montium iugum..ad planiora ~ittit Curt.5.4.23; (*cf.*) qua se subducere colles incipiunt mollique iugum ~ittere cliuo Verg.*Ecl*.9.8;—(*pass.*) quantum ~ittitur amplior (specus) Mela 1.72; usque in humum ~ittitur (*sc. the rainbow*) Sen.*Nat*.1.8.2; Plin.*Nat*.6.78. **c** ad hibernam magnitudinem redit (Danuuius) atque ex ea demittitur Sen.*Nat*.4a.1.2.

OXFORD LATIN DICTIONARY

FASCICLE III

Demiurgus–Gorgoneus

OXFORD
LATIN DICTIONARY

OXFORD LATIN DICTIONARY

FASCICLE III

Demiurgus—Gorgoneus

OXFORD
AT THE CLARENDON PRESS
1971

Oxford University Press, Ely House, London W. 1

GLASGOW NEW YORK TORONTO MELBOURNE WELLINGTON
CAPE TOWN SALISBURY IBADAN NAIROBI DAR ES SALAAM LUSAKA ADDIS ABABA
BOMBAY CALCUTTA MADRAS KARACHI LAHORE DACCA
KUALA LUMPUR SINGAPORE HONG KONG TOKYO

PRINTED IN GREAT BRITAIN
AT THE UNIVERSITY PRESS, OXFORD
BY VIVIAN RIDLER
PRINTER TO THE UNIVERSITY

6 To cause (one's body) to become less erect, bend or stoop down, bow. **b** to cause or allow (a part of one's body) to sag, lower, let fall; (sim. of flowers, trees). **c** to lower (one's eyes, gaze); to drop (one's eyes in sleep). **d** to lower (one's weapon, or sim., in token of respect, submission).

paulolum corpus a ceruicibus ~ittemus RHET.HER.3.26; crebro se accensus ~ittebat ad aurem CIC.Ver.2.74; HOR. Ep.1.16.64; CELS.8.15.5; ceteri (elephanti)..~isere corpora in terram CURT.8.14.39; ad pedes te puellae ~itte SEN.Con. 7.8.2; imos ~issus in armos (*i.e. the Centaur*) STAT.Ach.1.124; Silv.5.5.83. **b** uirginum nostrarum, quas matres student ~issis umeris esse TER.Eu.314; 336; Sequanos..tristis capite ~isso terram intueri CAES.Gal.1.32.2; ~issis ut aut miserabilis alis (Cupido) OV.Am.3.9.9; ~ittuntur aut alleuantur (supercilia) QUINT.Inst.11.3.79; (*w. retained acc.*) Tyndaris, maestum caput ~issa SEN.Tro.1134; (*in fig. phr.*) ~itto auriculas, ut iniquae mentis asellus HOR.S.1.9.20;—(*of animals, etc.*) ubera uaccae lactea ~ittunt VERG.G.2.525; quae (*sc.* canes)..~isso quaerunt uestigia rostro OV.Hal. 78; PLIN.Nat.11.101;—lasso..papauera collo ~isere caput VERG.A.9.436; diuitias omne nemus suas ~ittit propius SEN. Thy.163; SUET.Aug.92.2. **c** lumina ~itto, cum te tenet.. ille OV.Ep.15.227; proiecto..auro uultum ~isit V.MAX. 8.14.5; APUL.Apol.99;—(*pass., w. retained acc.*) Dido uultum ~issa VERG.A.1.561; STAT.Ach.1.95;—iam fatigata..oculos ~isit ad soporem APUL.Met.4.24; (*of sleep*) ~isit lumina somnus STAT.Theb.7.463. **d** armis ~issis salutationem.. faciunt B.Afr.85.5; supplex ~isso mucrone rogat STAT.Theb. 10.423; (*w. dat.*) ~issi populo fasces CIC.Rep.1.62.

7 a To cause or allow (clothes) to hang down; (also) to draw down. **b** to let (hair) hang loose; to let (a beard) grow. **c** (w. other objects).

a laena ~issa ex umeris VERG.A.4.263; latum ~isit pectore clauum HOR.S.1.6.28; PROP.4.2.38; e tereti ~isit nebrida collo STAT.Ach.1.609; togam ueteres ad calceos usque ~ittebant QUINT.Inst.11.3.144; (*cf.*) trunco..toto (*i.e. the shaft of the pillar*) strias uti stolarum rugas..~iserunt VITR.4.1.7;—utraque togam manu ~isit V.MAX.4.5.6. **b** Iunoni crinibus ~issis agnum..caedito Lex Reg.(Font.iur. p.8); ante auris..~ittebantur sex cincinni VAR.Men.375; ~issos lugentis more capillos OV.Ep.10.137; (*w. retained acc.*) intortos ~issus uertice crines Bocchus SIL.3.284;—imperat aetas..impubem..malis ~ittere barbam LUCR.5.674; SEN. Ep.48.7; ULP.dig.47.10.15.27. **c** gladium e lacunari saeta ..aptum ~itti iussit CIC.Tusc.5.62; quinque (anellos).. ordine ~isso leuibus iactarier auris LUCR.6.913; ~issae in pocula sertae PROP.2.33b.37.

8 (refl.) To commit oneself, plunge (into). **b** (leg.) to let the issue of (a case) rest (on certain evidence).

~ittamne me penitus in causam? CIC.Att.7.12.3; timuit se in narrationem ~ittere SEN.Con.1.2.19; alit se ipsa contentio ac ~issos altius tenet SEN.Dial.5.8.8; non audenti in comparationem se ~ittere SUET.Rhet.30(p.125Re). **b** in unum testem temere rem ~ittit SEN.Ben.6.8.4; cum res in iusiurandum ~issa sit ULP.dig.12.2.34.9.

9 To cause (ideas, etc.) to enter (one's consciousness), take in, absorb.

Nov.com.4^b; hoc in pectus tuom ~itte SAL.Jug.102.11; cur mea dicta negat duras ~ittere in auris? VERG.A.4.428; segnius irritant animos ~issa per aurem HOR.Ars 180; spes..animo ~ittere non est ausa suo OV.Met.9.468; leues iniurias altius sibi ~isere, dum uindicant SEN.Dial.4.32.3; STAT.Silv.2.4.18.

10 To bring down (to a worse condition), reduce; to depose, demote (from). **b** (refl., pass.) to abase oneself, stoop (to). **c** to bring down to the level (of), abase (to), throw away (on); *~ittere aures ad*, to deign to listen to. **d** to bring (a matter) down to a certain (undesirable) position.

cum in eum casum me fortuna ~isisset PLANC.Fam. 10.8.2;—~ittite me a merito meo, liberate me nomine (*sc. of* 'fortis') QUINT.Decl.315(p.240,l.26); liberum arbitrium est ei..filium..potestate ~ittere GAIUS dig.1.7.28. **b** nec se ~isit in preces SEN.Con.1.7.14; si semel se ~iserit eo, ut.. iniuria moueatur SEN.Dial.2.13.5; ad minora..~ittere me non recusabo QUINT.Inst.1.pr.5;—TAC.Ann.13.13; cunctis ..in adulationem ~issis 15.73. **c** quod (figurae genus) ad ..cotidianum sermonem ~issum est Rhet.Her.4.14; SEN. Dial.3.10.2; est..dedignatio, uim dicendi..ad unum auditorem ~ittere QUINT.Inst.1.2.31; (*refl., of a matter*) debet.. in haec se ~ittere disputatio, ut ad illa quoque altiora possit exurgere SEN.Dial.4.1.2;—ille aures suas ad tua uerba ~isit 10.2.5. **d** CIC.Luc.79; ~issa iam in discrimen dignitas LIV.3.35.3; fata..in praeceps solitus ~ittere LUC.5.301.

11 To dispirit, depress; (quasi-refl.) *animum, mentem ~ittere*, to become dispirited; also *se animo ~ittere*.

nec secunda sapientem euehunt nec aduersa ~ittunt SEN.Dial.12.5.1;—re in secunda tollere animos, in mala ~ittere LUCIL.699; te..rogo ne contrahas ac ~ittas animum CIC.Q.fr.1.1.4; ~ittunt mentes VERG.A.12.609; occursu prohibitus non ~isit animum TAC.Ann.16.24;—cohortatus ..ne se admodum animo ~itterent CAES.Gal.7.29.1.

12 a To leave (an inheritance), demise. **b** (pple.) descended by race or birth (from).

a pudor..bona sua in aliquem humilem ~ittendi QUINT. Decl.325(p.280,l.21). **b** Iulius, a magno ~issum nomen Iulo VERG.A.1.288; HOR.S.2.5.63; ~issum..Iouis serie genus STAT.Theb.3.286; Silv.3.3.44; Romanum Troia ~issum TAC.Ann.12.58.

dēmiurgus: see DAM-.

dēmō ~ere ~psī ~ptum, *tr.* [DE-+EMO]

1 To remove, take away (material or non-material things from a position). **b** to take off, remove (clothing or other things attached to the body). **c** to remove, cut off, (hair, nails, or other parts of the body).

'eiram' dixi: ut excepisti, ~psisti unam litteram PL. Truc.264; suspendito (pernas) in fumo biduum. tertio die ~ito CATO Agr.162.3; ad turrim adhaesit (tragula) tertio die..~pta ad Ciceronem defertur CAES.Gal.5.48.8.; quae laedunt oculos festinas ~ere HOR.Ep.1.2.38; iunctae.. quinqueremes ~ptis interioribus remis LIV.24.34.6; CELS. 2.14.3;—(*w. dat.*) odorem deteriorem ~ere uino CATO Agr. 110; iacenti spolia ~ere CURT.6.1.14;—(*w.* ab) ~ptus ab arbore fetus OV.Ep.19.9;—(*w.* de) VAR.L.5.94; secures de fascibus ~i iussit CIC.Rep.2.55;—(*w.* ex) (semina) ex arboribus ~pta VAR.R.1.39.3; si ex Platonis..oratione uerbum..~as GEL.2.5;—(*w. adv.*) simul atque inde ~pta essent (ostia) JULIAN.dig.6.1.59. **b** catenas..maiores.. ~ito PL.Capt.113; ~e soleas Truc.367; ~pto capitis insigni purpuraque LIV.27.31.4; ~pta..galea CURT.7.4.33;—(*w. dat.*) pedibus laeua Sicyonia ~it LUCIL.1161; ~am..uincla cani [TIB.]3.9.14; sertaque conpositis ~ere rapta comis OV. Ep.12.156; (*fig.*) tibi sint dominae..~pta iuga PROP.3.6.2. **c** (lanam) ~ptam ac conglobatam VAR.R.2.11.9; faciem ~pta pelle referre nuam TIB.1.8.46; capillis ~ptis HYG. Fab.189.6; SUET.Jul.67.2;—(*w. dat.*) ipsi..tonsor unguis ~pserat PL.Aul.312; si ~as brachia cancro OV.Met.15.369; PLIN.Nat.11.49;—(*w. abl.*) patris ~psissem uertice crinem Ciris 281.

2 To remove (a person from a place or position).

dulcedo..legis ipsa per se, ~pto auctore subibat animos LIV.2.42.1; saeuior assurgens ~pto consorte potestas STAT. Theb.1.187;—(*w. dat.*) ~e illis testes spectatoresque SEN. Dial.9.7.2.

3 To take away (abst. things).

~psi metum omnem TER.Ad.736; ~ptis corporis uoluptatibus CIC.Pis.69; Tusc.1.33; curas his ~ere dictis VERG. A.2.775; OV.Ep.1.50; poena potest ~i, culpa perennis erit Pont.1.1.64; PLIN.Nat.8.139; agniti ~psere sollicitudinem TAC.Hist.2.68; (*w. inf. as obj.*) ~as uelle iuuare deos OV. Pont.2.9.24;—(*w. dat.*) illis ~pseris molestiam TER.Ad.819; pulchris ~psit honorem LUCR.5.1114; qui..ius magistratui quem gerebat ~psisset LIV.26.12.8; diuitiis ~ere supercilium SEN.Ep.87.40; STAT.Theb.7.705; SUET.Rhet.25(p.122 Re);—(*w.* ex) maerorem e pectore ~et LUCR.3.908.

4 To take away (from a physical mass). **b** to take away, subtract (from an amount, total, etc.).

mons ex sale mero magnus, quantum ~as, tantum adcrescit CATO hist.93; ~ptis paucis paucisque tributis LUCR.1.800;—(*w. dat.*) si quid ei uitio ~ptum est CELS. 5.28.19.B;—(*w.* de) ~am..de hordeo PL.As.706;—(*w.* ex) ut ex integro quoque paulum ~atur CELS.6.18.3.A. **b** sex talenta magna dotis ~am PL.Truc.845; uerbo uno aut addito aut ~pto CIC.de Orat.2.109; ~pta eius dimidia PLIN.Nat.2.86;—(*w. dat.*) aetas..quos tibi ~pserit apponet annos HOR.Carm.2.5.14; ~e meis annis et ~ptos adde parenti OV.Met.7.168; neque ~psit aut addidit uero TAC. Ann.3.47;—(*w. abl.*) quinque dies..~untur mense VAR.L. 6.13;—(*w.* de) ~it de capite medimna DC CIC.Ver.3.77; nec ..~imus hilum tempore de mortis LUCR.3.1087; partem.. ~ere de die HOR.Carm.1.1.20; LIV.7.41.8;—(*w.* ex) ~ptum ex dignitate populi, quidquid maiestati patrum adiectum esset LIV.34.54.5; nec ex promisso..~unt (quidquam) SEN. Dial.6.21.6;—(*w. adv.*) aiunt potius hinc ~i oportere quam addi quartum (ordinem) VAR.R.3.16.16.

Dēmocritēus ~ēa ~ēum, *a.* Also **~ius** ~ia ~ium. Of or attached to Democritus, Democritean; (as sb., masc.) a pupil or follower of Democritus; (neut. pl.) his teachings.

Epicurum..~eum puto CIC.Fin.4.13; Tusc.2.52;—Pythagorei..atque ~ii de Orat.1.42; Tusc.1.82;—~ea dicit (Epicurus) perpauca mutans Fin.1.17; N.D.1.73.

Dēmocritus ~ī, *m.* A famous Greek philosopher (*c.* 460–370 B.C.), born at Abdera.

~us auctor atomorum CIC.Fat.23; LUCR.3.371; HOR. Ars 297; JUV.10.34; (*appel.*) ~os, Zenonas inexplicitosque Platonas..loqueris MART.9.47.1.

dēmōlior ~īrī ~ītus, *tr.* Also **~iō** ~īre ~iuī ~ītum. [DE-+MOLIOR] FORMS: *~ibor* (fut.) PL.Bac.383; *dim-* CIL 1.594.2.2.9.

1 To throw off, remove (in quot., transf.). **b** to pull down, demolish.

de me hanc culpam ~ibor PL.Bac.383. **b** (*act.*) haec ~ite! NAEV.com.48; in Capitolio signa quae erant ~iunt HEM.hist.23; non ~io rostra VAR.Men.591; eius (*sc.* parietis) uitio qui ~itus est CIC.Top.22; SI EA AEDIFICIA ..ITA FVISSENT CIL 10.1401.2.39; si..~ita domus est JAVOL.dig.41.3.23.2; (*w. inanim. subj.*) si..arbores ui tempestatis confractae..aedificia ~iunt ULP.dig.30.2.24.9;—(*dep.*) si tectum..per uim ~itus esses CIC.Tul.53; signum ut ~irentur et Messanam deportarent imperauit Ver.4.84; illam porticum..sunt ~iti Att.4.2.5; LIV.43.16.4; procul ignes amolirentur, rogum ~irentur APUL.Fl.19;—(*w. abst. subj.*) aras..templaque ~itur..obliuio PLIN.Pan.55.9.

2 To abolish, do away with.

cum ~ientes nos Bacchanalia..cerneretis LIV.39.16.10; subruit haec (*sc.* senecta) aeui ~iturque prioris robora OV.Met.15.228; SEN.Dial.10.15.4.

dēmōlītiō ~ōnis, *f.* [prec.+-TIO] The act of demolishing, pulling down.

dum..ea ~o (*sc.* statuarum) fieret CIC.Ver.2.161; 4.110; aditus templorum erant..~one sublati Red.Sen.32; non habuerunt ad ~onem ferramenta VITR.10.13.1; ULP.dig. 39.2.35.

dēmōlītor ~ōris, *m.* [DEMOLIOR+-TOR] An agent or instrument of demolition.

coruum ~orem, quem nonnulli gruem appellant (*i.e. a battering-ram*) VITR.10.13.3.

dēmonstrātiō ~ōnis, *f.* [DEMONSTRO+-TIO]

1 The action of pointing out or showing. **b** (leg.) the pointing out of boundaries, an estate, etc., before sale or other transfer.

CIC.Ver.4.132; quam significans ~o (*i.e. by the hound*) est cauda primum, deinde rostro PLIN.Nat.8.147; siue aliqua ~one aut inuocatione protendimus (manus) QUINT.Inst. 11.3.115. **b** secundum ipsorum ~onem (finium) dicta sententia V.MAX.7.3.4; ~one fundi facta fines nominari superuacuum est JAVOL.dig.18.1.63.

2 The definition of a thing by the indication of its main features, description. **b** the indication (of a fact, idea, etc., by a word or phrase). **c** the identification (of a particular object or person). **d** (see quot.).

his..locis..ad omne argumentum reperiendum..significatio et ~o..datur CIC.Top.25; controuersia..in arcifiniis agris uariorum signorum ~onibus exercetur, ut fossis, fluminibus, arboribus ante missis FRON.agrim.p.5; HYG. GR.agrim.p.144; qui..unum fundum sine ulla nota ~onis stipulatur JAVOL.dig.45.1.106; CIL 9.5570. **b** motu quodam oris conueniente cum ipsius uerbi ~one NIGID. gram.23; GEL.13.29(28).2; putat incertam esse temporis ~onem (*i.e. of* 'erit') 17.7.5; JULIAN.dig.34.5.13(14). **c** PAPIN.dig.46.3.97; si nomen eius ignorem, ~one eius utendum erit: uoluti 'qui ex illa hereditate est' PAUL.dig. 6.1.6; 34.2.7. **d** ~o est ea pars formulae, quae principio ideo inseritur, ut demonstretur res, de qua agitur GAIUS Inst.4.40.

3 An exposition, explanation, description. **b** descriptive or expository speech.

oratio..quae pertineat ad uitae alicuius ~onem CIC.Inv. 2.13; ~ones, quem ad modum quidque fiat Fin.4.13; balinearum dispositionum ~ones VITR.5.9.9; PLIN.Nat.6.77; 25.26; 'historias'..esse aiunt rerum gestarum uel expositionem uel ~onem GEL.5.18.6. **b** ~o est oratio quae docet..quomodo quid fieri potuerit aut non potuerit Rhet. Her.3.23; 4.68.

4 The demonstrative or epideictic kind of oratory.

deliberatio et ~o genera sunt causarum CIC.Inv.1.12; 2.12; QUINT.Inst.3.4.13.

dēmonstrātīuus ~a ~um, *a.* [DEMONSTRO+-IVVS] (rhet.) Demonstrative, epideictic; (applied to the kind of oratory used in panegyric, vituperation, etc.); (also fem. as sb.).

~um (*sc.* genus causae) est, quod tribuitur in alicuius certae personae laudem uel uituperationem Rhet.Her.1.2; CIC.Inv.1.7; 2.12; QUINT.Inst.3.4.12; in materia iudiciali, deliberatiua, ~a 3.8.53;—Aristoteles idoneam maxime ad scribendum ~am..putauit 3.8.63.

dēmonstrātor ~ōris, *m.* [DEMONSTRO+-TOR] One who points out or indicates.

CIC.de Orat.2.353; huius rationis ~orem magis..quam inuentorem COL.3.10.20.

dēmonstrātōrius ~a ~um, *a.* [next+-TORIVS] Concerned with definition or specification.

in ea..formula..res..~o modo designetur GAIUS Inst. 4.60.

dēmonstrō ~āre ~āuī ~ātum, *tr.* [DE-+MONSTRO]

1 To draw attention by word, gesture, or sim. to (an object of sense), indicate, point out. **b** *fines ~are*, to indicate the boundaries (of a plot of land, in negotiations for its sale or sim. disposal). **c** (on the stage or sim.) to illustrate by gestures, represent. **d** (w. inf.) to show how (to).

corpus matris..quod in salsura fuerit, ~atur VAR.R. 2.4.18; ea..quae tangi ~ariue non possunt CIC.Top.27; STAT.Theb.12.220; QUINT.Inst.1.5.36; quos saepius uulgus.. transeuntis..digito ~at TAC.Dial.7.4; SUET.Cl.37.1; (*of stars*) ~ant astra salebras PROP.3.16.15; (*w. indir. qu.*) oro.. hominem ~etis, quis eam apstulerit PL.Aul.716;—(*w. dat.*) ubi habitat?..duce ac ~a mihi Cist.578; CIL 1.698.3.3; uocum..seruientium populosam familiam ~at auribus earum APUL.Met.5.8;—(*w. pred. acc.*) audisti..quam uillam ~auit Charini? TER.Hau.731; hoc et illud et aliud..purgandum ~at digito suo APUL.Met.9.7;—(*fig.*) uiam..ad salutem ferentem ~at LIV.22.60.13. **b** nequedum finis auctor ~auerat CIC.Tul.17; in ~andis finibus agri uenditi POMPON.dig.18.1.18.1; (*w. dat.*) fundum tradiderat iugerum centum, fines multo amplius emptori ~auerat ALF.dig. 21.2.45;—(*cf.*) latitudo actus..ea est, quae ~ata est JAVOL.dig.8.3.13.2. **c** histrio in cantico quodam..ὑγίαινε μῆτερ ita ~auerat, ut..natantem..faceret SUET.Nero 39; caudam cycni, capillum Veneris, Furiae flagellum eodem pallio ~ant FRO.Ant.2.p.104(157N). **d** ipsa..proferre modestius artus..~at STAT.Ach.1.582; Ceres..alumno suo ..fruges serere ~auit HYG.Fab.277.4.

2 To give an account of (events, conditions, etc.), explain, describe, show. **b** (w. pred. acc.; w. acc. and inf.; w. indir. qu.). **c** to allege in a statement of claim. **d** to define, explain (a term).

ad eam rem habeo omnem aciem, tibi uti dudum iam ~aui PL.Mil.1028; quaestura istius ~ata CIC.Ver.1.43; id quod ipsius tabulis est ~atum Clu.40; CAES.Gal.2.1.1; paucis (*sc.* uerbis) hominem..~abo APUL.Apol.74;—(*w. dat.*) rem omnem tibi..domi ~aui PL.Mil.875;—(*impers. pass. w.* de) naues XVIII, de quibus supra ~atum est CAES. Gal.4.28.1;—(*of writing*) tristem mortis ~et littera causam [TIB.]3.2.27; quod proximus ~abit liber QUINT.Inst.1.10.49. **b** obsidum, quos Pontio traditos supra ~auimus QUAD. hist.19; axitiosas ~ari consupplicatrices VAR.L.7.66; omnia posse inter se uel similia uel dissimilia ~ari Cic.*Inv.*2.152; Quint.*Inst.*11.1.1;—ex edicto..non potuisse bona possideri ~aui Cic.*Quinct.*85; *CIL* 13.1668.2.27; Stat.*Theb.*10.603; in rebus etiam..domesticis rhetoricen esse ~at Quint.*Inst.* 2.21.4; reliqua (soror)..Sisyphi fuisse uxor ~atur Hyg. *Astr.*2.21; eam (*sc.*uocem) quiddam insolitum..~at habuisse Apul.*Soc.*20;— ~es uelim, qua re tu hoc ita magnum putes Cic.*de Orat.*2.297; Catul.55.2; Caes.*Gal.*4.34.5; deus, qua siluas pererrauerit, nocturno uisu ~at Tac.*Ann.*12.13; Ulp.*dig.*35.1.19.1; (*of books*) annales libri..quod factum quoque anno gestum sit, ea ~abant Asel.*hist.*1. **c** eum qui plus quam oporteret ~auerit litem perdere Gaius *Inst.* 4.60. **d** hoc modo ~are supellectilem temptat Cels.*dig.* 33.10.7.1; ad ~andam penum Gel.4.1.17.

3 (of things) To be a sign of, indicate, point to. **b** (of activities) to reveal. **c** (of words) to designate, refer to; (of things) to serve to identify.

insanum uultus habitusque ~at Sen.*Ep.*52.12; cum ab austro..nocte serena fulgurabit, uentum..~abit Plin.*Nat.* 18.354; quod..arteriae..pulsu suo habitum..febrium ~ent Gel.18.10.5;—(*w. pred. acc.*) eos (*sc.* aduersarios)..intolerabiles id ipsum ~at, quod cedimus Quint.*Inst.*6.2.16; (*cf. w. pers. subj.*) quos ego..appello abpatruos..illi me ~ant fratris..abnepotem Paul.*dig.*38.10.10.17;—(*w. indir. sp.*) sic quod effectum est quae fuerit causa ~at Cic.*Top.*67; huius statuae..quae hoc ~are uideantur..non minus multas statuas istum posuisse..quam abstulisse *Ver.*2.154; pilleus impositus ~abat eiusmodi seruos uenumdari Cael.*iur.*2; Quint.*Inst.*3.4.14. **b** si commutatio uerbi id erit ~atura *Rhet.Her.*4(5).36; tactus..feruorem ~at (*i.e. in a lame hoof*) Col.6.12.1; (*w. indir. qu.*) ars ~at..ubi sit illud, quod studeas inuenire Cic.*de Orat.*2.150. **c** uerbis..proprie ~antibus ea, quae significari..uolemus Cic.*de Orat.*3.49; Chaldaei Assyriam et Babyloniam ~abunt Plin.*Nat.*18.216; uocabula rufum colorem ~antia Gel.2.26.8;—si equus ille decessit qui ~abat quadrigam Papin.*dig.*31.65.1.

4 To indicate the merits of, recommend.

omnia..quae contra araneos et phalangia ~antur Plin. *Nat.*22.163;—(*w. dat.*) raucis crudae (brassicae) sucum gargarizandum..~at 20.87; ne praegnati quidem medicamentum, quo conceptum excutitur,..~etur Larg.pr.p.2, l.30; (*cf.*) daphnean..morbis comitialibus ~at Plin.*Nat.* 37.157;—(*w. inf.*) tremulis panem ex aqua esse..~ant 22.139;—(*w. pers. obj.*) uideor..~are tibi posse Iulium Plin.*Ep.*3.3.3; qui..mihi uoluntate magistri per filium.. sit ~atus Aur.*Fro.*1.p.234(86N).

Dēmoph(o)ōn ~ontis, *m.* A son of Theseus and Phaedra, who succeeded his father as king of Athens.

paruo dilexit spatio..Phyllida ~on Prop.2.24.44; Ov. *Rem.*597; *Ep.*2.1; Hyg.*Fab.*48.

dēmordeō ~dēre ~sum, *tr.* [de-+mordeo] To bite off.

~sos..unguis Pers.1.106; ligno fulgure icto..~deri aliquid Plin.*Nat.*28.45.

dēmorior ~ī ~tuus, *intr.*, (*tr.*). [de-+morior]

1 To die; (of a group, class, etc.) to become extinct, die off. **b** (of animal tissue) to die; (sim. of plants).

si qui Romae esset ~tuus Cic.*Ver.*4.9; Liv.23.22.5; Babylonia ~tuo Mazaeo Stameni subiecta est Curt.8.3.17; in ~tuarum uitiosarumque ouium locum Col.7.3.14; mel, in quo apes sint ~tuae Plin.*Nat.*30.50; uirgines, quae corporibus suspensis ~tuae forent Gel.15.10.2; in ~tvi damnative loco *CIL* 2.5439ª.67;—nostri..familiares fere ~tui Cic.*Att.*16.11.7; tantum hominum ~tuum esse..ut is numerus effici militum non potuerit Liv.40.19.7; posse euenire, ut ~iantur mancipia Ulp.*dig.*4.4.11.5; (*transf.*) ut uocabula..eorum (*sc.* patriciorum)..~tua cum ipsis uiderentur Gel.9.2.11; (*facet.*) potationes plurumae ~tuae Pl.*St.*211. **b** donec ea pars (*sc. of the beast's ear*)..~tua excidat Col.6.5.4;—siue..caput ipsum (*sc. of the vine*) ~tuum est 4.2.1; ~tuarum arborum Paul.*dig.*7.1.18.

2 (w. acc.) To long greatly for (a person), be dying for.

ea ~itur te atque ab illo cupit abire Pl.*Mil.*970; 1040.

dēmoror ~ārī ~ātus, *tr.*, *intr.* [de-+moror]

1 (tr.) To cause delay to (a person), keep waiting, detain; (w. abl.) to keep (from). **b** to delay (an activity), hold up.

sed nimis longum loquor, diu me estis ~ati Pl.*Epid.*376; qui..oratione iudices ~etur *Rhet.Her.*2.24; Cic.*de Orat.* 2.235; Caes.*Civ.*3.75.3; Britannicum..uariis artibus ~ari, ne..egrederetur Tac.*Ann.*12.68; (*refl.*) quid..stas otiosus teque ipsum ~aris? Apul.*Met.*11.22;—Teucros quid ~or armis? Verg.*A.*11.175; fessos..optatis ~or undis Stat. *Theb.*4.775;—(*poet.*) inutilis annos ~or Verg.*A.*2.648; fando surgentis ~or Austros 3.481; seras tibi ~or..umbras Stat.*Theb.*7.364. **b** nullo hoste prohibente aut iter ~ante Caes.*Gal.*3.6.5; ut..repentinas eorum eruptiones ~etur *Civ.*1.81.6.

2 (intr.) To linger, stay, delay.

quid sacerdoti me dicam hic ~atam tam diu? Pl.*Rud.* 440; natura..modo properat..modo lenta est et ~atur Sen. *Con.*2.5.7; Tac.*Ann.*15.69; plusculis..ibidem diebus ~atus Apul.*Met.*7.1; quamdiu legationis causa hic ~antur Ulp. *dig.*5.1.2.4; (*of planets*) quod ~entur in nonnullis signis Vitr. 9.1.7.

dēmorsicō ~āre ~āuī ~ātum, *tr.* [de-+morsico] To bite pieces off, nibble at.

sagae..ora mortuorum passim ~ant Apul.*Met.*2.21; rosis..~atis 3.25.

dēmos, *m.* [Gk. δῆμος] A people, community; an administrative district (in Attica).

Plin.*Nat.*35.69;—~oe apud Atticos sunt, ut apud nos pagi Paul.*Fest.*p.72M.

Dēmosthenēs ~is, *m.* Forms: ~*i* (gen.) Cic. *de Orat.*1.88, *Opt.Gen.*14. The Athenian orator of the 4th century B.C.

Cic.*Brut.*35; Prop.3.21.27; idem ego tibi..quod ~i Philippus? Sen.*Con.*7.3.5; ~es..paene lex orandi fuit Quint. *Inst.*10.1.76.

dēmoueō ~ouēre ~ōuī ~ōtum, *tr.* [de-+moveo]

1 To cause to leave a position, dislodge, remove; to turn away (one's eyes). **b** to remove (from office or sim.), depose; to oust (from a situation, rights, etc.).

manu ~otus et actus praeceps Cic.*Caec.*49; Caes.*Civ.* 2.32.3; quantum..Romana se inuexit acies, tantum hostes gradu ~oti Liv.6.32.8; tolerant cum maxime inopiam.. legiones nec terrore..~ouentur Tac.*Hist.*4.58; in insulas interdicto igni atque aqua ~oti sunt *Ann.*6.30;—(*w. inanim. obj.*) ne Clanis (*a river*) solito alueo ~otus in amnem Arnum transferretur 1.79; effigies..publicis locis ~ouendas 11.38; —(*in fig. phr.*) uirtus..defixa radicibus, quae numquam ..labefactari potest numquam ~oueri loco Cic.*Phil.*4. 13; Apul.*Apol.*99;—caue..oculos a meis oculis quoquam ~oueas (*v.l.* dimoueas) tuos Ter.*Ad.*170. **b** uigilantem consulem de rei publicae praesidio ~oueri uolunt Cic. *Mur.*82; ~ouet Pallantem cura rerum Tac.*Ann.*13.14; si citharoedus ~oueretur et tragoedus succederet 15.66;— sua interesse arbitrabantur hunc a causa..~oueri Cic.*Clu.* 44; neque patior a quoquam populum Romanum de suis possessionibus..~oueri *Agr.*3.15; *Sul.*62.

2 To divert (from an opinion, state of mind, or sim.), turn aside.

de hac sententia non ~ouebor Pl.*Per.*374; non..datur.. potestas animum de re firmissima ~ouendi *Rhet.Her.*4.58; cum te neque feruidus aestus ~oueat lucro, neque hiems Hor.*S.*1.1.39; Apul.*Soc.*12; (*cf.*) de ciuitate maluit quam de sententia ~oueri Cic.*Sest.*101.

3 To get rid of, remove, banish (abst. things). **b** to dissociate (an event from given circumstances).

Cic.*Inv.*2.86; in alios odium struere discemus et a nobis.. ~ouere *de Orat.*2.208; *Ver.*4.100; a re publica labes in posterum ~ouebatur *Dom.*68. **b** reus ab suo officio et a potestate factum ~ouebat Cic.*Inv.*2.93.

demptiō ~ōnis, *f.* [demo+-tio] The action of taking away, removal.

litterarum..~one aut additione Var.*L.*5.6; 5.176.

dēmūgiō ~īre ~ītum, *tr.* [de-+mvgio] To fill with the sound of lowing.

~itae..paludes Ov.*Met.*11.375.

dēmulceō ~cēre ~sī ~tum, *tr.* [de-+mvlceo] To rub soothingly or caressingly, stroke. **b** (transf.) to have a soothing effect on, entrance.

non possum pati quin tibi caput ~ceam Ter.*Hau.*762; remitto..ne..dorsum ~ceatis cum ex equis descendetis Liv.9.16.16; crura..eius..lingua leniter ~cet (leo) Gel. 5.14.12. **b** Gel.3.13.5; aures..omnium mentesque.. ~sit (Arion) 16.19.6; (*ellipt.*) ita sermonibus..amoenissimis ~cebat 16.3.1.

dēmum, *adv.* [superl. form fr. de; cf. *primus*, *imus*, etc.] Forms: -*us* Andr.*poet.*43(44), cf. Paul.*Fest.*p.70M; Pl.*Truc.*245.

1 (w. expressions of time, indicating a delayed, or sim., occurrence) At last, only (at the stated time and not before). **b** *nunc* ~, now at last, only now; *modo* ~, only just; *tum*, *tunc*, *igitur* ~, not till then, only then; *post* ~, not till later.

nouos maritus anno ~ quinto et sexagensumo fiam? Ter. *Ad.*938; decumo mense ~ turgens..parturit Pompon. *com.*56; unas..post Idus Mart. ~ a Pansa litteras accepi Pol.*Fam.*10.31.4; Hor.*S.*1.5.23; ille consul ~ (*i.e. not till he was consul*)..coepit furere Liv.22.39.6; Sen.*Ep.*90.25; uinctus..aduentu ~ Voculae exoluitur Tac.*Hist.*4.27; hieme ~..quaeram Plin.*Ep.*7.2.2; (*w.* tandem) dedisse id deos tandem sexto decimo ~ anno Liv.30.21.9. **b** nunc ~ ego cum illa fabulabor libere Pl.*Poen.*1159; iste in hoc genere peculatus non nunc primum inuenitur, sed nunc ~ tenetur Cic.*Ver.*3.177; Ov.*Rem.*775; Apul.*Apol.*95;—modone id ~ sensti? Ter.*An.*882;—tum ~ sciam recte monuisse, si tu recte caueris Pl.*Men.*346; Cic.*Catil.*3.4; centum errant annos..tum ~..stagna..reuisunt Verg.*A.*6.330; Liv.28. 41.13; exierat thalamo; tunc ~ pectora plangi contigit Ov.*Ep.*11.91; Sen.*Ep.*90.22; Apul.*Met.*2.14;—ubi liber ero, igitur ~ instruam agrum Pl.*Rud* 930; (*cf.*) ~ igitur quom sis iam senex, tum in otium te conloces *Mer.*552;— hodie frustrationem iniciam..post igitur ~ faciam res fiat palam *Am.*876; *As.*915.

2 (in stating a final choice, etc., after the exclusion of other possibilities) Only, alone, (this) and no other, (here) and nowhere else, or sim. **b** *ita*, *sic* ~ in no other way, only so; (w. *si*) only (if).

latius ~st operae pretium iuisse Pl.*Mos.*842; hoc animi ~ ratio discernere debet Lucr.4.384; fer fortiter ~ laborem; iam breui domum uenies Rut.Lup.1.21; formae crassis ~.. corporibus imprimi solent Sen.*Nat.*1.2.4; radicula lauandis ~ lanis sucum habet Plin.*Nat.*19.48; Quint.*Inst.*1.10.5; Tra.Plin.*Ep.*10.22(33).2;—(*w. demon. pron., adv., etc.*) sese omnes amant; ille ~ antiquis est adulescens moribus Pl.*Capt.*105; id ~ aut potius id solum esse miserum quod turpe sit Cic.*Att.*8.8.1; conubium tolli patrum ac plebis, id ~ contumeliosum plebi est Liv.4.4.9; V.Max.7.2.ext.1; Sen.*Cl.*1.3.3; ad hoc ~ datis pinnis, ut currentem adiuuent Plin.*Nat.*10.1; Quint.*Inst.*10.3.13; Plin.*Ep.*1.8.6; (*w.* solus) ne forte putes ea ~ sola uagari Lucr.4.129. **b** sic ~ lucos Stygis..aspicies Verg.*A.*6.154; properemus: ita ~ uita beneficium erit Sen.*Ep.*71.36; Quint.*Inst.*12.1.5;— (*w.* si) seruata res est ~, si illam uidero Pl.*Mer.*909;—ita ~ liberam ciuitatem fore..si sua quisque iura ordo..teneat Liv.3.63.10; sic ~ magnitudo illi (*sc.* deo) sua redditur..si solus est omnia Sen.*Nat.*1.pr.13; Plin.*Nat.*10.187.

3 (indicating the final stage of a process or sim.) In the end, eventually, at last. **b** (indicating the final stage of an argument, other possibilities having been dealt with or dismissed) in fine.

damnatus ~, ui coactus reddidit ducentos et mille Philippum Pl.*Bac.*271; Cic.*Tusc.*1.43; Lucr.1.486; uim..et uincula capto tende; doli circum haec ~ frangentur Verg.*G.* 4.400; Liv.23.15.3; (Nilus) circa Memphim ~ liber et per campestria uagus Sen.*Nat.*4a.2.8; ibi ~ uicta labore.. posuit se margine ripae Stat.*Silv.*2.3.14; Tac.*Ann.*1.66; Suet.*Aug.*16.3. **b** ea sunt enim ~ non ferenda mendacia, quae..ne fieri quidem potuisse cernimus Cic.*Rep.*2.28; uideamus ergo, num expositio haec longior ~ esse debeat Quint.*Inst.*4.2.79; Paul.*dig.*36.2.21.

dēmurmurō ~āre, *tr.* [de-+mvrmvro] To mutter (a set of words) through.

ter nouiens carmen magico ~at ore Ov.*Met.*14.58.

dēmus: see demvm.

dēmussō ~āre ~āuī ~ātum, *tr.* [de-+mvsso] To swallow in silence.

~ata temporali contumelia Apul.*Met.*3.26.

dēmūtātiō ~ōnis, *f.* [demvto+-tio] Transformation.

v.l. in Cic.*Rep.*2.7.

dēmūtilō ~āre, *tr.* [de-+mvtilo] To lop off.

cacumina uirgarum, ne luxurientur, ~ato Col.*Arb.*11.1.

dēmūtō ~āre ~āuī ~ātum, *tr.*, *intr.* [de-+mvto]

1 (tr.) To change, alter, transform. **b** (w. abl., or *ab*) to alter (something in).

oratio alio mihi ~andast mea Pl.*Mil.*1291; quam..mihi dicis diem caue ~assis *Vid.*91; iocos dicit, uoces ~at, staticulos dat Cato *orat.*125; sententiam..nostram ~amus Gel.17.1.6; (*w.* de) neque ~auit animum de firma fide Pl.*Trin.*1111; (*w. abst. subj.*) si ~ant mores ingenium tuom 73. **b** instituto flaminum nihil ~ari Tac.*Ann.*4.16; ne quid ~aret..a uictimae religione Apul.*Met.*1.13.

2 (intr.) To deviate from an agreed pattern of behaviour, fail. **b** (w. *ab*) to depart or be different (from).

Pl.*Ps.*555; uter ~assit, poculo multabitur *St.*725. **b** ratio..a qua paululum ~abit liber Apul.*Fl.*16; quanquam..os tuum minimum a Thyesta..~et *Apol.*16.

dēnāriārius ~a ~um, *a.* [next+-arivs] Related to the *denarius*.

Maecian.*iur.*64; posteaquam in sedecim asses denarius distributus est, ~a ratio expeditius confici coepit 75.

dēnārius[1] ~a ~um, *a.* [deni+-arivs] Containing or related to the number ten; *fistula* ~*a*, *caerimoniae* ~*ae*, see quots. **b** *nummus* ~*us* = denarivs². **c** (app.) worth a *denarius*.

in ~o numero Var.*L.*5.170; ~us gradus a decem ad nonaginta 9.87;—~a (fistula) appellatur cuius lamnae latitudo, antequam curuetur, digitorum x est Plin.*Nat.*31.58; Fron. *Aq.*43;—~ae caerimoniae dicebantur..quibus sacra adituris decem continuis diebus..quibusdam rebus carendum erat Paul.*Fest.*p.71M. **b** nummi ~i decuma (pars) libella Var.*L.*5.174; iussus pendere..~os nummos quadringenos quinquagenos Liv.8.11.16. **c** operaris pane(m) ~v(m) *CIL* 4.6877.

dēnārius[2] ~iī, *m.* Also ~**ium** ~iī, *n.* [prec.] Forms: gen. pl. usu. ~*iorum*, exc. part. gen. ~*ium*. Abbrev.: *den CIL* 8.24934; represented by the symbol ✱ Cels.5.18.20, Plin.*Nat.*12.28, etc. A Roman coin struck in silver and equal in value originally to 10 *asses*, later to 16 *asses*. **b** (used as a measure of weight). **c** ~*us aureus*, a gold coin worth 25 silver *denarii*.

tritici modios singulos..~is ternis aestimauit Cic.*Ver.* 3.188; non potes..ollam ~iorum implere *Fam.*9.18.4; Vitr. 3.1.8; Plin.*Nat.*33.45; 33.132; dabit (*sc. the bookseller*).. ~is tibi quinque Martialem Mart.1.117.17;—(*as part. gen. w. num.*) quor dicatur mille ~ium, non mille ~iorum? Var. *L.*8.71; Cic.*Off.*3.92; ~ium trecenta septem milia Liv. 41.13.7; Apul.*Met.*2.13;—(*neut.*) debere me..patruo meo ~ia tria Scaev.*dig.*31.88.10; *CIL* 13.3458;—(*as Roman, contrasted with foreign, currency*) uide..ecquae spes sit ~i an cistophoro Pompeiano iaceamus Cic.*Att.*2.6.2. **b** in uncia pondus ~ium septem esse Cels.5.17.1.c; Plin.*Nat.* 12.62; drachma Attica..~ii argentei habet pondus 21.185; erit..nota ~ii pro Graeca drachma Larg.pr.p.6,l.15. **c** pro calculis..albis et nigris aureos argenteosque habebat ~ios Petr.33.2; 44.13; Plin.*Nat.*34.37; (*cf.*) qui primus ex auro ~ium signauit 33.42.

dēnarrō ~āre ~āuī ~ātum, *tr.* [de-+narro] To give a full account of, relate in full.

ni ego ero..uostra facta ~auero Pl.*Truc.*308; Ter.*Ph.* 944; Gel.2.22.27;—(*w. indir. qu.*) matri ~at, ut ingens belua cognatos eliserit Hor.*S.*2.3.315; puer..quid ipse matri dixisset..~at Gel.1.23.12.

dēnascor ~ī, *intr.* [de-+nascor] To go back in growth, lose vigour, dwindle.

quae nata sunt, ea omnia ~i aiunt Hem.*hist.*24; qui ~itur eum (*sc.* ignem) amittit ac frigescit Var.*L.*5.70.

dēnāsō ~āre, *tr.* [DE-+NASVS+-O³] To remove the nose from (a person's face).
si adbites propius, os ~abit tibi mordicus PL.*Capt.*604.

dēnatō ~āre, *intr.* [DE-+NATO] To swim downstream.
nec quisquam citus aeque Tusco ~at alueo HOR.*Carm.* 3.7.28.

dēnāuigō ~āre, *intr.* [DE-+NAVIGO] To sail down.
AD DEDVCEND PER DANVVIVM QVAE IN ANNONAM.. ~ARENT *A.Epig.*56.124.6.

dendrachātēs ~ae, *f.* [Gk. δενδραχάτης] A kind of agate.
PLIN.*Nat.*37.139

dendrītis ~idis, *f.* [Gk. δενδρῖτις] A precious stone.
PLIN.*Nat.*37.192.

dendroīdēs ~ēs ~es, *a.* [Gk. δενδροειδής] (defining a botanical species) Tree-like.
septimum (genus tithymalli) ~es cognominant PLIN. *Nat.*26.71.

dendrophorus ~ī, *m.* Also **dendrof-.** [Gk. δενδροφόρος] FORMS: *~um* (gen. pl.) *CIL* 8.6941, etc. A tree-bearer (a title given to members of a guild, app. of timber workers, associated with the cults of Cybele and Attis). **b** (applied to Silvanus, app. as a patron of the guild).
MARCIA BASILISS MATRE DEND *CIL* 3.7505; 6.30973; 8.7956; COLLEGIS ~ORVM FABRVM CENTONARIORVM II. 6520.3. **b** SILVANO ~O SACRVM..POBLICIVS..~IS..DE SVO FECIT *CIL* 6.641; (*cf.*) SIGNVM SILVANI ~IS OSTIENSIBVS D D 14.53.

dēnecālis: see DENICALIS.

dēnegō ~āre ~āuī ~ātum, *tr.* [DE-+NEGO] CONST.: w. acc., acc. and inf., inf., *ut*; also w. dat. of person.

1 To deny (a fact, allegation, etc.); (w. acc. and inf.) to say that..not.
illam non uerbera..peruicere quin obiecta ~aret TAC. *Ann.*15.57;—(*absol. or ellipt.*) extemplo ~abit PL.*Poen.*736; nec mihi..licebat causam meam defendere uel unico uerbo ..~are APUL.*Met.*7.3;—si ~at facta quae tu facta dicis PL.*Am.*850; ~auit dare se granum tritici *St.*558; qui ~arat se commissurum mihi gnatam suam TER.*An.*241; illa meam mihi iam se ~at PROP.1.6.9.

2 To deny (a request, favour), refuse.
si tibi ~em quod me oras PL.*Trin.*1171; ut ei nihil..a natura ~atum..esse uideatur CIC.*de Orat.*2.126; si praefecturam negotiatori ~atam queretur *Att.*6.1.6; CAES.*Gal.* 1.42.2; nihil libidinei atque aliis rogantibus ~are SAL.*Rep.* 1.5.5; LIV.44.22.13; sperata..gaudia nymphae ~at OV.*Met.* 4.369; cum eam gloriam..ipse tibi ~ares TAC.*Dial.*15.1; APUL.*Met.*6.19; (*refl.*) patriae qui se ~at PUB.*Sent.*E.12;— (*w. inf.*) dare ~aris TER.*Hau.*487; HOR.*Carm.*3.16.38; numquam pro te ~et esse miser PROP.2.24.28; nobis ~atur diu uiuere PLIN.*Ep.*3.7.14;—(*w.* ut *cl.*) quibus mos..non ~auit ante nuptias ut succumberent quibus uellent VAR.*R.* 2.10.9;—(*absol. or ellipt.*) religio fuit, ~are nolui PL.*Cur.*350; cum deprecantibus..aliquamdiu ~asset SUET.*Jul.*1.3.

dēnī ~ae ~a, *pl. a.* [*dec-* (DECEM)+-NVS] FORMS: *gen. pl.* *~um* HIRT.*Gal.*8.9.3, VITR. 5.11.3, LIV.38.38.15, COL.1.9.7, etc.; *~orum B.Alex.*2.4, LIV.43.5.9.

1 Ten to each person, category, etc., ten each. **b** ten at a time.
in eo agro..in singula iugera ~a cullea uini fiunt CATO *hist.*43; omnes sunt ~is syllabis uersi LAEV.*poet.*30(31); VAR.*L.*10.5; CIC.*Agr.*2.79; singuli pro opibus quisque quam plurumas uxores, ~as alii, alii pluris habent SAL.*Jug.*80.6; in denario ~os aeris constituerunt VITR.3.1.8; LIV.27.11.14; MAN.4.301; costae homini octonae, subus ~ae PLIN.*Nat.* 11.207;—(*in cpd. nums.*) in medimna singula..HS quinos ~os dedisse CIC.*Ver.*3.173. **b** ecfodiebam in die ~os scrobes PL.*Aul.*834; archontes..coeperunt..in ~os annos creari VELL.1.8.3.

2 Forming a group of ten, ten together.
uxores habent ~i duodenique inter se communis CAES. *Gal.*5.14.4; fistulae ne minus longae pedum ~um fundantur VITR.8.6.4; si quis ter in mense inter ~os dies usus fuerit LARG.159; *CIL* 11.2538;—(*in cpd. nums.*) pueri annorum senum septenumque ~um CIC.*Ver.*2.122; latitudo eius ne minus pedum senum ~um VITR.6.6.3.

3 (forming cpd. nums. w. cardinal sense).
(*w. multiplicative advs.*) ter ~is..redeuntibus annis VERG. *A.*8.47; ~a quater memorant habuisse Parilia Romam OV.*Fast.*6.257; ut bis ~a uiginti non sint PLIN.*Nat.*2.27;— (*w.* milia) indicibus ~a milia grauis aeris..praemium fuit LIV.4.45.2; 27.3.5; (*ellipt.*) cum duo serui duobus separatim ~is in diem addicti sint JULIAN.*dig.*18.2.17.

dēnicālis ~is ~e, *a.* [prob. *de nece* (sc. *piare* or sim.)+-ALIS] FORMS: *denec-* PAUL.*Fest.* p.242M. *feriae* or *dies ~es*, Days set aside for the purification of the family of a deceased person.
(dies) ~es, quae a nece appellatae sunt, quia residentur mortuis CIC.*Leg.*2.55; QVOT EI..FVNVS FAMILIARE FERIAE- VE ~ES ERVNT *CIL* 1.594.3.2.23; CINC.*iur.*13; COL.2.21.5; priuatae feriae..uelut dies..~es FEST.p.242M; PAUL.*Fest.* p.70M.

dēnigrō ~āre, *tr.* [DE-+NIGRO] To blacken, make black.
licet uidere (amurcam)..~are terram VAR.*R.*1.55.7; amissa uirtute coloris ~atur (minium) VITR.7.9.2; melanterias..qua ligulae calceolorum ~antur LARG.208; PLIN. *Nat.*23.99; supercilia ~ari muscis tritis 30.134; 35.188.

dēnique, *adv.* [< **dene-que*; DE+-*ne* (cf. *pone, superne*)+-QVE²]

1 Finally, at last, at length, in the end. **b** (strengthened by var. advs.).
experiri quo euasurust ~ PL.*Trin.*938; quid fit ~? TER. *Ph.*121; SIS.*hist.*78; VAR.*R.*1.37.4; audiamus igitur Sextilium; fratres ~ ipsi prodeant CIC.*Flac.*35; redeo ad urbana quae ego diu ignorans ex tuis..litteris..~ cognoui *Att.* 5.20.8; nonam post ~ messem CATUL.95.1; SAL.*Jug.*99.3; quid ~ restat? VERG.*A.*12.793; LIV.42.14.1; APUL.*Met.*4.5. **b** tum ~ homines nostra intellegimus bona, quom..ea amisimus PL.*Capt.*142; TER.*An.*147; taleae ubi trimae sunt, tum ~ maturae sunt CATO *Agr.*45; CIC.*deOrat.*2.181; LIV. 4.55.5; OV.*Fast.*3.235;—faciam criminibus omnibus fere dissolutis..ut nunc ~ de uita hominis..dicam CIC.*Sul.*69; *Fam.*2.15.4; OV.*Ars* 3.121;—~ hercle iam pudebat: abii TER.*Hec.*806;—tum deus inludens tamquam modo ~ fraudem senserit..pontum prospectat OV.*Met.*3.650.

2 (in course of argument) Finally, lastly. **b** (introducing a further argument, with no suggestion of finality) and then.
at enim nimis longo sermone utimur..~ diei tempus non uides? PL.*Trin.*810; CIC.*Balb.*24; decorum illud in omnibus factis, dictis, in corporis ~ motu et statu cernitur *Off.*1.126; CATUL.64.362; nihil mea carmina curas? nil nostri miserere? mori me ~ cogis? VERG.*Ecl.*2.7; si ualidus, si laetus erit, si ~ poscet HOR.*Ep.*1.13.3; LIV.23.13.1; ~, ut alia dimittantur argumenta, ipsa suasoria insolentiam eius coarguit SEN. *Suas.*1.5; QUINT.*Inst.*11.1.51; ob propinquos, amicos, ~ ob casus bellorum TAC.*Ann.*1.61; ULP.*dig.*10.4.3.15;—(*followed by extra item introduced by* postremo) VAR.*L.*8.37; omnes urbes, agri, regna ~, postremo etiam uectigalia uestra uenierint CIC.*Agr.*2.62; *Fam.*2.15.4; Q.CIC.*Pet.*17. **b** LUCR.2.431; nunc age..praeterea..huc accedit..~..et.. ~..~..~..praeterea.. 3.526; HOR.*S.*1.3.76.

3 In fine, in short, to sum up.
ciuitatium, nationum, prouinciarum..orbis ~ terrarum ..unum iudicium CIC.*Dom.*75; tu..si Seruilia uenerit, si Brutus quid egerit..quicquid ~ erit quod scire me oporteat scribes *Att.*13.11.2; LUCR.4.840; CAES.*Civ.*1.72.2; SAL.*Cat.* 20.13; HOR.*S.*1.1.92; ipse coniunx regnum ager oppida.. quicquid ~ Syphacis fuit praeda populi Romani est LIV. 30.14.9; MART.12.39.3; non geometriae, non musicae, non grammaticae, non ~ ullius ingenuae artis scientiam TAC. *Dial.*30.4; FRO.*Aur.*1.p.100(52N).

4 (expressing an extreme case) Even, if it comes to that; at worst.
pernegabo atque obdurabo, peiierabo ~ PL.*As.*322; nitar faciam experiar, ~ animam relinquam potius quam illas deseram TER.*Ad.*497; si..me uultis esse oratorem, si etiam sat bonum, si bonum ~, non repugnabo CIC.*de Orat.*3.84; qui aut imperium aut nomen ~ populi R. saluum uolunt esse POL.*Fam.*10.33.5; LIV.4.56.11; quos..non auditores sequuntur, non populus audit, uix ~ litigator perpetitur TAC.*Dial.*23.3; tum rudes uos esse omnium litterarum omnium ~ uulgi fabularum APUL.*Apol.*30;—nostros praesidia deducturos aut ~ indiligentius seruaturos CAES.*Gal.* 2.33.2; dum mea delectent mala me uel ~ fallant HOR.*Ep.* 2.2.127.

5 In point of fact, indeed.
ego uero quamquam perfectus asinus..sensum tamen retinebam humanum. diu ~ ac multum mecum ipse deliberaui APUL.*Met.*3.26; puellae..pulchritudo nec exprimi ac ne sufficienter laudari..poterat. multi ~..eam..uenerabantur 4.28; ULP.*dig.*3.1.1.5; dolum plane uenditor praestabit, ~ etiam repromittit de dolo 19.1.11.16.

dēnōminātiō ~ōnis, *f.* [next+-TIO] Metonymy; derivation.
*Rhet.Her.*4.43;—quod aliae quoque ~ones per eandem litteram exeant VEL.gram.in *G.L.*7.67.

dēnōminō ~āre ~āuī ~ātum, *tr.* [DE-+NOMINO] To give a name to (usu. from a source expressed or implied), denominate.
priores hinc (*i.e.* ab Lamo)..Lamias ferunt ~atos HOR. *Carm.*3.17.3; regiones..habent propria uitium genera, quae consuetudine sua ~ant COL.3.2.30; multa sunt et Graece et Latine non ~ata QUINT.*Inst.*8.2.4; 12.10.34; Italus, qui Italiam ex suo nomine ~auit HYG.*Fab.*127.3; GEL.3.19.5; (*of metonymy*) ab eo quod continet id quod continetur.. ~abitur *Rhet.Her.*4.43.

dēnormō ~āre, *tr.* [DE-+NORMO] To put out of shape.
si angulus ille..qui nunc ~at agellum HOR.*S.*2.6.9.

dēnotātiō ~ōnis, *f.* [next+-TIO] Censure, disparagement.
omnium maledictis succlamatus, omnium ~one damnatus est [QUINT.]*Decl.*19.3.

dēnotō ~āre ~āuī ~ātum, *tr.* [DE-+NOTO]

1 To make a mark on, mark. **b** to lay on (colours).
uirga solum, quo insistebat, ~auit V.MAX.6.4.3; uites.. rubrica..~at COL.*Arb.*2.1; qua (creta)..pedes..uenalium.. ~are instituerunt PLIN.*Nat.*35.199; (arbores) quas finis declarandi causa ~ant AGEN.*agrim.*p.34. **b** pictor colores ..celerrime ~at SEN.*Ep.*121.5.

2 To indicate by pointing, looking, etc., point out. **b** to mean, imply.
procuratorem digito ~auit SEN.*Con.*7.5; cum ~andis tot hominum palloribus sufficeret saeuus ille uultus TAC.*Ag.* 45.2; *Ann.*3.53; digitis et..nutibus praesentium ~or APUL. *Met.*2.30; (*cf.*) si uitae fortunarumque eiusdem hominis indicia..eadem ipsa non eadem stellarum facie ~antur GEL. 14.1.21. **b** haud dubie Icilios ~ante senatu LIV.4.55.7.

3 To mark down, observe.
neque puluere facies aut signa ~ari possent VELL.2.70.2; tum ~et protinus, quot et quales sunt nati COL.7.9.11; si serius coepit eas (apes) ~are 9.8.12; *A.Epig.*47.118.

4 To censure, disparage.
cuius osculum etiam inpudici ~abant SEN.*Ben.*4.30.2; quem Gaius seniorem iam et..effeminatum ~are omni probo consuerat SUET.*Cal.*56.2; POMPON.*dig.*30.54.

dens ~ntis, *m.* [Skt. *dán*, Gk. ὀδών, OHG. *zan(t)*, Eng. *tooth*] FORMS: gen. pl. *~ntium* (*~ntum* acc. VAR.*L.*8.67).

1 A tooth. **b** (fig., of a destructive or injurious power, esp. envy, ill will).
cui auro ~ntes iuncti escunt *Lex XII*(*Font.iur.*p.37); me albis ~ntibus..derideret PL.*Epid.*429; omnis ~ntis labefecit mihi TER.*Ad.*244; ~ntes putridi CIC.*Pis.*1; ~ntis.. euolsionem..inuenit (Aesculapius) *N.D.*3.57; arripit acer saepe dolor ~ntis LUCR.6.659; ~ntibus infrendens VERG.*A.* 8.230; lupus..ieiunis ~ntibus acer HOR.*Ep.*2.2.29; OV. *Met.*3.34; caninis ~ntibus orientibus CELS.2.1.18; puerilium ~ntium lapsus SEN.*Ben.*4.6.6; LARG.196; PLIN.*Nat.*11.160; ~ns crocodili maxillaris 32.139; JUV.3.301;—(*poet. sg.*) ~nte lupus, cornu taurus petit HOR.*S.*2.1.52; PHAED.1.2.24; PERS.6.21; luxuria segetum castigatur ~nte pecoris PLIN. *Nat.*18.161; (*cf.*) ne..pulex..~nte lacessat COL.10.321;— (*forming a barrier to speech or sim.*) non placet qui amicos intra ~ntes conclusos habet PL.*Trin.*909; satin inter labra atque ~ntes latuit uir minimi preti? 925;—(*in fig. phr.*) sub ~ntes mulieris ueni, bis ter memordit LABER.*com.*28; PETR.58.6. **b** inuident..non illo inimico, sed hoc malo ~nte carpunt CIC.*Balb.*57; leti sub ~ntibus ipsis LUCR. 1.852; omnia..uitiata..~ntibus aeui OV.*Met.*15.235; malignitatis ~ntes V.MAX.4.7.ext.2; SEN.*Con.*10.pr.8; ego non cotidie lauor..aqua ~ntes habet PETR.42.2; MART.10.3.1.

2 A tusk (of a boar or elephant); also, ivory.
nec tibi (*sc.* apro) sit duros acuisse in proelia ~ntes [TIB.] 3.9.3; obliquo ~nte timendus aper OV.*Ep.*4.104; PHAED. 1.21.5; MART.13.94.1;—~ntis eburneos incredibili magnitudine CIC.*Ver.*4.103; LIV.37.59.3; belligero fera belua (*i.e.* elephas) ~nte SIL.10.249;—puluinar..Indo..~nte politum CATUL.64.48; Numidae sculptile ~ntis opus OV.*Pont.* 4.9.28; LUC.10.144; scabritia (chartae) leuigatur dente conchaue PLIN.*Nat.*13.81; MART.10.98.6; STAT.*Theb.*9.689.

3 (applied to var. objs. resembling teeth).
(*combs, rakes*) ~ntibus pectinis VAR.*L.*5.113; irpices.. compluribus ~ntibus 5.136; denso pectere ~nte comas TIB.1.9.68;—(*on a plough*) procudit arator uomeris obtunsi ~ntem VERG.*G.*1.262; COL.2.2.25;—(*of weapons, sharp tools, etc.*) curuo Saturni ~nte relictam persequitur uitem VERG.*G.*2.406; ~nte tenaci ancora fundabat nauis *A.*6.3; VITR.10.2.2; ~nte ligonis COL.10.89; limarum ~nte.. politum PLIN.*Nat.*13.40; serrarum..~ntes 16.227; fuscina ~nte minax recto fuit, ancora curuo MART.*Sp.*26.3;—(*projecting spikes or sim.*) seu reserat fixo ~nte puella fores TIB. 1.2.18; ~ntes (*i.e. cogs*) tympani..quod est in axe inclusum VITR.10.5.2; GERM.*Arat.*196; CALP.*Ecl.*7.54;—(*in an architectural structure*) VITR.6.8.7.

densātiō ~ōnis, *f.* [DENSO+-TIO] Thickening, condensation.
prima ~o..in bitumen liquidum cogitur PLIN.*Nat.*31.82.

densē, *adv.* *compar.* ~ius, *superl.* ~issimē. [DENSVS+-E]

1 Closely, thickly, close together. **b** concisely, compactly.
cum..bene calcatum et quam ~issime fuerit VITR.5.12.5; ~ius ut parua disponeret arma corona LUC.6.289; columnae ..~ius positae PLIN.*Nat.*36.178; sententias..~e conlocabit FRO.*Aur.*1.p.40(211N). **b** iubilatus..si in formam epistulae contulissem necessario breuius..et ~ius FRO.*Ver.* 2.p.142(126N).

2 Often, frequently.
quod..eluceat aliquando..apud alios ~ius, apud alios fortasse rarius CIC.*Orat.*7; nulla tamen subeunt mihi tempora ~ius illis OV.*Pont.*1.9.11.

denseō ~ēre, *tr.* [DENSVS+-EO] FORMS: *~erier* (=*~eri*) LUCR.1.395, 1.647, frequently confused w. *denso* in codd.

1 To thicken, condense.
potest ~erier aer LUCR.1.395; aestus..quasi ~endo subtexit caerula nimbis 6.482; obtenta ~entur nocte tenebrae VERG.*G.*1.248; 1.419; cantato ~etur carmine caelum OV.*Met.*14.369; rarum pectine ~et opus *Fast.*3.820; APUL. *Mun.*9; (*w.* in+*acc.*) fauilla..glomerata..corpus in unum ~etur OV.*Met.*13.605.

2 To crowd or press together. **b** to multiply, cause to come thick and fast.
agmina ~entur campis VERG.*A.*7.794; festinat subsidiis.. ~ere frontem SAL.*Hist.*2.103; pinea ~et silua comas CALP. *Ecl.*1.9; (*w.* in+*acc.*) cuneo Poeni ~entur in unum..latus SIL.14.539. **b** manu spargens hastilia ~et VERG.*A.* 11.650; mixta senum ac iuuenum ~entur funera HOR. *Carm.*1.28.19; ~erent ictus TAC.*Ann.*2.14.

densitās ~ātis, *f.* [DENSVS+-TAS]

1 Thickness, density.
ut prae ~ate arborum..perspici caelum uix posset LIV. 40.22.3; SEN.*Nat.*3.9.2; spissantur haec..et in ~atem coeunt PLIN.*Nat.*35.178; (*pl.*) cum inter se urguentur nubium ~ates APUL.*Mun.*9.

2 Multitude, abundance, crowding together. **b** (of style).
constructam ~ate clipeorum testudinem LIV.32.17.13; ~as gemmarum fertilitatis indicium est PLIN.*Nat.*17.157; copiam ~atemque auri in squamarum speciem intexti GEL. 2.6.20;—(*of persons*) ~as possessorum multum inprobe facit

AGEN.*agrim*.p.48; ciuitas omnis..mira ~ate nos insequitur APUL.*Met*.3.2. **b** ~as earum (*sc.* sententiarum) obstat inuicem QUINT.*Inst*.8.5.26; 9.2.72; quod ad sensuum ~atem ..adtinet AUR.*Fro*.1.p.30(254N).

densō ~āre ~āuī ~ātum, *tr.* [next+-o[3]]

1 To thicken, condense, compress, coagulate. **b** to concentrate, condense (speech).
elapsa uolabant corpora..uaporis et aeris altaque caeli ~abant..fulgentia templa LUCR.5.491; male ~atus agger LIV.10.5.11; umbra hiberni frigoris ~at (aera) SEN.*Nat*.3.10.5; COL.10.319; coire ~arique hac non patitur (menta) PLIN.*Nat*.20.147; QUINT.*Inst*.5.9.16; (*refl.*) ~ante se pinguitudinis nucleo PLIN.*Nat*.17.42;—(*w.* in+*acc.*) (nubes) ~antur in imbres LUC.4.76; sucus, qui ~atur in cummim PLIN.*Nat*.26.40. **b** instandum quibusdam in partibus et ~anda oratio QUINT.*Inst*.11.3.164.

2 To crowd or press together, make dense. **b** to crowd (a place). **c** to cause to come thick and fast.
~atis scutis LIV.42.65.7; defluentem capillum confirmant et ~ant PLIN.*Nat*.25.132; INTER CELSI ~ATA SEDILIA TEM(PLI) *CIL* 3.77; (*refl.*) ~ante se frondium germine PLIN.*Nat*.10.81;—(*persons*) ~ari ordines iussit LIV.33.8.14; medii robur belli fortissima ~ant agmina LUC.7.221;—(*of style*) sed ne eae quidem (figurae), quae recte fiunt, ~andae sunt nimis QUINT.*Inst*.9.3.101. **b** quaecumque patent..niuei loca ~auere tribuni CALP.*Ecl*.7.29. **c** ~antur campis horrentia tela uirorum ENN.*Ann*.285.

densus ~a ~um, *a.* *compar.* ~ior, *superl.* ~issimus. [cf. Gk. δασύς]

1 (of more or less homogeneous things) Dense, thick, close-knit, solid. **b** (of clouds, mist, etc., also shadows, darkness) thick, dense. **c** (of sounds) thick, hoarse.
~is aquila pennis..uolabat ENN.*Ann*.147; ~is rarisque ex ignibus LUCR.1.654; rara sit (terra) an supra morem si ~a requires VERG.*G*.2.227; ~issima corpora..et solido uicina..compescimus igni *Aetna* 541; ~a carina OV.*Pont*.1.4.36; ne quid ex ~iore cibo remittatur CELS.1.3.38; cutis..~ior ursis SEN.*Ben*.2.29.1; manus..quas tenet aequore ~o pigra palus (*i.e. frozen*) LUC.2.640; ut praepinguis et ~a ubertas (soli) diluatur PLIN.*Nat*.18.162; STAT.*Theb*.9.344. **b** ~is..nubibus LUCR.6.185; VERG.*G*.1.445; me per hostis Mercurius celer ~o pauentem sustulit aere HOR.*Carm*.2.7.14; tempestas..~o regem operuit nimbo LIV.1.16.1; (*cf.*) autumnum serenum ac ~um PLIN.*Nat*.18.351;—(*of the atmosphere or sim.*) quod..uis..caloris..hieme sit ~ior CIC.*N.D*.2.25; uenti..uertice saeuo in ~um collecta rotant *Aetna* 211; ~a..frigoris asperitas OV.*Fast*.4.87; famem..facilius in ~o caelo quam in tenui..sustinet CELS.1.pr.72; (*poet.*) ~a silentia montis V.FL.3.604;—sub ~is ramorum..umbris CATUL.65.13; ~ior..et nulli peruia flammae subtexit nox atra polos STAT.*Theb*.1.345; cum..~iores esse tenebrae coepissent GEL.18.1.16; (*cf.*) alii (smaragdi) ~i nec e liquido tralucidi PLIN.*Nat*.37.68. **c** atrox (uox est) in ira et aspera ac ~a QUINT.*Inst*.11.3.63; uiuida est haec inter omnes atque ~a littera MAUR.910.

2 Crowded together, closely packed, thick, dense. **b** (of bodies of men or sim.). **c** (of woods, trees) dense, thick. **d** (w. abl.) crowded or thick (with); (also, alone) thickly covered.
spaeras..in solo conponito ~as CATO *Agr*.82; ubi illae sunt ~ae dexterae? CIC.*Att*.7.1.4; coruorum increpuit ~is exercitus alis VERG.*G*.1.382; haeret pede pes ~usque uiro uir *A*.10.361; ~iora..castella facta LIV.5.19.9; OV.*Tr*.5.6.41; COL.2.4.1; si non..~os sparsisset crinis LUC.9.682; persona additur capiti ~use reticulus (*i.e. with close meshes*) PLIN.*Nat*.12.59; STAT.*Theb*.5.564; (*cf.*) si ~ior aridis aristis sit nostrae seges osculationis CATUL.48.5;—(*poet. sg.*) ~o pectere dente comas TIB.1.9.68; V.FL.6.229; ~issima centum quadrantes lectica petit JUV.1.120;—(*neut. sg. as adv.*) ~um..texitur erecti..ex ordine ferri..stimulus SIL.6.540. **b** per medium ~i..populi CATUL.68.60; ~ae..moenia Romae STAT.*Silv*.4.4.14; firmati inter se ~is ordinibus TAC.*Hist*.3.17. **c** me in siluam abstrusi ~am CIC.*Att*.12.15; saepibus..~issimis CAES.*Gal*.2.22.1; inter ~as, umbrosa cacumina, fagos VERG.*Ecl*.2.3; *G*.2.17; aspectus armorum ~is arbustis prohibebatur TAC.*Hist*.2.41. **d** occulta coluntur siluestribus saepibus densa *Inc.trag*.72; femina..densissima crinibus emptis OV.*Ars* 3.165; lampadibus densum..funale *Met*.12.247; robore densae..siluae LUC.3.362; populus..minus densa folio PLIN.*Nat*.17.200; TAC.*Ann*.14.30; (*transf.*) (Euripides) sententiis densus QUINT.*Inst*.10.1.68;—glabrae sues ~aeque COL.1.pr.26.

3 Frequent, recurring often. **b** (of sound or voice) loud, prolonged, harsh.
~os diuum numerabat amores VERG.*G*.4.347; ~is ictibus heros creber utraque manu pulsat *A*.5.459; conuictor ~oque domesticus usu OV.*Pont*.4.3.15; STAT.*Theb*.6.421; quamuis te..~ae..tabellae sollicitent JUV.9.36;—(*poet. sg.*) ~o cum iaceam triente blaesus MART.9.87.2; ~a trepidantem cuspide fixi STAT.*Silv*.1.2.75;—(*app. w. acc. of respect*) spicula ~us Cantaber SIL.10.15. **b** ~us stridor CIC.*Arat.Progn*.181; omnes circumstant fremitu ~o VERG.*G*.4.216; Fama..~o cum murmure plumas excutit STAT.*Theb*.3.428.

4 (of writers, style) Terse, concise.
~us et breuis et semper instans sibi Thucydides QUINT.*Inst*.10.1.73; ~ior ille (*sc.* Demosthenes), hic (*sc.* Cicero) copiosior 10.1.106.

dentāle ~is, *n.* Also **~ia** ~ium, *n.pl.* [DENS+-ALIS] The sole or share beam of a plough.
huic (*i.e.* buri)..duplici aptantur ~ia dorso VERG.*G*.1.172; uomeribus et ~ibus terram subigere COL.2.2.24; sulco..terens ~ia PERS.1.73; PLIN.*Nat*.18.171.

dentātus ~a ~um, *a.* [DENS+-ATVS[2]]

1 Provided with teeth; having prominent or clearly displayed teeth. **b** (applied to the larger carnivores). **c** (as a cognomen).
si male ~ast OV.*Rem*.339; statim ~os (sues) nasci PLIN.*Nat*.8.205; 11.237; ~a sibi uidetur Aegle emptis ossibus Indicoque cornu MART.1.72.3;—si..esses..Lanuinus ater atque ~us CATUL.39.12. **b** *CIL* 8.7969; CIVIBVS SVIS FERAS ~AS QVATTVOR VIVAS DONAVIT *A.Epig*.42–43.4; quid si leo sit, sed mansuetus, uel alia ~a mansueta? ULP.*dig*.3.1.1.6; (*facet.*) non ego te ad illum duco ~um uirum PL.*Ps*.1040. **c** *Act.Triumph*.16(*CIL* 1.p.46); quosdam et cum dentibus nasci, sicut M'. Curium, qui ob id ~us cognominatus est PLIN.*Nat*.7.68.

2 (of var. implements or mechanical devices fitted with spikes, teeth, cogs, etc.).
aut (tribulum fit) ex axibus ~is cum orbiculis VAR.*R*.1.52.1; ex omni parte ~am et tortuosam..serrulam CIC.*Clu*.180; tympanum ~um VITR.10.5.2; qui ~as iligno robore clausit uenator pedicas GRAT.92; semen..iniciunt cratesque ~as supertrahunt PLIN.*Nat*.18.173; (*of 'atoms'*) LUCR.2.432.

3 Polished or smoothed with ivory.
charta..~a res agetur CIC.*Q.fr*.2.14.1.

? **dentefaber,** *a.* [DENS+FABER] Toothed, spiked.
rastros ~bres (*s.v.l.*) capsit causa poliendi agri ENN.*Ann*.319.

dentex ~icis, *m.* [DENS] (prob.) A kind of bream.
arenosi gurgites..pelagios..pascunt, ut auratas ac ~ices COL.8.16.8.

dentharpaga ~ae, *f.* [DENS+HARPAGA] (app.) An instrument for extracting teeth.
VAR.*Men*.441(Non.p.99M).

denticulātus ~a ~um, *a.* [next+-ATVS[2]] Toothed, serrated.
falcibus..~is COL.2.20.3; bracchia (cancris) ~is forcipibus PLIN.*Nat*.9.97; 11.201; ~o oleri similis 26.164; scarabaeorum cornua grandia ~a 30.138.

denticulus ~ī, *m.* [DENS+-CVLVS]

1 A little tooth or fang.
uiperae ritu..~o..uenenum inspirare APUL.*Apol*.8.

2 **a** (in a machine) A small tooth or cog. **b** (archit.) a dentil.
a ~is aequalibus sunt perfecta (regula et tympanum) VITR.9.8.5; 10.9.2. **b** supra zophorum ~us est faciendus VITR.3.5.11; 4.2.4.

dentifrangibulus ~a ~um, *a.* [DENS+FRANGO] That breaks teeth.
ita ~a haec (*i.e. fists*) meis manibus gestiunt PL.*Bac*.596; uale, ~e 605.

dentifricium ~(i)ī, *n.* [DENS+FRICO+-IVM] A tooth-powder, dentifrice.
muricum cinis ~ium est PLIN.*Nat*.32.82; 36.153; ~ium quod splendidos facit dentes LARG.59; MART.14.56; APUL.*Apol*.6.

dentilegus ~ī, *m.* [DENS+LEGO[2]+-VS] (facet.) One who collects teeth (that have been knocked out).
~os omnis mortalis faciam PL.*Capt*.798.

dentiō ~īre, *intr.* [DENS+-IO[2]] To cut teeth, teethe; (also facet. of teeth, app.) to grow longer (for lack of food to eat).
propriae..~ientium gingiuarum exulcerationes CELS.2.1.18; PLIN.*Nat*.11.170; infantibus..~ientibus 21.140; 28.257; pueros tarde ~ientes 30.22;—auribus peraudienda sunt, ne dentes ~iant PL.*Mil*.34.

dentiscalpium ~iī, *n.* [DENS+SCALPO+-IVM] A toothpick.
MART.7.53.3; 14.22.

dentītiō ~ōnis, *f.* [DENTIO+-TIO] Teething, dentition.
infantibus nihil butyro utilius..in ~one PLIN.*Nat*.28.257; 30.135; infantium gingiuis ~onibusque 32.137.

dēnūbō ~bere ~psī ~ptum (~btum), *intr.* [DE-+NVBO] (of a woman) To marry (away from her paternal home).
patris incolumi potius ~bere regno..uelis *Ciris* 330;—(*w. dat.*) dum eam putas..fratri tuo ~bturam APUL.*Apol*.70; *Met*.5.16;—(*w.* in+*acc.*) nec Caenis in ullos ~psit thalamos OV.*Met*.12.196; Iulia Drusi filia, quondam Neronis uxor, ~psit in domum Rubellii Blandi TAC.*Ann*.6.27; castello, in quod pridem ~pserat (filia) APUL.*Met*.9.31;—(*cf., of a man*) nisi (Nero)..uni ex illo contaminatorum grege..in modum sollemnium coniugiorum ~psisset TAC.*Ann*.15.37; SUET.*Nero* 29.1.

dēnūdātor ~ōris, *m.* [next+-TOR] A 'stripper' (app. a kind of gymnasium attendant).
~OR GIMANASIVS *CIL* 2.6328.

dēnūdō ~āre ~āuī ~ātum, *tr.* [DE-+NVDO]

1 To lay bare, uncover, strip, denude.
~atis ossibus PAC.*trag*.200; eum (*sc.* surculum) sic exacuendum, ut non ~es medullam VAR.*R*.1.41.2; ne ~tur a pectore CIC.*Ver*.5.32; ecfetos ramos ~at flamma Q.CIC.*poet*.10; LIV.45.39.19; cum uacuas posito uelamine costas ~auit ouis (*i.e. is shorn*) CALP.*Ecl*.5.73; capita..~anda tonsori praebuimus PETR.103.3; ipsam matrem tuam..parricida ~as cotidie APUL.*Met*.5.30; (*cf.*) ut ~et feminas uestis (*as being transparent*) PLIN.*Nat*.11.76;—(*w. abl.*) ~at foliis ramos CIC.*Arat*.361(119).

2 To rob, despoil.
ciuibus Romanis..crudelissime ~atis LENT.*Fam*.12.15.1; [QUINT.]*Decl*.1.17;—(*w. abl.*) ne iuris..ciuilis scientiam..tradito (ornatu) spolies atque ~es CIC.*de Orat*.1.235.

3 To expose, leave unprotected.
gladiatores..ars tuetur, ira ~at SEN.*Dial*.3.11.1; septem ~as proditor arces SIL.16.620.

4 To disclose, reveal.
suam inscientiam ~at VAR.*L*.9.112; cernebam..ciuitates ..~antis iudicia sua LIV.42.13.3; ~auit mihi suum consilium 44.38.1; (*w. pers. obj.*) multa incidunt, quae inuitos ~ent SEN.*Dial*.9.17.1.

dēnumerātiō ~ōnis, *f.* [next+-TIO] (The distinction between this word and DINVMERATIO seems to be lost.) The process of counting or reckoning.
hoc (*sc. balance of syllables*) non ~one nostra fiet..sed tantum adferet usus *Rhet.Her*.4.27; eadem ~one..octo personas computabimus PAUL.*dig*.38.10.10.16; (*w. obj. gen.*) tantum unius (*sc. family relationship*) ~onem proponimus 38.10.10.17.

dēnumerō ~āre ~āuī ~ātum, *tr.* [DE-+NVMERO] To pay (money) in full, pay down.
ut..ibus ~em stipendium PL.*Mil*.74; *Mos*.921; quanti..emisti..Ampeliscam? — mille nummum ~aui *Rud*.1406.

dēnuntiātiō ~ōnis, *f.* [DENVNTIO+-TIO]

1 The act of making known what is to happen, notification, announcement. **b** a warning, threat. **c** ~*o belli*, a declaration of war.
(iudicem) attentum..tota actione..non prima ~one efficere possumus CIC.*de Orat*.2.82; praematura ~o boni ciuis imparati quam periculosa esset PLANC.*Fam*.10.8.4; QUINT.*Inst*.3.8.20; FRON.*Str*.1.11.6;—(*w. obj. gen.*) postea quam in istam accusandi ~onem ingressus es CIC.*Mur*.46; a deis profecta significatio et quasi ~o calamitatum *Div*.2.54. **b** manifesta ~one quietis (*i.e. in a dream*) VELL.2.70.1; ostentorum ac fulgurum ~ones V.MAX.1.1.1; ~o..insanos coercuit SEN.*Ep*.94.36; quid ~onibus et quasi minis ago? PLIN.*Ep*.6.8.9; (*w. acc. and inf.*) ~o est paratum illi exitium, nisi paruerit CIC.*Phil*.7.14;—(*w. obj. gen.*) quem..proscriptionis ~one terrebat *Planc*.87; ~one periculi CAES.*Civ*.3.9.2; ~one armorum LIV.45.3.7. **c** non est illa legatio, sed ~o belli CIC.*Phil*.6.4; LIV.21.19.1; CURT.4.4.18.

2 An injunction, admonition. **b** a summons or other formal notice of legal proceedings; *testimoni* ~*o*, a summons to give evidence.
cum..ad M. Laecam nocte ea..Catilinae ~one conuenit CIC.*Sul*.52; huic ~oni pareat? *Phil*.6.5; *B.Alex*.34.3; patres clandestina ~one reuocati LIV.4.36.3; edicti ~onem rumpere PAPIN.*dig*.49.1.23.3; (*w.* ut) altercatio..cui consul..~one, ut bello abstinerent..finem imposuit LIV.38.32.4. **b** ~o..ad domum mulieris missa PAPIN.*dig*.48.5.40(39).3; ~onibus tutoribus saepe datis PAUL.*dig*.4.4.38; 5.2.7;—ut eos qui domo exire nolebant testimoni ~one terreret CIC.*Flac*.14.

3 An allegation of wrongdoing, denunciation.
Gallo..accusatorum ~onibus..ad necem conpulso SUET.*Aug*.66.2; APUL.*Apol*.60.

dēnuntiātor ~ōris, *m.* [next+-TOR] (app.) An attendant employed by local authorities to announce coming events; an announcer in the theatre.
CIL 10.515; DECVRIALI DECVRIAE LICTORIAE POPVLARIS ~ORVM 10.5917;—~OR AB SCAENA GRAECA 6.10095.

dēnuntiō ~āre ~āuī ~ātum, *tr.*, (*intr.*). [DE-+NVNTIO] FORMS: ~*amino* (= ~*ator*) *CIL* 6.10298.15; -*unci*- CIC.*Parad*.39; prob. -*onti*- *CIL* 1.582.3.

1 To make known in advance, give notice of, announce (often by prophecy or sim.). **b** (of things) to give warning of, signify. **c** *ex* ~*ato*, after due warning.
neque tanto ante exiti ac fati diem rei publicae ~auisset CIC.*Catil*.3.17; (haruspices) tum hereditates, tum damna ~ant *Div*.2.32; tristis ~at iras obscenamque famem VERG.*A*.3.366; at mihi Persephone nigram ~at horam [TIB.]3.5.5; V.MAX.1.8.ext.9; (*of an animal*) aper saetis iram ~at hirtis OV.*Hal*.60;—(*w. acc. and inf.*) cum mihi ~atum esset a tuis ire aliquem CIC.*Fam*.12.18.1; COL.1.2.1;—(*ellipt.*) ut si quid tibi opus sit ne dubitent mihi..~are CIC.*Fam*.13.77.1; non ~aret si uenturus esset SEN.*Suas*.5.2. **b** illa arma..non periculum nobis, sed praesidium ~ant CIC.*Mil*.3; terra..aduentus hostium..quasi fragore quodam..~at *Rep*.2.6; caeruleus (color solis) pluuiam ~at VERG.*G*.1.453; PROP.4.3.61; quid haec..effusa licentia ~at? CURT.10.2.15; demissa..lucerna, quamdiu extinguatur, periculum ~ans PLIN.*Nat*.23.63; TAC.*Ger*.18.3; sibilo..praesentiam suam ~ante APUL.*Met*.9.5. **c** idem fuit, siue ex ~ato uidebatur, siue inparatus ac subito SEN.*Ep*.79.18; *Nat*.3.30.1.

2 To declare one's intention of inflicting (injury or sim.), threaten.
et uim ~abat CIC.*Mur*.49; *Fam*.12.24.2; qui non paruisset imperio, mors ~ata LIV.45.32.6; cui uicto..catenas ~as SEN.*Con*.7.4.2; donec..species terribilior..exitium ipsi..~aret ni iussa patrarentur TAC.*Hist*.4.83; (*cf.*) nihil medium aut imperium atque honorem aut ubi restitaret mortem ni sequeretur ~antes LIV.7.39.14; (*w. abst. subj.*) cum mortem uis externa ~at SEN.*Ep*.70.11;—(*w. acc. and inf.*) uni cuique calamitati fore se ~abat CIC.*Ver*.4.76; capitis se illum damnaturos ~arunt NEP.*Cha*.3.1; LIV.4.12.5; gubernatore relicturum se nauis ministerium ~ante PETR.108.8; PLIN.*Ep*.6.28.2.

3 To make an announcement (usu. formal

or official), declare; (w. acc.) to give notice or information of.

(*w. acc. and inf.*) ~at sese procuratorem esse CIC.*Quinct.* 27; *Caec.*19; CAES.*Gal.*5.54.1; consul. . ~auit populo. . collegam. . cum rege Perseo pugnasse LIV.45.1.8; VELL.2.55.3; ille. . me. . satis forticulum ~at APUL.*Met.*8.24;—(*w.indir. qu.*) cum ~ant quid ex quaque re sit futurum CIC.*Top.*67; (~asti. . quid de summa re publica sentires *Planc.*52;—*followed by dir. sp.*) *Ver.*36;—(*ellipt.*) quod alieno seruo inuito et ~ante domino eius coierit (mulier) GAIUS *Inst.* 1.91;—nullum bellum esse iustum, nisi quod. . ~atum ante sit et indictum CIC.*Off.*1.36; TAC.*Ann.*15.61.

4 To order the performance of, enjoin. **b** (w. *ut, ne,* or subj. alone, w. inf.) to give notice (to do or not to do something), order or warn (to). **c** *testimonium ~are,* to issue a summons (to a person) to give evidence.

omnia fecerit oportet quae interdicta et ~ata sunt CIC. *Phil.*7.26; huic ab auguribus illud idem ~atum est *Off.* 3.66; qui. . religionis amplae ~aret epulas APUL.*Met.*11.27. **b** Siculis ~atum esse audio. . ab Hortensio, domum ad illum ut uenirent CIC.*Ver.*25; *Fam.*11.25.1; Suebos. . eis nationibus. . ~are ut auxilia. . mittant CAES.*Gal.*6.10.1; legati. . uenerant ~atum Fabio senatus uerbis ne saltum Ciminium transiret LIV.9.36.14; CURT.3.6.4; ~o, ut illum . . intra domum. . exspectes PLIN.*Ep.*7.23.1; JULIAN.*dig.* 17.1.30;—mittit. . litteras. . in quibus aperte ~at uideam ne fallar PLANC.*Fam.*10.21.3; ~atum, extemplo. . excederent LIV.42.48.3; VELL.2.80.2; PLIN.*Ep.*6.31.12;—~at . . tribuno, qui aderat, exequi caedem TAC.*Ann.*11.37; magistratus. . ~ant hospiti nostro nos. . dedere APUL.*Met.* 9.41; (*neg.*) patronis ~at praeco neque principia dicere neque miserationem commouere APUL.*Met.*10.7; (*cf.*) si quis prohibuit uel ~auit. . tradi rem ULP.*dig.*6.2.14. **c** si accusator uoluerit testimonium eis ~are CIC.*S.Rosc.*110; me tuis familiarissimis in hanc rem testimonia ~aturum *Ver.*1.51; V.MAX.8.1.10 absol.; huic. . testimonium apud te ~aui FRO.*Aur.*1.p.100(52N); qui. . ob. . ~andum uel non ~andum testimonium pecuniam acceperit MACER *dig.*47. 13.2.

5 (intr.) To serve a summons or other official notice in connexion with legal proceedings or sim. **b** *domum ~are,* to deliver a summons, etc., at a person's house (instead of serving it on him personally).

cum tribunus plebis uel ~are potueris uel etiam cogere CIC.*Dom.*117; testibus. . in res singulas. . ~andi potestatem facito *Leg.pub.*(*Font.iur.*p.96)15; PLIN.*Ep.*6.5.2; POMPON. *dig.*21.2.59; (*transf.*) hoc (*sc. the behaviour of a pimp*). . matribus familiae ~are est SEN.*Ep.*97.5;—(*w.* de) de isto. . fundo. . Caecinae ~abas CIC.*Caec.*95; magiae accusans de XV seruis ~asti APUL.*Apol.*47;—(*impers. pass.*) uenisset. . si esset ~atum CIC.*Flac.*92; *CIL* 1.594.3.2.7; testium. . eorum, quibus. . lege ~ari solet QUINT.*Inst.*5.7.9; (*at a religious festival*) MATRONAE QVIBVS ~ATVM ERAT. . SELLISTERNIA HABVERVNT *CIL* 6.32323.100. **b** an, cum Romae domus eius, uxor, liberi sint, domum potius ~em? CIC.*Quinct.*54; permittit. . mulieri. . ~are. . ipsi marito. . aut domum ~are ULP.*dig.*25.3.1.1;—(*impers. pass.*) PROCVRATORIBVS. . EORVM DOMVM ~ETVR FACITO *CIL* 1.593.36; ULP.*dig.*39.2.4.5; (*w.* ad) si forte non sit, cui ~etur. . ad domum ~andum est 43.24.5.2.

dēnuō, *adv.* [*de nouo*]

1 From a fresh beginning, anew, over again.

meum. . os finget ~ PL.*Am.*317; FLOR.*Epit.*2.6(3.18.13); (urbes) terrae motu subuersas ~ condidit SUET.*Aug.*47; AMPHITHEATRVM. . DILAPSVM ~ FECIT *CIL* 3.836.5; (*w.* rusum) Diphilus hanc (comoediam) graece scripsit, postid rusum ~ latine Plautus PL.*Cas.*33.

2 For a second (or subsequent) time, once more, again; *alius ~,* yet another.

dixi. . sed si parum intellexti, dicam ~ PL.*Rud.*1103; TER.*Eu.*899; (locum) postea ~ amurca conspargito CATO *Agr.*91; post triennium. . agitata ~ quaestio de uiri morte habebatur CIC.*Clu.*182; in Etruria rebellante ~ LIV.10.31.3; GEL.1.19.7; ne ciues ~ ad sportulas conuolarent APUL. *Apol.*87; (*w. repeated phr.*) lepidam Venerem!. . o lepidam Venerem ~ PL.*Poen.*850;—Fortuna. . aliam mihi ~ pestem instruxit APUL.*Met.*7.17.

3 (restoring conditions as they were) Again.

chlamydem sumam ~ PL.*Mer.*921; dum hic ~ abeat TER. *Hau.*543; auxilio rosario Lucius ~ futurus APUL.*Met.*3.27; ITA VT FACILE APERIRI ET ~ CLVDI POSSIT *CIL* 13.5708.1.10;—(*w. compounds of* re-) gentis omnis peperit et resumit ~ (*sc.* terra mater) ENN.*var.*48; TER.*Ph.*879; *B.Hisp.*35.4; ut (rem) ~ ad pristinum locum reuocaret ULP.*dig.*28.5.35.3; (*w.* rusus) reuortor rusus ~ Carthaginem PL.*Poen.*79.

4 (introducing a fresh stage in a process) In turn, then again.

fiet tibi puniceum corium, postea atrum ~ PL.*Rud.*1000; membrum orationis appellatur res. . quae ~ alio membro orationis excipitur *Rhet.Her.*4.26; VITR.1.1.13.

deoccō ~āre, *tr.* [DE-+OCCO] To run the harrows over (a crop, so as to remove weeds and ventilate the soil).

(uicia) non saritur, non stercoratur, nec aliud quam ~atur PLIN.*Nat.*18.137.

Dēōis ~idis, *f.* Proserpine, the daughter of Deo (Demeter).

OV.*Met.*6.114.

Dēōius ~a ~um, *a.* Of or belonging to Deo (Demeter).

~a (*cj., codd.* Deoida *or sim.*) quercus OV.*Met.*8.758.

deonerō ~āre, *tr.* [DE-+ONERO] To remove (a burden), unload.

cum. . ex illius inuidia ~are aliquid et in te traicere coeperit CIC.*Div.Caec.*46.

deoperiō ~īre ~uī ~tum, *tr.* [DE-+OPERIO] To uncover, lay bare; to open up.

os (*i.e. bone*) ~ire tutissimum CELS.8.4.5;—tellure ~ta internitent (smaragdi) PLIN.*Nat.*37.65.

deoptō ~āre, *tr.* [DE-+OPTO] To choose; (in quot., absol.).

Midae. . ~andi dedit potestatem HYG.*Fab.*191.4.

deōrātus ~a ~um, *a.* [DE-+pple. of ORO] (See quot.)

~a perorata PAUL.*Fest.*p.74M.

deōriō ~īre, *tr.* [DE-+*orio* (form of HAVRIO)] To drain off.

amurcam ~ito CATO *Agr.*66.2.

deorsum, *adv.* Also **~us.** [DE-+VERSVM] FORMS: *~om* CATO *Agr.*22.2; *-osum* (CATO *Agr.* 162.1, VAR.*L.*9.86, *R.*1.6.4; *dorsum CIL*5. 7749.20. PROS.: Scanned as disyll. PL.*Am.* 1108, TER.*Ad.*573, LUCR.1.362, etc.

1 In a downward direction, down (of motion). **b** (of direction without motion). **c** (transf.) downwards (in numerical order).

ego me ~ duco de arbore PL.*Aul.*708; si ad saxum quo capessit ea ~ cadet *Rud.*178; sex ego te. . mensis quietum reddam ne sursum ~cursites TER.*Eu.*278; CIC.*Tim.* 48; sic uites consuescent radices ~ agere COL.*Arb.*4.5; scarabaeum. . in auena. . sursum ~ decurrentem PLIN.*Nat.* 24.168; APUL.*Met.*1.19; (*w. vbl. sb.*) horribilis de saxo iactus ~ LUCR.3.1016; (*w.* uersum) neutrum (*neither an arrow nor a stone*) potest ~ uersum recte mitti QUAD. *hist.*85. **β** si omnia ~ e regione ferrentur CIC.*Fin.*1.19; *N.D.*2.84; ut. . ~ at meum Tlepolemum uiam quaeram APUL.*Met.*8.13;—(*in fig. phr.*) ~ delapsum nutriens amorem 8.2. **b** pernam ponito, cutis ~spectet CATO *Agr.* 162.1; duo. . ~ conuersos uncos habet (lammina) CELS.7.5. 3.A; COL.*Arb.*10.3; pecudibus os. . ~ ad pedes deiectum APUL.*Apol.*7; (*w. adj.*) cum fornacem facies, fauces praecipites ~ facito CATO *Agr.*38.3; (*w.* uorsum) ubi eo ueneris, cliuos ~ uorsum est TER.*Ad.*575. **c** sic. . ~ uersus ad singularia perueniunt VAR.*L.*9.86.

2 In a lower situation, down below, underneath.

si. . ~ comedent si quid coxerint PL.*Aul.*367; CATO *Agr.* 22.2; qui colunt ~. . aestate laborant VAR.*R.*1.6.3; SEN.*Ep.* 91.19; ut caput ~ uideatur, pedes sursum GEL.16.18.3;—(*in fig. phr.*) sunt mulieres plussciae. . et quod sursum est, ~ faciunt PETR.63.9. **β** hortulanus ~ in ipsa tabernula. . delitiscit APUL.*Met.*9.40.

deosculor ~ārī ~ātus, *tr.* [DE-+OSCVLOR] To kiss warmly; (also pf. pple. in pass. sense).

sine tuos ocellos ~er PL.*Cas.*136; Socraten ~abar amplexus APUL.*Met.*1.17;—me ~ato 2.10; sumptum gladium . . diuque ~atum per medium pectus. . transadigit 4.11.

deōsum: see DEORSVM.

dēpaciscor: see DEPECISCOR.

dēpālātiō ~ōnis, *f.* [DEPALO+-TIO] Marking off with stakes.

TERMINI. . POSITI SVNT. . EX ~ONE. . ARBITRI *CIL* 6.1268.

dēpalmō ~āre ~āuī *tr.* [DE-+PALMO] To strike with the open hand.

ut quemque ~auerat LABEO *iur.*25.

dēpālō ~āre ~āuī ~ātum, *tr.* [DE-+PALO] To mark off with stakes.

RIGOR. . ~ATVS ERAT SVPRA MONTEM *CIL* 8.2728; IVGERA AGRI. . ITA VT ~ATVM EST 11.3932.

dēpangō ~ngere (dēpēgī) ~ctum, *tr.* [DE-+PANGO] To drive down (into).

si in medio robusta aliqua materia sit ~cta VAR.*R.*1.38.3; eum (*sc.* malleolum). . sat erit. . per unam lineam ~ngere COL.3.16.1; in terram ~cta non extrahuntur PLIN.*Nat.* 2.211; 16.110; (*in fig. phr.*) uitae ~ctus terminus alte LUCR. 2.1087.

dēparcus ~a ~um, *a.* [DE-+PARCVS] Thoroughly mean, miserly.

putabat. . sordidos ac ~os esse quibus impensarum ratio constaret SUET.*Nero* 30.1.

dēpascō ~ascere ~āuī ~astum, *tr.* Also **~ascor** ~ascī ~astus. [DE-+PASCO(R)]

1 To eat up, devour. **b** to graze down (fields, etc.).

haedi roscidas herbas ~auerunt COL.7.5.21; aduersus improbitatem alitum ~scentium semina PLIN.*Nat.*19.116; (*w. retained acc.*) saepes. . apibus florem ~asta salicti VERG.*Ecl.*1.54;—(*dep.*) serpens. . uterque. . morsu ~ascitur artus *A.*2.215; (papilio) ceras ~ascitur PLIN.*Nat.*11.65; leo . . ~astus ouis STAT.*Theb.*2.676; (*in fig. phr.*) LUCR.3.12; (*transf.*) horum (*sc.* hominum) rabies ipsos a quibus est nutrita ~ascitur SEN.*Dial.*4.8.3. **b** qui a pecore eius ~asci agros publicos diceret CIC.*de Orat.*2.284; tauros, qui . . depascunt summa Lycaei VERG.*G.*4.539; ~astis summittere gramina campis LUC.9.182; (*cf.*) ~asta altaria liquit (serpens) VERG.*A.*5.93; (*fig.*) ~asci. . possessionem Academiae ab hoc. . homine non sinemus CIC.*Leg.*1.55;—(*dep.*) nec quadrupes densas ~ascitur aspera siluas [TIB.]3.7.128; piscem ~astum. . diu uiuaria Caesaris JUV.4.51.

2 To graze or feed one's cattle, etc., on (grass, etc.).

qui. . luxuriem segetum tenera ~ascit in herba VERG.*G.* 1.112; uenerat in morem populi ~ascere saltus OV.*Fast.* 5.283; (*ellipt.*) Babylone. . bis secant, tertium ~ascunt PLIN.*Nat.*18.161; (*fig.*) in qua (oratione). . ut in herbis . . inest luxuries quaedam, quae stilo ~ascenda est CIC. *de Orat.*2.96;—(*w. animals specified*) pabulum ex fundo plerumque domesticis pecudibus magis quam alienis ~ascere ex usu est COL.6.pr.2; SIL.9.208; (glandem) ego immisso pecore ~asco ULP.*dig.*10.4.9.1.

3 (of fire or other agents) To consume, waste. **b** (of men) to lay waste.

~asti flammis scopuli SIL.12.153; SIL.14.56;—(*dep.*) artus ~ascitur arida febris VERG.*G.*3.458; incendium. . multos iam domos ~astum parte urbis obruitur SEN.*Cl.* 1.25.5; quem foeda scabies ~ascitur *Dial.*7.27.4. **b** potuit (*sc.* Hannibal) Latium longo ~ascere bello (*cj.*) SIL.16.680.

dēpastiō ~ōnis, *f.* [prec.+-TIO] The action of grazing down or stripping the food from.

(*w. subj. gen.*) ~o animalium PLIN.*Nat.*17.236.

dēpeciscor ~iscī ~tus, *intr., tr.* [DE-+PACISCOR] FORMS: *depac-* APUL.*Apol.*75. To come to terms, make a bargain, agree, compound. **b** (tr.) to bargain for. **c** (see quot.).

neque ante dimissum quam ad condicionem eius ~tus est CIC.*Ver.*3.60; reus, qui ~isci noluerat GEL.20.1.38; cum creditoribus ~iscitur APUL.*Apol.*75;—(*w. gen.*) quo tempore cum L. Caleno furti ~tus sis CIC.*Tog.Cand.*fr.6;—(*w. abl.*) non extimesco periculum (cum enim tot impendeant, cur non honestissimo ~isci uelim?) *Att.*9.7.3;—(*w.* ut) ~tus est cum iis, ut arma et impedimenta relinqueret *Inv.* 2.72. **b** CIC.*S.Rosc.*110; ipse tria praedia sibi ~tus est 115; grandi denique praemio cum altore meo ~ta est noctis unius concubitum APUL.*Met.*10.19; (*w. noun cl., also abl. of price*) ut mihi liceat tam diu quod amo frui, iam ~isci morte cupio TER.*Ph.*166. **c** ~tus autem dicitur turpiter pactus ULP.*dig.*3.6.3.2.

dēpectō ~ctere ~xum, *tr.* [DE-+PECTO]

1 To comb thoroughly, comb out.

crines ~ctere buxo OV.*Fast.*6.229; prominentem barbam ~ctere SEN.*Nat.*1.17.7; LUC.9.635; (*iron.*) adeo exornatum dabo, adeo ~xum ut dum uiuat meminerit semper mei TER. *Hau.*951;—(*pass. of persons, w. abl.*) ~xos crinibus Indos OV.*Fast.*3.465; (*transf.*) (lactuca) punicea ~xa coma COL. 10.188.

2 To comb off, away.

Seres. . ~ctentes frondium canitiem PLIN.*Nat.*6.54; quod in arbore haesit, ferro ~ctitur 12.58;—(*w. abl.*) uelleraque ut foliis ~ctant. . Seres VERG.*G.*2.121.

3 To card, disentangle, hackle.

ars ~ctendi digerendique (linum) PLIN.*Nat.*19.18.

dēpector ~ōris, *m.* [DEPECISCOR+-TOR] One who settles or arranges discreditably.

omnium litium ~or, omnium falsorum commentator APUL.*Apol.*74.

dēpeculātor ~ōris, *m.* [DEPECVLOR+-TOR] One who defrauds.

CIC.*de Orat.*3.106; ~orem aerari *Ver.*2; te. . suum sociorumque ~orem. . uenisse senserunt *Pis.*96.

dēpeculātus ~ūs, *m.* [next+-TVS³] PROS.: app. *-pecŭl-* PL.*Epid.*520. The act of defrauding.

potius quam sinam me inpune inrisum esse, habitum ~ui (*cj.*) PL.*Epid.*520; PAUL.*Fest.*p.75M.

dēpecūlor ~ārī ~ātus, *tr.* Also **~ō** ~āre. [DE-+PECVLOR] To deprive (of property, etc.) by fraudulent means, defraud. **b** to take away, steal.

quod ciuitates regna domos omnium ~atus es *Rhet.Her.* 4.37; quod hominem. . omni argento. . spoliasti ac ~atus es CIC.*Ver.*4.37; peccatum est. . fana ~ ari *Fin.*3.32;—ubi senatus intellexit populum ~ari CAEL.*hist.*62. **b** aliorum famam ~ans *Rhet.Her.*4.51; laudem honoremque familiae uestrae ~atus est CIC.*Ver.*4.79.

dēpellō ~ellere ~ulī ~ulsum, *tr., (intr.).* [DE-+PELLO] FORMS: *~ultus* (arch. pf. pple.) *Rhet.Her.*4.15. CONST.: app. intr. LUCR.2.219.

1 To drive off or away (esp. mil. forces). **b** to push away or aside; to drive (off one's course). **c** to remove (from the breast), wean.

multae (*sc. animals*). . insectantes odoris. . foeditate ~ellunt CIC.*N.D.*2.127; subeunt in aduentu nostri, ~elluntur telis *B.Hisp.*38.5; pecora ~ellenda COL.2.10.32; illa quae iniuria ~ulsa fuerat ancilla PETR.22.1; TAC.*Hist.*3.71; dixit. . eum. . cum ui inrumperet lapidibus ~ulsum GEL.14.4.5;—(*w.* ab) ad impediendos milites. . et ab opere ~ellendos *B. Afr.*39.2;—(*w. dat. or abl.*) adsidebat in cornu tribunalis, ne praetorem curuli ~elleret TAC.*Ann.*1.75;—(*w. adv.*) neque inde maxuma ui ~elli quiuerunt SAL.*Jug.*58.3; V.MAX. 6.3.1a;—(*poet.*) Nixus. . supero. . ~ulsus lumine cedit CIC. *Arat.*620(374); ~ulerant Aurorae lumina noctem OV.*Met.* 7.835;—(*transf.*) disco. . Polypoetes ~ulit omnes *Ilias* 1012. **b** supplantare eum quicum certet, aut manu ~ellere nullo modo debet CIC.*Off.*3.42;—e sinu Pisano segnitia maris aut aduersante uento portum Herculis Monoeci ~ellitur TAC. *Hist.*3.42; *Ann.*2.54;—(*w. abl., fig.*) recto ~ellere cursu HOR.*S.*2.5.78; QUINT.*Inst.*2.17.29. **c** cum porci ~ulsi sunt a mamma VAR.*R.*2.4.16; dulce satis umor, ~ulsis arbutus haedis VERG.*Ecl.*3.82; (equus) ~ulsus ab ubere matris *G.*3.187; HOR.*Carm.*4.4.15; infantes. . lacte ~ulsos SUET.*Tib.*44.1.

2 To drive or push (things) away, repel; (also intr., app.) to veer away. **b** (med.) to drive away (from the body or its parts). **c** to push (a protruding object) back or down.

uestis frigoris ~ellendi causa reperta CIC.*de Orat.*3.155; sol umbraculis. . ~ellitur COL.3.19.3; uulnera ~ulit umbo *Ilias* 406; ne aura quidem ulla ~ellitur (pruina) PLIN.*Nat.* 17.222; APUL.*Met.*9.26;—(*w.* ab) si alia (atomus) ab alia numquam ~ellatur CIC.*Fat.*22;—(*w.* de) aquam de agro ~elli oportet CATO *Agr.*155;—(*w. dat. or abl.*) classibus ignem ~ulit VERG.*A.*5.727; non frenum ~ulit (equus) ore HOR. *Ep.*1.10.38; nobis aerata, Lares, ~ellite tela TIB.1.10.25; (*cf.*) manum sibi ~ellere..res licebat GAIUS *Inst.*4.24;—corpora cum deorsum rectum..feruntur..spatio ~ellere (*s.v.l.*) paulum LUCR.2.219. **b** quem ad modum..reliquiae cibi ~ellantur tum astringentibus se intestinis tum relaxantibus CIC.*N.D.*2.138; *Div.*2.57; deiectiones, quae ⟨om⟩nem noxiam materiam ⟨in⟩ inferiora ~ellant CELS.6.6.37.B. **c** quo facilius digito demisso quod illuc inrupisset ~ellerent CELS. 7.14.6.

3 To drive (to a destination).
quo saepe solemus pastores ouium teneros ~ellere fetus VERG.*Ecl.*1.21.

4 To push or thrust down (from an upright position).
simulacra deorum ~ulsa sunt CIC.*Catil.*3.19; si celsus in undas ~ellatur Eryx LUC.2.666; pater umbrosis Tirynthius arcibus ornum ~ulerat V.FL.3.565.

5 To expel (from a place one has occupied or sim.), compel to go away, turn out. **b** to dismiss (from employment, position, etc.), oust, expel, get rid of.
patris inimicos ~elleret TAC.*Ann.*12.65; seruos quosdam ui ~ulit, alios retinuit et uinxit ULP.*dig.*43.16.1.46;—(*w.* de) de Falerno Anseres ~ellantur CIC.*Phil.*13.11; NEP.*Ca.*2.2;—(*w.* ex) cum est ex urbe ~ulsus CIC.*Catil.*2.1; ut ex iis regionibus barbarorum praesidia ~elleret NEP.*Paus.*2.1;—(*w. abl.*) socerum ~ellere regno LUC.1.289; TAC.*Ann.*14.50. **b** locum haud minoris gratiae instare si coniugem infensam ~elleret TAC.*Ann.*14.62; numquam tu tamen erasten tuum, me dico, ~uleris AUR.*Fro.*1.p.30(253N);—(*w.* ex) ut ex omni custodia uestrae libertatis..Cn. Pompeius ~elleretur CIC.*Agr.*2.25;—(*w. abl.*) Cotta..~ulsus per inuidiam tribunatu *de Orat.*3.11; famosos..quonam modo senatu ~elleret anxius TAC.*Ann.*11.25; quam matrimonio C. Sili a Messalina ~ulsam supra rettuli 13.19.

6 To force (a person) to withdraw or desist (from an action, purpose, etc.).
~ulsi aemulatione..alio uertunt TAC.*Ann.*1.18;—(*w.* ab) quos neque terror nec uis..a mea salute ~ellerent CIC.*Red. Sen.*7; Caesar ab superioribus consiliis ~ulsus CAES.*Civ.* 3.73.1; quia iudicem a ueritate ~elli misericordia..non oporteret QUINT.*Inst.*5.pr.1;—(*w.* de) non de spe conatuque ~ulsus CIC.*Catil.*2.14; *Fam.*1.7.7;—(*w.* ex) te ex illa crudeli actione..meo consilio..esse ~ulsum *Rab.Perd.*17;—(*w. abl.*) nec eum..patria maiestas sententia ~ulerat LIV. 23.8.3; num Messalinam..~ellerent amore Silii TAC.*Ann.* 11.29;—(*w.* quin) nec tuis ~ellar dictis quin rumori seruiam PL.*Trin.*640; TAC.*Ann.*11.34.

7 To drive off, repel, avert (existing or threatened conditions, emotions, etc.). **b** to rebut, repel (accusations).
constat..uirgines..morte uoluntaria necessariam turpitudinem ~ulisse CIC.*Prov.*6; *Fam.*2.16.1; Apollinem morbos ~ellere CAES.*Gal.*6.17.2; curas ~ellere uino TIB. 1.5.37; dis ~ellentibus agnam percute PERS.5.167; ~ulsi.. periculi signum PLIN.*Ep.*7.27.14; ~elle quadripedis diram faciem APUL.*Met.*11.2; ULP.*dig.*39.1.1.16;—(*w.* ab) importunitatem matris a fili capite ~ellite CIC.*Clu.*195; a singulis uobis uincula ~uleram LIV.6.18.8; OV.*Met.*7.140;—(*w. dat. or abl.*) seruitutem ~ulit ciuitati CIC.*Red.Sen.*19; ~ulso ceruicibus eorum imperio Romano LIV.35.44.6; mortem fratri ~ulit OV.*Ep.*14.130; senium ~ellere famae STAT. *Theb.*9.318; ~ellere..ore sitim SIL.6.94. **b** ~ellendi criminis causa CIC.*Part.*103; *Dom.*96; accusatio suppositi partus nulla temporis praescriptione ~ellitur PAUL.*dig.* 48.10.19.1.

dēpendeō ~ēre ~ī, *intr.* [DE-+PENDEO]

1 To hang down (from).
licia ~ent longas uelantia saepes OV.*Fast.*3.267; ne moueatur (membrum) neue ~eat CELS.8.25.4; uua (apium) ~ente in domibus PLIN.*Nat.*11.55; ~et languida ceruix STAT.*Theb.*8.639; (*in a metaphor from weighing*) nec ~es (*codd.* -is) nec propendes—quin malus nequamque sis PL.*As.*305;—(*w. abl.*) malo ~ens uerberatur SAL.*Hist.*3.9; ~ent lychni laquearibus VERG.*A.*1.726; LIV.42.28.12; casside..~ens infula SIL.15.679;—(*w. dat.*) lateri ceruina sinistro uellera ~ent OV.*Met.*6.593; laeuae..cymbium ~ebat aureum APUL.*Met.*11.4;—(*w. preps.*) unus ubi ex uno ~et (anellus) LUCR.6.914; VERG.*A.*6.301; quisquis sub hoc..~et orbis SEN.*Oed.*1018; illi..ab ubere Opheltes ..~et STAT.*Theb.*4.744; ~ente a ceruicibus pugione SUET. *Gal.*11.1.

2 a To proceed or be derived (from). **b** to depend (on).
a (*w. abl.*) huius et augurium ~et origine uerbi (*sc.* Augusti) OV.*Fast.*1.611;—(*w.* ex) ex hoc malo ~et illud taeterrimum uitium SEN.*Dial.*9.12.7; *Ep.*95.12. **b** (*w.* ab, ex) ~etque fides a ueniente die OV.*Fast.*3.356; ex horum (*sc.* siderum) leuissimis motibus fortunae populorum ~ent SEN.*Dial.*6.18.3.

dēpendō ~dere ~dī ~sum, *tr.* [DE-+PENDO]

1 To pay over, pay down. **b** to pay (a penalty).
quas (drachumas) ~di PL.*Trin.*427; hic pecuniam pro addicto ~dit SEN.*Ben.*3.8.2; COL.5.1.8; pretio ~so APUL. *Met.*8.25; quaestor..cui ~sum est (tributum) *Apol.*101; nec erunt cogendi uiginti aureos pro libertate retinenda ~dere PAPIN.*dig.*4.4.31;—(*absol.*) mi autem abiurare certius est quam ~dere CIC.*Att.*1.8.3; qui sectatur uoluptatem..pro uentre ~dit SEN.*Dial.*7.14.3; GAIUS *Inst.*4.22; (*cf.*) PRO.. QVO DATVM ~SVM EST ERIT *CIL* 1.593.115. **b** CIC.*Catil.* 4.10; rei publicae poenas..morte aut..exsilio ~derunt *Sest.*140; ULP.*dig.*12.6.42.

2 To expend (time, labour, etc.).
ut unusquisque aliquam partem corporis pro toto ~deret SEN.*Con.*10.4.17; pro quibus ~dit animam SEN.*Ep.*76.28; incassum ~ditur opera COL.4.22.7; tempora Niliaco..~dit amori LUC.10.80; uenatu et siluis primos ~derat annos SIL. 2.69.

dēpendulus ~a ~um, *a.* [DEPENDEO+-VLVS] Hanging down (from).
uberes crines..ceruice ~os APUL.*Met.*2.9; 3.2; 11.3.

dēpensum ~ī, *n.* [pple. of DEPENDO] A payment, expenditure; *actio ~i*, an action for double the expense incurred on behalf of a principal.
omnia edulia quae ~o parantur APUL.*Apol.*29;—sponsores..propriam habent actionem in duplum, quae appellatur ~si GAIUS *Inst.*3.127.

dēperditum ~ī, *n.* [next] That which is permanently lost.
quid ex naufragio expulsum est..non est in derelicto, sed in ~o JAVOL.*dig.*41.2.21.1; PAUL.*dig.*26.7.16.

dēperditus ~a ~um, *a.* [pple. of next] Abandoned, corrupt.
POMPON.*dig.*22.6.3.1; nisi ille est plane ~us GEL.5.1.3.

dēperdō ~ere ~idī ~itum, *tr.* [DE-+PERDO] To lose, be deprived of. **b** (leg.) to lose permanently (through destruction, etc.). **c** (pass.) to be utterly lost or ruined.
uerum sanguinem ~ebat CIC.*Brut.*283; ne quid de libertate ~eret *Ver.*2.73; *Prov.*11; uitalem ~ere sensum LUCR. 3.527; paucos ex suis ~iderunt CAES.*Gal.*3.28.4; bonam ~ere famam HOR.*S.*1.2.61; CELS.*dig.*8.6.6.1; (*pass., w. retained acc.*) nondum..sensus ~itus omnis PROP.1.3.11; (*w. abl.*) ne quid summa ~at metuens HOR.*S.*1.4.32;—(*w. inanim. subj.*) purpureos ~it terra colores TIB.1.4.29; (lapis) nihil igne ~ens PLIN.*Nat.*10.12. **b** ~itum intellegitur, quod in rerum natura esse desiit GAIUS *dig.*5.3.21; ULP.*dig.* 5.3.20.21. **c** (*w. abl.*) ut Semela est combustus, ut est ~itus Io PROP.2.30.29; malus..sutor inopia ~itus PHAED. 1.14.1; eandem..histrionis amore ~itam repudiauit SUET. *Dom.*3.1.

dēpereō ~īre ~iī, *intr., tr.* [DE-+PEREO]

1 To perish, die. **b** (hyperb.) to die (of love).
si quis eorum ~isset VAR.*L.*7.56; CIC.*Top.*15; qui ~iit minor uno mense HOR.*Ep.*2.1.40. **b** ~ibat amore mulierculae LIV.27.15.9; SUET.*Ves.*22.1;—(*w.* in+*abl.*) cum laceratum corpus, in quo ~ibat, intueretur CURT.8.6.8.

2 (of things) To be completely destroyed, be lost.
ut scida ne qua ~eat CIC.*Att.*1.20.7; neque adaugescit quicquam neque ~it inde LUCR.2.296; non nullae tempestate ~ierant naues CAES.*Gal.*5.23.2; cum silices..~eant aeuo OV.*Am.*1.15.32; COL.12.52.9; (auro) rerum uni nihil igne ~it PLIN.*Nat.*33.59; AFRIC.*dig.*30.108.10; (*cf.*) ne quid.. oculorum consuetudini ~iret SUET.*Ves.*2.1;—(*of abst. things*) ~it illa (*sc.* pudicitia) semel OV.*Ep.*5.104; mille licet sumant, ~it inde nihil *Ars* 3.90; CELS.*dig.*8.6.6.1.

3 (tr.) To be desperately in love with, to love to distraction.
ut hic te ecflictim ~it PL.*Am.*517; minime..miror Clinia hanc si ~it TER.*Hau.*525;—(*w.* amore) amore eum haec ~it PL.*Cist.*132; quae..illum ~it impotente amore CATUL. 35.12;—(*ellipt.*) liberabit ille te homo: ita edepol ~it PL. *Mer.*532.

dēpetīgō ~inis, *f.* [DE-+PETO+-IGO[2]] A kind of skin eruption.
~ini spurcae brassicam opponito CATO *Agr.*157.16; (*tm.*) illuuies scabies oculos huic deque (*cj.*) petigo conscendere LUCIL.983.

dēpilātus ~a ~um, *a.* [DE-+PILVS[1]+-ATVS[2]] Having one's hair or plumage plucked; (fig.) swindled, 'plucked'.
cum illum Corbulo struthocamelum ~um dixisset SEN. *Dial.*2.17.1; cum ~os..coleos portes MART.9.27.1;—~i omnes sumus LUCIL.845.

dēpilis ~is ~e, *a.* [DE-+PILVS[1]+-IS] Hairless.
? VAR.in Non.p.530M; cum..~es genae leui pueritia splendicarent APUL.*Met.*7.8.

dēpingō ~ngere ~nxī ~ctum, *tr.* [DE-+PINGO] FORMS: *~nxti* (= *~nxisti*) PL.*Poen.* 1114.

1 To represent in painting, depict; to paint (pictures).
in uno anulo bonos principes posse..~ngi *Inc.mim.*7; in infulis tantam rem tamquam puerilis delicias aliquas ~ngere CIC.*de Orat.*3.81; in porticu..cum pugna ~ngeretur Marathonia NEP.*Milt.*6.3; draconem in longissima membrana ~ctum PLIN.*Nat.*35.121; ~ctam in tabula fugae.. imaginem APUL.*Met.*6.29;—quae manus obscenas ~nxit.. tabellas PROP.2.6.27.

2 To decorate with paint. **b** to colour, decorate.
~ctas minio assulas BIB.*poet.*1(3).2; nauem..extrinsecus eleganter ~ctam APUL.*Fl.*23;—(*transf.*) uersiculorum similia quaedam nimiumque ~cta CIC.*Orat.*39. **b** caelum ~ngitur astris MAN.1.445; SEN.*Nat.*1.6.3; homunculi ubicibus liuidis totam cutem ~cti APUL.*Met.*9.12; quod uer ..gemmulis floridis cuncta ~ngeret 10.29.

3 To embroider.
auro ~cta chlamys V.FL.6.226; ~ctas gemmatasque.. paenulas SUET.*Cal.*52; stragula ueste auro ac murice Tyrio ~cta APUL.*Met.*10.20.

4 To describe, represent (in words or imagination).
formam..uerbis ~nxit probe PL.*Poen.*1114; probe horum facta..~nxit senex TER.*Ph.*268; quem ad modum uitam huiusce ~nxeris CIC.*S.Rosc.*74; quae cogitatione ~ngimus *Luc.*48; *N.D.*1.39; sunt..conplura genera (auium)

~cta in Etrusca disciplina PLIN.*Nat.*10.37; FRO.*Aur.*1.p. 38(47N); uerba ex historia Claudi Quadrigari, quibus.. pugnam ~nxit GEL.9.13.

dēplangō ~ngere ~nxī, *tr.* [DE-+PLANGO] To mourn by beating the breast.
Cadmeida palmis ~nxere domum OV.*Met.*4.546; ipsa suis ~ngitur Ardea pennis 14.580; bisque septenos gregem ~nxit una (mater) SEN.*Her.O.*1851.

dēplantō ~āre ~āuī ~ātum, *tr.* [DE-+PLANTO] To break off, sever (a branch or shoot).
ut eo tempore sit ~atum (semen) quo oportet VAR.*R.* 1.40.4; neue..bos..extremo iugo..ramum..~et COL.2.2. 26; 3.10.7; quae..leui aura..~antur PLIN.*Nat.*17.121;—(*w. preps.*) de cytiso..uirgulae ~antur VAR.*R.*1.43; uirga foliata ex olea ~ata FEST.p.250M.

dēplector ~ctī ~xus, *tr.* [DE-+*plector* (see AMPLECTOR] To pull down in one's grasp, claw down.
nec opinantis a tergo deripiebant (leae) ~xaeque dabant in terram LUCR.5.1321.

dēpleō ~ēre ~ēuī ~ētum, *tr.* [DE-+*pleo* (COMPLEO)] To drain, draw off, empty out; to drain off, let (blood). **b** (w. abl.) to empty, relieve (of). **c** (app.) to subtract.
oleum..bis in die ~eto CATO *Agr.*64.2; conchae..quibus ~etur oleum COL.12.52.8; 12.52.10; (*in fig. phr.*) si ueterem digno ~euimus haustu, da fontis mihi, Phoebe, nouos STAT.*Ach.*1.8;—ne ~ere sanguinem necesse sit PLIN.*Nat.* 18.148. **b** (*transf.*) uitam ~ete querellis MAN.4.13. **c** BIS DENOS VIXI ~ETIS MENSIBVS ANNOS *CIL* 12.533.

dēplōrābundus ~a ~um, *a.* [DEPLORO+-BVNDVS] Complaining bitterly.
homo ad praetorem ~us uenit PL.*Aul.*317(acc.Non.p. 509M).

dēplōrātiō ~ōnis, *f.* [DEPLORO+-TIO] The action of lamenting or complaining.
unde..tanta nobis pertinacia in ~one nostri..? SEN.*Dial.* 6.9.1; *Ep.*74.11.

dēplōrātus ~a ~um, *a.* [pple. of next]

1 Miserable, mournful.
inferum..~a silentia APUL.*Met.*11.5.

2 (of diseases, etc., also patients) Hopeless, incurable.
contra ~as tusses PLIN.*Nat.*22.140; ~a aurium uitia 29.135;—sanabilia ingenia distinguere a ~is SEN.*Cl.*1.2.2; prodest..~is in phthisi PLIN.*Nat.*25.86; 28.210; (*cf.*) ~um ..non exagitabo SEN.*Ben.*5.22.3.

dēplōrō ~āre ~āuī ~ātum, *tr.*, (*intr.*). [DE-+PLORO]

1 To lament, complain of, deplore; to mourn for, lament (a dead person). **b** to utter in lamentation. **c** (intr.) to lament, complain.
Ti. Gracchi mortem saepe in contionibus ~asti CRAS. *orat.*17; cum patrem pulsum, patriam adflictam ~aret CIC. *Sest.*121; non lubet..mihi ~are uitam *Sen.*84; ~auerunt uastationem..agrorum LIV.31.30.2; 43.7.7; ~are sortem suam SEN.*Ep.*76.23; Cicerone..~ante temporum statum SUET.*Jul.*20.4;—~ati erant equites..publico luctu LIV. 4.40.1; ~auit Athin OV.*Met.*5.63; 13.481. **b** si..haec conqueri ac ~are uellem CIC.*Ver.*5.171; *Att.*9.19.4; *Tusc.* 3.53;—(*w.* de) ut illa, quae de altero ~entur, ad suas res reuocet *de Orat.*2.211; multa..de Gnaeo ~abo *Att.*9.18.1. **c** adflictus..et lamentabili uoce ~ans CIC.*Tusc.*2.32;—(*w.* de) apud patronos de suis miseriis ~arunt *Ver.*2.10; *Sest.*14.

2 To despair of, give up for lost. **b** to give (a patient) up, despair of.
~atur in perpetuum libertas LIV.3.38.2; 9.7.1; sternuntur segetes et ~ata coloni uota iacent OV.*Met.*1.272; *Tr.*1.3.46; PETR.123,l.195; statim..(erit) ~andus dies QUINT.*Inst.* 10.3.28; QVI ~AVERAT FORTVNAS SVAS *CIL* 2.6278.16. **b** quotiens ~atus sum a meis! SEN.*Ep.*78.14; ~atus a medicis uomicae morbo PLIN.*Nat.*7.166.

dēplūmis ~is ~e, *a.* [DE-+PLVMA+-IS] Denuded of feathers, moulted.
(hirundines) nudae atque ~es PLIN.*Nat.*10.70.

dēpluō ~ere ~uī, *intr.* [DE-+PLUO] To rain down.
multus ut in terras ~eret..lapis TIB.2.5.72; maximus ipse deum..in..sinus matris uiolento ~it imbre COL. 10.206.

dēpōc(u)lō ~āre ~āuī, *tr.* [DE-+POCVLVM+-O[3]] ? To ruin by expenditure on cups.
~assere (*v.l.* depec-) aliqua sperans me ac deargentassere LUCIL.682.

dēpoliō ~īre ~ītum, *tr.* [DE-+POLIO] To polish thoroughly.
si..cote ~itum est (*sc. the floor*) PLIN.*Nat.*36.188; (*transf.*) ~itum perfectum, quia omnes perfectiones antiqui politiones appellabant PAUL.*Fest.*p.71M.

dēpolītiō ~ōnis, *f.* [prec.+-TIO] Careful or thorough cultivation.
ex agri ~onibus eiciuntur VAR.*Men.*589.

dēpōnefaciō ~ere, *tr.* [next+FACIO] To put down, deposit.
alterum (ouum) ~ere in aqua bene calida debet CELS. 6.18.7.A.

dēpōnō ~ōnere ~osuī ~os(i)tum, *tr.* [DE-+PONO] FORMS: ~*osiui* (= ~*osui*) PL.*Bac.* 306, *Cur.*536, *Mos.*382, CATUL.34.8 (cj.); ~*osit* (= ~*osuit*) *CIL* 6.11262; ~*osierunt* (= ~*osuerunt*) 1.1214.15; ~*osisse* (= ~*osuisse*) VERG.*Cat.*10.16 (cj.).

1 To put down, lay down (a burden, etc.). **b** to lay down (the body or its parts in rest, etc.); to let (one's eyes) rest (on). **c** to let fall (in birth), (of animals) to drop. **d** to lay down (arms, as a mark of surrender or cessation of hostilities).

lectica..~osita CIC.*Ver.*4.53; neque iumentis onera ~onunt CAES.*Civ.*1.80.2; nec scuta aut spicula..~onunt VERG.*A.*12.564; sarcinas..~oni..iubet LIV.6.3.5; OV.*Ep.* 17.33; natos ausae ~onere matres STAT.*Theb.*11.20; hos.. ~ositis portum contingere uelis SIL.2.11; PLIN.*Ep.*9.33.4; (*cf.*) saga..potens caelum ~onere APUL.*Met.*1.8;—(*w. inanim. subj.*) quosdam molliter ruina ~osuit SEN.*Ep.*13.11; Chattos suos saltus Hercynius prosequitur simul atque ~onit (*sets down in the plain*) TAC.*Ger.*30.1; (*poet.*) sol.. ~onens diem SEN.*Her.F.*37;—(*w. abl.*) arma..~osuere umeris VERG.*A.*12.707; Taurus ~ositis collo sopitus aratris MAN.2.250. **b** caput ~onit, condormiscit PL.*Cur.*360; cum in gremiis mimarum mentum mentemque ~oneres CIC.*Phil.*13.24; pecudes..per pabula..corpora ~onunt LUCR.1.258; VERG.*A.*7.108; fessum..latus ~one sub lauru mea HOR.*Carm.*2.7.19; OV.*Am.*3.5.20; ~osito..praebebat poplite collum LUC.1.613; PLIN.*Nat.*28.61; APUL.*Met.*4.24; —omnes in Damalin..~onent oculos HOR.*Carm.*1.36.18. **c** quam mater prope Deliam ~osiuit oliuam CATUL.34.8; canis parturiens cum rogasset alteram, ut fetum in eius tugurio ~oneret PHAED.1.19.4. **d** pacem uolt M. Antonius? arma ~onat, roget, deprecetur CIC.*Phil.*5.3; CAES.*Civ.*3.10.10; LIV.5.2.7; bellice, ~ositis clipeo paulisper et hasta, Mars, ades OV.*Fast.*3.1.

2 To put off, take off (clothes, etc.). **b** to have (one's hair or beard, also one's nails) cut. **c** to shed (tusks).

Galli bracas ~osuerunt *Vers.pop.*in Suet.*Jul.*80.2(*poet.* p.92); ~ositum clauum HOR.*S.*1.6.25; ut..anulos..et phaleras ~onerent LIV.9.46.12; 34.7.10; altera ~ositae subiecit bracchia pallae OV.*Met.*3.167; ~osui soleas MART. 3.50.3; ~onis amictus JUV.1.142; lacernas ~onere SUET.*Cl.* 6.1; (*cf.*) squalorem ~onere LIV.27.34.6. **b** neque ungues neque capillos ~onere PETR.104.5; talis deprensus Achilles ~osuit..comas MART.5.48.6; barbaro uoto..crinem.. ~osuit TAC.*Hist.*4.61; HIC EGO NVNC IACEO..BARBA ~OSITA *CIL* 6.38425;—(*poet.*) ~onit flauas annua terra comas (*i.e. crops*) TIB.2.1.48; ~ositis siluas Phyllida flesse comis OV.*Ars* 3.38; multo proscissam uulnere (quercum) cernit ~osuisse comam STAT.*Theb.*9.596. **c** dentibus..quos ~osuit Nabataeo belua saltu JUV.11.126.

3 To take off, lift off (from the fire).

~onere oportebit caccabum LARG.45; quibus ~ositis ab igne et desinentibus nimis feruere 207.

4 To pull down, demolish.

~ositis aedibus JAVOL.*dig.*41.3.23.2; si ~onat aedificium uel arboris ramos ULP.*dig.*8.2.17; PAUL.*dig.*8.2.31; (*cf.*) de aedibus ~osita tigna ea mente, ut reponantur, aedium sunt 45.1.83.5.

5 To plant (seedlings, etc.). **b** (app.) to set up (a monument).

plantam ~onere in hortis OV.*Rem.*193; arbusculam ~onere COL.*Arb.*17.2; COL.3.10.21; semine seri illas (*sc.* cepas), non ~oni iussere Graeci PLIN.*Nat.*19.103. **b** FILIAE MATER ET MATERTERA ~OSVERVNT *CIL* 3.2737.

6 To put (in a particular place, often a place of safety). **b** to lay (a body) to rest.

in acie tertio ordine..subsidio ~onebantur (triarii) VAR. *L.*5.89; coniugibus et liberis Troezene ~ositis CIC.*Off.*3.48; uti..liberos, uxores, suaque omnia in siluis ~onerent CAES. *Gal.*4.19.2; hic haedos ~one VERG.*Ecl.*9.62; *A.*6.632; argenti pondus..defossa..~onere terra HOR.*S.*1.1.42; cumad quercum..sacram ~osuisset (spolia) LIV.1.10.5; FRON. *Str.*1.11.5. **b** IN TVMVLO CINEREM NOSTRI CORPORIS.. PARCAE ~OSIERVNT *CIL* 1.1214.15; SVB HOC..~ONEN⟨S⟩ MARMORE CORPVS 10.1230.

7 To put (money, property, etc., in a person's hands, in a temple, etc.) for safe-keeping, lodge, deposit. **b** to deposit (hostages, sureties, etc.). **c** to deposit (with an agent, etc., for other purposes). **d** to entrust to a person's charge or care.

apud Theotimum omne aurum ~osiuimus PL.*Bac.*306; quod..neque ruinae neque naufragii causa ~ositum sit *Ed. pr.*(*Font.iur.*p.222)19; si gladium quis apud te..~osuerit CIC. *Off.*3.95; eas (*sc.* rationes) nos Apameae ~onere cogitabamus *Fam.*2.17.4; nusquam..sanctius..~onere (pecunias) credentibus..quam in publica fide LIV.24.18.14; sestertium septiens miliens, ~ositum..ad aedem Opis VELL.2.60.4; QUINT.*Inst.* 7.2.50; SUET.*Aug.*101.1; cum ~ositus uel commodatus seruus furtum faciat AFRIC.*dig.*13.7.31; GAIUS *dig.*10.2.5;— (*ellipt.*) ~onere uolebant CIC.*Att.*6.1.7; PAPIN.*dig.*22.1.7;— (*transf. and fig.*) quidquid habes..~one tutis auribus HOR. *Carm.*1.27.18; ut..apud eum beneficia ~onas SEN.*Ben.* 7.26.4; aliqua mentione habita differre et ~onere apud memoriam iudicis QUINT.*Inst.*9.2.63; (*w. noun cl.*) apud grauitatem uestram ~ono sensisse aliquid patrem, cum metuit [QUINT.]*Decl.*4.13. **b** obsides..Caesar apud eos ~osuerat CAES.*Gal.*7.63.3; LIV.42.5.12; comitem pignusque recepi ~ositum LUC.8.191;—quingenos aeris ad pontem ~onebant VAR.*L.*5.180; apud eum HS quingena ~osuerunt, ut qui a Catone damnatus esset id perderet CIC.*Att.*4.15. 7; AFRIC.*dig.*47.2.62(61).5; (*cf.*) prandio participabo..haec tibi merces ~osita est APUL.*Met.*1.4; (*stakes*) ego hanc uitulam..~ono: tu dic mecum quo pignore certes VERG. *Ecl.*3.31. **c** qui HS quingentis milibus ~ositis id se perfecturum polliceretur CIC.*Ver.*23; praeuaricationis..causa ..~ositum HS LXXXI CAEL.*Fam.*8.8.2; candidati..ne mittant munera, ne pecunias ~onant PLIN.*Ep.*6.19.1; ULP.*dig.* 26.7.3.2. **d** hospitem ~ositam interemes? ACC.*trag.*51; causam..in uestra fide ac religione ~onit CIC.*Caec.*103; STAT.*Silv.*1.4.91; QUINT.*Inst.*9.2.92; Poppaeam Sabinam ..apud conscium libidinum ~osuerat TAC.*Hist.*1.13; TRA. Plin.*Ep.*10.105(106).

8 To abandon, resign, drop: **a** (a title, position, privilege, etc.). **b** (something on which one is engaged, an occupation). **c** (an attitude, emotion, condition, property, etc.). **d** ~*onere animam, spiritum,* to give up the ghost, die. **e** *sermonem* (or sim.) ~*onere,* to stop speaking, pause; (also absol.).

a prouinciam..in contione ~osui CIC.*Pis.*5; exercitum ~ono *Phil.*8.25; Cotum imperium ~onere coegit CAES.*Gal.* 7.33.3; ~ositus triumphus LIV.2.47.11; ~onendo..tutelam 24.4.9; nomen..iubet ~onere OV.*Met.*15.543; SEN.*Oed.*678; SUET.*Nero* 41.1. **b** lex dies fuit proposita paucos, ferri coepta numquam, ~osita est in senatu CIC.*Sul.*65; prius.. quam..negotium aut confecerimus aut ~osuerimus *Att.*7.5. 5; LIV.4.48.16; ~onendi..pudore bella gerunt OV.*Met.*14. 571; impar optimatium conspirationi..hanc..actionem ~osuit SUET.*Jul.*15; (*w.* de manibus) ea (*sc. writings*)..tractare nec de manibus..~onere CIC.*Ac.*1.3. **c** inimicitias.. ~onunt CIC.*Clu.*190; ineptias istas et desideria urbis..~one *Fam.*7.6.1; longum subito ~onere amorem CATUL.76.13; omni ~osita spe CAES.*Gal.*5.19.1; ~osita..formidine VERG. *A.*3.612; OV.*Fast.*6.530; ~ositae uirginitatis V.MAX.2.1.3; pulli ~onunt ingenia siluestria COL.8.15.7; MART.9.9(10).3; (*cf.*) oculos ~onere mentis MAN.4.875;—(*w.* ex) ut..ex memoria..insidias ~onerem CIC.*Sul.*18;—(*w. abl.*) animo ~onere curas VERG.*G.*4.531;—(*w. inanim. or abst. subj.*) falsa licet..~onat gaudia liuor PROP.1.8.29; (aquam marinam)..uetustate uirus ~onentem PLIN.*Nat.*31.64; (uenena) quae..nocendi naturam ~onunt GAIUS *dig.*18.1.35.2. **d** ut prius animam quam id (*sc.* odium) ~osuerit NEP.*Han.*1.3; cupere optatis animam ~onere labris PROP. 1.13.17; in publicis uinculis spiritum ~osuit V.MAX.6.9.13; *CIL* 3.3989. **e** quo loco sustinendus et quasi suspendendus sermo sit..quo ~onendus QUINT.*Inst.*11.3.35;— cum illuc uenero..~onam et morabor QUINT.*Inst.*11.3.38.

9 To drop, dispense with (an employee, official, or sim.).

si qua uelit..tutores ~onere (*cj.*) et alium nancisci GAIUS *Inst.*1.115.

dēpontānus ~a ~um, *a.* [as next+-ANVS] (See quot.)

~i senes appellabantur, qui sexagenarii de ponte deiciebantur PAUL.*Fest.*p.75M.

dēpontō ~āre, *tr.* [DE-+PONS+-O³] To throw from a bridge.

acciti sumus, ut ~aremur VAR.*Men.*493.

dēpopulātiō ~ōnis, *f.* [DEPOPVLO+-TIO] The action of plundering or pillaging.

aedium sacrarum..~o CIC.*Ver.*12; Macedonia..a Thraecum aduentu ac ~one defensa *Font.*44; ~ones, uastationes, caedis, rapinas *Phil.*5.25; Macedones ad ~onem profecti LIV.43.23.4.

dēpopulātor ~ōris, *m.* [next+-TOR] One who sacks or plunders.

CAECIL.*com.*191(*s.v.l.*); fori ~or CIC.*Dom.*13.

dēpopulor ~ārī ~ātus, *tr.* Also ~**ō** ~āre ~āuī ~ātum. [DE-+POPVLOR]

1 To sack, pillage, plunder: **a** (places). **b** (people, herds, etc.).

a α Siciliam prouinciam C. Verres per triennium ~atus esse..dicitur CIC.*Div.Caec.*11; siluas publicas ~atus erat *Mil.*26; CAES.*Gal.*6.42.3; LIV.23.46.9; hostis..uicinam late ~atur humum OV.*Tr.*3.10.56. **β** agros audaces ~ant serui ENN.*scen.*369; ~at macellum CAECIL.*com.*13; ~ata Gallia CAES.*Gal.*7.77.14; *B.Hisp.*42.6; LIV.37.4.6; ~atis agris PLIN.*Nat.*2.140. **b α** finitimos..~abantur LIV. 28.5.4; Tiridates..quos..fidos nobis rebatur, ~ari TAC. *Ann.*13.37; (*fig.*) non ~atur nos casus incurrens SEN.*Nat.* 5.18.8. **β** ~atorum subitis incursionibus sociorum LIV. 34.20.2; furtis adsuetus inultis ~are greges V.FL.6.532; (*cf.*) (Phineum) Harpyiae..~ant 4.429.

2 a (transf. and poet.) To ravage by feeding, grazing; (of natural forces) to lay waste. **b** (of disease) to ravage. **c** to rob, despoil.

a α ueue..Cerealia rura..~entur aues OV.*Fast.*1.684; publicani..pascua..~antur pecorum pabulo PLIN.*Nat.* 19.39;—pone..grande damnum flumen ei dare solitum, praedia eius ~ari ULP.*dig.*43.13.1.7. **b** omne mortalium genus uis pestilentiae ~abatur TAC.*Ann.*16.13; (pestilentia) quae..ciuitatem..~ata est GEL.2.1.5. **c** calliditatem.. horum, qui hereditates ~antur..coercere ULP.*dig.*47.4.1.1; (*perh.*) quos..~atur..dedecus AFRAN.*com.*42.

dēportātiō ~ōnis, *f.* [next+-TIO]

1 The action of taking, carrying, etc. home.

oleam..qui deportarit, in singulas ~ones ss. N. II deducentur CATO *Agr.*144.3.

2 Conveyance to a place of exile, deportation.

si debitori ~o irrogata est PAPIN.*dig.*46.1.47; si per poenam ~onis ad peregrinitatem redactus sit ULP.*dig.*2.4.10.6;—(*w.* insulae, in insulam) inter poenas est etiam insulae ~o 48.22.6; (sententia) ~onis in insulam CALL.*dig.*48.22.18(19).1.

dēportō ~āre ~āuī ~ātum, *tr.* [DE-+PORTO]

1 To bring, convey (to a destination). **b** (w. destination not expr.). **c** *in mare* ~*are* or sim., to take out to sea (for drowning). **d** (of a current) to carry down or along.

quid iussit ad nos ~ari? PL.*As.*525; si hinc non iam huc culleis oleum ~atum erit *Ps.*213; quo furta undique ~ares CIC.*Ver.*5.59; si Brundisium iumentis ~aritis (arma) POMP. *Att.*8.12a.4; CAES.*Civ.*1.60.3; ossa..eius in Cappadociam ad matrem..~anda curarunt NEP.*Eum.*13.4; talenta..accepta Apameam ~antur LIV.38.37.9; corpus..a Nola Bouillas usque ~arunt SUET.*Aug.*100.2;—(*persons*) ut..ducentos ex captiuis..ad P. Cornelium in Africam ~arent LIV.30. 43.8; Achillem..ad placidas ~at aquas STAT.*Ach.*1.230; —(*w. inanim. subj.*) cur..te..~ant esseda Tibur? PROP. 2.32.5. **b** cum manicis..ut fugitiuum ~em LUCIL.855; cedo tabulas. 'non ~aui' CIC.*Flac.*35; numero nauium appulso..sua ~abant omnia CAES.*Gal.*3.12.2; collegam inuenit Casilino omnia ~antem LIV.25.22.6; SUET.*Aug.* 78.2; ille (*sc.* Zephyrus)..clementissimis flatibus..~at illas APUL.*Met.*5.7;—(*abst. objs.*) ultro id (*sc.* gaudium) ~em? PL.*St.*297. **c** iube hunc in culleo insui atque in altum ~ari PL.*Vid.*fr.12(18); ante omnia abominati semimares iussique in mare ~ari LIV.31.12.8. **d** (Indus) uim seminum secum..dicitur ~are CIC.*N.D.*2.130; torrentibus saepe ~ari (crystallos) PLIN.*Nat.*37.25; ~atas..messes reuexit (Nilus) PLIN.*Pan.*31.3.

2 a (spec.) to bring back to Rome (or other homeland) from the provinces. **b** to take or bring home.

a tabulas optimas ~asse te negare non potes CIC. *Ver.*1.61; qui alant eas (*sc.* pantheras) et ~ent CAEL. *Fam.*8.9.3; (*w. inanim. subj.*) nauem..quae praedam ex Sicilia ~aret CIC.*Ver.*5.46;—(*persons*) *Man.*61; cum.. Hannibal uictor in Africam decedat exercitumque ~et LIV. 23.6.2; 40.35.6; Cato unum ex tribunatu militum philosophum..~auit PLIN.*Nat.*7.113;—(*abst. objs.*) ex Asia ~atum flagitium ac dedecus CIC.*Mur.*12; te..cognomen non solum Athenis ~asse, sed humanitatem et prudentiam *Sen.*1; gloriam..quam ex illis gentibus ~auerat CURT.9.10.24; belli..confecti famam ~arat TAC.*Ann.*4.26;—(*w.* Romam, *etc.*) haec..Romam in publicum ~asses CIC.*Ver.*1.54; pecunias..quae ex..prouinciis Romam ab quaestoribus ~abantur VELL.2.62.3; Lacedaemone..opus tectorium.. Romam ~auere PLIN.*Nat.*35.173;—(*persons*) ~atis in Italiam..exercitibus LIV.33.44.9; ~ati sunt in urbem multi TAC.*Ann.*14.17;—(*abst. objs.*) (crimen) Romam ex prouincia ~atum CIC.*Ver.*3.141. **b** de fundo..oleam ne ~ato CATO *Agr.*144.3; cum aliud nihil ex tanta praeda domum suam ~auisset CIC.*Rep.*1.21; SI QVIS..FRVCTVS.. EXPORTAVERIT ~AVERIT *CIL* 8.25902.3.23; AFRIC.*dig.* 47.2.62.8; ANTONI..ROME DEFVNCTI..PATER..CORPVS.. ~ATVM HIC CONDIDIT *CIL* 12.155.

3 To convey (to an island or other place of exile), transport.

puerum..~atum in insulam desertam PLIN.*Nat.*7.36; Valeria..Suessam Pometiam..~ata est 7.69; in reis ~atis QUINT.*Inst.*5.2.1; ob atrocitatem morum in insulam Amorgum ~atur TAC.*Ann.*4.13; ut liberti..Italia ~arentur 14.45; MEN.*dig.*49.16.4.12;—(*pf. pple. as sb.*) GAIUS *dig* 28.1.8.2; ULP.*dig.*37.4.1.8.

dēposcō ~scere ~poscī, *tr.* [DE-+POSCO]

1 To demand peremptorily, ask for. **b** to demand (a task, office, etc., for oneself). **c** (of things) to demand, require.

id non modo non recusem sed etiam..~scam CIC.*Phil.* 3.33; aequalem aetatis suae memoriam ~scit *Leg.*1.8; certas sibi ~scit nauis Domitius CAES.*Civ.*1.56.3; V.MAX. 1.7.3; uirum..~scere pugnas STAT.*Theb.*10.919; in ~scendis periculis eadem audacia TAC.*Ag.*11.4; (*w. abl.*) summo ~scere fulmen Olympo V.FL.1.199;—(*w.* ab) imperatorem a uobis..~scere CIC.*Man.*12; APUL.*Met.*8.29;—(*w. pred. acc.*) Valerium..imperii socium ~poscit LIV.6.9.6; TOTA ITALIA..ME BE⟨LLI⟩..DVCEM ~POSCIT AUG.*Anc.*5.4;—(*w.* ad *or* in+*acc.*) Caeli adulescentia..ad mulieris libidines.. ~scitur CIC.*Cael.*70; asperrima quaeque ad laborem periculumque ~scimus LIV.25.6.23; aduersarius..in praemium operae suae ~scit QUINT.*Decl.*324(p.275,l.25);—(*w. inf.*) pergere Cremonam..~scunt TAC.*Hist.*3.19;—(*absol. or ellipt.*) de proelio cogitandum, sicut semper ~poscimus CAES.*Civ.*3.85.4; ne ~sce, adero SIL.2.30. **b** qui sibi procurationem incendendae urbis ~poposcerat CIC.*Catil.*3.14; qui sibi id muneris ~poscerant CAES.*Civ.*1.57.1; ministerium ..mihimet ~sco ipse LIV.22.22.14; 29.10.7; suscipio, ~sco etiam, quod iniungis PLIN.*Ep.*6.16.3;—(*w. pred. acc.*) Persen simul et Minyas ~scimus hostes V.FL.5.634;—(*w. gdve.*) sibi quisque ~scere pellendos inde hostes LIV.22.28.9; coloniam..quam..tutandam olim ~poscissent SUET.*Vit.* 1.3. **c** flamma..quae praeclarius (templum) magnificentiusque ~sceret CIC.*Ver.*4.69; talia (loca) lentos ~scunt calamos OV.*Hal.*87; amor..ira, cupiditas pericula ~poscerunt SEN.*Ep.*76.20; cannabis solum pingue..~scit COL. 2.10.21; 6.37.11; PAUL.*dig.*31.87.3.

2 To demand (a person for punishment).

cum..altera (pars) me ~scere propter inimicitias..putabatur CIC.*Red.Sen.*33; auctorem culpae..~scunt LIV.21. 10.6; ausum talia ~scunt OV.*Met.*1.200; coeperat (miles) infesto..ducem ~scere uoltu LUC.5.296;—(*w. pred. gdve.*) Pompeium interficiendum ~poscit CIC.*Dom.*13;—(*w.* ad) hunc..si tota Asia ~scit ad supplicium *Flac.*5; regum amicos ad mortem ~scere CAES.*Civ.*3.110.5; HIRT.*Gal.* 8.38.3; TAC.*Hist.*1.84;—(*w.* in+*acc.*) ad ducem..in poenam foederis rupti ~scendum LIV.21.6.8;—(*w. dat.*) centurionem ..illa morti ~scit TAC.*Ann.*1.23.

dēpositārius ~iī, *m.* [DEPOSITVM+-ARIVS] **a** A person in whose care property is deposited. **b** a depositor.

a rem in aedem deponi et omni actione ~ium liberari ULP.*dig.*16.3.1.36. **b** ~iorum, hoc est eorum qui depositas pecunias habuerunt ULP.*dig.*16.3.7.2; 42.5.24.2.

dēpositiō ~ōnis, *f.* [DEPONO+-TIO]

1 The action of pulling down, demolition.

aedificii ~onem ULP.*dig.*4.2.9.2.

2 The action of placing money or sim. in another's keeping (for safe custody or as a pledge), deposit. **b** (concr.) a deposit (of money, etc.).

SCAEV.*dig.*36.3.18.1; nondum impleta conditione ~onis ULP.*dig.*4.3.9.3;—(*w. obj. gen.*) 26.7.5; pecuniae uel auri uel argenti ~one 46.5.7. **b** thensaurus est uetus quaedam ~o pecuniae Paul.*dig*.41.1.31.1.

3 a The action of giving up, abandonment (of position, status, etc.). **b** cessation (from an activity).

a sunt poenae, quae..contineant..dignitatis aliquam ~onem Ulp.*dig*.48.19.8. **b** sint..uocis declinationes prout ..sententiarum natura aut ~o aut inceptio aut transitus postulabit Quint.*Inst*.11.3.46.

dēpositor ~ōris, *m*. [depono+-tor]

1 One who gives up (a position).

~or tyrannidis Quint.*Decl*.267(p.88,l.17).

2 One who deposits (money, etc.).

si ~or decesserit Ulp.*dig*.16.3.1.37.

dēpositum ~ī, *n*. [next] Money or sim. placed in another's safe keeping, a deposit, trust. **b** a contract governing trust money; *~i agere, damnare*, etc., to sue for, convict of breach of trust.

in officiis ponatur ~um reddere Cic.*Fin*.3.59; quae pecuniam ~i nomine..acceperat V.Max.7.3.ext.5; ne ~um appellati abnegarent Plin.*Ep.Tra*.10.96(97).7; Juv.13.16; Ulp.*dig*.16.3.1.31; librarii ~orum, et librarii caducorum Tarr.Pat.*dig*.50.6.7(6);—(*poet., or in fig. phr.*) arua..iussit (Ceres) fallere ~um Ov.*Met*.5.480; texere..paludes ~um, Fortuna, tuum Luc.2.72; tellus..cui..~um..ingens.. commisimus Stat.*Ach*.1.385; Quint.*Inst*.10.3.33; Suet.*Otho* 3.2. **b** defensionis..genere mutato, ut in furtis, ~is, adulteriis Quint.*Inst*.7.3.1; commodatum, ~um et ceteri similes contractus Ulp.*dig*.2.14.7.1;—ego cum illo furti agam et ille mecum ~i Sen.*Ben*.6.5.5; iudiciis damnati ..tutelae, mandati, ~i Gaius *Inst*.4.182; Paul.*dig*.44.7.9.

dēpositus ~a ~um, *a*. [pple. of depono] Forms: *-postus* Lucil.105. (in senses of verb, also) Despaired of, given up.

in malis ~us animus Acc.*trag*.74; ~us bubulcus exspirans Lucil.105; maxime aegram et prope ~am rei publicae partem Cic.*Ver*.1.5; ut ~i proferret fata parentis Verg.*A*. 12.395; Ov.*Pont*.2.2.45; ferte ~is opem Sen.*Oed*.1057.

dēpostulō ~āre, *tr*. [de-+postvlo] To demand, press for.

auxilia sibi ~abant *B.Hisp*.1.5.

dēpraedor ~ārī, *tr*. [de-+praedor] To exhaust by plundering, pillage.

omnem illam ~abantur regionem Apul.*Met*.8.29; Ulp. *dig*.3.5.5.5(3); qui pecora ex pascuis..subtrahunt et quodammodo ~antur 47.14.1.1.

dēpraesentiārum, *adv*. [cf. impraesentiarvm] Here and now.

alioquin iam tibi ~ reddidissem Petr.58.3; 74.17.

dēprans ~ndis, *a*. [de-+*prans* (prandeo)] Fasting.

~andi..leoni Naev.*com*.20.

dēprāuātē, *adv*. [pple. of depravo+-e] Perversely, wrongly.

de quibus neque ~ iudicant neque corrupte Cic.*Fin*.1.71.

dēprāuātiō ~ōnis, *f*. [next+-tio] A deviation from correct appearance or behaviour, abnormality, deformity. **b** an addiction to (intellectual, moral) error, perversity; distortion (of an idea or sim.), perversion.

oris ~o Cic.*de Orat*.2.252; si peccetur distortione et ~one quadam *Fin*.5.35; pedum, manuum, articulorum omnium ~ones Sen.*Ep*.24.16. **b** quae (*sc*. ratio)..ne nostra superstitione et ~one superetur Cic.*Div*.2.136; illa ~o et foeditas turpificati animi 3.105;—~one uerbi sese urgeri queratur *Part*.127; ~o consuetudinum Cic.*Leg*.1.29.

dēprāuō ~āre ~āuī ~ātum, *tr*. [de-+pravvs+-o³]

1 To make crooked, distort, deform.

uetustas pauca non ~at Var.*L*.5.5; ~ata..crura 9.11; cum ita nati essent ut quaedam contra naturam ~ata haberent Cic.*Div*.2.96; illis (arboribus)..quas aliqua ~auit causa Sen.*Cl*.2.7.4; horrenda facies ~antium se atque intumescentium *Dial*.3.1.4; uni animalium homini ~antur (oculi) Plin.*Nat*.11.150; Larg.255.

2 To turn from a right opinion, mislead, pervert. **b** to deprive of moral rectitude, deprave, corrupt.

Cic.*Tusc*.3.2; inimicorum..a quibus..~atum Pompeium queritur Caes.*Civ*.1.7.1; senatus magna pars gratia ~ata Sal.*Jug*.15.2; qui..plebem nostram consiliis ~arent Liv. 45.23.10; filium uidet..contra suam esse sententiam ~atum Apul.*Apol*.78; (*refl*.) quamquam plerique se..erroribus ac piaculaibus ~auerint *Soc*.3. **b** illos..nimiae..rerum omnium copiae ~abant Cic.*Agr*.2.97; solent domestici ~are non numquam *Phil*.1.33; *Fin*.2.33; longa consuetudine corruptos ~atosque mores..Plin.*Pan*.53.1; paupertas.. neminem inpotentia ~auit Apul.*Apol*.18.

3 To introduce error into (ideas, etc.), distort, pervert. **b** to twist, distort (speech, etc.); *~ata imitatio*, a caricature.

nil est..quin male narrando possit ~arier Ter.*Ph*.697; Cic.*Mur*.27; si ad eam (consuetudinem) inuitant quae est ~ata Var.*L*.9.18; ita, ut ea, quae corrigere uult, mihi.. ~are uideatur *Fin*.1.17; ~ato naturae beneficio Rut.Lup. 2.6; quam diu illa (*sc*. officia) ~at spes Sen.*Ben*.4.11.5; (*w*. in+*acc*.) id bonum est suo iure: ~ari enim in malum non potest Sen.*Ep*.44.6. **b** si..uerba in hos modos ~arunt Quint.*Inst*.9.3.100; uerba..deflexa ac ~ata sunt a ratione recta Gel.15.5.1;—*Rhet.Her*.1.10; ridiculum, quod ex quadam ~ata imitatione sumi solet Cic.*de Orat*.2.242.

dēprecābundus ~a ~um, *a*. [deprecor+-bvndvs] Entreating earnestly.

~us et genibus principis accidens Tac.*Ann*.15.53.

dēprecātiō ~ōnis, *f*. [deprecor+-tio]

1 A prayer for the averting or removal (of).

extat Tucciae Vestalis incesti ~o Plin.*Nat*.28.12; parietes incendiorum ~onibus conscribuntur 28.20.

2 Invocation (in prayer or attestation).

quis..~one deorum, non conscientiae fide commouetur? Cic.*Q.Rosc*.46.

3 The act of appealing to pity or clemency, intercession, entreaty, plea. **b** (w. gen.) a plea in mitigation (of guilt, punishment, etc.). **c** (rhet.) the act of suing for pardon by expressing contrition; an argument put forward in extenuation.

neque ~o perfidiis meis nec malefactis fuga est Pl.*Capt*. 522; quae..tum mutatio (*sc*. uestis) non ~onis est causa facta, sed luctus Cic.*Sest*.27; de Catilio nescio quid ad me scripsisti ~onis diligentissimae Vat.*Fam*.5.10a.1; Liv. 40.23.8; omnis et defensio et ~o legatorum respuebatur 42.14.2; Curt.5.3.13; Sen.*Con*.exc.10.5; secundum hanc ~onem lacrimas..effudit Petr.18.1; habita pro his ~o nihil ualuit Flor.*Epit*.1.34(2.18.4); (*w. gen.*) nullus aditus erat priuato, nulla aequitatis ~o Cic.*Phil*.5.20;—(*transf.*) cum cotidiana mea recusatio..inertiae uideretur ~onem habere Hirt.*Gal*.8.pr.1; faciliorem mihi ueniam meae ~onis..fore Quint.*Inst*.1.pr.2. **b** ad eius facti ~onem Cic.*Part*.131; adferet aliquam ~onem periculi aetas illa qua tum fuit *Rab.Perd*.26; ~onem supplicii Petr.107.7; Tryph.*dig*.4.4.37. **c** ~one utemur cum fatebimur nos peccasse..et tamen ignosci nobis postulabimus *Rhet.Her*. 2.25; ~o..quae est sine ulla specie defensionis Quint.*Inst*. 5.13.5;—prima ~io defensoris *Rhet.Her*.1.18; ~o, quod est infirmum, sed non numquam utile Cic.*de Orat*.2.339; Quint.*Inst*.3.6.13.

dēprecātor ~ōris, *m*. [next+-tor] One who pleads for clemency, an intercessor. **b** (w. gen.) one who pleads for the removal (of); one who pleads on behalf (of), a champion (of).

~orem me pro illius periculo praebeo Cic.*Fam*.2.13.2; Caes.*Gal*.6.4.5; apud consulem ~or defensorque uobis adero Liv.36.35.5; paratis ~oribus, si paeniteret Tac.*Hist*. 4.69; Apul.*Apol*.103;—(*transf.*) ubique..causae (*sc*. irae) supersunt, nisi ~or animus accessit Sen.*Dial*.5.28.1; Ver. *Fro*.2.p.118(131N). **b** honoris potius..me adiutorem futurum quam miseriarum ~orem Cic.*Flac*.1; ~ores huius periculi missos *Balb*.41;—~ores salutis meae *Sest*.27; *Planc*.102; misit filium..sui ~orem *Att*.11.8.2; ut causae suae ~or adsistat Tac.*Hist*.3.31.

dēprecor ~ārī ~ātus, *tr., intr*. [de-+precor]

1 To try to avert by prayer, beg relief from, pray to be rid of; to beg (from a person) the removal of. **b** (as a form of polite refusal) to beg to be excused, decline; (also w. inf. cl.). **c** to express disapproval of, deprecate.

ego meae cum uitae parcam, letum inimico ~er Enn. *scen*.134; huius periculi ~andi gratia Var.in Gel.16.16.4; *Rhet.Her*.4.19; hoc non perfecit, ut uirgarum uim ~aretur Cic.*Ver*.5.162; iram ~ari dictatoris Liv.8.35.3; saepe precor mortem, mortem quoque ~or idem Ov.*Pont*.1.2.57; *CIL* 13.1668.1.3; cum ~areris intrantis amplexus..osculum erogasti Sen.*Con*.1.2.7; Tac.*Ann*.12.62; Suet.*Cal*.9; (*w. pers. obj.*) ~or illam assidue Catul.92.3; (*w. abl.*) lecto te ~or uno Prop.2.34.17; (*w.* ab) illam ignominiam a familia ~atus est *Phil*.11.17;—ab eo ~arer iniuriam..impetrare a me non potui Cael.*Fam*.8.12.1. **b** ~or hoc unum, quod uero nomine poena non honor est Ov.*Met*.2.98; praecipiendi munus..~ati sumus Quint.*Inst*.2.12.12; cum arcus, cum tropaea, cum statuas ~aris Plin.*Pan*.59.2; 84.6; dictaturam ..~atus est Suet.*Aug*.52;—non ~or hosti seruari Luc. 9.213; Stat.*Theb*.8.116; non ~amur..nostram scientiam ponderari Hyg.*Astr*.pr.(p.22). **c** si quis, dum ne irato seruiat, rem ipsam non ~atur Brut.*ad Brut*.1.17.2; Tac. *Ann*.2.50; si quis quid remurmurat aut ~atur Fro.*Amic*. 2.p.176(192N); uxoris..superbiam ~ans Gel.2.23.12.

2 To beg to be excused the consequences of (an action); (w. acc. and inf.) to ask for pardon (on the grounds that).

circumsistunt Caesarem ante acta ~antes Tac.*Ann*.11.6; Gel.10.19.1; maluisti culpam ~ari quam culpa uacare 11.8.4; cui errorem suum ~anti..ignoui Apul.*Apol*.74; (*cf*.) Claudi inuidiam Gracchi caritas ~abatur Cic.*Rep*.6.2; —errasse regem et Iugurthae scelere lapsum ~ati sunt Sal. *Jug*.104.4.

3 To intercede with, entreat (a person, etc., usu. in order to avert some occurrence). **b** to try to obtain (a thing) by prayer, pray for; (also w. *ab* of person or two accs.). **c** (w. *ut, ne, quin, quominus*, or subj. alone, also sts. acc. of pron.) to beg (that); (also w. acc. of person, or *ab*); (w. inf.). **d** (intr. or absol.) to make an entreaty, pray.

pro me..non propinquorum multitudo populum Romanum est ~ata Cic.*Red.Sen*.37; ea..cunctatio colonis spatium dederat ~andi senatum Liv.6.21.6; flentes..regem ~antur Curt.7.2.8; quos (*sc*. deos) bono fulmine rogare oportet, malo ~ari Sen.*Nat*.2.33; Petr.133.2; (*cf*.) uos potentis omnes herbas ~or *Prec.Herb*.1; (*pple. in pass. sense*) ~ato summo numine Apul.*Met*.11.25. **b** me..nihil umquam pro me ipso ~atum Cic.*de Orat*.2.201; non ad pacem ~andam sed ad denuntiandum bellum *Fam*.12.24. 2; paucos dies exoluendo donatiuo ~atum Tac.*Hist*.1. 41; delicti ueniam..~atur Tryph.*dig*.4.4.37.1;—multorum hic uitam est a L. Sulla ~atus Cic.*Sul*.72;—hoc superos, hoc te quoque ~or V.Fl.8.53; supplex eum medellam cruciatui ~atur Apul.*Met*.9.18. **c** nec ~aturi sumus ut crimen hoc nobis..condonetis Cic.*Mil*.6; ~or ne irascatur *Phil*.1.27; nec ~or..quin..tussim..Sestio ferat frigus Catul.44.18; Liv.3.58.8; ~or hoc unum..ne uidear fatis insidiata tuis Ov.*Ep*.9.159; nihil..se ~ari, quo minus inperata peragerent Sen.*Ben*.3.25.1; Suet.*Jul*.29.2; ~atur, periclitanti sibi ferret auxilium Apul.*Met*.9.40; nec ~or quin sic existimetis *Fl*.9; (*w. dat. of advantage*) si uoltis ~ari huic seni ne uapulet Pl.*As*.946;—neque illum se ~ari quo minus pergat ut coeperit Liv.3.9.10; 34.59.6; dispensatorem ..~ati sumus, ut seruo remitteret poenam Petr.30.9; ~atus est eum..se sepulturae traderet Hyg.*Fab*.125.11;—~abitur a uobis..ne obteri laudem imperatoriam..uelitis Cic.*Ver*. 5.2; Caesare..a militibus ~ante eis uti parcerent *B.Afr*. 85.9;—~atur..mansuetius uersari commilitonem Apul. *Met*.9.39. **d** paululum..de me ~abor Cic.*de Orat*.3.74; non..pro meo reditu ut pro P. Popili..filii..atque adfines ~ati sunt *Red.Pop*.6; Liv.42.46.4; nunc ~or, hospes, me.. dimitte V.Fl.7.454; istud..~anti concedas necesse est mihi Apul.*Met*.8.10.

4 a To beg mercy for (a person), intercede for; (also absol.). **b** to seek pardon for oneself, beg mercy; to beg exemption.

a hic te..unius..assiduae lacrimae..~antur Cic.*Fam*. 4.7.6;—(*w.* ab) si quid deliquero, nullae sunt imagines quae me a uobis ~entur *Agr*.2.100; ciuem a ciuibus..iure ac misericordia ~arer, ne ignotis testibus..supplicem uestrum dederetis *Flac*.24; *Planc*.102;—qui in iudicium uenerant.. te ~ante damnabantur *Dom*.49; *Tusc*.5.56; ut te..etsi non fuerit qui ~etur, placabilem praestes Plin.*Ep*.9.24; Suet. *Aug*.65.3; (*w. dat. of advantage*) te..nil moror mihi ~ari Pl.*Epid*.687. **b** arma deponat, roget, ~etur Cic.*Phil*. 5.3; *Amic*.37; quod Germanorum consuetudo haec sit.. resistere neque ~ari Caes.*Gal*.4.7.3; ut ~ari magis..quam defendi uideretur Plin.*Ep*.5.13(14).3; (*pple. as sb.*) personas ..irascentium ~antium, mitium asperorum Quint.*Inst*. 10.1.71;—Sal.*Hist*.2.47.9; merui nec ~or Verg.*A*.12.931; 'uiue' deus 'posito' siquis mihi dicat 'amore', ~er Ov.*Am*. 2.9.26.

5 To invoke, call down (on a person).

diras deuotiones in eum ~ata Apul.*Met*.9.23.

dēpr(eh)endō ~dere ~dī ~sum, *tr*. [de-+prehendo] The contr. form is usual for the sake of metre in verse; it is also found freq. in prose, esp. of later authors, but the MSS. are not dependable. See also Quint. *Inst*.9.4.59.

1 To come suddenly upon and seize, pounce on, catch. **b** to intercept, seize; to catch (animals, etc.). **c** to catch up with, overtake; (also transf.).

egon ad illam eam quae nupta sit? uir eius me ~dat Pl. *Mil*.1276; hominem P. Quincti ~dis in publico, conaris abducere Cic.*Quinct*.61; qui..tabellarios meos ~derit litterasque interceperit Cas.*Fam*.12.12.1; [Tib.]3.12.11; fer opem, ~dimur Ov.*Met*.5.618; Tac.*Hist*.1.81; Flor.*Epit*. 1.28(2.12.7); (*poet*.) abies (*i.e. the shaft*)..animam sub pectore magno ~dit Stat.*Theb*.9.554;—(*w.* pro) miles..pro speculatore ~sus deducitur..ad praefectum Liv.37.11.1; signo dato pro adulteris ~duntur Apul.*Apol*.75;—(*transf.*) blanditiis animum furtim ~dere nunc sit Ov.*Ars* 1.619. **b** onerarias nauis quas ubique possunt ~dunt atque in portum deducunt Caes.*Civ*.1.36.2; tibi, Tantale, nullae ~duntur aquae Ov.*Met*.4.459;—dabit..uolucrem ~dere caelo cuspide Man.5.296; nec ~di potuit (polypus) nisi canum sagacitate Plin.*Nat*.9.92; Sil.16.565; parua.. animalia, quae..campo ~duntur Quint.*Inst*.12.2.14; Hyg. *Astr*.2.23. **c** ipse..narratur..emissum cursu ~dere telum Stat.*Theb*.6.568;—puer ~de parentem, stemmate materno felix, uirtute paterna *Silv*.4.4.74.

2 To meet suddenly or unexpectedly, come upon, surprise. **b** (w. pred. adj., pple., etc., or phr.) to find, catch (in certain circumstances). **c** to catch in the act, catch red-handed.

ipse sacerdos..dominum..timet ~dere luci Luc.3.425; iidem (*sc*. dracones) obuii ~si Plin.*Nat*.8.33; hic uelox Hecate uelit et ~sa lauari Stat.*Silv*.1.5.56. **b** quendam ~sum tesserulas coicientem in loculum Var.*R*.3.5.18; nisi eum mulieres exornatum ita ~dissent Cic.*Har*.44; cum ~dere posset (Iuno) sub Ioue..suo nymphas..iacentes Ov.*Met*.3.362; Plin.*Ep*.5.14(15).7; haec eam..curantem Ceres alma ~dit Apul.*Met*.6.2;—in facinore manifesto ~sus Cic.*Brut*.241; sine duce..~sis hostibus Caes.*Gal*. 7.52.2; Plin.*Ep.Tra*.10.56(64).3; in ipsis rebus Veneris ~sum occidi Ulp.*dig*.48.5.24(23). **c** qui, cum uenenum ..dare uellet, manifesto ~sus sit Cic.*Clu*.125; Hor.*S*.1.2. 134; fatentes pro ~sis habe Liv.40.9.15; quo magis, o iuuenes, ~dere parcite uestras Ov.*Ars* 2.557; Tac.*Ann*. 3.53; Plin.*Ep*.3.12.3; reum coram ~sum Apul.*Met*.3.3; (*refl*.) ~das te oportet, antequam emendes Sen.*Ep*.28.9.

3 To come upon (a thing), find, light on.

~sum aliquid quod ablatum ereptumue uideatur Cic. *Part*.114; cuius in manibus uenenum ~derat *Clu*.49; nisi gladiis ~sis, cetera uana existimaturi Liv.1.51.7; glaebas inter ~dere gazam Man.5.525; Juv.6.640; ~sis in lecto eius ..serpentis exuuiis Suet.*Nero* 6.4; Apul.*Met*.2.15;—(*w. pred*.) non..expositas mensa ~dat amator pyxidas Ov.*Ars* 3.209; *Met*.1.296.

4 To discover the presence of, detect, recognize (persons, objects). **b** to detect, discover (facts, activities, conditions, etc.). **c** (of activities, conditions) to be the means of detecting, indicate, reveal.

(*persons*) ~sus Vlixis ingenio..ille Ov.*Met*.13.304; alii (phrenetici)..speciem sanitatis..praebent, sed exitu ~duntur Cels.3.18.3; Sen.*Ben*.3.10.1; qua maxime ~ditur carens arte orator Quint.*Inst*.8.3.52; (*cf*.) torquet..adsidua obseruatio sui et ~di aliter ac solet metuit Sen.*Dial*.9.17.1; (*w. pred*.) si me stultior ipso..~deris Hor.*S*.2.7.43;—(*things*) quod nec in dando nec datum ullo signo ~di posset (*sc.* uenenum) LIV.42.17.7; CURT.3.6.9; incudibus hi (*sc.* adamantes) ~duntur ita respuentes ictus, ut ferrum.. dissultet PLIN.*Nat.*37.57; possit qui rumpere terras et Styga transmisso..~dere uisu V.FL.1.464. **b** cuius ego facinora oculis prius quam opinione ~di CIC.*Cael.*14; ars ..adfert ~sa pudorem OV.*Ars* 2.313; ~dunt..in ea (*sc. statue of Phryne*) amorem artificis PLIN.*Nat.*34.70; STAT. *Theb.*8.103; QUINT.*Inst.*1.5.18; ut..hominum erga se mentes ~deret SUET.*Cal.*60;—(*w. pred. adj., etc.*) cum in dicendo alia utilia, alia inutilia ~derent QUINT.*Inst.*3.2.3; consilium..meum..puerile ~do FRO.*Aur.*1.p.62(41N); in quibus (*sc.* tabulis) omnia..prouisa in posterum ~dis APUL.*Apol.*91;—(*w. indir. sp.*) quotiens haec ora natare fletibus..admota ~do manu? STAT.*Theb.*2.339; QUINT. *Inst.*1.6.7; in libris Ciceronis ~dere licet, non geometriae.. ..scientiam ei defuisse TAC.*Dial.*30.4; Circeis nata forent an Lucrinum ad saxum..ostrea callebat..~dere JUV.4.142; —(*impers. pass.*) CIC.*Orat.*219; ~sum est..quam segnis.. strideret harundinis aer LUC.9.826; minui..liquorem.. congelatione ~ditur PLIN.*Nat.*31.33. **c** hi..campi ~dere paucitatem, quam..montes absconderant CURT.4.14.14; nauigantium haec (*i.e. aspects of the stars*) maxime cursus ~dunt PLIN.*Nat.*2.179; 30.33; quorum inscitiam..res ipsa ~det QUINT.*Inst.*3.6.1; (*w. pers. obj.*) haec ordinatio..~dit ignauos COL.1.9.8; (*w. indir. qu.*) an satis recoctum sit (aes) splendore ~dente PLIN.*Nat.*33.65.

5 (of events, conditions, etc.) To take by surprise, overtake, catch. **b** (pass.) to be caught unawares, caught napping.

~dit fortuna temeritatem LIV.22.29.1; hic illic, ubi mors ~derat, exhalantes OV.*Met.*7.581; uerba ~dit quies SEN. *Her.O.*533; STAT.*Silv.*2.2.128; QUINT.*Inst.*6.2.36; nuntio adfectati a Vespasiano imperii ~sus TAC.*Ag.*7.3;—(*w. pred.*) marcentis oscitantisque fata ~dunt (*sc.* quosdam) SEN. *Dial.*10.2.2; reducta libertas rudes nos et imperitos ~dit PLIN.*Ep.*8.14.3;—(*of times, seasons, weather, etc.*) insperata ~sum luce (*sc.* Cacum) VERG.*A.*8.247; pelagus..tanta ui semper inmissum ut..terrestria ~dat animalia MELA 3.1; saeua nos hiems ~dit COL.2.20.5; unda ~dit quascumque rates LUC.5.439. **b** tum se ~sum negare non potuisse CIC.*Ver.*4.29; numquam non utilius erat illi ~di quam praeparari SEN.*Con.*3.pr.6; QUINT.*Inst.*10.7.29; (*of abst. quality*) tunc haesitabat ~sa felicitas CURT.5.3.22.

dēprehensiō ~ōnis, *f.* [prec.+-TIO] The act of coming upon and catching, detection.

etsi absoluta sit post ~onem (*sc.* in adulterio) ULP.*dig.* 23.2.43.12; ~one fieri manifestum furem 47.2.7.1; (*w. obj. gen.*) manifesta ueneni ~one CIC.*Clu.*50.

dēprensa ~ae, *f.* [app. pple. of DEPREHENDO] (See quot.)

~a dicitur genus militaris animaduersionis, castigatione maior, ignominia minor PAUL.*Fest.*p.71M.

dēpressē, *adv. compar.* ~ius. [DEPRESSVS+-E] Deep down, deeply.

quo ~ius..specus foderint SEN.*Dial.*12.9.2; causa..~ius pastinandi COL.4.1.5.

dēpressiō ~ōnis, *f.* [DEPRIMO+-TIO] The action of sinking down or lowering.

fundamentorum ad solidum ~o VITR.1.3.2; pars..~one coacta..occultatur 9.1.4.

dēpressus ~a ~um, *a. compar.* ~ior, *superl.* ~issimus. [pple. of DEPRIMO]

1 Situated deep down or at a low elevation, low-lying; (of buildings,) low; (of heavenly bodies, etc.) having a low elevation. **b** reaching or sloping downwards.

saxa per et scopulos et ~as conuallis VERG.*G.*3.276; quaecumque ~a sunt, minus uentis uerberantur SEN.*Nat.* 4b.8; LUC.8.821; COL.1.5.9; ~ae..incola Pisae STAT.*Theb.* 4.238; qui (*sc.* ductus), quom sit ~ior, non facile manationes ostendit FRON.*Aq.*65; (*w. abl. of respect*) libra..instabilis natat alterno ~ior orbe [TIB.]3.7.44; (*w. part. gen.*) modo in elatiora, modo in ~iora cliui COL.2.4.10;—aedes..multo ~ior opere eo, quod nunc..surgit PLIN.*Ep.Tra.*10.49(58).1; —SEN.*Nat.*1.3.11. **b** loca ardua et cliua ~a CATO *orat.* 155; haud procul a Ditis..~a cauernis..humus LUC.6.642; ~ior..aqua ac per hoc rapidior ULP.*dig.*43.13.1.3;—(*of an action*); ~ior arbustiuae uitis satio COL.4.1.8.

2 (fig.) Lacking moral elevation, base, mean; lacking elevation of style, pedestrian.

quo..altius te subleuasti, hoc ~ior es SEN.*Ben.*2.13.1; *Dial.*3.21.4;—*Ep.*100.8; excelsa ~is, exilia plenis, seueris iucunda mutabat (*sc. the speaker*) PLIN.*Ep.*5.17.2.

3 (of sounds) Low-pitched, subdued.

quam sedatissuma et ~issuma uoce *Rhet.Her.*3.24; cum tuba ~o grauiter sub murmure mugit LUCR.4.545.

dēpretiō ~āre ~āuī ~ātum, *tr.* [DE-+PRETIVM+-O[3]] To lower the value of, depreciate.

quod ceteri (serui) qui supersunt ~ati sunt GAIUS *Inst.* 3.212; PAUL.*dig.*9.2.22.1.

dēprimō ~imere ~essī ~essum, *tr.* [DE-+PREMO]

1 To cause to move down by physical action, press or force down. **b** to sink (ships or sim.).

di in sedem infernam..~essum..clausere specis ACC. *trag.*62; CATO *Agr.*51; altero ad frontem sublato, altero ad mentum ~esso supercilio CIC.*Pis.*14; ~esso..aratro VERG.*G.*1.45; remedium est, neque opinantem in piscinam..proicere, et..interdum ~imere CELS.5.27.2.C; ~ime horrentis comas SEN.*Tro.*884; humo pingui..cuspidis ictu ~imitur..beta COL.10.254; Phoebe..serena..cantu (*i.e. of witches*) ~essa LUC.6.505; PLIN.*Nat.*10.23; FLORENTE AETATE ~ESSERE VENEFICAE..ABREPTAM..IN..DITIS SPECVS *CIL* 3.2197.3; 6.19747.3; (*transf.*) non tu ciuium amplexus ad pedes tuos ~imis PLIN.*Pan.*24.2;—(*w. nonpersonal subj.*) non quit uis incita uenti rumpere..nubem, sed ~imit LUCR.6.432. **b** alteram (classem) naufragio, alteram a Poenis ~essam CIC.*Div.*2.20; partem nauium ~imunt, non nullas..capiunt CAES.*Civ.*1.58.4; TAC.*Hist.* 4.79; (*of waves, etc.*) ne ~imeret fluctus uentusue carinam OV.*Met.*14.185;—(*in fig. phr.*) multorum improbitate ~essa ueritas emergit CIC.*Clu.*183; SEN.*Dial.*5.3.2.

2 To force or weigh down (with a superimposed mass). **b** to outweigh (in the scales). **c** (pass.) to be drawn down (by force of gravity or sim.), sink.

(*of persons*) loca quae sereni ~imes caeli? SEN.*Her.O.*1570; dum Caesar tumidas iratus ~imit aras PETR.123,l.209;—(*of things*) nauem..abduxerunt onere suo plane captam atque ~essam CIC.*Ver.*5.63; lancem in libram ponderibus impositis ~imi *Luc.*38; (terra) non est oneri neque ~imit auras LUCR.5.539; LUC.5.629;—(*w. pers. obj.*) *Rhet.Her.* 4.62; sarcinae pondere ~essus APUL.*Met.*4.4; (*ellipt.*) haec quae porto ~imunt PL.*Mer.*675; (*cf.*) aram..medium Lapitharum iecit in agmen ~essitque duos OV.*Met.*12.262. **b** terram..ea lanx et maria ~imet CIC.*Fin.*5.92; *Tusc.*5.51. **c** neque tam fuerunt grauia ut ~essa sederent LUCR.5.474; non natabit (*sc.* aurum), sed ad imum per se ~imetur VITR. 7.8.3; PHAED.1.20.3; SEN.*Suas.*1.9; ille (*sc.* Alpheus).. subter maria terrasque ~essus MELA 2.117.

3 To lower the level or elevation of, sink, depress. **b** to sink (a hole or sim.), dig; to carry (construction) downwards.

totum (*i.e. the whole quarry*) est e saxo in mirandam altitudinem ~esso CIC.*Ver.*5.68; SAL.*Cat.*55.3; PLIN.*Nat.*33.129; (te) ~essum uel adleuaturum riuum POMPON.*dig.*8.4.11; uoluisse se aream..~imere, ut pluribus gradibus in aedem conscenderetur GEL.2.10.2; qui tollit aedificium uel ~imit ULP.*dig.*8.2.17.2; CLIVOM MEDIVM FREGI ET ~ESSI IMPENSA MEA *CIL* 14.4012; (*in fig. phr.*) ut altissimae ciuium dignitates collatione fastigii tui quasi ~imantur PLIN.*Pan.*61.2. **b** fossam duplicem pedum denum quinum..~imi HIRT. *Gal.*8.9.3; ~imendus est puteus in eo loco VITR.8.1.6; ex omnibus metallis, quae..~imimus SEN.*Dial.*5.33.4; in altitudinem dodrantis..~essis sulcis COL.4.33.2; TAC.*Ann.* 15.42;—fundamentum muri ~imendum est infra alueum fossae VITR.1.5.6; totam quae fuerat..fossam altiore fossura ~esserunt 10.16.11.

4 To bring down in position, fortune, etc., discomfit, humble; to reduce (to a status, occupation, etc.). **b** to reduce in value, degree, etc.; to lower in estimation, depreciate. **c** to repress, check (actions, feelings). **d** (refl. of a speaker) to descend to a less elevated style.

nos..suas paelices esse aiunt, eunt ~essum PL.*Cist.*37; ita se quisque extollit ut ~imat alium LIV.3.65.11; MAN. 2.562; uiuidos animos non..contundis ac ~imis PLIN.*Pan.* 44.6;—(*w. abst. subj.*) maligna insontem ~imit suspicio PHAED.3.10.36; uide te nulla res ~imat SEN.*Ep.*10.3;—cum ~essus in ludum bis gratis depugnasset POL.*Fam.* 10.32.3; captiuus in seruitutem..~essus SEN.*Dial.*5.29.1. **b** cum..ius ac libertatem aliorum ~imerent LIV.34.48.2; (*w. abst. subj.*) comparatio illam (*sc.* magnitudinem) aut tollit aut ~imit SEN.*Ep.*43.2;—*Rhet.Her.*2.45; aduersariorum causam per contemptionem ~imemus CIC.*Inv.*1.22; (*w. abst. subj.*) quid elocutio attollat aut ~imat QUINT. *Inst.*8.3.90. **c** precis eius taciturna sua obstinatione ~essit NEP.*Att.*22.2; mulier..ruborem..~imens APUL. *Met.*10.2. **d** modo nimis se attollit, modo nimis se ~imit SEN.*Con.*7.pr.5.

5 To lower the pitch of (a sound); to lessen the brightness of (a colour).

quam (*sc.* uocem) ueto te per gradus..extollere, deinde ~imere SEN.*Ep.*15.7; MAUR.1345;—(color) aurum coruscans in lenem mellis ~imitur umbram APUL.*Met.*2.9.

dēproelior ~ārī, *intr.* [DE-+PROELIOR] To fight fiercely, battle.

uentos aequore feruido ~antis HOR.*Carm.*1.9.11.

dēprōmō ~ere ~psī ~ptum, *tr.* [DE-+PROMO] FORMS: ~*tus* (pple.) APUL.*Met.*8.13.

1 To bring out, fetch, produce (usu. from a container, store, or sim.). **b** to fetch out (non-material things from a store or source).

~e inde auri..quod sat est PL.*Trin.*803; pecuniam ex aerario ~ptam CIC.*Man.*37; ueni in eius uillam ut eos (*sc.* libros) ipse..~erem *Fin.*3.7; ~e quadrimum Sabina..merum diota HOR.*Carm.*1.9.7; gramina..loculis ~it OV. *Fast.*6.749; V.FL.7.450; ~ptae siluis lucisque ferarum imagines TAC.*Hist.*4.22; ~it..de pharetra sagittam APUL. *Met.*5.23; (*facet., w. pers. obj.*) inde..quasi e promptaria cella ~ar ad flagrum PL.*Am.*156;—(*w. dat. of advantage*) isse ..seruis ~ptum cibum *Trin.*944; ut..facile inde nobis..~ptu foret GEL.2. **b** quod..iuris utilitas..uel a peritis uel de libris ~i potest CIC.*de Orat.*1.252; me ex intima nostra arte ~pturum mirificum genus commendationis *Fam.*13.6.3.

2 To bring out, utter (thoughts, information, etc.).

condo et compono quae mox ~ere possim HOR.*Ep.*1.1.12; tempestiue ~pta..uerba GEL.1.2; tu nulla uoce ~pta..praeterito APUL.*Met.*6.18; (*w. indir. qu.*) illa ~e nobis unde adferas, quae..tractas CIC.*de Orat.*2.127.

dēproperō ~āre, *tr.*, (*intr.*). [DE-+PROPERO] To make haste to complete; (w. inf.) to make haste to finish (doing something).

quis..~are apio coronas curat? HOR.*Carm.*2.7.24; cohors miserabile humandi ~at munus SIL.2.265; (*absol.*) propere cito intro ite et cito ~ate PL.*Cas.*745;—~ant sedulo sacruficare *Poen.*321.

depsō ~ere ~uī ~tum, *tr.* [Gk. δέψω] To work up into a paste, knead; to soften (leather) by rubbing, squeezing, etc., in one's hands.

luto ~to stirpem oblinito CATO *Agr.*40.4; tracta, ubi ~ueris, panno..circumtergeto 76.2; 90;—(coria) recentia quae ~ta sient 35.3;—(*app. of sexual intercourse*) tibi fortasse alius molit et ~it VAR.*Men.*331; (*cf.*) iam..non obscena uerba pro obscenis sunt. '"batuit," inquit, impudenter, "~it" multo impudentius' CIC.*Fam.*9.22.4.

depstīcius ~a ~um, *a.* [prec.+-ICIVS[2]] Made by kneading.

panem ~um sic facito CATO *Agr.*74.

dēpūbem (acc.) *a.* [DE-+PVBES[2]] (See quot.)

~em porcum lactantem, qui prohibitus sit pubes fieri PAUL.*Fest.*p.71M.

dēpudescō ~escere ~uī, *intr.* [as next+-SCO] To put off all shame.

priusquam..infamia..spectaculi ~escerem APUL.*Met.* 10.29; (*poet.*) ~uit profugusque pudor sua signa relinquit OV.*Ep.*4.155.

dēpudet ~ēre, *tr. impers.* [DE-+PVDEO] CONST.: w. inf. To make utterly ashamed.

cum eum non ~eret..mare infestare piraticis sceleribus VELL.2.73.3.

dēpudīcō ~āre ~āuī ~ātum, *tr.* [DE-+PVDICVS+-O[3]] (See quot.)

Laberius in mimis..dicit..'~auit' pro 'stuprauit' GEL. 16.7.2.

dēpūgis ~is ~e, *a.* [DE-+PYGA+-IS] Having meagre buttocks.

~is, nasuta, breui latere ac pede longo est HOR.*S.*1.2.93.

dēpugnātiō ~ōnis, *f.* [next+-TIO] A method of fighting a battle.

una ~o est fronte longo, quadrato exercitu CATO *Mil.* 10(J).

dēpugnō ~āre ~āuī ~ātum, *intr.*, (*tr.*). [DE-+PVGNO]

1 To fight an issue out (either in war or in a private quarrel), do battle, fight. **b** to battle (against conditions, influences). **c** (transf., of forces of nature, etc.).

si quis extra ordinem ~atum iuit CATO *hist.*82; ~abunt pro te ipsi et morientur LUCIL.655; non erit cur ~are quisquam..possessionis causa uelit CIC.*Caec.*47; ferro inter se ~ant atque..Iuba Petreium..consumpsit *B.Afr.*94.1; HOR.*Ep.*2.1.184; PHAED.5.2.7; uiri..sagittis..~ant MELA 1.114; cum Graecia apud Salamina ~auit PLIN.*Nat.*2.90; 7.209; GEL.9.13.5; (*of animals*) ui ~are sues stolidi soliti sunt ENN.*Ann.*105;—(*w.* cum, aduersus) ter ~auit Caesar cum ciuibus CIC.*Phil.*2.75; qui pro uestris commodis aduersus tam crudeles..aduersarios ~ant LIV.4.49.14; ~ante cum his (*sc.* feris) homine circa caducos fructus PLIN.*Nat.*17.1; cum in animo haberet..~are aduersus Teutonos FRON. *Str.*2.4.6;—(*impers. pass.*) Rhodienses noluisse nos ita ~are, uti ~atum est CATO *orat.*163; cum Hannibali..exsulanti ~ari placeret CIC.*Div.*2.52; LIV.7.26.8;—(*w. internal acc.*) ~ato proelio PL.*Men.*989; CATO *hist.*91;—(*in fig. phr.*) necessumst uorsis gladiis ~arier PL.*Cas.*344; non mea magnanimo ~at tessera telo MART.13.1.5. **b** (*w.* cum, contra, *dat.*) quicumuis ~o multo facilius quam cum fame PL.*St.*627; ne..~auisse contra ueritatem puteris *Rhet.Her.*2.45; quinam ille..~et morti iuuenis SIL.10.474; (*w. indir. qu.*) cum animo..~at suo, utrum itane esse mauelit PL.*Trin.*305. **c** nec..ipse (*sc.* fluuius) ~at, quamquam creber..incrementis est PLIN.*Nat.*3.55; [QUINT.] *Decl.*14.10.

2 To fight in the arena (as a gladiator, or with beasts).

QVEI..~ANDEI CAVSSA AVCTORATVS EST *CIL* 1.593.113; myrmillo in Asia ~auit CIC.*Phil.*7.17; POL.*Fam.*10.32.3; *Leg.pub.*(*Font.iur.*p.111)20; QVIBVS MVNERIBVS ~AVERVNT HOMINVM..DECEM MILLIA AUG.*Anc.*4.32; SUET.*Cal* 14.2; (*w.* cum) ut ferro aut cum bestiis ~arent GAIUS *Inst* 1.13; —(*in fig. phr.*) unum..par quod ~et relicum est. uoluptas cum honestate CIC.*Luc.*140.

3 (w. acc.) To fight against and kill.

ut ~aret feram quae regioni nocet, extra harenam ULP. *dig.*3.1.1.6.

dēpuiō: see DEPVVIO.

dēpulsiō ~ōnis, *f.* [DEPELLO+-TIO]

1 The action of thrusting downwards.

~one luminum (*i.e. of the rays striking a mirror*), quae conuertens inferiora reddit quae sunt superiora CIC.*Tim.*49.

2 The action of averting or repelling (troubles, etc.). **b** the rebuttal of a charge, rejoinder.

quae causa iustior est..quam seruitutis ~o? CIC.*Phil.* 8.12; *Luc.*51; non ~one mali sed adeptione boni *Fin.*2. 41; portentorum ~ones V.MAX.1.1.1. **b** (quaestio) constat..ex intentione et ~one QUINT.*Inst.*3.6.7; 8.pr.9; (*w. definition in dir. speech*) ~o est: 'oportuit' CIC.*Inv.* 2.73;—(*w. obj. gen.*) ex ~one intentionis 1.10; ~o criminis *Top.*93.

dēpulsō ~āre, *tr.* [DEPELLO+-TO] To push or thrust away.

curre ut lubet, caue quemquam flocci feceris, cubitis ~a de uia PL.*St.*286.

dēpulsor ~ōris, *m.* [DEPELLO+-TOR] One who repels or averts, an averter; (esp. of Jupiter as averter of evil).

~or..dominatus quam particeps esse maluit CIC.*Phil.* 2.27;—*CIL* 3.895; IOVI ~ORI GENIO LOCI 8.2621.

dēpulsōrius ~a ~um, *a.* [prec.+-IVS] That averts evil; (neut. pl. as sb.) spells to avert evil.

IOVI ~O SERVANDVS *CIL* 12.1288; MERCVRIO ~O *A.Epig.* 00.202;—alia sunt uerba inpetritis, alia ~is PLIN.*Nat.*28.11.

dēpungō ~ere, *tr.* [DE-+PVNGO] To indicate by pricking (in accounts).
(*w. indir. qu.*) ~e (*v.l.* depinge) ubi sistam PERS.6.79.

dēpurgō ~āre ~āuī ~ātum, *tr.* [DE-+PVRGO]
1 To remove dirt, offal, etc., from, clean; (w. *ab*) to rid (things of).
piscis ~ate quos piscator attulit PL.*St.*359; prata..~ato herbasque malas..effodito CATO *Agr.*50.1; caules lactucae..~atos eatenus qua tenera folia uidebuntur COL.12.9.1;—terram..~ato ab herba graminibusque CATO *Agr.*151.2.
2 To clean away (impurities, etc.).
siqua acina corrupta erunt, ~ato CATO *Agr.*112.2; conueniet aperire aluos, et ~are quidquid immundi est COL. 9.14.13; (*absol.*) quae (*sc.* aqua) potionibus depurgat VITR. 8.3.5.

dēputō ~āre ~āuī ~ātum, *tr.* [DE-+PVTO]
1 To complete the pruning of (trees, etc.), prune, cut back. **b** to cut away (a shoot), prune off.
ubi uineam ~aueris, aceruum lignorum..facito CATO *Agr.* 50.2; ille (palmes)..in eam longitudinem ~atur COL.5.5. 17; PLIN.*Nat.*12.117; robustas (palmas) ~ant crassitudinis gratia 13.37; (*poet.*) falx nimias..~at umbras *Nux* 63;—(*w.* ad) ad unam aut duas gemmas ~ati (malleoli) COL.4.14.1; uidet..uicinum..fraxinos ad summum prope uerticem ~antem GEL.19.12.7. **b** autumno falce ~ari superiorem partem (*i.e. of the vine*) COL.4.6.5; nihil seritur ex his (*sc.* uitibus) nisi..~atum in sarmenta PLIN.*Nat.* 17.156.
2 (w. pred.) To regard, define (as); to assign (to a group), classify.
si hoc utibile magis atque in rem ~as PL.*Trin.*748; malo ..me dignum quouis ~em si id faciam TER.*Hau.*135; *Ph.*251; meam erus esse operam ~at parui preti *Hec.*799; ne quem tu esse hebetem ~es aeque ac pecus ACC.*praet.*32; —QVI ~ABATVR INTER BESTITORES *CIL* 6.8987.5; (*cf. perh.*) de finitionibus terminorum hactenus ~ato artis mensoriae ordine meminimus AGEN.*agrim.*p.25.
3 To assign or post away, second; *centurio ~atus* (app.) a centurion seconded from his legion for service in Rome or sim.
si qui (*sc. seruants*) sunt in uillis ~ati ULP.*dig.*33.9.3.6; —*CIL* 6.3557.5; 6.32415.11.

dēpu(u)iō ~īre ~iī, *tr.* [DE-+PAVIO] FORMS: *~ere* (inf.) PAUL.*Fest.*p.70M. To beat thoroughly.
~it me miserum ad necem NAEV.*com.*134; palmis misellam ~iit (*v.l.* ~it) me LUCIL.1245.

dēque: see SVSQVE DEQVE.

dēqueror ~rī ~stus, *tr.* [DE-+QVEROR] To bewail, complain of.
secum ~sta labores V.FL.5.448; Notos ~stus et imbris STAT.*Theb.*1.404; (*w. internal acc.*) talia ~stus 11.627.

dērādō ~dere ~sī ~(s)sum, *tr.* [DE-+RADO]
1 To scrape off or away. **b** to shave off (hair).
scalpro id (*sc.* atramentum) ~dendum CELS.8.4.6; seriolae ueterem..~dere limum PERS.4.29; ~sam nauibus..picem PLIN.*Nat.*16.56; ~sa est ungue ministri brattea MART. 8.33.5; (*w.* de) de uirga lauri ~dito CATO *Agr.*121; (*w.* ex) e radice oleae..cortex ~sus PLIN.*Nat.*23.72; squamae (testudinis) e summa parte ~sae 32.34; (*transf.*) nomen.. quasi ex hominum memoria, sic ex carmine suo ~sisse GEL. 6(7).20.1. **b** cum eius comas..~serit APUL.*Met.*5.30; (*w.* ex) capillum ex capite omni..~dit GEL.17.9.22.
2 To scrape away the surface of, graze. **b** to shave (the head, etc.).
surculos..falce..~dito COL.5.11.4; cunctis (*sc.* insulis) margo ~sus PLIN.*Ep.*8.20.5; GEL.17.9.7; (*neut. of pple. as sb.*) ~sso..detritoque imponendum est emplastrum CELS. 5.26.35.B. **b** omnia ~ssa..si capillis conteguntur CELS. 7.6.3; adusque ~so capite APUL.*Met.*2.28; (*pass., w. retained acc.*) hi (*sc.* uiri) capillum ~si 11.10.

Dercetis ~is, *f.* Also **~ō** ~ūs. A Syrian goddess, mother of Semiramis.
~i (*voc.*) OV.*Met.*4.45; HYG.*Fab.*223.6;—Atargatis, Graecis..~o dicta PLIN.*Nat.*5.81.

dērect-: see DIRECT-.

dērelictiō ~ōnis, *f.* [DERELINQVO+-TIO] Neglect, disregard.
communis utilitatis ~o contra naturam est CIC.*Off.*3.30.

dērelictus[1] ~a ~um, *a.* [pple. of DERELINQVO]
1 (of places, sites, etc.) Abandoned, derelict.
commodius est in ~a quam in celebri regione *Rhet.Her.* 3.31; in inculto et ~o solo CIC.*Brut.*16; *Ver.*3.193; ~a humus COL.2.1.3.
2 (neut. as sb., leg.) that of which one has given up *possessio*; esp. *pro ~o habere*, to consider as being abandoned.
quod ex naufragio expulsum est..non est in ~o, sed in deperdito JAVOL.*dig.*41.2.21.1;—si res pro ~o habita sit, statim nostra esse desinit ULP.*dig.*41.7.1; PAUL.*dig.*14.2. 2.8;—(*transf.*) haec oppida atque oram maritimam..pro ~o habere CIC.*Att.*8.1.1; (*cf.*) quasi pro ~a sim, abiturus es PL.*Truc.*867.

dērelictus[2] ~ūs, *m.* [next+-TVS[3]] Neglect.
si..quis arborem suam..habuerat ~ui GEL.4.12.1.

dērelinquō ~inquere ~īquī ~ictum, *tr.* [DE-+RELINQVO]
1 To leave behind, abandon, neglect, discard. **b** to desert, abandon (a person). **c** to abandon, leave derelict (land, buildings). **d** to abandon (an action).
supinum animum in graui ~inquere caeno CATUL.17.25; (mulus) ~ictus senecta PLIN.*Nat.*8.175; 18.135; si..aedes deciderunt neque dominus rudera uelit egerere eaque ~inquat ULP.*dig.*39.2.7.2;—(*w. abst. obj.*) bonorum sensum ..qui..est nunc ab iis, a quibus tuendus fuerat, ~ictus CIC.*Fam.*1.9.17; obscuritas..earum (*sc.* commentationum) tamquam parum utilis ~icta est GEL.19.14.3. **b** Gracchum..a Q. Tuberone aequalibusque amicis ~ictum uidebamus CIC.*Amic.*37; eam..a quodam honestissimo iuuene.. post satietatem ~ictam APUL.*Apol.*76;—(*transf.*) o ~ictos homines ab humanitate *Rhet.Her.*4.12; ex perditis atque ab omni non modo fortuna uerum etiam spe ~ictis CIC.*Catil.* 1.25. **c** VAR.*Men.*254; ut permulti..homines..arationes ~inquerent CIC.*Ver.*3.120; (fines) uastandos ac populandos feris ~inquunt COL.1.3.12; mirum in his solis metallis, quod ~icta fertilius reuiuescunt PLIN.*Nat.*34.164; pertinet ad decus urbium aedificia non ~inqui ULP.*dig.*39.1.20.10; (*cf.*) apes domicilium ~inquunt COL.9.13.12. **d** incubatione ~icta PLIN.*Nat.*10.166; (medicus) qui..~iquit curationem GAIUS *dig.*9.2.8.
2 To leave behind (after death); to bequeath (to).
quem Masinissa, quod ortus ex concubina erat, priuatum ~iquerat SAL.*Jug.*5.7; exemplum..falsae artis, quam ~iquit Nero PLIN.*Nat.*30.15;—si libertus..alteri extraneo semissem ~iquit JAVOL.*dig.*38.2.34.
3 To give up a claim to or possession of; (w. dat.) to abandon (to).
licet usum fructum ~inquere paratus sit POMPON.*dig.* 7.1.65; GAIUS *dig.*29.2.57; si quis..iniuriam ~iquerit ULP. *dig.*47.10.11.1;—tibi paenuria coactum ~inquere 13.7.25.

dērepente, *adv.* [DE-+REPENTE] Suddenly.
~..morbus incidit PL.*Men.*874; corripuit ~ tacitus sese ad filiam TER.*Hec.*518; CATO *orat.*164; VAR.*Men.*466; cum inter cetera prodigia Mausoleum ~ patuisset SUET.*Ves.*23.4; GEL.10.12.3; APUL.*Apol.*74.

dērēpō ~ere ~sī, *intr.*, (*tr.*). [DE-+REPO] To crawl or creep down.
uides..deos..~ere ad hominum fana VAR.*Men.*115; furtim ~ere lecto TIB.1.2.19; (feles) ~it ad cubile..suis PHAED.2.4.12; ibi cum singuli ~sissent APUL.*Met.*4.7; 9.40; (*w. acc.*) arborem auersi ~unt (ursi) PLIN.*Nat.*8.131.

dērīdeō ~dēre ~sī ~sum, *tr.* [DE-+RIDEO] To deride, laugh at, make fun of. **b** to be able to laugh, i.e. to escape, get off scot-free.
neque..te ~sum ueniō neque ~deo PL.*Aul.*223; me albis dentibus..~deret filius *Epid.*430; TER.*Eu.*860; illa.. ~denda adrogantia est CIC.*de Orat.*1.174; totam hominis uitam..~deamus licet *Fam.*13.1.4; scis quam se semper a nobis ~sum putet CAS.*Fam.*15.19.4; HOR.*S.*2.3.53; PHAED. 3.18.4; et hoc minimum specie quadam longioris spatii natura ~sit SEN.*Ep.*49.3; satius est rideri quam ~deri PETR.61.4; TAC.*Dial.*32.3;—(*absol. or ellipt.*) ~des merito. mihi nunc ego suscenseo TER.*Hau.*915; ~deas licet SEN. *Ben.*7.3.3;—(*gdve. as sb.*) qui..more insanorum ~denda loquantur ULP.*dig.*21.1.4.1. **b** uenies sub dentem: aut ego non me noui, aut non ~debis PETR.58.6; nec tamen ~sit, etiam si fugit (lupus) 62.11.

dērīdiculum ~ī, *n.* [next] A ridiculous thing or quality, absurdity.
ignauia animi et ~o corporis..despiciendus TAC.*Ann.* 12.49; ut..per facetias ostentaret facere eos ~um GEL. 17.1.11;—(*w.* pro *or as pred. dat.*) is ~ost quaqua incedit omnibus PL.*Mil.*92; qui sibi me pro ~o..putat TER.*Hau.* 952; ~o fuit senex TAC.*Ann.*3.57; non intellegens se ~o haberi APUL.*Fl.*3;—(*w.* per, causa, gratia) quid tu me ~i gratia sic salutas..? PL.*Am.*682; *Ps.*1058; per ~um auditur TAC.*Ann.*6.2; quae scripserat dissimulamenti causa et ~i APUL.*Apol.*87.

dērīdiculus ~a ~um, *a.* [DE-+RIDICVLVS] Utterly laughable or ridiculous, absurd, ludicrous.
ut duo uilicos..habeat, quod est ~um VAR.*R.*1.18.5; ~i habitus PLIN.*Nat.*35.114; facie ~a GEL.11.13.10; ~os uersus 12.2.3;—(*w. noun cl.*) VAR.*L.*9.43; conubia ad Veneris ..esse animas praesto ~um esse uidetur LUCR.3.777.

(dērigescō ~escere) ~uī, *intr.* [DE-+RIGESCO] N.B.: freq. *dir-* in MSS. To become stiff or rigid (usu. through fear or sim.).
gelidus formidine sanguis ~uit VERG.*A.*3.260; iuueni.. ~uere oculi 7.447; ~uere comae OV.*Ep.*5.122; questa est ~uisse pedes *Met.*2.348;—(*of persons*) exterrita monstris ~uit uisu in medio VERG.*A.*3.308; immobilis ~uisti SEN. *Con.*exc.7.7; ~uere metu LUC.1.246; STAT.*Theb.*9.36;—(*transf.*) ~uit animus SEN.*Con.*7.1.17; STAT.*Theb.*5.396.

dērigō: see DIR-.

dēripiō ~ipere ~ipui ~eptum, *tr.* [DE-+RAPIO]
1 To tear or pull off (from a body or other thing to which it is adhering). **b** (transf.) to remove peremptorily.
musto tinge..~eptis crura coturnis VERG.*G.*2.8; qualem (colorem)..~epto cortice cedrus habet OV.*Am.*1.14.12; *Ib.*549; ~eptis foliis PLIN.*Nat.*19.122; (*hyperb.*) Strymonio dextram..~ipit ense VERG.*A.*10.414;—(*w. abl.*) litore funem ~ipere 3.267; uertice serta ~ipit STAT.*Theb.* 3.567. **b** falsarum opinionum temeritate ~epta CIC. *Fin.*1.43; ~eptis equis publicis V.MAX.2.9.8;—(*w. dat.*) ei misero, absenti..omnia uitae ornamenta..~ipi CIC. *Quinct.*64; ut sperauerit..Phalari uaesanae mentis feritatem a se ~ipi posse V.MAX.3.3.ext.2;—(*w.* de) quantum de mea auctoritate ~ipuisset CIC.*Sul.*2; hos uos de prouinciis.. ~ipiendos non putaretis? *Prov.*13.
2 To seize and take away, snatch away, grab.
o facinus..erum meum..~ipier in uia PL.*Men.*1005; illa (*sc.* flumina)..~epta in praeceps *Aetna* 125; PLIN.*Nat.*12.61; —(*w. dat.*) ~ipiamus aurum matronis PL.*Aul.*748; quod pertineat ad usum..alteri ~ipere ius non est CIC.*Off.*3.42; TAC.*Ann.*2.45;—(*w. abl.*) uagina..~ipit ensem VERG.*A.* 10.475; ~ipere horreo..amphoram HOR.*Carm.*3.2.7;—(*w.* de) (ancillas) meas..de ara capillo iam ~ipiam PL.*Rud.*784; quasi membranae summo de corpore rerum ~eptae LUCR. 4.36; TIB.1.2.82;—(*w.* ab) nos..ab signo..ui ~ipuit sua PL.*Rud.*673;—(*transf.*) ~eptam hostibus uictoriam V.MAX. 3.2.ext.4.
3 To pull down bodily, tear down.
leae..nec opinantis a tergo ~ipiebant LUCR.5.1320; simul Vitellii imagines ~eptae TAC.*Hist.*3.13;—(*w. abl.*) uoce Thessala lunam..caelo ~ipit HOR.*Epod.*5.46; 17.78; (*in fig. phr.*) Alexandrum iracundia sua propemodum caelo ~ipuit V.MAX.9.3.ext.1;—(*w.* de) me capillo..de curru ~ipit PL.*Men.*870;—(*w.* ab) ~eptum..ab equo..complectitur hostem VERG.*A.*11.743;—(*w.* ex) ~epto ex equo..consuli caput abstulit LIV.23.45.8; (*in fig. phr.*) e caelo ~ipit ille deos TIB.1.10.60.

dērīsor ~ōris, *m.* [DERIDEO+-TOR] A mocker, derider.
semper eris ~or HOR.*S.*2.6.54; *Ars* 433; PLIN.*Nat.*11.275; SUET.*Cal.*38.2; (*attrib.*) ~or potius quam deridendus senex PHAED.3.14.4;—(*w. gen.*) (Socrates) ~or omnium, maxime potentium SEN.*Ben.*5.6.6; *Ep.*27.7; plangentis populi currit ~or Anubis JUV.6.534;—(*applied to a parasite or sim.*) scio apsurde dictum hoc ~ores dicere PL.*Capt.*71; imi ~or lecti HOR.*Ep.*1.18.11;—(*of an actor in mimes*) spectas ~oremque Latinum MART.1.4.5;—(*as a proper name*) *CIL* 6.10104; (*of a horse*) 8.26656.

dērīsōrius ~a ~um, *a.* [prec.+-IVS] Characterized by mockery, derisory.
magis ~um est quam utile legatum ULP.*dig.*30.71; MARCIAN.*dig.*28.7.14.

dērīsus[1] ~a ~um, *a. superl.* ~issimus. [pple. of DERIDEO] Absurd, laughable.
scaena quem senem Latina uidit ~issimum VAR.*Men.*51.

dērīsus[2] ~ūs, *m.* [DERIDEO+-TVS[3]] Mockery, scorn, derision.
V.MAX.1.5.ext.1; ignotos fallit, notis est ~ui PHAED. 1.11.2; (ira) ~um non effugit SEN.*Dial.*4.11.1; a ~u non procul abest risus QUINT.*Inst.*6.3.7; 8.6.59; ~ui fuisse.. falsum e Germania triumphum TAC.*Ag.*39.2; SUET.*Tib.* 70.3;—(*w. gen.*) lenis caloris alieni ~us QUINT.*Inst.*6.2.15.

dērīuātiō ~ōnis, *f.* [DERIVO+-TIO]
1 The action of leading off streams, etc., diversion; (concr.) a branch (pipe).
~ones fluminum CIC.*Off.*2.14; quae sollemnis ~o esset LIV.5.15.12; FRON.*Str.*3.pr.; ULP.*dig.*43.13.1.1;—Iulia.. reuocatis ~onibus per quas subripiebatur, modum suum.. seruauit FRON.*Aq.*9.
2 Divergence of sense.
utendum proxima ~one uerborum, ut pro temerario fortem, pro prodigo liberalem..uocemus QUINT.*Inst.*3.7.25.
3 Derivation (of words).
PLIN.in SERV.*Aen.*9.703; VEL.gram.in *G.L.*7.60; magistratus per ~onem a magistris cognominantur PAUL.*dig.*50. 16.57.

dērīuātīuum ~ī, *n.* [next+-IVVS] A word formed from another word, derivative.
debes..adquiescere regulis, sed in ~is sequere auctoritatem PLIN.in *G.L.*5.144.

dērīuō ~āre ~āuī ~ātum, *tr.* [DE-+RIVVS+-O[3]] N.B.: *dir-* freq. in MSS.
1 To draw or lead off (rivers, water, or other liquids, etc.), divert. **b** (fig. or transf.) to derive, draw (from a source); (also app.) to divert, pass on (to others).
qui illam (*sc.* Tiberim) ~et beauerit agrum Setinum TITIN. *com.*120; palus..sulcis ~anda est COL.2.16.5; qua (Euphrates) ~atur oppidum fuit Agranis PLIN.*Nat.*6.120;—(*w. preps.*) de fluuio..aquam ~at sibi PL.*Truc.*563; aqua ex flumine ~ata CAES.*Gal.*7.72.3; in quem (*sc.* lacum) montes ..quicquid fudit pluuia, ~ant SEN.*Nat.*3.3; ut..umorem.. extra segetes ~emus COL.2.8.3;—(*in the body*) uti..omne reliquum in alteram stomachi fistulam ~aret (ἐπιγλωττίς) GEL.17.11.6; ut eum (*sc.* cibatum) ex eo loco per omnes artus natura..~ari faciat APUL.*Pl.*1.16. **b** hoc fonte ~ata clades in patriam..fluxit HOR.*Carm.*3.6.19; QUINT.*Inst.*2.17.40; a Solone..maternus ~atus est sanguis APUL.*Pl.*1.1;—liberti quaestuis causa ~ant suas res pueris VAR.in Non.p.483M.
2 To turn aside, divert (activities, attention, etc.).
~andi criminis causa CIC.*Mil.*29; ~are..animum curaque leuare LUCR.2.365;—(*w.* in+*acc.*) uti..in me omnem iram ~em senis TER.*Ph.*323; *Rhet.Her.*2.43; partem (*sc.* curae).. in Asiam..~are CIC.*Phil.*11.22; *Att.*2.16.1; (culpa) ~atur in rem QUINT.*Inst.*7.4.14;—(*w. advs.*) alio responsionem suam ~auit CIC.*Ver.*1.139; cum..nihil in suam domum inde ~et *Tusc.*5.72.
3 (gram.) To form (derivatives).
~ata (nomina), ut a 'uelocitate'..'uelox', et composita QUINT.*Inst.*1.6.38; nostri..in ~ando paulum..ausi 8.3.31; 8.3.36.

dērōdō ~dere ~sum, *tr.* [DE-+RODO] To gnaw or nibble away.
clipeos..a muribus esse ~sos CIC.*Div.*1.99; a minimis (cocleis) ~osa uicia PLIN.*Nat.*11.164; 12.74; 17.241.

dērogātiō ~ōnis, *f.* [DEROGO+-TIO] (leg.) A partial abrogation of a law.
cum duae leges inter se discrepent uidendum est..num quae obrogatio aut ~o sit *Rhet.Her.*2.15.

dērogātōrius ~a ~um, *a.* [next+-TORIVS] Modifying.
edictum de custodiendo partu ~um est eius, quod.. comparatum est JULIAN.*dig.*25.4.2.

dērogō ~āre ~āuī ~ātum, *tr., intr.* [DE-+ROGO]

1 (w. internal acc.) To make or propose (modifications to a law or sim.). **b** (w. dat.) to remove or set aside the force of (a law, definition, etc., in a particular case).
si quid in hac rogatione scriptum est quod..abrogare ~are obrogare..non liceat *rogatio* in CIC.*Att.*3.23.3;—(*w. dat.*) nihil uolo ~are legibus SEN.*Ep.*86.2; (*impers. pass.*) cui legi obrogatum aut ~atum sit *Rhet.Her.*2.15;—(*w.* de) de lege aliquid ~ari CIC.*Inv.*2.134;—(*w.* ex) neque ~ari aliquid ex hac (lege) licet *Rep.*3.33; (*cf.*) ex lege fatorum aliquid ~are SEN.*Nat.*1.pr.3. **b** lex Aquilia omnibus legibus, quae ante se de damno..locutae sunt, ~auit ULP. *dig.*9.2.1; priuatorum conuentio iuri publico non ~at 50.17.45; PAUL.*dig.*32.99.5.

2 To take away, subtract; (w. dat. only) to detract (from).
fides huius..ne perfidia Sex. Naeui ~etur CIC.*Quinct.*75; certam ~at uetustas fidem LIV.7.6.6; TAC.*Ann.*13.27;—(*w. dat.*) quorum..rebus gestis fidem et auctoritatem.. suspicio ~auit CIC.*Font.*23; qui famam ~at aeuo LUC.9.359; PLIN.*Nat.*7.104; QUINT.*Inst.*9.3.102; nihil uniuersorum iuri ~andum TAC.*Ann.*13.27;—(*w.* de) de dignitate..populi.. aliquid ~are CIC.*Inv.*2.53; (*impers. pass.*) de..testium fide ~atur *Caec.*3;—adfirmationi tuae ~are PLIN.*Pan.*91.4.

derrō: see DEERRO.

dēruncinō ~āre ~āuī ~ātum, *tr.* [DE-+RVNCINO] To plane off; (in quots., fig.) to cheat, swindle.
tum..ego ~atus deartuatus sum miser huius scelesti techinis PL.*Capt.*641; ut lepide ~auit militem! *Mil.*1142.

dēruncio. [perh. corruption of prec.] (See quot.)
~unt depurgant PAUL.*Fest.*p.69M.

dēruō ~ere ~ī ~tum, *tr., intr.* [DE-+RVO]

1 To cause to fall or collapse.
PONTES ~TOS..RESTITVIT *A.Epig.*95.56; (*fig.*) de laudibus Dolabellae ~am cumulum CIC.*Att.*16.11.2.

2 To fall down or off.
aures pertracto: ~unt APUL.*Met.*2.30; siquo casu..prolapsus ~issem 7.18.

dēruptus ~a ~um, *a. compar.* ~ior. [DE-+RVMPO] Steep, precipitous.
rupis ~aque saxa LUCR.6.539; praecipites ~aeque utrimque angustiae LIV.21.33.7; in altiorem ~ioremque undique tumulum 38.2.13; TAC.*Ann.*2.80; GEL.7(6).2.11; (*neut. pl. as sb.*) multi..in ~a praecipitati LIV.38.2.14; per ~a et auia TAC.*Ann.*4.45.

dēs, *m.* [DVO+AS] Old form of BES.
VAR.*L.*5.172.

dēsacrificō ~āre, *tr.* [DE-+SACRIFICO] To dedicate as a victim.
HVNC EGO APVT VOSTRVM NVMEN DEMANDO DEVOVEO ~O *CIL* 11.1823.

dēsacrō (dēsec-) ~āre ~āuī ~ātum, *tr.* [DE-+SACRO] To consecrate, dedicate; to dedicate, assign (to a purpose or function).
quercus erat, Triuiae quam ~auerat ipsa STAT.*Theb.*9.586; —chamaeleonem, peculiari uolumine dignum existimatum Democrito ac per singula membra ~atum PLIN.*Nat.*28.112.

dēsaeuiō ~īre ~(i)ī ~ītum, *intr.* [DE-+SAEVIO] To work off or vent one's rage.
sic toto Aeneas ~it in aequore uictor VERG.*A.*10.569; nec indocto et rustico more ~iat (uox) SEN.*Ep.*15.8; patere unum diem noctemque ~iant (iuuenci) COL.6.2.4; STAT.*Theb.*9.785; cum affatim ~isset SUET.*Nero* 29.1; (*w.* in+*acc.*) omnis..~it in artus (maga) LUC.6.540; (*w. abl.*) cetera plebeio ~it sanguine uirtus STAT.*Theb.*12.738; (*transf.*) tragica ~it et ampullatur in arte HOR.*Ep.*1.3.14;—(*of storms*) dum pelago ~it hiems VERG.*A.*4.52; (*cf.*) quaestio.. in illa potius uilitate ~iat [QUINT.]*Decl.*18.12;—(*of emotions*) an cedere ei (*sc.* irae) debeamus, dum tempestas prima ~it SEN.*Dial.*5.1.1; LUC.5.303.

dēsaltō ~āre ~āuī ~ātum, *tr.* [DE-+SALTO] To dance through, perform with dancing.
~ato cantico abiit SUET.*Cal.*54.2.

descendō ~dere ~dī ~sum, *intr.* [DE-+SCANDO] FORMS: *disc- CIL* 14.4500; pf. *~didi*, etc., VAL.ANT.*hist.*62, LABER.*com.*20 (cf. GEL.6.9.18); *-scidi CIL* 3.7756, 6.205, 14.4503, 4509; *-scindi* 6.2066.

1 To move from a higher to a lower position, come or go down, descend. **b** to dismount (from horseback, a vehicle, etc.), get down, alight. **c** (fig.) to step down (from a position of eminence), resign.
quom ~dat inde PL.*As.*777; Cominius, qua ascenderat, ~dit QUAD.*hist.*4; cum..Vettius..~disset..de rostris CIC. *Vat.*26; Iuppiter..laeto ~det plurimus imbri VERG.*Ecl.*7.60; ~de caelo..Calliope HOR.*Carm.*3.4.1; cum in solium ~deret VITR.9.pr.10; os specus, per quod..sciscitatum deos ~dunt LIV.45.27.8; SEN.*Con.*9.4.4; STAT.*Theb.*1.225; Astures..ingenti agmine a montibus niueis ~derant FLOR. *Epit.*2.33(4.12.54); APUL.*Soc.*7; (*w. dat.*) ~disse Erebo SIL. 13.759; (*w. acc., s.v.l., transf.*) altum soporem ~derat APUL. *Met.*5.21;—(*impers. pass.*) omnia procliuia sunt, facile ~ditur SEN.*Apoc.*13.3; tamquam e litore ~datur in aquam COL.8.15.3;—(*w. internal acc.*) rectum ~dere funem JUV. 14.266; (*pass.*) porticus..~duntur nonagenis gradibus PLIN.*Nat.*36.88;—(*fig.*) aetas nostra non ~dit, sed cadit SEN.*Ep.*83.4. **b** asta ut ~dam PL.*As.*710; ~dit de cantherio CATO *orat.*124; ~dere equo SAL.*Hist.*5.20; LIV. 9.16.16; ~dit e curru SUET.*Tib.*20; (*impers. pass.*) ad pedes ~sum ab Romanis est LIV.9.22.10. **c** ~dit licet e dictatura SEN.*Cl.*1.12.2; fortunam exuere et laetum ~dere regno STAT.*Theb.*2.396; (*cf.*) timeo..ne Caesar..altius se ascendisse putet..quam inde..sit ~surus BRUT.*ad Brut.* 1.4a.2(4).

2 (of inanim. things, also of animate creatures being moved involuntarily) To come or go down. **b** (of rivers, etc.) to flow down; (of men, ships) to travel downstream. **c** to pass down (through the bowels). **d** (of heavenly bodies) to set, go down.
si parum ~det (talea) CATO *Agr.*45.2; (uua) debet ~dere (*i.e. be picked*) de uite VAR.*R.*1.54.1; uidebis..~dere montibus ornos VERG.*A.*4.491; PROP.2.28.37; patefit foramen, per quod postea..umor ~dit CELS.7.7.4.C; ~dit classis in aequor (*i.e. is launched*) SIL.15.15; ~dunt statuae restemque secuntur JUV.10.58; arida cum tota ~dat aranea tela 14.61; (*cf.*) Virginis in propriam ~dunt ilia sortem MAN. 2.461. **b** uelut ad Maeotium lacum ab ore ~dens (mare) PLIN.*Nat.*6.38; V.FL.8.219; (*w. dat.*) ponto..negant (amnes) ~dere mixti STAT.*Theb.*8.465;—tranquillo tuta ~dis flumine cumba PROP.2.4.19; Argo nauis flumine in mare Hadriaticum ~dit PLIN.*Nat.*3.128. **c** si quod ~dit est perliquidum CELS.2.4.9; 2.7.4; si cibus non ~dat PLIN. *Nat.*23.51. **d** Pleas..caelo ~dit in undas VERG.*G.*4.234; simul e medio praeceps ~derit (Phoebus) orbe MAN.3.370; SEN.*Ep.*88.26; (*w. internal obj. as subj. of pass.*) ab exortu uespertino latitudo ~ditur PLIN.*Nat.*2.71.

3 (of an army, etc.) To descend (to lower or open ground) for battle. **b** to make a hostile descent (on a town, country, etc.). **c** to enter as competitor (in sport, etc.).
ex superioribus locis in planitiem ~dere CAES.*Civ.*3.98.1; ut in aequum locum ~derent legionumque periculum facerent *B.Afr.*79.1; ~sum in campum omnibus copiis est LIV.10.27.7; V.MAX.7.4.ext.2; in ancipites metuit ~dere Martis..euentus LUC.5.67; TAC.*Hist.*3.63; *CIL* 14.4503; (*cf.*) tandem..scis, saeue, fidem et ~dis in aequum? STAT. *Theb.*11.393. **b** postquam Xerxes in Graeciam ~dit NEP.*Ar.*1.5; coniunctis copiis in Thessaliam ~derunt LIV. 36.13.2; Pelopis ~dere tantas audimus gentis STAT.*Theb.* 7.248. **c** qui in id certamen (*sc.* ludorum gymnicorum) ~dant CIC.*Tusc.*2.62; Simonides..in eorum (*sc.* carminum) certamen ~disse ipse gloriatur V.MAX.8.7.ext.13; ~disti ad Olympia SEN.*Dial.*1.4.2; ULP.*dig.*3.2.2.5; (*cf.*) ut..in certamen maritimarum uirium secum ~dere nequiret V. MAX.9.2.ext.8.

4 To go down (to a place of business or other activity). **b** *in causam* (*partes*) *~dere*, to take sides in a dispute or cause.
QVI AD SVBFRAGIA ~DVNT *CIL* 1.2388; funere locato ad forum ~didit VAL.ANT.*hist.*62; in forum ~dens CIC.*de Orat.*2.267; alter tibi ~dit de Palatio et aedibus suis *S.Rosc.* 133; quod non ~deret tribunus LIV.2.54.8; in centumuirale iudicium..~dit V.MAX.9.15.4; SEN.*Cl.*1.8.2; (*poet., of a book*) fuge quo ~dere gestis HOR.*Ep.*1.20.5;—(*of a candidate for office*) ut..hic generosior ~dat in campum petitor *Carm.*3.1.11; V.MAX.7.5.11. **b** consensus populi Romani, qui iam ~dit in causam CIC.*Phil.*8.4; *Att.*8.1.3; LIV.36.7.6; aperte ~disse in causam uidebatur TAC.*Hist.*3.3;—praefectum..praetorii in partis ~disse *Ann.*15.50.

5 To extend downwards; to hang or be lengthened downwards. **b** (topog.) to slope or run down.
per media foramina a cerebro medulla ~dente PLIN.*Nat.* 11.178; aesculus quantum corpore eminet, tantum radice ~dit 16.127; 18.331; (*cf.*) ~dunt et in plana cornus, corylus, quercus 16.74;—mirabar quo modo mammae mihi ⟨sic⟩ ~diderant LABER.*com.*20; uua si cum inflammatione ~dit CELS.7.12.3.A; nec..sinus uestis..infra genua ~dit CURT. 6.5.27; ~dentes ab aure capillos PETR.18.4; STAT.*Theb.* 10.644. **b** qua mons ~dit in aequom OV.*Fast.*3.835; ~dunt rupes et se patiuntur adiri PETR.122,l.145; PLIN. *Nat.*2.136; V.FL.1.538; inde caeduae siluae cum ipso monte ~dunt PLIN.*Ep.*5.6.8.

6 To extend or move inwards, penetrate. **b** to penetrate, sink (into the mind, etc.).
lentus..carinas est uapor et toto ~dit corpore pestis (*i.e. fire*) VERG.*A.*5.683; ferrum haud alte in corpus ~disse LIV.1.41.5; altius..~dit (ulcus) CELS.5.28.13; argentum, in quod solidi auri caelatura ~derit SEN.*Ep.*5.3;—(*in fig. phrs.*) ~dit uulnus ad ossa meum OV.*Ep.*15.278; SEN.*Dial.* 12.3.1. **b** uerbum in pectus Iugurthae altius..~dit SAL.*Jug.*11.7; si quid..scripseris, in Maeci ~dat iudicis auris HOR.*Ars* 387; curam in animos patrum ~suram LIV. 3.52.2; altius praecepta ~dunt, quae teneris imprimuntur aetatibus SEN.*Dial.*12.18.8; PLIN.*Nat.*9.94; (*cf.*) ut nemo in sese temptat ~dere PERS.4.23.

7 To lower oneself, stoop, sink; (of things) to become less high, sink.
(taurus) incipit..fesso uictus ~dere cornu V.FL.7.592; (iuuenci) quis nondum uomere multo ardua nodosos ceruix ~dit in armos STAT.*Theb.*1.134;—non quia montis altitudo ~dit SEN.*Ep.*79.2; non magis ablatis umquam ~derit aequor..aquis LUC.5.338.

8 a To stoop, descend, demean oneself (to). **b** to resort or have recourse to (stronger or more remote measures); (also) to sink or relapse (into).
a ad male dicendum non soleo ~dere CIC.*Tul.*5; ad innocentium supplicia ~dunt CAES.*Gal.*6.16.5; VERG.*A.*5.782; SEN.*Ep.*88.42; ad intellectum audientis ~dere QUINT.*Inst.* 1.2.27; ~das oportet ad meas curas PLIN.*Ep.Tra.*10.31 (40).1;—(*impers. pass.*) an eo ~sum credebant ut.. TAC. *Ann.*14.7; 15.1. **b** CIC.*Ver.*3.3; ne tanta..ciuitas..ad uim atque arma ~deret CAES.*Gal.*7.33.1; frontis ad urbanae ~di praemia HOR.*Ep.*1.9.11; grammatici..in hanc ~dent rerum tenuitatem QUINT.*Inst.*1.4.7; PAPIN.*dig.*19.5.1;—(*impers. pass.*) LIV.45.15.5; remedium, ad quod nouissime ~dendum est SEN.*Dial.*5.1.2; actionem famosam..ad quam tunc demum ~dendum est MARCEL.*dig.*4.1.7;—ut.. in silentium usque ~dant nimia bene dicendi cupiditate QUINT.*Inst.*10.3.12.

9 (of sound, speakers) To become lower in pitch, descend, drop.
est..quiddam in remissione grauissimum quoque tamquam sonorum gradibus ~ditur CIC.*de Orat.*3.227; deinde gradatim ~dunt (syllabae) NIGID.*gram.*9; non illam (*sc.* uocem)..ab imo ad summum perducere, non rursus..~dere SEN.*Con.*1.pr.16.

10 a To decrease (in quantity, force, etc.), be reduced. **b** to decline (in the scale of colour). **c** to decline in quality.
a ut ad CXX (modios) ~dat (hostus) VAR.*R.*1.24.3; ~dunt noctes a sidere brumae tolluntur que dies MAN.3.478; facile deficit adfectus qui ~dit QUINT.*Inst.*6.1.29. **b** alius ex hoc ordo purpureis (gemmis) dabitur aut quae ab iis ~dunt PLIN.*Nat.*37.121; alterum earum (*sc.* amethystorum) genus ~dit ad hyacinthos 37.122; 37.123; 37.125. **c** tantumque ab eo (*sc.* Seneca) defluebant (adulescentes) quantum ille ab antiquis ~derat QUINT.*Inst.*10.1.126.

11 a To come down (in time). **b** to come down (in other scales).
a necesse est humanae uitae a summa memoria gradatim ~disse (homines et pecudes) ad hanc aetatem VAR.*R.*2.1.3; a uita pastorali ad agriculturam ~derunt 2.1.5; (*in narration*) talibus ut dictis nostros ~dit (lingua) in annos OV. *Fast.*1.537. **b** peruagata est..belli fortuna omnem ordinem, usque in infimae plebis supplicia ~dit SEN.*Con.* 10.3.5; usque ad infimam plebem ~dente annona PLIN. *Nat.*19.53.

12 To descend (from), be a descendant (of); to trace descent. **b** (of hereditary rights, obligations, or possessions) to descend, come down.
ego nesciam, unde ~derim? SEN.*Ep.*65.20; feminae ex uirili sexu ~dentes ULP.*dig.*37.10.1.2; nepotes et neptes et deinceps ~dentes 38.4.3.6; (*cf.*) qui..Sagittari ~dunt sidere nati MAN.2.569;—si ~dere ad ipsum ordine perpetuo quaeris OV.*Met.*11.754. **b** ut ad tertiam stirpem possessio eius (*sc.* regni) ~derit LIV.33.21.5; GAIUS *dig.* 26.1.16; ~dentem a defuncto stipulationem PAUL.*dig.*46. 5.2.2.

13 To be derived (from), arise (out of).
ratio..a Platone ~dens PLIN.*Nat.*22.111; amplior est semper infinita, inde enim finita ~dit QUINT.*Inst.*3.5.8; nihil interest, ex iustis nuptiis cognatio ~dat an uero non SCAEV.*dig.*23.2.54; nosse oportet, unde nomen iuris ~dat ULP.*dig.*1.1.1; actio ex lege duodecim tabularum ~dit 9.1.1; PAUL.*dig.*17.2.8.

14 To proceed, pass on to (in speech or writing).
nec..infra ita ~derunt ut ad infimos peruenirent LIV. 1.43.11; a communibus..ad quaedam propria ~dunt CELS. 1.pr.71; sic ~dit in narrationem SEN.*Con.*1.8.1;—(*impers. pass.*) non ante ad consequens uerbum ~ditur, quam ad superius escensum est *Rhet.Her.*4.34; QUINT.*Inst.*7.3.2.

descensiō ~ōnis, *f.* [prec.+-TIO]

1 The action of going down, descent; sailing down.
~one (*cj.*) balinearum PLIN.*Nat.*20.178;—Tiberina ~o CIC.*Fin.*5.70.

2 A (sunken) bath.
in hac (*sc.* cella caldaria) tres ~ones PLIN.*Ep.*5.6.26.

descensus ~ūs, *m.* [DESCENDO+-TVS[3]] The action or means of going from a higher to a lower point, descent; walking downhill. **b** descent from a position, getting down.
erat..oppidanis difficilis et praeruptus eo ~us HIRT.*Gal.* 8.40.4; SAL.*Cat.*57.3; facilis ~us Auerno VERG.*A.*6.126; PROP.4.8.5; ~us ripae..in alueum trecentorum ferme passuum erat LIV.44.35.17; ipso ~u Iouis speluncae PLIN. *Nat.*16.110;—siquidem melius ascensus..et ~us cum quadam uarietate corpus moueat CELS.1.2.6. **b** mas an femina sit concepta, significat ~u taurus, cum init VAR.*R.* 2.5.13.

descindō ~ere, *tr.* [DE-+SCINDO] To cut or slit down.
usque ad ossa frons media uratur auresque ferro ~antur COL.6.7.4.

desciscō ~iscere ~īuī *or* ~(i)ī ~ītum, *intr.* [DE-+SCISCO]

1 To defect (from one's allegiance), revolt, desert.
propugnatores..rei publicae..si leuiores sunt, ~iscunt CIC.*Sest.*101; defecerat Samus, ~ierat Hellespontus NEP. *Timoth.*3.1; LIV.1.27.4; lassata triumphis ~iuit Fortuna tuis LUC.2.728; TAC.*Hist.*2.77;—(*w. ab*) si a me..~ieris CIC.*Sul.*35; ciuitates ab Afranio ~iscunt CAES.*Civ.*1.60.5;

Liv.28.27.4; a Nerone ~iuerant Tac.*Hist.*1.8; (*transf.*) saepe officium est sapientis ~iscere a uita, cum sit beatissimus Cic.*Fin.*3.61;—(*w.* ad) gens ad hostes ~iuerat Liv. 9.45.6; ciuitas, quae ad Ciuilem ~iuerat Fron.*Str.*4.3.14; ad regem ab urbibus nostris..~itum est Flor.*Epit.*1.39 (3.5.6); Gel.3.8.1;—(*w.* in+*acc.*, *transf.*) illis (*sc.* soli et lunae)..~iscere in contrarium non licet Sen.*Ben.*6.23.2.

2 To abandon one's adherence (to a standard, principle, model, etc.), turn away or revolt (from).
(*w.* ab) quod a me ipse non ~iuerim Cic.*Att.*2.4.2; ~iscunt (Stoici) a natura *Fin.*4.43; nullius..periculi terroribus ab officio aut ab humanitate ~iscam Mat.*Fam.* 11.28.4; Lucr.1.103; a disciplina ~iscit (exercitus) Vell. 2.81.1; non ~iscere me a praeceptis Stoicorum Sen.*Dial.* 8.2.1; ne ~iscamus ab optimo uate Col.11.2.2; si Cicero a Demosthene paulum..~iuit Quint.*Inst.*9.4.146; ~iuit ab obsequio mariti Apul.*Met.*10.23; (*impers. pass.*) praecipiti cursu a uirtute ~itum Vell.2.1.1;—(*absol.*) eam causam Zenoni ~iscendi fuisse Cic.*Fin.*4.19;—(*w. non-personal subj.*) hoc (uitium) a sanitate ~iscit Sen.*Dial.*5.1.5.

3 (of persons, attainments, etc.) To fall away (from a quality or state). **b** (of things) to degenerate.
(*w.* ab) P. Scipionem a maioribus suis ~iscentem Sen. *Suas.*7.8; quis..ignorat..eloquentiam..~iuisse ab illa uetere gloria? Tac.*Dial.*28.2; adeo ~iueramus a consuetudine parentum Plin.*Ep.*3.20.4;—(*w.* ex) ex tanta orationis magnitudine ~iscere Sen.*Dial.*11.11.6;—(*w.* ad) qui ab excitata fortuna ad inclinatam et prope iacentem ~iscerem Cic.*Fam.*2.16.1; Suet.*Dom.*10.1;—(*w.* in+*acc.*) in monstrum..ut mente ita amictu..cultuque ~iuerat Flor. *Epit.*2.21(4.11.3). **b** gracili aruo non ~iscit (uitis) Col. 3.2.13; naturali..malignitate ~iscere interdum..probata semina 3.10.18;—(*w.* in+*acc.*) ~iscit (solum) in pratum Plin.*Nat.*18.146.

dēscobīnō ~āre ~āuī ~ātum, *tr.* [de-+scobina+-o³] To scrape off as with a rasp, file off; to graze, scrape.
si aduersarius supercilia mihi caestis ~arit Var.*Men.*89; —(cruribus) ~atis in silua cursare 296.

dēscrībō ~bere ~psī ~ptum, *tr.* [de-+scribo] N.B.: there is much confusion in codd. and edd. with discribo. Senses considered more appropriate to the prefix *de-* are treated here.

1 To represent by drawing, draw, mark out. **b** to describe (geometrical figures or sim.); to trace out (on the ground or other surface). **c** to mark (with a pictorial representation).
non potuit pictor rectius ~bere eiius formam Pl.*As.*402; ~psit radio totum qui gentibus orbem Verg.*Ecl.*3.41; ut omnis uotiua pateat ueluti ~pta tabella uita senis Hor.*S.* 2.1.33; ~bere tabulas mensuris ac lineis Quint.*Inst.*10.2.6. **b** quae in geometria ~buntur Cic.*Div.*2.10; de uolutarum descriptionibus..quemadmodum ~bantur Vitr.3.5.8; 6. pr.1; (Archimeden) intentum formis quas in puluere ~pserat Liv.25.31.9; (*absol.*) ex his..signis circino decusatim ~bendum Vitr.1.6.7;—in columna..horae ~buntur 9.8.6; moenia..~bet aratro Man.4.556; (*cf.*) solarium uel ~ptum uel ex aqua Cic.*N.D.*2.87. **c** illam (*sc.* sphaeram) astris.. esse ~ptam Cic.*Rep.*1.22.

2 To record in writing, write down.
populi Romani gesta ~bere Cato *hist.*1; quem ad modum esset ei ratio totius belli ~pta Cic.*Catil.*2.13; *Div.*1.23; (pecunia) publicis ~pta litteris Vell.2.37.5; originem cuiusque et uitam et stipendia ~psit Tac.*Ann.*1.81; (*pple. as sb.*) recitari..factorum dictorumque eius ~pta per dies iussit 6.24;—(*w.* in+*abl.*) in uiridi..quae cortice fagi carmina ~psi Verg.*Ecl.*5.14; *A.*3.445;—(*w. indir. qu.*) HS sescenta milia, quae ne falso quidem potuit quibus data essent ~bere Cic.*Ver.*1.36.

3 To transcribe, copy out.
testamenta quemadmodum aperiantur inspiciantur et ~bantur *Ed.pr.*(*Font.iur.*p.225)26.2; ~bi (tabulas) ab omnibus librariis..imperaui Cic.*Sul.*42; ~bo et remitto *Att.* 2.20.6; leges Solonis ~bere Liv.3.31.8; quod librum.. ~bendum dedisset V.Max.1.1.13; Sen.*Dial.*11.6.3; (uolumen) legitur, ~bitur, cantatur Plin.*Ep.*7.4.9; Ulp.*dig.* 2.13.1.1; (*w.* ex) ~ptvm et recognitvm factvm ex libello *Insl.Dac.*1(*CIL* 3.p.925).

4 To describe, represent (in speech or writing). **b** to refer to by description, describe.
bonus bene ut malos ~psit mores! Pl.*Mil.*763; bouem ~psi magnifice Lucil.388; Cic.*de Orat.*1.260; si quis erat dignus ~bi quod malus ac fur..foret Hor.*S.*1.4.3; Cestius ~psit sic Sen.*Suas.*1.11; ~be nunc tempestatem 3.2; Quint.*Inst.*3.4.3;—(*w. pred. acc.*) me..latronem ac sicarium ..~bebant Cic.*Mil.*47;—(*w. acc. and inf.*) interpretes 'ambitus parietis' circuitum esse ~bunt Var.*L.*5.22; qui ~psit corrumpi semina matrum Ov.*Tr.*2.415; Sen.*Suas.*1.9;—(*w. indir. qu.*) cum, quae forma..cuiusque sit, ~bitur Cic. *de Orat.*3.115. **b** quia sunt ~pti consulares, de his tantum mihi dicendum putaui Cic.*Sul.*82; *Pis.*80; hoc in carmine..est..Veneris ~pta libido *Ciris* 69; hoc argumento se ~bi sentiat Phaed.4.8.2.

5 To prescribe, establish (laws, rights, duties, etc.).
~pta a maioribus iura finium.. Cic.*Caec.*74; ut..fines bonorum malorumque constituas, officia ~bas *Luc.*114; ut.. pecuniae..~berentur atque imperarentur *B.Alex.*51.3; Sen. *Phaed.*451; apud agros a Corbulone ~ptos Tac.*Ann.*11.19; —(*w. dat.*) qui perniciosa..populis iussa ~pserint Cic.*Leg.* 2.11; leges quasdam colonis ~bunt Sic.Fl.*agrim.*p.121.

dēscriptē, *adv.* [descriptvs+-e] (See note under describo on confusion between *de-* and *di-*.) In a clearly defined manner, exactly.
accurate..et ~ (*cj.*) plerosque dicere Cic.*Brut.*46.

dēscriptiō ~ōnis, *f.* [describo+-tio] See note under describo on confusion between *de-* and *di-*.

1 The drawing of a diagram, plan, or sim.
nisi quid erat numeris aut ~onibus explicandum Cic. *Tusc.*1.38; aequales diuisiones..designatae..in ~one Vitr. 1.6.7; perpendicula..quae..tangendo..lineas ~onis indicant libratam conlocationem 8.5.1;—(*w. obj. gen.*) formarum ..~ones 5.8.2; 8.2.8; e quibus (*sc.* formis) perficiuntur.. horarum ~ones (*i.e. on a sundial*) 9.1.1.

2 a *criminis* ~o, The setting out or recording of a charge, indictment. **b** a transcript.
a tanti criminis ~one..desistere Apul.*Apol.*2. **b** explicate ~onem imaginemque tabularum Cic.*Ver.*2.190.

3 A descriptive narrative (written or spoken, usu. as a rhet. device), description. **b** a description serving to identify or define.
~o nominatur quae rerum consequentium continet perspicuam et dilucidam cum grauitate expositionem *Rhet. Her.*4.51; Cic.*Top.*83; in aliqua..Vergiliana ~one Sen. *Suas.*3.5; neque..arcessitis ~onibus..lasciuiat (ratio narrandi) Quint.*Inst.*2.4.3; Tac.*Dial.*20.2;—(*w. obj. gen.*) Cic. *Inv.*1.9; in ~one Oceani non..uiguerunt Sen.*Suas.*1.15; ~ones locorum..poetice prosequi Plin.*Ep.*2.5.5; Apul. *Met.*4.6;—(*w. indir. qu.*) ultima ~o erit, quam nihil tale merens occisus sit Quint.*Decl.*366(p.401,l.17);—(*w.* in+*acc.*) qualis est illa M. Caeli in (*i.e. directed against*) Antonium ~o *Inst.*4.2.123. **b** philosophorum ~ones Cic. *de Orat.*1.222; *Ac.*1.23; ~ones has et..iconismos ex usu esse Sen.*Ep.*95.66;—(*w. obj. gen.*) nominis breuis et aperta.. ~ptio Cic.*Inv.*2.55; haec est..fere ~o officii *Off.*1.101; utilem futuram..~onem cuiusque uirtutis Sen.*Ep.*95.65.

dēscriptiuncula ~ae, *f.* [prec.+-cvla] A short passage of description (in a speech or sim.).
ex..suasoriis celebres ~as subtexam Sen.*Suas.*2.10.

dēscriptus ~a ~um, *a.* *compar.* ~ior. [pple. of describo] Organized or arranged.
in natura, qua nihil est aptius, nihil ~ius Cic.*Fin.*3.74.

dēsecō ~āre ~uī ~tum, *tr.* [de-+seco] Forms: *desicans* (= *desec-*) Cic.*Tim.*23; *desicauit* (= *desecuit*) Agen.*agrim.*p.30; *desequerit* (= *desecu-*) *CIL* 8.25902.3.23.

1 To cut off (a limb from a body or sim.), sever; (also) to cut a part from. **b** to cut, reap (a crop, etc.); (also) to mow (a field or sim.).
uitem (*i.e. the shoot to be grafted*) triduo antequam inserant ~ant Var.*R.*1.41.3; tu illud (*sc.* prohoemium) ~abis, hoc adglutinabis (*sc.* libro) Cic.*Att.*16.6.4; auribus ~tis.. domum remittit Caes.*Gal.*7.4.10; Verg.*A.*8.438; particulam undique (*i.e. from every animal*) ~tam Hor.*Carm.* 1.16.15; Liv.42.64.2; Col.9.15.9; Apul.*Met.*1.13; uestimentum..quod detextum est, etsi ~tum non sit (*i.e. from the loom*) Ulp.*dig.*34.2.22; (*w. abst. subj.*) ni patrium crinem ~uisset amor Ov.*Tr.*2.394; (*pple. as sb.*) quidquid inde decerptum..fuerit, id..de facie sua ~to sarcire compellitur Apul.*Met.*2.22;—~tam timuit reparatis anguibus hydram Luc.4.635. **b** oportet stramenta ~ari et aceruos constitui Var.*R.*1.33; ~tam cum stramento segetem Liv. 2.5.3; Ov.*Met.*14.646; (herbam Medicam) quam uoles teneram..~es licet Col.2.10.28; 4.13.2; Plin.*Nat.*11.98; si fur decerpserit uel ~uerit fructus..pendentes Ulp.*dig.* 7.1.12.5;—ut..~to surgant faenilia campo *Aetna* 272; una opera in die iugerum ~ari Plin.*Nat.*18.262; (*cf.*) (opus) segetes et prata ~andi Col.11.1.8.

2 (of boundaries or other lines) To cut off.
binos ut si qui ~et arcus Germ.*Arat.*454; (orbis) canis aluum ~at imam 488; cum determinatio alterius partis solum ~at..agri Agen.*agrim.*p.28.

dēsecrō: see desacro.

dēsectiō ~ōnis, *f.* [deseco+-tio] The action of mowing.
horum (*sc.* stramentorum) ~o cum pecori tum agro est utilis Col.6.3.1.

dēsenescō ~escere ~uī, *intr.* [de-+senesco] To lose force with the passage of time, die away.
cum ira belli ~uisset Sal.*Hist.*1.145.

dēserō ~ere ~uī ~tum, *tr.* [de-+sero²]

1 To part company with (a person or sim.), forsake, leave. **b** to depart from (a place or sim.), abandon, quit; to leave uninhabited. **c** (w. pred. adj., phr.) to leave (in a given condition). **d** (of abstract qualities, states, etc.) to depart from, leave.
quin ego illum aut ~am aut satis faciat mi ille Pl.*Am.*888; Ter.*An.*694; si..illum comitatum..ciuium ~o Cic.*Att.* 8.3.2; cum ~ti baubantur in aedibus (*sc.* canes) Lucr. 5.1071; Vestales tuae te ~ent, Vesta Liv.5.52.14; Mart. 3.64.4; absit..ut..hospitem sine ulla querela ~am Apul. *Met.*2.3; (*ellipt.*) ~uere omnes defessi Verg.*A.*2.565;—(*in fig. phr.*) raro antecedentem scelestum ~uit..Poena Hor. *Carm.*3.2.32; sed iam cum gaudia adirem..~uit..Venus Tib.1.5.40. **b** neque Haletem, nobilem amnem, relinques nec Papirianam domum ~es Cic.*Fam.*7.20.1; incendendum Auaricum, post ~endum Caes.*Gal.*7.30.2; corruptas ~e Baias Prop.1.11.27; Liv.30.24.12; ~uere suas nymphae.. undas Ov.*Met.*6.16; V.Fl.6.497; cur..~ta cenula praematurus adforet Apul.*Met.*9.23; (*cf.*) ~tos..remos V.Fl.5.119; (*in fig. phr.*) uestigia Graeca ausi ~ere Hor.*Ars* 287;—(*poet., of things*) ~it..uenas (uita) Lucr.3.123; ne ~rat umor harenam Verg.*G.*1.70; Sen.*Oed.*280; pererratam subductus Persida Tigris ~it Nero *poet.*1;—Luc.9.310; ~itur..Lysimachea iam in Cherroneso Plin.*Nat.*4.47. **c** maestam..sororem ~it Verg.*A.*12.683; ~ebatur distortis manibus Sen.*Con.*2.5.9; ne ~erentur soli Tac.*Hist.* 4.46; Apul.*Met.*5.21;—(*w. inanim. obj.*) fundum alienum arat, incultum familiarem ~it Pl.*As.*874; Cic.*Fin.* 5.87; tum laeua Creten, dextra Pelopeidas undas ~it Ov. *Fast.*4.286; nudatam..~is arcem Luc.2.472. **d** eos ~it pudor Pl.*Epid.*166ᵃ; nunc simul res, fides, fama, uirtus, decus ~uerunt *Mos.*145; cum spes ~uisset Cic.*Inv.*2.112; *Tusc.*1.110; somni..inter ipsa studia instantis et ~entis Plin.*Ep.*3.5.8.

2 To withdraw one's support from, leave in the lurch, desert, fail. **b** (of things, sometimes partly personified) to let (one) down, fail. **c** to abandon (a patient) as hopeless. **d** (absol.) to desert (on mil. service).
ne me, in stultitia si deliqui, ~as Pl.*Bac.*1014; Ter.*Hau.* 258; meum testem ~am, tibi fauebo Cic.*Ver.*5.154; turpe Domitium ~ere erit implorantem eius auxilium *Att.*8.3.7; puellae, discite ~tae non temere esse bonae Prop.2.21.16; rem publicam prodi per metum ac ~i Liv.2.57.4; Sen.*Con.* 1.6.2; puppem ne ~e, Pallas V.Fl.1.215; Tac.*Hist.*5.3;—(*cf. sense 1*) Augustus..spem nostram terras ~uitque simul Ov.*Pont.*4.6.16;—(*w. abst. obj.*) non ~am..unici fratris.. preces Cic.*Att.*3.19.2;—(*ellipt.*) si ~is tu periimus Ter.*Ad.* 458; si defenditis, uestri, si ~itis, Samnitium erimus Liv. 7.30.10;—(*refl.*) Pl.*Epid.*97; Petreius..non ~it sese. armat familiam Caes.*Civ.*1.75.2; memet ipse non ~am nec committam ut damnatus..uidear Curt.6.10.4. **b** genua hunc cursorem ~unt Pl.*Mer.*123; nisi me lucerna ~eret Cic.*Att.*7.7.7; tempus quam res maturius me ~et Sal.*Jug.* 42.5; ne..~at aura ratem Ov.*Pont.*4.12.42; Tac.*Ann.*6.50; Aur.*Fro.*1.p.18(252N); nec uos memoria ~uit Apul.*Met.* 6.31. **c** quomodo..~ti a medicis conualescunt? Cels. 2.6.13. **d** qui ~uerant..capitis..damnantur Nep.*Eum.* 5.1; ciuili..standum exercitu esse, quando socialis ~eret Liv.7.25.7; ~endi nefas Sen.*Ep.*95.35; Quint.*Inst.*9.2.85; Tac.*Ann.*13.35.

3 To cease to occupy oneself or be concerned with (activities, affairs, etc.), abandon, give up. **b** to fall short of (a standard). **c** *uadimonium, uades* ~*ere*, to be false to one's recognizance, break one's bail; sim. w. *pignus*.
spem ~ere nolui Pl.*Rud.*92; sacra stata..~uisti Cato *orat.*90; ego meam salutem ~ui Cic.*Red.Sen.*6; noua uerba fingunt, ~unt usitata *Fin.*4.7; Catul.67.8; Verg.*A.*11.470; Liv.24.8.10; nec amici ~e causam Ov.*Tr.*1.9.65; V.Max. 4.7.1; rogat ut uiuat uirides nec ~at annos (*i.e. the functions proper to her youth*) Mart.11.71.5; ceteris..aliena pericula ~entibus Tac.*Ann.*13.56. **b** sciri potest non quantum oratorem praestaret..sed quantum ~eret Sen.*Con.*10.pr. 3; nomen suum ~at..imperator Fro.*Ver.*2.p.138(124N). **c** qui tibi uadimonium non ~uisset Cic.*Quinct.*85; qui aut citati non adfuerant aut uades ~uerant Liv.39.41.7; Plin. *Nat.*pr.24; (*cf.*) uadimonia ~ere quam illum exercitum maluerunt Cic.*Catil.*2.5; (*pple. as sb.*) uadimonium..~entem uis maior excusat Sen.*Ben.*4.39.4;—ne tu..te pro libero esse ducas, pignus ~as Pl.*Capt.*436.

4 (pass. w. abl., also *ab*) To be deprived (of), be without.
equites..praesidio ~ti..fugiunt *B.Afr.*83.3; V.Max.4.7.2; ~tus uiribus leo Phaed.1.21.3; ~tus equo V.Fl.6.639;—(*of places*) omnia non praesidiis modo ~ta sed etiam cultu agresti Liv.3.6.7; per ~ta etiam ob siccitatem loca camelis Curt.7.2.18;—(*w.* ab) a fortuna apibusque..~tum Acc. *trag.*595; neque is..~endus..est a cohortatione nostra Cic.*de Orat.*2.86; *Att.*4.10.1; membra corporis..a terreni principii mixtione..~ta Vitr.8.pr.2;—(*of places*) agros ~tos a plebe atque a cultura hominum Cic.*Agr.*2.84; neue ~tus foret a paelice..torus Sen.*Ag.*184.

dēserpō ~ere, *intr.* [de-+serpo] (w. dat.) To creep or spread (over).
~it..genis..lanugo Stat.*Theb.*6.586; Apul.*Apol.*63.

dēsertiō ~ōnis, *f.* [desero+-tio] The act of deserting (from the army), desertion; a failure to honour one's recognizances.
ex causa ~onis notatus (*sc.* miles) Papin.*dig.*49.16.15; Men.*dig.*49.16.4.13;—actor..ab altero rem petat, ab altero poenam ~onis Paul.*dig.*2.11.5.1.

dēsertor ~ōris, *m.* [desero+-tor] One who abandons (his duty or sim., freq. in a mil. sense), a deserter.
in ~orum ac proditorum numero ducuntur Caes.*Gal.* 6.23.8; Liv.10.19.2; factus ex uiro forti ~or Quint.*Inst.* 9.2.86; transfugae et ~ores Tac.*Hist.*1.30; (*w. poss. adj.*) ~orem tuum apud patrem inuenies Sen.*Con.*7.4.2;—(*w. obj. gen.*) ~orem amicorum Cic.*Att.*8.9.3; ~orem Asiae Verg.*A.*12.15; Liv.21.43.15; in tua castra redi, socii ~or amoris Ov.*Ep.*18.157; ~ore primae legionis Tac.*Hist.*4.59; (*poet.*) odi..fragilem..hunc corporis usum, ~orem animi Stat.*Theb.*8.739;—(*attrib.*) ~or anime Sen.*Phoen.*45; an ~oris alumni nullus honos? Stat.*Ach.*1.629.

dēsertus ~a ~um, *a.* *compar.* ~ior, *superl.* ~issimus. [pple. of desero]

1 Empty of people, deserted, uninhabited. **b** (neut. pl. as sb.) unfrequented places, a wilderness.
Comoedia luget, scaena est ~a *Epigr.Plaut.*2(*poet.*p.32); in angiportum quoddam ~um Ter.*Eu.*845; in oras Africae ~issimas Cic.*Sest.*50; inter ~a ferarum lustra Verg.*A.* 3.646; in eas partes prouinciae, quae sunt ~iores Ulp.*dig.* 48.22.7.9;—(*in fig. phr.*) cum tota philosophia..fructuosa nec ulla pars eius inculta ac ~a sit Cic.*Off.*3.5. **b** pecudes ..culta ac ~a tenerent Lucr.1.164; Verg.*G.*3.342; Sen. *Dial.*9.2.13; bubo..~a incolit Plin.*Nat.*10.34; pudenda naturae ~a Stat.*Silv.*3.1.168; Tac.*Ann.*3.21;—(*w. defining gen.*) fugit..in ~a Getarum Verg.*G.*3.402; Liv.45.12.1; ~a..pulueris Afri Stat.*Theb.*4.738;—(*w. abl. of cause*) solitudines ac mille causis ~a Plin.*Nat.*2.174.

2 (of persons) Left alone, solitary, lonely. **b** (of circumstances).
quae essem anus ~a egens ignota TER.Ph.751; exul.. exspes, expers, ~us, uagus ACC.trag.415; ~us (sc. deus) sine animali, sine homine, sine re SEN.Ben.4.19.2;—(pregn.) ecquis incultior, religiosior, ~ior? CATO orat.194; CIC.Ver. 4.146; ad urbem accessit a. d. XII K. Octobr. nihil turpius nec ~ius Q.fr.3.1.15;—(poet.) Calypso ~is..fleuerat aequoribus PROP.1.15.10; nunc ego ~as alloquor alcyonas 1.17.2. **b** ut nullius..reditus umquam fuerit ~ior CIC.Pis.55; ~a uetustas HOR.Ep.2.2.118; frigida ~a nocte iacebis OV.Ars 3.70; APUL.Met.4.32.

dēseruiō ~īre, *intr.* [DE-+SERVIO] CONST.: w. dat., *ad*, or absol.

1 To spend one's time in, or devote oneself to, the service (of). **b** to devote oneself (to pursuits, interests, etc.; also, to an employment).
si potius uobis ac rei publicae quam sibi..~iunt CIC.Ver. 3.228; ualetudini tuae..dum mihi ~is, seruisti non satis Fam.16.18.1; per longos tibi qui ~iat annos OV.Am.1.3.5; grammatico soli ~iamus QUINT.Inst.1.12.6; (cf.) si ille labor meus..si uigiliae ~iunt amicis CIC.Sul.26;—(absol.) uigeant apud istam mulierem..haereant, iaceant, ~iant Cael.67; (of doctors) quod ~iunt, quod..nobis uacant SEN.Ben. 6.15.2;—(fig.) totum corpus animo ~it Cl.1.3.5; in palpebris etiam et in genis est quoddam ~iens iis (sc. oculis) ministerium QUINT.Inst.11.3.77. **b** diuinis rebus ~iendo CIC.Part.80; caducis ~ire bonis STAT.Silv.2.2.130; ~ire studiis PLIN.Ep. 7.7.2; incumbens praesepio uoracitati suae ~it APUL.Met. 7.27;—eorum ministeria, qui certaminibus sacris ~iunt ULP.dig.3.2.4; mancipia quae pupillis ~iunt 27.2.3.2; HOMINVM QVI ANNONAE ~IVNT CIL 3.14165[8].

2 (of things) To be employed or serve (for a purpose).
iumenta portandae aquae ~ientia SEN.Nat.4b.13.9; fundum Albanum, qui principalibus usibus ~it ULP.dig. 30.39.8; quia quaerendo fructui ~iunt 33.7.12.11;—(w. ad) tigna..ad alios usus non ~ientia 33.7.12.19; 48.20.6.

dēses ~idis, *a.* [DESIDEO] Idle, inactive, sluggish; (w. *ab*) lazy (about), slacking (from).
sedemus ~ides domi LIV.3.68.8; nec rem Romanam tam ~idem unquam fuisse atque imbellem 21.16.3; CURT.5.2.2; primores senatus aetate inualidi et longa pace ~ides TAC. Hist.1.88; ~idem Aegyptum PLIN.Pan.31.5; GEL.10.22.1; ad Aulidem ~idibus et obsessis APUL.Soc.18; (transf. ep.) quid ~ide terra haeremus? V.FL.3.660;—(of conduct, etc.) pax secura locis et ~idis otia uitae STAT.Silv.3.5.85;—~idem..ab opere suo reddit (agricolam) COL.7.12.2.

dēsiccō ~āre, *tr.* [DE-+SICCO] To drain dry.
~ari iube (uasa) PL.Truc.585.

dēsicō: see DESECO.

dēsideō ~idēre ~ēdī, *intr.* [DE-+SEDEO]

1 To sit, remain seated. **b** to sit at stool.
ubi confixus ~ides? AFRAN.com.344; periti medici est ..primum ~idere hilari uultu CELS.3.6.6; in circo aut theatro ~identibus SEN.Dial.7.28; si una ~ideremus aut ambularemus Ep.75.1;—(in fig. phr.) argumenta..confragosa uitantes amoenioribus locis ~ident QUINT.Inst.5. 8.1;—(of birds) aquila ramis ~idet PHAED.2.4.21. **b** quibus uoluntas ~idendi est CELS.2.7.5; 4.23.2; LARG.227.

2 To loiter, hang about, be idle.
nostrum tam diu ibi ~idere..filium PL.Bac.238; Ps.1044; ubi totum ~edi diem TER.Hec.800; LIV.in Plin.Nat.pr.16; inter femineas tota qui luce cathedras ~idet MART.3.63. 8; PLIN.Ep.9.6.3; ~edit apud Nicomeden SUET.Jul.2.1; (transf.) omne illic artificum genus operantium diis immortalibus ~idet SEN.fr.(Haase p.426).

3 (of sediment) To settle.
urina..ex qua quod ~idet album est CELS.2.7.11.

dēsīderābilis ~is ~e, *a.* *compar.* ~ior. [DESIDERO+-BILIS] That is to be wished for, desirable; (of dead persons) missed, regretted.
ut anteponantur..~ia eis quibus facile carere possis CIC.Top.69; nihil enim ~e concupiscunt Fin.1.53;—uelut sus uitiis ~em efficere uellet auum LIV.24.5.2; quin potius.. te..~em, cum excesseris, reddis? SEN.Dial.5.43.1; TAC. Hist.2.76; ut tali successore ~ior ipse..fieret SUET.Tib.21.2.

dēsīderanter, *adv.* *compar.* ~tius. [next+-TER[2]] With yearning, longingly.
irasceris enim quanto ~tius desideras FRO.Ver.1.p.298 (117N).

(dēsīderans ~ntis), *a.* *superl.* ~ntissimus. [pple. of DESIDERO] (superl. in pass. sense, of absent or dead persons) Greatly desired or missed.
~ntissime homo et tuo Vero carissime AUR.Fro.1.p.118 (30N); 1.p.162(17N);—CONIVGI ~NTISSIMAE CIL 11.6365; INFANTI..~NTISSIMO 13.11205.

dēsīderātiō ~ōnis, *f.* [DESIDERO+-TIO] A desire, want, requirement.
terrenus fructus escarum praestans copiis superuacuis ~onibus VITR.8.pr.3; (w. interr. cl.) relinquetur ~o..quid ita non etiam ibi nascitur puluis 2.6.4.

dēsīderātus ~a ~um, *a.* *superl.* ~issimus. [pple. of DESIDERO] That is desired, longed for, sought after; (of the dead) missed, regretted.
anesum..uiride aridumue omnibus, quae condiuntur.. ~um PLIN.Nat.20.185; blandissimis ~issimisque promissis 30.2;—MAT⟨RI⟩..~ISSIME CIL 2.5072; 8.21136.

dēsīderium ~(i)ī, *n.* [next+-IVM]

1 A desire, (for something lost or absent) longing. **b** desire (for a dead person), regret.
magno ~io fuit ei filius TER.Hau.753; TURP.com.109; erat ..in~io ciuitatis CIC.Phil.10.14; ~i..temperare pocula HOR. Epod.17.80; Carm.4.5.15; tu..pars ~ii..mei OV.Tr.3.6.20; —(w. obj. gen.) te ~ium Athenarum arbitror..cepisse TER. Hec.88; magna pars in ~ium puparum..ueniebat VAR. Men.4; ~ia urbis et urbanitatis depone CIC.Fam.7.6.1; inculta..omnia diutino dominorum ~io (i.e. absence) LIV. 5.10.9; accensum ~io Berenices reginae uertisse iter TAC. Hist.2.2; JUV.6.142;—(defined) ~ium (est) libido eius, qui nondum adsit, uidendi CIC.Tusc.4.21. **b** pectora..tenet ~ium ENN.Ann.110; ciuium dolorem et ~ium honore monumenti minuet CIC.Phil.9.13; quo ~io ueteres renouamus amores CATUL.96.3; pariunt..~ia non traditos uultus PLIN.Nat.35.9; TAC.Ag.46.1;—(w. obj. gen.) ~ium sui reliquit apud populum Romanum CIC.Rab.Perd.14; quis ~io sit..modus tam cari capitis? HOR.Carm.1.24.1; TAC. Ann.14.51; (poet.) (uacca) ~io perfixa iuuenci LUCR.2.360.

2 An object of desire, favourite, darling.
hem, mea lux, meum ~ium CIC.Fam.14.2.2; cum~io meo nitenti CATUL.2.5; HOR.Carm.1.14.18; ut propius fastidium eius sim quam ~ium LIV.28.40.9; PETR.139.4; (pl.) ualete, mea ~ia, ualete CIC.Fam.14.2.4; PLIN.Nat.11.148.

3 A desire, want, need, requirement.
ut..satiaret ~ia naturae CIC.Fin.2.25; quod satis ad naturale ~ium corporum esset LIV.27.45.11; CURT.4.1.25; corporis exigua ~ia sunt SEN.Dial.12.10.2; oris ~iis utilissimum (mel) PLIN.Nat.22.108; prodidit Antonium triumuirum aureis usum uasis in omnibus obscenis ~iis 33.50; (catella) ~io coacta uentris MART.1.109.10.

4 An expressed desire, petition, request.
(rex) aequis ~iis propensus SEN.Cl.1.13.4; delphini exaudiunt ~ia (sc. of the spectators) PLIN.Nat.9.30; ~ia militum ad Caesarem ferenda TAC.Ann.1.19; possumus ~io eorum indulgere TRA.Plin.Ep.10.24(35); GAIUS Inst.4.41; APUL.Met.6.20.

dēsīderō ~āre ~āuī ~ātum, *tr.* [DE-+*sidero*; see CONSIDERO]

1 To long for, desire (often an absent or dead person or a lost thing). **b** to express a desire for, request.
ut..dies noctesque me ames, me ~es TER.Eu.193; di immortales, quam ego risum nostrum ~o! CIC.Fam.2.13.3; Off.1.65; ~ato..acquiescimus lecto CATUL.31.10; HOR. Carm.3.1.25; decemuiros ~astis LIV.3.67.7; patriam..~at OV.Tr.5.4.27; Nero a pessimo quoque semper ~abitur TAC.Hist.1.16; soleo non nunquam in iudiciis quaerere M. Regulum, nolo enim dicere ~are PLIN.Ep.6.2.1; (absol.) quaeritet, ~et, exspectet sine PL.Mil.1244;—(w. ab) imperium se ab Caesare..nullum ~are CAES.Gal.7.20.7; LIV. 29.5.6;—(w. inanim. subj.) quam ieiuna pium ~et ara cruorem CATUL.68.79;—(w. acc. and inf.) bonum, malum quo accedit, mihi dari hau ~o PL.Mer.148; St.514; quo ullam rem ad se importari ~ent CAES.Gal.4.2.1;—(w. inf.) illud, quod proprium sui iudici est, audire ~ant CIC.de Orat. 2.213; scire meos casus siquis ~at OV.Tr.1.5.45; libellos legere si ~as PHAED.3.pr.1; SEN.Ep.109.1; PETR.101.10; —(w. ut+subj.) quod ut faceres..~abat res publica CIC. ad Brut.1.10.1; QUINT.Inst.10.1.120. **b** una sola sententia praesidium non ~auit CIC.Att.1.16.5; pretio dato, quod ~auerat LARG.122; si procurator satis legatorum ~et ULP.dig.36.4.3.2;—(w. ut, ne) actor est, qui ~at, ne quid fiat GAIUS Inst.4.159; ~abant in senatu..ut pecuniae.. rationem redderet GEL.4.18.7.

2 To stand in need of, want, require.
cum beniuolentiam causa ~et CIC.Inv.1.26; quas tempora aliqua ~arunt leges LIV.34.6.5; quicquid..in proprios pelagus ~at usus MAN.4.276; COL.9.8.1; cucumis et cucurbita..minorem curam ~ant 11.3.48; TRA.Plin.Ep.10.50(59); ~ant tam uillae quam agri custodiam POMPON.dig.33.7.15.2; —(w. inf.) nihil est tam praeclarum..quod non moderatione temperari ~et V.MAX.4.1.ext.9.

3 To want to know, raise the question.
(w. indir. qu.) cum ~amus, quid faciendum sit VAR.R. 1.1.3; forsitan..~es, quem numerum senatorum fieri placeat SAL.Rep.2.12.1; PAUL.dig.16.3.26;—(impers. pass.) fortasse ~abitur, quid ita sol..facit..retentiones VITR. 9.1.13; uisum est antequam ~aretur, de his rebus..exponere 2.6.4.

4 To feel or notice the absence of, miss, find lacking. **b** to lose, esp. in battle, (pass.) to be lost or missing.
cum amissam capram ~arent VAR.in Non.p.222; umquam istam scientiam ~asse CIC.de Orat.1.248; malui uenire frustra quam ~ari Att.13.47a.(2); in hac diuisione rem ipsam..probo, elegantiam ~o Fin.2.27; NEP.Att.16.3; Sextilem totum..~or HOR.Ep.1.7.2; Tigris..~atus diu tandem longe remoto loco..emergit SEN.Nat.3.26.4; sicubi in uite bracchium ~abis COL.Arb.10.3; QUINT.Inst.11.3.123; —(w. ab) fecunditas ab his (sc. uitibus) forsitan ~etur COL.3.9.1;—(w. quin, quominus) praeter quercum Dodonaeam nihil ~amus quo minus Epirum ipsam possidere uideamur CIC.Att.2.4.5; perpaucis ex hostium numero ~atis quin cuncti caperentur CAES.Gal.7.11.8;—(w. obj. cl.) eius orationi non sane ~o quid respondeam CIC.Div.1.9. **b** doletis tris exercitus populi Romani interfectos..~atis clarissimos ciuis CIC.Phil.2.55; 14.31; ex eo numero nauium nulla ~ata est CAES.Civ.2.7.2; calonum seruitiique ~ata tertia (pars) est VELL.2.82.3; APUL.Met.4.21; QVI IN BELLO THRACICO ACIE ~ATVS FVIT CIL 11.705;—(w. ex) neque quicquam ex fano..praeter unum..signum..~atum est CIC.Ver.4.96; CURT.3.11.27.

dēsidia[1] ~ae, *f.* [DESES+-IA]

1 Idleness, slackness, inactivity. **b** (of inanim. things).
corde expelle ~am tuo PL.Trin.650; adfert..scorpionum atque ~am (philosophia) Rhet.Her.2.35; ab industria plebem ad ~am auocari putabant CIC.Sest.103; CAES.Gal. 6.23.6; ille horridus alter (sc. queen bee) ~a VERG.G.4.94; uitanda est improba Siren ~a HOR.S.2.3.15; PROP.1.15.6; equitem marcescere ~a LIV.28.35.2; OV.Tr.3.7.31; PETR. 88.1; inuisa primo ~a postremo amatur TAC.Ag.3.1; Ann. 11.15; ~a tardos (sc. pisces) et longo frigore pingues JUV.4.44; —(w. gen.) ego..in ~a rerum omnium arbitror non agnitos PLIN.Nat.10.20; TAC.Dial.4.1;—(pl.) LUCR.5.48; uobis.. ~ae cordi VERG.A.9.615; ~as, obliuiones, ignauias GEL. 9.5.6. **b** tum frigida monti ~a est Aetna 379; ager post longam ~am laetas segetes adfert COL.2.17.3.

2 Leisure, freedom from occupations.
te..flammabit..repetita parumper ~a STAT.Silv.4.4.38; 4.6.31; si talia per ~am et otium perficis PLIN.Ep.7.13.2; hos..argutae delectabilisque ~ae aculeos cum audiremus GEL.5.15.9.

dēsīdia[2] ~ae, *f.* [DESIDO+-IA] The process of subsiding or ebbing.
alias (regiones) ~a maris pedestri accessu peruias factas APUL.Mun.34; uerum colorem ad ~am sanguinis mutat Pl.2.9.

dēsidiābulum ~ī, *n.* [comic word from DESIDIA[1]+-BVLVM] A place for wasting one's time or lounging in.
ut celem patrem)..tua flagitia aut damna aut ~a PL. Bac.376.

dēsidiōsē, *adv.* [next+-E] Idly, slothfully.
~ agere aetatem LUCR.4.1136.

dēsidiōsus ~a ~um, *a.* *compar.* ~ior, *superl.* ~issimus. [DESIDIA[1]+-OSVS] Idle, indolent, lazy. **b** (of conduct or sim.).
qui in oppido sederent quam qui rura colerent ~iores putabant VAR.R.2.pr.1; o in corde meo ~e puer (sc. Cupido) OV.Am.2.9.2; ~o studere torqueri est SEN.Ep. 71.23; nec iam degustat amarum ~a (apis) thymum LUC. 9.288; qui, si comparer illi, sum ~issimus PLIN.Ep.3.5.19; ~ior in professione grammatica habebatur SUET.Gram.8 (p.106Re). **b** Rhet.Her.4.43; inertissimum ac ~issimum otium CIC.Agr.2.91; ~as inlecebras Rep.2.8; (neut. pl. as sb.) mollia ac ~a praecipere SEN.Dial.2.15.4.

dēsīdō ~idere ~ēdī (~idī), *intr.* [DE-+SIDO] FORMS: pf. ~*idi* CATO Agr.112.2, CIC.Div. 1.78, 97 (v.l. ~*edi*).

1 To sink, subside, settle down. **b** (of a weapon) to sink, go down. **c** to be depressed.
relinquito in imo quod (i.e. dregs of wine) ~iderit CATO Agr.112.2; cum ad infinitam altitudinem terra ~idisset Div.1.97; subducta ad manis imos ~edimus unda VERG.A. 3.565; terra..cauerna ingenti ~ederat LIV.32.9.3; CELS. 7.18.4; turrium altitudinem cuniculis..repente ~idere SEN. Dial.2.6.4; Nat.1.14.1; cur uada (sc. Nili) ~idant STAT.Silv. 3.2.109; PLIN.Ep.Tra.10.39(48).2; (cf.) labente..disciplina uelut ~identes..mores sequatur animo LIV.pr.9; (poet.) Gargara ~idunt (i.e. appear to sink) surgenti (sc. Ganymedi) STAT.Theb.1.549. **b** usque ad grandes..uenas..mucro ~edit CELS.5.26.3.A. **c** a superiore parte in ipsis processibus paulum ~identes sinus habent (uertebrae) CELS. 8.1.11.

2 To sit down. **b** to go to stool.
~idere is debet in acre acetum CELS.7.26.5.B; Psyche.. tremens ~edit in imos poplites APUL.Met.5.22. **b** CELS. 4.22.2; 4.24.2.

dēsiduō, *adv.* [cf. ASSIDVO] For a long time.
~ afuisse te VAR.in Fulg.serm.ant.37.

dēsignātiō ~ōnis, *f.* [DESIGNO+-TIO] N.B.: confused in codd. w. DISS-; see esp. sense 3.

1 Marking out, demarcation. **b** a figure, diagram.
octauae partis ~o VITR.1.6.7; agrorum speciosa ~o HYG. GR.agrim.p.131. **b** quadrata ~o VITR.3.1.3; 5.3.6.

2 A specification.
esse omnem orationem..sine ~one personarum et temporum CIC.de Orat.1.138.

3 Arrangement, disposition, layout.
offendes ~onem Tyrannionis mirificam in librorum meorum bibliotheca CIC.Att.4.4a.1; ~ones..eorum, quibus in locis constituantur VITR.5.5.2; (of musical intervals) tetrachorda..dissimilem habent interuallorum ~onem 5.4.3.

4 Appointment, election.
superbire homines etiam annua ~one TAC.Ann.2.36; ~o consulatus 13.21; SUET.Jul.9.1.

dēsignātor: see DISSIGNATOR.

dēsignātus ~a ~um, *a.* [pple. of next] (of a magistrate) Appointed (but not yet installed), designate, elect.
~i rostrum praetoris LUCIL.210; accusauit ambitus ~um competitorem CIC.Brut.113; Hortensius consul ~us Ver.18; Caesar dictator tertio, ~us dictator quarto B.Hisp.2.1; tribunus plebis ~us SAL.Jug.27.2; CIL 12.3149; LIV. 27.35.5; TAC.Ann.15.49;—(cf.) quae (sc. mulier)..~um rei publicae ciuem sustulisset CIC.Clu.32; iam ~i principis omen erat Vers.pop. in Suet.Cal.8.1(poet.p.123);—(abbrev.) COS III DESIG IV CIL 13.8909; 13.9075.

dēsignō ~āre ~āuī ~ātum, *tr.* [DE-+SIGNO] N.B.: *dissigno* occurs in codd. and edd., esp. among the exx. assigned to senses 7 and 7b, where it may, at least in some cases, be the correct form.

1 To mark out, trace out. **b** to mark.
isque (locus) cippis..~atus est GAL.iur.20; urbem ~at aratro VERG.A.5.755; ~auit templo Iouis fines LIV.1.10.5; ~at moenia sulco OV.Fast.4.825; TAC.Ann.12.24;—(poet.) aurata primas prora ~at uias SEN.Ag.429; uolatus carpit et ingenti ~at nubila gyro STAT.Theb.1.311. **b** tacta ~at membra saliua LUC.9.925; mediam ~at uulnere frontem

STAT.*Theb.*6.782; (*cf.*) colla taurorum popa ~at oculis SEN.*Ag.*899; (*transf.*) si reputabitis nulla ignauiae nota leuiore uos ~ari potuisse LIV.24.16.13.

2 To draw in outline, mark out.
elusam ~at imagine tauri Europam OV.*Met.*6.103; ut..uelut primis lineis ~entur (affectus) QUINT.*Inst.*4.2.120; (*cf.*) linea ~at species MAN.1.466.

3 To indicate, point out.
notat et ~at oculis ad caedem unum quemque nostrum CIC.*Catil.*1.2; digitis ~or adultera uulgi OV.*Am.*3.6.77; omnium ~atur oculis SEN.*Ben.*3.17.2.

4 (of words and other signs or actions, also persons) To indicate, denote, designate.
cum uocabula sint infinita ac res com⟨m⟩unis ~ent VAR.*L.*8.80; 9.37; haec..ridentur..quae notant et ~ant turpitudinem aliquam non turpiter CIC.*de Orat.*2.236; *N.D.*1.33; Caesar hac oratione..Dumnorigem..~ari sentiebat CAES.*Gal.*1.18.1; multa..quae nimiam luxuriam..~arent *Civ.*3.96.1; finitiones..sonituum ~abo VITR.5.4.1; MAN.2.917; PLIN.*Nat.*24.65; causas ~at desidis anni STAT.*Silv.*3.1.2; introcessit alia..gratia coloris ambrosei ~ans Venerem APUL.*Met.*10.31; (*w. indir. qu.*) ~ari oportet, cuius dolo factum sit ULP.*dig.*4.3.15.3.

5 To destine, earmark, assign (for a purpose).
ista ~andi licentia ut hoc deus, hoc natura fecerit CIC.*Div.*2.127; (*pple. as sb.*) serra per ~ata currente..trabem scindere SEN.*Ep.*90.9;—(*w. ad*) PECVNIAM ~AVIT PE⟨R⟩ TESTAMENTVM A⟨D⟩ CERTAMEN GVM⟨NI⟩C⟨VM⟩ *CIL* 3.295;—(*w.* in+*acc.*) aliam..rem in personam meam, aliam in Titii ~ari non posse GAIUS *dig.*45.1.141.5;—(*w. dat.*) duae (partes) superiori (impagi)..~entur VITR.4.6.5; sors..nescio quem fato ~at iniquo OV.*Ep.*13.93; Pompeio consulatus primus..~atus est GEL.14.7.1.

6 (freq. w. pred. acc.) To appoint, elect (to a magistracy).
nunc sum ~atus aedilis CIC.*Ver.*5.36; ut ei xuiratum habeant quos plebs ~auerit *Agr.*2.26; CAEL.*Fam.*8.8.9; LIV.3.33.3; FILIOS..SENATVS..CONSVLES ~AVIT AUG.*Anc.*3.2; ne plures quam quattuor candidatos commendaret..~andos TAC.*Ann.*1.15; praetorem eum..~abat SUET.*Cal.*18.2.

7 To order, plan. **b** to scheme, perpetrate.
CIC.*N.D.*1.26; quae ab ipsis (deis) constituta et ~ata sunt *Div.*1.82; *Tim.*46. **b** quae ~ata sint et facta nequiter PL.*Mos.*413; TER.*Ad.*87; quid non ebrietas ~at? HOR.*Ep.*1.5.16; semel..criminari, quasi contra fas..~asset aliquid APUL.*Met.*8.28; 10.2.

dēsiliō ~īre ~uī (~iuī, ~iī), *intr.* [DE-+SALIO] FORMS: *desuluerunt* (= *desil-*) PL.*Rud.*75; *~iui* COL.6.24.3; *~ii*, etc. 8.5.11, *Ilias* 963; (*~isset* SUET.*Jul.*64). To leap or jump down. **b** (spec.) to jump down, dismount (from a horse, chariot, etc.). **c** (w. inanim. subj.).
~uit..in terram e scapha PL.*Rud.*173; de nauibus ~iendum..erat CAES.*Gal.*4.24.2; lecto ~iat mulier HOR.*S.*1.2.130; *Epod.*17.70; PROP.3.17.26; in Tiberim ~uit LIV.2.10.11; patria Ioue natus ab arce ~it in terras OV.*Met.*1.674; praeceps tribunali ~uit TAC.*Ann.*1.35; (*fig.*) nihil cunctatus ~iet in mortem SEN.*Ep.*76.29; (*of an animal after copulation*) si parte dextra ~uit (taurus), marem seminasse manifestum est COL.6.24.3. **b** cum..de raeda..~uisset CIC.*Mil.*29; ad pedes ~uerunt CAES.*Gal.*4.12.2; ab equo regina..~uit VERG.*A.*11.500; eos..adsuefecerunt et uehi post sese et ~ire perniciter LIV.26.4.5; e curru..~it OV.*Ars* 1.560; TAC.*Ann.*15.28; ad calciandas mulas ~uisse SUET.*Ves.*23.2; APUL.*Met.*1.2. **c** unde..lymphae ~iunt HOR.*Carm.*3.13.16; uidistis..fulmina..aetheria ~uisse domo PROP.2.16.50; ex alto ~ientis aquae OV.*Fast.*4.428; STAT.*Theb.*7.746.

dēsinō ~inere ~(i)ī *or* īuī ~itum, *intr.*, *tr.* [DE-+SINO]

1 To leave off, desist, finish, stop; (w. gen.) to cease (from); (w. abl., *in*+abl., adv.) to leave off (at a given stage or in a given condition). **b** to stop speaking, etc., break off; (w. *in*+acc.) to end (in). **c** (of natural forces, conditions, activities, etc.) to come to an end, cease; (*w.* in+*acc.*) to end (in).
haud ~inam donec perfecero hoc TER.*Ph.*419; si licet ~inere..ego uero libenter ~ino CIC.*Mur.*9; amicos tempore..imminui, transferri, ~inere TAC.*Hist.*4.52; ~isti nempe nec ultra fouisti errorem JUV.8.164; GAIUS *Inst.*1.173; APUL.*Fl.*17; (*cf.*) tempus est Alexandrum cum orbe et cum sole ~inere SEN.*Suas.*1.2;—~ine..querelarum HOR.*Carm.*2.9.17; non ~init irae SIL.10.84;—debet..reus in epilogo ~inere SEN.*Con.*7.5.7; dic mihi ubi debeam ~inere SEN.*Ben.*5.18.1; ut, quo ex genere coeperis translationis, hoc ~inas QUINT.*Inst.*8.6.50. **b** heu heu heu! — ~ine PL.*Ps.*1320; tum de puero, Daue.. — ah ~ine! TER.*An.*972; uix bene ~ierat OV.*Met.*2.47; SEN.*Con.*9.5.17;—(*w. stage expr.*) cantasse eum..atque in hoc ~isse uersu SUET.*Nero* 46.3;—~init in lacrimas OV.*Fast.*2.755; me..in uerba media somnolentum ~inere APUL.*Met.*1.26. **c** biduist aut tridui haec sollicitudo..deinde ~inet TER.*An.*441; SAL.*Rep.*1.8.3; ferrea..~inet ac toto surget gens aurea mundo VERG.*Ecl.*4.9; breuissimis diebus sol ~init, priusquam frigus euincatur SEN.*Nat.*5.10.2; sicci corus et uulturnus, praeterquam ~inentes PLIN.*Nat.*2.126; nouissima..~init Praenestina (rosa) 21.20; donec ~inat dolor LARG.11; TAC.*Hist.*4.1; *Ann.*6.26; (*cf.*) cetera fragilia..non minus quam ipsi homines occidunt ~iuntque PLIN.*Ep.*2.10.4;—aestas in autumnum ~init SEN.*Ep.*24.26; quod in uiolam ~inat fulgor (amethysti) PLIN.*Nat.*37.121.

2 (w. inf.) To leave off, cease (doing something). **b** (pass., w. pass. inf.) to cease (to be, etc.); (also impers. pass.).
prius..quam te amare ~inam PL.*Bac.*100; tua quod nil refert percontari ~inas TER.*Hec.*810; ad pacem hortari non ~ino CIC.*Att.*7.14.3; VERG.*G.*4.448; si..contemni ~ierimus LIV.25.38.20; quod diu nolumus, posse ~imus SEN.*Ep.*55.1; APUL.*Met.*5.8; NEC PERDERE ~I *CIL* 5.7047;—(*w. ellipsis of inf.*) quasi dii libenter spectarent quem (*sc.* mimum) homines ~ierant SEN.fr.(Haase p.426);—(*w. inanim. subj.*) donec sal ~iuerit tabescere CATO *Agr.*88.1; conuentus..fieri ~ierunt CIC.*Att.*1.19.9; solet..~inere ali corpus CELS.4.12.7; ~it ira esse SEN.*Dial.*3.9.3; PLIN.*Nat.*10.186. **b** qui..Papisius est uocari ~itus CIC.*Fam.*9.21.2; censores creari ~itos..creauit SUET.*Aug.*37; (*w. inanim. subj.*) ueteres orationes..a plerisque legi sunt ~itae CIC.*Brut.*123; Persei numquam..~itum..celebrari nomen LIV.42.49.7;—numquam hic..~itum est potarier PL.*Mos.*958; CIC.*Rep.*2.59; cum Philippo non..~itum bellari LIV.34.41.5.

3 (w. acc.) To leave off, cease from (an activity).
mulier telam ~init TER.*Hau.*305; CIC.*Fam.*7.1.4; si..esset factitatum, non esset desitum *Div.*2.97; iam ~ine, tibia, uersus VERG.*Ecl.*8.61; SEN.*Ben.*6.23.1; Titania ~ine bella SIL.12.725; se artem ~ituros promittentibus (mathematicis) SUET.*Tib.*36; sermone abhinc multis annis ~ito uteris GEL.1.10.2; 2.12.3; lugubres uoces ~inite APUL.*Met.*5.7.

4 To come to an end (spatially); (w. abl., or *in*+abl., acc.) to end (with, or in). **b** (of words, phrases, etc.) to end; (w. abl., or *in*+abl., acc.) to end (with); to come at the end.
(amnis) alio quam ~init nomine exoritur MELA 2.8; debet extremitas (picturae)..sic ~inere ut promittat alia PLIN.*Nat.*35.68; FLOR.*Epit.*2.33(4.12.46);—(*w. advs. of place*) qua ~init ultima cauda GERM.*Arat.*52; semper inde ubi (rerum natura) ~isse uideatur nouam exsurgere SEN.*Suas.*1.1;—(*w. abl.*) Brundisium, quo ~init Itala tellus SIL.8.574; ualuis xystum ~inentem PLIN.*Ep.*5.6.19;—(*w.* in+*acc. or abl.*) ut..~inat in piscem mulier formosa superne HOR.*Ars* 4; CELS.8.1.21; gentes in quibus Romana pax ~init SEN.*Dial.*1.4.14; *Nat.*1.3.4; cauda praelonga, in tenuitatem ~inens PLIN.*Nat.*8.121. **b** *Rhet.Her.*4.28; cum similiter uel cadunt uerba uel ~inunt CIC.*Orat.*135; si..uersus ultima pars..sic ~ineret SEN.*Con.*7.1.27; MAUR.1528;—(*w. abl.*) ~inat ut prior (uersus) hoc (nomine) OV.*Pont.*4.12.8;—(*w.* in+*acc. or abl.*) plura (*sc. phrases*)..in isbem (uerbis) ~inunt QUINT.*Inst.*9.3.31; quae (*sc.* syllaba) in unam consonantem ~inet MAUR.571;—hanc (*sc.* semiuocalem) ut ante ~inentem subsequatur consonans 952.

dēsipiens ~ntis, *a.* [pple. of DESIPIO] Lacking intelligence, witless.
neque..eram tam ~ns, ut.. CIC.*Fam.*3.8.4; ~ntis adrogantiae *N.D.*2.16; *Div.*2.51; proprie dici, non..~ntis aut hebetes aut ineptos, sed..mendaces et infidos GEL.18.4.10.

dēsipientia ~ae, *f.* [prec.+-IA] Loss of reason.
~a fit, quia uis animi..conturbatur LUCR.3.499.

dēsipiō ~ere, *intr.* [DE-+SAPIO] To be out of one's mind, lose one's reason. **b** to lack rational intelligence.
utrum ego ~io et plus quam satis est doleo..? CIC.*Ver.*5.123; quod nimio gaudio paene ~erem CIC.*Fam.*2.9.2; ante oculos aliquis nostros..~it, extentat neruos, torquetur LUCR.3.490; HOR.*S.*2.3.47; JUV.6.612; quasi iam per aetatem ~eret APUL.*Apol.*37; (*w. gen. of respect*) ~iebam mentis quom illa scripta mittebam tibi PL.*Epid.*138; (*w. abl. of respect*) quidam imaginibus, non mente falluntur..quidam animo ~iunt CELS.3.18.19;—(*cf.*) dulce est ~ere in loco HOR.*Carm.*4.12.28. **b** ~erent homines, saperent fera saecla ferarum LUCR.3.753.

dēsistō ~istere ~titī, *intr.*, *tr.* [DE-+SISTO]

1 (intr.) To leave off, desist, cease; (leg.) to cease prosecution of an action. **b** (w. abl., dat., or prep.) to cease (from). **c** *non ~istere quin*, not to give up without.
~iste, recte ego meam rem sapio PL.*Ps.*496; ut magis paeniteret coepisse quam liceret ~istere CIC.*Rab.Post.*5; sub occasum..solis ~titerunt seque in castra..receperunt CAES.*Gal.*2.11.6; HOR.*S.*1.9.58; nec cito ~isto nec temere incipio PROP.2.20.36; LIV.3.10.3; nec prius ~iti quam ita fecit APUL.*Apol.*99;—(*of things*) ~istente autumno VAR.*R.*2.3.7; OV.*Ep.*4.8; neque ex toto in remissione ~istit (*sc. the fever*) CELS.3.3.2; GEL.2.30.5;—~titisse uidetur..qui liti renuntiauit in totum ULP.*dig.*5.1.10; (*pple. as sb.*) poena..in ~istentem statuitur MACER *dig.*47.15.3.3. **b** ut erus his ~istat litibus TER.*Ph.*634; numquam..sententia ~istemus CIC.*Fin.*1.63; CAES.*Gal.*1.8.4; mene incepto ~stere..? VERG.*A.*1.37; LIV.4.55.5; *CIL* 2.1964.1.27; ~iste canendo STAT.*Theb.*4.583; (*impers. pass.*) istis rebus ~isti decet PL.*Mil.*737;—tempus ~istere pugnae VERG.*A.*10.441; (*w. abst. subj.*) haud umquam iusto mea cura labori ~titit STAT.*Theb.*5.274;—ut de illa mente ~isteret CIC.*Fam.*5.2.8; ab defensione ~istere CAES.*Civ.*2.12.3; LIV.37.58.1. **c** neque..eam..quin inueniam ~istam PL.*Rud.*228; non ~istam, quin illum aliquando eruam VAT.*Fam.*5.10a.1.

2 (w. inf.) To leave off, cease (doing something). **b** (w. acc.) to cease from.
~iste..miseram me consolari PL.*Rud.*682; *Trin.*1012; ~titi stomachari CIC.*Planc.*65; *Fam.*10.29; VERG.*A.*12.60; senatum..incitare..haud ~istebat LIV.5.30.1; medicare tuos ~iste capillos OV.*Am.*1.14.1; NEQVE ANTE ODISSE..ISTAM QVAM IS..POENAS EXSOLVERIT *CIL* 11.5998a.6; STAT.*Ach.*1.90; APUL.*Met.*6.28;—(*of things*) (olla) feruere ~istet CATO *Agr.*156.2; sic alid ex alio numquam ~istet oriri LUCR.3.970; nisi umor ~titit..iactarier 6.556; uenae ~istunt posse moueri OV.*Met.*6.307; CALP.*Ecl.*2.16. **b** illi risum subiciunt, neque id ~titerunt GEL.17.3.4.

3 (w. *ab* or ellipt.) To dissociate oneself (from a person).
quid ille..aps te iratus ~titit? PL.*Men.*777; mi neque amare aliam neque ab hac ~istere fas est PROP.1.12.19; deficere..dicuntur, qui ab his..~istunt PAUL.*dig.*4.5.5.1;—quid illi (= illic)..tam diu ~titisti? PL.*Mos.*787.

dēsiuō ~āre, *tr.* [app. DE-+**si-uo-*; cf. the mutation of *n* and *w* in OHG. *ginēn*, (*ana*)-*giwēn*] (See quot.)
~are desinere PAUL.*Fest.*p.72M.

dēsōlō ~āre ~āuī ~ātum, *tr.* [DE-+SOLVS+-O[3]]

1 To leave (a person) all alone, forsake. **b** (pass. pple. w. abl.) deprived (of), left without; (also w. gen.).
disiecti..duces ~atique manipli tuta petunt VERG.*A.*11.870; STAT.*Silv.*2.1.233; ~atus aliorum discessione TAC.*Ann.*1.30; Orpheus exilio ~atus APUL.*Fl.*17; (*w. abst. obj.*) aeuo iam ~ata senectus PETR.124,l.286;—(*of bereavement*) QE ME ~ASTI VALE VIRGO *CIL* 6.10703; 13.2221; MARITVS ~ATVS 13.2299. **b** ~atum..magistro agmen STAT.*Theb.*9.672; ~atus..etiam seruilibus ministeriis TAC.*Ann.*12.26; SUET.*Cal.*12.1; ego..misera, tali domo..~ata APUL.*Met.*4.24;—~atae..uirorum..gentes SIL.8.588.

2 To empty (a place) of inhabitants, leave deserted.
sat..~auimus agros VERG.*A.*11.367; uidit..~atas agere alta silentia terras OV.*Met.*1.349; COL.1.3.11; bubo..deserta incolit nec tantum ~ata, sed dira etiam et inaccessa PLIN.*Nat.*10.34; STAT.*Theb.*6.917; PLIN.*Ep.Tra.*10.96(97).10; (*cf. w. abst. obj.*) munera ualli ~ata fuga LUC.4.701;—(*pf. pple. w. abl.*) loca ~ata tuentur regibus STAT.*Theb.*10.180.

dēsoluō ~uere ~uī ~ūtum, *tr.* [DE-+SOLVO] To pay out (a sum of money).
si id..reliquorum nomine ~utum est SCAEV.*dig.*40.5.41.9.

dēsomnis ~is ~e, *a.* [DE-+SOMNVS+-IS] Deprived of sleep.
me soles nocte ~em facere? PETR.47.5.

? **dēsonans** ~ntis, *a.* [DE-+pple. of SONO] Echoing downwards.
(loci) ~ntes (*codd.* diss-) qui Graece dicuntur κατηχοῦντες VITR.5.8.1.

despectātiō ~ōnis, *f.* [DESPECTO+-TIO] A view downwards.
pilis lapideis..altitudines extructae..cenaculorum..perficiunt ~ones VITR.2.8.17.

despectiō ~ōnis, *f.* [DESPICIO+-TIO] (w. gen.) The act of looking down (on), disdain (for).
humanarum opinionum alta quaedam ~o CIC.*Hort.*fr.69.

despectō ~āre, *tr.* [DE-+SPECTO]

1 To look down at, survey.
ille (*sc.* pastor)..sedens..flammas ~at VERG.*A.*10.409; OV.*Met.*2.710; ex alto..aethere..~at terras (Perseus) 4.624; SEN.*Nat.*6.28.2; collibus, Ionias qua ~are procellas dulce sit STAT.*Theb.*2.729;—(*of stars*) quas (*sc.* gentes)..~at uertice summo sidus Arcadium SEN.*Oed.*476; (*absol.*) omnia quae summo ~ant sidera mundo MAN.1.276.

2 (of hills, buildings, etc.) To rise above, overtop, overlook.
Lyciae..agros ~antem (*sc.* montem) SAL.*Hist.*1.130; quos..~ant moenia Abellae VERG.*A.*7.740; silua, quam supra eminens ~at alte quercus SEN.*Thy.*656; CALP.*Ecl.*7.24; (*poet.*) ingenti..Tirynthius arce ~at fluctus STAT.*Silv.*3.1.137.

3 To despise, look down on.
ne ut uicti et ignaui ~arentur TAC.*Hist.*2.30; liberos eius ut multum infra ~are *Ann.*2.43.

despectus[1] ~a ~um, *a.* *superl.* ~issimus. [pple. of DESPICIO] Suffering contempt, despicable; insignificant.
~i et indigni re publica habiti SAL.*Hist.*1.77.5; ~issima pars seruientium TAC.*Hist.*5.8; maxime..~a et nullius ausi capax natura eius *Ann.*13.47; auia..pro ~issimo semper habuit (Claudium) SUET.*Cl.*3.2;—tenuis riuus ~us emoritur MELA 3.78.

despectus[2] ~ūs, *m.* [DESPICIO+-TVS[3]]

1 A view from a height.
LUCR.4.416; cum ex omnibus..partibus altissimas rupes ~usque haberet (*sc.* oppidum) CAES.*Gal.*2.29.3; nullis..a montibus instant ~us STAT.*Theb.*7.446;—(*w.* in+*acc.*) loca superiora unde erat..~us in mare CAES.*Gal.*3.14.9; erat ex oppido..~us in campum 7.79.3; STAT.*Silv.*1.1.88;—(*w. dat.*) moenia, qua longe pelago ~us aperto *Theb.*5.351.

2 Contempt, scorn. **b** disregard.
(*w. gen.*) mulier..uanitatem fastidio mei ~uque captauit [QUINT.]*Decl.*14.3; quanto..~u uestri agam APUL.*Apol.*90;—(*pred. dat.*) fili..ludibrio et ~ui..inimicis erunt oppositi *Rhet.Her.*4.51; rem adeo turbatam..rem Romanam ut Treuiris etiam..~ui sit TAC.*Hist.*4.57; SUET.*Gal.*17; CALP.*Decl.*22. **b** (*w. gen.*) si..cum ~u et dispendio bonae ualetudinis..(eloquentiam) quaesissem APUL.*Apol.*5; 70.

? **despeculō** ~āre, *tr.* [DE-+SPECVLVM+-O[3]] (app.) To rob of a mirror.
sperans me..eburno speculo ~assere (*fut. inf.*; *codd.* dep-) LUCIL.683.

desperanter, *adv.* [pple. of DESPERO+-TER[2]] In a despairing manner.
quod ~ tecum locutus est CIC.*Att.*14.18.3.

despērātiō ~ōnis, *f.* [DESPERO+-TIO]

1 The abandonment of hope, despair. **b** (w. gen.) hopelessness (about), despair (of).
CIC.*Orat.*235; dubitare..quin meus discessus ~onis sit, non legationis *Att.*15.20.1; ad summam ~onem nostri perueniunt CAES.*Civ.*2.42.2; hinc spes, hinc ~o animos

inritat LIV.21.8.8; filiis..ad ~onem usque medicorum laborantibus V.MAX.2.4.5; SEN.Ben.3.23.2; PLIN.Nat.8.134; TAC.Hist.2.76;—(pl.) recordor..~ones eorum, qui senes erant CIC.Fam.2.16.6. **b** quanta..~o rei publicae CIC. Mur.50; huic mori optimum esse propter ~onem sapientiae Fin.4.56; ~o..apiscendi honoris LIV.4.6.10; praesumpta ~one quo uelint euadendi QUINT.Inst.1.pr.20; ~o barbae JUV.6.367.

2 A desperate state of health.
medicus..a primis ~onis notis nuntios..misit ad Perseum LIV.40.56.11; scimus uixisse aliquos etiam ab hac ~one PLIN.Nat.26.123.

3 Desperate action or conduct.
~one truculentae feminae..perturbatus APUL.Met.10.26; CIL 5.2781; REPRESSA ~ONE EORVM 8.8924.

despērātus ~a ~um, *a. compar.* ~ior, *superl.* ~issimus. [pple. of DESPERO]

1 Affording little or no hope, desperate, hopeless. **b** (of persons or sim.) lacking hope, desperately situated; desperately ill.
illo ~issimo perfugio uti posset CIC.Ver.2.101; re publica nihil ~ius Att.2.25.2; haec (sc. mala)..etiam multo ~iora Fam.6.22.1; BALB.Att.9.7b.2; (neut. as sb.) id..mihi erit pro ~o CIC.Att.11.16.5; Fam.13.56.1. **b** ne..senectutem iam prope ~am contempsisse..uideamini Cael.80; quod..est tam ~um collegium, in quo nemo e decem sana mente sit? Leg.3.24; ad ~os accedere CAEL.Att.10.9a.3; neque ..potenti adulatus est..neque ~os reliquit NEP.Att.8.6; —~is..Hippocrates uetat adhibere medicinam CIC.Att.16. 15.5; PLIN.Nat.26.141.

2 Reckless from despair, desperate; (app. neut. as adv.) tremendously, 'desperately'.
~orum hominum flagitiosi greges CIC.Cat.2.10; Dom.13; CAES.Gal.7.3.1; ~issimum istum latronem APUL.Met.10.11; —(of behaviour) ~a uoluntate SIS.hist.10; post discessum latronis uel potius ~am fugam CIC.Phil.5.30; aduersum eius ~am auaritiam APUL.Apol.77;—~um (codd. ~us) ualde ingeniosus est PETR.68.7.

despernō ~ernere ~rēuī ~rētum, *tr.* [DE-+SPERNO] To despise utterly.
ne Corydonis opes ~ernat Alexis COL.10.298; PAUL.Fest. p.72M.

despērō ~āre ~āuī ~ātum, *tr., intr.* [DE-+SPERO]

1 To give up as hopeless, despair of. **b** to give up hope of curing (a disease). **c** (w. inf.) to give up hope of (being, doing, etc.); (w. acc. and inf.) to give up hope (that).
pacem..~aui CIC.Att.7.20.1; nil ~andum HOR.Carm. 1.7.27; ~atis in Hispania rebus LIV.28.36.1; cenant..tamquam crastinum ~ent SEN.Suas.2.12; STAT.Theb.4.284; turpiter..~atur quicquid fieri potest QUINT.Inst.1.10.8; APUL.Met.11.18; (cf.) ulcera..~antia cicatricem cludit PLIN.Nat.22.107;—(w. pers. obj.) essent illi..~andi, tamen essent ferendi CIC.Catil.2.10; siue..restituimur siue ~amur Q.fr.1.3.7; (w. abst. subj.) ab is, quos ~auit, recedat (sapientia) SEN.Ep.29.3. **b** inueterata et ~ata a medicis uitia SEN.3.1.2; aspritudines palpebrarum ~atas a quibusdam ocularioum LARG.37; (in fig. phr.) ex..iam ~atis rei publicae morbis CIC.Sul.76. **c** Iphis amat, qua posse frui ~at OV.Met.9.724; Fast.5.241;—non ~o fore aliquem CIC.de Orat.1.95; Att.8.9.3; quae ~at tractata nitescere posse HOR.Ars 150; LIV.21.30.11; si ~ent uxorem Neronis fore Octauiam TAC.Ann.14.61; PLIN.Ep.6.33.7.

2 (intr.) To give up hope, despair; (w. dat. or de) to despair (of or for).
Gabinium..spem habere a tribuno pl...a senatu quidem ~asse CIC.Pis.12; Att.15.20.2; quare ~es, antequam temptes? SEN.Ben.5.23.2; inopia cibi ~ant (apes) PLIN.Nat.11. 35; 18.36; TAC.Hist.3.60;—saluti ~are uetuit CIC.Clu.68; a multitudine oppressus ac sibi ~ans CAES.Gal.7.50.4; FLOR.Epit.1.13(1.18.14);—cum de toto ordine ~arit CIC. Ver.1.22; de Italicis commeatibus ~ans CAES.Civ.3.42.3; de nobis ita ~asti ut te..debilium ducem iudicares esse LIV. 7.13.6;—(impers. pass.) cum uiderent de eorum uirtute non ~ari NEP.Milt.4.5; LIV.26.18.6.

despicātiō ~ōnis, *f.* [DESPICOR+-TIO] Scorn, contempt.
odia, inuidiae, ~ones aduersantur uoluptatibus CIC.Fin. 1.67.

despicātus[1] ~a ~um, *a. superl.* ~issimus. [pple. of DESPICOR] That is an object of contempt, despicable.
uir me habet pessumis ~um modis PL.Cas.189; nostram.. adulescentiam habent ~am TER.Eu.384; ne contemptissimi ac ~issimi esse uideamur CIC.Ver.3.98; Sest.36; Pis.64; ignobilissimos..homines et ~issimos GEL.15.4.1.

despicātus[2] ~ūs, *m.* [DESPICOR+-TVS[3]] Contempt, scorn.
(pred. dat.) tu me bene merentem tibi habes ~ui PL.Men. 693; si quis ~ui ducitur CIC.Flac.65; (militibus) sagittarum ictus..~ui habentibus FRO.Ver.2.p.204(205N).

despiciens ~ntis, *a.* [pple. of DESPICIO] Contemptuous, scornful (of).
nemo umquam tam sui ~ns fuit CIC.de Orat.2.364.

despicientia ~ae, *f.* [prec.+-IA] Contempt (for), indifference (to).
magnitudinem animi..~a in contemnendis honoribus.. imitatur CIC.Part.81; Off.2.38;—(w. gen.) 1.66; in omnium rerum humanarum contemptione ac ~a Tusc.1.95.

despiciō ~icere ~exī ~ectum, *intr., tr.* [DE-+SPECIO] FORMS: *~exe* (= *~exisse*) PL.Mil. 553.

1 To look down on. **b** to afford a view over, look down over. **c** to look down (i.e. relax one's attention).
(absol. or w. advs. or preps.) ex alto in altum ~exit mare ENN.scen.310; per impluuium huc ~exi in proximum PL. Mil.287; in rapidas amnis ~eximus undas LUCR.4.421; neque in uias..~ice HOR.Carm.3.7.30; nullam in terras ~icere prouidentiam tester? QUINT.Inst.6.pr.4;—(w. acc.) si quis..gentis et urbes ~icere..possit CIC.Rep.3.14; nubila ~icere LUCR.4.418; (Ceres) ~icit Indos OV.Fast. 4.569; STAT.Theb.10.760; ex illa (sc. uilla) possis ~icere piscantes PLIN.Ep.9.7.4; mulier..eum..ex edito ~exit APUL.Met.4.3;—(poet.) stat sublimis apex uentosque imbrisque..~icit STAT.Theb.2.2.36; cum cresceret impia tellus ~ectura deos 10.851;—(fig.) tu mentis ab arce ~icis errantis Silv.2.2.132. **b** (cubiculum) aliis fenestris xystum, aliis ~icit pratum PLIN.Ep.5.6.23; 5.6.38. **c** ut, simul atque ille ~exerit, aliquid huiusce modi moliantur CIC.S.Rosc.22.

2 To despise, disdain, look down on. **b** to express contempt for (by gesture, demeanour, etc.).
(w. acc.) philosophi eloquentiam ~exerunt CIC.de Orat. 3.72; ~icitis eorum frugalitatem Ver.3.7; ~ecta paucitate ex omnibus partibus impetum faciunt CAES.Gal.6.39.4; SAL.Jug.85.17; VERG.Ecl.8.32; regum magnae ~iciantur opes TIB.1.8.34; ueni nec munera ~ice nostra OV.Met. 13.839; LUC.4.568; ignauiam principis..~icit TAC.Ann. 15.68; sola philosophia suum non ~exit ingenium APUL. Mun.pr; (poet.) in uanum..labor cedit quem ~icit auris MAN.4.435;—(w. noun cl.) nec contemnas aut ~icias quod his opibus numquam cara est annona ueneni JUV.9.99; —(absol.) cum..patronus..~iciat, derideat QUINT.Inst. 5.13.2; 11.1.16. **b** dux..Gallorum..per..superbiam circumspiciens ~iciensque omnia QUAD.hist.12; facile est ista in contionibus et conciliis ~icere dicendo QUINT.Decl. 253(p.36,l.24);—(absol.) quom rideo, ~icit AUR.Fro.1.p.216 (76N).

despicor ~ārī ~ātus, *tr.* [DE-+*spicor* (cf. CONSPICOR)] To despise, disdain.
pessumis me modis ~atur PL.Cas.186; me miserum, quem illae feminae despicari ausae sunt! POMP.RUF.orat.4.

despicus ~a ~um, *a.* [DESPICIO+-VS] Looking down.
hac sibi prospica, hac ~a NAEV.com.25.

? **despolātor** ~ōris, *m.* [as next+-TOR] A plunderer.
auarus elegans ~or (v.l. -iator) PL.Trin.239.

despoliō ~āre ~āuī ~ātum, *tr.* [DE-+SPOLIO] FORMS: *dis-* freq. in codd., sts. in edd.; *dispolatur* (dep.) AFRAN.com.42 (acc.Non.p. 480M).

1 To rob, plunder, despoil (of).
me ~at, mea ornamenta clam ad meretrices degerit PL. Men.804; TER.An.816; CIC.Ver.4.43; uulneratus et ~atus est Att.7.9.1; SEN.Nat.4a.pr.7; POMPON.dig.24.1.31.7;—(w. inanim. obj.) proras ~ate LUCIL.578; (poet.) non sic prata ..aestatis calidae ~at uapor SEN.Phaed.765;—(w. abl.) ne se armis ~aret CAES.Gal.2.31.3; indignum facinus esse.. uictorem ~ari triumpho LIV.45.36.7; margaritis collos filiarum tuarum ~abis FRO.Aur.2.p.96(38N);—(transf.) ~atus oneribus alienis et sibi relictus SEN.Dial.6.24.5.

2 To deprive of clothing or other covering, strip; (spec.) to strip for flogging.
si quis, ~atus, amissa unica tunica conplorare se malit SEN.Ep.63.11; Iulio..mense iam ~ata sunt omnia aut.. pauca iacent adhuc sub niue Nat.5.11.2;—'~a': meretrix, agnoscis hoc uerbum? SEN.Con.9.2.21; seruus nobis ~atus procubuit ad pedes PETR.30.7; 49.6; (perh.) uirgis dorsum ~et meum PL.Epid.93.

despondeō ~dēre ~dī ~sum, *tr.* [DE-+SPONDEO] FORMS: *despepondit* (pf.) CIL 6.18937.

1 To promise (a woman) in marriage, betroth. **b** (w. marriage as obj.).
~sam..esse dicito TER.Hau.866; gnatam ~dit PAC.trag. 115; appellabatur..quae ~sa erat sponsa VAR.L.6.70;—(w. dat.) mihi ~de filiam PL.Poen.1357; Tulliolam C. Pisoni ..~dimus CIC.Att.1.3.3; LIV.1.39.4; thalamo ~sa Tonantis STAT.Theb.10.61; TAC.Ag.9.7; ULP.dig.23.1.4.1; (fig.) bibliothecam tuam caue cuiquam ~deas, quamuis acrem amatorem inueneris CIC.Att.1.10.4;—(w. in+acc.) Alcesimarcho filiam..~dit in diuitias maxumas PL.Cist. 601; dixerunt..~dere ipsos in matrimonium illi..Mineruam suam SEN.Suas.1.6;—(absol. or ellipt.) quis ~dit? TER.Ad.670; Liuia..~dente Ti. Nerone, cui ante nupta fuerat, Caesari nupserat VELL.2.94.1;—(impers. pass.) intus ~debitur TER.An.980;—(w. husband-to-be as subj.) Cornificius adulescens Orestillae filiam sibi ~dit CAEL.Fam.8.7.2. **b** Hespere..qui ~sa tua firmes conubia flamma CATUL. 62.27; ~dente ipsa eius modi nuptias..ciuitate APUL.Pl. 2.25.

2 To pledge, promise.
~sam iam et destinatam laudem CIC.Har.6; Prov.36; ut.. quam ~derat pecuniam lucraretur APUL.Met.10.26;—(w. dat.) hanc..dotem uirgo ~derat hosti! PROP.3.19.23; LIV. 26.37.5; cum sibi Tarpeias uictor ~derit arces LUC.7. 758; V.FL.7.510; conuiuii, cui te sero ~deras APUL.Met. 3.12; ut renatus quodam modo statim sacrorum obsequio ~deretur 11.16.

3 (w. *animum, animos*) To despair, give up hope. **b** (absol.) to pine away. **c** to despair of achieving.
animum ne ~de PL.Mer.614; ~disse animum..dicitur.. quod suae spontis statuerat finem VAR.L.6.71; ne reliqui (turdi)..~deant animum atque..moriantur R.3.5.6; LIV. 26.7.8; ~dentibus iam animos sociis 31.22.5; SEN.Ben. 2.35.4. **b** caueis clausi plurimi ~dent (turdi) COL. 8.10.1; QVI POS DIES XX ~DIT CIL 6.18937; (w. animo) POST DIES XV FATI EIVS (sc. filii) ANIMO ~DIT 9.2229. **c** quia ~deris sapientiam COL.11.1.11.

desponsō ~āre ~āuī ~ātum, *tr.* [prec.+-TO] To promise in marriage, betroth.
cum esset priuigna Antoni ~ata Caesari VELL.2.65.2; Cossutia, quae..praetextato ~ata fuerat SUET.Jul.1.1.

desponsor ~ōris, *m.* [DESPONDEO+-TOR] One who betroths or pledges.
VAR.L.6.69.

despūmō ~āre ~āuī ~ātum, *tr., intr.* [DE-+SPVMO]

1 To remove the froth or foam from, skim; to draw foam from. **b** to cause to stop foaming, settle.
foliis undam trepidi ~at aeni VERG.G.1.296; inpressis ~ant musta racemis MAN.3.663; mel Atticum ter..~ato COL.12.38.5; PLIN.Nat.22.109;—magico susurramine..lunam ~ari APUL.Met.1.3. **b** stertimus, indomitum quod ~are Falernum sufficiat, quinta dum linea tangitur umbra PERS.3.3.

2 To remove surface deposits, etc., from; to remove (scum or other unwanted matter).
summo libramento cote ~ato redditur species nigri pauimenti VITR.7.4.5; PLIN.Nat.36.187;—despumatis subinde carnibus, quas adhaesisse uenis necesse est 9.133.

3 (intr.) **a** To discharge or deposit foam. **b** to stop foaming, settle down.
a donec..~et in herbas (luna) LUC.6.506. **b** ut..nimius ..ille feruor ~et SEN.Dial.4.20.3; cum aliquid lacrimarum affectus effuderit et—ut ita dicam—~auerit Ep.99.27; (fig.) iam (aetas) ~auit, iam uitia..lassauit 68.13.

despuō ~ere, *intr., tr.* [DE-+SPVO]

1 (intr.) To spit down or on the ground (to avert evil, disease, etc.).
illo te ducam, ubi non ~as NAEV.com.98; VAR.L.5.157; R.1.2.27; ter in gremium..~e Ciris 372; TIB.1.2.96; ubi nunc ~i religio est LIV.5.40.8; PERS.4.35; ~it ad suam dexteram terna PLIN.Nat.24.172; haec ter dicunt totiensque ~unt 27.131.

2 (tr.) To avert by spitting; (transf.) to spurn, reject.
opsecro..ut quae locutus es ~as PL.As.39; ~imus comitiales morbos, hoc est contagia regerimus PLIN.Nat.28.35; —(ellipt.) possunt dicere omnes quid in Thallo ~ant APUL. Apol.44; (cf.) in cubiculo ~i 52; preces..nostras..caue ~as CATUL.50.19.

3 (tr.) To spit out or down.
folliculos..in terram..~it PETR.135.6.

desquāmō ~āre ~āuī ~ātum, *tr.* [DE-+SQVAMA+-O[3]] FORMS: *disq-* APUL.Apol.42. To remove scales from, scale. **b** to remove the skin, or other surface matter, from; (neut. pl. of pple. as sb.) excoriated parts, abrasions. **c** to peel off, remove (skin or sim.).
Dromo, ~a piscis PL.Aul.398; APUL.Apol.42. **b** rador subuellor ~or LUCIL.264; cum..subarator..luxauit radices corpusue ~auit PLIN.Nat.17.227; ~atur (uestis) Cimolia 35.198;—sitanius..incussa in facie aut ~ata..aptissime curat 22.139; 28.52. **c** summo cortice ~ato PLIN.Nat. 23.134; 25.97.

destertō ~ere ~uī, *intr.* [DE-+STERTO] (w. inf.) To snore off (being, i.e. finish dreaming that one is).
postquam ~uit esse Maeonides PERS.6.10.

desticō ~āre, *intr.* [unkn.] (See quot.)
soricum (est) ~are SUET.fr.161(p.250Re).

destillātiō ~ōnis, *f.* [next+-TIO] (med.) A rheum, catarrh.
grauedines ~onesque CELS.1.23; ~o una..tussim facit SEN.Ep.75.12; in choleris ~ones stomachi inhiberi PLIN. Nat.20.122; ~onem narium 20.183; ~onem pectoris LARG. 90; SUET.Aug.80.

destillō ~āre ~āuī ~ātum, *intr., (tr.).* [DE-+STILLO] FORMS: *dist-* freq. in codd.

1 (of liquids, also molten or liquefied solids) To drip or trickle down. **b** to have moisture dripping off. **c** (of non-liquids) to fall bit by bit, distil.
lentum ~at ab inguine uirus VERG.G.3.281; si quid in nares a capite ~at CELS.2.8.6; fistula..per quam pituita ..~at 7.7.7A; uit inde..~aret mucor PLIN.Nat.17.116; (impers.) ~at..de capite..in nares CELS.4.5.1;—circa pila ferrum omne ~at SEN.Nat.2.31.1; (cf.) spectator ~antis in hostili foculo dexterae stetit Ep.24.5; (facet., of a sufferer from catarrh) eo perductus sum ut ipse ~arem ad summam maciem deductus 78.1. **b** sudandum assum ~at calore VAR.L.5.109; puro ~ent tempora nardo TIB.2.2.7; ~ant (fici) cummium lacrima PLIN.Nat.15.82. **c** Anaxagoras ait illum (sc. ignem) ex aethere ~are SEN.Nat.2.12.3;—ante arboribus odore PLIN.Nat.6.198.

2 (tr.) To sprinkle, wet, moisten.
micularum minimum cum uino ~atum FRO.Aur.1.p.242 (88N).

destimulō ~āre, *tr.* [DE-+STIMVLO] To goad hard; (in quot., fig.).
bona ~ant (v.l. dist-), facta et famam sauciant PL.Bac.64.

destina ~ae, *f.* [perh. back-formation from DESTINO] A prop, support.
sin autem..~ae arcas non potuerint continere VITR. 5.12.3; 5.12.5.

destinātiō ~ōnis, *f.* [DESTINO+-TIO]
1 Designation for a particular purpose or end, specification. **b** designation or nomination (to a post, opp. formal election).
nulli..placere partium..~o LIV.32.35.12; complexam eum (*sc.* orbem terrarum) porticum ex ~one..M. Agrippae ..inchoatam PLIN.*Nat.*3.17; depascitur segetes ~one ante.. determinatas in diem 8.95; HYG.*agrim.*p.79. **b** ceteri consulatus ex ~one Neronis..mansere TAC.*Hist.*1.77; PLIN.*Pan.*77.1; ~onem consulatus mei his acclamationibus approbauistis 95.2.
2 An intention or purpose, determination.
quam longe a ~one sua iacet PETR.115.15; anxio artifice mortis ~one suprema PLIN.*Nat.*36.96; TAC.*Hist.*2.47; ortae ..discordiae retraxere ducem, ~onis certum, ne noua moliretur *Ann.*12.32; contraria ~one statim ab hereditate repellitur GAIUS *Inst.*2.169; concubinam ex sola animi ~one aestimari oportet PAUL.*dig.*25.7.4.

destinātō, *adv.* [DESTINATVS+-O²] According to a previously determined plan.
proelia non tantum ~ sed ex occasione sumebat SUET. *Jul.*60.

destinātum ~ī, *n.* [next]
1 An object aimed at, mark.
uelut ~um petentibus LIV.38.26.7; certo ictu ~a feriebat CURT.7.5.41.
2 A purpose, intention, design; *ex ~ato*, designedly, according to plan.
nec ultra ~a procurrit (uelocitas) SEN.*Dial.*4.35.2; cum.. ei..~o..satisfecisse uisus sim FRON.*Str.*1.pr.; TAC.*Hist.*1.4; neque tuis neque Liuiae ~is aduersabor *Ann.*4.40;—quod ex ~o iuuant (di) SEN.*Ben.*6.23.4; *Dial.*5.6.4; fata..cursum irreuocabilem ingressa ex ~o fluunt *Nat.*2.35.2.

dēstinātus ~a ~um, *a.* [pple. of next] Stubborn, obstinate.
at tu, Catulle, destinatus obdura CATUL.8.19.

destinō ~āre ~āuī ~ātum, *tr.* [DE-+**stano* (cf. STO); Arm. *stanam*, OPr. *po-stānimai*, Skt. *sthānam*]
1 To fix in position, fasten down.
funes qui antemnas ad malos ~abant CAES.*Gal.*3.14.6; 7.22.2; has (*sc.* rates) quaternis ancoris ex IIII angulis ~abat *Civ.*1.25.7; arcae..in aquam demittendae ~andaeque firmiter VITR.5.12.3; PVTEI OMNES DILIGENTER FVLTI ~ATIQVE SVNTO *Lex Vip.*(*Font.iur.*p.295)30; quin..membris eius ~atis uirilia desecamus? APUL.*Met.*1.13; ~atae iam cruci candidatus 1.14; 7.24.
2 To fix (one's mind on something); (also absol.) to make up one's mind.
(*w. dat.*) animum..morti ~atum ait TAC.*Ann.*16.9; (*w. in +acc.*) animum mentemque perterritam atque in fugam ~atam habere *B.Afr.*88.2; (*w. adv.*) si utrubique ~ato sit animo ULP.*dig.*50.1.27.2;—filius seruusue ~are de alterutra debet GAIUS *dig.*45.1.141.
3 To determine on, intend, purpose; *~atum esse*+dat., to be one's intention.
qui certis quibusdam ~isque sententiis quasi addicti.. sunt CIC.*Tusc.*2.5; praeter opinionem ~am suorum LIV. 28.14.9. ne ~atum iter peterent VELL.2.82.2; tamquam inediam ~auisset TAC.*Ann.*6.48; PLIN.*Ep.*1.8.1;—(*w. inf.*) infectis eis quae agere ~auerat CAES.*Civ.*1.33.4; morte sola uinci ~auerant animis LIV.7.33.13; ~at..thalamo remouere pudorem OV.*Met.*8.157; solum quod excolere ~amus COL. 2.2.17; cui nubere Caesaris uxor ~at JUV.10.331; ULP.*dig.* 28.5.9.5;—(*w. acc. and inf.*) quas urbes direpturos se ~auerant LIV.24.2.1;—(*w. indir. qu.*) ~are, in quam regionem obuerterent corpora CURT.8.4.5;—(*w.* ut+*subj.*) ~auisse ut..Piso..interficeretur TAC.*Ann.*15.65;—(*w. adv.*) ut L. Crassus in libris Ciceronis ~at QUINT.*Inst.*12.11.4; quia contra ~auerat TAC.*Ann.*6.1; SUET.*Aug.*79.1;—quod ~atum erit tollere LARG.228; id mulieri ~atum TAC.*Ann.* 14.35; ~atum est..mihi maritum tuum non inultum pati PLIN.*Ep.*9.13.5; (*cf.*) hoc..omnibus ~atum in animo est LIV.21.44.9.
4 To settle on or fix for a particular end, purpose, recipient, etc., destine, earmark. **b** to direct (movement to a place).
(*w. dat.*) quod tibi ~aras trapezophorum, si te delectat, habebis CIC.*Fam.*7.23.3; CAES.*Gal.*7.72.2; me ~at arae VERG.*A.*2.129; haedo, cui frons turgida cornibus..proelia ~at HOR.*Carm.*3.13.5; quasdam forma excellentes, primoribus patrum ~atas LIV.1.9.11; quartum diem cibo ~abat CELS.3.4.6; qui foro ~abitur QUINT.*Inst.*2.8.8; ruderi accipiendo Ostiensis paludes ~abat TAC.*Ann.*15.43; GAIUS *Inst.*2.101; ULP.*dig.*28.5.35.3; (*refl.*) publicis se usibus ~are professus est VELL.2.81.4;—(*w.* ad) ad mortem ~ari LIV.2.54.4; SEN.*Dial.*1.6.9; barbarorum aciem..ad ictum ~abant TAC.*Hist.*4.29;—(*w.* in+*acc.*) quantum ~auerimus in sationem COL.2.10.10; auro..in aliud ~ato TAC.*Hist.*4.53;—(*w. purpose, recipient, not expr.*) disciplinam..nullam certam aut ~atam legibus CIC.*Rep.*4.3; ad ~atum omnium consensu triumphum decessere LIV. 8.13.9. **b** (*w.* ad) gressum (*cj.*)..ad moenia Cadmi ~at STAT.*Theb.*9.641; (*w. adv.*) quo ~aret cursum PETR.114.2.
5 To destine for one's own by settling terms, arrange the purchase of.
eas (*sc.* aedis) quanti ~at? PL.*Mos.*643; *Per.*667; minis triginta sibi puellam ~at *Rud.*45.
6 To designate, destine (for a post or position, by election, nomination, or other means; usu. w. pred. acc.). **b** (of a father, etc.) to destine (as a wife for, usu. by formal arrangement).
quia uobismet ipsi per suffragia..dominos ~atis SAL. *Hist.*3.48.6; quin Fabius quintum omnium consensu ~aretur LIV.10.22.1; te auunculo praetori generum ~atum QUINT.*Inst.*6.pr.13; classis Cornelium Fuscum praefectum sibi ~at TAC.*Hist.*3.12; *Ann.*2.36; flamen Dialis ~atus SUET.*Jul.*1.1; quos (*sc.* curatores) pater testamento ~auit a praetore confirmandos ULP.*dig.*26.7.3.5; M AVRELIO ANTONINO CAESARI IMPERATORI ~ATO *CIL* 8.17870. **b** HOR. *S.*2.3.217; cui ~or uxor OV.*Ep.*20.189; haec..rapta est, antequam ~aretur QUINT.*Decl.*251(p.28,l.20); ~ata erat egregio iuueni PLIN.*Ep.*5.16.6; Fusco Salinatori filiam tuam ~asti 6.26.1; SUET.*Jul.*27.1; (*fig.*) desponsam iam et ~atam laudem CIC.*Har.*6.
7 To fix on as a target, mark out; (also fig.).
quid oporteat..in causa ~ari *Rhet.Her.*1.25; qui tutaretur eum ab uno ~ato hoste LIV.8.8.18; oculis plagae ~at ante locum *Nux* 168; quem ~auit portum tenuit SEN.*Ben.*2.31.3; quos ~auit insequitur (iracundia) *Dial.*3.19.1; Phaedimon.. arcu..Amyntas ~at STAT.*Theb.*8.439;—mollem..in posterum et pinguem..~at uitam PLIN.*Ep.*7.26.3.

destituō ~uere ~uī ~ūtum, *tr.* [DE-+STATVO]
1 To set up, fix (in a position); to make fast. **b** to place, stand (persons) in a position exposed to view.
duo ~uit signa hic cum clauis PL.*Rud.*823; palus ~utus est in foro GRACCH.*orat.*45; VAR.*R.*1.20.2; rupes..in uadoso mari ~uta SEN.*Dial.*7.27.3;—in alto nauem iubet..~ui anchoris NAEV.*com.*52;—(*transf.*) mustela..optutum acerrimum in me ~uit APUL.*Met.*2.25. **b** ~uit omnes seruos ad mensam ante se CAECIL.*com.*195; ~uit alios in conuiuio CIC. *Ver.*3.66; ante tribunal regis ~utus LIV.2.12.8; 10.4.4; captiuos..in armario muricibus praefixo ~utos GEL.7(6). 4.4.
2 To leave in an isolated position by one's departure. **b** (of things, esp. receding water). **c** to go away and leave, abandon.
subito solus ~utus pertimuit et conturbatus est CIC.*Ver.* 2.74; cum (Carthaginem) inermem..~ui inter tot armatas gentes..cerneretis LIV.30.44.10; comitem..suam crudelis in illo litore ~uit OV.*Met.*8.176; Dareus haud procul ~utus a suis CURT.5.13.4; FLOR.*Epit.*1.3(1.9.1); (*cf.*) duo quae in aedibus tuis sola iam sunt..relicta ac ~uta a ceteris signis CIC.*Ver.*1.61;—(*transf.*) uerba..quorum pars deuorari, pars ~ui solet QUINT.*Inst.*11.3.33; cum finitur uocali sermo trochaeum ~uens MAUR.1132. **b** freta ~uent nudos in litore piscis VERG.*Ecl.*1.60; OV.*Fast.*3.52; MELA 3.1; has uada ~uunt..puppes LUC.9.335; beluas..~uit oceanus PLIN.*Nat.*9.10; STAT.*Theb.*1.688; paries..defecit, et percussoris manus subito ~uit [QUINT.]*Decl.*1.9. **c** uehicula ..a suis ~uta CURT.3.13.11; demissos..in metallum antiquum olim ~utum SEN.*Nat.*5.15.1; uallum..Pelasgi ~uunt furto STAT.*Theb.*11.758;—(*of things*) nondum ~uit calidus tua uolnera sanguis LUC.3.746.
3 To deprive of support by one's absence, departure, or sim., abandon, desert, leave. **b** to deprive of expected help, support, etc., leave in the lurch, let down.
ita sum ab omnibus ~utus CIC.*Att.*1.18.1; nostram cuncti ~uere fugam OV.*Pont.*1.4.34; SEN.*Ep.*70.21; cum turba laudantium ~uunt subsellia QUINT.*Inst.*6.4.6; (*poet.*) filius.. Cereris..~uat..tuas usque petitus opes OV.*Ib.*418;—(*in battle, etc.*) quibus summotis omnes sagittarii..~uti inermes ..interfecti sunt CAES.*Civ.*3.93.7; ~utum ab equite hostem LIV.25.41.4; CURT.4.15.30; fideles..manus..~uere ducem LUC.5.244; FRON.*Str.*2.5.36; (*cf.*) ac ne ancillarum quidem clamor aciem ~uit PETR.108.8;—(*absol.*) nec..~uit Barce SIL.3.251; SUET.*Nero* 2.3;—(*by death*) V.MAX.5.10.2; Minyas subito..funere Tiphys ~uit STAT.*Theb.*8.213; paruuli huius in primis annis ~uti APUL.*Met.*3.8; (*cf.*) ~uit primos uiridis Demetrius annos MART.1.101.3. **b** CIC. *Clu.*72; quorum ego consiliis..~utus in hanc calamitatem incidi *Q.fr.*1.3.8; multo etiam grauius quod sit ~utus queritur CAES.*Gal.*1.16.6; NEP.*Alc.*5.4; quos prouexerat fortuna ~uit SEN.*Con.*1.1.5; SEN.*Ep.*68.9; hanc leuis fallaxque ~uet deus..Cupido [SEN.]*Oct.*199; STAT.*Theb.*12. 681; (*w. non-personal obj.*) ~utum utriusque consilium morte Pisonis SUET.*Jul.*9.3;—(*absol.*) si is ~uit, nihil per Thraeciam satis tutum habebis LIV.37.7.9.
4 To abandon (an occupation, activity, etc.). **b** to disregard; to render void.
utinam..Phoebus..inceptum ~uisset opus OV.*Am.*3. 12.18; dicitur inceptam ~uisse fugam 3.13.20; si labores suos ~uit in semine SEN.*Ben.*2.11.4; inter maxime memoranda..quamuis ~utum successoris odio, montem perfossum PLIN.*Nat.*36.124; SIL.10.384;—(*cf.*) ~uta tutela prouinciarum NEP.*Att.*8.5; quod dignitatem suam ~uerit SEN.*Ep.*36.1. **b** durauit..animum ~uitque preces *Epic.Drusi* 198; honorem a Nerone ~utum abolitumque SUET.*Cl.*45.1;—ne ~uto testamento nihil consequantur GAIUS *dig.*35.2.73; PAUL.*dig.*28.2.9.2.
5 To fail to come up to, disappoint, belie (expectations, standards, etc.).
quae..~uta exspectatio est LIV.26.18.5; si tu spem meam ~ueris 35.19.4; mea membra..propositum ~uere meum OV.*Am.*3.7.14; *Pont.*3.9.18; COL.4.24.12; ne..uidear hanc de me fiduciam..~uisse PLIN.*Ep.*4.17.10;—(*absol.*) effice, ut idem status sit, cum exigis, qui fuit, cum promitterem: ~uere leuitas erit SEN.*Ben.*4.39.4.
6 To cease to serve or be available to, fail.
tam cito me somnos ~uisse queror [OV.]*Ep.Sapph.*136; Ciceronem eloquentia sua in carminibus ~uit SEN.*Con.*3.pr.8; ut totus grex effetus senectute dominum ~uat COL.7.3.14; seu spiritus istas ~uit fauces LUC.5.133; mentem iam uerba paratam ~uunt 5.732; ingredientem ~uebant poplites SUET.*Cl.*30.1;—(*absol.*) nec Spes ~uat TIB.1.1.9; ne calor intus ~uat CELS.4.31(24).4; quando pietasque fidesque ~uunt LUC.5.298.
7 (w. abl. or *ab*, usu. pass.) To leave without or destitute (of).
~uit deos mercede pacta Laomedon HOR.*Carm.*3.3.21; ut..neque honestam paupertatem pateretur dignitate ~ui VELL.2.129.3; qui naturalibus bonis ~uitur ut ualitudine SEN.*Ep.*92.14; nimiam siccitatem ~uere plantas naturali alimento COL.3.12.2; QUINT.*Inst.*11.3.5; epistula omnibus commendationibus ~uta PLIN.*Ep.*5.7.6;—a tanta repente ~utus spe LIV.25.27.13; senatorum nobilissimo cuique, sed a re familiari ~uto SUET.*Nero* 10.1; qui..ieiune laudat, ~ui a causa uidetur GEL.19.3.2;—(*ellipt.*) illa quae delicati reliquimus desideramus quasi ~uti MART.12.pr.

destitūtiō ~ōnis, *f.* [prec.+-TIO] Desertion; letting down, betrayal.
post ~onem Nero in adipiscenda morte manu eius adiutus existimabatur SUET.*Dom.*14.4;— ~one illa perculsus CIC.*Quinct.*20; *Clu.*71.

destitūtor ~ōris, *m.* [DESTITVO+-TOR] One who disappoints or fails.
uale nefande ~or inguinum *Priap.*83.14.

destitūtus ~a ~um, *a.* [pple. of DESTITVO] (in senses of vb., esp. Destitute or devoid (of); (spec.) childless.
capitis ~i (*i.e. bald*) et emendicaticiis capillis aspersi SEN.*Dial.*2.18.1; ~as (*i.e. hollow*) genas [QUINT.]*Decl.* 12.13; suscipiendas esse causas aut amicorum aut ~as (*i.e. without an advocate*) PLIN.*Ep.*6.29.1;— ~a senectus LIV. 40.54.3; mutabunt testamenta destituti senes SEN.*Ep.*19.4.

destrictārium ~iī, *n.* [DESTRINGO+-ARIVM] A place for rubbing the body down after exercise.
CIL 1.1635.2; 8.24106.

destrictē, *adv.* *compar.* ~ius. [next+-E] Severely, strictly, unreservedly.
~E..CAVSA AGENDA EST *CIL* 13.1668.2.31; ~e minatus PLIN.*Ep.*9.21.4; etsi ~ius magum me dixisset APUL.*Apol.*79; ULP.*dig.*3.3.13.

destrictus ~a ~um, *a.* *compar.* ~ior. [pple. of next] Strict, severe, uncompromising.
~am..egerunt censuram V.MAX.2.9.6; ex amica obsequenti..~am feneratricem agere coepit 8.2.2; 8.5.2; ~ior accusator TAC.*Ann.*4.36.

destringō ~ngere ~nxī ~ctum, *tr.* [DE-+STRINGO] Freq. confused in codd. w. DISTRINGO.
1 To strip off, remove by cutting; to strip off the extremities of. **b** to strip off (clothes); to strip (the body, oneself).
Cererem fragili properant ~ngere culmo MAN.3.629; muscus..ferro ~ngendus..est COL.4.24.6; clauum corporis ..si quis ~ngat PLIN.*Nat.*28.49; (*in fig. phr.*) ut neque praepropere ~ngatur immatura frons QUINT.*Inst.*12.6.2; (*transf.*) ~ngi aliquid et abradi bonis PLIN.*Pan.*37.2;—auenam..~ngas CATO *Agr.*37.5; COL.4.29.9. **b** cui tunica ab umeris..erat ~cta PHAED.2.5.13;—(Polyclitus) fecit..~ngentem se PLIN.*Nat.*34.55.
2 To rub or scrape down (with a strigil); (also pass. in middle sense); to scrape off (sweat). **b** to scour (the bowels).
dum ~ngitur tergiturque PLIN.*Ep.*3.5.14;—curuo ~ngere ferro MART.14.51.1;—ut..sudorem..~ngant SEN.*Ep.*122.6. **b** horum ius traditur..interanea ~ngere PLIN.*Nat.*32.96.
3 To scrape slightly, graze; to cause by grazing. **b** to injure (by criticism, censure, etc.). **c** to touch lightly.
summum ~nxit harundo corpus OV.*Met.*8.382; ~cta leui uulnere est cutis SEN.*Con.*7.5.9; COL.4.24.18; STAT.*Theb.* 5.538;—quodsi ~cto leuis est in uolnere noxa GRAT.364. **b** OV.*Tr.*2.466; non ego mordaci ~nxi carmine quemquam 2.563; graui ~ngunt alios contumelia PHAED.1.29.2. **c** aequora ~ngunt..alis OV.*Met.*4.562; nec flaua crinem ~nxerat uua STAT.*Theb.*5.269; corona multiformis uariis floribus sublimem ~nxerat uerticem APUL.*Met.*11.3.
4 To draw, unsheathe (weapon); (also fig.).
gladium ~nxit CIC.*Off.*3.112; CAES.*Civ.*1.75.3; HOR.*S.*2.1. 41; ~ngit acinacen TAC.*Ann.*12.51; in mortem centurioni ferrum ~ngenti 14.8;—(*cf.*) CVSTOS SEPVLCRI PENE ~CTO DEVS PRIAPVS *CIL* 6.5173; 6.30992;—(*w.* aduersus) ~cta aduersus dubitantis tela TAC.*Hist.*1.41;—(*w.* in+*acc.*) in uictos..~ngere ferrum LUC.7.313; (*in fig. phr.*) uno suffragio duas in rem publicam sicas ~ngere Q.CIC.*Pet.*12; —parem iram senatus aduersus illos ~nxit V.MAX.2.7.15; in singulos seueritas imperatoris ~ngitur SEN.*Dial.*4.10.4; Hipponax..~nxit amaritudinem carminum PLIN.*Nat.*36.12; (*refl.*) lex se ~nxit aduersus eum QUINT.*Decl.*323(p.272,l.1).

destructiō ~ōnis, *f.* [next+-TIO] The action of pulling down, destruction; refutation.
murorum ~one SUET.*Gal.*12.1;—his confinis, est ~o et confirmatio sententiarum QUINT.*Inst.*10.5.12.

destruō ~ere ~xī ~ctum, *tr.* [DE-+STRVO]
1 To demolish, pull down.
ut nauem, ut aedificium idem ~it CIC.*Sen.*72; dum moenia frater ~at VERG.*A.*4.326; tempus..tuque..uetustas, omnia ~itis OV.*Met.*15.234; NE QVIS..AEDIFICIVM DETEGITO ~ITO *CIL* 2.1964.3.64; TAC.*Ann.*14.21; PLIN. *Ep.Tra.*10.37(46).1; (templum) prope funditus ~ctum SUET.*Ves.*9.1; (*poet.*) crinemque manumque ~it (*i.e. strips of crown and sceptre*) STAT.*Theb.*12.93.
2 (transf.)To destroy, ruin. **b** to demolish, refute (arguments, evidence).
si, quod cuique priuatim officiet ius, id ~et ac demolietur LIV.34.3.5; nec uultu ~e dicta tuo OV.*Ars* 2.312; VELL. 2.48.2; qui, quod dedit, inputat, gratiam ~it SEN.*Ben.* 2.15.2; LUC.9.1042; PETR.100.3; TAC.*Ann.*4.18; foris claros domestica ~ebat infamia PLIN.*Pan.*83.4. **b** narratio-

nibus..subiungitur opus ~endi confirmandique eas QUINT. *Inst.*2.4.18; singulos (testes)..~ere 5.7.25.

dēsub, *prep.* (dub.). [DE+SVB] CONST.: w. abl. Below, under.

mustum ~ massa et limpidum sit (*s.v.l.*) COL.12.34.

dēsubitō, *adv.* (Also written as two words.) [DE+SVBITVS] Suddenly.

cum ~ me orat mulier ENN.*scen.*375; NAEV.*trag.*7; quamuis ~ facile est facere nequiter PL.*Mos.*411; crucior bolum tantum mi ereptum tam ~ e faucibus TER.*Hau.*673; tam ~ quam mens auet LUCR.2.265; 3.643; CIC.*Rep.*6.2; CELS.5.28.11.B.

dēsūbulō ~āre ~āuī ~ātum, *tr.* (dub.). [DE+SVBVLA+-O³] (app.) To make by piercing.

unam uiam Zenona munisse duce uirtute..alteram Carneadem ~asse (*cj.* desabulasse) bona corporis secutum VAR. *Men.*483(in NON.p.99M).

dēsūdascō ~ere, *intr.* [DESVDO+-SCO] To sweat away.

penetrare..huius modi in palaestram ubi damnis ~itur (*i.e. a brothel*) PL.*Bac.*66.

dēsūdātiō ~ōnis, *f.* [next+-TIO] Free or thorough perspiration.

ante ~onem corporis LARG.243.

dēsūdō ~āre ~āuī ~ātum, *intr.* [DE-+SVDO]

1 To sweat or perspire freely.

~are in balneo debet CELS.5.28.15.D; quibus ad uotum dies actus est, si bene ~auerunt SEN.*Ep.*15.3; STAT.*Theb.* 3.277; non acer aperto ~at campo sonipes SIL.11.416; (*w. cogn. acc.*) uinulentum sudorem in balneo ~are APUL. *Apol.*59.

2 (transf.) To exert oneself (w. mental or physical effort).

in his (*sc.* exercitationibus ingenii) ~ans atque elaborans CIC.*Sen.*38; in lusus agiles agilemque uigorem ~ant MAN. 5.111; in inutili ~amus facundia SEN.*Suas.*4.1; pro amicis ~andum esse SEN.*Ep.*95.37.

dēsuēfīō ~ierī ~actus, *intr.* [*desue-* (next)+FIO] To be disaccustomed.

non diiunguntur (catuli) a matre, sed minutatim ~iunt VAR.*R.*2.9.12; multitudinem..~actam iam a contionibus CIC.*Clu.*110.

dēsuescō ~escere ~ēuī ~ētum, *tr.*, *intr.* [DE-+SVESCO] FORMS: *diss-* SIL.3.576.

1 To become disaccustomed to, unlearn, forget about.

(*w. acc.*) ne..in ~escendis morentur QUINT.*Inst.*3.8.70; non in totum aeuum..uocem ~escebant APUL.*Fl.*15;—(*w. dat.*) gens..antiquo patrum ~escit honori SIL.3.576; —(*w. inf.*) uita..~euit..pellere glande famem TIB.2.1.38.

2 To disaccustom (a person).

TITIN.*com.*46(acc. NON.p.95M).

dēsuētūdō ~inis, *f.* [prec.+-TVDO] Disuse, desuetude.

mitigandum ferocem populum armorum ~ine ratus LIV. 1.19.2; resides et ~ine tardi OV.*Met.*14.436; *Tr.*5.7.57; longa ~ine bellandi FRO.*Ver.*2.p.208(206N); ius..partim ipsa ~ine obliteratum est GAIUS *Inst.*1.111; ~o omnibus pigritiam..parit APUL.*Fl.*17.

dēsuētus ~a ~um, *a.* [pple. of DESVESCO]

1 Disaccustomed.

resides animos ~aque corda VERG.*A.*1.722; iam ~a triumphis agmina 6.814; exercet..cibo ~um guttur inani OV.*Met.*8.826; uentrem..~um iam uentris officio SEN.*Ep.* 47.2; LUC.4.237; STAT.*Ach.*1.123;—(*w. inf.*) iam pridem ~o Samnite clamorem Romani exercitus pati LIV.8.38.10.

2 That has fallen out of use or become unfamiliar.

arma diu..~a..circumdat..umeris VERG.*A.*2.509; cur ex tanto interuallo rem ~am usurparent LIV.3.38.8; ~a..uerba retracto OV.*Tr.*5.7.63.

dēsulcō ~āre, *tr.* [DE-+SVLCO] To plough up.

~ANDA PRIVS MIHI DANTI CEREA PRATA (*i.e. wax tablets*) *CIL* 5.3635.

dēsultor ~ōris, *m.* [DESILIO+-TOR] A rider in the circus who jumped from one horse to another.

quadrigarius ac ~or VAR.*R.*2.7.15; ~orum in modum.. in recentem equum ex fesso..transultare LIV.23.29.5; 44.9.4; MAN.5.85; HYG.*Fab.*80.5; ULP.*dig.*19.5.20;—(*fig.*) non sum ~or amoris OV.*Am.*1.3.15; ~orem bellorum ciuilium SEN. *Suas.*1.7.

dēsultōrius ~a ~um, *a.* [prec.+-IVS] Of or belonging to a *desultor*.

CIC.*Mur.*57; equos ~os agitauerunt nobilissimi iuuenes SUET.*Jul.*39.2;—(*transf.*) iam haec equidem ipsa uocis immutatio ~ae scientiae stilo quem accessimus respondet APUL.*Met.*1.1.

dēsultūra ~ae, *f.* [DESILIO+-VRA] The action of jumping down.

ego istam insulturam et ~am nil moror PL.*Mil.*280.

dēsum ~esse ~fuī, *intr.* [DE-+SVM] FORMS: fut. inf. *~fore*; *~fuat* (= *~sit*) PL.*Mil.*595, *~siet* CATO *Agr.*8.1; *dee-* usually contracted to *dē-* in verse; where the spelling *dee-* is retained it is nevertheless scanned as one syllable.

1 To be wanting or lacking, not to be forthcoming. **b** (in litotes w. *non*, etc.) to be present or available, not to be lacking.

utinam uades ~sint in carcere ut sis PL.*Per.*289; TER. *Ph.*299; stramenta si ~erunt CATO *Agr.*5.7; nihil hic nisi carmina ~sunt VERG.*Ecl.*8.67; LIV.2.2.7; reges plures inchoantur, ne ~sint PLIN.*Nat.*11.50; ut suppleat quae ~rant QUINT.*Inst.*10.2.28; TAC.*Hist.*5.21; (*w. noun cl.*) plane ~est quod scribam CIC.*Att.*5.5.1;—(*w. dat. of person, etc.*) metuo ne ~fuerit mihi in monendo oratio PL.*Bac.*37; animum illis, non copias ~fuisse CIC.*Ver.*5.135; ~erant.. litora ponto OV.*Met.*1.292; TAC.*Ag.*12.7; (*w.* quominus) scriptori neque ingenium neque operam..~fuisse, quo minus aperte posset perscribere id, quod cogitaret CIC.*Inv.* 2.130; (*w. epexegetic inf.*) mihi (*sc.* ianuae) non ~sunt turpes pendere corollae PROP.1.16.7; (*impers.*) alimenta..quae tamdiu praestabuntur, quamdiu liberto supersit, patrono ~sit ULP.*dig.*25.3.5.25;—(*w.* ad) Massiliensibus res nulla ad uirtutem ~fuit CAES.*Civ.*2.6.1; ut cui modo ad uictoriam terra ~fuerat, ~esset ad sepulturam VELL.2.53.3; hoc..ad fabulas ~erat, ut narraretur aliquis solutus a piratis SEN. *Con.*exc.1.7;—(*w.* in+*acc.*) siquid ~sit in annum, uti paretur CATO *Agr.*2.6; si quibus argentum in praesentia ~esset LIV.22.60.4;—(*w. dat. expr. purpose, etc.*) ~est iam terra fugae VERG.*A.*10.378; ~erat ager tumulis *Ilias* 48. **b** Scaeuolae multa in seueritate non ~erat tamen comitas CIC.*Brut.*148; et animum ei praesto fuisse nec consilium ~fuisse *Phil.*13.13; *Att.*15.27.2; non enim maledici tanto uiro ~esse poterant NEP.*Ham.*3.2; VERG.*A.*7.262; LIV.1.9. 4; nec duces hostium augendae famae ~erant TAC.*Hist.* 3.54;—(*w. noun cl.*) non ~sunt mihi qui ultro dent AFRAN. *com.*62; neque enim ~sunt qui istos in me..incitent CIC. *Flac.*66; non sibi ~fuisse cui nupta diceretur LIV.1.47.2; TAC.*Ann.*4.50; nec ~fuit illi unde emeret..leonem JUV.7.75.

2 To fail (in respect of), be neglectful in one's duty (to) or support (of).

(*w. dat. of person, etc.*) Anicato..nullo loco ~fui CIC.*Att.* 2.20.1; CATUL.64.151; L. Lentulus consul senatui rei publicae se non ~futurum pollicetur CAES.*Civ.*1.1.2; dum se ~sse deis ac non sibi numina credit LUC.5.499; (*w. inanim. subj.*) mihi primum meum consilium ~fuit sed etiam obfuit CIC.*Att.*3.15.5; (*refl.*) uide ne tibi ~sis *S.Rosc.*104; me mihi non ~fuisse tu testis es *Att.*12.14.3;—(*w. dat. expr. situation or sim.*) erili dolori non ~fuit VAR.*Men.*257; numquam amicorum periculis ~fuit CIC.*Arch.*13; nostris miseriis ne ~sis *Att.*3.27; LIV.45.23.6; nec ~est inceptis STAT.*Theb.*10.236; nec ille sermoni mulieris ~fuit APUL. *Met.*9.7; (*opportunities or sim.*) dux uterque..meritus aduersa prosperis ~fuere TAC.*Hist.*4.34;—(*w. abl.*) consilio, cura, labore non ~sum CIC.*Fam.*12.28.3; *Iur.Civ.*fr.2; uideor pro nostra necessitate..non industria ~fuisse CAES. *orat.*26;—(*w.* ad) nullo loco ~ro..ad leuandam fortunam tuam CIC.*Fam.*5.17.5;—(*w.* quin, quominus) ~sse mihi nolui quin te admonerem 5.12.2; LIV.28.8.2; nec ~fuit Polyclitus quo minus ingenti agmine..terribilis incederet TAC.*Ann.* 14.39;—(*w. inf.*) nec ~rat robur in enses ire duci LUC.7.669; V.FL.2.314; pascere nec Poenus..furorem ~erat SIL.7.498; neque ipse ~erat adrogantia uocare offensas TAC.*Hist.*4.80; —(*absol. or ellipt.*) habes amantissimum Seruium; nos non ~sumus CIC.*Fam.*11.24.2; omnia deficiunt atque uno tempore ~sunt LUCR.3.454.

dēsūmō ~ere ~psī ~ptum, *tr.* [DE-+SVMO] To choose (for a particular purpose or in a particular capacity), pick out; to pick (a fight).

ingenium sibi quod uacuas ~psit Athenas HOR.*Ep.*2.2.81; LIV.4.55.3; quos tibi hostis ~pseras 38.45.8; non te solum fortuna ~psit sibi SEN.*Dial.*11.14.2; ~pta sibi Flaminia uia ..munienda SUET.*Aug.*30.1;—quo..maiores..pugnas sibi ipsa ~pserit (eloquentia) TAC.*Dial.*37.8; inter se maiores minoresque (insulae) quasi cursum certamenque ~unt PLIN. *Ep.*8.20.7.

dēsuper, *adv.* and *prep.* [DE+SVPER]

1 From above. **b** up above.

milites qui in phalangas insilirent..et ~ uulnerarent CAES.*Gal.*1.52.5; collem, qui..aspectat ~ arces VERG.*A.* 1.420; Messapus (Aulesten)..~ altus equo..ferit 12.295; ~ extentas inposuere togas OV.*Fast.*3.530; pallidus (globus)..qui ~ imminet Argis STAT.*Theb.*1.660; ingerunt ~ Othoniani pila TAC.*Hist.*2.22; SUET.*Nero* 31.2; praecipiti grandine ~ uerberatur APUL.*Mun.*3; (*in fig. phr.*) idem in his euenit, quae fortuna ~ iactat SEN.*Ep.*74.8. **b** mirantur..ingentem moribundae ~ umbram alitis V.FL. 5.175; subterque ac ~ una sufficis STAT.*Theb.*8.314; saxeas erexere turres et ~..tropaea fixerunt FLOR.*Epit.*1.37(3.2.6).

2 (as prep., w. acc.) Over, above.

ueniat (equus)..Ligurinas ~ Alpes GRAT.510; ~..aeriam Pyrenen abripimur LUC.1.688.

dēsurgō ~gere ~rexī ~rectum, *intr.* [DE-+SVRGO] To get up (from table); (also as a euphemism for going to stool).

uides ut pallidus omnis cena ~gat dubia? HOR.*S.*2.2.77;—inanis uoluntas ~gendi PLIN.*Nat.*28.211; LARG.142.

dētectiō ~ōnis, *f.* [next+-TIO] Disclosure.

SEN.*Con.*2.1.33(*cj.*).

dētegō ~gere ~xī ~ctum, *tr.* [DE-+TEGO]

1 To remove the roof from, unroof.

~xit uentus uillam PL.*Rud.*85; NE QVIS IN OPPIDO.. AEDIFICIVM ~GITO *CIL* 1.594.2.2.17; *B.Alex.*13.2; aedis.. uetustate atque incuria ~cta NEP.*Att.*20.3; LIV.42.3.2;—(*fig.*) haec uerecundiam mi..deturbauit ~xitque a med ilico PL.*Mos.*140; 163.

2 To uncover, lay bare, expose; (fig.) to fleece. **b** to unsheathe, bare (a weapon).

CIC.*Luc.*122; Caci ~cta apparuit ingens regia VERG.*A.* 8.241; iuga montium ~xerat nebula LIV.33.7.9; ~cti (*i.e. naked*) referunt monimenta uetusti moris OV.*Fast.*2.301; nigrities, quam terebra ~xit CELS.8.3.6; equiti..si ~cta corpora obicerentur TAC.*Ann.*13.38; SUET.*Otho* 11.2; (*ellipt.*) ~gente eo (*sc.* Nilo) musculi reperiuntur PLIN.*Nat.*9.179; (*w. retained acc.*) caput..puer ~ctus VERG.*A.*10.133;— meretricem quae te..studuit perdere ~gere despoliare TURP.*com.*162. **b** ~ge..ferrum LUC.3.128; strictum propere uagina ~git ensem SIL.13.168; FRON.*Str.*4.1.43.

3 To disclose, reveal, uncover.

metu grauioris quaestionis ~gunt insidias LIV.27.16.16; ut..latentem ~geret culpam OV.*Met.*2.546; color..morbum ~git CELS.3.24.1; SEN.*Ep.*96.2; salubritas loci..incolarum colore ~gitur PLIN.*Nat.*18.27; ~cta et nuda omnium mens TAC.*Ger.*22.4; ut occulti aduersarii..~gerentur SUET.*Aug.* 15; APUL.*Met.*8.8;—(*refl.*) sese trepidis..Thyoneus ~xit STAT.*Theb.*5.266; mores..se inter ludendum..~gunt QUINT.*Inst.*1.3.12;—(*w. indir. qu.*) TEMPVS EST..~GERE TE PATRIBVS CONSCRIPTIS QVO TENDAT ORATIO TVA *CIL* 13.1668.2.20; uirtus quid sit aduersa ei malitia ~git QUINT. *Inst.*12.1.35; SUET.*Jul.*58.2.

dētendō ~dere ~dī ~sum, *tr.* [DE-+TENDO] To let down, loosen; to strike (a tent).

CAES.*Civ.*3.85.3;—nautici tabernacula ~dunt LIV.41.3.1.

dētentātiō ~ōnis, *f.* [DETINEO+-TO+-TIO] (Temporary) control or possession, 'detention'.

ULP.*dig.*4.6.15.3; manebit..maritus in rerum ~onem, donec ei satisfiat 25.1.5.

dētentiō ~ōnis, *f.* [DETINEO+-TIO] = prec.

ei..qui pignori fundum acceperit..non esse iniquum ~onem seruitutis dari ULP.*dig.*43.25.1.5.

dētergeō ~gēre ~sī ~sum, *tr.* Also **~go** ~gere. [DE-+TERGEO] FORMS: *~tus* (pf. pple.) cj. in STAT.*Silv.*1.3.109.

1 To wipe off or away, clean away. **b** (transf. and fig.).

dacrimas de ore noegeo ~sit ANDR.*poet.*19(21); salem omnem ~geto CATO *Agr.*162.3; OV.*Met.*13.746; ~geatur.. sanguis CELS.7.1.1; calici sudore ~so PLIN.*Nat.*33.123; ne sudorem..~geret TAC.*Ann.*16.4; ~so somno curiose et rursum in pristinam pyxidis sedem recondito APUL.*Met.* 6.21; (*cf.*) ~ges sterilis soli pudorem STAT.*Silv.*4.3.87; (*poet.*) caligans ~sit sidera nubes CIC.*Arat.*490(246). **β** perticae, quibus araneae ~gantur ULP.*dig.*33.7.12.22. **b** ~get nubila caelo..Notus HOR.*Carm.*1.7.15; animus.. si sordidum omne ~sit SEN.*Nat.*1.pr.11; COL.8.10.5; ~so rudis saeculi squalore QUINT.*Inst.*2.5.23; ut sollicitudinem nostram uel interim minuat uel iam omnino ~geat AUR. *Fro.*1.p.152(36N); cui..continuatio litterati laboris omnem gratiam corpore ~get APUL.*Apol.*4; 57; (*colloq.*) primo anno LXXX ~simus (*app. gained*) CIC.*Att.*14.10.3.

2 To trim or shear off (projections, etc.).

remos transcurrentes ~gere..contendebant CAES.*Civ.*1. 58.1; asseribus falcatis ~gebat pinnas LIV.38.5.3; pluma omnis e capite..~getur COL.8.7.2; satius..pampinos adiugatae (uineae) ~gere PLIN.*Nat.*17.175; umbonem..~ sit ..ictu SIL.5.297; APUL.*Apol.*30.

3 To wipe, rub, etc., clean.

~gendas..cloacas..locauerunt LIV.39.44.5; neque lingua se ~get (bos) COL.6.6.1; 7.5.6; ~sis..manibus PETR.135.2; madentia..lumina ~si STAT.*Silv.*1.2.93; JUV.5.27; fossas.. oblimatas..~sit SUET.*Aug.*18.2; APUL.*Met.*11.24; (*facet.*) mensam quando edo ~geo PL.*Men.*78; (*transf.*) ter elleboro animum ~sit (*i.e. cleared*) PETR.88.4. **β** caput pallio ~gere PL.*Cas.*237; COL.12.18.5; ea pelle aciem ~gito *Arb.* 15; APUL.*Apol.*59.

dēterior ~ior ~ius, *compar. a. superl.* ~rimus. [DE; cf. *exterior*, *inferior*, etc.]

1 More unpleasant, less desirable, worse. **b** (of situations) more serious, worse. **c** aesthetically worse.

nunc ~iore condicione sumus quam apud patres nostros fuerunt captiui LIV.25.6.15; parte premor uitae ~iore meae OV.*Tr.*4.8.34; quae..~ior polus obscura diro spatia concessit Ioui SEN.*Her.F.*607; ~iora uidebo Tartara STAT.*Silv.* 5.1.192; TAC.*Ann.*15.36; PLIN.*Pan.*70.2; JUV.3.7; in ~iorem militiam dandus est MEN.*dig.*49.16.4.11. **b** rem..quam ..intellego uerbo fieri interdum ~iorem solere CIC.*Phil.*8.4; metu interprete semper in ~iora inclinato LIV.27.44.10; VELL.2.123.1; mutationem rerum in ~ius portendi TAC. *Ann.*12.64;—(*superl.*) TAC.*Ann.*11.38. **c** odorem ~iorem demere uino CATO *Agr.*110; ~iore..forma muliercula LUCR. 4.1278; QUINT.*Inst.*9.4.91.

2 Lower in quality, poorer, worse. **b** inferior in strength, consideration, etc., weaker. **c** lower in value.

hoc uinum ~ius non erit quam Coum CATO *Agr.*105.2; probae..in segetem..~iorem datae fruges ACC.*trag.*234; *CIL* 1.590.33; marem non deiungunt ab opere quod remissione laboris fit ~ior VAR.*R.*2.6.4; hanc certe rem ~iorem uetustas fecit CIC.*Brut.*258; ~ior qui uisus (*sc. queen bee*) VERG.*G.*4.89; HOR.*S.*2.8.44; argentea proles, auro ~ior, fuluo pretiosior aere OV.*Met.*1.115; PLIN.*Nat.*19.6; STAT. *Theb.*1.434; lapides..ex saxo silice aut molari aut ne ~iore HYG.*Gr.agrim.*p.157;—(*superl.*) oleum..~rimum erit CATO *Agr.*64.2; ne forte..cursem huc illuc uia ~rima CIC.*Att.*9.9.2; color ~rimus albis VERG.*G.*3.82; HOR.*S.*1.5.8; PLIN.*Nat.* 18.141. **b** strenuiori ~ior si praedicat suas pugnas PL.*Epid.*446; hostem, quem tempus ~iorem in dies faceret LIV.7.12.11; 42.63.2; naturae est enim potioribus ~iora summittere SEN.*Ep.*90.4; SUET.*Gram.*8(p.106Re); (*w. abl.*) peditatu, quo erat ~ior NEP.*Eum.*3.6;—(*of causes, etc.*) neque..est Gaditanorum causa ~ior CIC.*Balb.*35; nilo ~ius dominae ius esse HOR.*S.*1.5.67. **c** ruina rem non fecit ~iorem, haud scio etiam an fructuosiorem CIC.*Att.*14.11.2; qui suo aduentu uectigalia sibi ~iora faceret CAES.*Gal.* 1.36.4; si ~ius mancipium siue animo siue corpore ab emptore factum est ULP.*dig.*21.1.23.

3 Morally worse, more wicked.

uidi..nequam homines, uerum te neminem ~iorem PL. *Bac.*1180; ~iores omnes sumus licentia TER.*Hau.*483; ~iores cauete CIC.*Har.*57; *Fam.*2.17.7; VERG.*A.*8.326; nec uera uirtus..curat reponi ~ioribus HOR.*Carm.*3.5.30; LIV. 39.27.9; ~iores fore quis uicisset TAC.*Hist.*1.50; *Ann.*6.48; APUL.*Pl.*2.18;—(*of character, conduct, etc.*) ubi mores ~iores increbrescunt in dies PL.*Mer.*838; TER.*An.*193; nec statim ~ius esse quod diuersum est TAC.*Dial*.18.3; uultum habitumque trahere in ~ius *Hist*.2.52; cedere..foro ..non est ~ius quam Esquilias a feruenti migrare Subura JUV.11.50;—(*superl.*) muliercularum ~rimarum improbissimi cognitores CIC.*Ver*.3.78; duos omnium mortalium impudicitia ignauia luxuria ~rimos TAC.*Hist*.1.50; ~rimae uersipelles APUL.*Met*.2.22;—(*of conduct, etc.*) QUINT.*Inst*. 12.1.4.

4 Less expedient, worse in its effect, more harmful.

tu obiurgans me a peccatis rapis ~iorem in uiam PL. *Trin*.680; ~iore tempore absens auctionatur CIC.*Quinct*. 20; ~ioris consilii auctores TAC.*Hist*.2.33;—(*superl.*) 3.40; ~rimam esse potu aquam e niue GEL.19.5.5.

dēterius[1] ~a ~um, *a.* [cf. prec.] (See quot.)

~ae porcae, id est macilentae PAUL.*Fest*.p.73M.

dēterius[2], *adv.* [DETERIOR] In a less desirable manner, worse; less favourably. **b** more reprehensibly.

ne qui ~ huic sit quam quoi pessume est PL.*Capt*.738; VAR.*L*.9.17; CIC.*Fin*.1.8; ~ (*sc.* ualeo) quam soleo LUCC. *Fam*.5.14.1; ~ Libycis olet..herba lapillis? HOR.*Ep*.1.10. 19; at tu ~ palles PERS.3.96;— ~ interpretantibus tristior habebatur TAC.*Hist*.1.14. **b** qui omnia ~ tua per uestigia peccet JUV.14.53.

dēterminātiō ~ōnis, *f.* [next+-TIO]

1 The marking off or fixing of a boundary; (concr.) a boundary. **b** temporal limitation.

EORVM LOCORVM DE QVIBVS AGITVR FACTAM ~ONEM *CIL* 9.2827.12; typum perticae totius lineis descriptum secundum suas ~ones HYG.GR.*agrim*.p.165; AGEN.*agrim*. p.28; si iter actusue sine ulla ~one legatus est JAVOL.*dig*. 8.3.13.1;—aether..extrema ora et ~o mundi CIC.*N.D*. 2.101. **b** ULP.*dig*.29.1.15.6.

2 (rhet.) An end, conclusion.

conclusio est exitus et ~o totius orationis CIC.*Inv*.1.98.

dēterminō ~āre ~āuī ~ātum, *tr.* [DE-+TERMINO]

1 To mark out or fix the boundaries of, delimit, bound. **b** to determine the linear extent of. **c** to fix the temporal limits of. **d** to confine within limits.

regiones ab oriente ad occasum ~auit LIV.1.18.7; octaua regio ~atur Arimino, Pado, Appennino PLIN.*Nat*.3.115; 5.102; scipione ~ata..templi imagine in solo 28.15; FRON. *Aq*.128; HYG.GR.*agrim*.p.162; VTI ~ATI ERVNT (putei) *Lex Vip*.45(*Font.iur*.p.295); JAVOL.*dig*.8.3.13.1; (*cf.*) ut hinc teli ~et (*i.e. direct*) ictus LUCR.6.403; (*in fig. phr.*) eius (*sc.* argumenti) nunc regiones, limites, confinia ~abo PL.*Poen*. 49;—(*transf.*) id, quod dicit, spiritu, non arte ~at CIC. *de Orat*.3.175; anguste fructus rerum ~at, qui tantum praesentibus laetus est SEN.*Ep*.99.5. **b** extremum geminus ~at axem, quem Grai dixere polon GERM.*Arat*.21; longitudinem XL dierum noctiumque..cursu ~auere PLIN. *Nat*.6.57. **c** omnia fixa tuus glomerans ~at annus CIC. *Cons*.fr.2.35; PLIN.*Nat*.18.285; interrogabo, quos uocetis antiquos, quam oratorum aetatem significatione ista ~etis TAC.*Dial*.16.4; equestria officia bienni spatio ~aturus SUET. *Gal*.15.1. **d** si ~atus est (umor)..speculum est SEN.*Nat*. 1.3.6; poena tempore ~ata PAPIN.*dig*.3.1.8.

2 To mark out, designate.

depascitur segetis destinatione..ante ~atas PLIN.*Nat*. 8.95; 10.14.

3 To lay down in fixed terms, define.

illud utique mihi ~ari uolo SEN.*Ben*.5.18; cum prosperitatem..alias alio modo..~et PLIN.*Nat*.7.130; Cato breuiter atque suo more uitia ~at 17.34; 17.189.

4 (rhet.) To conclude (a sentence or period).

nec omnis clausulas uno et eodem modo ~et TAC.*Dial*. 22.5.

dēterō ~erere ~rīuī ~rītum, *tr.* [DE-+TERO]

1 To wear down or away. **b** to wear down to a smooth surface, sharp edge. **c** to rub the skin off, chafe.

strata..pedibus ~rita uiarum LUCR.1.315; has (*sc.* tabellas)..nostris manibus ~riuerat usus PROP.3.23.3; aut caedi uel ~eri potest SEN.*Dial*.2.3.5; PETR.124,l.261; uestis ~rita usu PLIN.*Nat*.8.191; TAC.*Ann*.1.18;—(*hyperb.*) sequor. — clementer quaeso, calcis ~eris PL.*Mer*.952; ~eret ..uia longa pedes TIB.1.9.16;—(*fig.*) ingeniis, quae occupationibus libenter ~eruntur SEN.*Dial*.9.2.11; QUINT.*Inst*. 8.6.51; qui ab alio genere uitae ~riti iam..ad litterarum disciplinas..adeunt GEL.15.30.1. **b** leuior adsiduo ~ritis aequore conchis OV.*Met*.13.792; in ferri acie ~erenda PLIN.*Nat*.27.10. **c** a catena collum ~ritum cani PHAED. 3.7.16; derasso..~ritoque imponendum est emplastrum CELS.5.26.35.B.

2 To rub off, remove.

corticem..~erat CATO *Agr*.86; pisunt (spicas) cum harena et sic..~erunt utriculos PLIN.*Nat*.18.115; ~ritis sordibus 36.190; anguli ~eruntur FRON.*Aq*.24; (*poet.*) nudae plerisque sinistrae ~rito clipeo SIL.10.397;—(*transf.*) (irpices) sirpices, postea S ~rito, a quibusdam dicti VAR.*L*. 5.136; ~ereret sibi multa (Lucilius) HOR.*S*.1.10.69; ~rita ..commoda luxu PETR.119,l.56; JUV.3.24.

3 a To pound, grind. **b** to thresh out (grain).

a marrubium deterunt cum oleo et uino COL.6.4.2; ~rita scilla naturalia..linuntur 6.27.10; sinapis sextarius unus ~ritus LARG.130. **b** celeriter frumenta ~eruntur COL. 1.6.23.

4 To lessen, impair; to detract (from).

laudes..tuas culpa ~erere ingeni HOR.*Carm*.1.6.12; necesse est ~eratur fulgor QUINT.*Inst*.10.5.16; TAC.*Hist*. 2.76; nimia cura ~erit magis quam emendat PLIN.*Ep*. 9.35.2; GEL.12.1.21;—quantum ~ritum est famae! SIL. 7.247.

dēterreō ~ēre ~uī ~itum, *tr.* [DE-+TERREO]

1 To deter, discourage, put off (persons). **b** to discourage (actions, conduct).

te ut ~eam TER.*Hau*.79; me..anulus aureus scribae tui ~et CIC.*Ver*.1.157; uos tribunos..impedientes..triumphum auctoritate uestra ~uistis LIV.38.47.5; desinant ergo, qui prodesse adflictis..nolunt..alios quoque ~ere LARG.pr. p.3,l.9; quid enim ~et amantis? STAT.*Silv*.3.5.46; ULP.*dig*. 21.1.31.21;—(*w.* ab) quo facilius nos..a doctrina ~erent CIC.*de Orat*.2.1; neque a proposito ~ebatur CAES.*Civ*.3. 100.3; SEN.*Ep*.40.13; iuuenem a nuptiis Silanae ~uerat Agrippina TAC.*Ann*.13.19;—(*w.* de) lepide hercle de agro.. senem ~ui PL.*Trin*.560; num..eorum frequentia Stoici de sententia ~entur? CIC.*Div*.2.81;—(*w. abl.*) reges..proelio ~entur SAL.*Jug*.98.5; homines..uictu foedo ~uit Orpheus HOR.*Ars* 392; QUINT.*Inst*.7.1.58;—(*w. inf.*) nefarias eius libidines commemorare pudore ~eor CIC.*Ver*.14; non ~entur..milites nostri uineas proferre HIRT.*Gal*.8.41.3;— (*w.* ne) hau ferro ~ere potes hunc ne amem PL.*Truc*.929; te..cupio ~ere ne permaneas in incepto LUCC.*Fam*.5.14.3; CAES.*Gal*.1.17.2;—(*w.* quin) me..nemo ~ebit quin ea sit in his aedibus PL.*Mil*.332; ut ne Suessiones quidem..~ere potuerint quin cum his consentirent CAES.*Gal*.2.3.5;— (*w.* quominus) non ~et sapientem mors..quo minus..rei publicae..consulat CIC.*Tusc*.1.90; TAC.*Hist*.4.71;—(*absol.*) nec hoc ~endi causa dico SEN.*Suas*.6.25. **b** in ~enda liberalitate CIC.*Off*.2.63; ut uis a censoribus nullius auctoritate praeterquam ipsius Mamerci ~eri quiuerit LIV.4.24.9; audet ~ere nefas OV.*Met*.8.766.

2 To frighten, terrify.

tali puella sermone ~ita APUL.*Met*.4.26; Psyche tanto aspectu ~ita et impos animi 5.22; 9.21.

dētestābilis ~is ~e, *a.* *compar.* ~ior. [DETESTOR+-BILIS]

1 Subject to a *detestatio* (sense 1).

loca, in quibus positum aliquid..honoris eius causa fuisset, ~ia esse LIV.31.44.5.

2 Detestable, execrable, abominable.

nihil est ~ius dedecore CIC.*Phil*.3.36; hoc..~e omen auertat Iuppiter! 11.11; *Sen*.41; uter casus ciuitati sit ~ior LIV.29.17.19; beneficia sua ~i uia ducunt SEN.*Ben*.6.25.5; non erit ullum exemplum in nostro tam ~e sexu JUV.2.48;— (*of persons*) ut..non te exsecratum populo Romano, non ~em..scias CIC.*Phil*.2.65; LIV.23.3.1; SUET.*Tib*.63.1; uoluptatis ~is petitor APUL.*Met*.8.9.

dētestātiō[1] ~ōnis, *f.* [DETESTOR+-TIO]

1 A solemn curse or execration.

dira ~o nulla expiatur uictima HOR.*Epod*.5.89; primoribus Samnitium ea ~one obstrictis LIV.10.38.12; PAUL.*Fest*. p.184M.

2 The expression of abhorrence, hatred, or sim.

V.MAX.4.3.6; mentis..hac ~one misericordiam captantis SEN.*Ep*.117.24; mutuis ~onibus inuisa respirent [QUINT.] *Decl*.17.13; publica ~one communique odio dignum GEL. 12.1.9; (*cf.*) laurus..abdicat ignes crepitu et quadam ~one PLIN.*Nat*.15.135; (*perhaps*) cum pro ~one tot scelerum unam aram nefarie consecraret? CIC.*Dom*.140.

3 (leg.) **a** (see quot.). **b** *~o sacrorum*, the abjuration of family *sacra* (see DETESTOR 4b).

a '~o' est denuntiatio facta cum testatione ULP.*dig*. 50.16.40. **b** isdem comitiis..et sacrorum ~io et testamenta fieri solebant GEL.15.27.3.

dētestātiō[2] ~ōnis, *f.* [TESTIS[2]; perh. facet. on anal. of prec.] Castration.

(equos) adhibita tali ~one mansuetos..factos APUL.*Met*. 7.23.

dētestor ~ārī ~ātus, *tr.* [DE-+TESTOR] FORMS: pf. pple. freq. in pass. sense; sim. pres. inf. APUL.*Apol*.52.

1 To call down a solemn curse on, execrate. **b** to call down (a curse or sim.).

omnibus precibus ~atus Ambiorigem CAES.*Gal*.6.31.5; quin eum fratricidam impiumque ~ans compellaret NEP. *Timol*.1.5; neminem in contione stare qui..non caput.. Sergi sit exsecratus ~atusque LIV.5.11.15; 10.41.3; 31.44.6; hostilique caput prece ~atur euntis OV.*Met*.15.505; ~atus est patrem, conuiciatus est matri [QUINT.]*Decl*.19.4;— (*in pass. sense*) ara..Febris..~ataque omnia eius modi repudianda sunt CIC.*Leg*.2.28. **b** (*w.* ~o *+acc.*) in caput eorum ~ari minas periculaque LIV.39.10.2; iram deorum.. in caput..pueri ~atur PLIN.*Ep*.2.20.6.

2 To express or feel abhorrence for, detest, loathe.

ignoro causam, ~or exitum CIC.*Phil*.8.7; *Att*.9.10.6; hunc..odi ac ~or LIV.21.10.11; 40.56.4; colunt..~antur-que felicem SEN.*Ben*.1.9.2; supernis ~anda deis..arcana magorum LUC.6.431; TAC.*Ann*.6.24; Montanum ~anda carmina factitantem 16.28; PLIN.*Ep*.4.2.4; tam indignam sortem p. R. palam et clare ~ata est SUET.*Cl*.3.2; uocem nefandam et horruit et ~ata est APUL.*Met*.8.8;—(*in pass. sense*) bella..matribus ~ata HOR.*Carm*.1.1.25; potius..in cubiculo despui quam in isto..coetu ~ari APUL.*Apol*.52.

3 To avert or ward off by entreaty.

o di immortales, auertite et ~amini..hoc omen! CIC. *Phil*.4.9; inuidiae ~andae gratia *N.D*.1.123;—(*w.* ab) ut a me..quandam..patriae querimoniam ~er ac deprecer *Catil*.1.27; *Pis*.96.

4 (leg.) **a** (see quots.). **b** (of a person about to be adopted, app.) to abjure one's family *sacra*.

a '~ari' est absenti denuntiare PAUL.*dig*.50.16.39.2;— (*in pass. sense*) '~atum' est testatione denuntiatum GAIUS *dig*.50.16.238.1. **b** Seruius Sulpicius iureconsultus..in libro de sacris ~andis secundo GEL.7(6).12.1.

dētexō ~ere ~uī ~tum, *tr.* [DE-+TEXO] To weave completely. **b** (transf.) to complete, finish.

ad ~undam telam PL.*Ps*.400; nec quiuisti unam togam ~ere TITIN.*com*.25; VERG.*Ecl*.2.72; fiscella leui ~ta est uimine iunci TIB.2.3.15; quod in tela est nondum pertextum uel ~tum, contextum appellatur ULP.*dig*.34.2.22; (*facet.*) hoc denuo uolt pallium ~ere PL.*Am*.294;—(*fig.*) te ab summo iam ~am exordio *Inc.trag*.181; ante exorsa et potius ~ta prope retexantur CIC.*de Orat*.2.158; uespera haec ad te ~ui AUR.*Fro*.1.p.96(11N). **b** is (*sc. the Milky Way*) non perpetuum ~ens conficit orbem CIC.*Arat*. 494(250); non absistam coeptum ~ere munus *Ciris* 9.

dētineō ~inēre ~inuī ~entum, *tr.* [DE-+TENEO]

1 To keep from going away, detain, hold. **b** to hold prisoner. **c** (w. *de, ab*) to keep (from an activity).

pater apud uillam ~inuit me PL.*Cist*.225; ~ineo te: fortasse tu profectus alio fueras TER.*Eu*.280; LENT.*Fam*. 12.15.5; gremio Ascanium..~inet VERG.*A*.4.85; Orphea ~inuisse feras..lyra PROP.3.2.3; LIV.8.38.6; Sirenes..quae uoce canora..~tinuere rates OV.*Ars* 3.312; hoc animal (*i.e. the pig*)..praecipimus..iuxta flumen..~ineri COL.7.10.6; potius..flumina ~ineas STAT.*Silv*.5.5.63; APUL.*Met*.10.26; —(*w. pred. acc.*) quem te Maenalis Auge confectum thiasis..~inuit STAT.*Silv*.3.1.42; ne quis Cremonensem captiuum detineret TAC.*Hist*.3.34;—(*of a place*) Gnosia me uellem ~inuisset humus OV.*Ep*.4.68; V.FL.7.262; litus multa..animalia maris siccis harenis ~inebat PLIN.*Ep*. 6.20.9; (*poet.*) haec domus ortus aspicit..illa cadentem ~inet..lucem STAT.*Silv*.2.2.46;—(*w. abst. subj.*) me ~inuit morbus TER.*Ph*.574; insanus amor..me..tela inter media.. ~inet VERG.*Ecl*.10.45; PLIN.*Ep*.9.37.1. **b** nec..cohors ..defendit nunc Galbam sed ~inet TAC.*Hist*.1.38; PLIN. *Ep.Tra*.10.74(16).1; eos..corripi quasi desertores ~inerique SUET.*Otho* 11.1; (*cf.*) grata ~inuit compede Myrtale HOR. *Carm*.1.33.14. **c** ~inet nos de nostro negotio PL.*Poen*. 402; SAL.*Rep*.1.7.2; ut ~ineret regem ab circumspectu rerum LIV.44.35.16; (*w. abst. subj.*) a quo incepto..me ambitio mala ~inuerat SAL.*Cat*.4.2.

2 To keep possession of (a thing), retain. **b** (of things) to occupy (a place) to the exclusion of something else, take up. **c** to keep back (from use).

si formam eius ~inebimus (*i.e. in memory*) *Rhet.Her*.3.33; ita..potestate populo permissa ut non plus darent iuris quam ~inerent LIV.1.17.8; superbum uidebatur tantum loci ~inere COL.1.3.11; quod immensam pecuniam longa senecta ~ineret TAC.*Ann*.14.65; PLIN.*Ep.Tra*.10.17a(28).3; ut..principes doceas..ascendere curulem, quam ~ineant *Pan*.59.2; ULP.*dig*.50.10.5.1. **b** platanus..tributarium.. ~inens solum PLIN.*Nat*.12.6; uilla..non..lati spatia ~inet campi MART.3.58.4; possessor, cuius..silua limitem ~inet FRON.*agrim*.p.10; dolium..frustra locum ~inet APUL.*Met*. 9.6. **c** tantum peculiarum ~inent apothecae PLIN.*Nat*. 14.56.

3 To occupy (a person) to the exclusion of other activities, etc., detain, hold. **b** (of a disease or other cause).

usque ad senectutem in studiis ~inentur CIC.*de Orat*. 3.89; OV.*Fast*.5.386; circa..alia mentes hominum ~inentur PLIN.*Nat*.14.4; ut tristes hominum..sermones laetiore materia ~ineres PLIN.*Pan*.28.1;—(*refl. or sim.*) ~ineo studiis animum OV.*Tr*.5.7.39; optumum erat..officiis ciuilibus se ~inere SEN.*Dial*.9.3.1;—(*w. non-personal subj.*) si te..Libycae..aspectus ~inet urbis VERG.*A*.4.348; illum.. historia fabulis ~ineat SEN.*Dial*.5.9.1; fabae modii quattuor..duas operas bubulcorum ~inent COL.2.12.2; si.. ~inuere oculos carmina nostra tuos MART.2.91.4; QUINT. *Inst*.1.8.18. **b** qui lentis febriculis diu ~inentur CELS. 2.17.5; QVI PERPETVA VALETVDINE ~INETVR *CIL* 6.10234.17; eam personam, quae furore ~enta est ULP.*dig*.24.3.22.7;— erratis et falsa spe..iam diu ~inemini *Rhet.Her*.4.49.

4 (w. pred. adj., phr.) To cause to remain, keep (in a condition). **b** to retain (in an employment or sim.); to reserve (for a purpose).

crus femurque, ut collocatum est, ~ineant CELS.8.10.5.A; manum suspensam ~inebat SEN.*Dial*.5.12.5; TAC.*Ann*. 13.36; insomnem..hostem ~inuit FRON.*Str*.2.9.1; ne diu quidem in eo iure ~inentur homines GAIUS *Inst*.1.141;—(*of things*) Aetionis tabula te stupidum ~inet CIC.*Parad*.37; quod elephantorum magnitudo..animos militum ~inebat in terrore *B.Afr*.72.3; (sucus) etiam leui gustu os accensum diu ~inens PLIN.*Nat*.25.79. **b** L. VESTINVM..IN REBVS MEIS ~INEO *CIL* 13.1668.2.12; minus triennium in ea legatione ~entus TAC.*Ag*.9.6; ~entus..rebus gerundis Suetonius *Ann*.14.39; PAUL.*dig*.26.5.28;—uictorem in aliam detinent caedem SEN.*Ep*.7.4; (*w. inanim. obj.*) reliqua pars lateris huius (*sc.* uillae) seruorum..usibus ~inetur PLIN.*Ep*.2.17.9.

5 a To delay the end of (an activity, process, or sim.), keep going, protract; *se ~inere*, to keep oneself alive. **b** to hold back or check the start or continuation of.

a euntem multa loquendo ~inuit sermone diem OV.*Met*. 1.683; ad expectationem populi ~inendam SEN.*Con*.4.pr.1; neque laudationibus aut pompa (funera) ~inere TAC.*Ann*. 13.17; (*of circumstances*) (ignem) eadem..~inet causa, quae maligne alit SEN.*Dial*.6.23.4;—cum se miserandis alimentis ..nonum ad diem ~inuisset TAC.*Ann*.6.23. **b** ~inui.. curas tempusque fefelli OV.*Pont*.4.10.67; PLIN.*Nat*.5.58; campos iter omne ~inentis STAT.*Silv*.4.3.21; amnis..supino etiam ac ~inenti solo non placido se..lapsu..abstulerat PLIN.*Pan*.30.4.

dētondeō ~dēre ~dī ~sum, *tr.* [DE-+TONDEO] FORMS: *~dunt* (= *~dent*) VAR.*R*. 2.1.28(*s.v.l.*); *detotonderat* (= *detond-*) *Men*. 246.

1 To shear or clip (an animal); to cut the

hair of (a person) short, crop. **b** to prune (a tree).
cum ~deris, unguito totas (*sc.* oues) CATO *Agr.*96.1; haec lanigeras ~deri docuit VAR.*Men.*242; ~sis auecta est Cynthia mannis PROP.4.8.15; COL.7.4.7; (*facet.*) altera (ouis) iam bis ~sa certo est PL.*Bac.*1128;—(*transf.*) ~dit agros laetos ENN.*Ann.*495;—~sus coactus conuiuio..interesse SEN.*Con.*exc.4.1; ~sa iuuentus PERS.3.54; PLIN.*Ep.*7.27.13. **b** quanto maturius ~sa sint (uirgulta) COL.4.23.3.

2 To cut off (hair, etc.); to cut short. **b** to strip off (foliage).
patris..crinem de uertice..~sum *Ciris* 186; ~sam eam (*sc.* lanam)..siccant PLIN.*Nat.*29.34; PAUL.*dig.*41.3.4.19;—non mihi ~sos crines depectere..licet OV.*Fast.*6.229; comis suo more ~sis CURT.10.5.17. **b** arboribus redeunt ~sae frigore frondes OV.*Fast.*3.237.

dētonō ~āre ~uī, *intr., tr.* [DE-+TONO]

1 To expend one's thunder; (usu. fig. or in fig. phrs.).
ubi ~uit (Iuppiter) strepituque exterruit orbem OV.*Tr.*2.35;—Aeneas nubem belli, dum ~et omnis, sustinet VERG.*A.*10.809; illum..furentem..Oebalides prima refugit dum ~et ira V.FL.4.294; QUINT.*Inst.*12.9.4; (Fabius) captis..iugis in subiectos..~uit FLOR.*Epit.*1.12(1.17.5); Syllana tempestas latius..~uerat 2.13(4.2.2).

2 (w. acc.) To utter (words, etc.) in a thunderous voice, roar out.
Pharsalica bella ~abis STAT.*Silv.*2.7.66; SIL.17.201.

dētonsō ~āre, *tr.* (dub.) Frequentative form of DETONDEO in GEL.10.15.11(*s.v.l.*).

dētornō ~āre ~āuī ~ātum, *tr.* [DE-+TORNO] To make by turning on a lathe.
lignum..ex quo uelares ~ant anulos PLIN.*Nat.*13.62; (*fig.*) sententiam memini a Fauorino..~atam GEL.9.8.3.

dētorō ~āre, *tr.* [DE-+TORVS+-O[3]] To remove the sapwood from (timber).
haec (pars abietis)..~atur (*cj.; codd.* decoratur) atque ita sappinus uocatur PLIN.*Nat.*16.196.

dētorqueō ~quēre ~sī ~tum, *tr.* [DE-+TORQVEO] FORMS: ~*sus* (pf. pple.) CATO *hist.*53.

1 To push or pull out of a former position or direction, turn away, deflect. **b** (w. nouns expr. movement); (also absol.) to turn away. **c** (pass., of paths) to deviate.
cum..fossae transitum ponticulo..coniunxisset, eum ipsum..~quebat CIC.*Tusc.*5.59; una ardua torquent cornua (*of the yard-arms*) ~quentque VERG.*A.*5.832; frenis ora..dextra ~sit equorum 12.373; ~quet ad oscula ceruicem HOR.*Carm.*2.12.25; in laeuum ~ta (cauda) PLIN.*Nat.*8.207; qui..tauros sub iuga et inuito ~quet in ilia cornu V.FL.4.685; STAT.*Theb.*4.487; ilico in eum et oculum et animum ~quet APUL.*Met.*2.5; (*refl.*) cum se a recto actu operis ~serint (boues) VEL.gram.in *G.L.*7.73; (*poet.*) uulnus ..Iuno ~sit VERG.*A.*9.746;—(*w. abst. subj.*) casus..uiolentia lanceam..in eum ~sit V.MAX.1.7.ext.4; ambitione auaritiaque in uillas..~quentibus publicam salutem (*i.e. the water supply*) PLIN.*Nat.*31.42. **b** dea..ad regem cursus ~quet VERG.*A.*4.196; uiam ~quet ad amnem V.FL.5.397; ~tis nutibus praesentium denotor APUL.*Met.*2.30;—si in laeua ~serit (hyaena) PLIN.*Nat.*28.93. **c** deflexus illi, qui de limite ~quentur SIC.FL.*agrim.*p.123.

2 To give a changed (usu. worse) direction to the behaviour of, turn aside, divert, pervert; to sway (a purpose, opinion). **b** to divert (an activity).
nisi quos a recta ratione natura uitiosa ~sisset CIC.*Tusc.*5.90; *Off.*2.37; non te..peiorum ~sit imitatio SEN.*Dial.*12.16.3; TAC.*Dial.*28.7; animus..quem non..copiae..ad segnitiem..~queant PLIN.*Pan.*82.6;—(*refl. or quasi-refl.*) Nero..uiuidum animum in alia ~sit TAC.*Ann.*13.3; (*w. pred. adj.*) si te alio prauum ~seris HOR.*S.*2.2.55;—in uoluntate testium..quae..flecti ac ~queri potest CIC.*Cael.*22; ubi nemo interuenit, qui iudicium..~queat SEN.*Dial.*8.1.1; COL.3.10.22. **b** esse dementiam ~quere orationem, cui esse rectam liceret SEN.*Con.*1.pr.24; aetas illa..nondum in uitium beneficia ~quebat SEN.*Nat.*1.17.5; qui..~sit in alium crimen ULP.*dig.*29.5.3.14.

3 To bend out of shape, twist, distort. **b** to alter the form of (words).
est nemo, quin..aptas malit..omnis partis corporis quam ..~tas habere CIC.*Fin.*3.17; ne membra libertas inmatura ~queat SEN.*Ben.*6.24.1; uerorum corporum imitatio (*in a mirror*), quae..~quentur in prauum *Nat.*1.15.8; si uolumus ~tum depangere (malleolum) COL.3.18.4; ne labra ~queantur QUINT.*Inst.*1.11.9; TAC.*Ann.*15.34; APUL.*Met.*5.10. **b** Marrucini uocantur, de Marso ~sum nomen CATO *hist.*53; si (uerba) Graeco fonte cadent, parce ~ta HOR.*Ars* 53; FEST.p.269M.

4 To distort or twist the sense of, misrepresent.
ut et mihi, quae ego uellem..concederes et ea ipsa nescio quo modo rursus ~queres CIC.*de Orat.*1.74; qui calumniando omnia ~quendoque..inuisa efficeret LIV.42.42.5; ~queri ab illo..et mutari sententias suas SEN.*Con.*9.3.12; in obscenum intellectum sermo ~tus est QUINT.*Inst.*8.3.44; uerba uultus in crimen ~quens TAC.*Ann.*1.7; PLIN.*Ep.*1.8.6.

dētractātiō, etc.: see DETRECT-.

dētractiō ~ōnis, *f.* [DETRAHO+-TIO] The action of taking away, removal, withdrawal; ~*o sanguinis*, blood-letting. **b** a purge (of the digestive system). **c** the removal or omission (of words). **d** deduction (from a total).
illa (*sc.* capita) efficiuntur ~one (*i.e. by chipping away the surrounding marble*) CIC.*Div.*2.48; paupertas non per possessionem dicitur, sed per ~onem SEN.*Ep.*87.39; ULP.*dig.*30.41.4;—(*w. obj. gen.*) ~o atque appetitio alieni CIC.*Off.*3.30; cuneorum adiectionibus et ~onibus VITR.9.8.7; non facit adiectio amici sapientiorem, non..stultiorem ~o SEN.*Ep.*74.25; nihil..proficere sponsoris adiectionem aut ~onem GAIUS *Inst.*3.178; GEL.2.6.12;—febris..sanguinis ~onem requirit CELS.2.10.6; COL.6.6.5; LARG.22. **b** tussis pleuritis..et cetera quae non ~onibus sed adiectionibus curantur VITR.1.6.3; PLIN.*Nat.*16.244; 22.133; LARG.101. **c** QUINT.*Inst.*7.9.11; ~ones, quae in complexu sermonis aut uitium habent aut figuram 9.3.18. **d** ut..de symmetriis ~ones aut adiectiones fiant VITR.6.3.11; 10.10.6; propter incertam ~onem ex legatis GAIUS *dig.*6.1.76.1;—(*w. obj. gen.*) cuius loci ~onem fieri uelit (*i.e. from the property to be sold*) CIC.*Att.*12.34.3(35.1); debiti non fiet ~o in computatione TRYPH.*dig.*24.3.53.

dētractor ~ōris, *m.* [DETRAHO+-TOR] One who disparages, a belittler.
haudquaquam sui ~or TAC.*Ann.*11.11.

dētractus ~ūs, *m.* [next+-TVS[3]] Taking away, omission.
~u aut adiectione syllabae SEN.*Suas.*7.11.

dētrahō ~here ~xī ~ctum, *tr.* [DE-+TRAHO] FORM: ~*xe* (= ~*xisse*) PL.*Trin.*743.

1 To detach by pulling or sim. action, pull, draw, strip off, remove. **b** (sim. of inanim. forces). **c** to drag (a person) away.
homo cruminam sibi de collo ~hit PL.*Truc.*652; sese illi anulum, dum luctat, ~xisse TER.*Hec.*829; equus..occisus erat, oreas ~ho LAEL.*orat.*10; ex ebore..perfecta argumenta erant in ualuis; ea ~henda curauit CIC.*Ver.*4.124; CAES.*Gal.*7.45.2; VERG.*G.*4.513; ~ctam ex aure Metellae..bacam HOR.*S.*2.3.239; uestem ~hi pacis sponsoribus iubent LIV.9.10.7; uere folia ~hunt PLIN.*Nat.*19.102; TAC.*Ann.*15.57; APUL.*Apol.*56; (*poet.*) agrestem ~xit ab ore (*sc. of Io*) figuram Iuppiter PROP.2.33.13;—(*w. abl.*) ilice ~xit uirgam OV.*Met.*11.109; coronam capite ~ctam proiecit V.MAX.6.9.ext.1;—(*pple. as sb.*) tragacanthum..cogitur in pastillos..hoc uiciae magnitudine ~ctum datur LARG.149;—(*in fig. phr.*) Lucilius ausus..~here..pellem, nitidus qua quisque per ora cederet HOR.*S.*2.1.64. **b** caprarum sanguis cum palma marina pilos ~hit PLIN.*Nat.*28.255; si uis fluminis partem aliquam ex tuo praedio ~xerit GAIUS *dig.*41.1.7.2; (*pass.*) si summa ~cta pellicula est CELS.5.28.6.B. **c** cum ipsi in lutum descendant, cum alios ~hant LUCIL.897; ita ut..ex magno remigum..numero pars..interficeretur, pars ab nostris ~heretur CAES.*Civ.*3.27.2.

2 To draw off (blood, etc., from the body); (also other fluids). **b** (of drugs, etc.) to promote the discharge of, bring away.
~cto sanguine uenis LUCR.3.442; siue primo siue secundo die sanguis..rubere..coepit, satis materiae ~ctum est CELS.2.10.19; COL.6.14.3; oportet..materiam..~here ex eo (*sc.* capite) per nares LARG.6; FRO.*Ver.*2.p.86(133N); (*in fig. phr.*) cum..sanguinem miserit, quicquid potuit ~xerit, mihi tradiderit (prouinciam) enectam CIC.*Att.*6.1.2; (*cf.*) renibus ~ctam (axungiam) PLIN.*Nat.*28.142;—ulmis ~hitur sucus inutilis 17.252. **b** (raphani) satiui..bilem ~hunt PLIN.*Nat.*20.23;~hit e naribus liquorem..haec conpositio LARG.8; 144; (*absol.*) CELS.2.18.1.

3 To cause to descend, pull or force down; to induce to come down. **b** to pull down (buildings, etc.), demolish. **c** to pull down (from a standing posture).
cum a superiore parte in inferiorem ~hitur humus COL.3.13.8; feminarum ~hentium lunam (*i.e. by magic*) PLIN.*Nat.*30.7; (*of a weight*) nec gemmiferas ~hit aures (*sc.* coniugis) lapis SEN.*Her.O.*661;—(*w. pers. obj.*) quae patrem..ab inimico..de curru ~hi passa non est CIC.*Cael.*34; uir uirum amplexus ~hebat equo LIV.22.47.3; qui ex suspendio ..~ctus est CELS.2.8.43; V.FL.3.564; SUET.*Nero* 32.3;—(*in fig. phr.*) conlegam..de caelo ~xisti CIC.*Phil.*2.107; Ochi..filiae..ex fastigio paterno..~ctae CURT.3.13.12; FLOR.*Epit.*1.17(1.24.3);—omnibus equis Gallis equitibus ~ctis CAES.*Gal.*1.42.5. **b** postulamus..muros coloniae..~hatis TAC.*Hist.*4.64; *Ann.*15.17; (*poet.*) ~cturum ignibus atris..patriam (*i.e. Carthage*) SIL.17.180; (*w. abst. subj.*) an hoc..cacumen (*i.e. of Etna*)..~hat..uis ignium SEN.*Ep.*79.10. **c** qui feros tauros..ad terram cornibus ~hunt SUET.*Cl.*21.3; me..adrepta lacinia ~hens APUL.*Met.*1.23.

4 To bring about the withdrawal of (troops, etc.), detach or dislodge.
illum inimicum ex Gallia sententiis suis non ~hebant CIC.*Prov.*19; haec prius illi ~henda auxilia CAES.*Gal.*6.5.5; LIV.28.41.4; ad Hannibalem ~hendum ex Italia 29.26.6; (*w. abst. subj.*) fames postremo inde ~xit hostem 3.23.4; (*w. abl.*) omnia praesidia Poenorum..Eryce..~xit FLOR.*Epit.*1.18(2.2.12).

5 To cause or order to move (to a destination), bring. **b** to draw (into an action).
Clodius, cum in iudicium ~hi non posset CIC.*Mil.*38; nauis quas potuit Caesar ad terram ~hit *B.Alex.*10.6; quod in eum locum ~cta hostium acies esset LIV.28.33.9; tecta demoliebantur ingentemque uim materiae..~hebant CURT.8.10.30; (*pass. in middle sense*) (mures) alternos marem ac feminam..cauda mordicus adprehensa inuicem ~hi ad specum PLIN.*Nat.*8.132. **b** ut hunc Oppianicum..ad hanc accusationem ~heret CIC.*Clu.*179; LIV.22.13.1; ~here in cladem fato damnata maritos LUC.3.22.

6 To take away (usu. wrongfully), abstract. **b** to derive.
quae (*sc. an amount of corn*) cum de populi Romani uictu ..~xisset..mimae condonauit CIC.*Ver.*3.83; parenti se..nihil ~cturos sui commodi causa *Off.*3.28; qui pugionem templo Salutis..~xerat TAC.*Ann.*15.53; (*w. dat. of advantage*) de mina deminui..quinque nummos: mihi ~xi partem PL.*Truc.*562;—(*w. pers. obj.*) qui timet..nequis sibi ~hat illam OV.*Rem.*545; catenatos Bromio ~xerat Indos STAT.*Silv.*4.6.66;—(*ellipt.*) neque..columem (*sc.* dotem) te sistere illi, et ~xe autument PL.*Trin.*743; obicitur..quod de militum cibariis ~xerit QUINT.*Inst.*5.13.17; ULP.*dig.*24.1.45. **b** aera..non ~here aliunde causas flammarum SEN.*Nat.*2.15.

7 To cause loss or riddance of, deprive or rid (persons, things) of, take away, remove. **b** (w. neut. pron. expr. quantity or sim.) to cause (some, no, etc.) diminishment (of), detriment (to).
~ctis de homine sensibus CIC.*Fin.*1.30; nomen Pompei ex scutis ~xerunt *B.Alex.*59.1; si detulerat fascis indigno, ~het idem HOR.*Ep.*1.16.34; prima (*sc.* Venus) feros habitus homini ~xit OV.*Fast.*4.107; ~xit muneri suo pompam SEN.*Ben.*2.13.2; ~himus dominos urbi seruire paratae LUC.1.351; materiem sceleri ~hendam TAC.*Ann.*12.22; POMPON.*dig.*1.2.2.32;—(*w. non-personal subj.*) ~xit XX..dies..aphractus Rhodiorum CIC.*Att.*6.8.4; quid corporis..~hat ex hominum neruis..perpetuus sermo LUCR.4.536; puluis..decorem ~het TIB.1.9.14; dum dies aruis gelicidia ~hat COL.7.3.25; PLIN.*Nat.*22.155; QUINT.*Inst.*9.4.6; (*cf.*) ex uesica dolenti si..urina processit..metum ~hit CELS.2.8.1. **b** hoc si non utor..de meo iure aliquid et commodo ~ho CIC.*Ver.*1.25; nihil uulgatae opinioni..~xerunt LIV.40.22.5; nihil ~hebat ex..strepitu SEN.*Con.*7.pr.4; TAC.*Hist.*2.62; PLIN.*Pan.*4.6;—(*w. non-personal subj.*) primus..annus..tantum ..de picturae..colore ~xerat CIC.*Brut.*320; multum ei ~xit ..quod alienae erat ciuitatis NEP.*Eum.*1.2; pacta conuenta, quae..~hunt aliquid emptioni PAPIN.*dig.*18.1.72;—(*ellipt.*) greges ouium si magni sunt..facilius de summa hominum ~here possis VAR.*R.*2.10.11; quia auctori ~hit, quisquis post illum rogandus est SEN.*Ben.*2.4.2.

8 (w. neut. pron. or ellipt.) To detract (from) in speech, say in disparagement (of).
cui..ingenium..tribuitis, etiam si cetera inimica oratione ~hitis CIC.*Cael.*57; de ipso qui scripsit ~hi nihil uolo *Pis.*71; mihi quod uiuo ~xerit inuida turba PROP.3.1.21; CELS.8.4.4; quod nimium..nostris..libellis ~his MART.11.94.2; ut, cum aliquid ~here..uelis, concedas alia omnia QUINT.*Inst.*11.1.71;—ne..de..soceri mei..gloria ~ham CIC.*de Orat.*1.35; de se ipse ~hens CIC.*Luc.*15; ut..libenter de iis ~hant, quos eminere uideant NEP.*Cha.*3.3; (*impers. pass.*) an..facillime de me ~hi posse credidit? CIC.*Phil.*2.2;—(*absol.*) laudis adsimulatione ~here..concessum est QUINT.*Inst.*8.6.55.

9 To cut out, exclude, omit. **b** to subtract (from a total).
eorum uerborum..postremam litteram ~hebant CIC.*Orat.*161; lucubrationes ~xi et meridiationes addidi *Div.*2.142; ut nihil ex uetere ritu..~heret V.MAX.5.10.ext.1; COL.4.17.3; hoc medicamentum pipere ~cto et ad tumorem ..facit LARG.74; PLIN.*Ep.*7.12.2; si condicio..adiciatur aut ~hatur GAIUS *Inst.*3.177; ~cta sit ut quarta pedi syllaba quarto MAUR.1468; (*absol.*) huius (*sc.* emendationis) operis est adicere, ~here, mutare QUINT.*Inst.*10.4.1. **b** quod aliquot nominibus de capite quantum commodum fuerit..~xerit CIC.*Ver.*1.11; *Parad.*49; (populus) multae nouem partis ~xit NEP.*Timoth.*4.1; Artemidorus hinc ~hit XXV p. PLIN.*Nat.*6.37; tertia huius ponderis ~cta LARG.90; uiginti annos semel ~ham APUL.*Apol.*89; (*w. dat. of advantage*) cum fratribus..confert, uirilem (*sc.* portionem) sibi ~hit ULP.*dig.*37.8.1.14.

dētrectātiō ~ōnis, *f.* Also **-trac-**. [DETRECTO+-TIO] See note on spelling under DETRECTO.

1 A refusal to undertake a task or sim., evasion; renunciation.
qui..sine ~one, rei publicae causa, aberit *Leg.pub.*(*Font. iur.*p.112)21; LIV.7.28.4; huic ~oni eius..rogationis denuntiatione occurrerunt 42.22.3; congestum usque ad ~onem heredis exhausit agros..coemendo PLIN.*Nat.*18.37; FRO.*Ver.*2.p.152(134N);—(*w. obj. gen.*) non..~onem eam munerum militiae, sed apertam defectionem..esse LIV.27.9.9; ne ~one quidem aut formidine periculorum TAC.*Hist.*1.83.

2 Disparagement, detraction.
~onis refutandae causa FRO.*Ver.*2.p.216(210N).

dētrectātor ~ōris, *m.* [next+-TOR] One who refuses or evades, a shirker; one who disparages or belittles.
~or ministerii PETR.117.11;—Cato..haud sane ~or laudum suarum LIV.34.15.9.

dētrectō ~āre ~āuī ~ātum, *tr.* Also **-trac-**. [DE-+TRACTO] There is disagreement among MSS. and edd. about the spelling of the second syll. Both forms are common.

1 To refuse to undertake or undergo, decline, recoil from, evade. **b** (w. inf.) to refuse (to).
neu suis sint ad ~andam militiam receptacula CAES.*Gal.*7.14.9; ~o non ego uincla pedum TIB.1.6.38; 27.10.10; CURT.9.1.36; aduersam eius fortunam..~abant TAC.*Hist.*2.97; ne..perpetuam uacationem daret fidem ~antibus GEL.20.1.30; ~andi testimonii causa ULP.*dig.*22.5.19; (*poet.*) ~etne (*sc.* linea) modum numeri, quem circulus ambit MAN.2.348; (*w. pers. obj.*) quid differo, quid ~o uenientem? APUL.*Met.*4.34;—(*of animals*) nec (bos) mihi displiceat..iuga ~ans VERG.*G.*3.57; PROP.2.3.47;—(*ellipt.*) partim tergiuersantibus, partim aperte ~antibus SUET.*Nero* 47.2; digitis..inualidis nunc utor et ~antibus FRO.*Aur.*2.p.30(222N). **b** si quis..munere..fungi ~et ULP.*dig.*50.4.9; qui..res eius..administrare ~at PAUL.*dig.*37.14.19.

2 To speak or write slightingly of, disparage, belittle.
neque..benefacta..~are meum est OV.*Met.*13.271; *Tr.*2.337; nec..Argiuam ~o laudem V.MAX.5.4.ext.5; pluris hodie reperies, qui Ciceronis gloriam..~ent TAC.*Dial.*12.5;—(*w. pers. obj.*) FRON.*Str.*3.6.7; ~asse..antiquos oratores contentus TAC.*Dial.*26.8 ~are Pompeium actisque eius

obstrepere FLOR.*Epit*.2.13(4.2.9); SUET.*Tib*.25.2;—(*w. abst. subj.*) aduorsae res etiam bonos ~ant SAL.*Jug*.53.8; nec quicquam aliud scit (*sc.* inuidia) quam ~are uirtutes LIV. 38.49.5; ingenium..liuor ~at Homeri OV.*Rem*.365;—(*absol.*) Celsus excludere, adseuerare, ~are..figuras putat QUINT.*Inst*.9.2.104.

3 To reduce, depreciate.
in arboribus..maior..potestas est ad earum indolem uel ~andam uel augendam..terrarum quae alunt GEL.12.1.16.

dētrīmentōsus ~a ~um, *a.* [next+-OSVS] Harmful.
a bello..discedere ~um esse CAES.*Gal*.7.33.1.

dētrīmentum ~ī, *n.* [DETERO+-MENTVM]

1 Material reduction, diminishment. **b** reduction (in quantity, extent, value, etc.).
~um exeuntium (fluminum) terra non sentit SEN.*Nat*.3.4; FRO.*Aur*.1.p.8(64N); (currum) limae tenuantis ~o conspicuum APUL.*Met*.6.6; menstruis cursibus lunae ~a.. deprehenduntur *Mun*.19;—(*meton., of men wasted by toil, etc.*) liberi in flore..rerum agnoscent patres ergastuli ~a CURT.5.5.13. **b** qui amplitudinem ciuitatis ~o adficit *Rhet.Her*.2.17; ~um iam dies sensit SEN.*Ep*.122.1;—(*w. gen.*) cum maximo ~o atque adeo exitio uectigalium CIC. *Ver*.3.19; quae res..mediocre ~um iumentorum..adferebat HIRT.*Gal*.8.10.4; SEN.*Dial*.7.4.3; magno temporis ~o QUINT.*Inst*.10.1.41; ne..~um amoris ultro poscas FRO. *Aur*.2.p.124(102N); ~um litterae productione syllabae compensatur GEL.2.17.9.

2 Harm, damage, loss. **b** pecuniary or sim. loss. **c** a mil. or sim. reverse.
de te..peccando ~i nil fieri potest TER.*Hec*.234; inertia.. plus ~i facit quam exercitio CATO *Mor*.3(J); VAR.*R*.1.24.3; nostro incommodo ~oque..doleamus CIC.*Brut*.4; ne quid res p. ~i caperet *Fam*.16.11.2; amicitiam populi Romani sibi..praesidio, non ~o, esse oportere CAES.*Gal*.1.44.5; LIV. 3.4.9; COL.12.20.3; FRO.*Aur*.1.p.62(42N);—(*pl.*) emolumenta et ~a,quae ὠφελήματα et βλάμματα appellant CIC.*Fin*. 3.69;—(*w. obj. gen.*) sine famae ~o *Rhet.Her*.4.14; ex.. sententia nihil demi sine ~o sensus potest SEN.*Con*.9.1.13; salutis uultusque ~a APUL.*Met*.10.2;—(*w. gen. of thing causing the loss*) industria dominorum cum ignorantiae ~is multa pensaret COL.1.pr.11; (iudices) emendauerunt contumaciae meae ~um QUINT.*Decl*.309(p.216,l.20). **b** sine ~o quae inter sese commodent LUCIL.738; CIC.*Off*.1.51; tribuendo pecunias ex modo ~i TAC.*Ann*.4.64; GAIUS *Inst*. 3.122; ut quam minime ~o sit ea res emptori ULP.*dig*. 18.6.1.3;—(*pl.*) ~a, fugas seruorum, incendia ridet (*sc.* uates) HOR.*Ep*.2.1.121. **c** dum sarcire acceptum ~tum uolunt (milites) CAES.*Civ*.1.45.2; nostri..~o admonentur.. moderatius..insequi hostem HIRT.*Gal*.8.12.7; LIV.3.60.2.

dētrītus ~ūs, *m.* [DETERO+-TVS[3]] The process of rubbing away.
detrimentum a ~u VAR.*L*.5.176.

dētrūdō ~dere ~sī ~sum, *tr.* [DE-+TRVDO] FORMS: ~*sti* (= ~*sisti*) PL.*Aul*.335; ~*ssus* (= ~*sus*) LUCIL.825 (*cj.*).

1 To push away or aside, thrust off. **b** (w. destination expr.).
plenis semitis qui aduorsum eunt: aspellito, ~de PL.*Mer*. 116; Quinctius..de..agro..communi a seruis communibus ui ~ditur CIC.*Quinct*.28; impetu conabantur ~dere uirum LIV.2.10.10; (*w. inanim. obj.*) Cymothoe..et Triton..acuto ~dunt nauis scopulo VERG.*A*.1.145;—(*from a height*) 9.510; qui erexerant ad murum scalas..furcis..~debantur LIV. 28.3.7; contraria pectora conto ~dit muris LUC.6.175; Albani..prensare, ~dere (*sc. the riders*) TAC.*Ann*.6.35; (*w. inanim. obj.*) temptauere..olim ~dere mundo sidera.. gigantes *Aetna* 43. **b** nauis..aegre ad ulterioris ripae marginem ~sa APUL.*Met*.2.14;—(*of inanim. forces*) cum speculorum leuitas..dexteram ~sit in laeuam partem oculorum CIC.*Tim*.49; LUCR.5.639; has (*sc.* naues)..aestus ..~sit in Austrum LUC.9.334;—(*downwards or inwards*) is (*sc.* stomachus)..cum depulsum et quasi ~sum cibum accepit CIC.*N.D*.2.135; pedum digitos..traxit et in solidam ~sit acumina terram OV.*Met*.11.72; gladium eripuit..et in pectus sibi ~sit HYG.*Fab*.88.10; APUL.*Met*.10.24;—(*of inanim. force*) quam (*sc.* nubem)..grauidam (turbo) ~sit ad aequora ponti LUCR.6.440; sub inania corpus Tartara ~sum siluarum mole OV.*Met*.12.523.

2 To compel to go, force, drive off or down. **b** to drive off or down (by mil. force or sim.).
(*w. destination expr.*) quos..~dam ad molas, inde porro ad puteum PL.*Poen*.1152; *Trin*.551; rus ~detur pedicosus TITIN.*com*.176; ipse repertorem medicinae..fulmine.. Stygias ~sit ad undas VERG.*A*.7.773; OV.*Pont*.1.8.27; qui in carcerem quem ~sit PAUL.*dig*.4.2.22. **b** ~ssus.. deiectusque Italia LUCIL.825; iubet..~dere finibus hostem VERG.*A*.7.469; LIV.22.28.12; scandentis in Capitolium ~sit Gallos 38.17.9; Cherusci collibus ~debantur TAC.*Ann*. 2.17; (*cf.*) muros cepi et arcem eorum..ex qua me niues.. ~serunt CIC.*Fam*.5.10b;—(*w. destination expr.*) ab ea parte cum in procliue ~derentur hostes *B.Alex*.76.1.

3 To force, thrust (into a less desirable or estimable situation, expedient, activity, etc.). **b** to force (out of an opinion, situation, etc.).
nisi in eandem impiorum poenam optime meritos ciuis ~serint CIC.*Flac*.94; in tantum luctum..~sus es *Q.fr*.1.4.4; (iuuenem) idoneum castris in ludum ~dunt SEN.*Con*.exc. 10.4; Pomponium ad necessitatem belli ciuilis ~sum TAC. *Ann*.13.43; difficilius se..a primo ordine in secundum..~di SUET.*Jul*.29.1; (*cf. sense 2*) a quibus..oratorem..in..conunculas tamquam in aliquod pistrinum ~di et compingi uidebam CIC.*de Orat*.1.46;—(*refl.*) qui..ad mendicitatem se properent ~dere PL.*Men*.204; TAC.*Ann*.14.54;—(*w. abst. subj.*) sin..necessitas nos ad ea ~serit CIC.*Off*.1.114; LUCR.3.362;—(*w. abst. obj.*) in pascuissimos sensus..~dunt eloquentiam TAC.*Dial*.32.4. **b** qui me de mea sententia ~serunt CIC.*Fam*.14.16; ut ~dendi Domitii causa consulatum alterum peterent SUET.*Jul*.24.1.

4 To postpone (an event).
qui comitia in aduentum Caesaris ~dat CIC.*Att*.4.16.6 (17.2); *Q.fr*.2.11.3.

dētruncātiō ~ōnis, *f.* [next+-TIO] The action of lopping a tree, or lopping (the branches) off a tree.
~o diximus quibus prodesset PLIN.*Nat*.17.238;—~one ramorum 24.57.

dētruncō ~āre ~āuī ~ātum, *tr.* [DE-+TRVNCO]

1 To cut pieces from, mutilate; to behead. **b** to lop the main stem of (a tree, or sim.), cut back; to remove the branches of, 'dress out'.
gladio..~ata corpora LIV.31.34.4; oris ~ati mutilatique deformitas SEN.*Dial*.5.17.3; propter ~atos nocte Mercurios AMP.15.12; (*facet., of a greedy feeder*) ut satis ~auerat cibum APUL.*Met*.1.19;—alios ob leuem offensam ~ari iubebit SEN.*Dial*.6.17.5; V.FL.3.145; hos (*sc.* Delmatas)..consul incensa urbe Delminio quasi ~auerat FLOR.*Epit*.2.25 (4.12.11). **b** tales uineas supra quartum pedem ~ant COL.4.22.5; *Arb*.27.3; uites suas sibi omnis et oleas ~at GEL.19.12.9;—arboribus circa..deiectis ~atisque LIV.21. 37.2; salice procidua atque ~ata PLIN.*Nat*.16.133.

2 To cut off (a part), lop off.
in..uirum conuertit..ferrum ~atque caput OV.*Met*. 8.769; sat erit..superiorem partem (arboris) ~ari COL. 5.6.13; si quis alam ei (*sc. queen bee*) ~et PLIN.*Nat*.11.54; (ramis) totis..~atis 16.123.

dētudēs, *m. pl.* (?): (see quot.).
~ esse detunsos, deminutos PAUL.*Fest*.p.73M.

dētumescō ~escere ~uī, *intr.* [DE-+TVMESCO] To become less swollen; (of passions) to subside.
stagna lacusque sonori ~uere STAT.*Theb*.3.259;—exhortantibus uniuersis odia ~escunt PETR.109.5; (*poet.*) ~uere animi maris STAT.*Theb*.5.468.

dētundō ~dere ~sum, *tr.* [DE-+TVNDO] To bruise severely.
digitis pedum ~sis ob lapides APUL.*Met*.2.32.

dēturbō ~āre ~āuī ~ātum, *tr.* [DE-+TVRBO]

1 To bring tumbling down, upset. **b** to dislodge (a person), pull, knock, drive headlong.
adueniens ~auit totum..carnarium PL.*Capt*.914; statuam ..quam..altiore..basi poni iusserat, ~arunt CIC.*Ver*.4.90; quid..~em aedificium? *Q.fr*.3.9.7; caput orantis nequiquam ..~at terrae VERG.*A*.10.555;—(*of forces of nature*) ~auit uentus tectum et tegulas PL.*Rud*.78; paruula..semina..in tantum conualescunt, ut ingentia saxa ~ent SEN.*Nat*.2.6.5. **b** ~abo iam ego illum de pugnaculis PL.*Mil*.334; num quis reus in tribunal sui quaesitoris escenderit eumque ui ~arit? CIC.*Vat*.34; Phaethonta..~auit equis in terram LUCR.5. 401; CAES.*Civ*.3.67.4; inde alias animas, quae per iuga longa sedebant, ~at VERG.*A*.6.412; ex praesidiis..Macedonas ~ant LIV.31.39.15; SIL.15.723.

2 (transf.) To cast down, topple (from a situation, state of mind, etc.). **b** to expel (a state of mind).
consulem..de custodia ciuitatis uestris sententiis ~ari uolunt CIC.*Mur*.79; tuos..amicos..ex magna spe ~atos *Fam*.5.7.1; patruum ab arce (*i.e. from the seat of power*) ~at, auum reponit FLOR.*Epit*.1.1(1.1.5); patres gaudio..de statu mentis suae ~ati GEL.6(7).3.12;—(*w. abst. subj.*) sua quemque fraus..de sanitate ac mente ~at CIC.*Pis*.46. **b** haec (*sc.* tempestas) uerecundiam mi..~auit PL.*Mos*.140; tristimoniam ex animo ~auit NOV.*com*.40.

dēturpō ~āre, *tr.* [DE-+TVRPO] To ruin the appearance of, disfigure; to disparage, discredit.
~at puluere crinis *Ciris* 284; aquilonis..adflatu poma ~ante rugis PLIN.*Nat*.15.59; comatos..occipitio raso ~abat SUET.*Cal*.35.2;—εἰκόνα (*i.e. a simile*) ei rei adsumi aut ornet quid aut ~et FRO.*Aur*.1.p.36(46N).

dēua: see DIVA.

dēuastō ~āre ~āuī ~ātum, *tr.* [DE-+VASTO] To lay (territory) waste, devastate; (also w. people as obj.). **b** to ravage, slaughter.
ad ~andos fines LIV.4.59.2; SEN.*Nat*.5.18.9; frondentia ..~at..cacumina Gauri SIL.12.160; totam..~aui Macedoniam APUL.*Met*.7.5;—ita sumus..hac aestate ~ati LIV. 23.42.5; 24.20.4. **b** agmina ferro ~ta meo? OV.*Met*. 13.256.

Deucaliōn ~ōnis, *m.* A prediluvian king in Thessaly who survived the Flood with his wife Pyrrha.
CIC.*Tusc*.1.21; VERG.*G*.1.62; PROP.2.32.53; OV.*Met*. 1.318; HYG.*Fab*.153.1; APUL.*Apol*.41;—(*as a symbol of antiquity*) tres a ~one grabati restibus tenti LUCIL.251;—(*astron.*) ~on (*i.e. the Water-carrier*) paruam defundens.. urnam GERM.*Arat*.562; AMP.2.11.

Deucaliōnēus ~a ~um, *a.* Belonging to, associated with, Deucalion.
~as effugit..undas OV.*Met*.7.356; nos..~ae cautes pe-perere COL.10.67; (*astron.*) ~os fudisset Aquarius imbres LUC.1.653.

dēuehō ~here ~xi ~ctum, *tr.* [DE-+VEHO]

1 To carry (or arrange the carriage of), convey, transport (to a destination). **b** to convey by sea, sail off with; (pass.) to travel by sea, sail. **c** to convey downstream; (pass.) to travel downstream.
eas qui surrupuit in Anactorium ~hit PL.*Poen*.87; has (*sc.* naues)..carris iunctis ~hit noctu milia passuum a castris XXII CAES.*Civ*.1.54.3; ut ad mare ~ctam praedam uenderent LIV.29.31.11; PLIN.*Nat*.6.174; ~hebat in siluas eos (*sc.* coruos) insidentes..umeris 10.124; illum..sonipes..ab arce ~hit STAT.*Theb*.4.137; delphinum..incolumi..eum corpore ..in terram..~xisse GEL.16.19.16; APUL.*Met*.7.17; (*facet.*) ~hemus..pro nouo musto nouos..uersiculos tibique.. mittemus PLIN.*Ep*.9.16.2;—(*fig.*) hactenus historiae: nunc ad tua ~har astra (*i.e. your life*) PROP.4.1.119. **b** signa tabulasque quibus abundabant Syracusae, Romam ~xit LIV.25.40.2; id (*sc.* frumentum) ad mare comportandum ~hendumque in Graeciam 36.2.12; STAT.*Ach*.2.65; JUV. 1.10; (*cf.*) colimus ~cta..sacra Pelasgis OV.*Fast*.2.281; (*of ships*) di..quos..litus ad Ausonium ~xit..classis STAT. *Silv*.4.8.46;—inscendo in lembum; atque ad nauim ~hor PL.*Mer*.259; Veliam ~ctus Brutum uidi CIC.*Phil*.1.9; nauem ei..dedit, qua Corinthum ~heretur NEP.*Di*.4.1; CURT.4.4.15; Silanus tamquam Naxum ~heretur Ostiam amotus TAC.*Ann*.16.9. **c** arma in uillam..~cta Tiberi CIC.*Mil*. 64; commeatus..Tiberis ~xit LIV.4.52.7; nec uos ..Tuscus placida ~hit amnis aqua OV.*Ars* 3.386; torrens.. abluit uillas et intermixtos dominis greges ~hit SEN.*Nat*. 3.27.7; quicquid..Tagus..claro ~hit alueo *Thy*.355; JUV. 7.121. (*cf.*) alter (latex)..tacente ~hens fluuio Styga SEN. *Her.F*.713;—(rex) in fines Mallorum secundo amne ~hitur CURT.9.8.3; ab Narnia..Nare ac mox Tiberi ~ctus (*sc.* Piso) TAC.*Ann*.3.9.

2 To carry away, remove.
STIPITES..AEDIS HVIVS..~HERE..FAS..ESTO *CIL* 1.756. 6; unde..siluam ~xit arator VERG.*G*.2.207;—cta cremato sarmenta 2.408.

3 To move or carry downwards.
ut..obligatus corio ~hatur in profluentem *Rhet.Her*.1.23; flamma..inpetu ~hitur in terras APUL.*Mun*.15.

dēuellō ~ellere ~ellī ~olsum, *tr.* [DE-+VELLO] To pull out hair, feathers, etc., from, pluck bare; to pick the flowers of. **b** to pluck out.
meae alae pennas non habent. — nolito edepol ~ellisse PL.*Poen*.872; LUCIL.1037; erat..fama, quasi concubinas ipse ~elleret SUET.*Dom*.22;—durat..oenanthe..si ~olsa crebro prohibeatur in semen ire PLIN.*Nat*.21.65. **b** spicula ~ellens, clipeo qua..fixa tremunt STAT.*Theb*.2.604; a sedilibus..pluma quasi anseribus ~olsa FRO.*Ver*.2.p.148 (128N).

dēuēlō ~āre, *tr.* [DE-+VELO] To uncover.
ora..~at..pudibunda sororis OV.*Met*.6.604.

dēueneror ~ārī, *tr.* [DE-+VENEROR] To ward off by religious rites, exorcise.
procuraui ne possent..nocere somnia, ter sancta ~anda mola TIB.1.5.14.

dēueniō ~enīre ~ēnī ~entum, *intr.* [DE-+VENIO]

1 To come (to a destination), arrive, turn up (at). **b** to go (to see or stay with a person). **c** (topog.) to extend (to).
in Pylum ~enies ANDR.*poet*.8(9); ne ad alias aedis perperam ~eneris PL.*Mos*.968; AETERNAM ~ENI DOMV⟨M⟩ *CIL* 1.1822.7; CIC.*Ver*.4.21; speluncam Dido dux et Troianus eandem ~eniunt VERG.*A*.4.166; HOR.*Ep*.1.6.27; recta gymnasium ~enit VITR.6.pr.1; cupidos inter ~enit amantes OV.*Rem*.611; V.FL.7.180; tacitis huc gressibus acti ~eniunt STAT.*Theb*.2.524; (*of things*) primordia rerum..tandem ~eniunt in talis dispositura LUCR.1.1027;—(*with downward motion*) uiam..nescit qua ~eniat ad mare PL.*Poen*. 627; HYG.*Astr*.3.5;—(*of a river*) inde..in immanem lacum ~enit (Nilus) MELA 1.51; FRON.*Aq*.90;—(*absol.*) omnes (*sc.* Harpyiae) ~eniunt niger..ceu..nimbus V.FL.4.452. **b** si amabas..ad danistam ~enires PL.*Ps*.287; post ad furem egomet ~enio *Rud*.957; ~enit..seu potius incidit in istum.. Graecus CIC.*Pis*.70; *Culex* 208; Medea..ad Aegeum..~enit in hospitium HYG.*Fab*.26.1; (*poet.*) aufugit mi animus; credo ..ad Theotimum ~enit LUTAT.*poet*.1.2. **c** cum..in suum finem aliarumque terrarum confinia ~enit (Asia) MELA 1.9.

2 a To come, land, fall (into a situation). **b** (of situations, functions, etc.) to fall to the lot of.
a in insidias ~eni PL.*Men*.136; cum nonnemo ~enerit in amorem uno aspectu *Rhet.Her*.2.33; CIC.*Fam*.7.3.3; cum in maximum periculum ~enisset HYG.*Astr*.2.20; SUET.*Jul*. 36; ab eo seruo qui..in fidem eius ~enit MARCEL.*dig*. 37.15.3; (*w.* ab) quo modo ad hunc ~enerim in seruitutem ab eo quoi seruiui prius PL.*Mil*.96;—(*of things*) quae res in iudicium non ~enerit *Rhet.Her*.2.22; nolebam..nostrum familiarem sermonem in alienas manus ~enire CIC.*Att*. 1.9.1; rem p...in tutelam eius..~enturam SUET.*Ves*.5.3. **b** tantum ~enisse ad eum mali TER.*Hau*.750; ad quos ista (*i.e. those functions*) non tralata sint, sed nescio quo pacto ~enerint CIC.*Brut*.157; prosperae res et in..uilia ingenia ~eniunt SEN.*Dial*.1.4.1; *Ep*.74.7; TRYPH.*dig*.34.9.22.

3 To have recourse (to an expedient), turn (to); to turn (for help or sim. to a person). **b** (of functions) to extend (to).
quae respondeatis ante fieri oportere quam ad hanc rationem extremam..~enire CIC.*Quinct*.54; qui oratores euadere non potuerint, eos ad iuris studium ~enire *Mur*.29; ad auxilium altitudinis aedificiorum res ipsa coegit ~enire VITR.2.8.17; (*w. abst. subj.*) tunc coacta (medicina) ad sectionem..~enit LARG.pr.p.3,l.18;—non esse eos uos ad quos potissimum..~enire conuenerit CIC.*Sul*.93. **b** ad nutricia quoque officium praesidis..~enit ULP.*dig*.50.13. 1.14.

dēuenustō ~āre, *tr.* [DE-+VENVSTVS+-O[3]] To mar the beauty of, disfigure.
mulieres fontem illum..corporis..arefacere..laborant, tamquam pulcritudinis sibi insignia ~et GEL.12.1.8.

dēuerberō ~āre ~āuī ~ātum, *tr.* [DE-+VERBERO] To flog soundly.
quot me censes homines iam ~asse usque ad necem? Ter.*Ph.*327.

dēuerbium ~iī, *n.* Also **dīu-.** [DE-+VERBVM+-IVM] The spoken part of a play, unaccompanied by music.
Liv.7.2.10; canturire belle ~ia, adicere melicam (*s.v.l.*) Petr.64.2; 64.4.

dēuergentia ~ae, *f.* [pple. of next+-IA] Downward slope, declivity.
ex ~a et conuexionibus mundi Gel.14.1.8.

dēuergō ~ere, *intr.* [DE-+VERGO] To tend downwards, sink.
terrena (animalia) nequaquam (*sc.* in aere intelleguntur) — ~ant (*codd.* ~unt) enim pondere Apul. *Soc.*9.

Dēuerra ~ae, *f.* [next] A functional deity invoked in rites to expel evil spirits at the time of childbirth.
Var.*gram.*162.

dēuerrō ~ere, *tr.* [DE-+VERRO] To sweep away.
humor..omnis urinae ~endus est Col.7.4.5; (*prob. fig.*) deuorare se omnia ac ~ere Lucil.737.

dēuersitō ~āre, *intr.* [DEVERTO+-ITO] To turn aside and linger (over).
non ad uocularum eius amoenitatem..~andum Gel. 17.20.6.

dēuersitor ~ōris, *m.* [DEVERSOR[1]+-*itor*, cf. -TOR] An inhabitant of a lodging-house, lodger; a lodging-house keeper.
anus..inter ~ores diutius ingurgitata Petr.79.6;— ~or cum parte cenulae interuenit 95.1.

dēuersor[1] ~ārī ~ātus, *intr.* [DE-+VERSOR] Forms: *dīu-* Apul.*Apol.*43. To make one's abode (usu. temporary, in a place), lodge, stay; (w. adv.) to have lodgings (of a particular quality).
coeperitne domum in qua ~abare illa multitudo incendere Cic.*Ver.*1.78; *Att.*6.1.25; iubet..tecta..aedificari, ubi ~ari portantes commeatus possent Liv.44.9.11; tabernam..in qua is ~abatur V.Max.1.7.ext.10; Gel.12.11.1; qui ibi mercede ~abatur Apul.*Apol.*57; Ulp.*dig.*50.1.27.1; (*cf.*) quae (*sc.* Fortuna)..cum is potissimum ~etur, quos.. fugere deberet Apul.*Met.*7.2; (*of flies or sim.*) in fornacibus ..animalia..uolitare totumque aeuum suum in igni ~ari *Soc.*8; (*transf.*) adhuc..mariti facies..in meis ~atur oculis *Met.*8.9;—Rubrium..parum laute ~ari dicit Cic.*Ver.*1.64.

dēuersor[2] ~ōris, *m.* **dēuor-.** [DEVERTO+-TOR] A lodger or guest.
copo..cum quibusdam ~oribus illum..consequitur Cic. *Inv.*2.15.

dēuersōriolum ~ī, *n.* [next+-OLVM] A (small) place to lodge or stay in.
accepi..in ~o Sinuessano tuas litteras Cic.*Att.*14.8.1; *Fam.*12.20; ut Gaio Oppio..~o, quod unum erat, cesserit Suet.*Jul.*72.

dēuersōrium ~(i)ī, *n.* Also **dīu-.** [DEVERTO+-TORIVM] Forms: *deuor-* Cic.*Fam.*6.19.1, *Sen.*84, Ulp.*dig.*20.2.3. A building or sim. (whether private house or public inn) where one breaks one's journey, lodging, stopping-place.
in hortis..quasi in ~io cenare Cic.*Att.*4.12; 11.5.2; ~ia nota Hor.*Ep.*1.15.10; ex sordido ~io..uenimus in curiam Romanam Liv.45.22.2; Curt.7.2.22; Petr.81.1; Suet.*Vit.* 7.3; Apul.*Met.*9.41; Ulp.*dig.*7.1.13.8;—(*w. gen. indicating lodger*) Caere..~ium sacerdotum Liv.7.20.7; dei cuiuspiam luculentum..~ium Apul.*Met.*5.1;—(*expr. purpose or function*) libidinum ~ium Cic.*Phil.*2.104; cui philosophi schola ~ium otii sit Sen.*Ep.*108.6; popinas quasdam..~ia nequitiae atque luxuriae Apul.*Pl.*1.13; (*cf.*) commorandi.. natura ~ium nobis, non habitandi dedit Cic.*Sen.*84;—(*w. descriptive gen.*) ad monumentorum bustorumque ~ia plebe compulsa (*i.e. by the fire*) Suet.*Nero* 38.2; (*in fig. phr.*) hoc ~io sermonis mei..acquieturum te esse Cic.*de Orat.*2.290.

dēuersōrius ~a ~um, *a.* Also **dēuor-.** [DEVERTO+-TORIVS] *taberna ~a,* An inn accommodating lodgers.
dispositae per litora et ripas ~ae tabernae Suet.*Nero* 27.3.—β abduc istos in tabernam..~am Pl.*Men.*436; *Truc.*697; Var.*R.*1.2.23.

dēuersus, *adv.* [DE-+VERSVS[1]] Downwards.
~ dicebant deorsum uersus Paul.*Fest.*p.71M.

dēuerticulum ~ī, *n.* Also **dēuor-.** [DEVERTO+-CVLVM] In MSS., and edd. of Pl., Ter. usu. *deuor-*, elsewhere *deuer-*. Forms: *diu-* Plin.*Nat.*31.42; *-iclum CIL* 14.4231.

1 A turning leading off the main road, byway; a branch (of a waterway). **b** (transf.) a deviation from the main course; a divergence in sense. **c** a circumlocution. **d** the crucial point (in an argument).
ubi ad ipsum ueni ~um, constiti Ter.*Eu.*635; quae ~a flexionesque quaesisti? Cic.*Pis.*53; nota ~a petere coepere Curt.3.13.9; Suet.*Nero* 48.3; *CIL* 6.29784; ~VM PRIVATVM 14.4231; (*fig.*) quod..depulsa recta uia necessario ad eloquendi quaedam ~a confugiat (poesis) Quint.*Inst.*10. 1.29;—Virginem (*a spring near Rome*) adduxit ab octaui lapidis ~o Plin.*Nat.*31.42; concipitur Appia (*sc.* aqua).. ~o Fron.*Aq.*5; quod in fluminis publici ~o..piscatus sit Papin.*dig.*41.3.45. **b** uiros in hoc priscae continentiae ignotum ~um prolapsos V.Max.9.1.3; ~a ueneris Plin.*Nat.* 10.172;—in quae ~a significatio istius uocabuli flexa sit Gel.4.9. **c** haec ~a et anfractus suffugia sunt infirmitatis Quint.*Inst.*9.2.78. **d** ad ~um rei uentum est Apul.*Apol.* 80.

2 A way round a difficulty, etc., means of evasion, 'loophole'; a way of escaping discomfort, unpleasantness, etc.
nec confidentiae..hospitium est nec ~um dolis Pl.*Capt.* 523; ne ~a peccatis darentur Cic.*Part.*136; aliud fraudis ..in eodem uestigio ~um reperit *Q.Rosc.*51; Plin.*Nat.* 10.140;—ad hoc ~um animum suum..transferre solebat V.Max.8.8.2; aquarum calidarum ~is Plin.*Nat.*29.23; qui taedio laboris..confugerint ad haec ~a desidiae Quint.*Inst.* 12.3.11.

3 A digression (in speech, writing).
possumus..ad illos breui ~o transgredi V.Max.8.1. damn.5; a ~o repetatur fabula Juv.15.72; (*w.* uelut) ut.. legentibus uelut ~a amoena..quaererem Liv.9.17.1.

4 A place for turning aside from one's journey, resort; a port of call.
Liv.1.51.8; Nero itinera et lupanaria et ~a..pererrabat Tac.*Ann.*13.25;—tot Graeciae urbes necessaria totius nauigationis ~a erant V.Max.4.3.2.

dēuertō ~tere ~tī ~sum, *tr., intr.* **dēuor-.** [DE-+VERTO] Forms: *deuor-* app. usual in Plautus and Terence; there is some confusion in texts with DIVERTO; exx. of the latter spelling which appear to bear the senses of *deuerto* are given here.

1 To turn away, divert (from a course, direction, etc.); (pass. in middle sense) to turn aside. **b** to divert (from a course of action, tendency, etc.).
uictor cedentibus instat ~titque acies Luc.2.470; nec acies (oculorum) usquam ~tenda (est) Apul.*Met.*2.22;—(*paths, etc.*) qua nulla priorum Castaliam..~titur orbita Verg.*G.*3.293; uicinales (*sc.* uiae)..de publicis quae ~tuntur in agris Sic.Fl.*agrim.*p.110;—in id angiportum me ~ti iusserat Pl.*Ps.*961; Var.*R.*2.11.12; Liv.25.9.4; ad ueteres scopulos iterum ~tar? Ov.*Pont.*4.14.21; Stat.*Theb.*3.45. **b** suo uentura potes ~tere cursu Luc.6.591; omne uotum tuum Dei tibi ad usum tuum..~tant Aur.*Fro.*1.p.230 (85N);—(*pass. in middle sense*) quid ad magicas, Erato, ~teris artes? Ov.*Ars* 2.425; *Met.*9.62.

2 (intr.) To turn aside, make a detour; (transf.) to turn (from an accustomed action). **b** to digress in speech or writing, branch off.
nuntiant se..~tisse Massiliam Cic.*Phil.*13.13; Nep.*Lys.* 2.2; Coelius Romam euntem ab Ereto ~tisse eo Hannibalem tradit Liv.26.11.10; quidam..~terant longius Curt. 4.16.14; Stat.*Theb.*2.721; ipse Ravennam ~tit Tac.*Hist.* 2.100; hostiarum greges..~tere uia cogebantur Plin.*Pan.* 52.7; (*impers. pass.*) praestat acti limitis perpetua rectura: ex hoc ~ti nisi per neglegentiam non potest Hyg.Gr.*agrim.* p.155;—in..miserum ~tere funus Ov.*Am.*2.6.9. **b** redeamus illuc, unde ~timus Cic.*Fam.*12.15.5; Liv.35.40.2; Plin.*Nat.*2.27; ad alia deinceps atque inde alia..~tunt (oratores) Quint.*Inst.*2.11.5; 4.3.13; Fron.*Aq.*119;—(*w. speech, etc., as subj.*) dum ea..a quibus ~tit oratio, geruntur Liv.39.53.1; Curt.10.6.1; pleraeque (controuersiae)..~tunt eo, ut quaestiones habeant Quint.*Decl.*333(p.311,l.3).

3 To turn off the road for lodging, etc., put up: **a** (pass. in middle sense). **b** (intr.).
a ad hos nauclerus hospitio ~titur Pl.*Mil.*1110; *St.*534; Penatis hinc salutatum domum ~tar Ter.*Ph.*311; Cato *orat.*58; cum..locus..ei publice quo ~teretur datus esset Cic.*Ver.*3.75; apud quos ipsis ~ti mos esset Liv.42.1.10; in hortos, in quibus ~tebatur Saturninus, pergunt Tac. *Hist.*3.2; (*poet.*) alterno ~titur angulus astro Man.2.362. **b** i ambo hospitio huc in proxumum mihi ~tisse uisi Pl. *Mil.*385; *Mos.*966; cum in eandem tabernam ~tissent Cic. *Inv.*2.14; ad me Terentiam salutatum ~terat *Att.*10.16.5; domum Charonis ~terunt Nep.*Pel.*2.5; Gel.18.1.16; apud notos..senes ~timus Apul.*Met.*4.1; Ulp.*dig.*39.2.13.4.

dēuescor ~ī, *tr.* [DE-+VESCOR] To eat up, devour.
animas..abripere altricum gremiis morsuque cruento ~i Stat.*Theb.*1.603

dēuestiō ~īre, *tr.* [DE-+VESTIO] To divest (of), undress.
statim sese ~iunt Apul.*Met.*4.7; (*w. abl.*) omnibus laciniis se ~it 3.21.

dēuexitās ~ātis, *f.* [DEVEXVS+-TAS] Downward slope, declivity.
molli..~ate considunt (iuga) Plin.*Nat.*3.147; 17.168; loci ~ate Plin.*Ep.*8.8.3; ~as supercilii Sic.Fl.*agrim.*p.107.

dēuexō: see DIV-.

dēuexus ~a ~um, *a.* *compar.* ~ior. [DE-+*uexus* (see CONVEXVS)]

1 Sloping downwards or away, inclined, shelving; (compar.) lower down. **b** (neut. as sb.) a slope, (pl.) sloping parts.
SITELLAM..~AM *CIL* 1.583.53; ~o..propior fit Vesper Olympo Verg.*A.*8.280; Ov.*Am.*2.1.14; ~am..resectionem facere Col.4.24.16; ~a terra, quidquid liquoris accepit.. effundit in Tiberim Plin.*Ep.*5.6.11;—(*w.* ad) uallem ad alterum litus ~am Liv.29.35.14; collibus..ad meridiem.. ~is Col.1.2.3;—(*w.* in+*acc.*) (falx) in terram ~a Liv. 37.41.7; capite in dextrum umerum ~o Plin.*Nat.*28.60;—(*w.* ab) a luco..qui a Palatii radice in nouam uiam ~us est Cic.*Div.*1.101;—(*w.* ex) quae loca sunt ex plano in breui cliuo ~⟨a⟩ Hyg.*agrim.*p.91;—hoc medium sidus findit ~ior orbis Germ.*Arat.*485. **b** pluuiis per ~a labentibus Sen. *Ep.*90.17; turres..inter ~a in centenos (pedes)..attollebantur Tac.*Hist.*5.11;—(*w. gen.*) mundi ~a Luc.10.39; quotiens ~a profundi scrutantem delphina uident Stat. *Theb.*9.243; per ~a rupis Apul.*Met.*4.35;—(*w.* in+*acc.*) auersa eius (*sc.* Haemi) et in Histrum ~a Moesi..optinent Plin.*Nat.*4.41;—(*in fig. phr.*) non aeque manifestum est per ~um ire liberalitatem, temperantiam, mansuetudinem? Sen.*Dial.*7.25.7.

2 Moving downhill or on a downward incline. **b** (transf.) that is declining, sinking.
amnis ~us ab Indis Verg.*G.*4.293; multas imagines..et ~as et in praeceps euntes confundi Sen.*Nat.*1.3.5; ~ae.. raedae Juv.4.118;—(*of heavenly bodies*) quoniam sol paululum a meridie iam ~us uidetur Cic.*Leg.*fr.4; ~i..comes Orionis..Notus Hor.*Carm.*1.28.21. **b** aetas iam a diuturnis laboribus ~a ad otium...me..molliuit Cic.*Att.*9.10. 3; Sen.*Ep.*12.5; in exitu lenta..~a et molliter detinens (compositio) 114.16.

Dēuiāna: see DIANA.

? **dēuigeō** ~ēre, *intr.* [DE-+VIGEO] (app.) To lose the power (to).
phrygio qui puluinar poterat pingere, soliar ~ebat (*s.v.l.*) Var.*Men.*228.

dēuinciō ~cīre ~xī ~ctum, *tr.* [DE-+VINCIO] Forms: *~xti* (= *~xisti*) Pl.*As.*849.

1 To tie fast, bind. **b** to fix in position, hold fast. **c** to bind (morally, emotionally, etc.).
qui hunc..domi ~ciant Pl.*Men.*845; qui ~ctus erat fasciis Cic.*Brut.*217; lapideae arcae..operculis plumbo ~ctis Liv.40.29.3; cruribus inter se ~ctis Cels.6.18.10; ut ~ciatur (leo) non repugnans Plin.*Nat.*8.54; fascia..qua decoras ~xerat papillas Apul.*Met.*10.21; (*w.* ad) Dircam..~xere ad taurum Pl.*Ps.*200; (*w. dat.*) bulga haec ~cta lacerto est Lucil.246; (*w. retained acc.*) ~ctus tempora lauro Tib.2.5.5; (*w. inanim. subj.*) ut..uenas cicatrix ~ciat Cels.7.22.4; muscus, qui more compedis crura uitium ~cta comprimit Col.4.24.6; (*poet.*) labe tenaci haerent ~cti gressus Sil. 4.579. **b** hosce (*sc.* orbes) aequo spatio ~ctos sustinet axis Cic.*Arat.*542(296); ut lingua (*i.e. in animals*), sed ~cta nec in motus uarios soluta Sen.*Dial.*3.3.7;—(*of sleep*) cum suaui ~xit membra sopore somnus Lucr.4.453; (*w. retained acc.*) eam ~ctam lumina somno Catul.64.122. **c** mentem hominis..necessitate fati ~ciunt Cic.*Fat.*20; quo quisque.. studio ~ctus adhaeret Lucr.4.962; pater aeterno..~ctus amore Verg.*A.*8.394; ego curis ~ctus obsequium scribendi ..protuli Aur.*Fro.*1.p.216(76N); (*refl.*) animus..se cupiditate ~xit mala Ter.*Hau.*208; (*w.* ad) doctrina..seria et ad uitae officia ~cta Gel.5.21.2; (*w.* cum) foedera, quibus etiam cum hoste ~citur fides Cic.*Off.*3.111.

2 (fig.) To bring into subjection, subjugate.
Nuceriam suis praesidiis ~cient Cic.*Agr.*2.86; qui omnis omnium gentium partis tribus triumphis ~xerat *Pis.*29;—(*transf.*) ut..animos eorum qui audirent ~ciret uoluptate *Brut.*276; senem Augustum ~xerat adeo, uti.. Tac.*Ann.* 1.3; qui plurimos uirtutum suarum..admiratione ~xerit Fro.*Aur.*1.p.70(58N).

3 To unite, bind together.
nos..usus, consuetudo, studiorum..societas..~xit Cic. *Phil.*7.6; *Rep.*1.42; inter quos ea (*sc.* beneficia) sunt firma ~ciuntur societate *Off.*1.56; (*w.* cum) cum summo illo oratore..adfinitate sese ~xerat *Brut.*98;—(*words, topics, etc.*) nec aceruatim multa frequentans una complexione ~ciet *Orat.*85; nisi illas (*sc.* res) eadem dispositio..inter se commissas ~xerit Quint.*Inst.*7.pr.1; ἐνθύμημα..cum quadam aequabili circumactione ~ctum Gel.17.20.4; ~ctis metris Maur.2437.

4 To oblige, lay under obligation, bind, constrain (legally or morally).
nostro ~cti beneficio Pl.*As.*285; hic animus..uxoris misericordia ~ctus Ter.*Hec.*168; iudicem..non ~ctum legibus esse oportere Cic.*Clu.*160; pignore animos centurionum ~xit Caes.*Civ.*1.39.4; Liv.22.22.11; omnis eadem condicio ~xit Sen.*Ep.*99.8; Quint.*Inst.*12.10.14; Numa religionibus et diuino iure populum ~xit Tac.*Ann.*3.26; 4.1; (*refl.*) eodem se conscientiae scelere ~xit Cic.*Cael.*52;—(*w. dat.*) istoc me facto tibi ~xti Pl.*As.*850; Cic.*Fam.*13.3.

dēuincō ~incere ~īcī ~ictum, *tr.* [DE-+VINCO] To defeat decisively, subdue. **b** (transf.).
ETRVSCIS AD SVTRIVM ~ICTIS *Elog.*7(*CIL* 1.p.191); ~ictus in castra se recepit Fen.*hist.*29; quibus consulibus Capua ~icta atque capta est Cic.*Agr.*2.90; Hor.*Carm.*4.4.39; magno proelio Syphacem ~icit Liv.24.49.4; ~ictarum nauium rostra V.Max.8.1.absol.11; Plin.*Nat.*12.62; Suet. *Jul.*35.2; (*beasts*) quas..~incam feras Sen.*Her.O.*53;—(*w. internal obj.*) ~icta..bella Verg.*A.*10.370. **b** (*persons, etc.*) eum..uno mendacio ~ici Pl.*Bac.*968; *CIL* 1.547; graui..~ictus uolnere Bib.*poet.*8(9); ne mens..~icta quasi cogatur ferre patique Lucr.2.291; ~ictum torpore graui Sen.*Her.F.*1078;—(*abst. or concr. things*) centum..hominum consilia sola haec ~incit dea Pl.*Ps.*678; a quo..uictoriae condicio uisque ~icta est Cic.*Marc.*12; glacies aeris flamma ~icta Lucr.1.493; multorum obtrectatio ~icit unius uirtutem Nep.*Han.*1.2; (*cf.*) omnia..dura simul ~icta uiro, metus, Hannibal, irae Sil.7.578.

dēuinctus ~a ~um, *a.* *compar.* ~ior. [pple. of DEVINCIO] Attached, tied (to a person).
ut ego eum mihi ~um putarem Cic.*Fam.*1.9.21; Claudium ..uxori ~um Tac.*Ann.*11.28; 12.42; ut..filium potius, cui offensa erat, quam me, cui ~a, heredem relinqueret Apul. *Apol.*102; (*compar.*) animae qualis neque candidiores terra tulit neque quis me sit ~ior alter Hor.*S.*1.5.42.

dēuirginātiō ~ōnis, *f.* [next+-TIO] Loss or deprivation of virginity.

pueros uel uirgines liberari (*sc. from epilepsy*) post complexum et ~onem LARG.18.

dēuirginō ~āre ~āuī ~ātum, *tr.* [DE- +VIRGO+-O³] To deprive of virginity.

PETR.25.1; is Medeam noctu in antro ~auit HYG.*Fab.* 23.3; ancilla ~ata uel seruo stuprato PAUL.*dig.*1.18.21; (*transf.*) utrum puerum essem ~atum usurus VAR.*Men.*409.

dēuītātiō ~ōnis, *f.* [next+-TIO] Evasion, avoidance.

exploratior ~o legionum fore uidetur quam piratarum CIC.*Att.*16.2.4.

dēuītō ~āre ~āuī ~ātum, *tr.*, (*intr.*). [DE- +VITO] To avoid, keep or get clear of (concr. or abst. objs.).

si..mors ~ari potest ENN.*scen.*164; si illos fluctus ~auerint PL.*Rud.*168; TER.*An.*611; ne..~atum se a me putet CIC.*Att.*9.7.2; mala..quanto ~es..labore HOR.*Ep.* 1.1.44; ista uiscata beneficia ~et SEN.*Ep.*8.3; omnes grammaticos..~es moneo MART.5.56.4;—(*w.* quin) nec ~ari letum pote quin obeamus LUCR.3.1079;—(*w.* ne) utrumque autem ~andum est: neue similis malis fias..neue inimicus multis SEN.*Ep.*7.8; LARG.199;—(*w. inf.*) ~o superuacua dicere SEN.*Con.*3.pr.12;—(*app. w. dat.*) hisce..moramentis ..qui uolunt ~are APUL.*Fl.*21.

dēuius ~a ~um, *a.* [DE-+VIA+-VS]

1 (of places, etc.) Out-of-the-way, remote. **b** living or situated in a remote part; living in seclusion, sequestered. **c** (neut. pl. as sb.) remote parts or places.

in oppidum ~um Beroeam profugisti? CIC.*Pis.*89; id (*sc. a visit*) et nobis erit periucundum et tibi non sane ~um *Att.* 2.4.6; quod sine me ~a rura coles PROP.2.19.2; in ~as siluas recesserat LIV.33.37.4; OV.*Ep.*15.54; pallentis ~us umbras trames agit STAT.*Theb.*2.48; SUET.*Ves.*4.4;—(*w.* ab) regio est..ab omni ~a cursu OV.*Pont.*3.1.27;—(*transf.*) in ~um exire (*i.e. to digress*) SEN.*Dial.*5.19.1; (*cf.*) si nihil inductum et quasi ~um loquimur PLIN.*Ep.*5.6.44. **b** cum essent ~i (Anagnini) CIC.*Phil.*2.106; ~am et siluestrem gentem LIV.34.20.27; 38.45.9;—cecinit maestum ~a carmen auis OV.*Ep.*2.118; APUL.*Met.*4.1 **c** inuia ac ~a adsueti decurrunt LIV.21.33.4; V.FL.3.49; quod is..per aspera et ~a erepsisset ad se SUET.*Tib.*60; (*in fig. phr.*) si me nolueris per ~a ducere SEN.*Ep.*49.12;—(*w. gen.*) umbrosi ~a montis [TIB.]3.9.2; terrarum in ~a LUC.4.161; in ~a campi STAT.*Theb.*9.877.

2 Wandering off the road, straying; turning or swerving aside.

quaerunt..thyma ~ae olentis uxores mariti HOR.*Carm.* 1.17.6; ut mihi ~o..nemus mirari libet 3.25.12; patrias fugit cum ~us oras SIL.3.333; 15.584;—sonipes..transmisit ~us hastam STAT.*Theb.*9.804; paulum si ~us hostis torsit iter 11.312.

3 (of persons or conduct) Deviating from a straight course, erratic, inconstant.

homo..in omnibus consiliis praeceps et ~us CIC.*Phil.* 5.37; uitam ~am *Ac.*3.fr.2; *Amic.*93;—(*w.* ab) Plato, nihil ab hac secta..~us APUL.*Fl.*15;—(*w. gen.*) exsuperans astu, sed ~us aequi (*sc.* Hannibal) SIL.1.57.

deunx ~ncis, *m.* [DE- (cf. *desum*)+VNCIA] Eleven-twelfths (of an *as*, etc.).

~nx dempta uncia VAR.*L.*5.172; facit heredem ex ~nce et semuncia Caecinam CIC.*Caec.*17; ut nummi..peragant auidos..~nces (*i.e. eleven per cent. per annum*) PERS.5.150; COL.5.1.12; misceri sibi..~nces (*sc. of a* sextarius)..iubet MART.6.78.6; unciolam Proculeius habet sed Gillo ~cem JUV.1.40; MAECIAN *iur.*14; ULP.*dig.*28.5.51(50).2.

dēuocō ~āre ~āuī ~atum, *tr.* [DE-+VOCO]

1 To call down (from a higher position); (also transf.).

Capitolium spectans Iouem deosque alios ~asse ad auxilium LIV.6.20.9;—(*w.* ab) ab tumulo suos ~at 4.39.8;—(*w.* de, ex) Socrates..primus philosophiam ~auit e caelo CIC.*Tusc.*5.10; orationem de caelo in terram ~abo APUL. *Soc.*3;—(*w. abl.*) ut Triuiam..amor giro ~et aereo CATUL. 66.6; haec cantu..~at ossa rogo TIB.1.2.46;—(uermes terreni) lac ~ant poti cum mulso PLIN.*Nat.*30.125.

2 To call away, summon (from a place). **b** (transf.) to call away, divert (from one activity, occupation, situation, etc., to another).

quod eum de prouincia ~ent: ad gloriam ~ant CIC.*Prov.* 29; *B.Hisp.*24.2; ut, quos inuocatos uidisset in foro, omnis ~aret NEP.*Cim.*4.3; omnibus..praesidiis..~atis LIV.33. 18.7. **b** *Rhet.Her.*2.4; non auaritia ab instituto cursu ad praedam aliquam ~auit CIC.*Man.*40; sese suas..fortunas in dubium non ~aturum CAES.*Gal.*6.7.6; rem ad populum ~are (*i.e. transfer*) V.MAX.2.7.8; PHAED.3.5.1; nec in eadem intentione aequaliter retinenda mens est, sed ad iocos ~anda SEN.*Dial.*9.17.4; PLIN.*Nat.*34.89.

dēuolō ~āre ~āuī ~ātum, *intr.* [DE-+VOLO]

1 To fly or swoop down (on to). **b** to drop down. **c** to hurry or rush down.

Iris..~at et supra caput astitit VERG.*A.*4.702; coruum in aedem Iunonis ~asse LIV.21.62.4; Iouis in multas ~at ales aues OV.*Ars* 3.420; PLIN.*Nat.*10.117; columbas illuc ~are instituerat FRON.*Str.*3.13.8; (*cf.*) inde..uenti praesidio uehementer ~ant APUL.*Met.*5.17. **b** ~ant angues.. deorsum in impluuium duo PL.*Am.*1108; uti..~et in terram..color aureus ignis LUCR.6.205; LIV.7.12.13; gula, qua cibus atque potus ~ant PLIN.*Nat.*11.176. **c** ~ant de tribunali ut lictori auxilio essent LIV.2.29.3; praecipites pauore in forum ~ant 3.15.6; PLIN.*Nat.*35.83.

2 a To fly (to a destination); (also transf.). **b** to fly away; (in quots., transf.).

a turdus siue aliud..dabitur tibi, ~et illuc res ubi magna nitet HOR.*S.*2.5.11; in auem sese plumaturam atque ad suum cupitum..~aturam APUL.*Met.*3.21;—Tryphaena.. ad puerum ~at PETR.105.8. **b** simul ac fortuna delapsa est, ~ant *Rhet.Her.*4.24; 4.61; ab adflicta amicitia transfugere atque ad florentem aliam (amicitiam) ~are CIC. *Quinct.*93.

dēuoluō ~uere ~uī ~ūtum, *tr.* [DE-+VOLVO]

1 To roll down. **b** to roll off or down (from).

saxa..in musculum ~uunt CAES.*Civ.*2.11.1; dum fusis mollia pensa ~uunt VERG.*G.*4.349; *A.*2.449; ruinae..modo iumenta cum oneribus ~uebantur LIV.21.33.7; aulaeo misso, ~utis tonitrubus PHAED.5.7.23; foueis..in quas (elephanti) ..moles ~uunt PLIN.*Nat.*8.24; de..colle rusticani..saxa super nos..~uunt APUL.*Met.*8.17; (*w. inanim. subj.*) Eridanus..~uit in aequora siluas LUC.2.409; (*poet.*) ~uit.. moenibus agmen 2.491; (*in fig. phr.*) ille (modus dicendi), qui saxa ~uat QUINT.*Inst.*12.10.61; (*fig.*) per audaces noua dithyrambos uerba ~uit HOR.*Carm.*4.2.11. **b** luctatur (Typhoeus)..~uere corpore montes OV.*Met.*5.355; quadrupes..dominum suum ~uit ad terram APUL.*Met.*8.5;—(*refl.*) se..toris..trunci ~uunt V.FL.2.235; (*cf.*) corpora ~uunt in humum (*i.e. from bed*) OV.*Met.*7.574.

2 (pass. in middle sense) To roll or fall down. **b** to sink or fall back (into an inferior position or situation). **c** to fall (into), become subject (to a process); to fall (to), devolve (upon an heir, etc.).

~utum ex igne prosequens panem CATUL.59.4; pondere eo ~uitur..omentum CELS.7.18.3; lectulo ~uuntur SEN.*Ep.* 99.16; per spatium aeris..~uta (grando) SEN.*Nat.*4b.3.5; LARG.101; Socraten..superruo cumque eo in terram ~uor APUL.*Met.*1.16;—(*of a river*) monte praecipiti ~utus torrens LIV.28.6.10; CURT.5.3.1;—(*of the tide*) nec, antequam supra cacumina..montium creuit, ~uitur (aestus) SEN.*Nat.*3. 28.6;—(*cf., of light*) si forte..pressura quadam lumen in eas aedes ~uatur ULP.*dig.*8.2.17.2;—(*in fig. phr.*) exempla regum ex fastigio suo ~utorum SEN.*Suas.*1.9. **b** ad spem estis inanem pacis ~uti CIC.*Phil.*7.14; LIV.1.47.5; in maiora (*sc.* mala) ~uimur SEN.*Dial.*4.14.3; ad otium et inertiam ~ui COL.1.pr.29; homo..ampliuscula fortuna ~utus APUL. *Apol.*75. **c** ULP.*dig.*26.7.9.1; quamuis ~uatur hic gestus in tutelae actionem 27.5.1.5;—37.9.1.7; dominio ad aliquem ~uto 43.21.13.5.

dēuomō ~ere, *tr.* [DE-+VOMO] To vomit out.

ut deuomas uolt quod foris potaueris CAECIL.*com.*162.

dēuorō ~āre ~āuī ~ātum, *tr.* [DE-+VORO]

1 To swallow, gulp down. **b** (transf., of the mind or senses).

dato..ei unum..ouum..integrum facito ~et CATO *Agr.* 71; CIC.*N.D.*2.135; pro..epulis..nequiquam ~at auras OV.*Met.*8.827; uiuo igni ~ato VELL.2.88.3; ne nos uiuos ~ent (canes) PHAED.2.3.5; murenae amplius ~ant quam hamum PLIN.*Nat.*32.13; LARG.198; (*cf.*) uerba..quorum pars ~ari pars destitui solet QUINT.*Inst.*11.3.33; (*of a sword-swallower*) APUL.*Met.*1.4; (*facet.*) inhiat aurum ut ~et PL.*Aul.*194; (*transf.*) aquilarum pinnae mixtas reliquarum alitum pinnas ~ant PLIN.*Nat.*10.15. **b** mea dicta ~ate PL.*As.*649; orationem hanc aures..~ant? *Poen.*968; qui illos libros ~asti *Att.*7.3.2; spes..quam humanae mentes ~auerunt CURT.8.6.18; spectat oculis ~antibus draucos MART.1.96.12.

2 To engulf, absorb, swallow up. **b** (of fire) to consume.

tenebrae Orci, quae omnia bella ~atis CATUL.3.14; VITR.10.2.11; ~er..telluris hiatu OV.*Ep.*3.63; SEN.*Nat.* 3.27.14; tempus nos..~at et chaos *Tro.*400; aquas sole ~ante PLIN.*Nat.*20.1;—(*sound*) theatrorum in orchestris.. harena superiacta ~atur (uox) 11.270;—(*appearance*) in campo Martio Iuppiter..qui ~atur Pompeiani theatri uicinitate 34.40. **b** montem, qui ~etur cotidie SEN.*Ep.* 79.2.

3 To swallow up, use up (money, property, etc.).

quod des ~at (meretrix) PL.*Truc.*568; ~are omnem pecuniam publicam CIC.*Ver.*3.177; uncta ~are patrimonia CATUL.29.22; FLOR.*Epit.*2.18(4.8.5);—(*w. owner of property as obj.*) dum calet..~ari decet PL.*Ps.*1127; QUINT.*Inst.* 8.6.25;—(*w. non-personal subj.*) cum partim eius praedae.. libidines ~assent CIC.*Pis.*48; *Phil.*2.67.

4 To swallow, put up with.

CIC.*Brut.*236; paucorum dierum molestiam ~ate *Phil.* 6.17; ~ata unius mali patientia SEN.*Ep.*82.18; ~et initio taedium illud QUINT.*Inst.*11.2.41; tacitus iniuriam ~ans APUL.*Met.*9.41.

5 To repress, check (signs of emotion).

uocem lacrimasque..~at ipse dolor OV.*Met.*13.540; *Fast.* 4.846; animi firmitatem sub tortore gemitus ~antem SEN. *Ep.*66.29; ~ato pudore APUL.*Met.*2.15.

dēuors-, dēuort-: see DEVER-.

dēuōtiō ~ōnis, *f.* [DEVOVEO+-TIO]

1 (relig.) The devotion by a general, etc., of himself (and his army) to the infernal gods on his country's behalf.

in ~one uitae..imitatus est P. Decium filius CIC.*Rab. Post.*2; Deciorum ~onibus placatos deos *N.D.*3.15; LIV. 9.10.3; V.MAX.5.6.6; SEN.*Ben.*6.36.2; (*transf.*) hanc..~onem capitis mei..tum denique conuictam esse..putabo CIC.*Dom.*145.

2 A (formal) curse or execration.

pilae..in quibus ~o fuerat scripta NEP.*Alc.*6.5; dissimulata nauseantis ~one PETR.103.6; TAC.*Ann.*3.13; ueneficiis ..et ~onibus impugnari SUET.*Cal.*3.3; muneribus largis et ~onibus faustis completa nauis APUL.*Met.*11.16.

dēuōtō ~āre ~āuī ~ātum, *tr.* [DEVOVEO+ -TO] To put a spell on, bewitch.

hodie ~abit sortis si attigerit PL.*Cas.*388.

dēuōtus ~a ~um, *a. superl.* ~issimus. [pple. of next]

1 Accursed, execrable.

me..~a non exstinxit arbos HOR.*Carm.*3.4.27; heu ~a domus OV.*Ep.*9.153; [QUINT.]*Decl.*9.5.

2 Devoted, zealously attached.

nemo non deditum se et ~um professus est SEN.*Ben.*3.5.2; res publica quam ingrata in..~ssimos sibi fuerit 5.17.1; ni tibi deditus essem deuotusque cliens JUV.9.72; SUET. *Jul.*68.1;—(*to a thing*) (filiam) ~am uino PHAED.4.5.6; o sacris ~e senex LUC.10.176; equestrem ordinem ut scaenae harenaeque ~um SUET.*Cal.*30.

dēuoueō ~ouēre ~ōuī ~ōtum, *tr.* [DE- +VOVEO] FORMS: ~*oro* (= ~*ouero*) ACC. *praet.*15.

1 To vow as an offering or sacrifice.

Agamemnon cum ~ouisset Dianae, quod..pulcherrimum natum esset CIC.*Off.*3.95; ~otae..uerticis exuuiae (*i.e. hair*) CATUL.66.62; huic (*sc.* Marti) ..ea quae bello ceperint..~ouent CAES.*Gal.*6.17.3; si quis gnatam pro muta ~ouet agna HOR.*S.*2.3.219; PROP.4.9.67; ubi ~otos altaribus admouere MELA 3.18; LUC.8.112; quam ~ouerat ei reddidit animam APUL.*Met.*8.6; (*w.* ad) quos ad mortem ~ouissent (sacerdotes) LIV.31.18.6.

2 (of a general) To devote (himself and his army) to the infernal gods on his country's behalf; (transf.) to devote (one's life). **b** to dedicate oneself (by a formal pact).

QVI S⟩E ~OVIT *Fast.Cos.Cap.*15 (*CIL* 1.p.21); ex qua (ciuitate) P. Decius..se ac uitam suam..pro salute populi Romani..~ouisset CIC.*Sest.*48; legiones auxiliaque hostium mecum Deis Manibus Tellurique ~oueo LIV.8.9.8; PLIN. *Nat.*22.9; ibi ~ouente pontifice dis se manibus consecrant FLOR.*Epit.*1.7(1.13.9); (*cf.*) animam ~oro hostibus ACC. *praet.*15;—me..atque meum caput ea condicione ~oui CIC. *Dom.*145; ad superos, quorum se ~ouet aris VERG.*A.*12.234; litis, propter quam deuoturus se ipse non fuerit QUINT. *Inst.*5.6.2. **b** cum DC ~otis, quos illi soldurios appellant CAES.*Gal.*3.22.2; cuius se amicitiae ~ouisset 3.22.3.

3 To devote to the infernal gods, execrate, curse. **b** to bewitch, enchant.

~ota domum periuria portas CATUL.64.135; NEP.*Alc.*4.5; Thesea ~oui, quia te dimittere nollet OV.*Ep.*2.13; quibus animis ~ouerint spiritum meum PETR.141.4; ducem hostilibus diris ~ouerat FLOR.*Epit.*1.46(3.11.3); HVNC EGO APVT VOSTRVM NVMEN..~OVEO *CIL* 11.1823;—(*w. inanim. subj.*) quem meritis precibus mea ~ouet ira OV.*Ib.*411. **b** num te pallentibus herbis ~ouit..anus? TIB.1.8.18; num mea Thessalico languent ~ota ueneno corpora? OV.*Am.*3.7.27.

4 To destine, doom (to a fate, etc.). **b** (usu. refl. or sim.) to devote (to a person or pursuit).

pesti ~ota futurae (Phoenissa) VERG.*A.*1.712; Andromede monstris fuerat ~ota marinis PROP.2.28.21; deum irae ~otus LIV.10.39.16; GERM.*Arat.*248; QUINT.*Decl.*324 (p.276,l.28). **b** Remus auspicio se ~ouet ENN.*Ann.*79; soli..suos tibi ~ouet annos OV.*Met.*14.683; gloria, cui me uni ~oui CURT.9.6.21; (*w.* in+*acc.*) ~otas externa in proelia dextras LUC.3.311; (*cf.*) officio..tibi ~oto numine dexter ades OV.*Fast.*1.6.

dēūrō ~rere ~ssī ~stum, *tr.* [DE-+VRO] To burn thoroughly, burn down. **b** (transf., of cold; of serpent's breath) to wither, burn up.

~stos pluteos turrium uidebant CAES.*Gal.*7.25.1; uicos.. ~ssit LIV.39.2.7; frumenta..~sta 40.41.5; ~sto monte Caelio TAC.*Ann.*4.64; tris libros..~rit GEL.1.19.5; (*by friction*) COL.4.29.15. **b** arbores, quae obnoxiae frigoribus sunt, ~sserat (hiems) LIV.40.45.1; quae propiora sunt mari, aquilone..~runtur CURT.8.9.12;—si adflauit (serpens) ~rit obteritque, quacumque incessit SEN.*Cl.*1.25.4.

deurodē or **deuro dē.** [app. Gk. δεῦρο δή] 'Come hither'; (in quot. app. applied to a catamite).

Athana tibi irata sit, curabo, et qui te primus ~ fecit PETR.58.7.

deus deī, *m.* [< *deiu̯i*; Skt. *dēváḥ*, OIr. *dia*, Lith. *diẽvas*] FORMS: sg. voc. *deus* LARG.84; pl. nom. *di*, *dei*, *dii*; gen. *deorum*, *deum*; dat., abl. *dis*, *deis*, *diis*, also *dibus CIL* 3.2100, *deibus A.Epig.*34.23, *diibus* PETR.44.16(cj.). PROS.: disyllabic forms usually, sometimes also first two syllables of *deorum*, compose the thesis or arsis of a foot in PL., TER., etc.

1 A god. **b** (in collective titles). **c** (in var. exclamations and other colloq. expressions).

quem di diligunt adulescens moritur PL.*Bac.*816; si deus, si dea es CATO *Agr.*139; promissa..dis hominibusque inuisa CIC.*Phil.*8.10; terram..antiquissimam deorum..uoluit esse *Tim.*37; CATUL.61.64; Genius..naturae deus humanae HOR.*Ep.*2.2.188; OV.*Fast.*2.631; dedita sacris incerti Iudaea dei LUC.2.593; primus in orbe deos fecit timor STAT.*Theb.* 3.661; deorum iniurias dis curae TAC.*Ann.*1.73; (*a human being of divine descent*) deus ille..Eryx VERG.*A.*5.391; (*facet.*) tu dis nec recte dicis..— an deus est ullus Suauisauiatio? PL.*Bac.*120;—(*meton.*) multo..iacebat membra deo (*i.e. wine*) uictus VERG.*A.*9.337; omnes patuere dei (*i.e. temples*) STAT.*Silv.*4.1.45;—(*transf.*) dine hunc ardorem mentibus addunt..an sua cuique deus fit dira cupido? VERG.*A.*9.185; 10.773; casus, hic est ille qui pluruma in uita inuenit deus PLIN.*Nat.*27.8. **b** PER IOVEM DEOSQVE PENATE⟨IS⟩ *CIL* 1.582.24; diis Manibus VAR.*L.*6.24; dei Consentes 8.70; ab deis superis inferisque LIV.8.10.7; DIBVS PARENTIBVS *CIL* 10.8249. **c** ut illum di perdant! NAEV.*com.*19; di te ament PL.*Mos.*341; di uostram fidem! *Poen.*900; *Truc.*864; si dis placet TER.*Eun.*919; CIC.*Phil.*10.5; di istis! (*i.e. confound them!*) *Att.*16.11.5; di melius! OV.*Met.*9.497; LARG.84; quas litteras, di boni, qua doctrina APUL.*Apol.*94.

2 a (applied hyperb. to human beings, in respect of their achievements, happiness, etc.). **b** (applied to deified members of the imperial family).
a deus sum si hoc itast TER.*Hec*.843; homo homini deus est, si suum officium sciat CAECIL.*com*.264; te..in dicendo semper putaui deum CIC.*de Orat*.1.106; *Red.Sen*.8; deus ille noster Plato *Att*.4.16.3; deus ille (*sc.* Epicurus) fuit, deus LUCR.5.8; deus nobis haec otia fecit VERG.*Ecl*.1.6; OV.*Am*. 2.11.44; parens eloquentiae deus ille Maeonius COL.1.pr.30; QUINT.*Inst*.1.10.5. **b** ⟨BE⟩NEFIC DEI CAESARIS *CIL* 1.1611; parentem suum Caesar..fecit deum VELL.2.126.1; PLIN.*Nat*.21.9; cum Britanniam peteremus cum deo nostro Caesare LARG.163; edictum domini deique nostri (*i.e.* Domitiani) MART.5.8.1; (*cf.*) uae, inquit, puto deus fio SUET.*Ves*. 23.4.

3 The statue or image of a god.
deum denique nullum Siculis..reliquit CIC.*Ver*.14; 4.104; paternos in sinu ferens deos HOR.*Carm*.2.18.27; deorum capita, quae in lectis erant, auerterunt se LIV.40.59.7; ingentes de puppe dei PERS.6.30; TAC.*Hist*.3.74.

4 A divine essence or being; the supreme being.
unum esse omnia..et id esse deum CIC.*Luc*.118; animus..est, ut Euripides dicere audet, deus *Tusc*.1.65; deum namque ire per omnis terrasque tractusque maris caelumque profundum VERG.*G*.4.221; est deus in nobis OV.*Ars* 3.549; MAN.1.523; nec natura sine deo est nec deus sine natura SEN. *Ben*.4.8.2; COL.10.217; deus est mortali iuuare mortalem PLIN.*Nat*.2.18;—audentes forsque deusque iuuat OV.*Fast*. 2.782; animam caelestem deo reddidit VELL.2.123.2; quod est..lex in urbe, dux in exercitu, hoc est in mundo deus APUL.*Mun*.35; (*cf.*) rectoris orbis terrarum coelique et deorum omnium dei SEN.fr.(Haase p.423).

deuterius ~a ~um, *a.* [Gk. δευτέριος] (of wine) Derived from a second pressing.
uina quae Graeci ~a appellant, Cato et nos loram PLIN. *Nat*.14.86.

deūtor ~ī, *intr.* [DE-+VTOR] CONST.: w. abl. To misuse, use wrongly.
non..hoc conuenire Antigoni prudentiae, ut sic ~eretur uicto NEP.*Eum*.11.3.

dextans ~ntis, *m.* [DE-+SEXTANS] Five-sixths (of an *as*, also of other units of weight, measurement, etc.), ten *unciae*.
reliqua..ab deminutione..ut..~ns dempto sextante VAR.*L*.5.172; VITR.3.4.4; pars dimidia et tertia (iugeri).. hoc est ~ns COL.5.1.12; PLIN.*Nat*.18.324; SUET.*Nero* 32.2; MAECIAN.*iur*.13; ULP.*dig*.28.5.51(50).2.

dextella ~ae, *f.* [DEXTERA[1]+-LA] A (little) right hand; (in quot., transf.).
Quintus filius, ut scribis, Antoni est ~a CIC.*Att*.14.20.5.

dexter ~(e)ra ~(e)rum, *a.* *compar.* ~erior, *superl.* ~imus. [Osc. *destrst*, Gk. δεξιτερός; cf. Skt. *dákṣiṇaḥ*, Corn. *dyghow*] FORMS: ~*rabus* (abl. pl. fem.) ANDR.*poet*.37(39).

1 Situated on the right-hand side, right-hand; (neut. as sb.) the right-hand side. (N.B.: there is a close connexion with sense 2 and several of the exx. quoted contain both ideas.) **b** (compar.). **c** (superl.) the furthest right.
domum ire coepi tramiti ~ra uia PL.fr.105; tu..in sinistrum cornum; tu..in ~erum TER.*Eu*.775; VAR.*L*.5.68; nobis sinistra uidentur, Graiis..~ra meliora CIC.*Div*.2.82; laeua siue ~era uocaret aura CATUL.4.19; LUCR.4.292; SAL. *Hist*.2.54; quo tantum mihi ~er abis? VERG.*A*.5.162; ubi supposuit ~ro corpus mihi laeuum HOR.*S*.1.2.125; pedem e prioribus ~rum PLIN.*Nat*.28.115; porticus in latere cliui ~rae subeuntibus TAC.*Hist*.3.71; (*cf.*) ~rarum tibiarum genus est, quae dextra tenentur PAUL.*Fest*.p.74M; (*w. gen.*) ~era Sigei, Rhoetei laeua profundi ara OV.*Met*.11.197; —(legio) a laeuo septima..stetit..~ro octaua TAC.*Hist*. 3.21; Bataui..in ~ro 5.16; quibuscumque caducis a ~ero morbus occipiat APUL.*Apol*.51. **b** VAR.*L*.5.50; erius cornu GALBA *Fam*.10.30.3; saucius armo ~eriore OV.*Met*.12.303; uentriculi pars..in ~eriorem partem conuersa CELS.4.1.7; ~eriora..montis decliuia LUC.2.421; SVB PORTICVM ~ERIOREM SECVS AEDEM VENERIS *A.Epig*.10.756; SUET.*Cl*.7.1; (*neut. as sb., w. gen.*) ~eriora ualli TAC.*Hist*. 3.27. **c** ~imos in dextris scuta iubet habere CAEL.*hist*.22; a primo compito ~imam uiam muniit Epicurus VAR.*Men*. 402; apud ~umos SAL.*Jug*.100.2; PAUL.*Fest*.p.74M.

2 Propitious, favourable: **a** (of gods, etc.). **b** (of things).
a tua ~er adi pede sacra secundo VERG.*A*.8.302; inceptis ~era cantet auis PROP.4.1.68; ~ro faciatis Apolline carmen OV.*Tr*.5.3.57; praetoribus ac Ioue ~ro PERS.5.114; ~ros tua uota marito promeruere deos STAT.*Silv*.5.1.71; QUINT. *Inst*.4.pr.5. **b** temptaturum..quis rebus ~er modus VERG.*A*.4.294; ~ro tempore HOR.*S*.2.1.18; aues..~rum auspicium sinistrumque fecerunt SEN.*Nat*.2.32.3; quid ~er senio ferret PERS.3.48; omine ~ro STAT.*Theb*.7.663; iter ~erum porrigas APUL.*Met*.2.14; (*w.* ad) tempus..ad proelia ~rum SIL.5.85; (*neut. as sb.*) protinus exorto ~rum risere sorores Aonides STAT.*Silv*.5.3.121.

3 Dexterous, handy, skilful.
~era..capit indulgentia mentes OV.*Ars* 2.145; Marius scripti ~er in omne genus *Pont*.4.16.24.

dext(e)ra[1] ~(e)rae, *f.* [fem. of prec.]

1 The right hand (esp. as the hand that holds weapons, is grasped in greeting or as a token of agreement, etc., and is in general the chief instrument of any physical action). **b** (meton.) a soldier. **c** a (metal) model of a hand or clasped hands sent as a token of agreement, etc.
per ~eram tuam te..oro PL.*Am*.923; cedo ~ram TER. *Hau*.493; ~tram intendit ad statuam CIC.*Att*.16.15.3; ~era ..deducens fila..formabat digitis CATUL.64.312; uti..meminеritis uos..patriam in ~ris uostris portare SAL.*Cat*.58.8; ~ae iungere ~ram VERG.*A*.1.408; HOR.*Carm*.3.19.21; ~ra data fidem..amicitiae sanxisse LIV.1.1.8; OV.*Ars* 2.736; STAT.*Theb*.1.470; pedes uterque ~eras miscuere TAC.*Ann*.15. 28; SUET.*Jul*.68.4; APUL.*Met*.11.22;—(*in fig. phr.*) (Graecia) tendit ~eram Italiae suumque ei praesidium pollicetur CIC. *Phil*.10.9; (*fig.*) tu Caesaris..~era..eras *Eleg.Maec*.14;— (*transf.*) multas passurus ~ras (*i.e. blows*) atque..uulnera thorax SIL.4.17. **b** pateant..aeraria ~ris quas emimus bello SIL.11.539; 15.385. **c** si..fidem..more Persarum ~ra dedisset NEP.*Dat*.10.1; miserat ciuitas..~ras, hospitii insigne TAC.*Hist*.1.54; 2.8.

2 A pledge, contract.
~erae quae fidei testes esse solebant sunt perfidia..uiolatae CIC.*Phil*.11.5; en ~ra fidesque! VERG.*A*.4.597; dominorum fallere ~ras 6.613; LIV.1.58.7; cupere nouari ~ras TAC. *Ann*.2.58.

3 (in prep. phrs.) The right-hand side.
(*w.* ab) ab laeua aut a ~era PL.*Mil*.607; hinc ab ~era uenire me adsimulabo TER.*An*.734; CIC.*Div*.1.12; a sinistra ac ~ra temptare SAL.*Jug*.50.4;—(*w.* ad) specta ad ~eram PL.*Poen*.711; sedebat..ei..ad ~ram Minucius VAR.*R*.3.2.2; CIC.*Phil*.12.26; LIV.40.6.1;—(*w.* in+*acc.*) in ~ram laeuamque discursu applicantes se antesignanis 30.33.3; solem.. in ~ram occidere PLIN.*Nat*.6.87;—(*w.* in+*abl.*) in ~ra sinistraque circa guttur uenae grandes CELS.4.1.2;—(*w.* sub+*abl.*) sub ~ra huius a comitio locus substructus VAR.*L*. 5.155.

dext(e)rā[2], *adv.* [abl. of prec.] On the right-hand side. **b** (w. gen. or acc.) on the right (of).
hinc..mihi ~ uox auris..uerberat PL.*Am*.333; IIII trapetibus locum ~ sinistra pauimentum P. XX CATO *Agr*.18. 3; CIC.*Phil*.13.19; ante me Megara, ~ Piraeus, sinistra Corinthus SULP.RUF.*Fam*.4.5.4; LUCR.4.276; circumstant animae ~ laeuaque frequentes VERG.*A*.6.486; VITR.10.15.7; LIV.4.32.8; ~ laeuane feratur OV.*Met*.5.167; PLIN.*Pan*.20.4. **b** ~ ac sinistra monumenti VITR.8.3.16; rogum..qui constructus ~ uiae Appiae fuit PLIN.*Nat*.10.122; ~..iacet morientis amici SIL.9.391;—~ Adherbalem adsedit SAL. *Jug*.11.3; sideribus, quae sunt ~ ac sinistra zonam signorum VITR.9.3.3; ~ uiam stratam LIV.8.15.8; ~ sinistraque ianuam GEL.16.5.3.

dexterē, *adv.* *compar.* ~ius. [DEXTER+-E] Skilfully, dexterously.
nemo ~ius fortuna est usus HOR.*S*.1.9.45; liberaliter ~eque obeundo officia LIV.1.34.12; 8.36.7; utrumne.. rebus secundis uti ~e (*cj.*) scias SEN.*Dial*.11.6.1.

dexteritās ~ātis, *f.* [DEXTER+-TAS] Readiness to help or oblige.
tanta..inerat comitas Scipioni atque ad omnia naturalis ingenii ~as LIV.28.18.6; 37.7.15; φιλανθρωπία..significat ~atem quandam beneuolentiamque GEL.13.17.1; ~ATEM DECVRIONVM MVNIFICENTIA REMVNERAVERVNT *CIL* 12.5864.

dextimus: superl. of DEXTER.

dextrātor ~ōris, *m.* [DEXTERA[1]+-TOR] Mil. term of unkn. meaning, perh. indicating a particular type of soldier; (cf. Gk. δεξιολάβος).
ALIA SPATIA CAMPI ALIVS IACVLANTIVM NVMERVS FREQVENS ~OR CANTABRICVS DENSVS *CIL* 8.2532.

dextrātus ~a ~um, *a.* [DEXTER+-ATVS[2]]

1 (surv.) Lying to the right (of the *decimanus*).
decimanorum numeri in septentrionem si crescent, erit pars ~a (agri)..sic scies te in ~o et citrato esse NIPS.*grom*. p.291La.

2 An honorific title of uncertain significance, perh. referring to position in religious ceremonial.
VLPIAE AVRELIAE VALERIAE VIRGINI ~E *CIL* 3.6155.

dextrorsum, *adv.* Also **~us.** [DEXTER+VERSVM] FORMS: *dextrōuorsum* PL.*Cur*.70, *Rud*.176, 368; *dextrōsum* FEST.p.359M, *-ōsus* FRON.*Aq*.7. To or towards the right-hand side.
quo me uortam nescio. — si deos salutas, ~um censeo PL.*Cur*.70; ACC.*praet*.27; ille sinistrorsum, hic ~um abit HOR.*S*.2.3.50; ~us Gabios descendit LIV.26.9.12; PLIN. *Nat*.24.172; euntibus ab urbe Roma ~us FRON.*Aq*.7; laeuorsum uel ~um APUL.*Fl*.2.

Dīa[1] ~ae, *f.* An island in the Aegean Sea, more commonly known as Naxos.
prospectans litore ~ae..Ariadna CATUL.64.52; OV.*Ars* 1.528; OV.*Met*.3.690; HYG.*Fab*.3.4.

Dia[2] ~ae, *f.* *Dea ~a*, An ancient Roman goddess known only from the worship accorded to her by the *Fratres Aruales*.
IN LVCO DEAE ~AE *CIL* 6.2023; AD DEAM ~AM VACCAM IMMOLAVIT *CIL* 6.2030.

dia[3], *prep.* [Gk. διά] (Occurring in transcriptions of Gk. phrs. w. gen. to denote a medical preparation prescribed as an ointment or sim.) Made of, e.g. *dia crocu* (διὰ κρόκου), *dia tu ceratos* (διὰ τοῦ κέρατος), ointment of saffron, stag's horn, etc.; (also combined with the noun to form one word). **b** (also combining w. the noun to form a neut. sb. in *-um*).
quia lauri bacas habet ~ daphnidon appellatur CELS. 5.19.12; PLIN.*Nat*.27.83; hoc collyrium, quod..quidam ~ smyrnes..uocant LARG.26;—DIALIBANV (*i.e.* διὰ λιβάνου AD SVPPVRAT *CIL* 7.1312; DIAMYSYOS (*i.e.* διὰ μίσυος) AD ASPRITVD 13.10021(121). **b** DIAPSORICVM AD GEN SCIS *CIL* 13.10021(110); 13.10021(177); ATTICI DIAGLAVCAEVM AD OMNES DOLORES 13.10021(218).

dia- (in compounds): see DIA[3].

diabathrārius ~iī, *m.* [next+-ARIVS] The maker of a *diabathrum*.
sedentarii sutores ~ii PL.*Aul*.513.

diabathrum ~ī, *n.* [Gk. διάβαθρον] A kind of slipper.
~a in pedibus habebat NAEV.*trag*.54; ~a genus solearum Graecanicarum PAUL.*Fest*.p.74M.

diabētēs ~ae, *m.* [Gk. διαβήτης] (See quot.)
omne alimentum uirentis..per medullam trunci ueluti siphonem, quam ~en uocant mechanici, trahitur in summum COL.3.10.2.

diachyton ~ī, *n.* [Gk. διάχυτον] A kind of wine.
quod uocant ~on, uuis in sole siccatis..octauo die calcatis PLIN.*Nat*.14.84.

diacopus ~ī, *m.* [Gk. διάκοπος] A breach in an embankment.
ULP.*dig*.47.11.10.

Diacritamena ~ae, *f.* A title of the goddess Cybele.
MATRI DEVM MAG ~AE *CIL* 11.3080.

diadēma ~atis, *n.* Also **~a** ~ae, *f.* [Gk. διάδημα] An ornamental headband (usu. white) tied at the back; (as an emblem of sovereignty) a diadem, crown. **b** (meton.) dominion, 'the crown'. **c** (w. gen., transf.) pre-eminence (in).
arsinea, rete, ~a, coronas aureas (*as examples of women's fashions*) CATO *hist*.113;—id egit ut conlegae ~a imponeret CIC.*Phil*.3.12; LIV.24.5.3; purpureum ~a distinctum albo, quale Dareus habuerat CURT.6.6.4; PLIN.*Nat*.11.51; Euphraten..albentibus spumis in modum ~atis sinuare orbis TAC.*Ann*.6.37; JUV.13.39; SUET.*Tit*.5.3; caput (*i.e. of a girl dressed as Juno*) stringebat ~a candida APUL.*Met*. 10.30. **b** Virtus..regnum et ~a tutum deferens uni HOR.*Carm*.2.2.21; ut cruentum ~a fraterna caede gererem LIV.40.12.16; MART.8.53(55).8; premit felix regum ~ata Roma STAT.*Silv*.3.3.51; ut..mutent ~ata fratres *Theb*.10. 801. **c** cuiusuis leporis Liber ~am dedit POMPON.*com*.163.

diadēmātus ~a ~um, *a.* [prec.+-ATVS[2]] Wearing a diadem, crowned.
Apollinem ~um PLIN.*Nat*.34.79; statua sibi ~a..posita SUET.*Tib*.2.2; (*as a cognomen*) CIC.*Red.Pop*.6.

diadochē ~ēs, *f.* [Gk. διαδοχή] Succession (in office, etc.).
AD ~ES ORDINATIONEM *CIL* 3.12283.7; DE EIS QVAE PERTINENT AD ~EN EPICVREAE SECTAE 3.12283.12.

diadochus (**~os**) ~ī, *m.* [Gk. διάδοχος]

1 One who holds office by right of succession.
QVI EST MODO ~VS ATHENIS *CIL* 3.12283.6; ~I SECTAE EPICYRI 3.12283.9.

2 A kind of precious stone.
~os berullo similis est PLIN.*Nat*.37.157.

diadūmenus (**~os**), *a.* [Gk. διαδούμενος] Engaged in tying one's hair in a band.
neque..statua ista..~os uocaretur SEN.*Ep*.65.5; Polyclitus..~um fecit..iuuenem PLIN.*Nat*.34.55.

diaeresis ~is, *f.* [Gk. διαίρεσις] The separation of a diphthong into two vowels pronounced consecutively.
VEL.gram.in *G.L*.7.57.

diaeta ~ae, *f.* [Gk. δίαιτα]

1 A course of med. treatment, regimen.
(*in fig. phr.*) ~a curare incipio, chirurgiae taedet CIC.*Att*. 4.3.3.

2 A room (in a house); a cabin (on a ship). **b** an auxiliary building separate from the main dwelling or sim. which it serves, outhouse, annexe.
cunctis procul eminet una ~is (*in Pollius' house*) STAT. *Silv*.2.2.83; turris..sub qua ~ae duae PLIN.*Ep*.2.17.12; 6.16.14; ad..calefactionem..~arum hypocaustarum ULP. *dig*.32.55.3;—audimus murmur..sub ~a magistri PETR. 115.1. **b** in hac ~a dormitorium cubiculum PLIN.*Ep*. 5.6.21; in ~am, cui nomen est Hermaeum, recesserat SUET. *Cl*.10.1; cum (uirgo) in separata ~a ab eo esset SCAEV.*dig*. 24.1.66.1; ~A QVAE EST IVNCTA HVIC MONVMENTO *CIL* 10.3750.

diaetarchus ~ī, *m.* Also **~a** ~ae, *m.* [Gk. διαιτάρχης] A servant in charge of the rooms in a house.
CAESARIS SERVO ~O DOMVS AVG *CIL* 6.8644; —~AE EX HORTIS ANNIANIS 6.8666.

diaetārius ~iī, *m.* [DIAETA+-ARIVS] **a** = prec. **b** (on a ship) a cabin steward.
a topiarii ~ii aquarii domui tantum deseruientes ULP. *dig*.33.7.12.42. **b** qui custodiae gratia nauibus praeponuntur ,ut..~ii ULP.*dig*.4.9.1.3.

diaetēticus ~a ~um, *a.* [Gk. διαιτητικός] **a** (masc. as sb.) One who practises medicine (as opposed to surgery), a physician. **b** (fem. as sb.) the art of medicine.
a ad ~os pertinentes compositiones LARG.200. **b** neque chirurgia sine ~a neque haec sine chirurgia..perfici possunt LARG.200.

diagōnālis ~is ~e, *a.* [as next+-ALIS] = next.
ad eius..lineae ~is longitudinem VITR.9.pr.5; lineis ~ibus HYG.GR.*agrim*.p.159.

diagōnios ~os ~on, *a.* [Gk. διαγώνιος] Drawn from angle to angle, diagonal.
ut..tanta duo sint ~a ab angulo ad angulum spatia VITR. 4.1.11; ~oe structurae 6.8.7; 9.pr.5; (*neut. as sb.*) quantum spatium habuerit ea linea ~i 6.3.3.

diagōnus ~nī or ~n ~nis, *m.* Also **zacōn(us).** [cf. prec.] A diagonal line or direction.
circulus..zodiacus..ex circulo aequinoctiali ad brumalem per ~num extenditur HYG.GR.*agrim*.p.150. β quasi qui perspiciatur in ~no (*sc.* lapis) NIPS.*grom*.p.289La;—~nem lapides si fuerint, sic deprehendes..apparet hos duos lapides..in ~ne esse p.288La.

diagramma ~atis, *n.* [Gk. διάγραμμα] A figure or diagram.
eius ~a subscribam VITR.5.4.1; 5.5.6; in ~ate musico 6.1.7.

dialecticē, *adv.* [next+-E] According to the dialectical method, logically.
CIC.*Ac*.1.8; rhetorice..nos mauis quam ~ disputare? *Fin*.2.17; orator, etiamsi raro, non tamen nunquam probabit ~ QUINT.*Inst*.1.10.37.

dialecticus ~a or ~ē ~um, *a.* [Gk. διαλεκτικός] Related to a process of reasoning (esp. the dialectical method of the Academy), logical, dialectical; (of creatures) having reasoning power. **b** (masc. as sb.) one who studies or teaches logic, a logician, dialectician; an Academic philosopher. **c** (fem. as sb.) the art of reasoning, logic; (neut. pl. in sim. sense).
si uelim..quiddam..~um explicare CIC.*Div*.2.122; ad legem ~am SEN.*Ep*.82.19; sapientiae ~ae professor PLIN. *Nat*.7.180; QUINT.*Inst*.12.2.13; GEL.13.8.2;—omnia animalia ~a nasci oportet SEN.*Ep*.121.10. **b** omne, quod eloquimur sic..suscipiunt ~i, ut iudicent, uerumne sit an falsum CIC.*de Orat*.2.158; haec (*sc.* mina)..merces erat ~orum *Luc*.98; SEN.*Ep*.87.38; FRO.*Aur*.2.p.78(152N); ab Eubulide ~o APUL.*Apol*.15;—CIC.*N.D*.1.70; audio et Stoicos et ~os Epicureosque..parturire PLIN.*Nat*.pr.28. **c** ~a et rhetorica..illa uerba contrahens, ista distendens VAR.in Isid.*Orig*.2.23.1; in ~a..uestra nullam..esse..ad melius uiuendum..uiam CIC.*Fin*.1.63; PETR.88.7; QUINT. *Inst*.2.17.42; ille ~ae subtilitatem..cognouerat TAC.*Dial*. 30.4; GEL.13.10.1;—hominem remotum a ~is, in arithmeticis..exercitatum CIC.*Att*.14.12.3; *Off*.1.19; mitto ~a APUL. *Apol*.80.

dialectos ~ī, *f.* [Gk. διάλεκτος] A dialect, form of speech.
QUINT.*Inst*.9.4.18; cum interrogasset, quaenam illa tam molesta ~os esset, et ille respondisset Doridem SUET.*Tib*. 56; MAUR.649.

dialeucos ~on, *a.* [Gk. διάλευκος] Partially white.
genus satiui (croci)..~on uocant PLIN.*Nat*.21.33.

Diālis ~is ~e, *a.* [DIES(PITER)+-ALIS]
1 *flamen ~is*, The priest of Jupiter at Rome; (also masc. as sb.). **b** of or connected with the *flamen Dialis*.
INSIGNE DIAL⟨IS FL⟩AMINIS *CIL* 1.10; SULLA *hist*.2; VAR. *L*.5.84; OV.*Fast*.2.282; (*cf.*) adsidentibus ~i sacerdote et collegio Flauialium SUET.*Dom*.4.4; (*w. punning allusion to* dies) solent..esse flamines ~es, modo consules ~es (*i.e. lasting for a day*) habemus CIC.*Facet*.25;—LIV.27.8.9; coniunx apicati..~is OV.*Fast*.3.397; non licere ~ibus egredi Italia TAC.*Ann*.3.58.; GEL.10.15.5. **b** apicem ~em LIV. 6.41.9; ~ia sacra TAC.*Ann*.3.58; ~e flamonium SUET.*Aug*.31.
2 Aerial, heavenly.
alti culminis ~es uias deserit (aquila) APUL.*Met*.6.15.

dialogus ~ī, *m.* [Gk. διάλογος]
1 A discussion, dispute.
cum..disputatio..esset inter eos, ut est consuetudo ~orum CIC.*Brut*.218; tuos..mirificos cum Publio ~os *Att*. 2.9.1; ~orum altercatione seposita SEN.*Ben*.5.19.8; QUINT. *Inst*.5.14.27.
2 A literary composition in dialogue form.
scito te ei ~o adiunctum esse tertium CIC.*Att*.13.14.1(2); scripsit et ~os (T. Liuius) SEN.*Ep*.100.9; QUINT.*Inst*.6.3.44; carmina et historias..orationes et ~os SUET.*Aug*.89.3; APUL.*Fl*.18.

? **dialutensis** ~is ~e, *a.* [app. Gk. διά+LVTENSIS] ? That lives partly in mud.
(genus purpurarum) longe optimum purpuris ~e, id est uario soli genere pastum PLIN.*Nat*.9.131.

dialysis ~is, *f.* [Gk. διάλυσις] Resolution (of a diphthong).
VEL.gram.in *G.L*.7.57.

diametros[1] ~os ~on, *a.* [Gk. διάμετρος] Diametral.
orchestra inter grados imos quod ~on habuerit VITR. 5.6.5; cum in ~o spatio totius mundi absit (luna) ab sole 9.2.4.

diametros[2] ~ī, *f.* [prec.] A diameter.
columnae crassiores faciendae sunt ex sua ~o quinquagesima parte VITR.3.3.11; ad extremas ~os 9.7.5; area rotunda, cuius ~os, id est dimensio, habeat pedes LXX COL. 5.2.7; FRON.*Aq*.25.

Diāna ~ae, *f.* FORMS: *Deana CIL* 10.5671, *Deuiana* (as from *deuius*) VAR.*gram*.103, *Diuiana* (as from *diuius*) *L*.5.68; see also IANA. PROS.: first syll. long ENN.*Ann*.62, VERG.*A*. 1.499, HOR.*Carm*.4.7.25, OV.*Met*.8.353, etc. A Roman goddess, anciently identified with Artemis and other deities. **b** the moon.
ENN.*Ann*.62; ubi ad ~ae ueneris TER.*Ad*.582; CIC.*N.D*. 3.58; tria uirginis ora ~ae VERG.*A*.4.511; HOR.*Carm*.1.21.1; inclitum ~ae Ephesiae fanum LIV.1.45.2; uisae sine ueste ~ae OV.*Met*.3.185; MART.*Sp*.13.5;—(*transf.*) inter Caesareae discrimina saeua ~ae (*i.e. hunting*) 12.1; 10.70.7; Augustis redit Idibus ~a (*i.e. her festival*) 12.67.2;—(*as the name of a ship*) LIBVRNA ~A *CIL* 11.111. **b** hanc (*sc.* lunam).. quidam ~am uocant VAR.*L*.5.68; nocturnae forma ~ae OV. *Met*.15.196.

Diāne(n)sis ~is ~e, *a.* Devoted to the cult of Diana.
IVVENES..~ES *CIL* 11.3210; 13.1495; PATRONO CVLTORVM ~IVM 14.2633.

Diānītis, *adj. f.* The name of a kind of myrrh.
PLIN.*Nat*.12.69.

Diānium ~iī, *n.* A temple of Diana.
ubi ~ium nuper fuit LIV.1.48.6.

Diānius ~a ~um, *a.* Of or belonging to Diana.
turba ~a (*i.e.* canes) OV.*Fast*.5.141; arma ~a GRAT.252; ~us locus Dianae sacratus PAUL.*Fest*.p.74M.

Diānus ~ī, *m.* A cult name of Jupiter.
IOVI ~O *CIL* 5.783.

diapantōn. [Gk. διὰ πάντων] Pre-eminently, out of all the number.
CIL 6.10117; 10.3716; M AVRELIO..SOLO IN VRBE CORONATO ~ AB IMPP..SEVERO ET ANTONINO 14.2977.

diapasma ~atis, *n.* [Gk. διάπασμα] A scented powder for sprinkling on the body.
siccis odoribus constant quae ~ata uocantur PLIN.*Nat*. 13.19; 21.125; olet grauius mixtum ~ate uirus MART.1.87.5.

diapāsōn. [Gk. διὰ πασῶν sc. χορδῶν] (mus.) The interval of the octave.
VITR.1.1.9; 5.4.7.

diapente. [Gk. διὰ πέντε sc. χορδῶν] (mus.) The interval of the fifth.
cum uox..peruenerit in quartam terminationem appellatur diatessaron, in quintam ~ VITR.5.4.8; 5.4.9; 5.5.5.

diārium ~iī, *n.* [DIES+-ARIVM]
1 A diary, journal.
qui ~ium scribunt, quam Graeci ἐφημερίδα uocant ASEL. *hist*.1.
2 (pl.) The daily ration, allowance of food (for slaves, prisoners, etc.).
cum seruis urbana ~ia rodere mauis HOR.*Ep*.1.14.40; SEN.*Con*.9.4.20; post asellum ~ia non sumo PETR.24.7; pueri ..~ia poscunt MART.11.108.3; (*for animals*) (anseres) solebant ab anu ~ia exigere PETR.136.4; (*as a legacy*) ~iis uel cibariis relictis ULP.*dig*.34.1.21.

diastēma ~atis, *n.* [Gk. διάστημα] A space, distance.
nisi aequalibus ab ortu et occasu ~atibus ferramentum ponatur HYG.GR.*agrim*.p.147; ars musica per haec ~ata constare fertur p.149; BALB.*grom*.p.102La.

diastȳlos ~os ~on, *a.* [Gk. διάστυλος (-ον)] (archit.) Having columns at wide intervals.
(species aedium) ~os amplius quam oportet inter se diductis (columnis) VITR.3.3.1; 3.3.4.

diataxis, *f.* [Gk. διάταξις] (leg.) An instrument of disposition.
VT ⟨I⟩N ~I SVPERIORE CAVTVM EST *CIL* 3.14195[9].

diatessarōn. [Gk. διὰ τεσσάρων sc. χορδῶν] (mus.) The interval of the fourth.
cum uox..peruenerit in quartam terminationem, appellatur ~ VITR.5.4.8; 5.5.1.

diathesis ~is, *f.* [Gk. διάθεσις] A morbid condition, disease.
L VAL LATINI APALOCROCODES AD ~IS *CIL* 7.1319; *A.Epig*. 01.31.

diatonicus ~a ~um, *a.* (dub.) [Gk. διατονικός] (app., of bonding materials) Stretching through.
medios parietes farcire fractis caementis ~on (*cj.*) uocant PLIN.*Nat*.36.172.

diatonos ~os ~on, *a.* [Gk. διάτονος] (mus.) Diatonic; (also neut. as sb., sc. γένος).
ad ~on hyperbolaeon fabricata uasa sonitu ponantur VITR.5.5.5;—~i..facilior est interuallorum distantia 5.4.3.

diatrētus ~a ~um, *a.* [Gk. διάτρητος] Having open-work decoration or chasing; (neut. pl. as sb.) vessels of this description.
si calicem ~um faciendum dedisti ULP.*dig*.9.2.27.29;—o quantum ~a ualent et quinque comati! MART.12.70.9.

diatriba ~ae, f. [Gk. διατριβή] A school (for rhetoric, philosophy, etc.).
interrogaui in ~a Taurum GEL.1.26.1; 17.20.4; ex Platonis ~a 18.13.7.

diaulos ~ī, *m.* [Gk. δίαυλος] A double course or course of two laps (in racing).
his ludis uicerunt Zetes..dolichodromo, Calais..~o HYG. *Fab*.273.10.

diaxylon ~ī, *n.* [Gk. διάξυλον] A plant identified with ASPALATHVS.
frutex..spinosus..quem alii erysisceptrum..Syri ~on (*cj.*) uocant PLIN.*Nat*.24.112.

diazōma ~atis, *n.* [Gk. διάζωμα] A semi-circular gangway in a theatre.
VITR.5.6.7.

dībālō ~āre, *tr.* [DIS-+BALO] To bleat out, blab.
tantam rem ~are ut pro nilo habuerit CAECIL.*com*.249.

dibaphus ~a (~us) ~um, *a.* [Gk. δίβαφος] Twice dyed; (fem. as sb.) a twice-dyed, i.e. magistrate's (? auger's), robe.
~a Tyria NEP.in Plin.*Nat*.9.137; purpuras Tyrias ~asque PLIN.*Nat*.21.45;—Curtius noster ~um cogitat, sed eum infector moratur CIC.*Fam*.2.16.7.

dibrachys, *m.* [Gk. δίβραχυς] A metrical foot consisting of two short syllables, a pyrrhic.
MAUR.1538.

dībūcinō ~āre, *intr.* [DIS-+BVCINO] (quoted by VEL.gram. in *G.L*.7.65 as typical example of combination of prefix *dis-* with following initial 'b').

dica ~ae, *f.* [Gk. δίκη] (leg. in Gk. contexts) A lawsuit, legal action.
tibi scribam ~am PL.*Aul*.759; *Poen*.800; ~am tibi inpingam grandem TER.*Ph*.439; sese..~as sortiturum Syracusis iste edixerat CIC.*Ver*.2.37; 2.44.

dicācitās ~ātis, *f.* [DICAX+-TAS] Mordant or caustic raillery.
CIC.*de Orat*.2.218; sine ~ate ridetur *Att*.1.13.2; ~atem ac superbiam contumeliis gaudentem SEN.*Dial*.7.10.2; QUINT. *Inst*.6.3.21; paruulos adsuefaciunt..lasciuiae et ~ati TAC. *Dial*.29.2; ~atis..scurrilis et sordidae SUET.*Ves*.22.1.

dicāculē, *adv.* [next+-E] Banteringly, caustically.
in eam ~ probrum dixerat APUL.*Met*.1.9; 8.25.

dicāculus ~a ~um, *a.* [DICAX+-VLVS]
1 Talkative, glib.
satis ~a es amatrix PL.*As*.511.
2 Having a ready tongue; (of speech) spirited, lively.
quid me amare refert, nisi sim doctus ac ~us? PL.*Cas*.529; lepida..et ~a puella APUL.*Met*.2.7;—non..laeta facie nec sermone ~o 3.13.

Dicaearchēa ~ae, *f.* Also **-īa.** An old name of Puteoli.
PLIN.*Nat*.3.61; PAUL.*Fest*.p.72M.

Dicarchēus ~a ~um, *a.* Of or belonging to Dicaearchea.
~i..sinus STAT.*Silv*.2.2.110; ~is..colonis 2.2.135; SIL. 8.533.

Dicarchis ~idos, *f.* = DICAEARCHEA.
~idos arua PETR.120,l.68.

Dicarchītae ~um, *m.* The inhabitants of Dicarchis.
LUCIL.123(*cj.*).

Dicarchus ~ī, *m.* Also app. **-ēus.** The eponymous founder of Dicaearchea.
STAT.*Silv*.2.2.96;—3.5.75.

dicātiō ~ōnis, *f.* [DICO[1]+-TIO] Attachment as citizen to another state.
neque solum ~one..sed etiam postliminio potest ciuitatis fieri mutatio CIC.*Balb*.28.

dicātor ~ōris, *m.* [DICO[1]+-TOR] A dedicator.
EIVS PIACLI MOLTAIQVE ~OR⟨EI⟩ EXACTIO EST⟨OD⟩ *CIL* 1.365.

dicax ~ācis, *a.* *compar.* ~ācior, *superl.* ~ācissimus. [*dic-* (cf. DICO[2], MALEDICVS)+-AX] Having a ready tongue, given to making clever remarks at another's expense.
PL.*Truc*.683; Siculi..lasciui atque ~aces CAEL.*orat*.34; Granio..nemo ~acior CIC.*de Orat*.2.244; populum..~acem in te reddidisti *Phil*.2.78; CATUL.22.2; ~aces..Satyros HOR.*Ars* 225; LIV.32.34.3; superbus contemptu, ~ax contumelia SEN.*Dial*.5.8.4; homo ~acissimus PETR.113.12; PLIN.*Ep*.4.25.3;—(*transf.*) festa ~ax fundat conuicia fescenninus SEN.*Med*.113; bucca..uetuli ~ax cinaedi MART. 1.41.13; leui et quasi ~aci argutia GEL.12.2.1.

dicentētum ~ī, *n.* ~**os,** *m.* [Gk. δικέντητον] The name of an eyesalve.
TI CL ESYCHI DICENT AD SEDAT *CIL* 12.5691(2b); 13.10021 (42); 13.10021(128).

dichalcum ~ī, *n.* [Gk. δίχαλκον] A coin (see quot.).
quadrantes..obolorum, quae alii ~a..dicunt VITR.3.1.7.

dichorēus ~ī, *m.* [Gk. διχόρειος] A double trochee.
~us uocatur cum duo extremi chorei sunt CIC.*Orat.*212; 214; QUINT.*Inst.*9.4.95.

dichronos ~on, *a.* [Gk. δίχρονος] (of vowels) Common in quantity.
omnibus..quinque semper utitur ceu ~is MAUR.364; 398.

diciō ~ōnis, *f.* [*dic-* (DICO²)+-IO¹] Dominion, sovereignty, sway. **b** authority, power, control (of private persons).
dedunt..se..in ~onem..Thebano poplo PL.*Am.*259; *CIL* 1.583.1; xuirum ~oni iudicio potestatique CIC.*Agr.* 2.39; Aeduos..in ~one uidebat Germanorum teneri CAES. *Gal.*1.33.2; res publica in paucorum potentium ius atque ~onem concessit SAL.*Cat.*20.7; Cyprum..uictor ~one tenebat VERG.*A.*1.622; LIV.21.5.3; ~onis Aegyptiae esse incipit a fine Aethiopiae Syene PLIN.*Nat.*5.59; TAC.*Ann.* 15.13; SUET.*Ves.*4.1; (*cf.*) ne ~onis quidem suae populo permittit (rex apium) longius euagari COL.9.10.3; (*transf.*) extra ius ~onemque fortunae SEN.*Ep.*39.3. **b** auris meas..dedo in ~onem tuam PL.*Mil.*954; contra nutum ~onemque naeui CIC.*Quinct.*94; in ~one parentum esse liberos PLIN.*Pan.*38.7; redire in ~onem domini SUET.*Cl.* 25.2; GEL.5.19.10.

dicis, *gen.* [perh. ad. Gk. δίκης (ἕνεκα)] ~*is causa, gratia,* For the sake of appearance or form.
hinc antiqua illa addici numo et ~is causa et addictus VAR.*L.*6.61; ut illis aliquid..nummulorum ~is causa daret CIC.*Ver.*4.53; *Att.*1.18.5; PLIN.*Nat.*28.27; specie et ~is causa ciuitas fabricata APUL.*Pl.*2.26;—hoc fit ~is gratia uno momento GAIUS *Inst.*1.141; si finxit se quis auxilium ferre uel ~is gratia tulit ULP.*dig.*29.5.1.34.

dicō¹ ~āre ~āuī ~ātum, *tr.* [cf. next] FORMS: ~*assit* (= *auerit*) PAUL.*Fest.*p.75M. ORTHOG.: *dik- CIL* 10.1196, 1563.

1 To indicate, show.
sicubi ad auris fama tuam pugnam..adlata ~asset LUCIL.1081; nostros ut luctus..carbasus obscurata ~et CATUL.64.227; duo tempora Pisces bina ~ant: hiemem hic claudit, uer inchoat alter MAN.2.193.

2 To dedicate, devote (for religious purposes). **b** to treat as sacred (to).
Mineruae donum..Danai ~ant ACC.*trag.*127; CIC.*Ver.* 4.70; VERG.*A.*5.60; OV.*Fast.*1.610; etiam nunc deo praecellentem arborem ~ant PLIN.*Nat.*12.3; est in insula Oceani castum nemus, ~atumque in eo uehiculum TAC.*Ger.*40.2; *Ann.*1.79; (*cf.*) menses..nomini Caesarum ~abamus PLIN. *Pan.*54.4; (*w. pred. acc.*) sedem..ei se diuae dare ~are Capitolium LIV.22.37.12;—(*w. person as obj.*) patrio exemplo me ~abo ACC.*praet.*15; se..dare donare ~are consecrare Ioui Optimo Maximo CIC.*Ver.*4.67;—(*transf.*) illa primum acie secundanos noua signa nouamque aquilam ~aturos TAC.*Hist.*5.16. **b** cygni, qui non sine causa Apollini ~ati sint CIC.*Tusc.*1.73.

3 To consecrate (as a god), deify.
Herculem quidem et Patrem Liberum..~atos deos CURT. 8.5.11; Ianus..a Numa rege ~atus PLIN.*Nat.*34.33; inter numina ~atus Augustus TAC.*Ann.*1.59; (*w. dat.*) ~auit caelo Tiberius Augustum PLIN.*Pan.*11.1.

4 To devote, give over, assign (to a person or purpose). **b** (leg.) to attach (oneself as citizen to another state). **c** to dedicate (a book). **d** to devote (a book to a subject). **e** (app.) to assign, regard as belonging (to a category, etc.).
aurium operam tibi ~o PL.*Bac.*995; TER.*Ph.*62; hunc tibi totum ~amus diem CIC.*Leg.*2.7; CATUL.58b.7; annos caelibi uitae ~at SEN.*Phaed.*231; qui..bibliothecam ~ando ingenia hominum rem publicam fecit PLIN.*Nat.*35.10; porticus amoenitati ~atae TAC.*Ann.*15.40;—(*w. pred. acc.*) conubio iungam..propriamque ~abo VERG.*A.*1.73; uictimas quas traducendas in triumphum ~auit LIV.45.39.13;—(*refl.*) Crasso se ~arant CIC.*de Orat.*3.11; se rei publicae ~auerunt SEN.*Ben.*4.32.2; (*w. in+acc.*) se Remis in clientelam ~abant CAES.*Gal.*6.12.7. **b** qui se alii ciuitati ~arit CIC. *Balb.*28; in aliam se ciuitatem ~auit 30. **c** in libro.. quem Maecenati ~auit PLIN.*Nat.*19.177; QUINT.*Inst.*1.pr. 6; (*ellipt.*) neque..similis est condicio publicantium et nominatim tibi ~antium PLIN.*Nat.*pr.6. **d** contra.. serpentes..priuatim ~ato uolumine PLIN.*Nat.*5.16; herbis ~ato uolumine 12.104. **e** miror..nominis causam, nisi forte confines oceano Britanniae ueluti propinquae ~auere (herbam Britannicam) PLIN.*Nat.*25.21.

dīcō² ~cere ~xī ~ctum, *tr., intr.* [cf. Osc. *deikum,* Goth. *ga-teihan,* Skt. *didēṣti,* Gk. δείκνυμι] FORMS: ~*xti* (= ~*xisti*) *CIL* 1.2184, PL.*As.*823, *Mer.*552, TER.*Ph.*537, CIC.*Caec.*82; ~*xis* (= ~*xeris*) PL.*As.*839, *Capt.*149; ~*xe* (= ~*xisse*) *Poen.*961, VAR. *Men.*284; ~*cebo* (= ~*cam*) NOV.*com.*8, 9; also app. ~*e(m)* CATO acc. Quint.*Inst.*1.7.23, cf. PAUL.*Fest.*p.72M; ~*ce* (= ~*c*) NAEV.*trag.*60, PL.*Am.*743, *Bac.*716, etc., cf. QUINT.*Inst.* 1.6.21; gdve. ~*cundus* PL.*Rud.*961ᵃ, SAL.Rep. 2.4.2; APUL.*Soc.*16 and in phr. *iure ~cundo* or sim. CIC.*Ver.*12, etc.; pass. inf. ~*ier* PL.*Bac.* 396, etc., CIC.*Arat.*267 (33), VAR.*Fam.*5.9.1, PERS.1.28, GELL.12.6.2. ORTHOG.: *deic- CIL* 1.581.4, PL.*Mer.*300, etc. CONST.: w. dat. of personal indir. obj.; other const. noted in appropriate senses.

1 To talk, speak (in this and subsequent senses also used more widely, of authors, books, etc.). **b** to speak (in a court, political assembly, etc.), make a speech. **c** to play (on a musical instrument).
qui inclementer ~cat homini libero PL.*Rud.*114; ~c, ~c, quaeso, clarius CIC.*Ver.*3.106; num putatis..~xisse eum minacius quam facturum fuisse? *Phil.*5.21; optumus quisque facere quam ~cere..malebat SAL.*Cat.*8.5; dum..quasi ~cat intra ipsum QUINT.*Inst.*10.7.25; nisi..eos, qui loqui non possunt, conato ipso et sono quodam..~cere existimamus CELS.*dig.*33.10.7.2;—(*w.* de) de illa quaero. — de illa ergo ego ~co tibi PL.*Mer.*899; de futuris..rebus.. difficile est ~cere CIC.*Fam.*6.4.1; SEN.*Nat.*5.6; PLIN.*Nat.* 33.9; (*impers. pass.*) ~ctum..est de decumano frumento CIC.*Ver.*3.188;—(*pregn.*) cum tibi sit facies de qua nec femina possit ~cere MART.7.18.2; DE CVIVS PVDORE NEMO ~CERE POTVIT *CIL* 11.6204. **b** orator est..uir bonus, ~cendi peritus CATO *Fil.*14(J); qui a scripto ~cet CIC.*Inv.* 2.143; nec idem loqui esse quod ~cere *Orat.*113; *Red.Pop.* 17; ~xi ad ea omnia..de quibus rettulistis *Phil.*5.53; postquam Manlius ~xit LIV.22.61.1; mihi ne ~cere quidem uidetur nisi qui disposite..~cit QUINT.*Inst.*10.7.12; (*in formula used at end of speech*) ~xi APUL.*Apol.*103;—(*w. prep. indicating person, etc., attacked or defended*) qui acerrime aduorsus eos ~cit CATO *orat.*165; ~cere in quem uelis et defendere quem uelis CIC.*Sul.*48; pro reo ~cere *Phil.*5.13;— (*indicating audience*) cum..ad populum..~xisset *Brut.* 80; ~ximus apud pontifices *Att.*4.2.2; (*w. dat.*) cum.. populo ~ceret SEN.*Con.*7.pr.1. **c** ut Musae..tibias inflarent, Saturus et Paniscus ad fistulam ~cerent APUL.*Met.* 6.24.

2 To say, declare, state: **a** (w. acc. and inf. expr. indir. statement; also w. *quia*). **b** (w. indir. qu.). **c** (w. *ut* or *ne,* subj. also or inf. expr. indir. command). **d** (w. dir. sp.). **e** (absol. or ellipt.; w. adv.). **f** (supine ~*ctu,* usu. following adj.).
a is mihi se locum ~xit dare PL.*Cas.*479; *CIL* 1.581.4; ~cit uilicus sedulo se fecisse CATO *Agr.*2.2; ~ces frumentum Mamertinos non debere CIC.*Ver.*5.52; pecora..prae se agrestes agebant, ut relinqui subito Africam ~ceres LIV. 29.28.3; PLIN.*Nat.*16.4; GEL.17.13.7;—(*w. subj. of inf. omitted*) diuidere argenti ~xit nummos in uiros PL.*Aul.*108; proficisci ad te statim ~xit CIC.*Fam.*9.2.1; LARG.152;— (*w. ellipsis of subj. not that of main vb.*) et ego impetrare ~co id quod petis PL.*Mil.*231; si quaeret quid agam, spe noctis uiuere ~ces OV.*Am.*1.11.13;—(*pass.*) huius..gnatus ~citur geminum..occidisse NAEV.*com.*2; ~car..princeps Aeolium carmen ad Italos deduxisse modos HOR.*Carm.*3.30.14; STAT. *Ach.*2.96;—(*impers. pass.*) in hac habitasse platea ~ctumst Chrysidem TER.*An.*796; ~ctum mihi est Hippodamum ad te profectum esse CIC.*Q.fr.*3.1.21; QUINT.*Inst.*5.13.24;—(*w. ellipsis of* esse) VERG.*A.*10.565; id aes redactum ex captiuis ~cebatur LIV.10.46.5;—(*w. neg. cl.*) CIC.*Sul.*43; qui ~cerent nec tuto eos adituros..nec LIV.21.9.3; nihil se habere.. quod referret..~xit 44.19.1;— ~xi quia mustella omedit PETR.46.4. **b** ut is quis esset ~ceres PL.*Truc.* 816; ~cit quanti cuiusque agri decumas uendiderit CIC.*Ver.* 3.123(124); ~c quibus in terris..nascantur flores VERG.*Ecl.* 3.106; OV.*Fast.*3.791; LARG.194;—(*impers. pass.*) non ~ci potest quam ualde gaudeam CIC.*Fam.*7.15.2;—(*w. ind.*) signi ~c quid est? PL.*Am.*421; *Mos.*459; nunc, ut..sol.. auget et minuit dierum..spatia, ~cam VITR.9.2.4; nec facile ~cam corpora an flammae magis gemuere SEN.*Thy.* 771. **c** ~co..ut caueas PL.*Ps.*517; TER.*An.*594; ei ~cit in aurem..ut..lectuli sternantur *Rhet.Her.*4.63; CIC.*Ver.* 3.227; qui ~ceret, ne ab exercitu discederet NEP.*Dat.*5.1; ~c mihi ne properem MART.1.46.4;—~xi..in carcerem ires PL.*St.*624; CIC.*Att.*13.12.4; ~c ad cenam ueniat HOR.*Ep.* 1.7.60; ~c alias iterum nauiget Illyrias! PROP.2.16.10;— sedentibus ualere ~cebat SUET.*Aug.*53.3; *Gal.*4.4; (*cf.*) πολλὰ χαίρειν τῷ καλῷ ~cens CIC.*Att.*8.8.2. **d** 'hic meus est' ~xere 'dies' CORN.SEV.*poet.*11; ~ces: 'quid igitur causae fuit?' CIC.*Att.*4.2.5; HOR.*Carm.*3.5.20; SEN.*Cl.*1. 15.3; (*cf.*) digito monstrari et ~cier 'hic est' PERS.1.28; (*poet.*) tuba..taratantara ~xit ENN.*Ann.*140. **e** quam ..filiam nunc quaeritatis alteram? — ego ~cam tibi PL. *Cist.*603; nisi dat, domino ~cundum censeo *Rud.*961ᵃ; ~cdum quaeso mi, es tu Myconius? TER.*Hec.*803; (*poet.*) quis sit audire expeto. — hic ~cet ensis SEN.*Phaed.*896;— ita ~co quidem PL.*Poen.*474; an quo modo Stoici ~cunt, omnis esse diuites CIC.*Fam.*7.16.3; NEP.*Att.*2.4; GEL.12. 6.2;—(*in parenth. phrs.*) qui me dudum ut ~xti adiuerit comiter TER.*Ph.*537; quae, ut sic ~cam, ad corpus pertinent ciuitatis CIC.*Inv.*2.168; bona uenia tua ~xerim LIV.28. 43.7; ego, pace diligentiae Catonis ~xerim, uix crediderim VELL.1.7.4; TAC.*Dial.*34.2. **f** malaque et bona ~ctu ENN.*Ann.*240; herbas..formidolosas ~ctu, non essu modo PL.*Ps.*824; turpe ~ctu TER.*Ad.*275; CIC.*de Orat.*3. 98; ~ctu..mirabile monstrum VERG.*A.*3.26; mirum ~ctu TAC.*Hist.*1.79;—nefas ~ctu OV.*Pont.*1.9.3; pudet ~ctu TAC. *Ag.*32.1.

3 (w. acc. indicating substance of what is said).
quaerunt in scirpo soliti quod ~cere nodum ENN.*Sat.*70; PL.*Men.*592; ~c uerum TER.*Hec.*864; hoc..lex non ~cit CIC.*Agr.*3.8; Terentia tibi salutem ~cit *Att.*2.7.5; *Fam.* 7.27.1; unam ~cere causam non satis est LUCR.6.703; bellissimam..rem Dellius ~xit SEN.*Suas.*1.7; si quid lene mei ~cunt..libelli MART.10.45.1; PLIN.*Ep.*5.6.35; ut fidem ~cas pro Publico Maeuio apud Sempronium SCAEV.*dig.* 17.1.62.1; (*w.* in+*acc.*) illud in talem uirum non audeo ~cere CIC.*S.Rosc.*103; (*w.* ad) quid ad has definitiones possim ~cere? *Tusc.*4.48.

4 (leg.) To allege. **b** to declare positively, assert.
posse inofficiosum ~ci testamentum ULP.*dig.*5.2.8.2; nec ullam causam possessionis possit ~cere 5.3.13; aduersus ~centem se dominum 47.10.11.9; (*absol.*) de inofficioso testamento militis ~cere nec miles potest 5.2.27.2. **b** ut quibus creditum non sit negantibus, isdem credatur ~centibus CIC.*Rab.Post.*35; ~cebant, ego negabam *Fam.*3.8.5; ei incumbit probatio qui ~cit, non qui negat PAUL.*dig.* 22.3.2.

5 To use the term or expression, say. **b** to employ as a term in one's language, say. **c** to pronounce, articulate.
illud 'stertit' uolui ~cere PL.*Mil.*819; festus dies..quem ..hexametro uersu non ~cere possis LUCIL.229; rem ~co? immo uero existimatio CIC.*Att.*16.15.5; (*w.* in+*acc.*) 'festinare' et 'properare' idem significare atque in eandem rem ~ci uidentur GEL.16.14.1;—(*phrs.*) nullum ob totius uitae non ~cam uitium sed erratum CIC.*Clu.*133; ut..leuissimae genti ac prope ~cam pellitis testibus condonetur *Scaur.* 45; paucis non ~co mensibus sed diebus *Phil.*2.66; eum.. propere uestio ~cam an contego APUL.*Met.*1.7. **b** a quo ~ctum esset oppidum VAR.*L.*5.8; caelum ~citur modis duobus (*i.e. in two senses*) 5.16; cor..ex quo excordes, uecordes concordesque ~cuntur CIC.*Tusc.*1.18; *Amic.*100; ὑμῶν aptius 'uestrum' ~citur quam 'uestri' GEL.20.6.2; nomen cognitionis a Graeca uoce ~ctum uidetur PAUL.*dig.* 38.10.10.1. **c** cum rho ~cere nequiret (Demosthenes) CIC.*Div.*2.96; chommoda ~cebat, si quando commoda uellet ~cere CATUL.84.1; SEN.*Nat.*2.56.2; QUINT.*Inst.*1.4.8.

6 To make (various kinds of utterance), utter; *causam, sacramentum* (-*o*), *sententiam, testimonium ~cere,* to plead a cause, to take an oath, to vote, to give evidence (see the nouns). **b** to sing, recite (a song).
nugas..~cere PL.*Cas.*957; iocos ~cit CATO *orat.*125; iam uidebuntur monstra ~cere (Stoici) CIC.*Tusc.*4.54; siquis delicias ~ceret aut faceret CATUL.74.2; mendacium neque dicebat neque pati poterat NEP.*Att.*15.1; ut ultro contumelias ~cerent LIV.25.22.13; QUINT.*Inst.*6.3.60. **b** iam ~cetur hymenaeus CATUL.62.4; deductum ~cere carmen VERG.*Ecl.*6.5; HOR.*Saec.*8; carmina..in imperatorem ~cta LIV.39.7.3; carmen..Christo quasi deo ~cere PLIN.*Ep.*10. 96(97).7.

7 To speak of, mention. **b** to tell of (in song or poetry).
caligo quam paulo ante ~xi CIC.*Phil.*12.5; ~cenda tacenda locutus HOR.*Ep.*1.7.72; LIV.4.61.11; orbis situm ~cere aggredior MELA 1.1; SEN.*Dial.*1.5.9; remedia ~cemus suis locis PLIN.*Nat.*11.67; temporibus..Augusti ~cendis non defuere..ingenia TAC.*Ann.*1.1; non ~cendi filii mei facta APUL.*Met.*5.31;—(*in prophecy, etc.*) signis admoniti futura ~cebant CIC.*Div.*1.88; hic certe est..quem ~xit Apollo STAT.*Theb.*3.700; TAC.*Ann.*6.22. **b** quo te carmine ~cam? VERG.*G.*2.95; ~cenda Musis proelia HOR.*Carm.* 4.9.21; PROP.1.7.1; Romana..pectora ~cam OV.*Ars* 1.209.

8 To mean, refer to.
uxoris ~co, non tuam (mortem) PL.*As.*43; TER.*Eu.*423; sanctissimas leges, Aeliam et Fufiam ~co CIC.*Vat.*23; *Sest.* 28; haec..mentis perturbationes sunt, aegritudinem ~co et metum *Tusc.*4.36; de prioribus quaeritur (de arcu ~co et coronis) SEN.*Nat.*1.15.6; LARG.22.

9 (w. pred.) To name, call.
is ~ctust..flos delibatus populi ENN.*Ann.*306; numquam ..quisquam me lenonem ~xerit PL.*Rud.*790; caelum ~cunt Graeci Olympum VAR.*L.*7.20; ut me..ne improbi quidem crudelem ~cerent CIC.*Sul.*20; *Tusc.*4.34; me Caesaris militem ~ci uolui CAES.*Civ.*2.32.13; me quoque ~cunt uatem pastores VERG.*Ed.*9.33; OV.*Fast.*1.331; QUINT.*Inst.*11.2.1; Roma patrem patriae Ciceronem..~xit JUV.8.244; (*cf. sense 4b*) eadem epistula illum et ~xisti amicum et negasti SEN.*Ep.*3.1; (*pass.*) Vertumnus uerso ~cor ab amne deus PROP.4.2.10;—(*w. advl. phr.*) Romulus excipiet gentem.. Romanosque suo de nomine ~cet VERG.*A.*1.277; ager Vmbreni sub nomine..~ctus HOR.*S.*2.2.134; OV.*Tr.*3.4b.64.

10 a To declare, prescribe, state (a rule, penalty, etc.); *legem ~cere* (for exx. see the various senses of LEX). **b** to appoint, fix; *diem ~cere*: see also DIES. **c** to name, declare (as a magistrate, etc.).
a Crassus..Flacco..multam ~xit CIC.*Phil.*11.18; condiciones ~cere pacis LIV.30.30.24; est fuga ~cta mihi, non est fuga ~cta libellis OV.*Tr.*3.14.9; magnanimis mos ~ctus auis V.FL.6.125; ut in singulas amphoras..certum pretium ~ceretur GAIUS *dig.*18.1.35.5; (*cf.*) per quos dies nefas fari praetorem 'do ~co addico' VAR.*L.*6.30. **b** ad id tempus uenire quod ~xeras CIC.*Q.fr.*2.14.3; dies colloqui ~ctus est CAES.*Gal.*1.42.3; carmina possumus donare et pretium ~cere muneri HOR.*Carm.*4.8.12; ~cta..sub arbore sedit OV.*Met.* 4.95; uentis..et tempore et fine ~cto PLIN.*Nat.*2.121; STAT.*Theb.*6.933. **c** DICTATOR ~CTVS EST *Elog.*5(*CIL* 1.p.189); VAR.*L.*6.61; quem legere ducem et pecori ~xere maritum VERG.*G.*3.125; quem Venus arbitrum ~cet bibendi? HOR.*Carm.*2.7.26; dictator ~ctus magistrum equitum P. Cornelium Scipionem ~xit LIV.5.19.2; centuriae Q. Fabium P. Decium consules ~xere 10.13.31.

11 To declare one's intention of giving, designate, name.
me mea omnia bona doti ~xisse illi TER.*Hau.*942; inter nos nuptiae sunt ~ctae AFRAN.*com.*355; POMPON.*com.*117; doti..Valeria pecuniam omnem suam ~xerat CIC.*Flac.* 86; plurima (dona) mitti Dardanidis ~cique iubes VERG.*A.* 11.353;—(*opp.* dare) alia legatio ~cta erat, alia data est CIC.*Att.*2.7.3; data est Eumeni Cappadocia siue potius ~cta NEP.*Eum.*2.2.

dicrotum ~ī, *n.* ~**a** ~ae, *f.* [Gk. δίκροτος] A ship, perh. = BIREMIS.
~a Mytilenaeorum habebam CIC.*Att.*5.11.4; 16.4.4;— capit ex eo proelio..triremis duas, ~as VIII *B.Alex.*47.2.

dictābolārium ~iī, *n.* [DICO²] (Nonce-word, app. indicating a verbal joke of some sort).
(uideo) ~ia, immo dicteria, potius eum (*sc.* Senecam) quam dicta confingere FRO.*Aur.*2.p.102(156N).

Dictaeus ~a ~um, *a.* Of Mt. Dicte in Crete; (poet.) Cretan.
~os..Curetas Lucr.2.633;—ante etiam sceptrum ~i regis (*i.e. Zeus*) Verg.*G.*2.536; saltus..~os *A.*4.73; ~os..greges Ov.*Fast.*5.118; ~a..litora Luc.9.38; ~um..Iouem Mart.4.1.2; cui tu, ~e (*i.e. Zeus*), secundas impuleris..auis Stat.*Theb.*3.481.

dictamnus (~os) ~ī, *f.* **~um** ~ī, *n.* [Gk. δίκταμνος] The plant dittany; (applied also to pennyroyal and a further unidentified plant).
Cic.*N.D.*2.126; Verg.*A.*12.412; Cels.5.25.13; ~um herbam extrahendis sagittis cerui monstrauere Plin.*Nat.*8.97; profert..Creta..~i florentis opem Stat.*Silv.*1.4.102;—(puleium) simile est origano..et a quibusdam ~os uocatur Plin.*Nat.*20.156; 25.94.

dictāta ~ōrum, *n. pl.* [pple. of dicto] Dictated lessons or exercises.
~a in ludo Var.*L.*6.61; cum..meam (orationem)..pueri omnes tamquam ~a perdiscant Cic.*Q.fr.*3.1.11; *Fin.*4.10; ut puerum saeuo credas ~a magistro reddere Hor.*Ep.*1.18.13; cirratorum..~a Pers.1.29; Juv.5.122;—(*in gladiatorial schools*) Thraex, qui et ipse ad ~a pugnauit Petr. 45.12; Suet.*Jul.*26.3.

dictātiō ~ōnis, *f.* [dicto+-tio] A dictated draft.
quaero, an haec ~o ualere possit Paul.*dig.*29.1.40.

dictātor ~ōris, *m.* [dicto+-tor] A magistrate having plenary powers, appointed at Rome in times of emergency. **b** (an Italian municipal officer). **c** (applied to Carthaginian military commanders).
uel tu ~or..esto uel consul Enn.*var.*4; te ~orem censes fore? Pl.*Trin.*695; Var.*L.*5.82; consules se aut ~ores aut etiam reges sperant futuros? Cic.*Catil.*2.19; Liv.8.18.12; Tac.*Ann.*3.56; (*cf.*) (Augustus) ~or perpetuus Flor.*Epit.*2.34(4.12.65); (*transf.*) Numa..epularum ~or Fro.*Aur.*2.p.10(226N). **b** ~or fidenis *CIL* 1.1709.4; ~or Latinus Cato *Hist.*58; quod erat ~or Lanuui Milo Cic.*Mil.*27; ~orem Albani Mettium Fufetium creant Liv.1.23.4; (*cf.*) rvfvs ter ~or in ivniliciis (*sc.* ludis) *CIL* 12.4378. **c** ~orem Carthaginiensium magister equitum monuit Cato *hist.*86; *CIL* 1.25; Fron.*Str.*2.1.4.

dictātōrius ~a ~um, *a.* [prec.+-ivs] Of or belonging to a dictator; (masc. as sb.) one who holds rank (prec., sense b) that office.
ne censorium stilum..aeque..atque illum ~um gladium pertimescamus Cic.*Clu.*123; ~am maiestatem Liv.4.14.2; ~us iuuenis (*i.e. dictator's son*) 7.4.5; animaduersione ~a Vell.2.68.5; Tac.*Ann.*14.57;—allecti in⟨t⟩er ~os *CIL* 14.4178c.

dictātrix ~īcis, *f.* [dicto+-trix] Facet. fem. form of *dictator*.
tu hic eris ~ix nobis Pl.*Per.*770.

dictātūra ~ae, *f.* [dicto+-vra] The office of dictator, dictatorship.
~a abiit *Fast.Cos.Cap.*16a(*CIL* 1.p.22); desinant..~as cogitare Cic.*Catil.*2.20; est non nullus odor ~ae *Att.*4.18.3 (16.11); ~a..se abdicat Caes.*Civ.*3.2.1; Liv.3.11.7; Quint.*Inst.*5.10.71; ~ae ad tempus sumebantur Tac.*Ann.*1.1.

dictērium ~iī, *n.* [perh. dico²+Gk. term. -ήριον] (app.) A joke, witticism.
neque..attulit psalterium, quibus sonant in Graecia ~ia Var.*Men.*352; omnibus adrides, ~ia dicis in omnis Mart.6.44.3; Fro.*Aur.*2.p.102(156N).

dictiō ~ōnis, *f.* [dico²+-tio]
1 The action of speaking. **b** public speaking; method or style of speaking.
ita saeptuosa ~one abs te datur Pac.*trag.*5; Cic.*Inv.*2.82. **b** cum ante meridiem ~oni operam dedissemus Cic.*Tusc.*2.9; interrupta silentio ~o Quint.*Inst.*9.2.71;—Atticae ~onis Cic.*Brut.*51; tamquam adipatae ~onis genus *Orat.*25; est quoddam..ipsius ~onis..pondus Tac.*Dial.*6.5.
2 The action of saying or uttering; *~o causae*, the pleading of a case. **b** the declaration of a judgement, penalty, etc.; *iuris ~o*, see ivrisdictio.
si quod..dictum..meditatus es, per silentium ~onem auferre tibi non sustinent Aur.*Fro.*1.p.60(40N);—(*w. gen.*) seruom..causam orare leges non sinunt neque testimoni ~ost Ter.*Ph.*293; sententiae ~onem Cic.*Inv.*1.7; Ulp.*dig.*47.10.11.7;—totam causae meae ~onem certas in partis diuidam Cic.*Quinct.*35; Caes.*Gal.*1.4.2; Liv.7.5.8; (*cf.*) ad id..omnem adiungit ~onem Cic.*Inv.*2.121. **b** multae ~one ouium et boum Cic.*Rep.*2.16; *Leg.pub.*(*Font.iur.*p.115)22.
3 An (oracular) utterance.
med incertat ~io Pac.*trag.*150; flexa..autumare ~o Delfis solet 308; data ~o erat, caueret Acherusiam aquam Liv.8.24.2.
4 (rhet.) A speech, declamation.
cum..oratoriis ~onibus tum urbanis sermonibus accommodatum Cic.*de Orat.*2.270; ordinem..totius ~onis infamant Petr.6.2; extemporales..~ones Quint.*Inst.*2.4.27; (*w.* pro) malim mihi L. Crassi unam pro M'. Curio ~onem Cic.*Brut.*256.
5 (gram.) A word, expression. **b** a spoken form, i.e. inflexion.
uoces, locutiones, ~ones Quint.*Inst.*1.5.2; 9.1.4; Gel. 9.12.16; 11.3.3; Maur.1317. **b** ut uerbo non perscripto res quidem demonstraretur, sed ~o tamen ambigua uerbi lateret Tiro *gram.*7; ratio istarum ~onum (*sc.* memordi, spepondi, *etc.*) Gel.6(7).9.13.

dictiōsus ~a ~um, *a.* [prec.+-osvs] (app.) Witty.
Var.*L.*6.61.

dictitō ~āre ~āuī ~ātum, *tr.* [dico²+-ito]
1 To persist in saying, repeat. **b** to keep speaking of.
(*w. acc. and inf.*) uetus poeta ~at repente ad studium hunc se adplicasse musicum Ter.*Hau.*22; qui Catilinam Massiliam ire ~ant Cic.*Catil.*2.16; *Att.*11.8.2; ut hic terrarum ~et orbem esse deum matrem Lucr.2.658; Caes.*Civ.*3.32.4; Hor.*Ep.*2.1.27; saepius..~abat se..comitia non habiturum Liv.3.20.8; Tac.*Ann.*15.36;—(*w. ellipsis of* esse) si te populus sanum..~et Hor.*Ep.*1.16.22; exturbat Octauiam, sterilem ~ans Tac.*Ann.*14.60;—(*w. acc. of pron.*) quod leuissimi ex Graecis..~are solent Liv.9.18.6; haec uatis in modum ~ans Tac.*Ann.*6.48; (*also w. acc. and inf.*) ut hoc palam ~et, non sine causa se cupidum pecuniae fuisse Cic.*Ver.*8;—(*w. adv.*) te non Siculi..ut ~as, circumueniunt 1.93; Caes.*Civ.*3.22.3; (*impers. pass.*) male ~atur tibi uolgo in sermonibus (*i.e. you are spoken ill of*) Pl.*Trin.*99. **b** causis rationibusque quas ~abat spretis Gel.1.13.13.
2 To make a practice of pleading (causes).
qui causas ~arunt Cic.*de Orat.*2.56.
3 (w. pred. acc.) To call habitually.
nos..~ant barbaros Cato *Fil.*1(J); patronum eum..familiae suae semper ~auit V.Max.5.2.7; quod antiqui..puellas pueras, sicut et pueros puellos ~arent Suet.*Cal.*8.3; Apul.*Apol.*63.

dictō ~āre ~āuī ~ātum, *tr.* [dico²+-to]
1 To say habitually or repeatedly. **b** to recite.
'hoc penus' et 'haec penus'..ueteres ~auerunt Gel. 4.1.2; (*w.* de) quod de Caesare..uulgo ~atum est Sen.*Nat.*5.18.4; (*w. acc. and inf.*) Pythagoram..ipsum..celebre est Euphorbum prius fuisse ~asse Gel.4.11.14. **b** mercemur seruum qui ~et nomina Hor.*Ep.*1.6.50.
2 To indicate (matter to be written down). **b** to compose, draw up. **c** to dictate (words to be spoken).
hanc epistulam ~aui et pridie dederam mea manu longiorem Cic.*Att.*10.3a.1; saepe ducentos..uersus ~abat Hor.*S.*1.4.10; uox mihi fessa loquendo ~andi uires..negat Ov.*Tr.*3.3.86; siqua elegidia crudi ~arunt proceres Pers.1.52; de illis ~andi deliciis Quint.*Inst.*10.3.18; Ulp.*dig.*28.5.9.1;—(*w. dat.*) qui litteras sciunt, possunt id quod ~atur eis scribere *Rhet.Her.*3.30; hoc inter cenam Tironi ~aui Cic.*Q.fr.*3.1.19; Juv.6.218;—(*poet.*) carmina..quae mihi ~at Amor Ov.*Am.*2.1.38; si quid est..quod in libellis meis placeat, ~auit auditor (*i.e. inspired*) Mart.12.pr.10;—(*in school*) an tua..in ludis ~ari carmina malis? Hor.*S.*1.10.75; Quint.*Inst.*2.4.12. **b** codicillos dubium fuit..an nomine Augusti Liuia..~asset Suet.*Tib.*22; qui..acerbissimas litteras matri ~et Apul.*Apol.*101; fabulas cum Menandro in scaenam ~auit *Fl.*16. **c** haec ira ~ante profatur Luc.5.318; dolor uerba aspera ~at Sil.10.272; (*cf.*) qui illis (*speakers in a dialogue*) orationem ~auisses Cic.*Fin.*4.62.
3 To dictate, prescribe, order. **b** (in surveying) to fix, prescribe.
qui se in sententia, quam ipse ~auerat, deseruisset Plin.*Ep.*2.11.22; (*w. dat.*) qui uoce..remis ~et sonitum Sil.6.362;—(*w. indir. qu.*) ut pridie quid esset actura (familia) ~aremus Fron.*Aq.*117;—(*of impers. subj.*) Capricornus..militiam in ponto ~at Man.4.569; Plin.*Nat.*26.20; quod natura ~auit Quint.*Inst.*8.pr.26; (*w. dat.*) quae..dolor linguae ~auit Ov.*Am.*2.5.33; (*w. acc. and inf.*) aequitas ~at iudicium in eos dari Ulp.*dig.*15.1.32; (*w. adv.*) ita uidetur ratio ~are Quint.*Inst.*3.4.12. **b** in rigore ~ando Fron.*agrim.*p.17; ~abimus metas Hyg.Gr.*agrim.*p.156; (*absol.*) Nips.*grom.*p.285La.
4 *actionem* (*iudicium*) *~are*, to institute proceedings.
familiae herciscundae iudicium inter eas ~atum Scaev.*dig.*41.9.3; post actionem ~atam Papin.*dig.*15.1.50.2; Paul.*dig.*9.4.22.4; (*w. dat.*) iudicium tutelae heredi tutoris ~auerat Ulp.*dig.*4.4.3.1.

dictum ~ī, *n.* [pple. of dico²]
1 That which is said, an utterance, one's words. **b** an order, precept. **c** a promise, one's word. **d** an abusive, derisive, or sim. utterance.
~um sapienti sat est Pl.*Per.*729; Ter.*Ph.*541; ~a factis discrepant Acc.*trag.*47; ~is testium recitatis Cic.*Rab.Post.*32; adytis haec tristia ~a reportat Verg.*A.*2.115; Ov.*Met.*3.565; ~is ~a ultus est Tac.*Ann.*4.35;—(*of literary works*) da ~is, diua, leporem Lucr.1.28; Ennius hirsuta cingat sua ~a corona Prop.4.1.61. **b** ~o oboediens Pl.*Per.*378; se ~o audientem fuisse praetori Cic.*Ver.*4.27; Caes.*Gal.*1.39.7; ~o paremus Verg.*A.*3.189; Liv.22.25.13; Stat.*Theb.*6.631. **c** fides, id est ~orum conuentorumque constantia Cic.*Off.*1.23; Catul.64.148; Nep.*Milt.*2.5; at tu ~is, Albane, maneres Verg.*A.*8.643; Ov.*Fast.*6.55. **d** quom ~a in me ingerebas Pl.*As.*927; increpare ~is saeuis incipit Pac.*trag.*15; ~a uoluit in caluos..iaculari Petr.109.8.
2 A saying, remark, apophthegm. **b** a witty saying, *bon mot*, witticism.
sapienter ~a dicere Pl.*Rud.*1250; Catonis est ~um 'pedibus compensari pecuniam' Cic.*Flac.*72; Asini Pollionis..~um memorabile Vell.2.86.3; ~um illud..Ciceronis Quint.*Inst.*5.11.25; Suet.*Jul.*56. **b** dico unum ridiculum ~um de ~is melioribus Pl.*Capt.*482; in te et in tuos ~a dicere Cic.*Phil.*2.42; *Att.*14.3.2; absit illud propositum, potius amicum quam ~um perdendi Quint.*Inst.*6.3.28; Suet.*Jul.*45.3.

dictus ~ūs, *m.* [dico²+-tvs³] The action of speaking or saying.
ita ~u opus est Ter.*Hau.*941; opus omnium ~u maximum Plin.*Nat.*36.104; quis numerum..gentis..et robora ~u aequarit mortale sonans? Stat.*Theb.*4.145: *CIL* 14.2846.

Dictynna ~ae, *f.* Orthog.: *-ȳna Ciris* 305, *-unna A.Epig.*02.180. A Cretan goddess (acc. legend originally Britomartis), sts. identified with Diana.
Tib.1.4.25; Ov.*Met.*2.441; *Fast.*6.755; Stat.*Theb.*9.632; Sil.2.71.

-dicus ~ī, *m.* and ~a ~um, *adjl. suff.* From *dic-* (dico²+-vs); to denote one who says (*causidicus, ueridicus*).

didascalica ~ōrum, *n. pl.* [Gk. διδασκαλικός] The title of a work by Accius app. dealing with stage records, etc.
Gel.3.11; (*sg.*) in primo ~o 3.11.4.

dīdō¹ ~ere ~idi ~itum, *tr.* [dis-+do] Forms: *disdidi* Cato *orat.*171.
1 To distribute, deal out.
mea bona..cognatis ~am Pl.*Mil.*707; ~e ac disice Caecil.*com.*239; argentum..inter apparitores..~idi Cato *orat.*171; frugiparos fetus mortalibus aegris ~iderunt..Athenae Lucr.6.2; seruis..dum munia ~it Hor.*S.*2.2.67.
2 To spread, diffuse.
in uenas cibus..~itur Lucr.2.1136; flammarum ~itur ardor 5.1093;—(*non-physical things*) per magnas ~ita gentis..solacia 5.20; Verg.*A.*7.144; tua terris ~ita fama 8.132; Tac.*Ann.*11.1.

Dīdō² ~ōnis, *f.* Forms: acc. *~o* Verg.*A.*4.383, Vell.1.6.4; *~on* Ov.*Ep.*7.7, 133. (mythol.) The queen and foundress of Carthage, widow of Sychaeus and lover of Aeneas.
Poenos ~one oriundos Enn.*Ann.*290; Verg.*A.*1.500; Ov.*Am.*2.18.25; *Fast.*3.545; Suet.*Nero* 31.4.

dīdūcō ~cere ~xī ~ctum, *tr.* [dis-+dvco]
1 To cause to come apart, divide, split, sever; to separate (from). **b** to loosen (a knot). **c** to divide, separate (people); to divide (into factions, etc.); to break up (friendships, connexions). **d** to separate (in thought), treat apart; to make different.
robur ~cere fissile Ov.*Ib.*607; Sen.*Dial.*5.14.3; saepius eius lana ~cenda Col.7.4.5; hoc (*sc.* cilium) uulnere..~ctum non coalescit Plin.*Nat.*11.157; uestem ~cere summam Juv.13.132;—(*rivers*) (Indus) ad laeuam dextramque se ~cens Mela 3.69; Euphraten Gobaris praefecti opere ~ctum Plin.*Nat.*6.120;—a pectore..~xit uestes Ov.*Met.*6.405; saeptum..quod praecordiis uterum ~cit Cels.4.1.4. **b** Aglauros nodos..~cit Ov.*Met.*2.560; (*transf.*) uerborum ambiguitates ~cere Sen.*Ep.*45.9. **c** Hor.*Carm.*3.9.18; quamuis ~cere amantis non queat inuitos Iuppiter Prop.2.7.3; Sen.*Con.*9.3.3; (*w.* ab) cum ~caris ab eo, quicum..uixeris Cic.*Inv.*1.109;—seditio in diuersa consilia ~xerat uulgum Curt.9.1.20; iis qui..conuenerant in studia ~ctis Tac.*Hist.*2.68; (*cf.*) uariam..nunc huc ira, nunc illuc amor ~cit Sen.*Med.*939;—nuptias tyrannicidium ~xit Sen.*Con.*2.5.1; amicitias cohaerentis ~cere Sen.*Dial.*4.29.2; Suet.*Otho* 3.2; (*cf.*) litem domini et conductoris sine iniuria ~cit (*codd.* de-) Col.3.13.12. **d** communes loci..in contrarias partes ~cuntur Cic.*Inv.*2.50; Cels.3.21.9; medicinae partes..ita conexas esse, ut nullo modo ~ci..possint Larg.200;—mixtos neque inter se ~ctos colores Cels.2.8.22.
2 To pull or draw apart (so as to leave a gap); to form by drawing apart. **b** to cause to spread wide, open out (branches or sim.). **c** to space out; to deploy (forces).
aequora discedunt mersa ~cta carina Luc.3.632; ~ctis terris Tac.*Ann.*2.47; foribus palatii..~ctis 12.69; ~cit scopulos et montem rumpit aceto Juv.10.153;—(*parts of the body*) palpebras..sursum ac deorsum ~ctas insuebant Tub.*hist.*9; Var.*R.*2.9.10; uix labra ~xit Sen.*Ben.*2.24.3; ~xit usque ad cameram os ebrium Petr.73.3;—risu ~cere rictum Hor.*S.*1.10.7; tellus ~cat hiatum Prop.4.1.149. **b** ~cto circino ab eo centro ad lineam planitiae Vitr.9.7.2; lineae quae ~cuntur Cels.7.5.4.b; quae Samios ~xit littera ramos Pers.3.56;—(*the arms, etc.*) ~cit bracchia Prop.2.22.5; ~cet palmas (*i.e. in swimming*) Man.5.425; Gel.15.15.3; (*cf.*) non ego complexus potui ~cere uestros Prop.1.13.19. **c** interualla aut contrahimus aut ~cimus Cic.*Luc.*19; Stat.*Theb.*6.415;—(*transf.*) ut neue aspere concurrant (uerba) neue uastius ~cantur Cic.*de Orat.*3.172; scelera..tot locis ac temporibus ~cta Sen.*Dial.*5.19.2; neque..eandem speciem laudis ~cere ac spargere..debemus Plin.*Pan.*66.1;—~ctis cornibus Liv.28.14.17; ~ctis ordinibus Tac.*Ag.*35.4;—(*ships*) Caes.*Civ.*2.6.2; ~ctis extendunt cornua proris Luc.3.547.
3 To separate in several directions, distribute, disperse. **b** to divide, disperse (troops). **c** to divide up (into parts, categories, etc.).
aquam ~cere in uias Cato *Agr.*155; plerique (asini) ~cuntur ad molas Var.*R.*2.6.5; Cic.*Arat.*446(202); uentus eas (*sc.* nubes)..~cit Lucr.6.215; ~cere terram (*i.e. dig*) Verg.*G.*2.354; Liv.44.33.3; ut ab integro..corpore ~ceretur (cibus) Cels.3.4.17; 4.15.2; (*in fig. phr.*) ~cimus illam (*sc.* uitam) in particulas Sen.*Ep.*32.2; (*transf.*) in qvot formas..res p. nostra ~cta sit *CIL* 13.1668.1.6. **b** quod ubi..animaduertit, suas copias propter exiguitatem non facile ~ci Caes.*Gal.*3.23.7; Sal.*Jug.*25.9; Liv.26.41.21; distantibus locis inuecti, ut hostem ~cerent Tac.*Ann.*2.11. **c** assem discunt in partis centum ~cere Hor.*Ars* 326; bis senis numerus ~citur Man.2.697; Sen.*Dial.*10.10.1; genere in speciem ~cto Quint.*Inst.*5.10.61; cum..obligationes in iv genera ~cantur Gaius *Inst.*3.182; (*cf.*) argumenta ~cet in digitos Quint.*Inst.*11.1.53.
4 To distribute into channels or other ramifications. **b** (transf., esp. of bewilder-

ment or sim.) to lead (the mind) in various directions.

iter (in aure)..in multa..foramina ~citur Cels.8.1.6; uitem in ramos ~cere Col.5.6.36; domum..in multos ~ctam recessus Quint.*Inst*.11.2.18; amnis..in riuos ~ctus Tac. *Ann*.1.79; (*in fig. phr.*) riuis est ~cta oratio, non fontibus Cic.*de Orat*.3.23. **b** multi me adfectus ~cunt Sen.*Con*. 2.3.8;—(*w.* in+*acc.*) in curas animo ~citur omnis Verg.*A*. 5.720; in multas cogitationes ~ctus sum Petr.41.1; uix ..ratio in tam multiplex officium ~cere animum queat Quint.*Inst*.10.7.9.

dīductiō ~ōnis, *f.* [prec.+-tio]

1 Separation into parts, distribution.

partium distributio saepe est infinitior, tamquam riuorum a fonte ~o Cic.*Top*.33; Sen.*Nat*.3.13.2; (*transf.*) syllabarum ~o, ut pictai uestis..pro pictae Scaur.gram.in *G.L*.7.16.

2 The action of spreading out, expansion.

uelocitas..et ~o (spiritus) Sen.*Nat*.2.9.1.

Didym(a)eum (~**on**) ~ī, *n.* The temple of Apollo Didymaeus.

Curt.7.5.28; Plin.*Nat*.34.75; Suet.*Cal*.21.

Didymaeus ~a ~um, *a.* A cult-title of Apollo at Didyma near Miletus.

oraculum Apollinis..~i Mela 1.86; Plin.*Nat*.5.112; ~a ..limina Stat.*Theb*.8.199.

diēcula ~ae, *f.* [dies+-cvla] A brief day (of respite).

illud (malum) erat praesens, huic erant ~ae Pl.*Ps*.503; tibi ~am addo Ter.*An*.710; cum ~am duxerit Cic.*Att*. 5.21.13; unius ~ae a Creone impetratis indutiis Apul.*Met*. 1.10; 6.16.

diēnōnī, diēquartī, diēquintī (-ē): see dies (sense 5).

dīērectē, *adv.* [next+-e] Pros.: app. trisyll. Pl.*Trin*.457. (Sense as next.)

recede hinc ~ Pl.*Bac*.579; i ~ in maxumam malam crucem! *Poen*.347.

dīērectus ~a ~um, *a.* Word of uncertain etymology used predicatively, app. conveying the sense of peremptory dismissal or sim.; also *in* ~*um*.

abi ~us tuam in prouinciam Pl.*Cas*.103; ducit lembum ~um nauis praedatoria *Men*.442; *Mer*.184; *Mos*.850;— apage in ~um a domo nostra istam insanitatem Var.*Men*. 133.

diēs ~ēī, *m.*, (*f.*). [Skt. *dyāúḥ*, Gk. Ζεύς; cf. Ivppiter] Forms and Orthog.: gen. sg. ~*es* Enn.*Ann*.413, ~*e* *Rhet.Her*.2.7, Sal.*Jug*.52.3, Verg.*G*.1.208, Ov.*Fast*.5.682, Cels.3.4.13, ~*i* Verg.*A*.1.636; see also Gel.9.14 with further alleged exx. of these forms; dat. sg. ~*e* Pl.*Am*. 276, 546, *Capt*.464, *CIL* 8.9323; loc. sg. ~*e* Pl. *Mos*.881, Cato *orat*.117; see also Gel.10.24; acc. pl. *dis CIL* 5.1691, *des* 5.6244, *diens* 13.5270; dat., abl. pl. *dibus* 8.24759, etc., *debus* 6.32022. ~*ae*, ~*aes*, ~*aebus* (for ~*e*, etc.) *CIL* 5.4489, 6.31951, 9.1851, etc.; *zebus* 6.23646. Gender: fem. frequently or usually in senses 1b, 5, 7, 10, occasionally elsewhere. Pros.: disyll. forms scanned as one syllable in Pl.*Aul*.380, *Cas*.320, etc.; *diei* as disyll. *Capt*.800, Q.Cic. *poet*.2; *die* (in phrs. *die noni*, etc., see sense 5) app. scanned as pyrrhic.

1 The period from sunrise to sunset, day; ~*es noctesque*, day and night, continuously; *de* ~*e*, starting in the daytime; ~*e*, by day. **b** (as a deity, fem.).

a mani ad noctem usque in foro dego ~em Pl.*Mos*.534; si ~es est, lucet Cic.*Inv*.1.86; noctes parilis agitare ~ebus Lucr.1.1067; Caes.*Gal*.6.18.2; ni..Phoebus..noctem..~e labente reducat Verg.*A*.11.914; Hor.*Epod*.17.25; detinuit sermone ~em Ov.*Met*.1.683; Man.2.953; Plin.*Nat*. 2.129; Quint.*Inst*.5.8.7; nox ibat in ~em Apul.*Met*.1.14;— ~es noctesque bibite Pl.*Mos*.22; Cic.*Tusc*.5.113;—de ~e potare Pl.*As*.825; Catul.47.6; rapiamus..occasionem de ~e Hor.*Epod*.13.4; Liv.23.8.6;—nec ~e nec nocte intermisso itinere 24.12.5; nocte reparans quicquid amisit ~e Sen.*Thy*.11; (*cf.*) se ~ebus noctibusque lassauit *Ben*.7.14.6. **b** Volcanus, Luna, Sol, ~es, di quattuor Pl.*Bac*.255; Mercurius..~e matre natus Cic.*N.D*.3.56; Hyg.*Fab*.pr.1.

2 a The light of day, daylight. **b** the open sky; a region of the sky. **c** the weather.

a lucida tela ~ei Lucr.1.147; inuoluere ~em nimbi Verg.*A*.3.198; Liv.33.7.2; ne..inmissus..~es..terreat umbras Ov.*Met*.5.358; Sen.*Dial*.2.4.2; fronde carentes (*sc. rees*) admisere ~em Luc.3.444; (color) ~ei similis Plin. *Nat*.33.58; Stat.*Ach*.1.248; cubiculum, quod ~em.. excludit Plin.*Ep*.5.6.21;—(*fem.*, *fig.*) illum (*sc. Oedipus*).. circumuolat..saeua ~es animi Stat.*Theb*.1.52. **b** faciem ad serenam..mutatur ~es Phaed.4.17.5; tonat ~es serenus Sen.*Thy*.263; uolucres pererrant nemore succiso ~em *Her.O*.1632; Stat.*Theb*.4.67;—Luc.7.189; Medorum penetrare domos..et totum mutare ~em 8.217. **c** cum populi uultu conueniente ~e Ov.*Pont*.2.1.28; si ~es mitis futurus est Plin.*Nat*.11.20; pestilentes..~es 22.104; (*fig.*) qualem ~em (*i.e. mood*) Tiberius induisset Tac.*Ann*.6.20.

3 A period of twenty-four hours (usu. reckoned from midnight to midnight), a day; *in* ~*e* or ~*e* alone, in (the space of) a day. **b** *in* ~*es*, as the days proceed, daily; *in* ~*em* (~*es*), each day, daily; ~*em ex* (*de*) ~*e*, day after day. **c** the day in question, the current day; *in* ~*em*, for the duration or needs of the day.

o faustum et felicem ~em! Ter.*An*.956; ut tibi nota sit omnis ratio ~erum atque itinerum meorum Cic.*Fam*.3.5.4; dies alterque ~es processit Verg.*A*.3.356; si ~es est tempus xx et iiii horarum Sen.*Ep*.12.7; Plin.*Nat*.1.188; si quis.. inter denos ~es usus fuerit Larg.159; intra quadragensimum pugnae ~em Tac.*Hist*.2.70; Paul.*dig*.2.12.8; *CIL* 5.4410; (*fem.*) ~e tota campestres emersi uias Apul.*Met*.8.23;— deciens in ~e mutat locum Pl.*St*.501; bis in ~e saturum fieri Cic.*Tusc*.5.100;—adhibenda bis ~e frictio est Cels.3.18.17; bis ~e panem inponere Larg.227; 269. **b** quem..plus plusque in ~es diligo Cic.*Att*.6.2.10; in ~es hostium numerum augeri Caes.*Gal*.3.23.7; mihi in ~es magis animus accenditur Sal.*Cat*.20.6; patriae occasum ..in ~es exspectabant Liv.26.12.9;—libras farris endo ~es dato *Lex XII*(*Font.iur*.p.21); cui saepe mille inposui plagarum in ~em Lucil.768; in ~em ex aequo conuenarum turba renascitur Plin.*Nat*.5.73; dantur..in ~em ligulae binae uel ternae Larg.111;—~em ex ~e exspectabam ut statuerem quid esset faciendum Cic.*Att*.7.26.3; Caes.*Gal*. 1.16.4;—~em de ~e prospectans ecquod auxilium..appareret Liv.5.48.6;—~em ex ~e prolatabant Tac.*Ann*.6.42. **c** carpe ~em, quam minimum credula postero Hor.*Carm*. 1.11.8;—barbarorum est in ~em uiuere Cic.*de Orat*.2.169; *Att*.5.21.5; ut illud ad haec in ~em utilia demittat Sen.*Ep*. 45.11; (*cf.*) qui patrimonium non pararunt, sub ~em quaerunt (*s.v.l.*) Quint.*Inst*.8.pr.29.

4 A day (in respect of its events, achievements, etc.).

equites..Romanos daturos illius ~ei poenas Cic.*Sest*.28; dirus ille ~es Sullanus *Att*.10.8.7; *Fam*.1.2.3; aegre is ~es (*i.e. battle*) sustentatur Caes.*Gal*.5.39.4; hic ~es et Romanis refecit animos et Persea perculit Liv.42.67.1; totum ~em meum scrutor Sen.*Dial*.5.36.3; Cannensem ~em Flor. *Epit*.2.30(4.12.35);—(*w. gen.*) extremus elephantorum ~es fuit Cic.*Fam*.7.1.3; ~em gladiatorvm..edidit *CIL* 10. 1211; 10.3759.

5 A specific day. **b** (app. usu. fem.) the date of a letter. **c** (various formulas used in dating).

num me fefellit..~es? Cic.*Catil*.1.7; ~em tuum (*i.e. of recurring fever*)..ex epistula..tua..notaueram *Att*.7.8.2; intellexit..~em instare, quo ~e frumentum militibus metiri oporteret Caes.*Gal*.1.16.5; ad hodiernum ~em Vitr. 3.1.8; crastino ~e Liv.24.38.5; Tac.*Hist*.2.74;—(*loc.*) mercatum dixit esse dieseptumei Pl.*Per*.260; hoc ~e crastini quom erus resciuerit *Mos*.881; diequinti in Capitolio tibi cena cocta erit Cato *hist*.86; Pompon.*com*.77; dienoni praetor dicit, non ~e nono Gel.10.24.3; ut '~e quarto'.. de praeterito dicamus, 'diequarte'..de futuro 10.24.10;— (*fem.*) postera ~e Sal.*Jug*.68.2; Plin.*Nat*.8.115; Quint. *Inst*.6.3.90; altera die..me..uenui subiciunt Apul.*Met*. 9.10; annua bima trima ~e aureis centenis legatis Maecian. *dig*.35.2.32.3. **b** litterarum datarum ~es pr. Kal. Ianuar. Cic.*Att*.6.1.22; *Fam*.3.11.1; *Q.fr*.3.1.8; nec signum tuum in epistula nec ~em adpositum *ad Brut*.2.5(7).4. **c** postridie eius ~ei Cato *Agr*.2.1; in ante ~em iv Kalendas Decembris distulit Cic.*Phil*.3.20; post ~em tertium eius ~ei *Att*.3.7.1; ex ante ~em iii Non. Iun. usque ad prid. Kal. Sept. 3.17.1; mensis erat October, ~es iii idus Octobris Sen.*Apoc*.2.2; hora sexta ~ei kalendarum Ianuariarum Gaius *dig*.41.3.7; (*abbrev.*) a. d. iii Non. Decembr. Cic.*Att*.1.13.5.

6 A particular day of the year; a day marked by a festival or other observance, etc.

solstitiali ~e Cic.*Tusc*.1.94; *Copa* 18; cernis..aestiuo mora rubere ~e Prop.4.2.16; hibernis ~ebus Sen.*Nat*.6.1.1; fetificant (halcyones) bruma, qui ~es halcyonides uocantur Plin.*Nat*.10.90;—quem ~em quidam..Larentalia appellant Var.*L*.6.23; 6.29; Parilibus, qui ~es hodie est Cic. *Phil*.14.14; *Att*.9.5.1; ~em (*i.e. birthday*) meum scis esse iii Nonas Ianuarias 13.42.3; si atro ~e faxit insciens *formula* in Liv.22.10.6; Latinorum uates..~erum Ov.*Fast*.3.177; Mart.14.72.2; tuum trieteride multa instaurare ~em Stat. *Theb*.7.94; quia feriatus ~es fuit Paul.*dig*.2.5.2.1; (*as a term of endearment*) meus festus ~es, meus pullus passer Pl.*Cas*.137.

7 (oft fem.) A day appointed for business, payment, etc. **b** ~*em dicere*, to appoint a day; to serve a summons (on a person). **c** (in prep. phrs.); *in* ~*em*, for a future day. **d** *ante* ~*em*, before the normal or due time.

condictus cum hoste..~es Pl.*Cur*.5; ex aere alieno.. propter ~em atque fenus saepissimam discordiam fuisse Cato nep.*orat*.2; ne improdicta ~e quis accusetur Cic.*Dom*. 45; ubi ea ~es quam constituerat cum legatis uenit Caes. *Gal*.1.8.3; in quam edicta erant ~em (comitia) Liv.42.28.4; ponemus..suos ad uaga signa ~es Ov.*Fast*.1.310; Tac. *Ann*.2.79; dari sibi ~em..postulabat Plin.*Ep*.3.9.32; Juv.7.84; causam..in ~em longissimam distulerunt Gel. 5.10.15; (*transf.*) illi (*sc.* Nilo) suum ~em dabimus (*i.e. for description elsewhere*) Sen.*Nat*.3.1.2;—(*w. gen.*) cum quaeretur..quam ~em testium postularet Cic.*Scaur*.23; ~em pecuniae Idus Novembr. esse *Att*.10.5.3; indutiae..quarum ..~es exierat Liv.4.30.14; Quint.*Inst*.5.10.44; si ~es longior pretii soluendi data fuerit Pompon.*dig*.18.2.15. **b** hic nuptiis dictust ~es Ter.*An*.102; quadriennio post quam ~em operi dixerat Cic.*Ver*.1.149; ubi ~es quae dicta erat aduenit Liv.29.1.5;—is ~em dicam, inrogabo multam Pl.*Capt*.494; Cic.*Brut*.179; Liv.6.19.7; qui patri suo ~em dixerat Sen.*Ben*.3.37.4. **c** praesens quod fuerat malum in ~em abiit Ter.*Ph*.781; quando..frumentum..non ad ~em dedit? Cic.*Ver*.2.5; Caes.*Gal*.2.5.1; uenenum..eiusmodi, quod mortem in ~em proferret Gel.7(6).4.1; si ex ~e debitor soluit Papin.*dig*.12.6.56; et in ~em..et usque ad ~em dari potest (procurator) Ulp.*dig*.3.3.3; 7.3.1.3; 21.1.31.23; (*cf.*) morbos sensim atque in ~em longam uisceribus inseminare Gel.19.5.3. **d** cadat ante ~em Verg.*A*.4.620; ante ~em morior Ov.*Ars* 3.739; pecus ante ~em partus edebat *Fast*.4.647; Stat.*Silv*.1.2.176; *CIL* 10. 461.

8 (pregn.) The day of death or destruction; ~*em obire, fungi*, to die.

iracunda ~em proferet Ilio..classis Achillei Hor.*Carm*. 1.15.33; et deus et durus uertitur ipse ~es Prop.2.28.32; plerosque..nihil metuentis oppressit ~es Sen.*Suas*.4.3; mundo cum ueniet ~es Sen.*Her.O*.1103; ~es..suus admonet omnes V.Fl.5.12; (*fem.*) stat sua cuique ~es Verg. *A*.10.467;—ea ~em suom obiit Pl.*Cist*.175; Sulp.Ruf.*Fam*. 4.12.2; Iulia supremum ~em obiit Tac.*Ann*.1.53; muliere.. ~em functa Papin.*dig*.39.6.42.

9 (pl., also collect. sg.) One's lifetime, age.

aequarint Pylios cum tua fata ~es Ov.*Tr*.5.5.62; ~es suos computare Sen.*Ep*.92.25; cum transierint mei..~es *Thy*.399; amborum foedere certo consentire ~es Pers.5.46; —longum..in saecula digne promeriture ~em Stat.*Theb*. 1.639; (*fem.*) stabit (*sc. a statue*)..dum Romana ~es *Silv*. 1.1.94;—(*w.* uitae) ~em potui producere uitae *Ciris* 296; quo minus in ~em uitae nostrae matrimonium permaneat Paul.*dig*.24.1.57.

10 (app. usu. fem.) The lapse or passing of time.

longa ~es meum incertat animum Pl.*Epid*.544; falsumst ..~em adimere aegritudinem hominibus Ter.*Hau*.422; ~es auget eius desiderium Cic.*Prov*.29; omnia..debet.. infinita aetas consumpse..~esque Lucr.1.233; Verg.*A*. 5.783; si meliora ~es ut uina poemata reddit Hor.*Ep*. 2.1.34; Liv.22.39.12; (templa) longa procubuere ~e Ov. *Fast*.2.58; ueritatem ~es aperit Sen.*Dial*.4.22.3.

dīēseptumī: see prec. (sense 5).

diesis: see dihesis.

Diespiter ~tris, *m.* Forms: *Dies pater CIL* 1.568; *Dispiter* Paul.*Fest*.p.103M = Ivppiter.

~ter te dique..perdant Pl.*Capt*.909; in obliquis casibus cur negent esse ~tri ~trem non uideo Var.*L*.9.77; Hor. *Carm*.1.34.5; Liv.1.24.8; Gel.5.12.5; (*cf.*) ~ter Vicae Potae filius..nummulariolus Sen.*Apoc*.9.4.

diēta, diētarcha: see diaet-.

diezeugmenos ~ē ~on, *a.* [Gk. διεζευγμένος] (mus.) Disjunct.

nete ~on (*sc.* χορδῶν) Vitr.5.4.5.

diffāmātus ~a ~um, *a.* *superl.* ~issimus. [pple. of next] Widely known, notorious.

homo quispiam turpitudine pristinae uitae ~issimus Gel. 18.3.3.

diffāmō ~āre ~āuī ~ātum, *tr.* [dis-+fama +-o³]

1 To spread the news of, publish abroad.

uulgat adulterium ~atumque parenti indicat Ov.*Met*. 4.236; se..praua ~antibus subtraheret Tac.*Ann*.14.22; sorores, quarum..fortunatem nulli ~arant populi Apul. *Met*.4.32; (*w. acc. and inf.*) ~at incendio..domum suam possideri 4.10.

2 To defame, slander.

uiros feminasque inlustris procacibus scriptis ~auerat Tac.*Ann*.1.72; Quintianus..probroso carmine ~atus 15.49; me ~et probris Apul.*Met*.1.12.

diffarreātiō ~ōnis, *f.* [dis-; as confarreatio] A ceremony of divorce.

~o genus erat sacrificii, quo inter uirum et mulierem fiebat dissolutio Paul.*Fest*.p.74M; sacerdoti confarreationvm et ~onvm *CIL* 10.6662.

differens ~ntis, *n.* [pple. of differo] A difference, differentia.

finitioni subiecta maxime uidentur genus, species, ~ns, proprium Quint.*Inst*.5.10.55; 5.10.60; 7.3.3.

differentia ~ae, *f.* [pple. of differo+-ia]

1 A difference, diversity, distinction.

cum omnia ista mediocres ~as habeant Cels.7.6.1; quin et homines sentire ~am eam Plin.*Nat*.31.14; Quint.*Inst*. 11.3.18; ut causas huius infinitae ~ae scrutetur Tac.*Dial*. 15.2;—(*w. gen.*) exponens ~as animantium Cic.*Fin*.4.28; temporum magna ~a auibus Plin.*Nat*.10.73; ~a nostri Graecique sermonis Quint.*Inst*.9.4.146;—(*w.* in+*abl.*) Cic. *Luc*.111; quanta ~a est in principiis naturalibus *Fin*.5.19; —(*w.* inter) inter liberos haec una ~a est apud animum patris Quint.*Decl*.328(p.291,l.10); Ulp.*dig*.19.1.13;—(*w. cl.*) u sequens correpta sit an soni prolixioris, nulla ~a est Maur.523.

2 A distinguishing characteristic, differentia; a means of distinguishing. **b** a different kind.

genus est notio ad pluris ~as pertinens Cic.*Top*.31; stomachosum, rabiosum..asperum, quae omnia irarum ~ae sunt Sen.*Dial*.3.4.2; Quint.*Inst*.7.3.3; potesne.. definire genere proposito et ~iis adpositis, quid sit 'penus'? Gel.4.1.9;—argenti duae ~ae Plin.*Nat*.33.127. **b** quinque Graeci sermonis ~as (*i.e. dialects*)..tenuit Quint. *Inst*.11.2.50.

differitās ~ātis, *f.* [next+-tas] A difference.

tanta..in his rebus distantia ~asquest Lucr.4.636.

differō ~rre distulī dīlātum, *tr.*, *intr.* [dis-+fero] Forms: in tmesis *disque tulissent* Pl.*Trin*.833; ~*rrier* (= ~*rri*) Lucr.1.1088; *ditulit CIL* 10.2752.

1 To carry away in different directions, scatter, disperse; to stretch in different directions. **b** to plant at intervals, plant out. **c** to carry away, separate (from); to carry off course.

fluctus ~rt dissupat uisceratim membra Enn.*scen*.118; te faciam ut hic formicae frustillatim ~rant Pl.*Cur*.576; *Trin*.833; uenti uis ..nubila ~rt Lucr.1.272; Caes.*Civ*. 2.14.2; citae Mettum in diuersa quadrigae distulerant Verg. *A*.8.643; insepulta membra ~rent lupi Hor.*Epod*.5.99; cum equitem passim liberi frenis distulissent equi Liv. 4.33.10; castra..ui fluminis ~rebantur Tac.*Hist*.5.23; (*refl.*) aer..modo spissat se modo..~rt Sen.*Nat*.5.6;—(*activities*) toto ciuilia (bella) distulit orbe Calp.*Ecl*.1.49;—membra celeri ~rens cursu rota Sen.*Thy*.8. **b** cytisum..~rtur et in sesquipedem ponitur Var.*R*.1.43; in uersum distulit ulmos Verg.*G*.4.144; Col.11.2.79; rutam..~rre oportet in apricum 11.3.38; Plin.*Nat*.19.125. **c** nos cum scapha tempestas..~rt ab illis Pl.*Rud*.369; MIHI HORA MANEBAT QVAE CONIVGIO DVLCI DISTVLIT ILLA TVO *CIL* 6.12528;—disco..quem uentus distulit in caput Acrisii Hyg.*Fab*.63.5.

2 To confound, bewilder; (pass.) to be distracted.

te ~ram dictis meis Pl.*Ps*.359; orationem sperat inuenisse se qui ~rat te Ter.*An*.408;—feror, ~ror, distrahor Pl.*Cist*.209; ut adsimulem me amore istius ~rri *Mil*.1163; laetitia ~ror *Truc*.701; ~ror doloribus Ter.*Ad*.486; Turp. *com*.109.

3 To spread abroad, publish. **b** to spread bad reports about, defame.

ne mi hanc famam ~rant Pl.*Trin*.689; rumores distulerunt maleuoli Ter.*Hau*.16; de me ista foris sermonibus ~rs Lucil.1015; Nep.*Di*.10.1;—(*w. acc. and inf.*) Liv.34.49.6; regem..fragor per moenia ~rt..iam dare iussa V.Fl.1.753;—(*w. indir. qu.*) fabula distulit, Phaedrae quem Bromio praetulerit soror Sen.*Phaed*.759;—(*impers. pass.*) ~rri..per externos tamquam ueneno interceptus esset Tac.*Ann*. 3.12; 4.25. **b** pipulo te hic ~ram ante aedis Pl.*Aul*.446; ~rar sermone misere Caecil.*com*.157; Acc.*trag*.459; te circum omnis alias irata puellas ~ret Prop.1.4.22; Petr. 10.5; dominos uariis rumoribus ~rebant Tac.*Ann*.1.4.

4 To postpone, defer, adjourn. **b** to put (a person) off, keep waiting, give a respite to.

Seruilius rogatus rem distulit Cic.*Fam*.10.16.1; ~rendum est..iter in praesentia nobis Caes.*Civ*.3.85.4; incepta Latinus ..~rt Verg.*A*.11.470; Liv.5.5.9; uadimonium ~rri iubet Plin.*Nat*.7.182; (*poet.*) distulit ira sitim Ov.*Met*.6.366;—(*w. adv.*) hoc..non ultra ~rendum ratus Liv.44.23.2; huc ..eorum uaricum..curationem distuli Cels.7.31.1;—(*w. preps. indicating time, occasion, etc.*) comitia..in ante diem xv Kal. Nouembr. distulit Cic.*Att*.2.20.6; Verg.*A*.6.569; neu dulcia ~r in annum Hor.*Ep*.1.11.23; dilatae pugnae ex hesterno die in hodiernum Liv.44.39.8; dilatis..in aliud uolumen ossibus Cels.7.pr.5; Col.5.10.10; hibernas..basiationes in mensem rogo ~ras Aprilem Mart.7.95.18; Tac. *Ann*.3.52; (*impers. pass.*) neque in longum dilatum est 16.7;—(*w.* quin) nihil dilaturi quin periculum summae rerum facerent Liv.6.22.9;—(*w. inf.*) quaerere distuli Hor.*Carm*. 4.4.21; ne ~rret obsides..accipere Liv.27.24.1;—(*ellipt.*) nubere si qua uoles..~r! Ov.*Fast*.3.394; Sen.*Con*.1.pr.20; nec distulit Alexander leonemque fractum protinus uidit Plin.*Nat*.8.150. **b** Liv.7.14.3; propera, caros nec ~r amicos Mart.13.55.1; Nero..non prius ~rri potuit quam Burrus necem eius promitteret Tac.*Ann*.13.20; quendam..dispensationem..petentem cum distulisset Suet.*Ves*.23.2; (*w. dat.*) Erinys..infando ~rt Eteoclea fratri (*i.e. reserves for*) Stat.*Theb*.8.687;—(*w.* ad, in+*acc.*) sin..~rs me in tempus aliud Cic.*Fam*.5.12.10; Sal.*Hist*.3.48.21; legati..qui ad nouos magistratus dilati erant Liv.41.8.5; (*refl.*) nec te uenturas ~r in horas Ov.*Rem*.93;—(*w. acc. of place*) legationibus..quas..distulit Tarraconem Liv.26.51.10;—(*w.* donec) dubitaui utrum ~rem te, donec..ueniret Sen. *Ep*.106.2;—quo..uiuacem ~rtis anum? Ov.*Met*.13.519; quisquis uidetur dimissus esse, dilatus est Sen.*Dial*.1.4.7.

5 (intr.) To differ, be different. **b** (impers.). **c** to differ in opinion, disagree.

rebus congruentes nominibus ~rebant (Academici et Peripatetici) Cic.*Ac*.1.17; Brittannis caelum ~rre putamus, et quod in Aegypto est Lucr.6.1106; Vitr.10.11.1; rebus idem, titulo ~rt Ov.*Pont*.1.1.17; iuxta Nonacrim..Styx, nec odore ~rens nec colore Plin.*Nat*.2.231; Quint.*Inst*. 12.2.13; forma nauium eo ~rt quod.. Tac.*Ger*.44.1;—(*w.* ab) Var.*L*.8.80; statui..a uobis..non ~rre uestitu Cic. *Phil*.8.32; Germani multum ab hac consuetudine ~runt Caes.*Gal*.6.21.1; nec alio ullo insigni ~rentes a ceteris ciuibus Liv.24.5.3; Tac.*Ann*.3.50;—(*w.* cum) quid res cum re ~rat, demonstrabimus Cic.*Inv*.1.82; 2.92;—(*w.* inter se) hae (*sc.* apes) ~runt inter se Var.*R*.3.16.19; quid inter se ~rant planius dicendum est Cic.*Top*.30; Lucr.2.348; hi omnes lingua inter se ~runt Caes.*Gal*.1.1.2; Sen.*Dial*. 2.13.5;—(*w.* inuicem) plurimum..inuicem ~runt (orationis formae) Quint.*Inst*.12.10.1;—(*w. dat.*) pede certo ~rt (comoedia) sermoni Hor.*S*.1.4.48; lingua est iis (*sc.* delphinis)..haut ~rens suillae Plin.*Nat*.9.23;—(*w. abl.*) radicem ..nihil ture ~rentem 19.187. **b** (*w.* inter) uide quid ~rat inter meam opinionem ac tuam Cic.*Div.Caec*.61; *Ac*. 1.18; nihil ~rre inter imperatorem quem homines et quem di fecissent Plin.*Pan*.5.2;—(*w.* utrum, -ne..an, *or sim.*) multum..~rt in arcane positum sit argentum an in tabulis Cic.*Top*.16; Lucr.3.868; Hor.*S*.2.3.166; paruulum ~rt, patiaris aduersa an expectes Plin.*Ep*.8.17.6;—(*w. acc. and inf.*) nihil ~rt raro id fieri, dummodo aliquando fieri..intellegatur *Rhet.Her*.2.33. **c** (Epicuro) non multum ~renti a iudicio ferarum Cic.*Tusc*.5.73; quibus (auctoribus) equidem adsenserim: sed M. Cato quantum ~rt! Vell. 1.7.3.

differtus ~a ~um, *a*. [DIS-+FARCIO] That is stuffed full; (also transf.).

iumentorum corpora ~a Sen.*Dial*.12.11.3; (*fig.*) Antonius ..non satiatus modo caedendis ciuibus, sed ~us quoque Crem.*hist*.1;—(*w. abl.*) corpus..~um odoribus Tac.*Ann*. 16.6; Flor.*Epit*.2.21(4.11.11);—seruos ~um transire forum populumque iubebat Hor.*Ep*.1.6.59; (*w. abl.*) prouincia, ~a praefectis atque exactoribus Caes.*Civ*.3.32.4; Forum Appi ~um nautis Hor.*S*.1.5.4.

diffībulo ~āre, *tr*. [DIS-+FIBVLO] To unfasten, unbuckle.

torto chlamydem ~at auro Stat.*Theb*.6.570.

difficile, *adv*. [next] With difficulty.

sibi ~ consentiens Vell.2.63.3; Larg.196; ~ spirantibus Plin.*Nat*.20.143; Fro.*Aur*.2.p.110(160N); non ~ ei respondissem Apul.*Apol*.4.

difficilis ~is ~e, *a*. *compar*. ~ior, *superl*. ~limus. [DIS-+FACILIS] Forms: *difficul* (= ~*e*) Var.*Men*.46.

1 Hard to deal with, carry out, etc., troublesome, difficult. **b** (impers., w. following cl. or phr.). **c** *ex* ~*i*, from (after) a difficult position or situation; *in* ~*i*, in a difficult position. **d** (app.) performed with difficulty, laboured.

tu fecisti ut ~is foret (uia) Pl.*Trin*.646; efficiunt ~is morbos Var.*R*.1.12.2; nihil ~e amanti puto Cic.*Orat*.33; sunt facta uerbis ~iora *Q.fr*.1.4.5; ~i transitu flumen Caes.*Gal*.6.7.5; Verg.*A*.4.694; nec pro ~i id bellum habendum Liv.28.8.4; Ov.*Am*.3.13.6; (terras) operi ~limas Plin.*Nat*.17.33; Stat.*Theb*.7.767; ~limis reipublicae temporibus Gel.16.10.14;—(*w.* ad) res ~es ad explicandum Cic.*Att*.2.6.1; Lucr.2.1027; per ~em ad receptum locum Liv. 32.17.8;—(*w.* in+*abl.*) cyma..~is in coquendo Plin.*Nat*. 20.90;—(*w. gen.*) fundum..uendidit temporibus..~limis solutionis Cic.*Caec*.11;—(*w. sup.*) id quod ~e factu est *Clu*. 201; Liv.4.27.9; amnis..~limus transitu 21.31.10; gentis..aditu ~limas Vell.2.95.2;—(*neut. pl. as sb.*) cupido ~ia faciundi animum adorta Sal.*Jug*.93.3; sperat salutarem..ex ~limis exitum Sen.*Ep*.22.6; ex ~ioribus ad faciliora..argumenta ducuntur Quint.*Inst*.5.10.90. **b** (*w. inf.*) quoi uerba dare ~est Ter.*An*.211; Cic.*Phil*.13.36; Graiorum obscura reperta ~e inlustrare Latinis uersibus esse Lucr.1.137; Verg.*G*.2.257;—(*w. acc. and inf.*) ~est reperiri amicum Pl.*Trin*.620; ~e est..eum..non..induci odio ut dicat Cic.*Font*.3; *Amic*.37;—(*w.* ut+*subj.*) ~e est..ut ad haec..studia..animus tam cito possit accedere Sen. *Dial*.11.8.3; ~e est, ut mihi..credas Plin.*Ep*.4.15.7; Ulp. *dig*.21.1.38.4;—(*w. sup.*) ~e dictu uidetur eum non in malo esse Cic.*Tusc*.2.20. **c** uoluptas e ~i data dulcissima est Pub.*Sent*.V.2; non ex ~i causa petita subest Ov.*Fast*.5.350; *Tr*.5.14.42; unus est sapiens, cuius omnia sunt nec ex ~i tuenda Sen.*Ben*.7.3.2; *Ep*.23.2;—moderatio tuendae libertatis..in ~i est Liv.3.65.11; in ~i spem esse Cels.5.26.1.c; ille casus in ~i est, si filium habeas Scaev.*dig*.28.2.29.15. **d** balbutientium uox his ferme uerbis significatur: uox impedita..uox ~is Fro.*Aur*.2.p.72(149N).

2 (of persons) Intractable, obdurate, inflexible. **b** (of animals) hard to manage, intractable.

parentem..in liberos ~em Caecil.*com*.201; hunc ~em ..senem Ter.*Hau*.535; si qui ~iores erunt, ut rem sine controuersia confici nolint Cic.*Fam*.13.26.3; Penelopen ~em procis Hor.*Carm*.3.10.11; ~is, querulus, laudator temporis acti Hor.*Ars* 173; Tib.1.2.7; ne ~is mihi sit (deus) Ov.*Pont*.1.6.47; si ~ior erit, ego illum rogabo Sen. *Con*.10.3.15; Sen.*Ben*.2.17.7; lacrimis ~es dei (*i.e. slow to tears*) *Her.F*.578; nolo (puellam) nimis facilem ~emque nimis Mart.1.57.2; adrogans minoribus, inter pares ~is Tac. *Ann*.11.21; (*poet.*) ite hinc, ~es..tabellae Ov.*Am*.1.12.7;—(*of the character, etc.*) ~em habere oportet aurem ad crimina Pub.*Sent*.D.11; habebat auunculum..~lima natura Nep. *Att*.5.1; **b** tempore ~es ueniunt ad aratra iuuenci Ov.*Ars* 1.471; ~i gaudebat equo Sil.8.586.

difficiliter, *adv*. *compar*. ~ilius, *superl*. ~illimē. Also **~ulter.** [prec.+-TER[2]] With difficulty. **b** reluctantly.

ut ~iliter a uero internoscatur (uisum) Cic.*Luc*.49; in is tuberibus, quae ~iliter concocuntur Cels.5.18.17; Col. 5.3.1; non ~iliter intellegi potest Gaius *Inst*.3.219;—quae (*sc.* uerba)..~ulter efferuntur ore Var.*L*.9.76; etsi ~ulter atque aegre fiebat Caes.*Civ*.1.62.1; Sal.*Cat*.14.5; Liv. 1.52.4; Phaed.3.epil.29; nec ~ulter mihi..persuasit Sen. *Ep*.108.22; Plin.*Nat*.17.44; amnem..haud ~ulter euadit Tac.*Ann*.12.35;—(*compar.*) si lotium ~ilius transibit Cato *Agr*.122; litteris non ~ilius utor quam si domi essem Cic.*Att*.12.13.1; Caes.*Gal*.7.58.1; Tac.*Ann*.4.72;—(*superl.*) casei..qui ~illime transeant sumpti Var.*R*.2.11.3; quem pati..uiri boni ~illime possunt Cic.*Ver*.3.95; Plin.*Nat*. 19.120. **b** ceteras (ciuitates)..haud ~ulter uidebat iugum accepturas Liv.33.38.2; promisit, sed ~ulter, sed subductis superciliis Sen.*Ben*.1.1.6.

difficultās ~ātis, *f*. [DIFFICILIS+-TAS] Forms: *difficilitas* *CIL* 5.1874.

1 A situation involving trouble, difficulty, etc. **b** (w. gen.) difficulty (involving or in obtaining).

ne qua ob eam suspicionem ~as euenat Pl.*Epid*.290; Ter.*Hec*.667; ostendit se in summa ~ate esse nummaria Cic.*Ver*.2.69; erat in magnis Caesari ~atibus res Caes.*Gal*. 7.35.2; Sal.*Jug*.45.1; haec dispositio (*sc.* diastyli) hanc habet ~atem Vitr.3.3.4; Liv.26.21.17; Basso eadem molienti minor ~as erat Tac.*Hist*.2.101; ~as erit..circa reddendum ius mulieri Pompon.*dig*.23.3.66; (*cf.*) (herbam) effossam inter ~ates saxeas Plin.*Nat*.25.27;—(*foll. by indir. qu.*) magna ~ate adficiebatur, qua ratione ad exercitum peruenire posset Caes.*Gal*.7.6.2. **b** ~as..rei nummariae Cic.*Ver*.4.11; propter itinerum et nauigationum ~atem *Fam*.15.2.1; urinae ~as Cels.2.1.8; ~ates aduersae ualetudinis Larg.pr.p.3,l.16; locorum..~ates Tac.*Ag*.17. 3;—in ~ate nauium Cic.*Ver*.5.51; summa..~ate rerum omnium pressus *B.Alex*.43.1; Suet.*Tib*.16.1.

2 (of persons) Want of amenability, refractoriness, intractability.

multorum..adrogantiam pertulit, ~atem exsorbuit Cic. *Mur*.19; contumeliam uocant ostiari ~atem Sen.*Dial*. 2.14.1; nulla in audiendo ~as Plin.*Pan*.79.6.

difficulter: see DIFFICILITER.

diffīdens ~ntis, *a*. [pple. of DIFFIDO] Distrustful, lacking in confidence.

nihil aeque quam timidus ac ~ns fuit Suet.*Cl*.35.1.

diffīdenter, *adv*. [prec.+-TER[2]] Diffidently.

timide et ~ attingere rationem uenefici criminum Cic. *Clu*.1; miramini, cur ~..legatus Philippi..egerit Liv.32. 21.8.

diffīdentia ~ae, *f*. [DIFFIDENS+-IA] Lack of confidence, diffidence, distrust.

fidentiae contrarium est ~a Cic.*Inv*.2.165; fit quoque longus amor, quem ~a nutrit Ov.*Rem*.543; nec pudor uidetur..sed ~a Quint.*Inst*.9.2.72; Fron.*Str*.2.5.4; Tac. *Hist*.3.55; Fro.*Aur*.1.p.2(62N); quaerere occepit ex ~a latibulum Apul.*Apol*.1;—(*w. gen.*) ~am rei simulare Sal.*Jug*.60.5; ~a humani auxilii ad..oraculum confugit V.Max.5.6.ext.1; Tac.*Hist*.1.72;—(*w. acc. and inf.*) non tam ~a futurum quae imperauisset, quam uti..labor uolentibus esset Sal.*Jug*.100.4.

diffīdō ~dere ~sus, *intr*. [DIS-+FIDO] Orthog.: *d(if)eidens* *CIL* 1.1531.2. Forms: dep. in pf. tenses. To lack confidence (in a satisfactory outcome), despair. **b** (w. dat.) to have no trust, lack confidence (in). **c** (w. acc. and inf.) to have no confidence (that); (w. inf.) to expect not (to).

nihil agit qui ~dentem uerbis solatur suis Pl.*Epid*.112; *Mer*.856; iacet, ~dit, abiecit hastas Cic.*Mur*.45; ita grauiter aegrum fuisse ut omnes medici ~derent *Div*.1.53; Sal.*Jug*. 36.2; quinque et uiginti talenta se confecturum, prope ut ~dens, pollicebatur Liv.38.14.10; satius est decipi quam ~dere Sen.*Dial*.4.24.1; paucitate suorum ~dens Fron.*Str*. 1.8.5; Tac.*Ann*.4.38; Apul.*Apol*.71;—(*w.* de) de Othone ~do Cic.*Att*.12.43.2; non ego de uxore ~do Quint.*Decl*. 280(p.144,l.9);—(*w.* ne) ~dere ne terras aeterna teneret nox Lucr.5.980. **b** (*things*) fugere iudicium ac poenam, quia causae ~dat Cic.*Inv*.2.61; nequa..coeptes ~dere dictis Lucr.1.267; Caes.*Gal*.5.41.5; cum iam ~deret armis Verg. *A*.3.51; Liv.40.49.3; Tac.*Hist*.1.85; (*impers. pass.*) ducta ingens fossa qua fluuio ~debatur *Ann*.15.4;—(*persons*) ~debant etiam Seruilio Cic.*Phil*.12.18; siue colunt habitantque uiri ~dimus illis Ov.*Ep*.10.97; legioni classicae ~debatur Tac.*Hist*.1.31;—(*refl.*) ut hostes uostri ~dant sibi Pl.*Rud*.82; Cic.*Phil*.9.2; si doctus uideare rudi..~det miserae protinus illa sibi Ov.*Ars* 1.768. **c** ~debam..me posse in hac causa consistere Cic.*Quinct*.77; ~dens..Caesarem fidem seruaturum Caes.*Gal*.6.36.1; quod fore ne nimium uidear ~dere Ov.*Tr*.5.13.31;—quos ~das sanos facere Cato *Agr*.157.12; ut ei respondere posse ~derem Cic.*Luc*.64.

diffindō ~ndere ~dī ~ssum, *tr*. [DIS-+FINDO] To divide (usu. along its length), split, split open. **b** (dub.) to split off; (in quot., transf.). **c** (leg.) *diem* ~*ndere*, to put off, defer the day of a trial, etc.

(uitem) mediam ~ndito per medullam Cato *Agr*.41.2; ramo praeciso ac ~sso Var.*R*.1.40.6; saxo ~sso Cic.*Div*. 1.23; *Tim*.24; Catul.97.7; uis..~ndens terram Lucr. 6.584; tempora plumbo ~dit Verg.*A*.9.589; Sen.*Nat*. 6.11.1; horreum..securibus ualidis adgressi ~ndunt Apul. *Met*.3.28;—(*fig., or in fig. phrs.*) ~dit urbium portas uir Macedo..muneribus Hor.*Carm*.3.16.13; Apul.*Met*.9.18;—(*transf.*) si non ~nderem (diem) meo insiticio somno meridie Var.*R*.1.2.5. **b** nihil hinc ~ndere (*s.v.l.*) possum Hor.*S*.2.1.79. **c** dies ~ssus esto *LexXII*(*Font.iur*.p.20); ei legem..ferenti triste omen diem ~dit Liv.9.38.15; Gel. 14.2.11; Ulp.*dig*.2.11.2.3.

diffingō ~ere, *tr*. [DIS-+FINGO] To mould, forge, etc., into a different shape.

utinam noua incude ~as..ferrum! Hor.*Carm*.1.35.39; (*transf.*) neque ~et (deus)..quod fugiens semel hora uexit 3.29.47.

diffissiō ~ōnis, *f*. [DIFFINDO+-TIO] (leg.) Postponement, deferment (of a trial).

in dierum ~onibus conperendinationibusque Gel.14.2.1.

diffiteor ~ērī, *tr*. [DIS-+FATEOR] To disavow, deny.

(*w. acc.*) pudor obscenum ~eatur opus Ov.*Am*.3.14.28; crimen meum non ~ebor Apul.*Met*.3.5;—(*w. acc. and inf.*) numquam ~ebor multa me..simulasse Planc.*Fam*.10. 8.4; quidam..adiuuari exercitatione (rhetoricen) non ~entur Quint.*Inst*.2.17.5;—(*w.* quod) quod..semina frigore laborare dicuntur, nos quoque non ~emur Col.4.1.7;—(*ellipt.*) nunc inpraesentiarum—neque enim ~ebor—laetitia facundiae obstrepit Apul.*Fl*.16; plurimi sed non rite uenerantur..pauci sed inpie ~entur *Soc*.3.

difflāgitō ~āre, *tr*. [DIS-+FLAGITO] (app. nonce-word) To importune, dun, on all sides.

clamore differor, ~or (*codd.* diffatigor) Pl.*Epid*.118.

diffleō ~ēre ~ēuī ~ētum, *tr*. [DIS-+FLEO] To weep away (one's eyes).

~etis paene ad extremam captiuitatem oculis Apul. *Met*.1.6; 5.7 (*cj.*).

difflō ~āre ~āuī ~ātum, *tr*. [DIS-+FLO] To scatter or disperse by blowing.

legiones ~auisti spiritu Pl.*Mil*.17; pars ~atur uento Lucil.666; aliquantum..~ari atque euaporari ex niue Gel.19.5.8.

diffluō ~ere ~xī ~ctum, *intr*. [DIS-+FLVO]

1 To flow away in all directions. **b** (transf., of solids). **c** (of words, speakers, etc.) to be diffuse, ramble.

quassatis undique uasis ~ere umorem..cernis Lucr. 3.435; quidquid nimio ~xit imbre Sen.*Suas*.3.1; aquam..continere sic, ne ~at Ulp.*dig*.43.22.1.9; (*cf.*) ut..nos..quasi extra ripas ~entis coerceret Cic.*Brut*.316; (*by liquefaction*) exposuit..bouis..iocur ~xisse Liv.41.15.1;—(*hyperb.*) iuuenes..sudore multo ~entes Phaed.4.25(26).23; Plin.*Nat*.21.75. **b** ut ab summo tibi ~at altus aceruus

Lucr.3.197; certo tempore..quo folia arescunt et ~unt Hyg.*Fab.*59.3. **c** ~it..totus (sermo) neque quicquam comprehendens perfectis uerbis amplectitur *Rhet.Her.*4.16; Cic.*Orat.*233; si non etiam in oratione ~eret Sen.*Ep.*114.4; qui.. uerbis uuidis et lapsantibus ~unt Gel.1.15.1.

2 To waste or wear away. **b** (of non-physical things) to melt away, disappear.

priuata cibo natura animantum ~it amittens corpus Lucr. 1.1039;(saxa) ab salsugine exesa ~unt Vitr.2.7.2; iuga montium ~unt Sen.*Ep.*91.11; mirum..fuit neque ~xisse eas (*sc.* praetextas).. Plin.*Nat.*8.197. **b** omnia quae dilapsa iam ~xerunt seueris legibus uincienda sunt Cic.*Marc.*23; uanis et cito ~entibus bonis Sen.*Ben.*6.30.6.

3 To become enervated by indulgence; to dissolve (in laughter). **b** to become faint, pass out.

luxuria et lasciuia ~it Ter.*Hau.*946; homines deliciis ~entes Cic.*Amic.*52; si diuitiis ~is Sen.*Dial.*1.4.5; cum pleraeque (matronae) luxu et inertia ~ant Col.12.pr.9;—(*of things*) per socordiam uires tempus ingenium ~xere Sal.*Jug.*1.4; ubi (uita) per luxum ac neglegentiam ~it Sen.*Dial.*10.1.3;—risu cachinnabili ~ebant Apul.*Met.*3.7. **b** iuuenis..intercluso spiritu ~ebat Apul.*Met.*9.24.

diffluuiō ~āre, *intr.* [dis-+fluuius+-o³] To divide and spread out.

neque aliter potuerit (uitis) palos..pertingere, quam ut ~etur Col.*Arb.*7.5.

diffluus ~a ~um, *a.* [difflvo+-vs] (app.) Exuding liquid freely.

sumas..lacte ~os grossos Mat.*poet.*15.

diffringō ~ingere ~ēgī ~actum, *tr.* Also **-frangō.** [dis-+frango] N.B.: *def(f)r-* occurs frequently in codd. To break up or apart, shatter.

crura..~ingentur Pl.*As.*474; ni..~egeritis talos posthac quemque in tegulis uideritis alienum *Mil.*156; digitos.. ~egi meos Nov.*com.*50; cum..basis esset a uetustate ~acta Vitr.10.2.13; axe ~acto Suet.*Jul.*37.2; gubernaculo ~acto *Aug.*17.3; ~acto cardine Apul.*Met.*9.30. **β** disfrangantvr cadant (*sc. racehorses*) *A.Epig.*07.69.

diffugiō ~ugere ~ūgī, *intr.* [dis-+fvgio] To run away or flee in several directions, scatter. **b** (of things) to scatter, disperse.

~ugerant..permulti Cic.*Ver.*3.46; cognoui partem nauium..~ugisse Lent.*Fam.*12.15.6; ~ugiebat..genus omne ferarum Lucr.5.1338; ~ugimus uisu exsangues Verg.*A.*2.212; omnis campis ~ugit arator 10.804; per agros ~ugere Liv.21.61.9; ~ugiunt hostes Ov.*Fast.*2.211; Stat.*Theb.*11.231; Suet.*Jul.*82.3. **b** spiritus unguenti suauis ~ugit in auras Lucr.3.222; 5.443[437]; ~ugere niues Hor.*Carm.*4.7.1; Sen.*Nat.*7.1.7; nostro mala nubila caelo ~ugiunt Stat.*Theb.*1.665; conuulsae cuspide longe ~ugere iubae 9.109;—(*fig.*) ~ugiunt sollicitudines Hor.*Carm.*1.18.4; tacito ..tempora gressu ~ugiunt Col.10.160.

diffugium ~iī, *n.* [prec.+-ivm] Flight (in all directions), running away.

turbauere consilium trepidi nuntii ac proximorum ~ia Tac.*Hist.*1.39.

diffulminō ~āre, *tr.* [dis-+fulmino] To scatter as by a thunderbolt.

~at omnem obstantum turbam Sil.5.276.

diffunditō ~āre, *tr.* [next+-ito] To dissipate, squander.

ratione pessuma a me ea..~ari ac didier Pl.*Mer.*58.

diffundō ~undere ~ūdī ~ūsum, *tr.* [dis-+fvndo]

1 To spread (a liquid) widely over a surface, diffuse. **b** to diffuse (through a multiplicity of channels). **c** (spec.) to draw off (into a number of smaller vessels), 'bottle'.

late ibi ~usa aqua Var.*R.*3.5.2; Cic.*N.D.*2.26; unda Scamandri..passim rapido ~unditur Hellesponto Catul. 64.358; ita ~unditur (*sc. rain*) in terras Vitr.8.2.2; Ov. *Met.*1.36; ut aquam..emissam per agros ~underent V.Max. 1.6.3; si sudorem per omnia membra ~undit Cels.3.6.8; Atlanticus in maria interiora ~unditur Plin.*Nat.*3.3; (*cf.*) nitet ~uso lumine caelum Lucr.1.9; (*poet.*) flendo.. dolorem ~udit Ov.*Met.*9.143. **b** (Nilus) in Aethiopiam ~unditur Mela 1.50; ex uno fonte..~usi amnes Sen. *Dial.*6.18.4. **c** uina bibes iterum Tauro (*sc.* consule) ~usa Hor.*Ep.*1.5.4; Ov.*Fast.*5.517; uinum..nolito statim ~undere Col.12.28.3; Plin.*Nat.*23.60; Juv.5.30; (*w.* in+*acc.*) ~undito (uinum) in amphoras Cato *Agr.*105.2; Proc. *dig.*33.6.15;—(*w.* in+*abl.*) uinum..quod in amphoris et cadis ~usum est 33.6.6.

2 To diffuse (throughout a body or sim.).

in reliquo corpore ab hoc fonte ~usast anima Var.*Men.* 32; cibus..per ramos ~unditur omnis Lucr.1.353; inertia cur..~uderit imis obliuionem sensibus Hor.*Epod.*14.1; causa..est coniunx, in quam calcata uenenum uipera ~udit Ov.*Met.*10.24; *Ib.*603; si..morbum ~undunt (membra) Sen.*Dial.*3.6.2; (*fig.*) his tribus figuris insidere quidam uenustatis..sanguine ~usus debet color Cic.*de Orat.*3.199.

3 To spread out or extend over a wide area. **b** (w. abst. or non-material obj.); (also) to distribute lavishly, squander. **c** (transf.) to cause to become more prevalent, extend over a wider field, spread; to extend in time.

platanus..quae..ad opacandum hunc locum patulis est ~usa ramis Cic.*de Orat.*1.28; uenatrix dederat..comam ~undere uentis Verg.*A.*1.319; nox..caelo ~undere signa parabat Hor.*S.*1.5.10; uento..~usa flamma Liv.5.54.1; uelis maria ~usis secet..classis Sen.*Tro.*1166; Col.3.15.1; ~usum collibus hostem Luc.6.30; Plin.*Nat.*16.122; uestem longe lateque ~usam Gel.6(7).12.2; (*refl.*) toto passim campo se ~uderunt Liv.40.33.7. **b** Pompei..late longeque ~usa laus Cic.*Balb.*13; haec (*sc.* crimina)..dea foeda uirum ~undit in ora Verg.*A.*4.195; Vell.2.126.3; cum toto orbe terrarum ~usa securitas sit Sen.*Ep.*91.2; Tac.*Ger.* 43.3;—potest..pecunia..intra limen suum ~undi Sen. *Dial.*7.24.3; *Ep.*106.12. **c** latius gaudium..~usum Var.*L.*6.50; (di) uim..suam longe lateque ~undunt Cic. *Div.*1.79; Claudia nunc a quo ~unditur et tribus et gens Verg.*A.*7.708; Sen.*Con.*1.6.6;—bella quis et paces longum ~undit in aeuum? Hor.*Ep.*1.3.8.

4 To expand, enlarge; (also transf.).

(semen) tepefactum uapore..compressu suo ~undit (terra) Cic.*Sen.*51; frigore..contrahitur (tumor), calore ~unditur Cels.7.18.5; modo..siluis uia coartatur, modo latissimis pratis ~unditur et patescit Plin.*Ep.*2.17.3;—bonis amici quasi ~undatur (uirtus) et incommodis contrahatur Cic.*Amic.*48; Sen.*Dial.*7.4.1; Dionysium..per multa ~usum uolumina Col.1.1.10; Plin.*Pan.*56.2.

5 To free from restraint, relax, cheer.

~undet..animos omnibus ista dies Ov.*Ars* 1.218; Iouem ..~usum nectare *Met.*3.318; Sen.*Ep.*66.32; ~uderat Argos exspectata dies Stat.*Theb.*2.213; Aur.*Fro.*1.p.302(105N); —(*w.* in+*acc.*) ex turpissima lite in risum ~usi..secessimus Petr.10.3; Apul.*Met.*2.26;—(*w.* uultum, *etc.*) qua..uultum ~undere causa possim Ov.*Pont.*4.4.9; an frontem adstringant, an faciem ~undant (ira, amor, tristitia) Sen.*Ep.* 106.5; (*w. retained acc.*) aequoreo ~usus nectare uultus Stat.*Ach.*1.53.

diffūsē, *adv.* *compar.* ~ius. [diffvsvs+-e] Amply, expansively.

res disperse et ~e dictae unum in locum coguntur Cic. *Inv.*1.98; haec..latius..dicenda sunt et ~ius *Tusc.*3.22.

diffūsilis ~is ~e, *a.* [diffvndo+-ilis¹] Diffusive.

leuis ac ~is aether Lucr.5.467.

diffūsiō ~ōnis, *f.* [diffvndo+-tio] ~*o animi*, Expansiveness, geniality.

comitas..et ~o animi Sen.*Dial.*7.4.5.

diffūsor ~ōris, *m.* [diffvndo+-tor] One who draws off (into smaller vessels), a 'bottler'.

~ori oleario *CIL* 2.1481; 6.29722.

diffūsus ~a ~um, *a.* *compar.* ~ior. [pple. of diffvndo]

1 Extending over a wide area, spreading.

signa..~o passim labentia caelo Man.2.26; ~a et late patens uia Sen.*Dial.*5.34.3; Vell.2.90.4; ~iora..consaepta Col.1.4.7; tertium genus (buxi)..~ius Plin.*Nat.*16.70; ~i iugera campi Mart.3.31.1; Plin.*Ep.*7.17.9; (*of an animal*) (glans) iligna suem angustam (facit)..querna ~am Plin. *Nat.*16.25;—(*fig.*) scriptum legis angustum, interpretatio ~a est Sen.*Con.*9.4.9; Sen.*Ep.*85.22.

2 (esp. of writings, topics, etc.) Covering a wide field, extensive. **b** (of speech or writing) diffuse, expansive.

de tanta et tam ~a scriptura *Rhet.Her.*4.3; ~am..quaestionem Cic.*Part.*104; Col.5.1.2; imperatoris nostri.. amplius ac ~ius meritum Plin.*Pan.*53.3; ex immensa ~aque legum copia Suet.*Jul.*44.2; seruitus..quae ita ~a est, ut omnes glaebae seruiant Javol.*dig.*8.3.13.1. **b** leue asperum, contractum ~um (genus dicendi) Cic.*de Orat.* 3.216.

diffutuō ~uere ~uī ~ūtum, *tr.* [dis-+fvtvo] To indulge in promiscuous sexual intercourse with; to exercise in such activity.

qvd (*i.e.* quot) tv mvlierorvm ~visti *CIL* 4.5213;— ~uta mentula Catul.29.13.

digamma (~**on**), *n.* ~**os** (~**us**), *f.* [Gk. δίγαμμα, -ον] The Greek letter digamma.

Aeolicum ~on Quint.*Inst.*1.4.8; reperta erat noua littera, quae ~a appellabatur Gel.14.5.2; hispidam ~us sumit et formam et sonum Maur.751; ~a, quod quidam Graecorum etiam vav appellant Scaur.gram.in *G.L.*7.17.

dīgerō ~rere ~ssī ~stum, *tr.* [dis-+gero]

1 To carry or cause to move away in all directions, scatter, disperse. **b** to distribute, disseminate (non-material things).

non Luna grauis ~rit umbras Sen.*Thy.*826; corpora dum soluit tabes et ~rit artus Luc.6.88; undae plus quam quod ~rat aer tollitur 10.260; uentis ~runtur (insulae) Plin.*Ep.* 8.20.6; transitu interiacente, qui..uaporem..huc illuc ~rit 2.17.9;—(*sensations, etc.*) sermonis ipsius mora rubore ~sto Apul.*Met.*2.3; lassitudinem..pulureis uolutatibus ~rebam 4.5. **b** quam meruit poenam solus, ~ssit in omnes Ov. *Met.*14.469; si dispensata et ~sta fuerit (fama) Plin.*Ep.* 3.10.3.

2 a To distribute (assimilated) food) into the system. **b** to disperse, dissipate (morbid matter, etc.); to bring about the dispersal of such matter in (a patient or his body), loosen.

a haec (*sc.* cibus potioque) in omnes membrorum partes ~runtur Cels.1.pr.19; nec patiebatur alimenta per somnum ..aequaliter ~ri Sen.*Con.*1.pr.17; Plin.*Nat.*28.90; Quint. *Inst.*10.1.19; ferri (esculenta) in uentriculum..atque ibi subigi ~rique Gel.17.11.2. **b** is (*sc.* umor)..~rendus est Cels.2.17.1; 6.18.9.c; (anesum) ~rit cruditates Plin.*Nat.* 20.189; quae ~rendis uenenis ualent Gel.17.16.2;—si corpus adstrictum est, ~rendum esse Cels.1.pr.56; gestando aegrum ~rere (oportet) 4.14.2.

3 To divide off, separate. **b** to cause to spread or branch out.

Chaos ex illa naturae mole prioris ~stum Ov.*Pont.*4.8.58; per species ~rendae uites Col.3.20.4; Plin.*Nat.*19.18;— (*w.* in+*acc.*) campus in prata et arua salictaque..~stus Col.1.2.4; haec tusa..~runtur in pastillos Plin.*Nat.*20.264. **b** Plin.*Nat.*16.101; palmites proximo anno imis ~rantur scamnis 17.208;—(*w.* in+*acc.*) in..canes totidem trunco ~stus ab uno Cerberos Ov.*Ep.*9.93; septem ~stum in cornua Nilum *Met.*9.774; Plin.*Nat.*17.201.

4 To lay or set out, dispose; (hort.) to plant out. **b** (in a non-material sense) to arrange, organize, classify. **c** to enumerate.

tabulas..quas diligentissime legi atque ~ssi Cic.*Ver.*1.60; (porticus) Poenis ~sta columnis Prop.2.31.3; ~stos.. laniare capillos Ov.*Am.*1.7.11; Mart.3.63.3;—(*w.* in+*acc.*) carmina uirgo ~rit in numerum Verg.*A.*3.446; folia..in ordinem ~sta Plin.*Nat.*16.149; messes..~rit in pretivm (*sc.* mercator) *CIL* 14.2852;—cum iam est uetus, ~rito (asparagum) Cato *Agr.*161.3; uacuos si sit ~sta per agros (*sc.* arbor) Verg.*A.*2.54; ~stas uolui numerare colores Ov. *Fast.*5.213. **b** Cic.*de Orat.*2.79; ut mea mandata ~ras persequare conficias *Q.fr.*2.12.3; ita ~rit omina Calchas Verg.*A.*2.182; in annalibus ~rendis Liv.9.44.4; populum ~ssit ab annis (*i.e. according to age*) Ov.*Fast.*6.83; quo ~ris ordine uitam Stat.*Silv.*2.3.69;—(*w.* in+*acc.*) ..omne ius ciuile in genera ~rat Cic.*de Orat.*1.190; Ov.*Met.*12.21; ~rere in litteram senes orbos (*i.e. in alphabetical order*) Sen. *Ep.*68.10; annum..non in totidem ~runt species Tac.*Ger.* 26.3; Pompon.*dig.*1.2.2.44;—(*w.* per) Crete centum ~sta per urbes Ov.*Ep.*10.67; tot uarietates ciborum per totum annum ~stae Sen.*Ben.*4.5.2;—(*w. indir. qu.*) nec quid quoque anno actum sit..~rere possis Liv.2.21.4. **c** qui matris ~rit annos Ov.*Fast.*2.625; in digitos argumenta ~rimus Quint.*Inst.*11.3.114.

dīgesta ~ōrum, *n.* *pl.* [pple. of prec.] An abstract of a body of law arranged systematically.

Alfenus iureconsultus..in libro ~orum tricesimo et quarto Gel.7(6).5.1; Ulp.*dig.*2.4.10.1.

dīgestiō ~ōnis, *f.* [digero+-tio]

1 The distribution of (assimilated) food throughout the body.

siue concoctio sit illa, siue tantum ~o Cels.1.pr.38; 2.14.3; (*w. gen.*) facilis ciborum ~o Quint.*Inst.*11.3.19.

2 The action of laying or setting out, arrangement. **b** arrangement, division (of the material of a speech). **c** setting in order, enumeration.

dinoscentur (siderum exortus) in illis quoque terris ~one circulorum Plin.*Nat.*18.216;—(*w.* in+*acc.*) ~o terrarum in parallelos et umbras pares 1.6.39; ~onem in litteras (*i.e. in alphabetical order*) 3.46. **b** Cic.*de Orat.*3.205; quo modo iudex doceri potest, si desit..~o? Quint.*Inst.*9.2.2. **c** cum a C. Atilio et Q. Seruilio consulibus tam facilis esset annorum ~o Vell.2.53.4.

dīgestus ~ūs, *m.* [digero+-tvs³] Arrangement and disposal, administration.

creditur uni sanctarum ~us opum Stat.*Silv.*3.3.87.

digitābulum ~ī, *n.* [digitvs+-bvlvm] A finger-stall.

quae (olea) manu stricta, melior ea quae digitis nudis, quam illa quae cum ~is (legitur) Var.*R.*1.55.1.

digitālis ~is ~e, *a.* [digitvs+-alis] Measuring a finger's breadth.

canaliculos ~es Vitr.7.1.7; (uuae) dactylides ~i gracilitate Plin.*Nat.*14.40; frutex..crassitudine ~is 24.91.

digitātus ~a ~um, *a.* [digitvs+-atvs²] Having toes.

auium aliae ~ae, aliae palmipedes Plin.*Nat.*11.256.

digitellus (**-ill-**) ~ī, *m.* ~**um** ~ī, *n.* [digitvs+-ellvs] Houseleek (= sedvm).

~i..coliculum Col.12.7.1; Plin.*Nat.*1.25.102;—(*form* -ill-) 18.159; 25.160; 26.163.

digitulus ~ī, *m.* [next+-vlvs] A (small, tender, etc.) finger. **b** a (small) toe.

Pl.*Bac.*675; tange utramuis ~o minimo modo. — quid si attigero? *Rud.*720; uno ~o fores aperis Ter.*Eu.*284; luculla in mento impressa Amoris ~o Var.*Men.*371; ut illi aniculae ..collum ~is duobus oblideret Cic.*Scaur.*10; Sen.*Ep.*66.53. **b** sandalio innisa ~is (*cj.*) primoribus Turp.*com.*31; (*of a bird*) (psittacus) cuius in pedibus..quini ~i numerantur Apul.*Fl.*12.

digitus ~ī, *m.* [perh. < **dicitus* (dico²); for term. cf. cvbitvm] Forms: ~um (= ~*orum*) Var.in Char.126K, Vitr.7.1.6.

1 A finger; ~*us prior*, *primus*, etc., the finger-tip; ~*us index*, *medius* (*summus*), *quartus*, *minimus*, the index, middle, fourth, and little fingers; ~*us* pollex, the thumb. **b** (used in making signs and gestures). **c** (used in counting and enumeration). **d** (as the part which makes contact in reaching; which makes the least bodily movement).

si scis..quot..habeas ~os in manu Pl.*Per.*187; de ~to anulum detraho Ter.*Hau.*650; cum compresserat ~os pugnumque fecerat Cic.*Orat.*113; tibia..~is pulsata canentum Lucr.4.585; Verg.*A.*6.647; ad ~os usque in-uoluta Liv.1.21.4; Ov.*Pont.*4.14.19; simiarum genera.. habent..in manibus ungues, ~os Plin.*Nat.*11.246; ~is imbelle solutis abiecit iaculum Stat.*Theb.*8.584; Juv.7.232; —(*cf. sense* 2) cui ~us de manu aut de pede praecisus sit Ulp.*dig.*21.1.10.1;—cui primum ~um dare appetenti.. solet Catul.2.3; ammentum ~is tende prioribus Sen. *Phaed.*812; priore ~o in erectum pollicem residente Apul. *Met.*4.28;—habebat..in minimo ~o..anulum Petr.32.3; si quis..decerpserit ii ~is, pollice et quarto Plin.*Nat.* 23.110; ungues resecari..a ~o indice multorum persuasione religiosum est 28.28; IN ~O SVMMO ANVLVS CVM ZMARAGDO *CIL* 2.3386.15. **b** Arpocrates ~o significat, ut taceam VAR.*L*.5.57; ~um tollit Iunius (*i.e. makes a bid*) CIC.*Ver.* 1.141; si ~is concrepuerit *Off.*3.75; TIB.1.2.32; mea cum ~is scripta silenda notas PROP.3.8.26; OV.*Tr.*2.453; MART.*Sp.* 29.5; ad ~um pugnaui QUINT.*Inst.*8.5.20;—(*in pointing*) in hunc intende ~um PL.*Ps.*1144; LUCR.5.1032; qui si quid forte lateret indice monstraret ~o HOR.*S.*2.8.26; PERS.1.28. **c** dextera ~is rationem computat PL.*Mil.*204; in ~is.. singulas partis causae constituere CIC.*Div.Caec.*45; hoc.., si tuos ~os (*i.e. skill in reckoning*) noui, certe habes subductum *Att.*5.21.13; OV.*Fast.*3.123; (geometres) numerare docet me et auaritiae commodat ~os SEN.*Ep.*88.10; PLIN. *Nat.*2.87; QUINT.*Inst.*1.10.35. **d** ne sis me uno ~o attigeris PL.*Per.*793; qui..genus hoc uitae..extremis, ut dicitur, ~is attigissent CIC.*Cael.*28; quom..~o se caelum putent attingere *Att.*2.1.7;—detracta utilitate ne ~um quidem eius causa porrigendum esse dicebant *Fin.*3.57; ~um exere, peccas PERS.5.119.

2 A toe.

limen..~os omnis ubi ego diffregi meos NOV.*com.*50; ~os agitat..moribundus humi pes LUCR.3.653; constitit in ~os..arrectus VERG.*A.*5.426; OV.*Met.*11.71; CELS.8.1.27; insistens summis ~is SEN.*Suas.*2.17; QUINT.*Inst.*2.3.8; dolore ~orum in sinistro pede FRO.*Aur.*1.p.212(83N); ~is pedum detunsis ob lapides APUL.*Met.*2.32;—(*of birds, animals*) uictor se gallus..in ~os..erigit LUCIL.301; debent esse (canes)..~is discretis VAR.*R.*2.9.4; COL.8.2.8; PLIN. *Nat.*34.75.

3 (as a linear measure) A finger's-breadth, 'inch' (1/16 of a *pes*).

terram cribro incernito altam ~um transuersum CATO *Agr.*48.2; VAR.*R.*2.4.11; LUCR.4.414; stipites..ut non amplius ~is quattuor ex terra eminerent CAES.*Gal.*7.73.6; VITR.3.1.8; CELS.4.12.8; COL.5.1.4; in singulos pedes ternis ~is mensura ampliore quam nostra PLIN.*Nat.*6.121; (*cf.*) late ~os primoris IIII (*finger-tips*) CATO *Agr.*21.2;—(*as a minimum distance, also fig.*) si..ex istoc loco ~um transuorsum..excesseris PL.*Aul.*57; neque ab argento ~um discedere CIC.*Ver.*4.33; *Att.*7.3.11; ~is a morte remotus quattuor aut septem JUV.12.58.

4 (applied to the extremities of branches, etc.).

sub rectos ramorum ~os flagella dispergunt PLIN.*Nat.* 14.12; cacuminum ~os 17.224.

5 *~i Idaei = dactyli Idaei*: see DACTYLVS.

dīgladior ~ārī, *intr.* [DIS-+GLADIVS+-O³] To fight in a gladiatorial contest.

GENVS ~ANTIVM *A.Epig.*09.184; (*transf.*) sicis..quibus ~arentur inter se ciues CIC.*Leg.*3.20;—(*fig.*) quid Antipater ~atur cum Carneade tot uoluminibus? *Ac.*1.fr.; Peripateticis respondetur a Stoicis; ~entur illi per me licet *Tusc.* 4.47; *Off.*1.28.

dignātiō ~ōnis, *f.* [DIGNO+-TIO]

1 Esteem (for), regard, respect.

Zenonem..in animum meum sine ~one summa recipiam? SEN.*Ep.*64.10; PLIN.*Pan.*47.1; reliquas sorores nec cupiditate tanta nec ~one dilexit SUET.*Cal.*24.3;—(*w. gen.*) ~onem puellae magnam fuisse SEN.*Con.*1.2.17; SEN.*Ben.*1.3.4; cum..aliqua coeperit apud te tui esse ~o *Ep.*25.6;—(*w.* in +*acc.*, erga) OB INSIGNEM IN SE ~ONEM *CIL* 8.2393; ~ONIS ERGA SE..DOCVMENTA 9.729.

2 The fact of being esteemed, repute, honour.

nec quicquam nisi de ~one laborat CIC.*Att.*10.9.2; VELL. 2.69.3; SEN.*Dial.*6.17.7; prouincia..uirorum morumque ~one..nulli prouinciarum postferenda PLIN.*Nat.*3.31; auxit inuidiam..propria ~o uiri TAC.*Hist.*3.80; PLIN.*Pan.*77.5; SUET.*Gal.*7.1;—(*of things*) ~o est Sicyonio (uino), PLIN. *Nat.*14.74; TAC.*Ann.*2.53.

3 Rank, status.

in principum ~onem peruenit LIV.2.16.5; VELL.2.59.2; agri..quos..inter se secundum ~onem partiuntur TAC. *Ger.*26.1; *Hist.*1.52; ut locis ordinibus ~onibus antistent *Ann.*2.33; (*meton.*) praestatur hoc aliquando etiam ~onibus (*s.v.l.*) ut libertatis nostrae ratio reddatur.. QUINT.*Inst.* 11.1.67.

dignē, *adv. compar.* ~ius. [DIGNVS+-E] FORMS: *dicne CIL* 6.36629. In a fitting manner, appropriately, worthily.

~e..coqui..ei rei dant operam PL.*Cas.*772; quam ~e ornata incedit, hau meretricie! *Mil.*872; talem..iniuriam quam nulla lege satis ~e persequi possent CIC.*Ver.*1.82; peccat uter nostrum cruce ~ius? HOR.*S.*2.7.47; OV.*Tr.* 5.3.55; si uultis ~e punire SEN.*Con.*10.5.24; PLIN.*Nat.*35.73; SUET.*Aug.*66.1;—(*w.* pro) tot..facta..tanto ~e pro nomine..pandere SIL.12.388;—(*w.* ac) ipse tuo iudicio ~e ac mereor commendatus CAS.*Fam.*12.13.1.

dignitās ~ātis, *f.* [DIGNVS+-TAS]

1 Fitness (for a task, etc., stated or implied), suitability, worthiness.

parem ~atem ad consulatus petitionem..in Murena atque in Sulpicio fuisse CIC.*Mur.*43; *Agr.*2.3; neque praetor neque consul ex opulentia uerum ex ~ate creetur SAL.*Rep.* 2.7.10; in locum ~ati suae debitum V.MAX.4.5.1; quaestura ..ex ~ate candidatorum..concedebatur TAC.*Ann.*11.22.

2 The quality of being worthy, excellence. **b** visual impressiveness or distinction. **c** impressiveness, dignity (of style, gesture, etc.).

ut..pro ~ate opsoni haec concuret coquos PL.*Bac.*131; canes potius cum ~ate..paucos habendum quam multos VAR.*R.*1.21.1; domus..plena est integritatis, ~atis, offici, religionis CIC.*Cael.*55; uoluptatem..concessuram arbitror ..~ati *Fin.*3.1; SEN.*Ep.*45.11; proxima ~as Nomentanis (uitibus) PLIN.*Nat.*14.23; iumentis Gallicanis, quibus generosa suboles perhibet pretiosam ~atem APUL. *Met.*10.18;—(*pl.*) rerum pondera et ~ates GEL.17.20.6. **b** excelsa aspecti ~as ACC.*trag.*188; uenustatem muliebrem ducere debemus, ~atem uirilem CIC.*Off.*1.130; ~atem corporis LABER.*com.*120; LIV.45.40.4; QUINT.*Inst.*11.3.141; Zenobiam..~ate formae haud degenerem TAC.*Ann.*12.51; PLIN.*Pan.*4.7;—(*of buildings, etc.*) utilitatem templi fastigi ~as consecuta est CIC.*de Orat.*3.180; *Q.fr.*3.1.1; ut ipsam urbem ~ate aequipararet (Piraeus) NEP.*Them.*6.1;—(*pl.*) Crotoniatae..omnibus corporum uiribus et ~atibus antisteterunt CIC.*Inv.*2.2; uti..generum discriminibus non alienas habeant ~ates (politiones) VITR.7.4.4. **c** (orator) dicet cum quadam actionis etiam ~ate CIC.*de Orat.*1.64; raro habet etiam in oratione poeticum aliquod uerbum ~atem 3.153; SEN.*Ep.*100.8; QUINT.*Inst.*12.10.11; (*pl.*) uerborum.. aetates ~atesque dinoscere FRO.*Aur.*2.p.52(139N).

3 Rank, status. **b** a position conferring rank, etc., office. **c** (pl., meton.) persons of high rank or position.

altiorem gradum ~atis CIC.*Clu.*150; quos..scio ~atis optimarum feminarum non paenitere *Phil.*3.17; equestrem obtinuit ~atem NEP.*Att.*1.1; cernentes..alios in possessione ~atis suae LIV.4.54.7; ille (me antecedet) stipendiis militaribus et quaesita per hoc ~ate SEN.*Ep.*68.11; MART. 5.8.8; QUINT.*Inst.*11.1.79; sine ~ate senatoria TAC.*Ann.* 3.30; MARCEL.*dig.*23.2.49;—(*pl.*) id non traditur..aetate an ~atibus suis uirorumue..lectae sint (mulieres) LIV.1.13.7. **b** equitum..qui tum..omnem ~atem iudiciorum tenebant CIC.*Rab.Perd.*20; in homine..turpissimo obsolefiebant ~atis insignia *Phil.*2.105; ut tribunos plebis..in suam ~atem restitueret CAES.*Civ.*1.22.5; TAC.*Ann.*16.31; abiecta spe ~atis ad otium concessit SUET.*Cl.*5.1;—(*pl.*) SEN.*Ben.* 2.16.2; polium herbam..utilem..super..cetera ad famam etiam ac ~ates PLIN.*Nat.*21.44. **c** parcet et amicitiis et ~atibus CIC.*Orat.*89; turba conspectior cum ~ates deessent LIV.22.40.4; PLIN.*Nat.*5.12.

4 Standing, esteem, importance. **b** a condition in which one enjoys one's own and others' esteem, honour.

(expromere occulta) apud alium prohibet dignitas TER. *Hau.*576; interitu talis auguris ~atem nostri conlegi deminutam CIC.*Brut.*1; CAES.*Gal.*6.12.9; erat..inter eos ~ate regia, quamuis carebat nomine NEP.*Milt.*2.3; LIV. 1.44.3; qui primus auro ~atem per anulos fecit PLIN.*Nat.* 33.39; sanctissimis Arruntii artibus ~ate ultionis aequabatur TAC.*Ann.*6.7. **b** retinuisse in rebus asperis ~atem CIC.*de Orat.*2.346; paret senatui? 'credo,' inquit Calenus 'sed ita ut teneat ~atem' *Phil.*12.4; cum ~ate otium *Fam.* 1.9.21.

dignitōs(s)us ~a ~um, *a.* [as prec.+-OSVS] Having a dignified status or position.

ut domino satis facerem, homini maiiesto et ~o PETR. 57.10.

dignō ~āre ~āuī ~ātum, *tr.* **~or** ~ārī ~ātus. [DIGNVS+-O³]

1 To consider worthy.

α (*usu. pass.; w. abl.*) egone..Pelopia ~er domo? ACC. *trag.*231; qui..tali honore ~ati sunt CIC.*Inv.*2.114; res compluris dissimilis inter se, quae tamen consimili laude ~entur *de Orat.*3.25; *Ac.*1.36; hunc tanto munere ~a CALV. *poet.*8; coniugio, Anchisa, Veneris ~ate superbo VERG.*A.* 3.475; MAN.1.758; SIL.11.272;—(*w. inf.*) cui, quae cum illo fuerim, ~abor dari? ACC.*trag.*474; nonne decebit hunc hominem numero diuum ~arier esse? LUCR.5.51; GEL. 10.18.4. β (*w. abl.*) nec deus hunc mensa, dea nec ~ata cubili est VERG.*Ecl.*4.63; quos..caeli nondum ~amur honore OV.*Met.*1.194; *Pont.*1.8.9; si tam sacro ~aris nomine saxum LUC.8.806; V.FL.2.50; TAC.*Ann.*4.74; JUV. 14.324; (*refl.*) haud equidem tali me ~or honore VERG.*A.* 1.335;—(*w. acc. alone*) o felix, siquem ~abitur..ista uirum! OV.*Met.*8.326; MART.6.64.10; nec facilem ~atur dextra cruorem STAT.*Theb.*12.737.

2 (w. inf.) To deign, think fit (to).

α cum neque me aspicere aequales ~arent meae PAC. *trag.*166; 212; exuuias ~aui Atalantae dare ACC.*trag.*447. β nemo..suspicere in caeli ~atur lucida templa LUCR. 2.1039; CATUL.64.407; VERG.*Ecl.*6.1; cui se pulchra uiro dignetur iungere Dido *A.*4.192; HOR.*Carm.*4.3.14; OV.*Fast.* 4.540; LUC.5.87; ut sint qui ~entur audire TAC.*Dial.*9.3; PLIN.*Ep.Tra.*10.47(56).3; tandem..~ata es socrum tuam salutare? APUL.*Met.*6.9.

dignōrō ~āre, *tr.* [DIS-; cf. IGNORO] (app.) To know apart, distinguish.

~ant, signa inponunt, ut fieri solet in pecoribus PAUL. *Fest.*p.72M.

dignōscō: see DINOSCO.

dignus ~a ~um, *a. compar.* ~ior, *superl.* ~issimus. [DECET+-NVS]

1 Appropriate, suitable, worthy. **b** (impers.). **c** (neut. as sb.).

uidetur ~a forma PL.*Rud.*1306; uerbo satis ~o nefaria res appellari nullo modo potest CIC.*Ver.*5.170; grates persoluere ~as VERG.*A.*1.600; LIV.6.42.12; ~um nemus in conuiuia nacti OV.*Fast.*1.401; ~um exitum facturos SUET. *Nero* 46.3;—(*w. abl.*) abin hinc a me, ~us domino seruos? PL.*Am.*857; tibi di ~um factis exitium duint! TER.*An.*666; Cotta dixit id quod ~issimum re publica fuit CIC.*Sest.*73; *Off.*1.88; humano cultu ~iora loca LIV.21.37.5; TAC.*Ann.* 4.15; cratera..~um sitiente Pholo JUV.12.45;—(*w. gen.*) suscipe curam..~issimam tuae uirtutis BALB.*Att.*8.15a.1; ~o fortunae suae splendore APUL.*Met.*4.13;—(*w. dat., s.v.l.*) ad te cogitationes et formas adfero ~as tuae claritati VITR. 2.pr.2;—(*w.* ad) ad tuam formam illa una ~a ast PL.*Mil.*968; —(*w.* pro) an quicquam pro istis factis ~um te dici potest? TER.*Hec.*209; ~um..carmen condere pro rerum maiestate LUCR.5.1; SAL.*Cat.*51.8; ~a..pro laudibus istis praemia.. solui VERG.*A.*9.258. **b** mihi bene est et tibi male est; ~issumust PL.*Mos.*52; quoius de stultitia dici ut ~umst non potest TER.*Ph.*402; LIV.1.14.3;—(*w. abl.*) ita uti teque illaque ~umst TER.*Eu.*748; CIC.*Caec.*18; segnius quam fide populi Romani ~um fuit LIV.6.33.8; ita principe ~um OV. *Tr.*2.133; TAC.*Ag.*8.1;—(*w. inf.*) salutem scriptam ~um est dignis mittere PL.*Ps.*1013; uestra..prudentia ~issimum est..non minus religioni tribuere quam uoluptati CIC.*Ver.* 3.10; si credere ~um est VERG.*G.*3.391; OV.*Met.*3.311; TAC. *Hist.*5.11;—(*w. acc. and inf.*) huic homini ~um est diuitias esse PL.*Mil.*723; CIC.*Tusc.*2.14; LIV.4.49.11;—(*w.* ut+*subj.*) ~um esset, ut ex his officinis omnia opera perficerentur VITR.2.7.4. **c** eueniunt ~a dignis PL.*Poen.*1270; in re seuera conuiuio ~a..inferre CIC.*Off.*1.144; me..~a indigna pati VERG.*A.*12.811; SAL.*Jug.*62.8; STAT.*Theb.*2.397;—(*w. abl.*) te ~a ut eueniant precor PL.*Rud.*640; uates..Phoebo ~a locuti VERG.*A.*6.662; HOR.*Carm.*4.11.29;—(*sg., w. gen.*) adiecisse deos ~um Arsacidarum TAC.*Ann.*15.14.

2 Deserving, worthy, meriting. **b** (as sb.).

te ego ut ~a es perdam PL.*As.*148; iam tu autem nobis praeturam geris? — quem dices ~iorem esse hominem.. alterum? *Epid.*26; si uni omnia tribuenda sint, ~issimum esse Pompeium CIC.*Man.*52; o ~o coniuncta uiro VERG. *Ecl.*8.32; TAC.*Hist.*3.39;—(*w. abl.*) ~un es uerberibus multis? PL.*Mil.*342; res ~ae litteris nostris CIC.*Att.*1.13.2; ~um laude uirum Musa uetat mori HOR.*Carm.*4.8.28; nihil ~um memoria actum LIV.2.19.1;—(*w. sup.*) nihil ~um dictu actum 10.27.7; quis ~ior umquam hoc fuit auditu..? LUC.10.182; PLIN.*Nat.*8.142; ~am tractatu quaestionem TAC.*Dial.*16.1;—(*w. gen.*) non ego sum salutis (acc.Non. p.407M; *codd.* salute) ~us? PL.*Trin.*1153;—(*w. acc. of pron.*) non me censes scire quid ~us siem? *Capt.*969;— (*ellipt.*) *Ps.*937; di tibi omnes id quod es ~us duint! TER. *Ph.*519;—(*w. rel.*+*subj.*) me ~um quoi concrederet habuit PL.*As.*80; nil est Thaide..~ius quod ametur TER.*Eu.*1052; uti..inuestigent ecqua uirgo sit..~a quam ob rem ipse.. diutius commoraretur CIC.*Ver.*1.63; *Att.*9.10.2; VERG.*A.* 7.653; ~a..res propter quam dictator crearetur LIV.7.3.8; ~us Roma locus quo deus omnis eat OV.*Fast.*4.270;—(*w.* ut) non sum ~us prae te palum ut figam in parietem PL. *Mil.*1140; quos ut socios haberes ~os duxisti LIV.23.42.13; QUINT.*Inst.*8.5.12;—(*w. inf.*) CATUL.68.131; puer ipse fuit cantari ~us VERG.*Ecl.*5.54; merui et sum ~a perire OV. *Met.*8.127; SEN.*Ben.*1.1.9; lyricorum..Horatius fere solus legi ~us QUINT.*Inst.*10.1.96. **b** ~os, indignos adire PL.*As.*247; ab ~is..ad indignos..transfertur (imperium) SAL.*Cat.*51.27; HOR.*S.*1.6.51; LIV.24.16.9;—(*w. abl.*) in miseros et misericordia ~os CIC.*Inv.*1.103; fulmine ~i MART.12.62.3;—(*w. sup.*) ~a atque indigna relatu uociferans VERG.*A.*9.595; agere ~a memoratu TAC.*Agr.*1.2;—(*w. inf.*) laudanda rogas nec ~a negari STAT.*Theb.*3.713.

3 (w. abl. or gen.) Worth.

si duo mancipia fuerint singula quinis ~a POMPON.*dig.* 24.1.31.3; fundus centum ~us CLEM.*dig.*31.54; GAIUS *dig.* 15.3.12.

dīgredior ~dī ~ssus, *intr.* [DIS-+GRADIOR] N.B.: freq. confused with *degredior* in codd.

1 To go off or away, depart, (in reciprocal sense) part, separate. **b** to part (from) by divorce.

domum ~dimur AFRAN.*com.*108; legati..oppido ~ssi SIS.*hist.*93; nusquam est a me ~ssus CIC.*Sul.*34; SAL.*Jug.* 109.3; hos ego ~diens..adfabar VERG.3.492; ~dientes in prouincias consules LIV.27.40.7; ~dimur flentes OV.*Ep.* 17.117; Caecina e complexu Vitellii..~ssus TAC.*Hist.*2.100; propria ad negotia ~diens *Ann.*6.50; cum post epulas triclinio ~deretur SUET.*Nero* 43.2; APUL.*Met.*11.17; (*cf.*) cum a Clytio magistro ~ssi sumus (*i.e. left school*) 1.24;— (*transf.*) nos nostro officio nil ~ssos esse TER.*Ph.*722; ab officio ~ssa est gratia *Culex* 223. **b** ~ssam a marito SUET.*Jul.*43.1; uidua..qualis nuptiis uenit, talis diuortio ~ditur APUL.*Apol.*92.

2 (rhet.) To digress. **b** to pass (from), leave (a subject of discussion).

de causa ~di..displicet CIC.*Inv.*1.97; ad id unde ~ssi sumus reuertamur *Brut.*300; ad classem, quo ex loco sum ~ssus, reuertar *Ver.*5.59; a primo ~ssus carmine CATUL. 64.116; ut..~di ex eo et redire in id..possimus QUINT. *Inst.*10.6.5; TAC.*Dial.*11.1; (*of impers. subj.*) ab epistula Timarchidi digressa est oratio mea CIC.*Ver.*3.163. **b** post hinc ~ssus iubeo frondentia capris arbuta sufficere VERG.*G.* 3.300; priusquam ~diamur a Ponto PLIN.*Nat.*4.93; 9.167.

dīgressiō ~ōnis, *f.* [prec.+-TIO]

1 Separation, parting, departure.

minus miserum fuit quam fuisset cum congressio tum uero ~o nostra CIC.*Q.fr.*1.3.4; (*of stars*) celerior debet fieri in stellis ~o SEN.*Nat.*7.12.4; (*transf.*) ad adiuuandum ~o (*sc. from right conduct*) GEL.1.3.14.

2 (rhet.) A digression.

CIC.*Inv.*1.97; firmamenta..~onibus obruenda *Part.*15; ficta..narratio introduci solet..per ~onem decoris gratia QUINT.*Inst.*4.2.19; 9.3.90; (*w.* ab) tua..periucunda a proposita oratione ~o CIC.*Brut.*292.

dīgressus ~ūs, *m.* [DIGREDIOR+-TVS³]

1 The departure (of a person), (mutual) parting or separation.

et ~um meum et absentiam et reditum CIC.*Pis.*63; ut primum a te ~u Romam ueni *Att.*1.5.4; Andromache ~u maesta supremo VERG.*A.*3.482; PROP.1.15.9; LIV.1.27.7; PLIN.*Nat.*11.107; caris socium ~ibus haerent V.FL.3.4; ut..occultior ~us esset TAC.*Hist.*1.54; JUV.3.1; (*w.* ab) ~u Neronis a Neapoli VELL.2.76.1; (*w.* inter) existumans non longinquum inter nos ~um..fore CIC.*Sen.*84; (*of heavenly bodies*) *N.D.*2.50;—(*transf.*) ut difficilis ab his (*sc.* inanibus simulacris) ~us sit QUINT.*Inst.*10.5.17.

2 (rhet.) A digression.

si aliquid in ~u sit exponendum QUINT.*Inst.*4.3.14; 10. 1.49.

di(h)esis ~eōs, *f.* [Gk. διέσις] (mus.) A quarter-tone.

VITR.5.4.3.

diiambus ~ī, *m.* [Gk. διίαμβος] A double iambus (⏑–⏑–).

MAUR.1493.

Diiouis: see DIOVIS.

diiūdicātiō ~ōnis, *f.* [DIIVDICO+-TIO] The action or faculty of deciding (between things).

CIC.*Leg*.1.56; nulla deis nulla fatis ~o est quali uiro filius eripiatur? FRO.*Aur*.2.p.224(233N).

diiūdicātrix ~īcis, *f.* [next+-TRIX] An arbitress.
uirtutem quae..est spectatrix ~ixque omnium rerum APUL.*Pl*.2.6.

diiūdicō ~āre ~āuī ~ātum, *tr.*, (*intr.*). [DIS-+IVDICO]

1 To settle, decide (a dispute or matter under dispute). **b** to settle (a conflict, etc.).
TER.*Hau*.237; uerbis controuersias non aequitate ~as CIC.*Caec*.49; *Off*.3.120; ~ata lite HOR.*Carm*.3.5.54; pronuntiauit, non uerbis se..causam..~aturum LIV.40.16.2; QUINT.*Inst*.12.7.8; TAC.*Ann*.3.69; (*w.* de, *impers. pass.*) de rationibus..uolt ~ari CIC.*Quinct*.42; (*w.* inter) cum..inter duos ciuis ~asset *Ver*.2.66;—(*w. indir. qu.*) quae sint in artibus..recta ac praua ~ant *de Orat*.3.195; CAES.*Gal*.5.44.13; TAC.*Ann*.3.12;—(*w. acc. and inf.*) uxorem..quam omnium..esse optumam ~at PL.*Am*.677; CIC.*Fam*.9.1.2; PLIN.*Nat*.28.76;—(*absol. or ellipt.*) tu ~a TER.*Hau*.986; ut sine ullo errore ~are possimus CIC.*Off*.3.19; (*w. impers. subj.*) optime ~abit ramorum amplitudinis ratio PLIN.*Nat*.17.88. **b** ~ata iam belli fortuna CAES.*Civ*.2.32.6; discordiae..ciuium..ferro ~atae VELL.2.3.3.

2 To perceive separately, distinguish; to distinguish (one thing from another). **b** (intr., w. *inter*) to distinguish (between).
festiuitas quae facilius auribus ~ari quam uerbis demonstrari potest *Rhet.Her*.4.21; ~atur amor uerus et fictus CIC.*Fam*.9.16.2; honesta..et turpia natura ~anda sunt *Leg*.1.45; GEL.2.7.2;—(*w.* ab) ueri similia ab incredibilibus ~are CIC.*Part*.139; habeo..lumen, quo a falsis uera ~em SEN.*Dial*.7.2.2. **b** inter has sententias ~are CIC.*Tusc*.1.23.

diiunctim, diiunctiō, diiungō: see DISIVNCTIM, etc.

dīlābidus ~a ~um, *a.* [next+-IDVS] That falls to pieces or disintegrates.
uestes..propter breuitatem pili ~as PLIN.*Nat*.8.219.

dīlābor ~bī ~psus, *intr.* [DIS-+LABOR[1]]

1 (of liquids or sim.) To run, flow away or apart; to spread; (also transf.). **b** to run away by melting or dissolving; (of clouds) to disperse.
Fibrenus..rapide..~psus cito in unum confluit CIC.*Leg*.2.6; ut..quam celerrime ~batur (umor) COL.1.6.5; AQVAM CAELESTEM ~BENTEM MONTIBVS COLLECTAM..IN PISCINIS *CIL* 10.6526; ULP.*dig*.43.22.1.9; (*cf.*) ungula..in quinos ~psa absumitur ungues OV.*Met*.1.742;—per quas (uias) cadit cibus a iecore ~psus CIC.*N.D*.2.137; OV.*Met*.9.162;—fama ~bitur APUL.*Met*.8.6; (infamia) per ora populi..~psa 8.30. **b** nisi eadem (*sc.* aqua) se admixto calore liquefacta et ~psa diffunderet CIC.*N.D*.2.26; tot hominum..incessu ~psa est (nix) LIV.21.36.6; leuis pruina ~bitur PETR.99.3; (*cf.*) in aquas tenuis ~psus abibit (Proteus) VERG.*G*.4.409;—(nebula) ~bente ad primum teporem solis LIV.41.2.4;—(*fig.*) ~psis inter noua gaudia curis OV.*Pont*.4.4.21.

2 (of crowds, etc.) To slip away (in all directions, on all sides), melt away, disperse. **b** (of a ghost, vision, or sim.) to dissolve away. **c** (of time) to pass, elapse.
exercitus..compositus ex uariis gentibus..~bitur SAL.*Jug*.18.3; NEP.*Eum*.3.4; pars per agros ~psi LIV.5.40.6; duce (*i.e. queen bee*)..amisso ~bitur (agmen) PLIN.*Nat*.11.56; ~psis..infimis seruitiorum TAC.*Hist*.3.84;—(*w. destination, object, etc. expr.*) ~psi passim alii alio LIV.2.54.9; praedatum quidam ~psi fuerant 25.39.8; ~psi domos 39.16.4; donec..sua quisque in tentoria ~berentur TAC.*Hist*.3.1;—(*w.* ab, ex) pars..ab signis ~bebantur LIV.23.18.16; custodes..~psos e stationibus 24.46.4; TAC.*Hist*.3.86. **b** ille est tenues ~psus in auras OV.*Pont*.3.3.93; umbra per amplexus..~psa mariti LUC.3.35; SIL.15.201; repente ~psa (effigies) PLIN.*Ep*.7.27.10. **c** postquam ~pso tempore comitiorum dies aduentabat SAL.*Jug*.36.4.

3 To slip away, escape.
Venus dextrae ~psa tenenti V.FL.7.399;—(*of things*) omnis et una ~psus calor VERG.*A*.4.705; ne..fumus ~batur CELS.5.27.5.A; digitos..per ipsos..~bitur alea SEN.*Apoc*.15.1; (*cf.*) per ueterem ~pso..culinam Vulcano HOR.*S*.1.5.73; (*transf.*) inpune..peccata ~bentur *Rhet.Her*.2.39; (*w. abl.*) mea memoria ~buntur CIC.*Phil*.13.11.

4 To fall apart or to pieces, disintegrate. **b** (of the body, faculties, etc.) to break down, collapse. **c** (of possessions, institutions, etc.) to go to ruin, decay, perish.
ut hic ornatus (*sc.* κόσμος)..~psus occidat CIC.*Luc*.119; monumenta uirum ~psa LUCR.5.311; ~psa cadauera tabo VERG.*G*.3.557; (nauem) putrem..et uetustate ~bentem LIV.35.26.6; ne..supellex uestisue condita situ ~batur COL.12.3.5; TAC.*Hist*.1.68; (*w.* in+*acc.*) ~psam in cineres facem HOR.*Carm*.4.13.28. **b** ~psa (oculi species)..altitudinis spatio et uiribus exuta VITR.3.5.9; V.MAX.3.2.18; uiolentia morbi ~bebatur (Alexander) 5.1.ext.1. **c** male parta male ~buntur NAEV.*trag*.51; fortuna ~psa est *Rhet. Her*.4.24; CIC.*Marc*.23; ut..praeclarissime constituta res publica ~beretur *Off*.2.80; uectigalia..neglegentia ~bebantur LIV.33.46.8; minora cum sunt (consaepta)..~bitur fructus COL.1.4.7; PLIN.*Ep*.7.18.1; ~psae domus fortunam APUL.*Met*.9.39.

dīlacerō ~āre ~āuī ~ātum, *tr.* [DIS-+LACERO] To tear to pieces.
~anda feris dabor CATUL.64.152; ~ant (canes)..dominum OV.*Met*.3.250; SEN.*Her.F*.76; morsibus uncis..artus ~ant STAT.*Theb*.9.14; corpus..tormentis ~ari iubet TAC.*Ann*.15.57;—(*transf. and fig.*) me meamque rem..tuis..fallaciis ~auisti PL.*Capt*.672; ad ~andam rem publicam CIC.*Mil*.24; SAL.*Jug*.41.5; TAC.*Ann*.2.71; quando..saeuitia, libidine, malis consultis animus ~etur 6.6.

? **dīlāminō** ~āre, *tr.* [DIS-+LAMINA+-O[3]] To split in two.
has (nuces) puer..certo rectas ~at (*cj.*) ictu *Nux* 73.

dīlaniō ~āre ~āuī ~ātum, *tr.* [DIS-+LANIO] To tear to pieces.
cadauer..canibus ~andum reliquisti CIC.*Mil*.33; *Tusc*.2.24; erepta..collo uincula ~at OV.*Met*.10.387; *Ib*.594; tormentis ~abatur TAC.*Ann*.11.22; ~ata ueste 11.36; (*w. retained acc.*) soror..~ata comas OV.*Am*.3.9.52; (*transf.*) (anima) ~ata foras dispergitur LUCR.3.539.

dīlapidō ~āre ~āuī ~ātum, *tr.* [DIS-+LAPIDO]

1 To pelt or shower with stones (in quot., transf.).
Iuppiter..grandine ~ans hominumque boumque labores COL.10.330.

2 To bring (an edifice) into a state of partial ruin; (in quots., fig.).
prius quam ~at nostras triginta minas TER.*Ph*.897; cur rem ~as, quam miser extruxit labor? *Inc.pall*.55; AUR. *Fro*.1.p.158(6N); omnia..omnimodis conlurchinationibus ~auit APUL.*Apol*.75; ut..idem tuerentur bona, ne ~arentur ULP.*dig*.26.4.1.

dīlargior ~īrī ~ītus, *tr.* [DIS-+LARGIOR] To lavish, give away freely.
numquam ego pecuniam..per ambitionem ~itus sum CATO *orat*.171;—(*w. dat.*) omnia..quibus uoluit est ~itus CIC.*Agr*.2.81; foedera sociis, Latium externis ~iri TAC.*Hist*.3.55; femina..militibus..uestem et fomenta ~ita est *Ann*.1.69; SUET.*Jul*.20.3;—(*in pass. sense*) aerarium ~itur Romano populo GRACCH.*orat*.59; proscriptorum bonis..~itis SAL.*Hist*.1.49.

dīlātātiō ~ōnis, *f.* [DILATO+-TIO] Enlargement, increase.
dierum breuitates itemque ~ones (*cj.*) VITR.9.7.1.

dīlātātus ~a ~um, *a.* [pple. of DILATO] Widened out, dilated.
tertius (aetitarum lapidum)..amplior..atque ~us; ceteris enim globosa facies PLIN.*Nat*.36.150; (*fig.*) angusta quaedam atque concisa et alia est ~a et fusa oratio CIC. *Orat*.187.

dīlātiō ~ōnis, *f.* [DIFFERO+-TIO]

1 A postponement, delay. **b** (leg.) an adjournment.
molliter et per ~ones bellum geri LIV.5.5.1; 44.25.8; VELL.2.79.1; maximum remedium irae ~o est SEN.*Dial*.5.12.4;—(*w. gen.*) senescere ~one belli uires suae uidebantur LIV.9.27.6; Trioni ~o exitii quaesita TAC.*Ann*.6.4; (*w.* temporis) uel minimi ~o temporis CIC.*Phil*.3.2. **b** HVMANVM ESSE ~ONEM PROBATIONI DARI *CIL* 10.7852.16; rogas ut ~onem petam PLIN.*Ep*.1.18.1; SUET.*Gram*.22 (p.116Re); AUR.*Fro*.1.p.158(15N); in capitalibus..reo tres ~ones, accusatori duae dari possunt PAUL.*dig*.2.12.10;—(*w. gen.*) ~onem comitiorum CIC.*Man*.2; ~onem agrariae legis LIV.2.63.2.

2 An interval of space.
ex alia..parte (urnulae) multum recedens spatiosa ~one adhaerebat ansa APUL.*Met*.11.11.

dīlātō ~āre ~āuī ~ātum, *tr.* [DIS-+LATVS[1]+-O[3]]

1 To make wider, expand, spread, dilate; (fig., refl.) to swell with importance or sim. **b** to spread by flattening, roll out. **c** to extend (a period of time), prolong. **d** to pronounce more broadly.
cum..manum ~auerat CIC.*Orat*.113; partes (stomachi)..~antur *N.D*.2.135; itinera perfodientes ~ant spatia VITR.2.1.5; ut..~aret aciem LIV.31.21.12; OV.*Met*.6.378; pupilla..~atur CELS.6.6.37.A; SEN.*Ep*.15.2; ubi se ~at mare PLIN.*Nat*.5.141; ULP.*dig*.43.21.1.11;—(*w.* in+*acc.*) licet in prouinciarum spatium rura ~et SEN.*Ep*.90.39; ~atur in inmensum magnitudo imaginum PLIN.*Nat*.33.128;—~at se usque ad inuidiam SEN.*Ep*.120.21; quo quis ingenio minus ualet, hoc se magis..~are conatur QUINT.*Inst*.2.3.8. **b** a globo farinae ~ato VAR.*L*.5.107; plumbum in massa mergi, ~atum fluitare PLIN.*Nat*.2.233; nec aliud (quam aurum) laxius ~atur 33.61;—(*w.* in+*acc.*) leuat opus, palmisque suum ~at in orbem *Mor*.48; (emplastrum) ~atum..manibus in magnitudinem uulneris LARG.205. **c** sol..~at contrahitque dies et horas VITR.9.8.10; 9.8.13; hoc..spatium (*sc.* uitae)..ratio ~at SEN.*Dial*.10.6.4. **d** se..~andis litteris a similitudine Graecae locutionis abstraxerat CIC.*Brut*.249.

2 To spread (non-physical things) over a wider area, expand. **b** (fig.) to extend in scope; (refl.) to spread oneself, 'launch out'. **c** to magnify, exaggerate.
cernis..quantis in angustiis uestra se gloria ~ari uelit CIC.*Rep*.6.22; *Off*.1.76; ope nostra ~atum est dominium togatae gentis LABER.*com*.44; ut..per totum terrarum orbem..~ari posset (copia litterarum) V.MAX.8.7.ext.3. **b** haec lex ~ata in ordinem cunctum coangustari etiam potest CIC.*Leg*.3.32;—quidam se domi contrahunt, ~ant foris et extendunt SEN.*Ep*.20.3. **c** minima (beneficia), quae in alios contulere, ~ant SEN.*Ben*.3.7.4; iniurias ~at atque auget *Ep*.81.23.

3 To express more fully, dilate upon, fill out.
haec, quae coartauit..in oratione sua, ~et nobis CIC. *de Orat*.1.163; non ~abo orationem meam *Flac*.12; *N.D*.2.20; QUINT.*Inst*.8.4.14; (*w. non-personal subj.*) locum totum illa..Zenonis breuis..conclusio ~auit CIC.*N.D*.3.22; (*w.* ex) ut aut ex uerbo ~etur aut in uerbum contrahatur oratio *Part*.23; (*w. indir. qu.*) omni copia dicendi ~auit quid esset maiestatem minuere *de Orat*.2.109.

dīlātor ~ōris, *m.* [DIFFERO+-TOR] A procrastinator.
~or, spe longus, iners HOR.*Ars* 172.

dīlātōrius ~a ~um, *a.* [DIFFERO+-TORIVS] (leg.) Concerned with deferment, dilatory.
GAIUS *Inst*.4.122; ULP.*dig*.44.1.2.4.

dīlaudō ~āre, *tr.* [DIS-+LAVDO] (app.) To praise expansively or widely.
in illis..libris quos tu ~as (*cj.*) nihil reperio CIC.*Att*.4.17.5(16.8); 6.2.9; 6.3.3.

dīlectātor ~ōris, *m.* [DILECTVS[2]+-TOR] A recruiting officer.
FRON.*Str*.4.1.3; ~ORI PER AQVITANICA⟨E⟩..POPVLOS *CIL*, 13.1808.

dīlector ~ōris, *m.* [DILIGO+-TOR] One who loves or has affection (for).
ego me ~orem tuum profiteor APUL.*Fl*.9.

dīlectus[1] ~a ~um, *a. superl.* ~issimus. [pple. of DILIGO] Beloved, dear.
lacrimas ~ae pelle Creusae VERG.*A*.2.784; sperne ~am Cypron HOR.*Carm*.1.30.2; una ministrarum..officiis ~a suis OV.*Met*.9.308; ~a..cingula V.FL.3.343; ~a..conubia STAT.*Theb*.3.578;—(*w. dat.*) puer ~us Iulo VERG.*A*.5.569; (quercus) ~a deae OV.*Met*.8.755; ~a Catullo Lesbia MART.14.77.1; augur Apollineis..~issimus aris STAT.*Theb*.8.99; TAC.*Ann*.15.63;—(*as sb.*) deas pingens, sed ~arum imagine PLIN.*Nat*.35.119; SUET.*Aug*.98.4.

dīlectus[2] ~ūs, *m.* [DILIGO+-TVS[3]] N.B.: freq. confused in codd. w. *delectus*. FORMS: ~*u* (dat. sg.) LIV.22.2.1.

1 The recruitment or mustering of troops. **b** (meton.) a body of men enrolled, a levy.
habuit..~um in Vmbria CIC.*Mur*.42; copias ex ~u Italiae compararat *Fam*.12.5.2; qui ex ~ibus conscripti sunt POMP.*Att*.8.12d.1; ~us aduersus uos habiti SAL.*Hist*.1.77.17; moram ~ui non facere LIV.4.53.6; in omnibus..balneis agebat ille ~um SEN.*Nat*.1.16.3; LUC.3.181; QUINT.*Inst*.12.3.5; (*cf.*) ~um (*i.e. of elephants*) in bella uires et..magnitudo faciunt PLIN.*Nat*.6.66;—(*w. gen.*) ~us centurionum CIC.*Phil*.5.22; habet ~um egentium ac perditorum CAES.*Gal*.7.4.3; LIV.23.14.2;—(*facet.*) uinariorum habemus nostrae ~um domi PL.*Poen*.838; *Rud*.1279. **b** illum exercitum prae..hoc ~u..contemno CIC.*Catil*.2.5; ad has copias..~us accedent *Phil*.11.34; sex milia Dalmatarum, recens ~us TAC.*Hist*.3.50.

2 The process of choosing or selecting (freq. w. allusion to sense 1).
ut in reliquis gregibus pecuariis ~us quotannis habendus VAR.*R*.2.5.17; in hoc uerborum genere propriorum ~us est habendus CIC.*de Orat*.3.150; *Planc*.9; OV.*Pont*.3.6.32; uerbis ~um adhibuit TAC.*Dial*.22.2; SUET.*Aug*.31.1;—(*w. gen.*) uerborum ~um originem esse eloquentiae CIC.*Brut*.253; ~us..iudicum..haberi solet *Phil*.5.13; hominum..~us habendus est SEN.*Dial*.9.7.1; ~us..rerum uerborumque agendus est QUINT.*Inst*.10.3.5;—(*w. dat.*) pecori est idem ~us equino VERG.*G*.3.72; disce..ualidis ~um hastilibus GRAT.127.

3 Choice (between two or more possibilities), discrimination, distinction.
probe dicis. sed is quasi dictata, nullo ~u CIC.*Tusc*.2.26; maiore ~u dabuntur beneficia SEN.*Ben*.3.16.1; PLIN.*Nat*.10.2;—(*w. gen.*) prudentia..potest ~um habere bonorum et malorum *Rhet.Her*.3.3; habere ~um ciuis et peregrini CIC.*Off*.1.149; TAC.*Hist*.1.16; sine ~u ciborum APUL.*Met*.4.14;—(*w. indir. qu.*) nullo ~u culpane quis an aliqua necessitate cessasset SUET.*Cl*.15.2.

dīlibūtus: see DEL-.

dīlīdō ~ere, *tr.* [DIS-+LAEDO] To batter to pieces.
colaphis..tuom iam ~am caput PL.*Poen*.494.

dīligens ~ntis, *a. compar.* ~ntior, *superl.* ~ntissimus. [pple. of DILIGO[2]]

1 Fond (of), devoted (to).
(*w. gen.*) omnis..est natura ~ns sui CIC.*Fin*.4.32; ueritatis ~ns NEP.*Ep*.3.1; disciplinae..cuius quam diu Sparta ~ns fuit.. VELL.1.6.3; antiquitatis ~ns SEN.*Nat*.6.12.1;—(*w.* erga) CONIVGI..ERGA SE ~NTISSIMAE *CIL* 3.5825.

2 Careful, attentive, diligent, scrupulous.
~ntem ut uxorem decet PL.*Am*.973; Varro noster ~ntissimus inuestigator antiquitatis CIC.*Brut*.60; CAES.*Civ*.2.29.4; aures, si deliberari uelit, ~ntes SEN.*Ben*.6.29.2;—(*w. gen.*) homo..non minus patrimonii quam corporis ~ns *Ep*.101.3; Plato ~ntissimus compositionis QUINT.*Inst*.9.4.77; poeta uerborum ~ntissimus GEL.2.26.11;—(*w. abl.*) publicis equis adsignandis et alendis..~ntes CIC.*Rep*.2.36; moribus..regendis ~ns LIV.41.27.13;—(*w. preps.*) ~ns fuit ad reportandum CIC.*Ver*.4.6; tu in Caesaris memoria ~ns *Phil*.2.110; adulescentia..in officio parum ~ns SEN.*Dial*.5.25.1; circa carduos ~ntissimus PLIN.*Nat*.20.263; QUINT.*Inst*.1.1.7; de alieno neglegentes..de suo ~ntes erunt PLIN.*Ep*.4.13.8;—(*w. final cl.*) eris ~ns ne quam ego horam..remittam CIC.*Ver*.1.25;—(*of actions, behaviour*) ~ntior cautio *Phil*.7.3; ut..acuat..sese ~ns industria PHAED.2.pr.4; ULP.*dig*.28.3.6.7;—(*masc. as sb.*) non amo..nimium ~ntis CIC.*de Orat*.2.272; inter ~ntissimos conuenit PLIN.*Nat*.18.202; ut a ~nti curiosus..distat QUINT.*Inst*.8.3.55.

3 Thrifty, economical.
si quis hominem prodigum et luxuriosum..parcum et ~ntem appellet *Rhet.Her*.4.46; homo frugi ac ~ns, qui sua seruare uellet CIC.*Ver*.4.39; SEN.*Ep*.1.4; PLIN.*Ep*.2.6.1.

dīligenter, *adv. compar.* ~tius, *superl.* ~tissimē. [prec.+-TER[2]]

1 Carefully, attentively, scrupulously.
ut hoc..accurate agatur, docte et ~ter PL.*Capt.*226; curate istam ~ter uirginem TER.*Eu.*505; ACC.*trag.*598; explanandum est..~tius eorum causa qui locum ignorant CIC.*Ver.*5.96; ad me quam ~tissime scribas uelim *Q.fr.*3.3.4; CAES.*Gal.*2.5.1; LIV.10.9.3; PHAED.4.2.3; in lusu..pilam scite ac ~ter excipere SEN.*Ben.*2.32.1; PLIN.*Ep.*3.9.28.

2 Thoroughly, completely, well.
o quam..~ter erras! MART.7.31.7; ~ter agnouit nihil esse melius mortalibus quam mori HYG.*Fab.*254.7; quidni? inquit, noui ~ter APUL.*Met.*9.17.

dīligentia ~ae, *f.* [DILIGENS+-IA]

1 Carefulness, attentiveness, assiduity; (w. gen.) careful attention (to).
curate haec sultis magna ~a PL.*Rud.*820; TER.*Hec.*263; CIC.*Arch.*9; omnem ~am adhibebis *Att.*5.2.3; res ~am requirebat CAES.*Gal.*6.34.3; SAL.*Cat.*51.19; LIV.10.40.11; cum est aegris adhibita ~a COL.12.1.6; PLIN.*Nat.*11.227; molestissima ~ae peruersitate (*i.e. pedantry*) QUINT.*Inst.* 1.6.17; 5.13.37; (*pl.*) contra maritorum inefficaces ~as constantissimus APUL.*Met.*9.16;—(*w. preps.*) consulum.. in re publica custodienda..~a debet esse CIC.*Agr.*2.100; non aberat ~a ad nauis tuendas *B.Hisp.*40.3; circa glossemata..non ultima eius professionis ~a est QUINT.*Inst.* 1.8.15; ea..Tiberio erga pecuniam alienam ~a fuit TAC. *Ann.*4.20;—VAR.*R.*1.2.9; ~am custodiendae prouinciae CIC.*Ver.*5.15; sacrorum ipsorum ~am difficilem..esse uoluit (Numa) *Rep.*2.27; (testamenta) quae possint in controuersiam deduci, si ad ~am legum reuocentur ULP.*dig.* 29.1.1.

2 Thrift, economical management.
~a est accurata conseruatio suorum *Rhet.Her.*4.35; CIC. *Off.*2.87; potius ~a quam pretio parare NEP.*Att.*13.4; in re familiari laboriosior est negligentia, quam ~a COL.12.2.3; SEN.*Dial.*7.22.1;—(*w. gen.*) sollicitior rei familiaris ~a QUINT.*Inst.*12.1.6.

dīligō[1] ~igere ~exī ~ectum, *tr.* [DIS-+LEGO[2]]
ORTHOG.: *deilexit CIL* 1.1211, *deilexserat* 1. 1837.

1 To love, hold dear.
feminarum nulla est quam aeque ~igam PL.*Am.*509; te in germani fratris ~exi loco TER.*An.*292; cum uxorem.. admodum ~igeret CIC.*Off.*2.25; CATUL.72.3; tantum infelicem nimium ~exit amicum VERG.*A.*9.430; HOR.*Epod.* 12.24; ~exit..Minoida Theseus PROP.2.24.43; murenam adeo ~exit, ut exanimatam flesse credatur PLIN.*Nat.*9.172; amo..et efflictim te..~igo aeque ut meum spiritum APUL. *Met.*5.6;—(*of animals*) si ferae partus suos ~igunt CIC. *de Orat.*2.168; SEN.*Ep.*99.24; (puerum) miro amore ~exit (delphinus) PLIN.*Nat.*9.25; (*cf.*) Leo..Capricorni ~igit astrum MAN.2.497;—(*transf.*) natura oleum odere mire nec minus aquas ~igunt PLIN.*Nat.*19.65;—(*absol.*) ut aut oderint aut ~igant CIC.*de Orat.*2.185; *Amic.*28;—(*w. inter se, inuicem*) neque solum colent inter se ac ~igent (amici) 82; ut inuicem ardentius ~igamus PLIN.*Ep.*7.20.7.

2 (expr. a milder emotion than *amo,* but not always clearly dist. fr. sense 1) To have an especial regard or liking for (persons or things).
poetae, quorum..ingenia ~exi CIC.*Sest.*123; ualde me ~igit uel, ut ἐμφατικώτερον dicam, ualde me amat *ad Brut.* 1.1.1; timebatur..non minus quam ~igebatur NEP.*Alc.*7.3; auream quisquis mediocritatem ~igit HOR.*Carm.*2.10.6; ~igitur nemo, nisi cui fortuna secunda est OV.*Pont.*2.3. 23; VELL.2.98.3; ~exi monitus STAT.*Theb.*3.703; PLIN. *Ep.*9.5.1; (*absol.*) fauete aperte, ~igite constanter *Pan.* 62.5;—(*refl.*) CIC.*Q.Rosc.*5; de se bene existimans seseque ~igens *Off.*3.31;—(*in concluding formulas of letters*) tu me ~iges et ualebis *Fam.*9.22.5; fac ualeas meque mutuo ~igas PLANC.*Fam.*10.4.4;—(*of divine favour*) quem di ~igunt adulescens moritur PL.*Bac.*816.

3 To divide, cut up (acc. Non.p.290M).
clupeatus elephantum..machaera ~igit (*codd.* dissicit, *etc.*) PL.*Cur.*424; pernam totam ~igit TITIN.*com.*84.

dīligō[2] ~āre: see DELIGO[2].

dīlōrīcō ~āre ~āuī ~ātum, *tr.* [DIS-+LORICO] To pull apart or open (a garment covering the breast).
excitare reum consularem et eius ~are tunicam CIC.*de Orat.*2.124; uestem plurifariam ~at APUL.*Met.*6.10; ~atis ..pannulis 7.8.

dīlūceō ~ēre, *intr.* [DIS-+LVCEO] To be clear or evident.
ne sit confusus (sermo) atque ut ~eat VAR.*L.*6.63; ~ere res magis patribus LIV.3.16.1; ~ere..fraus coepit 8.27. 11; in uerbis..eligendis..ilico ~et FRO.*Aur.*1.p.2(62N); emolumentum eius in animo tuo ~ebit GEL.16.8.16;—(*w. acc. and inf.*) cuiuis..~et aliam rem inuidia nullam esse APUL.*Apol.*67;—(*w. indir. qu.*) necessarium puto, quanto.. superiores Parthi fuerint, ~ere VER.*Fro.*2.p.196(132N).

dīlūcescō ~cescere ~xī, *intr.* [DIS-+LVCESCO] To dawn, become light.
crede diem tibi ~xisse supremum HOR.*Ep.*1.4.13; die.. qui post eam noctem ~xerit GEL.3.2.3;—(*impers.*) CIC. *Catil.*3.6; iam ~cescebat cum signum..dedit LIV.36.24.6; ut primum ~xit SEN.*Ben.*3.27.1;—(*in fig. phr.*) discussa est illa caligo..~xit, patet CIC.*Phil.*12.5; in tenebris uita.. iacebat, donec ~xit rerum genitalis origo LUCR.5.176.

dīlūcidē, *adv. compar.* ~ius. [next+-E]

1 Brightly, clearly.
ramenta..oleo addito flagrant ~ius PLIN.*Nat.*37.48.

2 Lucidly, clearly, distinctly.
~e expediui quibus me oportuit iudicibus TER.*Ph.*399; VAR.*R.*1.18.2; cum mea lex ~e uetet CIC.*Vat.*37; ea..se ~e perspicere *Luc.*44; docere ~e LIV.39.47.3; CELS.2.14.2; QUINT.*Inst.*8.6.52; quomodo..~ius..scribas AUR.*Fro.*1.p. 16(49N); ULP.*dig.*15.1.19.1.

dīlūcidus ~a ~um, *a.* [DIS-+LVCIDVS]

1 Pellucid, clear.
(smaragdi) ~i..ac liquidi, sed non uirides PLIN.*Nat.* 37.70.

2 Clear, distinct, lucid.
uerbis..~is utendum est CIC.*Inv.*1.29; omnia docentes et ~iora..facientes *Orat.*20; *Part.*12; ea..tum multo puriora et ~iora cernentur *Tusc.*1.46; principalis partis suae sensus est non satis ~us nec expressus SEN.*Ep.*121.13; ~a..erit pronuntiatio..si uerba tota exierint QUINT.*Inst.* 11.3.33.

dīlūculō ~āre, *intr.* [next+-O[3]] (impers.) It dawns, becomes light.
GEL.2.29.7; noctis extremo, priusquam ~aret 6(7).1.6.

dīlūculum ~ī, *n.* [DILVCEO+-VLVM] Dawn, daybreak; ~*o,* at daybreak.
primulo ~o abiisti PL.*Am.*737; egone..abii hinc hodie cum ~o? 743; CIC.*S.Rosc.*19; usque ~um, immo et in multum diem APUL.*Met.*4.21; (*in fig. phr.*) iubes matutina ~a lucere meridie FRO.*Aur.*2.p.126(103N);—CIC.*Att.* 16.13(a).1; neque domum uestram ~o uentitat FRO.*Aur.* 1.p.86(6N).

dīlūdium ~iī, *n.* [DIS-+LVDVS+-IVM] An interval or intermission in games.
(*in fig. phr.*) 'displicet iste locus' clamo et ~ia posco HOR.*Ep.*1.19.47.

dīluō ~uere ~uī ~ūtum, *tr.* [DIS-+*luo*; cf. ALLVO]

1 To dissolve, etc., and carry away, wash away. **b** (transf.) to dissipate (abst. things) by drinking or washing. **c** to purge, clear (the bowels). **d** (fig.) to make clear, explain.
(*of liquids*) ne canalibus aqua immissa lateres ~uere posset CAES.*Civ.*2.10.6; stantia currenti ~uerentur aqua PROP.4.5.12; imbres niuem ~uunt SEN.*Nat.*4a.2.19; PLIN. *Nat.*20.203; ruptus..mons ~uitur 33.76; MART.8.33.4; (*cf.*) ruit arduus aether, et pluuia ingenti sata laeta..~uit VERG. *G.*1.326;—(*of persons*) ~uit..lacrimis..unguenta OV.*Pont.* 1.9.53; PLIN.*Nat.*15.64. **b** uitium ex animo ~ue, Bacche, meo PROP.3.17.6; ~uitur posito serior hora mero OV.*Ep.* 18.14; *Ars* 1.238; prius somno et mox lauacro fatigationem sui ~uit APUL.*Met.*5.3. **c** nigro (elleboro) aluum..~ui GEL.17.15.4. **d** mihi quod rogaui ~ue PL.*Rud.*1108.

2 To moisten, wash, bathe.
multis ~uta labella guttis CATUL.99.7; os ~uendum est CELS.6.15.2; SEN.*Nat.*6.26.4; uulnus..aceto ~uo PETR. 136.7; pectora sudor ~uerat V.FL.3.557; (*absol.*) PLIN. *Nat.*17.15.

3 To dissolve or make thinner by the admixture of water, etc., dilute. **b** (transf.) to thin out, dilute (colour, flavour, etc.). **c** to weaken, diminish (abst. conditions, forces, etc.).
eo laserpici libram pondo ~uont PL.*Ps.*816; uinum lene ~utum CATO *Agr.*157.13; ~uta..misceri absinthia LUCR. 4.223; HOR.*S.*2.2.16; LIV.40.4.13; poculo, in quo medicamentum ~uerat CURT.3.6.8; ~uis elleborum PERS.5.100; —(*w. abl.*) lacte fauos et miti ~ue Baccho VERG.*G.*1.344; eiusdem generis umore ~uuntur (medicamenta) CELS.5.17. 2.C; COL.*Arb.*3.6; (uenenum) uino..~utum APUL.*Met.*10.4; (*facet.*) abdicationes..suas ueneno ~uit SEN.*Con.*7.3.8;— (*w. preps.*) thymum..~uunt in aqua VAR.*R.*3.16.14; cucumeris..pars..ex lacte..~uitur CELS.5.21.1.B; mel cum aceto ~utum LARG.198. **b** caeruleus uix est ~iturque color OV.*Pont.*4.10.62; PLIN.*Nat.*31.52; (opalus) qui ~uitur (colore) aquae 37.84; (*cf.*) nonnumquam paulatim ~uuntur et desinunt (coronae) SEN.*Nat.*1.2.5. **c** amicitias..magis decere censent..sensim ~uere quam repente praecidere CIC.*Off.*1.120; ne memoria tam praeclarae rei ~ueretur V.MAX.9.2.1; ~uitur eius auctoritas SEN.*Ep.*29.3; QUINT.*Inst.*11.1.52.

4 To rebut, refute, explain away (a charge, etc.)
si..suspiciones iniectas ~uemus CIC.*Inv.*1.22; crimina ~uere dilucide *Ver.*2.191; quae Popilius obiecerat, ~uere.. conati sunt LIV.45.10.13; OV.*Rem.*695; TAC.*Ann.*11.34; ad sophisma ~uendum GEL.18.13.6;—(*absol. or ellipt.*) cum ego una quaque de re dicam et ~uam CIC.*Clu.*6; coram ipse audiat, ipse ~uat LIV.29.18.19; APUL.*Met.*10.7.

dīlūtum ~ī, *n.* [next] A dilute solution.
bibitur et madefacti (absinthii) ~um PLIN.*Nat.*27.46.

dīlūtus ~a ~um, *a. compar.* ~ior, *superl.* ~issimus. [pple. of DILVO]

1 Diluted, mixed with water.
post..frequentes..~as potiones CELS.1.3.8; uinum ~ius pueris, senibus meracius 1.3.32; potio quam ~issima 1.3.36.

2 Thin, watery. **b** (of colour) pale, faint. **c** (of smell) faint. **d** (transf.) lacking in force, feeble.
~ior cera PLIN.*Nat.*11.16; harundo..~iore..solo gaudet 17.144; 35.44. **b** noscuntur uenena (*sc.* boletorum) ~o rubore PLIN.*Nat.*22.92; 'luteus'..rufus color est ~ior GEL. 2.26.14. **c** malis acutus, Persicis ~us (odor) PLIN.*Nat.* 15.110. **d** nimis esse ~um, quod ita..scriptum est GEL. 20.1.12.

dīluuiēs ~ēī, *f.* [DILVO+-IES] A flood, inundation.
pars..glebarum ad ~em reuocatur imbribus LUCR.5.255; 6.292; cum fera ~es quietos irritat amnis HOR.*Carm.*3.29. 40.; 4.14.28; physeter..~em quandam eructans PLIN.*Nat.* 9.8.

dīluuiō ~āre, *tr.* [next+-O[3]] To flood, inundate.
amnes..minantur omnia ~are LUCR.5.387.

dīluuium ~iī, *n.* [DILVO+-IVM] A flood, inundation.
si tellurem effundat in undas ~io miscens VERG.*A.*12.205; OV.*Met.*1.434; Iope ante ~ium (*i.e. Deucalion's flood*) ut ferunt condita MELA 1.64; crebra ~ia PLIN.*Ep.*8.17.1; arua teneri ~io JUV.6.411; Deucalionis ~ia APUL.*Apol.*41;— (*of the final cataclysm*) cum fatalis dies ~ii uenerit SEN.*Nat.* 3.27.1; 3.29.1;—(*fig.*) ~io ex illo tot uasta per aequora uecti VERG.*A.*7.228; V.FL.6.394.

dimachae ~ārum, *m. pl.* [Gk. διμάχης] Soldiers who fight either on foot or horseback.
CURT.5.13.8.

dimachaerus ~ī, *m.* [Gk. διμάχαιρος] A gladiator who fights with two swords.
CIL 13.1997.

dīmadescō ~escere ~uī, *intr.* [DIS-+MADESCO] To melt away.
~uere niues LUC.6.479.

dīmensiō ~ōnis, *f.* [DIMETIOR+-TIO]

1 The action or process of measuring; a measurement, dimension.
geometrica de ~one quadrati CIC.*Tusc.*1.57; HYG.*Astr.* 1.3;—huius (*sc.* oecumenes) latitudinem definit orientis occidentisque ~o AGEN.*agrim.*p.22; BALB.*grom.*p.102La.

2 The measuring out (of words, lines, etc.) to form a metrical, rhythmical, or sim. structure.
structura ac ~o et copulatio uocum QUINT.*Inst.*9.4.45; in compositione orationis certior..seruari debet ~o 9.4.52.

dīmensus ~a ~um, *a.* [pple. of DIMETIOR] Regular, measured.
(fons) certis ~isque momentis uel subtrahitur uel adsurgit PLIN.*Ep.*4.30.3; 8.20.4; 9.36.3.

dīmētiens ~ntis, *m.* [pple. of next] A diameter.
cum..~ns tertiam partem ambitus..colligat PLIN.*Nat.* 2.86; 2.87.

dīmētior ~tīrī ~nsus, *tr.* **(dēm-).** [DIS-+METIOR] N.B.: *dem-* occurs freq. in codd. and texts; it is app. the more common form in sense 2. The pf. pple. is often used in a passive sense.

1 To measure out spatially (in a physical or mental sense). **b** (words, etc., so as to form metrical or sim. patterns). **c** (periods of time).
in studio ~tiendi paene caeli CIC.*Sen.*49; campum ad certamen..~nsi VERG.*A.*12.116; QUINT.*Inst.*12.11.10; TAC. *Ann.*6.21; (*fig.*) audiam ciuem digitis peccata ~tientem sua? CIC.*Parad.*26;—(*pple. in pass. sense*) domum..quam tu iam ~nsam et exaedificatam animo habebas *Att.*1.6.1; tigna..~nsa ad altitudinem fluminis CAES.*Gal.*4.17.3; VERG.*G.*2.284; ~ensis uicorum ordinibus TAC.*Ann.*15.43; (*pres. subj.*) columnae altitudo ~tiatur in partes tredecim VITR.3.5.8. **b** de syllabis..dinumerandis et ~tiendis CIC.*Orat.*147; 183; non..ad pedes uerba ~nsa sunt QUINT. *Inst.*9.4.27; 9.4.112; (*cf.*) ~nsa rhythmum continet lex temporum MAUR.1633. **c** mensum annorumque conuersiones..sunt..spatium temporis ~nsae CIC.*Tim.*52.

2 To weigh out, measure by weight.
petere ~nsum cibum PL.*St.*60; (*pple. as sb.*) quod ille unciatim..~nso suo..compersit TER.*Ph.*43;—(*fig.*) nunc argumentum uobis ~ensum dabo non modio..uerum ipso horreo PL.*Men.*14; haerentes circa singula..dum inuenta ponderant ac ~tiuntur QUINT.*Inst.*8.pr.27; (*cf.*) ut uerba uerbis quasi ~nsa et paria respondeant CIC.*Orat.*38.

dīmētor ~ārī ~ātus, *tr.* **(dēm-).** [DIS-+METOR] To measure or mark out.
eorum (*sc.* caelestium)..cursus ~ati maturitates temporum..cognouimus CIC.*N.D.*2.155; locum castris ~ari iussit LIV.8.38.7; (*pple. in pass. sense*) ita ~ata (*codd.* dem-) sun signa CIC.*N.D.*2.110.

dimetrus (~os) ~ī, *m.* [Gk. δίμετρος] (pros.) A verse consisting of two μέτρα, a dimeter.
~us ex trimetro redditur, quacumque partem tertiam si detrahas MAUR.2439; 2968.

dīmicātiō ~ōnis, *f.* [next+-TIO]

1 The action of fighting or an instance of it, a battle, fight.
illam pugnam naualem..parua ~one commissam arbitraris? CIC.*Mur.*33; omnium superiorum ~onum fructum CAES.*Gal.*7.86.3; ~o maritima *B.Alex.*25.3; bellum in Sicilia..ingenti ~one geritur LIV.25.6.20; se ~onum euentus praediscere FRON.*Str.*1.11.12; in media ~one..aquilam umeris subisse SUET.*Aug.*10.4;—(*cf.*) cornibus in procinctu ~onem poscentibus PLIN.*Nat.*8.181; contra serpentium ~ones 18.3;—(*w. preps. indicating adversary*) cum Veientibus..atrox ~o instabat LIV.4.17.6; clara est unius e Romanis ~o aduersus elephantum PLIN.*Nat.*8.18; nocturarum contra aues sollers ~o 10.39;—(*w. defining gen., or gen. indicating issue at stake*) ut pro patria..in magnam descendat uitae ~onem *Rhet.Her.*4.54; proeli ~onem CIC. *Q.fr.*1.1.5; nusquam ad uniuersae rei ~onem (*a decisive battle*) uentum est LIV.1.38.4; 21.60.7.

2 (transf.) A struggle, conflict.
numquam me pro salute uestra in tot ac tantas ~ones obiecissem CIC.*Arch.*14; *Mil.*82; in hac petitione Milonis..non

modo contentione, sed etiam ~one elaborandum *Fam.* 2.6.5; Liv.5.51.2; asperrima in hac parte (*sc.* in altercatione) ~o est Quint.*Inst.*6.4.4; (*w.* cum) cum praesentibus (testibus).. ingens ~o est 5.7.3; (*w.* de) ad ultimam ~onem de legibus uentum Liv.6.38.3;—(*w. gen. expr. matter at issue*) in capitis ~one Cic.*Mur.*8; in ~one fortunarum *Planc.*31.

dīmicō ~āre ~āuī ~ātum, *intr.* [dis-+mico] Forms: *~ui* (for *~aui*) Ov.*Am.*2.7.2, 2.13.28.

1 To contend in battle, fight.
fortitudo ~are iubet Cic.*Phil.*13.6; armis ~are Caes.*Civ.*1.20.3; Postumius omni ui ne caperetur ~ans Liv.23.24.11; cum propter raptas uirgines ~are uoluissent Plin.*Nat.*15.119; *CIL* 2.6278.40;—(*w.* inter se) equestribus proeliis inter se..~abant *B.Afr.*61.8;—(*w. preps. indicating adversary*) non modo cum hostibus, uerum etiam cum fluctibus..~are Cic.*Off.*3.9.9; aduersus quos..consul cum ~aturus esset Liv.9.13.1; Herculem contra..Neptuni liberos ~antem Mela 2.78;—(*w. preps. indicating purpose, etc.*) armis de uita certatim ~are nitebatur Sis.*hist.*28; ut pro sua quisque patria ~ent ferro Liv.1.24.2; de summa rerum Caesar ~at Vell.2.68.1; 2.85.1;—(*of gladiators, etc.*) gladiatores..sicubi infestis spectatoribus ~arent Suet.*Jul.*26.3; in modum pugilum qui..~ant Apul.*Met.*9.12;—(*of animals*) saepe ~ant (apes) Plin.*Nat.*11.58; mustelae ~aturae cum his (*sc.* serpentibus) 20.132; (*cf.*) leonum feritas inter se non ~at 7.5;—(*impers. pass.*) cum hostibus de uita ~atur *Rhet.Her.*2.49; Cic.*Catil.*3.17; Caes.*Gal.*5.16.1; in terra ~ari magis placebat Nep.*Them.*3.1; desperata uictoria in mortem ~abatur Vell.2.85.4.

2 (transf.) To struggle, contend.
inter ~antes competitores Liv.6.41.2; ut uincam, totiens ~uisse piget Ov.*Am.*2.7.2;—(*w.* de) reos de capite, de fama ..~antis Cic.*Sest.*1; Sextium haud pro dubio consulem esse, Camillum de repulsa ~are Liv.6.40.17; de paternis bonis in foro ~ans V.Max.5.3.5;—(*impers. pass.*) Cic.*Div.Caec.*72; iure ciuili ~andum ut..ad interdictum uenirent Petr.13.4.

dīmidia ~ae, *f.* [dimidivs; sc. *pars*] A half.
plus..quam ~ae uenierunt Cic.*Ver.*3.40; ut quae ~ae essent decumae uocarentur 3.117; Plin.*Nat.*20.14; passo ad ~as decocto Larg.66; utrum ~as an quartas patruo conferre debeant Paul.*dig.*27.6.2.7;—(*w. gen.*) corona crassa ex ~a moduli Vitr.4.3.6; dempta eius ~a Plin.*Nat.*2.86.

dīmidiātus ~a ~um, *a.* [next+-atvs²]

1 Divided in half, halved, half.
uas uini ~um Enn.*Ann.*536; Pl.*Mil.*762; luna..~a Cato *Agr.*37.3; homines defoderunt in terram ~os *orat.*183; ~us ut porcus Lucil.1342; eximi iubet..ex anno unum ~umque mensem Cic.*Ver.*2.129; *Tusc.*5.66; ~ae columnae crassitudo Vitr.3.3.2; ~um..nisi ipsum, quod diuisum est, dici haut conuenit Gel.3.14.6; Paul.*dig.*2.12.8; (*transf.*) o ~e Menander (*i.e. Terence*) Caes.*poet.*2.1.

2 (in a looser sense) Incomplete, imperfect, 'half'.
soleam..~am Lucil.1283; si ~is uerbis uerum dicendum est Fro.*Aur.*2.p.6(225N); Aur.*Fro.*2.p.156(106N); hoc contra naturam imperfectum atque ~um matris genus Gel.12.1.6; 15.30.6.

dīmidium ~iī, *n.* [next] A half; *~io* (w. compar. adj.), twice as —.
mercedem rettulit? — ~io minus opinor Pl.*As.*441; Ter.*Ph.*594; amurcam decoquito ad ~ium Cato *Agr.*98.1; ~ium Latinis, ~ium plebi diuisurus Liv.2.41.1; 23.19.17; ~ium plus esse toto dicit (Hesiodus) Gel.18.2.13; ea..~io auges Apul.*Apol.*89;—(*w. gen.*) ~ium minae Ter.*Ad.*370; horae ~io et tribus confectis Lucil.571; formosa uirgo est: dotis ~ium uocant Afran.*com.*156; Cic.*Q.fr.*2.4.2; ~ium facti qui coepit habet Hor.*Ep.*1.2.40; Ov.*Fast.*4.588; Sen.*Ep.*34.3;—(*w.* quam) ut uix ~ium militum, quam quod acceperat, successori traderit Liv.35.1.2;—quos ~io redderet stultiores quam acceperat Cic.*Flac.*47; Hibernia, ~io minor..quam Britannia Caes.*Gal.*5.13.2; maior ~io Hor.*S.*2.3.318; (uulnera) ~io celerius sanat Larg.209.

dīmidius ~a ~um, *a.* [dis-+medivs]

1 Half; *parte ~a auctus*, twice as large, doubled.
(luna) ~a lucet Vitr.9.2.3; ut..~us patrum sit, ~us plebis Liv.4.2.6; nauis ~a Sen.*Nat.*6.6.3; aceti cyathus unus et ~us Larg.201; basia ~o..das mihi..labro Mart.2.10.1; Sic.Fl.*agrim.*p.120; *CIL* 2.6278.35; in ~am quantitatem pretii Ulp.*dig.*21.2.14;—(*w.* pars) ~am tecum..partem diuidam Pl.*Aul.*767; Cato *Agr.*29; heres ex parte ~a et tertia Cic.*Fam.*13.29.4; ~ae partis pars semper habebit ~am partem Lucr.1.617; Caes.*Gal.*6.31.5; aedem..ad partem ~am detegit Liv.42.3.2; Ov.*Tr.*1.2.44; Fron.*Str.*2.3.21;—parte ~a auctas hostium copias cernebat Liv.22.40.7; 29.25.2.

2 (in a looser sense) Incomplete, mutilated, 'half'.
~os Crispi mulio ridet equos Mart.10.2.10; ~um crus Juv.13.95; aspiceres..cuncta per agmina uultus ~os 15.56.

dīminuō ~uere ~uī ~ūtum, *tr.* Also **dimm-**. [dis-+minvo] To break in pieces, shatter.
nihil est qui illic homini ~uam caput Pl.*Men.*304; *Mos.*266; ~uetur tibi..cerebrum Ter.*Ad.*571; alterius ~utas scapulas in deforme tuber extundit Sen.*Con.*10.4.2.

dīminūtiō: see deminvtio.

dīminūtīuum ~ī, *n.* [diminvo+-ivvs] (gram.) The form of the diminutive.
ex ~o cognoscimus principale genus Plin.in *G.L.*5.p.164.

dīmissiō ~ōnis, *f.* [next+-tio] The action of sending forth, dispatch; discharge (from employment). **b** *sanguinis ~o*, blood-letting.
qui tuas (uidet)..~ones libertorum ad defaenerandas..prouincias Cic.*Parad.*46;—classis..infirma propter ~onem remigum *Ver.*5.86. **b** inter ignominias militares..fuisse sanguinis ~onem Gel.10.8.

dīmittō ~ittere ~īsī ~issum, *tr.* [dis-+mitto] Orthog.: *~issero* (= *~isero*) Pl.*Rud.*791; *~itere* (= *~ittere*) *CIL* 1.583.71. N.B.: freq. confused in codd. w. demitto.

1 To send or allow to go away, dismiss, let go. **b** to cause or allow (things) to be removed, part with. **c** to dismiss (from one's attention), disregard.
~ittit adsestricem Afran.*com.*181; hunc tu uirum nactus ..ne ~iseris Cic.*Fam.*7.17.2; missus ab senatu ad ~ittendos legatos Liv.8.6.4; oscula ~issae..dedisti Ov.*Ep.*5.51; ~issa cum..pollicitatione Chryside Petr.130.7; *CIL* 2.1423.15; singulos, ut cuique..adloqui animus erat, retinens aut ~ittens Tac.*Ann.*5.7; Apul.*Met.*9.20;—(*w. pred. acc.*) quos ..ex incertis certos..~itto Enn.*scen.*144; Pl.*Rud.*791; (uos) auxilio tutos ~ittam Verg.*A.*1.571; Liv.2.12.14; me..insontem misero ~itte parenti V.Fl.7.455; (*w. abst. subj.*) quod responsum..dubios Samnites..~isit Liv.8.3.1;—(*w. abl., preps.*) cum duos filios haberet, alterum a se non ~ittebat Cic.*S.Rosc.*45; cum..~iserimus ex municipiis nostros necessarios Brut.Cas.*Fam.*11.2.1; libertos suos..de domu ~isit Scaev.*dig.*31.88.11; (*poet.*) ratem..cerno qualem nostra (*sc.* insula) suo numquam ~ittere portu uellet V.Fl.7.261;—(*transf.*) postea in consuetudinem uictus sui..~ittatur Larg.122. **b** nondum legere poteramus; nam et lumina ~iseramus nec satis lucebat Cic.*Att.*16.13a.1; Sen.*Ben.*2.1.2;—(*w. abl.*, ab) ubi bulla..~issa est aurea collo Prop.4.1.131; res..a se ~ittere mulieres etiam sine..auctoritate possunt Gaius *Inst.*2.85. **c** ut te, cuius testimonium..nullius momenti putaretur, tacitus ~itterem Cic.*Vat.*1; *Tusc.*1.78; ut alia ~ittantur argumenta Sen.*Suas.*1.5; praeterita instantia futura pari obliuione ~iserat Tac.*Hist.*3.36; (*w.* ex) dimitte bilingues ex animo socios Sil.16.156.

2 (spec.): **a** To disband (an army or sim.); to discharge (a person from mil. or sim. service). **b** to dissolve (an assembly), dismiss.
a iam ~itto exercitum? Ter.*Eu.*814; si familiam tuam ~isisses Cic.*Pis.*48; Caes.*Civ.*3.107.2; legionem..Pisis ~issam Liv.41.14.2; conquirendus potius miles quam ~ittendus Vell.1.15.9;—Catonis..filium, qui in eadem legione militabat, ~isit Cic.*Off.*1.36; Scipionem ~isit (res publica) Sen.*Ben.*5.17.2; centurio per ignominiam a Galba ~issus Tac.*Hist.*3.57; optio ~issvs *CIL* 8.2531;—(*w.* ab) te ab exercitu ~itto *B.Afr.*54.4;—(*poet.*) Iuturnam..fratris ~ittere ab armis Verg.*A.*12.844; unde (*i.e. from fighting*)..me ~isere Philippi Hor.*Ep.*2.2.49; ~isit nostras purpura uestra togas Mart.10.10.12. **b** neive ivdicivm ~itere ivbeto *CIL* 1.583.71; ut repente consilium in medio testimonio ~itteret Cic.*Ver.*5.163; *Att.*1.14.5; ~ittens praetorium Liv.26.15.6; (*in fig. phr.*) Pl.*Rud.*1279; (*ellipt.*) uidet ..iudicem..quaesitorem ut ~ittat rogantem Cic.*Brut.*200; (*w.* domum) senatus..noctu multa domum ~itti Quad.*hist.*45; (*w. impers. subj.*) messes..reuersae ~isere forum Stat.*Silv.*4.4.41.

3 a To put away, divorce (a wife). **b** to pay off (a creditor); to settle (a debt).
a neque ~ittere (uxorem) propter dotem uolebat Cic.*Scaur.*8; Vell.2.41.2; uxorem sterilitatis causa ~isit V.Max.2.1.4; siue repudio ~issa sit (mulier) Ulp.*dig.*40.9.14.2; (*w. pred. acc.*) uxorem..~isit intactam adhuc et uirginem Suet.*Aug.*62.1; (*w.* ex) ~issam eam e matrimonio *Tib.*49.1. **b** ~issis omnibus (*sc.* creditoribus), qui..diligentiores erant Plin.*Ep.*2.4.2; Ulp.*dig.*42.8.10.1; cum tertius creditor primum de sua pecunia ~isit Paul.*dig.*20.4.16; (*in fig. phr.*) (uenter) non est..molestus creditor: paruo ~ittitur Sen.*Ep.*21.11;—~issis legatis Ulp.*dig.*29.4.6.

4 (w. pred.) To have done with, leave (in a certain condition after or as a result of one's actions).
numquam ita te..~ittam..uti..mors tibi uideri malum possit Cic.*Tusc.*1.76; cum omnibus incolis conflixit: neminem nisi uictum ~isit Nep.*Han.*3.3; ne me suspensum incertumque ~ittas Plin.*Ep.*7.27.16; ut incertum ~ittat interrogatorem Ulp.*dig.*11.1.11.7; (*w. impers. subj.*) Alexandrum..tot itinera, tot proelia..tot maria tutum ~iserunt Sen.*Ep.*83.23;—(*w. abst. obj.*) possemus hanc iniuriam..inultam..~ittere? Cic.*Ver.*5.149; V.Max.8.11.ext.5.

5 To send off, dispatch (to a specified destination or for a specified purpose). **b** to cause or allow to extend, stretch out. **c** to direct the attention of (a person), turn, refer; to direct (actions, etc.).
cum..pueros ~isisset, ut medicum requirerent Var.*R.*1.69.3; exercitum in hiberna ~isi Cic.*Fam.*15.4.10; Catul.64.216; tandem dormitum ~ittitur Hor.*Ep.*1.7.73; corpora ..Stygiae ~itte morti Ov.*Met.*3.695; V.Fl.1.397; Tiberium..in Illyricum ~issurus Suet.*Aug.*97.3;—(*poet.*) (agellum) quinque bonos solitum Variam (*the market town*) ~ittere patres Hor.*Ep.*1.14.3; ~isit in altum populus assuetas..uolucres Sil.4.683;—(*transf.*) fraternas acies..seros ~isit ad usque nepotes Stat.*Theb.*1.185. **b** manus ad genua ~itte, rea es Sen.*Con.*9.6(29).12. **c** retines nos in hoc studio nec ad aliam ~ittis artem Cic.*de Orat.*1.133; ad Capitonem..te dimittimus Gel.5.21.12;—causam in aliquam rem ~itti, quae non sit propria quaestionis Quint.*Inst.*3.11.16.

6 To send off, dispatch (in different directions). **b** to cause to extend (in several directions), spread. **c** to direct (one's eyes, attention, etc.) to several objects.
pueros circum amicos ~ittit Cic.*Quinct.*25; pluribus ~issi itineribus Caes.*Civ.*3.79.5; per litora certos ~ittam Verg.*A.*1.577; Liv.22.19.9; a uigili statione ad haec aucupia ~issis cohortibus Plin.*Nat.*10.54; (*absol.*) per prouincias ~iserunt censores ut ciuium..referretur numerus Liv.29.37.5;—(*inanim. or abst. things*) litteris per omnis prouincias..~issis Caes.*Civ.*3.79.4; Lucr.4.226; in populos nominis ~issa notitia Sen.*Ep.*31.10; late ~ittere in orbem..mandata ducis Stat.*Silv.*5.1.86; (*transf.*) uerba concurrunt, quae mens..~ittit, ut suo quodque loco respondeant Cic.*Orat.*200. **b** gemino ~ittunt bracchia muro turriti scopuli Verg.*A.*3.535; ex omni ~issis parte flagellis (*sc.* polypi) Ov.*Met.*4.367; (cometae) facies..non..artata sed ~issa liberius Sen.*Nat.*7.27.6; in latitudinem ~issi (*sc. rainbows*) Plin.*Nat.*2.151; Fron.*Str.*3.13.6. **c** aciem (*i.e. his eyes*) partes ~ittit in omnes Ov.*Met.*3.381; animum sapientis..per uniuersa ~issum Sen.*Ben.*7.8.1.

7 To set free, release (from captivity, punishment, etc.). **b** to release (from leg. or sim. liability), discharge, let off.
quem..Corfinio captum ipse ~iserat Caes.*Civ.*1.34.1; pacti sumus pretium quo redempti ~itteremur Liv.22.59.6; Curt.6.2.9; oneratus catenis, mox mutatione temporum ~issus Tac.*Hist.*1.48;—(*animals*) (anguem) marem necari, feminam ~itti iussit V.Max.4.6.1; nunc ~issi..captent auras (canes) Sen.*Phaed.*40; Plin.*Nat.*29.99; (*cf.*) pestiferam beluam (*i.e. Antony*) ne inclusam..~ittatis cauete Cic.*Phil.*7.27;—(*transf.*) tu quoniam es, mea lux, magno ~issa periclo Prop.2.28.59; sexagesimus me annus ab officiis ~ittet Sen.*Dial.*10.3.5; Petr.13.4. **b** damnatum ex uoluntate ~isi Scip.min.*orat.*23; cum praedonum duces accepta pecunia ~iserit Cic.*Ver.*1.9; *Q.fr.*1.2.5; ego adulteros ~ittam? Sen.*Con.*9.1.3; siue aliquem debitorem ~iserint (decuriones) Ulp.*dig.*50.9.4; (*facet.*) hic aper, cum..summa cena eum uindicasset, a conuiuis ~issus est Petr.41.4;—(*w. abl., prep.*) si pater uendidit eum..ex potestate ~ittit Cic.*Caec.*98; facio..indutias uobiscum, et a constituta lite ~itto Petr.18.5; Gaius *Inst.*1.118a; libertus, qui operarum obligatione ~issus est Papin.*dig.*38.1.41;—(*transf.*) poteram me peracta quaestione ~ittere Sen.*Nat.*4b.4.1; ~itto superos: summa uotorum attigi *Thy.*888.

8 To lose one's hold of, let go, drop; to allow to slip away or escape. **b** (of plants) to shake off, scatter, shed. **c** to let out, release (breath or sim.); to let (blood).
ut..ex metu etiam signa ~itterent Caes.*Civ.*3.69.4; illa metu puppim ~isit Ov.*Met.*8.148; Cels.7.9.3; quem tenebat ore ~isit cibum Phaed.1.4.6; nec amplexae ~ittunt robora Nymphae Stat.*Theb.*6.113;—(*w. abl.*, ex) hunc tu oratorem ..cognouisti nec eum (*i.e. his written works*) ~ittis e manibus Cic.*Orat.*105; Caes.*Gal.*6.8.1; natam baculumque manu ~isit Stat.*Theb.*11.675;—(*poet.*) cariosis dentibus praedam ~isit rictus Phaed.5.10.6; ~iserat ancora terras V.Fl.5.72; —auocatus in diuersum hostis ~isit consulem Fron.*Str.*1.5.14. **b** arbusta..certo ~ittunt tempore florem Lucr.5.671; (uinea) adflatum magis sentit, celerius rorem ~ittit Plin.*Nat.*17.165; iis (*sc. stalks of corn*) quae maturuere protinus granum ~ittentibus 18.91. **c** modo ~ittit digitis, modo concipit auras (*sc. the piper*) Ov.*Fast.*6.705; labra..uocem tantum altera parte ~ittunt Quint.*Inst.*11.3.81;—iubere..uenam solui et sanguinem ~itti (*v.l.* dem-) Gel.10.8.1.

9 To give up the possession, control, etc., of, let go. **b** (of a condition) to let go its hold on, leave. **c** to lose (an attribute or sim.). **d** to allow to pass, let slip (time, opportunity).
concessa omnibus iura ~itto Cic.*Cael.*30; ut hostes..ripas..~itterent ac se fugae mandarent Caes.*Gal.*5.18.5; ~issum quod nescitur non amittitur Pub.*Sent.*D.16; Ov.*Met.*13.226; Luna..~issos dum..recolliget ignes Sen.*Oed.*506; Quint.*Inst.*11.2.9; ne..memoriam..cogam..posterioribus priora ~ittere Plin.*Ep.*9.18.2; coactus est triumphum..~ittere Suet.*Jul.*18.2; (*cf.*) neque Canusium sine praesidio..putaui esse ~ittendum Pomp.*Att.*8.12a.2; (*w. dat.*) ne (uitam) alieno arbitrio ~itteret,..uenenum..sumpsit Nep.*Han.*12.5. **b** cum..somnus ~iserit artus Ov.*Med.*51; leuce (*a disease*) quem occupauit non facile ~ittit Cels.5.28.19.b; si auaritia ~isit..moram tibi ambitio non faciet Sen.*Dial.*12.13.2; (*absol.*) si febris non ~ittit Cels.2.7.35. **c** umor aquae ~ittit saepe uaporem qui datus est Lucr.3.339; donec amaritudinem ~ittant (radices) Col.12.48.4; (*w. abl.*) si forte suum ~ittunt corpore sensum Lucr.2.924. **d** nullum tempus..~ittam..quin..quod agendum (sit)..appetam atque deposcam Cic.*Phil.*3.33; ne reliquum tempus ~ittat Caes.*Civ.*1.33.4;—(*w. gen.*) ne in quaerendis suis pugnandi tempus ~itteret Caes.*Gal.*2.21.6; ne..occasionem liberandae Graeciae ~itterent Nep.*Milt.*3.3.

10 To discontinue (an activity or sim.), cease from, give up. **b** to renounce the use of.
post ~issum bellum Cato *hist.*84; scribes..ac si quid ad spem poteris ne ~iseris Cic.*Att.*10.13.1; Liv.24.19.7; nec coeptum ~ittit iter Ov.*Met.*2.598; Luc.9.200; sufficit..~ittere possessionem, etiamsi non transferas Cels.*dig.*41.2.18.1; (*w. dat. of advantage*) Caesarem..debere..iracundiam suam rei publicae ~ittere Caes.*Civ.*1.8.3; (*w.* ex) cum..beniuolentiam..~ittere ex animis noluissent V.Max.5.2.1; (*pple. as sb.*) quantum ~issa petitis praestent Hor.*Ep.*1.7.96;—(*of forces of nature*) minime miror caelum..et terras uim suam..~ittere Cic.*Fam.*9.12.1; fera murmura uenti ~ittunt Sil.7.257. **b** istam artem totam ~ittimus Cic.*de Orat.*2.160; natura loci ~ittere..suasit equos Verg.*A.*10.366; arma olim ~issa patrum Stat.*Ach.*1.424.

dimminuō: see diminvo.

dīmōlior: see demolior.

dīmoueō ~ouēre ~ōuī ~ōtum, *tr.* [dis-+moveo] Forms: *dism- CIL* 1.581.30.

1 To make a parting in or between, cleave, part. **b** to cause (a group of people) to part or disperse.
ubi sol radiis terram ~ouit Lucr.6.869; agricola..terram ~ouit aratro Verg.*G.*2.513; *A.*5.839; uirides rubum ~ouere lacertae Hor.*Carm.*1.23.7; in..foco..cinerem ~ouit Ov.*Met.*8.641; ~otis..claustris Stat.*Theb.*1.436; Tac.*Ann.*4.63; quas (*sc.* fores) neque subleuare neque ~ouere..nobis uidebatur Apul.*Met.*4.10; (*in fig. phr.*) rerum naturae latebras ~ouere..et in deorum secreta descendere Sen.*Nat.*6.5.2;—(*of inanim. forces*) fons dulcis aquai qui..salsas circum se ~ouet undas Lucr.6.891; ille (*sc.* spiritus) quaerens locum omnes augustias ~ouet Sen.*Nat.*6.12.2;—(*fig.*) bonis malisque ~otis patenti uia ad uerum perges

SAL.*Rep*.1.5.1. **b** EA BACANALIA..FACIATIS VTEI ~OTA SIENT *CIL* 1.581.30; ~ouit obstantis propinquos HOR.*Carm.* 3.5.51; ~ouere turbam ausus TAC.*Hist*.3.80; APUL.*Met.* 11.6; (*refl.*) multitudo ipsa se sua sponte ~ouit LIV.3.48.3.

2 To displace, remove. **b** to set aside, dismiss (an attitude, policy); to divert (from an attitude, etc.).

HOR.*Carm*.4.5.14; nec horrificam..~ouit ab ore caesariem LUC.2.372; ut in grege pecudum occurrentia manu ~oueat (elephantus) PLIN.*Nat*.8.23; pleraeque..lacinias omnes exuunt, amicula ~ouent APUL.*Met*.2.8; 9.12; (*w. abst. subj.*) hic dies..corticem..~ouebit amphorae HOR.*Carm*.3.8.10; —(*from a book*) quod in iis libris..personam desideras Scaevolae, non eam temere ~oui CIC.*Att*.4.16.3;—(*transf.*) per equites..quos spes societatis a plebe ~ouerat SAL.*Jug.* 42.1. **b** ~oue uocis moras SEN.*Phaed*.587; ~ota cunctatione APUL.*Met*.9.19;—nec..is terror..fide socios ~ouit LIV. 22.13.11.

3 To move this way and that, move about, exercise; (also refl., or pass. in middle sense).

ut..minus saepe in muliere quam in uiro..manus ~ouendae sint (*i.e. in massage*) CELS.2.14.9; 3.27.3;—ambulatione..~oueri 1.6.2; ferri in ambulationem; ibi se ~ouere (debet) 4.31(24).3.

Dindymēnē ~ēs (~ae), *f. adj.* Of or belonging to Dindymon; (as sb.) Cybele.

~ae dominae uaga pecora CATUL.63.13;—non ~e..quatit mentem sacerdotum..aeque HOR.*Carm*.1.16.5; sacra ~es MART.8.81.1.

Dindymon ~ī, *n.* Also **~a** ~ōrum. A mountain in Phrygia, sacred to the goddess Cybele.

dea, domina ~i CATUL.63.91; VERG.*A*.10.252; OV.*Fast.* 4.249; ululantia ~a V.FL.3.232; *CIL* 6.10098.2.

dīnoscō ~ere, *tr.* [DIS-+NOSCO] ORTHOG.: *dign-* commonly found in MSS.

1 To know apart, distinguish; (w. abl. or *ab*) to distinguish (from). **b** to make a distinction in or with regard to.

inueni geminos..inter se similes, uix ut ~ere possis.. catulos..ursae OV.*Met*.13.835; bonum malumque ~ere SEN.*Ep*.124.5; mater suos et alienos..~ere non potest COL. 8.5.7; JUV.10.2; (*w. indir. qu.*) ~ere cautus quid solidum crepet PERS.5.24;—(*w. abl. of means*) his illos ~i uidebis notis SEN.*Dial*.10.2.4; ut facilius adpellationibus ~erentur (aquae) FRON.*Aq*.13; TAC.*Ger*.20.2;—qui ciuem ~eret hoste HOR.*Ep*.1.15.29; ut uellem curuo ~ere rectum 2.2.44; praecipua..differentia ~itur a crocodilo (scincus) PLIN. *Nat*.28.119; PAUL.*dig*.18.1.5. **b** doce quem ad modum hanc similitudinem possim ~ere SEN.*Ep*.45.7; (*w. abst. subj.*) indifferentiam (*of twin brothers*)..parentum..agnitio ~it [QUINT.]*Decl*.8.12.

2 To recognize as distinct, discern.

nihil erepto ualuit ~ere mundo PEDO *poet*.14; saporem (*of the soil*)..sic ~emus COL.2.2.20; QUINT.*Inst*.11.3.18; quom (parentes) in uoltu liberum oris sui lineamenta ~unt FRO.*Aur*.2.p.36(95N); per quae futura ~imus APUL.*Soc*.6; (*ellipt.*) galericulo capiti propter raritatem capillorum.. adnexo, ut nemo ~eret SUET.*Otho* 12.1;—(*w. indir. qu.*) quisnam..esset occurrentis ~ere passus non est V.MAX. 7.3.8; ut uix ~atur, in utram partem uomer actus sit COL. 2.4.1; STAT.*Theb*.11.37.

dīnotō ~āre ~āuī ~ātum, *tr.* [DIS-+NOTO] To mark with a distinctive label; (in quot., transf.).

concedam..ipsum sapientem..cum ei res similes occurrant quas non habeat ~atas, retenturum adsensum CIC. *Luc*.57.

dīnumerātiō ~ōnis, *f.* [next+-TIO]

1 The action or process of counting, calculation, reckoning.

uictos se esse secundum eam ~onem argumentati FRON. *Str*.2.10.1; si post hanc ~onem minus quam uiginti milia supersint ULP.*dig*.50.16.3;—(*w. obj. gen.*) ~onibus..noctium ac dierum CIC.*Rep*.3.3; ~onem adhibebant partium APUL.*Met*.10.14; ULP.*dig*.4.6.38.1.

2 The process of enumerating points or headings (in a speech).

CIC.*de Orat*.3.207; quaedam..non sunt figurae, sicut ordo, ~o, circumscriptio QUINT.*Inst*.9.3.91.

dīnumerō ~āre ~āuī ~ātum, *tr.* [DIS-+NVMERO]

1 To calculate the number of, count. **b** to count out (money), pay out. **c** to posit (a number or sim.) as a basis of calculation, reckon.

de syllabis..~andis et dimetiendis CIC.*Orat*.147; ~are.. stellas *Off*.1.154; VERG.*A*.6.691; generos ex caede iacentis ~at OV.*Ep*.14.80; SEN.*Ep*.26.7; ita Xerxes ibi ~auit exercitum PLIN.*Nat*.4.43; (*cf.*) mecum..~a fastos nec parua exempla recense STAT.*Silv*.4.1.29; (*in a division of the Senate*) ~ati sumus uicitque sententia..melior PLIN.*Pan.* 76.2. **b** prius..quam id argentum, quod debetur pro illa, ~auerit PL.*Epid*.71; TER.*Ad*.915; iam profusis nummulis, iam ~atis centum denarium APUL.*Met*.2.13; (*absol.*) centuriat Capuae, ~at (*i.e. is giving the soldiers their pay*) CIC. *Att*.16.9. **c** uicena milia passuum in singulos dies ~ari praetor iubet GAIUS *dig*.2.11.1; quadriennii tempus..de substantia uacantium bonorum ~atur PAPIN.*dig*.44.3.10.1.

2 To recount, enumerate.

Plato tres amores hoc genere ~at APUL.*Pl*.2.14.

dīnus: see DIVINVS.

diōbolāris ~is ~e, *a.* [Gk. διώβολον+-ARIS] Priced at two obols (i.e. very cheap).

miserae amicae, osseae, ~es PL.*Cist*.407; VAR.*L*.7.64; ~es meretrices PAUL.*Fest*.p.74M.

Dioclēus ~a ~um, *a.* Named after Diocles, fourth-century B.C. Greek physician.

~um cyathiscum CELS.7.5.3.A.

dioecēsis ~is or ~eōs, *f.* [Gk. διοίκησις] An administrative district, adopted into the Roman provincial system.

per magistros scripturae et portus nostrarum ~ium CIC. *Att*.5.15.3; ut me omnium illarum ~ium, quae cis Taurum sunt..magistratus..conuenirent *Fam*.3.8.4; LEGATO PROV AFRIC ~EOS CARTHAGINIEN *CIL* 14.3599; 14.4468/70.

dioecētēs ~ae, *m.* [Gk. διοικητής] An officer controlling expenditure, etc. (in quot., in the household of the Ptolemies).

id..facere non poterat, nisi ~es (*codd.* dioc-)..esset constitutus CIC.*Rab.Post*.28.

Diogenēs ~is, *m.* A Greek personal name, esp. of the famous Cynic philosopher of the 4th century B.C.

VAR.*Men*.281; CIC.*Tusc*.1.104; V.MAX.4.3.ext.4; APUL. *Fl*.14.

Diomēdēs ~is, *m.*

1 A king of Argos, who was one of the leaders of the Greeks at the siege of Troy. **b** *campus ~is*, a district in Apulia to which Diomedes emigrated after the Trojan War; *urbs ~is*, an Apulian city founded by Diomedes, prob. Arpi; *insula ~is*, an island off the Apulian coast where Diomedes was reputed to be buried.

CIC.*N.D*.2.166; VERG.*A*.1.752; HOR.*S*.1.7.16; OV.*Met*.13. 100; *CIL* 4.5215; QUINT.*Inst*.12.11.27. **b** LIV.25.12.5; SIL.8.241; PAUL.*Fest*.75M;—VERG.*A*.8.9; OV.*Met*.14.457;— PLIN.*Nat*.12.6.

2 A Thracian king who fed his horses on human flesh; *limes ~is*, a territory near Abdera in Thrace.

LUCR.5.30(29); OV.*Ep*.9.67; MELA 2.29; ~em..interfecit (Hercules) HYG.*Fab*.30.9;—circa..limitem, qui ~is uocatur, equi pasti inflammantur rabie PLIN.*Nat*.25.94.

Diomēdēus ~ēa ~ēum, *a.* Also **~īus** ~īa ~īum. Belonging to or connected with Diomedes (1). **b** (fem. as sb.) an epic poem written about Diomedes; = *insula Diomedis*, see DIOMEDES. **c** *aues ~iae*, birds of a kind esp. common on the *insula Diomedis*, prob. a kind of shearwater.

~eos Aeneas fugerat enses OV.*Met*.15.806; ~eis (*i.e. Aetolian*)..agris MART.13.93.1; STAT.*Silv*.3.3.163; 5.3.179. **b** JUV.1.53;—MELA 2.114; PLIN.*Nat*.3.151. **c** PLIN.*Nat.* 10.126.

Diō(n) ~ōnis, *m.* A Greek personal name, esp. of a Syracusan nobleman, friend of Plato, active in politics under the despotism of both the elder and the younger Dionysius.

~onis legatio (*a mission seemingly honorific, which amounts to exile*) CIC.*Att*.15.10; *Off*.1.155.

Diōnaeus ~a ~um, *a.* Of, or descended from, Dione.

~i..Caesaris astrum VERG.*Ecl*.9.47; sacra ~ae matri.. ferebam *A*.3.19; ~o sub antro HOR.*Carm*.2.1.39; ~is.. floribus COL.10.286; ~is..auibus circumsona Thisbe STAT. *Theb*.7.261.

Diōnē ~ēs, *f.* Also **~a** ~ae. A goddess, the mother of Aphrodite (or Venus); (also identified with Aphrodite herself).

tertia (Venus) Ioue nata et ~a CIC.*N.D*.3.59; HYG.*Fab.* pr.19;—quas (*sc.* comas)..nuda ~e pingitur umenti sustinuisse manu OV.*Am*.1.14.33; *Ars* 2.593; PETR.133.3; STAT. *Ach*.2.54.

Dionȳsia[1] ~ae, *f.* A celebrated dancer on the Roman stage in the time of Cicero.

CIC.*Q.Rosc*.23; cum gesticulariam ~amque eum..appellaret GEL.1.5.3.

Dionȳsia[2] ~ōrum, *n. pl.* A festival held in honour of Dionysus.

per ~a mater pompam me spectatum duxit PL.*Cist*.90; *Ps*.59; apud eum miles ~a agitat TER.*Hau*.733; VAR.*Men.* 142; GEL.8.11.

Dionȳsiarchus ~ī, *m.* A title borne by the highest magistrate at Catana in Sicily.

CIC.*Ver*.4.50.

Dionȳsias ~ados, *f.* **a** (as a name applied to Naxos) The island of Dionysus. **b** a kind of precious stone.

a PLIN.*Nat*.4.67. **b** ~as, nigra ac dura, mixtis rubentibus maculis PLIN.*Nat*.37.157.

Dionȳsius ~(i)ī, *m.* A Greek personal name, esp. of **a** Dionysius the Elder, ruler of Syracuse from 405 to 367 B.C. **b** Dionysius the Younger, his son and successor. **c** Dionysius of Halicarnassus, a rhetor and historian, who taught at Rome 30–8 B.C.

duodequadraginta annos tyrannus Syracusanorum fuit ~ius CIC.*Tusc*.5.57; *Off*.2.25; NEP.*Di*.1.3; LIV.24.22.8; V. MAX.1.7.ext.6; (*cf. b*) utrorumque ~iorum opibus..adiuti NEP.*Timol*.2.2. **b** CIC.*Fam*.9.18.1; NEP.*Di*.3.1; SEN.*Dial*.6.17.5; petitu ~i, ut Syracusanis adsisteret (*sc.* Plato) APUL.*Pl*.1.4. **c** QUINT.*Inst*.3.1.16; 9.4.88.

dionȳsonymphas ~adis, *f.* [Gk.] An unknown plant = CASIGNETE.

PLIN.*Nat*.24.165.

Dionȳsus ~ī, *m.* A god, prob. of Thracian origin, associated esp. with wine; (also called BACCHVS).

fero conuiuam ~um PL.*St*.661; o ~e..uitisator ACC. *trag*.241; ~os multos habemus CIC.*N.D*.3.58; HYG.*Fab.* 167.3.

diopetēs ~ēs ~es, *a.* [Gk. διοπετής] Fallen from the sky.

ranae, quas ~as et calamitas uocant PLIN.*Nat*.32.70; 32.139.

dioptra ~ae, *f.* [Gk. διόπτρα] A surveying instrument used for determining levels.

libratur..~is aut libris aquariis VITR.8.5.1; PLIN.*Nat.* 2.176.

diōryx ~ygis, *f.* [Gk. διῶρυξ] A trench, channel.

amnis..ex Nili alueo ~yge adductus MELA 3.80.

? **Dioscoroe,** *m. pl.* The Dioscuri (Castor and Pollux).

CIC.*N.D*.3.53(*cj.*).

diōta ~ae, *f.* [Gk. δίωτος] A jar with two handles.

deprome quadrimum Sabina..merum ~a HOR.*Carm*.1.9.8.

Diouis: see IVPPITER.

diox: (see quot.).

~ genus piscis frequens in Ponto PAUL.*Fest*.p.75M.

Dīphilus ~ī, m. A Greek playwright of the New Comedy.

~us hanc (*sc.* fabulam) graece scripsit, postid..latine Plautus PL.*Cas*.32; TER.*Ad*.6; VELL.1.16.3; *CIL* 14.2651.

diphrygēs ~ēs ~es, *a.* [Gk. διφρυγής] FORMS: *~a* (acc. sg.) PLIN.*Nat*.34.136 (*s.v.l.*). The designation of a slag formed by copper-smelting.

quam (*i.e. substance*) in isdem officinis ~em uocant Graeci PLIN.*Nat*.34.135;—(*neut. sg. as sb.*) putrem..carnem continet..cum eadem resina ~es CELS.5.22.2.C; LARG.247; —(*? pl.*) flos supernatat, ~es remanent (*v.l.* -et) PLIN.*Nat.* 34.135.

diphthongus ~ī, *f.* [Gk. δίφθογγος] FORMS: *dipth-* MAUR.379. A diphthong.

MAUR.390; nec potest ~us aliter e duabus litteris ista componi 437.

diphyēs ~is, *f.* [Gk. διφυής] A kind of precious stone.

~es duplex, candida ac nigra PLIN.*Nat*.35.157.

diplinthius ~a ~um, *a.* [Gk. δίπλινθος] Having the thickness of two bricks.

VITR.2.8.17.

diplois ~idis, *f.* [Gk. διπλοΐς] A kind of cloak, app. affording a double wrapping.

NOV.*com*.72.

diplōma ~atis, *n.* [Gk. δίπλωμα] FORMS: *dup-* VEN.*dig*.45.1.137.2. A folded tablet carrying instructions given by a magistrate to afford free passage and assistance to the bearer on his journey (in later times, esp. to permit him to travel by the Imperial post, also as a letter of recommendation, certificate of grant of privileges, etc.); *a ~atibus*, an officer employed by the Emperor to issue *diplomata*.

~ata tota in prouincia passim data CIC.*Pis*.90; *Att.* 10.17.4; SEN.*Cl*.1.10.3; TAC.*Hist*.2.65; festinationem tabellarii..~ate adiuui PLIN.*Ep.Tra*.10.64(14); in ~atibus.. signandis SUET.*Aug*.50; nauibusne an equis an ~atibus? FRO.in Aur.*Fro*.1.p.158(15N); *CIL* 8.1027;—(*w. gen.*) ut ~ata Othonis, quae neglegebantur, laetiore nuntio reualescerent TAC.*Hist*.2.54; ~ata ciuitatis Romanae singulis optulit SUET.*Nero* 12.1;—*CIL* 6.8622; A MEMORIA ET A ~ATIBVS *CIL* 10.1727.

diplōmārius ~ia ~ium, *a.* [DIPLOMA+-ARIVS] Holding a permit to travel by the Imperial post.

CIL 14.4120(3); 15.7142.

dipond-: see DVPOND-.

dipsacos ~ī, *f.* [Gk. δίψακος] A plant of the teasel family.

PLIN.*Nat*.27.71.

dipsas ~adis, *f.* [Gk. διψάς]

1 A kind of snake whose bite provokes thirst in the victim.

CELS.5.27.7; iuuenem..torta caput retro ~as..momordit LUC.9.738; PLIN.*Nat*.32.46; MART.3.44.7; SIL.3.313.

2 (as a personal name, from the Gk. sense 'thirsty woman').
est quaedam nomine ~as anus. ex re nomen habet Ov.*Am.*1.8.2.

dipteros ~os ~on, *a.* [Gk. δίπτερος] Having a double row of columns all round; (fem. as sb.) = *~os aedes.*
ex ~i..aedis symmetria Vitr.3.3.8;—3.2.7; columnarum circa ~on conlocationem 7.pr.15.

diptheriās ~ae, *m.* [Gk. διφθερίας] (See quot.)
aput anticos..Graecos..in tragoediis senes ab hac pelle (*i.e. goatskin*) uocantur ~ae Var.*R.*2.11.11.

dipthongus: see DIPHTHONGVS.

dipund-: see DVPOND-.

Dipylon ~ī, *n.* One of the gates of Athens.
Cic.*Fin.*5.1; Liv.31.24.9.

dipyrus ~a ~um, *a.* [Gk. δίπυρος] Twice burnt.
~um qui Phaethonta facis (*i.e. in an encaustic painting*) Mart.4.47.2.

Dīrae[1] ~ārum, *f. pl.* The Furies; (applied also to the Harpies).
ultrices..~ae Verg.*A.*4.473; deuotionibus meis..~as inuocari Apul.*Met.*2.29; (*sg.*) ~rae stridorem agnouit et alas Verg.*A.*12.869;—redeunt ad pabula ~ae V.Fl.4.586.

dīrae[2] ~ārum, *f. pl.* [DIRVS]

1 Presages of evil, bad omens.
~arum obnuntiatione neglecta Cic.*Div.*1.28; Plin.*Nat.* 28.26.

2 Curses, imprecations.
rura quibus ~as indiximus *Dirae* 3; ~is agam uos Hor.*Epod.*5.89; Prop.3.25.17; funebribus ~is Liv.10.28.17; Sen.*Nat.*5.18.10; V.Fl.1.804; meditatas compositasque ~as imprecabatur Tac.*Ann.*6.24; Flor.*Epit.*1.22(2.6.8).

dīrārō: see DISRARO.

Dircaeus ~a ~um, *a.* Of or belonging to Dirce. **b** (of persons, events) living or happening near the spring of Dirce, Boeotian, Theban; (of places) adjacent to the spring of Dirce.
~a ad flumina Stat.*Theb.*7.564. Hyg.*Fab.*7.5. **b** Verg.*Ecl.*2.24; ~um..cycnum (*i.e. Pindar*) Hor.*Carm.* 4.2.25; semine Cadmi emicuit ~a cohors Luc.4.550; Stat.*Theb.* 5.647;—~ae..Thebae Prop.3.17.33; ~a..uallis inriguae loca Sen.*Oed.*531; uertice ~i..montis (*i.e. Cithaeron*) Stat.*Theb.*9.679.

Dircē ~ae, *f.*

1 (mythol.) The second wife of Lycus, king of Thebes.
~am..duo gnati Iouis deuinxere ad taurum Pl.*Ps.*199; Prop.3.15.11; Hyg.*Fab.*8.4.

2 A spring in Boeotia, into which Dirce was said to have been changed.
Ov.*Met.*2.239; Sen.*Oed.*42; Stat.*Theb.*4.374; *Silv.*1.4.21.

dīrectārius (dē-) ~iī, *m.* [DIRECTVS + -ARIVS] (See quot.)
~ii..hoc est hi, qui in aliena cenacula se dirigunt furandi animo Ulp.*dig.*47.11.7; 47.18.1.2.

dīrectē, *adv. compar.* ~ius. Also **dēr-** (see DIRIGO). [DIRECTVS + -E] In a straight line, straight. **b** in straightforward order (of words).
eo..~ius gubernant quod eam (*i.e. the Pole-star*) tenent Cic.*Luc.*66; haec (*sc.* tigna) cum..defixerat..non sublicae modo ~e ad perpendiculum sed prone Caes.*Gal.*4.17.4. **b** cum semel dictum sit ~..inuertatur ordo et idem..retro..dicatur Cic.*Part.*24.

dīrectim (dē-), *adv.* [DIRECTVS + -IM] In a regular manner.
lapidem derectim (*v.l.* di-) caesum Apul.*Soc.*pr.3.

dīrectiō ~ōnis, *f.* Also **dēr-** (see DIRIGO). [DIRIGO + -TIO]

1 The process of arranging in line, alignment; (also) levelling, straightening. **b** a line.
coagmentorum (*i.e. of the paving-stones*) compositio planam habeat inter se ~onem Vitr.7.1.4;—(*w. obj. gen.*) normarum..et librationum et linearum ~ones 1.1.4; 1.6.12; —deformentur ~ones harenati, uti..anguli ad normam respondentes exigantur 7.3.5; 7.3.6. **b** polos..a quibus ueluti a cardinibus ~o quaedam profecta..axis est dictus Apul.*Mun.*1.

2 The act of directing (the attention, etc.).
~one quadam rationis ad ueritatem Quint.*Inst.*3.6.30.

dīrectō, *adv.* Also **dēr-** (see DIRIGO). [DIRECTVS + -O[2]]

1 In a straight line, straight.
atomum, cum..grauitate ~ deorsus feratur, declinare Cic.*N.D.*1.69; supra..ea tigna ~ transuersas (*i.e. at right-angles*) trabes iniecerunt Caes.*Civ.*2.9.2.

2 Without intervening procedure or conditions, immediately, directly.
argumentandi..duo sunt genera, quorum alterum ad fidem ~ spectat Cic.*Part.*46; potius quam ~ deus..'hoc ne feceris' diceret *Div.*2.127; eam..~ arma petisse Liv.1.11.9; Sen.*Ep.*66.5; Gaius *Inst.*4.38; si..~ mandauerit tibi, ut meretrici pecuniam credas Ulp.*dig.*17.1.12.11; Paul.*dig.*9.4. 26.2.

dīrectūra ~ae, *f.* Also **dēr-** (see DIRIGO). [DIRIGO + -VRA] The levelling of a surface; uniform horizontal position, level.
cum fundatior erit ex harenato ~a Vitr.7.3.5;—ueteres humiliore ~a perduxerunt (*sc.* aquas) Fron.*Aq.*18.

dīrectus ~a ~um, *a. compar.* ~ior (magis ~us Caes.*Gal.*6.26.1). Also **dēr-** (see DIRIGO). [pple. of DIRIGO]

1 Not oblique or curved, straight. **b** moving or tending straight forward. **c** *in, per ~um,* in a straight line, straight forward; *in ~o,* on a straight stretch (of road).
dentibus..~is potius quam brocchis Var.*R.*2.9.3; fundi extremam partem oleae ~o ordine definiunt Cic.*Caec.*22; Lucr.4.609; abest ~o itinere ab Utica..passus mille Caes.*Civ.*2.24.4; remi, cum sint sub aqua ~i, tamen..infracti uidentur Vitr.6.2.2; Ov.*Met.*1.98; Mela 3.50; canale ~o perges ad..Orci regiam Apul.*Met.*6.18; (*neut. as sb.*) ~is obliqua confudit *Mun.*21; (*in fig. phr.*) flexisse ab illa uetere atque ~a dicendi uia Tac.*Dial.*19.1. **b** ~o contendere passu [Tib.]3.7.93; inpedient ~am telorum missionem Vitr.1.1.8; ut contigui magis ~ioresque ictus fiant Gel.9.1. 2; uenti..qui ~o spiritu proflant Apul.*Mun.*12. **c** in ~um utrimque nitentes Liv.22.47.3; Sen.*Nat.*6.20.2; altitudo (*sc.* montis) per ~um $\overline{\text{IIII}}$ p. Plin.*Nat.*5.80; linea in ~um per insulam transducta Paul.*dig.*41.1.29;—leges iubent in ~o pedum VIII esse uiam Var.*L.*7.15.

2 Vertical, upright; standing at right angles. **b** sheer.
si quarto die luna erit ~a Var.in Plin.*Nat.*18.348; trabes ~ae..in solo collocantur Caes.*Gal.*7.23.1; in ~is planisque frontibus Vitr.7.pr.11; 7.3.1; hic (*sc.* Sagittarius) praeceps occidit, exoritur ~us Hyg.*Astr.*3.26; Apul.*Mun.*18; (*in a diagram*) ordines..bini, uni transuersi, alteri ~i Var.*L.*10.22;—parietem ~um ad parietem communem adiungere Cic.*Top.*22; (*cf.*) qui (*sc.* spiritus) subsiliunt..~is angulis Apul.*Mun.*18. **b** tota (*sc.* Henna)..ab omni aditu circumcisa atque ~a est Cic.*Ver.*4.107; Caes.*Civ.*1.45.4.

3 Lacking ambiguity or complexity, straightforward, direct; undisguised; (of a person) forthright.
non semper superet uera illa et ~a ratio; uincat aliquando cupiditas..rationem Cic.*Cael.*42; haec ~a percontatio Liv.21.19.1; si iusta ac ~a pugna esset 22.28.13; Gel.1.16.8; (*neut. as sb.*) quid est in iudicio? ~um, asperum, simplex Cic.*Q.Rosc.*11;—quod..pueros ~is nominibus carmine suo prostituerit Apul.*Apol.*10;—tristi ac ~o seni Cic.*Cael.*38.

4 (leg.) Not dependent on intervening procedure, direct; absolute. **b** (masc. as sb., app.) a person given rights by direct procedure. **c** *~a actio* (sim., *petitio, iudicium*), an action founded on the strict terms of the law (opp. to forms which supplemented the law for the sake of 'equity'); the final trial of an action (opp. to an interlocutory hearing); (in contracts of agency or sim.) an action brought by the principal against the agent.
licet ~ae libertates deficiunt, attamen ad fideicommissarias eundum est Julian.*dig.*29.7.2.2; ~o iure Gaius *Inst.* 2.268; Ulp.*dig.*40.5.4.5;—poterit..efficere ~am institutionem, quae erat precaria 29.1.19. **b** ~is..praetorem succurrere oportere, ut..tueatur eorum libertatem Ulp.*dig.*25.6.1.11. **c** cum..praetorio iure is, non legitimo, succedat..non habet ~as actiones Gaius *Inst.*4.34; Papin.*dig.*48.23.3; maritum..petitione hereditatis utili..sed et ipsam mulierem ~a teneri Ulp.*dig.*5.3.13.10; 16.1.8.13;—differendam (*sc.* exceptionem) in ~um iudicium 10.4.3.13; nihil impedit ~am actionem talis exhibitio 10.4.17;—aduersus successorem..~a et contraria (actio) competit 3.5. 19(20).

diremptiō ~ōnis, *f.* [DIRIMO + -TIO] The act of breaking off relations (with a person), estrangement.
altera ~o (*app. cj.*) non utique iniquitatis, altera utique leuitatis crimini subiecta est V.Max.4.7.pr.

diremptus ~ūs, *m.* [DIRIMO + -TVS[3]] The process of taking apart, separation.
est..interitus quasi..~us earum partium, quae ante interitum iunctione..tenebantur Cic.*Tusc.*1.71.

dīreptiō ~ōnis, *f.* [DIRIPIO + -TIO]

1 The act of plundering, pillage, depredation.
impendebat fames, incendia, caedes, ~o Cic.*Dom.*25; urbem..relictam ~oni *Fam.*4.1.2; auidas in ~ones manus Liv.5.20.6; Gel.3.9.7;—(*w. gen. indicating person, place, etc., or thing plundered*) aratorum ~ones Cic.*Ver.*3.58; auri, argenti maximeque uini foeda ~o *Phil.*2.62; Caes.*Civ.* 2.11.4; illa profanorum sacrorumque ~o Quint.*Inst.*8.3.69; ~ones prouinciarum Tac.*Hist.*1.50; Suet.*Cl.*21.6.

2 A struggle for a share, scramble
Liv.44.45.14.

dīreptor ~ōris, *m.* [DIRIPIO + -TOR] A plunderer, pillager.
quos..in eodem genere praedatorum ~orumque pono Cic.*Catil.*2.20; Tac.*Hist.*3.33;—(*w. obj. gen.*) ~oribus..bonorum meorum Cic.*Red.Sen.*22; custosne urbis an ~or? *Phil.*3.27.

diribeō ~ēre (~uī) ~itum, *tr.* [DIS- + HABEO] To distribute, dispense; (spec.) to sort (votes).
aluos..in eximendo melle expendunt ita ~entes quantum relinquant Plin.*Nat.*11.44; ille..totius domitor orbis qui gentes, regna ~et 36.118;—narrat ad tabulam cum ~erent, quendam deprensum tesserulas coicientem in loculum Var.*R.*3.5.18; dum sententiae ~erentur V.Max.9.12.7; *A.Epig.*49.215.35; QVI SVFFRAGIA CVSTODIANT, ~EANT *CIL* 2.1964.2.13.

diribitiō ~ōnis, *f.* [prec. + -TIO] The sorting (of votes).
nihil..est..quod ~o..suffragiorum exspectetur Cic.*Planc.*14.

diribitor ~ōris, *m.* [DIRIBEO + -TOR] A sorter (of votes); a distributor (of food), waiter.
Cic.*Red. Sen.*28; uos ~ores..fuisse tabellarum *Pis.*36;—~ores..fercula copiosa..subministrare Apul.*Met.*2.19.

diribitōrium ~iī, *n.* [DIRIBEO + -TORIVM] A building in the *Campus Martius* used for the sorting of votes, distribution of soldiers' pay, etc.; (perh.) a place in public baths used for the issuing of tickets.
Plin.*Nat.*16.201; 36.102; Suet.*Cl.*18.1;—*CIL* 13.1132; EX DECRETO..~IA TAB<ERNAS> *CIL* 13.1378.

dīrigō (dēr-) ~igere ~exī ~ectum, *tr.*, (*intr.*). [DIS- (DE-) + REGO] The earlier form appears to be *der-*, and no certain example of *dir-* occurs in inscriptions before the 4th century A.D. MSS. and edd. vary greatly in their practice. Const.: sometimes intr. in senses 1b, 3, 3b.

1 To arrange along a fixed line or in a fixed direction, align. **b** to form up (an army, or sim.); (of an army) to form (a line, etc.). **c** to construct (a road, etc.) along a given line; to mark, fix (a boundary line); (also) to demarcate.
ad hunc..fontem ordines ~iguntur bini Var.*L.*10.22; orbiculus..habeat lingulam, cuius cacumen ~igat ad punctorum regiones Vitr.9.8.12; medici..propositum est, ut eum (*sc. the unborn child*) manu ~igat..in caput Cels. 7.29.4; Curt.4.9.5; si oculo rubricam ~igat uno Pers.1. 66; Plin.*Nat.*11.125; Tac.*Hist.*2.34; (*w. abst. obj.*) certior mensura..ad..ostium Rheni per castra legionum..~igitur Plin.*Nat.*4.122. **b** Caes.*Gal.*6.8.5; Verg.*A.*7.523; Tullus aduersus Veientem hostem ~igit suos Liv.1.27.5; Quint.*Inst.*2.13.3; quinque cohortes in dextram uiae partem ~exit Fron.*Str.*1.6.1; ~exit classem, numero imparem Tac.*Hist.*5.23;—ni robur legionum..aciem ~exisset Liv.28.22.13; Sen.*Nat.*5.18.8; ut Magni Alexandri classis ..contrarium agmen..~exerit Plin.*Nat.*9.5;—(*intr.*) quia in frontem ~igere iussi erant Liv.37.23.10; Tac.*Hist.*4. 58. **c** duo bracchia (*i.e. of fortifications*)..ita ~igere ut ad angulum dextrum sinistrumque eius oppidi conuenirent *B.Afr.*51.2; VIAM..QVAM DRVSVS PATER..~EXERAT *CIL* 5.8002.9; senum pedum latitudinis sulcos ~igunt Col.3. 13.4; specus (*i.e. tunnels*) per priuatorum agros ~ecti erant Fron.*Aq.*124; Cels.*dig.*8.1.9;—Q. Fabium..~exisse finem Philippo ueterem uiam regiam Liv.39.27.10; FINES ~ECTI INTER REM <PV>BLICAM..PHILIPPIENSEM ET..ARTEMIDORVM *CIL* 3.14206[4];—Romulus regiones ~exit Cic.*Div.*1.30; curam ..uicos ~igendi Liv.5.55.4; fila..per quae ~igitur signorum ..ordo Man.1.563.

2 To make straight, straighten out; to level, square (a surface).
frangi rursus ossa et ~igi debent Cels.8.10.7.N; coronam si diuiseris, arcus erit, si ~exeris, uirga Sen.*Nat.*1 10; Maeander ~exit aquas Luc.6.475; Plin.*Nat.*4.38; (*transf.*) cum..aut adsumpta uerba remouentur aut circuitus ~iguntur Cic.*Part.*23;—imum caelum earum (*sc.* camerarum)..harena ~igatur Vitr.7.3.3; paries testa trullissetur et ~igatur 7.4.1.

3 To direct the movement of, guide, steer; to direct (one's course, steps, etc.). **b** to cause to reach out, extend. **c** (gram.) to cause (words) to end (in an inflexion).
(*persons, animals*) ~ige..in certa cubilia canes Andr.*trag.*29; equum..in ipsum infestus consulem ~igit Liv. 2.6.8; unde me ~igere dextrorsum..gestiebat Apul.*Met.* 6.29;—(*refl.*) V.Max.5.4.3; canem rabidam..per posticam..sese ~exisse Apul.*Met.*9.2; qui in aliena cenacula se ~igunt Ulp.*dig.*47.11.7;—(*w. inanim. obj.*) gubernatorem..iubet eo ~igere nauem Nep.*Cha.*4.2; currum ~exit in hostem Ov.*Met.*12.78; V.Fl.2.49; (*in fig. phr.*) ne praedia in lubricum ~igerentur Cato *hist.*125;—cum..ipse iter ad Mutinam ~igerem Planc.*Fam.*10.11.2; qua te ducit uia, ~ige gressum Verg.*A.*1.401; Romam uersus profectionem ~igo Apul.*Met.*11.26; (*poet.*) Bacche..~ige uatis opus Ov.*Fast.*6.484;—(*intr.*) protinus per altum ad Nesida ~exi Sen.*Ep.*53.1; comminus..si uir es, ~ige Apul.*Met.*2.17; (*fig.*) hinc profecti agricolae ad duas metas ~igere debent, ad utilitatem et uoluptatem Var.*R.*1.4.1. **b** Cancer in aduersum Capricorni ~igit astrum bis quinas..partes Man. 4.323;—(*intr.*) hinc ~igens proxima planities aequabatur *B.Hisp.*29.2; unum (*sc.* limitem), qui ab oriente in occidentem ~igeret Hyg.Gr.*agrim.*p.132. **c** Plin.in Char. p.126K; his similia omnia..regula..ablatiuo plurali in bus ~igit Plin.in Char.p.131K.

4 To propel or direct (missiles or other weapons) in a given direction; to direct (wounds, blows).
tela..~exit arcu Hor.*Carm.*4.9.18; Iuppiter..~exit in ipsum fulmina Ov.*Fast.*6.759; (pilam) in ipsam eius ~igentes manum Sen.*Ben.*2.17.4; Luc.9.676; ~exit per inane facem V.Fl.1.569; sagittas tanta arte ~exit Suet.*Dom.*19; (*of a boar*) ferus geminos ~exit ad inguina dentes Ov.*Met.*8.400; (*w. dat.*) Ilo..procul..~exerat hastam Verg.*A.*10.401;—(*cf.*) intentum qui ~igit arcum Man.2.171; tu nunc tela

manu, nostros tu ~igis arcus STAT.*Ach*.1.632;—te..uulnera ~igere VERG.*A*.10.140; STAT.*Theb*.8.524; duos ictus in uiscera ~exit TAC.*Ann*.2.31.

5 a To direct (a part of one's body), turn, point. **b** to direct (a person, his mind, attention, etc.) to.

a ~ectis in Pompeium..manibus V.MAX.6.2.9; in me omnium..~iguntur oculi SEN.*Con*.1.8.6; ~ectis digitis..praesentium denotor APUL.*Met*.2.30; (*w. dat.*) QVI..VOLTVS ~IGIS INFERIEIS *CIL* 1.1732.2; (*in fig. phr.*) numquam ~exit bracchia contra torrentem JUV.4.89;—(*cf. sense b*) ipsius in mente insidebat species pulchritudinis..quam intuens..ad illius similitudinem..manum ~igebat (*sc. Phidias*) CIC.*Orat*.9; ad illa potius aures ~igamus SEN.*Ep*.123.16;—(*quasi-refl., of the eye*) cupit ipsa pupula ad te sibi ~igere aciem CATUL.63.56; PLIN.*Nat*.11.148. **b** me..sine ad hanc opinionem..~igere puerum ANT.*Att*.14.13a.3; omnis ~igit huc sensus *Culex* 91; nec in me ~exit animum SEN.*Ben*.6.19.3; QUINT.*Inst*.10.2.1;—(*ellipt.*) ea (*sc.* diuinatio) fallit..non numquam, sed tamen ad ueritatem saepissime ~igit CIC.*Div*.1.25;—(*refl.*) SEN.*Con*.10.pr.11; ad ea se quisque ~igebat effingenda QUINT.*Inst*.10.1.127.

6 To direct (an activity towards an object). **b** to direct (words at, against); to bring (leg. proceedings against). **c** to regulate (an action in accordance with a standard). **d** to direct (ideas, etc., to a field of reference), cause to refer (to), apply (to).

(*w.* ad) omnis oratio cum debeat ~igi ad utilitatem VAR.*L*.8.26; CIC.*Fin*.2.115; cum..nihil horum quae nobis nocent prosuntque ad nos proprie ~igatur SEN.*Dial*.4.27.2; ad hanc (*i.e. the colour of the amethyst*) tinguentium officinae ~igunt uota PLIN.*Nat*.37.122;—(*w.* in+*acc.*) quam (*sc.* intentionem) si tota mente in opus ipsum ~exeris QUINT.*Inst*.10.3.28; FRON.*Str*.3.2.1. **b** in Callisthenen ~igebatur oratio CURT.8.5.13; communes loci..qui sunt in uitia ~ecti QUINT.*Inst*.2.1.11; ad iudicem omni sermone ~ecto 2.13.5;—erat..aequius in personas eorum..~igi actiones *Decl*.261(p.71,l.11); si..mulier aduersus utrumque ~igat..petitionem ULP.*dig*.10.2.20.8. **c** (*w.* ad) uulgi opinio mutari uix potest ad eamque omnia ~igunt CIC.*Top*.73; M. Catoni uitam ad certam rationis normam ~igenti *Mur*.3; LIV.8.32.5; TAC.*Ann*.4.40;—(*w. adv.*) iudex officium suum ita ~iget ULP.*dig*.10.3.7.10;—(*w. abl.*) nec sunt haec..musicorum acerrima norma ~igenda CIC.*de Orat*.3.190; *Orat*.237; utilitate..officium ~igit *Off*.3.89. **d** familiare est hominibus..inuidiam rerum non ad causam, sed ad uoluntatem..~igere VELL.2.30.3; tota..similitudo ad porri sucum ~igitur PLIN.*Nat*.37.109; neque persona esset, ad quam uerba stipulationis ~igi possint PAPIN.*dig*.36.3.5.

dirimō ~imere ~ēmī ~emptum, *tr.* [DIS-+EMO]

1 To cause to come to pieces, pull apart. **b** to make a parting in, cleave; (math.) to divide (an area or sim.). **c** (of topog. features, etc.) to divide. **d** to interrupt temporally.

corpus..quod ~imi distrahiue non possit CIC.*N.D*.3.29; natura animai..an..intereat nobiscum morte ~empta LUCR.1.114; si est qui uiderit cometen in duas ~imi SEN.*Nat*.7.16.3. **b** qui caeruleum ~imebat Nerea delphin PERS.1.94; ruunt tonitrus elisaque noctem lux ~imit V.FL.4.664; STAT.*Theb*.5.482;—in semiiugera omnis modus ~imatur COL.4.18.1; (*cf.*) pars efficitur..tertia..exiguo ~imens..discrimine summam MAN.1.547. **c** urbs..flumine ~empta LIV.22.15.4; id iugum..medium Graeciam ~imit 36.15.6; TAC.*Ger*.43.3. **d** CIC.*Div*.1.85; ne constitutio..superueniens cunctationem consulis ~imat ULP.*dig*.40.2.20.1.

2 To separate from physical contact (with), remove. **b** to separate (a person, place, or sim.) from others, cut off.

color conchyli..~imi qui non queat usquam LUCR.6.1075; (*w. abl. of measure*) quantis nox una ~emerit undis Aesoniden V.FL.7.540;—(*w.* ab) cum..neque retro nauem inhiberent nec ~imi ab se hostem paterentur LIV.26.39.12;—(*transf.*) Acarnanas quos aegre ferrent Aetoli a corpore suo ~emptos 26.24.6; 28.21.9; (*cf. sense 3*) mittuntur, utrosque qui ~imant a caede uiros *Ilias* 619. **b** si quem..~imit plaga solis iniqui VERG.*A*.7.227; Italicos..in postremam aciem summotos, interuallo quoque ~emptos LIV.30.35.9; quotiens..propinquat, tunc aliud ~imit mare (*sc. the drowning man*) V.FL.8.365; Britanniam freto ~imi TAC.*Hist*.3.2; PLIN.*Pan*.63.4;—(*w.* ab, *abl.*) transeunt..amnem, qui Eleum agrum ab Dymaeo ~imit LIV.27.31.11; CURT.4.2.1; ~imunt Arabum populis Aegyptia rura..Philae LUC.10.312; PLIN.*Nat*.5.30; TAC.*Ann*.2.19.

3 To separate (two or more things) from each other; to sort (votes). **b** to separate in time or sim. **c** to cause (static objects) to diverge. **d** to draw (a separating line or boundary).

Herculem..iunctos olim..~emisse colles MELA 1.27; ~emptae..palmae per iugorum compluuia decurrant COL.4.26.3; PLIN.*Ep*.8.14.19; (*cf. sense 4b*) mulieres..ausae..~imere infestas acies, ~imere iras LIV.1.13.2;—(*of impers. forces*) nox incertos uicti uictoresne essent ~emit 9.23.4; V.FL.3.188;—(*of topog. features*) Isthmus duo maria..artis faucibus ~imens LIV.45.28.2; MELA 2.79; quamuis Byzantion arto Pontus et..~imat Calchedona cursu LUC.9.959; Clota et Bodotria..angusto terrarum spatio ~imuntur TAC.*Ag*.23.2; PLIN.*Pan*.14.2; (*w. abst. obj.*) amnis quidam paenuriam earum (*sc.* cicadarum) et copiam ~imit PLIN.*Nat*.11.95;—Campus..~imit suffragia plebis LUC.5.393. **b** ~emptos gradibus aetatis floruisse..Ciceronem, Hortensium..moxque Brutum VELL.2.36.2; LUC.6.99. **c** primo..duo brachii ossa uincta paulatim ~imuntur, rursus..ad manum coeunt CELS.8.1.20. **d** tale..sacrificium domini, inter quos fines ~imebantur, faciebant SIC.FL.*agrim*.p.105; ubi non possit ~imere fines (*sc.* iudex) ULP.*dig*.10.1.2.1.

4 To break up, dissolve (a joint activity, relationship, etc.). **b** to impose a decision on (a dispute or sim.), settle.

ideone ego pacem Pyrrhi ~emi..? CIC.*Cael*.34; VERG.*A*.5.467; quia sollemnia ludorum..uiolenter ~emisset (*sc.* rex) LIV.5.1.4; qui..fidem ~imit SEN.*Med*.146; TAC.*Ann*.6.29; ~emit nuptias SUET.*Jul*.43.1;—(*w. dat.*) loco..capto ~emerat hostibus societatem auxilii mutui qua..inter se usi fuerant LIV.8.23.10;—(*w. non-pers. subj.*) num sermonem uestrum..~emit noster interuentus? CIC.*Rep*.1.17; ea res consilium ~emit SAL.*Cat*.18.8;—(*ellipt.*) actum est eo die nihil; nox ~emit CIC.*Q.fr*.2.11.2. **b** qui se ~empturos controuersiam putauerunt CIC.*Off*.3.119; ad ~imendum inter Philippum atque Aetolos bellum LIV.27.30.4; ~imant certamina nymphae OV.*Met*.5.314; tempora, intra quae iussus est litem ~imere ULP.*dig*.5.1.2.2;—(*w. abl. of means*) nostro ~imamus sanguine bellum VERG.*A*.12.79; TAC.*Hist*.4.76;—(*w. non-pers. subj.*) patria maiestas altercationem istam ~imet LIV.4.45.8; ULP.*dig*.36.1.1.16;—(*cf.*) proelium id tandem ~emit nox PL.*Am*.255; quem motum Caesaris mors ~emit TAC.*Hist*.5.9.

dīripiō ~ipere ~ipuī ~eptum, *tr.* [DIS-+RAPIO]

1 To pull to pieces, tear to shreds. **b** to tear away, pull out or off; to divert (a moving object).

Pentheum ~ipuisse aiiunt Bacchas PL.*Mer*.469; LIV.25.36.9; Hippolytum pauidi ~ipuistis equi OV.*Ars* 1.338; ~ipiunt auidae uiscera nostra ferae *Ep*.11.118; manus..cara suorum ~ipiat laceretque senem V.FL.1.813; MART.5.67.4; (*hyperb.*) matrem..auidis complexibus ambo ~ipiunt STAT.*Theb*.5.722; (*fig.*) feror, differor, distrahor, ~ipior (*i.e. by love*) PL.*Cist*.209;—(*poet. of natural forces*) ut hic uentis ~ipitur..cinis TIB.1.6.54; cuius fallacia uerba..~ipuere Noti PROP.4.7.22; uenti ~ipiunt..fretum STAT.*Theb*.5.367. **b** (*w.* ab) a pectore uestem ~ipuit OV.*Met*.9.637; ferrum a latere ~ipuit TAC.*Ann*.1.35;—(*w. dat. or abl.*) tergora ~ipiunt costis VERG.*A*.1.211; ~eptum cortice gummi OV.*Med*.87; huic (*sc.* scillae) aridis tunicis ~eptis PLIN.*Nat*.20.97;—cum quod (*sc.* cadit) ex alto, cadet lenius et interdum ~eptum PAUL.*dig*.8.2.20.5.

2 To snatch a share of, scramble for, grab. **b** to compete for the company (favour, etc.) of (a person), run after.

Harpyiae..~ipiunt..dapes VERG.*A*.3.226; bituminis..moles, quas ~ipiunt qui habitant circa VITR.8.3.8; quinquaginta talenta iis posita sunt in ripa ~ipienda LIV.44.45.13; LUC.6.117; longus..a fontibus amnis ~ipitur (*i.e. by the thirsty crowd*) STAT.*Theb*.4.818; QUINT.*Inst*.6.1.47; SUET.*Aug*.98.3; APUL.*Met*.10.15. **b** ~ipitur ille toto foro patronus SEN.*Dial*.10.7.8; quod te ~ipiunt potentiores MART.7.76.1; eadem nouit..quis ~ipiatur adulter JUV.6.404; (*w. abst. subj.*) tempus erat cum te geminae suffragia terrae ~iperent STAT.*Silv*.2.2.134.

3 To seize as plunder, steal.

qui eorum bona coniuges liberos ~iperent CATO *orat*.171; argenti..domi quod fuerit esse ~eptum CIC.*Ver*.2.20; SAL.*Jug*.41.7; pecora quae..abigi nequierant sunt ~epta LIV.28.8.10; PHAED.2.7.9; et ipsi ~ipiunt (*sc. the corn*) et ab aliis furibus non custodiunt COL.1.7.7; APUL.*Met*.7.7;—(*w.* ex) ne quid ex naufragiis ~ipiatur CALL.*dig*.47.9.7.

4 To seize plunder from (persons, places), rob, loot.

ut..paterere..aratores..~ipi CIC.*Ver*.3.52; sin..~ipiendam urbem daturus est *Fam*.14.14.1; has (*sc.* naues) more praedonum ~ipere consuerunt CAES.*Civ*.3.112.3; subiit deserta Creusa et ~epta domus VERG.*A*.2.563; ~eptis aliquot incensisque uicis LIV.22.20.9; GEL.7(6).17.3; APUL.*Met*.7.1;—(*in fig. phr.*) quam multi uitam tuam ~ipuerint te non sentiente quid perderes SEN.*Dial*.10.3.3.

dīritās ~ātis, *f.* [DIRVS+-TAS] A quality inspiring fear, frightfulness. **b** a dire event.

es omni ~ate atque immanitate taeterrimus CIC.*Vat*.9; quanta in altero (*sc.* fratre) ~as, in altero comitas *Sen*.65;—(*w. gen.*) morum eius ~atem SUET.*Tib*.21.2; ob oris et animi ~atem APUL.*Apol*.56;—(*in respect of omens, etc.*) ob totius diei ~atem SUET.*Nero* 8.1; GEL.4.9.10. **b** si qua inuecta ~as casu foret CIC.*Tusc*.3.29 (transl. Euripides).

dīriuō: see DERIVO.

dīrumpō ~umpere ~ūpī ~uptum, *tr.* Also **dirr-, disr-.** [DIS-+RVMPO] FORMS: *~umptus* PL.*Bac*.603. To cause to burst, break apart, split, disrupt. **b** (pass.) to break (get broken), burst.

puer paedagogo tabula ~umpit caput PL.*Bac*.441; ut Marsus colubras ~umpit cantu LUCIL.576; CIC.*Div*.2.44; (craticii) contrahuntur et..~umpunt tectoriorum soliditatem VITR.2.8.20; cum super caput alicuius ~upta uesica est SEN.*Nat*.2.27.3; ~umpunt imagines Galbae TAC.*Hist*.1.55; APUL.*Met*.7.21; (*in fig. phr.*) si tenetis (*i.e. the story*), ducite; caue ~umpatis, quaeso, sinite transigi PL.*Poen*.117;—(*hyperb.*) praeco ~uptis faucibus et rauca uoce saucius APUL.*Met*.8.23; (*refl.*) ~upi me paene in iudicio CIC.*Fam*.7.1.4;—(*transf.*) in medio cursu amicitias..~umpimus *Amic*.85; ~umpi necesse est eam..humani generis societatem *Off*.3.21. **b** ~umpi cantando hymenaeum licet PL.*Cas*.809; *Cur*.222; cum corrigia ~uptast VAR.*Men*.267; ~uptos pondere qualos COL.10.83; uetus funis ~umpitur APUL.*Met*.1.16;—(*hyperb.*) mihi..egit gratias.—~umpor! TER.*Ad*.369; ~umpatur licet ista furia..audiet haec ex me CIC.*Dom*.99; ~umpor dolore CIC.*Att*.7.12.3; SEN.*Dial*.5.33.3; risu maximo ~umpuntur APUL.*Met*.10.15.

dīruō ~ere ~ī ~tum, *tr.* [DIS-+RVO] FORMS: *-ritus* (pf. pple.) *CIL* 14.3530, *-ruitus* 6.626. To cause (a building, or sim.) to fall in ruin, demolish, pull down, wreck. **b** (of a soldier) *aere ~tus esse*, to have one's pay stopped.

hanc in horto maceriam iube ~i TER.*Ad*.908; ASEL.*hist*.13; occidunt homines, tectum ~unt CIC.*Tul*.34; monumentum..quod non imber edax..possit ~ere HOR.*Carm*.3.30.4; Priami ~ta regna PROP.2.28.54; LIV.39.37.4; VELL.1.13.1; nascentium domos ~unt (apes), si prouentus desperatur PLIN.*Nat*.11.56; TAC.*Hist*.5.19; (*hyperb.*) legiones..quae..caelum ~ere possent *B.Hisp*.42.7; (*poet.*) ~it ira fores PROP.4.9.14; (*absol.*) ~it, aedificat, mutat quadrata rotundis HOR.*Ep*.1.1.100;—(*w. abl.*, ab) impulerat torrens arbusta..~ta ripis VERG.*A*.10.363; urbs ~ta a fundamentis LIV.42.63.11;—(*w.* ad) CURT.3.10.7; (praetoria) neptis..suae..~it ad solum SUET.*Aug*.72.3. **b** cui (stipendium) datum non esset propter ignominiam, aere ~tus VAR.in Non.p.532M; CIC.*Ver*.5.33; PLIN.*Nat*.34.1.

dīruptiō ~ōnis, *f.* [DIRVMPO+-TIO] The process of bursting, explosion.

ipse (*sc.* aer)..uastum in tam magnorum corporum ~one reddit sonum SEN.*Nat*.2.15.

dīrus ~a ~um, *a.* [*duei-rus, cf. Gk. δέος, δεινός, Skt. dvēṣti] FORMS: *~ior* (compar.) cj. in CIC.*Div*.2.36; *magis ~us*, PROP.2.9.49, SEN.*Dial*.4.35.6.

1 (of things regarded as omens) Awful, dire, dreadful.

quae..augur..~a defixerit inrita..sunto CIC.*Leg*.2.21; mens mea ~a sibi praedicens omnia CALV.*poet*.10; ~i..cometae VERG.*G*.1.488; neu litora ~a subirent *A*.7.22; OV.*Met*.7.597; LUC.10.2; STAT.*Theb*.11.637; insessum ~is auibus Capitolium TAC.*Ann*.12.43; SUET.*Aug*.92.1; hostes..nostri tam ~am..peregrinationem incidant APUL.*Met*.2.14; (*w. dat.*) ..~um mortalibus omen OV.*Met*.5.550;—(*neut. as sb.*) in ~a..incurrimus CIC.*Div*.1.29; tu me mihi ~a precari cogis TIB.2.6.17.

2 Inspiring terror, dreadful, dire, frightful: **a** (of physical or non-physical things, conditions, etc.). **b** (of persons, etc., also animals or monsters). **c** (of physical appearance). **d** (of conduct, actions). **e** (of emotions, impulses, etc.).

a religio..terrebat agrestis ~a loci VERG.*A*.8.350; ~us hydrops HOR.*Carm*.2.2.13; ~o..carmine, in exsecrationem..composito LIV.10.38.10; corpora ~a (*of the Giants*) OV.*Met*.1.156; SEN.*Nat*.3.27.10; bubo..deserta incolit..~a..et inaccessa PLIN.*Nat*.10.34; 35.175; STAT.*Silv*.3.5.72; ducem..terruit ~a quies TAC.*Ann*.1.65;—(*advl. acc.*) ~a frementem ut uidere VERG.*A*.10.572; SIL.2.671;—(*w. dat.*) nasturcia ~a colubris COL.10.231; ~a..incendia tectis STAT.*Silv*.4.6.79;—(*w. abl.*) oppidum..Diomedis equorum stabulis ~um PLIN.*Nat*.4.42; (sinus) uadoso..mari ~os 5.26;—(*w. inf.*) contorquet nodis..~am uel portas quassare trabem SIL.4.282. **b** ~arum ab sede dearum (*i.e. Furies*) VERG.*A*.7.324; Hannibalem..~um HOR.*Carm*.3.6.36; pro ~a paelice blanda fui OV.*Ep*.5.60; quae..deterior polus..~o spatia concessit Ioui (*i.e. Pluto*) SEN.*Her.F*.608; LUC.6.444; ~ae..Parcae STAT.*Theb*.6.923; (*w. abl.*) ~os magico terrore Choatras V.FL.6.151;—(*of animals, etc.*) CIC.*Tusc*.~am..hydram HOR.*Ep*.2.1.10; siluae..~a animalia MELA 2.24; 3.43; ~arum bestiarum..impetus APUL.*Met*.8.15;(*w. abl.*) (polypi) odore ~i PLIN.*Nat*.9.92. **c** ~a inluuies immissaque barba VERG.*A*.3.593; SIL.5.440; dux..effosso oculo ~us ore TAC.*Hist*.4.62; depelle quadripedis ~am faciem APUL.*Met*.11.2. **d** ~um..nefas VERG.*A*.4.563; OV.*Met*.6.210; ~i auctor exempli VELL.2.119.4; morem..~um saeuitiae LUC.2.180; APUL.*Met*.5.26. **e** ~a libido LUCR.4.1046; VERG.*A*.2.519; quae lucis miseris tam ~a cupido? 6.721; ~is..sollicitudinibus HOR.*Epod*.13.10; LUC.4.705; impetu..~o fremens APUL.*Met*.8.11.

dīrutiō ~ōnis, *f.* [DIRVO+-TIO] The process of falling into ruin.

DOMV TETTIANA EX ~ON RESTIT *CIL* 11.4770.10.

dīs[1] dītis, *a. compar.* dītior, *superl.* dītissimus. [contr. fr. DIVES] FORMS: *dis* (nom. sg.) app. only in TER.*Ad*.770; (*ditis* cj. in *Priap*.75.2); *dite* (acc. sg. neut.) V.FL.2.296; abl. sg. *diti*.

1 Wealthy, rich. **b** richly endowed (with mental, physical qualities).

quis me est ditior? PL.*Aul*.809; TER.*Ad*.770; ditium dominorum SAL.*Hist*.3.48.26; patre usus est..diti NEP.*Att*.1.2; uiue Midae gazis..ditior STAT.*Silv*.2.2.121; Antiochus..regum ditissimus TAC.*Hist*.2.81;—(*masc. as sb.*) in seruitutem..ad ditem dari TER.*Ph*.653; imparem libertatem..diti ac pauperi..esse LIV.26.2.16; adulescens..ex ditioribus GEL.9.15.2;—(*w. gen.*) Sychaeus..ditissimus agri Phoenicum VERG.*A*.1.343;—(*w. abl.*) populi..marinis opibus..dites MELA 3.67; pecunia dites..Aeduos TAC.*Ann*.3.46. **b** meo..diti de pectore LUCR.1.413; (*w. gen.*) quispiam grammaticae rei ditior GEL.4.1.1.

2 (of territory or sim.) Containing great wealth, rich; fertile, productive. **b** (w. gen., abl.) abounding (in).

Medorum siluae, ditissima terra VERG.*G*.2.136; uernas, ditis examen domus HOR.*Epod*.2.65; omnia usque ad ortum solis ditissima regna LIV.36.17.14; ditia..templa LUC.9.515; PLIN.*Nat*.6.68; ditem..coloniam TAC.*Hist*.3.32; (*cf. of a river*) ad Padum amnem Italiae ditissimum PLIN.*Nat*.3.49;—regio ditis admodum soli MELA 2.1; dites sine uomere glebas SIL.3.673. **b** siluarum ditia regna MAN.4.754; dites pecorum..Erythrae STAT.*Theb*.7.265; quo mons..non surgit ditior umbrae SIL.14.237;—delubra..ditia donis OV.*Met*.2.77; CURT.3.11.20; spoliis ditissimis amnis V.FL.5.122; (*transf.*) nulla..res publica..bonis exemplis ditior fuit LIV.pr.11.

3 Providing wealth, profitable.

ditem..precatur autumnum STAT.*Silv*.5.1.49; cui..ditissimi belli uictoria euenisset TAC.*Hist*.1.51.

4 Having great value, sumptuous.

decorem..ditem NAEV.*poet*.51(50); tempus est..ditia stipendia facere LIV.21.43.9; Arbela..diti..gaza repleta CURT.5.1.10; epulae ditesque tori STAT.*Silv*.3.1.86; (*cf.*) promissis ditibus SIL.3.512.

Dīs² Dītis, *m.* Forms: *Ditis* (nom.) Petr. 120.76, Quint.*Inst.*1.6.34, *CIL* 6.25871; *Dite* (voc.) *CIL* 1.1012.2.1. The ruler of the underworld in Roman religion.

(*w.* pater) Cic.*Ver.*4.107; se (*sc.* Gallos)..ab Dite patre prognatos Caes.*Gal.*6.18.1; V.Max.2.4.5; Tac.*Hist.*4.84; *CIL* 6.142a;—nvnc data svm diti 1.1732.7; alta ostia Ditis Verg.*G.*4.467; *A.*6.397; Ov.*Met.*5.395; cupressus.. Diti sacra Plin.*Nat.*16.139; V.Fl.7.313; Apul.*Met.*6.19; sacerd dei ditis *CIL* 8.16406.5.

dis-, *prefix.* [AS. *te-*, OHG. *ze-*; cf. bis, Gk. δίς, διά] Forms: unchanged before initial *c p t s*; *dī-* before *b d g l m n r* (but *disrumpo*, *dirrumpo* as well as *dirumpo*) consonantal *u* and sometimes *i* (*diiudico*, *diiungo*, but also *disiungo*, *disicio*, *disiectus*); *dif-* (by assimilation) before *f*; *dir-* (by rhotacism) before vowels and *h* (*diribeo*, but contrast *dishiasco* and perh. *disamo*).

dis- commonly signifies separation and/or dispersal, e.g. *dissoluo*, *discedo*, *diffugio*, *diuello*, etc., sometimes also involving the reversal of a previous process, e.g. *disiungo*, *dissocio*; it has a negative sense in, e.g., *difficilis*, *dissimilis*, *displiceo*. An intensifying force as in *disamo*, *discupio* is app. colloquial.

disamō ~āre, *tr.* [dis-+amo] To love dearly.

literulas tuas ~o (*s.v.l.*) Fro.*Aur.*1.p.66(43N).

discalciātus ~a ~um, *a.* [dis-+pple. of calcio] Unshod, barefoot.

ut..prodierit in publicum..~us Suet.*Nero* 51.1.

discapēdinō ~āre ~āuī. [dis-+*capedo* (cf. intercapedo)+-o³] To separate (the hands) so as to use independently.

primus..in canendo manus ~auit Apul.*Fl.*3.

discēdō ~dere ~ssī ~ssum, *intr.* [dis-+cedo¹] Forms: *~sti* (= *~ssisti*) Pl.*As.*251; *~dit* (pf. ind.) *CIL* 8.9747; *~ssus* (pf. pple.) Cael.*hist.*32.

1 To go off in different directions, part company, disperse. **b** (of an assembly, etc.) to adjourn, rise; to divide (for the purpose of voting); (w. *in*+acc.) to vote (for); *in alia omnia ~dere*, to vote against a proposal. **c** (of opposed armies, etc., esp. w. pred.) to separate, disengage. **d** (of partners) to separate; (of an organization) to disband. **e** (w. *in*+acc.) to split (into factions or sim.).

ut cubitum ~ssimus Cic.*Rep.*6.10; canes ~dere auentes diuersi..tendunt Lucr.4.1203; Sal.*Jug.*54.4; tres tribuni.. tripertito ad deuastandos fines ~ssere Liv.4.59.2; coetu.. soluto ~dunt..Nereides Ov.*Met.*13.899; qui ~dere et abire coeptabant Suet.*Otho* 11.1; Apul.*Met.*11.17; (*fig.*) in diuersum ecce sapientia et stultitia ~dunt Sen.*Ep.*48.4;—(*impers. pass.*) testamento..obsignato ~ditur Cic.*Clu.*37; his..obgannitis sermonibus inter nos ~ssum est Apul.*Met.* 2.11. **b** cur certo tempore conueniant (*sc.* iudices), cur certo ~dant Cic.*Inv.*2.132; senatus..commotus perturbatusque ~dit *Ver.*4.85; si uobis uidetur, ~dite, Quirites *formula* in Liv.2.56.12;—(*w. pred.*) soluti huc conuenistis; ne constricti ~datis cauete Cic.*Rab.Post.*18;—(*impers. pass.*) haec cum facta sunt in consilio magna spe..omnium ~ssum est Caes.*Civ.*3.87.7;— ~dere et tabellam iubebo dari Cic.*Leg.*3.11; cum ~dere populum iussissent tribuni Liv. 3.11.4; Asc.*Corn.*63;—senatus in Catonis sententiam ~ssit Sal.*Cat.*55.1; Gel.3.18.6; (*transf.*) grauissimi philosophorum..in diuersa tempora et in contrarias sententias ~sserunt 7(6).13.9; (*impers. pass.*) etsi in meam sententiam ~datur Liv.28.45.5; (*cf.*) senatus consultum, quo..numquam ante ~ssum est Caes.*Civ.*1.5.3;—eum senatus reliquit et in alia omnia ~ssit Cic.*Fam.*10.12.3. **c** etsi pari proelio ~sserant (*sc. the fleets*) Nep.*Them.*3.3; Liv.25.19.5; (dimicauit) idem cum Glauco, in hospitio cognito ~sserunt Hyg. *Fab.*112.1;—(*impers. pass.*) sic est pugnatum ut aequo proelio ~deretur Caes.*Civ.*3.112.7; Tac.*Ann.*2.46; (*w.* cum) cum Volscis aequo Marte ~ssum est Liv.2.40.14. **d** tutius est..~dere pace nec petere a thalamis litigiosa fora Ov. *Rem.*669; Ulp.*dig.*24.1.32.10; Paul.*dig.*50.16.191;—ut sodalitates decuriatique ~derent Cic.*Q.fr.*2.3.5. **e** in duas partis ~dunt Numidae Sal.*Jug.*13.1; Liv.9.46.13; non in soceri genericque fauorem ~dunt populi Luc.10.418; Tac. *Hist.*5.12.

2 To be split up or dispersed. **b** to split open, come apart, divide. **c** (transf.) to take different courses, become different, diverge.

sua cuique cibis ex omnibus intus in artus corpora ~dunt Lucr.2.712; 3.400; epulum..~dit in partes Sen.*Ep.*73.8; *Nat.*4b.5.2; palus multos ~dit in amnes Luc.6.360; ~dunt nebulae Stat.*Theb.*4.585; caligo..quasi in fumum..~ssit Plin.*Ep.*6.20.18. **b** pedibus..percussa Dianae insula ~ssit Cic.*Arat.*679(427); ~ssisse caelum et ex occulto auditas esse uoces *Div.*1.99; scaena ut uersis ~dat frontibus Verg.*G.*3.24; ~ssit uomere sulcus Luc.6.382; V.Fl.1.570. **c** itaque ~dunt (*i.e. the words* 'lepus', 'nemus') ac dicuntur hi lepores, haec nemora Var.*L.*9.94;—(*w.* in+*acc.*) ut haec (*i.e. nouns*) ab uno capite..in duo obliquos ~dunt casus 10.50; haec quattuor..formae..actionis..in duo..genera ~dunt Quint.*Inst.*3.6.86; 12.10.58.

3 To detach oneself and go away, withdraw, depart. **b** to desert, run away. **c** to withdraw allegiance or support (from), go over (to); (of a wife) to separate (from her husband). **d** to depart from life, die; (also w. *a uita*, etc.). **e** *a se*, *a mente*, *~dere*, to part company with one's nature, senses, etc.

quom ~sti ab ero Pl.*As.*251; tu in cubiculum ~ssisti Cic.*Deiot.*19; Verg.*A.*12.184; consules..ne..hostis moueretur, circa portas..~sserant Liv.3.17.12; ~dite templo Ov.*Met.*1.381; *Tr.*1.1.77; e contione ~ssit Vell.2.32.1; ecquis..reuocat ~dentem? Mart.5.25.3; Tac.*Hist.*2.33; ~de..frater, et otiosus adsiste Apul.*Met.*9.7;—(*w. acc. of measure*) ne iste..ab ista non pedem ~dat Pl.*As.*603; Cic. *Ver.*4.33; nec eum..mulier ungue latius a se ~dere passa est Apul.*Met.*10.26; (*in fig. phr.*) a recta conscientia trauersum unguem non oportet ~dere Cic.*Att.*13.20.4; (*impers. pass.*) longius ~di..non placuit Liv.8.20.5. **b** uolonum.. exercitus..ab signis ~ssit Liv.25.20.4; pridie eum (*sc.* seruum)..ab dominis ~ssisse 26.27.8; V.Max.4.4.6; an obstet Sticho ad consequendam..libertatem, quod ante triennium ~sserit Paul.*dig.*40.12.38.3. **c** Labienus ~ssit a Caesare Cic.*Att.*7.11.1; ut ab amicis..peccantibus non ~dant *Amic.*42; Liv.43.6.8; neque ulla pecunia..potuit sollicitari ut ad eum ~deret Amp.15.17; Ulp.*dig.*49.15.21.1; —non illa ut a uiro improbo ~ssisset sed ut a crudelissimo hoste fugisset Cic.*Clu.*189; uxor a Dolabella ~ssit Cael. *Fam.*8.6.1; Sen.*Con.*2.2(10).5; Ulp.*dig.*25.2.17.1. **d** statim ~ssit post uocem Quint.*Decl.*247(p.10,l.12); caelum.. consalutabo ~dens Fro.*Ant.*2.p.228(235N); *CIL* 8.9747;— ut te ante uideret, quam a uita ~deret Cic.*Fam.*2.2; ex uita ita ~do tamquam ex hospitio *Sen.*84. **e** amens, qui a mente sua ~dit Var.*L.*6.44; Cic.*Div.*2.114; prius a se poterit quisque ~dere quam appetitum earum rerum.. amittere *Fin.*5.33.

4 (w. pred.) To go away (in a certain state). **b** to end up, come out of an affair (in a given condition).

ita tum ~do ab illo, ut qui se filiam neget daturum Ter. *An.*148; possessores animo aequiore ~dent Cic.*Phil.*6.14; omnis (*sc.* equitatus) ex proelio integer ~ssit Lep.*Fam.* 10.34.1; legati frustra ~ssere Sal.*Jug.*25.11; Hor.*Ep.* 1.10.37; Liv.3.36.8; tam ~dere inritum quam morari pudebat Curt.4.4.2; debitor ~de, qui creditor ueneras Sen.*Ben.* 6.4.5; Fro.*Aur.*1.p.102 (53N). **b** Pl.*St.*395; pulchre ~do et probe et praeter spem Ter.*Ph.*1047; spero nos aut cum summa gloria aut certe sine molestia ~ssuros Cic.*Att.*2.21.6; ~do Alcaeus puncto illius (*i.e. by his vote*) Hor.*Ep.*2.2.99; quis poterit lecto durus ~dere Gallo? Ov.*Rem.*765; *CIL* 6.33976d; (*impers. pass.*) modo ut hoc consilio possiet ~di, ut istam ducat Ter.*Ph.*773.

5 (of things) To move away (from a position); to become separated (from). **b** (of physical or mental states, conditions, assets, etc.) to be removed, go away; to be separated; (of legal rights) to be withdrawn. **c** to extend or stretch away. **d** to lie at a distance, be remote (from). **e** (of reckoning) to start (from).

ut ab sole discedit ad aquilonem (*sc.* luna) Var.*L.*9.25; Plin.*Nat.*5.56; Sen.*Her.F.*321; si eodem impetu ~sserit aqua, quo uenit Pompon.*dig.*7.4.23; (*of a receding view*) incipit..longo Scyros ~dere ponto Stat.*Ach.*2.22;—Var. *R.*1.50.3; citius paterer caput hoc ~dere collo Prop.2.7.7; simul..calx..ab harena ~dat Vitr.2.8.2; squamulae ex summa cute ~dunt Cels.5.28.17.b; ~dit pars (*sc. of the ore*) in plumbum Plin.*Nat.*33.95; (*in an approaching view*) coeperat a gemina ~dere Sestos Abydo V.Fl.1.285. **b** modo ..audiui quartanam a te ~ssisse Cic.*Att.*8.6.4; hostibus ..spes potiendi oppidi ~ssit Caes.*Gal.*2.7.2; sua sponte ira ~det Sen.*Dial.*5.27.5; quotiens ~ssit aemulatio, succedit humanitas Quint.*Inst.*11.1.16; (*cf.*) ~dunt pariter somnusque deusque Ov.*Met.*15.25;—amicitiam negant posse a uoluptate ~dere Cic.*Fin.*1.66;—cedendo..usumfructum efficit, ut a se ~dat Gaius *Inst.*2.30; quia dominium facto testatoris..~ssit Ulp.*dig.*13.1.10.3; (*cf.*) ille (*sc.* ager)..potest..alteri tradi, haec (*sc.* sapientia) non ~dit a domino Sen.*Ep.*117.15. **c** armati..in latitudinem ~dunt Sis.*hist.*57; in multa..spatia ~dit domus Sen.*Thy.* 649; Luc.9.419. **d** quae (*sc.* uela) in capite mali.. conlocantur ~dentia longius a centro Vitr.10.3.6;—(*w. abl. of measure*) neque a sole longius..unius signi interuallo ~dit (*sc.* stella Mercuri) Cic.*N.D.*2.53; tellus..binis a summo (*sc.* caelo) signis ~dit Man.1.551;—(*transf.*) ut tota significatio illorum (*sc.* uerborum) ~dat a nobis Sen.*Ben.* 5.10.2; Quint.*Inst.*8.6.23. **e** ut parte ex illa..~dat numerus Man.3.222.

6 To cease (from an occupation or sim.), leave off, give up. **b** to depart, fall away (from a standard, etc.); (of things) to depart (from properties), i.e. relinquish. **c** to depart (from a topic, etc.; also from a text). **d** to depart (from an example or sim.), i.e. leave aside; *ut ~datur ab*, apart from.

uideor..non omnino a defendendis hominibus..~dere Cic.*Div.Caec.*5; a sua sententia ~ssit Caes.*Civ.*1.2.6; ab armis ~dant Sal.*Cat.*34.1; ne a sacris ~deret (flamen).. urbem egredi passus non est V.Max.1.1.2; quia non ~sserit animo possessione Pompon.*dig.*43.26.15.4; Apul.*Met.*10.14; —(*impers. pass.*) ~ssum ab arte est..atque omne certamen in uirtute constitit *B.Alex.*15.7; ut aut stetur emptioni aut ~datur Ulp.*dig.*19.1.13.27. **b** Ennio delector..quod non ~dit a communi more uerborum Cic.*Orat.*36; *Font.*12; cur hunc tam temere quisquam ab officio ~ssurum iudicaret? Caes.*Gal.*1.40.2; multum a prisca continentia..posterior Cato ~dit V.Max.4.3.12; qui a sacra lege ~sserint Apul. *Mun.*38;—(*of activities, etc.*) quae (*sc.* uocabula)..non ~dunt ab ratione sine iusta causa Var.*L.*9.71; in tantum a lorica gerenda ~ssere mores Plin.*Nat.*11.78;—(*impers. pass.*) multo esse indignius in ea ciuitate..~di ab legibus Cic.*Clu.* 146; (*w.* ad) paulatim..~ssum ad delenimenta uitiorum, porticus et balinea et conuiuiorum elegantiam Tac.*Ag.*21.3; —ita aes et ea harena..a proprietatibus ~dunt Vitr.7.11.1. **c** cum ~ssum est ab utilitate ad uoluptatem Var.*L.*8.31; ~damus a nobismet ipsis, de sapiente loquamur Cic.*Luc.* 115; Plin.*Nat.*12.107; Quint.*Inst.*7.1.20; dum non potest.. ~dere longius a culina Apul.*Apol.*58;—si ab isto libro, quem tibi magister..dedit, uerbo uno ~sseris Cic.*Div. Caec.*47. **d** quis inuenitur, cum ab Aiace..~sseris? Cic. *Scaur.*3; amoris..erga me, cum a fraterno amore..~ssi, tibi primas defero *Att.*1.17.5; *Fam.*6.12.2;—ut..ab illa infinita (*sc.* societate hominum) ~datur, proprior est eiusdem..linguae *Off.*1.53.

discens ~ntis, *m.* [pple. of disco] A learner, pupil; an apprentice, trainee.

Cic.*de Orat.*1.16; ~ntium studiis inueniuntur magistri *Off.*1.132; Liv.6.25.9; inperat..pater liberis, praeceptor ~ntibus Sen.*Cl.*1.16.2; Col.1.pr.4; Quint.*Inst.*1.3.6;— a tribvs topiaris et ~ntib(vs) eorvm *CIL* 13.5708.1. 14; clodivs septiminvs ~ns libratorvm fecit *A.Epig.* 42–3.93.11;—(*mil.*) immvnes et ~nt(es) *CIL* 3.3565; ~s eqvitvm 5.8278; 8.2988.

disceptātiō ~ōnis, *f.* [discepto+-tio]

1 A dispute, debate, contention: **a** (political or legal). **b** (philosophical, etc.).

a in ~one ciuili Cic.*Inv.*1.7; nulla ~one, nullo consilio priuata publicare *Agr.*2.57; neminem..saepius quam Postumium in ~onem trahebat Liv.4.49.12; 38.32.4; in domesticis ~onibus Quint.*Inst.*7.4.9; Scaev.*dig.*34.3.28.9;—(*w. defining gen.*) iuris..~onem esse uoluit Cic.*Mil.*23; si uerborum ~onis res esset Liv.21.19.2; Quint.*Inst.*3.6.82; —(*w.* cum) quod cum Eumene nobis ~o est Liv.37.54.4;— (*w.* de) quae de foedere..~onem habeant 42.41.9;—(*w.* inter) cum ea ipsa inter consules..~o fuerit 10.18.7;—(*w. indir. qu.*) uobiscum una ~o est licueritne per foedus fieri 21.18.8. **b** omnia, quaecumque in hominum ~onem cadere possunt Cic.*de Orat.*2.5; in philosophorum ~onibus Gel.2.7.1; (*w. obj. gen.*) diuinarum et humanarum rerum ~o Apul.*Mun.*pr.; (*w.* cum) cum quibus..omnis.. nobis ~o contentioque est Cic.*Div.*2.150.

2 Arbitration, judgement.

nec prouocantis de controuersiis ad ~onem populi Romani audiuit Liv.41.23.13; nec eodem sono publica iudicia et arbitrorum ~ones aguntur Quint.*Inst.*11.1.43; haec omnia habent ~onem praetoris Ulp.*dig.*2.15.8.24.

disceptātor ~ōris, *m.* [discepto+-tor] An arbitrator.

utrisque ~or eccum adest, age disputa Pl.*Mos.*1137; si..ex omnibus mortalibus..posset huic causae ~or legi Pol.*orat.*44; Cic.*Part.*10; ~ore domestico diiudicatur *Caec.* 6; Liv.42.42.4; apud ~orem..sedens dicturus Quint.*Inst.* 11.1.44; ~orem senatum nobis relinque Tac.*Ann.*16.22;— (*w. gen.*) ~ores huius criminis Cic.*Ver.*3.184; missum ~orem a Claudio agrorum Tac.*Ann.*14.18;—(*w.* iuris, legis) ille (*sc.* deus) legis huius inuentor, ~or, lator Cic.*Rep.*3.33; iuris ~or qui priuata iudicet..praetor esto *Leg.*3.8;—(*w.* inter) ~orem ait se sumptum inter patrem et filium Liv.1.50.8.

disceptātrix ~īcis, *f.* [next+-trix] Fem. of prec.

dialecticam..ueri et falsi quasi ~icem Cic.*Luc.*91.

disceptō ~āre ~āuī ~ātum, *intr.*, *tr.* [dis-+capto]

1 To dispute, debate, argue (at law or in a general sense).

inter eos qui ~ant conuenit quid sit illud quod ambigitur Cic.*Orat.*116; *Planc.*87; ut ~aret coram purgaretque sese Liv.43.8.1; ob immodicas ~antium altercationes Suet. *Aug.*54; ut qui iactura adfectus est, damni ~et Call.*dig.* 48.19.28.12;—(*w.* cum) Cic.*Tul.*20; ~andi cum rege locum in senatu quaerebat Liv.42.14.7; si quando cum priuatis ~aret Tac.*Ann.*4.6;—(*w.* inter) ut Graeci inter se ~ent suis legibus Cic.*Att.*6.1.15;—(*w.* de, ob) de foederum iure uerbis ~are Liv.21.19.1; cum quibus ob rem pecuniariam ~abat Tac.*Ann.*6.5;—(*w. indir. qu.*) ~aturas Gallias quem uirium suarum terminum uelint *Hist.*4.55;—(*impers. pass.*) de qua quaeri et ~ari potest Cic.*de Orat.*3.111; condicione aequa ~ari posse non putauerunt *Clu.*94; Caes.*Civ.*1.24.5; sicut inter Marcellum Siculosque ~atum fuerat Liv.26.33.4;— (*w. internal acc.*) non sum..nescius..ista inter Graecos dici et ~ari solere Cic.*de Orat.*1.45; (*abl. absol.*) multum in uicem ~ato Tac.*Ann.*15.14; (*w. indir. qu.*) causis, in quibus, qualis quaeque res sit, ~atur Cic.*de Orat.*2.112;—(*transf.*) illi armis ~ari maluerunt *Att.*8.11d.8; Tac.*Ann.*2.65; (*w. indir. qu.*) qui..~ent..armis, terrarum uter imperet orbi Sil.16.186.

2 To act as judge, arbitrate.

Cic.*Part.*28; ~ante populo Romano *Ver.*5.183; sibi placere de eo..senatu ~ante agi Liv.3.40.12; 5.4.2;—(*w.* inter) qui inter populum..et regem in re praesenti ~arent 34.62.15; cum inter filios eius et leges senatus ~aret Tac. *Ann.*2.51; ~are inter amicos Plin.*Ep.*7.15.2;—(*w. indir. qu.*) ut..inter regem socium populumque..quid cuiusque esset, ~arent Liv.42.23.6.

3 (tr.) To judge, decide (disputes, subjects of contention).

is..praepositus est quaestioni qui haec iuste..~et Cic. *Mil.*23; *Leg.*2.21; hoc modo hanc causam ~ari oportet *Fat.* 46; controuersias inter se iure..~anto Liv.38.38.17.

discerniculum ~ī, *n.* [next+-cvlvm]

1 A pin or sim. for parting the hair.

Lucil.991; Var.*L.*5.129.

2 A difference, distinction.

duas species ellebori..~o coloris insignes Gel.17.15.4.

discernō ~ernere ~rēuī ~rētum, *tr.* [dis-+cerno] Forms: *~rerit* (= *~reuerit*) Apul. *Apol.*38.

1 To separate or divide off. **b** to mark off (a dividing boundary).

aluntur (agni) lacte et rursus ~ernuntur (*sc.* a matre) Var.*R.*2.2.15; semina rerum..permixta gerit tellus ~retaque tradit Lucr.6.790; ne tanta multitudine confusa nec moderari nec ~ernere suos..possent Caes.*Gal.*7.75.1; tenui telas ~reuit auro Verg.*A.*4.264; ~retas insula rumpit aquas Ov.*Fast.*2.194; Tac.*Hist.*3.27; (Calpurnia) ~reta uelo sedet Plin.*Ep.*4.19.3;—(*w.* in+*acc.*) septem ~retus in ostia

Nilus Ov.*Met.*5.324;—(*w.* inter se) uictores constituit, modicis inter se spatiis ~retos Tac.*Hist.*4.46;—(*w.* ab) diuinus spiritus mortali ~ernebatur a corpore V.Max.4.5.6; runcatio..segetem..~ernit a caespite Plin.*Nat.*18.185; —(*w. abl.*) quo (*sc.* Phlegethonte)..conscelerata pia ~ernis uincula sede *Culex* 375;—(*ellipt.*) Idaeosne petam montes? a gurgite lato ~ernens..diuidit aequor Catul.64.179; Plin.*Nat.*31.4;—(*transf.*) ut haec ipsa fortuna huc illucue ~ernit Cels.7.3.2; perplexa ~ernere..oratorum est Quint.*Inst.*12.2.10. **b** neque flumen neque mons erat, qui finis eorum ~erneret Sal.*Jug.*79.3; exacta conuersione ~reuerunt (limitem) Fron.*agrim.*p.14; Agen.*agrim.*p.23.

2 To distinguish (with the mind or senses), separate. **b** (of things) to show the difference in or between, distinguish practically.

cum uxorem sororemque non ~ernis Cic.*Har.*39; necessest uerba..~erni..articulatim Lucr.4.555; diem noctemque negat ~ernere caelo Verg.*A.*3.201; fas atque nefas exiguo fine libidinum ~ernunt auidi Hor.*Carm.*1.18.11; Liv.40.10.1; alii colore..genera (lactucarum) ~reuere Plin.*Nat.*19.125; neque..sexum in imperiis ~ernunt Tac.*Ag.*16.1; Plin.*Pan.*2.2;—(*w.* ex) quartum sextumque genus ~ernitur omni e numero Man.5.716;—(*w.* ab) ubi ~erni (possit) stultus auditor..ab religioso et sapienti iudice? Cic.*Font.*23; pauci..utilia ab noxiis ~ernunt Tac.*Ann.*4.33;—(*w. abl.*) quibus (*sc.* praenominibus) ~ernerentur nomina gentilicia Var.*L.*9.60;—(*w. indir. qu.*) pecuniae an famae minus parceret, haud facile ~erneres Sal.*Cat.*25.3; quid ueri sit ~ernere Liv.22.61.10; Ov.*Pont.*4.15.25;—(*impers. pass.*) quo ~ernitur homo mas an femina sit Var.*L.*7.17; Cic.*Rep.*2.6;—(*w.* de) de trinis copulis ~ernendum Var.*L.*9.4. **b** mundum..fatorum..uices certis ~ernere signis Man.1.65; adulteratum haematiten ~ernunt uenae rubentes Plin.*Nat.*36.144; heredes..emolumento portionum euentu nuptiarum ~retos Papin.*dig.*28.7.24; (*w.* ab) tempus ~ernit emansorem a fugitiuo Sat.*dig.*48.19.16.5.

3 To settle, decide (a dispute, etc.).

limes agro positus litem ut ~erneret aruis Verg.*A.*12.898; quod..solita armis ~erni iure terminarentur Vell.2.118.1; Calp.*Ecl.*8.52.

discerpō ~pere ~psī ~ptum, *tr.* [dis- + carpo]

1 To tear or rend to pieces. **b** to tear (a person, i.e. his character, etc.) to shreds, pull to pieces.

nec pote quisquam..corpus ~pere ferro Enn.*Ann.*404; Acc.*trag.*543; nec ~pi nec distrahi potest (animus) Cic.*Tusc.*1.71; ~ptum..iuuenem sparsere per agros Verg.*G.*4.522; Hor.*S.*2.8.86; Liv.45.38.2; adulescentem frustatim ~punt (canes) Apul.*Met.*9.37; (*cf.*) quidam aera ~punt (*i.e. in theory*) et in particulas diducunt Sen.*Nat.*2.7.1;—(*poet.*) quae cuncta aerei ~punt irrita uenti Catul.64.142; Verg.*A.*9.313;—(*w.* in + *acc.*) res ea quae proposita est quasi in membra ~pitur Cic.*Top.*28; ubi in paruas partis ~pitur austrum Lucr.2.829;—(*hyperb.*) laceratus atque ~ptus domo proturbor Apul.*Met.*2.26; (*fig.*) inter tot affectus distrahar, immo ~par Sen.*Ep.*51.8;—(*transf.*) ~ptis sententiis Cic.*de Orat.*3.49. **b** si me infestis ~pent sidera dictis Catul.66.73; ut contempti uulgo ~ptique sint Gel.6(7).18.10.

2 To cut or divide off.

aliqua (*sc. pieces of land*)..cum..excurrunt et a directis lineis ~puntur Hyg.*agrim.*p.77.

discessiō ~ōnis, *f.* [discedo + -tio]

1 The action of going away, withdrawal, dispersal.

desolatus aliorum ~one Tac.*Ann.*1.30; (*of stars*) stellarum ..~ones et coetus Gel.14.1.8.

2 A withdrawal (for voting), division; *~onem facere* to call for a division, 'divide the house'.

tua uoluntas in ~one fuit ad lenitatem propensior Cic.*Phil.*8.1; in eius sententiam est facta ~o *Att.*12.21.1; ~onum more Sen.*Dial.*7.2.1; *CIL* 6.930.4; Tac.*Ann.*14.49; peracta ~one Plin.*Ep.*9.13.20; (*transf.*) quod plerisque auctoribus placet et in quod fortasse fiet ~o Sen.*Nat.*6.16.1; —has in sententias meas si consules ~onem facere uoluissent Cic.*Phil.*14.21; Hirt.*Gal.*8.53.1.

3 A division, schism; a divorce; a separation (from).

(seditio) oritur..ex clamore primum, deinde aliqua ~one contionis Cic.*Sest.*77; Gel.2.12.1;—si eueniat, quod di prohibeant, ~o Ter.*An.*568;—~o plebis a patribus Sal.*Hist.*1.11.

discessus ~ūs, *m.* [discedo + -tvs³]

1 The process of separation, parting, also, absence (from). **b** the process of splitting apart.

animae et corporis ~us Var.*L.*5.60; Cic.*Arat.*249(15); ~us..solitudo ei..fuit quaerenda *Scaur.*11; cum corpus..atque animi natura..in sua ~um dederint primordia Lucr.4.45(41);—(*w.* ab) ~um animi a corpore Cic.*Tusc.*1.18;—quam longum..tuum ~um a nobis futurum putes *Fam.*7.10.3; *Sen.*84. **b** te..nec caeli ~us..nec faces uisae terrebunt Cic.*Div.*2.60.

2 Departure, going away. **b** (spec.) departure on vacation.

inter medici ~um et aduentum pollicitoris Var.*Men.*324; quantum mihi praesens prodesses..post ~um tuum sentio Cic.*Att.*12.49.1(48); ut fugae similis ~us uideretur Caes.*Gal.*5.53.7; ~u mugire boues Verg.*A.*8.215; post ciconiae ~um Plin.*Nat.*18.314; Stat.*Theb.*11.671; Tac.*Ann.*2.44; —(*w.* ab, de, ex) cuius quondam de patria ~us..luctuosus..uisus est Cic.*Red.Sen.*25; ~u Liburnarum ex Illyrico Caes.*Civ.*3.9.1;—(*w. abl.*) de illius Alexandrea ~u Cic.*Att.*11.18.1; —(*w. acc.*) ~us Arpinum *Att.*9.5.1;—(*of natural phenomena*) solis accessus ~usque *N.D.*2.19; sub ~um aestus maritimi Fron.*Str.*3.9.1;—(*transf.*) o praeclarum ~um..e uita Cic.*Div.*1.47. **b** si quis requirit cur Romae non sim: quia ~us est Cic.*Att.*12.40.3; in ipsum ~um senatus incidisse credo meas litteras *Fam.*3.9.4; Liv.4.36.3.

discĕūs, *m.* [Gk.] A kind of comet shaped like a quoit.

sine ullis radiis, quos et ~eus, nomini similis,..emittit Plin.*Nat.*2.89.

discidium ~(i)ī, *n.* [discindo + -ivm]

1 The action of splitting or rending apart, (usu. sudden or violent) division. **b** rupture (of an agreement).

(corpora) conciliis et ~iis exercita crebris Lucr.2.120; 3.581; ~io nubis 6.293; urbium..gentiumque ~ium Sen.*Nat.*6.30.2; in cateruae ~ium separati (*sc. dancers*) Apul.*Met.*10.29; flammarum fluenta diuino separata ~io *Mun.*34; (*in a metrical foot*) dum ne ~ium uerbi quarto pede fiat Maur.2115. **b** in ~io publicorum foederum Liv.25.18.5.

2 Sudden or forcible separation (of people). **b** dissolution of marriage, divorce; estrangement (of lovers). **c** separation, divorce (of systems, ideas, etc.).

belli ~io distractus a fratribus Cic.*Lig.*5; quod desiderium tui ~i ferre non posset *Phil.*2.45; fratris cari flebile ~ium Catul.66.22; locorum commutationes, orbitates, ~ia Sen.*Dial.*2.8.3. **b** nil malist quod sit ~io dignum Ter.*Hec.*782; Cic.*Att.*15.29.2; Agrippa ~io domum imminuerat Tac.*Ann.*2.86; ciuilis ~ii specie 14.60;—ualeant qui inter nos ~ium uolunt: hanc..mi adimet nemo Ter.*An.*697; Tib.1.5.1; ex paenitentia ~ii prioris Sen.*Con.*exc.8.6.; (*transf.*) harunc uoluptatum..distractio, ~ium, uastities uenit Pl.*Ps.*69. **c** hinc ~ium illud exstitit quasi linguae atque cordis Cic.*de Orat.*3.61; *Ac.*1.43.

3 Discord, dissension.

neque per uinum..ex me exoritur ~ium Pl.*Mil.*654; cur uetera..adpetissis ~ia? Acc.*trag.*160; gentem..dissidentem a populo Romano odio quodam atque ~io Cic.*Balb.*30; *Fin.*1.44; Fro.*Ant.*1.p.260(168N).

discīdō ~dere ~dī ~sum, *tr.* [dis- + caedo] To cut in pieces, cut up; to beat severely.

in multas partis ~dere ferro (serpentem) Lucr.3.659; 3.669;—uide ut ~dit labrum Ter.*Ad.*559; cunctantem flagellis ~dit Suet.*Cal.*33.1.

discinctus ~a ~um, *a.* [pple. of discingo]

1 Not wearing a girdle, ungirt; (mil.) wearing a tunic only without a belt. **b** wearing loose clothes. **c** (app.) not fitted with a girdle.

per tumulos errat passis ~a capillis Ov.*Ep.*6.89; Sen.*Ben.*7.19.3; (*of the tunic*) ~a tunica fugiendum est ac pede nudo Hor.*S.*1.2.132;—(*mil.*) ~us et inermis eques Liv.35.11.7; signum a ~o petebatur Sen.*Ep.*114.6;—(*as a mark of disgrace*) centuriones..destrictis gladiis ~os destituit Liv.27.13.9; seditiosam legionem inermem..~amque Fron.*Str.*4.1.43; Suet.*Aug.*24.2; (*of the tunic*) iussit eum..~a..tunica indutum..per omne tempus militiae adesse V.Max.2.7.9. **b** ~tos..Afros Verg.*A.*8.724; Sil.2.56. **c** tvnicas ii praecincta et ~a *CIL* 14.2215.

2 Undisciplined, easy-going.

~us..nepos Hor.*Epod.*1.34; non oratio eius aeque soluta est quam ipse ~us? Sen.*Ep.*114.4; ad morem ~i uiuere Nattae Pers.3.31; 4.22; (*of behaviour*) segnis eram ~aque in otia natus Ov.*Am.*1.9.41.

discindō ~ndere ~dī ~ssum, *tr.* [dis- + scindo] Forms: ~*sset* (= ~*disset*) Sil.11.455. To cut or tear apart, cut in two, divide.

~dit uestem: resarcietur Ter.*Ad.*120; salicem Graecam ~ndito Cato *Agr.*40.2; cotem..nouacula esse ~ssam Cic.*Div.*1.32; ~ssos..laniabant dentibus artus Verg.*G.*3.514; Curt.10.9.12; Stat.*Silv.*1.1.11; moles..securibus cuneisque ..~ndi Tac.*Hist.*5.6; capillo ~sso et capite conquassato Apul.*Met.*6.10; fractae ac ~ssae (nubes) *Mun.*9; (*cf.*) dispertita..uis animai et ~ssa Lucr.3.639; (*poet.*) stat sanguineo ~ssus amictu Luctus Stat.*Theb.*3.125;—(*w. abl.*, ab) medio ~ndit pectore uestem Sil.16.436; ueste a pectore ~ssa Suet.*Jul.*33;—(*transf.*) si tam breue tempus interuallis ~ndimus Sen.*Ep.*69.5; 89.17.

discingō ~gere ~xī ~ctum, *tr.* [dis- + cingo] To remove the belt or girdle from (in mil. exx. also bearing the idea of disarming).

uictos..in Capitolio ~xit Flor.*Epit.*1.20(2.4.3); cum..~xerit Afros Juv.8.120;—(*w. abl. of separation*) peltatam Scythico ~xit Amazona nodo Mart.9.101.5; picto ~git pectora limbo Stat.*Theb.*6.367;—(*pass. in middle sense*) ut ..neque umquam..aut excalcearetur aut ~geretur Vell.2.41.3; Sil.8.34; (*in fig. phr.*) in sinu est (Caesar) neque ego ~gor Cic.*Q.fr.*2.11.1;—(*fig.*) ut ~xi hominem! Pl.*Truc.*957; habuit..ingenium et grande et uirile, nisi illud secundis ~xisset Sen.*Ep.*92.35; ~xit ratione dolos Sil.7.153;—(*transf.*) medios ~gere lectos mensarumque pedes Mart.12.28(29).13.

disciplīna ~ae, *f.* [discipvlvs + -ina] Forms: *discipulina* Pl.*As.*201, *Mos.*154, *Ps.*1274ᵃ; Gel.3.2.14; *CIL* 3.13750, 8.10570, 10.26.

1 Teaching, instruction, training.

parsimonia et duritia ~ae alieis eram Pl.*Mos.*154; homines, qui nouum genus ~ae instituerunt *Ed.*(*Font.iur.*p.239)67; cui ~a fuerit forum, magister usus Cic.*de Orat.*3.74; *Div.*1.92; ad hos (*sc.* druides) magnus adulescentium numerus ~ae causa concurrit Caes.*Gal.*6.13.4; Liv.7.32.12; protinus..educti operantur (apes) quadam ~a cum matribus Plin.*Nat.*11.50; Senecae..in ~am traditus Suet.*Nero* 7.1; Ulp.*dig.*9.2.5.3; (*cf.*) ferarum natura non est illa quidem deprauata mala ~a, sed natura sua Cic.*Fin.*2.33;—(*w. gen.*) uirtutis ~am meliorem reperiet nullam *ad Brut.*2.5(7).6; Vitr.6.pr.4; V.Max.1.1.12; ad ~am humani sermonis facilior est psittacus Apul.*Fl.*12;—(*pl.*) e ludo atque e pueritiae ~is Cic.*Man.*28; i nnutritus caelestium praeceptorum ~is Vell.2.94.2; merces ~arum Ulp.*dig.*36.2.12.5.

2 A branch of study, discipline. **b** a philosophical school or sect.

portentorum expiationes Etruscorum ~a contineri putauerunt Cic.*Har.*18; ~a (*sc.* druidum) in Britannia reperta Caes.*Gal.*6.13.11; Varro de nouem ~is unum (*sc.* uolumen) edidit de architectura Vitr.7.pr.14; Plin.*Nat.*7.107; Quint.*Inst.*10.2.2; liberalis ~as omnis fere puer attigit Suet.*Nero* 52.1; Apul.*Pl.*1.8;—(*w. gen.*) habere utramque debet ~am, et agri culturae et pecoris pascendi Var.*R.*2.pr.5; haec dicendi ratio aut ~a Cic.*Arch.*2; *Leg.*1.17; ~am..medicinae Vitr.1.1.10; Col.1.1.6. **b** tamquam philosophorum habent ~ae ex ipsis uocabula Ter.*Eu.*263; Zeno..a quo ~a Stoicorum est Cic.*Orat.*113; *Tusc.*2.7; ad Socraticam ~am V.Max.5.10.ext.2.

3 System, practice, method.

ut..earum (*sc.* mulierum)..artem et ~am optineat colere Pl.*Mil.*186; nimis ex ~a quippe ego qui probe Ionica perdidici (*sc.* saltare) *Ps.*1374ᵃ; ~ast isdem munerarier ancillas Ter.*Hau.*300; Cato *Agr.*1.4; meretriciam ~am Cic.*Ver.*3.6; *B.Alex.*24.3; falluntur qui..iucundam eius ~am esse concipiunt Cels.3.4.3; Tac.*Ann.*3.42.

4 Orderly conduct based on moral training, discipline. **b** order maintained in a body of people under command or sim.

illud sis uide: exemplum ~ae! Ter.*Ad.*767; ex Amerina ~a patris familiae rusticani Cic.*S.Rosc.*120; ex acerrima illa equestri familia et ~a *Ver.*30; Caes.*Gal.*4.1.9; nomen ~amque populi Romani deridicerant *Civ.*3.110.2; labente ..paulatim ~a Liv.pr.9; ut seruetis ~am curiae Sen.*Apoc.*9.1; Tac.*Hist.*4.74;—(*in mil. forces*) Cic.*Tusc.*1.2; celeritate et copiis docuit quid populi Romani ~a atque opes possent Caes.*Gal.*6.1.4; uti ~a militaris ad priscos redigeretur mores Liv.8.6.14; Tac.*Ann.*15.67;—(*personified*) ~a avg *BMCI* 3.p.466,No.1485(Hadrian); *A.Epig.*97.60. **b** ~a bona utatur (uilicus) Cato *Agr.*5.1; Liv.26.2.10; talis in castris diui Iuli ~a milites aluit V.Max.3.2.23; occidere solent (*sc.* seruos), non ~a et seueritate, sed impetu et ira Tac.*Ger.*25.2; quies..popularium et ~a spectaculorum Ulp.*dig.*1.12.1.12; (*cf.*) in ~a Augusti ita cauetur Macer *dig.*49.16.12.1.

disciplīnōsus ~a ~um, *a.* [prec. + -osvs] (app.) Well-trained.

gladiator ~us Cato *Mil.*14(J) (*cf.* Gel.4.9.12).

discipula ~ae, *f.* [fem. of discipvlvs] A female pupil.

te dedam ~am cruci Pl.*Aul.*59; Demetri, teque, Tigelli, ~arum inter iubeo plorare cathedras Hor.*S.*1.10.91; maximae..uirginis Aemiliae ~am extincto igne tutam..Vestae numen praestitit V.Max.1.1.7; Plin.*Nat.*35.147; Quint.*Inst.*12.10.27; (*cf.*) audit ~a (*sc.* luscinia) intentione magna et reddit Plin.*Nat.*10.83;—(*transf.*) luminis eius (*sc.* solis) Luna ~a Apul.*Fl.*10.

discipulīna: see disciplina.

discipulus ~ī, *m.* [dis- + capio + -vlvs] A pupil, learner, disciple, trainee (in liberal arts or trades, etc.).

meos ~os fustibus..contuderunt Pl.*Aul.*409; inperitus..morum mulierum ~us uenio ad magistras *St.*105; Isocratem ~osque eius Ephorum et Naucratem Cic.*Orat.*172; Liv.37.20.2; Ov.*Pont.*3.3.46; Peripatetici magister ac ~us Col.1.1.7; Juv.2.28; eum qui eluscauerat ~um in disciplina Ulp.*dig.*9.2.5.3;—(*w. gen.*) recipe me..~um uillaticae pastionis Var.*R.*3.2.18; Hirtium..et Dolabellam dicendi ~os habeo Cic.*Fam.*9.16.7; harum artium multi ~i sunt Sen.*Nat.*7.32.3; —(*transf.*) ~us est prioris posterior dies Pub.*Sent.*D.1.

disclūdō ~dere ~sī ~sum, *tr.* [dis- + clavdo] To separate off by a barrier, keep apart, shut off or out. **b** to separate off into parts.

loculatas habent piscinas, ubi dispares ~sos habeant pisces Var.*R.*3.17.4; ut..solum..~dere Nerea ponto coeperit Verg.*Ecl.*6.35; non illos interfusa maria ~dunt Sen.*Dial.*6.25.3; ita Parthorum..regna foribus ~duntur Plin.*Nat.*6.44; uxore alterorsus ~sa Apul.*Met.*9.28; (*of a hangman's noose*) ut..restis..spiritus officia ~deret 1.16;—(*w. abl. of separation*, ab) paludibus mons erat ab reliquis ~sus Var.*L.*5.43; *R.*3.7.6; mons..qui Aruernos ab Heluiis ~dit Caes.*Gal.*7.8.2. **b** ~dere mundum Lucr.5.444(438); ut possint (fulmina) ictu ~dere turris 6.240; Verg.*A.*12.782; *Aetna* 504.

disclūsiō ~ōnis, *f.* [prec. + -tio] The state of being separated off.

Apul.*Soc.*1.

discō ~ere didicī, *tr.*, (*intr.*). [perh. <**di-dk-skō*; Gk. διδάσκω] Forms: pf. *dedic-* Pub.*Sent.*Q.2.

1 To acquire knowledge of or skill in, learn. **b** (w. inf.). **c** (w. acc. and inf.; indir. qu.). **d** (absol.).

quae didici dixi omnia; Epidicus mihi fuit magister Pl.*Epid.*591; cum..~erent conditum ab Liuio poeta carmen Liv.27.37.7; Sen.*Ep.*88.35; quicquid ~is tibi ~is Petr.46.8; quae prius ~imus studia Quint.*Inst.*1.pr.4;—(*w. prep. indicating source*) ut sibi liceret ~ere id de me Ter.*Eu.*262; ius a nobis ciuile didicisti Cic.*de Orat.*1.40; ne habear..apud quem litteras ~at *Fam.*9.10.2; ~e..uirtutem ex me Verg.*A.*12.435; (*cf.*) siue illae (*sc.* arbores) ultro ab homine didicere blandos sapores Plin.*Nat.*16.1;—(*w. adv.*) dum est unde ius ciuile ~atur Cic.*Ver.*1.115;—(*ellipt.*) ~ebant..fidibus antiqui *Sen.*26; ut..Graece loquatur aut ~at Quint.*Inst.*1.1.13. **b** philosophari numquam didici neque scio Pl.*Mer.*147; nisi saltare didicisset Cic.*de Orat.*3.83; miseris succurrere ~o Verg.*A.*1.630; Tac.*Hist.*1.33;—(*w.* ab, ex) ab Epicuro loqui ~imus Cic.*Fin.*2.31; uerum dicere ex te ~o Aur.*Fro.*1.p.16(49N);—(*poet., of things*) ~et mentiri lana colores Verg.*Ecl.*4.42; tua..melius ~at fortuna renasci! Stat.*Silv.*1.5.65. **c** deos didici securum agere aeuum Hor.*S.*1.5.101; Quint.*Inst.*1.10.46; Suet.*Nero* 36.1;— ~e quid sit uiuere Ter.*Hau.*971; Cic.*Fin.*3.66; Mart.2.1.3. **d** studiose ~unt, diligenter docentur Cic.*Q.fr.* 3.3.1; Caes.*Gal.*6.13.11; liberos uestros hic potissimum ~ere Plin.*Ep.*4.13.4; Thymele tunc rustica ~it Juv.6.66;—(*w. source indicated*) qui sapiet de me ~et Caecil.*com.*145; Liv. 30.11.4; ~ere a peritis Tac.*Agr.*5.2.

2 To learn to recognize, get to know. **b** to make oneself familiar with, get up (a case).
me peritus ~et Hiber Hor.*Carm.*2.20.20; morte Iouem didicit Man.5.96; (*w. epexegetic cl.*) quem..Vindelici didicere nuper, quid Marte posses Hor.*Carm.*4.14.8;—(*things*) explorant remos atque ipsa pericula ~unt Stat.*Theb.*6.22. **b** prouinciae causam in prouincia..~endam putaui Cic. *Scaur.*24; *Fam.*10.26.2; quo minus susceptam..litem, cognita inter ~endum iniquitate, dimittat Quint.*Inst.*12.7.6; Plin.*Ep.*3.9.35;—(*cf., of a judge*) uitas..et crimina ~it (Minos) Verg.*A.*6.433; Sen.*Apoc.*12.3.

3 To hear, ascertain, be informed of.
hoc..~ere aueo Cic.*Att.*15.19.2; haec ubi rex didicit Ov.*Fast.*4.845;—(*w. acc. and inf.*) id non esse eius modi didici Cic.*Att.*13.21.3; ~it..Litauiccum ad sollicitandos Aeduos profectum Caes.*Gal.*7.54.1; Flor.*Epit.*1.26(2.11.3);—(*w. indir. qu.*) genus omne tuum et quae dentur moenia ~es Verg.*A.*5.737;—(*w.* ab, ex) didici ex tuis litteris te habuisse rationem Cic.*Fam.*3.5.1; aliquem ex legatis..a quo ~eret senatus quantum in Etruria belli esset Liv.10.25.18; Ov.*Pont.*2.1.21;—(*ellipt.*) ut quidem didici ego Pl.*Poen.*122; dic quae sit; cupio ~ere Cic.*Caec.*37.

discobolos (~us) ~ī, *m.* [Gk. δισκοβόλος] A quoit-thrower; (in quots., artistic representations).
fecit (Myro)..~on Plin.*Nat.*34.57; 35.144; Quint.*Inst.* 2.13.10.

discolor ~ōris, *a.* [dis-+color]
1 Differing in colour; (w. pl. subj.) of different colours.
~or..auri per ramos aura refulsit Verg.*A.*6.204; ~or hos sanguis, alios distinxerat aetas Luc.10.128; in totum atro propior colos maculaeue ~ores Plin.*Nat.*13.98; 31.30; Mart.14.17.2;—(*w. dat.*) quorum (*sc.* arietum)..neutra pars (*tongue or palate*) esse debet ~or lanae Col.7.3.2; adiuuat unda fidem pelago nec ~or amnis Stat.*Theb.*9.338; (*cf.*) uestis..fatis ~or alba meis Ov.*Tr.*5.5.8; (*fig.*) matrona meretrici dispar erit atque ~or Hor.*Ep.*1.18.4;—loculatas ..habent arculas, ubi ~ores sint cerae Var.*R.*3.17.4; ut ~oribus signis iuratorum hominum sententiae notarentur Cic.*Ver.*40.

2 Variegated in colour, parti-coloured.
euolat admissis ~or agmen equis Ov.*Am.*3.2.78; formam arcus ~oris efficiunt (nubes) Sen.*Nat.*1.3.1; Plin.*Nat.*10.3; uariis floret uia ~or armis V.Fl.5.564; ~or..tigris Stat. *Theb.*9.685; ~or umbra populus *Silv.*2.3.51; Flor.*Epit.*1.6 (1.12.7); Apul.*Soc.*1;—(*fig.*) rerum ~or usus Pers.5.52.

discolōrius ~a ~um, *a.* [prec.+-ivs] Parti-coloured.
amictus ~a ueste Petr.97.3.

discolōrus ~a ~um, *a.* [as prec.+-vs] Differing in colour, of different colours.
licia ~a Apul.*Apol.*30; *Mun.*16.

disconcinnus ~a ~um, *a.* [dis-+concinnvs] Ill-matched, discordant.
~os illos, hos concinnos (oculos) dici potuisse Fro.*Aur.* 2.p.110(159N).

disconducō ~ere, *intr.* [dis-+condvco] Const.: w. dat. To be harmful, prejudicial (to).
nil ~it huic rei Pl.*Trin.*930.

disconueniō ~īre, *intr.* [dis-+convenio] To be different, be inconsistent. **b** (impers.) there is disagreement.
mea cum..sententia..aestuat et uitae ~it ordine toto Hor.*Ep.*1.1.99; quod mendosae et ~ientes in his (*sc. temples*) symmetriae conficiebantur Vitr.4.3.1; Agen.*agrim.* p.38;—(*w. dat.*) si..limitum ordinatio..altera alteri ~it Hyg.Gr.*agrim.*p.146; (arbores finales) disponuntur..~ientes ordinibus arbustorum Sic.Fl.*agrim.*p.107. **b** si collectus pluuialis aquae..in alterius fundum influit, et ~it Fron.*agrim.*p.10; Hyg.Gr.*agrim.*p.169; (*w.* inter) non eadem miramur; eo ~it inter meque et te Hor.*Ep.*1.14.18.

discoquō ~quere ~xī ~ctum, *tr.* Also **~cō.** [dis-+coqvo] To break down or soften by cooking; (also, app.) to distribute by cooking.
carnem caballinam ~ctam Plin.*Nat.*28.265; Larg.184;—(*w. vehicle expr.*) (lens) caelesti aqua ~cta Plin.*Nat.* 22.142; 29.70; ranarum corda in olei ueteris sextario..~xere 32.81;—epulis..in multa fericula ~ctis Sen.*Ep.*122.3.

discordābilis ~is ~e, *a.* [discordo+-bilis] Disagreeing, discordant.
me..inter nos fuisse ingenio hau ~i Pl.*Capt.*402.

discordia ~ae, *f.* [discors+-ia] A state of disagreement or discord, dissension. **b** difference of opinion, divergence of views. **c** (personified as a goddess).
quo modo diuortium et ~am inter nos parem Pl.*Truc.* 420; confingis falsas causas ad ~am Ter.*Hec.*693; in ~is ciuitatis Cic.*Clu.*39; nostrae nobis sunt inter nos irae ~aeque placandae *Har.*63; exoritur trepidos inter ~a ciuis Verg.*A.*12.583; iurgia ~as simultates cum hostibus exercebant Sal.*Cat.*9.2; ~a ciuilis Liv.24.22.2; manente legionum auxiliorumque ~a Tac.*Hist.*2.88; *Ann.*2.76; simulata aduersus patrem ~a 12.44;—(*meton.*) Idae et cupido quondam ~a Phoebo, Eueni..filia Prop.1.2.17;—durae buccae fuit, linguosus, ~a non homo Petr.43.3; (*fig. or poet.*) uerborum nouorum ac ueterum ~a Var.*L.*5.5; Lucr.6.366; quae est tanta animi ~a? Sen.*Ben.*3.28.6; ~a ponti Luc.5. 646. **b** tam inmodica prodentium ~a est Plin.*Nat.*4. 98; Plin.*Ep.*2.19.6. **c** Enn.*Ann.*266; Verg.*A.*6.280; Stat. *Theb.*7.50; ex Nocte et Erebo..~a Hyg.*Fab.*pr.1.

discordiōsus ~a ~um, *a.* [prec.+-osvs] Prone to discord.
uolgus..seditiosum atque discordiosum erat Sal.*Jug.*66.2.

discorditās ~ātis, *f.* [discors+-tas] Discord, disagreement.
quantam..ex ~ate cladem inportem familiae Pac.*trag.* 178.

discordō ~āre, *intr.* [next+-o³]
1 To be at variance, quarrel, conflict, disagree.
oppidani..~are coeperunt *B.Hisp.*34.1; depugnare parati si ~et eques Hor.*Ep.*2.1.185; tres duces ~antes Liv. 26.41.20; lasciuire miles, ~are, pessimi cuiusque sermonibus praebere auris Tac.*Ann.*1.16; (*w.* cum) Cherusci, cum quis aeternum ~ant 12.28; (*w.* inter se) scis eos..~are inter se Ter.*An.*575;—(*of animals*) neu ~arent (*sc.* caprae) Pl.*Mer.* 231; iumentis ~antibus Plin.*Nat.*25.7;—(*transf., of inanim. things*) diuersa genera (pomorum) inter se ~ant et celerius uitiantur Col.12.47.6; ~antibus uentis Plin.*Ep.*8.20.6;—(*fig.*) (uoluptates) inter se dissident atque ~ant Cic.*Fin.* 1.44; Man.2.422; (*w.* aduersus) de membris..aduersus uentrem ~antibus Quint.*Inst.*5.11.19.

2 To differ, be inconsistent or incongruous.
non est huius animus in recto, cuius acta ~ant Sen.*Ep.* 34.4; Col.2.2.3; ut ~antem utero suo generis alieni stirpem insitam..recipiat (equa) 6.36.2; ~antes (litteras) mutatis uincere uerbis Maur.1014; (*w. abl. of respect*) barbarico tot ~antia ritu corda uirum Sil.16.20;—(*w.* ab) Vell. 2.53.3; a sermone tenui sublime (uerbum)..~at Quint. *Inst.*8.3.18;—(*w. dat.*) quantum simplex..nepoti discrepet et quantum ~et parcus auaro Hor.*Ep.*2.2.194.

discors ~rdis, *a.* [dis-+cor] Form: *~rdis* (nom. sg. fem.) Pompon.*com.*165.
1 That is at variance or in conflict, disagreeing, discordant.
non contentione, non ambitione ~rdes Cic.*Agr.*2.91; Catul.64.379; procul ~rdibus armis Verg.*G.*2.459; ~rdes addere in arma manus Ov.*Am.*3.8.48; Sil.16.413; Tac.*Ann.* 13.25; (*cf.*) ~rs..Erinys Sen.*Thy.*251; (*transf.*) opus adgredior..~rs seditionibus Tac.*Hist.*1.2;—(*w.* ad, in+*acc.*) ad alia ~rdes in uno..consensisse Liv.4.26.7; totus populus in alia ~rs in hoc conuenit Sen.*Ep.*115.11;—(*w.* cum) ciuitas secum ipsa ~rs Liv.2.23.1; ~rdem cum matre animum Tac.*Ann.*1.72;—(*w.* inter se) ~rdibus municipiorum animis..inter semet *Hist.*4.3;—(*w. dat.*) filius..~rs patri Vell.2.37.3;—(*of natural phenomena*) magno ~rdes aethere uenti Verg.*A.*10.356; Tanais..~rs Hor.*Carm.* 3.29.28; gratas inter mensas symphonia ~rs *Ars* 374; fluctus maria ~rdes agunt Sen.*Med.*941.

2 Different, inconsistent, incongruous.
rerum concordia ~rs (*of diverse elements*) Hor.*Ep.*1. 12.19; uarius..ex ~rdi cibo morbus est Sen.*Ep.*95.19; *Her.F.*711; monstra..quae nullo semine ~rs protulerat natura Luc.1.589; Petr.120,l.73;—(*w.* inter se) inter se..~rdia membra Lucr.5.894; ~rdia inter se..responsa Liv. 9.3.8;—(*w. abl. of respect*) ora sono ~rdia Verg.*A.*2.423; Curt.4.13.4; aestus tempore non ratione ~rdes Plin.*Nat.* 2.218;—(*neut. pl. as sb.*) mundi concordia ex ~rdibus constat Sen.*Nat.*7.27.4.

discrepantia ~ae, *f.* [pple. of discrepo+-ia] Difference, discrepancy.
~a scripti et uoluntatis Cic.*Top.*96; maiorem..inter Stoicos et Peripateticos rerum esse aio ~am quam uerborum *Fin.*3.41; *Off.*1.111; ~a..saporum Vitr.8.3.26.

discrepitō, āre, *intr.* [dis-+crepito] To be out of harmony, be different.
positura ~ant res Lucr.2.1018; 3.803; 6.1105.

discrepō ~āre ~āuī (~uī), *intr.* [dis-+crepo] Forms: pf. *~aui* Var.*L.*8.69, Cic.*de Orat.*3.119 (*~ui* acc. Nonius); *~ui* Hor.*Ars* 219. Const.: comparison indicated by *ab, cum, inter,* or dat.; also w. abl. of respect, *de* or *in*+abl.; w. acc. and inf., indir. qu., *quin.*

1 To differ in sound, be out of tune.
Cic.*de Orat.*3.196; concentus..quem..~antem aures eruditae ferre non possunt Cic.*Rep.*2.69; quamuis paulum ~ent (tibiae) *Off.*1.145; dissonae illis, ut gentium multarum ~antibus linguis, uoces Liv.30.34.1;—(*w.* inter) ut haec duo uerba inter se discrepare, re unum sonare uideantur Cic.*Off.* 3.83; largiter inter eos (*sc.* calices) sonitus ~abit Vitr.6.1.8;

2 To be out of harmony or inconsistent (with), have differences or discrepancies. **b** (of opinions, information, etc.) to have discrepancies or be inconsistent, lack agreement. **c** to differ in opinion, disagree; (esp. impers.) there is a difference of opinion, it is disputed.
interpres..mentis oratio uerbis ~at sententiis congruens Cic.*Leg.*1.30; nec multum ~at aetas Verg.*A.*10.434; ipsa ..Italia partibus suis ~at Col.6.1.1; Plin.*Pan.*55.6; Fro. *Aur.*2.p.46(113N);—(*w.* ab) ~at..a timendo confidere Cic. *Tusc.*3.14; ut signum a signo, sic a se ~at ipsum Man.4.426; Sen.*Dial.*10.4.3; ueste habituque uix a gregario milite ~ans Tac.*Hist.*2.5;—(*w.* cum) facta eius cum dictis ~are Cic.*Fin.* 2.96;—(*w.* inter) num ~ent inter se (nati) Var.*L.*8.42; Vitr.2.9.5;—(*w. dat.*) dicta factis ~ant Acc.*trag.*47; Cic. *Tusc.*4.29; quantum simplex hilarisque nepoti ~et Hor. *Ep.*2.2.194;—(*w. compendious comparison*) ne ab aliorum iudiciis ~ent Cic.*Clu.*60; id a tuis litteris..~abat *Att.*2.1.11. Arruntius haud multum ~ans a Galli oratione Tac.*Ann.* 1.13. **b** ridentur etiam ~antia Cic.*de Orat.*2.281; alia inter auctores ~ant Liv.26.49.2; Ov.*Fast.*6.572; hoc inter avctores ~at *CIL* 13.1668.1.17; Fron.*Aq.*23; Suet.*Vit.* 2.1; (*w. acc. and inf.*) illud haudquaquam ~at maiore conatu..rem actam Liv.22.36.5. **c** in medicina..~ant scriptores Var.*L.*9.11; de ceteris rebus ~antium philosophorum Cic.*Tusc.*4.61;—cum de legibus conueniret, de latore tantum ~aret Liv.3.31.8; 38.56.5;—(*w.* quin) nec ~at quin dictator eo anno A. Cornelius fuerit 8.40.2; 25.28. 3;—(*w. indir. qu.*) quantum militum..transportatum sit.. inter auctores ~at 29.25.1; Suet.*Cl.*44.2.

discrētim, *adv.* [discerno+-im] Separately.
haec singula..curiose diuidit et ~ remota rite componit Apul.*Met.*6.1; *Fl.*9.

discrētiō ~ōnis, *f.* [discerno+-tio]
1 Separation into parts, division.
sit..partitio (rerum) singularum in partes ~o Quint. *Inst.*7.1.1.

2 Distinction, discrimination.
Vergilius..utrumque tempus nulla ~one facta confudit Gel.17.10.12; neu ~o falsa sit rerum tam gracili modo Maur.71.

discrētus ~a ~um, *a.* [pple. of discerno]
1 Situated or placed apart, separate.
digitis (*sc. of dogs*) ~is Var.*R.*2.9.4; Plin.*Nat.*11.248; colunt ~i ac diuersi Tac.*Ger.*16.1;—(*w.* ab) ~ae a Corcyra (*sc.* insulae) Plin.*Nat.*4.52.

2 That is distinguished, differentiated.
Cels.2.18.4; ea (*sc.* ratio scribendi) casibus numerisque ~a est Quint.*Inst.*1.7.15; piscium..genera..regionibus.. litoribusque ~a sunt 5.10.21;—(*w.* ab) quod..a fero ~um, id dicitur cicur Var.*L.*7.91.

discrībō ~bere ~psī ~ptum, *tr.* [dis-+scribo] There is much confusion in MSS. and edd. with describo; senses more appropriate to the prefix *dis-* are treated here.

1 To distribute, deal out, allot. **b** to allot, assign (soldiers to units). **c** to order, arrange, lay out.
patrem tribvm cognomenqve tribvtimqve ~ptos *CIL* 1.583.14; ~psisti urbis partis ad incendia Cic.*Catil.*1.9; iudicantem uidimus Aeacum sedesque ~ptas piorum Hor. *Carm.*2.13.23; ~psit sedes uarie natura profundi Ov.*Hal.* 92; aqvam distribvere ~bere vendvndi cavsa *CIL* 10.4842.38; (*w. cl.*) Italiae regiones ~ptae sunt, quam quisque partem tueretur Cic.*Fam.*16.11.3;—(*w. dat.*) (argentum) quod..~psi..illis Ter.*Ph.*923; ciuitatibus pro numero militum pecuniarum summas ~bere Cic.*Ver.*5.62; Caes. *Civ.*3.42.3; Liv.31.34.8;—(*w.* in+*acc.*) duodena ~bit in singulos homines iugera Cic.*Agr.*2.85; Sen.*Ben.*7.4.2;—(*w.* per) ~ptis per familiam ministeriis Tac.*Ger.*25.1. **b** (*w.* in+*acc.*) cum ea quattuor milia in legiones ~psissent Liv. 39.38.11; Sen.*Dial.*5.22.5. **c** Cic.*Sen.*5; a quo essent illa (*sc. things in a garden*) dimensa atque ~pta 59.

2 To divide up, separate.
fines capilli ~pti (*i.e. parted*) Var.*L.*6.81; onera..excepit unus, quae..multi homines..~pta sustinuerunt Cic.*Rab. Post.*41; classes centuriasque et hunc ordinem ex censu ~psit Liv.1.42.5;—(*w.* in+*acc.*) in quattuor partis omnem orationis laudem ~pseras Cic.*de Orat.*3.144; in iugera dena ~bat (agrum) *Agr.*2.79; ad cursus lunae in duodecim menses ~bit annum Liv.1.19.6; Curt.3.3.10; ~pto circulo (*of the zodiac*)..in duodecim animalium effigies Plin.*Nat.*2.9; 11.87.

discrīmen ~inis, *n.* [discerno+-men]
1 A separating line, space, structure, etc., partition. **b** a parting in the hair. **c** a dividing point or interval in time.
membranam..quae est ut in malo Punico ~en Var.*L.* 7.91; cum pertenui ~ine separentur (duo maria) Cic.*Agr.* 2.87; Lucr.5.690; Verg.*A.*5.154; ~ina costis per medium qua spina dabat 10.382; Luc.5.76; oculi..tenui ~ine praegrandes Plin.*Nat.*8.121; nectent purpureas niueo ~ine uittas Stat.*Theb.*2.738;—(*w. gen.*) medio in ~ine luci Grat. 486; caligo..agminum ~ina atque ordinem prohibuit perspici Curt.4.12.20; ~en Ionii et Hadriatici maris Plin. *Nat.*3.100;—(*w.* inter) quos inter et hostem ~en murus.. facit Ov.*Pont.*1.8.62. **b** Var.*L.*6.81; compositum ~en erit: ~ina lauda Ov.*Ars* 2.303; 3.137;—(*fig.*) puro ~ine pectita tellus Col.10.94; 10.186. **c** postera lux hiemem medio ~ine signat Ov.*Fast.*1.459; qui continuis consulatibus fecerat longum quendam et sine ~ine annum Plin.*Pan.*58.1.

2 A point in which things differ, difference, distinction. **b** (mus.) difference of pitch.
omnes (res) foedere naturae..~ina seruant Lucr.5.924; non..anima una dabit ~ina tanta Verg.*A.*10.529; Hor. *Carm.*2.5.23; tenues parui ~inis umbrae Ov.*Met.*6.62; V.Max.5.2.1; ut..res..~ine aliquo discernantur Quint. *Inst.*10.2.10;—(*w. gen.*) si..~en nullum est bonorum et malorum Cic.*N.D.*3.85; totidem centuriae..eodem..~ine aetatium factae Liv.1.43.5;—(*w.* inter) sit hoc ~en inter gratiosos ciuis atque fortis Cic.*Balb.*49; inter bonos et malos ~en nullum Sal.*Cat.*52.22; Liv.2.3.3;—(*w.* ab) cum titulis notatae fores ~en pacatae ab hostili domo fecissent 25.10.10;—(*w.* in+*abl.*) nullum in delictis esse discrimen Cic.*Parad.*23;—(*w. indir. qu.*) plurimum..~inis est, utrum.. Sen.*Dial.*8.7.2. **b** uasa aerea, quae..conlocantur sonitum ex ~ine Vitr.1.1.9; (*meton.*) obloquitur numeris septem ~ina uocum Verg.*A.*6.646.

3 The act or power of distinguishing, discrimination, decision (between alternatives). **b** a process for deciding a disputed question, test.
non est..consilium in uolgo, non ratio, non ~en Cic. *Planc.*9; Tros Tyriusque mihi nullo ~ine agetur Verg. *A.*1.574; alii alios sine ~ine armatos inermes caedunt Liv.27.16.6; Quint.*Inst.*10.1.7;—(*w. obj. gen.*) ~en summi boni Cic.*Fin.*2.44; nullo ~ine sexus reginam scit ferre Pharos Luc.10.91; quae..sunt posita..in recti prauique ~ine

QUINT.*Inst.*12.3.7;—(*w. indir. qu.*) ea res..in ~ine uersatur, utrum..an.. CIC.*Quinct.*92; Tros Rutulusne fuat, nullo ~ine habebo VERG.*A.*10.108; sine ~ine, liber an seruus esset LIV.1.8.6. **b** uenerat res in iudicium atque ~en CIC.*Ver.* 3.140; experiar, deus hic, ~ine aperto, an sit mortalis OV. *Met.*1.222; QUINT.*Inst.*7.2.9; ~en capitis intendere (*i.e. bring a capital charge*) TAC.*Ger.*12.1; (*w. indir. qu.*) numquam in ~en uenit an temere fecisset CURT.4.9.23.

4 A decisive stage, critical point, crisis.
CIC.*Fam.*5.21.3; clamore significant..rem in ~ine esse LIV.3.28.6; dum..nec ulla magni ~inis res ad Capuam gereretur 25.41.9; bis ante ultimum ~en classis hostium superata VELL.2.84.1; TAC.*Hist.*2.40; (*in fig. phr.*) doctrinam ..in ipsum ~en aciemque produxit CIC.*Leg.*3.14;—(*w. gen.*) ad ipsum ~en eius temporis *Man.*45; ~en..rerum suarum in bello Samnitium..uerti LIV.8.27.4; gladio permittere mundi ~en LUC.7.109;—(*w. indir. qu.*) in ~ine nunc humanum omne genus, utrum uos an Carthaginienses principes orbis terrarum uideat LIV.29.17.6.

5 A dangerous or critical situation, a situation in which the safety or existence of a thing is at stake.
summum uirum..ad extrema rei publicae ~ina delectum CIC.*Dom.*24; per tot ~ina rerum tendimus in Latium VERG.*A.*1.205; 3.629; ut opem sibi ultimo in ~ine ferrent LIV.4.14.5; OV.*Met.*10.612; TAC.*Hist.*4.52;—(*w. defining gen.*) quod defensores suos..in ipso ~ine periculi destituat LIV.6.17.1; uasti..discrimina ponti V.FL.1.37;—(*w.* de) de uita..in ~en uocantur CIC.*Off.*1.84.

discrīminālia ~ium, *n.pl.* [prec.+-ALIS] (app.) Ornaments worn in the hair to preserve the parting.
<PVEL>LAE PALLIOLATAE CVM ~IBVS *A.Epig.*32.70.

discrīminātim, *adv.* [next+-IM] With discrimination, not indiscriminately.
sunt quae non possunt uiuere nisi in..aqua, et id ~ alia in lacubus..alia in fluminibus VAR.*R.*1.7.7.

discrīminō ~āre ~āuī ~ātum, *tr.* [DISCRIMEN+-O³]

1 To divide up, separate; to separate (from). **b** to part (the hair). **c** to form a division in or between, divide.
ea ~anda in conserendo quae sunt fructuosa VAR.*R.* 1.23.4; uigiliarum somnique nec die nec nocte ~ata tempora LIV.21.4.6; (*poet.*) torus..picto uestes ~at auro LUC.2. 357; (*w.* in+*acc.*) pauimenta..lapide..caesim deminuto in uaria picturae genera ~antur APUL.*Met.*5.1;—quantus ab Arctois ~at aethera plaustris anguis STAT.*Theb.*5.529. **b** pectinis..dente tenui (capillus) ~atus APUL.*Met.*2.9; frontem..crispatam..~abo 6.28; *Apol.*4. **c** Etruriam ~at Cassia (*sc.* uia) CIC.*Phil.*12.23; VERG.*A.*11.143; (promunturium) terras, maria, caelum ~ans PLIN.*Nat.*4.113; qui ~ant eos (*sc.* dentes continuos) canini appellantur 11. 160; MAUR.2026.

2 To distinguish, differentiate.
cum ~entur in rectis casibus is ea id VAR.*L.*8.51; 9.57; notas..quibus inter se similia ~entur SEN.*Ep.*95.65; (*of things*) hoc pedes ~ant MAUR.546;—(*cf.*) moram, quam pollicis sonore..~are..solent 2255.

discriptē, *adv.* [pple. of DISCRIBO+-E] In an orderly arrangement.
post ~ et electe..quid cuique conueniat..digeremus CIC.*Inv.*1.49.

discriptiō ~ōnis, *f.* [DISCRIBO+-TIO] The process of dividing up, distribution, allocation. **b** arrangement in space, disposition.
illam..Pythagorae..dein Platonis ~onem sequar, qui animum in duas partes diuidunt CIC.*Tusc.*4.10; quae ~o, quei numerus in quoque genere (*i.e. of the judiciary*) futurus sit SAL.*Rep.*2.12.1;—(*w. obj. gen.*) tum ~o totam per urbem caedis..constituta est CIC.*Sul.*52; census in ciuitate et ~o centuriarum..non erat LIV.4.4.2; *CIL* 6.10230.17; ipsa hortulorum ~o..fatigationem..minuit COL.4.19.2; SUET. *Tib.*30; (*w.* in+*acc.*) ~onem..ab eo factam Italiae..in regiones XI PLIN.*Nat.*3.46. **b** mei sunt ordines, mea ~o (*i.e. in a plantation*) CIC.*Sen.*59; ea uarietate, ea ~one, quocumque inciderint oculi, reficientur PLIN.*Ep.*5.6.13;—(*w. obj. gen.*) urbs..situ et ~one aedificiorum..nobilis CIC.*Agr.* 2.40; cum..astra eandem..caeli ~onem longis interuallis rettulerint *Rep.*6.24.

discruciō ~āre ~āuī ~ātum, *tr.* [DIS-+CRVCIO]

1 To torture, torment.
ut ille Trebonium et..etiam Brutum, Cassium, ~atos necaret CIC.*Phil.*13.37; SUET.*Aug.*14; (*transf.*) ~abar frigore APUL.*Met.*9.32.

2 To vex, torture (mentally).
sollicitudines quae..quemque ~ant SEN.*Ep.*115.16; te pessimis periculis ~at (Fortuna) APUL.*Met.*11.15;—(*refl.*) quid..te ~as? PL.fr.inc.153; APUL.*Pl.*2.22;—(*pass.*) ~or miser amore PL.*Cas.*276; CIC.*Q.Rosc.*31; cura ~abor VER. *Fro.*2.p.118(131N);—(*w.* animi) ~or animi, quia ab domo abeundum est mihi PL.*Aul.*105; TER.*Ad.*610;—(*w. acc. and inf.*) haec..meo sodali dici ~or miser PL.*Bac.*435; ~or.. fundum a uerberone Curtilio possideri CIC.*Att.*14.6.1; CATUL. 66.76.

discubitus ~ūs, *m.* [next+-TVS³] The action of taking one's place at table.
ne seniorum aduentum ~u praecurrerent V.MAX.2.1.9.

discumbō ~mbere ~buī ~bitum, *intr.* [DIS-+CVMBO]

1 To lie down to sleep, go to bed.
~bitum noctu ut imus PL.*Mer.*100; cenati ~buerunt ibidem CIC.*Inv.*2.14.

2 To lie down, take one's place at table or for a meal. **b** to recline at table.
~mbimus mussati VAR. *Men.*102; CIC.*Att.*5.1.4; ubi ~buere tenentque pocula LUCR.3.912; SAL.*Hist.*3.83; toris iussi ~mbere pictis VERG.*A.*1.708; cum ad cenandum ~buimus SEN.*Ep.*47.5; STAT.*Silv.*4.2.33; TAC.*Ann.*14.57;—(*w. position indicated*) si secundum illum ~mberem PETR.57.2; cum super eum Piso ~mberet TAC.*Ann.*3.14;—(*impers. pass.*) mature ueniunt, ~mbitur CIC.*Ver.*1.66; conueniunt, stratoque super ~mbitur ostro VERG.*A.*1.700; *CIL* 14.2795; apud cenam Fauorini..cum ~bitum fuerat GEL.3.19.1. **b** instaurari epulas iubet ~mbitque ultra solitum TAC.*Ann.*6.50; ~mbentis Neronis apud Simbruina stagna 14.22; (*cf.*) canis ad pedes eius ~mbens diutius AMP. 2.6.

discuneātus ~a ~um, *a.* [DIS-+CVNEO] That is wedged apart.
PLIN.*Nat.*9.90.

discupiō ~ere, *intr.* [DIS-+CVPIO] CONST.: w. inf. To desire passionately.
~io dicere PL.*Trin.*90; te uidere..~io CAEL.*Fam.*8.15.2; se uendere ~ere CATUL.106.2.

discurrō ~rrere ~rrī ~rsum, *intr.* [DIS-+CVRRO] FORMS: pf. *discucurr-* SEN.*Suas.* 4.2, SUET.*Cal.*32.2.

1 To run off in several directions. **b** to run or move this way and that, run about.
ut in muris armata ciuitas ~rreret CAES.*Civ.*3.105.4; VERG.*A.*5.580; ~rrunt alii ad portas 12.577; ad sedandos motus ~rrunt LIV.3.50.12; 7.33.11; praedatum..~rrebant 35.4.2;—(*impers. pass.*) in muros tota ~rritur urbe VERG.*A.* 11.468; statim..ad arma ~rsum TAC.*Ag.*35.1;—(*transf.*) relinque ista..ad quae ~rritur, relinque diuitias SEN.*Ep.* 84.11; 90.36. **b** ipse deus (*i.e.* Pan)..~rrere gaudet in altis montibus OV.*Fast.*2.285; quidquid ferarum ~rrit SEN.*Con.* 10. pr.9; mulier illa quae huc atque illuc ~rreret PETR.37.1; incerto ~rrunt sidera motu LUC.1.643; tenui ~rrit aranea tela MART.8.33.15; AUR.*Fro.*2.p.18(230N); per Thessaliam ..ultro citro ~rrens APUL.*Met.*1.5;—(*poet.*) certa ~rrunt undique pompa perque uias urbis munera perque domos [TIB.]3.1.3; (QUINT.]*Decl.*8.19.

2 (of things) To run or extend in different directions. **b** (of the mind, a speaker, etc.) to branch out; also, to range (over a field).
septem ~rrit in ora (Nilus) VERG.*G.*4.292; *Aetna* 394; in tris aequalis ~rrit linea ductus MAN.2.274; uenis per id ~rrentibus CELS.4.1.4; infula..in geminos ~rrit..postes LUC.2.355; ~rrant catenae circa latera PLIN.*Nat.*33.40;—(*of non-material things*) per omnes (partes)..~rrit (febris) SEN.*Nat.*6.14.2. **b** secta bipertito cum mens ~rrit utroque OV.*Rem.*443; SEN.*Dial.*10.10.5; et retro agere expositionem et a media in utramque partem ~rrere.. cogantur (pueri) QUINT.*Inst.*2.4.15;—sine certo ordine per locos ~rrebat (declamator) SEN.*Con.*2.2.9.

discursātiō ~ōnis, *f.* [next+-TIO] The action of running this way and that; rushing or bustling about.
magna ~one montes..conlustrauit (pecus) FRON.*Str.* 1.5.28;—officiosa per urbem ~o SEN.*Dial.*10.3.2.

discursō ~āre, *intr.* [DISCVRRO+-TO] To run or rush about; to bustle about.
Manlium Suram, multum in agendo ~antem, salientem, manus iactantem QUINT.*Inst.*6.3.54; 11.3.126;—qui per officia ~ant SEN.*Dial.*10.14.3; FLOR.*Epit.*2.6(3.18.10).

discursus ~ūs, *m.* [DISCVRRO+-TVS³]

1 The action of running off in different directions, separation or dispersal.
ne..contineri ab ~u miles auidus praedae non posset LIV.25.25.5; Fabii uallem latis ~ibus inplent OV.*Fast.*2.223; APUL.*Met.*3.28;—(*as a mil. manœuvre*) ut..in dextram laeuamque ~u..uiam..beluis darent LIV.30.33.3; subito ~u terga cinxerant equites TAC.*Hist.*2.25.5;—(*of things*) siderum coetum ~umque SEN.*Dial.*1.1.2; ~us..animae diuersa in membra meantis LUC.3.640.

2 The action of running this way and that, running about. **b** (of inanim. things). **c** a pattern of wavy lines.
hac pudicae sacerdotis inter supplicia et uota ~us est SEN.*Con.*1.3.6; formicarum iste~us est in angusto laborantium SEN.*Nat.*1.pr.10; feruent~ibus arces STAT.*Theb.*10.560; continui lusus et totius diei ~us QUINT.*Inst.*1.12.10; PLIN. *Pan.*14.3; (*of a fish*) lupus..~u fertur uario OV.*Hal.*40;—(*of orators*) clamant..multo ~u, anhelitu..furentes QUINT. *Inst.*2.12.9; PLIN.*Ep.*2.19.2. **b** libero inter ordines ~u (nauis) praeteruecta LIV.37.24.2; ~us telorum V.MAX.3.1.1; stellarum..~us SEN.*Ep.*36.11; commeat..tacitis ~ibus unda LUC.10.249; pampinorum..per inania omnia ~u PLIN. *Nat.*14.13; PLIN.*Ep.*6.20.9. **c** PLIN.*Nat.*13.96; crispo macularum ~u 16.66; 34.118.

3 Bustling activity.
quemadmodum plus quies..prodesset quam..~us et sudor SEN.*Dial.*12.6.5; Romae sueti ~us TAC.*Ann.*4.74; istum inanem ~um..relinque PLIN.*Ep.*1.9.7; quo ~u..aedilitatem..petiit 8.23.5; JUV.1.86.

discus ~ī, *m.* [Gk. δίσκος]

1 A discus.
~o, hastis, pila..uictitabam uolup PL.*Mos.*152; CIC.*de Orat.*2.21; seu te ~us agit HOR.*S.*2.2.13; *Carm.*1.8.11; missile..~i pondus PROP.3.14.10; MART.14.164.1; STAT. *Theb.*6.646.

2 A disk-shaped object: **a** a kind of dish. **b** a gong. **c** a form of sundial.
a cenarum reliquiis ~us ornatus APUL.*Met.*2.24; ULP.*dig.* 47.2.19.1; PAUL.*dig.*16.3.26.2. **b** ~us crepuit AUR.*Fro.* 1.p.182(70N). **c** Aristarchus..~um in planitia (dicitur inuenisse) VITR.9.8.1.

discussiō ~ōnis, *f.* [DISCVTIO+-TIO] Shaking, vibration.
per totum (dolium) cum quadam ~one percurrit (uox) SEN.*Nat.*6.19.2.

discussōrius ~a ~um, *a.* [next+-TORIVS] Discutient, dissipative.
~am uim habet fimum columbarum PLIN.*Nat.*30.75.

discutiō ~tere ~ssī ~ssum, *tr.* [DIS-+QVATIO]

1 To dash to pieces, break up, shatter. **b** to shake violently.
dentes..aduorsos ~tio omnes LUCIL.337; suas..~tit.. fulmine sedis LUCR.6.418; ne..saxa..latericium ~terent CAES.*Civ.*2.9.4; arietibus aliquantum muri ~ssit LIV. 21.12.2; OV.*Met.*2.625; ilex sulpure ~titur sacro PERS.2.25; ungula frondentem ~ssit..campum LUC.6.83; JUV.10.145. **b** ~tere et corpus de terra corripere instant (catuli) LUCR. 4.999.

2 To shake off or out.
strepit adsiduo..tinnitu galea..~ssaeque iubae capiti VERG.*A.*9.810; SEN.*Her.O.*383; ueterem..iugis..Alpes ~ssere niuem LUC.1.554; (elephans) mota cute ~tit hastas 6.210; (*poet.*) femina nec flammas nec saeuos ~tit arcus OV.*Ars* 3.29; (*cf., of a boxer*) manibus..obuia telia ~tiens STAT.*Theb.*6.773; (*fig.*) (tela) quaedam discutit (philosophia) SEN.*Ep.*53.12;—(*w.* ex) ~tit e spica grana (*sc.* tribulum) VAR.*R.*1.52.1; contectus ignis e se fauillam ~tit PLIN. *Nat.*18.358;—(*transf.*) seruitutem rei publicae ~tere QUINT. *Decl.*254(p.43,l.16).

3 To disperse, scatter, dissipate (physical objects and conditions). **b** to disperse, dispel (morbid matter, etc.; also, morbid conditions). **c** to break up (an assembly); to scatter, disperse (by military action).
lucidus aer..~tit umbras LUCR.4.341; Juppiter an uenti ~ssa nube tonarent OV.*Met.*15.70; SEN.*Her.F.*50; furtim se foribus admouit~ssisque fortissime claustris inuenit me PETR. 11.2; ~ssa iacebant saxa LUC.9.977; haliaetos..~ssis pectore aquis rapiens (piscem) PLIN.*Nat.*10.8; (irida) dicunt in sole aperto radios in se candentes ~tere 37.137; STAT.*Ach.*1.30; (*poet.*) ~tiens fugientia Lucifer astra SEN.*Apoc.*4.1;—(*fig.*) CIC.*Phil.*12.5; ~ssae umbrae et lux reddita menti VERG.*A.* 12.669; ~ssa rerum caligine uerum aspicis STAT.*Silv.*2.2.138; QUINT.*Inst.*8.2.23. **b** uti calculos..potionibus ~tiant VITR.8.3.17; spissescentem..intus umorem hominis ab eo (aceto) ~ti CELS.5.27.4; SEN.*Ep.*55.2; ~tiendis tumoribus PLIN.*Nat.*31.63; malagma quod ~tit strumas LARG.263; (*absol.*) usus eorum in medicina..~tere PLIN.*Nat.*36.137;—febrem somno et sudore ~ssit CELS.1.pr.69; ~tiendae tristes cogitationes 3.18.10; quorundam flagellis quartana ~ssa est SEN.*Ben.*6.8.1; COL.6.10.1. **c** eorum..aducocationem manibus ferro lapidibus ~ssisti CIC.*Dom.*54; uos..~tientes nefarios coetus LIV.39.16.10; 42.44.6; furorem..gladiis.. et caede comitia ~tientium VELL.2.12.6; (*cf.*) dimicatio (*sc.* apium) iniectu pulueris..~titur PLIN.*Nat.*11.58;—Cato ~tit Etruscos FLOR.*Epit.*2.6(3.18.13).

4 To dispel (an abstract condition or situation), dissipate, bring to nothing (activities, etc.).
periculum..consilio ~tiam CIC.*Mur.*84; donec ~ssis redeant erroribus ad se LUCR.4.997; pura somnum tibi ~te lympha PROP.3.10.13; metu..~sso V.MAX.1.7.8; admonitionibus ~ssit desidiam SEN.*Ben.*6.16.6; ebrietate ~ssa PETR.73.5; gliscentem..famam fors ~ssit TAC.*Hist.*2.8; ut ~terentur matrimonia, si non donaret is qui posset PAUL. *dig.*24.1.2.

disdiapāsōn. [Gk. δὶς διὰ πασῶν] (mus.) A double octave.
VITR.5.4.7; diatessaron et diapente et ex ordine ad ~ 5.4.9.

disdiapente. [Gk. δὶς διὰ πέντε] (mus.) The interval of a twelfth.
VITR.5.4.7.

disdiatessarōn. [Gk. δὶς διὰ τεσσάρων] (mus.) The interval of an eleventh.
VITR.5.4.7.

disdō: see DIDO¹.

disertē, *adv. compar.* ~ius, *superl.* ~issimē. [DISERTVS+-E]

1 Clearly, distinctly, expressly.
satin hoc plane, satin ~e..uideor tibi locutus esse? PL.*Am.*578; hoc eum ~e scribere CIC.*Ver.*3.126; ~issime.. planissimeque..scriptum est Chersonesum..Eumeni dari LIV.39.28.12; foederis..quo ~e uetentur..bellum gerere 42.23.4.

2 With skilful expression, dexterously.
si de pingendo pictor aliquis ~e scripserit aut dixerit CIC.*de Orat.*2.38; PLANC.*Fam.*10.11.1; NEP.*Ep.*3.2; Nicetes longe ~ius hanc phantasiam mouit SEN.*Suas.*2.14; ut ait Nero Caesar ~ssime, colla Cythereiacae splendent agitata columbae SEN.*Nat.*1.5.6; TAC.*Dial.*9.2; APUL.*Fl.*7; *Apol.*91.

disertim, *adv.* [as prec.+-IM] Clearly, plainly.
tuque mihi narrato omnia ~ ANDR.*poet.*5(6); id fuit nomen tibi. — fuit ~, uerum id usu perdidi PL.*St.*241; TITIN.*com.*150; ACC.*trag.*350.

disertiō ~ōnis, *f.* [dub.] (See quot.)
..~ones diuisiones patrimoniorum inter consortes PAUL. *Fest.*p.72M.

disertus ~a ~um, *a. compar.* ~ior, *superl.* ~issimus. [prob. fr. *dissertus* (DISSERO²)] FORMS: *diss- CIL* 11.3934.

1 Dexterous or skilled in speaking (or

writing). **b** (of speech, writings, etc.) skilfully expressed.

callidum et ~um credidi hominem TER.*Eu*.1011; possumus Appium Claudium suspicari ~um, quia senatum iam-iam inclinatum a Pyrrhi pace reuocauerit CIC.*Brut*.55; illud scripsit ~issimus poeta pro me *Sest*.122; ~issime Romuli nepotum..Marce Tulli CATUL.49.1; fecundi calices quem non fecere ~um? HOR.*Ep*.1.5.19; rhetor ~us VITR.1.1.18; pro..sua causa quisque ~us erat OV.*Fast*.4.112; SEN.*Suas*. 1.12; MART.9.11.16; ~iores esse antiquos TAC.*Dial*.27.1; philosophum..tam Graece quam Latine..~issimum APUL. *Apol*.4; (*cf*.) diuitem Midae ~umque Platonis somnum V.MAX.1.7.1; (*facet*.) ne tempore non tuo ~am pulses ebria ianuam (*sc*. Plinii) uideto MART.10.20(19).12;—(*dist. fr*. eloquens) ~os ait se uidisse multos, eloquentem omnino neminem CIC.*Orat*.18; QUINT.*Inst*.8.pr.13;—(*masc. as sb*.) doctis eloquentia popularis et ~is elegans doctrina defuit CIC.*Orat*.13; neque declament medio sermone ~i OV.*Ars* 2.507. **b** historia..non ineleganter scripta..quae neque nimis est infans neque perfecte ~a CIC.*Brut*.101; tuae ~issimae epistulae *Att*.7.2.8; legimus..dicta tibi pleno uerba ~a foro OV.*Pont*.3.5.8; nihil esse in historiis eius hoc.. loco ~ius SEN.*Suas*.6.25; uersus..~os MART.6.14.1; QUINT. *Inst*.1.8.4.

2 Clear-sounding, distinct.

~a uerborum claritate VITR.5.8.2; 'o' quidem tantum ~um ac ualidum clamitaui reliquum autem..enuntiare non potui APUL. *Met*.3.29.

(dīsex) dīsice (*abl*.) [? Sp.] (perh.) A kind of horse.

VT QVIRET..CVRSV CERTARE VT DISICE FERRI *CIL* 2.2660.

dishiascō ~ere, *intr*. [DIS-+HIASCO] To gape apart.

qui arbores conprimat, si ~ent CATO *Agr*.12.

disiciō (diss-) ~icere ~iēcī ~iectum, *tr*. [DIS-+IACIO] PROS.: 1st syllable always long.

1 To break up and scatter, scatter in fragments. **b** to separate in two halves, divide.

arae..fractae et ~iectae iacent ENN.*scen*.89; domum a fundamentis ~iecerunt NEP.*Han*.7.7; ubi ~iectas moles auulsaque saxis saxa uides VERG.*A*.2.608; tecta..Penthei ~iecta non leni ruina HOR.*Carm*.2.19.15; ea rostra quae tempestas ~iecisset LIV.42.20.4; OV.*Ep*.1.47; V.MAX.1.5.1; STAT.*Theb*.1.590; ictae dapes mensaque ~iecta erat TAC. *Ann*.14.22; si quis aceruum stercoris circa agrum pinguem ~iecerit ULP.*dig*.43.24.7.6;—(*fig. or in fig. phr*.) consensionis globus huius unius dissensione ~iectus est NEP.*Att*.8. 4; similia..naufragis passi quos..inuidia..~iecit procellae more SEN.*Ep*.74.4. **b** securi..frontem mediam mentumque reducta ~icit VERG.*A*.12.308; cuneo..hoc laxum.. agmen..~icias LIV.22.50.9; OV.*Met*.12.366; colla ~icit ense SIL.15.727; (*cf*.) si scyphus inquit (Varro)..in duas partes ~iectus sit GEL.3.14.3.

2 To drive or cause to go in all directions, scatter, disperse. **b** to disarrange, dishevel (hair). **c** to squander (money). **d** to spread abroad.

celeriter se illos (*sc*. hostes) ut scrofa porcos ~iecturum VAR.*R*.2.4.2; ~iecta manu pares aduersario esse non possumus POMP.*Att*.8.12b.1; ~iectos (elephantos) circumueniri uident SAL.*Jug*.53.3; ~ice corpora ponto VERG.*A*.1.70; Pannonius..passim ~iectus in Alpes [TIB.]3.7.109; plebs.. passim ~iecta per herbas OV.*Fast*.3.525; fugiunt ~iectis undique donis STAT.*Ach*.1.876; militum globi uerberibus.. turbatos ~iecere TAC.*Ann*.14.61;—(*w. impers. subj*.) ceteras (naues) metus haud secus quam tempestas passim ~iecit LIV.23.41.9; proelia..quae fluctuantem turbarunt primo deinde ~iecerunt phalangem 44.41.6. **b** capillos ~icit OV.*Met*.11.386; dum..~iecta coma restituitur SEN. *Dial*.10.12.3;—(*w. retained acc*.) OV.*Ep*.12.63; ~iecta.. crinem Eumenis SIL.2.558. **c** pecuniam..flagitiis ~ici V.MAX.3.5.2; (*ellipt*.) dide ac ~ice CAECIL.*com*.239. **d** ut ..nomen eius per totum terrarum orbem ~iceretur V.MAX. 8.14.ext.5.

3 To dispel, put an end to, frustrate (a state of affairs, etc.).

maximos tumultus..~ieci atque consedaui CATO *orat*.51; ~ice compositam pacem VERG.*A*.7.339; consilia ducis.. clamor militum..~iecit LIV.25.14.3; cogitationem regiam Romana ~iecit constantia VELL.1.10.2; SEN.*Ep*.79.12; TAC. *Ann*.4.27; ~iecta nouarum tabularum expectatione SUET. *Jul*.42.2.

disiectō ~āre ~āuī ~ātum, *tr*. [DIS-+IACTO] To throw this way and that, scatter.

~are solet magnum mare transtra LUCR.2.553; uis animi atque animai..diuisa seorsum ~atur 3.501; (*poet*.) regina chori..trifidam..huc..et illuc lumine sanguineo pinum ~at STAT.*Theb*.4.381.

disiectus[1] ~a ~um, *a*. [pple. of DISICIO] Widely separated, scattered, dispersed; spread out.

res..sparsas et uage ~as.. *Rhet.Her*.4.3; CIC.*Q.Rosc*.7; cum raris ~isque ex aedificiis pabulum conquireretur HIRT. *Gal*.8.10.3; turbinum motus uagus est et ~us SEN.*Nat*.7.8.2; quod neque ~i nec paucorum instinctu, set pariter ardescerent TAC.*Ann*.1.32; (*neut. pl. as sb*.) tendi..~a non possunt SEN.*Nat* 2.6.2;—(*in fig. phr*.) ut ~is et errantibus clarum ueritatis lumen ostendas *Ep*.48.8;—uastam ~amque spatio urbem LIV.24.33.9.

disiectus[2] ~ūs, *m*. [DISICIO+-TVS[3]] Dissolution, dispersal.

~us materiai consequitur leto LUCR.3.928.

di(s)iunctē, *adv*. *compar*. ~ius. [DISIVNCTVS+-E] **a** Separately, in separate words. **b** disjunctively, in the form of a disjunctive proposition.

a nec ⟨Sacramuiam⟩ appellari debet ait Verrius, sed ~e FEST.p.293M. **b** non..satis quae ~ius dicuntur intellegis CIC.*Phil*.2.32.

disiunctim, *adv*. [DISIVNCTVS+-IM] Separately.

si duobus..eadem res legata sit, siue coniunctim siue ~ GAIUS *Inst*.2.199; PAUL.*dig*.28.7.5.

di(s)iunctiō ~ōnis, *f*. [DISIVNGO+-TIO]

1 Separation (from a person). **b** severance, rupture (of a relationship or sim.).

~o deploratur ab aliquo, cum diducaris ab eo quicum libentissime uixeris CIC.*Inv*.1.109; *Sest*.47. **b** ut in ~one sententiae coniuncti..amicitia maneremus CIC.*Prov*.40; ~one ciuile bellum excitari uidebam *Fam*.6.6.4; *Amic*.76.

2 A disjunctive proposition.

dialecticorum modi plures sunt, qui ex ~onibus constant CIC.*Top*.56; *Luc*.97; *N.D*.1.70; GEL.2.7.22; PAUL.*dig*.50.16. 28.1.

3 (rhet.) The distinguishing of clauses, etc., by the use of a different synonym in each.

ad festiuitatem ~o est adposita *Rhet.Her*.4.38; CIC.*de Orat*.3.207; hoc alii συνωνυμίαν, alii ~onem uocant QUINT. *Inst*.9.3.45.

di(s)iunctīuus ~a ~um, *a*. [DISIVNGO+-IVVS]

1 (gram.) Separative, disjunctive.

'nec' coniunctionem grammatici fere dicunt esse ~am FEST.p.162M; VEL.gram.in *G.L*.7.62.

2 (of propositions) Disjunctive.

PROC.*dig*.50.16.124; GEL.5.11.9.

3 (land-surveying) Disconnecting, making discontinuous.

~us est effectus cum determinatio alterius partis solum desecat AGEN.*agrim*.p.28.

di(s)iunctus ~a ~um, *a*. *compar*. ~ior, *superl*. ~issimus [pple. of next]

1 That is separated, distant, set apart; (of words, style, etc.) disconnected.

cum duobus in locis ~issimis..bellum..gereretur CIC. *Man*.9; quae ~is populis tribui solent conubia *Rep*.2.63; ~issimas terras PLIN.*Pan*.15.1;—(*w*. ab) CIC.*Pis*.91; postea quam sum a te ~ior *Att*.13.11.1;—coniunctione, quae neque asperos habeat concursus neque ~os atque hiantis *Part*.21; Brutum..otiosum atque ~um TAC.*Dial*.18.5.

2 Different, distinct, discrepant. **b** treated separately or individually. **c** (rhet.) distinguished by the use of different synonyms in each clause, etc. **d** (of propositions) disjunctive.

neque ~i doctores sed eidem erant uiuendi praeceptores atque dicendi CIC.*de Orat*.3.57; ex aliquo ~o diuersoque monstro *Har*.26; *Fin*.4.40;—(*w*. ab) nihil est..ab ea cogitatione..~ius *Luc*.66; QUINT.*Inst*.2.15.2;—(*w*. inter se) quid enim diuersius esse putandumst aut magis inter se ~um? LUCR.3.803; APUL.*Pl*.2.13. **b** PAUL.*dig*.50.16.28.1. 50.16.53. **c** *Rhet.Her*.4.37. **d** GEL.16.8.12.

di(s)iungō ~gere ~xī ~ctum, *tr*. [DIS-+IVNGO] ORTHOG.: *diunx*- *CIL* 6.22355a.

1 To unyoke.

iumenta..~gere CIC.*Div*.2.77; bouem..~ctum curas HOR.*Ep*.1.14.28; OV.*Met*.14.648; cum ~gitur ab opere bos COL.6.14.5; JUV.5.119; (*absol*.) tibi..peculiares stellas..ab opere ~genti ostendo PLIN.*Nat*.18.251; (*cf*.) toto regno ~gi currus iussit V.MAX.1.8.ext.9.

2 To separate, keep apart (in space, time, etc.); to divide in two. **b** (transf.) to dissociate, separate; (pass. also) to be divorced (from) or alien (to).

ne nos ~ge amantis PL.*As*.665; pars oppidi..mari ~cta angusto CIC.*Ver*.4.117; interuallo locorum et temporum ~cti sumus *Fam*.1.7.1; flumine..quod Iugurthae Bocchique regnum ~gebat SAL.*Jug*.92.5; LIV.32.21.7; duo sunt quae nos ~gunt milia passuum MART.2.5.3; (*cf*.) aditus..hominibus sine ulla facultate nauium non modo ~ctus sed etiam clausus est CIC.*Ver*.5.6; (*of sound*) (sonus) interuallis ~ctus inparibus *Rep*.6.18;—(*w*. ab) ad quattuor menses a mamma non ~guntur agni VAR.*R*.2.1.20; insula est Melita..a Sicilia mari..~cta CIC.*Ver*.4.103; idem dies P. Scipionem.. ~xerant ab exercitu LIV.37.33.7; TAC.*Ann*.4.67;—(*w. abl*.) Italis longe ~gimur oris VERG.*A*.1.252; VITA ~CTVS IN AEVOM *CIL* 8.22971;—totus medius circo ~gitur (Cancer) CIC. *Arat*.512(266). **b** quem mecum eadem res publica quae in tribunatu eius ~xerat in consulatu..coniunxit CIC.*Pis*. 35; Aetolos, Acarnanas, Macedonas..leues..causae ~gunt coniunguntque LIV.31.29.15;—(*w*. ab) ea res..~xit illum ab illa TER.*Hec*.161; ~gamus..partionem a cultura VAR.*R*. 1.2.21; Pompeium a Caesaris amicitia esse ~ctum CIC.*Phil*. 2.23;—(*refl*.) ab isto cursu..facile nos ~gimus *Orat*.222; ab illis te ipse ~gas SEN.*Dial*.9.5.5;—VAR.*R*.1.23.4; mores M. Caeli longissime a tanti sceleris atrocitate esse ~ctos CIC.*Cael*.53; quorum et mentes et res sunt perditae longeque a communi salute ~ctae *Har*.53.

3 To sever, break off (a relationship, etc.).

~ge inimicitias cum inprobo PL.*Poen*.1406; ordinum concordiam ~xit CIC.*Att*.1.18.3; quod ueterem amicitiam.. ~geret sibi ac Romanis LIV.42.46.6.

4 To distinguish, differentiate. **b** to distinguish as logically opposed.

sin eos (*sc*. oratorem et philosophum) ~gent CIC.*de Orat*. 3.143; *Vat*.41; ~ge longius *Fat*.7;—(*w*. ab) qui honesta a commodis non nomine sed genere toto ~gerent *N.D*.1.16; insaniam..a furore ~gimus *Tusc*.3.11; QUINT.*Inst*.3.4.10. **b** CIC.*Luc*.97; quoniam non necessum sit alterum ex duobus, quae ~guntur, uerum esse GEL.5.11.8; 16.8.13.

disiurgium ~iī, *n*. [DIS-+IVRGIVM] A quarrel.

INTER ME ET TE..NVLLVM VNQVAM ~IVM FVISSE *CIL* 6.22355a.

? **dismarītus** ~ī, *m*. [Gk. δίς+MARITVS] A husband of two wives.

quid agis, ~e (*s.v.l*.)? PL.*Cas*.974.

disōmus ~a ~um, *a*. [Gk. δίσωμος] Holding two bodies.

HOC VAS ~VM SIBI ET FELICITATI SVAE POSVIT *CIL* 9.1729.

dispālescō ~ere, *intr*. [next+-ESCO] (of news) To be spread abroad, 'get about'.

periisse suauiust quam illud flagitium uolgo ~ere PL.*Bac*. 1046.

dispālor ~ārī ~ātus, *intr*. [DIS-+PALOR] To wander in several directions, stray off.

~ati ab signis SIS.*hist*.35; tanto plures passim ~antur 134; NEP.*Lys*.1.2; ne sparsi ~atique prorüerent GEL.1.11.4; (*transf*.) multitudo..in artis uitasque uarias ~ata SAL.*Rep*. 2.5.6.

dispandō ~dere ~sum, *tr*. [DIS-+PANDO] FORMS: *dispend*- (cj.) PAC.*trag*.19; *dispennite* PL.*Mil*.1407 (acc.Non.p.9M), supposed to be an Oscan form; pf. pple. *dispessus* PL.*Mil*.360 (acc. Gel.15.15.4), LUCR.2.1126 (cj.), 3.988 (cj.) To open or spread out; (transf.) to expatiate on.

uestes..~sae in sole serescunt LUCR.1.306; neu distracta suum late ~dat hiatum (terra) 6.599; arbor in tantum uastis ~sa ramis PLIN.*Nat*.9.8; ~sam dexterae manus palmam SUET.*Dom*.19;—an..debeas..illa omnia corripere, an.. altius dicere, nec tamen ita ut mox nostra ~dere VER.*Fro*. 2.p.196(132N).

dispangō ~ere, *tr*. [DIS-+PANGO] To plant out.

hieme non aeque commode (lactuca) ~itur (*s.v.l*.) COL.11. 3.25.

dispār ~aris, *a*. [DIS-+PAR]

1 Unequal (in quantity, worth, etc.). **b** that does not affect both parties equally.

uirtuti sis par, ~ar fortunis patris ACC.*trag*.156; o domus antiqua, heu quam ~ari dominare domino! *Inc.trag*.184; honorum gradus summis hominibus et infimis sunt pares, gloriae ~ares CIC.*Planc*.60; certabant, ipsi pares, ceterum opibus ~aribus SAL.*Jug*.52.1; ~aribus septem compacta cicutis fistula VERG.*Ecl*.2.36; Gallis Hispanisque..~ares ac dissimiles gladii LIV.22.46.5; imperatorum utriusque partis haud ferme ~ares spes erant 23.29.6; condita ~aribus numeris (*i.e. elegiacs*)..uerba OV.*Pont*.2.5.1; cum bellum inter tam ~aria animalia committeret SEN.*Dial*.10.13.7; neu pari causa ~arem fortunam paterentur TAC.*Hist*.4.46; —(*w. dat*.) alius exercitus..nec gloria belli nec apparatu linteatae legioni ~ar LIV.10.38.13;—(*w. gen*.) Bruttius, haud ~ar animorum SIL.8.568;—(*w. abl*.) fratres, nec aetate nec uiribus ~ares LIV.1.24.1; Vitelliani, quamquam numero fatoque ~ares TAC.*Hist*.3.84;—(*w*. inter se) uidemus.. quinque stellas ferri..~aribus inter se motibus CIC.*Tusc*. 1.68;—(*masc. as sb*.) si ~aribus bellum incidat HOR.*S*.1.7.16; SEN.*Dial*.2.7.2. **b** cum..pedibus ~ari proelio contenderent CAES.*Gal*.5.16.2; si tutores soluendo sint et administratio non ~ar, sed communis fuit PAPIN.*dig*.27.7.6.

2 Different in character or kind, dissimilar.

reliquos sensus uoluptates oblectant ~ares CIC.*de Orat*. 3.25; haud ~ar habitus animorum Carthaginiensibus erat LIV.30.28.10;—(*w. dat*.) neque par rebus neque denique ~ar (color) LUCR.2.738; matrona meretrici ~ar erit atque discolor HOR.*Ep*.1.18.3; quam ~ar est locus ille Getis! OV.*Pont*.2.10.30;—(*w. gen*.) neque haberet (animus) in se quicquam admixtum ~ar sui atque dissimile CIC.*Sen*.78; —(*w. abl*.) equi colore ~ares VAR.*Men*.358; CIC.*Orat*.33; huic fluit effectu ~ar Lyncestius amnis OV.*Met*.15.329;— (*neut. as sb*.) negandum nobis ~aria esse iucunda VAR.*L*. 8.32; CIC.*Fin*.2.10; neque hic lupis mos nec fuit leonibus umquam nisi in ~ar feris HOR.*Epod*.7.12.

disparātiō ~ōnis, *f*. [DISPARO+-TIO] The action of separation or detachment.

VITR.2.9.1.

disparātus ~a ~um, *a*. [pple. of DISPARO] Separate, distinct; negatively opposite.

quodsi terra generibus umorum non esset dissimilis et ~a VITR.8.3.13;—~um..est id, quod ab aliqua re praepositione negationis separatur hoc modo: sapere et non sapere CIC.*Inv*.1.42; QUINT.*Inst*.5.11.31.

dispargō: see DISPERGO.

disparilis ~is ~e, *a*. [DIS-+PARILIS] FORMS: *disper*- VAR.*R*.3.14.4. Different, dissimilar.

unum (genus uerborum)..ex se parit ~is formas VAR.*L*. 8.9; *R*.2.11.4; ex caeli uarietate et ex ~i adspiratione terrarum CIC.*Div*.1.79; (uites) quamuis..palmitum pari facie fluxurae qualitate sunt ~es COL.3.2.17; PLIN.*Nat* 2.116; GEL.5.1.4; MAUR.1562.

disparilitās ~ātis, *f*. [prec.+-TAS] Difference, dissimilarity, disparity.

propter ~atem uocis figurarum VAR.*L*.10.36; facta..est in his..commentariis..rerum ~itas GEL.pr.3; 6(7).3.47; quae (*sc*. malitia) a semetipsa tot modis discrepet et.. ~itatem..prae se gerat APUL.*Pl*.2.4.

dispariliter, *adv*. [DISPARILIS+-TER[2]] FORMS: *disper*- VAR.*R*.1.6.6. Differently, in different ways.

VAR.*L*.8.66; cur ~ in tribus temporibus dicantur quaedam uerba 10.48.

disparō ~āre ~āuī ~ātum, *tr.* [DIS-+PARO]

1 To divide or separate off.
qui est imperator diuom..is nos per gentis alios alia ~at PL.*Rud.*10; relicuum populum distribuit in quinque classis..easque ita ~auit ut.. CIC.*Rep.*2.39; CAES.*Gal.*7.28.6; VITR.2.9.7; *CIL* 6.18817; (*w.* ab) (lateres) ab coniunctione eius (tectorii) ~antur VITR.2.3.2;—(*transf.*) lepide..tot sententias in eandem rem, quasi aliud atque aliud diceret, ~auit GEL.11.11.4.

2 To make different. **b** (intr., app.) to be different in extent.
cum..hae (res) in infinitis generibus rerum naturae sint ~atae VITR.2.2.2; 9.7.1; (*w.* inter se) quarum dispares sunt figurae et quibus discriminibus inter se sunt ~atae 4.8.7. **b** tanto breuior dies ut fiat faciam, ut aeque ~et (*s.v.l.*) PL.*Am.*549.

dispartiō: see DISPERTIO.

(dispeciscor ~ciscī) ~ctus, *tr.* [DIS-+PACISCOR] To annul (in quot., pf. pple. w. pass. sense).
ad instar Attidis uel Protesilai ~ctae disturbataeque nuptiae APUL.*Met.*4.26.

dispectiō ~ōnis, *f.* [DISPICIO+-TIO] The action of examining.
ne, dum requiris, tarda sit ~o MAUR.1607.

dispectus ~ūs, *m.* [DISPICIO+-TVS[3]] Practical discernment (of).
ad ~um aequi uerique inhabilis (est ira) SEN.*Dial.*3.1.2; quod neglecto ~u officiorum ad lusus..spectent 4.10.1; *Ep.*94.36; PLIN.*Nat.*34.7.

dispellō ~ellere ~ulī ~ulsum, *tr.* [DIS-+PELLO]

1 To drive apart or away. **b** (transf.) to drive away (conditions).
pecudes quae ~ulsae sui generis sequuntur greges CIC. *Att.*7.7.7; ~ulsa suo de coetu materiai copia LUCR.1.1017; alios, ater quos aequore turbo ~ulerat VERG.*A.*1.512; quae maris fortuna ~ulerit duces SEN.*Ag.*415; (*fig.*) qui hosce amores nostros ~ulsos compulit PL.*As.*738. **b** (philosophia) ab animo tamquam ab oculis caliginem ~ulit CIC. *Tusc.*1.64; omni inhonesto..adfectu ~ulso V.MAX.3.3.ext.1; 8.1.absol.3; ~elle somnos SEN.*Tro.*452; SIL.8.163.

2 To part, divide.
cum..Somnus..aera dimouit tenebrosum et ~ulit umbras VERG.*A.*5.839; cum..~ulsa nebula aperuisset diem LIV.22.6.9; aerata ~ellens aequora prora..pinus STAT.*Theb.* 5.335; ~ulsa casside 8.469.

dispendiōsus ~a ~um, *a.* [next+-OSVS] Involving loss, costly.
~a est cunctatio COL.2.20.1.

dispendium ~(i)ī, *n.* [next+-IVM]

1 Expense, cost.
minore nusquam bene fui ~io PL.*Men.*485; amorem multos inlexe in ~ium *Mer.*53; sine sumptu et sine ~io TER.*Eu.*929; peream, si me ista mouent ~ia PROP.2.24.15; insanissimum ~iorum malum SEN.*Con.*2.1.6.

2 The loss resulting from a transaction, etc., cost. **b** (pl.) the losses or decreases (of the waning moon).
terra..corpus quae dedit ipsa capit neque ~i facit hilum ENN.*Ann.*14; LUCR.2.1127; in mea uaesanas habui ~ia uires OV.*Am.*1.7.25; cum..maius ~ium sequatur inertem..pastorem quam prudentem..conpendium COL.6.pr.5; PLIN. *Nat.*14.57;—(*w. gen.*) quae taceri nullum rerum famaeue ~ium est MELA 1.31; non..animum ~ia torquent faenoris STAT.*Silv.*2.2.152; APUL.*Apol.*74;—(*applied to time*) hic tibi ne qua morae fuerint ~ia tanti VERG.*A.*3.453; litteras..quantouis temporis ~io lectitare APUL.*Apol.*94. **b** lunae uel nascentis incrementa uel senescentis ~ia APUL.*Fl.*18; *Soc.*1.

3 Extra expenditure in terms of distance (caused by a detour or out-of-the-way journey), extra or excessive distance.
MAN.2.339; deserta petens ~ia siluae LUC.8.2; qui longa potes ~ia ferre uiarum MART.9.99.5.

dispendō[1] ~dere ~sum, *tr.* [DIS-+PENDO] To distribute by paying or weighing out.
quod in ~dendo solet minus fieri (aes) VAR.*L.*5.183; aequat..diurna tempora nocturnis ~so sidere Libra Q.CIC. *poet.*9;—(*transf.*) in quas partes as diuiditur, in has et libra ~ditur MAECIAN.*iur.*77; si ipse (deus)..potestates per omnes partes mundi orbisque ~dat APUL.*Mun.*27.

dispendō[2]: see DISPANDO.

dispennō: see DISPANDO.

dispensātiō ~ōnis, *f.* [DISPENSO+-TIO]

1 The task of distribution or apportioning. **b** economical disposal (of materials, etc.).
reuolutus ad ~onem inopiae LIV.4.12.10; in annonae ~one 10.11.9; haec..~o per nomina aquarum..partienda est FRON.*Aq.*78. **b** distributio..est copiarum locique commoda ~o VITR.1.2.8.

2 Administration, management (of affairs); control, superintendence (of other activities). **b** the office of administrator, stewardship.
profectionem meam..Erotis ~o impedit CIC.*Att.*15.15.3;—(*w. obj. gen.*) aerari ~onem *Vat.*36; quinqueuiris creatis quos mensarios ab ~one pecuniae appellarunt LIV.7.21. 5; hereditatis ~one SEN.*Dial.*6.20.6; PLIN.*Ep.Tra.* 10.75(79).1;—est..in eximendis fauis necessaria ~o PLIN. *Nat.*11.35; balinearum ~one 25.57. **b** si curationem et quasi ~onem regiam suscepisset CIC.*Rab.Post.*28; pro impetrata ~one decies sestertium expresserat SUET.*Otho* 5.2; *CIL* 6.9355.

dispensātor ~ōris, *m.* [DISPENSO+-TOR] An administrator (concerned with financial and sim. matters), treasurer, steward.
VAR.*L.*5.183; uilicus naturam agri nouit, ~or litteras scit CIC.*Rep.*5.5; SEN.*Con.*1.1.12; PETR.29.4; MART.7.71.3; Galbae corpus..~or Argius..in priuatis eius hortis contexit TAC.*Hist.*1.49; JUV.1.91; serui, quibus permittitur administratio pecuniae, ~ores appellati sunt GAIUS *Inst.* 1.22;—(*w. gen.*) ~or Hispaniae citerioris PLIN.*Nat.*33.145; *CIL* 5.83; ~ORI LVDI MAGNI 6.10166;—(*w.* ad) ~OR AD CENSVS PROVINCIAE LVGDVNENSIS 6.8578;—(*w.* ab) CAESARIS DISP A IVMENTIS 6.37546; DISP A FRVMINTO 10.1562.

dispensiō ~ōnis, *f.* [DISPENDO[1]+-TIO] The action of weighing out.
MAECIAN.*iur.*81.

dispensō ~āre ~āuī ~ātum, *tr.* [DIS-+PENSO]

1 To pay out, distribute, apportion.
ducentis (nummis) usus est, qui ~entur PL.*Bac.*971[a]; CURT.6.4.4; neque aequa portione sucum proli suae ~at (uitis) COL.4.24.9; PLIN.*Nat.*13.89; (aqua) quam..in dies modulosque certos ~atam accipiunt FRON.*Aq.*9;—(*w.* inter, per) oscula ~at natos suprema per omnes OV.*Met.*6.278; (fons) certis horarum spatiis ~atur inter incolas PLIN.*Nat.* 18.188;—(*absol.*) qui ~at, frangit sibi JUV.7.219;—(*fig.*) ~ari..laetitia inter impotentes eius animos potuit LIV. 27.50.10; sic..tyrannus calamitates humanas ~at SEN. *Con.*10.4.2; si ~ata et digesta fuerit (fama) PLIN.*Ep.*3.10.3.

2 To manage, control, administer; (absol.) to act as administrator. **b** (transf.) to order, dispose, arrange, regulate; to husband.
qui eas (*sc.* res domesticas) ~auit CIC.*Att.*11.1.1; *Rep.*5.5; APUL.*Met.*11.5; (*cf.*) animo, qui cuncta gubernat ~atque hominem MAN.4.893;—EVTYCHVS QVI ~AVIT *CIL* 6.9327; 6.9348. **b** (annum) intercalariis mensibus interponendis ita ~auit LIV.1.19.6; 38.47.3; male ~ata libertas SEN.*Ben.* 1.10.2; male ~are tempus *Dial.*9.3.7; (*impers. pass.*) sic ~atur, ut nullo non mense maturescant (nuces) PLIN.*Nat.* 16.107;—nesciebat ~are uires suas SEN.*Con.*1.pr.15; STAT. *Theb.*6.766; breue lumen candelae, cuius ~o et tempero filum JUV.3.287.

dispercutiō ~ere, *tr.* [DIS-+PERCVTIO] To smash to pieces.
hoc..tibi istuc cerebrum ~iam PL.*Cas.*644.

disperdō ~ere ~idī ~itum, *tr.* [DIS-+PERDO] To destroy or ruin utterly. **b** to ruin (property, fortunes, etc.; also persons).
color..~itur omnis LUCR.2.831; unguentarios..expulerunt..quia oleum ~erent SEN.*Nat.*4b.13.8; flet et excluso ~it lumina somno CALP.*Ecl.*3.47;—(*persons*) di..uolunt..hunc ~itum lenonem PL.*Poen.*918; CATO *Fil.*1(J); (*hyperb.*) me mea ~at nullo prohibente puella OV.*Am.*2.10.21;—(*transf.*) stridenti miserum stipula ~ere carmen VERG.*Ecl.* 3.27; ne tempus emendandi eum (*sc.* libellum), id est ~endi, haberes PLIN.*Ep.*7.12.1. **b** bibe, es, ~e rem PL.*Cas.*248; aliquantum..in deliciis ~idit *Trin.*334; ut a maioribus nostris possessiones relictas ~at ac dissipet CIC.*Agr.*1.2; VEN.*dig.*42.8.25.7;—qui tot..ciuis Romanos occidit, abripuit, ~idit VAT.*Fam.*5.10a.1.

dispereō ~īre ~iī, *intr.* [DIS-+PEREO] To perish or be destroyed; (freq. hyperb.); *~eam si (nisi)*, may I die if..(not). **b** to be ruined (financially, economically, etc.); to go for nothing, be wasted.
quin prius ~ibit faxo quam unum calcem ciuerit PL.*Poen.* 908; ne..propter frigus ~eant (apes) VAR.*R.*3.16.37; serpens, hominis quae tacta saliuis ~it LUCR.4.639;—(*of plants*) ut pestilentia ~eant (fructus) VAR.*R.*1.2.8;—(*of inanim. things*) radiorum lumina..~eunt LUCR.4.376; 5.284;— nisi quid mi opis di dant, ~ii PL.*Cist.*671; *Per.*853; ~ii, perii misera! TER.*Hau.*404;—Lesbia me ~eam nisi amat CATUL. 92.2; ~eam ni summosses omnis HOR.*S.*1.9.47; PROP.2.21.9; ~eam si non hic Decianus erit MART.1.39.8. **b** unumne fundum..~ire patiemini? CIC.*Agr.*2.80; quorum negotia ~ire iniquum erat GAIUS *dig.*44.7.5; (*prov.*) male partum male ~it PL.*Poen.*844;—non ~eunt tui labores CATUL.14.11.

dispergō (-sparg-) ~gere ~sī ~sum, *tr.* [DIS-+SPARGO]

1 To spread about, scatter, disperse. **b** to disperse (men, animals, etc.); (transf.) to split up (into units). **c** (topog., usu. pass.) to scatter, disperse (in separate parts, settlements, etc.). **d** (abst. or non-physical objs.).
an tibi iam mauis cerebrum ~gam hic? TER.*Ad.*782; nubis..quas..toto ~gunt aere uenti LUCR.5.254; gens umida ponti exsultans rorem late ~git amarum VERG.*G.* 4.431; quaecumque super ~sa inueneris ossa montibus PROP.1.21.9; ~gere (*sc.* fimum) caueto, priusquam ares PLIN.*Nat.*18.193; ~sa rate..procellis MART.9.40.6; libellos ~git (*distributes*) TAC.*Dial.*9.2. **b** caprae..quae ~gant se: contra oues quae se congregent VAR.*R.*2.3.9; in omnis partis ~sa multitudo CAES.*Gal.*6.34.1; genus..~sum montibus altis VERG.*A.*8.321; nauigantem ~sa classe LIV. 45.14.8;—tripertitum exercitum pluris in manus ~git TAC.*Ann.*3.74. **c** Stoechades ab ora Ligurum ad Massiliam usque ~sae MELA 2.124; donec..alueum in trecentos et sexaginta riuos ~geret SEN.*Dial.*5.21.3; Peraea asperis ~sa montibus PLIN.*Nat.*5.70; magna pars Iudaeae uicis ~gitur TAC.*Hist.*5.8. **d** bellum..tam late diuisum atque ~sum CIC.*Man.*31; gruum..clamor in aetheriis ~sus nubibus LUCR.4.182; plebis uis..~sa in multitudine minus poterat SAL.*Jug.*41.6; ~sus rumor ciuitatem concitat PHAED.5.5.11; QUINT.*Inst.*5.3.1; plus formidinis in alios ~gebatur TAC.*Ann.*4.18; FRO.*Ver.*2.p.210(208N); (*w. acc. and inf.*) ~serat..nouum legatum opperiendum esse TAC. *Ann.*14.38;—(*in a speech, book, etc.*) membratim oportebit partes rei gestae ~gere in causam CIC.*Inv.*1.30; se..idcirco barbara quaedam..~sisse *Att.*1.19.10.

2 To spread or extend out in all or several directions.
~so lumine fulgens CIC.*Arat.*381(137); aer..~gitur ad partis..minutas corporis LUCR.4.895; brachia et crura..inaequaliter ~git CELS.2.6.5; in tria promunturia ~gitur (Lusitania) MELA 3.7; splendor (*sc.* sideris) excurrit et in crines ~gitur SEN.*Nat.*7.26.1; sub rectos ramorum digitos flagella ~gunt (uites) PLIN.*Nat.*14.12; crines..per diuina colla passiue ~si..defluebant APUL.*Met.*11.3; (*w. retained acc.*) Cleopatra..ueluti laceros ~sa capillos LUC.10.84.

3 To sprinkle, bespatter (with).
ut cerebro ~gat uiam TER.*Ad.*317; pilulas..candicantes umbilicis, cetera nigra uarietate ~sa PLIN.*Nat.*16.29; ~sus iaceat quo puluere Tydeus STAT.*Theb.*12.41.

disperilis: see DISPARILIS.

dispersē, *adv.* [DISPERSVS[1]+-E] Sporadically, here and there.
res ~ et diffuse dictae CIC.*Inv.*1.98; 2.11; quae ~ a me multis in locis dicentur *Ver.*4.116.

dispersim, *adv.* [next+-IM] = prec.
qui graece scripserunt ~ alius de alia re VAR.*R.*1.1.7; 3.2.13; SUET.*Jul.*80.1.

dispersus[1] ~a ~um, *a.* [pple. of DISPERGO] That is scattered, separated, or dispersed.
homines imperiti et ~i uocabula rebus imponunt VAR.*L.* 10.60; eos..nec inhumatos esse..nec ~is bustis humili sepultura crematos CIC.*Phil.*14.34; ~a immittit siluis incendia pastor VERG.*A.*10.406; colligitur roris modo tenuis et ~us liquor SEN.*Nat.*3.15.7;—(*of abst. subjs.*) in ~a fuga LIV.31.42.9; ~am..et uagam uitam V.MAX.4.1.ext.4;—(*transf.*) Mago..qui res ~as comprendit libris VAR.*R.*1.1.10; omnia..quae sunt conclusa nunc artibus, ~a et dissipata quondam fuerunt CIC.*de Orat.*1.187; QUINT.*Inst.*9.3.39.

dispersus[2] ~ūs, *m.* [DISPERGO+-TVS[3]] Dispersal, separation.
~u..illorum actio de pace sublata est CIC.*Att.*9.9.2.

dispertiō (-part-) ~īre ~iuī ~ītum, *tr.* Also **~ior** ~īrī. [DIS-+PARTIO] To separate (esp. into lots or groups), divide up, distribute. **b** (non-physical things).
~iti uiri, ~iti ordines PL.*Am.*220; iniuria ~iuisti: pinguiorem agnum isti habent *Aul.*331; bonis uerbo redigendis, re ~iendis CIC.*Ver.*2.47; nisi aequabiliter praedam ~iat *Off.*2.40; LUCR.3.589; Corbulo..~it uiris ut..praefecti..diuersos locos pariter inuaderent TAC.*Ann.*13.37; (*pass. in middle sense*) nequeunt complecti satis. etiam ~imini? PL.*Cur.*189;—(*w.* ad) ad socios..~ieram alio frumentum, alio legatos CATO *orat.*36;—(*w.* per) (cibus) ~itus..per caulas corporis LUCR.3.702; exercitum per oppida ~it LIV.29.1.14;—(*w.* inter) inter manipulos funditores..~it SAL.*Jug.*49.6;—(*w. dat.*) pecuniam..iudicibus ~iendam CIC.*Clu.*69; equites tribunis legionum..~ierat SAL.*Jug.* 46.7; arma..iuuentuti ~it TAC.*Ann.*3.43. **b** itidem diuos ~isse uitam humanam aequom fuit PL.*Mil.*730; tempora uoluptatis laborisque ~iunt CIC.*Mur.*74; genera ~it *Tusc.* 5.72; SUET.*Vit.*13.1;—(*w.* cum) mihi tecum..~itum officium fuisse CIC.*Fam.*5.2.1;—(*w.* in+*acc.*) cum in plures res aut personas negotia..~iuntur *Rhet.Her.*4.47; CIC.*Tusc.*3.81;—(*w. dat.*) a quibus initia uitae..hominibus..data ac ~ita esse dicuntur *Ver.*5.187;—(*dep.*) quod positum est in una cognitione, id in infinitam ~iuntur (iuris consulti) *Leg.*2.47; consules belli administrationem inter se ~iri iussi LIV.3.10.9.

dispertītiō ~ōnis, *f.* [prec.+-TIO] A distribution, sharing out.
ad ~onem (*cj.*) urbis CIC.*Phil.*3.30.

dispescō ~ere, *tr.* [cf. COMPESCO] To divide, separate.
septimus (fluuius) finem Rheginum atque Taurinum ~it CATO *hist.*71; maria quibus Africam, Europam, Asiam ~it (oceanus) PLIN.*Nat.*2.173;—(*w.* ab) Africam ab Aethiopia ~ens (Nilus) 5.53; cum..habitacula summa ab infimis tanta intercapedo fastigii ~at APUL.*Soc.*4.

dispessus: see DISPANDO.

dispiciō ~icere ~exī ~ectum, *intr.*, *tr.* [DIS-+SPECIO]

1 (intr.) To look in several directions; (tr.) to look about for. **b** to search widely (with the mind).
(arctorum) capita inter se ~icientia sunt constituta VITR. 9.4.5;—Phemio ~iciam κέρας (*a trumpet for Phemius*) CIC. *Att.*5.21.9. **b** longe cunctas in partis ~iciendum (est) LUCR.6.648.

2 To consider, examine, investigate.
(*absol.*) uirtus est, ubi occasio admonet, ~icere PL.*Per.* 268[a]; ante deliberasses, ante ~exisses QUINT.*Decl.*309 (p.218,l.2);—(*w.* de) tria sunt genera..de quibus singulis ~iciamus GAIUS *Inst.*1.12; ULP.*dig.*14.1.1;—(*w. indir. qu.*) ~ice an certa argumenta sint uenturi mali SEN.*Ep.*13.8; QUINT.*Inst.*7.1.9; ~ice, num peractas putes partes nostras PLIN.*Ep.*7.33.5;—(*w. acc.*) uelim ~icias res Romanas CIC. *Att.*6.8.5; in ~icienda rerum natura V.MAX.3.3.ext.2; quod saepe mecum ~icio SEN.*Ep.*59.9; ~iceret quisque merita TAC.*Ann.*13.27.

3 (intr.) To see clearly; (tr.) to pick out with the eyes, distinguish, discern. **b** (tr.) to perceive mentally.
catuli, qui iam ~ecturi sunt CIC.*Fin.*4.64; tanta oborta caligo est ut ~icere non posset SUET.*Nero* 19.1; (*cf.*) ut primum ~exit (*i.e. recovered consciousness*) CIC.*Fin.*2.97;—caecigeni, solis qui lumina numquam ~exere LUCR.2.742; pinguis humus..qualem..caua montis conualle solemus ~icere VERG.*G.*2.187; ~ecta est et Thule TAC.*Ag.*10.6; (*in*

fig. phr.) ex superioris anni..tenebris lucem in re publica..~icere Cic.*Red.Sen.*5. **b** sine paullulum ad me redeam: iam aliquid ~iciam Ter.*An.*622; populi Romani..libertatem..ex diuturna seruitute ~icientis Cic.*Sest.*118; ueritus ne ipse uindictae modum ~icere non posset V.Max.4.1.ext.2; Quint.*Inst.*2.8.6; Tac.*Ann.*3.22; non aliud remedium ~icio Tra.Plin.*Ep.*10.55(63);—(*w. indir. qu.*) cum..~icere coepimus..quid simus Cic.*Fin.*5.41; Sen.*Ben.*2.14.1.

Dispiter: see diespiter.

displānō ~āre, *tr.* [dis-+planvs+-o³] To flatten (by smashing).
cui..rutro caput ~at Var.*Men.*291.

displicens ~ntis, *a.* [pple. of displiceo] Unpleasing, uncomfortable.
(aconitum) potum..protinus facit corpus graue et ~ens Larg.188.

displicentia ~ae, *f.* [prec.+-ia] The state of causing dissatisfaction or displeasure (to).
(*w. obj. gen.*) taedium et ~a sui Sen.*Dial.*9.2.10.

displiceō ~ēre ~uī ~itum, *intr.* [dis-+placeo] Const.: w. dat. of pers. or absol.; impers. w. *de*, inf., or acc. and inf. To displease, offend. **b** (refl.) to be dissatisfied or sick with oneself; (also) to be (physically) indisposed. **c** (impers. or w. inf. as subj.).
si tibi ~eo patiundum Pl.*Men.*670; tu es ille, cui crudelitas ~et Cic.*Pis.*17; Verg.*G.*3.56; Prop.4.5.49; Liv.22.50.6; Tac.*Ann.*16.28; si fur ~eat Verri Juv.2.26; (*pass.*) cum Fauorino..commentarium legissem atque ei..~ita esset..insuauitas Gel.1.21.4.—(*absol.*) si ~ebit uita Ter.*Hau.*972; iudicia ~ent Cic.*Sest.*92; ~ent nexae philyra coronae Hor.*Carm.*1.38.2; si plebeiae leges ~erent Liv.3.31.7; Ov.*Tr.*1.1.50; Quint.*Inst.*12.9.6; neque luxus in iuuene..~ebat Tac.*Ann.*3.37. **b** eheu quam nunc totus ~eo mihi Ter.*Hau.*1043; ut ipse etiam sibi..~ebat! Cic.*Att.*2.21.3; inconstans et sibi ~ens leuitas Sen.*Dial.*10.2.2;—cum..e uia languerem et mihimet ~erem Cic.*Phil.*1.12; *Att.*4.9.1. **c** (*w.* de) ut populo de..rege placeret, de exsulibus..~eret Cic.*Dom.*53;—(*w. inf.*) de causa digredi..~et *Inv.*1.97; quoniam tibi non omnino ~et definire *Fin.*2.5; Quint.*Inst.*11.3.103;—(*w. acc. and inf.*) ne tibi..~eat..quam plurimos esse custodes Cic.*Ver.*4.82; Cael.*Fam.*8.7.2; quibus..societatem cum rege iungi ~uisset Liv.42.43.5; Plin.*Nat.*29.24; quia ~uit eam furti obligari Paul.*dig.*25.2.3.4.

displicō ~āre ~ātum, *tr.* [dis-+plico] (app.) To scatter, disperse.
si quando ~atae sunt (apes) cymbalis..redducunt in ocum unum Var.*R.*3.16.7.

displōdō ~dere ~sī ~sum, *tr.* [dis-+plavdo] Forms: *-plud-* Var.*R.*2.5.8.

1 To spread or splay out.
Var.*R.*2.5.8; pedibus magnis et latis qui ingredienti ei (*sc.* cani) ~dantur 2.9.4.

2 To burst apart.
uesicula..dat..sonitum ~sa repente Lucr.6.131; ~sa repente..caeli..templa 6.285; Hor.*S.*1.8.46.

displuuiātus ~a ~um, *a.* [dis-+*pluuiatus*; cf. complvviatvs] Provided with roofing sloping downwards from the centre so as to carry rainwater to the periphery.
~a..sunt (caua aedium) in quibus deliquiae arcam sustinentes stillicidia reiciunt Vitr.6.3.2.

dispoliō: see despolio.

dispōnō ~ōnere ~osuī ~ositum, *tr.* [dis-+pono] Forms: *~osta* (= *~osita*) Lucr.1.52, 2.644.

1 To place here and there, distribute (over an area); to plant out. **b** to set out (at specified intervals).
inpedimentum conlocant omne..sarraca crebra ~onunt Sis.*hist.*61; in silua..~osita (signa) sub diuo uidimus Cic.*Ver.*1.51; sudibus..quas in opere ~osuerant Caes.*Gal.*7.81.4; tectos..per herbam ~onunt ensis et scuta..condunt Verg.*A.*3.237; Liv.27.40.11; Sen.*Ep.*110.13; Plin.*Nat.*24.1; uetustos porticibus ~onat auos Juv.6.163;—(*transf., in writing, speeches*) exornationes..quae si rarae disponentur, distinctam..reddunt orationem *Rhet.Her.*4.16; Cic.*de Orat.*3.96;—uarias ~onere plantas *Mor.*69; quos mille parit..natura colores, ~onat plantis holitor Col.10.177; Plin.*Nat.*17.78. **b** harundinem sic serito: ternos pedes oculos ~onito Cato *Agr.*47; inasserato asseribvs abiegneis..~onito ni plvs s(emisse)=— *CIL* 1.698.2.2.

2 To arrange in order or position, lay out, organize. **b** (transf., of non-spatial ordering or arrangement).
postea..quam Tyrannio mihi libros ~osuit Cic.*Att.*4.8.2; Lucr.5.445; uestes..quas femina Coa texuit, auratas ~osuitque uias (*i.e. stripes*) Tib.2.3.54; Vitr.1.2.9; ~onit in ordine pinnas Ov.*Ars* 2.45; apes..quicquid attulere, ~onunt ac per fauos digerunt Sen.*Ep.*84.3; ubi..est rite ~osita nauis Col.12.2.5; ~osuit daphnona suo..in agro Mart.10.79.5; liberorum agmina per sexum et aetatem ~osita Tac.*Ann.*14.13;—~onit crinem Juv.6.490;—(*troops*) in suis ordinibus ~ositi (milites) Caes.*Civ.*3.92.2; ingentes exercitus ~onentem (imperatorem) Sen.*Ben.*5.25.1. **b** sermo in quo pure ~onuntur uerba Var.*L.*6.63; qui eas (*sc.* cogitationes) nec ~onere nec inlustrare possit Cic.*Tusc.*1.6; Liv.42.46.2; moras solis..traditur exactis ~osuisse notis Ov.*Fast.*3.162; amicum uocas, cuius ~onitur salutatio (*i.e. in order of importance*) Sen.*Ben.*6.34.3; hanc..tragoediam ~osui Tac.*Dial.*3.3;—(*w.* in+*acc.*) in uarias leges uariasque figuras ~ositum genus est hominum Man.4.712; corpus eius (*sc.* philosophiae) in membra ~oni Sen.*Ep.*89.1; Plin.*Nat.*22.30;—(*absol.*) quae sit ratio in his inueniendi et ~onendi requiro Cic.*Part.*68; Quint.*Inst.*3.3.11; Plin.*Ep.*3.13.3.

3 To distribute, allot, assign.
ut..~ositum suum cuique munus sit Q.Cic.*Pet.*20; Sen.*Ben.*7.10.6; qui carentis luce ~onis domos *Oed.*256; ministeria..in equites Romanos ~onit Tac.*Hist.*1.58; ~osito per mensas milies sestertio *Ann.*6.17; Ulp.*dig.*4.2.14.10; (*cf.*) numeris hanc (partem) ter ~one (*i.e. multiply*) quaternis Man.2.727.

4 To post, station (in strategic or sim. positions).
in uia ~ositis familiaribus suis Caes.*Gal.*7.28.6; qui per contionem ad excitandos clamores ~ositi erant Liv.24.4.7; a ~ositis in id ipsum interemptus est Vell.2.27.4; per ~ositos cursores nuntiata Tac.*Ag.*43.3; Juv.7.44;—(*troops, etc.*) in insidiis suos ~onit Sis.*hist.*126; sic..erant ~osita praesidia Cic.*Phil.*5.9; omni ora maritima classem ~osuerat Caes.*Civ.*3.5.2; Liv.9.36.10; sagittarii..pro ripa ~ositi Tac.*Ann.*2.9; Ulp.*dig.*1.12.1.12; (*cf.*) ut..oculos mentemque ad mare ~ositos directosque haberet *B.Afr.*26.4.

5 To administer, manage, order. **b** to regulate, map out (time). **c** to constitute, dispose.
regenda esse et ~onenda quae..uicisset (Alexander) Sen.*Suas.*1.8; istam, per quam actus uitae tuae ~onis atque ordinas, lucem Sen.*Ben.*4.6.3; omnia rite ~onit, qui bella gerant, qui moenia seruent Stat.*Theb.*7.391; tamquam ~oneret iam imperii curas Tac.*Ann.*16.8; Plin.*Ep.*3.19.9; Suet.*Nero* 39.3; (*refl.*) pauci sunt, qui consilio se suaque ~onant Sen.*Ep.*23.8;—(*absol.*) in nepotes pronepotesque ~onit *Dial.*6.11.5. **b** aetas nostra bene ~onenti multum patet Sen.*Dial.*10.1.4; ex tuo arbitrio diem ~onere 11.6.4; ~onere tempus otiosum Mart.5.20.3; Plin.*Ep.*4.23.1. **c** stomachum..ad lenia..medicamenta apte ~ositum Larg.103; in dissimiliter ~ositis corporibus 271.

6 To arrange, ordain, prescribe.
~ositis uicibus consurgere signa (cernimus) Man.1.495; Sen.*Ben.*5.6.5;—(*w. indir. qu.*) certum ac ~ositumst ubi quicquid crescat et insit Lucr.3.787;—(*w.* ut) ~osueramus ..ut aliis..templis simulacra Phidias faceret Sen.*Con.*exc.8.2; ut fundus hereditarius fundo non hereditario seruiat, arbiter ~onere non potest Javol.*dig.*10.3.18.

disposite, *adv.* [dispositvs¹+-e] In an orderly manner, in due order, methodically.
non possum ~ istum accusare Cic.*Ver.*4.87; ~ singulis uoluminibus de singulis exponere rebus Vitr.7.pr.18; Quint.*Inst.*10.7.12.

dispositiō ~ōnis, *f.* [dispono+-tio] Spatial arrangement, layout, formation. **b** arrangement of arguments, words, etc. **c** the orderly arrangement or disposition of time, activities, etc.
de ~one hibernorum Cic.*Font.*20; ~o..est rerum apta conlocatio Vitr.1.2.2; aedium sacrarum marmoreis operibus ornatae ~ones 7.pr.16; Col.3.21.11; pliadum hyadumque ~one Plin.*Nat.*37.100; Plin.*Ep.*5.6.32; epularum ~ones..concinnas Apul.*Met.*2.15; (*in painting*) Melanthio ~one cedebat (Apelles) Plin.*Nat.*35.80;—(*of troops*) neque miles neque imperator sine ordine ac ~one quidquam ualet explicare Col.12.2.5; (*cf.*) ut Homerica ~one in medio sint infirma (argumenta) Quint.*Inst.*5.12.14;—(*transf. of sounds*) tetrachordorum ~ones Vitr.5.4.3. **b** ~o argumentorum Cic.*de Orat.*2.179; uerborum elegans ~o Vitr.5.pr.1; Quint.*Inst.*3.3.1; orationis doctam ~onem Aur.*Fro.*1.p.156(14N). **c** ualetudinem..mutata uitae ~one firmare Sen.*Dial.*3.6.7.22.1; Col.12.2.4; diuinae prouidentiae fatalis ~o Apul.*Met.*9.1.

dispositor ~ōris, *m.* [dispono+-tor] One who orders or arranges.
~or ille mundi deus Sen.*Nat.*5.18.5.

dispositūra ~ae, *f.* [next+-vra] An order, arrangement.
tandem deueniunt in talis ~as Lucr.1.1027; 5.192.

dispositus¹ ~a ~um, *a. compar.* ~ior. [pple. of dispono]

1 Placed at intervals, spread out.
(folia) ~a myrto, concaua buxo, inordinata pomis Plin.*Nat.*16.92.

2 That is properly or regularly arranged or laid out; *ex ~o*, in order or formation.
hoc, quo neque formosius est quicquam nec ~ius Sen.*Nat.*1.pr.14; inter ~a ac tranquilla 7.10.2; (columbas) nosse credas suos colores uarietatemque ~am Plin.*Nat.*10.108;—(*transf.*) animus..modestus..est et ~us Sen.*Dial.*5.6.1; uir subtilis,~us, acer Plin.*Ep.*2.11.17;—clarissimorum luminum et ex ~o relucentium Sen.*Dial.*1.1.2.

dispositus² ~ūs, *m.* [dispono+-tvs³] Management, administration.
~u prouisuque ciuilium rerum peritus Tac.*Hist.*2.5.

dispudet ~ēre, *tr.* [dis-+pvdet] Const.: impers., w. acc. of person; also w. gen., inf., acc. and inf. To be utterly ashamed.
non uos tot calumniarum..~et? Apul.*Apol.*63;—alia memorare quae illum facere uidi ~et? Pl.*Bac.*481;— ~et sic mihi data esse uerba Ter.*Eu.*833;—(*ellipt.*) Pl.*Mos.*1166.

dispuluerō ~āre, *tr.* [dis-+pvlvero] To pulverize, reduce to powder.
saxa, siluas..~as Naev.*com.*57.

dispunctiō ~ōnis, *f.* [next+-tio] The checking of an account, items in a list, etc.
Ulp.*dig.*42.5.15.1.

dispungō ~gere ~xī ~ctum, *tr.* [dis-+pvngo

1 To mark off, check (an account, items, etc.).
apud me istae expensorum acceptorumque rationes ~guntur Sen.*Ben.*4.32.4; cotidiana eorum aera ~gas Apul.*Soc.*22; ad..rationes..~gendas atque excutiendas Ulp.*dig.*40.7.6.7; (*fig.*) ~ge..et recense uitae tuae dies Sen.*Dial.*10.7.7.

2 To separate, mark off.
neque..quisquam..elegantius interualla negotiorum otio ~xit Vell.1.13.3.

disputābilis ~is ~e, *a.* [dispvto+-bilis] Open to dispute, arguable.
an omnis res in utramque partem ~is sit Sen.*Ep.*88.43.

disputātiō ~ōnis, *f.* [dispvto+-tio] A discussion, argument, dispute. **b** a dissertation in the form of a debate. **c** discussion (of a subject).
Cic.*de Orat.*2.26; illa..sententia habet aliquid ~onis *Fat.*21; triduum ~onibus excusationibusque extrahitur Caes.*Civ.*1.33.3; ut quae ab eo acceperant in ~onem deducere nefas existimarent V.Max.8.15.ext.1; ne agricolam quidem..~one sed usu fieri Cels.1.pr.32; dialecticis ~onibus Quint.*Inst.*5.14.27; Tac.*Dial.*14.3;—(*w.* contra, cum, inter) cum..~o..esset inter eos Cic.*Brut.*218; ~o..contra Gorgian ita cluditur Quint.*Inst.*2.15.27; frequens mihi ~o est cum quodam docto homine Plin.*Ep.*1.20.1;—(*w.* de, super) in hac ~one de fato Cic.*Fat.*1; super earum (stellarum) cursibus opiniones ~onesque Apul.*Pl.*1.10;—(*w. obj. gen.*) utrum oratio ad eius rei ~onem deerit Cic.*Agr.*2.40; Quint.*Inst.*12.2.19;—(*w. acc. and inf.*) adiuncta illa ~one communi, non fuisse illum tam amentem Cic.*Part.*115;—(*w. indir. qu.*) quo istud proposito..feceris..~onem habet Sen.*Con.*7.1.14. **b** scriptas..a Protagora rerum inlustrium ~ones Cic.*Brut.*46; quintus hic dies..finem faciet Tusculanarum ~onum *Tusc.*5.1; (*cf.*) scripsi..tris libros in ~one ac dialogo 'de oratore' *Fam.*1.9.23. **c** cum astrologis et musicis est ~o communis de sympathia stellarum et symphoniarum Vitr.1.1.16; V.Max.4.4.1; Col.4.22.9.

disputātiuncula ~ae, *f.* [prec.+-cvla] A (trivial) discussion or debate; a little discussion in writing.
~is inanibus subtilitatem uanissimam agitare Sen.*Ep.*117.25;—~ae huius initium Gel.1.3.30.

disputātor ~ōris, *m.* [dispvto+-tor] An arguer, disputant.
Demetrius Phalereus..~or subtilis Cic.*Off.*1.3; (*w. obj. gen.*) suae..artis unum quemque et auctorem et ~orem optimum esse V.Max.8.12.intro.

disputātrix ~īcis, *f. adj.* [next+-trix] Having the nature of disputation, dialectical
etiam ~ix (oratio) uirtus erit Quint.*Inst.*2.20.7; 12.2.13.

disputō ~āre ~āuī ~ātum, *intr.*, *tr.* [dis-+pvto]

1 (intr.) To argue one's case or point of view (in speech or writing, as a teacher, litigant, etc., or generally). **b** (impers. pass.).
nunc utrisque disceptator eccum adest, age ~a Pl.*Mos.*1137; ~abant contra diserti homines Athenienses Cic.*de Orat.*1.85; in utramque partem ~at *Off.*3.89; Plin.*Ep.*7.27.16; Diogenes..~are sabbatis..solitus Suet.*Tib.*32.2; Fro.*Aur.*1.p.90(8N);—(*w.* ad, apud, cum, inter) cum istoc primum qui te nouit ~a Pl.*Rud.*718; Cottam et Varronem ..inter se ~antis Cic.*Att.*13.19.3; serui..uerberibus caesi..apud eos saepe ~ant [Cic.]*Exil.*18; sciat se ad pontifices ~atvrv⟨m⟩ (*i.e. plead*) *CIL* 6.35987; (*mentally*) diu mecum ~aui Sen.*Con.*7.1.24;—(*w.* de, ad) hi qui de omni natura ~ant atque ideo uocantur physici Var.*L.*10.55; ponere iubebam, de quo quis audire uellet; ad id..~abam Cic.*Tusc.*1.7; Caes.*Gal.*6.14.6; nunc de genere uinearum ~abimus Col.*Arb.*3.7; (*w. impers. subj.*) cum de re stabili..~at oratio Cic.*Tim.*8;—(*w.* contra, pro, secundum) nihil..praetermissum est quod..fuit..pro reo ~andum *Sest.*3; multa secundum causam nostram ~auit *Att.*4.2.4; multa acute..contra Stoicos ~ata sunt *Div.*1.7;—(*w. acc. and inf.*) ~ant contaminari non decere fabulas Ter.*An.*15; Cic.*N.D.*1.40;—(*w. indir. qu.*) *Tusc.*5.92; potest..~are an..capessenda fuerit sapienti res publica Sen.*Ep.*14.13;—(*w. internal acc.*) ~auit..multa prudenter Cic.*Sest.*73; haec ita ~o, quasi populum in auditorium..aducarim Plin.*Ep.*5.3.11; (*cf., pple. as sb.*) nobilium philosophorum ~ata Apul.*Apol.*51. **b** nec cum iracundia..recte ~ari potest Cic.*Fin.*1.28; ~atur in consilio a Petreio Caes.*Civ.*1.67.1;—(*w.* circa, de) in utramque partem de tuo officio ~ari posse Cic.*Fam.*11.27.8; circa hoc..~atum est Quint.*Inst.*1.5.34; artibus..in quibus..de iusto et iniusto ~atur Tac.*Dial.*31.1;—(*w. indir. qu.*) quid sit ~atur Sen.*Suas.*1.4; ~atur, an ipse sibi manus attulerit Sen.*Dial.*10.6.2.

2 (tr.) To argue, reason out, debate (a problem).
ut hanc rem uobis examussim ~em Pl.*Men.*50; qui in ea (*sc.* philosophia) ~anda uersantur Nep.*fr.*5; (*contrasted w.* puto) itur, putatur ratio cum argentario..ubi ~ata est ratio cum argentario Pl.*Aul.*529;—(*mentally*) eam rem uolutaui et diu ~aui *Mos.*87; dum religiosum scrupulum..apud meum sensum ~o Apul.*Met.*11.27.

disquāmō: see desqvamo.

disquīrō ~ere, *tr.* [dis-+qvaero] To investigate, inquire (in quot., ellipt.).
mecum ~ite Hor.*S.*2.2.7.

disquīsītiō ~ōnis, *f.* [prec.+-tio] An investigation, inquiry.
uitiosum est pro argumento sumere quod in ~one positum est *Rhet.Her.*2.41; Cic.*Sul.*79; postulata prouinciarum ad ~onem patrum mittendo Tac.*Ann.*3.60; Suet.*Jul.*15; totum per orbem..anxia ~one tuum uestigium..requirit

Apul.*Met*.6.2;—(*w. obj. gen.*) ad facinoris ~onem Cic.*Har.* 13; huius rei ~o iudicis est Ulp.*dig*.4.6.3;—(*w. indir. qu.*) non quid ego fecerim in ~onem uenit Liv.26.31.2.

disr-: see also dir-.

di(s)rārō ~āre, *tr.* [dis- + rarvs + -o³] To thin out (vegetation).
hoc (*sc.* arundinetum) potest intercidi et ~ari Col.4.32.4; 5.6.36.

diss(a)epīmentum ~ī, *n.* [next + -mentvm] A partition.
nucis iugulandis..medium uelut ~um Fest.p.166M.

diss(a)epiō ~pīre ~psī ~ptum, *tr.* [dis- + saepio]
1 To separate off (with a dividing structure, boundary, etc.).
parietibus ~pta (domus) Var.*L*.5.162; Cic.*Rep*.4.4; aer ~pit collis atque aera montes Lucr.1.985; limitibus ~pserat omnia certis Ov.*Met*.1.69; Sen.*Med*.335.
2 (app.) To dismantle (a surrounding wall or sim.).
~pto..aggere rursus utitur Stat.*Theb*.10.880.

dissaeptiō ~ōnis, *f.* [prec. + -tio] The making of partitions.
Vitr.2.8.20.

dissaeptum ~ī, *n.* [pple. of dissaepio] A wall, partition.
per ~a domorum saxea uoces peruolitant Lucr.6.951.

dissāuior ~ārī, *tr.* [dis- + savior] To kiss eagerly.
tuos..oculos..~abor Q.Cic.*Fam*.16.27.2.

dissecō ~āre ~uī ~tum, *tr.* [dis- + seco] Forms: *dissicant* Apul.*Met*.8.27. To cut apart or in pieces.
sorba..~ta et in sole macerata Var.*R*.1.59.3; pectus ~uere uiuenti Plin.*Nat*.11.185; 29.69; multos honesti ordinis..medios serra ~uit Suet.*Cal*.27.3; ~tum esse antiquitus neminem..audiui Gel.20.1.52; ferro..sua quisque bracchia ~ant Apul.*Met*.8.27; (*w. inanim. subj.*) uolatile telum..tunicam..~at *Ilias* 349.

dissēminātiō ~ōnis, *f.* [next + -tio] The action of spreading abroad.
nec extimescerem maleuolorum ~ones Apul.*Met*.11.30.

dissēminō ~āre ~āuī ~ātum, *tr.* [dis- + semino] To distribute widely, broadcast, disseminate.
inter Ostiensem et Campaniae oram sparsos (scaros) ~auit Plin.*Nat*.9.62;—(*non-material objs.*) latius opinione ~atum est hoc malum Cic.*Catil*.4.6; *Arch*.30; *Planc*.56; uirtus integra orbe splendido exorta est et radiis ~ata Fro. *Aur*.2.p.126(103N); te..passim cupidines populis ~antem Apul.*Met*.5.31.

dissensiō ~ōnis, *f.* [dissentio + -tio] Disagreement, disssenion, difference of opinion. **b** (of impers. subjs.) disagreement, discrepancy.
in eo ~o neque ea unius modi apparet Var.*L*.10.10; erat tum ~o ciuium Cic.*Ver*.1.34; ex multorum annorum ~one *Catil*.4.15; qua ex re factiones ~onesque nascuntur Caes. *Gal*.6.22.3; Liv.5.24.10; ~one ordinum Tac.*Ann*.3.27;—(*w.* ab, cum, inter) numquam de bono oratore aut non bono doctis hominibus cum populo ~o fuit Cic.*Brut*.185; ~o.. Zenonis a superioribus *Ac*.1.42; tanta..inter eos ~o exsistit ut..armis dimicare conentur Caes.*Civ*.1.20.3;—(*w.* de, in + *abl.*) specimen..popularis iudici, in quo numquam fuit..~o Cic.*Brut*.188; haec de summo malo bonoque ~o *Leg*.1.57; Cels.1.pr.12; Quint.*Inst*.2.15.1;—(*w. gen. expr. subj. of dispute*) inimicitias sibi mecum ex rei publicae ~one susceptas Cic.*Sest*.72; *Att*.1.19.7;—(*w. indir. qu.*) *Tusc*.1.18; quando dari (*sc.* cibus) debeat, magna ~o est Cels.3.5.4. **b** opinionum ~one Cic.*Fam*.2.13.2; non..omne uitium paris habet ~ones *Tusc*.4.29; cogitationum ~one..distrahebatur Apul.*Met*.9.19.

dissensus ~ūs, *m.* [dissentio + -tvs³] Disagreement, discord.
clamor ~u uario..se tollit in auras Verg.*A*.11.455; caueae (*i.e. the spectators*) ~us ephebos concitat Stat.*Theb*. 1.423; nec uarius fremor aut studia in contraria rapti ~us 5.148; Pompon.*dig*.46.3.80.

dissentāneus ~a ~um, *a.* [cf. next and consentanevs] Disagreeing, discordant.
ea quae sunt aut ipsi aut contrario eius..aut consentanea aut ~a Cic.*Part*.7.

dissentiō ~tīre ~sī ~sum, *intr.* [dis- + sentio] Forms: *~tiuntur* (dep.) Cael. *hist*.8.
1 To differ in opinion, disagree, dissent (from a person, opinion, etc.). **b** to disagree with each other.
concertare ac ~tire Pac.*trag*.73; censuit hoc Cato, adsensit senatus..ego ~si Cic.*Att*.2.1.8; Liv.21.53.7; (*w. internal acc.*) nisi quid tu..~tis Hor.*S*.2.1.79;—(*w.* ab) inuitus saepe ~si a Q. Fufio Cic.*Phil*.11.15; quae ab reliquis Gallis ciuitates ~tirent Caes.*Gal*.7.29.6; nec ~tire ceteros ab hoc meo iudicio uideo Tac.*Dial*.21.2; Ulp.*dig*.23.1.12;—(*w.* cum) ~sit cum Mario..L. Sulla Cic.*Har*.54; paulum in his secum etiam Cicero ~tit Quint.*Inst*.3.11.18;—(*w. dat.*) ipsum sibi in sua oratione ~tire *Rhet.Her*.2.42; mens.. Reguli ~tientis condicionibus foedis Hor.*Carm*.3.5.14;—(*w.* de, in + *abl.*) in philosophia uehementer ab eo ~tio Cic. *Fam*.13.1.2; qui de ceteris Maximo adsensus de Scipionis causa ~sit Liv.29.20.1;—(*poet., w. acc. and inf.*) Lucr.4.766. **b** plura genera..~tientium philosophorum Cic.*Tusc*.5.11; Hor.*Ep*.2.2.61; ~sere deae Ov.*Fast*.5.9; (*poet.*) seu ~suros seruauerat Eumenis ignis Stat.*Theb*.12.423;—(*w.* de, in + *abl.*, circa) cur doctissimi homines de maximus rebus ~tiant Cic.*de Orat*.3.114; siue in ipsa emptione ~tient siue in pretio Ulp.*dig*.18.1.9; quod circa causam dandi..~serimus Julian.*dig*.41.1.36;—(*w.* inter se) ~tientium inter se reprehensiones Cic.*Fin*.1.27;—(*impers. pass.*) de patria..Homeri ..maxime ~sum est Gel.3.11.6; (*w.* super) super ea..re ~titur 14.2.17.
2 (w. non-personal subj.) To differ, be discrepant.
(*w.* ab) ut a sententia scriptura ~tiat Cic.*de Orat*.1.140; ut dolor meus nihil a communi utilitate ~tiat *Prov*.1; ~tire ab animis gratulantium uultus Curt.6.1.17; rubigo salis, odore..~tiens a sale Plin.*Nat*.31.90; a Graecis Romana ~tiunt Quint.*Inst*.10.5.3;—(*w.* cum) uidetur scriptoris uoluntas cum scripto ipso ~tire *Rhet.Her*.1.19;—(*w. dat.*) nec libra metenti ~tit diuae Germ.fr.4.153; ne orationi uita ~tiat Sen.*Ep*.20.2;—(*from each other*) ~tire aduersari uocem atque legis Cic.*Part*.135; mala bonaque ~tiunt nec in unum eunt Sen.*Ben*.5.12.5; Quint.*Inst*.11.1.9; (*w.* inter se) sin scripta inter sese ~tient Cic.*Part*.137.

dissēpiō: see dissaepio.

disserēnō ~āre ~āuī, *intr.* [dis- + sereno] To clear up, become clear; (in quots,. impers.).
cum undique ~asset, sublata (tabernacula) Liv.39.46.4; si cacumina pura fient, ~abit Plin.*Nat*.18.356.

disserō¹ ~erere ~eruī ~itum, *tr.* [dis- + sero¹]
1 To sow or plant at intervals, plant out. **b** to scatter, distribute.
hoc genus arboris in..finibus Grais ~eruere Sueius *poet.* 1.7; ut olitor ~erit in areas sui cuiusque generis res Var. *L*.6.64; in recentibus pomariis ~itis seminibus *R*.1.23.6; Col.11.3.29; (*cf.*) taleae..in terram infodiebantur mediocribusque intermissis spatiis..~erebantur Caes.*Gal*.7.73.9. **b** cetera pars animae per totum ~ita corpus Lucr.3.143; per membra..animai ~ita uis est 4.888; *Culex* 188.
2 To separate, part.
separatim distributis ~itisque generibus (*sc. of grain*) Apul.*Met*.6.10; trucem amatorem..~itis femoribus emasculare 7.23.

disserō² ~ere ~uī ~tum, *tr., intr.* [dis- + sero²]
1 To dispose, set in order (hair, perh. in plaits or sim.). **b** to arrange the elements of, i.e. pronounce (a word).
tu cinge comas, tu ~e crines Col.10.165. **b** sequens (uerbum)..nullo pacto ~ere potui Apul.*Met*.7.3.
2 To set out in words, treat of, discuss. **b** (impers. pass.).
quod..in senatu pluribus uerbis ~ui Cic.*Fam*.12.7.2; rerum..earum quae in philosophia ~untur *Div*.2.12; Liv. 10.40.1; bona pacis ac belli discrimina ~ens Tac.*Hist*.3.81;—(*absol.*) ut nostri augures publici ~unt agrorum sunt genera quinque Var.*L*.5.33; disputabant, ego contra ~ebam Cic.*Fam*.3.8.5; cum illo malo ~ere quam tecum *N.D*.1.61; facit Euripiden et Menandrum inter se..~entes *Gal*.fr.2; ad ea Sulla pro se breuiter..~uit Sal.*Jug*.111.1; aduersum Vitellianas partis modeste ~ruit Tac.*Hist*.1.90; pro Plancina..~uit *Ann*.3.17;—(*w.* de) de natura rerum et ~uit et scripsit Cic.*de Orat*.3.128; tibi de..caeli ratione.. ~ere incipiam Lucr.1.55;—(*w.* super) multa..super captiuitate Carataci ~uere Tac.*Ann*.12.38;—(*w. acc. and inf.*) malunt..~ere nihil esse in auspiciis Cic.*Div*.1.105; Sal. *Jug*.95.4; aduersus ea M. Furius..~uit Aurelium relictum ne..ad regem deficerent Liv.30.42.5. **b** ut omnibus locis a Platone ~itur Cic.*Tusc*.1.58; Sen.*Ep*.52.15; ~ebatur contra Tac.*Ann*.13.27; (*w. indir. qu.*) partus ancillae sitne in fructu habendus, ~etur inter principes ciuitatis Cic.*Fin*.1.12.

disserō³ ~āre ~āuī ~ātum, *tr.* [dis- + sera + -o³] To unbar, unfasten; (in quot. transf.).
uocalia rictum nisi iuncta ~arint Maur.98.

disserpō ~ere, *intr.* [dis- + serpo] To spread outwards.
late ~unt inde tremores Lucr.6.547.

dissertātiō ~ōnis, *f.* [disserto + -tio] A dissertation, disquisition.
~onum Epicteti..primum librum Gel.1.2.6; 17.13.11; Cato in ~one consulatus Fest.p.286M.

dissertiō ~ōnis, *f.* [dissero² + -tio] A discourse.
in ea ~one..huiuscemodi sensus est Gel.19.12.3.

dissertō ~āre ~āuī ~ātum, *tr., intr.* [dis- sero² + -to] To deal with a matter **a** (in discussion). **b** (in a speech, discourse, etc.).
a (*w. acc.*) dic mihi istuc..quod uos ~atis Pl.*Men*.809; (*w.* cum) quid ego cum illo ~em amplius Cato *orat*.126; (*w.* de) rectius de iis quae in publicum consulerentur.. coram ~aturos Tac.*Ann*.13.38. **b** (*w. acc.*) ubi haec atque talia ~auere, incipit orationem Caesar Tac.*Ann*. 12.11; id potius praestiterit Latine ~are Apul.*Soc*.14;—(*absol.*) Gel.6(7).14.9; siue in auditorio ~et Apul.*Apol*.7; *Fl*.18; (*w.* de) de uorsibus ~abo *Apol*.5.

dissiciō: see disicio.

dissicō: see disseco.

dissidentia ~ae, *f.* [next + -ia] Difference, contrariety.
dominante..illa rerum ~a Plin.*Nat*.29.75.

dissideō ~idēre ~ēdī, *intr.* [dis- + sedeo]
1 To sit or settle oneself apart. **b** (of things) to be situated apart, be separated or distant.
ab omni ~idet turba procul..Laius Sen.*Oed*.620. **b** ista (sidera)..interuallis ingentibus ~ident (*i.e. from us*) Sen.*Nat*.7.12.5; Isthmi..regna Corinthii..et mare ~idens *Thy*.125; Maur.2032;—(*w. abl. of separation*) sceptris terram quae libera nostris ~idet Verg.*A*.7.370; quantum Hypanis Veneto ~idet Eridano Prop.1.12.4.
2 To be placed out of alignment, sit awry.
cum partes corporis inter se ~ident Cic.*Tusc*.4.28; si toga ~idet impar Hor.*Ep*.1.1.96; aliorum (supercilia) constricta, aliorum..~identia Quint.*Inst*.1.11.10; ne caput oculique ab alia corporis inclinatione ~ideant 1.11.16.
3 To disagree, differ, be at variance. **b** (of the mind, will, opinions, etc.). **c** (transf.) to differ (objectively).
non..consiliis solum et studiis sed armis etiam..~idebamus Cic.*Marc*.30; Hor.*Carm*.3.8.19; humiles laborant ubi potentes ~ident Phaed.1.30.1; ~ident olores et aquilae Plin.*Nat*.10.203; Tac.*Ann*.1.46; cum Iulia primo concorditer..uixit, mox ~edit Suet.*Tib*.7.3; cum duo columina..exercitus ~ident, Agamemnon..et Achilles Apul. *Soc*.17; (*impers. pass.*) sic urbe in una quasi in binis castris ~idebatur Flor.*Epit*.2.5(3.17.5);—(*w.* ab) quod semper a bonis ~edisti Cras.*orat*.17; a uestris..mentibus ~idere Cic.*Prov*.41;—(*w.* cum) me non cum homine solere, sed cum causa ~idere *Phil*.11.15; (saepe) ~edit plebs tota cum patribus Sen.*Dial*.5.2.4;—(*w.* inter se) qui nunc leuiter inter se ~ident Cic.*Att*.1.13.3;—(*w.* in + *acc.*) spes incesserat ~idere hostem in Arminium ac Segestem Tac.*Ann*.1.55;—(*w. dat.*) ~idens plebi..Virtus Hor.*Carm*.2.2.18; brumae ~idet aestas Man.2.418;—(*w. field of disagreement expr.*) in tantis rebus a Pompeio ~idere Cic.*Att*.7.6.2; de re una solum ~dent *Leg*.1.53; histriones, propter quos ~idebatur Suet.*Tib*.37.2. **b** uoluntas scriptoris cum scripto ~idere uidebitur *Rhet.Her*.2.13; ut popularis cupiditas a consilio principum ~ideret Cic.*Sest*.104; opiniones..inter se ~identes *N.D*.1.5; Nep.*Di*.8.2; ~idet et uariat sententia Ov.*Met*.15.648; ambitio..~idens mortalium Phaed.3.10. 56; Col.1.pr.7; si ab re..~idet (oratio) Quint.*Inst*.3.8.51. **c** temeritatem, quae a sapientia ~idet plurimum Cic.*Off*.2. 8; Ov.*Ep*.7.36; ex diuersis ac ~identibus bonis Sen.*Ben*. 2.29.2.

dissigillō ~āre, *tr.* [dis- + sigillvm + -o³] To unseal.
ni ~etis nive violetis opvs *CIL* 13.8655.

dissignātiō ~ōnis, *f.* [dis- + signo + -tio]
1 Plan, arrangement.
requiro..omnem totius operis ~onem (*v.l.* des-) atque apparatum Cic.*N.D*.1.20.
2 The office of *dissignator* (cf. next, sense b).
qvei praeconivm ~onem libitinamve faciet *CIL* 1.593.94.

dissignātor ~ōris, *m.* Also **dēs-**. [as prec. + -tor] **a** An official who assigned seats in the theatre. **b** an official, app. master of ceremonies, at funerals.
a neu ~or praeter os obambulet neu sessum ducat, dum histrio in scaena siet Pl.*Poen*.19; Ulp.*dig*.3.2.4.1. **b** dum ficus prima calorque ~orem decorat lictoribus atris Hor.*Ep*. 1.7.6; Sen.*Ben*.6.38.4; [Quint.]*Decl*.6.8;—(*function uncertain*) desertus a suis uix iam Decimum ~orem..retinet Cic.*Att*.4.3.2; *CIL* 1.2519.2; 10.5429.

dissiliō ~īre ~uī, *intr.* [dis- + salio]
1 To spring or move violently apart.
duo de concursu corpora lata si cita ~iant Lucr.1.385; 2.106; ~uere fores Stat.*Theb*.7.69; alte..humus ore profundo ~it 7.817;—(*fig.*) gratia..fratrum geminorum..~uit Hor.*Ep*.1.18.42.
2 To burst apart.
uidentur..~uisse..moenia mundi Lucr.6.123; mucro.. ictu ~uit Verg.*A*.12.741; Hor.*Epod*.17.29; carmine ~iunt ..angues Ov.*Am*.2.1.25; si praegnans momordit, protinus ~it (mus araneus) Plin.*Nat*.29.89; (*w.* in + *acc.*) ubi una (uox) ~uit semel in multas exorta Lucr.4.605;—(*fig.*) tam magni ruina imperii in totum ~iet orbem Sen.*Ep*.71.9;—(*hyperb.*) ~io risu 113.26; gaudimonio ~io Petr.61.3; felicitate ~io 75.9.

dissimilis ~is ~e, *a.* *compar.* ~ior, *superl.* ~limus. [dis- + similis] Unlike, different. **b** (neut. as sb.) that which is unlike.
haud est dissimilis (imago) Pl.*Men*.1064; Ter.*Ad*.825; histriones..qui non solum in dissimillimis personis satis faciebant Cic.*Orat*.109; dissimilis est pecuniae debitio et gratiae *Planc*.68; dispari genere, dissimili lingua Sal.*Cat*.6. 2; hac in re..multum dissimiles Hor.*Ep*.1.10.3; Liv.5.4.4; inter..naturaliter dissimillimos ac diuersa uolentis crescebat odium Vell.2.60;—(*w. gen.*) sui ~ior uidebatur fieri cottidie Cic.*Brut*.320; Scetani ~is sis Hor.*S*.1.4.112; Juv.10.192;—(*w. dat.*) ut isti..factis dictisque..~limus esse ..uidear Cic.*Ver*.3.5; me nulla dies tam fortibus ausis ~em arguerit Verg.*A*.9.282; Plin.*Pan*.82.1;—(*w.* inter se) posse esse summos, qui inter se sint ~es Cic.*Brut*.204; ~es sunt inter se genitae res quaeque Lucr.2.720; Quint. *Inst*.9.4.17;—(*w.* in + *acc.*) aetate et forma haud ~i in dominum erat Tac.*Ann*.2.39;—(*w.* quam) bybliothecas.. non ~i modo quam publicorum operum magnificentia.. comparatas Vitr.6.5.2; nec ~is ibi aduersus uictos quam in priores clementia Caesaris fuit Vell.2.55.2;—(*w.* atque, ac) quod est non ~e atque ire in Solonium Cic.*Att*.2.3.3; Sulla ~is fuit bellator ac uictor Vell.2.25.2;—(*impers., w. cl.*) ~e est, si patronus apud hostes sit Paul.*dig*.38.2.4.2. **b** ~ia..conferunt, uerba infecti cum perfectis Var.*L*.9. 99; illud animorum corporumque ~e quod animi ualentes morbo temptari non possunt, corpora possunt Cic.*Tusc*. 4.31; et ~ibus inesse simile..et similibus ~e Quint.*Inst*. 5.11.30.

dissimiliter, *adv.* [prec.+-TER²] Differently, in a different manner.
res simili de causa ~ iudicatae *Rhet.Her.*2.20; SAL.*Jug.* 89.6; Epicurus..non ~ ait VITR.6.pr.3; LARG.271; (*w. dat.*) impotentius..inter duas acies uersari..haud ~ nauibus sine gubernaculo uagis LIV.27.48.11; (*w.* atque) ~ atque si a debitore sciens..emero POMPON.*dig.*18.1.26.

dissimilitūdō ~inis, *f.* [DISSIMILIS+-TVDO] Difference, unlikeness; inconsistency (in the same person); (rhet.) contrast.
ex ~ine plus uoluptatis quam ex similitudine saepe capitur VAR.*L.*8.31; 8.32; in naturis hominum ~ines sunt CIC.*Fat.*8;—(*w. gen.*) ~ines studiorum *Ver.*3.6; acies uaria.. multis gentibus, ~ine armorum..erat LIV.37.40.1; propter ~inem morum PLIN.*Nat.*17.3; QUINT.*Inst.*5.2.3; TAC.*Ann.* 15.67;—(*w.* inter) cum tanta sit inter oratores bonos ~o CIC. *Orat.*2;—(*w.* ab) quod..hanc habet ab illis rebus ~inem *de Orat.*1.252;—(*w.* cum) est..aliqua cum his ipsis artibus sapientiae ~o *Fin.*3.24;—uarietas uoluntatis..~o opinionis ..fratris mei *Att.*1.17.1; in uno homine tantam esse ~inem NEP.*Alc.*1.4;—quaeremus..similitudines et ~ines et contraria et consequentia CIC.*de Orat.*2.166; *Luc.*43.

dissimulābiliter, *adv.* [DISSIMVLO+-BILIS+-TER²] Furtively, secretly.
hominem inuestigando operam huic ~ dabo PL.*Mil.*260.

dissimulāmentum ~ī, *n.* [DISSIMVLO+-MENTVM] Dissimulation, pretence.
Musae cum Minerua ~i gratia iudices adstitere APUL. *Fl.*3; *Apol.*87.

dissimulanter, *adv.* [pple. of DISSIMVLO+-TER²] So as to disguise one's real purpose, character, etc., dissemblingly.
id..~ facere ne sibi ille aliquid proficere uideatur, prudentia est CIC.*de Orat.*2.149; non ~ irati *Fam.*1.5b.2; LIV. 40.23.4; lecticam dominae ~ adi OV.*Ars* 1.488; V.MAX. 4.1.ext.9; recedunt alii ~ et furtim, alii simpliciter et libere PLIN.*Ep.*1.13.2; Augustum palam nec ~ morum eius diritatem..improbasse SUET.*Tib.*21.2; GEL.16.19.19; APUL. *Met.*9.7.

dissimulantia ~ae, *f.* [pple. of DISSIMVLO+-IA] = DISSIMVLATIO (sense 2).
Socratem opinor in hac ironia ~aque longe lepore..omnibus praestitisse CIC.*de Orat.*2.270.

dissimulātiō ~ōnis, *f.* [DISSIMVLO+-TIO]

1 The concealment of one's real purpose, feelings, etc., dissimulation.
ne ~one quidem tectam improbitatem et audaciam CIC. *Ver.*2.71; ex omni uita simulatio ~oque tollenda est *Off.* 3.61; VELL.2.88.3; alta ~one consilium premebat CURT. 10.9.8; omissa ~one TAC.*Hist.*4.54;—(*w. obj. gen.*) qui.. dicebant..cum ~one aliqua cupiditatis CIC.*Flac.*21; sine ~one consilii LIV.9.45.6; ueste seruili in ~onem sui compositus TAC.*Ann.*13.25.

2 (Socratic) irony.
urbana..~o est, cum alia dicuntur ac sentias CIC.*de Orat.* 2.269; 3.203; ea ~one quam Graeci εἰρωνείαν uocant *Luc.*15; QUINT.*Inst.*9.2.44; GEL.18.4.1;—(*rhet.*) ~o (est) aliena se parum intellegere fingentis QUINT.*Inst.*6.3.85; 9.2.14.

3 Pretended ignorance, deliberate disregard.
parata apud malos seditio, etiam apud integros ~o fuit TAC.*Hist.*1.26; *Ann.*13.49; quod..non ~one et silentio praeterii PLIN.*Ep.*6.27.3; 9.13.21;—(*w. obj. gen.*) mutuam ~onem mali TAC.*Ag.*6.2; ~one famae famam auxit 18.7.

dissimulātor ~ōris, *m.* [next+-TOR]

1 One who conceals (his purpose, character, etc.), a dissembler.
(*w. gen.*) quoius rei lubet simulator ac ~or SAL.*Cat.*5.4; ~or opis propriae HOR.*Ep.*1.9.9; ueri non ~or amoris OV. *Met.*5.61; QUINT.*Inst.*2.17.6.

2 One who conceals his knowledge (of) or who deliberately ignores.
decipies alios..nam mihi iam notus ~or eris MART. 4.88.10;—(*w. gen.*) 5.25.11; nec..eorum quae emendanda erunt ~or QUINT.*Inst.*2.2.5; alienae..culpae ~or TAC.*Hist.* 2.56.

dissimulō ~āre ~āuī ~ātum, *tr.* [DIS-+SIMVLO]

1 To conceal the identity of (by giving the outward appearance of something else), disguise. **b** to conceal or disguise (one's thoughts, feelings, actions, a situation, etc.): *ex ~ato,* with concealment of one's real purpose, etc.
Achilles ueste uirum longa ~atus erat OV.*Ars* 1.690; tauro ~ante deum *Ep.*4.56; canae..capillos ~ant plumae *Met.*2.374; ad ~andum et occultandum..cruorem V.MAX. 2.6.2; huius..uultu dea ~ata STAT.*Theb.*9.811; (*refl.*) nec se ~at (Mercurius) OV.*Met.*2.731; (*pass. w. retained acc.*) ~ata deam..Saturnia Bacchas instimulat *Fast.*6.507;—(*in writing*) accusent..Propertium, qui Cunthiam dicat, Hostiam ~et APUL.*Apol.*10; (*w. indir. qu.*) te..qui sis ~are sinam OV.*Ib.*50; (*cf.*) (tituli) ~ant, non ostendunt mortalibus astra MAN.4.367. **b** non clam me est..tibi me esse suspectam..etsi ea ~as sedulo TER.*Hec.*578; non ~abo, quod uolo de ornithone primum VAR.*R.*3.4.1; ~at appetitum uoluptatis propter uerecundiam CIC.*Off.*1.105; '~are ..sperasti..tantum posse nefas..? VERG.*A.*4.305; coma.. mutatur, ut annos ~et TIB.1.8.44; clarior res erat quam ut tegi ac ~ari posset LIV.26.51.11; QUINT.*Inst.*4.1.60; TAC. *Ag.*43.3; genere dicendi, in quo nihil est obliquum, nihil interdum ~atum FRO.*Aur.*1.p.102(52N); (*poet.*) Liris..qui fronte quieta ~at cursum SIL.4.349; (*pass. in middle sense*) Locris in ancillae ~ata nece OV.*Ib.*350;—(*w. indir. qu.*) ~are..quid sentiam CIC.*Fam.*14.5.1; quae rebus sit causa nouandis ~ent VERG.*A.*4.291; LIV.29.1.8;—non esse occulte nec ex ~ato blandiendum SEN.*Nat.*4a.pr.5.

2 To pretend that a thing, situation, etc., is not what it is, conceal the fact of.
(*absol.*) o hominem malum, ut ~at! PL.*Men.*641; TER. *Ph.*429; non possum ~are, iudices CIC.*Ver.*5.3; CAES.*Civ.* 1.19.1; VERG.*A.*1.516; uir male ~at OV.*Ars* 1.276;—(*w. acc. and inf.*) ~abo me horum quicquam scire PL.*Mos.*1071; non ~o me nescire ea quae, etiam si scirem, ~arem CIC. *Dom.*121; LIV.21.56.9; QUINT.*Inst.*9.4.80; (*w. ellipsis of acc.*) ~abam earum operam sermoni dare PL.*Epid.*238; (*impers. pass.*) laetam Tiberio Germanici mortem male ~ari TAC.*Ann.*3.2;—(*w.* quasi) ~ant, quasi nil sciant fore huiius quod futurumst PL.*Cas.*771;—(*w.* de) ~are de coniuratione SAL.*Cat.*47.1; PAUL.*dig.*40.13.4.

3 To pretend not to notice or be aware of, turn a blind eye to, ignore.
multa et ~are et obliuisci et pati praeterita senatum posse LIV.39.47.9; coniunx mea sarcina uestra est: non potes hanc salua ~are fide OV.*Pont.*1.2.146; quidam..non ~andi auctores COL.6.37.3; PETR.103.6; ~et Delon..ara (*i.e. cease to boast of*) MART.Sp.1.4; STAT.*Theb.*12.287; SUET.*Nero* 37.3; serui petitu tuo adsunt, eos ~as APUL.*Apol.*45;—(*absol.*) saepe..satius fuit ~are quam ulcisci SEN.*Dial.*2.33.1; STAT. *Theb.*9.203; aduersa ~antis principis fama TAC.*Hist.*1.73; (*w.* de) potes de modo poenae eius ~are MACER *dig.*1.18.14; —(*w. indir. qu.*) ~as..quid a me dicatur SEN.*Dial.*7.10.1.

dissipābilis (dissu-) ~is ~e, *a.* [DISSIPO+-BILIS] That may be scattered or dissipated.
ignis..et aer..cedens est maxime et ~is CIC.*N.D.*3.31.

dissipātiō (dissu-) ~ōnis, *f.* [DISSIPO+-TIO] Scattering, dispersal; dissolution. **b** distribution.
error ac ~o ciuium CIC.*Rep.*2.7; (*transf.*) ~o pecuniae publicae ferenda nullo modo est *Phil.*5.11;—interitus et ~o (corporum) *N.D.*1.71. **b** CIC.*de Orat.*3.207; in praedae ~one *Phil.*13.10.

dissipātus (dissu-) ~a ~um, *a.* [pple. of next]

1 Widely scattered, dispersed.
~os (homines) unum in locum congregarunt CIC.*Sest.*91; res tam ~as tam distantibus in locis positas *Phil.*2.67; LIV. 8.39.1; neue intus aliquae ~ae reliquiae maneant CELS. 7.26.3; (*transf. ep.*) conlectis ex ~o cursu militibus LIV. 2.59.9.

2 Not brought together under a systematic arrangement, disordered.
ius ciuile, quod nunc diffusum et ~um esset CIC.*de Orat.* 2.142; ~a et inculta et fluens..oratio *Orat.*220; QUINT.*Inst.* 9.3.39; (*neut. pl. as sb.*) facilius est..apta dissoluere quam ~a conectere CIC.*Orat.*235; (*transf.*) cum tardus in cogitando tum in struendo ~us fuit (orator) *Brut.*216.

dissipō (dissu-) ~āre ~āuī ~ātum, *tr.* [DIS-+SVPO]

1 To cause to separate in different directions, disperse, scatter. **b** (persons, etc.). **c** (morbid matter). **d** (feelings, etc.). **e** (in a static sense) to cause to branch.
~abo te tamquam folia farfari PL.fr.inc.171; ~atis imbricum fragminibus SIS.*hist.*11; quam (*sc.* Medeam) praedicant..fratris sui membra in eis locis..~auisse CIC. *Man.*22; simia..sortes..disturbauit et aliud alio ~auit*Div.* 1.76; LIV.5.16.9; per ossa ~at..uenenum OV.*Met.*2.801; non antea ~et cumulos, quam erit saturus COL.2.15.1; (*hair*) ceruice fusam ~ans iacta comam SEN.*Tro.*468; (*of inanim. subj.*) scintillas ~at ignis LUCR.6.163;—(*refl.*) ~at in corpus sese cibus LUCR.1.350; umor..se ~abit VITR.7.4.1;—(*transf.*) in mille curias contionesque..dispersam et ~atam esse rem publicam LIV.2.28.3; 28.3.1. **b** digressi omnes ac ~ati SIS. *hist.*35; CIC.*Sest.*145; multi occisi, capti, reliqui ~ati *Fam.* 2.10.3; classis ~ata est aduentus nostri timore LENT.*Fam.* 12.14.2; hostes..paucre attonitos et circa collem castellatim ~atos LIV.7.36.10; 8.39.8; canes..obliquo latrantes ~at ictu (aper) OV.*Met.*8.344; oestron..pecora peragentem et totis saltibus ~antem SEN.*Ep.*58.2; carmen..serit, quo ~at umbras,..qualis..Circe STAT.*Theb.*4.549; APUL.*Met.*9.1. **c** uenae (fontium)..~ant quae..in corporibus..concrescentia offenderunt VITR.8.3.18; medicamenta imponuntur, quae umorem..~ent CELS.5.28.7.B; 7.7.14.E; LARG. 263. **d** ~at Euhius curas HOR.*Carm.*2.11.17; quorum ..hilaritas tristitiam ~et SEN.*Dial.*9.7.3. **e** alia (foramina)..in multa et tenuia foramina ~antur CELS. 8.1.6.

2 To spread, circulate (rumours, etc.).
confictam fabulam ~are *Rhet.Her.*2.12; sermo est tota Asia ~atus CIC.*Flac.*14; LIV.7.38.9; SUET.*Ves.*6.4;—(*w. acc. and inf.*) te..subrostrani..~arant perisse CAEL.*Fam.* 8.1.4.

3 To disintegrate and reduce to fragments, destroy completely, shatter.
fluctus differt ~at uisceratim membra ENN.*scen.*118; statuam..deturbant, adfligunt, comminuunt, ~ant CIC. *Pis.*93; (tempestas) fastigia..templorum..foede ~auit LIV.40.2.3; OV.*Met.*4.241; uastissimas glebas..cum sudore ~abant V.MAX.4.4.4; hoc uniuersum..dies aliquis ~abit SEN.*Dial.*11.1.2; PLIN.*Nat.*2.137; MART.1.82.1; ULP.*dig.* 47.9.3.7; (*poet.*) magister ~at amplexus atque oscula fida reuellit STAT.*Silv.*3.2.57; (*in fig. phr.*) dissolutum offendi nauigium (*i.e. the ship of state*) uel potius ~atum CIC.*Att.* 15.11.3;—(*transf.*) eius filii diserti..eloquentia rem publicam ~auerunt *de Orat.*1.38; LIV.2.1.6.

4 To scatter wastefully, squander, dissipate.
a parco patre quod sumas quanto ~es libentius! CAECIL. *com.*205; ACC.*trag.*587; patrimonium..conuiuiis maluit ~are CIC.*Flac.*90; innumerabilem pecuniam ~auisti *Phil.* 2.35; nec te dicis bona ~are sed ~as SEN.*Con.*2.6.4; SEN. *Dial.*10.1.4; TAC.*Ann.*13.34; PLIN.*Ep.*7.33.4; (*cf.*) hominem fractum et prope ~atum CIC.*Red.Sen.*24;—(*transf.*) breuissimam aetatem ~are SEN.*Dial.*5.42.2

dissitus¹: pple. of DISSERO¹.

dissitus² ~a ~um, *a.* [DIS-+SITVS¹] Remotely situated, distant.
APUL.*Met.*9.15; ad longissime ~as..uillulas 10.4; neque longule ~a..possumus cernere *Fl.*2.

dissociābilis ~is ~e, *a.* [DISSOCIO+-BILIS]

1 Physically incompatible.
nequiquam deus abscidit prudens Oceano ~i terras HOR. *Carm.*1.3.22.

2 Irreconcilable, discordant.
quamquam..Nerua..res olim ~is miscuerit, principatum ac libertatem TAC.*Ag.*3.1.

dissociātiō ~ōnis, *f.* [DISSOCIO+-TIO]

1 Physical separation.
quaedam in ~one (*sc.* terrarum) germanitas concors PLIN.*Nat.*6.2; de..~one spiritus corporisque inquirebat TAC.*Ann.*16.34.

2 Antipathy, incompatibility.
est quaedam priuatim ~o corporum PLIN.*Nat.*7.57; (adiantum) perfusum mersumue sicco simile est—tanta ~o deprehenditur 22.62.

dissociātus ~a ~um, *m.* [pple. of next]

1 That is parted, separated.
~a locis concordi pace ligauit OV.*Met.*1.25.

2 Strange, alien (to each other).
~a..omnia ac nefantia LUCIL.874; VAR.*Men.*509; homines antea ~os iucundissimo inter se sermonis uinculo conligauit CIC.*Rep.*3.3.

dissociō ~āre ~āuī ~ātum, *tr.* [DIS-+SOCIO]

1 To separate (spatially), part; to break apart.
quod queat artas ~are intus partis LUCR.3.809; continui montes, ni ~entur opaca ualle HOR.*Ep.*1.16.5; ~ata profundo Bruttia..circumspicit ora Pelorum STAT.*Silv.*1.3.32; spatium, quod ~at consortia terrae SIL.14.20; (*words*) distinctio uerba ~at nectitue aliter MAUR.2770;— ~ata fluat resoluto machina mundo MAN.2.807.

2 To disunite, set at variance; to dissolve (ties of friendship, etc.). **b** to dissociate(from).
~atis animis ciuium NEP.*Att.*2.2; auaritia atque luxuria ~auere mortales SEN.*Ep.*90.36; MART.7.24.6; ~atum armis ciuilibus populum Romanum FRON.*Str.*1.10.4; TAC.*Ann.* 12.55;—studia..quorum dissimilitudo ~at amicitias CIC. *Amic.*74; quod..affectionis..uinculum non posse dissociari perspiceret APUL.*Met.*8.3. **b** iis qui e superiore exercitu erant causam suam ~antibus TAC.*Hist.*4.37; *Ann.*13.56; (*w. abl.*) nulla..sterilis nec ~ata marito STAT.*Theb.*10.57; (*w.* ab) tironem a ueterano legionem a legione ~ant TAC. *Ann.*1.28;—(*transf.*) postea ~ati..a Socrate..philosophi eloquentiam despexerunt (*i.e. from orators*) CIC.*de Orat.*3.72.

dissolūbilis ~is ~e, *a.* [next+-BILIS] Liable to disintegration, destructible; (pros.) capable of being resolved.
quae est..coagmentatio non ~is? CIC.*N.D.*1.20; 3.29;— est ut longa (*sc.* syllaba) ~is MAUR.2224.

dissoluō ~uere ~uī ~ūtum, *tr.* [DIS-+SOLVO] In pros. the 'u' is treated as either a semiconsonant or a vowel in diaeresis before pres., pf. terminations.

1 To break up into component parts, disintegrate, undo; to dismantle, take to pieces. **b** to disband (an organized group of people). **c** to disarrange (a pattern); to upset the composure of (one's features).
si quis Phidiae clipeum (*this shield was sectional*) ~uerit CIC.*Orat.*234; id agi ut pons, quem in Hellesponto fecerat, ~ueretur NEP.*Them.*9.3; stamina, non ulli ~uenda deo TIB. 1.7.2; COL.*Arb.*9.2; pinus gracili ~uere (*i.e. saw up*) lamna Thespiaden..uidet V.FL.1.123;—(*w. inanim. subj.*) pius.. suum eadem quae coagmentauit, natura ~uit CIC.*Sen.*72; cum uentus eas (*sc.* nubes)..~uit LUCR.6.216; PHAED.4. 22(23).10; urbes constituit aetas, hora ~uit SEN.*Nat.*3.27.2; (*refl.*) hic (*sc. eddy of wind*) ubi se..~uit..turbinis..uim prouomit LUCR.6.446; (*w.* quo) ~ui quo quaeque..possint 1.546;—(*w.* in+*acc.*) uti quidque in sua corpora rursum ~uat natura 1.216; tempus..in eius (*sc.* perennitatis) magnitudinem fluere ac ~ui posse APUL.*Pl.*1.10;—(*in fig. phr.*) ~utum offendi nauigium (*i.e. the ship of state*) uel potius dissipatum CIC.*Att.*15.11.3;—(*transf.*) cum ~uunt orationem *Orat.*235; HOR.*S.*1.4.55;—turres..quas..~utas ..circumferre solebat VITR.10.13.3; simulacrum..quod ~ui transferrique Romam placuerat SUET.*Cal.*57.1. **b** collegia..quae..instituerant ~uta TAC.*Ann.*14.17; Germanorum cohortem..~uit SUET.*Gal.*12.2; (*of circumstances*) quem (*sc.* exercitum)..ut secundae res tenent, ita aduersae ~uent TAC.*Ag.*32.1. **c** si..oratoris bene structam conlocationem ~uas permutatione uerborum CIC.*Orat.*232; ~uuntur..posituraeprincipiorum LUCR.2.947;—~utouultu RUT.LUP.1.21.

2 To reduce to a liquid form, melt, dissolve. **b** to cause to disappear, diffuse (by the action of heat, light, etc.). **c** (of medicines, etc.) to disperse (an ailment).
sol..glaciem ~uit LUCR.6.963; efficietur uti plumbum ~uatur VITR.8.3.18; PERS.2.64; fel tauri..aqua calida ~utum PLIN.*Nat.*28.192; (*of snake's venom*) ossa..~uens cum corpore..seps LUC.9.723; (*absol.*) salis natura per se ignea est..in medendo uero mordens, adurens,..~uens PLIN.*Nat.*31.98. **b** luce ~uuntur tenebrae VAR.*L.*6.79; ~ue frigus ligna super foco..reponens HOR.*Carm.*1.9.5; modo usque ad terram profertur (*sc.* ignis) modo ante ~uitur SEN.*Nat.*2.58.1. **c** decoctum..capitis dolorem ~uit fotu PLIN.*Nat.*24.62; eadem (*sc.* tethea)..~uunt renium..uitia 32.99.

3 To let loose, unbind, set free. **b** to set (a person) free (from leg., social obligations); to relieve the mind of (a person). **c** to undo the grip of (a knot, bond, etc.), unfasten, loosen.
haud quaquam boni est ratione uinctum uelle ~uere Cic.*Tim*.40; sit satis ornatus ~uisse comae Tib.1.10.62; laciniis..renudata crinibusque ~utis..in speciem Veneris ..reformata Apul.*Met*.2.17; (*w. pers. obj.*) Pl.*Poen*.148. **b** ~ui me otiosus operam ut tibi darem Ter.*Hau*.508; omnes..ne essent nexi, ~uti Var.*L*.7.105; qui magno in aere alieno..~ui nullo modo possunt Cic.*Catil*.2.18;—~ue iam me; nimis diu animi pendeo Pl.*Mer*.166; (*w. abl.*) quod bene si uideant..~uant..se..metu Lucr.3.903. **c** quae (*sc.* elementa)..~uunt nodos Lucr.6.356; emersus in auras (*sc.* polypus) brachia ~uit Ov.*Hal*.37; nauium sparta ~uta Plin.*Nat*.24.65; cinctu..~uto 28.78.

4 To clear up (a problem or sim.), solve, unravel.
ambiguam significationem uerbis inligamus ac deinde ~uimus Sen.*Ep*.45.5; lusoria quaestione non protinus.. ~uta Plin.*Nat*.7.180; id genus griphos neminem posse ..~uere Gel.1.2.4; 18.2.5; (*w. abst. subj.*) si non poterit ratio ~uere causam cur ea..sint uisa rotunda Lucr.4.500.

5 To pay (a debt, penalty, or sim.), discharge.
aliquantulum..qui ~uerem quae debeo Ter.*Ph*.655; ut aes alienum fili dissolueret Cic.*Phil*.2.46; erat absurdum.. ea me..uota dissoluere *Att*.15.11.4; *Tusc*.1.100; militibus.. pecuniam pro his rebus dissoluit Caes.*Civ*.1.87.1; Gel.20.1.43; Paul.22.3.25.2;—(*absol.*) *CIL* 1.632.5; uterque..sic pro sua parte dissoluit Cic.*Q.Rosc*.55; negat posse dissoluere Apul.*Apol*.75; (*w. abl.*) illi turpe arbitror eo nomine..procuratores eius non dissoluere Cic.*Att*.16.15.2;—(*of the means of payment*) Catul.66.38; tarda..nomina..aerarium mensis ..in foro positis dissoluit Liv.7.21.8.

6 To deprive of strength, weaken, wear out.
singultus..frequens..~uebat eos, defessos ante, fatigans Lucr.6.1162; plerosque senectus ~uit Sal.*Jug*.17.6; longa desidia, quae..animum ~uit Sen.*Con*.1.pr.3; ~utus deliciis stomachus Sen.*Dial*.12.10.3; Tac.*Ann*.15.49;—(*hyperb. w.* risu) risu ~uebat ilia sua Petr.24.5; Milonem risu maximo ~utum Apul.*Met*.3.7.

7 To put an end to (conditions, institutions, activities), do away with, annul, dissolve. **b** to demolish (an argument or sim.), refute, dismiss.
foedera maiorum suum ~uta Sis.*hist*.112; amicitiam ~uere Cic.*S.Rosc*.112; argentaria ~uta *Caec*.11; dissoluitur lex, cum fit iudex misericors Pub.*Sent*.D.26; auctorem.. fuisse..tribuniciae potestatis ~uendae Liv.5.2.14; ~uendarum religionum 40.29.11; Tac.*Ann*.3.24; pater..potest ..sponsalia ~uere Ulp.*dig*.23.1.10;—(*of actions*) fraus.. distringit, non ~uit periurium Cic.*Off*.3.113; separatio.. ~uit legatum Ulp.*dig*.32.49.6. **b** odiosas..res..quas argumentis dilui non facile est, ioco risuque ~uit Cic.*de Orat*.2.236; *Opt.Gen*.15; *Luc*.75; seu proposita confirmamus, seu contra dicta ~uimus Quint.*Inst*.4.pr.6; ut nosceret obiecta ~ueretque Tac.*Ann*.13.21; (*refl.*) si iis uerbis scripta est ista proscriptio ut se ipsa ~uat Cic.*Dom*.50.

dissolūtē, *adv*. [dissolutus+-e]

1 Without verbal connexion, disjointedly.
cum demptis coniunctionibus ~ plura dicuntur Cic.*Orat*.135.

2 Without moral or sim. strictness, laxly.
itane ~ decumas uendidisti? Cic.*Ver*.3.90; res..confecta est minus..seuere quam decuit, non tamen omnino ~ *Phil*.6.1; *Att*.14.13.6; ~..iudicatis *Q.fr*.2.11.2.

dissolūtiō ~ōnis, *f*. [dissolvo+-tio]

1 The process of breaking up, disintegration; a loss of consciousness. **b** a loss of strength (of the body or its parts); *~o stomachi*, looseness of the bowels. **c** loss of moral strength. **d** political or sim. collapse.
cum ~one, id est morte, sensus omnis extinguatur Cic.*Fin*.2.100; Vitr.8.pr.1; quod..~one..tali (*i.e. of a jewel*) uoluntas quoque uideatur mutata (*of the testator*) Marcel.*dig*.34.2.6.1;—(*w. obj. gen.*) mors fugitur quasi ~o naturae Cic.*Leg*.1.31; nec ~o nauigii sequebatur Tac.*Ann*.14.5;—quam (*sc.* uoluptatem) afferre solet lenis ~o Sen.*Ep*.77.9. **b** haec non est quies..sed ~o et languor Sen.*Ep*.3.5; ~ones neruorum Plin.*Nat*.27.123;—20.248; ~one stomachi bilem detrahit 26.59. **c** si humanitas appellandast..remissio animi ac dissolutio Cic.*Fam*.5.2.9; (*w. gen. of origin*) inuenit deliciarum ~o..aliquid..mollius..quo pereat Sen.*Nat*.7.31.1. **d** post iudiciorum ~onem Cic.*Ver*.4.133; legum omnium ~o *Phil*.1.21; ~onem imperii Tac.*Ann*.13.50.

2 A lack of verbal connexion, disconnexion.
cum..constructio..uerborum tum coniunctionibus copuletur tum ~onibus quasi relaxetur Cic.*Part*.21; Quint.*Inst*.9.3.50.

3 Refutation, demolition (of an argument).
Rhet.Her.1.4; contraria, quorum ~o in breuitate non lucebit Cic.*Part*.60; ut eorum omnium ~onem (*sc.* criminum) ab oratore quaeratis *Clu*.3.

dissolūtus ~a ~um, *a. compar.* ~ior, *superl.* ~issimus. [pple. of dissolvo]

1 Not fixed firmly in position, loose. **b** (of words or sim.) loosely put together or lacking connexion, disjointed; (neut. as sb., gram.) asyndeton.
(genus structurae) reticulatum..in omnes partes ~a habet cubilia et coagmenta (*i.e. the 'beds' occupied by stones, and the junctures between them*) Vitr.2.8.1. **b** sit (*sc.* oratio)..nec ~a nec tota numerosa Cic.*Orat*.196; 233; fit.. aspera et dura et ~a et hians oratio Quint.*Inst*.8.6.62; 9.3.53; (*w. abl. of respect*) sermonis genus..compositione ipsa ~um 11.1.6;—*Rhet.Her*.4.41; Cic.*de Orat*.3.207.

2 Not strict (in moral or sim. principles), lax, easy-going, weak, dissolute. **b** (of behaviour, etc.) marked by moral or sim. laxity.
homo liberalis et ~us et bonitate adfluens Cic.*Q.Rosc*.27; cum..Sassia..quodam colono..familiarius uteretur quam uir ~issimus..pati posset *Clu*.175; Nep.*Alc*.1.4; in publico tristes, domi ~i Quint.*Inst*.12.3.12; Plin.*Pan*.82.9; (*w.* in+*abl.*) aliquis ~ior in iudicando Cic.*Ver*.3.143;—(*masc. as sb.*) neglegere quid de se quisque sentiat..est..omnino ~i *Off*.1.99. **b** ~am neglegentiam *Rhet.Her*.3.6; ~am Graecorum consuetudinem Cic.*Flac*.20; ne tua liberalitas ~ior uideatur *ad Brut*.1.3.3; qui ~os mores ui compesceret Phaed.1.2.12; Plin.*Pan*.80.1; ~am ignorationem emptoris Papin.*dig*.21.1.55.

dissonō ~āre, *intr*. [dis-+sono] To be out of harmony; (in quots., transf.).
an uniuersa (*i.e. treatises on agriculture*)..huius temporis culturae respondeant an aliqua ~ent Col.1.1.3; (*pple. as sb.*) inter tam ~antes tamque discordes Quint.*Decl*.327(p.286, l.27).

dissonōrus ~a ~um, *a*. [dis-+sonorvs] Producing a different sound.
compressio (*of the lips*)..est in utraque (*sc.* portione, *in each stage of enunciating a labial*) ~a Maur.190.

dissonus ~a ~um, *a*. [dis-+sonvs]

1 Combining different sounds, confused (in sound); resounding with confused noises. **b** sounding different from each other; (w. dat.) sounding different (from).
ululatu cantusque ~os Liv.5.39.5; 21.33.6; Luc.6.687; ut nemo unus contra ire ausus est, ita ~ae uoces respondebant Tac.*Ann*.14.45; latratibus feruidis ~isque Apul.*Met*.8.4;—(*w. sg. noun*) clamor..~us, impar, segnius saepe iteratus Liv.4.37.9; auium..concentu ~o Sen.*Dial*.6.18.4; chorus..~um quiddam ac tumultuosum..canere uidetur Col.12.2.4; Plin.*Nat*.2.54;—~a peruigili planctu uada V.Fl.3.359; Sil.3.221. **b** tam uariae cultu gentes, tam ~a uolgi ora Luc.3.289; seu ~a nectit carmina (*i.e. elegiac couplets*), siue..stringit iambon Stat.*Silv*.2.2.114; musica ..tam..~is uocibus harmoniam consonam reddit Apul.*Mun*.20; (*neut. as sb.*) fit concentus ex ~is Sen.*Ep*.84.10; (*w. abl. of respect*) tot ~a lingua agmina Sil.16.19; (*cf. sense 2*) tot gentes ~as sermone moribusque Liv.1.18.3;—uox..illa..non ~a uerbis Stat.*Theb*.8.620; uocula ~a.. priori Maur.116.

2 Composed of diverse elements, heterogeneous; (pl.) differing from each other (in habits, etc.). **b** not harmonizing, inconsistent; (w. *ab*) inconsistent (with); (pl.) disagreeing with each other.
sparsa ac ~a moles in corpus uultumque coit Stat.*Ach*.1.457; (*w. abl. of respect*) gens una uiris, sed ~a cultu *Theb*.4.299;—ducum..regna uidebis ~a V.Fl.5.608. **b** solis..~o cursu et caeli aliqua ratione mutato Plin.*Nat*.36.73;—nihil apud Latinos ~um ab Romana re praeter animos erat Liv.8.8.2;—collidens ~a corda seditio Sil.11.45; inter..iudices si ~ae sententiae proferantur Paul.*dig*.42.1.38.

dissors ~rtis, *a*. [dis-+sors] Having no part (with), allotted (away from).
ab omni milite ~rs gloria Ov.*Am*.2.12.11.

dissuādeō ~dēre ~sī ~sum, *tr., intr*. [dis-+svadeo]

1 To advise against (a course of action), oppose by argument. **b** (w. inf., acc. and inf., *ne*) to advise (not to). **c** to advise (a person) to refrain; (in quot., pf. pple.).
quod ~sit, id ostentat (*sc.* Amor) Pl.*Cist*.220; quod ~detur placet *Trin*.670; Cic.*de Orat*.2.333; quis..tam secunda contione legem..suasit quam ego ~si? *Agr*.2.101; ad ~dendam pacem Liv.30.37.7; superuacuum est ~dere rem factam Stat.*Silv*.4.pr.; Tac.*Ann*.14.11; (*w. dat.*) qui.. suis frustra bellum ~serat Ov.*Met*.12.307. **b** nimium progredi ~debimus *Rhet.Her*.3.5; studiorum facere dilectum nemo ~serit Quint.*Inst*.2.8.7; (*w. dat.*) quicumque misero ..~det mori Sen.*Her.O*.929; (*w. abst. subj.*) si..balineum ..subitus aduentus..calfacere ~deat Plin.*Ep*.2.17.26;—societatem..iniri ~sit Suet.*Tib*.2.1;—qui prodeunt ~suri ne hanc legem accipiatis Gracch.*orat*.41; Fro.*Aur*.1.p.172 (57N); is me dehortatur ~detque ne bellum faciam Gel.6(7).2.10. **c** ab amicis ~sus fidem fraudauit Hyg.*Fab*.219.2.

2 (absol.) To give advice against a proposed action, etc.
ego ~debam, mater.—bellum filium! Pl.*As*.931; Tit.*orat*.2; quibus inuitis et ~dentibus profectus sum Cic.*Att*.16.7.3;—~dente primo Vercingetorige, post concedente Caes.*Gal*.7.15.6; multis ~sum prodeuntibus Liv.3.63.8; Tac.*Ann*.14.7;—(*w.* de) cum..de captiuis ~surus esset Cic.*Off*.3.110; Tac.*Ann*.13.49;—(*w. abst. subj.*) pudor est, qui suadeat illinc, hinc ~det amor Ov.*Met*.1.619; Sen.*Nat*.2.39.3.

dissuāsiō ~ōnis, *f*. [prec.+-tio] Speech advising the rejection of a proposed action, etc.
deliberatiuum (genus causae)..quod habet in se suasionem et ~onem *Rhet.Her*.1.2; Cic.*Part*.85; nega proficere ~ones..et adhortationes Sen.*Ep*.94.39; in ~one, ne lex.. derogaretur, ait Fest.p.282M;—(*w. obj. gen.*) in ~one rogationis eius Cic.*Clu*.140; Asc.*Pis*.9.

dissuāsor ~ōris, *m*. [dissvadeo+-tor] One who advises against a course of action, a discourager. **b** a speaker for the opposition; (w. gen.) a speaker (against).
te non ~orem mihi emptionis..fuisse Cic.*Fam*.9.15.3; cum..Auster me in Italiam quasi ~or mei consili rettulisset *ad Brut*.1.15.5; Sen.*Ep*.108.7; (*poet.*) iusti gladius ~or Luc.4.248. **b** ut..Rusca cum legem ferret annalem, ~or M. Seruilius..inquit Cic.*de Orat*.2.261; ut illa prima sint suasori aut ~ori uidenda *Part*.83; Liv.38.54.8;—multarum legum aut auctor aut ~or fuit Cic.*Brut*.106; *Att*.1.14.5; ~or et intercessor legis agrariae Liv.2.41.7.

dissulcus ~a ~um, *a*. [dis-+svlcvs] (See quot.)
~us porcus dicitur, cum in ceruice saetas diuidit Paul.*Fest*.p.72M.

dissultō ~āre, *intr*. [dissilio+-to] To spring apart; to bounce off. **b** (of sound, light, etc.) to burst, flash in all directions.
prius..quam primordia..possint concursare coire et ~are uicissim Lucr.3.395; impulsu quo..~ant ripae Verg.*A*.8.240; nemorum..per auia densi ~ant nexus Stat.*Theb*.5.565; (*by splitting*) (adamantes) ita respuentes ictus ut ferrum utrimque ~et, incudes..exiliant Plin.*Nat*.37.57;—tela..grandinis more ~ant Sen.*Ep*.45.9. **b** nec fulmine tanti ~ant crepitus Verg.*A*.12.923; sicut aquae splendor, radiatus lampade solis, ~at per tecta Sil.7.144; 9.608.

dissuō ~uere ~uī ~ūtum, *tr*. [dis-+svo] To undo the stitches of, rip apart.
altera (*sc.* Nais) ~uto pectus aperta sinu (*sc.* ministrat) Ov.*Fast*.1.408; (*facet.*) caput..oscitat..~utis undique malis Pers.3.59; (*fig.*) tales..amicitiae sunt..~uendae magis quam discindendae Cic.*Amic*.76.

distābescō ~escere ~uī, *intr*. [dis-+tabesco] To melt away.
sinito..cum musto ~escat (*sc. the salt*) Cato *Agr*.24; ecur cum ~uit in coquendo Fest.p.157M.

distaedet ~dēre ~duit ~sum, *tr*. [dis-+taedet] Form: *-tīsum* old form acc. Paul. *Fest*.p.72M. Const.: impers. w. acc. and gen., inf. To be tired (of).
hau quod tui me..~deat Pl.*Am*.503; cum hoc ipso ~det loqui Ter.*Ph*.1011.

distans: see disto.

distantia ~ae, *f*. [pple. of disto+-ia] Form: *-ncia CIL* 13.581.

1 The linear extent of space between two objects or points, distance; considerable or large extent. **b** the distance (of a musical interval).
quod altiores habent (*sc. northern nations*) ~as mundi (*of the cosmos*) Vitr.6.1.7; Plin.*Nat*.2.61; si..a primo ad secundum tertiumque ~as non substituamus Agen.*agrim*.p.20; *CIL* 13.581;—habet ~am (*sc.* paries) [Quint.]*Decl*.1.12. **b** diatoni..facilior est interuallorum ~a Vitr.5.4.3; ei (sonitus)..~as habent crescentes 5.4.6.

2 The fact of being at a distance, remoteness.
illi (*sc.* serui)..longa dominorum ~a corrumpuntur Col.1.1.20.

3 Difference in quality, degree, etc.
Lucr.2.373; tanta..in his rebus ~a differitasquest 4.636;—(*w. gen.*) quanta maxima potest esse morum studiorumque ~a Cic.*Amic*.74; condicionis etiam ~a est Quint.*Inst*.5.10.26; quasdam ~as coloris rufi Gel.2.26.6; Apul.*Pl*.2.13.

distegus ~a ~um, *a*. [Gk. δίστεγος] Having two shelves.
conparavervnt sibi..et..filio..armarivm ~vm *CIL* 6.1600.8.

distendō ~dere ~dī ~tum, *tr*. [dis-+tendo] Form: *~sus* (pple.) ? Var. in Isid.2.23.1; *B.Alex*.45.2.

1 To stretch in different directions, stretch out, 'spreadeagle'; to cause to grow out; to subject to divergent stresses (so as to hold firm). **b** to stretch open, cause to gape. **c** to spread out excessively (a mil. formation).
dispennite hominem diuorsum et ~dite Pl.*Mil*.1407; in currus..distentum inligat Mettium Liv.1.28.10; tene ~ta suis umbracula uirgis Ov.*Ars* 2.209; Erinys..~dens bracchia *Met*.4.491; in cruce membra ~dere Sen.*Dial*.3.2.2; ~to sago Suet.*Otho* 2.1; uelis..~tis Gel.15.15.3;—quid.. arbores..~dit in ramos? Sen.*Nat*.2.6.6;—tignum, quod erigitur et ~ditur retinaculis quadrifariam Vitr.10.2.8. **b** ora..~dens..prester Luc.9.722; (*of an action*) ne immodicus hiatus rictum ~dat Quint.*Inst*.1.11.9. **c** ut primus excursus..militum infringeretur aciesque ~deretur Caes.*Civ*.3.92.2.

2 To lengthen by stretching, extend. **b** to allow to grow or cause to extend outwards in two directions.
membra..in diuersas partes diducenda sunt, ut neruos ~dant Cels.7.5.4c; (*pass. in refl. sense*) in..pruinoso coluber ~ditur aruo Luc.6.489. **b** solidum (*i.e. paved*) certo ~dunt margine campum Man.5.684; quae (*sc.* uinea) supra hunc modum materiis ~ditur Col.4.21.2; medios pontem ~dit in agros Luc.4.140;—(*pass. in middle sense*) nec patulas ~ta plagas (*sc.* tellus) Man.1.204; Mela 2.5.

3 To cause (one's body) to swell, fill to bursting, distend, stuff; to fill out. **b** (pass., of a person or sim.) to become swollen, swell up; (of eyes) to bulge. **c** to fill (a receptacle) to its utmost capacity.

ut ipsae solae uentris ~dant suos PL.*Cas*.777; LUCIL.646; ~dant ubera uaccae VERG.*Ecl*.9.31; nec lorica tenet ~ti pectoris auctum LUC.9.797; si ~dere uellet..uterum pueris salientibus JUV.6.598;—*(of the contents)* cum..merum..uiscera ipsa ~dit SEN.*Ep*.83.21; PLIN.*Nat*.32.75;—instant..denso ~dere pingui quem..pecori dixere maritum VERG.*G*.3.124. **b** ~ntas lacte capellas VERG.*Ecl*.7.3; ~tae..matris OV.*Met*.15.219; SEN.*Dial*.4.20.2; QUINT.*Inst*.2.10.6; nec..triclinio abscessit nisi ~tus ac madens SUET.*Cl*.33.1; misella illa uelut elephantum paritura ~ditur APUL.*Met*.1.9; *(poet., of a constellation)* Cancer patulam ~tus in aluum MAN.2.253;—*(w. abl. of respect)* qua *(sc.* herba) si pasta est ouis, toto uentre ~ditur COL.7.5.19; caput..uenis..~tum LARG.181;—*(transf.)* quae libido ~ta dictat PETR.87.2;—si cui..~duntur cum dolore oculi CELS.6.6.26; LUC.6.95. **c** aliae *(sc.* apes)..~dunt nectare cellas VERG.*G*.4.164; ~det spicis horrea plena Ceres TIB.2.5.84; SEN.*Nat*.2.27.3; *(of the contents)* rosa ~dat contorti stamina iunci COL.10.306.

4 To strain by mental or physical distractions.

haud procul moenibus Tusculi considunt ut ~derent hostium copias LIV.3.23.1; 27.40.1; animum..cupiditate ~dimus SEN.*Nat*.4a.pr.2; ne uilici..sedulitas ~datur COL.1.6.8; *(w.* ab) ut ~derent ab apertiore loco hostis LIV.34.29.7;—*(of activities, etc.)* ~dit ea res Samnitium animos LIV.9.12.10; *Epic.Drusi* 5; cum..uastitas operis..agricolae curam ~dit COL.4.29.3.

distentiō ~ōnis, *f.* [prec.+-TIO] (med.) An access of tension, spasm; distortion.

propriae..dentientium..neruorum ~ones CELS.2.1.18; 5.28.11.D; terna *(sc.* catapotia)..in noctem dare..in ipsa ~one LARG.89;—cum rubore et ~one oculi sicca 26.

distentus[1] ~a ~um, *a.* *compar.* ~ior. [pple. of DISTENDO] Swollen, distended (with).

quod..aliena capella gerat ~ius uber HOR.*S*.1.1.110.

distentus[2] ~a ~um, *a.* *superl.* ~issimus. [prob. pple. of DISTINEO] Preoccupied, busy.

nunc est ~us animus..negotiis AFRAN.*com*.73; te ~tissimum esse qua de Buthrotiis qua de Bruto CIC.*Att*.15.18.2; ~tus cum opera tum animo sum *Q.fr*.3.8.3; *Lydia* 69; PLIN.*Pan*.86.2.

distentus[3] ~ūs, *m.* [DISTENDO+-TVS[3]] The act or process of distending.

sufflatae cutis ~tu PLIN.*Nat*.8.138.

disterminātiō ~ōnis, *f.* [DISTERMINO+-TIO] Separation by a boundary.

in omni..genere ~onis cui..singularis linea interueniat AGEN.*agrim*.p.27.

disterminātor ~ōris, *m.* [next+-TOR] That which marks a boundary.

axis..diuisor et ~or mundi APUL.*Mun*.1.

disterminō ~āre ~āuī ~ātum, *tr.* [DIS-+TERMINO]

1 To serve as boundary between, divide from each other. **b** to divide up (into parts).

quadruplicis stellas..quas interuallum binas ~at unum CIC.*Arat*.335(94); qui *(i.e. river)* Nomadas Georgosque ~at MELA 2.5; SEN.*Nat*.1.pr.9; Pyrenaei montes Hispanias Galliasque ~ant PLIN.*Nat*.3.30; HYG.*Astr*.1.8; ea *(sc.* praedia urbana) communibus parietibus..~antur PAUL.*dig*.10.1.4.10. **b** quadrifariam natura magnis partibus ~ata APUL.*Soc*.8.

2 To mark off as or with a boundary; (w. *ab*) to separate (from).

linearii limites..mensurae..~andae causa..constituti HYG.GR.*agrim*.p.134; Luna altitudinis aetheriae principia ~ans APUL.*Mun*.2;—canalis..Europam ab Asia stadiis quinque ~at MELA 1.101; Gallica certus limes ab Ausoniis ~at arua colonis LUC.1.216; PLIN.*Nat*.4.112.

disterminus ~a ~um, *a.* [prec.+-VS] (w. abl.) Separated (by an intervening space).

fractas..undas audit Tartessus latis ~a terris SIL.5.399.

disternō ~ere, *tr.* [DIS-+STERNO] To spread out (a bed).

torus genialis..noster futurus..~ebatur APUL.*Met*.10.34.

disterō ~erere ~rīuī ~rītum, *tr.* [DIS-+TERO] To rub or pound to pieces.

casei P. II bene ~erat in mortario CATO *Agr*.75; *(hyperb.)* (cinaedus) clunibus eum basiisque ~riuit PETR.24.4.

distichos (~us) ~os ~on, *a.* [Gk. δίστιχος] **a** (of barley) Having two longitudinal rows of grain. **b** (of verse) consisting of two lines; (neut. as sb.) a poem of two lines, couplet.

a genus hordei..quod alii ~um..uocant COL.2.9.16. **b** etiam ~on epigrammation uocant poema VAR.*Men*.398;—cur in te factum ~on esse putas? MART.3.11.2; 11.108.2; hoc ~o..iactato..a militibus SUET.*Jul*.51; *Otho* 3.2.

distill-: see DESTILL-.

distinctē, *adv.* *compar.* ~ius. [DISTINCTVS+-E] Clearly, distinctly. **b** so as to distinguish one from another, distinctively.

cum in eo *(sc.* libro) ceteris de rebus ~ius dictum sit, disperse autem..de reprehensione CIC.*Inv*.2.11; se neque ~e neque distribute..scribere *Tusc*.2.7; LIV.34.58.1; QUINT.*Inst*.5.10.10; donec ~ius, quod sentio, enuntiem PLIN.*Ep*.7.13.1; GEL.6(7).3.52. **b** ut..eorum..uerborum iunctio nascatur ab proceris numeris..sed uarie ~eque consideate? CIC.*de Orat*.3.191; quos..~e gradatimque tractaui PLIN.*Ep*.8.2.8.

distinctiō ~ōnis, *f.* [DISTINGVO+-TIO]

1 The action of keeping separate or distinct, or separating into divisions; a portion (resulting from division). **b** marking out (with lines).

quae ~o *(sc. of the vineyard)*..oculos..domini..facilius admittit COL.4.18.1; nucleorum *(sc. of walnuts)*..quadripertita ~o, lignea intercursante membrana PLIN.*Nat*.15.88; quadripertita anni ~one 18.220; TAC.*Ann*.15.43; agrorum finis, qui..terminorum ~one firmatus est AGEN.*agrim*.p.28;—*(in speaking or writing)* numerus..in continuatione nullus est; ~o..numerum conficit CIC.*de Orat*.3.186; in ipsis etiam ~onibus tempus alias breuius, alias longius dabimus QUINT.*Inst*.11.3.37;—Africae..alia ~o PLIN.*Nat*.5.24. **b** elaboratam scrupulosa ~one testudinem SEN.*Ben*.7.9.2.

2 The action of making or noting a difference between things, distinction. **b** (w. gen.) a distinction (made between); a judgement discriminating (between). **c** a system of classifying, classification.

an omnino nulla sit in eo genere ~o CIC.*Orat*.205; quae..~o sit inter ea, quae gignantur, et ea, quae sint semper eadem *Tim*.27; si aliam desideras ~onem, idos in opere est, idea extra opus SEN.*Ep*.58.21; GAIUS *Inst*.1.127;—*(w. noun cl. or sim.)* est..in omnibus..illa ~o, utrum ad uniuersam perturbationem..an ad singulas..adhibeatur oratio CIC.*Tusc*.4.59; est et alia ~o semel..pollinatam *(sc.* similaginem) XVII p. panis reddere PLIN.*Nat*.18.90; nec erit utendum ~one, qua ex causa alienauerit testator POMPON.*dig*.34.2.34.2; ULP.*dig*.12.1.11. **b** iuris et iniuriae ~one CIC.*Top*.82; similitudines dissimilitudinesque et eorum tenuis..~o *Luc*.43; SEN.*Ben*.7.2.1; ~o(myrtus) satiuae aut siluestris PLIN.*Nat*.15.122; ~o poenarum ex delicto TAC.*Ger*.12.1;—~o pugnantium sententiarum PLIN.*Ep*.8.14.6. **c** ~o honosque ciuitatis PLIN.*Nat*.18.13; est..alia ~o *(sc. of precious stones)*..siquidem a membris corporis habent nomina 37.186.

3 The fact of being separate or distinct; the distinctive quality of a thing, that which makes it separate or distinct.

uolubilitate nimia..qua et ~o perit et adfectus QUINT.*Inst*.11.3.52;—eiusdem uerbi crebrius positi quaedam ~o CIC.*de Orat*.3.206; solis lunae siderumque omnium ~onem *N.D*.2.15; ad syllabarum ~ones..descenderunt SEN.*Ep*.88.42; AGEN.*agrim*.p.20.

4 A description in detail, specification, definition. **b** an axiom.

ut ipse instrumentum oratoris exponeret, tibi eius ~onem atque ornatum relinqueret CIC.*de Orat*.2.366; utrique *(sc.* generi fulminis) ~onem suam reddam SEN.*Nat*.2.40.6; mensurae..~one PLIN.*Nat*.17.263; refugienda non modo ~o quaestionum est, sed omnino tractatio QUINT.*Inst*.4.5.6. **b** de iis..haec sit prima ~o CIC.*Tim*.7.

distinctus[1] ~a ~um, *a.* *compar.* ~ior. [pple. of DISTINGVO]

1 Standing at a distance from each other.

~is stat porticus alta columnis STAT.*Silv*.3.1.99; *(of soldiers in formation)* illa phalanx immobilis et unius generis, Romana acies ~ior ex pluribus partibus constans LIV.9.19.8.

2 Different, distinct (in nature, quality, etc.).

cum ligna atque ignis ~a uoce notemus LUCR.1.914; moles..uariae ~aeque materiae SEN.*Ben*.4.6.2; cetera ~o donata est munere turba SIL.16.549;—*(w.* ab) genera poematorum..longe ~a alia ab aliis ACC.*gram*.8; *(w. acc. of respect)* medio nigram frontem ~us ab albo Harpalus *(a dog)* OV.*Met*.3.221;—*(from each other)* aura..~os educit uerna colores CATUL.64.90; sententiarum inter personas ~as pronuntiatio VITR.5.pr.1; animalium..sonores ~is proprietatibus admirandos APUL.*Fl*.17.

3 (of speech, behaviour, etc.) Not vague, definite, precise; methodical. **b** (of persons) expressing oneself with clarity, lucid.

concinnam, ~am, ornatam, festiuam *(sc.* orationem) CIC.*de Orat*.3.100; eadem sunt in Oratore *(i.e. of Cicero)*..paulo magis ~a QUINT.*Inst*.9.1.36; 11.3.162; *(w. abl. of respect)* narratio..~a rebus, personis, temporibus 4.2.36; *(w. in+abl.)* derectum atque perpetuum ~umque in rebus singulis praeceptum GEL.1.3.29;—nihil est..illo uitae genere ~ius PLIN.*Ep*.3.1.1. **b** quam sit in utroque genere *(i.e. of oratory)* et creber et ~us Cato CIC.*Brut*.69; utroque ~ior et urbanior et altior Cicero TAC.*Dial*.18.2.

distinctus[2] ~ūs, *m.* [DISTINGVO+-TVS[3]] The action or process of marking off or distinguishing; distinctive character.

uiridis cum regula longo Synnada ~u uariat STAT.*Silv*.1.5.41;—animal..~u pinnarum a ceteris auibus diuersum TAC.*Ann*.6.28.

distineō ~inēre ~inuī ~entum, *tr.* [DIS-+TENEO]

1 To hold or keep apart; (esp. of an intervening space or sim.).

haec utraque *(sc.* tigna)..binis utrimque fibulis ab extrema parte ~inebantur CAES.*Gal*.4.17.6; cuneis..~inentur *(sc.* capitula catapultarum), ne in contentionibus moueantur VITR.10.12.1;—mare..terrarum ~inet oras LUCR.5.205; 5.690; qua duo porrectus longe freta ~inet Isthmos OV.*Ep*.8.69; plaga..~inet Oceanum zonaeque exusta calentis LUC.4.675; *(w. sg. obj.)* omne quod Isthmius umbo ~inet STAT.*Theb*.7.16;—*(pass.)* ~entis et sub uno tecto separatis amatoribus APUL.*Met*.6.11.

2 (of a personal or impersonal agency) To keep at a distance, hold off.

legatum..mittit, qui eam manum ~inendam curet CAES.*Gal*.3.11.4; legiones a praesidio..interclusas..flumen ~inebat 7.59.5; dum ~inet hostem agger murorum VERG.*A*.11.381; quem Notus..dulci ~inet a domo HOR.*Carm*.4.5.12; Britannicum militem hoste et mari ~ineri TAC.*Hist*.2.32; *Ann*.3.59; *(cf.)* cibi..faucibus inhaerentis et meacula spiritus ~inentis APUL.*Met*.1.4.

3 To draw the attention of in several directions. **b** (of opposing policies, desires, etc.) to divide, split.

ita ~inebar ut huic uix tantulae epistulae tempus habuerim CIC.*Att*.1.14.1; hic in multitudine..iudiciorum..~inemur *Fam*.7.2.4; potuisse eum ancipiti bello ~inere regem LIV.44.20.5; DIVERSAE STATIONES VOS ~INENT *CIL* 8.2532.A.b.6. **b** ~ineor..et diuellor dolore CIC.*Planc*.79; LIV.7.21.5; duae factiones senatum ~inebant 9.16.6; Galbam duae sententiae ~inebant TAC.*Hist*.1.32; *(cf.)* adsume nouas..flammas, ut tuus in biuio ~ineatur amor OV.*Rem*.486.

4 To divert the attention of, distract.

neque eos magis occupatio quam superba imperia ~inuere SAL.*Rep*.2.11.6; HOR.*Ep*.1.2.5; Neronem circa summa scelera ~entum TAC.*Ann*.16.8; securus tibi..dies exit, qui principes alios cura..~inebat PLIN.*Pan*.68.2; *(w.* quominus) quae..quo minus strueret crimina..nouo..amore ~inebatur TAC.*Ann*.11.12.

5 To interfere with the fulfilment of, hold up.

ne..per me pacem ~ineri putet CIC.*Phil*.12.28; unam esse..ciuitatem quae..uictoriam ~ineat CAES.*Gal*.7.37.3;—*(of activities, etc.)* quae sint quae rem ~inere uideantur CIC.*Att*.3.23.5; LIV.2.15.5; 37.12.2.

distinguō ~guere ~xī ~ctum, *tr.* [DIS-+*stinguo (cf. *instinctus*, INSTIGO; Umb. *anstintu*)] FORMS: *~gunt* (for *~guunt*) freq. in codd.; *u* also occ. omitted in other persons.

1 (of pers. or impers. agency) To divide off from each other, keep separate. **b** to divide up (a whole into parts), mark out. **c** to mark off (as a separate entity), distinguish; (w. abl. or *ab*) to mark off, separate (from).

numerum..quem in cadentibus guttis, quod interuallis ~guuntur, notare possumus CIC.*de Orat*.3.186; partes eas *(sc. of the army)* interpositis binis elephantis ~guebat LIV.37.40.2; statui priorem huius uoluminis posterioremque partem..rerum notitia..~guere VELL.1.14.1; MELA 3.59; alternos..ut ~guere cantus possitis CALP.*Ecl*.2.25; tria populorum genera..amnibus maxime ~cta PLIN.*Nat*.4.105; *CIL* 2.6278.35; interiacens andron parietem cubiculi hortique ~guit PLIN.*Ep*.2.17.22; *(cf.)* eo ipso..quo uita ac mors ~guitur, momento V.MAX.5.5.3. **b** retia..maculis ~cta OV.*Ep*.5.19; foros..ducens *(i.e. the farmer with his hoe)* rursus in obliquum ~guat tramite COL.10.93; PLIN.*Nat*.16.158; ipse dies pulchro ~guitur ordine rerum JUV.1.127; *(w.* in+*acc.)* menstruus in fastos ~guit saecula consul LUC.5.399;—*(of the dividing line)* lingua *(i.e. of land)*..excurrens medium fere sinum uelut nota ~guit LIV.37.31.9; planitiem..crebris ~guentibus riuis CURT.3.4.8; MELA 2.67;—*(in coiffure)* crinem..docta patere ~gui manu SEN.*Tro*.885; APUL.*Met*.2.9. **c** paribus..stellis similiter ~ctis CIC.*N.D*.2.106; centenae stirpes *(i.e. vines)* per singulos hortos semitis ~guantur COL.4.18.1; primam..~guere lingua..uocem SIL.1.78;—*(w. abl.)* alternis..corpus inani ~ctum LUCR.1.525; JUV.14.289;—*(w.* ab) Hesiodus..circa CXX annos ~ctus ab Homeri aetate VELL.1.7.1; quod *(sc.* promunturium) Ciliciam a Pamphylia ~guit MELA 1.77; PLIN.*Nat*.3.6.

2 To pick out, dot, embellish (with distinctive features, decorations, etc.).

in..regione..quae mari cincta, portibus ~cta, insulis circumdata esset CIC.*Flac*.27; liuidos ~guet Autumnus racemos purpureo uarius colore HOR.*Carm*.2.5.11; ~ctas floribus herbas OV.*Met*.5.266; stella..quae..ardenti ~guit lumina flamma MAN.1.322; ~guuntur argenteis poculis aurea SEN.*Con*.9.2.6; SEN.*Her.O*.665; scuta..coloribus ~gunt TAC.*Ger*.6.2; color psittaco uiridis..nisi quod sola ceruice ~guitur APUL.*Fl*.12; *CIL* 5.6693; *(w. acc. of respect)* testudinis..terga..maculas ~cta zmaragdo LUC.10.121;—*(w. abst. obj.)* omnem..orationem ornamentis..uerborum..~guit CIC.*Orat*.21; LIV.9.17.1;—*(w. features, etc., as subj.)* insulae, quae interuentu suo maria ~guunt SEN.*Dial*.6.18.5; quae *(sc.* stellae) noctem decore uario ~guunt *Nat*.7.24.3; PLIN.*Nat*.8.69; *(of persons)* quam turbam dissimillimo ex genere ~guebant homines CIC.*Mur*.49; *(ellipt.)* guttis albis ~guentibus PLIN.*Nat*.29.87.

3 To punctuate (a process, activity), relieve, interrupt. **b** to punctuate (written, spoken words).

interim ~guitur mora poculis SEN.*Con*.9.2.8; expediet expositionem breui interfatione ~guere QUINT.*Inst*.4.2.50; grauiora opera lusibus..~guo PLIN.*Ep*.8.21.2;—*(of the means)* nec montana sacros ~guunt iubila uersus CALP.*Ecl*.1.30; PLIN.*Ep*.5.6.34; quod *(sc.* carmen) apte quantas libet occupationes..~guit 7.9.9. **b** ut sciat..quo loco uersum ~guere (debeat) QUINT.*Inst*.1.8.1; Ciceronianos *(i.e. books)* emendatos et ~ctos habebis FRO.*Amic*.1.p.308(190N); *(absol.)* uirtus..~guendi QUINT.*Inst*.11.3.39.

4 To make, perceive, or show a difference between, distinguish from each other. **b** to divide into distinctive parts, groups, etc. **c** to distinguish (from another). **d** (absol.) to draw a distinction; (w. noun cl.) to draw the distinction (that).

uerba ambigua ~ximus CIC.*Orat*.102; putasne te posse..quae in Achaia, Asia Pamphyliaque peccarit, ea..criminibus..~guere? *Div.Caec*.38; LIV.34.6.7; fetus suos non ~guunt ferae SEN.*Ep*.66.26; maritos et adulteros non ~guens *(sc.* Poppaea) TAC.*Ann*.13.45; GAIUS *Inst*.2.146; *(w.* inter se) simiarum..genera..caudis inter se ~guntur PLIN.*Nat*.8.215; *(cf.)* istam qui ~guam inter uos geminitudinem PAC.*trag*.61;—*(w. cl.)* uti is qui..diceret ~guere posset, cum uocaret, cum daret, cum accusaret VAR.*L*.8.16; ULP.*dig*.49.1.6;—*(w. non-personal subj.)* ut discretus labor fortis ignauosque ~gueret TAC.*Hist*.3.27; *(refl.)* contrario proposito sese ~xerunt *(sc. virtue and vice)* V.MAX.5.2.pr. **b** tribus..est ~cta *(sc.* Hispania) nominibus MELA 2.87;

opificum turba tribus eam (*sc. gold-solder*) generibus ~guit PLIN.*Nat*.33.90; (*refl.*) se ars ipsa ~xit et inuenit lumen atque umbras 35.29. **c** LIV.26.34.4; notam..porcis inponat..per litteras..unumquemque fetum..~guat COL.7.9.12; ne aetas quidem ~guebatur quin prima iuuenta consulatum..inirent TAC.*Ann*.11.22;—(*w. abl.*) qui non poterit uero ~guere falsum HOR.*Ep*.1.10.29;—(*w.* ab) qui ~gues artificem ab inscio? CIC.*Luc*.22; non ~guimus uoluntatem a facto LIV.45.24.4. **d** ne omnes physici inrideant nos..~guendum est CIC.*Fat*.25; PLIN.*Nat*.13.122; nisi ~xerimus, uerendum est ne bona nostra..inquinentur QUINT.*Inst*.4.2.102;—sunt..qui ita ~guant, quaedam beneficia esse, quaedam officia, quaedam ministeria SEN.*Ben*.3.18.1; ULP.*dig*.21.1.14.3; ~guit interesse ante nuptiis..dotem dederit an postea 23.3.5.14.

5 To be the distinguishing mark of, (pass.) to be distinguished (by); (w. *ab* or abl.) to make different (from). **b** to regard as different, keep distinct. **c** to specify, define.

discolor hos sanguis..~xerat LUC.10.128; alcen iumento similem, ni proceritas aurium..~guat PLIN.*Nat*.8.39; locupletissimi ueste ~guuntur TAC.*Ger*.17.1;—temperantia et raritas dictorum ~guent oratorem a scurra CIC.*de Orat*.2.247; corpora..quae spatium pleno possint ~guere inane LUCR.1.527; beneficium ab iniuria ~guit..animus SEN.*Ben*.6.8.3; (*refl.*) cultu se a ceteris ~guunt *Ep*.122.18. **b** sophistarum..magis ~guenda similitudo uidetur CIC.*Orat*.65; maiestatis crimen ~gui Caesar postulauit TAC.*Ann*.2.50. **c** si praetor non ~xit locum quo me restitui iuberet CIC.*Caec*.84; (*impers. pass.*) ULP.*dig*.17.2.7;—(*w. noun cl.*) quid..sit melius..non ~guitur CIC.*N.D*.3.26; 'malus' arborem significet an hominem non bonum apice ~guitur QUINT.*Inst*.1.7.3; TAC.*Ann*.11.38.

6 To resolve (an issue), settle.

illud..mihi ~gue SEN.*Ben*.6.5.4; hanc cunctationem sequens..sermo ~xit APUL.*Met*.2.30.

distīsum: see DISTAEDET.

distō ~āre, *intr*. [DIS-+STO] CONST.: w. point of reference indicated by abl., dat., *ab*, *ex*, or adv.

1 To stand, lie, be, etc., at a distance (from each other, or from some other person, place, etc.). **b** (w. abl., acc.) to be distant (by an amount). **c** (impers., w. acc.) there is a distance (of).

tot res tam dissipatas, tam ~antibus in locis positas CIC.*Phil*.2.67; hunc (*sc.* aera)..ex ~antibus corpusculis ut puluerem struunt SEN.*Nat*.2.6.2; STAT.*Theb*.7.822; APUL.*Fl*.15; (*cf.*) quantum eorum tignorum iunctura ~abat CAES.*Gal*.4.17.6; (*w.* inter se) duae (*sc.* arces) sunt haud multum inter se ~antes LIV.29.6.14; (*w. abl. of respect*) sepulcra..tria..~antia locis 1.25.14;—(*pple. as sb.*) in..globum ~antia contrahit unum *Mor*.117; (*transf.*) nullum..bonum ex ~antibus SEN.*Ep*.102.3;—(*w.* ab) terrarum ab huiusce terrae..continuatione ~antium CIC.*N.D*.2.164; LUCR.4.288; non ~at Croesus ab Iro PROP.3.5.17; quam longe a fonte ~et examen COL.9.8.12;—(*w. abl.*) Foro nimium ~are Carinas HOR.*Ep*.1.7.48;—(*w. point of reference not expr.*) quod plura (*i.e. equipment for the farm*) opus sunt, si fines ~ent late VAR.*R*.1.22.2; ~antia longe Pleiadum..signa OV.*Pont*.1.5.81; STAT.*Ach*.1.343; (*pple. as sb.*) iaculo..distantia misso figere doctus OV.*Met*.5.54. **b** quantum absit (*sc.* luna) a proxuma..stella,..deinde alio interuallo ~et a sole CIC.*Div*.2.91; nec longo ~ant cursu (*sc.* Gnosia regna) VERG.*A*.3.116; Euboeam inde exiguo ~antem freto LIV.32.16.7; ut prorae cohaererent, puppes interuallo..~arent CURT.4.3.14; PLIN.*Nat*.5.128; V.FL.8.291; TAC.*Hist*.2.40;—turris..circumdedit quae pedes LXXX inter se ~arent CAES.*Gal*.7.72.4; quot terras, quot maria ~ans (*sc.* urbs)? LIV.5.4.12; Sulmo..milia qui nouiens ~at ab urbe decem OV.*Tr*.4.10.4; (*cf.*) ex quo (*sc.* promunturio) in aduersam oram..traiectus ~at L̄ p. PLIN.*Nat*.6.98; (*transf.*) totidem..gradus (*i.e. of kinship*) ~amus ab illo OV.*Met*.13.143. **c** inter solem uero et lunam cum ~et totum mundi spatium VITR.9.2.2.

2 To be distant (in time); (of time) to be distant. **b** (w. abl.) to be separated (by a period of time).

e quibus unus (*i.e. movement of the voice*) effectus habet continuatos, alter ~antes VITR.5.4.2; (*w. abl. of respect*) Zeuxis atque Parrhasius non multum aetate ~antes QUINT.*Inst*.12.10.4;—(*w.* inter se) longe inter se ~antium saeculorum V.MAX.4.3.14; QUINT.*Inst*.12.10.11;—(*w.* ab) quantum ~et ab Inacho Codrus HOR.*Carm*.3.19.1; ~at..a meriti tempore poena sui OV.*Tr*.2.546;—haud multum ~anti tempore Calpurnii Pisonem, Aemilii Lepidam amiserant TAC.*Ann*.3.24. **b** spatio ~antia longo tempora OV.*Fast*.2.53.

3 To be different (from each other, or from something else). **b** (w. abl. of respect, or *in*+abl.; w. acc. or abl. expr. degree of difference). **c** to differ in each case.

quia res differebant, nomina rerum ~are uoluerunt CIC.*Top*.34; longe formas ~are necessest principiis LUCR.2.442; studiis..fauor ~antibus ardet OV.*Tr*.3.12.23; PLIN.*Nat*.2.96; tantum..equos quantum ~are regentis STAT.*Silv*.1.1.90; (*w.* inter se) multum inter se ~ant istae facultates CIC.*de Orat*.1.215;—(*w.* ab) cum a ueris falsa non ~ent *Luc*.59; sordidus a tenui uictu ~abit HOR.*S*.2.2.53; PLIN.*Nat*.2.192;—(*w. abl.*) meis ~ent ut tua fata! OV.*Tr*.5.13.34; nec ~are putant humana carne suillam JUV.14.98; (*cf. sense 1*) sidera terra ut ~ant..sic utile recto LUC.8.488;—(*w. dat.*) quod..plurimum ~at, ut frigus calori, uitae mors CIC.*Inv*.1.42; paulum sepultae ~at inertiae celata uirtus HOR.*Carm*.4.9.29; *Ep*.1.18.4. **b** exordia rerum..longe ~antia formis LUCR.2.334; qua (*sc.* turba natorum) quantum ~at (Latona) ab orba? OV.*Met*.6.200; togis..inter se isti, non iudiciis ~ant SEN.*Ep*.114.12; fulmen..~at a prestere quo flamma ab igni PLIN.*Nat*.2.134; FRO.*Aur*.2.p.42(98N); GAIUS *Inst*.1.3;—est uera..sententia existimantium..~are (*sc.* filium) in hoc a seruo ULP.*dig*.15.1.3.9;—quae lichanos ni harmonia dicitur, ab hypate ~at hemitonium VITR.5.4.6; stoica dogmata..a cynicis tunica ~antia JUV.13.122. **c** color et facies hominum ~are uidentur LUCR.6.1112; nec forma aetas opes multum ~abant TAC.*Ann*.12.64; FRO.*Ant*.1.p.264(171N);—(*w. abl. of respect*) eadem..omnium curatio, tantum modo ~at CELS.5.28.11.C; PLIN.*Ep*.5.3.6.

4 (impers., or w. neut. pron., etc.) There is a difference.

inter mendacium dicere et mentiri ~at NIGID.*gram*.31; LUCR.1.620; quid..inter ista..~at? SEN.*Ep*.124.9;—(*w. abl. of respect*) natura cuiusque totum..~at QUINT.*Inst*.1.2.4; causarum..modo ~at 11.1.93;—(*w. indir. qu.*) stultitiane erret nihilum ~abit an ira HOR.*S*.2.3.210; MAN.2.347; clarus an obscurus..sit, plurimum ~at QUINT.*Inst*.5.10.26; ~at..quae sidera te excipiant..a matre rubentem JUV.7.194; POMPON.*dig*.30.36.2.

distorqueō ~quēre ~sī ~tum, *tr*. [DIS-+TORQVEO]

1 To twist this way and that, distort.

os ut sibi ~sit carnufex TER.*Eu*.670; ~quens oculos HOR.*S*.1.9.65; quae peruerso ~queat ora cachinno OV.*Ars* 3.287; ~tis manibus, emotis articulis SEN.*Con*.2.5.9; COL.10.366; (*transf.*) tu mihi uerba ~ques SEN.*Ep*.48.4.

2 To make (a person) deformed; to torture; *cogitationem ~quere*, to rack one's brains. **b** (of events or sim.) to trouble the mind of, torment.

alium ~quet, alium delumbat SEN.*Con*.10.4.2;—non contentus simplici morte ~quet..perituros SEN.*Ben*.7.19.8; plerosque..nouo quaestionis genere ~sit SUET.*Dom*.10.5; (*cf.*) quod flagellis caesus esset aut podagra ~tus SEN.*Ep*.67.3;—non diu cogitatione ~ta haec recitauit PETR.55.2. **b** curis..~quentibus mentem SEN.*Ben*.7.2.4; non deerit quem repulsa ~queat *Ep*.74.2.

distortiō ~ōnis, *f*. [prec.+-TIO] Twisting, distortion (of the body).

CIC.*Fin*.5.35; prauitas membrorum, ~o, deformitas *Tusc*.4.28.

distortus ~a ~um, *a*. *compar*. ~ior, *superl*. ~issimus. [pple. of DISTORQVEO] Misshapen, deformed, twisted. **b** (of behaviour) perverse, warped.

uarum ~is cruribus HOR.*S*.1.3.47; SEN.*Dial*.4.36.2; quae (*sc.* stirpes) curuae sunt et ~ae COL.4.20.2; quid tam ~um..quam est ille discobolos Myronis? QUINT.*Inst*.2.13.10; de isto ~issimo uultu tuo APUL.*Apol*.16; (*w. abl. of cause*) manibus pedibusque articulari morbo ~issimis SUET.*Gal*.21.1;—(*of persons*) pictum Gallum..~um, eiecta lingua, buccis fluentibus CIC.*de Orat*.2.266; solos sapientes esse, si ~issimi sint, formosos *Mur*.61; (*masc. as sb.*) pumilos atque ~os..abhorrebat SUET.*Aug*.83. **b** adfectio..non ~a nec praua CIC.*Tusc*.4.29; nec ullum (genus enuntiandi) ~ius quam hoc *Fat*.16.

distractiō ~ōnis, *f*. [DISTRAHO+-TIO]

1 The action or process of tearing apart from each other or asunder; tearing off, severance.

in ipsa ~one animae corporisque SEN.*Ep*.30.41; faciebat uis..morbi..~onem cruciatumque membrorum GEL.12.5.3; (*hyperb.*) harunc uoluptatum mi omnium..~o..uenit PL.*Ps*.70; (*w. subj. gen.*) diuidia ab diuidendo dicta, quod diuisio ~o est doloris VAR.*L*.7.60;— ~one humanorum animorum discerpi..deum CIC.*N.D*.1.27.

2 Dissociation, estrangement.

~one ciuium elanguescit bonum..ciuitatis VAT.in Non.p.287M; nulla est..societas nobis cum tyrannis et potius summa ~o est CIC.*Off*.3.32.

3 Disposal by sale.

si res pupillaris..distracta fuerit..~o..reuocatur ULP.*dig*.4.4.49; ad mercium ~onem 14.3.5.12.

distractus ~a ~um, *a*. *compar*. ~ior. [pple. of next]

1 Not dense in consistency, rarefied; (pl.) wide apart from each other.

(anima) diuisior inter se ac ~ior intust (*codd.* intus) LUCR.4.961;—si tres erunt (*sc. rings round the moon*) aut nigri, interrupti atque ~i VAR.in Plin.*Nat*.18.349.

2 (transf.) Straining in different directions, full of stress.

concitationibus tam..ipsis inter se dissentientibus atque ~is CIC.*Tusc*.5.43; rem..magis..hilarem ac pacatam quam ~am et operosam SEN.*Ep*.66.24.

distrahō ~here ~xi ~ctum, *tr*. [DIS-+TRAHO]

1 To pull apart, pull to pieces. **b** to pull, tear apart from each other; to tear (a thing) apart (from another). **c** to tug or pull away (hair, etc., in sorrow or anger).

in alto ~xissent..satellites tui (*i.e. the waves, etc., Neptune's servants*) me miserum PL.*Trin*.833; Mettum..equis..~xit VAR.in Non.p.287M; nec discerpi nec ~hi potest (animus) CIC.*Tusc*.1.71; (uestem) inter eos ~ctam LUCR.5.1421; LIV.25.36.9; qui (*sc.* canes)..eos uariis adgressi uulneribus ~hunt APUL.*Met*.9.36;—(*w.* in+*acc.*) in partis res quaeque minutas ~hitur LUCR.2.827; animali in artus..~cto LIV.45.30.2;—(*topog.*) Taurus mons..mediam..~hens Asiam PLIN.*Nat*.5.97;—(*hyperb.*) pulmones ~huntur, cruciatur iecur PL.*Cur*.237;—(*fig.*) quo pacto ego diuorsus ~hor *Mer*.470; qua..ipse fama ~heretur TAC.*Ann*.3.10. **b** artus torto (*i.e. on the rack*) ~ham PAC.*trag*.159; qui..inter se complexi..non prius ~cti sunt, quam alterum anima relinqueret NEP.*Eum*.4.2; per ~cta..uirgulta LIV.42.63.9; PETR.114.10;—tanto amore suas possessiones..tenebant ut ab eis membra citius..~hi posse diceres CIC.*Sul*.59; de corpore postquam ~ctast animi natura LUCR.3.844; SEN.*Ep*.30.14. **c** quin (manus)..comam lacrimosaque..lumina..~herentque genas OV.*Am*.1.8.112; adhuc uestes lacerantem adhuc capillos ~hentem APUL.*Met*.8.8.

2 To break up, separate, space out (persons, a group of people, or sim.). **b** to disperse, scatter (things).

quorum scelere religiones..prostratae..sunt..~cti ac dissipati iacent CIC.*Leg*.2.42; ut Caesaris..aciem..~hi paterentur CAES.*Civ*.3.92.2; uictas..partes modeste ~xerat TAC.*Hist*.2.68; cum Parthus..~heret turmas, spatium ictibus quaereret *Ann*.6.35; collegia praeter antiquitus constituta ~xit SUET.*Jul*.42.3;—(*w.* in+*acc.*) tres duces..trifariam exercitum in diuersissimas regiones ~xere LIV.26.41.20; 45.9.7. **b** diuorse ~hitur cito (*sc. the money*) PL.*Trin*.409; apsenti hic tua res ~hitur tibi 617;—(*w.* in+*acc.*, per) uis morbi ~cta per artus LUCR.3.492; (odor) paulatim..~ctus in aeris auras 4.693; Babylonem..mediam..permeans (*sc.* Euphrates)..~hitur in paludes PLIN.*Nat*.5.90.

3 To part forcibly (persons from each other or one from another), tear apart; (pass. in middle sense) to tear oneself away.

numquam omine laeto ~himur miseri LUC.8.586;—(*w.* ab) si eo meae fortunae redeunt..abs te ut ~har TER.*Ph*.201; qui a me mei seruatorem capitis..~hat CIC.*Planc*.102; PLIN.*Pan*.86.2;—(*w. abl.*) quonam ille modo..carissimo filio ~ctus esset CIC.*Deiot*.15;—(*w. abst. or non-personal subj.*) illam a me ~hit necessitas TER.*Hec*.492; careo..multis, quos..~xit fuga CIC.*Fam*.4.13.2;—ne a me ~hi non posses *Q.fr*.1.3.4.

4 To disperse or get rid of by sale, sell.

LUCIL.922; cum..hereditatem ~xerint *S.C.*(*Font.iur.* p.205)60; coemendo quaedam tantum ut pluris postea ~heret SUET.*Ves*.16.1; bonis lege Falcidia ~ctis FRO.*Aur*.2.p.94(37N); nec..leui pretio ~hi poterit talis aetatula APUL.*Met*.7.9; ULP.*dig*.12.6.26.12; (*absol.*) quanto quis obaeratior, aegrius ~hebant TAC.*Ann*.6.17; (*pple. as sb.*) si officio ~hentis fungitur ULP.*dig*.10.2.49;—(*cf. sense 1*) quo..conueniunt..bonorum emptores..ad reliquias uitae lacerandas et ~hendas CIC.*Quinct*.50; GEL.20.1.19.

5 To dissociate (ideas, etc.) from each other or one from another; (w. *in*+acc.) to split up (into). **b** to separate, i.e. leave a hiatus between (vowels).

qui..haec natura cohaerentia opinione ~xissent CIC.*Off*.3.11; SEN.*Ep*.89.8; QUINT.*Inst*.4.3.4;—sapientiam, temperantiam..copulatas esse..cum uoluptate, ut ab ea nullo modo..~hi possint CIC.*Fin*.1.50;—qui modus (*i.e. the infinitive*) neque in numeros neque in personas..~hitur GEL.1.7.14. **b** nobis ne si cupiamus quidem ~here uoces conceditur CIC.*Orat*.152.

6 To separate into parties or camps, divide; to estrange (from another).

Caesarem et Pompeium perfidia hominum ~ctos BALB.*Att*.8.15a.1; Boeotorum..se concilium arte ~xisse LIV.42.47.3; deterrimos (*sc.* reges apium) necant, ne ~hant agmina PLIN.*Nat*.11.51; sic ~ctis exercitibus ac prouinciis TAC.*Hist*.1.77;—(*w. abst. subj.*) quae singula (*i.e. political events*)..~hebant rem publicam *Dial*.36.4;—(*w.* in+*acc.*) qui non idem consilium quod tu secuti sunt, eos..in duo genera esse ~ctos CIC.*Fam*.4.7.3; si matrimonium Liuiae uelut in partis domum Caesarum ~xisset TAC.*Ann*.4.40;—(*w.* inter) iuuentus Tarsam inter et Turesim ~hebatur 4.50;—quid ego illum ab eo ~here conarer? CIC.*Phil*.2.23.

7 To break up, disrupt (an association, joint enterprise, or activity). **b** *rationibus ~hendis actio*, an action demanding the winding up of an account.

horunc (*sc. lovers*) amorem ~hi poterin pati? TER.*Ph*.518; iudicia..~hendarum controuersiarum..causa reperta sunt CIC.*Caec*.6; SEN.*Ep*.65.22; magis ~here uult negotium quam contrahere GAIUS *Inst*.3.91; qui ~hunt matrimonium *dig*.24.2.2;—(*w. abst. subj.*) quae sententia omnem societatem ~hit ciuitatis CIC.*Off*.3.28; nihil aeque concordiam..~hit quam hoc uitium SEN.*Ben*.4.18.1. **b** rationibus ~hendis actione..tenentur..omnes, qui..gerunt tutelam ULP.*dig*.27.3.1.19; *Ed.pr*.22(*Font.iur*.p.223).

8 To draw (a person, his mind, feelings, etc.) in several directions, arouse conflicting impulses in, drive distracted.

~hor, tum hoc mihi probabilius tum illud uidetur CIC.*Luc*.134; SEN.*Dial*.7.19.3; Tiberium anceps cura ~here TAC.*Ann*.2.40; 6.44; uiri..semper..se circumundique ~hentibus causis festinantes GEL.14.2.9;—(*w.* in+*acc.*) ut eius industriam in plura studia ~here nolim CIC.*de Orat*.1.250; tot in curas ~cti animi eorum erant LIV.22.7.10; misellus in diuersas sententias..~hebatur APUL.*Met*.9.19;—(*w.* inter) inter reum et patrem ~hor SEN.*Con*.2.3.6; obsessos hinc fides, inde egestas inter decus ac flagitium ~hebant TAC.*Hist*.4.60.

distribuō ~uere ~uī ~ūtum, *tr*. [DIS-+TRIBVO]

1 To divide up into shares, share out (among). **b** to give (by way of distribution), distribute; to allot (functions or sim.).

id (*sc.* dimidium minae) ~utum..est ex sententia TER.*Ad*.371; quibus hominibus..illum agrum esset ~uturus CIC.*Agr*.2.79; pecus..uiritim ~uit CAES.*Gal*.7.71.7; SEN.*Dial*.10.3.1; sarcinam duobus ceteris iumentis ~uturos APUL.*Met*.4.4; (*impers. pass.*) cum urbem..quem ad modum..~utum..erat incendissent CIC.*Catil*.3.8; (*w.* in+*abl.*) quo..minus..in is hortis..aqua..saliat ~uatur diuidatur *Leg.pub.*(*Font.iur*.p.113)22;—(*w.* in+*acc.*) in multas..personas ~uto patrimonio GAIUS *Inst*.2.226;—(*w.* inter) ~uendam inter decuriones pecuniam PLIN.*Ep*.10.54(62).2; ULP.*dig*.26.7.3.9. **b** non nullos (*sc. captiuos*) scribis filio cohortique ~uit CIC.*Ver*.5.64; aliquem..nomina ~uisse rebus LUCR.5.1041; equos sumit Germanisque ~uit CAES.*Gal*.7.65.5; tonsor ferramenta sua nobis..~uit PETR.108.8; feminis..fascias purpurae..~uit SUET.*Cal*.17.2;—(*w.* in+*acc.*, per) frugibus..in orbem terrarum ~utis CIC.*Ver*.5.188; di..bona sua per gentes..~uunt SEN.*Ben*.7.31.4; uini..

cados in conuiuia ~uit PLIN.*Nat*.14.97; TAC.*Ann*.2.8;—~uisti partis Italiae CIC.*Catil*.1.9; plus est ~uere adulteria quam facere SEN.*Ep*.97.5; uox innocentiae, silentium maleficio ~uta APUL.*Apol*.11.

2 To divide up, distribute (numbers of people, mil. forces, etc., among various places, occupations, or sim.). **b** to distribute (things), place at intervals, arrange; to arrange the parts of; to intersperse (with).

bipertito classem ~utam fuisse CIC.*Flac*.32; gladiatores.. ~uit binos singulis patribus familiarum *Att*.7.14.2; ut quisque uoluntarius..in castra uenerat, aequaliter ~uerat SAL.*Cat*.56.2; legiones..prouinciatim ~uit SUET.*Aug*.49.1;—(*w.* in+*abl.*) cohortis tribus in oppidis ~utas POMP.*Att*. 8.12A.1; insidias in montibus..~uit FRON.*Str*.2.5.19;—(*w.* in+*acc.*, circum, per) quos (*sc.* gladiatores)..circum familiaris conuentus Campaniae..~uit CAES.*Civ*.1.14.5; quo..modo is (*sc.* numerus senatorum) in multa..officia ~uatur SAL.*Rep*.2.12.1; eos (*sc.* consules)..praesidia per muros..~uentes LIV.2.39.9; TRA.Plin.*Ep*.10.32(41).2; (*cf.*) cum essent in legionem ~uti *B.Hisp*.36.4;—(*w.* inter) cum plebs ~uta est inter patres FEST.p.233M. **b** circum spectacula..intercolumnia ~uantur VITR.5.1.2; granatim.. digerunt acerum (*sc. of mixed corn*) separatimque distributis..generibus..abeunt APUL.*Met*.6.10; *Apol*.42;—(*non-material things*) CIC.*de Orat*.1.109; eas (*sc.* mensuras) ~uerunt in perfectum numerum VITR.3.1.5; Italiae ratio tempora ad hunc modum ~uit PLIN.*Nat*.17.136; QUINT.*Inst*.9.3.93; haec duo ~uta, seorsus diuinationis, seorsus sapientiae officia APUL.*Soc*.17;—VITR.6.3.3; quemadmodum ..aedificia ~uantur 6.6.7;—zophoroe scalpturis ornati cum denticulis..~uuntur 4.1.2.

3 To divide, break up (into parts). **b** to divide (into stages, categories).

~uens medium subter secat hic (*sc.* orbis) Capricornum CIC.*Arat*.519(273); cum..paulatim copias ~utas dimittere non possent HIRT.*Gal*.8.15.1; si quis dupundium ~uit ULP.*dig*.28.5.17.5; (*w. abl.*) populus..decuriis atque collegis ~utus FLOR.*Epit*.1.1(1.6.3);—(*w.* in+*acc.*) CIC.*Tusc*.1.68; quarta parte (uineae)..in regiones ~uta *Div*.1.31; populum..Romulus in partes ~uit..duas OV.*Fast*.6.84; COL. 6.5.1; in sedecim asses denarius ~utus est MAECIAN.*iur*.75. **b** rerum..breuiter expositio ponitur ~uta CIC.*Inv*.1.31; meministis me ita ~uisse initio causam *S.Rosc*.122; (*impers. pass.*) in auspiciis ~utum est qui habent spectionem, qui non habeant VAR.*L*.6.82;—(*w.* in+*acc.*) quae (*sc.* oratio) cum sit in ius religionis et in ius rei publicae ~uta CIC.*Dom*. 32; sermo..in nouem et dies et libros ~utus *Q.fr*.3.5&6.1; solutionem in decem annorum pensiones ~uit LIV.42.5.9.

distribūtē, *adv.* *compar.* ~ius. [pple. of prec.+-E] In a manner characterized by proper distribution.

sin ~ius tractare qui uolet, partiatur..licebit (*i.e. the subject matter*) CIC.*Inv*.2.177; se neque distincte neque ~e.. scribere *Tusc*.2.7.

distribūtiō ~ōnis, *f.* [DISTRIBVO+-TIO]

1 The act or process of sharing out, distribution, allocation.

plus in ~one quam in accepto conputabatur quinariis mille FRON.*Aq*.64; per iniquam ~onem PAPIN.*dig*.26.9.3;—(*w. obj. gen.*) orbis terrae ~onem CIC.*Rab.Perd*.fr.32; quare ..deus tam iniquus in ~one fati fuit? SEN.*Dial*.1.5.9; de.. officiorum operumque ~one COL.1.9.9; ~O FIAT DECVRIONIBVS EPVLANTIBVS ✱CCC *Inscr.Dessau* 6468.

2 The process of arranging to an orderly plan, arrangement, disposition.

~o..est copiarum locique commoda dispensatio VITR. 1.2.8; inpagibus ~ones ita fient 4.6.5; COL.12.3.10;—(*w. obj. gen.*) quod contingit animalibus sensuum ~one CIC. *Fin*.5.33; ornamentorum ad symmetriam ~onem..est architectatus VITR.7.pr.15.

3 Division into parts. **b** (w. gen.) division (into).

haec uelut elementa primae de asse ~onis aequalitatem seruant MAECIAN.*iur*.8; (*as a style of oratory*) ~o est.. oratio frequens cum raris et breuibus interuallis *Rhet.Her*. 3.23;—(*w. obj. gen.*) caeli..~o..docet unde fulmen uenerit CIC.*Div*.2.45; antiquissima populi Romani ~o triplex est AMP.49.1; assis ~o in duodecim uncias fit ULP.*dig*.28.5.13.1. **b** neque eae tribus ad centuriarum ~onem..quicquam pertinuere LIV.1.43.13; EA ~ONE CVRIARVM *CIL* 2.1964.1.35; (*cf. sense 4*) partium ~o saepe est infinitior, tamquam riuorum a fonte diductio CIC.*Top*.33.

4 A log. division or arrangement, classification. **b** (w. gen.) division (of a theme into parts); distinction (between); arrangement, classification (of items).

CIC.*Inv*.1.33; in primo coniectura ualet, in altero definitio, in tertio ratio—teneo istam ~onem *Part*.33; ut ea quae in re dispersa..uiderentur esse..~one sub uno aspectu ponerentur Q.CIC.*Pet*.1; QUINT.*Inst*.3.4.16; APUL.*Apol*.95. **b** cum..unius cuiusque argumentationis ~onem..meminisse poterit *Rhet.Her*.2.27; quadripertita ~o totius accusationis meae CIC.*Ver*.1.34; APUL.*Soc*.3;—hanc eandem ~onem inuidiae et criminum CIC.*Clu*.1;—est rerum inuentarum in ordinem ~o *Inv*.1.9; sit..partium in locos ~o QUINT.*Inst*.7. 1.1; ~o eorum daemonum..qui..in corpore humano fuere APUL.*Soc*.16.

districtē, *adv.* [DISTRICTVS +-E] Strictly.

stringendus erit pudor patris..non amare nec ~ QUINT. *Decl*.342(p.352,l.24).

districtiō ~ōnis, *f.* Also **distrinctiō.** [DISTRINGO+-TIO] The condition of having one's attention engaged elsewhere.

HANC TESTATIONEM INTERPOSVISSE SE..PROPTER DISTRICTIONEM MIL *A.Epig*.27.175; 38.1.9.

districtus ~a ~um, *a.* *compar.* ~ior (*superl.* ~issimus). [pple. of next] Having many claims on one's attention, busy.

numquam me a causis et iudiciis ~iorem fuisse CIC.*Q.fr*. 2.15.1; tamquam ~issimus (*cj.*) ille tantorum onerum mole huic uni negotio uacaret animus VELL.2.114.1; ~us animus nihil altius recipit SEN.*Dial*.10.7.3; (*pl. as sb.*) numquam uacat lasciuire ~is *Ep*.56.9;—(*transf. ep.*) neque..dubito te..ad tam ~um officium reuersurum TRA.Plin.*Ep*.10. 9(25).

distringō ~ngere ~nxī ~ctum, *tr.* [DIS-+STRINGO] See also DESTRINGO, with which there is frequent confusion in codd.

1 To exert opposing strains on, stretch out or apart.

ego te ~ngam ad carnarium PL.*Ps*.200; radiis..rotarum ~cti pendent VERG.*A*.6.617; est tanti..patibulo pendere ~ctum? SEN.*Ep*.101.12; *Nat*.2.44.2; (*cf.*) paulatim magnitudo eius (cometae) ~cta est 7.15.1; (*w. non-personal subj.*) eam partem (*sc.* scrotum) umor ~ngit CELS.7.18.6;—(*transf.*) ut discordiam moueret, qua consensus Romanorum ~ngeret FRON.*Str*.1.8.1.

2 To make conflicting claims on the attention of, distract; to detain. **b** (of conflicting emotions, attitudes, etc.) to pull in different directions.

placebat..populatione maritumae orae ~ngere copias regias LIV.44.35.8; FRON.*Str*.3.9.8; non te ~ngimus uotis PLIN.*Pan*.94.2; ut Romanum a tergo ~ngerent FLOR.*Epit*. 1.29(2.13.1); (*cf.*) uates uaria interpretatione (*i.e. of the dream*) curam ~nxerant CURT.3.3.4;—nec te inuitum ~ngam SEN.*Ben*.6.30.3; quia aliis locis necessario ~ngeretur GAIUS *dig*.13.4.1. **b** diuersi me adfectus ~ngunt SEN. *Con*.2.3.6; siue innumera rusticos cura ~ngat PLIN.*Nat*. 18.239; (*absol.*) modus ruris, qui auocet magis quam ~ngat PLIN.*Ep*.1.24.3;—(*pass.*) ~ctus..mihi uideris esse, quod et bonus ciuis et bonus amicus es CIC.*Fam*.2.15.3; te..torquerier omni sollicitudine ~ctum HOR.*S*.2.8.68; qui..otium captat, ubique quo ~ngatur inueniet SEN.*Ep*.104.7.

distruncō ~āre, *tr.* [DIS-+TRVNCO] (facet.) To chop in half.

te hic agnum faciam et medium ~abo PL.*Truc*.614.

disturbātiō ~ōnis, *f.* [next+-TIO] Destruction, demolition.

in Corinthi ~one CIC.*Off*.3.46.

disturbō ~āre ~āuī ~ātum, *tr.* [DIS-+TVRBO] FORMS: *~at* (for *~auit*) LUCR.6.587.

1 To upset the settled physical condition of, disturb, demolish. **b** (of the forces of nature, etc.). **c** to disarrange (the order of words).

NEIQVIS IN OPPIDO..AEDIFICIVM DETEGITO..NEIVE ~ATO *CIL* 1.590.33; VAR.*R*.3.16.7; fabros se missurum et domum meam ~aturum CIC.*Phil*.5.19; *CIL* 6.1252; uide ne uirgae tuae pocula nostra ~ent SEN.*Con*.9.2.21; si qua..in uineis ..fossor ~auit COL.11.2.38; mensas..impetu meo collido atque ~o APUL.*Met*.9.1; (*poet.*) qui ratione sua ~ent moenia mundi LUCR.5.119; (*in fig. phr.*) PL.*Ps*.550. **b** longa diei..aetas..quod fregisset adhuc ~ans LUCR.1.559; primae (undae) redundantes insequentium ~ant designationes VITR.5.3.6; non tantus Auster..~at freta SEN.*Phaed*. 1011. **c** ~ant de industria siquid placidius effluxit SEN. *Ep*.114.15.

2 To upset, break up (an activity, process, state, etc.).

ad ~andas nuptias TER.*An*.182; quantum in ipso est, ~at uitae societatem CIC.*S.Rosc*.111; cum quidam.. agrariam curationem ligurrirent, ~aui rem *Fam*.11.21.5; SAL.*Rep*.2.6.5; multo ~at sanguine pacem LUC.4.210; APUL.*Met*.4.26;—(*w. abst. subj.*) ne horum discordiae..~ent tantas..ciuium diuitias ACC.*trag*.588; conuersatio..dissimilium bene composita ~at SEN.*Dial*.9.17.3.

disyllabus ~a ~um (~on), *a.* [Gk. δισύλλαβος] FORMS: *diss-* occ. in codd. Having two syllables.

pedes..quos uocant ~os MAUR.1358; 2156;—(*neut. as sb.*) ~on elige quoduis LUCIL.544; QUINT.*Inst*.1.5.31; uicissitudo..~um (*gen. pl.*) MAUR.1391.

dītescō ~ere, *intr.* [DIS¹+-ESCO] To grow rich.

accipe qua ratione queas ~ere HOR.*S*.2.5.10; PERS.6.15; —(*w. abl.*) unde..partu possent (*i.e. women*) ~ere dulci LUCR.4.1253; uolebant..~ere praeda 5.1249.

dithyrambicus ~a ~um, *a.* [Gk. διθυραμβικός] Written in the form of a dithyramb.

poematis..~i CIC.*Opt.Gen*.1.

dithyrambus ~ī, *m.* [Gk. διθύραμβος] A form of verse used esp. for choral singing, dithyramb.

ille licentior et diuitior..~us CIC.*de Orat*.3.185; per audaces..~os HOR.*Carm*.4.2.10; Arion..cithara et ~o primus FRO.*Ar*.1.p.54(237N); *Aur*.2.p.66.(146N); APUL.*Pl*.1.2.

dītiae ~ārum, *f. pl.* [contr. form of DIVITIAE] Riches.

ibi me conruere posse..~as PL.*Rud*.542; quasi is non ~is abundet TER.*Hau*.527; (*transf.*) prognatum genere summo et summis ~is (*i.e. a rich family*) PL.*Capt*.170.

dītis: see DIS.¹

dītissimē: see next.

dītius, *compar. adv.*, *superl.* ~issimē. [formed without positive adv. from DIS¹] In a (more) sumptuous manner.

non umquam aliis habitastis in antris ~ius STAT.*Silv*. 1.5.31; domos ~issime exornant APUL.*Soc*.22.

dītō ~are ~āuī ~ātum, *tr.* [DIS¹+-O³] To enrich (with money or other possessions). **b** (w. non-personal subj.). **c** (transf.).

largifica stipe ~antes..matrem LUCR.2.627; quid proderit ~asse..anus? HOR.*Epod*.17.60; nimiam ~andi ex hoste militis curam LIV.9.31.11; OV.*Pont*.2.7.62; V.MAX. 4.3.5; TAC.*Ann*.15.71; AERARIVM NOSTRVM ~AVIT *CIL* 5.532.2.8; (*cf.*) quantum..pios ~arit agrestis Ascraeus.. senex (*i.e. Hesiod*) STAT.*Silv*.5.3.150. **b** maris..Arabas ~antis et Indos HOR.*Ep*.1.6.6; ~ant sua mulctra Satarchen V.FL.6.145; MART.8.15.4. **c** cum lingua..Enni sermonem patrium ~auerit HOR.*Ars* 57; natura quasque.. terras ita muneribus propriis ~auit COL.3.9.1; umbras trames agit nigrique Iouis uacua atria ~at mortibus STAT. *Theb*.2.49; *Silv*.3.1.16.

ditrochaeus ~ī, *m.* [Gk. διτρόχαιος] A double trochee.

uersum claudere saepe ~is MAUR.2881.

diū¹, *adv.* Also **~ūs.** [loc. or sim. form of DIES, cf. INTERDIV, also OIr. *in-diu*] app. never used exc. in combination w. *noctu*. By day.

noctu..et ~u ut uiro subdola sis PL.*Cas*.823; TITIN. *com*.27; SAL.*Hist*.2.89; continuum ~u noctuque iter properabant TAC.*Ann*.15.12; APUL.*Met*.9.28;—neque quiescam usquam noctu neque ~us PL.*Mer*.862; TITIN.*com*.13.

diū² (*sub diu*): see DIVM.

diŭ³, *adv. compar.* ~ŭtius, *superl.* ~ūtissimē. [prob. = DIV¹ in transf. sense, cf. DIVRNO] w. *tam* sometimes spelt as one word; for *quam ~u*, see QVAMDIV. PROS.: the 2nd syll. is usu. long exc. in the early dramatists.

1 For a long time, long. **b** (w. qualifying adv.). **c** (w. co-ordinate adv.). **d** (compar. in weakened sense) for a considerable time, rather long; (w. neg. or virtual neg.) for any considerable time. **e** *diu ante, post,* long before, afterwards; *diu est quod, cum,* etc., it is long since; *nec diu cum, sed,* it was not long before; (also without conj.) long since. **f** *iam diu* (also written as one word), for a long time now, long since now.

ubi ~u afueris domo PL.*St*.523; Thaidem non sciui nobis uicinam.— haud ~ust TER.*Eu*.359; annum et eo ~utius.. fuit in Gallia..Quinctius CIC.*Quinct*.37; ~u, res si qua ~u mortalibus ulla est, uiximus VERG.*A*.10.861; egone has indignitates ~utius patiar quam necesse est? LIV.2.34.10; silua uetus nullaque ~u uiolata securi OV.*Fast*.4.649; ~utissime lugetur SEN.*Dial*.6.26.3; STAT.*Ach*.1.668; TAC. *Ann*.1.47. **b** piscis..credo..minus ~u lauare quam haec lauat PL.*Truc*.323; ira..quae tam permansit ~u TER.*Hec*. 305; satis sunt ~u conati QUAD.*hist*.81; non ita ~u iactare se potuit CIC.*Brut*.233; ut sucus..contineatur pusillo ~utius LARG.53; defrictis adeo ~u pupulis APUL.*Met*.3.22; —(*w. correl.*) oleum quam ~utissime in amurca..erit, tam deterrimum erit CATO *Agr*.64.2; tam ~u requiesco quam diu..ad te scribo CIC.*Att*.9.4.1; si forte usus fructus fuerit tamdiu legatus, quamdiu manumittatur ULP.*dig*.7.4.15;—(*w.* dum, donec, *etc.*) tam ~u, dum ita gauderet CIC.*Sen*.41; *Off*.1.2; tam ~u cecidit patrem, donec placeret tyranno SEN.*Con*.9.4.6; tam ~u faciat, dum aequinoctium..confiat COL.11.3.51. **c** multum et ~u cogitaui PL.*Mos*.84; ~utissime saepissimeque Siciliam uexatam CIC.*Ver*.4.73; satis ~uque..ad dimicandum inuitatos *B.Afr*.75.2; ~u lateque uictrices cateruae HOR.*Carm*.4.4.22; APUL.*Met*.4. 31; (*repeated*) uiam..~u diuque cogitatam monstrabimus tibi 5.20. **d** eo uos..detinui ~utius PL.*Rud*.93; Hirrum ~utius dicturum CAEL.*Fam*.8.11.2; scabiei locus nitro ..fricatur ~utius et pressius LARG.253; legiones ~utius sine consulari fuere, donec..Vitellius aderat TAC.*Hist*.1. 9; GEL.9.4.8;—quis..uti..cibo dulci ~utius potest? CIC. *de Orat*.3.99; cetera nasci occidere..nec ~utius esse..eodem statu *Orat*.10; *Dom*.64; receptores..sine quibus latro ~utius latere non potest ULP.*dig*.1.18.13. **e** in atras ..tenebras eum claudebant ac ~u post..educebant TUB. *hist*.9; ~u ante praeparata..oratione LIV.40.15.13;—illi ..hau sane ~ust quom dentes exciderunt PL.*Mer*.541; sat pol ~u est, quod uidi uterisimus te APUL.*Met*.1.24; *Apol*. 23;—nec ~u, cum..somno recussa..adflictare sese..incipit *Met*.4.25; nec ~u, sed eum furens aper inuadit 8.5; —neque..~u huc migrarunt TER.*Ad*.649; qui mos..apud antiquos concessus ~u exoleuit APUL.*Apol*.66. **f** (*w. pres., pf.*) mirum uidetur, quod sit factum iam ~u? ANDR. *trag*.15; iam ~u est quod uentri uictum non datis PL.*Am*. 302; fuere Sicyoni iam ~u Dionysia *Cist*.156; Athenis iam ~u doctrina ipsorum Atheniensium interiit CIC.*de Orat*. 3.43; iam ~u mare uidemus..tutum et clausum teneri *Prov*.31; oracla..non eduntur non modo nostra aetate sed iam ~u *Div*.2.117; (*in reverse order*) satis ~u hoc iam saxum uorso TER.*Eu*.1085;—(*w. impf., plpf.*) iam ~u.. nihil noui ad nos adferebatur CIC.*Fam*.2.14; intermiserant iam ~u morem consulendi senatus LIV.3.38.8; 26.13. 1; (*in reverse order*) Phileas..~u iam..Romae cum esset 25.7.11.

2 (compar.) For a further spell of time, still further. **b** (w. neg.) any longer, any further; (w. *quam*) any more (after).

ut..nos ludas ~utius AFRAN.*com*.49; me..etiam, si ~utius calumniarentur, redire iussistis CIC.*Red.Sen*.27; tranquillae tuae quidem litterae, quod utinam ~utius! *Att*.14.3. 1; patiatur se..paulo ~utius abesse LIV.5.4.6. **b** nolo te iactari ~utius PL.*Trin*.685; non tenebimus iudicia ~utius CIC.*Ver*.20; ne ~utius..fatuus sis *Fam*.10.26.1; TAC.*Ann*.6.27; nec ~utius cunctata pergit APUL.*Met*.6.17; —neque inde umquam ~utius quam quaestor afuerim CIC. *de Orat*.2.365; nec ~utius uixit quam locuta est *Clu*.30.

3 So as to take a long time, protractedly.
nullo genere (*i.e. of death*) homines mollius moriuntur sed nec ~utius SEN.*Ep.*30.4; momento fit cinis, ~u silua *Nat.* 3.27.2; ~u uocem collegi PETR.100.5; se..diu..colligit ira ferae MART.*Sp.*22.2; (*facet.*) redibo actutum. — id 'actutum' ~u est PL.*Am.*530; (*w. co-ordinate adv.*) omnia (*sc.* tubercula)..~u paulatimque increscunt CELS.7.6.2.

4 (in topog. and sim. contexts, referring to the time needed by an observer to progress along the line indicated).
e caudis duplices..catenae discessuque ~u uersae per lumina serpunt CIC.*Arat.*249(15); oram..Indici maris..~u continuis gentibus occupant MELA 1.11; haec (*sc.* Hispania)..~u..ad septentrionem..uergit 1.19; 1.50.

dīua ~ae, *f.* [fem. of DIVVS] FORMS: *deiu-* *CIL* 1.801; *deuas* (gen. sg.) *CIL* 1.975. A goddess. **b** (w. name, or descriptive noun in appos.). **c** (applied to a deified member of the Imperial Roman family). **d** *Bona ~a*, see BONA DEA.
SEI DEO SEI ~AE *CIL* 1.801; da dictis, ~a, leporem LUCR. 1.28; sic est adfata..~a deam, stagnis quae..praesidet VERG.*A.*12.139; PROP.2.28.61; diui ~aeque..quibus..supplicaretur LIV.23.11.1; OV.*Met.*14.12; undae ~a memor Paphiae LUC.8.458;—(*w. gen.*) non erebi, non ~a poli V.FL.2.120; tu ~a profundi STAT.*Ach.*1.528;—(*hyperb., of a mortal woman*) quo mea se..candida ~a..intulit CATUL. 68.70. **b** flerent ~ae Camenae Naeuium poetam NAEV. *poet.*64.2; VAR.*R.*2.11.5; ~ae Veneris nurus VERG.*A.*2.787; PLIN.*Nat.*3.65;—~ae promissa parentis VERG.*A.*8.531; coniuge Peleus clarus erat ~a OV.*Met.*11.218; ~a Iouis..comes STAT.*Theb.*10.632. **c** adulationes censentium honorem ~ae..et sacerdotem TAC.*Ann.*15.23; Poppaeam ~am non credere 16.22;—(*w. name in appos.*) ~am Augustam auiam suam SEN.*Apoc.*9.5; SACERDOS ~AE DOMITILLAE *CIL* 5.2829.12.

dīuāricō ~āre ~āuī ~ātum, *tr.* [DIS-+VARICO] To cause to stand, sit, etc., with legs well apart, place astraddle; to cause to spread or splay out.
in ea (*sc.* statua equestri) Sopatrum..~ari ac deligari iubet CIC.*Ver.*4.86;—arbores hoc modo putentur, rami uti ~entur CATO *Agr.*32.1; ternas taleas ponito easque ~ato 45.3; VITR.10.2.1.

dīuārō ~āre, *intr.* [DIS-+VARVS¹+-O³] To be splayed.
nec cuius (*sc.* pecudis) ungulae ~ent VAR.*R.*2.5.8.

dīuellō ~ellere ~ellī *or* ~ulsī ~ulsum *or* ~olsum, *tr.* [DIS-+VELLO]

1 To tear open, tear apart; to tear apart from each other. **b** to tear to pieces, tear in two. **c** (w. abl., or *ab*) to tear, pull away (from).
LUCR.1.201; donec ~ulsa fulserunt nube corusci (*sc.* uenti) 6.203; manibus tendit ~ellere nodos VERG.*A.*2.220; V.MAX.4.6.2; ~olsa sentibus paenula SUET.*Nero* 48.4; inmissis..digitis diducere..quercum conatus est, ac mediam quidem partem discidit ~ellitque GEL.15.16.3; (*fig.*) ubi ~ellat somnos..cura HOR.*Ep.*1.10.18;—nec sine pernicie ~elli posse uidentur (*i.e. body and soul*) LUCR.3.326; membra..quis..taurus..ferox ~ulsit? SEN.*Phaed.*1173. **b** e ~ulso iactabant (*sc. the Bacchanals*) membra iuuenco CATUL.64.257; HOR.*S.*1.8.27; primo..incursu ad nouam..nauem uetus..~ulsa est LIV.35.26.8; testudinum..~olsarum pinguia PLIN.*Nat.*32.40; TAC.*Hist.*3.33; effigies..traxerant in Gemonias ac ~ellebant *Ann.*3.14; (*fig.*) distineor..et ~ellor dolore CIC.*Planc.*79. **c** qui tanto amore suas possessiones..tenebant ut ab eis membra citius ~elli..posse diceres CIC.*Sul.*59; ~elli liberos a parentum complexu SAL.*Cat.*51.9; solido ~ellere dumo..pinum..temptat OV.*Met.*12.356 (*s.v.l.*); (*ellipt.*) me nec..centimanus Gyas ~ellet umquam (*i.e. from you*) HOR.*Carm.*2.17.15.

2 To compel (persons) to part company. **b** (w. abl., *ab*, or sim.) to compel the departure of (persons from), force away (from); to force to sever association (with); to alienate, divert (from activities, etc.).
neu quis ~ellat amantes [TIB.]3.12.7; artius nos fortuna alligauit, quam ut orba (*i.e. a rich widow*) posset ~ellere SEN.*Con.*1.6.2. **b** qui a me mei seruatorem capitis ~ellat ac distrahat CIC.*Planc.*102; nec Damalis nouo ~elletur adultero HOR.*Carm.*1.36.19; SEN.*Ben.*1.11.4; si ab uxore carissima..~elleretur TAC.*Ann.*3.34; (*w.* inde) ~ellimur inde, Iphitus et Pelias mecum VERG.*A.*2.434; (*refl.*) ~ellere se ab hoste cupientes LIV.37.30.10;—publicanos facile a senatu diiungi, quamquam a me ipso non ~ellerentur CIC. *Att.*1.19.6; iudiciariis legibus ~ulsus a senatu eques FLOR. *Epit.*1.47(3.12.9); (*w. abst. subj.*) nec me ab iis quos meo nomine sordidatos uidetis umquam ulla fortuna ~ellet CIC.*Sest.*146;—a curia..nulla me res ~ellet *Att.*1.20.3; a Polemonis..finibus (*i.e. tenets*) non facile ~ellor *Luc.*139; haec (*i.e. luxuries*) sunt a quibus inuitus ~elleris SEN.*Ep.* 77.16.

3 (transf. and fig.) To sunder, break up, disrupt (associations, relationships, etc.). **b** to divide (associated things) from each other; (w. *ab*) to separate (from).
bona proscribi eius quicum..societas erat, adfinitas..~elli nullo modo poterat CIC.*Quinct.*25; consensus ordinum est ~ulsus *Har.*60; nec malis ~ulsus querimoniis..amor HOR.*Carm.*1.13.19; cum illam (urbem) triginta tyranni ~ellerent SEN.*Dial.*9.5.1;—(*w. abst. subj.*) amicitiae..uerae, quam non..utilitatis suae cura ~ellit *Ep.*6.2. **b** qui, quae complecti tota nequeunt, haec facilius ~ulsa..contrectant CIC.*de Orat.*3.24; res a natura copulatas audebit errore ~ellere *Off.*3.75;—conscientiam mentis suae..quae a nobis ~elli non potest *Clu.*159; *Fin.*1.50; neque a uirtute ~elli umquam potest (*sc.* illud honestum) *Off.*3.13.

dīuendō ~ere ~idī ~itum, *tr.* [DIS-+VENDO] To offer for sale in lots, sell piecemeal; (also, app.) to cause the sale of the property of (a person), sell up.
hic permittit..xuiris ut..bona populi Romani possint ~ere CIC.*Agr.*1.7; uectigalia ~idit *Phil.*7.15; partim ~ita partim diuisa praeda LIV.37.5.3; tot damnatis bonisque eorum ~itis TAC.*Ann.*6.17; SUET.*Jul.*54.2; APUL.*Met.*10.14;—ciuibus Romanis..denudatis ac ~itis LENT.*Fam.*12.15.1.

dīuerberō ~āre ~āuī ~ātum, *tr.* [DIS-+VERBERO] To cause to part by hitting, etc., cleave, split; to strike violently, batter.
uis..quae res ~et ictu LUCR.1.222; sagitta..~at auras VERG.*A.*5.503; frustra ferro ~et umbras 6.294; belua..~atis..fluctibus adleuans semet CURT.4.4.3; SEN.*Nat.*6. 15.1; oppositas..acies stricto ~at ense *Ilias* 499; (*transf.*) aures ~at horror 841;—mater..mortem deplorans..tunsis ac ~atis..uehementissime uberibus APUL.*Met.*7.27.

dīuerbium: see DEVERBIVM.

dīuergium ~iī, *n.* [DIVERGO+-IVM] *~ium aquarum*, A watershed.
FRON.*agrim.*p.2; quae summis montibus excelsissima sunt ~ia aquarum HYG.*agrim.*p.91; SIC.FL.*agrim.*p.128.

dīuergō ~ere, *intr.* [DIS-+VERGO] To proceed in different directions, diverge.
ex quo summo loco aqua in inferiorem partem ~it HYG. *agrim.*p.91.

dīuersē, *adv. compar.* ~ius, *superl.* ~issimē. Also **-uor-.** [DIVERSVS+-E] See note on spelling under DIVERTO.

1 In various or different directions. **b** in various places, here and there; in a place apart.
~e distrahitur cito (*sc. the money*) PL.*Trin.*409; cum..~e discessissent NEP.*Dat.*11.3; quem (*sc.* equum) ~e distractum..recuperauerunt APUL.*Met.*11.20. **b** corpora..prostrata ~e iacebant *B.Afr.*40.6; legionariorum..qui multifariam ~eque tendebant SUET.*Gal.*19.1;—pauci..paulo ~ius..conciderant SAL.*Cat.*61.3.

2 In various ways, differently; (w. *ab*) in a manner different (from).
quod ab eodem de eadem re ~e dicitur CIC.*Inv.*1.93; quibus (*sc.* conuiciis)..~issime adficiebatur SUET.*Tib.*66; corpora sua ~e laniata APUL.*Met.*8.18; ULP.*dig.*33.6.9.3;—uerbo isto utitur a tua sententia ~e GEL.6(7).17.9.

dīuersitās ~ātis, *f.* [DIVERSVS+-TAS]

1 A state of being apart, separateness, distance.
a quibus subtiliter peruidendis illam (*sc. our eyesight*) locorum ~as submouet SEN.*Nat.*1.3.9; de quo tanta ~ate regionum discreta hominum iudicia consentiunt PLIN.*Ep.* 9.11.2.

2 The condition or fact of being different, diversity, difference; difference of method. **b** (w. gen., *inter*) difference (between); (w. gen. also) difference (of a thing in one case and another).
mutuo conplexu ~atis effici nexum PLIN.*Nat.*2.11; in eloquendo est aliqua ~as, densior ille, hic copiosior QUINT. *Inst.*10.1.106; TAC.*Ann.*15.16; illae..accessere ~ates pro gentium locorumque natura FLOR.*Epit.*1.45(3.10.6); GAIUS *Inst.*3.98; PAUL.*dig.*41.3.48;—tot ~atibus pluuiae cadunt APUL.*Mun.*9. **b** quanta fuerit animorum ~as in simili fortuna SEN.*Suas.*2.15; ~as prouinciarum COL.6.1.1; QUINT.*Inst.*7.3.12; tanta illi exercitui ~as inerat licentiae patientiaeque TAC.*Hist.*4.27; sexuum ~atem APUL.*Met.*11. 2;—quemadmodum..inter unciam et digitum ~as FRON. *Aq.*24; mira inter exercitum imperatoremque ~as TAC. *Hist.*1.62;—cum..andrachne (*dist. from* andrachle) uocetur unius litterae ~ate PLIN.*Nat.*13.120; prouiderant conditores ex ~ate morum crebra bella TAC.*Hist.*5.12; PAUL. *dig.*42.5.32.

3 Difference of opinion, disagreement (between). **b** a contradictory state, inconsistency.
(*w. gen.*) inconstantiam mensurae ~as auctorum facit PLIN.*Nat.*6.124; SUET.*Cal.*8.1; diuortium..a ~ate mentium dictum est GAIUS *dig.*24.2.2; ea..~as..inclutissimi poetarum et historicorum nobilissimi GEL.13.7.6;—(*w.* inter) inter medicos mira ~as PLIN.*Nat.*20.42. **b** est haec ~as..signum uacillantis animi SEN.*Ep.*20.3;—(*w. gen.*) non cadit..in sapientem haec ~as mentis 85.16; TAC.*Ger.*15.

dīuersor: see DEVERSOR¹.

dīuersōrium: see DEVERSORIVM.

dīuersus ~a ~um, *a. compar.* ~ior *superl.* ~issimus. Also **-uor-** (see note on spelling under DIVERTO). [pple. of DIVERTO]

1 Turned, pointed, or facing in different directions (from one another). **b** (of roads or other linear objects; also of motion). **c** (moving) from different or opposite directions, converging. **d** facing or turned in two or more directions.
tauros..~os adsistere clunibus continuatos VAR.*R.*2.9.2; iniecta manu ferrea et retenta utraque naue ~i pugnabant CAES.*Civ.*1.58.4; ~a statuit signa LIV.9.21.4;—(*of persons or things in motion*) inde suam quisque ibant ~i domum PL. *Rud.*1252; LUCR.1.421; VERG.*A.*7.150; inde ~ae ferae, cerua ad Gallos, lupus ad Romanos cursum deflexit LIV. 10.27.8; OV.*Ib.*278; (*fig.*) curae, quae meum animum ~ae trahunt TER.*An.*260. **b** quos simul..profectos ~ae..uiae reportant CATUL.46.11; nisi ~os emittat terra canales *Aetna* 128; in siluam..ubi plures ~ae semitae erant LIV. 44.43.2; MAN.1.380;—in quem quaeque (*sc.* simulacra) locum ~o numine tendunt LUCR.4.179; in ~um iter equi concitati LIV.1.28.10; distrahi inter ~issimos motus SEN. *Ep.*74.32; TAC.*Ann.*2.17. **c** ~is..telis nostri figebantur *B.Alex.*30.6; ~i redeuntes alius ab alia parte SAL.*Jug.* 101.2; LIV.31.46.9; ~i medium coeamus in aequor OV.*Ep.* 18.167; LUC.3.654; TAC.*Hist.*3.46. **d** duo maria maxime nauigationi ~a CIC.*Agr.*2.87; ~am..aciem in duas partis constituit CAES.*Civ.*1.40.5;—(*w. motion*) uidemus populum..~um ferri VAR.*Men.*117; aestus ~i materiai LUCR.2.562; Clota et Bodotria ~i maris aestibus..reuectae TAC.*Ag.*23.2.

2 Turned or pointed in a different direction (from another, etc.). **b** (of roads or sim.) leading in another direction; (w. *ab*) leading away (from). **c** *per ~um*, crosswise.
munitiones, ~as ab his, contra exteriorem hostem perfecit CAES.*Gal.*7.74.1;—(*w. motion*) sonipes..~us uidebitur ire LUCIL.508; ex oculis..fugit ~a VERG.*G.*4.500; quo ~us abis? *A.*5.166; 12.495; te..~am amoue SEN.*Tro.*514. **b** ipse ~o itinere..cohortis..eduxit CAES.*Civ.*3.67.3; turba..~a remigat omnis aqua PROP.4.7.56; num regio ~a uiae? STAT.*Theb.*3.9; TAC.*Ann.*13.47; (*of movement*) seditio pelagus..tenet..~o stimulata recessu (*sc. of the moon*) MAN. 2.91;—~o ab ea regione itinere CAES.*Civ.*3.41.4; ~o itinere malos a bonis loca taetra..habere SAL.*Cat.*52.13;—(*fig.*) non in ~um te a natura tua ducimus SEN.*Ep.*13.15. **c** binas per ~um coaxationes substerni PLIN.*Nat.*36.186.

3 Situated at a distance from each other, set apart, separate. **b** (neut. pl. as sb.) different parts; esp. *in ~a*, in different directions.
dextra et sinistra..~ae duae..sunt piscinae VAR.*R.* 3.5.12; qui (*sc.* portus) cum ~os inter se aditus habeant CIC.*Ver.*4.117; ~a per agros tecta..petiere VERG.*A.*4.163; pluribus simul locis et iis ~is ignes coorti LIV.26.27.5; PLIN. *Nat.*3.30; *CIL* 3.14406.6;—(*of persons, animals*) ~ae state PL.*Truc.*787; ~os elephantos statuit LIV.21.55.2; sorores ~ae..locis..lumina uitant OV.*Met.*4.406; colunt (*sc.* Germani) discreti ac ~i TAC.*Ger.*16.1; (*w.* ab, *cf. sense 4*) legatos alium ab alio ~os aggreditur SAL.*Jug.*46.4. **b** Samnites, qua potest quisque, fugam per ~a petunt LIV.9.23. 15; OV.*Fast.*1.283; belli ~a peragrat V.FL.6.301; populus aestuat, ~a tendentes APUL.*Met.*2.29;—citae Mettum in ~a quadrigae distulerant VERG.*A.*8.642; CELS.8.10.1.D; ramuli..in ~a tendentes PLIN.*Nat.*27.124; STAT.*Theb.*1.135; (*in fig. phr.*) trahebatur in ~a, hinc meritis Antonii..inde Muciani epistulis TAC.*Hist.*4.80.

4 Situated apart, away, on the opposite side, etc. (from another, in each case), separate; distant, remote. **b** *in ~um*, in a different direction (from one another or from a direction previously mentioned, etc.); also *~um* alone. **c** *ex ~o*, from a different direction or directions.
~ae duae legiones..in ipsis fluminis ripis proeliabantur CAES.*Gal.*2.23.3; duo rapta manu ~o ex hoste tropaea VERG.*G.*3.32; ~i flebant serui OV.*Ep.*12.145; haec (*sc. organs of the body*)..iuncta sunt. renes uero ~i CELS.4.1.5; COL.6.14.3; latus hoc conceditur Idae, tu ~a tene STAT. *Theb.*6.630; ex ~a parte, quam expectabinur FRON.*Str.* 3.pr.;—~issima parte orbis terrarum *B.Alex.*42.4; quisue ruit tantus ~a clamor ab urbe? VERG.*A.*12.621; epulas ~o a sole petitas STAT.*Silv.*4.6.6; TAC.*Ann.*2.60; per ~as et auias solitudines APUL.*Met.*1.19;—(*w.* ab) ~is ab flumine regionibus CAES.*Gal.*6.25.3; LIV.32.38.1; (*neut. as sb.*) donec (perdix) in ~um abducat a nidis (*sc.* aucupem) PLIN. *Nat.*10.103;—(*w. part. gen.*) ~o terrarum distineri TAC.*Ann.* 3.59. **b** in ~um euaserant CURT.4.8.8; in ~um fluentibus aquis SEN.*Dial.*5.21.3; COL.3.15.2; TAC.*Ann.*6.14; APUL. *Met.*11.20;—(*transf.*) in ~um sententiae tendebant LIV. 36.10.7; SEN.*Ep.*6.6;—~um abiere sorores STAT.*Theb.*11. 113. **c** hanc ex ~o sedem ueniemus in unam VERG.*A.* 2.716; cum duae..acies..ex ~o, leuis armatura ab latere, clipeati..a fronte urgerent LIV.33.15.11; CURT.4.4.7; in ponte praetenui duabus obuiis e ~o PLIN.*Nat.*8.201; 31.25; (*w. part. gen.*) ex ~o caeli..turba..praedam..circumuolat VERG.*A.*3.232.

5 Differing from one another in quality, purpose, effect, etc.; *per ~a*, for different reasons. **b** being the reverse of each other, opposite. **c** differing in amount or degree. **d** holding divergent views. **e** differing in identity, distinct, separate.
ut hi fratres ~as sententias fortunasque sequerentur CIC. *Lig.*34; ~a inter se mala, luxuria atque auaritia SAL.*Cat.*5.8; VERG.*A.*12.487; ad res ~issimas, parendum atque imperandum LIV.21.4.3; sunt ~a puellis pectora OV.*Ars* 1.755; PLIN.*Nat.*10.32; auditae Puteolanorum legationes quas ~as..miserant, illi uim multitudinis, hi magistratuum..auaritiam increpantes TAC.*Ann.*13.48; APUL.*Met.*11.8;—(*w. abl. of respect*) principes qui utrique rei praeponuntur uocabulis..sunt ~i VAR.*R.*1.2.14; CIC.*Q.fr.*1.1.36; terna..triplici ~a colore licia VERG.*Ecl.*8.73; duos..filios habuit..matribus ~os GEL.13.20(19).7;—(*neut. as sb.*) poscentes uario multum ~a palato HOR.*Ep.*2.2.62; TAC.*Ann.*1.81;—nox per ~a inquies 1.65. **b** prompsit duo tela pharetra ~orum operum OV.*Met.*1.469; (*neut. as sb.*) quod ex ~is idem ostendit QUINT.*Inst.*5.10.79. **c** pretia nulli ~iora PLIN.*Nat.*12.97. **d** ~i auctores LIV.30.26.12; TAC.*Ann.*2.73. **e** accepi a te..epistulas uno tempore, quas tu ~is temporibus dederas CIC.*Fam.*7.18.1; si partes suas quisque..~is ementibus uendiderit POMPON.*dig.*40.7.8.1; (*masc. as. sb.*) (aedes) utrasque ~is legauit PAPIN.*dig.*8.3.36.

6 Differing (from another, in each case) in quality, purpose, effect, etc.; also, opposed (to), the reverse (of); *in ~um*, to a different effect or purpose; *e ~o*, from a different or opposing viewpoint. **b** (w. dat., gen., *ab*, *quam*) different (from), the reverse (of). **c** differing in amount or degree. **d** having

divergent features, characteristics, or sim., inconsistent.
eius..fili longissime ~a ratio est Cic.*Phil.*5.49; Ov.*Met.* 11.641; porculatoris..et subulci ~a professio Col.1.pr.26; sermo haud multum ~us Tac.*Ag.*11.4; ~us utriusque sexus Apul.*Mun.*20; (*rptd.*) si ~a condicio in meam personam, ~a in Titii posita sit Ulp.*dig.*45.1.141.8; (*neut. as sb.*) non fit statim in ~um ex ~o transitus Sen.*Nat.*2.14.2; (*w. gen. of respect*) ut par ingenio, ita morum ~us Tac.*Ann.*14.19; (*w. abl.*) Cotta..animo ~us 4.20;—Somnus atque Amor ~am inter se uim possident Apul.*Soc.*16;—is terror milites hostisque in ~um adfecit Tac.*Ann.*11.19; mox nullo in ~um auctore quae offerebantur secuti sunt 12.69;—id..ex ~o ponit exemplum Quint.*Inst.*1.5.43. **b** nubila..~as ire in partis inferna supernis Lucr.5.647; est huic ~um uitio uitium prope maius Hor.*Ep.*1.18.5; forma est ~a priori Ov. *Met.*9.321; Stat.*Theb.*10.806; Plin.*Pan.*65.3;—~a omnium, quae umquam accidere, ciuilium armorum facies Tac. *Ann.*1.49; ~um eius aliis suasisse Gel.1.3.7;—in genere ~o ab eodem, cui contrarium dicitur Cic.*Inv.*1.42; ab his longe ~as litteras Sal.*Cat.*34.3; Quint.*Inst.*4.1.9; quid.. ab hominis ingenio ~ius? Gel.20.1.19;—eruca..~ae est quam lactuca naturae Plin.*Nat.*19.154; Quint.*Inst.*1.4.29; ~a quam hostis mandauerat censuit Flor.*Epit.*1.18(2.2.24). **c** uixerunt..non nimis numerum annorum ~um Gel.15. 28.7. **d** quid..~ius esse putandumst..quam mortale ..immortali..iunctum Lucr.3.802; ~a uoluntas est mihi Ov.*Fast.*5.529; duplicis ac ~issimi animi..exemplum Vell. 2.25.3.

7 Of the opposing side (in war or other activities); *ex ~o*, on or from the opposing side; also, on opposite sides. **b** (of persons) fighting on the other side, ill-disposed; (w. dat. or *ab*) unfriendly (towards), averse (from).
inter Caesareas acies ~aque signa Luc.3.264; Sil.14.369; transire in ~a subsellia Quint.*Inst.*11.3.133; Tac.*Ann.*14.30; ~ae scholae auctores Gaius *Inst.*1.196; (*cf.*) ~is partibus (*i.e. to both sides*) arma damus Ov.*Rem.*50; (*neut. as sb.*) quando tu ~a foues Stat.*Theb.*8.507;—Quint.*Inst.*4.1.42; si..paratum ex ~o praemium petat Tac.*Hist.*2.75; quas enim ex ~o legiones? nempe uictas 3.13;—audiui ex ~o agentes..iuuenes Plin.*Ep.*6.11.1. **b** ~i..fratres Luc. 3.327; nec te ~us Apollo despicit Calp.*Ecl.*4.9;—~a..regi corda gerens V.Fl.4.157; nec pectora uirginis illi ~a Stat. *Theb.*8.560; (*poet.*) pelago ~a lues (*i.e. fire*) Luc.3.681;—qui a te totus ~us est Cic.*Luc.*101; Tac.*Ann.*3.30; uolgus a ludo musico ~um Gel.pr.20.

8 *ex ~o*: **a** In contrast, on the other hand; (w. *quam*) in contrast (to what). **b** on the contrary. **c** in antithesis. **d** from a different point of view, in turn. **e** in reverse, the other way round, 'vice versa'; (also *in ~um*).
a Aegyptiam (*sc.* glandem)..crassiore cortice rubentem.. e ~o Arabicam uiridem Plin.*Nat.*12.102; Thespiarum fons conceptus mulieribus repraesentat..e ~o in Pyrrha flumen ..steriles facit 31.10;—(oleum) quod..non mordeat, e ~o quam cibis eligitur 23.79. **b** Sen.*Ben.*6.21.4; plerisque e ~o opinatis largiorem fluere (*sc.* Nilum) Plin.*Nat.* 5.56; cupiditatis..uix suspicionem ullam..dedit, immo e ~o magna saepe..liberalitatis experimenta Suet.*Dom.*9.1; Gaius *dig.*41.1.9.2. **c** eum ex ~o ista uerba posita sint Sen.*Ben.*5.10.2; in nominibus ex ~o collocatis Quint.*Inst.* 9.3.86. **d** similes sunt ex ~o nimis grati Sen.*Ben.*6.25.1; breuium uerborum..uitanda continuatio et ex ~o quoque longorum Quint.*Inst.*9.4.42; Plin.*Ep.*2.19.7; Gaius *Inst.* 1.39. **e** solem..a laeua oriri et in dexteram occidere potius quam e ~o Plin.*Nat.*6.87; uel cum singulari pluralis subiungitur..uel ex ~o Quint.*Inst.*9.3.8; Ulp.*dig.*21.1.17. 14;—Quint.*Inst.*3.6.55.

9 Having variety, varied; varying.
fit magna contentione ~um proelium Hirt.*Gal.*8.19.2; usus in iis ~us Plin.*Nat.*27.86; (*w. abl. of respect*) ~um ..locis..pererrat iter Ov.*Fast.*4.568;—ipse color deae ~us in speciem Apul.*Met.*10.31.

dīuerticulum: see DEVERTICVLVM.

dīuertium: see DIVORTIVM.

dīuertō ~tere ~tī ~sum, *intr.*, (*tr.*). Also **-uor-** (app. the usual spelling in the time of Plautus; used subsequently by archaizing writers). [DIS-+VERTO] See also DEVERTO, with which there is some confusion in MSS. and texts.

1 (w. *ab*) To separate oneself (from a marriage partner or other associate); (w. abl.) to leave (the married state, etc.); (also absol.).
ut dudum ~ti aps te, redeo nunc..domum Pl.*Men.*635; si filia furiosi a uiro ~terit Pompon.*dig.*46.3.65; ~surum me ab ea Apul.*Apol.*99; Ulp.*dig.*38.11.1.1;—nullis etiamtunc matrimoniis ~tentibus Gel.4.3.1; tu..toro meo ~te tibique res tuas habeto Apul.*Met.*5.26;—pater ignorans filiam ~tisse Papin.*dig.*24.3.41; (uxor) siue ~tit siue nupta est adhuc Ulp.*dig.*9.2.27.30;—(*pple. in pass. sense*) ~sos iterum coniungere amantis Prop.1.10.15.

2 To be different, diverge (from each other).
~tunt mores uirgini longe ac lupae Pl.*Epid.*403.

dīues ~itis, *a. compar.* ~itior, *superl.* ~itissimus. [Pelignian *des, deti*, cogn. w. DIVVS, cf. Gk. εὐδαίμων] For contr. forms see DIS[1].

1 (of persons) Having great possessions, wealthy, rich. **b** (masc. as sb.) a rich man, plutocrat. **c** (as a cognomen, esp. of M. Licinius Crassus, the triumvir).
mercator ~es Pl.*As.*92; neque eos malo publico ~ites feci Cato *orat.*171; Cic.*Ver.*2.35; fuit..pauper, cum ~itissimus esse posset Nep.*Phoc.*1.2; ~es..Solis filia (*i.e. Circe*) Verg.*A.*7.11; Liv.22.16.4; urbis Romanae ~itissimus ciuis Sen.*Con.*2.1.7; esto..~es tibi, pauper amicis Juv.5.113; Apul.*Apol.*20; (*compar. as sb.*) ~itioris..sectam plerumque sequuntur Lucr.5.1115;—(*transf.*) ~itibus..mensis Hor. *S.*2.4.87;—(*poet.*) munera tanta..promittit epistula ~es Ov.*Ep.*16.65; ~itibus lapsa corona comis Mart.11.8.10. **b** aequa lege pauperi cum ~ite non licet Pl.*Cist.*532; Ter. *Ph.*276; uiderunt..ex mendicis fieri..~ites Cic.*Phil.*8.9; nil feret ad Manes ~itis umbra Ov.*Tr.*5.14.12; Petr.48.5; de pollutissimo ~ite Apul.*Met.*9.37. **c** *Fast.Cos.Cap.* 17b(*CIL* 1.p.23); cuius (*sc.* Magni) cognomen una cum Crassi ~itis cognomine consenescit Cic.*Att.*2.13.2; Liv.37.47.8; Apul.*Apol.*20.

2 (of territory) containing great wealth, rich; (also, of land, etc.) rich in produce, fertile, productive. **b** (of circumstances, etc.) characterized by great wealth.
beata petamus arua, ~ites et insulas Hor.*Epod.*16.42; quam (*sc.* Syriam) pauper ~item ingressus diues pauperem reliquit Vell.2.117.2; ipsa Persis..etiam in luxum ~es Plin.*Nat.*6.111; Tac.*Ag.*6.2;—~itis uber agri Verg.*A.* 7.262; fluens ~es septena per ostia Nilus Ov.*Am.*3.6.39; Sen.*Phoen.*608; ~itibus siluis Petr.133.3; ~itis vndae concha *CIL* 6.29896; (*cf.*) metallorum opulentia..tam ~es Plin.*Nat.*2.207; (*in fig. phr.*) nec studium sine ~ite uena ..quid prosit uideo Hor.*Ars* 409. **b** est..non gloriosa magis quam ~es uictoria uestra Liv.37.54.10; Baetica.. cunctas prouinciarum ~iti cultu..praecedit Plin.*Nat.*3.7; ~es..cena Mart.10.59.3.

3 (w. gen., abl.) Having an abundance (of), rich (in). **b** (of territory or sim.).
quam ~es pecoris Verg.*Ecl.*2.20; opum ~es rex Ov.*Fast.* 3.570; ~es praedae..Diana Stat.*Silv.*1.4.32; odorum ~ites Arabas Apul.*Fl.*6;—hinc numquam eris nummo ~itior Pl.*Ps.*1323; qui nostra pecunia ~es es Cic.*S.Rosc.*93; Hor. *Epod.*15.19; diues Philomela paratu, ~itior forma Ov.*Met.* 6.452; rex..~es auis Stat.*Theb.*1.392. **b** insula, ~es opum Verg.*A.*2.22; Hor.*Ep.*2.2.31; ~es..Aegaleos nemorum Stat.*Theb.*12.620;—Africa terra triumphis ~es Verg. *A.*4.38; quod (*sc.* templum)..donis ~es erat Liv.45.28.3; Ov.*Ars* 1.70; (Taurus) ~es..puellis (*i.e. the Pleiades*) Man. 4.521; amnis, nauigabili commercio ~es Plin.*Nat.*3.21.

4 Rich (in abstract qualities, etc.). **b** well-endowed (with mental or sim. qualities), talented.
ille licentior et ~itior..dithyrambus Cic.*de Orat.*3.185; ~itior, mihi et affluentior uidetur esse..amicitia *Amic.*58; quod (*sc.* uinum) cum spe ~ite manet in uenas Hor.*Ep.* 1.15.19; flendi copia ~es adest Ov.*Pont.*3.1.102;—(*w. gen.*) uita ~es opum uariarum Verg.*G.*2.468;—(*w.* in+*acc.*) bis quadragenos occasus ~es in actus (*i.e. years*) solis erat Man. 3.595. **b** ~itis ingenii est..Caesaris acta condere Ov.*Tr.* 2.335; (*cf.*) animus hominis ~es, non arca Cic.*Parad.*44.

5 Having great value, sumptuous, precious.
ubi..~es opacat ramus humum Verg.*A.*6.195; nec bibit e gemma ~ite Prop.3.5.4; Ov.*Fast.*2.535; pomis ~itibus praepositus draco Sen.*Her.F.*532; Luc.9.659; ~ite nardo Mart.13.51.1.

dīuexō ~āre ~āuī ~ātum, *tr.* [DIS-+VEXO] The spelling *deu-* occurs freq. in codd.

1 To pull this way and that, drag about.
reliquias..mias..per terram sanie delibutas foede ~arier Pac.*trag.*201.

2 To harry, ravage. **b** to harass (a person).
ita..meam rem ~auit Pl.*Per.*781; impetum..furentis atque omnia ~are ac diripere cupientis Cic.*Phil.*11.4; agros ~at ciuium 13.21; *Fam.*10.3.3. **b** Pisoni..clientelas ~anti (*codd.* diuu-) Suet.*Cal.*3.3; (matre) in ~anda (*codd.* deu-) *Nero* 34.1.

Dīuiāna: see DIANA.

Dīuiciācus ~ī, *m.* Also **Dīuit-**. A Gallic name, esp. of a king of the Aedui friendly to Julius Caesar.
Caes.*Gal.*2.4.7; *CIL* 13.2081.7;—Caes.*Gal.*1.3.5; 6.12.5. β e quibus ipse ~um..cognoui Cic.*Div.*1.90.

dīuidia ~ae, *f.* [DIVIDO+-IA] Vexation, distress; (w. gen.) vexation (with); (w. dat.) *~ae esse*, to be vexing (to), distress (a person).
Var.*L.*7.60;—huius me ~a cogit..loqui Acc.*trag.*152;—quod tibi est aegre, idem mist ~ae Pl.*Cas.*181; haec mi ~ae et senio sunt *St.*19; Turp.*com.*59; matrimonium.. Aemiliano..quantae..~ae fuit Apul.*Apol.*28.

dīuidiculum ~ī, *n.* [next+-CVLVM] (See quot.)
~a antiqui dicebant, quae nunc sunt castella, ex quibus a riuo communi aquam quisque in suum fundum ducit Paul.*Fest.*p.70M.

dīuidō ~idere ~īsī ~īsum, *tr.* [DIS-+-*uido*, cf. Umb. *vetu*, Skt. *vidhyati*] Forms and Orthog.: *~isse* (= *~isisse*) Hor.*S.*2.3.169; *deiu-* *CIL* 1.592.2.55.

1 To separate (physically) into two or more parts, divide, cleave, split. **b** to separate from each other, divide; (w. *ab*, abl.) to separate (from something else). **c** (pass.) to have a divided shape or course, branch, fork; (also refl.).
qui (*sc.* animus)..necesse est ita feratur, ut penetret et ~idat omne caelum Cic.*Tusc.*1.43; Verg.*A.*2.234; hunc liberta securi ~isit medium Hor.*S.*1.1.100; ~idit obstantes pectore taurus aquas Ov.*Fast.*6.740; non opus est uasto uulnere ~idere praecordia Sen.*Ep.*70.16; glaeba..cuneis ~identium soluta Plin.*Nat.*36.14; (*cf.*) ~idor haud aliter, quam si mea membra relinquam Ov.*Tr.*1.3.73;—(*w.* in+*acc.*) populus in frusta ~isit (Seianum) Sen.*Dial.*9.11.11; cerui cornua..quasi in taleas breues ~isa Larg.122;—(*refl.*) quae (nuces) se in arbore ipsa ~isere Plin.*Nat.*16.107; 32.39;—(*pros.*) medios (pedes)..constare..ex uerbis..~isis Gel.18.15.1; cum trochaeum ~ides Maur.1389. **b** puerum..optruncat membraque articulatim ~idit *Inc.trag.* 167; sarmenta hasta ~idit sacerdos Plin.*Nat.*12.89;—~isa a corpore capita Liv.31.34.4; Cels.8.4.15; ratem terris ~isit fune soluto nauita Stat.*Silv.*3.2.54. **c** latiore ubi ~idebatur (amnis)..alueo Liv.21.27.4; Mela 1.51; (folia) angulosa hederae, ~isa platano Plin.*Nat.*16.90; 20.260; (*w.* per) (uenae) ex illo loco ~isae per membra Apul.*Pl.*1. 16;—(*w.* in+*acc.*) is (*sc.* pulmo)..in duas fibras..~iditur Cels.4.1.4; quorum (animalium) in digitos pedum fissura ~isa est Plin.*Nat.*10.176;—inter duo bracchia, qua se ~idit uitis Col.4.24.10; (*w.* in+*acc.*) qua se Tiberinus in altum ~idit Ov.*Fast.*4.292.

2 To form into parts or sections, divide up.
unum (sterculinum) bifariam ~isum Var.*R.*1.13.4; Liv. 6.2.7; piscinam..parietibus ~ide Sen.*Nat.*1.3.6; scutulis ~idere (uestem) Plin.*Nat.*8.196; Tyrrhenum Lydumque.. ob multitudinem ~isisse gentem Tac.*Ann.*4.55;—(*w.* in+ *acc.*) caelum in sedecim partis ~iserunt Etrusci Cic.*Div.* 2.42; consul in hiberna exercitum Magnesiam..Ephesumque ~isit Liv.37.45.19; Apul.*Mun.*6;—(*w.* per) fructuarius non debet..per cenacula ~idere domum Ulp.*dig.*7.1.13.8.

3 (of a boundary, barrier, intervening space, etc.) To divide into parts, split up. **b** to separate from each other. **c** to separate off, keep apart (from).
flumen infimam uallem ~idebat Hirt.*Gal.*8.40.2; gemma ..quae ~idit aurum (*i.e. its setting*) Verg.*A.*10.134; Luc. 8.290; (*pass.*) caput eius (*sc.* senecionis) numerose ~iditur lanugine Plin.*Nat.*25.167. **b** Europam Libyamque rapax ubi ~idit unda Enn.*Ann.*302; Gal.*poet.*1; tabulae.. quae ~idunt aequalia in tympano spatia Vitr.10.4.1; non.. incerto Libye nos ~idit aestu Luc.5.485; caras humus haec non ~idat umbras V.Fl.5.57; (*w.* inter se) tam paruo spatio Italiam Siciliamque inter se ~isas V.Max.9.8.ext.1; (*cf.*) amplexus amantium iratum ~idet mare Petr.114.9. **c** penitus toto ~isos orbe Britannos Verg.*Ecl.*1.66; Italiam ..longa procul longis uia ~idit..terris *A.*3.383; Bactra, nisi ~idat Tanais, contingimus Curt.7.8.30; Tiberius non mari, ut olim, ~isus Tac.*Ann.*6.39;—(*w.* ab) ad Amanum.. qui Syriam a Cilicia..~idit Cic.*Att.*5.20.3; ad flumen..quod Bituriges ab Aeduis ~idit Caes.*Gal.*7.5.4.

4 a To make to cease, or keep, from association with each other, separate. **b** to cause to separate, keep apart (from).
a inter Hectora..atque inter Achillem ira fuit capitalis ut ultima ~ideret mors Hor.*S.*1.7.13; quae dea tam cupidos ..~isit amantis Prop.2.33.5; (*absol.*) quae..~idit herba 1.12.10;—(*refl., transf.*) Cels.7.pr.5. **b** sic ~isa recumbes ut non tangantur pallia nostra tuis Mart.11.23.11; discedite a contactu ac ~idite turbidos Tac.*Ann.*1.43;—(*w. abl.*) Scythes..Hadria ~isus obiecto Hor.*Carm.*2.11.3; (*w. acc. of extent*) tam multa illa meo ~isa est milia lecto, quantum Hypanis..dissidet Eridano Prop.1.12.3; (*pass. in middle sense*) litore rauco..~idor ipsa gradu nitente Stat.*Theb.* 5.293.

5 To divide up, separate into parts (non-material objs.); *~idere sententiam*, to divide up a proposal (so that a vote can be taken on each part separately). **b** to separate from each other or (one) from another. **c** to separate or divide off (parts of a whole).
ubi..diem meridie ~idere soleam Var.*R.*3.2.15; Cic. *Orat.*85; hoc iter ignaui ~isimus Hor.*S.*1.5.5; poetae.. interponentes..canticum ~iserunt spatia fabularum Vitr. 5.pr.4; Iuppiter ex aequo uoluentem ~idit annum Ov.*Met.* 5.565; Vell.1.14.1; Tac.*Dial.*17.7;—(*w.* in+*acc.*) cursus annalis..est ~isus in III partis Var.*R.*1.27.1; Cic.*Clu* .1; Cels.5.27.13; in sex uolumina..~isi (*the book*) Plin. *Ep.*3.5.5;—postulatum est, ut Bibuli sententia ~ideretur Cic.*Fam.*1.2.1; Sen.*Ep.*21.9; ueritus..ne, si ~iderentur sententiae..ea, quae absoluendos esse censebat, numero praeualeret Plin.*Ep.*8.14.24. **b** non sat commode ~isa sunt temporibus tibi..haec Ter.*An.*476; Sen.*Apoc.*3.4;—~idere defensionem coepit (*i.e. from that of the co-defendant*) Tac.*Ann.*3.15; 6.8;—(*w.* ab) ad eam..partem redire debet (usus fructus), a qua initio ~isus est Ulp.*dig.*7.2.3.1; (*cf.*) magno spatio ~isus est a senatu ad poetam Accium transitus V.Max.3.7.11. **c** (Phoebus) ~idit aequali spatio noctemque diemque Germ.*Arat.*498; interualla tonorum..in uoce ~isit natura Vitr.5.4.4; Sen.*Dial.*6.18.2; sol tempora ~idit aeui Luc.10.201; Plin.*Nat.*7.215; relicto bucinatore, qui uigilias..~ideret Fron.*Str.*1.5.17.

6 To divide or share out (a whole), apportion, distribute. **b** (w. recipients, destination, etc., expr.). **c** to give as a share (to), share out (to each). **d** (w. *cum*) to divide between oneself and another, share (with); *dimidium ~idere cum*, to go half-shares (with). **e** (leg.) *actio*, or sim., *communi ~idundo*, an action claiming partition of property held in common.
magister quem ~idere argentum oportuit Pl.*Aul.*180; praeda..uiritim ~isa Cato *hist.*133; *CIL* 1.585.6; mancipia quae uoluit abduxit, alia ~isit Cic.*Ver.*2.46; pecus atque agros ~isere Lucr.5.1110; Verg.*A.*1.197; Liv.27.32.9; cibos ~identes Tac.*Ann.*1.65; (*absol.*) Plancium..sequestrem fuisse, pronuntiasse, ~isisse Cic.*Planc.*45;—(*non-material things*) infortunium si ~idetur Pl.*Mil.*866; si.. duos heredes reliquero, numero ~iditur stipulatio Papin. *dig.*45.1.117;—(*neut. pple. as sb.*) si pro ~iso communia sint Ulp.*dig.*27.9.5.16; Paul.*dig.*6.1.8. **b** (*w. dat.*) mustum.. suo cuique dolio ~idito Cato 23.4; qui pecuniam..magistratibus ~iserit Cic.*Man.*37; saucios milites curandos ~idit patribus Liv.2.47.12; oua ~isere conuiuis Petr.33.4; Tac.*Ann.*13.41; (*impers. pass.*) VT..SPORTVLAE..EORVM VENIRENT ET PRAESENTIBVS ~IDERETVR *CIL* 6.10234.17;—(*w.* in+*acc.*) ~idere..nummos in uiros Pl.*Aul.*108; uinum..~idendum in naues Liv.37.29.1; hunc furorem ~ide in totam domum Sen.*Thy.*101; Thraecia in Rhoemetalcen..inque liberos Cotyis ~iditur Tac.*Ann.*2.67;—(*w.* inter) ut eo (*sc.* auro) me priuent atque inter se ~idant Pl. *Poen.*775; Liv.21.17.5; quo (*sc.* ferro)..inter suos epulones

caseum..~iserat Apul.*Met*.9.38;—(*w.* per) eos (*i.e. the fugitives*)..per familias benigne accipiendos..cum ~isissent Liv.22.54.2; liba..per populum..solebat (anus) ~idere Ov.*Fast*.3.672;—(*w. adv.*) animum nunc huc celerem nunc ~idit illuc Verg.*A*.4.285. **c** (*w. dat.*) cum bina iugera agri plebi ~iderentur Liv.6.36.11; militibus..quinquagenos senos asses ~isit 28.9.17;—(*w.* in+*acc.*) ~isit..in singulos milites trecenos aeris 40.59.2; 45.34.5;—(*non-material things*) principes ciuitatis..partes ad rem agendam ~isere 8.25.9; Sen.*Ep*.97.3; ~isere aditus Stat.*Theb*.10.554. **d** eundem ..bona creditorum..cum debitoribus Graecis ~isisse Cic. *Sest*.94; Lucr.1.1067; copias cum Laelio ~idit Liv.27.18.15; Ov.*Fast*.4.887; hesternum diem ~isi cum mala ualitudine Sen.*Ep*.65.1; captas (aues) aucupes ~idunt cum iis (*sc.* accipitribus) Plin.*Nat*.10.23; Ulp.*dig*.37.6.1.11;—(*absol.*) pacto..hoc tecum ~ido Pl.*St*.697; Quint.*Inst*.7.1.45;—si licet boni dimidium mihi ~idere cum Ioue Pl.*Am*.1125; *Aul*.767. **e** quod ius statues 'communi ~idundo' quom commune nihil possit esse apud eos..? Cic.*Fam*.7.12.2; Afric.*dig*.19.2.35.1; Gaius *dig*.2.1.11.2; Apul.*Met*.9.27.

7 To arrange in appropriate groups, sort out. **b** to distribute, arrange (within a given space). **c** to divide up, plan (an area).

patres..ossa liberorum coniectura ~idunt Sen.*Con*.10.1.14; haec singula (*sc. tools, etc.*) Psyche curiose ~idit Apul.*Met*.6.1. **b** foramen quod primum facies semipedem ab cardine facito, cetera ~idito quam rectissime Cato *Agr*. 19.1; conlocentur..in castello tres fistulae aequaliter ~isae Vitr.8.6.1; 10.9.2. **c** modulus, ad quem..~idantur (*sc.* opera) Vitr.4.3.7; ut..forma..urbis sit occupatae magis quam ~isae similis Liv.5.55.5.

8 To divide into headings, classes, etc. **b** to draw a distinction between, distinguish from each other. **c** to distinguish (from another).

istam quaestiunculam ~idam Sen.*Ben*.6.12.1; Plin.*Nat*. 35.75; Plato omnem naturam rerum..trifariam ~isit Apul.*Soc*.1;—(*w.* in+*acc.*) qui oratoris materiam in causam et in quaestionem ~idat Cic.*Inv*.1.8; *Quinct*.35; usus eius (*sc.* rosae) ~iditur in folia et flores Plin.*Nat*.21.121; uocis rationem..musicus ~idit in ῥυθμόν et μέλος Quint.*Inst*. 1.10.22;—(*absol.*) Latro in has quaestiones ~isit Sen.*Con*. 1.2.13. **b** uides..ut Epicurus cupiditatum genera ~iserit Cic.*Tusc*.5.93; quid ista inter se mixta ~idimus? Sen.*Ben*. 1.15.6; Tac.*Ann*.1.12; qui uocabula ista curiosius ~iserunt Gel.7(6).14.3; (*w.* cum) uirtutes omnes cum animae partibus ~idit Apul.*Pl*.2.6;—(*w. indir. qu.*) distinguere et ~idere illa quem ad modum dicerentur Cic.*Pis*.69; disserit..ac ~idit.. quid 'dimidium' 'dimidiato' intersit Gel 3.14.4. **c** legem bonam a mala..~idere Cic.*Leg*.1.44; ~idit..fugienda petendis Hor.*S*.1.3.114; ~idamus..iniuriam a contumelia Sen.*Dial*.2.5.1;—(*w. means, criterion, expr.*) oratorem genere non ~ido Cic.*Opt.Gen*.3; alii situ ~isere (*sc.* fraxinum), campestrem enim esse crispam, montanam spissam Plin. *Nat*.16.63; (*of the means*) quae (*sc.* figurae membrorum) eos ~idunt ab reliquorum animalium specie Var.*L*.10.4.

9 To cause estrangement between, among; to dissolve (a partnership).

irae uim indico quae unius ciuitatis..adfectus ~idere ualuit V.Max.9.3.4; hic..~idet partus toros Sen.*Her.O*.408; —Gaius *dig*.17.2.66; ne intra certum tempus societas ~ideretur Paul.*dig*.10.3.14.3.

dīuiduitās ~ātis, *f.* [dividvvs+-tas] Division.

legata, quae ~atem non recipiunt Gaius *dig*.35.2.80.1.

dīuidus ~a ~um, *a.* [divido+-vs] Separated from the rest; divided into groups.

nos..ut seuorsum ~os leto offeres Acc.*trag*.117;—si boni omnes..ad alterutram partem ~i sese adiunxerint Gel. 2.12.4.

dīuiduus ~a ~um, *a.* [divido+-vvs]

1 Divided or divisible into two or more parts. **b** diminished by subtraction of a part; *~a luna*, the half-moon; *~a pars*, a half.

~om talentum faciam Pl.*Rud*.1408; Cic.*Tim*.21; ~o findetur munere quadra Hor.*Ep*.1.17.49; ~um..tenent alter et alter amor Ov.*Am*.2.10.10; seditione ~a ciuitas V.Max.4.4.2; Plin.*Nat*.2.170; ~um trans corpus Stat. *Theb*.7.645; Gaius *Inst*.4.122. **b** potius quam uenias in periclum..seruesne an perdas totum, ~om face Ter.*Ad*. 241; incipit..tempus (*i.e. of daylight*) procedere..~um Man.3.466;—modici a noua (luna) ad ~am aestus Plin. *Nat*.2.215; Apul.*Soc*.1;— ~a pars dotis *Apol*.91.

2 Containing a division or parting, forked; (of hair) parted.

insula ~a quam premit amnis aqua Ov.*Fast*.1.292; Luc. 8.465; quaedam (arbores) ~ae nec ramosae Plin.*Nat*.16. 122;—~a colla tegente coma Ov.*Am*.1.5.10; Stat.*Theb*.8. 488.

3 Divided into shares, shared out.

quanta sit..apibus..~i laboris obeundi..concordia Sen. *Ep*.121.22; nihil conspiciebatur in domo ~um Col.12.pr.8; uictum..promiscuum iis (*sc.* Canariis) esse et ~a ferarum uiscera Plin.*Nat*.5.15.

4 Parted from each other, separate; parted (from others).

~as se scindit in oras (*sc. the river*) Sil.14.234; (*in fig. phr.*) adeo felicitatis et moderationis ~um contubernium est V. Max.9.5.ext.3; (*masc. as sb.*) Nereus..~os coniungi pernegat Sil.14.19;—equae..~os amne sequuntur equos Ov. *Ars* 2.488.

5 (w. dat.) Distinct (from).

sarda..huic gemmae (*sc.* sardonychi) ~a ex eodem.. nomine Plin.*Nat*.37.91.

dīuīnātiō ~ōnis, *f.* [divino+-tio]

1 The act or faculty of foreseeing the future, prophecy, prognostication.

quod ab eo (*sc.* Apolline) ~onem habere uideantur (cygni) Cic.*Tusc*.1.73; e locis..~onum opportunitates..ductae *Div*.1.93; Curt.3.3.2; Fro.*Aur*.1.p.88(8N); mercedem ~onis Apul.*Met*.2.13;—(*w. obj. gen*) erat..tacita ~o qualis iam praesagientibus animis imminentis mali esse solet Liv. 25.35.3; ~o quaedam futuri 26.20.5; Plin.*Nat*.37.155; —(*w. gen. expr. medium*) explodatur..haec..somniorum ~o Cic.*Div*.2.148.

2 A judgement independent of the process of reasoning, intuition, guess; (w. gen.) instinctive feeling (for).

quantae ~onis est, scire innocentem fuisse reum Cic. *Clu*.131; quae coniectura ~onis est Plin.*Nat*.2.246; si.. uoles scire..facilis ~o Plin.*Ep*.2.14.8; Apul.*Met*.5.25;— ~onem quandam iustitiae Plin.*Nat*.8.15.

3 (leg.) An inquiry held to determine which of several accusers should conduct the prosecution of the person accused.

de ~one Appius..contendere ausus non est Pilioque cessit Cael.*Fam*.8.8.3; Bas.*gram*.1; ~ones, quae fiunt de accusatore constituendo Quint.*Inst*.3.10.3; Gel.2.4.1; (*w.* inter) ~o in Gabinium futura inter Memmium et Ti. Neronem et C. et L. Antonios Cic.*Q.fr*.3.2.1.

dīuinctus ~a ~um, *a.* [dis-+pple. of vincio (unless error for *deuinctus*)] Fastened apart.

uinea..quae ex utraque parte iugo ~a pari libramento.. distenditur Col.4.17.6.

dīuīnē, *adv. compar.* ~ius. [divinvs+-e] In a divinely inspired manner; as if by inspiration, excellently.

plura..~e praesensa et praedicta Cic.*Div*.1.124;—qui potuit..~ius..utilitates conplecti..Romulus? Cic.*Rep*.2. 10; *Sen*.44; quae M. Tullius..~e ut omnia exsequitur Quint.*Inst*.1.6.18.

dīuīnitās ~ātis, *f.* [divinvs+-tas]

1 The quality or nature of a god, divinity. **b** godlike excellence, divineness.

soli et lunae..~atem dedit Cic.*N.D*.1.27; ~atibus splendoribusque astrorum Vitr.9.1.11; uir..uenerabilior ~ate credita..matris Liv.1.7.8; hominem consequitur aliquando, numquam comitatur ~as Curt.8.5.16; Sen.*Ben*.7.7.3; ~atem principis nostri an humanitatem..celebrare..solemus? Plin.*Pan*.2.7; Suet.*Aug*.97.1. **b** unde esset illa tanta tua in causis ~as Cic.*de Orat*.2.362; Theophrastus a ~ate loquendi nomen inuenit *Orat*.62.

2 The divine being or power.

quod animus..exciperet extrinsecus ex ~ate Cic.*Div*. 2.26; uti suspicientes ~atem..sacrificent Vitr.4.9.1; Sen. *Dial*.10.16.5; opus ingens occultumque ~atis Plin.*Nat*. 19.189; qua ~ate seruatus esset Hyg.*Fab*.94.7.

3 The act or faculty of divining.

maioris miraculi ~atem Anaxagorae fuisse Plin.*Nat*. 2.149; ~as..nobilissima ex feminis in Sibylla fuit 7.119.

dīuīnitus, *adv.* [divinvs+-itvs[1]]

1 By divine agency or inspiration.

~..latae suppetiae Pl.*Am*.1106; qui sciat ~ *Cur*.248; multa ~..non mea sponte prouidi Cic.*Sul*.43; nullam rem e nilo gigni ~ umquam Lucr.1.150; Verg.*G*.1.415; Liv.1.4.4; principem..~ constitutum Plin.*Pan*.1.4; metuendam..~ poenam Fro.*Aur*.2.p.64(145N); *CIL* 6.32424.4; (*facet.*) oblatis ego ~ dapibus..saginabar Apul.*Met*.10.13.

2 In a godlike manner, with supreme excellence, divinely.

conlegisti omnia..ita ~, ut..eos ipsos (*i.e. even the Greeks*) haec docere posse uideare Cic.*de Orat*.3.228; in hominibus de me ~ meritis *Red.Sen*.30; Pompeius loquitur ~ *Att*.2.21.6.

dīuīnō ~āre ~āuī ~ātum, *intr., tr.* [next+-o[3]]

1 To make out or interpret things hidden from the senses, practise divination. **b** to make a guess.

Venus fecit eam ut ~aret Pl.*Mil*.1257; sensit..uxor..— plane hic ~at Ter.*Hec*.696; cui reliqui dii concessissent, ut praeter ceteros ~aret Cic.*Tusc*.1.114; Hor.*S*.2.5.60; augurium ratio est..hac ~aui Ov.*Tr*.1.9.52; qua (herba) pota Magi ~ent Plin.*Nat*.24.164; Juv.4.124;—(*w.* de) cum ~are de belli diuturnitate non possem Cic.*ad Brut*.1.18.6; ut si de exitu ~aret Nep.*Ag*.6.1;—(*pple. as sb.*) ea praesentiri a ~antibus quae nusquam sint Cic.*Div*.1.128; 2.14. **b** cur..se divinare malueris quam eos qui scirent iudicare Cic.*Planc*.46; Ulp.*dig*.44.4.4.23.

2 (w. acc.) To know by inspiration or intuition, foresee; (also w. indir. sp.). **b** to divine, guess (something already existing or past).

ut ea fortuita ~ari possint quae nulla..sapientia prouideri possunt Cic.*Div*.2.14; quod mens sua sponte ~at idem subicit ratio Liv.26.41.20; animo..non ~ante futura Ov.*Tr*. 4.8.29; Sen.*Thy*.605; (*w. dat. of advantage*) quibus nemo similem ~at immortalitatem Plin.*Nat*.7.188);—(*w. acc. and inf.*) quasi ~ans se rediturum Cic.*Phil*.3.26; Curt.6.10.19; —(*w. indir. qu.*) quasi ~arent quam iis molestus essem futurus Cic.*Fam*.9.24.1; cum ~are non potuerit, an..aliquis transiturus sit Paul.*dig*.9.2.31. **b** Sen.*Ben*.2.2.1; ausi ..~are solis ad terram spatia Plin.*Nat*.2.87; ~ato et antecapto meo cogitatu Apul.*Met*.4.5;—(*w. acc. and inf.*) iam ~at marem esse conceptum Curt.10.6.21; si non ~auit debitorem soluisse Ulp.*dig*.17.1.29.2;—(*w. indir. qu.*) Sen.*Dial*.11. 9.9; temerarium..~are, quam spatiosa sit causa inaudita Plin.*Ep*.6.2.8.

dīuīnus ~a ~um, *a. compar.* ~ior, *superl.* ~issimus. [divvs+-invs, cf. Osc. *deivinais*] Forms: *deiu- CIL* 1.756.16; *deu- Inscr.Rev. Arch*.11.1908.323; *deinus CIL* 1.366.1.6; *dīnus CIL* 1.366.1.8, Pl.*Mil*.675 (s.v.l.). Contr. to *d CIL* 3.11892, etc.; *diu CIL* 12.2596.

1 Of or belonging to the gods or a god, divine; (neut. as sb., sg.) the divine; (pl., also *res ~ae*) matters relating to the gods. **b** (of a place) sacred to or frequented by gods. **c** *neque ~i neque humani quicquam credere*, or sim., to trust (a person) with nothing either in heaven or on earth. **d** (*res ~ae* or neut. pl. as sb.) celestial things.

~is condimentis utere Pl.*Ps*.826; Apollo et Diana, quorum iste Deli..~um..domicilium..compilauit Cic.*Ver*. 5.185; agnovere deum..~aque tela Verg.*A*.9.659; uestem ..~am sistrumque redde Petr.114.5; ~i nectaris Plin. *Nat*.11.37; Ceres..lacte ~o alebat Hyg.*Fab*.147.2; pelago.. emergit ~a facies Apul.*Met*.11.3;—(*w. ref. to the imperial family*) ~ae Caesaris uires V.Max.9.15.1; Javol.*dig*.1.4.3; secvndvm praescriptvm ~ae orationis *CIL* 2.6278.47; pro perpetva salvte ~ae domvs 13.4635.4;—artem.. ~i scientem Apul.*Apol*.26; 56;—ibi (*i.e. at table*) de ~is atque humanis cernitur Pl.*Trin*.479; Liv.26.33.13;—rerum ..~arum et humanarum scientia Cic.*Off*.1.153. **b** de ~is locis Pl.*Mos*.1104; ~i gloria ruris Verg.*G*.1.168; ~os.. lacus *A*.3.442; *CIL* 5.4938. **c** neque ~i neque mi humani posthac quicquam accreduas..si..me esse mendacem inueneris Pl.*As*.854; *Poen*.466; (*abbrev.*) mihi ~i numquam quisquam creduat *Bac*.504. **d** inducti rebus ~is commodas uitae perfecerunt explicationes Vitr.10.1.4; rupta rerum concordia in ruinam ~a labantur Sen.*Ben*.6. 22; ~arum particeps rerum philosophia uidebatur Apul. *Mun*.pr.

2 *res ~a*, also (neut. as sb.) *~um*, A religious rite (usu. involving sacrifice).

quom ab re ~a rediero Pl.*Poen*.405; rem ~am..in foco ne faciat Cato *Agr*.5.3; patera qua..ad res ~as uterentur Cic.*Ver*.4.46; Liv.25.7.9; Plin.*Nat*.18.7; Suet.*Aug*.1; (*cf.*) ab eodem Varrone in septimo ~arum (*sc.* rerum)..dictum Gel.18.12.9;—neque suum neque publicum ~um pure faciet Liv.8.10.13; agentibus ~a humanaque, quae adsolent cum acie dimicandum est, consulibus 9.14.3.

3 (of persons, their attributes, etc.) Having a divine nature. **b** godlike, superlative, 'divine'.

~e Sosia (*i.e. Mercury disguised as Sosias*) Pl.*Am*.976; de caelo ~um hominem esse in prouinciam delapsum Cic.*Q.fr*. 1.1.7; ~ae matris imago Lucr.2.609; Apul.*Met*.5.12; *CIL* 6.31139; nymphis ~is *CIL* 11.3247; (*cf.*) apes..~as bestias puto, quae mel uomunt Petr.56.6;—(*w. ref. to the imperial family*) ~a tua mens..imperator Caesar Vitr.1.pr.1; ~ae infantis parens Tac.*Ann*.16.6. **b** Africani uocem ~am Porc.*poet*.3.2; auunculo tuo, ~o ac singulari uiro Cic.*Fin*. 3.6; ~e poeta Verg.*Ecl*.5.45; cui mens ~ior Hor.*S*.1.4. 43; Quint.*Inst*.4.3.13; priscae poeticae ~us auctor Apul. *Met*.9.13;—(*w.* in+*abl.*) Galbam..~um hominem in dicendo Cic.*de Orat*.1.40; *Q.fr*.2.6.1.

4 Suited to, or characteristic of, a god. **b** proceeding from or inspired by a god, heaven-sent; (also) like that proceeding from a god, etc.

haec tragica atque ~a Cic.*de Orat*.2.227; ~issima..dona (*i.e. temple offerings*) *Leg*.2.45; quae..~a? uigere, sapere, inuenire, meminisse *Tusc*.1.65; Tac.*Ann*.2.87; Plin.*Pan*. 80.4; domus..aedificata non humanis manibus, sed ~is artibus Apul.*Met*.5.1. **b** ibi uis quaedam ~a fit. coruus repente inprouisus aduolat Quad.*hist*.12; Cic.*Fam*.7.5.2; ~um aspirat amorem Verg.*A*.8.373; Numa ~i auctor iuris Liv.1.42.4; Plin.*Nat*.7.123; Quint.*Inst*.5.7.35; Ulp.*dig*.39. 2.24.4; (*of epilepsy*) eum nostri non modo..comitialem, uerum etiam ~um morbum..nuncuparunt Apul.*Apol*.50; —in illo ~o tertio consulatu Cic.*Att*.7.1.4; quo maior est in eis (*sc.* animis) praestantia et ~ior *Tusc*.4.58; nec tu ~am Aeneida tempta Stat.*Theb*.12.816; Quint.*Inst*.4.1.70; Hippocrates..~a uir scientia Gel.19.2.8; (*iron.*) propter tuam ~am pietatem Cic.*Phil*.13.43.

5 (of things) Having supernatural power, magic; (of persons) adept in magic.

quodsi omnia nobis..quasi uirgula ~a..suppeditarentur Cic.*Off*.1.158; ~a mota..urna Hor.*S*.1.9.30; herbam..~am Plin.*Nat*.30.18; cum aliquid huius ~ae disciplinae molitur Apul.*Met*.3.19; (*neut. as sb.*) saga..diuini potens 9.29;— parce..in feminam ~am 1.8.

6 Able to know future or hidden things, foreseeing, second-sighted.

Anchises..Venus quem..fari donauit, ~um pectus habere Enn.*Ann*.19; sapientes ac ~i fuistis Cic.*Prov*.38; canit ~o ex ore sacerdos Verg.*A*.3.373; Petr.7.2; non sum ~us, sed scio quid facias Mart.3.71.2; Plin.*Ep*.5.13(14).10; Python draco ~us Hyg.*Fab*.pr.34;—(*w. gen.*) imbrium ~a auis imminentum Hor.*Carm*.3.27.10; *Ars* 218;—(*as sb.*) Chaldaeos ceterosque ~os Cic.*Fat*.15; Hor.*S*.1.6.114.

dīuīsē, *adv.* [divisvs+-e] Without connection with what is adjacent, separately.

Gel.1.22.16; tertius uersus separatim atque ~ legendus Gel.6(7).2.12.

dīuīsiō ~ōnis, *f.* [divido+-tio] Forms: *-uiss-* Quint.*Inst*.1.7.20.

1 The action of separating into parts by cutting or sim., severance.

Var.*L*.7.60; punctus neruorum..sine incisione aut ~one sanat..oleo dilutum (*sc.* emplastrum) Larg.206; poetae.. uerborum ~one (*i.e. tmesis*) faciunt transgressionem Quint. *Inst*.8.6.66.

2 Division into parts; division of a motion before the Senate to enable it to be put to the vote in successive parts. **b** the division of the subject-matter of a discourse into parts. **c** division (into classes), classification; a class.

quid ea ~o (*of the phases of the moon*) ad agros pollet? Var.*R*.1.37.2;—(*w. obj. gen.*) in ~one orbis terrae plerique in parte tertia Africam posuere Sal.*Jug*.17.3; ~o solidi, quod as uocatur Maecian.*iur*.1; de ~one anni Ulp.*dig*.

24.3.5;—haec contio..explicat..quis ~onem postulauerit Asc.*Mil.*39. **b** quadripertita..fuit ~o tua Cic.*N.D.*3.6; Sen.*Con.*7.pr.1; ~onem..ad cogitationem..et stilum perferunt (discipuli) Quint.*Inst.*2.6.3; 10.7.6; Tac.*Dial.*19.3. **c** loca naturae secundum antiquam ~onem prima duo, terra et caelum Var.*L.*5.16; sequens naturales ~ones *R.* 1.1.11; cupiditates non Epicuri ~one finiebat Cic.*Fin.*2. 63; Plin.*Ep.*6.29.7; tertia ~o est in patronos et clientelas Amp.49.3; Gaius *Inst.*4.142; sunt qui in alia ~one eas (*sc.* insulas) habendas putant Apul.*Mun.*7;—(*w. obj. gen.*) rerum, quae noceant..eadem ~o est Cic.*Off.*2.12; ~onem bonorum Sen.*Ep.*66.47;—Var.*L.*9.97; 10.33; hac in instituendo ~one (*of argument*) utuntur Cic.*de Orat.*3.110.

3 Separation, division (of things from each other); a distinction (between one idea and another).
eadem (*sc.* interualla) sententias concinniores ~one reddunt *Rhet.Her.*3.22; ~o (*sc. of words*) respiratione et mora constat Quint.*Inst.*7.9.11; numerorum obseruantia et ~onum aequalitas Apul.*Pl.*2.7;—Cic.*Luc.*99; dialectici ..ista (*sc. phrases*) distinguunt: ab illis ~o usque ad Stoicos uenit Sen.*Ep.*117.12; Quint.*Inst.*11.1.12; summa ~o de iure personarum haec est quod omnes homines aut liberi sunt aut serui Gaius *Inst.*1.9; (*w. inf. in appos.*) ~o frequens est, etiam si fecisset, ignoscendum fuisse Quint. *Inst.*7.4.19.

4 A division (into shares), distribution, partition. **b** distribution (of positions on a site), arrangement.
*Rhet.Her.*4.52; in ea parte Numidiae, quam Adherbal in ~one posséderat Sal.*Jug.*48.3; Sen.*Con.*9.5.4; in ea ~one arua et urbes..Cotyi (*sc.* cesserunt) Tac.*Ann.*2.64; ~one facta cum socio Gaius *dig.*20.6.7.4; te..aequam uindicare ~onem Apul.*Met.*10.14; Paul.*dig.*8.2.26; ei ex omnibvs ~onibvs partes dvpl(as) dari *CIL* 14.2112.2.18;—(*w. obj. gen.*) de agri Campani ~one Cic.*Agr.*2.78; iussa ~one praediorum Vell.2.74.2; ~o tutelae Papin.*dig.*26.7.36; (*w.* inter) ueterem inter Herculis posteros ~onem Peloponnesi Tac. *Ann.*4.43;—(*w. gen. indicating recipients*) quod ad ~onem singulorum ciuium..relictum fuerit Paul.*dig.*30.122. **b** ea ~one exclusa erit ex habitationibus..uentorum uis Vitr.1.6.8;—(*w. obj. gen.*) arearum ~ones platearumque 1.6.1.

5 A space divided off from others, division.
ut aequales ~ones octo uentorum (*i.e. corresponding to the eight winds*) designatae sint (*on the dial*) Vitr.1.6.7; 10.6.2; septima ~o ab altera..ora incipit Plin.*Nat.*6.218.

dīuīsor ~ōris, *m.* [dividо+-tor]

1 One who divides (in quot., subject-matter) into parts; that which serves as a division.
aridus..declamator, sed prudens ~or controuersiarum Sen.*Con.*2.5.15;—axis..~or et disterminator mundi Apul. *Mun.*1.

2 One who divides things into shares, a distributor. **b** an agent employed to distribute bribes.
tantum quisque habebat possessor quantum reliquerat ~or Antonius Cic.*Phil.*5.20; (*w. obj. gen.*) Italiae ~ores 11.13. **b** in furis ac ~oris disciplina educatus Cic.*Ver.* 3.161; consul..dicitur..domi ~ores habere *Att.*1.16.12; Q. Cic.*Pet.*57; Suet.*Aug.*3.1.

dīuīsūra ~ae, *f.* [divido+-vra] The division by indentation, incision, or sim. (of a leaf); the branching (of a tree).
platani ~a Plin.*Nat.*12.128; folia habet..colore et ~a quercus 24.130; folia..pluribus ~is scissa 25.48;—abieti.. subrecta ~a 16.122.

dīuīsus[1] ~a ~um, *a. compar.* ~ior. [pple. of divido] In senses of vb., also:

1 Suffering division, not unified; (neut. as sb.) a lack of accord, division.
~ior inter se ac distractior intust (anima) Lucr.4.961;— neque habet a Marcello quicquam ~i *B.Alex.*63.3.

2 Not connected with one another, separate.
cum filius ~is tribunalibus actionem..pertulisset Papin. *dig.*31.76.

dīuīsus[2] ~ūs, *m.* [divido+-tvs[3]] (app. not found exc. in dat. sg.) A division (of plunder or sim.) into shares, distribution.
uectigalia..praedae ac ~ui..magistratibus erant Liv. 33.46.8; quanta Macedonia esset, quam ~ui facilis 45.30.2; (*cf.*) si cui probaretur clientem ~ui habuisse Gel.20.1.40.

dīuitiae ~ārum, *f. pl.* [dives+-ia] Forms: ~*am* (sg.) Acc.*trag.*265.

1 Abundance of money or other material possessions, wealth, riches. **b** (applied to ornaments, etc.). **c** *uenire*, or sim., *in ~ias*, to come, etc., into wealthy circumstances, into money.
tantas ~as habet; nescit quid faciat auro Pl.*Bac.*333; *Men.*217; insula Delus..referta ~is Cic.*Man.*55; Verg.*A.* 6.610; exstructis in altum ~is Hor.*Carm.*2.3.20; ~ae quorum messis et arbor erant Prop.3.13.26; dena milia grauis aeris, quae tum ~ae habebantur Liv.4.45.2; Minaeis (esse)..in pecore ~as Plin.*Nat.*6.161; Stat.*Silv.*5.1.62; (*meton.*) Hermes (*a popular gladiator*) ~ae locariorum Mart.5.24.9;—(*transf.*) patientia animi occultas ~as habet Pub.*Sent.*P.7; si..didicit a se petere ~as (animus) Sen. *Ben.*7.1.7. **b** demite collo..~as! tota lauanda dea est Ov.*Fast.*4.136; laqueata..tecta ferebant ~as Luc.10.113; Mart.12.66.4; ceruicis ~as Apul.*Soc.*23. **c** in ~as faxo uenies Pl.*Capt.*1010; *Poen.*904; sine dote..illam in tantas ~as dabit? *Trin.*605.

2 a (applied to an abundance of natural products). **b** (of intellectual qualities or sim.).

a natura, cuius ~as..parabiles esse docuit Cic.*Fin.*2.90; pluuiam..niuesque solutas, quas tibi (*i.e. the stream*) ~as.. ministrat hiemps Ov.*Am.*3.6.94; ~as omne nemus suas demittit Sen.*Thy.*162; urbs nobilis..~is soli Plin.*Nat.*5. 28; mensa ibi ~is ruris operta sui Mart.10.96.10. **b** ~as atque ornamenta eius ingeni..perspexi Cic.*de Orat.*1.161;~as orationis *Fam.*4.4.1; V.Max.8.7.ext.8; Quint.*Inst.*10.1.13.

dīuitō ~āre, *tr.* [dives+-o[3]] To enrich.
qui auris uerbis ~ant alienas Acc.*trag.*169; di me ~ant Turp.*com.*198.

dīum, *n.* [divs[1]] Forms: heter. abl. ~*u*. The open sky; (esp.) *sub ~o* (~*u*), in the open air; (also written as one word).
Dialis, quia uniuersi mundi sacerdos, qui appellatur ~um Fest.p.185M;—uinum ponito sub ~o Cato *Agr.*108.2; cisternae faciendae sub tectis et lacus sub ~o Var.*R.*1. 1.2; 3.5.10;—sub ~u splendor aquai ponitur Lucr.4.211; svb ~v in ara sac(rificavit) *CIL* 6.2028.c.40; (ceram) sub ~u siccant sole lunaque Plin.*Nat.*21.84;—Var.*Men.* 171; uti ea permanerent diutius subdiu, tegula texit Vitr. 4.1.9.

dīuor-: for *diuorto* and derivatives not given here, see diver-.

dīuorsum, *adv.* [diversvs; cf. *seorsum*] In different ways.
maiores seorsum atque ~ pretium parauere bonis atque strenuis, decurionatus, optionatus..aliosque honores Cato *orat.*21.

dīuortium ~(i)ī, *n.* Also **-uer-.** [diverto+ -ivm] N.B.: *-uor-* is the common spelling, although *-uer-* is found at all periods.

1 A point where a road, river, or sim. branches, parting of the ways, junction. **b** divergence, parting (of rivers, etc.).
obiciunt equites sese ad ~ia nota Verg.*A.*9.379; Sil. 7.275;—(*w. gen.*) uastae ~ia fossae Bib.*poet.*16(17); prope ~ium itinerum castra posituri Liv.44.2.7; ad ~ia rheni pervasi *CIL* 6.1207;—(*fig.*) errantis per tot ~ia morbos Grat.345. **b** amnes (*Tigris and Euphrates*)..magno.. aquarum ~io iter..percurrunt Curt.5.1.13; Nebrodes (*a mountain*) gemini nutrit ~ia fontis Sil.14.236.

2 A point (line) from which a surface or plane slopes in different directions; (w. *aquarum*) a watershed. **b** (pl.) surfaces or planes sloping away in opposite directions. **c** a dividing-line (in time). **d** a turning-point (in events), crisis.
terit hic (*sc.* aries) medii ~ia mundi (*i.e. the celestial equator*) Germ.*Arat.*232;—ad Amanum..qui Syriam a Cilicia in aquarum ~io diuidit Cic.*Att.*5.20.3; *Fam.*2.10.2; in ipsis iugis ad ~ia aquarum castra posuisse Liv.38.45.3; (*cf. in fig. phr.*) ut ex Appennino fluminum, sic ex communi sapientiae iugo sunt doctrinarum facta ~ia Cic.*de Orat.*3.69. **b** per duo partitae..~ia terrae Man.3.384; hic (*sc.* mons).. flumina..in geminí spargit ~ia ponti Luc.2.404. **c** per ~ium ueris et hiemis..fodiendae uineae sunt Col.4.27.1; (*cf.*) aries et libra aequant ~ia lucis Germ.*Arat.*8. **d** talis ~ia belli *Culex* 304.

3 (concr.) An intervening strip, barrier, or sim.
Pyrene..aeterna tenet magnis ~ia terris Sil.3.419; artissimo inter Europam Asiamque ~io Byzantium..posuere Tac.*Ann.*12.63; (*w. gen.*) per Scythici..diuortia ponti.. regem..ire coegi Luc.2.580.

4 A severance of the marriage tie, divorce; *~ium facere* (*cum*), to divorce. **b** dissolution of a marriage (however brought about).
uxorin sit reddenda dos ~io Pl.*St.*204; Ov.*Rem.*693; Sen.*Dial.*5.5.4; ~iis modum imposuit Suet.*Aug.*34.2; libellum..~ii Papin.*dig.*24.2.7; (*w. obj. gen.*) ~ium Muciae ..probatur Cic.*Att.*1.12.3;—uir cum ~ium fecit, mulieri iudex pro censore est Cato *orat.*218; Paula Valeria..~ium sine causa..fecit Cael.*Fam.*8.7.2;—(*w.* cum) non nouis nuptiis fieri cum superiore (uxore) ~ium Cic.*de Orat.*1.183; cum qua (*sc.* Pompeia)..~ium fecit Suet.*Jul.*6.2; (*iron.*) cum mima fecit ~ium Cic.*Phil.*2.69. **b** ipsa iam ob unum ~ium suspectanda, siue..morte amisit maritum..seu repudio digressa est Apul.*Apol.*92.

5 (w. gen.) Incompatibility (between things).
mirum..quod..tanto rerum ~io nondum sit eius (*sc.* mundi) mortalitas dissoluta Apul.*Mun.*19.

diurnō ~āre, *intr.* [divrnvs+-o[3]] To live for a long time.
neque optimum quemque inter nos sinunt (*sc.* di) ~are Quad.*hist.*9.

diurnum ~ī, *n.* [next]

1 A daily ration or allowance.
quod a dispensatore locupletis inimici..~um petam Sen. *Con.*1.1.12; Sen.*Ep.*80.8; Mart.3.10.4; quantum..filio meo ~um sufficiat Scaev.*dig.*26.7.47.1.

2 A day-book, account book; a day-to-day record of events.
sedet ad cotidianum ~um et..quaestus recognoscit Sen. *Con.*10.4.24; longi relegit transuersa ~i Juv.6.483;—~a populi Romani per prouincias..leguntur Tac.*Ann.*16.22; Suet.*Cl.*41.3.

diurnus ~a ~um, *a.* [dies+-vrnvs]

1 Of or belonging to the day (opp. to night), occurring in the daytime, diurnal; belonging to the land of the living. **b** (of persons) active in the daytime.

usque ad ~am stellam (*the morning star*) crastinam potabimus Pl.*Men.*175; ~i et nocturni metus Cic.*Off.*3.84; Lucr.6.848; ~is nocturnisque itineribus Caes.*Gal.*7.56.3; coepit..uino..~o placari Genius Hor.*Ars* 209; Liv.39.13.9; Plin.*Nat.*17.18; sint transitus..~i et inermes Tac.*Hist.* 4.65; Apul.*Met.*4.27; Paul.*dig.*39.3.17; (*cf.*) nitor in tacita nocte ~us erat Ov.*Ep.*17.78;—(*of periods of time*) quod.. mulsere horis..~is nocte premunt Verg.*G.*3.400; tempora nocturnis aequa ~a facit Ov.*Tr.*3.12.4;—ad meum festinant ..~um reducemque ab inferis conspectum Apul.*Met.*11.18. **b** furem..~um Cic.*Mil.*9; exemplaria Graeca nocturna uersate manu, uersate ~a Hor.*Ars* 269; effractorem..~um Sat.*dig.*48.19.16.5; excursores ~i Apul.*Mun.*26.

2 Occurring or due every day, daily. **b** (of records, etc.) giving a day-by-day account. **c** (of persons) employed every day (i.e. in regular employment).
consuetudo ~a callum iam obduxit Cic.*Fam.*9.2.3; ~a mercede Sal.*Hist.*1.77.7; feci..pensa ~a colo Prop.4.9.48; fraudando..parte ~i cibi seruitia Liv.4.12.10; ut denarius ~um stipendium foret Tac.*Ann.*1.26; Suet.*Jul.*20.1. **b** non apud auctores rerum, non ~a actorum scriptura reperio Tac.*Ann.*3.3; in ~os commentarios Suet.*Aug.*64.2. **c** arete archim(ima) temporis svi prima ~a *CIL* 6.10107; 6.33965; ~o scribae..corporis scaenicorvm latinorvm 14.2299.

3 Of a single day.
luctum lacrimis finire ~is Cic.*Tusc.*3.65 (transl. Homer); quantum nauis ~o cursu metiri..potest Sen.*Nat.*6.26.1.

dīus[1] ~a ~um, *a.* [Gk. δῖος, Skt. *divyah*]

1 Charged with the brightness of day, daylit.
coquito sub ~o caelo Cato *Agr.*95.2; Var.*Men.*351; ~as in luminis oras Lucr.1.22; pastorum..otia ~a 5.1389; in ~o..concreta profundo spuma Ov.*Met.*4.537; *CIL* 6.20152; fvlgvr ~vm (*i.e. seen by day*) 6.30878.

2 (of persons) Having a supernatural radiance, divine. **b** *dea ~a*, see dia[2]. **c** *~us Fidius*, see fidivs.
o Romule..~e Enn.*Ann.*111; ~a Minerua Host.*poet.*4(6); ~us quidam amminister Var.*L.*7.34; quas..sibi ~a Camilla delegit..ministras Verg.*A.*11.657;—(*w. part. gen.*) ~a dearum (*cod.* dea diarum) Enn.*Ann.*22.

3 (of thoughts, feelings, etc.) Divinely inspired.
Valeri sententia ~a Lucil.1316; dux uitae ~a uoluptas Lucr.2.172; Hor.*S.*1.2.32; quid ~a poemata narrent Pers. 1.31.

dius[2]: see div[1].

diūtinē, *adv.* [next+-e] Over a long time, at great length.
~ uti bene licet partum bene Pl.*Rud.*1241; haec Milone ~ sermocinante Apul.*Met.*2.15; 2.24; *Apol.*47.

diūtinus ~a ~um, *a.* [div[3]; for term. cf. crastinvs] Pros.: prob. trisyll. by synizesis Ter.*Ph.*1012, Turp.*com.*38.

1 Lasting for a long time, not ephemeral, prolonged. **b** having lasted for a long time, long-standing; well-tried.
supplicium..longum ~umque Pl.*Mil.*503; mansiones ~ae Ter.*Ph.*1012; ~a ualetudine Cato *Agr.*157.13; odio.. ~ae seruitutis Cic.*Fam.*11.8.2; ~a laetatio Caes.*Gal.*5.52.6; (menta) semel sata ~a aetate durat Plin.*Nat.*19.160; Apul.*Met.*5.4;—(*of concr. things*) nemini..oppidum neque tectum ~um Fro.*Ver.*2.p.202(204N). **b** de ~a contentione destiterunt Nep.*Timoth.*2.2; inculta..omnia ~o dominorum desiderio Liv.5.10.9; uelut ex ~o carcere emissus Sen.*Dial.*11.9.3; ~ae tussi Plin.*Nat.*21.155; Fro.*Ver.* 2.p.148(128N); ex uoto ~o Apul.*Met.*2.6;—equum..~ae fortitudinis *Fl.*21.

2 (of persons) Remaining the same for a long time, inveterate.
amicum..indulgentem et ~um Turp.*com.*38; ~os aegros posse sanari Sen.*Ep.*25.2.

diūtulē, *adv.* [div[3]+-vlvs+-e] For a short while.
cum ~ auditor..Protagorae fuisset Gel.5.10.7; ~ tacitus 11.16.6; Apul.*Fl.*18; ambulant ~ et fabulantur 21.

Diūturna: see ivtvrna.

diuturnē, *adv. compar.* ~ius. [divtvrnvs+ -e] Far into the future.
deos precor..ut..~ius te saluom sistant Fro.fr.2.p.282 (261N).

diuturnitās ~ātis, *f.* [next+-tas]

1 The passage of a long period of time, lapse of time.
semen..~ate obdurescit Var.*R.*3.14.5; accusatio..in obliuionem ~atis adducta Cic.*Ver.*54; ipsa ~as, quae maximos luctus uetustate tollit *Fam.*5.16.5; cum..consuetudine diligentia minueretur, quod plerumque accidit ~ate Hirt. *Gal.*8.12.1; Pub.*Sent.*N.46; permanent ad aeternam ~atem Vitr.2.9.12; mox ~ate in superbiam mutans (Vannius) Tac.*Ann.*12.29;—(*w. gen. of* tempus) Cic.*Luc.*119; nec confirmaretur (*sc.* opinio) ~ate temporis *N.D.*2.5.

2 The quality of lasting for a long time, long duration, permanence. **b** durability (of concrete things). **c** longevity (of persons); enduring fame.
si isti agri..aliquam spem ~atis attingunt Cic.*Agr.*3.8; quod..illis (*sc. affections*)..~as desit Apul.*Pl.*2.13;— (*w. gen.*) ~as pacis otium confirmauit Cic.*de Orat.*1.14; Caes.*Civ.*3.9.6; ~ate imperii Romani Liv.23.32.9; propter

difficultatem..uitiorum aut ~atem LARG.107; TAC.*Hist*.4.48; PLIN.*Ep*.1.19.3. **b** non possunt habere ~atem (*sc. certain kinds of timber*) VITR.2.10.1; PLIN.*Nat*.18.304;—(*w. gen.*) ad ~atem stirpis COL.3.2.3. **c** reges, quorum ~as populo Romano fuit utilissima V.MAX.8.13.ext.1; SEN.*Dial*.6.10.3; —me..~atis..cupido sollicitat PLIN.*Ep*.5.8.2.

diuturnus ~a ~um, *a. compar.* ~ior. [DIV³+-VRNVS]

1 Lasting for a long time, not ephemeral, permanent, long. **b** (of concrete things) durable, lasting. **c** (of persons, animals) continuing long in the same condition, permanent; long-lived.

ut..anteponantur..~iora bona breuioribus CIC.*Top*.69; non modo non aeternam sed ne ~am quidem gloriam *Rep*. 6.23; laetitia non nimis fuit ~a NEP.*Alc*.7.1; TAM ~A MATRIMONIA *CIL* 6.1527.a.27; quo ~ius Serui regnum esset LIV.1.46.5; OV.*Tr*.4.6.50; TAC.*Ann*.4.33; peregrinationis ~ae APUL.*Met*.1.7. **b** palus (*a stake*)..~ior VAR.*R*.1.8.4; ut quam maxime permaneant ~a corpora CIC.*Tusc*.1.108; OV.*Ib*.332; cometis ~ioribus celsioribusque SEN.*Nat*.7.9.1; uiuam sepem..praetulerunt, quia..~ior..permaneret COL. 11.3.3; PLIN.*Nat*.16.196. **c** ut..nec sine rege ciuitas nec ~o rege esset uno CIC.*Rep*.2.23; quae nupsit, non ~a fuit OV.*Fast*.5.488; (*of brood-mares*) ~iores equas..fieri VAR.*R*. 2.7.11;—sit..nostris ~ior annis filia OV.*Fast*.6.219; V.MAX. 8.13.4; COL.8.16.10; ceu..non (animalia) ~iora in uita multa reperiantur PLIN.*Nat*.7.188; (*cf.*) hoc Macedoniae columen ac sidus (*i.e. Alexander*) ~um fore CURT.9.6.8.

2 Having already lasted for a long time, long-standing, chronic.

cum..infamia non recenti sed uetere ac ~a flagraret CIC. *Ver*.5; ~a lippitudo *Tusc*.4.81; pacis ~ae regiaeque opulentiae ornamenta LIV.26.21.7; obsidio iam ~a OV.*Fast*.6.352; ULP.*dig*.1.3.33; (*of persons*) ~orum reorum..nomina aboleuit SUET.*Aug*.32.2.

(**dīuulgātus** ~a ~um), *a. superl.* ~issimus. [pple. of next] That is made common property, widely accessible.

adipiscendi magistratus leuissimi et ~issimi..festinatio CIC.*Fam*.10.26.2.

dīuulgō ~āre ~āuī ~ātum, *tr.* Also **-uol-**. [DIS-+VVLGO²] (The 'o' in the second syll. seems to be confined to SAL. and some MSS. of CIC.) To disseminate news of, make public, divulge. **b** to put (a book or sim.) into circulation, publish; (pass., of a book) to enjoy a wide circulation. **c** to put to common use, make common property.

solent esse in epistulis..multa seria neque..ullo modo ~anda CIC.*Phil*.2.7; LUCR.6.8; ~ato Domiti consilio CAES. *Civ*.1.20.1; PLIN.*Nat*.17.50; SIL.3.677; TAC.*Ann*.4.52; de insidiarum..genere haec..~ata sunt SUET.*Dom*.17; ne maritale secretum ~arent APUL.*Apol*.86; (*w. abst. subj.*) ne poena acrior mimum omnem ~aret SUET.*Otho* 3.2;—(*w. indir. sp.*) neque ullo modo ~andum de te iam esse perfectum CIC.*Fam*.6.12.3; postquam..quo..modo actae (res) forent fama ~auit SAL.*Jug*.30.1; ~auit neminem umquam per adoptionem familiae..insertum SUET.*Cl*.39.2; —(*pple. as sb.*) ne ~ata atque incredibilia..ueris..antehabeant TAC.*Ann*.4.11. **b** qui Platonis libros solitus est ~are CIC.*Att*.13.21a.1(4); chirographa omnium..~auit SUET.*Cal*. 24.3;—hunc librum..tuo..nomine ~ari necesse est CIC. *Orat*.112. **c** cuius primum tempus aetatis palam fuisset ad omnis libidines ~atum CIC.*Red.Sen*.11; ~ata maxime unguenta crediderim rosa PLIN.*Nat*.13.9.

dīuulsiō ~ōnis, *f.* [DIVELLO+-TIO] The wrenching apart (of persons or things).

nec commoueri ad primam familiarium ~onem SEN.*Ep*. 99.15.

dīuum ~ī, *n.* [parallel form of DIVM¹] The open sky; *sub ~o*, under the open sky, in the open.

VAR.*L*.5.66;—signa..quae..disposita sub ~o uidimus CIC.*Ver*.1.51; sub ~o carpere somnos VERG.*G*.3.435; HOR. *Carm*.1.18.13; VITR.3.2.8; *CIL* 6.32340.11; CELS.1.2.6; non nisi petasatus sub ~o spatiabatur SUET.*Aug*.82.1.

dīuus ~ī, *m.* [*deiuos*, cf. DEVS] FORMS: *deiu- CIL* 1.4, 1.375, 1.798, etc.; *deu- CIL* 7.140; spelt with the 'littera Claudiana' *CIL* 6.921. b.5, 6.8554.3, 14.2995; abbrev. to *d CIL* 6.1020. The forms *~orum* and *~um* are both used for the gen. pl. A god. **b** (w. name or sim. in appos.). **c** (applied to a deified Emperor).

~um deo supplicate *Carm.Sal*.1; o genitor noster Saturnie, maxime ~um ENN.*Ann*.456; PL.*Am*.57; cum ~is uolentibus *formula* in CATO *Agr*.141.1; quae..quoique ~o decorae.. sint hostiae CIC.*Leg*.2.20; CATUL.51.2; Aeneadum genetrix, hominum ~umque uoluptas LUCR.1.1; ~is..permixtos heroas VERG.*Ecl*.4.15; LIV.7.26.4; OV.*Met*.3.282; tu quoque, ~e minor *Priap*.53.5; medium ~orum..qui in aeris plagis..uersantur APUL.*Soc*.7;—(*w. gen.*) sacra ~is parentum estod (*sc.* nurus) *Lex Reg.*(*Font.iur*.p.7); ~is..aequoris SIL.14.396. **b** manibus ~is inferias mittunt LUCR.3.52; per ~os..Penatis HOR.*S*.2.3.176; ~i Nouensiles, Di Indigetes LIV.8.9.6; ~O NODENTI *CIL* 7.140. **c** *Act.Triumph.* 36(*CIL* 1.p.50); Augustus Caesar, ~i (*i.e. Julius Caesar*) genus VERG.*A*.6.792; HOR.*Carm*.3.5.2; Caesar..maxime ~e OV.*Tr*.3.1.78; STAT.*Silv*.1.1.24;—(*w. name or sim. in appos.*) in adfinitatem..imperatoris ~i fili NEP.*Att*.19.2; ab ~o Caesare LIV.34.9.3; AEDEM ~I IVLI AUG.*Anc*.4.2; SEN.*Apoc*.9.5; ut templum ~o Neroni..poneretur TAC. *Ann*.15.74; APUL.*Apol*.11; ~IS PARENTIBVS *BMCI* 3.p.306 (Hadrian); (*iron.*) est ergo flamen, ut Ioui, ut Marti..sic ~o Iulio M. Antonius? CIC.*Phil*.2.110.

dō¹ dare dedī datum, *tr.* [Skt. *dádāti*, Gk. δίδωμι, Lith. *dúomi*; in sense sts. confused with **do* (cf. ABDO)] FORMS and ORTHOG.: *danunt* (= *dant*) *CIL* 1.1531.7, NAEV.*poet*. 40(42), PL.*Truc*.245, etc., PAUL.*Fest*.p.68M; *dan, datin* (= *dasne, datisne*) PL.*As*.671, *Truc*.631, etc., *dabin* (= *dabisne*) *Ps*.536; *didit CIL* 1.610, *dedet* 1.365, *dede* 1.2438 (= *dedit*), *dederont* 1.383, *dedron*[*t*] 1.28 (= *dederunt*); *datu iri* (= *datum iri*) POMPON. *dig*.33.5.8; *duim -is -it*, etc. (= *dem, des, det*), *Lex Reg.* (*Font.iur*.p.10), PL.*Am*.72, *Capt*.947, CIC.*Catil*.1.22, LIV.10.19.17, APUL.*Apol*.64, PAUL.*Fest*.p.66M, etc.; *duuit* (= *duit*) *Lex XII* (*Font.iur*.p.22), *duas* (= *des*) PL.*Aul*.238.

1 To confer gratuitously, give possession of, make a gift of, give. **b** to give, offer (to the gods, the dead, etc.). **c** to grant (legal possession, use, etc.). **d** (gram.) *casus dandi*, the dative case.

qui (*sc.* seruus) mihi peculiaris datus est PL.*Capt*.988; surrupuistin uxori tuae pallam..ac dedisti Erotio? *Men*.508; nauem..tibi datam donatamque esse CIC.*Ver*.5.44; *Leg.pub.* (*Font.iur*.p.111)19; cratera..quem dat Sidonia Dido VERG. *A*.9.266; non ego diuitias dando tibi plura dedissem OV.*Tr*. 5.14.11; omni in officio magni aestimetur dantis uoluntas SEN.*Ben*.1.1.8; PAUL.*dig*.12.5.1; (*in a book*) cum..apta.. uenanti Grattius arma daret OV.*Pont*.4.16.34;—(*w. pred. dat.*) mancupio tibi dabo PL.*Cur*.494; ei dono datast TER. *Eu*.352; CIC.*Top*.45; talentis, quae ille muneri populo suo daret NEP.*Ag*.8.6; spolia..plerisque eorum..praedae data TAC.*Ann*.1.57;—(*w.* in+*acc.*) domum in dotem dedit QUINT.*Decl*.347(p.366,l.26); si maritus pecuniam uxori in unguenta dederit ULP.*dig*.24.1.7.1;—(*w.* ad) AD THERMAS PVBLICAS MARMORA ET COLVMNAS (DE)DERIT *CIL* 11.7555; —(*w. epexegetic inf.*) ille (dona) suo moriens dat habere nepoti VERG.*A*.9.362. **b** DEDET TEMPESTATEBVS AIDE MERETO(D) *CIL* 1.9; 1.366; dare donare dicare consecrare Ioui CIC.*Ver*.4.67; quod exta perperam dederat (flamen) LIV.26.23.8; datae gemitu et fletu maximo uiro inferiae SEN.*Suas*.6.21; (*cf.*) tumulo..inferias dederat..inani OV. *Met*.12.3. **c** X VIR AGR. DAND. ADTR. *Elog*.27(*CIL* 1. p.198); id iuris in agris, quod ei Pariana ciuitas decreuit et dedit CIC.*Fam*.13.53.2;—(possessionem) de hereditatum possessionibus dandis *Ver*.1.117; praetorem..bonorum possessionem contra eum dedisse PLIN.*Nat*.7.40;—(*absol.*) per quos dies nefas fari praetorem, 'do, dico, addico' VAR.*L*. 6.30. **d** VAR.*L*.8.36; NIGID. in Gel.13.26.4.

2 To give, grant (a position, right, or other immaterial object). **b** to give, impose (a task). **c** to grant (the right to take legal action). **d** *senatum dare*, to allow envoys, etc., to put their case before the senate (see SENATVS); also *concilium, consilium dare*; *contionem dare*, to allow a private person to address an assembly of the people (see CONTIO).

praeconium mi ut detis PL.*Men*.1155; si Latinis ciuitatem dederitis FAN.*orat*.3; quam..municipiis..ad excludendum Antonium auctoritatem damus? CIC.*Phil*.8.4; is..honos mihi uideri solet, qui..propter magna merita..datur *Fam*. 10.10.1; indutiae..Carthaginiensibus datae in tres menses LIV.30.38.2; ultima Pompeio dabitur prouincia Caesar? LUC.1.338;—(*w. noun cl.*) datur..eis primum ut liceat ea uendere CIC.*Agr*.2.35; consuli datum ut ouans..urbem iniret LIV.3.10.4. ille dedit, quod non anima haec Cyclopis in ora uenit OV.*Met*.14.174; da ubi castra ponam SEN.*Suas*.1.14;—(*w. inf.*) STAT.*Silv*.3.2.105; dabatur..primoribus disserere TAC.*Ann*.4.6. **b** GRACCH.*orat*.45; quod publice uobis erat negotii datum CIC.*Inv*.2.87; ad hoc mandata uerbis dat SAL.*Cat*.44.6; commeatus imponendi.. praetori cura data LIV.29.25.6;—(*w.* ut) Tyrrheno datum nouas ut conderet sedes TAC.*Ann*.4.55; (*cf.*) cui senatus dederat publicam causam ut mihi..gratias ageret CIC.*Ver*. 3.170;—(*w. inf.*) datum..C. Cassio..deducere iuuenem ripam ad Euphratis TAC.*Ann*.12.11;—(*w. gdve.*) lectulos.. iliginis pedibus faciundos dedit TER.*Ad*.585; imperatoribus rem publicam defendendam datam CIC.*Deiot*.11; quattuor legiones in Senones..Labieno ducendas dedit CAES.*Gal*. 7.34.2. **c** legatus..actionem se daturum negauit CIC. *Flac*.49; non est..data aduersus ingratum actio SEN. *Ben*.3.6.2; GAIUS *Inst*.4.110; petitionem tibi non datu iri POMPON.*dig*.33.5.8;—(*ellipt.*) in heredem damus de eo quod ad eum peruenit ULP.*dig*.50.17.44. **d** legatis..datum est concilium LIV.35.48.1; NEQVE SE ALITER CONSILIVM HABITVRVM NEQ(VE) ALITER DATVRVM *CIL* 2.1963.2.7.

3 (of the gods, fate, impersonal agencies, etc.) To grant, give, bestow. **b** (pass., w. higher or impersonal agency implied); *qua datur*, as far as is granted or permitted.

di dent quae uelis PL.*Epid*.6; *Per*.774; uti..pastores.. seruassis duisque bonam salutem..mihi CATO *Agr*.141.3; CIC.*de Orat*.2.342; si dant ea moenia Parcae VERG.*A*.5.798; LIV.pr.13; tu nobis lucem, Lucina, dedisti! OV.*Fast*.3.255; —(*of constellations*) (Aries) dabit in praedas animos MAN. 4.508; 4.561;—(*w.* ut+*subj.*) natura certe dedit ut humanitatis non parum haberes CIC.*S.Rosc*.46; Phoebus..reducem ut patria alta uideret non dedit VERG.*A*.11.797; TAC. *Ann*.4.38; (*also w. pron.*) diui omnes hoc dederunt ut.. dictator oppida nouem caperet LIV.6.29.10;—(*w. subj.*) id.. concessum et datum mi esse ab dis aliis, nuntiis praesim PL.*Am*.11; DA..RVRA TE (*sc.* Siluano) COLAMVS PRAESIDE *CIL* 12.103;—(*w. inf.*) tibi diuum pater..mulcere dedit fluctus VERG.*A*.1.66; HOR.*Ars* 83;—(*w. adv.*) si fortuna contra daret TAC.*Hist*.1.65. **b** utri..uictoria sit data ENN.*Ann*.88; ut sunt humana, nihil est perpetuom datum PL.*Cist*.194; nec spes opis ulla dabatur VERG.*A*.2.803; LIV. 10.12.5; SEN.*Ep*.110.1; principia belli secundum Flauianos data TAC.*Hist*.3.6;—(*impers., w. inf.*) uti..datum sit membra mouere LUCR.4.878; genera distinguere non datur nominibus PLIN.*Nat*.16.17;—coeant in foedera dextrae, qua datur VERG.*A*.11.293.

4 a To give (a daughter or ward in marriage). **b** *dare in adoptionem, adoptandum*, to give in adoption. **c** *dare se militem, militiae*, to enlist for military service. **d** (pregn.) to grant one's favours.

a prius data est quam tibi dari dicta PAC.*trag*.167; sororem dedisse..precanti LIV.42.12.3;—(*w.* uxorem) Casinam ego uxorem promisi uilico nostro dare PL.*Cas*.288; NEP.*Cim*.1.3;—(*w.* nuptum) huic nuptum Megadoro dabo (*sc.* filiam) PL.*Aul*.271; TER.*Ad*.346; LIV.1.49.9; SUET.*Aug*. 63.1;—(*w.* in matrimonium) ei..filiam suam in matrimonium dat CAES.*Gal*.1.3.5; NEP.*Reg*.3.3; (*cf.*) Mauorti es in conubium data IMBR.*com*.2;—(*w.* in manum) hanc mi in manum dat TER.*An*.297. **b** unum (filium) P. Scipioni.. in adoptionem dederat VELL.1.10.3; SAB.*iur*.27; ULP.*dig*. 37.8.1.2; (*refl.*) plebeio homini..in adoptionem se dedit (Clodius) SUET.*Tib*.2.4;—tuom filium dedisti adoptandum mihi TER.*Ad*.114. **c** MEN.*dig*.40.12.29; dare se militem, cui non licet, graue crimen habetur 49.16.2.1. **d** (*absol.*) CATUL.110.4; quae dant, quaeque negant, gaudent tamen esse rogatae OV.*Ars* 1.345; MART.2.9.1; (*cf.*) uirosa non sum, et si sum, non desunt mihi qui ultro dent AFRAN *com*.63; (*w. dat.*) das Parthis, das Germanis, das, Caelia, Dacis MART.7.30.1;—(*w. acc.*) cur, here quod dederas, hodie, puer Hylle, negasti? 4.7.1.

5 a To give (a formal meal, public entertainment, etc.). **b** to present (a play).

a cum epulum..patrui sui nomine..daret CIC.*Mur*.75; dat nataliciam in hortis *Phil*.2.15;—*Vat*.37; dum Caesar muneribus dandis in Italia detinetur *B.Hisp*.1.1; ludos funebres per triduum et gladiatorum paria duo et uiginti.. in foro dederunt LIV.23.30.15; in circo leones solutos dedit SEN.*Dial*.10.13.6; PLIN.*Nat*.8.131; MART.3.16.1; (*cf.*) nostra dabunt alios hodie conuiuia ludos JUV.11.179. **b** Afer populo sex dedit comoedias VOLC.*poet*.2; Liuius fabulam dedit CIC.*Tusc*.1.3; GEL.17.21.45; (*cf.*) is carmina scaenae dabat TAC.*Ann*.11.13.

6 a To give as payment, pay. **b** to give (for a certain price), sell; *uenum dare*: see VENVMDO; to give out (money at interest), lend.

a nec mi aurum posco nec mi pretium dederitis ENN. *Ann*.194; qui tibi magis licet meam habere (ancillam) pro qua ego argentum dedi? TER.*Ad*.179; talentum magnum ob unam fabulam datum esse GRACCH.*orat*.41; pecuniam tantam..datam ad frumentum CIC.*Ver*.3.164; OV.*Am*.1.8. 62; ULP.*dig*.40.7.6.7; (*impers. pass.*) in pontibus quibusdam pro transitu dari SEN.*Dial*.2.14.2;—(*transf.*) unum pro multis dabitur caput VERG.*A*.5.815. **b** qui datur, tanti indica PL.*Per*.661; primos ficos..pretio ingenti dat LUCIL.199;—qui dant quique accipiunt faenore PL.*Cur*.480; eam pecuniam uiro mutuam dat CATO *orat*.157; LIV.22.60.4; mutua quod nobis ter quinquagena dedisti MART.3.41(40).1.

7 To give (what is due or demanded), pay (debts, taxes, etc.), furnish (levies). **b** *poenas, supplicium dare*, etc., to pay a penalty, be punished (see also POENA, SVPPLICIVM); *satis dare*, to give satisfaction: see SATISDO.

datur faenus mi? PL.*Mos*.605; praedia..in publicum dedisti CATO *orat*.118; *CIL* 1.582; quid militum aut nautarum per triennium dederint? nullum datum dicent CIC.*Ver*. 4.150; cur non..daret..opima spolia uictus aut uictor caperet LIV.23.46.14; PAUL.*dig*.50.16.76. **b** tu pretium pro noxa dabis ANDR.*trag*.1; quod..fit ex illis (*sc.* pe-di-ca-re)..fur, dabis *Priap*.67.4; (*app. ellipt.*) Glyco dedit suas (*sc.* poenas) PETR.45.9.

8 a To give (greetings, kisses, etc.); to pay a tribute of (tears); *plausum dare*, to give applause: see PLAVSVS. **b** to give (advice or sim.); *ueniam dare*, to grant a favour, indulgence, forgiveness, etc.: see VENIA. **c** (absol., of a judge or court) to give a decision, 'find'; also *litem dare*. **d** *iudicium dare*, see IVDICIVM.

a ut..aduenienti des salutem atque osculum PL.*Epid*. 571; Atticae..meis uerbis suauium des uolo CIC.*Att*.16. 11.8; dedit oscula saxo OV.*Met*.1.376; 4.117;—dedere Dardanidae lacrimas VERG.*A*.9.293; OV.*Ep*.3.15; (Cicero) cruci ciuis Romani..suas lacrimas dedit QUINT.*Inst*.6.1.54. **b** omnes dant consilium uanum ENN.*scen*.378; PL.*Epid*.258; TER.*Eu*.1045; subiecta res oculis certius dabit consilium LIV.27.26.10;—de causa praecepta dant CIC.*de Orat*.2.78; etsi meae partes exquirendae magis sententiae quam dandae sunt LIV.8.20.12; Latio Fortuna laborat aduersis documenta dare SIL.15.641. **c** centumuiri dixerunt dare ipsos secundum aduersarium Albucii SEN.*Con*.7.pr.7; hic exitus est omnis iudicii, in quo secundum plures datur SEN.*Dial*.7.1.5; TAC.*Ann*.4.43; (*transf.*) quae (*sc.* quaestio) secundum reos dedit PLIN.*Ep*.7.6.9;—secundum te litem do V.MAX.2.8.2

9 To hand over, deliver, give. **b** to give for consumption (food, medicine, etc.), administer.

opust chlamyde..et petaso. — possum a me dare PL.*Ps*. 735; datin soleas? *Truc*.631; CATO *Agr*.14.3; puer..epistulam mihi abs te adlatam dedit CIC.*Att*.1.10.1; ferte citi ferrum, date tela VERG.*A*.9.37; SEN.*Ep*.87.26;—(*w.* in manum, -us) ut..ei tabellas dem in manum PL.*Bac*.769; CIC.*Off*.2.60;—(*w. gdve.*) anulum dat alii spectandum NAEV. *com*.78; neque pol seruandum tibi quicquam dare ausim TER.*Eu*.904; ULP.*dig*.13.6.1.1. **b** sororis filio infudit uenenum, non dedit CIC.*Phil*.11.13; HOR.*Carm*.3.19.9; COL. 6.6.1; catapotia..in noctem dare ad inflationes LARG. 89; dictamni folia praeclare dantur ex aqua PLIN.*Nat*. 26.161; (*facet.*) medico ipsi puto aliquid dandum esse, quo sit studiosior CIC.*Fam*.16.4.2; (*in fig. phr.*) praesenti malo aliis malis remedia dabantur CAES.*Civ*.1.81.4;—(*w. epexegetic inf.*) bibere da usque plenis cantharis PL.*Per*.821; meridie bibere dato (*sc.* gallinis) CATO *Agr*.89;—(*w. subj.*) date bibat tibicini PL.*St*.757; si febrim non habebit, dato uinum atrum bibat CATO *Agr*.157.9;—(*w. gdve.*) uuam passam..dabimus commanducandam et expuendam LARG.9.

10 (freq. w. *ad* indicating addressee) To hand over (a letter to a courier); (without dat.) to send, dispatch, post. **b** *tesseram dare*, to pass word round, circulate orders: see TESSERA.

neminem praetermisi, quem..ad te peruenturum putarem, cui litteras non dederim CIC.*Fam.*2.1.1; *Q.fr.*2.12.3;—ad Octauium dedi litteras *Att.*2.1.12; litteras communis cum Oppio ad te dedi BALB.*Att.*9.7b.1; litteras..ad principes dedit, quae ad Hannibalem delatae sunt LIV.27.16.13; (*cf.*) quom essem in prouincia legatus, quamplures ad praetores..uinum honorarium dabant CATO *orat.*73;—(*w. date added*) data XIIII K. Maias de Tarentino CIC.*Att.*3.6.1; litteras datas a litoribus Britanniae proximis a. d. VI Kal. Octobr. 4.18.5; (*abbrev.*) d. a. d. III Non. Oct. Thessalonica *Fam.* 14.2.4.

11 To hand over, give (as a pledge, surety, etc.; also, hostages). **b** *fidem, iusiurandum*, etc., *dare*, to give one's word, etc. **c** *nomen dare*, to give in one's name, enlist: see NOMEN.

da pignus ni ea sit filia PL.*Epid.*699; non dantes (uades) LIV.25.4.11; cui commodauero pignoriue dedero POMPON. *dig.*34.3.8.7; GAIUS *dig.*20.1.15; (*persons*) ut pro se alium daret (reus) VAR.*L.*6.74;—obsides..uti inter sese dent perficit CAES.*Gal.*1.9.4; 4.16.5; LIV.8.27.10. **b** fidem da.—do, non facturum esse me PL.*Cist.*236; inter se fidem et ius iurandum dant CAES.*Gal.*1.3.7; non haec..de te promissa parenti discedens dederam VERG.*A.*11.46; LIV.32.30.8; OV. *Fast.*4.227;—(*combined w. sense 18a*) date dexteras fidemque haud impune adultero fore LIV.1.58.7; OV.*Met.*14.297.

12 To cause to have, impart.

litterae Quinti fratris..tantum spei dederant CIC.*Fam.* 5.4.1; dabimus sermonem iis (*i.e. something to talk about*) 9.3.1; *Fat.*43; expuli tussim..quam mihi meus uenter..dedit CATUL.44.9; quos (primordia) inter se dent motus accipiantque LUCR.1.910; nec placidam membris dat cura quietem VERG.*A.*4.5; OV.*Ars* 3.134; illarum (auium) generi cantus oris, his magnitudo differentiam dedit PLIN. *Nat.*10.43; NOMEN MIHI..CONCHA DEDIT *CIL* 6.29896.

13 To appoint, assign; (w. pred.) to appoint (as); (w. inf.) to appoint (to perform a task). **b** to appoint (a day or time). **c** *legem dare*, to prescribe, issue (a law); *iura, ius, leges*, etc., *dare*, to give laws, a constitution, etc.; to prescribe (conduct, etc.).

CIL 1.585.37; ut aliquem populus daret, quicum communicaret CIC.*Off.*3.49; arbitros inter ciuitates dat CAES. *Gal.*1.5.1.9; cur non alter ab Latinis consul datur? LIV.8.4.3;—quos inter iudex datus es? PL.*Mer.*752; opus est mihi Phormionem..adiutorem dari TER.*Ph.*560; dat iste uiros optimos recuperatores CIC.*Ver.*3.54; qui..comes..caro datus ibat alumno VERG.*A.*11.33; LIV.7.1.2; QVI TVTOR H(ac) L(ege) DATVS ERIT *CIL* 2.1963.2.42; TAC.*Ann.*3.48;—Amphion..noctem..explorare datus STAT.*Theb.*10.388. **b** nuptiis hanc dat diem PAC.*trag.*115; IIII Kal. Axio dederam CIC.*Att.*12.1.2; postquam dies data indutiis praeteriit LIV.45.12.1. **c** legem..de libertinorum suffragiis..dedit CIC.*Corn.*1.fr.8; POST H. L. DATAM *CIL* 1.594.4.3.14; (*transf.*) necessitas dat legem; non ipsa accipit PUB.*Sent.*N. 23;—iura qui populis dabat VOLC.*poet.*4; leges..ab senatu quidem populoque Romano datas CIC.*Ver.*2.121; Caesar dum..uictor..uolentis per populos dat iura VERG.*G.*4.562; sacra deosque dabo *A.*12.192; HOR. *Carm.*3.3.44; quod populus in se ius dederit LIV.3.9.5;—saltatori motus non quiuis, sed certus quidam est datus CIC.*Fin.*3.24.

14 To bring forward, adduce, (also) to furnish (proof, evidence, etc.).

id ita esse ut credas, rem tibi auctorem dabo PL.*Trin.*107; ceteris specimen aliquod dedisti CIC.*Div.Caec.*27; ut ad ephoros sibi testimonium daret NEP.*Lys.*4.1; LIV.22.39.12; documenta damus, qua simus origine nati OV.*Met.*1.415; uiros..magna exempla daturos JUV.10.49;—(*witnesses*) do Iouem testem tibi te aetatem inpune habiturum PL.*Ps.*514; CIC.*Ver.*5.165; da testem JUV.16.29;—(*w. impers. subj.*) cui rei mors..Palamedi testimonium dat *Rhet.Her.*2.28; animi partes..dant clariora indicia naturae CIC.*Fin.*5.48.

15 To make available, allow, give (time, scope, opportunity, etc.). **b** *dare uiam, locum, spatium*, to give way, make room; *recessum, aditum*, etc., *dare*, to afford, allow retreat, access, etc. **c** (w. inf.) to make possible, enable.

quam longum spatium amandi amicam tibi dedi! TER. *Hec.*684; nisi summa necessitudo aut summa occasio data esset ASEL.*hist.*5; lege Pompeia ternis horis ad dicendum datis CIC.*Brut.*324; cur mihi tam diu potestas dicendi datur? *Clu.*147; *Cael.*28; data facultate per prouinciam itineris faciendi CAES.*Gal.*1.7.4; amori dare ludum HOR.*Carm.*3.12.1; quamquam nihil quietis dabatur LIV.10.17.9; PHAED. 3.14.12; (*w. epexegetic inf.*) uiam..per mare..strauit iterque dedit legionibus ire per altum LUCR.3.1030;—(*w. non-pers. subj.*) ea res dedit..existumandi copiam TER.*Hau.*282; dat ..id nobis solitudo CIC.*Fin.*5.8. **b** date uiam qua fugere liceat PL.*Aul.*407; LIV.26.5.13; dat populus sacris..uiam OV.*Ep.*11.70;—locum hostibus introeundi dedit SAL.*Jug.* 38.6; VERG.*A.*7.677;—quo squamigeri poterunt procedere tandem, ni spatium dederint latices? LUCR.1.379; CAES. *Gal.*1.52.3;—recessum..primis ultimi non dabant 5.43.5; aditum petentibus conueniundi non dabat NEP.*Paus.*3.3; multa..ad quae consuetudo uitae humanae..dat aditum SEN.*Ben.*5.21.1. **c** iam lubrica..frena, nec insisti madidus dat temo STAT.*Theb.*7.766; dabit antiquos..noscere mores (*sc.* urbs) SIL.14.683.

16 To concede, allow. **b** to grant, concede (in argument).

permitto aliquid iracundiae tuae, do adulescentiae CIC. *Sul.*46; ut concessisti illum (hominem) senatui, sic da hunc populo *Lig.*37; tantum odiis iraeque dabat OV.*Met.*4.448; nihil nec offensae nec gratiae dabitur SEN.*Apoc.*1.1; principes multa debent etiam famae dare *Cl.*1.15.5; sane Cassii et Brutorum exitus paternis inimicitiis datos TAC.*Ann.*1.10;—(*w.* ut, ne) dabitis..ut..utamur uerbis interdum inauditis CIC.*Ac.*1.24; do tempori, ne hirta toga sit, non ut serica QUINT.*Inst.*12.10.47. **b** ut in geometria, prima si dederis, danda sunt omnia CIC.*Fin.*5.83; unde datum hoc sumis? PERS.5.124; QUINT.*Inst.*1.2.4;—(*w.* ut) demus hoc sane Bruto, ut sit beatus semper sapiens CIC.*Tusc.*5.34;—(*w. acc. and inf.*) hoc dasne..manere animos post mortem? CIC.*Tusc.*1.25; LUCR.3.541; non illud..dabis, esse aliquos..sub terra lacus? SEN.*Nat.*5.14.2.

17 To ascribe, attribute. **b** (w. pred. dat.) to impute (as a fault, etc.).

naturae..memoriam dabant CIC.*Ac.*1.20; aeternam..dabant uitam (*sc.* dis) LUCR.5.1175; SEN.*Ben.*6.32.4; aliqui XXXII stadia singulis schoenis dedere PLIN.*Nat.*12.53;—(*in a book*) liber, in quo multum..fortunae datur CIC.*Fin.* 5.12; preces non dat Miloni (Cicero) QUINT.*Inst.*6.1.27; multa..commenta in Democriti nomen data GEL.10.12.8; (*cf.*) dandosne putes hos libros Varroni (*i.e. as narrator or interlocutor*) CIC.*Att.*13.19.5;—(*w.* ut) nec..possum meo tantum ingenio dare ut tot res..mea sponte dispexerim *Sul.*40. **b** (*w.* uitio) TER.*Ad.*418; ceteris..uitio datum esset, si se interemissent CIC.*Off.*1.112; uitio mihi dant quod mortem hominis..grauiter fero MAT.*Fam.*11.28.2;—(*w.* crimini) NEP.*Ep.*8.2; crimini maxime dabant..ab iis impetum fieri LIV.1.5.4;—(*w.* laudi) id in me reprehendis quod Q. Metello laudi datum est CIC.*Planc.*89.

18 a To hold out (one's hand, etc., to be clasped); *manus dare*, to yield, surrender (to a conqueror; usu. transf.): see MANVS. **b** to offer (one's throat to an executioner, etc.; one's neck to fetters). **c** to give, lend (one's ears); to present, show (one's face). **d** *terga dare* (also w. *fugae, in fugam*) to take to one's heels, fly; (also w. dat.) to turn one's back (on), fly (from); see TERGVM. **e** *lora, habenas*, etc., *dare*, to give rein (to a horse), 'give him his head'. **f** *uela*, etc., *dare*, to spread one's sails to the wind, set sail; (for further exx. see the nouns).

a dare bracchia..uirginibus HOR.*Carm.*2.12.18; (*poet.*) siluae dant bracchia nodo implicitae *Aetna* 365;—(*in making a promise*) nec te noster amor nec te data dextera quondam..tenet..? VERG.*A.*4.307; LIV.26.14.4;—(*in friendship*) gladiis..remotis dant..accipiuntque manus OV.*Fast.* 3.226. **b** ceruices tribunus plebis priuato..daret? CIC. *Sest.*89; *Phil.*12.15; da iugulum *Tusc.*2.33;—tuis dare colla catenis STAT.*Ach.*1.944; SIL.15.247. **c** cum..auris meas Acutilio dedissem CIC.*Att.*1.5.4; (*w. gdve.*) audibo atque auris tibi contra utendas dabo ENN.*scen.*315;—dat uultum populo OV.*Ep.*16.251. **e** proni dant lora VERG.*G.* 3.107; *A.*1.156; aurea lora dabat OV.*Ars* 1.550;—(*fig.*) VERG.*A.*1.63; da frena et omnem prona nequitiam incita SEN.*Ag.*114. **f** dare uela et alium..nauibus accessum petere iubet LIV.29.27.9; non, quo dederas a litore carbasa, uento utendum OV.*Ars* 2.337; *Rem.*266.

19 To put, place, cause to go; (for *pessum dare* see PESSVM). **b** (in var. expressions indicating motion, usu. pass. or refl.) to cause to go, etc. **c** (usu. refl. or pass.) to put (before one), present. **d** *in conspectum dare, dari*, to make, become, visible; *palam dare*, to make clear or manifest.

eas radices dato circum uitem CATO *Agr.*114.1; *CIL* 1. 583.51; dabant in terram uulnere uictos LUCR.5.1321; in anum..danda plumbea fistula est CELS.7.27.8; uinum dedere (*i.e. poured*) in manus PETR.34.4; saeptus in arto dat catulos post terga leo V.FL.6.347; QUINT.*Inst.*1.4.15; SUET.*Aug.*96.1; (*poet.*) dedit per membra quietem VERG.*A.* 8.30;—(*w. adv.*) retro dabat aura capillos OV.*Met.*1.529; super medicamentum glutinans dandum est CELS.7.6 4; crine dato passim STAT.*Theb.*9.572;—(*w. dat.*) aquam manibus pedibusque dato FAB.PICT.*iur.*7; dare..madidis uelamina membris OV.*Ep.*18.61; ipsa dedit..crinibus aurum 20.89. **b** candida se radiis dedit icta foras lux ENN. *Ann.*90; mene uis dem ipse—in pedes? PL.*Capt.*121; in lectum maerore dabantur LUCR.6.1249; in medias dat sese acies VERG.*A.*12.227; terra se retro dedit SEN.*Oed.*576;—(*w.* praeceps) ut praecipitem hanc daret TER.*Ph.*625; praeceps saltu sese..in fluuium dedit VERG.*A.*9.816; LIV.31.37.9; TAC.*Ann.*1.44; (*fig.*) ambitione praeceps datus est SAL.*Jug.* 63.6; (in praeceps) totam rem publicam in praeceps dederat LIV.27.27.11. **c** adhinnire equolam possum..si detur sola soli PL.*Cist.*308; te mihi ipsum iamdudum optabam dari TER.*Hau.*758; trucidare quodcunque obuium detur LIV. 26.27.12; OV.*Met.*12.594;—(*of things*) qua summa..iunctura tabulata dabant VERG.*A.*2.464; ut quaeque materia se dabit COL.5.6.24. **d** nec sese dedit in conspectum corde cupitus ENN.*Ann.*48; TER.*Ph.*261; insequens dies hostem in conspectum dedit LIV.3.69.9; CELS.1.pr.42;—ipsa palam quod res dedit LUCR.3.355.

20 To give over, expose, consign (to conditions or treatment, or to places, etc., implying these). **b** to give over (for a stated purpose). **c** *leto, morti, dare*, etc., to cause to die, send to death or destruction.

(*w. dat.*) qui..terraest datus ACC.*trag.*112; maria ac terras caelumque..una dies dabit exitio LUCR.5.95; corpora ..ignibus aegra dedere VERG.*A.*2.566; quadringentorum annorum opus..excidio ac ruinis dedit LIV.1.29.6; nec mea Lethaeis scripta dabuntur aquis OV.*Ars* 3.340; STAT.*Theb.* 7.23; APUL.*Met.*7.26;—(*refl.*) pedibus protinam me dedi NAEV.*com.*35; ne me dem incertae..fugae CIC.*Att.*7.23.2; CAES.*Gal.*3.13.7; Metabus..dat sese fluuio VERG.*A.*11.565;—(*w.* ad) me haec deambulatio..ad languorem dedit TER. *Hau.*807; humiliores ad opus publicum dari ULP.*dig.*47.11.6;—(*w.* in+*acc.*) faciam ut pudeat, nam in ruborem te totum dabo PL.*Capt.*962; si hunc..archipiratam in eandem custodiam dedisset CIC.*Ver.*5.69; LIV.42.50.2; ipse me dedi in seruitutem PETR.57.4; TAC.*Ann.*4.7; nocturni effractores ..in metallum dari solent PAUL.*dig.*47.18.2. **b** (*w. gdve.*) te..uitam tuam tutandam aliis dedisse! TER.*Ph.*466; quo modo occidit? ipse percussit an aliis occidendum dedit? CIC.*S.Rosc.*74; CAES.*Civ.*3.31.4; nec Euris da mea..uerba ferenda OV.*Am.*1.4.12; SEN.*Ep.*13.13;—(*w. sup.*) dent emptum (*sc.* corn) CIC.*Ver.*3.199;—(*w. epexegetic inf.*) dederat ..comam diffundere uentis VERG.*A.*1.319. **c** haec me modo ad mortem dedit PL.*Am.*809; me toxico morti dabo *Mer.*472; cum..Achilles..milia multa daret leto VERG.*A.* 5.806.

21 (refl.) To make oneself or one's services available; (w. pred. adj.) to show oneself (particularly disposed), behave (in a certain way). **b** to come off (in such and such a way); (of situations, etc.) to turn out.

quase in choro ludens datatim dat se et communem facit NAEV.*com.*75; ipsa accumbere mecum, mihi sese dare TER. *Eu.*516; dent modo se superi SIL.3.150;—quin te ergo hilarum das mihi? PL.*As.*850; qualem Saturnia..te solet amplecti..da mihi te talem OV.*Met.*3.295. **b** mirum ni ego me turpiter..hic dabo cum..hoc eunucho TER.*Eu.*230; usque quaque..se Domitii male dant CAEL.*Fam.*8.15.2;—ut res dant sese ita magni atque humiles sumus TER.*Hec.* 380; ad me uelim..ut se initia dederint perscribas CIC.*Att.* 3.23.5; multa..melius se nocte dedere VERG.*G.*1.287; SEN. *Ep.*79.5; negotium belle se dedit AUR.*Fro.*1.p.216(75N).

22 To devote (oneself, one's mind, body, etc., to a cause or pursuit). **b** to give over, devote (a period of time). **c** *operam dare*, to take trouble, make an effort (over), give attention (to a thing or person); *data opera*, purposely, intentionally: see OPERA.

dehinc iam certumst otio dare me PL.*Trin.*838; ego me do historiae CIC.*Att.*2.8.1; data sunt..corpora bina fugae OV.*Ars* 2.72; animum..rebus credulum laetis dedit SEN. *Tro.*3; fore ut Germanicus..daret..se legionibus TAC. *Ann.* 1.31;—(*w.* ad) CIC.*Div.Caec.*4; dant..se ad ludendum (liberi) *Fin.*5.42;—(*w.* in+*acc.*) in istius familiaritatem sese dedit *Ver.*2.169; te..haec in bella dedisti VERG.*A.*12.633. **b** datur hora quieti VERG.*A.*5.844; LIV.5.47.6; OV.*Am.*3.6. 9; exiguum..dare tempus amico *Pont.*3.3.1.

23 To bring forth, give birth to, produce.

dedit..ferarum ingentia corpora partu (tellus) LUCR. 2.1152; poma dat autumnus OV.*Rem.*187; terra fabas tantum..dabat *Fast.*6.180; Galliae..suum genus farris dedere PLIN.*Nat.*18.62;—(liberos *or sim.*) nulla quit sine te domus liberos dare CATUL.61.67; siluae..dant alios aliae fetus VERG.*G.*2.442; nos..mox daturos progeniem uitiosiorem HOR.*Carm.*3.6.47; prolem..gemellam..dedi OV.*Ep.* 6.122; (*of signs of the Zodiac*) partus..quos dat Virginis astrum MAN.2.548;—(*transf.*) talis uirgo dabat ore colores VERG.*A.*12.69; ara dabat fumos OV.*Fast.*1.343; eius schola principes oratorum dedit QUINT.*Inst.*12.10.22.

24 To produce, cause, bring about; (w. dat.) to cause (for), inflict (on); see also DAMNVM, MALVM[1]. **b** (w. pred.) to render, make, cause to be.

sescenti nummi quid agunt, quas turbas danunt? PL. *Per.*852; TER.*Eu.*301; causam belli..ferendi dedisti CIC. *Phil.*2.53; dat sonitu magno stragem (amnis) LUCR.1.288; neque..tot ferro..dedisset funera VERG.*A.*8.570; densior..puluis equitum speciem cogentium agmen dabat LIV.10.41.6; nec..ullas stagna dedere moras STAT.*Theb.*9.327; ULP. *dig.*9. 1.1.7; (*w. inf.*) motus..Cithaeron antiquas dedit ire niues STAT. *Theb.*3.38;—(*of meteorological phenomena*) pluuias decrescens dabit (luna) VAR.in Plin.*Nat.*18.349; si totus (sol) defluxerit equaliter serenitatem dabit PLIN.*Nat.*18.345;—illi perniciem dabo ENN.*scen.*271; LUCR.5.1340; dare uulnera possumus hosti OV.*Met.*1.458. **b** (*w. adj.*) di..mihi hunc diem dedistis luculentum PL.*Epid.*341; SIL.7.212; —(*w. pf. pple.*) hoc tibi inuentum dabo TER.*An.*683; hostis..uictos dare SAL.*Jug.*59.3; te mea dextera bello defensum dabit VERG.*A.*12.437; SEN.*Suas.*6.5; STAT.*Theb.*1.568.

25 (w. verbal nouns and sim.) To make, perform.

dedit pausam ore loquendi LUCIL.18; cum corpus..atque animi natura..discessum dederint LUCR.4.45; (serpens) longos fugiens dat corpore tortus VERG.*A.*5.276; fugam dant nubila caelo 12.367; ad tibicinis modos saltantes, haud indecoros motus..dabant LIV.7.2.4; saltum..datura OV. *Met.*4.552; mulas quae cessum dant PAUL.*dig.*21.1.43;—(*hostile actions*) is nostrae naui lembus insidias dabat PL.*Bac.* 286; obiecto..dabat clipeo certamina *Culex* 316; dant impressionem qua Postumius Albus cohortes obiecerat LIV.4. 28.6; TAC.*Ann.*2.20; (*of animals*) quae imbelles dant proelia cerui VERG.*G.*3.265; GRAT.155.

26 To give out, utter, produce (sounds).

sonitum..arma dederunt ENN.*Ann.*415; gemitum dat pectore ab imo VERG.*A.*1.485; non dare carmen auis PROP. 4.3.32; fragorem silua dat OV.*Met.*8.341; classica det bellos saeuos tu neclege cantus LUC.4.186; PLIN.*Nat.*18.363.

27 To utter (speech). **b** to give (an answer or response). **c** *uerba dare*, to give (empty) words (to), to deceive, impose upon, cheat: see VERBVM; (also in sim. phrs.).

quam tibi ex ore orationem duriter dictis dedit ENN.*scen.* 306; dicta lingua dulcia datis PL.*Truc.*180; has..Latonia uoces ore dabat VERG.*A.*11.535; (*w. dat.*) cum Varius Graccusque darent fera dicta tyrannis OV.*Pont.*4.16.31. **b** senatus Sopatro responsum nullum dat CIC.*Ver.*4.85; VERG.*A.*2.376; LIV.26.31.7;—(*oracles*) oraculum erat datum ..uictrices Athenas fore CIC.*Tusc.*1.116; da, pater, augurium VERG.*A.*3.89; LIV.8.24.2; ut circa fana bacchari soleret et quasi demens responsa daret ULP.*dig.*21.1.1.10. **c** noli putare..me hoc auribus tuis dare TREBON.*Fam.*12.16.1.

28 To give out, relate, tell of, communicate. **b** to put forward, mention.

si liceat..hoc uersibus reddere quod do LUCIL.1036; uisa ..uobis Thessalici da bella ducis V.FL.5.218; numquam ulli se uiuo conpositionem eius dedit LARG.94;—(*w. acc. and inf.*) Asopos genuisse datur (*sc.* Hypsea) STAT.*Theb.* 7.315; *Silv.*3.3.80;—(*w. indir. qu.*) quam ob rem has partis didicerim paucis dabo TER.*Hau.*10; iste deus qui sit, da..

nobis VERG.*Ecl.*1.18; HOR.*S.*2.8.4; OV.*Rem.*796. **b** Murredius..Publilianam sententiam dedit SEN.*Con.*7.3.8; da mihi quemquam, qui magnificentius dominum seruauerit SEN.*Ben.*3.23.5; nemo id (*sc. word*) doctorum hominum dedit GEL.19.8.18.

dō²: see DOMVS.

doceō ~ere ~uī ~tum, *tr.* [cf. DECET, Gk. δοκέω]

1 To tell, inform (a person of a fact, etc.). **b** (w. acc. and inf.; w. indir. qu.).

(*w. two accs.*) te tua fata ~ebo VERG.*A.*6.759; socios ausus sua pacta ~ere V.FL.8.221; (*pass.*) percunctatus omnia ~etur PLIN.*Nat.*7.27.7;—(*w. acc. of person*) ~ere iudicem possunt CIC.*de Orat.*2.215; an adisset ~uissetque proconsulem PLIN.*Ep.*10.56.4; (*pass.*) quo..ab indice ~tus OV.*Am.* 2.1.9;—(*w. acc. of thing*) aduentum Pompei ~uerunt CAES. *Civ.*3.79.6; opes suas..~ere SAL.*Cat.*17.1; VERG.*A.*3.717; V.FL.1.235; proelium..cuius euentum litterae..~uere TAC. *Hist.*4.31;—(*w.* de) quo minus de his rebus Sulla ~eatur CIC.*S.Rosc.*110; praemittit ad Boios qui de suo aduentu ~eant CAES.*Gal.*7.10.3; quidnam id esset quod de lacu Albano ~uisset LIV.5.15.8;—(*absol. or ellipt.*) quaeso qui possum ~e bonum animum habere? PL.*Ps.*866; LUCIL.869; OV.*Fast.*6.525;—(*w.* ut) interfecto Indutiomaro ut ~uimus ad eius propinquos..imperium defertur CAES.*Gal.*6.2.1; ut proficiscentem ~ui te saepe HOR.*Ep.*1.13.1. **b** ~ent non oportere se id iurare facturos esse CIC.*Ver.*1.123; CAES. *Gal.*3.5.2; milites..~et oppidum..non amplius mille passuum abesse SAL.*Jug.*68.3; me ~uit melimela rubere minorem ad lunam delecta HOR.*S.*2.8.31; CURT.4.1.28; TAC. *Ann.*1.66; (*w. non-personal subj.*) ubi commoto ~uerunt puluere nubes hostem ferre gradum SIL.4.94;—quo me habeam pacto..~ebo LUCIL.181; quae (litterae) me ~erent, quid ageres CIC.*Fam.*3.6.5; CAES.*Gal.*1.43.6; VERG.*A.*8.50; utrius horum uerba probes..~e HOR.*Ep.*1.17.16; Spurinna ..quid Caecina pararet, Annium Gallum per litteras ~et TAC.*Hist.*2.23.

2 To instruct (an advocate).

isti..qui ad nos causas deferunt, ita nos..~ent, ut.. CIC.*de Orat.*3.50; ita eos (*sc.* patronos) abs te institui et ~eri *Ver.*2.149; interrogati..quem (*sc.* patronum) ~uissent PLIN. *Ep.*5.4.2;—(*w.* causam) cum me hanc causam ~eret CIC. *Clu.*198; *Scaur.*27; plurimi (*sc. clients*)..tamquam non ~eant causam, sed agant QUINT.*Inst.*12.8.9; dignos a quibus causam diserti ~erentur 6.2.3.

3 To demonstrate, show (by argument or other means). **b** (w. non-personal subjs.).

ut..disputaret nullam artem esse dicendi; idque cum argumentis ~uerat CIC.*de Orat.*1.90; geometrae solent non omnia ~ere *Off.*3.33; quod quoniam ~ui LUCR.2.478; et hoc paucis ~ebo PLIN.*Nat.*34.6;—(*w. acc. and inf.*) ~e te petisse ab eo istam..pecuniam CIC.*Quinct.*37; (animam) mortalem esse ~ens LUCR.3.423; dum ~eo insanire omnis HOR.*S.* 2.3.81; ULP.*dig.*4.2.14.3;—(*w. indir. qu.*) animi quoniam ~ui natura quid esset LUCR.4.30; si prius ~ueris quae partem malorum leuatura sint SEN.*Ep.*48.9;—(*w.* de) non debet de iure suo ~ere ULP.*dig.*43.19.3.13; PAUL.*dig.*43.20.7; —(*absol. or ellipt.*) CIC.*Mur.*73; optare hoc quidem est, non ~ere *Tusc.*2.30; ut neque finis, uti ~ui, neque summa sit ulla LUCR.2.339. **b** ipsa ~et titulo se causa MAN.4.848; —(*w. acc. and inf.*) quod fieri..manifesta ~et res LUCR. 3.690; euentus ~uit fortes fortunam iuuare LIV.8.29.5; STAT.*Theb.*1.445;—(*w. indir. qu.*) pariunt absinthia campi, terraque de fructu quam sit amara ~et OV.*Pont.*3.8.16; quam atrociter dimicatum sit exitus ~uit FLOR.*Epit.*2.12 (4.1.11);—(*absol. or ellipt.*) et, ut res ~uit, in periculo non ausurus TAC.*Hist.*1.35.

4 To teach (a person a skill, knowledge, etc.), instruct in. **b** (w. inf.) to teach (a person to do something); (also w. indir. command). **c** (w. indir. qu.). **d** (absol.) to act as a teacher, teach.

(*w. two accs.*) praeceptor tuos, qui te hanc fallaciam ~uit PL.*Ps.*1194; ea quae nos libri ~ent in umbra atque otio CIC.*Balb.*15; illi..tauros primi ~uisse feruntur seruitium TIB.2.1.41; seruos publicos..sollemnia eius sacri ~uerat LIV.9.29.9; linguas hominum..~ebit..uolucres MAN.5.378; —(*pass. w. retained acc.*) ~entur praestigias inhonestas SCIP.min.*orat.*20; VAR.*L.*6.62; studiosi agricolationis hoc primum ~endi sunt COL.3.3.2; GEL.19.9.7;—(*w. acc. of thing*) ~ui monui bene praecepi semper quae potui omnia TER.*Ad.*963; Bacchum..carmina..uidi ~entem HOR.*Carm.* 2.19.2; nec frugalitatem ~ent rura SEN.*Ep.*94.69; PLIN. *Nat.*10.28;—(*w. acc. of person, etc.*) peritus belli alios (equos) eligit atque alit ac ~et VAR.*R.*2.7.15; pueros aut adulescentulos ~ere conantur CIC.*de Orat.*2.76; VERG.*A.*1.741; ~uit neminem talento minoris PLIN.*Nat.*35.76; JUV.7.176; —(*pass.*) nostri usu ~ti haec reperiebant remedia CAES. *Civ.*3.50.2; turba ~enda uenit, pulchrae turpesque puellae OV.*Ars* 3.255; SEN.*Ep.*94.3; ~entur (picae) secreto et ubi nulla alia uox misceatur PLIN.*Nat.*10.120;—(*w. preps.*) in eodem..uidentur ludo ~tae ad malitiam TER.*Hec.*203; de religione..pontificum conlegium ~ere CIC.*Dom.*33; ut super..nominibus regionibusque ~ere nos..uellet GEL. 2.22.2;—(*w. abl. of respect*) Socraten fidibus ~uit nobilissimus fidicen CIC.*Fam.*9.22.3; uicarium..~endum cures equo armisque LIV.29.1.8. **b** etiam modestos homines sibilare ~uerunt CIC.*Att.*2.19.2; boues lucas..~uerunt uulnera..sufferre LUCR.5.1303; VERG.*A.*5.598; tempore.. pati frena ~entur equi OV.*Ars* 1.472; QUINT.*Inst.*2.8.13; TAC.*Ger.*15.3; (*poet.*) riuus..multa mole ~endus..parcere prato HOR.*Ep.*1.14.30;—(*w. inanim. subj.*) contemnere uolnus consuetudo ~et CIC.*Tusc.*2.38; peccare ~entis.. historias HOR.*Carm.*3.7.19; COL.10.388;—(*ellipt.*) (equus) traditur magistro, ut equiso ~eat tolutim (*sc.* ire) VAR. *Men.*559;—eum ego ~ebo..ut sibi esse datum argentum dicat PL.*Epid.*364; ~uit..nos longa uita..ut quibus rebus animi hominum mouerentur teneremus CIC.*de Orat.*2.204; sit modo casta, ~e TIB.1.6.67. **c** quem ad modum inueniam quid dicam, non ~et CIC.*de Orat.*2.159; CAES. *Gal.*2.20.3; VERG.*A.*4.116; HOR.*Ep.*2.2.41; qui ~ent, quid uitandum sit SEN.*Ep.*52.8; QUINT.*Inst.*1.11.12. **d** maxime probaui..Apollonium, qui cum mercede ~eret.. CIC.*de Orat.*1.126; qui cogeretur ~ere ante quam ipse didicisset *Dom.*141; homines, dum ~ent, discunt SEN.*Ep.*7.8; non.. ~eo, sed admoneo ~turos QUINT.*Inst.*1.4.17; GEL.19.10.7;—(*pple. as sb.*) inluminat..rectam uiam ~entis magisterium COL.1.1.16; QUINT.*Inst.*1.1.36.

5 ~*ere fabulam* or sim., To produce a play, etc.

Liuius primus fabulam..~uit CIC.*Brut.*72; cum Orestem fabulam ~eret Euripides *Tusc.*4.63; uel qui praetextas uel qui ~uere togatas HOR.*Ars* 288; VITR.7.pr.11; Simonides.. ~uisse se carmina..gloriatur V.MAX.8.7.ext.13; SUET.*Cl.* 11.2.

dochmius ~iī, *m.* [Gk. δόχμιος] (pros.) The dochmiac 'metron' or foot.

~ius..e quinque syllabis, breui, duabus longis, breui, longa CIC.*Orat.*218; QUINT.*Inst.*9.4.79; 9.4.97.

docilis ~is ~e, *a. compar.* ~ior. [DOCEO+-ILIS]

1 Ready or apt to learn, teachable. **b** (rhet.) attentive, ready to listen.

ingenium ~e, come, aptum ad artes optimas NEP.*Di.*1.2; te ~is magistro mouit Amphion lapides canendo HOR.*Carm.* 3.11.1; OV.*Ars*1.267; iuuentutem..etiam sine malis exemplis per se ~em SEN.*Dial.*12.10.10; typos scalpsit, ~is ac laboriosus ante omnes PLIN.*Nat.*35.128; QUINT.*Inst.*2.9.3; —(*w.* ad) nimio es tu ad istas res discipulus ~ior PL.*Bac.*164; operarios..ad agri culturam ~es VAR.*R.*1.17.3; o medicum suauem meque ~em ad hanc disciplinam! CIC.*Fam.*7.20.3; SUET.*Cal.*54.2;—(*w. gen.*) praui ~is..iuuentus HOR.*S.*2.2.52; SIL.3.233;—(*w. dat. of gdve.*) ~es imitandis..turpibus.. omnes sumus JUV.14.41;—(*w. inf.*) suetus ciuilibus armis et ~is Sullam scelerum uicisse magistrum LUC.1.326;—(*of animals*) ille Indus..unam coercet beluam et eam ~em CIC.*Rep.*2.67; fingit equum tenera ~em ceruice magister HOR.*Ep.*1.2.64; LIV.23.29.5; CURT.8.9.16; (*w. abl. of respect*) luscinias Graeco ac Latino sermone ~es PLIN.*Nat.*10.120. **b** ut..attentum..faciamus iudicem et ~em CIC.*de Orat.*2. 323;—(*w.* ad) nisi illum (*sc.* iudicem) fecerimus ad ea, quae dicemus, ~em QUINT.*Inst.*4.1.38; 4.2.24.

2 Responsive, tractable.

(*of persons*) uidua..tibi ad quae uelis minime ~is APUL. *Apol.*92;—(*of things*) ~es et centum flexibus apti (capilli) OV.*Am.*1.14.13; ~es mihi donat auenas CALP.*Ecl.*2.28; PLIN.*Nat.*33.88; (*transf. ep.*) qui me tam ~is potuisti fundere in usus PROP.4.2.63.

3 Skilful, apt.

lusit Nereidum ~is chorus aequore toto MART.*Sp.*26.1;— (*w. inf.*) ~es spicula figere..Cretes SEN.*Phaed.*814; ~i calamorum..arte CALP.*Ecl.*6.10; manus..similis ~is.. fingere ceras STAT.*Silv.*5.1.1; (*poet.*) docilis..pascere rumorem ..pauor SIL.4.8.

4 (of a subject) That can be taught.

iustitiam..disciplinam putat et nunc ~em esse nunc usu et experiendo prouenire APUL.*Pl.*2.9.

docilitās ~ātis, *f.* [prec.+-TAS] Aptness to learn.

perspecto genere humanae ~atis atque ingeni CIC.*Sest.*91; ~atem ingenii NEP.*Att.*1.3; (*w.* ad) ~as ad omnis..artes SUET.*Tit.*3.1;—(*of animals*) quod ad ~atem attinet, regem adorant, genua submittunt (*sc. elephants*) PLIN.*Nat.*8.3; 8.157.

docis ~idis, *f.* [Gk. δοκίς] A kind of meteor.

flammae..quas Graeci cometas et ~idas..appellant APUL.*Mun.*3; 16.

doctē, *adv. compar.* ~ius, ~*superl.* ~issimē.

1 Cleverly, astutely, shrewdly.

blande et ~e percontat NAEV.*poet.*23(24).1; ut senem.. doctum ~e fallas PL.*Bac.*694; *Mil.*757; quis illas tibi monstrabit? — ego ~issume *Poen.*1149; PETR.105.10.

2 In a learned manner. **b** in a skilful or accomplished manner.

dicitur enim homo doctus et scribit ~e VAR.*L.*8.12; quicum haec familiariter ~eque rideam CIC.*Fam.*12.18.2; ferunt..eum..~e et copiose disseruisse quaedam *Tusc.*5.8; VITR.3.pr.1; Maeonio..cupis ~ius ore loqui MART.7.46.2. **b** pingimus..Achiuis ~ius HOR.*Ep.*2.1.33; qui fercula ~e conponat JUV.7.184.

doctiloquus ~a ~um, *a.* [DOCTVS+LOQVOR+-VS] Skilled or practised in speaking.

oratores ~i ENN.*Ann.*583; (*transf.*) CARMINE ~O *CIL* 6. 7946.

doctiusculē, *adv.* [compar. of DOCTVS+-CVLVS+-E] In a somewhat learned manner.

uerbum 'deprecor' ~ positum in Catulli carmine GEL. 7(6).16.2.

doctor ~ōris, *m.* [DOCEO+-TOR] A teacher, instructor, trainer.

(libri) qui quamquam plurimi sunt, ~orem tamen usumque desiderant CIC.*Fam.*7.19; SAL.*Jug.*85.32; ut pueris.. dant crustula..~ores HOR.*S.*1.1.26; OV.*Fast.*5.410; PERS. 6.38; palaestrici ~ores QUINT.*Inst.*12.2.12; GEL.17.5.3; (*applied to an animal-trainer*) prae se misere leones cum ~oribus armatis LUCR.5.1311;—(*w. gen. of pupil, etc.*) eius (*sc.* Xenocratis) ~or Plato CIC.*Tusc.*1.20; ~or argutae fidicen Thaliae, Phoebe HOR.*Carm.*4.6.26; V.MAX.2.3.2; T FLAVIO EXPEDITO ~ORI SAGITTAR *CIL* 6.3595;—(*w. gen. of subject, skill, etc.*) Graeci dicendi..~ores CIC.*de Orat.*1.23; obsceni ~or adulterii OV.*Tr.*2.212; ~ores sapientiae TAC. *Hist.*4.5; PLIN.*Pan.*47.1.

doctrīna ~ae, *f.* [DOCEO+-TRINA]

1 The act of teaching, instruction, training.

expetebant a me ~am sibi PL.*Mos.*155; declinationem uocabulorum, quo decurritur sine ~a VAR.*L.*10.51; ~a puerilis CIC.*Cael.*46; munita tenere..~a sapientum templa serena LUCR.2.8; HOR.*Carm.*4.4.33; ~ae pretium triste magister habet OV.*Pont.*2.10.16; QUINT.*Inst.*2.8.3; (*of animal training*) elephanti multorum annorum ~a..uix edocti *B.Afr.*27.2;—(*pl.*) parentium cura et praeceptorum ~is VITR.6.pr.4; 6.2.4.

2 That which is taught, teaching; *studium ~ae*, learned studies. **b** the teaching of a particular system of philosophy.

Graecis ~is institutus CIC.*Brut.*173; uoluminibus..editis, quae ~am eam (*sc.* picturae) continent PLIN.*Nat.*35.79;— eo accessit studium ~ae ut ne a litteris quidem alienus esses CIC.*S.Rosc.*46; *Fam.*6.6.3; *Rep.*1.14; nec illis deerant studia ~ae V.MAX.2.2.2. **b** accessit..~a non moderata nec mitis (*sc.* Stoica) CIC.*Mur.*60; *Q.fr.*1.3.5; ~am deos spernentem (*sc.* Epicuream) LIV.10.40.10.

3 A sect.

Orcheni..tertia Chaldaeorum ~a PLIN.*Nat.*6.123.

4 Learning; a branch of learning, science. **b** skill acquired by teaching, training.

est unum perfugium ~a ac litterae CIC.*Fam.*6.12.5; ciuitatem..quae..humanitate ~aque praestaret omnes NEP. *Att.*3.3; V.MAX.4.3.6; QUINT.*Inst.*11.1.89; inesse sibi elementa ~ae ostendebat TAC.*Ann.*13.3; SUET.*Cal.*34.2;— Pericles..primus adhibuit ~am (*sc.* dicendi) CIC.*Brut.*44; in ~is..antecessit condiscipulos NEP.*Ep.*2.2; qui summa ~arum subtilitate essent prudentes VITR.10.pr.2; Aristoteli, summo in omni ~a uiro PLIN.*Nat.*8.44; Cicero, lux ~arum altera 17.38; GEL.13.5.3. **b** tantum ~a potuit ut in dispari numero nulla (nauis) transuersa hosti obiceretur *B.Alex.*15.6; inter artifices longa differentia est et ingenii.. et ~ae et institutionis ULP.*dig.*46.3.31.

doctus ~a ~um, *a. compar.* ~ior, *superl.* ~issimus. [pple. of DOCEO] FORMS: ~*um* (gen. pl.) PL.*Ps.*678.

1 Learned, wise. **b** (of words, actions). **c** (masc. as sb.).

ut perdocte cuncta callet! nihil hac ~a ~ius PL.*Mos.*279; quantist sapere! numquam accedo quin abs te abeam ~ior TER.*Eu.*791; uirum..illis temporibus ~issimum, M. Catonem CIC.*Arch.*16; Graeciae ciuitas..~issima *Tusc.*5.66; si ~us uideare rudi..diffidet..illa sibi OV.*Ars* 1.767; sit mihi ..non ~issima coniunx MART.2.90.9; QUINT.*Inst.*8.6.37;— (*w. gen.*) ~e futuri Amphiarae STAT.*Theb.*1.398; Tubero ~issimus quidem habitus est iuris publici POMPON.*dig.* 1.2.2.46;—(*w. acc.*) ~e sermones utriusque linguae HOR. *Carm.*3.8.5;—(*w. adv.*) nec minus Graece quam Latine ~us SUET.*Gram.*7(p.105Re). **b** haut ~is dictis certantes ENN.*Ann.*270; PL.*As.*525; ausus..omne aeuum tribus explicare cartis ~is CATUL.1.7; tibi sacra fero ~ique laboris primitias GERM.*Arat.*3. **c** Isocratem..quem..omnes ~i summum oratorem esse dixerunt CIC.*Opt.Gen.*17; si qua sit sapientium ciuitas quam ~i fingunt LIV.26.22.14; TAC.*Ann.* 6.28; omnes ferme ~iores hisce uerbis utuntur GEL.6(7).9.1.

2 (of persons, faculties, etc.) Taught by practice or experience, expert. **b** (of animals).

~a..et erudita palata COL.8.16.4; ueteranus est latro et ipsis lenonibus ~ior PETR.84.5; QUINT.*Inst.*2.16.9; altera (uox) cruenta, sed ~a et ad uictoriam efficax FLOR.*Epit.* 2.13(4.2.50); (*transf. ep.*) uitem ~a ponere falce comas PROP.2.19.12; (*of actions*) uiginti minas..per ~os dolos..ut a me auferas PL.*Ps.*485;—(*w.* ad) ~us..ad male faciendum PL.*Epid.*378; OV.*Tr.*2.256;—(*w.* in+*abl.*) fuit mediocris in dicendo, ~issimus in disputando CIC.*Brut.*117; OV.*Ep.* 20.182; QUINT.*Inst.*12.3.3;—(*w. inf.*) sibi quisque ualere et uiuere ~us LUCR.5.961; ~us sagittas tendere..arcu HOR. *Carm.*1.29.9; prima ratem uentis credere ~a Tyros TIB. 1.7.20; canere tibiis ~us TAC.*Ann.*14.60;—(*w. abl. of respect*) manu ~issima Pallas CIC.*Arat.*548(302). **b** nullum est animal altero ~ius SEN.*Ep.*121.23; ~ae..aues quis..fandi ius natura dedit STAT.*Silv.*2.4.16;—(*w. gen.*) ~us uirgae sonipes SIL.3.293;—(*w. inf.*) ora fuere mihi (*sc. a parrot*) plus aue ~a loqui OV.*Am.*2.6.62; tigris..domini lambere ~a pedes MART.14.107.2.

3 (applied specially to poets and poetry); *~ae sorores* and sim., the Muses.

~arum hederae praemia frontium HOR.*Carm.*1.1.29; sic cecinit..~us..Catullus [TIB.]3.6.41; ~e Menandre PROP. 3.21.28; ~i furor arduus Lucreti STAT.*Silv.*2.7.76;—(*cf.*) Sapphica puella musa ~ior CATUL.35.17; ~ae Sirenes OV.*Met.*5.555;—(*transf.*) ~i..amnes (*i.e. the springs of Helicon*) STAT.*Silv.*2.7.12;—me..cura..seuocat a ~is.. uirginibus CATUL. 65.2; quam Phoebus amet ~aeque sorores MART. 1.70.15.

documen (doci-) ~inis, *n.* [DOCEO+-MEN] A warning, caution; an example, instance.

icti flammas ut fulguris halent pectore perfixo, ~en mortalibus acre LUCR.6.392;—MAUR.1932.

documentum (doci-) ~ī, *n.* [DOCEO+-MENTVM]

1 An example (serving as a precedent, warning, instruction, etc.).

~a, quae exempla docendi causa dicuntur VAR.*L.*6.62; tua..aliis ~a dature morte OV.*Met.*3.579; ut ~um omnium sint (damnati) SEN.*Dial.*3.6.4; statueretur..~um, quo uxorem imperator acciperet TAC.*Ann.*12.6;—(*pred. dat.*) singulis effossis oculis domum remittit, ut sint reliquis ~o CAES.*Gal.*7.4.10; LIV.5.51.8;—(*w. gen. indicating thing exemplified*) homo omnium scelerum..~um CIC.*Dom.*126; haec erunt honesti animi ~a COL.6.29.1; uanitatis Graecae certissimum ~um PLIN.*Nat.*3.152; TAC.*Ann.*1.30;—(*w.* in+*acc.*, ad, aduersus) nisi in hunc (*sc.* Mettium) insigne iam ~um mortalibus dedero LIV.1.28.6; nisi ~um sit aduersus superbiam 9.46.8; lacus Trasumennus et Cannae..ad praecauenda similia..~o sunt 24.8.20;—(*w. indir. qu.*) dederas ..quam contemneres popularis insanias..~a CIC.*Mil.*22; CAES.*Civ.*3.10.6; se ~o futurum utrum..dominatio an libertas firmata sit LIV.3.56.13; OV.*Met.*1.415; SEN.*Tro.*5; —(*w. acc. and inf.*) ~um dedistis..non..exstinctum esse nomen Romanum LIV.25.38.10; TAC.*Hist.*2.76;—(*w. inf.*) quod potest esse ~o nihil desperare, nulli rei fidere PLIN. *Ep.*4.24.6;—(*w.* ut, ne) captiuis aliis ~um dabo, ne tale quisquam facinus incipere audeat PL.*Capt.*752; CIC.*ad Brut.* 1.15.10; HOR.*S.*1.4.110; si hic tibi dies satis ~i dederit ut.. pati legitima imperia possis LIV.8.35.7.

2 Instruction, teaching.

mentium ~a..corporum exercitamenta APUL.*Fl.*15; quantam uellet mercedem sibi pro tanto ~o rependi 18.

dōdecatēmorium ~iī, *n.* [Gk. δωδεκατημόριον] A twelfth part of a zodiacal sign, two and a half degrees; also, one of the divisions of half a degree possessed by each of the five planets in each dodecatemory.
MAN.2.700;—2.740.

dōdecatheōn. Also written **~um.** [Gk. δώδεκα θεῶν, but poss. treated as neut. sg.] The name of a herb with medicinal properties, perh. primrose.
PLIN.*Nat.*25.28; 26.107.

Dōdōna ~ae, *f.* Also ~ē ~ēs. A town in Epirus, the seat of an oracle of Zeus.
CIC.*Div.*1.95; cum..glandes..deficerent siluae et uictum ~a negaret VERG.*G.*1.149; uideor ~a uerior augur PROP. 2.21.3; OV.*Tr.*4.8.43; LUC.3.441; PLIN.*Nat.*2.228.

Dōdōnaeus ~a ~um, *a.* Of or connected with Dodona.
quercum ~am CIC.*Att.*2.4.5; ab Ioue ~o *Div.*1.76; ~os.. lebetas VERG.*A.*3.466.

Dōdōnis ~idos, *f. adj.* = prec.
terram ~ida OV.*Met.*13.716; *Fast.*6.711; ~ida quercum V.FL.1.302; nymphae ~ides HYG.*Fab.*182.2.

dōdrans ~ntis, *m.* [< *de-quadrans; cf. *deunx, dextans*] Three-quarters (of any unit).
VAR.*L.*5.172; aedifici reliquum ~ntem emit HS DCCXXV CIC.*Att.*1.14.7; eum heredem..fecit ex ~nte NEP.*Att.*5.2; neque crassiores dextante nec tenuiores ~nte (*sc. of a foot*) VITR.3.4.4; LIV.8.11.14; cum ~nte pondo mellis COL.12.12.2; PLIN.*Nat.*2.58; soluere ~ntem (*sc. of a debt*) MART.8.9.1; SUET.*Jul.*83.2; ULP.*dig.*28.5.51(50).2.

dōdrantālis ~is ~e, *a.* [prec.+-ALIS] FORMS: *duo-* HYG.*agrim.*p.71. Measuring three-quarters of a foot.
ait oportere fieri..arrectaria turris in imo ~ia VITR. 10.13.4; COL.5.6.12; proscindi sulco ~i iugerum PLIN.*Nat.* 18.178.

dōdrantārius ~a ~um, *a.* [DODRANS+ -ARIVS] Of or belonging to a *dodrans*; *tabulae ~ariae*, (app.) debt-books connected with the Lex Valeria (86 B.C.), which reduced debts by three-quarters.
in tabulis ~is et quadrantariis, quas ait ab Hirtuleio institutas, Fontei officium desiderat CIC.*Font.*2.

dogma ~atis, *n.* [Gk. δόγμα] FORMS and GENDER: *~atis* (abl. pl.) FRO.*Aur.*2.p.62 (144N); *~am* (acc. fem.) LABER.*com.*17, AUR. *Fro.*1.p.32(254N). A doctrine, tenet, principle.
Epicuri ~ata CIC.*Luc.*106; Pythagoream ~am LABER. *com.*17; SEN.*Ep.*95.10; Catonis ~ata MART.1.8.2; stoica ~ata JUV.13.121.

dolābella[1] ~ae, *f.* [DOLABRA+-ELLA] A kind of hatchet.
circa crus ~a dimouenda terra est COL.4.24.4.

Dolābella[2] ~ae, *m.* A cognomen of the *gens Cornelia*, e.g. P. Cornelius Dolabella (died 43 B.C.), a son-in-law of Cicero.
CIC.*Caec.*23; *Phil.*1.5; *Att.*6.9.5; SEN.*Suas.*1.7.

Dolābelliānus ~a ~um, *a.* Named after a Dolabella.
pira ~a COL.12.10.4; PLIN.*Nat.*15.54.

dolābra ~ae, *f.* [DOLO[1]+-*bra* (see -BVLA)] A pick or similar tool.
~ae calonibus diuiduntur ad uallum proruendum LIV. 9.37.8; 21.11.8; CURT.5.6.5; nec minus ~a quam uomere bubulcus utatur COL.2.2.28; TAC.*Ann.*3.46; JUV.8.248.

dolābrārius ~(i)ī, *m.* [prec.+-ARIVS] (app.) A member of a fire brigade equipped with a pick.
CIL 5.908; CENTVRIA CENTONAR DOLABRAR SCALARIOR 5.5446; *A.Epig.*08.132.

dolāmen ~inis, *n.* [DOLO[1]+-MEN] The action of chopping or hewing.
truncus ~ine effigiatus APUL.*Fl.*1.

dōleāris, dōleārium, dōleārius: see DOLI-.

(**dolens** ~ntis), *a. compar.* ~ntior, *superl.* ~ntissimus. [pple. of DOLEO] (For positive exx. see the verb) Sorrowing, grieving; causing sorrow.
PATER ~NTISSIM *CIL* 8.21705;—nil illo fertur..uidisse ~ntius OV.*Met.*4.246.

dolenter, *adv. compar.* ~tius. [prec.+-TER[2]] With sorrow.
mihi de isdem rebus esse..si non subtilius disputandum, at certe ~tius deplorandum CIC.*Sest.*14; quicquid tibi scribo, ~ter..magis quam inimice facio PLANC.*Fam.*10.24.6; V.MAX.3.5.2; quod..Quintiani morte tam ~ter adficeris PLIN.*Ep.*9.9.1.

dolentia ~ae, *f.* [DOLENS+-IA] (See quot.)
quod..~am pro dolore (posuit Laeuius) GEL.19.7.10.

doleō ~ēre ~uī ~itum, *intr.* (*tr.*) Also *dep.* [cf. perh. DOLO[1]. Gk. δηλεῖσθαι] FORMS: *~eunt CIL* 3.10347; *~io* 11.932; *~ie(n)s* 6.16483, 29947, 12.2863; dep. 6.15454, 23176.

1 To suffer physical pain, be in pain, ache. **b** (of parts of the body, etc.) to be painful, hurt; (also impers.).
totus ~eo..ita me iste habuit senex gymnasium PL.*Aul.* 410; cum uarices secabantur C. Mario, ~ebat CIC.*Tusc.*2.35; Lucina ~entibus Iuno dicta puerperis CATUL.34.13; OV. *Met.*10.510; SEN.*Ep.*85.29; (*w. acc. of part concerned*) latus ~entibus LARG.170; (*w. abl.*) cum corpore ~emus CIC.*Fin.* 1.55;—(*cf.*) serotinae hiemes noxiae siluestribus (arboribus) quoque, quae magis etiam ~ent PLIN.*Nat.*17.16. **b** oculi spectando ~ent PL.*Men.*882; si cor ~et et si iecur aut pulmones aut praecordia CATO *Agr.*157.7; auriculas..collecta sorde ~entis HOR.*Ep.*1.2.53; cutis dura, crassa, ~ens CELS.5.26.27; (*w.* ab) si a sole ~eat (caput) PLIN.*Nat.* 24.15;—(*w. dat.*) quod tuo uiro oculi ~eant TER.*Ph.*1053; respondit Glycerae ~ere dentes MART.11.40.6;—quid nunc? ~etne? PL.*Ps.*155; suco ab altera nare, quam ~eat, infuso PLIN.*Nat.*25.166; PLIN.*Ep.*3.16.6; (*w. dat.*) mihi ~et quom ego uapulo PL.*Epid.*147.

2 To suffer mental pain, be afflicted, grieve. **b** to feel pained or aggrieved. **c** (combining senses 1 and 2).
satis iam ~ui ex animo PL.*Capt.*928; cor ~et quom scio ut nunc sum atque ut fui *Mos.*149; CIC.*Brut.*188; VERG.*A.* 6.733; si uis me flere, ~endum est primum ipsi tibi HOR.*Ars* 102; LIV.5.11.5; ille ~et uere qui sine teste dolet MART. 1.33.4; (*w. acc. of respect*) quom animum ~es AUR.*Fro.*2. p.220(231N); (*w. dat.*) nescioqui animus mihi ~et PL.*Mer.* 388;—(*w. internal acc.*) si alienam uicem pro nostra iniuria ~eremus CIC.*Ver.*1.113; si quid ~iturus eris PROP.4.11.79;—(*w. prep. indicating cause, etc.*) de Cossinio ~eo; dilexi hominem CIC.*Att.*13.46.4; *Tusc.*3.74; ob ea, quae speraueram ~ebam POL.*orat.*48; pars ~ere pro gloria imperi SAL. *Jug.*39.1;—(*w. abl. of cause*) o ~itura mea multum uirtute Neaera! HOR.*Epod.*15.11;—(*pple. as sb.*) ~entem nec Phrygius lapis..delenit HOR.*Carm.*3.1.41; habitum ac uoces ~entum..induebat TAC.*Ann.*4.12;—(*dep.*) QVISQVE LEGER(it) ..NECESSE EST ~EATVR *CIL* 6.15454. **b** TER.*Hau.*934; laesi ~ent, irati efferuntur CIC.*Cael.*21; VERG.*A.*11.732; sine amore graui femina nulla ~et PROP.3.8.10; grauius Saturnia iusto..fertur ~uisse OV.*Met.*3.334; SEN.*Dial.* 5.40.1; nec potest..propter eum ~ere et irasci iudex QUINT. *Inst.*9.4.143;—(*w. abl. of cause*) qui sociorum iniuriis..~eat CIC.*Ver.*3.6; paelicibus multis hanc ~uisse deam OV.*Tr.* 2.292. **c** ~eo ab animo, ~eo ab oculis, ~eo ab aegritudine PL.*Cist.*60; qui (*i.e. a dead person*) numquam ~iturus est SEN.*Dial.*11.9.2.

3 (w. acc. or cl.) To feel grief or pain in respect of, be grieved at.
haec ego ~eo, haec sunt quae me excruciant PL.*Trin.*287; Dionis mortem ~uerunt CIC.*Cael.*24; PROP.1.16.24; tua damna ~e OV.*Tr.*4.3.35; SEN.*Ep.*74.30; TAC.*Ann.*2.82;—(*pass.*) laetandum magis quam ~endum puto casum tuom SAL.*Jug.*14.22; eximius..animi meritusque ~eri STAT.*Silv.* 2.6.97;—(*dep.*) DE QVA NIHIL ALIVD ~ITVS EST NISI MORTEM *CIL* 6.23176;—(*w. acc. and inf.*) unum hoc..~eo tibi deesse, Terenti CAES.*poet.*2.6; horrere sacros ~uit Latona capillos TIB.2.3.23; LIV.7.30.13; illum ~uit properare Calypso OV.*Ars* 2.125; (*w. ellipsis of* se) uinci ~entem..Herculem HOR.*Carm.*4.4.62;—(*w.* quia, quod) an id ~es..quia illi suom officium non colunt? PL.*St.*34; ~eo, quia ~es LUCC. *Fam.*5.14.2; CAES.*Civ.*1.9.2.

4 To be a cause of pain or grief, rankle. **b** (impers.).
hoc ~et pudet piget *Inc.trag.*21; quid ~eat scribere audes CIC.*Fam.*4.4.2; an ioc ~ent? VERG.*Cat.*13.17; PROP.2. 18.4;—(*w. dat.*) quoi diuae ancillae ~ent PL.*Truc.*633; ~et dictum..adulescenti TER.*Eu.*430; CIC.*de Orat.*1.230; SAL.*Jug.*84.1. **b** cui placet obliuiscitur, cui ~et meminit CIC.*Mur.*42;—(*w. acc. and inf.*) ~et huic puello sese uenum dusier PL.fr.89;—(*w.* quia, quod, si) si ferri uideo te, extemplo ~et PL.*Poen.*150; tibi quia superest ~et TER. *Ph.*162; CATUL.63.73; nobis ~et..quod solem emere non possumus SEN.*Nat.*4b.13.3.

dōleum ~ī, *n.*: see DOLIVM.

dōliāris ~is ~e, *a.* [DOLIVM+-ARIS]

1 Of or connected with the making of *dolia*; that is shaped like a *dolium.*
OPVS ~E *CIL* 8.10475(23); TESSERA DOLIAR(IS) 15.170; 15.329;—apud anum illam ~em, claudam, crassam PL. *Ps.*659.

2 Kept in a *dolium.*
si ~e uinum emeris ULP.*dig.*18.6.1.4.

dōliārium ~iī, *n.* **dōle-.** [neut. of next] A wine-store.
si ex ~io pars uini uenierit GAIUS *dig.*18.1.35.7.

dōliārius ~a ~um, *a.* **dōle-.** [DOLIVM+ -ARIVS] Of or relating to *dolia.*
EX OFFI(cina) ~A MAIORIS *CIL* 8.22632(34); 15.1390.

Dolic(h)ēnus ~a ~um, *a.* Cult-title of Jupiter (from Doliche or Dolica in Syria).
CIL 6.30942; SACERDOS ~I 10.6304.

dolichodromos ~ī, *m.* [Gk. δολιχοδρόμος] A long-distance foot-race (app. varying between 7 and 24 stades).
uicerunt Zetes..~o, Calais..diaulo HYG.*Fab.*273.10.

dolichos ~ī, *m.* [Gk. δόλιχος] A kind of bean, perh. *Vigna sinensis.*
PLIN.*Nat.*16.244.

dōliolum ~ī, *n.* [DOLIVM+-OLVM]

1 A small *dolium*; (pl.) a place in Rome (see quots.).
condita in ~is (sacra) LIV.5.40.8; COL.12.44.3;—locus qui uocatur ~a ad cluacam maximam, ubi non licet despuere, a ~is sub terra VAR.*L.*5.157; PAUL.*Fest.*p.69M.

2 The calyx of a flower.
ibi optimus (sucus)..ubi optimorum ~is florum conditur PLIN.*Nat.*11.32.

dolitō ~āre, *intr.* [DOLEO+-TO] To be painful, hurt.
omnia sana faciet..intro quae ~abunt CATO *Agr.*157.7.

dōlium ~iī, *n.* [< *del- (DOLO[1]); cf. MBulg. *dělva*] A large earthenware vessel for storing liquids, grain, etc.
ei promisi ~ium uini dare PL.*Cist.*542; TER.*Hau.*460; CATO *Agr.*1.4; VAR.*R.*3.15.2; bibitur usque eo dum de ~io ministretur CIC.*Pis.*67; LUCR.4.1026; inane lymphae ~ium fundo pereuntis imo HOR.*Carm.*3.11.27; farre..cum complura ~ia complesset LIV.23.19.8; COL.12.4.5; uinum..in ~ia..coicimus..ut ex his postea..in amphoras..diffundamus PROC.*dig.*33.6.15; hominem ~io..abscondit APUL. *Met.*9.5; (*prov.*) in pertussum ingerimus dicta ~ium PL. *Ps.*369.

dolō[1] ~āre ~āuī ~ātum, *tr.* [*del-, cf. Skt. *dálati*, Gk. δαιδάλλω, δέλτος] FORMS: *~ītus* (= *~atus*) VAR.*Men.*7.

1 To hew or chop into shape.
materiem..succidet, ~abit, secabit CATO *Agr.*14.3; 37.3; scyphus caelo ~itus VAR.*Men.*7; CIC.*Div.*2.86; stipes..falce ~atus PROP.4.2.59; VITR.2.10.1; sincipitis..particula mille plagis ~ata PETR.135.4; me..manus..rusticae dolauerunt *Priap.*63.10; perticae ~antur in quadrum COL.8.3.7; MART. 6.49.1; HYG.*agrim.*p.75;—(*fig.*) si hodie hunc dolum ~amus PL.*Mil.*938; neque..perpoliuit illud opus; sed..sicut potuit, ~auit CIC.*de Orat.*2.54.

2 To inflict blows on, batter.
nautae..lumbos..fuste ~at HOR.*S.*1.5.23;—(*obsc.*) ~asti uxorem POMPON.*com.*82; *Priap.*46.9.

dolō[2] ~ōnis, *m.* [Gk. δόλων]

1 A weapon, app. having a wooden shaft and short iron point.
pila manu saeuosque gerunt in bella ~ones VERG.*A.*7. 664; tereti..armata ~one..Barce SIL.3.250; in publico cum ~one ac uenatorio cultro praestolantes SUET.*Cl.*13.1; (*facet.*) ne ~one collum conpungam (*a fly speaking*) tibi PHAED.3.6.3.

2 A topsail.
~onibus erectis altum petere intendit LIV.36.44.3; 37.30.7.

Dolōn ~ōnis, *m.* A Trojan spy killed by Ulysses.
VERG.*A.*12.347; OV.*Ars* 2.135; *Met.*13.244.

Dolopes ~um, *m. pl.* A people of Thessaly.
CIC.*Pis.*91; VERG.*A.*2.7; STAT.*Ach.*1.777;—(*sg.*) gelidus ~s SEN.*Her.O.*125; HYG.*Fab.*pr.14.

dolor ~ōris, *m.* [DOLEO+-OR]

1 Physical pain. **b** (combined w. sense 2).
puellam peperit..sine ~oribus PL.*Cist.*141; lateralis ~or LUCIL.1314; ne succussu arripiat maior ~or PAC.*trag.*258; sine ~ore interire CIC.*Att.*2.21.1; elephas..~ore concitatus *B.Afr.*84.1; ~or balantum lapsus ad ossa VERG.*G.*3.457; cum Cinarae traheret Lucina ~ores PROP.4.1.99; LIV.21.2.6; ~orem silentio pressit V.MAX.3.3.ext.1; si..dens ~ores mouet CELS.7.12.1; cantherium..~ore deformem APUL. *Met.*8.23; MELINV AD OMNEM ~OREM *CIL* 7.1316b; (*cf.*) undique primo ~or (*sc.* arbori), mox et macies earum partium (*i.e. branches*) PLIN.*Nat.*17.225;—(*w. gen. expr. cause*) ~oribus podagrae CIC.*Tusc.*2.45; siquis..excepit..quemuis morbi per membra ~orem LUCR.6.657; uulneris ~ore maerentem APUL.*Met.*5.28;—(*expr. seat of pain*) ad lateris ~orem CATO *Agr.*125; articulorum ~ores CIC.*Att.*1.5.8; capitis..finge ~orem OV.*Am.*1.8.73; oculorum tumores.. et ~ores LARG.21; (*cf.*) communis (morbus, *i.e. of trees*) uermiculatio..ac ~or membrorum PLIN.*Nat.*17.218. **b** non placuit Epicuro medium esse quiddam inter ~orem et uoluptatem CIC.*Fin.*1.38; priuata ~ore omni (*sc.* diuum natura) LUCR.2.649; (*cf.*) animi, non corporis ~ore poenae modum aestimantes V.MAX.9.10.ext.2.

2 Distress (of mind), anguish, grief; (esp. dist. from outward manifestations). **b** (foll. by noun cl.) distress (that). **c** (transf.) an object or cause of distress; (w. gen.) a distress (to).
quantum corde capio ~orem PL.*Truc.*456; scindens ~ore ..comam ACC.*trag.*672; ad ceteras meas miserias accessit ~or..de..ualetudine..Tulliae CIC.*Fam.*14.9; domesticus ~or MET.CEL.*Fam.*5.1.2; infandum, regina, iubes renouare ~orem VERG.*A.*2.3; totam..uitam miscet ~or et gaudium PHAED.4.17(18).10; *CIL* 14.3579.17; APUL.*Met.*5.5; (*of love*) uestros didici reticere ~ores PROP.1.10.13; (*exclam.*) a ~or! ibat Hylas, ibat Hamadryasin 1.20.32;—(*w. subj. gen.*) eorum ~orem, qui lugebant suos CIC.*de Orat.*2.199; necquicquam ~or sedatur puellae APUL.*Met.*4.24;—(*w. gen. expr. cause*) cum aliquo ~ore flagitiorum suorum CIC.*Pis.*12; ut lacrimis desiderii futuri ~orem indicaret NEP.*Att.*4.5; ~ore coniugis amissae OV.*Met.*7.688; (*cf., w. poss. adj.*) occidit dextra sua, tuo ~ore SEN.*Her.O.*1466;—(*pred. dat.*) nisi iis dolori meus fuisset ~or CIC.*Fam.*7.2.3; magno esse Germanis ~ori Ariouisti mortem CAES.*Gal.*5.29.3; SEN.*Ep.* 91.13;—~orem alii, nos luctum maeroremque suscepimus CIC.*Balb.*61; lacrimas cito, ~orem et tristitiam tarde ponunt TAC.*Ger.*27.2. **b** magnum accipio ~orem, homines..L. Pisonem ducem..non secutos CIC.*Phil.*1.14; *Att.* 6.1.6. **c** o ~or atque decus magnum rediture parenti VERG.*A.*10.507; tu mihi luce ~or..uenis OV.*Ep.*13.104; *Met.*10.198; aeternus Phoebo ~or..eris STAT.*Theb.*8.195; (*cf.*) illa (*sc.* Venus) potest..duris mentibus esse ~or PROP. 1.14.18;—nate, ~or matris OV.*Ep.*11.111; conditus hic ego sum Bassi ~or, Vrbicus infans MART.7.96.1; 11.13.5.

3 A feeling of resentment, indignation.
tibi molestumst, gnate mi, si haec nunc mecum accubat? — pietas, pater, oculis ~orem prohibet PL.*As.*831; ~ori suo, non rei publicae commodis seruiunt CIC.*Div.Caec.*64; nec diu moratur ~orem suum quin eos interfici iubeat *B.Alex.*55.2; quos iustus in hostem fert ~or VERG.*A.*8.501; OV.*Met.*9.151; in uindicanda pudicitia ~ore suo pro publica lege usi V.MAX.6.1.13; iustus mihi ~or. .aduersus deos esset TAC.*Ann.*2.71; JUV.10.315; (*poet.*) respondet (*sc.* lapis) et ictu scintillat ~or *Aetna* 405;—(*w. subj. gen.*) populi. .~or iustus CIC.*Part.*105; animi ~ore incensus. .centurionem interfecit *B.Afr.*46.1; iratae ~or nuptae SEN.*Her.O.*284; STAT.*Theb.*10.907;—(*w. gen. expr. cause*) Catonem ueteres inimicitiae. .incitant et ~or repulsae CAES.*Civ.*1.4.1; pacem ob agri adempti ~orem aspernabantur LIV.8.13.2; ~ore paelicatus uxor eius instricta APUL.*Met.*8.22.

4 A tone or quality of speech calculated to rouse sad emotions, pathos.
actio. .plena ~oris, plena ueritatis CIC.*de Orat.*2.73; 3.96; *Orat.*130; quam magna. .pars esset ingenii ~or SEN.*Con.* 4.pr.6.

dolōsē, *adv.* [next+-E] Using trickery or deceit; fraudulently.
ingredere in uiam ~ PL.*Ps.*959; nullam rem oportet ~adgrediri nisi astute. .exsequare *Truc.*461; pugnare ~ LUCIL. 1232; quicquam agi ~ aut malitiose potest? CIC.*Off.*3.61; ~ in hereditate. .uersatus ULP.*dig.*5.3.25.5.

dolōsus ~a ~um, *a.* [DOLVS+-OSVS]

1 Addicted to trickery, artful, sly, deceitful. **b** (transf., of actions, conduct).
parabo aliquam ~am fidicinam PL.*Epid.*372; luctator ~ust *Ps.*1251; Europe niueum ~o credidit tauro latus HOR. *Carm.*3.27.25; OV.*Met.*14.92; ~a uulpes PHAED.1.13.11; pudeat. .~am. .Thetin STAT.*Ach.*1.873;—(*masc. as sb.*) ~o non satis est Ithacam reuehi? HOR.*S.*2.5.3; hoc edicto praetor aduersus uarios et ~os. .subuenit ULP.*dig.*4.3.1;—(*w. prolative inf.*) diffugiunt. .amici ferre iugum pariter ~i HOR.*Carm.*1.35.28. **b** pulsus. .regno. .~is consiliis CIC. *Rab.Post.*4; retia. .artesque ~as tollite OV.*Met.*15.473.

2 (of inanim. things) Treacherous, deceptive, untrustworthy.
per ignis suppositos cineri ~o HOR.*Carm.*2.1.8; nocens saxis Ithace ~is SEN.*Tro.*857; si ~i spes refulserit nummi PERS.pr.12; uicta sopore ~o STAT.*Silv.*1.2.242; 1.5.20.

dolus ~ī, *m.* [Gk. δόλος, Osc. *dolom*] ABBREV.: *d.m.* (= *~us malus*) *CIL* 1.582.8, *Leg.pub.*(*Font. iur.*p.46)3, etc.

1 Deliberate performance of an unlawful act, guilty intention. **b** *~us malus,* malice aforethought, bad faith.
si qui hominem. .~o sciens morti duit *Leg.Reg.*(*Font.iur.* p.10); *CIL* 1.366.1.9; in ipsa ui ~us est CIC.*Tul.*34; Rhadamanthus. .audit. .~os VERG.*A.*6.567; HOR.*S.*1.6.90; iniuria. .occidere intelligitur, cuius ~o aut culpa id acciderit GAIUS *Inst.*3.211; magna neglegentia culpa est: magna culpa ~us est PAUL.*dig.*50.16.226. **b** *Lex XII*(*Font.iur.* p.40); PL.*Rud.*1381; erat suspicio ~o malo haec fieri omnia TER.*Eu.*515; CATO *Agr.*144.2; te ~o malo meo ui deiectum CIC.*Tul.*30; cuius ~o malo is in seruitutem uenisset LIV. 42.21.5; PETR.101.3; per exceptionem ~i mali GAIUS *Inst.* 2.76; ~o malo actoris ULP.*dig.*44.4.2.1; *CIL* 14.2112.1.33.

2 Behaviour that relies on deception to achieve its purpose, trickery, treachery, cunning. **b** *non dicere ~o* or sim., to speak frankly.
petebant pellem. .arietis. .per ~um ENN.*scen.*252; quod in docendo. .~um appellauimus, id in dicendo. .consilium appellabimus *Rhet.Her.*3.8; qui per ~um. .petita pace ultro bellum intulissent CAES.*Gal.*4.13.1; VERG.*A.*2.34; consilio etiam additus ~us LIV.1.11.6; OV.*Ep.*19.32; is ~us insanientis est CELS.3.18.4; pontem cessurum oneri ~o fabricantium TAC.*Ann.*15.15; APUL.*Apol.*81; ~um. .bonum dicebant. .maxime si aduersus hostem. .quis machinetur ULP.*dig.*4.3.1.3; (*poet.*) infidi maris insidias uirisque ~umque LUCR.2.557;—(*personified*) CIC.*N.D.*3.44; adcelerat Pauor. .et ~us et Rabies V.FL.2.206. **b** PL.*Men.*228; edepol hau dicam ~o: sunt quos scio esse amicos *Trin.*90; rem fabulare. — non tibi dicam ~o 480; est hercle inepta, ne dicam ~o, atque absurda TER.*Ad.*375.

3 A particular trick, plot, stratagem, etc.; (pl. sts. approaches the force of sense 2).
era atque haec dolum. .hunc protulerunt PL.*Cas.*687; *Ps.*527; ~is malitiosa Kartago *Rhet.Her.*4.66; conposito ~o digrediuntur SAL.*Jug.*111.4; tendit retia, turdis edacibus ~os HOR.*Epod.*2.34; nocturnis trita fenestra ~is PROP. 4.7.16; OV.*Met.*2.446; adsumptis. .VIII. .iuuenibus talem ~um intendunt CURT.7.5.21; subterraneis ~is peractum urbis excidium FLOR.*Epit.*1.6(1.12.9); uulpes quia lapidem nequibat ~um iecit APUL.*Soc.*pr.4;—(*w. gen. of person*) narrabat. .Martis. .~os et dulcia furta VERG.*G.*4.346; LUC.7.86;—(*w. defining gen.*) timetis. .non ~os ueneni CATUL.23.10; ualles, accommoda. .armorum. .~is VERG.*A.* 11.523; SIL.15.610.

domābilis ~is ~e, *a.* [DOMO+-BILIS] Able to be tamed or subdued.
Cantaber non ante ~is HOR.*Carm.*4.14.41; aeternum est . .nullaque ~e flamma OV.*Met.*9.253.

domefactus ~a ~um, *a.* Also **domi-.** [cf. DOMO and MANSVEFACTVS] That is tamed, subdued.
ubi aratro ~a tellus nitet PETR.99.3; *Buc.Eins.*2.30.

domesticātim, *adv.* [DOMESTICVS+-ATVS[2]+-IM] By the use of one's domestic staff or resources.
ea quae ad epulum pertinerent, quamuis macellaris ablocata, etiam ~ apparabat SUET.*Jul.*26.2.

domesticī ~ōrum, *m. pl.* [next] The members, esp. dependent members, of a family or household. **b** members of one's entourage.
solent ~i deprauare non numquam CIC.*Phil.*1.33; *Fin.* 2.45; LIV.1.42.2; domus tantum ac ~i deerant VELL. 2.114.2; illi (canes) furem quoque adulantur, hi etiam ~os inuadunt COL.7.12.5; diuisit. .pecunias ~is SUET.*Otho* 10.2; (*sg.*) conuictum ~i multoque magis exteri uitet (*sc.* uilicus) COL.11.1.13. **b** duo consulares. .quod erant familiares M. Antoni, quod ~i CIC.*Phil.*12.1; *Fam.*1.1.4; uos modo me ab intestina fraude et ~orum insidiis praestate securum: belli. .discrimen inpauidus subibo CURT.9.6.24. (*sg.*) illi ~us sum PETR.45.5.

domesticus ~a ~um, *a.* [perh. < **domestis* (DOMVS; cf. *agrestis*); suff. as *rusticus,* etc.]

1 Of or belonging to the home or house, household, domestic.
aqua ~a meos. .alo asinos VAR.*R.*3.17.6; tuus. .sanguis ~os parietes. .aspersit *Rhet.Her.*4.31; ex hac ~a exercitatione et umbratili CIC.*de Orat.*1.157; quamquam. .~is te finibus tenes *Att.*7.12.6; in ~o lectulo moriens V.MAX.3.2. ext.6; uestis. .~a SEN.*Dial.*9.1.5; ~us labor matronalis fuit COL.12.pr.7; (*quasi-advl.*) ~us otior (*i.e. at home*) HOR. *S.*1.6.128;—(*of animals*) rationi nullum animal obtemperat, non ferum, non ~um SEN.*Ep.*85.8; ~is auibus COL.8.15.1; anguilla ~a MART.12.31.5.

2 Of or belonging to a family or household, domestic, family. **b** private.
~is testibus patre. .et L. Cicerone patruo CIC.*de Orat.*2.2; imperium ~um nullum erit, si seruolis hoc nostris concesserimus *Caec.*52; *Fam.*7.14.1; ~a. .gloria accensus ut cuius familiae decus eiecti reges erant LIV.2.20.1; deam. .luctus. . ~us angit Memnonis amissi OV.*Met.*13.578; iuuentuti. . inposuimus. .quasi ~os magistratus (*sc.* parentes) SEN.*Ben.* 3.11.2; uocem ~am agnoscunt (canes) PLIN.*Nat.*8.146; TAC. *Ag.*29.1;—(*of tutelary gods, etc.*) Phoebe ~e OV.*Met.*15.865; *CIL* 13.8718; FORTVNAE ~AE 14.6;—(*neut. pl. as sb.*) cum ad haec ciuilia et ~a uenitur SEN.*Ep.* 109.14. **b** illa prudentia in suis rebus ~a, in publicis ciuilis appellari solet CIC.*Part.*76; siue illud ~um siue publicum fuit iudicium LIV.2.41.12; inisse eum ~am scaenam et cecinisse Troianum excidium TAC. *Ann.*15.39; castra ~a (*i.e. praetorian bodyguard*) JUV.10.95; quotiens quis. .~a cautione uel chirographo obligaret se JULIAN.*dig.*30.103.

3 Native (opp. foreign), internal, domestic, civil.
ut deos. .scientia peregrina et externa, mente ~a et ciuili precaretur (sacerdos) CIC.*Balb.*55; anteposuit exilii libertatem ~ae seruituti *Tusc.*5.109; CAES.*Civ.*2.5.5; celebrare ~a facta (*i.e. Roman*) HOR.*Ars* 287; Eumenes auocatus ~o bello LIV.37.18.8; mea. .regio. .~a Sulmo OV. *Pont.*4.14.49; ~ae peregrinaeque historiae V.MAX.1.intro.; TAC.*Hist.*4.12; (*neut. pl. as sb.*) externa libentius. .quam ~a recordor CIC.*Off.*2.26.

4 Personal, one's own.
ut. .hic, nisi ~is se instruxerit copiis, aliunde dicendi copiam petere non possit CIC.*de Orat.*2.38; *Ver.*3.156; id. . ita esse. .ex ~o iudicio atque animi conscientia intellegebant CAES.*Civ.*3.60.2; sua lex eum ~is laqueis constrictum absumpsit V.MAX.8.6.4; ~a illi felicitas est SEN.*Ep.*72.4; Siciliam nobilem uidi, ~am Cereris FLOR.*Verg.*p.184R;(*neut. pl. as sb.*) qui suis gaudeat nec maiora ~is cupiat SEN.*Dial.* 7.4.4.

5 Customary, familiar.
cum Metellis. .erat ei. .~us usus et consuetudo CIC.*S. Rosc.*15; nautici homines. .ad naturale ac ~um bonum refugere cupiebant *B.Alex.*12.4; Boreas orae. .~us huic est OV.*Pont.*4.10.41; quem. .torret. .olim. .~a febris JUV.9.17; ~a seditioni tela 15.64.

domicēnium ~iī, *n.* [DOMVS+CENO+-IVM] A meal at home.
si tristi ~io laboras MART.5.78.1; 12.77.6.

domicilium ~(i)ī, *n.* [DOMVS; for suffix cf. perh. COLO[1]] A dwelling-place, habitation, domicile; *~ium habere,* be domiciled. **b** (transf. and fig.).
PL.*Mil.*451; ~ium hoc quidam contulit leno TURP.*com.* 134; in Capitolio, hoc est in terrestri ~io Iouis CIC.*Ver.*4.129; *Red.Sen.*37; hunc sibi ~io locum delegerunt CAES.*Gal.* 2.29.5; LIV.27.37.9; SEN.*Ben.*2.29.3; sermone cultu sede ac ~iis ut Germani agunt TAC.*Ger.*46.1; POMPON.*dig.*23.2.5; (*w. defining gen.*) quem. .urbis ~io carere uoluerunt CIC. *Rab.Perd.*15;—(*applied to a beehive*) ut. .nouo ~io. .sint contentae (apes) VAR.*R.*3.16.31; COL.9.7.5; (*to a snail's shell*) cocleae. .exerentes se ~io PLIN.*Nat.*9.101;—heres . .quamuis ~ium trans mare habet JAVOL.*dig.*5.1.34; cum in prouincia ~ium haberes ULP.*dig.*4.6.28.4. **b** coloni Capuae in ~io superbiae. .conlocati CIC.*Agr.*2.97; qui. . suorum. .sermonum domicilium in auribus eius. .conlocarant *Pis.*76; *Fam.*16.17.1; VELL.2.69.4; in eodem ~io (*i.e. womb*) antequam nascerer habitaui V.MAX.5.5; cor. . prima ~ia intra se animo et sanguini praebet PLIN.*Nat.* 11.182; ~ia ciborum (*i.e. provenance*) GEL.6(7).16.4.

Domidūcus ~ī, *m.* [DOMVS+DVCO+-VS] A title of Jupiter as god of marriage, who brings the bride to her husband's home.
VAR.*gram.*155.

domifactus: see DOMEFACTVS.

domina ~ae, *f.* [DOMINVS] FORMS: *domna* *CIL* 3.1686, 7833, 4.4187 etc.; *~abus* (= *~is*) 5.774.

1 A female head of a household, mistress, owner. **b** (quasi-adj., of things belonging to a master or mistress, or signifying ownership).
quid est nomen tuae ~ae? PL.*Cist.*773; TER.*Hau.*301; puer. .rem omnem ~ae indicauit CIC.*Clu.*180; ad solam ~am. .pipiabat (passer) CATUL.3.10; nisi. .mauis. .~ae. . tradi barbarae paelex HOR.*Carm.*3.27.65; LIV.1.48.6; OV. *Ep.*11.2; amphora cum ~a nunc noua fiet anus MART.6.27.8; TAC.*Ann.*14.60; ecce Fotis mea, iam ~a cubitum reddita APUL.*Met.*2.16. **b** iniciam ~as in mea iura manus OV. *Am.*2.5.30; seruit ~ae numerosus debitor arcae MART. 3.31.3; caput ~a uenale sub hasta JUV.3.33.

2 A female ruler or leader, mistress. **b** (applied to goddesses). **c** (quasi-adj.) imperial, ruling.
fugit ~a amissa leuis ala Camillae VERG.*A.*11.868; OV. *Met.*6.178; uulgus ~am uile sequemur SEN.*Tro.*81; inter. . tot. .socias. .sentit. .ducem ~amque cateruae V.FL.5.377; TAC.*Ann.*14.61;—(*transf.*) ~a natura est CIC.*de Orat.*247; tutela. .Italiae ~aeque Romae HOR.*Carm.*4.14.44; sapientia ~a rectrixque est SEN.*Ep.*85.32;—(*w. gen.*) ~a omnium et regina ratio CIC.*Tusc.*2.47; ciuitatem ~am orbis terrarum LIV.38.51.4; OV.*Met.*15.447; esse animam corporis ~am APUL.*Pl.*1.13;—(*appos.*) ~ae conditor Vrbis OV.*Am.*2.14. 16; MART.3.1.5. **b** ~am. .potentem (*i.e. Juno*) supplicibus supera donis VERG.*A.*3.438; Veneri ~ae OV.*Ars* 1.148; nouem ~as (*i.e. Muses*) MART.12.2(3).14;—(*w. gen.*) Fors ~a campi CIC.*Pis.*3; Dindymi ~am (*i.e. Cybele*) CATUL. 35.14; ~ae fati. .sorores OV.*Tr.*5.3.17. **c** ~as. .securis PROP.3.9.23; cui. .Caesar. .~a. .dedit non surgere mensa STAT.*Silv.*4.2.6.

3 (used as a title of respect or affection). **b** (applied to a mistress).
in. .meam. .~am (*i.e. wife*) conuertite uultus OV.*Tr.*4.3. 9; 5.5.1; PETR.66.5; MART.123.1.7; ~a mea (*i.e. my mother*) te salutat AUR.*Fro.*1.p.34(45N); peto a te, ~a uxor SCAEV. *dig.*32.41; APUL.*Met.*2.20. **b** cum mei me adeunt seruuli, non '~am' ego appellem meam LUCIL.730; TIB. 2.3.5; PROP.1.1.21; saepe mihi ~aeque meae properata uoluptas. .dulce peregit opus OV.*Am.*1.4.47; MART.10.29.2; (*fig.*) uoluptates, blandissumae ~ae. .animos a uirtute detorquent CIC.*Off.*2.37.

dominans ~ntis, *a.* *compar.* ~ntior. [pple. of DOMINOR] Ruling, dominant; (of words) proper, normal.
est animus. .~ntior ad uitam quam uis animai LUCR. 3.397; 6.238;—inornata et ~ntia nomina. .uerbaque HOR. *Ars* 234.

dominātiō ~ōnis, *f.* [DOMINOR+-TIO]

1 The position or authority of a *paterfamilias.*
ut et priuata domus omnis uacet ~one CIC.*Rep.*1.67; regalia exta appellantur, quae. .filio familiae ~onem (pollicentur) FEST.p.289M.

2 The position of an absolute or arbitrary ruler, dominion, despotism. **b** (meton.) a body of tyrants, ruling clique. **c** (transf.) a dominion, kingdom.
in impeditis ac regum ~one deuinctis CIC.*Brut.*45; qui. . Sullanae ~oni. .restitisset *Agr.*1.21; utrum nouis legibus ~o an libertas firmata sit LIV.3.56.13; REM PVBLICAM A ~ONE FACTIONIS OPPRESSAM AUG.*Anc.*1.2; inter alia ~onis arcana TAC.*Ann.*2.59; ut sint diuersa natura ~o et principatus PLIN.*Pan.*45.3;—(*pl.*) nouae ~ones. .quaeri CIC.*Agr.* 2.8; SAL.*Hist.*1.12;—(*w. obj. gen.*) ~o regnumque iudiciorum CIC.*Ver.*35; ut ea (*sc.* classe) consumpta ~o maris ipsis cederet V.MAX.6.5.ext.2; SUET.*Nero* 40.2;—(*w. defining gen.*) tyrannidis ~one AMP.15.13;—(*w.* in+*acc.*) satellites . .eius (*sc.* Sullae). .nequeo satis mirari, qui ~onis in uos seruitium suum mercedem dant SAL.*Hist.*1.55.2; (*transf.*) temperatio est rationis in libidinem. .moderata ~o CIC.*Inv.* 2.164. **b** totam eam ~onem. .in carcerem et catenas. . detraxit FLOR.*Epit.*1.17(1.24.3). **c** donec cunctas ~onis suae partes inumbraret (uitis) V.MAX.1.7.ext.5.

dominātor ~ōris, *m.* [DOMINOR+-TOR] An arbitrary ruler, lord.
illum. .Iouem et ~orem rerum CIC.*N.D.*2.4; *Eleg.Maec.* 87; Argiuae. .~or urbis SEN.*Her.F.*1181; SIL.14.79; APUL. *Soc.*3; ~OR AVERNI *CIL* 8.1523; (*poet.*) ~or. .gregis (*i.e. bull*) SEN.*Phaed.*1039;—(*transf.*) ~or. .maxime uultus (*sc.* in actione). hoc supplices hoc minaces. .sumus QUINT.*Inst.* 11.3.72.

dominātrix ~īcis, *f.* [DOMINOR+-TRIX] Fem. of prec. (in quots., transf.).
caeca ac temeraria ~ix animi cupiditas CIC.*Inv.*1.2; magna uasti Creta ~ix freti SEN.*Phaed.*85.

dominātus ~ūs, *m.* [DOMINOR+-TVS[3]] FORMS: *~u* (= *~ui*) CAES.in Gel.4.16.8.

1 Absolute rule, lordship, dominion.
qui hunc populum ~u regio liberauit CIC.*de Orat.*2.225; tyrannus Syracusanorum Dionysius, cum. .~um occupauisset *Tusc.*5.57; legionum. .quas. .ad suam potentiam ~umque conuerterat CAES.*Civ.*1.4.5; ne sub ~u puerili. . interiret regnum LIV.24.4.2; integros. .a Parthico ~u TAC. *Ann.*6.34;—(*pl.*) *Inc.trag.*195; singulorum ~us. .esse optimos CIC.*Rep.*1.61;—(*transf.*) cum cupiditatis ~us excessit et alius est dominus exortus. .timor *Parad.*40.

2 Power, control.
impositio (uocabulorum) est in nostro ~u, nos in naturae VAR.*L.*10.53; terrenorum. .commodorum omnis est in homine ~us CIC.*N.D.*2.152.

3 Ownership, possession.
nec (bona) appellare soleat, quod earum rerum uideatur ei. .incertus ~us CIC.*Rep.*1.27; (*w.* in+*acc.*) ut singulis in agros ~us congruens deferatur APUL.*Pl.*2.7.

dominicus ~a ~um, *a.* [DOMINVS] FORMS: *domn-* *CIL* 6.8635, etc. Of or belonging to a master (mistress) or owner. **b** of or belonging to the Roman emperor.
gannire ad aurem. .~am AFRAN.*com.*283; rationes ~as pecuarias conficere VAR.*R.*2.10.10; VITR.7.5.7; SEN.*Ep.* 47.8; sine ~o iussu PETR.28.7; GAIUS *Inst.*3.167; seruus institor ~ae mercis PAPIN.*dig.*26.7.37.1. **b** *A.Epig.*

53.24.2; DE APOTHECA ~A *CIL* 6.9797; (*neut. as sb.*) citharoedum placentem..admonuit ut aliquid et de ~o diceret SUET.*Vit.*11.2.

dominium ~ii, *n.* [DOMINVS+-IVM]

1 Rule, dominion.

LAEV.*poet.*22.7; dilatatum est ~ium togatae gentis LABER.*com.*44;—(*w. obj. gen.*) societas illi (*sc.* homini) ~ium omnium animalium dedit SEN.*Ben.*4.18.3; non extra ius ~iumque nostri sunt (sidera) *Nat.*2.32.8; (*transf.*) non..dedit longum in se malis suis ~ium *Dial.*6.2.2; (*meton.*) quem uoluptates doloresque, incertissima ~ia (*i.e. masters*) inpotentissimaque..possidebunt 7.4.4.

2 (app.) A banquet, feast.

~ia atque sodalicia omnia tollantur LUCIL.438; ego extra cubui ~ia TURP.*com.*188; huius argento ~ia uestra..ornari CIC.*Ver.*3.9; principes ciuitatis, qui ludis Megalensibus..mutua inter sese ~ia agitarent GEL.2.24.2.

3 (esp., leg.) Ownership.

omnia rex inperio possidet, singuli ~io SEN.*Ben.*7.5.1; cum apud ciues Romanos duplex sit ~ium GAIUS *Inst.*1.54; ULP.*dig.*41.2.17.1;—(*w. gen.*) uita rerumque suarum ~ium concessa ei sunt VELL.2.80.4; V.MAX.4.4.intro.; (*pl.*) ne rerum ~ia diutius in incerto essent GAIUS *Inst.*2.44.

dominor ~ari ~atus, *intr.* [DOMINVS+-O[3]] CONST.: Used in pass. sense *Inc.trag.*185.

1 To exercise sovereignty, act as a despot, rule; (also in pass. sense) to be ruled. **b** to be the master of a household. **c** to be master of one's actions, emotions, etc., be in control.

~atus est..Alexandreae CIC.*Rab.Post.*39; CAES.*Gal.*2.31.5; plebs..~andi studio permota SAL.*Cat.*33.3; urbs..multos ~ata per annos VERG.*A.*2.363; iudicum ordo Carthagine..~abatur LIV.33.46.1; SEN.*Ben.*4.18.3; uno differunt, quod femina ~atur TAC.*Ger.*45.9; *Ann.*3.54;—(*of gods, etc.*) solem ~ari et rerum potiri CIC.*Luc.*126; ~ans ille in nobis deus *Tusc.*1.74;—(*w.* in+*acc.*) prius paene quam ipsi liberi sitis ~ari iam in aduersarios uoltis LIV.3.53.7; animal..quod ~ari in cetera posset OV.*Met.*1.77; (*pple. as sb.*) Seneca, qui finis omnium cum ~ante sermonum, grates agit TAC.*Ann.*14.56;—o domus antiqua..quam dispari ~are domino *Inc.trag.*185. **b** longe ab urbe uilicari, quo erus rarenter uenit, id non uilicari, sed ~ari est POMPON.*com.*46; (*cf.*) si usque ad ultimum spiritum ~atur in suos (senectus) CIC.*Sen.*38. **c** ut..~etur in adfectibus (orator) QUINT.*Inst.*2.5.8.

2 (transf., of abstract or physical agencies, etc.) To be in control, rule, dominate.

fors ~atur ACC.*trag.*422; si in his (uerbis) ~aretur similitudo VAR.*L.*8.77; actio..in dicendo una ~atur CIC.*de Orat.*3.213; uoluptate ~ante *Fin.*2.117; anima..~atur corpore toto LUCR.3.281; tempestas..~ata per agros 6.642; inter..culta..lolium et steriles ~antur auenae VERG.*G.*1.154; LIV.22.25.14; usus et experientia ~antur in artibus COL.1.1.16; nusquam latius ~ari mare TAC.*Ag.*10.7.

dominulus ~i, *m.* [next+-VLVS] A young master (as a term of affection or respect).

Publio Maeuio ~o meo ab heredibus meis dari uolo pueros quinque SCAEV.*dig.*32.41.4.

dominus ~i, *m.* [DOMVS+-NVS] FORMS: *domn-* *CIL* 1.585.27, 3.1289, 4.1665, etc.; *~um* (for *~orum*) PAC.*trag.*75 (*cj.*).

1 The master of a household, estate, or other property, owner, proprietor. **b** a son of the head of the household. **c** (of a person in relation to his attributes, features, etc.).

dignus ~o seruos PL.*Am.*857; in his agris, qui non saepe ~os mutant CATO *Agr.*1.4; nec domo ~us, sed domino domus honestanda est CIC.*Off.*1.139; CAES.*Gal.*6.13.2; VERG.*Ecl.*3.16; LIV.10.20.15; ambo ~i (*i.e. master and mistress*) OV.*Am.*2.2.32; occursantes ~i iuxta coniuges et liberos TAC.*Hist.*2.12; ex iure Quiritium ~us GAIUS *Inst.*2.40; ULP.*dig.*42.5.8;—(*w. gen.*) leno..~us eiius mulieris PL.*Mer.*44; harum qui est ~us aedium TER.*Ph.*753; nec ~um eius esse fundi nec locatorem CIC.*Ver.*3.55; HOR.*Carm.*3.1.36; nummularius copiosae pecuniae ~us APUL.*Met.*4.9. **b** fugitiuos ille..domo quem profugiens ~um apstulerat uendidit PL.*Capt.*18; STAT.*Silv.*4.8.16; quid coram infante ~o..dicat TAC.*Dial.*29.1; infantes..quattuor, unus uernula, tres ~i JUV.14.169. **c** nec prosunt ~o (*i.e. Apollo*)..artes OV.*Met.*1.524; 3.503; carmina de ~i funere rapta sui (*i.e. author*) *Tr.*3.14.20; haec (*sc.* sapientia) non discedit a ~o SEN.*Ep.*117.15; (*w. gen.*) menti ~us periculosi (*i.e. having a skin disease*) MART.12.59.8.

2 a The manager, superintendent, controller (of a troupe or team, also of an organized activity). **b** the master of a feast, entertainer, host.

a res uortat bene gregique huic et ~is atque conductoribus PL.*As.*3; dominus..funeris utatur..lictoribus CIC.*Leg.*2.61; uidi..limina..sub ~o sectore uenalia SEN.*Con.*2.1.1; PETR.117.5; ~is factionum SUET.*Nero* 5.2. **b** ENN.*Sat.*18; ille erat..in conuiuio ~us CIC.*Ver.*3.23; HOR.*S.*2.8.93; nec ~orum inuitatione..perlici ad uinum potuit LIV.23.8.7; OV.*Fast.*6.679; (*w. gen.*) ipse epuli ~us CIC.*Vat.*31.

3 A supreme ruler, sovereign, lord, despot. **b** (applied to gods). **c** *~us nauis,* the master of a ship; *~us litis,* the principal in a suit. **d** (transf.) one who is in control (of a situation or sim.).

praedam..ad xuiros tamquam ad ~os reportare CIC.*Agr.*2.61; uidetisne ut de rege ~us extiterit? *Rep.*2.47; id est ~um, non imperatorem esse SAL.*Jug.*85.35; si ~i milites imperatoribus imponantur LIV.45.36.8; PLIN.*Pan.*45.3; JUV.5.137;—(*w. gen.*) Romanos, rerum ~os VERG.*A.*1.282; TAC.*Hist.*3.68; (*poet.*) nemorum ~um (*i.e. lion*) MART.1.60.5;—(*attrib.*) hinc septem ~os uidere montes 4.64.11; ~i..uocat nos ira senatus SIL.2.45;—(*fig.*) liberatos..se..grauissimis ~is, terrore sempiterno et diurno ac nocturno metu CIC.*Tusc.*1.48; urget..~us (*i.e.* libido) mentem HOR.*S.*2.7.93; SEN.*Ep.*37.4. **b** summi rectoris ac ~i numen CIC.*Fin.*4.11; LUCR.5.87; Ioue sub ~o TIB.1.3.49; in ~os ius habet ille (*sc.* Amor) deos OV.*Ep.*4.12; SEN.*Ep.*110.9; (*w. gen.*) ~us profundi (*i.e. Neptune*) *Med.*597. **c** CIC.*Off.*3.89; nautas ~osque nauium interfecit CAES.*Civ.*3.8.3; CALL.*dig.*27.1.17.6;—alium in litem non debere iurare quam ~um litis ULP.*dig.*12.3.7; MACER *dig.*49.1.4.5. **d** ~us est ipse uoluntatis suae CIC.*Scaur.*15; si senatus ~us sit publici consilii *Leg.*3.28; se ~um uitae necisque inimici factum uidebat LIV.2.35.2.

4 (as a courtesy title) Lord, master, sir; (colloq.) a coin carrying the emperor's image. **b** (applied to a lover as a term of affection).

obuios, si nomen non succurrit, ~os salutamus SEN.*Ep.*3.1; ~i mei Gallionis 104.1; SUET.*Cl.*21.5; ~e Maxime (*proconsul of Africa*) APUL.*Apol.*102;—(*of a husband*) ~i..mei beneficio PETR.67.9; APUL.*Met.*6.1; PAUL.*dig.*24.1.57;—(*other members of one's family*) cum dicis ~um..patrem MART.1.81.2; ~e fili carissime FRO.*Amic.*2.p.176(192N);—(*applied to an emperor or member of the imperial family*) edictum ~i deique nostri MART.5.8.1; ago gratias, ~e PLIN.*Ep.Tra.*10.6(22).1; SUET.*Aug.*53.1; a ~o meo fratre VER.*Fro.*1.p.294(116N);—centum ~os nouae monetae (*i.e. coins bearing the emperor's image*) MART.4.28.5. **b** mihi blanditias dixit ~umque uocauit OV.*Am.*3.7.11; *Ars* 1.314; *Met.*9.466.

domiporta ~ae, *f.* [DOMVS+PORTO+A[1]] A 'house-carrier' (transl. Gk. φερέοικος).

CIC.*Div.*2.133.

domiseda ~ae, *f.* [DOMVS+SEDEO+-A[1]] She who stays at home.

HIC SITA EST AMYMONE..CASTA ~A *CIL* 6.11602; 6.34045.

Domitiānus[1] ~a ~um, *a.* Of or belonging to a member of the Gens Domitia, esp. to L. Domitius Ahenobarbus, opponent of Julius Caesar in the civil war. **b** of or belonging to the Emperor Domitian (abbrev. to *D* in mil. titles); (masc. as sb., sc. *mensis*) a name adopted for the month of October during Domitian's reign.

NYMPHIS ~IS *CIL* 11.3286; EX FIG(linis) ~IS 15.154;—~i milites CAES.*Civ.*1.22.2; (*masc. as sb.*) ~i a ponte repulsi 1.16.3. **b** uiam ~am miratus sum STAT.*Silv.*4.pr.; (*abbrev.*) LEG XXII P F D *CIL* 13.6357;—viii idus ~i *P.Gen.*1.v(*CPL* 106); mensem..Octobrem..~um..transnominauit SUET.*Dom.*13.3.

Domitiānus[2] ~ī, *m.* The Emperor Domitian, last of the Flavian dynasty.

MART.9.1.1; QUINT.*Inst.*4.pr.2; TAC.*Ann.*11.11; SUET.*Dom.*1.1; *CIL* 6.8410.a.6.

Domitius ~ia ~ium, *a.* The name of a Roman gens; of or named after a member of the Gens Domitia. **b** (as sb.) a member of the Gens Domitia.

~iae familiae..felicitas VELL.2.10.2; ut..ludicrum circense..genti..~iae apud Antium ederetur TAC.*Ann.*15.23; SUET.*Nero* 1.1;—uiam ~iam CIC.*Font.*18; lege ~ia *ad Brut.*1.5.3. **b** uiri..sapientes, ~ii et Lentuli CIC.*Fam.*6.21.1; consulis Cn. ~i bouem locutum 'Roma, caue tibi' LIV.35.21.4; LUC.2.479; uniuersae Achaiae libertatem ~ius Nero dedit PLIN.*Nat.*4.22; TAC.*Ann.*11.11; ~iam..Lamiae nuptam in matrimoniam abduxit SUET.*Dom.*1.3; *CIL* 14.2795.1.

domitō ~āre ~āui, *tr.* [DOMO+-TO] To subdue (animals) by taming, bring under control. **b** to quell, subdue (persons).

Poenos ~are leones..docuit *Ciris* 135; prensos ~are boues VERG.*G.*1.285; MAN.4.234; elephantorum (*in India*) maior est uis quam quos in Africa ~ant CURT.8.9.17; STAT.*Theb.*6.304; (*cf.*) pueri..exercentur equis ~antque in puluere currus VERG.*A.*7.163; (*w.* in+*acc.*) ~at..cornipedem in gyros SIL.4.18;—(*transf.*) qua uitiferos ~at..pubes..agros 15.568; certat..~are uentos reluctantes PLIN.*Pan.*81.4. **b** Bacchus populos ~abat Hiberos SIL.3.101; 14.219.

domitor ~ōris, *m.* [DOMO+-TOR]

1 One who tames, schools (animals), a trainer.

equos..~oribus tradere..ut is facilioribus possint uti CIC.*Off.*1.90; a latere (bouis) ~or stare debet COL.6.2.6; sonipes..spumauit..nouis..~oris habenis LUC.6.399;—(*w. gen.*) Picus, equum ~or VERG.*A.*7.189; ~ores ferarum SEN.*Ep.*85.41; ~ores serpentium PLIN.*Nat.*25.11.

2 One who wins victory (over people, countries, etc.), a conqueror, subduer.

Germania auersis ~oris sui oculis rebellauit VELL.2.100.1;—(*w. obj. gen.*) ut odisset primum defensorem salutis meae, deinde..~orem armorum suorum CIC.*Mil.*35; ~or Troiae HOR.*Ep.*1.2.19; LIV.28.19.15; de tetrico..~ore Chimaerae OV.*Tr.*2.397; CURT.3.12.19; ~ores Britanniae quartadecimanos appellans TAC.*Hist.*5.16; Hercules..purgator ferarum, gentium ~or APUL.*Apol.*22; (*cf.*) miles..belli ~or externi TAC.*Hist.*2.76.

3 One who subdues (physical or abstract conditions).

Saturnius..~or maris VERG.*A.*5.799; o ~or Somne malorum SEN.*Her.F.*1066; infinitae potestatis ~or ac frenator animus PLIN.*Pan.*55.9; (*cf.*) contra salis et aceti sucos, ~ores rerum constantia superat omnia (aurum) PLIN.*Nat.*33.62.

domitrix ~īcis, *f.* [DOMO+-TRIX] One who tames or subdues (animals). **b** (transf.).

(*of goddesses*) ~ix..Idaea leonum mater GRAT.19; [QUINT.]*Decl.*13.16; FERARVM ~ICEM DIANAM *CIL* 6.124.3;—(*poet., of places*) ~ix..Epidaurus equorum VERG.*G.*3.44;—(*cf., of inanim. things*) claua ~ice ferarum OV.*Ep.*9.117. **b** maris uasti ~ix Iolcos SEN.*Tro.*819; ~ix..illa omnium materia (*i.e.* ferrum) PLIN.*Nat.*36.127.

domitūra ~ae, *f.* [DOMO+-VRA] The taming or breaking in (of animals); (transf.) the checking or control (of growing things).

ne in ~a bos..cornu quemquam contingat COL.6.2.8; ~a boum in trimatu PLIN.*Nat.*8.180;—~a palmitum 17.246.

domitus[1] ~ūs, *m.* [DOMO+-TVS[3]] = prec.

efficimus..~u nostro quadripedum uectiones CIC.*N.D.*2.151.

domītus[2] ~a ~um, *a.* [DOMVS+-ITVS[2]] Kept at home, house-bound.

domi ~us sum usque cum careis meis PL.*Men.*105.

domnaedius ~iī, *m.* [DOM(I)NVS+AEDIS+-IVS] The master of the house.

~IVS..SEQVENS..PRECOR PARCE TVMVLVM NARCISSI *CIL* 6.9274.

domnifundus ~a ~um, *a.* [DOM(I)NVS+FVNDVS+-VS] Owning the farm or estate; (in quot., fem. as sb.).

EX AVCTORITAT(e) CAESONIAE..~AE *CIL* 6.21611.

domnipr(a)edius ~a ~um, *a.* [DOM(I)NVS+PRAEDIVM+-VS] Owning the farm or estate; (in quots., as sb.).

M. VAL. VETTIVS..~VS..AEDEM RESTITVIT *CIL* 6.30965; VAL MAXIMA MATER ~A 14.3482.

domnula ~ae, *f.* [DOM(I)NVS+-VLA] (as a term of endearment) A little mistress; (in quots. sts. understood as proper name).

me adleuant nuntii de ~a mea AUR.*Fro.*1.p.212(83N); 2.p.2(223N).

domō ~āre ~uī ~itum, *tr.* [Skt. *damayati*, Gk. δαμάζω] FORMS: *~ata* (= *~ita*) PETR.74.14.

1 To subdue (animals) by taming, domesticate, break in. **b** to habituate (things).

me..misit, ~itos boues uti sibi mercarer PL.*Per.*259; CATO *Agr.*149.2; nec..sine hominum opera aut pascere eas (beluas) aut ~are..possemus CIC.*Off.*2.14; VERG.*G.*3.206; ut..traderent elephantos..quos haberent ~itos, neque ~arent alios LIV.30.37.3; PLIN.*Nat.*10.101; frenis..~antur ursi MART.1.104.5; CALL.*dig.*47.14.3.1; (*transf.*) unam..manum ~itis expertus (*sc. horse*) ab annis STAT.*Theb.*9.210; (*facet.*) si (pugnos) in me exerciturus es, quaeso in parietem ut primum ~es PL.*Am.*324;—(*w. dat. of purpose*) tigrim..paci..~abit MAN.5.707; taurae..aratro ~andae COL.6.22.1;—(*w.* ad) (pullos) ~are..ad eas res, ad quas..eos uult habere in usu VAR.*R.*2.6.4; COL.6.29.4;—(*w. inf.*) qui (*sc.* equi) molle ~andi ferre iugum STAT.*Theb.*10.232;—(*w. abst. subj.*) obsequium tigrisque ~at Numidasque leones OV.*Ars* 2.183. **b** omnes (*sc.* arbores) cogendae in sulcum ac..~andae VERG.*G.*2.62; (nares) ~itas tempore fallit odor OV.*Ars* 2.656.

2 To subdue by war or sim., subjugate, overcome. **b** to defeat in single combat, lay low.

LIGVRIBVS ~ITIS..TRIVMPHAVIT *Elog.*15(*CIL* 1.p.194); eos..~uit qui lacessierant CIC.*Prov.*32; SAL.*Cat.*10.1; omne nomen Latinum ~uit LIV.1.38.4; plus est ~uisse Britannos OV.*Met.*15.752; insulas, quas Orcadas uocant, inuenit ~uitque TAC.*Ag.*10.5; FLOR.*Epit.*1.11(1.16.8); (*w. inanim. subj.*) quos..non anni ~uere decem, non mille carinae VERG.*A.*2.198;—(*transf.*) nec..rem cessant..ullam corpora..plagis infesta ~are LUCR.2.1143; hic deus (*i.e.* Boreas) et terras et maria alta ~at PROP.2.26.52; siluas ~itura iuuentus (*i.e. the young dogs*) GRAT.1.330. **b** Orion..uirginea ~itus sagitta HOR.*Carm.*3.4.72; OV.*Met.*9.74; ipso coactum nauitam conto ~at SEN.*Her.F.*774; (*cf., of animals*) thoes commissos..leones..paruis ~uere lacertis GRAT.1.257.

3 To reduce (persons) to subservience, gain control over, subdue.

pauperibus te parcere solitum, diuites..~are PL.*Trin.*829; LUCR.5.1050; VERG.*A.*6.80; quos iuuenes quaeque puella ~et PROP.1.9.6; asperiorem ~ando multitudinem fecisse LIV.3.69.4; ni deus..~uisset lumina somno STAT.*Theb.*2.31; decipit illa custodes aut aere ~at JUV.6.235; (*poet.*) licet illae (*sc.* manus)..post tergum uite ~entur CALP.*Ecl.*3.72;—(*of non-personal agents*) quibus unda pepercit, illos longa ~ant..ieiunia OV.*Met.*1.312; ut..uirginem carcer ~et SEN.*Ag.*1000.

4 To bring under control, subdue, tame (emotions, actions, impulses, conditions, etc.). **b** (one's own feelings, faculties, etc.).

auctoritate..legum ~itas habere libidines CIC.*de Orat.*1.194; horrida uerba ~a TIB.1.5.6; ut..palam..ferretur malo ~andam tribuniciam potestatem LIV.2.54.10; ~uit..infernas carmine leges MAN.1.327; quamuis..igne multo ~ent hiemem SEN.*Nat.*4b.13.7; STAT.*Silv.*2.2.125;—(*w. abst. or inanim. subj.*) nihil non aut lenit aut ~at diuturnitas PUB.*Sent.*N.46; nomen (*i.e.* androdamas, *a kind of stone*) impositum ab eo, quod..iracundias ~et PLIN.*Nat.*37.144; tuam si ~at uua sitim MART.2.53.4. **b** iam ~uisti animum? PL.*Cas.*252; latius regnes auidum ~ando spiritum HOR.*Carm.*2.2.9; dura..corda ~a OV.*Ep.*4.156; SEN.*Med.*506; (*refl.*) te ipse poenis..~as *Phaed.*439.

5 To reduce (things) to a milder, amenable, usable, or sim. condition, form, etc. **b** to overcome by traversing, master. **c** to bring (land) under cultivation.

prelo ~itam..uuam Hor.*Carm*.1.20.9; partem..sectam ..~at feruentibus undis Ov.*Met*.8.650; multa ~andae exercitatione..tibiae Plin.*Nat*.16.171; pastillos..in aceto ~et 20.5; Mart.13.33.2; genetrix..impexos certo ~at ordine crinis Stat.*Ach*.1.328;—(*w. inanim. subj.*) mella..durum Bacchi ~itura saporem Verg.*G*.4.102; fons..~itas unda conectit harenas Luc.9.527; Plin.*Nat*.35.174;—(*w.* in+ *acc.*) ui flexa ~atur in burim..ulmus Verg.*G*.1.169. **b** Rhodanum..~ita..fluminis ui traiectum Liv.21.30.5; ~ituram freta..ratem Sen.*Med*.2; pectore aduerso ~uit profundum *Phaed*.307; Sil.15.504; (*poet.*) porticus..longo.. ~at saxa aspera dorso Stat.*Silv*.2.2.31. **c** rastris terram ~at Verg.*A*.9.608; *Aetna* 10; centeno..ligone Tibur ..~ate Mart.4.64.33; qui..naturae deserta ~as Stat.*Silv*. 3.1.168.

domuitiō ~ōnis, *f*. [domvs+itio] (For *domum itio* see itio). A homeward journey, return home.

desiste..me..ab ~one arcere Acc.*trag*.173; Apul.*Met*. 1.7; titubante uestigio ~onem capesso 2.31.

domuncula ~ae, *f*. [next+-cvla] A small house, cottage, lodge.

~ae..habentes proprias ianuas..uti hospites aduenientes ..recipiantur Vitr.6.7.4; V.Max.4.4.8; parua..~a contentus Apul.*Met*.4.9; si..~am ibi habeat seruus Ulp.*dig*. 47.12.3.11.

domus ~ūs (~ī), *f*. [**dema*-, Skt. *dámah*, Gk. δόμος, δῶμα, Russ. *dom*] Forms: *do* (= ~*um*) Enn.*Ann*.576; voc. ~*us*; acc. ~*um*; gen. ~*us* (also ~*i* in early authors, e.g. Pl.*Am*.503, Caecil.*com*.284, etc.; ~*uis* Var.*Men*.522; ~*os* Aug. acc. to Suet.*Aug*.87.2); dat. ~*ui* (also ~*o* Cato *Agr*.139, Hor.*Ep*.1.10.13); abl. ~*o* (also ~*u* Pl.*Mil*.126, Cic.*Phil*.2.45 Labeo *dig*.19.2.60, etc.); loc. ~*i*; nom. pl. ~*us*; acc. pl. ~*us* or ~*os*; gen. pl. ~*uum*, ~*orum*; dat., abl. pl. ~*ibus*.

1 The building in which a person dwells, house, home. **b** ~*um*, to one's house, home; (also) to the (specified) house. **c** ~*i* (~*ui*), also ~*o*, at home.

palla mihi est ~o surrupta Pl.*Men*.645; ~i focique fac.. ut memineris Ter.*Eu*.815; Cic.*Ver*.5.93; (fulmina) accendunt..tecta ~orum Lucr.6.223; quae ex fano Herculis collata erant in priuatam ~um Caes.*Civ*.2.21.3; Tartareas ausus adire ~os Ov.*Fast*.3.620; negotia feminae, uiri pensa ac ~us curant Mela 1.57; pulchra quidem, uerum transtiberina ~us Mart.1.108.2; Apul.*Met*.4.27; (*cf.*) silua ~us fuerat, cibus herba Ov.*Ars* 2.475; (*ellipt.*) siquid opus fuerit, heus, ~o me (*i.e. fetch me from the house*) Ter.*Ph*.440;—(*of gods, i.e. temples*) augustissimam illam ~um Iouis Liv. 3.17.5; ante domum Veneris Juv.4.40; (*cf.*) concutitur caeli ~us Lucr.6.358. **b** abi intro ad uos ~um Pl.*Mil*.535; e naui recta ad me uenit ~um Ephesi Cic.*Att*.6.8.1; *CIL* 1.593.36; ducite ab urbe ~um..Daphnim Verg.*Ecl*.8.68; uelocior ~um gradus est Sen.*Dial*.9.1.11; (*ellipt.*) recta ~um; caue circumspicias Petr.58.13;—(*w. adj.*) quo.. me uortam?..~um paternamne? Enn.*scen*.277; antiquam uenerat umbra ~um Prop.1.19.10;—(*pl.*) frumentum.. illis dare..qui stipendiis emeritis ~os reuerterint Sal.*Rep*. 1.8.6; uesania turgidae ~us suas contendunt Apul.*Met*. 5.11;—quo..pudore talis uiros..meretricis ~um uenisse arbitramini? Cic.*Ver*.1.137; aurum..~um regiam comportant Sal.*Jug*.76.6; Gai nostri ~um fugi Petr.62.12. **c** est mulier ~i? Pl.*Mer*.563; statuas deorum..~i pro supellectile statuere Cato *orat*.224; ⟨m⟩odestvs ~ei *CIL* 1.1915.2; ~i esse apud sese archipiratas..duos Cic.*Ver*.5.73; Ov.*Ars* 3.757; Tac.*Ann*.14.56; res angusta ~i Juv.3.165;— (*w. poss. adj.*) quid tibi negotist meae ~i igitur? Pl.*Epid*. 499; ~i suae quisque ubi lauatur balneum dixerunt Var.*L*. 9.68; nihil..scriptum ab ullo est quod ego non ~i tuae legerim Cic.*Att*.12.14.3;—esse ~ui suae cum uxore Cic.*Off*. 3.99;—Var.*R*.1.8.2; ecquis est qui senatorem..tecto ac ~o non inuitet? Cic.*Ver*.4.25; miles..si ~o sua est Javol. *dig*.4.6.34.

2 A house (as a building), esp. a town house.

non casas sed etiam ~os..e lapide structas Vitr.2.1.7; rvinis ~vm villarvmqve *CIL* 10.1401.1.10; labyrinthus ~os mille et regias duodecim..amplexus Mela 1.56; ~uum et insularum et templorum quae amissa sunt Tac.*Ann*.15. 41; Suet.*Nero* 16.1.

3 a (applied to the dwelling-place of a bird, animal, etc.; also to the shell or carapace of invertebrates). **b** (applied to a tomb or sim., as the home of a dead person).

a frondiferas..~os auium Lucr.1.18; mus sub terris posuit..~os Verg.*G*.1.182; ab ouilibus ursi..~os..petunt V.Fl.2.74; omnia in ~um conportat (polypus) Plin.*Nat*. 9.86; Stat.*Silv*.2.4.11; (*cf.*) cum..aquam quasi naturalem ~um uidere potuerunt (*sc. ducklings*) Cic.*N.D*.2.124;— cum abdidisset cornea corpus ~o (testudo) Phaed.2.6.5; curuarum ~us uda coclearum Stat.*Silv*.4.9.33; (*cf.*) lapillos ..cum..suis ~ibus..protrahet (*sc. the pearl-diver*) Man. 5.399. **b** reseiste et aspice aet(ernam) ~v *CIL* 1.1930; in marmorea ponere sicca (ossa) ~o [Tib.]3.2.22; *Epic. Drusi* 74; ~vs..saxea *CIL* 13.2104.7; (*cf.*) ~us ista, ~us! quis triste sepulcrum dixerit? Stat.*Silv*.5.1.237.

4 The country, town, etc., of one's residence or birth, home; an (inhabited) country.

unde haec perierunt ~o? — Carthaginienses sunt Pl. *Poen*.1376; ~um spectans, ad suos redire cupiens Cic. *Lig*.3; una (uxor) Sueba natione, quam ~o secum duxerat Caes.*Gal*.1.53.4; Liv.25.31.3; Nereidum tranquilla ~us (*i.e. an island*) Stat.*Ach*.1.391;—(*acc. of destination*) uictores.. legiones reueniunt ~um Pl.*Am*.188; imperia tua ~um ad senatum suum renuntiauerunt Cic.*Ver*.3.73; proelio..facto ~um redierant (naues) Caes.*Civ*.3.111.3; Ulp.*dig*.5.1.2.3;— (*loc.*) uir..~i nobilis Cic.*Clu*.23; armorum quantum quaeque ciuitas ~i..efficiat Caes.*Gal*.7.4.8; otium foris, foeda ~i lasciuia Tac.*Ann*.13.25;—(*contrasted w.* militiae, *etc.*) neque ~i..nec militiae sumus Enn.*scen*.239; praefulgebat auus titulis bellique ~ique Sil.4.497; *CIL* 12.3275.5;—~us ..te tremit Arabiae Prop.2.10.16; Massyli..~us ultima terrae Sil.3.283.

5 The physical situation or location of a thing. **b** the seat or home(of an activity).

animae sumus, inque ferinas possumus ire ~os (*i.e. into the bodies of animals*) Ov.*Met*.15.458; *Fast*.1.108; non tutior haustis (flammis) ulla ~us (*i.e. than lava*) *Aetna* 410; publica naturae ~us his contenta tenetur finibus (*i.e. the stars*) Man. 1.535. **b** ex urbe ea quae ~us est semper habita doctrinae Cic.*Brut*.332; *Rep*.2.10; pectora..ingenii..~us *Epic.Drusi* 262; Carthago, fraudum ~us Sil.6.479.

6 The family, household, or dependants collectively of the head of a house. **b** a group of disciples, school (of philosophers, etc.).

ut, si quid aduersi populo..immineret, totum in meam ~um conuerteretur Paul.*orat*.2; ~um..totam..mortui contra te testimonium dicere Cic.*Ver*.1.94; ~us tenet a quo Sergia nomen Verg.*A*.5.121; mater..paterque nataque: tres illi tota fuere ~us Ov.*Fast*.4.543; nvmini ~vs avgvstae *CIL* 3.7380.1; Sen.*Oed*.627; Augustus in ~o successorem quaesiuit, ego in re publica Tac.*Hist*.1.15; obscurissimae ~ui destinata..uxor *Ann*.3.23; Suet.*Cl*.40.2; Apul.*Met*. 4.33; ~o voltinia *CIL* 9.4684.2. **b** Cic.*Ac*.1.13; Socraticam..~um Hor.*Carm*.1.29.14; ex philosophorum ~o Sen.*Ben*.5.15.3; hoc omnes tibi ex omni ~o conclamabunt, Peripatetici, Academici, Stoici *Ep*.29.11; (*of actors*) stat per successores Pyladis et Bathylli ~us *Nat*.7.32.3.

7 a ~*um*, Into one's own possession, 'into one's pocket'. **b** ~*i*, in oneself, in or by one's own resources; (prov.) ~*i uersura fit*, one is one's own creditor. **c** ~*o*, from one's own resources or experience, out of one's own head.

a lucri quidquid est, id ~um trahere oportet Pl.*Mos*.801; te..publicam pecuniam ~um tuam conuertisse Cic.*Ver*. 3.176; praedam omnem ~um auertebant Caes.*Civ*.3.59.3. **b** hanc..coniecturam ~i facio magis quam ex auditis Pl. *Cas*.224; ~i habet animum falsiloquom *Mil*.191; desine.. communibus locis; ~i nobis ista nascuntur Cic.*Luc*.80; Lucr.6.14; saepe ~i culpa est Man.1.905; Sen.*Ep*.23.3;— *Ben*.5.8.3. **c** id nunc experior ~o Pl.*Am*.637; prima de me, ~o docta, dico *Truc*.453; attuleras ~o..cogitatum scelus Cic.*Phil*.2.85; siquam (opinionem) ~o uidebitur iudex attulisse Quint.*Inst*.4.1.20; 10.6.6.

domuscula ~ae, *f*. [prec.+-cvla] (affectionate dim.) One's home.

mecum..adultus indiuiduo contubernio ~ae Apul.*Met*. 4.26.

domūsiō ~ōnis, *f*. [domvs+vsio] Private or household use.

Diogenem litteras scisse, ~oni (*codd.* dum-) quod satis esset Var.*Men*.517; uolo illum ad ~onem aliquid de iure gustare Petr.46.7.

dōnābilis ~is ~e, *a*. [dono+-bilis] (w. abl.) Worthy to be the recipient (of).

infortunio hominem praedicas ~em Pl.*Rud* 654.

dōnārium ~(i)ī, *n*. [donvm+-arivm] The part of a temple where votive offerings were received and stored, treasure chamber; (sts. applied to the temple itself).

uris imparibus ductos alta ad ~ia currus Verg.*G*.3.533; labatur circa ~ia serpens Ov.*Am*.2.13.13; *Fast*.3.335; splendent ~ia gemmis Luc.9.516; V.Fl.5.644; apud fani ~ium Apul.*Met*.9.10; *Fl*.15.

dōnāticus ~a ~um, *a*. [dono+-aticvs] Formally presented, 'presentation'.

pretium parauere bonis atque strenuis..hastas ~as Cato *orat*.21; ~ae coronae Paul.*Fest*.p.69M.

dōnātiō ~ōnis, *f*. [dono+-tio] The act of giving a present, donation, gift. **b** ~*o mortis causa*, a gift taking effect only on the donor's death, but (unlike a legacy) irrevocable in his lifetime.

neque ~onem sine acceptione intellegi posse Cic.*Top*.37; *Phil*.5.11; quibus in rebus (*i.e. the payment of money owed*) prolationem diei ~onem esse dicebant Caes.*Civ*.3.32.5; Phaed.2.5.22; aliud est munus, aliud ipsa ~o Sen.*Ben*.6.2.1; ne sit mihi onerosa ista ~o Plin.*Ep*.2.4.3; Apul.*Apol*.102; affectionis gratia neque honestae neque inhonestae ~ones sunt prohibitae Ulp.*dig*.39.5.5; *CIL* 6.26445.10;—(*w. subj. gen.*) quod pater familias in eius ~one, qui in ipsius potestate est, adprobauit Cic.*Leg*.2.50; Liv.7.37.2; (ursas) amicorum ..~onibus..oblatas Apul.*Met*.4.13;—(*w. obj. gen.*) Cic. *Balb*.48; bonorum ~o Liv.3.37.8; citra corporis ~onem Pompon.*dig*.39.5.9;—(*w. gen. of recipient*) in ~onem histrionum Cic.*Ver*.4.35. **b** Ulp.*dig*.39.6.2; 50.16.67.1.

dōnātīuum ~ī, *n*. [dono+-ivvm] A sum of money given as a gratuity to each soldier by the Roman Emperor on an occasion of public rejoicing.

~um sub nomine Galbae promissum Tac.*Hist*.1.5; *Ann*. 12.69; cum ~i partem milites accepissent Plin.*Pan*.25.2; populo congiarium, militi ~um proposuit Suet.*Nero* 7.2; Paul.*dig*.49.16.10.

dōnātor ~ōris, *m*. [dono+-tor] One who gives, a donor.

a ~ore profectam..ad creditorem (pecuniam) Ulp.*dig*.14. 6.9.1; Paul.*dig*.34.5.8(9); (*w. obj. gen.*) ~or atrae lucis.. tuum Diti remitte munus Sen.*Phaed*.1217

donax ~acis, *m*. [Gk. δόναξ]

1 A kind of reed.

Plin.*Nat*.16.165; harundo Cypria quae ~ax uocatur 24. 86; (*used as a mus. instr.*) si animam inspires ~aci (*cj.*, *codd.* dona) Apul.*Apol*.9.

2 A kind of shell-fish (= solen).

Plin.*Nat*.32.151.

dōnec, *conj*. [**do-ne-que* (cf. Umb. *ar-ni-po*). The syll. *do*- = 'to' as in qvando (cf. Gk. -δε, Russ. *do*), and -*ne* is an affirm. particle as in qvandone] Forms: *doneque* Vitr.3.5.6, 5. 12.3, 9.1.11; *donique CIL* 6.2120.18. See also donicvm.

1 (indicating the time limit of the action of the main vb.) Up to the time at which, until. **b** (denoting the culmination of a process). **c** (loosely connecting successive events) after which, whereupon. (N.B.: some of the exx. of subjunctive in this sense may bear, in weakened form, the idea of purpose exemplified in sense 2.)

(*w. ind.*) ne..exsurgatis, ~ ..erit signum datum Pl.*Bac*. 758; neque..finis huic iniuriae..fiebat ~ populus..senatum clamore coegit Cic.*Ver*.4.87; ille canit..cogere ~ ouis stabulis..iussit..Vesper Verg.*Ecl*.6.85; hic..regnabitur.. ~ regina..dabit Ilia prolem *A*.1.273; de comitiis ~ rediit Marcellus silentium fuit Liv.23.31.9; Tac.*Hist*.1.9; (*ellipt.*) nobis..ne tunc quidem..abeundi consilium, donec de auunculo nuntius Plin.*Ep*.6.20.20; (*in aposiopesis*) nec requieuit enim, ~ Calchante ministro—sed quid ego.. moror? Verg.*A*.2.100;—(*w.* usque) linito usque adeo, ~ omne caseum..abusus eris Cato *Agr*.76.4; usque eo timui.. ~ ad reiciundos iudices uenimus Cic.*Ver*.1.17;—(*w.* tamdiu) sanguis, cum percussa uena est, tam diu manat, ~ omnis effluxit Sen.*Nat*.3.15.5;—(*w. subj.*) (canes) sequuntur.. ceruorum simulacra..~..redeant..ad se Lucr.4.997; Liv.21.28.11; felix quondam genus..~..fugeret Fortuna penates V.Fl.2.472; mansere (*sc.* consules)..minitantes ~ magistratu abirent Tac.*Ann*.5.11; quae custos..usque a lucifero ~ lux occidat audit Juv.13.158; titionem..obtrudit usque ~..faciem eius confoedassem Apul.*Met*.7.28. **b** alid ex alio clarescere..uidebant, artibus ad summum ~ uenere cacumen Lucr.5.1457; digitos..ungula conpressos.. contero, ~..dolore commotus..scaenam..patefacit Apul. *Met*.9.27;—(*w. subj.*) crocus..capellas..perpluit imbre, ~ ..canitiem propriam luteo colore mutarent Apul.*Met*.10.34. **c** sublatis manibus..iuramus..~ aduenerunt ministri ac toralia praeposuerunt toris Petr.40.1; 55.4; fuga torua per agros..~ Aconteus..insequitur Stat.*Theb*.7.590.

2 (indicating the point in time which is the intended limit of the action of the main vb.) Until such time as. **b** *finis, modus est* ~, the limit is reached when.

(*w. subj.*) tribuni plebis nihil mouerunt, ~..Camillus.. proficisceretur Liv.5.26.3; quid expectas, ~..eiciaris? Sen. *Con*.1.8.3;—(*w.* usque) Pl.*Rud*.812; usque ocinum dato, ~ arescat Cato *Agr*.54.4; plosoris..usque sessuri ~ cantor 'uos plaudite' dicat Hor.*Ars* 155; Cels.5.25.17;—(*w.* tamdiu) tamdiu se in sedili suo tenuit, ~ ceruicem..frangeret Sen.*Ep*.70.23; quae sunt dura tam diu teruntur, ~ leuissima fiant Larg.23; Ulp.*dig*.13.1.10.2;—(*plpf. subj. in indir. sp.*) eis dictum, ut uir uirum legerent ~ sedecim milium numerum confecissent Liv.10.38.12. **b** finis.. eius fomenti est, ~ infirmando offendat Cels.7.26.5.c; modus est curationis, ~ uapor ad lumbos peruenisse sentiatur Plin.*Nat*.28.199.

3 Up to the point (in space) at which, till.

(*w. ind.*) miratur..fugientis aequora terras, donec in Aegyptum redeunt curuata..litora Man.4.626;—(*w. subj.*) Mela 1.109; Aegyptus introrsus ad meridiem recedens, ~ a tergo praetendantur Aethiopes Plin.*Nat*.5.48; cuius ductus ~ Marciae accedat, efficit passus octingentos Fron. *Aq*.12; Chaucorum gens..omnium..gentium lateribus obtenditur, ~ in Chattos usque sinuetur Tac.*Ger*.35.1;—(*w.* in tantum) (fossam) in tantum deprimere, ~ altitudinis mensuram datam ceperit Col.3.13.9.

4 For the duration of the time in which, as long as, while.

(*w. ind.*) debet..uelle manere in uita, ~ retinebit.. uoluptas Lucr.5.178; ~ gratus eram tibi..uigui rege beatior Hor.*Carm*.3.9.1; eadem ratio..futura..~ res eaedem manebunt Liv.22.39.10; ~ eris sospes, multos numerabis amicos Ov.*Tr*.1.9.5; Bataui, ~ trans Rhenum agebant, pars Chattorum Tac.*Hist*.4.12; *Ann*.1.68; (*ellipt.*) ipsa, ~ mediae Pisoni spes, sociam se..promittebat 3.15; —(*w. subj.*) (elephanti) nihil..trepidabant, ~ continenti uelut ponte agerentur Liv.21.28.10; in duos menses indutiae factae ~ Romam mitterentur legati 29.12.15; reuerti.. non..potero, ~ Titius uiuat Pompon.*dig*.19.1.7; (*w.* tamdiu) tamdiu cecidit patrem, ~ placeret tyranno satelles Sen. *Con*.9.4(27).6.

dōneque: see prec.

dōnicum, *conj*. [**do-ne-quom*] (= donec) Until, till.

ibi manens sedeto ~ uidebis me..domum uenisse Andr. *poet*.18(20).1; si respexis, ~ ego te iussero Pl.*Aul*.58; Cato *Agr*.146.2; apud regem fuisti, ~ ille tibi interdixit rem capitalem *orat*.80; Fro.*Amic*.2 p.182(196N); (*w.* adeo) hunc faciamus ludos..adeo ~ ipsus sese ludos fieri senserit Pl.*Ps*.1168;—(*w.* usque) usque mantant neque id faciunt ~ parietes ruont *Mos*.116; *Truc*.39;—(*subj. after subordinate cl.*) ut statim mente agitaret..Romanos..armis persequi, ~..uicti manus dedissent Nep.*Ham*.1.4.

dōnificō ~āre, *intr*. [donvm+-ficvs+-o³] To make a present.

Aiax cum Hectore (dimicauit), ~antes discessere Hyg. *Fab*.112.2.

dōnō ~āre ~āuī ~ātum, *tr.* [next+-o³] CONST.: w. acc. of recipient, abl. of thing given (1); w. acc. of thing given, dat. of recipient (2–5).

1 To present, endow, reward (with). **b** to provide, endow (things with). **c** to honour reward (conduct, etc., with).

(*w. abl. of thing given*) adduxi ancillas tibi..duas, is te ~o PL.*Truc.*531; anulus aureus quo tu istum in contione ~asti CIC.*Ver.*3.185; HOR.*Carm.*3.13.3; si quis mihi rettulerit, ~abitur auro PROP.3.23.21; praefectum classis..triginta bubus ~auit LIV.26.48.14; filiae..dotibus ~atae APUL. *Apol.*18; *CIL* 10.5469.16; (*poet.*) his mea muneribus..conubia ~as OV.*Ep.*11.99;—(*with non-material gifts, endowments, etc.*) di inmortales..quantis me ~atis gaudiis PL.*Aul.*808; seruos..libertate..publice ~ari CIC.*Balb.*24; [TIB.]3.1.21; V.MAX.3.3.1; ut libertum suum..equestri dignitate ~aret TAC.*Hist.*2.57; (*in fig. phr.*) ut oratio Romana..uideatur, non ciuitate ~ata QUINT.*Inst.*8.1.3;—(*w.* ut+*subj.*) ~o te..ut expers sis metu PL.*As.*44;—(*w. inf., s.v.l.*) Venus quem pulchra dearum fari ~auit ENN.*Ann.*19;—(*w. adv.*) siquis strenue fecerat, ~abam honeste CATO *orat.*37; magnifice Datamen ~atum NEP.*Dat.*3.5;—(*w. gift, etc., not expr.*) cum in contione ~aret eos qui ei..audacissimi uidebantur CIC.*Phil.*12.19; nemo..mihi non ~atus abibit VERG.*A.*5.305; sequeris Clytum..et ~as et amas MART. 4.9.3; TAC.*Hist.*1.51. **b** (*w. abl.*) LUCR.2.73; moenia mundi..diuinitus aeterna ~ata salute 5.1215; puellari ~auit nomine litus MAN.4.684; eorum (*sc.* pampinorum)..alios fructu ~auit (*i.e. Nature*) COL.3.10.11. **c** nouam in femina uirtutem nouo genere honoris..~auere LIV.2.13.11; ~at uiridi mea carmina palma OV.*Ars* 2.3; PLIN.*Nat.*16.14.

2 To present, grant, give (to). **b** to grant, confer (non-material things). **c** (w. inf.) to grant power (to); to give cause (to); (w. *ut* cl.) to grant (that). **d** to yield as a product, give. **e** (pf. pple. as sb.) a present, gift.

(*w. dat. of recipient*) miles..quei hanc (minam) mihi ~auit PL.*Poen.*469; POPVLVS..STATVAM ~AVIT CENSORINO *CIL* 1.1529.16; id (*sc.* candelabrum)..se in illo conuentu..dare ~are dicare consecrare Ioui CIC.*Ver.*4.67; qui patrium mimae ~at fundum HOR.*S.*1.2.56; LIV.25.8.10; JUV.3.3; me..ei..~aturam..omnem meam supellectilem APUL. *Met.*5.29; (*facet.*) si non scombris scelerata poemata ~as (*i.e. as a wrapping*) MART.3.50.9; (*poet. of a river*) his rura colonis accedunt ~ante Pado (*by changing its course*) LUC. 6.278;—(*w. prolative inf.*) huic..loricam..~at habere VERG.*A.*5.262;—(*w. recipient not expr.*) te talos..nucesque..~are..uidi HOR.*S.*2.3.172; ~are sua opera instituit, quod nullo pretio..permutari posse diceret PLIN.*Nat.*35.62; (*w. abl. of the occasion*) illa meo caros ~asset funere crinis PROP. 1.17.21;—(*absol., or w. ellipsis of dir. obj.*) eis omnibus inter se ~are..liceto *Leg.pub.*(*Font.iur.*p.47)5; potaui, dedi, ~aui, et enim id raro PL.*Bac.*1080; SEN.*Ben.*6.25.2; ~anti non graue munus erat MART.2.30.2; quod tam pauperes forent quibus ~asset Nero TAC.*Hist.*1.20; si miles uxori ~auerit de castrensibus bonis ULP.*dig.*24.1.32.8;—(*impers. pass.*) ab uxoris..parte prohibitum est ~ari uiro 24.1.3.6. **b** ut..non erepta L. Crasso..uita, sed ~ata mors esse uideatur CIC.*de Orat.*3.8; HOR.*Carm.*4.3.20; quot somnos iuueni ~arit amato luna OV.*Am.*1.13.43; tamquam..innocentiam principi ~ares (*i.e. acquit him of complicity*) TAC.*Ag.*45.3; gratam requiem ~a tibi JUV.11.184; APUL.*Met.*7.27; (*poet.*) Massiliae..suae ~atur libera Phocis (*liberated as a compliment to Marseilles*) LUC.5.53;—(*w. non-personal recipient*) melius ~are tempus (*to the vine-shoots before pruning*) PLIN. *Nat.*17.211. **c** frui paratis..mihi..~es HOR.*Carm.* 1.31.18; diuinare..mihi ~at Apollo *S.*2.5.60; ~o et permitto tibi habitare in illo cenaculo PAPIN.*dig.*39.5.27;—non Oebalio ~em lugere magistro? STAT.*Theb.*6.822;—nostro ~ate labori..tradantur ut..facta uiri SIL.12.390. **d** quae ratio (*i.e. method of planting*) in iugero circiter XVI uiueradicum ~at PLIN.*Nat.*17.172. **e** possum ~ata reponere laetus HOR.*Ep.*1.7.39; apud quos non diutius in animo sunt ~ata quam in usu SEN.*Ben.*1.12.2; simile ~ato precarium est ULP.*dig.*47.2.14.11.

3 a To consign, deliver (to a physical situation or condition). **b** to devote, give over (to a purpose, etc.). **c** to give up (for the sake of), sacrifice (to).

a barathrone ~es quidquid habes HOR.*S.*2.3.167; miseras procella..~et cuicumque terrae SEN.*Tro.*852; gaudent..praedam flammis ~are SIL.2.608; (*poet.*) aurae omnia (*sc.* mandata)..nubibus inrita ~ant VERG.*A.*9.313. **b** ut uita..patriae potius ~ata quam reseruata naturae uideretur CIC.*Sest.*47; inter illos (*i.e. teachers*) qui hominem uoluptati ~ant SEN.*Cl.*1.3.2; PERS.4.50; otia..breui poteris ~are libello MART.12.1.3; JUV.1.59; (*w. gdve.*) ~at praebetque necandos tot..uiros STAT.*Theb.*9.828. **c** tu, tuas inimicitias ut rei p. ~ares, te uicisti CIC.*Fam.*5.4.2; indignum esse inlecebris..litterarum imperii..auctoritatem ~ari V. MAX.2.2.2; spes..suas ambitioni ~ant PETR.4.2; QUINT. *Inst.*5.2.4; (*w. pers. obj.*) ipse Paris..si hanc..uidisset..et Helenen huic ~asset et deas PETR.138.6.

4 To make a present (to another) of (a claim or sim. against him), waive, remit, concede. **b** to spare (for a person) the trouble, inconvenience, etc. of.

sibi ~atum aes alienum a Caesare dicunt BRUT.*ad Brut.* 1.6.4; qua (*sc.* lege) mercedes habitationum annuas conductoribus ~auit CAES.*Civ.*3.21.1; quasi ~emus..controuersiam SEN.*Con.*2.5.11; ut..laesus..poenam, si tuto poterit, ~et SEN.*Cl.*1.20.2; abscedo et mea uulnera (*i.e. the claim to which they entitle me*) ~o STAT.*Theb.*7.556; QUINT. *Inst.*3.6.8; SUET.*Cal.*40; qui causam aduersariis suis ~ant ULP.*dig.*50.16.212. **b** LUC.4.764; ~at..Iphiclo pelagus iuuenumque labores V.FL.1.473; longum..iter..tibi mea dextera ~at SIL.1.487; nulla..iniuria est, cum tibi..impensas ~auerit ULP.*dig.*9.2.27.25;—(*w. abst. subj.*) hoc (*i.e. death*) nulla diligentia euitat, nulla felicitas ~at SEN.*Nat.* 2.59.4; quot funera Poenis ~arunt..suffragia..Campi! SIL. 15.734.

5 To condone, excuse (faults in). **b** to excuse (faults, etc., for the sake of, in response to); to forgive, let off (a person for the sake of).

ingeniis..~anda uitia SEN.*Con.*10.pr.10; superis haec crimina ~o LUC.9.144; concumbunt Graece. ~es tamen ista puellis JUV.6.191; quis..syllabam barbare pronuntiatam ~auerit? APUL.*Fl.*9; ULP.*dig.*47.10.17.12. **b** culpa grauis precibus ~atur saepe suorum OV.*Pont.*2.7.51; SEN. *Ep.*81.4; PETR.58.3; qualecumque crimen ~ari meritis..potest QUINT.*Decl.*310(p.222,l.19); (*impers. pass.*) puer est: aetati ~etur SEN.*Dial.*4.30.1;—noxae damnatus..~atur tribuniciae potestati precarium..auxilium ferenti LIV.8. 35.5; alium dignitati ~aui, alium humilitati SEN.*Cl.*1.1.4; quid ergo est (*i.e. his misconduct*)? ~o uobis eum PETR.30.11; FLOR.*Epit.*1.40(3.5.10).

dōnum ~ī, *n.* [Osc., Umb. *dunum*, Skt. *danam*, cf. DO] FORMS: *dun- CIL* 1.394; *~om* 1.28, 1.60; ABBREV.: *d* 6.549, etc.

1 A thing given (material or otherwise), present, gift.

in amicitiam insinuauit..mecum..blanditiis, muneribus, ~is PL.*Cist.*93; TER.*Eu.*358; nuptialibus ~is CIC.*Clu.*28; timeo Danaos et ~a ferentis VERG.*A.*2.49; orare..ut id (*sc. gold*) ab se ~um acciperet coeperunt LIV.26.50.11; OV.*Ep.* 16(17).124; regis auxilio, quem pecunia donisque ad societatem perpulerat TAC.*Hist.*3.48;—(*w. gen. of donor*) matris Ledae mirabile ~um VERG.*A.*1.652; V.FL.2.472; Mauros..rex acceperat ~um populi Romani TAC.*Ann.*4.5;—(*of recipient*) quid haec sibi horum..ciuium..~a uoluerunt? CIC.*Ver.*3.186; regius erat animus in urbium ~is LIV.41.20.5;—(*of definition*) capio fraternae dapis ~um SEN.*Thy.*984; ~um exitiale coronae V.FL.5.447;—(*pred. dat.*) iube sibi aurum atque ornamenta..~o habere PL.*Mil.*982; ducit secum..uirginem ~o huic TER.*Eu.*229; me..uolentem pro..beneficiis animam ~o dedisse SAL.*Hist.*2.47.12; intactum uastationibus regnum ~o accipere TAC.*Ann.*15.27.

2 (spec.): **a** An offering (to a god or sim.). **b** a prize, award (in a competition); a prize (awarded to a soldier for distinguished service); sim. *~a militaria.*

a HOCE SEIGNVM PRO CN FILIOD DIANAI ~VM DEDIT *CIL* 1.42; deos..uotis ~is precibus plorans AFRAN.*com.*171; CIC.*Ver.*2.116; templum..~is opulentum et numine diuae VERG.*A.*1.447; agi..de Apollinis ~o coeptum LIV.5.23.8; PLIN.*Nat.*18.83; flammis..liquescunt ~a deum STAT.*Ach.* 1.425; TAC.*Ann.*14.64; APUL.*Met.*6.3; VNDIS CYANEIS ~VM PLACAVILE FECIT *CIL* 6.555.1. **b** tertia ~a facit geminos ex aere lebetas VERG.*A.*5.266; 5.478; qui..coronam auream ~um uictoriae ferrent CURT.4.5.11; has..opes ~o uictoribus ire imperat STAT.*Theb.*6.548;—~a quid cessant mihi conferre..quia pugnaui fortiter? PL.*Men.*128; HOR.*Ep.*2.2.32; XXXVII ~a, XXIII cicatrices aduerso corpore exceperat PLIN.*Nat.*7.103; ~a amplissima imperatorum ac fortium ciuium 18.9;—~is militaribus patris triumphum decorare CIC.*Mur.*11; SUET.*Aug.*8.1; *CIL* 10.8291.6.

3 A benefit, gift (regarded as the fruit of divine or sim. bounty).

si, Bacche, tuis..~is accersitus erit somnus PROP.3.17.13; iaciunt Cerealia ~a OV.*Fast.*6.391; interim poena est mori, sed saepe ~um SEN.*Her.O.*931; ~is ut solus egerem, Somne, tuis STAT.*Silv.*5.4.2; inter terricolas caelicolasque uectores hinc precum inde ~orum APUL.*Soc.*6;—(*pred. dat.*) regna atque imperia fortunam ~o dare SAL.*Rep.*1.1.1; *Hist.*2.47.5;—(*w. gen. of source*) mi Libane, ocellus aureus, ~um decusque amoris PL.*As.*691; haec Musarum ~a HOR.*Ep.*2.1.243; PLIN.*Nat.*22.101; ~a..aestatis MART.2.85.3;—(*of definition*) ~um hoc diuinum rationis CIC.*N.D.*3.75; Galli..defensi..~o noctis opacae VERG.*A.*8.658.

4 An act conferring benefit, favour, bounty.

quasi deorum aliquo ~o atque munere commendati nobis (poetae) CIC.*Arch.*18; seruum seruaque natum..muliebri ~o regnum occupasse LIV.1.47.10; captam Eurydicen atque inrita Ditis ~a querens VERG.*G.*4.520; OV.*Met.*10.52; SEN.*Phaed.*945; ~o quodam prouidentiae genitus QUINT. *Inst.*10.1.109; reliquias Neronianarum sectionum..concessit, iustissimum ~um et in speciem magnificum TAC.*Hist.* 1.90.

dorcas ~adis (~ados), *f., m.* [Gk. δορκάς, δόρξ] FORMS: *~as* (acc. pl.) GRAT.200. GENDER: fem. MART.13.99(98).1; masc. GRAT.200. A gazelle.

~ades non transeunt montes..uicinos PLIN.*Nat.*8.225; 28.170; MART.10.65.13; delicium..donabis ~ada nato 13.99 (98).1; (*as a complimentary appellation*) nigra (*sc. woman*) melichrus est,..neruosa et lignea ~as LUCR.4.1161; (*as a woman's name*) *CIL* 6.24532.2.

Dōricē, *adv.* In the Doric dialect.

quod Dorice Rhodii loquantur SUET.*Tib.*56.

Dōricus ~a (~ē) ~um, *a.* Of or belonging to the Dorians, Doric; (also applied to the Greeks in the Trojan War). **b** built in the Doric style (of architecture). **c** (masc. pl. as sb.) the Dorians.

Virgine sub casta..sunt..~a rura MAN.4.767; clamabat..sua illa ~a lingua SEN.*Ep.*77.14; STAT.*Theb.*4.116; ut si Atticis ~a..dicta confundas QUINT.*Inst.*8.3.60; JUV.4.40;—uidi te, Vlixes..tegentem..classem ~am *Inc.trag.*62; non Simois tibi..nec ~a castra defuerint VERG.*A.*6.89; SEN.*Ag.*613. **b** ~is epistyliis VITR.1.2.6; 3.2.7; de aede Mineruae, ~e quae est Athenis 7.pr.12; PLIN.*Nat.*36.178;—(*neut. as sb.*) seuero more ~orum VITR.1.2.5; 4.2.5. **c** GEL. 2.26.10.

doripetron ~ī, *n.* [Gk.] A plant = LEONTOPODION.

PLIN.*Nat.*26.52.

Dōris¹, *m. pl.* [Gk. Δωριεῖς] FORMS: *~ēs* (acc.) VEL.gram.in *G.L.*5.71; *~ieōn* VITR.4.1. 5 (cj.). The Dorians, a race inhabiting the Peloponnese during the classical period; also, the inhabitants of Doris in N. Greece (see next).

tria Graecorum genera..quorum..~is tertii nominabantur CIC.*Flac.*64; VEL.gram.in *G.L.*7.51;—~is et Dolopes..absunt a mari CIC.*Rep.*2.8.

Dōris² ~idis or ~idos, *f. adj.* Dorian, Doric; also, Greek (opp. Trojan). **b** (fem. as sb.) a district in northern Greece; the SW. tip of Caria with its offshore islands. **c** a Greek personal name, esp. (mythol.) a sea-goddess, mother of the Nereids, also var. other sea nymphs. **d** a plant = PSEVDOANCHVSA.

tellus..~is (*i.e. Sicily*) SEN.*Her.F.*81; ~ida tum Malean..petit LUC.9.36; cum interrogasset quaenam..dialectos esset, et ille respondisset ~idem SUET.*Tib.*56;—flamma..~is Erichthonias prostrauit..arces *Culex* 336. **b** ~idis parua atque ignobilia oppida LIV.28.7.13; MELA 2.39; PLIN. *Nat.*4.28; 35.139;—5.103. **c** CIC.*Tusc.*5.59; PETR.126.18;—aequoreae formosa ~ide natae PROP.1.17.25; OV.*Met.* 13.742; HYG.*Fab.*pr.8; (*poet., of the sea as her realm*) sic tibi (*sc.* Arethusae) ~is amara suam non intermisceat undam VERG.*Ecl.*10.5;—GERM.*Arat.*666; nudam..per undas ~ida..cupierunt prendere Panes STAT.*Silv.*2.2.106. **d** PLIN.*Nat.*22.50.

Dōrius ~a ~um, *a.* Dorian (esp. designating the Dorian mode).

sonante..carmen lyra..~um HOR.*Epod.*9.6; PLIN.*Nat.* 2.84; Lydios modulos Amphion, ~os Thamyras (inuenit) PLIN.*Nat.*7.204; APUL.*Fl.*4.

dormiō ~īre ~īuī or ~iī ~ītum, *intr.*, (*tr.*). [**dŏm-ī-*, cf. Skt. *drāy-*, Russ. *dremly-*, Gk. (ἔ)δραθον] FORMS: *-ibo*, etc. (fut.) PL.*Trin.*726, CATO *Agr.*5.5.

1 To be or fall asleep, sleep. **b** (w. acc.) to sleep (for a period of time); (also pass., of time).

quin tu is ~itum? PL.*Cur.*183; *Rud.*899; canes..quos consuefacias..interdiu..~ire VAR.*R.*1.21; ~iit ad h. III CIC.*Att.*10.13.1; ~iet in lucem HOR.*Ep.*1.18.34; extremo ~it amicta toro PROP.3.21.8; PLIN.*Nat.*12.40; aut uigila aut ~i..tibi (*i.e. keep your dreams to yourself*) MART.7.54.8; JUV.1.17; (*cf. sense 2*) noctibus illorum ~iet ipsa Venus PROP.3.6.34; (*impers. pass.*) habet..iurgia lectus in quo nupta iacet, minimum ~itur in illo JUV.6.269;—(*w.* cum) cum sene non puduit talem ~ire puellam PROP.2.18.17; OV. *Ars* 1.601; PETR.134.11; ~iat ille cum domina JUV.6.376;—(*pple. as sb.*) ne ~ientis quidem sinunt quiescere PL.*Rud.* 595; qui ~ientem necat absentem ulciscitur PUB.*Sent.*Q.71;—(*of the dead*) ~IAS SINE QVRA *CIL* 1.1202.6; (*cf.*) iacebat immobilis et nihil aliud quam ~iens cadauer APUL.*Met.*6.21;—(*prov.*) in aurem utramuis otiose ut ~ias TER.*Hau.*342; quod in dextram aurem fiducia mei ~ias PLIN.*Ep.*4.29.1;—(*fig.*) magna uis est in uirtutibus; eas excita, si forte ~iunt CIC.*Tusc.*3.36; nonnumquam permittendum legibus ~ire AUR.*Fro.*1.p.216(76N). **b** quasi..ita..uelit uiuere, ut, cum sexaginta (annos confecerit), reliquos ~iat CIC.*Tusc.*1. 92;—nobis..nox est perpetua una ~ienda CATUL.5.6; tota mihi ~itur hiems MART.13.59.1.

2 To behave as if asleep, do nothing, idle.

credebas ~ienti haec tibi confecturos deos? TER.*Ad.*693; inde filiam suscepit..dum tu ~is *Ph.*1007; sedenti, cunctanti, ~ienti in maximo rei publicae motu consuli CIC.*Pis.* 10; CAEL.*Fam.*8.17.2;—(*facet., of inanim. things*) uide ut ~iunt pessuli pessumi PL.*Cur.*153; ferulae..paedagogorum..Idus ~iant in Octobres MART.10.62.11.

dormītātor ~ōris, *m.* [DORMITO+-TOR] (perh.) One who sleeps by day (so as to pursue nefarious activities at night), a night-prowler.

homost aut ~or aut sector zonarius PL.*Trin.*862; 984.

dormītiō ~ōnis, *f.* [DORMIO+-TIO] The act of sleeping, sleep.

nostri pectoris ~o uigilabilis VAR.*Men.*485; 588.

dormītō ~āre ~āuī, *intr.* [DORMIO+-ITO] To feel sleepy, drowse. **b** to allow one's energy or attention to flag.

te ~are aibas..cubitum hinc abiimus PL.*Am.*807; lupus opseruauit dum ~arent canes *Trin.*170; cenato mihi et iam ~anti CIC.*Att.*2.16.1; male si mandata loqueris aut ~abo aut ridebo HOR.*Ars* 105; SUET.*Cal.*38.4; non ~o, et cogo me ut dormiam AUR.*Fro.*1.p.174(57N); (*poet.*) iam ~ante lucerna OV.*Ep.*18.195; (*transf.*) istam oscitantem et ~antem sapientiam Scaeuolarum CIC.*de Orat.*2.144. **b** ad hoc diei tempus ~asti in otio. quin tu aps te..segnitiem amoue PL. *As.*253; quandoque bonus ~at Homerus HOR.*Ars* 359; SEN. *Ep.*22.6; QUINT.*Inst.*12.1.22.

dormītor ~ōris, *m.* [DORMIO+-TOR] One who sleeps, a sleeper.

quid tibi ~or proderit Endymion? MART.10.4.4.

dormītōrius ~a ~um, *a.* [DORMIO+-TORIVS] Designed or used for sleeping; (neut. as sb.) a bedroom.

ante cubiculum ~um eius PLIN.*Nat.*30.52; PLIN.*Ep.*2.17. 9; carrucha ~a SCAEV.*dig.*34.2.13;—in pariete ~i PLIN.*Nat.* 30.51.

dorsuālis ~is ~e, *a.* [DORSVM+-ALIS] Situated on (an animal's) back.

equum..notae ~is agnitione recuperauerant APUL.*Met.* 11.20.

dorsuārius (doss-) ~a ~um, *a.* [next+-ARIVS] That carries a load on its back, pack-.

qui..asellis ~is conportant..oleum aut uinum VAR.*R.*2.6. 5; 2.10.5.

dorsum (doss-) ~ī, *n.* [perh. cogn. w. Ir. *druim-m*, Welsh *trum*] FORMS: *doss-* VAR.*R.*2. 10.5, VEL.gram.in *G.L.*7.79; masc. form *~us* PL.*Mil.*397.

1 The hinder part of the body, back. **b** the back (of a beast or sim.).

uirgis ~um dispoliet meum PL.*Epid.*93; ita ~us totus prurit *Mil.*397; Cymodocea..~o eminet..undis VERG.*A.* 10.226; tigridis exuuiae per ~um..pendent 11.577; CURT. 5.13.8; omnis dolor a ~o et lumbis incubuit FRO.*Aur.*1. p.224 (81N); (*pl. in sg. sense*) cum (capillus)..porrectus ~a permanat APUL.*Met.*2.9. **b** VAR.*R.*2.10.5; si Pegaseo uecteris in aere ~o PROP.2.30.3; ne..~um demulceatis cum ex equis descendetis LIV.9.16.16; OV.*Met.*2.874; ~a testudinum (*i.e. tortoiseshell*) CURT.9.8.2; spinis quas ~o eminentes gerunt (delphini) SEN.*Nat.*4a.2.14; COL.6.1.3; gens..nudo residens..~o LUC.4.682; (Pygmaeos) insidentes arietum caprarumque ~is PLIN.*Nat.*7.26; APUL.*Apol.*30.

2 A ridged or humped object or surface. **b** a ridge (of hills or sim. features).

duplici aptantur dentalia ~o (aratri) VERG.*G.*1.172; silex..speluncae ~o insurgens *A.*8.234; in summo porcae ~o COL.11.3.44; PLIN.*Nat.*25.48; aequor pendet et arquato ..~o frangitur STAT.*Theb.*5.369; *Silv.*4.3.44; aetheris ~um APUL.*Mun.*2. **b** neu ~o nemoris libeat iacuisse VERG.*G.* 3.436; Appennini ~o Italia diuiditur LIV.36.15.6; iugum montium..quorum perpetuum dorsum in Persidem excurrit CURT.5.3.16; MELA 1.81; Alpini..culmina ~i STAT.*Silv.*1.4. 58; PLIN.*Ep.*9.7.4.

dorycnion (-ium) ~iī, *n.* [Gk. δορύκνιον] A poisonous plant, app. a kind of nightshade.

PLIN.*Nat.*21.179; 32.58; LARG.191.

doryphorus (~os) ~ī, *m.* [Gk. δορυφόρος] A man carrying a spear or javelin, spearman.

~oe (*codd.* doriphorae) uocabantur proximum his (*sc.* cognatis regis) agmen CURT.3.3.15;—(*represented in statuary*) nec simulacro Iouis..aut ~i statua deterriti CIC.*Orat.*5; SEN.*Ep.*65.5; PLIN.*Nat.*34.86; ~on..aptum uel militiae uel palaestrae QUINT.*Inst.*5.12.21.

dōs dōtis, *f.* [cf. DO, Gk. δώς] FORMS: (gen. pl.) *dotum* V.MAX.4.4.11, *dotium* POMPON.*dig.* 24.3.1, ULP.*dig.*23.3.9.1.

1 Property brought by a bride to her husband as her portion on marriage, a dowry. **b** *dos profecticia*, a dowry provided by the bride's father or grandfather. **c** a wedding present from the bridegroom to the bride.

eam cupio..ducere uxorem sine dote PL.*Trin.*375; dotes filiabus suis non dante CATO *hist.*94; torquetur debitione dotis (*after divorce*) CIC.*Att.*14.13.5; SEN.*Con.*2.7.1; ut.. puellam..largitus de proprio dotem, liberalissime traderet APUL.*Met.*10.23; (*w. defining gen.*) quantae pecuniae dotem ..mulieri..debeat CELS.*dig.*23.3.60; (*cf.*) coniugii dotem sociorum corpora poscit (*i.e. Ulysses from Circe*) OV.*Met.*14. 298; (*cf. sense 1c*) dotem non uxor marito, sed uxori maritus offert TAC.*Ger.*18.1;—(*pred. dat.*) doti..Valeria pecuniam omnem suam dixerat CIC.*Flac.*86; CURT.4.5.7;—(*pl. for sg.*) rex tibi coniugium et quaesitas sanguine dotes abnegat VERG.*A.*7.423; V.FL.8.337;—(*transf.*) primum indotatast; tum..quae secunda ei dos erat, periit: pro uirgini dari nuptum non potest TER.*Ad.*345; dos mea tu sospes OV. *Ep.*12.203. **b** ULP.*dig.*23.3.5. **c** puellam..magna nupturam dote mariti MAN.5.615.

2 Property with which a person or group of people is endowed, endowment. **b** the equipment with which an estate, undertaking, etc. is provided.

praeter dotem quam in ciuilibus malis acceperant (ueterani) CIC.*Phil.*11.12; telluris..pars optima, quam..senes templis..accedere dotem hanc iussere meis OV.*Met.*10.646; istam..dotem..collegio uestro..offero APUL.*Met.*7.8; DOTEM EIS (*sc. the people*) DEDIT ~~SS~~ VIII N *CIL* 11.2650.10. **b** uineas..cum sua dote id est cum pedamentis et uiminibus COL.3.3.8; SCAEV.*dig.*33.7.20.1; PAPIN.*dig.*33.7.2.1.

3 A quality adorning a person's mind or body, gift, talent, endowment.

quacumque potes dote placere, place OV.*Ars* 1.596; perii dotibus ipse meis *Pont.*2.7.48; omnes.. propriis sunt contentae dotibus PHAED.3.18.13;—(*w. defining or sim. gen.*) ego rustica dote corporis erubui OV.*Met.*5.583; omnibus belli ac togae dotibus ingenique ac studiorum eminentissimus VELL.1.12.3; gratam suauitatis dotem V.MAX.5.7 pr.; APUL. *Apol.*73.

4 An attribute enriching a thing, advantage, value, virtue. **b** an attraction, amenity (in a place).

tenerum dotes carmen habere putat? OV.*Am.*3.8.2; duplex libelli dos est PHAED.1.pr.3; inter ceteras dotes eius leguminis COL.2.11.6; mirum barbaras gentes..ignorare.. casei dotem PLIN.*Nat.*11.239; rariora haec (*i.e. cabbage leaves*) angustioraque, sed teneritas in dote est 19.140; MART.13.10.1; FRON.*Aq.*93; (*w. defining gen.*) uerborum eam (artem) dote locupletasti et ornasti CIC.*de Orat.*1.234. **b** dum..manebunt siluarum dotes GRAT.252; SEN.*Ep.*51.1; tot tantisque dotibus uillulae nostrae PLIN.*Ep.*2.17.29; (*of a person*) dos erat ille loci [OV.]*Ep.Sapph.*146.

Dossennus ~ī, *m.* [DOSSVM+-*ennus*, cf. SOCIENNVS, LEVENNA] 'Hunchback', a stock character in the Atellan farces; (also used as a Roman cognomen).

sophiam ~i *Inc.Atel.*2(Sen.*Ep.*89.6); POMPON.*com.*109; quantus sit ~us edacibus in parasitis HOR.*Ep.*2.1.173;— PLIN.*Nat.*14.92; *CIL* 5.2256.

dossuārius, dossum: see DORS-.

dōtālis ~is ~e, *a.* [DOS+-ALIS] Forming part of a dowry. **b** given as a wedding present (by the bridegroom to the bride). **c** (of legal instruments, etc.) relating to a dowry. **d** relating to a marriage.

~em seruom..uxor tua adduxit PL.*As.*85; de mercedibus ~ium praediorum CIC.*Att.*15.20.4; haec tibi a me ~ia dona accedent LIV.26.50.12; regnum ~e Creusae (*i.e. brought by her*) OV.*Ep.*12.53; *Fast.*5.209; nubilem filiam et ~is opes.. offerebat TAC.*Hist.*3.78; APUL.*Apol.*92; fetus ~ium pecorum ULP.*dig.*23.3.10.3; (*transf.*) non..gazas socer..dedit: ~e bellum est SEN.*Phoen.*510. **b** gener..~ia transtulit arma SIL.17.75; (*transf.*) ~is..rogos (*i.e. of Semele*) STAT. *Theb.*9.425; (*cf.*) ne posset femina (*i.e. Cleopatra*) Romam ~em stupri..habere sui *Eleg.Maec.*54. **c** secundum priores ~es tabulas SCAEV.*dig.*23.4.29; ~em cautionem 31.89.5; ULP.*dig.*5.1.65. **d** celebro ~ia sacra V.FL.8.279.

dōtātus ~a ~um, *a.* *superl.* ~issimus. [pple. of DOTO]

1 Provided with a (good) dowry.

dum modo morata recte ueniat, ~a est satis PL.*Aul.*239; CIC.*Att.*14.13.5; nec ~a regit uirum coniunx HOR.*Carm.* 3.24.19; (*cf.*) concubinam..~am PL.*St.*562;—(*fem. as sb.*) me indotatis modo patrocinari fortasse arbitramini: etiam ~is soleo TER.*Ph.*940;—(*as a cognomen*) V.MAX.4.4.10.

2 (transf.) Excellently or richly endowed.

places raras ~a per artes OV.*Am.*2.4.17; quae ~issima forma mille procos habuit *Met.*11.301.

doticē ~ēs, *f.* [Gk. δοτική] The dative case.

CIL 4.1364.4.

dōtō ~āre ~āuī ~ātum, *tr.* [DOS+-O³] To provide a dowry for. **b** (w. abl.) to provide with a dowry (of), dower (with).

si..ipso crimine ~atast OV.*Ep.*6.138; IDEM ~AVIT NATAS VT PATER IPSE MEAS *CIL* 14.2298.11; FRON.*Str.*4.3.4; SUET. *Ves.*14.1; nec..~are filiam pro natalibus quibat APUL. *Met.*10.23; auus..~aturus neptem suam ULP.*dig.*23.3.5.8. **b** cccc milibus nummum..filiam ~auit APUL.*Apol.*92; ULP.*dig.*24.3.37;—(*poet.*) sanguine Troiano et Rutulo ~abere, uirgo VERG.*A.*7.318; deus..te..felici parat dotare thalamo SEN.*Tro.*874;—(*transf.*) Taurus..~abit rura colonis MAN.4.140; ulmum..uite ~atam PLIN.*Nat.*18.266; SIL. 14.232.

drabē. A plant, perh. pepperwort, *Lepidium draba.*

PLIN.*Nat.*1.27.49 (*cj.*); 27.73 (*cj.*).

drachma ~ae, *f.* Also **-chuma.** [Gk. δραχμή]

1 A Greek silver coin, of which 6,000 were equivalent to a talent.

~am dato.—dabitur PL.*Mer.*777; data ~arum CCVI CIC.*Flac.*34; me..ipso quingentis empto ~is HOR.*S.*2.7. 43; V.MAX.9.10.ext.2; uictoriatus..peregrinus nummus..ut nunc..~a, habebatur MAECIAN.*iur.*45. **β** de his diuitiis sibi deducant ~am ENN.*scen.*323; mille ~arum..redditae PL.*Trin.*425; (*w. defining gen., cf. sense 2*) ~arum..argenti mille dederat mutuom TER.*Hau.*601.

2 A Greek measure of weight, ranging between about $4\frac{1}{2}$ and 6 grammes.

conterito..mel coctum ~am unam CATO *Agr.*127.2; (folia) bibuntur..~is duabus in uini cyathis duobus PLIN. *Nat.*20.145; 21.185; LARG.pr.p.6,l.15; (*w. part. gen.*) suci ~a PLIN.*Nat.*20.21.

drachumissō ~āre, *intr.* [Gk. δραχμή] To work for a drachma a day.

illi ~ent (drahcmis sent *or sim.*, *codd.*) miseri PL.*Ps.*808.

dracō ~ōnis, *m.* [Gk. δράκων] FORMS: ~*ont-* ACC.*trag.*568(22); 596.

1 A snake (usu. of a non-venomous sort). **b** (regarded as sacred, esp. as guardians of a treasure). **c** (of var. fabulous or mythical beasts; also, the name of a constellation). **d** ~*o marinus*, a kind of fish, prob. the weever.

qui..per forum medium tamquam iubatus ~o serpit *Rhet.Her.*4.62; CIC.*Div.*2.135; LUCR.5.905; squamosus..~o VERG.*G.*4.408; HOR.*Carm.*4.4.11; repentis..innoxio lapsu ~ones SEN.*Dial.*4.31.6; PLIN.*Nat.*24.180; ~o non habet uenena 29.67; SUET.*Tib.*72.2; (*in representation*) qua.. ambit balteus et gemini committunt ora ~ones V.FL.3.190. **b** patrimonium circumplexus quasi thesaurum ~o CIC. *Phil.*13.12; annosi uetus..tutela ~onis PROP.4.8.3; specus in quo manes eius custodire ~o traditur PLIN.*Nat.*16.234; V.FL.2.276; TAC.*Ann.*11.11; SANCTIS ~ONIBVS *CIL* 6.143. **c** Hesperidum templi custos, epulas..~oni quae dabat VERG.*A.*4.484; crinita ~onibus ora (*of Medusa*) OV.*Met.* 4.771; *Tr.*3.8.3; SEN.*Ag.*835; te (*i.e. Ceres*)..deprecor..per famulorum tuorum ~onum pinnata curricula APUL.*Met.*6.2; —CIC.*Arat.*47; VITR.9.4.6; MAN.1.452. **d** ~o marinus.. cauernam sibi rostro..excauat PLIN.*Nat.*9.82; 31.96; 32.47.

2 A main stem (of a vine) that has hardened with age.

puro..(uites) perductae ~one in palmam eius (arboris) inde..flagella dispergunt PLIN.*Nat.*14.12; 17.182.

3 An apparatus for heating water, consisting of a furnace fitted with spiral tubes, a 'geyser'.

facere solemus ~ones et miliaria SEN.*Nat.*3.24.2.

dracōnigenus ~a ~um, *a.* [DRACO+-GENVS] Descended from a snake.

in..~am..urbem (*i.e. Thebes*) OV.*Fast.*3.865.

dracōnītis, *f.* [Gk., as next, etc.] A precious stone.

PLIN.*Nat.*37.158.

dracontēus ~a ~um, *a.* [Gk. δρακόντειος] Of a snake.

si quis ex ~o genere superesset HYG.*Fab.*67.6.

dracontias ~ae, *m.* [Gk. δρακοντίας]

1 A kind of wheat.

ex omni..genere grani praetulit ~an..argumento crassissimi calami PLIN.*Nat.*18.64.

2 = DRACONITIS.

PLIN.*Nat.*37.158.

dracontion ~iī, *n.* Also **~ium.** [Gk. δρακόντιον] **a** A plant resembling the arum, with snakelike rhizome, perh. *Arum dracunculus*. **b** a kind of vine.

a PLIN.*Nat.*24.142; 24.150; 28.151. **b** COL.3.2.28.

dracunculus ~ī, *m.* [DRACO+-CVLVS]

1 A little snake.

(*in representation*) TORQVEM AVREVM EX ~IS DVOBVS *CIL* 12.354.

2 = DRACONTION (*a*); also another similar plant.

PLIN.*Nat.*24.142;—25.18.

3 A kind of fish resembling, but dist. from, the weever.

PLIN.*Nat.*32.148.

drāpeta ~ae, *m.* [Gk. δραπέτης] A fugitive, runaway.

conferunt sermones inter sese ~ae PL.*Cur.*290.

draucus ~ī, *m.* [prob. Gall., freq. as pers. name in Gaul] An athlete.

graues..~is (*codd.* ~os, ~es) halteras facili rotat lacerto MART.7.67.5; 9.27.10; 11.72.1; ~us, grandia qui uano colla labore facit 14.48.1.

drensō ~āre, *intr.* [**dhren-* cf. Skt. *dhránati*, Gk. θρῆνος, also Ir. *drēsacht*, LG. *drunsen*] To whoop or honk (like a swan).

SUET.fr.161(p.251Re).

drepanis ~is, *f.* [Gk. δρεπανίς] A bird var. identified either with the swift or with the sand-martin.

PLIN.*Nat.*11.257.

drindrō ~āre, *intr.* [onomat.] To squeak.

est..mustelarum ~are (*codd.* drinorare, *etc.*) SUET.fr.161 (p.250Re).

drinō ~ōnis, *f.* [unkn.] A sea animal (app. of large size).

PLIN.*Nat.*32.145.

dromadārius ~iī, *m.* [DROMAS+-ARIVS] A soldier serving in a unit mounted on dromedaries.

E(quites) SING(ulares) EXERC(itus) ARAB(ici) ITEM DROM(adarii) *CIL* 3.93.10; *CIL* 3.p.2328[71](110.b.1).

dromas ~ados, *a.* [Gk. δρομάς] Able to run well; ~*as camelus*, a dromedary.

cameli, quos (Syrii) appellant ~adas LIV.37.40.12; ~ades cameli..uelocitatis eximiae CURT.5.2.10.

dromos (~us) ~ī, *m.* [Gk. δρόμος] An open space with room to move freely (e.g. a parade-ground, forecourt, or sim.); ~*os Achilleos*, a peninsula in the Black Sea near the mouth of the river Dnieper.

eductis in campum..copiis—~on ipsi (Lacedaemonii) uocant LIV.34.27.4; ISI..~VM PECVNIA SVA D D *A.Epig.* 26.89;—MELA 2.5; PLIN.*Nat.*4.83.

drōpacātor ~ōris, *m.* [next+-TOR] A slave who applied depilatories.

CIL 6.10229.69.

drōpax ~acis, *m.* [Gk. δρῶπαξ] A preparation for removing hair, depilatory.

leuas..~ace caluam MART.3.74.1; 10.65.8.

drosolithos (~us) ~ī, *m.* [Gk. δροσόλιθος] A precious stone.

PLIN.*Nat.*37.170; colos appellauit ~um herbaceus 37.191.

druidae ~ārum, *m.pl.* Also **~ēs** ~um. [Gall., cf. Ir. *drui*, perh. cogn. w. Gk. δρῦς] FORMS: *dryadae* LUC.1.451 (through supposed connexion w. DRYAS). The druids (members of a native priesthood whose influence extended over Gaul and Britain).

in Gallia ~ae sunt CIC.*Div.*1.90; omnibus ~ibus praeest unus CAES.*Gal.*6.13.8; MELA 3.18; nihil habent ~ae..uisco ..sacratius PLIN.*Nat.*16.249; ~ae..nouitate aspectus perculere militem TAC.*Ann.*14.30; SUET.*Cl.*25.5.

druppa ~ae, *f.* [Gk. δρύππα] An olive that has just begun to turn black.

(oleum) deterius ex ~a PLIN.*Nat.*12.130; 15.6; (*w.* oliua) si..ipse (*sc.* raphanus) cum oliuis ~is (manditur), rarior ructus fit 19.79.

Drūsiānus ~a ~um, *a.* Of or belonging to Drusus; *pes* ~*us*, a unit of measurement employed in Germany and Gaul, equivalent to $1\frac{1}{8}$ standard Roman feet.

Drusianis..hortis CIC.*Att.*12.25.2; fossam, cui ~ae nomen TAC.*Ann.*2.8;—HYG.*agrim.*p.86.

Drusilla ~ae, *f.* A personal name borne by a number of Roman women, esp. **a** Livia Drusilla, wife of the Emperor Augustus. **b** a sister of the Emperor Caligula. **c** a daughter of the Emperor Caligula, murdered in infancy.
a NEP.*Att.*19.4; PLIN.*Nat.*15.136; Liuiam ~am..abduxit dilexitque SUET.*Aug.*62.2. **b** ~am euntem in caelum SEN.*Apoc.*1.2; SUET.*Cal.*24.1. **c** SUET.*Cal.*25.4.

Drūsus ~ī, *m.* A Roman cognomen belonging to the Livian gens, esp. **b** Nero Claudius Drusus, brother of the Emperor Tiberius and father of the Emperor Claudius. **c** Drusus Caesar, son of the Emperor Tiberius. **d** an elder brother of the Emperor Caligula.
Fast.Cos.Capit.(*CIL* 1.p.26);—(*pl.*) Decios ~osque.. aspice VERG.*A.*6.824; LUC.6.795; quidquid auitum Neronibus et ~is TAC.*Ann.*11.35. **b** HOR.*Carm.*4.14.10; OV.*Pont.*2.8.47; *Epic.Drusi* 3. **c** OV.*Fast.*1.12; SUET.*Tib.* 62.1. **d** TAC.*Ann.*4.60; NVTRIX ~I ET DRVSILLAE *CIL* 6.5201.

dryadae: see DRVIDAE.

dryas ~adis, *f.* [Gk. Δρυάς] A wood-nymph, dryad.
rura uoluptas Panaque pastoresque tenet ~adasque puellas VERG.*Ecl.*5.59; *G.*4.460; PROP.1.20.45; OV.*Fast.*4.761; quercum fugiens suam..~as SEN.*Her.O.*1053; ~adum pulcherrima MART.4.25.3; 9.61.14; STAT.*Theb.*4.329.

dryītis ~is, *f.* [cf. Gk. δρυίτης] A precious stone.
PLIN.*Nat.*1.37.73; PLIN.*Nat.*37.188.

Dryopes ~pum, *m. pl.* A (half mythical) tribe in northern Greece.
VERG.*A.*4.146; LUC.3.179; (*sg.*) quisquis ad arma uocantem iuuit..~ps OV.*Ib.*486.

dryopteris ~eos, *m.* [δρυοπτερίς] A kind of polypody, oak-fern.
PLIN.*Nat.*27.72.

drypetis ~idos, *f.* [Gk. δρυπετής] = DRVPPA.
PLIN.*Nat.*15.6.

duālis ~is ~e, *a.* [DVO+-ALIS] (gram.) Relating to two persons or things.
in quibus (*sc.* numeris) nos singularem ac pluralem habemus..quamquam fuerunt qui..adicerent dualem QUINT.*Inst.*1.5.42.

duapondō, *indecl.* [DVO+PONDO] Two pounds by weight.
QUINT.*Inst.*1.5.15.

duas ~adis, *f.* [Gk. δυάς] The 'two' (on a dice-cube).
NON TRIA ~AS EST *CIL* 4.3494f.

dubiē, *adv.* [DVBIVS+-E]

1 Hesitatingly, with hesitation.
dum stupet et ~ gaudet fallique ueretur OV.*Met.*10.287; OV.*Pont.*2.3.87;—(*in litotes*) exequenti, quem tertium duceret, haud ~ semet ipsum dixisse LIV.35.14.10; SIL.9.21; JUV.14.111.

2 Uncertainly, doubtfully, ambiguously.
ut aliquod signum ~ datum pro certo sit acceptum CIC.*Div.*1.124; uerba ~ cadentia SEN.*Ep.*49.7; oppidi pars ruit ~que stant..quae relicta sunt *Nat.*6.1.2;—(*in litotes*) etsi non ~ mihi nuntiabatur Parthos transisse Euphratem CIC.*Fam.*15.1.1; consulem haud ~ Fabium dicebat (populus) LIV.10.13.11; PLIN.*Nat.*2.8; TAC.*Hist.*1.7; JUV.6.375.

dubiō, *adv.* [DVBIVS+-O²] Doubtfully, uncertainly.
nec ~ me..membratim compilassent APUL.*Met.*9.2.

dubiōsus ~a ~um, *a.* [DVBIVS+-OSVS] Open to, or involving, doubt.
GEL.3.3.3; iudices ~um hoc inexplicabileque esse..rati 5.10.15.

dubitābilis ~is ~e, *a.* [DVBITO+-BILIS] Open to doubt.
nec erit ~e uerum OV.*Met.*1.223; si uirtus in me ~is esset 13.21.

dubitanter, *adv.* [pple. of DVBITO+-TER²]

1 With hesitation.
publicanos causam detulisse ad Galbam; illum..uerecunde et ~ recepisse CIC.*Brut.*87; POL.*Fam.*10.31.2; potionem non ~ hausit V.MAX.3.2.ext.6; COL.8.15.7; (*w.* quin) de me (*sc.* dixit)..non ~ quin omnia de meo consilio..uos fecissetis CIC.*Fam.*12.3.2.

2 Without certainty, doubtfully.
haud ~ utilissimas aluos faciemus ex corticibus COL.9.6.1.

dubitātim, *adv.* [DVBITO+-IM] Hesitatingly.
ut uelites..Gallis non ~ inmittantur CAEL.*hist.*30; hostem non ~..iter facere cernebat SIS.*hist.*75.

dubitātiō ~ōnis, *f.* [next+-TIO]

1 A (subjective) state of uncertainty with regard to facts, etc., doubt. **b** (rhet., app.) the raising of a question.
sin..foedus..habet aliquam ~onem CIC.*Agr.*1.11; angunt me ~ones tuae *Att.*5.21.4; aedificia..ea erunt sine ~one firma VITR.6.8.1; LIV.42.58.4; PLIN.*Nat.*11.267; ut ~onem meam regere, id est beneficia tua interpretari, ipse digneris PLIN.*Ep.Tra.*10.118(119).3;—(*w.* de) cum de suo aduentu ~o ..esset *B.Afr.*26.1;—(*w. gen.*) alia res..quae tollat omnem ~onem superioris..criminis CIC.*Ver.*3.178; CAES.*Gal.* 5.48.10;—(*w. indir. qu.*) iniectus est hominibus scrupulus et quaedam ~o quidnam esset actum CIC.*Clu.*76; ~one omnibus exempta, quid..patiendum fuisset LIV.44.7.7; GAIUS *dig.*23.2.46;—(*w.* quin) ~onem, quin bellandum esset, exemerunt LIV.34.37.6; ULP.*dig.*26.7.5.10;—(*w. acc. and inf.*) ut nulla amplius relinquatur ~o, superari magnitudinem terrae PLIN.*Nat.*2.52;—(*cf.*) legem esse..extra ~onem est QUINT.*Inst.*7.1.48; morte..amitti usum fructum non recipit ~onem ULP.*dig.*7.4.3.3. **b** nulla..est causa, in qua id, quod in iudicium uenit..non generum ipsorum uniuersa ~one (*s.v.l.*) quaeratur CIC.*de Orat.*2.134.

2 Doubt with regard to action, wavering, hesitation. **b** (rhet.) simulated indecision or hesitation on the part of the orator.
nouis nominibus allatis in consuetudinem sine ~one eorum declinatus statim omnis dicit populus VAR.*L.*8.6; uestram in iudicando ~onem CIC.*Caec.*4; *Off.*3.37; nulla interposita ~one legiones..educit CAES.*Gal.*7.40.1; multis diebus per ~onem consumptis SAL.*Jug.*62.9; SEN.*Ben.*2.1.2; TAC.*Ann.*3.41;—(*w.* de) ~onem..de Epiro non inconstantia nostra adferebat CIC.*Att.*3.7.3.—(*w. gen.*) ~onem ad rem publicam adeundi..tollere *Rep.*1.12;—(*w.* quin) nulla.. ~o fuit, quin omnes tribus legem abrogarent LIV.34.8.3. **b** *Rhet.Her.*4.40; ~one uti, quid primum dicas CIC.*Inv.*1.25; adfert..fidem ueritatis..~o, cum simulamus quaerere nos unde incipiendum QUINT.*Inst.*9.2.19; 9.3.88.

dubitō ~āre ~āuī ~ātum, *intr., tr.* [DVBO+-ITO]

1 To be in doubt (on a question of fact, etc.), be uncertain. **b** (w. acc.) to entertain doubts about.
staturae gracilitudo..facit, ne ~em ACC.*trag.*89; ne ~a, nam uera uides VERG.*A.*3.316;—(*w.* de) de uirtute tua ~aui CIC.*Planc.*13; CAES.*Gal.*7.77.10; OV.*Pont.*1.1.29; TAC.*Hist.* 2.68;—(*w.* in+*abl.*) CATO *Agr.*141.4; si quem ita rogauisses: quis est..eloquentissimus? in Antonio et Crasso aut ~aret aut hunc alius, illum alius diceret CIC.*Brut.*186;—(*w.* pro) nec Hiberum pro ea re ~are puto PROC.*dig.*8.2.13;—(*w.* super) se..~are super ea re dicit GEL.5.18.2;—(*w. indir. qu.*) ~ate..si potestis, a quo sit Sex. Roscius occisus CIC.*S.Rosc.*78; *Sest.*81; multi..~auere, fortior an felicior esset SAL.*Jug.*95.4; licet et ~are num quid nos fugerit QUINT.*Inst.*6.1.3; PLIN.*Ep.*6.27.1; CLEM.*dig.*31.53.2;—(*w. acc. and inf.*) CIC.*Dom.*64; neque umorem ~aui..perire LUCR.5.249; LIV.35.27.14; nec de elementis uideo ~ari quattuor esse ea PLIN.*Nat.*2.10; PLIN.*Ep.*1.20.8; (*without neg. or sim.*) quasi ~et uerum esse testamentum AFRIC.*dig.*29.2.46;—(*w.* quin) quid..~as quin lubenter tuo ero meus..faciat male eius merito? PL.*Poen.*881; TER.*An.*405; nec ~ari debet quin fuerint ante Homerum poetae CIC.*Brut.*71; LUCR.6.693; an ~amus quin..Romani iam ad nos interficiendos concurrant? CAES.*Gal.*7.38.8; LIV.4.4.4; si ~em, faueas quin his.. dictis OV.*Pont.*3.3.95; AFRIC.*dig.*21.1.51.1; (*cf. sense 1b*) illud caue ~es, quin ego omnia faciam quae..uelle te existimem CIC. *Fam.*5.20.6;—(*w. acc. of anticipated subj.*) eumne quisquam ~et quin idem fecerit? SCIP.min.*orat.*10; (*cf.*) an dea sim, ~or OV.*Met.*6.208. **b** ut res minime ~anda in contentione ponatur CIC.*Cael.*55; *Off.*3.77; si uerum est, quod nemo ~at NEP.*Han.*1.1; intrauit ~ati tecta parentis OV.*Met.* 2.20; Attice iudicio non ~ande meo *Pont.*2.4.2; Cynthia.. ~anda refulsit (*i.e. scarcely visible*) LUC.4.60; neque ~abantur praescripta ei a Tiberio TAC.*Ann.*3.8.

2 To consider as an arguable point.
(*w. indir. qu.*) de accessione ~o an Apronio ipsi data sit merces operae atque impudentiae CIC.*Ver.*3.76; de L. Bruto fortasse ~arim an..ecfrenatius in Arruntem inuaserit *Tusc.* 4.50; non quidem..irascor, sed ~o tamen an oporteat irasci SEN.*Dial.*5.38.1; Creticae, de quibus ~ant an eaedem sint quae Ascaloniae PLIN.*Nat.*19.104; cum ~et, num posterius (testamentum) falsum sit AFRIC.*dig.*29.2.51; (*w. acc.*) restat ..ut hoc ~emus, uter potius Sex. Roscium occiderit CIC.*S.Rosc.*88.

3 To be in doubt (with regard to a proposed action, etc.), be uncertain or in two minds, waver. **b** (w. acc. of pron.) to hesitate over.
quid statis? quid ~atis? PL.*Men.*995; eum..timentem multumque ~antem confirmasti CIC.*Pis.*83; OV.*Fast.*6.447; suspensa ac uelut ~ans oratio QUINT.*Inst.*10.7.22; de reliquiis Vitelliani exercitus ~auere. plerique interficiendos censebant..uicit ratio parcendi TAC.*Hist.*4.56;—(*w.* inter) qui bellum inter et pacem ~abant *Ann.*12.32;—(*w. indir. qu.*) ~aui, hos homines emerem an non emerem, diu PL.*Capt.*455; CIC.*Cael.*37; fratre magis, ~o, glorier anne uiro OV.*Fast.*6.28; TAC.*Hist.*2.37;—(*w. inf.*) quid istuc ~as dicere? PL.*Epid.*260; CIC.*Man.*19; LUCR.6.407; quod ea nubere illi ~abat SAL.*Cat.*15.2; VERG.*A.*8.614; (*poet.*) lumina..adhuc ~antia figi STAT.*Theb.*8.756;—(*w.* quin) non ~asse quin innocentiam P. Sullae defenderet CIC.*Sul.*4;—(*w.* quominus) nec..~atum quo minus pacem concederent TAC.*Hist.*2.45;—(*poet.*) a pedibus..succedere frigus non ~abat LUCR.6.1192;—(*transf.*) ~auit acie (*gen.*) pars SAL.*Hist.*1.41; si fortuna ~abit LIV.21.44.8; SEN.*Nat.*6.9.2. **b** neque quod ~em neque quod timeam meo in pectore conditumst consilium PL.*Ps.*575; haec dum ~as, menses abierunt decem TER.*Ad.*691.

4 To have thoughts of, consider, wonder whether one might not.
(*w. inf.*) fore cum ~et Curtius consulatum petere CIC.*Att.* 12.49.2(1); ~auerat Augustus Germanicum..rei Romanae imponere, sed precibus uxoris euictus..sibi Tiberium adsciuit TAC.*Ann.*4.57; JUV.13.200;—(*w. acc.*) percipe..quid ~em VERG.*A.*9.191;—(*w. indir. qu.*) CIC.*S.Rosc.*88; id ipsum ~o an excusationem aliquam ad illum parem *Att.* 12.27.3.

dubius ~a ~um, *a.* [as next; cf. *uarius, anxius*, etc.]

1 Uncertain what to do or whether to act, hesitant, undecided, wavering. **b** wavering or faltering in one's allegiance. **c** (neut. as sb.) a doubting state, uncertainty; *in ~o esse* and sim., to be in doubt.
quorum uocibus..~i confirmantur CAES.*Civ.*1.3.5; SAL.*Jug.*107.6; retro ~us uestigia Turnus..refert VERG.*A.*9.797; leo..subsedit ~us LUC.1.207; haud ~ae iam..omnium mentes TAC.*Hist.*1.36; (*poet.*) reget (*sc.* sidus) ~am..ratem OV.*Ars* 1.558;—(*transf. ep.*) crepitum ~o suscitet ira pede PROP.2.4.4; uolat ~is Victoria pennis OV.*Met.*8.13; SIL.4.188;—(*w. gen. of respect*) ~us consilii SAL.*Hist.*3.110; ~os sententiae patres LIV.33.25.5; ~i..fugae pugnaeque tenentur LUC.4.156;—(*w.* inter) spemque metumque inter ~i VERG.*A.*1.218; SEN.*Dial.*9.1.4;—(*w. indir. qu.*) puer.. ~us unde rumperet silentium HOR.*Epod.*5.85; dubius an transiret LIV.8.24.11; ~us sententiae sum dicamne ..APUL.*Apol.*43. **b** qui..ante ~i fuerant defecere ad Poenos LIV.24.39.9; FRON.*Str.*2.pr.; TAC.*Ann.*3.44; nutantis ac ~as ciuitates retinuit in fide SUET.*Jul.*4. **c** cum ex scriptionis ratione aliquid ~i nascitur CIC.*Inv.*2.116;—dum in ~ost animus TER.*An.* 266; in ~o fuit utrum..Tusculanus dux an..consules..arcem liberarent LIV.3.19.8; mens stetit in ~o LUC.7.247.

2 (of a person, his mind, etc.) Uncertain what to think, doubtful. **b** uncertain as to the outcome, dubious.
res..quae..animum in hac causa ~um facere possit CIC.*Man.*27; OV.*Fast.*3.355; ~um..in murmure uulgus pendet STAT.*Theb.*7.122; hunc talem..~a mente propius accessi APUL.*Met.*1.6;—(*w. gen. of respect*) Aeneae..flenti ~oque salutis OV.*Met.*15.438; uitae ~us MAUR.1299;—(*w.* quin) haud dubius quin..penes se gloria esset LIV.30.24.1; nec mihi mens ~ast quin te..damnent OV.*Ep.*7.87;—(*w. indir. qu.*) ~us, quidnam insolita facies ostenderet SAL.*Jug.*49.5; nec sum animi ~us..magnum quam sit VERG.*G.*3.289; equites procul uisi..ab ~is quinam essent LIV.4.40.2;—(*w. acc. and inf.*) haud ~us prosperae pugnae occasionem dari 25.21.3; haud ~us sine noxa transcursuros CURT.4.13.33. **b** si qua noster ~us effudit dolor SEN.*Med.*554; ~um dimitte pauorem STAT.*Ach.*1.892; haud ~a fiducia in ipso negotio pluris adfuturos SUET.*Otho* 5.2; (*transf. ep.*) suspensam ~amque noctem spe ac metu exegimus PLIN.*Ep.* 6.20.19.

3 Poised between movement in one direction or another, tottering, uncertain. **b** (of weather, etc.) changeable, fitful, fickle. **c** (of situations, etc.) having a doubtful issue, poised.
nisi umor destitit in ~o fluctu iactarier LUCR.6.556; LIV.37.16.4; ~i stantque labantque pedes OV.*Fast.*6.678; inter caelum terramque ~i pependimus SEN.*Con.*8.exc.6; ~a labat ceruice? SEN.*Ag.*787; ~ae motis radicibus obstant Cyclades STAT.*Theb.*3.437; (*in fig. phr.*) pacemne tueris inconcussa tenens ~o uestigia mundo? LUC.2.248. **b** PROP. 2.5.12; Vlixes, iactatus ~o per duo lustra mari OV.*Pont.*4.10.10; uernae tempestates incertae et ~ae FRO.in Aur.*Fro.*1.p.158(15N). **c** scibam ~am fortunam esse scaenicam TER.*Hec.*16; spes ~a pacis CIC.*Att.*8.13.1; cum.. ~a uictoria pugnaretur CAES.*Gal.*7.80.6; te et in ~is et in aduersis et in laetis sapienter geris SEN.*Ben.*7.35.1; (*cf.*) Mars ~us nec certa Venus OV.*Am.*1.9.29.

4 Not certainly in a particular state, faint, uncertain.
~ae confinia noctis OV.*Met.*4.401; fulgor..~us solis SEN.*Her.F.*670; *Tro.*1142; adhuc ~us et quasi languidus dies PLIN.*Ep.*6.20.6; APUL.*Met.*9.9.

5 Having a dual nature, potentially good or bad. **b** (of oracles, communications, etc.) ambiguous, equivocal.
*Rhet.Her.*1.5; si Protagorae credo, nihil in rerum natura est nisi ~um SEN.*Ep.*88.45; dubium..uenenum hausit LUC. 9.616; QUINT.*Inst.*4.1.40. **b** non ~is deorum..significationibus CIC.*Catil.*2.29; quod iam non ~is poteris cognoscere signis VERG.*G.*4.253; ~as..sortis PROP.2.32.3; LIV.4. 45.4; (uerba) aut aperta sunt aut ~a QUINT.*Inst.*7.2.48; haud ~um..omen TAC.*Hist.*1.62.

6 Concerning which doubt is felt, uncertain, doubtful. **b** (neut. sg. impers.); *in ~um*, in question; *in ~o*, in doubt. **c** *sine ~o*, without doubt, certainly.
res ut nemini ~a esse possit CIC.*Ver.*5.158; uadimus haud ~am in mortem VERG.*A.*2.359; paene puer ~a..tegens lanugine malas OV.*Met.*9.398; non absolutus parricida, sed ~us SEN.*Con.*3.exc.2; TAC.*Hist.*3.59; (*facet.*) cena ~a apponitur.—quid istuc uerbist?—ubi tu dubites quid sumas potissimum TER.*Ph.*342;—(*w.* inter) nec quicquam ~um inter scriptores refero LIV.9.18.5;—(*w. indir. qu.*) non.. ~us an idem sit, emergit (Tigris) SEN.*Nat.*3.26.4;—(*w. inf.*) qui (*sc.* maritus) tanto calore..perculsus non erat dubius aliquid..de se suaque coniuge tristius..cogitare APUL.*Met.*9.25. **b** ~um habebis etiam, sancte quom ego iurem tibi? PL.*Capt.*892;—(*w.* de) ut de istius facto ~um esse nemini possit CIC.*Ver.*4.91; QUINT.*Inst.*7.3.4;—(*w.* quin) non ~umst quin uxorem nolit filius TER.*An.*172; ~um est quin..heres eodem iure possederit? CIC.*Caec.*94; CAES.*Gal.* 1.3.6; LIV.21.34.7;—(*w. indir. qu.*) nobis fuit ~um quid ageremus CIC.*Ver.*4.138; QUINT.*Inst.*6.3.83; TAC.*Hist.*1.8;—(*w. acc. and inf.*) an ~um tibi est eam esse hanc? PL.*Mil.* 419; LIV.26.27.5; TAC.*Ann.*6.19; (*cf.*) ut..debellari..cum Samnitibus potuisse pro haud ~o habitum sit LIV.8.36.3;—(*parenth.*) postquam, ~um pius an sceleratus, Orestes ..uenerat ipse OV.*Tr.*4.4.69; QUINT.*Inst.*7.2.52; extincto Maximo, ~um an quaesita morte TAC.*Ann.*1.5;—quae.. qualia sint uocatur in ~um CIC.*Part.*42; alii capti, alii interclusi non ueniunt in ~um de uoluntate *Att.*11.15.2; QUINT.*Inst.*1.6.5;—LIV.34.5.3; Syrtes..in ~o pelagi terraeque reliquit LUC.9.304; PAPIN.*dig.*37.10.12. **c** numquid ..tu dubitas quin ego..perierim?—sine ~o opinor TER.*Eu.*1044; sine ~o perdidimus hominem magnificeque uicimus CIC.*Catil.*2.1; LARG.70; QUINT.*Inst.*5.10.48; (*cf.*) asperi procul ~o animi et linguae acerbae..fuit LIV.39.40.10.

7 Not certainly perceptible to the senses.
~os cernit uanescere montis LUC.3.7; necdum ora patent, ~usque notari signa dabat..planctu STAT.*Theb.*3.42; nescio

quid uisu ~um 10.391; (*cf. perh.*) nexebant multa inter se flexu nodorum ~o ANDR.*poet.*22(24).

8 Untrustworthy, unreliable.

non sic ~us fuit hostis. . Burrus ENN.*Ann.*274; quia collega ~ae fidei fuerit LIV.2.21.3; per ~os infestosque populos 23.28.3; OV.*Pont.*4.13.1; miles. . infidus. . nouis ducibus ~usque priori LUC.4.698; haud ~o clades auctore reperta est STAT.*Theb.*9.39.

9 (of situations, etc.) That gives rise to apprehension, unpromising, having an unhopeful outlook; (neut. as sb.) an unpromising or dangerous situation. **b** that is in danger, in a critical condition.

neque med umquam deseruisse te. . rebus in ~is, egenis PL.*Capt.*406; in ~is trepidare periclis LUCR.3.1076; quae ~a nisui uidebantur SAL.*Jug.*94.2; VERG.*A.*6.196; animus. . secundis temporibus ~isque rectus HOR.*Carm.*4.9.36; corpora suorum etiam in ~is proeliis referunt TAC.*Ger.*6.6; CVNICVLVM DVBII OPERIS *CIL* 8.2728.18; (*w. sup.*) mons erat ascensu ~us PROP.4.4.83;—~is proeliorum exemptus TAC.*Hist.*2.33;—(*w.* in+*acc.*) gnatae uita in ~um ueniet TER.*Ad.*340; LIV.45.19.3; nihil. . cupit nec se mittit in ~um suo contentus SEN.*Ben.*7.2.4;—(*w.* in+*abl.*) libertas et anima nostra in ~o est SAL.*Cat.*52.6; in ~o uitae. . iacet OV.*Am.*2.13.2. **b** tam ~a uita optimi cuiusque CIC.*Att.*2.4.7; quorum consilio antea ~a res publica stabiliebatur SAL.*Rep.*2.11.1; te ~am. . fleuere parentes OV.*Ep.*19.199; regnum . . ~um tibi mors nostra faciet SEN.*Her.O.*1147; salutiferas ~is animantibus herbas STAT.*Ach.*1.117; (*w. gen. of respect*) filium. . ~um salutis iacere APUL.*Met.*5.28.

10 Of questionable or suspected character, dubious.

hic sunt quadraginta minae. si quid erit ~um immutabo PL.*Epid.*647; suspicor. . coheredes ~am nostram causam putare CIC.*Att.*11.15.4; ~a. . fama (*sc.* Claudiae Quintae) LIV.29.14.12; pulpam ~o de petasone uoras MART.3.77.6.

dubō ~āre, *intr.* [**du-bho-s* (DVO)+-o³] (See quot.)

~at dubitat PAUL.*Fest.*p.67M.

ducātor ~ōris, *m.* [as DVCATVS+-TOR] (app.) A marine pilot.

in gubernatorem aut in ~orem ULP.*dig.*9.2.29.4.

ducātrix ~īcis, *f.* [as prec.+-TRIX] A female guide or leader (in quot., fig.).

uitiorum ~ices, iracundia et libido APUL.*Pl.*2.4.

ducātus ~ūs, *m.* [DVX+-ATVS²] The position or function of a leader, leadership.

si plebei duces. . ~um sceleri praebuissent FLOR.*Epit.*2.9(3.21.2); SUET.*Tib.*19; ferebatur ~us et imperia ludere *Nero* 35.5; ~um latrones. . ei deferunt APUL.*Met.*7.9; mille armatorum ~um sustinebat 10.1.

ducēnāria ~ae, *f.* [next] The office of a *procurator ducenarius* (see next).

procuratorem principis ~a perfunctum APUL.*Met.*7.6.

ducēnārius ~a ~um, *a.* [next+-ARIVS] Of or concerning two hundred; (of weight) weighing two hundred pounds; owning 200,000 sesterces; *procurator ~us*, a procurator paid a salary of 200,000 sesterces (also *~us* as sb.).

DIOCLES AGITATOR. . EQVOS CENTENARIOS FECIT N VIIII ET DVCENAR I (*i.e. winner of two hundred races*) *CIL* 6.10048;—in lance ~a PETR.59.6; (pondera) ~a duo umeris contra scalas ferebat PLIN.*Nat.*7.83;—ad tris iudicum decurias quartam addidit. . quae ~orum uocaretur SUET.*Aug.*32.3;—ornamenta consularia etiam procuratoribus ~is indulsit *Cl.*24.1;—FILIAE AVRELI. . DVCENARI *CIL* 3.6155; 14.2939.

ducēnī ~ae ~a, *pl. a.* [DVCENTI; termination on anal. of VICENI] FORMS: gen. pl. *~orum* or *~um.* Two hundred each or at a time; *~a milia*, two hundred thousand; (w. ellipsis of *milia sestertium*) two hundred thousand sesterces.

~os annos poterunt uiuere PL.*Ps.*829; paria singula. . ueneunt ~is nummis VAR.*R.*3.7.10; Caesar militibus. . ~os sestertios. . pollicetur HIRT.*Gal.*8.4.1; decem legiones. . quaternum milium et ~orum peditum LIV.7.25.8; cum facias uersus nulla non luce ~os MART.8.20.1; pristes ~um cubitorum PLIN.*Nat.*9.4; TAC.*Ann.*2.38;—censebantur. . ~a quinquagena milia capitum LIV.9.19.2;—ex pecore redeunt ter ~a MART.4.37.5; dotis. . quinquies ~a 12.75.8.

ducentēnī ~ae ~a, *pl. a.* [DVCENTI; cf. CENTENI] Two hundred each.

centenis hominibus ~a iugera dederunt SIC.FL.*agrim.* p.118.

ducentēsimus ~a ~um, *a.* [next+-ESIMVS] Two-hundredth; (fem. as sb.) a tax of one two-hundredth part, i.e. ½ per cent.

pars ~a COL.5.1.9; anno ~o octogesimo sexto TAC.*Hist.*3.34; ultra ~um lapidem *Ann.*2.50;—leuari posse centesimae uectigal professus Caesar ~am 2.42; ~am auctionum Italiae remisit SUET.*Cal.*16.3.

ducentī ~ae ~a, *pl. a.* [DVO+CENTVM] FORMS: gen. pl. usu. *~orum*; *~um* LUCIL.1051, VAR.*R.*3.2.15, LIV.22.37.5, 25.3.13, 28.45.12, 32.27.1. Two hundred.

~os nummos. . militi. . dabit PL.*Bac.*969; minus duobus milibus ~is. . aerum equestrium CATO *orat.*103; CIC.*Ver.*1.36; CATUL.26.4; scripsisse ~os ante cibum uersus HOR.*S.*1.10.60; 2.3.61; plus ~orum annorum LIV.8.4.7; ULP.*dig.*12.6.26.4;—(*as a typically large number*) quasi abhinc ~os annos fuerim mortuos PL.*Truc.*341; hominem. . ~is confixum senati consultis CIC.*Har.*8.

ducentiē(n)s, *adv.* [prec.+-IENS] Two hundred times.

si is. . robustior, potest ~ esse faciendum CELS.2.14.9;—(*w. ellipsis of* centena milia) amplius sestertium ~ acceptum CIC.*Phil.*2.40; potius quadragiens quam ~ quadragiens litem aestimatam LIV.38.55.9; MART.5.37.24.

dūcō ~cere ~xī ~ctum, *tr.* [Goth. *tiuhan*, AS. *tēon*, Eng. *tow*] FORMS: 2nd pers. sg. imp. usu. *~c*; *~ce* PL.*Epid.*399, *Rud.*386, etc.; syncopated pf. forms: *~xti* (= *~xisti*) VAR.*Men.*201, CATUL.91.9, PROP.1.3.27; *~xe* (= *~xisse*) VAR.*Men.*329; *~cundi* (gd.) VAR.*Men.*510.

1 To cause to go along with one, lead, conduct, take. **b** to take in one's company. **c** to escort.

eam ~cet. . ad tuom patrem PL.*Epid.*374; ~c me intro ad Sostratam TER.*Ad.*506; cum ~ctus sum in ludum saltatorium SCIP.MIN.*orat.*20; huc te e balneo. . ~cere uolebat CIC.*Deiot.*17; *Fam.*14.2.2; Aenean in regia ~cit tecta VERG.*A.*1.631; LIV.26.50.4; (matrem) excepit manu. . ~citque Baulos TAC.*Ann.*14.4;—(*in a poem*) OV.*Pont.*4.16.18; qui per freta ~xit Argonautas (*i.e. Valerius Flaccus*) STAT.*Silv.*2.7.77;—(*w. ellipsis of person or destination*) ubi habitat?. . ~ce ac demonstra mihi PL.*Cist.*578; neu sessum ~cat dum histrio in scaena siet *Poen.*20; ~c, age, ~c ad nos VERG.*G.*4.358;—(*fig.*) neque id manifesta refutant. . sed magis ipsa manu ~cunt et credere cogunt LUCR.2.869; SEN.*Ben.*6.25.5. **b** abit ad amicam. . neque me uoluit ~cere PL.*Men.*450; cum ab eo quidam uetus adsectator. . non impetraret uti se praefectum in Africam ~ceret CIC.*Ver.*2.29; legatos. . Romam. . mittunt ~centes paucos in speciem captiuos LIV.30.16.15; PLIN.*Nat.*3.26; ~cit ad pedes uernam MART.12.87.2; (*cf.*) collegam Lepidum quo ~xit Lollius anno HOR.*Ep.*1.20.28; (*fig.*) si uersus paulo concinnior. . iniuste totum ~cit uenditque poema 2.1.75; (*cf. sense 20*) tu potes tigris comitesque siluas ~cere *Carm.*3.11.14;—(*w.* secum) ~cit secum una uirginem dono huic TER.*Eu.*229; CAES.*Civ.*2.34.4. **c** solio. . Iuppiter aureo surgit, caelicolae medium quem ad limina ~cunt VERG.*A.*10.117; cum potus nocte uagarer, nec me seruorum ~ceret ulla manus PROP.2.29.2.

2 a To lead (cattle or other animals). **b** to drive (vehicles). **c** to lead, bring (water to a place).

a (milites) arma referunt et iumenta ~cunt PL.*Epid.*209; pecuarii. . qui per calles in montes. . pecus ~cunt VAR.*R.*3.17.9; ipse capellas. . aeger ago; hanc etiam uix, Tityre, ~co VERG.*Ecl.*1.13; ab aede Apollinis boues feminae albae duae porta Carmentali in urbem ~ctae LIV.27.37.11; COL.7.10.6; niueam reginae ~cimus agnam JUV.12.3; quorsum uacuum ~ceret asinum APUL.*Met.*9.39; (*cf.*) qui primus sub iuga ~xit quadrupedes GERM.*Arat.*158;—(*poet.*) Vesper opacus lunaris iam ~cit equos STAT.*Theb.*8.160. **b** uix qua singuli carri ~cerentur CAES.*Gal.*1.6.1; NE QVIS IN IEIS VIEIS . . PLOSTRVM INTERDIV. . ~CITO AGITO *CIL* 1.593.57; ut ~cat. . per medias Histri plaustra. . aquas OV.*Pont.*4.7.9; supra id (*sc.* corpus) ~ci uehiculum iussit V.MAX.9.11.1. **c** o quanti ille agros emit, qua aquam ~ceret CATO *orat.*114; a ponte Muluio Tiberim ~ci secundum montis Vaticanos CIC.*Att.*13.33a.1(4); aquarum publicarum, quae ad urbem ~cuntur *Leg.pub.*(*Font.iur.*p.113)22; VITR.8.6.4; ULP.*dig.*18.1.47;—(*in fig. phr.*) sin autem est riuolus arcessitus et ~ctus ab ipso capite accusationis uestrae CIC.*Cael.*19.

3 (refl. or pass.) To betake oneself, move, go. **b** (w. vbl. nouns or sim.) to direct one's way, steps, etc.

iam ad regem recta me ~cam PL.*Am.*1042; *Aul.*708; ~c te ab aedibus *Bac.*593; uxor. . se ~xit foras TER.*Hec.*522; ~xit se a Gadibus POL.*Fam.*10.32.1; (*of a constellation*) qua Phrixei ~cuntur uellera signi MAN.3.304. **b** seu spiritus. . mundi. . in deuia uersum ~xit iter LUC.5.134; huic trepidos simulanti ~cere gressus SIL.4.391; (*cf., of sight*) dum uagor aspectu uisusque per omnia ~co STAT.*Silv.*1.3.52.

4 To take away into one's possession, etc. **b** to lead off or away (to punishment).

mihi libellam pro eo argenti ne duis: gratiis a me. . ~cito PL.*Capt.*948; sibi quisque ~cere trahere rapere SAL.*Jug.*41.5; ~cere dona iube VERG.*A.*5.385; non dedit sed aduersus ~centem male retinuit SEN.*Ben.*2.1.2; ULP.*dig.*2.3.1.1;—(*into custody, confinement, etc.*) ni iudicatum facit. . secum ~cito, uincito *Lex XII*(*Font.iur.*p.21); addictus Hermippo et ab hoc ~ctus est CIC.*Flac.*48; LIV.6.14.3. **b** nonne hunc in uincla ~ci. . imperabis? CIC.*Catil.*1.27; cum ad necem ~ceretur *B.Afr.*64.2; ~car. . capillis immerito TIB.1.6.71; cum iratus ~ci iussisset eum SEN.*Dial.*3.18.3; PLIN.*Ep.Tra.*10.96(97).3.

5 (of a man) To bring home as a wife, marry. **b** to bring home (a prostitute). **c** to train, 'marry' (vines on trees).

quoiius ~cit filiam? PL.*Aul.*289; cascum ~xisse cascam non mirabile est MAN.*poet.*1; CIC.*Sest.*6; tene suam Tethys concessit ~cere neptem? CATUL.64.29; CAES.*Gal.*1.53.4; VERG.*A.*7.359; si plebeiam patricius ~xerit LIV.4.4.11;—(*w.* uxorem) itane tandem uxorem ~xit Antipho iniussu meo? TER.*Ph.*231; MART.8.12.1;—(*w.* uxorem *as compl.*) eam cupio. . ~cere uxorem sine dote PL.*Trin.*375; Corneliam Cinnae. . filiam ~xit uxorem SUET.*Jul.*1.1; si uxores ~xerint . . ciues Romanas GAIUS *Inst.*1.29; (*facet.*) hoc est uxorem ~cere, Polla, uirum MART.10.69.2;—(*w.* domum) uolo te uxorem domum ~cere PL.*Aul.*150; *Epid.*170;—(*w.* in matrimonium) CIC.*Clu.*26; Orgetorigis filiam in matrimonium ~xerat CAES.*Gal.*1.9.3; V.MAX.1.5.4; TAC.*Ann.*1.12;—(*absol.*) ut quidem emoriar priu' quam ~cam PL.*Aul.*154; tua praeteriert iam ~cendi aetas TER.*Ph.*423. **b** neu quisquam. . prohibeto. . filium quin amet et scortum ~cat PL.*Mer.*1022; ~cam hodie amicam *St.*426; VAR.*L.*7.84; (*w.* domum) inter istas. . prosedas. . quas adeo hau quisquam umquam liber tetigit neque ~xit domum PL.*Poen.*269; (*cf.*) si raras noctes ~cit *Truc.*49. **c** susum uorsum . . uitis facito uti ~cas CATO *Agr.*32.1; uitem uiduas ~cit ad arbores HOR.*Carm.*4.5.30.

6 To lead (troops, etc., into action or sim.). **b** (intr., of a general, etc.) to lead one's troops, march. **c** to be in command of, lead (a body of troops, etc.). **d** to lead out, found (a colony).

consul partem exerciti in expeditionem ~cit NAEV.*poet.*32(35).3; CATO *orat.*45; pilatim exercitum ~xi SCAUR.*hist.*6; contra patriam exercitum ~cere CIC.*Phil.*13.14; CAES.*Gal.*1.10.5; si copiae suae cognossent, aduersus quos ~cerentur NEP.*Eum.*3.4; cursus. . equestris ~cebat VERG.*A.*5.668; LIV.22.31.3; legionem, quae. . praesidio Africae ~cebatur TAC.*Ann.*3.9; (*of a poet*) ut possem heroas ~cere in arma manus PROP.2.1.18;—(*naval forces*) uestros quondam nautas contra Carthaginem Scipio ~xit CIC.*Ver.*5.125; quid attinet tot ora nauium. . ~ci. . contra latrones? HOR.*Epod.*4.18; LIV.24.40.16; HYG.*Fab.*116.3. **b** LIV.9.35.1; Hannibal silentio ~cebat ad portam 25.9.10; consul ab Dio ad Philan ~cit 44.8.1. **c** legio quam L. Piso ~cebat CIC.*Phil.*10.13; SAL.*Jug.*106.3; ut cum imperio esset, qui classem eam ~ceret LIV.35.23.6; quinta decima legio ~cente Mario Celso. . adiecta est TAC.*Ann.*15.25; (*ellipt.*) defuit. . qui contra rem publicam ~ceret, non qui sequerentur VELL.2.125.2. **d** post. . biennium ~cta Valentia et sub aduentum. . Hannibalis Cremona atque Placentia VELL.1.14.8.

7 To lead or conduct (a procession); *~cere triumphos*, to hold a triumph. **b** to lead or escort in procession.

redit eccum. . opsonatu meus adiutor, pompam ~cit PL.*Cas.*719; iam nunc sollemnis ~cere pompas ad delubra iuuat VERG.*G.*3.22; LIV.30.38.11;—(*a funeral procession or sim.*) cum funus quoddam ~ceretur CIC.*de Orat.*2.283; acerbas (eius) exequias ~xit V.MAX.6.1.3; ~ctae. . publicae exequiae TAC.*Ann.*16.6; JUV.10.240; (*poet.*) corpora luce carentum exportant (*sc.* apes) tectis et tristia funera ~cunt VERG.*G.*4.256;—Pharios ~ctura triumphos LUC.10.65; nullos ~cet (Roma) captiua triumphos CALP.*Ecl.*1.51; MART.9.101.19. **b** quorum imagines ~ci uides CIC.*de Orat.*2.225; Gallos Caesar in triumphum ~cit, idem in curiam *Vers.pop.*in Suet.*Jul.*80.2(*poet.*p.92); HOR.*Carm.*2.12.11; captos ~cere reges. . Indo. . a litore LUC.8.342; in triumpho arbores quoque ~ximus PLIN.*Nat.*12.111;—(*poet.*) ignea iam caelo ~cebat sidera Phoebe CORN.SEV.*poet.*5; ~cit supremos naenia nulla toros OV.*Fast.*6.668.

8 To head (a procession, march, etc.).

hinc albi. . greges. . Romanos ad templa deum ~xere triumphos VERG.*G.*2.148; primum uexillum triarios ~cebat LIV.8.8.8; nullas ~centia signa cohortes LUC.2.471; (*ellipt.*) pars equitum et auxiliariae cohortes ~cebant TAC.*Ann.*1.51;—(*transf.*) SEN.*Con.*1.pr.24; ea nobis (*i.e. as boys*) ingens palma, ~cere uero classem multo pulcherrimum QUINT.*Inst.*1.2.24.

9 (of a road or sim.) To lead, bring (persons, etc.); (absol.) to lead, run. **b** (of other indications of direction).

qua te ~cit uia, derige gressum VERG.*A.*1.401; est uia, quae populum Laurentes ~cit in agros OV.*Fast.*2.679; quae ~cat semita solem STAT.*Silv.*5.3.21; *CIL* 3.6475; (*poet.*) quo te bis decimus ~cit ab urbe lapis MART.4.57.4;—an, quo uia ~cit, in urbem? VERG.*Ecl.*9.1; uia quae sublicio ponte ~cit ad Ianiculum LIV.5.40.8; PLIN.*Nat.*18.111; ULP.*dig.*43.8.2.23; (*cf.*) claustra. . quae secreti per limitis umbram Elysios ~cunt campos SIL.13.552. **b** hinc āuium dulcedo ~cit ad āuium *Rhet.Her.*4.29; diuum ~cunt qua iussa sequamur VERG.*A.*3.114; ~cunt instabiles sidera certa rates TIB.1.9.10.

10 a (of heavenly bodies, etc.) To bring round (seasons, times); (of times) to bring on, usher in. **b** to bring on (events) in sequence.

a clarissima mundi lumina, labentem caelo quae ~citis annum VERG.*G.*1.6; noctem ~centibus astris 3.156; Venus . . cum ~cit uespere noctem MAN.1.872; LUC.6.571;—annus et inuersas ~xerit ante uices PROP.1.15.30; nox ~cere diem uidetur TAC.*Ger.*11.2. **b** certo reliqua ordine ~cam STAT.*Theb.*1.302.

11 To cause to move in a controlled direction, orbit, etc.; to direct one's fist, etc., (at), i.e. deal a blow. **b** to perform (a movement or action); to carry out, conduct (an operation).

intendit telum diuersaque bracchia ~cens constitit VERG.*A.*9.623; HOR.*S.*2.7.82; PROP.2.26.2; uectes ~centes eam (*sc.* suculam) uersant VITR.10.2.2; illa placet gestu numerosaque bracchia ~cit OV.*Am.*2.4.29; MAN.5.282; digiti illorum tenentur et aliena manu per litterarum simulacra ~cuntur SEN.*Ep.*94.51; tunc aperit. . quis sidera ~cat spiritus STAT.*Theb.*6.360; ~ctis per terram digitis JUV.15.91; (*transf.*) ~cere multimodis uoces et flectere cantus LUCR.5.1406;—alapam sibi ~xit grauem PHAED.5.3.2; colophum. . tibi ~cam QUINT.*Inst.*6.3.83; PAUL.*dig.*47.10.4. **b** Gratia cum Nymphis. . audet ~cere nuda choros HOR.*Carm.*4.7.6; OV.*Met.*14.520; cordacem nemo melius ~cit PETR.52.8;—hi bellum adsidue ~cunt cum gente Latina VERG.*A.*8.55; solitum armigeri ~cite munus equi PROP.3.4.8; ludos. . medio rationis atque abundantiae ~xit TAC.*Ag.*6.4.

12 To draw, trace (a line, also written characters or sim.); to draw (a boundary). **b** to describe (a circle, etc.) in movement.

ut media caeli ac terrae linea ~catur infra umbilicum VAR.*L.*7.17; ~citur et digitis littera rara meis OV.*Pont.*4.2.24; MAN.1.391; in illa (*sc.* nube) umor modo caeruleas lineas modo uirides. . ~cit SEN.*Nat.*1.3.12; PLIN.*Nat.*35.84; alteram lineam ~xerunt a meridiano in septentrionem HYG.GR.*agrim.*p.132;—dum ne extra agrum colonicum. . fines ~cat *Leg.pub.*(*Font.iur.*p.96)15. **b** ~cens. . per aera gyros miluus OV.*Am.*2.6.33; *Met.*8.249; sideris proprium est ~cere orbem SEN.*Nat.*7.23.1; QUINT.*Inst.*11.3.118.

13 To construct along a line, lead, run; to leave (a trail); (pass., of natural objects) to extend. **b** to arrange along a line; to arrange in sequence. **c** to extend, continue (a temporal series).

ultro citroque sulcos perpetuos ~cito CATO *Agr.*33.2; parietem..per uestibulum sororis instituit ~cere CIC.*Mil.* 75; uallum..ex castris ad aquam ~cere incipiunt CAES.*Civ.* 1.73.3; VERG.*A.*1.423; LIV.5.5.5; ~xit fossam latitudine pedum..c..usque ad Fontes Amaros PLIN.*Nat.*6.165; (*in fig. phr.*) sed non una per hoc opus uia ~citur QUINT.*Inst.* 3.7.15;—(*upwards*) neque Pyramidum sumptus ad sidera ~cti PROP.3.2.19; Cyclopum ~ctas sudoribus arces STAT. *Theb.*4.151;—nocturnas..faces caeli..nonne uides longos flammarum ~cere tractus? LUCR.2.207; de caelo lapsa per umbras stella facem ~cens VERG.*A.*2.694;—sicut uenae.. a corde..profectae in corpus omne ~cuntur CIC.*N.D.*2. 139; locus..ubi finem ~ctus a Bosphoro tractus accipit MELA 1.108. **b** per..caput ~cti lapides (*i.e. jewels*) per colla manusque MAN.5.518;—per constantem partes ~xit ordinem (Cicero) QUINT.*Inst.*5.14.19. **c** series longissima rerum per tot ~cta uiros antiqua ab origine gentis VERG.*A.* 1.642; quattuor adde dies ~ctos ex ordine Nonis OV.*Fast.* 1.317; uidebimus an rerum omnium certus ordo ~catur SEN.*Nat.*1.1.4; QUINT.*Inst.*10.1.85.

14 To spend (time, one's life) in a particular manner or circumstances; (also w. ord. nums. in reckoning of time). **b** (of inanim. things) to last for. **c** to continue in, go on with (a state or activity).

quo studio Aristophanem putamus aetatem in litteris ~xisse? CIC.*Fin.*5.50; dulcem ~cunt uitam prolemque propagant LUCR.2.997; hic noctem ludo ~cunt VERG.*G.* 3.379; PROP.4.6.85; SEN.*Oed.*270; cur ulla puer iam tempora ~cit te sine? STAT.*Ach.*1.128; sermonibus uariis tempus atque iter ~cens TAC.*Ann.*2.34;—tertius..cum ~citur annus PROP.3.15.7; haec mihi Cimmerio bis tertia ~citur aestas litore OV.*Pont.*4.10.1. **b** est..materia quae ~cere diem possit SEN.*Ep.*58.37; ~xit..aestates synthesis una decem MART.4.66.4; 12.36.4. **c** potes hoc sub casu ~cere somnos VERG.*A.*4.560; ~c, Roma, malorum continuam seriem LUC.1.670; longae ~centem obliuia poenae V.FL. 4.536.

15 To bring (persons or things) to a condition, situation, stage, form, etc.; *~cere in partes* or sim., to divide. **b** to bring on (a state). **c** to apply, adduce.

(aduersarii) in odium ~centur CIC.*Inv.*1.22; ingeniosi.. uidetur uim uerbi in aliud, atque ceteri accipiant, posse ~cere *de Orat.*2.254; HOR.*Carm.*4.8.34; Scorpios et Cancer fraterna in nomina ~cunt ex semet genitos MAN.2.633; contemne mortem: et omnia, quae ad mortem ~cunt, contempta sunt SEN.*Nat.*2.59.3; in..nouos ritus pollutam ~xerat artem LUC.6.509; TAC.*Ann.*6.5; (*cf.*) ne quis modestiam in conscientiam ~ceret (*i.e. construe as*) SAL.*Jug.* 85.26;—id ~cito in aequas sex partes MAN.3.423; LUC.4.5. **b** pocula Lethaeos..~centia somnos HOR.*Epod.*14.3; *Carm.*2.17.9; quis te cogebat..fletum inuitis ~cere luminibus? PROP.1.15.40; ~cit sudores (*sc.* emplastrum) LARG.217. **c** ad magnum maior ~cenda laborem cura GRAT.349; quae (argumenta) in alterius rei probationem ~cimus QUINT.*Inst.*5.12.2.

16 To lead (to a course of action, opinion, etc.). **b** to guide or direct (in a course of action). **c** (of motives, etc.) to influence, lead, induce.

me..ratio ipsa in hanc..sententiam ~cit CIC.*Inv.*1.1; si ad rem iudicandam uerbo ~cimur, non re *Caec.*55; LUCR. 3.361; nec te fortis equi ~cet ad arma sonus PROP.3.3.40; ad quod ante coniectura aliqua ~xisset CELS.1.pr.17; adeo etiam sine ratione ipsa ueritas ~cit SEN.*Ep.*94.43; TAC.*Ag.* 1.2. **b** sic agamus ut nos ipsa ~cit oratio CIC.*N.D.*3.5; te mea dextera..magna inter praemia ~cet VERG.*A.*12.437; ut agentem te ratio ~cat, non fortuna LIV.22.39.21; OV. *Met.*13.161; nos ~cit scholarum consuetudo QUINT.*Inst.* 4.2.28; PLIN.*Ep.*7.9.11. **c** ~cit te species HOR.*S.*2.2. 35; me pietas, me ~xit amor STAT.*Theb.*12.459; QUINT. *Decl.*307(p.208,l.24);—(*pass.*) Piso amicitia P. Clodi ~ctus operam dat CIC.*Att.*1.13.3; SEN.*Phoen.*461; iter saepe deserimus conpendio ~cti QUINT.*Inst.*2.13.16.

17 To lead on (into a false or undesirable position).

PL.*Mos.*715; id uoluit nos..~ci falso gaudio TER.*An.*180; ubi se diutius ~ci intellexit et diem instare CAES.*Gal.*1.16.5; promissis ~cere amantem PROP.2.17.1; nec mater imagine tauri ~cta tua est OV.*Met.*8.123; non fallo aut cantus assueta licentia ~cit STAT.*Silv.*2.6.29.

18 To attack, beguile, charm, lead away.

illum sumina ~cebant LUCIL.1175; ludis..oblectamur et ~cimur CIC.*Mur.*39; *Off.*1.105; nescioqua natale solum dulcedine cunctos ~cit OV.*Pont.*1.3.36; ille.., ut cantu, ~cebat corda senatus SIL.15.458; illae..fabellae..~cere animos solent..rusticorum QUINT.*Inst.*5.11.19; GEL.15.7.3.

19 (of draught animals) To draw, pull (a vehicle, etc., also, a load, passenger or the like). **b** (of natural or mechanical forces) to propel. **c** (of a vehicle, etc.) to transport.

protelo trini boues unum aratrum ~cent CATO *hist.*103; illum..non equus impiger curru ~cet Achaico uictorem HOR.*Carm.*4.3.5; ~cebant macrae uilia sacra boues PROP. 4.1.22; VITR.10.2.11; (*in fig. phr.*) OV.*Pont.*3.1.67. **b** carbasus alta uolat pandam ~ctura carinam ENN.*Ann.*573; ~citur ad Laurens ingenti flamine litus puppis OV.*Fast.*3. 599; nulla quas (*sc.* moles) struxit manus stridente tardum machina ~cens onus SEN.*Phoen.*568; SIL.14.534; (*absol.*) ipsi..minus iam ~cere uenti (uidentur) STAT.*Theb.*8.214. (*of an aqueduct*) Marsas..niues et frigora ~cens Marcia (*sc.* aqua) *Silv.*1.5.26. **c** locupies quem ~cit priua triremis HOR.*Ep.*1.1.93.

20 To draw by magnetic or sim., also magical, force.

VAR.*L.*9.94; lapis hic ut ferrum ~cere possit LUCR.6.907; PROP.4.5.9; an Titan..fluctus..ad sidera ~cat LUC.1.416; —~cite ab urbe domum, mea carmina, ~cite Daphnim VERG.*Ecl.*8.68; hanc ego de caelo ~centem sidera uidi TIB. 1.2.43.

21 To pull, draw (a thread, line, etc.); to haul in (fish); to draw in (reins). **b** to pull (a thing) from where it is fixed or embedded; to unsheathe, draw (a weapon). **c** (med.) *aluum ~cere*, to purge the bowels with an enema; to draw off (fluids).

currite ~centes subtegmina, currite, fusi CATUL.64.327; qui lina madentia ~cunt OV.*Fast.*6.239; acu duo lina ~cente CELS.7.7.11;—calamo salientes ~cere pisces OV.*Met.*3.587; tenues ~cere..acos MART.10.37.6; QUINT.*Inst.*5.10.21; (*cf.*) nunc uolucrem laqueo, nunc piscem ~citis hamo OV.*Ep.*18. 13;—ego ~cere uana frena manu..luctor OV.*Met.*15.518; ~ctis..habenis STAT.*Theb.*6.441. **b** hordeum metere, fabam serotinam ~cere COL.11.2.50; PERS.5.4; qui bratteolam de Castore ~cat JUV.13.152;—~cuntur et ab illis gladii et a nostris CIC.*Catil.*3.6; auxilium ~cto mucrone petebat VERG.*A.*12.378; conatus..uagina ~cere ferrum OV.*Fast.* 4.929. **c** aluus si..saepius ~citur, hominem infirmat CELS.2.12.1.B; 3.4.3; LARG.154;—gemina..cruor ~cendus ab aure GRAT.471; largiter..aquam ~cit (*sc. a medicament*) LARG.133; 158.

22 To draw (breath) deeply or with effort, heave (sighs). **b** to draw up or in (parts of the body), contract.

me ex cursura anhelitum..~cere PL.*As.*327; *Rhet.Her.* 4.45; gemitus imo de pectore ~cens VERG.*A.*2.288; OV.*Met.* 7.555; quid..anxia peruigili ~cis suspiria cura? STAT.*Silv.* 3.5.2. **b** non hoc (*sc.* uultu) quo dicuntur os ~cere CIC. *Orat.*86; solue senescentem..equum, ne peccet..et ilia ~cat HOR.*Ep.*1.1.9; si lectis uultum tu uersibus istis ~cis OV. *Pont.*4.8.14; toruas ~xere in lumina frontis STAT.*Silv.*2.5.15; QUINT.*Inst.*9.3.101.

23 To make by modelling or sim., fashion; to shape, mould (material). **b** to spread (plaster) over a surface. **c** to draw out (metal into a thin or pointed shape); to draw out, spin (thread, yarn). **d** (transf., of a poet.).

laterem qui ~cit LUCIL.324; Musae..quas aerifice ~xti VAR.*Men.*201; uiuos ~cent de marmore uultus VERG.*A.*6. 849; VITR.2.3.1; ne quis ipsum (*sc.* imperatorem) alius.. quam Lysippus ex aere ~ceret PLIN.*Nat.*7.125; e luto uasa ~cendi artem QUINT.*Inst.*2.17.3; (*poet.*) natura..pumice uiuo..natiuum ~xerat arcum OV.*Met.*3.160; (*fig.*) ut mores teneros ceu pollice ~cat JUV.7.237; (*transf.*) unde hoc totum ~ctum et conflatum mendacium est? CIC.*Q.Rosc.*48;—HOR.*Ep.*2.1.240; discipuli magistrique certamine, uter tenuiorem humum ~ceret PLIN.*Nat.*35.161. **b** tectoria, quae ex tenui sunt ~cta materia VITR.7.3.9; PLIN.*Nat.* 33.125. **c** quamuis in acuta ac tenuia posse mucronum ~ci fastigia procudendo LUCR.5.1265; nec ensem..~xerat..faber TIB.1.3.48; si non..tenuem nimium laminam ~xerimus QUINT.*Inst.*2.4.7; (*transf.*) nec ~xit recto tenuata cacumina cornu LUC.5.548;—tristes..sorores, stamina quae ~cunt [TIB.]3.3.36; nec fila sequentia ~cunt (nymphae) OV.*Met.*14.265; MART.6.58.7; Parcae meliora..pensa manu ~cunt JUV.12.65. **d** forte epos acer..Varius ~cit HOR. *S.*1.10.44; ~cuntur carmina PROP.4.6.13; trementi carmina ~cebam qualiacumque manu OV.*Tr.*1.11.18; SEN.*Ep.*114.1; (*cf.*) ~cite, nec mora sit, uicibusque reducite carmen CALP. *Ecl.*4.80.

24 To draw out in time, prolong, protract; (absol.) to draw out the matter, procrastinate.

sine suam senectutem ~cat usque ad senium CAECIL. *com.*73; ut..res ita ~ceretur ut apud M. Metellum praetorem causa diceretur CIC.*Ver.*26; *Fam.*1.2.3; nec..uitam ~cendo demimus hilum tempore de mortis LUCR.3.1087; bellum in hiemem ~cere CAES.*Civ.*1.61.4; conuiuia ~cere baccho TIB.1.9.61; LIV.4.53.5; QUINT.*Inst.*4.2.58;—se ~cturos et dicendo et excusando facile ad ludos Victoriae CIC.*Ver.*31; diem ex die ~cere Aedui CAES.*Gal.*1.16.4; FRO. in Aur.*Fro.*1.p.158(15N).

25 a To breathe or draw in, inhale (air, vapours, etc.). **b** to suck in, absorb (liquids, also solids); to drink.

a boues..naribus umiferum ~xere ex aere sucum CIC. *Arat.Progn.*226; ita uiuunt..ut ~cere animam de caelo non queant *S.Rosc.*72; illic plurima naribus ~ces tura HOR. *Carm.*4.1.22; LIV.6.17.5; uix spiritum per siccas fauces ~centibus SEN.*Ben.*3.8.3; terrena..frigora membris ~cere STAT.*Theb.*2.405; 12.713;—(*pregn.*) cum usque ad extremum spatium nullum tranquillum atque otiosum spiritum ~xerimus CIC.*Arch.*30; peregrinum ~cere caelum OV.*Tr.* 4.8.25. **b** nec sequitur ~centem lacteus umor OV.*Met.* 9.358; ea (*sc.* hirudo) adhaerens faucibus sanguinem ~cit COL.6.18.1; LUC.6.539;—dum terra tepore autumni resoluta patet, dum semina ~cit MAN.3.665;—hic..pocula..~ces sub umbra HOR.*Carm.*1.17.22; 4.12.14; oenophorum..de quo sextarius alter ~citur ante cibum JUV.6.428.

26 To draw (lots); *sorte ~cere*, to draw or select by lot. **b** to receive as one's share or lot.

(sortes) quae..pueri manu miscentur atque ~cuntur CIC.*Div.*2.86; stat ~ctis sortibus urna VERG.*A.*6.22; JUV. 6.583; GEL.1.12.11;—sorte ~ctos fusti necat SAL.*Hist.*4.22; Laocoon, ~ctus Neptuno sorte sacerdos VERG.*A.*2.201; LIV.4.46.1; sorte iudex in reum ~ctus SUET.*Jul.*12; (*cf.*) non ea (oracla) quae aequatis sortibus ~cuntur CIC.*Div.* 1.34. **b** ni fors incertos iussisset ~cere casus *Culex* 162; MAN.4.498; si hi ~xissent prouincias TAC.*Ann.*3.58; JUV. 13.10.

27 To obtain (from a source), derive, draw, get; to derive (words). **b** to derive (one's descent, race, blood, etc.); (pass.) to be descended. **c** *initium, principium, etc., ~ere*, to start (from), originate (in). **d** to take over, adopt, borrow. **e** to derive, produce (by inductive or deductive processes).

unde haec omnis causa ~citur CIC.*Man.*4; qui nepos auum in capitis discrimen adduxerit..commendationemque ineuntis aetatis ab impietate..~xerit *Deiot.*2; *Div.*1.70; umorem..de corpore ~ctum LUCR.4.1056; PROP.3.9.8; regna commune ex uno lumen ~centia sole MAN.1.379; lucem..a consule ~cit omnis honos STAT.*Silv.*4.1.26; TAC. *Dial.*31.5;—amare, e quo nomen ~ctum amicitiae est CIC. *Fin.*2.78; iam dederat Saliis a saltu nomina ~cta OV. *Fast.* 3.387; QUINT.*Inst.*1.6.29. **b** quod ipse a Tantalo ~cat genus *Inc.trag.*124; VERG.*A.*5.568; auctore ab illo ~cis originem HOR.*Carm.*3.17.5; ab Elide ~cimus ortus OV.*Met.* 5.494; tibi ~ctus ab aethere sanguis STAT.*Theb.*9.445; (*cf.*) diues auis et utroque Iouem de sanguine ~cens 1.392;—te.. probabas Graiam atque Euboico maiorum sanguine ~ci *Silv.*5.3.111; PAUL.*dig.*38.10.10.18. **c** quoniam omnium rerum magnarum ab dis immortalibus principia ~cuntur CIC.*Vat.*14; *Leg.*1.19; ex quattuor temporum mutationibus omnium..initia causaeque ~cuntur *N.D.*2.49; ut corporum ..educatio a lacte cunisque initium ~cit QUINT.*Inst.*1.1.21; 1.5.57. **d** CIC.*de Orat.*3.161; multa..sunt in nostris institutis ~cta ab illis (*sc.* Pythagoreis) *Tusc.*4.4; respicere exemplar uitae..et uiuas hinc ~cere uoces HOR.*Ars* 318; non omnia nos ~centes e Graeco sequuntur QUINT.*Inst.*2.14.1. **e** ex quaestione suspiciones..~ci oportebit CIC.*Inv.*2.46; ad illos..locos, ex quibus omnia ad omnem orationem inuenta ~cuntur *de Orat.*2.146; PERS.2.63; ~cit ex eo quod scriptum est id quod incertum est QUINT.*Inst.*7.8.3.

28 To acquire (esp. in course of time), develop, contract.

astrum..quo ~ceret apricis in collibus uua colorem VERG.*Ecl.*9.49; ubi primum ~cta cicatrix LIV.29.32.12; saxa..coepere..~cere formam OV.*Met.*1.402; ferrum.. rubiginem ~cit SEN.*Con.*2.2.8; LARG.42; iam ardua ~cere nubes incipit..Scyros STAT.*Ach.*2.21; QUINT.*Inst.*11.3.75.

29 To deduce, work out, calculate. **b** *rationem ~cere*, to take account (of), pay attention (to).

summam sumtus ~c LUCIL.884; sic equidem ~cebam animo rebarque futurum tempora dinumerans VERG.*A.* 6.690; cum liceat certis surgentia signa ~cere temporibus MAN.3.298; COL.5.3.2;—(*of multiplication*) ~cimus centies centenos, fiunt decem milia 5.2.1; cum ter terna ~cuntur atque ipse numerus terplicatur GEL.1.20.5;—(*a rate of interest*) ut centesimae perpetuo faenore ~cerentur CIC.*Att.* 5.21.13; confeceram ut soluerent centesimis bienni ~ctis cum renouatione singulorum annorum 6.1.5. **b** offici rationem in omni uita, non commodi esse ~cendam CIC. *Sest.*23; *Off.*2.6; sacris rationem ~cere signis MAN.4.913; —(*cf., w. adj.*) ~xi meam rationem CIC.*Att.*8.11D.7; infra semissem nemo temere rationem sestertiariam ~cit MAECIAN.*iur.*67.

30 To consider, believe, think, reckon.

(*w. acc. and inf. or two accs.*) omne ego pro nihilo esse ~co quod fuit PL.*Per.*637; qui amat quoi odio ipsus est, bis facere stulte ~co TER.*Hec.*343; ut sine his studiis uitam nullam esse ~camus CIC.*de Orat.*2.20; omnia humana tolerabilia ~cenda *Att.*12.11; CAES.*Gal.*1.3.2; tanton me crimine dignum ~xisti? VERG.*A.*10.669; si..uerba..~xisset pondus habere mea PROP.3.7.44; LIV.7.18.3; VELL.2.24.4; nec crimina gentis mira equidem ~co STAT.*Theb.*2.463;—(*w. abl. or gen. of price*) noctem nauco ~cere NAEV.*com.*105; omnia pericula..parui esse ~cenda CIC.*Arch.*14; seu..tanti cineres ~xerit esse meos PROP.4.11.92; (*cf.*) officii ~xit.. exorare filiae patrem SUET.*Tib.*11.4;—(*w. pred. dat.*) nemo id probro profecto ~cet Alcumenae PL.*Am.*493; si quis despicatui ~citur CIC.*Flac.*65;—(*w. other compls.*) ipsi in hostium loco numeroque ~cimini CIC.*Ver.*5.125; deorum numero eos solos ~cunt quos cernunt CAES.*Gal.*6.21.2; haec ..haud ab re ~xi uerbis quoque ipsis..referre LIV.8.11.1; PLIN.*Nat.*18.288; QUINT.*Inst.*5.9.10.

ductābilitās ~ātis, *f.* [DVCTO+-BILIS+-TAS] Gullibility.

plectuntur poetae..~ate nimia uestra ACC.*poet.*24(26).

ductārius ~a ~um, *a.* [DVCO+-ARIVS] *funis ~us*, The rope of a pulley.

funis ~us traicitur in inferioris trocleae foramen VITR. 10.2.6.

ductilis ~is ~e, *a.* [DVCO+-ILIS[1]]

1 That is led along a course.

riguae ~e flumen aquae MART.12.31.2.

2 (of metals) Malleable or ductile.

regulare (*sc.* aes)..ab aliis ~e appellatum PLIN.*Nat.*34.94.

ductim, *adv.* [DVCO+-IM]

1 In draughts (of drinking).

expeto..inuergere in me liquores tuos, sine, ~ PL.*Cur.* 109.

2 With a drawing action.

maior pars operis in uinea ~ potius quam caesim facienda est..ductu falcis non ictu COL.2.45.2.

ductiō ~ōnis, *f.* [DVCO+-TIO]

1 The action or means of conveying (water); the right of drawing off (water).

cum habuerint (*sc.* priuatae domus) a capitibus proprias ~ones VITR.8.6.2; tubulorum ~ones 8.6.10; (*w. obj. gen.*) in aquarum ~onibus 1.1.7;—quia locus totus fluminis seruiat ~oni POMPON.*dig.*43.20.3.2; ULP.*dig.*39.3.10.2.

2 The action of taking away in one's *potestas*.

in quos habet ius ~onis ULP.*dig.*43.30.3.1.

3 The pulling or drawing (of a rope or sim.).

funis circumactus directis ~onibus VITR.10.3.2; radentium ~onibus VITR.10.13.6.

4 *~o alui*, The purging of the bowels with an enema.

CELS.2.12.1.A; 4.20.2; 4.31(24).9.

ductitō ~āre ~āuī ~ātum, *tr.* [DVCO+-ITO] To make a practice of leading off (for a specified purpose); to hale off (w. pun on sense of

deceiving). **b** to make a practice of taking home (a prostitute).
uenalis illic ~auit quisquis est PL.*Rud.*584;—*Epid.*351. **b** quasi bella sit, quasi eampse reges ~ent PL.*Poen.*272.

ductō ~āre ~āuī ~ātum, *tr.* [DVCO+-TO]

1 To conduct, lead, take. **b** to take home (a prostitute).
peratum ~are (*i.e. hale off*) PL.*Epid.*351; Pontianum.. per forum ~ans APUL.*Apol.*82; (*w. pun on sense 3b*) PL.*Mos.* 844. **b** qui..amicam ~et PL.*As.*863; *Poen.*868; adeon te esse..inpudentem..ut..meam ~es gratiis! TER.*Ph.*500.

2 To lead, (also) to be in command of (troops).
per saltuosa loca..exercitum ductare SAL.*Jug.*38.1;—equitibus Hispanis, quos in exercitu ~abat SAL.*Cat.*19.3; TAC.*Hist.*2.100;—(*cf. sense 1b*) QUINT.*Inst.*8.3.44.

3 To charm, allure. **b** to deceive, beguile.
set me Apollo..delectat ~at ENN.*scen.*361. **b** qui me ut lubitum est ~auit dolis PL.*Capt.* 642; 755.

4 To draw, pull (a rope).
tu inter eas restim ~ans saltabis? TER.*Ad.*752.

ductor ~ōris, *m.* [DVCO+-TOR]

1 A military commander, leader. **b** the captain or helmsman (of a ship). **c** (transf., see quot.).
non modo ~ores nostri, sed uniuersi etiam exercitus CIC. *Tusc.*1.89; VERG.*A.*1.235; LUC.1.228; STAT.*Theb.*2.133; TAC.*Ann.*4.46;—(*w. gen.*) ~oribus hostium CAEL.*hist.*45; ~ores Danaum delecti LUCR.1.86; ordinum ~or (*i.e. centurion*) LIV.7.41.4; ~or turmae puerorum SUET.*Tib.*6.4; (*of a fleet*) Lyciae ~orem classis Oronten VERG.*A.*6.334;—(*poet.*) ubi ~ores acie reuocaveris ambo (*i.e. bees*) *G.*4.88; aries ~or ..gregis SEN.*Thy.*226; PLIN.*Nat.*8.148. (*cf.*) ~or aquarum Thybris STAT.*Silv.*3.5.111. **b** in puppibus auro ~ores.. effulgent VERG.*A.*5.133; quid..si ~oris eget, ratis efficit? *Laus Pis.*227; SIL.14.453. **c** primus (pes) ille est..auctor et ~or melorum, qui duas breues habet MAUR.1360.

2 a The rider (of a horse). **b** a drover.
a sonipes..exsiluit..haud tamen est turbatus ~or STAT. *Theb.*9.286. **b** APUL.*Met.*7.25; ~ores..onustos nos ad uiam propellunt 8.16.

ductum ~ī, *n.*: see next.

ductus ~ūs, *m.* [DVCO+-TVS³] FORMS: app. neut. ~*um CIL* 8.2728.64, 76.

1 Military leadership, command. **b** (fig.).
ut gesserit rem publicam ~u..suo PL.*Am.*196; CIC.*Man.* 61; Caesarem, cuius ~u saepe numero hostis superassent CAES.*Gal.*7.62.2; LIV.5.46.6; alia ~u meo, alia imperio auspicioque perdomui CURT.6.3.2; solitum..Britannis feminarum ~u bellare TAC.*Ann.*14.35; SUET.*Aug.*21.1; (*transf.*) tuo ~u..Apollo, tuoque numine instinctus pergo ad delendam urbem LIV.5.21.2. **b** est ~u capta puella meo OV.*Am.*2.12.8; qui studia nostra ~u et auspiciis suis lucidiora..reddidit V.MAX.4.7.ext.2; populus ~u irae suae egressus SEN.*Dial.*5.2.5; FRO.*Ver.*2.p.132(120N).

2 The conveyance (of water). **b** *aquae ~us* (also written as one word *aquaeductus* or *aqueductus*), *aquarum ~us*, or *~us* alone, an aqueduct.
CIC.*Caec.*74; ~us..aquae fiunt generibus tribus VITR.8. 6.1; questus..~u..aquarum labefactas aedis suas TAC. *Ann.*1.75; ULP.*dig.*8.3.1. **b** de aquae ~u probe fecisti CIC.*Att.*13.6.1; ARCVS ~VS AQVAE VIRGINIS..NOVOS FECIT *CIL* 6.1252; donec et uiam et huius aquae ~um consummaret FRON.*Aq.*5; PLIN.*Ep.Tra.*10.37(46).1; neque aggeres ..montibus comparabis neque aquaeductus amnibus FRO. *Aur.*1.p.88(8N); *CIL* 11.11;—~um aquarum in oppidum ferentem rupit FRON.*Str.*3.7.6; aquarum ~us solent per alienos agros iure transmittere SIC.FL.*agrim.*p.110; SUET.*Cl.* 20.1;—~us Iuliae FRON.*Aq.*9; SPATIVM AGRI QVOD TVTELAE ~VS DESTINATVM EST *CIL* 13.1623.

3 Motion in a particular line or direction, a controlled movement.
per pectus et clunes certis ~ibus circumferens (*sc. a carver*) eruditam manum SEN.*Ep.*47.6; artificum ueteres agnoscere ~us STAT.*Silv.*4.6.23; SIL.14.537;—(*of facial expressions*) qui ~us oris, qui uultus in quoque sit CIC.*Fin.* 5.47; rictu oris labearumque ~u contemni a se ostendens.. rem GEL.18.4.6.

4 A line as produced by drawing; an outline. **b** linear arrangement, line.
in tris aequalis discurrit linea ~us MAN.2.274; arcus.. uno circumscriptus est ~u SEN.*Nat.*1.5.5; tremulos cuspis ~us in puluere signat SIL.4.258;—COL.6.5.4;litterarum ~us Graecarum didicisse (elephantum) PLIN.*Nat.*8.6; QUINT. *Inst.*10.2.2;—(*poet.*) anguem..qui..uellera tot spiris circum tot ~ibus implet V.FL.7.168. **b** tractus ~usque muri CIC.*Rep.*2.11; porticus aequali..est..~u LUC.4.426; LUC. 4.419; uenas ~usque macularum PLIN.*Nat.*37.194.

5 (rhet.) Method or line of treatment.
quidam..~us rei credibilis qualis in comoediis QUINT. *Inst.*4.2.53; 9.4.30.

6 The action of drawing or pulling. **b** a catch, draught (of fishes).
putatio..quae..~u falcis non ictu conficitur COL.4.25.3; terrena quaedam..caelestium rerum sensu atque ~u moueri GEL.14.1.3; ~um capistri..placide patiebar APUL. *Met.*9.4. **b** V.MAX.4.1.ext.7.

dūdum, *adv.* [**du-* (cf. Gk. δήν)+-DVM]

1 Some time (a little while) ago, before, previously, just now. **b** (w. *iam,* also written *iamdudum, iandudum*) some while ago now.
mulieris, quam ~ dixi fuisse liberam PL.*Rud.*1079; incertior sum multo quam ~ TER.*Ph.*459; CIC.*de Orat.*2.262; quod tibi ~ uidebatur *Tusc.*1.76; haud talia ~ dicta dabas VERG.*A.*10.599; cui ~ uincere Thebas adnuimus STAT.*Theb.* 2.687; APUL.*Apol.*63;—(*opp.* nunc) dixi hoc tibi ~ et nunc dico PL.*Mil.*1058; quanto nunc formonsior uidere mihi quam ~! TER.*Eu.*731; et ~ agnoui..et nunc nequiquam fallis dea VERG.*A.*12.632. **b** tibi uti ~ iam demonstraui PL.*Mil.*1028; ain patrem hinc abisse rus? — iamdudum TER.*Ad.*517; quae iam ~ adsumpta dixisti CIC.*Part.*48; expulsi iamdudum monte iuuenci OV.*Met.*2.843; APUL.*Met.* 8.22.

2 For a long time (up to the present), long. **b** (w. *iam*).
uide quam ~ hic asto et pulto PL.*St.*310; ~..circumrodo quod deuorandum est CIC.*Att.*4.5.1; milites..intenti ~ ac parati..decurrunt LIV.24.39.4; SEN.*Ep.*91.3; STAT.*Theb.* 2.410; magnis..~ cladibus aeger 10.177; ~ sedet illa parato flammeolo JUV.10.333; APUL.*Met.*4.10. **b** iam ~..aures auent ENN.*scen.*47; te mihi ipsum iamdudum optabam dari TER.*Hau.*758; haec quae iam ~ loquor CIC.*Ver.*3.83; VERG. *A.*1.580; misere cupis..abire; iamdudum uideo HOR.*S.*1.9. 15; Cotys..iam ~ Macedonum partis erat LIV.42.29.12; JUV. 3.317.

3 (w. *iam*) Now after all this time.
dedatur cupido iam ~ nupta marito CATUL.64.374; tempus..iamdudum incumbere aratris VERG.*G.*1.213; iamdudum sumite poenas *A.*2.103; OV.*Met.*13.457; si necessitates ultimae inciderunt, iam ~ exibit e uita SEN.*Ep.*17.9; 75.7.

duellātor, duellicus: see BELL-.

Duēl(l)ius: see DVIL-.

Duellōna, duellum: see BELL-.

duicensus ~a ~um, *a.* [*dui-*(BI-)+CENSEO] (See quot.)
~us dicebatur cum altero, id est cum filio census PAUL. *Fest.*p.66M.

duidens: see BIDENS.

Duīl(l)ius (Duēl-) ~a ~um, *a.* FORMS: *Bel-* (popular form cited in Cic.*Orat.*153 and Quint. *Inst.*1.4.15 (cj.)) The name of a Roman plebeian *gens*, esp. of C. Duillius, consul in 260 B.C., who defeated the Carthaginian fleet at Mylae.
CIC.*Sen.*44; QUINT.*Inst.*1.7.12.

duim ~is ~it, etc.: see DO.

duis: see BIS.

duitās ~ātis, *f.* [DVO+-TAS] The state of being two, duality.
uiduam dictam esse sine ~ate JAVOL.*dig.*50.16.242.3.

dulcēdō ~inis, *f.* [DVLCIS+-EDO]

1 Sweetness of flavour.
quae pars (fluminis) profluit contra Etruriam..est infinita ~ine VITR.8.3.7; OV.*Met.*14.275; dicas licet non esse in melle ~inem SEN.*Ep.*109.7; COL.2.2.14; radix.. amara cum quadam ~ine PLIN.*Nat.*25.66; (*meton.*) ut, cum pusillum edissent ~inis, largiter acerbitatis deuorarent PLANC.*orat.*2.

2 Pleasantness (to the mind or senses), sweetness, charm. **b** the pleasure attaching to an action, etc., pleasurableness. **c** (concr.) an object exciting agreeable sensations or sim.
uoluptate, quae maxima ~ine sensum moueret CIC.*Fin.* 2.39; nec..nati..tacita pectus ~ine tangent LUCR.3.896; VERG.*G.*1.412; satis libertatem..habere ~inis LIV.2.9.2; fabellarum ~o SEN.*Suas.*1.7; pretiosos (cibos)..non eximius sapor aut aliqua faucium ~o sed raritas..facit SEN. *Dial.*12.10.5; loci ~o TAC.*Ann.*14.33; (*pl.*) philologiae ~inibus inducti VITR.7.pr.4. **b** ~o inuasit proximis comitiis tribunorum militum plebeios creandi LIV.5.13.2; inutiliter..aliquid concupiscere et in eo perseuerante morari, exitio ea uicina ~o est V.MAX.7.2.ext.18; in uentrem cubandi ~o CELS.5.26.10; multos ~o praedarum stimulabat TAC.*Hist.*2.7. **c** hinnientium ~ines (*app.* hippomanes) LAEV.*poet.*27.6.

3 (app.) Itch, irritation.
lacerum ~ine corpus persequitur scabies GRAT.408; perniciosa..~o intus cohibita APUL.*Apol.*50.

dulcescō ~ere, *intr.* [DVLCIS+-ESCO] To become sweet; (of sea water) to lose its saltness.
uua..maturata ~it CIC.*Sen.*53; PLIN.*Nat.*14.17; (raphani) cocti ~unt 19.85;—palustribus qua maria ~unt aquis SEN.*Med.*213; PLIN.*Nat.*2.222; (*cf.*) pluuia ~it (sal) 31.85.

dulciārius ~a ~um, *a.* [DVLCIS+-ARIVS] Concerned with confectionery.
MART.14.222; pistor ~us, qui..mellita concinnabat edulia APUL.*Met.*10.13.

dulciculus ~a ~um, *a.* [DVLCIS+-CVLVS] (dim. of endearment or irony) Sweet little.
huiius ~us caseus PL.*Poen.*390; ~ae potionis aliquid CIC.*Tusc.*3.46.

dulcifer ~era ~erum, *a.* [DVLCIS+-FER] Containing sweetness, sweet.
fici ~erae ENN.*Ann.*264; cantharum ~erum PL.*Ps.*1262.

dulciloquus ~a ~um, *a.* [DVLCIS+LOQVOR+-VS] Speaking sweetly.
~o calamo APUL.*Apol.*9.

dulciolum ~ī, *n.* [DVLCIS+-OLVS] A sweetmeat.
mellitis ~is uentrem saginare APUL.*Met.*4.27.

dulciōrelocus ~a ~um, *a.* [next+OS¹+LOQVOR+-VS] Speaking sweetly or agreeably.
de Nestore ait (*sc.* Laeuius) 'trisaeclisenex et ~us iste' GEL.19.7.13.

dulcis ~is ~e, *a. compar.* ~ior, *superl.* ~issimus. [**dlkui-*, cf. Gk. γλυκύς].

1 Sweet (in taste). **b** (neut. as sb.) sweet food or drink. **c** *~is radix*, liquorice-root.
(brassica) simul..~is et amara et acris CATO *Agr.*157.1; sapor ~is VAR.*R.*3.16.6; ~e mel CIC.*Fin.*1.30; ~is cerasos PROP.4.2.15; COL.10.398; tria eius (uini) genera: austerum, ~e, tenue PLIN.*Nat.*14.63; ~es..placentas MART.11.86.3; (*w. abl. of cause*) liba..~ia melle TIB.1.7.54; (*transf.*) ~i uina promens dolio HOR.*Epod.*2.47; (*advl. acc.*) quae ~e condiens..ollam..suaue quatere noui APUL.*Met.*2.7. **b** ut alios ~ia alios subamara delectent CIC.*Fat.*8; OV.*Met.*5.450; inula..~ibus mixtis saluberrima PLIN.*Nat.*19.91; PROC.*Dig.* 33.6.16.1. **c** CELS.5.20.6; 5.23.1.B.

2 Not salty (in taste); (of water) not brackish, fresh (dist. from sea water); free from impurity, clear. **b** not stale, fresh. **c** (of soil) wholesome (to plants), 'sweet'.
ubi (pisces)..sint..salsi, ubi ~es PLIN.*Nat.*1.32.9;—ex alto..sumito mari..quo aqua ~is non perueniet CATO *Agr.* 112; piscinam..~em VAR.*R.*3.3.9; in hac insula..est fons aquae ~is CIC.*Ver.*4.118; mare Ponticum ~ius quam cetera SAL.*Hist.*3.65; VERG.*A.*1.167; OV.*Pont.*4.10.63; Nereides ~i ..timent occurrere ponto STAT.*Theb.*8.362; *CIL* 10.1063. 4;—decocunt eam (*sc. a herb*), donec aqua ~is fiat PLIN.*Nat.*27.118; 34.123. **b** simplex ius e ~i constat oliuo HOR.*S.*2.4.64; ~em caseum COL.12.6.2; folia..cum ~i lacte in olla miscent 12.8.3; LARG.27; (*fig.*) fructum studiorum uiridem et adhuc ~em QUINT.*Inst.*12.6.3. **c** ~em terram et frumentis habilem COL.2.2.20; sabulum..cui subest ~is argilla *Arb.*3.6.

3 Sweet-smelling, fragrant.
~is..spirauit crinibus aura VERG.*G.*4.417; ~i..thymo OV.*Tr.*5.13.22; ~i odore PLIN.*Nat.*26.148; ~e nemus florentis Idymes STAT.*Silv.*3.2.138; APUL.*Met.*8.22; (*advl. acc.*) tam rarum, tam ~e sapis MART.12.21.3.

4 Sweet-sounding, melodious. **b** (of persons, etc.).
uoce ~i et clara CIC.*Orat.*57; ~is..querelas, tibia quas fundit LUCR.4.584; risus ~esque cachinni 5.1403; ~i.. fistula ualles..personuere HOR.*Carm.*1.17.10; ~issimis modulis APUL.*Met.*5.15; (*neut. as sb.*) ut (aures) non modulata tantum..et ex ~i tracta..accipiant SEN.*Dial.*5.35.3; —(*internal acc.*) nil ~e sonantes nec digitis nec uoce deae STAT.*Silv.*5.3.14; quae ~e cantitant aues APUL.*Met.*6.6. **b** poetae..ita sunt..~es, ut non legantur modo, sed etiam ediscantur CIC.*Tusc.*2.27; nec nostra ~is in aure sonat (Cynthia) PROP.1.12.6; (*w. acc. of respect*) ~ior uocem moriente cygno SEN.*Phaed.*302.

5 Affording enjoyment (to the mind or senses), delightful, agreeable. **b** (neut. as sb.) a source of enjoyment, delight.
orationem hanc aures ~em deuorant PL.*Poen.*968; quoi nil iam praeter pretium ~est TER.*Hau.*234; nihil est..in historia..breuitate ~ius CIC.*Brut.*262; somni ~es VERG.*G.* 1.342; ~e est desipere in loco HOR.*Carm.*4.12.28; epistulae uenerunt parum ~es SEN.*Ep.*96.3; STAT.*Theb.*7.236; (*in oxymoron*) ~em..amaritiem CATUL.68.18; (*cf. sense 1*) hoc est melle ~i ~ius PL.*Truc.*371; (*w. sup.*) libertatis restitutae ~e auditu nomen LIV.24.21.3;—(*w. abl.*) argutus orator uerbisque ~is CIC.*Brut.*247; ~is erat mercede labor OV. *Fast.*6.661;—(*advl. acc.*) ~e rubenti murice STAT.*Silv.* 2.1.133; ~e conquieuit APUL.*Met.*5.1. **b** ~e amarumque una nunc misces mihi PL.*Ps.*63; mi semper et uera et ~ia tuis epistulis nuntiantur Q.CIC.*Fam.*16.26.2; ~e satis umor VERG.*Ecl.*3.82; HOR.*Ep.*1.11.23; medius per honesta et ~ia limes STAT.*Silv.*2.3.67; (*cf. sense 1*) Amor..gustui dat ~e PL.*Cist.*70.

6 Held in affection, cherished, dear. **b** expressing fondness, affectionate, kind.
pacis..~issimum et pulcherrimum nomen CIC.*Phil.*12.9; ~ia linquebant..lumina uitae LUCR.5.989; ~is..reminiscitur Argos VERG.*A.*10.782; OV.*Fast.*3.566; LUC.4.532; si quid in illa ~e domo STAT.*Theb.*11.369. **b** amicitia remissior esse debet et liberior et ~ior CIC.*Amic.*66; ~i..adfatus amore est VERG.*A.*6.455; darem cum ~ibus oscula uerbis OV.*Pont.*4.9.13; ~em..in ambos caritatem partiens PHAED. 3.8.13; STAT.*Silv.*1.6.83; sententiis..~ibus usus es FRO. *Ver.*2.p.132(121N).

7 (of persons or sim.) Possessing qualities that inspire affection, charming, dear, sweet. **b** gracious, indulgent, kind. **c** exerting charm (in speech, writing), engaging, attractive.
mea Ampelisca, ut ~is es! PL.*Rud.*364; Tulliolam, quae nobis nostra uita ~ior est CIC.*Fam.*14.7.1; ~es..nati LUCR.3.895; ~is coniunx VERG.*G.*4.465; quid agis, ~issime rerum? HOR.*S.*1.9.4; ~IS AMICA *CIL* 13.10025.199;—(*of an animal*) nec uacca ~i mugit adultero STAT.*Silv.* 4.5.18; *CIL* 13.488.1; (*cf.*) uidet omnium ferarum ~issimam ~issimamque bestiam (*i.e. Cupid*) APUL.*Met.*5. 22;—(*cf. sense 1*) melle ~i ~ior tu es PL.*As.*614; Galatea.. matura ~ior uua OV.*Met.*13.795. **b** CIC.*Orat.*34; mihi ~es ignoscent..amici HOR.*S.*1.3.139; (homines) summissi et humani et ~es, non tamen usque in adulationem SEN. *Dial.*5.8.5;—(*of gods, etc.*) me..~es..Musae..accipiant VERG.*G.*2.475; HOR.*Ep.*1.19.5; metimus..tua munera, ~is Iacche COL.10.426; diuae ~e Iuliae numen MART.9.1.7. **c** ille (*sc.* Xenophon)..uehemens fortasse minus, sed aliquanto tamen est..~ior CIC.*de Orat.*2.58; ~em et facetum ..Socratem accepimus *Off.*1.108; OV.*Met.*12.577; ~is et candidus et fusus Herodotus QUINT.*Inst.*10.1.73; TAC.*Dial.* 18.2; (*w. gen.*) homo ille fandi ~issimus GEL.16.3.1; (*w. abl.*) alius alio..habetur..eloquendo ~is magis QUINT. *Inst.*12.10.44.

dulcitās ~ātis, *f.* [DVLCIS + -TAS] Sweetness.
o ~as conspirantum animae ACC.*trag.*640; ~as fici APUL.*Mun.*36.

dulciter, *adv.* *compar.* ~ius, *superl.* ~issimē. [prec. + -TER²]

1 In a sweetly sounding manner, melodiously.
uolucres nulla ~ius arte canunt PROP.1.2.14; QUINT.*Inst.*1.10.24; tibiae..cantus Lydios ~iter consonant APUL.*Met.*10.32; CVRRENTES ~ITER VNDAS *CIL* 8.213.9.

2 In a manner that gives enjoyment, delightfully; in a charming style.
eam uoluptatem..qua sensus ~iter ac iucunde mouetur CIC.*Fin.*2.18; VIXI EGO DVM LICVIT ~ITER AD SVPEROS *CIL* 3.4483.12;—historia quaedam Graeca scripta ~issime CIC.*Brut.*77; multa..explicuit, corruptius quam Fabianus, sed ~ius SEN.*Con.*2.1.26; PLIN.*Ep.*4.27.1.

3 Affectionately; gently.
quanti me faceres..~issime ostendisti AUR.*Fro.*1.p.76 (60N); CVM QVO VIXIT..~ITER SINE QVERELLA *CIL* 6.20826.10; 14.1641.8;—relictum (*sc.* in poculo)..me..respiciens (Fotis) sorbillat ~iter, APUL.*Met.*2.16; QVAE..TIBI ~IVS PRECABOR *CIL* 2.5186.5.

dulcitūdō ~inis, *f.* (DVLCIS + -TVDO] Sweetness (perceived by the senses); desirability; affectionateness.
gustatus..qui..~ine praeter ceteros sensus commouetur CIC.*de Orat.*3.99; (*cf.*) odor urbanitatis..et ~o orationis sunt ducta a..sensibus 3.161;—~ine usurarum ULP.*dig.*42.8.10.10;—CVM QVA VIXIT INCOMPARABILI ~INE *CIL* 6.37317.6; 9.5167.4.

dūlicē, *adv.* [Gk. δουλικός + -E] In a slave-like manner.
euscheme..astitit et ~ (*codd.* dulce) et comoedice PL.*Mil.*213.

Dūlichium ~iī, *n.* Also ~**ia** ~iae *f.* An island in the Ionian Sea (associated in Homeric times with the kingdom of Ulysses).
VERG.*A.*3.271; OV.*Tr.*1.5.67; MELA 2.110; PLIN.*Nat.*4.54; —cum tetigit carae litora ~iae PROP.2.14.4.

Dūlichius ~a ~um, *a.* Of or associated with Dulichium. **b** (referring to Ulysses, his followers, etc.); ~*us iuuenis* or sim. = Ulysses.
~i Samiique..ruunt in me..proci OV.*Ep.*1.87; *Met.*13.711; *Ilias* 201; SIL.1.379. **b** Scyllam..quam fama secuta est..~as uexasse rates VERG.*Ecl.*6.76; OV.*Tr.*4.1.31; ~o..cani MART.11.69.8; iuga..Circes ~is ululata lupis STAT.*Silv.*1.3.86;—a ~o iuuene est elusa Calypso PROP.2.21.13; ~um..ducem OV.*Rem.*271; STAT.*Silv.*5.3.115.

Dūlorestēs ~is, *m.* 'Orestes as slave', the title of a play by Pacuvius.
VAR.*Men.*14; FEST.p.330M.

dum¹, *adv.* [**dom*, cf. *-do-* in DONEC, QVANDO, etc., perh. Gk. δή]

1 In the meantime; (repeated) at one time ..at another, now..now; (foll. *dum* as conj., 'as long as'; see also Quint.*Inst.*9.3.16) so long as.
ne ~ quispiam nos..inprudentis..immutauerit PL.*Mil.*431;— ~ serui..perplacet mi consilium, ~ rusum hau placet *Mer.*348; ita dum..credas nimbum uoluier, ~ quod sublime uentis..rapi saxum ACC.*trag.*395; ~ me morigeram, ~ morosam praebeo AFRAN.*com.*372;—uirago, ~ intacta manet, ~ cara suis est CATUL.62.45; 62.56.

2 (as enclitic): **a** (adding intensive force to an imp. vb., or qu.). **b** (after a neg.) yet; (see also -DVM suff.).
a sine me ~ hanc compellare PL.*Men.*378; i ~..curriculo *Rud.*797; ades ~: paucis te uolo TER.*An.*29; recordamini, agite ~, LIV.5.52.9; mane ~ et maiora accipe PLIN.*Ep.*8.6.13; (*ellipt.*) Daue.—hem quid est? — eho ~ ad me TER.*An.*183;—eho ~, bone uir, quid ais? 616; at numquid aliud? — qui ~? *Eu.*273. **b** est pudica neque ~ cubitat cum uiris PL.*Cur.*57; quamquam id nemo ~ attigerit CELS.*dig.*41.2.18.2.

dum², *conj.* [prec.]

1 (w. same tense of ind. in main and sub. cls.) For the duration of the time in which, as long as, while. **b** (w. pres. ind., main vb. being in past or future tense, indicating process, etc., taking place concurrently with the action of the main vb.). **c** (depending on sub. cls., in indir. sp., etc.). **d** (w. subj. expr. intended action) for as long as is needed (for), while; (also w. iterative subj.).
(*pres.*) piscis..qui usque ~ uiuont lauant PL.*Truc.*322; ut aegroto, ~ anima est, spes esse dicitur CIC.*Att.*9.10.3; ~ bibimus, ~..puellas poscimus, obrepit..senectus JUV.9.128;—(*fut.*) ~ amicam hanc meam esse credet, non committet filiam TER.*Hau.*714; DE HEISCE, DVM..INPERIVM HABEBVNT, IOVDICIVM NON FIET *CIL* 1.583.8; nec, ~ uos de uobis aliquid timebitis, illi umquam de se pertimescent CIC.*Sest.*94; VERG.*Ecl.*5.76; Tiberium..~ tu aberis, cotidie inuitabo ad cenam AUG.in Suet.*Cl.*4.5; STAT.*Silv.*3.1.181; TAC.*Ann.*14.55; (*ellipt.*) hoc..opus..stabit, ~ terra polusque STAT.*Silv.*1.1.93;—(*past*) dedi ~ fuit PL.*Ps.*256; uixit, ~ uixit, bene TER.*Hec.*461; ~ me ambitio..tenebat, animo haec inclusa habebam CIC.*Ac.*1.11; VERG.*A.*1.268; SEN.*Ep.*21.6;—(*depending on phrs. without vb.*) nate, mihi uita quondam, ~ uita manebat, care magis VERG.*A.*5.724; pugna ..uiribus et animis par ~ constabant ordines Gallis LIV.22.47.4; TAC.*Ann.*14.29. **b** ~ in puluere quaedam describit attentius ne patriam quidem captam esse sensit CIC.*Fin.*5.50; nec me meminisse pigebit Elissae..~ spiritus hos regit artus VERG.*A.*4.336; dilecta..diu caruit deus Orithyia ~ .. precibus mauult quam uiribus uti OV.*Met.*6.684; saepe ~ amicitur discebat SEN.*Con.*10.pr.2; perpetuis..latuere paludibus agri flumina ~ campi retinent LUC.6.345. **c** (*w. ind.*) scio, ita fore illi ~ quidem cum illo nupta eris PL.*As.*870; CATO *orat.*66; tam diu..ut obtineat (Galliam) ~ M. Brutus C. Cassius..prouincias obtinebunt CIC.*Phil.*8.27; ut saltem, ~ nostras temptat habenas,..fulmina ponat OV.*Met.*2.390;—(*w. subj.*) conducta ueni ut fidibus cantarem seni, ~ rem diuinam faceret PL.*Epid.*501; direptum iri te a tuis ~ is abesset CIC.*Q.fr.*1.2.1; nisi ~ in integro res sit..caueant..ne iugum accipiant LIV.3.10.13; APUL.*Met.*7.4;—(*cf.*) pater..filio testamentum scripsit, ~ is pupillus esset (*i.e. for the period during which he would be a ward*) CIC.*Inv.*2.62; horam sibi octauam, ~ in foro bouario inquireret, postulauit (*i.e. to give time to make inquiries*) *Scaur.*23. **d** aperito, ~ inspicias, bis aut ter CATO *Agr.*76.4; subsedi in ipsa uia, ~ haec..tibi perscriberem CIC.*Att.*5.16.1; VERG.*A.*1.5; LIV.24.40.10; illa deam..sermone tenebat, ~ fugerent nymphae OV.*Met.*3.365; SEN.*Ep.*78.18; —haec ~ incipias, grauia sunt, ~que ignores; ubi cognoris, facilia TER.*Hau.*1058.

2 (w. subj.) Provided that, on condition that, as long as; (in neg. context usu. w. *ne*); *dum modo*: see DVMMODO.
nil pretio parsit, filio ~ parceret PL.*Capt.*32; *CIL* 1.581.6; oderint, ~ metuant ACC.*trag.*204; CIC.*de Orat.*2.53; mitibus mutare quaero tristia, ~ mihi fias..amica HOR.*Carm.*1.16.26; dicat..utcumque ei cordi est, ~ memineritis ..illum a nostro more..abhorrere CURT.6.9.36; iuuenem.. nihil abnuentem, ~ dominationis apisceretur TAC.*Ann.*6.45; cuncta perficiam, ~ tamen scias..uicem..repensare te debere APUL.*Met.*6.22;—uin mea esse? — ~ quidem ne nimis diu tua sim, uolo PL.*Per.*657; quae (loca)..aquosissima erunt, ea postremum arato, ~ ne prius obdurescant CATO *Agr.*50.2; ut exercitum citra flumen Rubiconem.. educeret, ~ ne propius urbem Romam CC milia admoueret CIC.*Phil.*6.5; PLIN.*Nat.*33.124; POMPON.*dig.*21.2.29.2;—(*w.* non, *or sim.*) omnia licet foris resonent, ~ intus nihil tumultus sit, ~ inter se non rixentur cupiditas et timor SEN.*Ep.*56.5; haud..patriis prohibebere..finibus..dum non pia templa..commacules STAT.*Theb.*11.751; QUINT.*Inst.*12.10.48; PLIN.*Pan.*27.2; (*w.* ni) OPVS..FACITO ARBITRATV.. DVOVIRALIVM..~ NI MINVS VIGINTI ADSIENT *CIL* 1.698.3.9; —(*ellipt.*) ducam hodie amicam — uel decem, ~ de tuo (*i.e. at your own expense*) PL.*St.*426; ut quot uellet praefecturas sumeret, ~ ne negotiatori CIC.*Att.*6.1.4; similitudine, ~ breui,..utemur QUINT.*Inst.*4.1.70.

3 (indicating a situation in the course of which a punctual event occurs) During the time that, while; while still: **a** (w. pres. ind., irrespective of tense of main vb.). **b** (w. other ind. tenses). **c** (depending on sub. cls., in indir. sp., etc.). **d** (w. subj.).
properans exsolui restim, ~ illi timent PL.*Rud.*368; ~ eunt, nulla est in angiporto amphora quam non impleant TIT.*orat.*2; dum ego in Sicilia sum, nulla statua deiecta est CIC.*Ver.*2.161; CAES.*Civ.*3.112.12; ~ stupet (Aeneas).. regina ad templum..incessit VERG.*A.*1.495; ~ elephanti traiciuntur, interim Hannibal Numidas..ad castra Romana miserat speculatum LIV.21.29.1; ~ tua peruenit, ~ littera nostra recurrens tot maria..permeat, annus abit OV.*Pont.*4.11.15; TAC.*Ger.*22.4; APUL.*Met.*5.23; (*ellipt.*) ferebant gnari..~ integer, ~ intemptatus, honestum finem uoluisse (*sc.* Neruam) TAC.*Ann.*6.26;—non statim ad arma procurrunt, ~ prius more legitimo queri malunt FLOR.*Epit.*1.22 (2.6.5). **b** ~ ego conixi somno, hic sibi prospexit.. uirginem TURP.*com.*173; haec Capuae ~ fui cognoui CIC.*Att.*7.21.1; quae diuina res ~ conficiebatur, quaesiuit a me.. NEP.*Han.*2.4; ~..oculos..hostium certamen auerterat.. scalis capitur murus LIV.32.24.5; miles si, ~ paganus erat, fecerit testamentum SCAEV.*dig.*35.2.96; APUL.*Met.*8.2;— prioris aeui annos multi..rettulerunt, ~ res populi Romani memorabantur pari eloquentia TAC.*Hist.*1.1. **c** (*w. pres. ind. retained*) habes quae, ~ tu abes, locuti sint CIC.*Att.*12.2.1; ne, ~ magum petit, ipsum (*sc.* Dareum) uulneraret V.MAX.3.2.ext.2; uide ne, ~ ad cacumen peruenire contendis..decidas CURT.7.8.14; SUET.*Tib.*14.4;—orant te ut eas, uentus operam ~ dat PL.*Mil.*1317; FLOR.*Epit.*2.34 (4.12.66);—(*w. subj.*) neu sessum ducat, ~ histrio in scaena siet PL.*Poen.*20; ut pertimesceret (populus) ne consul Catilina fieret, ~ tu accusationem comparares CIC.*Mur.*48; nuntium..mittunt, ~..quies nocturna hostes premeret ut ad se transirent LIV.22.50.4; 25.41.9; SUET.*Nero* 35.5;— quantum a deo..uideri possunt tales distare, ~ uiuant PLIN.*Nat.*2.192. **d** illa..~ te fugeret..hydrum..non uidit VERG.*G.*4.457; Amymone, latices ~ ferret, in aruis compressa PROP.2.26.47; CURT.3.8.18; ~ per uicos deportaretur..inter aliquas moras condormiebat SUET.*Aug.*78.2; *CIL* 8.20762.2;—(*w. main vb. in fut.*) ~ tu sternuas, res erit soluta PL.*Ps.*629.

4 (where the action, etc. of the main vb. is the result, logical concomitant, or sim. of that contained in the *dum* cl.) In or by (doing something). **b** (w. loss of temporal force) as, since.
(*w. pres. ind.*) ~ studeo obsequi tibi, paene inlusi uitam filiae TER.*An.*822; CIC.*Mur.*67; ardua ~ metuunt, amittunt uera uiai LUCR.1.659; ne..~ uitat humum, nubes et inania captet HOR.*Ars* 230; SEN.*Ben.*7.26.3; PLIN.*Nat.*34.81; urgentibus..mathematicis, ~..clarum Othoni annum.. adfirmant TAC.*Hist.*1.22; quae me, ~ auem fabricat, perfecit asinum APUL.*Met.*9.15;—(*in indir. sp., etc.*) (fabulas) multas contaminasse Graecas, ~ facit paucas Latinas (*sc. the playwright*) TER.*Hau.*17; ut..~ otium uolunt etiam sine dignitate retinere, ipsi utrumque amittant CIC.*Sest.*100. **b** PLIN.*Nat.*29.19; ~..albescere solibus audit..dentis.. Lycoris ebur, uenit in..colles MART.7.13.1; ANT.*Fro.*1.p.126 (164N); si quis remiserit condicionem..ipsam libertatem impedit, dum competere aliter non potest ULP.*dig.*40.4.12.

5 Up to the time at which, until: **a** (w. ind.). **b** (w. subj. usu. indicating an expected, possible, etc., event) until such time as. **c** (w. added topog. or spatial sense).
a (*w. pres. ind.*) hic tantisper, ~ exis, te opperiar foris PL.*Mos.*683; perpaucos dies, ~ pecunia accipitur..commorabor CIC.*Fam.*3.5.4; Tityre, ~ redeo..pasce capellas VERG.*Ecl.*9.23; uisne..~ dies ista uenit..interea..congredi mecum? LIV.8.7.7; SEN.*Dial.*12.18.1; ut mihi omnia libera seruarem, ~ Mauricus uenit PLIN.*Ep.*1.5.15; APUL.*Met.*2.30; (*cf.*) finis..adurendi est, ~..sensus doloris est CELS.5.28.1.B;—(*w. fut.*) latitudinem (*i.e. of the millstones*).. temperato, usque dum recte temperabitur CATO *Agr.*22.2; VERG.*A.*1.265; maneant, ~ me fata perire uolent PROP.1.14.14; ~ meridies solis sedauerit uaporem..poteris sub illa..platano..abscondere APUL.*Met.*6.12;—(*w. pf.*) struppis..usque adeo uerberari iussit, ~ animam efflauit GRACCH.*orat.*46; mansit in condicione..usque ad eum finem ~ iudices reiecti sunt CIC.*Ver.*16; OV.*Ib.*370; APUL.*Met.*2.17. **b** is ~ ueniat sedens ibi opperibere PL.*Bac.*48; incipe cantare (*sc. the spell*)..usque ~ coeant (coxendices) CATO *Agr.*160.1; nihil ei longius uidebatur quam ~ illud uideret argentum CIC.*Ver.*4.39; usque laborantis ~ ferrum molliat ignis HOR.*S.*1.4.20; ut..is usque eo rogaret ~ decem tribunos plebei faceret LIV.3.65.4; OV.*Rem.*244; inlinitur (*the ointment*) ..usque, ~ sudores euocet PLIN.*Nat.*27.72; Sullam.. simulatorem segnitiae ~ temeritati locum reperiret TAC.*Ann.*14.57;—(*ellipt.*) Melitam..capessamus, ~ quid in Hispania CIC.*Att.*10.9.1;—(*introducing* δύνατα) quid exspectas? an ~ ab inferis ipse..exsistat? *Ver.*1.94; rusticus exspectat ~ defluat amnis HOR.*Ep.*1.2.42. **c** Graecia.. ~ Myrtoum pelagus adtingat..in meridiem uecta MELA 2.37; 3.74; perticae..optime panguntur eousque ~ ad solidum demittantur COL.4.30.4.

-dum, suff. Added to certain advs. (DVDVM, INTERDVM, QVIDVM, etc.), and to imp. vbs., with intensive force, cf. DVM¹ sense 2a (for exx. see the vbs.); also added to neg. advs. (NECDVM, NONDVM, etc.) with the force of DVM¹ sense 2b.

dūmētum ~ī, *n.* [DVMVS + -ETVM] In quots., only in pl. FORMS: *-ect-* PAUL.*Fest.*p.67M. A clump of thorn or sim. bushes, thicket.
saeptum..uepribus et ~is..sepulcrum CIC.*Tusc.*5.64; tondent ~a iuuenci VERG.*G.*1.15; horridi ~a Siluani HOR.*Carm.*3.29.23; SEN.*Phaed.*516; COL.7.6.1; V.FL.3.57; latratibus implet uenator ~a SIL.3.295;—(*in fig. phr.*) cur eam (*sc.* orationem)..in angustias et Stoicorum ~a compellimus CIC.*Luc.*112.

dummodo, *conj.* [DVM + MODO] Also written as two words and in tmesis. CONST.: w. subj. Provided that, if only, as long as.
ingenuamne an libertinam? — aequi istuc facio, ~ eam des..quoi..sapiat pectus PL.*Mil.*784; profectionis..adprobator certe fuisti, ~ Kal. Ian. Romae essem CIC.*Att.*16.7.2; ~ risum excutiat..non cuiquam parcet amico HOR.*S.*1.4.34; milites..alueos informes, nihil ~ innare aquae.. possent curantes..faciebant LIV.21.26.9; SEN.*Con.*2.pr.1; (*in ellipsis*) Diuites cognominati, ~ notum sit eum, qui primus hoc cognomen acceperit, decoxisse PLIN.*Nat.*33.133;—(*w.* ne) sit summa in iure dicendo seueritas, ~ ea ne uarietur gratia CIC.*Q.fr.*1.1.20; LUCR.3.410; POMPON.*dig.*43.20.3.5;— (*w.* non, nil) ~ non nobis hoc Caesaris ira negarit, fortiter Euxinis inmoriemur aquis OV.*Pont.*3.7.39; SEN.*Ep.*54.6; *CIL* 10.1401.30; quidquid uis esto, ~ nil recites MART.2.88.2;—(*w. ellipsis of vb.*) id ipsum scribas uelim..~ ne his uerbis CIC.*Att.*12.44.4(45.1);—(*w. single noun, adj., or phr.*) quiuis licet ~ aliquis 10.15.3; LARG.121; simulacrum..quacumque materia, ~ lignea APUL.*Apol.*61;—(*tm.*) mea nil refert dum potiar modo TER.*Eu.*320; V.FL.5.265; (*cf.*) modo sit dum grata uoluntas, exsistat par officium *Culex* 230.

dūmōsus ~a ~um, *a.* [DVMVS + -OSVS] Overgrown with thorn, briar, or sim. bushes.
~a..de rupe VERG.*Ecl.*1.76; *G.*2.180; per siluas ~aque saxa uagatur OV.*Met.*10.535; ~a per arua LUC.6.13; COL.10.150; SIL.7.438.

dumtaxat, *adv.* [DVM + *taxat* (prob. subj. of **taxo*, fr. *tango*, cf. *uiso*, *uideo*)] Also written as two words or in tmesis.

1 Up to a (numerical or quantitative) maximum of, not exceeding, at most, (w. small nums.) just, only. **b** not less than, at least.
iubebo..opsonari ~ mina PL.*Truc.*445; horae dimidio et tribus confectis ~ LUCIL.571; VAR.*R.*3.3.6; progredi licet duo ~ pedes aut paulo plus CIC.*de Orat.*3.182; sescentos equites ~ scribere in animo est LIV.10.25.2; SEN.*Ep.*63.2; semel ~ uultum mutauit V.MAX.6.9.ext.5; neque..extare ullum suum factum paenitendum excepto ~ uno SUET.*Tit.*10.1; GAIUS *Inst.*1.152; *CIL* 6.1016.14. **b** progrediebatur extra murum ~ extra sagittae missionem VITR.10.16.10; mittantur..mulieres liberae ~ quinque *Ed.pr.* (*Font.iur.*p.222)21.2; VT..IBI EPVLENTVR ~ IN IDVS IVLIAS *CIL* 11.132.

2 (limiting the scope of an action, etc.) No more than, only, just. **b** up to a point, so far. **c** *non* ~..*sed*, or sim., not just..but also.
materiem ~ succidet, dolabit (dominus), secabit facietque conductor CATO *Agr.*14.3; praecepta ~ hactenus requirunt, ut certis dicendi luminibus ornentur CIC.*de Orat.*2.119; HOR.*S.*2.6.42; feminis ~ purpurae usu interdicemus? LIV.34.7.3; si ~ Romae mihi cognitus esses OV.*Tr.*1.8.33; aestus totos..campos inundauerat tumulis ~ eminentibus CURT.9.9.18; PLIN.*Nat.*34.11; TAC.*Ger.*25.3; sola se munuscula ~ natali suo..accepisse PLIN.*Ep.*4.9.7. **b** sani et sicci ~ habeantur, sed ita ut palaestritae CIC.*Opt.Gen.*8; sin..ieiunitatem..in Attico genere ponit, hoc recte ~ *Brut.*285; ~ rerum magnarum parua potest res exemplare dare LUCR.2.123. **c** nec animum ~ uobis..bonum praestitit, sed omnibus interfuit bellis LIV.37.53.9; cum tutor non rebus ~, sed etiam moribus..praeponatur PAUL.*dig.*26.7.12.3.

3 (introducing a limiting clause or condition) Provided that, as long as.
CATO *Agr.*49.1; hieme putari arbores ~ his temporibus cum gelu cortices..careant VAR.*R.*1.27.3; qui cum luxuriose uiuerent..non reprehenderentur eo nomine ~, cetera

cauerent Cic.*Fin*.2.21; sit quoduis, simplex ~ et unum Hor.*Ars* 23; Sen.*Ep*.58.36; (serui) diuidunt, donant, relinquunt, ~ intra domum Plin.*Ep*.8.16.2; Maur.2074;—(*tm.*) eum..multare, dum minore parti familias taxat, liceto *law* in Fest.246M.

4 (indicating the minimum application of a statement, action, etc.) At any rate, at least. me Athenae delectarunt urbe ~ et urbis ornamento Cic. *Att*.5.10.5; *Fam*.5.20.7; ceteris..doctrinis multae res..communes sunt ~ ad disputandum Vitr.1.1.16; Col.*Arb*.11; conduntur hieme..mures, ~ albi Plin.*Nat*.8.132; Quint. *Inst*.3.8.10; temptaui..imitari Demosthenen..~ figuris orationis Plin.*Ep*.1.2.2; delicta, ~ modica, perpessus Suet. *Aug*.66.1; Gel.16.11.2.

dūmus ~ī, *m.* [< *dusmos, cf. MHG. *zūsach*] Forms: sg. app. only Ov.*Met*.12.356 (*s.v.l.*); *dusmo* Andr.*poet*.31.35 (app. adjl.). A thorn or briar bush.
columellam non multum e ~is eminentem Cic.*Tusc*.5.65; silua fuit late ~is atque ilice nigra horrida Verg.*A*.9.381; 11.843; auferunt ~i comas Sen.*Phaed*.1094; Luc.6.111; fert uia per ~os Stat.*Theb*.2.496; quae (*sc.* terra) neglecta sentes ac ~os..creat Quint.*Inst*.5.11.24; (*in fig. phr.*) quid sibi syllabae, ~os inter et aspera..sequimur Maur.60.

duo ~ae ~o (~a), *a.* [Skt. *dvāu*, Gk. δύο, OIr. *dāu*, Eng. *two*, etc.] Forms: acc. ~*ōs* or ~*o*, ~*ās*, ~*o* (~*a* common in inscr., mentioned as a barbarism by Quint.*Inst*.1.5.15); gen. ~*ōrum* ~*ārum* ~*ōrum*, or ~*um* (perh. not fem.); dat., abl. ~*ōbus* ~*ābus* ~*ōbus*; also ~*ibus* *CIL* 6.38166.9, ~*bus* *A.Epig*.30.64.11 (~*o* is also found as nom. and acc. fem., gen., and, in inscr., dat. and abl. It occurs mainly in compound numbers; many exx. in codd. may be the result of incorrect expansion of numerical symbols). Two. **b** (as sb.) two people, a couple, pair; a couple (of things); (in a proportion) two parts. **c** (denoting a small number) *unus aut* ~*o*, one or two, ~*o aut tres* (or w. sim. conj.), two or three. **d** ~*ae partes*, two-thirds.
~ae unum expetitis palumbem Pl.*Bac*.51; cum..~arum ciuitatum nemo esse possit Cic.*Caec*.100; geminos, ~o fulmina belli, Scipiadas Verg.*A*.6.842; olei..pondo ~a Larg.213; ~ae maiores sorores Apul.*Met*.4.32; sigilla marmvria ~a *CIL* 3.633.1.10;—(*w.* ambo) ⟨utrum⟩ inter ~os ambos meos, petitoremne an unde peteretur, magis laudarem? Fro.*Ver*.2.p.134(122N);—(*in compound num.*) minus ~obus milibus ducentis..aerum Cato *orat*.103; Vitr.1.6.9; ter centum Fabii ter cecidere ~o Ov.*Fast*.2.196; Plin.*Nat*. 33.141; vixit annis viginti ~o *CIL* 8.2755.8. **b** abscisa ~orum..capita Verg.*A*.12.511; et soror et Progne Tereusque ~abus iniquos Ov.*Fast*.2.629; (*w. defining gen.*) ~os uirilis sexus simul enixa est Tac.*Ann*.2.84;—omnia..~o ad cohaerendum tertium aliquid anquirunt Cic.*Tim*.13; Petr. 53.12;—uti in mortario ~o ad unum respondeant Vitr. 5.12.2. **c** ut unam aut ~as sectentur gallinas Var.*R*.3. 9.15; in manu unam aut ~as incisuras..habentes Plin.*Nat*. 11.274;—~as aut tres familias..quibus det, praeterea nemini Cato *Agr*.5.3; ~abus tribusue horis Cic.*Phil*.14.16; quem numerum seruorum..utrum plurium an uero et ~um uel trium Ulp.43.16.1.17; (*w. part. gen.*) ueterum (*i.e. old friends*) ..uix ~o tresue Ov.*Tr*.3.5.10;—(*cf.*) 'quis leget haec?'..uel ~o uel nemo Pers.1.3; non derunt..hac in urbe..unus uel ~o tresue quattuorue..qui uelint Mart.5.60.9. **d** ~as prope partes tironum militum in exercitu esse Liv.22.41.5; 25.32.7; Plin.*Nat*.11.42; ut ~ae partes murti sint Larg.142.

duocimānus ~ī, *m.*: supposed to be an early form of decimanvs.
Fron.*agrim*.p.12; hunc (*sc.* limitem) appellauerunt ~um (*v.l.* duodec-) ideo quod terram in duas partes diuidat Hyg. Gr.*agrim*.p.132.

duodeciaere, *n. indecl.* [dvodecim+aes] The sum of twelve *asses*.
Maecian.*iur*.59.

duodeciē(n)s, *adv.* [dvodecim+-iens] Twelve times.
Var.*R*.1.64; Tiberis ~..plana..urbis inundauit Liv. 38.28.4; (*w. qualifying adv.*) triumpharunt amplius ~ Vell.2.11.3;—(*in compound nums.*) ~ c milia passuum Cael.*hist*.15; Plin.*Nat*.6.107; *CIL* 5.4057.11; annis ~ senis *CIL* 6.27657.4;—(*in ellipt. phr. w.* sestertium) accusatoribus..quinquagies sestertium singulis, Ostorio ~ ..tribuuntur Tac.*Ann*.16.33; Suet.*Aug*.41.1; (*w.* sestertii) longe uberiores reditus ~ sestertii in Creta..redditi Vell. 2.81.2.

duodecim, *indecl. a.* [dvo+decem] Twelve; ~ *tabulae*, the laws of the twelve tables.
~ dis plus quam in caelo deorumst inmortalium Pl.*Epid*. 675; filium non minorem annis ~ Scip.min.*orat*.20; equa.. uentrem fert ~ menses Var.*R*.2.1.19; ~ aerumnas Herculis Petr.48.7;—Cic.*Sest*.65; leges decemuirales, quibus tabulis ~ est nomen Liv.3.57.10; Tac.*Ann*.3.27; (*abbrev.*) cetera in xii minuendi sumptus sunt Cic.*Leg*.2.59.

duodecimānus: see dvocimanvs.

duodecimus (-umus) ~a ~um, *a.* [cf. dvodecim, decimvs] Twelfth; *pars* ~*a*, or ~*a* alone, a twelfth part, $\frac{1}{12}$.
~us..mensis fuit Februarius Var.*L*.6.13; Cic.*Inv*.1.104; legio ~a Caes.*Gal*.2.23.4; Liv.27.39.9; ~um apud lapidem Tac.*Ann*.3.45; (*neut. as adv.*) tribvnicia potestate ~vm Aug.*Anc*.3.12;—partem ~am mercedis Ulp.*dig*.24.3.7.2; 37.4.8.14;—Var.*Men*.404; ~am orchestrae diametri Vitr. 5.6.6.

duodēnārius ~a ~um, *a.* [next+-arivs] Consisting of twelve, of the order of twelve; (spec. as the gauge of a water-pipe, app. as having a diameter of twelve quarters of a 'digit').
Var.*L*.5.34;—Fron.*Aq*.31; 44.

duodēnī ~ae ~a, *pl. a.* [cf. dvodecim, deni] Forms: gen. pl. ~*um*. Twelve each, twelve at a time; (neut. as sb.) a group or lot of twelve; (sg.) distributed in twelve parts, twelvefold.
Cato *Agr*.3.5; ~a discribit in singulos homines iugera Cic.*Agr*.2.85; uxores habent deni ~ique inter se communis Caes.*Gal*.5.14.4; Liv.5.33.9; Plin.*Nat*.25.83; qui uelint debere rei publicae..~is assibus (*i.e. at 12 per cent.*) Plin. *Ep.Tra*.10.54(62).1; (*w. distributive sense weakened*) orbem per ~a regit mundi sol..astra Verg.*G*.1.232;—cum.. iterum ~a refert (Centaurus) Man.4.484;—ad exemplum ~i laboris Herculei Apul.*Met*.3.19.

duodēnōnāgintā, *indecl. a.* [dvo+de+nonaginta] Eighty-eight.
Plin.*Nat*.3.118.

duodēoctōgintā, *indecl. a.* [dvo+de+octoginta] Seventy-eight.
Plin.*Nat*.3.62.

duodēquadrāgēnī ~ae ~a, *pl. a.* [dvo+de+qvadrageni] Thirty-eight each.
maximas earum (columnarum)..~um pedum..in atrio.. conlocari Plin.*Nat*.36.6; 36.114.

duodēquadrāgēsimus ~a ~um, *a.* [dvo+de+qvadragesimvs] Thirty-eighth.
~o..anno ex quo regnare coeperat Liv.1.40.1.

duodēquadrāgintā, *indecl. a.* [dvo+de+qvadraginta] Thirty-eight.
Cic.*N.D*.3.81; Liv.42.27.7.

duodēquinquāgēnī ~ae ~a, *pl. a.* [dvo+de+qvinqvageni] Forty-eight each.
signiferi..ambitum peragit (Venus) trecenis et ~is diebus Plin.*Nat*.2.38.

duodēquinquāgēsimus ~a ~um, *a.* [dvo+de+qvinqvagesimvs] Forty-eighth.
Cic.*Brut*.162.

duodēquīnquāgintā, *indecl. a.* [dvo+de+qvinqvaginta] Forty-eight.
Leg.pub.(*Font.iur*.p.46)3.

duodēsexāgēsimus ~a ~um, *a.* [dvo+de+sexagesimvs] Fifty-eighth.
Vell.2.53.3.

duodēsexāgintā, *indecl. a.* [dvo+de+sexaginta] Fifty-eight.
Plin.*Nat*.11.19.

duodētrīcēsimus ~a ~um, *a.* [dvo+de+tricesimvs] Twenty-eighth.
B.Afr.98.2; Plin.*Nat*.15.59.

duodētrīciēns, *adv.* [dvo+de+triciens] Twenty-eight times.
HS ~ in annos singulos Verri decernebatur Cic.*Ver*.3.163.

duodētrīgintā, *indecl. a.* [dvo+de+triginta] Twenty-eight.
Liv.33.36.14; Suet.*Aug*.46.

duodēuīcēnī ~ae ~a, *pl. a.* [dvo+de+viceni] Eighteen each.
Liv.21.41.6.

duodēuīcē(n)simus ~a ~um, *a.* [dvo+de+vice(n)simvs] Eighteenth.
Sen.*Ben*.3.23.2; (*neut. as adv.*) tribvniciae potestatis ~vm Aug.*Anc*.3.15.

duodēuīgintī, *indecl. a.* [dvo+de+viginti] Eighteen.
Pl.*Poen*.1380; Liv.10.43.14.

duodrantālis: see dodrantalis.

duoetuīcensimānī ~ōrum, *m. pl.* [next+-anvs] Soldiers of the twenty-second legion.
quartani..et ~i Voculam sequuntur Tac.*Hist*.4.37.

duoetuīcē(n)simus ~a ~um, *a.* [dvo+et+vicesimvs] Twenty-second.
Plin.*Nat*.2.87; quarta ac ~a legiones Tac.*Hist*.1.55.

duonus: see bonvs.

duopondium: see dvpondivs.

duouicēsimus: = dvoetvice(n)simvs (acc. Gel.5.4).

duouīgintī: (see quot.).
quod dicebant antiqui ~ nunc dicimus uiginti Hyg.Gr. *agrim*.p.132.

duouirī or **duumuirī** ~um, *m. pl.* [dvo+vir] Also written *IIuiri*. Forms: ~*orum* (gen. pl.) *CIL* 2.1964.60. A board of two men, appointed to perform various regular or occasional functions; (also sg.) a member of such a board. esp. **b** (for trying cases of *perduellio*). **c** ~*i sacrorum* or *sacris faciundis*, religious officials in early times whose duties included charge of the Sibylline books. **d** the two chief magistrates in a colony or municipality. **e** ~*i quinquennales*, municipal censors appointed for a period of five years.
iivir⟨ei⟩ vieis..pvrgandeis *CIL* 1.593. 50; ~os ad eam aedem..faciendam creari iussit Liv.7.28.5; ut ~os nauales classis ornandae reficiendaeque causa idem populus iuberet 9.30.4; 23.31.9; ~i aquae perducendae creati sunt Fron.*Aq*.6;—(*sg.*) L. Cornelium Dolabellam ~um naualem Liv.40.42.8. **b** Cic.*Rab.Perd*.12; Liv.1.26.6; 6.20.12. **c** libri per ~os sacrorum aditi Liv.3.10.7; ut pro ~is sacris faciundis decemuiri creentur 6.37.12;—(*sg.*) 6.5.8. **d** Cic. *Agr*.2.93; ~is municipiorum omnium imperat ut nauis conquirant Caes.*Civ*.1.30.1;—(*sg.*) in carcerem Minturnensium iussu ~i perductus est Vell.2.19.2; *CIL* 2.1964. **e** *CIL* 1.1464; (*sg.*) 2.4530.

dupla ~ae *f.*: see dvplvs.

duplārius ~iī, *m.* [dvplvs+-arivs] = dvplicarivs.
terentivs ~ivs navclervs *CIL* 5.8569; 8.2564.

duplātiō ~ōnis, *f.* [dvplo+-tio] The action of doubling (the amount of damages).
Paul.*dig*.9.4.31.

duplex ~icis, *a.* [dvo+-plex] Forms: ~*ice* (abl. sg.) Hor.*S*.2.2.122.

1 That is folded double, folded over.
(*of clothing*) eo (*sc.* ricinio) utebantur ~ici Var.*L*.5.132; agresti ~ici amiculo Nep.*Dat*.3.2; Verg.*A*.5.421; Hor. *Ep*.1.17.25; toga ~ex, qua infibulati flamines sacrificant Suet.fr.167(p.267Re);—(*of bandages*) linum..~ex triplexue Cels.7.4.4; Larg.268;—(*of writing tablets*) ~ices.. tabellae Ov.*Rem*.667; Suet.*Aug*.27.4; (*cf.*) (folia) longa.. salici, palmae et ~icia Plin.*Nat*.16.90;—(*poet.*) (Getae) semineces ~icesque..campos singultibus implent V.Fl.6. 509.

2 Having some part or feature double, split, divided, etc.; (of the line of a horse's spine) forming a double ridge.
fac proserpentem bestiam me, ~icem ut habeam linguam Pl.*As*.695; cum ~ice ficu Hor.*S*.2.2.122; Ov.*Met*.12.268; (dentes) qui digerunt cibum lati et acuti, qui conficiunt ~ices Plin.*Nat*.11.160;—Var.*R*.2.7.5; ~ex agitur per lumbos spina Verg.*G*.3.87; Col.6.29.2.

3 Double in quantity, twice as much or as large; (of a metrical foot) having one part twice the length of the other.
tibi reddam ~ex (*sc.* aurum) Pl.*Men*.546; quaestus ~ex unius missionis fiebat Cic.*Ver*.5.62; cohortem..~ici stipendio..donauit Caes.*Civ*.3.53.5; ~ici faenore Prop.3.1.22; Liv.24.36.7; ~ici numero..militum equitumque Vell. 2.15.2;—(*w.* ad) cellae..longitudinibus ~ices sunt ad latitudines Vitr.4.8.4; 5.6.6;—(*w.* quam) ~ex quam ceteris pretium Plin.*Nat*.19.9; Quint.*Inst*.2.3.3;—(*neut. as sb.*) militibus..centenos uicenos quinos asses diuisit, ~ex centurioni Liv.36.40.13; 45.42.3;—fit aequalis dactylus, ~ex iambus sesquiplex paean Cic.*Orat*.188; Quint.*Inst*. 9.4.47.

4 Consisting of two together, double. **b** (of two things) forming a pair.
Aesernini ~ici fossa ualloque circumdati Sis.*hist*.16; Lucr.4.274; cohortis..~ici acie eduxit Caes.*Civ*.3.67.3; uidet..solem geminum et ~ices se ostendere Thebas Verg. *A*.4.470; Latonae..genus ~ex 12.198; columnas in altitudine ~ices (*i.e. superimposed*) Vitr.3.2.8; (loci) resonantes ..in quibus (uox)..nouissimos casus ~ices faciat auditu 5.8.2; Ov.*Am*.1.8.15; eduxerant..turrim ~ici tabulato Tac.*Hist*.4.30; (*transf. ep.*) pressu ~ici palmarum continet Anguem Cic.*Arat*.86. **b** trabem planam inponito..uel ~ices indito, si solidas non habebis Cato *Agr*.18.5; inponit ..pedes ~ices Equus Cic.*Arat*.504(258); *Prov*.13; ~ices oculos Lucr.6.1146; ~icis tendens ad sidera palmas Verg. *A*.1.93.

5 Composed or compounded of two parts or elements, twofold, double, dual.
comoediam..~ex quae ex argumento facta est simplici Ter.*Hau*.6; reliqua pars accusationis ~ex fuit Cic.*Deiot*.22; dubitare non possumus..quin nihil sit animis admixtum.. nihil ~ex *Tusc*.1.71; neque Centauri..esse queunt ~ici natura et corpore bino Lucr.5.879; Hor.*S*.2.4.63; Liv.33. 15.4; proelium..~ex, equestre ac pedestre Suet.*Dom*.4.1; strix..si dicam, supremam (litteram) ~icem esse perspicis Maur.982.

6 That takes two forms, manifesting itself in two ways, double, dual. **b** (of persons, etc.) 'two-faced', deceitful.
cum debuerint omnia (uocabula) esse ~icia (*i.e. both sg. and pl.*) Var.*L*.9.63; ex olea fructus ~ex, oleum..et amurca *R*.1.55.7; Cic.*Tusc*.3.56; ~ex fama est quod ad Pleminium attinet Liv.29.21.1; noscere me (*sc.* Ianum) ~ici posses ut imagine Ov.*Fast*.1.231; domitis armentis ~icia bubilia sint hiberna atque aestiua Col.1.6.4; ~ex..litus (*i.e. of isthmus*) Stat.*Theb*.12.130; Quint.*Inst*.9.2.69; Tac. *Hist*.4.35;—(*leg.*) (interdicta) ~icia uocantur, quod par utriusque litigatoris in his condicio est Gaius *Inst*.4.160; Ulp.*dig*.15.1.19.1. **b** ~ex Amathusia Catul.68.51; cursus ~icis..Vlixei Hor.*Carm*.1.6.7; (*cf. sense 1*) uos (*sc.* tabellas) rebus ~ices pro nomine sensi Ov.*Am*.1.12.27.

duplicārius ~iī, *m.* [prec.+-arivs] Forms: *-iarius* freq. in inscrr. A soldier or sailor who receives double rations as a reward.
Var.*L*.5.90; ~ios..qui reliquerant ordines..securi percussit Liv.2.59.11; Hieracem Behecis dupli(carium) alae

eiusdem *FJRA* 3.47.23(AD.142); ~IVS CLASSIS *CIL* 8.21017; FABRO ~IO 10.3423.

duplicātiō ~ōnis, *f.* [DVPLICO+-TIO]

1 Doubling (in number, amount, etc.).
ut ex eo cc pedes ~onibus areae respondeant VITR.9.pr.4; quod radii solis a terra resiliunt..horum ~o proxima quaeque a terris calefacit SEN.*Nat.*4b.8; ULP.*dig.*48.19.8.7.

2 (leg.) A plea by the defendant in reply to a replication.
GAIUS *Inst.*4.127.

dupliciter, *adv.* [DVPLEX+-TER²]

1 In a twofold manner, in two ways.
tibi..ut pereas paratum est ~ PL.*Mil.*295; ~ delectatus sum tuis litteris, et quod ipse risi et quod te intellexi.. posse ridere CIC.*Fam.*9.20.1; aemulatio..~..dicitur, ut et in laude et in uitio nomen hoc sit *Tusc.*4.17; nubes umorem mittere certant ~ LUCR.6.510; LIV.30.42.8; clodigo.. ~ infestat ouem COL.7.5.11; QUINT.*Inst.*5.13.1; nepos..~ intellegitur ex filio uel filia natus PAUL.*dig.*38.10.10.13.

2 Into two parts, categories, etc. **b** twice over.
ut ostenderet id..illos distribuisse ~ et bipertito *Rhet. Her.*1.18; cum ~..diuisisset in inuentionem atque elocutionem QUINT.*Inst.*3.3.7; 3.6.23. **b** hexametro cum.. subiungitur iste (pentameter), partes heroi ~ recipit MAUR. 1724.

duplicō ~āre ~āuī ~ātum, *tr.* [DVPLEX+-O³]

1 To double up, bend or fold over.
hasta per armos acta..~at..uirum..dolore VERG.*A.*11. 645; corpus frigore ~atum V.MAX.5.1.ext.1; in..capilli sinum, qua ~atur, pilum esse coiciendum CELS.7.7.8.C; quod foliis rosae ~atis incubuisset SEN.*Dial.*4.25.2; STAT. *Theb.*3.89; (*w. abl.*) (lammina) ~ata lateribus CELS.7.5.3.B.

2 To double in amount, duration, etc.; (sts. used more loosely to indicate large increase); *~ato*, with the amount, time, etc., doubled.
id ~abit omne furtum PL.*Poen.*564; ut in dies magis magisque haec nascens de me ~etur opinio CIC.fil.*Fam.* 16.21.2; cum plagast addita..mobilitas ~atur LUCR.6.337; ~ato..eius diei itinere CAES.*Civ.*3.76.4; sol crescentis decedens ~at umbras VERG.*Ecl.*2.67; ne, si ambo fasces haberent, ~atus terror uideretur LIV.2.1.8; AQVAM, QVAE MARCIA APPELLATVR ~AVI AUG.*Anc.*4.11; uisus est Iuppiter ..~asse noctem SEN.*Dial.*10.16.5; PLIN.*Nat.*27.48; QUINT. *Inst.*2.4.21; plus uirium, prope ~atus legionum..numerus TAC.*Hist.*2.30; FRO.*Aur.*2.p.124(103N); (*w. acc. of respect*) uti arae..quantum haberent pedum quadratorum, id ~arentur VITR.9.pr.13; (*pres. pple. w. middle sense*) pastor ~antibus umbris uadit *Culex* 204;—(*cf.*) natum ambiguo.. sexu infantem, quos androgynos uolgus faciliore ad ~anda uerba Graeco sermone appellat LIV.27.11.5;—PLIN.*Nat.*2.76.

3 To put two in the place of one, double.
superioris generis causa ~ar CIC.*de Orat.*2.110; cum aut ~antur iteranturque uerba aut leuiter commutata ponuntur *Orat.*135; Gallio quaestionem..~auit sic: licuit mihi alere..deinde non licuit non alere SEN.*Con.*1.1.14; quadrantem ~a de seniore cado MART.9.93.2; QUINT.*Inst.* 8.6.12; PAUL.*dig.*38.10.10.16.

dupliō ~ōnis, *f.* [DVPLVS+-IO¹] A double amount, twice as much.
fructus ~one damnum decidito *Lex XII*(*Font.iur.*p.39); inpuberem..uerberari noxiamue ~onemue decerni (iubebant) PLIN.*Nat.*18.12; PAUL.*Fest.*p.66M.

duplō ~āre, *tr.* [DVPLVS+-O³] To multiply by two, double.
parentium liberorumque personas semper ~ari GAIUS *dig.* 38.10.3.2; PAUL.*dig.*11.3.10; PAUL.*Fest.*p.67M.

duplōma: see DIPLOMA.

duplus ~a ~um, *a.* [cf. Gk. διπλόος] Double in size, quantity, etc., twice as much. **b** (fem. as sb., sc. *pecunia*) a double amount of money, twice the price. **c** (neut. as sb.) a double amount; *~i* or *in ~um*, for twice as much; *~o* by twice as much.
~am..pecuniam in thesauros reponi LIV.29.19.7; pretium..siligini castratae ~um PLIN.*Nat.*18.90; ~am dotem QUINT.*Decl.*383(p.428,l.4); APUL.*Fl.*16; (*w. gen. of comparison*) secundam..primae partis ~am CIC.*Tim.*22. **b** si mancipio non datur, dupla promitti (solet) aut..simpla VAR.*R.*2.10.5; SEN.*Con.*1.7.12; seruum ~a emi PAUL.*dig.* 21.1.58.2. **c** ~um pro furto mi opus est PL.*Poen.*1351; a terra ad lunam CXXVI stadiorum esse..ad solem ab ea ~um PLIN.*Nat.*2.83; GAIUS *dig.*39.4.5;—furem ~i condemnari CATO *Agr.*pr.1; *CIL* 1.583.59; in ~um (*sc.* iudicium darent) CIC.*Tul.*41; si debitor populo in ~um praediis cauisset TAC.*Ann.*6.17; SUET.*Aug.*41.1; aduersus infitiantes ..~i actio constituitur GAIUS *Inst.*4.171;—omnibus (*sc. queen bees*) forma..~o quam ceteris maior PLIN.*Nat.*11.51; te ~o melius nauigasse quam sperauerarnus [QUINT.]*Decl.* 12.23.

dupondiārius ~a ~um, *a.* [next+-ARIVS] ORTHOG.: for variants see quots. Worth two *asses* (in quots., facet.); (masc. as sb., sc. *nummus*) a two-*as* piece. **b** weighing two pounds.
dominus dupundiarius PETR.58.5; homo dipundiarius 74.15;—aurichalci bonitatem imitatur in sestertiis ~isque PLIN.*Nat.*34.4. **b** ~i orbiculi COL.4.30.4.

dupondius ~(i)ī, *m.* [DVO+PONDO] FORMS: *duop-* FRON.*agrim.*p.11; HYG.GR.*agrim.*p.132; *dipond-* SEN.*Ep.*18.7; PETR.14.3; GAIUS *Inst.* 1.122; *dupund-* LUCIL.1318; PETR.58.4, FEST. p.334M; *CIL* 4.3340.40(ext.)8; *dipund-* GAIUS *Inst.*1.122; *CIL* 4.1679. GENDER: also *~ium* (neut.) acc. VAR.*L.*9.81.

1 The sum of two *asses* (in weight or money).
VAR.*L.*5.169; exultabis ~io satur SEN.*Ep.*18.7; matrem meam ~ii non facio PETR.58.4; PLIN.*Nat.*33.44.

2 Two feet (in linear measurement).
~io et dodrante altum sulcum COL.3.13.5; *Arb.*16.3.

dūrābilis ~is ~e, *a. compar.* ~ior. [DVRO+-BILIS]

1 That lasts a long time, lasting, durable.
quod caret alterna requie, ~e non est OV.*Ep.*4.89; uuae temporibus hiemis ~es COL.3.2.2; mustum..usque ad uenditionem ~e 12.19.1; spiritus nec breuis nec parum ~is QUINT.*Inst.*11.3.32; materia rariore et ~iore APUL.*Apol.*61.

2 That becomes hard.
(Vergilius) enumerat..limum ~em, ceram liquabilem APUL.*Apol.*30.

dūracinus ~a ~um, *a.* [DVRVS+ACINVS] Having a hard berry or fruit.
(*of grapes, vines*) CATO *Agr.*7.2; VAR.*R.*1.58.1; uuas..~as ..cum desecueris a uite COL.12.44.1; MART.13.22; SUET. *Aug.*76.2;—(*of other fruit*) Persicorum palma ~is PLIN.*Nat.* 15.39; (cerasorum) principatus ~is 15.103.

dūrāmen ~inis, *n.* [DVRO+-MEN] That which hardens; the hard growth (of a vine).
uis magna geli, magnum ~en aquarum LUCR.6.530;—COL. 4.22.1.

dūrāmentum ~ī, *n.* [DVRO+-MENTVM] That which hardens or stiffens; firmness (in quots. fig.). **b** the hard growth (of a vine).
humanae..inbecillitatis efficacissimum ~um est necessitas V.MAX.2.7.10;—tempore illis (*sc.* uirtutibus) ~um et robur accedere SEN.*Dial.*9.1.3. **b** COL.4.21.1; relicto.. ~o in singulis tabulatis PLIN.*Nat.*17.208.

dūrateus ~a ~um, *a.* [Gk. δουράτεος] Wooden.
~us..equus LUCR.1.476.

dūrātrix ~īcis, *f. adj.* [DVRO+-TRIX] That makes durable.
addit..acinis..~icem..firmitatem austeritas picis PLIN. *Nat.*14.17.

dūrē, *adv. compar.* ~ius, *superl.* ~issimē. [DVRVS+-E]

1 In conditions of physical hardness.
si ~e cubant (*sc.* gallinae) non facile pinguescunt COL. 8.7.2.

2 Harshly, without pity, unfeelingly, severely. **b** coolly, unsympathetically.
alii errorem appellant, alii timorem; qui ~ius..cupiditatem CIC.*Lig.*17; ~ius..Athenienses, qui sciuerunt, ut Aeginetis..pollices praeciderentur *Off.*3.46; ut suae uitae ~ius consulere cogantur (*i.e. commit suicide*) CAES.*Civ.* 1.22.6; LIV.31.31.13; ~e generosos spiritus deus temptat SEN.*Dial.*1.4.12; ~e fecisti: inuidisti..mihi PLIN.*Ep.*1.15.3; abigei cum ~issime puniuntur HADR.in Ulp.*dig.*47.17.1 pr. **b** ~ius accipere hoc mihi uisus est quam uellem CIC.*Att.* 1.1.4; CAES.*Civ.*2.29.4.

3 Uncouthly, heavily, clumsily.
CIC.*de Orat.*3.165; quaerere..quid sculptum infabre, quid fusum ~ius esset HOR.*S.*2.3.22; sic pleraque ~e dicere credit eos (*sc.* ueteres poetas) *Ep.*2.1.66; ~ius incedit: fac inambulet OV.*Rem.*337; SEN.*Con.*1.1.21; quae a Graccho composita ~ius putat QUINT.*Inst.*9.4.15; uersus..quos..tam ~e et rustice legere, ut odium mouerent APUL.*Apol.*9.

4 Laboriously, with difficulty.
bracchia quo longiora sunt mollius quo breuiora ~ius ducuntur VITR.10.10.6.

5 With distress, unpleasantly.
~ius..nihil est quod uiuat amante PROP.2.17.9; ~ius et contra praedicta cadentibus rebus SUET.*Tib.*14.4.

dūrescō ~escere ~uī, *intr.* [DVRVS+-ESCO] To become hard or solid.
frigoribus adiectis ~escit umor CIC.*N.D.*2.26; limus ut hic ~escit VERG.*Ecl.*8.80; ora..~uerant (*i.e. turned to stone*) OV.*Met.*2.831; LUC.4.758; quoniam coquendo ~escat (cerebrum) PLIN.*Nat.*11.134; destillantes..guttae lapide ~escunt 31.30; STAT.*Theb.*4.701; TAC.*Ger.*45.6; (*fig.*) ne quis (pueros)..in Gracchorum..lectione ~escere uelit QUINT. *Inst.*2.5.21.

dureta ~ae, *f.* [app. Iberian] (Word applied by Augustus to his bathing-tub.)
SUET.*Aug.*82.2.

dūricorius ~a ~um, *a.* [DVRVS+CORIVM+-VS] Having a hard skin or rind.
(ficus) ~a CLOAT.*gram.*9.

dūritās ~ātis, *f.* [DVRVS+-TAS] Hardness, harshness (in quot., of language).
aliqui ~atem et seueritatem quandam in uerbis..sequuntur CIC.*Orat.*53.

dūriter, *adv.* [DVRVS+-TER²]

1 With physical hardness.
iuga..premunt ~ colla VITR.10.3.9.

2 Harshly, severely, pitilessly.
quam tibi..orationem ~ dictis dedit ENN.*scen.*306; factum a uobis ~ inmisericorditerque TER.*Ad.*662; AFRAN. *com.*251.

3 Austerely, severely.
quam ~ uos educauit atque asperiter CAECIL.*com.*42; uitam parce ac ~ agebat TER.*An.*74; *Ad.*45.

4 Awkwardly, uncouthly, harshly.
uerbis..~ aliunde translatis *Rhet.Her.*4.15; extra numerum procedere (*the dancers*) membra mouentis ~ LUCR.5.1402; GEL.17.10.15.

dūritia ~ae, *f.* Also **~ēs** ~ēī. [DVRVS+-IA (-IES)]

1 The quality of physical hardness or firmness. **b** (med., sts. concr.) callosity, enduration; *~es alui*, constipation.
ne noceat collo ~a ferri VAR.*R.*2.9.15; serpens..squamis defensus et..~a pellis OV.*Met.*3.64; quorundam lapidum inexpugnabilis ferro ~a est SEN.*Dial.*2.3.5; ~am corporis ac lacertorum PLIN.*Pan.*82.6;—(*concr.*) ut..~am nucis rostro repugnantem..in saxa..iaciant PLIN.*Nat.*10.30; fit in fauis ..qui uocatur clauus, amarae ~a cerae 11.50. β ~es.. eorum (*sc.* digitabulorum)..stringit bacam VAR.*R.*1.55.1; ferri stringere ~em CATUL.66.50; LUCR.4.268; OV.*Met.*1. 401; (buxus) ~e ac pallore commendabilis PLIN.*Nat.*16.70. **b** aquae..calidae necessarius usus est, ut..~am emolliat CELS.5.26.27.B; inueniuntur in iocineribus..duritiae lapillis similes PLIN.*Nat.*28.212; praecordiorum ~am LARG. 265. β ~es mali coloris CELS.6.5.1; intumescit collum ..et inde nata ~es iugum non patitur COL.6.14.4; PLIN.*Nat.* 24.24;—SUET.*Nero* 34.5.

2 Harshness or dryness (of flavour).
uino..cuius dulci admixto reliquorum ~a suauitatem accipiat PLIN.*Nat.*14.74; 31.34.

3 Hardness, rigour (of conditions).
~am operum..incusant TAC.*Ann.*1.35; ~a caeli militiaeque 13.35; ~a paupertatis intercedente APUL.*Met.*11.28.

4 The quality of endurance, hardness, toughness.
ubi..ad languorem tua ~a dederis octo..lictores..adfectos..uirgis PL.*As.*574; qui patientiam et ~iam in Socratico sermone maxime adamarat CIC.*de Orat.*3.62; CAES.*Gal.* 6.21.4; a pueritia consuetam ~am SAL.*Jug.*100.5; saltuosos locos incolentes ~ae..insueuere TAC.*Ann.*6.34; (*cf. sense 1*) ecquos tu silices..~ae confers..meae? OV.*Pont.*4.10.4.

5 **a** Austerity, sternness, severity. **b** hardness (towards others), harshness.
a parsimonia et ~a discipulinae alieis eram PL.*Mos.*154; tua ~a antiqua TER.*Hau.*435; NEP.*Alc.*11.4; multa ~ae ueterum in melius et laetius mutata TAC.*Ann.*3.34. **b** sed securus eas..~ae..tuae non erit illa memor PROP.3.12.20; ~ae..reus OV.*Tr.*1.8.46; SEN.*Con.*2.3.21; (*cf.*) ~a ferrum ut superes OV.*Ep.*2.137.

6 Insensibility (of the mind or feelings); *~a oris*, brazenness.
fortitudinem audacia imitatur et patientiam ~a immanis CIC.*Part.*81; eam..animi ~am, sicut corporis, quod cum uritur non sentit *Dom.*97; erucae semen..aiunt uerbera subituris..~am quandam contra ea sensus induere PLIN. *Nat.*20.125; plerique patientia siue ~a..tormenta contemnunt ULP.*dig.*48.18.1.23;—SEN.*Dial.*2.17.3.

dūritūdō ~inis, *f.* [DVRVS+-TVDO] Insensibility, want of feeling.
qui illius impudentiam norat et ~inem CATO *orat.*93.

dūriusculus ~a ~um, *a.* [compar. of DVRVS+-CVLVS] Harsher, somewhat harsh.
(Catullus) ~um se fecit quam uolebat existimari PLIN. *Nat.*pr.1; inserit..mollibus leuibusque ~os quosdam (uersus) PLIN.*Ep.*1.16.5.

dūrō ~āre ~āuī ~ātum, *tr., intr.* [DVRO+-O³]

1 (tr.) To make hard, harden. **b** to solidify, harden (liquids); also, to harden (by the admixture of solids). **c** to make hard or horny (skin or other parts of the body). **d** to harden (for preservation, by drying or other means).
umor aquae..coria..mollit ~ata calore LUCR.6.969; VERG.*G.*1.91; caementa non calce ~ata erant LIV.21.11.8; uentis spatio ~ata resistet..arbor OV.*Ars* 2.651; lignum igni ~auerant CURT.3.2.7; PLIN.*Nat.*34.146; lapides..de homine ~atos (*i.e. men turned to stone*)..crederem APUL. *Met.*2.1; (*cf.*) (Iuppiter) aere, dehinc ferro ~auit saecula HOR.*Epod.*16.65. **b** (*by freezing*) unda..~ata riget densam in glaciemque niuemque [TIB.]3.7.156; cur mare ~et hiems OV.*Pont.*4.10.38; SEN.*Dial.*1.4.14; (*poet.*) congelat.. lacrimas ~atque tenetque *Epic.Drusi* 113;—(*by coagulation, setting, etc.*) partem (*sc.* lactis) liquefacta coagula ~ant OV. *Met.*13.830; guttae..in grana ~abantur PLIN.*Nat.*12.94; (*cf. of hard deposits*) sulphuratam aquam circa canales suos ..~ari SEN.*Nat.*3.20.4;—caelestis aqua..salibus in hunc usum ~ata COL.7.4.8. **c** (sus) umeros ad uulnera ~at VERG.*G.*3.257; manum..rustico opere ~atam V.MAX.7.5.2; quorum ~ata in aspero ungula est SEN.*Ep.*51.10; ~atos in lapidem digitos..perfricans APUL.*Met.*5.10. **d** rectius.. fumo ~aueris uuam HOR.*S.*2.4.72; piscibus sole ~atis CURT. 9.10.10; PLIN.*Nat.*6.195; QUINT.*Inst.*8.2.3.

2 To make capable of endurance, harden (physically or mentally), inure, 'steel'.
crucior. — cor ~a PL.*Ps.*236; hoc se labore ~ant adulescentes CAES.*Gal.*6.28.3; natos..gelu ~amus et undis VERG. *A.*9.604; simul ac ~auerit aetas membra animumque tuum HOR.*S.*1.4.119; LIV.7.29.5; ut contra illam (*sc.* fortunam) ab ipsa ~emur SEN.*Dial.*1.4.12; LUC.5.798; is..ad plagas ..~abitur QUINT.*Inst.*1.3.14; TAC.*Hist.*4.59; (*transf.*) multa linguae uitia, nisi primis eximuntur annis, ..prauitate ~antur QUINT.*Inst.*1.1.37.

3 (intr.) To become hard; (of liquids) to become solid.
ut..durare solum..coeperit VERG.*Ecl.*6.35; coxae ~ant CELS.7.27.1; (*poet.*) niue moenia ~ant GERM.fr.3.22;—flumina..frigore ~ant *Aetna* 498.

4 To harden or steel oneself (to actions, conditions, etc.).
~ate trepidae lugubri officio manus SEN.*Phaed.*1262; PETR.105.11; nec..crudelis Colchis ~asset in iras STAT. *Silv.*2.1.141; non ~at (pater) ultra poenam abdicationis QUINT.*Inst.*9.2.88; in nullius umquam suorum necem ~auit TAC.*Ann.*1.6; usque ad caedem eius ~atura filii odia 14.1.

5 To hold out (in or against particular situations, circumstances, etc.), endure, last out.
~are nequeo in aedibus PL.*Am.*882; ut nequeant (leones) contra ~are LUCR.4.717; ~ate, et uosmet rebus seruate secundis VERG.*A.*1.207; militem..niuibus pruinisque obrutum, sub pellibus ~are LIV.5.2.7; sub Ioue ~abant et corpora nuda gerebant OV.*Fast.*2.299; SEN.*Con.*9.4.3; summas non ~aturus ad arces STAT.*Theb.*11.358; JUV.9.69; —(*w. inf.*) non quis parumper ~are opperirier? PL.*Truc.*326; ut uiuere ~ent LUC.4.519;—(*w.* quin) nequeo ~are quin ego erum accusem meum PL.*Cur.*175; SUET.*Cl.*26.3;—(*impers. pass.*) nec ~ari extra tecta poterat LIV.10.46.1; in sudata ueste ~andum QUINT.*Inst.*11.3.23.

6 (tr.) To endure, bear with.
patior quemuis ~are laborem VERG.*A.*8.577; ut..uix ~are carinae possint imperiosius aequor HOR.*Carm.*1.14.7; V.FL.7.338; ~abis quascumque uias..subibis STAT.*Silv.*5.2.153.

7 a (intr.) (of inanim. or abst. things) To continue unimpaired, unexhausted, or sim., last, hold out. **b** (of food and drink) to remain in good condition, keep. **c** (of persons and other living things) to survive, last, live.
a si ea (*sc.* talenta) ~arent mihi PL.*As.*196; quomodo lli libri ~are possent HEM.*hist.*37; neque post mortem ~are uidetur (corpus) LUCR.3.338; LIV.1.9.1; qualis Troia ~ante manebam OV.*Ep.*1.49; VELL.1.12.7; non ~aturae conspecto sole pruinae LUC.4.53; QUINT.*Inst.*11.2.8; ~auit ..patientia Iudaeis usque ad Gessium Florum procuratorem TAC.*Hist.*5.10; (*impers., w.* ut *cl.*) QUINT.*Inst.*1.7.15. **b** hoc uinum ~abit tibi usque ad solstitium CATO *Agr.* 104.2; sorba per se, ubicumque sint posita in arido, facile ~are VAR.*R.*1.59.3; VERG.*G.*2.100; ~ant (rapa)..paene ad alium prouentum PLIN.*Nat.*18.127; 31.34. **c** ad hoc genus hominum ~aui PL.*Trin.*291; multa uirum uoluens ~ando saecula uincit (aesculus) VERG.*G.*2.295; ubi quingentorum annorum aeuo perpetua ~auit (phoenix) MELA 3.83; PLIN. *Nat.*10.107; ~et in longum generosus infans STAT.*Silv.* 4.7.41; ultra Socratem usque ~auit (Gorgias) QUINT.*Inst.* 3.1.9; TAC.*Ann.*12.25; JUV.10.254; (*cf.*) qui ~ant (*i.e. in memory*)..quod illos liberorum eximia uirtus tradidit posteris SEN.*Ben.*3.32.3.

8 To continue (spatially), go on.
~ant siquidem colles, paulatim rarescunt TAC.*Ger.*30.1; inter plures possessores rigor ~are debet SIC.FL.*agrim.*p.106; p.115; (*cf.*) quo nulla tonitrua ~ant (*i.e. reach*) LUC.7.479.

9 To continue unchanged, remain; (of persons) to continue (in a situation).
QUINT.*Decl.*308(p.213,l.23); 'de dote' actio..nihilo minus ~at etiam post capitis deminutionem GAIUS *dig.*4.5.8; an eadem societas ~et an uero alia sit ULP.*dig.*17.2.58.2; (*impers. pass.*) si forte ~etur non caueri 39.2.4.4;—ut in tutela nihilo minus ~ent 26.1.3; 26.10.3.

durr-: see DYRR-.

dūrus ~a ~um, *a. compar.* ~ior, *superl.* ~issimus. [prob. < *dru-ros; cf. Skt. *dāru-nāh*, OIr. *dron*, AS. *trum*, Lith. *drūtas*]

1 (of material substances) Resisting to the touch, hard, firm, solid. **b** (of the skin, etc., of men or animals, esp. as a consequence of work or disease). **c** (of the bowels) constipated.
si herbam ~am uelles CATO *Agr.*48.2; molae..ex ~o et aspero lapide VAR.*R.*1.55.5; sola ~a CATUL.63.40; ~ae quercus VERG.*Ecl.*4.30; in ~a et alta concreta glacie LIV. 21.36.8; adhuc ~is..pomis (*i.e. unripe*) OV.*Fast.*2.253; ~a oua (*i.e. hard-boiled*) CELS.2.30.2; COL.6.15.1; ~o..ex adamante creati STAT.*Silv.*1.2.69; TAC.*Ann.*12.55; (*of a person reaching adulthood*) iam ~um..iamque tondendum.. Bromium JUV.6.377; (*w. sup.*) (ladanum) ~issimum..tactu PLIN.*Nat.*26.47;—(*neut. as sb.*) ~um molle uoras LUCIL. 1157; OV.*Met.*1.20; macerias..crebrius..tremere quam natura ~i sinit SEN.*Nat.*6.31.3. **b** numquam..uostrum ~ius tergum erit PL.*Ps.*154; ~issimis pedibus CIC.*de Orat.* 1.28; VERG.*G.*3.502; cum..nec crimen ~as eset habere manus OV.*Fast.*3.782; (*w. gen.*) ~ior oris equus *Am.*2.9.30;—(*transf.*) morbi sunt inueterata uitia et ~a, ut auaritia SEN. *Ep.*75.11. **c** si ~a morabitur aluus HOR.*S.*2.4.27; MART. 13.29.2.

2 Harsh, strong (to the taste).
uini atri ~i CATO *Agr.*156.6; mella..~um Bacchi domitura saporem VERG.*G.*4.102; ~ae..et insuaues..partes (*sc.* aquarum) VITR.8.1.7; SEN.*Ep.*36.3; (culmus) muria ~a sparsus..pro feno bubus datur PLIN.*Nat.*18.300; (oleum) ~ius paulo 23.89.

3 Hardy, robust, capable of endurance.
fortes et ~i Spartiatae CIC.*Tusc.*1.102; gens humanum multo fuit illud in aruis ~ius LUCR.5.926; cum ~o parca colona uiro OV.*Fast.*4.692; ~us Hiber LUC.6.258; ~iora genti corpora TAC.*Ger.*30.2; (*of animals*) ~i..iuuenci OV. *Met.*3.584; (*masc. as sb.*) etiam ~o et perpessicio confessionem excipit (febris) SEN.*Ep.*53.6;—(*of character, conduct*) ~a..patientia LUC.9.880; tam ~ae uirtuti inpares TAC. *Ger.*31.5;—(*w. abl.*, in+*abl.*) Scipiadas ~os bello VERG.*G.* 2.170; Ligures ~um in armis genus LIV.27.48.10;—(*w. inf.*) proelia uirgo ~a pati VERG.*A.*7.807; (*facet.*) ~us componere uersus HOR.*S.*1.4.8.

4 Unimpressionable (in feeling or understanding), stubborn, unsympathetic. **b** dull, slow, obtuse. **c** (w. *os* or sim.) hardened, shameless, brazen.
neminem enim puto esse tam ~um, cui non oratio tua misericordia digna uisa sit CIC.*de Orat.*2.278; CAES.*Civ.* 3.20.4; HOR.*Carm.*4.1.7; inexorabile ~us exerces odium OV.*Met.*5.244; LUC.9.50; (*cf.*) ~issimum esse ostium carceris SEN.*Dial.*5.37.3; (*masc. as sb.*) sapientis est carere patria, ~i non desiderare CIC.*Fam.*4.9.4; (*of animals*) qui (uituli).. postea castrantur, ~i et inutiles fiunt VAR.*R.*2.5.17;—(*of character, behaviour, etc.*) timui..ne nunc animo ita esses ~o TER.*Hau.*665; cur mea dicta negat ~as demittere in auris? VERG.*A.*4.428; PLIN.*Ep.*6.34.2;—(*w.* ad) CIC.*Arch.* 19; animos..ad pleraque ~iores robur ipsum facit QUINT. *Inst.*1.1.22. **b** SEN.*Ep.*58.7; si ~i puer ingeni uidetur, praeconem facias MART.5.56.10; si..memoria natura ~ior erit QUINT.*Inst.*11.2.48. **c** eam esse dico..meam sororem. — os ~um TER.*Eu.*806; CIC.*Quinct.*77; ~i puer oris..constitit ante deam OV.*Met.*5.451; SEN.*Ben.*4.38.2; ~ae buccae fuit, linguosus PETR.43.3.

5 Harsh, pitiless, hard. **b** (poet., of lovers, etc.).
satis pater ~us fui TER.*Hau.*439; ~i fuimus in Dolabella CIC.*ad Brut.*2.5(7).5; ~us homo..confidens, tumidus HOR. *S.*1.7.6;—(*w.* in+*acc.*) neque..tam ~us in plebem noster ordo fuit CIC.*Planc.*45; *Q.fr.*1.1.14;—(*of animals*) qui.. percussit Adonem..~us aper PROP.2.13.54; (*transf. ep.*) duro..lacte lupae 2.6.20;—(*of weapons, etc., cf. sense 1*) canum..ricta..~os nudantia dentis LUCR.5.1064; impiae sponsos potuere ~o perdere ferro HOR.*Carm.*3.11.31;—(*of actions, expressions, etc.*) Fului ~ior sententia erat LIV.26.15. 1; populum..ad ~iora uertere TAC.*Ann.*1.54. **b** te saepe uocanti ~am difficilis mane HOR.*Carm.*3.7.32; ~a puella TIB.2.6.28; PROP.2.22.43; cupidine captus ad ~am uerbis mollibus usus erat OV.*Fast.*6.120; MART.10.35.18; (*w.* in+ *acc.*) in ueteres esto ~a, puella, senes TIB.1.8.58; (*transf.*) ~a super..limina nocte iace OV.*Am.*1.6.68.

6 Strict, austere, unbending.
nec quisquam est tam ingenio ~o..quin ubi quidque occasionis sit sibi faciat bene PL.*As.*944; uita seuerus et congruens cum ea disciplina quam colebat, paulo etiam ~ior CIC.*Brut.*117; HOR.*Carm.*3.21.14; ista senes licet accusent conuiuia ~i PROP.2.30.13; uitam..~is iudicibus parum probatam TAC.*Ann.*15.55; (*cf. sense 7*) euadunt (Stoici).. ~iores et oratione et moribus CIC.*Fin.*4.78.

7 Heavy, wooden, solid: **a** (of writers, artists, etc.). **b** (of language, composition, etc.; also of other artistic productions, or sim.).
a Atilius, poeta ~issimus CIC.*Att.*14.20.3.; ille (*sc.* Cicero) est ~us atque ineruditus QUINT.*Inst.*8.pr.26; Ouidius.. lasciuior, sicut ~ior Gallus 10.1.93; TAC.*Dial.*21.7; (*w.* in+ *abl.*) ~ior paulo in coloribus (*sc. a painter*) PLIN.*Nat.*35.98. **b** ne paulo ~ior translatio esse uideatur CIC.*de Orat.*3.165; uersus reprehendet inertis culpabit ~os HOR.*Ars* 446; nostrae nomina ~iora terrae MART.4.55.9; QUINT.*Inst.* 9.4.142; (*neut. pl. as sb.*) molliet ~a aut occultabit quae dilui non poterunt CIC.*Orat.*49;—(*of sound, colour, etc.*) ~issimus primus (color *sc.* niger) VAR.*R.*2.5.8; uocis genera permulta..leue asperum..flexibile ~um CIC.*N.D.*2.146; est ipsis..sonis ~ior (Latina facundia) QUINT.*Inst.*12.10.27; JUV.9.29;—(*of sculpture*) Calamidis ~a (signa) CIC.*Brut.*70; QUINT.*Inst.*12.10.7;—(*of dancing*) ducunt..~as..choreas OV.*Fast.*3.537.

8 Hard to bear, severe, oppressive. **b** (of work, effort, etc.) hard, laborious. **c** (of weather, etc.) harsh, inclement.
lege ~a uiuont mulieres PL.*Mer.*817; uitam ~am TER. *Ad.*859; quia rursus in meo reditu facta erat ~ior (*sc.* annona) CIC.*Dom.*15; ~is urgens in rebus egestas VERG. *G.*1.146; ~um: sed leuius fit patientia HOR.*Carm.*1.24. 19; OV.*Tr.*5.10.12; uulgus ~o imperio habitum TAC.*Ann.* 12.47; (*w. abl. of cause*) hiberna caelo ac laboribus ~a *Hist.*2.80; (*w. sup.*) multa..~a toleratu SEN.*Dial.*1.6.6; (*w. inf.*) contendere ~um est cum uictore HOR.*S.*1.9.42;— (*neut. pl. as sb.*) animum..~a ferentem *Ep.*2.1.141; huius (*sc.* rationis) te amor contra ~issima armabit SEN.*Ep.* 74.21. **b** ~i finis laboris ENN.*Ann.*345; CIC.*Balb.*5; cum ~is uenatibus otia misce OV.*Met.*4.307; obpugnatione Hierosolymorum reliqua, ~o magis et arduo opere ob.. peruicaciam superstitionis TAC.*Hist.*2.4; (*cf.*) nec mea conueniunt ~o praecordia uersu (*i.e. epic hexameter, opp. elegiac*) PROP.2.1.41. **c** frigus ~um PL.*Men.*975; ~issima.. hieme CIC.*Scaur.*25; ~issimo tempore anni CAES.*Gal.*7.8.2; TAC.*Ann.*1.17; (*w.* ad) ~ius..cotidie tempus ad transportandum CAES.*Civ.*3.25.2.

9 (of situations, conditions, etc.) Hard to deal with, difficult.
~as fratris partis praedicas TER.*Eu.*354; mihi ~ior locus est dicendi datus CIC.*Mur.*48; ne..~is subuectionibus laboraret CAES.*Gal.*7.10.1; cum ~a tibi peragenda..sit causa HOR.*S.*1.10.26; TAC.*Ann.*4.74; GAIUS *dig.*4.7.1;—(*w. inf.*) credere ~um est TIB.1.6.7; OV.*Tr.*2.447;—(*w. sup.*) consilia..tractatu ~a LIV.35.32.13; ~a..cultu et aspera plaga 45.30.7.

Dusarītis, *f. adj.* [Gk.] A kind of myrrh (from an unidentified part of Arabia).
PLIN.*Nat.*12.69.

dusmus: see DVMVS.

duumuir: see DVOVIRI.

duumuirālicius (duou-) ~ia ~ium, *a.* [next+-ICIVS¹] = next.
ORNAMENTIS DECVRIONATVS ET IIVIRALICIS *CIL* 3.650;— (*masc. as sb.*) 3.14610; 8.4436.

duumuirālis (duou-) ~is ~e, *a.* [DVVMVIR+ -ALIS] Of or belonging to a *duumuir*; (masc. as sb.) one who holds, or has held, the office of *duumuir*.
~ALES HONOR(es) *CIL* 2.4060; 12.1750; ~I POTESTATE 14.3955;—ARBITRATV DVOVIR(um) ET DVOVIRALIVM 1.698.3. 8; n qua colonia patrem habui..IIuiralem APUL.*Apol.*24.

duumuirātus (duou-) ~ūs, *m.* [DVVMVIR+ -ATVS¹] The office of *duumuir*, duumvirate.
imaginis ornandae causa ~um gerebat CIC.*Sest.*19; PRIMO DVOMVIRATV *CIL* 10.1074; PLIN.*Ep.*4.22.1; ~u..fungi non potest PAUL.*dig.*50.2.7.2; *CIL* 8.12220.7.

dux ~cis, *m.*, (*f.*). [DVCO; for form cf. REX] GENDER: regularly masc., but when used in close conjunction, e.g. apposition, w. fem. nouns it is often treated as fem.

1 One who leads or shows the way; a guide. **b** (of things, fig. or in fig. phrs.). **c** (transf.) a person or thing that ushers in.
quo in loco..Agamemnon..errasset, nisi ~cem Telephum inuenisset CIC.*Flac.*72; cum..eis ~cibus qui iter cognouerant CAES.*Gal.*1.21.2; ~x ego uester eram VERG.*Ecl.* 8.38; egit..~x Ariadna choros PROP.2.3.18; LIV.32.11.7; excaecati ~x sit QUINT.*Decl.*297(p.172,l.14); (*w.* ad) Calchantem..~cem classium fuisse ad Ilium CIC.*Div.*1.87;— (*w. gen. of route, etc.*) ~x ipse uias ENN.*Ann.*441; hunc (*sc.* Mercurium) uiarum atque itinerum ~cem..arbitrantur CAES.*Gal.*6.17.1; pollicetur sese itineris periculique ~cem SAL.*Jug.*93.6; TAC.*Hist.*4.62;—(*of animals*) este ~ces (*sc.* columbae)..cursumque per auras derigite VERG.*A.*6.194; OV.*Met.*3.12; colla imponunt praecedentibus, fessos ~ces ad terga recipiunt (anseres) PLIN.*Nat.*10.63; (*cf.*) cetera (animalia) binos pedes ~ces habent, cancri..quaternos 11.259;—(*of inanim. things*) CIC.*Arat.*40; Daedalium lino cum ~ce rexit iter PROP.2.14.8. **b** omnia summa consecutus es uirtute ~ce, comite fortuna CIC.*Fam.*10.3.2; hoc (*sc.* sacramento) ~ce..ubicumque uires..esse sciam, inueniam..aliquos Romanis hostis LIV.35.19.4; hac (*sc.* ratione) ~ce per totam uitam eundum est SEN.*Ben.*2. 18.2. **c** ~x bonae Veneris CATUL.61.44; oriente die ~ce fertilis anni [TIB.]3.7.122; philologiae..omnis ~cem (*i.e. Homer*) VITR.7.pr.8; ~x noctis Hesperus SEN.*Med.* 878.

2 The driver of a chariot, also of flocks, etc.
illi (*sc.* equi)..metu uersi..effundunt..~cem VERG.*A.*10. 574; STAT.*Theb.*6.425; (*poet.*) uentos ~x prae se Neptunus agit 3.433;—somnum..petebat securus..~x gregis inter oues TIB.1.10.10; ad sacra et aras..pecus ~ces sequantur SEN.*Oed.*823.

3 One who acts as leader or guide in an action, policy, etc. **b** (transf., of abst. things). **c** the chief or leader (of a group, party, etc.).
hic mihi corrumpit filium..hic ~x, hic illist paedagogus PL.*Ps.*447; ut..pater natae ~xque comesque fui OV.*Tr.* 3.7.18; noua cupientibus auferatur ~x et auctor TAC.*Ann.* 16.22;—(*w.* ad) dux..et magister ad spoliandum.. templum fuit CIC.*Ver.*3.54; acerrimi patribus ~ces ad resistendum consules fuere LIV.2.42.6;—(*w. gen. expr. action, etc.*) auctor et ~x mei reditus CIC.*Mil.*39; ~x operis (*i.e. Muse*) OV.*Fast.*4.247; ~x Romanae pudicitiae Lucretia V.MAX. 6.1.1; (anser) ~x ac magister saeuitiae PETR.136.4;—(*of divine inspiration*) dis ego immortalibus ~cibus hanc mentem..suscepi CIC.*Catil.*3.22; OV.*Pont.*3.4.94. **b** haec ita sentimus natura ~ce, nulla ratione nullaque doctrina CIC.*Tusc.*1.30;—(*w. gen. expr. action, etc.*) naturam optimam bene uiuendi ~cem *Amic.*19; ~x uitae dia uoluptas LUCR.2.172; usus ~ce frugalitatis religione V.MAX.6.9.3. **c** princeps latronum ~xque CIC.*Phil.*14.27; ne transfugarum ~ces captam et oppressam (ciuitatem) tenerent LIV. 25.31.5; partium Flauianarum ~ces TAC.*Hist.*3.1; ~x.. theatralium operarum *Ann.*1.16; (*transf.*) sol ~x et princeps ..luminum reliquorum CIC.*Rep.*6.17.

4 A leader in war, commander, general. **b** the commander of a ship or naval force. **c** (applied to the Roman Emperors). **d** (applied to animals).
~CE HOSTIVM VIRDVMARO *Act.Triumph.*21(*CIL* 1.p.47); ~x..Gallorum..grandia ingrediens..incedebat QUAD.*hist.* 12; res publica non tot ~ces et exercitus amisisset CIC. *Phil.* 2.37; deligitur..~x contra illos principes *Rep.*1.68; CAES.*Gal.*2.23.4; Thebas septemque ~ces OV.*Pont.*4.8.53; TOTA ITALIA..ME BELLI, QVO VICI AD ACTIVM, ~CEM DEPOPOSCIT AUG.*Anc.*5.4; TAC.*Ger.*30.2; expende Hannibalem: quot libras in ~ce summo inuenies? JUV.10.17;— (*fig.*) ~x atque imperator uitae mortalium animus est SAL.*Jug.*1.3;—(*applied to subordinate commands*) Regulus, cum..captus esset ~ce Xanthippo..imperatore autem.. Hamilcare CIC.*Off.*3.99; praestate eandem nobis ~cibus uirtutem, quam..imperatori praestitistis CAES.*Gal.*6. 8.4; Aeneas primique ~ces VERG.*A.*7.107; LIV.30.33.12. **b** CIC.*Mur.*33; in turbatam ~ce amisso nauem LIV.26.39.17; ~x ipse carinae LUC.4.540. **c** sub Phoebo ~cibusque Palatia fulgent OV.*Ars* 3.119; sancta ~cis summi..censura MART.6.91.1; STAT.*Silv.*4.3.139; JUV.4.145. **d** tria genera cum sint ~cum in apibus VAR.*R.*3.16.18; VERG.*G.* 4.125; ~x aries saturas ipse reduxit ouis PROP.3.13.40; OV. *Ars* 1.326; (*cf.*) psittace ~x uolucrum STAT.*Silv.*2.4.1.

dyas (duas) ~adis, *f.* [Gk. δυάς] A throw of two at dice.
NON TRIA ~AS EST *CIL* 4.3494.

Dymantis ~idos, *f.* The daughter of Dymas, Hecuba.
OV.*Met.*13.620.

Dymās ~antis, *m.* The father of Hecuba.
OV.*Met.*11.761; HYG.*Fab.*111.

dynastēs ~ae, *m.* [Gk. δυνάστης] A ruler, prince (esp. oriental).
reges, tetrarchae ~aeque CIC.*Phil.*11.31; erat eo tempore Thuys ~es Paphlagoniae NEP.*Dat.*2.2; SUET.*Tib.*26.2; (*applied to the triumvirs at Rome*) erit nebulo iste cum his ~is in gratia CIC.*Att.*2.9.1.

Dyrr(h)achīnus ~a ~um, *a.* Also **Durra-, -ēnus.** Of or belonging to Dyrrachium;

masc. pl. as sb.) the inhabitants of Dyrrachium.
in litore ~o CIC.*Sest.*140; CAES.*Civ.*3.80.2; SUET.*Jul.*68.2; —CIC.*Prov.*5; CAES.*Civ.*3.30.7; LIV.42.48.8; (*sg.*) Bithus ~us PLIN.*Nat.*28.82;—(*form* -eni) PAUL.*dig.*50.15.8.8

Dyrr(h)achium ~(i)ī, *n.* Also **Durra-.** A town on the coast of Illyria (the site of the modern Durazzo).
CIC.*Phil.*10.11; ~ium Hadriae tabernam CATUL.36.15; CAES.*Civ.*1.27.1; LIV.29.12.3; LUC.6.14.

dysenteria ~ae, *f.* Also **dysint-.** [Gk. δυσεντερία] Dysentery (perh. also including similar conditions).
CELS.4.22.1; PLIN.*Nat.*22.56; aizoi sucus aluum sistit et ~as 26.45.

dysentericī ~ōrum, *m. pl.* Also **dysint-.** [Gk. δυσεντερικός] Sufferers from dysentery.
PLIN.*Nat.*12.32; 20.10; LARG.85.

Dysparis ~idos, *m.* [Gk. Δύσπαρις] Paris, bringer of misfortune or ruin.
~i Priamide, damno formose tuorum OV.*Ep.*13.43.

dyspepsia ~ae, *f.* [Gk. δυσπεψία] Indigestion, dyspepsia.
CATO *Agr.*127.1.

dyspnoea ~ae, *f.* [Gk. δύσπνοια] A difficulty in breathing.
PLIN.*Nat.*23.48; 23.92.

dyspnoicī ~ōrum, *m. pl.* [Gk. δυσπνοικός] Sufferers from difficulty in breathing, asthmatics.
PLIN.*Nat.*24.23.

E

E[1], **e.** The fifth letter of the Roman alphabet, corresponding to Gk. *epsilon,* also used to represent Gk. *eta.*
in uocando..dici..cum E longo Heraclide VAR.*L.*8.68; 'here' nunc e littera terminamus QUINT.*Inst.*1.7.22; GEL. 13.21(20).5.

ē[2], *prep.*: see EX.

-ē, *advl. suff.* FORMS: *facilumed CIL* 1.581.27; *rected* 1.365 (Falerii). PROSODY: *-ĕ* in *bene, male.* The regular advl. suff. from *o*-stem adjs.

ea[1]: see IS.

eā[2], *adv.* [abl. fem. sg. of IS]

1 Along that path, that way. **b** following that course of action.
id imum pertundito: ~ fistulam subdito CATO *Agr.*154; ~ proxime accedi poterat CIC.*Caec.*21; paratos esse sese.. ~ transire flumen qua traductus esset equitatus CAES.*Civ.* 1.64.2; NEP.*Han.*3.4; quacumque custodiant plebis homines, ~ patere aditum LIV.24.2.10; 36.16.3; CELS.7.21.2. **b** ne ılle sirit Iupiter te ~ perseuerare CORNELIA Nep.fr.2.

2 In that place, there.
quacumque uacat spatium..corpus ~ non est LUCR.1.508.

eādem, *adv.* [abl. fem. sg. of IDEM]

1 By the same route.
ea ibo opsonatum, ~ referam opsonium PL.*St.*451; CIC. *Div.*1.123; ~ regreditur SAL.*Jug.*93.5; nec perrumpere ~ qua transierant posse LIV.4.39.2; 5.46.10; PLIN.*Nat.*6.43.

2 At the same time (as one is doing something else); also, likewise.
sedens ibi opperibere ~ biberis, ~ dedero tibi ubi biberis sauium PL.*Bac.*49; *Trin.*581; TER.*Hau.*368; narra isti..~, qui sermones sint habiti VAR.*R.*2.5.2; ~..Dominam uisitabo FRO.*Aur.*1.p.194(80N);—uuae in olla in uinaceis conduntur: ~ in sapa..conduntur CATO *Agr.*7.2.

eale (~ēs, *f.*?). [unkn.] An unidentified Ethiopian animal (prototype of the heraldic yale).
(fera) quae uocatur ~e, magnitudine equi fluuiatilis, cauda elephanti PLIN.*Nat.*8.73.

eāpropter, *adv.* = PROPTEREA, on that account.
~ tres fecit ordines ULP.*dig.*3.1.1.1; 18.6.1.3; 39.4.14.

eapse: old fem. of IPSE.

eātenus, *adv.* Also as two words. [EA[2]+ TENVS[2]] (w. ref. to extent in space) To such a distance, so far, within those limits.
(*absol.*) ~, quod corruptum est, excidi debet CELS.8.2.5; —(*w. extent defined by preps.*) ne ~ quidem..sacra appellanda est (uia) a regia ad domum Regis sacrificuli FEST.p. 290M;—(*w.* quatenus) ut quatenus attingere..posset, ~ possideret AGEN.*agrim.*p.32;—(*w.* qua) ostrea ~ circumcisa qua eduntur SEN.*Ep.*95.26; COL.4.7.2;—(*w.* quo) quo pertica cecidit, ~ acceptae designantur AGEN.*agrim.*p.44; —(*w.* ut) linamentum..~ ponendum est, ut foramen tegat CELS.7.19.11.

2 To such a degree, to that extent, so far.
(*absol.*) qui ~ ualuerunt CIC.*Opt.Gen.*8; COL.3.20.3;—(*w.* quatenus) ~ sanguis sequitur, quatenus emittitur CELS. 2.10.13; GAIUS *Inst.*3.161;—(*w.* qua) qui ~ nobis declarantur, qua ipsi uolunt CIC.*Tim.*40; QUINT.*Inst.*1.11.1;—(*w.* quoad) ferres ~ quoad per se neglegeret eas leges quibus esset astrictus CIC.*Q.fr.*1.1.11; *Leg.*1.14;—(*w.* ut ne) uerba persequens ~, ut ea non abhorreant a more nostro *Opt. Gen.*23; ~ interueniebat, ne quid perperam fieret SUET. *Tib.*33.

eben-: see HEBEN-.

ebes: see HEBES.

ēbibō ~ere ~ī ~itum, *tr.* **exbibō.** [EX-+BIBO[1]]

1 To drink up, quaff, swallow. **b** to empty by drinking, drain. **c** to spend on drink.
ut ego illic uini hirneam ~erim meri PL.*Am.*431; *Mil.*832; Massici montis uberrumos quattuor fructus ~ere in hora una *Ps.*1304; caput ulpici conterito cum hemina uini facitoque ~at (bos) CATO *Agr.*71; naufragus ~at undas PROP.2.24.27; PETR.20.6; fratri..paratam mortem (*i.e. poison*) ~it APUL. *Met.*10.5; (*in fig. phr.*) quae mihi misero amanti ~it sanguinem PL.*Cur.*152. **b** ubera..~erant auidi lactantia nati OV.*Met.*6.342; elephantos ab iis (*sc.* draconibus) ~i (*i.e. are drained of blood*) PLIN.*Nat.*8.34. **c** quod ~it, quod comest, quod facit sumpti (meretrix) PL.*Trin.*250; *Truc.*156; haec libertus ut ~at heres HOR.*S.*2.3.122; penum hereditarium ~it ULP.*dig.*5.3.25.16.

2 (of things) To absorb, swallow up; to dry up.
peregrinos..~it amnes (fretum) OV.*Met.*8.836; PLIN.*Nat.* 5.71; lana potat (colorem purpurae)..donec omnem ~at saniem 9.134;—~it umorem circum uitalia fusum pestis LUC.9.743; ante quam noctis umorem radii solis ~erent [QUINT.]*Decl.*13.5.

ebiscum: see HIBISCVM.

ēbītō ~ere, *intr.* [EX-+BITO] To go out.
suades ne ~at PL.*St.*608.

ēblandior ~īrī ~ītus, *tr.* [EX-+BLANDIOR]

1 To obtain by blandishments, to wheedle or coax out. **b** (pf. pple. in pass. sense).
neque..omnia emebat aut ~iebatur LIV.27.31.7; protinus moriuntur aliqua (*sc. fruit-trees*) caelo fecunditatem omnem ~ito PLIN.*Nat.*16.118; qui unum consulatus diem..~iretur TAC.*Hist.*3.37;—(*w.* ut) (Arionem) ~itum uti prius caneret cithara PLIN.*Nat.*9.28. **b** ~ita illa, non enucleata esse suffragia CIC.*Planc.*10; urbana coniuratione ~itas preces PLIN.*Pan.*70.9.

2 To charm, delight, soothe (the senses, feelings). **b** (pf. pple. in pass. sense).
cum aspectus eius scaenae..~iretur omnium uisus VITR. 7.5.5; 10.7.4; (*absol.*) quaedam dulcedo sermonis quae inrepit et ~itur SEN.*Ep.*105.6. **b** aures nostrae cadentis apte orationis modis ~itae GEL.11.13.5.

3 To make less intolerable, mitigate.
(lac caprinum) infusum tactu suo uelut ~itur igneam saeuitiam (*of erysipelas*) COL.7.5.16; uoluptates..quibus solitudinem ruris ~iatur 8.11.1.

eborārius ~a ~um, *a.* **ebur-.** [EBVR+ -ARIVS] Working or dealing in ivory; (masc. as sb.) a worker or dealer in ivory.
FABER EBVRAR(ius) *CIL* 6.9397; NEGOTIATOR ~VS 6. 33885.3.4;—P CLODIVS..~VS 6.9375.

eborātus ~a ~um, *a.* **ebur-.** [EBVR+-ATVS[2]] Adorned with ivory.
~a uehicla PL.*Aul.*168; lectos ~os auratos *St.*377; VAR. *Men.*447.

eboreus ~a ~um, *a.* [EBVR+-EVS] Made of ivory; pertaining to or derived from ivory.
~o circulo PETR.32.4; Iouem fecit ~um PLIN.*Nat.*36.40; ~a oppida (*i.e. models of towns*) QUINT.*Inst.*6.3.61; mensae.. ~ae ULP.*dig.*33.7.12.28;—scobis ~ae (*i.e. ivory-dust*) hemi-nam LARG.16.

ēbriācus ~a ~um, *a.* [EBRIVS+-*acus* (cf. *meracus*)] Intoxicated.
homo ebriatus (ebriacus *codd.*) somno sanari solet LABER. *com.*10.

ēbriāmen ~inis, *n.* [EBRIO+-MEN] (dub.) Intoxicating drink.
nec tantulum potuit ~ine (*cj.*; ebrius, ebria *codd.*) sibi temperare APUL.*Apol.*59.

ēbrietās ~ātis, *f.* [EBRIVS+-TAS]

1 A state of intoxication, drunkenness; (pl.) drunken orgies.
inter ~atem et ebriositatem interest CIC.*Tusc.*4.27; ~as ..ficta iuuabit OV.*Ars* 1.597; CURT.5.7.11; ~atem arcet pulmo apri PLIN.*Nat.*28.262; QUINT.*Inst.*7.2.40;—(*cf.*) nimio liquore abundant (patetae), rumpitque se pomi ipsius..~as PLIN.*Nat.*13.45; est et occidentis populis sua ~as fruge madida 14.149;—(*personified*) Praxiteles..fecit ..~atem nobilemque una Satyrum 34.69;—~ates (afferunt) neruorum torporem SEN.*Ep.*24.16; COL.1.pr.16.

2 Addiction to drink, insobriety.
M. Antonium..quae alia res perdidit..quam ~as? SEN. *Ep.*83.25; PLIN.*Nat.*14.148; si indulseris ~ati suggerendo quantum concupiscunt TAC.*Ger.*23.2.

ēbriō ~āre ~āuī ~ātum, *tr.* [EBRIVS+-O[3]] To intoxicate, inebriate.
quibus dedit (uinum) ~ati sunt AMP.2.6.

ēbriolus ~a ~um, *a.* [EBRIVS+-OLVS] Somewhat intoxicated, tipsy.
~a persolla, nugae PL.*Cir.*192; 294.

ēbriōsitās ~ātis, *f.* [next+-TAS] Addiction to drink.
inter ebrietatem et ~atem interest CIC.*Tusc.*4.27.

ēbriōsus ~a ~um, *a.* *compar.* ~ior. [EBRIVS+-OSVS] Addicted to drink.
hunc..scribunt..~um et mulierosum fuisse CIC.*Fat.*10; *Off.*3.91; potest et qui ~us est saepe extra ebrietatem esse SEN.*Ep.*83.11; GEL.15.2.2; (*masc. as sb.*) ~is oua noctuae.. data in uino taedium eius adducunt PLIN.*Nat.*30.145;— (*poet.*) lex Postumiae..ebrioso acino ~ioris CATUL.27.4.

ēbriulātus ~a ~um, *a.* [app. EBRIOLVS+ -ATVS[2]] Intoxicated, tipsy.
~i mentem hilaria arripuit LABER.*com.*52.

ēbrius ~a ~um, *a.* [dub.; cf. *sobrius*]

1 Intoxicated, drunk; (sts. contrasted w. *ebriosus*). **b** (of speech, actions, etc.) marked by drunkenness, drunken. **c** accompanied by drunkenness, riotous.
adsimulabo me esse ~um PL.*Am.*999; *Men.*373; in acta cum mulierculis iacebat ~us CIC.*Ver.*5.63; *Deiot.*26; ~a turba PROP.4.4.78; aliquis..nondum ~us JUV.15.24; (*of parts of the body*) ~as manus PETR.79.9; (*w. abl.*) aqua totiens ~us esse potes MART.1.26.2; (*in fig. phr.*) ~us iam sanguine ciuium PLIN.*Nat.*14.148; (*quasi-advl.*) mulieres.. riserunt ~aeque iunxerunt oscula PETR.67.11; (*masc. as sb.*) domus..plena ~orum CIC.*Phil.*2.67;—quo distet..~us ab ebrioso et timens a timido SEN.*Dial.*3.4.1; *Ep.*83.11. **b** nocturnae..~a signa fugae PROP.3.3.48; ~a uerba [TIB.] 3.6.36; errore ~o PHAED.4.15(16)11; huc incede gradu marcidus ~o SEN.*Med.*69. **c** facite cenam mihi ut ~a sit PL.*Cas.*747; nox non ~a sed soluta curis MART.10.47.9; ~a bruma (*i.e. the Saturnalia*) 13.1.4.

2 Resembling a drunken man, exhilarated, distraught, etc.; (also transf.).
~us urgeris multis miser undique curis LUCR.3.1051; (*w. abl.*) regina..fortuna..dulci ~a HOR.*Carm.*1.37.12;—pueri ~os ocellos (*i.e. with love*) CATUL.45.11; SEN.*Ep.*19.9.

3 (of things, w. abl., *de*) Soaked or swimming (with).
tapetes ~i fuco MAT.*poet.*13; lucerna..nimbis ~a Nicerotianis (*sc. of perfumes*) MART.10.38.7; 13.82.1; (*w.* de(lana) ~a..cum sim de sanguine conchae 14.154.1.

ēbulliō ~īre ~iī or ~iuī, *tr., intr.* [EX-+BVLLIO]

1 (tr.) To spout out; to chatter about. **b** *animam* ~*ire,* (colloq.) to give up the ghost, expire; (also w. ellipse of *animam*).
quod quidem (Epicurus) solet ~ire non numquam CIC. *Fin.*5.80;—si uirtutes ~ire uolent et sapientias *Tusc.*3.42. **b** (Claudius) animam ~iit, et ex eo desiit uiuere uideri SEN. *Apoc.*4.2; PETR.42.3; ut larua intraui, paene animam ~iui 62.10;—o si ~iat patruus, praeclarum funus! PERS.2.10.

2 (intr., of a laugh) To burst out.
dum risus ~it APUL.*Met.*2.30.

ebulum ~ī, *n.* ~**us** ~ī, *f.* [dub.] ORTHOG.: *heb-* read in COL.2.2.20. GENDER: fem. certain in PLIN.*Nat.*25.119. Dwarf elder or danewort, *Sambucus ebulus.*
ex segeti uellito ~um CATO *Agr.*37.2; sanguineis ~i bacis minioque rubentem VERG.*Ecl.*10.27; LUC.9.916; ~um.. calculos pellit PLIN.*Nat.*26.81; LARG.153.

ebur ~oris, *n.* [cf. Egypt. *āb, ābu* 'elephant', 'ivory'] FORMS: *ebura* suggested as pl. by Antonius Gnipho (Quint.*Inst.*1.6.23).

1 Ivory. **b** (as the material of one of the

gates of dreams—see Hom. *Od.*19.562–4). **c** (as a type of whiteness); also, ivory-colour.
(domum) auro ~ore instructam Enn.*scen.*96; Cato *orat.* 175; signum ex ~ore pulcherrimum Cic.*Brut.*257; *Agr.*2.38; ~ur Indicum Hor.*Carm.*1.31.6; niueum..sculpsit ~ur Ov. *Met.*10.248; Curt.9.1.2; in ~ore..longe citra aemulum (Phidias) Quint.*Inst.*12.10.9; Suet.*Tit.*2.1. **b** melior qua porta malignum cornea uincit ~ur Stat.*Silv.*5.3.289. **c** una opera ~ur atramento candefacere postules Pl.*Mos.* 259; Indum sanguineo ueluti uiolauerit ostro si quis ~ur Verg.*A.*12.68;—rostrum..anniculis (merulis) in ~ur transfiguratur Plin.*Nat.*10.80.

2 An elephant's tusk; also, an elephant.
~ori praefixa..hasta Sil.9.582;—mora nulla per Histrum ..quin illud ~ur ducatur ad aras Juv.12.112.

3 An object made of ivory. esp. **b** an ivory statue (or statues). **c** the curule chair of a magistrate.
~ora certe poliunt (raphani) Plin.*Nat.*19.87;—*(of spec. objs.)* inflauit cum pinguis ~ur *(i.e. pipe)* Tyrrhenus Verg.*G.* 2.193; ~ur uacuum *(i.e. sheath)* Ov.*Met.*4.148; quassat ~ur *(i.e. dice-box)* Mart.13.1.6; facundum..~ur *(i.e. lyre)* Stat. *Silv.*1.2.3. **b** maestum inlacrimat templis ~ur Verg. *G.*1.480; Ov.*Met.*15.792; Phidiacum..~ur Mart.9.24.2; Stat.*Theb.*10.66. **c** dabit eripietque curule..~ur Hor. *Ep.*1.6.54; conspicuum signis cum premet altus ~ur Ov. *Pont.*4.5.18; Stat.*Silv.*1.2.180.

eburārius, eburātus: see ebor-.

eburneolus ~a ~um, *a.* [next+-olvs] Made of ivory.
~a..fistula Cic.*de Orat.*3.225.

eburneus ~a ~um, *a.* [ebvr+-nevs]

1 Made of ivory. **b** *dens ~us*, an elephant's tusk. **c** *scobis ~a*, ivory-dust.
signum..~um Cic.*Ver.*4.1; ~is sellis sedere Liv.5.41.2; ~a..telorum custos *(i.e. quiver)* Ov.*Met.*8.320; cultello ~o Larg.83; ~as..litterarum formas Quint.*Inst.*1.1.26; cum ..~is quadrigis..luderet Suet.*Nero* 22.1. **b** dentis ~os incredibili magnitudine e fano sustulisse Cic.*Ver.*4.103; Liv. 37.59.3. **c** nauseantibus..salutaris habetur ~a scobis Col.7.10.4.

2 Ivory-coloured, white as ivory.
~a..bracchia Ov.*Am.*3.7.7; terga..iactantur crines per ~a *Met.*10.592; nitor in facie..~vs *CIL* 6.37965.

eburnus ~a ~um, *a.* [ebvr+-nvs]

1 Made of ivory; *porta ~a*, a gate in the underworld from which false dreams arise. **b** decorated with or made partially out of ivory. **c** (applied to Pelops, on account of his ivory shoulder).
elephantos, India quorum milibus e multis uallo munitur ~o Lucr.2.538; ~a..lyra Hor.*Carm.*2.11.22; talos.. ~os Prop.2.24.13; pectines ~os Apul.*Met.*11.9;—natum Anchises..porta..emittit ~a Verg.*A.*6.898; Hor.*Carm.* 3.27.41. **b** ~o speculo Lucil.683; ensem..~um Verg. *A.*11.11; templo..~o Prop.4.2.5;—*(of a triumphal chariot)* te..Messalla..portabat nitidis currus ~us equis Tib.1.7.8; Ov.*Pont.*3.4.35. **c** Tantalides..~us Ov.*Tr.*2.386.

2 White as ivory.
siue lyrae carmen digitis percussit ~is Prop.2.1.9.

ec: dub. form of ex.

ec-, *pref.* [cf. Osc. *ek-kum* (= *item*), Umb. *eř-ek* (= *id*)] (Prefixed to interrogatives with intensive or indefinite force; e.g. *ecquis, ecquando*; prob. also in *ecce.*)

ēcastor, *interj.* [*e-* (cf. *edepol*)+castor²] Pros.: first syll. app. short in Pl.*Truc.*107, 583, Ter.*An.*486. By Castor! (an interj. app. used only by women).
~ te experior quanti facias uxorem tuam Pl.*Am.*508; ne ego ~ mulier misera *Men.*614; *Mil.*1041; ibi ego te et tu me feres. — spero ~ Ter.*Hec.*611;11 ~ Titin.*com.*59; Laber. *com.*86.

Ecbatana ~ōrum, *n. pl.* Also **~a** ~ae, *f.*; **~ae** ~ārum, *f. pl.* The capital of Media, a seat of the Persian (and later Parthian) kings.
~a peruenerat Curt.5.8.1; Plin.*Nat.*6.43; Tac.*Ann.*15.31. **β** ~am..ibo Lucil.464. **γ** apud Susam et ~as Apul. *Mun.*26.

ecbolae ~ārum, *f. pl.* [Gk. ἐκβολή] The waste products of mining, slag.
neve ~as colligito..extra finis pvtei adsignati *Lex Vip.*46(*Font.iur.*p.295).

ecbolas ~adis, *f.* [Gk. ἐκβολάς] A kind of grape, believed to cause abortion.
Plin.*Nat.*14.117.

ecca, *interj.* [ecce+-*a* (neut. pl. term.), on anal. of *eccum, eccam*, etc.] Here they (*neut.*) are!
sunt crepundia. — ~ uideo Pl.*Rud.*1154.

eccam, *interj.* [ecce+(prob.) **ham* (= *hanc*, acc. sg. fem. of hic¹)] Here she (it) is!
em tibi pateram, ~ Pl.*Am.*778; *Cas.*574; sed ~ ipsam, egreditur foras *Mil.*1215; Bacchidem ~ uideo Ter.*Hec.*854.

eccās, *interj.* [ecce+(prob.) *has* (hic)¹] Here they (fem.) are!
ostende huc manus. — em tibi, ostendi, ~ Pl.*Aul.*641; sed ~ uideo incedere Nov.*com.*85.

ecce, *interj.* [prob. ec-+-ce] Consts.: often foll. by ethic dat. (*tibi*); foll. by acc. (1, 2), rarely after Terence; foll. by nom. app. not attested before Cicero.

1 (calling attention to something visible or perceptible) See! behold! look! (sts., for dramatic effect, ref. to what is not actually present). **a** (introducing, or parenthetic to, a complete sentence). **b** (foll. by acc.). **c** (foll. by nom.). **d** (absol.).
a agite apscedite ergo. ~ autem commodum aperitur foris Pl.*Mil.*1198; tibi lilia..~ ferunt Nymphae Verg.*Ecl.*2.46; teneo ~ epistulas Sen.*Con.*10.6.1; ~ etiam osculo iram finio Petr.99.4; Stat.*Theb.*9.69; (*w.* en) en ~..manibus infestis petit..uultus Sen.*Phoen.*42; (*w. imper. of vbs. of seeing*) adspice uultus ~ meos Ov.*Met.*2.93; (*emphasizing a demonstrative*) svm (s)itvs hic ~ crescens vesdrvnvs *CIL* 8.23852. **b** ubi tu es? — ~ me Pl.*Cist.*283; Ter.*Ad.*995; en quattuor aras: ~ duas tibi, Daphni Verg.*Ecl.*5.66. **c** ~ tibi Ausoniae tellus Verg.*A.*3.477; deus ~ deus! 6.46; Sen. *Con.*2.1.4. **d** ambula atque audin etiam? — ~ (*i.e. here I am!*) Pl.*As.*109; Quint.*Inst.*6.1.43.

2 (calling attention to something non-visual, a fact, idea, etc.) Observe! mark this!
~, Apollo..imperat ut ego illic oculos exuram Pl.*Men.* 840; carminibus confide bonis: iacet, ~, Tibullus Ov.*Am.* 3.9.39; torpent ~ ingenia desidiosae iuuentutis Sen.*Con.* 1.pr.8; Luc.9.557; Stat.*Theb.*1.76;—*(foll. by acc.)* si id factum est, ~ me nullum senem! Pl.*Cas.*305; Quint.*Decl.* 247(p.14,l.19);—*(foll. by nom.)* ego fur? ~ altera iniuria Sen.*Con.*10.6.2;—*(foll. by exclam. cl.)* ~ alius quanto porrexit murmure panem Juv.5.67;—*(absol.)* fero alia flagitia ad te ingentia boni illius adulescentis. — ~ autem! Ter. *Ad.*722.

3 (in an enumeration, calling attention to a fresh item, sts. the climax of the series).
C. Arrius proximus est uicinus..~ ex altera parte Sebosus Cic.*Att.*2.14.2; Ov.*Tr.*2.485; quo minus..omne tempus modo circa Medeam, ~ nunc circa Thyesten consumas Tac.*Dial.*3.4; eloquentia et spiritu, ~ iam et consulatu adleuabatur Flor.*Epit.*2.13(4.2.10).

4 (in vivid narrative, also ~ *autem*, introducing a new event, usu. a sudden or surprising one) Lo and behold! (esp. after temporal cls.; sts. w. ellipsis of vb.). **b** (after a plpf. or impf. cl., often also *et ~*, roughly equiv. to an inverted *cum* cl.).
discubitum noctu ut imus, ~ ad me aduenit mulier Pl. *Mer.*100; Cic.*Caec.*20; mihi epistula adfertur a Lepta circumuallatum esse Pompeium..~autema Matio et Trebatio eadem *Att.*9.12.1; 14.3.1; in somnis, ~, ante oculos maestissimus Hector uisus adesse mihi Verg.*A.*2.270; 5.854; haec dum agit, ~ Fuscus Aristius occurrit Hor.*S.*1.9.60; Luc. 1.627; Venus ~..in ipso meditullio scaenae..constitit Apul.*Met.*10.32;—*(in an inverted* cum *cl.)* uix haec dixerat, cum ~ iste praesto 'sedes,' inquit, 'audax?' *Rhet.Her.*4. 65; Petr.7.4. **b** scripseram iam: ~ tibi orat Lepidus ut ueniam Cic.*Att.*13.42.3; Ov.*Ars* 3.725; iamque..ibat agris Io..et ~..Tisiphonen uidet V.Fl.4.392; commodum cubueram et ~ Fotis mea..proximat Apul.*Met.*2.16; 9.22.

5 (calling attention to an illustrative example or other amplification of a previous statement); (esp. after *nam, ut*, or sim.).
nil adeo fortuna..miserabile fecit, ut minuant nulla gaudia parte malum. ~ domo patriaque carens..qua tamen inueni uultum diffundere causa possim Ov.*Pont.*4.4.7; *Hal.* 53; quid tamen, si sub condicione accepit libertatem? ~ nondum liber est: sed ut seruus potest coerceri Ulp.*dig.* 47.4.1.3; Paul.*dig.*45.1.140.2;—adeo in rebus damnatis.. sunt aliqua commoda, ut carbone ~ atque cinere Plin. *Nat.*36.203; erant..aliae differentiae..ut ~ peregrini poterant fideicommissa capere Gaius *Inst.*2.285; *dig.*16.1.13; neque..passim haec actio indulgenda est. nam ~ in primis, si modica summa sit Ulp.*dig.*4.3.9.5.

6 (combined w. var. pronouns, etc., as eccam, eccillvm, eccere, etc.; see those wds.).

eccere, *interj.* [prob. prec.+*rem* (res), but cf. Paul.*Fest.*p.78M] Pros.: final syll. app. long in Pl.*Am.*554.

1 = ecce 1.
conicite sortis nunciam ambo huc. ~! uxor, aequa Pl. *Cas.*386; ~ autem capite nutat *Mil.*207; *Per.*300.

2 = ecce 2.
~ perii misera! Pl.*Men.*401; ~ quid si reddet? Ter.*Ph.* 319.

eccillam, *interj.* [ecce+*illam* (ille)] There she (it) is!
immo ~ domi Pl.*Aul.*781; ouem tibi ~ dabo *Mer.*524; *Mil.*789.

eccille ~a ~ud, *pron. adj.* [back-formation from prec.] That over there.
libertus ~e Apul.*Apol.*53; socero eius ~i Herennio Rufino 74.

eccillic ~aec ~uc, *pron. adj.* [ecce+illic¹] That over there.
vt tradas mandes mensi febrvario ⟨e⟩cillunc *CIL* 1.2520.43.

eccillud, *interj.* [ecce+*illud* (ille)] There it is!
tegillum ~, mihi unum id aret Pl.*Rud.*576.

eccillum, *interj.* [ecce+*illum* (ille)] There he is!
~ uideo Pl.*Mer.*434; hic eiius uidulum ~ tenet *Rud.* 1066.

eccistam, *interj.* [ecce+*istam* (iste)] There she is!
certe ~ uideo Pl.*Cur.*615.

ecclēsia ~ae, *f.* [Gk. ἐκκλησία] (in a Greek city) The assembly of the people; a meeting of the assembly.
bule et ~a consentiente Plin.*Ep.Tra.*10.110(111).1;—imagines argenteas..vt omni ~a svpra bases poneren-tvr *CIL* 3.14195⁴.6.

eccōs, *interj.* [ecce+(prob.) *hos* (hic¹)] Here they (masc.) are!
sed ~ uideo incedere patrem sodalis et magistrum Pl. *Bac.*403; ~ tris nummos habes *Men.*219; Ter.*Hau.*256; Acc.*trag.*69.

eccum, *interj.* [ecce+(prob.) **hum* (= *hunc*, acc. sg. masc. of hic¹)] Here he is!
meus pater intus nunc est ~ Iuppiter Pl.*Am.*120; *Mil.* 1281; sed ~ lenonem optume Pl.*Poen.*1330; Ter.*Hau.*829; attat ~ Phidippum..uideo Ter.*Hec.*449; Titin.*com.*64;—(*app.* = ecce) si nitidvs vivas ~ domvs exornata est *CIL* 2.4284.

Ecdēmēticus ~ī, *m.* [Gk. ἐκδημητικός] 'Travelling abroad' (title of a book of satires by Varro).
Gel.19.8.17.

ecdicus ~ī, *m.* [Gk. ἔκδικος] (in a Greek city) A public advocate or prosecutor.
ut ~i a Mylasinis Romam mitterentur Cic.*Fam.*13.56.1; Plin.*Ep.Tra.*10.110(111).1.

ecf-: for wds. beginning thus see eff-.

ēchēa ~ōrum, *n. pl.* [Gk. ἠχεῖα] Brazen vessels used in theatres to improve the acoustics, resonators.
ea ~a (*cj.*; eae echo *codd.*)..ad neten hyperbolaeon sonantia Vitr.5.5.2.

echenāis ~idis, *f.* Also **echenēis.** [Gk. ἐχενηΐς] The sucking-fish believed to delay ships, the remora.
parua ~is (at est, mirum, mora puppibus ingens) Ov. *Hal.*99; Luc.6.675. **β** Plin.*Nat.*9.79; uenerem inhibet ~is 32.139.

echeōn (*indecl.*?). [Gk. ἐχεων, gen. pl. of ἔχις (sc. θηριακή?)] A medicine made from vipers.
Plin.*Nat.*29.119.

echidna¹ ~ae, *f.* [Gk. ἔχιδνα] A serpent, viper (as attribute of the Furies); *~a Lernaea*, the hydra of Lerna.
tumidis..adflauit ~is e tribus una soror Ov.*Met.*10.313; —9.158; *Fast.*5.405.

Echidna² ~ae, *f.* A mythical creature, mother of Cerberus and other monsters.
Ov.*Met.*4.501; Hyg.*Fab.*pr.39.

Echidnēus ~a ~um, *a.* Of Echidna; *canis ~us*, Cerberus.
~ae..e dentibus..canis Ov.*Met.*7.408.

Echīnades ~um, *f.* A group of islands in the Ionian Sea off the coast of Acarnania.
Ov.*Met.*8.589; Mela 2.110; Plin.*Nat.*2.201.

echīnātus ~a ~um, *a.* [echinvs+-atvs²] Set with prickles, prickly, bristling.
~o calyce (*of a chestnut*) Plin.*Nat.*15.92; 22.24; in cacumine (dipsaci) capitula sunt ~a spinis 27.71.

echīnomētra ~ae, *f.* [Gk. ἐχινομήτρα] A kind of sea-urchin.
Plin.*Nat.*9.100.

echīnopūs ~odis, *m.* [Gk. ἐχινόπους] Some sort of prickly plant.
Plin.*Nat.*11.18.

echīnus ~ī, *m.* [Gk. ἐχῖνος] Orthog.: *echinn-* read in Calp.*Ecl.*2.83.

1 A sea-urchin.
~os..captamus Pl.*Rud.*297; Lucil.1201; Var.*L.*5.77; horret capillis ut marinus asperis ~us Hor.*Epod.*5.28; Sen. *Ep.*95.26; Cydonia..mala spinis confixa, ut ~os efficerent Petr.69.7; ~i, quibus spinae pro pedibus Plin.*Nat.*9.100; Juv.4.143; Apul.*Apol.*35.

2 The prickly pericarp of a chestnut.
cum..maturis nucibus uirides rumpentur ~i Calp.*Ecl.* 2.83.

3 An article of table-ware, perh. a salt-cellar.
adstat ~us uilis, cum patera gutus Hor.*S.*1.6.117.

4 (archit.) The convex moulding below the abacus of a (Doric or Tuscan) capital.
Vitr.4.3.4.

Echīōn ~onis, *m.*

1 One of the five survivors among the heroes who sprang from the dragon's teeth, the father of Pentheus.
Ov.*Met.*3.126; Stat.*Theb.*4.569; Hyg.*Fab.*178.6.

2 One of the Argonauts, a son of Mercury.
OV.*Met*.8.311; HYG.*Fab*.14.3.

Echīonidēs ~ae, *m.* The son of Echion, Pentheus.
OV.*Met*.3.701.

Echīonius ~a ~um, *a.* Of or belonging to Echion of Thebes; also, of Echion the Argonaut. **b** Theban.
~i..immania dentis (*i.e. of the dragon*) semina V.FL. 7.554; (*as poet. ep. of Thebes*) non..monstrum..submisere ..maius ~ae..Thebae HOR.*Carm*.4.4.64;—OV.*Met*.8.345. **b** ~as..in arces OV.*Tr*.5.5.53; plebis ~ae STAT.*Theb*.1.169; 10.508.

echios ~iī, *f.* [Gk.] A name given to several plants, app. incl. viper's bugloss (*Echium* spp.) and a kind of burdock.
PLIN.*Nat*.25.104.

echis (~ios or ~eōs, *f.*?). [Gk. ἔχις] The name of a plant, = PSEVDOANCHVSA.
PLIN.*Nat*.22.50.

echītis, (*f.*). [Gk.] The name of a precious stone.
PLIN.*Nat*.37.187.

ēchō ~ō or ~ōn (acc.), *f.* [Gk. ἠχώ]

1 An echo. **b** (personified as a nymph).
sonitus alit aeris ~o *Culex* 152; CALP.*Ecl*.4.28; inimica (apibus)..~o est resultanti sono PLIN.*Nat*.11.65; ~on simul hinc et inde fractam STAT.*Silv*.4.3.63. **b** uocalis nymphe..resonabilis ~o OV.*Met*.3.358; Pan..sedebat complexus ~o montanam deam APUL.*Met*.5.25.

2 A conscious repetition of words or syllables; (rhet.) the use of the same phrase to begin and end a speech.
nusquam Graecula quod recantat ~o MART.2.86.3;—hoc sententiae genus Cestius ~o uocabat SEN.*Con*.7.7.19.

ecligma ~atis, *n.* [Gk. ἔκλειγμα] A medicine that melts in the mouth, an electuary.
utilissime e semine (lini) fiunt ~ata PLIN.*Nat*.20.250; 23.144; 28.193.

eclipsis ~is, *f.* [Gk. ἔκλειψις] An eclipse (of the sun or moon).
~is quando fit, cur luna laboret? VAR.*Men*.231; solis ~is magis mirantur quam lunae *Rhet.Her*.3.36; ad praedicendam ~im PLIN.*Nat*.2.53; HYG.*Astr*.4.14.

ecliptica ~ōrum, *n. pl.* [next] (astron.) The nodes of a planet's orbit.
(stellarum) stationes (fieri) in mediis latitudinum articulis, quae uocant ~a PLIN.*Nat*.2.68.

eclipticus ~a ~um, *a.* [Gk. ἐκλειπτικός] (astrol., of signs) In which the moon is eclipsed.
percipe..quae (signa) sint ~a Graio nomine MAN.4.818.

ecloga ~ae, *f.* [Gk. ἐκλογή] A short passage selected from a longer work; a short poem of any kind.
~as ex annalei descriptas VAR.in *G.L*.1.120;—summa est ~a qua mecum secedere Neapolim Claudiam meam exhortor STAT.*Silv*.3.pr.; siue idyllia siue ~as siue..poematia..uocare malueris PLIN.*Ep*.4.14.9.

eclūtrum ~ī, *n.* [Gk. ἔκλουτρον] A pitcher.
argenteo polubro, aureo ~o (et glutro *codd.*) ANDR.*poet*. 4(5).

ecnephiās (~ae), *m.* [Gk. ἐκνεφίας] A type of hurricane (see SEN.*Nat*.5.12.1).
PLIN.*Nat*.2.131.

ecnūbō: see ENVBO.

ēcontrārius ~a ~um, *a.* [app. EX + CONTRA + -ARIVS] (dub.) Situated directly opposite.
qui ~os (*s.v.l.*) trans riuum habent agros SIC.FL.*agrim*. p.114.

ecphora ~ae, *f.* [Gk. ἐκφορά] (archit.) A projection, corbel.
~ae..quae quantum altitudinis tantundem habent proiecturae VITR.3.5.11; mutulorum ~ae 6.2.2.

ecpōnō: see EXPONO.

ecpyrōsis (~is), *f.* [Gk. ἐκπύρωσις] The conflagration which some believed would end the world.
NIGID.in Serv.*Ecl*.4.10.

ecquālis ~is ~e, *interr. pron. adj.* [EC- + QVALIS] Of whatever kind? whatever sort of?
~e putat cor habere me..? GEL.6(7).2.7.

ecquandō, *interr. adv.* [EC- + QVANDO] (in dir. qu.) At any time? ever? **b** (in indir. qu.) whether at any time.
~o te nostrum..miserebitur? QUAD.*hist*.83; CIC.*Ver*.2.43; ~ tu hominem ineptiorem..uidisti? CAEL.*Fam*.8.15.1; LIV.3.67.10; PLIN.*Pan*.72.6;—(*w. suffix.* -ne) ~ne (agitur) nisi admirationibus maximis? CIC.*Fin*.5.63; ~ne tibi liber sum uisus? PROP.2.8.15; VELL.2.14.2; APUL.*Apol*.25. **b** quaero..~ nisi per xxxv tribus creati sint CIC.*Agr*.2.17.

ecquī ~ae or ~a ~od, *interr. adj.* and *pron.* [EC- + QVI¹] FORMS: ending of nom. sg. fem. often textually uncertain; *ecquae* certain on account of the metre in LUCR.5.1212, *ecqua* in VERG.*A*.3.341, OV.*Fast*.4.488, STAT.*Theb*. 5.129, etc.

1 (as adj.) Is there any that? any? **b** (in indir. qu.) whether any.
~am tu aduexti tuae matri ancillam e Rhodo? PL.*Mer*. 390; hospitem ~em Pamphilum hic habes? TER.*Hec*.804; CATO *orat*.166; ~i pudor est, ~ae religio, Verres, ~i metus? CIC.*Ver*.4.18; *Sest*.64; ~a tamen puero est amissae cura parentis? VERG.*A*.3.341; ~os legatos..miserunt de pace? LIV.23.13.1; OV.*Pont*.4.10.3;—(*w. suffix* -nam) ~onam modo artis indigent? CIC.*Part*.48. **b** me infit percontarier ~em filium Stratonis nouerim PL.*As*.344; quaeris ~ae spes pacificationis sit CIC.*Att*.7.8.4; LIV.5.48.6; OV.*Tr*.1.6. 11; a te rogaui ~am scias esse huiusce uocabuli rationem GEL.16.6.8;—(*w. suffix* -nam) temptare ~onam modo..misericordiam tuam commouere possim CIC.*Deiot*.40; LUCR.5.1212;—(*w. suffix* -ne) uisam ~aen aduenerit..ex Epheso nauis PL.*Bac*.235.

2 (as pron.) Is there anybody who?
~i poscit prandio? PL.*St*.222; tot prius abductis ~ast repetita per arma? OV.*Ep*.15.341; STAT.*Theb*.5.129;—(*in indir. qu.*) cum quaereretur ~i Campanorum bene meritus de re publica nostra esset LIV.26.33.7.

ecquī², *adv.* [EC- + QVI²] Is there any way in which? (in quot., in indir. qu.).
opseruare, ~ maiorem filius mihi honorem haberet quam eius habuisset pater PL.*Aul*.16.

ecquid, *interr. particle.* Also (wrongly) **etquid.** [next]

1 (in dir. qu.) Is it true that? at all?; (sts. in surprised questions where a negative answer is expected); (in polite inquiries) I trust that..? **b** (esp. in impatient questions, where an affirmative answer is expected) is it not the case that? surely?
~ is homo scitust? — plebi scitum non est scitius PL.*Ps*. 748; ~ amas me? *Truc*.542; ~ (puerum) in antiquam uirtutem..auunculus excitat Hector? VERG.*A*.3.342; (*w. suffix* -nam) ~nam meminit Mnesilochi? — rogas? PL.*Bac*. 206; (*foll. by* an) ~ adhuc remanes memor..amici, deserit an partis languida cura suas? OV.*Pont*.2.4.3;— ~ amas Deiotarum et non amas Hieram? CIC.*Att*.16.3.6; ~ mirum est, si..pacem petit? CURT.4.11.4;—quid agis? ~ commode uales? PLIN.*Ep*.3.20.11; 6.2.10. **b** quid est? ~ lubet? — lubet PL.*Cur*.131; libera, inquamst: ~ audis? *Per*.488; ~ te pudet? TER.*An*.871; ~ te ratio iuris..commouet? CIC.*Caec*.93; *Tusc*.1.15; ~ ad te..uentura pericula sentis? HOR.*Ep*.1.18.82; LIV.4.3.8; ~ scis idus iam Martias uenisse? V.MAX.8.11.2; PLIN.*Pan*.49.3;—(*in questions amounting to commands*) ~ femineos sequeris, matrona, recessus? MART. 7.35.7.

2 (in indir. qu.) Whether.
~ placeant (aedes) me rogas? PL.*Mos*.907; ~ in Italiam uenturi sitis..fac plane sciam CIC.*Fam*.7.16.3; quaesiuerunt..~ milites..paratos haberent LIV.27.10.2; PLIN. *Ep*.6.16.17;—(*w.* an) exspecto..~ Dolabella tinniat an in meo nomine tabulas nouas fecerit CIC.*Att*.14.21.4.

ecquis ~id, *interr. pron.* and *adj.* [EC- + QVIS¹] ORTHOG.: sts. mistakenly written *etquis* in MSS. and texts.

1 (as pron.) (in dir. qu.) Is there anyone who?; (neut.) is there anything that? **b** (in indir. qu.) whether anyone or anything.
heus, ~is hic est? ~is hoc aperit ostium? PL.*Am*.1020; CATO *orat*.187; eccui..non proditur reuertenti? CIC.*Mur*.68; ~is erit..qui primus in hostem—? VERG.*A*.9.51; ~is e uobis corruptus est donis? CURT.6.10.22; STAT.*Theb*.7.490; —(*neut.*) ~id est salutis? PL.*As*.648; ~id manifestius proferri potest? CIC.*Ver*.5.16; Brutus ~id agit et quando? *Att*. 13.16.2; muneris ~id habes? PROP.2.23.8;—(*w. suffix* -nam) ~idnam adferunt? PL.*Poen*.619; CIC.*Att*.9.12.4; CATUL. 28.6. **b** percontabor ~is hunc adulescentem nouerit PL.*Capt*.459; quaero..~is istorum popularium tuos ludos aspexerit CIC.*Sest*.116; LIV.21.42.1;—(*neut.*) experiamur.. ~id ego possiem blande dicere TER.*Ad*.877; quaerit ~id sit ..quod exigi debeat CIC.*Ver*.1.132; *Att*.2.8.1;—(*w. suffix* -nam) quaeritur ~isnam perfecte sapiens esse possit *Part*. 64; *Leg*.2.58.

2 (as adj.) = ECQVI 1.
~is alius Sosia intust qui mei similis siet? PL.*Am*.856; ~is inuentus est postea praetor qui idem illud ediceret? CIC.*Ver*.1.111; ~is erit..tibi finis amandi? OV.*Am*.3.1.15; SEN.*Phaed*.359; (*w. suffix* -nam) ~isnam deus est qui mea nunc laetus laetitia fuat? PL.*Mer*.844;—(*in indir. qu.*) respondeat..~is Latini nominis populus defecerit ad nos LIV.23.12.16.

ecquō, *interr. adv.* [EC- + QVO] To any place? anywhither?
~ te tua uirtus prouexisset, ~ genus? CIC.*Phil*.13.24.

ecs-: for wds. beginning thus see EXS-.

ectropa ~ae, *f.* [Gk. ἐκτροπή] (perh.) A fork in a road.
et ne erraremus, ~as (extropas, ex strophas *codd.*) esse multas VAR.*Men*.418.

ectropion, *n.* [Gk. ἐκτρόπιον] (med.) Eversion of the lower eyelid.
inferioris (palpebrae uitium) quo parum susum attollitur ..~ion Graeci nominant CELS.7.7.10.

ectypus ~a ~um, *a.* [Gk. ἔκτυπος] Modelled in relief, embossed; (neut. pl. as sb.) figures modelled in relief.
imaginem Tib. Caesaris habens ~a et eminente gemma SEN.*Ben*.3.26.1; ~as scalpturas PLIN.*Nat*.37.173; *A.Epig*. 48.58;—idem (*sc.* Butades) ~a fecit PLIN.*Nat*.35.152.

eculeus ~ī, *m.* Also **equuleus.** [EQVVS + -VLEVS]

1 A young or small horse, a foal or pony.
neque furentem ~um..equiso..educet VAR.*Men*.118; CIC.*N.D*.2.38; bos ~um peperit LIV.23.31.15; 30.2.11; PLIN.*Nat*.8.171; de mulis aut ~is humilioribus GEL.19.13.4; —(*as represented in art*) ~os argenteos CIC.*Ver*.4.42.

2 An instrument of torture, prob. a form of rack.
facti..in ~o quaestio est CIC.*Mil*.57; torqueatur ~o *Fin*. 5.84; ipse ad intendendum ~um manus admouebam SEN. *Con*.9.6.18; SEN.*Ep*.67.3;—(*fig.*) dictum Maecenatis uera in ipso ~o elocuti 19.9.

eculus ~ī, *m.* [EQVVS + -OLVS] A colt, foal.
post annum et sex menses ~um domari posse VAR.*R*. 2.7.13; 2.8.6.

ecuoluō: see EVOLVO.

Ecurria: see EQVIRRIA.

ecus: see EQVVS.

edācitās ~ātis, *f.* [next + -TAS] Voracity, gluttony.
neque ~ate eos quisquam poterat uincere PL.*Per*.59; alterum morbum ~atis esse putant CIC.*Fam*.7.26.1; *Q.fr*. 3.9(7).9.

edax ~ācis, *a.* *superl.* ~ācissimus. [EDO¹ + -AX]

1 Voracious, gluttonous, greedy.
~ax parasitus TER.*Hau*.38; ~acem..hospitem amisisti. CIC.*Flac*.41; HOR.*S*.2.2.92; (*masc. as sb.*) perenniserue, lurcho, ~ax, furax, fugax PL.*Per*.421; quod gratissimum est ~acibus SEN.*Ep*.108.15;—(*of animals*) uastissimorum ~acissimorumque animalium auiditatem SEN.*Ep*.60.3; ~acium iumentorum APUL.*Met*.7.16;—(*w. gen.*) (boues) multi cibi ~aces COL.6.2.14.

2 (of fire, poison, time, etc.) Devouring, destructive.
ignis ~ax summa ad fastigia..uoluitur VERG.*A*.2.758; monumentum..quod non imber ~ax..possit diruere HOR. *Carm*.3.30.3; OV.*Met*.15.354; uirus ~ax superabat opem *Fast*.5.403; ~ax uetustas SEN.*Oed*.536; subit uirus tacitum, carpitque medullas ignis ~ax LUC.9.742;—(*w. gen.*) tempus ~ax rerum OV.*Met*.15.234.

3 (of care, envy, grief) Consuming, gnawing.
dissipat Euhius curas ~aces HOR.*Carm*.2.11.18; liuor ~ax OV.*Am*.1.15.1; ~ax..inuidia SEN.*Dial*.11.9.4; LUC. 1.288; SIL.13.581.

edeatroe, *m. pl.* [Gk. ἐδέατροι] (See quot.)
~oe, qui praesunt regiis epulis, dicti ἀπὸ τῶν ἐδεσμάτων PAUL.*Fest*.p.82M.

ēdecimātus ~a ~um, *a.* [as pple. from EX- + DECIMO] Selected, choice.
PAUL.*Fest*.p.80M.

ēdentō ~āre ~āuī ~ātum, *tr.* [EX- + DENS + -O³] To knock the teeth out of.
uelim inprobissumo homini malas ~auerint PL.*Rud*.662.

ēdentulus ~a ~um, *a.* [EX- + DENS + -VLVS] Toothless.
illius hirqui inprobi ~i PL.*Cas*.550; *Men*.864; istae ueteres..uetulae, ~ae *Mos*.275;—(*facet. applied to old wine*) uetustate uino ~o aetatem inriges *Poen*.700.

edepol, *interj.* [*e-* (cf. *ecastor*) + *de* (? abbrev. of *deiue*, voc. of DIVVS) + *pol* (abbrev. voc. of POLLVX)] By Pollux! (an imprecation used by both sexes, cf. GEL.11.6.3).
~ Cupido..nimis multum uales NAEV.*com*.55; quid agam? ~ nescio PL.*Aul*.730; mihi est Menaechmo nomen. — immo ~ mihi *Men*.1068; *Rud*.686; ~ ne nos sumus inique aeque omnes inuisae uiris propter paucas TER.*Hec*. 274; *Ad*.961; quia 'pol ~' fabulare TITIN.*com*.111; NOV. *com*.1.

edera: see HEDERA.

edi, *interj.* [according to Charisius, = *edius fidius* (app. a by-form of *medius* FIDIVS w. *e-* as in *ecastor*)] An oath used by men.
id necessest? — ~! TITIN.*com*.12; an quia 'pol edepol' fabulare, '~ medi' meministi? 111.

ēdīcō ~cere ~xī ~ctum, *tr.* [EX- + DICO²] FORMS: *exd-* *CIL* 1.581.3,22; imper. *edice* VERG.*A*.11.463, STAT.*Theb*.12.598 (*edic* app. unknown).

1 (of magistrates and other authorities) To give public notice of, decree, proclaim. **b** (introducing various consts.). **c** (in non-official cont., sts. in comic imitations of public announcements). **d** to enact (a law).
res diuas ~cit NAEV.*poet*.28(30); DE BACANALIBVS.. ITA EXDEICENDVM CENSVERE *CIL* 1.581.3; rex..ferias.. nonis februariis ~cit VAR.*L*.6.13; ~cta sunt in a. d. XI K. Febr. CIC.*Q.fr*.2.2.2; cum..iustitium ~xisset LIV.7.9. 6; SEN.*Suas*.2.12; STAT.*Theb*.12.598; senatus..in Pompei curiam ~ctus est SUET.*Jul*.80.4; praemium inuestigationis

publicitus ~cere APUL.*Met.*6.7; (*of a deity*) Iuppiter.. tristis ~xit caedibus annos STAT.*Ach.*1.83;—(*ellipt. or absol.*) aliter possedit quam praetor ~xit CIC.*Quinct.*84; GAIUS *Inst.*1.2. **b** (*w.* ut *or* ne+*subj.*) ~xerunt, ne quis in balneis lauisse uellet GRACCH.*orat.*45; ~cunt duo consules ut ad suum uestitum senatores redirent CIC.*Sest.*32; LIV.29.25.9; PLIN.*Nat.*7.125;—(*w. subj. alone*) cum tribuni pl. ~xissent senatus adesset CIC.*Fam.*11.6.2; VERG.*A.* 3.235;—(*w. inf.*) armari Volscorum ~e maniplis 11.463; SIL.3.220. **c** meministin..mihi te..~cere si puellam parerem, nolle tolli? TER.*Hau.*626; ~cit piscator uti, pomarius, auceps..domum ueniant HOR.*S.*2.3.227;—(*foll. by dir. sp.*) ~co..: continete uos domi PL.*Capt.*803; *Mil.* 159;—(*w. cogn. acc.*) oblitus sum..~cere quae uolui edicta. adserua hanc. — saluast haec quidem *Per.*722;—(*w. acc. and inf.*) stabulis ~co in mollibus herbam carpere ouis VERG.*G.* 3.295. **d** legem, qua..~icta flemus PROP.2.7.2.

2 To state publicly (facts etc.), declare.
uotita sum ne hoc quoiquam homini ~cerem PL.*Per.*240; arcana fatorum..~cit in uulgum APUL.*Met.*2.12;—(*w. acc. and inf.*) dico ~co uobis nostrum esse illum erilem filium TER.*Eu.*962; Anticyram inde se petiturum ~xit LIV.26.26.1; TAC.*Ann.*1.78;—(*w. pred.*) inaccessum..uiris ~citur antrum STAT.*Ach.*1.599;—(*w. indir. qu.*) iussus..quae sciret ~cere SAL.*Cat.*48.4; ~cat, quid absumpserit PLIN.*Pan.*20.5.

3 (app.) To utter the words of (a song).
carmen..quod Camenarum fauore sollers poeta modulatus ~xerat APUL.*Met.*11.9.

ēdictālis ~is ~e, *a.* [EDICTVM+-ALIS] According to (the praetorian) edict.
bonorum possessionem ~em ULP.*dig.*29.2.30.1; 38.6.1.4.

ēdictiō ~ōnis, *f.* [EDICO+-TIO] A decree, edict (in quots., applied humorously to the pronouncements of ordinary citizens).
basilicas ~ones atque imperiosas PL.*Capt.*811; *Ps.*143; uobis, mulieres, hanc habeo ~onem 172.

ēdictō ~āre ~āuī ~ātum, *tr.* [EDICO+-TO] To declare, make known.
tute ~as facta tua PL.*Am.*816; meorum..amorum summam ~aui tibi *Epid.*105; *Men.*642.

ēdictum ~ī, *n.* [pple. of EDICO] FORMS: *edictu* (abl. sg.) *CIL* 3.9973. A proclamation by a magistrate or other authority, decree, edict. esp. **b** the proclamation issued by a senior magistrate (esp. a praetor) on entering office, in which he set out the legal provisions he intended to observe during his administration. **c** (collect., spec.) the edicts of the *praetor urbanus*, esp. the digest of them made by Salvius Julianus under Hadrian (also called *~um perpetuum*).
aedilis curulis ~um quod de funeribus habeant..remit..tere CIC.*Phil.*9.17; *Att.*2.21.4; erat ~um Pompei nomine ..propositum, uti omnes..conuenirent CAES.*Civ.*3.102.2; ~a..Iulia HOR.*Carm.*4.15.22; ad ~um Romani regis LIV. 1.52.6; 39.14.8; proscriptionis ~um SEN.*Cl.*1.9.3; laudatus..per ~um Cluuius Rufus TAC.*Hist.*1.76; SUET.*Cl.*9.2; (*as a form of summons*) si quis tutor datus non compareat, solet ~is euocari ULP.*dig.*26.10.7.3; (*in its written form*) nemo, qui obstetricem..accersit, ~um et ludorum ordinem perlegit SEN.*Ep.*117.30;—(*of a deity*) ~um Apollinis PL.*Men.*871;—(*of an ordinary citizen*) nequid credas me aduorsum ~um tuom facere esse ausam TER.*Hau.*623;—(*transf.*) philosophiae ~um APUL.*Fl.*7. **b** postulat a.. praetore Naeuius ut ex ~o bona possidere liceat CIC.*Quinct.* 25; Romae composui ~um; nihil addidi, nisi quod publicani me rogarunt *Fam.*3.8.4; 13.59; censor..multas res nouas in ~um addidit NEP.*Ca.*2.3; amplissimum ius est in ~is duorum praetorum, urbani et peregrini GAIUS *Inst.*1.6;—(*collect.*) non ..a praetoris ~o..hauriendam iuris disciplinam putas CIC. *Leg.*1.17; in libro, quem de ~o aedilium curulium composuit GEL.4.2.3. **c** Seruius duos libros..ad ~um subscriptos reliquit POMPON.*dig.*1.2.2.44; diligentius hunc tractatum executi sumus..in ~i interpretatione GAIUS *Inst.*1.188; 4.31; perpetui ~i exemplo PAPIN.*dig.*31.77.29.

ēdiscō ~ere ēdidicī, *tr.* [EX-+DISCO]

1 To get to know (a subject) thoroughly.
meum ingenium..nondum..edidicisti PL.*Per.*174; qui istam artem..non ~ant CIC.*de Orat.*1.246; HOR.*Ep.*2.2.144; e tabula pictos ~ere mundos PROP.4.3.37; siderum rationem ~endam praecipit PLIN.*Nat.*18.209; Iudaicum ~unt..ius JUV.14.101; cum..ab Eubulide..argumentationes edidicisset APUL.*Apol.*15;—(*w. inf.*) ~o tristia posse pati OV.*Ep.* 7.180; STAT.*Ach.*1.860;—(*w. indir. qu.*) quid sit (in auspiciis) ~ere CIC.*Div.*1.105; OV.*Met.*13.246.

2 To learn by heart, memorize.
(nomina) quo citius ~ere possent VAR.*L.*8.5; cuius edidici ..uersus CIC.*Div.*1.17; CAES.*Gal.*6.14.3; huius..declamationes ~unt SEN.*Con.*3.pr.15; uolumina ~enda PLIN.*Nat.* pr.22; (*poet., of inanim. objs.*) quae..audiit Eurotas iussitque ~ere lauros VERG.*Ecl.*6.83;—(*authors*) Lepta..~at Hesiodum CIC.*Fam.*6.18.5; hos (*sc. poets*) ~it..Roma HOR.*Ep.* 2.1.60; MART.11.2.7; QUINT.*Inst.*10.1.105;—(*absol.*) ne.. in ~endo tempus absumeret SUET.*Aug.*84.2.

ēdisserō ~ere ~uī ~tum, *tr.* [EX-+DISSERO²] To set forth in words, expound or relate.
quin rem actutum ~is? PL.*As.*325; mihi..haec ~e uera roganti VERG.*A.*2.149; HOR.*S.*2.3.306; Laelius eadem ~uit LIV.27.7.4; COL.2.8.1; Phariae primordia gentis..~e LUC. 10.178;—(*absol.*) quis illo..in docendo ~endoque subtilior? CIC.*Brut.*65; cum (Paulus) de suis rebus gestis..~eret LIV. 45.40.9;—(*w. indir. qu.*) mihi quae dicam ~e PL.*Capt.*967; ~etur num consulto factum sit *Rhet.Her.*2.26; LIV.44.41.4; SEN.*Oed.*787.

ēdissertātiō ~ōnis, *f.* [next+-TIO] A detailed description.
ingenium praedictorum (*sc.* insectorum) et reliqua subtexetur ~o PLIN.*Nat.*10.190.

ēdissertō ~āre ~āuī ~ātum, *tr.* [EX-+DISSERO+-TO] To relate in detail.
ordine omne, uti quidque actum est..~auit PL.*Am.*600; quid fit denique? ~a *Cas.*915; neque adgrediar narrare quae ~ando minora uero faciam LIV.22.54.8; PLIN.*Nat.*3.42; cum ~auit Fului Nobilioris censuram FEST.p.282M.

ēditīcius ~a ~um, *a.* [EDO²+-ICIVS²] (of a *iudex*) Nominated by the plaintiff (see EDITIO 3b).
~os iudices esse uoluisti CIC.*Mur.*47; *Planc.*36; 41.

ēditiō ~ōnis, *f.* [EDO²+-TIO]

1 The bringing forth (of offspring).
post ~onem (fetuum) ULP.*dig.*7.1.70.4; 50.2.2.6.

2 The performance, rendering (of services).
operarum ~onem NERAT.*dig.*38.1.50.

3 A statement (official or otherwise), announcement or assertion. **b** (leg.) a nomination (by the plaintiff of the tribes from which the jury might be selected). **c** a presentation (of accounts).
in tam discrepanti ~one et Tubero et Macer libros linteos auctores profitentur LIV.4.23.2; ~ones (*sc.* actionum) sine die et consule fieri debent ULP.*dig.*2.13.1.2. **b** quam ob rem senatus hoc uno in genere tribus edi uoluerit ab accusatore neque eandem ~onem transtulerit in ceteras causas CIC.*Planc.*36; 41. **c** solus ad ~onem (rationum) compelletur ULP.*dig.*2.13.6.1.

4 Publication (of books, writings); also, a published version of a work, edition.
monumenta ingeniorum et ad indignos peruentura publicauit ~o SEN.*Ben.*4.28.4; de ~one Thebaidos meae STAT.*Silv.*4.pr.; maturare libri huius ~onem festino TAC. *Dial.*3.3; an ~one sint digni (libelli) PLIN.*Ep.*3.15.1; 9.1.3; (*cf.*) diligentiam meam sub tanti nominis ~one..probasti LARG.pr.p.5,l.28;—(uersus) non in omni ~one (Homeri) reperitur QUINT.*Inst.*5.11.40; 12.10.55.

5 The putting on (of a show).
~ONEM MVNERIS *CIL* 2.6278.18; LIBERALITATEM DVPLICIS ~ONIS LVDORVM 8.11345; 9.1156.

ēditor ~ōris, *m.* [EDO²+-TOR]

1 One that emits (exhalations).
(*of a river*) nocturnae..~or aurae Sarnus LUC.2.423.

2 One who puts on (public entertainments).
QVOD PRIMVS OMNIVM ~ORVM SVM⟨PTV PR⟩OPRIO QVINQVE FER⟨AS⟩..DEDERIT *CIL* 9.2237; ~ORI MVNERIS 10.539; ~ORI IVVEN(alium) 11.4580.

ēditum ~ī, *n.* [pple. of EDO²]

1 A command, decree.
qui peragat Thaumantidos ~a OV.*Met.*11.647.

2 An action, exploit.
Alexandri multa sublimia facinora et praeclara ~a APUL. *Fl.*7.

ēditus¹ ~a ~um, *a. compar.* ~ior, *superl.* ~issimus. [pple. of EDO²]

1 Extending far upwards, high, lofty; situated at a high level. **b** (neut. as sb.) a high point or position; (usu. in prepositional phrs., *ex ~o, in ~um*, etc.).
tumulus..paulo ~ior CAES.*Civ.*1.43.1; montes ~issimos LIV.38.19.3; ~issimo..muro COL.9.5.3; ~a in turre TAC. *Hist.*4.65; APUL.*Met.*2.29;—~o..atque excelso loco CIC. *Mil.*53; NEP.*Ag.*6.2; ~ior aer..purior..est SEN.*Nat.*4b.10; COL.1.5.4; (*cf.*) cum (Anio) ~issimus ueniat (*i.e. from a high altitude*) FRON.*Aq.*91. **b** ~a montium CURT.6.6.25; plana ~a ..pari metu complet TAC.*Ann.*15.27;—in ~o fieri tabulatum oportet COL.8.8.2; cineres in ~um..suggessit QUINT.*Decl.* 299(p.182,l.8); ex ~o desiliens aqua PLIN.*Ep.*5.6.24; APUL. *Met.*4.3; (*in fig. phr.*) in ~o stat (philosophus) admirabilis SEN.*Ep.*111.3.

2 (transf.) Exalted (in rank); outstanding (in a specified respect).
potentes et imperio ~i SEN.*Dial.*2.4.1;—quos..uiribus ~ior caedebat ut in grege taurus HOR.*S.*1.3.110.

ēditus² ~ūs, *m.* [EDO²+-TVS³] Excrement, droppings.
~u bubum ULP.*dig.*32.55.6.

edō¹ esse ēdī ēsum (essum), *tr.* [Osc. *edum*, Gk. ἔδω] FORMS: pres. ind. *edo*, (*es*), *est*, *edimus*, *estis*, *edunt*; pass. *estur*. Pres. subj. *edam* or (less common in class. and later Latin) *edim*. Impf. subj. *essem* (but *ederent* GEL. 19.2.7); pass. *essetur* cj. in VAR.*L.*5.106. Imp. *es* (or *esto*), *este*. Pres. inf. *esse*; pass. *edi*. *essum*, *essurus*, etc. (= *esum*, *esurus*) PL.*Cur.* 228, *Men.*147, etc. PROS.: *-i-* of pres. subj. presumed long on analogy of *sim*, *sīs*, etc., though quantity actually certain only in PL.*Poen.*537 (and by cj. in Nov.*com.*6).

1 To eat. **b** to spend (money) on food.
quasi mures semper edimus alienum cibum PL.*Capt.*77; nec quod edim quicquam datur *Poen.*1284; eam (*sc.* brassicam) esto..crudam CATO *Agr.*156.1; canis caninam non est VAR. *L.*7.31; si..pecus edit (*i.e. grazed bare*) agellos cultaque HOR.*Ep.*1.12.12; es paulo, quam potes esse, minus OV.*Ars* 3.758; CELS.6.6.38; estur et caucalis (*i.e. is edible*) PLIN. *Nat.*22.83; (*sup.*) idem dulce esu, idem haustu iucundum FRO.*Aur.*2.p.84(154N); (*impers. pass.*) dies noctesque estur, bibitur PL.*Mos.*235;—(*absol.*) nulli negare soleo, siquis me essum uocat *St.*182; CIC.*N.D.*2.7; Aetolo de sue diues edat MART.13.41.2; uasa..quibus..edebat PAUL.*dig.*34.2.32.3;—(*poet.*) qui..maerens errabat..ipse suum cor edens (*transl. Homer* ὃν θυμὸν κατέδων) CIC.*Tusc.*3.63;—(*transf.*) lubenter edi sermonem tuom PL.*Aul.*537. **b** ea uos (*sc.* meretriculae) estis, exunguimini, ebibitis PL.*Truc.*312.

2 (transf.) **a** (of fire, water, disease, etc.) To eat away (something material). **b** (of passions, grief or sim.) to consume (a person or his mind).
a ut mala culmos esset robigo VERG.*G.*1.151; carinas est uapor *A.*5.682; corpora..sic tua uirus edat OV.*Ib.*604; imponenda sunt, quae carnem putrem lenius edunt CELS.5. 26.33.c; ne..Bacchi munera frigus edat MART.8.68.4; exta ..edet Vulcanius ignis STAT.*Theb.*1.508;—(*of time or sim.*) turres, edit quas longior aetas SIL.4.22; 13.665. **b** cuius me..edebat amor CATUL.91.6; ne te tantus edit tacitam dolor VERG.*A.*12.801; si quid est animum HOR.*Ep.*1.2.39; SIL.17.344.

ēdō² ~ere ~idī ~itum, *tr.* [EX-+*do* (*cf.* ABDO)] FORMS: pf. *ededit CIL* 6.31850.

1 To eject, emit. **b** (pass., of rivers) to debouch; also (cf. sense 2), to rise, spring (also act., of the source). **c** *animam ~ere*, to breathe one's last, die; so *uitam* or *aetatem ~ere*, to complete one's life
cum..foras..per os est ~itus aer LUCR.3.122; cuniculus delectis militibus..plenus in aedem Iunonis..armatos repente ~idit LIV.5.21.10; si sanguis per hanc (*sc.* urinam) ~itur CELS.2.7.13; cum totam (spicam) ~idit (frumentum) COL.2.11.10; (genus stercoris) quod gallinae..~unt 2.14.1; PLIN.*Nat.*28.227; ignes terra ~iti TAC.*Ann.*13.57; (*refl.*) clanculum ex aedibus me ~idi foras PL.*Mos.*698. **b** Maeander..in sinum maris ~itur qui inter Prienen et Miletum est LIV.38.13.7; 39.53.15;—flumina..procul ~ita *Aetna* 127; MELA 3.41; cum Tigride..Euphrates, quos non diuersis fontibus ~it Persis LUC.3.257. **c** si tum P. Sestius.. animam quam uix retinuit ~idisset CIC.*Sest.*83; OV.*Ep.*9.62; (*cf.*) cuius in complexu libenter extremum uitae spiritum ~iderim CIC.*Phil.*12.22;—qui pro re publica uitam ~iderunt *Planc.*90; LUCR.6.1258; aetas mea prope iam ~ita FRO.*Aur.*2.p.228(235N); GEL.3.15.2.

2 (often in pf. pple. pass.) To bring forth (offspring), give birth to; so *~ere in lucem* and sim. phrs. **b** (of fathers, ancestors, or sim.). **c** (of plants) to bear (fruit), put forth (buds, etc.).
crocodilos dicunt, cum in terra partum ~iderint, obruere oua CIC.*N.D.*2.129; insuetos fetus animalia ~ere LIV. 28.27.16; Nauplion ~it..Amymone VAR.*AT.poet.*1; OV. *Fast.*5.172; oua ~ere COL.8.5.1; uxor uirilis sexus stirpem ~idit TAC.*Ann.*1.58; leaenas..uno partu numquam ~ere plures quam unum GEL.13.7.1; (*cf.*) Iouis femine ~itum (Liberum patrem) PLIN.*Nat.*6.79; (*of an egg*) feminam ~unt (oua) quae rotundiora gignuntur PLIN.*Nat.*10.145; (*of Nature*) natura nos cognatos ~idit SEN.*Ep.*95.52; (*in fig. phr.*) neque concipere aut ~ere partum mens potest PETR. 118.3;—quisque nostrum e bulga est matris in lucem ~itus LUCIL.623; CIC.*Tusc.*3.2; quem Rhea..sub luminis ~idit oras VERG.*A.*7.660. **b** Electram..Atlas ~idit VERG.*A.* 8.137; Maecenas atauis ~ite regibus HOR.*Carm.*1.1.1; ~ita de magno flumine nympha OV.*Ep.*5.10. **c** uirga ~ita a matre COL.*Arb.*7.1; robur et abies..terna germina ~unt PLIN.*Nat.*16.100; uitem CCCLX uuas ~idisse SUET.*Gram.* 23(p.118Re); (*cf.*) longior radix breuiorem dentem~it CELS. 8.1.10.

3 a (of soil or sim.) To produce, yield (plants, crops; often in pf. pple. pass.). **b** (of conditions, circumstances) to see the birth of. **c** (of a country, etc.) to be the birthplace or breeding-ground of.
a quo meliores fetus possit (ager)..~ere CIC.*de Orat.*2.131; omne..quod uiuit, siue animal siue terra ~itum *N.D.*2.24; cum omnis herbas ~iderint (campi) COL.2.4.1; sponte ~ito nemore PLIN.*Nat.*13.34; TAC.*Hist.*5.7; (*cf.*) ex Aeacis cruore ~iti (hyacinthi) PLIN.*Nat.*21.66. **b** quam stirpem longa pax ~iderit LIV.42.11.6; (*w. pred.*) EVM SAECVLI FELICITAS ORBI TERRARVM RECTOREM ~IDIT *CIL* 12.4333.16; (*cf.*, *w. abst. obj.*) ~idit haec (lux) mores illis heroisin aequos OV.*Tr.* 5.5.43. **c** Vmbria te..~it PROP.4.1.121; frigidiores.. regiones..minus terribiles angues ~unt CELS.5.27.10; quod ea (*sc.* Academia) praestantissimos in eloquentia uiros ~iderit QUINT.*Inst.*12.2.25.

4 To give rise to, cause, produce (physical phenomena).
principiis, uarios quae possint ~ere sensus LUCR.2.443; potest (luna)..uariantis ~ere formas 5.722; SEN.*Nat.*1.3.2; spiritus incidens nubibus tonitrua ~it 2.17; si triquetram figuram..ad aliquos..stellarum situs ~at (cometes) PLIN. *Nat.*2.93; (pyritae) altero lapide percussi scintillam ~unt 36.138.

5 (of persons) To carry out, perform (actions), commit (crimes), inflict (destruction), render (services), etc.
uterque in te exempla ~ent TER.*Eu.*1022; quod scelus, quod facinus..non ~idit? CIC.*Phil.*13.21; proelia pugnas ~ere LUCR.4.1010; talia..~ebat funera ductor Dardanius VERG.*A.*10.602; uictores ingentem ~iderunt caedem LIV. 5.13.11; in coniuges infandae contumeliae ~itae 29.8.8; totos fugam ~is per agros SEN.*Phoen.*562; ~ere lasciuos.. gestus MART.6.71.1; in quibus (vestigiis) pulchram..uictoriam ~eretis TAC.*Ag.*34.3; SUET.*Vit.*10.1; ULP.*dig.*38.1.9.1.

6 To utter, emit (sounds or words). **b** to utter solemnly, pronounce (an oracle, etc.). **c** to deliver (a message, etc.), issue (a command).
clamores..~ere LUCIL.1237; miros risus nos ~ere CIC. *Q.fr.*2.8.2; fremitum..~it (equus) LUCR.5.1076; TIB.1.9. 26; uox..~ita templo LIV.6.33.5; mugitus ~idit ore (Io) OV.*Met.*1.637; uadosis litoribus insistens declamationes..~ebat V.MAX.8.7.ext.1; latratus ~unt (ὑδροφόβοι) LARG.171; ~idit aliquando uagitum QUINT.*Inst.*1.1.21;—(*of*

things) chelys..numeros ~at uarios P.Pompon.trag.9. b oraculo ~ito Cic.Tusc.1.116; cum illa sors ~ita est..regi Div.2.115; Verg.A.5.693; moriens ~idisse uocem hanc dicitur Phaed.1.12.12; (sacerdos) ~it responsa uersibus compositis Tac.Ann.2.54. c postulata consulibus..~iderunt Cic.Ver.2.10; tribunum militum primo pilo legionis secretum ~ere imperium Liv.44.33.7; adit regem et mandata ferociter ~idit Tac.Ann.15.5.

7 To make known in words, disclose, tell, relate, etc. b (pass., w. pred., app.) to be known as.
~emus gentibus orbes (stellarum) Cic.Arat.480(236); quid..poetae de se ipsis..~unt..? Tusc.4.71; ~e hominis nomen Hor.S.2.4.10; ~itis hostium consiliis Liv.10.27.4; simul est auctor necis ~itus Ov.Met.8.449; proscripti patris sui..latebras..centurionibus ~idit V.Max.9.11.5; cum tormentis ~ere conscios adigeretur Tac.Ann.4.45; (impers. abl. absol.) ira illa numinum..fuit, quam non..semel ~ito transire licet 16.16;—(w. pred.) auctorem doctrinae eius..Pythagoram ~unt Liv.1.18.2; V.Max.8.7.ext.2;—(w. acc. and inf.) ex illis finibus ~unt..fruges coepisse creari Lucr.2.612; Ov.Met.11.362;—(w. indir. qu.) quid..ista uelit sibi fabula..~e Hor.S.2.5.61; Juv.3.296. b (tertius cardo) inter Graias horoscopus ~itur urbes Man.2.829.

8 To make a formal statement of, declare; formulam (iudicium, actionem, etc.) ~ere, (of a plaintiff) to give the defendant notice (first extra-judicially, then before the praetor) of what he is being sued for and by what action (sts. almost = to sue). b (leg.) to nominate (members of a jury, etc.), appoint (a period of time). c (of oracles, soothsayers) to announce, decree.
tantum exigebat quantum decumanus ~iderat Cic.Ver.3.117; ~it subscriptionem: occisos senatores xxxv Sen.Apoc.14.1; Plin.Nat.7.163; dari sibi diem, ~i crimina postulabat Plin.Ep.3.9.32; consulto circa ~endum patrimonium quantitatem minuisse Ulp.dig.1.12.1.7; (w. indir. qu.) apud eosdem (sc. censores)..~ant..quid in magistratu gesserint Cic.Leg.3.47;—se iudicium id quod ~at accipere Cic.Quinct.66; Plin.Nat.9.182; actor..sponsionis formulam ~it aduersario Gaius Inst.4.165; debitori..actionem ~ere Ulp.dig.5.1.21. b QVOS IS C VIROS EX H(ac) L(ege) ~IDERIT CIL 1.583.23; DVM NEI LONGIVS C DIES ~AT (iudex) 1.583.63; quam ob rem senatus hoc uno in genere tribus ~i uoluerit ab accusatore Cic.Planc.36; ut ex seruorum suorum numero accusator quot uellet ~eret Asc.Mil.34. c ~iti a collegio pontificum dei quibus sacrificaretur Liv.30.2.13; quam sterili terrae Delphicus ~at opem Ov.Fast.3.856; (w. ut) ex fatalibus libris ~itum erat ut is uoueret Liv.22.10.10; (w. subj.) ex oraclo..~idit Apollo, puerum..temperaret tollere Enn.scen.43.

9 (of an author or editor) To publish (writings).
ut illos de re publica libros ~idisti Cic.Brut.19; Att.2.16.4; Catul.95.2; (orationem) quam postea scriptam ~idit Sal.Cat.31.6; Hor.Ars 390; opus belli ciuilis..ab eo seniore ~itum est Vell.2.9.5; ~ent heredes..mea carmina Mart.4.33.3; ars (oratoria) ~ita ad Matium (i.e. dedicated to M.) Quint.Inst.3.1.18; Plin.Ep.5.5.5; (absol.) scriptores..qui..nondum ~iderunt Cic.Leg.1.7.

10 To present (documents) for inspection, show. b to bring forward (witnesses).
tabellae quaestionis..quae recitatae uobisque ~itae sunt Cic.Clu.184; non rationes exspectabam quas tibi ~idit Att.7.3.7; VTEI..EOS (sc. censores) ADEANT LIBROSQVE EIVS MVNICIPI..~ANT CIL 1.593.153; ne quisquam..alia instrumenta delatori cogatur ~ere Maur.dig.2.13.3; si..exemplum litterarum litigatori ~itu msit Macer dig.49.4.3. b testibus ~itis Cic.Ver.1.26; Liv.3.71.3.

11 To display, show (something visible). b to evince (qualities, feelings); to provide (practical proof of a quality). c (of an artist) to represent in a certain aspect.
ad signum ab se procul ~itum ex castris eruptione facta Liv.3.5.9; 27.28.16; Philippum..ignes ab Oreo ~iti monuerant 28.7.1. b quisque id quod quisque potest et ualet ~it Pl.Am.232; trepidationis aliquantum ~ebant Liv.21.28.11; fortitudo..foro atque castris ~ita V.Max.3.2.17; —simile..~ere exemplum seueritatis tuae Cic.Q.fr.1.2.5; Curt.10.3.4. c talem diuina Mulciber arte ~iderat (Martem) Stat.Theb.7.62.

12 To exhibit publicly, put on (a play, show, etc.). b to hold (a banquet).
anticuam..~imus comoediam Pl.Cas.13; ad..munus..gladiatorium..~endum rediit Liv.28.21.1; Pompeium..in circo elephantorum..pugnam ~idisse Sen.Dial.10.13.6; spectaculum gallorum publice ~itur ceu gladiatorum Plin.Nat.10.50; Tac.Ann.1.15; Suet.Cl.12.2;—(absol.) quam..in ~endo liberalitatem..exhibuit Plin.Pan.33.2. b epulae senatus, quae..in Capitolio ~untur Liv.45.19.13; ~ita cena Plin.Nat.7.185.

13 (usu. in pf. pple. pass.) To uplift, raise. b (of a hill) to rise.
ordo quasi propositus atque ~itus in altum Cic.Ver.3.98; quaecumque supra rorem salis ~ita pars est remorum Lucr.4.438; celerem super ~ere corpus audet equum [Tib.] 3.7.114; Liv.39.56.6; aedificia..ut in multa pace in altum ~ita Tac.Hist.3.71; dorso super fluctus ~ito Gel.16.19.16. b collis..paulatim ex planitie ~itus Caes.Gal.2.8.2; Liv.2.50.10.

edō³ ~ōnis, m. [EDO¹+-O¹] A glutton, gourmand.
Var.Men.529.

-ēdō -ēdinis, f. suff. Formed from adjs. or vbs., mainly to denote abstracts (dulcedo, grauedo, torpedo).

ēdocenter, adv. [pple. of next+-TER²] Instructively.
in eo nihil ~..scriptum est Gel.16.8.3.

ēdoceō ~ēre ~uī ~tum, tr. [EX-+DOCEO] To instruct or inform thoroughly (persons), impart a complete knowledge of (some art, science, fact, etc.): a (w. double acc.). b (w. personal or quasi-personal obj. only). c (w. acc. of information only). d (w. acc. and gen.). e (w. prolative inf.). f (w. acc. and inf.). g (w. indir. qu.). h (w. ut, ne).
a istam uolo me rationem ~eas Pl.Trin.372; qui causam meam..imperitos ~uerit Cic.Red.Sen.29; iuuentutem..mala facinora ~ebat Sal.Cat.16.1; ut..equitem..periculum ~eant Curt.4.13.37; Stat.Theb.3.105;—(pass., esp. in pple., w. person as sb.) Latinae..legiones..militiam Romanam ~tae Liv.6.32.7; 25.40.5; Luc.1.587; nomina (litterarum) ~ebuntur (pueri) Quint.Inst.1.1.25. b elephanti multorum annorum doctrina..uix ~ti B.Afr.27.2; usibus ~to si..credis amico Ov.Tr.3.4.3; Sen.Ep.90.25; (absol.) philosophiam..inchoasti, ad impellendum satis, ad ~endum parum Cic.Ac.1.9. c cum ordine omnia ~uisset Liv.24.24.6; medicinas huius pecoris plerumque iam..~ui Col.6.38.1. d epistulis amicorum iuris sui ~tus Ulp.dig.11.1.11.12. e ~uit gentem casus aperire futuros Ov.Met.15.559; Plin.Nat.16.171; complexus..montanam deam eamque uoculas..~ens reccinere Apul.Met.5.25. f ~uerunt litteras se ab Hasdrubale ad Hannibalem ferre Liv.27.43.3; V.Max.8.2.1; Fron.Str.4.7.21. g (serui) ~ti quae interrogati pronuntiarent Caes.Gal.7.20.10; Sal.Jug.49.1; quae ferro cohibenda lues, quae cederet herbis, ~uit Stat.Ach.2.163; Gel.10.1.5. h ~ebo minime malas ut sint malae Pl.Mil.355; Phanium ~ebo nequid uereatur Phormionem Ter.Ph.782; Cic.Tusc.3.80.

ēdolō ~āre ~āuī ~ātum, tr. [EX-+DOLO¹] To form by hacking, hew out; (in quots., transf.).
ego unum libellum non '~em' ut ait Ennius? Var.Men.59; 332; ea quae in manibus habebam abieci, quod iusseras ~aui Cic.Att.13.47.

ēdomō ~āre ~uī ~itum, tr. [EX-+DOMO]

1 To subdue thoroughly, subjugate (by the use of force). b (w. abst. obj.) to master (vices), overcome (difficulties), etc.
~ito..orbe Ov.Fast.4.256; ~ito bellum referebat ab Haemo Liber Stat.Theb.4.652;—(poet.) quamuis Ausoniis multum gener ille petitus matribus, ~ui (sc. Amor) uictum Stat.Silv.1.2.77; Sil.10.343;—(fig.) talibus aerumnis ~itum nouis Fortuna..tradidit cruciatibus Apul.Met.7.16. b uitiosam..naturam ab eo sic ~itam..esse doctrina Cic.Fat.10; ~andis usu difficultatibus Gel.17.12.1; (w. abst. subj.) mos et lex..~uit nefas Hor.Carm.4.5.22.

2 (transf.) To bring (land, plants, etc.) under control by cultivation or sim.
~uit (homo) terram ad fruges Man.4.904; pastinaca..~ita Col.9.4.5; (ramum) ~ari meditatione curuandi Plin.Nat.17.137; (aes) ~itum mixtis pumice, alumine (i.e. given a final polish) 33.65; siluas..humumque ~uisse manu Stat.Theb.3.562; (of natural forces) umor..temporibus hiemis ~itus imbribus mitescit Col.1.5.3; (cf. 1b) quae res feritatem (mentastri) detrahit et ~itam reddit 11.3.37.

Ēdōnī ~ōrum, m. pl. Also ~ēs ~um. A tribe of the Thracian–Macedonian border, celebrated for their orgiastic worship of Bacchus.
non ego sanius bacchabor ~is Hor.Carm.2.7.27; Plin.Nat.4.40. β gelidis ~um..oris Ciris 165.

Ēdōnis ~idos, f. adj. Pros.: second syll. short in Lucan and Silius. Of the Edoni; (as sb.) an Edonian woman, esp. as a worshipper of Bacchus.
matres ~idas Ov.Met.11.69;—~is ut Pangaea super..it iuga Sil.4.776; (transf., of other maenads) assiduis ~is fessa choreis qualis in herboso concidit Apidano Prop.1.3.5; Luc.1.675.

Ēdōnus ~a ~um, a. Of the Edoni, Edonian.
~i Boreae..spiritus Verg.A.12.365; ~o..Baccho Ov.Rem.593; ~as..siluas Sen.Her.O.191; ~as hiemes Stat.Theb.5.78.

edor: an alleged early form of ADOR (Paul.Fest.p.3M).

ēdormiō ~īre ~iuī or ~iī ~ītum, tr. [EX-+DORMIO] a To sleep off (wine or its effects). b to spend (a period) in sleeping.
a ~i crapulam Cic.Phil.2.30; donec..nocturnum omne uinum ~iant Gel.7(6).10.5;—(absol.) cum..(uinulenti) ~ierunt Cic.Luc.52. b non magis audierit quam Fufius ebrius olim, cum Ilionam ~it (i.e. when the actor slept through the part) Hor.S.2.3.61; dimidium ex hoc (sc. lifetime) ~itur Sen.Ep.99.11.

ēdormiscō ~ere, tr. [prec.+-SCO] a To sleep off (wine or its effects). b to finish (a spell of sleep).
a ut ~am hanc crapulam Pl.Rud.586; nisi..abeam atque ~am hoc uilli Ter.Ad.786. b mane, dum ~at unum somnum Pl.Am.697.

ēducātiō ~ōnis, f. [EDVCO²+-TIO] Rearing (of young), upbringing, nurture. b breeding (of animals).
ut eius ~onis fierem tibi socius Var.in Non.p.77M; institutus liberaliter ~one doctrinaque puerili Cic.de Orat.3.125; Leg.3.29; V.Max.7.7.5; ~o maximam diligentiam..desiderat Sen.Dial.4.18.2; corporum..~o a lacte..initium ducit Quint.Inst.1.1.21; Plin.Ep.1.8.11; Apul.Pl.2.3;—(pl.) sic Aureliam Caesaris sic Atiam Augusti..praefuisse ~onibus Tac.Dial.28.6; Ann.3.25;—(of animals) cum etiam feras inter sese partus atque ~o..conciliet Cic.S.Rosc.63; Col.7.4.3;—(transf., of plants) pariunt..cum florent..~o in pomo est Plin.Nat.16.94. b nec eandem ~onem cultumue quaerunt (glabrae sues densaeque) Col.1.pr.26; ~o generis equini 6.27.1; pauonum ~o 8.11.1.

ēducātor ~ōris, m. [EDVCO²+-TOR] One who nurtures or brings up (children); (esp.) a foster-father.
non ~ores..non magistri sui atque doctores Cic.Planc.81; Sen.Ben.3.17.4; Britannici ~or Tac.Ann.11.1; Anicetus libertus..pueritiae Neronis ~or 14.3; (of a mother's breast) fontem..corporis, generis humani ~orem Gel.12.1.8; (of the universe) omnium..rerum..~or et altor est mundus Cic.N.D.2.86;—ut tantum patri redderet, quantum ~ori superfuisset Sen.Con.9.3.9; Quint.Inst.7.1.14; Suet.Gram.21(p.115Re).

ēducātrix ~īcis, f. [EDVCO²+-TRIX] She who brings up or nurtures, a foster-mother, nurse, etc.
THALASSIA ~IX CIL 6.9792; (as cult title of Isis) ISIDI LYDIAE ~ICI 6.30915;—(of a bird) cum ~ice (i.e. a hen) transferantur in caueam (pulli) Col.8.11.14;—(in fig. phr.) earum (rerum) parens est ~ixque sapientia Cic.Leg.1.62.

ēdūcō¹ ~cere ~xī ~ctum, tr. [EX-+DVCO] Forms: imp. educe Pl.Per.459, St.762; educ Cic.Catil.1.10.

1 To lead or bring out (persons, etc.); esp. b (in mil. context) to lead forth (troops, etc., usu. to battle); (often absol.).
dum illam ~cunt huc nouam nuptam foras Pl.Cas.798; ~ce uirginem et istas tabellas Per.459; in atras..tenebras eum claudebant ac diu post..~cebant Tub.hist.9; quotiens..~cet in agros..iumenta canesque Hor.Ep.1.18.45; Liv.23.6.7; pueros uelut ambulandi gratia ~ctos V.Max.6.5.1; de senatu..qui iugularentur ~cti Flor.Epit.2.9(3.21.20); (refl.) me..exanimatum citius ~xi foras Ter.Hec.364;—(of things) Germ.Arat.704; quot ille populos uatis ~xit sonus (i.e. conjured up from Hades) Sen.Oed.607;—(in fig. phr.) ex hoc saltu damni saluom ut ~cam foras Pl.Men.988; —(transf.) quantam fatorum seriem certus limes ~cit! Sen.Ben.4.23.3. b contra Teloboae ex oppido legiones ~cunt suas Pl.Am.218; ~xit copias, ut Archelai turrim..incenderet Quad.hist.81; equitatu ex castris ~cto Caes.Gal.7.79.2; Verg.A.11.20; Liv.9.39.2; Fron.Str.1.5.9; (ships) classem portu ~cere Plin.Nat.2.54; (transf., of bees) ~cto examine 11.35; (in fig. phr.) ~cenda..dictio est ex hac domestica exercitatione..medium in agmen Cic.de Orat.1.157;—(absol.) cum in expeditionem ~cturus esset (Sulla) Div.2.65; postero die in aciem ~xit Liv.4.17.12; 8.9.1; Iphicrates rursus ~xit Fron.Str.2.1.5.

2 a (of provincial governors, etc.) To take into the country or provinces (as one's companion). b (also in ius ~cere and sim. phrs.) to produce (a defendant, etc.) before a magistrate.
a cum ceteri ad expilandos socios..legatos ~xerint Cic.Man.57; ~c tecum..omnis tuos..purga urbem Catil.1.10; mecum praeter Dionysium ~xi neminem Att.4.11.2; Q.fr.3.3.4; in Asiam cum a quaestore essem stipendio ~ctus Petr.85.1; (transf.) quorsum pertinuit..Eupolin, Archilochum, comites ~cere tantos? Hor.S.2.3.12. b ⟨IS EVM..⟩..AD IVDICEM..IN IOVS EDVCITO NOMENQVE EIVS DEFERTO CIL 1.583.19; Var.in Gel.13.13.4; is..eductus ad consules qui tum in crimen uocabatur Cic.Planc.55; si rapuisset te..tu interim educta nuptias optasses Sen.Con.1.5.5; educatur ad magistratus puella exc.8.6; ne..in causam educendi potestatem haberet Quint.Decl.250(p.25,l.15); Inst.7.8.7.

3 (in pregn. uses, usu. transf.). a To lead away to safety or freedom, rescue or release; also, to eliminate (evils). b to lead into a special position, single out (from the rest).
a cum facile posset (Socrates) ~ci e custodia, noluit Cic.Tusc.1.71; Liv.25.7.13;—(transf.) dum..illam sanctissimam animam..manu ~cit (i.e. by suicide) Sen.Dial.1.2.11; ~cendum esse te ex istis occupationibus Ep.22.1; 58.34; tua praesenti uirtus te ~cere leto si te forte potest V.Fl.7.453; PVERPERIO VIX ~CTA INFELICITER OBIIT CIL 10.1112; (cf.) ~cendi eius gratia ex seruitute in libertatem Fest.p.340M;—(peregrinatio) nulla..animo mala ~xit Sen.Ep.104.13. b operam dedi, ut me multitudini ~cerem Sen.Dial.7.2.3;—(mentally) ~cere aliquid ex tanta rerum aequalium multitudine Ep.33.4; non ~co sapientem ex hominum numero 71.27.

4 To cause (a thing) to come out, draw out, extract. b to unsheathe (a sword or sim.). c to draw (lots); also, to pick (in a drawing of lots). d to draw upwards, raise. e to discharge (the breath). f (transf.) to elicit, evoke (reactions).
ne foras sit ~cendus (cinis) Cato Agr.38.1; euerriculo in litus ~cere..piscis Var.R.3.17.7; corpore telum..~cit Rhet.Her.1.18; Mor.89; armariis..uolumina ~xit Vitr.7 pr.7; ~ctam naualibus..pinum Ov.Met.11.455; si..quid densius, digitis ~citur Cels.7.13.1; diductis malis ~cito linguam (sc. bouis) Col.6.2.7; Milonem..cum constitisset nemo uestigio ~cebat (i.e. could make him budge) Plin.Nat.7.83; uix ~cta profundo..lina Mart.10.37.15;—(in childbirth) per ipsas manus commode ~citur (infans) Cels.7.29.6; (absol.) ~cit..obstetrix, educat nutrix Var.in Non.p.447M;—(in fig. phr.) nemo per se satis ualet ut emergat (sc. e stultitia): oportet manum aliquis porrigat, aliquis ~cat Sen.Ep.52.2. b ut palam..cum scutis homines ~ctis gladiis..adduxerit Cic.Att.4.3.3; Caes.Gal.5.44.8; pugionem ~xit B.Hisp.18.2; (in fig. phr.) ubi..per senatus decretum consul gladium ~xerit Sal.Cat.51.36. c tres sortis conici, unam ~ci Cic.Ver.2.127;—~cit ex urna tris (iudices) 2.42; Agr.2.21. d machina, quae in altitudinem aquam ~cit Vitr.10.7.1 ;ubi tolluntur festis aulaea theatris surgere

signa solent..placidoque ~cta tenore tota patent Ov.*Met.* 3.113;—(*in fig. phr.*) mores..aureos ~cit in astra (Pindarus) Hor.*Carm.*4.2.23; huius (*sc.* uirtutis), ut caelestium, stata magnitudo est: ad hanc nos conemur ~cere Sen.*Ep.*79.10. **e** ~xi..animam (*i.e. snorted*) in primoris faucibus naris Lucil.574. **f** quanto risu prosequenda sunt quae nobis lacrimas ~cunt! Sen.*Dial.*5.33.4.

5 To drain away, draw off (liquids, esp. surplus water). **b** (of medicaments) to draw out or bring away (morbid matter, etc.). **c** to drink up, quaff (wine).
sin..esset ~ctus (lacus Albanus) Cic.*Div.*1.100; aquas contra difficultatem locorum ~cere Sen.*Dial.*9.3.7; Paul.*dig.*8.3.29;—(*of things*) sol..ex arboribus ~cit umores Vitr. 2.10.2; collicias interponere..quae in fossas aquam ~cant Plin.*Nat.*18.179;—(*in fig. phr.*) quam multorum eloquentia sanguinem ~cit! (*i.e. exhausts them*) Sen.*Dial.*10.2.4. **b** malagma..~cit umorem Cels.5.18.7; ~cit e corpore aristas (holcus) Plin.*Nat.*27.90; emplastrum, quod..~cit pus Larg.216; (*absol.*) euocat et ~cit ladanum Cels.5.12. **c** eam (*sc.* hirneam)..uini ~xi meri Pl.*Am.*430; tene tu hoc, ~ce *St.*762.

6 To bring forth (offspring). **b** (pass., app.) to be conceived.
quom ibi alcedo pullos ~cit suos Pl.*Poen.*356; aestate undeuicensimo (die) ~cent fetum (gallinae) Plin.*Nat.* 10.152; 10.159; (*prob.*) tua postuma proles, quem tibi longaeuo serum Lauinia coniunx ~cet siluis Verg.*A.*6.765;—(*of countries, circumstances, etc.*) quae gens mobile ~xit caput (*sc.* Claudium) Sen.*Apoc.*7.2; hoc primum natura..in corpore..~xit pestes Luc.9.630; (*flowers*) quales..aura..~cit uerna colores Catul.64.90. **b** (equum) ad Zephyri..flamina..~ctum genetrix effuderat Harpe Sil.16.365; 16.427.

7 To extend outwards or away from one, produce. **b** to extend (buildings, etc.) upwards; (pass., of a natural eminence) to rise.
uehementia caloris eductis in aera per nodos ramis Vitr. 2.9.7; aequaliter linea posita..fossam educere Col.3.13. 9; in praedictam mensuram (brachia) educuntur 5.5.10; Plin.*Nat.*19.146; (molem) eductam in Rhenum Tac.*Hist.* 5.18; (*w. dimension as obj.*) latitudinis dimidia addita altitudines ~cantur Vitr.6.3.8. **b** aram..caelo..~cere Verg.*A.*6.178; Cyclopum ~cta caminis moenia 6.630; 12.674; tumulos in magnam ~ctos altitudinem Sen.*Dial.* 11.18.2; aeriam..~cere molem..ultra..audacia saxa Pyramidum Stat.*Silv.*5.3.48; Tac.*Ann.*12.16;—~cto qua surgit in aera dorso (*sc. the Apennines*) Luc.2.428; silua..Argolicos inter saltusque ~cta Lycaeos Stat.*Theb.*6.92.

8 To spend, pass (the time in a specified way); also, to live out (a period).
si forte pios ~ximus annos Prop.2.9.47; cura corporis diem ~cunt Sen.*Dial.*9.3.1; V.Fl.2.371; ludo..~cere noctem Stat.*Theb.*2.74; (*cf.*) sub hiberno somnos ~cere caelo Sil.11.403;—aetatis illam (*sc.* naturam) animalibus tantum indulsisse, ut..dena saecula ~cerent Sen.*Dial.* 10.1.2.

9 To reckon up (a sum).
neque eam rationem eapse umquam ~cet Venus Pl. *Truc.*24.

10 To bring up (children), nurture, rear, = educo².
bene ego istam ~xi meae domi et pudice Pl.*Cur.*518; *Truc.*908; hunc..~xi a paruolo Ter.*Ad.*48; Turp.*com.*157; quem procrearis et ~xeris Cic.*de Orat.*2.124; paruos ~cere natos Verg.*A.*8.413; Prop.3.9.51; prope natum, certe ~ctum, domitorem Hispaniae Liv.21.43.15; 35.36.8; in inspectus rerum..uariasque ~citur artes Man.4.902; seuera patris disciplina ~ctus Tac.*Ann.*6.15; Juv.10.236; Amp. 11.3.

ēdūcō² ~āre ~āuī ~ātum, *tr.* [ex-+**dŭc-* (weak grade of root *duc-* found in dvco)+-o³] To tend and support the growth of (offspring), bring up, nurture, rear. **b** (animals). **c** (plants). **d** (of places, conditions, etc., w. either animals or plants as obj.).
meo cibo et sumptu ~atust Pl.*Men.*905; filiam suscepit; et eam clam ~at Ter.*Ph.*943; filios non tam in gremio ~atos quam in sermone matris Cic.*Brut.*211; homine..ad turpitudinem ~ato *Ver.*3.60; caelum sub quo natus ~atusque essem Liv.5.54.3; nos sine deliciis ~amur Sen.*Suas.*2.16; (Romulum) ~atum..a lupa Quint.*Inst.*3.7.5; Suet.*Aug.* 94.3; (*dist. from* educo¹) educit..obstetrix, ~at nutrix, instituit paedagogus Var.in Non.p.447M; (*absol.*) labores ~andi Tac.*Ann.*15.19;—(*in fig. phr.*) ~ata huius (*sc.* Isocratis) nutrimentis eloquentia Cic.*Orat.*42. **b** quantus amor bestiarum sit in ~andis..is quae procreauerunt Cic.*N.D.*2.129; (uitulus marinus) ~at mammis fetum Plin. *Nat.*9.41; Gel.13.7.3;—(*of human agents*) ~ant eum (*sc.* pullum asininum) paleis Var.*R.*2.8.2; (haedi) eodem modo, quo agni ~cantur Col.7.6.7. **c** ut..uitis..numquam mitem ~at uuam Catul.62.50; Col.4.10.2;—(*of human agents*) ex ea uite, quam merseris..pampinos ~are 4. 29.17. **d** (flos) quem..~at imber Catul.62.41; tractus uter pluris lepores, uter ~et apros Hor.*Ep.*1.15.22; betas..quantas hortus ~at nullus *Priap.*51.15; beluas marinis..pares ~at (Nilus) Sen.*Nat.*4a.2.12; terra malos homines nunc ~at Juv.15.70.

ēductiō ~ōnis, *f.* [edvco¹+-tio] The leading out (of troops).
tertia e castris ~o celeris properaque est Cato *Mil.*12(J).

ēductor ~ōris, *m.* [edvco¹+-tor] One who brings up (children).
qui mihi ~ores (*cod.*; educatores *edd.*) aut magistri fuerunt Fro.*Amic.*2 p.172(182N).

ēdulcō ~āre, *tr.* [ex-+dvlcis+-o³] To make sweet; (in quot., fig.).
~are conuenit uitam Mat.*poet.*10.

Edūlia¹ ~ae, *f.* A goddess presiding over a child's meals (cf. Edvsa).
Var.in Don.Ter.*Ph.*49.

edūlia² ~ium, *n. pl.* Also **edūlium** ~(i)ī, *n.* [next] Forms: nom. sg. *edulium* Var.*L.*7.61 (dub. cj.); dat. and abl. pl. *eduliis* Var.*R.* 2.9.8(cj.), Gel.19.9.3. Eatables, foodstuffs.
conmercatis conquisite ~ibus Afran.*com.*259; Var.in Non.p.108M; *CIL* 13.5708.2.10; pro ~ibus..certum statumque exigebatur Suet.*Cal.*40; genera..nominaque ~ium Gel.6(7).16.4; nucleos et ~ia mitiora Apul.*Met.*6.28; 10.13; *Fl.*6.

edūlis ~is ~e, *a.* [edo¹+-vlis] Edible, eatable.
uinea summittit capreas non semper ~is Hor.*S.*2.4.43; radicis ~is (*i.e. of a radish*) cortex Larg.60; cucumeris ~is 147.

ēdūrō ~āre, *tr., intr.* [ex-+dvrvs+-o³]
1 (tr.) To harden thoroughly; (in quot., fig.).
a pueritia rusticis operibus ~andus..erit Col.11.1.7.
2 (intr.) To last, endure.
extremus cadentis iam solis fulgor in ortus ~at Tac.*Ger.* 45.1; Gel.14.1.18.

ēdūrus ~a ~um, *a.* [back-formation from prec.] Thoroughly hard, mature.
~am..pirum et spinos iam pruna ferentis Verg.*G.*4.145.

ēdus ~ī, *m.*: a Latian form of *haedus* (Var.*L.* 5.97).

Edūsa ~ae, *f.* A goddess supposed to preside over a child's eating (cf. Edvlia).
cum primo cibo et potione initiarent pueros sacrificabantur ab edulibus ~ae a potione Potinae Var.in Non. p.108M.

ēdyllium: see idyllivm.

Ēetiōn ~ōnis, *m.* The father of Andromache.
Ov.*Fast.*4.280; *Tr.*5.5.44; Sen.*Tro.*219.

Ēetiōnēus ~a ~um, *a.* Of or belonging to prec.
Ov.*Met.*12.110.

effābilis ~is ~e, *a.* [effor+-bilis] Capable of being expressed in words.
(ὁ πάντων βασιλεύς) paucis cogitabilis, nemini ~is Apul. *Apol.*64.

effarciō: see effercio.

effascinātiō ~ōnis, *f.* [next+-tio] Sorcery, enchantment.
contra inuidentium ~ones Plin.*Nat.*19.50; 28.22; 37.145; de..exitiosis ~onibus Gel.9.4.

effascinō ~āre, *tr.* [ex+fascino] To bewitch, enchant.
qui uisu..~ent interemantque quos..intueantur Plin. *Nat.*7.16; hominum familias uoce atque lingua ~antium Gel.9.4.7.

effātum ~ī, *n.* **ecf-.** [pple. of effor] Anything said or uttered: **a** a pronouncement by a soothsayer or sim. **b** (log.) an assertion, proposition.
a fatidicorum et uatium ~a Cic.*Leg.*2.20. **b** ἀξίωμα, quod est quasi ~um Cic.*Luc.*95; enuntiatiuum quiddam de corpore, quod alii ~um uocant Sen.*Ep.*117.13.

effātus ~ūs, *m.* [effor+-tvs³] Utterance.
pauca ~u digna aut facilia nomina Plin.*Nat.*3.139; ora soluere ad ~us Sil.17.340.

effectē, *adv. compar.* ~ius. [effectvs¹+-e] **a** In an accomplished style, consummately. **b** in a practical way (and not merely in words).
a ~e!..euge! beate! Mart.2.27.3. **b** de hoc tum ego perfectius (*sc.* dicam), cum uos ~ius (*sc.* me honoraueritis) Apul.*Fl.*16.

effectiō ~ōnis, *f.* [efficio+-tio]
1 Achievement, accomplishment (of an aim).
ut in ipsa (arte) insit..extremum, id est artis ~o Cic. *Fin.*3.24; 3.45.
2 An efficient cause.
quae (*sc.* physica) cum contineantur ex ~one et ex materia ea quam fingit Cic.*Ac.*1.6.

effectīuus ~a ~um, *a.* [efficio+-ivvs]
1 (phil., of an activity) Involving an end-product, creative.
~ae (artis)..aliquid simile scriptis orationibus..consequetur (orator) Quint.*Inst.*2.18.5.
2 (surv., app.) Relating to (the) practical implementation (of the conditions under which a piece of land was allotted).
de modo controuersia est status ~i: ante enim locus est ibi quam modus nominetur Agen.*agrim.*p.35; p.40.

effector ~ōris, *m.* [efficio+-tor] One who creates or causes, an author or originator.
Πειθώ..cuius ~or est orator Cic.*Brut.*59; *Tusc.*1.70; neque deus est ~or somniorum *Div.*2.147; ~or mundi et molitor deus *Tim.*17;—(*w. inanim. subj.*) stilus optimus..dicendi ~or ac magister *de Orat.*1.150.

effectrix ~īcis, *f.* [efficio+-trix] Fem. of prec.
(*w. inanim. subj.*) sic amicitiae..~ices sunt uoluptatum Cic.*Fin.*1.67; 2.55; nullam uim esse diuinam ~icem somniorum *Div.*2.124; terram..diei noctisque ~icem *Tim.*37.

effectum ~ī, *n.* [pple. of efficio] An effect.
(argumenta) alia ex causis, alia ex ~is Cic.*Top.*11; 71; Quint.*Inst.*6.3.66; 7.3.29.

effectus¹ ~a ~um, *a. compar.* ~ior. [pple. of efficio] Finished, perfect.
syllogismi..~i Plin.*Ep.*2.3.3; tam ~um et elaboratum opus Aur.*Fro.*1.p.128(28N); statua..qua nihil uideor effectius cognouisse Apul.*Fl.*15.

effectus² ~ūs, *m.* [efficio+-tvs³]
1 The making, creation (of something organic).
oua tantum complectuntur umoris, quantum ad ~um animalis..sat est Sen.*Nat.*2.5.2.
2 The carrying out (of a purpose, task, etc.), performance or accomplishment. **b** a state of completion; only in such phrs. as *ad ~um adducere*.
in libidine esse peccatum est etiam sine ~u Cic.*Fin.*3.32; ut ad ~um horum consiliorum peruenirem Planc.*Fam.* 10.8.4; cum tibi..ad ~um uires det Caesar Prop.3.9.27 cum opera in ~u erant Liv.31.46.14; non caret ~u, quod uoluere duo Ov.*Am.*2.3.16; opinione Graeciae tantum in spe Iasonis quantum in ~u Alexandri reponitur V.Max. 9.10.ext.2; Plin.*Ep.Tra.*10.41(50).4; si ~u sceleris potiri non possunt Paul.*dig.*47.11.1;—(*pl.*) ~us studiumque tuum de nube uidebo Sil.2.534. **b** hoc spe concipere..ad ~um adducere Liv.33.33.8; V.Max.6.5.ext.2; cum..res ad ~um spectaret Petr.140.9.
3 That which is achieved, a result, outcome, effect; *sine ~u*, without decisive result. **b** (pregn.) a favourable result, success. **c** *~u*, to all intents and purposes, in effect; (also *cum ~u*) actually, in fact.
peroratio..cuius ~us hic debet esse, ut..perturbentur animi Cic.*Top.*98; ~us eloquentiae est audientium approbatio *Tusc.*2.3; semper et ~us promeruere bonos (tabellae) Prop.3.23.10; fictilibus doliis..electis..perfecerunt utilissimos ~us Vitr.5.5.8; subtilitas, quae ~u apparet, habitu latet Sen.*Con.*1.pr.21; semel inunctum (collyrium) plurium dierum ~um praestat Larg.35; cum plura argumenta ad unum ~um deducuntur Quint.*Inst.*9.2.103;—(*of aesthetic effects*) elegans..compositionibus ~us operis cum qualitate Vitr.1.2.2; 4.1.8;—leuibus sine ~u certaminibus Liv.32. 18.8; responsum sine ~u tulerunt 43.20.2. **b** magis inopia consilii potioris quam spe ~us Liv.26.38.7; seu..~us habitura est gratia Ov.*Pont.*4.15.35; sacerdotes..sine ~u redierunt V.Max.5.4.1; 7.4.ext.1; an..litteris durior lex in quibus difficilior ~us est? Plin.*Ep.*9.29.2; cum ~u (*i.e. effectually*) eum querellam instituisse Ulp.*dig.* 5.2.25.1. **c** ~u..idem paene esse legatum usus et habitationis Ulp.*dig.*7.8.10; Paul.*dig.*10.3.14.4;—si non in familia cum ~u relinqueretur (fundus) Papin.*dig.*31.67.6; Ulp.*dig.*4.2.14.14; si..nomen quidem heredis apud eos integrum maneat, uerumtamen ~u minus habeant hereditatis 36.3.1.19.
4 Mode of action or operation, effect. **b** (esp. of herbs and medicinal preparations). **c** (of heavenly bodies). **d** (phr.) *~um habere*, (of transactions) to be operative or valid.
deorum..et species et ~us in aperto mundo..uidemus Vitr.1.2.5; ~u dispar Lyncestius amnis Ov.*Met.*15.329; Sen. *Dial.*4.11.5; uim ~umque censurae..tui actus obtinebunt Plin.*Pan.*45.6; (controuersiae) ~u habent aut coniunctiuos aut disiunctiuos Agen.*agrim.*p.28. **b** aquam calidam, cuius salubris ~us est Cels.3.6.8; *Prec.Herb.*17; adtribuunt..hilaritatis ~um eidem (*sc.* helenio) Plin.*Nat.*21.159; eosdem ~us in lateris doloribus habet chamaerops 26.42; 32.136; Larg.97; ex multis..~ibus componi uidemus (ἀντιδότους) Quint.*Inst.*1.10.6. **c** quos ~u habeant signa xii..ad humanae uitae rationem Vitr.9.6.2; dabunt geminata (signa) potentis per socium ~us Man.2.160; lunae..~u concharum..corpora augescentia Plin.*Nat.*9.18; Apul.*Fl.* 15. **d** potest dici donationem ~um habituram Ulp.*dig.* 24.1.32.23; 45.1.38.4.

effēminātē, *adv.* [effeminatvs+-e] In an unmanly or effeminate way.
ne quid indecore ~ue faciat (natura) Cic.*Off.*1.14; ut..mortem..quam ~ timuerant, uiriliter optarent V.Max. 2.7.9; Sen.*Dial.*11.17.2; *Ep.*67.4;—(*ref. to literary style*) uerba..~ fluentia Fro.*Aur.*2.p.106(158N).

effēminātiō ~ōnis, *f.* [effemino+-tio] Demoralization (of troops).
Fro.*Aur.*2.p.164(109N).

effēminātus ~a ~um, *a.* Also **ecf-.** *compar.* ~ior, *superl.* ~issimus. [pple. of next] (of persons) Imitating a woman in appearance or behaviour, effeminate. **b** (of character, actions, etc.) untypical or unworthy of a man, womanish, unmanly. **c** (transf., of literary style).
ut homo ~us fortissimum uirum conaretur occidere Cic *Mil.*89; *Phil.*3.12; sed..~ior multitudo Cypriorum V.Max. 9.1.ext.7; Sen.*Ep.*99.17; miramur gestus ~orum Col.1. pr.15; Tac.*Ann.*15.67; tune, ~issime,..mortem minitaris? Apul.*Apol.*78;—(*spec., of a passive homosexual*) Sextus Pompeius ut ~um insectatus est Suet.*Aug.*68. **b** opinio..~a ac leuis Cic.*Tusc.*2.52; enerues et ~os (excessus e uita) V.Max.9.13 intro.; isti ~o bono (*i.e.* uoluptati) Sen.*Ben.*4.2.4; Quint.*Inst.*1.8.2; ~as artes Plin.*Pan.*46. 4; sanguinis ~i (*i.e. shed by effeminates* Apul.*Met.*8.28.

c asperam compositionem malim esse quam ~am QUINT. *Inst*.9.4.142.

effēminō ~āre ~āuī ~ātum, *tr.* Sts. written **ecf-.** [EX-+FEMINA+-O³]

1 To deprive of male characteristics, emasculate. **b** to take away the masculine appearance of; (in quot., in fig. phr.). **c** to regard as female.

illa uox nefariis stupris..~ata CIC.*Planc*.86; ~are uultum..laeuare corpus *Clod*.fr.22; nec moris esse Persis, mares ducere, qui stupro ~arentur CURT.10.1.26; nec in totum ~atur (iuuencus) adempta uirilitate COL.6.26.3; ~ati sexus mendacium QUINT.*Inst*.5.12.19. **b** illa translucida ..elocutio res ipsas ~at, quae illo uerborum habitu uestiantur QUINT.*Inst*.8.pr.20. **c** (Stoici) ~arunt..eum (*sc.* aera)..quod nihil est eo mollius CIC.*N.D*.2.66.

2 To destroy the manly vigour of (a person, his character, physique, etc.), unman or enervate; (pass.) to become unmanly.

cogitationibus mollissimis ~amur CIC.*Tusc*.1.95; ad laborem ferendum remollescere homines atque ~ari (*sc.* uino) CAES.*Gal*.4.2.6; (auaritia) corpus animumque uirilem ~at SAL.*Cat*.11.3; CELS.1.9.6; (*absol.*) eneruant et ~ant (uoluptates) SEN.*Ep*.104.34; (*transf.*) ~ata uirtus adflicta occidit CIC.*Tusc*.2.21;—leges, quae ~ari uirum uetant in dolore *Fin*.2.94.

efferātus ~a ~um, *a. compar.* ~ior, *superl.* ~issimus. [pple. of EFFERO²] Resembling or typical of a wild animal, savage, fierce, bestial, etc.

tam ~ae gentis homines LIV.10.10.11; moribus..~ioribus 34.24.4; ~am crudelitatem V.MAX.9.2.4; adfectus ~issimos inhibere SEN.*Ep*.121.4; ~ior cynocephalis natura PLIN.*Nat*. 8.216; GEL.20.1.19.

efferciō ~cīre (~sī) ~tum, *tr.* Also **-farc-, ecf-.** [EX-+FARCIO] To fill full, stuff, cram.

neque ieiuniosiorem (*sc.* diem) neque magis ~tum fame uidi PL.*Capt*.466; bibite..este, ~cite uos *Mos*.65; nimbus ..~tus (*cj.*; et fertus *codd.*) tenebris LUCR.6.258; interualla grandibus..saxis ~ciuntur CAES.*Gal*.7.23.2.

efferitās ~ātis, *f.* **ecf-.** [EFFERVS+-TAS] Savagery, barbarism.

quas (*sc.* terras) peragrans undique omnem ~atem expuli CIC.*Tusc*.2.20(transl. Sophocles).

efferō¹ ~rre extulī ēlātum, *tr.* Sts. written **ecf-.** [EX-+FERO] FORMS: *exf- CIL* 1.366.

1 To carry or bring out or away; (refl.) to come out, depart, etc. **b** (phrs.) *pedem, gradum* (etc.) *~rre*, to depart, stir abroad, etc.; *signa ~rre*, (mil.) to march out. **c** (in full *secum ~rre*) to take with one, go away with. **d** to bring from within, fetch.

NEQVE ~RTO QVOD LOVCI SIET *CIL* 1.366; ne extulisse extra aedis puerum..uelis TER.*Hec*.563; stercus foras ~rri CATO *Agr*.2.3; has (*sc.* litteras) ille in iaculo inligatas ~rt CAES.*Gal*.5.45.4; semianimis de templo elatus NEP.*Paus*.5. 4; tectis penetralibus extulit oua..formica VERG.*G*.1.379; saucios ex acie ~rre LIV.23.44.9; COL.8.17.15; QUINT.*Inst*. 8.3.69; (*cf. sense 2b*) demissas..in aquam faces..integra flamma ~rre LIV.39.13.12;—(*refl.*) exi, ~r te, elimina uhe! ACC.*trag*.592; portis sese extulit VERG.*A*.12.441; MAN.4.620. **b** ne quoquam pedem ~rat sine custode PL.*Capt*.457; qui pedem porta quoad hostis cis Euphratem fuit non extulerit CIC.*Att*.7.2.6; limina portae, qua gressum extuleram, repeto VERG.*A*.2.753; propera tectis ~rre gradus [SEN.]*Oct*.667; STAT.*Ach*.1.918;—arma..capere milites et ~rri signa iubet LIV.25.41.1; 40.25.6. **c** zonas, quas plenas argenti extuli, eas ex prouincia inanes retuli GRACCH.*orat*.27; non cruentum mucronem..extulit CIC.*Catil*.2.2; ornatus..Helenae, quos illa Mycenis..extulerat VERG.*A*.1.652; APUL.*Met*.2.32;—(*transf.*) qui uerecundiam tecum extuleris et non hic.. reliqueris CIC.*Fam*.7.18.2; numquam mores, quos extuli, refero SEN.*Ep*.7.1;—(*cf. sense 2b*) qui ea possideat quae secum ut aiunt uel e naufragio possit ~rre CIC.*Rep*.1.28. **d** machaeram huc ~r PL.*Mil*.463; *Poen*.1320; abi, ~r argentum TER.*Hau*.804; ~r aquam VERG.*Ecl*.8.64; SEN. *Her.F*.1271.

2 (in pregn. uses): **a** To bring out of concealment, display (often w. an idea of upward motion, cf. sense 9). **b** to rescue (from a shipwreck, etc.).

B.Hisp.30.6; ut belli signum..Turnus ab arce extulit VERG.*A*.8.2; Aurora..miseris mortalibus almam extulerat lucem 11.183; ignes..ex specula elati LIV.28.7.1; (Perseus) Gorgonis extulit ora OV.*Met*.5.180;—(*transf.*) qua in urbe primum se orator extulit CIC.*Brut*.26. **b** pauci enatant.. praedones adsunt, rapiunt quod quisque extulit PHAED. 4.22(23).16; SEN.*Ep*.17.3; diues..naufragium fecit; extulit filiam diuitis pauper QUINT.*Decl*.259(p.55,l.4);—(*in fig. phr.*) patriam demersam extuli CIC.*Sul*.87;—(*transf.*) pigra extulit artis haud unquam sese uirtus SIL.13.773.

3 (spec., sts. w. *funere*, etc.) To carry out for burial.

uidi ~rri mortuom PL.*Mos*.1000; TER.*An*.117; placere eum quam amplissime supremo suo die ~rri CIC.*Phil*.9.16; *Leg*.2.66; anus..ex testamento sic est elata HOR.*S*.2.5.85; publico funere est elatus LIV.30.45.4; gloriosus uolo ~rri PETR.78.2; mos est pedibus ~rri PLIN.*Nat*.7.46; MART. 2.65.2; JUV.14.220; (*ellipt.*) aliae (*sc.* uxores)..cum acerbissimis planctibus ~runt MELA 2.20; (*in fig. phr.*) cum tua rogatione funere elatam rem publicam esse diceret CIC.*Dom*.42; (*hyperb.*) mathematicos..qui illum..omnibus mensibus ~runt SEN.*Apoc*.3.2; (*poet.*) pestis..extulit..per funera pacis Athenas MAN.1.885.

4 (usu. pass. or w. abst. subj.) To carry away rapidly, sweep along.

legatum..longius extulit cursus LIV.3.5.6; 4.29.1; quos impotentis regendi equi inuitos ~rrent 35.11.10; fluctus, quos aestus accedens longius extulit SEN.*Ben*.1.10.1; (*pass.*) quod in cursore tantum uelocitatis esse oporteat, ut ~ratur ultra finem *Rhet.Her*.4.60; SEN.*Ep*.40.7;—(*fig.*) uolo..se ~rat in adulescente fecunditas CIC.*de Orat*.2.88; debet.. orator..interdum..efferuescere, ~rri PLIN.*Ep*.9.26.2.

5 To send forth, emit, discharge (sts. w. an idea of upward motion, cf. sense 9). **b** (of a plant) to put forth (shoots or sim.); (refl.) to spring up (in quot., in fig. phr.).

omnes (arbores) suae proprietatis uirtutem ~runt in frondem VITR.2.9.1; siue a Stygia letum Proserpina nocte extulit GRAT.374; ignis euanuit et minus uehemens.. ~rtur SEN.*Ep*.79.2; illic nubes esse, unde splendor ~rtur *Nat*.2.26.8. **b** in segetibus..frumentum quo culmus extulit, spica VAR.*R*.1.48.1;—quamquam sunt accisae (res), tamen ~rent se aliquando et ad renouandum bellum reuirescent CIC.*Prov*.34.

6 (of fields, etc., sts. w. *in lucem* or sim. phrs.) To bring forth, yield (crops). **b** (transf.) to produce, give rise to.

ager, qui..uberiores ~rre fruges solet CIC.*Brut*.16; *Off*. 1.48; multa modis multis ~rt in lumina solis (terra) LUCR. 2.654; quae..fecundior palus..~rt PLIN.*Ep*.8.20.5; (*absol.*) cum ager..cum decumo extulisset CIC.*Ver*.3.113;—(*in fig. phr.*) artes..mirificos ~runt fructus *Sen*.9; omnis ex se ipsa uirtutes extulit..ingenii beatissima ubertas QUINT. *Inst*.10.1.109;—(*poet.*) haec (*sc.* Italia) genus acre uirum ..extulit VERG.*G*.2.169; PHAED.2.9.16. **b** cur aetates extulerint singulae singula prope genera dicendi CIC.*de Orat*. 2.92; plures (rationes)..pressionibus coactae spiritus ~rre ab natura mutuatos effectus VITR.10.7.4; oratoria sic ~retur ut elocutoria, oratrix ut elocutrix QUINT.*Inst*.2.14.2.

7 a To utter (a word, cry, etc.). **b** to put into words, express (an idea). **c** to put (a word or root) into a given form, inflexion, etc. **d** (perh.) to copy out.

a clamorem utrimque ~runt PL.*Am*.228; ubi quem ex praecordiis ~ro uersum LUCIL.591; ut..uerba ~ramus ea, quae nemo iure reprehendat CIC.*de Orat*.3.40; SEN.*Dial*. 4.36.4; quae (litterae) cauo..ore ~runtur QUINT.*Inst*.9.4.33; MAUR.383. **b** ne nuda..inuentio uulgari sermone ~ratur *Rhet.Her*.4.69; CIC.*de Orat*.2.158; aliis modis easdem res ~rre possumus *Fat*.16; QUINT.*Inst*.10.2.17; neque..tam refert, qualia sint quae..composuimus, quam quo modo ~rantur 11.3.2; qui ~rret quae omnes animo agitabant TAC.*Ann*.6.9; (*w. abst. subj.*) ut ea (uocabula) inter se.. coniuncta sententiam ~rant VAR.*L*.8.1. **c** singularia pluraliter ~runtur QUINT.*Inst*.1.5.16; (osi) cum praepositione elatum frequens est, quando dicimus perosi FEST. p.201M; (sos) per datiuum casum idem Ennius ~rt p.301M; ipse id (*sc.* cognomen) per duas (L litteras) ~rt SUET.*Gram*.6 (p.105Re). **d** librarios haec spinonsiora indiligentius elaturos putaui VAR.*L*.8.51; ea ex commentariis regiis pontificem in album elata (*s.v.l.*) proponere in publico iubet LIV. 1.32.2.

8 (also w. *foras, in uulgus*, or sim.) To make known, publish, reveal.

flagitium muliebre ~rri domo PL.*Mer*.422; TER.*Ad*.626; neu mysteria ~rres foras LUCIL.652; petam..ne has meas ineptias ~ratis CIC.*de Orat*.1.111; ~rri hoc foras et ad populi Romani auris peruenire *Phil*.10.6; quod neque in uulgum disciplinam ~rri uelint (Druides) CAES.*Gal*.6.14.4; NEP.*Di*.8.4; uisum dedecus..cupiens ~rre sub auras OV. *Met*.11.184; ~r in medium metus SEN.*Tro*.437; cuncta ocius ~r STAT.*Theb*.10.433; quo dissimularent defectionem magisque in tempore ~rrent TAC.*Ann*.3.41;—(*impers. pass., foll. by interr. cl.*) in uulgus militum elatum est qua arrogantia..Ariouistus usus omni Gallia Romanis interdixisset CAES.*Gal*.1.46.4.

9 To lift, raise. **b** (parts of one's body). **c** (refl. or pass.) to move upwards, rise; (also, of heavenly bodies). **d** (of natural forces) to cause (water, dust, etc.) to rise.

quod is C. Sulpici..filium..in umeros suos extulisset CIC.*de Orat*.1.228; clipeum..sinistra extulit VERG.*A*.10.262; elatam securim in caput deiecit LIV.1.40.7; pallia..sedulus ~r humo OV.*Ars* 1.154; (rhinoceros) grauem cornu gemino ..extulit ursum MART.*Sp*.22.5; (*w. abst. subj.*) uersatio rotae..~ret situlos in summum VITR.10.4.4. **b** elatis naribus ENN.*Ann*.600; Arethusa..summa..caput extulit unda VERG.*G*.4.352; supra umeri altitudinem elata..manus QUINT.*Inst*.11.3.103; calces in eum ualidas extuleram APUL.*Met*.7.19; (*cf.*) nec celsior extulit ullas silua trabes V.FL.6.76; (*in fig. phr., cf. sense 11a*) siue per ingenua aliquis caput extulit artes OV.*Tr*.1.9.45. **c** (Ciris) sese..ad caelum stridentibus extulit alis *Ciris* 515; coruus..elatus orientem petit LIV.7.26.5; PLIN.*Nat*.9.84; (*in fig. phr.*) finem altius se ~rendi facit (animus) CIC.*Tusc*.1.43;—cum magnis sese Nepa lucibus ~rt *Arat*.686(434); (luna) nunc in aquilonem elata, nunc in austros deiecta PLIN.*Nat*.2.43; (*cf.*) quattuor in partis (*i.e. four degrees*) cum Corniger extulit ora MAN.5.39; (*in fig. phr.*) quae (*sc.* uirtus) cum se extulit et ostendit suum lumen CIC.*Amic*.100. **d** simul ac..aura.. fluctus erexerit extuleritque LUCIL.999; puluis..uento elatus *B.Afr*.52.4; Nilum non extulit aestas LUC.6.474; STAT. *Theb*.9.523;—(*refl. or pass.*) maior et horrificis sese extulit Allia ripis SIL.8.647; litus..numquam elato adluitur mari QUINT.*Decl*.388(p.436,l.16).

10 To continue (a building, etc.) upwards; (pf. pple. pass.) extending in an upward direction.

si haec esset in altitudinem turris elata CAES.*Civ*.2.8.3; (crassitudines) tantas sex..in altitudinem extulerunt VITR. 4.1.6; latus unum (siluae)..lato aggere extulerant TAC.*Ann*. 2.19;—elata mari..Gnosia tellus VERG.*A*.6.23; in quattuor ..pedes supra terram uitem elatam COL.4.24.8; elata in caelum..iuga PLIN.*Nat*.2.174; (conchis) in dorsum elatis (*i.e. humped*) 9.102; in uallum elatae rupes STAT.*Theb*.7.448.

11 a (often w. abst. subj.) To raise (a person, etc.) in rank or status, exalt. **b** (often w. *laudibus, uerbis*) to extol, praise highly; esp. *in* or *ad caelum ~rre*.

quae res extulit eum? una commendatio huius CIC. *Q.Rosc*.31; nec premendo alium me extulisse uelim LIV. 22.59.10; hominem nouum..ad principale extulere fastigium VELL.2.128.1; Vrgulania, quam supra leges amicitia Augustae extulerat TAC.*Ann*.2.34; magnis quidem iam populi Romani rebus, nondum tamen ad summum elatis 4.56;—(*cf.*) Regulum subuersa..Orfiti domus in summum odium extulerat *Hist*.4.42. **b** nemo extulit eum uerbis CIC. *de Orat*.3.52; contempsisti L. Murenae genus, extulisti tuum *Mur*.15; *Att*.8.4.1; neque refert cuiusquam Punicas Romanasne acies laetius extuleris TAC.*Ann*.4.33; ut..illam quam laudibus ~rt horreat JUV.6.182;—rem gestam Dolabellae nimis in caelum..~rre CIC.*Att*.14.18.1; *Fin*.2.80; NEP.*Di*. 7.3;—quem tu quibusdam litteris ad caelum laudibus extulisti CIC.*Fam*.12.25a.7; *Tusc*.5.85.

12 a To make (unduly) prominent in speech or writing, highlight or exaggerate. **b** to increase (prices). **c** (app.) to enhance, embellish (language).

a alteram rem ~rre, de re altera mentionem non facere *Rhet.Her*.2.44; dissuadentibus..efficiendi difficultates ~rendae CIC.*Part*.95; illa (*sc.* merita) extuli semper..ne quid ille superiorum meminisse me putaret *Att*.9.13.3; cum res atrocissimas quasque in summam ipsi extulimus inuidiam QUINT.*Inst*.8.4.19. **b** quem..secuti multi extulerunt eorum (*sc.* pauonum) pretia VAR.*R*.3.6.6. **c** eum Plautus locum reliquit integrum, eum hic locum sumpsit sibi in Adelphos, uerbum de uerbo expressum extulit TER.*Ad*.11.

13 (usu. refl. or pass., often foll. by abl.) **a** (of emotions) To cause to be beside oneself, transport, carry away, etc. **b** (of circumstances) to make (too) confident, elate, puff up, etc.

a si me..~rret..ad gloriam..animi quidam dolor CIC. *Har*.17;—(*refl. or pass.*) ~ror ira LUCIL.158; elatus odio CIC.*Sest*.111; spe uictoria elati *Phil*.2.38; ~runt se laetitia *Fin*.5.42; arrogantia elati CAES.*Civ*.3.59.3; insolenti uoluptate ~rebatur *B.Alex*.51.2; LIV.33.8.9; rabie solent ~rri APUL.*Met*.6.12; (*cf., of the emotions themselves*) ut scias quemadmodum..adfectus..~rantur SEN.*Dial*.4.4.1. **b** res..gestae..meae me nimis extulerunt CIC.*Sul*.27; neque eos (*sc.* animos) secundae res extulerunt LIV.37.45.12; 45.8.7;—(*refl. or pass.*) ~rt se, si unum aliquid adfert CIC.*de Orat*.3.136; qui..uictoria se ~runt *Fam*.9.2.2; insulam opibus elatam NEP.*Milt*.7.2; TAC.*Ann*.12.29; popularitate ~rebatur SUET.*Nero* 53.1; (*w.* hic) huic..consilio palmam do: hic me magnifice ~ro TER.*Hau*.709; (*w.* in+ *abl.*) in quibus ~rimur rebus LUCIL.812; CIC.*Tusc*.4.14.

14 To carry through (a task); to endure (an evil) to the end.

nisi laborem summa cum cura ~ras ACC.*trag*.216; LUCR. 1.141;—malum quod non natura humana patiendo ~rat CIC.*Tusc*.4.63 (transl. Euripides).

efferō² ~āre ~āuī ~ātum, *tr.* Sts. written **ecf-.** [EX-+FERVS+-O³]

1 (usu. w. abst. subj.) To make (a person, his character, appearance, etc.) beast-like, brutalize. **b** to make (land) wild, turn into jungle. **c** (nonce-use) to work (metal) into the form of wild animals.

promissa barba et capilli ~auerant speciem oris LIV. 2.23.4; quos Raetis, loca ipsa ~arunt 5.33.11; 37.54.21; piratas omni crudelitate ~atos SEN.*Con*.1.2.8; ebrietates continuae ~ant animos SEN.*Ep*.83.26; (*refl.*) quamquam plerique se..prope exesa mansuetudine generis sui inmane ~arint APUL.*Soc*.3. **b** non patiuntur eam (*sc.* terram) ..inmanitate beluarum ~ari CIC.*N.D*.2.99. **c** qui magnae artis suptilitate tantum ~auit argentum APUL. *Met*.5.1.

2 To make (a person, his appearance, etc.) ferocious; (usu.) to work up into a state of fury, madden, exasperate. **b** (nonce-use) to use for cruel purposes.

uultum..ex industria ~abat SUET.*Cal*.50.1; (*refl.*) (sues) ~antur (*i.e. become unmanageable*), et alias obnoxium genus morbis PLIN.*Nat*.8.206; (*transf.*) ~antia (*cj.*; efferentia *codd.*) sese ulcera 26.146;— ~ati odio iraque LIV.5.27.10; ~atus et caedes Thebanos..ad..odium Romanorum 33.29.1; equi.. dolore ~ati CURT.3.11.11; ex dolore in rabiem ~atus PETR. 94.9; FRON.*Str*.2.6.7; ad..extrema flagitia infandis uriginibus ~antur APUL.*Met*.8.29; puerum..in me..nefarie ~atum *Apol*.28. **b** ereptum superis Mars ~at aurum STAT.*Ach*.1.425.

effertus (ecf-) ~a ~um, *a. superl.* ~issimus. [pple. of EFFERCIO] Chock-full, crammed; (in quots., transf.).

opimitates gaudio ~issumas PL.*As*.282; hereditatem.. ~issumam *Capt*.775.

efferuens ~ntis, *a. compar.* ~ntior. (pple. of next] Bubbling over; (in quot., fig.).

exultatio quaedam animi gaudio ~ntior GEL.2.27.3.

efferueō ~ēre and **efferuō** ~ere, *intr.* [EX-+FERVEO, FERVO] To boil up or over. **b** (poet., of insect colonies); (also, of dust-clouds).

α in omnibus locis, quibus ~ent aquae calidae fontes VITR.2.6.5; 8.3.10; subito ~ent..incendia *Aetna* 467. **β** Cyclopum ~ere in agros uidimus undantem..Aetnam VERG.*G*.1.471. **b** **β** cernimus..uermis..~ere LUCR. 2.928; apes..ruptis ~ere costis VERG.*G*.4.556;—grauior ..~ere puluis coeperat STAT.*Theb*.7.795; (*cf.*) puluerea Nemeen ~ere nube conspicit 4.664.

efferuescō ~ere efferuī, *intr.* [EX-+FERVEO +-SCO]

1 (of liquids exposed to heat) To boil up or over; (without heat) to become violently agitated, foam up, seethe. **b** (of wine, etc.) to ferment. **c** (med., of boils, etc.) to break out, erupt.

aquis, quae ~unt subiectis ignibus CIC.*N.D.*2.27; VITR. 8.2.9; subducitur flamma, ne ~at medicamentum LARG.267; (*poet.*) quae pressa diu fuerant caligine..sidera coeperunt toto ~ere caelo OV.*Met.*1.71;—quod in fretum saepe concurrat aestus atque ~at VAR.*L.*7.22; ~ente circa cor sanguine SEN.*Dial.*4.19.3; atro..~ente ueneno SIL.3.312; —(*in fig. phr.*) undae comitiorum..sic ~unt quodam quasi aestu CIC.*Planc.*15; luxuriae ~entis aestus GEL.2.24.15. **b** ubi satis efferuerit (uinum mustum) CATO *Agr.*115.1; COL.12.25.4; faba crassioribus tunicis operitur; ob hoc ~it PLIN.*Nat.*18.304; (*in the stomach*) stomachi tormenta, cum ~it merum ac uiscera ipsa distendit SEN.*Ep.*83.21. **c** papulas in capite ~entes..epiphoram..toto corpore ~entem LARG.243; 250.

2 (fig.) To become greatly excited or worked up with an emotion (esp. anger); (transf., of passions, words, etc.).

(apros) ~ere cernebant in rebus agundis LUCR.5.1335; ~imus ad aliena certamina SEN.*Dial.*4.2.5; 4.19.5; quanto ..incautius efferuerat (Tiberius) TAC.*Ann.*1.74; debet.. orator..interdum etiam ~ere PLIN.*Ep.*9.26.2; neque inmaniter clamo neque in spumam..~o GEL.1.26.8;—(*transf.*) uerbis ~entibus CIC.*de Orat.*2.88; si cui nimium efferuisse uidetur huius..in gerendis inimicitiis..pertinacia *Cael.*77; quibus..mens facile ~it in ira LUCR.3.295; contra remedia ~entem (dolorem) SEN.*Dial.*6.8.1; TAC.*Dial.*10.6; quoad iracundia domini ~eret ULP.*dig.*21.1.17.4.

efferuō: see EFFERVEO.

efferus ~a ~um, *a.* [back-formation from EFFERO²] FORMS: *ecf-* Acc.*poet.*9 (cj.).

1 (of men or animals) Untamed or uncivilized, savage; (of places) wild.

quamuis ~a proles officiis debet molliri uicta parentum LUCR.2.604; ~um genus fodere terras coegit FLOR.*Epit.* 2.25(4.12.12); 2.33(4.12.48);—~a..Ponti loca V.FL.4.318.

2 Like a savage in character or conduct: **a** cruel, ferocious, barbarous. **b** uncontrollably excited, frantic, furious.

a ~us humana qui dape pauit equas OV.*Ep.*9.68; monstra ~a et humano cruore gaudentia SEN.*Ep.*88.7; STAT.*Theb.* 5.472;—(*transf., of actions, etc.*) facta tyranni ~a VERG.*A.* 8.484; asperis ~isque moribus MELA 3.93; crimina..~a LUC.6.508; ~a uirtus V.FL.2.647; bella ~a STAT.*Theb.*3.655. **b** coeptis immanibus ~a Dido VERG.*A.*4.642; 7.787; ~a luctu (Lemnia) STAT.*Theb.*5.591; aurigae..minatur ~us (*sc. a horse*) 6.430;—(*transf., of activities, etc.*) recursat hoc et huc motu ~o SEN.*Med.*385; ~a..discordia LUC.6.780.

effētus ~a ~um, *a.* Sts. written **ecf-.** *compar.* ~ior. [EX-+FETVS¹]

1 (of an animal) That has brought forth young; (of a plant) that has borne fruit.

si ~a (canis) lacte deficitur COL.7.12.13; 9.1.7; (cucumis) ~ae tremebundior ubere porcae 10.396; (*cf.*) simul ~as linquunt examina ceras LUC.9.285;—~os (*cj.*; et fetos *cod.*) ramos denudat flamma Nepai Q.CIC.*poet.*10.

2 Worn out with bearing offspring. **b** (of the soil, esp. in relation to crops) no longer productive, exhausted.

nubis ~a V.MAX.7.7.4; ut..aliquae (gallinae) in tantum (pariant) ut ~ae moriantur PLIN.*Nat.*10.146; 11.210; neque ..quasi lassa et ~a natura nihil iam laudabile parit PLIN. *Ep.*6.21.1;—(*poet.*) ~a..tellus uix animalia parua creat LUCR.2.1150. **b** (*w. ref. to crops*) ~os cinerem..iactare per agros VERG.*G.*1.81; solum ~um SEN.*Ben.*1.1.2; ~a et sine suco humus COL.2.4.11; PLIN.*Nat.*18.27; (*cf.*) ~as.. auenas *Dirae* 15;—(*in general use*) tellus ~a calore (*i.e. drained of its heat*) LUCR.6.843; nec reperitur (aurichalcum) longo iam tempore ~a tellure PLIN.*Nat.*34.2.

3 (in wider use, of persons or animals, parts of the body, etc.) Exhausted, worn-out, feeble.

libidinosa..adulescentia ~um corpus tradit senectuti CIC.*Sen.*29; OV.*Am.*3.7.6; innumeris ~us laniger annis *Met.*7.312; ille..aegro..~us hiatu STAT.*Theb.*6.873; APUL. *Apol.*76;—(*of conditions*) frigent..~ae in corpore uires VERG.*A.*5.396; quos ~a domi, quos prima reliquerat aetas STAT.*Theb.*6.252; ~a quies 11.549;—(*w. gen. of respect*) te uicta situ uerique ~a senectus..falsa uatem formidine ludit VERG.*A.*7.440.

4 (app.) Unproductive, sterile (as a natural state).

(*of a country*) sicubi ob penuriam agnarum ~a..est (Hispania) MELA 2.86;—(*transf.*) ut..pars ista (quaestionis) ..nec argumentis sit ~ior nec sententiis rarior APUL.*Soc.* pr.5.

efficācia ~ae, *f.* [EFFICAX+-IA] Effectiveness, efficiency.

quos ~ae industriaeque tantae (*sc.* apium) comparemus neruos..? PLIN.*Nat.*11.12; exactorem..cum ~a benignum ULP.*dig.*22.1.33.

efficācitās ~ātis, *f.* [EFFICAX+-TAS] = prec.

uiribus corporis..et ~ati similes..animi uires CIC.*Tusc.* 4.31; qui tantum habet..in libidine artis et ~atis Q.CIC. *Pet.*10.

efficāciter, *adv.* *compar.* ~ius, *superl.* ~issimē. [next+-TER²] To good effect, effectually; (leg.) so as to take effect in law.

id se..precibus acturos ~ius rati LIV.10.16.3; quas (uoces) si quis ~iter auribus receperit V.MAX.5.10.ext. 3; ~iter odium..expressisse SEN.*Con.*1.1.21; (formicae ~issime heliotropio herba necantur PLIN.*Nat.*19.178; ut ~ius obligentur animi ciuitatum TAC.*Ger.*8.1; PLIN.*Ep.* 2.13.11;—quotiens..fideicommissaria libertas relinquitur ~iter ULP.*dig.*40.5.24.21.

efficax ~ācis, *a.* *compar.* ~ācior, *superl.* ~ācissimus. [EFFICIO+-AX] Capable of fulfilling some function specified or implied, effective: **a** (of persons). **b** (of things, esp. medical preparations). **c** legally effective, valid.

a nosti Marcellum, quam tardus et parum ~ax sit CAEL. *Fam.*8.10.3; ~acis Herculis HOR.*Epod.*3.17;—(*w. agent nouns*) nec minus ~ax ultor V.MAX.1.1.19; 4.3.14. **b** ~aci do manus scientiae HOR.*Epod.*17.1; erat..spes nec ea satis ~ax LIV.25.11.11; humanae..inbecillitatis ~acissimum duramentum V.MAX.2.7.10; remedium ~acissimum LARG.47; minus ~aces..orationes TAC.*Dial.*20.6; (*neut. pl. as sb.*) accedunt apud me..~acia ut credam.. PLIN. *Nat.*9.18;—(*w. function stated*) quae maxime ad muliebre ingenium ~aces preces sunt LIV.1.9.16; medicamentis in id ~acibus CELS.3.18.8; (semen) contra sagittarum ictus ~acissimum PLIN.*Nat.*13.115; 20.245; oculorum fluctionibus ~ax (elatine) 27.74; (uox) ad uictoriam ~ax FLOR. *Epit.*2.13(4.2.50); (*w. gen.*) mandragoram..soporis ~acem APUL.*Met.*10.11; (*w. inf.*) amara..curarum eluere ~ax (cadus) HOR.*Carm.*4.12.20. **c** ut nouissima traditio efficiat etiam praecedentem traditionem ~acem ULP.*dig.* 8.4.6.2.

efficiens ~ntis, *a.* [pple. of EFFICIO]

1 (usu. phil.) That produces or gives rise to something; (of a cause) efficient (rather than accessory).

(bona) ~ntia, quae Graeci ποιητικά (appellant) CIC.*Fin.* 3.55; (*w. gen.*) quod ea (*sc.* uirtus) ~ns utilitatis esset *Off.* 3.12; *Tim.*51;—proximus est locus rerum ~ntium, quae causae appellantur; deinde rerum effectarum ab ~ntibus causis *Top.*58; *Ac.*1.6; *Fat.*20; non..~ns causa, sed superueniens SEN.*Ep.*65.14; (*neut. pl. as sb.*) quae uel ex causis uel ex ~ntibus diximus QUINT.*Inst.*5.10.86.

2 Capable of acting, active.

corpus..est, quod aut ~ns est aut patiens GEL.5.15.3.

efficienter, *adv.* [prec.+-TER²] So as to produce an effect, effectively.

ut..causa sit..quod cuique ~ antecedat CIC.*Fat.*34.

efficientia ~ae, *f.* [EFFICIENS+-IA] Efficient power, influence.

cum..aspexissent..solem eiusque..~am cognouissent CIC.*N.D.*2.95; causas cohibentis in se ~am naturalem *Fat.* 19.

efficiō ~icere ~ēcī ~ectum, *tr.* Sts. written **ecf-.** [EX-+FACIO] FORMS: *effexis* (= *effeceris*) PL.*Cas.*708, *Poen.*428; pass. *effiat* CELS. 6.19.1 (dub.).

1 To manufacture, make, construct, etc. **b** to compose (a speech, piece of writing). **c** to make a representation of.

Mineruae signum ~icere CIC.*de Orat.*2.73; columnam ~icere..nouam *Ver.*1.147; ligneis ~ectis turribus CAES.*Civ.* 3.9.3; hydraulicas..machinas..~icere VITR.1.1.9; ad funes ~iciendos FRON.*Str.*1.7.3; fossas..~ecit SUET.*Cl.*1.2;—(*w. material expr.*) de minoribus (balneariis) ait hiberna ~ici posse CIC.*Att.*13.29.1; ex hoc (genere radicis) ~ectos panis CAES.*Civ.*3.48.2; ponte nauibus ~ecto TAC.*Ann.*6.37; —(*ellipt. or absol.*) ut (olea) fracida sit, quo facilius ~iciant (*sc.* oleum) CATO 64.1;—(*mentally*) Democritum..rotundis corpusculis ~icientem animum CIC.*Tusc.*1.22;—(*of God or Nature*) docuit..natura ~ectum esse mundum *N.D.*1.53; *Tim.*7. **b** heri..~eci epistulam ad Caesarem CIC.*Att.* 13.26.2; inlustrem orationem ~icere TAC.*Dial.*37.5; (*cf.*) diuturna obseruatione siderum scientiam..~ecisse CIC. *Div.*1.2. **c** cum..addidisset Menelao quem summum poterat ars ~icere maerorem (Timanthes) QUINT.*Inst.*2.13. 13; dis quam hominibus ~iciendis melior artifex 12.10.9; (*cf., of things*) mala spinis confixa, ut echinos ~icerent PETR.69.7.

2 (of persons or things) To cause to occur, bring about (a result, state of affairs, etc.). **b** to cause to spring up, raise (crops). **c** to articulate, frame (words, etc.). **d** to bring (a certain type of person) into existence (by training or sim.).

(*of persons*) solus mi ~ecisti has nuptias TER.*An.*595; ait omnia pecunia ~ici posse CIC.*Ver.*3.155; tu mi..Clodianos (hortos) ~icias (*i.e. effect the purchase of*) *Att.*12.52.2; ~iciet ..uiam (*sc. through a crowd*) TIB.1.5.64; ne sis manifesta, caueto; ~ice per motum..fidem OV.*Ars* 3.802; quo rumorem reconciliationis ~iceret TAC.*Ann.*14.4;—(*of things*) illa, quae suspicionem et crimen ~icient CIC.*de Orat.*2.330; recordationes..dolorem ~iciunt *Att.*12.18.1; (aqua) adeo est limosa..ut multos..morbos ~iciat *B.Alex.*5.2; uentos ~ecisse sonum tenuem OV.*Met.*1.708; in umbra quam parietes..~iciunt CELS.1.2.6; QUINT.*Inst.*5.10.79; (*w.* de) causarum euentus, id est, quae sunt ~ecta de causis CIC. *Part.*7; (*w.* ex) ex ea disputatione..mortis ~ecta contemptio *Tusc.*2.2; (*w.* in+*abl.*) quae L. Antonius in Parmensium liberis et coniugibus ~ecerit *Phil.*14.9; (*ellipt.*) populi dites circumsident (sinum); situs ~icit MELA 1.68; 2.34. **b** possit is pariter generosas uineas..~icere COL. 3.9.4. **c** quasdam (litteras) uelut acriores parum ~icimus QUINT.*Inst.*1.11.4; in ~iciendis uerbis 11.3.81. **d** sine philosophia non posse ~ici..eloquentem CIC.*Orat.*14; per quos (magistros) ~icere queas perfectum uilicum COL.11. 1.12.

3 (w. consts., esp. *ut* or *ne*+subj.) To bring it about that, be the cause that.

si hanc..mulierem ~icio tibi tua ut sit PL.*Ps.*111; CIC. *Fam.*16.8.2; imago ~icit ut uideamus LUCR.4.245; ~iam posthac ne quemquam uoce lacessas VERG.*Ecl.*3.51; LIV. 10.9.12; si potest uirtus ~icere ne miser aliquis sit SEN.*Ep.* 92.15; GEL.18.1.13; (*impers. pass.*) magno..corpore ~icitur ut se Sueborum caput credant TAC.*Ger.*39.4; (*pass.*) ~iciuntur, ut adueniant, colores VITR.7.9.1;—(*w. acc. and inf.*) globuli..~iciunt mane deici, quod satis sit LARG.139; ULP.*dig.*11.1.16; 38.2.14.8;—(*w.* cur) cur sanctum sit (templum) ossa eius ibi sita ~iciunt MELA 3.46; (*w.* quo) quo tardius certior fierem..Lepidus ~ecit POL.*Fam.* 10.33.1;—(*w.* quominus) siue est aliquid quod..~ciat.. quominus quo missum est ueniat LUCR.1.977; OV.*Pont.* 4.12.2;—(*w.* quin) ~ici non potest quin eos..oderim CIC. *Phil.*11.36;—(*w. subj. alone*) ~ice..uertatur in aurum OV. *Met.*11.102; ~eci sequatur APUL.*Met.*1.7.

4 (of things) To make naturally, form (a specified shape, feature, etc.).

insula obiecta Alexandriae portum ~icit CAES.*Civ.*3.112.2; VERG.*A.*1.160; uersurae..procurrentes, quae ~iciunt.. aditus in scaenam VITR.5.6.8; specus..~iciens..lapidum conpagibus arcum OV.*Met.*3.30; MELA 2.115; quem locum occurrens Terinaeus sinus paeninsulam ~icit PLIN.*Nat.* 3.95; si ~iciet orbem (illa circumcurrens linea) QUINT.*Inst.* 1.10.41.

5 (of plants, animals, etc.) To bring forth from one's substance, yield, produce. **b** (of land) to bear (crops); also, to bring in (revenue). **c** (gram., of a word) to give rise to (certain inflections).

(olea) plus olei ~iciet CATO *Agr.*64.2; maiores (pecudes) denas uehes stercoris ~iciunt COL.2.14.8; cum matres binae ternos haedos ~iciunt 7.6.7; PLIN.*Nat.*9.108. **b** agri ..Leontini, qui plurimum ~icit CIC.*Ver.*3.148; carbunculosum agrum..macras uineas ~icere dixerunt COL.3.11.9; (*ellipt.*) ager ~icit cum octauo CIC.*Ver.*3.112;—si centenos sestertios in singula iugera ~iciant (pascua) COL.3.3.3; praedia..reditum ~icientia annua decem SCAEV.*dig.*33.2.32.7. **c** alia (uerba) ~iciunt terna..alia bina (participia) VAR. *L.*8.59; cuius modi ~iciat figuras (*sc.* quidque uerbum) 10.33.

6 (of component parts) To go to make up, constitute.

tertius dies disputationis hoc tertium uolumen ~iciet CIC.*Tusc.*3.6; multa minutaque semina sucos ~iciunt LUCR.3.227; ea (corpora) quae..solem lunamque ~icerent 5.454; totidem longae (syllabae) molosson ~icient QUINT. *Inst.*9.4.82; ut consensu et caritate rem publicam ~icerent (legiones) TAC.*Ann.*14.27;—(*pass.*) ex iis..qui magistratum ceperunt..senatus ~icitur CIC.*Leg.*3.27; *Tusc.*5.45; illi.. per quos ista corpora (*i.e. an army, etc.*) ~iciuntur SEN.*Ep.* 102.6.

7 To make up (a specified number, esp. of soldiers), assemble (a company). **b** to raise (money). **c** (of constituent parts) to amount to, total.

ergastula soluendo..magnum numerum (peditum) uidetur ~ecisse D.BRUT.*Fam.*11.10.3; quibus (cohortibus) coactis XIII ~icit CAES.*Civ.*1.15.5; 3.4.1; harum (*sc.* serpentium) cum ~ecisset magnam multitudinem NEP.*Han.*10; ad duo milia ferme boum ~ecta LIV.22.16.8; classem uiginti nauium..~icit 26.39.5; SEN.*Con.*1.pr.2; cum grex fuerit ~ectus COL.8.5.15; (*w.* ex) quattuor ex his legiones et mille equites ~ecti LIV.22.57.9;—(*mentally*) decies et quinquies longitudinem multiplicando ~iciemus pedes mille et quingentos COL.5.2.4. **b** machinabor machinam, unde aurum ~iciam amanti erili filio PL.*Bac.*233; *Poen.*185; uis amare.. uis quod des illi ~ici TER.*Hau.*322; 584; sibi deberi quantum ille bonis suis omnibus ~icere non posset CIC.*Ver.*3. 129;—(*ellipt.*) liciti sunt usque adeo quoad se ~icere posse arbitrabantur 3.77. **c** ea (*sc.* tributa) uix in faenus.. quod satis sit ~iciunt CIC.*Att.*6.1.3; quadratus locus..~icit areae pedes C VITR.9.pr.4; LIV.24.29.2; quae mensura octies ~icit mille passus COL.5.1.6; PLIN.*Nat.*2.243; ductus ..~icit riuo subterraneo passuum sex milia FRON.*Aq.*5; undecim undecimae (partes) assem ~iciunt MAECIAN.*iur.*40.

8 **a** To cover (a distance) in travel. **b** to complete, live out (a period of one's life). **c** (of plants) to attain (a certain size) by growth.

a quantum (spatium) cursu et uiribus ~icere potuerunt CAES.*Gal.*4.35.3; quantumcumque itineris equitatu ~icere poterat *Civ.*3.102.1. **b** SOSSIA SABINA..EFECIT IN MATRIMON ANN XI *CIL* 3.1315. **c** multi (balani) cubitum ~icere PLIN.*Nat.*13.49; porri crassitudinem capite ~icit (alium) 19.114.

9 To carry out, accomplish or fulfil (a promise, command, enterprise, etc.). **b** to make or perform completely, finish (something begun).

lepide ~iciam meum ego officium PL.*Truc.*711; ut opus bene ~ici possit CATO *Agr.*3.2; conata ~icere CIC.*Att.*4.16.2; Numidae..iussa ~iciunt SAL.*Jug.*24.1; uox..ad circinum ~icit motiones VITR.5.3.7; nuclei palmarum cremati.. spodi uicem ~iciunt PLIN.*Nat.*23.97;—(*ellipt.*) si ab eo stipulatus sim, qui ~icere non possit VEN.*dig.*45.1.137.5. **b** quod (*sc.* fanum) nisi non dico ~ectum erit sed fieri uidero CIC.*Att.*12.41.2; (historia) nec institui nec ~ici potest sine tua ope 16.13b(c).2; canit ~ectos extremus uinitor antes VERG.*G.*2.417; iamque iter ~ectum OV.*Met.*6.519; finiuit.. tempus intra quod ~ectis domibus aut insulis apiscerentur (praemia) TAC.*Ann.*15.43.

10 (foll. by adj., sb., or other pred.) To cause to be or become, make, render. **b** (pass., sts. merely) to become (by law, by natural process).

mores hominum..morosos ~icit (Amor) PL.*Trin.*669; defensores Macedoniae..praedatores ~ecisti CIC.*Pis.*84; Scipio P. Rupilium potuit consulem ~icere (*i.e. have him made consul*) *Amic.*73; ~iciat uanos nostis Lucina timores [TIB.]3.4.13; homines metuendos..se ~icere LIV.3.65.11; PHAED.3.19.6; quod uoles gratum esse, rarum ~ice SEN. *Ben.*1.14.1;—(*of things*) quae res secundum nostris ~iciebat proelium *B.Hisp.*24.3; lacus..qui unctos homines ~icit VITR.8.3.8;—(*w. previous state expr.*) Eumenen..ex rege miserrimum seruorum ~ecere SAL.*Hist.*4.69.8; num me puerum de uirgine. .~iciet (Daedalus)? Ov.*Met.*9.744;—(*w. gen. or abl. of description*) exercentes ingenia. .melioribus iudiciis ~iciebantur VITR.2.1.3; quod (porrum) magni capitis ~icere uoles COL.11.3.31. **b** patroni filius . .libertae ~icietur tutor GAIUS *Inst.*1.179;—(*w. gen. of description*) si ~ectus esset annorum quattuordecim POMPON.*dig.*36.2.22; ut sui iuris ~iciatur GAIUS *Inst.*1.134;—(*w. poss. gen.*) legata res non statim. .legatarii ~icitur 2.213; PAUL.*dig.*41.4.2.4;—(*w. part. gen.*) ut (res). .dotis ~iciantur ULP.*dig.*23.3.9.1;—(*w. prepositional phr.*) in bonis. .tuis ea res ~icitur GAIUS *Inst.*2.41.

11 To deduce from premisses, prove (pass., of conclusions, = to follow).

ut ~iciatur quod sit consequens eis quae sumentur CIC. *Orat.*122; (*w.* ex) ex quo ~icitur aeternitas (animi) *Tusc.* 1.55;—(*w. pred.*) argumentorum genus. .quo. .~icitur totum falsum QUINT.*Inst.*5.10.66;—(*w. acc. and inf.*) uolunt ~icere. .ueris adiuncta esse falsa CIC.*Luc.*42; *Fat.*21; uaporem. .ex terra nasci haec uidetur ~icere ratio VITR. 8.2.3;—(*w.* ut) ~icitur ut omne corpus mortale sit CIC. *N.D.*3.30; *Tusc.*1.16.

effīcō ~āre ~āuī ~ātum, *tr.* [app. EX-+FAEX+-O³] To free from impurities, strain, purify; (in quot., in fig. phr.).

purgata et ~ata animi uoluptate APUL.*Pl.*2.20.

effictiō ~ōnis, *f.* [EFFINGO+-TIO] (rhet.) Graphic description of a person's character, portrayal.

~o (*cj.*; effectio *codd.*) est cum. .effingitur uerbis corporis cuiuspiam forma *Rhet.Her.*4.63.

effigia: see EFFIGIES.

effigiātus ~ūs, *m.* [EFFIGIO+-TVS³] A shaping or carving (of plastic material).

magna. .uis aeris uario ~u APUL.*Fl.*15.

effigiēs (~ēī), *f.* Also **effigia** ~ae. [EFFINGO+-IES] FORMS: *effigia*, etc. PL.*Rud.*420, AFRAN. *com.*364, LUCR.4.46, 85, 105, APUL.*Soc.*14, *CIL* 8.2581.

1 An artistic representation, statue, portrait, etc. **b** a concrete representation of some abstract idea, symbol. **c** a person or thing proposed for imitation, example, model.

~em Cereris non humana manu factam CIC.*Ver.*5.187; saxea. .~es bacchantis CATUL.64.61; ~es. .auorum antiqua e cedro VERG.*A.*7.177; (Phidias) clypeo Mineruae ~em suam inclusit V.MAX.8.14.6; proiectas Vitellii ~es aspexit TAC.*Hist.*3.13; 5.9; JUV.8.22; (*cf.*) unius (delphini) ~em inter sidera collocauit HYG.*Astr.*2.17; (*collect.*) ne uideatur in hominum ~e inferior (Calamis) PLIN.*Nat.*34.71;—(*of effigies used in magic*) ter. .haec altaria circum ~em (*sc.* Daphnidis) duco VERG.*Ecl.*8.75; lanea et ~es erat, altera cerea HOR.*S.*1.8.30;—(*transf.*) plurima est. .in XII tabulis antiquitatis ~es CIC.*de Orat.*1.193;—(*in fig. phr.*) ueri iuris. .solidam et expressam ~em nullam tenemus, umbra et imaginibus utimur *Off.*3.69. **b** baculum. .per ambages ~em ingenii sui LIV.1.56.9. **c** Cyrus ille a Xenophonte. .scriptus. .ad ~em iusti imperi CIC.*Q.fr.*1.1.23; ut. .diuum Iulium, certissimam uerae uirtutis ~em, repraesentemus V.MAX.3.2.19.

2 A copy, reproduction; (esp., of persons, often of children in relation to their parents) the image (of a person, his qualities, etc.).

~em Xanthi. .uidetis VERG.*A.*3.497; talpis uisus non est; oculorum ~es inest PLIN.*Nat.*11.139; (*of immaterial things*) perfectae eloquentiae speciem animo uidemus ~em auribus quaerimus CIC.*Orat.*9;—Veneris ~a haec quidem est PL. *Rud.*420; ~em morum suorum. .filium CIC.*Phil.*9.12; sit. .deus ~es hominis et imago *N.D.*1.103; iuuenem. .~em atque imaginem eius quem uos. .tribunum militum. .fecistis LIV.5.18.5; 26.41.25; ueram paterni oris ~em TAC. *Ann.*12.68.

3 a A visible but incorporeal likeness of a person, spectre, ghost, spirit, or sim. **b** (in Epicurean philosophy) a film supposed to emanate from objects and impinge on the senses, = εἴδωλον. **c** a reflection.

a ~es ad eum culicis deuenit *Culex* 208; (Circe) ~em. .falsi finxit apri Ov.*Met.*14.358; somno. .pressus. .fratris ~em uidit V.MAX.1.7.6; LUC.7.10; si manibus ulla ~es STAT.*Theb.*12.265; SIL.13.799; uidet agnoscitque narratam sibi ~em PLIN.*Ep.*7.27.8; (*transf.*) ~es immo, umbrae hominum, fame. .enecti LIV.21.40.9. **b** ista rerum ~es ex indiuiduis quo modo corporibus oritur? CIC.*N.D.*1.110; LUCR.4.46. **c** ceruus. .in liquore uidit ~em suam PHAED.1.12.4; tot (parhelia). .quot nubes fuerint aptae ad exhibendam solis ~em SEN.*Nat.*1.13.1; PLIN.*Nat.*11.148.

4 Outward appearance, aspect, shape, or guise. **b** (phrs.) *~e* (+gen.), in the form or likeness of; also *in ~em*.

Satyris praeter ~em nihil humani MELA 1.48; nullas duas in tot milibus hominum indiscretas ~es existere PLIN.*Nat.* 7.8; ~em. .pictura Camoni seruat MART.9.74.1; statuas omnium triumphali ~e. .dedicauit SUET.*Aug.*31.5; (*pl. in sg. sense*) nouerat ~es generosique ardua Blaesi ora puer STAT.*Silv.*2.1.191. **b** Aristeae (animam). .euolantem. .corui ~e PLIN.*Nat.*7.174; semen ei est ~e scorpionis caudae 22.60; 27.139;—restagnans gurgite uasto ~em in pelagi lacus SIL.5.5.

effigiō ~āre ~āuī ~ātus, *tr.* [prec.+-O³] **a** To make into an effigy, shape, carve. **b** to adorn with effigies.

a truncus dolamine ~atus APUL.*Fl.*1; imagines uariis artibus ~atae *Apol.*14. **b** urnula. .miris extrinsecus simulacris Aegyptiorum ~ata APUL.*Met.*11.11.

effingō (ecf-) ~ngere ~nxī ~ctum, *tr.* [EX-+FINGO]

1 (esp. of artists) To shape, mould, fashion. **b** to form (a shape, etc.) by one's nature or natural activity. **c** to fondle, stroke (the hands).

uolucris uidemus. .~ngere et construere nidos CIC.*de Orat.* 2.23; animosa ~ngere signa PROP.3.9.9; qui spiritu uitrum in habitus. .format qui uix diligenti manu ~ngerentur SEN. *Ep.*90.31; qui deum imagines mortalibus materiis. .~ngant TAC.*Hist.*5.5; (*in theory*) hinc (*i.e. from atoms*) quodcumque in solem uenit. .~ngis CIC.*N.D.*1.65;—(*of a deity, Nature etc.*) tales (formas) in hoc mundo secum cogitauit ~ngere (deus) *Tim.*34; amphitheatrum. .quale solum rerum natura possit ~ngere PLIN.*Ep.*5.6.7;—(*transf.*) habebit (*sc.* amicos) . .ad quorum se similitudinem ~ngat SEN.*Dial.*10.15.2; (*of astral influence*) talis (homines) ~nget Crater MAN.5.250. **b** grues. .uolatu ~ngunt uarias. .figuras LUC.5.713; horrentes ~ngens crine galeros SIL.1.404. **c** non medicocorum iussa ministro ~ngoque manus insideoque toro Ov. *Ep.*19.134; 19.137; *Epic.Drusi* 138.

2 To represent artistically, portray, depict. **b** (transf.) to portray in words; also, in the mind.

casus ~ngere in auro VERG.*A.*6.32; hic ego maiorum pugnas. .~ngam STAT.*Theb.*2.733; per figuras animalium Aegyptii sensus mentis ~ngebant TAC.*Ann.*11.14; pictores pulchram. .faciem. .in peius ~ngunt PLIN.*Ep.*5.15(10).1; tenens. .falcem ~ngitur (Saturnus) FEST.p.186M;—(*of a work of art*) (signum) ~ngit senem stantem PLIN.*Ep.*3.6.2;—(*of Nature*) (natura) speciem ita formauit oris ut in ea penitus reconditos mores ~ngeret CIC.*Leg.*1.26. **b** ~ngitur uerbis corporis cuiuspiam forma *Rhet.Her.*4.63; ut ~ctos nostros mores in alienis personis. .uideremus CIC.*S.Rosc.*47; cum artificium ~ngitis fabricamque diuinam *N.D.*1.47;—ea, quae memoria tenere uellent ~ngenda animo *de Orat.* 2.354.

3 To reproduce, copy, imitate (behaviour, qualities, etc.; also, a person in respect of his achievements, experiences, etc.).

ex hoc (*sc.* Antonio) crudelitas illa ~cta est CIC.*Phil.*11.6; plerosque status et motus ~ngere a parentibus liberos *Div.* 2.94; mire a se quae legerunt ~ngi arbitrantur QUINT.*Inst.* 10.2.13; 11.3.90; Platonicam illam sublimitatem. .~ngit PLIN.*Ep.*1.10.5; quo minus. .gestum histrionis. .palam ~ngeret SUET.*Cal.*54.1; GEL.9.9.3; (*poet.*) dat sine mente sonum gressusque ~ngit euntis VERG.*A.*10.640;—quisquis est qui me ulla calamitate simili ~ngit SEN.*Con.*1.1.12; ut sis inmobilis. .contra malum. ., ut. .deum ~ngas SEN. *Dial.*7.16.1; lyrica. .in quibus. .Horatium. .~ngit PLIN.*Ep.* 9.22.2.

4 (app.) To wipe clean; to wipe away.

fiscinas spongia ~ngat CATO *Agr.*67.2;—e foro spongiis ~ngi (*v.l.* effundi) sanguinem CIC.*Sest.*77.

effīnītus ~a ~um, *a.* [EX-+FINITVS] (gram., dub.) Particular, definite.

primum genus (*sc.* uerborum) est infinitum, secundum ut infinitum, tertium ut ~um (*s.v.l.*), quartum finitum VAR.*L.* 8.45.

effiō: see EFFICIO.

efflāgitātiō ~ōnis, *f.* [EFFLAGITO+-TIO] Importunate demanding.

~o ad coeundam societatem CIC.*Fam.*5.19.2; libertatis . .defensorem esse. .~one omnium BRUT.*ad Brut.*1.16.11; PLANC.*Fam.*10.24.6; non. .preces sunt istud, sed ~o TAC. *Ann.*2.38.

efflāgitātus ~ūs, *m.* [next+-TVS³] = prec.

in iudicio coactu atque ~u meo producere. .eum CIC. *Ver.*5.75.

efflāgitō ~āre ~āuī ~ātum, *tr.* [EX-+FLAGITO] To ask for insistently or imperiously, demand (a thing). **b** (app.) to petition ceaselessly, importune (a person).

poena grauior. .tua uoce ~ata est CIC.*Mur.*47; ~atus a prouincia praepositus Africae est *Lig.*4; conspectum amicorum. .~abant *B.Afr.*56.2; ~at ensem VERG.*A.*12.759; missionem continuo ~auit SUET.*Jul.*7.1; (*w.* ab) ~atum ab ducibus signum pugnae LIV.3.60.8; (*of an animal*) cererem. .~at ore (*sc. a dog*) GRAT.398;—(*of things*) epistulam hanc conuicio ~tarunt codicilli tui CIC.*Q.fr.*2.9.1; necessitas. .Psychen ad destinatam poenam ~abat APUL.*Met.*4.34;—(*w.* ut+*subj.*) cum iste a Cn. Dolabella ~asset ut se ad regem. .Sadalam mitteret CIC.*Ver.*1.63; QUINT.*Inst.*pr.1; (*w. impers. pass.*) ~atum. .ut. .reuocandae libertatis ius patronis daretur TAC.*Ann.*13.26;—(*w. subj. alone*) ~abant uisendi sui copiam facerent 4.74; SUET.*Tit.*5.2. **b** cum saepius mater et auia pueri postularent. .a multis ~atus aliquando dixit. . CIC.*Ver.*1.92.

efflātus ~ūs, *m.* [EFFLO+-TVS³] A discharge of air.

aliquod apertum ad hos ~us iter SEN.*Nat.*5.14.3.

effleō ~ēre ~ēuī ~ētum, *tr.* [EX-+FLEO] To destroy (one's sight) by weeping.

mater totos ~euit oculos [QUINT.]*Decl.*6.4.

efflictē, *adv.* [as next+-E] = next.

puellam. .~ cupere APUL.*Met.*5.28.

efflictim, *adv.* Also **ecf-**. [EFFLIGO+-IM] (w. vbs. of loving, etc.) Passionately, to distraction.

puellam. .senex amat ~ PL.*Cas.*49; adulescens. .~ perit eius amore *Mer.*444; LABER.*com.*12; adulescentem quendam . .~ deperit (domina) APUL.*Met.*3.16; (Psyche) prona in eum ~ inhians 5.23; *Apol.*79.

efflictō ~āre, *tr.* **ecf-.** [EFFLIGO+-TO] To strike dead.

non tu scis quam—~entur homines noctu hic in uia? PL.*St.*606.

efflīctus ~a ~um, *a.* [pple. of next] Corrupt, depraved.

tam ~is. .moribus GEL.2.6.9.

effligō ~gere ~xī ~ctum, *tr.* Sts. written **ecf-.** [EX-+FLIGO] To strike dead, kill, destroy. **b** (in weakened sense) to belabour, beat.

nisi pedatu tertio omnis ~xero PL.*Cist.*526; (apes) imbris guttis. .offensae iacent prostratae, ut ~ctae VAR.*R.*3.16.37; filium misit ad ~gendum Cn. Pompeium aut certe capiendum CIC.*Att.*9.19.2; rabidos ~gimus canes SEN.*Dial.*3.15.2; 4.31.8; me. .~gere lapide gestit APUL.*Met.*3.6;—(*hyperb.*) ad illam. .ibo quam tu. .~ges scio, luxuriae sumptus suppeditare ut possies PL.*As.*818; quid uos. .lamentationibus nequiquam ~gitis? APUL.*Met.*5.7. **b** VT MISSIS MILITIB(us). .NONNVLLOS CIVES ETIAM RO⟨MANOS⟩. .VIRGIS ET FVSTIBVS ~GI IVSSE⟨RIT⟩ *CIL* 8.10570.2.15 (c. A.D. 180).

efflō ~āre ~āuī ~ātum, *tr.*, (*intr.*). Also written **ecf-.** [EX-+FLO]

1 To emit (fire, water, sounds, etc.) with the breath, breathe or blow out. **b** (phr.) *animam ~are*, to breathe one's last, expire; (also without *animam*). **c** (of the wind, etc.) to remove from a place by blowing. **d** (of a wind-instrument) to utter (a blast).

Chimaeram. .~antem faucibus ignis VERG.*A.*7.786; dum loquitur (Flora). .~at ab ore rosas Ov.*Fast.*5.194; (animalia) haurientia undas et. .~antia SEN.*Dial.*6.18.7; in sublime nimbos ~ant (ballaenae) PLIN.*Nat.*9.16; ~antem somno. . . .uina STAT.*Theb.*5.209; illa (*sc.* F littera). .inter discrimina dentium ~anda est QUINT.*Inst.*12.10.29;—(*transf.*) spumis. .animos ardentibus ~at (iuuencus) STAT.*Theb.*11. 254; (*poet.*) hunc ubi. .etiamnum ~are labores. .uidet 3.227. **b** (bubulcum) usque adeo uerberari iussit, dum animam ~auit GRACCH.*orat.*46; NEP.*Paus.*5.4; hoc momentum ~andae animae SEN.*Ep.*24.9; SUET.*Aug.*99.2; (*cf.*) leo. .~auit grauiter extremum halitum CIC.*Tusc.*2.22(transl. Sophocles);(*fig.*) omnis mihi spes animam ~auerit PL.*Truc.* 876;—quem (*sc.* anguem). .abiecit ~antem (aquila) CIC.*Div.* 1.106; nec. .tu prope, quae. .~antia. .ora teneres STAT.*Theb.* 9.899. **c** bestiolae, si quae. .inferuntur. .~antur VAR. *R.*1.12.3; ~ato prius puluere PLIN.*Nat.*29.138; Zephyro praecipit, ultra terminos me domus eius ~aret APUL.*Met.* 5.26. **d** ~abant cornua bombos CATUL.64.263.

2 (of things) To emit, give off (vapours), exude (moisture), etc.; (also absol.). **b** (w. prefix emphasized) to emit the last of. **c** (intr., of vapours, etc.) to issue forth.

e terra. .pars umida ~atur, pars sicca SEN.*Nat.*2.54.1; concussas calore magno niues plus umidi ~are 5.10.3; super omnia membra ~atur sanies late pollente ueneno LUC. 9.795; ripis. .gurges anhelis. .gaudet. .in caelum ~are uapores STAT.*Theb.*7.327;—candentes ~ant lapides *Aetna* 452. **b** omnem ~are colorem particulas LUCR.2.832; sol. .suos ~auit languidus ignis 5.652. **c** misso sanguine. .tullii ~antes uolant ENN.*scen.*20; modis quibus. .flamma foras. .Aetnae fornacibus ~et LUCR.6.681; 6.699; STAT.*Theb.*9.265; niger ~at anhelo ore uapor 10.109.

3 To utter in a foolish or loquacious manner, blether.

nondum ~auerat omnia, cum repositorium. .mensam occupauit PETR.49.1.

efflōrescō ~escere ~uī, *intr.* **(ecf-).** [EX-+FLORESCO] To burst into flower, blossom forth; (esp. fig.).

uruntur cauliculi ~escentes (*v.l.* florescentes) PLIN.*Nat.* 23.71; (*in fig. phr.*) amputanda plura sunt illi aetati, si quidem ~escit ingeni laudibus, quam inserenda CIC.*Cael.*76; (*of the ground, in quot. transf.*) proauum tellus ~uit armis (*i.e. the Spartoe*) STAT.*Theb.*10.807;—cui. .ad summam gloriam eloquentiae ~escenti. .erepta uita est CIC.*de Orat.* 3.11; ipsa (utilitas) ~escit ex amicitia *Amic.*100; quidquid Romana facundia habet. .circa Ciceronem ~uit SEN.*Con.* 1.pr.6; pariter utrasque artes ~uisse PLIN.*Nat.*30.10; QUINT.*Inst.*12.10.11.

effluō ~uere ~uxī, *intr.*, (*tr.*). **(ecf-, exf-).** [EX-+FLVO]

1 (of fluids) To flow out or away. **b** (of liquefied solids) to melt away, dissolve.

uinum ~uet, aqua manebit CATO *Agr.*111; qua umor aduenticius ~uere possit VAR.*R.*1.41.3; copia nimborum. .facit ~uere imbris LUCR.6.512; in mare. .~uit amnis VERG. *G.*4.373; VITR.9.pr.10; lacum neque augeri neque ~uere PLIN.*Nat.*31.108; PLIN.*Ep.Tra.*10.61(69).1;—(*cf.*) una cum sanguine uitam ~uere CIC.*Tusc.*2.59; uitium id. .per urinam ~uere PLIN.*Nat.*22.87;—(*transf.*) tanta est. .intimorum multitudo, ut ex iis aliquis potius ~uat quam nouo sit aditus CIC.*Fam.*6.19.2; (*of words*) quidam. .disturbant (compositionem) de industria, si quid placidius ~uxit SEN. *Ep.*114.15. **b** lapis. .madentes ~uit in flammas *Aetna* 525; (*fig.*) (anima) ~uet in lacrimas LUC.9.106.

2 (applied to various physical but non-liquid things): **a** (of imprisoned air, etc.) To find an outlet, escape. **b** (of Epicurean εἴδωλα) to emanate. **c** (of the hair) to fall out.

a ~uens (aer) huc et illuc uentos efficit CIC.*N.D.*2.101; si ne rimam quidem, per quam ~ueret, inuenit (spiritus) SEN.*Nat.*6.14.4; (*cf.*) tomentum per sarturas ueteris lintei ~uens *Dial.*7.25.2. **b** illas Epicuri figuras, quas e summis corporibus dicit ~uere QUINT.*Inst.*10.2.15. **c** (trichomanes) cohibet capillos fluentes aut, si ~uxerint, reparat PLIN.*Nat.*27.138.

3 (of solid objects) To slip out of one's grasp; (esp. fig., of time, etc.). **b** (of secrets) to leak out, be divulged.
manibus nitidum teneris opus ~uit ei LUCR.6.795; OV.*Met.*3.39; CURT.8.14.36; infinitum interest, utrum excusso lacerto torqueantur (tela) an remissa manu ~uant SEN.*Ben.*2.6.1; (*poet.*) carbasa deducit, ne qua leuis ~uat aura OV.*Met.*6.233;—(*fig.*) considerabis etiam de Tusculano ne aestas ~uat CIC.*Att.*12.43.2; cum..id (*sc.* extremum) aduenit, tum illud quod praeteriit, ~uxit *Sen.*69; quaedam tempora eripiuntur nobis..quaedam ~uunt SEN.*Ep.*1.1; *Phaed.*451. **b** utrumque hoc falsumst: ~uet TER.*Eu.*121; ~uunt multa ex uestra disciplina quae etiam ad nostras auris saepe permanant CIC.*Dom.*121; unum ex his quae praecipiunt in uulgus effluxit MELA 3.19; PETR.fr.28.3.

4 (also *ex animo ~uere*, or sim.) To pass out of one's mind, be forgotten; (of the memory) to fail.
nihil ex illius animo, quod semel esset infusum, umquam ~uere potuisse CIC.*de Orat.*2.300; me commonuit Pisonis anulus quod totum ~uxerat *Ver.*4.57; ne tua dicta..~uxisse meo forte putes animo CATUL.65.18; quaedam (beneficia) minora..~uunt SEN.*Ben.*3.5.1; diuum praecepta pauenti ~uxere uiro SIL.3.188; (*cf.*) ut desideriis ~uat illa tuis OV.*Rem.*646;—huic..dicenti solitam ~uere mentem CIC.*Brut.*219; (memoria) praeuelox fere cito ~uit QUINT.*Inst.*11.2.44.

5 (tr.) To allow (a fluid) to escape.
amphoras (ponas)..gypsatas ne ~uant uinum PETR.71.11; Bacche..~uas dulcem liquorem FLOR.*anth.*245.2.

effluuium ~(i)ī, *n.* [prec.+-IVM] A discharge of liquid, efflux; the outlet of a lake.
umoris e corpore ~ium PLIN.*Nat.*7.171;—conuiuium ~io lacus adpositum TAC.*Ann.*12.57.

effodiō ~odere ~ōdī ~ossum, *tr.* (**ecf-, exf-**). [EX-+FODIO] FORMS: pres. inf. pass. *ecfodiri* PL.*Mil.*315, 374.

1 To remove from the ground by digging, dig up or out.
~odio aulam auri plenam PL.*Aul.*709; herbas..malas omnis radicitus ~odito CATO *Agr.*50.1; cuius in cubiculo ~ossum esse..corpus mortuum diceret CIC.*Rep.*2.61; LIV.22.3.13; decrescunt ~osso marmore montes OV.*Ars* 3.125; ~odiens ossa..canis PHAED.1.27.3; ~odiuntur bulbi ante uer PLIN.*Nat.*19.97; murrina ex eadem tellure et crystallina ~odimus 33.5; JUV.16.38; (*in fig. phr.*) quae (*sc.* misericordia principis) cum..complures multorum iam annorum ruina obrutos ~oderit SEN.*Dial.*11.13.3;—(*transf.*) ex hoc sepulcro uetere (*i.e. this old man*) uiginti minas ~odiam PL.*Ps.*413.

2 (transf.). **a** To gouge out (a part of the body, usu. the eye). **b** to score out, erase (a wrong word).
a oculos..istos, inproba, ~odiam tibi PL.*Aul.*53; TER.*Eu.*740; CAES.*Gal.*7.4.10; luminis ~ossi..lauit inde cruorem VERG.*A.*3.663; ~odiat..hinc et hinc ultur fibras SEN.*Her.O.*947; TAC.*Hist.*4.62; (*hyperb.*) radiis solis aciem ~odit luminis LABER.*com.*75; (*in fig. phr.*) hi duo illos oculos orae maritumae ~oderunt (*i.e. Corinth and Carthage*) CIC.*N.D.*3.91. **b** ut uerba atroci stilo ~oderent PETR.4.3.

3 To break up or penetrate (the ground, etc.) by digging.
mersis in ~ossam terram capitibus LIV.22.51.8; secedit humumque ~odit OV.*Met.*11.186; ~ossa..protulit aurum in lucem tellus PETR.128.6,l.2; STAT.*Theb.*4.245; ~odere proxima Auerno iuga TAC.*Ann.*15.42; monet, ut illum locum ~odi iubeant PLIN.*Ep.*7.27.11; (*cf.*) frumentum..conquisitum spoliatis ~ossisque eorum domibus..in Petram comportarat CAES.*Civ.*3.42.5.

4 To make by digging, hollow out.
~odiebam in die denos scrobes PL.*Aul.*fr.3; ~ossis..latebris VERG.*G.*4.42; hic portus alii ~odiunt *A.*1.427; sulcum..pedum duorum altum..~odit COL.*Arb.*4.3; gaudet in ~ossis habitare cuniculus antris MART.13.60.1; lacus..~ossa humo TAC.*Ann.*2.61; ~odere riuos 11.20.

(effor) ~ārī ~ātus, *tr.*, (*intr.*). Also **ecf-.** [EX-+FOR] FORMS in use: pres. ind. *~aris, ~atur, ~antur*; fut. *~abor, ~abere, ~abimur*; pf. *~atus* (*sum*), etc.; imp. *~are*; inf. *~ari*; pres. pple. *~ans*, etc.; gd. *~andum*, etc.; gdve. *~andus*, etc.

1 To utter, say (words, esp. of a solemn nature). **b** to make known in words, announce or declare. **c** to enunciate (a proposition). **d** (intr.) to open one's mouth, speak.
haec (uerba) effatus pater..recessit ENN.*Ann.*47; uerbum..sollemne..~ari CIC.*Dom.*141; quem..uersum..tamquam ex oraculo..esse ~atus uidetur *Rep.*5.1; VERG.*A.*4.499; nil animis..tuis ~abere dignum LUC.8.347; (*foll. by dir. sp.*) Laelius ~atur: 'macte..' SIL.15.274; (*w. adv.*) sic ~atus VERG.*A.*9.22;—(*pple. w. pass. force*) longo ~ata carmine (uerba) LIV.1.24.6. **b** celanda ~ando nefas contrahi LIV.5.15.10; mortis ~are ordinem SEN.*Phaed.*999; prophetae..~antur ceteris quae diuino beneficio soli uident APUL.*Mun.*pr.; ~antes futura 17; (*ellipt.*) sed iam (~abor enim) longo sudore fatiscunt corda STAT.*Theb.*11.92; (*foll. by indir. qu.*) quin potius ~aris ubi puerum..occultaris? APUL.*Met.*7.25. **c** quod ita ~abimur 'aut uiuet cras Hermarchus aut non uiuet' CIC.*Luc.*97. **d** incipit ~ari mediaque in uoce resistit VERG.*A.*4.76; ~ari de eo nullo uinculo prohibeor APUL.*Met.*11.24.

2 (tech., of augurs) To demarcate by word of mouth (areas within which signs might be observed, or their boundaries); (commonly used as pass.).
augures finem auspiciorum caelestum extra urbem agris sunt ~ati ut esset VAR.*L.*6.53;—(*used w. pass. force*) ad templum ~andum CIC.*Att.*13.42.3; *Leg.*2.21; fanum.., id est, locus templo ~atus LIV.10.37.15; FEST.p.157M; GEL.13.14.1.

efforō ~āre, *tr.* [EX+FORO] To bore through, perforate.
stipes compluribus locis..~atur COL.9.13.

effractārius ~(i)ī, *m.* [EFFRINGO+-ARIVS] A housebreaker or burglar.
aperta ~ius praeterit SEN.*Ep.*68.4.

effractor ~ōris, *m.* [EFFRINGO+-TOR] = prec.
cognoscit praefectus uigilum de..~oribus PAUL.*dig.*1.15.3.1; nocturni ~ores 47.18.2.

effractūra ~ae, *f.* [EFFRINGO+-VRA] The crime of 'breaking and entering', or an instance of it.
SCAEV.*dig.*38.2.48; ~ae fiunt..in horreis PAUL.*dig.*1.15.3.2.

effrēnātē (ecf-), *adv. compar.* ~ius. [EFFRENATVS+-E] Unrestrainedly, violently.
cum..legio ~ius in aciem hostium inrupisset CIC.*Phil.*14.26; cuius..libidines ~e ad potiundum incitarentur *Sen.*39; *Tusc.*4.50.

effrēnātiō ~ōnis, *f.* [EFFRENO+-TIO] A giving rein to (passions, speech).
uox quaedam libera atque etiam ~o augendi causa CIC.*de Orat.*3.205; quae ~o impotentis animi! *Phil.*5.22.

effrēnātus (ecf-) ~a ~um, *a. compar.* ~ior, *superl.* ~issimus. [pple. of EFFRENO] Unrestrained, violent, unbridled: **a** (of persons or their character). **b** (transf., of feelings, pain, etc.).
a orator..~us et acer nimis CIC.*Brut.*269; *Cael.*35; homines secundis rebus ~os *Off.*1.90; inter tot tam ~arum gentium arma LIV.21.9.3; ~issimis moderatior SEN.*Ep.*85.4; ~i populi incitamentum TAC.*Dial.*40.2. **b** ~a inpudentia ACC.*trag.*133; ~us furor CIC.*Sest.*82; libidinem Ap. Claudi..~iorem fore LIV.3.50.7; spes ~as SEN.*Dial.*9.9.2; uiolentias ~i doloris GEL.12.5.3.

effrēnis: see EFFRENVS.

effrēnō ~āre ~āuī ~ātum, *tr.* [next+-O³] To remove (or slacken) the reins of (a horse).
ita consternauit equos ut repente uelut ~ati passim ..ferrentur LIV.37.41.10; 40.40.5; (*poet.*) Vulturnum in proelia..~at (Aeolus) SIL.9.496.

effrēnus ~a ~um, *a.* Also **~is** ~is ~e. [EX-+FRENVM+-VS, -IS] FORMS: *effrenis* (nom. sg.) PLIN.*Nat.*8.171.

1 (of a horse, etc.) Freed from, or not subjected to, the control of reins.
frenos ut detrahant equis imperat, et ipse..calcaribus subditis euectus ~o equo..infertur LIV.4.33.7; ~ae..sequuntur lynces STAT.*Theb.*4.657; (*poet.*) ~ae tumidum..igne iuuentae..equum *Ach.*1.277; (*transf.*) currus ~o impetu effugit aciem SEN.*Ag.*944.

2 (fig., of persons or their character) Not subject to restraint, headstrong, unruly. **b** (transf., of activities, feelings, etc.).
gens ~a uirum VERG.*G.*3.382; ~os animos uiolentaque pectora MAN.5.220; SEN.*Ag.*588; ~ae..coniugis *Med.*103; (*of an animal*) mula..~is et tarditatis indomitae PLIN.*Nat.*8.171. **b** ~o captus amore OV.*Met.*6.465; huius (adfectus)..rabidi atque ~i continentia SEN.*Dial.*5.16.2; STAT.*Silv.*5.3.103; ~um..populandi cuncta furorem SIL.14.687.

effricō ~āre (~uī) ~ātum, *tr.* Also **exf-.** [EX-+FRICO] To rub off or away; also, to rub clean.
equi sudorem fronte..~o APUL.*Met.*1.2; sordium..eluuiem..~o 1.7; (*in fig. phr.*) hebetibus..robigo animorum ~anda est SEN.*Ep.*95.36;—uinum probe calicibus ~atis..immissum APUL.*Met.*4.7.

effringō ~ingere ~ēgī ~actum, *tr.*, (*intr.*). Also **ecf-.** [EX-+FRANGO]

1 To break open (doors or similar impediments). **b** (buildings, receptacles, etc., either from outside or inside).
paene ~egisti..foribus cardines PL.*Am.*1026; occlusae sunt fores. — ~ingam *Mil.*1250; TER.*Ad.*88; CIC.*Ver.*4.96; per ~actam portam urbem ingreditur LIV.24.46.7; CURT.4.5.17; PETR.78.7; (*cf.*) inmatura (mala) obrui terra in ollis fundo ~acto PLIN.*Nat.*15.60; (*of things*) siue torrentium..ira obstantia ~egerit SEN.*Ep.*91.12; (*in fig. phr.*) subtrahis ~acto tu quoque colla iugo? OV.*Tr.*5.2.40. **b** scrutari loca abdita, clausa ~ingere SAL.*Jug.*12.5; cistam ~actam..plorat HOR.*Ep.*1.17.54; ut ~ingendi carceris fugiendique haberet occasionem LIV.29.22.10; ~actos..tumulos LUC.6.574; cum thesaurum ~egisset heres PLIN.*Nat.*34.37; ~actam..urbem STAT.*Theb.*9.556; SUET.*Nero* 26.1; (*absol.*) hic ex profano, hic ex sacro rapit; hic ~ingit, hic transilit SEN.*Ben.*7.27.2;—(*parts of the body*) ~acto..inlisit in ossa cerebro VERG.*A.*5.480; STAT.*Theb.*8.760; (*cf.*) utinam liceret stipite..~ingere animam SEN.*Her.O.*1450.

2 (app.) To break in pieces.
manibus cruribusque ~actis FLOR.*Epit.*2.9(3.21.26).

3 (intr.) To break out, burst forth.
sin..depresso sinu (*sc.* nubis)..~egerunt (flatus) PLIN.*Nat.*2.131; eurunotus..inter notum atque eurum medius ~ingit APUL.*Mun.*11.

effugiō ~ugere ~ūgī, *tr.*, *intr.* Also **ecf-, exf-.** [EX-+FVGIO] FORMS: *exfociont* (= *effugiunt*) *CIL* 1.25.

1 (intr.) To flee (usu. w. an implication of success), slip away, escape. **b** (of inanim. objs.) to find egress, issue, escape. **c** (transf.) to escape from some danger or misfortune specified or implied.
patria hac ~ugiam PL.*Mer.*660; piscis ne ~ugiat cauet *Truc.*37; de manibus uestris ~ugit CIC.*S.Rosc.*34; non dubito quin Gnaeus in fuga sit; modo ~ugiat *Att.*7.24; ut uix in ea caede pauci ~ugerent *B.Hisp.*6.4; ~ugit ante alios ..Gyas (*i.e. in a boat-race*) VERG.*A.*5.151; Fidenatium plurimi..~ugere in montes LIV.4.19.6; una (nauis)..~ugit OV.*Met.*14.242; ~ugere ad Armenios..conatus est TAC.*Ann.*2.68; APUL.*Met.*9.19; (*poet.*) ~ugiat stabulis noxa repulsa meis OV.*Fast.*4.748. **b** ~ugit..adducta sagitta VERG.*A.*9.632; Plias ab undis ~ugit GERM.*Arat.*709; (fulmen) facit (uiam) qua ~ugiat SEN.*Nat.*2.52.1; profundis uallibus ~ugiens..amnis STAT.*Theb.*10.96. **c** censebam me ~ugisse a uita marituma PL.*Bac.*342; ex crimine inimicorum ~ugere ACC.*trag.*1; CIC.*Att.*1.16.2; hilarem me putas haec tibi scribere, quia ~ugi (*i.e. from death*) SEN.*Ep.*54.3.

2 (tr.) To run away or escape from (pursuers, their weapons, etc.). **b** (transf.) to succeed in avoiding escape (dangers, misfortunes, etc.).
semitatim fugi atque ~ugi patrem TITIN.*com.*14; ut equitatum ~ugerent Caesaris CAES.*Civ.*1.65.4; non hoc telum..~ugies VERG.*A.*9.748; cum hostem ~ugissent in flumine ipso periere LIV.1.37.2; ~ugere non est..basiatores MART.11.98.1;—(*poet.*) euictos ~ugit umbra rogos PROP.4.7.2; non..fas omne penatis ~ugit STAT.*Theb.*7.513. **b** ~ugere infortunium PL.*Am.*451; nuptias ~ugere TER.*An.*332; tanta pericula si ~ugero CIC.*Phil.*12.30; ~ugere mortem CAES.*Gal.*6.30.2; inuidiam uulgi..~ugere NEP.*Cha.*3.2; naturam suam ~ugere SEN.*Con.*9.4.21; ne Tigranes quidem..nomine regio supplicia ciuium ~ugit TAC.*Ann.*6.40; pudorem..morte uoluntaria ~ugit 16.3; (*pass.*) haec morte ~ugiuntur CIC.*Tusc.*1.86;—(*of things*) parietes quorum ornatus..tot bella ~ugerant *Ver.*4.122; eadem res..reprehensionem ~ugit SEN.*Ep.*95.41; (*cf.*) sunt quaedam figurae ita receptae, ut paene..hoc ipsum nomen ~ugerint (*i.e. fall outside its scope*) QUINT.*Inst.*9.3.4;—(*w. pred.*) qui..L. Paulum conlegam ~ugere uellet CIC.*Mil.*24;—(*w.* ne) propinquae clade urbis ipsi, ne quid simile paterentur, ~ugerunt LIV.36.25.8; TAC.*Hist.*3.39;—(*w.* quin) numquam hodie ~ugies quin..moriaris NAEV.*trag.*13.

3 (tr.) To keep away from (a place, person, etc.); to eschew, avoid (anything undesirable). **b** (topog.) to slope back or recede from.
has..terras..~uge VERG.*A.*3.398; hos (*sc.* leones)..~uge, ne uirtus tua sit damnosa duobus! OV.*Met.*10.707; *Fast.*2.604;—hanc maculam nos decet ~ugere TER.*Ad.*955; indicia facti aut ~ugere aut occultare CIC.*Part.*115; ~ugiant uoces uerba molesta tuae! OV.*Ars* 1.464; uestri peccata magistri ~ugite 2.174; ~uge (*sc.* canem) qui lata pandit uestigia planta GRAT.276. **b** (Taurus) confractus, ~ugiens quoque maria PLIN.*Nat.*5.99.

4 a (tr.) To escape the grasp of, slip out of or fall from (the hands or sim.). **b** (intr.) to move out of reach, slip, recede, etc.; (fig., of opportunities, etc.).
a ter frustra comprensa manus ~ugit imago VERG.*A.*2.793; remus ~ugit manus SEN.*Ag.*509; capite..recuruato, ne pastinum ~ugiat..semen demersit COL.3.18.1. **b** deos quaeso — ut tua sors ex sitella ~ugerit PL.*Cas.*396; tibi, Tantale, nullae deprenduntur aquae, quaeque inminet, ~ugit arbor OV.*Met.*4.459; calculus..curiosius deducitur ..ne ~ugiat CELS.7.26.2G;—(*fig.*) spectandi leuis ~ugit uoluptas STAT.*Silv.*1.6.52; cum..optima uiderentur quorum tempus ~ugerat TAC.*Hist.*1.39.

5 (tr.) To be or pass beyond, baffle, escape (the senses or their operations, the attention, etc.); (also impers., foll. by inf.). **b** to escape the notice, knowledge, or memory of (a person).
animus..oculorum ~ugit optutum CIC.*Tim.*27; non..meas ~ugit nuntius auris VERG.*A.*7.437; OV.*Tr.*2.218; deos, quorum notitiam nulla res ~ugit SEN.*Ben.*5.25.4; lineas uisum ~ugientes PLIN.*Nat.*35.83; ~ugit hic oculos rapida puer ocior aura STAT.*Theb.*6.602;—custodis curam non ~ugiat obseruare desilientem matricem COL.8.11.12. **b** nihil erit quod oratorem ~ugere possit CIC.*de Orat.*2.175; HOR.*Epod.*5.102; nullius..rei cura Romanos..~ugiebat LIV.22.33.6; sidera si noris, numquam te tempora noctis ~ugient GERM.*Arat.*588; nulla me uelim syllaba ~ugiat QUINT.*Inst.*11.2.45; (*cf.*) colligere subtiliter pedes iugeri et comprehendere etiam si quid decempedam effugit SEN.*Ep.*88.11;—(*ellipt. or absol.*) nunc, si quid ~ugit, recolligo *Ben.*7.1.2; (*w. dat.*) somniculoso plurima ~ugiunt (*v.l.* officiunt) COL.11.1.13.

effugium ~iī, *n.* [prec.+-IVM] A means or way of escape. **b** the action of escaping or fleeing, or an instance of it.
neque terra neque mari ~ium dabatur uictis *B.Alex.*16.1; perpaucis ~ium patuit LIV.9.31.16; 29.33.5; licet (apibus) uitare pestis obsidia per aliud uolantibus ~ium COL.9.7.6; cincto ratibus ambitu (lacus), ne uaga ~ia forent TAC.*Ann.*12.56; ubi ~ia uillae clausit 16.15; (*w. defining gen.*) alias (animantes) habere ~ia pinnarum CIC.*N.D.*2.121;—(*of liquids, air*) senile corpus..lenta ~ia sanguini praebebat TAC.*Ann.*15.63; quibus (*sc.* spiritibus) clausis et ~ia quaerentibus mouebatur (terra) APUL.*Mun.*23;—(*transf.*) nullum malum sine ~io est SEN.*Nat.*6.1.6; (*w. obj. gen.*) si non ~ium ne moram quidem mortis..adsequi potuit CIC.*Ver.*5.166. **b** quos ~ium seruarat LUCR.5.994; poenas ob nostra reposcent ~ia VERG.*A.*2.140; nullam ne ad ~ium quidem nauem habentes LIV.21.43.4; OV.*Ars* 2.21; TAC.*Hist.*3.18.

effulgeō ~gēre ~sī, *intr.* Also **effulgō** ~gere. [EX-+FVLGEO] FORMS: *~ĕre* Verg.*A*.8.677.

1 To shine or blaze forth, flash, gleam, etc.: **a** (of fires, heavenly bodies, etc.). **b** (of other things); (esp. of persons, on account of their rich attire, imposing appearance, etc.).

a ingens lumen ~sisse Liv.22.1.11; 28.15.11; tres simul soles ~serunt 41.21.13; Sen.*Nat*.1.5.9; ~sisse inter ruinam ignis memorant Tac.*Ann*.2.47; sidus cometes ~sit 14.22; (*cf.*) noua lux oculis ~sit Verg.*A*.9.731. **b** quam lucidum quiddam..~sit (uenter mulli)! Sen.*Nat*.3.18.5; ~gent camerae, uario fastigia uitro..nitent Stat.*Silv*.1.5.42;—auro ductores longe ~gent ostroque decori Verg.*A*.5.133; ~get..Deidamea..pulchrisque sororibus obstat Stat.*Ach*.1.295; inspecto ornatu quo principum..parentes ~serant Tac.*Ann*.13.13; (*in zeugma w. sense 2*) si quis (*sc.* erat) audacia aut insignibus ~gens Tac.*Hist*.4.29.

2 (fig., of qualities, etc.) To become or be conspicuous or outstanding.

nec ipsius tantum patris..fama conspectum eum efficiebat, sed ~gebant Philippus ac magnus Alexander Liv.45.7.3; Rutili innocentia ac uirtus..~sit Sen.*Ep*.79.14; omnis Graeciae fabulositas..ex hoc primum sinu ~sit Plin.*Nat*.4.1; siue sensus aliquis arguta..sententia ~sit Tac.*Dial*.20.4.

effulgurō ~āre, *intr.* [EX-+FVLGVRO] To flash, sparkle.

toto..~at orbe Cynthia Stat.*Ach*.1.231.

effultus ~a ~um, *a.* [pple. of **effulcio* (EX-+FVLCIO)] (usu. w. abl.) Propped up (on), supported (by).

harum (*sc.* bidentium) ~us tergo stratisque iacebat uelleribus Verg.*A*.7.94; 8.368; ~us ostro Sericisque puluillis Mart.3.82.7; Grais..effulta metallis culmina Stat.*Silv*.3.1.5; Sil.7.293;—(*w.* in+*acc.*) ~us in cubitum Apul.*Met*.2.21.

effūmō ~āre, *intr.* [EX-+FVMO] To emit smoke or fumes.

prima ut quaeque rigescit ~at moles *Aetna* 501.

effundō ~undere ~ūdī ~ūsum, *tr.* Also **ecf-.** [EX-+FVNDO[1]] FORMS: *exfuti* = *effusi* according to Paul.*Fest*.p.81M. CONSTS.: w. acc., often foll. by abl. of, or preps. expressing, separation; other consts. mentioned under individual senses.

1 To pour out, off, or away (liquids). **b** (free-running solids). **c** to allow (surplus water) to drain off.

~unde cito hoc (*sc.* uinum) in barathrum Pl.*Cur*.121; largius ~uso madeat tibi mensa Falerno Prop.2.33.39; aquam ~undi ex olla..iussisse Liv.41.15.2; decoctae (brassicae) aquam..faetere humi ~usam Plin.*Nat*.20.90; quidquid innatet ~unditur spongeaue tollitur 33.103; Mart.9.61.16; praetor ait de his, qui deiecerint uel ~uderint (*sc. onto the heads of passers-by*) Ulp.*dig*.9.3.1; (*vessels*) tremulae manus ~undentes plena uasa Plin.*Nat*.14.142;—(*poet.*) redit (serpens) ~usis per laxa uolumina palmis (Ophiuchi) Man.1.335; (*cf., in fig. phr.*) carmina..fluere, ut per leue seueros ~undat iunctura unguis (*i.e. lets them slide along*) Pers.1.65. **b** ex horreis direptum ~usumque frumentum Cic.*Div*.1.69; ~undi in uestibulo..iussit anulos aureos Liv.23.12.1; nummos..de sacculo ~endentem Petr.71.9; per cribrum ~uso furfure Plin.*Nat*.22.145; si quis..frumentum meum ~uderit in flumen Ulp.*dig*.9.2.27.19; (*of a container*) quae (*sc.* urna) simul ~udit..uersa lapillos Ov.*Met*.15.45. **c** (stabula) deuexa sint, ut umorem ~undant Col.6.23.1; (tegula) quae posset subitos ~undere nimbos Mart.7.36.3.

2 To cause (rain, etc.) to pour; (usu. pass., of showers). **b** to shower, volley (missiles). **c** (transf.) to bestow lavishly, shower (praises, etc.).

procella subito niuem ~uderat Curt.3.13.7; tamquam lapides ~uderit imber Juv.13.67;—~usus nubibus imber Verg.*G*.4.312; ~usa si quando grandine nimbi praecipitant *A*.10.803; Liv.33.6.12. **b** telorum ~undere contra omne genus Verg.*A*.9.509; uis lapidum..in propinquantem iam terrae classem ~usa est Liv.28.37.7; spargit ~usas..sagittas Sen.*Phaed*.284. **c** ~udi..honores in mortuos Cic.*ad Brut*.1.15.8; contumelias..in populum Romanum ~udit Tac.*Hist*.4.68.

3 a To shed (tears, blood). **b** to discharge from the body (vomit, urine, etc.); also, to cause the discharge of.

a (*tears*) lacrimas..quas tu in meis acerbitatibus plurimas ~udisti Cic.*Planc*.101; Lucr.1.91; largos..~undere fletus Verg.*A*.2.271; ~usis gaudio lacrimis Liv.27.19.12; Luc.8.727; (*cf.*) nos contra ~usi lacrimis Verg.*A*.2.651; (*transf.*) arbores..quae..hanc ~underent cummim Plin.*Nat*.37.33;—(*blood*) multum pro re publica sanguinem ~udistis Cic.*Mil*.101; Verg.*A*.7.788; Tac.*Hist*.4.32; per abruptas uenas sanguinem ~udit *Ann*.6.29; (*of veins*) uenae..parum sanguinis ~undebant 16.15; (*cf.*) sanguis..~unditur in ruborem Quint.*Inst*.11.3.78. **b** si pituitam acidam ~udit Cels.1.3.11; quotiens..aliquid..uenter ~udit 4.18.4; ~usus sudor Petr.101.2; si per somnos genitura ~undetur Plin.*Nat*.23.49; (*neut. pl. of pple. as sb.*) nec reliquias et ~usa intueri dedignatur (medicus) Sen.*Dial*.2.13.2; (*cf.*) quorum stomachus in uomitiones ~unditur Plin.*Nat*.23.43;—si inguen incisum est, ea..umor ~undi debet Cels.7.21.2; 8.9.1.G; nausia..quae bilem mouet nec ~undit Sen.*Ep*.53.3.

4 (refl. or pass., of rivers or sim.): **a** To flow out at the mouth, debouch. **b** to flow out at the source, rise. **c** to overflow; (act.) to cause to flood.

a (Sangarius) in Propontidem sese ~undit Liv.38.18.8; Mela 1.98; Velinum lacum, qua in Narem ~unditur, obstrui Tac.*Ann*.1.79. **b** Peneus ab imo ~usus Pindo Ov.*Met*.1.570; ex ipsis radicibus montium..amnis ~unditur Curt.6.4.4; Danuuius..montis Abnobae iugo ~usus Tac.*Ger*.1.3. **c** neque redundat umquam neque ~unditur (mare) Cic.*N.D*.2.116; ~uso stagnantem flumine Nilum Verg.*G*.4.288; super ripas Tiberis ~usus Liv.1.4.4; 24.10.7; ex Aetnae uerticibus..~usis crateribus..flammarum flumina cucurrerunt Apul.*Mun*.34; (*transf., of a writer*) (Stesichorus) redundat atque ~unditur Quint.*Inst*.10.1.62;—(*act.*) huc stagna lacusque..~unde Luc.4.119; diruit molem ..Rhenumque..disiectis quae morabantur, ~udit Tac.*Hist*.5.19.

5 To send forth, discharge (light, heat, vapour, etc.). **b** to emit (breath); (*extremum*, etc.) *spiritum* (*animam, uitam*) *~undere*, to breathe one's last, die.

caligo, quam circa humidi ~uderant montes Curt.4.12.20; dies..quibus sol..uetetur omnes radios ~undere Sen.*Ben*.5.6.5; Aetna..ingentem uim harenae urentis ~udit *Nat*.2.30.1; hypocauston..calorem..~undit Plin.*Ep*.2.17.23; (*refl.*) talis sese halitus atris faucibus ~undens Verg.*A*.6.241; (*poet.*) quanto spirare ueneno ora (*sc.* Gorgonis) rear quantumque oculos ~undere mortis! Luc.9.680. **b** partem spiritus in loquendo per nares ~undere Quint.*Inst*.11.3.56;—extremum spiritum in uictoria ~udistis Cic.*Phil*.14.32; animam hanc ~undere Verg.*A*.1.98; est animus nobis ~undere uitam Ov.*Ep*.7.181; Tac.*Ann*.2.70; sic elisus uiolenter..medicus ~undit spiritum Apul.*Met*.10.26.

6 To utter (sounds, words). **b** (w. emph. on the hasty or improvised nature of the utterance). **c** to pour forth or unbosom (one's thoughts, feelings), impart freely (information). **d** (pass.) to break forth into speech.

talis..~undit pectore questus Verg.*A*.5.780; 7.292; Vell.2.14.2; ~udere minas Luc.5.261; risum iam diu compressum..~udit Petr.58.1; acrem hinnitum ~undens (sonipes) Sil.10.459; cum ille..stridorem incertum..~underet Apul.*Met*.1.13; (*w. abst. subj.*) id quod casus ~udisset cecidisse iucunde Cic.*Orat*.177;—(*of musical instruments*) lituus sonitus ~udit acutos Enn.*Ann*.530; tibia ..~undit socialia carmina Ov.*Ep*.12.139; Sen.*Ag*.584. **b** superuacua..uidentur cura ac labor, parata quicquid ~uderint laude Quint.*Inst*.2.2.10; ex tempore scribunt..repetunt deinde et componunt quae ~uderant 10.3.17; (*w. ref. to writings*) nullum..ex illis (*sc.* carminibus) biduo longius tractum, quaedam et in singulis diebus ~usa Stat.*Silv*.1.pr. **c** ~udi uobis omnia quae sentiebam Cic.*de Orat*.1.159; cum in medium ~underet, quae sciebat Sen.*Ben*.6.16.3; in epilogo..totos ~undere affectus Quint.*Inst*.4.1.28; hoc sermone..~undunt animi secreta Juv.6.190; (*w.* in+*acc.*) obstructa in talis ~undit pectora uoces Pedo *poet*.15. **d** tibi..gratias agebat..in nos..suauissime..est ~usus Cic.*Att*.4.9.1; tali..~unditur ira V.Fl.7.34.

7 To give free play to, vent (feelings, passions).

~usas in omni intemperantia libidines Cic.*N.D*.1.42; nec praesens tantummodo ~usa est laetitia Liv.33.33.4; non in gemitus..dolorem ~udit Luc.9.147;—(*w. obj. of one's anger, etc., expressed*) ut ille..suum..furorem in me..~underet Cic.*Fam*.12.25.4; Liv.39.34.1; bilem in homines collectam in res ~undere Sen.*Dial*.4.26.3; (*cf., refl.*) saeuit..nec (uidet) qua se ardens ~undere possit V.Fl.1.701.

8 To send forth, let loose (from confinement or inactivity). esp. **b** (refl. or pass., usu. of crowds, invading armies, or sim.) to pour out, stream forth.

omnis indices tribunus e carcere in forum ~udit Cic.*Har*.34; *Pis*.16; Troia pubes Ascanio auxilium castris ~undit apertis Verg.*A*.7.522; falcatos currus..in hostem ~udit Curt.4.15.3; Luc.7.714; gladiatores in aduersam Padi ripam repente ~udit Tac.*Hist*.2.23; (*w. abst. subj.*) equitatum certaminis studium ~udit Liv.30.11.8; Vell.2.110.4; omni multitudine obuiam ~usa Liv.28.9.5; Verg.*A*.5.145; totam per proxima..armorum ~undit..pestem Sil.14.120; (*in fig. phr.*) irarum ~unde quadrigas Enn.*Ann*.513. **b** cunctum senatum, totam Italiam ~usam Cic.*Deiot*.11; ciuitas tota ad te se..~undebat *ad Brut*.1.3.2; Caes.*Civ*.2.7.3; cum carceribus sese ~udere quadrigae Verg.*G*.1.512; Veientium maxima pars Tiberim ~usi petunt Liv.4.33.10; 31.14.12; omnibus portis ad opem ferendam ~unduntur 38.6.3; magna uis Graecae iuuentutis..in Asiam se ~udit Vell.1.4.3; Gallica per gelidas rabies ~unditur Alpes Luc.2.535; Apul.*Met*.7.13; (*cf.*) tandem..~usus apertos liber amat campos (leo) Stat.*Theb*.9.742; (*in fig. phr.*) quo se usque ~usura esset legum uictrix audacia V.Max.9.1.3;—(*cf., of a conflagration*) in nocturno ~uso tam late incendio Liv.30.5.8; Quint.*Inst*.8.3.68.

9 (refl. or pass., usu. w. *in* or *ad*+acc.) To cease to hold oneself back, break out (into some specified form of conduct, manifestation of feeling, etc.).

qui se in aliqua libidine continuerit, in aliqua ~uderit Cic.*Parad*.21; milites..in tantam licentiam..~usos ut nulla disciplina militiae esset Liv.25.20.6; ne..(matronae) ~undantur ad luxuriam 34.6.9; ~usus in iras Stat.*Theb*.7.322; patres..in questus lacrimas uota ~undi Tac.*Ann*.1.11; in omnis libidines ~udit 14.13; in iocos ~usus est Suet.*Aug*.98.4; conuiuium totum in licentiosos cachinnos ~unditur Apul.*Met*.2.20.

10 (of female animals, only contemptuously of women) To bring forth (young). **b** (of the soil) to bear, yield; (refl. or pass., of plants) to spring up, grow.

animalia..materno utero..modo ~usa Sen.*Ep*.121.18; campis Vettonum eductum (*sc. a foal*) genetrix ~uderat Harpe Sil.16.365; non genuit filium sed ~udit [Quint.] *Decl*.6.10; (*cf.*) cum..Iulia..patruo similes ~underet offas (*i.e. abortions*) Juv.2.33. **b** segetes fecundae..herbas..~undunt inimicissimas frugibus Cic.*Orat*.48; (*poet.*) feta tellus impio partu ~udit arma (*i.e. the Spartoe*) Sen.*Oed*.731; (*transf.*) haec..aetas ~udit hanc copiam (*sc.* oratorum) Cic.*Brut*.36;—(*refl. or pass.*) in materiam frondemque ~unditur (uitis) Col.4.21.2; summo solo sparsa..semina celerius se ~undunt Quint.*Inst*.1.3.5; (*cf.*) (terra) quae in herbas non ~unditur Plin.*Nat*.17.48.

11 To expend, use up: **a** (money or resources). **b** (one's strength or energy).

a ~undamus aerarium Cic.*Agr*.1.15; qui nostra bona sperant, cum ~undant sua *Phil*.11.13; Carthagini, supremo auxilio ~uso, adesse uidebatur praesens excidium Liv.30.32.3; tantum in istam diues amator ~udit Sen.*Con*.2.7.1; bis et uiciens miliens sestertium donationibus Nero ~uderat Tac.*Hist*.1.20; *Ann*.14.31; (*absol.*) ~undite emite, facite quod uobis lubet Ter.*Ad*.991; (*refl., of expenditure*) honestius ..hoc se inpensae quam in..pictas..tabulas ~uderint Sen.*Dial*.9.9.6. **b** ibi omnis ~usus labor (*i.e. was wasted*) Verg.*G*.4.292; quantumcumque uirium habuit certamine primo ~udit Liv.10.28.6; Ov.*Met*.1.278; Luc.7.344; (*w. abst. subj.*) ubi primum impetum ~udit (temeritas) Curt.4.14.13;—(*in fig. phr.*) ~udit nubibus iras ardoremque uiri (*i.e. caused him to waste it*) V.Fl.4.273; (*cf. pass.*) ut..uanas serpentis in auras ~usae tuto conprendit guttura morsu (*sc. the ichneumon*) Luc.4.727.

12 To cause to fall from a horse or vehicle, unseat, throw. **b** to eject, tip out (of a ship, etc.); to let fall, drop (a weight). **c** (transf.) to abandon, discard (cares, responsibilities, etc.; in some exx. the metaphor may be derived from other senses).

(equi) metu uersi retroque ruentes ~undunt..ducem Verg.*A*.10.574; equus..corruit consulemque lapsum super caput ~udit Liv.22.3.11; Curt.8.14.34; ut..sonipes..in caput ~usi calcauit membra regentis Luc.7.529; Plin.*Nat*.8.161; Sil.10.255; (*cf.*) cum rota praecipitem..impulit ~unditque solo Verg.*A*.12.380. **b** puppis..soluitur ~unditque uiros V.Fl.8.358; Tac.*Ann*.14.3;—saxa tulit (*sc.* uentus)..~uditque procul Luc.9.491; ~undit..balista molares Sil.1.335. **c** qui auspicia..neglexerunt, qui omnia remedia rei publicae ~uderunt Cic.*Att*.2.9.1; trahent uestem omnemque curam sui ~undent Sen.*Dial*.4.35.3; dic, qua ratione..hoc secretarum cupiditatium pondus ~undam *Ep*.117.25; iam pridem..~udit curas (populus) Juv.10.78; suarumque promissionum memoriam ~udit Apul.*Met*.5.18.

13 To overturn (buildings, etc.). **b** (refl. or pass.) to fling oneself (into someone's arms, etc.); to let oneself sink down so as to lie outspread; (also, act.) to allow (part of one's body) to flop down.

in planum ~undere muros Luc.1.383; moenia fundo excutiam uersasque solo super Inacha tecta ~undam turris Stat.*Theb*.3.250; dum (moles) ruit intus aut in exteriora ~unditur Tac.*Ann*.4.62. **b** matres ac coniuges..in suos quaeque..~usae Liv.4.40.3; Luc.9.56; cum me uideret ..in amplexum ~unditur Flor.*Verg*.p.183R;— ~usis in humum *Aetna* 225; ista uates corpus ~usa ac tremens Sen.*Ag*.786; labanti..spiritu totam se super corpus ~udit Apul.*Met*.8.6;—(*of the body or its parts*) cum..~usum..iacet sine sensu corpus Lucr.3.113; hic (Diana)..~usam pharetra ceruicem excepta quiescit Stat.*Theb*.4.433;—ut in gremium eius caput resupinus ~undat Cels.7.7.4.A.

14 To allow (something normally tight) to hang loose or flow freely, loosen, slacken: **a** (the reins, in order to increase speed); hence, to give rein to (horses, chariots). **b** (hair or sim., usu. one's own). **c** (folds in one's clothing).

a iungit equos..manibusque omnis ~undit habenas Verg.*A*.5.818; [Tib.]3.7.92; ~usis habenis in medium discrimen ruere Curt.8.14.6; Sil.1.161; (*cf.*) siue gradus seu frena ~underet (*i.e. whether speeding on foot or by chariot*) Stat.*Theb*.9.182; (*poet.*) frenare ratem fluctusque ~undere Man.4.283; (*in fig. phr.*) irarum..~undit habenas Verg.*A*.12.499;—Appia, dic..quantum..triumphum egerit ~usis per tua saxa rotis Prop.4.8.18; decem ~usis equis aduolant..Numidae Liv.25.41.2. **b** iubam ceruice ~undit equina..pernix Saturnus Verg.*G*.3.92; quae..fleat ~usis ante sepulcra comis Tib.1.3.8; Prop.2.13.56; crinis ille quem ~undere olim mos uiris fuit Sen.*Nat*.1.17.7; Luc.1.188; Juv.6.164; (*poet.*) huius (*sc.* arietis) per omne corpus ~uso coma dependet auro Sen.*Thy*.227;—(*refl., of the hair itself*) crines..flexi per totos se umeros ~uderant Petr.126.15;—(*pf. pple. pass., of persons, w. retained acc.*) crinis ~usa sacerdos Verg.*A*.4.509; Ov.*Met*.13.688. **c** cum is ..sinu ~uso bellum dare dixisset Liv.21.18.14; laxos ~undit amictus Sil.2.389.

15 To stretch out (the arms or sim.); to spread (a sail). **b** (refl. or pass.) to be spread out, extend.

quercus..nudos..per aera ramos ~undens Luc.1.140; ~usis..lacertis V.Fl.4.375; (*pf. pple., of persons, w. retained acc.*) ~usa manus haerensque in pectore coniunx V.Fl.1.762;—nondum..pinus..~usum uentis praebuerat..sinum Tib.1.3.38. **b** locus ~usi late maris arbiter Hor.*Ep*.1.11.26; tantum ibi se in latitudinem ~undit (Asia) Mela 1.9; Luc.8.369; margine (*of a shell*)..foris ~uso Plin.*Nat*.9.102.

16 (perh. only in pf. pple. pass.) To cause (soldiers, etc.) to be spread out (usu. thinly or loosely) over a wide area.

~usam illam ac superatam Catilinae..manum Cic.*Sest*.42; occasionem multos simul et ~usos improuiso adoriundi Liv.2.11.4; populando ~usus exercitus 9.31.6; ut Caesaris arma laxet et ~uso claudentem milite tendat Luc.6.72;—(*in non-military context*) Illyrii..per totum Hadriani maris litus ~usi Flor.*Epit*.1.21(2.5.1).

effūsē, *adv.* *compar.* ~ius, *superl.* ~issimē. [EFFVSVS+-E]

1 Over a wide area, extensively. populationem adeo ~e fecit, ut nihil bello intactum relinquerent LIV.2.64.4; 8.19.5; 33.14.9.

2 (in mil. context) In a disorderly manner, in loose array. temere et ~e euntes SAL.*Jug*.105.3; uictoribus ~e sequentibus LIV.22.41.2; 33.36.12; densatis ordinibus ~e fluentem in se aciem excepere CURT.6.1.6; procurrere hostes ~e FRON.*Str*.2.1.7.

3 In an unrestrained manner, freely or (usu.) immoderately. **b** on a liberal scale, lavishly; in large quantity, abundantly. tam ~e petulans CIC.*Pis*.10; agrum..refertum praeda, quam ~e..rapiebant LIV.22.9.3; uinum bibere..~e CELS.6.6.8.C; ~issime flere SEN.*Ep*.99.24; hospitiis non alia gens ~ius indulget TAC.*Ger*.21.2; cum..te utraque ~issime diligat PLIN.*Pan*.84.4; dum ridet ~e FEST.p.209M. **b** non pauca..large ~eque donabat CIC.*S.Rosc*.23; si uidua libere ..diues ~e..uiueret *Cael*.38; ~e in lusu liberalis AUG.in Suet.*Aug*.71.3;—ubi ~e afluant opes LIV.3.26.7; adfluxere ..ob propinquitatem loci ~ius TAC.*Ann*.4.62.

effūsiō (ecf-) ~ōnis, *f.* [EFFVNDO+-TIO]

1 A discharging (of bodily fluid); an emission (of light, etc.). atramenti ~one saepiae (se tutantur) CIC.*N.D*.2.127;—seu radiorum ex oculis ~onibus..uidemus VITR.6.2.3.

2 An unrestrained or immoderate expression (of one's feelings). eodem..uitio est ~o animi in laetitia quo in dolore contractio CIC.*Tusc*.4.66.

3 A streaming forth (of crowds). ~ones hominum ex oppidis CIC.*Pis*.51.

4 Lavish expenditure (of money) or an instance of it. liberalitatem ~o..imitatur CIC.*Part*.81; quas ~ones fieri putatis, quae..conuiuia? *S.Rosc*.134; ~o pecuniae *Att*.2.17.1; nondum hac ~one inducta bestiis..circum conplendi LIV.44.9.4; iactantia et ~o..existimanda est, cui ratio non constat PLIN.*Pan*.38.4.

effūsus ~a ~um, *a.* *compar.* ~ior, *superl.* ~issimus. [pple. of EFFVNDO] In senses of vb., esp.:

1 a (of reins, hair, etc.) Not tight, loose, flowing. **b** (of the body, limbs) not compact, sprawling. **c** (of an orator or his language) diffuse. **a** quam potuit ~issimis habenis (*i.e. at full speed*) LIV.37.20.10; in ~um laxa crinem APUL.*Met*.2.16. **b** luxuriant artus, ~aque sanguine laxo membra natant STAT.*Theb*.6.841; illic ~iora corpora, illic collectiora nascuntur CALP.*Decl*.2. **c** ~us pro copioso accipitur QUINT.*Inst*.2.12.4; omissa supplere, ~a substringere 10.5.4.

2 (of country, etc.) Stretching far without a break, wide, open, spacious. **b** (of activities, etc.) widely diffused, widespread. ~issimum Adriatici maris..sinum VELL.2.43.1; tam ~a moenia SEN.*Con*.1.6.4; LUC.6.270; ita ~is ac palustribus locis TAC.*Ger*.30.1; balinei cella..spatiosa et ~a PLIN.*Ep*.2.17.11. **b** ~a populatio LIV.10.2.9; reuocato ab ~a caede equite 42.65.5; (*transf.*) Romani honores quondam fuerunt rari..nunc autem ~i NEP.*Milt*.6.2.

3 (of attack, flight, etc.) Wildly impetuous, headlong, disorderly. fuga ~ior Aequorum in agro fuit Romano LIV.3.5.10; 28.7.7; non ~os esse oportet impetus sed temperatos SEN.*Dial*.3.11.1; ~o..decurrere passu LUC.4.271; PLIN.*Ep*.6.20.11; (*in fig. phr.*) dicebat..citato et ~o cursu SEN.*Con*.7.pr.2.

4 (of actions, emotions, etc.) Unrestrained, immoderate, extravagant; (also of persons, w. abl. or *in*+abl.). **b** (of persons, w. *in*+acc.) extremely prone (to some weakness), passionately devoted (to some cause, etc.). ~a praedandi licentia LIV.22.3.9; ~o gaudio V.MAX.4.1.2; ~issimis..laudationibus PETR.48.7; amplexu..~issimo 139.4; ~ae clementiae, modicus seueritate TAC.*Ann*.6.30; athletas ~issimo studio spectauit SUET.*Nero* 40.4; luxum..prodigum ~umque GEL.6(7).11.7;—(*of persons*) quis in largitione ~ior? CIC.*Cael*.13; munificentia ~issimus VELL.2.41.1; in laudandis discipulorum dictionibus nec malignus nec ~us QUINT.*Inst*.2.2.6. **b** sunt ante omnes barbaros Numidae ~i in uenerem LIV.29.23.4; ita in Romanos ~i erant 42.30.2; Grai, genus in gloriam sui ~issimum PLIN.*Nat*.3.42.

5 (of enunciation) Smooth, flowing. aliud (uocis genus) uoluptas (sibi sumat), ~um, lene, tenerum CIC.*de Orat*.3.219.

effūt(t)iō ~īre ~iuī or ~iī ~ītum, *tr.* [EX-+FVTIS+-IO²; cf. also *futtilis*] To utter foolishly or irresponsibly, blurt out, babble, etc. perperam olim dixi (nomen) ne uos..inprudentes foris ~iretis TER.*Ph*.746; euax uerbum nihil significat, sed ~itum naturaliter est VAR.*L*.7.93; partim ficta aperte, partim ~ita temere CIC.*Diu*.2.113; multa licet simili ratione ~iat ore LUCR.5.910; ~ire leuis..uersus HOR.*Ars* 231; si..obuias uulgatasque laudes ~iunt GEL.5.1.1; 16.12.6; APUL.*Apol*.3; (*w. adv.*) ita temere de mundo ~iunt CIC.*N.D*.2.94.

effutuō (ecf-) ~uere ~uī ~ūtum, *tr.* [EX-+FVTVO] To wear out with, or squander on, sexual intercourse. latera ~uta (*cj.*) CATUL.6.13; aurum in Gallia ~uisti *Vers. pop*.in Suet.*Jul*.51(*poet*.p.92); ipsi cernitis, ~utus ut sim *Priap*.26.7.

ēgelidus ~a ~um, *a.* [EX+GELV+-IDVS] Having the chill taken off, moderately warm, tepid; (also, perh.) cool. uer ~os refert tepores CATUL.46.1; gelidum Borean ~umque Notum OV.*Am*.2.11.10; si tussis non est, potui frigidum dandum (uinum); si est, ~um CELS.3.22.13; 3.27.4.B; perfundebatur ~a aqua uel sole multo tepefacta SUET.*Aug*.82.2;— ut (Aenean) procul ~o secretum flumine uidit (*according to Servius; et gelido most codd.*) VERG.*A*.8.610.

egens ~ntis, *a.* *compar.* ~ntior, *superl.* ~ntissimus. [pple. of EGEO] Poverty-stricken, needy, indigent. ~ntem parasitum PL.*St*.331; ~ns relictast misera TER.*Ph*.357; nihil..illo homine leuius, nihil ~ntius CIC.*Flac*.53; sumptus ~ntissimarum ciuitatum *Fam*.3.8.2; fortuna..parata unde..~ntissimis largiretur LIV.1.47.12; OV.*Ep*.1.95; TAC.*Hist*.4.1;—(*masc. pl. as sb.*) habet dilectum ~ntium ac perditorum CAES.*Gal*.7.4.3; LIV.8.19.14.

egēnus ~a ~um, *a.* [prob. < *eges-nos (*egos+-NVS); cf. next and *egestas*]

1 (absol.) Requiring financial or other assistance, needy, necessitous: **a** (of situations, conditions); *in ~o*, in straitened circumstances. **b** (of persons). **a** res multas tibi mandaui..dubias, ~as, inopiosas consili PL.*Poen*.130; supplex in rebus ~is VERG.*A*.6.91; COL.2.9.14; STAT.*Theb*.11.550;—maiorem operam, sed in ~o tamen necessariam COL.4.31.1; (*transf.*) largioribus satiatur alimentis (surculus) quam prius, cum esset in ~o 3.10.4. **b** semper locus horret ~is coetibus STAT.*Theb*.12.495; cur tu locuples es?..ego nudus, ego ~us QUINT.*Decl*.336(p.325,l.7); TAC.*Ann*.13.56; APUL.*Fl*.3; (*masc. pl. as sb.*) diues apud superos, sed mors aequarat ~is SIL.13.777; (*hyperb.*) si est auaritia ~us et ad omne lucrum inexplebilis APUL.*Apol*.20.

2 (w. gen. or abl., of persons or things) Destitute or deprived of. **b** in need of, requiring. (*w. gen.*) quae nos..omnium ~os..domo socias VERG.*A*.1.599; LIV.9.6.4; hos regis ~os Amphion..agit STAT.*Theb*.7.277; ~a sepulcri busta (*i.e. unburied corpses*) 12.247; (Iuliam) omnis spei ~am..peremit TAC.*Ann*.1.53; ~a aquarum regio 15.3;—(*w. abl.*) castellum commeatu ~um 12.46; 15.12. **b** (*w. gen.*) parentem..precantur (*sc.* nati), duret ut inualidis et adhuc genitoris ~is V.FL.5.24; (*transf. ep.*) lactis ~o nutricem plangore ciens STAT.*Theb*.4.789.

egeō ~ēre ~uī, *intr.* [cf. ON. *ekla* (a lack)] CONST.: w. gen. (rarer in post-Augustan authors); w. abl. (perh. not before Cicero); absol.

1 To need, want, require. **b** (opp. to *opus esse*) to feel a need for. (*w. gen.*) tibi amplectimur genua ~entes opum PL.*Rud*.274; grauitas morbi facit ut medicinae ~eamus CIC.*Fam*.9.3.2; bello..multarum rerum ~enti SAL.*Jug*.43.3; dum custodis ~es HOR.*S*.1.4.118; Neronem alienae facundiae ~uisse TAC.*Ann*.13.3;—(*w. abl.*) commendatione Lacedaemonios apud te non ~ere CIC.*Fam*.13.28a.1; quibus in studiis oculis non ~ebat *Tusc*.5.113; nec defensoribus istis tempus ~et VERG.*A*.2.522; res ~ebat mora LIV.32.13.9; VELL.2.43.4; quoniam multo ~eret alimento (*sc.* triticum) PLIN.*Nat*.18.64;—(*w. inf. pass.*) clariores quam ut indicari ~eant Athenae MELA 2.41; 2.58. **b** (*w. gen.*) qui tantuli ~et quanto est opus HOR.*S*.1.1.59; (*w. abl.*) ait sapientem nulla re ~ere, et tamen multis illi rebus opus esse SEN.*Ep*.9.14.

2 To find oneself in need of and without. **b** to feel the absence of. **c** (absol.) to lack the necessities of life (esp. money). (*w. gen.*) ne quis ex plebe..auxili ~eret CAES.*Gal*.6.11.4; mancipiis locuples ~et aeris Cappadocum rex HOR.*Ep*.1.6.39;—(*w. abl.*) sic ope non ~eas ipse OV.*Tr*.4.5.26; crimine quo merui..donis ut solus ~erem, Somne, tuis? STAT.*Silv*.5.4.2. **b** (*w. gen.*) tui amans abeuntis ~eo PL.*As*.591;—(*w. abl.*) angor animo non consili, non..auctoritatis armis ~ere rem publicam, quae didiceram tractare CIC.*Brut*.7. **c** quid is? ~etne? — ~et. — habuitne rem? — habuit PL.*Trin*.330; TER.*Hau*.964; ~ere sordidissime Gabinium CIC.*Pis*.12; Themistocli liberi ~uerunt *ad Brut*.1.15.11; SEN.*Ben*.2.15.1; saeua fames aderat, nulloque obsessus ab hoste miles ~et LUC.4.95; FRO.*Aur*.2.p.230 (235N); (*hyperb.*) semper auarus ~et HOR.*Ep*.1.2.56; (*of institutions*) ~ebat aerarium FLOR.*Epit*.1.22(2.6.24); (*w. adv. acc.*) tibi ancillas, penum, lanam..praebeo nec quicquam ~es PL.*Men*.121; (*impers. pass.*) amatur atque ~etur acriter *Ps*.273.

3 (esp. in pres. pple., often w. inanim. subj.) To be without or devoid of, lack. **b** (pregn.) to do without, dispense with (in quot., ellipt.). (*w. gen.*) si pudoris ~eas, sumas mutuom PL.*Am*.819; hominem laudem ~entem uirtutis..? *Rhet.Her*.4.28; oppidum..nullius idoneae rei ~ens SAL.*Jug*.57.1; 89.5; ~ens ..Tantalus semper dapis HOR.*Epod*.17.66; nobis dolor haud rationis ~ebit STAT.*Theb*.3.393;—(*w. abl.*) C. Macer auctoritate semper ~uit CIC.*Brut*.238; proprio quae tum res nomine ~ebat LUCR.3.134; semper amet, fructu semper amoris ~ens PROP.3.20.30; insulis cultoribus ~entibus LIV.22.31.3; QUINT.*Inst*.12.1.2. **b** si quid est quod utar, utor; si non est, ~eo..uitio uertunt, quia multa ~eo; at ego illis, quia nequeunt ~ere CATO *orat*.173.

Ēgeria ~ae, *f.* A Roman goddess (of water?), the reputed wife and counsellor of Numa Pompilius. suauis sonus ~ae ENN.*Ann*.119; CIC.*Leg*.1.4; VERG.*A*.7.763; LIV.1.21.3; ~a est, quae praebet aquas, dea grata Camenis OV.*Fast*.3.275; MART.10.35.13; ~ae nymphae sacrificabant praegnantes PAUL.*Fest*.p.77M.

ēgerminō ~āre ~āuī ~ātum, *intr.* [EX-+GERMINO] To put forth shoots, bud, sprout; also, to emerge as a sprout. ut quidam oculi trigeminis palmis ~ent COL.4.27.4; 4.32.5; 5.5.17;—decutienda sunt omnia quae infra trunci caput ~auerunt 4.17.4.

ēgerō¹ ~erere ~essī ~estum, *tr.* [EX-+GERO]

1 To carry out or away. **b** (spec.) to carry out for burial. stercus in sterculinum ~erito CATO *Agr*.39.1; VAR.*R*.1.38.3; uictorem..praedam ex hostium tectis ~erentem LIV.6.3.5; COL.11.2.18; lintribus..adferuntur onera et ~eruntur PLIN.*Nat*.6.104; spoliatis..templis ~estoque auro TAC.*Ann*.15.45; nemora, unde lignum..solebat ~erere APUL.*Met*.7.25. **b** ~estas alternis mortibus urbes STAT.*Theb*.1.37; qui liberorum mortibus destituti cuncta uota..ante se ~erunt [QUINT.]*Decl*.10.1.

2 To take out, remove, extract. **b** to remove (soil, minerals, etc.) by digging. **c** to remove (persons) from a place, expel, etc. **d** to bale out (water). **e** to drain off (rivers, etc.). reserato pectore diras ~erere inde dapes..gestit OV.*Met*.6.664; mactatarum pecudum..uisceribus ~estis homines inserere V.MAX.9.2.ext.11; STAT.*Theb*.4.509; unius (pyxidis) operculo remoto atque indidem ~esta unguedine APUL.*Met*.3.21; (*w. inanim. subj.*) alterna inclinatione ~erunt scobem (serrarum dentes) PLIN.*Nat*.16.227. **b** ~esta scrobibus tellure duabus OV.*Met*.7.243; quo (*sc.* limo)..ad fundamenta iacienda ~esto CURT.5.1.29; aurum terra penitus ~estum MELA 2.1; COL.2.2.19; specum ~estae harenae SUET.*Nero* 48.3; (*w. abst. subj.*) auaritia..sub terras referente, quae male ~eserat SEN.*Dial*.5.33.4; (*cf.*) QVANTAE ALTITVDINIS..LOCVS TAN⟨TIS OPE⟩RIBVS SIT ~ESTVS (*i.e. in excavating Trajan's Forum*) *CIL* 6.960. **c** feminis omnique aetate inbelli urbe ~esta V.MAX.6.6.ext.2; ~esto quidquid turbidum redit urbi sua forma TAC.*Hist*.4.39; (*w. abst. subj.*) siue grauitas caeli ~esserit populos SEN.*Ep*.91.12. **d** ~erit hic fluctus aequorque refundit in aequor OV.*Met*.11.488; SEN.*Dial*.4.10.8; STAT.*Theb*.5.383. **e** Maeotidas ~erit undas Pontus LUC.3.277; palus..quam..~erit (Hapsus) 5.464; ~esto amnis impetu..in Atrianorum paludes PLIN.*Nat*.3.120; (*cf.*) quoniam contagium nimii umoris ex superiore circulo atque ardoris ex subiecto..~erat (Iouis stella) 2.82.

3 To allow to escape, send forth, discharge (solids, liquids, gases); (pass.) to pour forth. **b** to discharge from the body (by spitting, vomiting, excretion, etc.); also, to cause the discharge of. **c** to emit (sounds). augetur (crater) imbribus ~eritque bitumen PLIN.*Nat*.2.237; fontem..saxa ~erere 31.19; fons ~erit aquam et recipit PLIN.*Ep*.5.6.37; (*poet.*) tota cauernas ~erit..Aetna LUC.6.295;—ex illa profunda copia (aquarum)..isti amnes ~eruntur SEN.*Nat*.3.8; LUC.4.644; lacus in flumen ~eritur PLIN.*Ep*.8.20.9. **b** infusam (aquam) uomitu..~erere CURT.7.5.8; prius quam aliquo fortuito ictu..~erant uenenum (scorpiones) PLIN.*Nat*.11.86; qui in urinam canis suam ~esserit 30.143; sanguine ~esto 31.62; APUL.*Met*.7.28;—sanguinem supra uires elatus clamor ~essit SEN.*Dial*.4.36.4; (*hyperb.*) uim continuae tussis ~erentem uiscerum partes *Ep*.78.19. **c** per quas (*sc.* nares) quod superest uocis ~eritur QUINT.*Inst*.11.3.16.

4 To bring forth (offspring); (of a district, etc.) to yield (produce). uno abortu duodecim puerperia ~esta PLIN.*Nat*.7.48; dum primum uteri pondus ~erit [QUINT.]*Decl*.8.13;—mare..squillas optimas ~erit PLIN.*Ep*.2.17.28.

5 To unburden oneself of (emotions, etc.); to put into words, express (ideas). expletur lacrimis ~eriturque dolor OV.*Tr*.4.3.38; multi nobis sermones fuerunt, quos subinde ~eram et ad te permittam SEN.*Ep*.66.4; talis pietas..querellas ~erit LUC.2.64;—aera, si conceptam laudem ~erunt SEN.*Ep*.102.16.

6 To use up, expend: **a** (money). **b** (one's strength or energy); (also refl.). **c** (time). **a** ~estum conuiuiis fenus [QUINT.]*Decl*.9.10; (*cf.*) donec quantulamcunque substantiam in huius (*sc.* meretricis) sinus ..~ererem 14.3. **b** membris..albentibus ut ostentui esset multum uitalis spiritus ~estum TAC.*Ann*.15.64;—perniciose luxuriat (uitis), nec ampliat se, sed ~erit PLIN.*Nat*.17.178. **c** ~ere quod superest animae..per omnis bellorum casus LUC.3.718; nox Minyis ~esta metu V.FL.5.298; tota querellis ~eritur..dies 8.454; (*cf.*) ecce aliud cras ~erit hos annos PERS.5.69.

ēgerō² ~ōnis, *m.* [prec.+-O¹] (dub.) A carrier-out. (*of slaves*) foras ~ones (*cj.; gerronis codd.*), bonorum exagogae (*cj.; axagoce codd.*) PL.*Truc*.552.

egestās ~ātis, *f.* [*egos (cf. *egeo*, *egenus*)+-TAS]

1 (absol.) Extreme poverty or need, destitution. tolerare eius ~atem uolo PL.*Trin*.338; *Vid*.32; quod ut facerem ~as me inpulit TER.*Ph*.733; ~as domestica CIC.*Clu*.101; CAES.*Gal*.6.24.4; SAL.*Cat*.20.8; duris urgens in rebus ~as VERG.*G*.1.146; urbium..~atem LIV.38.14.9; cui centiens sestertium ~as fuit SEN.*Dial*.12.10.10; TAC.*Hist*.1.46; (*dist. from* paupertas) paupertatem uel potius ~atem ac mendicitatem tuam CIC.*Parad*.45; (*personified*) malesuada Fames ac turpis ~as VERG.*A*.6.276; (*pl.*) ~ates tot egentissimorum hominum CIC.*Att*.9.7.5; (*meton.*) non sibi sed domino grauis est quae seruit ~as LUC.3.152;—(*fig.*) angustiae pectoris tui..~as animi CIC.*Pis*.24;—(*transf.*) patrii sermonis ~as LUCR.1.832.

2 (w. gen.) A shortage, dearth (of something necessary or desired). **b** (subjectively) a consciousness of the need for, craving.
temptat..dubiam mentem rationis ~as LUCR.5.1211; frumenti..~as SAL.*Cat*.58.6; superuacua discere in tanta temporis ~ate SEN.*Ep*.48.12; ~ate stipendii frumentique ad deditionem subigi TAC.*Hist*.3.8; *Ann*.6.23; APUL.*Pl*.2.11. **b** omni studio..uentos..quo minor est illis (*sc. goats*) curae mortalis ~as, auertes VERG.*G*.3.319.

ēgestiō ~ōnis, *f.* [EGERO[1]+-TIO]

1 The clearing away, removal (of debris, etc.); the emptying out (of waste products).
pollicitus cadauerum et ruderum gratuitam ~onem SUET. *Nero* 38.3;—inmisso per clysteram (toxico), ut quasi abundantia laboranti etiam hoc genere ~onis subueniretur *Cl*.44.3.

2 The using up, squandering (of resources).
Pallantis facultates adiuuare publicarum opum ~one PLIN.*Ep*.8.6.7.

ēgestus ~ūs, *m.* [EGERO[1]+-TVS[3]] The digging away, excavating (of soil); the emptying out (of waste products).
alto ~u penitus cauare terras STAT.*Silv*.4.3.42;—quem ad modum corpora nostra ad ~um uenter exhaurit SEN. *Nat*.3.30.4.

ēgignō ~ere, *tr.* [EX+GIGNO] To bring forth, produce (in quot., pass.).
fieri portenta uideres..ramos ~i corpore uiuo LUCR.2.703.

eglecopala ~ae, *f.* [Gall.] The Gallic name for a kind of marl.
PLIN.*Nat*.17.46.

Egnātius ~(i)ī, *m.* A Roman (orig. Samnite) gentile name; esp. M. Egnatius Rufus, who conspired to murder Augustus.
VELL.2.91; SUET.*Aug*.19.1; (*rhet. pl.*) interfectos Romae Varrones, ~ios TAC.*Ann*.1.10.

ego, *pron.* [Gk. ἐγώ (ἐμέ), Skt. *ahám* (*mā*)] FORMS, etc.: nom. *ego*. Acc. and abl. *mē*; *mēd* in the oldest inscrs. (*CIL* 1.3, etc.), also used by Plautus to avoid hiatus (often restored by editors); *mēmē* VAT.*Fam*.5.9.1, SIL.9.651; *mehe* cited from early tragedy in QUINT.*Inst*. 1.5.21. Gen. *meī*; *mis* ENN.*Ann*.132. Dat. *mihĭ* (*mihe CIL* 1.1049; *mihei CIL* 1.1206, etc.); contracted form *mī* colloq. or metri gratia (written *mei* in NOV.*com*.49; *mē* in VAR.*R*.3.16.2). For pl. see NOS. Sts. strengthened by suffixes -MET or -PTE; the prep. *cum* is placed after *mē* to form one word. PROS.: *egŏ* common at all periods, *egō* occ. in comedians, app. also in *Lydia* 53 and V.FL. 8.158 (removed by editors elsewhere in dactylic verse).

(nom.) I, (oblique cases) me or myself: **a** (nom.; with first pers. sg. of vb. normally only used for emph., esp. in antithesis, but colloq. sts. app. superfluous). **b** (in oblique cases). **c** (ethic dat., in excited questions, recommendations, etc.). **d** (strengthened w. suffixes or particles). **e** (transf.). **f** (phrs.) *ad* (*a*) *me*, to (from) my house; *a me*, out of my own funds.
a quis ad fores est? — ego sum PL.*Am*.1021; fuimus imperatores ego et M. Bibulus CIC.*Phil*.11.34; egone contra Caesarem..armatus..consistam? *B.Afr*.45.3; tu nidum seruas; ego laudo ruris amoeni riuos HOR.*Ep*.1.10.6; lacunaria sonare coeperunt..consternatus ego exsurrexi PETR.60.2; quid nunc uis ego respondeam? FLOR.*Verg*.p.184R; (*defined by addition of title*) uobis animam hanc..Turnus ego..deuoui VERG.*A*.11.441; (*repeated*) iam ego coeperam ephebum in gymnasium deducere, ego studia eius ordinare PETR.85.3; (*w. ellipsis of vb. in replies*) audin illum? — ego uero PL.*Am*.755; (*facet. used of one's double*) neque lact' lactis magis est simile quam ille ego similest mei 601. **b** nil ages sine med arbitro PL.*Cas*.143; tene me, amplectere *Cur*.172; multa mecum ipse reputaui CIC.*Red.Sen*.32; Lesbia mi dicit semper male nec tacet umquam de me CATUL.92.1, 2; uerba mihi desunt OV.*Pont*.3.7.1; sis memor, oro, mei V.FL.7.477; me.. pernici fugae committo APUL.*Met*.7.24;—(*in exclams.*) me miserum, occidi! PL.*Mos*.739; ei mihi qualis erat..! VERG. *A*.2.274. **c** sit..mihi tinctus litteris (orator) CIC.*de Orat*. 2.85; qui mihi accubantes in conuiuiis..eructant sermonibus suis caedem bonorum *Catil*.2.10; quo tantum mihi dexter abis? VERG.*A*.5.162; quid mihi Celsus agit? HOR.*Ep*.1.3.15; QUINT.*Inst*.1.11.14. **d** egomet haec te uidi facere PL.*Men*. 939; certissumumst mepte potius fieri seruom quam te umquam emittam manu 1059; animum induxerunt socrus omnis esse iniquas: haud pol mequidem TER.*Hec*.278; ego certe meum rei publicae..officium praestitero CAES.*Gal*.4.25. 3; mihi spes omnes in memet sitae SAL.*Jug*.84.5. **e** me (*i.e. my poems*) manus omnis habet MART.6.60.2; BENE TIBI SIT QVI ME LEGIS (*i.e. my name*) *CIL* 11.7767. **f** cadum.. hinc a me huc..transferam PL.*St*.647; eamus ad me TER. *Eu*.612; CIC.*Att*.16.10.1;—a me argentum dedi PL.*Trin*.182; CIC.*Att*.5.21.11.

ēgredior ~edī ~essus, *intr., tr.* [EX+GRADIOR] FORMS: *egredier* (pres. inf.) PL.*Poen*. 742; see also EGRETVS.

1 (intr.) To go or come out. **b** (in mil. context) to march out (to battle, etc.). **c** (often w. *e portu* or sim.) to put out to sea. **d** (often w. *e naui, in terram*, or sim.) to disembark, land.
eccam ipsam, ~editur foras PL.*Mil*.1215; numquam tam mane ~edior neque tam uesperi domum reuortor TER.*Hau*. 67; ~edere ex urbe, Catilina CIC.*Catil*.1.20; pedem e uilla adhuc ~essi non sumus *Att*.13.16.1; curia ~essus LIV. 2.31.10; V.MAX.5.7.ext.1; ultra lapidem tertium..~edi ab urbe SUET.*Cl*.23.2; (*cf.*) epulatus conuiuio ~editur CURT. 8.5.9;—(*of things*) cum laedit (res) quae in corpore natast aut iuuat ~ediens LUCR.2.437; fluminum..plurima..in-ueniuntur ~essa (*i.e. rising*) ad septentrionem VITR.8.2.6; eum locum..ad quem summo auctu..~essurus est Nilus PLIN.*Nat*.8.89;—(*in fig. phr.*) in uicinum illis (*sc.* cupiditatibus) ~edi permittamus SEN.*Dial*.9.10.5. **b** si ex Syria ~edi..conarentur (Parthi) CIC.*Fam*.15.2.1; *B.Afr*. 25.1; ut ~edi moenibus auderent LIV.28.22.12; VELL. 2.82.1; ~edi aduersus hostem TAC.*Hist*.4.18. **c** ~editur in..quadriremi Cleomenes e portu CIC.*Ver*.5.86; *Att*.6.8.4; (nauis) occupat ~essas quamlibet ante rates OV.*Tr*.1.10.6; Arabico sinu ~essus..Gades usque peruectus est MELA 3.90; PLIN.*Nat*.6.104. **d** e naui ~edientem ilico abduxi ad cenam TER.*Hau*.182; CIC.*Vat*.12; *Att*.14.20.1; nostros nauibus ~edi prohibebant CAES.*Gal*.4.24.1; ~essi optata potiuntur Troes harena VERG.*A*.1.172; ad Laciniae Iunonis templum in terram ~essi sunt LIV.23.33.4; ad Ambraciam ~essus itinere terrestri petit Thessaliam 44.1.4; FRON.*Str*. 1.5.7.

2 To go up, ascend.
scalis ~essi milites SAL.*Jug*.60.6; ad summum montis ~essus est 93.2; quantum in altitudinem ~ediebantur magis magisque siluestria..loca excipiebant LIV.40.22.2; TAC. *Hist*.3.29;—(*of things*) (loci), in quibus..cum incremento scandens ~ediatur ad aures (uox) VITR.5.8.2; horae..quas sigillum ~ediens ab imo uirgula significat 9.8.6; liquore ~esso in sublime PLIN.*Nat*.2.111.

3 To deviate, stray; (of a speaker) to digress.
ne quispiam (miles) ordine ~ederetur SAL.*Jug*.45.2; Lysander..~essum uia quendam castigabat FRON.*Str*.4.1.9; (*cf.*) altius ~essus caelestia tecta cremabis (*sc.* Phaethon), inferius terras OV.*Met*.2.136; (*in time*) quae (*i.e. these events*) in alios consules ~essa coniunxi TAC.*Ann*.13.9;—ut ~ederetur a proposito ornandi causa CIC.*Brut*.82; *Quinct*.35; ad eam partem sermonis, ex qua ~essi sumus, reuertamur *Leg*. 2.7; (*of remarks*) quae..quia cohaerent, ~edi non uidentur (*i.e. to be digressions*) QUINT.*Inst*.4.3.15.

4 (tr.) To go outside or beyond, leave, or pass. **b** (transf. or fig.) to pass the limit of, exceed, overstep, etc.; esp. to pass (a specified age).
munitiones nostra ~ess i CAES.*Civ*.3.52.2; flumen Muluccham..non ~ediar SAL.*Jug*.110.8; portum..~edientes classes V.MAX.1.8.ext.14; limen ~essus PETR.94.7; ~essa penatis Eurydice STAT.*Theb*.6.135; PLIN.*Ep*.6.20.8; GEL.6(7).18.9;—(*w. abst. obj. implying a place*) hostium nocturno tempore custodiam ~essa V.MAX.3.2.2; ~essos exilium in easdem insulas redegit TAC.*Hist*.4.44;—(*in fig. phr.*) si (homines) eo animo uitam ingrederentur, quo eam Solon ~essus est V.MAX.8.7.ext.14;—(*transf.*) ille diuinus animus ~essurus hominem SEN.*Ep*.92.34. **b** Pompeius..per omnia fortunam hominis ~essus VELL.2.40. 2; LUC.7.595; ~edi numerum edendis gladiatoribus finitum TAC.*Ann*.13.49; sexum ~essa uoce infensa clamitabat (*i.e. forgetting her sex*) 16.10; non..~essus praeturae gradum SUET.*Gal*.3.3; cum..is, cui..mandauerim, ~essus fuerit mandatum GAIUS *Inst*.3.161;—(*of things*) tecta.. altitudinem moenium ~essa TAC.*Hist*.3.30; nec historia debet ~edi ueritatem PLIN.*Ep*.7.33.10;—duodeuicensimum ~essus annum SEN.*Cl*.1.9.1; QUINT.*Inst*.6.pr.6; filio.. pueritiam ~esso SUET.*Aug*.63.1; FRO.*Aur*.2.p.38(96N); (*cf.*) iuuenes nondum scholam ~essi QUINT.*Inst*.5.10.96.

ēgregiē, *adv.* *compar.* ~ius. [next+-E] FORMS: compar. perh. only in JUV.11.12.

1 Admirably well, excellently.
Hercules ~ie factus ex aere CIC.*Ver*.4.5; oppidum ~ie natura munitum CAES.*Gal*.2.29.2; dixeris ~ie HOR.*Ars* 47; LIV.22.21.8; (nunc) sartura..frumentorum iteratur ~ie COL.11.2.26; res ~ie gestae TAC.*Hist*.2.24; FRO.*Aur*.1.p.12 (48N); (*w. ellipsis of vb.*) ~ie, Caesar, quod lacrimas parentum uectigales esse non pateris PLIN.*Pan*.38.2.

2 To an outstanding degree, remarkably, signally, etc.: **a** (w. vbs.). **b** (w. adjs., esp. of commendation).
a horum..nil ~ie praeter cetera studebat TER.*An*.58; quem uersum senex Precilius laudat ~ie CIC.*Fam*.13.15.2; te ab eo ~ie diligi 15.14.1; ~ie absoluuntur LIV.9.26.20; 21.40.2; ~ie sciebat FRON.*Str*.1.11.4; utraque (*i.e. both qualities*)..~ie supersunt TAC.*Hist*.1.83. **b** ~ie cordatus homo ENN.*Ann*.331; quam..~ie caram pro uxore habuerim TER.*An*.273; si quid uidemus ~ie turpe *Rhet.Her*. 3.35; ~ie subtilis scriptor CIC.*Brut*.35; LUCR.1.735; ~ie constantem fidem LIV.44.20.7; fratres ~ie concordes TAC.*Ann*. 2.43; uir ~ie doctus APUL.*Apol*.31.

ēgregius ~ia ~ium, *a.* *superl.* ~issimus. [EX+GREX+-IVS (cf. PAUL.*Fest*.p.80M)] FORMS: correct form of voc. discussed in GEL.14.5; superl. perh. only in PAC.*trag*.230 and (humorously) GEL.14.5.3. Outstanding in some respect stated or implied or as a specimen of its class, excellent, splendid, first-rate: **a** (of persons, etc.). **b** (of concrete or quasi-concrete objects, animals, etc.). **c** (of qualities, actions, etc.). **d** (sarcastic). **e** (of persons) pre-eminent in rank, illustrious, etc.; *uir ~ius* or *~ius uir*, a title given from the late second century A.D. to a *procurator* and other officials of equestrian rank (in inscrs. usu. abbrev. V.E., E.V.).
a artufices ~ii VAR.*L*.9.12; in procuratione ciuitatis ~ius CIC.*de Orat*.1.215; ~ia Priami de stirpe VERG.*A*.5.297; ~ium forma iuuenem 12.275; ~ium ducem fuisse Alexandrum LIV.9.17.5; ~io terrestri exercitu 33.44.7; ~ias efflant animas STAT.*Theb*.10.444; ~ii philosophi APUL.*Met*.10.33; (*cf.*) quod me docuit usus, magister ~ius PLIN.*Ep*.1.20.11; (*w. gen.*) ~ius linguae..Coruinus SIL.5.77; (*w. inf.*) pollice honesto ~ius lusisse senex PERS.6.6. **b** ~ium poema CIC.*de Orat*. 1.217; uestem ~iam *Amic*.55; loca..~ia..ad tenendas ancoras *B.Alex*.9.4; ~iam bybliothecam VITR.7.pr.4; ~iis muris..urbem tutantes LIV.5.2.7; Nemesim ~iam (pinxit) PLIN.*Nat*.35.143; ~ius fons JUV.12.41; ~ios equos GEL.9.4.8. **c** ~ia ac singularis diligentia CIC.*Ver*.5.28; ~iam laudem est consecutus *Fam*.12.5.1; ~ium atque mirabile facinus SAL. *Jug*.79.1; conspici se pugnantem ~ium ducebat LIV.31.24. 13; oleum saporis ~ii COL.5.8.4; ~ia erga populum Romanum merita TAC.*Hist*.4.37; ~ium resumendae libertati tempus *Ann*.3.40. **d** (*of persons*) 'in balneis delituerunt.' testis ~ios! CIC.*Cael*.63; CATUL.67.29; ~ia..coniunx arma omnia.. amouet VERG.*A*.6.523; TAC.*Hist*.1.33; APUL.*Met*.5.9; (*of things*) o ~ium pudicitiae patrocinium: 'militem occidi'! SEN.*Con*.1.2.1. **e** ad personas ~ias..domum mitti oportet ad iurandum PAUL.*dig*.12.2.15;—CVRANTE VIRO EGR⟨EGIO BAIO PVDENT⟩E PROCVRATORE AVGVSTORVM *CIL* 8.20835 (C. A.D. 167); (*abbrev. form*) EXEMPLVM EPISTVLAE PROC E V 8.10570.4.10(C. A.D.180).

ēgressiō ~ōnis, *f.* [EGREDIOR+-TIO]

1 The action of going out.
unde nos incolae nocturna..prohibebant ~one APUL. *Met*. 8.15.

2 (rhet.) A digression (= Gk. παρέκβασις).
~o..non potest esse pars causae QUINT.*Inst*.3.9.4; 4.3.12; modus..~onibus amoenius 12.10.60.

ēgressus ~ūs, *m.* [EGREDIOR+-TVS[3]]

1 The action of going out, egress, escape, etc. **b** (in full, *~us e naui* or sim.) disembarcation. **c** movement upwards, ascent. **d** (semi-concr.) a place of egress, aperture; the point at which a river or spring flows out, its mouth or outlet.
si minus frequentia sua uestrum ~um..prosequebantur CIC.*Pis*.31; nec patet ~us pelagi cingentibus undis CATUL. 64.185; uentos..arcet Aeolus ~u OV.*Met*.11.748; ~u suo propriae desiderium sedis ostendit (*sc. a swarm of bees*) COL. 9.9.2; rarus in publicum ~us TAC.*Ann*.13.45; PLIN.*Pan*. 26.1; SUET.*Otho* 8.3. **b** remis contendit ut eam partem insulae caperet qua optimum esse ~um..cognouerat CAES. *Gal*.5.8.3; *B.Afr*.3.5; prolapsus..in ~u nauis SUET.*Jul*.59. **c** (funis) onerum facit ~us in altum VITR.10.3.2. **d** per tenebrosum..~um extraho Gitona PETR.91.3;—aquae uis ..tincta peruenit ad fontium ~us VITR.8.3.26; solus ad ~ us missus septemplicis Histri OV.*Tr*.2.189.

2 Deviation from one's main theme, digression.
opus pio ~u..prouectum in suam ordinem reuocetur V.MAX.4.8.1; ingentia illi (*i.e. earlier historians*) bella.. libero ~u memorabant TAC.*Ann*.4.32;—(*tech. term in rhet.*) QUINT.*Inst*.4.3.12.

egretus: (see quot.).
~ et adgnetus ex Graeco sunt ducta (*sc. from the vb.* ἐγείρομαι) PAUL.*Fest*.p.78M.

egula ~ae, *f.* [unkn.] A kind of sulphur.
PLIN.*Nat*.35.175.

ēgurgitō ~āre, *tr.* [EX-+GVRGES+-O[3]] To pour forth in floods (in quot., facet.).
ego lenocinium facio qui..argentum ~em domo prosus? PL.*Epid*.582.

ehem, *interj.* [cf. HEM] An exclam. expr. gratified surprise, recollection, etc.
quam mox mi operam das? — ~, optume. quam dudum tu aduenisti? PL.*As*.449; quid illuc quod dico? — ~, scio iam quid uis dicere *Mil*.36; ~, adnuistin? *St*.224; ~ mi uir. — ~ mea uxor. — te ipsum quaero TER.*Hau*.622; quid aliud uolui dicere? ~ curate istam diligenter uirginem *Eu*.505; ~ et, quod paene praeterieram, siqui.. APUL.*Met*.2.22; *Apol*.98.

ēheu, *interj.* [cf. HEV] PROS.: first syll. commonly long, short in PL.*Ps*.81, 82, TER. *Hau*.83. (exclam. expr. grief or pain) Alas!
~! nequeo quin fleam PL.*Mil*.1342; ~ quam nunc totus displiceo mihi TER.*Hau*.1043; uirgo suspiret, ~, ne rudis agminum sponsus lacessat..leonem HOR.*Carm*.3.2.9; OV. *Pont*.2.10.30; SEN.*Ag*.868; SIL.11.212;—(*strengthened by other exclams.*) ~ HEV TARACEI VT ACERBO ES DEDITVS FATO *CIL* 1.1603.3; ~ me miserum! SAL.*Jug*.14.9.

eho, *interj.* (used to attract the attention of the person addressed, often foll. by *tu* or a voc.) Here, you! hey! hi! **b** (in surprised or indignant questions usu. introduced by *an*) what!
(*introducing commands*) ~ Messenio, accede huc PL.*Men*. 432; *St*.150; propero ad filiam. ~ mecum, Crito TER.*An*. 951; *Hec*.719;—(*introducing questions*) ~ tu, ~ tu, quin ne eam uideret, uerbero? PL.*Mer*.189; eamus, mea soror. — ~ amabo, quid illo nunc properas? *Poen*.263;—(*foll. by* dum) ~dum huc, uirgo *Per*.610; ~ dum, bone uir, quid ais? TER.*An*.616. **b** postquam liberast ubi habitet dicere admodum incerte scio. — ~ an libera illa est? PL. *Epid*.506; *Mer*.393; *Mos*.454; quid feceras? — paullum quiddam. — ~ 'paullum', inpudens? TER.*Eu*.856; ~ tu, sobrinum tuom non noras? *Ph*.384; *Ad*.389.

ēi, *interj.* Also **hēi.** [cf. Gk. αἴ] An exclam. expr. anguish or sim.; esp. ~ (*misero*) *mihi!*
~ perii miser PL.*Am*.668; *Aul*.150; ~, uereor nequid Andria adportet mali! TER.*An*.73; *Ad*.173; ~ misero fratri iucundum lumen ademptum CATUL.68.93; (*repeated*) NAEV. *com*.87; (*foll. by acc. and inf.*) ~ me tot tam acerba facere..! PL. *Cist*.240; (*as a cry of physical pain*) ~! colapho me icit

Per. 846;—Ter.Hau.234; ~ mihi, quantum praesidium..tu perdis, Iule! Verg.A.11.57; Tib.2.6.28; '~ mihi!' conclamat 'fixisti pectus amicum' Ov.Ars 3.737; fugit attonita ~ mihi Sen.Her.O.1024; V.Fl.7.236.

ēia: see heia.

ēiaculor ~ārī ~ātus, *tr.* [ex-+iacvlor] Forms, etc.: used w. pass. force in Larg.84; act. form *eiaculauerat* Gel.16.19.21. To shoot out, discharge.
fistula..scinditur et..longas ~atur aquas Ov.Met.4.124; Fast.1.270; haec genera (*sc.* ligni) accensa..carbonem repente exspuont..~anturque longe Plin.Nat.16.45;—(*refl.*) sanguis se..~atus in altum emicat Ov.Met.6.259; ~antur sese (aues) in sublime Plin.Nat.10.112;—(*w. pass. sense*) ~abitur quod in eo (*sc.* utre) erit Larg.84;—(*act. form*) cum quibus (Arion) se in salum ~auerat Gel.16.19.21;—(*transf.*) in cuius forum solstitio Athos ~atur umbram Plin.Nat.4.73; colores arcus caelestis in proximos parietes ~atur (*sc.* iris lapis) 37.136.

ēiciō ēicere ēiēcī ēiectum, *tr.* [ex-+iacio] Pros.: *eicis, eicit* disyll. by synizesis, Pl.As. 161, Lucr.3.877, 4.1272.

1 To throw out, esp. as unwanted. **b** (refl.) to fling oneself forth, burst out, etc.
pabulum boues non eicient Cato Agr.4; (Theramenes) reliquum (uenenum)..e poculo eiecit Cic.Tusc.1.96; nauigantem..eicere de naui Off.3.89; angustis eiecta cadauera cellis Hor.S.1.8.8; adeo pauet (auis), ut..oua eiciat Plin.Nat.10.204; caput Hasdrubalis in castra Hannibalis eiecit Fron.Str.2.9.2; Gaius dig.41.1.9.8;—(*transf.*) uehiculum argenti miser eieci, amisi Pl.Per.782; nonne ipsam domum metuet ne quam uocem eiciat..? Cic.Cael.60;—(*in fig. phr.*) uita (P. Sullae) erepta est superiore iudicio, nunc ne corpus eiciatur laboramus Sul.89. **b** sese in terram e naui eiecerat Cic.Ver.5.91; subito se ex siluis eiecerunt Caes.Gal.5.15.3; B.Alex.17.6; relicto..in uolnere telo ambo se foras eiciunt Liv.1.40.7; 34.46.13.

2 To emit or discharge, usu. with violence (fire, moisture, etc.); (refl. or pass., of the sea, etc.) to pour forth (beyond its normal limits). **b** to emit from the body (by vomiting, excretion, or sim.). **c** to put out (the tongue). **d** (of a plant) to put forth, produce (shoots).
(primordia animae) extra corpus in auras..post mortem eiecta Lucr.3.571; terra feruore tacta eicit umores Vitr.8.2.4; quacumque cauis spumas eiecit aenis ignis Ov.Met.7.282; nubium..angustiae medium spiritum eiciunt Sen.Nat.2.16; ignes turbine eiecti 7.6.3; tunc sol lumen eicit Hyg.Astr.4.14;—ita magni fluctus eiciebantur Enn.scen.15; qui (*sc.* campus)..eiecta si forte tenebitur unda Ov.Fast.3.521; eicitur mare instantibus uentis Sen.Nat.4a.2.22; 6.2.6; (amnis) se super ruinas eiecit Plin.Ep.8.17.3; (*in fig. phr.*) cum inclusae diutius..fuerunt, subito se..profundunt atque eiciunt (uoluptates) Cic.Cael.75. **b** neque equi frustra..semen eiciunt Var.R.2.7.8; Lucr.4.1046; si eiciatur sanguis Plin.Nat.24.15; calculis..per urinam eiectis Suet.Aug.80; (*cf.*) cortices in uino..poti..eiciunt calculos Plin.Nat.20.23; (*transf.*) si non..concisa singultantium modo eiecturi sumus Quint.Inst.10.7.10;—(*by vomiting*) tantum bilis pituitaeque eiciet Cato Agr.156.4; Cic.Fam.14.7.1; quicquid in uisceribus haerebit, eiecturum deiecturumque (sapientem) Sen.Ep.83.27; eiecto..uomitu Quint.Inst.11.3.27; (*absol.*) cotidie eiciendo uorandi facultatem moliuntur Cels.1.3.17. **c** pictum Gallum..distortum, eiecta lingua, buccis fluentibus Cic.de Orat.2.266; Stat.Theb.2.681. **d** sarmentum..sterile neque ex se potest eicere uitem Var.R.1.31.3.

3 (of the sea) To drive ashore, cast up (ships, voyagers, etc.). **b** (of sailors) to run (a ship) aground.
in saxo simul sedent eiecti Pl.Rud.73; naui fracta ad Andrum eiectus est Ter.An.923; quid tam est commune quam..litus eiectis? Cic.S.Rosc.72; nauis adflictas atque in litore eiectas esse Caes.Gal.5.10.2; Verg.A.1.578; quot..gerit..eiectas litus harenas Ov.Met.11.615; in quam (insulam)..fluctibus eiectum eiciatur Plin.Nat.4.94; Tac.Ann.2.24; Ulp.dig.47.9.3.6; (*cf., of winds*) non tam foeda uirum Laurentibus agmina terris eicere noti V.Fl.6.411;—(*hyperb.*) contra illam naufragorum eiectam..manum florem totius Italiae..educite Cic.Catil.2.24. **b** gubernatorem in terram nauem eicere cogunt Caes.Civ.3.28.5; pars uelis datis ad Chium naues eiecere Liv.44.28.12.

4 To remove (objects), take out, extract. **b** to suffer the loss of (teeth, etc.). **c** *partum eicere* (also *eicere* alone), to have a miscarriage; (of a plant) to cause a miscarriage.
ex oleis..nucleos eicito Cato Agr.119; terminos..quos eiecerit locoue mouerit sciens Leg.pub.(Font.iur.p.96)15; eiecto torulo ex..arbore Vitr.2.9.7; surculum..ferramento eicere Cels.5.26.35.b; ubi totum os eiectum est 8.3.9; eiecto semine (*sc.* ex colocynthide) Plin.Nat.20.14; Stat.Theb.9.468;—(*transf.*) ex magnis..rei publicae morbis ista repente uis erupit, ut ea confecta et eiecta..sanari ciuitas posset Cic.Sul.76; eiectum..de fronte ruborem Juv.13.242. **b** (equi) incipientes quartum agere annum itidem eiciunt (dentes) Var.R.2.7.2; cum iam seminum aliquam partem eiecerit (herba Medica) Col.2.10.28. **c** partum..subita animi consternatione..eicere coacta est V.Max.4.6.4; uolua (suis) eiecto partu melior quam edito Plin.Nat.11.210; (*absol.*) si mulier pugno..a te percussa eiecerit Ulp.dig.9.2.27.22;—non edendum (sisymbrium) grauidis..quippe etiam inpositum eicit Plin.Nat.20.248.

5 To expel (persons), drive away, turn out. **b** (from one's land or property). **c** (from the stage). **d** (by banishment or sim.). **e** (from membership of the senate or a sim. body).
istos mundulos amasios..omnis eiciam foras Pl.Truc.659; Ter.Ph.437; Hannibale..ex Africa eiecto Cic.Mur.32; plebem inermem oppido eiecerat B.Afr.78.3; claudi regiam iubet, arbitros eicit Liv.1.41.1; turpius eicitur, quam non admittitur hospes Ov.Tr.5.6.13; uerberibus..extra ianuam eiectus sum Petr.132.4; Tac.Ann.1.42; (*of animals*) quos a basilica..canes eiciunt Sen.Dial.10.12.1; (*w. inanim. subj.*) me frigus..illinc eiecit Vat.Fam.5.10a.1;—(*poet.*) obsitus..sanguine uultus eiectusque die (*i.e. blinded*) Stat.Theb.4.617. **b** ex possessione vi eiectvs CIL 1.585.18 (111 B.C.); a suis dis penatibus praeceps eiectus Cic.Quinct.83; Ver.3.122; testamenta..subiciunt aut eiciunt uicinos Phil.14.7; sessores ueteres urbe insulaque eiecit Nep.Cim.2.5; Sen.Dial.12.7.10. **c** eo magis derisus et contemptus eicietur (citharoedus) Rhet.Her.4.60; Cic.de Orat.3.196; totus populus ad eiciendum et actorem et carmen consurrexit Sen.Ep.115.15; (*cf.*) de Pompeiano saepe est eiecta theatro (cithara) Mart.14.166.1. **d** illa lege qua peregrini Roma eiciuntur Cic.Agr.1.13; hunc sui ciues e ciuitate eiecerunt Sest.142; Brutus, quia reges eiecit, consul..factus est Vers.pop.in Suet.Jul.80.3(poet.p.92); alios in exsilium eiecerant Nep.Pel.1.4; Liv.35.50.4; ultima perpetior medios eiectus in hostes Ov.Tr.2.187; Gel.15.11.4. **e** cum a..censoribus ex senatu eiectus esset Cic.Clu.119; Dom.123; M. Furium Flaccum..hominem nequam..de conlegio eiecerunt Q.fr.2.5.2; Liv.40.51.1.

6 (transf. or fig.) To expel from the mind, abandon, discard (feelings, ideas, memories, etc.).
eicite ex animo curam Pl.Cas.23; eiciunda..haec est mollities animi Ter.Eu.222; ut amorem illum penitus insitum eiceret ex animo Cic.S.Rosc.53; sollicitudines..eieci Fam.14.7.1; horum quoque memoriam..eieceritis ex animis uestris Liv.28.28.8; si (animus) deorum hominumque formidinem eiecit Sen.Ben.7.1.7;—(*cf. sense 5c*) Cic.Att.2.24.2; iam explosae eiectaeque sententiae Pyrrhonis Fin.5.23.

7 a To throw out of course, divert. **b** to throw out of position, dislocate (a joint).
a eicit..sulcum recta regione uiaque uomeris Lucr.4.1272; (praecinctiones) repellent et eicient e superiore parte uocem Vitr.5.3.4; elata (cuspis) procul est eiecta securi Sil.16.61. **b** luxatum omne et eiectum..articulamentum Larg.206; unde..coxas eiecisse dicitur Hyg.Fab.57.4.

8 (geom.) To extend, produce (a line).
(lineae) quae..eiectae in utramque partem in infinitum non concurrent Balb.grom.p.99La; eiciamus hypotenusas ex C in A et ex D in A Hyg.Gr.agrim.p.153.

eid-: see id-.

ēiectāmentum ~ī, *n.* [eiecto+-mentvm] Something cast up (by the sea).
inter cetera ~a maris (sucinum) iacebat Tac.Ger.45.5; Apul.Apol.35.

ēiectīcius ~a ~um, *a.* [eicio+-icius²] (of a female animal) That has had a miscarriage.
sumen..~ae (suis) deterrimum Plin.Nat.11.211; (*cf.*) uolua (suis) eiecto partu melior quam edito: ~a uocatur illa, haec porcaria 11.210.

ēiectiō ~ōnis, *f.* [eicio+-tio] **a** Expulsion from one's country, banishment. **b** a spitting (of blood).
a Cic.Dom.51; mortem et ~onem quasi maiora timemus Att.2.18.1. **b** pleuritis, Pthisis, sanguinis ~o Vitr.1.6.3.

ēiectō ~āre ~āuī ~ātum, *tr.* [eicio+-to] To throw off, discharge (fire, vapours, and sim.). **b** to discharge from the body, spit out, disgorge, etc.
neque iam cineres ~atamque fauillam ferre potest (Phaethon) Ov.Met.2.231; copia corpusculorum, quae terrae ~ant Sen.Nat.1.1.8; quidam fontes..purgamenta ~ant 3.26.5; in campos Aufidus undas ~at Sil.10.320; (*poet.*) quicquid ab auriferis ~at Hiberia fossis Stat.Silv.3.3.89. **b** cruorem ore ~antem mixtosque in sanguine dentes Verg.A.5.470; mandentem..~antemque cruentas ore dapes Ov.Met.14.211; Stat.Theb.9.101; Sil.10.277; (*poet.*) trux ille (*sc.* Typhoeus) ~at adesi fundamenta iugi V.Fl.2.30.

ēiectūra ~ae, *f.* [eicio+-vra] (geom.) The extended portion of a line (see eicio 8).
in ambligonio (*sc.* trigono) datis tribus lineis dicere ~am super quam perpendicularis cadat Nips.grom.p.297La.

ēiectus ~ūs, *m.* [eicio+-tvs³] The action of driving out, expulsion.
fit..animai..foras ~us largior Lucr.4.960.

ēierō: see eivro.

ēiulātiō ~ōnis, *f.* [eivlo+-tio] Wailing, shrieking.
~one haud opus est Pl.Capt.201; lugubrem ~onem Cic.Leg.2.59; non uirilis ~o Hor.Epod.10.17; sonus..~onum Gel.10.3.8.

ēiulātus ~ūs, *m.* Also **hēi-**. [eivlo+-tvs³] = prec.
~u questu gemitu Acc.trag.550; illi ~us et gemitus Philoctetae Cic.Har.39; magno ~u exprimens indignationem casus tanti uiri Vell.2.19.3; Curt.3.12.4; muliebri ~u Tac.Ann.16.10; Suet.Nero 29.1; Apul.Met.8.7.

ēiulitō ~āre, *intr.* **hēi-**. [next+-ito] = next.
Lucil.261.

ēiulō ~āre, *intr.*, (*tr.*). Also **hēiulō**. [ei+-*i*-+-*ulo*; for suffix cf. *iubilo*] To utter cries of anguish, shriek, wail. **b** (tr.) to bewail, lament.
ei mihi, quod ego facinus ex te audio? — qur ~as..? Pl.Aul.796; satin tu sana's, opsecro? quid ~as? Mer.682; Herculem..magnitudine dolorum ~antem Cic.Tusc.2.19; Gel.12.5.9; Apul.Mun.35. **b** fortunas meas ~abam Apul.Met.3.1;—(*w. refl. pron. as obj.*) plangore sublato se lugubriter ~antes 3.8; 4.24.

ēiuncescō ~ere, *intr.* [ex-+ivncvs+-esco] (of a vine) To become rush-like, i.e. soft and yielding.
uitis..~it ac moritur Plin.Nat.17.182.

ēiuncidus ~a ~um, *a.* [as prec.+-idvs] (of a vine, prob.) Soft and pliant like a rush.
tota (uitis) resicari solet, ut firmiore sarmento exeat..~um enim sarmentum propter infirmitatem sterile Var.R.1.31.2; Col.Arb.6.5; (uiueradix) festinatione pariendi gracilis atque ~a Plin.Nat.17.173;—(*transf., of persons*) Var.R.2.10.8.

ēiurātiō ~ōnis, *f.* [next+-tio]

1 A sworn declaration of one's inability to provide a required service.
~o significat, id quod desideretur non posse praestari. Plautus: 'eiurauit militiam' Paul.Fest.p.77M.

2 (of magistrates) Resignation from office (see eivro, sense 3); (transf.) renunciation, abandonment (of hopes).
ignominiosa consulum ~one V.Max.2.7.7;—lacessere uirtutem bonae spei ~o est Sen.Dial.7.26.5.

ēiūrō ~āre ~āuī ~ātum, *tr.* Also **ēierō.** [ex-+ivro] Forms: *exiur-* Pl.Am.fr.7; *eier-* Cic.de Orat.2.285, Ver.3.137, Phil.12.18.

1 To deny under oath one's ability to perform (a service); *bonam copiam ~are*, to make a sworn declaration of insolvency.
~auit militiam Pl.fr.inc.128(Paul.Fest.p.77M);—quod mihi bonam copiam ~es nihil est; tum enim, cum rem habebas, quaesticulis te faciebat attentiorem Cic.Fam.9.16.7.

2 To reject upon oath (jurors or sim.) on the grounds of partiality, etc.
cum ei..Mucium iudicem tulisset; '~o,' inquit 'iniquus est' Cic.de Orat.2.285; Ver.3.137; (*transf.*) laeti spe pacis oblata..me iniquum ~abant (*i.e. as an ambassador*) Phil.12.18; (*humorously*) sed erat aequius Triarium aliquid de dissensione nostra iudicare. — ~o..iniquum, hac quidem de re Fin.2.119.

3 To resign (a magistracy) with an oath that one has observed the laws during one's term of office.
~ari ab eo imperium Tac.Hist.3.69; mox ~ante Frontino Caesar Domitianus praeturam cepit 4.39; Plin.Ep.1.23.3; eodem..momento quo consulatum ~auero Fro.Aur.1.p.144 (32N).

4 To disclaim connection with, disown (one's family, country, etc.). **b** to forswear (an allegiance); to renounce solemnly (a practice, etc.).
non tam duri quidam..patres sunt, ut illos..~are uis fasque sit? Sen.Ben.6.4.2; ut quidam..liberos ~ent Dial.6.19.2; Med.508; ~ata patria Tac.Hist.4.28; (*w. pred.*) numquam..mora fuit quin ~aret suas quas..effuderat orationes Sen.Suas.6.15; (*in fig. phr.*) ira..naturam hominis ~at Sen.Dial.5.5.6. **b** ~ata fides (*sc. of a tame lion*) Stat.Ach.1.862;—saucius ~at pugnam gladiator Ov.Pont.1.5.37; si ~as hodiernam bilem, una cenabimus Petr.90.6.

5 (acc. to Non. p.105M) To swear solemnly (that).
~auisti te mihi dixe per iocum Pl.Am.fr.7.

ēiusdemmodī, ēiusmodī: see modvs.

-ēla -ēlae, *f. suff.* Also **-ella.** Formed chiefly from vbs. (*candela, corruptela, querela*).

ēlābor ~bī ~psus, *intr.*, (*tr.*). [ex-+labor¹]

1 To slip, slide, or drop off or out; (esp. from a person's grasp). **b** (of joints) to slip out of position. **c** (of secrets or sim.) to be uttered inadvertently. **d** (of states of mind) to pass away. **e** to fade from the memory; (also w. *memoriae, e memoria*, or sim.). **f** (of time) to pass away (unprofitably).
cum (animal) ex utero ~psum excidit Cic.N.D.2.128; quidquid incidit fastigio musculi ~bitur Caes.Civ.2.11.1; ~psus..fingitur aure lapis Ov.Ars 1.432; uagina gladius eius ~psus decidit V.Max.3.2.16; digitis ~bitur anulus unctis Mart.14.123.1;—Cic.Div.1.46; nitentem contra ~bique uolentem inplicat Ov.Met.4.361; si quis adprehendit (tumorem) ~bitur Cels.7.14.3; excidit ante pedes ~psum pondus (*i.e. a discus*) Stat.Theb.6.695; (*w. dat. of person*) liber..seni..ipso pondere ~psus est Plin.Ep.2.1.5; (*fig.*) nisi et rhetoricos suos (libros) ipse (*sc.* Cicero) adulescenti sibi ~psos diceret Quint.Inst.3.1.20.—(*in fig. phr.*) quid..fiet, si haec (*sc.* pericula) ~psa de manibus nostris in eum annum qui consequitur redundarint? Cic.Mur.85; Att.1.16.6. **b** ubi motum est, ~bitur (iugulum) Cels.8.8.1.a; (articuli) ~buntur in priorem..partem 8.11.3; ~psos in prauum artus Tac.Hist.4.81. **c** nullum Cosso..secretum..~psum est Sen.Ep.83.15; ne sermonis ~psi profana petulantia committam grande flagitium Apul.Met.3.15. **d** speraui..ex seruitute me exemisse filium: ea spes ~psa est Pl.Capt.759; dum lego, adsentior; cum posui librum..adsensio omnis illa ~bitur Cic.Tusc.1.24. **e** ~psa..uerba reprendo Ov.Ep.11.53; cui beneficium totum ~psum est Sen.Ben.3.1.4;—usitatae res facile e memoria ~buntur Rhet.Her.3.35; ~psus felix de pectore Magnus Luc.9.80; quorum..uitium aut fuerit, ut memoriae principis ~berentur Plin.Pan.90.6. **f** imperfecta tibi ~psa..uita Lucr.3.958; maxima pars uitae ~bitur male agentibus Sen.Ep.1.1; 101.10.

2 (usu. of persons) To steal away, slip off, make one's escape; (tr.) to escape from. **b** (transf.) to extricate oneself (from some predicament); (absol.) to avoid condemnation or punishment, get off. **c** to sink (into some disagreeable condition).
pauci ex proelio ~psi CAES.*Gal.*5.37.7; inter caedem Rutulorum ~psus in agros VERG.*A.*8.492; (castra) nocte custodita ne quis ~bi posset LIV.9.42.6; mutata ueste.. urbe ~psus est VELL.2.41.2; ~psus..altera parte uillae Cicero SEN.*Suas.*6.20; TAC.*Hist.*3.73; (*w. dat.*) fratri..~psa fretoque OV.*Ep.*7.117; (*poet.*) effugit ante alios primisque ~bitur undis..Gyas (*i.e. in a boat-race*) VERG.*A.*5.151; (*transf.*) (uesica) supra..~psa (*i.e. lying free*) ab ipsa uulua sustinetur CELS.4.1.11; (*fig.*) quamuis..mortem sibi conscierit, tamen mollissime excessit et uita ~psus est SEN. *Ep.*77.10;—(*tr.*) notitia locorum custodias..~psum TAC. *Hist.*3.59; *Ann.*1.61; statuam uim ignium bis ~psam 4.64; FLOR.*Epit.*1.4(1.10.7). **b** paullatim ~psust Bacchidi atque huc transtulit amorem TER.*Hec.*169; te ~psurum omni suspicione CIC.*Ver.*1.102; his poenis..~buntur.. oblata mortis celeritate *Rep.*3.34; ex confessione inscitiae suae ~bi QUINT.*Inst.*2.11.2;—nec ~bi alio accusatore poterat Albius CIC.*Clu.*86; *Q.fr.*3.4.2; TAC.*Ann.*11.2; si quem reorum ~bi gratia rumor esset SUET.*Tib.*33; (*of a crime*) ne quod..maleficium..mora ~beretur *Aug.*32.2; (*cf.*) hic Tito fratre suo censore..~psus est CIC.*Sen.*42. **c** in seruitutem ~psos iuuare LIV.3.37.2; ad perniciem ~buntur ingenia maxime sollertia GEL.10.12.4.

3 (of fishes, snakes, etc.) To glide out or away (sts. with an implication of sense 2). **b** (of a river) to flow out. **c** (of a missile).
anguis ex columna lignea ~psus LIV.1.56.4; prodigii eius (*sc.* anguis) speciem..euolutam repente atque ex oculis ~psam 26.19.7; (delphini) inter nauigia et retia..sensim ~buntur PLIN.*Nat.*9.32; GEL.6(7).1.3; (*of a constellation*) hic..~bitur Anguis circum perque duas..Arctos VERG.*G.* 1.244. **b** (Araxes) per campos tacitus..fluens in id litus ~bitur MELA 3.40. **c** cuspis super galeam hostis..~psa est LIV.8.7.9; telum transuexum atque ex maxima parte pone tergum ~psum APUL.*Met.*9.37.

ēlabōrātiō ~ōnis, *f.* [ELABORO+-TIO] Painstaking effort.
non haec uidentur reperiri posse sine ~one et sumptione operae *Rhet.Her.*4.32.

ēlabōrātus[1] ~a ~um, *a.* [pple. of ELABORO] (of workmanship, literary style, etc.) Highly finished, elaborate.
Silanionis opus (*i.e. a statue*) tam..elegans, tam ~um CIC.*Ver.*4.126; SEN.*Con.*2.pr.2; sermone..nihil..arcessiti et ~i requirente QUINT.*Inst.*12.10.40; (*of an author*) Cicerone mitior Corinius et..in uerbis magis ~us TAC.*Dial.*18.2.

ēlabōrātus[2] ~ūs, *m.* [next+-TVS[3]] Industry, painstakingness.
Hippias..~u mirandus omnia secum quae habebat..suis sibi manibus confecerat APUL.*Fl.*9.

ēlabōrō ~āre ~āuī ~ātum, *intr.*, *tr.* [EX-+LABORO]

1 (intr.) To take pains, strive, exert oneself.
hortabor, ut ~et CIC.*de Orat.*2.85; huic omissa gloria patris..ipsi ~andum est PLIN.*Ep.*6.6.4; (*w. internal acc.*) tum quid mihi ~andum sit scire possim CIC.*Att.*1.8.1;—(*w. sphere of activity expr.*) de quibus..a Chrysippo..est ~atum *Fin.*4.9; in litteris..~aui *Sen.*26; non in unam partem aliquam..~andum est QUINT.*Inst.*2.8.8; 12.1.31; (*w. cogn. acc.*) omne..curriculum industriae nostrae..in amicorum periculis propulsandis ~atum est CIC.*Phil.*7.7;—(*w. purpose expr.*) ~auit, uti populum Romanum nosset RUT.RUF. *hist.*7; si..ad officium et uirtutem omnes meae curae.. ~arunt CIC.*Ver.*5.188; ut ~andum sit, quo facilius probetur *Tusc.*5.1; ~andum est, ne animi motus a natura recedant *Off.*1.131; me..~asse, ut..(compositiones) incorruptas acciperem LARG.38; PLIN.*Ep.*3.9.14; (*w. dat.*) aetas..cui docendae priores ~arunt QUINT.*Inst.*12.11.22; (*w. inf.*) breuiores ..commentarios..facere ~arunt 3.8.58.

2 (tr.) To bestow care and effort on (a literary work, science, etc.), develop, perfect, work out, etc.
multae (causae publicae) quas nos diligenter ~atas et tamquam elucubratas adferebamus CIC.*Brut.*312; ratio et bonis artibus instituta..et uigiliis ~ata *Cael.*45; hoc opere tandem ~ato PETR.115.6; panegyricum Isocratis..decem annis dicunt ~atum QUINT.*Inst.*10.4.4; si modo dignum aliquid ~are et efficere uelint (poetae) TAC.*Dial.*9.6; GEL. 14.6.1; (*w. inanim. subj.*) non Siculae dapes dulcem ~abunt saporem HOR.*Carm.*3.1.19;—(*w. concr. obj.*) ~atam scrupulosa distinctione testudinem (*i.e. tortoise-shell*) SEN.*Ben.* 7.9.2; (sphinx) est..saxo naturali ~ata PLIN.*Nat.*36.77; APUL.*Apol.*14; (*w. abst. subj.*) picturae et quicquid ars ulla luxuriae ~auit SEN.*Ep.*16.8.

? **ēlacata** ~ae, *f.* [app. Gk. ἠλακάτη 'distaff'] (dub.) A kind of fish.
COL.8.17.12.

ēlacatēna. [Gk. ἠλακατήν] (See quot.)
~ genus salsamenti, quod appellatur uulgo melandrea PAUL.*Fest.*p.76M.

ēlactescō ~ere, *intr.* [EX-+LAC+-ESCO] (app.) To lose sap.
in arboribus..nimia germinatio ~it (*s.v.l.*; elacescit *most codd.*) PLIN.*Nat.*16.98.

elaeōdes, *n. adj.* [Gk. ἐλαιώδης] (med.) The name given to a kind of pus, 'oleaginous'.
CELS.5.26.20.B.

elaeomeli *n.* [Gk. ἐλαιόμελι] A gum derived from a certain Syrian tree (according to Pliny, the olive).
PLIN.*Nat.*15.32; 23.96.

elaeothesium ~iī, *n.* [Gk. ἐλαιοθέσιον] An anointing-room (in a palaestra).
ad sinistram ephebei ~ium VITR.5.11.2.

ēlāmentābilis ~is ~e, *a.* [EX-+LAMENTABILIS] Very doleful.
sin erit ille gemitus ~is..uix eum uirum dixerim CIC. *Tusc.*2.57.

ēlanguescō ~escere ~ī, *intr.* [EX-+LANGVESCO] PROS.: *elangŭit* V.FL.4.527. (of persons) To begin to lose one's physical, mental, or moral vigour, droop, flag, languish, etc. **b** (of feelings, activities, etc.) to become less intense, slacken off.
non esse ~escendum sed orandum potius regem ut.. copias..accersat LIV.35.45.7; VELL.2.111.4; ubi sumptibus exhaustus socordia..~erat (miles) TAC.*Hist.*1.46; ~imus, patres conscripti, nec iam ille senatus sumus qui..delatores ..puniendos flagitabat 4.42; (*cf.*) obseruatum est..arborem ab ipso institutam ~isse SUET.*Gal.*1.1; (*transf.*) ~escens (hasta) ac iam casura SIL.4.140; (*in fig. phr.*) ~escit bonum proprium ciuitatis atque aegrotare incipit VAR.in Non.p. 287M. **b** differendo..~it res LIV.5.26.3; uenarum motus ~escunt CELS.5.26.15; proelium..~erat CURT. 4.15.19; 10.7. 13; si inuertatur (polypus), ~escit uis PLIN.*Nat.*9.91; his.. furor ~escere dictis coeperat STAT.*Theb.*11.382; quod.. post..inediam tridui..adpetitio pristina ~erit GEL.16.3.2.

elaphoboscon ~ī, *n.* [Gk. ἐλαφόβοσκον] A plant eaten by deer, perh. a species of parsnip.
PLIN.*Nat.*22.79; 25.92.

ēlapidō ~āre ~āuī ~ātum, *tr.* [EX-+LAPIS+-O[3]] To clear away the stones from.
cultor ~ato solo perdidit fruges luto PLIN.*Nat.*17.30; 17.69; 18.145.

ēlargior ~īrī, *tr.* [EX-+LARGIOR] (w. dat. of recipient) To bestow freely (upon).
patriae carisque propinquis quantum ~iri (*v.l.* largiri) deceat PERS.3.71.

ēlātē[1], *adv. compar.* ~ius. [ELATVS+-E]

1 Haughtily, proudly, insolently.
~ius se gerere coepit NEP.*Paus.*2.2; praefatur arrogantius et ~ius, quam aetatem eius decebat GEL.9.15.4.

2 In a grand or lofty style of speech or writing.
fit ut Demosthenes..possit summisse dicere, ~e Lysias.. non possit CIC.*Opt.Gen.*10; *Tusc.*5.24; QUINT.*Inst.*1.10.24; his (*sc.* hendecasyllabis) iocamur..irascimur, describimus aliquid modo pressius, modo ~ius PLIN.*Ep.*4.14.3.

elatē[2] ~ēs, *f.* Also **~a** ~ae. [Gk. ἐλάτη] (in Gk.) The spathe surrounding the inflorescence of a palm; (by Pliny app. confused with the palm itself, also with ἐλάτη = fir-tree, cf. sense b). **b** (perh.) the silver fir.
PLIN.*Nat.*12.134; 23.99. **b** species (*sc.* crethmos)..~ae hortensiae PLIN.*Nat.*26.82.

elatērium ~(i)ī, *n.* [Gk. ἐλατήριον] The prepared juice of the squirting cucumber, used as a drug.
euocat et educit..~ium CELS.5.12; CELS.5.26.36.B; aluum soluit fel lupi cum ~io PLIN.*Nat.*28.203; 30.33; ~ium ..quod est sucus cucumeris siluatici..in pastillos redactus LARG.224; 237.

elatinē ~ēs, *f.* [Gk. ἐλατίνη] A cornfield weed, prob. a kind of toadflax, *Kickxia* (*Linaria*) *spuria*.
PLIN.*Nat.*27.74.

ēlātiō ~ōnis, *f.* [EFFERO[1]+-TIO]

1 A (ceremonial) carrying out.
PIACVLVM FACTVM OB FERRI ~ONI *CIL* 6.2099(A.D. 183); si quid impensum est in ~onem mortui ULP.*dig.*11.7.14.3.

2 The act of lifting, elevation. **b** extolling, glorification.
cuius sucula..uectes..uersando faciunt oneris ~ones VITR.10.3.2; (*transf.*) uox prima..repulsa..opprimit insequentis uocis elationem 5.8.1. **b** parium..comparatio nec ~onem habet nec summissionem; est enim aequalis CIC.*Top.*71.

3 A sublime or exalted state of thought, feeling, etc.
ut horum concisis sententiis..officit Theopompus ~one atque altitudine orationis suae CIC.*Brut.*66; gestientis animi ~onem uoluptatiam *Fin.*3.35; *Tusc.*4.13; in hac ~one et magnitudine animi facillime pertinacia..innascitur *Off.*1.64; SEN.*Ep.*59.2.

ēlātrō ~āre, *tr.* [EX-+LATRO[1]] To bark out; (in quot. transf., of an outspoken person).
scilicet ut non sit mihi prima fides, et uere quod placet ut non acriter ~em! HOR.*Ep.*1.18.18.

ēlātus ~a ~um, *a.* *compar.* ~ior. [pple. of EFFERO[1]]

1 Raised above the surroundings, reaching to a high level; also, situated on a high level. **b** holding the head high, proudly erect.
refert..(specula) media (sint) depressa an ~a (*i.e. convex*) PLIN.*Nat.*33.129; QUINT.*Inst.*11.3.134; tu sola proceritate corporis ~ior aliis..triumphum..egisti PLIN.*Pan.*22.2; (*neut. pl. as sb.*) modo in ~iora modo in depressiora cliui.. agi sulcum COL.2.4.10;—dexter (*sc. kidney*) omnibus (animalibus) ~ior PLIN.*Nat.*11.206. **b** qui (galli) ~i sunt ac uociferant saepe VAR.*R.*3.9.5; COL.8.2.11.

2 (of a person, his character, feelings, etc.) Sublime, exalted; (of literary style or sim.) elevated, grand.
animo magno ~oque humanasque res despiciente CIC. *Off.*1.61; LIV.26.19.1; ad uitam nihil proficit, neque fortior fit neque..~ior SEN.*Ep.*111.2;—principia uerecunda, nondum ~is incensa uerbis CIC.*Orat.*124; genus..hoc scripturae..~um esse debere CAECIN.*Fam.*6.7.3; dixit rem.. ~iorem quam..ciuilis oratio recipit SEN.*Con.*1.8.16; QUINT. *Inst.*5.14.33; PLIN.*Ep.*1.8.5; (*neut. pl. as sb.*) nec..adfectanda sunt semper ~a et excelsa 3.13.4.

ēlaudō ~āre, *tr.* [EX-+LAVDO] (See quot.
~are plus quam nominare PAUL.*Fest.*p.76M.

ēlauō ~auāre ~āuī ~autum or ~ōtum, *tr.*, (*intr.*). [EX-+LAVO] FORMS: inf. *elauere* cited as a Plautinism in FRO.*Aur.*1.p.8(64N).

1 To wash or soak thoroughly.
~ota halica CELS.2.24.1; 5.18.1; aeris combusti et ~ot PEII 6.6.5.B; cum fuerit oliua ~auta COL.12.52.21.

2 (of a river, etc.) To wash away.
non statim transire (solum) in alteram ripam, sed abductum esse et ~otum AGEN.*agrim.*p.42;—(*humorously*) comessum, expotum (*sc. the money*)..~otum (*v.l.* elutum) in balineis PL.*Trin.*406.

3 (app. intr., w. refl. or pass. meaning; cf. ELVO) To lose all one's property, become 'cleaned out' (both exx. seem to have punning allusion to literal cleansing).
mare haud est mare, uos mare acerrumum; nam in mari repperi, hic ~aui bonis PL.*As.*135; an te paenitet, in mari quod ~aui ni hic in terra iterum eluam? *Rud.*579.

Eleātēs ~ae, *m.* A citizen of Elea (Velia) in Lucania; (in quots., of Zeno).
CIC.*N.D.*3.82; *Tusc.*2.52; V.MAX.3.3.ext.2.

Eleāticus ~a ~um, *a.* Of Elea (see prec.); (in quot., applied to the school of philosophers founded by Parmenides and Zeno).
~ iphilosophi CIC.*Luc.*129.

ēlecebra (exl-) ~ae, *f.* [ELICIO+-*bra*, cf. -BVLA] A means of wheedling something out of a person.
exitium, excidium, ~a fiet hic equos hodie auro senis PL. *Bac.*944; ita sunt hic meretrices: omnes ~ae argentariae *Men.*377; PAUL.*Fest.*p.76M.

ēlectē, *adv.* *compar.* ~ius. [ELECTVS[1]+-E] In a well-chosen manner.
discripte et ~e..quid cuique conueniat..digeremus CIC *Inv.*1.49; qui ~ius locuti sunt GEL.18.7.2.

ēlectilis ~is ~e, *a.* [ELIGO+-ILIS[1]] Of special quality, choice.
uino et uictu, piscatu probo, ~i uitam colitis PL.*Mos.*729; partes ~es (cibi) APUL.*Met.*10.15.

ēlectiō ~ōnis, *f.* [ELIGO+-TIO] The action, right or faculty of choosing or selecting, choice.
(*w. gen. of thing chosen*) oratio conformanda non solum ~one, sed etiam constructione uerborum CIC.*de Orat.*1.17; cuius rei ~onem a fortuna relictam? LIV.38.8.5; cum..x captiuorum ~one..donaretur V.MAX.4.3.4; ~one fati data SEN.*Dial.*1.3.11; COL.4.23.2; ~onem loci mihi obtulerant PLIN.*Ep.Tra.*10.8(24).2;—(*w. gen. expr. field of choice*) trium condicionum ~onem LIV.34.19.3; si sit..~o diuitiarum atque egestatis FRO.*Aur.*2.p.60(143N);—(*w.* ex) ex duobus ..exercitibus..~onem habere LIV.27.38.8;—(*w.* inter) quod inter diuersas opiniones..difficilis esset ~o QUINT. *Inst.*1.pr.2;—(*foll. by indir. qu.*) ~onem habebit..utrum malit res offerre an pretium earum ULP.*dig.*23.3.10.6;— non expectata ~one nostra PETR.47.11; tyrannicidarum praemia aut uitiatarum ~ones TAC.*Dial.*35.5; Pisonem.. accersiri iubet, seu propria ~one siue..Lacone instante *Hist.*1.14; GAIUS *Inst.*4.53[d].

ēlectō ~āre, *tr.* [ELICIO+-TO] To worm out (information).
quae illaec praeda est? ibo aduorsum atque ~abo, quidquid est PL.*As.*295; PAUL.*Fest.*p.76M; (*ellipt.*) ne te opprimeret inprudentem atque ~aret (*i.e. the facts*) PL.*Mer.*224.

Ēlectōr ~oris, *m.* [Gk. ἠλέκτωρ] 'The shining one', a Homeric name for the sun.
PLIN.*Nat.*37.31.

Ēlectra ~ae, *f.* PROS.: nom. ~ā PROP.2.14.5, OV.*Fast.*4.177; ~ă SEN.*Ag.*924.

1 The daughter of Agamemnon and sister of Orestes.
non Pyladen ferro uiolare aususue sororem ~an HOR.*S.* 2.3.140; VELL.1.1.3; JUV.8.218; HYG.*Fab.*122; (*as title of a play*) cum Sophocles..scripserit ~am CIC.*Fin.*1.5.

2 The daughter of Atlas, one of the Pleiades, and mother of Dardanus by Jupiter.
CIC.*Arat.*270(36); ~an concubuisse Ioui OV.*Fast.*4.31; SIL.11.292; HYG.*Fab.*192.5.

ēlectrinus ~a ~um, *a.* [Gk. ἠλέκτρινος] Made of ELECTRVM (in quot., the alloy).
uasis ~is legatis PAUL.*dig.*34.2.32.5.

Ēlectrius ~a ~um, *a.* Of or belonging to Electra (in quot., sense 2).
~a tellus (*i.e. Samothrace*) V.Fl.2.431.

ēlectrum ~ī, *n.* [Gk. ἤλεκτρον] N.B.: in verse the two senses are sts. hard to distinguish.

1 Amber.
purior ~o campum petit amnis Verg.*G.*3.522; Plin.*Nat.* 3.152; 37.33; lacrimae.. in ~um sunt duratae Hyg.*Fab.* 154.4;—(*pl. in same sense*) pinguia corticibus sudent ~a myricae Verg.*Ecl.*8.54; Ov.*Am.*3.12.37; *Met.*2.365.

2 An alloy of gold and silver.
quod fieri ferro liquidoue potest ~o Verg.*A.*8.402; 8.624; ubicumque quinta argenti portio est (*sc.* in auro), ~um uocatur Plin.*Nat.*33.80; ~i..uenae Sil.1.229; Gaius *dig.* 41.1.7.8;—(*pl.*) argentum auro confundere, ut ~a fiant Plin.*Nat.*9.139.

ēlectus[1] ~a ~um, *a.* *compar.* ~ior, *superl.* ~issimus. [pple. of eligo] Selected for excellence, of fine quality, choice, picked, etc.: **a** (of persons, esp. soldiers). **b** (of things).
a ~os iuuenes simul et decus innuptarum Catul.64.78; praeceptor..optimus quidem et ~issimus Tac.*Dial.*34.5; cateruas..pugilum ex utraque regione ~issimorum Suet. *Cal.*18.1; (*fem. as sb.*) quamquam inter ~as processerat (Roxane) Curt.8.4.24;—(*of soldiers*) misit (equites) ex eis quos habuit ~os Cic.*Deiot.*24; Caes.*Gal.*2.4.5; centuriones ~issimos Fron.*Str.*1.2.1; Tac.*Hist.*2.100; (*masc. as sb.*) cohortis x et leuis armaturae ~os *B.Alex.*17.3. **b** ~ius uerbum *Rhet.Her.*4.36; ~issima pessimi poetae scripta Catul.36.6; piperis nigri ~i et ponderosi Larg.94; te partes ~iores surripere (*of the food*) Apul.*Met.*10.14.

ēlectus[2] ~ūs, *m.* [eligo+-tvs[3]] A choice, selection.
in necis ~u parua futura morast Ov.*Ep.*2.144.

elef-: see eleph-.

ēlegans ~ntis, *a.* *compar.* ~ntior, *superl.* ~ntissimus. [pple. of **elegare* (cf. eligo)]

1 Careful in choosing, fastidious, particular. **b** (in bad sense, app.) addicted to luxurious habits.
tibi dabo..filiam Phanocratae nostri.—rufamne illam uirginem..? non possum, pater.—heia ut ~ns est! Ter. *Hau.*1063; me conuiuam solum abducebat sibi.—hui regem ~ntem narras.—immo sic homost: perpaucorum hominum *Eu.*408; ~ns formarum spectator 566. **b** mendax, cuppes, auarus, ~ns Pl.*Trin.*239; Cato *Mor.*(J); apparet ~ntem dictum antiquitus..qui nimis lecto amoenoque cultu..esset Gel.11.2.3.

2 Correct and delicate in one's tastes, refined, cultivated, or sim.; (also, of habits, arts, etc.). **b** observing the proprieties of conduct, scrupulous, punctilious, etc.
dum foris sunt (meretrices) nil uidetur mundius, nec.. quicquam..magis ~ns Ter.*Eu.*935; in epularum apparatu ..~ntem Cic.*Orat.*83; hominem..in omni iudicio ~ntissimum *Fam.*7.23.1; Nep.*Att.*13.5; ~ns liberalium studiorum ..auctor et admirator Vell.1.13.3; natura..homo mundum et ~ns animal est Sen.*Ep.*92.12; (*masc. pl. as sb.*) ~ntium mensas Col.7.2.1;—a necessariis artificiis ad ~ntiora defluximus Cic.*Tusc.*1.62; iocandi genus, unum inliberale, petulans..alterum ~ns, urbanum *Off.*1.104. **b** (*of persons*) testis..elegantior ac religiosior Cic.*Scaur.*15;—(*of actions*) quid enim facere potuit ~ntius ad hominum existimationem, aequius ad leuandam mulieris calamitatem..? *Div.Caec.*57; *Att.*5.20.6; *Fam.*3.8.2.

3 (ref. to the effect made on the senses, esp. the sight) Tastefully attractive, graceful, elegant, etc.
supellectilem ex aere ~ntiorem Cic.*Ver.*2.83; uti (expolitiones) sint ~ntes et sine uitiis Vitr.6.8.11; purpuram.. ~ntem 7.14.2; negat ad sitim pertinere..quam ~nti manu ministretur (aqua) Sen.*Ep.*119.14; Plin.*Ep.*2.5.11; huius.. uocis..~ntior hoc in loco sonus est Gel.13.21(20).18.

4 (of speakers or writers, their style, works, etc.) Apt or skilful in choice of words, presentation of ideas or sim., neat, felicitous, etc. **b** (ref. to other arts or activities).
subtilis scriptor atque ~ns Cic.*Brut.*35; ~ntissimus omnium philosophorum *Tusc.*5.24; ~ntissimum poetam Nep.*Att.*12.4; ~ns magis declamator quam uehemens Sen. *Con.*1.4.11; Gel.17.10.6; (*w. gen.*) Plautus uerborum Latinorum ~ntissimus 1.7.17;—(*of style, etc.*) uerborum..dilectus ~ns Cic.*Brut.*272; litterae facetae ~ntesque *Fam.*7.32.3; ~ns et uenusta..expositio Quint.*Inst.*6.3.39; quae ego.. dixeram tu..~ntibus argumentis refutasti Fro.*Aur.*1.p.96 (11N). **b** cum Apaturius..~nti manu finxisset scaenam Vitr.7.5.5; (pictor) ~ns ac concinnus Plin.*Nat.*35.111; (*cf.*) ut experiamur ~ntiorem esse te in medendo quam in dicendo Gel.18.10.7.

5 (of learning) Minute, exact; (of a distinction) fine, subtle.
uirum ~nti scientia ornatum Gel.16.5.5;—~ns'' st illa distinctio Pompon.*dig.*32.1.85.

ēleganter, *adv.* *compar.* ~ius, *superl.* ~issimē. [prec.+-ter[2]]

1 With correctness of taste, conduct, etc. **b** with correctness of usage, rightly, properly.
adulescentiam traductam ~er Cic.*Planc.*31; lautiores ~er accepi *Att.*13.52.2; ~ius facturos (consules) dixit, si iudicio patrum..eam rem permisissent Liv.37.1.7; neque..quisquam..~ius interualla negotiorum otio dispunxit Vell. 1.13.3. **b** alimenta.. per i~ius scribemus quam alumenta per u Vel.gram.in *G.L.*7.77; neque usus fructus.. ~er computabitur Gaius *dig.*22.1.19.

2 So as to please the eye, attractively, elegantly.
quae (uilla) est polita opere tectorio ~er Var.*R.*3.2.9; Vitr.1.6.1; Achilleon..foliis rotundis ~er uestitam Plin. *Nat.*25.43; nauem..extrinsecus ~er depictam Apul.*Fl.*23.

3 With skilful choice and arrangement of words, etc., neatly, happily. **b** (ref. to other arts or activities).
Latine loqui ~issime Cic.*Brut.*252; *Att.*15.1a.2; Graecae fabulae ~er in sermonem Latinum conuersae Sen.*Suas.*7.12; Fro.*Aur.*1.p.96(12N); ut ~er Celsus definit, ius est ars boni et aequi Ulp.*dig.*1.1.1; 47.2.7.1. **b** saltare ~ius quam necesse est probae Sal.*Cat.*25.2; neminem ~ius loca cepisse Liv.35.14.9.

4 (in jurists, used in introducing some legal refinement) With a nice discrimination.
Gaius *dig.*2.2.4; ~er quaerit Pomponius..si paciscatur maritus..an hoc pactum seruandum siet? Ulp.*dig.*24.3.14. 1; 39.2.15.28.

ēlegantia ~ae, *f.* [elegans+-ia]

1 Fastidiousness, choosiness.
iste metus me macerat, quod ille fastidiosust, ne..ubi uiderit me..eiius ~a meam extemplo speciem spernat Pl.*Mil.*1235.

2 Fineness of taste, manners, feeling, etc., correctness or refinement; also, an instance of this. **b** correctness of conduct, scrupulousness, punctiliousness, etc.
dixin ego in hoc esse uobis Atticam ~am? Ter.*Eu.*1093; Cic.*Att.*1.8.2; agri cultura..abhorret ab omni politiore ~a *Fin.*3.4; ~a uitae Nep.*Att.*19.2; hoc morum tuorum ~ae conuenit Sen.*Dial.*6.8.3; inter paucos familiarium Neroni adsumptus est (Petronius), ~ae arbiter Tac.*Ann.*16.18; quorum (*i.e. furniture*) pleraque uix priuatae ~ae sint Suet.*Aug.*73; quanta in spectandis orationibus ~a! Fro. *Aur.*1.p.118(21N);—laudatus propter ~as dominus Petr. 34.5; haec..accessit noua ~a inter peruersas delicias, habere rusticum (*sc.* parasitum) Quint.*Decl.*298(p.178,l.26). **b** uestra..qui cum summa ~a atque integritate uixistis, hoc maxime interest, non ex libidine..causas..ponderari Cic.*Sul.*79; *Att.*6.2.8.

3 Refinement as shown in the effect made on the senses, elegance of appearance, etc.
ludorum..~am et scaenae magnificentiam Cic.*Mur.*38; Vitr.1.1.16; mulier..annos celans ~a Phaed.2.2.4; Lacetana (uina) copia nobilitantur, ~a..Tarraconensia Plin. *Nat.*14.71; usus (iuncorum) ad nassas marinas, uitilium ~am (*i.e. fine-quality wickerwork*) 21.114.

4 Skill or good taste in the choice of words, presentation of ideas, etc., neatness, felicity; also, a specimen of this quality. **b** (with reference to other arts).
~a est quae facit ut locus unus quisque pure et aperte dici uideatur *Rhet.Her.*4.17; inamen sermonis ~am Cic. *de Orat.*3.141; contemnit..disserendi ~am, confuse loquitur *Fin.*2.27; erat..in Caesare..~a summa scribendi Hirt.*Gal.*8.pr.7; Sen.*Suas.*2.13; nec in Claudio, quoties meditata dissereret, ~am requireres Tac.*Ann.*13.3; consulta ~a mutasse uerbum Gel.11.1.7;—has..curas uocum uerborumque ~as..non sectatur Epicurus 2.9.5; 19.4.1. **b** (artifex) constantiam potius imitatus patris quam ~am Plin.*Nat.*34.66; (*pl.*) non..in tantis rerum uarietatibus ~as singulares quisquam consequi potest Vitr.1.1.13.

elegēa: see elegia.

elegēum ~ī, *n.* **elegīum.** [Gk. ἐλεγεῖον] A poem (esp. a love-poem) in elegiac couplets.
impleantur ~orum meae fores carbonibus Pl.*Mer.*409. **β** cuius nulla carmina exstant nisi amoris ~a Apul.*Apol.*10.

elegī ~ōrum, *m. pl.* [Gk. ἔλεγος] Elegiac verses (esp. used in composing love-poems).
neu miserabilis decantes ~os Hor.*Carm.*1.33.3; carmina (*i.e. lyrics*) compono, hic ~os *Ep.*2.2.91; Dom. Mars.*poet.* 7.3; Ov.*Rem.*395; lasciuus ~is an seuerus herois? Mart. 3.20.6; Latinos ~os..feci Plin.*Ep.*7.4.3; Juv.1.4; Maur. 1799.

elegīa ~ae, *f.* Sts. written **elegēa.** [Gk. ἐλεγεία] Pros.: last syll. of nom. app. long in Ov.*Am.*3.1.7, 3.9.3, *Rem.*379. Elegiac poetry.
~a..et hendecasyllabi..ad firmius aetatis robur reseruentur Quint.*Inst.*1.8.6; ~a..Graecos prouocamus 10.1.93;—(*personified*) uenit odoratos ~a nexa capillos Ov.*Am.* 3.1.7; uultu petulans ~a Stat.*Silv.*1.2.7.

elegīdarion ~ī, *n.* [Gk.] A short or petty elegiac poem.
coepit..capillorum ~on dicere Petr.109.8.

elegīdion ~ī, *n.* [Gk.] = prec.
siqua ~a crudi dictarunt proceres Pers.1.51.

elegīum: see elegevm.

ēlēgō ~āre ~āuī ~ātum, *tr.* [ex-+lego[1]] To will away (one's property).
dum fratri suo irascitur nescio cui terrae filio patrimonium ~auit Petr.43.5.

Elelēides ~um, *f. pl.* Female worshippers of Bacchus, Maenads.
Bacchi furiis ~es actae Ov.*Ep.*4.47.

Elelēus, *m.* A cult-title of Bacchus (from the cry of his devotees).
Ov.*Met.*4.15.

elelisphacos ~ī, ? *f.* [Gk. ἐλελίσφακος] A species of sage (by Pliny app. confused with the lentil, Gk. φακός).
(fit uinum) e stoechade..dauco, ~o Plin.*Nat.*14.111; 22.146; 25.120.

elementārius ~a ~um, *a.* [next+-arivs] Engaged in learning the rudiments.
ridicula res est ~us senex Sen.*Ep.*36.4.

elementum ~ī, *n.* [dub.]

1 One of the four substances (earth, air, fire, water) from which all matter was supposed to be made up, an 'element' (= Gk. στοιχεῖον). **b** (in general) a component or ingredient.
aer..et ignis et aqua et terra prima sunt..ergo illa initia et ut e Graeco uertam ~a dicuntur Cic.*Ac.*1.26; Ov.*Met.* 15.237; Sen.*Dial.*4.19.1; ualentissimum ~um est (aqua) *Nat.*3.13.1; Luc.5.635; Plin.*Nat.*11.119; ex contrariis inter se ~is, igne atque aquis Tac.*Ann.*13.57; Juv.11.14; rerum naturae parens, ~orum omnium domina Apul.*Met.*11.5; udis ~is aquosisque *Mun.*10. **b** uita humanior sine sale non quit degere, adeoque necessarium ~um est, uti.. Plin.*Nat.*31.88; (*of Aristotle's categories*) ~a decem constituit, circa quae uersari uideatur omnis quaestio Quint. *Inst.*3.6.23.

2 (in the Epicurean system) An atom; (in wider use) a particle.
cunctatur oliuum, aut quia..maioribus est ~is aut magis hamatis Lucr.2.393; 3.374; ~a uaporis 5.598; Quint.*Decl.* 283(p.148,l.26);—densior his tellus elementaque grandia traxit Ov.*Met.*1.29; nos..felices animae..in antiqua ~a uertemur Sen.*Dial.*6.26.7; ut..rerum aeterna opifex..sacra illa spiritus elementa cum terrenis primordiis misceret Col. 3.10.10.

3 A letter of the alphabet.
multa ~a uides multis communia uerbis Lucr.1.824; 2.691; auxilia ac socios iam..habebant..nec multo priu' sunt elementa reperta 5.1445; quis..nescit malum una littera scriptum..distare a Mallo eodem ~o geminato?,Vel. gram.in *G.L.*7.80; quartam ~orum litteram Suet.*Jul.*56.6.

4 (pl.) The basic principles of an art or science or of a person's education in general, rudiments; (rarely sg.). **b** the first beginnings, germs, etc. (of a quality, condition, or sim.).
quod in ~is dialectici docent Cic.*Luc.*143; impia te rationis inire ~a Lucr.1.81; ~a uelint ut discere prima (pueri) Hor.*S.*1.1.26; *Ep.*1.20.17; primas..magistris accepere artes, ~a aetatis, ab isdem Ov.*Met.*9.719; Stat.*Ach.* 2.87; grammatices ~a Quint.*Inst.*1.4.6; sunt quaedam uitiorum ~a, his protinus illos inbuit Juv.14.123; (*meton., of pupils*) uix..se prima ~a ad spem tollere effingendae.. eloquentiae audebunt Quint.*Inst.*1.2.26; (*transf.*) haec prima ~a fuerunt Caesaris, ulcisci..patrem Ov.*Fast.*3.709;—musicae rationis uilissimum ~um (*i.e. learning to play the flute*) V.Max.8.7.ext.8; gnomonices..artis ~um Hyg.Gr. *agrim.*p.147. **b** parua fuit, si prima uelis ~a referre, Roma Ov.*Fast.*3.179; insita..iam teneris (catulis) ~a mali Grat.393; nec talia..fingebam uotis annorum ~a tuorum Stat.*Theb.*6.140; Sil.3.77; ne de paruis indignationis ~is ad exitium disciplinae..seditio procederet Apul.*Met.*10.6.

elenchus ~ī, *m.* [Gk. ἔλεγχος]

1 A large pear-shaped pearl, worn esp. as an ear-drop.
Plin.*Nat.*9.113; cum auribus extentis magnos commisit ~os Juv.6.459; duae margaritae ~i Paul.*dig.*34.2.32.8.

2 (prob.) A critical inquiry.
opusculum suum annalium Enni ~orum sedecim Suet. *Gram.*8(p.106Re).

elephans: see elephantvs.

elephantia ~ae, *f.* [Gk.] = next.
hoc (medicamentum)..lepram et quam ~am dicunt sanat Larg.250.

elephantiasis (~is), *f.* [Gk. ἐλεφαντίασις] Pros.: quantity of penultimate syll. uncertain. A name given to one or more tropical skin-diseases, prob. mostly filarial elephantiasis.
medetur..~i albae (helleborum) Plin.*Nat.*25.60; ~im ante Pompei magni aetatem non accidisse in Italia 26.7; 28.186.

elephantinē ~ēs, *f.* [fem. of next] A kind of plaster, so called from its whiteness.
Cels.5.19.24.

elephantinus ~a ~um, *a.* [Gk. ἐλεφάντινος]

1 Of or belonging to an elephant.
(puerum) cum ~o capite natum V.Max.1.6.5; parma ~o tergori exsecta Mela 1.26.

2 Made of ivory; *atramentum ~um*, ivory-black.
Apelles commentus est (atramentum) ex ebore combusto facere, quod ~um uocatur Plin.*Nat.*35.42.

Elephantis ~idis or ~idos, ? *f.* A Greek erotic writer.
*Priap.*4.2; Mart.12.43.4; Suet.*Tib.*43.2.

elephantocamellos ~ī, *m.* [elephantvs+camelvs] (dub.) An unknown (fabulous? animal, the 'elephant-camel'.
Lucil.1126.

elephantomachae, *m. pl.* [Gk., cf. ἐλεφαντομάχος] Soldiers trained to fight elephants.
~ae (*cj.*; elepanto mace *cod.*) nomen tantum sine usu fuerunt Liv.44.41.4.

elephantus (elef-) ~ntī, *m.*, (*f.*). Also **elephā(n)s** ~ntis. [Gk. ἐλέφας] Forms: acc. sg. *elephanta* Man.5.705, Mart.8.65.9, etc.; acc. pl. *~ntas* Man.4.666, 740; gen. pl. *~ntum* Suet.fr.161(p.250Re).

1 An elephant.
erus meus ~nti corio circumtentust, non suo Pl.*Mil.*235; Ter.*Eu.*413; ~nto beluarum nulla prudentior Cic.*N.D.* 1.97; Sal.*Jug.*32.3; Hasdrubal..in prima acie..~ntos conlocat Liv.27.48.5; 31.36.4; ~ntorum (*i.e. in India*) maior est uis, quam quos in Africa domitant Curt.8.9.17; Plin.*Nat.*8.11; Flor.*Epit.*2.34(4.12.62); Juv.10.150; ~nti et cameli Gaius *Inst.*2.16; (*fem.*) solere ~ntum grauidam perpetuos decem esse annos Pl.*St.*168. β loricatus cum esset ~s *B.Afr.*72.4; ~s albus Hor.*Ep.*2.1.196; Libycus..~ns Luc.6.208.

2 (poet.) Ivory.
Verg.*G.*3.26; dona..auro grauia sectoque ~nto *A.*3.464; (porta) altera candenti..nitens ~nto 6.895.

3 (med.) = elephantiasis.
β est ~s morbus qui propter flumina Nili gignitur Lucr. 6.1114.

4 a A large variety of lobster. **b** an unidentified sea-creature.
a ~nti locustarum generis nigri, pedibus quaternis bisulcis Plin.*Nat.*32.148. **b** Plin.*Nat.*9.10; ut a beluis ordiamur ..Tritones, Nereides, ~nti 32.144.

elephās: see prec.

ēletia ~ae, *f.* [cf. Gk. εἰλετίας] (dub.) Some sort of reed or reed-like plant.
Plin.*Nat.*16.167.

ēleuātiō ~ōnis, *f.* [next+-tio] **a** A lightening (of a load). **b** a disparagement or disparaging expression.
a ut oneris translatio uideatur etiam ~o Fro.*Aur.*1. p.204(73N). **b** totum pro Q. Ligario prooemium et illae ~ones, 'uidelicet, o di boni!' Quint.*Inst.*9.2.50.

ēleuō ~āre ~āuī ~ātum, *tr.* [ex-+levo[1]]

1 To lift up, raise.
ex..ea contignatione rursus summam contabulationem..~abant Caes.*Civ.*2.9.8; (uectis) non poterit onus ~are Vitr.10.3.3; (molae) pro magnitudine bacarum uel submitti uel etiam ~ari possunt Col.12.52.6; aqvam qvaesitam et ~atam in coloniam perdvxit *CIL* 8.11; (*pass. in middle sense*) ne uis inflationis aquae eam (*sc.* paenulam) cogat ~ari Vitr.10.7.2; (*in fig. phr.*) supra ciuilem hanc peraequationem diuitiae te ~auerunt Calp.*Decl.*6;—(*parts of one's body*) non sunt ad caelum ~andae manus Sen.*Ep.*41.1; lumbis ~atis in altum Apul.*Met.*4.3.

2 To lessen, diminish; to relieve, allay. **b** to represent as trivial or unimportant, make light of.
perspicuitas..argumentatione ~atur Cic.*N.D.*3.9; cuius auctoritatem..toga candida ~abat Liv.37.57.13; ~atur bonitas (purpurissi)..dilutiore sanie Plin.*Nat.*35.44; ~andae inuidiae gratia Quint.*Inst.*5.13.40;—nihil est..quod tam optundat ~etque aegritudinem Cic.*Tusc.*3.34; tesseris ac foro..acerbissimi funeris ~abat mala Sen.*Dial.* 11.17.4. **b** causae suspicionum..quas tum euitare, tum ~are, tum ferre sapientis est Cic.*Amic.*88; Catul.24.9; milites..instigabat ~ando..auctoritatem collegae Liv. 6.23.4; Samnitium bella extollit, ~at Etruscos 9.37.6; 44.44.7; tot ~atis testibus V.Max.8.5.6; Sen.*Dial.*9.15.2; uerbis ~are quaedam licebit: luxuria liberalitatis..nomine lenietur Quint.*Inst.*4.2.77; 6.3.75; ut..praeclara facta eius pro superuacuis ~arit Suet.*Tib.*52.2; (*poet.*) neue inimica meas ~et aura preces! Prop.1.8.12; (*w. inanim. subj.*) adiecto uersu Graeco, qui fidem somniorum ~at V.Max. 1.7.ext.2; (*cf.*) ~at (*i.e. causes to be belittled*) assiduos copia longa uiros Prop.2.33.44.

Ēlēus ~a ~um, *a.* Also **Ēlīus.** Forms: Doric *Aleus* Pl.*Capt.*24, 60, etc. Of or pertaining to Elis in the Peloponnese. esp. **b** (poet.) of or connected with Olympia or the games held there.
haruspices..~i Cic.*Div.*2.28; ~us..amnis (*i.e. the Alpheus*) Lucil.Jun.*poet.*4; (*masc. pl. as sb.*) Liv.36.31.3; Plin.*Nat.*10.75. **b** ad ~i metas..campi Verg.*G.*3.202; Tib.1.4.32; ~a inclutus palma Sen.*Ag.*918; ~os auriga.. Alpheo permulcet equos Stat.*Silv.*4.4.31; Sil.1.224.

Eleusīn ~īnis, *f.* Forms: acc. *~in* Fron. *Str.*2.9.9; *~ina* Plin.*Nat.*2.206, 4.62; for a possible first-declension form, see next. Eleusis, an ancient city of Attica, famous for its mysteries in honour of Demeter and Persephone.
~inem sanctam illam et augustam Cic.*N.D.*1.119; Vitr. 7.pr.16; Cerealis ~in Ov.*Ep.*4.67; Sen.*Tro.*843.

Eleusīna ~ae, *f.* The Eleusinian Mother, i.e. Demeter (N.B.: in both exx. perh. rather to be taken as a late by-form of prec.).
Ericthonius rex, cui misteria ~ae constituit Celeus Amp. 15.2; daduchis ~ae faces gestantibus Fro.*Ver.*2.p.134 (122N).

Eleusīnius ~a ~um, *a.* Of or pertaining to Eleusis, Eleusinian.
sacra ~a Suet.*Cl.*25.5; ~am glebam Apul.*Met.*11.2.

Eleusīnus ~a ~um, *a.* = prec.
~ae matris (*i.e. Ceres*) Verg.*G.*1.163; ~o..certamine Gel.15.20.3.

eleutheria ~ōrum, *n. pl.* [Gk. τὰ ἐλευθέρια] A festival of Liberty, esp. one held to commemorate the battle of Plataea; (in quots., humorous).
basilice agito ~a.—quid iam?—quia erus peregri est. Pl.*Per.*29; *St.*422.

Ēlias ~adis, *f. adj.* Of or pertaining to Elis; (in quot., poet., of horses competing in the Olympic games).
(mittit) ~adum palmas Epiros equarum Verg.*G.*1.59.

ēlicēs: see elix.

ēliciō ~ere ~uī ~itum, *tr.* [ex-+lacio]

1 To coax, entice, or lure out. esp. **b** (in mil. context). **c** to entice to some action specified or implied.
uti eum ex lutulento caeno propere hinc ~iat foras Pl. *Bac.*384; quem..~i blanditiis..ad iudicium necesse non fuit Cic.*Q.fr.*1.2.5; quis..~iet domo Lyden? Hor.*Carm.* 2.11.21; ad conloquium uatem ~uit Liv.5.15.6; ~it Archelaum matris litteris Tac.*Ann.*2.42; Suet.*Gal.*19.2; (*animals*) siue (examen) est abditum specu, fumo ~ietur Col.9.8.10. **b** ut omnis citra flumen ~eret, eadem usus simulatione itineris placide progrediebatur Caes.*Gal.*6.8.2; tectis.. scaphis ~uit nauis Laelianas *Civ.*3.100.2; ad ~iendum sem extra moenia Macedonem Liv.37.13.10; Tac.*Ann.*2.25; 15.13. **c** quem..ad disputandum ~ere non potuissem Cic.*de Orat.*2.13; propositis praemiis ~ere..optimum quemque ad subeunda..pericula *Balb.*22; haec querentis.. consul ad plura..dicenda ~iebat Liv.38.14.6; (*of things*) haec adhortatio..non..quemquam unum ~uit ad suadendum 32.20.7.

2 To call forth, summon (persons); to bring out, fetch (objects). **b** (spec.) to summon (spirits, etc.) by charms or incantations, conjure.
consul..patres elicit Epirum Luc.5.9; non..uoco.. Musas; et te, Phoebe..dimittimus..Naidas..~uisse satis Stat.*Silv.*1.5.8; iniliciuum dicitur, cum populus ad contionem ~itur, id est euocatur Paul.*Fest.*p.114M;—~it.. chelyn et..fila mouet Stat.*Ach.*1.186. **b** inferorum animas ~ere Cic.*Vat.*14; cruor in fossam confusus, ut inde manis ~erent Hor.*S.*1.8.29; Tib.1.2.45; ~iunt caelo te, Iuppiter Ov.*Fast.*3.327; Luc.6.733; Tac.*Ann.*2.28; Apul. *Apol.*34; (*cf.*) difficilimum..ex his (*i.e. marvels*) etiam fulmina ~i Plin.*Nat.*28.13.

3 To get (a remark, secret, opinion, etc.) out of someone by some form of persuasion, elicit, extract.
uerbum ex eo numquam ~ere potui Cic.*de Orat.*1.97; ne causam quidem ~ere immutatae uoluntatis (potui) *Att.* 1.111; alias abs te litteras ~iam 9.2.11; Nep.*Att.*20.2; fide data arcana eius ~uit Liv.40.23.1; Ov.*Pont.*2.5.46; ad id responsum, quod ~iendum erit, per gradus ducet (testem) Quint.*Inst.*5.7.20; (*of things*) nullam uim tantam doloris fore ut ueritatem ~eret Tac.*Ann.*4.45; (*poet.*) nardi paruus onyx ~iet cadum Hor.*Carm.*4.12.17;—(*w. indir. qu.*) ne uos curiosius ~eretis ex me quid de quoque iudicarem Cic. *Brut.*231.

4 (of persons, circumstances, etc.) To excite, arouse, awaken (a latent quality, feeling, etc.). **b** to draw (tears, laughter, etc.) from someone, evoke. **c** to induce, provoke (an action, result).
cognouit..quanta ad maximas res opportunitas in animis inesset hominum, si quis eam posset ~ere Cic.*Inv.*1.2; qui spe cupiditatem eius ~erent Liv.45.19.4; acribus est stimulis ~iendus amor Ov.*Ars* 2.444; ~uit..iram Alexandri Curt. 8.5.22; cibis idoneis foecunditas earum (*sc.* auium) ~ienda est Col.8.5.2; lacrimis misericordiam ~ere Tac.*Hist.*3.58; *Ann.*15.53. **b** lacrumas haec mihi quom uideo ~iunt Pl.*Trin.*290; *Epic.Drusi* 466; ~itae gaudio lacrimae Vell. 2.104.4; audita haec raram occulti pectoris uocem ~uere Tac.*Ann.*4.52; cui non tunc ~eret risum..cauda magistri Juv.7.212. **c** ~iendus plenior uomitus est Cels.4.12.8; equites..sponte refugi festinationem sequentium ~ere Tac. *Hist.*2.24; in omnibus criminibus distinctio haec poenam ..iustam ~ere debet Ulp.*dig.*48.19.5.2.

5 To draw forth (various physical substances or phenomena). **b** to induce a flow of (bodily fluids or sim.). **c** to encourage the growth of (plants, their shoots, etc.). **d** (transf.) to educe (conclusions from data or sim.).
lapidum..tritu ~i ignem uidemus Cic.*N.D.*2.25; ad neruorum ~iendos sonos 2.150; nymphae..flumina fontis ~uere sui Ov.*Met.*14.789; subeunt (undae) ampliores minoresque, prout illas lunare sidus ~uit Sen.*Dial.*1.1.4; Plin.*Ep.*4.30.10. **b** sudor..duobus modis ~itur Cels. 2.17.1; ea res..pituitam per nares ~it Col.6.34.2; (betis) candidis aluum ~i, nigris inhiberi Plin.*Nat.*19.135; leui ictu cruorem ~iunt Tac.*Ann.*12.47; (*cf.*) duci se immolandam iubet, ut hostium (sanguis) ~iatur suo Cic.*Tusc.*1.116. **c** faenum..quod inrigatum aquis ~itur Col.2.16.3; sauciandа ferro est..uitis in ea parte qua pampinum studemus ~ere 4.24.17; Plin.*Nat.*17.193; (*cf., of the earth*) (terra) ~it herbescentem ex eo (*sc.* semine) uiriditatem Cic.*Sen.*51. **d** ex uerbi ui argumentum aliquod ~itur Cic.*Top.*10; quis.. ~ere causas praesensionum potest? *Div.*1.13;—(*of things*) ratiocinatio est oratio ex ipsa re probabile aliquid ~iens *Inv.*1.57; ut..~iant (nostrae disputationes)..aliquid quod ..uerum sit *Luc.*7.

Ēlicius ~iī, *m.* [prec.+-ivs] A cult-title of Jupiter (prob. as the god invoked in calling down rain, cf. aqvaelicivm, but name often misunderstood by the ancients).
~ii Iouis ara in Auentino ab eliciendo Var.*L.*6.94; ad ea (*sc. rules for conduct of ceremonies, etc.*) ~ienda ex mentibus diuinis Ioui Elicio aram..dicauit (Numa) Liv.1.20.7; 1.31. 8; Ov.*Fast.*3.328; Plin.*Nat.*2.140.

Ēlidensis ~is ~e, *a.* Also (Doric) **Ālid-.** Of Elis, Elean.
Phaedon ~is Gel.2.18.1. β captiuom..~em Pl.*Cap* 880.

ēlīdō ~dere ~sī ~sum, *tr.* [ex-+laedo]

1 To break thoroughly, crush, smash, shatter, etc. **b** (spec.) to crush or batter to death. **c** to compress, squeeze; (esp. transf.). **d** to choke, stifle, or sim.; usu. *~dere fauces, spiritum*, etc. **e** (in general) to kill, destroy.
talos ~di iussit conseruis meis Pl.*Mil.*167; caput pecudis saxo ~sit Liv.21.45.8; Ov.*Met.*14.196; ~sae miscetur caseus herbae *Fast.*4.371; ossa disiecta et graui ~sa casu Sen.*Tro.*1112; ~sum molle sorbum Col.8.17.13; eo concursu (*sc.* montium) uillae omnes ~sae Plin.*Nat.*2.199; (*in fig. phr.*) qui rebus his fractus aegritudine ~ditur Cic. *Tusc.*5.16;—(*clouds*) Sen.*Ag.*495; ~sit nubes Ioue tortus.. ignis Stat.*Theb.*5.394;—(*waves, etc.*) ter spumam ~sam et rorantia uidimus astra Verg.*A.*3.567; concursibus.. undarum sparsas Symplegadas ~sarum Ov.*Met.*15.338; Luc.9.339; Plin.*Ep.*6.31.17. **b** auriga..e curru trahitur, opteritur, laniatur, ~ditur Cic.*Rep.*2.68; denarrat, ut ingens belua cognatos ~serit Hor.*S.*2.3.316; elephanti..exeuntis obterebant ~debantque Liv.44.42.6; Curt.9.7.22; omnis fustibus abegit; ~si..uiginti amplius equites Suet.*Cal.*26.4; (*cf.*) classiariorum manu..remis ~dente cadauera, ne cui residui spiritus quicquam inesset *Tib.*62.2; (*of the means*) stat moles..frequentibus exasperata saxis, quae..~dant corpus Sen.*Con.*1.3.3; (*hyperb.*) nec querulus, turba quamuis ~derer, essem Ov.*Pont.*4.9.21. **c** hastilia detorta, ut corrigamus, adurimus et adactis cuneis..~dimus Sen. *Dial.*3.6.1;—(*transf.*) in angustiorem alueum ~isa (flumina) Curt.9.2.17; legio inter duas acies hostium..~sa est Fron. *Str.*2.5.31;—(*fig.*) inter contendentes duos medius ~dor Sen.*Con.*1.1.3. **d** ut..geminos..~serit anguis (Hercules) Verg.*A.*8.289; Mart.14.177.1; (*transf.*) corruptus umor, cum desiit habere, quo confluat, ipse se ~dit Sen.*Ep.*78.8; —ut quaedam ~sarum faucium in ceruice reperirentur notae Vell.2.4.5; lignum..totum in gulam farsit et.. spiritum ~sit Sen.*Ep.*70.20; tenera guttura (serpentium) ~dens manu *Her.F.*221; Luc.2.154;—(*of the means*) sicca (fomenta) spiritum ~dunt Cels.4.7.2; siue fauces nodus ~sit Sen.*Dial.*1.6.9. **e** ~sis feris et coniugem addat Sen. *Her.O.*340; inedia statuit ~dere..spiritum Apul.*Met.*8.14.

2 To remove forcibly, knock out, eject. **b** *~dere partum, fetum*, or sim., to cause abortion (in oneself or another).
iube oculos ~dere Pl.*Rud.*659; crustae (ulcerum)..per sternumenta ~di debent Cels.6.8.1.c; micas (*sc. of frankincense*) concussu ~sas mannam uocamus Plin.*Nat.*12.62; (*cf.*) corpora equorum eodem ~sa (*i.e. cast up on the same shore*) Tac.*Ann.*2.24; (*poet.*) potuere..iungere Seston Abydo ingestoque solo Phrixeum ~dere pontum Luc.6.56. **b** quaedam ..~sere conceptos, quaedam fecunditatem suam moratae sunt Sen.*Con.*2.5.2; super alias (sues) aliae cubant et fetus ~dunt Col.7.9.9; qua mentes soluerentur, partus ~derentur Plin.*Nat.*25.25; (*cf.*) nec intra uiscera tua conceptas spes liberorum ~sisti Sen.*Dial.*12.16.3.

3 To emit or cause to be emitted with violence, force out or away (liquids, air, flames, etc.). **b** (sounds, utterances).
planitiem ad speculi ueniens cum offendit imago..recta retrorsum..~ditur Lucr.4.296; uina..prelis ~sa Falernis Prop.4.6.73; ingens spiritus adstrictis ~sus faucibus *Aetna* 562; ~si nubibus ignes Ov.*Met.*6.696; uidemus..aquam per tenue foramen ~di Sen.*Nat.*1.3.2; 3.15.7; (ossa) sunt tanta duritia, ut ignis ~datur uelut e silice Plin.*Nat.* 11.214; (*transf.*) magnas..sententias..~dunt (*i.e. ill-knit speeches capable only of 'flashes' of eloquence*) Quint.*Inst.* 2.11.7. **b** uocum inter lacerationem ~sarum acerbitatem Sen.*Ep.*24.14; lituus..adunco stridulos cantus ~sit aere *Oed.*734; elephans..ore..sternumento similem ~dit sonum Plin.*Nat.*11.269; Sil.1.531; Quint.*Inst.*11.3.51.

4 (transf.) **a** To get rid of, eliminate; (esp., a disease from the system). **b** (gram.) to omit or elide (letters); to form (a word) by elision. **c** (leg.) to nullify, invalidate.
a an..~sa aestate hiems pertinax immensam uim aquarum..deiciat Sen.*Nat.*3.27.1;—dicta..neruis ~dere morbum sulpura Hor.*Ep.*1.15.6; uix, cum uetus facta est, ~ditur (tussis) Cels.4.10.1; 6.6.37.a. **b** interdum ~sa d (*i.e. in the prefix* ad-) littera g geminatur, ut aggerat Vel. gram.in *G.L.*7.62; Gel.2.17.9; 4.17.6; 5.12.5;—'uetus'..ab aetatis magnitudine compositum ~sumque est (*i.e.* ue-+aetas) 16.5.6. **c** prius pactum per posterius ~detur Paul.*dig.*2.14.27.2.

ēligō ~igere ~ēgī ~ectum, *tr.* Sts. written **ēlegō.** [ex-+lego[2]]

1 To pull out, extract (weeds, etc.).
e capite..eorum (*sc.* pullorum)..~igendi pedes (*i.e. lice*) Var.*R.*3.9.14; steriles herbas ~igens Curt.4.1.21; lapides.. ~egito glaebasque obfringito Col.2.10.26; gramina..nisi manu ~iguntur..reuiuiscunt 4.5; 12.51.1;—(*in fig. phr.*) deleniat (hominem), corrumpat..ac neruos omnis ~igat Lucil.919; trunco euerso omnes ~igendae sunt (stirpes aegritudinis) Cic.*Tusc.*3.83.

2 To select, choose, pick out (persons or things).
optuma (femina) nulla potest ~igi: alia alia peior..est Pl.*Aul.*139; ut idoneum tempus ~igerent Cic.*Tul.*25; ~ectam ante urbem stationem Liv.28.36.7; nigrae setae grex ~igendus est Col.7.9.2; (*neut. pl. of past pple. as sb.*) ~ectorum..commentarios centum sexaginta Plin.*Ep.* 3.5.17;—(*leaders, magistrates*) ~ectum esse eximium imperatorem Liv.7.12.13; in ~igendis magistratibus Flor. *Epit.*1.22(2.6.26);—(*w. field of choice expr.*) unum aliquod de nefariis istius factis ~igam Cic.*Ver.*1.62; ~ectos ex

omnibus legionibus fortissimos uiros CAES.*Civ.*1.57.1; quemuis media ~ige turba HOR.*S.*1.4.25; cum carnifex inter homines ~igitur SEN.*Cl.*1.25.1;—(*w. purpose expr.*) eum locum ad pugnam potissimum ~egerat CIC.*Mil.*53; LIV. 25.23.15; in poenam Ciceronis..~ectum amicissimum Ciceroni SEN.*Con.*7.2.10; unum genus (canum) aduersus hominum insidias ~igitur COL.7.12.2; nox proditioni ~ecta TAC.*Hist.*3.12; (*w. inf. of purpose*) ~ectus formae certamina soluere pastor (*sc. Paris*) STAT.*Ach.*2.51; (*w. pred.*) sedem bello Pompeius Epiron ~egerat FLOR.*Epit.*2.13(4.2.35);—(*w. indir. qu.*) ~ige cum ciue an hoste pugnare malis LIV. 10.36.8;—(*w.* ut) possit petitor ~igere, ut sibi..usurae praestentur ULP.*dig.*5.3.20.16;—(*w. prolative inf.*) si..~egit alteri esse auxilio 29.5.3.4.

ēlīminō ~āre, *tr.* [EX-+LIMEN+-O[3]] To turn out of doors; (refl. or pass.) to betake oneself outside. **b** (transf.) to let out (secrets).
~abo extra aedis coniugem POMPON.*com.*33;—quid sic te extra aedis..~as? ENN.*scen.*256; PAC.*trag.*134; timida ~or ..simul ac nota uox ad auris accidit ACC.*trag.*448; ecfer te, ~a urbe! 592; VAR.*Men.*459; (*cf.*) an 'gradus ~at' in tragoedia dici oportuisset QUINT.*Inst.*8.3.31. **b** ne fidos inter amicos sit qui dicta foras ~et HOR.*Ep.*1.5.25.

ēlīmō ~āre ~āuī ~ātum, *tr.* [EX-+LIMO]
1 To make by filing; (transf.) to produce (literary work) with care and finish. **b** to polish with a file; (in quots., transf.).
graciles ex aere catenas..~at OV.*Met.*4.178;—uelim σχόλιον aliquod ~es CIC.*Att.*16.7.3; cum aliquid commodius ~auerint QUINT.*Inst.*2.7.5. **b** qui..nullas..uigilias uigilarunt neque ullis..disceptationibus..~ati sunt GEL.pr.19; petiuit..ut Aeneida quam nondum satis ~auisset, adolerent 17.10.7.
2 To remove by filing, file off.
~atam scobem (plumbi) PLIN.*Nat.*34.170.

ēlingō ~ere, *tr.* [EX-+LINGO] (app.) To lick clean.
CIL 4.760.

ēlinguis ~is ~e, *a.* [EX-+LINGVA+-IS]
1 Having no tongue, tongueless.
(crocodillus) est ore amplo, set ~i APUL.*Apol.*8.
2 Incapable of utterance, speechless; (esp. through fear, embarrassment, or sim.). **b** incapable of eloquence.
aut brutum aut ~em PAC.*trag.*176; sine sensu, sine sapore, ~em, tardum..Cappadocem..diceres CIC.*Red. Sen.*14; LIV. 10.19.7; (infantem) marem titubantia oris prope mutum et ~em SUET.*Vit.*6.1; GEL.5.9.1; (*cf., of men serving a vow of silence*) nec omnes pari tempore ~es magistrum sectabantur APUL.*Fl.*15;—conuicit (testem) et ~em reddidit CIC.*Flac.* 22; ~em curiam, tacitam et fractam ciuitatem uidebatis *Red.Sen.*6; V.MAX.5.3.ext.3; PLIN.*Ep.*8.14.8. **b** cum Fannius numquam sit habitus ~is CIC.*Brut.*100; quae si quis ~is..bene norit, hunc..maiorem medicum futurum, quam si sine usu linguam suam excoluerit CELS.1.pr.39.

ēlinguō ~āre, *tr.* [prec.+-O[3]] To tear the tongue out of.
si..te non ~andam dedero usque ab radicibus PL.*Aul.*250.

ēlinō ~inere ~ēuī, *tr.* [EX-+LINO] To smear all over.
si hic uestimenta ~euit luto LUCIL.647.

ēliquescō ~ere, *intr.* [EX-+LIQVESCO] To become liquid.
olea..redit in uillam, alia ad cibum, alia ut ~at (*i.e. be converted into oil*) VAR.*R.*1.55.4.

ēliquō ~āre ~āuī ~ātum, *tr.* [EX-+LIQVO]
1 To purify (liquids, etc.) by straining; also, to remove (impurities, etc.) by straining.
VAR.*L.*7.106; COL.12.19.4; (picem) ~atam 12.24.2; (oleum) in noua labra transferat quousque ~et 12.54.2; (*w.* ab) uinum a faecibus ~atum 12.27; (*transf., of a mincing speaker*) ~at ac tenero subplantat uerba palato PERS.1.35;—cum requieuerit (*the mixture*), ~ato lixiuiam COL.12.22.1; (*transf.*) quoad lassitudinis incommodum alui..naturale praesidium ~aret APUL.*Met.*1.2.
2 To cause to flow, pour forth.
mons ligneus..fluuialis aquas ~ans APUL.*Met.*10.30; (*transf.*) canticum uidetur ore tereti..~are (*sc. the statue of a youth*) *Fl.*15.

Ēlis ~idis, *f.* FORMS: acc. usu. *~im* or *~in*, also *~idem* NEP.*Alc.*4.4, *~ida* SEN.*Tro.*850; abl. usu. *~ide*, also *~i* CIC.*Fam.*13.26.2 (codd.), *N.D.*3.59; Doric form *Al-* PL.*Capt.*9, 26, etc. A Greek state in the north-west of the Peloponnese, in which Olympia was situated; also, the capital of this state.
Alpheum..~idis amnem VERG.*A.*3.694; MELA 2.42; AMP.6.10;—(*w. ref. to the Olympic games*) coronis ~ida claram SEN.*Tro.*850; teneri sic integer aeui ~in adit STAT.*Silv.* 2.6.48;—~ide in templo Mineruae CAES.*Civ.*3.105.3; urbes ~imque Pylumque diruit OV.*Met.*12.550; PLIN.*Nat.*4.14.

-ēlis -ēlis -ēle, *adjl. suff.* Formed from nouns and adjs. (*crudelis, fidelis, patruelis*); sts. only found as sb. (*carduelis*).

ēlīsiō ~ōnis, *f.* [ELIDO+-TIO] The forcing out (of tears from the eyes).
hae lacrimae per ~onem cadunt nolentibus nobis SEN. *Ep.*99.19.

Elissa ~ae, *f.* Another name for Dido of Carthage.
di morientis ~ae VERG.*A.*4.610; OV.*Ep.*7.193; VELL.1.6.4; SIL.1.81.

Elissaeus ~a ~um, *a.* Of or belonging to Dido; (in quots., poet. = Carthaginian).
~o..tyranno (*i.e. Hannibal*) SIL.2.239; ~i..patres 6.346; 14.258.

Ēlius: see ELEVS.

ēlix ~icis, *m.* [EX-+*liq- (root of *liqueo*, etc.); cf. *colliciae, delicia*[2]] (usu. pl.) A furrow made in a cornfield for draining off water.
limoso prospexit ab ~ice (ilice *codd.*) perdix OV.*Met.*8.237; sulcos aquarios, quos non nulli ~ices uocant COL.2.8.3; 11.2.82; PLIN.*Nat.*19.182 (*cj.*); ULP.*dig.*39.3.1.9; PAUL.*Fest.* p.76M.

ēlixus ~a ~um, *a.* [cf. prec. and for form, *prolixus*] (of meat, etc.) Boiled.
~us esse quam assus soleo suauior PL.*Mos.*1115; *Poen.* 279; (carnem) primo assam, secundo ~am, tertio e iure uti coepisse natura docet VAR.*L.*5.109; CELS.1.3.34; uitulus.. ~us PETR.59.6; FRON.*Str.*4.1.2; JUV.3.294; (*neut. pl. as sb.*) simul assis miscueris ~a HOR.*S.*2.2.74; (*transf.*) balneator ~us MART.3.7.3.

-ella -eliae, *f. suff.* Fem. to -ELLVS; forms diminutives (*cistella, sitella*).

ellam, *interj.* [prob. EM[2]+*illam* (ILLE)] There she is!
istaec iam penes uos psaltriast? — ~ intus TER.*Ad.*389.

elleborinē (hell-) ~ēs, *f.* [Gk. ἐλλεβορίνη] A plant, = EPICACTIS.
PLIN.*Nat.*27.76.

elleborītēs (hell-), *m.* [Gk. ἐλλεβορίτης] Wine flavoured with hellebore.
PLIN.*Nat.*14.110.

elleborōsus (hell-) ~a ~um, *a.* [next+-OSVS] In need of hellebore, i.e. insane.
senex hic ~ust certe PL.*Mos.*952; *Rud.*1006.

elleborum (hell-) ~ī, *n.* Also **~us** ~ī, *m.* [Gk. ἐλλέβορος] A name given to several acrid and poisonous plants much used medicinally (esp. as a cure for insanity), distinguished as 'black hellebore' (*Helleborus orientalis* and its allies) and 'white hellebore' (*Veratrum album*); also, a preparation of hellebore.
(*certainly neut.*) nulla res tam bene purgabit, neque ~um neque scamonium CATO *Agr.*157.12; auxiliatur iis (*sc.* scorpionibus) ~um album PLIN.*Nat.*27.6; SUET.*Cal.*29.2;—(*masc., in quots. pl.*) miscent..scillam..~osque grauis VERG.*G.*3.451; COL.10.17;—(*of uncertain gender*) ~um potabis faxo aliquos uiginti dies PL.*Men.*950; illud suauiolum tristi tristius ~o CATUL.99.14; danda est ~i..pars maxima auaris HOR.*S.*2.3.82; Chrysippus, ut ad inuentionem sufficeret, ter ~o animum detersit PETR.88.4; SEN.*Ben.* 2.35.2; PLIN.*Nat.*25.47; APUL.*Apol.*32.

ellipsis, *f.* [Gk. ἔλλειψις] (gram.) Omission of a word necessary to complete the sense, ellipsis.
QUINT.*Inst.*8.6.21.

ellum, *interj.* [prob. EM[2]+*illum* (ILLE)] There he is!
~..in lecto accubat PL.*Bac.*938; *Cur.*278; nescioquis senex modo uenit, ~ TER.*An.*855; Aeschinus ubist? — ~, te exspectat *Ad.*260.

-ellum -ellī, *n. suff.* Neut. to -ELLVS; forms diminutives (*capitellum*).

elluor: see HELLVOR.

-ellus -ellī, *m.* and -ella -ellum, *adj. suff.* Enlargement of -LVS, extracted from formations on sonant stems (*asellus, agellus*, etc.); forms diminutives (*hortellus*; *nouellus*), freq. from stems which already have a dim. form in *-ulus* (*anellus*); occasionally enlarged *-cellus* (*mollicellus*), cf. -CVLVS.

ellychnium ~iī, *n.* **enl-.** [Gk. ἐλλύχνιον] A lamp-wick.
si lucerna..postero die non erit exusta, sed habuerit reliquias olei et ~ii VITR.8.1.5; PLIN.*Nat.*23.84; 28.181; 35.175; ~ia sicca STAT.*Silv.*4.9.29.

ēlocō ~āre ~āuī ~ātum, *tr.* [EX-+LOCO]
1 To put out to hire, lease out.
fundum ~atum esse dicebat CIC.*Ver.*3.55; quod est uicta (gens), quod ~ata (*i.e. farmed out to the* publicani) *Flac.*69; serui qui boues ~ant COL.1.7.6; impleto tempore conductionis ~anda sunt (uectigalia) PAUL.*dig.*39.4.9.1.
2 To place a contract for (the performance of a task).
asses..contulit populus ac funus ~auit PLIN.*Nat.*21.10; certum est..legatum..prouinciae HS CC ~asse in eo morbo curandum sese 26.4.

ēlocūtilis ~is ~e, *a.* [ELOQVOR+-ILIS[1]] Of or pertaining to speech or expression.
dapsilem copiam ~is facundiae APUL.*Met.*11.3.

ēlocūtiō ~ōnis, *f.* [ELOQVOR+-TIO] The expression of an idea in words or a mode or instance of this.
~o est idoneorum uerborum et sententiarum ad inuentionem adcommodatio *Rhet.Her.*1.3; concinnae uerborum ~ones 3.19; nisi res est ab oratore..cognita, inanem quandam habet ~onem (oratio) CIC.*de Orat.*1.20; argumenti ~onem..duplicem QUINT.*Inst.*5.14.1; manet..sensus ~one mutata 9.1.16; PLIN.*Ep.*3.13.2; ~one nouella FRO.*Aur.* 2.p.80(153N); pluralis..~o duorum numero contenta est ULP.*dig.*22.5.12.

ēlocūtōrius ~a ~um, *a.* [ELOQVOR+-TORIVS] Of or belonging to oratorical expression; (in quot., fem. as sb., sc. *ars*).
QUINT.*Inst.*2.14.2.

ēlocūtrix ~īcis, *f. adj.* [ELOQVOR+-TRIX] = prec.
QUINT.*Inst.*2.14.2.

ēlogium ~iī, *n.* [app. ad. Gk. ἐλεγεῖον by contamination w. Gk. λόγος or ELOQVIVM]
1 a (app.) An elegiac distich (cf. etymology). **b** a sepulchral inscription, epitaph; (also used of other inscriptions).
a Solonis..~ium est, quo se negat uelle suam mortem dolore amicorum..uacare CIC.*Sen.*73 (*cf. Tusc.*1.117). **b** statuis, ~iis, historiis..gratissimum id eius (*sc.* Leonidae) factum habuere CATO *hist.*83; CIC.*Sen.*61; *Tusc.*1.31; *Culex* 412; ~ium tumulo eius uersibus a se compositis insculpsisse SUET.*Cl.*1.5; CALP.*Decl.*18; (*in fig. phr.*) in illo ~io quod te consule in sepulcro rei publicae incisum est CIC.*Pis.*72;—gladios..Marti ultori addito ~io consecrauit SUET.*Cal.*24.3; *Gal.*3.1.
2 An additional clause in a will, codicil; (esp. used in disinheriting someone). **b** (of other supplementary clauses).
heredem omnibus bonis reliquit (mulierem) formonsam et adiecit ~ium: pudicam repperi SEN.*Con.*2.7;—CIC.*Clu.* 135; testamenta, quibus Trimalchio cum ~io exheredabatur PETR.53.9; QUINT.*Inst.*7.4.20; ~ium grauissimum..ut aboleret..oraui APUL.*Apol.*99; ULP.*dig.*37.10.1.9. **b** idcirco ~ium huic edicto subiectum est ULP.*dig.*21.1.38.5.
3 A written statement giving particulars of any prisoner brought before a magistrate on criminal charges.
ut..remittat illum cum ~io ad eum, qui prouinciae praeest CELS.*dig.*48.3.11; custodiarum..nullius inspecto ~io SUET.*Cal.*27.2.

elops: see HELOPS.

ēloquens ~ntis, *a. compar.* ~ntior, *superl.* ~ntissimus. [pple. of ELOQVOR]
1 Capable of speech, articulate.
omnes res, animantes et inanimas, mutas et ~ntes *Rhet. Her.*4.61; 4.66.
2 Possessing the gift of expressing one's thoughts fluently, well, and forcefully, eloquent. **b** (of utterance, etc.) marked by eloquence.
homo ~ntissimus ciuitatis suae GRACCH.*orat.*41; iuris peritorum ~ntissimus, ~ntium iuris peritissimus CIC.*de Orat.*1.180; *Fam.*7.32.2; *Tusc.*5.55; qui pro innocente dicit, satis est ~ns PUB.*Sent.*Q.5; cum..tam ~ntem ad instigandam multitudinem inimicum..haberet LIV.45.37.1; VELL.2.13.1; laudator ~ntissimus PLIN.*Ep.*2.1.6; GEL. 17.13.2; (*dist. from* disertus) a se disertos uisos esse multos.. ~ntem neminem QUINT.*Inst.*8.pr.13; (*w. ref. to literary composition*) ~ntissimi auctores TAC.*Agr.*10.3. **b** (uox) nescio utrum uerior an ~ntior SEN.*Ep.*22.13; ~nte cantu STAT.*Silv.*2.7.46; tuae litterae..~ntes sunt ut oratoris FRO. *Ver.*2.p.144(126N).

(ēloquenter), *adv. compar.* ~ius, *superl.* ~issimē. [prec.+-TER[2]] Eloquently.
cur non orator de rebus eis ~issime dicat CIC.*de Orat.*1.69; PLIN.*Ep.*2.11.17; ~ius quam prius..scribitur 3.18.6; 6.21.4.

ēloquentia ~ae, *f.* [ELOQVENS+-IA]
1 The ability to express oneself in words, articulateness.
eloqui copiose..melius est quam uel acutissime sine ~a cogitare CIC.*Off.*1.156.
2 The quality or practice of fluent, apt, and effective speech, eloquence. **b** eloquence as a profession, i.e. rhetoric.
sudabis..si cum illo inceptas homine: ea ~ast TER. *Ph.*629; QUAD.*hist.*8; neque..Asclepiades..~a uincebat ceteros medicos CIC.*de Orat.*1.62; nihil est..aliud ~a nisi copiose loquens sapientia *Part.*79; NEP.*Att.*5.4; Gracchorum ~ae multum contulisse..matrem QUINT.*Inst.*1.1.6; APUL. *Fl.*20; (*personified*) (M. Tullius) genitus, in quo totas uires suas ~a experiretur QUINT.*Inst.*10.1.109;—(*w. ref. to literary composition*) perfectum..prosae ~ae decus VELL.1.17.3; Titus Liuius, ~ae ac fidei praeclarus in primis TAC.*Ann.* 4.34. **b** se alii..ad ius ciuile, alii ad ~am applicant CIC. *Off.*1.115; ~ae magister PETR.3.4; Latinae simul Graecaeque ~ae professor SUET.*Rhet.*29(p.124Re).

ēloquium ~(i)ī, *n.* [next+-IVM]
1 Speech, utterance; manner of speaking, diction. **b** a particular utterance, pronouncement.

muti populi et quibus pro ~io nutus est MELA 3.91; nectit quicumque canoris ~ium uocale modis JUV.7.19;—tulit ~ium insolitum facundia praeceps HOR.*Ars* 217; dulcis ~ii uirum et nitidi SEN.*Nat*.6.13.1. **b** quodsi..illud censorium ~ium Appi Claudi..recitarem [CIC.]*Sal*.16.

2 Eloquence.
tona ~io..meque timoris argue tu, Drance VERG.*A*. 11.383; ~ium..fuit duram exorare puellam OV.*Fast*.4.111; quaelibet ~io fit bona causa tuo *Tr*.1.9.46; SEN.*Dial*.5.2.4; Romani maximus auctor Tullius ~ii LUC.7.63; PLIN.*Nat*. 11.55; STAT.*Silv*.1.4.72; ~ium..Demosthenis JUV.10.114.

ēloquor ~quī ~cūtus, *tr*., (*intr*.). [EX-+LOQVOR] FORMS: *exl*- PL.*Mil*.906. CONST.: past pple. used as pass. ULP.*dig*.3.2.13.6.

1 To utter (words), say. **b** to put (ideas) into words, express. **c** (absol. or intr.) to express oneself as an orator, speak; to break forth into speech.
interibi Epignomum conspicio..— hem quid? Epignomum ~cutu's? PL.*St*.372; uix ~cutast hoc, foras simul omnes proruont se TER.*Eu*.599; timeo quidnam pro.. magnitudine rerum dignum ~qui possim CIC.*Div.Caec*.42; HOR.*Carm*.3.3.17; (montes) quorum nomina uix est ~qui ore Romano MELA 3.30; nec plura ~cutus equum in hostem egit CURT.7.4.35; (*foll. by dir. sp.*) consul ~quitur ad exercitum: 'impero..' *in* VAR.*L*.6.88; (*pple. in pass. sense*) quaedam extrinsecus..~cuta ULP.*dig*.3.2.13.6. **b** fieri ..potest ut..id quod sentit polite eloqui non possit CIC. *Tusc*.1.6; quoniam decorum illud..positum est in tribus rebus..difficilibus ad ~quendum *Off*.1.126; usus nulla ratione collectus—sic enim ἄλογον τριβὴν ~cuti sumus APUL.*Pl*.2.8; (*of words*) uerba, quae plus significant quam ~quuntur QUINT.*Inst*.8.2.11. **c** tu qui omnis isto ~quendi et exprimendi genere superasti CIC.*Q.fr*.3.5&6.4; eius (*sc*. oratoris)..esse inuenire, disponere, ~qui QUINT. *Inst*.3.3.11; (oratio) ~quendi uarietate renouatur PLIN.*Ep*. 6.33.8; SUET.*Aug*.86.1; (*w*. de) maiori spiritu de diuinis rebus quam humanis ~quendum est (oratori) QUINT.*Inst*. 12.2.20; (*dist. from* loquor) hoc indicat loqui te quam ~qui malle FRO.*Aur*.2.p.66(14N); (*cf*.) uterque (*i.e. both seller and buyer*)..non plus quam semel ~quetur (*i.e. name a price*) CIC.*Off*.3.61;—nodum..linguae rupit planeque et articulate ~cutus est GEL.5.9.2.

2 To reveal in words, divulge, tell.
~cuta sum conuiuas, ceterum cura PL.*Men*.224; comoediai..argumentum et nomen uobis ~quar *Mil*.85; ~quar..dedecus ipsa meum? OV.*Fast*.2.825; arcana..~qui SEN.*Ep*.83.10; STAT.*Theb*.4.396;—(*ellipt. or absol*.) si erus meus me esse ~cutum quoiquam mortali sciat PL.*Poen*.885; ~quar an sileam? VERG.*A*.3.39;—(*w. acc. and inf*.) cum iam..eum (*sc*. rigorem)..cordi imminere esset ~cuta V.MAX.2.6.8;—(*w. indir. qu*.) ~quere..quid sit TER.*Ad*.325; OV.*Met*.3.257.

ēluācrum ~ī, *n*. [ELVO+-CRVM; cf. *lauacrum*] A wash-tub (in quots., used in appos.).
labrum ~um CATO *Agr*.10.4; 11.3.

ēlūceō ~cēre ~xī, *intr*. [EX-+LVCEO]

1 To shine forth, shine out.
splendidissimo candore inter flammas circus ~cens CIC. *Rep*.6.16; ~cent aliae (apes) et fulgore coruscant ardentes auro VERG.*G*.4.89; ~xit structos super ignis aceruos [TIB.] 3.7.134; V.MAX.1.6.2; inter nubila ~xit (sol) SEN.*Ep*.92.17; —(*in fig. phr*.) opto ut ab istis Orientis partibus uirtutis tuae lumen ~ceat CIC.*Fam*.12.5.3; *Rep*.2.37.

2 (in various fig. uses): **a** (of a quality) To display or manifest itself (in a person, his actions, etc.). **b** (of a person, etc.) to be conspicuous from the rest, stand out. **c** (of a fact or sim.) to be or become clear to the intellect; (also impers., in quots. foll. by indir. qu.).
a sit modo aliqua res p. in qua honos ~cere possit CIC. *Fam*.10.10.2; *Amic*.101; NEP.*Ep*.6.4; inter reliqua, quibus ..moderatio Ti. Caesaris ~cet VELL.2.122.1; ut in ipsa pictura eruditio ~ceat PLIN.*Nat*.35.134; saeua ac lenta natura..magis in principe ~xit SUET.*Tib*.57.1; FRO.*Aur*. 2.p.74(150N). **b** nemo..studet eloquentiae..nisi ut.. in foro ~ceat CIC.*de Orat*.2.55; ille..maioribus (operibus) clarius ~cebit QUINT.*Inst*.12.1.26. **c** hoc ipsum probabile ~cere non possit, nisi.. CIC.*Off*.2.8; res ipsa..per se uociferatur, et ~cet natura profundi LUCR.2.1051;—ex quibus proprium quid sit ~ceat CIC.*Part*.41; ut per id, quod agebat, quantus euasurus esset, ~ceret VELL.2.94.3.

ēlūcificō ~āre, *tr*. [EX-+LVX+-FICVS+-O[3]] To deprive of light (in quot., of sight).
splendorem pecuniae uolo ~are exitum aetati meae LABER.*com*.78.

ēluctābilis ~is ~e, *a*. [next+-BILIS] Capable of having a passage forced through it, penetrable.
aquae nec pediti ~es nec nauigio SEN.*Nat*.6.8.4.

ēluctor ~ārī ~ātus, *tr*., *intr*. [EX-+LVCTOR]

1 (tr.) To force a way out of or over, struggle clear of; (fig.) to surmount, overcome (difficulties). **b** to force (a way) out or up.
(*of persons*) cum tot ac tam ualidae ~andae manus essent LIV.24.26.13; Alpes ~atus adest (*sc*. Hannibal) SIL.13.742; niues ~antibus TAC.*Hist*.3.59; (*of inanim. things*).. gurgitem lato gremio patescit (fons) PLIN.*Ep*.8.8.2; (*poet*.) longis mugitibus ora soluit et oppositum uox ~ata furorem est STAT.*Ach*.1.525;—(*fig*.) ~atus natalium angustias SEN. *Nat*.4a.pr.15; Silurum gentem..subegit, super uirtutem hostium locorum quoque difficultates ~atus TAC.*Ag*.17.3. **b** mutandum..nobis iter; altera ponti ~anda uia V.FL. 8.184; (*in fig. phr*.) ardua uirtuti..~anda uia est CORN.SEV. *poet*.2.

2 (intr., in quots. usu. of inanim. things.) To force a way out or up, struggle clear.
aqua ~abitur..et grandes ibunt per uimina guttae VERG.*G*.2.244; per angusta ~atus (Nilus) SEN.*Nat*.4a.2.5; hi (*sc. comets*) de terra in superiora ~antur 7.6.3; LUC.2.219; ~ata sub auras..enode cacumen..leuat (*sc*. platanus) STAT.*Silv*.2.3.57; ipse, compositus alias et uelut ~antium uerborum, solutius..eloquebatur TAC.*Ann*.4.31.

ēlūcubrō ~āre ~āuī ~ātum, *tr*. Also **~or** ~ārī ~ātus. [EX-+LVCVBRO] To spend the night, 'burn the midnight oil', over (literary work, etc.).
(causae) quas nos diligenter elaboratas et tamquam ~atas adferebamus CIC.*Brut*.312; cunctante stilo ~atum opus V.MAX.3.7.ext.1; COL.10.pr.5; cum toto anno, per omnes dies, magna noctium parte unum librum excudit et ~auit TAC.*Dial*.9.3;—(*dep*.) epistulam quam eram ~atus CIC.*Att*. 7.19.

elucus ~a ~um, *a*. **hel-**. [perh. (cf. GEL. 16.12.3) cogn. w. ALVCINOR, Gk. ἀλύω] PROS.: quantity of first two sylls. doubtful. (app.) Half-asleep, lethargic (see quots.); (masc., or perh. neut., as sb.) a drowsy or lethargic condition.
~um significat languidum ac semisomnum, uel, ut alii uolunt, alucinatorem et nugarum amatorem, siue..hesterno uino languentem PAUL.*Fest*.p.75M; ~us ab hiatu et oscitatione dictus p.100M;—pueros..hebetiores fieri ad ueterni usque aut ~i tarditatem GEL.4.19.1; 16.12.3.

ēlūdificor ~ārī ~ātus, *tr*. [EX-+LVDIFICOR] (dub.) To fool or hoodwink completely.
quis med exemplis hodie ~atus est (*s.v.l*.) PL.*Mos*.1040.

ēlūdō ~dere ~sī ~sum, *tr*., (*intr*.). [EX-+LVDO]

1 To deceive, trick, fool. **b** (w. double acc.) to obtain by trickery from; (w. acc. and abl.) to trick out of.
summa ~endi occasiost mihi nunc senes TER.*Ph*.885; ab isto nebulone facetius ~dimur quam putamus CIC.*S.Rosc*. 128; sic a Dulichio iuuene est ~sa Calypso PROP.2.21.13; quem..uigilantem sic ~seritis, sopitum oportet fallatis LIV.7.35.6; ~sam..imagine tauri Europam OV.*Met*.6.103; V.MAX.9.12.ext.2; TAC.*Ann*.3.16; saepe ~sus..creditor JUV.11.9; (*w. abst. subj*.) quod nimia bonitas eius fallaciis pueri ~sa esset *B.Alex*.24.6;—(*poet*.) illos exspectata seges uanis ~sit auenis VERG.*G*.1.226; increpuit malis (*sc. a dog*) morsuque ~sus inani est *A*.12.755. **b** anulum, quem parasitus hic te ~sit PL.*Cur*.630;—~dit anulo riualem *Arg.Pl.Cur*.2.

2 To avoid or escape from (weapons, pursuers, etc.) by a stratagem or feint, dodge, elude. **b** to defeat the expectations of, foil, baffle.
Massilienses..celeritate nauium..confisi nostros ~debant CAES.*Civ*.1.58.1; Orsilochum fugiens..~dit gyro interior sequiturque sequentem VERG.*A*.11.695; LIV.29.33.8; cito motu..~dere caestus MAN.5.163; SEN.*Dial*.2.7.4; callidus emissas ~dere simius hastas MART.14.202.1; ut sagittas.. ~deret FRON.*Str*.2.2.5;—(*absol*.) quia ille..pluris per globos incursaret ~deretque et insidias simul temptaret TAC.*Ann*. 3.74; (*perh*.) solebat..litus, ita definire, qua fluctus ~deret CIC.*Top*.32. **b** quoniam ipsi quinquennium ~si essent (*i.e. in their attempts to bring forward a law*) LIV.3.30.5; ~di Parthus tractu belli poterat TAC.*Ann*.15.10.

3 (in transf. or fig. uses): **a** To dispose of (awkward questions or remarks) adroitly (e.g. by a repartee), parry the arguments of (a critic). **b** to evade (censure, punishment, or sim.), get round (a law, etc.). **c** to make ineffectual, frustrate (hopes, efforts, etc.).
a mordacem Cynicum sic ~debat HOR.*Ep*.1.17.18; illas.. similitudines, quae ducuntur ex mutis animalibus..facile est ~dere QUINT.*Inst*.5.13.23; 6.3.79; (*ellipt*.) creberrime interrogabat, neque refellere aut ~dere dabatur TAC.*Ann*. 3.67. **b** magnas accusatoris minas magnamque exspectationem iudici..~demus CIC.*Ver*.30; calumniam..fictis ~sit iocis PHAED.3.pr.37; oraculi sortem uel ~sit uel impleuit CURT.3.1.18; poenae..quam contumacia ~sit TRA.Plin.*Ep*. 10.57(65).2; cum..uim legis ~di sentiret SUET.*Aug*.34.2. **c** uictrices..~dit palmas una puella tuas PROP.4.1.140; bellum quiete, quietem bello in uicem ~dentes LIV.2.48.6; OV.*Met*.12.104; laeta ducum spes ~sisse duorum..Fortuna STAT.*Theb*.11.648; suspicio..quaestionibus ancillarum ~sa erat TAC.*Ann*.14.62.

4 To make game of (by one's words or actions), mock, flout, ridicule, etc.; (also absol.).
uos ab illo inridemini et ipsi illum uicissim ~ditis CIC. *Luc*.123; ~dentibus..militibus regis aetatem atque infirmitatem *B.Alex*.25.1; LIV.3.20.2; 37.20.8; Dioxippo contemptim militarem ~dente ferociam CURT.9.7.18; PETR. 57.1; solitus..~dere medicorum artes TAC.*Ann*.6.46; SUET.*Jul*.59; GEL.5.5.5;—(*ellipt. or absol*.) circumstabant ..hostes, exprobrantes ~dentesque LIV.9.6.2; QUINT.*Inst*. 9.2.58.

5 (app. intr., ? orig. absol. uses of senses 3b and 4) To behave outrageously with impunity, have free play for scandalous conduct.
hoc cuiquam ferendum putas esse..istum rebus omnibus undique ereptis impune ~dentem..abundare? CIC.*Ver*.3.9; *Mil*.32; adeo licenter ~debant ut..praedam uenderent mercatoribus LIV.29.31.11; indignum facinus esse..numquam fidos socios..impune ~dere 37.32.11; classi..faces intulit, uacuo mari ~dens TAC.*Hist*.3.47; *Ann*.16.28; (*w. abst. subj*.) si perfidia debitorum sine graui poena ~deret GEL.20.1.41.

eluella, eluenācus: see HELV-.

ēlūgeō ~gēre ~xī, *tr*., *intr*. [EX-+LVGEO] **a** (tr.) To mourn (a person) for the required period. **b** (intr.) to observe a period of mourning.
a qui eam..intra id tempus, quo ~gere uirum moris est, antequam uirum ~geret, in matrimonium collocauerit *Ed.pr*.6.3(*Font.iur*.p.214); ULP.*dig*.3.2.11.1; (*in fig. phr*.) patriam ~xi iam..diutius quam ulla mater unicum filium CIC.*Fam*.9.20.3. **b** quid aliud in luctu quam purpuram.. deponunt (feminae)? quid, cum ~xerunt, sumunt? LIV. 34.7.10; (*w. cogn. acc*.) eum luctum quoniam satis uisus est ~xisse GEL.6(7).5.4.

ēlumbis ~is ~e, *a*. **~us** ~a ~um. [EX-+LVMBVS+-IS, -VS] Having a dislocated hip.
PAUL.*Fest*.p.76M;—(*in fig. phr*.) Ciceronem (*i.e. his style*) ..male audisse..a Bruto..ut ipsius uerbis utar, tamquam 'fractum atque ~em' TAC.*Dial*.18.5.

ēluō ~uere ~uī ~ūtum, *tr*., (*intr*.). [EX-+-*luo* (cf. LAVO)]

1 To wash clean.
uascula intus pure..~ue PL.*Aul*.270; *Poen*.223; CATO *Agr*.86; alga..aqua dulci ~uta et ita iumentis..data *B.Afr*.24.4; mulso uolnus ~uetur CELS.7.27.3; PLIN.*Nat*. 9.150; STAT.*Theb*.3.398; (*internally*) cum asinino lacte poto sese ~uissent CELS.4.31.2; (*in fig. phr*.) diu in istis uitiis iacuimus, ~ui difficile est SEN.*Ep*.59.9;—(*w. ref. to symbolic washing*) quis ~uet me Tanais..? non ipse..pater (*i.e. Neptune*) tantum expiarit sceleris SEN.*Phaed*.715; (*cf*.) hic.. ~uerit sanguis maculatas crimine mentes SIL.11.200.

2 To remove by washing, wash out or off (stains, etc.); to purge away (guilt, etc.) by ritual washing. **b** (fig. or in fig. phr.) to wash away, wipe out, erase, etc. (stains on one's character, reputation or sim.); to remove by drinking, drown (one's troubles).
mare si totum uelit ~uere omnibus undis (colorem) LUCR.6.1077; si squalorem..aduerso flumine ~uerant SEN. *Nat*.1.17.7; aqua betae radice decocta maculas uestium ~ui dicunt PLIN.*Nat*.20.72; 32.66; QUINT.*Inst*.1.1.5; (*transf*.) caelestis aqua..uenenati liquoris ~uit perniciem COL.1.5.3; (*dist. from* abluere) sudorem..et puluerem abluere (dicam) ..sed maculam elegantius ~uere quam abluere FRO.*Aur*.1. p.8(64N);—aliis sub gurgite uasto infectum ~uitur scelus VERG.*A*.6.742; quod (*i.e. my madness*) mihi non..~uere (poterat)..Thessala saga mari PROP.3.24.10; OV.*Met*.11.141. **b** inest amoris macula..quae ~ui ne utiquam potest PL. *Poen*.199; seueritate iudicandi sordis suas ~uet CIC.*Phil*. 1.20; ut centurionum..Brundisi profusus sanguis ~uatur, num ~ui praedicatio crudelitatis potest? 12.12; uix uel uictoria dedecus ~ui potest SEN.*Suas*.2.4; QUINT.*Inst*.2.3.2; —amara..curarum ~uere efficax (cadus) HOR.*Carm*.4.12. 20; SEN.*Dial*.9.17.8.

3 (of water) To dislodge (land, etc.) by its flow, wash away or out.
SEN.*Nat*.3.29.7; potest terram mouere aqua, si partes aliquas ~uit et adrosit 6.20.6; aqua inmissa ~uente calculos nigros PLIN.*Nat*.34.157.

4 (app. intr., w. refl. or pass. force; cf. ELAVO) To lose or use up all one's property, become 'cleaned out' (both exx. seem to have punning reference to literal cleansing).
an te paenitet in mari quod elaui, ni hic in terra iterum ~uam? PL.*Rud*.579; uolo ~uamus hodie..Athenas nunc colamus *St*.669.

ēluscō ~āre ~āuī ~ātum, *tr*. [EX-+LVSCVS+-O[3]] To blind in one eye.
qui ~auerat discipulum in disciplina ULP.*dig*.9.2.5.3; 10. 4.17; 13.3.3.

elutriō ~āre ~āuī ~ātum, *tr*. [prob. **elutrum* (Gk. ἔλυτρον)+-O[3]] (prob.) To put into a vat or bath.
~are lintea LABER.*com*.151; liquata cortina uellus ~atum mergitur in experimentum PLIN.*Nat*.9.133; 14.114.

ēlūtus ~a ~um, *a*. *compar*. ~ior. [pple. of ELVO] (of food) Watery, insipid; (of a chemical or its effects) not concentrated, weak.
(colis) qui siccis creuit in agris dulcior; irriguo nihil est ~ius horto HOR.*S*.2.4.16;—huius (*sc*. spodi) ~ior uis est PLIN.*Nat*.34.129.

ēluuiēs ~ēī, *f*. [ELVO+-IES]

1 a The washing away (of filth of any kind); (prob. semi-concr.) scourings (of dirt). **b** evacuation (of the contents of the bowels); (concr.) excreted matter.
a minus quatiuntur crebris ad ~em cuniculis (*i.e. sewers*) cauata (oppida) PLIN.*Nat*.2.197;—sordium enormem ~em ..effrico APUL.*Met*.1.7. **b** ~em facere per uentrem LUCIL.645;—GRAT.355.

2 Overflowing, inundation.
~e mons est deductus in aequor OV.*Met*.15.267; salem prouenire..~e maris arescente unda TAC.*Ann*.13.57; (*in fig. phr*.) ad illam labem atque ~em ciuitatis CIC.*Dom*.53.

3 (concr.): **a** A ravine or chasm formed by the overflow of a river. **b** (prob.) flood-water.
a circumiri breui spatio poterat ~es CURT.5.4.26; uoragines ~eque praeruptae 8.11.7. **b** conducere..siccandam ~em, portandum ad busta cadauer JUV.3.32.

ēluuiō ~ōnis, *f*. [ELVO+-IO[1]] A flood, inundation.
aquarum ~ones CIC.*Div*.1.111; collectis..causis ~onis, pestilentiae, uastitatis *Off*.2.16; (*w. obj. gen*.) ~ones exustionesque terrarum *Rep*.6.23.

ēluxurior ~ārī, *intr.* [EX-+LVXVRIO] (of a plant) To become luxuriant.
pampinis magis ~abuntur (uites) COL.*Arb.*3.2.

Elymaeus ~a ~um, *a.* Of or from Elymais, a district at the head of the Persian Gulf.
~i sagittarii LIV.37.40.9;—(*masc. pl. as sb.*) PLIN.*Nat.* 12.78; TAC.*Ann.*6.44.

Ēlysium ~iī, *n.* (mythol.) The abode of the blessed after death, Elysium.
amoena piorum concilia ~iumque colo VERG.*A.*5.735; VERG.*A.*6.542; SEN.*Her.O.*956; MART.7.14.6; STAT.*Silv.*2. 7.112.

Ēlysius ~a ~um, *a.* Of or pertaining to Elysium, Elysian; esp. *campi* ~*i* (also ~*i* alone), the Elysian fields.
~as..rosas PROP.4.7.60; ~as..domos OV.*Met.*14.111; SEN.*Her.O.*1916; sedibus ~is..expulsa..ad Stygias..tenebras..trahor LUC.3.12; ~i..sponsa tyranni (*i.e. Persephone*) STAT.*Ach.*1.826;—te..mors iuuenem campos misit ad ~os DOM.MARS.*poet.*7.2; OV.*Ib.*171; APUL.*Met.*11.6; (*w. ellipsis of* campi) Styx et quos nulla meretur Thessalis ~os LUC.6.699; MART.9.51.5.

elytroīdēs ~ēs ~es, *a.* [Gk. ἐλυτροειδής] Sheath-like; (in anatomy, as the Greek title of the *tunica vaginalis*).
CELS.7.18.1.

em[1]: see IS.

em[2], *interj.* [prob. abbrev. form of imp. of EMO (orig. = take)] N.B.: there is some MS. variation between *em* and HEM. CONSTS.: see the subsections; often also foll. by ethic dat. (*tibi, uobis*). (in offering some object, fact, situation, etc., to a person's attention) Here (there) you are! look at this (that)! **a** (foll. by acc.). **b** (foll. by nom.). **c** (foll. by exclam. cl.). **d** (ellipt. or absol.) **e** (introducing statements). **f** (foll. by an imperative).
a ~ tibi pateram, eccam PL.*Am.*778; ~ tibi hominem. adi, atque adloquere *Capt.*540; ~ tibi omnem fabulam *Ps.* 754; *Trin.*185; ~ TIBE MALVM MALO *CIL* 1.875; (*said in administering a blow*) ~ ergo hoc tibi (*i.e. take that!*) PL.*As.* 431; (*iron.*) ~ astutias! quod si quiessem, nil euenisset mali TER.*An.*604. **b** ~ tibi illa accusatio..uerbis aucta, argumentis defecta APUL.*Apol.*25. **c** ~ quoi te..commendes uiro, ~ quoi decem talanta dotis detuli..! PL.*Mer.*702; ~ quo redactus sum TER.*Eu.*237; ~ cur ceteri reges stabilem esse suam fortunam arbitrentur CIC.*Sest.*59; cedo tu eum (*sc. an image of Mercury*)..~ uobis quem..ille sceletum nominabat APUL.*Apol.*63. **d** asta..ut consuetus es puer olim. scin ut dicam? ~ sic PL.*As.*704; ostende huc manum dexteram. — ~ *Aul.*650; TER.*Ad.*537. **e** si tu iubes, ~ ibitur tecum PL.*Cas.*758ª; *Men.*625; quam primum hoc ~ libera..metu. — ~ libero TER.*An.*351; *Hec.*63; VAR.*R.*1.56; CIC.*Fam.*13.15.1; ~ nunc certe..funditus perii APUL.*Met.* 4.25. **f** uin tu illi nequam dare nunc? — cupio. — ~ me dato PL.*Poen.*159; fratrem meum..interfecerunt. ~ !uidete quam par pari sim GRACCH.*orat.*16; APUL.*Apol.*63.

ēmacerō ~āre ~āuī ~ātum, *tr.* [EX-+MACERO] To exhaust the strength of, debilitate.
alios morborum uariis generibus ~atos SEN.*Dial.*6.10.6.

ēmacescō ~escere ~uī, *intr.* [EX-+MACESCO] To become lean or shrunken.
ubi aliquis contra consuetudinem ~uit CELS.2.2.2; mulieri..si subito mammae ~uerunt 2.8.41.

ēmaciō ~āre ~āuī ~ātum, *tr.* [EX-+MACIES +-O³] To cause to waste away, emaciate (animals, plants); to exhaust, impoverish (soil).
(*animals*) ~atum armentum ex ea (*sc. lucerne*) pinguescit COL.2.10.25; 7.10.4; (*plants*) ne densitas plantas ~et 4.33.3; —uineis..~atis..optimum stercus praebet (lupinus) 2.10.1; ex iis..seminibus..agros..peruri et ~ari 2.13.1.

emācitās ~ātis, *f.* [EMAX+-TAS] A mania for buying.
quosdam ~as..exercet in comparandis mancipiis COL. 4.3.1; PLIN.*Ep.*3.7.7.

ēmacrescō ~escere ~uī, *intr.* [EX-+MACRESCO] To grow thin, waste away.
si sine causa quis ~escit CELS.2.7.2; si neque mouetur et ~escit (membrum) 2.8.40; 3.25.1.

ēmaculō ~āre ~āuī ~ātum, *tr.* [EX-+MACVLA+-O³] To cleanse from stains, make clean; also, to remove (spots) by cleansing or healing.
argentum..omnibus..ex eo uitiis detractis ~atum et candefactum GEL.7(6).5.9; neque ille exotico puluere dentis ~et APUL.*Apol.*8;—nigras uitiligines ~at (narcissus) PLIN. *Nat.*21.129.

ēmadescō ~escere ~uī, *intr.* [EX-+MADESCO] To become wet through.
te flente suos ~uisse sinus OV.*Tr.*5.4.40.

ēmancipātiō ~ōnis, *f.* [next+-TIO]
1 (leg.) The formal releasing of a person from *patria potestas*.
inter patres etiam filiosque, cum interuenisset ~o, litigatum scio QUINT.*Inst.*11.1.66; GAIUS *Inst.*1.61; 1.132; ULP.*dig.*37.8.1.6.

2 The transfer of property to another, conveyance.
fundos emancipauit et cetera quae in ~one implenda solent exigi consummauit PLIN.*Ep.Tra.*10.4(3).3; GEL. 15.27.3; MONIMENTVM..DONATIONIS VEL ~ONIS CAVSA ALI TRADERE *CIL* 6.28567.

ēmancipō ~āre ~āuī ~ātum, *tr.* **-cup-.** [EX-+MANCIPO]
1 (leg., of a *pater familias*) To release (a son, etc.) from one's *potestas* (by a fictitious form of sale). **b** to transfer to another person's *potestas* (e.g. that of a husband or adoptive father).
adoptatum ~ari statim, ne sit eius filius qui adoptarit CIC.*Dom.*37; decem milibus aeris est damnatus, quod.. ~ando..filium fraudem legi fecisset LIV.7.16.9; PLIN.*Ep.* 4.2.2; 8.18.4; si filium et nepotem ex eo pater ~auerit POMPON.*dig.*38.6.5.1; GAIUS *Inst.*1.163. **b** quem in adoptionem D. Silano ~auerat CIC.*Fin.*1.24; SOROREM OMNI⟨VM RERVM⟩ FORE EXPERTEM, QVOD ~ATA ESSET CLVVIO *CIL* 6.1527.1.16.

2 To transfer property to another, make over.
dimidiam partem (agri) filio ~auit V.MAX.8.6.3; paterna ~are praedita turpius habebatur QUINT.*Inst.*6.3.44; PLIN. *Ep.Tra.*10.4(3).3; SUET.*Otho* 4.2; *CIL* 6.15218.

3 (transf. or fig.) To place at the disposal of others, make subservient; (refl. or pass., usu. w. dat.) to become or make oneself the slave (of a person, habit, etc.).
iste uenditum atque ~atum tribunatum consiliis uestris opposuit CIC.*Phil.*2.51;—mulier, tibi me ~o: tuos sum PL. *Bac.*92; Romanus..~atus feminae..miles HOR.*Epod.*9.12; sit aliquis usque eo Graecis ~atus ut haec dicat necessaria SEN.*Ben.*1.3.6; uoluptatem, quam sequor, cui me ~aui 4.2.3; (*w.* ad) ad omne facinus ~ato..seruulo APUL.*Met.* 10.4.

ēmancō ~āre ~āuī ~ātum, *tr.* [EX-+MANCVS+-O³] To maim, mutilate.
SEN.*Con.*10.4.24.

ēmaneō ~ēre ~sī ~sum, *intr.* [EX-+MANEO] To stay away, absent oneself.
lucos, uetitus quibus ~sisse sacerdos STAT.*Theb.*7.650; eum esse fugitiuum, qui nocte aliqua sine uoluntate domini ~sisset ULP.*dig.*21.1.17.4.

ēmānō ~āre ~āuī ~ātum, *intr.* [EX-+MANO]
1 (of liquids) To pour forth, flow. **b** (of exhalations). **c** (transf.).
fons unde ~at aquai CIC.*poet.*22.10; ~ent subito sicca tellure paludes *Dirae* 72; CURT.10.10.17; per eam (*sc.* Ariadnen) rara..flumina ~ant MELA 3.71; salsuginis modo ~at (atramentum) PLIN.*Nat.*35.41; per uniuersa membra.. sudor ~abat APUL.*Met.*10.10; (*in fig. phr.*) alii..alio ex fonte praeceptores dicendi ~auerunt CIC.*Inv.*2.7. **b** pars ..per quam modico foramine fumus ~et COL.9.15.5; quandam quasi auram..exprimi ex ea (*sc.* aqua) et ~are GEL. 19.5.6. **c** singularem eloquii suauitatem ore eius ~aturam V.MAX.1.6.ext.3; oculi, per quos maxime animus ~at QUINT.*Inst.*11.3.75.

2 To be derived, originate, arise, emanate.
locus..ex quo uis omnis oportet ~et ratiocinationis CIC. *Inv.*1.67; *Orat.*47; de malis nostris tu prius audis quam ego. istim enim ~ant *Att.*7.21.1; unde ~asse Sullae dictum optimates..admonentis, ut male praecinctum puerum caueret SUET.*Jul.*45.3.

3 (of facts, etc.) To become known, leak out. **b** (of a condition) to become diffused, spread.
epistulas..concerpito, ne quando quid ~et CIC.*Att.*10. 12.3; *Leg.*1.41; per quosdam..indicia coniurationis eius Romam ~arunt LIV.8.3.3; ne uera eo ipso quod celarentur sua sponte magis ~arent 29.24.4; SEN.*Con.*2.5.20;—(*w. acc. and inf.*) ~abat..fratrem Volsci..ne adsurrexisse quidem ex morbo LIV.3.24.4; SUET.*Nero* 6.4. **b** ablata Syria ~abat latius malum..nisi Ventidius..omnem Parthicum equitatum..cecidisset FLOR.*Epit.*2.19(4.9.5).

ēmansiō ~ōnis, *f.* [EMANEO+-TIO] Absence from duty or quarters without leave.
leuius..delictum ~onis habetur (*sc.* in militibus), ut erronis in seruis MEN.*dig.*49.16.4.14.

ēmansor ~ōris, *m.* [EMANEO+-TOR] (of a soldier or slave) One who absents himself without leave.
tempus discernit ~orem a fugitiuo SAT.*dig.*48.19.16.5; MEN.*dig.*49.16.4.13.

ēmarcescō ~escere ~uī, *intr.* [EX-+MARCESCO] To wither away; (in quots., in fig. phrs.).
hic, de quo scribis..non habet uires: indulsit uitiis. simul et ~uit et induruit SEN.*Ep.*112.3; patrum..paulatim in sterilitatem ~uit maiestas PLIN.*Nat.*15.121.

ēmarginō ~āre, *tr.* [EX-+MARGO+-O³] (app.) To eat away the edges of.
(sanguis) equarum..erodit, ~at (marginat *most codd.*) ulcera PLIN.*Nat.*28.147.

ēmasculātor ~ōris, *m.* [next+-TOR] One who robs another of virility (in quot., of a pederast).
~oribus suis ad omnia infanda morigerus APUL.*Apol.*74.

ēmasculō ~āre, *tr.* [EX-+MASCVLVS+-O³] To destroy the manhood of (in quot., by castration).
trucem amatorem istum..~are APUL.*Met.*7.23.

Ēmathia ~ae, *f.* FORMS: *Aem-* V.FL.2.640.
1 A district of Macedonia, west of Pella. **b** a name given to the whole of Macedonia; (by poets extended to include, or even used as if equivalent to, Thessaly).
LIV.40.3.3. **b** Macedonia..~a antea dicta PLIN.*Nat.* 4.33;—~ae tutamen (*i.e. Peleus*) CATUL.64.324; VERG.*G.* 1.492; 4.390;—(*w. ref. to Pharsalus*) non inpare uoltu aspicis ~am (*i.e. Pompey*) LUC.7.683; 9.15.

2 A coastal town near Amphipolis, app. = Oesyme.
LIV.43.7.10; 44.44.5.

Ēmathis ~idis, *f. adj.* = next.
LUC.6.350; ~is..tellus 6.580.

Ēmathius ~a ~um, *a.* (poet.) Of Emathia, Emathian: **a** (w. ref. to Macedonia). **b** (w. ref. to Thessaly); (esp. with allusion to Pharsalus).
ducis ~i (*i.e. Alexander*)..clementia OV.*Tr.*3.5.39; cum se..Cleopatra..intulit ~is..tectis (*i.e. the palace of the Ptolemies*) LUC.10.58; SIL.15.286. **b** Typhon, qui.. ~o..duplicarat uertice (*i.e. Pelion*) Olympum *Ciris* 34; — ~as acies LUC.1.688; Peneius amnis ~a iam clade rubens 8.34; SIL.3.400.

ēmātūrescō ~escere ~uī, *intr.* [EX-+MATVRESCO]
1 (of fruit, crops, etc.) To become fully ripe, mature.
nonnumquam..candidum (semen) rufescit si non ~uit PLIN.*Nat.*25.36; si fructus..~escant 27.144; uidesne.. haec (*sc. crops*) ~uisse et manus iam postulare? GEL.2.29.7.

2 (of anger) To soften, relent.
si modo laesi ~uerit Caesaris ira OV.*Tr.*2.124.

emax ~ācis, *a.* [EMO+-AX] Fond or over-fond of buying.
patrem familias uendacem, non ~acem esse oportet CATO *Agr.*2.7; CIC.*Parad.*51; NEP.*Att.*13.1; institor ad dominam ueniet..~acem OV.*Ars* 1.421; (*transf.*) prece.. ~aci (*i.e. bargaining with the gods*) PERS.2.3.

embadum ~ī, *n.* [Gk. ἐμβαδόν] (geom.) The area of a plane figure.
~um huius trigoni NIPS.*grom.*p.298 La.

embaenetica ~ae, *f.* [app. Gk.] A word of doubtful meaning, prob. corrupt.
Q. Pompeium Baulis ~am facere CAEL.*Fam.*8.1.4.

embamma ~atis, *n.* [Gk. ἔμβαμμα] A sauce or dressing for food, esp. one made with vinegar.
ad ~ata in tres amphoras musti mittis aceti acris congium COL.12.34; 12.57.2; PLIN.*Nat.*20.147; (soncos) albus..utilis orthopnoicis..ex ~ate 22.88; ULP.*dig.*18.1.9.2.

embasicoetās ~ae, *m.* [Gk. ἐμβασικοίτας (ἐμβαίνω+κοίτη)] A pathic; (in quot., also taken in a second sense, perh. = a sleeping-draught, nightcap).
quaeso..domina, certe ~an iusseras dari PETR.24.1.

embatēr ~ēris, *m.* [Gk. ἐμβατήρ] (archit.) A module.
in aedibus sacris aut e..triglypho aut etiam ~ere.. inuenitur symmetriarum ratiocinatio VITR.1.2.4.

emblēma ~atis, *n.* [Gk. ἔμβλημα] FORMS: dat. and abl. pl. ~*atīs*.
1 An inlaid pavement, mosaic.
compostae..tesserulae..~ate uermiculato LUCIL.85; VAR. *R.*3.2.4.

2 An inlaid relief attached to the inside of a silver bowl or sim.
scaphia cum ~atis CIC.*Ver.*4.37; 4.46; Vlixes et Diomedes erant in phialae ~ate PLIN.*Nat.*33.156; QUINT.*Inst.*2.4.27; ULP.*dig.*10.4.7.2; 33.6.3.1; (*dist. from* crusta) quae (*sc.* uasa) probarant, iis crustae aut ~ata detrahebantur CIC.*Ver.*4.52.

emboliāria ~ae, *f.* [EMBOLIVM+-ARIA] (Fem. of next.)
Galeria Copiola ~a reducta est in scaenam..annum CIIII agens PLIN.*Nat.*7.158; *CIL* 6.10127.

emboliārius ~(i)ī, *m.* [EMBOLIVM+-ARIVS] One who performs in entr'actes.
CIL 4.1949.

embolinē ~ēs *f.* [Gk.] The name of a plant, = EPICACTIS.
PLIN.*Nat.*13.114.

embolium ~iī, *n.* [Gk. ἐμβόλιον]
1 An entr'acte, interlude.
ille maxime ludius..qui omnia sororis ~a nouit, qui in coetum mulierum pro psaltria adducitur CIC.*Sest.*116.

2 An insertion (in a literary work).
mirificum ~um cogito in secundum librum meorum temporum includere CIC.*Q.fr.*3.1.24.

embolum ~ī, *n.* [Gk. ἔμβολον] The beak of a ship, ram.
~um nauis aeneum PETR.30.1.

embolus ~ī, *m.* [Gk. ἔμβολος] A piston.
~i masculi torno politi VITR.10.7.3.

ēmeditor ~ārī ~ātus, *tr.* [EX-+MEDITOR] To contrive carefully; (in quot., pple. in pass. sense).
~atis..illa fletibus..tantum scelus abnuebat APUL.*Met.* 2.27.

ēmedullō ~āre ~āuī ~ātum, *tr.* [EX-+MEDVLLA+-O³] To remove the pith from; (transf.) to weaken, enervate.
radicis ~atae uncia PLIN.*Nat.*22.87;—cura nimia ~atos (*cj.*; medullatos *codd.*) artus APUL.*Pl.*2.16.

emem, *pron.* [perh. *em* (old acc. of IS)+-*em* (cf. *autem, quidem*), for the form cf. Skt. *imám*; or else reduplicated form of *em* (as above)] (See quot.)
~ eundem PAUL.*Fest.*p.76M.

ēmendābilis ~is ~e, *a.* [EMENDO+-BILIS] Capable of being corrected or put right.
in re ~i uisus lapsus esse LIV.44.10.4; aliquem..poena non adficiet aetatem eius ~em intuens SEN.*Cl.*2.7.2.

ēmendātē, *adv. compar.* ~ius. [EMENDATVS+-E] Correctly, faultlessly.
pure et ~e loquentes CIC.*Opt.Gen.*4; HIRT.*Gal.*8.pr.6; uicorum uti ~e fiant distributiones in moenibus VITR.3.pr.4; 10.6.2; (Myron) capillum..non ~ius (uidetur) fecisse, quam rudis antiquitas instituisset PLIN.*Nat.*34.58; QUINT.*Inst.*1.5.1; 8.1.2.

ēmendātiō ~ōnis, *f.* [EMENDO+-TIO]

1 Removal of faults or errors, correction, amendment: **a** (of persons, their characters, faults, etc.); also, oral correction, criticism. **b** (of writings, calculations, etc.). **c** (of a faulty situation, evil, or sim.) **d** means of improvement, a corrective.
a cum eo magis ad ~onem poena proficiat, si iudicio lata est SEN.*Dial.*3.15.3; maiore animo ad ~onem nostri debemus accedere *Ep.*50.8; SAT.*dig.*48.19.16.2; (*of a fault*) facilior esset ~o temeritatis CIC.*Ac.*3.fr.2;—ingenia puerorum nimia..~onis seueritate deficere QUINT.*Inst.*2.4.10. **b** correctio philosophiae ueteris et ~o CIC.*Fin.*4.21; quia ..unius ~one uerbi corrigi possit (soloecismus) QUINT. *Inst.*1.5.34; erit..post ~onem (sermonis) liberum nobis ..publicare PLIN.*Ep.*1.8.3; 9.40.2; quod si..ferramenti uitium..fuerit, uana contemplatio..tolerabilem habet ~onem HYG.GR.*agrim.*p.154. **c** animum dignum habeo ~one fortunae QUINT.*Decl.*254(p.42,l.17); an solum ~one dignum, ne Syracusis spectacula largius ederentur? TAC. *Ann.*13.49. **d** si malorum causa bellum est, erit ~o pax QUINT.*Inst.*5.10.73; optima est..~o uerecundiae fiducia 12.5.4.

2 (rhet.) Amends for what one has said (in anticipation of the criticisms of the audience).
est..quaedam (species praesumptionis)..~o, ut 'rogo ignoscatis mihi, si longius sum euectus' QUINT.*Inst.*9.2.17.

ēmendātor ~ōris, *m.* [EMENDO+-TOR] A corrector, reformer (of persons or things); (spec.) one who emends (texts).
~or sermonis usitati CIC.*Brut.*259; correctorem atque ~orem nostrae ciuitatis *Balb.*20; *Phil.*2.43; ~orem senatus PLIN.*Ep.*6.5.4; *Pan.*6.2; (*of an abst. subj.*) timor est..~or asperrimus *Ep.*7.17.13;—recte ille..'stitisses' scripsit: sed ..~ores 'e' scripto..'stetisses' fecerunt GEL.2.14.2.

ēmendātrix ~īcis, *f.* [EMENDO+-TRIX] Fem. of prec.; (in quots., applied to abst. subjs.).
uitiorum ~icem legem esse oportet CIC.*Leg.*1.58; o praeclaram ~icem uitae poeticam *Tusc.*4.69.

ēmendātus ~a ~um, *a. compar.* ~ior, *superl.* ~issimus. [pple. of EMENDO] Without flaw or blemish, correct, perfect, faultless. **b** (in a moral sense, of a person, his character, conduct, etc.).
locutionem ~am et Latinam CIC.*Brut.*258; carmina Liui ..~a uideri pulchraque..miror HOR.*Ep.*2.1.71; mulierem omnibus simulacris ~iorem PETR.126.13; ut in manus hominum (libri) quam ~issimi ueniant QUINT.*Inst.*pr.3; (*neut. pl. as sb.*) barbara ab ~is conatur discernere (etymologia) 1.6.30. **b** cum pateris sapiens ~usque uocari HOR.*Ep.*1.16.30; pro facto non ~o, non scelerato tamen SEN.*Con.*9.2.18; PLIN.*Ep.*4.27.6; a tam bono tamque ~o uiro APUL.*Apol.*103; hominem uitae ~ioris ULP.*dig.*4.3.11.

ēmendīcātīcius ~a ~um, *a.* [next+-ICIVS²] (of hair, app.) Borrowed.
capitis destituti et ~is (*cj.*) capillis aspersi deformitas SEN.*Dial.*2.18.1.

ēmendīcō ~āre ~āuī ~ātum, *tr.* [EX-+MENDICO] To obtain by begging.
pecunias accepit ~atas in auxilium aeris alieni SUET.*Jul.* 54.1; stipem..~abat *Aug.*91.2.

ēmendō ~āre ~āuī ~ātum, *tr.* [EX-+MENDA+-O³]

1 To free (a person, his character, etc.) from faults or errors, correct, reform, or sim. **b** to set right, remedy (a fault, faulty situation, etc.). **c** to correct in words (esp. spoken), criticize, etc. (a person or his mistakes).
ut..cupiditatibus principum..infici solet tota ciuitas, sic ~ari..continentia CIC.*Leg.*3.30; corrigi me est ~ari castigatione hac posse LIV.42.42.8; quare, si coepisti sic ~are filium, cum ~aueras, non desinis? SEN.*Con.*2.6.5; PLIN.*Ep.*9.21.1; (*cf.*) (bouem) non saeuitia, sed ratione censeo ~andum COL.6.2.11;—(*refl.*) te..~a..desideria intra salutarem modum contine SEN.*Ep.*104.20; (*w.* animum) stadiis animum ~are Platonis incipiam PROP.3.21.25; —(*absol.*) poena adhibetur..~andi gratia GEL.7(6).14.2. **b** consuetudinem..corruptam..incorrupta consuetudine ~at CIC.*Brut.*261; quid..mihi uerba negas? hoc, precor, ~a OV.*Tr.*5.13.13; SEN.*Ben.*4.34.3; ~are cupis uitium deforme? MART.11.99.7; de aduersis ~andis FRON.*Str.*2.pr.; GAIUS *Inst.*3.25. **c** qui doctiorem ~at, sibi dici putet PHAED. 5.9.5; ~ati non irascentur, laudati gaudebunt QUINT.*Inst.* 2.9.2; quod dominus ei conuicium dixerit uel quod leuiter pulsauerit uel ~auerit ULP.*dig.*47.10.7.2.

2 To correct the mistakes or inaccuracies in (a document, etc.), revise or sim.; (esp. literary work intended for publication).
in publicis tabulis..carmen ~ari iussit V.MAX.4.1.10; cum ~aret testamentum QUINT.*Inst.*7.6.11; (*cf.*) ~atis quattuor (modulis), quos aquarii nouauerant FRON.*Aq.*37; —ut annalis suos ~em et edam CIC.*Att.*2.16.4; ~are meos.. libellos MART.6.64.6; PLIN.*Ep.*4.26.1; librum..Lampadionis manu ~atum GEL.18.5.11; (*w. mistake as obj.*) quicquid.. uitii rude carmen habebit, ~aturus..eram OV.*Tr.*1.7.40; (*poet.*) quae uitiosa putaui, ~aturis ignibus ipse dedi 4.10. 62; (*cf., of an artist*) hominis..imaginem gypso..expressit ceraque..infusa ~are instituit PLIN.*Nat.*35.153.

3 To remove the physical defects of (plants, soil, etc.), remedy (such defects). **b** to cure or relieve (a disease or its victims).
neglecta..non..deficit (olea)..et cum adhibita cultura est, uno anno ~atur COL.5.8.2; quem ad modum ~etur salsa..terra II ad fin.*arg.lib.*2; *Arb.*7.5; PLIN.*Nat.*31.49; ceteris (aquis)..conriuatis atque ~atis 36.121; (*w. abst. subj.*) cultus et in pomis sucos ~at acerbos OV.*Med.*5. **b** istum..morbum sola sum quae ~are scio PETR.134.10; lusciosos..inlitus ~at (cinis fici) PLIN.*Nat.*23.124; 26.49; 32.71.

4 To compensate or repair.
huius uitia ineuntis adulescentiae magnis sunt ~ata uirtutibus NEP.*Them.*1.1; arte ~aturus fortunam HOR.*S.* 2.8.84; uim (*i.e. the rape*)..~at dando mihi nomina nuptae OV.*Fast.*5.205; si me culpam ~are permiseris PETR.130.6; QUINT.*Inst.*11.1.22.

ēmentior ~īrī ~ītus, *tr.* [EX-+MENTIOR]

1 To give an untrue account of, falsify, misrepresent, etc.; to make up, invent (something fictitious or imaginary). **b** (w. acc. and inf.) to fabricate a story that, pretend that. **c** (absol.) to speak untruthfully, invent stories. **d** (pf. pple. as pass.).
illum quem ~itus es..quem tibi epistulas dedisse aiebas PL.*Trin.*985; cum ipse (*sc.* Aeschines) a Demosthene eset capitis accusatus, quod legationem ~itus esset CIC.*Opt.Gen.* 21; *Balb.*5; ciuem egregium censor..notauit quod ~itum auspicia subscriberet *Diu.*1.29;—quae dixisti..omnia ~itus es PL.*Am.*411; CIC.*Sul.*44; ~iti erant falsa naufragia LIV. 25.3.10; cum..centurionem et legionem essem ~itus PETR. 82.3; faciem uehiculi ~itus est longe alienam GEL.15.30.3. **b** eo me beneficio obstrictum esse ~ior? CIC.*Planc.*73; natam e terra sibi prolem ~iebantur LIV.1.8.5; OV.*Met.* 5.188; CURT.7.5.26; TAC.*Ann.*13.47; unde..percussoribus ..consilium natum..~iendi, ipsum sibi manus intulisse SUET.*Cal.*51.3. **c** concessum est rhetoribus ~iri in historiis CIC.*Brut.*42; quod..multi in tormentis ~iti..sint *Part.*50; *S.Rosc.*127. **d** de ~itis auspiciis CIC.*Phil.*2.88; *N.D.*2.56; quam stulte conficta, quam aperte sunt ~ita MEM.*orat.*14.

2 To assume (an appearance, etc.) deceptively, feign; to pretend to be, simulate.
his..uirtutibus uitia agnata sunt..quae earum modum.. simulacris falsis ~iuntur GEL.6(7).14.4; quam (*sc.* paucitatem) ego gloriae causa ~iri debuissem APUL.*Apol.*17;— ~ita diem nigras nox contrahit alas MAN.5.60.

ēmercor ~ārī ~ātus, *tr.* [EX-+MERCOR] To win over (a person, his feelings, etc.) by bribes; to procure (favours) by bribery.
Gotarzes..missis corruptoribus exuendam ad fidem hostis ~ari TAC.*Ann.*12.14; auaritiam praefecti ~atur 12.45;— donis adulterium et mox ut omitteret maritum ~atur 13.44; principis aditum ~atus 16.1.

ēmereō ~ēre ~uī ~itum, *tr.*, (*intr.*). Also **~eor** ~ērī ~itus. [EX-+MEREO]

1 To serve out, complete (one's term in the army, a specified number of campaigns, etc.). **b** (transf.) to complete, see through (a term of office or other period, a task, etc.). **c** (absol.) to serve out one's time in the army, earn one's discharge; (usu. as pf. pple. of dep., often transf.).
unum ubi ~itum est stipendium PL.*Mos.*131; LIV.7.39.1; miles ubi ~itis non est satis utilis annis OV.*Tr.*4.8.21; MILITIBVS, QVI VICENA..STI⟨PENDI⟩A ~VISSENT AUG.*Anc.* 3.38; SUET.*Cal.*44.1; (*dep.*) Cornelium fortissimae militiae stipendia ~itum V.MAX.6.1.10. **b** annuae..mihi operae a. d. III Kal. Sextil. ~entur CIC.*Att.*6.2.6; quo minus ~itis exiret cursibus annus OV.*Fast.*3.43; stat ecce Titan dubius ~ito die SEN.*Ag.*908; quattuor ~itis per bella, per aequora lustris STAT.*Silv.*3.5.7; HAEC..~ITOS BIS XXXX PER ANNOS VIXIT *CIL* 6.28047. **c** (*transf., in impers. pass.*) ut, ubi ~itum sibi (*sc.* meretrici) sit, se reuehat domum PL.*Bac.*43; —urbes..quas..~itis militibus adsignauerunt HYG.GR. *agrim.*p.140;—(*masc. of pple., as sb.*) quae sedes erit ~itis? LUC.1.344; TAC.*Ann.*1.28; *CIL* 10.3373; ~ITVS COH XIII VRB⟨ANAE⟩ 12.1871;—(*transf.*) rusticus ~itum palo suspendat aratrum OV.*Fast.*1.665; ~itas repetunt naualibus alnos LUC.3.520; palmitem ~itum PLIN.*Nat.*17.206; coronat ~itos Diana canis STAT.*Silv.*3.1.58; PLIN.*Pan.*15.4.

2 To obtain or deserve (material or immaterial rewards) as the result of merit, earn.
~ui generosos uestishonores PROP.4.11.61; uix ulla (aestate) non iustissimus triumphus ~itus VELL.2.47.1; ~ito sacrum caput insere caelo SIL.7.19; ~endi fauoris gratia QUINT.*Inst.*4.1.2; SUET.*Aug.*24.2; pecuniam..~uerat ex eo quaestu uberem GEL.7(6).7.5; APUL.*Met.*2.12;—(*dep.*) ~itis referenda est gratia semper OV.*Pont.*1.7.61; censu Tullius oris ..~itus caelum MAN.1.795;—(*w. inf.*) Ennius ~uit.. contiguus poni, Scipio magne, tibi OV.*Ars* 3.409; *Fast.*4.58; LUC.5.688.

3 To procure the favour or regard of, conciliate.
nec lasciua soror dicatur..plures ~uisse uiros TIB.1.9.60; unumst e dominis ~uisse satis (*sc.* ancillae) OV.*Am.*2.8. 24; *Ep.*6.138; admoniti nostris..casibus este, aequantem superos ~uisse uirum *Tr.*4.8.52; (*dep.*) me..~eri debet et a me istud petere QUINT.*Decl.*318(p.251,l.23).

ēmergō ~gere ~sī ~sum, *intr.*, (*tr.*). [EX-+MERGO]

1 To come up out of the water, emerge. **b** (pass. in same sense, nearly always as pf. pple.); (also refl. or sim.).
nec..ille respirat, ante uam ~sit CIC.*Fin.*4.65; *N.D.* 2.124; equites..inter uirgulta ulterioris ripae ~serunt LIV.29.32.9; OV.*Met.*3.684; CURT.4.9.21; ~gunt pelago.. delphines STAT.*Silv.*2.2.119; APUL.*Met.*5.29;—(*of things*) (umor aquae) sursum reuomit (tigna trabesque)..plus ut parte foras ~gant LUCR.2.200; stagnis ~gere colles incipiunt (*i.e. after a flood*) LUC.4.128; tradunt..(loton) ad exortus solis ~gere extra aquam PLIN.*Nat.*13.109. **b** sum uisus ~sus e flumine CIC.*Diu.*2.140; OV.*Hal.*36; ~sam freto.. Thetin [SEN.]*Oct.*706; STAT.*Theb.*9.246;—(*refl.*) ubi se.. naufragia fundo ~gunt SAL.*Hist.*4.28; *Ilias* 126;—(*cf., w. acc.*) ~sere..e gurgite uultus aequoreae..Nereides CATUL. 64.14; *Dirae* 57.

2 To come forth (from confinement, concealment, or sim.), emerge. **b** (of a heavenly body) to become visible above the horizon, rise.
rogitando..quo pergam, unde ~gam TER.*Eu.*555; CIC. *Sest.*126; ~seram..ex Antiati in Appiam *Att.*2.12.2; aegre in apertos campos ~sit LIV.21.25.9; sedibus..Stygiis ~git.. Aeneas OV.*Met.*14.155; cum foramine e terra ~sisset VELL. 2.27.4; STAT.*Theb.*11.14; (*pass. in same sense*) emergere umbris et fer auxilium [SEN.]*Oct.*134;—(*of things*) ex quibus (*sc.* uaginis) cum ~sit (uiriditas), fundit frugem CIC.*Sen.* 51; tantos ~gere fontes *Aetna* 118; SEN.*Ep.*14.5; si super terram ~serit (raphanus) COL.11.3.47; (*of a sound*) ultimus ille sonus moribundo ~sit ab ore STAT.*Theb.*9.349. **b** CIC. *Arat.*713(460); illi (*sc.* cometae)..qui post diui Iulii obitum ..~sit SEN.*Nat.*7.17.2; arcturi..sidus non ferme sine procellosa grandine ~git PLIN.*Nat.*2.106; V.FL.5.1; (*cf. sense* I) lunae..orbem..marinis ~gentem fluctibus APUL.*Met.*11.1; (*refl. in same sense*) cum iam uicesima Cancro septimaque ex undis pars sese ~git MAN.5.198.

3 (in fig. context) To get clear (of a difficult situation), extricate oneself. **b** to rise from obscurity (to power, fame, etc.).
tot res..circumuallant se unde ~gi non potest TER.*Ad.* 302; qui numquam ~gunt, qui..in uetere aere alieno uacillant CIC.*Catil.*2.21; quod non..ex hoc negotio ~serim *Att.*5.10.3; ~sisse ciuitatem ex obnoxia pace LIV.9.10.4; ex morbo graui..~gentem SEN.*Ep.*72.6; (*of things*) ~gere auctoritatem uestram e fluctibus illis seruitutis CIC.*Har.*48; —(*refl. or pass. in same sense*) ex illis sese ~surum malis TER.*An.*562; NEP.*Att.*11.1; ~sus graui crapula APUL.*Met.* 9.41. **b** niti praestante labore ad summas ~gere opes LUCR.2.13; in hanc ~gere nominis claritatem SEN.*Ben.* 3.29.7; haut facile ~gunt quorum uirtutibus opstat res angusta domi JUV.3.164.

4 To become apparent, come to light; (of something unexpected) to turn up, present itself. **b** to appear as a result, emanate.
quaedam (*sc. recollections*)..quae..non possum occupare, eadem..reposito animo subito ~gunt SEN.*Con.*1.pr.5; sceleris indicium per Fuluiam ~sit FLOR.*Epit.*2.12(4.1.6); FRVCTVS..VESTRAE PROVIDENTIAE ~GET *CIL* 2.6278.13; (*w. indir. qu. as subj.*) ex quo magis ~git quale sit decorum illud CIC.*Off.*1.110;—iterum Ptolomaeus Physcon ~git, paulo ante libidinosae amentiae..exemplum V.MAX. 9.2.ext.5; si forte alii ~serint creditores ULP.*dig.*14.4.5.19; quando..non retro agatur donatio, ~gunt uitia 24.1.11.2. **b** cum tam multa ex illo mari bella ~serint CIC.*Ver.*4.130; ex cuius..sanguine insperata uictoria ~sit V.MAX.5.6.5; si publica utilitas ex hoc ~git ULP.*dig.*47.10.5.11.

5 (app. tr.) **a** To emerge from, get clear of. **b** to permit (water) to escape.
a postquam ardua montium et lubrica uallium..~simus (*s.v.l.*) APUL.*Met.*1.2;—(*transf.*) annosa..contingat uita.. ut possim rerum tantas ~gere moles MAN.1.116. **b** quia (montes) nullos apertos ~gerent (*cj.*) riuos LIV.44.33.2.

ēmeritum ~ī, *n.* [pple. of EMEREO] A pension given to discharged soldiers.
ut ueteranus..praemia et ~um capit MEN.*dig.*49.16.5.7.

ēmeritus: see EMEREO.

ēmersus ~ūs, *m.* [EMERGO+-TVS³]

1 The act of coming into view, emerging.
locum scire..quo ~um facturi fuissent hostes VITR. 10.16.9; PLIN.*Nat.*22.95;—(*of a star*) per ~um Caniculae COL.7.3.24; PLIN.*Nat.*18.218.

2 The outlet of a lake.
incipit..Palaestina ab ~u Sirbonis lacus PLIN.*Nat.*5.68; lacus..Benacus..ad cuius ~us..fluctibus glomeratae (anguillae) uoluuntur 9.75.

ēmētior ~tīrī ~nsus, *tr.* [EX-+METIOR] CONST.: pf. pple. sts. used in pass. sense

(VERG.*G*.1.450, LIV.21.30.5, V.FL.5.181, APUL. *Met*.6.1, etc.).

1 To deal out by measure, measure out.
cur..non aliquid patriae tanto ~tiris aceruo? HOR.*S*. 2.2.105; CONSVL VNDECIMVM DVODECIM FRVMENTATIONES.. ~NSVS SVM AUG.*Anc*.3.12; (*transf.*) uoluntatem tibi..~tiar, sed rem ipsam nondum posse uideor (*i.e. I can repay you with goodwill, but not in kind*) CIC.*Brut*.16.

2 To measure (a distance, amount, etc.). **b** to mark out (a given area).
oculis spatium ~nsus quantum satis hastae VERG.*A*. 10.772; II milia et quingenta stadia ~nsi sunt, qui.. interuallum..notauerunt CURT.5.1.13; uidetur auditu ~nsus scriptionem, qui et Aiiacem et Maiiam per duo i scribenda existimauit VEL.gram.in *G.L*.7.54; GEL.16.18.4. **b** (*pple. in pass. sense*) lapides, qui in limitibus denis actibus ~nsis positi erant SIC.FL.*agrim*.p.116.

3 To cover (a given distance) in travelling, accomplish (a journey); to pass over, through, or along (a region), traverse, cross, etc.
iter emensi casus superauimus omnis VERG.*A*.11.244; LIV.31.24.4; prosperam ~nsi nauigationem V.MAX.1.8.2; exercitum..eo ipso die triginta milia passuum ~nsum TAC. *Hist*.3.21; (*pass.*) maiorem partem itineris ~nsam LIV. 21.30.5; (*of things*) cometes..non cito expellitur sed ~titur spatium suum SEN.*Nat*.7.23.3;—tot inhospita saxa..~nsae VERG.*A*.5.628; Paeoniam inde et Thraeciam..~nsi LIV. 38.17.16; montium iuga..~nsus sum CURT.7.11.8; inuia ~tiemur SEN.*Phaed*.940; LUC.8.461; (*pass.*) ~nsis protinus scalis APUL.*Met*.9.42; (*of things*) campum ~nsa..uenit harundo retro STAT.*Theb*.6.938; (*transf., of a writer*) animosum..pectus (mihi) ~nso..superest constantiae repraesentatio V.MAX.3.8.intro.

4 a To live out, complete (a term of life or other period). **b** to endure (hardships, etc.) to the end.
a ne uelut per tenebras aeuum ignobile ~tiar SEN.*Ep*. 93.7; ~tiri cuique annos suos ex commodo licet *Nat*.5.18.8; bis senos soles, totidem..saeuas ~nsi noctes SIL.3.555; hunc exitum habuit..Galba, tribus et septuaginta annis quinque principes prospera fortuna ~nsus TAC.*Hist*.1.49. **b** puta..me..~nsum quidquid periculorum adferre potest ..mare SEN.*Ben*.7.15.1; tot ~nsus pelagi labores *Med*.611; SIL.4.54; (*pass.*) tot ~nsis periculis APUL.*Met*.11.12.

ēmetō ~ere, *tr.* [EX-+METO²] To reap and gather in (crops).
ne plus frumenti dotalibus ~at agris HOR.*Ep*.1.6.21.

ēmi-: for Gk. words beginning thus see HEMI-.

ēmicātiō ~ōnis, *f.* [next+-TIO] The springing up (of vegetation).
~ones..siluarum APUL.*Mun*.29.

ēmicō ~āre ~uī ~ātum, *intr.*, (*tr.*). [EX-+MICO] FORMS: pf. *emicaui* condemned by Quintilian as a mistaken pedantry (*Inst.* 1.6.17); *~arunt* APUL.*Mun*.34.

1 To make a sudden movement forwards, outwards, or upwards, dart forth, dash out, spring up, etc. **b** (of things, esp. missiles) to burst forth, shoot out. **c** (of a liquid) to spurt up or out; (also, tr.) to cause (a liquid) to spurt out. **d** (of the heart) to give a jump.
iuuenum manus ~at ardens litus in Hesperium VERG.*A*. 6.5; saltu..~at in currum 12.327; carcere pronus uterque ~at (*i.e. in a race*) OV. *Met*. 10.653; dracones ~uisse de extis PLIN.*Nat*.11.197; inde per aura, (Thetis) ~at *Ilias* 86; SIL. 11.479; (*in fig. phr.*) cum..purus..ac leuis in cogitationes diuinas ~uerit (animus) SEN.*Ep*.79.12. **b** saxis tormento ~antibus LIV.44.10.6; ~uit neruo..telum OV.*Met*.5.67; per nouum (terrae) uulnus ~uit (spiritus) SEN.*Nat*.6.18.3; (*of a sound*) faucibus ~et quod ipsis h littera MAUR.212. **c** LUCR. 4.1050; scaturigines..tenues ~are coeperunt LIV.44.33.3; cruor ~at alte OV.*Met*.4.121; terrae pondere expressa siphonum modo ~at (aqua) PLIN.*Nat*.2.166;—terra dehiscens.. ~uit sanguinis fontem APUL.*Met*.9.34. **d** meum cor coepit artem facere ludicram atque in pectus~are PL.*Aul*. 627.

2 (of plants or parts of plants) To shoot forth, spring up.
si longius..a capite uitis ~uerit COL.4.24.14; in repastinato nux posita celeriter ~at 4.33.1; 11.3.46; rami in excelsum ~ant PLIN.*Nat*.12.23; in pomo ipso mali..parua.. ~ant folia 16.91; 19.146; (*poet.*) sic semine Cadmi ~uit Dircaea cohors LUC.4.550; (*fig.*) populus Romanus e parua origine ad tantae amplitudinis instar ~uit GEL.20.1.39.

3 (of fire, etc.) To emit a sudden radiance, flash forth, coruscate; also, to flash with reflected light. **b** (fig., of a person, his qualities, etc.) to become conspicuously distinct from the rest, stand out.
~at..flammai feruidus ardor LUCR.5.1099; ~at ex oculis flamma OV.*Met*.8.356; V.MAX.1.6.1; aliquando ~at stella SEN.*Nat*.1.14.1; ille ~ans in amethysto fulgor PLIN.*Nat*. 37.125; ~uit reserata dies V.FL.1.655; scintillis inter fumum ~antibus QUINT.*Inst*.8.5.29; (*transf.*) is pauor.. quamuis uultu premeretur, ~uit TAC.*Ann*.13.16;— ~at effigies (*i.e. on a helmet*) et sparsa orichalca renident STAT. *Theb*.10.660; (*w. cogn. acc.*) plana rutunditas..candidum lumen ~abat APUL.*Met*.11.3; (*poet.*) ~uere rosae uiolaeque PETR.127.9,l.4. **b** inter quae (carmina) uerbum ~uit si forte decorum HOR.*Ep*.2.1.73; quos..magnitudine animi.. onge ~uisse credebat CURT.6.7.20; uirtus Scaeuolae centurionis ~uit FLOR.*Epit*.2.13(4.2.40).

ēmigrātiō ~ōnis, *f.* [next+-TIO] The action of moving out (of a house), quitting.
detrimentum..propter ~onem inquilinorum ULP.*dig*.39. 2.28.

ēmigrō ~āre ~āuī ~ātum, *intr.* [EX-+MIGRO] To move out (of a house or district).
in hasce aedis pedem nemo intro tetulit, semel ut ~auimus PL.*Mos*.471; 951; huc ex illa domo praetoria..~abat CIC.*Ver*.5.30; CAES.*Gal*.1.31.14; si quis timoris causa ~asset ALF.*dig*.19.2.27.1; qui..~auerunt negantque ipsos umquam in illam regionem accessuros SEN.*Nat*.6.1.10; (*poet.*) seu te furiata sacerdos..iubet ~are sepulcro STAT.*Theb*. 2.22;—(*transf.*) qui e uita ~arit CIC.*Leg*.2.48; dulcia amara prius fient..quam tua de nostris ~et cura medullis *Dirae* 101.

ēminātiō ~ōnis, *f.* [EMINOR+-TIO] The act of threatening, blustering.
quae illaec ~ost nam? nequeo mirari satis PL.*Capt*.799.

ēminens ~ntis, *a.* *compar.* ~ntior, *superl.* ~ntissimus. [pple. of EMINEO]

1 Standing out above a surface, projecting, prominent; (of height) towering. **b** standing out against a background, conspicuous.
trabes..longiores atque ~ntiores quam extremi parietes erant effecerunt CAES.*Civ*.2.9.3; tam ~ns area firmaque (*i.e. a newly-formed island*) LIV.2.5.4; papilla uberis..~ntior COL.9.11.4; nasum..a summo ~ntiorem SUET.*Aug*.79.2; oculos ~ntes ULP.*dig*.21.1.12.2; (*neut. pl. as sb.*) ~ntia cubiti CELS.8.10.2.D;—taurus ~ntis staturae COL.3.8.3. **b** qui singulis pinxerunt coloribus, alia tamen ~ntiora, alia reductiora fecerunt QUINT.*Inst*.11.3.46; (*in fig. phr.*) nullam ~ntem effigiem uirtutis, sed adumbratam imaginem gloriae CIC.*Tusc*.3.3.

2 Outstanding in merit, importance, degree, etc., eminent, distinguished, notable: **a** (of things). **b** (of persons); *~ntissimus uir* (abbrev. E.V.), an honorific title borne by praetorian prefects and others of sim. rank.
a artis ~ns excellentia VITR.7.pr.13; rem dictu non ~ntem, sed solida..uirtute..maximam VELL.2.114.1; magnanimitas ~ntissima SEN.*Ep*.115.3; QUINT.*Inst*.6 pr.1; inter omnes mensurarum ritus..~ntissima traditur limitum constitutio HYG.GR.*agrim*.p.131;—(*neut. pl. as sb.*) numquam ~ntia inuidia carent VELL.2.40.5; (*of passages in a speech*) nec admirationem consequuntur ~ntium et planorum gratiam perdunt QUINT.*Inst*.8.5.29. **b** ~ntissimos duces hostium VELL.2.17.3; 2.99.1; sit licet forma ~ns, opibus superba [SEN.]*Oct*.199; iuuenis..in studiis nostris ~ntissime STAT.*Silv*.1.pr.; QUINT.*Inst*.4 pr.3; 10.1.46; (*masc. pl. as sb.*) sinistra erga ~ntis interpretatio TAC.*Ag*.5.4; —PRAEF(ecto) AEG(ypti) PRAEF(ecto) PRAET(orio ~NTISSIMO VIRO *CIL* 3.14137 (*after* A.D. 185); 8.15454; (*abbrev.*) 9.2438.9 (A.D. 168).

ēminentia ~ae, *f.* [prec.+-IA]

1 The quality of standing out or projecting. **b** (concr.) a protuberance (on the body). **c** the prominent part of a picture, foreground.
si tantum modo ad cogitationem (dei) ualent nec habent ullam soliditatem nec ~am CIC.*N.D*.1.105; culminum ~a APUL.*Fl*.18. **b** si..non exulceratas ~as tollere..uoluerimus LARG.228. **c** quam multa uident pictores in umbris et in ~a quae nos non uidemus CIC.*Luc*.20.

2 Superiority in merit, pre-eminence.
~am cuiusque operis artissimis temporum claustris circumdatam VELL.1.17.4; ~a..quadam significari formarum turpes et pulchrae uidentur (*i.e. only the extremes of beauty are mentioned*) GEL.5.11.9; duae ~ae..aemulae 14.3.11.

ēmineō ~ēre ~uī, *intr.* (*tr.*). [EX+-*mineo* (cf. *minae, mons, mentum*)]

1 To stick up or out, project, protrude (vertically or horizontally). **b** (of persons, etc.) to rise high above one's surroundings, tower. **c** (w. implication of movement) to project oneself, emerge (from confinement or sim.). **d** (app. tr.) to cause to project.
supra terram ne plus IIII digitos transuorsos ~eant (taleae) CATO *Agr*.45.3; cum ex terra nihil ~eret quod contemplationi caeli officere posset CIC.*Div*.1.93; (uallum) ~ere et procul uideri necesse erat CAES.*Civ*.1.41.4; tumulus hic ante Tempe ~et LIV.42.61.11; nihil ~eant..ungues OV. *Ars* 1.519; Marius..limo obrutus, oculis tantummodo ac naribus ~entibus VELL.2.19.2; uix ~et aequore malus LUC. 5.641; PLIN.*Nat*.17.111; POMPON.*dig*.41.1.30.2. **b** ~ntibus..inter armatos elephantis LIV.37.40.3; (mulus) celsa ceruice ~ens PHAED.2.7.4; Latias..ultra ~eat matres quantum..egomet Nereidas exsto STAT.*Silv*.1.2.115; (*in fig. phr.*) ut supra omnis corporis dolores ~eret (animus) SEN.*Dial*.11.2.5. **c** uix ex gratulando miser iam ~ebam PL.*Capt*.504; id..ocius faciet animus si, iam tum cum erit inclusus in corpore, ~ebit foras CIC.*Rep*.6.29; LUC.6.350; (*in fig. phrs.*) si ~ere illi (*sc.* irae) extra nos licuit, supra nos est SEN.*Dial*.5.13.2. **d** duobus..infimis conclusis digitis ceteros ~ens APUL.*Met*.2.21.

2 (of details in a painting, etc.) To stand out against a background, appear as if in relief.
cum oriente (sole) radii non inlustres ~ebunt..pluuiam portendent PLIN.*Nat*.18.344; lumen et umbras custodiit atque ut ~erent e tabulis picturae..curauit 35.131; QUINT. *Inst*.8.5.26;—(*transf., of rhetorical ornaments*) sententiae.. magis ~ent, cum omnia circa illas sordida et abiecta sunt 2.12.7; (*of persons in a crowd, cf. sense 1b*) his arma insignia data..ut inter ceteros ~erent LIV.10.38.12; (*cf.*) per confusa frementis uerba..uulgi uox ~et una OV.*Met*.15.607.

3 To be pre-eminent, excel.
(*of persons*) unus ~et inter omnis in omni genere dicendi CIC.*Orat*.104; nemo magnopere ~ebat in nouo populo LIV. 1.17.1; 38.50.8; cum..in re publica floruissent ~uissentque sine periculo 2.48.6; STAT.*Theb*.8.659; QUINT.*Inst*.8.3.63; —(*of things*) multi et uarii timores; inter ceteros ~ebat terror seruilis LIV.3.16.3; mors..~uit clarorum in strage uirorum..Domiti LUC.7.599; Philippicas (orationes) Demosthenis isdem..uides ~ere uirtutibus QUINT.*Inst*.3.8.65.

4 (of a feeling, quality, etc.) To be plain or evident, reveal itself.
ardebant oculi, toto ex ore crudelitas ~ebat CIC.*Ver*. 5.161; quo sua minus cupiditas ~eret LIV.3.64.1; cum.. desperatio in omnium uoltu ~eret 21.35.7; ~ebat..in uoce sceleris, quod parabat, atrocitas CURT.8.1.50; TAC.*Ag*.35.1; (*of a person*) secat Zephyros..fraxinus (*i.e. a spear*) iram.. ferens; teli non ~et auctor STAT.*Theb*.8.717; (*contrasted w.* appareo) ut otium tuum non ~eat, sed appareat SEN.*Ep*. 19.2.

ēminiscor ~ī, *tr.* [EX-+*miniscor* (MEMINI)] To think up, invent.
ingeniosior ad ~endum *Rhet.Her*.2.10; 2.12; ~imini quod respondeatis APUL.*Apol*.102.

ēministrātiō ~ōnis, *f.* [EX-+MINISTRO+-TIO] The serving out (of food or drink).
FAVORABIL(e) EST SI PVER(is) PLEBEIS..NVCVM SPARSION(em)..ET EX VINI VRNIS VI POTIONVM ~ON(em).. PRAESTITERINT *CIL* 10.5853.19.

ēminor ~ārī, ? *intr.* [EX-+MINOR] To issue threats.
~or interminorque, ne quis mi opstiterit obuiam PL. *Capt*.791.

ēminulus ~a ~um, *a.* [EMINEO+-VLVS] Projecting, protruding.
dente aduerso ~o hic est rinoceros LUCIL.117; 546; genibus ~is VAR.*R*.2.5.8; (canes) spina neque ~a neque curua 2.9.4; (*in fig. phr.*) quippe qui structor orationis huius egomet..operi adcommodem..angulis ~a APUL.*Soc*.pr.3.

ēminus, *adv.* [EX-+MANVS] (of fighting, striking, and sim.) At long range (and not in hand-to-hand combat). **b** (in non-military context) from a distance.
regis ~ equo ferit pectus CAEL.*hist*.44; SIS.*hist*.21; nec ~ hastis aut comminus gladiis uteretur CIC.*Sen*.19; faces.. in aggerem ~ iaciebant CAES.*Gal*.7.24.4; VERG.*A*.12.342; neque missilia habebant quibus ~ rem gererent LIV.9.35.6; CURT.6.1.4; TAC.*Ag*.36.1; (*in fig. phr.*) contumaciter ~ calumniis uelitatur APUL.*Apol*.2. **b** prius ipso tacta uapore ~ ardescunt quam comminus imbuat ignis LUCR. 6.904; fer opem, precor, ~ unam OV.*Pont*.1.6.17; LUC.7.650.

ēmīror ~ārī, *tr.* [EX-+MIROR] To wonder greatly at.
aspera nigris aequora uentis ~abitur insolens HOR.*Carm*. 1.5.8.

ēmissārium ~(i)ī, *n.* [EMITTO+-ARIVM] A channel for surplus water, drain, effluent, etc.; (med.) an outlet made for the discharge of morbid matter.
HS ∞ dabat (*i.e. for the hire of Cicero's garden*) nullo ~io, nulla maceria CIC.*Fam*.16.18.2; *Inscr. Dessau* 5798; ~ia in iis (*sc.* piscinis) quina PLIN.*Nat*.33.75; ~ium Fucini lacus SUET.*Cl*.20.1;— ~ium collectionis LARG.206; ~ium uomicae 229.

ēmissārius ~(i)ī, *m.* [EMITTO+-ARIVS]

1 A person sent out on a specific mission, an agent or emissary.
Turpio quidam, istius excursor et ~ius CIC.*Ver*.2.22; 5.108; de ui reus a quodam suo ~io, S. Tettio, factus CAEL. *Fam*.8.8.3; Sullae generum per ~ios factionis suae interfecit VELL.2.18.6; ex omnibus Neronis ~iis..maleficentissimos SUET.*Gal*.15.2; *Dom*.11.1.

2 (in vines) A side-shoot left to grow.
palmites..per singulos annos ad superiora scandant, relicto..in singulis tabulatis..~io uno PLIN.*Nat*.17.208.

ēmissīcius ~a ~um, *a.* [EMITTO+-ICIVS²] Sent out as a spy or emissary; (in quot., transf.).
circumspectatrix cum oculis ~is PL.*Aul*.41.

ēmissiō ~ōnis, *f.* [EMITTO+-TIO] **a** The setting free (of a captive). **b** the discharging (of missiles), emission (of rays).
a si ~o feminae anguis mortem adferebat Ti. Graccho CIC.*Div*.2.62. **b** telorum..~ones CIC.*Tusc*.2.57; radiorum ex oculis..~onem GEL.5.16.2.

ēmissus ~ūs, *m.* [EMITTO+-TVS³] = prec. (sense b).
cum iaciuntur (corpuscula) et ~um res nulla moratur LUCR.4.205.

ēmītescō ~ere, *intr.* [EX-+MITESCO] To become thoroughly mellow.
(mel) optimae notae ~it (*v.l.* enitescit) autumni aequinoctio COL.9.14.10.

ēmittō ~ittere ~īsī ~issum *tr.* [EX-+MITTO]

1 To send out, dispatch (persons, etc., on some mission specified or implied). **b** (letters or sim., usu. of an official nature). **c** to make known or communicate to the world; (esp.) to publish (books or writings).
properate istum atque istam actutum ~ittere PL.*Cas*.785; ~issi sunt qui..radiculum quaererent CIC.*Div*.2.135; equitatum..per causam pabulandi ~issum CAES.*Civ*.3.76.1; nauigia..ad incendia onerariarum ~ittere *B.Alex*.19.5; paucos..nauigio ~isit in ripam, qui agrestes..exciperent CURT.9.1.5; COL.12.1.5. **b** ~isi in omnis prouincias

(tabulas) CIC.*Sul*.42; FRON.*Str*.3.pr.; VT EPISTVLAS ~ITTANT AD EOSDEM MAG(istratus) *CIL* 9.2438.23; MARCEL.*dig*.13.5.24. **c** optio..semel puellae datur; immutabilis est, simul ~issa est SEN.*Con*.7.8.7; oracula..ab deo ~issa PLIN.*Nat*.7.151; fuit..suspicio ab ipso Gaio famam caedis simulatam et ~issam SUET.*Cal*.60; (*cf.*) Augustus filiam..relegauit et flagitia principalis domus in publicum ~isit SEN.*Ben*.6.32.1;—si quando aliquid dignum nostro nomine ~isimus CIC.*Fam*.7.33.1; quis..elegos ~iserit auctor, grammatici certant HOR.*Ars* 77; efflagitasti..ut libros..~ittere inciperem QUINT.*Inst*.pr.1; PLIN.*Ep*.9.1.1; SUET.*Cl*.33.2.

2 To release (from custody or confinement), free, let go. **b** (usu. w. *manu*) to discharge (slaves, offspring) from one's *potestas*. **c** to send away, dismiss; to let out (by a door).
~isisti e uinclis tuom erum PL.*Capt*.413; cur hunc..Verres..sine causa de carcere ~itti iusserit CIC.*Ver*.5.22; *Att*.2.24.3; ut cum singulis uestimentis ~itterentur LIV.9.42.7; ~issi laqueis OV.*Fast*.3.323; inclusos..Romanos ~ittere FRON.*Str*.1.5.16; (*cf.*) qualis..nodo comas coegit ~isitque (*i.e. the Amazon*) SEN.*Phaed*.402; (*absol.*) nequitia est..ut ~ittas includere *Ben*.6.26.1;—(*in fig. phrs.*) alium in extrema senectute..exire cupientem uix ~ittit (uita) SEN.*Dial*.11.11.4; si multa occurrunt molesta..(sapiens) ~ittit se (*i.e. by suicide*) *Ep*.70.5. **b** ~itteresne necne eum seruom manu? PL.*Capt*.713; siquidem prima dedit (mammam), haud dubiumst quin ~itti aequom siet TER.*Ad*.976; conuenere..domini eorum quos Ti. Sempronius..manu ~iserat LIV.24.18.12; cum..statim ~itterent manu quos adoptauerant TAC.*Ann*.15.19; SUET.*Vit*.6.1; GEL.2.18.10. **c** quom Catilinam ~isi CIC.*Att*.2.1.3; ille (*sc.* Plato) Homerum..~itit ex ea urbe, quam sibi fingit *Rep*.4.5;—natum Anchises..porta..~ittit eburna VERG.*A*.6.898; nemo..conuiuarum per eandem ianuam ~issus est PETR.72.10.

3 To release for action, let loose (for a race, in battle, or sim.).
citius..fugiunt quam ex porta ludis quom ~issust lepus PL.*Per*.436; Cassiuellaunus..omnibus uiis semitisque essedarios ex siluis ~ittebat CAES.*Gal*.5.19.2; primos equites..in hostem ~isit LIV.4.18.7; Aquilonem claudit in antris..~ittitque Notum OV.*Met*.1.264; sacer Cithaeron..feras in me tuas ~itte siluis SEN.*Oed*.932; LUC.4.765;—(*poet.*) conuerte, Titan..equos, ~itte noctem SEN.*Her.O*.1132; STAT.*Theb*.8.407; in hanc (*sc.* Scyron) totos ~isit puppe rudentes (*i.e. let out all sail*) *Ach*.1.692.

4 a To let fly, launch, shoot (missiles). **b** to let go of, drop.
a pilis ~issis CAES.*Gal*.2.23.1; iaculum attorquens ~ittit n auras VERG.*A*.9.52; faces..~issae excipiuntur LIV.4.33.6; quando..fulmen ~ittes manu? SEN.*Phaed*.673; baculum..in quoduis animal ~issum PLIN.*Nat*.24.116; STAT.*Theb*.6.646; JUV.15.67;—(*in fig. phr.*) argumentum..simul atque ~issum est adhaerescit CIC.*de Orat*.2.214; *Flac*.41. **b** scutum manu ~ittere CAES.*Gal*.1.25.4; ore ~isit caseum (corvus) PHAED.1.13.10; (*in fig. phr.*) ~issa de manibus res est (*i.e. the matter has been dropped*) LIV.37.12.3.

5 To cause or allow (liquids) to flow out, drain off, let out; to discharge (from the body). **b** to empty, drain (a container of liquid). **c** (pass., of a river) to debouch.
priusquam ex lacu Albano aqua ~issa foret LIV.5.15.4; fundum caccabi perforare et uinum omne ~ittere LARG.271; (*cf.*) uti (capita, *i.e. spouts on a building*)..uideantur ~ittere..ructus aquarum ex ore VITR.3.5.15; (*in fig. phr.*) memoria..rerum turbae non sufficit; necesse est, quantum recipit, ~ittat SEN.*Ben*.7.28.2;—ex temporibus sanguis ~ittitur CELS.6.6.16.B; fit, ut..sine uoluntate semen ~ittat 8.13; COL.6.12.1; sudorem ~ittere PLIN.*Nat*.7.78; docent..foris saturitatem ~ittere (*i.e. relieve oneself*) 10.92. **b** (*a lake*) lacus Velinus a M'. Curio ~issus interciso monte in Nar defluit CIC.*Att*.4.15.5; *Div*.1.100; PLIN.*Nat*.17.30; ~ittere Fucinum lacum (destinabat) SUET.*Jul*.44.3;—(*parts of the body*) ~issis..uenis LUC.7.625; (panos) concoctos ~ittere PLIN.*Nat*.32.106. **c** per septem Nilus portus emissus in aequor OV.*Ep*.14.107; Aeas secundum Apolloniam..~ittitur MELA 2.57.

6 To give off, emit (light, heat, vapour, etc.); also, to allow (vapour) to escape. **b** *animam* (*spiritum*) *~ittere*, to breathe one's last, expire. **c** to cast (shadows). **d** to utter (words, sounds).
paludes..umores graues..~ittunt VITR.1.4.12; rubicundus orbis..clarumque lumen ~ittens SEN.*Nat*.7.15.1; ubi (cimex) superpositus igni fumum ~isit COL.6.18.2; ignis..scintillam..~ittit PLIN.*Nat*.18.358; odorem rosae ~ittit (iuncus) 21.120; LARG.188; (*refl.*) si..nubium conflictu ardor expressus se ~iserit CIC.*Div*.2.44;—officinas aedificauere fumum eum non ~ittentes PLIN.*Nat*.35.41. **b** si ferrum, quod..in corpore remanserat, extraxisset, (se) animam statim ~issurum NEP.*Ep*.9.3; SEN.*Nat*.6.2.7; Phyllis..ob desiderium Demophoontis spiritum ~isit HYG.*Fab*.59.2. **c** in hac parte in occidentem spectantibus umbras in dextrum ~ittit (sol) HYG.GR.*agrim*.p.151. **d** si tum imprudens id uerbum ~isit VAR.*L*.6.30; uarios sonitus ~ittere linguae LUCR.5.1044; moriere, si ~iseris uocem LIV.1.58.2; OV.*Met*.4.413; QUINT.*Inst*.5.7.36; (*cf.*) nummos citius ~ittebat quam uerba; tanta illi inopia erat sermonis SEN.*Ben*.2.27.1.

7 a (of plants) To put forth, send out (leaves, flowers, etc.); (refl., pass.) to spring up, shoot forth. **b** (of animals) to give birth to (young), lay (eggs). **c** (of the earth, etc.) to bring forth, yield (crops); (of a place) to be the birthplace or breeding-ground of. **d** to give rise to, produce (physical phenomena).
a (sarmentum) radices e capite..~ittit COL.3.18.6; herba a radice folia ~ittens PLIN.*Nat*.12.72; cum (uitis) ~ittit uuam 16.101; redit omnis honos (*sc.* rosariis) ~issaque lucent germina STAT.*Theb*.7.225;—cum iam se ad bina..~iserit folia (culmus) PLIN.*Nat*.18.182.—Gallicum (buxum), quod in metas (*i.e. pyramids*) ~ittitur 16.70; si ~ittantur (ulmi) in ramos 17.90. **b** sus fera..~isit fetum MART.*Sp*.14.2; (*absol.*) (aranei) saliunt atque ita ~ittunt PLIN.*Nat*.11.85. **c** tum primum..audet flores ~ittere tellus MAN.3.653;—testudines..Indicum mare ~ittit PLIN.*Nat*.9.35; (*cf.*) fert (terebinthus)..folliculos ~ittentes quaedam animalia ceu culices 13.54. **d** cum (calx) non penitus macerata..sumitur..pustulas ~ittit VITR.7.2.1.

8 To cause (lines) to extend outwards or upwards. **b** (of a coastline, etc.) to throw out (projections).
omnes..linias, quae ~ittantur ex eo (*sc.* centro terrae) ad proximas aquas PLIN.*Nat*.2.165; limites ~iserunt, quibus kardo in horam sextam non conueniret HYG.GR.*agrim*.p.135. **b** (Italia) per sinus lunatos duo cornua ~ittens PLIN.*Nat*.3.43; ubi brachia ~ittit (Taurus mons) 5.98; (*pass.*) collis in mare ~issus MELA 1.84.

emō emere ēmī emptum, *tr.* [cf. Ir. *air-fo-emim* 'seize', Lith. *imù* 'take'] FORMS: *empsim* (= *emerim*) PL.*Cas*.347, *Mil*.316 (cj. in each case).

1 (app.) To take (cf. *em*[2] and the cpds. *adimo, demo*, etc.).
emere..antiqui dicebant pro accipere PAUL.*Fest*.p.4M; emere, quod nunc est mercari, antiqui accipiebant pro sumere p.76M.

2 To buy, purchase. **b** (w. gen. or abl. of price). **c** (w. advs. expr. cheapness or otherwise of purchase). **d** (w. vendor indicated). **e** (w. noun cls.).
uxori emunda ancillulast TER.*Ph*.665; qui oleam emerit CATO *Agr*.146.1; senatus decernit ut ematur..frumentum CIC.*Ver*.3.172; femina..densissima crinibus emptis OV.*Ars* 3.165; V.MAX.8.1.damn.8; PETR.57.4; faciles emi puellae (*i.e. prostitutes*) STAT.*Silv*.1.6.67; empto iure muniendi struxere muros (Iudaei) TAC.*Hist*.5.12; (*w. the payment as subj.*) turpiter ingenuum munera corpus emunt OV.*Ep*.5.144;—(*ellipt. or absol.*) effundite emite, facite quod uobis lubet TER.*Ad*.991; personae ementium et uendentium spectari debent POMPON.*dig*.18.1.72. **b** non ego tuam empsim uitam uitiosa nuce PL.*Mil*.316; praefinisti quo ne pluris emerem CIC.*Fam*.7.2.1; agrum..trecentis..nummorum milibus emptum HOR.*Ep*.2.2.165; PLIN.*Nat*.12.28; ancillam..duorum aureorum emptam JAVOL.*dig*.47.2.75 (74); (*poet.*) an..te..sibi generum Tethys emat omnibus undis VERG.*G*.1.31. **c** uin bene emere? PL.*Per*.587; emit domum..dimidio carius quam aestimabatur CIC.*Dom*.115; HOR.*Ep*.2.1.238; (lupinum) uilissime emitur COL.2.10.1; quod paulo sumptuosius equos..emeret PLIN.*Ep*.9.12.1. **d** eccum unde aedis filius meus emit PL.*Mos*.998; de..bono colono..melius emetur CATO *Agr*.1.4; CIC.*Clu*.176; regnum aliquod emere a Caesare *Att*.13.2a.2(2.2); V.MAX.4.1.ext.7; (*in a symbolical sale*) Gaium et L. adoptauit domi per assem et libram emptos a patre Agrippa SUET.*Aug*.64.1. **e** emisti grandi pecunia ut tibi..ius in liberos populos..dicere liceret CIC.*Prov*.7; JULIAN.*dig*.8.5.16.

3 To win over, gain the favour of; (usu., in a bad sense) to bribe, hire, suborn.
neque puduit eum..beneficiis me emere gnatum suom sibi PL.*As*.72; tanto te pignore (*i.e. the murder of Pompey*), Caesar, emimus LUC.9.1021;—emptos..iudices CIC.*Ver*.3.145; Mnasilochus..multis emptus donis LIV.36.11.8; quas (*sc.* ciuitates) aut uicerat Philippus aut emerat SEN.*Ep*.94.62; LUC.1.314; TAC.*Hist*.1.66; (*w. inanim. obj.*) Oppianicum iudici ad emendas sententias dedisse pecuniam CIC.*Clu*.102; reos empta..defendere lingua OV.*Am*.1.10.39.

4 To gain, procure (something immaterial, usu. as the result of suffering or sim.).
quid..erat quod discessu nostro emendum putaremus? CIC.*Q.fr*.3.8.1; est animus..qui uita bene credat emi..honorem VERG.*A*.9.206; nocet empta dolore uoluptas HOR.*Ep*.1.2.55; emimus luxu..rapinas (*i.e. attract men's greed by our wealth*) MAN.4.10; SEN.*Ben*.3.23.4;—(*w. noun cls.*) ne Parrhasii manus temere ludat coloribus, internecione humana emendum est? SEN.*Con*.10.5.8; quantine emptum uelit Hannibal, ut nos uertentes terga aspiciat? SIL.10.286.

ēmoderor ~ārī, *tr.* [EX-+MODEROR] To soothe or restrain (a passion).
dolor uerbis ~andus erit OV.*Rem*.130.

ēmodulor ~ārī, *tr.* [EX-+MODVLOR] To set (poetry) to a certain rhythm.
Musa, per undenos ~anda pedes (*i.e. in elegiac couplets*) OV.*Am*.1.1.30.

ēmōlior ~īrī ~ītus, *tr.* [EX-+MOLIOR]

1 To achieve, carry through (an arduous undertaking).
magnum molior negotium, metuoque ut hodie possiem ~irier PL.*Bac*.762.

2 To remove with an effort, force or heave out; (of winds) to heave up (the sea) from its depths.
sicca tussis..quae nihil ~itur CELS.4.13.2; 7.26.1.A; per nares ~iri pituitae nauseam COL.8.5.21; cuncta rerum nauiter ~itus (*i.e. out of the window*) APUL.*Met*.4.12;—infesti fretum ~iuntur (*sc.* uenti) SEN.*Ag*.478.

ēmolliō ~īre ~īuī or ~iī ~ītum, *tr.* [EX-+MOLLIS+-IO[2]]

1 To make soft, soften. **b** (med.) to relax (the bowels); to soothe (inflammation).
umor..et iaculorum amenta ~ierat LIV.37.41.4; CELS.6.7.7.B; cum calore solis ~itae sunt (fici) COL.12.15.5; PLIN.*Nat*.17.168; (aquae) marinae..lanas..~iunt 31.66; (*cf. sense 2b*) corpus effeminat, neruos ~it (calor) CELS.1.9.6. **b** (pepones) ~iunt aluum PLIN.*Nat*.20.11; 27.48;—cataplasmata quae simul et reprimunt et ~iunt CELS.4.12.1

2 (transf.) To take away the harshness of, mellow, refine. **b** (in bad sense) to take away the force or vigour of, weaken, enervate.
(*colours*) colores ~it Cimolia (creta) et..exhilarat contristatos sulpure PLIN.*Nat*.35.198;—(*a person's character or sim.*) adde quod ingenuas didicisse..artes ~it mores OV.*Pont*.2.9.48; si..petet..quae feritatem eius ~iant, libens offeram SEN.*Ben*.7.20.3; (*a poet's rhythm*) ut..~iam Catullum PLIN.*Nat*.pr.1. **b** metuens ne suum..exercitum..nimia urbis amoenitas ~iret LIV.27.3.2; SEN.*Ep*.92.10; ~it gentes clementia caeli LUC.8.366; quos nondum longa pax ~ierit TAC.*Ag*.11.5; (*cf.*) tu carmen scribas, tu uerba pedibus tuis ~ias..? SEN.*Con*.exc.6.8.

ēmolō ~ere, *tr.* [EX-+MOLO] **a** To produce by grinding, grind out. **b** to grind the whole of.
a arefactis (glandibus) ~itur farina PLIN.*Nat*.16.15. **b** granaria, fas est, ~e PERS.6.26.

ēmolumentum ~ī, *n.* [prec.+-MENTVM (orig. prob. 'output from a mill')] An advantage, benefit. **b** (spec., esp. in leg. context) financial advantage.
ut ad maleficium nemo conetur sine spe atque ~o accedere CIC.*S.Rosc*.84; si ~is, non suapte ui uirtus expetitur *Leg*.1.49; LUCR.5.166; nullum ~um tot laborum..uidistis LIV.21.43.8; SEN.*Ben*.2.31.3; cuncta iam patefacta credens nec ullum silentii ~um TAC.*Ann*.15.56; JUV.16.35; ~um aliquod solidum ad rationem uitae pertinens GEL.5.15.9; (*pred. dat.*) Romanis..legatorum regis aduentus magno ~o fuit LIV.24.48.13;—(*w. defining gen.*) tibi sit ~um honoris, mihi quod obiectent siet PL.*Trin*.694; hiemps ~um patrati belli contulit VELL.2.114.4. **b** docuit..maiore fama quam emolumento SUET.*Gram*.9(p.106Re);—(*leg.*) ut res cum omni ~o..ad filium transiret MARCEL.*dig*.24.1.49; utrum sextantis tantum ei auferatur ~um ULP.*dig*.37.6.1.13.

ēmoneō ~ēre, *tr.* [EX-+MONEO] To admonish earnestly, exhort.
te..~eo gloriam..omni cura..consequare CIC.*Fam*.1.7.9.

ēmorior ~ī ~tuus, *intr.* [EX-+MORIOR] FORMS: pres. inf. *emoriri* PL.*Ps*.1222, TER.*Eu*.432; pf. pple. *emortus* CELS.7.14.5, 7.21.1.C, 7.29.1 (s.vv.ll.).

1 (of persons or animals) To perish, die. **b** (of plants). **c** (of animal tissue). **d** (of a river) to peter out; (of an ignited substance) to die down.
alter uiuit, alter est ~tuos PL.*Poen*.61; *Truc*.624; exclamauit se maximo cum dolore ~i nec diutius uixit quam locuta est CIC.*Clu*.30; pro Pompeio ~i possum *Fam*.2.15.3; CATUL.52.1; OV.*Met*.3.391; (sol) cogit..miseras (*sc.* ranas) arida sede ~i PHAED.1.6.8; CALP.*Decl*.15; (*neut. pl. of pple. as sb.*) ~tua (*i.e. dead foetuses*) scamonium pellit PLIN.*Nat*.26.157; (*hyperb.*) risu omnes qui aderant ~iri TER.*Eu*.432. **b** (hordeum) si lutoso (solo) conmiseris, ~itur COL.2.9.4; totus frutex ~itur 2.11.4; propter quod ~iuntur (arbores) PLIN.*Nat*.17.85; (*cf.*) sterili et ~iente terra CURT.4.7.10. **c** membrum quod paulatim ~itur CELS.5.26.34.D; ubi..cutis pallet, scire licet eam ~tuam esse 7.2.6; qua iniuria uber (caprarum) ~itur PLIN.*Nat*.10.115; (*transf.*) ~tuae fauces (*i.e. deadened*) et occallatae cibis ardentibus SEN.*Nat*.4b.13.10. **d** Euphrates..inde tenuis riuus despectus ~itur MELA 3.78;—carbo..desinente flatu..~iens saepius recoquitur PLIN.*Nat*.16.23.

2 (fig., of a feeling, activity) To come to an end, die away, die out.
quid te..retulit beneficum esse oratione, si ad rem auxilium ~tuom est? PL.*Epid*.117; quorum laus ~i non potest CIC.*Parad*.18; per..gradus molles ~iatur amor OV.*Rem*.654; CELS.2.10.2; (spes) ~itur aetate QUINT.*Inst*.1.1.2; passus..est leges istas..situ atque senio ~i GEL.20.1.10.

ēmortuālis ~is ~e, *a.* [prec.+-ALIS] *dies ~is*, the day of one's death.
certumst mihi hunc ~em facere ex natali die PL.*Ps*.1237.

ēmoueō ~ouēre ~ōuī ~ōtum, *tr.* [EX-+MOVEO] FORMS: *exm-* PL.*Ps*.144, *Truc*.78; *emostis* (= *emouistis*) LIV.37.53.25.

1 To remove (persons) from a place, expel (by physical or other means). **b** (fig.) to banish from the mind (thoughts, feelings, etc.).
lictores qui de medio plebem ~oueret misit LIV.6.38.8; ~otis..curia legatis 30.23.1; Antiocho ultra Tauri iuga ~oto 38.47.11; (*from an organization*) omnibus quinque et triginta tribubus ~ouere (hominem) 45.15.4; (*w. abst. subj.*) dura sed ~ouere loco me tempora grato HOR.*Ep*.2.2.46; (*poet.*) tua, Caesar, aetas..~ouit..culpas et ueteres reuocauit artes *Carm*.4.15.11; (*cf.*) si..pestilentia..ex agro Romano ~ota esset LIV.41.21.11. **b** nisi somnum socordiamque ex pectore oculisque ~oueris PL.*Ps*.144; haec meretrix.., Phronesium, suom nomen (*i.e.* φρόνησιν) omne ex pectore ~ouit meo *Truc*.78; his dictis curae ~otae VERG.*A*.6.382.

2 To remove (a thing) from its original position, shift, dislodge, or displace. **b** to dislocate (a joint).
~oti procumbunt cardine postes VERG.*A*.2.493; Neptunus..~oti tridenti fundamenta quatit 2.610; quicquid ~oti soli (*i.e. dug up*) uineis praeparatur COL.3.18.1; squamam in oculis ~ouendam potius quam extrahendam PLIN.*Nat*.29.21; uniuersa tellure a centro suo aliquid ~ota 36.73; saxa fatiscunt ~otaeque trabes STAT.*Theb*.10.866; tecta..quasi ~ota sedibus suis PLIN.*Ep*.6.16.15. **b** distortis manibus ~otis articulis (*i.e. by torture*) SEN.*Con*.2.5.9.

3 To thrust forward, protrude.
labeas sensim primores ~ouemus NIGID.*gram*.23; totum iam sol ~ouerat orbem (*i.e. at dawn*) OV.*Fast*.3.367.

Empanda ~ae, *f.* A goddess (see quot., and cf. *Panda*).
~a paganorum dea PAUL.*Fest.p.*76M.

Empedoclēs ~is or ~ī, *m.* FORMS: acc. ~*em* CIC.*Ac.*44, *N.D.*1.93, ~*en* *Luc.*14, CELS.1.pr. 7, ~*ea* QUINT.*Inst.*1.4.4; gen. ~*is* PLIN.*Nat.* 29.5, ~*i* GEL.4.11.9, APUL.*Apol.*27. A celebrated Sicilian philosopher and statesman of the fifth century B.C., author of a poem on Nature.
deus..haberi dum cupit ~es HOR.*Ars* 465; PLIN.*Nat.* 30.9.

Empedoclēus ~a ~um, *a.* Of or belonging to Empedocles.
si Sallusti ~a legeris CIC.*Q.fr.*2.9.3; *Tusc.*1.41.

empēricus: see EMPIRICVS.

empetros (~ī), *f.* [Gk. ἔμπετρος] A rock-plant, doubtfully identified as a sea-heath *Frankenia* sp.).
PLIN.*Nat.*27.75.

emphasis (~is), *f.* [Gk. ἔμφασις] (rhet.) The use of language in such a way as to imply more than is actually said (see QUINT.*Inst.* 8.3.83).
~i..dixit, ferrum in Luccium incidisse QUINT.*Inst.*6.3.69; 8.2.11; est ~is..cum ex aliquo dicto latens aliquid eruitur 9.2.64.

empīricus ~a (~ē) ~um, *a.* [Gk. ἐμπειρικός] FORMS: *empēr-* read in CELS.1.pr.63, 64. **a** (masc. as sb.) A doctor who relies on observation and practice rather than on scientific theory. **b** (fem. as sb.) the school of empirical or anti-theoretic medicine. **c** (neut. pl.) a collection of empirical remedies.
a medici..aperuerunt (corpora) ut uiderentur, nec eo tamen aiunt ~i notiora esse illa CIC.*Luc.*122; CELS.1.pr.10; 5.pr.1. **b** alia factio ab experimentis se cognominans ~en PLIN.*Nat.*29.5. **c** PLIN.*Nat.*20.120.

emplastrātiō ~ōnis, *f.* [next+-TIO] A method of budding trees (see context cited).
(genus insitionis) quo ipsas gemmas cum exiguo cortice n partem sui delibratam recipit, quam uocant agricolae ~onem COL.5.11.1; 11.2.59; *Arb.*26.1; PLIN.*Nat.*17.118.

emplastrō ~āre ~āuī ~ātum, *tr.* [next+-O³] To bud (trees; see prec.).
arboris, quam ~aturus es, nitidissimum ramum eligito COL.5.11.10; 11.2.37.

emplastrum ~ī, *n.* [Gk. ἔμπλαστρον]

1 (med.) A plaster.
gypsum contritum, uti crassitudo fiat quasi ~um CATO *Agr.*39.2; VAR.*R.*3.16.23; CELS.5.19.1.A; uulnerariis ~is PLIN.*Nat.*23.81; ~um chirurgi Tryphonis subuiride LARG. 201; GAIUS *Inst.*2.79; (*fig.*) quid est ius iurandum? ~um aeris alieni LABER.*com.*1.

2 (agr.) A piece of bark used in budding, 'shield' or 'scutcheon' (see EMPLASTRATIO).
in eam partem (arboris), quam nudaueris, praeparatum ~um aptato COL.5.11.10; *Arb.*26.8; uitis non recipit ~a PLIN.*Nat.*17.121.

emplectos ~os ~on, *a.* [Gk. ἔμπλεκτος] Inwoven; (in quot., the name of a style of bricklaying).
tertium (genus structurae) est ~on, tantummodo frontibus politis PLIN.*Nat.*36.171.

empleuros ~os ~on, *a.* [Gk. ἔμπλευρος] Having broad flanks.
pistricem ualidam..~on LUCIL.1251.

emporīticus ~a ~um, *a.* [Gk.] Of or connected with commerce; (in quot., of 'paper' used for wrapping merchandise).
(charta) ~a inutilis scribendo inuolucris chartarum.. usum praebet PLIN.*Nat.*13.76.

emporium ~iī, *n.* [Gk. ἐμπόριον] A centre of trade, mart: **a** (of the business quarter in a city). **b** (applied to an actual town, sts. one attached to a larger centre).
a apud ~ium atque in macello PL.*Am.*1012; VAR.*R.*2.9.6; cum per ~ium Puteolanorum iter facerem CIC.*Att.*5.2.2; VITR.1.7.1; extra portam Trigeminam ~ium lapide straverunt LIV.41.27.8. **b** Cenchreas, Corinthiorum ~ium LIV. 32.17.3; liberari omnia Asiae ~ia portusque 32.33.7; 38.18. 11; portum..Azotum suarum mercium ~ium MELA 1.61; PLIN.*Nat.*5.60; 6.72.

emptīcius ~a ~um, *a.* [EMO+-ICIVS²] Obtained by purchase.
aprum glas..pascit ~a VAR.*R.*3.2.12;—(*of slaves*) SEN. *Con.*7.6.24; ~us, an..domi natus? PETR.47.12; *CIL* 6.8919.

emptiō ~ōnis, *f.* [EMO+-TIO]

1 The act of buying, purchasing.
bonorum ~o flagitiosa CIC.*S.Rosc.*24; ~ones falsas *Flac.* 74; SEN.*Con.*7.6.22; ~o frumenti FLOR.*Epit.*2.1(3.13.6); SUET.*Aug.*98.2; GAIUS *Inst.*3.139.

2 (concr.): **a** The thing bought, a purchase. **b** a deed of purchase.
a ex istis ~onibus nullam desidero CIC.*Fam.*7.23.2; ~o noua PLIN.*Ep.*2.15.1; si..prior emptor aduersus eum licitatus sit et penes eum ~o remanserit ULP.*dig.*18.2.6.1. **b** ~ones praediorum in isdem lateralibus condiderat SCAEV. *dig.*32.102; ULP.*dig.*33.7.12.45.

emptitō ~āre ~āuī ~ātum, *tr.* [EMO+-ITO] To purchase (frequently or habitually).
ternis saepe denariis singulos (turdos) ~atos esse COL. 8.10.6; alios coriis boum, alios ferro..res ~asse tradit (Homerus) PLIN.*Nat.*33.7; TAC.*Ann.*14.41; certatim, quidquid uenale audiunt, ~ant PLIN.*Ep.*6.19.5.

emptīuus ~a ~um, *a.* [EMO+-IVVS] (of a person) Engaged for money, hired.
~um militem PAUL.*Fest.p.*77M.

emptor ~ōris, *m.* [EMO+-TOR] A purchaser, buyer. **b** one who obtains by bribery.
proba mers facile ~orem reperit PL.*Poen.*342; CATO *Agr.* 146.3; *CIL* 1.585.23; bonorum ~ores CIC.*Quinct.*50; Tusculano ~or nemo fuit *Q.fr.*2.2.1; HOR.*Ep.*2.2.167; LIV.42.8.7; TAC.*Ann.*2.87; ~or..ueneni JUV.8.17; (*w. gen. of price*) eiusdem pretii ~or ULP.*dig.*18.2.4.6; (*poet.*) dedecorum pretiosus ~or HOR.*Carm.*3.6.32. **b** callidus ~or Olynthi (*i.e. Philip of Macedon*) JUV.12.47.

emptum ~ī, *n.* [pple. of EMO] A thing bought, purchase.
quae ex ~o aut uendito..contra fidem fiunt CIC.*N.D.* 3.74; cum constet negotiatio eius ex ~o et uendito SEN. *Ben.*6.38.2; POMPON.*dig.*18.1.6.1.

empturiō ~īre, *intr.* [EMO+-VRIO] To hanker after buying things.
te ~ientem in campos Macros ad mercatum adducunt crebro pedes VAR.*R.*2.pr.6.

emptus ~ūs, *m.* [EMO+-TVS³] The act of purchasing; also, the amount purchased.
SER(uus) ~v *CIL* 2.2229;—salsamentorum in eas piscinas ~um coiciebat VAR.*R.*3.17.7.

ēmūgiō ~īre, *tr.* [EX-+MVGIO] To utter in a loud deep voice, bellow out.
omnia..~iunt, multo discursu, anhelitu QUINT.*Inst.*2. 12.9; (*of a trumpet*) longas ~it bucina uoces *Aetna* 296.

ēmulgeō ~gēre ~sī ~sum, *tr.* [EX-+MVLGEO] To draw off (milk).
exiguum lactis ~gendum est COL.7.3.17; (*absol.*) pineas nuces in mulctram demittunt et mox super eas ~gent 7.8.6; (*transf.*) barathrum..siccare ~sa pingue palude solum CATUL.68.110.

ēmunctiō ~ōnis, *f.* [EMVNGO+-TIO] Wiping of the nose.
cum ~o..frequentior..reprehendatur QUINT.*Inst.*11.3. 80.

ēmundō ~āre ~āuī ~ātum, *tr.* [EX-+MVNDO] To free from dirt or impurities, clean thoroughly.
subsidit sincera foraminibusque liquatur ~ata Ceres (*i.e. in sieving*) *Mor.*43; locus..conuerri et ~ari debet COL.8.8.6; poterunt uepres attenuari..segetes ~ari 11.2.7; 12.57.1; aereum uas ~atum nitro PLIN.*Nat.*33.103;—(*the body and its parts*) ad ~anda obscena SEN.*Ep.*70.20; (mulieres) quae se ~auerint lotae in balneo ULP.*dig.*34.2.25.10.

ēmungō ~gere ~xī ~ctum, *tr.* [EX-+**mungo* (cf. L. *mucus*, Gk. ἀπο-μύσσω, μύξα, Welsh *migu*, NIr. *smug*)] FORMS: *emunxti* (= *emunxisti*) PL.*Mos.*1109, 1110.

1 To wipe the mucus from (the nose, etc.); (usu., pass. or refl.) to wipe one's nose. **b** (fig., pf. pple., of writers or sim.) having delicate or refined tastes.
ut neque spuerent neque ~gerentur VAR.in Non.p.395M; cuius pater cubitis ~gi solebat *Rhet.Her.*4.67; ~gi misero.. non licuit MART.7.37.8; JUV.6.147; quotiens ego uidi patrem tuum brachio se ~gentem! SUET.*Poet.*fr.40(p.44Re); (*w. retained acc.*) tu ut oculos ~gare ex capite per nasum tuos PL.*Cas.*391;—(*in fig. phr.*) Lucilius..facetus, ~ctae naris (*i.e. a shrewd judge*) HOR.S.1.4.8; PHAED.3.3.14. **b** Attici limati quidam et ~cti QUINT.*Inst.*12.10.17.

2 (colloq.) To trick, swindle, defraud.
~gam..hominem probe hodie PL.*Bac.*701; homo es, qui me ~xisti mucidum, minimi preti *Epid.*494; Pythias ~cto lucrata Simone talentum HOR.*Ars* 238; (*w. abl. of separation*) ~xi argento senes TER.*Ph.*682;—(*facet., in pun w. sense 1*) probe med ~xti. — uide sis, satine recte: num mucci fluont? — immo etiam cerebrum quoque omne e capite ~xti meo PL.*Mos.*1110.

ēmūniō ~īre ~īuī or ~iī ~ītum, *tr.* [EX-+MVNIO] To make (buildings, etc.) secure, fortify, protect (esp. with walls or embankments). **b** to pile high. **c** (app.) to build roads or causeways through.
fultos..~iit obice postis VERG.*A.*8.227; murus..supra ceterae modum altitudinis ~itus erat LIV.21.7.7; 24.21.12; colles ~ire SEN.*Cl.*1.19.6; sic ~ita sola et latera horreorum prohibent curculionem COL.1.6.16; caueam retibus ~itam 8.8.4; oppositis molibus restituit (oppidum)..~ito situ iuxta in longitudinem VI p., in latitudinem paulo minus PLIN.*Nat.*6.139; (*w.* ab) (materias utium oportet) ab iniuria pecoris caueis ~iri COL.5.6.21;—(*in fig. phr.*) ~ita et in altum subducta uitae quies SEN.*Ep.*82.4; (*w. aduersus*) aduersus hunc metum ~iuit animum SEN.*Con.*7.2.10. **b** pars..~ire toros alteque inferre tapetas STAT.*Theb.*1.518. **c** manus siluis ac paludibus ~iendis..conteruntur TAC.*Ag.* 31.2.

-ēmus -ēma -ēmum, *adjl. suff.* Enlargement of -MVS, by way of *demus* (see DEMVM), only found in *supremus*, *extremus*, and *postremus*.

ēmussitātus ~a ~um, *a.* [pple. of **emussito* (app. irreg. from EXAMVSSIM+-ITO)] Made according to rule, perfect.
inest in hoc (sene) ~a sua sibi ingenua indoles PL.*Mil.* 632; ~a ad amussim facta PAUL.*Fest.p.*76M.

ēmūtātiō ~ōnis, *f.* [next+-TIO] Transformation, change.
est enim grata in eloquendo..~o, et magis inopinata delectant QUINT.*Inst.*8.6.51.

ēmūtō ~āre ~āuī ~ātum, *tr.* [EX-+MVTO] To alter, transform.
totum..~ant (tropica signa) conuerso cardine mundum MAN.3.623; adpositis caput ~are capillis (*i.e. wear a wig*) 5.149; ~atis in peruersum dicendi figuris QUINT.*Inst.*8.2.19.

emys ~ydis, ?*f.* [Gk. ἐμύς] A fresh-water species of tortoise.
PLIN.Nat.32.32.

ēn, *interj.* [Gk. ἤν, ultimate origin uncertain; the connection between senses 1 and 2 is obscure.]

1 (in earnest questions) ~ *umquam* (usu. juxtaposed and often written as one word), At any time at all? ever?
sed tu ~umquam cum quiquam uiro consueuisti? PL. *Cist.*86; *Men.*143; *Trin.*590; cedo dum, ~umquam iniuriarum audisti mihi scriptam dicam? TER.*Ph.*329; 348; ~ erit umquam ille dies, mihi cum liceat tua dicere facta? VERG. *Ecl.*8.7; LIV.10.8.10; SIL.16.91; (*in indir. qus.*) in conciliis uoces..auditas ~ unquam ille dies futurus esset quo.. Italiam bona pace florentem uisuri essent LIV.30.21.8.

2 (calling attention to a thing, visible or otherwise) Observe! see! behold! (often used in ironical context; sts. foll. by ethical dat.). **a** (introducing, or parenthetic to, a complete sentence). **b** (foll. by exclam. cls.). **c** (foll. by acc.). **d** (foll. by nom.). **e** (introducing sarcastic questions). **f** (absol.).
a ~..haec ego patior cotidie CIC.*Att.*5.1.3; adsum ~ C. Cotta consul! SAL.*Hist.*2.47.10; LIV.7.15.2; reuocate, Quirites..~, reuocant! OV.*Am.*3.2.75; LUC.4.809; fabulam ..ad auris uestras adferre decreui, et ~ occipio APUL.*Met.*9. 14; (*in vivid narrative*) haec dum stupentes quaerimus, totum ~ mare immugit SEN.*Phaed.*1025; (*w.* ecce) ~ ecce..prosiluit ..Iocasta *Oed.*1004; (*w. vbs. of seeing*) aspicis ~ domini fulgentes marmore uultus? MART.9.23.3. **b** ~, quoius auctoritatem sequimini GRACCH.*orat.*55; ~ cui tuos liberos committas..! CIC.*Ver.*1.93; ~ quo discordia ciuis produxit miseros VERG.*Ecl.*1.71; ~ homo quemadmodum natat PETR.115.10; JUV.9.50. **c** ~ meam mansuetudinem! CIC.*Att.*8.5.1; ~ uobis..iuuenem LIV.5.18.5; ~ animam ..cum qua di nocte loquantur JUV.6.531; APUL.*Met.*9.10. **d** ~ causa, cur..dominum seruus accuset CIC.*Deiot.*17; ~ Priamus VERG.*A.*1.461; LUC.8.50; TAC.*Ann.*1.65; ~ fides.. ~ conscientia APUL.*Met.*3.7. **e** ~ haec promissa fides est? VERG.*A.*6.346; ~, haec desertae redduntur dona senectae? *Ilias* 36. **f** '~' ait et iaculum..emittit in auras VERG.*A.*9.52.

3 (used with imp., as an encouragement to action) Come on! here! (in some cases perh. merely resumptive, = well, then!). **b** (introducing a remonstrance).
hos tibi dant calamos, ~ accipe, Musae VERG.*Ecl.*6.69; ~ age segnis rumpe moras *G.*3.42;~ audi crastina, quisquis ades! OV.*Fast.*3.352; ades ~ comiti, diua uirago SEN. *Phaed.*54; PERS.5.134; SIL.3.179. **b** ~, quid ago? VERG. *A.*4.534; PERS.5.154.

enaristē: conjectural form of the name of a precious stone.
PLIN.*Nat.*37.159.

ēnarrābilis ~is ~e, *a.* [ENARRO+-BILIS] (only in neg. or quasi-neg. context) That can be described or explained.
clipei non ~e textum VERG.*A.*8.625; hoc tam perplexum ..et uobis quoque uix ~e SEN.*Ep.*121.10; PERS.5.29; motu animi quodam nescio an ~i QUINT.*Inst.*6.3.6; uix ~i foeditate 12.10.76.

ēnarrātē, *adv. compar.* ~ius. [pple. of ENARRO+-E] With detailed exposition, explicitly.
quod..Varro breuiter et subobscure dixit, Tiro Tullius.. ~ius scripsit GEL.10.1.7; 13.12.5.

ēnarrātiō ~ōnis, *f.* [ENARRO+-TIO]

1 The recounting (of events); the setting forth, exposition (of a subject).
haec exornatio plurimum prodest in amplificanda..re huiusmodi ~onibus *Rhet.Her.*4.69;—syllabarum ~o SEN. *Ep.*88.3; tota eius ~o mundi mendacium impudens est *Nat.* 7.13.2.

2 Detailed interpretation (of an author, a literary passage, etc.).
ASC.*Corn.*71; poetarum ~onem QUINT.*Inst.*1.4.2; ~o historiarum (*i.e. of historical allusions*) 1.8.18; in sensus Vergiliani ~one GEL.2.16.pr.

ēnarrātor ~ōris, *m.* [next+-TOR] An expounder, interpreter (of an author, his writings, etc.).

saturarum M. Varronis ~or GEL.13.31.1; uocum antiquarum ~ores 18.6.8.

ēnarrō ~āre ~āuī ~ātum, *tr.* [EX-+NARRO]

1 To relate or describe fully, recount.
ea tibi omnia ~aui PL.*Am.*525; Hegioni..rem ~ato omnem ordine TER.*Ad.*351; cum..senatui somnium ~auisset CIC.*Div.*1.55; NEP.*Pel.*1.1; neuter animi habitus satis dici ~arique potest LIV.27.50.3; Graecas fabulas ~are uacat 28.43.21; VELL.2.52.3; pauca..adiciam ad ~andam uim fulminis SEN.*Nat.*2.52.1; PLIN.*Nat.*36.87; QUINT.*Inst.* 10.1.101; (*w. indir. qu.*) ad ~andum quam uaria fortuna usus sit (Masinissa) LIV.29.29.5.

2 To explain thoroughly, expound, interpret (writings or sim.).
si quaestiones explicet..poemata ~et (grammaticus) QUINT.*Inst.*1.2.14; ut id uerbum nobis ~aret GEL.16.10.3.

ēnascor ~ascī ~ātus, *intr.* [EX-+NASCOR] To arise out of something by natural growth, spring forth, sprout: **a** (of plants or parts of plants). **b** (of parts of the body, parasites, etc.). **c** (transf., of newly-formed islands). **d** (poet., of the dawning day).
a ex eo (*sc.* semine) tardius ~ascebatur colis VAR.*R.* 1.41.6; lauream in puppi nauis..~atam LIV.32.1.12; V.MAX.1.6.12; (cicer) pridie macerandum erit, ut celerius ~ascatur COL.2.10.20; malleolos..probabili parte uitis ~atos 3.10.15; PLIN.*Nat.*18.259; ~ata humo uirgulta TAC. *Ann.*2.14; PAUL.*dig.*18.1.40.3; (*transf.*) (an) Roma casis ~ata foret? MAN.4.27. **b** ex eo (mento) ~atis duobus dentibus.. eminulis VAR.*R.*2.9.3; (cornua) ceruorum..cutibus ~ascuntur PLIN.*Nat.*11.128; e uipera in olla putrefacta uermiculisque ~atis 29.120; cui centum capita draconum ex umeris ~ata erant HYG.*Fab.*152.1. **c** insulam medio..alueo ~atam CURT.9.8.30; in nostro aeuo Thia iuxta easdem (insulas) enata PLIN.*Nat.*4.70; PLIN.*Ep.*6.31.17; MAECIAN.*dig.* 32.17. **d** quos felices Cynthia uidit, uidit miseros ~ata dies SEN.*Her.O.*642.

ēnatō ~āre ~āuī ~ātum, *intr.* [EX-+NATO] To escape by swimming. **b** (transf.) to float up or forth; (of heavenly bodies or sim.) to appear above the surface of the sea.
si fractis ~at exspes nauibus HOR.*Ars* 20; PHAED.4.22 (23).14; nemo cum sarcinis ~at SEN.*Ep.*22.12; obrutus.. ponto ad uotum..~auit MART.9.40.8; naufragio facto.. ~auit in insulam Aeaeam HYG.*Fab.*125.16; APUL.*Met.*2.14; (*w. acc. of distance*) DCCC passuum interuallum ad oppidum ~auerunt *B.Alex.*18.3;—(*fig.*) reliqui habere se uidentur angustius, ~ant tamen CIC.*Tusc.*5.87; PETR.57.10;—(*in fig. phr.*) ex naufragio patriae saluus nemo potest ~are *Rhet.Her.*4.57. **b** (remi) remittunt ~antes..imagines ad summam aquae planitiem VITR.6.2.2; hac ubi se primum porta (*i.e. straits of Messina*) mare fudit, aperto ~at Ionio MAN.4.607;—Phoebus ab undis ~at 2.942; surgente Lyra testudinis ~at undis forma 5.324.

ēnāuigō ~āre ~āuī ~ātum, *intr., tr.* [EX-+NAVIGO]

1 (intr.) To sail forth (from a place), put out; also, to sail clear (of obstacles).
~are properantes CURT.9.9.13; paruo nauigio..piscator ~at certo spatio PLIN.*Nat.*9.180; SCAEV.*dig.*45.1.122.1; ut de Euboea insula festinus enauigasti APUL.*Met.*2.13; (*w. destination expr.*) aduersis tempestatibus Rhodum ~auit SUET.*Tib.*11.1;—ex quibus..tamquam ex scrupulosis cotibus ~auit oratio CIC.*Tusc.*4.33.

2 (tr.) To sail across.
unda..omnibus, quicumque terrae munere uescimur, ~anda (*i.e. the Styx*) HOR.*Carm.*2.14.11; sinus XII dierum.. remigio ~atus PLIN.*Nat.*9.6.

encanthis, *f.* [Gk. ἐγκανθίς] The Greek name for a kind of tumour in the eye.
CELS.7.7.5.

encardia ~ae, *f.* [cf. Gk. ἐγκάρδιος] An unidentified precious stone.
PLIN.*Nat.*37.159.

encarpa ~ōrum, *n. pl.* [cf. Gk. ἔγκαρπος] (archit.) Festoons of fruit (on friezes or the capitals of columns).
~is pro crinibus dispositis frontes ornauerunt VITR.4.1.7.

encaustica ~ae, *f.* [cf. Gk. ἐγκαυστικός] The art of encaustic painting.
PLIN.*Nat.*35.122.

encaustus ~a ~um, *a.* [Gk.] Burnt in, painted in encaustic (i.e. with molten wax as paint). **b** (neut. as sb.) encaustic work; also, a specimen of this.
~ae picturae PLIN.*Nat.*35.122; ~us Phaethon tabula tibi pictus in hac est MART.4.47.1. **b** ~o pingendi duo fuere antiquitus genera PLIN.*Nat.*35.149; 36.189;—Pamphilus..pinxisse..~a..traditur 35.123.

Enceladus (~os) ~ī, *m.* (mythol.) A giant overthrown by Jupiter and imprisoned under Etna.
VERG.*A.*3.578; HOR.*Carm.*3.4.56; OV.*Am.*3.12.27; STAT. *Theb.*3.595; HYG.*Fab.*pr.4.

enchōrius ~a ~um, *a.* [Gk. ἐγχώριος] Belonging to the country, native; (in quot., of objects made of local stone).
alii ponunt (terminos) siliceos..alii ~os, alii peregrinos HYG.*agrim.*p.90.

enchrista, *n. pl.* [Gk. ἔγχριστος] The Greek name for liquid ointment.
CELS.5.24.3.

enchrȳsa ~ae, *f.* [Gk.] A plant, = ONOCHILON.
PLIN.*Nat.*22.51.

enclima ~atis, *n.* [Gk. ἔγκλιμα] The inclination of the equator to the horizon, polar altitude.
hemicyclium..ad ~a..succisum.. VITR.9.8.1.

encombōma ~atis, *n.* [Gk. ἐγκόμβωμα] Some sort of over-garment.
ut puellae habeant potius in uestitu..~ata..quam togas VAR.in NON.p.543M.

encōmiographus ~ī, *m.* [Gk. ἐγκωμιογράφος] A writer of panegyrics.
~os istic audiimus..miros mortales AUR.*Fro.*1.p.142 (31N).

encrīnomenos, *a.* [pple. of Gk. ἐγκρίνω] That is in process of being admitted; (in ref., name of a statue of an athlete).
PLIN.*Nat.*34.72(*s.v.l.*)

encyclios ~os ~on, *a.* [Gk. ἐγκύκλιος] *disciplina* ~*os*, a general education (as a foundation for specialized studies; cf. QUINT. *Inst.*1.10.1 sq.).
~os..disciplina uti corpus unum ex his membris est composita VITR.1.1.12; 6.pr.4.

encȳmos ~os ~on, *a.* [Gk. ἔγχυμος] Succulent, juicy; (distinguishing name of a kind of hellebore).
PLIN.*Nat.*25.51.

encytus ~ī, *m.* [Gk. ἔγχυτος 'poured in'] A kind of cake.
~um ad eundem modum facito, uti globos CATO *Agr.*80.

endo, *prep.* [= INDV] Archaic equivalent of IN, in various senses: **a** (w. acc.). **b** (w. abl.).
a libras farris ~ dies dato *Lex XII* (*Font.iur.*p.21); ~ plagas caelestum ascendere ENN.*var.*23; ille inde ~ suam domum, nos nostram VAR.*R.*3.17.10. **b** ~ muco LUCIL. 1075; ollos, quos ~ caelo merita locauerint CIC.*Leg.*2.19; LUCR.6.890; ~ mandatela tua *formula* in Gaius *Inst.*2.104.

endo-, *pref.*: see INDV-.

endoiaciō ~ere, *tr.* [ENDO-+IACIO] = INICIO.
Lex XII (*Font.iur.*p.18).

endoitium ~iī, *n.* [ENDO-+EO¹+-IVM] = INITIVM.
PAUL.*Fest.*p.76M.

endoplōrō ~āre. [ENDO-+PLORO] = IMPLORO.
Lex XII(*Font.iur.*p.31); PAUL.*Fest.*p.77M.

endromis ~idos or ~idis, *f.* [Gk. ἐνδρομίς] A thick wrap worn by athletes, etc., after exercise.
pro laena mittimus ~ida MART.14.126.2; JUV.3.103; ~idas Tyrias 6.246.

Endymiōn ~ōnis, *m.* (mythol.) A beautiful young man loved by the Moon; he was said to sleep for ever on Mt. Latmos. **b** (transf., of any handsome youth).
ne..~onis somnum nobis uelimus dari CIC.*Fin.*5.55; *Tusc.* 1.92; PROP.2.15.15; MELA 1.86; MART.10.4.4. **b** tuus ~on dilectae fiet adulter matronae JUV.10.318; APUL.*Met.* 1.12.

ēnecō (ēnicō) ~āre ~āuī or ~uī ~tum (~ātum), *tr.* [EX-+NECO] FORMS: *enic-* regular in PL. and TER., also VAR.*Men.*289; pf. *enecaui* PL.*As.*921, CALP.*Decl.*13, *enecui* SEN. *Ep.*94.31, SUET.*Gram.*3(p.102Re); pple. usu. *enectus*; *enecatus* PLIN.*Nat.*18.127, 30.108; ~*asso* (= ~*auero*) PL.*Mos.*212, 223. To deprive of life, kill. **b** (vegetation). **c** (hyperb., of pain, hunger, or sim.); (also, colloq., of tiresome people).
puer ambo anguis ~at PL.*Am.*1119; ut auis ~at accipiter VAR.*Men.*289; *B.Afr.*84.1; bos est ~tus arando HOR.*Ep.* 1.7.87; medicamentis ~andi (uermes) CELS.6.7.5; praeferuidi balnei uapore ~atur TAC.*Ann.*14.64; SUET.*Jul.*75.3; (*cf.*) nec..poteras ~tum pondere terrae tollere..caput OV. *Met.*4.243; (*in an exclam.*) si non totus friget, me ~a TER. *Ph.*994; (*absol.*) ea (uenena)..quae exulceratione ~ant PLIN. *Nat.*28.160; (*in fig. phr.*) si..illam (indolem) diutina pestis non..~uit SEN.*Ep.*94.31. **b** quod..gelu frumenta ~entur COL.2.11.1; umbra stolones superuacuos ~ante PLIN.*Nat.*17.150. **c** quid tibi est? — lien ~at, renes dolent PL.*Cur.*236; ~tus siti *Inc.trag.*111; pleni ~tine simus (*i.e. whether we are starving*) CIC.*Div.*2.142; umbrae hominum, fame, frigore, inluuie, squalore ~ti LIV.21.40.9; —quid taces? dice. ~as me miserum tua reticentia PL.*Mer.* 893; qui me..rogitando obtundat ~et TER.*Eu.*554; sobrinum tuom non noras?— ~as *Ph.*384.

ēneruātus ~a ~um, *a.* *compar.* ~ior. [pple. of ENERVO] = next.

philosophus tam mollis..tam ~us CIC.*de Orat.*1.226; quid ..illo inertius..quid ~ius..? *Pis.*fr.6; ~am muliebremque sententiam *Tusc.*2.15.

ēneruis ~is ~e, *a.* Also ~**us** ~a ~um. [EX-+NERVVS+-IS, -VS] FORMS: *eneruus*, etc., APUL.*Met.*1.4. Devoid of energy, nerveless, feeble, languid, etc. **b** (applied to physical objs.) not taut, limp or slack.
(*of persons*) emolliti ~esque SEN.*Con.*1.pr.9; qui uoluptatem sequitur, uidetur ~is, fractus SEN.*Dial.*7.13.4; *Thy.* 176; in iuuentute saltandis fabulis exossis plane et ~is APUL.*Apol.*74; (*w. ref. to literary style*) Ciceronem a Caluo.. male audisse tamquam solutum et ~em TAC.*Dial.*18.5;— (*of conditions, etc.*) ~em et frigidam iuuentam V.MAX.3. 5.3; segnitia ~is SEN.*Ep.*74.33; spectaculum..non ~e nec fluxum PLIN.*Pan.*33.1. **b** arcus imbribus ~es FRO.*Ver.* 2.p.212(208N); corporis effetam et ~em et fluxam cutem APUL.*Pl.*2.16.

ēneruō ~āre ~āuī ~ātum, *tr.* [prec.+-O³]

1 To cut the sinews of.
alterius bracchia amputat, alterius ~at SEN.*Con.*10.4.2; qui poplites meos ~are secure sua comminaretur APUL. *Met.*8.30; (*in fig. phr.*) ademptis maritimis ciuitatibus ~atam tyrannidem (Nabidis) LIV.35.12.7.

2 To take away the vigour of (a person, his character, physique, etc.), weaken, enervate.
non plane me ~auit..senectus CIC.*Sen.*32; rogare..te.. uiris quid ~et meas..? HOR.*Epod.*8.2; scorta balineaque.. ~auerunt corpora animosque LIV.23.18.12; quare male fortibus undis Salmacis ~et tactos..artus OV.*Met.*4.286; ~atum amore..animum VELL.2.86.3; SEN.*Dial.*12.2.3; (*absol.*) relinque..uoluptates; molliunt et ~ant *Ep.*84.11; —(*transf.*) ut..~etur oratio compositione uerborum CIC. *Orat.*229; dolorem..licet contumacissimum..tempus ~at SEN.*Dial.*6.8.1.

ēneruus: see ENERVIS.

Engonasin, (*m.*) [Gk. (ὁ) ἐν γόνασιν] 'The kneeling figure' (a name given to the constellation Hercules).
'..imago..' quam quidem Graeci '~ uocitant, genibus quia nixa feratur' CIC.*N.D.*2.108; MAN.5.646.

enhaemon ~ī, *n.* [Gk. ἔναιμον (sc. φάρμακον)] (med.) The Greek name for any preparation used to stop bleeding.
CELS.5.19.1.A; PLIN.*Nat.*12.77.

enhydris ~idis, *f.* [Gk. ἐνυδρίς] A kind of snake living in water.
PLIN.*Nat.*30.21; 32.82.

enhygros ~ī, *f.* [Gk. ἔνυγρος] A precious stone containing liquid, perh. a chalcedony.
~os (*v.l.* enhydros)..rotunditatis absolutae..est: ad motum fluctuatur intus in ea..liquor PLIN.*Nat.*37.190.

-ēnī -ēnae -ēna, *adjl. suff.* Enlargement of -NVS, used to form certain distributive numerals on the analogy of *seni* (*deni, septeni, noueni, uiceni, centeni*).

ēnicō: see ENECO.

enim, *particle.* [Osc. *inim* (and), Umb. *enem, enom* (then); = pron. stem *(*e*)*no-* (cf. *nam, nunc*)+-IM] N.B.: see AT, IMMO, NEQVE, QVIA, QVIS¹, QVOD, SED¹, VEL, VERVM for special combinations of *enim*; see also ENIMVERO, ETENIM. POSITION: normally second word (or element) in sentence, but sts. postponed, esp. for metrical reasons; in first position condemned as a solecism by Quintilian (*Inst.* 1.5.39), but freq. in Plautus and Terence (in sense 1), and also found in CALP.*Decl.*20, APUL.*Apol.*18, 98, *Soc.*8, etc.

1 (in dialogue, inceptive: introducing a remark, usu. a qualification of the previous speaker's words) Well! why! (N.B.: it is hard to draw a line between this and other uses of *enim*, esp. the elliptical uses). **b** (used in underlining the answer to a question) to be sure! of course!
equidem dotem ad te attuli..~ mihi quidem aequomst purpuram atque aurum dari PL.*Aul.*500; gaudeo tibi mea opera liberorum esse amplius. — ~ non placet *Cist.*777; huc decem accedent minae. — apscedent ~, non accedent *Per.*670; tua pol refert. — ~, siquidem mea refert, opera utere *St.*616; retine dum ego huc seruos euoco. — ~ nequeo solus: accurre TER.*Ph.*983. **b** qur istuc coeptus consilium? — quia ~ me adflictat amor PL.*Mer.*648; quid metuis? — ~ ne nos nosmet perdiderimus uspiam *Mil.*429; quid tute tecum (*sc.* loqueris)? — nihil ~ *Mos.*551; *Truc.* 733; Phormio dotem si accipiet, uxor ducendast domum: quid fiet? — non ~ ducet TER.*Ph.*694.

2 (poet., app. used to emphasize the preceding word).
plausus..per cuneos geminatus ~ plebisque patrumque VERG.*G.*2.509; in litore conspicitur sus: quam pius Aeneas tibi ~, tibi..Iuno, mactat *A.*8.84; Aenean..uocauit. Aeneas agnouit ~ laetusque precatur..10.874.

3 (confirmatory and causal: introducing the ground or reason for something previously said) For; *neque* (*nec*) ~, for . . not. **b** (explanation often in form of a rhetorical question). **c** (esp. used, usu. parenthetically, in explaining a particular word, name or phr.). **d** (introducing a particular instance in support of a general assertion).

quos quom ferias, tibi plus noceas; eo ~ ingenio hi sunt flagritribae Pl.*Ps*.137; Cato *iur*.1; illi . . uiri uituperandi: non ~ omnis ciuis saluos esse uoluerunt Cic.*Phil*.8.14; celeriter ad principatum peruenit. habebat ~ . . magnam prudentiam Nep.*Cim*.2.1; tacete . . plus ego ~ quam uos . . intellego V.Max.3.7.3; Plin.*Nat*.2.191; occidisti uirum; eras ~ adultera Quint.*Inst*.5.12.2; Apul.*Met*.6.9;—(*expl. in form of a parenthesis*) quos non tam inprudentia falli putamus (res ~ perspicua est) quam inuidia . . inpediri Cic. *Inv*.1.16; (*expl. preceding the words explained*) Aeneas miratus ~ motusque tumultu 'dic' ait Verg.*A*.6.317;—(*expl. in form of reported sp.*) nos incolae . . prohibebant egressione: lupos ~ . . infestare cunctam illam regionem Apul.*Met*.8.15;—(*expl. in form of a command*) semper erunt (*sc.* pecudes) quarum mutari corpora malis: semper ~ refice (*i.e. for they need constant renewal*) Verg.*G*.3.70;—eas non nosse te . . certo scio, neque ~ diu huc migrarunt Ter. *Ad*.649; ne nunc quidem oculis cernimus ea quae uidemus; neque est ~ ullus sensus in corpore Cic.*Tusc*.1.46; Verg.*A*. 2.376; Suet.*Tit*.10.1. **b** retineri libertas non potest. qui ~ potest . . liber esse is qui in numero Quiritium non est? Cic.*Caec*.96; Curt.10.2.20; scio te . . ad occidendum me uenisse. quo ~ secures attulisti? Petr.97.9; Juv.2.8. **c** iam cetera leges (misi ~ ad te) iudicabisque Cic.*Att*. 13.38.1; dicite, Dardanidae (neque ~ nescimus et urbem et genus . .) Verg.*A*.7.195; Liv.2.18.11; (sacrilegum) sopore solutum (noctis ~ tempus) . . amplectitur Ov.*Met*. 8.818; Curt.9.3.4; idem . . uenatus uiros pariter ac feminas alit; passim ~ comitantur Tac.*Ger*.46.3; Psychen—hoc ~ nomine puella nuncupabatur—coram ostendit Apul.*Met*. 4.30. **d** nonnulla nomina in utraque lingua habent radices . . potest ~ Saturnus hic de alia causa esse dictus atque in Sabinis Var.*L*.5.74; pleraque nostris moribus sunt decora, quae apud illos turpia putantur. quem ~ Romanorum pudet uxorem ducere in conuiuium? Nep.pr.6; Sen. *Dial*.5.21.5; Quint.*Inst*.7.8.2.

4 (with apparent ellipse, where the *enim* cl. explains not so much the form as the substance of the thought). **b** (introducing excuses).

unde est ista inuenta Libertas? quaesiui ~ diligenter Cic.*Dom*.111; num me . . fallis . . ? omnis ~ debet sine uano nuntius esse Prop.3.6.5; bella es, nouimus . . et diues, quis ~ potest negare? Mart.1.64.2; ipse studiosus, litteratus . . neque ~ amore decipior Plin.*Ep*.6.26.1. **b** quaestio est: maiestatemne minuerit? ratio: 'in filium ~ quam habebam potestatem, ea sum usus' Cic.*Inv*.2.52; non est, quod dicas: 'quam ~ illi iniuriam facio?' Sen.*Ben*.6.27.7; Plin.*Ep*.4. 25.4.

5 (in answers, sts. to an imaginary speaker, with various forms of ellipse: **a** (assenting to a statement and explaining it) Yes, because (after a sentence with negative content: 'no, because'); (also used sarcastically to introduce an unlikely reason). **b** (dissentient: giving the reason for doubting a person's word or not complying with his request). **c** (where the answer takes the form of a rhetorical question) why! pray! **d** (in response to a 'why' question) because.

a eu edepol mortalis malos! — ego ~ docui Pl.*Poen*.604; id erit populare? 'est ~ homo iste populo Romano deditus' Cic.*Sest*.110; *Att*.7.11.3; Hor.*S*.2.5.79; Plin.*Nat*.36.5; eques . . ad quem in spectaculis bibentem cum misisset Augustus, qui ei diceret 'ego si prandere uolo, domum eo': 'tu ~', inquit, 'non times ne locum perdas' Quint.*Inst*.6.3.63;—Blesamius tyrannum Caesarem scriberet? multorum ~ capita ciuium uiderat, multos iussu Caesaris uexatos . . ! Cic.*Deiot*.33; Liv.34.7.14; an tibi non placent lautitiae domini mei? tu ~ beatior es Petr.57.2. **b** sine (boues) ire pastum. — ~ metuo ut possiem in bubile reicere Pl.*Per*. 319. **c** Liv.3.39.9; tu me . . mones? iam ~ te ipse monuisti, iam correxisti? Sen.*Ep*.27.1; quid est aliud, quod tibi eripi doleas? amicos? scis ~ amicus esse? 77.17; *Nat*. 7.26.2. **d** quare ego non sudo . . ? frigus ~ magnum synthesis una facit Mart.5.79.6.

6 (introducing a slight contrast: 'A (you may exclude B) . . for B . .', 'A . . whereas B . .').

coepit inridere me; ego ~ lugere Pl.*Mer*.251; Ter.*Ph*. 113; sorbum maturum mite conditum citius promi oportet: acerbum ~ suspensum lentius est Var.*R*.1.68; mutae bestiae laboriosissimae boues et oues . . apes ~ ego diuinas bestias puto Petr.56.6; Plin.*Nat*.23.18; memoriae defunctorum commilitonum uino mero libant (latrones) . . ~ nobis anus . . ordeum adfatim . . largita est Apul.*Met*.4.22; (*cf.*) Ephesi sum natus, non ~ in Apulis Pl.*Mil*.648.

7 (expository, following the announcement of what will be said) Namely, that is to say. **b** (after the promise of a narrative, description, etc.).

sic se res habet: ut ~ non omne uinum, sic non omnis natura uetustate coacescit Cic.*Sen*.65; Caes.*Civ*.1.48.1; est . . aliud genus machinae satis artificiosum . . est ~ tignum, quod erigitur et distenditur Vitr.10.2.8; Albucius figura diuisit controuersiam; dixit ~ . . Sen.*Con*.1.2.16; notaui . . rem omnium delicatissimam. pro calculis ~ albis ac nigris aureos | argenteosque habebat denarios Petr.33.2; Amp. 50.1; ecce . . malum maius insequitur. de summis ~ tectis . . rusticani . . saxa super nos . . deuoluunt Apul.*Met*.8.17. **b** totam rem aperiam . . nemo ~ ipsam uoluptatem, quia uoluptas sit, aspernatur . . Cic.*Fin*.1.32; Lucr.3.262; reuertar nunc ad minii temperaturam. ipsae ~ glaebae . . contunduntur pilis ferreis . . Vitr.7.9.1; 9.8.2; Apul.*Met*.10.7.

enimuērō, *particle*. Also as two words. [prec. + vero[1]] Pros.: second syll. treated as short in the comedians. Position: most commonly first, sts. second in its sentence or clause.

1 (introducing and emphasizing a remark, esp. an expostulation) Well, upon my word! truly! positively! **b** (in answers) certainly, to be sure. **c** (in narrative, introducing a consequence or reaction, app. emphasizing its naturalness or inevitability) well, of course; (also, introducing something unexpected) well, would you believe it! **d** (strengthening adversative particles).

nunc ~ ego occidi Pl.*Capt*.534; ~ illud praecauendumst . . mihi *Men*.860; *St*.397; ~ reticere nequeo Ter.*Hau*.320; ~ si porro esse odiosi pergitis . . — quid facies? *Ph*.937; Cic. *de Orat*.1.165; ~ ferendum hoc quidem non est *Ver*.1.66; Liv.38.14.11;—(*introducing a command*) 'neque eos malo publico diuites feci'. ~ usque istuc ad lignum dele Cato *orat*.171;—(*introducing an iron. remark*) regi mortem sibi minitanti, 'enimuero' inquit 'magnifica res tibi contigit, quia cantharidis uim adsecutus es' V.Max.6.2.ext.3. **b** tun te abiisse hodie hinc negas? — nego ~ Pl.*Am*.759; *Per*.185; tun es Ballio? — ego ~ is sum *Ps*.979; (*cf., in indir. sp.*) 'atqui si aures praebere potes' inquit, 'manifestam rem teneas faciam'. ~ se Philippus dicere auditurum Liv.40.8.4. **c** refertur eius sermo ad Apronium. ~ iste ridere Cic.*Ver*.3.61; 5.102; occursant portis, ingerunt probra . . ~ non ultra contumeliam pati Romanus posse Liv.2.45.11; 27.30.14; 'heus!' 'inquit dominus. ille ~ adsilit Phaed.2.5.21; (*preceded by a temporal cl.*) cum gladii abditi . . protraherentur, ~ manifesta res uisa iniectaeque Turno catenae Liv.1.51.8;—comitiorum illi habendorum . . munus . . iniungunt. ars haec erat, ne semet ipse creare posset . . ille ~ . . habiturum se comitia professus, impedimentum pro occasione arripuit 3.35.8; 25.18.8; (*after* at) ceteri tribuni militum nihil contradicere; at ~ Sergius Verginiusque, propter quos paenitere magistratuum eius anni senatum apparebat . . intercedere senatus consulto 5.9.3. **d** (*after* uerum) abs quiuis homine . . beneficium accipere gaudeas; uerum ~ id demum iuuat si quem aequomst facere is bene facit Ter.*Ad*.255; Cic.*Ver*.3.194; Sal. *Cat*.20.10; Curt.4.11.18;—(*after* immo) ego sum Orestes. — immo ~ ego sum, inquam, Orestes Pac.*trag*.365[2]; filium scripsit heredem, immo ~ non filium, sed . . parasitos tuos Apul.*Apol*.100;—(*after* sed) sed ~ . . quid ad deliberationem dubii superesse? Liv.45.19.14.

2 (confirming and amplifying a previous statement) And in fact, and what is more, etc.

alio die quaerebam: comperibam nil ad Pamphilum quicquam attinere. ~ spectatum satis putabam Ter.*An*.91; tantum irae conceperat rex, quantum uix sobrius ferre potuisset. ~ olim mero sensibus uictis ex lecto repente prosiluit Curt.8.1.43; Quint.*Inst*.3.8.51; uitiis aemulabantur . . ~ certamen acerrimum Tac.*Ann*.12.64; 14.14; in . . eam praedam dii cessere, spoliatis in urbe templis . . ~ per Asiam . . simulacra numinum abripiebantur 15.45; nobilissimo cuique exitium destinauit; ~ multo magis . . duabus coniurationibus prouulgatis Suet.*Nero* 36.1; Gel.18.6.8.

3 (contrasting a new element with what precedes) On the other hand, but.

praeco . . contentissime clamitat, ~ proconsul ipse moderata uoce . . loquitur Apul.*Fl*.9; 15; sicarium qui in iudicium uocat, comitatus uenit . . ~ qui magum . . in discrimen capitis deducit, quibus comitibus . . perniciem caecam . . prohibeat? *Apol*.26; 50; Ulp.*dig*.23.3.7.3; 45.1.52.

Enīpeus ~ĕī, *m*. A river of Thessaliotis, flowing into the Peneus; also, the god of this river.

caput unde . . se erumpit ~eus Verg.*G*.4.368; Luc.7.224; tumidum per ~ea V.Fl.1.83; Fron.*Str*.2.3.22;—Prop.3.19. 13; ut amplecti Salmonida posset ~eus Ov.*Am*.3.6.43.

ēniteō ~ēre, *intr*. [ex- + niteo] N.B.: exx. of the pf. *enitui*, etc., have been referred to enitesco. To shine forth, be bright. **b** (fig., of a person, his qualities, etc.) to be conspicuous or outstanding.

floridis uelut ~ens myrtus . . ramulis Catul.61.21; (*poet.*) tantum egregio decus ~et ore Verg.*A*.4.150;—(*cf. sense b*) probae etsi in segetem sunt deteriorem datae fruges, tamen ipsae suapte natura ~ent Acc.*trag*.234[2]. **b** in omnibus elocutionis partibus ~ere *Rhet.Her*.4.8; Cic.*Inv*.2.5; cum illae (*sc.* Athenae) . . in Graecia . . ~ebant *Flac*.17; dum nullum fastiditur genus in quo ~eret uirtus Liv.4.3.13.

ēnitescō ~escere ~uī, *intr*. [ex- + nitesco]

1 To begin to shine forth, become bright; (of animals) to grow sleek (in quot., in fig. phr.).

~uit impulso uomere campus Verg.*G*.2.211; ut . . hilaritate ~escant (oculi) Quint.*Inst*.11.3.75; ubi caelum ~uit Gel.19.1.7; (*poet.*) tu, simul obligasti perfidum uotis caput, ~escis pulchrior Hor.*Carm*.2.8.6;—alitur . . atque ~escit uelut pabulo laetiore facundia Quint.*Inst*.10.5.14.

2 (fig., of qualities, etc.) To become conspicuously evident, stand out; (of persons) to become conspicuous for merit, 'shine'.

potitus est gloriam quae . . cottidie ~escit *Rhet.Her*.4.57; quo . . in bello uirtus ~uit egregia M. Catonis Cic.*Mur*.32; Sal.*Cat*.54.4; magnum grati populi specimen in Q. Fabio Maximo ~uit V.Max.5.2.3; quo senectutis eius decus lucidius ~esceret 6.9.1; siue locus . . poetico cultu ~uit Tac. *Dial*.20.4; Gel.17.21.33;—in eis orationibus quae Philippicae nominantur ~uerat . . Demosthenes Cic.*Att*.2.1.3; uariarum artium scientia innumerabiles ~uere Plin.*Nat*.7.123.

ēnītor ~tī ~sus or ~xus, *intr., tr*. [ex- + nitor[1]] Forms: pf. pple. *enixus* usual in sense 3 (*enisus* cj. in Col.6.22.1); *enisus* usual in other senses (but *enixus* Stat.*Silv*.5.2.175); *enisum* (*est*) as impers. pass. Sal.*Jug*.25.2.

1 (intr.) To force a way upwards, struggle up. **b** to struggle out. **c** (tr.) to struggle over or across.

ubi circumuortor, cado . . dum ~tor (*i.e. clamber to my feet*) . . inquinaui pallium Pl.*Ps*.1279; adeo . . erat impedita uallis ut in ascensu nisi subleuati . . non facile ~terentur Caes.*Civ*.2.34.5; hac arte Pollux . . ~sus arces attigit Hor. *Carm*.3.3.10; Liv.2.65.5; ardua prima uia est et qua uix . . ~tuntur equi Ov.*Met*.2.64; Curt.7.11.10; in editiora ~sus Tac.*Ann*.1.70; (*cf.*) constitit Alcides, uisuque ~sus in alta (*i.e. straining his gaze upwards*) rupe truces manicas . . cernit V.Fl.2.462; (*of climbing plants*) superest . . fraxineas . . aptare sudes . . uiribus ~ti quarum . . adsuescant (uites) Verg.*G*.2.360; (*in fig. phr.*) antequam in summum ambitionis ~terentur Sen.*Dial*.10.20.1. **b** per aduersos fluctus ingenti remigum labore ~sus Liv.30.24.9; ~ae . . legiones . . in aperta et solida Tac.*Ann*.1.65; (*of inanim. things*) siue interclusus siue per angusta ~sus est (spiritus) Sen.*Nat*.6.13.1. **c** cum . . Pyrenaeum et Alpes . . aegre sub armis ~terentur Tac.*Hist*.1.23; ut pars . . obiectum aggerem ~teretur *Ann*.2.20.

2 (intr.) To take pains, strive, exert oneself (for some object expressed or implied).

Phaedria haud cessauit pro te ~ti Ter.*Ph*.475; quantum cura, labore . . consilio ~ti atque efficere potero Cic.*Phil*. 4.16; Liv.29.15.12; medici partium est ~ti ad reperiendam sanitatem Cels.7.3.2; oportere . . illos . . contendere, ~ti, hos quiescere, remitti Plin.*Ep*.9.3.2; (*w. internal acc.*) si ante K. Ianuar. redeam; quod quidem certe ~tar Cic.*Att*. 16.6.2;—(*w.* ut *or* ne) *Q.fr*.3.3.2; ~tar ut Latine loquar *Ac*. 1.25; ne grauiore poena adficeretur . . fratris opibus ~sus Tac.*Ann*.14.28; (*impers. pass.*) ab . . regis fautoribus . . ~sum, ne tale decretum fieret Sal.*Jug*.25.2;—(*w. inf.*) corrigere mihi gnatum . . ~tere Ter.*An*.596; Sal.*Jug*.14.1; frangere ~tar . . cornua monstri Hor.*Carm*.3.27.47; Gel. 12.5.9.

3 (tr., of mothers) To give birth to. **b** (absol.).

praegnatem . . non longe ab opere discedere ibique ~xam puerum referre Var.*R*.2.10.9; Ov.*Met*.2.637; Vell.2.95.1; optamus ut marem ~tatur (Roxane) Curt.10.6.9; thalami monimenta coacti ~tor Stat.*Theb*.5.464; Plin.*Ep*.4.21.1; (*w.* ex) iuuenem, quem ex priore uiro ~xa fuerat V.Max.8.1.amb.2; (*w.* apud) Archo . . cuidam . . nupsit et apud eum plures ~xa partus . . decessit Liv.40.4.4; (*w. abl.*) Pasiphae . . ~xast utero crimen onusque suo Ov.*Ep*. 4.58;—(*of animals*) sus triginta capitum fetus ~xa Verg.*A*. 3.391; notum est . . singulas (asinas) quadringentena milia nummum ~xas (*i.e. foals worth so much*) Plin.*Nat*.8.170; (*cf.*) pauones . . perticis insidentes ~tuntur oua (*i.e. lay*) Col. 8.11.9. **b** nos . . stirpis Achilleae fastus . . seruitio ~xae tulimus Verg.*A*.3.327; Col.7.3.16; haec quidem . . ~xa quindeciens Plin.*Nat*.7.158; Suet.*Nero* 23.2; (*cf.*) ploratum audit puellae in puerperio ~tentis Gel.2.23.18.

ēnixē, *adv*. *compar*. ~ius, *superl*. ~issimē. [enixus[1] + -e] With strenuous efforts, earnestly, assiduously.

agrum tibi relinqui . . ~e expeto Pl.*Trin*.652; meam causam . . omnes boni proprie ~eque susceperant Cic.*Sest*.38; obstare tunc ~e tribuni Liv.4.55.2; eo ~ius et . . alias parare naues iussit 37.8.3; Mela 3.27; actores restituendae tribuniciae potestatis . . ~issime iuuit Suet.*Jul*.5; *Gal*.3.4; Fotis famula petatur ~e Apul.*Met*.2.6.

ēnixim, *adv*. [next + -im] = prec.

ego illos . . ~ contra fortunas . . huius ordinis omnia fecisse . . sentio Sis.*hist*.110.

ēnixus[1] ~a ~um, *a*. *compar*. ~ior. [pple. of enitor] (of activities, feelings, etc.) Earnest, zealous, assiduous.

sensit . . euentus uirtutis ~ae opem Liv.6.24.11; ~o . . studio V.Max.8.15.ext.1; ~am et sedulam operam Sen.*Ben*. 7.16.4; Plin.*Nat*.9.32; rem ~iore cura dignam Fron.*Aq*. 119.

ēnixus[2] ~ūs, *m*. [enitor + -tvs[3]] Parturition, delivery.

oscitatio . . in ~u letalis est Plin.*Nat*.7.42; 8.43; circumacto fetu sub ~um 10.183.

enlychnium: see ellychnivm.

Enna, Ennaeus, etc.: see henn-.

ennam: (see quot.).

~ etiamne Paul.*Fest*.p.76M.

enneapharmacus ~a ~um, *a*. [Gk. ἐννεαφάρμακος] *emplastrum* ~*um*, A plaster containing nine ingredients.

Cels.5.19.10; 7.26.5.g.

enneaphyllon ~ī, *n*. [Gk.] An unknown plant having nine leaves (or leaflets).

Plin.*Nat*.27.77.

Enniānista ~ae, *m*. [formed from next on anal. of *Homerista*] An admirer or connoisseur of Ennius' poems.

Gel.18.5.3.

Enniānus ~a ~um, *a*. Of or composed by Ennius.

~us populus (*i.e. the admirers of E.*) Sen.in Gel.12.2.10; ~os . . uersus *Ep*.108.33; Sota ~us Aur.*Fro*.1.p.78(61N); contra sententiam Neoptolemi ~i (*i.e. as represented by E.*) Apul.*Apol*.13.

Ennius ~(i)ī, *m*. A Roman name; esp. the poet Q. Ennius, 239–169 b.c., who wrote an epic on Roman history.

~i poeta salue ENN.*Sat.*6; TER.*An.*18; ~ium summum epicum poetam CIC.*Opt.Gen.*2; *Tusc.*1.3; HOR.*Ep.*2.1.50; ~ius ingenio maximus, arte rudis OV.*Tr.*2.424; PERS.6.10; QUINT.*Inst.*10.1.88.

Ennosigaeus ~ī, *m.* [Gk. Ἐννοσίγαιος] 'The Earth-shaker', a Homeric name for Poseidon. JUV.10.182.

ēnō ~āre ~āuī ~ātum, *intr.*, *tr.* [EX-+NO]

1 (intr.) To swim out or forth; (esp.) to escape by swimming, swim to safety. **b** (transf.) to fly forth; (of a constellation) to appear above the horizon.

qui (*i.e. fish*) ~at e concha CIC.*Fin.*3.63; circumuenti ab iis, qui occulti ~auerant (*i.e. from the island*) CURT.8.13.15; scarus, qui..numquam..per Gallias ~auit ad Hibericum mare COL.8.16.9; (*poet., of ships*) inclusas..quibus haud ~are dabatur..carinas SIL.12.441;—in uadost, iam facile ~abit PL.*Rud.*170; SAL.*Hist.*3.54; multae (naues) ita haustae mari ut nemo in terram ~auerit LIV.33.41.7; inter undas..~asti V.MAX.3.2.23; SIL.4.594. **b** prius..quam prolapsa foras ~aret in aeris auras (animae natura) LUCR. 3.591; Daedalus..insuetum per iter gelidas ~auit ad Arctos VERG.*A.*6.16; SIL.12.95;—parte ex alia claris cum lucibus ~at Orion CIC.*Arat.*613(367).

2 (tr.) To steer a course through (waters).

adsumus en tantumque fretis ~auimus orbem V.FL.5.315; (*in fig. phr.*) forsan..~asset..freta saeua pericli SIL.15.375; (*cf., of men crossing a desert*) has obseruatis ualles ~auimus astris 3.662.

ēnōdātē, *adv.* *compar.* ~ius. [pple. of ENODO+-E] So as to leave no uncertainty, clearly and thoroughly.

sua diligenter et ~e narrando CIC.*Inv.*1.30; haec..nobis explicanda sunt, sed si ~ius, uos ignoscetis *Fin.*5.27

ēnōdātiō ~ōnis, *f.* [ENODO+-TIO] The act of making plain, elucidation.

cognitio ~onis indigens CIC.*Top.*31; ~o nominum *N.D.* 3.62.

ēnōdis ~is ~e, *a.* [app. back-formation from next] (of trees, etc.) Free from knots or unevennesses, smooth. **b** (transf., of verse).

~es trunci VERG.*G.*2.78; VITR.2.9.7; ~is..abies OV.*Met.* 10.94; ~em scriptorium calamum CELS.7.11; ~e Zephyris pinus opponens latus SEN.*Oed.*541; PLIN.*Nat.*16.39; STAT. *Silv.*2.3.58. **b** elegis..fluentibus et teneris et ~ibus PLIN.*Ep.*5.17.2.

ēnōdō ~āre ~āuī ~ātum, *tr.* [EX-+NODVS+-O[3]]

1 a To prune surplus nodes from (vines, olives, etc.). **b** to loosen, untie.

a bene ~ato (*sc.* oleas) stirpesque leuis facito CATO *Agr.* 44; summae uirgae falce debent ~ari COL.5.6.14; 5.6.27. **b** quae..sagittas dearmet, arcum ~et (*i.e. unstring*) APUL. *Met.*5.30; (*in fig. phr.*) ad ~andos..iuris laqueos GEL. 13.10.1; (*transf.*) uoce..'~ata' (*i.e. with no impediment in it*) FRO.*Aur.*2.p.108(159N).

2 (fig.) To elucidate, explain, unravel (anything mysterious or perplexing).

quod quaero ~a ACC.*trag.*343; contrariae legis ~abimus uoluntatem *Rhet.Her.*2.15; in ~andis..nominibus CIC. *N.D.*3.62; ~abat..ueterum scriptorum sententias GEL.1.4.8; suae..coniugi praecepta..~at APUL.*Met.*4.33; (*w. indir. qu.*) ut res sit gesta ~a mihi TURP.*com.*14.

enorchis, ? *f.* [Gk. ἔνορχις] An unidentified precious stone.

PLIN.*Nat.*37.159.

ēnormis ~is ~e, *a.* [EX-+NORMA+-IS]

1 Having no regular or definite shape, irregular or shapeless; (of clothes) ill-fitting; (of verse) metrically irregular. **b** (of literary style or sim.) extravagant, disproportionate. **c** (see quot.).

quanta arte scindantur aues in frusta non ~ia SEN.*Dial.* 10.12.5; inmensum et ~e spatium procurrentium..terrarum TAC.*Ag.*10.4; huc..et illuc flexis atque ~ibus uicis *Ann.* 15.38;—(*of clothes*) ~is non..sinus, sed semper ad annos texta legens (*i.e. for dressing a boy*) STAT.*Silv.*2.1.131; QUINT. *Inst.*11.3.139;—(*of verse*) duros quosdam uersus et ~es aliquid supra mensuram trahentes SEN.in Gel.12.2.10. **b** uentosa istaec et ~is loquacitas Athenas ex Asia commigrauit PETR.2.7; PLIN.*Ep.*9.26.6. **c** omnium..summitatium metiundi obseruationes sunt duae, ~is et liquis; ~is, quae in omnem actum rectis angulis continetur BALB.*grom.* p.99,100La.

2 Abnormally or excessively large, immense, huge, enormous.

(umbrae) ~es cerasis, lauris PLIN.*Nat.*17.88; ~is..colossos STAT.*Silv.*1.3.51; ~is hastas TAC.*Ann.*2.14; erat..in eo ~is proceritas, facies rubida..ex uinulentia SUET.*Vit.* 17.2; sordium ~em eluuiem APUL.*Met.*1.7; aures ~es 11.13; *Apol.*19.

ēnormitās ~ātis, *f.* [prec.+-TAS] **a** Lack of regular shape. **b** enormous size, hugeness.

in structura saxorum rudium etiam ipsa enormitas inuenit cui adplicari..possit QUINT.*Inst.*9.4.27. **b** exilitatem crurum et ~atem pedum SEN.*Dial.*2.18.1.

ēnormiter, *adv.* [ENORMIS+-TER[2]] Unsymmetrically, irregularly.

~ facta est (uirgula, *i.e. a glass prism*) SEN.*Nat.*1.7.3; utrum lata sit (terra)..et ~ proiecta an tota in formam pilae spectet 2.1.4; PLIN.*Nat.*36.72; 37.89.

ēnōtēscō ~escere ~uī, *intr.* [EX-+NOTESCO] To become known.

confitetur, se..non satis ~uisse SEN.*Ep.*79.16; TAC.*Hist.* 3.34; ~uerunt quidam tui uersus PLIN.*Ep.*2.10.2; qui (mimus)..hoc disticho ~uit SUET.*Otho* 3.2; (*impers., foll. by acc. and inf.*) ut ~uit seruisse piratis (uirginem) SEN.*Con.* 1.2.4; *Suas.*1.10.

enōtion ~iī, *n.* [Gk. ἐνώτιον] An ear-ring.

*P.Mich.*434.8(*FJRA* 3.17.8).

ēnotō ~āre ~āuī ~ātum, *tr.* [EX-+NOTO]

1 To write down; (esp.) to note down, record. **b** to make a mental note of.

illud..melius quod 'cui' tribus..litteris ~amus QUINT. *Inst.*1 7.27; cum scriberet ad imperatorem..nomenque epistola ~aret suum FLOR.*Epit.*1.28(2.12.10); HYG.GR. *agrim.*p.153;—meditabar aliquid ~abamque PLIN.*Ep.*1.6.1; 6.16.10. **b** ut..ipsi..signis nostris ~atis inuestigationi.. darent operam APUL.*Met.*9.41.

2 (w. abl.) To inscribe, mark (with).

terminos..numeris ~atos SIC.FL.*agrim.*p.103.

enrythmos ~os ~on, *a.* [Gk. ἔνρυθμος] Having rhythm, rhythmical.

poema est lexis ~os VAR.*Men.*398.

ensiculus ~ī, *m.* [ENSIS+-CVLVS] A small (in quot., toy) sword.

~ust aureolus PL.*Rud.*1156.

ensifer ~era ~erum, *a.* [ENSIS+-FER] Carrying or wearing a sword.

LUC.1.665; ~er hic atraque sedens in ueste V.FL.3.406; ~eras..cateruas STAT.*Theb.*4.321; (*poet.*) ad ~eros..tumultus aptabar *Ach.*2.129.

ensiger ~era ~erum, *a.* [next+-GER] = prec.

~er Orion OV.*Ars* 2.56; *Fast.*4.388.

ensis ~is, *m.* [cf. Skt. *asiḥ*] FORMS: abl. *ensi* VAR.*Men.*406. A sword.

cum in arbore ~em uiderint quem..abiens reliquisse dicitur CATO *hist.*71; Hectoreo..~e CIC.*poet.*24; LUCR.5. 1293; strictis ~ibus VERG.*A.*12.288; LIV.7.10.9; OV.*Fast.* 2.13; Martius incaluit Siculis incudibus ~is LUC.7.146; STAT.*Theb.*5.32; robigine obsitos ~es FLOR.*Epit.*2.30(4. 12.32);—(*meton., of armed forces*) per medios ereptum Caesaris ~is PROP.1.21.7; SIL.2.567;—(*as a symbol of military command*) cui..primum tradit Germanicus (*i.e. Domitian*) ~em STAT.*Silv.*5.2.177;—(*astron., of the sword of Orion*) Orion..retinens non cassum luminis ~em CIC. *Arat.*615(369); MAN.1.391; memorat..quo sidere uibret ~is V.FL.2.68.

-ensis -ensis -ense, *adjl. suff.* Forms adjs. mainly from words denoting places (*atriensis*, *castrensis*, *forensis*); also sts. from place names (*Cannensis*, *Narbonensis*), where it is usu. replaced by the enlargement -IENSIS.

enterocēlē ~ēs, *f.* [Gk. ἐντεροκήλη] A hernia of the intestines.

CELS.7.18.3; qui ~en habent PLIN.*Nat.*27.112; MART. 10.56.7; mitior..Alcon secat ~as 11.84.5.

enterocēlicus ~a ~um, *a.* [Gk. ἐντεροκηλικός] Suffering from intestinal hernia.

radix..infantibus ~is datur PLIN.*Nat.*26.79; MART.12. 70.3;—(*masc. as sb.*) ~is prosunt (raphani) PLIN.*Nat.*20.26; 32.104.

entheātus ~a ~um, *a.* [ENTHEVS+-ATVS[2]] Filled with divine frenzy.

turba..~a Bellonae MART.12.57.11.

enthēca ~ae, *f.* [Gk. ἐνθήκη] (leg.) An appurtenance to an estate.

AD LAVACRVM BALNEAR(um) PVBLICAR(um) LIGNI DVRI VEHES N(umero) CCCC ~AE NOMINE IN PERPETVVM OBTVLIT *CIL* 10.3678.7; ULP.*dig.*32.68.3.

entheus ~a ~um, *a.* [Gk. ἔνθεος] Possessed by a god, frenzied, inspired. **b** that fills with divine frenzy.

Maenas ~o siluas gradu..terret SEN.*Tro.*674; MART. 11.84.4; eat ~a..hederis redimita cohors STAT.*Silv.*1.2.248; (*transf. ep.*) ~a..tecta Sibyllae 3.5.97. **b** sectus..matris ~ae (*i.e. Cybele*) Gallus MART.5.41.3.

enthryscum ~ī, *n.* [Gk. ἔνθρυσκον, ἄνθ-] A herb, perh. a kind of chervil, *Scandix australis.*

PLIN.*Nat.*21.89; 22.81.

enthȳmēma ~atis, *n.* [Gk. ἐνθύμημα] FORMS: *-tym-* LUCIL.347. N.B.: for the distinctions in sense see Cic.*Top.*55, Quint.*Inst.*5.10.1 sq.

1 A thought, concept.

qui culpat Homerum..uersum unum culpat, uerbum, ~a LUCIL.347.

2 (rhet.) A syllogistic form of argument based, according to Aristotle, on merely probable premisses, and usu. involving suppression of one proposition (described most fully in Quint.*Inst.*5.14.1–4, 24–6).

ut aliquo die nihil praeter epiphonemata scriberet, aliquo die nihil praeter ~ata SEN.*Con.*1.pr.23; QUINT.*Inst.*8.5.9; 11.3.102; non..matrona..curuum sermone rotato torqueat ~a JUV.6.450; hoc..~a nequam et uitiosum est GEL. 6(7).3.27;—(*dist. from a true syllogism*) quod syllogismus..

per omnes partes efficit quod proposuit, ~a tantum intellegi contentum sit QUINT.*Inst.*5.14.24.

-entus -enta -entum, *adjl. suff.* Perhaps extracted from *cruentus*; forms adjs. denoting 'abounding in'; rare (*gracilentus*) but more common in enlargements -OLENTVS, -VLENTVS, perh. based on *uiolentus*; also *-lentus* (*aquilentus*).

? **enuber** ~bra ~brum, *a.* [= INEBER; prob. < **enubeo* (obs. form of INHIBEO)+*-er* (for suffix cf. *piger*, *taeter*)] (See quot.)

~bro inhibenti PAUL.*Fest.*p.76M.

ēnūbō ~bere ~psī ~ptum, *intr.* Also **ecn-**. [EX-+NVBO] (of a woman) To marry outside one's rank; also, to marry outside one's community.

filias sororesque ~bere sinendo e patribus LIV.4.4.7; Verginiam..patriciam plebeio nuptam..matronae quod e patribus ~psisset sacris arcuerant 10.23.4;—ipsos liberosque eorum et coniuges uendendas, extra filias quae ~psissent 26.34.3.

ēnucleātē, *adv.* [next+-E] With (minute) exactness, precisely and clearly.

putant..qui horride inculteque dicat, modo id eleganter ~que faciat, eum solum Attice dicere CIC.*Orat.*28; *Q.fr.* 3.3.1; qui grandia ornate uellent, ~ minora dicere *Fin.*4.6; GEL.1.3.12; 12.13.17.

ēnucleātus ~a ~um, *a.* [pple. of next] (of language) Free from obscurity or excess, precise, to the point; (of arguments, etc.) going to the heart of the matter, minute, meticulous.

(genus dicendi) plenius quam hoc ~um, quam autem illud ornatum..summissius CIC.*Orat.*91;—tenues istas et ~as.. reprehensiones GEL.6(7).3.47.

ēnucleō ~āre ~āuī ~ātum, *tr.* [EX-+NVCLEVS+-O[3]]

1 To take out the stones from (fruit).

uua passa ~ata (nucleata *cod.*) LARG.233.

2 (fig.) To remove all obscurities from, explain or examine in detail. **b** (perh.) to think over carefully, weigh (one's decision).

nec quicquam in amplificatione nimis ~andum est CIC. *Part.*57; acu quaedam ~ata argumenta (*i.e. fine-drawn*) *Scaur.*20; *Tusc.*5.23; ista..~ari et extundi ab hominibus negotiosis..non queunt GEL.19.8.14. **b** illud..debes putare, comitiis..studium esse populi, non iudicium; eblandita illa, non ~ata esse suffragia CIC.*Planc.*10.

ēnumerātiō ~ōnis, *f.* [next+-TIO]

1 The act of listing, enumeration.

bonorum et malorum ~ones CIC.*Part.*58; ~o singulorum argumentorum non est necessaria *Clu.*64; *Tusc.*4.63; VELL. 2.36.3; alia (pira), quorum ~o nunc longa est COL.5.10.18; NERAT.*dig.*30.124.

2 (spec., in rhetoric): **a** A division of one's subject into heads (= Gk. διαίρεσις). **b** a method of argument based on elimination of alternative hypotheses. **c** a summing-up, recapitulation (= Gk. ἀνακεφαλαίωσις).

a ~one utemur cum dicemus numero quot de rebus dicturi sumus *Rhet.Her.*1.17; 4.52. **b** ~o est in qua pluribus rebus expositis et ceteris infirmatis una reliqua necessario confirmatur CIC.*Inv.*1.45; 1.85. **c** ~o est per quam colligimus..quibus de rebus uerba fecerimus *Rhet.* 2.47; CIC.*Part.*59; QUINT.*Inst.*5.14.11; 6.1.1.

ēnumerō ~āre ~āuī ~ātum, *tr.* [EX-+NVMERO]

1 To count up, reckon up. **b** to count out (money), pay out.

frugi..sum, nec potest peculium ~ari PL.*As.*498; seminibus si tanta est copia quantam ~are aetas animantum non queat omnis LUCR.2.1071; repetitis atque ~atis diebus CAES.*Civ.*3.105.3; (*cf.*) septem et uiginti ~atis stipendiis (*i.e. with 27 years of service to his credit*) octiens extra ordinem donatus LIV.3.58.8; (*perh. w. indir. qu.*) iamne ~asti quot (*v.l.* id quod) ad te rediturum putes? TER. *Ad.*236. **b** quamobrem ego argentum ~em foras? PL. *Per.*531.

2 To specify seriatim, enumerate; also, to include (a single item) in a list.

istius facta omnia ~are conor CIC.*Ver.*4.49; uitae humanae ~at incommoda *Tusc.*1.84; prolem cupio ~are meorum VERG.*A.*6.717; LIV.34.58.1; quid tibi femineos coetus uenatibus aptos ~em? OV.*Ars* 1.254; VELL.1.16.4; PLIN. *Nat.*3.133; sed longum cuncta ~are STAT.*Ach.*1.140; PLIN. *Ep.*6.22.4; APUL.*Apol.*30;—(*w. indir. qu.*) difficile est ~are quot uiri..fuerint CIC.*de Orat.*1.9; quae uictis accident, ~auere SAL.*Cat.*51.9; OV.*Met.*1.215; SUET.*Aug.*51.1;—in eam causam..quae edicto perpetuo infamiae causa ~atur CALL.*dig.*50.13.5.2.

3 (rhet.) To sum up, recapitulate.

ex tua persona ~are possis, ut quid et quo quidque loco dixeris admoneas CIC.*Inv.*1.99; QUINT.*Inst.*6.1.2.

ēnumquam (-un-): see EN.

ēnuntiātiō ~ōnis, *f.* [ENVNTIO+-TIO]

1 A disclosing, announcing (of something not generally known).

intellegebamus ~onem illam Memmi ualde Caesari displicere CIC.*Att.*4.17.3; QUINT.*Decl.*272(p.114,l.25).

2 Verbal expression (of an idea); specification (of a measurement). **b** (quasi-concr.) a phrase, expression; (log.) an assertion.
finitio..rei propositae propria est et dilucida..~o QUINT.*Inst*.7.3.2; 9.1.23;—sola mobile habent spatium et incertam iugerum ~onem FRON.*agrim*.p.15. **b** haec..~o 'habet liberos'..semper pluratiuo numero profertur GAIUS *dig*.50.16.148;—ratio..~onum quae Graeci ἀξιώματα uocant CIC.*Fat*.1; 28.

3 (gram.) Pronunciation (of a word or syllable).
cum dicitur, 'illum ego'..illum..m terminat nec tamen in ~one apparet VEL.gram.in *G.L*.7.54; 7.62; 7.70.

ēnuntiātīuus ~a ~um, *a*. [ENVNTIO+-IVVS] (log.) That asserts something about a person or thing, predicative.
non corpus est quod nunc loquor, sed ~um quiddam de corpore SEN.*Ep*.117.13; (*w. gen.*) motus animorum ~i corporum 117.13.

ēnuntiātrix ~īcis, *f*. [ENVNTIO+-TRIX] One that expresses in words.
ars inuentrix et iudicatrix et ~ix QUINT.*Inst*.2.15.21.

ēnuntiātum ~ī, *n*. [pple. of next] (log.) A proposition, assertion.
si omne ~um aut uerum aut falsum est CIC.*Fat*.28; SEN.*Ep*.117.13.

ēnuntiō ~āre ~āuī ~ātum, *tr*. [EX-+NVNTIO]

1 To make known, disclose, divulge (thoughts, secrets, etc.).
ut quod meae concreditumst taciturnitati..ne ~arem quoiquam PL.*Trin*.143; qui..sociorum consilia aduersariis ~auit CIC.*S.Rosc*.117; ~atis uestris mysteriis *Mur*.25; CAES.*Gal*.5.58.1; Curius..Ciceroni dolum qui parabatur ~at SAL.*Cat*.28.2; LIV.23.35.16; quod solum potest..ad profanorum intellegentias ~ari APUL.*Met*.11.23;—(*w. acc. and inf.*) ut ne ~et id esse facinus ex ted ortum PL.*Poen*.889;—(*w. indir. qu.*) ~are consuli..qua noctis hora..egressurus hostis foret LIV.9.16.7; CURT.3.6.7.

2 To express (an idea) in words; also, to express (a measurement) in definite terms, state, specify. **b** (log.) to assert (a proposition). **c** (prob.) to proclaim publicly (in quot., foll. by dir. sp.).
inflexo..uerbo res eadem ~atur ornatius CIC.*de Orat*.3.168; breuiter ~atae sententiae *Fin*.2.20; si obscena nudis nominibus ~entur QUINT.*Inst*.8.3.38; SUET.*Tib*.71; (*absol.*) inuenire praeclare, ~are magnifice..etiam barbari solent PLIN.*Ep*.3.13.3;—ut..intra clusi (*sc.* spatii) modus ~etur FRON.*agrim*.p.15. **b** fundamentum dialecticae est, quidquid ~etur..aut uerum esse aut falsum CIC.*Luc*.95; *Fat*.21. **c** Iuppiter sic ~at: 'dei conscripti..adolescentem istum..scitis omnes' APUL.*Met*.6.23.

3 To utter, articulate (a word or words); (gram.) to pronounce (a word, syllable, etc.) in a specified way.
orationis ~andae adceleratio *Rhet.Her*.3.23; quamuis Latine ~entur (haec uerba) tamen etiam inter peregrinos ualent GAIUS *Inst*.3.93; reliquum..Caesaris nomen ~are non potui APUL.*Met*.3.29;—quae (*sc.* nomina) duabus syllabis ~antur COL.7.12.13; quae scribuntur aliter quam ~antur QUINT.*Inst*.1.7.28; SCAUR.gram.in *G.L*.7.20.

ēnuptiō ~ōnis, *f*. [ENVBO+-TIO] The right of a woman to marry out of (her *gens*).
uti..Faeceniae Hispalae..gentis ~o..esset, quasi ei uir testamento dedisset LIV.39.19.5.

ēnūtriō ~īre ~iuī or ~iī ~ītum, *tr*. [EX-+NVTRIO] To nurture, rear (offspring).
puerum..Naides..~iuere sub antris OV.*Met*.4.289; feminae (*sc.* pauones)..studiosius pullos ~iunt COL.8.11.2; 8.14.5; (*cf.*) ut mero infuso ~iantur (platani) PLIN.*Nat*.12.8;—(*in fig. phr.*) VITR.2.1.8; eo tempore quo..ingenia..indulgentia quadam ~ienda sunt QUINT.*Inst*.8.pr.2; fomento tenui..~itus ignis surgebat in flammas APUL.*Met*.7.19.

Enyō (~ūs), *f*. **a** A Greek goddess of war. **b** one of the Graiae.
a feralis ~o PETR.120,l.62; sed qualis, sed quanta uiris insultat ~o V.FL.4.604; STAT.*Theb*.8.657;—(*transf.*) ne te decipiat ratibus naualis ~o (*i.e. sea-battle*) MART.*Sp*.24.3. **b** HYG.*Fab*.pr.9(11,1–3).

eō[1] īre iī or īuī itum, *intr*. [Skt. *eti*, Gk. εἶμι, Lith. *eiti*] FORMS: pres. ind. *eō, īs, it, īmus, ītis, eunt*; impf. *ībam*; fut. *ībō*. Pres. subj. *eam*. Imp. *ī* (or *ītō*), *īte*. Pres. pple. *iens, euntis* (but *ientibus CIL* 6.10241). Full forms of pf. *īuī*, etc. rare, but contr. forms *isse, istī*, etc. freq., also *it* app. = *iit* SIL.3.228, 11.78 (other exx. uncertain). Pass. (impers. only; full conj. found only in compounds) *ītur, ībātur*, etc., inf. *īrī*. PROS.: *īt* ENN.*Ann*.439, PL.*Poen*.683, *Rud*.762 (other app. exx. may be contr. pf.); *īerant* TER.*Ad*.27; in *eunt, eam*, etc., the vowels sts. undergo synizesis in the comedians. N.B.: for *eo* combined w. *infitias, pessum, uenum*, see those words.

1 To go, proceed, make one's way (by land, water, etc., in a direction specified or implied.) **b** (w. means of travel indicated). **c** (of ships, vehicles, etc.). **d** (w. adj. expr. direction, mode of travel, etc.). **e** (w. internal acc.). **f** (spec., leg.) to go on foot. **g** (phr.) *ire redire* (also w. co-ordinating conjs.), to pass to and fro, come and go.
i modo mecum domum PL.*Cas*.755; properas ire..ab his regionibus *Trin*.983; eamus intro hinc TER.*Ph*.1054; propter ipsam uiam qua Assoro itur Hennam CIC.*Ver*.4.96; iens ad Brutum in Nesidem haec scripsi *Att*.16.1.1; it portis..iuuentus VERG.*A*.4.130; ibam forte uia Sacra HOR.*S*.1.9.1; LIV.42.36.6; ibis Cecropios portus OV.*Ep*.10.125; itum est in uiscera terrae (*i.e. by digging*) *Met*.1.138; ad mollem serius Austrum istis, aues LUC.7.834; uiris longum super aequor ituris STAT.*Theb*.4.24; (*as presupposing volition*) turpe est non ire, sed ferri SEN.*Ep*.37.5; (*w. dat.*) ut formosa nouo quae parat ire uiro PROP.1.15.8;—(*in a poet. apostrophe*) ite a me, seria uerba [TIB.]3.6.52; ite procul fraudes PROP.4.6.9;—(*in fig. phr.*) Bruttedium..si rectum iter pergeret, ad clarissima quaeque iturum TAC.*Ann*.3.66. **b** pedibus ire non queo PL.*St*.292; nec pede quo quisquam nec rate tutus eat OV.*Pont*.3.1.28; a Copto camelis itur PLIN.*Nat*.6.102. **c** plostrum cessim ire coepit ALF.*dig*.9.2.52.2; tam tardas funibus ire ratis (*i.e. barges*) PROP.1.14.4; OV.*Tr*.5.14.44; (*in fig. phr.*) uelis, elegi, maioribus itis *Fast*.2.3. **d** quendam municipem..ire praecipitem in lutum CATUL.17.9; modo lentus eas OV.*Ars* 1.494; alius curru sublimis eat SEN.*Her.F*.196; leuat unda gradus, seu defluus ille, siue obliquus eat STAT.*Theb*.9.326. **e** longam incomitata uidetur ire uiam VERG.*A*.4.468; pompam qui funeris irent OV.*Fast*.6.663; V.FL.4.371. **f** ius eundi agendi GAIUS *Inst*.2.31; PAUL.*dig*.8.3.7. **g** cum ceteri consulares irent, redirent CIC.*Phil*.2.89; *Att*.10.1.3; eunt subinde et redeunt..rustici PHAED.2.8.12; aedibus altis itque reditque frequens V.FL.1.725.

2 (of things conveyed) To be carried or brought, go; (esp. of a rumour, report, or sim. immaterial thing).
it bello tessera signum VERG.*A*.7.637; Colchis..clausit serpentis hiatus, iret ut Aesonias aurea lana domos PROP.3.11.12; circum pateris it Bacchus V.FL.2.348;—si uestras forte per auris Troiae nomen iit (*i.e. has come to your ears*) VERG.*A*.1.376; it caelo..clangor..tubarum 11.192; imperium..per omnes in orbem ibat LIV.1.17.6; per oppida facti rumor it OV.*Met*.6.147; LUC.10.197; (*absol.*) quercum..Boreae..eruere inter se certant; it stridor VERG.*A*.4.443; (*impers., foll. by acc. and inf.*) ibit in saecula fuisse principem, cui..numquam nisi modici honores..decernerentur PLIN.*Pan*.55.1.

3 (of inanim. things) To move, pass, go (in a specified direction, etc.). **b** (of liquids) to run, flow. **c** (of disease, etc.) to spread (from point to point). **d** (of verse or prose) to have a specified rhythm, 'run'.
it fumus ad auras VERG.*A*.12.592; quantum semel ire sagitta missa potest OV.*Met*.8.695; eat per artus ensis..meos SEN.*Her.O*.845; ibant aequo..ordine remi V.FL.3.675; huc atque huc it summa seges (*i.e. in a breeze*) SIL.9.360; (*w. pred. adj.*) uereris inepta crura ponticuli..ne supinus eat CATUL.17.4; (*cf., w. abst. subj.*) multi gestus necesse est in sinistrum eant QUINT.*Inst*.11.3.135. **b** quibus aegre lotium it CATO *Agr*.156.7; sanguis expletis naribus ibat LUCR.6.1203; Euphrates ibat iam mollior undis VERG.*A*.8.726; OV.*Fast*.4.364; ubi..lacrimae salsae calidaeque eunt CELS.6.6.1.c; gutum Samium ore tenus..adfert..nullum inde ibat oleum GEL.17.8.5. **c** in neruos huic morbus et artus ibat LUCR.6.1207; si ad colem it (uitium) CELS.7.27.2; semel ortus in omnis it timor LUC.7.544; uultum..per omnem pallor iit STAT.*Theb*.7.360. **d** num rerum dura negarit uersiculos natura..euntis mollius HOR.*S*.1.10.58; ut debeat (compositio)..in eosdem semper pedes ire QUINT.*Inst*.9.4.142.

4 (emphasizing the initial movement) To be on one's way, depart, set out, etc. **b** to pass away, die. **c** (of things) to give way, collapse.
saluto te..prius quam eo PL.*Mil*.1339; mane est eundum CIC.*Tusc*.5.121; flet quod ire necesse est CATUL.61.81; dextram complexus euntis VERG.*A*.8.558; classis itura OV.*Ep*.2.92; SEN.*Thy*.330; TAC.*Ann*.1.47; ite profanae JUV.2.89;—(*in fig. phr.*) falsae rationi uera uidetur res occurrere et effugium praecludere eunti (*i.e. trying to escape*) LUCR.3.524. **b** hominem paulatim cernimus ire LUCR.3.526; 6.1243; mihi non oculos quisquam inclamauit euntis PROP.4.7.23; quicquid init ortus, finem timet. ibimus omnes, ibimus STAT.*Silv*.2.1.218. **c** trabes impendent ire paratae LUCR.6.564.

5 (in other pregnant uses): **a** (in certain contexts) To come (or have come). **b** to continue moving, advance, go or come on.
a unde uos ire..dicam? PL.*Rud*.265; sed eccum Syrum ire uideo TER.*Ad*.361; nunc primum a nauibus itis? VERG.*A*.2.375; is legatis dixit: sero itis QUINT.*Inst*.7.1.29; it dies, et amici nulli eunt GEL.2.29.10. **b** uidit se inuito legionem ire GALBA *Fam*.10.30.2; milites..diem ac noctem ire LIV.27.45.11; (Myrrha) ter..est reuocata..it tamen OV.*Met*.10.454; ibat, letumque inferre parabat STAT.*Theb*.5.660; corpora..ire uidet 10.392. (*of things*) Iuppiter..miratur non ire polos LUC.6.465.

6 (w. adj. or adjl. phr., with the idea of motion diluted or even virtually absent) To go (e.g. naked). **b** to come or go in a specified position in a sequence.
deus..nudos iubet ire ministros OV.*Fast*.2.287; siquis studio scribendi mitior ibit MAN.5.470; uacua pudet ire manu LUC.2.113; gigans, quem nec sua turba tuendo it taciti secura metus V.FL.4.201; STAT.*Theb*.8.567. **b** nouissimos ire equites (iussit) LIV.22.2.3; post hos Chaldaei..ibant CURT.5.1.22; in comitibus..cetera manus equitum ibat TAC.*Ann*.13.40; (*cf.*) eas (*sc.* symphonias)..lectissimae iuuentutis..sequebatur chorus ibant et..tibicines APUL.*Met*.11.9.

7 (in phrs. w. *ad, contra*, or sim. prep.) To go with hostile intent, go for (a person). **b** (also w. adv.).
eunt ad te hostes, Tyndare PL.*Capt*.534; TER.*An*.251; equitatum..contra hostem ire iubet CAES.*Gal*.7.67.2; profligatis iis, quos aduorsum ierat SAL.*Jug*.101.8; sensit in se iri Brutus LIV.2.6.8; Gigantes..ausuros in Iouis ire domum OV.*Fast*.5.36; LUC.7.578;—(*w. abl. of the weapon*) ne dubita..in uultus unguibus ire meos OV.*Am*.1.7.64; nullis in te datur ire sagittis STAT.*Silv*.3.5.4;—(*transf.*) talibus..dictis it contra dicta tyranni VERG.*A*.10.448; periculis meis maior, paratus ire in ea quae minabantur SEN.*Nat*.4a.pr.16. **b** pedes apparat ire comminus VERG.*A*.10.453; celer agrestis comminus ire sues PROP.2.19.22; ausi..regiae classi..obuiam ire LIV.45.22.13; hic (*sc.* culter)..comminus ibit aprum MART.14.31.2; (*transf.*) cupiditati hominum..se obuiam ire CIC.*Ver*.1.106.

8 (w. destinations which imply, as well as motion, engaging in an activity or entering into a condition) To go (e.g. to school, prison). **b** (in formulas of execration).
in mare it, rem familiarem curat PL.*Bac*.458; ite in ius *Poen*.1229; eunt in consilium TIT.*orat*.2; si..ad tortoris eculeum..ire cogatur CIC.*Fin*.4.31; amplexus in uirginis ire marinae OV.*Met*.11.228; in scholam eo SEN.*Ep*.76.1. **b** quin tu is in malam crucem..cum bullis? PL.*Cur*.611; i sis in malum cruciatum *Per*.574;—(*w. acc. of destination*) eant..maxumam malam crucem 352; malam rem hinc ibis? TER.*Eu*.536; *Ph*.930.

9 (w. *ad*) To go to (a person) as a client or sim., have recourse to (a judge, etc.); also, to consult (a book).
ibo ad medicum PL.*Mer*.472; ad pueros ire (*i.e. as a lover*) *Truc*.150; ad praetorem ire CIC.*Quinct*.48; LIV.3.57.5; de pecuniis repetundis ad reciperatores itum est TAC.*Ann*.1.74; (*cf.*) ut ad alios iudices eant (lites) GAIUS *Inst*.4.122;—quotiens senatus decemuiros ad libros ire iussit CIC.*Div*.1.97.

10 (foll. by a co-ordinated vb., with or without connecting particle) To go and..(sts. virtually redundant); (esp. used to introduce impatient or emphatic commands, usu. without connecting particle). **b** *i* (*eat*, etc.) *nunc* (*et*), a formula introducing an ironical command which, in the face of what has just been said, is held to be absurd or unreasonable.
eibo atque accersam medicum PL.*Men*.875; si sapias, eas ac decumbas domi *Mer*.373; iuuat ire et Dorica castra..uidere VERG.*A*.2.27; ibo et Butam salutabo SEN.*Ep*.122.13; TAC.*Hist*.4.83; (*placed after obj. of second vb.*) fac amicos eas et roges, ueniant GEL.2.29.7;—i, redde aurum PL.*Aul*.828; ite concinite in modum CATUL.61.116; HOR.*Ep*.1.7.71; i, lictor, deliga ad palum LIV.8.7.19; SEN.*Ben*.4.38.2; TAC.*Hist*.4.77; (*cf.*) i, meus es, iam te in lucos pia turba silentum..ciet V.FL.1.750. **b** rex tibi..quaesitas sanguine dotes abnegat..i nunc, ingratis offer te, inrise, periclis VERG.*A*.7.425; i nunc et dubita ferre quod ille tulit! OV.*Ars* 2.222; *Pont*.1.3.61; hoc uniuersum..dies aliquis dissipabit..eat nunc aliquis et singulas comploret animas SEN.*Dial*.11.1.2; *Ep*.88.37; QUINT.*Decl*.312(p.227,l.12).

11 To go for a specified purpose: **a** (w. sup.). **b** (w. *ad*+gd. or gdve.). **c** (w. pred. dat.). **d** (w. *ut*+subj.). **e** (w. fut. pple.). **f** (w. inf.). **g** (w. complementary sb. expr. the purpose of one's journey or the capacity in which one will be employed).
a oratum ierunt deam PL.*Poen*.1134; lauatum dum it TER.*Hau*.655; postremus cubitum eat CATO *Agr*.5.5; sessum it praetor CIC.*N.D*.3.74; LIV.10.23.2; ire piscatum SEN.*Nat*.3.17.1; APUL.*Pl*.1.3. **b** non ad Romam obsidendam, sed ad Capuae liberandam obsidionem ire LIV.26.8.5; V.MAX.2.9.7. **c** subsidio suis ierunt CAES.*Gal*.7.62.8; VERG.*A*.10.213. **d** ibo ut erus quod imperauit Alcumenae nuntiem PL.*Am*.291; ibat, ut Oceano quereretur facta mariti OV.*Fast*.5.233. **e** ut eat uisura sororem OV.*Met*.6.476. **f** it uisere ad eam TER.*Hec*.189; PROP.1.1.12. **g** nuntius ibis Pelidae VERG.*A*.2.547; uirgo..Thebana nuribus munus Argolicis eat? SEN.*Phoen*.576; TAC.*Hist*.1.65.

12 (w. sup. of a given vb., in weakened sense) To seek or try or be about to (often little more than a periphrasis for the vb. in question); (also, w. other constructions). **b** (impers. pass. inf. combined w. sup. in *-um* of any given vb. (sts. app. w. sup. in *-u* through elision in pronunciation of the final consonant) to form its fut. inf. pass. in an acc. and inf. cl., the apparent subject of the clause being orig. the object of the supine, cf. GEL.10.14); (rarely and by false analogy, used to form the fut. inf. pass. in a nom. and inf. cl.).
ipsus perditum se it PL.*Truc*.559; in mea uita (*i.e. at my risk*) tu tibi laudem is quaesitum, scelus? TER.*Hau*.315; CATO *orat*.120; ne ignoscundo malis bonos perditum eatis SAL.*Jug*.31.27; 85.42; QUINT.*Inst*.11.1.42; incepta Socratis quaepiam daemon ille ferme prohibitum ibat APUL.*Soc*.19; cum nuptum ire coepisset PAUL.*dig*.24.3.49;—(*w. inf.*) uobis..omne quod ultra est pandere maestus eo STAT.*Theb*.3.627; *Silv*.5.3.11;—(*w. ad+gdve.*) itis..uiolanda ad iura parentum SIL.11.160. **b** memento promisisse te..omne argentum redditum eiri PL.*Cur*.491; TER.*Eu*.139; arbitrantur se beneficos..uisum iri CIC.*Off*.1.43; cum longius eam rem ductum iri existimarent CAES.*Gal*.7.11.4; TAC.*Ann*.11.27; alieno facto ius alterius immutatu iri CELS.*dig*.8.6.6.1d;—mihi istaec uidetur praeda praedatum irier PL.*Rud*.1242; LIV.23.34.12; reus parricidii..damnatu iri uidebatur QUINT.*Inst*.9.2.88; (*cf.*) in hac contumelia quae mihi..factum itur CATO *orat*.174.

13 (mostly in direct metaphors from sense 1) To follow a specified line of conduct. **b** (w. *per*, or abl.) to be influenced by, act in accor-

dance with (an example or model). **c** (of things) to tend (in a particular direction).
qua bene coepisti, sic bene semper eas Ov.*Tr*.1.9.66; adeo..in contrarium itur, ut quosdam habeamus infestissimos..propter beneficia Sen.*Ben*.3.1.1; pietas fides priuata bona sunt, qua iuuat reges eant *Thy*.218; Quint.*Inst*.2.8.9; uideris..uitae contrarius ire priori Juv.9.21. **b** ite per exemplum..dearum Ov.*Ars* 3.87; per..sui facta parentis eant *Tr*.2.168;—exemplis ire deorum 5.3.27. **c** mala bonaque dissentiunt nec in unum eunt Sen.*Ben*.5.12.5.

14 (w. *ad* or *in*+acc.) To proceed or resort to (a given action, mode of conduct, etc.); (w. *per*) to deal with all the items of (a series), go through (the stages of an undertaking, etc.). **b** to proceed in speech or writing.
stultitia..istaec sit..me ire in opus alienum Pl.*Mil*.879; Ter.*Hau*.487; lacrimae meorum me ad mortem ire prohibuerunt Cic.*Q.fr*.1.4.4; ire iterum in lacrimas..cogitur Verg.*A*.4.413; turba..uociferari..ut extemplo ad dictatorem iretur (*i.e. that a dictator should be appointed*) Liv.7.12.14; nunc in crudelitatem..ibitur Sen.*Ben*.1.10.2; in somnum euntibus Plin.*Nat*.26.74; V.Fl.3.187; nec in rixam ibimus Quint.*Inst*.6.4.13;—nostra per has leges (*i.e. ordeals*) audacia fortiter isset Ov.*Ep*.15.269; mors per omnes it Sen.*Ep*.93.12; cum per omnes et personas et adfectus eat (comoedia) Quint.*Inst*.1.8.7; Tac.*Dial*.32.2. **b** aut ego nescibam quorsum tu ires (*i.e. what you were driving at*)? Ter.*Eu*.155; scio; istuc ibam (*i.e. I was coming to that*) *Ad*.821; Ov.*Fast*.1.15; quid opus est uerbis? in rem praesentem eamus Sen.*Ep*.98.18; unde iubetis ire, deae? Stat.*Theb*.1.4; Paul.*dig*.41.3.4.

15 (w. *in*+acc.) To enter (a specified situation or circumstances), go into (e.g. exile). **b** to assume possession of (land or property).
ire in matrimonium Pl.*Trin*.732; in possessionem..ire Cic.*Ver*.1.125; ire in exsilium *Catil*.1.22; si..rursus tu mihi in creditum isses (*i.e. made me a loan*) Afric.*dig*.16.1.19.5; siue in adoptionem..ierit 46.3.38. **b** sine querellis possessorum plebem in agros ituram Liv.3.1.5; in mea Thersites regna licebit eat Ov.*Rem*.482; in bona paterna ire V.Max.7.7.3; (*cf., poet.*) inlustris animas nostrumque in nomen ituras Verg.*A*.6.758.

16 *in sententiam aliquam* (*in alia omnia*) *ire*, (in senatorial procedure) To vote in favour of (against) a motion at the division; (in full *pedibus ire*, see pes).
si quis eorum qui post se rogati essent grauiorem sententiam dixisset, in eam se iturum Cic.*Phil*.11.15; de tribus legatis frequentes ierunt in alia omnia *Fam*.1.2.1; Cael.*Fam*.8.13.2; pars maior..in eandem sententiam ibat Liv.1.32.12; 23.10.4; itum..in sententiam Rubelli Blandi Tac.*Ann*.3.23; Plin.*Ep*.2.11.22; (*cf.*) sententiae Cassii ut nemo unus contra ire ausus est, ita dissonae uoces respondebant Tac.*Ann*.14.45; (*in fig. phr.*) res ipsa patitur me ire in illorum (*sc. Zeno and Chrysippus*) sententiam Sen.*Dial*.8.3.1.

17 (of objects) To be placed, 'go' (in a specified position). **b** (w. *in*+acc.) to be arranged in (a given number of parts); to go into (a certain shape).
cupam pertundito, qua clauus eat Cato *Agr*.21.3; semina ..in latos ierant aequaliter agros Ov.*Am*.3.10.33; fax..sub arsuros dignior ire rogos *Ep*.6.42; *Fast*.3.558; (*cf.*) quorum nomina simul eunt (*i.e. who are joint creditors*) Paul.*dig*.4.8.34. **b** cur..in partis quattuor annus eat Prop.3.5.38; —dic, quare in orbem eat facies (*sc. of a rainbow*) Sen.*Nat*.1.6.3.

18 (of lines, etc.) To extend, stretch, run (in a defined direction). **b** (of a state of affairs, etc.) to extend in time, continue. **c** (w. *in*+acc.) to be extended so as to include.
it..per collum circulus auri Verg.*A*.5.558; Taurus..it in occidentem..perpetuo iugo Mela 1.81; Plin.*Nat*.6.220; qua..Maleae..in auras it caput Stat.*Theb*.2.34; antrum it uacuum in montem 10.87; (*w. acc. of destination*) gemini qua bracchia muri litus eunt 5.280; (*w. pred. adj.*) ex umeris laxus amictus eat Ov.*Ars* 3.268;—(*of growing things*) quae (uinea) iam in perticam ibit Cato *Agr*.33.4; Cic.*Fin*.5.39; uidi ego transeuntes alieno in robore ramos altius ire suis Stat.*Silv*.2.1.102. **b** bella..per turpis longius isse moras Ov.*Ars* 2.404; hic ibit ordo per saecula Sen.*Ben*.5.6.5; (*of a person, in a prayer for longevity*) per..annos diuturnus eas *Epic.Drusi* 413. **c** in quaternas..ac plures haec ratio ire sententias potest Quint.*Inst*.9.3.77; Maur.2661.

19 (of time) To pass (by), elapse.
it dies; ego mihi cesso Pl.*Ps*.240a; singula de nobis anni praedantur euntes Hor.*Ep*.2.2.55; tertius ibat annus Ov.*Fast*.3.575; nox tibi talis eat *Ib*.626; eat omnis inter luctus dies Sen.*Dial*.6.6.2; Mart.12.98.6; nox ibat in diem Apul.*Met*.1.14.

20 (of events, etc.) To turn out, proceed, develop (in a given way).
incipit res melius ire Cic.*Att*.14.15.2(3); *Amic*.43; nutu Iunonis eunt res Verg.*A*.7.592; issent Phlegraeo melius tibi funera campo (*better for you to have died at Pharsalus*) Prop.3.11.37; sic eat (*so be it*), o superi Luc.5.297; ibat res ad summam nauseam Petr.78.5; Stat.*Theb*.3.662; ire in melius ualetudinem principis Tac.*Ann*.12.68.

21 a (w. *ad* or *in*+acc., or w. dat.) To go to (a person) as a gift, prize, etc., fall to his lot. **b** (w. *sub* or *in*+acc.) to pass under (a specified jurisdiction). **c** (w. *ad, in*+acc., etc.) to be added to (a total).
a it ad me lucrum Pl.*Poen*.683; in..nurus Parthas dedecus illud eat! Ov.*Ars* 3.248; Sen.*Her.O*.1970; mox omnibus idem ibit honos V.Fl.4.217; uictori tigrin inanem (*i.e. a tiger-skin*) ire iubet Stat.*Theb*.6.723. **b** ite sub imperium sub titulumque, Lares Tib.2.4.54; in socias leges ultima gentis eo Ov.*Ep*.4.62; sub iura togati ciuis eo Luc.9.239; 10.4. **c** huc nouies tanto plus tibi mellis eat Ov.*Med*.66; eat ad labores hic quoque Herculeos labor Sen.*Her.F*.1316; Luc.10.343.

22 (w. *in*+acc.) To pass into (a given condition), attain (a stage of development), etc. **b** to change (gradually) into, become.
donicum (asparagum) in semen uideris ire (*i.e. run to seed*) Cato *Agr*.161.3; quo pacto de his (*sc.* uocabulis) declinata in discrimina ierint Var.*L*.8.1; satius erat ista in obliuionem ire Sen.*Dial*.10.13.7; ante quam seges in articulum eat (*i.e. forms a joint*) Col.2.11.9; Plin.*Nat*.21.65; ut (iuuenes)..gaudeant materia et quasi in corpus eant (*i.e. grow fat*) Quint.*Inst*.2.10.5. **b** sanguis it in sucos Ov.*Met*.10.493; uoluptatis ituras in dolorem Sen.*Ep*.121.4; incipiet (terra)..putrescere, dehinc..ire in umorem *Nat*.3.29.6; Stat.*Theb*.6.234; odia in perniciem itura Tac.*Ann*.5.11.

23 (w. *de*, etc.) To stem, proceed (from a given source).
haec mea fama est, hinc cupio nomen carminis ire mei Prop.1.7.10; requiret, iste tibi de quo coniuge partus eat Ov.*Ep*.19.194.

eō², *adv.* [is; cf. *quo*] N.B.: often (esp. in senses 2, 3) foll. by *usque*, the comb. being sts. written as one word.

1 To (towards, into, etc.) that place, thither, there. **b** (transf.) in that direction, to that object, result, etc. **c** (w. vbs. of adding, being added, etc.) to what has been mentioned.
transeundumst nunc tibi ad Menedemum et tua pompa ~ transducendast Ter.*Hau*.740; ~ plumbum infundito Cato *Agr*.18.4; deprensis nauibus..atque ~ militibus iniectis Caes.*Gal*.7.58.4; Liv.4.40.1; peruenisse eum a sepulchro ad infimam terram; esse ~ stadiorum xlii Plin.*Nat*.2.248; Suet.*Aug*.6;—(*foll. by or picking up a rel. cl.*) si e bono loco transtuleris (apes) ~, ubi idonea pabulatio non sit Var.*R*.3.16.21; quoad..peruentumst ~ quo sumpta nauis est Cic.*Off*.3.89; unde feritur, ~ tendit Lucr.4.1055; Alexandrum ~ (*i.e. to that element*) dimittis quod adhuc quid sit disputatur? Sen.*Suas*.1.4; (*w. gen.*) priusquam ~ loci rem pertulerit, quo destinauerat Ulp.*dig*.47.2.3.2; (*transf.*) ut ~ reuocetur, unde huc declinauit oratio Cic.*de Orat*.2.157. **b** ~ sumpti opus est HS lx Cato *Agr*.22.3; quae supra scripta sunt ~ spectant ut te horter Cic.*Fam*.13.4.3; *Div*.2.118; ~ impendi laborem..unde..honos speretur Liv.4.35.7; non..hoc ~ ualet ut fugiendae sint omnino scholae Quint.*Inst*.1.2.16. **c** brassicam..coquito..~ addito oleum Cato *Agr*.156.7; haec..xuiri uendent. accedet ~ mons Gaurus Cic.*Agr*.2.36; Liv.42.52.9.

2 (usu. foll. by consecutive cls.) To such a point, stage or degree; (also w. a gen.).
~ rediges me ut quid egerim egomet nesciam? Ter.*Eu*.690; ~ prorumpere hominum cupiditatem..ut..etiam hic in foro..caedes futurae sint Cic.*S.Rosc*.12; *Att*.2.18.2; ~ processum, uti regnum..armis retinendum (esset) Sal.*Jug*.21.1; Tac.*Ann*.11.26;—(*w.* usque) usque ~ commotus est ut..insanire..uideretur Cic.*Ver*.4.39; *Att*.2.14.1; Sen.*Nat*.7.1.1; Pisonem uulgus militum..~ usque conrupisse ut parens legionum..appellaretur Tac.*Ann*.3.13;—~ miseriarum uenturus eram Sal.*Jug*.14.3; Liv.41.23.1; ~ rerum uentum erat ut tam periculosum esset non credere suis quam decipi Curt.5.12.3; Luc.7.406; ~ usque scientiae progredi Quint.*Inst*.2.1.6; Suet.*Jul*.77.

3 (w. *dum, donec*, etc.) Up to that point in time, until the moment (when). **b** (w. vbs. of keeping, reserving) for that occasion.
usque ~ se tenuit quoad..legati..uenerunt Cic.*Deiot*.11; Nep.*Ep*.9.3; ~ne usque dum ea (*sc.* semina) nascuntur ad Casilinum sessurus sum? Liv.23.19.14; Col.4.24.20; ~ usque flagitatus est donec ad exitium dederetur Tac.*Ann*.1.32; Gaius *dig*.23.2.17. **b** paucis diebus habebam certos homines quibus darem litteras. itaque ~ me seruaui Cic.*Att*.5.17.1.

eō³, *adv.* [abl. of is]

1 For that reason, consequently, therefore. **b** (introducing causal or sim. cls.) **c** (introducing a final cl.)
hostis uiuos rapere soleo ex acie: ~ hoc nomen (*i.e.* Harpax) mihi est Pl.*Ps*.655; lassam..tum esse aibant: ~ ad eam non admissa sum Ter.*Hec*.238; frater es: ~ uereor Cic.*Div*.2.46; Liv.8.8.8; Vell.2.67.4; suspectis duobus ~que interfectis Tac.*Ag*.28.2; Gel.11.9.1. **b** ~ miser sum quia male illi feci Pl.*Capt*.994; Cato *Agr*.6.4; iudicatum hostem populi Romani Dolabellam ~ quod sicarium occiderit Cic.*Phil*.13.23; eo ipso, quod nihil tale timerent Liv.37.4.9; hoc ~ strictim notaui, quoniam..quaeri solet, quid sit 'classicus' Gel.6(7).13.3;—(*w.* si) an ~ egestatem ei tolerabis, si quid ab illo acceperis? Pl.*Trin*.371;—(*in neg. context, w.* quo) non..quo quemquam plus amem..~ feci Ter.*Eu*.97; Cic.*Att*.3.15.4; (*w.* quin) non ~ haec dico, quin quae tu uis ego uelim Pl.*Trin*.341; (*w.* ne) quod ego non ~ uereor ne mihi noceat Cic.*Att*.9.2a.2. **c** ~ dico, ne me thensauros repperisse censeas Pl.*Aul*.240; haec ~ scripsi ut..releuares me Cic.*Att*.3.10.3; Caes.*Gal*.4.2.1; ~ maxime, ut in obuio classi hostium essent, electus locus est Liv.37.23.1; Quint.*Inst*.4.1.42.

2 (w. comparatives, usu. correlative to *quo* or other relatives) By that degree, so much (the more, less, etc.)
superioribus inuidetur saepe uehementer et ~ magis, si intolerantius se iactant Cic.*de Orat*.2.209; *Rab.Post*.20; horreo atque ~ magis quod tu abes *Att*.5.21.3; quanto altius elatus erat, eo foedius corruit Liv.30.30.23; quo plus potestis, eo moderatius imperio uti debetis Liv.34.7.15; ~..crassior est aer, quo terris proprior Sen.*Nat*.7.22.2; Suet.*Jul*.42.3.

3 ~ *loci* (also rarely without *loci*), in that place or position; ~ *temporis*, at that time.
~ loci sumenda est aequinoctialis umbra Vitr.9.7.2; V.Max.2.4.5; Plin.*Nat*.11.136; (*in fig. phr.*) res erat ~ iam loci ut erigere oculos..uideretur Cic.*Sest*.68; (*without* loci) si dimicare ~ uellet Nep.*Dat*.7.3;—Pythagoran..~ temporis..doctores habuisse Persarum magos Apul.*Fl*.15.

-eō -ēre -uī -itum, *vbl. suff.* The regular ending of the 2nd conj.; from several origins, but as a suffix forms denominative vbs. from *o*-stems (*albeo, clareo*).

eōad, *adv.* Also written as two words. [eo²+ad, on anal. of *quoad*] Up to that point in time, till then.
nuptias eludit ~ dum..aus fato concessit Apul.*Apol*.68.

eōdem, *adv.* [idem] Pros.: scanned as disyllable by synizesis in Ter.*Hec*.34; Lucil.754, 1191; Lucr.6.1040. To (towards, into, etc.) the same place. **b** (transf.) in the same direction, to the same purpose, etc. **c** (w. vbs. of adding, being added) to the above-mentioned. **d** to the same moment, till then.
aceti acris q. ii ~ infundito (*i.e. into the same cask*) Cato *Agr*.104.1; ~ te, cum cenauisses, rediturum dixeras Cic.*Deiot*.19; Caes.*Civ*.3.41.1; huc ~ profectus est Phocion Nep.*Phoc*.3.2; ~..conuenerunt Liv.23.49.8; Curt.4.1.2; ~ spectantibus oculis Quint.*Inst*.11.3.161;—(*foll. by rel. cls.*) nauis..~ unde erant profectae reuertisse Caes.*Gal*.5.5.2; Timor et Minae scandunt ~ quo dominus Hor.*Carm*.3.1.38; recurrit (anser) ~ ubi primo peperit Col.8.14.6; —(*transf.*) ~ (*i.e. in the same class*)..uos pono..parissimi estis hibus Pl.*Cur*.506; ~ honores poenasque congeri (*i.e. on the same person*) Liv.27.34.12. **b** idem uolunt omnes ordines; ~ incumbunt municipia Cic.*Phil*.6.18; ~..pertinet quod causam eius probo *Att*.8.9.1; Liv.21.17.9; collyrium ..~ accommodatum Cels.6.6.30. **c** annos octoginta et quattuor (fero): et ~ accedit seruitus Pl.*Mer*.674; Ter.*Hec*.34; addite nunc ~ istius edicta..iniurias Cic.*Ver*.3.200; *Rab.Perd*.20; ~ adiciuntur uini cyathi duo Larg.153. **d** ~ illa..etiam differemus (*i.e. matters for discussion*) Cic.*N.D*.3.18.

eōigena ~ae, *m.* [as eovs+-genvs] One born in the east; (in quot., of the sun).
qvinqve per orbes solis ~ae *CIL* 10.8131.

eopse: see ipse.

eopte: see -pte.

Ēōs, *f.* [Gk. ἠώς] (nom. only, usu. personified) The dawn; (meton.) the Orient.
cum crastina fulserit ~ Ov.*Ep*.3.57; *Fast*.3.877; 4.389; noctem quotiens summouet ~ Sen.*Her.O*.614; (*meton.*) populi quos miserat ~ Luc.9.544.

Ēōus ~a ~um, *a.* [Gk. ἠῷος, ἑῷος]

1 Of or connected with the dawn. **b** (masc. as sb.) the morning star or dawn.
~o..gelu Prop.1.16.24; lucis ~ae V.Fl.2.642; rore sub ~o Stat.*Theb*.9.605; (*cf.*) ante tibi ~ae Atlantides abscondantur (*i.e. let them set in the morning*) Verg.*G*.1.221. **b** terras inrorat ~us Verg.*G*.1.288; uota..primo..soluebat ~o *A*.11.4; color..roseo collatus ~o Prop.3.24.7; clarius ipse nitens et primo maior ~o Stat.*Silv*.4.1.4.

2 Eastern, oriental; *mare* ~*um* (or sim. phrs.), a sea vaguely located to the east of India, and including the Bay of Bengal. **b** (masc. as sb.) a dweller in the East, an oriental.
~as..domos Arabum Verg.*G*.2.115; ~is..lapillis Prop.1.15.7; ~ae..terrae Ov.*Ars* 3.537; Seres media..~ae partis incolunt Mela 1.11; Luc.8.854; turis ~i Stat.*Theb*.1.263; —India..~o..adposita pelago Mela 3.61; ab oriente ~us ..uocatur (oceanus) Plin.*Nat*.6.33; inter Atlanticum et ~um mare Agen.*agrim*.p.22. **b** gener aduersis instructus ~is Verg.*A*.6.831; testis et Hesperiae uocis ~us erit Ov.*Tr*.4.9.22; Man.1.637.

eōusque: see eo², vsqve.

Epamīnondās ~ae, *m.* A Theban general and statesman (d. 362 b.c.), associated with Pelopidas in the destruction of Spartan power in Greece.
Cic.*Tusc*.2.59; Nep.*Ep*.1.1; V.Max.3.2.ext.5; Gel.17.21.26.

epaphaeresis ~is, *f.* [Gk. ἐπαφαίρεσις] A second removal (of hair).
(tonsor) facit..longam detonsis ~in capillis Mart.8.52.9.

ēpascō ~ascere ~āuī ~astum, *tr.* [ex+pasco] To eat up.
scarus, ~astas solus qui ruminat escas Ov.*Hal*.119.

Epēus ~ī, *m.* The builder of the Trojan Horse.
Var.*L*.7.38; Ov.*Fast*.3.825; Hyg.*Fab*.108.1.

ephēbēum ~ī, *n.* [Gk. ἐφηβεῖον] A hall in a gymnasium for the use of adolescents.
Vitr.5.11.2.

ephēbicus ~a ~um, *a.* [Gk. ἐφηβικός] Of or suitable to a boy in his teens.
~a chlamida Apul.*Met*.10.30.

ephēbus ~ī, *m.* [Gk. ἔφηβος] Forms: gen. pl. *ephebum* Stat.*Theb*.4.232. A (Greek) boy at the age of puberty, youth, adolescent (in Athenian law, one between 18 and 20).
ex ~is postquam excesserit (*i.e. when he came of age*) Pl.*Mer*.61; Ter.*An*.51; Castricium mortuum..ut ferrent ~i

Cic.*Flac.*75; *N.D.*1.79; postquam ~us est factus et palaestrae dare operam coepit Nep.*Ep.*2.4; Hor.*Ep.*2.1.171; Petr. 85.3; quod..suo Caesar permisit ephebo (*i.e. favourite*) Mart. 9.36.3; Juv.10.306; Suet.*Aug.*98.3.

ephedra ~ae, *f.* **~on** ~ī, *n.* [Gk. ἔφεδρα, ἔφεδρον] A plant-name, applied by Pliny to any kind of EQVISAETVM; esp. a climbing gymnospermous shrub, *Ephedra fragilis* or its allies.
Plin.*Nat.*1.26.83;—ephedra..scandens arborem..folio nullo cirris numerosa 26.36; 26.133.

ephēlis ~idis or ~idos, *f.* [Gk. ἔφηλις] A raised spot on the face, perh. a mole.
Cels.6.5.1.

ephēmeris ~idis or ~idos, *f.* [Gk. ἐφημερίς]

1 A record of one's daily transactions; esp. a day-book, account-book.
ad ~idem reuertitur; inuenitur dies profectionis pridie Kal.Febr. Cic.*Quinct.*57; lib(ertus)..proc(urator) ab ~ide *CIL* 3.536;—scimus non amplius quam terna milia..in singulos menses ex ~ide eum expensum sumptui ferre solitum Nep.*Att.*13.6; his (*sc.* tabellis) aliquis rationem scribit auarus et ponit duras inter ~idas Prop.3.23.20; Ov. *Am.*1.12.25; tamquam ~idem patri adprobaturus Sen.*Ep.* 123.10.

2 A calendar, almanac.
ad siderum motus ex ~ide mathematica cibos dando Plin.*Nat.*29.9; Juv.6.574.

ephēmeron (~um) ~ī, *n.* [Gk. ἐφήμερον] **a** A poisonous plant, app. meadow saffron, *Colchicum autumnale.* **b** a non-poisonous plant, perh. a badly described Solomon's seal.
a Plin.*Nat.*28.160; ~on potum..totum os prurire facit Larg.193. **b** Plin.*Nat.*25.170; 26.122.

Ephesius ~a ~um, *a.* Of or belonging to Ephesus, Ephesian.
sacerdos..Dianai ~ae Pl.*Bac.*307; Cic.*Div.*1.47; ~ae pecuniae (*i.e. deposited in the temple of Diana*) Caes.*Civ.* 3.33.2; ~o minio Plin.*Nat.*33.117; (*spec., as the name of a plaster*) emplastrum, quod ~um uocatur Cels.5.19.21;—(*masc. as sb.*) ~os esse morte multandos Cic.*Tusc.*5.105; Heraclitus ~us Vitr.2.2.1.

Ephesus (~os) ~ī, *f.* A city on the west coast of Asia Minor, famous for its cult of Diana.
Pl.*Bac.*309; Caes.*Civ.*3.105.1; Hor.*Carm.*1.7.2; Mela 1.88; Plin.*Nat.*5.115; Mart.10.68.1.

Ēphigenīa: see IPH-.

ephippārius ~(i)ī, *m.* [EPHIPPIVM+-ARIVS] A maker of or dealer in *ephippia.*
P CAECILI..EPIPPIARI *CIL* 6.9376.

ephippiātus ~a ~um, *a.* [next+-ATVS²] Furnished with an *ephippium.*
~orum equitum Caes.*Gal.*4.2.5.

ephippium ~iī, *n.* [Gk. ἐφίππιον] A cloth on which the rider of a horse sits.
mihi puero modica una fuit tunica et..ecus sine ~io Var. in Non.p.108M; *R.*2.7.15; Cic.*Fin.*3.15; neque eorum moribus turpius quicquam..habetur quam ~iis uti Caes.*Gal.*4. 2.4; optat ~ia bos piger, optat arare caballus Hor.*Ep.*1.14. 43; Mart.14.86; Gel.5.5.3; Apul.*Soc.*23.

ep(h)odos ~ī, *f.* [Gk. ἔφοδος] (rhet.) A form of exordium, =INSINVATIO.
*Rhet.Her.*1.6.

ephorus ~ī, *m.* [Gk. ἔφορος] One of five Spartan magistrates who exercised a supervisory power over the kings, an ephor.
~i Lacedaemone..a Theopompo oppositi regibus Cic. *Leg.*3.16; *Off.*2.80; Nep.*Paus.*3.5; *Ag.*4.1; V.Max.4.1.ext.8.

Ephyraeus (Ephyrēus) ~a ~um, *a.* Of or belonging to Ephyre, Corinthian.
~ae Laidos Prop.2.6.1; ~ae..Creusae Ov.*Ars* 1.335; ~o in litore Stat.*Theb.*6.253;—(*w. ref. to colonies of Corinth*) ~a..moenia (*i.e. Dyrrachium*) Luc.6.17; ~a ad moenia (*i.e. Syracuse*) Sil.14.180.

Ephyrē ~ēs, *f.* Also **~a** ~ae. An old name for Corinth.
~en bimarem Ov.*Ep.*12.27; Vell.1.3.3; Luc.6.57; ~es.. altum culmen Stat.*Silv.*2.2.34. β Plin.*Nat.*4.11.

Ephyrēiadēs ~ae, *m.* A citizen of Ephyre, a Corinthian.
Stat.*Theb.*6.652.

Ephyrēius ~a ~um, *a.* = EPHYRAEVS.
~a..aera Verg.*G.*2.464.

Ephyrēus: see EPHYRAEVS.

epibata ~ae, *m.* [Gk. ἐπιβάτης] A soldier serving on board ship, a marine.
Varus classem..Gaetulis remigibus ~isque complet *B.Afr.*62.1; *B.Alex.*11.4; Vitr.2.8.14; DISCE⟨N⟩S ~A *CIL* 3.14567.

epicactis, ?*f.* [app. a blunder for Gk. ἐπιπακτίς] An indeterminable shrubby plant.
Plin.*Nat.*13.114; 27.76.

epicēdīon ~ī, *n.* [Gk. ἐπικήδειον] A funeral ode, epicedium.
huius amissi..uulnus..~o prosecutus sum Stat.*Silv.*2.pr.

Epicharmius ~a ~um, *a.* Of or belonging to Epicharmus.
Gel.1.15.15.

Epicharmus (~os) ~ī, *m.* A comic poet and philosopher of Sicily, *c.* 530–440 B.C.; also, the title of a didactic poem by Ennius.
Var.*L.*5.59; Hor.*Ep.*2.1.58; Vitr.8.pr.1; Plin.*Nat.*7.192; —Cic.*Luc.*51.

epichīrēma ~atis or ~atos, *n.* [Gk. ἐπιχείρημα] Orthog.: *-chēr- Rhet.Her.*2.2. (rhet.) A syllogistic form of argument in which the premisses themselves were often regarded as requiring proof (for varying ancient accounts of it see Quint.*Inst.*5.10.2 foll.).
~a..nullo differt a syllogismis, nisi quod illi..uera colligunt ueris, ~atis frequentior circa credibilia est usus Quint.*Inst.*5.14.14; 8.5.4; Aur.*Fro.*1.p.92(9N).

epichysis, *f.* [Gk. ἐπίχυσις] (prob.) A form of wine-ladle.
Pl.*Rud.*1319; Var.*L.*5.124.

epiclintēs ~ae, *m.* [Gk. ἐπικλίντης] An earthquake that moves at an acute angle.
Apul.*Mun.*18(*cj.*).

epicoenos ~os ~on, *a.* [Gk. ἐπίκοινος] (gram., of nouns) Either masculine or feminine, common.
quia 'lepus' ~on sit, 'lupus' masculinum Quint.*Inst.* 1.6.12.

epicōpus ~a ~um, *a.* [Gk. ἐπίκωπος] (of boats) Propelled by oars.
phaselum ~um Cic.*Att.*14.16.1.

epicrisis ~in (acc.), *f.* [Gk. ἐπίκρισις] (in Egypt) An examination of candidates for admission to the class of privileged persons (i.e. those exempted from poll-tax).
VT POSSIT POST HONESTAM MISSIONEM SVAM AD ~IN SVAM ADPROBARE FILIVM SVVM NATVRALEM ESSE *A.Epig.*37.112 (A.D. 127).

epicrocum ~ī, *n.* [Gk. ἐπίκροκον] A thin, transparent, prob. yellowish garment.
erat amictus ~o Naev.*trag.*54; ~um uiri quoque habitarunt Var.in Non.p.318M; Paul.*Fest.*p.82M; (*humorously, of watery broth*) nihilist macrum illud ~um pellucidum Pl.*Per.*96.

Epicūrēus ~a ~um, *a.* Also **Epicūrīus.** Of or belonging to Epicurus, Epicurean; (masc. as sb.) a disciple of Epicurus.
doloris medicamenta illa ~a Cic.*Fin.*2.22; QVAE PERTINENT AD DIADOCHEN ~AE SECTAE *A.Epig.*91.20;—cum scriberem contra ~os Cic.*Att.*13.38.1; Timagoras ~us *Luc.* 80; Sen.*Ben.*4.2.1; Quint.*Inst.*6.3.78.

Epicūrus (~os) ~ī, *m.* An Athenian philosopher (342–270 B.C.), founder of the Epicurean system.
Lucil.753; Cic.*N.D.*1.121; *Priap.*12.15; Sen.*Ben.*3.4.1; Tac.*Dial.*31.6.

epicus ~a ~um, *a.* [Gk. ἐπικός] Epic; (masc. pl. as sb.) epic poets.
~um poetam Cic.*Opt.Gen.*2; ~i carminis Quint.*Inst.*10. 1.62;—(Homerus) omnis..procul a se reliquit ~os 10.1.51.

Epidauricus ~a ~um, *a.* = next.
~o litori Mela 2.109.

Epidaurius ~a ~um, *a.* Of Epidaurus, Epidaurian. **b** (masc. as sb.) the god Aesculapius; (pl.) the citizens of Epidaurus.
serpens ~us Hor.*S.*1.3.27; Ov.*Met.*7.436; rura..~a Stat. *Theb.*4.123. **b** Ov.*Met.*15.723; *Pont.*1.3.21;—Fron.*Str.* 2.11.1.

Epidaurus ~ī, *f.* Also **~um** ~ī, *n.* A city of the Argolid, famous for its cult of Aesculapius.
Sulp.Ruf.*Fam.*4.12.1; Verg.*G.*3.44; Mela 2.50. β Plin.*Nat.*4.18.

epidicticus ~a ~um, *a.* [Gk. ἐπιδεικτικός] (of speeches, etc.) Adapted for display, epideictic.
in illo ~o genere (*sc.* orationis) quod diximus proprium sophistarum, pompae quam pugnae aptius Cic.*Orat.*42; (*neut. pl. as sb.*) prope nullus in ~is τῷ ἰσχνῷ locus Fro.*Aur.* 1.p.104(54N).

epidīpnis ~idis or ~idos, *f.* [Gk. ἐπιδειπνίς] An extra course at the end of a meal, 'savoury'.
nisi ~is esset allata Petr.69.6; seras ~idas Mart.11.31.7.

epidixis ~is, *f.* [Gk. ἐπίδειξις] (perh.) Some sort of scenic display.
CIL 5.2787.

epidromus ~ī, *m.* [Gk. ἐπίδρομος] A rope running along the upper edge of a hunting-net and serving to open or close it.
uidimus (plagas) tantae tenuitatis, ut anulum hominis cum ~is transirent Plin.*Nat.*19.11;—(*of doubtful meaning*) Cato *Agr.*13.1.

epigramma ~atis or ~atos, *n.* [Gk. ἐπίγραμμα] Forms: gen. pl. *~atōn* or *~atum*; dat. and abl. pl. *~atīs.*

1 An inscription; (esp.) an epitaph (sts. used of a commemorative verse not yet inscribed). **b** a mark tattooed on criminals or sim.
~a Graecum pernobile incisum est in basi Cic.*Ver.*4.127; *Att.*1.16.15; quod..tripodem aureum Delphis posuisset ~ate scripto Nep.*Paus.*1.3; huius ~atos..uersus Vitr.8.3.23;—Sardanapalli ~a Cic.*Fin.*2.106; Petr.115.20; trium poetarum inlustrium ~ata..quae ipsi fecerunt et incidenda sepulcro suo reliquerunt Gel.1.24.1. **b** notum fugitiuorum ~a per totam faciem..duxit Petr.103.4.

2 A short poem, epigram.
quod epigramma in eum fecisset..alternis uersibus longiusculis Cic.*Arch.*25; Petr.55.4; argutis ~aton libellis Mart.1.1.3; 12.94.9; Stat.*Silv.*2.pr.; ~atum lusus Tac.*Dial.* 10.4; Plin.*Ep.*4.14.9; famosa ~ata Suet.*Jul.*73; Fro.*Aur.* 1.p.40(212N).

epigrammation ~iī, *n.* [Gk. ἐπιγραμμάτιον] A brief epigram.
Papini ~ion, quod in adolescentem fecerat Cascam Var. *L.*7.28; *Men.*90; 398.

? **epigrus** ~ī, *m.* [dub.; cf. Isid.*Orig.*19.19.7] (app.) The nail of a shoe.
nisi in os senatoris ingessisset inperator (*sc. Caligula*) ~os (*cj.; pigros codd.*) suos Sen.*Ben.*2.12.2.

epilēus ~ī, *m.* [perh. cogn. w. Gk. ἐλειός] A species of hawk, perh. the buzzard.
Plin.*Nat.*10.21.

epilimma (~atis), *n.* [ad. Gk. ἐπάλειμμα] A kind of unguent.
Paul.*Fest.*p.82M.

epilogus ~ī, *m.* [Gk. ἐπίλογος] (rhet.) The concluding part of a speech, peroration.
conclusiones, quae apud Graecos ~i nominantur *Rhet. Her.*2.47; Cic.*Planc.*83; diserto ~o..mentis iudicum commouerat *Att.*4.15.4; *Fin.*4.22; Sen.*Con.*1.7.15; quod..in ~o..liceat totos effundere adfectus, et..defunctos excitare et pignora reorum producere Quint.*Inst.*4.1.28; 11.1.6; Gel. 14.2.1.

epimēdion ~iī, *n.* [Gk. ἐπιμήδιον] An indeterminable plant.
Plin.*Nat.*27.76.

epimelās, *m.* [Gk. ἐπιμέλας] A name given to any white gemstone that has blackened.
Plin.*Nat.*37.161.

epimēnia ~iōrum, *n. pl.* [Gk. ἐπιμήνια] A monthly ration.
ueteres, Maurorum ~ia, bulbi Juv.7.120.

Epimenidēs, *m.* Forms: see quots.; gen. *Epimenidū* (as a transcription from the Gk.) Plin.*Nat.*19.93. A Cretan prophet said to have slept for 57 years.
~e Crete suadente Cic.*Leg.*2.28; ~i Gnosio Plin.*Nat.* 7.154; ~en inclitum fatiloquum Apul.*Fl.*15;—(*in a plant-name*) Plin.*Nat.*19.93.

Epimēthis ~idis or ~idos, *f.* The daughter of Prometheus' brother Epimetheus, i.e. Pyrrha.
Ov.*Met.*1.390.

epinīcion (~ium) ~iī, *n.* [Gk. ἐπινίκιον] A song of victory.
laetum inter laetos cantaturum ~ia Suet.*Nero* 43.2.

epinyctis ~idis or ~idos, *f.* [Gk. ἐπινυκτίς] (med.) **a** A pustule which grows in the night, as from an insect-bite. **b** a sore on the eyelid.
a pessima pusula est, quae ~is uocatur..haec..oritur in eminentibus partibus et fere noctu Cels.5.28.15.c; ~idas.. inposita (brassica) leuat Plin.*Nat.*20.88; 27.51; 36.140. **b** Plin.*Nat.*20.44.

epipedos ~os ~on, *a.* [Gk. ἐπίπεδος] Even, flat; (neut. as sb., geom.) a plane figure.
figura (gemmae) oblonga maxime probatur..postea ~os (*cj.*) et rotunda Plin.*Nat.*37.196;—Balb.*grom.*p.97La.

epipetron ~ī, *n.* [Gk. ἐπίπετρον] A rock-plant of uncertain identity.
Plin.*Nat.*21.89.

epiphōnēma ~atis, *n.* [Gk. ἐπιφώνημα] (rhet.) An ejaculatory remark summing up a previous narrative or argument.
Sen.*Con.*1.pr.23; occiso Achille hoc ~a poni (*i.e. by Ovid*): quod Priamus gaudere senex post Hectora posset, hoc fuit 10.4.25; est..~a rei narratae uel probatae summa acclamatio Quint.*Inst.*8.5.11; 11.1.52.

epiphora ~ae, *f.* [Gk. ἐπιφορά] (med., prob.) An inflammation of any part of the body, esp. the eyes.
~as..uteri Plin.*Nat.*26.161; ~as uentris 28.207; ~am ..toto corpore efferuescentem Larg.243;—(*of the eyes*) ~am subprimit polenta..in supercilia..inposita Col.6.17. 8; inponitur..oculis..contra ~as Plin.*Nat.*20.61; 25.142; Larg.20; *CIL* 12.5691(7).

epiplocēlē ~ēn (acc.), *f.* [Gk. ἐπιπλοκήλη] The Greek name for an omental hernia.
Cels.7.18.3.

epiraedium ~iī, *n.* [prob. ad. Gall. *epos 'horse' (as in *Epona, eporediae*)+RAEDA+-IVM, but cf. Quint.*Inst.*1.5.68] (prob.) A horse-drawn coach or waggon.
trito ducunt ~ia collo segnipedes..nepotes (*sc. of a race-horse*) Juv.8.66.

Ēpīrensis ~is ~e, *a.* = EPIROTICVS.
Alexandri ~is Liv.8.17.9.

Ēpīrōtēs ~ae, *m.* A native of Epirus.
magistratus alii ~arum Liv.29.12.12; per Charopum ~en 32.6.1; Plin.*Nat.*3.98; Amp.28.3; (*cf., of a river*) Thyamis ~es tuus Cic.*Leg.*2.7.

Ēpīrōticus ~a ~um, *a.* Of, belonging to, or coming from Epirus.
tuas..~as exspecto litteras Cic.*Att.*5.20.9; ~is..possessionibus Nep.*Att.*14.3; ~as gentes Plin.*Nat.*4.33;—(*of special breeds of animal, varieties of plant or sim.*) transmarini ~i (boues) Var.*R.*2.5.10; (canes) Lacones, ~i 2.9.5; orbiculata (poma)..Graeci..~a uocant Plin.*Nat.*15.51.

Ēpīrus (~os) ~ī, *f.* A district in north-west Greece.
Cic.*Pis.*96; Verg.*G.*1.59; Mela 2.39; Plin.*Nat.*4.3; Flor. *Epit.*2.13(4.2.35).

episcaenus (~os) ~ī, *f.* **-scēn-.** [Gk. ἐπίσκηνος] (archit.) An upper storey in a stage building.
si tertia ~os futura erit Vitr.5.6.6; 7.5.5.

epistatēs (~a) ~ae, *m.* [Gk. ἐπιστάτης] An overseer, steward, supervisor, or sim.
Cato *Agr.*56; ~en exercentem athletas Plin.*Nat.*34.82; TRIIBVNVS MIL..~AE FIDELISSIMO *CIL* 8.2767.

epistola: see EPISTVLA.

epistolicus ~a ~um, *a.* [Gk. ἐπιστολικός] In the form or style of letters; (only in titles of various literary works).
qui indices libris suis fecerint..~arum quaestionum Gel. pr.9; 6(7).10.2; 14.7.3.

epistolium ~iī, *n.* [Gk. ἐπιστόλιον] A short letter.
conscriptum hoc lacrimis mittis ~ium Catul.68.2; ~ium de dentifricio..scriptum Apul.*Apol.*6; 79.

epistratēgia ~ae, *f.* [Gk. ἐπιστρατηγία] One of the three great provinces of Egypt, first formed in Ptolemaic times.
~AM SEPTEM NOMORVM ET ARSINOITVM *CIL* 3.6575; ~AN THEBAIDOS 8.10500; 11.5669.

epistratēgus ~ī, *m.* [Gk. ἐπιστράτηγος] The governor of an EPISTRATEGIA.
CIL 6.32929.

epistula ~ae, *f.* Also **epistola.** [ad. Gk. ἐπιστολή]

1 A written communication, letter, dispatch. **b** (pl. app. used of a single letter, perh. on anal. of *litterae*). **c** an imperial rescript in which the petition was answered by a separate document (as opposed to the SVBSCRIPTIO). **d** (phr.) *ab ~is*, a secretary (normally one in the imperial household).
ad me ab legione ~as mittebat Pl.*Epid.*58; *Ps.*716; senem per ~as pellexit Ter.*Ph.*67; Cato *orat.*60; mihi ~a adfertur..circumuallatum esse Pompeium Cic.*Att.*9.12.1; Caes.*Gal.*5.48.3; soluta ~a nihil in ea repperit Nep. *Han.*11.3; Ov.*Tr.*5.13.33; ~ae ad Cleopatram lasciuae Sen. *Suas.*1.7; Suet.*Cl.*25.3; clausa iam et obsignata ~a priore Fro.*Aur.*1.p.66(43N); (*sts. dist. from* litterae) tuas litteras quas pluribus ~is accepi Cic.*Q.fr.*3.1.8; (*of a letter of authorization*) impetrare eam (*sc.* aquam) debebit et a principe ~am ad curatorem adferre Fron.*Aq.*105. **b** obuiae fuere et uirgines Vestales cum ~is Vitellii ad Antonium scriptis Tac.*Hist.*3.81; 4.75; componit ~as quis amicitiam ei renuntiabat *Ann.*2.70; Plin.*Ep.*9.24; 10.10(5).1. **c** id..conpluribus ~is principum significatur Gaius *Inst.* 1.96; eo..distat haec ~a (*sc.* diui Hadriani) a lege Furia 3.121; Call.*dig.*47.14.3.3. **d** (Torquatum) inter libertos habere quos ab ~is et libellis..appellet, nomina summae curae Tac.*Ann.* 15.35; Suet.*Cl.*28; *CIL* 11.3886.

2 A literary composition in the form of a letter: **a** a moralizing essay in epistolary style. **b** a letter to the reader, preface.
a orationes eius (*sc.* Senecae) et poemata et ~ae..feruntur Quint.*Inst.*10.1.129; Gel.12.2.3. **b** quid singulis contineretur libris, huic ~ae subiunxi Plin.*Nat.*pr.33; potest ~a uel potius titulo contentus esse Mart.1.pr.; 2.pr.

epistulāris (epistol-) ~is ~e, *a.* [prec.+-ARIS] Of or concerned with letters.
chartae ~es (*i.e. writing-paper*) Mart.14.11; Ulp.*dig.*33.9.3.10.

epistȳlium ~iī, *n.* [Gk. ἐπιστύλιον] (archit.) The cross-beam above a row of columns, architrave; also, the cross-beam between two columns. **b** app.) an entablature (incl. architrave, frieze, and cornice).
statuas Persicas sustinentes ~ia et eorum ornamenta Vitr.1.1.6; 7.pr.15; Plin.*Nat.*36.96; *CIL* 8.998;—supra singula ~ia..triglyphi bini erunt conlocandi Vitr.4.3.7. **b** si doricis ~iis in coronis denticuli sculpentur Vitr.1.2.6.

epistȳlum ~ī, *n.* [Gk. ἐπίστυλον] An architrave.
ab ~o ad stylobaten Var.*R.*3.5.11.

epitaphios ~os ~on (~um), *a.* [Gk. ἐπιτάφιος] At or over a tomb; (app. neut. as sb.) an epitaph; (prob. masc. as sb.) a funeral oration (in quot., of that put in Socrates' mouth in Plato's Menexenus).
(*neut. as sb.*) libri..ubi maneant ~a (*cj.*) eorum, quorum in sepulcris nec uola nec uestigium extat Var.*Men.*110; Fro. *Aur.*2.p.68(147N);—(*masc. as sb.*) in ~o quo modo (*sc.* ait) idem (*sc.* Socrates)? Cic.*Tusc.*5.36.

epithalamium ~iī, *n.* [Gk. ἐπιθαλάμιον] A bridal song, epithalamium.
~ium tuum quod mihi iniunxeras, scis biduo scriptum Stat.*Silv.*1.pr.; Catullus in ~io Quint.*Inst.*9.3.16.

epithēca ~ae, *f.* [Gk. ἐπιθήκη] An addition, increment.
quid..quod periit petam? nisi etiam laborem ad damnum apponam ~am (*cj.; apothecam codd.*) insuper Pl.*Trin.*1025.

epithema ~atis, *n.* [Gk. ἐπίθεμα] A remedy applied externally, poultice, etc.
~ate uti..quod ad parotidas scriptum est Larg.160.

epitheton ~ī, *n.* [Gk. ἐπίθετον] (gram.) An adjective or other word used attributively.
dedit..~on (*sc.* Victorem) deo Sab.*iur.*15; ex appositis (~a dicuntur) ut 'dulcis musti' et 'cum dentibus albis' Quint.*Inst.*8.2.10; 8.6.29.

epithymum ~ī, *n.* [Gk. ἐπίθυμον] (app.) A plant parasitic on THYMVM, prob. one of the dodders, *Cuscuta* spp.
Plin.*Nat.*26.55; 26.106.

epithȳūsa ~ae, *f.* [Gk. ἐπιθύουσα] 'A woman burning incense' (name of a Greek statue).
Plin.*Nat.*34.80.

epitogium ~iī, *n.* [Gk. ἐπί+TOGA+-IVM] A garment worn over the toga.
Quint.*Inst.*1.5.68.

epitomē ~ēs, *f.* [Gk. ἐπιτομή] Forms: abl. *epitoma* (s.v.l.) Cic.*Att.*12.5b(5.3). An abridgement of a literary work, epitome.
~en Bruti Caelianorum Cic.*Att.*13.8; Uticensem totum Dionysium..sex ~is circumscripsit Col.1.1.10.

epitonium ~iī, *n.* [Gk. ἐπιτόνιον] A tap or cock.
(*for regulating the flow of water*) cum..aqua..ex orbi ligneo..~iis uersis..factum sit ut fluat Var.*R.*3.5.16; Vitr.9.8.11; Sen.*Ep.*86.6; ~ia fistulis adplumbata Ulp. *dig.*19.1.17.8;—(*for regulating the flow of air*) spiritus..compressus ~iorum aperturis influit Vitr.10.8.5.

epitoxis ~idis or ~idos, *f.* [Gk. ἐπιτοξίς] (app.) A device in a catapult for holding back the missile.
Vitr.10.10.4.

epitrapezios ~os ~on, *a.* [Gk. ἐπιτραπέζιος] Placed on a table.
(*of a statuette*) Vindicis nostri Herculem ~on Stat.*Silv.* 4.pr.

epitritos ~os ~on, *a.* [Gk. ἐπίτριτος] (of a number) Having the ratio 4:3; (masc. as sb.) a metrical foot in which one short is combined with three longs in various ways, an epitrite.
Gel.18.14.5;—Maur.1560; 2406.

epitȳrum ~ī, *n.* [Gk. ἐπίτυρον] A kind of preserve made from olives (eaten with cheese?).
Pl.*Mil.*24; ~um album nigrum uariumque sic facito Cato *Agr.*119; Var.*L.*7.86; Col.12.49.9.

epizygis ~idis or ~idos, *f.* [Gk. ἐπιζυγίς] A pin or bolt on which the strands of the ballista were wound.
Vitr.10.11.4.

epochē ~ēs, *f.* [Gk. ἐποχή] (phil.) Suspension of judgement.
Cic.*Luc.*148.

? **epodas** (acc. pl.). [unkn.; the word is prob. corrupt] An unknown sea creature.
Plin.*Nat.*32.152.

epōdos[1] (~us) ~ī, *m.* [Gk. ἐπῳδός] The shorter verse of a couplet, esp. in the lyric metres of Horace; also, a poem composed in lines of differing metrical form.
cuius (*sc.* iambi) acerbitas in..Horatio, quamquam illi ~os interuenit, reperiatur Quint.*Inst.*10.1.96; hexametro..subnectit ~um Maur.1803; 2099;—2915.

epodos[2]: see EPHODOS.

Epona ~ae, *f.* A goddess, prob. of Gallic origin, associated with horses and mules.
iurat solam ~am et facies olida ad praesepia pictas Juv. 8.157; *CIL* 6.31140; Apul.*Met.*3.27.

epops ~opis, *m.* [Gk. ἔποψ] A hoopoe.
Bistonius rex (*sc.* Tereus) orbus ~ops maeret uolucris euectus in auras *Culex* 253; Ov.*Met.*6.674.

epoptēs ~ae, *m.* [Gk. ἐπόπτης] One admitted to the highest grade of the mysteries.
MVSTAE PIEIS (= pii) ~AE L FOVRIVS..P TEIDIVS *CIL* 1.665; 1.2505; *A.Epig.*47.3.

eporediae ~ārum, *m. pl.* [Gall.] (See quot.)
~as Galli bonos equorum domitores uocant Plin.*Nat.* 3.123.

epos, *n.* [Gk. ἔπος] Epic poetry, or a specimen of it.
forte ~os..ut nemo Varius ducit Hor.*S.*1.10.43; quantum Virgilio nobile debet ~os Ov.*Rem.*396; Mart.12.94.1.

ēpōtō ~āre ~āuī ēpōtum, *tr.* [EX-+POTO] Forms: *exp-* Pl.*Men.*470, *Trin.*406; pf. in Mart.2.29.3, otherwise app. only in past pple. To swallow (liquids), drink down; also, to empty (a vessel) by drinking. **b** (transf., of things) to absorb (liquids); also, to swallow from view, engulf.
confecto prandio uinoque ~o Pl.*Men.*470; (uenenum) celerius potuit comestum quam ~um in uenas..permanare Cic.*Clu.*173; ~o..medicamento..omnes interierunt Liv. 8.18.9; Ov.*Met.*5.453; Cels.5.27.12.c; Col.7.10.8; tribus congiis..~is uno impetu Plin.*Nat.*14.144; ~a..flumina Medo prandente Juv.10.177; (*humorously*) comessum, ~um (*i.e. the money*) Pl.*Trin.*406;—quem statim ~o poculo mortuum esse dixistis Cic.*Clu.*168; Liv.40.24.6; ~am amphoram Phaed.3.1.1. **b** cum sol et uapor..omnibus ~is umoribus exsuperarint Lucr.5.384; uomit ~as..Charybdis aquas Ov.*Rem.*740; Plin.*Nat.*5.74; quae..Tyron (*i.e. purple dye*) totiens ~auere lacernae Mart.2.29.3;—ubi terreno Lycus (*a river*) est ~us hiatu, existit procul hinc Ov.*Met.*15.273.

epulae ~ārum, *f. pl.* [perh. orig. a term in ritual, 'religious performance', cf. L. *opus*, OHG. *afalōn* 'to work', etc.] Forms: sg. *epula* cited in Paul. *Fest.*p.82M. A sumptuous meal, esp. one given to a large number of people, a feast, banquet; (also with plural force). **b** food served at, or suitable for, a banquet, delicacies, etc.
ille (*sc.* Atreus) funestas ~as fratri conparans Cic.*N.D.* 3.68; eos omnis..inter ~as obtruncant Sal.*Jug.*66.3; uoueram dulcis ~as..Libero Hor.*Carm.*3.8.6; Liv.28.18.4; uir tuus est ~as nobis aditurus easdem Ov.*Am.*1.4.1; nec..tibi regales ~ae morabuntur Apul.*Met.*5.2;—(*in fig. phrs.*) oculis ~as dare Pl.*Poen.*1175; auidum hominem ad has discendi ~as recepi Cic.*Top.*25;—Lacedaemonii..qui cotidianis ~is in robore accumbunt *Mur.*74; muneribus..congiariis, ~is multitudinem..delenierat *Phil.*2.116; hoc illis curia templum, hae sacris sedes ~is Verg.*A.*7.175; Tac.*Hist.*1.62; Suet.*Nero* 27.2. **b** si illi congestae sint ~ae a cluentibus Pl.*Trin.*471; mensae conquisitissimis ~is extruebantur Cic.*Tusc.*5.62; Verg.*G.*4.378; anserini generis sunt..quibus lautiores ~as non nouit Britannia, chenerotes Plin.*Nat.*10.56; (*poet.*) uestis blattarum ac tinearum ~ae Hor.*S.*2.3.119.

epulāris ~is ~e, *a.* [prec.+-ARIS] Of, accompanying, or associated with a banquet.
ludorum ~e sacrificium Cic.*de Orat.*3.73; accubitionem ~em amicorum *Sen.*45; ~is sermo Apul.*Met.*2.19; ~e uadimonium (*i.e. a promise to dine*) 3.12;—(*masc. pl. as sb.*) ~es appellabantur, qui in quibusdam ludis nocte epulabantur Paul.*Fest.*p.82M.

epulātīcium ~iī, *n.* [EPVLOR+-ICIVS[2]] (app.) Some kind of memorial banquet.
CIL 8.11813.

epulātiō ~ōnis, *f.* [EPVLOR+-TIO] Banqueting, feasting.
interposita festae ~onis simulatione V.Max.2.5.4; (uasa) quae ad mensam cotidianam atque ~onem pertinent Col. 12.3.2; Petr.141.10; Suet.*Cal.*18.2.

epulō ~ōnis, *m.* [EPVLOR+-O[1]]

1 A banqueter, diner.
illa optima (legatio)..~oni Vatinio reseruatur Cic.*Att.* 2.7.3; frequens ibi numerus ~onum Apul.*Met.*2.19; inter suos ~ones caseum..diuiserat 9.38; 10.16;—(*as cult-title of a god*) SACRVM MERCVRIO ~ONI *CIL* 6.522.

2 (relig.) *triumuir* (*septemuir*) *~o* (*~onum*), A member of the college of priests (at first three, later seven or ten) who supervised the public feasts given in honour of Jupiter and other gods.
pontifices ueteres propter sacrificiorum multitudinem tris uiros ~ones esse uoluerunt Cic.*de Orat.*3.73; triumuir ~o Liv.40.42.7; P CORNELIO DOLABELLAE COS VII VIRO ~ONI *CIL* 3.1741; VIIVIR ~ONVM *A.Epig.*52.232.2; Plin.*Ep.* 2.11.12; Gel.1.12.6; (*cf.*) pontifices, ad quos ~ones Iouis Optimi Maximi, si quid est praetermissum aut commissum, adferunt Cic.*Har.*21.

epulōnus ~ī, *m.*: by-form of prec.
Paul.*Fest.*p.78M.

epulor ~ārī ~ātus, *intr.*, *tr.* [EPVLAE+-O[3]]

1 (intr.) To dine sumptuously, feast, banquet; (sts. foll. by abl.). **b** (in general) to take one's food.

ut cum dominis famuli ~entur ibidem ACC.*poet.*3.6; cum ..~ati essemus Saliarem in modum CIC.*Att.*5.9.1; *Fam.* 9.26.3; ~abatur..luxuriosius, quam qui aderant perpeti possent NEP.*Paus.*3.2; ~antes..cum carmine triumphali.. currum secuti sunt LIV.3.29.5; 36.29.6; VELL.2.101.3; cum die natali Augustae inter sacerdotes ~aretur TAC.*Ann.*6.5; 14.48;—(*w. abl.*) ante impia quam caesis gens est ~ata iuuencis VERG.*G.*2.537; *A.*3.224: MELA 3.64. **b** ipse (*sc.* uilicus) in conspectu eorum (*sc.* rusticorum)..~etur sitque frugalitatis exemplum COL.11.1.19; hanc (*sc.* arteriam) operit (minor lingua) in ~ando PLIN.*Nat.*11.176.

2 (tr.) To feast upon.

non potui..Ascanium patriis..~andum ponere mensis? VERG.*A.*4.602; OV.*Met.*15.110; ~atus ipse es impia natos dape SEN.*Thy.*1034; pullos..~ari..instituit PLIN.*Nat.*8.170.

epulum ~ī, *n.* [cf. EPVLAE] FORMS: pl. app. very rare, AEPVLA *CIL* 11.5170; exx. of dat. and abl. *epulis* have been referred to EPVLAE. A public feast, banquet (esp. to celebrate some special occasion, festival, etc.).

publicando ~o Herculis (*i.e. in honour of H.*) NAEV.*com.* 28; cum ~um Q. Maximus..patrui sui nomine populo Romano daret CIC.*Mur.*75; HOR.*S.*2.3.86; Iouis ~um fuit ludorum causa LIV.25.2.10; 39.46.2; V.MAX.8.7.ext.4; SEN. *Ben.*1.14.1; ~um plebi ob laetitiam recentis imperii obtulerat TAC.*Hist.*1.76; SUET.*Vit.*10.2; GEL.12.8.2; (*dist. from* epulae) ita..illud ~um est funebre ut munus sit funeris, epulae quidem ipsae dignitatis CIC.*Vat.*30.

equa ~ae, *f.* [cf. EQVVS] A mare.

ad ~as fuisti scitus admissarius PL.*Mil.*1112; ~ae hinnibundae QUAD.*hist.*78; CIC.*Ver.*1.28; LUCR.3.764; quae uelut latis ~a trima campis ludit HOR.*Carm.*3.11.9; OV.*Am.*1.8.8; mula..non solum ex ~a et asino..generatur COL.6.37.3; SIL.3.380.

equāria ~ae, *f.* [EQVVS+-ARIA] A herd of horses.

ipse pecuarias habui grandes, in Apulia ouiarias et in Reatino ~as VAR.*R.*2.pr.6.

equārius ~a ~um, *a.* [EQVVS+-ARIVS] Of or concerned with horses.

MEDICVS ~VS *CIL* 6.9610; 6.33097.

eques ~itis, *m.* [EQVVS+-ES[1]]

1 A horseman, rider.

post ~item sedet atra Cura HOR.*Carm.*3.1.40; equus.. excussit ~item LIV.8.7.11; OV.*Fast.*5.700; ut illis (*sc.* tigribus)..~item consequi..facile sit MELA 3.43; LUC.5.440; (*of an equestrian statue*) idem (fecit) equitem Simonem PLIN. *Nat.*34.76.

2 One who fights on horseback, a cavalryman; *magister ~itum*, the second-in-command of a *dictator* (see MAGISTER). **b** (collect. sg.) cavalry.

~ites iubet dextera inducere PL.*Am.*243; CATO *hist.*99; quingentis ~itibus tantam multitudinem ~itum propulerant CAES.*Gal.*1.15.3; ~itum praefectos 3.26.1; LIV.23.5.15; ut forti ~iti aureas armillas tribueret V.MAX.8.14.5; STAT. *Theb.*10.740;—(*of a mounted gladiator or sim.*) magnificentissimis..equitum peditumque..certaminis spectaculis VELL.2.56.1; *CIL* 6.10167. **b** contra ~item Parthum negant ullam armaturam meliorem inueniri posse CIC.*Fam.* 9.25.1; *B.Hisp.*23.7; permixtus Etrusco Arcas ~es VERG.*A.* 10.239; ~iti admoti equi LIV.2.20.12; 6.12.10; CURT.7.8.6; FLOR.*Epit.*1.22(2.6.13); SUET.*Gal.*12.2.

3 A member of the equestrian order, 'knight' (originally and strictly, one able to provide his own horse; in a wider sense, anyone having the requisite property qualification: see EQVESTER 3a). **b** (collect. sg.).

si ex censu spectas, ~es Romanus est CIC.*Q.Rosc.*42; honesto et ornato ~ite R. *Fam.*13.31.1; nauis..singulas ~itibus Romanis attribuit CAES.*Gal.*7.60.1; fortunae munere factus ~es OV.*Tr.*4.10.8; V.MAX.2.9.6; PLIN.*Nat.* 33.30; Tuscus ~es (*i.e.* Maecenas) MART.8.55(56).9; JUV. 14.326; (*abbrev.*) M. Feridium, eq. R. CAEL.*Fam.*8.9.4; (*facet.*) futuit ancillas domumque..implet ~itibus uernis MART.1.84.4;—(*applied to foreigners of equiv. rank*) de his duobus generibus alterum est druidum, alterum ~itum CAES.*Gal.*6.13.3. **b** satis est ~item mihi plaudere HOR.*S.* 1.10.76; OV.*Fast.*2.128; distinguit ab ~ite curiam (*sc.* purpura) PLIN.*Nat.*9.127; TAC.*Ann.*14.47; circensibus (ludis) loca ~iti secreta a ceteris tribuit SUET.*Nero* 11.1; APUL. *Met.*11.17.

equester (~tris) ~tris ~tre, *a.* [prec.+-ESTRIS] FORMS: nom. masc. sg. *equestris* LIV.27.1.11, 27.42.2.

1 Mounted on a horse; (of a statue) equestrian. **b** of or belonging to a horseman. **c** (as a cult-title of Neptune, the supposed creator of the first horse, inventor of horse-racing, etc.).

pigritia pedum ~tres populos PLIN.*Nat.*37.111;—statuae ~tres inauratae CIC.*Ver.*2.150; *Att.*6.1.17; LIV.8.13.9; *CIL* 2.2130. **b** sonipes habitus animosque imitatus ~tris (*i.e. its rider's spirit*) STAT.*Silv.*1.1.46. **c** ludos..parat Neptuno ~tri LIV.1.9.6.

2 Of, belonging to, or connected with cavalry or a cavalryman. **b** (of forces, etc.) consisting of cavalry.

CATO *orat.*104; pugna erat ~tris CIC.*Ver.*4.122; CAES.*Gal.* 3.20.3; cursus..~tris ducebat VERG.*A.*5.667; ~tria arma LIV.30.17.13; fremitum ~trem 40.31.5; ~tris disciplinae arte praecellunt TAC.*Ger.*32.2; ~tre aes, quod equiti dabatur PAUL.*Fest.*p.81M; (*as title of a deity*) aedem Fortunae ~tri..uouit LIV.40.40.10. **b** ~tribus..copiis CIC. *Fin.*2.112; auxilia ~tria summittere *B.Afr.*78.6; LIV.38. 41.14; fusa regiorum ~tris acies VELL.2.112.5;—(*cf., poet.*) agmen ~tre (*i.e. centaurs*) OV.*Ep.*9.100.

3 a *~ter ordo*, the class (orig. derived from the state cavalry) between the Senate and the Plebs, subject since at least 67 B.C. to a property qualification of 400,000 sesterces; *~ter* (as sb.), one of the equestrian order, a knight. **b** of or proper to a knight, his rank, etc.; (neut. pl. as sb.) the seats in the theatre reserved for 'knights'.

a cum ~ter ordo iudicaret CIC.*Ver.*38; *Dom.*74; consensum senatus ~ter ordo est secutus LIV.26.36.12; PHAED. 5.7.30; SUET.*Cl.*6.1;—apud ~tris qui Aegypto praesiderent TAC.*Ann.*12.60; Iulius Densus ~ter 13.10. **b** ~tri ortum loco consulem CIC.*Agr.*1.27; res familiaris..uix ~tris *Fam.* 9.13.4; anulo ~tri HOR.*S.*2.7.53; ~tris hereditas SEN.*Ben.* 3.7.7; ~ter census SUET.*Aug.*40.1;—Laberium..iussit ire sessum in ~tria SEN.*Con.*7.3.9; si plena sunt ~tria SEN. *Ben.*7.12.4; SUET.*Cal.*26.4.

equidem, *particle*. [cf. QVIDEM; first element uncertain, but prob. not connected with *ego*, despite the usages of the word] POSITION: most commonly first or second word in its sentence or clause.

1 (w. first pers. sg., emphasizing an implied or expr. *ego* in various ways) I for my part, I and no one else, so far as in me lies, personally speaking, etc. **b** (often used by a writer in contrasting his own opinion with that of other authorities). **c** (in answers to questions or remarks about oneself). **d** (in replies to requests). **e** (in the first of two antithetical cls.). **f** (w. periphrastic substitute for first pers. sg. of vb.).

~ Sosia Amphitruonis sum PL.*Am.*411; nescio. — ~ miror, qui alia tam plane scias TER.*Hau.*897; ~ dicam ex animo, patres conscripti, quod sentio CIC.*Pis.*81; de Hortensio te certo scio dolere; ~ excrucior *Att.*6.6.2; OV.*Met.* 8.497; PETR.136.3; sit modus, et fore credo ~ V.FL.4.476; —(*strengthened by interjs.*) credo edepol ~ dormire Solem PL.*Am.*282; ~ hercle nescio TER.*Ph.*807;—(*prec. or foll. by* ego) ~ ego non ignoro SAL.*Jug.*85.26; non ego te talem uenerarer munere tali, non ~ *Ciris* 19;—(*foll. by phrs calling attention to the speaker*) ~, ut ad me reuertar, ab his fontibus profluxi ad hominum famam CIC.*Cael.*6;—(*in restrictive cls.*) nemini conpertum alteri, quod ~ sciam PLIN. *Nat.*2.91; GEL.19.8.18. **b** uix ~ ausim adfirmare, quod quidam auctores sunt, duo milia et octingentos hostium caesos LIV.23.16.15; 30.3.6; quibus ~ adsenserim: sed M. Cato quantum differt! VELL.1.7.3; SUET.*Aug.*3.1. **c** quid hic speculare? — nil ~ speculor PL.*Cas.*791; *Men.*610; illius dices culpa factum? — haud ~ dico TER.*Hec.*232; 'uiuisne?..' 'uiuo ~' VERG.*A.*3.315; PHAED.1.1.11; (*w. ellipse of vb.*) numquid de Dacis audisti?' nil ~ HOR.*S.* 2.6.53. **d** laeuam (manum) ostende. — quin ~ ambas profero PL.*Aul.*650; obsecro, principio ut ne ducas. — dabo ~ operam TER.*An.*327; perge cetera. — pergam ~ CIC. *Leg.*2.69; *Tusc.*4.10. **e** amaui hercle ~ ego olim..uerum ..numquam ut nunc insanio PL.*Mer.*264; Dionysium semper ~..dilexi, sed cotidie pluris facio CIC.*Att.*5.9.3; *Fam.* 13.16.1; uix ~ memini, memini tamen OV.*Ep.*8.75; stabam ~, sed me referebat concitus amnis STAT.*Ach.*2.149; QUINT.*Inst.*10.1.126. **f** ~ innumerabiles mihi uidentur (partes) VAR.*R.*1.5.1; SAL.*Rep.*2.2.1; per me ~ sint omnia.. alba PERS.1.110.

2 (not w. first pers. sg., but as a mere emphatic particle, sts. stressing single words) Indeed, in truth. (N.B.: in some of the earlier exx. prob. to be taken as introducing an emphatic expr. of the speaker's convictions.)

ciuis eam emit Atticus: adulescentem ~ dicebant emisse PL.*Epid.*603; uanum ~ hoc consilium est SAL.*Cat.*52.16; *Aetna* 458; non ~ hoc dubites PERS.5.45; LUC.8.824; quam olim ~ exoptatus nobis aduenis? APUL.*Met.*2.13; simulacrum..quod..corollis roseis ~ recentibus fuerat ornatum 3.27; 10.1; (*in the first of two antithetical cls.*) in hac (ciuitate) ~ easdem puerorum nutricationes..uult esse (Plato)..sed in conubiis..desciscit a prioris obseruatione rei publicae *Pl.*2.26;—(*perh. by MS. error for* quidem) o lepidum semisenem..atque ~ plane educatum in nutricatu Venerio! PL. *Mil.*650; *Poen.*1240.

equiferus ~ī, *m.* [EQVVS+FERVS] A kind of wild horse.

PLIN.*Nat.*28.159; 28.197.

equila: see EQVOLA.

equīle ~is, *n.* [EQVVS+-ILE] A place for horses, stable.

CATO *Agr.*14.2; si frigus erit, in equili faciendus ignis VAR.*R.*2.7.14; 3.17.7; VITR.6.6.4; ~e marmoreum SUET. *Cal.*55.3.

equiliolus ~ī, *m.* [ECVLEVS+-OLVS] A small pony.

SIGNVM MARTIS CVM ~O ISIDI REGINAE..D D *CIL* 14.4290.

equimentum ~ī, *n.* [EQVIO+-MENTVM] The fee paid for the service of a stallion.

VAR.*Men.*502.

equīnus ~a ~um, *a.* [EQVVS+-INVS] Of or concerning a horse or horses; (neut. as sb., app.) a stud of horses.

neruo ~o concita tela ACC.*trag.*545; emptio ~a VAR.*R.* 2.7.6; saeta ~a CIC.*Tusc.*5.62; pecori..~o VERG.*G.*3.72; sunt mirae aues..~is auribus MELA 3.88; lacte ~o PLIN. *Nat.*32.112; pullum ~um QUINT.*Inst.*8.2.15;—GAETVLO ~O CONSITA (*sc. a mare*) *CIL* 6.10082.

equiō ~īre, *intr.* [EQVVS+-IO[2], cf. *catulio*] (of mares) To be on heat.

equas domitas LX diebus ~ire ante quam gregales PLIN. *Nat.*10.181; (*app., of she-mules*) ~ienti mulae cruda brassica datur COL.6.38.1.

equirīne, *interj.* [*e-* (cf. *ecastor*)+voc. of QVIRINVS[1]] PROS.: first syll. doubtful though prob. long (cf. *ecastor*) By Quirinus!

PAUL.*Fest.*p.81M.

Equirria, *n. pl.* Also **Ecurria.** [prob. <**equicurria* by syncopation] Horse-races held annually on 27 Feb. and 14 Mar. in honour of Mars.

VAR.*L.*6.13; altera gramineo spectabis ~ia campo OV. *Fast.*3.519; PAUL.*Fest.*p.81M; p.131M.

equisaetum ~ī, *n.* [EQVVS+SAETA] A plant-name taken by Pliny to refer both to the horse-tails (*Equisetum* spp.) and a group of climbing gymnospermous shrubs (*Ephedra* spp.).

PLIN.*Nat.*26.132;—(*spec. of a horse-tail*) (herba) inuisa et ~i est, a similitudine equinae saetae PLIN.*Nat.*18.259.

equisō ~ōnis, *m.* [EQVVS; second element unkn., but cf. *agaso*] PROS.: quantity of second syll. doubtful. FORMS: *equisiones CIL* 3.13370. A person in charge of horses or sim., groom, stable-boy, etc.

neque furentem eculeum..insanus ~o..educet VAR. *Men.*118; 559; V.MAX.7.3.ext.2; euocato..armentario ~one APUL.*Met.*7.15; *Apol.*87;—(*transf.*) nauem..quam nautici ~ones..ducerent loro VAR.*Men.*276.

equitābilis ~is ~e, *a.* [EQVITO+-BILIS] Suitable for riding over.

~is et uasta planities CURT.4.9.10.

equitātiō ~ōnis, *f.* [EQVITO+-TIO] Horsemanship, riding.

~o..coxis utilissima (est) PLIN.*Nat.*28.54; AUR.*Fro.*1.p. 180(69N).

equitātus[1] ~a ~um, *a.* [EQVES+-ATVS[2]] (of a mixed cohort) Provided with cavalry.

PRAEFECT COHORT II LVSITANOR ~AE *CIL* 3.8733; 6.3520; 11.5959.

equitātus[2] ~ūs, *m.* [EQVITO+-TVS[3]] Horsemanship, riding.

femina adteri..~u notum est PLIN.*Nat.*28.218; 34.76.

equitātus[3] ~ūs, *m.* [EQVES+-ATVS[1]]

1 Horse-soldiers collectively, cavalry; (pl.) bodies of cavalry.

partem ~us..praedatum misit CATO *Mil.*6(J); CIC.*Phil.* 14.27; ~ui..Dumnorix praeerat CAES.*Gal.*1.18.10; *Civ.*3. 36.4; VERG.*A.*8.585; apparuit..~u meliorem Poenum esse LIV.21.47.1; SEN.*Phoen.*545; FRON.*Str.*1.8.12;—(*pl.*) magnos ~us ad ea bella..imperauit CIC.*Font.*13; Scythici.. ~us equorum gloria strepunt PLIN.*Nat.*8.156.

2 The equestrian order.

quom ~us..senatum deseruerit CIC.*Att.*2.1.7; in ~u recensendo LIV.38.28.2; (*among the Gauls*) Aeduos..omnem senatum, omnem ~um amisisse CAES.*Gal.*1.31.6.

equitium ~iī, *n.* [EQVVS+-ITIVM] A herd or stud of horses.

largam satietatem desiderat ~ium COL.6.27.1; ULP.*dig.* 6.1.1.3; 7.8.12.4.

equitō ~āre ~āuī ~ātum, *intr.* [EQVES+-O[3]]

1 To travel or move about on horseback, ride. **b** (of a horse) to carry a rider.

apud quos..uenandi et ~andi laus uiget CIC.*Tusc.*2.62; SAL.*Jug.*6.1; ~are in harundine longa (*i.e. a hobby-horse*) HOR.*S.*2.3.248; neu sinas Medos ~are inultos te duce, Caesar *Carm.*1.2.51; certum..~auit in orbem (*sc. a centaur*) OV.*Met.*12.468; SEN.*Ep.*36.7; SUET.*Jul.*57; (*impers. pass.*) dum per perfusum glacie flumen ~atur FLOR.*Epit.*1.39 (3.4.5); (*in fig. phr.*) illa (certatio) qua tu contra Alfenum ~abas CIC.*Quinct.*73; (*obsc.*) JUV.6.311. **b** hunc currere ecum nos atque ~are uidemus LUCIL.1284; GEL.18.5.9.

2 (See quot.)

~are antiqui dicebant equum publicum merere PAUL. *Fest.*p.81M.

equola ~ae, *f.* [EQVA+-OLA] FORMS: *equilam* VAR.*Men.*236. A young mare, filly.

quamquam uetus cantherius sum, etiam nunc..adhinnire ~am possum ego hanc PL.*Cist.*308; asinum, qui..saliat ~am VAR.*Men.*236.

?equor ~ārī ~ātus, *intr.* [EQVVS+-O[3], cf. *pabulor*] (app.) To procure horses; (in quot., sup.).

Papyrus in *Raccolta Lumbroso* p.270 (ii A.D.).

equuleus: see ECVLEVS.

equus (equos) ~ī, *m.* Also **ecus.** [Gk. ἵππος, ἴκκος, OIr. *ech*, Skt. *áśvaḥ*] FORMS: gen. pl.

equum VERG.G.2.542, A.9.26, V.FL.6.237,SIL. 12.681.

1 A horse. b (of various mythical horses or sim.). c (spec.) a stallion. d *~us fluuiatilis*, a hippopotamus. e (phrs.) *~o* (*in ~o*), on horseback; *~is uiris* (or sim.), (colloq.), with all one's resources, with all one has.

~us, spatio qui saepe supremo uicit Olympia ENN.Ann. 374; ~os alere TER.An.56; CIC.Fin.2.61; ex ~is desiliunt CAES.Gal.4.2.3; bellator ~us VERG.G.2.145; ~um escendere LIV.23.14.2; CURT.6.5.18; SIL.2.349; IUV.11.103; (*of wild horses*) septentrio fert et ~orum greges ferorum PLIN.Nat. 8.39; (*poet.*) Chiron..iam iamque latentis erecto prospectat ~o STAT.Ach.1.235; (*in fig. phr.*) cursu corrigam tarditatem cum ~is tum uero..quadrigis poeticis CIC.Q.fr.2.13.2; (*transf.*) nempe ~o ligneo (*i.e. a ship*) per uias caerulas estis uectae? PL.Rud.268; (*obsc.*) quaecumque..clunibus ..agitauit ~um lasciua supinum HOR.S.2.7.50. b cum Phaethonta..uis solis ~orum..raptauit LUCR.5.397; laetus Eois Eurus ~is VERG.A.2.418; iam Nox iungit ~os TIB. 2.1.87; Neptunus..in portum deducit ~os STAT.Theb.2.46; —(*applied to the winds*) fundunt se carcere..Thraces ~i Zephyrusque et..Notus V.FL.1.611. c ut et foetam (equam) nihilominus admisso ~o impleant COL.6.37.10. d magnitudine ~i fluuiatilis PLIN.Nat.8.73; (*cf.*) ~orum nomine dictum, sed deforme pecus CALP.Ecl.7.66. e proconsul..in ~o uehens QUAD.hist.57; se in castra ~o contulit CAES.Civ.3.94.5; ab omni parte ~o moenia est circumuectus LIV.36.22.4;—quoniam confecta sunt omnia, dubitandum non est quin ~is uiris (*i.e. join Caesar*) CIC.Fam.9.7.1; cum his uiris ~isque ut dicitur..decertandum est Off.3.116.

2 (in full *~us publicus*) The horse conferred by the State on a Roman cavalryman or, later, a member of the equestrian order (under the Empire app. without military significance), and forfeited for misconduct.

cum nemo contra diceret, iussit (Licinium) ~um traducere CIC.Clu.134; Phil.6.13; legionem..ad ~um rescribere (*i.e. enter on the roll of knights*) CAES.Gal.1.42.6; illis equi adempti qui publicum ~um habebant LIV.24.18.6; M. Liuium quia populi iudicio esset damnatus ~um uendere iussit 29.37.9; meus ante omnis Cordus haberet ~um (*i.e. become a knight*) MART.5.23.8; SUET.Aug.38.3; HONORATI ~O P(UBLICO) AB IMPERATORIB(US) ANTONINO ET VERO CIL 10.1211; 14.400.

3 A statue or other representation of a horse; (esp. applied to the Trojan Horse).

Tyndaritani (statuam) deiecerunt in foro et..~um inanem reliquerunt CIC.Ver.2.160; PROP.3.9.10; minotauri, ~i aprique (*i.e. standards*) singulos ordines anteibant PLIN.Nat.10.16; STAT.Silv.1.pr.;—grauidus armatis ~us ENN.scen.76; CIC. de Orat.2.94; instar montis ~um..aedificant VERG.A.2.15; OV.Ars 1.364; (*in fig. phr.*) intus..est ~us Troianus, a quo numquam me consule dormientes opprimemini CIC.Mur.78; (*cf.*) ~um (qui nunc aries appellatur) in muralibus machinis Epium ad Troiam (inuenisse dicunt) PLIN.Nat.7.202.

4 (astron.) The constellation Pegasus.

CIC.Arat.209; VITR.9.4.3; MAN.1.348; Non. Mart. ~us mane oritur COL.11.2.24; PLIN.Nat.18.237.

era (hera) ~ae, *f.* [ERVS]

1 A woman in relation to her servants, mistress, lady of the house.

dat (puellam) ~ae suae, orat ut eam curet PL.Cas.44; Truc.213; ~a uos exspectat domi TER.Eu.917; Ph.730; pensa repensis ~ae OV.Ep.9.78; SEN.Med.426; LUC.8.66; iam scies ~ae meae..secreta APUL.Met.3.15.

2 (applied as a term of respect to goddesses; also to one's beloved).

Minerua ~a domina ENN.inc.46; rapidi Tritonis ~a (*i.e. Athene*) CATUL.64.395; tergeminam..~am (*i.e. Hecate*) V.FL.1.781; noctis ~am (*i.e. Proserpina*) Ditemque ciens V.FL.7.313;—(*of Fortune*) diuom atque hominum quae speratrix atque ~a eadem es hominibus PL.Mer.842; Epic. Drusi 376;—rara uerecundae furta feremus ~ae CATUL. 68.136.

ērādīcitus: see EXR-.

ērādīcō ~āre ~āuī ~ātum, *tr.* **exr-.** [EX-+RADIX+-O[3]] To tear up by the roots; (esp., fig.) to destroy utterly, exterminate, etc.

quae sunt ex ea (*sc.* terra) enata..ut sint ~ata VAR.R. 1.27.2;—(*fig.*) perditus sum atque ~atus sum PL.Bac.1092; Epid.434; quin me ~as miserum Mer.775; Per.818; di te ~ent! i ta me miseram territas TER.An.761.

ērādō ~dere ~sī ~sum, *tr.* [EX-+RADO]

1 To remove by scraping, paring, or sim., scrape away, etc. b to scrape clean or smooth.

de pratis stipulam rastellis ~di VAR.R.1.49.1; ut, si quid pingue est, ~datur CELS.8.10.7.L; PLIN.Nat.24.41; trabes.. teres..~sis undique nodis SIL.14.320; ~sis intrinsecus sordibus APUL.Met.9.7;—(*in fig. phrs.*) ~denda cupidinis praui sunt elementa HOR.Carm.3.24.51; omnem ex animo ~de nequitiam SEN.Ep.104.20. b uincet ubi ~sas barba pudenda genas PROP.4.8.26; surculos..falce acuta ab ima parte ~dito COL.Arb.26.4.

2 To erase, delete (anything written or engraved); also, to erase the name of (as a mark of disgrace).

~dendos..titulos (*sc. of Domitian*) abolendamque omnem memoriam SUET.Dom.23.1;—(*in fig. context*) fac..cupias.. ~dere uitae tempora..Tisiphonea tuae OV.Tr.4.9.5; beneficium..ipsum non ~ditur SEN.Ben.6.2.3; omnia istarum ciuitatium..uestigia..tempus ~det Ep.91.10;—Apidium.. Merulam..albo senatorio ~sit TAC.Ann.4.42; SUET.Dom. 8.3; (*pf. pple. as sb.*) qui..in locum ~sorum subditi fuerant PLIN.Pan.25.3.

ēranthemis ~ida or ~im (*acc.*), *f.* [cf. Gk. ἠράνθεμον, ἀνθεμίς] The plant chamomile, esp. a purple-flowered species, perh. *Anthemis rosea*.

PLIN.Nat.22.53; 22.54.

eranus ~ī, *m.* [Gk. ἔρανος] (in Greek cities) A kind of mutual benefit society.

TRA.Plin.Ep.10.93(94).

erastēs ~ae, *m.* [Gk. ἐραστής] A lover.

numquam..~en tuum, me dico, depuleris AUR.Fro.1. p.30(253N).

Eratō, *f.* One of the nine Muses, invoked by poets of all sorts; (by Ovid associated through word-play with love-poetry).

nunc age, qui reges, ~o..quis Latio..fuerit status.. expediam VERG.A.7.37; STAT.Silv.1.2.49; 4.7.2;—~o..tu nomen amoris habes OV.Ars 2.16; Fast.4.195.

Eratosthenēs ~is, *m.* An Alexandrian polymath, c. 275–194 B.C., who calculated the circumference of the earth.

VAR.R.1.2.3; CAES.Gal.6.24.2; VITR.1.6.9; PLIN.Nat.12. 53; QUINT.Inst.1.1.16.

erciscor ~ī, *tr.* Also **herc-.** [dub.] FORMS: normally only in gdve. *erciscundus* (*~endus*); pres. inf. in PAUL.Fest.p.82M. (leg.) To divide or apportion (an inheritance).

~undae familiae causam agere CIC.de Orat.1.237; Caec.19; CIL 1.592.2.55; quod (iudicium) inter heredes de hereditate ~unda, id est diuidunda, accipi solet GAIUS Inst.2.219; 4.42; dig.2.1.11.2;—(*humorously*) nos diuersa tendentes et in causa finali de proprietate soli, immo uiae ~undae contendentes..deprehendunt ipsi latrones APUL.Met.6.29; 9.27.

erctum. [cf. prec.] (w. forms of *cieo*, in phrs. ref. to the partition of an inheritance, see quots.; the precise grammatical analysis of these phrs. is disputed).

qui, quibus uerbis ~um cieri oporteat, nesciat CIC.de Orat. 1.237;~um citum (*v.l.* erctus citus) QUINT.Inst.7.3.13; GAIUS Inst.3.154[a](*cj.*); societas inseparabilis, tamquam illud fuit anticum consortium, quod iure atque uerbo Romano appellabatur '~o non cito' GEL.1.9.12; PAUL.Fest.p.82M.

Erebēus ~a ~um, *a.* Of or belonging to the underworld.

~ae..colubrae OV.Ib.225.

Erebōis ~idis, *f.* The daughter of the god Erebus.

~is (*s.v.l.*)..nox Culex 202.

Erebus ~ī, *m.*

1 The abode of the dead, the underworld.

~i de sedibus imis umbrae ibant VERG.G.4.471; Hecaten caeloque ~oque potentem A.6.247; OV.Met.5.543; LUC. 6.513; non ~i, non diua poli V.FL.2.120; STAT.Theb.12.560.

2 The god of darkness, regarded alternatively as the brother and husband or as the father of Nox.

Amor Dolus..quos omnis ~o et Nocte natos ferunt CIC. N.D.3.44; VERG.A.4.510; HYG.Fab.pr.1; Varro..~o natam noctem ait PAUL.Fest.p.83M.

Erechthēus[1] ~eī, *m.* **-ecth-.** A legendary king of Athens.

CIC.Sest.48; N.D.3.49; OV.Met.6.701; HYG.Fab.238.2.

Erechthēus[2] ~a ~um, *a.* **-ecth-.** Of or associated with Erechtheus; (poet.) Athenian.

~is..Athenis Ciris 22;—~as..arces OV.Met.8.548; ~os ..colonos MAN.1.884.

Erechthīdae ~ārum, *m. pl.* The descendants of Erechtheus; (in quot. poet., of the Athenians).

OV.Met.7.430.

Erechthis ~idis or ~idos, *f.* A daughter of Erechtheus.

(*of Orithyia*) OV.Ep.15.345; (*of Procris*) Met.7.726.

ērectē, *adv.* *superl.* ~issimē. [ERECTVS+-E] (dub.) Boldly, confidently.

ea ~issime (*s.v.l.*) sensi VAR.L.7.8; ille etiam ~e (*s.v.l.*) rupisset tempora uitae STAT.Silv.5.1.205.

Erecth-: see ERECHTH-.

ērectiō ~ōnis, *f.* [ERIGO+-TIO] The act of placing in an upright position.

animalis..~o firma VITR.8.pr.2; sine tignorum ~onibus.. 10.2.10; 10.6.4.

ērectus ~a ~um, *a.* *compar.* ~ior. [pple. of ERIGO]

1 Upright, erect; perpendicular. b set in a raised position.

(gallinas) crista ~a, amplas VAR.R.3.9.4; ~um et celsum, alacri et prompto ore..uagari cum magna caterua toto foro CIC.de Orat.1.184; ut non proni sed ~i ambularent VITR. 2.1.2; fruticosa ramulis ~is (lysimachia) PLIN.Nat.25.72; uultus ~ior QUINT.Inst.11.3.134; ~o incessu TAC.Hist.1.53; (*acc. sg. neut. as adv.*) ~um..assurgens STAT.Theb.1.186; (*transf.*) manus non iam pedes sunt, sed in ~a porriguntur officia (*i.e. human functions*) APUL.Met.11.13;—orthographia (*i.e. elevation*)..est ~a frontis imago VITR.1.2.2; (*hyperb.*) aliae (nationes) se in ~os subtrahunt montes SEN.Dial. 6.18.5. b resupinandus..homo est coxis ~ioribus CELS. 7.16.2.

2 a (ref. to a person's emotions, etc.) Confident, bold, assured. b (of character, thoughts, etc.) aspiring, noble.

a multo sum ~ior quod uos quoque illum hostem esse tanto consensu..approbauistis CIC.Phil.4.2; me..~iorem esse animo Att.11.12.4; laeto et ~o animo LIV.28.32.4; ego ~um subigam et seruire docebo STAT.Theb.11.728; TAC.Ann.4. 59; mens..aduersus uim..esse debet ~a GEL.13.28(27).4; (*of an orator's style, etc.*) neque tam plenum et ~um..senibus conuenerit quam pressum et mite QUINT.Inst.11.1.31. b si quis est paulo ~ior..dissimulat appetitum uoluptatis propter uerecundiam CIC.Off.1.105; consilia magnifica et ~a SEN.Ep.41.2; sublime et ~um ingenium TAC.Ag.4.5; praefationes..graciles, dulces, graues interdum et ~ae PLIN.Ep. 2.3.1.

3 Attentive, alert; (w. *ad*) intent on.

ut..corona (sit) multiplex, iudex ~us CIC.Brut.290; ~ior..mens est..ubi frigus..est CELS.1.9.4; ~ae circa studia mentis QUINT.Inst.1.3.10;—uir..~us ad honesta SEN.Dial.1.2.2; animos ad lyram excitare, quo essent ad agendum ~iores QUINT.Inst.9.4.12.

ērēmigō ~āre ~āvī ~ātum, *tr.* [EX-+REMIGO] To row over, traverse by boat.

totus..septentrio ~atus (*v.l.* remigatus) PLIN.Nat.2.168; —(*transf., of a swan*) olor..pedibus tacitas ~at undas SIL. 14.191.

erēmodicium ~iī, *n.* [Gk. ἐρημοδίκιον (ἐρήμη δίκη)] (leg.) Judgement given against either party in a suit for default of appearance.

ULP.dig.4.4.7.12; 46.7.13.

ērēpō ~pere ~psī, *intr.*, (*tr.*). [EX-+REPO] FORMS: *erepsemus*(= *erepsissemus*) HOR.S. 1.5.79.

1 To creep or crawl out; (tr.) to crawl across. b to emerge slowly, stealthily, etc.

i foras, lumbrice, qui sub terra ~psisti modo PL.Aul.628; ne ex ea (*sc.* maceria) ~pere possit (glis) VAR.R.3.15.1; serpentium..a cubili ~pentium SEN.Dial.3.17.6; (*in fig. phr.*) dum ex illa (*sc.* paupertate) ~pat haeret (pecunia) Ep.101.2;—totum regis agrum nuda..cruentis ~pet genibus IUV.6.526. b ~psi modo e ruinis domus SEN.Dial.2. 6.5; (Hannibal) ~pit..castris SIL.15.614; HYG.Fab.125.18; (*poet.*) sol (*i.e. sunlight*) montibus omnis ~psit STAT.Theb. 7.451.

2 To crawl or clamber up; (also tr.).

dum cupit in sociam Gyareus ~pere puppem LUC.3.600; nuntiato..~pi posse in castellum FRON.Str.3.9.3; territus quod is a tergo insulae per aspera..~psisset ad se SUET. Tib.60; (*in fig. phr.*) cum in consummationem dignitatis per mille indignitates ~psissent SEN.Dial.10.20.1; (*poet., of something static*) inde per obliquas ~pit porticus arces STAT. Silv.2.2.30;—montis..quos numquam ~psemus, nisi nos uicina..uilla recepisset HOR.S.1.5.79.

ēreptiō ~ōnis, *f.* [ERIPIO+-TIO] The forcible taking away of goods, an act of robbery.

putabant ~onem esse, non emptionem CIC.Ver.4.10.

ēreptor ~ōris, *m.* [ERIPIO+-TOR] A robber, depredator.

bonorum possessor, expulsor, ~or CIC.Quinct.30; Ver.1.9; terrarum ~ores TAC.Ann.13.55;—(*w. gen., transf.*) ~or ciuitatis CIC.Dom.81; ~orem libertatis Sest.109.

Eretria ~ae, *f.* A city of Euboea, birthplace of the philosopher Menedemus.

PL.Mer.646; CIC.Luc.129; LIV.32.16.8; MELA 2.108.

Eretriacī ~ōrum, *m. pl.* Philosophers of the school of Menedemus.

CIC.Luc.129.

Eretricus ~a ~um, *a.* Of or belonging to Eretria; (pl. as sb.) = prec.

Asclepiadem..~um philosophum CIC.Tusc.5.113;—alia genera philosophorum, qui se..Socraticos esse dicebant, ~orum..Megaricorum, Pyrrhoneorum de Orat.3.62; SEN. Ep.88.44.

Eretriensis ~is ~e, *a.* = prec.; (pl. as sb.) the citizens of Eretria.

NEP.Paus.2.2;—LIV.35.38.4.

Eretrius ~a ~um, *a.* Of Eretria; *terra ~a, creta ~a* (also *~a* alone), a kind of clay used medicinally and for colouring, perh. magnesite.

illa (*sc.* Mende) ab ~is..posita MELA 2.33;—CELS.5.15; terra..~a ex aceto liquata 6.3.2; suco..per linteum expresso in cretam ~am PLIN.Nat.33.163;—(*fem. as sb.*) ex omnibus (coloribus) alii nascuntur, alii fiunt. nascuntur.. Melinum, ~a, auripigmentum 35.30; 35.38.

ereuthodanum ~ī, *n.* [cf. Gk. ἐρευθέδανον) An alternative name for the plant RVBIA.

PLIN.Nat.24.94.

ergā, *prep.* [as ERGO on anal. of *ultra/ ultro*, etc.] CONST.: w. acc. POSITION: sts. placed after its noun in early dramatists.

1 (expr. position) Right against, next to.

tonstricem Suram nouisti nostram? — quaen (quem *codd.*) ~ aedem sese habet? PL.Truc.406; tabulae..~ parietem adfixae POMPON.dig.50.16.245; machinamenta.. ibidem ~ regiam..constituta APUL.Pl.1.13.

2 (introducing the object of a person's

feelings, actions, etc.) Towards, for, to: **a** (of friendly or neutral feelings, etc.). **b** (of unfriendly feelings, etc.).

a quaeso ut..benignus..~ me siet PL.*Mil.*1230; spectata ~ te amicitiast mea TER.*An.*820; utrumne diui cultu ~ se mortalium laetiscant SIS.*hist.*123; suum ~ meam dignitatem studium CIC.*Dom.* 142; oratione ~ me honorifica *Att.*1.16.5; CAES.*Civ.*2.17.2; grata ~ tantam uirtutem ciuitas fuit LIV.2.10.12; PLIN.*Nat.*2.43; supremo ~ parentem officio fungi TAC.*Hist.*3.25; VER.*Fro.*2.p.116(129N). **b** si quid ego ~ te inprudens peccaui PL.*Aul.*792; TER.*Hec.*486; communi odio, quod ~ regem susceperant NEP.*Dat.*10.3; perfidum ~ te caput V.MAX.6.8.4; nulla..~ Flauianos duces obtrectatio TAC.*Hist.*3.37.

3 (expr. vaguer relationships) With regard to, respecting; also, in consideration of, in return for.

isdem ~ aliena sumptibus quibus sua prodegerant TAC.*Hist.*1.20; *Ann.*4.11; is..illi finis inscitiae ~ domum suam fuit 11.25; medicis..tristibus ~ filiolum JUV.6.389;—SABINIANO..~ AMOREM PATRIAE..STATVAM..PONEND(am) CENSVER(unt) *CIL* 10.5917.

ergastērium ~iī, *n.* [Gk. ἐργαστήριον] (app.) A workshop.

CIL 9.4112.

ergastilus ~ī, *m.* **-tyl-.** [cf. ERGASTVLVM] (acc. to Non.p.447M) A gaoler in an ERGASTVLVM.

LUCIL.503.

ergastulārius ~(i)ī, *m.* [next+-ARIVS] The superintendent of an ERGASTVLVM.

COL.1.8.17.

ergastulum ~ī, *n.* [ad. Gk. ἐργαστήριον] A kind of prison on a large estate to which refractory or unreliable slaves were sent for work in chain-gangs. **b** a gang of slaves from such a place.

adulescentulus bello Italico captus..apud eum fuit in ~o CIC.*Clu.*21; *Rab. Perd.*20; CAES.*Civ.*3.22.2; ductum se ab creditore non in seruitium, sed in ~um..esse LIV.2.23.6; sonantia plagis ruris ~a SEN.*Con.*2.1.26; subterraneum ~um..angustis inlustratum fenestris COL.1.6.3; 11.1.22; JUV.8.180; SUET.*Tib.*8. **b** solitudines suas isti beati ingenuorum ~is excolunt SEN.*Con.*10.4.18; LUC.2.95; cum ..~a armasset FLOR.*Epit.*2.18(4.8.1); JUV.6.151; totidem serui familia (est), totidem uincti ~um APUL.*Apol.*47.

ergata ~ae, *m.* [Gk. ἐργάτης] A capstan.

circa tympanum inuolutus alter funis refertur ad ~am VITR.10.2.7; 10.11.1; 10.16.12.

ergō[1], *prep.* [prob. ⟨*e-rego (cogn. w. *regio*) 'from the direction of'; cf. *corgo*, and for the semantic development Ger. *wegen*] PROS.: second syll. long according to PAUL.*Fest.* p.82M and in the only metrically certain ex. (SIL.6.134). CONST.: w. gen.; app. always placed after its noun. (perh. only in laws, decrees, oaths, and other formal contexts, or poet.) On account of, for the sake of, in consequence of, etc.

neue lessum funeris ~ habento (mulieres) *Lex XII*(*Font. iur.*p.36); illiusce sacri coercendi ~ *formula* in Cato *Agr.*139; communis exempli et fidei ~ uisum, ut te saluum uelimus QUAD.*hist.*41; eum (corona) donari uirtutis ~ CIC.*Opt.Gen.* 19; *Leg.*3.9; LUCR.3.78; hostibus intulerant ignem formidinis ~ (*i.e. to cause fear*) 5.1246; illius (*sc. Anchises*) ~ uenimus VERG.*A.*6.670; coniurabant sese fugae atque formidinis ~ non abituros LIV.22.38.4; muneris ~ (*i.e. as a gift*) in singulos dari..dena milia aeris 28.39.19; 41.28.9; SI QVIS HVIVS LEGIS ~ ADVERSVS LEGES..FECIT *CIL* 6.930.34.

ergō[2], *particle.* [prec.] PROS.: *ergŏ* OV.*Ep.* 5.59, *Tr.*1.1.87, and commoner than *ergō* in later poets. POSITION: usu. first or second word (or element) in the sentence.

1 (introducing a resultant event, state of affairs, etc.) For that reason, therefore, then, so, accordingly, etc. **b** (indicating the logical consequence). **c** (perh. always as first word, introducing an argument 'ex contrariis'). **d** (w. imp., jussive subj., or sim.). **e** (after a conditional or causal clause).

pedibus ire non queo. ~..reuortar PL.*St.*292; LUCIL.91; regnum adpetisse est iudicatus; ~ eius domum euersam.. uidetis CIC.*Dom.*101; *Att.*9.13.3; LUCR.4.560; non..Anna nouis praetexere funera sacris germanam credit..~ iussa parat VERG.*A.*4.503; LIV.25.21.8; OV.*Tr.*5.8.33; fracta est putris sella..anumque..deiectam super foculum mittit. frangitur ~ ceruix cucumulae PETR.136.2; TAC.*Ann.*14.62; —(*combined w.* itaque) (matres) reddunt (uirgines) curatura iunceas: itaque ~ amantur TER.*Eu.*317; LIV.3.31.5;—(*w.* igitur) ~ igitur Fotis erat adeunda APUL.*Met.*2.18; 5.11. **b** negat haec filiam me suam esse: non ~ haec mater mea est PL.*Epid.*590; LUCIL.1286; sunt..di: significant ~ CIC.*Div.*1.83; non habet extremum, caret ~ fine modoque LUCR.1.964; PROP.2.32.1; SEN.*Ben.*3.35.2; QUINT.*Inst.* 5.14.25;—(*in alternation w.* igitur) sequitur, ut nihil paeniteat..~ omnia..prospere, igitur beate CIC.*Tusc.*5.53; *Off.*1.153. **c** Homerum Colophonii ciuem esse dicunt suum..~ illi alienum, quia poeta fuit, post mortem etiam expetunt; nos hunc uiuum..repudiamus..? CIC.*Arch.*19; *Phil.*5.25; *Tusc.*3.31. **d** dabitur. — darei ~ sis iube PL.*Mer.*777; *Poen.*893; ego sum missus te ut requirerem..— em quin ergo rape me: quid cessas? TER.*Ph.*882; habeat ~ huius tanti facti..testimonium CIC.*Phil.*5.37; SAL.*Jug.*85.18; VERG.*A.*2.547. **e** si neque emisti (equum) neque hereditate uenit..necesse est ~ subripueris CIC.*Inv.*1.84; quoniam.. esse uidetur omniparens eadem rerum commune sepulcrum, ~ terra tibi libatur LUCR.5.260; LIV.45.19.15; MART.6.10.10.

2 (in questions) In that case, then. **b** *quid ~ est?*, a rhetorical question inviting the hearer or reader to draw a conclusion.

istuc ego satis scio. — qur ~ quod scis me rogas? PL.*Ps.* 914; TER.*Ph.*685; miraris tam exhilaratam esse seruitutem nostram? quid ~ faciam? CIC.*Fam.*9.26.1;*Div.*2.20; LUCR. 1.619; bellum habendum cum Romanis est. dedemus ~ Hannibalem? dicet aliquis LIV.21.10.10; PETR.57.4; JUV. 10.346; (*combined w.* igitur) quo pacto ~ igitur clam dos depromi potest? PL.*Trin.*756;—(*in ellipt. qu.*) CIC.*Att.*10.1.1; quid ~? eadem faciemus, quae ceteri? SEN.*Ep.*5.6;—(*in indir. qu.*) correpti consules cum, quid ~ se facere uellent.. percontarentur.. LIV.2.28.5. **b** hoc (*sc.* periculum) non repudio. quid ~ est? pugnare malo CIC.*Att.*2.19.5; *Fam.* 9.15.5; HOR.*Ars* 353; pecuniam credidisti. quid ~ est? pecus abegisti, seruum eius occidisti SEN.*Ben.*6.4.5; PETR. 30.11.

3 (in dialogue, with consequential force reduced or even app. absent): **a** (expr. qualified assent) All right then, well then; (esp., used to introduce a question arising from a previous speaker's remark, often an answer to an earlier question) yes, but. **b** (concessive, introducing an objection) ah, but. **c** (used in echoing a word or idea) indeed, yes.

a non curo istunc, de illa quaero. — de illa ~ ego dico tibi PL.*Mer.*899; molesta es. — ~ ero quoque, nisi scio quo agas te *Per.*234; *St.*475;—quem quaeritas? — Bacchidem. — utram ~? *Bac.*588; ubist is? — aduenit simul. — ubi is ~st? *Epid.*22; *Trin.*901; 'quanti emptae?' 'paruo.' 'quanti ~?' HOR.*S.*2.3.156; SEN.*Dial.*3.8.4. **b** non hic placet mi ornatus. — nemo ~ tibi haec apparauit: mihi paratum est quoi placet PL.*Bac.*125; *Cas.*601; quin tu fidicinam produci intus iubes? — haec ~ est fidicina. hic alia nullast *Epid.*477; TER.*Ph.*755. **c** ut aetas mala est! mers mala ~st PL.*Men.*758; quid istic tibi negotist? — mihin? — ita. — mihin? — tibi ~ TER.*An.*850.

4 (elliptically, with suppression of the preceding statement, introducing an exclamation or rhetorical question, often with a note of emotion) So it seems that..! is it then true that..?

Clodius ~, ut ais, ad Tigranem! CIC.*Att.*2.4.2; CAEL.*Fam.* 8.17.1; infelix Dido, uerus mihi nuntius ~ uenerat..extrema secutam? VERG.*A.*6.456; HOR.*Carm.*1.24.5; ~ tam doctae nobis periere tabellae PROP.3.23.1; OV.*Tr.*3.2.1; haec ~ sunt Macedonum praemia CURT.8.7.11; JUV.9.82; percussorem..requisiuit et nemine reperto: ~ ego, inquit, nec amicum habeo nec inimicum? SUET.*Nero* 47.3; ~ iam ille bonus filius meus habet amicam aliquam? APUL.*Met.* 5.28.

5 (transitional) Accordingly, well then, well now: **a** (resuming a narrative, argument, etc., after a digression; also, picking up after a parenthesis). **b** (rounding off an argument, etc.). **c** (enlarging on a preliminary announcement of the subject under discussion).

a Sulla..cras erit hic cum Messalla. currunt ad illum pulsi a militibus..~ ille huc ueniet..tarde quidem CIC.*Att.* 11.22.2; ~ iter inceptum peragunt fluuioque propinquant VERG.*A.*6.384; PETR.39.2; trans Suionas aliud mare, pigrum ac prope inmotum..~ iam dextro Suebici maris litore Aestiorum gentes adluuntur, quibus..lingua Britannicae propior TAC.*Ger.*45.2; *Ann.* 14.3; (*combined w.* igitur) APUL.*Met.*4.2;—tres uiae sunt ad Mutinam—quo festinat animus ut..tres ~, ut dixi, uiae CIC.*Phil.*12.22; quoniam id accidit, quod mihi maxime fuit optatum..quoniam ~ ita accidit.. *Fam.*15.10.1; *Tusc.*1.14. **b** ~ in seruitute expetunt multa iniqua PL.*Am.*174; LUCR.2.879; ~ (Milanion) uelocem potuit domuisse puellam PROP.1.1.15; QUINT.*Inst.* 10.2.18. **c** pergamus igitur..quoniam placet. fuit ~ iam accepta a Platone philosophandi ratio triplex.. CIC.*Ac.*1.19; COL.11.3.16; percurram..quam breuissime, ad quae uitia.. prosit (hoc medicamentum)..sanat ~ morbo comitiali correptos.. LARG.99; 135.

ergodota ~ae, *m.* [Gk. ἐργοδότης] (app.) One who farms out work to contractors.

Inscr.Dessau 9219.

ergolabus ~ī, *m.* [Gk. ἐργολάβος] A contractor.

CIL 10.7363.

erīcaeus ~a ~um, *a.* [Gk., cf. next] Of or derived from heath.

genus mellis..quod ~um uocant PLIN.*Nat.*11.41.

erīcē ~ēs, *f.* Also **erīca** ~ae. [Gk. ἐρείκη] A species of heath, prob. *Erica arborea.*

post primos autumni imbres, cum ~e sola floret in siluis PLIN.*Nat.*11.41; 13.114; myricen ~am uocant Lenaeus 24.67.

Erichthonius[1] ~iī, *m.* **Ericth-.**

1 A legendary king of Athens, son of Hephaestus.

VERG.*G.*3.113; OV.*Met.*9.424; *Tr.*2.294; GERM.*Arat.*158; HYG.*Fab.*166.4.

2 The son of Dardanus and father of Tros.

OV.*Fast.*4.33.

Erichthonius[2] ~a ~um, *a.* **Ericth-.** Of or named after Erichthonius: **a** Athenian. **b** Trojan.

a urit ~as Oriens (*i.e. the forces of Xerxes*) non ignibus arces *Culex* 30; populus..~us PROP.2.6.4. **b** Atrides.. quo flamma regente..~as prostrauit..arces *Culex* 336; 344.

ēricius ~(i)ī, *m.* [cf. IRIS[2]] PROS.: quantity of second syll. uncertain.

1 A hedgehog.

VAR.*Men.*490.

2 (mil.) Some kind of spiked barrier.

erat obiectus portis ~ius CAES.*Civ.*3.67.5; SAL.*Hist.*3.36.

Ericth-: see ERICHTH-.

Ēridanus ~ī, *m.*

1 The Greek name for the river Po.

VERG.*G.*4.372; PROP.1.12.4; OV.*Met.*2.324; PLIN.*Nat.*3. 117; SIL.1.132.

2 (astron.) The constellation Eridanus.

CIC.*Arat.*389(145); GERM.*Arat.*367.

erifuga ~ae, *m.* [ERVS+FVGIO+-A[1]] One who runs away from his master; (in quot., attrib.).

relinquens (patriam), dominos ut ~ae famuli solent CATUL. 63.51.

ērigerōn ~ontis or ~ontos, *m.* [Gk. ἠριγέρων] The name of a plant, prob. groundsel (*Senecio vulgaris*) and its allies.

PLIN.*Nat.*25.167; 26.81; 26.130.

ērigō ~igere ~exī ~ectum, *tr.* [EX-+REGO]

1 To raise into the air or to a higher position, lift, elevate; (refl. or pass.) to raise oneself or rise. **b** (parts of the body). **c** (of natural forces, etc.) to send up or cause to rise (water, vapour, or sim.). **d** (pass., of hills or sim.) to extend upwards, rise; (also act., of a country containing hills). **e** to maintain in a high position, hold up. **f** (fig.) to raise in dignity, importance, or sim., exalt.

sucula..~iget..machinam sine periculo VITR.10.2.4; qualis in aduersos Lapithas ~exit inanem..cratera Pholus STAT.*Theb.*2.563; ~igit occulte ferrum 11.565; si..substructionibus arcuationibusue..~igeretur (Anio uetus) FRON.*Aq.*18; (*in fig. phr.*) sic unumquicquid..ratio..in luminis ~igit oras LUCR.5.1455;—se gallus..in digitos primoresque ~igit unguis LUCIL.301; sese infernis e partibus ~igit Hydra CIC.*Arat.*458(214); in summas ~igor altus aquas OV.*Ep.*17.84; QUINT.*Inst.*2.3.8; (*in fig. phr.*) ~igimur, altiores fieri uidemur, humana despicimus CIC.*Luc.*127; (*transf., of an orator*) amplificationibus extollet orationem et in superlationem quoque ~igetur QUINT.*Inst.*12.10.62. **b** elephas..proboscide ~ecta uibrantique *B.Afr.*84.1; equus prioribus pedibus ~ectis LIV.8.7.10; nec..~igere uultus..audebant CURT.5.5.23; PETR.52.9; breuior..uirgine Pygmaea..~ecta consurgit ad oscula planta JUV.6.507; (*w. retained acc.*) pallentis ~ecta genas STAT.*Theb.*2.506;—(*in fig. phrs.*) res erat..eo iam loci ut ~igere oculos et uiuere uideretur CIC.*Sest.*68; tunc..cura illa..expergefactum caput ~igere infit LUCR.5.1208. **c** simul ac.. aura..fluctus ~exerit extuleritque LUCIL.999; rubrum.. iubar..~igere alte cum coeptat natura LUCR.4.404; uiscera montis ~igit eructans (Aetna) VERG.*A.*3.576; pontus ..in scopulos totas ~exerat undas LUC.5.600; ~igit..rogus alta ad sidera nubem SIL.2.658; (*poet.*) (Pauor) falso Nemeaeum puluere campum ~igit STAT.*Theb.*7.118. **d** insula Sicanium iuxta latus..~igitur VERG.*A.*8.417; usque in nubila ~igitur (mons Atlas) MELA 3.101; quidquid inter Peucinos Fennosque siluarum..~igitur TAC.*Ger.*46.2;—(*act.*) praecipuum montium Libanum ~igit (Iudaea) *Hist.* 5.6. **e** aetherias..~igit aeternum compages ardua ceruix (*i.e. of Atlas*) SIL.1.204. **f** quem..fortuna ~exerat ad gloriam [CIC.]*Exil.*14; ut in hanc magnitudinem..~igi imperium posset LIV.7.29.2; Libycae Marium potuere ruinae ~igere in fasces LUC.8.270.

2 a To march (troops) to a higher level. **b** to direct (a path) uphill.

a aduerso Ianiculo ad castra hostium aciem ~exit LIV. 2.51.8; ut Poenus dextrum cornu in collem ~igeret 27.2.5; 38.26.2; TAC.*Ag.*18.3; *Hist.*4.71. **b** perfosso monte ~ecta in arcem uia est LIV.4.22.6; semitam..arduam ~ectam ex oppido in arcem 9.24.7; (*cf.*) cliuo leui ~ecta..uallis SEN. *Tro.*1124.

3 To place upright, erect, set up. **b** (parts of the body); (phr.) *aures ~igere*, to prick up one's ears. **c** to cause (plants) to grow vertically. **d** (transf.) to draw perpendicularly (to a given line). **e** to straighten the tip of.

malum ~igi, uela fieri..imperauit CIC.*Ver.*5.88; VERG. *A.*5.488; tignum, quod ~igitur et distenditur retinaculis VITR.10.2.8; qui ~exerant ad murum scalas LIV.28.3.7; nauigia..euersa fluctibus ~igi iubet CURT.9.9.24; COL.12. 57.1; JUV.11.89. **b** ~ecto capillo, contorta toga *Rhet.Her.* 4.68; et (Allecto) geminos ~exit crinibus anguis VERG.*A.* 7.450; ubi..~exit..iubam (leo) LUC.1.209;—(*w. abst. subj.*) comas ~exerat horror OV.*Ep.*15.67; (*cf.*) cum comminus egit ira sues strictisque ~exit tergora saetis STAT.*Theb.*11.531;—(*of a plant*) chamaeleo..echini modo spinas ~igens PLIN.*Nat.* 22.45; (*poet., of a garlanded door*) longos ~exit ianua ramos JUV.12.91;—quo tempore igitur auris iudex ~igeret animumque attenderet? CIC.*Ver.*1.28; SEN.*Dial.*7.23.5; PLIN. *Nat.*8.114; (*cf.*) ~exi aures tuas. quam diu nunc oportet.. roges, ut reliqua cognoscas! PLIN.*Ep.*5.4.4. **c** malleolos.. curuatos ~igunt COL.3.13.2; palmites..ad arundines ~igere 5.5.16; PLIN.*Nat.*17.206; (*cf.*) languentes..~igit imber aristas V.FL.7.24; (*absol.*) ars agricolarum quae circumcidat, amputet, ~igat CIC.*Fin.*5.39. **d** linea describatur in planitia et e media πρὸς ὀρθὰς ~igatur..gnomon VITR.9.7.2. **e** omnis lancea saxo ~igitur LUC.7.141.

4 To set up as a permanent structure, erect, build, raise, etc.
turris cum ternis tabulatis ~igebat CAES.*Civ*.1.26.1; fossa ..ducta et uallum intra eam ~igitur LIV.25.11.7; nec pons ~igi poterat CURT.7.5.17; ~exit subitas congestu caespitis aras LUC.9.988; possunt et ~igi quidam (arcus) lapide quadrato PLIN.*Ep.Tra*.10.37(46).2; tropaeum Ioui..~exit FLOR.*Epit*.1.20(2.4.4); (*w. material as subj.*) sepulcrum caespes ~igit TAC.*Ger*.27.2; (*poet., w. pred.*) gigantas (Medusa) ~exit montes LUC.9.657; (*cf., w. the materials as obj.*) ~ige congestas Oetaeo robore siluas (*i.e. for a pyre*) LUC.7.807; (*cf. sense 6*) hae manus Troiam ~igent? SEN.*Tro*.740.

5 To help (a person or animal) to his or its feet; also, to cause (a horse) to rear. **b** (refl. or pass.) to assume an erect posture, stand up, spring to one's feet, etc.
hunc..cum..supplicem abiectum uidisset ~exit CIC.*Sest*.58; CURT.7.3.17; agnus..cum est editus, ~igi debet COL.7.3.17; anum..non sine risu ~exi PETR.136.3; (*of a medicine*) (fel testudinum) comitiales ~igit PLIN.*Nat*.32.37; (*cf.*) (natura) solum hominem ~exit (*i.e. made him walk erect*) CIC.*Leg*.1.26; (*in fig. phr.*) ut sonis..citatis..iacentem ..orationem eius ~igeret (fistulator) GEL.1.11.15;—hasta uolans ~exit..quadrupedem SIL.17.134. **b** tametsi.. iacebat ebrius, ~exit se CIC.*Ver*.5.63; CAES.*Gal*.6.27.2; ~igor et capio tela OV.*Ep*.14.44; in cubitum..~ectus V.MAX. 5.1.ext.1; (dracones) in aduersos (elephantos) ~igunt se PLIN.*Nat*.8.33; STAT.*Theb*.4.583; de iumenti quadripedis incuruo gradu rursum ~ectus in hominem APUL.*Met*.4.1; (*of plants*) (uitis) ut se ~igat, clauiculis suis..quicquid est nacta, complectitur CIC.*Sen*.52.

6 To give new life or hope to (a person languishing in any way), revive, cheer, restore, etc.; (refl. or pass., also *animum ~igere*) to take heart.
consilia..quibus illam tu prouinciam adflictam et perditam ~existi CIC.*Ver*.3.212; oratio consulum animum meum ~exit spemque attulit *Phil*.5.1; quae contumelia non fregit eum, sed ~exit NEP.*Them*.1.2; LIV.6.2.1; non ~igit aegros nobilis..Bacchus LUC.4.378; tali oratione grauiora metuentis composuit ~exitque TAC.*Hist*.4.74; *Ann*.4.8; (*transf.*) aduersarius meus, dum.·.iudicem..offendit..causam meam ~exit SEN.*Ben*.6.8.4;—post Cannensem illam calamitatem ..populus se Romanus ~exit CIC.*Brut*.12; quam ob rem, patres conscripti, ~igite animos, retinete uestram dignitatem *Att*.1.16.9; postquam nihil esse pericli sensimus, ~igimur HOR.*S*.2.8.58; dum aliae..gentes..belli secuntur ruinam, Macedonia se rursus ~exit FLOR.*Epit*.1.28(2.12.1).

7 To rouse, excite, stimulate (a person, his passions, attention, etc.).
(auctoritas antiquorum) ~igit omnium cupiditates *Rhet. Her*.4.2; in quo aut concilietur auditor aut ~igatur CIC. *Orat*.122; HOR.*S*.2.3.150; ~exerat expectatione consulem LIV.36.34.8; ~ige te..et relinque istum ludum litterarium SEN.*Ep*.71.6; ubi primam leo..~exit rabiem STAT. *Theb*.7.671; ubi..pastor rapturus ab antro..~exit apes 10.575; in certamine ~ecta totis uiribus..intenditur (uox) QUINT.*Inst*.11.3.63; PLIN.*Ep*.8.3.3;—(*w.* ad) ad audiendum animos ~eximus CIC.*Luc*.10; populos ad cupidinem nouae fortunae ~exerunt LIV.21.19.7; JUV.10.139;—(*w.* in+*acc.*) agrarii se in spem legis ~exerant LIV.3.1.2; SIL.14.356.

Ērigonē ~ēs,*f* Also **~a** ~ae. (mythol.) The daughter of Icarius, who hanged herself in grief at her father's death, and was changed into a constellation.
VERG.*G*.1.33; OV.*Met*.6.125; pietate ad sidera ductam ~en MAN.2.32; COL.10.400; HYG.*Fab*.130.5. **β** ~am Icari filiam AMP.2.6.

Ērigonēius ~a ~um, *a.* Of or belonging to Erigone; *canis ~us*, Sirius or Procyon.
OV.*Fast*.5.723.

erīlis (herīlis) ~is ~e, *a.* [ERVS+-ILIS²]

1 Of or belonging to a master or mistress (of a slave).
nostra ~is concubina PL.*Mil*.458; ~e scelus *Rud*.198; ~em filium minorem TER.*Eu*.289; ~e..carpere pensum HOR.*Carm*.3.27.63; seruus ~is imperii..est..minister SEN. *Con*.exc.3.9; lanifica, quae ~i togae solidum..subtemen neuerit FRO.*Aur*.2.p.244(233N);—(*w. ref. to an animal's master*) mensae..adsuetus ~i (*sc.* ceruus) VERG.*A*.7.490; canes satiatae sanguine ~i OV.*Met*.3.140; STAT.*Ach*.1.246; (*w. ref. to the owner of a weapon*) inceptus iam lancea temnit ~is V.FL.6.124.

2 (masc. or fem. as sb.): **a** (masc.) The master's son. **b** (fem., perh. only in voc.) a mistress.
a dat ~i argentum *Arg.Pl.Epid*.4; *Arg.Pl*.1.*Ps*.6. **b** bono animo esto, mi ~is APUL.*Met*.4.27; 9.16.

ērīnāceus: see IRENACEVS.

?**erinos** ~ī, *m.* [Gk. ἔρινος] An unknown plant resembling basil.
PLIN.*Nat*.23.131(*cj.*; -nen *codd.*)

Erīnys ~yos, *f.*

1 An avenging spirit, a Fury. **b** (applied to a person).
Tisiphone..Eumenidum sanctissima ~ys LUCIL.170; VERG.*A*.7.570; ~yes atrae OV.*Ep*.11.103; SEN.*Med*.953; qui..trepidam castigat ~yn LUC.6.747; STAT.*Theb*.11.345; JUV.7.68. **b** Troiae et patriae communis ~ys (*i.e. Helen*) VERG.*A*.2.573; Cleopatra..Latii feralis ~ys LUC.10.59.

2 (transf.) Frenzy, fury (of war, battle, or sim.).
in arma feror, quo tristis ~ys quo fremitus uocat VERG.*A*. 2.337; OV.*Met*.11.14; iam iam ciuilis ~ys concidet LUC. 4.187; fraterna..surgit ~ys V.FL.4.617.

eriophoros ~os ~on, *a.* [Gk. ἐριοφόρος] Wool-bearing; (in quot., as name of an indeterminable bulbous plant).
PLIN.*Nat*.19.32.

eriphīa ~ae, *f.* [cf. Gk. ἐρίφειος] An unknown, perh. fabulous, plant.
PLIN.*Nat*.24.168.

Eriphȳla ~ae, *f.* Also **~ē** ~ēs. The wife of Amphiaraus, who persuaded him to join the expedition of the Seven against Thebes, in which his death was foreseen. **b** (as a type of wifely treachery).
~a auro uiri uitam uendidit CIC.*Inv*.1.94; *Ver*.4.39; PROP. 2.16.29; OV.*Ars* 3.13. **β** ~en..monstrantem uulnera VERG.*A*.6.445. **b** occurrent multae tibi..~ae mane, Clytaemestram nullus non uicus habebit JUV.6.655.

Eriphȳlaeus ~a ~um, *a.* Of or belonging to Eriphyla.
~os aurum fatale penatis inrupit STAT.*Theb*.4.211.

ēripiō ~ipere ~ipuī ~eptum, *tr.* [EX-+RAPIO] FORMS: *erupui* (= *eripui*) PL.*Men*.1052; *eruptis* (= *ereptis*) MAN.3.355. CONST.: separation commonly expressed by abl., or preps. (*ex, ab, de*).

1 To seize, pull, tear, or pluck from a position, a person, his hands, body, etc., snatch out, away, or off. **b** to send or urge from a place with speed; (phr.) *~ipere fugam*, to speed one's flight from a place (cf. also sense 5). **c** (absol., in chariot-racing) to take the lead after a struggle. **d** (w. abst. or non-material obj.) to get rid of, banish.
oculos ~ipiam tibi PL.*Rud*.759; ~ipuit ui..uirgini.. anulum TER.*Hec*.574; faces ~ipere de manibus et gladios extorquere potui CIC.*Sul*.28; flagrantem..ab igne ~ipuit ramum OV.*Met*.8.457; quod illi..toga in foro esset ~epta SEN.*Dial*.2.1.3; PLIN.*Nat*.18.84; laeua uiro..~epta manus STAT.*Theb*.10.421; APUL.*Met*.9.40; (*transf.*) crucior bolum tantum mi ~eptum tam desubito e faucibus TER.*Hau*.673; Sex. Rosci uita ~epta de manibus sectorum CIC.*S.Rosc*.149; primam..(uocem) loquentis ab ore ~ipuit pater VERG.*A*. 7.119; natus..parenti oscula..~ipiet TIB.2.5.92. **b** hinc ..~ipe quadrupedem propere SIL.10.291; (*pass. in middle sense*) illi rupta quies, attollit membra toroque ~ipitur STAT. *Theb*.2.126;—(*refl.*) ~ipe te morae HOR.*Carm*.3.29.5;— iumenta, quae sine causa turbantur et semet ipsa ~ipiunt (*i.e. break loose*) PAUL.*dig*.21.1.43. ~ipe, nate, fugam finemque impone labori VERG.*A*.2.619. **c** DIOCLES AGITATOR FACTIONIS RVSSATAE..~IPVIT ET VICIT DII *CIL* 6.10048.11 (c. A.D. 131); *CIL* 6.10050.17. **d** hunc mihi timorem ~ipe CIC.*Catil*.1.18; hic..error est ~ipiendus *Tusc*.4.65; ebrietas..tanta sit, ut tibi curas ~ipiat OV.*Rem*.810.

2 To take possession of (property or sim.) by force (often feloniously), seize, carry off, etc.
neque..decet..ire aliena ~eptum bona PL.*Per*.63; ~ipuit mulierem quam amabat TER.*Ad*.90; domo per scelus ~epta per latrocinium occupata CIC.*Dom*.147; Agesilaum Asiam Tauro tenus regi fuisse ~epturum NEP.*Con*.2.3; VELL. 2.37.5; noti..~epto uellere Colchi LUC.2.591; euehi equites campumque quem hostis insederat ~ipi iubet TAC.*Ann*.1.63; si quid de pecoribus nostris a bestia ~eptum sit ULP.*dig*. 10.2.8.2; (*absol.*) si cotidie fraudas..aufers, ~ipis CIC. *Parad*.43; (*poet.*) tibi..~ipiant partas uentus et ignis opes TIB.2.4.40; (*in fig. phr.*) ex quo se Caesar orbi terrarum dedicauit, sibi ~ipuit (*i.e. has robbed himself of all his leisure*) SEN.*Dial*.11.7.2.

3 a (of circumstances, etc.) To snatch (a person) away from his work, friends; (also pass., w. death implied as cause). **b** (of clouds, darkness, etc.) to snatch from view.
a ~ipuit cum me principis ira tibi OV.*Tr*.5.11.8; potest te patriae..casus ~ipere SEN.*Ep*.91.8; (*w. pred.*) nonne te mihi testem..~ipuit..legis exceptio? CIC.*Ver*.2.24;—mihi ..Scipio quamquam est subito ~eptus uiuit tamen semperque uiuet *Amic*.102; ego in ipso robore aetatis ~ipior CURT.6.10.33; erepto per uenenum patre TAC.*Ann*.14.63; *CIL* 9.3030. **b** nihil ~epto ualuit dinoscere mundo PEDO *poet*.14; medio..tumore ~ipiunt terrae caelum uisusque coercent MAN.1.220; SEN.*Phaed*.956; (*cf.*) ~ipiunt flammae noctem SIL.11.279;—(*w.* oculis) ~ipiunt..nubes caelum..Teucrorum ex oculis VERG.*A*.1.88; ipse oculis ~eptus erat OV.*Met*.7.776.

4 (w. abst. obj.) To withdraw suddenly, snatch away (the power to do something, the use of a thing, a right, faculty, etc.).
spem..nuptiarum omnem ~ipis TER.*Hau*.713; dictitabat ..consulatum Miloni ~ipi non posse, uitam posse CIC.*Mil*. 26; ~epta pro uirginitate VERG.*A*.12.141; CELS.7.7.14.c; LUC.4.705; spirandi facultas ~ipitur LARG.47; concessum a Claudio beneficium..~ipuit SUET.*Gal*.14.3; (*cf.*) (Epicurus) illum motum..~ipuit atomis (*i.e. refused to attribute*) CIC. *Fin*.1.19;—(*w. abst. or non-material subj.*) terror hominibus mentem consiliumque ~ipit *B.Alex*.18.2; currendi uires ~ipiente metu OV.*Am*.3.6.70; conuicia..~ipient somnum Druso JUV.3.238;—(*w. acc. and inf. as obj.*) illis ~iperes uerbis mihi sidera caeli lucere (*i.e. take away my belief that*) TIB.1.9.35;—(*w. inf.*) pedibus..euadere letum ~ipuit rapidus Mauors SIL.14.132;—(*w.* quin) uix..~ipiam..uelis quin.. (*i.e. I can't stop you wanting to*..) HOR.*S*.2.2.23.

5 To snatch from danger or destruction (by physical intervention or otherwise), rescue, deliver. **b** (refl.) to escape (from a danger).
ego accurro teque ~ipio ui PL.*Men*.1054; quid uis nisi uti ..ex crimine hoc Antiphonem ~ipiam TER.*Ph*.323; ~ipite nos..ex faucibus eorum quorum crudelitas..non potest expleri CRAS.*orat*.23; quod..filium a morte..~ipere non posset CIC.*Div*.2.25; munera..Iliacis ~epta ruinis VERG.*A*. 1.647; 6.111; aegrum ~ipere de periculo VITR.1.1.15; LIV. 31.16.6; quo (*i.e. plea*) L. Murenam Cicero accusantibus.. ~ipuisse..uidetur QUINT.*Inst*.6.1.35; APUL.*Mun*.34; (*w. inanim. subj.*) multos..~ipuit ex magno periculo..pastillus LARG.90. **b** uel luntriculo, si nauis non erit, ~ipiam me ex istorum parricidio CIC.*Att*.10.10.5; ut nulla ratione ab illa miseria se ~ipere posset *Fam*.9.13.1; fuge, nate dea, teque his..~ipe flammis VERG.*A*.2.289; per anfractus montis ignotos sequentibus se ~ipuit LIV.29.32.5; CURT.5.13.15; (*w.* ne) omnis clientis..eodem conduxit: per eos ne causam diceret se ~ipuit CAES.*Gal*.1.4.2.

6 (refl. or pass.) To burst into view, emerge.
totum sese Centaurus..~ipit e tenebris CIC.*Arat*.703(451); quae (*sc.* Erigone) cum tibi quinque feretur partibus ~eptis ponto MAN.5.252.

ēris: see IRIS².

erisma ~ae, *f.* Also **~a** ~atis, *n.* [Gk. ἔρεισμα] A prop, support, buttress.
in frontibus anterides, siue ~ae sunt, una struantur VITR.6.8.6; *CIL* 11.5276. **β** ~atorum fulturis VITR. 10.1.2.

erithacē ~ēs, *f.* [Gk. ἐριθάκη] Bee-bread.
~en uocant, quo fauos extremos inter se conglutinant VAR.*R*.3.16.23; PLIN.*Nat*.11.17; 11.42.

erithacus ~ī, *m.* [Gk. ἐρίθακος] A kind of bird, perh. the robin.
PLIN.*Nat*.10.86.

erithales, *n.* [Gk. ἐριθαλής] A succulent plant, = SEDVM.
PLIN.*Nat*.25.160.

eritūdō ~inis, *f.* [ERVS, ERA+-TVDO]. The state of being a master.
PAUL.*Fest*.p.83M.

erneum (acc.). [cf. (*h*)*irnea* 'pot, mould'] A kind of boiled pudding.
~um sic facito tamquam placentam CATO *Agr*.81.

-ernus ~a ~um, *adjl. suff.* Enlargement of -NVS (cf. *hesternus*), forms adjs. denoting times (*hibernus, aeternus*); hence *-ternus* (*sempiternus*); cf. -VRNVS.

ērōdō ~dere ~sī ~sum, *tr.* [EX-+RODO]

1 (of animals) To gnaw or eat away.
(papiliones) ceras ~d nt COL.9.14.8; 10.323; (polypus omnia in domum conportat, dein putamina ~sa carne egerit PLIN.*Nat*.9.86; ut..uermiculi lignum ~dant 12.96; 18.152.

2 (transf., of natural forces) To destroy gradually, eat away, erode; (esp., med., of corrosive remedies).
uis ignium colles..~sit SEN.*Ep*.91.11; (arbores) ~sae sale PLIN.*Nat*.12.37; in materiis cariem fumus ~dit 23.40; 31.101; (*refl.*) ~dente se ipso corpore (*i.e. through phthiriasis*) 7.138; (*cf., of men*) ut freta admittamus, ~ditur (terra) 2.157;—inponendum..crebrius sinapi, donec cutem ~dat. CELS.3.21.10; PLIN.*Nat*.22.38; 30.113; (*neut. pl. of pres. pple. as sb.*) hebenum medici..inter ~dentia adsumunt 24.89; (*cf.*) facile..est callum..adurentibus medicamentis ~dere CELS.5.28.12.K.

ērogātiō ~ōnis, *f.* [EROGO+-TIO]

1 Requisition for payment (from), hence, expenditure, outlay (of public or private funds).
~o pecuniae CIC.*Att*.15.2.4; ut ratio quaestuum et necessitas ~onum inter se congrueret TAC.*Ann*.13.50; ne quid ..minus illis in posterum fiat ad necessarias ~ones TRA. Plin.*Ep*.10.24(35); SCAEV.*dig*.5.3.58; ~ones urbicae (*i.e. what I should need to spend in Rome*) pristinis illis prouincialibus antestabant plurimum APUL.*Met*.11.28;—(*cf., of corn*) ⟨ANN⟩VAM ~ONEM FR⟨VMENTI⟩ *CIL* 8.21077.

2 Delivery, distribution (of water from a reservoir).
FRON.*Aq*.35; quam summam (quinariarum) ~onibus omnium aquarum seposuimus 79; modus aquarum.. maiorem ~onem capere non uidebatur 104.

ērogātōrius ~a ~um, *a.* [EROGO+-TORIVS] (of a pipe) Designed for delivery (of water from a reservoir).
FRON.*Aq*.34.

ērogitō ~āre, *tr.* [EX-+ROGITO] To ask (questions) pressingly.
ex hac statua..uolo ~are meo..quid sit factum filio PL.*Capt*.952; ACC.*trag*.626; quinam ille..depugnet morti iuuenis, nomenque decusque ~at SIL.10.475.

ērogō ~āre ~āuī ~ātum, *tr.* Also **exr-.** [EX-+ROGO] FORMS: *exrogare* PAUL.*Fest*.p.82M.

1 To pay out, disburse, expend (public money, orig. after the passing of a *rogatio*). **b** (w. ref. to private expenditure); also, to use (something acquired) for a particular purpose. **c** (transf.).
~arisne pecunias ex aerario tuis legibus CIC.*Vat*.29; nullum in mea prouincia nummum nisi in aes alienum ~ari *Att*.6.1.21; unde in eos sumptus pecunia ~aretur LIV. 1.20.5; cum..argentum..quoniam non consuluisset patres, tardius ~aretur 22.23.7; V.MAX.4.4.10; PLIN.*Nat*.36.79; (*absol.*) quamuis perseueret adhuc aerarium in eos (*sc.*

apparitores) ~are FRON.*Aq*.101. **b** erat (Gillias).. semper..in ~anda potius quam in corripienda pecunia occupatus V.MAX.4.8.ext.2; se in rem publicam..prope totas facultates ~asse dicebat PLIN.*Ep.Tra*.10.110(111).2; GAIUS *dig*.17.2.68.1; (*of the emperor*) in Tiridatem..octingena nummum milia diurna ~auit SUET.*Nero* 30.2;—(*in a will*) scriptis codicillis quibus grandem pecuniam in Tigellinum.. ~abat TAC.*Ann*.16.17; totum patrimonium legatis atque libertatibus ~are GAIUS *Inst*.2.224;—si odores..seruus emerit et ad funus ~auerit ULP.*dig*.15.3.7.3. **c** pro parentium alimentis spiritum ~ando V.MAX.5.4.ext.3; cum deprecareris..amplexus..osculum ~asti SEN.*Con*.1.2.7; in superuacua maiorem partem (temporis) ~are SEN.*Ep*.49.5.

2 (of aqueducts or those supervising them) To distribute, deliver (water from a reservoir). (aquarii) pro uicenaria, quam Caesar pro quinariis sedecim adsignat, non plus ~ant quam tredecim FRON.*Aq*.33; (Appia) ~abat quinarias septingentas quattuor 65; 71; 86.

3 To obtain (alms) by entreaty; to prevail on (a person) by entreaty. stipes in triuiis ~are APUL.*Met*.1.6; 7.4;—supplicis anxiae piis precibus ~atus 5.13.

4 (See quot.) ~are est ex lege uetere aliquid eximere per nouam legem PAUL.*Fest*.p.82M.

erōmenion ~iī, *n*. [Gk. ἐρωμένιον] A little darling. ischnon ~ion tum fit (*i.e. a girl in the eyes of her lover*), cum uiuere non quit prae macie LUCR.4.1166.

erosalpistēs ~ae, *m*. [corruption of Gk. ἱεροσαλπικτής (-ιστ-)] One who plays the trumpet at a religious ceremony. *CIL* 6.10130.

ērōsiō ~ōnis, *f*. [ERODO+-TIO] The action of eating away, eroding. sanat..genarum ~ones PLIN.*Nat*.23.70.

erōticus ~a ~um, *a*. [Gk. ἐρωτικός] Concerned with love, amatory. ἐλεγεῖα quaedam ~a dulcia et uenusta GEL.19.9.4.

erōtylus ~ī, *m*. [Gk. ἐρωτύλος] The name of an unknown gem. PLIN.*Nat*.37.160.

errābundus ~a ~um, *a*. [ERRO¹+-BVNDVS] Travelling in an uncertain or wrong direction, wandering. (Theseus) ~a regens tenui uestigia filo CATUL.64.113; nauis..ex eadem classe ~a ac tempestate delata *B.Afr*.44.2; VERG.*Ecl*.6.58; LIV.1.29.3; per totum saltum ~um agmen ferebatur CURT.8.4.5; SEN.*Dial*.11.17.5; diu ~us tandem ad lucem..euasit SUET.*Jul*.31.2; ~o gradu peruenit ad ciuitatem aliam APUL.*Met*.5.27; (*poet.*) (odor) ~us..tarde uenit ac perit..distractus in aeris auras LUCR.4.692.

errantia ~ae, *f*. [pple. of ERRO¹+-IA] Misguided condition, errancy. neque ego ~ae animi praue morigerabor ACC.*trag*.469.

errāticus ~a ~um, *a*. [ERRO¹+-ATICVS]

1 Having no fixed position, wandering; (esp.) *stella ~a* (also *~a* alone), a planet or heavenly body regarded as such (opp. a 'fixed star'). **b** (of movement or sim.) devious. illa (*sc*. Latona)..quam uix ~a Delos (*i.e. floating*) orantem accepit OV.*Met*.6.333; ~um esse hominem (*i.e. of no fixed abode*)..et nulli rei GEL.9.2.6; (*cf.*) ad (sanguinem) ~um (*i.e. sporadic bleeding*)..radix persollatae..probatur PLIN.*Nat*.26.136;—stellas quas alii '~as', P. Nigidius 'errones' uocat VAR.in Gel.3.10.2; quot..conuenisse debent ~ae SEN.*Nat*.7.15.2; si ~a..stella esset (cometes) 7.24.1; AMP. 3.3. **b** (uitem) serpentem multiplici lapsu et ~o CIC. *Sen*.52.

2 (applied to plants) wild (opp. cultivated). brassica ~a CATO *Agr*.157.12; salix ~a VITR.8.1.3; siser ~um satiuo simile est PLIN.*Nat*.20.34; 22.144; 25.112; LARG.253.

errātiō ~ōnis, *f*. [ERRO¹+-TIO]

1 The action of roaming, wandering; also, wandering from one's path, deviation. si..ea deorsum cadet, ~onis fecerit compendium (*i.e. cut short her travels*) PL.*Rud*.179; TER.*Ad*.580; Vlixis ~ones VITR.7.5.2; HYG.*Fab*.125.12; (*of the movement of the planets*) quae (*sc*. sidera)..uaga et mutabili ~one labuntur CIC.*Tim*. 36;—nulla..in caelo nec..~o nec uanitas inest *N.D*.2.56.

2 The fact or state of being in error. incidit..compluribus ~o quibus de causis minor Arctos Phoenice appelletur HYG.*Astr*.2.2.

errātor ~ōris, *m*. [ERRO¹+-TOR] A wanderer (in quot. poet., of a winding river); also, one who habitually wanders about, a vagrant. Maeandros, terris totiens ~or in isdem OV.*Ep*.9.55;—spatiatorem pro ~orem Cato posuit PAUL.*Fest*.p.345M.

errātum ~ī, *n*. [pple. of next]

1 An error in thought or action, mistake. ~um iudicum corrigere *Rhet.Her*.2.48; ludi sunt non rite facti, eaque ~a expiantur CIC.*Har*.23; *Att*.13.44.3; Democriti ~a ab Epicuro..correcta *Fin*.1.28; ~um offendimus in illis..commentariis GEL.6(7).2.1.

2 A moral error, lapse. te hoc facto credis posse optegere ~a? PL.*Trin*.649; cum a te..~i ueniam impetrauissent CIC.*Lig*.1; tantum..mihi dolorem..attulerunt ~a aetatis meae CIC.fil.*Fam*.16.21.2; SAL.*Jug*.102.10; PROP.1.9.33;—(*dist. from* facinus, uitium) ab omni non modo facinoris uerum etiam minimi ~i suspicione remotissimum CIC.*Ver*.4.40; nullum ob totius uitae non dicam uitium sed ~um *Clu*.133.

errō¹ ~āre ~āuī ~ātum, *intr*., (*tr*.). [<*ersā-iō, cf. Arm. *z-eṙam* (move to and fro, creep, etc.), Goth. *airzjan* (lead astray)]

1 (of persons, animals) To wander about, roam, ramble. **b** (tr.) to wander over, through, or past. annos uiginti ~ans a patria afuit (Vlixes) PL.*Bac*.22; TER.*Hau*.257; cum uagus et exsul ~aret CIC.*Clu*.175; uolo ..circum uillulas nostras ~are *Att*.8.9.3; mille meae Siculis ~ant in montibus agnae VERG.*Ecl*.2.21; inter audaces lupus ~at agnos HOR.*Carm*.3.18.13; LIV.8.34.9; uer erat; ~abam OV.*Fast*.5.201; LUC.7.429; haec inter nautas..~at per puppem JUV.6.101; (*impers. pass.*) male tum Libyae..~atur in agris VERG.*G*.3.249;—(*transf.*) nulli fortunae adhaerebat animus per omnia genera uitae ~ans LIV.41.20.2; timendum est..~at hic aliquis dolus (*i.e. is afoot*) SEN.*Thy*.473. **b** relegens ~ata retrorsus litora VERG.*A*.3.690; ~atis laeti uescuntur in agris OV.*Fast*.3.655; 4.573; diuersis ~atum casibus orbem V.FL.4.447.

2 (w. inanim. or immaterial subj.) To move or be carried in an uncertain direction, float, flit, drift, etc. (esp.) **b** (of planets or heavenly bodies regarded as such); *stellae ~antes* (also *~antes* alone), *sidera ~antia*, the 'planets'. **c** (w. ref. to the restless or unsteady movement of hands or eyes). **d** (w. ref. to the meandering of streams); (also, to the loose or diffuse arrangement of plants, hair, etc.). hic, ubi nunc fora sunt, lintres ~are uideres OV.*Fast*. 2.391; sub Arcto ~antis..domos (*of nomads*) LUC.1.253; ~antes per capta cubilia (*i.e. a bird's nest*) plumae STAT. *Theb*.5.604;—(*of colours, sounds, etc.*) uidemus ipsius (*sc*. solis) in uultu uarios ~are colores VERG.*G*.1.452; per artus ~at excussos tremor SEN.*Her.O*.706; ~abat caecum turbata per agmina murmur SIL.9.281. **b** quinque stellae quae ~are dicuntur CIC.*Div*.2.10; si ~aret cometes SEN.*Nat*. 7.18.1;—~antibus..stellis diuinitatem tribuit CIC.*N.D*.1.34; LUC.7.425; ~antium quoque siderum rationem ediscendam PLIN.*Nat*.18.209;—(*ellipt*.) Lucifer ceteraeque ~antes CIC. *N.D*.3.51; *Tusc*.1.63. **c** oculis..~antibus (*i.e. in death*).. quaesiuit..lucem (Dido) VERG.*A*.4.691; nec Tyriae uestes ~antia lumina fallunt PROP.3.14.27; incertam digitis ~antibus amens tendo chelyn STAT.*Silv*.5.5.32; (*cf., of lovers*) manibus..teneris..~antes..corpore toto LUCR.4.1104. **d** tardis ingens ubi flexibus ~at Mincius VERG.*G*.3.14; ater flumine languido Cocytus ~ans HOR.*Carm*.2.14.18; SEN. *Tro*.187;—ut..hedera huc et huc arborem implicat ~ans CATUL.61.35; ad frontem sparsos ~are capillos PROP.2.1.7; STAT.*Ach*.1.610.

3 (of a person, his opinion, etc.) To be in doubt or uncertainty, waver, vacillate; (of an activity or sim.) to fluctuate, vary. conturbato ~antique regi CIC.*Fin*.5.63; non ~antem et uagam..sed..stabilem certamque sententiam *N.D*.2.2; obscurae sortis patres ambagibus ~ant OV.*Fast*.4.261; ubi animus ~at, optimum est casum sequi SEN.*Ag*.144; donec ~auit (ciuitas), donec se partibus et dissensionibus..confecit TAC.*Dial*.40.4; (*impers. pass.*) circa uerum adhuc ~abatur SEN.*Nat*.6.5.2; (*w. indir. qu.*) ~o quam insistas uiam. — at scietis PL.*Mil*.793;—rumoribus ~at fabula OV. *Fast*.3.543; tertia (species inpetiginis)..minus ~at in temporibus quibus aut oritur aut desinit CELS.5.28.17.B.

4 (of persons, vehicles, etc.) To wander from the course, go astray. **b** (of missiles) to miss the target; (said also of the person taking aim or his hand). **c** (of the mind, speech) to 'wander'. dextrouorsum auorsa it..hem! ~abit illaec hodie PL. *Rud*.177; quo in loco etiam Agamemnon..~asset, nisi ducem Telephum inuenisset CIC.*Flac*.72; ~anti uiam non monstrare *Off*.3.54; ab residua classe cum ~auisset (nauis) *B.Afr*.44.1; ~auitne uia seu lassa resedit (Creusa) VERG.*A*. 2.739; SEN.*Her.O*.853; caelum..rotis ~antibus uri (*of the chariot of the sun*) STAT.*Theb*.1.220; (*cf., of a drunkard*) non.. est rubor ~antes..male ferre pedes TIB.2.1.30;—(*in fig. phrs.*) quid? tu his rebus credis fieri? tota ~as uia TER.*Eu*. 245; si est ~atum..spe..fallaci, redeamus in uiam CIC. *Phil*.12.7;—(*transf.*) non..id a leto iam longius ~at (*i.e. is only a short step from*) LUCR.3.676; ~antis..in alienos fetus naturae (*i.e. deviating from her laws so as to produce*) LIV. 31.12.8. **b** nec fraxinus ~at inque umero sonuit OV.*Met*. 12.122; telum..~auit ab hoste *Ilias* 368; (*cf.*) aures..factae ..ne adiectae uoces..~arent prius quam sensus ab his pulsus esset CIC.*N.D*.2.144;—an existimas me debere ei quicquam..qui nocuisset, nisi ~asset? SEN.*Ben*.6.8.2. uanos alte leuat eminus ictus, adfectans ~are manum STAT.*Theb*.10.397. **c** animus aeger semper ~at ENN. *scen*.392; ~abant multo quod tua uerba mero PROP.2.34.22; alienatum iam suppliciis animum et ~antem SEN.*Con*. 7.7.18.

5 To think or act in error, be mistaken or deluded, blunder; (of things) to be incorrect. ~as peruorse, pater PL.*Mos*.952; patris nomen aliud dictum est: hoc tu ~asti TER.*Ph*.804; *Ad*.65; ~are..malo cum Platone..quam cum istis uera sentire CIC.*Tusc*.1.39; LUCR.1.393; ~at, qui finem uesani quaerit amoris PROP. 2.15.29; LIV.24.8.2; SEN.*Suas*.2.2; inopia ueri et consensu ~antium uictus TAC.*Hist*.1.35;—(*w. field of error expr.*) tantam habent similitudinem inter se ut in eorum praenominibus ~em CIC.*Phil*.13.28; in collegae uoluntate interpretanda..~aui LIV.10.19.11; ~asse thalamis (*i.e. to make an unwise marriage*) SEN.*Phoen*.515; tutius circa priores (*sc. authors*)..~atur QUINT.*Inst*.2.5.26; ULP.*dig*.24.3.22.13; —(*w. internal acc.*) o lector, debes ignoscere, si quid ~atum est..praeteritumue mihi OV.*Pont*.3.4.44;—(*w. cogn. acc.*) errores..in Romana historia ~atos GEL.10.16;—(*of things*) ~abant..tempora (*i.e. the calendar*) OV.*Fast*.3.155; quotiens..precatio ~auerit PLIN.*Nat*.28.11.

6 To stray from the path of virtue, err, fall (often said with the idea of minimizing the offence in question). scio te sponte non tuapte ~asse PL.*Trin*.666; parentes, si pergunt liberi ~are, bonis exheredant MET.MAC.*orat*.9; ignoscite, iudices; ~auit, lapsus est CIC.*Lig*.30; pariter te ~antem atque illum sceleratissumum persequi SAL.*Jug*. 102.5; OV.*Ep*.16.49; SEN.*Con*.10.2.7; legiones, paucis seditionis auctoribus, non ultra uerba ac uoces ~asse TAC.*Hist*. 1.18.

errō² ~ōnis, *m*. [prec.+-O¹]

1 A person (usu. a slave) who remains absent without leave, truant. ~onem non esse; adicio fugitiuum non esse, adicio noxa furtisque solutum SEN.*Con*.7.6.23; PLIN.*Ep*.2.10.3; *CIL* 3.940.6; ~onem sic definimus: qui non quidem fugit, sed frequenter sine causa uagatur ULP.*dig*.21.1.17.14; MEN.*dig*. 49.16.4.14;—(*in fig. phrs.*) te..ipsum uitas fugitiuus et ~o.. uino quaerens..fallere curam HOR.*S*.2.7.113; TIB.2.6.6;—(*transf.*) uelut quadam compede retinebimus ~onem ducem (*i.e. a bee*) detractis alis COL.9.10.3.

2 (See quot.) stellas, quas alii 'erraticas', P. Nigidius '~ones' appellat NIGID.in Gel.3.10.2.

errōneus ~a ~um, *a*. [prec.+-EVS] Given to wandering or straying, vagrant. **b** (applied to planets or sim.). debent (canes) in custodia uigilantes conspici, nec ~i, sed assidui COL.7.12.5. **b** ceteras stellas, quas nos non recte ~as..dicimus APUL.*Pl*.1.10.

error ~ōris, *m*. [ERRO¹+-OR]

1 The act or fact of travelling on an uncertain or devious course, wandering about, roaming, etc. **b** (of things); (esp. of unsteady movements of the head or eyes). **c** the devious and perplexing course of a labyrinth or sim. Latonam ex longo ~ore..confugisse Delum CIC.*Ver*.1.48; quam multa passus est Vlixes in illo ~ore diuturno *Off*.1.113; dic, hospes..casus..tuorum ~oresque tuos VERG.*A*.1.755; per tortuosi amnis sinus..cum ~orem uoluens haud multum processisset LIV.27.47.10; OV.*Ep*.2.107; VELL.1.4.4; ut canis..~ores..ferae..mersa nare legit SIL.10.78; TAC.*Ann*. 13.56; APUL.*Met*.9.11;—(*w. obj. gen.*) pelagine uenis ~oribus actus an monitu diuum? VERG.*A*.6.532; ~ores..feros nemorum STAT.*Theb*.1.230;—(*poet.*) (amnes) in mare deducunt fessas ~oribus undas OV.*Met*.1.582. **b** hos siderum ~ores CIC.*Tim*.33; hic..est omnibus (corporibus, *i.e. motes in a sunbeam*) ~or LUCR.2.132;—extremus cum lumina corripit ~or V.FL.6.277; STAT.*Theb*.12.777; rex..equo inpositus cum subinde crapula et capitis ~ore lapsaret FLOR.*Epit*.1.26(2.10.3). **c** ne labyrinthis e flexibus egredientem tecti frustraretur inobseruabilis ~or CATUL.64.115; hic labor ille domus et inextricabilis ~or VERG.*A*.6.27; Daedalus inplet innumeras ~ore uias OV.*Met*.8.167; MELA 1.56; PLIN.*Nat*.36.87.

2 Uncertainty of mind, doubt, perplexity. tantus cum cura meost ~or animo PL.*Mer*.347; plena timoris et ~oris omnia CIC.*Att*.7.12.2; fluctuat incertis ~oribus ardor amantum LUCR.4.1077; uestigia in omnes aeque ferentia partes..~orem faciebant LIV.9.45.16; 26.11.12; OV.*Met*.2.39; rem..maximi..~oris et multum discrepantem auctorum opinionibus VELL.1.7.2; PLIN.*Nat*. 22.73; (*pl*.) explica ~ores precor SEN.*Oed*.773; (*foll. by indir. qu*.) sequitur hunc ~orem alius error Cursorne Papirius..consul..creatus sit an L. Papirius Mugillanus LIV.9.15.11.

3 A deviation from one's path, going astray. uelut siluis, ubi passim palantis error certo de tramite pellit HOR.*S*.2.3.49; errores, quos aut ducentium fraus aut ..temere initae ualles..faciebant LIV.21.35.4; ut..uiam teneas nulloque errore traharis OV.*Met*.2.79; CURT.5.13.23; STAT.*Theb*.4.650;—(*in fig. phrs.*) redduxit me usque ex errore in uiam PL.*Ps*.668; ad omnia intima istorum consilia sine ullo errore peruenimus CIC.*Ver*.17;—(*of missiles*) intorquet iaculum, quod detulit error in Idan OV.*Met*.5.90; 12.83.

4 A derangement of the mind. scribis te audire me etiam mentis ~ore ex dolore adfici CIC.*Att*.13.2; VERG.*G*.3.513; mentis ~or discutitur, si.. eam (*sc*. equam) deducas ad aquam COL.6.35.1; QUINT.*Inst*. 6. pr.11;—(*hyperb*.) obsequere huic ~ori meo (*i.e. obsession*) CIC.*Att*.12.25.2; 12.43.1; hic ~or..et leuis haec insania (*i.e. poetry*) HOR.*Ep*.2.1.118;—(*of the madness of love*) ut uidi, ut perii, ut me malus abstulit ~or! VERG.*Ecl*.8.41; quae tibi sit felix quoniam nouus incidit ~or PROP.1.13.35; OV.*Am*.1.2.35.

5 A mistake or mistaken condition, error (in thought or action). illas ~ore et te simul suspicione exsolues TER.*Hec*.792; LUCIL.380; imperitos..in ~orem inducere CIC.*Brut*.293; conuictis Epicuri ~oribus *N.D*.2.3; NEP.*Ep*.7.1; multi passim interfecti..per ~orem LIV.27.16.6; plurimi..sub ..curantis ~ore..moriuntur CELS.3.8.2; SEN.*Ben*.6.43.1; TAC.*Hist*.5.22; ex iudicis ~ore GAIUS *Inst*.4.178; (*poet.*) simillima proles, indiscreta suis gratusque parentibus ~or VERG.*A*.10.392;—(*w. defining gen.*) cum quaererent alii Numerium, alii Quintium, gemini nominis ~ore seruatus est CIC.*Sest*.82; deceptum ~ore locorum VERG.*A*.3.181; quae nescieram, quorumque ~ore tenebar OV.*Fast*.6.255; ~or numeri PLIN.*Nat*.6.207; PAPIN.*dig*.22.6.8.

6 A departure from right principles, moral lapse or sim. (usu. by implication venial). si ~orem suum deposuerint (*sc. the supporters of Antony*) et cum re publica in gratiam redierint CIC.*Phil*.8.32; ut ueniam erroris hominibus adulescentibus darent LIV. 2.18.10; tu licet ~ois sub imagine crimen obumbres OV. *Pont*.3.3.75; SEN.*Cl*.1.7.1; crimine quo merui..quoue ~ore miser, donis ut solus egerem, Somne, tuis? STAT.*Silv*.5.4. 2; PLIN.*Ep*.3.3.3; JUV.8.165; tuti ~ores, concessi amores APUL.*Fl*.16.

ērubescendus ~a ~um, *a.* [gdve. of next] That gives one cause to blush, shameful.
non (te) ~is adurit ignibus (Venus) HOR.*Carm.*1.27.15; non id Corneliae magis familiae quam urbi Romanae fore ~um LIV.38.59.11; V.MAX.3.4.2; 9.15.1; mors..turpis..et ~a SEN.*Ep.*82.12; (anni) domesticis cladibus miseri et ~i FLOR.*Epit.*1.47(3.12.3).

ērubescō ~escere ~uī, *intr.*, (*tr.*). [EX-+RVBESCO]

1 To blush for shame, feel ashamed. **b** (w. abl. of cause). **c** (w. *in*+abl.). **d** (w. inf.). **e** (w. acc. and inf.). **f** (w. internal acc.). **g** (tr.) to feel shame in the presence of, respect, etc.
~ui..misera propter clamorem tuom PL.*Truc.*291; TER.*Ad.*643; ~escit, quid respondeat nescit CIC.*Q.Rosc.*8; *Fam.*9.26.2; dicitur occurrens ~uisse soror TIB.2.3.18; ~escant..si quis eis haec obiciat LIV.5.6.5; VELL.2.130.4; sic moriar, ut mortuus non ~escam PETR.57.6; JUV.10.326; GEL.17.4.2; (*cf.*) ~uere genae OV.*Met.*7.78; (*transf.*) ~escant annales, qui bellum ciuile illud talibus uitiis inputauere PLIN.*Nat.*33.145. **b** non est res, qua ~escam LIV.40.14.1; OV.*Met.*5.584; multi furto non ~escunt SEN.*Ep.*87.23; TAC.*Ger.*28.5. **c** o rem dignam, in qua..etiam agrestes ~escant! CIC.*Leg.*1.41. **d** nostra neque ~uit siluas habitare Thalia VERG.*Ecl.*6.2; quae fateri ~escam LIV.42.41.2; populus ut mimae nudarentur postulare ~uit V.MAX.2.10.8; QUINT.*Inst.*1.10.13; PLIN.*Ep.*9.27.2; (*poet.*) ~uere pios iuuenes attingere flammae *Aetna* 635. **e** Literni..sedem fuisse domitoris Africae..~escamus LIV.45.38.7; Herculem dici tuum partum ~escis? SEN.*Her.O.*1349. **f** ut ea in alterum ne dicas quae, cum tibi falso responsa sint, ~escas CIC.*Cael.*8; QUINT.*Decl.*268(p.94,l.18). **g** confessus est..adulterium neque ~uit ora uestra [CIC.]*Sal.*15; iura fidemque supplicis ~uit (Achilles) VERG.*A.*2.542.

2 (in general) To become red.
saxa..~uisse rosis OV.*Pont.*2.1.36; terra..serotino non ~escit autumno FLOR.*Verg.*p.186R.

ērūca ~ae, *f.* [dub.; cf. *uruca*]

1 An acrid cruciferous herb used as an aphrodisiac, rocket, *Eruca sativa.*
Venerem reuocans ~a morantem *Mor.*86; ~as uiridis..incoquere HOR.*S.*2.8.51; libidinosis..~is *Priap.*47.6; CELS.4.16.3; ~a salax COL.10.372; PLIN.*Nat.*19.154; MART.3.75.3; JUV.9.134.

2 (perhaps another word) A sort of caterpillar: see VRVCA.

ēructātiō ~ōnis, *f.* [next+-TIO] A violent discharge (of vapour, etc.).
(exhalatio) quae terrenis ~onibus (*cj.*) surgit APUL.*Mun.*8.

ēructō ~āre ~āuī ~ātum, *tr.* [ERVGO[2]+-TO]

1 (of persons, animals) To disgorge or bring up noisily (food or drink).
saniem ~ans et frusta..commixta mero VERG.*A.*3.632; COL.8.8.10; physeter..diluuiem quandam ~ans PLIN.*Nat.*9.8; (*absol.*) resupinus ipse purpurae..incubat..~at SEN.*Thy.*911; (*cf.*) uino languidi, conferti cibo..~ant sermonibus suis caedem bonorum (*i.e. speak of it in their cups*) CIC.*Catil.*2.10.

2 (of things, usu. natural forces) To throw up or discharge violently (water, vapour, etc.).
mammillas (*i.e. nozzles*)..tenues, quae ~ent aquam VAR.*R.*3.14.2; Tartarus..~ans faucibus aestus LUCR.3.1012; Aetna..scopulos auulsaque uiscera montis erigit ~ans VERG.*A.*3.576; gurges..~at harenam 6.297; SEN.*Nat.*6.8.5; COL.8.17.10; PLIN.*Nat.*2.234; qua rigidos ~at Bosporos amnes V.FL.4.345; GEL.17.10.13.

ēructus: see ERVGO[2].

ērūderō ~āre ~āuī ~ātum, *tr.* [EX-+RVDVS[1]+-O[3]] To pave throughout with rubble.
solum oportet esse ~atum et procliuum, ut euerri facile possit VAR.*R.*2.2.7; VITR.7.1.1.

ērudiō ~īre ~iī or ~īuī ~ītum, *tr.* [EX-+RVDIS[1]+-IO[2]]

1 (w. acc. of person only) To instruct, train, educate. **b** (in weakened sense) to put wise, enlighten (on a point of information). **c** (transf.) to refine, improve (an art).
~ierunt multos, quo meliores ciues..essent CIC.*Off.*1.155; educatus est in domo Pericli..~itus a Socrate NEP.*Alc.*2.1; non ita me genitor..~iit VERG.*A.*9.203; LIV.5.27.1; gladiatores sub eodem magistro ~iti QUINT.*Inst.*2.17.33; SUET.*Jul.*26.3; (*w. abst. subj.*) aduersae res..~ierunt LIV.30.30.10; (*poet.*) ut flerent, oculos ~iere suos OV.*Rem.*69;—(*w. abl.*) CIC.*Cael.*9; Graecis litteris ~iri concupiuit V.MAX.8.7.1; principum filios liberalibus artibus ~ire TAC.*Ag.*21.2;—(*w.* ad) eos instituere atque ~ire ad maiorum instituta..debuisti CIC.*Ver.*3.161; (philosophia) nos..ad modestiam..animi ~iuit *Tusc.*1.64; PLIN.*Ep.*8.18.12;—(*w.* in+*acc.*) qui..in patrias artes ~iendus erat OV.*Ep.*1.112. **b** obuiae mihi uelim sint tuae litterae, quae me ~iant de omni re publica CIC.*Fam.*2.12.1; ut..si quid simile inciderit, ~iar PLIN.*Ep.*8.14.1. **c** hic (*sc.* Polyclitus) consummasse hanc scientiam iudicatur et toreuticen..~isse PLIN.*Nat.*34.56.

2 (w. acc. of person foll. by acc., phr., or cl. expr. thing taught).
(*w. double acc.*) (natum) hortatur..sequi damnosasque ~it artes (Daedalus) OV.*Met.*8.215; V.FL.2.50; quae te legis..belli ~iit genetrix STAT.*Theb.*10.507; (*pass.*) audaciam fiduciamque peccandi imitatione falsa ~itus GEL.19.12.9;—(*w. inf.*) illa (*sc.* Pallas)..radio percurrere telas ~it OV.*Fast.*3.820; ~ita ciuitate amare..opulentiam externam PLIN.*Nat.*33.149; SIL.11.350;—(*w. acc. and inf.*) te usus..~iuit nequaquam satis esse ipsum has te habere uirtutes CIC.*Q.fr.*1.1.10;—(*w. indir. qu.*) cuius facti..inuidia ~ire me potuit quam iucunda libertas..esset POL.*Fam.*10.31.3.

ērudītē, *adv. compar.* ~ius, *superl.* ~issimē. [ERVDITVS+-E] With culture or erudition, learnedly, etc.
leniter et ~e repugnante te CIC.*Orat.*40; litteris..~issime scriptis 174; *Sen.*3; uolumina..composita facetius et ~ius COL.1.1.14; QUINT.*Inst.*1.5.36.

ērudītiō ~ōnis, *f.* [ERVDIO+-TIO]

1 The action of teaching, instruction.
de eius ~one quod labores nihil est, quoniam ingenium eius nosti CIC.*Q.fr.*3.1.14; potiorem in scholis ~onem esse quam domi QUINT.*Inst.*2.3.10.

2 Knowledge acquired through instruction, learning, culture; also, a type or branch of learning.
omnis ~onis expertem atque ignarum CIC.*de Orat.*2.1; quae sine ~one Graeca intellegi non possunt *Ac.*1.4; SEN.*Ep.*47.1; ut in ipsa pictura ~o eluceat PLIN.*Nat.*35.134; QUINT.*Inst.*6.3.17; TAC.*Dial.*2.2; uariae ~onis aliquot uolumina SUET.*Gram.*6(p.105Re); APUL.*Apol.*31;—architecti est scientia..uariis ~onibus ornata VITR.1.1.1; 1.1.18.

ērudītrix ~īcis, *f.* [ERVDIO+-TRIX] An instructress.
Hispaniam..pusilli..iam Hannibalis ~icem FLOR.*Epit.*1.22(2.6.38).

ērudītulus ~a ~um, *a.*: dim. of next.
gemelli utrique (*i.e. Caesar and Mamurra*), uno in lecticulo erudituli ambo CATUL.57.7.

ērudītus ~a ~um, *a. compar.* ~ior, *superl.* ~issimus. [pple. of ERVDIO] (of persons) Well-instructed, accomplished, learned. **b** (transf., of faculties, words, actions, etc.).
~issima illa Graecorum natio CIC.*de Orat.*2.18; tu ~ior quam Piso..ea contemnis quae illi 'idiotae'..praeclara duxerunt *Pis.*62; LIV.39.8.3; homo ingeniosus magis quam ~us SEN.*Suas.*6.27; PLIN.*Nat.*2.23; (cerebrum) aliud esse quam medullam ~i docent 11.134; qui stultis uideri ~i uolunt, stulti ~is uidentur QUINT.*Inst.*10.7.21; APUL.*Fl.*20;—(*w. abl. expr. field of knowledge*) nullos..litteris aut musicis ~os CIC.*Att.*4.17.6; litteris Graecis atque Latinis..~us SAL.*Jug.*95.3; Hermes omnibus ~us armis MART.5.24.2;—(*w.* in+*abl.*) ~o homine in philosophia CIC.*de Orat.*1.67;—(*w. inf.*) peritus obsequi ~usque utilia honestis miscere TAC.*Ag.*8.1. **b** instituendi genus..~ius CIC.*Q.fr.*3.3.4; ~um illum puluerem (*i.e. used by mathematicians*) *N.D.*2.48; docta..et ~a palata COL.8.16.4; PLIN.*Nat.*11.80; (Petronius) habebatur..non ganeo..sed ~o luxu TAC.*Ann.*16.18; Ciceronis defensionem..~am SUET.*Cl.*41.3; (*impers.*) ~issimum longe, si per aliam rem alia indicetur QUINT.*Inst.*9.2.97.

ērūgātiō ~ōnis, *f.* [next+-TIO] The removing of wrinkles or creases.
talum candidi iuuenci..decoctum..candorem cutisque ~onem praestare PLIN.*Nat.*28.184.

ērūgō[1] ~āre, *tr.* [EX-+RVGA+-O[3]] To take away wrinkles or creases from.
(charta) constricta ~atur atque extenditur malleo PLIN.*Nat.*13.82; 23.26; faciem purgat atque ~at cygni adeps 30.30.

ērūgō[2] ~gere ~ctum, *tr.* [EX-+*rugo (cf. Gk. ἐρεύγομαι)] N.B.: see also EXERVGO. To disgorge noisily (food or drink).
~gere semel factum significat, quod eructare saepius PAUL.*Fest.*p.83M; (*hyperb.*) furfureum panem esitare uinumque ~ctum et foetidum potare GEL.11.7.3.

eruilia ~ae, *f.* [cf. ERVVM] FORMS: *eruilam* VAR.*R.*1.32.2. PROS.: second syll. doubtful, perh. long, cf. VAR.*Men.*244. A kind of cultivated vetch, prob. *Lathyrus sativus* or *L. cicera.*
uti serat haec legumina arte parua pauca, cicer ~am VAR.*Men.*244; COL.2.13.1; quid nunc stupes tanquam hircus in ~a? PETR.57.11; PLIN.*Nat.*21.70; PAUL.*Fest.*p.82M.

ērumna: see AERVMNA.

ērumpō ~umpere ~ūpī ~uptum, *intr.*, (*tr.*). [EX-+RVMPO]

1 (of persons or animals, also refl.) To burst or spring out or forth from restraint, confinement, hiding, or sim. **b** (of troops making a sortie or sim.). **c** (tr.) to break out of.
ut Catilina..~upit ex urbe CIC.*Catil.*3.3; Stygiis ~umpere nitar ab oris OV.*Ib.*151; VELL.2.27.5; ferae inter nos educatae si in siluas ~uperunt SEN.*Ben.*7.19.6; inter pullos..alii prouolant, alii ~umpunt (*from the egg*) PLIN.*Nat.*10.159; illae non segnius omnes ~umpunt tectis STAT.*Theb.*5.100; non percussor ille subitus ~umpet? QUINT.*Inst.*6.2.31; POMPON.*dig.*17.2.60.1; (*cf., of a runner*) subitus..~umpit (*i.e. puts on a spurt*) et auras praeuehitur SIL.16.499; (*in fig. phr.*) cum illa coniuratio..ex tenebris ~upisset CIC.*Sest.*9; (*transf.*) qui ex media (oratione) ~umpit QUINT.*Inst.*4.3.17;—(*refl.*) ita imperitus stupiditate ~umpit se ACC.*trag.*287. **b** dato signo, ex castris ~umperent CAES.*Gal.*3.5.3; *B.Afr.*69.4; consul..in incautum hostem decumana porta ~upit LIV.3.5.5; LUC.4.732; TAC.*Hist.*2.26; (*impers. pass.*) duabus simul portis ~umpitur LIV.43.10.5; (*poet.*) ubi uer nactae sudum camposque patentis, ~umpunt portis (apes) VERG.*G.*4.78. **c** Achates et pater Aeneas..~umpere nubem ardebant VERG.*A.*1.580; V.FL.5.465; uis piscium immensa Pontum ~umpens TAC.*Ann.*12.63.

2 (of natural phenomena, also refl. or pass.) To issue with violence, burst out; (tr.) to emit with violence: **a** (of wind, fire, etc.). **b** (of bodily or other fluids). **c** (of a river or sim.).
a undique omnes uenti ~umpunt PAC.*trag.*415; iis ignibus qui ex Aetnae uertice ~umpunt CIC.*Ver.*4.106; fumus..qui ~umpere ex lautorum culinis..solet SEN.*Ep.*64.1; spiritus qui maius desiderat spatium..scinditque cingentia et erumpit in uentum *Nat.*5.12.2; cum fulmen ~umpit PLIN.*Nat.*2.192; (*transf.*) ~umpit oculis ignis SEN.*Phaed.*364;—(*refl. or pass. in middle sense*) uenti..se ab axe ~uperant VAR.*Men.*271; incita cum uis (animae) exagitata foras ~umpitur LUCR.6.583; SEN.*Nat.*5.13.3;—(*tr.*) aestiferos..~umpit (Canis) flatibus ignes CIC.*Arat.*352(111). **b** quacumque parte (pus) ~umpit CELS.2.8.4; quibusdam..in conspectu populi sudor ~umpit SEN.*Ep.*11.2; LUC.6.555; sponte ~umpentem sucum PLIN.*Nat.*25.31; ~umpunt..per tacitum lacrimae SIL.12.553;—(*refl. or pass.*) ~umpit se e naribus sanguis LARG.46; STAT.*Theb.*7.683. **c** fluenta..plano scatere atque ~umpere campo LUCR.5.952; (aquae) quae ex montibus..~umpunt in medios campos VITR.8.1.2; ubi..lacum fecit, maiore quam uenerat alueo ~umpit (Strymon) MELA 2.30; LUC.10.256; (*in fig. phr.*) illuc (*i.e. to Aristotle*) eum rapiam..unde uniuersum flumen (*i.e. of rhetoric*) ~umpat CIC.*de Orat.*2.162; (*refl.*) caput unde..se ~umpit Enipeus VERG.*G.*4.368;—(*at its mouth*) Nilus..~umpens..per septem fauces MAN.3.273; donec in Ponticum mare sex meatibus ~umpat (Danuuius) TAC.*Ger.*1.3;—(*in flood*) lacum..obstrui recusantes, quippe in adiacentia ~upturum *Ann.*1.79;—(*tr.*) fontis ubi dulces ~umpat terra liquores [TIB.]3.7.86.

3 To burst on one's view, become suddenly visible; (usu. transf., of facts, etc.).
(stellae) aliquando non expectata nocte fulserunt et per medium ~uperunt diem SEN.*Nat.*7.20.3;—quid est, Catilina, quod iam amplius exspectes..si inlustrantur, si ~umpunt omnia? CIC.*Catil.*1.6; ~umpentibus paulatim indiciis TAC.*Hist.*4.16; ille ut inritus legationis redit, cetera dissimulans, quae mox ~upere 4.32; FLOR.*Epit.*1.36(3.1.6).

4 (of plants, their flowers, etc.) To spring up, shoot, sprout, burst; (also, of parts of the body). **b** (of boils or sim.).
ex rupibus acutis unica illa arbor ~uperat SEN.*Ben.*5.24.1; ~umpit a primo satu hordeum die septimo PLIN.*Nat.*18.51; 19.117; flosculi..antequam..malum ipsum prodeat ~umpentes 23.112; (*in fig. phr.*) ex luxuria exsistat auaritia necesse est, ex auaritia ~umpat audacia CIC.*S.Rosc.*75;—(dentibus) ~umpentibus morbi corpora infantia accipiunt PLIN.*Nat.*11.170; parua ~umpunt..cornua fronte SIL.13.332. **b** ut..per lumbos fistulae puris ~uperint NEP.*Att.*21.3; (abscessus) circa aures ~umpit CELS.2.7.31; PLIN.*Nat.*21.151; ulcera per se ~umpentia et praecipue in ore 22.27; (*neut. pl. as sb.*) (bulbis) curat ~umpentia in capite 20.103.

5 (of sounds or utterances) To escape from one's lips, burst; (of a person) to break silence. **b** (tr.) to utter violently or unexpectedly.
quo modo (risus)..ita repente ~umpat, ut eum cupientes tenere nequeamus CIC.*de Orat.*2.235; ~umpet..aliquando ex me uera uox et dicam sine cunctatione quod sentio CIC.*Vat.*15; nullus ~umpit sonus SEN.*Her.O.*1731; ~umpunt gemitus STAT.*Theb.*11.385; uastum primo silentium, mox cuncta simul ~umpunt TAC.*Hist.*3.13;—cum..praetor permiserit dicere, non protinus est ~umpendum QUINT.*Inst.*11.3.157. **b** has ~umpit furibundo pectore uoces PETR.124,l.282.

6 (of passions, war, sedition, etc., also refl.) To break out; (of persons) to break out in a specified form of conduct, manifestation of feeling, or sim. **b** (of troops, etc.) to break out in revolt. **c** (tr.) to give an outlet to (emotions).
erat hominum..summa exspectatio quonam esset eius cupiditas ~uptura CIC.*Ver.*2.74; ut odia occulta ciuium..in fortunas optimi cuiusque ~umperent *Mur.*47; maturam iam seditionem ac prope ~umpentem LIV.2.63.2; OV.*Met.*7.562; consulum ad nefandam dominationem ~upit furor VELL.2.60.4; SEN.*Ben.*1.10.2; nec iam ~umpentia celant gaudia STAT.*Theb.*10.454; exitiabilis superstitio rursum ~umpebat TAC.*Ann.*15.44; (*cf.*) uereor, ne istaec fortitudo in neruom ~umpat (*i.e. may land you in gaol*) TER.*Ph.*325;—(*refl.*) inuidiosa coniunctio (*i.e. between Caesar and Pompey*)..ad bellum se ~upit CAEL.*Fam.*8.14.2; LUCR.4.1115;—illos..uelut mente captos..~upisse in hunc uoluptatis affectum QUINT.*Inst.*8.3.4; TAC.*Ann.*11.35; in omne genus crudelitatis ~upit (Tiberius) SUET.*Tib.*61.1; *Nero* 27.1. **b** ante quam scisses quo..Caecilius Bassus ~umperet CIC.*Fam.*12.18.1; TAC.*Hist.*2.68; ~upere primi Andecaui ac Turoni *Ann.*3.41. **c** iamne ~umpere hoc licet mi gaudium? TER.*Eu.*550; ne in me stomachum ~umpant cum sint tibi irati CIC.*Att.*16.3.1; LIV.36.7.13.

7 (med.): **a** (of an abscess or sim.) To burst, disintegrate; (tr.) to cause (swellings) to burst. **b** (of a limb) to become dislocated.
a uomica..circa uicesimum diem ~umpet CELS.2.7.36; maturescit..per se atque ~umpit (furunculus) 5.28.8; LARG.66;—(brassica) tumida concoquit, eadem ~umpit CATO *Agr.*157.3. **b** ne, si motum..femur fuerit, rursus ~umpat CELS.8.20.8; si in priorem partem ~umpit (talus) 8.22.1.

ēruncō ~āre ~āuī ~ātum, *tr.* [EX-+RVNCO] To grub up, uproot (weeds); to clear (ground) of weeds.
omnis alterius generis herbas ~ato COL.2.10.28;—alterna uice dimidias areas eruncent 11.3.13.

ēruō ~uere ~uī ~utum, *tr.* [EX-+RVO]

1 To remove (esp. from the ground) forcefully or with difficulty, dig up, pluck out, etc. **b** (gold, gems, or sim.). **c** to uproot (plants). **d** to tear out (the eyes).

altero praefurnio ~uito (cinerem), in altero ignis erit CATO *Agr.*38.2; (Triton) molem ex profundo saxeam ad caelum ~uit ACC.in CIC.*N.D.*2.89; NEP.*Paus.*5.5; ~uit interea Scybale..panem (*i.e. from the hearth*) *Mor.*119; Lygdamus ad plutei fulcra sinistra latens ~uitur PROP. 4.8.69; piscem e terra penitus ~ui MELA 2.83; molli..tegaris harena, ne tua non possint ~uere ossa canes MART. 9.29.12; (*transf.*) quae (*sc.* pecunia) ~ui nusquam nisi ex priuatorum bonis posset CIC.*Att.*10.14.1. **b** ~uimus terra ..pro frugibus aurum OV.*Am.*3.8.53; SEN.*Ep.*90.45; non chalybem gentes..metallo ~uerent LUC.4.224; (smaragdi) ~uuntur circa Copton PLIN.*Nat.*37.65; MART.8.28.14; STAT.*Silv.*4.7.15. **c** uelut..quercum..turbo..~uit CATUL.64.108; ipsa manu felicis ~ue siluas VERG.*G.*4.329; LIV.23.19.13; cum suo caespite planta ~uatur COL.5.9.8; PLIN.*Nat.*18.243; (*in fig. phr.*) si..uitium funditus extirpandum ~uendumque curaueris FRO.*Aur.*1.p.72(59N); (*cf.*) Afris ~uta terris ponitur..citrea mensa PETR.119,l.27. **d** cornicum immeritas ~uit ungue genas PROP.4.5.16; uiues, sed ~uentur oculi tibi SEN.*Suas.*7.3; PLIN.*Nat.*11.149; SUET.*Nero* 5.1; (*pass., w. retained acc.*) ~uitur..oculos OV. *Met.*12.269; (*in fig. phr.*) mihi filius minor alterum..ex duobus ~uit lumen (*i.e. by his death*) QUINT.*Inst.*6 pr.6.

2 (fig.) To unearth (anything unknown, latent, or forgotten), search out, bring to light, elicit.
sententiae..nescio unde ex abdito ~utae CIC.*Orat.*79; *Fin.*4.10; obscurata diu populo bonus ~uet..uocabula rerum HOR.*Ep.*2.2.115; sacra..annalibus ~uta priscis OV. *Fast.*1.7; qui malignos sermones..~uit, se ipse inquietat SEN.*Dial.*5.11.1; QUINT.*Inst.*12.8.13; tormentis ueritas ~uenda APUL.*Met.*3.8;—(*foll. by indir. qu.*) mi..~ues qui decem legati Mummio fuerint CIC.*Att.*13.30.2(3); ~uimus.. quid ferrea Clotho cogitet STAT.*Theb.*3.555;—(*w. abst. subj.*) dolor et pectore imo condita arcana ~uet SEN.*Tro.*580;—(*absol.*) non est confessio nisi cum accusator ~uit, negat rea SEN.*Con.*exc.8.1.

3 To disturb (the ground) by digging. **b** (of wind, oars, etc.) to stir up, churn (the sea or sim.).
rastri, quibus..eradunt terram atque ~uunt VAR.*L.*5.136; OV.*Fast.*4.404; ab uno animali (*i.e. the hyena*) sepulcra ~ui PLIN.*Nat.*8.106; prius ignoti quam dura cubilia ferri ~uerent V.FL.5.145; tua iugera nondum ~uis 6.131;—(*transf.*) iactanti talia Caeneus..missa latus ~uit hasta OV. *Met.*12.477; (*pass., w. retained acc.*) sedet ~uta multo ungue genas STAT.*Theb.*10.817. **b** non freta demisso uerrebant ~uta remo OV.*Am.*3.8.43; quod non ~ueret pontum (*sc. Thetis*) STAT.*Ach.*1.687; austri..et africi..protrudunt magis fluctus quam ~uunt GEL.2.30.5.

4 To raze to the ground (a town, building, etc.); (transf.) to destroy or overthrow utterly (a country, its might, etc.).
Neptunus..fundamenta quatit totamque a sedibus urbem ~uit VERG.*A.*2.612; 12.569; Mummius Corinthum.. funditus ~uit VELL.1.13.1; M. Flacci et L. Saturnini.. penates ab imis fundamentis ~uti sunt V.MAX.6.3.1c; SEN.*Tro.*663; SIL.3.213;—Troianas ut opes et lamentabile regnum ~uerint Danai VERG.*A.*2.5; cura uiris tumidos.. Thracas..~uere STAT.*Theb.*5.76.

ēruptiō ~ōnis, *f.* [ERVMPO+-TIO]

1 A sudden rush (of troops or sim.) from a position, sally, sortie, etc.
neque porta..erat, qua posset ~o fieri SIS.*hist.*86; cuius domum constitutam fuisse unde ~o fieret (*i.e. in a plot against Pompey*) CIC.*Att.*2.24.3; CAES.*Gal.*2.33.2; tribunos militum..hortatur..ab ~onibus caueant *Civ.*1.21.4; circa ipsam urbem aduersus ~ones hostium pugnatum LIV. 10.45.12; VELL.2.47.1; TAC.*Ann.*15.46; (*w. abl.*) tantam spem attulerat..tua praeclara Mutina ~o CIC.*Fam.*11.14.1; —(*cf.*) ante triduum quam ~onem facturae sunt (apes).. murmur exoritur COL.9.9.4; uniuersi ~onem temptauere (elephanti) PLIN.*Nat.*8.21.

2 A sudden and violent discharge (of water, fire, etc.); (also, of bodily fluids). **b** (transf., of expressions of feeling or sim.).
tenebras..tantas quantae..~one Aetnaeorum ignium finitimas regiones obscurauisse dicuntur CIC.*N.D.*2.96; SEN.*Nat.*6.6.4; haec genera (arborum) accensa..carbonem repente exspuunt cum ~onis crepitu PLIN.*Nat.*16.45;—(*w.* ex) subita ex abdito..amnis ~o SEN.*Ep.*41.3; hanc e nubibus subitae lucis ~onem *Nat.*2.56.2;—nec ~one sanguinis periclitatur iuuencus COL.6.26.3; inponunt..decoctam (rutam)..pituitae ~onibus PLIN.*Nat.*20.141; APUL. *Met.*1.13. **b** lacrimae (sunt) coacti doloris intra praecordia et intolerabilis silentii ~o SEN.*Con.*exc.8.6; rabida uocis ~o colla distendet SEN.*Dial.*4.35.3.

3 The sprouting (of plants from the ground); (med.) an eruption (of pimples, etc.) on the skin.
prima..~one agnoscitur (uitium frumenti) PLIN.*Nat.* 18.150;—in corpore..~ones quaedam pustularum SEN.*Ep.* 72.5; PLIN.*Nat.*20.66; capitis ~onibus..inlinuntur (fungi suilli) 22.98; (*fig.*) ubi discrimen inter malos bonosque sublatum est, confusio sequitur et uitiorum ~o SEN.*Cl.*1.2.2.

erus (herus) ~ī, *m.* [dub.]

1 A man in relation to his servants, master (said esp. of a *paterfamilias*). **b** (w. distinguishing adjs.) *maior ~us*, the master of the house; *minor ~us*, the master's son, 'young master'. **c** (applied to the gods).
si quis ~um seruos spernit PL.*Ps.*155; *Rud.*1056; etiam atque etiam cogita, ~e TER.*Eu.*57; male merentur de nobis ~i qui nos tanto opere indulgent AFRAN.*com.*388; CIC.*Rep.* 1.64; nec uictoris ~i tetigit captiua cubile VERG.*A.*3.324; STAT.*Silv.*2.1.75; responde, an intra aedes..~um tuum offenderim APUL.*Met.*1.22; (*poet.*) tot per impotentia freta ~um tulisse (ait phasellus) CATUL.4.19. **b** ubinam est ~us? — maior apud forumst, minor hic est intus PL.*As.* 328; nunc ab ~o ad ~um meum maiorem uenio *Ps.*1283; *Truc.*308. **c** nondum cum sanguine sacro hostia caelestis pacificasset ~os CATUL.68.76.

2 The man whom an animal is accustomed to obey, its master.
cornipedem..arma mirantem grauioris ~i STAT.*Theb.* 4.273; (*cf.*) ~um..fassus..cauda pulsat..latus SEN.*Her.F.* 811.

3 (poet.) The owner or possessor (of a piece of property).
salue, o uenusta Sirmio, atque ~o gaude CATUL.31.12; propriae telluris ~um HOR.*S.*2.2.129; ne perconteris fundus meus..aruo pascat ~um an.. *Ep.*1.16.2.

eruum ~ī, *n.* [a foreign loan-word cogn. w. Gk. ὄροβος, ἐρέβινθος, OHG. *araweiz*] A kind of cultivated vetch, *Vicia* (*Ervum*) *ervilia*, or its seed(s).
~om daturin estis bubus quod feram? PL.*Mos.*62; de ~o farinam facito CATO *Agr.*109; delectantur (columbae)..~o VAR.*R.*3.7.8; quam pingui macer est mihi taurus in ~o! VERG.*Ecl.*3.100; HOR.*S.*2.6.117; COL.11.2.10; PLIN.*Nat.*18. 139; finguntur pilulae ~i magnitudinis LARG.87; PAUL. *Fest.*p.82M.

Erycīnus ~a ~um, *a.* Of or pertaining to Mount Eryx or the surrounding countryside. **b** (esp. as a cult-title of Venus); (fem. as sb.) Venus. **c** of or sacred to Venus.
~o in uertice VERG.*A.*5.759; 10.36; ~a..thapsos LUC. 9.919; Erycina..templa STAT.*Silv.*1.2.160. **b** liberta Veneris ~ae CIC.*Div.Caec.*55; LIV.30.38.10; SUET.*Cl.*25.5; —spinosas ~a serens in pectore curas CATUL.64.72; ~a ridens HOR.*Carm.*1.2.33; OV.*Am.*2.10.11; SEN.*Phaed.*199. **c** uenit e rubro concha (*i.e. pearl*) ~a salo PROP.3.13.6.

Erycus ~ī, *m.* = ERYX.
~um montem CIC.*Ver.*2.22; TAC.*Ann.*4.43; ex ~o SCAUR. gram.in *G.L.*7.29.

Erymanthēus ~a ~um, *a.* Of or pertaining to Erymanthus, Erymanthian.
~i..monstri V.FL.1.374.

Erymanthias ~ados, *f. adj.*: fem. var. of prec.
~adum..nympharum STAT.*Theb.*4.329.

Erymanthis ~idos, *f. adj.*: = prec.
siluas ~idas OV.*Met.*2.499; STAT.*Theb.*9.594;—(*w. ref. to Callisto, who was transformed into the Great Bear*) proxima sideribus tellus ~idos Vrsae OV.*Tr.*3.4b.47.

Erymanthius ~a ~um, *a.* Of or belonging to Erymanthus; (perh. also, poet.) Arcadian.
illum aprum ~um CIC.*Ver.*4.95; SIL.3.38;—quo planctu genetrix ~a (*i.e. Atalanta*) clamet Arcada STAT.*Theb.*12.805.

Erymanthus (~os) ~ī, *m.* A mountain-range in north-west Arcadia, haunt of a famous boar killed by Hercules; also, an Arcadian river rising here.
ut..concidit aut ~o aut Ida in magna..pinus VERG.*A.* 5.448; HOR.*Carm.*1.21.7; OV.*Ep.*9.87; monstriferum..~on STAT.*Theb.*4.298;—OV.*Met.*2.244; flumina ~us et Ladon; MELA 2.43; PLIN.*Nat.*12.127.

ēryngē (~ēs), *f.* [Gk. ἠρύγγη] A genus of prickly plants, sea-holly, *Eryngium maritimum*, and its allies.
PLIN.*Nat.*21.91; 22.18.

ēryngion (~ium) ~(i)ī, *n.* Also **ērung-.** [Gk. ἠρύγγιον] = prec.
panacis et ~ii radices faeniculi seminibus miscendae COL. 6.5.2; PLIN.*Nat.*22.18; LARG.153.

erysimum (~**on**) ~ī, *n.* [Gk. ἐρύσιμον] The name of a plant, prob. a species of hedge-mustard, = IRIO.
ex partu laboranti ~um dari debet CELS.5.25.14; PLIN. *Nat.*18.96; 22.158.

erysipelas (~atos), *n.* [Gk. ἐρυσίπελας] The disease erysipelas.
CELS.5.26.31.B; 5.28.11.B.

erysisceptrum ~ī, *n.* [Gk. ἐρυσίσκηπτρον] A thorny shrub, = ASPALATHVS.
PLIN.*Nat.*12.110; 24.112; 29.56.

erysithales, *n.* [Gk.] A succulent plant, = SEDVM; (app. also) an unknown yellow-flowered plant.
PLIN.*Nat.*25.160;—26.137.

erythallis, *f.* [Gk.] An unidentified precious stone.
PLIN.*Nat.*37.160.

Erythēa ~ae, *f.* Also **Erythīa.** A legendary island in the far west, home of the monster Geryon; later identified with one of the islands on which Gades was built.
PROP.4.9.2; MELA 3.47; PLIN.*Nat.*4.120.

Erythēis ~idos, *f. adj.* Of or belonging to Erythea.
boues..~idas OV.*Fast.*1.543; 5.649.

erythīnus ~ī, *m.* [Gk. ἐρυθῖνος] A name given to various kinds of red sea-fish, e.g. the Spanish bream (*Pagellus erythrinus*).
caerulea..rubens ~us in unda OV.*Hal.*104; in quodam genere (piscium) omnino non sunt mares, sicut in ~is et channis PLIN.*Nat.*9.56; 32.101.

Erythīus ~a ~um, *a.* Of or belonging to Erythea.
SIL.16.194.

Erythraeus ~a ~um, *a.* Of, pertaining to, or obtained from the *mare Erythrum* (Arabian Sea) or the lands adjacent to it.
in ~o legitur quae litore concha [TIB.]3.3.17; pretia.. (murrae) satiuae..~ae PLIN.*Nat.*12.70; ~is perlucida moecha lapillis MART.9.2.9; ~is..uictor ab oris STAT.*Theb.* 7.566; (*poet.*) uenatio..dentis ~i (*i.e. Indian elephants*) MART.13.100.2.

erythraicon ~ī, *n.* [Gk. ἐρυθραικόν] (app.) A kind of orchid.
PLIN.*Nat.*26.97.

erythranos ~os ~on (~um), *a.* [Gk.] Red-berried; (in quots., name of a kind of ivy).
duo genera huius (*sc.* hederae)..~um et chrysocarpum PLIN.*Nat.*16.147; 24.82.

erythrocomos ~os ~on, *a.* [Gk.] (prob.) Having red down; (in quot., applied to a variety of pomegranate).
PLIN.*Nat.*13.113.

erythrodanum ~ī, *n.* [Gk. ἐρυθρόδανον] A plant used as a dye, madder.
PLIN.*Nat.*24.94; 26.89.

erythros ~a ~on (~um), *a.* [Gk. ἐρυθρός] (only in special contexts) Red: **a** *rhus ~os*, sumach fruit (used in medicine). **b** *mare ~um*, the Arabian Sea (also including the Persian Gulf and the modern Red Sea). **c** (neut. as sb.) a disguised name for the poison *dorycnion*.
a PLIN.*Nat.*24.93. **b** PLIN.*Nat.*6.107. **c** PLIN.*Nat.* 21.179.

Eryx ~ycis, *m.* A mountain in the north-west corner of Sicily, with a famous temple to Venus at its top; also, an eponymous hero, son of Venus, defeated by Hercules in a boxing-match.
quantus Athos aut quantus ~yx VERG.*A.*12.701; ~ycis quae possidet arces (*i.e. Venus*) OV.*Am.*3.9.45; MELA 2.119; PLIN.*Nat.*3.90;—VERG.*A.*5.402; SEN.*Her.F.*482.

-es[1] -itis, *m., f. and adjl. suff.* Formed from a variety of stems (*ales, caeles, comes, pedes*); also in words of uncertain etym. (*miles, satelles*).

-ēs[2] -is, *f.*, (*m.*), *suff.* Formed mainly from vbs. (*caedes, compages, indoles, rupes*); masc. in *uates, uerres*.

esca ~ae, *f.* [EDO[1]; term. uncertain] FORMS: gen. sg. *escas* ANDR.*poet.*12(13).

1 (pl. or collect. sg.) Food.
abi atque opsona..molliculas ~as PL.*Cas.*492; nec (hoc anno fuit) quod una ~a me iuuerit magis *Mos.*691; dato (anseri) bibere et bis in die, bis ~am CATO *Agr.*89; CIC.*Div.* 1.115; nectareas diuum..~as *Culex* 241; noua longinquis piscibus ~a natat (*i.e. a drowned man*) PROP.3.7.8; VITR. 8.3.28; pullus..dum quaerit ~am, margaritam repperit PHAED.3.12.2; utraque (bacca) potius ~ae, quam oleo est idonea COL.5.8.4; LARG.186; APUL.*Soc.*18; (*cf.*) ipsus ~ae maxumae (*i.e. a great eater*) Cerialis cenas dat PL.*Men.*100; (*fig.*) tun, uetule, auriculis alienis colligis ~as? PERS.1.22.

2 (collect. sg.) Food used to decoy fishes, etc., bait.
mugil cauda pendentem euerberat ~am OV.*Hal.*38; PLIN. *Nat.*9.145; callida sic stultas decipit ~a feras MART.4.56.6; SIL.7.501; (*cf.*) ~a est meretrix, lectus inlex, amatores aues PL.*As.*221; (*in fig. phr.*) numquam hercle ex ista nassa ego hodie ~am petam *Mil.*581.

escārius ~a ~um, *a.* [prec.+-ARIVS] Of or used for food or eating.
PL.*Men.*94; mensam ~am VAR.*L.*5.118; (uuae) ~ae appellatae (*i.e. for dessert and not for making into wine*) PLIN.*Nat.*14.42; ~a uasa 36.198; ~um argentum CELS.*dig.* 33.10.7.2; (*neut. pl. as sb.*) adde et bascaudas et mille ~a (*i.e. dishes*) JUV.12.46.

escendō ~dere ~dī ~sum, *intr.*, (*tr.*). [EX-+SCANDO] FORMS: *escidit* (pf.) *CIL* 6.2065. N.B.: there is constant MS. confusion between *escendo, ascendo,* and *descendo.*

1 To proceed to a place on a higher level, ascend, go up. **b** (usu. w. *in*+acc.) to get up (on a platform or other raised structure, vehicle, etc.), mount; (absol.) to mount the platform (at a public gathering). **c** (tr.).
quom ex alto puteo susum ad summum ~deris PL.*Mil.* 1150; ~do in quendam excelsum locum TER.*An.*356; CIC. *Ver.*4.51; in caelum..~dere *Tusc.*1.71; oraculum aditurus Delphos ~dit LIV.41.22.5; ~de (*sc. to the citadel*), occide tyrannum SEN.*Con.*2.5.1; (*impers. pass.*) aduersus uiam, qua in Capitolium ~ditur LIV.37.3.7; (*in fig. phr.*) cum uideris bonos uiros..laborare, sudare, per arduum ~dere SEN.*Dial.*

1.1.6; (*transf.*) non ante ad consequens uerbum descenditur quam ad superius ~sum est *Rhet.Her.*4.34. **b** in currum ~di PL.*Mer.*931; ut omnes simul in rostra..~derent CIC.*Off.*3.80; in nauem omnibus ignotus nautis ~dit NEP.*Them.*8.6; in tribunal ~dit LIV.3.47.4; ferri scalas iubet et se ipsum..~surum minatur 28.19.16; (*in fig. phr.*) Seianum in ceruices nostras ne inponi quidem, sed ~dere SEN.*Dial.*6.22.4; (*of plants*) e uinea in arbores ~dit uitis VAR.*R.*1.8.7; (*cf.*) (uua) alia quae in piscinam..descendat, alia quae..in carnarium ~dat (*i.e. be hung up*) VAR.*R.*1.54.2;—in contionem ~dit et Pompeium 'priuatum dictatorem' appellauit CIC.*Q.fr.*1.2.15; consuli ad quadrigas mittendas ~denti LIV.45.1.6. **c** nauem ~dit TER.*Ad.*703; falciferos..~dere currus LUCR.5.1301; equos ~dere SAL.*Jug.*97.5; ~dere..uehiculum SEN.*Dial.*7.23.4; ~dere suggestum imperatoris TAC.*Ann.*13.5; scalas..~dere GEL.10.15.29; (*w. inanim. subj.*) ut..ignis..~dit..uiscera tauri V.FL.1.206.

2 (of water) To increase in depth, rise.
(*w. acc. of extent*) (aqua) influat, ita ut ne altitudine ~dat ..tres digitos VAR.*R.*3.16.27.

3 To advance in years (towards a specified point).
INFAS BIMVLVS IN TERTIVM (*sc.* annum) ~DENS (*i.e.* '*rising three*') *CIL* 6.22321; 28523.

4 To climb out (of a vehicle, etc.; cf. *escensio*).
de essedo ~dere FEST.p.154M; (*cf.*) ~dere egredi PAUL.*Fest.*p.79M.

escensiō ~ōnis, *f.* [prec.+-TIO] (mil.) The act of landing (in enemy territory) for raiding purposes.
aduersus regem ~onem a Paesto facientem..pugnauerunt LIV.8.17.9; ~o ab nauibus in terram facta 22.20.4; 29.28.5; CURT.9.4.4.

escensus ~ūs, *m.* [ESCENDO+-TVS³] The act of climbing up, ascent.
capta ~u munimenta TAC.*Ann.*13.39.

eschara ~ae, *f.* [Gk. ἐσχάρα] The Greek name for a crust forming on a cauterized wound.
CELS.5.26.33.D.

eschatocollion ~iī, *n.* [Gk.] The last sheet glued on to a papyrus roll.
lectis uix tibi paginis duabus spectas ~ion MART.2.6.3.

escō (~ere), *intr.* [*es-(SVM)+-SCO] An old inceptive of *sum*, used in quots. as its future.
si morbus..uitium ~it *Lex XII*(*Font.iur.*p.18); quando ..discordiae ciuium ~unt CIC.*Leg.*3.9; rerum inter summam minimamque quid ~it? LUCR.1.619; PAUL.*Fest.*p.77M.

-escō -escere, *vbl. suff.* Enlargement of -sco on anal. of vbs. of 2nd conjug., formed from nouns or adjs., w. inchoative force (*innotesco, senesco*).

esculentus ~a ~um, *a.* [ESCA+-VLENTVS]

1 (adj.) Suitable for food, eatable.
eligere ex his (*sc.* conchis) quae sunt ~a CIC.*N.D.*2.124; ~a animalia PLIN.*Nat.*8.219; MART.7.20.18; ULP.*dig.*33.9.3.2;—(*cf.*) is uomens frustis ~is (*i.e. pieces of food*)..gremium suum..impleuit CIC.*Phil.*2.63; PLIN.*Nat.*8.90.

2 (neut. pl., or rarely sg., as sb.) Eatables, foodstuffs; (perh. also) eating-vessels, tableware.
in ea parte oris qua ~is et posculentis iter natura patefecit CIC.*N.D.*2.141; COL.11.3.39; grano Assyrii mali..in ~a addito PLIN.*Nat.*11.278; FRON.*Str.*2.5.14; APUL.*Pl.*1.15; (*neut. sg.*) uasa, quibus ~um additur PLIN.*Nat.*18.365;—Samia (uasa) etiam nunc in ~is laudantur 35.160.

esculētum, esculus: see AESC-.

-ēsimus ~a ~um, *adjl. suff.* Also **-ensimus.** Enlargement of -SIMVS used to form ordinal numerals from 20 to 1000; original in *uicesimus* (cf. Skt. *viṃśatitamaḥ*), etc., but extended to *centesimus, millesimus*, etc.; also *multesimus*.

ēsitō (ess-) ~āre ~āuī ~ātum, *tr.* [EDO¹+-ITO] To feed on, eat (habitually or hungrily).
asper meus uictus sane est. — sentisne ~as? PL.*Capt.*188; *Ps.*41; qui brassicam ~arit CATO *Agr.*157.10; VAR.*Men.*250; salem cum pane ~asse PLIN.*Nat.*31.89; GEL.11.7.3; eum auide ~antem aspiciens APUL.*Met.*1.19; uentrem semper ~ando distendit 7.27.

ēsolidō ~āre ~āuī ~ātum, *tr.* [EX-+SOLIDVS+-O³] To make (a building) thoroughly firm.
⟨CELLAM⟩ SOLIAREM..REFECIT ~AVIT *A.Epig.*17–18.98.

ēsor ~ōris, *m.* [EDO¹+-TOR] An eater.
prandiorum opimorum ~orem FRO.*Aur.*2.p.8(226N).

Esquiliae (Exq-) ~ārum, *f. pl.* The Esquiline Hill, one of the seven hills of Rome.
~ae duo montes habiti, quod pars Oppius pars Cespeus mons..appellatur VAR.*L.*5.50; CIC.*N.D.*3.63; HOR.*S.*1.8.14; ~as..aquosas PROP.4.8.1; OV.*Fast.*6.601; PLIN.*Nat.*2.16; ~as in hortos Maecenatianos transmigrauit SUET.*Tib.*15.1.

Esquilīnus (Exq-) ~a ~um, *a.* Of or pertaining to the Esquiline Hill; (fem. as sb.) the Esquiline Gate.
VAR.*L.*5.56; insepulta membra different..~ae alites HOR.*Epod.*5.100; portam ~am FRON.*Aq.*21; in campo ~o SUET.*Cl.*25.3;—ni ~a introisset CIC.*Pis.*55.

Esquilius ~a ~um, *a.* = prec.
monte sub ~o OV.*Fast.*2.435.

esseda: see ESSEDVM.

essedāria ~ae, *f.* [ESSEDVM+-ARIA] Fem. of next.
Titus noster..iam Manios aliquot habet et mulierem ~am PETR.45.7.

essedārius ~(i)ī, *m.* [ESSEDVM+-ARIVS] One who fights from an *essedum* or war-chariot; (esp. as the name of a type of gladiator).
tu, qui ceteris cauere didicisti, in Britannia ne ab ~iis decipiaris caueto CIC.*Fam.*7.6.2; praemisso equitatu et ~iis CAES.*Gal.*4.24.1; 5.15.1;—SEN.*Ep.*29.6; ut putares ~ium hydraule cantante pugnare PETR.36.6; SUET.*Cal.*35.3; *CIL* 13.1997.

Essēdonius ~a ~um, *a.* Of or belonging to the Essedones, a Scythian tribe.
LUC.3.280.

essedum ~ī, *n.* Also **~a** ~ae, *f.* [Gall., app. <**ensedon* (*en* 'in'+*sed-* 'sit')] FORMS: as a first declension sb. in SEN.*Ep.*54.4. A kind of war-chariot used by the Gauls and other nations; a kind of light travelling-carriage adapted from this.
cum se inter equitum turmas insinuauerunt, ex ~is desiliunt et pedibus proeliantur CAES.*Gal.*4.33.1; 5.9.3; HOR.*Ep.*2.1.192; ~is carrisque superstans..hostis..aduenit LIV.10.28.9; PERS.6.47;—uehebatur in ~o tribunus plebis CIC.*Phil.*2.58; Vedius mihi obuiam uenit cum duobus ~is et raeda equis iuncta *Att.*6.1.25; VERG.*G.*3.204; ~a nos agili..tulere rota OV.*Pont.*2.10.34; MART.12.24.2; SUET.*Cal.*26.2; (*pl. in sg. sense*) si te forte meo ducet uia proxima busto, ~a ..siste Britanna PROP.2.1.76; (*cf.*) Bilbilim..quinto forsitan ~o uidebis (*i.e. after five stages*) MART.10.104.7.

essentia ~ae, *f.* [irreg. from *esse* (SVM)+ -*entia* (cf. *differentia*, etc.)] N.B.: this coinage is ascribed by Seneca to Cicero (*Ep.*58.6), but by Quintilian (who disliked it) to the philosopher Plautus (*Inst.*2.14.2, 3.6.23) or the rhetorician Verginius Flavus (*Inst.*8.3.33). (transl. Gk. οὐσία) Essence, substance.
οὐσίας, quas ~as dicimus, duas esse ait (Plato), per quas cuncta gignantur APUL.*Pl.*1.6.

essitō: see ESITO.

-essō -essere -essīuī *or* -essiī -essītum, *vbl. suff.* Also **-isso.** Forms vbl. derivatives (*capesso*, OL. *capisso, facesso, lacesso*); in orig. perh. conn. w. futs. such as *impetrasso*, whence inf. *impetrassere*.

essur-: see ESVR-.

-estris -estris -estre, *adjl. suff.* Formed from sbs. (*campestris, equestris, pedestris, terrestris*); *agrestis* by dissim. from **agrestris*; cf. *palustris*.

ēsuriālis (ess-) ~is ~e, *a.* [humorously from ESVRIO¹+-ALIS after *Floralis, Furrinalis*, etc.] (comic phr.) *feriae ~es*, The 'festival of Famine'.
uenter gutturque resident ~is ferias PL.*Capt.*468; FRO.*Aur.*2.p.10(226N).

ēsuriens (ess-) ~ntis, *a.* [pple. of ESVRIO¹] Hungry, ravenous, starving.
quasi lupus ~ns PL.*Capt.*912; LUCIL.286; nec ~iens Ptolomaeus ederat CIC.*Tusc.*5.97; HOR.*S.*1.2.115; nec rationem patitur..populus ~ns SEN.*Dial.*10.18.5; JUV.7.7; (*w. gen.*) me..ima Tartara inque his..Cerberum..~ntem mei prospexisse APUL.*Met.*1.15; (*masc. as sb.*) ut..cum ~nte panem suum diuidat SEN.*Ep.*95.51;—(*transf.*) quid..praestat..~ns Pisaeae ramus oliuae? (*i.e. what use is a prize at Olympia to a starving man?*) JUV.13.99.

ēsurienter, *adv.* [prec.+-TER²] Hungrily, ravenously.
~er exhibitas escas adpetebam APUL.*Met.*10.16.

ēsurīgō ~inis, *f.* [next+-IGO²] Craving for food, hunger.
~o findebat costas VAR.*Men.*521.

ēsuriō¹ (ess-) ~īre ~ītum, *intr.*, (*tr.*). [EDO¹+-VRIO] To feel or suffer hunger. **b** (tr.) to hunger for.
quando ~io, tum crepant (intestina) PL.*Men.*926; TER.*Hau.*981; ne algeat, ne ~iat (familia) CATO *Agr.*5.2; minus ~ire eo (*sc.* Austro) spirante creduntur animantes PLIN.*Nat.*2.127; MART.2.40.2; JUV.7.87; (*poet.*) arbores fetu exinanitas..auide ~ire PLIN.*Nat.*17.12; (*transf.*) pallor..tanto..dilutior, quanto magis uellera ~iunt (*i.e. the more they are stinted of the dye*) PLIN.*Nat.*9.138. **b** nil ibi, quod nobis ~iatur, erit OV.*Pont.*1.10.10; adice obsonatores..qui sciunt..quid (dominus) illo die ~iat SEN.*Ep.*47.8; pater liberos ~it (*i.e. during a famine*) [QUINT.]*Decl.*12.27; (*fig.*) omnia..orbis praemia..miles uagus esurit PETR.119,l.32.

ēsuriō² (ess-) ~ōnis, *m.* [humorous coinage from prec.+-O¹] A hungry man.
o Saturio, opportune aduenisti mihi. — ..~o uenio, non aduenio saturio PL.*Per.*103.

ēsurītiō ~ōnis, *f.* [ESVRIO¹+-TIO] A state of hunger.
corpora sicciora cornu..habetis..frigore et ~one CATUL.23.14; iam annum ~o (esurio *cod.*) fuit (*i.e. famine*) PETR.44.2; MART.1.99.10; si mouebit Bacchus..~onem 5.78.18; ~onem faciunt inanes..intestinorum fibrae GEL.16.3.3.

ēsurītor ~ōris, *m.* [ESVRIO¹+-TOR] One suffering from hunger.
Romam petebat ~or Tuccius MART.3.14.1.

ēsus ~ūs, *m.* [EDO¹+-TVS³] The taking of food, eating; (in quots., as pred. dat.).
illi..sublabrabo ~ui illud sinciput NOV.*com.*13; oleas ~ui optime condi..uirides in muria VAR.*R.*1.60.1; lienis..bubulus utiliter ~ui datur CELS.4.16.3; COL.11.3.57; PLIN.*Nat.*20.178; GEL.4.1.20.

et, *conj., adv.* [cf. Skt. *áti* (beyond), Gk. ἔτι] ORTHOG.: *e CIL* 8.25634 (A.D. 138); also *ed, id, es* (by assimilation), etc., in inscriptions of late or uncertain date. N.B.: often combined with adverbs; combinations not dealt with below should be sought under the adverb in question. See also ETENIM, ETSI. POSITION: in sense of 'and' freq. postponed to second place in Augustan and later poets, sts. to third (VERG.*A.*12.381) or even fourth place (TIB.1.2.96).

1 (adding a reinforcement or afterthought) And what is more, and..too. **b** *et is, hic* (often foll. by *quidem*)+an adj. or sim., and that a — one, and — at that (usu. implying something is an extreme example of its category); also, *et id* (as advl. phr., = καὶ ταῦτα); (also, *et*+an adj. or sim. in same sense). **c** (w. repetition of a word or phr.).
multa euenient, ~ merito meo PL.*Capt.*971; perii, ~ tu periisti *Cas.*63; (Terentia) salutem..tibi plurimam ascribit ~ Tulliola CIC.*Att.*1.5.8; tres erant, ~ omnes acerrimi uiri LIV.4.55.3; TAC.*Hist.*3.69;—(*w.* quidem, uero, etc.) proinde istuc facias ipse quod faciamus nobis suades. — ego uero ~ quidem edepol lubens PL.*As.*645; dicitur quidem istud..a Cotta ~ uero saepius CIC.*Div.*1.8;—(*w.* idem) imperatoris ~ eiusdem hospitis proditi capite ac sanguine LIV.25.16.6. **b** ita uix ut quini, ~ ii ex aliena tribu, qui suffragium ferant reperiantur CIC.*Sest.*109; cum una legione ~ ea uacillante *Phil.*3.31; unum aduersum (proelium) ~ id mediocre CAES.*Civ.*3.73.2; CURT.10.1.7;—(*foll. by* hic) tamquam aniculis, ~ his quidem indoctis CIC.*N.D.*1.55; subita..loquacitas..~ haec ipsa solito audacior CELS.2.7.24;—satis esse duo (canes) ~ id marem et feminam VAR.*R.*2.9.16; fertur dixisse medicamenta diuinas manus esse, ~ id quidem non sine ratione LARG.pr.p.1,l.3;—priuato paucorum ~ latronum..consilio susceptum bellum CAES.*Civ.*3.109.6; nox est ~ quidem horrida SEN.*Nat.*3.27.10; cum..gentes..quaedam animalia ~ aliqua etiam obscena pro dis habeant PLIN.*Nat.*2.16; uror, ~ inmodice CALP.*Ecl.*3.8. **c** moritur in Gallia Quinctius..~ moritur repentino CIC.*Quinct.*14; ager Campanus colitur..a plebe, ~ a plebe optima *Agr.*2.84; eum..liberandae Graeciae causa in Europam traiecisse, ~ liberandae re, non uerbis LIV.35.46.6; SEN.*Cl.*1.15.2.

2 (beginning an emphatic or confirmatory sentence, esp. w. repetition of a word or phrase) And in fact, and indeed, yes and.., and what's more. **b** (introducing a parenthesis). **c** (introducing the minor premiss of a syllogism). **d** *et uere* (*recte, merito*), and quite true (right, etc.) too!
unguor, ut illi placeam; ~ placeo PL.*Cas.*227; Xenocraten audire potuit..~ sunt qui putent audisse CIC.*N.D.*1.72; iam pridem a me illos (capreolos) abducere Thestylis orat; ~ faciet VERG.*Ecl.*2.44; SEN.*Ep.*83.1; Asia atque Achaia externitae sunt..rumore, Drusum Germanici filium ..uisum. ~ erat iuuenis haud dispari aetate TAC.*Ann.*5.10; SUET.*Tib.*12.2;—(*w.* certe) sed estne hic ipsus de quo agebam? ~ certe is est TER.*Ad.*78;—(*introducing a reply*) tun uidisti? — ~ tute idem uideas licet PL.*Trin.*1179. **b** haec sine physicis quam uim habeant— ~ habent maximam—uidere nemo potest CIC.*Fin.*3.73; portum habet, ubi commode hibernaturum se— ~ iam extremum autumni erat—censebat LIV.28.37.5; 31.45.15; efficite (~ facilest), ut nos credamus amari OV.*Ars* 3.673; TAC.*Hist.*4.14. **c** quod..satis est, eo quicquid accessit, nimium est; ~ nemo nimium beatus est; ita nemo beato beatior CIC.*Fin.*5.81; *Tusc.*3.9. **d** nonne haec omnium fuit oratio..? ~ recte, recuperatores CIC.*Tul.*39; is..'o fortunate', inquit, 'adulescens, qui tuae uirtutis Homerum praeconem inueneris!' ~ uere *Arch.*24; ~ merito! quid enim temeraria..indicium feci? OV.*Met.*9.585.

3 (adding a generalized or emended version of what has been said) And indeed, and even, or rather. **b** (adding a positive to a negative cl.) and rather, and on the contrary; *neque..et*, not..but on the contrary. **c** *et non*, and not rather, rather than.
siderum magnitudines interualla cursus anquirebantur ~ cuncta caelestia CIC.*Tusc.*5.10; felix..coniuge Peleus, ~ cui si demas iugulati crimina Phoci omnia contigerant OV.*Met.*11.267; lapillus in piscinam aut lacum ~ alligatam aquam missus SEN.*Nat.*1.2.7; semper Olympiae uictor ~ semel uictus PLIN.*Nat.*7.152; dilectum ac tributa ~ iniuncta imperii munia TAC.*Agr.*13.1;—(*w. numerals*) alteram ~ tertiam pabuli sationem facito CATO *Agr.*27; ter ~ quater anno reuisens aequor Atlanticum HOR.*Carm.*1.31.13; APUL.*Apol.*94. **b** animo non deficiam ~ id quod suscepi..perferam CIC.*S.Rosc.*10; huic ille..suasit, ne se moueret ~ exspectaret quoad Alexandri filius regnum adipisceretur NEP.*Eum.*6.2; quod..ne facite ~ monitis animos aduertite nostris OV.*Met.*15.140;—(*w.* potius) nulla est..societas nobis cum

tyrannis ~ potius summa distractio est CIC.*Off*.3.32;—neque nouarum rerum est cupidus ~ otio suo..delectatur *Sest*. 104; elige..moderatos, qui iram tuam nec euocent ~ ferant SEN.*Dial*.5.8.5; SUET.*Aug*.45.1. **c** CIC.*Off*.1.5; quod rogasset eum..~ non imperasset LIV.45.13.14; si..repugnat ~ non ubi iussa est quiescit (ira) SEN.*Dial*.3.9.2.

4 (in dialogue, real or imaginary, introducing a sentiment similar or parallel to that of the previous speaker) Well, I for my part.., I too..(and sim.). **b** (in citing a case identical with one just mentioned) and so too.

abeo. — ~ quidem ego ibo domum PL.*Mil*.259; 'inimicum ego,' inquis, 'accuso meum'. ~ amicum ego defendo meum CIC.*Sul*.48; *N.D*.3.27; ab Ioue principium musae..illi mea carmina curae. — ~ me Phoebus amat VERG.*Ecl*. 3.62; eques Romanus es: ~ ego regis filius PETR.57.4; —(*w. expletives, in retort*) scio quid ago. — ~ pol ego scio quid metuo PL.*Bac*.78; ueritas a te postulatur. — ~ mehercule ego me cupio non mendacem putari CIC.*Leg*. 1.4; (*cf.*) 'Aeneas ignarus abest': ignarus ~ absit VERG.*A*. 10.85. **b** libera ego sum nata. — ~ alii multi qui nunc seruiunt PL.*Cur*.607; tu, T. Rosci, ubi tunc eras? — Romae. uerum quid ad rem? ~ alii multi CIC.*S.Rosc*.92; LIV. 37.54.26; ualet: ~ leones. formosus est:~ pauones SEN. *Ep*.76.9; (*cf.*) erant litterati (Catuli); sed ~ alii CIC.*Off*.1.133.

5 (usu. qualifying a single word or phr.) In addition, likewise, also, too. **b** *non solum* (*modo, tantum*)..*sed et*, not only..but also. **c** (in a parenthesis or sim.) as a matter of fact, actually.

quoniam formam cepi huius in med..decet ~..mores ..huius habere me similis item PL.*Am*.267; de Philotimo idem ~ ego arbitrabar CIC.*Att*.12.48(47.3); LUCR.3.234; qui sceleratus, ~ furiosus erit HOR.*S*.2.3.222; qui dare multa potest, multa ~ amare potest? PROP.2.26.28; dum dat (beneficium), ~ recipit SEN.*Ben*.5.8.3; LUC.7.107; PLIN.*Nat*. 23.157; mulieris semper atrocis, tum ~ falsae TAC.*Ann*. 13.13; JUV.5.171;—(*w. hyperbaton*) sunt ~ sua dona parenti VERG.*A*.3.469;—(*after* sed non) rusticus est, fateor, sed non ~ barbarus Idas CALP.*Ecl*.2.61;—(*w. repetition*) ~ me fecere poetam Pierides, sunt ~ mihi carmina VERG.*Ecl*.9.32; plus habent furoris, sed plus ~ corporis SEN.*Con*.9.2.26; —(*w. correlatives*) qualis dominus, talis ~ seruus PETR.58.4; JUV.3.144;—(*w.* ipse) equum in medios moriturus ~ ipse concitat VERG.*A*.11.741; LIV.36.18.2; qui ~ ipse noluisti patri cedere SEN.*Con*.10.2.3;—(*w.* quoque) nec non ~ equum quoque..meum reducentes APUL.*Met*.11.20. **b** senatus non legatis modo benigne respondit, sed ~ ipse legatos..ad regem misit LIV.27.4.7; non solum..fortem, sed ~ acuminis strenui ministrum COL.1.9.4; non meae tantum necessitudines..sed ~ tuae TAC.*Hist*.1.15. **c** LIV.1.25.14; transfugae..congruentia ad consulem adferentes—quae ~ uera erant—pecoris uim ingentem in saltum..compulsam esse 9.31.7.

6 (usu. qualifying a single word or phr.) Even. **b** *et si*, even if (see ETSI).

inuideat quod ~ Hermogenes ego canto HOR.*S*.1.9.25; in magnis ~ uoluisse sat est PROP.2.10.6; quia consulem ~ ad regendum equum uires deficiebant LIV.22.49.3; OV. *Met*.9.178; quamuis munera ~ deos uincant SEN.*Nat*. 4b.7.1; LUC.2.288; inponit finem sapiens ~ rebus honestis JUV.6.444.—(*w. hyperbaton*) fortem hoc animum tolerare iubebo; ~ quondam maiora tuli HOR.*S*.2.5.21;—(*foll. by a pple.*) cuius ~ extincti..ad caelum gloria fertur LUCR.6.7; timeo Danaos ~ dona ferentis VERG.*A*.2.49;—(*cf.*) (maltha) aquis ~ accenditur (*i.e. water only makes it burn*) PLIN.*Nat*. 2.235.

7 (as a simple copulative, joining words, phrs., cls., or sentences) And. **b** (repeated). **c** (variously combined with *-que, atque*, asyndeta, etc.). **d** (with *-que* affixed to second term).

se ~ suos tutari PL.*Am*.214; loca sicca ~ non herbosa CATO *Agr*.34.2; amicitia per se ~ propter se expetita CIC. *Amic*.80; pauper ~ diues inimici erant PETR.48.5; Drusi ~ minoris Antoniae filius SUET.*Cal*.1.1;—(*after an inclusive neg.*) ne irritet ~ exasperet tussim SEN.*Ep*.78.5; —(*joining multus w. other adjs.*) multae ~ graues cogitationes CIC.*Agr*.2.5; pluruma ~ flagitiosissuma facinora SAL.*Jug*.32.2;—(*joining dissimilar elements, e.g. an adj. and an adv.*) an consulto ~ cogitata fiat iniuria CIC.*Off*. 1.27; o quotiens ~ quae nobis Galatea locuta est! VERG. *Ecl*.3.72;—(*joining cls., sentences*) quia ego hanc amo ~ haec med amat PL.*As*.631; CIC.*Caec*.87; sua pensa ministrae carpebant, medio nebat ~ ipsa loco PROP.3.6.16; quingentos ..occiderunt ~ non minus ceperunt LIV.44.10.9; duc ad mulctra greges ~ lac uenale per urbem..porta CALP.*Ecl*. 4.25. **b** fortunam insanam esse ~ caecam ~ brutam PAC.*trag*.366; CAES.*Civ*.2.37.5; statuas aeneas ~ aureas ~ argenteas PETR.50.5; TAC.*Ann*.4.46. **c** metus egestas, maeror senium, exiliumque ~ senectus PAC.*trag*.301; pensilia, ut uuae, mala ~ sorba VAR.*R*.1.68.1; ferocem..atque arrogantem ~ infestum CIC.*Att*.10.11.3; Signini fuere ~ Norbani Saticulanique ~ Fregellani LIV.27.10.7; LARG. 206; STAT.*Theb*.11.619. **d** SIBEI ~ POSTEREISQV SVEIS VIVOS FECIT *CIL* 1.1613.3; 12.5202; 13.1897.

8 (special instances of prec.): **a** (in compound numerals). **b** (joining a pair of words, etc., that have a closely related meaning, sometimes w. resultant hendiadys). **c** (associated with *pariter, idem*, or sim., but with copulative force still felt; cf. 19). **d** *et maxime* (*praecipue*, etc.), and especially; (also alone, after a phr. containing *omnis*).

a annos octoginta ~ quattuor PL.*Mer*.673; cum ex CXXV iudicibus..quinque ~ LXX reus reiceret CIC.*Planc*.41; bis ~ uicies *B.Alex*.74.3; septimum ~ tricesimum annum VELL. 2.72.1; JUV.6.192;—(*postponed*) quattuor hinc rapimur uiginti ~ milia raedis HOR.*S*.1.5.86;—(*repeated*) per quingentos..~ quinquaginta ~ octo annos V.MAX.2.4.3. **b** per amicitiam ~ gratiam PL.*Mil*.1200; ui oppressum ~ armis CIC.*Phil*.2.56; sanguine placastis uentos ~ uirgine caesa VERG.*A*.2.116; TAC.*Ann*.11.6; uirgini petit nuptias ~ maritum APUL.*Met*.4.32. **c** nunc germanu's pariter animo ~ corpore TER.*Ad*.957; sub terra ~ supra uirgulta non eodem tempore aeque crescunt VAR.*R*.1.45.2; solet..aliud sentire ~ loqui CAEL.*Fam*.8.1.3; aequa lege Necessitas sortitur insignis ~ imos HOR.*Carm*.3.1.15; PLIN.*Ep*.3.11.6; (*cf.*) simul consul..de hostium aduentu cognouit, ~ ipsi hostes aderant SAL.*Jug*.97.4. **d** quae perspexero scribam ad te ~ maxime de dictatura CIC.*Q.fr*.3.7.2; excipimus urbanitatem iocantis, ~ ante omnis Agamemnon PETR.52.7; tollit epiphoram ~ praecipue incipientem LARG.20;—de omnibus rebus praecipit ~ de reliquo exercitu celeriter imponendo *B.Afr*.2.3.

9 *et..et* (*-que, atque*), Both..and. **b** (repeated).

sine me ire. — ~ iubeo ~ sino PL.*Per*.189; nunc ego ~ illam scelestam esse ~ me miserum sentio TER.*Eu*.71; ad causas ~ priuatas ~ publicas adire CIC.*Brut*.311; ante id tempus ~ mari ~ terra duces erant Lacedaemonii NEP.*Ar*. 2.3; VERG.*A*.6.167; SEN.*Nat*.1.14.4; eodem uerbo ~ uocat ~ imperat PETR.36.8;—(*after an inclusive neg.*) nihil est mali quod non ~ sustineam ~ exspectem CIC.*Att*.11.11.2; —(*with nouns that have a sg. vb.*) concilio..ei ~ locus ~ dies certa indicta LIV.27.30.6; (*joining two sbs. that refer to a single person*) cui ~ mater ~ dea dixisset CIC.*Att*.9.5. 3;—(~..-que) paratissimi ~ ab exercitu reliquisque rebus D.BRUT.*Fam*.11.13a.5; STAT.*Theb*.6.161;—(~..atque) (amygdalae) quae sunt ~ amplissimae ac minime rotundae PLIN.*Nat*.15.90;—(*in an anacoluthon, w. second et replaced by another conj.*) tum mihi Roscius ~ alia multa confirmandi mei causa dixit..uerum tamen..inquit.. CIC.*Quinct*.78. **b** ~ rei ~ uirtuti ~ gloriae erit CATO *Agr*.3.2; me..praeter ceteros ~ colit ~ obseruat ~ diligit CIC.*Fam*.13.78.1; CAES. *Gal*.2.26.5; OV.*Am*.1.14.13; uos ~ decor ~ cantus ~ amor sociauit ~ aetas CALP.*Ecl*.2.100; QUINT.*Inst*.10.1.129.

10 (special cases or variations of prec.): **a** (introducing parallel and contrasted expressions, = μέν..δέ) On the one hand..on the other hand (esp. w. anaphora); (also, w. omission of second *et*). **b** *et alii*, etc.,..*et maxime*.., various people, etc., ..and especially..; (also, without *maxime*). **c** *et..et tamen*, while..at the same time. **d** *et..neque*, both..and..not. **e** *neque..et*, while..not.., at the same time.

a in eo (officio)..~ colendo sita uitae est honestas omnis ~ neglegendo turpitudo CIC.*Off*.1.4; siue illam Hesperiis, siue illam ostendet Eois, uret ~ Eoos, uret ~ Hesperios PROP.2.3.44; qua iacet ~ Troiae tubicen Misenus harena, ~ sonat Herculeo structa labore uia 3.18.3; LIV.29.35.7;—per tamen ~ campos, per opertos arbore montes OV.*Met*.5.612; *Fast*.6.224. **b** peroratio..~ alia quaedam habet ~ maxime amplificationem CIC.*Top*.98;—litteras ~ aliis ~ Pomptino..dabis *Att*.5.4.4; *Off*.2.51; (*cf.*) parari rebellionem saepe alias ~ supremo conuiuio..aperuit TAC. *Ann*.1.55. **c** ~ timent ~ tamen res premit denegare TER.*An*.633; LIV.21.3.3; ~ magna ~ tamen sana SEN. *Suas*.1.12. **d** tantum..utilitatis..quantum ~ ipse sperarit nec ego dubitarim CIC.*Fam*.13.10.4; LIV.8.19.8; procedit (inpetigo)..~ late nec tarde CELS.5.28.17.B; (*cf.* 10c) cum ~ priuati aecum postularent, nec tamen soluendo aere alieno res publica esset LIV.31.13.5. **e** hoc nec mihi placebat, ~ multo illi minus CIC.*Att*.14.8.1; SAL.*Cat*.32.1; is ..finis rei, ex qua neque Piso inglorius ~ Caesar maiore fama fuit TAC.*Ann*.2.34.

11 (epexegetic, adding a phr., cl., or sentence which explains and enlarges on a previous term) In other words, to be more precise, namely, and.

geram tibi morem ~ ea quae uis,..explicabo CIC.*Tusc*. 1.17; ego nunc deum ministra ~ Cybeles famula ferar? CATUL.63.68; VERG.*A*.11.272; LIV.27.1.10; hic..deus ~ ratio, quae cuncta gubernat MAN.2.82; magnae aures ~ ad ambiendum corpus omne patulae MELA 3.56; cunctator natura ~ cui cauta..consilia..placerent TAC.*Hist*.2.25; tristia ~ sine corde exta SUET.*Jul*.77.1;—(*introducing an example in support of a general statement*) adolescebat interea lex maiestatis. ~ Appuleiam Varillam..maiestatis delator arcessebat TAC.*Ann*.2.50; 3.38.

12 (after a vb. of motion, etc., adding a vb. which might otherwise be put into a final cl. or other cl. dependent on the first vb.); (also, after a vb. of waiting or sim., adding a vb. which would more logically be expressed as a participle).

(*after vbs. of motion*) i sane, ~..parata fac sint omnia PL. *Am*.971; tu illas abi ~ transduce TER.*Ad*.917; iuuat ire ~ Dorica castra..uidere VERG.*A*.2.27; SEN.*Ep*.122.13; (*cf., after* age) quin age ~..felicis erue siluas VERG.*G*.4.329; —(*after other vbs.*) nolo illam (*sc.* amicam) habere caussam ~ uotitam dicere PL.*As*.789; non fuit causa cur tantum laborem caperes ~ ad me uenires CIC.*Q.Rosc*.49;—uide quam dudum hic asto ~ pulto PL.*St*.310; sedeo ego cantabundus ~ stelas numero PETR.62.4.

13 (linking alternative possibilities only one of which can obtain at any given moment) Or; *et..uel*, either..or.

i pedes quo te rapiunt ~ aurae HOR.*Carm*.3.11.49; frangit ~ attollit uires in milite causa PROP.4.6.51; innumerabilibus..caesis ~ captis hostium milibus VELL. 2.46.1; dubia cruditatis ~ ueneni signa SEN.*Con*.9.5; (et.. et..et) uino..~ per se ~ cum pipere ~ cum styrace poto LARG.179; (*cf.*) quarum (regularum) itus ~ reditus alias obturat alias aperit terebrationes VITR.10.8.3;—~ per se solanum uel cum pane prodest LARG.244; ULP.*dig*.21.1.19.2.

14 (with slight adversative force, often after a negative cl.) But at the same time, and yet; *neque..et*, not..yet at the same time. **b** *et quidem*, yes, but..

lubet ~ metuo PL.*Bac*.1196; quod des paullumst ~ necessest multum accipere Thaidem TER.*Eu*.1075; fieri.. potest, ut recte quis sentiat ~ id quod sentit polite eloqui non possit CIC.*Tusc*.1.6; SAL.*Jug*.85.10; quare aliquando non fulgurat ~ tonat? SEN.*Nat*.2.18; 4a.2.20; heri non tam bonum (uinum) posui ~ multo honestiores cenabant PETR. 34.7; MART.10.56.5; (*foll. by* nihilo minus) QUINT.*Inst*. 5.10.97;—qui neque tibi bene esse patere ~ illis quibus est inuides PL.*Ps*.1135; nec coniunx ~ pater esse uolo OV.*Fast*. 5.530; nec possum ~ cupio non nullos ducere uersus *Tr*. 5.12.63; PLIN.*Ep*.9.35.2. **b** emissus aliquis e carcere. ~ quidem emissus per imprudentiam CIC.*Planc*.31; *Leg*. 3.24; *Tusc*.3.48.

15 (introducing an indignant exclamation, usu. in the form of an ironical question) And after all that..? **b** *et..quidem*? (w. repetition of a previous wd., to express sarcasm), a.., is he?, so he.., does he? (or sim.).

conmeatibus nos magis iuuerunt exleges: ~ minus honore dignos putabitis? SIS.*hist*.113; CIC.*Har*.25; uide quam turpi leto pereamus ~ dubita, si potes, quin ille.. caedem facturus sit *Att*.10.10.5; CATUL.97.10; eripitur.. cara puella: ~ tu me lacrimas fundere, amice, uetas? PROP. 2.8.2; LIV.45.38.2; SEN.*Suas*.2.1; ex opibus tantis..das nihil ~ dicis, Candide, κοινὰ φίλων? MART.2.43.16. **b** iam huc adueniet miles. — ~ miles quidem? PL.*Bac*.222; mille nummum poscit. — ~ poscit quidem? TER.*Hau*.606.

16 (in narrative, adding a subsequent or consequent event or situation) And then, and. **b** (after vbs. of saying, etc., with implication of immediacy). **c** (beginning a sentence, esp. when the focus of attention moves from one person to another). **d** (introducing the main cl. after a temporal cl.).

emicat Euryalus (*in a race*) ~..uictor..prima tenet VERG.*A*.5.337; ille exuit se ~ omnia uestimenta secundum uiam posuit PETR.62.5; TAC.*Hist*.2.51; Perseus caput Gorgonis ei ostendit ~ is..est immutatus in lapidem HYG. *Fab*.64.4. **b** dixerat ~ spissis noctis se condidit umbris VERG.*A*.2.621; PROP.4.10.16; hactenus, ~ pariter uitam cum sanguine fudit OV.*Met*.2.610; FLOR.*Epit*.1.1(1.1.9). **c** Corratas..coepit..postulare, ut..postero die secum ferro decerneret..~ a Dioxippo..accepta condicio est CURT.9. 7.18; uersae inde ad Tiberium preces. ~ ille uarie disserebat de magnitudine imperii TAC.*Ann*.1.11;—(*in reported dialogue*) 'quid?' inquit Laelius. ~ ille 'quid censes nisi quod est ante oculos?' CIC.*Rep*.1.56; TAC.*Dial*.4.1. **d** CVM.. CONSEDISSENT, ~ EX SACRIFICIO GVSTARVNT *CIL* 6.2060. 16 (A.D. 81); haec ubi ille dixit, ~ discessit GEL.2.29.7.

17 (joining two main cls. of which the first expresses the circumstances of the second, sts. having roughly the force of an inverted *cum*). **b** (joining two main cls. of which the second expresses the circumstances of the first).

nec longum tempus ~ ingens exiit ad caelum..arbos VERG.*G*.2.80; uix..quies laxauerat artus, ~ (Somnus) superincumbens..proiecit (Palinurum) in undas *A*.5.858; mane erat, ~ uolui, si sola quiesceret illa, uisere PROP. 2.29b.23; LIV.43.4.10; PLIN.*Ep*.7.33.7; commodum meridies accesserat ~ mittit mihi Byrrena xeniola APUL.*Met*.2.11; 11.3; (*cf.*) nec mora, ~ undosis..prosiluit thalamis STAT. *Ach*.1.27. **b** fratris uirgo Saturnia iussis adnuit, ~ mediae tempora noctis erant OV.*Fast*.6.384; LUC.1.231; (*cf.*) se proiecit in lectum, ~ corpus totum liuidum habebat PETR.63.7.

18 (after an imperative, adding the predicted consequence of an action) And then (i.e. if you do that), and.

di faciles, peccasse semel concedite tuto: ~ satis est OV. *Am*.2.14.44; nega tuam esse epistulam, ~ habes argumentum SEN.*Con*.1.7.4; occa, ~ seges altera in herba est PERS.6.26; PLIN.*Pan*.45.6; HYG.*Fab*.190.3; 'formosus est': expecta paulisper ~ non erit APUL.*Soc*.23;—(*parenth.*) dic quibus in terris—~ eris mihi magnus Apollo VERG. *Ecl*.3.104.

19 (w. comparative force, after words expr. similarity, dissimilarity, etc.) As, than. **b** *simul et*, as soon as.

terra, ut putant, eadem ~ humus VAR.*L*.5.23; dissimilis est militum causa ~ tua CIC.*Phil*.2.59; nec si..ad tortoris eculeum..ire cogatur, similem habeat uultum ~ si ampullam perdidisset *Fin*.4.31; LUCR.3.1093; haec eodem tempore Caesari mandata referebantur, ~ legati ab Aeduis ..ueniebant CAES.*Gal*.1.37.1; NEP.*Milt*.3.5; conchylia.. quibus..luxuria paria paene ~ margaritis pretia fecit PLIN.*Nat*.9.124; non tam sollemne est annuum, quod maritus uxori pendit ~ quod uxor marito praestat ULP.*dig*. 24.1.33.1. **b** ego ad te..habebo quod scribam simul ~ uidero Curionem CIC.*Att*.10.4.12; 16.11.6; omne animal.. simul ~ ortum est, id agit, se ut conseruet *Fin*.5.24.

etenim, *conj*. [prec.+ENIM] POSITION: regularly first word in its sent., but often second word (or element) in poets, also in SEN.*Ep*. 95.49 and later prose; third word in HOR. *Carm*.4.5.17. N.B.: *et..enim* (by tmesis) VITR.1.1.7 and perh. elsewhere. (adding something in explanation or corroboration of what has been said or implied) And indeed, the fact is, for. **b** (introducing a rhet. question). **c** (introducing a parenthesis). **d** (introducing a particular instance in support of a general assertion). **e** (epexegetic, following the announcement of what is to be said).

(Iuppiter) hoc petere me precario a uobis iussit..~..non minus quam uostrum quiuis formidat malum PL.*Am*.26; TER.*Hau*.548; neminem reperies qui neget; ~ omnes dederunt CIC.*Ver*.2.152; mitto cetera intolerabilia; ~ fletu impedior *Att.*3.10.2; *Off.*3.63; NEP.*Eum.*3.4; quidquid dicam aut erit aut non: diuinare ~ magnus mihi donat Apollo HOR.*S.*2.5.60; hoc quoque, Naso, feres: ~ peiora tulisti OV.*Pont.*3.7.13; PLIN.*Nat.*8.11; TAC.*Ann.*3.46;—(*preceded by* quippe) LUCR.2.1133; 5.240; facit omnia circa honorem meum obseruanter..quippe ~ uidebatur sibi peridoneum maritum matri repperisse APUL.*Apol.*72;—(*in tmesis*) philosophia..perficit architectum animo magno..ne sit cupidus ..et haec enim philosophia praescribit VITR.1.1.7. **b** certum est..omnia..audacter..dicere..~ quis tam dissoluto animo est qui haec cum uideat tacere..possit? CIC.*S.Rosc.* 32; *Sest.*63; SAL.*Cat.*20.11; GERM.*Arat.*5. **c** tu..cum illa..lubenter uiuis (~ bene lubenter uictitas) TER.*Eu.*1074; Hirtius..se afuturum (~ iam in Tusculano est)..auctor est CIC.*Att.*15.5.2; LIV.3.24.9; addidit praecepta (~ aderat Meherdates), ut non dominationem..cogitaret TAC.*Ann.* 12.11; APUL.*Apol.*31. **d** mihi..uidentur e locis quoque ipsis..diuinationum oportunitates esse ductae. ~ Aegyptii ..in camporum patentium aequoribus habitantes..omnem curam in siderum cognitione posuerunt CIC.*Div.*1.93; VITR. 7.5.5; sunt..alterius generis successiones..~ cum pater familias se in adoptionem dedit.. GAIUS *Inst.*3.83. **e** (uirgo) facinus audet pulcherrimum. extorto ~ loro..me (asinum) ..ab impetu reuocatum nauiter inscendit APUL.*Met.*6.27.

Eteoclēs ~is or ~eos, *m.* FORMS: acc. ~*ea* STAT.*Theb.*2.384, etc., ~*en* HYG.*Fab.*67.6; gen. ~*is* STAT.*Theb.*3.214, ~*eos* 12.91, 421; abl. ~*e* HYG.*Fab.*68.1. (mythol.) A son of Oedipus and Jocasta; he and his brother Polynices agreed to rule Thebes in alternate years, but later quarrelled.

Eteoclēus ~a ~um, *a.* Belonging to or typical of Eteocles.
ne..simultas ~as nobis contentiones pariat APUL.*Met.* 10.14.

etēsiacus ~a ~um, *a.* [Gk.] The name of a type of vine, perh. one fruiting at the time of the etesian winds.
PLIN.*Nat.*14.36(*cj.*).

etēsiae ~ārum, *m. pl.* [Gk. ἐτησίαι, *sc.* ἄνεμοι] FORMS and GENDER: *aetes-* (fem.) in HYG. *Astr.*2.4 (by association with Gk. αἰτεῖν); nom. sg. *etesias* PLIN.*Nat.*18.335. Winds blowing at a regular time of year, esp. north-westerly winds blowing in parts of the Mediterranean during the dog-days, etesian winds.
~ae diutius..flabant VAR.in Non.p.71M; cum me ~ae.. prosequi noluerunt austerque aduersus maximo flatu me ..Regium rettulit CIC.*Fam.*12.25.3; 15.11.2; LUCR.6.716; CAES.*Civ.*3.107.1; LIV.37.23.4; ~ae..somniculosi a nautis ..uocantur, quod..mane nesciunt surgere SEN.*Nat.*5.11.1; PLIN.*Nat.*2.127; TAC.*Ann.*6.33; GEL.2.22.25;—(*in appos.*) uentos ~as CIC.*N.D.*2.131;—(*sg.*) (Aquilo) aestate media mutat..nomen—~as uocatur PLIN.*Nat.*18.335.

etēsius ~um, *a.* [Gk. ἐτήσιος].
1 Annual; (in quots., applied to the etesian winds).
~a flabra aquilonum LUCR.5.742; 6.730.
2 (app. as the name of an unidentified stone).
auctoribus curae fuere lapides mortariorum..~um (*s.v.l.*) lapidem in iis praetulere ceteris PLIN.*Nat.*36.157.

ēthicē ~ēs, *f.* [Gk. ἠθική, *sc.* φιλοσοφία] Moral philosophy, ethics.
QUINT.*Inst.*2.21.3; 12.2.15.

ēthicōs, *adv.* [Gk. ἠθικῶς] With dramatic propriety, so as to use words in keeping with the character portrayed.
SEN.*Con.*2.3.23; ~..dixit—certe laudatum est cum diceret 2.4.7; ~ induxit matrem (Alexandri) loquentem *Suas.* 1.13.

ēthicus ~a ~um, *a.* [Gk. ἠθικός]
1 Belonging to morals, ethical.
QUINT.*Inst.*6.2.11(*cj.*); rem..~am..uirtutumque origines GEL.1.2.4.
2 Expressive of character, psychological.
declamabat..Naso raro controuersias et non nisi ~as SEN.*Con.*2.2.12.

ēthologia ~ae, *f.* [Gk. ἠθολογία] (rhet.) Delineation of character, characterization; an instance of this, character-sketch.
SEN.*Ep.*95.65;—sententiae..et ~ ae..apud grammaticos scribantur QUINT.*Inst.*1.9.3; SUET.*Gram.*4(p.104Re).

ēthologus ~ī, *m.* [Gk. ἠθολόγος] One who portrays character by means of gestures.
mimorum est..et ~orum, si nimia est imitatio, sicut obscenitas CIC.*de Orat.*2.242; DIONYSIO..VERNAE HETHOLOGO *CIL* 6.10129.

ēthos (~eos), *n.* [Gk. ἦθος] Character (as exhibited in drama); (in quot., pl.).
in argumentis Caecilius poscit palmam, in ~esin Terentius VAR.*Men.*399.

etiam, *particle.* [ET+IAM] For ~ *dum, num, nunc, si, tum, tunc* see ETIAMDVM, etc.
1 Still, yet, even now. **b** yet again. **c** ~ *atque* ~, more and more, incessantly; (esp. w. vbs. of entreaty or sim.) ever more urgently, earnestly; (also ellipt., w. imp.).
uel mane ~ PL.*Men.*177; de uxore incertus sum ~ quid sim facturus TER.*Hec.*614; tener ipse ~ atque puellus LUCIL.425; ibi olim fano consumebatur omne quod profanum erat, ut ~ fit VAR.*L.*6.54; pauca ~ requirimus CIC. *de Orat.*1.205; LUCR.2.494; Idaeum..~ currus, ~ arma tenentem VERG.*A.*6.485; ab superioris ~ certaminis memoria pauidos LIV.8.16.6; OV.*Met.*2.471; ne ~ imbecilla (arbor) a ualentiore prematur COL.5.10.2;—(*after* nunc, tum) uti nunc ~ Transpadani seruant PLIN.*Nat.*18.205; STAT.*Silv.*5.1.30; oleae quae tum ~ maneat TAC.*Ann.*3.61; ecce..somnio mihi nunc ~ redintegratur..infortunium meum APUL.*Met.*4.27;—(*after a neg.*) quid sit nil ~ scio PL.*St.*356; hunc ego numquam uideram ~ TER.*Eu.*1030; uixdum ~ coetu uestro dimisso CIC.*Catil.*1.10; morsu.. repugnant, uix ~ cum sunt dentes..creati LUCR.5.1038; GEL.16.11.2. **b** at mentiris ~ PL.*Am.*369; da sauium ~ prius quam abitis *As.*940; *Mos.*474; uide..~ sodes ut mi haec certa..attuleris TER.*Hec.*841. **c** temo..agitans ~ atque ~ noctis iter ENN.*scen.*217; LUCR.6.341; Caesare.. ~ atque ~ aciem sustentante *B.Afr.*82.3; mare est ~ atque ~ undabundum GEL.2.30.3; ~ atque ~ pertrectauit corpus hominis APUL.*Fl.*19;—te moneo hoc ~ atque ~ PL.*Trin.* 674; hoc te uehementer..~ atque ~ rogo CIC.*Att.*16.16d.14; querendum est ~ atque ~ CATUL.63.61;—uide..~ atque ~ nunc, saluam ut aulam aps te auferam PL.*Aul.*614; ~ atque ~ uale CIC.*Att.*5.19.2; SAL.*Jug.*85.28; ~ atque ~, cui des, considera SEN.*Ben.*3.14.2.

2 (w. pres. ind., expr. an impatient command) Will you..!
~ uigilas? pater..aderit iam hic meus PL.*Mos.*383; *Per.* 413; ~ caues ne uideat forte hic te..aliquis TER.*Hau.*235; ~ taces? *Ad.*550.

3 Also, in addition, as well, too. **b** (combined with words expr. addition or sim.). **c** *non solum..sed* ~, or sim., also *cum..tum* ~, not only..but also; (sts. verging on sense 4).
fuge, opsecro hercle. — quo fugiam? ~ tu fuge PL. *Mos.*513; TER.*Ad.*577; non enim, si tibi ea res grata fuisset, esset ~ approbata CIC.*Lig.*23; CAES.*Civ.*3.99.2; fames utrimque exercitum urgebat, Gallos pestilentia ~ LIV.5.48.2; terra quae uitibus apta est ~ arboribus est utilis COL.5.10.2; TAC.*Ann.*4.35; SUET.*Jul.*20.1; APUL.*Met.* 4.27; (*rptd.*) aqua..praeterquam capiti ~ stomacho prodest, ~ articulis doloribusque CELS.1.9.5;—(*after negs.*) non placet nec temere est ~ PL.*Bac.*670; CIC.*Att.*4.1.1; tantum.. dolebo, non ~ metuam OV.*Met.*11.426;—(*with the last item of a series*) cum hac cum istac, cumque amica ~ tua PL.*Cas.* 612; respondebis et pro te et pro conlegis tuis, ~ pro pontificum conlegio CIC.*Har.*21; LUCR.4.946; per litteras nuntiosque, postremo ~ per legatos LIV.29.34.2. **b** (*vbs.*) ad haec mala hoc mi accedit ~ TER.*An.*215; fateor et addo ~ CIC. *Sul.*23; LIV.25.31.3;—(*advs.*) tum heri hunc salutauisti? — et te quoque ~ PL.*Am.*717; porro ~ ausculta *Bac.*273; stipendio ~ insuper imposito LIV.21.1.5;—(*conjs.*) numquid aliud? — hoc atque ~ PL.*Bac.*757; pocula a potione, unde potatio et ~ posca VAR.*L.*5.122; in consulatu atque ~ in praetura CIC.*Sul.*34; APUL.*Met.*10.3. **c** TER.*Ad.*387; quem absentem non modo sine crimine et sine teste, uerum ~ sine accusatore damnasti CIC.*Ver.*2.110; cum..non solum uires sed ~ tela nostris deficerent CAES.*Gal.*3.5.1; Graecos, quorum non modo libertas, ~ libido impunita TAC.*Ann.* 4.35;—quem ciuem cum grauem tum ~ eloquentem constat fuisse CIC.*Brut.*79; CAES.*Civ.*3.47.1; magna praeda..cum omnis generis tum auri ~ argentique LIV.27.49.6.

4 (w. a sentence, phrase, or single word, expressing a more extreme case) Even, actually; (for exx. of *immo* ~, *quin* ~ see IMMO, QVIN). **b** (w. compar.). **c** (w. indignant questions) really, actually.
di inmortales! ~ cum uxore non cubet? PL.*Mer.*538; VAR.*R.*3.16.6; ad me..~ cum rogat aliquid, contumaciter ..solet scribere CIC.*Att.*6.1.7; ~ ad innocentium supplicia descendunt CAES.*Gal.*6.16.5; LIV.3.6.7; illum ~ lauri, etiam fleuere myricae VERG.*Ecl.*10.13; cum..nolint ~ me nosse uideri OV.*Pont.*2.3.29; missio sanguinis adeo non prodest ut ~ noceat CELS.2.10.17; QUINT.*Inst.*9.4.76; inriguos agros, tabernas, cenacula ~..inuenimus FRON.*Aq.*76; TRA.Plin. *Ep.*10.18.3;—(*w.* ultro) nunc uenis ~ ultro inrisum dominum PL.*Am.*587; TER.*Ph.*360; CIC.*Ver.*3.30;—(*after* si, *cf.* ETIAMSI) cum..non dubitaremus quin, si ~ tutum nobis iter fuisset, te tamen iam consequi non possemus CIC.*Att.* 8.11d.3;—(*marking the climax of a series*) leges..quae in Gracchorum ferocitate..in cruore Cinnano, ~ inter Sullana arma uixerunt, solus conculcaris *Vat.*23; CAES.*Civ.* 3.73.5. **b** tantum adfero quantum..optat, atque ~ amplius PL.*Capt.*777; fecit ~ iste me epilogus firmiorem CIC.*Tusc.*1.119; bibe plus ~, quam quod praecordia poscunt OV.*Rem.*535. **c** ~ minitas? ANDR.*trag.*19; ~ne ultro tuis me prolectas probris? PL.*Bac.*567; tu mihi ~ audes mentionem facere decumarum? CIC.*Ver.*3.48; *Cael.*69; (*w. ellipsis of vb.*) malo illos ulcisci ambo — ~ tu, homo nihili? PL. *Bac.*1188.

5 (expressing an affirmative answer to a question) Indeed, yes. **b** (expr. agreement with a previous remark).
numquid uis? — ~: ut actutum aduenias PL.*Am.*544; atque audin? — ~ *Poen.*406; aut '~' aut 'non' respondere CIC.*Luc.*104; clarus erit, fortis, iustus. 'sapiensne?' ~ HOR.*S.*2.3.97; 2.5.91; SEN.*Con.*10.5.19; PLIN.*Ep.*4.13.3; (*cf.*) ~ne in minimis rebus? ~ CIC.*Parad.*25; (*w.* immo) nilne huc attulistis inde auri domum? — immo ~ PL.*Bac.* 316; (*w. neg.*) scyphos..rettulitne? — non ~ *As.*445. **b** 'misericordia commotus ne sis.' ~, in dissoluenda seueritate; sed tamen est laus aliqua humanitatis CIC.*Mur.*65; dices: 'habeo hic, quos legam, non minus disertos'; ~, sed.. PLIN.*Ep.*2.3.9.

etiamdum, *particle.* Also as two words. [prec.+-DVM] (after negs. or virtual negs.) Yet; already.
dissimulabo, hos quasi non uideam neque esse hic ~ sciam PL.*Mil.*992; TER.*Hau.*229; erat..eunuchus quem mercatus fuerat frater Thaidi, neque is deductus ~ ad eam *Eu.*570; (*separated*) hau conuenit etiam hic dum Phronesium PL.*Truc.*321;—metuo..ne erus redeat ~ a foro *Ps.*1028.

etiamnum (-nunc), *particle.* [ETIAM+NVM (NVNC)] (~*nc* freq. written as two words).
1 (expressing the continuance of a state) Even now, still, yet. **b** (w. point of reference in past or fut. time). **c** (introducing repeated actions, usu. w. imp.) yet more or again.
~m..spes animum oblectat meum PL.*Men.*462; ~nc tu hic stas, Parmeno? TER.*Eu.*286; VAR.*L.*7.84; adulescens ~nc ..Isocrates est CIC.*Orat.*41; quoniam ~m abes *Att.*13.31.2; ut fama est aliquas ~nc uiuere gentis LUCR.5.17; LIV.3.2.4; SEN.*Con.*1.6.7; ~m Medis imperantibus PLIN.*Nat.*36.9; STAT.*Theb.*8.574; eam..~nc lacrimantem complexus APUL. *Met.*5.6;—(*separated*) nam etiam mi misero nunc malae dolent PL.*Am.*408; LUCR.5.1408. **b** cum ~nc platanus nouella esset VAR.*R.*1.37.5; CAES.*Gal.*7.62.6; cum..hiems ~m frigore saxa rumperet VERG.*G.*4.135; classis..~m.. spectari poterat OV.*Met.*7.490; (*w. epistolary impf.*) Bibulus ne cogitabat quidem ~nc in prouinciam suam accedere CIC.*Att.*5.16.4;—si ~nc..in me impetum..facere conabitur *Har.*7; LUCR.5.884; multa prouidit..multa ~nc dabit (fortuna) SEN.*Dial.*11.18.3. **c** apscede ~nc—~nc—etiam—ohe, istic astato PL.*Aul.*55; *Men.*159; ~nc torque, ~nc SEN.*Con.*10.5.10; 'omnia feci'. fac ~nc SEN.*Ben.* 7.16.3; (*w. ind.*) ~nc saluto te PL.*Mil.*1339; (*cf.*) bene uale igitur..~nc uale 1373.

2 (w. temporal force weakened) Still, yet (before a process is complete). **b** (in a topogr. series).
mors Sex. Rosci..nuntiatur. quaeritur ~nc quis eum nuntium miserit? CIC.*S.Rosc.*105; his cognitis ~m quaedam alia noscenda CELS.5.26.20.A; SEN.*Con.*10.4.7; unum ~m ..miraculum non omittemus PLIN.*Nat.*34.137;—(*w. compar.*) plus ~nc SEN.*Nat.*4a.pr.6; est..multo excellentius ~m molluscum PLIN.*Nat.*16.68; (*cf.*) in exortibus matutinis ~m augeri (stellarum motum) 2.68. **b** circa Peloponneson ~nc in Aegaeo Pitynussa et Aegina MELA 2.109; extra sinum, uerum in flexu tamen ~m Rubri maris 3.81; PLIN. *Nat.*4.62.

etiamsī, *conj.* Also as two words. [ETIAM+SI] Even if, even though. **b** (w. single words).
~ dudum fuerat ambiguom hoc mihi, nunc non est TER *Hec.*648; hunc ~ tota Asia deposcit ad supplicium, defendam CIC.*Flac.*5; tuos..oculos, ~ te uenients in medio foro uidero, dissauiabor Q.CIC.*Fam.*16.27.2; ~ accipit iniuriam, tamen..facere uidetur SAL.*Jug.*10.7; LIV.24.34. 11; erat enim raptor, ~ negabat SEN.*Con.*7.8.7; litteram non addam ~ adhuc aliquid praeterisse me sensero PLIN. *Ep.*3.9.37; (*w. ellipsis of vb.*) luculente quidem scripserunt ~ minus quam tu polite CIC.*Brut.*76;—(*w. subj.*) facerem improbe, ~ alius legem tulisset *Mur.*5; ad hydropicos.. bene faciunt chameleae..folia..~ arida fuerint LARG.133; —(*subj. in indir. sp. or other subord. cls.*) filium tum ~ nolit, cogam ut cum illa una cubet TER.*Ad.*851; VAR.*R.*3.16.31; id se, ~ iam pridem uellet, minus praestare in Hispania.. potuisse LIV.28.35.10; TAC.*Ann.*2.73;—(*separated*) etiam subito si dicat CIC.*deOrat.*1.152; etiamne si ui deiecit, etiamne si clam, si precario uenit in possessionem? *Agr.*3.11. **b** ira consulis, ~ iusta LIV.42.1.12; (urbibus) multis ~ ignobilibus frequens (Aegyptus) PLIN.*Nat.*5.60; QUINT.*Inst.*1. pr.4.

etiamtum (-tunc), *particle.* Also written as two words. [ETIAM+TVM (TVNC)] N.B.: *etiam* and *tum* are treated as two separate words when they are used with their individual distinct senses, e.g. *etiam tum..cum* 'even then..when'. Still (at that time), yet.
~m uiuit (infamia) quom esse credas mortuam PL.*Per.* 356; narrat..ut uirgo ab se integra ~m siet TER.*Hec.*145; uineas..iterum occare..si sunt ~m glaebae VAR.*R.*1.32.2; cum ~m essent in armis CIC.*Dom.*79; SAL.*Jug.*54.5; non longos ~nc scissa capillos OV.*Ep.*8.79; Lepidus puer ~m V.MAX.3.1.1; TAC.*Ann.*3.72; regibus ~m imperantibus 11 22;—(*separated*) etiamne in ara tunc sedebant mulieres, quom ad me profectu's ire? PL.*Rud.*846; CIC.*Clu.*74.

etquis: see ECQVIS.

Etrūria ~ae, *f.* A region of Italy on the west side of the Apennines north of Latium; (transf.) its inhabitants.
ENN.*Ann.*152; VAR.*Men.*17; CIC.*Catil.*3.19; VERG.*G.*2. 533; MELA 2.59; PLIN.*Nat.*3.50;—omnis furiis surrexit ~a iustis VERG.*A.*8.494; LIV.5.5.10.

Etruscus ~a ~um, *a.* Of or belonging to Etruria, Etruscan; *corona* ~*a*, a gold crown worn in triumphs. **b** (masc. as sb.) an Etrurian.
oppida condebant..~o ritu VAR.*L.*5.143; ~orum haruspicum disciplinam CIC.*N.D.*2.10; VERG.*A.*11.598; litus ~um HOR.*Saec.*38; LIV.35.21.11; OV.*Met.*15.558; ~um puero si contigit aurum (*i.e.* bulla) JUV.5.164;—PLIN.*Nat.* 21.6; 33.11. **b** ~orum..libri CIC.*Div.*1.72; obesus ~us CATUL.39.11; VERG.*A.*10.238; PLIN.*Nat.*8.195; TAC.*Ann.* 11.14.

etsī, *conj.* Also as two words. [ET+SI]
1 Even if, although. **b** (w. single nouns, adjs., phrs., etc.).
(*w. ind.*) mane, ~ properas PL.*Per.*272; qui, ~ damnatus est, mihi uidetur tamen inter uiros optimos..esse numerandus CIC.*Font.*38; *Fam.*12.12.1; ~ ab hoste ea diceban-tur, tamen non neglegenda existimabant CAES.*Gal.*5.28.1; VERG.*A.*2.583; ~ me inuito discedis, Cynthia, Roma PROP. 2.19.1; LIV.1.58.10; STAT.*Theb.*4.770; an, ~ parum cautum est, et hoc sit utendum QUINT.*Inst.*7.8.7; (*w. ellipsis of vb.*) Caesar, opinor, ex uncia (*of the inheritance*), ~ nihil adhuc CIC.*Att.*13.48.1;—(*after* tamen) tamen ~ res bene gesta est, corde suo trepidat ENN.*Ann.*547; TER.*An.*864; fecere tamen et alii talia, ~ uos ignoratis APUL.*Apol.*9;—(*w. subj.*) ~ illi inprobi sint..nostrum officium meminisse decet PL.*St.*43; ~ minus esset nefarium, tamen esset improbum CIC.*Ver.* 1.110; ubi ~ adiectum aliquid numero sit, magna certe caedes fuit LIV.3.8.10; TAC.*Ann.*14.44;—(*w. subj. in indir.*

sp. or other subord. cl.) ~ famosus..fuisset, uim in corpus liberum non aecum censuere adferri CATO *orat.*205; LIV. 5.36.2. **b** quaedam..per se adiuuantia, ~ non necessaria CIC.*Top.*59; ~ magno aestu..tamen..paruerunt CAES.*Civ.* 3.95.1; sonum..~ non hominis, quem non tamen edere possit ceruus habet OV.*Met.*3.238; nam ~ iustum dolorem pudor impediebat TAC.*Ann.*11.35; quod me..~ minus prudentem, multiscium reddidit APUL.*Met.*9.13.

2 (introducing a main cl.) Although, and yet.
sed quid istuc est? ~ iam ego ipse quid sit prope scire puto me PL.*Bac.*1160; TER.*Hau.*119; CIC.*Att.*14.11.1; sic ego non omnibus..seruio. ~ quae est haec seruitus? *Fam.* 7.24.1; LUCR.1.487; *Ciris* 156; quo maxime apparuit..Seianum quaerenti occasiones subministrasse; ~ commentario ..ausus est scribere SUET.*Tib.*61.1.

-ētum ~ī, *n. suff.* Formed mainly from names of plants to denote the place where they grow (*arboretum, quercetum, rosetum*); enlargement *-cetum* (*senticetum*) perh. from *fruticetum*, etc.

etymologia ~ae, *f.* [Gk. ἐτυμολογία] Etymology.
VAR.*L.*7.109; QUINT.*Inst.*1.6.28; 7.3.25.

etymologicē, *f.* [Gk. ἐτυμολογική] = prec.
VAR.*L.*7.4.

etymologicus ~a ~um, *a.* [Gk. ἐτυμολογικός] Etymological.
quod uocabulum Graecum..resoluerit (*sc.* Aelius) in uoces Latinas ratione ~a falsa GEL.1.18.1.

etymologus ~ī, *m.* [Gk. ἐτυμολόγος] An etymologist.
si ~us principia uerborum postulet mille VAR.*L.*6.39.

etymum ~ī, *n.* [Gk. ἔτυμον] The etymological origin of a word.
uidetur uocabulum (*sc.* gluma) ~um habere a glubendo VAR.*R.*1.48.2; ~a ..harum uocum GEL.18.4.11.

eu, *int.* [Gk. εὖ] Fine! Splendid! (sts. iron.).
ecquis hic est? — adest. — ~, Philolaches, salue PL.*Mos.* 339; ~! praedatu's probe *Per.*668[a]; ~ noster, laudo TER. *Eu.*154; HOR.*Ars* 328;—(*w.* edepol, hercle, ecastor) ~ edepol res turbulentas! PL.*Epid.*72; ~ hercle! mulier, multum et audax et mala's *Men.*731; ~ ecastor!..paenitet exornatae ut simus *Poen.*283; TITIN.*com.*59.

ēuacuō ~āre, *tr.* [EX-+VACVO] To empty (a vessel); (spec.) to purge, evacuate (the bowels).
si doliare uinum emeris..id uideri actum, ut ante ~arentur (*sc.* dolia) quam..ULP.*dig.*18.6.1.4;—ad ~andam aluum PLIN.*Nat.*20.52; 32.104.

Euadnē ~ēs, *f.* Also **Euhad-.** The wife of Capaneus, who threw herself on her husband's funeral pyre.
VERG.*A.*6.447; num legis ~en erubuisse uiro? OV.*Tr.*4. 5.64; MART.4.75.5; STAT.*Theb.*12.801; (*as a type*) hic nulla puella nec fida ~e nec pia Penelope PROP.3.13.24.

ēuādō ~dere ~sī ~sum, *intr., tr.* [EX-+VADO] FORMS: ~*sti* (= ~*sisti*) HOR.*S.*2.7.68, SIL.15.793.

1 To go out and away. **b** (of things) to pass, flow out, be emitted.
si ~sissent subito ex balneis mulieris amici Liciniumque comprehendissent CIC.*Cael.*65; SAL.*Jug.*56.5; e nauibus tanta ui armatorum in terram ~dente LIV.21.28.3; ~serunt extra uallum ut pandere aciem..possent 41.26.4; CURT. 9.2.18. **b** qui umbilicum..terrarum optines, unde.. saeua ~sit uox foras *Inc.trag.*19; ut per ea (*sc.* loca) perniciosus umor ~dat CELS.3.23.7; 7.26.2.G; fulmen per id foramen..~dit SEN.*Nat.*2.40.2; spiritus..et anhelitus e pectore..~dere GEL.12.5.2;—(*of rivers*) CURT.3.4.9; paucos amnis qui in pelagus ~dunt MELA 2.17.

2 To come or go upward. **b** (tr.) to climb to the top of, surmount.
ex illis abditis sedibus ~dere in haec loca quae nos incolimus CIC.*N.D.*2.95; ~do ad summi fastigia culminis VERG.*A.*2.458; per praeruptum..saxum in Capitolium ~dit LIV.5.46.9; 44.9.7; SIL.13.47; datum..militibus qui scalis ~serant signum TAC.*Ann.*12.17; (*of plants*) ut uites arboribus adplicitae..in cacumina ~dunt QUINT.*Inst.*1.2.26. **b** gradus ~serat altos VERG.*A.*4.685; fixis in terram pilis quo leuiores ardua ~derent LIV.2.65.3; COL.7.9.13; (*in fig. phr.*) quantum processeris, mollior cliuus..et si haec..iam lenius supina..~seris..omnia sponte proueniunt QUINT. *Inst.*12.10.79.

3 To come through to the other side, pass. **b** (tr.) to pass through or beyond; to get through (a journey, etc.).
consueti Numidarum equi facile inter uirgulta ~dere SAL.*Jug.*50.6; adeo..ad ultimum laboris..uentum est ut equites..omissis equis ad primos ordines peditum..per corpora ~serint LIV.9.39.8; Alpes..transgressus..cc milia passuum per modo deuictam barbariam..~sit V.MAX.5.5.3; (*of missiles*) ut omnes (sagittae) per interualla digitorum innocue ~derent SUET.*Dom.*19; (*transf.*) torquetur..collisus inter haec claustra et tamen uictor flexuosus ~dit (mons Taurus) PLIN.*Nat.*5.98. **b** iam ~serant media castra LIV.7.36.2; iam uada Cephisi Panopesque ~serat arua OV.*Met.*3.19; cum sic apis ~dit uestibulum ut nulla intro reuolet COL.9.12.1; ~sisse siluas, transisse aestuaria TAC.*Ag.* 33.5;—si omne iter ~dit..tolutim LUCIL.313; omnem.. uidebar ~sisse uiam VERG.*A.*2.731; APUL.*Met.*1.20; (*cf.*) lapis..nec spatium ~sit totum neque pertulit ictum VERG. *A.*12.907.

4 To get clear, escape (from a place). **b** (tr.) to escape past or from.
saluast, ~sit ex aqua PL.*Rud.*175; abiit, excessit, ~sit, erupit CIC.*Catil.*2.1; scarus..tutum..~dit in aequor OV. *Hal.*14; uulpecula ~sit puteo PHAED.4.9.11; sex Liburnicae ..~sere..reliquae in litore captae TAC.*Hist.*3.77; in transgressu Euphratis..nulla palam causa turbatus equus.. retro ~sit *Ann.*15.7; cum desilisset in mare, nando..~sit ad proximam nauem SUET.*Jul.*64; *Nero* 48.3; inter pedes circumstantium ..~do APUL.*Met.*2.30; (*w. dat.*) se nullo ..cursu ~dere pugnae posse VERG.*A.*11.702; (*w. pred. adj.*) naui..fracta multi incolumes ~serunt *Rhet.Her.*4.57. **b** ~dit..celer ripam inremeabilis undae VERG.*A.*6.425; cum ~serimus tot scopulos latentes SEN.*Nat.*5.18.7; per cauernam lautumiarum ~sit angustias, uolpium aditus secutus PLIN.*Nat.*11.185.

5 To escape (from undesirable conditions, events). **b** (tr.).
e morbo ~surum aegrotum CIC.*Div.*2.13; in hac..calumnia..quam difficile sit ~dere..nos sentimus CAECIN.*Fam.* 6.7.4; HOR.*S.*2.7.68; quod e tanto periculo ~sisset LIV. 42.18.5; SEN.*Dial.*1.2.12; habes..climactericum tempus, sed ~des PLIN.*Ep.*2.20.3. **b** omnes ~suros..aegritudinem LUCIL.640; iamque pedem referens casus ~serat omnis VERG.*G.*4.485; CELS.4.31.2; ~serunt necem PHAED. 3.7.4; maximum ~si metum SEN.*Her.F.*1304; si patrum sententias ~sisset TAC.*Ann.*3.14; (*cf.*) arcem..Capitolii quae Poenos..~serat..uictor insedit FLOR.*Epit.*2.9(3.21.7).

6 (tr.) To transcend, exceed. **b** to live beyond (a period of time), survive.
cum loquantur fortia, ingentia, omnis humanas tempestates ~dentia SEN.*Dial.*7.19.3. **b** tertium et sexagesimum annum ~simus AUG.in Gel.15.7.3; si hunc (*sc.* quartum diem) ~serunt, sine periculo sunt CELS.4.6.1.

7 To arrive (at) by a course of action, argument, etc., get, end up. **b** (of actions, processes) to turn out, end or result (in), come (to).
numquam..quiui ad coniecturam ~dere PL.*Rud.*612; quam timeo quorsum ~das! TER.*An.*127; uereor..Sextus quo ~dat CIC.*Att.*14.4.1; ad summa ~surus iuuenis SEN. *Con.*10.pr.16. **b** miror quo ~surust apologus PL.*St.*541; nimia illaec licentia..~dit in aliquod magnum malum TER. *Ad.*509; uideamus hoc quorsum ~dat CIC.*Att.*9.18.4; SAL. *Jug.*14.9; (pestilentia) magis in longos morbos quam in permitiales ~sit LIV.27.23.6; (ira) ex leuissimis..in maxima ~dit SEN.*Dial.*5.1.5; QUINT.*Inst.*2.17.16.

8 (w. pred.) To end up, emerge, turn out (as). **b** (absol.) to come to pass, materialize.
uilicus paulo strenuior si ~serit LUCIL.533; e philosophorum scholis tales fere ~dunt CIC.*Orat.*95; *Att.*6.2.8; ex fucosis firmi suffragatores ~dunt Q.CIC.*Pet.*35; iuuenis ~sit uere indolis regiae LIV.1.39.4; non est dubium quin illi..debeam reddere..siue fur siue adulter ~sit SEN. *Ben.*7.17.2; nemo dupondii ~dit PETR.58.13;—(*of things*) si somnium uerum ~sit CIC.*Div.*2.146; quoniam primum uanum inceptum ~sisset LIV.35.47.2;—(*w. adv.*) cum eadem..aliis aliter ~dant CIC.*Div.*2.146; nimis saepe secus aliquanto uidemus ~dere *Leg.*2.43. **b** miramur..id quod somniarimus ~dere CIC.*Div.*2.121.

ēuagātiō ~ōnis, *f.* [next+-TIO] Divergence or deviation from a course.
spatia longitudinis latitudinum ~one pensant (*sc. Mercury and Venus*) PLIN.*Nat.*2.72; (*transf.*) haec libertas eius (*sc.* animi) est, haec ~o: subducit interim se custodiae in qua tenetur et caelo reficitur SEN.*Ep.*65.16.

ēuagor ~ārī ~ātus, *intr.*, (*tr.*). Also **~ō** ~āre. [EX-+VAGOR] FORMS: act. ACC.*trag.*643.

1 To wander off, stray (from a position or course); (of troops) to manœuvre. **b** (tr.) to stray away from.
finis..ille tam effuse ~andi Etruscis fuit LIV.2.11.10; PHAED.2.4.18; ut..non..a cubili latius ~entur (gallinae) COL.8.4.3;—(*fig.*) qui appetitus longius ~antur et tamquam exultantes..non satis a ratione retinentur CIC.*Off.*1.102; exempla..quamlibet in tenuem recepta tramitem latissime ~andi sibi uiam faciunt VELL.2.3.4;—nullo circa ad ~andum relicto spatio LIV.22.47.2; 23.47.5. **b** (*fig.*) ordinem rectum ~anti frena licentiae iniecit HOR.*Carm.*4.15.10.

2 a (of a river) To leave its course, overflow; (of fire) to spread. **b** (of plants) to spread, extend. **c** (of abst. things) to become widespread.
a quiescentibus Nili aquis, ubi ~atae stagnant PLIN.*Nat.* 13.71; 18.167; (*fig.*) docti largius ~entur amnes STAT.*Silv.* 2.7.12;—cum deberet uel ignem extinguere uel ita munire, ne ~etur ULP.*dig.*9.2.27.9; PAUL.*dig.*9.2.30.3. **b** ultra.. quam radicibus ~ari licet SEN.*Nat.*3.11.4; cum uitis..in luxuriam ~atur COL.5.6.25; alias ~atur per agros (capparis) PLIN.*Nat.*19.163. **c** nobilitas late ex stirpe praeclara ~at ACC.*trag.*643; illa intempestiua..eius philosophia..sine fine ~abatur SEN.*Con.*7.pr.1; SEN.*Ben.*3.16.4.

3 To roam (in thought, study, or sim.); to digress (in speech or writing).
licet, si ~ari uelis, idem in aliam atque aliam faciem.. transferre SEN.*Dial.*7.4.3; *Ep.*88.3; ne nunc per infinitas terreni species ~emur COL.3.12.1;—ne longius ~er V.MAX. 9.12; a iudicibus petit ne Demostheni permittant ~ari QUINT.*Inst.*3.6.3.

ēualescō ~escere ~uī, *intr.* [EX-+VALESCO]

1 To grow physically strong (in quots., of plants), grow to full strength. **b** (of nonmaterial or abstract things) to become fully developed; to develop (into). **c** to become strong (politically).
postquam ~uit (myrtus) PLIN.*Nat.*15.121; si non ~uere (rami) 16.125; (*w. acc. of extent*) cum ~uissent flagella pedes binos 17.116. **b** indoles naturalis..adiuta praeceptis ~escit SEN.*Ep.*94.31; QUINT.*Inst.*2.8.5; 10.2.10; (*of pronunciation*) cum c ac similiter g non ~uerunt, in t ac d molliuntur 1.11.5;—adfectatio quietis in tumultum ~uit TAC.*Hist.*1.80; multa secutura quae adusque bellum ~escerent *Ann.*14.58. **c** ut quaeque gens ~uerat TAC.*Ger.*28.1.

2 (only in pf.) **a** (w. inf.) To have sufficient strength or force (to), succeed (in). **b** to prevail.
a non..medicari cuspidis ictum ~uit VERG.*A.*7.757; quae peruincere uoces ~uere sonum referunt quem nostra theatra? HOR.*Ep.*2.1.201; LUC.1.505; STAT.*Theb.*6.877; tibine..letalis..componere sucos ~uit? *Silv.*5.2.79. **b** ~uit serui sententia ULP.*dig.*8.5.6.2;—(*of linguistic usage*) plurima Gallica ~uerunt, ut 'raeda' QUINT.*Inst.*1.5.57; 8.6.32; 9.3.13; nationis nomen..~uisse paulatim TAC.*Ger.*2.5.

ēualidus ~a ~um, *a. compar.* ~ior. [EX-+VALIDVS] Very strong, powerful.
~a cum luce refulgens CIC.*Arat.*398(154); ~iora (*s.v.l.*) esse corpora quae fermentato pane alantur PLIN.*Nat.*18.104.

ēuallō[1] ~āre ~āuī, *tr.* [EX-+VALLVM+-O[3]] To drive out, expel.
pilatricem pallae ~auero pulchre TITIN.*com.*77; donec foras nos intus ~auerunt VAR.*Men.*109.

ēuallō[2] ~ere, *tr.* [EX-+VALLVS] To cleanse from husks by winnowing.
triticum ante perfundi aqua..iubet, postea ~i PLIN.*Nat.* 18.98; 18.99.

Euān: see EVHAN.

Euander (~drus) ~drī, *m.* (mythol.) The founder of Pallanteum on the (subsequently named) Palatine Hill.
VERG.*A.*8.52; LIV.1.5.2; OV.*Fast.*1.471.

Euandrius ~a ~um, *a.* Of or connected with Evander.
~us..ensis VERG.*A.*10.394; ~us..collis (*the Palatine*) STAT.*Silv.*4.1.7; SIL.7.18.

ēuānescō ~escere ~uī, *intr.* [EX-+VANESCO]

1 To vanish, fade away, cease to be present or apparent to the senses.
prius..quam pruina ~uit VAR.*R.*2.4.6; picturam..egregiam, sed iam ~escentem uetustate CIC.*Rep.*5.2; Bacchi cum flos ~uit LUCR.3.221; Cyllenius..in tenuem ex oculis ~uit auram VERG.*A.*4.278; uidit cornua..extremae uelut ~escere lunae OV.*Met.*2.117; celerrime is (*sc.* odor) ~escit PLIN.*Nat.*13.7; 18.150; Tigurinorum manus..fuga ignobili..~uit FLOR.*Epit.*1.38(3.3.18); maritus..de manibus uxoris ~uit APUL.*Met.*5.6.

2 To become weak in respect of a particular quality, lose strength.
de uino aut salsamento..quae ~escunt uetustate CIC. *Div.*2.117; tectoria, quae ex tenui sunt ducta materia.. celeriter ~escunt VITR.7.3.9; quare..aquae..ferueant in tantum ut non possint esse usui nisi..in aperto ~uerunt SEN.*Nat.*3.24.1; quod nondum ~uit..cinnamon LUC.10. 166.

3 (of non-physical or abstract things) To disappear, die out. **b** (leg.) to become void, lapse.
ne cum poeta scriptura ~esceret TER.*Hec.*13; uerbum usque eo ~uit, ut graecum pro eo positum magis sit apertum VAR.*L.*7.31; extenuari spem nostram et ~escere uidi CIC.*Att.*3.13.1; postquam ~uit rumor LIV.44.31.12; cum.. ira ~escit SEN.*Dial.*3.8.6; QUINT.*Inst.*6.1.28; bella impetu ualida per taedia et moras ~uisse TAC.*Hist.*2.32; (*cf.*) cum iam paene ~uisset Hortensius..reuocare se ad industriam coepit CIC.*Brut.*323. **b** ~escere legatum, si..adhuc in potestate sit GAIUS *Inst.*2.244; si pubes factus decesserit, ~escit fideicommissum ULP.*dig.*30.93; PAUL.*dig.*12.1.31.1.

ēuānidus ~a ~um, *a.* [prec.+-IDVS]

1 Disappearing, fading from sight. **b** (transf., of abstract things).
umeri tergusque latusque..in tenues abeunt ~a riuos OV.*Met.*5.435; quidam ex his (smaragdis) senescunt, paulatim uiriditate ~a PLIN.*Nat.*37.70; (*cf.*) imago effingatur animo notabilis..non ~a et muta SEN.fr.(Haase p.436). **b** in tenues ~us exeat auras..amor OV.*Rem.*653; id (*sc.* gaudium) leue et ~um SEN.*Ep.*35.3.

2 Becoming weak or feeble, perishing.
paries..non cito fiet ~us VITR.2.8.2; qui se tenebris dicauerunt..languidi et ~i albent SEN.*Ep.*122.4; hunc (ignem) ~um..considere *Nat.*3.13.1; quae (*sc.* oleae) in proceritatem extenduntur ~ae fiunt parumque fructus ferunt COL. *Arb.*17.3.

ēuannō ~ere, *tr.* [EX-+VANNO] To winnow out.
POMPON.*com.*92; ut quod leuissimum est..~atur foras extra aream VAR.*R.*1.52.2.

euans: see EVHANS.

ēuapōrātiō ~ōnis, *f.* [next+-TIO] The emission of vapour, exhalation.
terrae omnis generis et uaria ~o est SEN.*Nat.*1.1.7; esse causam uenti..aquarum terrarumque ~ones 5.5.1; GEL. 19.5.6.

ēuapōrō ~āre, *tr.* [EX-VAPORO] To emit (vapour).
id..leuissimum est, quod ~atur GEL.19.5.7; aliquantum ..difflari atque ~ari ex niue 19.5.8.

ēuastō ~āre ~āuī ~ātum, *tr.* [EX- + VASTO] To lay waste completely, devastate.
culta ~ata sunt bello LIV.5.5.2; 8.37.6; 28.5.15; rura ~antur SIL.12.528; 15.185.

euax, *int.* [app. Gk.] (expr. joy, triumph, etc.) Hurrah!
~, aspersisti aquam PL.*Bac.*247; ~, habeo! *Cur.*97ᵃ; (*cf.*) ~ uerbum nihil significat, sed effutitum naturaliter est VAR.*L.*7.93.

Euboea ~ae, *f.* An island in the Aegean off the coast of Boeotia.
OV.*Met.*13.660; MELA 2.107; (*transf., of the inhabitants*) PLIN.*Nat.*11.42.

Euboicus ~a ~um, *a.* Of or connected with Euboea; (also referring to Cumae as colonized from Euboea).
~o litore PROP.2.26.38; quingenta ~a..talenta LIV.38.9.9; SEN.*Her.O.*775;—~is Cumarum adlabitur oris VERG.*A.*6.2; OV.*Met.*14.155; carminis ~i (*i.e. Sibylline*) *Fast.*4.257; tu..dignus..~i transcendere pulueris annos (*i.e. outlive the Sibyl*) STAT.*Silv.*1.4.126.

Eubois ~idis, *f. adj.* = prec.
quatitur naualibus ora ~is STAT.*Ach.*1.414;—tellus ~is (*i.e. Cumae*) *Silv.*1.2.263.

eucharisticon, *n.* [Gk. εὐχαριστικόν] A thanksgiving (in quot., title of poem).
~on ad Imp. Aug. Germ. Domitianum STAT.*Silv.*4.2.

eucnēmos ~os ~on, *a.* [Gk. εὔκνημος] Having beautiful legs.
Amazonem, quam..~on appellant, ob id in comitatu Neronis..circumlatam PLIN.*Nat.*34.82.

Eudaemōn, *a.* [Gk. εὐδαίμων] The name given to the southern part of Arabia; (also FELIX).
AUG.*Anc.*5.20; MELA 3.79; PLIN.*Nat.*6.138.

eudiaeon ~i, *n.* [Gk. εὐδίαιον] (See quot.)
~on lineum filum, quod medici extremo in clysterio relinquunt, per quod κλυσμός emittitur PAUL.*Fest.*p.78M.

Eudoxus ~ī, *m.* An astronomer of Cnidos in the 4th century B.C.
CIC.*Rep.*1.22; VITR.9.6.3; LUC.10.187.

ēuectiō ~ōnis, *f.* [EVEHO + -TIO]
1 An order enabling a person to travel by the state post.
numquam ego ~onem dataui CATO *orat.*171.
2 The action of soaring aloft.
Psyche..resurgentis eius (*sc.* Cupidinis) crure..adrepto sublimis ~onis adpendix APUL.*Met.*5.24.

ēuectus ~ūs, *m.* [next + -TVS³] The means of transporting away.
ut nauigiorum ~us uel itinerum (*sc.* prope sit) PLIN.*Nat.*18.28.

ēuehō ~here ~xī ~ctum, *tr.* [EX- + VEHO] FORMS: *exu-* *CIL* 1.366.
1 To convey or carry out or away. **b** to export (merchandise).
NEQVE ~HITO..QVOD LOVCI SIET *CIL* 1.366; per autumnum ~hito (stercus) CATO *Agr.*5.8; VAR.*R.*1.2.14; omnia ex fanis..plaustris ~cta exportataque esse CIC.*Ver.*1.53; ex planis locis haud facile ~hebant aquas LIV.1.38.6; nec tenuis formica cauis non ~hit oua VAR.AT.*poet.*22.7; statuas et picturas ~here TAC.*Ann.*16.23;—(*of non-personal agencies*) quodcumque mali est..in pelagus..~hat amnis [TIB.]3.10.8; ubi prima tranquillitas maris in altum ~xisset (classes) LIV.25.27.10; MELA 3.40. **b** merces alii suas ~hunt, externas inuehunt PLIN.*Nat.*6.66; 12.63; lanas ~here Tarento non licet QUINT.*Inst.*7.8.4; ULP.*dig.*10.4.5; (*fig.*) ut semel e Piraeo eloquentia ~cta est, omnis peragrauit insulas CIC.*Brut.*51.
2 (pass.) To move out (under the impulse of some external force or agency), be carried out; to ride out; to sail out. **b** (w. acc.) to pass beyond. **c** (refl., topog.) to jut out, project.
~cta in longum..unda *Aetna* 608; Medus (amnis) ad mare ad meridiem uersus..~hitur CURT.5.4.7;—~ctus extra aciem equo LIV.5.36.7; 9.40.12; ~hi equites..iubet TAC.*Ann.*1.63;—Marius ostio Liris ~hitur SIS.*hist.*125; ubi in altum ~cti sunt LIV.21.50.1; 22.19.10; in quinqueremi ex portu..~ctus 28.30.6. **b** iam medias operum partis ~ctus erat sol *Culex* 107; insulam..~cti paulo lentius..adplicant classim CURT.9.9.8; SIL.16.375; aquila..~cta alis totum istud spatium, qua pluit APUL.*Fl.*2; (*transf.*) fama eius ~cta insulas..per Italiam quoque celebrabatur TAC.*Ann.*12.36; (*fig.*) priuatum modum ~ctas opes 14.52. **c** (Europa) totidem..se in altum..frontibus ~hit MELA 1.16.
3 (of an emotion or other impulse) To carry away (to excessive or extreme action). **b** to carry (a practice) beyond a limit.
inter dicendi contentionem inconsultius ~ctus LIV.35.31.12; 42.62.3; temulentiae impetu ~ctus V.MAX.5.1.ext.2; longius nos inpetus ~hit prouocante materia SEN.*Ben.*1.10.1; hunc..in totius odium generis humani ~ctum PLIN.*Nat.*7.80; QUINT.*Inst.*9.2.17. **b** medicinam ..~ctam ultra Magos PLIN.*Nat.*26.20.
4 To carry up; (esp. pass., also refl.) to rise or go up, ascend. **b** (fig. or in fig. phr.) to raise, exalt; also, to elate.
quos..~xit ad aethera uirtus VERG.*A.*6.130;—epops..~ctus in auras *Culex* 253; OV.*Met.*2.73; (testudines) ~ctae in summa pelagi PLIN.*Nat.*9.35; scalis ~cti in murum FRON.*Str.*3.9.2; (*in a carriage*) ut in collem Esquiliarum ~heretur LIV.1.48.6;—(sol) se altius ~hens MELA 3.57. **b** HOR.*Carm.*1.1.6; uiri in id ~cti, super quod adscendi non potest VELL.2.53.3; serua natum in modum filii educauit et ad regium fastigium ~xit V.MAX.1.6.1; SEN.*Ep.*93.4; PLIN.*Nat.*34.38; licet illos (*sc.* oratores) certamina..sua ad consulatus ~xerint TAC.*Dial.* 13.1; hos (*sc.* deos) prosperare et ~here, illos contra aduersari et adfligere APUL.*Soc.*12;—nec secunda sapientem ~hunt nec aduersa demittunt SEN.*Dial.*12.5.1.

ēuellō ~ellere ~ellī or ~ulsī (~olsī) ~ulsum (~olsum), *tr.* [EX- + VELLO] FORMS: *exu-* PL.*Truc.*288.
1 To tear out by the roots, pull or pluck out, uproot. **b** to tear out or away (something which is fixed, stuck, embedded, etc.). **c** to take out (non-material things).
cincinnos tuos..usque ex cerebro ~ellam PL.*Truc.*288; si herbam duram uelles, cupressos simul ~elles CATO *Agr.*48.2; forcipibus dentes ~elleret LUCIL.404; HOR.*Carm.*3.4.55; arborem..~ellebant LIV.33.5.7; retritis pilis aut penitus ~ulsis SEN.*Ep.*47.7; PLIN.*Nat.*18.185; (*cf. sense 2*) spinas animone ego fortius an tu ~ellas agro HOR.*Ep.*1.14.5;—(*in fig. phr.*) qui..dixerint linguam se ~ellisse M. Catoni CIC.*Sest.*60; *Att.*15.4.2. **b** (turibulum)..~ulso emblemate remisisse CIC.*Ver.*4.46; ~elli iubet spiculum *Fam.*5.12.5; CAES.*Gal.*1.25.3; caeno cupiens ~ellere plantam HOR.*S.*2.7.27; OV.*Met.*9.79; CELS.7.5.2.c; Tyrii inhibentes remis aegre ~ellere nauem quae haerebat CURT.4.4.9; ut ~ellatur (ricinus) ex aure..canis PLIN.*Nat.*30.83; saxum..rupibus ~ellit STAT.*Theb.*2.561; ianuas cardinibus obtortis ~ellere gestientes APUL.*Met.*3.5. **c** quam litteram (*sc.* x)..e maxillis et taxillis..consuetudo elegans Latini sermonis ~ellit CIC.*Orat.*153; ex mutis ~ellunt quidam h litteram VEL.gram.in *G.L.*7.52; (*cf. sense 2*) consules..non modo ex memoria sed etiam ex fastis ~ellendos CIC.*Sest.*33.
2 (fig.) To root out, get rid of.
inserit nouas opiniones, ~ellit insitas CIC.*Orat.*97; ut nullo ~elli posset modo (suspicio) *Mil.*68; radicitus ~elli mala LUCR.3.310; illa (studia) omnem tristitiam tibi ~ellent SEN.*Dial.*12.17.3; iras ~ellere auebat SIL.14.183.

(**ēuēlō** ~āre) ~ātum, *tr.* [cf. VELABRVM] (See quot.)
~atum euentilatum, unde uelabra, quibus frumenta uentilantur PAUL.*Fest.*p.77M.

Euēnīnus ~a ~um, *a.* Of or living by the river Euenus.
matres..~ae (*cj.*) OV.*Met.*8.528.

ēueniō ~enīre ~ēnī ~entum, *intr.* [EX- + VENIO] FORMS: *~enat, ~enant* (= *~iat, ~iant*) ENN.*scen.*203; PL.*Cur.*39, *Epid.*290, 321, *Mil.*1010, *Trin.*41; POMPON.*com.*35. In some of these cases and elsewhere there is confusion in the tradition between the two forms.
1 To come out, emerge, issue.
si sors aliter quam uoles ~enerit PL.*Cas.*345; merses profundo: pulchrior ~enit HOR.*Carm.*4.4.65; (*of vegetable growth*) talea, et tota arundo serius praedicto tempore ~enit COL.4.32.2.
2 (w. dat.) To fall by lot, be allotted (to).
ipsi prouincia Numidia..~enerat SAL.*Jug.*35.3; bello Graeci persequendi Publilio ~enerunt LIV.8.22.9; Philo Romae iuri dicundo urbana sors..~enit 22.35.5; quibus plana ~enerant, facile inrupere TAC.*Ann.*2.20; 4.27; praetor, cui ea quaestio ~enerat 6.16;—(*w.* sorte) bellum Plautio sorte ~enit LIV.8.1.2; 21.63.1;—(*w. noun cl.*) Q. Caecilio sorti ~enit ut..aduersus Hannibalem bellum gereret 28.45.11.
3 To happen, come about. **b** (w. dat., *in* + acc.) to happen (to). **c** (w. adjl. or advl.pred.) to turn out; (also, in imprecation, w. acc.). **d** (of events prophesied, prayed for, etc.) to come true, turn out. **e** (neut. pl. of fut. pple. as sb.) future events.
si apud te ~eniat desubito prandium PL.*Bac.*79; si quae ~entura sunt prouideant PAC.*trag.*407; ubi pax ~enerat SAL.*Cat.*9.3; non haec sine numine diuum ~eniunt VERG.*A.*2.778; ~enisse tempus quo..necem..ulciscerentur LIV.28.19.8; CELS.7.2.6; PLIN.*Nat.*20.245; multa eo anno prodigia ~enere TAC.*Ann.*12.43;—(*w.* ex) quid ex quaque re soleat ~enire CIC.*Inv.*2.41; quae ex concordia consulum bona..~enirent LIV.10.22.4;—(*impers.*) ut plerumque ~enit CIC.*Planc.*15;—(*w. noun cl.*) quare..chamaeleon uocetur, uarietate foliorum ~enit PLIN.*Nat.*22.45;—(*w.* ut, ne) hoc ~enit..ut mors obrepat PL.*Ps.*685; persaepe ~enit, ut utilitas cum honestate certet CIC.*Part.*89; quo ~enit ne Hasdrubal..prius sciret quam..prosterneretur V.MAX.7.4.4; ~enit ut..libertatem seruo dare non possit GAIUS *Inst.*1.40. **b** tranquillitas ~enit quasi naui in mari PL.*Poen.*753; uulnus capiti nullum ~enit CATO *hist.*83; hostibus ~eniat lenta puella meis PROP.3.8.20; TAC.*Hist.*1.51;—(*w.* ab) merito tibi ea ~enerunt a me PL.*Capt.*415; PLIN.*Nat.*9.87;—(*w.* ex) ex uirtute formai ~enit tibi mea opera super hac uicina PL.*Mil.*1211;—(*w.* ut) quibus ~enit iam ut morerentur CIC.*Tusc.*1.9;—(*w. inf.*) hostibus ~eniat..linguae tela subire tuae OV.*Pont.*4.6.35;—(*w.* in + *acc.*) ne idem ~eniat in meas litteras CIC.*Fam.*2.10.1; in caput ut nostrum dominae periuria..~enient OV.*Ep.*19.128. **c** piscatus..hic tibi hodie ~enit bonus PL.*Bac.*102; quorsum ~enturum hoc siet TER.*Hec.*193; quae..temptauerat aspera foedaque ~enerant SAL.*Cat.*26.5; LIV.21.21.9; TAC.*Ann.*15.27;—(*w. adv.*) ~enere haec nobis..prospere TER.*Ph.*895; CATO *Agr.*141.2; ut eis..ea res fauste feliciter prospereque ~eniret CIC.*Mur.*1; etiam si tormenta peruicacia seruorum contra ~enissent TAC.*Ann.*4.29; (*impers.*) incommode mihi nuptiis ~enit TER.*Hec.*838;—(*w. noun cl. or phr.*) opportune mi ~enit rediisse Alcesimarchum PL.*Cist.*309; bene mihi ~enire, quod mittar ad mortem CIC.*Tusc.*1.97;—aediles male ~eniat PETR.44.3. **d** si quid bene promittunt (haruspices), perspisso ~enit PL.*Poen.*792; non omnia ~eniunt quae praedicta sunt CIC.*N.D.*2.12; quod precor, ~eniet OV.*Pont.*2.1.55. **e** tu procul ~entura uides TIB.2.5.11; furatus..libellos, quibus dies genitalis eius et ~entura..occultabantur TAC.*Ann.*16.14.

ēuentilō ~āre ~āuī ~ātum, *tr.* [EX- + VENTILO] To winnow thoroughly. **b** to fan away (air, etc.).
et eadem (*sc.* frumenta) ~ata mundiora sunt COL.1.6.23. **b** fit..grauior aer, quem emendant adsiduo linteorum iactatu ~ando PLIN.*Nat.*31.49; potest aestus per uestis interualla depelli..potest ~ari FRO.*Aur.*1.p.12(66N).

ēuentum ~ī, *n.* [EVENIO]
1 An issue, outcome.
de incerto statu fortunae dubiisque ~is rerum futurarum CIC.*Part.*96; ut consilia ~is ponderemus *Rab.Post.*1; *Phil.*14.5; omnia acta et ~a firmiter meminisse GEL.13.8.2.
2 A happening, event, experience. **b** (phil.) an occasional or non-essential condition, 'accident' (opp. *coniunctum* 'property').
si cuiusque facti et ~i causa ponetur CIC.*Part.*32; plurimorum saeculorum et ~orum memoriam *Rep.*3.14;—(*w. gen. of person, etc., concerned*) ex aliorum ~is suis rationibus possunt prouidere *Rhet.Her.*4.13; ~a eius (*sc.* laurus) digna memoratu PLIN.*Nat.*15.136; TAC.*Ann.*4.33. **b** LUCR.1.450; 1.470.

ēuentus ~ūs, *m.* [EVENIO + -TVS³] FORMS: dat. *~u* V.MAX.1.7.8; *~ui* *CIL* 8.18890, etc.; also *~o* *CIL* 7.97, etc.
1 The outcome of a situation, business, etc., issue, result. **b** fulfilment (of a dream, prayer, etc.).
~us rebus omnibus uelut horno messis magna fuit PL.*Mos.* 159; causam appello rationem efficiendi, ~um id quod est effectum CIC.*Part.*110; ~us in incerto erat SAL.*Jug.*51.2; caecos..ulolutat ~us animo secum VERG.*A.*6.158; OV.*Ep.*14.16; ex magna parte prosperos ~us..has compositiones habituras LARG.271; STAT.*Theb.*6.805;—(*w. gen. of business, etc.*) in eius diei casu suarum omnium fortunarum ~tum consistere CAES.*Civ.*2.5.4; ~us..pugnae quis fuit? OV.*Met.*13.278; TAC.*Hist.*3.52; rationabilis indignationis ~u fortuito APUL.*Met.*3.4. **b** somnia quorum ~us mirabiles exstiterunt CIC.*Div.*1.52; has..cecinit mea pagina diras: ~um formae disce timere tuae PROP.3.25.18; precibus ~um uestris senatus quem uidebitur dabit LIV.6.26.2; V.MAX.1.7.8.
2 A successful issue, success. **b** (personified, usu. w. *bonus* or sim. epithet).
si ~us non euenit neque quicquam captumst piscium PL.*Rud.*300; ducis exemplum ~umque secuti VERG.*A.*11.758; LIV.10.39.11; fraudibus ~um dederat fortuna LUC.4.730; QUINT.*Inst.*8.3.13; soliti..damna aestatis hibernis ~ibus pensare TAC.*Ag.*22.3; (*cf.*) ~us frugum uarios et tempora dicunt MAN.1.403. **b** precor..Bonum ~um VAR.*R.*1.1.6; PLIN.*Nat.*34.77; BONVS ~VS AVGVSTI *BMCI* 2.p.241,no.106 (Titus); APUL.*Met.*11.28; DEO SANCTO ~O *CIL* 2.2412.
3 That which comes about, an occurrence, event; an event relating to a particular person or thing, fate. **b** a denouement.
quid est..aliud..~us, nisi cum sic aliquid..euenit ut uel aliter..euenire potuerit CIC.*Div.*2.15; si quis legat..uim carminum fateatur, omnia ea adprobantibus DCCCXXX annorum ~ibus PLIN.*Nat.*28.12; disseruit utendum ~u TAC.*Ann.*2.77; gnarus primis ~ibus metum aut fiduciam gigni 12.31; medico imputari ~us mortalitatis non debet ULP.*dig.*1.18.6.7;—ex ~u nauium suarum CAES.*Gal.*4.31.1; audito ~u collegae LIV.8.10.1; ut et ipsa..~us Hecubam meruisse negauerit illos OV.*Met.*13.575. **b** semper ad ~um festinat (*sc. the poet*) HOR.*Ars* 148; PLIN.*Nat.*9.30.
4 Issue (of growth).
ne uitis..ancipitem floris habeat ~um COL.3.6.3.

Euēnus (-os) ~ī, *m.* A river of Aetolia; also, its eponymous hero.
OV.*Met.*9.104; SEN.*Her.O.*501; PLIN.*Nat.*4.11;—~i..filia (*i.e. Marpessa*) PROP.1.2.18.

ēuerberō ~āre ~āuī ~ātum, *tr.* [EX- + VERBERO] To beat or strike violently. **b** to stir (to an action).
clipeum..~at alis VERG.*A.*12.866; OV.*Hal.*39; remis pertinacius ~atum mare CURT.4.3.18; pectus..suis ~at armis V.FL.6.737; QUINT.*Inst.*2.4.18;—(*of natural forces*) SEN.*Nat.*5.12.2; aquae..pestilentes..in abdito latent, ut..numquam aura liberior ~et 6.27.3; (tofus) ~atur imbri PLIN.*Nat.*36.166; (*fig.*) uerba..Ciceronis in L. Pisonem..figuram simulationemque oris..~auerunt GEL.13.25.22. **b** silentium pueri animum eius (*sc.* mulieris) ad inquirendum ~at GEL.1.23.7.

? **ēuergāneus** ~a ~um, *a.* [app. EX- + VERGO + -ANEVS] Sloping outwards.
ex duobus tignis bipedalibus trabes ~ae circa sunt conlocatae VITR.5.1.9.

ēuerriātor ~ōris, *m.* [cf. EVERRO, EXVERRIAE] (app.) A person who receives a legacy in consideration of performing certain purificatory rites at a funeral.
PAUL.*Fest.*p.77M.

ēuerriculum ~ī, *n.* [next + -CVLVM] A drag-net.
~o in litus educere..piscis VAR.*R.*3.17.7; a piscatoribus ..~um trahentibus V.MAX.4.1.ext.7; APUL.*Apol.*31;—(*fig.*) ~um malitiarum omnium CIC.*N.D.*3.74; (*in pun on*

Verres) quod umquam..huiusce modi ~um ulla in prouincia fuit? Cic.*Ver*.4.53.

ēuerrō ~rrere ~rsum, *tr.* [EX-+VERRO]

1 To sweep out (a room, etc.; also, litter). ~rrite aedis Titin.*com*.36; ut ~rri facile possit (solum) Var.*R*.2.2.7; stabula..~rrenda et purganda Col.7.4.5; (*fig., w. pun on* Verres) quam urbem adisti, quod fanum..quod non ~rsum atque extersum reliqueris? Cic.*Ver*.2.52;—ex aede..stercus ~rritur Var.*L*.6.32; inter purgamenta..humanus sanguis ~rritur Sen.*Con*.9.2.4; Petr.34.3; Plin.*Nat*.36.184.

2 To sweep (the sea) with a drag-net; to net (fish) by dragging. ductis ~rrere retibus aequor Man.4.285;—ut faber mihi piscem ~rreret Apul.*Apol*.29.

ēuersiō ~ōnis, *f.* [EVERTO+-TIO]

1 The action of overturning or upsetting. ~o illius exsecratae columnae Cic.*Phil*.1.5; uehiculorum ~ones Plin.*Nat*.22.43.

2 Expulsion, turning out. reduci plebs in agros unde poterat sine possidentium ~one? Flor.*Epit*.2.1(3.13.7).

3 Destruction. inflammationem, ~onem, depopulationem..meis..tectis atque agris intulerunt Cic.*Har*.3; si..petas..templorum ~onem Quint.*Inst*.5.10.97; urbium ~ones..ausi Tac.*Hist*.5.8; Flor.*Epit*.1.33(2.17.9);—(*transf.*) ~onem ciuitatis Cic.*Har*.55; morum ~onem Sen.*Ep*.95.29; ~o rei familiaris Tac.*Ann*.6.17; si ordinatio ~one, libertas seruitute mutetur Plin.*Ep*.8.24.8; ~onem fideicommissi Ulp.*dig*.36.1.23(22).4.

ēuersor ~ōris, *m.* [next+-TOR] One who destroys or overthrows. ciuem ~orem ciuitatis Cic.*Part*.106; *Sest*.17; Priami regnorum ~or Achilles Verg.*A*.12.545; quis..nostri decoris ~or fuit? Sen.*Phaed*.894; ~or iuris humani Plin.*Nat*.28.6; Quint.*Inst*.8.6.30; (*poet.*) regnorum ~or, rubuit..cometes Sil.8.637.

ēuertō ~tere ~tī ~sum, *tr.* [EX-+VERTO] Forms: *-uor-* Pl.*Per*.566; *Trin*.214, 616; Acc.*trag*.366; Sal.*Hist*.1.55.23.

1 To turn upside down, reverse. **b** to turn (in a vertical plane), turn up, throw back. cum (palum) infimum terra soluit, puter ~titur et fit solum summum Var.*R*.1.8.4; Cic.*Arat*.697(445); puer Veneris fert ~sam..pharetram Ov.*Am*.3.9.7; fasces in funere uidi..~sos *Epic.Drusi* 142; (*fig.*) ab imo ~tere summa Lucr.5.163. **b** ~sas ceruices tuas..abstine Ter.*Hau*.372; defunctorum..oculos ~sos Fro.*Aur*.2.p.226(234N).

2 To agitate (the sea) violently, churn up; to turn up (soil) in ploughing, etc. (Pallas) ~tit..aequora uentis Verg.*A*.1.43; Ov.*Ep*.7.42; momento mare ~titur Sen.*Ep*.4.7; ualidis..~sa lacertis aequora Stat.*Theb*.5.141;—~so iacias dum semina campo V.Fl.7.75; (*cf.*) nullus..agros amnis ~sos trahat Sen.*Her.F*.934.

3 To overturn, upset (a structure, etc.); to capsize (a ship). **b** to cause (men or animals) to fall violently, throw down. **c** to bring down (trees) by felling or uprooting. istius ~tere statuam non dubitarunt Cic.*Ver*.2.160; siquis Athon Pindumue reuulsos sede sua..in apertum ~terit aequor Ov.*Met*.11.555; ~sae turbant conuiuia mensae 12.222; currus ~terant Curt.4.15.16; candelabrum..super mensam ~sum Petr.64.10; Tac.*Ann*.2.31; si plus iusto onerata quadrupes in aliquem onus ~terit Ulp.*dig*.9.1.1.4; (*fig.*) ad ~tenda fundamenta rei publicae Gallos arcessit Cic.*Catil*.4.13; (*transf.*) quos..uersus (*sc. of Homer*)..orator egregius mire quondam ~tit Aur.*Fro*.1,p.94(10N);—auri nauem ~tat gubernator an paleae..nihil interest Cic.*Parad*.20; repletum ratibus ~sis mare Sen.*Ag*.1006; Luc.5.647; (*cf.*) alternum puppis latus ~tentibus undis Juv.12.31. **b** ubi eum ~tit caput praecidit Quad.*hist*.10b; in ~sum..equum Prop.4.10.8; uehiculo ~ti Sen.*Ep*.103.1; (*fig.*) adde..Martem..communem, qui saepe spoliantem iam et exsultantem ~tit Cic.*Mil*.56;—(*pple. as sb.*) Plin.*Nat*.21.132; ~sos scandentesque ac iacentes si quid ingruat 28.62. **c** arator..nemora ~tit Verg.*G*.2.208; *A*.11.136; Sen.*Dial*.6.16.7; quercus ~sa tempestatis ui Plin.*Nat*.16.130; Stat.*Theb*.6.107; (*in fig. phr.*) (stirpes aegritudinis) quae ipso trunco ~so..eligendae sunt Cic.*Tusc*.3.83.

4 To overthrow (towns, etc., by mil. force or sim.), sack. populus R...Fregellas ~tit *Rhet.Her*.4.37; domum meam ~sam Cic.*Dom*.101; castellum ~tere praetor..cupiens Hor.*Ep*.2.2.34; Galli ~tere potuerunt Romam Liv.5.53.5; quod Hannibal contra foedus Saguntum ~tisset Amp.46.4.

5 To ruin (materially, politically, socially, etc.). **b** to overthrow, upset (institutions, policies, etc.; also manners, states of mind). **c** to refute, stultify (argument, etc.). hominis propinqui fortunas funditus ~tere Cic.*Quinct*.53; aratores..proximus (annus)..funditus ~terat *Ver*.3.47; Priami..~tere gentem Verg.*A*.3.1; qui se stirpemque suam..funditus ~tissent Liv.40.8.11; prouinciae ~sae Tac.*Ann*.15.45; Juv.10.108; (*cf.*) quem (agrum)..minime..colonus ~tere potest (*i.e. by bad management*) Col.1.7.6. **b** non semper uestra (*i.e. your plans*) ~tit..Iuppiter Enn.*Ann*.258; ad rem publicam ~tendam Quad.*hist*.8; ~te leges, testamenta, uoluntates mortuorum, iura uiuorum Cic.*Ver*.2.46; si..augures totum ~tunt tribunatum tuum *Dom*.41; disciplinae militaris ~sae Liv.8.34.3; ut imperium ~tant libertatem praeferunt Tac.*Ann*.16.22; si ob ~tenda iudicia id fecit Ulp.*dig*.29.4.4.1;—uirtutem penitus ~teris Cic.*Fin*.3.10; pietatem ~tere Lucr.3.84; ~sos mores Sen.*Ben*.1.10.1. **c** sua confirmare, aduersaria ~tere Cic.*Orat*.122; uestra responsa atque decreta..~tuntur saepe dicendo *Mur*.29; ~so quo defendimur Quint.*Inst*.7.2.12; (*w. pers. obj.*) ~tere..testem *Decl*.388(p.439,l.6).

6 (w. abl.) To expel (from property, possessions, etc.). ~tes..homines fundis, familiis Pl.*Per*.566; bonis qui..adulescentem ~tisset suis *Trin*.214; cur..eos..fortunis omnibus conaris ~tere? Cic.*Div.Caec*.21; *Prov*.7; non luctus gemitus..eorum animum inflexit quein..dignitate alios, alios ciuitate ~sum irent Sal.*Rep*.2.4.2.

ēuestīgō ~āre ~āuī ~ātum, *tr.* [EX-+VESTIGO] To search out. post ~ata illa fugitiuorum arma Sen.*Con*.2.1.7.

eugae: see EVGE.

eugalacton ~ī, *n.* [Gk. εὐγάλακτος] A plant (= GLAVX). Plin.*Nat*.27.82.

Euganeus ~a ~um, *a.* Of the Euganei, a race of northern Italy. Plin.*Nat*.3.133; Dryadum pulcherrima Fauno nupsit ad ~os..lacus Mart.4.25.4; Sil.8.603; ~a..mollior agna Juv.8.15;—(*masc. pl. as sb.*) Liv.1.1.3; Plin.*Nat*.3.134.

euge, *int.* **(eugae).** [Gk. εὖγε] Pros. and Orthog.: final syllable freq. lengthened in Plautus and Terence and spelt *eugae* in some codd. and edd. (expressing delight, pleasurable surprise, or sim.; sts. iron.) Oh, good! fine! ~, ~, di me saluom et seruatum uolunt Pl.*Aul*.677; *Mil*.213; o Pamphile, te ipsum quaero. ~, Charine! ambo opportune Ter.*An*.345; ~! iam lepidus uocor *Ad*.911; Pers.1.49; ~ puer, sapias 5.167; effecte! grauiter! cito! nequiter! ~! beate! Mart.2.27.3.

eugenēus (~īus) ~ēa ~ēum, *a.* [cf. Gk. εὐγενής, εὐγένεια] Of noble or generous stock (in quots., the name of a variety of grape or vine). (uinum) geminum ~eum Cato *Agr*.6.4; Col.3.2.16; ~iam (uitem) Tauromenitani colles cum generositatis cognomine misere Albano..agro Plin.*Nat*.14.25.

eugepae, *int.* [EVGE+(PA)PAE] Splendid! (sts. iron.). in uadost, iam facile enabit. ~! Pl.*Rud*.170; fidicinas..aduexit secum forma eximia. —~! *St*.381; (*iron.*) sed aedis occluserunt. ~ *Am*.1018.

eugīum ~iī, *n.* [cf. Gk. εὔγειος] The region of the female pudenda. Lucil.940; Laber.*com*.25; 139.

Eu(h)ān. [Gk. εὐάν] A cry of the Bacchantes, a cult-title of Bacchus. Enn.*scen*.125; autumnus adit, graditur simul Euhius ~ Lucr.5.743; Ov.*Met*.4.15; a summis auditus montibus ~ Stat.*Theb*.5.94; *Silv*.1.2.220.

eu(h)ans ~ntis, *pple.* [cf. Gk. εὐάζων] Uttering the cry *euhan.* Thyadas..~ntis Catul.64.391; egit..~ntis..Ariadna choros Prop.2.3.18; Apul.*Met*.8.27; (*w. internal acc.*) ~ntis orgia..Phrygias Verg.*A*.6.517; (*transf., of an African priestess*) ~ntis Massylae..iras Sil.1.101.

Euhēmerus ~ī, *m.* A Greek exponent (c. 300 B.C.) of the theory that the gods were deified human beings. Var.*R*.1.48.2; Cic.*N.D*.1.119; Col.9.2.3; Amp.9.2.

Euhias ~adis, *f.* A female votary of Bacchus. Hor.*Carm*.3.25.9.

Euhius (~ios) ~iī, *m.* A cult-title or appellation of Bacchus; *~ion clamare* or sim., to raise the Bacchic cry. o Dionyse..Semela genitus, ~ie! Acc.*trag*.242; Cic.*Flac*.60; Hor.*Carm*.1.18.9; Petr.41.6; Stat.*Theb*.4.740;—pars 'Hymenaee' canunt, pars clamant ~ion Ov.*Ars* 1.563; maenas..~ion ingeminat Pers.1.102.

euhoe, *int.* [Gk. εὐοῖ] The cry of the Bacchantes. ~ atque ~, Bromie Pl.*Men*.835; Catul.64.255; ~ Bacche fremens Verg.*A*.7.389; ~, parce Liber Hor.*Carm*.2.19.7; Ov.*Ars* 1.563; Juv.7.62.

ēuibrō ~āre, *tr.* [EX-+VIBRO] To set in vibration. Lacedaemonios..tibiarum modulis..esse usos..non..ut excitarentur atque ~arentur animi Gel.1.11.1.

ēuictiō ~ōnis, *f.* [EVINCO+-TIO] (leg.) Recovery at law in virtue of superior title; *~onem praestare,* to assure (a purchaser) against such recovery. qui pro ~one praediorum quae uendidit fidem suam adstrinxit Papin.*dig*.3.3.67; ~onis actio 41.2.49.2; Ulp.*dig*.7.6.5.5;—Pompon.*dig*.13.7.8.1; palam est duas ~ones eum praestare debere Ulp.*dig*.19.1.10.

ēuidens ~ntis, *a.* *compar.* ~ntior, *superl.* ~ntissimus. [EX-+VIDEO]

1 Perceptible (to the senses). (abdomen) ab exteriore parte ~nti cute..inclusum Cels.4.1.13; arteriarum pulsus in cacumine maxime membrorum ~ns index fere morborum Plin.*Nat*.11.219; sapore quodam..in apris ~ntissimo 13.43; 19.110; non in loco remoto, sed in ~nti Ulp.*dig*.14.3.11.3.

2 Clear, obvious (to the understanding). narrationes..ut planae sint, ut breues, ut ~ntes Cic.*Top*.97; tam ~ns numen..rebus adfuit Romanis Liv.5.51.4; causa ~ns Plin.*Nat*.9.2; Quint.*Inst*.5.10.7; tam ~ntibus ac tamen non praetextatis, sed puris honestisque uerbis Gel.9.10.4; istae praefationes..~ntiorem praestant intellectum Gaius *dig*.1.2.1; (*of an imminent occurrence*) cum ~ns mors sit Cels.2.8.33;—(*w. acc. and inf.*) cum ~ns sit..purgatione..inferiora exinaniri 4.31.9; Suet.*Vit*.7.1;—(*w. sup.*) non modo compertu ~ntia uerum etiam factu facilia Apul.*Met*.1.3.

3 (of actions) Open, unconcealed. genus quaestus aut magni et ~ntis aut minimi et sordidi *B.Alex*.49.2; tota regis..stirps ~ntissimis exhausta cladibus V.Max.3.2.ext.9; ~ntissimis rapinis Suet.*Jul*.54.3.

ēuidenter, *adv.* *compar.* ~tius, *superl.* ~tissimē. [prec.+-TER²] Clearly, obviously, manifestly; (rhet.) so as to give a realistic impression, vividly. cum tam ~ter paenituerit Liv.6.26.7; eum..~ter nocentem V.Max.6.2.4; prodest et hoc medicamentum ~ter Larg.77; feminarum..capitibus quanto opere solitus sit inludere ~tissime apparuit Suet.*Tib*.45; sicut inferius ~tius apparebit Gaius *Inst*.1.118;—non..satis..ea de quibus dicat clare atque ~ter ostendere Quint.*Inst*.8.3.86.

ēuidentia ~ae, *f.* [EVIDENS+-IA]

1 The quality of being manifest to one or other of the senses. corpora propter insignem ~am..cognosci Apul.*Pl*.1.5; 2.26.

2 The quality of being evident to the mind, obviousness; that which is evident, evidence. **b** (rhet.) vividness. Cic.*Luc*.17; somnium..propter nimiam..~am ne omittatur impetrat V.Max.1.7.ext.10;—ipsa ~a eius opinioni repugnat Cels.1.pr.58. **b** ~a in narratione..est quidem magna uirtus Quint.*Inst*.4.2.64; 6.2.32; 8.3.61.

ēuigilō ~āre ~āuī ~ātum, *intr., tr.* [EX-+VIGILO]

1 To wake up. zonis lucentibus icta ~at domus Stat.*Theb*.10.121; qua puppe magister excidit et mediis miser ~auit in undis *Silv*.5.3.128; Quint.*Inst*.9.4.12; ~o..circum horam primam Plin.*Ep*.9.36.1; Suet.*Gal*.4.3; Apul.*Met*.8.12;—(*transf.*) ~a et attende, quid cupiat ipse Chrysippus Fro.*Aur*.2.p.66(146N); age..~a et tecum esto Apul.*Met*.2.6.

2 To watch throughout the night (in quots., fig.). **b** (tr.) to stay awake through. in quo ~arunt curae et cogitationes meae Cic.*Parad*.17; tanta..industria est tantumque ~at in studio *ad Brut*.1.15.1; (*impers. pass.*) etsi nobis..~atum fere est, tamen de posteris nostris..sollicitor *Rep*.3.41. **b** est mihi nox..~anda Tib.1.8.64.

3 (tr.) To devise, compose, study, etc., with careful attention. consilia..~ata tuis cogitationibus Cic.*Att*.9.12.1; quos (*i.e. books*) studium cunctos ~auit idem Ov.*Tr*.1.1.108; Gel.1.7.4.

ēuīlescō ~escere ~uī, *intr.* [EX-+VILIS+-SCO] To become worthless, be cheapened. nullis sordibus pretium carae pietatis ~escit V.Max.5.4.7; cuius criminationibus ~uissent pericula sua Tac.*Hist*.3.53; (Claudius) usque eo ~uit, ut passim..contemptui esset Suet.*Cl*.15.3.

ēuinciō ~cīre ~xī ~ctum, *tr.* [EX-+VINCIO] (usu. in pf. pple.) To bind or wreathe round. **b** (with fetters, etc.). lapidem..quadratum..~ctum candelis quoquouersus Hem.*hist*.37; Verg.*A*.5.364; ~ctas..comas Ov.*Am*.3.6.56; Stat.*Theb*.1.554; spatium omne quod templo dicabatur ~ctum uittis coronisque Tac.*Hist*.4.53; Tiridaten insigni regio ~xit *Ann*.6.42;—(*w. retained acc.*) stabis suras ~cta coturno Verg.*Ecl*.7.32; ~ctus uitta crines Ov.*Met*.15.676. **b** ~cti..tristem ducuntur ad aram Ov.*Tr*.4.4.73; Sil.2.48; (*w. retained acc.*) ~ctos bracchia capta duces Tib.1.7.6; (*w.* ad) ~cti geminas ad sua terga manus Ov.*Pont*.3.2.72;—(*w. dat.*) ille..corpus ~ctus rotae Sen.*Ag*.15; binis quadrigis ~ctus in diuersa nitentibus Gel.20.1.54; (*cf.*) omnia rerum humanarum..tamquam stellis..~cta duci et regi 14.1.3.

ēuincō ~incere ~īcī ~ictum, *tr.* [EX-+VINCO]

1 To defeat utterly, be victorious over. **b** to outdo (in any respect). finge..pactis ~ictum (*sc.* Eteoclem) excedere regnis Stat.*Theb*.7.558; imbellis Aeduos ~incite Tac.*Ann*.3.46; (*poet.*) ulneribus..paulatim ~icta supremum congemuit (ornus) Verg.*A*.2.630; (*in a curse*) QVAE (*sc.* febres) CVM ILLO LVCTENT..ILLVNC ~INCANT VINCANT *CIL* 1.2520.8;—(*fig.*) pauca aratro iugera regiae moles relinquent..platanusque caelebs ~incet ulmos Hor.*Carm*.2.15.4; quoniam ~incit herbas lupinum Plin.*Nat*.18.185; (*absol.*) si ~icerint herbae 18.147. **b** astra..quae..Phoebum lunamque uagasque ~incunt stellas (*i.e. in speed*) Man.3.63; arbor..celso uertice ~incet nemus Sen.*Phaed*.457.

2 To win a way past (an obstacle, etc.). cum..amnis..oppositas..~icit gurgite moles Verg.*A*.2.497; ~ictos effugit umbra rogos Prop.4.7.2; ~icit omnia adsuetus praedae miles Liv.10.17.10; ubi..remis..Charybdim ~icere rates Ov.*Met*.14.76; os Ponti ~incere non ualent (cancri) Plin.*Nat*.9.98.

3 (of anim. or inanim. subjs.) To overcome,

rise superior to, subdue (situations, conditions, etc.). **b** to affect excessively, overcome (a person, his attitudes, etc.).
pugnat (Argus) molles ~incere somnos Ov.*Met.*1.685; neque..facile is morbus..~incitur Cels.3.22.8; quo modo opiniones totius aeui..~incis? Sen.*Ep.*82.23; ut ea (*sc.* nix) aestatem ~inceret *Nat.*4b.13.3; Petr.79.4. **b** concepit furias (Dido) ~icta dolore Verg.*A.*4.474; ~icit miseratio..sociorum superbiam ingenitam Campanis Liv.9.6.5; nisi magnae..iniuriae patientiam ~icerunt Sen.*Cl.*1.14.1; ~icta pudore Stat.*Theb.*9.840; Tac.*Ann.*12.49.

4 To overcome the resistance of, persuade. **b** (without personal obj.) to prevail in discussion, etc.
ad ultimum populi precibus ~ictus V.Max.6.5.ext.3; his ~ictus..Domitium filio anteponit Tac.*Ann.*12.25; (*w.* ad) supremis eius necessitatibus ad miserationem ~icta erat 11.37; (*w.* ut) nec ut reuocaret..ullis populi precibus potuit ~inci Suet.*Tib.*37.2. **b** precibus ~icit gener Sen.*Med.* 184; (*w. internal acc.*) te magis est mirum non hoc ~incere Ov.*Pont.*3.1.31;—(*w.* ut) in hanc sententiam ut discederetur iuniores patrum ~incebant Liv.3.41.1; partim consilio partim precibus ~icit, ut permitterent se Romanis 38.9.7;—(*w. acc. and inf.*) si puerilius his ratio esse ~incet amare Hor.*S.*2.3.250.

5 (leg.) To recover possession of (at law).
adulescentem..apud uenaliciarium repertum iudicio adserens ~icit Quint.*Decl.*388(p.433,l.22); *CIL* 3.940.8; in fundo alieno, quem imprudens emeras, aedificasti..deinde ~incitur Cels.*dig.*6.1.38; si..in libertatem ~ictus sit (Stichus) Afric.*dig.*21.2.46.2; Ulp.*dig.*5.3.20.18.

ēuirātiō ~ōnis, *f.* [eviro+-tio] The removal of masculine characteristics.
pilorum ~o instituta resinis Plin.*Nat.*29.26.

ēuirātus ~a ~um, *a.* *compar.* ~ior. [pple. of eviro] Unmanly, effeminate.
spadone cum sis ~ior Mart.5.41.1.

? **ēuīrescō** ~ere, *intr.* [ex-, vis] (app.) To lose strength.
exsanguibus dolore ~at (*s.v.l.*) colos Var.*Men.*425.

ēuirō ~āre ~āuī ~ātum, *tr.* [ex-+vir+-o[3]] To unman, unsex.
spatula ~auit omnes..pueros Var.*Men.*275; corpus ~astis Veneris nimio odio Catul.63.17.

ēuiscerō ~āre ~āuī ~ātum, *tr.* [ex-+viscera+-o[3]] To disembowel, eviscerate.
ipse summis saxis fixus..~atus Enn.*scen.*362; ~atum corpus Cic.*Tusc.*2.21(transl. Sophocles); (accipiter) columbam..pedibus..~at uncis Verg.*A.*11.723; Sil.13.847; macilentam uel omnino ~atam formam..cadaueris Apul.*Apol.*63; (*transf.*) cum ceteri amnes abluant terras et ~ent Sen.*Nat.*4a.2.10.

ēuītābilis ~is ~e, *a.* [evito[1]+bilis] Avoidable.
non ~e telum Ov.*Met.*6.234; aut ineuitabilia mala..aut ~ia Sen.*Nat.*2.50.2.

ēuītātiō ~ōnis, *f.* [next+-tio] The action of avoiding.
~onem impendentis periculi Sen.*Nat.*2.39.3; malorum ~onem Quint.*Inst.*5.10.33.

ēuītō[1] ~āre ~āuī ~ātum, *tr.* [ex-+vito] To avoid, shun (by physical or other action).
~antem caldorem et frigus Var.*R.*3.9.15; in oratione..sunt ~andi continuati pedes Cic.*Orat.*194; si..~auerit hoc periculum Dolab.*Fam.*9.9.2; meta..~ata rotis Hor.*Carm.* 1.1.5; nec eundo nec manendo insidias ~o Liv.40.10.5; Ov.*Met.*12.123; aquilonem ~ent (aluaria) Plin.*Nat.*21.80; ~andus..magister aridus Quint.*Inst.*2.4.8; Tac.*Ann.*13.47;—(*absol.*) (canis) hinc et illinc..infestans atque ~ans Plin. *Nat.*8.150; secet non ~antia colla Stat.*Theb.*11.687;—(*w.* ne, quominus) ~emus..ne deliberasse uideamur Sen.*Ben.* 2.1.2; non ~abit, quo minus queratur Ulp.*dig.*25.3.1.16.

ēuītō[2] ~āre ~āuī ~ātum, *tr.* [ex-+vita+-o[3]] To deprive of life, kill.
uidi..Priamo ui uitam ~ari Enn.*scen.*98; Acc.*trag.*348; nec..ueri simile est hominem solitarium tres..~asse iuuenes Apul.*Met.*3.8.

eumecēs ~ēs ~es, *a.* [Gk. εὐμήκης] **a** The name of a kind of balsam. **b** (fem.) a precious stone.
a Plin.*Nat.*12.114. **b** ~es..silici similis Plin.*Nat.* 37.160.

Eumenicus ~a ~um, *a.* Of or connected with Eumenes II of Pergamum.
porticus ~ae Vitr.5.9.1.

Eumenis ~idos, *f.* One of the Eumenides or Furies; (usu. in pl.).
qualis Agauen inpulit..~is Luc.1.576; Stat.*Theb.*7.580; saeuam ~ida Sil.2.544;—(*pl.*) sin haec dea est, cur non ~ides? Cic.*N.D.*3.46; Verg.*A.*4.469; intorti capillis ~idum ..angues Hor.*Carm.*2.13.36; Ov.*Met.*10.46; Stat.*Theb.*4. 526; Juv.14.285.

eumit(h)rēs (*acc.* ~trēn) [Gk., cf. εὐμιτρος] A precious stone.
Plin.*Nat.*1.37.58; 37.160.

Eumolpidae ~ārum, *m. pl.* An Eleusinian clan and hereditary priests of the mysteries.
Cic.*Leg.*2.35.

Eumolpus ~ī, *m.* The mythical ancestor of the Eumolpidae.
Ov.*Met.*11.93; *Pont.*2.9.2.

eunūchō ~are, *tr.* [next+-o[3]] To make a eunuch of.
is qui se ~at Var.*Men.*235.

eunūchus ~ī, *m.* [Gk. εὐνοῦχος] A eunuch.
neque..aurum et argentum, quo nostros ueteres Marcellos..multi ~i e Syria..uicerunt Cic.*Orat.*232; Caes.*Civ.* 3.108.1; Mart.3.82.15; sunt quas ~i..delectent Juv.6.366; (*as the title of a play*) acturi sumus Menandri ~um Ter. *Eu.*20.

ēuocātiō ~ōnis, *f.* [evoco+-tio]

1 The calling up (of spirits from the dead).
inferum ~one Plin.*Nat.*30.6.

2 The summoning of a person to appear; the calling or ordering out of troops.
edictum..proposuerat, quibus pecunias imperasset neque contulissent, se adirent. quae ~o..omnis turbauit *B.Alex.*56.6;—uis decernitur per euocatio, classes,..~ones hominum *Rhet.Her.*3.3.

ēuocātiuus ~a ~um, *a.* [evocatvs+-ivvs] Relating to service as an *euocatus*.
CIL 13.7556.

ēuocātor ~ōris, *m.* [evoco+-tor] One who orders out troops (in quot., iron.).
~orem seruorum et ciuium perditorum Cic.*Catil.*1.27.

ēuocātus ~ī, *m.* [pple. of next] A man specially invited by a military commander to serve under him; later restricted to senior soldiers on the completion of their service, and from the early empire onwards to ex-members of the praetorian and urban cohorts.
praefectum ~orum Cic.*Fam.*3.6.5; erat..~us in exercitu Caesaris Caes.*Civ.*3.91.1; centuriones, omnis lectos et ~os ..in primam aciem subducit Sal.*Cat.*59.3; Vell.2.70.2; Mart.4.4.5; Tac.*Hist.*1.41; Suet.*Ves.*1.2; ~vs ballistarvm *A.Epig.*55.238;—(*w.* Augusti) *CIL* 11.395; quidam ~us Augusti, uir militaris disciplinae Hyg.*agrim.*p.84; (*transf.*) Suet.*Gal.*10.3.

ēuocō ~āre ~āuī ~ātum, *tr.* [ex-+voco]

1 To call out (from a building, into the open, etc.). **b** (rel.) to call on (gods) to leave a place (e.g. an enemy city) and take up residence in a new sanctuary. **c** to summon (spirits) to appear, evoke; to produce (events) by supernatural means.
gubernatorem a naui huc ~a Pl.*Am.*967; ~a aliquem intus ad te *Mos.*675; numquem ~ari hinc uis foras? Ter. *Eu.*283; iuuenis stare ad ianuam duo quosdam, qui eum..~arent Cic.*de Orat.*2.353; ~auit uirum e curia Liv.1.48.5; Plin.*Nat.*33.73; (*poet.*) non uigil ales ibi..cantibus..~at Auroram Ov.*Met.*11.598; (*fig.*) rex enim ..uestram familiam..obscuram e tenebris in lucem ~auit Cic.*Deiot.*30. **b** Volcani..ui e moenibus religionibus et sacrificiis ~ata Vitr.1.7.1; non motam Termini sedem unumque eum deorum non ~atum sacratis sibi finibus Liv.1.55.4; alios (deos) uotis ex urbe sua ~atos 5.21.5; Plin.*Nat.*28.18; (*cf.*) solent, qui liberare eum locum religione uolunt, sacra inde ~are Ulp.*dig.*1.8.9.2. **c** cum ille omnis prope ab inferis ~asset Metellos Cic.*Sest.*130; *Mil.*79; ~at antiquis proauos ..sepulcris Ov.*Am.*1.8.17; se..~asse umbras ad percunctandum Homerum Plin.*Nat.*30.18;—~ui nubibus siccis aquas Sen.*Med.*754; (monstrum) ~atum a Porsina Plin. *Nat.*2.140.

2 To lure or entice out.
praedae cupiditas multos longius ~abat Caes.*Gal.*6.34.4; v milia Praenestinorum spe salutis..extra moenia..~ata V.Max.9.2.1; fugam simulantes in insidias hostes ~auerunt Fron.*Str.*2.5.6; qui ad ~andum Galbam laeta falso uulgauerint Tac.*Hist.*1.34; (*cf.*) faba..florescens eam (*sc.* apiculam) ~at Plin.*Nat.*18.253; (*fig.*) agitandus omnibus modis et turbandus et ~andus (litigator) Quint.*Inst.*12.8.9.

3 To summon, call upon to appear. **b** (leg.) to cite, summon (to appear in court). **c** to order out (troops).
~auit litteris e municipiis decem primos Cic.*Att.*10.13.1; propter singularem scientiam..ad eum est honorem ~atus Caes.*Gal.*7.57.3; has (*sc.* animas)..Lethaeum ad fluuium deus ~at Verg.*A.*6.749; decem principes Latinorum Romam ~auerunt Liv.8.3.8; ~ati..legati ad conloquium.. uiolata..fide comprehenduntur 21.25.7; ~atus in consilium Plin.*Ep.*6.31.1; Pudentillam..~asse ad se filios et nurum Apul.*Apol.*87;—(*w. abst. subj.*) quos officia domibus suis ~ant Sen.*Dial.*10.12.1; Col.1.1.19. **b** Verres simul ac tetigit prouinciam..Dionem ~auit Cic.*Ver.*1.27; regem ad causam dicendam ~ari Caes.*Civ.*3.108.1; Liv.45.31. 9; poscebat..tempus ~andorum testium Tac.*Ann.*13.52; ~ari mulier ad praetorem poterit Ulp.*dig.*25.4.1.2; Paul. *dig.*5.1.24. **c** milites..ex hibernis in expeditionem ~at Sal.*Jug.*37.3; ~atis..edicto Tarraconem sociorum auxiliis Liv.26.41.1; (*of bees*) suos quibusque (imperatoribus) ~antibus Plin.*Nat.*11.58.

4 To rouse, provoke (to an action, state of mind, etc.). **b** to cause (plants, etc.) to grow; to train up. **c** to excite, arouse, provoke (actions, states of mind, processes).
paulatim..~andus aeger est ad exercitationes Cels. 3.21.17; Sen.*Dial.*4.20.4; cum..placidos in saeuitiam..~et (ira) 5.5.1; illum saepe..Caesar..morantem ~at Luc.5.481; praemiis..~etur (puer) Quint.*Inst.*1.1.20; (*w.* ut) me..tui caritas ~at, ut currentem quoque instigem Plin.*Ep.*3.7.15. **b** oritur herba imbribus..~ata Var.*R.*2.2.14; (sol) corpora alit, sata ~at Sen.*Ben.*7.31.3; Col.3.12.1; (*cf.*) capillum.. ~at (oleum cicinum) Plin.*Nat.*23.83;—(materia) applicata suo pedamento ad iugum ~atur Col.4.15.2; 4.29.11. **c** si latet, ~anda est (memoria) Cic.*de Orat.*2.360; ad intercessionem ~andam Cael.*Fam.*8.11.2; ~andus est sudor non per exercitationem tantum Cels.3.21.6; sternumenta ~are (oportet) 4.2.5; elige..moderatos, qui iram tuam nec ~ent et ferant Sen.*Dial.*5.8.5;—(*w. non-pers. subj.*) feruor ..omnes res ~at et ad se ducit Vitr.9.1.12; quibus (*sc.* pueris)..lacrimas..~ant nomina parum grata auribus Sen. *Dial.*2.5.2; *Ep.*29.5; nubes..in nubes incitatae..ignem ~abunt *Nat.*2.23.1; (nitrum) uomitiones..~at Plin.*Nat.* 31.119.

5 To draw out, extract.
quibus liquoribus..lanam imbuere oportebit, ut insistentes apes..sucum ~ent Col.9.14.15; Plin.*Nat.*30.69;—(*med.*) a mediis partibus corporis ~are materiam uolumus Cels.2.14.8; tumores, quos ~ari..opus sit Plin.*Nat.*20.82; tela quae..extrahenda sunt corpori ~at mus dissectus inpositus 30.122.

euōdes, *n.* [Gk. εὐῶδες] A kind of salve or ointment.
Cels.5.24.2; evvodes ad aspritvd *CIL* 3.12032.2.

euoe: see evhoe.

ēuolitō ~āre, *intr.* [ex-+volito] To fly out frequently or habitually.
patentibus fenestris per quas ad requirendos cibos ~ant (columbae) Col.8.8.1.

ēuolō ~āre ~āuī ~ātum, *intr.* [ex-+volo[2]]

1 To fly out or away.
quod prohibeat eas (*sc.* gallinas) extra saepta ~are Var. *R.*3.9.15; cum iam ~aturae sunt (apes) 3.16.30; quercus, ex qua..~auit (*sc.* aquila) Cic.*Leg.*1.2; ne..~andi sit potestas domesticis auibus aut..accipitribus inuolandi Col.8.15.1; Plin.*Nat.*15.80; Gaius *dig.*41.1.5.6; fit bubo.. forinsecus totis alis ~at Apul.*Met.*3.21; (*in fig. phr.*) Coracem istum..patiamur..pullos suos excludere in nido, qui ~ent clamatores odiosi Cic.*de Orat.*3.81;—(*poet.*) (Amor) ~at ..nostro quoniam de pectore nusquam Prop.2.12.15; madidis Notus ~at alis Ov.*Met.*1.264;—(*transf., of the mind or soul*) quorum animi spretis corporibus ~ant Cic.*Div.* 1.114; *Amic.* 14; (*cf.*) (animam) uisam ~antem ex ore..corui effigie Plin. *Nat.*7.174.

2 To fly up. **b** (of inanim. things) to rise quickly, fly upward.
ex humili sede sublima ~at Acc.*trag.*576; turres in quas ex agro ~ant (columbae) Var.*R.*3.7.1; uultur et fere grauiores (aues) nisi ex procursu..non ~ant Plin.*Nat.*10.113; cum altissime ~asset (aquila) Suet.*Aug.*94.7; (*of a constellation*) in caelum nitidis Olor ~at alis Man.5.366;—(*fig.*) quem..esse in principibus facile sunt passi, ~are altius certe noluerunt Cic.*Fam.*1.7.8. **b** lapidem ferro cum caedimus, ~at ignis Lucr.6.314; suapte natura grauia descenderint, ~auerint leuia Sen.*Dial.*8.5.5; Plin.*Nat.*2.111; (spodos) ~at..e fornacibus et tectis adhaerescit 34.130.

3 To rush forward, hurry out.
repente ~asse istos..testis Cic.*Cael.*63; ex omnibus partibus siluae ~auerunt et in nostros impetum fecerunt Caes. *Gal.*3.28.3; Verg.*A.*9.477; ~at admissis discolor agmen equis Ov.*Am.*3.2.78; Sen.*Phaed.*1061; (Caesar) agmine.. rapto super ~at Alpem Luc.3.299; illo spe concitus..~at Stat.*Theb.*1.383; (*fig.*) tantus..cursus verborum fuit et sic ~auit oratio Cic.*de Orat.*1.161.

4 To flee, escape.
~arat..e conspectu fere fugiens quadriremis Cic.*Ver.*5.88; qua e poena si..inuitissimis uobis ~arunt *Prov.*14; armati nauibus ~ant scaphis aut nando Sal.*Hist.*fr.(*P.Ryl.*473); futurum te fugitiuum rei familiaris statimque ad nos ~aturum Plin.*Ep.*9.28.4;—(*of an inanim. thing*) quid quaeritas?—cistellula hinc mi..~auit Pl.*Cist.*731; nisi ferrum.. manibus temerariis delapsum ~asset Apul.*Met.*5.22.

ēuolsiō ~ōnis, *f.* [evello+-tio] The action of pulling out, extraction.
dentis..~onem Cic.*N.D.*3.57.

ēuoluō ~uere ~uī ~ūtum, *tr.* [ex-+volvo] Pros.: *euoluam* Catul.66.74(*cj.*); *euoluisse* Ov.*Ep.*12.4, *Tr.*2.238.

1 To eject with a rolling or coiling motion, roll out or away.
facit (amnis)..prorutam in mare ~uendo terram praealtas uoragines Liv.44.8.6; se..frustra tollere conatur iactasque ~uere siluas (*i.e. the soil heaped on his body*) Ov.*Met.*12. 519; ~utum ex tuguriis fumum Curt.8.4.9; Sen.*Nat.* 2.26.5; ne..desilientibus (gallinis) ~uta decidant oua Col. 8.5.11; cadauera plenis turribus ~uit Luc.6.171; quae..in litoribus..iacent et..motis flucticulis ultro foras ~uuntur Apul.*Apol.*35; (*transf.*) ad aures..militum dicta ferocia ~uebantur Liv.22.14.15;—(*pass. in middle sense*) (anguem) ~utam repente atque ex oculis elapsam Liv.26.19.7; sequitur..ut intestina ~uantur (*i.e. prolapse*) Cels.7.16.1; si forte prolapsus est..insurgere haud licitum: per humum ~uuntur Tac.*Ger.*39.3; (*cf.*) membra cubili ~uens non tarda Marus Sil.6.74.

2 To cause to flow, roll (out or from).
Africo..crebros ex alto fluctus in litus ~uenti Curt.4.2.7; Araxes amnis..multorum aquas torrentium ~uit in Medum 5.4.7; ingens aequor ~uunt (maria) Sen.*Nat.*3.28.3; *Her.O.* 731;—(*refl. or pass.*) cum..nec..~uere posset in mare se Xanthus Verg.*A.*5.807; (Nilus) septem..in ora se scindens singulis tamen grandis ~uitur Mela 1.51; Plin.*Nat.*4.79.

3 To tear or wrench out (with a more or less rotatory movement). **b** to eject, evict (from property, position, etc.). **c** to free, release (from a situation).
(flatus) arbusta ~uens Lucr.6.141; radice ab ima..uulsos..~uit orbes (*i.e. eyes*) Sen.*Oed.*967; (*fig.*) aut terra aut

mari alicunde ~uam id argentum tibi PL.*Ps*.317. **b** quem ego hominem..uita ~uam sua PL.*Men*.903; istos incubantes publicis thesauris ex praeda clandestina ~uas LIV.6.15.5; acti in exilium et ~uti bonis SEN.*Ep*.74.4; ~uimur orbe LUC.9.876; ~utum eum sede patria TAC.*Ann*.13.15. **c** hac re..te omni turba ~ues TER.*Eu*.723; *Ph*.824.

4 To uncover, unwrap. **b** (fig.) to unfold by mental processes, discover, open out. **c** to open or spread out (a closely packed group).
opertum me amiculo ~uit PETR.11.3; (*in fig. phr.*) te..~utum illis integumentis dissimulationis tuae CIC.*de Orat*.2.350. **b** cuius (criminis) ego nec principium inuenire neque ~uere exitum possum CIC.*Cael*.56; complicatam notionem ~uere *Off*.3.76; CATUL.66.74; lingua prompta..quae meditata pectore ~uat SAL.*Rep*.1.8.9; digna ~uere tantas..corda uices STAT.*Silv*.5.1.78. **c** latas ~uere uiris STAT.*Theb*.5.44; ~uere globum 6.414.

5 To unwind, wind off (a spindle).
tunc..sorores debuerant fusos ~uisse meos OV.*Ep*.12.4.

6 To unroll (a papyrus roll); to read through (a book or author). **b** to turn over in one's mind.
manibus..distortissimis, ut..neque libellos ~uere aut tenere omnino ualeret SUET.*Gal*.21;—in poetis ~uendis CIC.*Fin*.1.72; ~ue diligenter eius (*sc.* Platonis) eum librum *Tusc*.1.24; HOR.*S*.1.3.112; te numquam nostros ~uisse iocos OV.*Tr*.2.238; QUINT.*Inst*.12.2.8; nec in auctoribus cognoscendis nec in ~uenda antiquitate TAC.*Dial*.30.1. **b** tecum..~ue femineos dolos SEN.*Ag*.116; SIL.3.216.

7 To make known by narrative, exposition, etc., unfold.
ingentis oras ~uere belli ENN.*Ann*.174; hanc deliberationem ~uis accuratius in litteris CIC.*Att*.9.10.7; illum..gelidis haec ~uisse sub astris..agentem carmine quercus VERG.*G*.4.509; SEN.*Con*.9.2.6; fraternas acies..sontisque ~uere Thebas STAT.*Theb*.1.2; QUINT.*Inst*.6.4.20; (*w. indir. qu.*) sit finis..necne sit, ~uamus LUCR.1.954.

8 To unroll, unwind (a succession or series of events).
quanta rerum turba sub hoc silentio ~uitur SEN.*Ben*.4.23.3; qui tarda celeri saecula ~uis rota (*sc.* Phoebus) *Oed*.252; dies et nox aequalibus horarum spatiis ~uuntur SUET.fr.114(p.158Re).

ēuolūtiō ~ōnis, *f.* [prec.+-TIO] The action of reading through (a book or author).
quid poetarum ~o..uoluptatis..affert? CIC.*Fin*.1.25.

ēuomō ~ere ~uī ~itum, *tr.* [EX-+VOMO]

1 To vomit or spew out. **b** to emit from the mouth. **c** (of things) to emit, discharge.
haec auis scribitur..eas (*sc.* conchas)..~ere CIC.*N.D.*2.124; si multam bilem ~uit CELS.1.3.11; utrum ~ant (apes) liquorem mellis COL.9.2.4; territos (crocodilos) cogunt ~ere recentia corpora ad sepulturam PLIN.*Nat*.7.93; (*cf.*) uocis impetu..spiritum cruore ac minis mixtum ~uit V.MAX.9.3.8;—(*absol.*) Metrodorum..bibere solitum, deinde ~ere CELS.3.21.4; TAC.*Ann*.12.67;—(*fig.*) credo, animo malest aedibus..quia..lenonem ~unt PL.*Ps*.953; deuoratam pecuniam..~ere non poteras CIC.*Pis*.90. **b** (Cacus) faucibus..fumum..~it VERG.*A*.8.253; taurus..patulo partem maris ~it ore OV.*Met*.15.513. **c** creuisse ardores..sub Vesuuio monte et inde ~uisse circa agros flammam VITR.2.6.2; MAN.1.157; multam harenam..mare ~it CURT.4.6.8; solum..stagni..tectorio muniendum est, ne possit herbas ~ere COL.8.15.3; lucerna..~uit..stillam..olei super umerum dei APUL.*Met*.5.23; (*refl.*) multis quamuis faucibus in Aegyptium mare se ~at (Nilus) PLIN.*Nat*.5.54.

2 To give vent to (utterances, feelings, etc.), vomit out.
cui..cuncta malaque et bona dictu ~eret ENN.*Ann*.241; in eam hoc omne quod mihi aegrest ~am TER.*Hec*.515; ut..iram hanc in eos ~am *Ad*.312; in me..orationem ex ore impurissimo ~uit CIC.*Phil*.5.20; ante proelium Actiacum id uolumen ~uit (*sc. Antony*) PLIN.*Nat*.14.148.

euōnymos ~os ~on, *a.* [Gk. εὐώνυμος] The name of a kind of tree growing in Lesbos.
PLIN.*Nat*.13.118.

eupatereia, *f. adj.* [Gk. εὐπατέρεια] Born of a noble father.
LUCIL.545.

eupatoria ~ae, *f.* [cf. Gk. εὐπατόριον] The plant agrimony (named after Mithridates Eupator).
PLIN.*Nat*.25.65; 30.121.

eupetalos ~os ~on, *a.* [Gk. εὐπέταλος] **a** (neut.) = DAPHNOIDES. **b** (?fem.) a precious stone.
a PLIN.*Nat*.15.132. **b** PLIN.*Nat*.37.161.

euphōnus ~a ~um, *a.* [Gk. εὔφωνος] Sonorous, resonant.
LUCIL.1168; (*applied to a virile man opp. a eunuch*) cj. in JUV.6.O9.

euphorbēa ~ae, *f.* [cf. next] A kind of spurge.
PLIN.*Nat*.5.16; 25.77; ~am e monte Atlante..portari 27.2.

euphorbēum ~ēī, *n.* Also **~ium** ~(i)ī. [Gk. εὐφόρβιον] The resinous juice of *euphorbea.*
facit claritatem et ~eum inunctis PLIN.*Nat*.25.143; 26.54; ~ium aqua dilutum LARG.67.

Euphorbus ~ī, *m.* A Trojan, claimed by Pythagoras to be himself in a previous incarnation.
OV.*Met*.15.161; HYG.*Fab*.112.3; GEL.4.11.14.

Euphoriōn ~ōnis, *m.* A Greek poet of the 3rd century B.C. who influenced Catullus, Virgil, etc.
CIC.*Tusc*.3.45; *Div*.2.133; QUINT.*Inst*.10.1.56; SUET.*Tib*.70.2.

Euphrātēs, *m.* FORMS: gen. *~i* CIC.*Q.fr*.2.10.2, FRO.*Ver*.2.p.214(209N); *~ae* STAT.*Theb*.8.29. The river Euphrates.
Mesopotamiam fertilem efficit ~es CIC.*N.D*.2.130; LUC.8.358; PLIN.*Nat*.5.86; (*transf.*) hinc mouet ~es..bellum VERG.*G*.1.509.

Euphrosynē ~ēs, *f.* One of the three Graces.
SEN.*Ben*.1.3.6.

euphrosynum ~ī, *n.* [Gk. εὐφρόσυνον] = BVGLOSSOS.
PLIN.*Nat*.25.81.

euplia ~ae, *f.* [dub.] An unknown plant.
PLIN.*Nat*.25.130.

euplocamos ~os ~on, *a.* [Gk. εὐπλόκαμος] Having beautiful tresses.
LUCIL.991.

Eupolis ~is or ~idis, *m.* An Athenian comic poet contemporary with Aristophanes.
si..in tuis libris..'Aristophanem' reposueris pro '~i' CIC.*Att*.12.6.3; HOR.*S*.2.3.12; priscam illam..sub Cratino Aristophaneque et ~ide comoediam VELL.1.16.3; PERS.1.124; GEL.1.15.12.

eureos, *f.* [dub.] A precious stone.
PLIN.*Nat*.37.161.

? **euricirciās,** *m.* [EVRVS, CIRCIVS] An easterly wind.
VITR.1.6.10.

eurīnus ~ī, *m.* [EVRVS+-INVS] An east wind.
uentus ~us..cum grandine est COL.11.2.14; 11.2.43.

eurīpicē ~ēs, *f.* [Gk. εὐριπική] A kind of reed.
PLIN.*Nat*.21.119(*cj.*).

Eurīpidēs ~is (~ī), *m.* The Athenian tragic poet (480–406 B.C.).
Alcumena ~i PL.*Rud*.86; apud ~en a Theseo dicta CIC.*Tusc*.3.29; *Fin*.1.4; PLIN.*Nat*.22.80; QUINT.*Inst*.10.1.67; Sophocles..~i aemulus et superstes APUL.*Apol*.37.

Eurīpidēus ~a ~um, *a.* Of Euripides.
~um carmen illud CIC.*Tusc*.3.59.

eurīpus (~os) ~ī, *m.* [Gk. εὔριπος]

1 A narrow channel of the sea, strait; esp. that between Boeotia and Euboea.
Tauromenitani ~i PLIN.*Nat*.2.219; in ~o Thracii Bospori 9.50;—~us unda stabit Euboica piger SEN.*Her.F*.378; LUC.5.235;—(*w. ep.*) Chalcidico ~o CIC.*N.D*.3.24; in ~o..Euboico PLIN.*Nat*.4.71.

2 An inland (usu. artificial) channel or waterway, canal; (spec.) a canal constructed through the Campus Martius; a trench running between the arena and seats in the Circus Maximus.
ductus..aquarum, quos isti Nilos et ~os uocant CIC.*Leg*.2.2; LIV.44.11.4; uadosa nauigatio..per ~os..quosdam peragitur PLIN.*Nat*.6.99; crocodilos..temporario ~o ostendit 8.96; ~us uiridis et gemmeus PLIN.*Ep*.1.3.1;—gramina..Campi..stagnaque et ~i Virgineusque liquor OV.*Pont*.1.8.38; SEN.*Ep*.83.5; FRO.*Aq*.84;—Caesar..~is harenam circumdedit PLIN.*Nat*.8.21; SUET.*Jul*.39.2.

euroaquilō ~ōnis, *m.* [EVRVS+AQVILO] The north-east wind.
CIL 8.26652.

euronotus ~ī, *m.* [EVRVS+NOTVS²] The south-east wind.
inter eurum notumque ~um (addidere) PLIN.*Nat*.2.120; APUL.*Mun*.11.

Eurōpa ~ae, *f.* Also **~ē** ~ēs.

1 (mythol.) The daughter of the Phoenician king Agenor, whom Zeus, under the form of a bull, carried off to Crete.
CIC.*N.D*.1.78; ~e niueum doloso credidit tauro latus HOR.*Carm*.3.27.25; OV.*Ars* 1.323; PLIN.*Nat*.35.114; ~am tauro supercubasse APUL.*Met*.6.29; (*as a statue*) CIC.*Ver*.4.135;—(*transf.*) currit ad ~en (*i.e. a portico in the Campus Martius*) MART.2.14.3.

2 The continent of Europe.
~am Libyamque rapax ubi diuidit unda ENN.*Ann*.302; CIC.*Tusc*.1.94; VERG.*A*.1.385; LIV.27.29.10; super ~en..et Asida terram OV.*Met*.5.648; MELA 1.8; V.FL.2.615; (*transf.*) Troia..commune sepulcrum Asiae ~aeque (*i.e. of their peoples*) CATUL.68.89.

Eurōpaeus ~a ~um, *a.*

1 Of or connected with Europa.
ducis ~i (*i.e. Minos*) OV.*Met*.8.23.

2 Of Europe, European.
~is aduersariis NEP.*Eum*.3.2; ab Scythis quos ~os uocant CURT.7.7.2.

Eurōtās ~ae, *m.* FORMS: *~a* (nom.) *Inc. trag*.207. A river in Laconia, on which Sparta stands; (transf.) Laconian marble.
CIC.*Inv*.2.96; CATUL.64.89; OV.*Am*.1.10.1; MART.9.75.9;—uix locus ~ae STAT.*Silv*.1.5.40.

eurōtiās ~ae, *m.* [Gk. εὐρώς, cf. εὐρωτιάω] A precious stone.
PLIN.*Nat*.37.161.

eurōus ~a ~um, *a.* [next; cf. ARCTOVS] Eastern.
ab ~o fluctu VERG.*A*.3.533.

eurus ~ī, *m.* [Gk. εὖρος]

1 The east (or south-east) wind. **b** (poet., as a typical wind).
spiritus ~orum..cum purpurat undas FUR.ANT.*poet*.5; naues ~o..portum capere prohibebantur *B.Alex*.9.4; TIB.1.5.35; VITR.1.6.5; LIV.25.27.11; pinnis, ~e proterue, tuis OV.*Ep*.11.14; ~us..quem nostri uocauere uulturnum SEN.*Nat*.5.16.4. **b** fugit..ocior ~o VERG.*A*.8.223; se tollentibus ~is LUC.6.265; V.FL.1.594.

2 The East.
oras ad ~um sequentibus MELA 3.89; quidquid in ~o regnorum Boreaeque iacet LUC.8.812; V.FL.1.538; captiuo Liber cum signa referret ab ~o SIL.15.80.

Eurydicē ~ēs, *f.* (mythol.) The wife of Orpheus.
restitit ~enque suam iam luce sub ipsa..respexit VERG.*G*.4.490; OV.*Met*.10.48; MART.14.165.1; HYG.*Fab*.251.3.

Eurystheus[1] ~eī (~ei), *m.* A king of Argos who imposed upon Hercules his twelve labours.
CIC.*Tusc*.2.20; VERG.*A*.8.292; OV.*Met*.9.203; SEN.*Her.F*.78.

Eurysthēus[2] ~a ~um, *a.* Of or connected with Eurystheus.
bella ~a gerentem Amphitryoniaden STAT.*Theb*.6.311.

eurythmia ~ae, *f.* [Gk. εὐρυθμία] Beauty of form or line, shapeliness.
architectura..constat ex ordinatione..et ~a et symmetria VITR.1.2.1; 1.2.4.

Eurytis ~idos, *f.* The daughter of Eurytus, king of Oechalia (i.e. Iole).
OV.*Ep*.9.133; *Met*.9.395.

-eus -ea -eum, *adjl. suff.* Formed from sbs., usu. to denote material (*charteus, ligneus*).

euschēmē, *adv.* [Gk. εὐσχήμως+-E] Becomingly.
~ hercle astitit et dulice et comoedice PL.*Mil*.213.

eusebēs, ?*f.* [Gk. εὐσεβής] A precious stone.
PLIN.*Nat*.37.161.

eustȳlos ~os ~on, *a.* [Gk. εὔστυλος] Having well-arranged columns (referring to a particular method of spacing and proportioning).
VITR.3.3.1; ~i..aedis columnae 3.3.10.

Euterpē ~ēs, *f.* A muse (later associated with the reed-pipe).
si neque tibias ~e cohibet HOR.*Carm*.1.1.33.

eutheriston ~ī, *n.* [Gk. εὐθέριστον] A kind of balsam tree.
PLIN.*Nat*.12.114.

euthygrammos ~os ~on, *a.* [Gk. εὐθύγραμμος] Rectilinear; (of angles) right-; (neut. as sb., app.) a rectilinear figure.
rectus angulus est ~os..qui latine normalis appellatur BALB.*grom*.p.100 La;—VITR.1.1.4.

euthȳmia, *f.* [Gk. εὐθυμία] Contentment.
SEN.*Dial*.9.2.3.

ēuulgō (ēuolg-) ~āre ~āuī ~ātum, *tr.* [EX-+VVLGO²] To make public, divulge.
ciuile ius, repositum in penetralibus pontificum, ~auit LIV.9.46.5; ~ato imperii arcano TAC.*Hist*.1.4; quod..Octauiae iniurias ~aret *Ann*.13.19;—(*w. acc. and inf.*) de captiuis actum esse et ipsi ~auerant LIV.44.27.13; TAC.*Ann*.13.9.

Euxīnus ~a ~um, *a.* [Gk. εὔξεινος 'hospitable'] (An epithet of the Black Sea).
CIC.*de Orat*.1.174; litus ad ~um OV.*Pont*.4.3.51; MELA 2.3; uastum mare Pontus ~us, qui quondam Axenus PLIN.*Nat*.4.76; (*masc. as sb.*) hactenus ~i pars est Romana Sinistri OV.*Tr*.2.197

euzōmon ~ī, *n.* [Gk. εὔζωμον] A name given to ERVCA.
PLIN.*Nat*.20.126.

ex, ē, *prep.* [Osc. *ee-*, Umb. *e-*, *ehe-*; cf. Gk. ἐξ, OIr. *ess-*, Lith. *iš*] FORMS and ORTHOG.: *ex* used before vowels and consonants, *e* before consonants only. *ec* SVEIVS *poet*.5(6). *ee CIL* 1.1221b.10; *exs CIL* 10.8131, etc. CONST.: w. abl.; prep. phrs. w. *ex* are frequently used attributively without verb, vbl. noun, etc., esp. in senses indicating source, composition, etc.

1 Out of, from within (a containing space). **b** (a door). **c** (an area defined by the range of the senses). **d** out of, from among (an assembly, etc., of persons).

ANDR.*trag*.30; estne Ampelisca haec quae foras e fano egreditur? PL.*Rud*.334; ut..e lecto nequeat surgere TER. *Ad*.520; ex oleis..nuculeos eicito CATO *Agr*.119; aurum ex armario tuo promere CIC.*Cael*.52; CAES.*Gal*.2.33.2; exactos ex urbe reges LIV.6.37.10; miles recens e castris TAC.*Hist*. 2.26; (*in fig. phr.*) exprome benignum ex te ingenium PL. *Mil*.1055. **b** citius..fugiunt quam ex porta ludis quom emissust lepus PL.*Per*.436. **c** illuc apscede procul e conspectu PL.*Per*.727; ex oculis res..erepta LUCR.1.218; HOR.*Carm*.3.24.32; TAC.*Hist*.2.50. **d** quasi qui..recipias te domum huc ex hostibus PL.*Am*.684; unde is?—ex senatu *Cist*.776; e concilio..ibat VERG.*A*.5.75; LIV.3.68.4; tollantur e coetu mortalium SEN.*Dial*.3.15.1; (*in fig. phr.*) pellitur e medio sapientia ENN.*Ann*.268.

2 Out of (a physical or mental condition). **b** (in contexts expr. rescue, deliverance, etc.). **c** (expr. recovery, convalescence, etc.).

dormientis spectatores metuis ne ex somno excites? PL. *Mer*.160; postquam excessit ex ephebis TER.*An*.51; ex hominum uita..demigrasse CIC.*Rab.Perd*.30; ut ex maxuma inuidia in gratiam..ueniret SAL.*Jug*.13.7; non potes..muliebre nomen praetendere ex quo te (*sc.* Heluiam) uirtutes tuae seduxerunt SEN.*Dial*.12.16.5; antequam ex iure exeat GAIUS *Inst*.4.164. **b** ex miseriis..me exemerunt PL. *Capt*.924; ex crimine hoc Antiphonem eripiam TER.*Ph*.323; consulem ex plurimis periculis et insidiis..reseruatum CIC. *Catil*.4.18; seruatum ex undis..me VERG.*A*.3.209; certissimam..attulit mihi ex his malis securitatem QUINT.*Inst*. 6.pr.15. **c** sanus fiet ex eo morbo CATO *Agr*.157.8; CIC. *Red.Pop*.4; ancilla ex uulnere refecta TAC.*Ann*.13.44.

3 (expr. subtraction or deduction) From.

si tu fluctus undasque e gurgite salso tollere decreris LUCIL.40; quantum detraxit ex studio tantum amisit ex gloria CIC.*Brut*.236; nummum..ex ea pecunia..detraxisse *Font*.3; si ex Platonis..oratione uerbum aliquod demas GEL. 2.5.

4 So as to point or project away from, out of. **b** (w. vbs., etc., of hanging or sim.) down from.

arista quae..eminet e gluma VAR.*R*.1.48.1; globum terrae eminentem e mari CIC.*Tusc*.1.68; ut non amplius digitis quattuor ex terra eminerent (stipites) CAES.*Gal*. 7.73.6. **b** uidetis pendere alios ex arbore CIC.*Ver*.3.66; unus (anellus) ubi ex uno dependet LUCR.6.914; praetorem ..pictae..ferentem ex umeris aulaea togae JUV.10.39;—(*in fig. phrs.*) qui ex errore imperitae multitudinis pendet CIC.*Off*.1.65; sic fiet ut minus ex crastino pendeas SEN. *Ep*.1.2.

5 From the surface of, from off. **b** down from.

ex corpore exigam omnis maculas maerorum tibi PL. *Capt*.841; ex ara hinc sume uerbenas tibi TER.*An*.726; oleam ..ex terra tollito CATO *Agr*.65.1; (tempestas) ex omnibus montibus niues proluit CAES.*Civ*.1.48.2; e membris..rescindere uestem TIB.1.10.61; in recentem equum ex fesso.. transultare LIV.23.29.5; ex cuspide decutiens eam (*sc.* aeruginem) PLIN.*Nat*.25.42; (*cf.*) non prius ex illo..declinauit lumina CATUL.64.91. **b** caprae..quae saliunt e saxo pedes plus sexagenos CATO *hist*.52; se ex altissimo praecipitasse muro CIC.*Scaur*.4; desiliunt ex equis LIV.2.20.10; ex omni nimbos demittere caelo OV.*Met*.1.261.

6 (indicating starting-point of movement or extension in space) From. **b** (in time or other process, sequence, etc.).

ilico hinc imus, hau longule ex hoc loco PL.*Rud*.266; ex humili sede sublima euolat ACC.*trag*.576; perticis inclinatis ex humo ad parietem VAR.*R*.3.5.4; ex castello in castellum perducta munitione CAES.*Civ*.3.43.2; acetum..infundere in aurem, cuius e regione sanguis fluit LARG.46; (*w.* usque) ubi perpruriscamus usque ex unguiculis PL.*St*.761. **b** ex primo uersu..primis litteris..carmen omne praetexitur CIC. *Div*.2.112; repeterem initia amicitiae ex parentibus nostris BITH.*Fam*.6.16; ista (*sc.* tubercula)..ex paruulo incipiunt CELS.7.6.2; initium ex emplastris faciemus LARG.200; quae ex breuibus (syllabis) ad longas insurgunt QUINT.*Inst*.9. 4.92.

7 (indicating the point at or from which an action is performed) From.

ex insidieis aucupa PL.*Men*.570; prospexisse eum se ex tegulis CAECIL.*com*.197; ex equis pugnare CIC.*N.D*.2.6; ex uinclis causam dicere CAES.*Gal*.1.4.1; illum ex moenibus ..matrona..prospiciens HOR.*Carm*.3.2.6; ad uisendum ex propinquo quae..gererentur LIV.22.33.4; cum aequinoctiali tempore ex eadem linia ortus occasusque cernatur PLIN. *Nat*.2.176; (*w. ellipsis of vb.*) ex Arpinati VI Non. CIC.*Att*. 15.26.5.

8 (indicating the state of affairs from which an action is initiated) With, from.

ex summis opibus uiribusque usque experire PL.*Mer*.111; si quid ex inprouiso mali accidisset SAL.*Jug*.14.16; unus rem ex composito orditur LIV.1.40.6; in hostem imparem ex aequo pugnabant 10.43.6; ex industria famam captae Carthaginis compresserunt 26.51.11; quidam ex toto nihil dixerunt SEN.*Con*.10.1.10; datum a senatu ius omnibus.. ex integro agendi PLIN.*Ep.Tra*.10.56(64).4; exemplar utrumque ex facili sumere possis MAUR.2084.

9 (indicating starting-point in time) From, after; *ex eo, illo*, thereafter; *ex quo*, since.

uti ex hac nocte primum lex teneat senes PL.*Mer*.1024; omnia quae fiunt..ex omni aeternitate CIC.*Div*.2.19; dies ..ex eo die quintus CAES.*Gal*.1.42.3; motum ex Metello consule ciuicum HOR.*Carm*.2.1.1;—(*w. spec. date*) pabulum frui occipito ex Kal. Septembribus CATO *Agr*.149.1; VAR. *R*.1.28.1; ex ante diem III Non. Iun. usque ad prid. Kal. Sept. CIC.*Att*.3.17.1;—ex eo non iter, sed cursus et fuga in Galliam *Phil*.13.20; solis ex illo uiuit in antris OV.*Met*. 3.394; uersa ex eo ciuitas TAC.*Ann*.12.7;—cum sis nihilo sapientior ex quo plenior es HOR.*Ep*.2.2.153; ex quo diuus Augustus res Caesarum composuit TAC.*Hist*.1.89.

10 Immediately after, following on; (for *ex templo, ex tempore, ex uestigio* see EXTEMPLO, TEMPVS, VESTIGIVM).

ex imbre frigus ENN.*var*.56; dis immortalibus non erat ..eadem gratulatio quae ex maximis bellis CIC.*Prov*.26; nimio e labore somnum capiunt CATUL.63.36; ex praetura eam prouinciam obtinuerat CAES.*Civ*.1.31.2; nec est mirum ex interuallo magna generari SEN.*Ep*.42.1; statim e somno ..lauantur TAC.*Ger*.22.1;—(*w. repetition of the same word*) promittis multa ex multis PL.*Poen*.360; diem ex die ducere Aedui CAES.*Gal*.1.16.4; bellum ex bello serunt SAL.*Hist*. 1.77.7; alia ex aliis in fata uocamur VERG.*A*.3.494; locum e loco mutans SEN.*Nat*.6.18.1.

11 (indicating the direction of movement, alignment, etc.) From, on.

artito (surculos)..ea qua terebraueris alterum ex altera parte CATO *Agr*.41.3; Pontum qui antea populo Romano ex omni aditu clausus fuisset CIC.*Man*.21; saepe..corpus.. aegret, cum tamen ex alia laetamur parte latenti LUCR. 3.105; praesidiis ex utraque ripa positis LIV.44.40.4; latere ex omni dulce queruntur aues OV.*Am*.3.1.4; ea (*sc.* acus) ..demittenda..est..e regione mediae suffusionis CELS. 7.7.14.D; duo aduersa promunturia, ex Italia Caenus, e Sicilia Pelorum PLIN.*Nat*.3.73;—(*transf.*) ut..oratio..ex omni parte secum ipsa consentiat CIC.*Tim*.8; ex diuerso trepidi milites, dux segnis TAC.*Hist*.3.73; inter eas..personas, quae ex transuerso gradu cognatione iunguntur GAIUS *Inst*.1.60.

12 (indicating extent or amount) To the extent or value of. **b** (indicating price) to the sum of.

facit heredem ex deunce et semuncia Caecinam CIC.*Caec*. 17; uti crassitudo cum plintho sit columnae ex dimidia crassitudine VITR.3.5.1; munera mitti legatis ex binis milibus aeris censuerunt LIV.43.5.8; te..heredem ex asse reliquit MART.3.10.5;—(*w.* parte) suouitaurilia..terram.. meam quota ex parte..circumferenda censeas CATO *Agr*. 141.1; copiis..ex parte deletis, ex parte captis V.MAX.6.1. ext.2. **b** munera..emere..ex centum pondo argenti LIV.45.14.6; quod..agros..ex septingentis milibus Corelliae addixerit PLIN.*Ep*.7.11.1; PONTEM FECIT EX HS XXC *CIL* 2.3221; JULIAN.*dig*.30.84.1.

13 (indicating change) Out of, from being. **b** (expr. change of office; also in phrs. denoting the rank held by a soldier on his discharge). **c** (indicating a transitional stage between one quality and another).

quin uos capitis condicionem ex pessuma primariam PL. *St*.138; EX PRIVATO IN PVBLICVM TANTVM MODVM AGRI.. COMMVTAV⟨IT⟩ *CIL* 1.585.27; ille..ex myrmillone dux, ex gladiatore imperator CIC.*Phil*.3.31; nymphas..e nauibus esse iusserat VERG.*A*.10.221; ex muliere Spoleti uirum factum LIV.24.10.10; Semiramis ex ancilla regnum apiscens PLIN.*Nat*.35.78; ex nihilo quantus fieres JUV.5.134; (*of translation*) annales..ex Graeco in Latinum sermonem uertit LIV.25.39.12. **b** Cornelius Laco ex assessore praefectus praetorii SUET.*Gal*.14.2;—EX GREGALE M ANTONIO.. MAXIMO SYRO *A.Epig*.42–3.84.9; M VLPIVS CANDIDVS EX SIGNIF(ERO) *CIL* 6.31142; 13.6646. **c** cutis..colorem.. habet ex rubro subnigrum CELS.5.28.4.B; rhetor..ex arido fatuus SEN.*Con*.10.5.25; corpus (pulli)..ex longo, quantum figura permittit, rotundum COL.6.29.3; bacis..e uiridi rubentibus PLIN.*Nat*.15.127.

14 (indicating the source from which a thing springs or grows, or from which it is obtained or sought) From; *uiuere ex*, to live on or by. **b** (indicating source from which payment is made). **c** (indicating source of knowledge, information, etc.). **d** (indicating the origin or derivation of a name or word).

cibum captamus e mari PL.*Rud*.300; ex aliis sumere exemplum sibi TER.*Ad*.416; uoluptas quae percipitur ex libidine CIC.*Ver*.1.57; ex uictoria cum multa mala tum certe tyrannus exsistet *Att*.7.5.4; e Beroniceo uertice caesariem fulgentem CATUL.66.8; Rhenus..oritur ex Lepontiis CAES.*Gal*.4.10.3; ex medio quia res accersit (comoedia) HOR.*Ep*.2.1.168; exercitus ex causariis..scribatur LIV.6. 6.14; adeps ex fele CELS.2.33.5; signa nauium ex Hispaniensibus naufragiis PLIN.*Nat*.2.168; resina ex pinu LARG.187; hinc ira et questus et..remedium ex bello TAC. *Ann*.4.72;—in caede atque ex caede uiuunt CIC.*S.Rosc*. 78; uiuitur ex rapto OV.*Met*.1.144. **b** decem..nauis ..ex pecunia uectigali..fecerat CIC.*Ver*.1.89; (domum) ex aerario aedificandam *Har*.16; auita ex re praeberi sumptus HOR.*S*.1.6.80; ad equos emendos dena milia aeris ex publico data LIV.1.43.9; uacationes centurionibus ex fisco numerat TAC.*Hist*.1.58. **c** nemo e me scibit TER. *Ph*.765; quam multos esse oporteret..ex remorum numero coniciebant CIC.*Ver*.5.71; cum..ex silentio..deductas custodias sensisset LIV.27.15.17; (coriandrum) intellegitur ..ex gustu LARG.185; id quod efficit ex eo quod efficitur ostendimus QUINT.*Inst*.8.6.27. **d** ex forma nomen (*sc.* Pasicompsa) inditumst PL.*Mer*.517; elixum e liquore aquae dictum VAR.*L*.5.109; appellata est..ex uiro uirtus CIC. *Tusc*.2.43; cui Canis ex uero ductum cognomen adhaeret HOR.*S*.2.2.56; dies e nomine eius in fastos additus GEL. 7(6).7.7.

15 a (indicating parentage). **b** (indicating local or racial origin, class, profession, etc.).

a (*indicating the father*) is ex se hunc reliquit..filium PL. *Aul*.21; ex agricolis..uiri fortissimi..gignuntur CATO *Agr*. pr.4; ex improbo patre probum filium nasci CIC.*Q.Rosc*. 30; ULP.*dig*.38.4.1.8; (*cf.*) uidetur mihi ex se natus (*i.e. a self-made man*) TAC.*Ann*.11.21;—(*indicating the mother*) postriduo..quam Iuppiter ex Ope natust PL.*Mil*.1082; P. Quincti consobrinam habet in matrimonio..et ex ea liberos CIC.*Quinct*.16; LIV.23.2.6;—(*of astrol. influence*) qui..ex signis, quae quinto quoque feruntur astra loco, fuerint nati MAN.2.303;—(*in fig. phr.*) ex innocentia nascitur dignitas SCIP.min.*orat*.22. **b** filius quod amet meus istanc meretricem e proxumo PL.*As*.53; quoiates estis aut quo ex oppido? *Poen*.994; si esset alia ex hoc quaestu TER.*Hec*.756; ut ex caprino genere..hostia adduceretur VAR.*R*.1.2.19; non..erat hoc genus frumenti ex eo genere quod exigeretur CIC.*Ver*.5.52; legatus..ex eadem legione LIV.26.6.1; muliercula quaedam ex Africa LARG.122.

16 (indicating material or substance of which anything is made or consists) Of, out of.

huic decet statuam statui ex auro PL.*Bac*.640; mons ex sale mero magnus CATO *hist*.93; constare hominem ex anima et corpore LUCIL.635; (res) ex uno si sunt igni.. creatae LUCR.1.646; ex noto fictum carmen HOR.*Ars* 240; ex aqua calida..fontes VITR.2.6.4; nec..ex adamante creati ..sumus STAT.*Silv*.1.2.69; librum ex isdem saturis ferebam GEL.13.31(30).2.

17 (in part. sense) From the number of, from among, of.

te unum ex omnibus amat PL.*Truc*.186; sola ex multis nunc nostra poemata ferri LUCIL.1013; cum..ne paleae quidem ex omni fructu..relinquerentur CIC.*Ver*.3.114; paucos ex suis deperdiderunt CAES.*Gal*.3.28.4; nec ei.. quicquam ex iusta poena remissurum LIV.8.34.4; Bataui non multum ex ripa, sed insulam Rheni amnis colunt TAC. *Ger*.29.1; ut eam (*sc.* ciuilitatem) esse ex uirtutum numero sentiamus APUL.*Pl*.2.8;—(*w. compar.*) meliorem ex ducibus LIV.21.53.9; minor e pueris OV.*Ep*.12.149;—(*w. superl.*) hoc e multis maxumumst PL.*Poen*.1203; audacissimus ego ex omnibus? CIC.*S.Rosc*.2;—(*w. ellipsis of* aliquis *or sim.*) degustandum ex philosophia ENN.*scen*.377; in eius (*sc.* ducis) locum succedit ex his (*sc.* gruibus) quae adquierunt CIC.*N.D*.2.125; iussus..e senioribus sacerdotum patrium sermonem interpretari TAC.*Ann*.2.60.

18 (indicating cause) As a result of, in consequence of. **b** by the agency of, owing to the conduct of (a person). **c** (indicating remoter cause, situation, etc.) deriving from.

neque illo quisquam est alter hodie ex paupertate parcior PL.*Aul*.206; damni nihil erit ex tempestate CATO *Agr*.3.3; cum gelu cortices ex imbribus careant VAR.*R*.1.27.3; Sp. Caruilio grauiter claudicanti ex uulnere CIC.*de Orat*.2.249; Liger ex niuibus creuerat CAES.*Gal*.7.55.10; periclitantibus ex canis rabiosi morsu PLIN.*Nat*.32.54; causa necis ex eo quod domum suam..congressibus praebuissent TAC.*Ann*. 11.4; si seruus..iussu tuo aliquid fecit et ex eo crus fregit LABEO *dig*.19.1.54. **b** quid tibi ex filio..aegrest? PL. *Bac*.1114; ex quo (*sc.* Epicuro)..permulcent animos solacia LUCR.5.20; totam ex Helena non probat Iliada PROP.2.1.50; plebes acri..annona fatigabatur; sed nulla in eo culpa ex principe TAC.*Ann*.4.6;—(*w. respect to pregnancy, etc.*) utrimque est grauida, et ex uiro et ex summo Ioue PL.*Am*.111; ex me conceperat (Corinna) OV.*Am*.2.13.5; ex quo mater.. eras SEN.*Dial*.12.2.4. **c** IMPERATOR APPELLATVS EX PROVINCIA MACEDONIA *Elog*.29(*CIL* 1.p.199); ex ambitu causam dicit VAR.*L*.5.28; reum ex proconsulatu Asiae TAC. *Ann*.16.23; nullum ex tutela iudicium mulieri datur GAIUS *Inst*.1.191;—(*of hopes, fears*) ex eo cum ab ineunte eius aetate bene speraussem CIC.*Fam*.13.16.1; nulli ex hoste metus STAT.*Theb*.10.34; ingrata quae tuta, ex temeritate spes TAC.*Hist*.3.26.

19 (instr.) With, by means of. **b** (indicating the vehicle in which a substance is prepared, used, administered, etc.).

si forte feras ex nare sagaci sensit (*sc. a dog*) ENN.*Ann*. 341; ex epulo..famem..expleras CIC.*Vat*.32; certis ex aqua mensuris CAES.*Gal*.5.13.4; e lacrimis facta litura PROP.4. 3.4; corpus..perfricare ex oleo CELS.1.3.5; culmi..e stramine fultum..torum SIL.3.814; NVNC TEGOR E CINERE *CIL* 14.2553. **b** resinam ex melle..uorato PL.*Mer*.139; (brassicam) ante cenam esto crudam..ex aceto CATO *Agr*. 156; calce ex aqua liquida dealbentur (tegulae) VITR.7.4.3; uino ex aqua..mixto CELS.7.3.3; (inulam) ex aceto..coquito COL.12.48.1; facit..lana sucida ex rosa et uino LARG.158.

20 In accordance with. **b** (indicating the authority for an action).

incedit huc ornatus haud ex suis uirtutibus PL.*Capt*.997; habet aliud (negotium) magis ex sese TER.*An*.953; minimum est de arte loqui..multo maximum ex arte dicere CIC.*Inv*. 1.8; Siculi ex censu quotannis tributa conferunt *Ver*.2.131; ex consuetudine cotidiana..ad castra accedit CAES.*Gal*. 5.58.2; cunctis ex more uocatis VERG.*A*.5.244; si quis est, qui quod e re publica sit suadere se..confidat LIV.44.22.13; distinctio poenarum ex delicto TAC.*Ger*.12.1. **b** EXS S.C. BALNEVM AEDIFICANDVM *CIL* 1.2542; nego me ex decreto praetoris restitutum esse CIC.*Caec*.82; anus..ex testamento sic est elata HOR.*S*.2.5.85; non redditas res ex foedere quae repetitae sint LIV.1.23.7; templa..quae..fecerat ex uoto OV.*Met*.10.687; (*cf.*) errare..malo cum Platone..quem ex tuo ore admiror (*i.e. on your authority*)..CIC.*Tusc*.1.39.

21 By the standard of, by.

tuo ex ingenio mores alienos probas PL.*Per*.212; qui tuom animum ex animo spectaui meo TER.*An*.646; eos (*sc.* orbes) cum aduexeris, ex trapeto temperato CATO *Agr*.22.4; ex ueritate pauca, ex opinione multa aestimat CIC.*Q.Rosc*.29; margines struantur aequilibres ex planitia VITR.5.12.4; ut ex factis, non ex dictis amicos pensent LIV.34.49.7; ex ponderibus publicis, quibus..populus oetier solet *Leg.pub*. (*Font.iur*.p.46)3.

ex-, *prefix*. [prec.] FORMS: *ex-* normally before vowels, *c, q, p, s, t*; *s* is sometimes absorbed, e.g. *exilium, expecto*; *x* is dropped in *escendo, epoto*. N.B. also *Esquiliae* for *Exqu-*; *e-* normal before *g, b, d, r, l, n, m, i, u* (cons.); with *f, eff-* is commonly formed, also *ecf-* (e.g. *ecfero*), sts. *exf-*.

In compounds *ex-* gives the sense of 'out' or 'away' (*exeo, exclamo, euenio*), 'throughout' (*edormio, epoto*), 'thoroughly' (*edurus, exacuo*), 'achievement' (*exoro, expugno*), 'up' (*exaggero*, *exstruo*); it also has a privative force (*exsanguis, exanimo*).

exacerbescō ~ere, *intr.* [EX-+ACERBVS+-ESCO] To become irritated or angry.
quis tam est mitis quin ~at? APUL.*Apol.*85.

exacerbō ~āre ~āuī ~ātum, *tr.* [EX-+ACERBO]

1 To irritate, exasperate, enrage.
ut..ira ~arentur animi LIV.2.35.8; quae ratio est ~are eum..ut ex amico dubio fiat non dubius inimicus? SEN.*Ben.* 7.30.2; *Dial.*4.25.1; SUET.*Gal.*16.1.

2 To aggravate, make worse.
si id (*sc.* ulcus) nimium supercreuit, temptanda squama aeris est..sed ita si nihil ~auit CELS.5.28.2.F; PLIN.*Ep.*8.5.2; ut..supplicia ~entur SAT.*dig.*48.19.16.10.

exacescō ~escere ~uī, *intr.* [EX-+ACESCO] To become sour.
cum ~uit (ficus) COL.12.17.1; 12.53.3.

exacisclō ~āre, *tr.* [EX-+*aciscul-* (ACISCVLARIVS)+-O³] (app.) To chisel out.
CIL 5.979; SI QVIS..HANC ARCAM APERVERIT AVT ~AVERIT 5.1102.

exactē, *adv.* *compar.* ~ius. [EXACTVS¹+-E] Precisely, accurately.
~ius oras situsque dicturo MELA 1.24; diligentius..~iusque causam cognoscit GAIUS *Inst.*1.93; GEL.1.3.21.

exactiō ~ōnis, *f.* [EXIGO+-TIO]

1 The action of driving out, expulsion.
exactis regibus, tametsi ipsam ~onem mente, non lingua perfectam L. Bruti esse cernimus CIC.*de Orat.*1.37.

2 a The exaction, calling in (of taxes, debts, etc.). **b** the enforcement (of labour).
a magno pondere auri..coacto de publicis ~onibus POL. *Fam.*10.32.1;—(*w. obj. gen.*) EIVS PIACLI MOLTAIQVE..~O *CIL* 1.366; ne extrema ~o nostrorum nominum exspectetur CIC.*Att.*5.1.2; si quae pecuniae debentur, earum ~o esto LIV.38.38.12; ~o crediti MELA 3.19; frumenti et tributorum ~onem TAC.*Ag.*19.4; ULP.*dig.*21.1.49. **b** operum publicorum ~o CIC.*Dom.*51; COL.1.8.11.

3 The precise carrying out or execution (of a design, formula, etc.).
his symmetriis corinthia capitula suas habebunt ~ones VITR.4.1.12; 6.2.1; officinatoris probabitur ~o 6.8.9.

exactor ~ōris, *m.* [EXIGO+-TOR]

1 One who drives out or expels.
~ores regum LIV.9.17.11; APUL.*Apol.*18.

2 a A collector, exactor (of taxes, debts, etc.). **b** one who exacts (a penalty). **c** one who exacts or enforces (conduct, etc.).
a prouincia, differta..~oribus, qui praeter imperatas pecunias suo etiam priuato compendio seruiebant CAES. *Civ.*3.32.4; LIV.28.25.9; ~or praesens promissorum 36.26.6; EXACT(ori) TRIBVT(orum) CIVITAT(um) GALL(iae) *CIL* 11.707; ULP.*dig.*22.1.33; (*cf.*) multos experimur ingratos, plures facimus, quia..graues..~ores..sumus SEN.*Ben.*1.1.4. **b** ~orem supplicii LIV.2.5.5; SEN.*Dial.*5.3.3. **c** uirtutum non lenis ~or SEN.*Dial.*1.1.5; fidei acerrimus ~or 4.28.7; ~or grauissimus disciplinae SUET.*Jul.*65.

3 A supervisor, overseer.
operis plus..fecisti, cum ipse imperator ut exactor circumiret LIV.45.37.9; opus est..uigilante ~ore COL.3.13.10; si assiduus studiorum ~or astiterit QUINT.*Inst.*1.3.14; PLIN.*Ep.*9.37.3; (*fig.*) M. Tullius..recte loquendi asper..~or QUINT.*Inst.*1.7.34.

exactus¹ ~a ~um, *a.* *compar.* ~ior, *superl.* ~issimus. [pple. of EXIGO] (of persons or actions) Exact, scrupulous, precise.
difficile..est..quot pugnauerint..~o adfirmare numero LIV.3.5.12; ~a cuncta locare fide OV.*Pont.*4.9.46; ~issimae agrorum..culturae V.MAX.8.13.1; opiniones ueteres parum ~as esse SEN.*Nat.*6.5.2; mensuras ~as LARG.pr.p.4,l.13; QUINT.*Inst.*10.2.14; Seruiano, ~issimo uiro PLIN.*Ep.*8.23.5; curam..solito ~iorem praestitit SUET.*Tib.*18.1; cogitationes..~iores GEL.10.17.1.

exactus² ~ūs, *m.* [EXIGO+-TVS³] Disposal (by sale).
mercator opportunum..inuenit mercis exactum [QUINT.] *Decl.*12.19.

exactus³ ~ī, *m.* [perh. *ex actis*] (app.) A military record-clerk.
CIL 3.4311; ~I EXERCITVS 8.9990; TI CLAVDIO..EROTI..~O CLASSIS..ALEXANDRINAE 8.21025.

exacum ~ī, *n.* [Gall.] = CENTAVREVM (b).
PLIN.*Nat.*25.68.

exacuō ~uere ~uī ~ūtum, *tr.* [EX-+ACVO]

1 To sharpen, make pointed. **b** to sharpen (the eyesight or other faculties). **c** to make sharper (to the taste).
sic ~uendum (surculum), ut non denudes medullam VAR. *R.*1.41.2; nisi mucronem aliquem tribunicium ~uisset in nos CIC.*Leg.*3.21; dentes..~uit sus VERG.*G.*3.255; cum arbore ~uant..cornua elephanti et uri PLIN.*Nat.*18.2; 34.145; (*w.* in+*acc.*) CELS.7.29.7; (faenum) in metas exstrui conueniet, easque ipsas in angustissimos uertices ~ui COL.2.18.2;—(*pple. as adj.*) tertium genus (blattarum)..~uta clune PLIN. *Nat.*29.141. **b** quom animus..~uerit illam, ut oculorum, sic ingenii aciem ad bona seligenda CIC.*Leg.*1.60; non..~uet torpens sapor ille palatum OV.*Pont.*1.10.13; (acetum) oculorum aciem..~uit PLIN.*Nat.*23.59; 29.132; ~uens uaria ad conamina mentem SIL.7.142. **c** (scilla) medicamini nata ~uendoque aceto PLIN.*Nat.*19.93.

2 To spur (to activity), stimulate.
ad uos..~uendos accommodaui orationem meam CIC. *de Orat.*1.131; uelim..~uas Cluatium *Att.*12.36.2; cum..plurimi..ira ~uerentur NEP.*Phoc.*4.1; SEN.*Ep.*117.19;—(*w.* in+*acc.*, ad) Homerus..animos in Martia bella uersibus ~uit HOR.*Ars* 403; cum inuicem se..amici ad amorem immortalitatis ~uunt PLIN.*Ep.*3.7.15.

3 To intensify, aggravate (feelings, conditions).
sollicitudines..meas cotidie magis tua merita ~uunt PLANC.*Fam.*10.23.7; cucumis..noxius ~uit morbos aestatis COL.10.392.

exacūtiō ~ōnis, *f.* [prec.+-TIO] The action of sharpening to a point.
calami ~o medullam ne nudet PLIN.*Nat.*17.106.

exaduersum (-uors-), *adv.* and *prep.* Also **~us.** [from *ex aduerso* on anal. of ADVERSVM] FORMS: *-uors-* PL.*Bac.*835; TER.*Ph.*88, 97; *Ad.*584; FRO.*Aur.*2 p.120(101N).

1 (adv.) On the opposite side, opposite.
uideo ~um Pistoclerum et Bacchidem PL.*Bac.*835; CATO *Agr.*18.3; SUET.*Jul.*39.3; sese quisque ~um quam proxime collocat APUL.*Fl.*16; (*w. dat.*) si ~um soli retineantur (specula) *Apol.*16.

2 (prep., w. acc.) Opposite, over against. **b** (of movement or action) against, in the face of.
ara..~us eum locum consecrata est CIC.*Div.*1.101; ut..~um Athenas..classem suam constituerent NEP.*Them.*3.4; ~um Padi fauces PLIN.*Nat.*3.127. **b** cum..~us Thrasybulum fortissime pugnaret NEP.*Thr.*2.7; PLIN.*Nat.*10.180; (iapyx) uidetur ~um eurum flare GEL.2.22.22.

exaedificātiō ~ōnis, *f.* [next+-TIO] The carrying to completion of a building.
(*in fig. phr.*) haec..fundamenta nota sunt omnibus, ipsa autem ~o posita est in rebus et uerbis CIC.*de Orat.*2.63.

exaedificō ~āre ~āuī ~ātum, *tr.* [EX-AEDIFICO]

1 To carry to completion the building of, construct.
~atas insanum bene (aedes) PL.*Mos.*761; domum..quam tu iam dimensam et ~atam animo habebas CIC.*Att.*1.6.1; *Luc.*126; quod oppidum Labienus..sua..pecunia ~auerat CAES.*Civ.*1.15.2; SAL.*Cat.*12.3; LIV.30.1.10; nauigia ~ari iubet CURT.9.1.3; arbore ~amus tecta PLIN.*Nat.*12.5;—(*fig.*) qui ~aret suam incohatam ignauiam PL.*Trin.*132; CIC.*de Orat.*1.164.

2 (facet.) To turn out of doors.
~auisset me ex his aedibus PL.*Trin.*1127.

exaequātiō ~ōnis, *f.* [next+-TIO]

1 (concr.) A levelled surface.
insuper eam ~onem pila..struatur VITR.5.12.4.

2 The action of making equal, levelling down.
hanc..~onem non fero..cur non insignis auro..conspicior? LIV.34.4.14.

exaequō ~āre ~āuī ~ātum, *tr.* [EX-+AEQVO]

1 To make completely level, level or smooth out; (w. dat. or *cum*) make level (with).
uestibulum..~atum tectorio opere VAR.*R.*3.11.2; in ~ata planitie VITR.1.6.12; cutem ad speciem leuitatis ~ant CURT.8.9.22; (*fig.*) ad hanc (*sc.* regulam) omnem uitam tuam ~a SEN.*Ep.*20.3; (*hyperb.*) fuerit (*sc.* Hannibali)..~are Alpes SIL.12.696;—ut..corticem cum cortice ~atum habeat VAR.*R.*1.40.6; proclinatio..~etur cum margine..puluini VITR.5.12.4; tecta..solo ~at (ira) SEN.*Dial.*3.19.2; (*cf.*) montibus aurum ~et (*i.e. pile gold to the height of mountains*) JUV.12.130.

2 (transf.) To make level or equal (in any respect), put on the same footing.
iste, qui omnia iura pretio ~asset CIC.*Ver.*2.123; *Fin.* 3.11; remotis..equis, quo militibus ~ato periculo animus amplior esset SAL.*Cat.*59.1; PROP.4.11.31; qui uicissitudinem imperitandi, quod unum ~andae sit libertatis, sustulerint LIV.3.39.8; ~at duos, licet impares sint, gladius SEN.*Phoen.*630; cunctis..rebus ~o quos mensa et toro aequaui PLIN.*Ep.*2.6.3; ULP.*dig.*17.2.63.5;—(*w. dat.*) nos ~at uictoria caelo LUCR.1.79; facta dictis ~anda sunt SAL. *Cat.*3.2; (lex Aquilia) seruis nostris ~at quadrupedes GAIUS *dig.*9.2.2.2; (*pass. in middle sense*) superiorem esse contra improbos minus est negoti quam bonis ~ari CIC. *Red.Pop.*22;—(*w.* cum) sol..~at spatium lucis cum tempore noctis CIC.*Arat.*534(288); uti militibus ~atus cum imperatore labor..esset SAL.*Jug.*100.4; (*refl.*) ~are se cum inferioribus debent CIC.*Amic.*71.

3 (usu. w. abl.) To compensate for, make up for.
argentum argento ~abimus PL.*Rud.*1087; quod negotio deminutum fuerit, ~abimus industria *Rhet.Her.*1.27; quod oculus fallit, ratiocinatione est ~andum VITR.3.3.11; sexto anno, quos (*sc.* dentes) primos mutauit, ~at (equus) COL. 6.29.5; SIL.14.177.

4 To be on a par with, equal, match.
ut longitudo..harum (syllabarum) multitudinem alterius..~et *Rhet.Her.*4.28; OV.*Am.*3.8.61; hinc paene Gangen magnitudine ~at (Indus) MELA 3.69; ex otio piger equum..domini cursu non ~at SEN.*Dial.*5.29.1; FRON.*Str.*3.8.3; PLIN.*Ep.*6.17.4.

exaeresimus ~a ~um, *a.* [Gk. ἐξαιρέσιμος] That can be taken out.
ut..eximant unum aliquem diem..ex mense, quos illi ~os dies nominant CIC.*Ver.*2.129.

exaestuō ~āre ~āuī ~ātum, *intr.* [EX-+AESTVO]

1 (of liquid) To boil, foam or surge up, seethe. **b** (transf., of fire); (also) to rage, blaze up (with fire, heat, etc.).
ima ~at unda uerticibus VERG.*G.*3.240; utcumque ~at aut deficit mare LIV.26.42.8; CURT.6.3.16; duo lacus..sale ~ant PLIN.*Nat.*31.74; fossas..in quas Nilus ~at oblimatas longa uetustate..detersit SUET.*Aug.*18.2; (*cf.*) ciuitatis opulentia quasi quibusdam fluctibus ~antis GEL.20.1.23. **b** in aliqua inferna ualle conceptus (ignis) ~at SEN.*Ep.*79.2; (*in fig. phr.*) flamma saeui amoris..fomentis consuetudinis ~ans APUL.*Met.*8.2;—(Aetna) fundo..~at imo VERG.*A.* 3.577;—(*of the body, etc.*) ubi ~at (stomachus) CELS.4.12.1; cerebri exaestuantis uerminationes SEN.*Ep.*95.17; SUET. *Tib.*72.2;—(*cf., w. cogn. acc.*) hos igitur tellus omnis ~at aestus LUCR.6.816.

2 (of persons, etc.) To seethe (with anger); (of feelings) to rage, boil up.
mens ~at ira VERG.*A.*9.798; OV.*Met.*6.623;—dolor..~at intus OV.*Tr.*5.1.63; SEN.*Ep.*82.4; ignoscite..inpatientiae quae contra..dissimulationem..~at [QUINT.]*Decl.*18.2.

exaggerātiō ~ōnis, *f.* [EXAGGERO+-TIO] Exaltation; (rhet.) intensification (by repetition or sim.), piling up (of effects).
amplitudinem animi et quasi quandam ~onem quam altissimam animi CIC.*Tusc.*2.64;—num (repetitio) onerandi..criminis causa ~onem aliquam speciosam facit? GEL.13.25.9; apud Homerum eiusdem rei..iuculenta ~o est 13.25 (24).16.

exaggerātus ~a ~um, *a.* *compar.* ~ior. [pple. of next] (rhet.) Cumulative.
neque ornatius fit additis manubiis neque ~ius GEL.13.25.25.

exaggerō ~āre ~āuī ~ātum, *tr.* [EX-+AGGERO]

1 To heap or pile up, construct by piling up. **b** to pile up (wealth); to accumulate (non-material things).
quo moenitius esset quod ~abant, aggeres dicti VAR.*L.* 5.141; ~ant supra habitationes e terra maximos grumos VITR.2.1.5; PLIN.*Nat.*36.96; ne quis..deprimat aut ~et (iter) ULP.*dig.*43.19.3.15; (*w. dat., hyperb.*) non solum morti mortem ~abant. sed tumulos tumulis exaequabant *B.Hisp.* 5.6. **b** auctas ~atasque fortunas CIC.*Catil.*4.19; *Off.*1.92; magnas opes ~are PHAED.3.pr.25; SEN.*Dial.*7.23.1;— ~ata uerborum uolubilitate PETR.124.3.

2 To heap or pile up (with).
TEATRVM TERRA ~ANDVM LOCAVERE *A.Epig.*52.55.8; cum..locus operibus ~aretur VITR.10.16.12; CURT.6.5.20; litoribus..moles iniungunt congestisque in alto terris ~ant sinus SEN.*Con.*2.1.13; pluribus stramentis ~andum est auiarium COL.8.11.9;—(*fig.*) animo..uirtutibus ~ato CIC. *Parad.*41; quibus iuuentam eius ~auit honoribus VELL. 2.129.2.

3 To make or represent as being greater, more important, etc., magnify. **b** to build up, amplify (in a speech, writing, etc.).
cum iste sextulam suam nimium ~aret CIC.*Caec.*19; Xenocratem..grauissumum philosophorum, ~antem tantopere uirtutem *Tusc.*5.51. **b** ad ~andam et amplificandam orationem CIC.*de Orat.*3.105; *Tusc.*3.45; cum ita ~amus iniuriam nostram QUINT.*Inst.*6.2.23; in ~anda indignitate 8.3.88; auget in quantum potest, ~at, praemunit FRO.*Aur.* 2.p.68(146N).

exagitātor ~ōris, *m.* [next+-TOR] One who attacks or criticizes.
~or omnium rhetorum hunc miratur unum CIC.*Orat.*42.

exagitō ~āre ~āuī ~ātum, *tr.* [EX-+AGITO]

1 To cause agitated movement in, stir or shake up. **b** to rouse (to movement). **c** (of a hunter) to start (an animal); to 'beat' (coverts).
non uides, ut immota fax torpeat, ut ~ata reddat ignes? SEN.*Con.*2.2.8; (aer) ima sui parte maxime..mutabilis est: circa terras..~at et ~atur SEN.*Nat.*2.11.1; 6.20.3; ut quidquid faecis subsederit, ~et COL.12.19.4; STAT.*Theb.* 3.515; (*poet.*) Alcmena genitus..monstris ~et..manum SEN.*Her.F.*528. **b** post incita cum uis (*sc.* uenti) ~ata foras erumpitur LUCR.6.583; ~are feros (equos)..uixque rotis..summum contingere campum MAN.5.77. **c** lepus hic aliis ~atus erit OV.*Ars* 3.662;—silua..turdos ~ata dedit MART.4.66.6; uenator densa..cum lustra ~at SIL.4.303; 8.565.

2 To arouse feelings of anger, fear, etc., in, stir up, agitate. **b** to stir up (emotions, conditions, etc.).
philosophorum disputationibus et ~atus maxime orator est et adiutus CIC.*Orat.*12; nulla lex perlata, ~atus senatus (*i.e. frightened out of it*) *Att.*1.18.3; coepere senatum criminando plebem ~are SAL.*Cat.*38.1; SEN.*Ep.*3.5; clamoribus urbem ~at STAT.*Theb.*5.97;—(*of impulses*) quos flagitium egestas conscius animus ~abat SAL.*Cat.*14.3; (*w. inf.*) quis uos ~at furor..sceptrum scelere aggredi? SEN.*Thy.*339 **b** ne..meum maerorem ~em CIC.*Att.*3.7.2; rebus..palam a consularibus ~atis *Fam.*1.1.4; CATUL.64.94; tristis praesagia curas ~ant LUC.8.44; (*cf.*) res est inquieta felicitas, ipsa se ~at SEN.*Ep.*36.1.

3 To cause to go away by disturbing, drive away.

~ant et Lar et turba Diania fures Ov.*Fast*.5.141; ~ata procul non intrat femina limen Juv.2.88.

4 To disturb continually, drive from place to place, harass, persecute.
quandoquidem agros iam ante istius iniuriis ~ati reliquissent Cic.*Ver*.2.9; (animi) circum terram..uolutantur..multis ~ati saeculis *Rep*.6.29; multos annos a finitimis ~ati..hunc sibi domicilio locum delegerunt Caes.*Gal*.2.29.5; omnes di ~ent me Hor.*S*.2.6.54; dic..quibus ~are colubris? Juv.6.29.

5 To pursue with criticism, attack, scold. **b** to discuss, ventilate.
qui..hanc dicendi exercitationem ~arent atque contemnerent Cic.*de Orat*.3.59; hi omnes conuicio L. Lentuli ..correpti ~abantur Caes.*Civ*.1.2.4; ~et ne me..tua..uxor Ov.*Ep*.3.77; Sen.*Ben*.5.22.3; cur..non..tenuitatem uestram insequar et ~em? Plin.*Ep*.7.12.5. **b** rem ad senatum refert, iam antea uolgi rumoribus ~atam Sal. *Cat*.29.1.

exagōga ~ae, *f*. Also ~**ē** ~ēs. [Gk. ἐξαγωγή] The action of exporting.
si speras..eam..euenturam ~am Capuam saluam et sospitem Pl.*Rud*.631; ~en euectionem Paul.*Fest*.p.80M; (*transf*.) dum..faciat domum ad te ~am Pl.*Truc*.716; (*meton., of porters*) ite..foras egerones, bonorum ~ae 552.

exalbescō ~escere ~uī, *intr*. [ex-+albesco] To turn white or pale.
nemo est tam firmo ingenio..quin..sanguen..~escat metu Enn.*scen*.26; Cic.*de Orat*.1.121; si qui tremerent et ~escerent *Luc*.48; an quia..calore ~uit non idem sanguis est nunc in uberibus? Gel.12.1.12.

exalbidus ~a ~um, *a*. [ex-+albidvs] Whitish, near-white.
Plin.*Nat*.12.78; 23.40; folia..in medio ~a, eadem procedente tempore tota rubentia 24.172.

exalburnātus ~a ~um, *a*. [ex-+alburnvm+-atvs²] Deprived of sap-wood.
robur ~um Plin.*Nat*.16.204.

exaltō ~āre ~āuī ~ātum, *tr*. [ex-+altvs+-o³]

1 To raise, elevate (a building or other structure).
terminos vetvstate collapsos ~avervnt *CIL* 6.1241; 6.31553; aedem ab antecessoribvs..institvtam ~atam ..exornavit 8.2630.

2 To deepen, extend down.
sulcos..fodiunt..et ~ant in tres pedes Col.3.13.4; 4.4.2.

exalūminātus ~a ~um, *a*. [ex-+alvminatvs] Near alum-coloured.
(unionibus) summa laus coloris est ~os uocari Plin.*Nat*.9.113.

exāmen ~inis, *n*. [<**exagsmen* (exigo)]

1 A swarm or colony (of bees).
sanitatis signa, si sunt frequentes in ~ine Var.*R*.3.16.20; si ~en apium..in scaenam..uenisset Cic.*Har*.25; cum prima noui ducent ~ina reges Verg.*G*.4.21; Liv.27.23.2; Col.9.14.2; Plin.*Nat*.11.18; Tac.*Ann*.12.64; Juv.13.68; (*in fig. phr*.) qui sibi fidet dux reget ~en Hor.*Ep*.1.19.23.

2 (transf.) A multitude, swarm (of other creatures). **b** (of inanim. or abst. things).
glirium ~ina Pl.fr.inc.152; ~en uesparum ingens Liv. 35.9.4; auium ~ina 38.46.5; (serpentes) in magno ~ine uolantes Mela 3.82; concharum ~inibus Plin.*Nat*.9.111; piscium ~ina 31.2;—(*of persons*) paenitetne te quot ancillas alam, quin ~en super adducas? Pl.*Truc*. 534; ~ina tanta seruorum Cic.*Har*.25; longo ~ine matres..stipabant funera Stat.*Theb*.3.196; Plin.*Pan*.26.1. **b** atra sonant ~ina harenae *Aetna* 469; omne illic stipatum ~ine longo uer Arabum..fluit Stat.*Silv*.5.1.210;— ~en mali Pl.*Truc*.314; n tanto stuprorum ~ine Prop.2.32.41.

3 The apparatus or process of weighing, balance.
Iuppiter..duas aequato ~ine lances sustinet Verg.*A*. 12.725; Vitr.10.3.7; iustae..~ina Librae Man.3.305; certo conpescere puncto..~en Pers.5.101; Plin.*Nat*.17.184; stateram..positam ~ine aequo Suet.*Ves*.25.1;—(*in fig. phr*.) quid liceat..inquirant legumque ~ina seruent Ov. *Met*.9.552; inde..~ina uitae..poscam Stat.*Silv*.3.3.203; subtilii iustitiae ~ine Gel.1.3.27; Maur.81.

exāminātiō ~ōnis, *f*. [next+-tio]

1 The process or practice of weighing.
trutinarum..librarumque ponderibus ~o reperta Vitr. 10.1.6; ~o uectis longitudinis 10.3.3.

2 Legal examination or scrutiny.
Ulp.*dig*.3.5.7(8).2; qui pecora..abegit..ad ~onem ciuilem remittendus est 47.14.1.4.

exāminō ~āre ~āuī ~ātum, *intr., tr*. [examen+-o³]

1 (intr., of bees) To swarm.
ab exortu Vergiliarum ad solstitium..fere ~ant alui Col. 9.14.5.

2 (tr.) To weigh, balance.
utuntur..taleis ferreis ad certum pondus ~atis pro nummo Caes.*Gal*.5.12.4; ipsa (Circe)..pensas ~at herbas Ov.*Met*.14.270; Gaius *Inst*.1.122; pondera ~ata (*i.e. tested*) *CIL* 3.784;—(*in fig. phr*.) ad ea probanda, quae non aurificis statera, sed populari quadam trutina ~antur Cic.*de Orat*.2. 159; spem ac metum ~a Sen.*Ep*.13.13; ~a singula uerba et expende Plin.*Ep*.8.14.19.

3 To weight evenly, put in equilibrium; to distribute (weights, quantities) evenly, balance.
(animus) tamquam paribus ~atus ponderibus nullam in partem mouetur Cic.*Tusc*.1.43;—onerum..pondera.. ~antur per ipsa media centra phalangarum Vitr.10.3.7; natura partes suas uelut in ponderibus constitutas ~at Sen.*Nat*.3.10.3; Col.3.12.3; tempus erat quo Libra pares ~at horas Luc.8.467.

4 To consider critically, examine.
ne quis asperiore lima carmen ~et Stat.*Silv*.2.pr.; Quint.*Inst*.12.10.4; hospitis salutem corpusque ~es saepius cupio Fro.*Amic*.1.p.282(176N); Gel.16.18.5;—(*of a judge*) male uerum ~at omnis corruptus iudex Hor.*S*.2.2.8; hunc uersum ille ad ~andos homines conuerterat Apul.*Flor*.2;— (*w. indir. qu*.) ipsum..quod donabis ~a, numquid aut danti graue sit aut parum Sen.*Ben*.2.15.3; an sit recitandum, ~a tecum Plin.*Ep*.2.19.9; Ulp.*dig*.43.19.3.3.

examplexor ~ārī, *tr*. [ex-+amplexor] To clasp urgently.
tu per deos..hunc ~are! *Rhet.Her*.4.65.

examurgō ~āre, *tr*. [ex-+amvrca+-o³] To dry out.
dum caelestis uaporis flammis ~atur (corium) Apul.*Met*. 4.14.

examussim, *adv*. [cf. adamvssim] According to a rule or measure, exactly, regularly, perfectly.
aedes quom..sunt..factae probe ~ Pl.*Mos*.102; ceram in modum prosectarum formatam aurium ei adplicant ~ Apul.*Met*.2.30; Paul.*Fest*.p.80M;—(*transf*.) ista..si haec uera loquitur, ~ est optuma Pl.*Am*.843; ut hanc rem uobis ~ disputem *Men*.50; ~ capto noctis latrocinali momento Apul.*Met*.4.18.

exanclō ~āre ~āuī ~ātum, *tr*. [ex-+anclo]

1 To drain, draw off (liquid).
uinum poculo..~auit Pl.*St*.273; (*cf*.) nisi patrem materno sanguine ~ando ulciscerem Enn.*scen*.147.

2 To endure, go through.
quantis cum aerumnis illum ~aui diem Enn.*scen*.102; non potest..hic sine tua opera ~ari labos Pac.*trag*.290; Acc.*trag*.91; Lucil.1083; tot..belli ~abimus annos Cic. *poet*.22.27(*Div*.2.64); *Luc*.108; qui mecum tot aerumnas ~asti Apul.*Met*.1.16.

exanguis: see exsangvis.

exanimābiliter, *adv*. [exanimo+-bilis+-ter²] As one dead or lifeless.
~ timedus pedibus..me dedi Naev.*com*.35.

exanimālis ~is ~e, *a*. [ex-+animalis]

1 Lifeless, dead.
neque Bellona mi umquam..creduat, ni illum ~em faxo Pl.*Bac*.848.

2 Destructive of life, deadly.
mihi multae in pectore sunt curae ~es Pl.*Rud*.221.

exanimātiō ~ōnis, *f*. [exanimo+-tio]

1 (app.) A fainting fit, loss of consciousness.
Plin.*Nat*.32.28.

2 The state of being faint or paralysed with fear.
Cic.*Tusc*.4.19; si cauebimus ne in perturbationes atque ~ones incidamus *Off*.1.131; maxima cum ~one totius exercitus V.Max.3.8.ext.6.

exanimātus ~a ~um, *a*. [pple. of exanimo]

1 Lifeless, dead.
exanimis pueris super ~a parentum corpora Lucr.6.1256; Liv.9.1.9; milui ~i Plin.*Nat*.27.57; (*neut. pl. as sb*.) ne uiolent puros ~a focos Ov.*Fast*.1.630.

2 Half dead, physically exhausted.
ad litus pertulit nos uentus ~as Pl.*Rud*.371; multis uulneribus acceptis ac debilitato corpore..se abiecit ~us Cic.*Sest*.79; pectora bellis ~a Stat.*Theb*.4.761.

3 Faint or paralysed with fear or sim.
postea aspicit te timidum esse atque ~um Pl.*Mer*.220; Ter.*An*.234; meam mentem..domum saepe reuocat ~a uxor et abiecta metu filia Cic.*Catil*.4.3; *Fam*.6.1.6; subito ~us conticuit Petr.12.4; (*w. pun on* animus) rogitare oportet..adsitne ei animus..si neget adesse, ~um amittat domum Pl.*Cas*.573.

exanimis ~is ~e, *a*. Also ~**us** ~a ~um. [ex-+anima+-is (-vs)]

1 Deprived of life, dead. **b** inanimate, lifeless.
~is..procumbit humi bos Verg.*A*.5.481; ~em amplectens Briseis Achillen Prop.2.9.9; Liv.8.24.14; orba resedit ~es inter natos Ov.*Met*.6.302; Plin.*Nat*.11.64; aspexeritne matrem ~em Nero Tac.*Ann*.14.9; (*poet*.) ~es..fauillae Stat.*Theb*.12.418. **β** ~is pueris super exanimata parentum corpora Lucr.6.1256; ~um..amicum Verg.*A*.9. 444; multa..insecta..nascuntur..in carne ~a Plin.*Nat*. 11.114; conuulsos laniatosque et partim ~os Tac.*Ann*.1.32. **b** sin aliquid ~e est (*i.e. in the ear*) specillo..protrahendum est Cels.6.7.9.a. **β** nulla..poterit res esse creata non animans, non ~o cum corpore Lucr.1.774; ~um..ebur V.Fl.2.465.

2 Half dead, unconscious, swooning. **b** breathless, exhausted.
in balineis coqui uidemus ~esque efferri Plin.*Nat*.14.139. **β** Sen.*Phaed*.585. **b** acer equo..petiuit castra, nec ~es possunt retinere magistri Verg.*A*.5.669; (*transf*.) nuntius ~i suspensus pectora cursu Stat.*Theb*.11.239.

3 Faint with fear, 'petrified', frightened out of one's wits.
audiit ~is Verg.*A*.4.672; uigilare metu ~em Hor.*S*. 1.1.76; Liv.9.16.18; ~i defixum lumina uoltu Luc.6.658; talibus ~is dictis..uaga litora..sequor Stat.*Theb*.5.493; Tac.*Ann*.14.7; ad omnia fulgura pallent, cum tonat, ~is primo quoque murmure caeli Juv.13.224.

exanimō ~āre ~āuī ~ātum, *tr*. [ex-+anima+-o³]

1 To empty of air, deflate.
fabriles operae..folles..~ant *Aetna* 565; (fontes) ~ati per raritates liquidae potestatis residunt Vitr.8.3.3; (*w. pun on sense 2*) inflatos caprinos utres ~asti Apul.*Met*.3.18; (*transf*.) ~at (*sc*. poetam) lentus spectator, sedulus inflat Hor.*Ep*.2.1.178.

2 To deprive of life, kill. **b** to destroy the natural power of.
cum ~arentur prius quam uictos se faterentur Cic.*Tusc*. 5.77; quod saepe nocentis praeterit (fulmen) ~atque indignos Lucr.2.1104; Caes.*Gal*.6.16.4; Liv.23.24.10; multos ~auit rigor insolitus niuis Curt.7.3.13; ~atos serpentium morsu Sen.*Ep*.66.43; Luc.3.473; armenta..egestate pabuli ~ari Tac.*Ann*.4.49; (*refl*.) taxo..se ~auit Caes.*Gal*.6.31.5; (*pass. in middle sense*) ferro extracto confestim ~atus est Nep.*Ep*.9.4; (*absol*.) (pharicum) potum..cito exanimat Larg.195. **b** celerrime ~atur (uini faex) Plin.*Nat*.23.64; (*cf*.) uulnera cursu ~at (*i.e. deadens the pain*) Stat.*Theb*. 10.174.

3 To exhaust, prostrate.
cursu ac lassitudine ~atos Caes.*Gal*.2.23.1; *Civ*.3.92.3; ne plus iusto ~etur (equus) Col.6.30.6; *absol*.) sic ~at ut tamquam comitiali morbo prosternat Cels.4.27.1.a.

4 To prostrate (with fear or other strong emotion).
oratio haec me miseram ~auit metu Ter.*An*.251; Tulliae meae morbus..me ~at Cic.*Att*.11.6.4; auidos uicinum funus ut aegros ~at Hor.*S*.1.4.127; quae sors..ita ~auit Siculos Liv.26.29.2; V.Fl.2.154;—(*other emotions*) uorsor in amoris rota, miser ~or Pl.*Cist*.208; cur me querelis ~as tuis? Hor. *Carm*.2.17.1.

exanimus: see exanimis.

exaniō: see exsanio.

exanthēma ~atos, *n*. [Gk. ἐξάνθημα] An eruption on the skin, pustule.
Cels.5.28.15.a.

exaptō ~āre, *tr*. [ex-+apto; sense app. assimilated to Gk. ἐξάπτω] To place (on).
dum magno deo coronas ~at Apul.*Met*.11.27.

exaptus ~a ~um, *a*. [ex-+aptvs] That is fastened or attached.
pellicula extrema ~um pendere onus ingens Lucil.536; orbis aeneus..ex quo pendeant ~a catenis tintinabula Var.in Plin.*Nat*.36.92; alas..humeris ~as Fro.*Aur*.2.p.16 (229N).

exarciō: see exsarcio.

exardescō ~descere ~sī (~sum), *intr*. [ex-+ardesco]

1 To catch fire, burst into flame, flare up; (also w. fire as subj.). **b** (of colour or light) to blaze up, flash out.
nulla materies tam facilis ad ~descendum est Cic.*de Orat*. 2.190; cautibus asper ~sit (*i.e. sparked*) mucro Luc.7.140; Plin.*Nat*.17.264;—(*in fig. phr*.) qua (*sc*. siti) cum..sanguis.. igneis ~sit facibus Sen.*Thy*.171; quantulacumque fax illius motus ab ipso Syllae rogo ~sit? Flor.*Epit*.2.11(3.23.1);—numquam..tam infestum ulli ~sit incendium Sen.*Ep*.91.1. **b** uide, quomodo ~serit rubor (*sc*. mulli) omni acrior minio Sen.*Nat*.3.18.5; ut..sit, si attollatur, ~descente fulgore (*sc*. carbunculus) Plin.*Nat*.37.94; Sil.5.276.

2 To acquire a fiery heat, become burning hot.
quod pars earum (*sc*. regionum) adpulsu solis ~serit Cic. *N.D*.1.24; aetherio..~sit sidere limus Ov.*Met*.1.424; ~sit ..dies Mart.3.67.6.

3 To become fired (with anger or sim. passions), blaze, flare up. **b** to be inflamed, burn (with love or desire).
hic cum..Philippo quasi quasdam uerborum faces admouisset, non tulit ille et grauiter ~sit Cic.*de Orat*.3.4; adeo ~serant animis Liv.3.30.2; protinus ~sit nec tempora distulit irae Ov.*Met*.1.724; Tac.*Ann*.1.51;—(*w*. ad) ad spem libertatis ~simus Cic.*Phil*.4.16; Liv.41.27.3; siue hostes.. acrius ad ultionem ~sere Tac.*Ann*.12.38;—(*w*. in+*acc*.) Allecto..~sit in iras Verg.*A*.7.445; in perniciosam..seditionem ~suri (milites) Liv.40.35.7;—(*w*. aduersus, contra) Stoicos..contra quorum disciplinam ingenium eius ~serat Cic.*Tusc*.5.83; cum aduersus delictum serui uehementius ~sisset V.Max.4.1.ext.2;—(*w. abl*.) ~sit iracundia ac stomacho Cic.*Ver*.2.48; nec minore ambitu feminae ~serant Tac.*Ann*.12.1; Flor.*Epit*.1.17(1.22.1). **b** imis ~sit tota medullis (Ariadne) Catul.64.93; Ov.*Ars* 2.354; qua..~sit forma..capta..Eppia? Juv.6.103; (*w*. ad) homo ..sic ~sit ad id quod..numquam uiderat Cic.*Ver*.1.64; (*w*. in+*acc*.) in C. Silium..ita ~serat (Messalina) Tac.*Ann*. 11.12.

4 a (of passions, etc.) To blaze up, burst out. **b** (of events) to break out, flare up. **c** (of prices) to shoot up, 'rocket'.
a ira ~descit Cic.*Tusc*.2.58; admirabilis quaedam ~descit beniuolentiae magnitudo *Amic*.29; ~sit iuueni dolor ossibus ingens Verg.*A*.5.172; ~sit ambitio Liv.3.35.2; V.Max. 9.7.4; ~sit..fames auri Plin.*Nat*.33.48; ~serat in eum iracundia exercitus Tac.*Hist*.1.58;—(*w*. ab, ex) ex multis..

uitiis..tanta importunitas inauditi sceleris ~sit CIC.*Sul.*75; a quibus initiis in tantum admiratio haec ~serit PLIN.*Nat.* 37.2. **b** bellum subito ~sit CIC.*Lig.*3; nouum..proelium ex iam segni repente ~sit LIV.27.2.8; cum..uera febris ~sit SEN.*Ep.*53.6; grauis..seditio ~serat TAC.*Hist.*2.27; (*cf.*) risus libere iam ~sit in plebem APUL.*Met.*3.10; (*transf.*) tota ..sparsis ~serat insula monstris V.FL.2.248. **c** uasorum pretia in immensum ~sisse SUET.*Tib.*34.1.

exārescō ~escere ~uī, *intr.* [EX-+ARESCO]

1 To become thoroughly dry, dry up; (of plants or other organic life) to dry or shrivel up. **b** (of moisture) to dry up.
~escent faxo (*sc. clothes*) PL.*Rud.*578; CELS.6.6.1L; cum argilla ~uit COL.12.46.5;—frumentum..quindecim (diebus) ~escere VAR.*R.*1.32.1; COL.11.3.38; silua omnis ~uit radicitus SUET.*Gal.*1.1; conflagratio qua magna pars animantium ~uit SEN.*Nat.*3.pr.5; (*cf.*) ego amoris aliquantum habeo..in corpore, nequedum ~ui ex amoenis rebus PL. *Mil.*641. **b** cito..~escit lacrima CIC.*Part.*57; *Pis.*82; fontes..celeriter aestibus ~escebant CAES.*Civ.*3.49.4; cum ros..~uerit PLIN.*Nat.*20.198; ULP.*dig.*7.4.10.3.

2 (fig.) To become obsolete or extinct, disappear, dry up.
ita..~uerunt, uix iam ut appareant (huius orationes) CIC.*Brut.*82; ~uisse iam ueterem urbanitatem *Fam.*7.31.2; 9.18.3; miseratio prorsus ~uit APUL.*Met.*4.26.

exarmō ~āre ~āuī ~ātum, *tr.* [EX-+ARMO]

1 To deprive of weapons, disarm. **b** to deprive (beasts) of their natural weapons. **c** to deprive of military strength, weaken.
LUC.5.356; turbatos arripit..Arcadas ~atque ducem STAT.*Theb.*9.845; interim spargit legiones, ~at cohortis TAC.*Hist.*2.76; (*of non-pers. subj.*) Medos proelia prima ~ant uacuaque iubent remeare pharetra LUC.8.387; (*pass. in middle sense*) dum frater ~atur, armatus mane SEN.*Phoen.* 482; (*w. abl. of separation*) quo genere telorum ~ati Macedones FRON.*Str.*2.3.20; (*fig.*) inferentem signa filium mater.. lacrimis suis ~auit FLOR.*Epit.*1.17(1.22.3);—(*transf.*) ~et fata SIL.13.275; ut accusationem ~aret PLIN.*Ep.*3.9.29. **b** obtuso iacet ~ata ueneno (serpens) CALP.*Ecl.*5.94;— (*transf.*) alium (*sc. bull*)..Colchis ~at (*by incantations*) V.FL. 7.597; leo..longo iacet ~atus ab aeuo STAT.*Theb.*11.743. **c** finito..Italico bello, quo..Romani uictis..ipsi ~ati..ciuitatem dare maluerunt VELL.2.17.1; 2.25.3; Tyrius..ductor Danaos ratus ~asse STAT.*Theb.*11.206.

2 To remove the tackle, etc., from (a ship), dismantle.
damnatum in ~ata naue dimisit SEN.*Con.*7.pr.9; SEN. *Dial.*12.19.7; magnus gubernator..si ~auit tamen reliquias nauigii aptat ad cursum *Ep.*30.3; (*w. captain as obj.*) non nocet gubernatori ea res quae..aut refert illum aut detinet et exarmat? 85.34; (*ellipt.*) si..deterior facta sit nauis aut si quid ~auerit PAUL.*dig.*1.4.2.21.

exarō ~āre ~āuī ~atum, *tr.* [EX-+ARO]

1 To remove or destroy by ploughing, plough up.
radices ~abit CATO *Agr.*61.1; quom multa in eo loco sepulchra fuissent ~ata sunt CIC.*Leg.*2.58; Etrusci..habent ~atum puerum auctorem disciplinae suae *Div.*2.80; harundinem ~ari..praecipiunt PLIN.*Nat.*18.45; nequid malignitate ~etur HYG.*agrim.*p.92; qui uiam publicam ~auerit PAUL.*dig.*43.11.3.1.

2 To plough (land).
iugum uocant, quod iuncti boues uno die ~are possint VAR.*R.*1.10.1; de integro locum ~are COL.2.17.3; APUL. *Apol.*23; (*poet.*) cum..rugis uetus frontem senectus ~et HOR.*Epod.*8.4.

3 To produce, gain by tillage.
nummos..ut det arator quos non ~at CIC.*Ver.*3.199; tantum labore suo frumenti ~abant 5.99; (*w.* ex) ut plus quam x medimna ex iugero ~arent 3.113.

4 To write (properly with a stilus on wax), pen.
hoc litterularum ~aui egrediens e uilla CIC.*Att.*12.1.1; 16.6.4; ad fratrem scriptas ~at illa notas OV.*Pont.*3.2.90; librum ~abo..Aesopi stilo PHAED.3.pr.29; QUINT.*Inst.*9. 4.90; id..his uersibus ~aui PLIN.*Ep.*7.4.5; binos codicillos ~auit SUET.*Otho* 10.2.

exasceō ~āre ~āuī ~ātum, *tr.* [EX-+ASCIO[1]] To hew or 'rough' out; (in quot., fig.).
iam hoc opus est ~ato (*codd.* ~ata) PL.*As.*360.

exasperātiō ~ōnis, *f.* [next+-TIO] Irritation.
ad intertrigines et ~onem..ani LARG.222.

exasperō ~āre ~āuī ~ātum, *tr.* [EX-+ASPERO]

1 To make rough or uneven.
si concussas Triton ~et undas OV.*Am.*2.11.27; moles.. frequentibus ~ata saxis SEN.*Con.*1.3.3; frontem (Arabiae).. siluae cautesque ~ant MELA 3.79; SEN.*Ep.*14.8; summo uertice montis ~ati APUL.*Met.*1.10; (*fig.*) duratos eos (*sc.* Phrygas) tot malis ~atosque LIV.38.17.17; (*transf.*) non sunt ~anda beneficia nec quicquam illis triste miscendum SEN. *Ben.*2.6.2.

2 (med.) To make sore, irritate. **b** to roughen (the voice).
per minimas pusulas cutis ~atur CELS.5.28.18; prodest arteriis ~atis PLIN.*Nat.*22.100; ~atis faucibus puluere PLIN.*Ep.*8.1.2; (*w. retained acc.*) cantherii..totum corium.. scabiosa macie ~ati APUL.*Met.*9.13; (*cf.*) corporum scabiem delectat quicquid ~at SEN.*Dial.*9.2.11. **b** fauces tumentes strangulant uocem..rasae ~ant QUINT.*Inst.*11.3.20.

3 To sharpen, whet.
saxo..~at ensem SIL.4.19; nouaculam..adpulsu..palmulae lenientis ~atam APUL.*Met.*5.20.

4 To aggravate, make worse.
ne morbus..iterum..~etur CELS.2.14.6; ne irritet et ~et tussim (uinum) SEN.*Ep.*78.5; duritia..quae ad omne medicamentum ~atur LARG.220; (*transf.*) adiecit inuidiam, rem uerbis ~auit QUINT.*Inst.*4.2.75.

5 To exasperate, irritate, incense.
sedari ~atos Ligures LIV.42.26.1; cum..ob nimis seuere gestam censuram maiorem partem ciuitatis ~assent V.MAX. 6.5.3; (fames) ~at et incendit animos SEN.*Dial.*5.9.4; ~atas apes COL.9.15.4;—(*w.* ad) elephantus ~atus ad persequendum doloris sui auctorem FRON.*Str.*1.7.2; feris..ad morsum ~atis APUL.*Apol.*7;—(*w. abst. obj.*) ut (animalia).. feritatem suam exasperent SEN.*Dial.*3.1.5.

6 (med., app.) To free from roughness, soothe.
(palmae) tussim ~ant, corpus alunt PLIN.*Nat.*23.97; nuclei nucis pineae..fauces uidentur ~are..bilem pellunt poti 23.143.

exatiō: see EXSATIO.

exaturō: see EXSATVRO.

exauctōrō ~āre ~āuī ~ātum, *tr.* [EX-+AVCTORO] To release from military service; (also) to dismiss (dishonourably).
cum..milites..licentia sua se ubi uelint ~ent LIV.8.34.9; exercitus..uelut ~atus morte ducis ab signis discessit 25.20.4; QVI BELLO INVTILES FACTI ANTE EMERITA STIPENDIA ~ATI SVNT *CIL* 16.10; adulescentem..honesta missione ~auit FRON.*Str.*4.6.4; TAC.*Ann.*1.36; (*in fig. phr.*) ille demum necessitates supergressus est et ~atus ac liber SEN.*Ep.*32.5;—TAC.*Hist.*1.20; Caesar excussis probationibus centurionem ~auit PLIN.*Ep.*6.31.5; si eum ~auerit, id est insignia militaria detraxerit ULP.*dig.*3.2.2.2.

exaudiens ~ntis, *a. superl.* ~ntissimus. [pple. of next] That listens to or heeds (prayers).
NEMESI ~NTISSIMAE *CIL* 3.1126.

exaudiō ~īre ~īuī or ~iī ~ītum, *tr.* [EX-+AVDIO] FORMS: *~ibam* (impf. ind.) PL. *Epid.*239.

1 To catch with the ear, hear.
quae loquatur ~ire hinc non queo PL.*Mer.*707; TER.*Hec.* 412; unde uox ad contionem uocantis ~iri possit VAR.*L.* 6.94; subito ~iuit hinnitum CIC.*Div.*1.73; necessest uerba.. plane ~iri discernique articulatim LUCR.4.555; VERG.*A.* 6.557; STAT.*Theb.*10.595; (*transf.*) intentus..operi diurno strepitum armorum qui totam Asiam concusserat non ~iebat CURT.4.1.20; (*hyperb.*) ille (*sc.* Cicero) super Gangen ..~itus SIL.8.408; (*w. acc. and inf.*) animaduerti..~iui etiam nimium a me Brutum ornari CIC.*Phil.*11.36;—(*absol. or ellipt.*) nominibus..non longissimis appellandi sunt (canes), quo celerius quisque uocatus ~iat COL.7.12.13; si ~issent et opem non tulissent ULP.*dig.*29.5.3.2; (*in a letter*) dic..clarius; uix enim mihi ~isse uideor CIC.*Att.*4.8a.1.

2 To listen or attend to. **b** to understand (in a given way).
non attendimus neque ~imus nosmet ipsos CIC.*Orat.*189; uerba..~i mea SEN.*Phaed.*1175; (*absol.*) ~i uultusque attolle iacentes OV.*Met.*4.144; (*w. indir. qu.*) nec auarus, quomodo pecunia utendum sit, ~iet SEN.*Ep.*94.6. **b** quod perperam exaudiatis SEN.*Dial.*7.24.4; ex communi usu nomina ~iri debere CELS.*dig.*33.10.7.2; 45.1.99.1.

3 To comply with, pay heed to. **b** to heed (a prayer or suppliant).
monitor non ~itus HOR.*Ep.*1.20.14; quod imperatur, omnes ~iunt CURT.3.2.14; si ~it (ira) rationem sequiturque qua ducitur SEN.*Dial.*3.9.2; ut nullos..magos ~iat umbra LUC.6.767; GAIUS *dig.*26.8.9.6. **b** nulli ~ita deorum uota VERG.*A.*11.157; LIV.40.5.1; supplicis ~i..uocem OV.*Pont.* 2.9.5; animas saepe ~ire minores dicuntur (di) STAT.*Silv.*4.2. 57;—(*absol.*) OV.*Am.*2.9.51; ~i, si digna precor STAT.*Theb.* 1.73.

exaudītor ~ōris, *m.* [prec.+-TOR] One who listens (to prayer).
DEO AET(erno) EXAVDIT(ori) *CIL* 5.8208; 10.4553.

exaugeō ~ēre, *tr.* [EX-+AVGEO]

1 To increase greatly, amplify.
non enim possum quin..bene facta maiorum meum ~eam PL.*St.*304; ad ~endam et conlocupletandam argumentationem *Rhet.Her.*2.46; ut ~eatur indignitas negotii 4.34; ut (ignis) tantum radiorum ~eat ictum LUCR.5.613.

2 (dub.) To diminish.
concurrunt multae opiniones quae mihi animum ~eant TER.*Hau.*232 (*s.v.l.*).

exaugurātiō ~ōnis, *f.* [next+-TIO] Deconsecration.
omnium sacellorum ~ones LIV.1.55.3.

exaugurō ~āre ~āuī ~ātum, *tr.* [EX-+AVGVRO] To deconsecrate.
ea (*sc.* fana) ~auit, praeterquam quod Termino fanum fuit; id nequitum ~ari CATO *hist.*24; LIV.1.55.2; si..sacerdotio abire ac nubere uoluisset, ius ei potestasque ~andi atque nubendi facta est GEL.7(6).7.4; *CIL* 6.1978.13.

exauspicō ~āre ~āuī, *intr.* [EX-+AVSPICO] (facet.) To emerge with good auspices (from).
~aui ex uinclis. nunc intellego redauspicandum esse in catenas denuo PL.*Capt.*766.

exb-: for wds. beginning thus not found s.v. see EB-.

exballistō ~āre, *tr.* [EX-+BALLISTA+-O[3]] To batter down the defences of.
inimicum ego hunc..Ballionem ~ato lepide PL.*Ps.*585.

exbolus ~a ~um, *a.* [Gk. ἔκβολος] That is thrown out or discarded.
~as quassant aulas NAEV.*com.*103(Var.*L.*7.108).

exc-: for comps. of *ex* and *sc-* see EXSC-.

excaecō ~āre ~āuī ~ātum, *tr.* [EX-+CAECO]

1 To deprive of sight, blind. **b** (transf.) to remove the eyes from (plants).
CIC.*Luc.*74; si quis filium ~auerit SEN.*Con.*1.7.12; quomodo oculos..perfecta suffusio ~at SEN.*Ep.*85.5; PLIN. *Nat.*29.128; Oedipodem ~atum SUET.*Nero* 21.3;—(*fig.*) ad conspiciendam ueritatem ~atus SEN.*Dial.*12.13.5; ~abat pecuniae..fama oculos animosque PETR.141.5. **b** ~ant eum (*sc.* palmitem) supina falce auferendo oculos PLIN. *Nat.*17.175.

2 To block or stop up (a channel).
ut limus uenas ~at in undis OV.*Pont.*4.2.17; signum est quasi ~atorum itinerum, per quae umor ferebatur CELS. 7.7.15G; SEN.*Nat.*3.15.6.

3 To dull, dim.
numquid ab aliquo naturali uitio formam meam ~o? PETR.128.3; crescit pretium fulgoris ~ati (*i.e. of silver*) PLIN.*Nat.*33.131.

excalceātus ~a ~um, *a.* Also **-iātus.** [pple. of next] Barefoot, unshod; (masc. as sb.) a mimic actor.
mulio ~us SEN.*Ep.*87.4; ~us ire coepit ad cenam MART. 12.87.6; SUET.*Ves.*8.3;—quam multa Publilii non ~is, sed coturnatis dicenda sunt! SEN.*Ep.*8.8.

excalceō ~eāre ~eāuī ~eātum, *tr.* Also **~eor** ~eārī, **-iō** ~iāre. [EX-+CALCEO] To remove the shoes from.
ut sibi pedes praeberet ~iandos SUET.*Vit.*2.5; (*refl., app. dep.*) ut intro eat nemo se ~eatur VAR.*Men.*439;—(*pass. in middle sense*) ut..neque umquam aut die aut nocte..aut ~earetur aut discingeretur VELL.2.41.3; SEN.*Ep.*76.31.

excal(e)faciō ~facere ~fēcī ~factum (*pass.* ~fiō ~fierī) *tr.* [EX-+CALEFACIO] FORMS: *-cale-* PLIN.*Nat.*28.175, 37.148, LARG.158. To warm thoroughly, heat.
laser..per se..algores ~facit PLIN.*Nat.*22.101; 28.136; haec omnia mutare oportet, priusquam ~fiant LARG.158; (ouum) ~factum exclusisse Venerem HYG.*Fab.*197; (*absol.*) hoc genus uini ~facit PLIN.*Nat.*23.47.

excal(e)factiō ~ōnis, *f.* [prec.+-TIO] Fomentation.
sal acopis additur ad ~ones PLIN.*Nat.*31.105.

excal(e)factōrius ~a ~um, *a.* [EXCALEFACIO+-TORIVS] Making warm, heating.
(iuncus) cum resina..imponitur ~a ui PLIN.*Nat.*21.120; uini natura ~a 25.152.

excandefaciō ~facere ~fēcī ~factum, *tr.* [EX-+CANDEFACIO] To inflame (with a desire), fire; to cause (prices) to rise rapidly.
(*tm.*) sexaginta..milia Fircelina excande me fecerunt cupiditate VAR.*R.*3.4.1;—collegiorum cenae, quae..~faciunt annonam macelli 3.2.16.

excandescentia ~ae, *f.* [pple. of next+-TIA] The eruption or flaring up of anger or sim.
ut..~a..sit ira nascens CIC.*Tusc.*4.21; aliam (partem animae) ~am uel inritabilitatem APUL.*Pl.*1.18.

excandescō ~escere ~uī, *intr.* [EX-+CANDESCO]

1 To catch fire, burst into flame. **b** to blaze (with light).
cum bitumen et sulpur additum est, ~escet (amurca) CATO *Agr.*95.2; (*fig.*) paene ad omnem tactum ~escit (ignis sacer) COL.7.5.16. **b** ruptis ~uit Aetna cauernis *Aetna* 606; numquam futtilibus ~uit ignibus aether MAN.1.876.

2 To grow hot (with anger, etc.), burst into a rage, flare up.
~uit et me causam inimicitiarum quaerere clamitauit CAEL.*Fam.*8.12.2; saepe ~ui, saepe reconciliatus sum SEN. *Con.*2.3.2; ~escere ad subita SEN.*Ep.*75.3; PETR.85.2; ~uit senatus PLIN.*Ep.*4.25.2; JUV.10.327;—(*transf.*) haec (*i.e. words*) nullam habent uim, nisi ira ~uit fortitudo CIC.*Tusc.*4.43; sic deorum spreti monitus ~escunt V.MAX. 1.6.11;—(*w.* in+*acc. of person*) ut..semper ~escant (*sc.* canes) in exteros COL.7.12.5; SUET.*Ves.*14.1;—(*w. abl.*) iratus..uoce etiam filiae ~uit SEN.*Con.*10.3.6.

excantō ~āre ~āuī ~ātum, *tr.* [EX-+CANTO] FORMS: *~assit* (= *~auerit*) *Lex XII*(*Font.iur.* p.30). To charm out or away.
qui fruges ~assit *Lex XII*(*Font.iur.*p.30); quoiuis ~are cor potes PL.*Bac.*27; quae sidera ~ata..caelo deripit HOR. *Epod.*5.45; clausas..~are puellas PROP.3.3.49; Lethaeos.. ~are deos LUC.6.686.

excarnificō ~āre ~āuī ~ātum, *tr.* [EX-+CARNIFICO] FORMS: *-carnu-* TER.*Hau.*813. To punish with torture. **b** to torture, torment (mentally).
a Cyprio tyranno ~atum CIC.*N.D.*3.82; instrumenta ~andi particulatim hominis SEN.*Ep.*24.14; SUET.*Vit.*7.2; seruum..paene ad ultimam mortem ~atum APUL.*Met.*7.2; (*hyperb.*) praeceptor..qui ~abit discipulos si memoria illis non constiterit SEN.*Cl.*1.16.3. **b** mihi res semper comminiscere ubi me ~es TER.*Hau.*813; ~ati animi uerba SEN. *Dial.*5.4.3.

excastrō ~āre ~āuī ~ātum, *tr.* [EX-+CASTRO] To castrate; (transf.) to shell.
auctore..M. Varrone is..Latine 'caper' dicitur, qui ~atus est GEL.9.9.10;—sinapi..non ~atum LARG.9.

excatarissō ~are ~āuī, *tr.* [app. EX-+Gk. καθαρίζω] (colloq.) To clean out, strip (of money, etc.).
~asti me, ut tibi emerem fabam uitream PETR.67.10.

excauātiō ~ōnis, *f.* [next+-TIO] Excavation.
saxa cauantur aqua..haec ipsa ~o rotunda fit SEN.*Nat.* 4b.3.4.

excauō ~āre ~āuī ~ātum, *tr.* [EX-+CAVO]

1 To make hollow, scoop, hollow out.
in montibus..Baianis sunt loca sudationibus ~ata VITR. 2.6.2; quisquis in nos incidit..usque curuos ~etur ad lumbos *Priap.*51.4; malum Punicum ~are CELS.4.26.7; ut ~etur (arbor) usque in medullam COL.5.6.17; oceanus.. Europam..recessibus crebris ~ans PLIN.*Nat.*3.5.

2 To produce or make by excavation. **b** (w. *ex*) to form by hollowing (out of).
naualia sunt ~ata anatium stabula VAR.*R.*3.5.14; foramen ~etur VITR.10.9.6; SEN.*Ep.*41.3; Trogodytae specus ~ant PLIN.*Nat.*5.45. **b** ex una gemma pergrandi trulla ~ata CIC.*Ver.*4.62; hemicyclium ~atum ex quadrato VITR. 9.8.1.

excēdō ~dere ~ssī ~ssum, *intr.*, *tr.* [EX-+CEDO[1]] FORMS: *~ssis* (= *~sseris*) TER.*An.* 760; *~disse* (= *~ssisse*) PAUL.*dig.*19.1.43. CONST.: w. *ex*, *de*, abl.; *extra*, *supra*, etc.; *ab* (4b); w. *ad*, *in*+acc.; w. acc.; w. adv.

1 (intr.) To go away, withdraw, retire, depart. **b** (of concr. things) to move away or out. **c** (of abst. or non-material things) to disappear. **d** (fig.) to digress (in narrative); (also) to go off (to a new subject, etc.).
abiit, ~ssit, euasit, erupit CIC.*Catil.*2.1; VERG.*A.*9.286; nocte per auersam portam silentio ~sserunt LIV.10.34.4; antequam agmen Romanum ~deret TAC.*Ann.*15.15; audita..uox ~dere deos; simul ingens motus ~dentium TAC. *Hist.*5.13;—(*w.* ex) si..tu ex istoc loco digitum transuorsum..~sseris PL.*Aul.*57; aurigae..paulatim ex proelio ~dunt CAES.*Gal.*4.33.2; ~dere ex templo LIV.26.30.11;—(*w.* extra) ubi extra uallum agmen ~sserit 9.23.13;—(*w. abl.*) si Pompeius Italia ~dat CIC.*Att.*8.3.1; Iustitia ~dens terris VERG.*G.*2.474; ita Crotone ~ssum est LIV.24.3.15; fugio ~doque nefandis sedibus STAT.*Theb.*11.695; PLIN.*Ep.*7. 19.2;—(*w. adv.*) in eam urbem rediit armis, unde ~sserat legibus CIC.*Phil.*13.27;—(*of the soul leaving the body*) tum maxime mentis..fortium uirorum, cum e corpore ~ssissent, sentire ac uigere *Sest.*47; *Tusc.*1.72. **b** nihil facere oportet quo minus quicquid est puris ~dat CELS.3.27.4.A; ~dent ultima caeli sidera SEN.*Thy.*865;—(*w. abl.*) quinque aliae stellae..~dunt..loco et uestigia mutant GERM.*Arat.* 440; ~ssere alueo (*sc. rivers*) SEN.*Nat.*3.27.8. **c** cura ex corde ~ssit TER.*Hec.*347; cum cupiditatis dominatus ~ssit CIC.*Parad.*40; VERG.*A.*6.737; de pectore caedis ~ssere notae OV.*Met.*6.670; corpori pallor ~dit CALP.*Decl.* 2;—(*from memory*) cognomen memoria ~ssit LIV.7.32.15; Cannaene tibi ~ssere Padusque? SIL.15.35. **d** operae pretium uidetur ~dere paulum ad enarrandum quam uaria fortuna usus sit LIV.29.29.5; V.MAX.2.6.9; in fabellam ~ssi non ingratam tibi SEN.*Ep.*77.10; PLIN.*Ep.*5.6.44;—ante.. quam in oceani litora..oratio ~dat MELA 2.97.

2 To pass out (of), depart or withdraw (from a status, condition, etc.). **b** (in var. periphrases meaning 'to die'; also absol.).
(*w.* ex) ex ephebis postquam ~sserit PL.*Mer.*61; ut primum ex pueris ~ssit CIC.*Arch.*4; Caesar..ex pristina bellandi consuetudine..~sserat *B.Afr.*73.1; SEN.*Ep.*92.7; (*w. non-pers. subj.*) ~ssit mi aetas ex magisterio tuo PL.*Bac.* 148;—(*w. abl.*) VERG.*A.*5.380; earum (*sc.* ciuitatium)..iusta possessione non ~ssurum LIV.32.10.4; ADEO ME EXA⟨R-SI⟩SSE, VT ~SSERIM MENTE *CIL* 6.1527.250; VELL.2.68.5; diues in usus natorum totoque uolens ~dere censu STAT. *Silv.*3.3.148. **b** quom e medio ~ssit TER.*Ph.*967; multa uita ~dens prouidit CIC.*Phil.*2.12; ne ille..laetus ex his tenebris in lucem illam ~sserit *Tusc.*1.74; post..quam Hercules ad deos ~sserat VELL.1.2.1; uxor tua..~ssit e uita CURT.4.10.28; possum iam de uita laeto animo ~dere FRO.*Ver.*2.p.130(120N);—Agricola..~ssit quarto et quinquagesimo anno TAC.*Ag.*44.1.

3 To project, protrude.
(lien) paulum..in uterum ~dens CELS.4.1.5; 8.9.2; inferiores..dentes longius quam superiores ~dunt 8.12.1; ora (Galliae)..tantundem paene in pelagus ~dens quantum retro Hispania abscesserat MELA 3.16; ~dentia in nubes iuga PLIN.*Nat.*27.3; (*w. distance specified*) rupes..IIII (stadia) in altitudinem ~dit CURT.7.3.22.

4 To grow, run, be extended (to an extreme or excessive size, degree, etc.; also transf.). **b** (of time) to run out, elapse.
qui..in nimiam magnitudinem ~sserunt (pisces) CELS. 2.21; si duramenta eius (*sc.* uitis) longius ~sserunt COL.4. 22.2; cum magnitudine ~ssere (cucumeres), pepones uocantur PLIN.*Nat.*19.65;—ut opes..in tantum amplitudinis.. ~sserunt V.MAX.2.9; (Socrates) patre marmorario genitus ad clarissimum gloriae lumen ~ssit 3.4.ext.1; SEN.*Ep.*85.12. **b** si quinquennium a tempore captiuitatis ~sserit JULIAN. *dig.*24.2.6; PAUL.*dig.*15.3.19.

5 To go (beyond specified limits, standards, etc.), run over, extend (to). **b** to be greater than another (in quantity, degree, etc.); (of an amount) to be in excess.
si quid ~dit ex hac quadripertitione VAR.*L.*7.5; CIC.*Tim.* 16; cum libertas non ultra uocem ~ssisset LIV.3.41.4; 21.15.6; ad patres etiam ac publicam querimoniam ~ssit res 25.1.9; in infinitum calumnia ~det SEN.*Con.*9.2.8; TAC.*Ag.* 42.5; ne illa (*sc.* seueritas) in tristitiam..~dat PLIN.*Ep.* 8.21.1; JAVOL.*dig.*10.3.18. **b** tantum illa clades nouitate et magnitudine ~ssit TAC.*Ann.*2.24;—eum..eius dumtaxat summae quae ita ~deret damnare JULIAN.*dig.*10.2.52.2; ut, si ea (*sc.* margarita) decem uendidisses, redderes mihi decem, si pluris, quod ~dit tu haberes ULP.*dig.*17.2.44.

6 (tr.) To proceed beyond (boundaries, etc.), move out of (a specified area). **b** to go beyond, exceed (a condition, standard, etc.); (of persons) to exceed (certain limits of conduct, performance, etc.).
terminos agelli sui numquam ~sserat V.MAX.7.1.2; solebat..~dere subsellia sua SEN.*Con.*7.4.7; non ego penates ..~ssi meos SEN.*Oed.*23; patrios ~dere muros LUC.1.497; —(*of water*) CURT.5.1.28; ~dentia ripas..flumina MELA 2.1.15; Tiberis alueum ~ssit PLIN.*Ep.*8.17.1;—(*of sound*) sensum aurium ~dens..sonitus PLIN.*Nat.*2.6. **b** ~ssit.. fidem meritorum summa tuorum OV.*Met.*7.166; quicquid naturam ~dit SEN.*Ep.*119.2; ea quorum memoriam uetustas ~dit PAUL.*dig.*39.3.2.3;—nihil..ueniae habere, si modum ~sseris LIV.2.3.4; numerum..uoluminum ~ssi COL.11.1. 2; in lacrimis iustum ~ssisse pudorem STAT.*Silv.*5.5.57; ~ssisse..equestre fastigium TAC.*Ann.*4.40; nec praeturae gradum ~ssit SUET.*Otho* 1.1.

7 a (in indications of length, height, etc.) To extend beyond; to exceed (a specified measurement). **b** to exceed (in age or duration), outlast, outlive. **c** to surpass (in other respects).
a pollex ita inferior est, ut uix radicem eius (*sc.* digiti) ~dat CAP.*iur.*10; nubes ~dit Olympus LUC.2.271; stagnum ..altitudine genua non ~dens PLIN.*Nat.*31.73; Ithacum ..umeris ~dere..ducem STAT.*Ach.*1.880;—centum milia ~dunt (Alpes) PLIN.*Nat.*3.132. **b** ne ~das finitum tempus LIV.9.34.15; MAN.4.856; cum ~sserunt (uaccae) annos decem COL.6.21.1; centesimum annum ~dens PLIN.*Nat.* 25.9; (*cf.*) aeuo quamquam nondum excessisset ephebos SIL.14.493. **c** cuius tantum priores ~ssit (*sc.* triumphus) VELL.1.9.6; (exanthemata) colorem cutis non ~dunt CELS. 5.28.15; ~denti terrestria magnitudine animalia SEN.*Dial.* 6.18.7; pili..non ~dunt lanuginem PLIN.*Nat.*30.132;—(*a specified amount*) uidi (rapa) XL libras ~dentia 18.128; pes mihi tris syllabas non uidetur ~dere QUINT.*Inst.*9.4.79; (*cf.*) (rosae) non ~dentis duodena folia PLIN.*Nat.*21.16.

excellens ~ntis, *a. compar.* ~ntior, *superl.* ~ntissimus. [pple. of EXCELLO] FORMS: neut. sg. *~nte* (= *~ns*) PETR.45.4, 66.3; gen. pl. *~um* SIL.14.29.

1 High, lofty.
oppidorum magna pars..natura ~ntibus locis est constituta *B.Hisp.*8.4; ~ntissimus omnium montium (Olympus) APUL.*Soc.*8.

2 Pre-eminent, outstanding (often as an emphatic form of compliment). **b** (of commodities, etc.) outstanding in quality.
~ntem muliebris formae pulchritudinem CIC.*Inv.*2.1; *de Orat.*3.57; o populi Romani ~ns dignitas! *Balb.*13; eo proelio ~ntissimam uirtutem Crastini fuisse CAES.*Civ.*3. 99.3; nihil illo fuisse ~ntius uel in uitiis uel in uirtutibus NEP.*Alc.*1.1; quid in gratulationibus..nisi ~ntiorem ornatum adiciunt? LIV.34.7.10; (uiri) carminibus ~ntes PLIN.*Nat.*18.23; (arrhenicum) optimum, coloris etiam in auro ~ntis 34.178; ~ntissimum triumphum egit Gallicum SUET.*Jul.*37.1; magnitudines bestiarum ~ntes GEL.5.14.7; APUL.*Apol.*4; (*as sb.*) libros..conscribit ~ntium MAUR.2451. **b** (stercus) quod homines faciunt, quamuis habeatur ~ntissimum COL.11.3.12; PETR.66.3; ~ntius Thebaidis regioni frumentum PLIN.*Nat.*18.170; auro..~ntissimo 37.56.

excellenter, *adv. compar.* ~tius. [prec.+-TER[2]] Outstandingly, excellently.
in ea (*sc.* re publica) se ~tius gerere studuerunt CIC.*Sest.* 96; *Off.*1.61; erat..in puero..summa suauitas..uocis, ut.. quae tradebantur..~ter pronuntiaret NEP.*Att.*1.3.

excellentia ~ae, *f.* [EXCELLENS+-IA] Superiority, pre-eminence, excellence; *per ~am*, *par excellence*.
ut Homerus propter ~am commune poetarum nomen efficit apud Graecos suum CIC.*Top.*55; *Tusc.*4.1; artis eminens ~a VITR.7.pr.13; Amazonem, quam ab ~a crurum eucnemon appellant PLIN.*Nat.*34.82;—(*pl.*) saepe..~ae quaedam sunt, qualis erat Scipionis in nostro..grege CIC. *Amic.*69; VITR.7.pr.16;—hoc ait per ~am esse..Homerum intellegas, cum audieris poetam SEN.*Ep.*58.17.

excellō ~ere (~uī), *intr.*, (*tr.*). [EX-+**cello* (CELSVS)] FORMS: (as from *excelleo*) *~et* CIC.*de Orat.*2.254; *Tusc.*2.30; CURT.9.1.24; *~ent* CIC.*de Orat.*2.92; MELA 1.63; *~eas* CIC. *Ep.*fr.9(8).1; *~uerunt* (pf.) GEL.14.3.7.

1 To be superior in height. **b** (app. tr.; see quot.).
fulmine saepissime icitur quamuis altitudine non ~at PLIN.*Nat.*16.24; (herbam) impiam appellauere, quoniam liberi (*i.e.* ramuli) super parentem ~ant 24.173; (*fig.*) solere plerisque hominibus rebus secundis..animum ~ere..atque ferociam augescere CATO *hist.*95a. **b** ~ere, in altum extollere FEST.p.274M.

2 (usu. in good sense) To be pre-eminent or conspicuous, surpass, excel.
duo tum ~ebant oratores CIC.*Brut.*317; quo magis ipsius memoria ~eret *Scaur.*33; quem..omnibus ornatum uoluisti ~ere rebus LUCR.1.27; nec ~ere unum aut alterum ordinem in ciuitate LIV.34.31.18; multarum artium scientia..eminet et ~it TAC.*Dial.*32.1; PLIN.*Pan.*24.4; (*cf. in bad sense*) cum haec (flagitia) quae ~unt me nosse uideas CIC.*Pis.*94;—(*w. dat.*) Zeuxin, qui tum longe ceteris ~ere pictoribus existimabatur CIC.*Inv.*2.1; *Man.*39;—(*w. abl.*) ~e dicendo Q.CIC.*Pet.* 55; togatis ~it Afranius QUINT.*Inst.*10.1.100;—(*w.* in+*abl.*) in eo genere et Rhodii et Byzantii et praeter ceteros Attici ~unt CIC.*de Orat.*2.217; in amicitiis expetendis..maxime ~it *Amic.*30; a moribus philosophiae..in quibus illi duo omnium iudicio ~uerunt GEL.14.3.7;—(*w.* inter) ut inter quos posset ~ere, cum iis se pateretur aequari CIC.*Inv.* 1.3; LIV.45.23.16;—(*w.* super) quia super ceteros ~at LIV. 28.43.4.

excelsē, *adv. compar.* ~ius, *superl.* ~issimē. [EXCELSVS+-E]

1 At or to a high elevation.
non errabit ~ius quam oporteat uisus VITR.8.1.1; si modo scandit ~ius (uitis) COL.4.1.5.

2 In an elevated or sublime manner.
omnia..~ius magnificentiusque et dicet et sentiet CIC. *Orat.*119; (Isaeus) narrat aperte..ornat ~e PLIN.*Ep.*2.3.3.

3 Pre-eminently, outstandingly.
(Sparta) ~issime floruit VELL.1.6.3.

excelsitās ~ātis, *f.* [EXCELSVS+-TAS]

1 Loftiness, height.
efficiunt ~ate speciem earum (*sc.* columnarum) graciliorem VITR.4.1.1; in tanta montium ~ate PLIN.*Nat.*2.160; nec ulli florum ~as maior 21.23; 36.122.

2 (transf.) Sublimity.
~as animi et magnitudo CIC.*Off.*3.24.

excelsum ~ī, *n.* [next]

1 High ground, an eminence, height. **b** a high altitude; (also pl.).
simulacrum..in ~o conlocare CIC.*Catil.*3.20; pastor ab ~o..dixit OV.*Fast.*2.369; plano aditur ~um? SEN.*Dial.* 2.1.2;—(*w. gen.*) ab huius (regionis) ~is PLIN.*Nat.*6.47; in ~o montium 16.41; SIL.15.233;—(*in fig. phr.*) animum.. semper futurum in ~o SEN.*Ep.*66.31. **b** (fumus) se..in ~um leuat SEN.*Thy.*774; PLIN.*Nat.*2.132; colle per ~um patulo STAT.*Theb.*7.444; per..fistulam in ~um prorumpit uino crocus diluta APUL.*Met.*10.34;— ~a petens (*sc. eagle*) STAT.*Theb.*3.539.

2 Loftiness (of rank, station, etc.), high position.
qui magno imperio praediti in ~o aetatem agunt SAL.*Cat.* 51.12; ~a metuit (fama) [SEN.]*Oct.*585; (*cf.*) quam difficile.. sit consilium dare regi..quouis opes in ~o sunt SAL.*Rep.* 2.1.1.

excelsus ~a ~um, *a. compar.* ~ior, *superl.* ~issimus. [cf. EXCELLO, CELSVS]

1 Extending to a great height, lofty, high; having a high position. **b** great in stature, tall.
escendo in quendam ~um locum TER.*An.*356; ~a porticu CIC.*Att.*4.17.7(16.14); *N.D.*2.143; ~o coaceruatum aggere bustum CATUL.64.363; LIV.31.29.9; Dardaniae muros ~aque tecta OV.*Ep.*15.57; (cuspis) aliis ~ior hastis V.FL. 1.405; montis in ~i scopulo APUL.*Met.*4.33;—~os rotis uolitare proceres SEN.*Phoen.*546; ~issimum..conclaue COL. 12.2.2; (*as sb.*) maximo aestu in ~ioribus oppidi riget (aqua) PLIN.*Nat.*31.50. **b** erat..~um signum cum stola CIC. *Ver.*4.74; cum sint (ibes) aues ~ae cruribus rigidis *N.D.* 1.101; mortali specie ~iorem iuuenem V.MAX.1.7.ext.1; elephantorum gregem ~issimus ducit SEN.*Ep.*90.4; PLIN. *Nat.*13.131; fuisse traditur ~a statura SUET.*Jul.*45.1.

2 (of abst. things) Lofty, sublime, noble; (also of persons). **b** (rhet., of style) elevated, sublime.
in ~issimam claritudinem CATO *hist.*63; quo tua in me humanitas fuerit ~ior CIC.*Att.*3.20.3; ~ius et speciosius urbi nostrae futurum imperium V.MAX.4.8.4; magnae ~aeque gloriae TAC.*Ag.*4.5; (*neut. pl. as sb.*) ~a et alta sperare..iubet LIV.1.34.9;—finxit..te..natura..ad omnis ..uirtutes magnum hominem et ~um CIC.*Mur.*60; *Tusc.* 2.11; ualidiorem..animum et ~iorem..facit uirtus SEN. *Ep.*76.17. **b** neque eos quicquam ~um magnificumque delectat CIC.*Opt.Gen.*12; *Orat.*119; nonne his latior..et ~ior (Aeschines)? QUINT.*Inst.*12.10.23; tanto altior et ~ior (eloquentia) TAC.*Dial.*37.8; PLIN.*Ep.*3.13.4.

3 High in rank, reputation, etc.
magnificissimei ~issimeique honore ACC.*poet.*15; Batonem..et Pinnetem ~issimos duces VELL.2.114.4; me caelitum ~issimum regumque regem SEN.*Thy.*911.

excepticius ~a ~um, *a.* [EXCIPIO+-ICIVS[2]] That is kept back, residual.
(alica) quae in eo (*sc.* cribro) remansit ~a appellatur PLIN.*Nat.*18.115.

exceptiō ~ōnis, *f.* [EXCIPIO+-TIO]

1 Exception, qualification, reservation.
sine ~one..uirum..neminem fuisse CIC.*Ver.*5.81; numquam reo cuiquam..tam praecise negaui quam hic mihi plane nulla ~one praecidit *Att.*8.4.2; uita cum ~one mortis data est SEN.*Ep.*30.10; QUINT.*Inst.*6.3.104; unus imperitat, nullis iam ~onibus TAC.*Ger.*44.3.

2 A limiting clause or proviso in a law, agreement, etc.
si..id..adscribat ad legem et addat hanc ~onem CIC. *Inv.*1.56; *Ver.*2.24; qui ~onibus edictorum retinear *Att.* 11.9.1; IN ID DECRETVM..~ONEM ADDITO *CIL* 1.592.1.4; SEN.*Con.*10.5.8; PLIN.*Pan.*38.7; sub ~one polliceri SUET. *Jul.*78.2; SIC.FL.*agrim.*p.111.

3 A counterplea or objection inserted (in the interests or at the instance of the defendant) by the praetor in the *formula* when he grants (or refuses) an *actio*, etc.
*Rhet.Her.*1.22; praetoris ~onibus multae excluduntur

actiones Cic.*Inv.*2.57; *de Orat.*1.168; Tac.*Dial.*20.1; Pompon.*dig.*12.2.42.1; ~o doli opponi debet Ulp.*dig.*2.11.2; pigneraticia ~one eum summoueri debere 10.3.6.9; Paul. *dig.*24.3.44;—(*in fig. phr.*) quid attinet luxuriosis ullam ~onem dari? Cic.*Fin.*2.21; hac ad summum bonum itur? per..turpes..etiam ad album sedentibus ~ones? Sen.*Ep.* 48.10; Plin.*Ep.*1.2.5.

exceptiuncula ~ae, *f.* [prec.+-cvla] A small reservation or proviso.
icet illam ~am non adicias Sen.*Ep.*20.5.

exceptō ~āre ~āuī ~ātum, *tr.* [excipio+-to]

1 To take, pick, etc., up or out.
aliquem..mullos ~antem de piscina Cic.*Parad.*38; ab eis subleuatus murum ascendit: hos ipse rursus singulos ~ans in murum extulit Caes.*Gal.*7.47.7.

2 To take (to oneself), allow or cause oneself to receive.
(equae) ~ant..leuis auras Verg.*G.*3.274; ~ant..cibos Stat.*Theb.*7.575; Sil.9.369; simul ~at uulnera Tac.*Ann.* 3.20.

exceptor ~ōris, *m.* [excipio+-tor] (app.) An amanuensis, copyist.
cum..~or operas suas locasset Ulp.*dig.*19.2.19.9.

exceptōrium ~iī, *n.* [excipio+-torivm] A receptacle for water, tank, cistern.
PISCINAM NOVAM..REDDITIS VETERIBVS ~IIS ADIECIT *A.Epig.*17–18.98; 12.182.

exceptōrius ~a ~um, *a.* [excipio+-torivs] Acting as a receptacle.
quali..~i..in quibus uuae comportantur Ulp.*dig.*33.7.8.

excernō ~ernere ~rēuī ~rētum, *tr.* [ex-+cerno]

1 To separate or sift out. **b** (men, animals, etc.).
de fluminibus aut e glarea erit ~ernenda (harena) Vitr. 2.4.2; frumenta sic sunt aggeranda ut omni flatu possint ~erni Col.2.20.5; furfures modice a farina ~reti Col.8.4.1; ex iis (*sc.* conchis) esculenta eligit testas ~ernens Plin. *Nat.*10.115. **b** omnem..turbam ~retam in quattuor tribus Liv.9.46.14; inde ~ernere prauos (*sc. puppies*) Grat.289; Curt.10.2.9.

2 To excrete.
si nihil per se uenter ~ernit Cels.2.12.2.b; (intestinum) in imo derigitur, qua ~ernit 4.1.9; Col.7.5.19.

excerpō ~ere ~sī ~tum, *tr.* [ex-+carpo]

1 To pick out.
~ens semina pomis Hor.*S.*2.3.272; testas ~ere atque ossa *e. from food*) Sen.*Ep.*95.27.

2 (transf.) To pick out (mentally), select. **b** to select (a passage for quotation or sim.), excerpt; to make extracts from (a book, etc.).
~ere ex his ipsis (malis) si quid inesset boni Cic.*Off.*3.3; Sen.*Ben.*4.28.1; Luc.5.186; neminem..laudare ausus est..ueritus..ne multos offenderet, si paucos ~sisset Tac.*Dial.* 26.8; an habent spectacula..quod..inde ~ere possis? Juv. 6.62. **b** quod quisque commodissime praecipere uidebatur, ~simus Cic.*Inv.*2.4; nomina..ex..tabulis ~serunt Liv.24.18.7; solebam..~ere quid mihi cum aduersario conueniret Quint.*Inst.*7.1.29; Gel.pr.2;—liber legebatur, adnotabat ~ebatque. nihil enim legit quod non ~eret Plin.*Ep.*3.5.10; cum..epistolam istam..mala fide ~eret Apul.*Apol.*83.

3 To select for removal, take away.
id quod bonist ~is, dicis quod malist Ter.*Ph.*698; Cic. *de Orat.*2.47; me illorum..~am numero Hor.*S.*1.4.40; a rege..omnem nobilitatis indolem ~i V.Max.7.3.2; non illum casibus hominum ~imus, sed erroribus Sen.*Dial.* 9.13.3; quid si nos hominum consuetudini coeperimus ~ere? *Ep.*5.2.

excerptiō ~ōnis, *f.* [prec.+-tio] An extract, excerpt.
~ones..uariis..in locis factis cursim digessimus Gel. 7.21.1.

excerptum ~ī, *n.* [pple. of excerpo] = prec.
feci..~a ex libris sexaginta Aur.*Fro.*1.p.138(34N); si qua Lucretii aut Ennii ~a habes 1.p.302(105N).

excessus ~ūs, *m.* [excedo+-tvs[3]]

1 The action of going out or away, departure. **b** departure (from human life), death.
neque dum Hannibal in Italia moratur, neque proximis post ~um eius annis Vell.1.15.1; crebros ~us uiae (*i.e. deviations*) petit V.Max.9.9.2; (*in fig. phr.*) siue precarios habet (virtus) ~us cogiturque uela contrahere Sen.*Dial.*9.4.7. **b** circa diui Augusti ~um Sen.*Nat.*1.1.3; Plin.*Nat.*4.98; laeti ~u principis Tac.*Ann.*1.7; (*cf.*) post obitum uel potius ~um Romuli Cic.*Rep.*2.52;—(*w.* uitae, e uita) ~um e uita et in uita mansionem *Fin.*3.60; ~u uitae *Tusc.*1.27; V.Max. 9.13; POST ~VM VITAE EIVS *CIL* 14.2410.

2 A digression (in speech or writing).
Sen.*Con.*7.pr.2; neque admittunt ~us (hi libelli) Plin. *Nat.*pr.12; Quint.*Inst.*3.9.4; Plin.*Ep.*9.26.9; est (Cicero).. otiosus circa ~us Tac.*Dial.*22.3; non ab re..hoc loco uelut ~us hic subiungetur Maecian.*dig.*28.5.87(86).1.

3 Departure from a standard (in quot., of conduct).
minuti a pudore ~us puniebantur V.Max.8.2.4.

4 (med.) A projection, protuberance.
umeri caput..paruo ~u uertici lati scapularum ossis inseritur Cels.8.1.19; 8.1.27.

excetra ~ae, *f.* [perh. Etr. **echitra* fr. Gk. ἔχιδνα] A water-snake; (in quot., of the Lernaean Hydra). **b** (transf.) a spiteful or malignant woman.
cum ~a..deluctari mauelim quam cum Amore Pl.*Per.*3; haec dextra Lernam taetra mactata ~a pacauit Cic.*Tusc.* 2.22(transl. Sophocles); Amp.2.4. **b** tibi..cerebrum dispercutiam, ~a tu Pl.*Cas.*644; illius ~ae delenimentis et uenenis imbutum Liv.39.11.2; Apul.*Met.*10.28.

excidiō ~ōnis, *f.* [ex(s)cindo+-io[1]] Destruction.
~onem facere..oppidis Pl.*Cur.*534; Paul.*Fest.*p.80M.

excidium ~iī, *n.* [ex(s)cindo+-ivm] Military destruction: **a** (of towns, countries, etc.). **b** (of peoples, troops).
a qua tempestate urbi Romanae fatum ~ii aduentarit Sal.*Rep.*1.5.2; hic petit ~iis urbem Verg.*G.*2.505; excidio Libyae *A.*1.22; Carthagini..adesse uidebatur praesens ~ium Liv.30.32.3; simul ~iis castellorum imminebant Tac.*Hist.*4.15; cecinisse Troianum ~ium *Ann.*15.39; (*fig.*) ~ium..fiet hic equos hodie auro senis Pl.*Bac.*944. **b** quae moenia..ferrum acuant..in me ~iumque meorum Verg.*A.*8.386; Liv.28.39.8; gentis..ferocissimas plurimo cum earum ~io..in pristinum pacis redegit modum Vell. 2.98.2; pergite in ~ium Stat.*Theb.*5.683; ~ium legionum praedixerat Tac.*Hist.*4.61.

excidō[1] ~ere ~ī, *intr.* [ex-+cado]

1 To fall, drop, etc., off or out. **b** (of men or animals). **c** (of lots) to fall out (i.e. be drawn).
ibidem sunt nuces bimae, inde semen ~et Cato *Agr.*17.2; 157.15; sagitta ~it (*from the wound*) Verg.*A.*12.424; inter ..oblitas ~it urna manus Prop.4.4.22; Plin.*Nat.*27.119;—(*w. dat.*) illi ~it anulus et in Tiberim deuolutus est Alf. *dig.*19.5.23; ~erunt lacrimae iuueni V.Max.5.7.ext.2;—(*w.* ab) a digitis ~it ansa meis Ov.*Ep.*15.254;—(*w.* de) gladii de manibus..~erunt Cic.*Pis.*21;—(*w.* ex) *Tusc.*2.25; uidimus duas petras, ex quibus ingens uis fluminis ~ebat Sen. *Nat.*6.8.4; (*in fig. phr.*) ut..uictoria ~eret e manibus Cic. *ad Brut.*1.10.2;—(*w. abl.*) ~at caelo dies Sen.*Thy.*51. **b** quae simul uecta mecum in scaphast ~it Pl.*Rud.*201; Palinurus..qui..~erat puppi Verg.*A.*6.339; ~ere..quidam (elephanti) in flumen Liv.21.28.12; ~erat curru (*sc.* Hippolytus) Ov.*Fast.*6.743; Juv.4.127. **c** ut cuiusque sors ~erat Liv.21.42.3; nominibus in urnam coniectis citari quod primum sorte nomen ~it 23.3.7.

2 **a** To fall unobserved, be lost. **b** to slip out or away, escape.
a quoi haec ~it cistella Pl.*Cist.*695; inter uias epistula ~it mihi Turp.*com.*196; Cic.*Att.*2.8.1; habebit sinum..ex quo multa exeant et nihil ~at Sen.*Dial.*7.23.5; simul atque..uas ita ~erit, ut non inueniatur Paul.*dig.*41.2.3.13. **b** (Proteus) uinclis ~et Verg.*G.*4.410; inter complexus ~it umbra meos Prop.4.7.96;—(*transf.*) scripsi..illud..in libello, qui me imprudente..~it et peruenit in manus hominum Cic.*de Orat.*1.94; quo modo ~erit (*sc.* oratio) nescio *Att.*3.12.2.

3 (med., of parts of the body) To slip out, be displaced.
fracta..ossa..multo saepius ~unt Cels.8.10.1.b; articuli suis sedibus ~unt 8.11.1; alioqui uoluae ~unt Plin.*Nat.* 36.151; intestinum extremum quibus prolabitur et ~it Larg.232; (*fig.*) ubi nuda proponuntur membra (*sc.* orationis), si quid..ordine ~it, manifestum est Sen.*Con.*1.pr.21.

4 (w. *in*+acc.) **a** (of a metrical foot) To terminate (in). **b** to fall or lapse (into actions, conduct, etc.) by going to excess.
a omnes hi (pedes) qui in breues ~unt Quint.*Inst.*9.4.106. **b** in uitium libertas ~it Hor.*Ars* 282; satius est..humana uitia placide accipere nec in risum nec in lacrimas ~entem Sen.*Dial.*9.15.5.

5 (of words, etc.) To be uttered or let fall.
quod uerbum tibi non ~it..fortuito Cic.*Phil.*10.6; uox horrenda per auras ~it Verg.*A.*9.113; Liv.26.19.14; uagitus in auras ~it Stat.*Theb.*5.542; ut..non sententiibus nobis omnium generum ~ant uersus Quint.*Inst.*9.4.52; Tac.*Ann.* 14.44;—(*w.* ore, ex ore) ex isto ore religionis uerbum ~ere.. potest? Cic.*Dom.*104; uox ~it ore Verg.*A.*6.686.

6 (w. abl.) To be deprived or disappointed (of), fall short (of). **b** (leg.) *~ere formula*, to lose one's case by failure to use a correct form of pleading.
erus..uxore ~it (*has lost the chance of a wife*) Ter.*An.*423; Prop.3.7.7; (Phaethon) magnis..~it ausis Ov.*Met.*2.328; uita ~ere Sen.*Ep.*71.11; 99.5; medicinae fine non ~et (medicus) Quint.*Inst.*2.17.25; (*cf. w.* ex) ex hac familia me plane ~isse intellego (*i.e. lost their favour*) Pl.*Men.*667. **b** iis qui apud priuatos iudices..formula ~issent restituit actiones Suet.*Cl.*14.1; (*fig.*) Sen.*Cl.*2.3.1.

7 To lose control of one's senses, mind, etc. **b** (of a speaker) to lose one's thread, lose oneself.
~it illa metu Ov.*Ars* 1.539; 2.450;—(*w.* mihi, *etc.*) ut scias..quemadmodum numquam ~am mihi Sen.*Dial.* 5.14.1; uiui stupent et in totum sibi ~unt *Nat.*2.27.3; *Phaed.*590; (*w. impers. subj.*) neminem esse tam circumspectum, cuius non diligentia aliquando sibi ipsa ~at *Dial.* 5.24.4;—(*w.* mente) adeone praesenti malo perterritus mente ~isti tua? Apul.*Met.*8.31. **b** ille ~it nec ultra dixit Sen.*Con.*1.2.22; saepe in medio uerbo ~ebat Sen.*Ep.* 27.6; sicut palam moneri ~entis (est) Quint.*Inst.*11.3.132; (*cf.*) 'gladia' qui dixerunt genere ~erunt (*i.e. lapsed in gender*) 1.5.16.

8 To disagree (with).
ab Arciloco ~o Lucil.698; in hoc litigatu..tibi ipsa ~isti [Quint.]*Decl.*6.19.

9 (of non-material things, etc.) To fall away, be lost, perish. **b** to escape the memory, be forgotten.
~it orationis omnis confidentia Naev.*trag.*4; Hor.*Carm.* 3.5.29; ~erant surdo tot mea uota Ioui Prop.3.24.20; simul est auctor necis editus, ~it omnis luctus Ov.*Met.*8.449; fratribus regna ~ant Sen.*Thy.*32. **b** ea (*i.e. errors*) iam mihi ~erunt Cic.*Att.*9.5.3; ~erunt..praecepta dictatoris Liv.22.15.6; quaeris quis hic sit? ~it mihi nomen Mart. 1.96.14;—(*of persons*) tibi ~imus: nullam..Phyllida nosti Ov.*Ep.*2.105; an ~it trucidatus Corbulo? Tac.*Hist.*2.76;—(*w. abl.*, de, ex) necdum..dolores ~erant animo Verg.*A.* 1.26; Carthaginem atque Hannibalem ~isse de memoria Liv.29.19.13; ~erat pacis mentio ex omnium animis 34.37.6; Ov.*Pont.*2.4.24;—(*w. inf.*) ~it..tibi..candida.. praemittere uela *Aetna* 584; Quint.*Inst.*11.3.130;—(*w. acc. and inf.*) ~erat iurantibus esse tertium qui magis amaret Sen.*Con.*2.2.11; Quint.*Inst.*2.3.10;—(*w.* ut) ~it, ut peterem.. Ov.*Met.*14.139.

excīdō[2] ~dere ~dī ~sum, *tr.* [ex-+caedo]

1 To remove or extract by cutting, cut out. **b** to cut down (trees, etc.). **c** (fig.) to extirpate, cut out, abolish (abst. things).
gelum crassum ~dunt Cato *hist.*33; lictor, ~de radicem hanc Liv.9.16.18; Col.9.8.9; ~ditur caespes Tac.*Ann.*1.65;—(*w.* ex) nec lapides ex terra ~derentur..sine hominum labore Cic.*Off.*213; e quibusdam parietibus..picturae ~sae Vitr.2.8.9;—(*w. abl.*) sale montibus..~so Plin.*Nat.*5.34; Quint.*Inst.*9.4.5; (*fig.*) Plin.*Ep.*8.18.6;—(*parts of the body*) ~sum humanum caput Sen.*Con.*9.2.4; si illi manum aut morbus aut hostis ~derit Sen.*Ep.*9.4;—(*morbid matter*) ulcus usque ad sanam carnem ~di oportebit Cels.5.28.13.c; (*w.* ab) habenula est ab ulteriore ora ~denda 7.7.8.G; (*cf.*) antequam partus ei (*sc.* mulieri) ~datur Marcel.*dig.*11.8.2. **b** ~ditur ilex Enn.*Ann.*188; ~sa..est arbor, non euulsa Cic.*Att.*15.4.2; Caes.*Civ.*2.15.1; ~si..luci..superstitionibus sacri Tac.*Ann.*14.30; (*cf.*) (uitibus) in supinum ~sis (*i.e. pruned*) Plin.*Nat.*17.226. **c** quatenus ~di penitus uitium irae, cetera item nequeunt stultis haerentia Hor.*S.*1.3.76; Quint.*Inst.*1.10.31; causas bellorum statuit ~dere Tac.*Ag.* 19.1; ~dissi intestinum malum Plin.*Pan.*34.2;—(*w.* ex) illud tristissimum tempus..ex animo..~dere Cic.*Prov.*43;—(*w. abl.*) iram ~dere animis Sen.*Dial.*5.1.1.

2 To cut out in a specified form. **b** to form (a hole, passage, etc.) by cutting, hollow out.
alii ~dere reges (obeliscos) Plin.*Nat.*36.65; (*w. abl.*) columnas rupibus ~dunt Verg.*A.*1.429; (*w.* ex) ex eisdem lapidicinis basim ~dendam Vitr.10.2.13; (*in fig. phr.*) multum ratio limabit..sit modo unde ~di possit et quod exsculpi Quint.*Inst.*2.4.7. **b** est locus ~so penitus demersus hiatu Petr.120,l.67; uias per montes ~sas Plin. *Nat.*36.125.

3 To hollow out, excavate. **b** to cut or hack a way through, cut open.
e saxo..penitus ~so Cic.*Ver.*5.68; lapis..~sus sic ut pedes capiat Cels.4.31.7; (dentem) ~dendum scalpro medicinali Larg.53; (*w.* in+*acc.*) ~sum..latus ingens rupis in antrum Verg.*A.*6.42; (*cf.*) ~sa (*i.e. crescent-shaped*).. pelta Ov.*Pont.*3.1.96. **b** cum portas ~dere conatus esset Caes.*Gal.*7.50.4; ~so..ericio..in castellum..irruperunt *Civ.*3.67.6; ~sa trabe..dedit..fenestram Verg.*A.*2. 481; Plin.*Nat.*8.222.

4 To castrate.
Gallos qui se ~dere uocamus Ov.*Fast.*4.361; ~dunt.. senem Mart.3.91.9; Ulp.*dig.*48.8.4.2; (*pple. as sb.*) ~sorum greges Sen.*Con.*10.4.

5 To raze, destroy (towns, buildings, etc.); to lay waste (territory). **b** to destroy, exterminate (peoples, etc.).
urbem nondum ~sam et euersam sed iam captam atque oppressam Cic.*Sest.*35; maiores..Karthaginem ~derunt *Phil.*4.13; ~sa..Troia Verg.*A.*2.637; Liv.6.9.2; ~sis.. templis Stat.*Silv.*5.3.200; castra..perrupta ~disset Tac. *Hist.*4.34;—earum patriam ego ~di manu Pl.*Truc.*532; Epirus ~sa Cic.*Pis.*96; ~sis agris, exustis aedificiis Vell. 2.115.2. **b** EXTE⟨RNAS⟩ GENTES..⟨CO⟩NSERVARE QVAM ~DERE M⟨ALVI⟩ Aug.*Anc.*1.15; quas nationes funditus ~di..oporteat Sen.*Cl.*1.1.2; ut..hostem in aeternum ~derent Tac.*Hist.*5.16; (*transf.*) multorum..~si status *Ann.* 3.28.

exciō (~ieō) ~īre (~iēre) ~īui or ~iī ~ītum or ~itum, *tr.* [ex-+cieo] Forms: (pres. ind.) *~ies* Acc.*trag.*300; *~iet* Pl.*Ps.*1285, *Inc.trag.*97; *~it* Stat.*Theb.*4.146; (imp.) *~ite* Luc.2.48; (impf.) *~ibam* etc. Liv.32.13.6, Sil.9.182; *~iebant* Liv.5.14.2 (*cj.*); (inf.) *~ire*, (pass.) *~iri*; *~iere* Liv.7.11.11.

1 To cause to move away (from a position), rouse, start, stir. **b** to rouse (from sleep).
semina..Veneris stimulis ~ita per artus Lucr.4.1215; genus e siluis Cyclopum..~itum ruit Verg.*A.*3.676; Etruriam omnem ~itam sedibus..adesse Liv.5.8.7; suem latebris..~iuere canes Ov.*Met.*10.711; Sen.*Dial.*11.7.4; ~itus aequore Triton Sil.14.373; Apul.*Met.*8.6. **b** ignoto et horribili sonitu repente ~iti neque fugere neque arma capere..poterant Sal.*Jug.*99.2; cornicines..canere iubent ut consulem excirent Liv.24.46.6; Tac.*Hist.*5.22;—(*w.* somno, *etc.*) quae..~ita somno desertam in sola..se cernat harena Catul.64.56; simulacra..quae nos horrifice..sopore ~ierunt Lucr.4.41; clamor..dictatorem..ex somno ~iuit Liv.4.27.6; sicut somno ~itus erat, prope seminudus fugiens 24.40.13; Tac.*Hist.*3.55.

2 To call out, summon. **b** to call up (ghosts, etc.).
praecones..primos ~iuere Albanos Liv.1.28.2; cum esset ..adhibitus ei cenae..nuntio est ~itus Quint.*Inst.*11.2.12;

Tac.Hist.1.9;—(w. destination expr.) quid est..quod me ~iuisti ante aedis? Pl.Epid.570; uox uiri pessumi me ~iet foras Ps.1285; principibus coloniae Romam ~itis Liv.3.4.5; 36.7.12; suus ~it in arma antiquam Tirynthia deus Stat. Theb.4.146;—(w. place whence expr.) quid istuc..est..quod me..e tecto ~ies? Acc.trag.300; a Creta mille delectos..~iuit Liv.34.27.2; Tac.Ann.15.6;—(w. ut) quem ut Capuae.. praeesset litteris ~iuit Liv.27.6.1. **b** animas imis ~ire sepulcris Verg.Ecl.8.98; ab imo Tartari fundo ~itae Eumenides Sen.Her.F.86; V.Fl.1.791; magico..cantu..manes ~iti Sil.1.98.

3 To stir into action, rouse.
Pompeius..litteris fratris ~itus..ad Cordubam iter facere coepit B.Hisp.4.4; commotis ~ita sacris Thyias Verg.A. 4.301; bello ~iti reges 7.642; Liv.10.33.1; Ptolemaeus omine ..~itus sacerdotibus..nocturnos uisus aperit Tac.Hist. 4.83; classis Sicula et Rhodia concurrerunt..~iente bucina Suet.Cl.21.6; (poet.) quae (sc. Thetis) ~ire fretum..parabat Stat.Ach.1.96.

4 To evoke, give rise to.
ut mi ~iuisti lacrumas! Pl.Cist.112; ~itur pedibus sonitus Lucr.2.327; Verg.A.5.790; nuntiata ea clades..terrorem ~iuit Liv.10.4.1; Tac.Ann.11.2; (w. ex) ex unoquoque eorum crepitum ~iam Pl.Cur.295.

excipiō ~ipere ~ēpī ~eptum, *tr.* [EX-+CAPIO] ORTHOG.: *esc- CIL* 13.10018(81), 10024(66).

1 To take out, extract. **b** to pick up (out of the water).
si os ~eptum est mortui Var.L.5.23; forfice dens ~ipiendus est Cels.7.12.1.B;—(w. ex) (lepores) ~eptos e leporario Var.R.3.12.5; Sen.Ep.119.3;—(w. adv.) omnia insunt salua; una istinc cistella ~epta est modo Pl.Rud.1362. **b** credo aliquem immersisse atque eum (sc. uidulum) ~episse Pl.Rud.397; quos e mari propter uim tempestatis ~ipere non potuissent Cic.Rep.4.8; Caes.Civ.1.64.6; suberat classis Atheniensium quae ~iperet natantis Nep.Cha. 4.3; ut ~iperent dolia quae amnis deferret Liv.23.19.8; Amp.8.4; (in fig. phr.) cum pauca ~epta uerba ex pelago sermonis..afferant Var.L.9.33.

2 To gather, collect.
ex pellibus..~ipere rorem Caes.Civ.3.15.4; ~eptas luna pernocte pruinas Ov.Met.7.268; quibus anni temporibus earum partus ~ipere (debeat) Col.8.2.6.

3 To except, set aside, exclude. **b** (in abl. absol.) with the exception of; *~epto quod, si,* except that, when.
talos elidi iussit conseruis meis. sed me ~epit Pl.Mil.168; ~ipit (sc. lex)..in uectigali imponendo agrum Recentoricum Cic.Agr.1.10; Catul.15.13; Liv.24.16.5; si ullam terrarum partem ~eptam immunemque ab hoc periculo credimus Sen.Nat.6.1.12; quae ~ipiuntur neque ueneunt Gel.17.6.6; —(w. dat.) clipeum..~ipiam sorti Verg.A.9.271; sit locus ~eptus sceleri Luc.3.333; nihil iam cupiditati, nihil libidini ~eptum Tac.Ag.15.2. **b** Cic.Red.Sen.9; mihi neminem esse cariorem te ~epto Caesare meo Ant.Att.10.8a.1; Verg. A.7.650; Carthaginem conueniunt populi LXV ~eptis insularum incolis Plin.Nat.3.25; uno..~epto, ne a potentissimis ad leuissima decrescat oratio Quint.Inst.5.12.14; SPORTVLAE..EORVM VENIRENT..~EPTO EORVM QVI TRANS MARE ERVNT CIL 6.10234.17;—haec tibi dictabam..~epto quod non simul esses, cetera laetus Hor.Ep.1.10.50; Quint. Inst.9.4.79; iter commode explicui, ~epto quod quidam ex meis aduersam ualetudinem..contraxerunt Plin.Ep.8.1.1; —ne inornata sunt quidem (uerba)..~epto si obscena nudis nominibus enuntientur Quint.Inst.8.3.38.

4 (leg.) **a** To make a special reservation or stipulation concerning; (w. *ut, ne*) to stipulate (that, etc.). **b** (w. *ab*) to withhold (from). **c** (of a vendor) to specify as a defect, exclude from warranty. **d** (of a defendant) to make an *exceptio* (plea that *formula* does not apply).
a (uites) in tantum sublimes, ut uindemitor auctoratus rogum ac tumulum ~ipiat (*in case he breaks his neck*) Plin. Nat.14.10; (w. quominus) lege ~ipiuntur tabulae..quo minus Romam deportentur Cic.Ver.2.187;—~EPTVM CAVITVMVE EST NEI DIVIDERETVR CIL 1.585.6; non ~eperas ut, si quid ius non esset rogari, ne esset rogatum? Cic.Dom. 106; cum ~ipias ut ita demum te di seruent, si bene rempublicam..rexeris Plin.Pan.68.1; (w. internal acc.) alii plura..~ipiunt: quidam enim pretio facto in singulas oues ut agni cordi duo pro una oue adnumerentur Var.R.2.2.5. **b** hic (sc. ager) et ab Eumene et Rhodiis ~eptus Liv.37. 56.5; HOC MONVM(entum) AB HER(ede) ~IPITVR CIL 3.6136. **c** sanus utrisque auribus atque oculis; mentem..~iperet dominus, cum uenderet Hor.S.2.3.286; Ep.2.2.16; si quid sit animi uitium tale, ut id a uenditore ~ipi oporteret Ulp. dig.21.1.1.9. **d** quod qui ~ipit probare debeat quod ~ipitur Cels.dig.22.3.9; Afric.dig.9.4.28; si heres soceri a quo dos peteretur ~iperet de dolo mariti Ulp.dig.44.4.4.22; (impers. pass.) ille..exceptionem addi ait oportere. quaestio est: ~ipiundum sit an non Cic.Inv.2.60.

5 To accept, receive, take (in a physical or non-physical sense). **b** to take the weight of, support. **c** to take up, absorb. **d** (of a place, receptacle, etc.) to admit, receive; *~eptus equo* or sim., mounted on horseback.
INDE P.R. DISCIPLEINAM ~EPIT Elog.41(CIL 1.p.202); in Epirum proficiscar quom primorum dierum nuntios ~epero Cic.Att.3.23.5; cum gremio..semen ~epit (terra) Sen.51; libellos ~ipe Ov.Pont.1.1.4; interest, repercussum illum ~ipiat an respuat (speculum) Plin.Nat.33.128; senem..~eptum poculum Druso tradidisse Tac.Ann.4.10. **b** quae (sc. columnae) ~ipiunt..trabes sustinentes.. porticum..tecta Vitr.5.1.6; CIL 8.21081;—(pass., w. acc. of part affected) constitit..~eptus terga columna Stat. Theb.3.397; effusam pharetra ceruicem excepta quiescit (Diana) 4.433;—(in fig. phr.) ille onera multorum huius amicorum ~epit unus Cic.Rab.Post.41. **c** quae (i.e. ingredients) ~ipiuntur cerato ex rosa facto Cels.5.18. 20; 5.25.6; defruta..coqui..nucibus..iuglandibus additis; eas enim fumum ~ipere Plin.Nat.14.136. **d** cum ..bustum ~ipiet..uirginis artus Catul.64.364; cum lectulus aut me porticus ~epit Hor.S.1.4.134; eum parata.. ~epit nauis Liv.33.48.2; inani loco ~ipitur (acus) Cels. 7.7.14.D; (poet.) nulla..porticus ~ipiebat Arcton Hor.Carm. 2.15.16;—~eptus tergo consueta locauit membra Verg. A.10.867; ~eptus equo Sil.5.149.

6 To take down (words, etc., from dictation).
qui..~ipiat longas noua per compendia uoces Man.4.199; Sen.Ep.90.25; sermonem per biduum habitum pueri..~eperant Quint.Inst.1.pr.7; nec..musicis notis cantica ~ipiat 1.12.14; Suet.Jul.55.3;—(absol.) neglegentia ~ipientium Quint.Inst.7.2.24; notis..~ipere uelocissime solitum Suet. Tit.3.2.

7 To take under one's care or protection, take in, give shelter to.
neque furem ~ipies? Pl.Aul.775; hunc in illo timore et fuga Tigranes..~epit Cic.Man.23; nec Troiam Ausonios gremio ~episse pigebit Verg.A.7.233; Petr.124,l.270; hanc ego formae..mirata decus..~epi fouique sinu Stat.Silv. 1.2.110; Tac.Ag.24.3;—(transf.) desertam..ab hominibus rem publicam, deorum prouidentia curaque ~eptam Liv. 4.43.9; patriam tutore carentem ~epit (Cato) Luc.9.25; —(astrol.) si forte dies nascentem ~eperit alma Man.3.187; Juv.7.195;—(of places, buildings, cf. sense 5d,) patriam ducimus..illam a qua ~epti sumus Cic.Leg.2.5; illas.. ~ipit..prima taberna uiae Prop.4.8.62; siiua tum ~epit ferum Phaed.1.12.9; Juv.16.3.

8 To receive in a particular manner, greet.
quem ad modum redeuntem ~ipiam Caesarem Cic.Att. 8.15.1; ~ipiunt plausu pauidos Verg.A.5.575; Hor.Ars 452; hospitaliter ~ipiuntur Liv.27.46.5; Ov.Fast.5.391; qui..Xerxis copias..~epit epulo Plin.Nat.33.137; hostili murmure ~epti Tac.Hist.2.42; (fig.) nullis (arboribus) cortex iucundior aut oculos ~ipiens blandius Plin.Nat.16. 124.

9 To receive (a speech, information, etc.) in a specified manner, greet. **b** to receive with approval, applaud. **c** to understand, take (in a particular sense).
legatus est Caesaris et nullum meum minimum dictum.. pro Caesare intercessit, quod ille non..gratia ~eperit Cic. Fam.1.9.21; adsensu populi ~epta uox consulis Liv.8.6.7; ~ipiat blandas comiter illa preces Ov.Ars 1.710; Luc.5.48; non tetrica nostros ~ipe fronte iocos Mart.10.64.2; nullam caedem Otho maiore laetitia ~episse..dicitur Tac.Hist. 1.44; Plin.Pan.71.1. **b** nollem..dixisset, quod ~iperent improbi ciues Cic.Sest.102; haec illo dicente ~epta memini Sen.Con.2.2.9; dixit..illam sententiam quae ualde ~epta est Suas.6.9. **c** cum ex alterius oratione aliud ~ipias atque ille uult Cic.de Orat.2.273; hoc alius aliter ~epit Sen. Ep.12.7; Suet.Tib.11.2; ne pro ostento ~iperent (defectum lunae) Fron.Str.1.12.8; Ulp.dig.4.3.7.

10 (of events, situations, etc.) To befall, greet, meet.
me quaestorem Siciliensis ~epit annus Cic.Brut.318; qui quosque euentus ~iperent Caes.Civ.1.21.6; Verg.G.4.207; cum..eum mulierum comploratio ~episset Liv.3.47.6; fatigatum somnus..~ipit Ov.Rem.206; Cels.2.6.7; ~ipiebat illos cibus qui..placere non posset Sen.Ep.95.18; me recens fabula ~epit Plin.Ep.6.15.1; Apul.Met.7.15.

11 To sustain the force of (an attack, also the weather or sim.); to sustain, receive (wounds, blows). **b** to accept, submit to (conditions, etc.); (leg.) to face, i.e. defend (an action). **c** to undertake (tasks, etc.).
qui..impetum moenibus..suis ~eperint Cic.Ver.2.159; tela missa ~eperunt Caes.Civ.3.93.2; equitem conlatis ~ipe signis Verg.A.11.517; Liv.9.8.9; irruentem feram uenabulo ~epit Sen.Dial.1.2.8; ut..fronte..~iperetur (hostis) Tac.Ann.13.40;—hanc uim frigorum hiemumque..~ipere Cic.Rab.Post.42; sublicae..agebantur quae..uim fluminis ~iperent Caes.Gal.4.17.9; tumidum classis ~epit mare Sen.Ag.408a; patiar nimbos ~ipiamque niues Mart.10. 82.4;—cicatrices..aduerso corpore ~eptas Cic.Ver.5.3; grauis ~epit ictus Hor.Carm.4.9.23; aedificium..quod Aquilonis ~ipiat iniuriam Col.9.7.4. **b** labores ~ipiendos communis commodi causa Cic.Inv.1.3; quamuis ~ipere fortunam Prov.41; libens fatum ~episti Tac.Ag.45.3; Paul. dig.8.2.4;—absurdum uidetur eos quidem qui bona fide possiderent ~ipere actionem Gaius dig.9.4.13; Paul.dig. 5.1.22. **c** omnia me rei p. praestitisse, quae..tua exhortatione ~epi Planc.Fam.10.7.1; ~epit has partes Nep. Di.8.3; Liv.38.43.7; petitum..est a principe cognitionem ~iperet Tac.Ann.3.10.

12 To catch (in the act of falling or otherwise moving between two points), intercept. **b** to catch (persons, buildings) in the act or on the point of falling over. **c** (refl.) to land or alight (on).
hunc..aiunt..~episse sanguinem patera Cic.Brut.43; eice te naui..uel delphinus..uel equi..Neptunii..~ipient te Tusc.2.67; (hastam) ~epere aurae Verg.A.9.745; transuersis cuniculis hostium cuniculos ~ipere Liv.23.18.9; 41.11.3; ~ipiunt lacrimas sparsi per colla capilli Ov.Am. 3.9.11; ocreae clipeum ~epere cadentem Stat.Theb.9.42; Plin.Ep.2.17.23. **b** inclinantem ~ipere aut stantem inclinare Cic.de Orat.2.187; ancillis ~ipienda cado Ov.Ep. 2.130; si domum tuam..ne concidat ~epero Sen.Ben.5.18; Ep.30.2; Luc.5.799. **c** ipse hasta innixus se in pedes ~epit Liv.4.19.4; Curt.6.1.14; succisis poplitibus in genua se ~epit Sen.Ep.66.50; cum deuolat (psittacus) rostro se ~ipit Plin.Nat.10.117.

13 To capture by ambush or sim. means, intercept. **b** (fig.) to seize on (an opportunity).
onerariae omnes ad unam a nobis sunt ~eptae Lent.Fam. 12.14.2; Vestinum..missum ab Antonio..cum litteris ~eperam Planc.Fam.10.23.5; Caes.Civ.3.38.4; triplices insidiae..positae erant: prima, quae..uenientis ~iperet Sal.Hist.2.29; illum..Orestes ~ipit incautum Verg.A. 3.332; Liv.34.13.3; uiatorem a latronibus ~eptum Cels. 1.pr.43; Tac.Hist.3.79;—(of hunters, etc.) mansuefieri ne paruuli quidem (uri) excepti possunt Caes.Gal.6.28.4; caprum ~ipere insidiis Verg.Ecl.3.18; lepores..~ipere Prop.2.19.24;—(in fig. phr.) Cic.S.Rosc.151; sunt diuersa puellis pectora: mille animos ~ipe mille modis Ov.Ars 1.756. **b** adsedisse aegro et..~episse idonea cibo tempora Sen. Ben.3.9.2.

14 To pick up, catch, seize on (spoken words). **b** to intercept, pick up, gather (information).
ut eius non solum sententias sed etiam uerba omnia ~ipiamus Cic.de Orat.2.148; Planc.57; ad has ~ipiendas uoces speculator..missus Liv.40.7.4; Tantali uocem ~ipe Sen.Thy.80; quos alios adulescentulorum sermones ~ipimus, si quando..intrauimus? Tac.Dial.29.3; laudes.. nostras auidissimis auribus ~ipit Plin.Ep.4.19.3. **b** regina..motus..~epit prima futuros Verg.A.4.297; secreta thalami fare quo ~ipias modo Sen.Oed.805; (w. ex) si quid ex praetereunte uiatore ~eptum est Cic.Att.2.11.1; (w. acc. and inf.) legem..cum ab tribunis parari consules unius ex collegio proditione ~episent Liv.4.30.3.

15 To take over (from a predecessor), succeed to; to take up in turn, carry on (an action, etc.).
legiones conscripsit nouas, ~epit ueteres Cic.Phil.11.27; inde..Romulus ~ipiet gentem et Mauortia condet moenia Verg.A.1.276; inter..iura successionum equi traduntur: ~ipit filius Tac.Ger.32.4;—clamorem ~ipiunt socii Verg. A.9.54; consules facti duas residuas anni prioris causas ~eperunt Liv.3.25.1; Sen.Her.O.804; ~epit Seleucus fabulae partem Petr.42.1; (w. abst. subj.) memoriam illius uiri omnes ~ipient anni consequentes Cic.Sen.19.

16 To follow after, succeed, take up from (in temporal, spatial, or other sequence).
ut grauem mediocris, mediocrem ~ipiat attenuata (figura) Rhet.Her.4.16; hanc (sc. legionem) rursus XIII legionis cohortes ~eperunt Caes.Gal.7.51.2; nec tranquillior nox diem tam foede actum ~epit Liv.5.42.6; ~ipit Pompilium Numam Tullus Hostilius Flor.Epit.1.1(1.3.1); (absol. or ellipt.) utrimque clamore sublato ~ipit rursus ex uallo..clamor Caes.Gal.7.88.2;—(spatial) linguam..ad radices eius haerens ~ipit stomachus Cic.N.D.2.135; Ov. Met.13.915; (absol.) ~ipit iter..harenosum Plin.Ep.2.17. 2;—(in speaking) tum sic ~epit regia Iuno Verg.A.4. 114; Ov.Met.5.260; Sen.Dial.5.23.2; tacuit..Vlixes. ~ipit Oenides Stat.Ach.2.86; (w. epexegetic inf.) ~ipit inde suos frater coniungere casus Sil.13.687.

excipulum ~ī, *n.* [prec.+-VLVM] A receptacle (designed to intercept or catch).
ut in ~is eius fluminis ob hoc ipsum fabricatis..reperiantur globi (anguillarum) Plin.Nat.9.75; (sucus) subitur ~is uentriculo haedino 25.78.

excipuum [EXCIPIO] (See quot.)
~um, quod excipiatur, ut praecipuum, quod ante capitur Paul.Fest.p.80M.

excīsiō ~ōnis, *f.* [EXCIDO[2]+-TIO]

1 A hole made by cutting out.
exciduntur formae, in quibus ~onibus includuntur capitula catapultarum Vitr.10.12.1.

2 Razing, destruction.
tectorum ~o Cic.Dom.146; hostium urbibus inferre.. ~onem Har.3.

excīsōrius ~a ~um, *a.* [EXCIDO[2]+-TORIVS] That serves for cutting out; see EX(S)CISSORIVS.

excitātē, *adv. compar.* ~ius. [EXCITATVS+-E] Keenly, brightly.
in his (sc. sardis)..mares ~ius fulgent Plin.Nat.37.106.

excitātiō ~ōnis, *f.* [EXCITO+-TIO] Vigour, liveliness.
uincit Hispania..laborum ~one Plin.Nat.37.203.

excitātus ~a ~um, *a. compar.* ~ior, *superl.* ~issimus. [pple. of next] Keen, vigorous, lively; (of sound) loud, shrill; (of scent) strong.
~i, erecti, parati, armati animis..esse debemus Cic.Phil. 7.26; nihil in illa (sc. compositione) placidum..omnia ~a Sen.Con.7.4.8; Sen.Ep.90.13; (schema) multo..~ius Quint.Inst.9.3.10;—summus ille caeli..cursus..acuto et ~o mouetur sono Cic.Rep.6.18; clamor..~ior crebriorque Liv.4.37.9;—quam ~issimi odoris Plin.Nat.20.182.

excitō ~āre ~āuī ~ātum, *tr.* [EX-+CITO[2]]

1 To cause to move (from a position of rest); (esp., in hunting) to put up, rouse, start, flush, etc. **b** to dislodge, disturb, turn up (inanim. things).
protinus ex cubiculari lectulo ~atus in triclinium trahitur Rut.Lup.2.7; tarde consurgentis ad cursum equos stimulis ..~amus Sen.Dial.4.14.1; (poet.) fragor aereus ~at ensis Stat.Theb.8.343;—tendere plagas, etiam si ~aturus non sis Cic.Off.3.68; ad ~andas uel persequendas feras Sen.Cl. 1.16.5; Phaed.110; ceruus..excitatus latibulis Phaed. 2.8.1; ex siluis..~ant aues Plin.Nat.10.23; (in fig. phr.) Petr.131.7. **b** prima aratione glaebae grandes solent ~ari Var.R.1.29.2; puluerem maiorem quam pro numero ~abant Liv.10.41.6; Sen.Nat.6.11; quoniam rostro..cespites ~et (sus) Col.2.17.1; curua calculus ~atur unda Mart.9.90.3; (w. abl. of separation) uentus..harenam humo ~auit Sal.Jug.79.6.

2 To rouse (from sleep or sim.), wake up.
~are Antonium conabantur, nomen inclamabant Cael. orat.15; dormientem ~are Cic.Ver.5.93; Verg.A.9.221; ubi ad portam est uentum..~ant uigiles Liv.27.28.9; nec

anguere diu patitur dolor; ~or..et..Thesea..uoco Ov.*Ep.*10.33; Plin.*Nat.*28.230; non me fremitus salutantium..~et Tac.*Dial.*13.6; (*transf.*) sopitas ignibus aras ~at Verg.*A.*8.543;—(*w.* somno, ex somno) dormientis spectatores metuis ne ex somno ~es? Pl.*Mer.*160; me..~ant saepe somno Liv.25.38.5; (*in fig. phr.*) ~a ex somno tuas litteras humanitatemque Cic.*Fam.*16.14.2.

3 To call or fetch out. **b** to call on in court to stand forward (to give evidence, etc.). **c** to oblige to get up and go, turn out. **d** to call up (spirits); to raise (from the dead).
me qui hoc noctis a portu..~auit Pl.*Am.*164[b]; uox me precantum huc foras ~auit *Rud.*260; totius Italiae dilectus ~auistis Cic.*Phil.*13.5; Liv.8.10.3; saepe ad eundem qui aduocauerat ~atur (medicus) Sen.*Ep.*72.6. **b** non dubitauit ~are reum consularem Cic.*de Orat.*2.124; quem..testem..~ares? *Planc.*43; Liv.9.8.3; Quint.*Inst.*6.1.37; (*in fig. phr.*) ex annalium monimentis testes ~amus eos Cic.*Fin.*2.67. **c** sedere primo solitus in gradu..bis ~atus terque transtulit castra Mart.5.14.3; si ~atus fuerit de spectaculis Quint.*Inst.*3.6.19. **d** unde animae ~antur obscura umbra opertae ex ostio..Acheruntis *Inc.trag.*76; Luc.4.788;—quasi ego eius ~are ab inferis filium possem Cic.*Ver.*5.129; Demetrium ~atum ab inferis restitutumque credam mihi Liv.40.56.6;—(*rhet.*) patrem eius..dicendo a mortuis ~asses Cic.*de Orat.*1.245; quod..in epilogo..liceat defunctos ~are Quint.*Inst.*4.1.28.

4 To set in motion, cause to break out (physical forces, conditions, etc.). **b** to stimulate to growth.
ut ipsius plagae uis ~et ignem Lucr.6.309; Vitr.2.1.1; si sanguis..inflammationem..~at Cels.1.pr.15; (uentum) ab oriente solstitiali ~atum Sen.*Nat.*5.16.4; (cantharides) potae stomachi dolorem..~ant Larg.189; Gel.2.30.2;—(*in fig. phr.*) quae prouincia est ex qua illa fax ~are non possit incendium? Cic.*Phil.*7.3; equestrem procellam ~emus oportet Liv.30.18.4; (*prov.*) ~abat..fluctus in simpulo, ut dicitur Cic.*Leg.*3.36. **b** noua sarmenta cultura ~antur Cic.*deOrat.*2.88; nisi esset, quod segetem ~aret Sen.*Nat.*5.18.3; Plin.*Nat.*17.261; (*in fig. phr.*) honestarum rerum semina animi gerunt, quae admonitione ~antur Sen.*Ep.*94.29.

5 To rouse to vigorous physical or mental activity, excite, stir. **b** to stir (the senses, organs of sense, etc.) into activity.
eum ualde tuae litterae ~arunt Cic.*Att.*6.7.1; ut magnis praemiis..suos ~arent Caes.*Gal.*3.26.1; me..omnes terrent aurae, sonus ~at omnis Verg.*A.*2.728; Sen.*Con.*10.2.17;—(*w.* ad) laetitia ad canendum ~antur (galli) Cic.*Div.*2.56; feminae..ad publica decora ~atae Liv.2.13.6; Tac.*Ann.*3.69; (*refl.*) si te ipse uehementius ad omnis partis bene audiendi ~aris Cic.*Q.fr.*1.1.3;—(*w.* in+*acc.*) ecquid in antiquam uirtutem..auunculus ~at Hector (*sc.* puerum)? Verg.*A.*3.343; timor..adsiduus..in audaciam iacentes ~at Sen.*Cl.*1.12.4;—(*w.* contra) cuius tanti furoris fuit omnis reges..contra se unum ~are Cic.*Deiot.*15;—(*w. dat.*) ~et ut Veneri tardos eruca maritos Col.10.109;—(*w.* ut) haec te uox..non ut capiti..prospiceres ~auit? Cic.*Ver.*3.132; Liv.44.8.4;—(*w. subj. alone*) uirginum precibus..~ati..ciuitati subuenirent Caes.*Civ.*2.4.3. **b** rarus (concubitus) corpus ~at, frequens soluit Cels.1.1.4; quorum palatum nisi ad pretiosos cibos non ~atur Sen.*Dial.*12.10.5; coracini fel ~at uisum Plin.*Nat.*32.70; nouitate aurem ~ant (figurae) Quint.*Inst.*9.3.5; quod enim non ~et inguen uox blanda et nequam? Juv.6.196.

6 To stir up, provoke (an activity). **b** to revive, restore.
quantum mali ex ea re ~es? Ter.*Hau.*1013; eiusdem Appiae nomen quantas tragoedias ~at! Cic.*Mil.*18; quis..tantus dolor ~at iras? Verg.*A.*2.594; otium..~auit plebis rumores Liv.26.26.10; Ov.*Pont.*4.2.35; Marcelli studium proprius rubor ~abat ne..posthabitus crederetur Tac.*Hist.*4.7; ea (*sc.* eloquentia) metum incutit..industriam ~at Fro.*Ver.*2.p.136(123N); (*w.* in+*acc.*) ~atum esse..in aratores tam infestum odium Cic.*Ver.*3.157. **b** philosophia iacuit usque ad hanc aetatem..et excitanda nobis est Cic.*Tusc.*1.5; Liv.7.2.6; ~are partium fortunam..flagrabant Tac.*Hist.*2.46.

7 To heighten, enhance, sharpen (physical properties, etc.). **b** to raise in pitch, sharpen. **c** to raise in value, send up.
inlato..igni, qui uim odoris ~aret Vell.2.22.4; oleo aciem falcis ~antibus Plin.*Nat.*18.261; quoniam hebes..color repercussu angulorum ~etur 37.76; Iris..obtunsum multo iubar ~at imbri Stat.*Theb.*10.136; Plin.*Ep.*6.16.13; (*transf.*) cum uariant orationem tum ~ant Quint.*Inst.*9.2.29. **b** hi (soni)..augenda intentione ~andi Quint.*Inst.*11.3.42; ultima syllaba nec acuta..~atur nec flexa circumducitur 12.10.33. **c** eloquentiae pretium ~at litium numerus Sen.*Ben.*6.38.3.

8 To lift or cause to rise, raise. **b** to build up, erect.
(natura) hominem erexit et ad caeli..conspectum ~auit Cic.*Leg.*1.26; *N.D.*2.140; pondus oneris erit ~atum Vitr.10.3.3; in superius tabulatum ~abuntur (palmites) Col.5.6.23. **b** nec e lapide excitari plus..quam quod capiat laudem mortui incisam ne plus quattuor..uersibus Cic.*Leg.*2.68; turribus..~atis Caes.*Gal.*3.14.4; ~at aras Verg.*G.*4.549; copiam in propinquo materiae ad aggeres ~andos..esse Liv.38.3.11; Sen.*Ben.*7.31.5; ~atis in Pyrenaeo tropaeis Plin.*Nat.*7.96; (*cf.*) has ruinas urbis..~abit? Sen.*Tro.*740;—(*w.* ad, in+*acc.*) ad aliquantum..altitudinis ~ata erant moenia Liv.29.18.17; ~ati in immensam altitudinem parietes Sen.*Con.*exc.5.5;—(*in fig. phr.*) philosophia..totum opus a solo ~at Sen.*Ep.*88.28.

excītus ~ūs, *m.* [excio+-tvs³] A summons to appear.
uirgo..uocis excitu procurrens Apul.*Met.*6.27.

exclāmātiō ~ōnis, *f.* [next+-tio]

1 The action of exclaiming or crying out.
acuta ~o uocem uulnerat *Rhet.Her.*3.22; si est aliqua ~o uel admirationis uel questionis Cic.*Orat.*135; iube conticiscere gemitus et ~ones Sen.*Ep.*24.14; Quint.*Inst.*9.2.27; Plin.*Pan.*72.5.

2 A saying, dictum.
illa maximi medicorum ~o..uitam breuem esse, longam artem Sen.*Dial.*10.1.1; Tac.*Dial.*26.3; Epicuri..honestas quasdam ~ones .31.6.

exclāmō ~āre ~āuī ~ātum, *intr., tr.* [ex-+clamo]

1 To cry out, utter an exclamation, (of utterances) to be loud or exclamatory. **b** (transf., of things) to emit a loud noise.
paene hercle ~aui gaudio Ter.*Ph.*870; si te forte dolor aliquis peruellerit, ~abis ut mulier? Cic.*Tusc.*2.46; ~ant famuli Ov.*Met.*14.741; Quint.*Inst.*12.10.61; (*impers. pass.*) cur..furiose sit ~andum non intellego 3.8.59;—(*as an expression of approval or disapproval*) contiones..~are uidi, cum apte uerba cecidissent Cic.*Orat.*168; in uersu..theatra tota ~ant, si fuit una syllaba aut breuior aut longior 173;—minus ~antes (syllabas) Quint.*Inst.*9.4.137. **b** primis in frondibus ignis ~at Stat.*Theb.*6.203; ne..~et portae mugitus aenae 10.263; digitos inpressit aliptes ac..dominae femur ~are coegit (*i.e. by slapping*) Juv.6.423.

2 To utter aloud, declaim: **a** (w. acc.). **b** (w. dir. or indir. sp.).
a id..temere ab uno ~atum Liv.41.2.7; Homericum illum ~ans uersum Sen.*Dial.*3.20.8; Nero..cantica ~ans Plin.*Nat.*34.166; Quint.*Inst.*6.2.26; ~are libet, populus quod clamat Osiri inuento Juv.8.29. **b** maxuma uoce ~at: 'Alcumena..ne time' Pl.*Am.*1064; Cic.*Att.*15.11.2; Verg.*A.*2.535; 'maxime' quis non 'Iuppiter!' ~at simul atque audiuit? Hor.*S.*1.2.18; Liv.5.55.1; (*w.* ad) ~auisse ad comites ita dicitur: 'bene speremus!' Vitr.6.pr.1;—(*w. acc. and inf.*) ~at furem, non poetam fabulam dedisse Ter.*Eu.*23; Cic.*Clu.*30; latine..~at nostros frustra pugnare Sal.*Jug.*101.6; Tac.*Ann.*6.21;—(*w.* ut) Cic.*Rep.*1.29; cum magna uoce ~asset ut equites..ex equis desilirent Liv.4.38.2;—(*w. subj. alone*) ~at irent, sequerentur Romanas auis Tac.*Ann.*2.17.

3 (w. acc.) To shout the name of (a person).
uoce clara ~at uxorem tuam Pl.*Am.*1120; Brutus..cruentum pugionem tenens Ciceronem ~auit Cic.*Phil.*2.30.

exclārō ~āre, *tr.* [ex-+claro] To make bright, illumine.
ea caeli regio neque ~atur neque obscuratur solis cursu Vitr.1.2.7.

exclūdō ~dere ~sī ~sum, *tr.* [ex-+clavdo]

1 To deny entry or access to, keep or shut out. **b** (w. inanim. obj.). **c** to leave uncovered (by).
ego ~dor, ille—recipitur Ter.*Eu.*159; ~dat uxor tam confidenter uirum? Afran.*com.*376; ~si eos quos tu ad me salutatum mane miseras Cic.*Catil.*1.10; Verg.*A.*11.887; Suet.*Otho* 3.2;—(*w.* ab) Erotio, quae me non ~det ab se Pl.*Men.*671; ab re frumentaria Romanos ~dere Caes.*Gal.*7.55.9;—(*w.* ex) te..uoluit ~dere e domo Apul.*Apol.*100;—(*w.* extra) quas (*sc.* capras)..astrologi ita receperunt in caelum ut extra lembum duodecim signorum ~serint Var.*R.*2.3.7;—(*w. abl.*) ~sus Capua Caes.*Civ.*3.21.5; Verg.*A.*9.726; ~dit sanos Helicone poetas Hor.*Ars* 296;—(*w. adv.*) homo..hinc ~sust foras Pl.*As.*596; ~si inde..Cumas se contulerunt Liv.23.15.6;—(*transf. or poet. of things*) nulla ~sura dolentes ianua Tib.2.3.73; caligo nauigantem tibi uidetur admittere, quae prospicientem..~dit? Sen.*Suas.*1.4. **b** spissa ramis laurea feruidos ~det ictus (*i.e. of the sun*) Hor.*Carm.*2.15.10; Plin.*Nat.*2.207; Stat.*Theb.*7.270; cubiculum quod diem, clamorem, sonum ~dit Plin.*Ep.*5.6.21; nec fumum..queas..~dere Fro.*Aur.*1.p.44(214N); (*w.* ex) si ~si erunt ex angiportis uenti Vitr.1.6.1; (*w. abl.*) lucem..~sit Auerno Stat.*Theb.*7.823. **c** ut pallio uelaretur caput ~sis utrimque auribus Sen.*Ep.*114.6; pallio..~serat caput Petr.32.2.

2 To separate or cut off (esp. places).
in pariete ~sa sint cubilia earum (*sc.* gallinarum) Var.*R.*3.9.7; inter duo maria porrectus murus..~dit Cherronesum Plin.*Nat.*4.43; Larg.84;—(*w.* ab) ut..hanc (partem) operibus..agendis ab reliqua parte urbis ~deret *B.Alex.*1.4; (Euphrates) Armeniae regiones a Cappadocia ~dens Plin.*Nat.*5.83;—(*w.* extra) Auentinum antea..extra pomerium ~sum Gel.13.14.7;—(*of an author*) montes Cebennam et Iures, quibus (Agrippa) Narbonensem Galliam ~dit Plin.*Nat.*4.105;—(*in fig. phr.*) qui minore pomerio finierunt ~sis partibus quae non pertinent ad hanc rem (*i.e. agriculture*) Var.*R.*1.2.13; est alter (orbis) qui annos adulescentiae ~dit Sen.*Ep.*12.6.

3 To exclude (from a situation, action, etc.), debar, hinder, prevent. **b** to bar, exclude (courses of action, considerations, etc.).
si ille argentum prius..adfert, continuo nos ambo ~si sumus Pl.*As.*361; Crassus tris legatos decernit nec ~dit Pompeium Cic.*Fam.*1.1.3; diei tempore ~sus in posterum oppugnationem differt Caes.*Gal.*7.11.5; haec..spatiis ~sus iniquis praetereo Verg.*G.*4.147; semet ipsum ~dit, quia in aliena causa ei..appellare non liceat Macer *dig.*49.4.2.1;—(*w.* ab) a perspiciendo temporis breuitate ~ditur Cic.*Luc.*53; ne anni tempore a nauigatione ~deretur Caes.*Gal.*5.23.5; Sen.*Ben.*4.28.3;—(*w. abl.*) honore xuiratus ~ditur Cic.*Agr.*2.60; Nep.*Them.*5.1; ne alter hospitum ~sus mensa uideretur Liv.28.18.4;—(*w.* quominus) non maxima me turba puto ~di, quo minus tibi uacet me excipere Cas.*Fam.*12.13.2. **b** ~ditur omnis tua defensio Cic.*Tul.*31; ~dat iurgia finis Hor.*Ep.*2.1.38; ut..neque remedium efficacissimum..~datur Larg.47; Sil.15.823; illos ut..doctos uiros fortuita debere ~dere Suet.*Nero* 23.3; (*w. inf.*) non ~do..eburneas etiam litterarum formas..offerre Quint.*Inst.*1.1.26.

4 To leave out, omit.
ex his uerbis..de extrema syllaba E litteram ~sam Var.*L.*10.57; S littera ab his nominibus ~sa Quint.*Inst.*1.4.14.

5 To bring out from its container, uncover. **b** to hatch (from an egg).
far..coquito bene. id ubi ~seris, depsito bene Cato *Agr.*90; ultima Lanigeri cum pars ~ditur orbis Man.5.128; ut ~datur (gemma, *i.e. from its setting*) Paul.*dig.*10.4.6; (*facet.*) pugnos in uentrem ingere. — uel oculum ~de Ter.*Ph.*989. **b** pulli..aluntur ab his..a quibus ~si fotique sunt Cic.*N.D.*2.124; uolucres oua relinquebant ~sae tempore uerno Lucr.5.802; ~sis..pullis (fuci) extra tecta proturbantur Col.9.15.2; ~dunt L die (polypi) Plin.*Nat.*9.163; Quint.*Inst.*2.16.16; Suet.*Tib.*14.2; dicitur..columba..~sisse deam benignam Amp.2.12; (*in fig. phr.*) qua re Coracem istum..patiamur..pullos suos ~dere in nido qui euolent clamatores..molesti Cic.*de Orat.*3.81; (*transf.*) loco intimo fauces prope ipsas littera haec (*sc.* γάμμα) ~ditur Maur.918.

exclūsiō ~ōnis, *f.* [prec.+-tio] The action of keeping out, exclusion; debarring.
quor non recta intro ibas? — ceterum de ~one uerbum nullum? Ter.*Eu.*88; propter ~ones uentorum Vitr.1.6.3; —exceptio dicta est quasi quaedam ~o Ulp.*dig.*44.1.2.

exclūsōrius ~a ~um, *a.* [exclvdo+-torivs] Of a debarring nature.
omnem exceptionem uel replicationem ~am esse Ulp.*dig.*44.1.2.2.

(**exclūsus** ~a ~um), *a.* *superl.* ~issimus. [pple. of exclvdo] Altogether shut out (nonce-word).
occlusit aedis. nunc ego sum ~issumus Pl.*Men.*698.

excōdicō ~āre, *tr.* [ex-+codex+-o³] To root up or clear by rooting up.
(ut) arbores uites uepres..~entur *Leg.pub.*(*Font.iur.* p.115)22; Fest.p.281M.

excōgitātiō ~ōnis, *f.* [excogito+-tio] The action of thinking out, excogitation.
inuentio est ~o rerum uerarum aut ueri similium *Rhet.Her.*1.3; illa..quae tota ab oratore pariuntur, ~onem non habent difficilem Cic.*de Orat.*2.120; *Tusc.*1.62.

excōgitātor ~ōris, *m.* [excogito+-tor] One who thinks out or devises.
~or iste mortis alterius [Quint.]*Decl.*10.7.

excōgitātus ~a ~um, *a.* *superl.* ~issimus. [pple. of next] Carefully or elaborately thought up.
o rem ~am, o ingenia metuenda! Cic.*Orat.*225; moles..~as uidemus statuarum Plin.*Nat.*34.39; templum..numini suo proprium..et ~issimas hostias instituit Suet.*Cal.*22.3.

excōgitō ~āre ~āuī ~ātum, *tr.* [ex-+cogito] To think out, contrive, devise, invent.
nulla poena acerbior ~ari potuit *Inc.pall.*8; *Rhet.Her.*1.16; supplicium in parricidas singulare ~auerunt Cic.*S.Rosc.*70; qui istam legem ~auerunt *Phil.*1.20; Caes.*Civ.*3.32.1; noua..adsuerus eos..~ata res Liv.38.7.11; istud ut pretiosum, ita malo hominum ~atum munus V.Max.4.3.5; medicinae contra mala ~atae Plin.*Nat.*7.4; 11.282; (homines) faciles in ~ando et ad discendum promptos Quint.*Inst.*1.1.1;—(*w. indir. qu.*) ~at sane acute quid decernat Cic.*Ver.*4.147; ~et quomodo..multi obligentur Sen.*Ben.*1.14.4;—(*w.* ut, ne) Hortensius ~auit ut legem de religione Fufius..ferret Cic.*Att.*1.16.2; ~auit..ne facere posset tale saepius damnum Mart.12.87.4; (*cf.*) omnia ~antur. quare..languore militum et uigiliis periculum augeatur Caes.*Gal.*5.31.5;—(*w. inf.*) qui ~asset nasci prius oportere quam emori Cic.*de Orat.*1.243; cum recenti fico..caseo uesci nuper ~atum est Plin.*Nat.*15.82.

excolō ~olere ~oluī ~ultum, *tr.* [ex-+colo¹]

1 To put (land) under cultivation, cultivate. **b** to cultivate (plants, etc.); also, to tend (stock). **c** (transf.) to work at (to improve the condition of).
quod ~ultae a rege Tullio essent (Esquiliae) Var.*L.*5.49; siluas ~oli *R.*1.27.3; solum quod ~olere destinamus Col.2.2.17; quae fortibus ~olit iuuencis..arua Mart.4.55.25; Pompon.*dig.*6.1.53; (*cf. sense 2*) nec agrum..sed ipsum me studiis ~olo Plin.*Ep.*4.6.2. **b** cum iam radiculae seminum conualuerint, rastris ~oli (debent) Col.5.9.5; 11.3.48;—si diligenter ~ultae sunt (apes) 9.3.3. **c** lanas ~oluisse rudes Ov.*Ars* 2.220; boues uictum hominum ~olunt Plin.*Nat.*8.187; doctus..hirsutas ~oluisse genas Mart.6.52.4.

2 To improve, develop (a person, his mind, manners, etc.). **b** to develop, polish (an art, work of art, or sim.).
nisi animos nostros doctrina ~olamus Cic.*Arch.*12; nihil melius illis mysteriis, quibus ex agresti..uita ~ulti ad humanitatem..sumus *Leg.*2.36; qui uitam ~oluere per artis Verg.*A.*6.663; protinus ~olimur teneri Ov.*Tr.*4.10.15; Vell.2.29.5; nisi pergis ut coepisti ~olere te Sen.*Ep.*35.1; mores..studiis erunt ~olendi Quint.*Inst.*12.2.1; Gel.15.20.4. **b** apud Graecos aliquanto magis..~ulta est (medicina) Cels.1.pr.2; qui..inuenta eius (*sc. a painter*) ~oluerit Plin.*Nat.*35.56; fila lyrae..Calabris ~ulta Camenis Mart.12.94.5; Quint.*Inst.*2.6.2; primus..~oluit orationem Tac.*Dial.*22.2; indigenam sermonem..nullo magistro praeeunte..~olui Apul.*Met.*1.1.

3 To decorate, adorn.
inmundissimis se ~olere munditiis Sen.*Con.*1.pr.8; ut..mitterent..pictorem ad triumphum ~olendum Plin.*Nat.*35.135; ~olat..plurima palma fores Mart.7.28.6; Stat.*Silv.*3.4.49; cubiculum..marmore ~ultum Plin.*Ep.*5.6.22; Suet.*Jul.*84.4; (*cf.*) diues regio..gemmis..margaritisque..~ulta Curt.8.5.3.

4 To honour, celebrate (a god or festival). **b** to cultivate (a person).
ignis..per quem..~olit pietas deos Phaed.4.11.10; pudicis Itala terra focis Hecateidas ~olit idus Stat.*Silv.*3.1.60.

b ut (*even if*) te non ~olat ipsum, ius aliquod tecum fratris amicus habet Ov.*Pont*.1.7.59.

exconcinnō ~āre ~āuī ~ātum, *tr.* [EX-+CONCINNO] To smarten up, embellish.
nimis lepide ~auit (*cj.*) hasce aedis PL.*Cist*.312.

excoquō ~quere ~xī ~ctum, *tr.* [EX-+COQVO] FORMS: ~*cunt* PLIN.*Nat*.31.46, 82; 32.38.

1 To remove by cooking or other application of heat, boil or burn away. **b** to extract by cooking, smelting, etc.
usque coquito, dum dimidium ~quas CATO *Agr*.107.2; ~cto liquore circiter tertia parte ponderis inminuta esse inueniuntur VITR.2.5.3;—(*qualities*) illis (*sc.* agris) omne per ignem ~quitur uitium VERG.*G*.1.88; calor cum ~quit e rebus firmitatem VITR.1.4.3; Ov.*Fast*.4.786; (*in fig. phr.*) mi ~cta est omnis misericordia PL.fr.inc.181. **b** quid diuitiae, suntne opimae?—unde ~quat sebum senex PL.*Capt*.281; bitumen ex ea (*sc.* betulla)..~quunt PLIN.*Nat*.16.75; (argentum) ~qui non potest nisi cum plumbo 33.95; argentum..~ctum..omnique aliena materia carens GEL.7(6).5.9.

2 To produce (effects) by cooking, heating, etc.
propter ieiunitatem quae est a fornacibus ~cta VITR.7.4.3; meliorem..polentam fieri..si non ~cta maturitate tollatur PLIN.*Nat*.18.80; (*fig.*) dum ~xero lenoni malam rem PL.*Per*.52.

3 To cook (boil, bake, etc.) thoroughly or excessively; (also, app.) to digest or break down thoroughly. **b** to heat thoroughly; to melt down, smelt. **c** to dry up, parch; to dry out.
(assum) ~ctum parum habet suci VAR.*L*.5.109; sucus ~cti lupini COL.7.4.7; nec..committere ut ~quantur (uuae): nam quadam moderatione..opus est 12.16.1; uino testudinem ~cunt PLIN.*Nat*.32.38;—(*hyperb.*) meridie..faciam ut stipulam colligat (*i.e. the girl*): tam ~ctam reddam atque atram quam carbost TER.*Ad*.849; ~quendi in sole corporis cura SEN.*Dial*.10.13.1;—coquito (brassicam) paulisper..postea inde iusculum frigidum sorbere..uti quam primum ~quatur CATO *Agr*.156.7. **b** ~cta materia efficitur carbunculus VITR.2.6.6; durior..ferro quod Noricus ~quit ignis Ov.*Met*.14.712; (*in fig. phr.*) acrior mentem ~quat quam qui caminis ignis Aetnaeis furit SEN.*Her.F*.105;—imagines obiectas ~ctasque flammis PLIN.*Pan*.52.5;—(*w.* in+*acc.*) (lapis) in argentum ~quitur PLIN.*Nat*.33.119; harenae..in uitrum ~quuntur TAC.*Hist*.5.7;—(*w. abl.*) non aere nec auro ~quitur (terra) LUC.9.425. **c** terram sol ~quit et facit are LUCR.6.962; quamuis siccus ager languentes ~quat herbas CALP.*Ecl*.2.76; (*cf.*) sicut calor aestatis ita uis frigoris ~quit terram COL.11.3.13;—terram multo ante memento ~quere..scrobibus VERG.*G*.2.260.

excors ~rdis, *a.* [EX-+COR] Lacking intelligence, senseless, stupid.
scio me fuisse ~rdem, caecum, incogitabilem PL.*Mil*.544; neque tu eras tam ~rs..ut nescires CIC.*Dom*.48; aliis cor ipsum animus uidetur, ex quo ~rdes..dicuntur *Tusc*.1.18; quae (pocula) si cum sociis..bibisset (Vlixes) sub domina meretrice fuisset turpis et ~rs HOR.*Ep*.1.2.25; GEL.18.4.10.

excrēmentum[1] ~ī, *n.* [EXCERNO+-MENTVM]

1 That which is sifted out, refuse.
tritici ~is COL.8.5.25; scoria quoque plumbi in usu est..ne faece quidem rerum ~orumque foeditate intemptata PLIN.*Nat*.34.171.

2 Waste matter from the body, excrement.
humani potus ~o (*i.e. urine*) PLIN.*Nat*.9.138; illas (*sc.* pantheras)..liberari morte ~orum hominis gustu 27.7; oris ~o (*i.e. spittle*) TAC.*Hist*.4.81; narium ~a *Ann*.16.4.

excrēmentum[2] ~ī, *n.* [next+-MENTVM] An outgrowth.
siccae pallida rodit ~a manus (*sc. nails*) LUC.6.543; lana segnissimi corporis ~um APUL.*Apol*.56; (*transf.*) primas..duas (syllabas)..~a..putant nec ducunt numero pedum MAUR.2611.

excrescō ~escere ~ēuī ~ētum, *intr.* [EX-+CRESCO]

1 To grow out (from a point); (transf.) to spring (from).
a summa costa..os ~escit CELS.8.1.16; ~escente in medio folio paruola ueluti lacinia folii PLIN.*Nat*.15.130;—ex fenore discordia ~escebat CATO *orat*.59.

2 To grow up, grow larger. **b** (med., of morbid growth) to grow out, fungate. **c** (of other material or non-material things) to increase in extent, etc., grow excessively or disproportionately.
si satis ~euerint (palmae) COL.4.21.3; ~escentium cacuminum PLIN.*Nat*.16.101; panicum miliumque iam ~escens 18.182;—(*w. preps. indicating extent of growth*) ubi aliqua (serpens)..in monstrum ~euit SEN.*Cl*.1.25.4; ~escere ultra suos pollices prohibitae (uites) PLIN.*Nat*.14.14; cum ad semipedem ~euerint (lactucae) 19.131; nudi..in hos artus, in haec corpora..~escunt (liberi) TAC.*Ger*.20.1. **b** si uel ~euit cicatrix uel concaua est CELS.5.26.36.C; super caluariam ~escit (caro) 8.4.21; (arrhenicum) tollit..quidquid ~escit PLIN.*Nat*.34.178; LARG.37; SUET.*Gal*.21.1; (*pple.as sb.*) maxime contra..inanitates ulcerum ~escentiaue PLIN.*Nat*.34.169. **c** necesse est aliquando..amnis ~escat SEN.*Nat*.6.7.4; leni..~euit in altum pingue solum tumulo LUC.4.11; ne in caput ~euisse uideatur (prooemium) QUINT.*Inst*.4.1.62; colles sensim..~euerunt rudere FRON.*Aq*.18; litium series..maiorem in modum ~euerant SUET.*Ves*.10.1.

excrēta ~ōrum, *n. pl.* [pple. of EXCERNO] Chaff, bran.
~a tritici COL.8.4.1.

excruciābilis ~is ~e, *a.* [next+-BILIS] Deserving torture.
nullam..me uidisse credo magis anum ~em PL.*Cist*.653.

excruciō ~āre ~āuī ~ātum, *tr.* [EX-+CRVCIO] To torture, torment (physically or mentally).
si falsa dices..~abere PL.*Mil*.843; TER.*Hau*.178; hominem..fumo ~atum semiuiuum reliquit CIC.*Ver*.1.45; ~at me ualetudo Tulliae *Fam*.14.19; frigus..nudos..~abat terrigenas LUCR.5.1426; quare id faciam..nescio, sed fieri sentio et ~or CATUL.85.2; LIV.40.23.9; usque in mortem ~ata a tyrannis PLIN.*Nat*.34.72; TAC.*Ann*.4.11; FRO.*Aur*.2.p.228(234N); (*w.* animi) ne illam (*sc.* mulierem) animi ~es PL.*Mil*.1280; (*w. internal acc.*) id ego ~or *Epid*.192;—(*refl.*) quid ego? quor me ~o? TER.*An*.886; CIC.*Fam*.9.26.1.

excubātiō ~ōnis, *f.* [EXCVBO+-TIO] The act of keeping watch; (in quot., fig.).
uestros..constantis animos..proque dignitate..amicorum perpetuam ~onem..posterior intuens aetas V.MAX.4.7.7.

excubiae ~ārum, *f. pl.* [EXCVBO+-IA]

1 The keeping of a watch or guard, vigil.
PL.*Cas*.54; o ~as tuas..miseras..o custodiam etiam mei capitis infelicem! CIC.*Planc*.101; uigilum canum..~ae HOR.*Carm*.3.16.3; supplicis..longis..~is PROP.1.16.14; Ov.*Fast*.3.245; SIL.13.193; ~as ac labores ut unum e militibus..malle TAC.*Ann*.4.39; quanto nunc tutior..domus postquam erus non crudelitatis, sed amoris ~is..defenditur PLIN.*Pan*.49.2; *CIL* 10.1126.

2 A body of soldiers, etc. keeping watch, a guard.
has (*sc.* Esquilias)..ab ~is regis dictas VAR.*L*.5.49; cur audet Vlixes ire per ~as? Ov.*Met*.13.342; ipsae..ad moenia marcent ~ae STAT.*Theb*.8.221; ~as transire, cubiculi foris recludere TAC.*Ann*.14.44; GEL.1.15.3; (*cf.*) ~as habent..lapillum pede sustinentes (grues) PLIN.*Nat*.10.59; (*fig.*) uigilem..sacrauerat ignem, excubias diuum aeternas VERG.*A*.4.201.

excubitor ~ōris, *m.* [EXCVBO+-TOR] ORTHOG.: *esc*- *CIL* 6.3010. A watchman, guard, sentinel. **b** a member of the Emperor's bodyguard.
haec (*sc.* castella)..noctu ~oribus ac firmis praesidiis tenebantur CAES.*Gal*.7.69.7; somnos..non defendit ~or meos SEN.*Thy*.458; quis ~or inueniri potest uigilantior? COL.7.12.1; APUL.*Pl*.2.24;—(*attrib.*) ~or..diem cantu praedixerat ales *Mor*.2; GENIO ~ORI *CIL* 6.3010. **b** ~ori tribuno signum..dedit SUET.*Cl*.42.1; *Nero* 8.

excubitus ~ūs, *m.* [next+-TVS[3]] The act of keeping watch.
ubi pedestres copiae..in ~u castris praesidio esse possent *B.Hisp*.6.3.

excubō ~āre ~uī ~itum, *intr.* [EX-+CVBO]

1 To keep watch or guard, be on the lookout. **b** (transf. and poet. of things). **c** to spend a night out or in the open.
naues, quae..ad portum ~abant CAES.*Civ*.2.22.3; ~itum in porta cohortis..mittere SAL.*Jug*.100.4; per muros legio..~at VERG.*A*.9.175; Cerberus..~at ante fores TIB.1.3.72; LIV.5.39.2; ~ui clausam, seruus ut, ante domum Ov.*Am*.3.11.12; opus erat eadem omnis coniuratos nocte ~are CURT.8.6.10; SEN.*Ep*.66.50; FLOR.*Epit*.1.1(1.1.15); (*w. internal acc.*) parati sumus hic..pro cauea..~are noctes APUL.*Met*.4.17; (*w. dat.*) ut ~aret etiam aegro mihi FRO.*Ver*.2.p.152(134N); (*in fig. phr.*) ille (*sc.* Cupido)..Chiae pulchris ~at in genis HOR.*Carm*.4.13.8. **b** patria est illi (*sc.* humano animo)..hoc omne conuexum..in quo disposita tot lumina in actus suos ~ant SEN.*Ep*.102.21; domos exornat (laurus) et ante limina ~at PLIN.*Nat*.15.127; 16.173; crebrior ~at ignis STAT.*Theb*.12.353. **c** in Pasiphaae fano..somniandi causa ~abant CIC.*Div*.1.96; (apes) noctu deprehensae in expeditione ~ant supinae PLIN.*Nat*.11.19.

2 (fig.) To be on the alert, be vigilant.
consilio quantum potero..~abo uigilaboque pro uobis CIC.*Phil*.6.18; *Att*.9.11.4; pro cuius salute..uicinae regiones uotis ~abant V.MAX.4.8.ext.2;—(*w. non-pers. subj.*) ex quo intellegi potest curam rei p. summae defendendae..apud nos ~are PLANC.*Fam*.10.8.5; eadem pro me uota ~uerunt V.MAX.5.5.intro.; SEN.*Cl*.1.3.3; omnium eorum (*sc.* pictorum) ars urbibus ~abat PLIN.*Nat*.35.118; (*impers. pass.*) rerum, non animi pretiis ~atur 35.50.

excūdō ~dere ~dī ~sum, *tr.* [EX-+CVDO[1]] FORMS: ~*ssam* (= ~*sam*) PL.*Men*.403 (unless fr. EXCVTIO).

1 To hammer out, forge, fashion; (also fig., of literary composition).
nauem..saepe ~ssam malleo PL.*Men*.403; ~dent alii spirantia mollius aera VERG.*A*.6.847; cum fornacibus ferrum, quod ~di oportebat, impositum esset CURT.4.2.13; cum..eam (*sc.* effigiem)..solus Pyrgoteles caelamine ~deret APUL.*Fl*.7;—CIC.*Att*.15.27.2; per omnes dies..unum librum ~dit et elucubrauit TAC.*Dial*.9.3; effinge aliquid et ~de, quod sit perpetuo tuum PLIN.*Ep*.1.3.4.

2 To cause to be emitted by striking.
ut silicis uenis abstrusum ~deret ignem VERG.*G*.1.135; silici scintillam ~dit *A*.1.174; PLIN.*Nat*.16.208.

3 To hatch out (young birds).
oua..supponit gallinis, ex quibus ~sos pullos refert in testudinem VAR.*R*.3.6.4; 3.9.2; CIC.*N.D*.2.129; ~sis anserculis COL.8.14.7.

exculcātus ~a ~um, *a.* [pple. of next] Well-trodden; (in quot., fig.) trite.
uerbis uti..nimis obsoletis ~isque GEL.11.7.1.

exculcō ~āre ~āuī ~ātum, *tr.* [EX-+CALCO]

1 To knock out.
ex ipsis dominis meis pugnis ~abo furfures PL.*Capt*.810.

2 To tread or stamp down.
stabiliendi causa singuli ab infimo solo pedes terra ~abantur CAES.*Gal*.7.73.7.

excuneō ~āre ~āuī ~ātum, *tr.* [EX-+CVNEVS+-O[3]] To push or crowd off the ends of the seats at a theatre.
extimus quisque ~ati queruntur APUL.*Fl*.16.

excūriō ~āre, *tr.* [EX-+CVRIA+-O[3]] To expel from the senate.
Apollonium ideo ~ant, quia nihil habebat VAR.*Men*.221.

excūrō ~āre ~āuī ~ātum, *tr.* [EX-+CVRO] To take good care of, attend to thoroughly.
essurio et sitio.—lepide ~atus incessisti PL.*Cas*.726; uictu ~ato *Ps*.1253.

excurrō ~currere ~(cu)currī ~cursum, *intr.* [EX-+CVRRO] FORMS: pf. ~*cucurr*- PL.*Bac*.359, *Mos*.359, *B.Hisp*.21.2, LIV.1.15.1, 2.17.2, PLIN.*Ep*.3.4.2; ~*curr*- LIV.25.30.10, PLIN.*Nat*.17.16, QUINT.*Inst*.10.5.16.

1 To run or rush out. **b** (mil.) to sally out, make a sortie. **c** (of water, etc.) to run or flow out; (of branches, shoots, etc.) to grow out.
~currentibus in publicum pauidis LIV.9.24.10; non exsurgunt modo uerum etiam ~currunt et..conclamant QUINT.*Inst*.2.2.12; (*poet.*) ii quorum animi spretis corporibus euolant atque ~currunt foras CIC.*Div*.1.114;—(*in fig. phr.*) cur claudere..orationem malint quam cum sententia pariter ~currere *Orat*.170; nullum..uobis sors campum dedit in quo ~currere uirtus..posset *Mur*.18; SEN.*Ben*.2.34.4. **b** VAR.*R*.2.10.3; equites ad aquatores nostros ~cucurrerunt *B.Hisp*.21.2; ne sparsi..sine ordine sine signis omnibus portis ~currerent LIV.29.34.11; 37.20.3; (*of ships*) leuia alia nauigia, quae sub constratis pontium..~currebant 30.10.14; (*facet.*) dabo ei talentum primus qui in crucem ~cucurrerit PL.*Mos*.359; (*transf.*) deleta Carthago est quod..~currere ex Africa, imminere duabus..insulis populi Romani uidebatur CIC.*Agr*.2.87. **c** fons..ex summo montis cacumine ~currens CURT.3.1.3; per centena milia..aestus ~currit SEN.*Nat*.3.28.6; Padus..super aggere tutas ~currit ripas LUC.6.273;—arbor ramis ~currentibus totam domum texerat SEN.*Con*.exc.5.5; PLIN.*Nat*.17.212.

2 To make an excursion or expedition, go (with a special purpose). **b** (in speaking, etc.) to go off into a digression.
quom se ~cucurrisse illuc frustra sciuerit PL.*Bac*.359; ~currat aliquis qui hoc..filio nuntiet CIC.*Ver*.1.67; dum..cetera in nauem parantur, ~curro in Pompeianum *Att*.10.15.4; uxori..meae..uolenti ad amitam suam ~currere PLIN.*Ep.Tra*.10.120(121).2; SUET.*Gal*.18.2; dum ~currit in praedia ULP.*dig*.17.1.10.9; (*in fig. phr.*) semper..a sapiente restabit..quo animus eius ~currat SEN.*Ep*.109.3. **b** ne fluat oratio, ne uagetur..ne ~currat longius CIC.*de Orat*.3.190; ne modum excedam ~currendo ad Parrhasium reuertor SEN.*Con*.10.5.22; prolato rerum ordine protinus..in aliquem laetum..locum..~currere QUINT.*Inst*.4.3.1; 10.5.16.

3 To jut out, protrude, extend. **b** (gram.) to terminate (in).
uti crepidines ~currant VITR.4.6.2; qua rarus splendor (*sc.* cometae) ~currit et in crines dispergitur SEN.*Nat*.7.26.1; triclinium..quod in litus ~currit PLIN.*Ep*.2.17.5; (*cf.*) ut in laxitatem ruris ~currant (domus) SEN.*Ep*.114.9;—(*topog.*) ab intimo sinu paeneinsula ~currit LIV.26.42.8; 32.23.10; tribus haec (*sc.* Sicania) ~currit in aequora pennis Ov.*Met*.13.724; LUC.8.539; PLIN.*Nat*.17.36; (*w. acc. of measure*) mons Mimas CL p. ~currens 5.116. **b** quae..genetiuo eiusdem numeri in pis ~currant, ut Pelops Pelopis SCAUR.gram.in *G.L*.7.27.

4 To extend, run (to an amount, weight, etc.).
mensura..quae bis in octonas ~currit pondere libras *Mor*.18; in quinque (syllabas) ~currit (*sc.* dochmius) QUINT.*Inst*.9.4.79; quia in hoc tempus ~currit donationis euentus GAIUS *dig*.24.1.10.

5 To go (beyond a stated limit); (of an amount in excess) to run over.
incredibilia nobis haec uidentur et supra humanam naturam ~currentia SEN.*Ep*.92.25;—~currentis aeris nota inuenta est MAECIAN.*iur*.63; PAUL.*dig*.16.3.26.2.

excursiō ~ōnis, *f.* [prec.+-TIO]

1 A sortie, sally. **b** stepping forward (as a rhetorical gesture).
qui..~onibus et latrociniis infestam prouinciam redderent CIC.*Inv*.2.111; crebras ex oppido ~ones faciebant CAES.*Gal*.2.30.1; NEP.*Them*.6.2; Veientes in agrum Romanum ~ones fecerunt LIV.4.30.5; 30.8.4; (*cf.*) tamquam leuis armaturae prima orationis ~o CIC.*Div*.2.26; (*at sea*) quod..oram..infestam..naues ~onibus..facerent LIV.37.14.3. **b** in gestu status erectus..~o moderata eaque rara CIC.*Orat*.59; QUINT.*Inst*.11.3.

2 A journey, expedition. **b** (rhet.) a digression.
an..intentione rei familiaris obeundae crebris ~onibus auocaris? PLIN.*Ep*.1.3.2; SCAEV.*dig*.33.1.13.1; (*fig.*) relinquendae..erunt uacuae tabellae in quibus libera adiciendi sit ~o QUINT.*Inst*.10.3.32. **b** QUINT.*Inst*.2.13.1; ne qua ex ea (*sc.* narratione) fiat ~o 4.2.103.

excursō ~āre, *intr.* [EXCVRRO+-TO] To make a sortie, dash out.
innumeris..~are latebris STAT.*Theb*.2.550.

excursor ~ōris, *m.* [EXCVRRO+-TOR] A courier, emissary. **b** (applied to winds: see quot.).
Naeuius Turpio quidam, istius ~or et emissarius CIC.*Ver*. 2.22; ~ores diurni atque nocturni APUL.*Mun*.26; *CIL* 3.2007. **b** ~ores uenti habentur qui directo spiritu proflant APUL.*Mun*.12.

excursus ~ūs, *m.* [EXCVRRO+-TVS[3]]
1 (mil.) A sudden raid, sortie, sally.
ut primus ~us..militum infringeretur CAES.*Civ*.3.92.2; omnibus alae artantur portis septemque ~ibus haerent STAT.*Theb*.8.352; TAC.*Ag*.20.2; repentino in Chattos ~u *Ann*.1.55.
2 The action of going out, esp. for a particular purpose, an expedition, journey. **b** outward growth, flow, or other movement (of things). **c** an escapade.
(apes) ~us..breuis temptant VERG.*G*.4.194; suburbanum praedium..quo uel occupato cotidianus excursus facile..contingat COL.1.1.19; 1.6.8; ut..liberum habeant ~um (iuuenci) 6.2.2; ubi solet..quadrupes..quatere ad ~um iubas PETR.89,l.60. **b** ex qua (ui) fulgor..sit uel stellae similis ~us SEN.*Nat*.1.15.1; ne libero ~u in luxuriam properent (palmites) COL.5.5.13; fontis ~um PLIN.*Ep*.4.30.8. **c** intra notos..iuuentutis ~us [QUINT.]*Decl*.18.9.
3 A digression, divagation.
nisi ~us ille..quasi initium probationis est QUINT.*Inst*. 4.3.5; non..~us hic eius, sed opus ipsum est PLIN.*Ep*.5.6.43.
4 (topog.) A projection.
ad Pyrenaei montis ~um PLIN.*Nat*.4.105; 4.114; promunturium..uasto ~u abest a Ponti ostio CCCXXV 6.6.

excūsābilis ~is ~e, *a.* *compar.* ~ior. [EXCVSO+-BILIS] That may be excused, pardonable.
nisi delicti pars ~is esset OV.*Pont*.1.7.41; 3.9.33; MAN. 2.593; quo ~ior est error equi V.MAX.8.11.ext.4; STAT. *Theb*.5.453.

excūsābundus ~a ~um, *a.* [EXCVSO+-BVNDVS] CONST.: w. acc. (w. force of pres. pple.). Excusing.
~a se filio APUL.*Apol*.79.

excūsātē, *adv.* *compar.* ~ius. [EXCVSATVS+-E] Excusably.
qui dolorem regerit tantum ~ius peccat SEN.*Dial*.4.32.1; experimentum ~e..recusant PLIN.*Nat*.37.200; QUINT.*Inst*. 2.1.13; TAC.*Ann*.3.68; licebit rursus irasci si meruerit, quod exoratus ~ius facies PLIN.*Ep*.9.21.3.

excūsātiō ~ōnis, *f.* [EXCVSO+-TIO]
1 The offering (or grounds) of an excuse, justification.
aput consulem causam atque ~onem praeferre coepit SIS.*hist*.52; stultitia..~onem non habet CIC.*de Orat*.1.125; quibus ~onibus..studium tuum defendere solebas *Ver*. 5.176; Aeduis dat ueniam ~onemque accipit CAES.*Gal*.6.4.3; LIV.39.33.8;—(*w. obj. gen.*) nulla est igitur ~o peccati CIC. *Amic*.37; criminis aut inminutio aut ~o QUINT.*Inst*.7.4.3; (*cf., w. poss. adj.*) in suam ~onem TAC.*Hist*.2.30;—(*w. defining gen.*) inopiae ~o PL.*As*.534; in dicendo necessitatis ~o non probatur CIC.*Orat*.230; ~o ualetudinis LIV.43.7.6; —(*w.* de) accipio ~onem tuam de Sempronio CIC.*Fam*. 12.25.5;—(*w.* cur, quare) utendum..est ~one..quare id quod feceris necesse fuerit *Off*.2.68; accipio ~onem tuam.. cur saepius ad me litteras uno exemplo dedisses *Fam*.4.4.1; —(*w.* quominus) nemini ciui ullam quo minus adesset satis iustam ~onem esse uisam *Pis*.36.
2 A plea to be excused from carrying out an action, esp. a public duty.
nullam sibi putauit ~onem esse oportere, cum ad rei publicae praesidium uocaretur CIC.*Phil*.8.5; CAES.*Civ*.1. 33.3; LIV.41.15.8; TAC.*Ag*.42.2; bis quom dedisti procurationes, itemque bis quom ~ones recepisti FRO.*Ant*.1. p.262(170N);—(*w. obj. gen.*) ~onem..legationis obeundae CIC.*Phil*.9.8; inertia est laboris ~o PUB.*Sent*.I.49.
3 Immunity, exemption.
tria onera tutelarum dant ~onem ULP.*dig*.27.1.3; (*w.* ab) incolumes liberi..~onem a muneribus ciuilibus praestant 50.5.2.5.
4 The action of excusing or pardoning, indulgence.
cum ~one..ueteres audiendi sunt SEN.*Nat*.6.5.3; quamuis in pluribus aliis causis iusta ignorantia ~onem mereatur GAIUS *dig*.47.4.2.

excūsātus ~a ~um, *a.* *compar.* ~ior, *superl.* ~issimus. [pple. of next] (of a person or action) Held to be free from blame, admitting of excuse.
quo ~ior sis SEN.*Con*.1.4.12; ~issimus essem, etiam si non praecepta illorum sequerer, sed exempla SEN.*Dial*.8.2.1; ~ius est voluntate peccare quam casu *Ep*.95.8; plurima sunt talia ut..magis ac minus uel ~a debeant uideri uel reprehendenda QUINT.*Inst*.11.1.14; hoc et ego ~ior..et tu dignior laude PLIN.*Ep*.8.14.11; GAIUS *dig*.18.6.2.1.

excūsō ~āre ~āuī ~ātum, *tr.* [EX-+CAVSA+-O[3]]
1 To excuse, justify, or explain the conduct of (a person). **b** to excuse, justify, etc. (conduct).
ipsum uolumen..facile..me ~at CAEL.*Fam*.8.1.1; multis..causis regem ~auit LIV.42.6.6; meus ~at caros ita candor amicos OV.*Pont*.3.2.21; TAC.*Hist*.2.60;—(*refl.*) se apud patres ~are solitum LIV.6.39.4; ~abat..sese, quod per Aetolos recuperasset paternum regnum 38.3.2; SEN. *Suas*.2.5;—(*w. dat.*) uiris bonis me non nimis ~o CIC.*Att*. 9.13.6; quam miser est qui ~are sibi se non potest PUB.*Sent*. Q.62; OV.*Tr*.4.7.26;—(*absol.*) uerba ~antia dicit *Met*.9.215; cum..patronus neget..~et QUINT.*Inst*.5.13.2; (*impers. pass.*) at ille ne suscenseat..qui..sumptum fecit.—facile ~ari potest PL.*St*.601. **b** ~anti transitionem ut necessariam LIV.27.17.10; missos..Iuppiter ignes ~at OV.*Met*. 2.397; malumus ~are illa (*sc.* uitia) quam excutere SEN.*Ep*. 116.8; quae apud Vitellium ~anda erant TAC.*Hist*.2.85;—(*w. dat.*) uelim Varroni..memineris ~are tarditatem litterarum mearum CIC.*Att*.15.26.5; ut uerba mea..Alexandro ~em CURT. 7.1.35; STAT.*Theb*.12.354;—(*w. obj. cl.*) oratio ..~antis, quod tanto minoribus spe..copiis uenisset LIV.35.44.2; Germanos numquam satis ~aturos quod inter Albim et Rhenum..togam uiderint TAC.*Ann*.1.59;—(*by compensating action*) deus ~are priora dum uolet..cetera laeta dabit *Epic.Drusi* 415; hoc ~abitur ense STAT.*Ach*.2.44; PLIN.*Pan*.32.4.
2 To allege as a reason, plead in excuse; *innocentiam ~are*, to plead innocence. **b** (pass., w. inf.) to have the excuse offered on one's behalf (that).
ut tu istuc ~are possies PL.*Aul*.747; propinquitatem ~auit CIC.*Phil*.8.1; inopiam ~are..mediocris est animi CAES.*Civ*.3.20.3; nec..inuitatione..ipsius..Hannibalis.. perlici ad uinum potuit, ipse ualetudinem ~ans LIV.23.8.7; ~auit officii sui necessitatem QUINT.*Inst*.11.1.67; TAC.*Ann*. 3.11; ULP.*dig*.28.3.6.9; (*w. dat.*) ille Philippo ~are laborem ..quod non mane domum uenisset HOR.*Ep*.1.7.67;—(*w. dir. sp.*) sic licet ~es 'quia..ista salutator scribere non potuit MART.1.70.17;—(*w. acc. and inf.*) si prehensi simus, ~emus ebrios nos fecisse PL.*Aul*.749; morbum causae esse cur abesset ~abat LIV.38.52.3; SUET.*Aug*.69.1; (*cf.*) uulnera et exhaustas..uires ac nimium laetis ~at fidere rebus SIL. 10.379;—quemuis uerba pro eo facientem et innocentiam ~antem ULP.*dig*.3.3.33.2. **b** si..~etur..Areopagites esse CIC.*Phil*.5.14; LIV.3.13.9; cum rei publicae causa abesse ~aretur 43.4.6.
3 To excuse, exempt from a task or duty.
quando citatus neque respondit neque ~atus est VAR.in GEL.11.1.4; sunt..lecti iudices qui fortasse ~abuntur CIC. *Phil*.5.14; ut ~er morbi causa *Att*.12.13.2; multa..dixi cur ~atus abirem HOR.*Ep*.1.9.7; LIV.25.4.9; TAC.*Hist*.1.19; (*w. dat. of ask*) nequaquam decorum pudori suo legere aliquid ..ex eo cui in uniuersum ~ari mallet *Ann*.1.12; (*w.* ne) ~antis, ne publice uel priuatim occurrant ei ULP.*dig*.1.16. 4.3; (*w.* ab) ueteranos..rescripsit a nauium fabrica ~ari PAUL.*dig*.49.18.5.
4 (refl.) To excuse oneself (from a task, duty, etc.), seek exemption, decline; (also absol.). **b** to make excuses for not consenting to, or not accepting. **c** *~are diem*, to beg a day's grace.
se quisque ~are et uicarium accipere LIV.29.1.9; se ~aturos..amicos JUV.16.28; (*w. dat.*) apud amicam munus adulescentuli fungare, uxori ~es te et dicas senem? PL.*As*. 813; (*w.* ab) LEGATO LEGIONIS X..A CVIVS CVRA SE ~AVIT *CIL* 14.3610; ULP.*dig*.4.4.11.2;—audiit preces ~antis TAC.*Ag*.42.3; ~aui comiter, quod uiae uexationem..somno censerem diluendam APUL.*Met*.1.26; 2.18. **b** reditum Agrippinae ~auit ob inminentem partum TAC.*Ann*.1.44; ad honores ~andos PAUL.*dig*.50.5.9.1; (*w. dat.*) fas est mihi.. ~are Baeticis..aduocationem PLIN.*Ep*.1.7.2. **c** PLIN. *Ep*.1.18.1; hunc solum diem ~o: recitaturus est..Capito quem ego audire..cupiam 8.12.1.
5 To declare free from blame or liability, absolve, excuse.
~auit uictos SEN.*Con*.10.3.1; ~atur qui iussu eius, in cuius potestate erat, duxerit ULP.*dig*.3.2.11.4; ~antur.. serui qui auxilium tulerunt sine dolo malo 29.5.1.34; (*impers. pass.*) adulescentibus ~atum quaedam ad patrem reicere TAC.*Ann*.1.47.

excūsor ~ōris, *m.* [EXCVDO+-TOR] A smith, metal-worker.
QUINT.*Inst*.2.21.10.

excussē, *adv.* [EXCVSSVS+-E] Strenuously, violently.
non tam rigide nec tam ~ sed languidius..occurremus SEN.*Ben*.2.17.4.

excussōrius ~a ~um, *a.* [EXCVTIO+-TORIVS] That serves for sifting.
cribrorum genera..inuenere Hispaniae lino ~a PLIN. *Nat*.18.108.

excussus ~a ~um, *a.* *compar.* ~ior, *superl.* ~issimus. [pple. of next] (of the arm, etc., in striking or throwing) Vigorous, violent.
sententia uelut lacerto ~ior torquetur SEN.*Ep*.108.10; os hominis palma ~issima pulsat PETR.95.4.

excutiō ~tere ~ssī ~ssum, *tr.* [EX-+QVATIO]
1 To shake or knock out or off. **b** to shake off (missiles). **c** to throw (from a horse, vehicle, etc.).
salem ~tito, in sole ponito (*sc.* oleas) CATO *Agr*.7.4; ~ssis deliciis (*i.e. decorations*) cum argento puro domum reuertuntur CIC.*Ver*.4.52; poma nec ~tiant rapidi florentia uenti OV. *Met*.14.764; ~sso..puluere STAT.*Theb*.6.671; PAUL.*dig*. 7.4.13;—(*w.* ab) uiscera ~ssa LUCR.6.688; ~ssit ab ubere natos V.FL. 2.185;—(*w.* de) circulus..de cupa..~ssus PETR.60.3; si quis de manu mihi nummos ~sserit ULP.*dig*.9.2.27.21;—(*w.* ex) PL.*Bac*.598; e spicis in area ~ti grana VAR.*R*.1.52.1; —(*w. dat.*) ~ssit subiectae Pelion Ossae OV.*Met*.1.155; mulieri..fusa aluus ~tere partum potest CELS.2.7.16;—(*w. abl.*) taurus..~ssit ceruice securim VERG.*A*.2.224; GAIUS *dig*.41.1.7.7;—(*in fig. phr.*) ista nobis studia de manibus ~tiuntur CIC.*Mur*.30; tu bella cie conceptumque ~te foedus VERG.*A*.12.158. **b** illa (*sc.* hasta) uolans clipeo est ~ssa VERG.*A*.10.777; missilia..uitare uel ~tere TAC.*Ag*.36.1;(*fig.*) ~ssis tuis uocibus..milites misit CIC.*Phil*.2.73. **c** unam (nauem)..pontus in puppim ferit: excutitur..magister VERG.*A*.1.115; equus..~ssit equitem LIV.8.7.10; PETR. 114.6; ~sso in carceribus auriga PLIN.*Nat*.8.160; TAC.*Ann*. 1.65.
2 To throw or cast out, expel, drive away. **b** (fig.) to shake, etc., out (of a condition, occupation, etc.).
ut me ~tiam atque egrediar domo TER.*Ph*.586; ipso cum domino calce omnis ~tiamus LUCIL.1064; ~timur cursu et ..erramus in undis VERG.*A*.3.200; quos..uentus in hoc litus ~sserat FLOR.*Verg*.p.183R;—(*transf.*) si flaua ~titur Chloe HOR.*Carm*.3.9.19; quem (*sc.* Senecam) non equidem omnino conabar ~tere sed potioribus praeferri non sinebam QUINT.*Inst*.10.1.126. **b** ~tior somno VERG.*A*.2.302; aliena negotia curo, ~ssus propriis HOR.*S*.2.3.20; te nulla uox tibi ~tiet SEN.*Ep*.56.14; agmen ~titur coeptis STAT. *Theb*.2.57; (*cf.*) deus (*sc.* Somnus)..~ssit..sibi se OV.*Met*. 11.621.
3 To throw or shake off (physical or mental conditions, attitudes, etc.).
~tiemus..omnis ineptias CIC.*Cael*.67; miseria haec et metus crapulam facile ~sserunt LIV.40.14.3; ~ssere metus somnum OV.*Ep*.10.13; mihi ~ssa mens est SEN.*Con*.1.7.16; qui saeuissima animalia..subigunt nec asperitatem ~ssisse contenti usque in contubernium mitigant SEN.*Ep*.85.41; quid pacem ~sserit orbi LUC.1.69; quartanas..~tere PLIN. *Nat*.20.56; QUINT.*Inst*.10.3.20; (*w.* de) de..meo..~te corde metus OV.*Fast*.1.16; (*w. abl.*) ~te..corde metum *Met*.3.689.
4 To shake out (so as to spread over an area), scatter.
CIC.*N.D*.2.93; fulgit..nubes ignis cum semina multa ~ssere suo concursu LUCR.6.161; sine pondere pumex ~titur *Aetna* 484; imbrem ~sserunt procellae CURT.4.7.14; SEN.*Nat*.1.1.4; uocibus..nebulas nimbosque..~ssere (*sc. witches*) LUC.6.469; (*transf.*) fortunam..in hunc mortalium coetum honores..~tere SEN.*Ep*.74.7.
5 To cause the emission of (esp. from the body); to provoke laughter, groans, etc.
utine adueniens uomitum ~tias mulieri? PL.*Mer*.576; lacrumas ~ssit mihi TER.*Hau*.167; motus..sudorem ~tiebat NEP.*Eum*.5.5; SEN.*Dial*.1.2.5;—dummodo risum ~tiat HOR.*S*.1.4.35; ruborem amico ~tere PUB.*Sent*.R.8; non ferae ~tient mihi..gemitus SEN.*Her.O*.1394.
6 To discharge violently, shoot, throw.
(spiculum) ~ssum..emicabat LIV.42.65.10; Amor quamuis..iactatas ~tiat..faces OV.*Ars* 1.22; ad ~tienda tela militares lacerti ualent SEN.*Dial*.1.4.13; in Thebas..~te fulmen STAT.*Theb*.10.69; TAC.*Ann*.2.20; (*w. inanim. subj.*) ~tiat leuis neruus sagittas SEN.*Her.F*.989;—(*w. abl.*) ~ssa glans funda *Nat*.2.57.2; ~ssa ballistis saxa TAC.*Hist*.4.23; (*poet.*) corpora quae..saliunt ~ssa petauro (*i.e. spring-board*) MAN.5.439.
7 To shoot out (the arms, etc., esp. in throwing missiles). **b** to shake to and fro.
infinitum interest utrum ~sso lacerto (tela) torqueantur an remissa manu effluant SEN.*Ben*.2.6.1; LUC.1.424; nec uolet ~ssa lancea torta manu MART.*Sp*.11.4; (*in swimming*) ~ssa..saepe per undas..bracchia OV.*Ep*.18.189; (*in rowing*) tantum..maris..quod semel ~ssis posset transcurrere tonsis LUC.3.539. **b** ebria..saltat..ad cubitum..~tiens calamos *Copa* 4; pauor membra ~tit SEN.*Ag*.5.
8 To shake out (so as to empty, free from dirt, etc., or to remove creases, coils, or folds). **b** (app.) to clear (the nose). **c** to empty (of wealth or other resources).
~tedum pallium PL.*Aul*.646; rudentis ~tere et uentis intendere uela VERG.*A*.3.683; caesariem ~ssit OV.*Met*.4. 492; exhortatur equos, quorum per colla..~tit..habenas 5.404; ~ssit uexatam solo uestem PETR.128.4; specillo tincto in aqua et ~sso LARG.10; raris togula est ~ssa Kalendis MART.4.66.3; FLOR.*Epit*.1.22(2.6.7); (*cf.* **c**) ~ssi loculosque sacculumque MART.5.39.7; (*w. retained acc.*) Aurora..rorantes ~ssa comas STAT.*Theb*.2.136. **b** excusso..naso PERS.1.118; nares..impulso subito spiritu ~tere QUINT.*Inst*.11.3.80. **c** te iudices emiserunt ~ssum et exhaustum CIC.*Har*.37; ~ssis manibus SEN.*Ben*.2.31.5; ~ssis..facultatibus eius qui gesserit ULP.*dig*.26.7.3.2.
9 To search (a person); (transf.) to examine. **b** to scrutinize, examine (things). **c** to determine or discover by scrutiny.
non ~tio te, si quid forte ferri habuisti, non scrutor CIC.*S.Rosc*.97; ~tiuntur, deinde etiam retinentur..tabellarii POL.*Fam*.10.31.4; filiae..~ssae, ne quid cibi inferret V.MAX.5.4.7; ~sserunt..patrem et aurum in sinu eius inuenerunt QUINT.*Inst*.7.1.30;—~ties omnis ubiquaque puellas OV.*Ars* 2.627; ~tiunt reos..iuridici SEN.*Her.F*.580; impendia, reditus, debitores ~tio PLIN.*Ep*.*Tra*.10.17a(28).3; (*refl.*) ~te te et uarie scrutare et obserua SEN.*Ep*.16.2;—(*an author or his works*) qui (*sc.* Vergilius) cotidie ~titur 58.5; QUINT.*Inst*.1.4.4. **b** Tartareos ~tiam..sinus OV.*Fast*. 5.244; ~tiat testamenta, scrutetur census SEN.*Con*.1.6.6; patriae uenturos ~te mores LUC.9.559; QUINT.*Inst*.1.8.19; iussus a legato..rationes..cohortium ~tere PLIN.*Ep*.7.31.2; ULP.*dig*.16.1.2.2; (*impers. pass.*) de iure triumphandi inter clarissimas personas..~ssum est V.MAX.2.8.2. **c** si uerum ~tias JUV.6.143; ~sso pretio secundum reditum eius fundi JULIAN.*dig*.30.92;—(*w. indir. qu.*) ne ~tiatis quomodo una nocte cenauerit SEN.*Con*.9.2.19; quid aequissimum sit ~titur QUINT.*Inst*.7.4.3.

exd-: for words not found here see ED-.

exdorsuō ~āre, *tr.* Also **-sō.** [EX-+DORSVM+-O[3]] To remove the backbone from.
murenam ~a PL.*Aul*.399; (*cf.*) ~a dorsum confringe; alii, exime PAUL.*Fest*.p.79M. **β** disquamari et ~ari piscis solere APUL.*Apol*.42.

exdūtae: (see quot.).
~ae exuuiae PAUL.*Fest*.p.80M.

exe-: for compounds of *ex-* and *se-* not found here see EXSE-.

exedō ~esse ~ēdī; ēsum, *tr.* [EX-+EDO¹] FORMS: as EDO. *~edit* (pres. ind.) SEN.*Nat.* 4.2.10; *~edere* (inf.) COL.8.8.12 (s.v.l.); *~essus* (pple.) CELS.5.28.12, etc.

1 To eat up, devour. **b** to eat away.
strigibus..conuiuis intestina quae ~edint PL.*Ps.*821; id frumentum quod curculiones ~esse incipiunt VAR.*R.*1.63.1; SEN.*Ag.*27; nascuntur..in sanguine ipso hominis animalia ~esura corpus PLIN.*Nat.*26.138; HYG.*Fab.*55; (*poet.*) non..~edisse nefandis urbem odiis satis est VERG.*A.*5.785; (*in fig. phr.*) tute hoc (*i.e. muddle*) intristi: tibi omnest ~edendum TER. *Ph.*318. **b** uipera..~eso matris utero in lucem proserpit APUL.*Apol.*85.

2 (of fire, erosive or corrosive agents, etc.) To eat away, consume. **b** to waste or wear away, emaciate. **c** (fig.) to eat away, sap the strength of.
simul ac molam et uinum insperseris..uis aliqua (cor)..~edet CIC.*Div.*2.37; flammeus ardor..siluas ~ederat LUCR.5.1253; ~esa inueniet..robigine pila VERG.*G.*1.495; VITR.2.7.2; Nilus..nihil ~edit nec abradit SEN.*Nat.*4a.2.10; uincula ferri ~edere senem LUC.2.73;—(*of medicaments, etc.*) quaedam..sunt emplastra ~edentia CELS.5.19.18; 7.4.4.C.; aristolochia..putria ulcera ~est PLIN.*Nat.*26.142;—(*of disease, etc.*) CELS.5.28.12.D; cum prima tunica oculi ~esa est LARG.24; (*cf.*) cum..magis ac magis uires morbus ~edit SEN.*Ep.*114.25;—(*fig.*) ~esis posterioribus partibus uersiculorum CIC.*Tusc.*5.66. **b** ~esa..ilia SEN.*Ag.*764; non mors..~edit puerile decus STAT.*Silv.*2.1.155; ~esis..genis SIL.2.466. **c** plebem faenoris illuuies..~ederat PETR.119,l.52; TAC.*Ann.* 2.27; quamquam plerique se..~esa mansuetudine generis sui..efferarint APUL.*Soc.*3.

3 To make hollow or cavernous.
ad conuallem ~esumque locum in speluncam..se occultare coepit *B.Hisp.*39.2; ~esae..arboris antro VERG.*G.*4.44; ~esae fluctibus rupes LIV.37.27.7; si..~esus est dens CELS.6.9.5; SEN.*Ep.*41.3; sub ~eso..pumice CALP.*Ecl.*6.63; PLIN.*Nat.*4.9; (*w. retained acc.*) luna..non..orbis medii puros ~esa recessus LUC.5.547.

4 (fig., of passions, etc.) To consume, devour.
exspectando ~edor miser atque exenteror PL.*Epid.*320; aegritudines, molestiae, maerores, qui ~edunt animos CIC. *Fin.*1.59; quem..~est anxius angor LUCR.3.993; SEN.*Ep.* 101.8; V.FL.2.137; (*cf., of persons*) his cogitationibus animos ~edebant CURT.10.8.11.

exedra (exh-) ~ae, *f.* [Gk. ἐξέδρα] ORTHOG.: *exs- CIL* 1.1492. An open recess or bay for sitting in (often used for lectures, etc.).
in eam ~am uenisse in qua Crassus posito lectulo recubuisset CIC.*de Orat.*3.17; *Fin.*5.4; constituantur..in tribus porticibus ~ae VITR.5.11.2; patentibus..locis uti ~is 7.5.2; QUINT.*Inst.*11.2.20; PLIN.*Ep.Tra.*10.70(75).2; ex cuius cubiculo uel ~a deiectum est ULP.*dig.*9.3.5.2; (*cf.*) in peristylo habuit ~a conclusas aues VAR.*R.*3.5.8.

exedrium (exh-) ~iī, *n.* [Gk. ἐξέδριον] Dim. of prec.
~ia quaedam mihi noua sunt instituta in porticula Tusculani CIC.*Fam.*7.23.3.

exedum ~ī, *n.* [unkn.] An unknown plant.
ueterno liberat quae ~um uocatur PLIN.*Nat.*24.175.

exemplar ~āris, *n.* [EXEMPLVM+-AR] FORMS: *~are* (= *~ar*) LUCR.2.124.

1 That which serves to exemplify, a typical instance, example, illustration. **b** (concr.) a specimen.
rerum magnarum parua potest res ~are dare LUCR.2.124; quid sapientia possit utile proposuit nobis ~ar Vlixen HOR. *Ep.*1.2.18; ~ar..ab artificibus plumbariis possumus accipere VITR.8.6.11; SEN.*Nat.*2.5.2; TAC.*Ann.*12.37. **b** antiquitatis ~ar..luto tectum VITR.2.1.5; falsi denarii..~ar PLIN.*Nat.*33.132; praeterire tot operum ~aria HYG.GR. *agrim.*p.140.

2 An example (for imitation), pattern, model. **b** an original pattern, archetype; a Platonic 'idea'; the 'original' of a work of art. **c** a sketch, study (for a finished work).
sine ullo certo ~ari formaque rei publicae CIC.*Rep.*2.22; ~aria Graeca nocturna uersate manu HOR.*Ars* 268; ad ~ar orationis suae uiuere SEN.*Dial.*7.19.3; posce ~ar honesti LUC.9.563; TAC.*Ann.*15.23;—(*applied to persons*) senator..ornamentum iudiciorum, ~ar antiquae religionis CIC.*Caec.*28; nec quod te imitari uelit ~ar extra te quaerit SEN.*Cl.*1.1.6. (*cf.*) (Vitellius) ~ar apud posteros adulatorii dedecoris habetur TAC.*Ann.*6.32. **b** SEN.*Nat.*1.6.3; negas cometen stellam esse, quia forma eius non respondeat ad ~ar 7.27.4; est..oratio actionis ~ar PLIN.*Ep.*1.20.9;—CIC.*Tim.*4; eorum quae natura fiunt ~ar aeternum SEN.*Ep.* 58.19; APUL.*Pl.*1.6;—torsit et ad ~ar eius pinxit Promethea SEN.*Con.*10.5; sunt qui Venerem anadyomenen ab illo pictam ~ari putent PLIN.*Nat.*35.87. **c** quo facilius ~aribus pictis quam uelit operis speciem deformare ualeat VITR.1.1.4 ;~ar e gypso factum (*i.e. for a winebowl*) PLIN. *Nat.*35.156.

3 A copy, reproduction. **b** a transcript, copy (of a book, document, etc.).
uerum..amicum qui intuetur, tamquam ~ar aliquod ntuetur sui CIC.*Amic.*23; PLIN.*Nat.*33.157; huius tabulae ~ar..emit 35.125. **b** urgebar ab eo ad quem misi (librum), et non habebam ~ar CIC.*Att.*4.5.1; ~ar testamenti iussit afferri PETR.71.4; in quibusdam ~aribus diuersi numeri reperiuntur PLIN.*Nat.*6.62; librum..in ~aria mille transcriptum PLIN.*Ep.*4.7.2; SUET.*Ves.*6.4; in ~aribus fidelissimis GEL.12.10.6.

exemplāris ~is ~e, *a.* [EXEMPLVM+-ARIS] (in quots., masc. as sb.) A copy, transcript.
~is omnium litterarum..recitauit TAC.*Hist.*4.25; ~es eorum excerptorum nullos feci FRO.*Aur.*2.p.158(107N).

exemplārium ~iī, *n.* [next+-ARIVM] A copy, transcript.
binae tabulae testamenti..~ii causa scriptae PROC.*dig.* 31.47; si in duobus ~iis scriptum sit testamentum ULP. *dig.*29.3.10.

exemplum ~ī, *n.* [< **ex-em-lom*, cf. EXIMO, EXIMVS] ORTHOG.: *exs- CIL* 6.32323, etc.; *exss-* 11.3614.20.

1 A (concrete) example, sample, specimen. **b** a specimen of conduct, etc.
aceruos se dicunt tritici habere, eorum ~um pugno non habent, quod ostendant *Rhet.Her.*4.9; sunt et alia ingenii eius (*sc. a painter*) ~a PLIN.*Nat.*35.74;—(*of persons*) unum aliquem..ex barbatis illis, ~um imperi ueteris CIC.*Sest.*19; Lentulus..diuitiarum maximum ~um SEN.*Ben.*2.27.1; qui nulla ~a beati pauperis esse putat JUV.14.120. **b** ~um pessumum pessum date PL.*Rud.*617; haec superioris aetatis ~a expiata..Gracchorum casibus CAES.*Civ.*1.7.5; lacus Trasumennus et Cannae tristia ad recordationem ~a LIV. 24.8.20; BONORVM EXEMP⟨LORVM⟩ ERGA ME *CIL* 12.1898.

2 A typical example, instance (adduced for the purpose of illustration, comparison, etc.); *~i causa, gratia, loco*, for, or by way of, example. **b** (used to prove or support an argument). **c** (pl., as the title of a literary work).
ubi ~a conferentur meretricum aliarum PL.*Poen.*298; quanta libido..sit hominum adulescentium, unum ~um uobis ostendam GRACCH.*orat.*46; quae ~a docendi causa dicuntur VAR.*L.*6.62; CIC.*Rep.*2.66; VITR.9.pr.3; libentius..recentibus quam remotis..~is utor TAC.*Dial.*8.1;—(*pred. dat.*) carent amicitia per se..expetita nec ipsi sibi ~o sunt, haec uis amicitiae..qualis..sit CIC.*Amic.*80; sicut paruula—nam ~o est—magni formica laboris HOR.*S.*1.1.33; LIV. 4.57.6;—ut certum quiddam..~i causa ponamus CIC.*Inv.* 1.66; nihil..prohibet fictam (legem) ~i loco ponere 2.118; *Off.*3.50; eorum qui..dissedere unam discordiam ponemus ~i gratia PLIN.*Nat.*18.213; QUINT.*Inst.*9.2.56. **b** diuinare..morientes illo..~o confirmat CIC.*Div.*1.64; haec ~a secuti esse apibus partem diuinae mentis..dixere VERG.*G.*4.219; quibus ~is..manifestum est PLIN.*Nat.*14.70;—(*rhet.*) ~um est, quod rem..casu alicuius hominis aut negotii confirmat aut infirmat CIC.*Inv.*1.49; QUINT.*Inst.*5.11.1. **c** PLIN. *Nat.*pr.24; Nepos in libro ~orum quinto GEL.6(7).18.11.

3 A warning example, deterrent. **b** an exemplary punishment.
~a edepol faciam ego in te PL.*Mos.*1116; TER.*Eu.*1022; in quos aliquid ~i populus Romanus statui putat oportere CIC.*Ver.*3.210; reliquis ciuitatibus huius urbis ~o inferre terrorem CAES.*Civ.*3.80.6; Byblis in ~o est ut ament concessa puellae OV.*Met.*9.454; conuenit..sub ~o praemonere quid debeas fugere PLIN.*Ep.*2.6.6; ULP.*dig.*27.9.9; (*w. inf.*) ~um non umquam fidere laetis..palmas uinxere catena SIL.17.141. **b** ut ne uiderem..quae futura ~a dicunt in illum indigna TER.*Eu.*946; in eos omnia ~a cruciatusque edere CAES.*Gal.*1.31.12; meritum..nouissima ~a Mithridaten TAC.*Ann.*12.20; GEL.7(6).14.4.

4 A parallel, something comparable or analogous.
eam rem uolutaui..hominem quoiius rei..similem esse arbitrarer..id repperi iam exemplum PL.*Mos.*90; TER.*Eu.* 1027; nullum est ~um cui malimus adsimulare rem publicam CIC.*Rep.*1.34; Homeri..ingenium, sine ~o maximum VELL.1.5.1; SEN.*Dial.*9.2.1.

5 A case taken as an example, precedent.
~um statuite in me TER.*Hau.*51; CIC.*Vat.*36; plus..~o quam peccato nocent *Leg.*3.32; nouom illud ~um ab dignis..ad indignos..transfertur SAL.*Cat.*51.27; HOR.*S.*2.3.103; rem mali ~i esse imperatores legi ab exercitibus LIV.26.2.2; OV.*Fast.*6.759; adiecere qui missi erant ~um suum TAC.*Hist.* 4.59; quod hodie ~is tuemur inter ~a erit *Ann.*11.24;—(*abl.*) cum eos nouo ~o uniuersos accesserent CIC.*Ver.*53; se ~o fecisse quod fecisset 2.102; TAC.*Ann.*12.5; (*cf.*) ~o..pessimum est feminino uocabulo etiam masculos contineri POMPON.*dig.*31.45.

6 An example (for imitation), pattern, model; *~o*, according to the example, on the model (of); (esp. leg.) on the analogy (of). **b** (applied to persons as objects of imitation).
quid..tam mirumst de te si ~um capit? TER.*An.*651; ut uirtutis a nostris, sic doctrinae sunt ab illis ~a petenda CIC.*de Orat.*3.137; *Fin.*4.5; ducis ~um..secuti VERG.*A.* 11.758; uir ~i recti domi militiaeque LIV.3.44.2; uenit in ~um furor hic OV.*Fast.*4.243; STAT.*Silv.*5.2.31; hic (*sc.* Homerus)..omnibus eloquentiae partibus ~um..dedit QUINT.*Inst.*10.1.46; TAC.*Ann.*1.78; CVRATORI MAXIMI ~I *CIL* 14.3610;—summorum uirorum ~o inimicitias rei publicae causa deponere CIC.*Prov.*47; dictatorem dicendum ~o maiorum nostrorum LIV.24.8.17;—solent..praetores..curatorem ei (*sc.* prodigo) dare ~o furiosi ULP.*dig.*27.10.1; 33.7.12.13. **b** magnum ~um continentiae TER.*An.*92; nos..amoris ~um..simus uterque TIB.1.6.86; cum ipsi se homines in regis uelut unici ~i mores formarent LIV.1.21.2; OV.*Tr.*4.3.72; fessus..senecta ~um non miles erat LUC. 3.730.

7 (in abl., or in other phrs.) Style, manner, mode.
ni ego illam ~is plurumis..amo PL.*Bac.*505; di deaeque omnes me pessumis ~is interficiant *Mos.*192; eodem..~o..totam urbem..circummuniri posse CAES.*Civ.*2.16.2; LIV.31.12.3; nunc huc, nunc illuc ~o nubis aquosae fertur (Perseus) OV.*Met.*4.622; quo ~o postea..etiam squalentibus locis coeptus est inueniri (sal) PLIN.*Nat.*31.78; TAC.*Ann.* 3.56;—(*in other cases*) ad hoc ~um..respondeo PL.*Rud.*603; cetera huius ~i dona sunto CIC.*Leg.*2.45; SEN.*Con.*10.4.10.

8 a An archetype, pattern (for a work of art, structure, etc.). **b** the substance or tenor (of a letter, document).
a aedes probant, sibi quisque inde ~um expetunt PL. *Mos.*103; ut mutum in simulacrum ex animali ~o ueritas transferatur CIC.*Inv.*2.2; siquidem factus est (mundus) ad ~um *Tim.*12; LUCR.5.181; hic (*i.e. a painter*) dominam ~o ponat in arte meam PROP.2.3.42; VITR.10.1.4; SEN.*Con.* 10.5.9; superposuit..turrem in ~um Alexandrini Phari SUET.*Cl.*20.3; APUL.*Pl.*1.6. **b** de quo..tu mihi antea scripseras bis quidem eodem ~o CIC.*Fam.*9.16.1; litteras ad senatum..quo ~o miseram, infra tibi perscripsi VAT.*Fam.* 5.9.1; testamentum duplex..fecerat, alterum sua alterum liberti manu sed eodem ~o SUET.*Tib.*76;—(*foll. by quot. or sim.*) litteras hoc ~o dedi: 'Cicero Dolabellae cos. suo' CIC. *Att.*15.14.1; SUET.*Cal.*55.1.

9 a A copy, reproduction. **b** a copy (of a document, etc.), transcript.
a hic quoque ~um reliquit eiius (*sc.* imaginis) PL.*Ps.*651; statuas deorum, ~a earum facierum..domi pro supellectile statuere CATO *orat.*224; MAN.4.895; in huius facie illum amissum contemplor, ~um oris imaginor FRO.*Aur.*2.p.228 (234N). **b** miseram ad te VIIII K. ~um epistulae Balbi ad me et Caesaris ad eum CIC.*Att.*9.14.1; ~um testamenti. 13.46.5; deuotionis..~um in pila lapidea incisum NEP.*Alc.* 4.5; pluribus ~is scripta fuisse reor OV.*Tr.*1.7.24; ULP. *dig.*29.3.12; ~VM LEGIS HADRIANAE *CIL* 8.26416.

exemptilis ~is ~e, *a.* [EXIMO+-ILIS¹] That can be taken out, removable.
idcirco sunt ~es (perticae) ut cum res exiget..liberum aditum..praebeant COL.8.11.4; ULP.*dig.*34.2.25.11.

exemptiō ~ōnis, *f.* [EXIMO+-TIO]

1 The action of taking out, removal.
VAR.*R.*3.16.34; ne (malleolus) depressus altius..~onem difficilem praebeat COL.3.19.1; 9.14.11; post ~onem cretae POMPON.*dig.*19.5.16.

2 (leg.) Prevention of a person from appearing in court.
PAUL.*dig.*2.7.4.2.

exemptor ~ōris, *m.* [EXIMO+-TOR] One who extracts; (in quot., a quarryman).
~ores..aggerant compleri sponte illa montium ulcera PLIN.*Nat.*36.125.

exemptus ~ūs, *m.* [EXIMO+-TVS³] The action of removing or taking out.
cuneorum adiectus aut ~us VITR.9.8.6.

exenterō ~āre ~āuī ~ātum, *tr.* **exint-.** [EX-+Gk. ἔντερον+-O³; or perh. directly from Gk. ἐξεντερίζω] To disembowel, eviscerate.
α (*facet.*) acutum cultrum habeo, senis qui ~em marsuppium PL.*Epid.*185; ~auit mihi opes argentarias 672;—(*fig.*) exspectando exedor miser atque ~or 320; LUCIL.470; β cocus..qui oblitus fuerat porcum ~are PETR.54.3; ipsum (stelionem) harundine ~atum PLIN.*Nat.*30.88; 32.92; hanc (*sc.* Hydram)..interfecit et ~auit HYG.*Fab.*30.3.

exeō ~īre ~iuī or ~iī ~itum, *intr.*, *tr.* [EX-+EO¹] FORMS and ORTHOG.: *~it* (for *~iit*) PL.*Ps.*730, SEN.*Ben.*6.14.2, *CIL* 4.1544, etc.; *exs-* 4.3494e, etc.; *aexx-* 6.15080; *~iebat* (impf.) 10.6977; *~iat* (= *~eat*) 6.10219.8; pf. pple. in act. sense, app., PL.fr.inc.voc.

1 To come or go out. **b** (mil.) to march, move out (from camp, to battle, etc.). **c** to disembark. **d** to sail out or away, put to sea. **e** to go abroad, into the provinces (as a magistrate or on other business).
dum intro eo atque ~eo PL.*Epid.*650; uti ne solus rusue peregreue ~irem HOR.*S.*1.6.103; LIV.4.60.1; aetherium cupidos ~ire sub axem Titanas STAT.*Theb.*8.43;—(*w. place whence, etc., indicated*) uxores noctu Troiad ~ibant NAEV. *poet.*4.2; hinc quinam a nobis ~it? aperitur foris PL.*Mer.* 699; cum..mane me in siluam abstrusi..non ~eo inde ante uesperum CIC.*Att.*12.15; quamuis multa meis ~iret uictima saeptis VERG.*Ecl.*1.33; uix e conspectu ~ierat *A.*11.903; extra uallum ~ire LIV.9.5.12; OV.*Met.*12.525; QUINT.*Inst.* 6.3.49;—(*impers. pass.*) sane nollem huc ~itum TER.*Ad.* 775; uiae..in quas ~itur de uia consulari ULP.*dig.*43.8.2.23;—(*w. inf.*) ~imus intus ludos uisere huc in uiam nuptialis PL.*Cas.*855;—(*w. sup.*) cum prima luce ~eunt pastum (greges) VAR.*R.*2.2.10. **b** ad bellum cum ~it imperator VAR.*L.*7.37; ~it cum nuntio Crassus CAES.*Gal.*5.46.3; ~ierat portis equitatus VERG.*A.*8.585; ut transgressi flumen in aciem ~irent LIV.25.40.13; (*cf.*) qui tamquam e ludo..sic in forum omnibus artibus armatus ~ierit TAC.*Dial.*32.2; (*impers. pass.*) utrimque ~itum est maxuma copia PL.*Am.* 219; (*w. sup.*) frumentatum ~eunti Hannibali LIV.22.32.2;—(*transf., in gaming*) ~i, defero lamnam PETR.58.8; *CIL* 4.3494. **c** in Piraeea cum ~issem CIC.*Att.*6.9.1; Ostiae..commodius eum ~ire posse *Fam.*9.6.1; percontatum..quid..quaerentes in agrum Laurentinum ~issent LIV.1.1.7;—(*w.* e naui *or sim.*) istunc e naui ~euntem oneraria uidemus PL.*Poen.*651; cum cogar ~ire de naui CIC.*Att.*2.7.4; NEP. *Them.*8.7. **d** ubi portu ~imus PL.*Bac.*289; CIC.*Ver.* 5.100; nacti idoneum uentum ex portu ~eunt CAES.*Civ.* 2.4.5; MELA 3.3;—(*of ships*) CIC.*Att.*10.4.9; prius quam classis ~iret NEP.*Alc.*3.2; mala soluta nauis ~it alite HOR. *Epod.*10.10; OV.*Pont.*3.1.130. **e** ~ierunt malis ominibus..duo uulturii paludati CIC.*Sest.*71; inaudiui L. Pisonem uelle ~ire legatum *Att.*15.26.1; NEP.*Them.*6.5; consules..in prouincias non ~ierant LIV.42.21.1; sic ~eat sic redeat tamquam rationem redditurus PLIN.*Pan.*20.5.

2 (of things) To come, move, etc., out, issue, emerge. **b** (of fluids) to be discharged,

flow out; (of a river) to disembogue, debouch. **c** to issue (from the womb, etc.). **d** (of words, sounds) to be uttered. **e** (of a lot) to fall (from an urn, etc.).
retrimenta cibi qua ~irent VAR.*Men*.430; prius quam plaustrum ex oppido ~iret CIC.*Div*.1.57; LUCR.1.670; ut imago sua triumphali ornatu e templo..~iret LIV.38.56.13; specillo..quod depressum in id foramen..madens ~it CELS. 8.3.5; sole de geminis ~eunte PLIN.*Nat*.16.27; rupta cum pes uagus ~it aluta MART.12.29(26).9; (*cf.*) ex eo quot calculi deciderint sonando singula milia ~isse monebunt VITR. 10.9.4;—(*of arrows leaving a bow*) non ocior..calamus leuis ~it ab arcu OV.*Met*.7.778; SEN.*Her.F*.118;—(*of vapours, etc.*) de suo tigillo fumus si qua ~it foras PL.*Aul*.301; operito ne odor ~eat CATO *Agr*.113.1; ab oriente hiberno eurus ~it SEN.*Nat*.5.16.4; de terra ~it flamma AMP.8.1;—(*of the soul, etc.*) CIC.*Tusc*.1.51; dispertitam animae naturam ~isse per artus LUCR.3.589; spiritus hic..membris ~eat ante meis OV.*Tr*.5.6.20. **b** ut ~eat (aqua) e fundo VAR.*R*.1.14.2; ex iocinere si pus cruentum ~it CELS.2.8.22; omnis sudor per laborem ~eat SEN.*Ep*.51.6;—qua..Nilus..per septem portus in maris ~it aquas OV.*Am*.2.13.10; Cydnus ultra per Tarsum ~it MELA 1.70. **c** OV.*Am*.1.10.51; tamquam non..relicto in quo latebas corpore ~ieris SEN.*Ep*.102.26; cornicem a cauda de ouo ~ire PLIN.*Nat*.10.38; abortus non ~euntes trahit (galbanum) 24.21;—(*w.* in lucem, *etc.*) enascitur atque oras in luminis ~it LUCR.1.170; OV.*Met*.7.127; quisquis ~it in lucem iussus est lacte..esse contentus SEN.*Ep*.20.13. **d** nihil non consideratum ~ibat ex ore CIC.*Brut*.265; Neoptolemi pro nomine nomen Orestis ~it OV.*Ep*.8.116; quae (*sc.* syllaba) nunc correptius ~it *Pont*.4.12.13; illae uoces ~eunt tibi SEN.*Ben*.5.19.4; egregium uersum et dignum qui non e pulpito ~iret *Dial*.6.9.5; MART.12.11.3; QUINT.*Inst*.11.3.33. **e** cuium nomen ~isset, ut is haberet id sacerdotium CIC.*Ver*.2.127; *Att*.1.19.3; uersatur urna serius ocius sors exitura HOR.*Carm*.2.3.27; LIV.24.7.12; nomen eius non ~it, sed eiectum est SEN.*Con*.1.2.7;—(*transf. of persons*) senatores qui C. Verre..sortiente ~irent in eum reum quem..condemnarent CIC.*Ver*.39; SEN.*Ben*. 3.8.1.

3 a (of a river) to spring, rise. **b** (of a constellation or star) to rise; (also) to come out, become visible.
a VERG.*A*.8.65; saxo..~it ab imo riuus aquae Lethes OV.*Met*.11.602; neque enim violentior ~it amnis humo STAT.*Theb*.4.119. **b** canis Erigoneius ~it OV.*Fast*.5.723; cum primus Aquarius ~it MAN.4.572; LUC.9.533;—sidera prima poli Phoebo labente sub undas ~ierant 5.425.

4 To get out or away (in spite of difficulties, opposition, etc.), escape. **b** (of information, rumours, etc.) to get out, become known.
quo modo ~ierit..scire uelim CIC.*Att*.11.17a.3; nulla hinc ~ire potestas VERG.*A*.9.739; non bene de laxis cassibus ~it aper OV.*Ars* 1.392; VELL.2.82.3; si ianua tenebitur incendio, per parietem ~ibimus QUINT.*Inst*.2.13.16; (*in a board game*) quomodo alligatus ~eat calculus SEN.*Ep*.117.30; (*in fig. phr.*) retibus ipsis ~ire et ualidos Veneris perrumpere nodos LUCR.4.1148; (*fig.*) neque seruitio me ~ire licebat VERG. *Ecl*.1.40. **b** fieri potis est ut nequa ~eat (*i.e. the secret*) TER.*Ad*.626; litteras misi non..existimans ~ituras CIC. *Fam*.15.21.4; ea res..prodita est et in uulgus ~iuit GEL. 12.12.3;—(*w. acc. and inf.*) si in turbam ~isset..se relictum NEP.*Dat*.6.3; opinio..sine auctore ~ierat..eos..conspirasse LIV.3.36.9.

5 To go, move (outside a limit, off a course, or sim.). **b** (of a writer, speaker) to go off (in a digression, on a new topic, etc.).
ex imbribus assiduis ~isse rapaces per terras amnis LUCR.5.341; VERG.*G*.1.116; non poterat (machina) ad lineam uia recta ducere sed ~ibat in unam partem VITR.10.2.14; Aesonium supra caput ~it harundo teque, Caice, petit V. FL.6.687; STAT.*Ach*.1.87. **b** sed in longum ~eo SEN. *Ep*.58.37; ~eundum deinde est ut extera Europae dicantur PLIN.*Nat*.4.94; (Simonides) more poetis frequentissimo degressus in laudes Castoris ac Pollucis ~ierat QUINT.*Inst*. 11.2.11.

6 To pass out (of a condition, status, etc.). **b** (of things) to pass (from possession or sim.). **c** to pass (from the mind or memory).
ut ex ephebis aetate ~ii PL.*Mer*.40; ~isse ex potestate dicimus eos, qui ecfrenati feruntur..libidine CIC.*Tusc*.3.11; quotiescunque coeperis a te ~ire PETR.90.4; (*cf. sense 1*) Romanum principem..relicta fortunae suae sede..per urbem ~ire de imperio TAC.*Hist*.3.68;—(*leg.*) quod de sponte eius, id est de uoluntate ~ierat (filia) VAR.*L*.6.71; ut e patriciis ~eat CIC.*Dom*.37; QUINT.*Inst*.11.1.88; quoniam ~iret e iure patrio TAC.*Ann*.4.16; ULP.*dig*.28.3.8.1; (*cf. sense 1*) si qui me ~ire domo mea coegisset CIC.*Caec*.34. **b** nummos qui per simulationem ab isto ~ierant reuertisse CIC.*Ver*.2.61; fundum..de nomine meorum ~ire ueto SCAEV.*dig*.32.38.1; HOC MONIMENTVM..NE DE FAMILIA VNQVAM ~EAT *CIL* 10.3071. **c** an iam memoria ~isse..neminem ex plebe tribunum militum creatum esse? LIV. 6.37.5; quaedam (beneficia) e conspectu nostro paulatim ~ierunt SEN.*Ben*.7.28.1; qui mente nouissimus ~it lucis amor STAT.*Theb*.8.386; quid..longum..uetas ~ire dolorem? *Silv*.5.1.248.

7 To pass away, die.
quis non recusans, quis non gemens ~it? SEN.*Ben*.5.17.5; per suum uulnus ~ire *Dial*.5.2.6; *CIL* 4.1544;—(*w.* e uita *or sim.*) ut ~eamus e uita CIC.*Tusc*.1.118; *Amic*.15; quanam ratione uita ~eant quaerentes V.MAX.9.12.ext.1.

8 (of a period of time) To go by, expire.
quinto..anno ~eunte CIC.*Div*.1.53; cum aliquot interregna ~issent LIV.3.8.2; dies ~it censurae 9.34.22; OV.*Fast*. 3.43; SEN.*Ep*.8.1; menses ~euntes anxia numerat APUL. *Met*.5.12; si..actionis dies exiturus est ULP.*dig*.2.12.3.1; (*cf.*) ad ~itam aetatem PL.fr.inc.voc.

9 (of plants, etc.) To spring up, grow out, sprout.
ut firmiore sarmento e terra ~eat (uitis) VAR.*R*.1.31.2; ~iit ad caelum ramis..arbos VERG.*G*.2.81; bacas ~ire uetabit (cerasus) *Nux* 31; gemmas modo germine ~euntes *Priap*.61.6; fabae in folia ~eunt PLIN.*Nat*.18.57;—(*of other growths*) pennas ~ire per ungues adspexere suos OV.*Met*. 5.671; bene integro capite non ~it (porrigo) CELS.6.2.1; pili e cute ~eunt PLIN.*Nat*.1.229.

10 (of stationary or fixed objects) To extend upwards; (topog.) to extend, run out. **b** to extend (in range, application, etc.; also in time).
paries, qui non ~eat ad summum VITR.7.1.1; ~ibat..supra medium tectum fastigium non minus cubita duo 10.13.6; sic exit in auras cassidis aequus apex STAT.*Theb*. 7.292; turris..surgens ad sidera tecto ~ibat SIL.14.301; (*cf.*) flumina subsidunt collesque ~ire uidentur OV.*Met*. 1.344;—media (ora) ferme in promunturium..~it MELA 2.23; scopulos quibus exit in Austrum (Cyprus) LUC.8.461; (*cf.*) ut recta linea ~ire per orbes omnium possit SEN.*Nat*. 3.29.1. **b** ~it in inmensum fecunda licentia uatum OV. *Am*.3.12.41; cuius haut ultra mala ~ire possunt SEN. *Phoen*.199;—~it..in Maias sacrum Florale Kalendas OV. *Fast*.4.947; mors..est..finis, ultra quem mala nostra non ~eunt SEN.*Dial*.6.19.5; LUC.1.668; in tertium diem probationes ~ierunt PLIN.*Ep*.2.11.18.

11 To develop (into), issue (in); (gram., of words) to terminate (in). **b** (w. pred. adj.) to turn out (as).
quicquid agetur in bonum ~ibit SEN.*Dial*.7.8.6; quod (studium) ad aes ~it *Ep*.88.1; in aureum colorem ~eunte fulgore PLIN.*Nat*.37.76; noua (uerba) non sine..periculo fingimus, nam..repudiata etiam in iocos ~eunt QUINT. *Inst*.1.5.71; APUL.*Met*.11.13;—hoc omnibus..nominibus accidebat quorum prima positio in easdem..litteras ~it QUINT.*Inst*.1.5.60; particulam istam postremam in quam uerba talia ~eunt GEL.11.15.8. **b** metopae..non ~eunt quadratae VITR.4.3.2; aliqua uel casu uel exercitatione ~ibunt recta SEN.*Ep*.95.39; ut..ualida ~eat suboles PLIN. *Nat*.11.34; (*cf.*, *w. adv.*) libri..ita ~ierunt..ut..ne apud Graecos quidem simile quicquam CIC.*Att*.13.13.1.

12 To be produced, result. **b** (indicating provenance, cause, origin) to proceed, come, be derived (from).
amphora coepit institui: currente rota cur urceus ~it? HOR.*Ars* 22; cum scribo, si forte quid aptius ~it PERS.1.45; quod mihi uix unus toto liber ~eat anno MART.10.70.1; QUINT.*Inst*.12.10.26; tertia sic longa efficitur, pes creticus ~it MAUR.1123. **b** ex his locis unde optumi (asini) ~eunt VAR.*R*.2.6.2; ut ex eadem officina ~isse appareat (opus) CIC.*Parad*.5; OV.*Pont*.2.5.65; potest ex casa uir magnus ~ire SEN.*Ep*.66.3; scarus, qui totius Asiae..litoribus..frequentissimus ~it COL.8.16.9; haec (*i.e. storms*) ab horridis sideribus ~eunt PLIN.*Nat*.18.278; MART.11.31.11.

13 (w. acc.) To go outside or beyond (a boundary, fixed area, etc.); (transf.) to pass, exceed (other limits). **b** to escape, elude.
ut limen ~irem TER.*Hec*.378; cur..suos finis..non ~eat aequor PROP.3.5.37; donec Auernas ~ierit ualles OV.*Met*. 10.52; STAT.*Theb*.2.731; ULP.*dig*.1.12.3; (*cf.*) nec auri..splendor..oculos ipsius ~ire potuit (*i.e. pass from his eyes*) APUL.*Met*.9.19;—cum pigeat temptasse libet temptare, modumque ~it OV.*Met*.9.632; STAT.*Silv*.4.2.58; donec..filius lubricum iuuentae ~iret TAC.*Ann*.6.49; (*cf.*) exibis asinum (*i.e. put off the form of an ass*) APUL.*Met*.3.25. **b** transuersa..~ibant dentis adactus iumenta LUCR.5. 1330; VERG.*A*.5.438; ille repugnans..uim uiribus ~it 11. 750; fatorum labes ~ire minasque GRAT.495; MAN.5.164; incertum leto tot iniqua fugane ~eat STAT.*Theb*.11.139.

exerceō ~ēre ~uī ~itum, *tr.* [EX- + ARCEO] FORMS: *~ito* (= *~eto*) *formula* in FRON.*Aq*.129.

1 To train by practice (in a physical or mental occupation), exercise. **b** (applied to mil. training). **c** to exercise (the body, faculties, etc.).
haec aetas..est ~enda..in labore patientiaque..corporis CIC.*Off*.1.122; editos partus ~ent cursu (ceruae) PLIN.*Nat*. 8.113; QUINT.*Inst*.12.11.6;—(*pass. in middle sense*) faciunt idem cum ~entur athletae CIC.*Tusc*.2.56; pueri..~entur equis VERG.*A*.7.163; (*w.* inter se) pugiles dum inter se ~entur ULP.*dig*.9.2.7.4;—(*refl.*) ibi..pugilatu, pila, saliendo sese ~ebant PL.*Bac*.429; CAES.*Gal*.6.28.3; se ~uit arcu TIB.2.1.69;—(*w.* ad) ~ent sese ad cursuram PL.*Mos*.862; SEN.*Ep*.121.8; (*fig.*) ad hanc te amentiam..uoluntas ~uit CIC.*Catil*.1.25;—(*w. inf.*) (iuuentutem) maiores nostri..~uerunt hastilia iacere SEN.*Ep*.88.19;—(*w.* ut) ~e te ut mortem..excipias 69.6; GEL.1.17.3;—(*w. adv.*) Latine..apud Bruttium ~eri uolo CIC.fil.*Fam*.16.21.5;—(*absol.*) spectauit assidue ~entes ephebos SUET.*Aug*.98.3. **b** copias cogere, ~ere..coepit CAES.*Gal*.5.55.3; regem armauit et ~uit aduersus Romanos NEP.*Han*.10.1; LIV.4.26.4; STAT. *Theb*.7.306;—(*pass. in middle sense*) dum armis ~etur anulus aureus quem habebat fractus..est CIC.*Ver*.4.56; LIV. 10.11.1. **c** ~e linguam ut argutarier possis ENN. *scen*. 304; ingenium nostrum ~ebimus *Rhet.Her*.3.34; memoria minuitur..nisi eam ~eas CIC.*Sen*.21; OV.*Tr*.3.14.35; ut..controuersiis..uocem ~erent TAC.*Dial*.31.1; (*refl.*) animi..se ~endo leuantur CIC.*Sen*.36.

2 To keep employed or busy, occupy. **b** to worry, harass, trouble.
haec nox scita est ~endo scorto PL.*Am*.288; (familiam) opere bene ~eat..uilicus CATO *Agr*.5.2; ~ete, uiri, tauros VERG.*G*.1.210; PROP.3.3.34; ~et..cibo desuetum guttur OV.*Met*.8.826; COL.4.3.1; (*pass. in middle sense*) aliae (*sc.* apes)..~entur agris VERG.*G*.4.159;—(*refl.*) agrum hunc mercatus sum: hic me ~eo TER.*Hau*.146; quid est quod ..tantis nos in laboribus ~eamus? CIC.*Arch*.28;—(*w. non-pers. subj.*) qualis apes..per florea rura ~et..labor VERG.*A*.1.431; ~et..tertia (hora) causidicos MART.4.8.2. **b** aemulus..tuus qui uestrum ~et amorem CATUL.71.3; seruili imperio patres plebem ~ere SAL.*Hist*.1.11;—(*w. non-pers. subj.*) CIC.*Fam*.12.4.1; aurum et purpura curis ~ent hominum uitam LUCR.5.1424; non te nullius ~ent numinis irae VERG.*G*.4.453; LIV.3.14.1; alios resoluta aluus ~et CELS.1.3.13; ineundi cupiditas ~et mares COL.8.11.7;—(*w.* de) te de praedio..~eri moleste fero CIC.*Att*.13.22.4;—(*w.* in + *abl.*) te in ea quaestione non ~eo 7.9.4.

3 To put (instruments, materials, resources, etc.) to use, employ, work. **b** to cultivate (land), work (mines, etc.). **c** to employ, occupy, spend (time).
si non ~eas (ferrum)..rubigo interficit CATO *Mor*.3(J); pinnigero..in corpore tela ~entur ACC.*trag*.548; LUCR. 2.1103; ferrum ~ebant..Cyclopes in antro VERG.*A*.8.424; forma..nullo ~ente senescit OV.*Am*.1.8.53; quare minus ~eantur ea remedia PLIN.*Nat*.1.25.6; ~ere tubas SIL.9.7; (*w. non-pers. subj.*) quidquid frequens cogitatio ~et..memoriae numquam subducitur SEN.*Ben*.3.2.3. **b** ~et..frequens tellurem VERG.*G*.1.99; ~ent uomere collis *A*.7.798; paterna rura bubus ~et suis HOR.*Epod*.2.3; aeris et ferri metalla..~eri PLIN.*Nat*.6.98; COL.2.2.7; neque..arua nobis aut metalla aut portus sunt, quibus ~endis reseruemur TAC.*Ag*.31.3; *Ann*.12.43. **c** ut possint sole reducto ~ere diem VERG.*A*.10.808; otia per uarios ~et..lusus MAN.5.173; sic uir et uxor noctes ~ebant SEN.*Con*.2.5.4.

4 To give employment to, indulge, exercise (feelings, dispositions, etc.). **b** to exercise, wield (power, authority, etc.).
libido crudelitatis ~endae CIC.*Ver*.5.145; an simultates..cum libertis uestris Flaccus ~et? *Flac*.88; uirtutem ~ere LIV.25.6.19; ira..etiamsi iusta non..in magistratu ~enda 42.1.12; OV.*Met*.12.534; si amicitiam familiari congressu ~uissent TAC.*Ann*.15.60; auaritiam ~ere JUV.14.108; (*refl., of things*) se in uiris puniendis seueritas ~uit V.MAX. 6.3.6. **b** uictoriam crudeliter ~ebant SAL.*Cat*.38.4; (miluus) regnum adeptus coepit..~ere imperium saeuis unguibus PHAED.1.31.12; PLIN.*Nat*.10.47;—ita malis artibus potentia TAC.*Hist*.4.44; (*cf.*) nomen (*sc.* patris patriae) qua benignitate..~es PLIN.*Pan*.21.4.

5 To set or keep in motion, stir, agitate.
(corpora) uario..~ita motu LUCR.2.97; ceu..uolitans sub uerbere turbo, quem pueri..intenti ludo ~ent VERG.*A*. 7.380; uirgineis ~ent lusibus undas Naides OV.*Met*.14.556; ignem ~entibus Euris [Ov.]*Ep.Sapph*.9; deus aera uentis ~endum dedit SEN.*Nat*.5.18.5; (*refl.*) inter innumerabiles stellas..quinque solas esse quibus ~ere se liceat 7.24.3.

6 To lend out (money) at interest; *faenus ~ere*, to lend money, esp. as a professional moneylender.
ne quis unciario faenore amplius ~eret TAC.*Ann*.6. 16; qui depositas pecunias habuerunt, non quas faenore apud nummularios..~ebant ULP.*dig*.16.3.7.2; 28.5.35.4; —QUINT.*Decl*.311(p.224,l.24); faenus apud Heluetios ~uit SUET.*Ves*.1.3; ob faenus pupillaris pecuniae..non ~itum PAUL.*dig*.26.7.49.

7 To carry on, practise, perform (an activity, occupation, or sim.). **b** to operate, run (a business).
~ent epulas laeti ACC.*poet*.3.4; SAL.*Rep*.1.4.4; ~et noctua cantus VERG.*G*.1.403; per iuga Cynthi ~et Diana choros *A*.1.499; cum..populationem..~uisset LIV.31.26.9; OV.*Met*.7.786; a ciuibus..piraticam ~entibus V.MAX.1.1. ext.4; loca ~endis..uitiis destinata SEN.*Dial*.2.6.7; qui medicinam..~ent PLIN.*Nat*.22.136; STAT.*Ach*.1.357; truces ululatus turba luporum ~et SIL.7.130; TAC.*Ann*.6.31; officia cum multis mutuo ~uit SUET.*Aug*.53.3. **b** figlinas quem ad modum ~eri oporteat VAR.*R*.1.2.22; quaestus causa tabernam..instruxit eamque ~endo..barbaros allectabat VITR.2.8.12; TAC.*Ann*.3.66; Antiochi cuiusdam furnariam ~entis SUET.*Vit*.2.1; cum..officinas promercalium uestium ~eret *Gram*.23(p.117Re); si Latinus..pistrinum ~uerit GAIUS *Inst*.1.34.

8 a To administer (law, justice), enforce, put in execution. **b** (of a party to a suit) to apply (a right, etc.). **c** to prosecute (an action).
a QVEI EX HACE LEGE IVDICIVM ~EBIT *CIL* 1.583.70; VAR.*L*.5.81; cum praetor quaestionem inter sicarios ~uisset CIC.*Fin*.2.54; latam legem confestim ~eri LIV. 4.51.4; SEN.*Ben*.3.6.1; ~ere iustitiam PLIN.*Ep*.1.10.10. **b** PAPIN.*dig*.16.3.8; si..ignarus hanc exceptionem non ~ebit ULP.*dig*.17.1.29; legem commissoriam..si uolet uenditor ~ebit 18.3.3. **c** si uelit de dolo actionem ~ere aduersarius ULP.*dig*.4.8.31; facilius unus tutor et actiones ~et et excipit 26.7.3.6.

9 To exact, levy, (taxes).
in uestris uectigalibus ~endis CIC.*Man*.4; LIV.45.29.11; SUET.*Cal*.40; PAPIN.*dig*.50.2.6.2; (*cf.*) qui hoc salutationum publicum ~eat SEN.*Dial*.2.14.2.

exercio: see EXSARCIO.

exercitāmentum ~ī, *n.* [EXERCITO + -MENTVM] A (physical) exercise.
mentium documenta..corporum ~a APUL.*Fl*.15.

exercitātē, *adv. compar.* ~ius [EXERCITATVS + -E] In a practised manner, dexterously.
peritius atque ~ius SEN.*Ep*.90.33.

exercitātiō ~ōnis, *f.* [EXERCITO + -TIO]

1 Physical work, exercise; (pl.) forms of exercise. **b** the working (of soil in agriculture), cultivation.
tertium genus (hominum) est aetate iam adfectum, sed tamen ~one robustum CIC.*Catil*.2.20; Germani..haec (iumenta) cotidiana ~one summi ut sint laboris efficiunt CAES.*Gal*.4.2.2; leuium corporum homines et multa ~one pernicium LIV.28.20.3; ~o..quae semper antecedere cibum debet CELS.1.2.5; sine ulla ~one iacentibus (*sc.* auibus) SEN.*Ep*.122.4; QUINT.*Inst*.5.10.82; (*w. obj. gen.*) ~onem..corporis..laboriosam CIC.*Fin*.1.32;—(*w. defining gen.*) ~o..ambulandi currendique CELS.4.9(4.3).3; familia post operis ~onem fatigata COL.11.1.27;—propter ~ones puerilis

puerilis VAR.in Non.p.395M; usurpatis quibus insueuerat ~onibus TAC.*Ann.*11.3. **b** longi..temporis ~one fatigatam..humum COL.2.1.1.

2 Agitation, movement.
per aeris ~onem percolata (aqua) VITR.8.2.1; puteis..iis quibus..~onis ratio crebro haustu continget PLIN.*Nat.* 31.38.

3 Exercise (in a physical or mental activity) leading to proficiency, practice. **b** (pl.) exercises to promote proficiency.
~o est adsiduus usus consuetudoque dicendi *Rhet.Her.* 1.3; adhibita..~one et arte ut oculi pictura teneantur, aures cantibus CIC.*Luc.*20; ~o legionum *Tusc.*2.37; QUINT. *Inst.*9.4.114; ~o artem parauit TAC.*Ger.*24.2; (*cf.*) Maeander poetarum omnium ~o et ludus SEN.*Ep.*104.15. **b** oratorias ~ones non..reliquisti CIC.*Fat.*3; naualibus..adsuescendo certaminibus atque ~onibus VELL.2.79.1; (uir fortis) omnia aduersa ~ones putat SEN.*Dial.*1.2.2; TAC. *Dial.*35.3; PLIN.*Pan.*18.2; tumultuariis et inconditis linguae ~onibus GEL.7(6).16.1.

4 Skill (acquired by practice), proficiency.
si quid est in me ingeni..si qua ~o dicendi CIC.*Arch.*1; *Fin.*3.41; Germanos incredibili..~one in armis esse CAES. *Gal.*1.39.1; VITR.10.8.6; natura comparata est..uiri..ad ~onem forensem COL.12.pr.4; nascebatur ex his ~o quaedam contemnendae pecuniae PLIN.*Ep.*1.8.8.

5 Habitual performance; conduct (of legal proceedings).
stuprorum et scelerum ~one CIC.*Catil.*2.9; ubi (ira) frequenti ~one..in obliuionem clementiae uenit SEN.*Dial.* 4.5.3;—si..iudicati actionis acceptus non est (fideiussor) sed tantum litis ~onis ULP.*dig.*46.1.8.3.

exercitātor ~ōris, *m.* [EXERCITO+-TOR] A trainer, exerciser.
(*of athletes*) Pythagoras ~or PLIN.*Nat.*23.121; agilitatis ~or 35.136;—(*of troops*) ~OR LEG II *CIL* 3.3470; ~ORI EQVIT(um) SPECVLATORVM 11.395.

exercitātrix ~īcis, *f. adj.* [EXERCITO+-TRIX] That exercises (the body).
quod..corpori adsignet medicinam et quam interpretantur ~icem (partem ciuilitatis) QUINT.*Inst.*2.15.25.

exercitātus [~a ~um, *a. compar.* ~ior, *superl.* ~issimus. [pple. of EXERCITO]

1 That is trained or practised, proficient, versed. **b** (of actions, attainments) skilled, practised.
rudis in re publica? quis ~ior? CIC.*Phil.*6.17; peritissimis atque ~issimis ducibus CAES.*Civ.*3.73.3; ~ior hostis LIV.39.1.4; si cum ~o et docto negotium est SEN.*Ben.* 2.17.4;—(*w.* ad) prior amor me ad hanc rem ~um reddidit TER.*Hec.*407; lictores..ad pulsandos..homines ~issimi CIC.*Ver.*5.142;—(*w.* in+*abl.*) hominis in uxoribus necandis ~i *Clu.*52; hominem..in arithmeticis satis ~um *Att.*14.12.3; CAES.*Gal.*1.36.7;—(*w.* inter) uicit..prudentia inter Romana et Punica arma ~i ducis LIV.29.30.9;—(*w. dat.*) iam..~ae aures oneri ferundo sunt SEN.*Ben.*7.9.4. **b** ~a oratione CIC.*de Orat.*3.79; officium..architecti omnibus eruditionibus ..~um VITR.1.1.18.

2 Vexed, troubled.
non sane ~ior magisque in ambiguo Britannia fuit TAC. *Ag.*5.2.

exercitē, *adv. compar.* ~ius. [EXERCITVS[1]+-E] Anxiously.
mecum ipse cogitationes ~ius agitabam APUL.*Met.*11.29.

exercitiō ~ōnis, *f.* [EXERCEO+-TIO]

1 Bodily exercise or exertion.
inertia..plus detrimenti facit quam ~o CATO *Mor.*3(J).

2 The operation, management (of a business).
ad summam rem publicam nauium ~o pertinet ULP.*dig.* 14.1.1.20; 14.1.4.

3 The holding of a trial.
(magistratus) cum publici iudicii habeant ~onem PAPIN. *dig.*1.21.1; (noxae) quae publicam ~onem..habent JULIAN. *dig.*50.16.200.

exercitium ~iī, *n.* [EXERCEO+-IVM]

1 Exercise, training, practice. **b** (pl.) written exercises.
(*mil.*) adloquio ~ioque militem firmare TAC.*Hist.*3.36; praesedisse..feminam ~io cohortium *Ann.*3.33; ~IIS MILITARIBVS *CIL* 8.2391;—(*in other activities*) inter labores uoluntarios et ~ia corporis GEL.2.1.1; ~ium..dicendi 20.5.5. **b** litteras..super hac re fecit inter ~ia quaedam udicra GEL.7(6).15.6.

2 Proficiency, skill.
uincit Hispania..seruorum ~io PLIN.*Nat.*37.203.

exercitō ~āre ~āuī ~ātum, *tr.* [EXERCEO+-TO]

1 To train, exercise (for physical or mental proficiency). **b** to habituate (by experience, constant usage).
exercitus quod ~ando fit melior VAR.*L.*5.87; corpus atque ingenium patriae, non suae quisque potentiae ~abat SAL. *Rep.*2.10.8; Achilles..se ac suos cursu ~auisse memoratur MELA 2.5; ~are legiones TAC.*Ann.*12.12; 14.59. **b** ita petulans est (uox) et acerba..pone scaenam..~ata *Rhet. Her.*4.14; superioribus proeliis ~ati CAES.*Gal.*2.20.3.

2 To vex, trouble.
VAR.in Non.p.88M; ~atas..petit Syrtis Noto HOR.*Epod.* 9.31; forensibus ministeriis ~ati..ad carminis tranquillitatem..refugerunt PETR.118.2; me..uariis..fortunis ~atum APUL.*Met.*9.13.

exercitor ~ōris, *m.* [EXERCEO+-TOR]

1 A superintendent of gymnastic training.
PL.*Trin.*226; huic..gurguliost ~or: is hunc hominem cursuram docet 1016.

2 One who works a business, an operator.
argentariae mensae ~ores *Ed.pr.*3(*Font.iur.*p.213); GAIUS *Inst.*4.71; de ~oribus ratium ULP.*dig.*4.9.1.4; 47.5.1.

exercitōrius ~a ~um, *a.* [EXERCEO+-TORIVS] Concerning the operator of a business.
de ~a actione *Ed.pr.*18.1(*Font.iur.*p.221); AFRIC.*dig.* 14.1.7; cui..~a uel institoria formula competit GAIUS *Inst.* 4.74.

exercitus[1] ~a ~um, *a.* [pple. of EXERCEO]

1 Practised, skilled, trained.
ad cubituram..magis sum ~a..quam ad cursuram PL. *Cist.*379; SAL.*Rep.*1.8.2; ingenium adulatione ~um TAC. *Hist.*4.4; facilis capessendis inimicitiis et foro ~us *Ann.*5.11; potestates habet non satis notas nisi in ueterum litterarum tractatione..~is GEL.10.29.1.

2 Troubled, harassed.
in somnis..fui homo ~us PL.*Mer.*228; sum non dicam miser..sed certe ~us CIC.*Planc.*78; SEN.*Dial.*5.2.1;—(*transf., of conditions, etc.*) duram hiemem, ~as aestates TAC. *Ann.*1.17; finem tam ~ae militiae 1.35; laboriosa ista statione et ~a PLIN.*Pan.*86.3.

exercitus[2] ~ūs, *m.* [EXERCEO+-TVS[3]] FORMS: *~i* (gen. sg.) NAEV.*poet.*32(35).2, ACC.*trag.*150, 311; dat. sg. *~u* or *~ui*; gen. pl. *~uum*; *~um* AUG.*Anc*.5.40, GEL.20.5.7.

1 Physical exercise, exertion.
noli..lacrumis tuis mi ~um imperare PL.*Cist.*58; pro ~u gymnastico et palaestrico hoc habemus *Rud.*296..

2 A military force, army (or navy). **b** (dist. from cavalry or other auxiliary forces). **c** (transf.).
transit Melitam Romanus ~us NAEV.*poet.*39(37).2; ~um ..suum..cohortatum eduxit foras atque instruxit CATO *hist.*101; optimorum ciuium ~us CIC.*Phil.*2.37; in hiberna.. ~um deduxit CAES.*Gal.*1.54.2; VERG.*A.*11.171; terrestrem naualemque ~um LIV.29.22.2; uicti mures mustelarum ~u PHAED.4.6.1; ob amissum cum Quintilio Varo exercitum TAC.*Ann.*1.3. **b** aucto ~u auxiliisque multiplicatis PLANC.*Fam.*10.8.4; ~um equitatumque castris continuit CAES.*Gal.*2.11.2; LIV.40.52.6. **c** qui comitatus in inquirendo! comitatum dico; immo uero quantus ~us! CIC. *Flac.*13; Glauci chorus..Phorcique ~us omnis VERG.*A.* 5.824; cum ingenti clientium ~u LIV.3.14.4; FRO.*Ver.*2. p.132(121N); talis ad Oceanum pergentem Venerem comitatur ~us APUL.*Met.*4.31.

3 (used w. ref. to the *Comitia Centuriata*).
hic..~um urbanum conuocare VAR.*L.*6.93; concilia populi, ~us uocati LIV.1.36.6; cum..comitiorum causa ~us eductus esset 39.15.11.

exerrō ~āre, *intr.* [EX-+ERRO[1]] To wander off (from one's course).
non cohibente magistro..dexter..~at Arion STAT.*Theb.* 6.444.

? **exērūgō** ~ere, *intr.* [cf. ERVGO[2]] To spurt out; (in quot. sts. taken as two words *ex, erugit*).
contempsit fontes quibus ~it aquae uis ENN.*Ann.*379.

exēsor ~ōris, *m.* [EXEDO+-TOR] That which eats away or erodes.
aestus..~or moerorum litora circum LUCR.4.220; 6.926.

exf-: for words not found here see EFF-.

exfāfillātus ~a ~um, *a.* (dub.) (app.) Stuck or thrust out.
~o bracchio PL.*Mil.*1180; PAUL.*Fest.*p.83M.

exfir: (see quot.).
~ purgamentum, unde adhuc manet suffitio PAUL.*Fest.* p.79M.

exfundō ~āre ~āuī ~ātum, *tr.* [EX-+FVNDO[2]] To raze to the ground.
~ato pulcherrimo oppido CAEL.*hist.*46.

exhālātiō ~ōnis, *f.* [next+-TIO] A vapour, exhalation.
~ones terrae CIC.*Tusc.*1.43; SEN.*Nat.*2.10.2; fatidici specus quorum ~one temulenti futura praecinant PLIN. *Nat.*2.208; (nebula) est..~o..umore uiduata APUL.*Mun.*8.

exhālō (exāl-) ~āre ~āuī ~ātum, *tr.*, (*intr.*). [EX-+HALO]

1 To exhale, give off (fumes, vapours, etc.); (of persons) to breathe or belch out. **b** to cause to evaporate.
terra ~at auram PAC.*trag.*363; ara..Panchaeos ~at.. odores LUCR.2.417; nebulae..~antur humo OV.*Met.*11.596; LUC.5.84; PLIN.*Nat.*2.131; (*absol.*) ~ant uestes STAT.*Theb.* 10.108;—~as..acidos ex pectore ructus LUCIL.136; qui nondum..conuiui crapulam ~assent CIC.*Ver.*3.28; uini ~andi..causa declamitas *Phil.*2.42; multa (*i.e. atoms*).. per sudorem..feruntur, multa per os ~antur LUCR.4.864; gutture sulpureas lente ~ante mefites PERS.3.99. **b** pruina iam ~ata propellunt in pabulum (oues) VAR.*R.*2.2.12.

2 *uitam, animam ~are* or sim., To breathe out one's life, etc., expire; (also absol.).
ut regem..uidi uitam ~antem VERG.*A.*2.562; animam simul ~arunt OV.*Met.*6.247; 7.861; supremam..in auras ~at lucem SIL.10.153; JUV.10.281;—hic illic ubi mors deprenderat ~antes OV.*Met.*7.581.

exharēnō ~āre, *tr.* [EX-+HARENA+-O[3]] (app.) To clean or scour thoroughly with sand.
aes cruciatur in primis..postea ~atur PLIN.*Nat.*33.65.

exhauriō ~rīre ~sī ~stum, *tr.* [EX-+HAVRIO]

1 To draw (liquid) off or away. **b** to drink up; (of the sea, etc.) to swallow up.
dum pristinum uinum apud ignem per sudorem corpore ~serunt SIS.*hist.*116; cum..alii sentinam exhauriant CIC. *Sen.*17; non alte tollit aquam (tympanum) sed ~rit.. multitudinem magnam VITR.10.4.1; canalem lapideum.. unde ~riri possit quidquid defluxerit COL.12.52.5; TAC.*Ann.* 2.23; PLIN.*Ep.*8.17.2; (*in fig. phr.*) sentinam urbis ~riri CIC.*Att.*1.19.4. **b** tu istis faucibus..tantum uini..~seras CIC.*Phil.*2.63; nec tristi incumbere sulco cura (*i.e. to the ghosts*) sed alternum sitis ~rire cruorem STAT.*Theb.*4.560; filius quod reliquum erat (*sc.* ueneni) ~sit QUINT.*Inst.*7. 2.17; (*fig.*) sol me inuitabat..tamen ~si totum (*sc.* librum) SEN.*Ep.*46.1;—tam immanem Charybdim..quae tantos ~ret gurgites CIC.*Har.*59; Neptunus..cinerem..~iat undis *Dirae* 60.

2 To take away, remove (from a containing space); to take or clear out (money, possessions, etc.).
manibus sagulisque terram ~rire CAES.*Gal.*5.42.3; multo plus stercoris ~si SEN.*Apoc.*7.5; PLIN.*Nat.*33.77;—~rire me quod quirem ab se domo PL.*Mer.*55; cum omnem pecuniam ex aerario ~sissetis CIC.*Agr.*2.98; praeda..quam ex agris urbibusque sociorum ~serat *Pis.*48.

3 To empty of liquid, drain off. **b** to empty (of other contents); to hollow out.
~sto..ubere VERG.*G.*3.309; in fossas cloacasque ~riendas LIV.1.59.9; alter nauem regit, alter ~rit SEN.*Nat.*4a.2.6; (*w. abl.*) ~sta..sanguine turba LUC.5.333; (*in fig. phr.*) fontem ipsum benignitatis ~rit CIC.*Off.*2.52;— (*by drinking*) ~sto illo poculo mortis *Clu.*31; OV.*Fast.*5.513. **b** ~sta paene pharetra OV.*Met.*1.443; praedantibus hamis ~rire lacus SIL.5.582; (*fig.*) plenum malis sermonibus pectus ~riendum SEN.*Ep.*94.68;—puteorum in modum..~sta humus COL.1.6.15; LUC.5.544; pars (montis) ~sta manu STAT.*Ach.*1.108.

4 To use up entirely, exhaust (supplies, resources). **b** (bodily or mental resources). **c** to use up (time); (pass., of a period of time) to run out.
~stis..suis..missilibus STAT.*Theb.*10.838; odoriferos ~sit flamma Sabaeos et Cilicum messis *Silv.*2.6.86; ~sto oppidanorum frumento FRON.*Str.*3.4.3; legio..postquam..tela ~serat TAC.*Ann.*14.37;—(*money, wealth*) pecunias..publicas ~riri CIC.*Agr.*2.15; cupiditates..quae breui tempore maximas copias ~rire possint *Parad.*44; Venere ~stae.. opes PROP.3.13.2; TAC.*Ann.*14.21; POMPON.*dig.*15.1.4.5. **b** scurram ~sto rubore (*i.e. sense of shame*) *Rhet.Her.*4.14; ~stus est..sermo hominum CIC.*Q.fr.*1.2.1; sinite..me semel ~rire memoriam meam SEN.*Con.*10.pr.1; uires faciamus..quae..usu non ~riantur QUINT.*Inst.*10.3.3. **c** tot annos..~serunt QUINT.*Inst.*12.11.20;—nostrum ~sto ius clauditur anno LUC.5.44; ~sta nocte nouam aciem dies aperuit TAC.*Hist.*4.29.

5 To deprive of possessions, resources, etc., drain, exhaust. **b** to deprive of manpower, etc., exhaust, deplete.
cuius domum per hospitium ~sit et exinaniuit CIC.*Ver.* 5.109; ~stam esse sumptibus..prouinciam *Att.*6.1.2; quo magis ~stae fuerint hoc acrius omnes (apes)..floribus horrea texent VERG.*G.*4.248; lectis ~sto floribus horto OV. *Pont.*3.4.63; cum ea res..arcam patris familias..~iat COL.3.3.5; TAC.*Hist.*2.62; (*w. abl.*) euertisti..ciuitates quae ..bonis sunt ~stae CIC.*Pis.*86. **b** fremitus..inter Latinos..ortus, decimum annum..stipendiis se ~stos esse LIV.27.9.2; turba fraterni gregis ~sta SEN.*Ag.*702; ~sit totas..dilectus Athenas LUC.3.181;—(*w. abl.*) ~sit ciuibus urbem (*sc. the plague*) LUCR.6.1140; ~stae..domus populis LUC.8.253.

6 To deprive of physical strength, exhaust, weaken.
tanto..cursu corpora ~sta CURT.4.16.18; uisceribus lassis partuque ~sta LUC.2.340; me..~stum..uago per gramina passu STAT.*Ach.*2.115; (*refl.*) cum..desidendo aliquis se ~sit CELS.2.12.2.F; —(*w. non-personal obj.*) hae (*sc.* materiae) uitem ~riunt COL.4.24.11; ~stae praebenda ad gramina terrae LUC.6.81; ~sta quierant flamina STAT.*Theb.* 5.420.

7 To see through to the end (an event, situation, etc.). **b** to carry through (a task, commission).
quae bella ~sta canebat VERG.*A.*4.14; periculorum.. terra marique tam diu ~storum LIV.25.31.7; OV.*Met.*5.149; quanta..supplicia et quales ~simus iras SIL.6.287; TAC. *Hist.*4.32. **b** ut..mandata nostra ~rias CIC.*Att.*5.1.5; 5.6.2; cum..magna pars est ~sta orationis QUINT.*Inst.* 11.3.147; (*in historical writing*) necdum Corneliae gentis querellas ~si V.MAX.5.3.2f.

8 To wipe out, dispatch, finish off.
pestem..tot..bellis ~riri nequisse LIV.6.10.8; ut..~sta uis ingens aeris alieni sit 7.21.8; id omne (*sc.* uitium).. auctoritas eius ~sit GEL.11.13.10.

exhaustō ~āre, *tr.* [prec.+-TO] (See quot.)
~ant, efferunt PAUL.*Fest.*p.82M.

exhebenus ~ī, *f.* [unkn.] An unidentified precious stone.
PLIN.*Nat.*37.159.

exherbō ~āre, *tr.* [EX-+HERBA+-O³] To clear of weeds.
ea (*sc.* salix)..crebro..foditur atque ~atur COL.4.31.2; ~andus erit locus 11.3.12.

exhērēdātiō ~ōnis, *f.* [EXHEREDO+-TIO] The action of disinheriting.
cum ~onem meruisti QUINT.*Inst.*7.1.53; in qua (lege)..~onis modus notatur GAIUS *Inst.*2.134; ULP.*dig.*28.2.3.2.

exhērēditō ~āre ~āuī ~ātum, *tr.* [next+-ITO] To disinherit.
a necessariis omnibus ~atus est (*v.l.* -datus) *Rhet.Her.* 4.33.

exhērēdō ~āre ~āuī ~ātum, *tr.* [as next+-O³] To disinherit.
P. Aeli testamento propinquus ~atus cum esset CIC.*Clu.* 162; NEP.*Them.*1.2; quem..patris indulgentia heredem reliquerat publica seueritas ~auit V.MAX.3.5.2; ~auit te..pater MART.3.10.6; QUINT.*Inst.*7.4.11; GAIUS *Inst.*2.123; (*w. abl.*) parentes si pergunt liberi errare bonis ~ant MET. NUM.in GEL.1.6.8; (*cf.*) Petronius..ut mensam eius (*sc.* Neronis) ~aret, trullam myrrhinam..fregit PLIN.*Nat.*37.20.

exhērēs ~ēdis, *a.* [EX-+HERES] Disinherited.
~edes sunto VAR.*Men.*543; testamento ~es filius CIC. *de Orat.*1.175; mater mea..~es esto POL.*orat.*35; QUINT. *Inst.*5.10.107; GAIUS *Inst.*2.127; ~edem scribi non sufficit ULP.*dig.*37.4.8.1; (*w. abl.*) ut..~edem me meis bonis faciam PL.*Mos.*234;—(*w. gen.*) possetne paternorum bonorum ~es esse filius CIC.*de Orat.*1.175; PAUL.*dig.*28.2.19; (*facet.*) ni illum..~edem fecero uitae suae PL.*Bac.*849.

exhibeō ~ēre ~uī ~itum, *tr.* [EX-+HABEO]

1 To produce, bring out, present for inspection, examination, etc. **b** (leg.) *agere ad ~endum*, etc., to sue for production (of evidence or sim.).
ut omnia sibi integra quam primum ~erentur CIC.*Ver.* 5.63; ~e..librarium illud legum uestrarum *Mil.*33; LUC. 9.1018; librum quem prioribus epistulis promiseram ~eo PLIN.*Ep.*1.2.1; sacerdos..porrecta dextera..coronam ~uit APUL.*Met.*11.13;—(*w. pers. obj.*) erum ~eas uolo PL.*Mil.* 546; ~eas nobis Verrucium necesse est CIC.*Ver.*2.191; quasi interfecisset quem non ~ebat SEN.*Dial.*3.18.3; ut seruos..apud te ~eremus APUL.*Apol.*44; ULP.*dig.*25.4.1.1; (*refl.*) ut te et religioni deorum et iudiciis hominum ~eres PLIN.*Pan.*63.8. **b** si in rem agamus uel ad ~endum GAIUS *Inst.*4.51; ad ~endum autem actio competit JULIAN. *dig.*9.4.40; ULP.*dig.*3.3.56.

2 To expose to view, show, display; (also) to demonstrate to the ear. **b** to present to mental view (in teaching, writing, etc.), make known. **c** to bring out into the open, reveal.
~eat uultus noxque diesque tuos OV.*Ars* 2.348; dea..formam..remouit anilem Palladaque ~uit *Met.*6.44; ad ~endam solis effigiem SEN.*Nat.*1.13.1; (*refl.*) tibi se nudas ~uere deae OV.*Ep.*16.116;—~uit geminos ore gemente sonos *Tr.*3.11.54. **b** philosophiam..populo nostro me ~iturum CIC.*Ac.*1.18; qui iussa ~eat dei SEN.*Suas.*4.1; ex hac tibi nota sapientem ~ebo SEN.*Dial.*2.3.3; quamuis..ad diaeteticos pertinentes compositiones iam ~uerimus LARG.200; FRON.*Str.*4.pr.; (*cf.*) plus..adfectus..iunctae ~ent manus QUINT.*Inst.*11.3.116. **c** ne hanc quidem ~endae ueritatis fidem deprecor CURT.6.10.29; tacitum diu crimen biformi partus ~uit nota SEN.*Phaed.*691; si testium nomina ex sententia arbitri ~ita non sunt JAVOL.*dig.*4.8.39; (*w. pred. acc.*) auctorem..se ~endo LIV.24.31.15.

3 To put on show, exhibit (a spectacle, wild animal, etc.).
~itus..rhinoceros MART.*Sp.*9.1; 21.2; populi Romani oculis spectaculum ~uit publicum funus PLIN.*Ep.*2.1.1; gladiatoria munera..~uit SUET.*Cl.*21.4; ~uit..naumachiam *Nero* 12.1; DIEM..LVDORVM PLENISSIME ~VIT *CIL* 10.3759; (*cf.*) erectis supra frontem manibus Syrum histrionem ~ebat (*i.e. imitated*) PETR.52.9.

4 To have as an observable feature, show. **b** to show, have (an effect).
si..uer..austros et pluuias ~et CELS.2.1.13; 5.26.16; uuarum multitudine quas..in arbore melius ~ent (uites) COL.3.2.15; nonnumquam etiam plurium angulorum formam ~et (ager) 5.2.1; PLIN.*Nat.*15.41; quod nihil incorporale corpus ~eat APUL.*Pl.*1.5. **b** ferrum in omni corpore ~ebit secandi potentiam SEN.*Dial.*6.7.4; (lupinum) uim optimae stercorationis ~ebit COL.2.15.5; LARG.75; nihil desiderant codicilli, sed uicem testamenti ~ent PAUL.*dig.* 29.7.16;—(*w. abst. subj.*) promissa..~uere fidem OV.*Met.* 7.323; non..~uit tantas facundia uires *Pont.*1.3.11; accusatio partes suas plene ~ebat (*i.e. fulfilled*) et defensionis praesidia inualida fide uitebantur V.MAX.8.1.absol.3.

5 To display, exhibit, practise (attitudes, modes of conduct, etc.). **b** to show (oneself) in one's conduct as; (also without refl.).
exi e culina..qui mi inter patinas ~es argutias PL.*Mos.*2; CIC.*Rep.*5.9; aduersus eosdem hostes parem fidem..patres conscripti ~uere V.MAX.6.6.3; mihi..adfectum parentis ~uit PLIN.*Ep.*2.1.8; SUET.*Nero* 10.1; diligentiam uenditorem ~ere debere GAIUS *dig.*18.6.2.1; ARGENTARIAM ~VI ARTEM *CIL* 8.7156. **b** malui me tribunum omnibus ~ere quam paucis aduocatum PLIN.*Ep.*1.23.4;—ne..pertinacem ~endo inimicum malum consulem ageret V.MAX.4.2.2; agnosco Lucilium meum: incipit quem promiserat ~ere SEN.*Ep.*31.1; qui..operibus uere ciuilem uirum ~eat QUINT.*Inst.*12.2.7.

6 To furnish, provide. **b** to afford, present (trouble, difficulty, etc.). **c** to put at one's disposal, grant.
te sibi..solet..referre barbariae tutas ~uisse uias OV. *Pont.*4.5.34; adeo circumspecta ciuitatis..uerecundia fuit, quae..certissimum sui documentum..~uit V.MAX.4.5.1; iube..cuncta quae sunt usui necessaria nobis ~eri APUL. *Met.*2.24;—(*food*) SUET.fr.112(p.148Re); cena nuptialis affluens ~etur APUL.*Met.*6.24; ~itas escas adpetebam 10.16;—(*men, services*) ad armandam..nauem..nautas ~endos ULP.*dig.*14.1.1.8; operas ei exhibere debet 41.1.23; **b** illi dudum meus amor negotium insonti ~uit PL.*Am.*895; ~ere mihi molestiam destiterunt CIC.*Att.*2.1.2; curam ~itura puellis..ouis TIB.2.1.61; quae nobis mala pecunia nostra ~et SEN.*Dial.*9.8.1; COL.5.5.17; PLIN.*Nat.*26.43. **c** ~e liberam contionem uel Argis uel Lacedaemone LIV. 34.32.10; septima lux uenit non ~itura sequentem OV.*Am.* 2.6.45.

7 (leg.) To support, maintain (a person).
si aegros se esse dicant desiderentque a libertis ~eri ULP.*dig.*1.12.1.2; tam filium quam familiam eius ~uisse PAUL.*dig.*3.5.33(34); (*refl.*) si..artificio suo solebat se ~ere ULP.*dig.*10.4.11.1.

exhibitiō ~ōnis, *f.* [prec.+-TIO]

1 Production (of a person or thing) in court before a magistrate or sim.
chirographi ~one GEL.14.2.7; si ante ~onem, hoc est ante degustationem acetum elegerit ULP.*dig.*33.5.3; PAUL.*dig.* 2.8.4.

2 Maintenance, support (of a person).
quod ~oni frugaliter sufficit modum alimentis dabit ULP. *dig.*27.2.3.3.

exhibitor ~ōris, *m.* [EXHIBEO+-TOR]

1 One who shows or exhibits.
CIL 9.4976.

2 (app.) A nourisher, sustainer.
CONSERVATORI TOTIVS POLI ET NVMINI PRAESTANTISSIMO ~ORI INVICTO *CIL* 6.30758.

exhibitōrius ~a ~um, *a.* [EXHIBEO+-TORIVS] (leg.) Of or connected with production in court, exhibitory.
omnia interdicta aut restitoria aut ~a aut prohibitoria uocantur GAIUS *Inst.*4.140; ULP.*dig.*42.2.6.2.

exhilarō ~āre ~āuī ~ātum, *tr.* [EX-+HILARO]

1 To gladden, cheer.
tam ~atam esse seruitutem nostram CIC.*Fam.*9.26.1; ioco, ludis, lasciuia, per quae mens ~etur CELS.3.24.5; sic illum..diuitiae..~ant SEN.*Dial.*7.22.3; pecudes ~atae lasciuiunt in uenerem COL.6.24.2; PETR.13.4; ~ant ipsos gaudia nostra deos MART.8.49(50).6; SIL.11.51.

2 To enhance in appearance, brighten.
neque ilex, picea, larix..ullo flore ~antur PLIN.*Nat.* 16.95; colorem hominis frequentiores (lupini) in cibo ~ant 22.154.

exhinc, *adv.* [EX-+HINC] Hereupon, after this, then.
~..celebraui natalem sacrorum APUL.*Met.*11.24.

exhorreō ~ēre, *intr.* [EX-+HORREO] To shudder, be terrified.
(*poet.*) ut..nec..sitiens ~eat (planta) aestu COL.10.154.

exhorrescō ~escere ~uī, *intr.*, *tr.* [EX-+HORRESCO]

1 (intr.) To shudder (with fear, apprehension, or sim.).
sapientia..quae nos ~escere metu non sinat CIC.*Fin.* 1.43; non possum non ~escere si quid intra cutem subest uulneris PLANC.*Fam.*10.18.3; ~uit aequoris instar, quod tremit..cum summum stringitur aura OV.*Met.*4.135; SEN. *Thy.*744;—(*transf.*) omnis spiris ~uit arbor V.FL.7.527; uiridis..comis ~uit umor STAT.*Theb.*4.698.

2 (tr.) To shudder at.
uultus neue ~escat amicos VERG.*A.*7.265; ni tristia edicta ~uisset LIV.8.35.11; V.MAX.3.1.2; nec tot milia insepultorum ciuium ~uit TAC.*Hist.*2.70; JUV.8.196;—(*w. inf.*) cladium indicia..ferre non ~uerunt V.MAX.2.10.3; 5.3.3;—(*w. acc. and inf.*) NE..ISTAM REM INTRODVCI ~ESCATIS *CIL* 13.1668.1.4.

exhortātiō ~ōnis, *f.* [EXHORTOR+-TIO]

1 The action of admonishing or encouraging, exhortation.
omnia..me..praestitisse quae..tua ~one excepi PLANC. *Fam.*10.7.1; impetu quem ~o concitauerat adgressus est urbem FRON.*Str.*3.1.1; nec iam secreta ~o, sed publicae preces TAC.*Hist.*1.65; 5.16; scis..quibus ille adulescentiam meam ~onibus fouerit PLIN.*Ep.*1.14.1;—(*as a rhet. device*) ad ~onem uero praecipue ualent imparia QUINT.*Inst.*5.11.9; 9.2.103;—(*w. obj. gen.*) sufficit ad ~onem studiorum 12. 11.25.

2 An inducement.
bonos..praemiorum..~one efficere ULP.*dig.*1.1.1.

exhortātīuus ~a ~um, *a.* [EXHORTOR+-IVVS] (rhet.) Exhortatory.
QUINT.*Inst.*3.6.47; 5.10.83.

exhortor ~ārī ~ātum, *tr.* Also ~ō ~āre ~āuī. [EX-+HORTOR]

1 To encourage, urge on, incite.
~antur equos VERG.*A.*11.610; 12.159; trepidos ciues ~or in hostem OV.*Met.*13.234; ut te ~er ad bonam mentem SEN.*Ep.*23.1; QUINT.*Inst.*10.7.19;—(*w. inf.*) semet ipsos ~antur..aliquas partes earum (*sc.* disciplinarum) addiscere COL.11.1.11; mecum secedere Neapolim Claudiam meam ~or STAT.*Silv.*3.pr.;—(*w.* ut, ne+*subj.*) ut te..~er ne patiaris impetum animi tui..refrigescere SEN.*Ep.*16.6; ~or aliquid ut patre..dignum gerant *Phoen.*333; PETR.140.9;—(*w. subj. alone*) iuuenes..~atus es senatum circumirent PLIN.*Pan.*69.2;—(*act.*) nolentem me..~auit mathematicus PETR.76.10.

2 To encourage the growth of, foster (virtues, etc.).
uirtutes ~abor et uitia conuerberabo SEN.*Ep.*121.4; [QUINT.]*Decl.*9.22; ad ~andam parsimoniam GEL.13.24.2.

exicō: see EXSECO.

exigō ~igere ~ēgī ~actum, *tr.* [EX-+AGO] ORTHOG.: *exs- CIL* 1.582, 585.20, 1218.6, 1603.4, etc.

1 To drive or compel to go out. **b** to drive (a play or actor) off the stage. **c** to divorce (a wife).
omnis ~egit foras PL.*Aul.*414; uti balneis ~igerentur qui lauabantur GRACCH.*orat.*45; pastum ~igunt aestate mane (sues) VAR.*R.*2.4.6; VERG.*A.*2.357; elephantos igni e castris ~actos LIV.26.6.12; asinos..domo..baculis ~igunt APUL. *Met.*3.28; (*poet., of a river*) admissas ~igit Hebrus aquas OV.*Ep.*2.114;—(*into exile or sim.*) indigne ~igor patria NAEV.*trag.*9; neque reges ex hac ciuitate ~igi..sine nobilium dissensione potuisse CIC.*de Orat.*2.199; LIV.3.61.6; Orestes ~actus Furiis OV.*Tr.*4.4.70; (*transf.*) damnatos..uita ~igit SEN.*Dial.*3.6.4;—(*refl., fig.*) (fortuna) aduersus omnis se..querimonias ~iget 11.16.5. **b** spectandae (comoediae) an ~igendae sint uobis prius TER.*An.*27; in is (fabulis)..partim sum..~actus, partim uix steti *Hec.*15. **c** ubi duxere inpulsu uostro, uostro inpulsu easdem ~igunt TER.*Hec.*242; praegnatem quod non ~igat AFRAN.*com.*167; illam suam suas res sibi habere iussit..~egit CIC.*Phil.*2.69; SUET.*Jul.*50.1; (*w.* matrumonio) uxor..~igitur matrumonio PL.*Mer.*822; (*cf.*) tua caussa (mulier) ~egit uirum ab se *Mil.*1277.

2 To remove (things), eject, force out. **b** to send out for sale, export.
uestimentis frigus..~acturum LUCIL.643; omnis constricto in utramque partem ~iget aeque subiectam materiam LARG.84; si quid..magis haeserit nec sine aliquo detrimento ~igi possit FRO.*Aur.*1.p.8(64N); nisi libros bibliothecis ~egeris APUL.*Apol.*41;—(*conditions, etc.*) ego ex corpore ~igam omnis maculas maerorum tibi PL.*Capt.*841; non furor ciuilis..~iget otium HOR.*Carm.*4.15.18; nec..coniugale illud praeceptum..pectoris arcanis ~igit APUL. *Met.*5.8. **b** agrorum ~igere fructus uolebant LIV.34.9.9; mercibus ~actis COL.10.317.

3 To drive or thrust (a weapon) out; to deliver (a blow). **b** to hurl (a missile).
an..per costas ~igat ensem VERG.*A.*10.682; (hasta) ceruice ~acta est in partesque eminet ambas OV.*Met.*5.139; ferrum..~egit ultra corpus SEN.*Thy.*740; (*cf.*) prope sub conatu aduersarii manus ~igenda QUINT.*Inst.*6.4.8; (*poet.*) gladium..per omnis ~egit gentes LUC.10.32;—galeam super ~igit ictum SIL.5.294. **b** tela, quae in Scipiones..~egit (fortuna) SEN.*Dial.*6.16.5; quale..saxum Polyphemus..in uestigia puppis..~egit STAT.*Theb.*6.718; seu..sub sidera nisu ~igeret discum SIL.14.506.

4 To make to extend outwards, stretch or send out.
cum toto osse quod superiores dentes ~igit CELS.8.1.7; longos super aequora fines ~igit (mons) atque..medio natat umbra profundo STAT.*Theb.*2.42; de hac base quam ~egisti NIPS.*grom.*p.286La;—(*of vegetable growth*) myrmecia..quae radices altius ~igunt CELS.5.28.14.c; geminae (uites) ab eo quod duplices uuas ~igunt COL.3.2.10; 5.5.13.

5 To achieve, execute, complete (a task). **b** to make up (a sum or total).
his demum ~actis, perfecto munere diuae VERG.*A.*6. 637; ~egi monumentum aere perennius HOR.*Carm.*3.30.1; nec sic errore ~acto laetatus Vlixes PROP.2.14.3; uigiliae uicatim ~actae LIV.10.4.2; OV.*Fast.*1.723; Fortuna..clades..omnis exegit in uno..die LUC.8.703; Aesopi fabellas..narrare..deinde eandem gracilitatem stilo ~igere condiscant QUINT.*Inst.*1.9.2; 12.10.38. **b** si ~igere mauis..numerum octoginta et unum VAR.*R.*2.1.28; summa repletur sortibus (*i.e. degrees*) ~actis triginta sidere in omni MAN.2.721.

6 To spend, pass (time). **b** (of a period of time, pass.) to come to an end, be completed; *aetas ~acta*, an advanced age; (also act.) to complete (a stated part of its duration).
ut..malam aetatem ~igas PL.*Aul.*43; miserrimas uitas ~egerunt QUAD.*hist.*27; omnis ut tecum..annos ~igat VERG.*A.*1.75; cur ego tot uiduas ~egi frigida noctes? OV. *Ep.*18.69; V.MAX.3.3.ext.6; triginta dies in carcere..~egit SEN.*Ep.*70.9; MART.5.71.5; ~acto per scelera die TAC.*Hist.* 1.47. **b** decumo post mense ~acto hic peperit filiam PL. *Cist.*163; NON AEVO ~SACTO VITAI ES TRADITVS MORTI *CIL* 1.1603.4; CIC.*Catil.*3.6; prope ~acta iam aestas erat CAES. *Gal.*3.28.1; TAC.*Hist.*4.84; (*poet.*) ~acti superest pars ultima fili STAT.*Silv.*5.1.157;—nunc ~acta aetate hoc fructi pro labore..fero TER.*Ad.*870; ~actae iam aetatis Camillus erat LIV.6.22.7; grandaeuos senes, ~acta aetate feminas TAC. *Hist.*3.33;—aestus erat, mediamque dies ~egerat horam OV.*Am.*1.5.1; cum summas ~iget horas consumpta dies SEN.*Her.O.*1987.

7 To spend time in, undergo; to put up with. **b** (app.) to traverse, pass over.
tu quoiius caussa hanc aerumnam ~igo PL.*Capt.*1009; incumbe toris et pinguis ~ige somnos LUC.10.354;—nec..~iget aestiuum calido sub puluere solem 8.376. **b** equis ~egit anhelis Phoebus Athon V.FL.2.75; hi mercantes..hibernum mare ~igunt (*s.v.l.*) circa brumam PLIN.*Nat.* 12.87.

8 To enforce payment of, exact (a debt, tribute, etc.). **b** to exact, enforce the performance of (a task); also, the provision of (services, supplies, etc.). **c** to exact (a penalty). **d** to enforce the taking of (an oath).

prius quae credidi, uix anno post ~egi PL.*As*.439; quod dominus crediderit ~igat (uilicus) CATO *Agr*.5.3; EAM PEQVNIAM..MAGISTRATVS ~SIGITO *CIL* 1.582; Verrem ab aratoribus..pro frumento in modios singulos duodenos sestertios ~egisse CIC.*Div.Caec*.30; *Font*.19; a publicanis ..debitam bienni pecuniam ~egerat CAES.*Civ*.3.31.2; LIV. 21.40.5; dictas ~ige dotis opes OV.*Fast*.6.594; pecuniae publicae..iam ~actae sunt et ~iguntur PLIN.*Ep.Tra*. 10.54(62).1;—(*pass., w. retained acc.*) ego illud..~igor portorium CAECIL.*com*.92; socios ad senatum questum.. uenisse sese pecunias maximas ~actos esse MET.NUM.*orat*.5. **b** ab iis plane hoc munus ~igito Q.CIC.*Pet*.37; DVM NE INVITO ..OPERA ~IGATVR *CIL* 1.594.3.3.32; ~acta acerbe munia militiae LIV.45.36.3; ipsa quod hae (*sc.* nymphae) faciunt opus ~igit OV.*Met*.14.268; VELL.2.111.1;—quam tu uiam tensarum..eius modi ~egisti ut tu ipse illa ire non audeas CIC.*Ver*.1.154; in nautis remigibusque ~igendis 4.76; binae tunicae in militem ~actae LIV.9.41.7; cui sarta tecta ~igere sacris publicis..traditum esset 42.3.7. **c** dea..a uiolatoribus (templi) grauia piacula ~egit LIV.29.18.18; ~ige, laese pudor, poenas OV.*Ep*.7.97; SEN.*Ben*.5.7.2; STAT.*Theb*. 11.167; ~acta de sontibus poena SUET.*Jul*.69. **d** tresuiri..sacramenta ex⟨igunto⟩ *Leg.pub*.(*Font.iur*.p.47)4; iusiurandum a singulis ~actum CURT.10.7.9; GAIUS *Inst*.4.172.

9 (transf.) To demand, require, call for. **b** (w. acc. and inf., also w. *ut*, subj.) to require (something to be done or sim.); (also pass. of a person) to be required (to).
est qui nequitiam locus ~igat OV.*Am*.3.14.17; ~igit hoc socialis amor *Pont*.3.1.73; SEN.*Ep*.5.5; paucas uictoria dextras ~igit LUC.7.367; bibitur drachma..bis terue in die ..ut res ~igit PLIN.*Nat*.27.17; si ita res familiaris ~igat TAC.*Dial*.9.5; (*poet.*) nullos..~egit in usus hanc partem (*sc.* Syrtis) natura sui LUC.9.310. **b** si cadauer ~iges tuum scalpi MART.3.93.23; ut..uerri sibi uias..~igeret SUET.*Cal*.43; cum..utilitas prouinciae ~igat esse aliquem per quem negotia sua..explicent ULP.*dig*.1.16.10;—(*w.* ut) ~igis ut nulli gemitus tormenta sequantur OV.*Tr*.5.1.51; ~egisti a me..ut scriberem SEN.*Dial*.3.1.1; aliquando ~igit communis utilitas ut etiam falsa defendat (orator) QUINT. *Inst*.2.17.36; (*w. subj. alone*) rogo ergo, ~igo etiam pro iure amicitiae cures PLIN.*Ep*.6.8.5;—medici est..tum demum si ~igetur sanguinem mittere CELS.2.10.7; ubi ~igitur argentarius rationes edere ULP.*dig*.2.13.8; (*cf.*) quonam usque nocentum ~igar (*sc.* Iuppiter) in poenas? STAT.*Theb*. 1.216.

10 To inquire into, ask about; to find out by inquiry. **b** to examine, test. **c** *secum ~ere*, to turn over in one's mind, ponder. **d** (pass. pple. of an intention) decided, fixed. **e** (intr., w. *cum*) to expostulate (with a person).
Calypso ~igit..fata..ducis OV.*Ars* 2.130; ut socias uires et amicos ~igat ortus MAN.2.300;—(*w. indir. qu.*) ~igit alma Ceres..cur sis, Arethusa, sacer fons OV.*Met*.5.572; quid dicendum, quid tacendum..sit ~igere QUINT.*Inst*.6.5.5; ~actum et a Titidio..cur..ultionem legis omisisset TAC. *Ann*.2.85;—(*w.* de) de his rebus ut ~igeret cum eo Furnio mandaui PLANC.*Fam*.10.24.7; diem quo..de his coram ~igere possimus PLIN.*Ep*.9.26.13;—quas uento accesserit oras..quaerere constituit sociisque ~acta referre VERG.*A*. 1.309. **b** huic operi ~igendo..regulam fabricauerunt COL.3.13.11; PLIN.*Nat*.3.45; an cuiuslibet auris est ~igere litterarum sonos? QUINT.*Inst*.1.4.7; ad coniuges uulnera ferunt; nec illae numerare et ~igere plagas pauent TAC.*Ger*. 7.4; SUET.*Jul*.47. **c** ubi..decreuit..mori, tempus secum ipsa modumque ~igit VERG.*A*.4.476; dum talia secum ~igit Hippomenes, passu uolat alite uirgo OV.*Met*.10.587; (*absol.*) si..tecum ~igas, ueniam dabis SEN.*Tro*.546. **d** nec adhuc ~acta uoluntas est satis OV.*Ep*.16.177; non habet ~actum, quid agat *Fast*.3.637; GRAT.259. **e** Aristotelis cum rerum natura ~igentis..lis SEN.*Dial*.10.1.2; cum sic ~egeris mecum, ut solebas cum tuo filio PLIN.*Ep*.6.12.3.

11 (w. *ad*) To make to conform with; (also, w. dat.). **b** to measure, judge (by).
principia..ad quae similitudines ~igi oporteat VAR.*L*. 10.11; ad perpendiculum columnas ~igere CIC.*Ver*.1.133; ad priscam seueritatem iudiciis ~actis POL.*hist*.5; ad regulam et libellam ~acta pauimenta VITR.7.1.3; opus ad uires ~iget omne suas OV.*Ars* 2.502; CURT.5.1.23; SEN. *Cl*.1.1.6; si..argumenta ad obrussam coeperimus ~igere *Nat*.4b.5.1;—singula (signa) quod nequeunt..temporibus numerisque suis ~acta referri MAN.3.392. **b** nolite ad uestras leges..~igere ea quae Lacedaemone fiunt LIV.34. 31.17; V.MAX.4.7.3; non est quod me ad formulam meam ~igas SEN.*Dial*.7.24.4.

exiguē, *adv.* [EXIGVVS+-E]
1 In small amounts, sparingly, scantily; in a mean or niggardly fashion.
praebent ~ sumptum TER.*Hau*.207; ratione inita ~ dierum se habere XXX frumentum CAES.*Gal*.7.71.4; LIV. 9.13.9; (*cf.*) ~ misero contingis amanti OV.*Ep*.17.171;— hoc quidem est nimis ~..ad calculos uocare amicitiam CIC. *Amic*.58; nihil aut sero aut ~ a patria ciui tributum PLANC. *Fam*.10.9.3.
2 At no great length, shortly, briefly; to an inadequate degree.
cum..nobis quidem satis, sed..celeriter ~que dixisses CIC.*de Orat*.3.144; ~ scripta est (epistula) *Att*.11.16.1;— quod hunc Homeri uersum ~ secutus sit (Vergilius) GEL. 9.9.16.
3 (w. adjs.) Slightly.
campum non aequissima situm planitie..sed ~ prona COL.2.2.1; 3.16.1; uel ~ rerum peritus APUL.*Apol*.92.

exiguitās ~tātis, *f.* [EXIGVVS+-TAS]
1 Smallness of size.
in quibus propter ~atem obscuratio consequitur CIC.*Fin*. 4.29; neque uestitus praeter pellis haberent quicquam, quarum propter ~atem magna est corporis pars aperta CAES.*Gal*.4.1.10; cum..paucitatem militum ex castrorum ~ate cognoscerent 4.30.1.
2 The condition of being small in amount or number, scantiness, shortage.
propter ~atem lactis VAR.*R*.2.4.13; haec ~as copiarum CAEL.*Fam*.8.10.1; temporis tanta fuit ~as CAES.*Gal*.2.21.5; rei familiaris ~as VITR.3.pr.2; querente eo..de fisci ~ate SUET.*Cl*.28.1.

exiguō, *adv.* [EXIGVVS+-O^{2}] Lightly, sparingly.
si quis..~ oras ulceris tetigerit LARG.240.

exiguum ~ī, *n.* [next] A small amount, part, etc. **b** a confined space. **c** (as internal acc.) to a small extent; (abl.) by a little.
patiens operum ~oque adsueta iuuentus VERG.*G*.2.472; —(*w. gen.*) ~um..aquae OV.*Tr*.5.2.20; ~um lactis COL. 7.3.17; cum ~o salis et aceti PLIN.*Nat*.26.54;—(*of space*) ~um spatii uallum a uallo aberat LIV.22.24.8; 27.27.3;— (*of time*) nec castra forent retenta, ni ~um superfuisset diei 9.42.6; intra temporis ~um..euanescere OV.*Met*.13.888; quod in ~um aeui gignamur SEN.*Dial*.10.1.1;—(*of abst. things*) ~um naturalis uigoris LIV.7.4.7; ~um poenae OV. *Tr*.3.11.15; SIL.4.248;—(*w.* de) stillauit..~um de naturae ..ueneno JUV.3.123. **b** in ~um angustumque concluditur (societas propinquorum) CIC.*Off*.1.53; magni artificis est clusisse totum in ~o SEN.*Ep*.53.11. **c** odor ..~um spirans PLIN.*Nat*.21.115;—~o post obitum ipsius 31.7; aream habet digitorum quadratorum ~o minus uiginti FRON.*Aq*.30.

exiguus ~a ~um, *a. compar.* ~ior, *superl.* ~issimus. [EXIGO+-VVS]
1 Wanting in size, small.
Graeca leguntur in omnibus fere gentibus, Latina suis finibus ~is sane continentur CIC.*Arch*.23; pars..regiae ~a CAES.*Civ*.3.112.8; statura fuit humili et corpore ~o NEP. *Ag*.8.1; ~us mus VERG.*G*.1.181; iter ~um (*i.e. narrow*) LIV. 32.5.11; OV.*Met*.3.50; uicenariam (fistulam) ~iorem faciunt FRON.*Aq*.32; (*w. abl.*) hortus erat..~us spatio *Mor*.63;— (*w. dat.*) (ager) ~us..tanto alendo exercitui LIV.28.12.7; omnes..locus accipit ille nec ulli ~us populo est OV.*Met*. 4.442.
2 Small in amount, scanty. **b** a small quantity of, a little. **c** numerically small; (pl. also) few in number.
res familiaris..ualde ~a est CIC.*Fam*.9.13.4; sterilem ~us ne deserat umor harenam VERG.*G*.1.70; OV.*Met*.13.409; ~ae..dapes STAT.*Silv*.3.3.107; ~issima legata PLIN.*Ep*. 7.24.7; ut (aqua) ~ior facta minus sit nauigabilis ULP.*dig*. 43.12.1.15; (*w.* copia) eius (*sc.* ferri) ~a est copia CAES.*Gal*. 5.12.4; (*pred.*) illud..cum magno labore ~um conficitur LARG.22. **b** pulueris ~i iactu VERG.*G*.4.87; pingit.. ~o Pergama tota mero OV.*Ep*.1.32; luminis ~i..recessus speluncae similis *Met*.10.691; ~o e melle PLIN.*Nat*.21.129; LARG.77. **c** ~as (copias) uix tueri potest CIC.*Deiot*.22; ~o pecori..parcite TIB.1.1.33; ~o eoque parum ualido exercitu LIV.5.16.3;—(*w.* pars, numerus, *etc.*) tam ~um oratorum numerum CIC.*de Orat*.1.16; non ~a pars populi, sed uniuersus populus *Planc*.49; Canninefates Batauique, ~a Galliarum portio TAC.*Hist*.4.32; (*cf.*) exercitus numero amplissimus est, firmitate ~us PLANC.*Fam*.10.24.3;—nec ~as..adde preces OV.*Ars* 1.440; ~IS DIONYSIA FLEBILIS ANNIS *CIL* 6.18324; (*w.* numero) ~i numero, sed bello uiuida uirtus VERG.*A*.5.754.
3 (of periods of time) Short, brief; (of actions, conditions) brief in duration.
paruam ~i temporis usuram..postulo CIC.*Agr*.3.2; ~um ..horai..tempus LUCR.1.1016; ~a parte aestatis reliqua CAES.*Gal*.4.20.1; ~a..nocte VERG.*G*.2.202; (*cf.*) in tam ~a breuitate uitae CIC.*Tusc*.4.37;—ut ~am obliuionem doloris petam *Fam*.5.15.4; tactus..quamuis leuis ~usque LUCR. 1.434; inducias..~as rogat SEN.*Phoen*.485; impatiens uel ~ae dilationis APUL.*Met*.10.4.
4 (of sounds) Faint, feeble, small.
pars tollere uocem ~am VERG.*A*.6.493; non ~o laurus adusta sono OV.*Fast*.1.344; licet alii ualidioris uocis, alii ~ioris sunt ULP.*dig*.29.5.1.27.
5 (of non-material things, qualities, actions, etc.) Scanty, meagre, small, slight.
~a laus CIC.*Agr*.2.5; solacia luctus ~a ingentis VERG.*A*. 11.63; ~o sermone (*i.e. little spoken of*) fores nunc, Ilion PROP.3.1.31; ~a pacis spes LIV.21.12.3; ~o funem conamine traxit OV.*Fast*.4.325; uenarum ~i inbecillique pulsus CELS. 3.19.1; nox clara et..breuis, ut finem atque initium lucis ~o discrimine internoscas TAC.*Ag*.12.3; (*pred.*) fortuna quam Epicurus ait ~am interuenire sapienti CIC.*Fin*.2.89.
6 Of small importance, trivial, slight; (of the mind) small, petty.
humana despicimus cogitantesque caelestia haec nostra ut ~a..contemnimus CIC.*Luc*.127; res..ab ~is profecta initiis LIV.pr.4; sub uno sed non ~o crimine lapsa domus OV.*Tr*.2.122;—infirmi est animi ~ique uoluptas ultio JUV. 13.190.

exīlicō: corrupt wd. in PL.*Mer*.17.

exilicus ~a ~um, *a.* [EXILIVM] (See quot.)
~a causa, quae aduersus exulem agitur PAUL.*Fest*.p.81M.

exīlis ~is ~e, *a. compar.* ~ior. [prob. < **ex-ag-lis* (cf. EXIGO)]
1 (of men, animals, parts of the body, etc.) Thin, lean, slender. **b** (of things) thin, narrow.
senex arthriticus..mancus miserque, ~is LUCIL.332; potius..ubi nascuntur (sues) amplae quam ~es VAR.*R*. 2.4.4; CIC.*Div*.2.30; tibi si ~is uideor tenuatus in artus PROP.2.22.21; ~es digiti OV.*Met*.6.143; boues..~es COL. 6.1.1; PLIN.*Ep*.3.6.2; (*w. abl.*) Afra genus..torta comam.. cruribus ~is *Mor*.35. **b** ~es..uias *Aetna* 98; alius (calamus)..~ior PLIN.*Nat*.16.165; (*cf.*) mons est Atlas.. quo magis surgit ~ior (*i.e. tapering*) MELA 3.101.
2 Scanty, meagre (in amount). **b** ill-provided, poor; (w. gen.) deficient (in).
plausus ~is et raros excitare CIC.*Sest*.115; duarum legionum ~ium *Att*.5.15.1; SEN.*Oed*.1055; (uenas aquae) ~es limosasque PLIN.*Nat*.31.48; parua et ~is hereditas PLIN. *Pan*.40.1. **b** ~es res animi magnitudinem..non frangebant NEP.*Eum*.5.1; domus ~is Plutonia HOR.*Carm*.1.4.17; *Ep*.1.6.45; ego referendis laudibus tuis ~is ingenio APUL. *Met*.11.25;—omnium me ~em..aegritudinum PL.*St*.526.
3 Unsubstantial, thin.
ut homunculi similem deum fingeret..~em quendam atque perlucidum CIC.*N.D*.1.123; uix campus euntem sentit, et ~is plantis interuenit aer STAT.*Theb*.6.639; (*fig.*) primus liber..benigniorem habuit materiam..nunc ad ~iora ueniendum est SEN.*Dial*.4.1.1.
4 a (of soil) Lacking richness, poor, thin; (also, of oil). **b** (of sounds) lacking fullness or depth. **c** (of colour, light) weak, dim.
a solum tam ~e et macrum est quod aratro perstringi non possit CIC.*Agr*.2.67; COL.3.1.8; nimium glaebis ~is Arisbe LUC.3.204;—(oleum) cibis foedum, lucernis ~e PLIN.*Nat*. 15.25. **b** uox..in senecta ~ior PLIN.*Nat*.11.270; qualitas (uocis) magis uaria. nam est..et plena et ~is QUINT.*Inst*. 11.3.15; ubi i ~e est per se..scribi, at ubi plenum est praeponendum esse e SCAUR.gram.in *G.L*.7.18; GEL.13.21(20).5; (*neut. as adv.*) ~e profatur STAT.*Theb*.7.362. **c** (color) in aliquo (*sc.* heliotropio) ~is, plerumque saturatior PLIN.*Nat*. 21.46; ut parua et ~ia (sidera) ualidiorum exortus obscuret PLIN.*Pan*.19.1.
5 (of style) Lacking fullness of expression or ornament, slight, plain, thin.
spinosa quaedam et ~is oratio CIC.*de Orat*.1.83; inaequalitas orationis quae modo ~is erat, modo nimia licentia.. effusa SEN.*Con*.2.pr.1; sit aliquid..tragice grande, comice ~e SEN.*Ep*.100.10; QUINT.*Inst*.10.2.16.
6 Of small weight or importance, slight.
sunt..pleraeque (centumuirales causae) paruae et ~es PLIN.*Ep*.2.14.1; argumentis admodum ~ibus nitebatur GEL.14.2.4; suspicio non ~is APUL.*Met*.10.14.

exīlitās ~ātis, *f.* [prec.+-TAS]
1 Thinness, leanness, narrowness. **b** smallness of size.
~atem crurum et enormitatem pedum SEN.*Dial*.2.18.1; haec bracchia non statim..tam procera submittuntur, ne oneretur ~as uitis COL.5.5.10; nulla est ei (*i.e. the diaphragm*) caro, sed neruosior ~as PLIN.*Nat*.11.198; foliorum ~ate usque in fila adtenuata 21.30. **b** paruula admodum semina, et quorum ~as in commissura lapidum locum inuenit SEN.*Nat*.2.6.5.
2 a Poorness, thinness (of soil). **b** thinness (of sound).
a loci laetitia plures, ~as pauciores desiderat (palmites) COL.4.21.2. **b** propter nimiam ~atem acerbam auditu uocem V.MAX.8.7.ext.1; femineae uocis ~ate QUINT.*Inst*. 1.11.1; quarundam (litterarum)..uel ~ate uel pinguitudine nimia laboramus 1.11.4; VEL.gram.in *G.L*.7.50.
3 Spareness, dryness (of style).
qui discernes eorum..in dicendo ubertatem..ab eorum ~ate qui hac dicendi uarietate..non utuntur? CIC.*de Orat*. 1.50; Atticum se..dici oratorem uolebat: inde erat ista ~as quam ille..consequebatur *Brut*.284; SEN.*Con*.1.pr.22; illa ..inopia et ~as minus intentum auditorem habet SEN.*Ep*. 40.3.

exīliter, *adv. compar.* ~ius. [EXILIS+-TER^{2}]
1 Without fullness of expression or treatment, briefly, concisely. **b** parsimoniously.
dicam..~ius de posteriore VAR.*L*.5.2; ieiune quosdam et ~iter..disputauisse CIC.*de Orat*.1.50; *Brut*.106; si anguste et ~iter dicere est Atticorum 289. **b** hoc quidem est nimis exigue et ~iter ad calculos uocare amicitiam CIC. *Amic*.58.
2 Without fullness of sound, thinly.
nolo uerba ~iter exanimata exire CIC.*de Orat*.3.41; ~ius grassante (sono) in angusto PLIN.*Nat*.2.193; quoniam nusquam y littera praecedens ~iter enuntietur SCAUR.gram.in *G.L*.7.23.

exilium ~(i)ī, *n.* **exs-.** [EXVL+-IVM] FORMS: *~is* (= *~iis*) SEN.*Phoen*.625. The fact or condition of banishment, exile. **b** (in phrs.) *in ~ium, de ~io*, etc. **c** (w. emphasis on the place of exile).
multis sum modis circumuentus, morbo ~io atque inopia ENN.*scen*.22; fraternum..~ium PAC.*trag*.306; quem leges ~io, natura morte multauit CIC.*Clu*.29; ~io decem annorum multatus est NEP.*Ar*.1.2; uoluntarium consciuerat ~ium LIV.24.26.1; PLIN.*Nat*.30.9; tot nobilissimarum feminarum ~ia et fugas TAC.*Ag*.45.1; (*cf.*) plenum ~iis mare *Hist*.1.2; (*transf.*) poetam..carminum ~io multarunt V.MAX.6.3.ext.1. **b** te in ~ium ire hinc oportet PL.*Per*. 562; qui uerbo ciuis in ~ium eicio CIC.*Catil*.2.13; *Phil*.1.24; reuocatus de ~io iussu populi LIV.5.46.10; TAC.*Ann*.4.63; sorores ab ~io reuersas SUET.*Cal*.59; (*poet.*) sors..nos in aeternum ~ium impositura cumbae HOR.*Carm*.2.3.28; (*transf.*) in uillarum ~ia pelli (tabulas et signa) PLIN.*Nat*.35. 26. **c** ut omnem locum quo adisses ~i simillimum redderes CIC. *Dom*.72; diuersa ~ia et desertas quaerere terras VERG.*A*. 3.4; felix, ~ium cui locus ille fuit! OV.*Fast*.1.540; longinquitate ~ii TAC.*Ann*.1.53; (*poet.*) si quod ~ium latet ulterius Erebo SEN.*Her.F*.1223.

exim: see EXINDE.

eximiē, *adv.* [next+-E]
1 Exceptionally, especially, outstandingly;
Marius item ~ L. Plotium dilexit CIC.*Arch*.20; ~ a Xenophonte..collaudatus est NEP.*Ag*.1.1; stagnum..~ optimum COL.8.17.1; esse..~ utilem (alicam) PLIN.*Nat*. 22.128; perdicum sanguis oculis..~ prodest 29.126; ~ metuens mihi APUL.*Met*.1.19.

2 Exceptionally well, excellently.
quae..~ quamuis disposta ferantur, longe sunt tamen a uera ratione repulsa LUCR.2.644; templum..quod a Marcello ~ ornatum est LIV.25.40.2; ~ si cenat JUV.11.1.

eximius ~a ~um, *a.* [EXIMO+-IVS]

1 Left out of reckoning, excepted.
utine ~um neminem habeam? TER.*Hec.*66; neque..esset ueri simile, cum omnibus Siculis faceret iniurias, te illi unum ~um..fuisse CIC.*Div.Caec.*52; tu unus ~us es in quo hoc..singulare ualeat? LIV.9.34.11.

2 (spec., of sacrificial victims) Selected as being the best, choice.
quattuor ~os praestanti corpore tauros VERG.*G.*4.538; centum bubus ~oque uno albo opimo auratis cornibus LIV.7.37.1; PAUL.*Fest.*p.82M.

3 Outstanding, exceptional, remarkable; special, distinct.
amare occepi forma ~a mulierem PL.*Mer.*13; GRACCH.*orat.*25; quorum opera ~a in rebus gerendis exstitit CIC.*S.Rosc.*137; ~a uis remigum *Man.*40; ~a ueste LUCR.4.1131; ~ae laudis..amore VERG.*A.*7.496; innocentia ~us..eloquentia medius VELL.2.29.3; COL.11.2.26; ~us..animi STAT.*Silv.*2.6.97; (*w. part. gen.*) ~i regum *Theb.*6.15; (*w. inf.*) ~us Phoceus animam seruare sub undis LUC.3.697; —cum res communis pluribus in uno aliquo habet nomen ~um QUINT.*Inst.*8.2.8.

eximō ~imere ~ēmī ~emptum, *tr.* [EX-+EMO; cf. *adimo*]

1 To take out, extract. **b** to take out, lift (a plant from the ground). **c** to extract (by quarrying or mining).
in amphoram mustum indito et..demittito in piscinam. post dies XXX ~imito CATO *Agr.*120; ~imendorum fauorum signum VAR.*R.*3.16.32; si sordes..sunt (*in the ear*) eodem specillo ~imendae sunt CELS.6.7.7B; in aqua mollis unio, ~emptus protinus durescit PLIN.*Nat.*9.109; 37.79; ~imit aut reficit dentem..aegrum MART.10.56.3; (*w.* ex) ex fornace calcem ~imit CATO *Agr.*16; (*w. abl.*) ~emptus..testa..Lyaeus STAT.*Silv.*4.5.15; (*w. adv.*) hinc (*i.e. from the chest*) pateram tute ~emisti PL.*Am.*796. **b** diligenter ~imere semina CATO *Agr.*61.2; altera (arbor) ~imatur et alio loco disponatur COL.*Arb.*16.2; PLIN.*Nat.*17.87; 22.38; (*cf.*) pali..qui ~empti sunt ULP.*dig.*19.1.17.11. **c** item rubricae copiosae multis locis ~imuntur VITR.7.7.2; permisisti mihi cretam ~imere de agro tuo POMPON.*dig.*19.5.16.

2 To take off, remove.
~empta manifestus casside nosci STAT.*Theb.*10.759; ~emptum anulum SUET.*Tib.*73.2.

3 (transf.) To take away, get rid of, banish. **b** to leave out, omit; to deduct, subtract. **c** to remove (from a class, category). **d** *diem, dies ~imere,* to pronounce a day or days unfit for the transaction of business (i.e. to suspend proceedings).
numquam..balineae mihi hanc lassitudinem ~iment PL.*Mer.*127; illud..quod me angebat non ~imis CIC.*Tusc.*2.29; LUCR.1.660; postquam ~empta fames epulis VERG.*A.*1.216; hic dies uere mihi festus atras ~imet curas HOR.*Carm.*3.14.14; augures consulti eam religionem ~emere LIV.4.31.4; OV.*Am.*1.9.10; STAT.*Silv.*4.3.22; dissimulationem..lasciuia ~emerat TAC.*Ann.*13.15; (*impers. pass., w.* quin) plurimis mortalium non ~imitur quin..uentura destinentur 6.22. **b** nulli conicientur in illum ordinem, nulli ~imentur CIC.*Pis.*94; Leucas ~empta est Acarnanum consilio LIV.45.31.12; QUINT.*Inst.*9.4.40; leges..si maiestatis quaestio ~imeretur, bono in usu TAC.*Ann.*4.6; librum tuum legi et..adnotaui..quae ~imenda arbitrarer PLIN.*Ep.*7.20.1; (*w.* ex) QVOIVM NOMEN..EX REIS ~EMPTVM ERIT *CIL* 1.583.5; (*w.* de) se eum..de proscriptorum numero ~emisse NEP.*Att.*10.4;—ut non numquam (*in the calendar*) si quid discrepet, ~imant unum aliquem diem..ex mense CIC.*Ver.*2.129; faenoris accedat merces, hinc ~ime sumptus PERS.6.67; TAC.*Ag.*3.2; solum balinei tempus studiis ~imebatur PLIN.*Ep.*3.5.14. **c** sine..causa..quae rem miraculo ~imeret LIV.5.15.2; nec dis quibus se exaequat nec hominibus quibus se ~imit tolerabilem CURT.6.11.24. **d** dies comitialis ~emit omnis CIC.*Q.fr.*2.4.4; publicani Cascae instare ut concilio diem ~imeret LIV.25.3.17; TAC.*Hist.*3.81; PLIN.*Ep.*5.9(21).2.

4 To take or use up (time).
ne dicendo dies ~imatur CIC.*Tul.*6; aetatis male ~emptae SEN.*Nat.*3.pr.2; paene duas dum quaeritur ~imit horas CALP.*Ecl.*3.3; lacrimis ~empta dies STAT.*Theb.*12.44; cum feriae tempus ~imunt ULP.*dig.*4.6.26.7.

5 To remove (a person from difficulty or danger), set free, relieve, save. **b** to obtain immunity for, exempt (from a tax, duty, obligation, etc.). **c** to debar (from a privilege).
uisne ~imam mulierem pretio (*i.e. by payment*)? PL.*Mer.*486; Nirea non facies, non uis ~emit Achillem (*i.e. from death*) PROP.3.18.27; ut Syracusas oppressas..in libertatem ~imerent LIV.31.29.6; tum accusator Cn. Lentulum et Seium Tuberonem nominat..sed hi quidem statim ~empti (*i.e. acquitted*) TAC.*Ann.*4.29;—(*w.* ex) speraui..ex seruitute me ~emisse filium PL.*Capt.*758; CIC.*Inv.*2.24;—(*abl.*) si uos ~imat uinclis PL.*Capt.*204; ut obsidione Larisam ~imeret LIV.36.13.1; quem..medicina graui periculo ~emerat PLIN.*Nat.*29.6; GAIUS *Inst.*2.154;—(*w. dat.*) non noxae ~imitur Q. Fabius LIV.8.35.5; non ~empta foret poenae OV.*Met.*7.351; ut..se ipsos morti ~imant hortatur TAC.*Ann.*1.48. **b** de uectigalibus ~imebatur (ager Campanus) ut militibus daretur CIC.*Phil.*2.101; Cassandra felix quam furor sorti ~imit SEN.*Tro.*977; ~empti oneribus et collationibus TAC.*Ger.*29.2; ~emit..Drusum..dicendae primo loco sententiae *Ann.*3.22; illum ciuilibus officiis principis amicitia ~emit PLIN.*Ep.*4.24.3. **c** exsectum et ~emptum honoribus senatoriis PLIN.*Ep.*2.12.3.

6 To remove (a person, so as to prevent him from appearing in court).
qui ui ~emit eum qui in ius uocaretur GAIUS *Inst.*4.46; NERAT.*dig.*15.1.55; si quis..moram fecerit quo minus in ius ueniret..uidebitur ~emisse, quamuis corpus non ~emerit PAUL.*dig.*2.7.4.

exin: see EXINDE.

exinānīō ~īre ~iuī or ~iī ~ītum, *tr.* [EX-+INANIS+-IO²]

1 To remove the contents of, make empty.
sin..locus erit..paluster, tunc is locus fodiatur ~iaturque (*i.e. cleared of soil*) VITR.3.4.2; uehicula..onusta donec ~irentur sustinere PLIN.*Nat.*7.82;—(*med.*) commodissimum est..post cibum uomere, atque ita uentrem ~ire CELS.4.19.2; inplere aluom et ~ire SEN.*Dial.*7.20.5; (*absol.*) foliorum aridorum farina alterutra parte ~it PLIN.*Nat.*20.89.

2 To draw the moisture from, drain, dry up. **b** to draw the strength from, weaken.
decoquere corpus atque ~ire sudoribus SEN.*Ep.*108.16; sale ~iri creduntur (oua) PLIN.*Nat.*10.167; (uenti) ~iunt grana 18.151; II cyathi poti hydropicos ~iunt 24.52; 25.45; PLIN.*Ep.*4.30.10. **b** qui cornibus praeerant, extendere ea iussi ita ut nec circumuenirentur..nec tamen ultimam aciem ~irent CURT.4.13.34; arbores fetu ~itas PLIN.*Nat.*17.12.

3 To strip (a place) of its contents, despoil; to strip (a person) of possessions.
~itis castris SIS.*hist.*66; ne..cogantur (apes)..relinquere ~itas aluos VAR.*R.*3.16.28; Siculorum ciuitates uastasse, domos ~isse..dicitur CIC.*Div.Caec.*11; *Ver.*5.109; (*w. abl.*) omnem..regionem Africae ~isse frumento *B.Afr.*20.4;—ama..rem tuam: istum ~i PL.*Truc.*712; sociis uexatis, regibus..~itis CIC.*Agr.*2.72; satius..esse..exhaustis atque ~itis tributo..succurri LIV.5.20.8; (*cf.*) auiam..patrimonium suum donationibus in nepotem factis ~isse PAUL.*dig.*31.87.3.

4 To remove by emptying, draining.
~ita prius urina PLIN.*Nat.*8.134; radix eius..bilem et pituitam ~it 26.57.

exinānītiō ~ōnis, *f.* [prec.+-TIO] The act of emptying out or purging; a weakening process.
praeceps alui ~o PLIN.*Nat.*13.118;—ut absumpto partu arborum sequatur..alia florescendi ~o 17.13.

exinde, *adv.* **exim, exin.** [EX+INDE] FORMS: *exim* ENN., PL., LUCR., VERG., LIV., TAC. (freq.), FRO.; *exin,* ENN., PL., ACC., VAR., CIC., STAT., SIL., APUL.: cf. *dein etiam saepe et exin pro deinde et exinde dicimus* CIC. *Orat.*154; *exin metri causa dicitur pro exinde* PAUL.*Fest.*p.82M.

1 Thereafter, thereupon, subsequently, next. **b** (correlative w. temporal conjunctions); *exinde ut* or sim., from the moment that.
exim compellare pater me uoce uidetur ENN.*Ann.*44; ACC.*praet.*25; quisque suos patimur manis; exinde per amplum mittimur Elysium VERG.*A.*6.743; 8.306; LIV.24.42.1; exturbat Octauiam, sterilem dictitans, exim Poppaeae coniungitur TAC.*Ann.*14.60; quippe cum..profugisset nec exinde usquam compareret APUL.*Met.*7.2; ingens exin oborta est est..expectatio 10.16. **b** ostium ubi conspexi, exinde me ilico protinam dedi PL.*Cur.*363; *Truc.*82; esse animam..quae cum..percussast exim corpus propellit LUCR.3.160;—exinde ea usucapiet donationem, qua ex die ratam heres donationem habuerit POMPON.*dig.*41.6.4; mihi memora quem ad modum exinde ut de Euboea..enauigasti..confeceris iter APUL.*Met.*2.13; cuius ego locum..exinde ut participare curiam coepi..tueor *Apol.*24.

2 Next in order or sequence.
exinde (Piscis)..uoluitur inferior Capricorno CIC.*Arat.*411(167); sedet Inachus..Iasiusque senex placidusque Phoroneus..exin mille duces STAT.*Theb.*2.223; Suillio corruptionem militum..exim adulterium Poppaeae, postremum mollitiam corporis obiectante TAC.*Ann.*11.2; 15.41.

3 *exinde ut* or sim., In the same measure as, according as.
utquomque in alto uentust..exim uelum uortitur PL.*Epid.*49; ut fama est homini, exin solet pecuniam inuenire *Mos.*227; alii uaccis ac mulis utuntur, exinde ut pabuli facultas est VAR.*R.*1.20.4; 1.24.3; (*cf.*) proinde ut quisque Fortuna utitur, ita praecellet atque exinde sapere eum omnes dicimus PL.*Ps.*680.

4 (expr. separation) From it, thence. **b** from that source, thence.
Phidian..in clipeo Mineruae..oris sui similitudinem conligasse ita ut si quis..artificis uoluisset exinde imaginem separare..simulacri totius incolumitas interiret APUL.*Mun.*32. **b** in legendo carpsi exinde quaedam GEL.9.4.5; nec quicquam idonei lucri exinde cepimus APUL.*Met.*6.26.

5 For that reason, from that cause.
probrosa aduersus principem carmina factitauit..exim..maiestatis delatus est TAC.*Ann.*14.48; hereditates exinde legitimae quia adgnatis deferuntur PAUL.*dig.*4.5.7.

exinfulō ~āre, *tr.* [EX-+INFVLA+-O³] (See quot.)
~abat exerebat: infulas enim sacerdotum filamenta uocabant PAUL.*Fest.*p.81M.

exinterō: see EXENT-.

existimātiō (-tum-) ~ōnis, *f.* [EXISTIMO+-TIO]

1 The forming of an opinion; *~o (alicuius) est,* it is for — to judge.
facilior est ~o quam reprehensio CIC.*Ver.*3.190; non modo ab eis quorum iudicium..est sed etiam ab illis quorum tantum est ~o *Clu.*80; TAC.*Hist.*4.7;—quanta prudentia rei bellicae in C. Sempronio esset, non militis de imperatore ~onem esse LIV.4.41.2; rem—quam uera sit communis ~o est—mirabilem certe adiciunt 23.47.8; haec iam tua est ~o, utrum sororibus..adsentiri uelis..an saeuissimae bestiae APUL.*Met.*5.18.

2 An opinion, view, judgement; favourable opinion. **b** public opinion.
arbitrium uostrum, uostra ~o ualebit TER.*Hau.*25; quem omnium ~o damnarit *Rhet.Her.*4.20; iudices..non ~onem populi Romani sequentur? CIC.*Ver.*20; sese..~one uulgi commoueri CAES.*Gal.*1.20.3; propior uero prior ~o fieret ni..alia difficultas occurreret PLIN.*Nat.*11.47; FRON.*Str.*1.1.10; hanc esse de moribus meis ~onem PLIN.*Ep.*5.3.3; NERAT.*dig.*39.6.43;—(*w. gen. expr. object of judgement*) nihil putas ualere..ante actae uitae ~onem CIC.*Ver.*3.146; tumultuantem..multitudinem incerta ~one facti LIV.4.15.1;—~onem populi Romani concupiui CIC.*Ver.*1.21; *Planc.*6. **b** ut ~o nomen meum in sanorum numerum referat VAR.*Men.*147.

3 The opinion held about a person, his reputation, name (usu. in a favourable sense).
dum ~o est integra CIC.*Quinct.*49; homini..sordido, sine honore, sine ~one *Flac.*52; cuius rei magnam partem laudis atque ~onis ad Libonem peruenturam CAES.*Civ.*1.26.4; nullum detrimentum ~onis fecit NEP.*Ca.*2.4; carminibus maledicentissimis laceratam ~onem SUET.*Jul.*75.5; ut ei ~onem incolumem conseruares FRO.*Amic.*1.p.282(191N); CALL.*dig.*50.13.5.1;—(*w.* bona) peto a uobis non pecuniam, sed bonam ~onem GRACCH.*orat.*41; CIC.*de Orat.*2.172; GEL.18.1.5;—(*w. gen. expr. object of esteem*) sui pudoris ~onem CIC.*Ver.*2.192; sub hac temperantiae ~one CAEL.*Fam.*8.10.2.

existimātor ~ōris, *m.* [next+-TOR] One who forms an opinion, judge, critic.
non stultum alieni artifici ~orem CIC.*de Orat.*3.83; nos..ita potius acturos ut ~ores uideamur loqui, non magistri *Orat.*112; *Marc.*15; non leuis ~or..est populus Romanus GEL.20.1.10.

existimō ~āre ~āuī ~ātum, *tr.* **existumō.** [EX-+AESTIMO] FORMS: *exaestum- CIL* 1.583.15.

1 (w. gen. or abl. of price) To value, esteem.
neque quod dixi flocci ~at PL.*Mos.*76; nullam rem tanti ~assem CIC.*Att.*1.20.2; SULP.RUF.*Fam.*4.5.2; magni..opera eius ~ata est in proelio NEP.*Ca.*1.2; SUET.*Aug.*40.3;—(*w. abl.*) Diomedis hercle arma et Glauci non dispari magis pretio ~ata sunt GEL.2.23.7.

2 To form or hold an opinion of, judge, consider. **b** (w. pred.). **c** (w. indir. qu.). **d** (w. *de*).
ea res dedit..~andi copiam cotidianae uitae consuetudinem TER.*Hau.*282; id..licebit iis ~are qui legerint CIC.*Fin.*1.12;—(*ellipt.*) ut beneuolos beneque ~antis efficiamus *deOrat.*2.322; *Brut.*92. **b** mercatorem..strenuum..~o, uerum..periculosum et calamitosum CATO *Agr.*pr.3; si ulla meretrix domum meam introiuit..omnium nationum postremissimum..(me) ~atote GRACCH.*orat.*26; ut neque appellata umquam iudicia sint neque ~ata CIC.*Clu.*88; si..Germanos in Galliam transire non aequum ~aret CAES.*Gal.*4.16.4; cetera uana ~aturi LIV.1.51.7; PLIN.*Nat.*19.8; qui..melius ~ent quidquid est aliud QUINT.*Inst.*10.4.3;—(*w. adv.*) si dico ut res est..quem ad modum ~et me? PL.*Mer.*352; ita me ~ari scio CIC.*de Orat.*3.84; haec..utcumque animaduersa aut ~ata erunt LIV.pr.8. **c** quanto peiorem ciuem ~arint feneratorem..hinc licet ~are CATO *Agr.*pr.1; culpa ubi resideat facilius possum ~are quam scribere CIC.*Att.*1.17.3; qui utrum auarior an crudelior sit uix ~ari potest LIV.22.59.14. **d** cuius de ingenio ex orationibus eius ~ari potest CIC.*Brut.*122; qua de causa uos ~are..melius est LIV.9.26.15; (*w. internal acc.*) scis..quid ego de Graecis ludis ~em CIC.*Att.*16.5.1;—(*w. adv.*) aratores de eo bene ~are *Ver.*2.151; de M. Druso iuxta ac se ~auerunt SAL.*Rep.*2.6.4; nemo nouit deum, multi de illo male ~ant, et inpune SEN.*Ep.*31.10.

3 (w. acc. and inf.) To think, suppose (that). **b** (w. *ut*, expr. a legal opinion). **c** (w. neut. prons.) to hold (a view), think.
nisi me esse oblitum ~as PL.*Am.*1024; qualem tu me esse hominem existumes TER.*Eu.*758; ut Catonem, non me loqui ~em CIC.*Amic.*4; maturandum sibi ~auit CAES.*Gal.*1.37.4; multos eum inuidos..habere inde ~atu facile esse LIV.23.15.11; Tuscorum litterae nouem deos emittere fulmina ~ant PLIN.*Nat.*2.138; (*preceded by* ita) ita ~o, quo maius crimen sit..hoc maiorem ab eo iniuriam fieri qui id confingat CIC.*Font.*20;—(*pass., w. inf.*) non..sum ~andus de gestis rebus gloriari *Dom.*93; Cordubam tenebat, quod eius prouinciae caput esse ~abatur *B.Hisp.*3.1; (*ellipt.*) quasi principem non quidem odissent sed tamen ~arentur TAC.*Ann.*15.71;—(*in formal language, of the senate*) senatum ~are D. Brutum..optime de re publica mereri CIC.*Phil.*3.37; *S.C.*in Cael.*Fam.*8.8.6. **b** placet mihi Neratii sententia ~antis ut..actio competat ULP.*dig.*19.1.13.14; PAUL.*dig.*39.2.18.11. **c** bonus es quom haec ~as TER.*Ad.*897; id quod omnes semper ~auerunt CIC.*S.Rosc.*27; nihil..erat quod minus eum uellem ~are *Att.*11.12.1; quamquam eadem ~abat SAL.*Jug.*107.1.

exitiābilis ~is ~e, *a.* [EXITIVM+-BILIS] Causing or bringing death or destruction, fatal, deadly. **b** (of persons).
~em ego illi faciam hunc..diem PL.*Epid.*606; bellum..suis..ciuibus ~e nisi uicerit, calamitosum etiam si uicerit CIC.*Att.*10.4.3; ~is prodigiorum euentus LIV.27.23.4; OV.*Met.*6.257; ~em famem VELL.2.112.3; monstrum ~e dictu STAT.*Theb.*1.395; quod maxime ~e tulere illa tempora TAC.*Ann.*6.7; morbo ~i correptos 16.5; (cladem) Varianam paene ~em tribus legionibus..et auxiliis omnibus caesis SUET.*Aug.*23.1; ~em..potionem APUL.*Met.*10.11; (*advl. acc.*) renidens ~e 6.16. **b** ~is tyrannus LIV.29.17.19; homines..~es..morte multauit VELL.2.12.6; ~em in suos, infensum rei publicae animum TAC.*Ann.*6.24.

exitiālis ~is ~e, *a.* [EXITIVM+-ALIS] = prec.
perditae ciuitates..hos solent exitus ~is habere CIC.*Ver.* 5.12; nec superare queunt motus..~es perpetuo LUCR. 2.569; scelus ~e VERG.*A.*6.511; ~em..tempestatem fugientibus VELL.2.72.5; ~ia..uenena PLIN.*Nat.*27.5; STAT. *Silv.*4.6.41; capram nominare criminosum et ~e habebatur SUET.*Cal.*50.1;—(*w. dat.*) litteras..~es Demetrio LIV. 40.54.9; geminis sceptrum ~e tyrannis STAT.*Theb.*1.34; ~is erat apud principem huic laxior domus, illi amoenior uilla PLIN.*Pan.*50.6.

exitiō ~ōnis, *f.* [EXEO+-TIO] The action of going out; (app. w. acc.) escaping, avoiding.
quid illi ex utero ~ost priusquam poterat ire in proelium? PL.*Truc.*511;—neque exitium ~o est neque adeo spes quae mi hunc aspellat metum *Capt.*519.

exitiōsus ~a ~um, *a. compar.* ~ior. [next+-OSVS] Causing death or destruction, pernicious, deadly.
~am..coniurationem CIC.*Catil.*4.6; *Att.*8.13.1; ~um aduersus ueteranos proelium TAC.*Hist.*1.68; ~iore discordia ..turbabantur 3.12; quamquam ~a suaderet *Ann.*4.59;—(*w. dat.*) nihil est..~ius ciuitatibus CIC.*Leg.*3.42; magnis opibus ~a res, luxus SEN.*Ep.*71.15;—(*of a person*) ne quid pecces, ~e, uide MART.6.21.4; Otho..rei publicae ~ior ducebatur TAC.*Hist.*2.31.

exitium ~(i)ī, *n.* [EXEO+-IVM] FORMS: *~ium* (gen. pl.) ENN.*scen.*66.

1 Destruction, disaster, ruin (physical, political, etc.).
quod ego huic..~io remedium inueniam miser? TER.*Ph.* 200; cum maximo detrimento atque adeo ~io uectigalium.. legem sustulisti CIC.*Ver.*3.19; ille Scipio natus mihi uidetur ad interitum ~iumque Carthaginis *Har.*6; maria ac terras caelumque tuere, quorum naturam triplicem..una dies dabit ~io LUCR.5.95; magnum ~ium..Priami imperio.. futurum VERG.*A.*2.190; uenit in ~ium callida lena meum TIB.1.5.48; LIV.5.40.2; VELL.2.124.1; aduentabat..cuncta ..in turbas et ~ium conuersurus TAC.*Hist.*4.70;—(*pl.*) ~ium examen ENN.*scen.*66; qui..perditis iam rebus extremi ~iorum solent esse exitus CIC.*Agr.*2.10; haec erat illa fames..~iis positura modum VERG.*A.*7.129;—(*pred. dat.*) Alexander, qui erit ~io rei patriae suae PL.*Bac.*947; CIC. *Mur.*56; ex certamine factionum..quae fuerunt..pluribus populis ~io quam bella externa LIV.4.9.3; TAC.*Hist.*2.1.

2 The destruction of life, death.
satiust mihi quouis ~io interire PL.*Cist.*663; squalore huius..laetatur, ~ium exoptat CIC.*Clu.*18; SAL.*Jug.*70.5; miserabile Nymphae..~ium misere apibus VERG.*G.*4.534; *A.*2.131; inminet ~io uir coniugis, illa mariti OV.*Met.*1.146; ~io..dedi..Thoona 13.259; honos iis (*sc.* ciconiis) serpentium ~io tantus ut..capital fuerit occidisse PLIN.*Nat.* 10.62; ~ium ipsi filioque eius minitans TAC.*Hist.*1.75;—(*pred. dat.*) hoc aliis erat ~io letumque parabat LUCR.6.1229; huic..mustellarum uirus ~io est PLIN.*Nat.*8.79;—(*pl.*) PL. *Bac.*1093; qui aut laqueos aut alia ~ia quaerant CIC.*Fin.* 5.28; ~ia machinatus insolita effera SEN.*Phaed.*1221.

3 (meton.) A cause of death or ruin.
te..et filiam..adulescentum ~ium PL.*As.*133; eum esse ~ium Troiae *Inc.trag.*16; cuius legatio ~ium fuit Asiae totius CIC.*Ver.*11; HOR.*Carm.*1.15.21; nunc..uigebit.. patrimoniorum ~ium, culina SEN.*Ben.*1.10.2; contra formicas, non minimum hortorum ~ium PLIN.*Nat.*19.178; nec ulla in corpore signa sumpti ~ii (*i.e. poison*) reperta TAC. *Ann.*3.7.

4 perh. = EXITVS; see quot.
~ium antiqui ponebant pro exitu; nunc ~ium pessimum exitum dicimus PAUL.*Fest.*p.81M.

exitus ~ūs, *m.* [EXEO+-TVS[3]]

1 The action of going out, departure, egress.
quaerite..uestigia quibus ~us eorum ex illo loco compareant CIC.*Ver.*5.148; ~us ut classi felix..daretur LUCR. 1.100; hortatur..singulorum hominum occultos ~us asseruent CAES.*Civ.*1.21.4; (porta) cornea, qua ueris facilis datur ~us umbris VERG.*A.*6.894; TAC.*Ger.*37.1; (*transf.*, *cf. sense 3b*) ~um habuit e uita miserandum GEL.15.16.1;—(*of things*) quas ~us hic animai disturbat urbis LUCR.6.586; (Nilus) ~u prohibitus SEN.*Nat.*4a.2.22; urinae difficili ~u LARG.183; (*cf.*) habebit philosophus amplas opes..quarum tam honestus sit ~us quam introitus SEN.*Dial.*7.23.1.

2 The means of exit, a way out, outlet. **b** a way out (of a difficulty or sim.).
insula quae undique ~us maritimos habeat CIC.*Ver.*2.185; cum angusto ~u portarum se ipsi premerent CAES.*Gal.* 7.28.3; Numidas..ad ~us itinerum idoneis locis dispositos LIV.30.5.9; CELS.7.2.5; ab Garunnae ~u MELA 3.23; naturales ~us (alui) adaperiuntur COL.6.30.8; ~us specuum sarmentis..completos TAC.*Ann.*14.23; ULP.*dig.*43.7.3.1; (*in fig. phr.*) ab uno quoque compito ternae uiae oriuntur, e quibus singulae ~um..habent proprium VAR.*Men.*402; (*transf.*) eae..causae..quae plurimos exitus dant ad eius modi digressionem CIC.*de Orat.*2.312. **b** si ille tali ingenio ~um non reperiebat, quis nunc reperiet? CIC.*Att.*14.1.1; *N.D.*1.104; utinam emori fortunis meis honestus ~us esset SAL.*Jug.*14.24.

3 A final part or point, conclusion, close, end. **b** the conclusion of one's life, one's end. **c** the final part of a word, termination.
principio ~us dignus LUCIL.1264; suauis..narratio est quae habet..~us inopinatos CIC.*Part.*32; in ~u iam est meus consulatus *Mur.*80; ~us hic uitae superest mihi PROP.3.5.47; sub ~um anni comitia habita LIV.6.18.1; non in limine operum..nostrorum, sed in ~u stamus CURT. 9.2.26; longis sermonibus et de industria non inuenientibus ~um SEN.*Ben.*1.1.5; PLIN.*Nat.*21.110; nos miseri, quibus unde dies suprema, quis aeui ~us incertum STAT.*Silv.* 2.1.225; (*spatial*) genera sunt (cometarum) ..quorum ignis in ~u sparsus est SEN.*Nat.*1.15.4. **b** reliquorum similes ~us tyrannorum CIC.*Off.*2.23; nunc maneti nsontem grauis ~us VERG.*A.*10.630; Antoni Cleopatraeque quis fuerit ~us VELL.2.87.3; SEN.*Ep.*66.43; uoluntario ~u cecidere TAC. *Ann.*6.40; ut intestati ~um faceret MARCEL.*dig.*28.4.3. **c** quod ei (casus) habent ~us aut in A ut hac terra aut in E ut hac lance VAR.*L.*10.62; cum tametsi casus non insunt in uerbis tamen similes ~us sunt *Rhet.Her.*4.28; CIC.*Orat.* 164.

4 The final state of a person, fate, fortune.
quoad Bruti ~um cognorimus CIC.*ad Brut.*2.4.3; *N.D.* 3.89; egregium..Persei ~um uideri, qui..diadema..ad pedes uictoris hostis..posuerit LIV.45.19.16; caelum..erit ~us illi OV.*Met.*15.449; liberatis..abominando..~u totis castris PLIN.*Nat.*22.7; MART.10.66.7; Pompeio, Cassio, Bruto ..haud prosperi ~us fuerant TAC.*Hist.*2.6; emancipatus a parente in ea causa est ut..liberti patiatur ~um ULP. *dig.*37.12.1.

5 A result, issue, outcome. **b** the execution, fulfilment (of an order, promise, etc.). **c** the effect (of provisions in a law).
si incertum fuisset quisnam ~us illius iudici futurus esset CIC.*Clu.*63; quoniam utrique..explicata sententia sua ad eundem ~um ueniant *Fat.*44; CAES.*Gal.*7.52.3; prudens futuri temporis ~um caliginosa nocte premit deus HOR. *Carm.*3.29.29; ~us acta probat OV.*Ep.*2.85; cum initia beneficiorum suorum spectare tum etiam ~us decet SEN. *Ben.*2.14.2; fuisse..gratos erga se deos ~u comperit QUINT.*Inst.*11.2.12; nondum cognito qui fuisset ~us in Illyrico TAC.*Ann.*1.46. **b** neque administrationem esse ullam..neque ~um legis CIC.*Inv.*2.118; magis..eius uoluntatis perpetuitatem quam promissorum ~um exspecto *Q.fr.* 3.5.3; pati taedium et quamuis serae spei ~um exspectare LIV.5.6.2. **c** si ad praesens tempus condicio adscripta est..eundem ~um habet POMPON.*dig.*28.3.16.

exl-: for words not found here see EL-.

exlex ~ēgis, *a.* [EX-+LEX] Not bound by, exempt from the law.
uagus exulet, erret ~ex LUCIL.83; 1088; armis, equis.. nos..iuuerunt ~eges SIS.*hist.*113; parebis legibus an non? anne ~ex solus uiues? VAR.*Men.*507; non..~egem esse Sullam CIC.*Clu.*94; HOR.*Ars* 224; an populum teneri, te unum ~egem esse? LIV.9.34.8.

exm-: for words not found here see EM-.

exmuccō ~āre ~āuī ~ātum, *tr.* [EX-+MVCVS+-O[3]] To cause to discharge *mucus*; (in quot., transf.).
CIL 4.1391.

exo-: for comps. of *ex-* and *so-*, see EXSO-.

exobruō ~uere ~uī ~utum, *tr.* [EX-+OBRVO] To dig out, disengage.
ut (dolium) ~utum protinus tradatur emptori APUL.*Met.* 9.6.

exobsecrō ~āre ~āuī ~ātum, (*tr.*). **exops-.** [EX-+OBSECRO] To beg earnestly, entreat.
supplicabo, ~abo ut quemque amicum uidero PL.*As.*246; molestae sunt: orant, ambiunt, ~ant *Mil.*69.

exōcoetus ~ī, *m.* [Gk. ἐξώκοιτος] An unidentified fish from Arcadia.
PLIN.*Nat.*9.70.

exoculō ~āre ~āuī ~ātum, *tr.* [EX-+OCVLVS+-O[3]] To deprive of eyes.
ni ei caput ~assitis PL.*Rud.*731; caecam et prorsus ~atam esse Fortunam APUL.*Met.*7.2; 8.13.

exodiārius ~(i)ī, *m.* [next+-ARIVS] A performer in an *exodium*.
*Inc.mim.*16; SVM VICTVS..A TER CONSVLE..PATRONO.. CVIVS LIBENTER DICOR ~IVS *CIL* 6.9797.19.

exodium ~(i)ī, *n.* Also **exh-.** [Gk. ἐξόδιον]

1 A final period, conclusion, finale.
principio exitus dignus ~ium sequatur LUCIL.1265; Socrates cum..bibisset κώνειον in ~io uitae VAR.*Men.*99; ab origine ad ~ium 174; PAUL.*Fest.*p.80M.

2 A short play, usu. a farce, presented in dramatic performances as an afterpiece.
~ia..conserta..fabellis..Atellanis sunt LIV.7.2.11; si quando..redit ad pulpita notum ~ium JUV.3.175; ~io risum mouet Atellanae gestibus Autonoes 6.71; SUET.*Tib.*45; scaenico ~io *Dom.*10.4.

exolescō ~escere ~ēuī ~ētum, *intr.* Also **exs-.** [EX-+*olesco*; cf. ABOLESCO] FORMS: pf. *~ui* SUET.*Rhet.*25(p.122Re).

1 To grow up, become adult.
scortum ~um ne quis in proscaenio sedeat PL.*Poen.*17; domi reliqui ~am uirginem fr.103; aetas tua iam ad ea patienda quae alteri facere collibuisset ~euerat [CIC.]*Sal.*13; PAUL.*Fest.*p.5M.

2 To deteriorate through lapse of time, become effete, grow stale. **b** to fade away, die out.
nondum ~eta stirpe gentis LIV.37.8.4; multa sunt (prata) ..quae..~escant et fiant sterilia COL.2.17.3; lactucae ueteres..quae..in amaram caenosi sucus cariem ~escunt APUL.*Met.*9.32. **b** coronae quae solem..cingunt intra breuissimum spatium ~escunt SEN.*Nat.*7.12.8; imaguncular..ferreis et paene iam ~escentibus litteris..inscriptam SUET.*Aug.*7.1.

3 To fall out of use, lose effect, be forgotten.
cum..patris Agrippae fauor hauddum ~euisset LIV. 2.52.4; EXEMPLA MAIORVM ~ESCENTIA..REDVXI AUG.*Anc.* 2.12; animus..~etarum uoluptatium memor SEN.*Dial.* 7.6.1; antiqua uerba et ~a *Ep.*114.10; nec..ulla sunt tam blanda pabula..quorum gratia non ~escat usu continuo COL.7.3.20; PLIN.*Nat.*14.76; Calchedonii (smaragdi).. ~euerunt postquam metalla aeris ibi defecerunt 37.72; cur antiquitus instituta ~escerent TAC.*Hist.*4.8; nondum ea clades ~euerat *Ann.*4.64; PLIN.*Pan.*85.1; exactis.. regibus..omnes leges hae ~euerunt POMPON.*dig.*1.2.2.3; (*cf.*, *of persons*) ~os scrutatus auctores QUINT.*Inst.*8.2.12.

exolētus ~ī, *m.* [pple. of prec.] A male prostitute.
ille qui semper secum scorta, semper ~os..duceret CIC. *Mil.*55; iurgium inter amatorem et ~um CURT.6.7.33; ~us omnia pati doctus SEN.*Dial.*1.3.13; MART.3.82.8; TAC.*Ann.* 14.42; SUET.*Jul.*49.2.

exolō ~āre: see EXVLO.

exōmis ~idis, *f.* [ἐξωμίς] A kind of sleeveless tunic; (cf. Gel.6(7).12.3).
~ides sunt comici uestitus exertis humeris PAUL.*Fest.* p.81M.

exonerātiō ~ōnis, *f.* [EXONERO+-TIO] Relief (from a debt or sim.).
conductor consequitur..mercedis ~onem pro rata ULP. *dig.*19.2.15.7.

exonerātor ~ōris, *m.* [next+-TOR] (app.) An unloader.
SEX CORNELIO..~ORI CALCARIARIO *CIL* 6.9384.

exonerō ~āre ~āuī ~ātum, *tr.* [EX-+ONERO]

1 To discharge the contents of, unload. **b** to relieve (one's body by excretion, etc.).
hodien ~amus nauem, frater? PL.*St.*531; lanam mollire puellae discant et plenas ~are colos (*i.e. by spinning*) OV. *Fast.*3.818; (apes) onustae remeant sarcina pandatae; excipiunt eas ternae quaternae quae ~ant PLIN.*Nat.*11.21; *Ed.pr.*43.4(*Font.iur.*p.232); (*refl.*) lacus..inmensos in eum (*sc.* Padum) sese ~antes PLIN.*Nat.*3.118. **b** id quoque ~ato corpori prodest CELS.3.12.6; ad ~andum uentrem secessit SEN.*Ep.*82.12; ~ata..uesica PETR.27.6; ut..pinna in os indueretur ad ~andum stomachum SUET.*Cl.*33.1; (*of medicine*) ~aturas uentrem..maluas MART.10.48.7; (*cf.*) (medicus) interdicit cibis et abstinentia corpus ~at SEN. *Dial.*3.6.2.

2 (w. abl.) To relieve (of a burden). **b** (without abl.) to free from a burden, unburden.
~are praegrauante turba regnum cupiens LIV.5.34.3; terras ~atas niue SEN.*Nat.*5.10.3; ense fessum miles ~at latus *Ag.*423;—(*transf.*) nos..~astis metu TER.*Ph.*843; parte curae ~arunt senatum..consulis litterae LIV.10.21.5; inuidia..~are deos MART.9.86.9; ~are petitorem probandi necessitate PAUL.*dig.*12.2.30. **b** conscientiam suam ~are CURT.6.8.12; in exilium uoluntarium secessit et ciuitatem ~auit SEN.*Ep.*86.3; ~a mentem culpaeque ignosce PETR. 133.3.

3 To get rid of, remove (a burden); to unburden oneself of. **b** to discharge (an obligation, expense).
ut eam (*sc.* mulierem) ex hoc ~es agro PL.*Epid.*470; LIV. 10.6.2; exundantem per Aegyptum multitudinem..proximas in terras ~atam TAC.*Hist.*5.2; (*transf.*) curas Bacchus ~et graues SEN.*Phaed.*445;—quidam..in quaslibet aures quicquid illos urit ~ant *Ep.*3.4; sic dura suos patientia questus ~at LUC.9.881. **b** inpendium ~atur uectigalium reditu FRON.*Aq.*118; an quod solutum est eam stipulationem ~auit SCAEV.*dig.*46.3.89.2; suum aes alienum..~auit ULP. *dig.*23.3.5.10.

exōnychon ~ī, *n.* [Gk. ἐξώνυχον] A plant, perh. gromwell (= LITHOSPERMON).
PLIN.*Nat.*27.98.

exopīnissō ~āre, *intr.* [EX-+OPINOR+*-isso* (by anal. w. Gk. vbs. in *-ίζω*)] To think, believe.
uiderint alii quid de hoc ~ent PETR.62.14.

exopsecrō ~āre: see EXOBSECRO.

exoptābilis ~is, ~e, *a.* [EXOPTO+-BILIS] Desirable, welcome.
ut nuntiarem nuntium ~em PL.*St.*392; neque inimicis inuidiosam neque amico ~em LUCIL.598; ~e tempus SIL. 11.385.

exoptātus ~a ~um, *a. compar.* ~ior, *superl.* ~issimus. [pple. of next] Longed-for, much-desired.
me uxori ~um credo aduenturum domum PL.*Am.*654; o mi ere ~issume, salue.— salue, Stasime *Trin.*1072; in maxima laetitia et ~issima gratulatione CIC.*Att.*4.1.2; nihil ~ius aduentu meo, nihil carius 5.15.1; nec mihi iam patriam..spes ulla uidendi, nec dulcis natos ~umque parentem VERG.*A.*2.138; SUET.*Cal.*13.1; uirtutum ~issimus fructus est APUL.*Pl.*2.10; (*neut. as sb.*) erit et tibi ~um optinget PL.*Mil.*1011.

exoptō ~āre ~āuī ~ātum, *tr.* [EX-+OPTO] To long for, hanker after.
illum ~auit potius (*sc.* Bacchis)? habeat PL.*Bac.*502; complexum ~ans meum TRAB.*com.*4; cum pluuiae ~antur VAR. *gram.*198(Non.p.547M); quam ob rem praeturam potius ~es quam mortem CIC.*Vat.*39; ciuile bellum ~abant SAL.*Cat.*16.4; LIV.9.25.5; FRO.*Aur.*2.p.18(230N); (*w.* ab) uix ipsa domina hoc..~are ab dis audeat PL.*St.*296;—(*w. dat.*) illum unum mi ~aui quicum aetatem degerem *Cist.*77; te oderunt, tibi pestem ~ant CIC.*Pis.*96; SAL.*Cat.*11.2;—(*w.* ut) ~o ut fiam miserorum miserrumus PL.*Men.*817; illi..exopto ut relicuam uitam exigat cum eo uiro TER.*Hec.*490;—(*w. inf.*) auctores habet quorum aemulari ~at neglegentiam *An.*20;

te ~o quam primum uidere Cic.*Fam.*4.6.3;—(*w. acc. and inf.*) Pl.*Mil.*1135; honestam vitam vixsit..vt sibi qvisqve ~et se honeste vivere *CIL* 1.1761.5.

exōrābilis ~is ~e, *a. compar.* ~ior. [ex-oro+-bilis]

1 Capable of being moved by entreaty.
~is populus, facilis suffragatio pro salute Cic.*Dom.*45; Orcus..non ~is auro Hor.*Ep.*2.2.179; si pecces, deus ~is ille est Prop.2.30.11; nullam..gentem magis ~em promptioremque ueniae dandae fuisse Liv.25.16.12; ~e numen Caesaris Stat.*Silv.*5.1.164; Tac.*Ag.*16.3; ut nobis implacabiles simus, ~es istis Plin.*Ep.*8.22.3; (*w.* in+*abl.*) in suis quam in alienis iniuriis ~ior Sen.*Cl.*1.20.2; (*w.* aduersus) aduersus te et rem tuam..~is es Liv.34.4.18; (*w.* in+*acc.*) facilis ~isque in uitricum fuit Suet.*Tib.*13.2;—(*transf.*) si implacabiles iracundiae sunt summa est acerbitas, sin autem ~es summa leuitas Cic.*Q.fr.*1.1.39; nulli (uitio) non initium uerecundum est et ~e Sen.*Ep.*116.2; (*app.*) consilium dabo..ut exoremus. noui ego nostros: ~est Pl.*St.*74.

2 Able to placate or win over.
tergeminam cum placat eram..~e retro carmen agens V.Fl.1.782.

exōrābula ~ōrum, *n. pl.* [exoro+-bvlvm] Means of winning over, entreaties.
quot..exoretur ~is Pl.*Truc.*27; cuncta illa ~a iudicantium..perdidicit Apul.*Fl.*18.

exōrātiō ~ōnis, *f.* [exoro+-tio] The action of imploring, entreaty.
quid..parricidae manuum prodest ~o paternarum? [Quint.]*Decl.*3b.8; Apul.*Apol.*77.

exōrātor ~ōris, *m.* [exoro+-tor] One who succeeds by his entreaties, a successful suppliant.
orator ad uos uenio ornatu prologi: sinite ~or sim Ter.*Hec.*10.

exorbātus ~a ~um, *a.* [ex-+*orbatus* (orbo)] Bereaved, left orphan.
(fratres) qvos..~os reliqvisti *CIL* 8.9513.

exorcizō ~āre ~āuī ~ātum, *tr.* [Gk. ἐξορκίζω] To exorcize.
si incantauit, si inprecatus est, si, ut uulgari uerbo impostorum utar, si ~auit Ulp.*dig.*50.13.1.3.

exordior ~dīrī ~sus, *tr.* [ex-+ordior] Const.: pple. in pass. sense (1).

1 (in weaving) To lay the warp of, begin (a web); to lay out the strands of (a rope, before twisting). **b** (transf., pple. in pass. sense as sb.).
(*in fig. phr.*) neque ~diri primum unde occipias habes neque ad detexundam telam certos terminos Pl.*Ps.*399; pertexe modo..quod ~sus es Cic.*de Orat.*2.145;—(*pple. in pass. sense*) ~sa haec tela non male omnino mihi est Pl.*Bac.*350; quibus ante ~sa et potius detexta prope retexantur Cic.*de Orat.*2.158;—funem ~diri oportet longum p. lxxii..cum tortus erit, longus p. xlviii Cato *Agr.*135.4. **b** non hic te..per ambages et longa ~sa tenebo Verg.*G.*2.46; sua cuique ~sa laborem fortunamque ferent *A.*10.111; dum..famae..~sa retracto ambitiosa meae Stat.*Theb.*5.626; uatum ~sa furentum 10.723.

2 To start, begin, embark on (esp. a speech, etc.). **b** (without dir. obj.) to begin to speak (write). **c** (rhet.) *causam ~diri*, to deliver the exordium of a speech; (also absol.).
nescis..facinus quantum ~diar Pl.*Bac.*722; haec ~ditur sibi intortam orationem *Cist.*730; quoniam..cognouit Caesar me aliquid esse ~sum, reuertar ad institutum (*sc.* poema) Cic.*Q.fr.*3.8.3; accusationem Appi..~sus Liv.2.56.7; talem fabulam ~sus est Petr.61.5; quod inchoaueram porro ~diar Apul.*Met.*1.5;—(*w. inf.*) unde ~diar narrare quae necopinanti accidunt Ter.*Hec.*362; Cic.*Q.Rosc.*27;—(*w.* ab) omnium magnarum rerum..principia ~si a dis sunt Liv.45.39.10. **b** Quintus et Pomponius cum idem se uelle dixissent Piso ~sus est Cic.*Fin.*5.8; in hunc modum ~sus est Tac.*Ann.*3.50; 6.6; (*w.* ab) a principiis ~diar et laudandi et uituperandi Cic.*Part.*70; (*w. internal acc.*) mutua..~sae Thebas Argosque renarrant Stat.*Theb.*12.390. **c** qui bene ~diri causam uolet Cic.*Inv.*1.20; Quint.*Inst.*4.1.2;—iubent..~diri ita ut eum qui audiat beneuolum nobis faciamus Cic.*de Orat.*2.80; in ~diendo et in perorando 2.311; Quint.*Inst.*1.pr.4.

exordium ~(i)ī, *n.* [prec.+-ivm]

1 The warp set up on a loom before the web is started. **b** (transf., of events 'woven' by fate, also of literary work).
non possum togam praetextam sperare cum ~ium pullum uideam Quint.*Inst.*5.10.71; (*fig.*) te ab summo iam detexam ~io *Inc.trag.*181. **b** ueteris..~ia fati detegis Stat.*Theb.*1.503; quae fati ~ia cunctis, quae mihi 3.636;—ratio..quam priore tradidimus ~io Col.4.4.1; pars haec ~ii paene tota iam exhausta est 7.5.1; si forte meis quae sint ~ia musis scire petis Stat.*Silv.*4.4.87; priscorum ~ia uatum 5.3.234.

2 The point of starting, first part, beginning. **b** *~ium (~ia) capere, sumere*, to make a start or beginning.
huius..~ium mali..explicemus Cic.*Inv.*1.4; primaee reuocabo ~ia pugnae Verg.*A.*7.40; muro lapideo, cuius ~ium operis Sabino bello turbatum erat, urbem..cingere parat Liv.1.38.6; quamuis..rebus..nouis ~ia pareret Luc.8.265; Liuius hexametri ~io coepit Quint.*Inst.*9.4.74; ~io somni Apul.*Met.*5.20; Papin.*dig.*18.2.20;—(*spatial*) eius orae..caput atque ~ium est promunturium Mela 1.25; aliunde aliis ~ium mensurae est Plin.*Nat.*3.16; Apul.*Soc.*8. **b** a Bruto..capiamus ~ium Cic.*Phil.*5.35; *Fin.*5.23; recens..naturast mundi neque pridem ~ia cepit Lucr.5.331; Xylinepolis..unde ceperunt ~ium (*i.e. of a voyage*)..ubi fuerit non satis explanatur Plin.*Nat.*6.96; (*cf.*) utinam ne..nauis inchoandi ~ium coepisset (*v.l.* cepisset) Enn.*scen.*248;—Lucr.1.149; quae prima ~ia sumat? Verg.*A.*4.284; quo..acrius..ipse quoque (iudex)..nouum audiendi sumat ~ium Quint.*Inst.*4.4.9.

3 (pl.) The primal or rudimentary stage in the development of things, beginnings.
cunctarum ~ia rerum qualia sint..percipe Lucr.2.333; ~ia..solis lunaeque 5.471; ut his ~ia primis omnia et ipse tener mundi concreuerit orbis Verg.*Ecl.*6.33; cruda ~ia magnae indolis Stat.*Ach.*1.276.

4 The introductory part of a speech or book, prologue, preface.
ex Pacuuiano ~io Lucil.875; fabularum..~ia Var.*Men.*354; *Rhet.Her.*1.4; ~ium est oratio animum auditoris idonee comparans ad reliquam dictionem Cic.*Inv.*1.20; hoc ~io praecepta pandere ingressus Plin.*Nat.*18.35; Quint.*Inst.*4.1.1.

exorior ~īrī ~tus, *intr.* [ex-+orior] Forms: pres. inf. *~iri*; other forms follow 3rd conjugation.

1 To come into view, present oneself, emerge, appear. **b** (transf.).
ut uiridis ~itur colos ex temporibus atque fronte..uide Pl.*Men.*828; ingens hostium exercitus..repente ~tus..incautos inuadit Liv.9.31.8; resoluto uertice nudus ~itur Stat.*Theb.*9.701; Venus..pelago ~ta Apul.*Apol.*30;—(*of a ghost*) ecce alius ~itur e terra Cic.*Tusc.*1.106; ~tam semper florentis Homeri..speciem Lucr.1.124. **b** tu sola ~ere quae perturbes haec Ter.*Hec.*213; in hoc..numero, in quo perraro ~itur aliquis excellens..pauciores oratores quam poetae boni reperientur Cic.*de Orat.*1.11; ~tus est seruus qui..eum accuset *Deiot.*3;—(*w. pred. sb. or adj.*) sic (Gyges) repente..rex ~tus est Lydiae *Off.*3.39; eo anno Tarquinienses noui hostes ~ti Liv.5.16.2; ~tus..aemulus Vologesi filius Vardanes Tac.*Ann.*13.7.

2 (of celestial bodies) To appear above the horizon, rise; also, *luna ~iens*, the new moon; *~iens* (as sb.) the East.
a sole ~iente supra Maeotis paludes Enn.*var.*21; Pl.*Am.*274; aurorae..ab ~iente nitore Lucr.4.538; Prop.3.5.27; si (luna)..~ta puro nitore fulsit Plin.*Nat.*18.347; uixdum ~ta dies Stat.*Ach.*1.819; (*w. pun on sense 1*) constiteram ~ientem Auroram..salutans cum subito..Roscius ~itur Lutat.*poet.*2.1;—(*of the annual rising of constellations*) post solstitium Canicula ~itur Cic.*Div.*2.93; ~iente Lyra Ov.*Fast.*1.316; (*poet.*) Martis..uenere kalendae, ~iens nostris hic fuit annus auis (*i.e. the beginning of the year*) [Tib.]3.1.2;—plantaria facito ab ~iente ad decimam lunam Col.*Arb.*3.3;—duae caueae..quae spectent ad ~ientem uersus Var.*R.*3.9.6.

3 (of shouts and other sounds) To arise, go up.
tollitur in caelum clamor ~tus utrisque Enn.*Ann.*442; Lucr.4.605; Verg.*A.*2.313; tantus gemitus omnium subito ~tus est Liv.9.4.6; sic ore miserrimus uno ~itur fragor Stat.*Theb.*3.124.

4 To come into existence, spring to life; to spring (from a family, race, or sim.). **b** (of rivers) to rise; (of wind, fire) to spring up.
quasi solstitialis herba paullisper fui: repente ~tus sum, repentino occidi Pl.*Ps.*39; per te (*sc.* Venerem)..genus omne animantum concipitur uisitque ~tum lumina solis Lucr.1.5; quae terris exoriuntur 1.869; protinus ~to (tibi)..risere sorores Aonides Stat.*Silv.*5.3.121;—ab draconis stirpe..~tus Acc.*trag.*596; sanguine ~tam tuo prolem *Inc. trag.*120; ~iare aliquis nostris ex ossibus ultor Verg.*A.*4.625; ~ta genere regio *CIL* 8.16159; (*cf.*) Piscibus ~tos (*those born under the sign of Pisces*) Man.2.567. **b** ad caput amnis, quod..~itur sub solio Iouis Pl.*Trin.*940; (Nilus) inter nigra uirum..saecla..~iens Lucr.6.723; (*cf. sense 1*) Padus..condens..se cuniculo et in..agro iterum ~iens Plin.*Nat.*3.117;—~itur uentus turbo Pl.*Cur.*646; nimbus cum saxea grandine subito est ~tus ingens *B.Afr.*47.1; (*in fig. phr.*) ~tam uidetur flammam paucorum dolore ..restinxisse Cic.*Ver.*5.14.

5 (of circumstances) To come about, begin, arise. **b** (of arguments, points in a discussion) to be brought up, crop up (esp. as obstacles).
ubi utero ~ti dolores Pl.*Am.*1092; duarum rerum ~itur optio *Trin.*1053; noua quaedam illa immanitas ~ta est Cic.*Sul.*75; Caes.*Civ.*2.12.3; ~itur trepidos inter discordia ciuis Verg.*A.*12.583; unde haec repente cura de me ~ta? Liv.28.43.10; suppuratio ~ta est Cels.7.3.2; tum ~ta suspicio Tac.*Ann.*15.56; (*w.* ab) a Myrrina haec sunt mea uxore ~ta omnia Ter.*Hec.*632; (*w.* ex) neque per uinum umquam ex me ~itur discidium Pl.*Mil.*654. **b** ~itur hic..illa defensio Cic.*Caec.*90; hic magna quaedam ~itur..somniorum interpretatio *Div.*1.116; ex hoc alia mihi quaestio ~itur, quae secta conferre plurimum eloquentiae possit Quint.*Inst.*12.2.23.

6 To have one's spirits raised, cheer up.
non uenit idem usu mihi quod tu tibi scribis, 'quotiens ~ior'. ego enim nunc primum paulum ~ior Cic.*Att.*7.26.1.

exornātiō ~ōnis, *f.* [exorno+-tio] The action of adorning or embellishing, decoration, adornment. **b** embellishment (of speech, arguments, etc.).
urbis egregia ~o atque amplitudo Cic.*Inv.*2.168; (uasa) quae ad ~onem..pertinent Col.12.3.2; at ~onem balinei *CIL* 8.2340. **b** uerborum ~o est quae ipsius sermonis ..continetur perpolitione *Rhet.Her.*4.18; ipsa inuenta.. exponentur simpliciter sine ulla ~one Cic.*Inv.*2.11; cum.. laeta tristibus incredibilia probabilibus inteximus, quae in ~onem cadunt omnia *Part.*12; 69; Quint.*Inst.*5.14.6.

exornātor ~ōris, *m.* [exorno+-tor] One who adorns or embellishes.
ceteri non ~ores rerum, sed tantum modo narratores fuerunt Cic.*de Orat.*2.54.

exornātulus ~a ~um, *a.* [next+-vlvs] Prettily dressed.
mulierculam ~am Pl.*Cist.*306.

exornātus ~a ~um, *a. superl.* ~issimus. [pple. of next] Ornamented.
citharam..~issimam auro et ebore distinctam *Rhet.Her.*4.60.

exornō ~āre ~āuī ~ātum, *tr.* [ex-+orno]

1 To equip, prepare; (w. abl.) to furnish with, provide with. **b** (of things) to serve as the equipment of.
~atis nuptiis Pl.*Aul.*784; lembum conspicor..~arier *Bac.*280; quia parum scite conuiuium ~o Sal.*Jug.*85.39; (*absol.*) consul..pro rei copia satis prouidenter ~at 90.1;—uicinitatem antea sollicitatam armis ~at *Cat.*36.1; quae (pars Numidiae)..aedificiis magis ~ata erat *Jug.*16.5; ueste, nummis, familia hominem ~auit Phaed.4.22(23).24. **b** ~ent docilem candida plectra lyram Mart.14.167.2.

2 To adorn, decorate, beautify: **a** (a person, the body, etc.). **b** (a place).
a tibi me ~o ut placeam Pl.*Mos.*293; *Truc.*270; quia uaria ueste ~atus fuit Ter.*Eu.*683; Cic.*Har.*44; sacerdos ..foliis caput ~arat oliuae *Ciris* 148; equo..quam poterat maxime ~ato insidentem Liv.7.6.5; ~ant..deos.. armis..tuis Luc.6.256; (*facet.*) Syrum..adeo ~atum dabo, adeo depexum ut dum uiuat meminerit semper mei Ter.*Hau.*951; (*of things*) muliebris (cultus)..non corpus ~at, sed detegit mentem Quint.*Inst.*8.pr.20. **b** urbis signis monumentisque pulcherrimis ~auit Cic.*Ver.*2.3; ~at ample magnificeque triclinium 4.62; ~atis aedibus per aulaea et insignia Sal.*Hist.*2.70.2; tabulis..pictis..fanum..~auit Liv.43.4.7;—(*of things*) signa..quae..~ent mihi in palaestra locum Cic.*Fam.*7.23.2; tota licet ueteres ~ent undique cerae atria Juv.8.19.

3 (transf.) To add distinction to, enhance, ennoble. **b** to raise (a person) to honour, distinguish, glorify. **c** (rhet.) To enhance or embellish (a theme, language, etc.).
~auit (Pythagoras) eam Graeciam, quae magna dicta est ..institutis et artibus Cic.*Tusc.*5.10; bonum tuum auge et ~a Sen.*Ep.*13.15; Plin.*Ep.Tra.*10.26(11).3; ivventvtis vitam maxvma ~avit gloria *CIL* 8.646;—(*of things*) mors honesta saepe uitam quoque turpem ~at Cic.*Quinct.*49; magistratum..nihil magis ~are quam census Plin.*Nat.*14.5; quos (mores) et liberalia studia ~ant et eximia pietas Plin.*Ep.Tra.*10.4(3).4. **b** ego..imperio, auctoritate insignibusque amplissimis ~atus Cic.*Agr.*2.101; singulos (testes) ut ~are, ita destruere contingit Quint.*Inst.*5.7.25; longum..tempus quo amicos tuos ~are potuisti Plin.*Ep.*2.13.2; ~atvs eqvo pvbl(ico) *CIL* 14.401. **c** cum.. aequitatem causae ~auerit Cic.*Inv.*2.138; in illis..causis quae ad delectationem ~antur *Part.*58; *Marc.*4; ut nostri poetae..illorum id (*sc.* carmen) nominibus ~ent Quint.*Inst.*12.10.33.

exōrō ~āre ~āuī ~ātum, *tr.* [ex-+oro]

1 To win over by entreaty, prevail upon, persuade. **b** (w. *ut, ne*; also, w. *quin*).
amandone ~arier uis ted an osculando? Pl.*As.*687; sine te ~em Ter.*Hau.*1050; Cic.*Ver.*1.138; ~anda canis (*sc.* Cerberi) tria sunt latrantia colla Prop.3.18.23; proximus..labor est placitam ~are puellam Ov.*Ars* 1.37; ~ata..nec exterrita nupsi *Met.*5.418; Tac.*Hist.*1.66; nostri.. Lares, quos ture..soleo ~are Juv.9.138; euocare Manes et ~are temptauit Suet.*Nero* 34.4; (*ellipt.*) numquam hercle hodie ~abis Pl.*As.*707;—(*of prayers, etc.*) ~ant magnos carmina saepe deos Ov.*Tr.*2.22; Sen.*Ben.*5.25.4;—(*w. non-personal obj.*) non ~ato stant adamante uiae Prop.4.11.4; qui..Parcarum ~as..breues..colos Mart.9.17.2; tristitiam..~are Plin.*Ep.*2.5.6. **b** eam..~es ne tibi suscenseat Pl.*Cist.*303; non queo te ~are ut maneas triduom hoc? Ter.*Ph.*489; quem ego ut mentiatur inducere possum, ut peieret ~are facile potero Cic.*Q.Rosc.*46; ut.. reuocaret ~ari nullo modo potuit Suet.*Aug.*65.3;—numquam edepol quisquam me ~abit quin tuae uxori rem omnem..eloquar Pl.*Men.*518.

2 To obtain by entreaty. **b** (w. two accs.).
caesis..de more iuuencis ~at pacem diuum Verg.*A.*3.370; preces admouit, tempus ~ans breue Phaed.1.19.6; eum qui aret oliuetum, rogare fructum; qui stercoret, ~are Col.5.9.15; (*poet.*) facta merent odium, facies ~at amorem Ov.*Am.*3.11.43;—(*w.* ab, ex, *etc.*) censen talentum magnum ~ari pote ab istoc sene..? Pl.*Aul.*309; alicunde ~a mutuom *Per.*43; (*w.* ut) quid si ego impetro atque ~o a uilico..ut eam illi permittat? *Cas.*269; (*ellipt.*) me oratricem hau spreuisti sistique ~are ex te *Mil.*1072. **b** sine te hoc ~arier Pl.*Poen.*380; aliquid nos ~abit (uoluptas), nihil coget Sen.*Dial.*7.14.1; Iouem aquam ~abant, itaque statim urceatim plouebat Petr.44.18; Stat.*Silv.*2.7.122.

exorsus ~ūs, *m.* [exordior+-tvs[3]] A beginning, point of departure.
de uestri imperi dignitate atque gloria, quoniam is est ~us orationis meae Cic.*Man.*11.

exortīuus ~a ~um, *a.* [exorior+-ivvs]

1 Of or belonging to the ascension of heavenly bodies, ascendant.
~am mensuram Plin.*Nat.*7.160.

2 Of or proper to sunrise, eastern; (neut. pl. as sb.) the eastern parts.
optimum est (fulmina) in ~as redire partes Plin.*Nat.*2.143; flumen..fluere a septentrione in ~um oceanum 37.39;—Narbonensis Galliae ~a 6.215.

exortus ~ūs, *m.* [exorior+-tvs[3]] Forms: *~os* (acc. pl.) Var.*R.*1.12.1; 2.3.6.

1 (of heavenly bodies) The action of rising. **b** the time when a wind begins to blow. **c** (transf.) the emergence, appearance (of a person, condition, etc.).
solis ~u capessit candorem (*i.e. the sky*) PAC.*trag.*88; uident..qui ~us..signi alicuius aut qui occasus futurus sit CIC.*Div.*2.17; contra ~um Hyperionis LABER.*com.*73; Nilus ante exortum Caniculae augetur SEN.*Nat.*4a.1.2; faciunt (stellae errantes)..~us uespertinos PLIN.*Nat.*2.59; 15.9; est haec natura sideribus ut parua..ualidiorum ~us obscuret PLIN.*Pan.*19.1; iubaris ~u cuncta conlustrantur APUL.*Met.*1.18. **b** secundum Fauonii ~um mense Februario circa Idus COL.2.17.6. **c** ut inuicti imperatoris ~um uictoriae insigne decoraret PLIN.*Pan.*8.2; ante consilii et rationis ~um GEL.12.5.8.

2 The sunrise (regarded as a point of the compass, or region of the sky); (also pl. in sim. sense).
a septentrionibus..usque ad ~um brumalem uento flante PLIN.*Nat.*17.85; (uilla) spectare debet..~um aequinoctialem 18.33; regiones..esse caeli quattuor: ~um, occasum, meridiem, septentriones GEL.2.22.3;—stabulatur pecus melius ad hibernos ~os si spectat VAR.*R.*2.3.6; cum ab occasu solis ad ~us intenderent iter LIV.21.30.4; (*w.* solis) Indi..procul a nobis..sit prope oceani reflexus et solis ~us APUL.*Fl.*6.

3 a The point of rising of a river, etc., source. **b** the source (of winds, clouds).
a circa Danuuii ~um PLIN.*Nat.*31.25; (aqua) subit altitu dinem ~us sui 31.57. **b** haut procul ab ipso aquilonis ~u specuque eius dicto PLIN.*Nat.*7.10; si nubes sublime uolitant, quibus omnis..~us est terrenus APUL.*Soc.*11.

exos (~ossis), *a.* Also **~ossis** ~ossis ~osse. [EX+-OS²] FORMS: *~ossam* (fem. acc.) APUL.*Met.*1.4. Boneless.
unde animantum copia tanta (*i.e. of maggots*) ~os.. perfluctuat artus LUCR.3.721; FEST.p.330M. **β** cum sit (piscis) cetera ~ossis, duodecim numero ossa..in uentre eius..sunt APUL.*Apol.*40; (*fig.*) saltandis fabulis ~ossis plane et eneruis 74; (*transf.*) eneruam et ~ossam saltationem *Met.*1.4.

exosculātiō ~ōnis, *f.* [next+-TIO] The eager kissing or billing (of birds).
illam ~onem (coruorum)..qualem in columbis esse PLIN. *Nat.*10.32; 10.104.

exosculor ~ārī ~ātus, *tr.* [EX-+OSCVLOR] FORMS: pf. pple. in pass. sense: see 1.

1 To kiss fondly.
~atus pectus..inieci ceruicibus manus PETR.91.9; hos (*sc.* oculos) cum ~amur animum ipsum uidemur attingere PLIN.*Nat.*11.146; TAC.*Hist.*2.49; cuius (infantis) effigiem.. in cubiculo suo positam..~abatur SUET.*Cal.*7; matronas nostras meo nomine ~are FRO.*Aur.*1.p.244(89N); (*pple. in pass. sense*) ~atis uestigiis deae APUL.*Met.*11.17.

2 To express fondness for, admire greatly.
hanc adiecit sententiam quam solebat mirari Latro, immo..~ari SEN.*Con.*1.2.17; senatus fidem atque ingenium pueri ~atur GEL.1.23.13; 2.26.20.

exossis: see EXOS.

exossō ~āre ~āuī ~ātum, *tr.* [EX-+OS²+-O³] To remove the bones from, bone.
~abo ego illum..ut murenam coquos PL.*Ps.*382; gongrum..in aqua sinito ludere tantisper: ubi ego uenero, ~abitur TER.*Ad.*378; (suem) cum occideris, bene ~ato COL. 12.55.1; ~atas esse gallinas PETR.65.2; (*fig.*) mulier..~ato ciet..pectore fluctus LUCR.4.1271; (*cf.*) non adeo..~atus ager (*app.* '*cleared of stones*') PERS.6.52.

exostra ~ae, *f.* [Gk. ἐξώστρα] A stage-machine for displaying an interior scene; (in quot., fig.).
iam in ~a (*i.e. in full view*) helluatur, antea post siparium solebat CIC.*Prov.*14.

exōsus ~a ~um, *pple.* [EX-+*osus* (ODI)] (w. acc.) Hating, detesting, abhorring.
Iuppiter..nondum ~us ad unum Troianos VERG.*A.*5.687; iuuenem ~um nequiquam bella 12.517; taedas ~a iugales OV.*Met.*1.483; patrios mores ~us es CURT.8.7.12; SEN. *Dial.*6.2.5; STAT.*Theb.*3.632; cum..exosus arma in otio ageret FLOR.*Epit.*2.21(4.11.1); (*poet.*) templa (*sc.* Bonae Deae)..oculos ~a uiriles OV.*Fast.*5.153.

exōtericus ~a ~um, *a.* [Gk. ἐξωτερικός] (of books, lectures, etc.) Popular (i.e. not too abstruse).
libros..suos..diuisit (Aristoteles), ut alii ~i dicerentur, partim acroatici GEL.20.5.6.

exōticus ~a ~um, *a.* [Gk. ἐξωτικός] Coming from overseas, foreign, imported; *Graecia ~a*, Greek colonies overseas, (in quot.) Magna Graecia.
quid istae quae uestei quotannis nomina inueniunt noua? ..basilicum aut ~um, cumatile aut plumatile PL.*Epid.*232; ne quis uenderet unguenta ~a PLIN.*Nat.*13.24; uinum ~um GEL.13.5.5; pisces ~o iure perfusos APUL.*Met.*10.16; (*cf.*) ~i ac forensis sermonis rudis locutor 1.1;—mare superum omne Graeciamque ~am..sumus circumuecti PL.*Men.*236.

exp-: for comps. of *ex-* and *sp-* see EXSP-.

expallescō ~escere ~uī, *intr.*, (*tr.*). EX-+PALLESCO] To turn pale; (w. acc.) to turn pale with fear of.
uiden ut ~uit? PL.*Cur.*311; aduersarium..erubuisse ~uisse titubasse *Rhet.Her.*2.8; CATUL.64.100; Philomela.. horruit infelix totoque ~uit ore OV.*Met.*6.602; tremet sapiens et dolebit et ~escet SEN.*Ep.*71.29; PLIN.*Ep.*1.5.13;—Pindarici fontis qui non ~uit haustus HOR.*Ep.*1.3.10.

expallidus ~a ~um, *a.* [EX-+PALLIDVS] Very pale.
statura fuit eminenti, colore ~o SUET.*Cal.*50.1.

expalliō ~āre ~āuī ~ātum, *tr.* [EX-+PALLIVM+-O³] To deprive of a *pallium.*
~atus sum miser PL.*Cas.*945.

expalpō ~āre ~āuī ~ātum, *tr.* Also **~or** ~ārī. [EX-+PALPO] To obtain by caresses or coaxing.
si quid ~are possim ab illo POMPON.*com.*32; (*absol.*) exora, blandire, ~a PL.*Poen.*357; (*dep.*) nunc seruos argentum a patre ~abitur *Vid.*fr.16.

expandō ~ndere ~ndī ~ssum or ~nsum, *tr.* [EX-+PANDO²] FORMS: *~ssum* CAECIL.*com.* 198; *~nsum* PLIN.*Nat.*2.228, 15.31, 31.70, GEL.15.15.3.

1 To spread out, unfold. **b** (refl. and pass.) to become wider, spread out, expand.
flammeum ~ssum domi CAECIL.*com.*198; (aer) aliquando uentis ~itur SEN.*Nat.*3.9.2; hae herbae..sub umbra ~nduntur COL.12.13.2; supra fontem..~nsae uestes PLIN. *Nat.*2.228; (*in fig. phr.*) (sapiens) omnes uirtutes suas undique ~ndat SEN.*Ep.*59.7;—(*of plants*) herba..~ndit molle cacumen humo OV.*Tr.*3.12.12; (arbor) foliosior..roseique floris quem..meridie ~ndit PLIN.*Nat.*12.40. **b** ubi primum se artat (mare) Hellespontus uocatur, Propontis ubi ~ndit MELA 1.7; 3.9; aer..modo spissat se modo ~ndit SEN.*Nat.*5.6; cum ~ndatur amnis PLIN.*Pan.*30.4.

2 To expound, unfold (in words).
rerum naturam ~ndere dictis LUCR.1.126.

expapillātus ~a ~um, *a.* [EX-+PAPILLA+-ATVS²] Laid bare to the breast.
~o brachio, exerto; quod cum fit papilla nudatur PAUL. *Fest.*p.79M.

expars: see EXPERS.

exparta ~ae, *f. adj.* [EX-+PARTVS] (of female animals) Past the age for bearing offspring.
obseruare debet..ut sint eae pecudes aetate potius ad fructus ferendos integrae quam iam ~ae VAR.*R.*2.5.7.

expassus ~a ~um; pple. of EXPANDO.

expatrō ~āre ~āuī ~ātum, *tr.* [EX-+PATRO] To waste in dissoluteness, etc., squander.
parum ~auit an parum elluatus est? CATUL.29.16.

expauefaciō ~acere ~ēcī ~actum, *tr.* [EX-+PAVEFACIO] To frighten, terrify.
(tauri) mugitu equi ~acti HYG.*Fab.*47.2.

expauescō ~auescere ~āuī, *intr.*, *tr.* [EX-+PAVESCO] **a** (intr.) To become frightened, begin to be afraid. **b** (w. acc.) to become frightened or take fright at.
a subito..terreri et ~auescere in hoc morbo prodest CELS. 3.18.21; SEN.*Ep.*97.14; Hippolytum tauro emisso ~auescentem PLIN.*Nat.*35.114; subito cum pigra tumultu ~auit domus STAT.*Theb.*8.637; QUINT.*Inst.*6.2.31; (*transf.*) ~auere gradus STAT.*Silv.*1.3.57;—(*w.* ad) LIV.6.34.6; inter trementes et ad repentinum sonitum ~auescentes SEN.*Cl.* 1.7.3; nec..ad raptum ferramentum ~auerat PETR.94.15. **b** nec muliebriter ~uit ensem HOR.*Carm.*1.37.23; admotam ceruicibus meis securem ~auesco SEN.*Con.*2.3.10; (delphinus) hominem non ~auescit ut alienum PLIN.*Nat.*9.24; 25.17; cum..hanc audaciam stili nostri frequenter ~aueris STAT.*Silv.*3.pr.4; QUINT.*Inst.*10.3.30; TAC.*Hist.*2.76; (*of a plant*) non grandinum aut niuis iniuriam ~auescit (cytisus) PLIN.*Nat.*13.134.

expaueō ~ēre, *tr.* [EX-+PAVEO] To be terrified at.
~entes..potum PLIN.*Nat.*34.151.

expauidus ~a ~um, *a.* [EX-+PAVIDVS] Terrified, frightened.
pecuniae magnitudine ictus ~usque GEL.1.8.6; (*transf.*) ~a..asperaque famultas LAEV.*poet.*22.6.

expectorō ~āre ~āuī ~ātum, *tr.* [EX-+PECTVS+-O³] Quoted as arch. in QUINT. *Inst.*8.3.31. To banish from the mind; to banish from one's affections, scorn.
tum pauor sapientiam omnem mi exanimato ~at ENN *scen.*23; meum hunc pauorem ~a ACC.*trag.*301;—a fortuna opibusque omnibus desertum..~ant 595.

expecūliātus ~a ~um, *a.* [EX-+PECVLIATVS] Deprived of one's *peculium.*
~os seruos PL.*Poen.*843.

expediō ~īre ~īuī or ~iī ~ītum, *tr.*, *intr.* [EX-+PES+-IO³; cf. *impedio*, etc.] FORMS: *~ibo* (fut. ind.) ENN.*scen.*148; PL.*Truc.*138; PAC.*trag.*66, 281; ACC.*trag.*490; POMPON. *com.*175.

1 To free from fastenings or wrappings, disengage, untie, unwrap. **b** to disentangle, untwine.
cum..pyxidem ~iret, manum porrigeret, uenenum traderet CIC.*Cael.*65; ueste tectum pugionem ~ire conatus SAL.*Hist.*3.59; institor..~iet merces OV.*Ars* 1.422; QVI.. PVLVEREM..EX SCAVREIS..~IRE FRANGERE CERNERE.. VOLET *CIL* 2.5181.47. **b** inseritur..subtemen..quod digiti ~iunt OV.*Met.*6.57; nexus..et torta iubarum ~iunt STAT.*Theb.*6.403; capillus..pectine cotidie ~iendus est FRO.*Aur.*2.p.60(143N); restim qua erat intextus aggredior ~ire APUL.*Met.*1.16; si lanam conduxerit..~iendam ULP. *dig.*7.8.12.6; (*in fig. phr.*) uereor ne..Caesari nullus honos ..habeatur dum hic nodus ~iatur CIC.*Att.*5.21.3; (*transf.*) delphinus..uarios..orbes implicat ~itque PLIN.*Ep.*9.33.5.

2 To extricate, release (a person from a confined or sim. position). **b** (transf., from difficulty, duress, etc.). **c** to promote the easy movement of (things), release.
Neptuno has ago gratias..quom me ex suis locis..~iuit PL.*Rud.*908; uix illigatum te triformi Pegasus ~iet Chimaera HOR.*Carm.*1.27.24; tenacibus amplexibus (mulieris) ~itum hominem APUL.*Met.*9.5; (*pass. in middle sense*) ducente deo flammam inter et hostis ~ior VERG.*A.*2.633;—(*refl.*) qui clauso se loco potuerant ~ire SIS.*hist.*66; clausus locorum angustiis noctu sine ullo detrimento exercitus se ~iuit NEP.*Han.*5.2; LIV.42.66.8; manu eius..memet ~io APUL.*Met.*2.6. **b** ~iui ex seruitute filium PL.*Capt.* 454; ~ies nos omni molestia CIC.*Att.*2.25.2; amor..me tenet, unde ~ire non..queant..consilia nec contumeliae HOR.*Epod.*11.25; OV.*Fast.*4.669; nemo adhuc correptus hoc malo..~itus est LARG.171;—(*refl.*) hic simul argentum repperit, cura sese ~iuit TER.*Ph.*823; quod te..ab omni occupatione ~isti ualde mihi gratum est CIC.*Att.*3.20.2; SEN.*Ep.*37.3. **c** saepe trans finem iaculo..~ito HOR. *Carm.*1.8.12; quaerendum esse..quid grauem..spiritum ~iat CELS.1.pr.39; iidem (*sc.* cancri) in iure cocti..menstruas purgationes ~iunt PLIN.*Nat.*32.132.

3 To solve, clear up, settle (difficulties, problems, etc.). **b** to settle (a debt).
iram ~ies, rursum in gratiam restitues TER.*Hec.*291; me multa impediuerunt, quae ne nunc quidem ~ita sunt CIC. *Fam.*14.19; omnibus titubantibus..Eumenes ait..se rem ~iturum NEP.*Eum.*9.2; curis..~itis HOR.*Carm.*1.22.11; LIV.3.1.4; haec quaestio facile ~ietur SEN.*Ben.*6.7.2; ~iendarum litium GAIUS *dig.*12.2.1; (*cf.*) ex altitudine columnarum ~iendae sunt altitudines epistyliorum VITR.3.5.8;—(*w. indir. qu.*) adgredi hostem placuit, sed magis fieri id placebat quam quomodo fieret satis ~iebant LIV.32.9.11; non umquam longa tuendo expedias cui (*sc. goddess*) maior honos, cui gratior STAT.*Theb.*2.241. **b** nomina mea, per deos, ~i, exsolue CIC.*Att.*16.6.3; ~iendi debiti ULP.*dig.* 22.1.21.

4 To give an account of, explain, expound.
quid puero factumst..meo nepoti? capita rerum ~ite PL.*Truc.*790; id..uerbo ~i TER.*Ph.*197; immanem uerborum ~iat numerum (etymologus) VAR.*L.*6.39; CIC.*Fin.* 3.19; ut omnem ~iat morbi causam VERG.*G.*4.397; initia causasque motus Vitelliani ~iam TAC.*Hist.*1.51; (*ellipt.*) qui tu misera es? mi ~i PL.*Men.*614; (*absol.*) quis..de suillo pecore ~it? VAR.*R.*2.4.1;—(*w. acc. and inf.*) id ego.. aecum fecisse ~ibo ENN.*scen.*148; dum uersibus ~iamus esse ea quae solido..corpore constent LUCR.1.499;—(*w. indir. qu.*) quis Latio antiquo fuerit status..~iam VERG.*A.* 7.40; quid..sit animus ille..non magis tibi quisquam ~iet quam ubi sit SEN.*Nat.*7.25.2; eo..causidicos nominari quod cur quaeque facta sint ~iant APUL.*Apol.*48.

5 To prepare for use, make ready; (refl.) to prepare oneself, get ready; (pass., w. dat.) to get ready (for). **b** (intr.) to set off (on a mil. expedition).
mulieres..quae..cibaria pastoribus ~iant VAR.*R.*2.10.6; Tauroenta..perueniunt ibique nauis ~iunt CAES.*Civ.*2.4.5; calidos latices et aena undantia flammis ~iunt VERG.*A.* 6.219; ad componenda armamenta ~iendumque..militem ad imminens certamen LIV.26.39.8; STAT.*Theb.*9.864; immensas..plumbi aerisque molis..~iunt TAC.*Hist.*2.21; (*transf.*) liberales artes non perducunt animum ad uirtutem, sed ~iunt SEN.*Ep.*88.20;—cingitur: certe ~it se PL.*Am.* 308; me ~io ad Drusum (*i.e. for the defence of Drusus*) CIC. *Att.*4.15.9; se quisque ~ire, arma atque tela temptare SAL. *Jug.*105.4; LIV.2.55.8; (*cf.*) illinc..familia nudas ~it manus PETR.108.8;—~iri..itineri singula milia ex tribus legionibus..iussit TAC.*Ann.*15.10. **b** nimiae uoluptates, cum uacaret; quotiens ~ierat, magnae uirtutes TAC.*Hist.*1.10; multos..comitum specie secum ~ire iubet 1.88.

6 To make available, supply, provide. **b** (app.) to dispose of by sale.
ad commeatus ~iendos LIV.22.3.2; alimenta arcu ~iens TAC.*Ann.*6.43; ad ~iendas pecunias SUET.*Jul.*4.2; quin tu..lucernam..mihi ~is APUL.*M.*·.9.7;—(*w. abst. obj.*) tribuni..ius auxilii s. i~iunt LIV.3.13.6; ROGO TE ~I MI HOSPITIVM *CIL* 10.2641. **b** laniones et unguentarii et quicunque aliquid ~iunt PETR. 39.10; dominus Capuae exierat ad scruta scita ~ienda 62.1.

7 To accomplish, achieve, work out. **b** (intr., of activities) to turn out (in a given manner).
hic hodie ~iet hanc docte fallaciam PL.*Capt.*40; ut, si uita nostra in aliquas insidias..incidisset, omnis honesta ratio esset ~iendae salutis CIC.*Mil.*10; quem ad modum ~iam exitum huius institutae orationis *Fam.*3.12.2; VITR. 7.4.1; nec dilectum consules nec comitia quae petebant tribuni ~iebant LIV.4.55.4; ita ei..somnium ~itum (*i.e. came true*) FRO.*Aur.*2.p.26(220N); ut..mulier..uniuersa onera sua ~iret ULP.*dig.*23.4.4. **b** nequiter paene ~iuit..parasitatio PL.*Am.*521; Amoris artis eloquar quem ad modum ~iant (*v.l.* se ~iant) *Trin.*236.

8 (intr.) To be profitable, useful, or expedient.
nihil est quod magis ~iat quam boues bene curare CATO *Agr.*54.5; cum idem ~iet emptori et uenditori CIC.*Agr.*2.67; cura quid ~iat prius est quam quid sit honestum OV.*Pont.* 2.3.9; ut quod in foro non ~it illic nec liceat QUINT.*Inst.* 9.2.67; nihil domi impudicum nisi dominationi ~iret TAC. *Ann.*12.7;—(*impers., w. inf.*) ~iet fabulae huic operam dare PL.*Capt.*54; TER.*Ph.*766; hunc unum eius modi reum.. fuisse..cui damnari ~iret CIC.*Ver.*1.9; moenia..quae..non ..~iit transiluisse Remo OV.*Fast.*3.70; TAC.*Ann.*16.35;—(*w. acc. and inf.*) patrem familiae uillam..bene aedificatam

habere ~it Cato *Agr.*3.2; Cic.*Phil.*13.16; ~it esse deos Ov.*Ars* 1.637; ante ad praesaepia boues religari non ~it quam sudare..desierint Col.2.3.2.

expeditē, *adv. compar.* ~ius, *superl.* ~issimē. [expeditvs + -e]

1 In an unencumbered manner, freely, nimbly.
tam ~e exquirit cursuram sibi Pl.*Mer.*120; membra apte et ~e mouent (animalia) Sen.*Ep.*121.5; uidet eum cum illo genere oneris..~e incedentem Gel.5.3.4; (*cf.*) nuntiato naufragio..cum omnia sua audiret submersa: 'iubet' inquit 'me fortuna ~ius philosophari' Sen.*Dial.* 9.14.3; quia ~ius cura maior adhibetur paucioribus Col. 7.5.4.

2 Without delay, speedily, expeditiously.
simul e portu egredienti sed ~ius nauiganti Cic.*Att.*6.8.4; loco opportuniore..nullo esse potuisti, ex quo te quocumque opus erit..~issime conferas *Fam.*6.20.2; Caes.*Civ.*3.36.3; Vitr.10.4.1; morieris ~ius qui ferrum..animose recipis Sen. *Dial.*9.11.5

3 (in speech, writing) Unambiguously, clearly. **b** fluently.
~e fabulatus es Pl.*Men.*176; *Rhet.Her.*2.27; quod proposuerat explicans ~e Cic.*Brut.*237; M. Varro in libro..quarto uicesimo ~issime ita finit Gel.16.8.6. **b** disputabat ~e magis quam concitate, ut posses dicere facilitatem esse illam, non celeritatem Sen.*Ep.*40.12; Suet.*Aug.*89.1.

expedītiō ~ōnis, *f.* [expedio + -tio]

1 A military (or naval) operation performed by troops, etc., in light order (cf. perh. expeditvs 1), foray, raid, expedition.
consul partem exerciti in ~onem ducit Naev.*poet.* 32(35).2; Cic.*Inv.*2.93; tripertito milites equitesque in ~onem misit Caes.*Gal.*5.10.1; egregia facinora nunc in ~onibus, nunc in acie Liv.3.12.5; quos in ~onem uelocitate corporum ac leuitate armorum aptissimos esse ratus est 25.9.1; cum..orbem classibus iam, non furtiuis ~onibus, piratae terrerent Vell.2.31.2; in ~one belli *CIL* 16.17; Tac.*Ag.*16.4; (*cf.*) (apes) noctu deprehensae in ~one Plin. *Nat.*11.19; (*transf.*) quid haec tibi uirtus suadebit?..quid tibi pro hac ~one promittit? Sen.*Dial.*7.16.2.

2 A plan, arrangement.
rusticorum (aedificiorum) ~onum apparationes Vitr. 6.5.3; ductio quae per fistulas plumbeas est futura hanc habebit ~onem 8.6.5.

3 An explosion in words, account.
habet paucis conprehensa breuitas multarum rerum ~onem *Rhet.Her.*4.68; (litterae) breues nec ullam rerum gestarum ~onem continentes Fro.*Ver.*2.p.142(126N).

4 (rhet.) Proof by elimination.
~o est, cum rationibus conpluribus enumeratis..ceterae tolluntur, una relinquitur, quam nos intendimus *Rhet.Her.* 4.40.

expedītus ~a ~um, *a. compar.* ~ior, *superl.* ~issimus. [pple. of expedio]

1 (of troops, etc.) Ready for action, i.e. unencumbered by baggage, etc., and with arms ready for immediate use; (sim. of ships). **b** (of other persons) unencumbered, travelling light.
~o exercitu ita noctu iter feci Cic.*Fam.*15.4.8; reliquas legiones in armis ~as contra hostem constituit Caes.*Civ.* 1.42.1; Liv.5.16.3; Parmenione ad inhibendum incendium cum ~a manu praemisso Curt.3.4.15; Tac.*Hist.*3.50; (*fig.*) cum hoc quoque saeculo esse quam ~issimus cupiat (sapiens) Sen.*Ep.*90.13;—(*masc. as sb.*) inermos armati, impeditos ~i..interficiunt Sis.*hist.*73; huius..siluae..latitudo nouem dierum iter ~o patet Caes.*Gal.*6.25.1; cum..~is..militum Liv.30.9.1;—ad id..concilium Aetolorum classe ~a uenit 26.24.1. **b** obuiam fit ei Clodius, ~us, in equo, nulla raeda..sine uxore Cic.*Mil.*28; ~a Sagana (*a witch*)..horret capillis ut marinus..echinus Hor.*Epod.*5.25; cum ~o uenatore Liv.25.9.14; (*transf.*) aptis sarcinulis et ~is Catul. 28.2.

2 a (of the body or its parts) Moving easily or briskly, agile. **b** quick, ready (in mind); (also of mental processes, etc.).
a formae hominum legendae ut sint..~is membris Var. *R.*2.10.3; V.Max.2.3.3; sanum..corpus spissat (aquilo) et mobilius atque ~ius reddit Cels.2.1.10; manus illam (*sc.* pilam) ~a et agilis repercutiet Sen.*Ben.*2.17.4; (*w.* in + *acc.*) dextra aduritur mamma, inde ~a in ictus manus quae exeritur Mela 3.34; (*cf.*) uox ~a Fro.*Aur.*2.p.72(149N). **b** rebus inueniendis nec minus uerbis ~us Cic.*Brut.*221; ingenia prompta ~aque Gel.pr.12;—(*w.* ad) hominem..ad pronuntiandum ~um Cic.*de Orat.*2.131; quaesiit si quem nouissent ad id ~um (*i.e. to judge a literary competition*) Vitr.7.pr.5;—propter uerborum bonitatem..et ~am..celeritatem Cic.*Brut.*220; 280; ubi ~ior alicuius quam sani fuit sermo Cels.2.7.24; hominem tam ~ti consilii Tac. *Hist.*4.42.

3 Free from difficulty, easy to perform or achieve; *in ~o*, without hindrance. **b** (of roads) easy to traverse.
si eam (*sc.* prouinciam)..~issimam mihi tradideris Cic. *Fam.*3.2.2; iis..reditum in caelum patere..~issimum *Amic.* 13; mittere..sanguinem cum sit ~issimum usum habenti Cels.2.10.15; negotia ~a et habilia Sen.*Dial.*5.7.1; Plin.*Ep.* 7.18.1; (*w.* ad) nauis longas, quarum..erat..motus ad usum ~ior Caes.*Gal.*4.25.1;—quibus fuga in ~o fuit Liv.33.19.4; cum..adpellere scaphas in ~o esset Curt.4.2.22. **b** alterum (iter)..multo facilius atque ~ius Caes.*Gal.*1.6.2; inde Pellam celerius..quia recta ~a uia ierant peruenerunt Liv.44.43.3; (*in fig.phr.*) uiam..~iorem ad honores Cic.*Flac.*104.

4 Easy to procure, readily available; *in ~o*, in rea ness, at hand.
unde statim ~a possint argumenta depromere Cic.*de Orat.*2.117; *Att.*13.29.2(3); pecunia ~issima quae erat tibi decreta est *Fam.*11.24.2; quo ~iore re frumentaria uteretur Caes.*Gal.*7.11.1; ueniam ad cenam sed..paciscor, sit ~a (*i.e. no rare dishes*), sit parca Plin.*Ep.*3.12.1;—sapiens..in ~o consilium habet Sen.*Cl.*2.6.1; Plin.*Nat.* 4.121; promptum hoc et in ~o positum Quint.*Inst.*10.7.24.

expēiūrō ~āre ~āuī, *intr.* [ex- + *peiuro* (peiero)] To swear falsely.
~abant execrabant se ac suos Afran.*com.*192.

expellō ~ellere ~ulī ~ulsum, *tr.* [ex- + pello] Forms: *~ulsisse* Pompon.*dig.* 50.7.18.

1 To drive or force (things) out, propel, eject. **b** (med.) to dislocate (a bone).
sublime uentis ~ulsum rapi saxum Acc.*trag.*396; nautae..alii ab litore naues in altum ~ellunt Liv.41.3.2; sagittam..~ulit arcu Ov.*Met.*8.381; nouus dens subit qui..priorem ~ellit Cels.8.1.10; tum (*i.e. at your birth*)..magno nisu matris ~ulsus es Sen.*Ep.*102.26; ballistae..tela cum sono ~ellunt *Nat.*2.16; stagnum..quod Phyrites amnis ~ellit Plin.*Nat.*5.115; 21.34; (*cf.*) (pilae) quae inter manus lusu ~ellente uibrabant Petr.27.3; (*w. non-material obj.*) uix..~ellis male singultantia uerba Calp.*Ecl.*6.24. **b** reposito osse nerui ubi distenduntur, rursus id protinus ~ellendum est Cels.8.25.4; ~ulit..talum Mart.8.75.3.

2 To drive ashore, cast up.
nauis..~ulsa atque eiecta fluctu frangitur Cic.*Ver.*1.46; freta dicuntur magnas ~ellere phocas Ov.*Ep.*10.87; hic naufragus in possessiones cuiusdam Macedonis ~ulsus est Sen.*Ben.*4.37.1; in Britannia, prout ~ulsa sint, colligi (margarita) Tac.*Ag.*12.7; (*in fig. phr.*) socerum..fluctibus rei publicae ~ulsum Cic.*Sest.*7.

3 To make by pushing out (in quot., of repoussé work); (of land) to put forth (a promontory).
pocula ita figurantur ~ulsis (*s.v.l.*) intus crebris ceu speculis Plin.*Nat.*33.129;—ad occidentem Criu Metopon Cyrenas uersus ~ellit (Creta) 4.58.

4 To drive (cattle) out (to graze, etc.).
ipse deus solitus stabulis ~ellere uaccas Tib.2.3.14a; edicit suis..porta Esquilina..~ellerent pecus Liv.2.11.5.

5 To drive out, expel (a person); also, to send or oblige to go away. **b** to drive out, dislodge (an enemy). **c** to drive into exile, banish.
ni illos homines ~ello, ego occidi planissume Pl.*St.*401; Carfulenum..senatu ui et minis mortis ~ellere Cic.*Phil.* 3.23; Rhenum..traductos..ibi consedisse, Gallosque qui ea loca incolerent ~ulisse Caes.*Gal.*2.4.2; Ov.*Met.*4.651; errantem per agros..melius est ad rectum iter admouere quam ~ellere Sen.*Dial.*3.14.3; Suet.*Otho* 7.2; (*in fig. phr.*) naturam ~elles furca, tamen usque recurret Hor.*Ep.* 1.10.24;—ad componendum Orientis statum ~ulsus Suet. *Cal.*1.2; ut eum..~ellerem in Suriam ad legata..persequenda Fro.*Ver.*2.p.154(135N). **b** Hannibale ex Italia ~ulso Cic.*Mur.*32; *Att.*7.18.2; oppidani..hostem..in ruinas muri ~ellunt Liv.21.9.2; Quint.*Inst.*5.10.36. **c** qui potentissimum regem..~ulerit Cic.*Brut.*53; Sulla..quos uoluit ~ulit, quos potuit occidit *Phil.*14.23; Liv.5.33.1; eos in exilivm ~vli Aug.*Anc.*2; Verginium..claritudo nominis ~ulit Tac.*Ann.*15.71; (*poet.*) sic Chalcida fluctus ~ellunt (*i.e. separate from the mainland*) reflui? Stat.*Silv.* 1.3.32; (*cf.*) (res publica) mecum simul ~ulsa Cic.*Dom.*137.

6 To eject, banish (from a function or condition).
nunc filia postquamst inuenta uera, inuentast causa qui te ~ellerent (*from the family*) Ter.*Hau.*989; Heraclius..et..Epicrates ~ulsi bonis omnibus Cic.*Ver.*2.62; ~ulsam ex matrimonio filiam *Clu.*188; sic coniuges ~ellit Alcides suas Sen.*Her.O.*431; Suet.*Jul.*38.1; ~ulsus a conductione Paul. *dig.*19.2.24.4;—(*from life*) non ante quam illum uita ~ulit Cic.*Mur.*34; cum ~ellitur aeuo (corpus) Lucr.3.358.

7 To banish (abstract or non-material things). **b** to exclude (from a class); to reject (a course of action, opinion, or sim.).
corde ~elle desidiam tuo Pl.*Trin.*650; quae res omnem dubitationem..~ulit Caes.*Gal.*5.48.10; morbos ~elle puellae [Tib.]3.10.1; spem metus ~ulerat Ov.*Fast.*6.245; oculis ~ellere somnum Stat.*Silv.*4.6.14; Quint.*Inst.*10.7.17; neque..praeceps uitam ~ulit Tac.*Ann.*16.19. **b** totam.. scientiam ~ello ex his studiis liberalibus Sen.*Ep.*88.18;—purgationes..eodem uolumine ~ulit Cels.1.3.17; nisi opiniones falsas quibus laboramus ~uleris Sen.*Ep.*94.6; Plin.*Ep.*8.14.26.

expendō ~dere ~dī ~sum, *tr.* [ex- + pendo]

1 To measure by weight, weigh.
ego qui ted ~di scio: nudus..centum pondo es Pl.*As.*300; in foro ~sum est auri pondo c paulo minus Cic.*Flac.*68; tanti acerui nummorum..construuntur ut iam ~dantur, non numerentur pecuniae *Phil.*2.97; Vitr.2.5.3; ~dit ueteres calathos Mart.9.59.15; ~de Hannibalem: quot libras in duce summo inuenies? Juv.10.147;—(*w. abl. expr. the counterweight*) hunc hominem decet auro ~di Pl.*Bac.* 640; *Rud.*1087.

2 To pay out, disburse (money).
Cic.*Font.*3; cautos nominibus rectis ~dere nummos Hor. *Ep.*2.1.105; librum quo acceptae et ~sae summae continebantur V.Max.3.7.1d; si quid circa furiosum necessarie fuerit ~sum Papin.*dig.*5.3.51; Ulp.*dig.*24.3.21.

3 To confer (praise); to inflict (punishment).
haec uera laus est, quae..prudentium iudicio ~ditur Cic. *Rab.Post.*43;—satis poterat..uindictae in eam ~sum uideri per tormenta Quint.*Decl.*272(p.114,l.18).

4 To pay (a penalty); also, to pay the penalty of (a crime).
dictus Prometheus..poenas..Ioui..~disse Acc.*trag.*536, ueterum..malorum supplicia ~dunt Verg.*A.*6.740; neue poenas capite ~deret Tac.*Ann.*12.19;—scelus ~disse merentem Laocoonta ferunt Verg.*A.*2.229.

5 To weigh in the mind, judge, estimate.
non tam ea (*sc.* argumenta) numerare soleo quam ~dere Cic.*de Orat.*2.309; in priuatis..iudiciis testem diligenter ~ditis *Flac.*12; meritis ~dite causam Ov.*Met.*13.150; Tac. *Ann.*14.35; non diuersis conferre diuersa, sed singula ~dere Plin.*Ep.*4.14.7;—(*w. indir. qu.*) ~dere oportebit quid quisque habeat sui eaque moderari Cic.*Off.*1.113; Juv.10.347.

6 *~dere gradum*, (app.) To measure one's steps (in an effeminate style of walking; cf. svspendo).
ibat et ~so planta morata gradu Prop.2.4.6.

expensō ~āre ~āuī ~ātum, *tr.* [prec. + -to] To pay out.
nummos..~auit eisdem tutoribus Scaev.*dig.*40.5.41.10; *CIL* 10.3608.

expensus ~a ~um, *a.* [pple. of expendo] *~um*, etc., *ferre*, To enter (a sum) in one's accounts as paid; also w. *referre*. **b** (neut. as sb.) money paid out, expenditure; (also fem. as sb., sc. *pecunia*).
haec pecunia necesse est aut data aut ~a lata aut stipulata sit Cic.*Q.Rosc.*14; (*transf.*) turpis feneratio est beneficium ~um ferre Sen.*Ben.*1.2.3;—(*w. dat. of recipient*) id quod argentario tuleris ~um *Rhet.Her.*2.19; quis..inuentus est qui L. Antonio mille nummum ferret ~um? Cic.*Phil.* 6.15; *B.Alex.*56.3; homines..quibus sine fenore ~as pecunias tulisset Liv.6.20.6; (*transf.*) de legione ea, quam ~am tulit C. Caesari Pompeius Cael.*Fam.*8.4.4;—(*w. dat. of purpose*) pro eo tibi praesentem pecuniam solui imperaui, ne tu ~um muneribus ferres Cic.*Att.*2.4.1; non amplius quam terna milia..eum ~um sumptui ferre solitum Nep. *Att.*13.6; quod ei praestari uolo. summam ~am liberalitati meae feres Dom.in Plin.*Ep.*10.58(66).5;—~a Chrysogono seruo HS sescenta milia..rettulit Cic.*Ver.*1.92; plus acceptum crudelitati quam ~um misericordiae refert Sen.*Con.*10.4.3. **b** bene igitur ratio accepti atque ~i inter nos conuenit Pl. *Mos.*304; Cic.*Ver.*2.186; probari..debere pecuniam datam consuetis modis: ~i latione, mensae rationibus Gel.14.2.7;—si..aliquid maritus ~arum nomine ei praestiterit Ulp. *dig.*24.1.21; Paul.*dig.*10.3.14.1.

experdō ~ere ~idī ~itum, *tr.* [ex- + perdo] To ruin utterly, prostrate.
huic similis curis ~ita lamentatur Var.At.*poet.*7(24).

expergēfaciō ~facere ~fēcī ~factum, *tr.* [experg(o) + facio]

1 To wake up (a person, etc., from sleep). to arouse (from inactivity).
canes..~facti..sequuntur inania saepe..simulacra Lucr. 4.995; ~factus noctu Plin.*Nat.*11.143; ut repente ~factus faciem sibimet confricaret Suet.*Cl.*8.1;—Italiam tumultus ~fecit terrore subito *Rhet.Her.*4.45; si forte te ~facere posses Cic.*Ver.*5.38.

2 (transf.) To stir up (actions, feelings).
flagitium..magnum..~facis Pl.*Cur.*198; musaea mele, per chordas organici quae..~facta figurant Lucr.2.413; cura illa..~factum caput erigere infit 5.1208.

expergificō ~āre ~āuī ~ātum, *tr.* [next + -o³] = prec.
materias..ingenio ~ando..idoneas Gel.17.12.1.

expergificus ~a ~um, *a.* [experg(o) + -ficvs] Waking, arousing.
occipiunt carmine..galli ~o Apul.*Fl.*13.

expergiscor ~ī experrectus, *intr.* Also **~o** ~ere. [expergo + -sco]

1 To become awake, wake up.
uigila inquam, ~ere inquam, lucet hoc inquam Pl.*Mil.* 218; si dormis ~ere Cic.*Att.*2.23.3; cum..simul cum sole experrectus essem 13.38.1; moueri uetuisse puerum donec sua sponte experrectus esset Liv.1.39.2; Paul.*Fest.*p.80M;—(*act.*) ut si quis dormitaret ~eret Pompon.*com.*5.

2 (transf.) To rouse or bestir oneself.
nunc te meliust ~ier atque..fingere fallaciam Pl.*As.*249; experrecta tandem uirtus clarissimi uiri Cic.*Pis.*27; ~imini..et capessite rem publicam Sal.*Cat.*52.5; Plin.*Ep.*1.4.3.

expergitē, *adv.* [pple. of next + -e] In a brisk or attentive manner.
uide..quam ~ munus obeas Apul.*Met.*2.23; ~ mi ausculta 8.31.

expergō ~ere ~gi ~itum, *tr.* [perh. by dissim. from *exper-gr-; cf. Av. *fra-γrisəmnō* 'waking up', Gk. *ἐγείρω*, Skt. *jāgarti*] To awaken, rouse (from sleep); (transf.) to excite, arouse the attention of.
mane ~itus Lucil.143; heus, uigiles..~ite pectora tarda sopore Acc.*trag.*140; nec quisquam ~itus exstat, frigida quem semel est uitai pausa secuta Lucr.3.929; quod contra subsidium sibi? nisi quid Burrus et Seneca; quos ~ens statim acciuerat Tac.*Ann.*14.7; Aur.*Fro.*1.p.92(10N);—philosophus..ista re iuuenum animos ~ebat Gel.7(6).10.1; Apul.*Met.*2.14.

experiens ~ntis, *a. superl.* ~ntissimus. [pple. of experior] Enterprising, active.
~ntissimus ac diligentissimus arator Cic.*Ver.*3.53; Liv. 6.34.4; ingeniist ~ntis amor Ov.*Am.*1.9.32; genus durum sumus ~nsque laborum *Met.*1.414.

experientia ~ae, *f.* [prec.+-IA]

1 The testing of possibilities, trial, experiment.

~am laus sequitur VAR.in Gel.1.18.2; agam gratias fortunae..quae me ad hanc ~am excitauit PLANC.*Fam*.10.18.3; medicamenta usu ~aque probata LARG.pr.p.1,l.5; bitumen..cuius legendi usum..~a docuit TAC.*Hist*.5.6;—(*w. gen.*) amicum suum..~a patrimoni amplificandi labentem CIC.*Rab.Post*.43; haec illi placet ~a ueri (*i.e. to test the truth*) OV.*Met*.1.225.

2 The experiencing of events.

laudandum ~a consilium est Pansae atque Hirti, qui semper praedixerant Caesari ut principatum armis..teneret VELL.2.57.1; uigor (feminae)..uiduitatis ~a consenuit V.MAX.4.3.3.

3 Skill gained by practice or experience.

qui cultus habendo sit pecori, apibus quanta ~a parcis VERG.*G*.1.4; fuisset..imperitum animal et sine magna ~a rerum homo SEN.*Nat*.5.18.14; tanta ~a dextrae est STAT.*Theb*.6.775; uetus miles et multa proeliorum ~a TAC.*Ann*.14.36.

experīmentum ~ī, *n.* [EXPERIOR+-MENTVM]

1 A method or means of testing, trial, experiment. **b** a person or thing serving as a test.

ut ipsa illi iniuria usui sit, per quam ~um sui capit SEN.*Dial*.2.9.3; (Democritus) aetatem inter ~a consumpsit PETR.88.3; ~um opii est primum in odore PLIN.*Nat*.20.203; depressis puteis sulpurata..putearios necant. ~um huius periculi est demissa ardens lucerna 31.49; diuitiae..certissimum faciunt morum ~um QUINT.*Inst*.3.7.14; TAC.*Ag*.8.2. **b** ueritus ne..primus ipse ueneni ~um esset LIV.42.17.8; malo has (*sc.* uirtutes)..quae exercendae tranquillius sunt quam eas quarum ~um sanguis et sudor est SEN.*Dial*.7.25.8; PLIN.*Nat*.33.126.

2 Experience (of an event).

Metello..~is cognitum erat genus Numidarum infidum..esse SAL.*Jug*.46.3; QVOD OPVS QVAM ARDVVM SIT..NIMIS MAGNO ~O COGNOSCIMVS *CIL* 13.1668.2.41; id..credet e suo quisque ~o QUINT.*Inst*.11.2.17; FRON.*Aq*.2; TAC.*Hist*.2.97;—(*w. gen.*) calculos colore distinctos pro ~o cuiusque diei in urnam condit PLIN.*Nat*.7.131; tribunalia exstructa..ad ~a altissimi aestus (*i.e. to the level of the highest tide ever experienced*) 16.3; siue..nullum ~um eius generis remediorum habent LARG.pr.p.2,l.11; Trebellius segnior et nullis castrorum ~is TAC.*Ag*.16.4; *Hist*.1.11; PLIN.*Ep*.8.11.2.

3 A demonstration, proof, example.

facillimum etiam imperitis sequamur ~um QUINT.*Inst*.1.10.42; ad consentiendum homines ducuntur ~is 3.8.36;—(*w. gen.*) praecipuis omnium uirtutum ~is in eo tractu editis VELL.2.94.4; datum ab ea fecunditatis ~um TAC.*Ann*.12.6; disciplinis..liberalibus..operam dedit ac saepe ~a cuiusque etiam publicauit SUET.*Cl*.3.1.

experior ~īri ~tus, *tr.* [EX-+**perior* (also in *opperior*); cf. *periculum*, Gk. πεῖρα, etc.] FORMS: ~*ibere* (fut.) TER. *Hau*. 824.

1 To make trial of, put to the test, try out. **b** (w. indir. qu.) to test (whether, etc.).

huius ego ~iar fidem PL.*Capt*.349; hanc (mulierem) nunc ~iamur TER.*Hec*.778; CIC.*Cael*.58; omne genus motus..~iundo LUCR.1.1026; ne ~tus quidem certamen arma tradidit hosti LIV.25.6.10; hiberna ~iri maria PLIN.*Nat*.2.125; TAC.*Ann*.15.12; (*refl*.) Latinos elegos..feci. ~tus sum me..et heroo PLIN.*Ep*.7.4.3;—(*absol*.) siquidem hoc fit.—siquidem? ~iundo scies TER.*Hau*.331;—(*w.* de) de me ~ior CIC.*Phil*.12.6; VITR.6.6.6. **b** uosne uelit an me regnare..Fors uirtute ~iamur ENN.*Ann*.198; uinum si uoles ~iri duraturum sit necne CATO *Agr*.108.1; quo minus ~irentur ecquid apud uos querimoniae ualerent CIC.*Ver*.2.14; uis ergo inter nos quid possit uterque..~iamur? VERG.*Ecl*.3.29; PETR.31.5; (*w. acc. also*) te ~ior quanti facias uxorem tuam PL.*Am*.508.

2 To resort to, try (an expedient). **b** (absol.) to resort to a legal trial, go to law.

an ego ~ior tecum uim maiorem? PL.*Bac*.1168; omnia ~iri certumst prius quam pereo TER.*An*.311; PROP.4.4.65; ~iri ultima et impetum facere in arcem statuunt LIV.5.43.1; omnia pertempto, omnia ~ior, πάντα denique λίθον κινῶ PLIN.*Ep*.1.20.15; (*w. inf.*) ~ti..sues saeuos sunt mittere in hostis LUCR.5.1309. **b** quamquam ego te meruisse ut pereas scio, non ~iar tecum PL.*Poen*.1408; TER.*Ad*.350; numquam se..coepisse de tantis iniuriis ~iri CIC.*Cael*.20; TAC.*Ann*.3.15; si qui super manifesto furto..~iri uelit GEL.11.18.10.

3 (w. inf.) To attempt, try (to); (also w. *ut*). **b** (absol. or ellipt.).

beneficium rursum ei ~iemur reddere TER.*Ph*.538; ~iar ingenio paucis LUCIL.1027; coniugis ut magicis sanos auertere sacris ~iar sensus VERG.*Ecl*.8.67; OV.*Tr*.5.7.40; quae sint..tradita..dicere ~iar QUINT.*Inst*.2.13.17;—ex summis opibus..~ire, nitere erus ut..seruetur PL.*Mer*.111; si ullo modo poturo, uel nocturnis itineribus ~iar ut te uideam CIC.*Att*.11.23.3; primum ~iri uoluit, ut sine armis propinquum ad officium reduceret NEP.*Dat*.2.3; (*cf.*, *w. acc.*) ~iar equidem illud ut ne Sulpicius..aut Cotta plus quam ego apud te ualere uideantur CIC.*de Orat*.2.16. **b** ~iar et dicam, si potero, planius CIC.*de Orat*.1.187; CAES.*Gal*.5.55.2; melius te posse negares, bis terque ~tum frustra HOR.*Ars* 440.

4 To have experience of, undergo. **b** (w. acc. and inf.) to learn from one's experience (that); (also w. indir. qu.). **c** (w. pred. acc.) to find by experience (a person, thing to be of a given sort).

~tus..es istius perfidiam tum cum ipse se ad inimicos tuos contulit CIC.*Ver*.1.77; altera tum primos Lucinae ~ta labores VERG.*G*.4.340; LIV.8.36.9; saluberrimam nauigationem..usque Ephesum ~tus PLIN.*Ep.Tra*.10.17a(28).1; (*w.* ut in me ipso saepissime ~ior ut..exalbescam in principiis dicendi CIC.*de Orat*.1.121;—(*w. personal obj.*) malo ueterem et clementem dominum habere quam nouum et crudelem ~iri CAS.*Fam*.15.19.4; puellae iam uirum ~tae HOR.*Carm*.3.14.11; quod si..uestita cubaris, scissa ueste meas ~iere manus PROP.2.15.18; bello iam ~tus ipsos Carthaginienses LIV.28.17.10; humilem..~ta maritum STAT.*Ach*.1.268;—(*of things*) cocus edit..Venerem ~tam Volcanom (*i.e. cooked vegetables*) NAEV.*com*.122; sulpuris ignem non ~ti CELS.5.18.15;—(*ellipt. or absol.*) ludis fortasse me? — ipsa re ~ibere TER.*Hau*.824; dicam..tibi..non tam doctus quam..~tus CIC.*de Orat*.2.72; ~tus scribo quod scribo PLIN.*Ep*.7.25.1; (*w. abl. of respect*) siue fide seu quis bello est ~tus VERG.*A*.7.235. **b** hau mendacia tua uerba experior esse PL.*Men*.334; quoniam in pecunia tantum praesidium experiatur esse CIC.*Ver*.8; PROP.2.22.23; si qui uelit ~iri id sine uitio esse, sic erit faciendum VITR.7.9.5; tum ~ta nobilitas parum fuisse uirium in competitoribus eius LIV.22.35.3; TAC.*Ann*.15.71;—perge opera ~irier quid epistula ista narret PL.*Ps*.1007; quo consilio redierim initio audistis, post estis ~ti CIC.*Phil*.10.8; ~tus..Caesar..est quam..tremulo..culmine cuncta despiceret LUC.5.249. **c** ministrum fulminis alitem..~tus fidelem Iuppiter HOR.*Carm*.4.4.3; quam (spem) saepe uanam ~ti essent LIV.42.45.4; Maximum..probum et industrium..~tus PLIN.*Ep.Tra*.10.85(17); quamuis parum salubrem..urbem hieme ~iretur SUET.*Aug*.72.1.

5 (pf. in pass. sense) To have been experienced.

cito sanum facies hac cura: ~tum hoc est CATO *Agr*.157.10; ACC.*trag*.681; ~ta difficultas spem omnem incidisset LIV.44.6.13; ~tae iam non uenit obuius hastae STAT.*Theb*.8.535; femina ~ae fecunditatis TAC.*Ann*.12.2.

experiscor ~iscī, *tr.*: var. of EXPERIOR.

NEQVIS VESTRVM TALEM DOLOREM ~ISCATVR *CIL* 2.2102.b.5; 6.7308.

experītus ~a ~um, *a.* [EX-+PERITVS] (See quot.)

~os imperitos PAUL.*Fest*.p.79M.

experrectus ~a ~um, *a. compar.* ~ior. [pple. of EXPERGISCOR] Wakeful, vigilant.

sumus diligentes in tuenda pudicitia..sed ita ~i non sumus ut a te cauere possimus [CIC.]*Sal*.15; canis in nostros nimis ~a dolores PROP.4.5.73; insomne et ~um est animal SEN.*Con*.7.5.12; ut apricum habeant apes..egressum et sint ~iores COL.9.7.5.

expers ~rtis, *a.* [EX-+PARS] FORMS: *expars* TURP.*com*.157. CONST.: usu. w. gen.; also w. abl.

1 Having no share. **b** destitute (of), devoid (of), lacking. **c** taking no part (in).

exul inter hostis exspes ~rs ACC.*trag*.415; ut oculis semper aliquas figuras..nouas conquirant, contra auris ~rtis uelint esse VAR.*L*.9.21; patres..ceteris ~rtibus soli in imperio agere SAL.*Hist*.1.11; LIV.28.7.4. **b** ne ~rs partis esset (puella) de nostris bonis TER.*Hau*.652; cum uideatis eum..~rtem fieri dignitatis CIC.*Agr*.2.25; nec ulla..matrona ~rs luctus fuerat LIV.22.56.4; SEN.*Her.F*.165; praemiorum ~rtes TAC.*Hist*.4.2;—(*cf.*) unum Ap. Claudium et legum ~rtem (*i.e. beyond the pale*) et ciuilis et humani foederis esse LIV.3.57.1; Maenas..~rs sui SEN.*Tro*.675;—(*of things*) argumentationes..artis ~rtis CIC.*Top*.25; uis consili ~rs mole ruit sua HOR.*Carm*.3.4.65; terra ~rs imbrium MELA 1.49;—(*w. abl.*) ea res me domo ~rtem facit PL.*Per*.509; natura..dis..~rs LUCR.2.1092; omnes fama atque fortunis ~rtes sumus SAL.*Cat*.33.1. **c** qui omnis negotii publici ~rtes sint CIC.*Rep*.1.3; ~rtium ante certaminis..opificum LIV.4.9.9; Idan ~rtem frustra belli OV.*Met*.5.91; Arctos aequoris ~rtes 13.727; ~rs coniurationis erat TAC.*Ann*.15.52.

2 Lacking experience or knowledge. **b** free (from), immune (from).

dari..debet (uinum)..adsuetis potius quam ~rtibus PLIN.*Nat*.23.51;—(*w. gen.*) eius indici..~rtem esse neminem uolui CIC.*Sul*.42; *Mil*.72; quae..metuit..tangi nuptiarum ~rs HOR.*Carm*.3.11.11; quis adeo iuris fetialium ~rs est qui ignoret? LIV.9.9.3; dum (agni) adhuc herbae sunt ~rtes COL.7.3.13; nec ipsa tu uideare rerum (*i.e. magic*) rudis uel ~rs APUL.*Met*.3.19. **b** ipse dominus..laboris ~rs PL.*Am*.170; ne domus quidem ulla..~rs huius iniuriae reperietur CIC.*Ver*.4.48; ~rs terroris Achilles CATUL.64.338; LUCR.3.812; carmine fit uiuax uirtus, ~rsque sepulcri OV.*Pont*.4.8.47; Bataos..tributorum ~rtis TAC.*Hist*.4.17.

expertiō ~ōnis, *f.* [EXPERIOR+-TIO] Trial, testing.

~ones..et probationes eorum (*sc.* fontium) sic sunt prouidendae VITR.8.4.1.

expertus ~a ~um, *a. superl.* ~issimus. [pple. of EXPERIOR] Well-proved, tested; shown to be true.

~um exercitum adsuetumque imperio LIV.6.9.6; OBSEQVIVM..MVLTIS TREPIDIS REBVS NOSTRIS PLVS QVAM ~VM *CIL* 13.1668.2.35;—(*w. gen.*) ~os belli iuuenes VERG.*A*.10.173; TAC.*Hist*.4.76;—ostento..~issimo SUET.*Tib*.19.

expetessō ~ere, *tr.* [EXPETO+-ESSO] To seek earnestly.

consilium a te ~o PL.*Epid*.255; quae te amat tuamque ~it pulchram pulchritudinem *Mil*.959; 1229.

expetibilis ~is ~e, *a.* [EXPETO+-BILIS] (a technical term of the Stoics) Desirable but not actually desired.

SEN.*Ep*.117.5.

expetō ~ere ~īuī or ~iī ~ītum, *tr., intr.* [EX-+PETO]

1 To ask for, request, beg. **b** to demand, exact (a penalty). **c** to seek news of, ask about.

ut Iouis supremi multis hostiis pacem ~am PL.*Am*.1127; ab hoc auxilium absente ~iuit CIC.*Man*.30; ~ita colloquia et denegata CAES.*Civ*.1.32.6; bonos imperatores uoto ~ere qualiscumque tolerare TAC.*Hist*.4.8; (*of things*) siccis locis genita non ~unt umorem PLIN.*Nat*.17.249; (*w. two accs.*) me..ea te ~ere..mei honoris gratia PL.*Mil*.620. **b** si poenas a populo Romano ob aliquod delictum ~iuerunt CIC.*Marc*.18; tanta auiditas supplicii ~endi, tanta sanguinis nostri hauriendi est sitis LIV.26.13.13; QUINT.*Inst*.12.7.1; (*cf.*) rem publicam..ab inuitis ius ~ituram LIV.3.40.4; (*w.* in+*acc.*) magnum..deorum numen..in omne nomen Albanum ~iturum poenas ob bellum impium 1.23.4. **c** ipse..~it..amicos ordine reges V.FL.5.577.

2 To seek out, desire, court (a person). **b** to seek out with hostile intent.

te uolt, te quaerit, teque exspectans ~it PL.*Mil*.1386; minime..miror si te sibi quisque ~it TER.*Hau*.383; non modo non repellendi sunt uerum etiam ~endi CIC.*Prov*.38; OV.*Met*.13.741; ~untur quos rhetoras uocant TAC.*Dial*.30.2;—(*w. pred.*) ad illam puellam..quam serui..sibi uxorem ~unt PL.*Cas*.80; pol sanus sei sim, non te medicum mi ~am *Mer*.489; unum..ad id bellum imperatorem deposci atque ~i CIC.*Man*.5; me augurem a toto conlegio ~itum *Phil*.2.4. **b** incede, incede, adsunt, me ~unt. fer mi auxilium ENN.*scen*.28; quem poenae ~it letoque Acastus SEN.*Med*.256; Venus..te..ad extremum supplicium ~it APUL.*Met*.6.2.

3 To seek after, try to obtain (things). **b** (w. inf., *ut*) to seek, desire (to do something); (w. acc. and inf.) to desire (a person, thing to be, etc.). **c** to make for (a place).

forma ~enda..uirginem PL.*Per*.521; istuc habeo, hoc ~o *Truc*.960; egon tuam ~am amicitiam? TER.*Ph*.431; si..pecunia tanto opere ~itur, quanto gloria magis est ~enda CIC.*de Orat*.2.172; cuius..mortem ~iuerunt *Tusc*.1.116; LIV.2.9.3; ~ita spolia Phrixei arietis SEN.*Med*.471; purpurae florem illum tinguendis ~itum uestibus PLIN.*Nat*.9.126;—(*phil.*) eadem rerum ~endarum fugiendarumque partitio CIC.*Ac*.1.18; SEN.*Ep*.117.5; (*neut. as sb.*) in illud..genus in quo de ~endo fugiendoque quaeritur CIC.*Top*.89. **b** istuc..quod scire ~is PL.*As*.27; uincere illi ~unt CIC.*Phil*.12.9; hoc..precatur..quae..iunctior esse ~it OV.*Met*.9.550; CURT.9.3.8;—qui..~amus ut quos priuatim colimus publice colamus LIV.10.7.12; fatebor et fuisse me Seiano amicum et ut essem ~isse TAC.*Ann*.6.8;—qui se fictorem probum uitae agundae esse ~it PL.*Trin*.366; dum nostram gloriam tua uirtute augeri ~o CIC.*Q.fr*.1.1.2; perisse (me) ~unt LIV.40.10.5. **c** qua omnia delata grauitate medium mundi locum..~ant CIC.*Tusc*.5.69; fons..~itus nauigantibus PLIN.*Nat*.6.173; (*cf.*) qui patriae pericula suo periculo ~ant *Rhet.Her*.4.57.

4 (intr., of circumstances, etc.) To come about, occur; (w. *in*+acc., or dat.) to fall on (a person).

in seruitute ~unt multa iniqua PL.*Am*.174; satin eadem uigilanti ~unt quae in somnis uisa memoras? *Mil*.393; si..non ~ent terrae quarum sustinendarum causa uideatur maceria esse facta SIC.FL.*agrim*.p.113;—deum non par uidetur facere..suam..calumpam ~ere in mortalem ut sinat PL.*Am*.495; quoius..in tergum istaec faxo ~ant mendacia 589;—insonti mihi illius..male dicta ~ent 896.

expiātiō ~ōnis, *f.* [EXPIO+-TIO]

1 An atonement, expiation. **b** averting (of evil omens) by expiation.

quibus dis uiolatis ~o debeatur CIC.*Har*.21; in deos inpietatum nulla ~o est *Leg*.1.40; LIV.5.17.3; foederis (*sc.* rupti) ~onem 9.1.4. **b** portentorum ~ones CIC.*Har*.18; ~ones..quo pertinent si immutabilia sunt fata? SEN.*Nat*.2.35.1.

2 A purification.

fana omnia..expiarentur..~oque eorum in libris per duumuiros quaereretur LIV.5.50.2; QUINT.*Decl*.265(p.82, l.2).

expiātrix ~īcis, *f.* [EXPIO+-TRIX] (See quot.)

piatrix dicebatur sacerdos quae expiare erat solita quam ..alii sagam, alii ~icem uocant FEST.p.213M.

expīlātiō ~ōnis, *f.* [EXPILO[1]+-TIO] Spoliation, plundering.

~one Asiae CIC.*Ver*.3.6; in fanorum ~onibus 3.23; *Off*.2.75; discerni solent..~ones a furtis SAT.*dig*.48.19.16.6; cohortem nostram..ante ipsas fores..uelut ~onis uadimonium sistimus APUL.*Met*.4.18.

expīlātor ~ōris, *m.* [next+-TOR] A plunderer.

cum..domus hospitem non ~orem recepisse uideatur CIC.*Q.fr*.1.1.9; ULP.*dig*.47.18.1.1.

expīlō[1] ~āre ~āuī ~ātum, *tr.* [EX-+PILO[1]] To rob, plunder, despoil: **a** (a person). **b** (a place or property).

a ad amicam de die potare, illam ~are PL.*As*.826; regem ..spoliatum ~atumque CIC.*Ver*.4.63; ~atis sociis TAC.*Dial*.37.4; (*fig.*) quae (*i.e. doctrines*)..sumenda sunt nobis ab eis ipsis a quibus ~ati sumus CIC.*de Orat*.3.123. **b** fanum ~asse Apollinis CIC.*Ver*.4.30; de ~atis thensauris LIV.31.12.3; ferae..cum..ad cubilia ~ata redierint SEN.*Dial*.6.7.2; ~atum..nauigium PETR.113.3; tabernas..effringere et ~are SUET.*Nero* 26.1; ULP.*dig*.26.10.3.5.

expīlō[2] ~āre ~āuī ~ātum, *tr.* [EX-+PILO[2]] To remove hair from, depilate, pluck.

desquamor pumicor ornor ~or LUCIL.265.

expingō ~ngere ~nxī ~ctum, *tr.* [EX-+PINGO] To apply paint to; to depict (transf. in quot.).

tonsor dum..Luperci ~ngit..genas MART.7.83.2; ~ngit ..cutem 8.52.8;—qui motus hominum..non ita ~ctus est (*i.e. by Homer*)? CIC.*Tusc*.5.114.

expinsō ~ere, *tr.* [EX-+PINSO] To grind.
per ferias potuisse..~i far CATO *Agr.*2.4.

expiō ~āre ~āuī ~ātum, *tr.* [EX-+PIO]

1 To make atonement to the gods for, expiate (a sin). **b** to make amends, atone for (a wrong done to a person).
eo Orestem..dicunt maternam necem ~atum uenisse CATO *hist.*71; si aedilis uerbo..aberrauit ludi sunt non rite facti, eaque errata ~antur..ludorum instauratione CIC.*Har.*23; sacrum commissum..quod ~ari poterit publici sacerdotes ~anto *Leg.*2.22; ~andae..uocis nocturnae quae..audita neglectaque esset mentio inlata LIV.5.50.5. **b** uirtute eorum ~ato incommodo CAES.*Gal.*5.52.6; Samnitium imperator, ut ~aret consulum ignominiam, sub iugum..est missus LIV.9.15.8; Asiaticus..malam potentiam seruili supplicio ~auit TAC.*Hist.*4.11; PLIN.*Pan.*33.3; (*absol.*) iussas..poenas luam, paratus ~are HOR.*Epod.*17.38.

2 To take vengeance for, punish.
tua scelera di immortales in nostros milites ~auerunt CIC.*Pis.*85; quid est quare ego serui mei..contumaciorem uoltum..flagellis..~em? SEN.*Dial.*5.24.2; (*of an event*) quae omnia (*i.e. luxuries*) ~auit bellum ciuile Sullanum PLIN.*Nat.*33.144.

3 To purify from ritual uncleanness. **b** (transf.) to cleanse thoroughly.
~andum forum..ab illis nefarii sceleris uestigiis esse CIC.*Rab.Perd.*11; SI..MORTVVS INLATVS..ERIT ~ANTO VTI OPORTEBIT *CIL* 1.594.2.2.11; fana..restituerentur terminarentur ~arenturque LIV.5.50.2; TAC.*Hist.*4.3; nec ~ata postea Curia est PLIN.*Ep.*8.6.5;—(*persons*) metuo te atque istos ~are ut possies PL.*Mos.*465; aiebat eum ~ari ut impium non posse VAR.*L.*6.30; LIV.1.26.12; manantes..manus cruenta caede..~a SEN.*Her.F.*919; sine foedatum te..pontus ~et V.FL.2.276. **b** paleas..sulpure..perlustrant et ~atas cubilibus iniciunt COL.8.5.11.

4 To avert (an omen, curse, or sim.) by expiatory rites; to avert the misfortunes of.
CIC.*Div.*2.130; dira detestatio nulla ~atur uictima HOR.*Epod.*5.90; prodigia cum cura ~ata LIV.23.31.15; ut ~entur noctis et somni minae [SEN.]*Oct.*758; sidus cometes sanguine inlustri semper Neroni ~atum TAC.*Ann.*15.47; APUL.*Met.*3.2; (*cf.*) ostenta..saepe ~ata (*i.e. made good*) magnis euentibus PLIN.*Nat.*11.55;—auia..cunis exemit puerum, frontemque..infami digito..~at PERS.2.34; JUV.6.521.

5 To appease, propitiate (gods, spirits, their anger, etc.).
Cereris numen..supplicio ~ari uolebant CIC.*Ver.*4.111; a me..poenas expetistis quibus..manis mortuorum ~aretis *Pis.*16; ~atum est quidquid..irarum in nos caelestium fuit LIV.9.1.3; ut tutela (*i.e. guardian spirit*) nauis ~aretur PETR.105.4; nec tamen nutum deae saeuientis..~are potuit APUL.*Met.*6.16; (*cf.*) siue ~ato suo dolore siue magna parte amissa suorum legatos ad Antonium mittit HIRT.*Gal.*8.48.8.

expiscor ~ārī ~ātus, *tr.* [EX-+PISCOR] To 'angle' for (information).
proinde ~are quasi non nosses TER.*Ph.*382; simul atque audiuit uoluptatem a philosopho tanto opere laudari, nihil ~atus est CIC.*Pis.*69; uelim ex Theophane ~ere quonam in me animo sit Arabarches *Att.*2.17.3; *Fam.*9.19.1.

explānābilis ~is ~e, *a.* [EXPLANO+-BILIS] Distinguishable, articulate.
uox..non ~is..uerborum inefficax SEN.*Dial.*3.3.7.

explānātē, *adv.* *compar.* ~ius. [EXPLANATVS+-E] In an elucidative manner, plainly.
ut definire rem possit nec id faciat..presse et anguste..sed cum ~ius tum etiam uberius CIC.*Orat.*117; nihil..ad instituendum ~e scriptum est GEL.16.8.3.

explānātiō ~ōnis, *f.* [EXPLANO+-TIO] The process of setting out clearly in words, exposition. **b** a clear enunciation (of words).
~o est quae reddit apertam et dilucidam orationem *Rhet.Her.*4.17; CIC.*de Orat.*3.202; religionis ~o uel ab uno pontifice perito recte fieri potest *Har.*13; insecta..arduae ~onis omnia PLIN.*Nat.*10.190; 11.271. **b** (dentes) cum defuere, ~onem omnem adimentes PLIN.*Nat.*7.70; emendata..uocum ~o QUINT.*Inst.*1.5.33.

explānātor ~ōrem, *m.* [next+-TOR] One who explains, an expositor, interpreter.
sunt enim ~ores (oraculorum), ut grammatici poetarum CIC.*Div.*1.116; 2.131.

explānō ~āre ~āuī ~ātum, *tr.* [EX-+PLANVS+-O³]

1 To spread out flat, flatten out.
suberi..cortex..in denos pedes undique ~atus PLIN.*Nat.*16.34; (*fig.*) quasi naturalis et non ~ata oratio (*with the roughness not smoothed away*) CIC.*Part.*54.

2 To make clearly intelligible, expound, explain.
quem amicum tuom ais fuisse istum, ~a mihi TER.*Ph.*380; cogitata dici decet, non ~ari SIS.*hist.*122; obscuram (partem rei) ~are interpretando CIC.*Brut.*152; ille tibi omnia ~abit *Fam.*3.1.1; SAL.*Cat.*4.5; argumentum..nondum uerbis ~atum QUINT.*Inst.*5.10.4;—(*w. indir. qu.*) CIC.*Tusc.*3.46; ubi fuerit (urbs) non satis ~atur PLIN.*Nat.*6.96.

3 To utter distinctly.
CIC.*Ac.*1.19; parum ~atis uocibus sermo praeruptus SEN.*Dial.*3.1.4; QUINT.*Inst.*11.3.30; iurauit, expressit, ~auitque uerba quibus caput suum..deorum irae consecraret PLIN.*Pan.*64.3; (*cf.*) omnes litterae uoces ~ant VEL.gram.*G.L.*7.46.

explantō ~āre ~āuī ~ātum, *tr.* [EX-+PLANTO] To uproot, pull up, off, or out (a plant or shoot).
quicquid inter brachia uiret ~are COL.4.27.6; ne..~etur tener pampinus 4.29.11; antequam ~es arbusculam 5.9.8.

explaudō: see EXPLODO.

explēmentum ~ī, *n.* [EXPLEO+-MENTVM] That which fills up, a filling, stuffing; (in a poem) 'padding'.
uenalis ego sum..inanimentis ~um quaerito PL.*St.*173; ~um..uentris SEN.*Ep.*110.12; FRON.*Aq.*91;—Messala aiebat hic Vergilium debuisse desinere; quod sequitur..~um esse SEN.*Suas.*2.20.

explēnunt: see next.

expleō ~ēre ~ēuī ~ētum, *tr.* [EX-+PLEO] FORMS: *~enunt* (= *~ent*) PAUL.*Fest.*p.80M.

1 To fill up (a vessel, cavity, etc.). **b** to fill (by eating, drinking). **c** to cause (wounds, ulcers, etc.) to heal up.
(uas) pertusum..esse..ut nulla posset ratione ~erier LUCR.6.21; cratibus atque aggere paludem ~ere CAES.*Gal.*7.58.1; obliuioso..Massico ciboria ~e HOR.*Carm.*2.7.22; ~etis..lacunis PROP.3.11.61; LIV.7.6.2; (harundo) contusa..rimis..~endis fidelior pice PLIN.*Nat.*16.158; (*fig.*) uoraginem..patientia nostra ~eremus LIV.29.17.13. **b** med intus ~eui probe PL.*Cur.*386; arietes..largius pabulo ~endum VAR.*R.*2.2.13; bouem..strictis frondibus ~es HOR.*Ep.*1.14.28; CELS.1.2.10. **c** aristolochia..caua..ulcera ~et PLIN.*Nat.*26.142; idem (emplastrum) rosa dilutum ~et concaua uulnera LARG.210.

2 To fill all the available space in or on, cover completely. **b** (w. abl.) to make to abound (in).
istoc nomine, dum scribo, ~eui totas ceras quattuor PL.*Cur.*410; inter duas arbores quod loci supererit robore ~eto CATO *Agr.*18.4; ut contingant inter se (milites) atque omnem munitionem ~eant CAES.*Civ.*1.21.3; TAC.*Hist.*2.14; -tendere..uerbi finem simul et pedis ~et MAUR.1118. **b** cum constituisset deus bonis omnibus ~ere mundum CIC.*Tim.*9; agricolae..tecta frugibus ~es CATUL.34.20;—(*transf.*) ubi inueniam Pamphilum ut..~eam animum gaudio? TER.*An.*339; uita..quae sit animi corporisque ~eta uirtutibus CIC.*Fin.*5.37; omnibus quae admirationi sunt..suos libros ~euit APUL.*Pl.*1.3.

3 **a** To satisfy the demands or appetites of (persons, etc.). **b** to satisfy, assuage (an appetite or passion).
a numquam tu quidem ~eri potes PL.*As.*167; eas ad mulieres huc intro..~e animum is TER.*Hec.*755; te..~etum huius miseriis esse par erat CIC.*Sul.*90; postquam..spectando Thessala pubes ~eta est CATUL.64.268; quos..muneribus ~euerat SAL.*Jug.*20.1; se quisque ultione..~ebant TAC.*Ann.*4.25; APUL.*Apol.*57. **b** ut..quam minimo pretio suam uoluptatem ~eat TER.*Hec.*69; auaritiam suam pecunia ~ere CIC.*S.Rosc.*150; ex epulo magnificentissimo famem illam ueterem tuam non ~eras? *Vat.*32; factis simul dictisque odium ~et LIV.4.32.12; OV.*Am.*2.6.8; nequit iram ~ere potestas STAT.*Theb.*1.623.

4 To bring up to full measure or strength, make up. **b** to make good (a deficiency); (of actions) to make up for. **c** (of constituent parts) to make up (a whole). **d** (of candidates in an election) to obtain the votes of a sufficient number of. **e** (rhet.) to give fullness of style to.
sperauit..militibus..~ere se numerum nautarum et remigum posse CIC.*Ver.*5.87; *Att.*11.15.4; neque..est quicquam aliud praeter mundum quoi nihil absit quodque undique..perfectum ~umque sit omnibus suis..partibus *N.D.*2.37; dum iusta muri altitudo ~eatur CAES.*Gal.*7.23.4; ~endi senatus causa LIV.23.22.5; septimo (anno) omnes (dentes) ~entur aequaliter COL.6.29.5; si qua..diem recepit, sertis mollibus ~eatur umbra STAT.*Silv.*2.7.15; (*w.* ad) deminutum patrum numerum..ad trecentorum summam ~euit LIV.2.1.10. **b** ~euit quod utrique defuit CIC.*Brut.*154; ut illam lacunam rei familiaris ~erent *Ver.*2.138; id quod Auarici deperierat ~etur CAES.*Gal.*7.31.4; LIV.4.17.10; lumen ereptum polo fulminibus ~e SEN.*Thy.*1087; ut poeticis numeris ~erem georgici carminis omissas partis COL.10.pr.3;—priorum nostrorum benefactorum cumulus hoc quod nunc cessatum in officio est ~eat LIV.45.24.7. **c** similes ex ordine partes agmine condenso naturam corporis ~ent LUCR.1.606; eae..uiginti quinque tribuum numerum ~euere LIV.6.5.8. **d** cum..alii candidati tribus non ~erent LIV.3.64.8; 37.47.7. **e** primus instituit..mollioribus numeris ~ere sententias CIC.*Orat.*40; optime..iudicant aures quae..parum ~eta desiderant QUINT.*Inst.*9.4.116; aut te (*i.e. your style*) Plauto expolires aut Accio ~eres FRO.*Aur.*2.p.4(224N).

5 To carry to completion, achieve, accomplish. **b** to discharge (a duty or obligation); to fulfil (a condition, promise, or sim.). **c** to attain (a size).
non ~ere susceptum rei publicae munus CIC.*Prov.*35; *Luc.*22; dum..quater..~euit..orbem luna OV.*Met.*7.530; profectus tempore ~etur CELS.3.1.6; SEN.*Ep.*85.1; sinite me..sententiam ~ere PETR.115.4; (Polyclitus) non ~euisse deorum auctoritatem uidetur (*i.e. in his statues*) QUINT.*Inst.*12.10.8; TAC.*Ann.*14.4; (*of conditions*) tot facta sagittis..unam non ~ent uolnera mortem LUC.6.213. **b** saepe..gregarii militis munia ~euit CURT.7.2.33; uestram meamque uicem ~ete TAC.*Ann.*4.8;—fide..ad ultimum ~eta LIV.23.20.6; eorum..se..spem..~eturum 35.44.4; flagito..ut expleas quod pollicitus APUL.*Apol.*46. **c** furunculus qui dimidii magnitudinem raro ~et CELS.5.28.9.

6 To reach the end of, complete (a period of time); *supremum diem ~ere*, to die.
~etis..ad pariendum mensibus *Inc.trag.*81; quotiens desertus amaras ~eui noctes PROP.2.17.4; quosdam ex gente Epiorum..ducenos ~ere annos V.MAX.8.13.ext.6; hoc genus auium cum trimatum ~euit COL.8.11.5; QUINT.*Inst.*6.pr.4;—quandoque ipse supremum diem ~euisset TAC.*Ann.*1.6; 3.76; (*cf.*) interclusa anima creditus est mortalitatem ~euisse 6.50.

7 (refl., app.) To disembark (from ships).
nauibus ~ebant sese terrasque replebant ENN.*Ann.*309.

explētiō ~ōnis, *f.* [prec.+-TIO] The process of perfecting, fulfilment.
in ea..~one naturae summi boni finem consistere CIC.*Fin.*5.40.

explicābilis ~is ~e, *a.* [EXPLICO+-BILIS] Capable of being unravelled (in quots., transf.).
labyrinthus..magno et ~i tamen errore perplexus est MELA 1.56; haud ~i mensura PLIN.*Nat.*4.98.

explicātē, *adv.* [EXPLICATVS¹+-E] Without ambiguity, clearly.
qui distincte, qui ~..dicunt CIC.*de Orat.*3.53.

explicātiō ~ōnis, *f.* [EXPLICO+TIO]

1 The process of uncoiling.
rudentis ~o CIC.*Div.*1.127.

2 The laying out, planning (of buildings, etc.).
altera (pars aedificationis) est priuatorum aedificiorum ~o VITR.1.3.1; ambulationum ~ones 5.9.9; (*cf.*) maiores..ea (*sc.* exempla) imitantes..commodas uitae perfecerunt ~ones 10.1.4.

3 The solution (of a difficulty, problem). **b** the explaining (of anything obscure).
de Appia uia et de Moneta consul..refert. quarum rerum..facilis ~o uidetur CIC.*Phil.*7.1; terebratur..foramen..sesquidigitale. si eadem ratione uoluerimus palmare facere non habet ~onem VITR.10.16.5; plurimas quaestiones quibus difficilior..~o est QUINT.*Inst.*1.10.49; (*w. indir. qu.*) nec facilis ~o quae forma maxime excellat CIC.*Orat.*36. **b** ~o fabularum CIC.*N.D.*3.62; in ~one naturae *Tusc.*5.68.

4 A description, account; (rhet.) a method or style of exposition. **b** a pictorial representation.
est..definitio rerum earum..breuis et circumscripta quaedam ~o CIC.*de Orat.*1.189; ad ~onem moenium eorum sum inuectus VITR.2.8.13; uestri arbitrii erit utrum ~ones eius luxuriosas putetis an uegetas SEN.*Suas.*2.10;—in disserendo mira ~o CIC.*Brut.*143; erat ~o Fusci Arelli splendida SEN.*Con.*2.pr.1; ut aliquando inflata ~o uigeret SEN.*Ep.*114.1. **b** habent..deorum simulacra seu fabularum disposita ~ones VITR.7.5.2.

explicātor ~ōris, *m.* [EXPLICO+-TOR] One who expounds, an expositor.
CIC.*Inv.*2.6; 'at laudatus est (Thucydides) ab omnibus.' fateor; sed ita ut rerum ~or prudens seuerus grauis *Orat.*31.

explicātrix ~īcis, *f. adj.* [EXPLICO+-TRIX] Unfolding, revealing.
oratoria uis dicendi..~ix orationis..ad persuadendum accommodatae CIC.*Ac.*1.32.

explicātus¹ ~a ~um, *a.* *compar.* ~ior. [pple. of EXPLICO] Clear, straightforward.
litteras..has..quibus nihil potest esse ~ius CIC.*Att.*9.7.2; mihi..non erat ~um quid agerem *ad Brut.*2.5(7).3.

explicātus² ~ūs, *m.* [EXPLICO+-TVS³] The act of unbending, straightening; an explanation.
quibus (*i.e. horses of Spanish breed*) non uulgaris in cursu gradus sed mollis alterno crurum ~u glomeratio PLIN.*Nat.*8.166;—ut intellegeretis..quam difficiles ~us haberet (natura deorum) CIC.*N.D.*3.93.

explicitus ~a ~um, *a.* *compar.* ~ior. [pple. of next] Free from difficulties.
ex propositis consiliis duobus ~ius uidebatur Ilerdam reuerti CAES.*Civ.*1.78.2.

explicō ~āre ~āuī or ~uī ~ātum or ~itum, *tr.* [EX-+PLICO] FORMS: *~auī ~atum* are regular in early Latin, but tend to be replaced by *~ui ~itum* after the time of Cicero; *~ui*, etc., HOR.*Carm.*3.29.16, VERG.*G.*2.280, VITR.9.8.4, LIV.7.23.6, etc.; *~itum*, etc., CAES.*Civ.*1.78.2 (contrast *~aturos* ib.), VITR.5.6.8, SEN.*Dial.*9.2.1, *CIL* 7.984, etc. See also GEL.1.7.20.

1 To free from folds, creases, coils, etc., unfold, untwine, straighten. **b** to unroll (books, etc., for the purpose of reading them). **c** to free from surface irregularities, level out, smooth. **d** to stretch out (in death; in sleep).
ut uelum ~ent PL.*Mil.*1317; per eum (*sc.* pectinem) ~atur capillus VAR.*L.*5.129; non ~ata ueste CIC.*de Orat.*1.161; pampinus..frondes ~at omnis VERG.*G.*2.335; ~at ipsa suas ales..pinnas OV.*Am.*2.6.55; hastilia detorta..ut ~emus SEN.*Dial.*3.6.1. **b** ~et suum uolumen illud CIC.*S.Rosc.*101; omnium praetorum litteras..profer, ~a *Ver.*2.106; ~a totos fastos V.MAX.8.15.3. explicitum nobis usque ad sua cornua librum MART.11.107.1; (*transf.*) mihi placuit..ut summorum oratorum Graecas orationes ~arem, quibus lectis hoc adsequebar ut..Latine redderem CIC.*de Orat.*1.155; (*fig.*) SEN.*Ep.*72.1. **c** quodsi..corpus planum et aequabile ~aretur CIC.*Tim.*14; turbidum ~ui mare (*i.e. by spells*) SEN.*Her.O.*456; LUC.6.477. **d** Paean Pythona sagittis ~uit LUC.5.81; te..mors imitata quietem ~uit STAT.*Silv.*5.3.261;—uaccae molle sub hirsuta latus ~uere genista CALP.*Ecl.*1.5; illius (*sc.* Somni) aura solo uolucris pecudesque ferasque ~at STAT.*Theb.*10.142.

2 To extricate; (also transf., from difficulties, dangers).
num reiecto latus ~uit monte Typhoeus? SEN.*Thy.*809; (apibus) difficile se e lanis..~antibus PLIN.*Nat.*11.62; (*in fig. phr.*) uolo uidere quomodo ex his laqueis..~eris SEN.*Ben.*7.4.1;—testis Sicilia quam multis undique cinctam periculis..consili celeritate ~auit CIC.*Man.*30; re publica Antoniano quidem latrocinio liberata sed nondum omnino ~ata *Fam.*12.25a.6; CELS.3.9.3.

3 To disentangle (a difficulty, uncertainty), settle, solve.
ad hanc difficultatem ~andam CIC.*Part.*89; qui mallet eam (*sc.* prouinciam)..mihi aptam ~atamque tradere *Fam.*3.2.1; hac quaestione..~ata *Tusc.*1.23; (legiones) ibi collocatas ~andae rei frumentariae causa HIRT.*Gal.*8.4.3; HOR.*S.*2.3.270; facile erit ~atis consiliis accommodare rebus uerba LIV.8.4.1; SEN.*Ag.*309; ~a aestum meum PLIN.*Ep.*9.34.1; neque antiqui sermonis sensus proprie ~are possunt (iuris periti) AGEN.*agrim.*p.27.

4 To make to extend in space, spread out, expand; (mil.) to extend in line of battle, deploy. **b** to make room for. **c** (pass. and refl.) to be spread out, stretch, extend. **d** to lay out (measurements).
ut forum laxaremus et usque ad atrium Libertatis ~aremus CIC.*Att.*4.17.7(16.14); in longum spatiosas ~at undas (*sc. the Tiber*) *Epic.Drusi* 251; sol causa uenti est fundens rigentem aëra et ex denso coactoque ~ans SEN.*Nat.*5.6; HERMIAS..HANC VIAM ~VIT *CIL* 5.1863; (*cf.*) haec quae..longas porticus ~at ruinas MART.1.82.2;—prius quam plane legiones ~ari et consistere possent CAES.*Civ.*2.26.4; ut eius multitudo nauium ~ari non potuerit NEP.*Them.*4.5; cum longa cohortis ~uit legio VERG.*G.*2.280; LIV.2.46.3. **b** in ea..ciuium..frequentia innumerabiles habitationes opus est ~are VITR.2.8.17; atria congestos satis ~itura clientis STAT.*Theb.*1.146; dominas (*i.e. Nereids*) non ~at aequor *Ach.*1.29. **c** Capua planissimo in loco ~ata CIC.*Agr.*2.96; unde pons in oppidum pertinens ~atur SAL.*Hist.*3.30; montes Asiae nobilissimi in hoc tractu fere ~ant se PLIN.*Nat.*5.118; SIL.8.224; contra templum ipsum porticus ~abuntur PLIN.*Ep.*9.39.6. **d** ad usum et ad speciem..rationes (*i.e. proportions*)..~atas VITR.3.3.6; altitudines..earum (*sc.* ararum) sic sunt ~andae uti Ioui..quam excelsissimae constituantur 4.9.1.

5 To extend, expand, develop (activities).
~aui meam rem postilla lucro PL.*Poen.*750; dabant..hae feriae tibi oportunam..facultatem ad ~andas tuas litteras (*i.e. your literary studies*) CIC.*Rep.*1.14; his..primis gradibus positis ad id genus machinationis, postea..Polyidos..~auit VITR.10.13.3.

6 To bring into play, exercise, display.
non repperisti..locum ubi tuas uirtutes ~es PL.*Epid.*445; ~a atque excute intellegentiam tuam CIC.*Off.*3.81; cornua et tubae..nonne aeris intentione partes suas ~ant? SEN.*Nat.*2.6.5; oratio..totas uires popularīter ~abit QUINT.*Inst.*12.9.2;—(*refl.*) quae uirtus..totam se ad alienas utilitatis porrigit atque ~at CIC.*Rep.*3.11; ministeria..per quae se uoluntas amica ~at SEN.*Ben.*1.5.5.

7 To reveal to view; to make clear (to the understanding).
~antur..delicata conuiuia SEN.*Suas.*6.7; ~uit..suos..Cleopatra..luxus LUC.10.109; (*fig.*) Fortuna..dum munera..~at 7.417;—si lingua resoluta est..sic ut sermo hominis non ~etur CELS.4.4; denique Sabinus hoc (*i.e. proviso*) ~uit addendo..ULP.*dig.*16.3.11.

8 To make known or set out in words, give an account of, unfold.
definitiones..non facile perspiciuntur, nisi articulatim sunt ~atae VAR.*L.*10.75; uitam alterius totam ~are CIC.*Div.Caec.*27; meas cogitationes omnis ~aui tibi superioribus litteris *Att.*10.6.1; ausus es..omne aeuum tribus ~are cartis CATUL.1.6; tempus est..Romanorum ~are imperatores NEP.*Han.*13.4; multiplicis eo bello uictorias..alio loco ~abimus VELL.2.96.3; nonne..dictae in secundo (libro) sententiae omnis litium..~ant artes? QUINT.*Inst.*10.1.47;—(*w. abl*) res..quae sit dictione ~anda CIC.*de Orat.*1.64; quis funera fando ~et..? VERG.*A.*2.362;—(*w. indir. qu.*) qui sis ~a ACC.*trag.*343; non alienum esse arbitror..~are breuiter quae mihi sit..causa cum Caesare CIC.*Prov.*40; nec quid deinde iis factum sit auctores ~ant PLIN.*Nat* 8.17;—(*w.* de) de omni animi..perturbatione..~abo CIC.*Tusc.*3.13; *Tim.*8; incipiemus de is quae raro ueniunt ad manus..~are VITR.10.1.6.

9 To carry out completely, finish off, accomplish. **b** to serve the needs of.
ut ea ~em, quae exorsus sum NEP.pr.8; nec fuga ~ari sine magna caede potuit LIV.1.30.10; uersibus ~itumst omne duobus opus MART.14.2.2; iter commode ~ui PLIN.*Ep.*8.1.1; quae per defunctum inchoata sunt per heredem ~ari debent POMPON.*dig.*17.2.40; ~ITO QVOD PROMISERAT *CIL* 10.6090. **b** ~at..cenas unica mensa duas MART.1.103.8; nec carmen modo, sed et uolumen ~at (dimetrus) MAUR.2447.

explōdō ~dere ~sī ~sum, *tr.* **explaudō.** [EX-+PLAVDO] FORMS: *-plaud-* LUCR.4.710.

1 To drive off the stage by clapping, etc.
Aesopum si paulum irrauserit ~di CIC.*de Orat.*1.259; e scaena non modo sibilis sed etiam conuicio ~debatur *Q.Rosc.*30; *Ver.*3.184; histrio..exsibilatur, ~ditur *Parad.*26; HOR.*S.*1.10.76; (*transf.*) gallum noctem ~dentibus alis auroram..consuetum uoce uocare LUCR.4.710.

2 To eject, cast out.
alios..luctatos cum fluctibus ne in harenam quidem..~det (fortuna) SEN.*Dial.*6.10.6; spiritus..de fundo uel hiatibus terrae ~si APUL.*Mun.*12.

3 To reject, condemn (an opinion, etc.); also, to reject the claims of (a person).
te..illud idem quod tum ~sum et eiectum est nunc rettulisse demiror CIC.*Clu.*86; hoc quidem genus diuinationis uita iam communis ~sit *Div.*2.86; hanc ueterem et rudem sententiam ~de SEN.*Nat.*3.14.2;—multa dixi in ignobilem regem quibus totus est ~sus CIC.*Q.fr.*2.10.3.

explōrātē, *adv. compar.* ~ius. [EXPLORATVS+-E] With assurance or certainty.
existimo ~ius nos ad K. Iunias statuere posse CIC.*Att.*14.14.6; rogo ne..nauiges nisi ~e *Fam.*16.8.1; ita..nos sincerius ~iusque..corrigere poterit GEL.6(7).3.55.

explōrātiō ~ōnis, *f.* [EXPLORO+-TIO] The action of searching out, investigation; (mil.) a reconnaissance unit.
in arduo est ueri ~o SEN.*Ben.*4.33.2; nec ~one occulta fallere Antonium temptauit TAC.*Hist.*3.54; APUL.*Met.*9.3;—AD CVRAM ~ONIS PANNONIAE *A.Epig.*56.124.8.

explōrātor ~ōris, *m.* [EXPLORO+-TOR] One who searches out, an investigator. **b** (mil.) a scout, spy; (sts. as designation of one of a permanent body of troops).
~orem hunc faciamus ludos PL.*Ps.*1167; LUCIL.728; PETR.125.3; ~orem uiae SUET.*Tib.*60; Agamemnon Vlixem et Diomedem ~ores ad eum misit, cui persuaserunt ut in gratiam rediret HYG.*Fab.*102.3; Thales..naturae rerum certissimus ~or APUL.*Fl.*18; (*transf.*) nec odit ~ores..massa (*sc.* phialae) focos MART.8.50(51).4. **b** ~ores centurionesque praemittit CAES.*Gal.*2.17.1; ut..fidem missi..reportant ~ores VERG.*A.*11.512; progressus..~oris modo ut ex tuto specularetur hostem LIV.22.15.5; ~oribus castrorum PLIN.*Nat.*36.138; adeo neminem..qui principem locum impleat, nisi ~oris Flaui progenies super cunctos attollatur? TAC.*Ann.*11.16; SPLORATOR BATAORVM *CIL* 8.21668.

explōrātōrius ~a ~um, *a.* [prec.+-IVS] Of or belonging to scouts.
comites..nouo genere..coronarum donauit, quas..~as appellauit SUET.*Cal.*45.1.

explōrātus ~a ~um, *a. compar.* ~ior, *superl.* ~issimus. [pple. of next]

1 Not open to doubt, certain; (leg.) established.
sic ut ei iam ~us..consulatus uideretur CIC.*Mur.*49; neque..~i quicquam in qua regione castra hostium essent..rettulerunt LIV.31.33.10; ubi longe ante quam dimicaretur ~issima..fuit uictoria VELL.2.84.1; (*w. acc. and inf.*) cum mihi esset ~issimum P. Lentulum..consulem futurum CIC.*Red.Pop.*15; (*w.* de) cui possit ~um esse de sua sanitate? CIC.*Luc.*54;—id..~i iuris est ULP.*dig.*17.2.52.5; confessiones reorum pro ~is facinoribus haberi non oportere 48.18.1.17.

2 Safe, secure; (w. *ab*) clear (of).
simul alia circumspecto, satin ~a sint TER.*Eu.*603; facilior..et ~ior deuitatio legionum fore uidetur quam piratarum CIC.*Att.*16.2.4;—a te litteras attulerunt non tam ~as a timore quam sermo Liuinei fuerat 3.17.1.

3 Well-tried, proved. **b** judiciously chosen.
ista tam ferox, tam ~a huius opprimendi fiducia CIC.*Scaur.*23; cuius tam ~a pietas est SEN.*Dial.*11.5.3; si modo ita ~a aure homo sit, non surda GEL.1.7.20. **b** filiam..despondit..Graccho, quem probauerat..~issimo iudicii tempore dum inimicus esset GEL.12.8.4.

explōrō ~āre ~āuī ~ātum, *tr.* [perh. EX-+PLORO (cf. sense 4)]

1 (usu. mil.) To reconnoitre, inspect (a place).
Africam ~auit, inde Sardiniam cum classe uenit CIC.*Man.*34; ut ~atis itineribus minore cum periculo uallem..transiret CAES.*Gal.*5.50.3; turmarum praefectos qui ~atum in omnes partes dimissi erant LIV.8.7.1; portus classe ~auit TAC.*Ag.*25.1; *Hist.*3.52;—(*abl. absol.* ~ato) ante ~ato et subsidiis positis LIV.23.42.9; 31.2.7; non..nisi ~ato, nisi die intrandum TAC.*Hist.*3.20;—(*in non-mil. context*) manu tenebras ~at *Mor.*6; emi sibi praedia uetustate suspecta eoque prius ~anda TAC.*Hist.*1.27; ianuae claustra sedulo ~auerat APUL.*Me.*7.1.

2 To inquire into (a state of affairs), investigate. **b** (w. acc. and inf.) to ascertain (that) (w. *ut, ne*) to ensure (that). **c** to explore means of, plan. **d** *~atum* (*pro ~ato*) *habere,* to know for certain, be sure.
~atum dico et prouisum hoc tibi PL.*Capt.*643; LUCIL.880; Faberianum nomen ~andum est CIC.*Att.*12.47.1; omnis ~at uentos atque auribus aera captat VERG.*A.*3.514; stat..metuenda sacerdos ~atque aditus, ne quis temerator oberret STAT.*Ach.*1.601; mentes..deorum ~ant super euentu SIL.5.61; TAC.*Ann.*2.12; mater..tu..filii tui lusus semper ~abis curiose? APUL.*Met.*5.31;—(*w. indir. qu.*) reliquum est ut..quid agatur..~es CIC.*Att.*7.13.4; SAL.*Jug.*52.5; ~et (uillica)..an pigritia delituerit (seruus) COL.12.3.7; (*w.* si) caduceatorem..misit ad ~andum si paterentur legatos ad se mitti LIV.34.30.3;—(*absol.*, *w.* de) cum legati uenissent..qui de eius uoluntate ~arent NEP.*Han.*2.2; LIV.23.38.9; de patria nostra..scrupulosissime ~ans APUL.*Met.*1.26. **b** postquam ~atum satis est loca nulla labare OV.*Met.*5.362; cum..~asset..ab hoste proximum teneri collem FRON.*Str.*1.5.24; TAC.*Hist.*4.82; cum ~asset consules..uacaturos PLIN.*Ep.*7.33.4; (*abl. absol.* ~ato) ~ato iam profectos amicos, noctem quietam..egit TAC.*Hist.*2.49;—moenia..circuit et ne quid labefactum..corruat ~at OV.*Met.*2.403; mancipia..citare debebit (uilicus) atque ~are ut sint diligenter compedibus innexa COL.11.1.22. **c** quae (nauis)..omnibus qui eam aspexerant..~are fugam domini uidebatur CIC.*Ver.*5.44; poterit ~atam fugam (*i.e. of bees*) praesciscere COL.9.9.4. **d** nec quo progredi uelles ~atum satis habebat (senatus) CIC.*Fam.*10.12.1; pro ~ato habebat Ambiorigem proelio non esse concertaturum CAES.*Gal.*6.5.3; VITR.1.6.5; ~atum habeo..non stationes iustas esse LIV.25.38.16;—(*w.* de) cum primum de Antonio ~atum habuero faciam te certiorem D.BRUT.*Fam.*11.10.5; de numero eorum omnia se habere ~ata CAES.*Gal.*2.4.4;—(*cf.*) quid habes ~ati cur non possit..? CIC.*Luc.*85.

3 To put to the test, try out.
non lupus insidias ~at ouilia circum VERG.*G.*3.537; nuper in hos usus ~atae Numisianae (uites) COL.3.2.2; taurus..in aduersis ~at cornua truncis LUC.2.603; STAT.*Theb.*3.457; minister..inferre epulas et ~are gustu solitus TAC.*Ann.*12.66; SUET.*Otho* 11.2; (*of events*) ~ant aduersa uiros SIL.4.603.

4 (See quot.)
~are antiquos pro exclamare usos PAUL.*Fest.*p.79M.

explōsiō ~ōnis, *f.* [EXPLODO+-TIO] (app.) The driving (of a play) off the stage.
ludorum ~ones (*s.v.l.*) et funerum et ineptiarum ceterarum CAES.*Fam.*8.11.4.

expoliō[1] ~īre ~īuī or ~iī ~ītum, *tr.* [EX-+POLIO[1]]

1 To smooth down, polish (a surface); to remove (by polishing). **b** to finish off (a building with plaster or sim.); to build with a smooth finish. **c** to make by polishing or smoothing.
nouum libellum..pumice ~itum CATUL.1.2; COL.1.6.13; hac cute (*i.e. hedgehog skin*) ~iuntur uestes PLIN.*Nat.*8.135;—unguium scabritias ~it (uiscum) 24.12. **b** aedes..paratae, ~itae, factae probe examussim PL.*Mos.*101; uillae..~itae..citro atque ebore CATO *orat.*175; *CIL* 1.981.5; aedificatur locus..et ~itur marmore VITR.7.10.2;—canalis extra columnam ~ito CATO *Agr.*18.8; inter balnearia et thermas bybliotheca..~itur SEN.*Dial.*9.9.7. **c** CIC.*Div.*2.49; pocula..inimicorum capitibus ~iunt MELA 2.13.

2 To embellish, adorn (the person). **b** to polish the manners of.
numquam concessamus..poliri, ~iri, pingi, fingi PL.*Poen.*221; ipsam offendimus mediocriter uestitam..nulla mala re..~itam muliebri TER.*Hau.*289; in istis uulsis atque ~itis..quaerite oratores SEN.*Con.*1.pr.10. **b** parentes fabri liberum sunt..extollunt..~iunt: docent litteras PL.*Mos.*126; nox te..nobis, Antoni, ~iuit hominemque reddidit CIC.*de Orat.*2.40; 3.139; hortor..illi te ~iendum limandumque permittas PLIN.*Ep.*1.10.11; (*cf.*) temporibus nimis rudibus necdum Graeca disciplina ~itis GEL.15.11.3.

3 To bring to perfection, give finish to (non-material things).
placet consilium.— immo etiam, ubi ~iuero, magis hoc tum demum dices PL.*Poen.*188; genus argumentandi..quod per ratiocinationem ~itur CIC.*Inv.*1.61; loquendi elegantia..~itur scientia litterarum *de Orat.*3.39; quaedam nunc artes ~iuntur LUCR.5.332; neque..dubium est, quin istaec (fabulae)..ab eo (*sc.* Plauto)..~itae sint GEL.3.3.13.

expoliō[2] ~āre: see EXSPOLIO.

expolītiō ~ōnis, *f.* [EXPOLIO[1]+TIO]

1 The finishing (of a wall, etc.) with a smooth surface.
urbanam ~onem urget ille CIC.*Q.fr.*3.1.6; 3.3.1; de ~onibus..eorum (*sc.* priuatorum aedificiorum) uti sint elegantes..exponam VITR.6.8.10; 7.5.1.

2 Elegance, polish (in diction); elaboration (of a theme).
orationem..artificio quodam et ~one distinctam CIC.*de Orat.*1.50; inest..in numero..~o *Orat.*185;—*Rhet.Her.*4.54; eius inuenti artificiosa ~o CIC.*Inv.*1.74.

expolītus ~a ~um, *a. compar.* ~ior, *superl.* ~issimus. [pple. of EXPOLIO[1]] Polished, smooth; (of buildings) well-finished.
~ior dens CATUL.39.20; quanto sunt ~iora (frumenta) minus a curculionibus exeduntur COL.2.20.6;—uillas ~issimas SCIP.min.*orat.*12.

expōnō ~ōnere ~osuī ~ositum, *tr.* [EX-+PONO] FORMS: pf. *~osiuit* PL.*Cas.*853; *~ostus* CATO *Agr.*151.2, VERG.*A.*10.694, STAT.*Theb.*5.551, etc.

1 To put or bring out (into the open). **b** to put on shore, disembark, land.
id (*sc.* semen) aridum condito, uti aridum ~ostum siet CATO *Agr.*151.2; ratis..~ositis stabat scalis et ponte parato VERG.*A.*10.654; circa uiam ~ositis benigne commeatibus LIV.26.9.5. **b** uisere locum ubi exercitum ~onat CAEL.*hist.*12; signa..ea sunt ad Caietam ~osita CIC.*Att.*1.3.2; uenientem..nauibus Tuberonem portu..prohibet neque adfectum ualetudine filium ~onere in terra patitur CAES.*Civ.*1.31.3; socios de puppibus altis pontibus ~onit VERG.*A.*10.288; LIV.23.40.8; (*cf.*) fluuius..eam (*sc.* Psychen) innoxio uolumine super ripam..~osuit APUL.*Met.*5.25.

2 a To expose (children). **b** to abandon in an exposed position.
a dat eam puellam ei seruo ~onendam ad necem PL.*Cist.*166; (natus) continuo ~onetur TER.*Hec.*400; LIV.1.4.5; uenit ad ~ositos..lupa feta gemellos OV.*Fast.*2.413; QUINT.*Inst.*4.2.95. **b** dis..qui me..Sarmaticis ~osuere locis OV.*Tr.*4.8.16; ~ositam sequitur..pristis Andromedam GERM.*Arat.*356; APUL.*Met.*6.31.

3 To spread out; (colloq.) to send (someone) sprawling, 'lay out'.
ibi in omnibus collibus ~ositas hostium copias..conspexit CAES.*Gal.*4.23.2; in illo caespite consedi..utque recenserem..pisces insuper ~osui OV.*Met.*13.933; Mauri..in Atlanticum pelagus ~ositi MELA 1.22; foenum Graecum..in sole ~onito aut in furno ut siccescat COL.12.28.1; (*pass. w. retained acc.*) obliqua ceruicem ~ostus in aluo (*sc.* serpens) STAT.*Theb.*5.551;—opsecro, ut ualentulast! paene (me) ~osiuit cubito PL.*Cas.*853; urbanos istos..hoc ictu ~onam atque omnis eiciam foras *Truc.*659.

4 To put on show, display; to expose for sale. **b** to make available (for a purpose).

in eo scripto quod populo ~ositum est Cic.*Inv.*2.162; strauit..lectulos Punicanos et ~osuit uasa Samia *Mur.* 75; ~osita omni in campo Martio praeda Liv.3.10.1; Ov. *Ars* 3.209; montes..quasi de industria in ordinem ~ositi Mela 1.29; qui imagines in atrio ~onunt Sen.*Ben.*3.28.2;—in libraria..consideramus, atque ibi ~ositi erant Fabii annales Gel.5.4.1; forum..peto inque eo piscatum..~ositum uideo Apul.*Met.*1.24. **b** erant..huic studio maxima..~osita praemia Cic.*de Orat.*1.15; domum clausam..sanctimoniae, patentem atque..~ositam..uoluptatibus *Quinct.* 93; *Caec.*78; (*ellipt.*) licet ~ositum per limen..ire redire Stat.*Silv.*1.2.34.

5 (w. dat.) To expose (to dangers, etc.); (also w. *ad* or *aduersus*). **b** (pass. pple., of places) exposed (to the elements).

piscibus beluisque ~ositus es..naufragus Petr.115.13; ipsa ego te..~osui fatis Stat.*Theb.*5.624; 7.197; ne inermes prouinciae barbaris nationibus ~onerentur Tac.*Hist.*3.5; sexum natura inualidum..~oni..cupidinibus alienis *Ann.* 3.34; epistula..malignitati interpretantium ~onitur Plin. *Ep.*5.7.6;—Liv.9.35.6; tutam seruitutem se..quam libertatem ~ositam ad iniurias..malle 42.23.9; te ad omnis ~ositum ictus stare Sen.*Dial.*6.9.3; ~ositum..ad inuidiam..nomen Tac.*Hist.*2.53;—ne se temere in causam deduceret ~ositos aduersus Italiam..et primos impetus Romanorum excepturos Liv.36.5.4. **b** rupes..~osta..ponto Verg.*A.* 10.694; Ov.*Met.*13.726; mare Caspium..procellis undique ~ositum Mela 3.38; (*ellipt.*) Sunion ~ositum Piraeaque tuta recessu linquit Ov.*Fast.*4.563; (*cf., as sb.*) frontem eius (*sc.* uillae) tantum noui et ~osita (*i.e. the parts exposed to view*) Sen.*Ep.*55.6.

6 To set forth in words, relate, describe, explain. **b** to publish (in a book).

~osui breuiter consulatum meum Cic.*Pis.*7; ego tibi meum consilium ~onam *Fam.*3.5.4; Sal.*Jug.*17.1; uersibus ~oni tragicis res comica non uult Hor.*Ars* 89; mandata Masinissae Scipioni ~osuit Liv.29.5.1; ~ositus mos est, moris mihi restat origo Ov.*Fast.*4.783; Plin.*Nat.*17.246;—(*w. indir. qu.*) uobis ~onam quid de quaque re sentiam Cic.*de Orat.*1.172; ~osuit..bonum summum..quid foret Lucr.6.26; (*abl. absol.* ~osito) praetorem..~osito quid pararet Heracleum..petere iubet Liv.44.35.13;—(*w. acc. and inf.*) ~one..si potes, animos remanere post mortem Cic.*Tusc.*1.26; ~onit..deorum simulacra sudauisse *Div.* 1.99; cum ~osuisset Milesiam quandam..pro abortu pecuniam accepisse Quint.*Inst.*8.4.11; Tac.*Ann.*3.62;—(*absol. w.* de) quoniam..dictum de altero est, ~one nunc de reprehendendo Cic.*Part.*44; in hoc ~onemus libro de uita excellentium imperatorum Nep.pr.8; Vitr.9.1.16. **b** quam orationem in Originibus suis ~osuit ipse (*sc.* Cato) Cic.*de Orat.*1.227; *Tusc.*1.21.

exporgō: see next.

exporrigō ~rigere ~rexī ~rectum, *tr.* **exporgō.** [ex-+porrigo] Forms: *exporgo* Pl.*Ps.*1; Ter.*Ad.*839; Titin.*com.*172. To stretch or spread out; to smooth (a wrinkled brow). **b** (topog., refl.) to extend; (also pass.). **c** to widen the scope of (an idea).

~rigi meliust lumbos Pl.*Ps.*1; in somnum..~rectus Var. *Men.*107; propius eorum aciem instituit ~rigere munitiones *B.Afr.*42.2; 78.4; ~recto..labello Pers.3.82; crura..~rigentia se Plin.*Nat.*11.260; sesamam..~rigi in sole super lintea 18.98; (*transf.*) quid..menses tibi et annos in longam seriem..~rigis? Sen.*Dial.*10.9.3;—~ge frontem Ter.*Ad.* 839; Titin.*com.*172. **b** montes longo se iugo..~rigunt Mela 1.109; (*cf.*) ubi ad occidentem litus ~rigunt (Hispaniae) 3.14;—inter solis stationem et sidera septem ~recta iacet tellus Var.At.*poet.*15(13). **c** finitio summi boni..diffundi potest et ~rigi Sen.*Dial.*7.4.1.

exportātiō ~ōnis, *f.* [next+-tio] The carrying out, export (of goods).

his ~onibus..scribit HS LX socios perdidisse Cic.*Ver.* 2.185; earum rerum quibus abundaremus ~o *Off.*2.13.

exportō ~āre ~āuī ~ātum, *tr.* [ex-+porto] To carry out, take away; esp. to send overseas. **b** to send to market, export.

neu qui manus attulerit sterilis intro ad nos grauidas foras ~et Pl.*Truc.*98; stercus..cum ~abis purgato et comminuito Cato *Agr.*5.8; *CIL* 1.593.60; tum corpora luce carentum ~ant tectis (apes) Verg.*G.*4.256; Suet.*Dom.*17.3;—Lucil. 722; portentum in ultimas terras ~andum Cic.*Ver.*1.40; furta..ea quae sine portorio Syracusis erant ~ata 2.171;—(*w. pers. obj.*) cum (Iuppiter) ~auit per mare..amans Europam Var.*R.*2.5.5; Medea..nondum meis ~at e regnis pedem? Sen.*Med.*180. **b** ut..multitudine earum rerum quae ~entur..omnibus terris antecellat (Asia) Cic.*Man.* 14; quo..fructus nostros ~are expediat Var.*R.*1.16.1; quod (mulsere)..sole cadente, sub lucem ~ant Verg.*G.*3.402; Javol.*dig.*23.5.18.

exposcō ~ere expoposcī, *tr.* [ex-+posco] To ask for, demand, beg; to demand the surrender of (a person). **b** to ask (a person for something). **c** (transf., of things) to need.

benefacta aures meae..~unt Pl.*Per.*495; ut eam misericordiam tribuatis..quam..imploro et ~o Cic.*Mil.*92; ut..uictoriam ab dis ~erent Caes.*Civ.*2.5.3; uotis precibusque iubent ~ere pacem Verg.*A.*3.261; libellos praemium..~entium Tac.*Hist.*1.44; (*w. gdve.*) cum deportandum Romam corpus Augusti..ab consulibus ~erent Suet.*Cl.* 6.1; (*w.* ut) ut eo adduceretur..omnes ~ebant Liv.39.49.10;—(*w. inf.*) Iliacos..audire labores ~it Verg.*A.*4.79; praegredi ~unt Tac.*Ann.*14.13;—(*w. acc. and inf.*) Aenean acciri omnes..~unt Verg.*A.*9.193; illas..res dedier mihi ~o Liv. 1.32.7;—hos..ratus sui ~endi gratia missos Nep.*Han.*7.6; cum..~eretur publice, supplicem non prodidit (rex) *Them.* 8.5; Liv.38.31.3. **b** (*w. two accs.*) quod deos immortales..expoposci eius me compotem uoti uos facere potestis Liv.7.40.5; (*cf.*) nos..suetus..ultricis oculorum ~ere Diras Stat.*Theb.*11.106;—(*w.* ut, *or subj. alone*) te ~o ut hoc consilium Achiuis auxilio fuat Enn.*scen.*177; processere (patres)..precibus plebem ~entes, unum sibi ciuem..pro nocente donarent Liv.2.35.5. **c** moenia..uidet suscepta..labore crescere difficili nec opes ~ere paruas Ov.*Met.*11. 201; munimina portae ~unt Stat.*Theb.*12.705; bona fides contractus legem seruari uenditionis ~it Ulp.*dig.*8.4.13.

expositē, *adv.* [expositvs+-e] Plainly, explicitly.

non ~ atque aperte, sed..recondita..significatione Gel. 3.2.14.

expositīcius ~a ~um, *a.* [expono+-icivs[2]] (of children) Exposed, foundling.

puellam ~am Pl.*Cas.*79.

expositiō ~ōnis, *f.* [expono+-tio]

1 The exposing (of a child).

quos (*sc.* pueros) iunxit etiam ~o Sen.*Con.*9.3.4; Quint. *Decl.*306(p.199,l.9).

2 A statement, description.

argumentorum ~o *Rhet.Her.*1.4; ~ones summi boni tres..fuerunt Cic.*Fin.*5.21; quantum ad ~onem rerum pertinet Sen.*Con.*6.7.10; Plin.*Nat.*35.60; qui non speciem ~onis sed fidem quaerit Quint.*Inst.*10.1.32; Agen.*agrim.*p.38; Gel. 5.18.6.

expositīuus ~a ~um, *a.* [expono+-ivvs] Expository.

Agen.*agrim.*p.29.

expositor ~ōris, *m.* [expono+-tor] One who exposes (a child).

de filio ~oris et repudiatae Quint.*Decl.*338(p.330,l.2).

expositus ~a ~um, *a.* [pple. of expono]

1 Easily intelligible, plain; trite, commonplace.

alia..interprete egent; hoc ~um est Sen.*Ben.*4.16.3; eorum (*sc.* auctorum) candidissimum quemque et maxime ~um Quint.*Inst.*2.5.19;—uoluptatem ~is dare 10.5.11; uatem..qui nil ~um soleat deducere Juv.7.54.

2 (of persons) Practising no concealment, frank.

simplices uidentur quia ~i sunt Sen.*Dial.*4.16.3; est enim obuius et ~us plenusque humanitate Plin.*Ep.*1.10.2; (*transf.*) quid referam ~os..mores, quae pietas..quantus amor recti? Stat.*Silv.*5.3.246.

expostulātiō ~ōnis, *f.* [next+-tio] A protest, complaint.

flagitabar bonorum ~one Cic.*Dom.*16; fuerunt..~ones cum absente Pompeio *Q.fr.*2.1.1; talibus de causis, quae uix..~one dignae sunt, arma capitis Liv.42.42.9; Tac.*Ann.* 1.13; cum..in gratiam redeatur ~ones fieri mutuas minime utile esse Gel.8.6.

expostulō ~āre ~āuī ~ātum, *tr., intr.* [ex-+postvlo]

1 a (intr.) To expostulate, remonstrate. **b** (tr.) to expostulate or complain about.

a mortuom illum crediti ~are quia percussisses fores Pl. *Mos.*521; regna..omnia de nostris cupiditatibus..~ant Cic.*Ver.*3.207; legati ad ~andum missi Liv.21.25.5; Apul. *Met.*5.6;—(*w.* cum) de qua alienum tempus est mihi tecum ~andi Cic.*Fam.*3.10.6; ~o cum deis immortalibus Fro. *Aur.*2.p.222(232N). **b** adeon ad eum et cum eo iniuriam hanc ~em? Ter.*An.*639; *Ad.*595; ne illum quidem Iuuentium tecum ~aui Cic.*Planc.*58;—(*w. acc. and inf.*) tum opstetrix ~auit mecum, parum missum sibi Pl.*Mil.*697; qui ~arent uim prouinciae inlatam Tac.*Ann.*15.5.

2 (tr.) To demand, call for.

qui ob sua bona direpta..actiones ~ant Vat.*Fam* 5.10a.2; tabulae..eius ab accusatore ~atae V.Max.2.10.1; Celsum..ad supplicium ~abant Tac.*Hist.*1.45; praesta quod summis uotis ~o Apul.*Met.*3.19;—(*w. abst. subj.*) quo facilius cum quid ~abit usus reperiri possit Col.12.2.3; Paul.*dig.*5.3.36.5; (*ellipt.*) ~ante consensu populi..cum Pompeio..pax inita Vell.2.77.1;—(*w. acc. and inf.*) ostendi sibi Othonem ~antes Tac.*Hist.*1.82; 3.83;—(*w.* ut, ne) ut..Hiberi obsidio decedant ~at *Ann.*12.46; ~atum est..ne tua merita supprimeres Plin.*Pan.*75.4; Suet.*Aug.*62.1.

expressē, *adv.* *compar.* ~ius. [expressvs[1]+-e]

1 For the express purpose; with precision, pointedly.

~e conscripta ponere oportet exempla uti in artis formam conuenire possint *Rhet.Her.*4.10;—res est agrestis insidiosissima cunctanti, quod ipsum ~ius..Hesiodus..significauit Col.11.1.29; Plin.*Ep.*2.14.2.

2 Distinctly.

oris sui uitium tanto studio expugnauit ut ea (littera) a nullo ~ius referretur V.Max.8.7.ext.1.

expressim, *adv.* [as prec.+-im] Explicitly.

si..nihil ~ inter eos conuenit Ulp.*dig.*18.4.2.13; Paul. *dig.*46.3.98.5.

expressiō ~ōnis, *f.* [exprimo+-tio]

1 The forcing out, expulsion (of air, water, etc.). **b** the elevating section (of a water-main).

ex tractu caeli et ~onibus..uoces (*i.e. noises*)..nasci Vitr.9.8.4; de ~onibus aquae 10.7.5. **b** ea castella..neque in~onibus neque omnino in uallibus..⟨fiant⟩ Vitr. 8.6.7.

2 (archit.) A projecting band, moulding.

circum coagmenta et cubilia eminentes ~ones Vitr.4.4.4; tectoria abacorum..circa se prominentes habent ~ones 7.3.10.

expressus[1] ~a ~um, *a.* *compar.* ~ior. [pple. of exprimo] Clearly defined, distinct; clear-cut (in shape). **b** (w. *ad*) closely modelled (on).

infantibus..sensus est non satis dilucidus nec ~us Sen. *Ep.*121.13; ~ior loquacitas certo generi picarum est Plin. *Nat.*10.118; quo sit..~ior sermo Quint.*Inst.*1.1.37;—ut ~is angulis..frontes eius (*sc.* scrobis) dirigantur Col.4 4.1; Corinthium signum..festiuum et ~um Plin.*Ep.*3.6.1. **b** Cornuto..quid sanctius, quid..ad exemplar antiquitatis ~ius? Plin.*Ep.*5.14(15).3.

? **expressus**[2] ~ūs, *m.* [exprimo+-tvs[3]] = expressio (sense 1b).

Vitr.8.6.6.

exprētus ~a ~um, *a.* (Word of dub. meaning and etym.: see quots.)

it magister quasi lucerna uncto ~us linteo Pl.*Bac.*446; ~a antiqui dicebant, quasi expertia habita Paul.*Fest.* p.79M.

exprimō ~imere ~essī ~essum, *tr.* [ex-+premo]

1 To squeeze or press (to extract a liquid, etc.), wring out. **b** to press (clothes).

fiscinas..eas..sub prelum..subdito ~imitoque Cato *Agr.* 153; cibum cum mandendo ~imimus Lucr.4.618; ~essa..uua..pedibus Tib.1.7.36; nuda Venus madidas ~imit imbre comas Ov.*Ars* 3.224; spongiam..in aqua frigida ~essam Cels.4.2.6; caseus mollis..~essus Col.8.11.14; Suet.*Ves.*16.2. **b** placet..non ponderibus..splendere cogentibus ~essa (uestis) Sen.*Dial.*9.1.5.

2 To extract by pressure, squeeze out; to eject by pressure. **b** to squeeze outwards.

una..lacrimula quam oculos terendo..~esserit Ter.*Eu.* 68; ~imito cremorem in patinam nouam Cato *Agr.*87; nubium conflictu ardor ~essus Cic.*Div.*2.44; uinum..Indos palmis ~imere Plin.*Nat.*6.161; (*hyperb.*) hi sunt propter quos oculi clamore ~imantur Sen.*Dial.*5.33.2;—quae tormentis ~imuntur tela Sen.*Dial.*3.9.1. **b** cauliculi..ponderis necessitate ~essi flexuras..facere sunt coacti Vitr.4.1.9.

3 To press upwards, raise. **b** to promote the growth of, develop (a person's body).

quantum has (*sc.* turres) cotidianus agger ~esserat Caes. *Gal.*7.22.4; (*transf.*) (uetustas) totos supprimet montes, et alibi rupes in altum nouas ~imet Sen.*Dial.*6.26.6;—(*water*) aquae magnam uim ex mari rotis..~imere contendit *B.Alex.*6.2; Vitr.8.6.5; Ov.*Ars* 1.82; ita..~essisse..quantum (aquae) poturo sufficeret Plin.*Nat.*10.125; fons..exprimitur pluribus uenis Plin.*Ep.*8.8.2. **b** omnibus membris ~us infans Quint.*Inst.*2.4.6; pulcher aspectu sit athleta cuius lacertos exercitatio ~essit 8.3.10.

4 To elicit, extort, extract (something from a person, etc., usu. against his will). **b** (w. *ut*) to extort (the performance of an action). **c** to force out (sounds). **d** (of conditions situations) to compel, produce.

pecuniam..ui ~essam et coactam Cic.*Ver.*2.165; uictoriae nuntius laetitiam ~imebat *B.Alex.*56.2; Liv.2.59.3; nemo..libenter debet quod non accepit sed ~essit Sen.*Ben.*1.1.7; (*w. indir. qu.*) ~imere cupientibus (Aetolis), quarum rerum in se arbitrium senatui permitterent Liv.37.1.6;—(*w. dat.*) sponsionem istam ~esserunt nobis Samnites Liv.9.9.5; ~essit imprudentibus risum Petr.32.1; dicitur ducenta sestertia ~essisse iuueni Suet.*Ves.*4.3;—(*w. abl.*) ruborem ferreo..~imamus ore Catul.42.17;—(*w.* ab) tuum studium a me hoc uolumen ~essit Cic.*Orat.*147; laus..ab inuitis ~essa *Agr.*2.5;—(*w.* ex) non scripta sed nata lex quam..ex natura ipsa ..~essimus *Mil.*10. **b** ~essi ut conficere tabulas se negaret Cic.*Ver.*3.112; ~essit ut se ipsos dederent Fron.*Str.*3.2.1; (*w. dat.*) abnuenti..nomen Augusti ~essere ut adsumeret Tac.*Hist.*2.90. **c** ~imitur..gemitus quia membra dolore adficiuntur Lucr.3.495; si lingua resoluta est..oportet..magna ui luctari ut uerba ~imantur Cels. 4.4; illae uoces quas ingenuus dolor ~imit Sen.*Ben.*2.5.2; Plin.*Nat.*10.66; (*in writing*) flebiles uoces ~imit in quadam ..epistula Sen.*Dial.*10.5.2. **d** utilitas ~essit nomina rerum Lucr.5.1029; (abscessus) sitim uigiliamque ~imit Cels.5.28.11.A; haec inaequalitas..~imit illam..arcus uarietatem Sen.*Nat.*1.3.1; alias uarietates in hoc pecudis genere docuit usus ~imere Col.7.2.4.

5 To stamp (a design on a surface); (pass., w. acc. or abl.) to be stamped (with a design).

~essam in cera ex anulo suam imaginem Pl.*Ps.*56; utrumque currus latus deorum simulacra ex auro..~essa decorabant Curt.3.3.16;—(*in fig. phr.*) cum te..tuis uestigiis persequamur quae tu in tabulis publicis ~essa..reliquisti Cic.*Ver.*2.105; ne sententiae emineant extra corpus orationis ~essae Petr.118.5; in quibus (uerbis) consiliorum tuorum ~a uestigia cerneres Fro.*Ver.*2.p.150(129N);—aram..posuit casus suos in marmore ~essam Tac.*Hist.*3.74; id (*sc.* aurum)..quod..aliqua forma est ~essum Ulp.*dig.*34.2. 27.4.

6 To make a likeness of, reproduce, copy. **b** (spec.) to portray, depict (in sculpture, painting, etc.). **c** to produce (a likeness). **d** (w. *ad*) to model (on a pattern).

litterae lituraeque omnes adsimulatae et ~essae de tabulis in libros transferuntur Cic.*Ver.*2.189; qui non uerba sed uim Graecorum ~esserunt poetarum *Ac.*1.10; Lucr. 4.299; quia collisi ibi fluctus latratus uidentur ~imere Sal.*Hist.*4.27; si quis in scaena Roscii..~imere gestus uelit Tac.*Dial.*20.3; (*cf.*) uocis..soni paucis notis inuentis sunt omnes signati et ~essi (*i.e. represented in writing*) Cic. *Rep.*3.3;—(*of things*) Idaei dactyli..pollicem humanum ~imunt Plin.*Nat.*37.170; nubes..oriebatur cuius..formam non alia magis arbor quam pinus ~esserit Plin.*Ep.*6.16.5; (*cf.*) ueste..stricta et singulos artus ~imente Tac.*Ger.*17.1. **b** faber..unguis ~imet..aere Hor.*Ars* 33; optume ~essit Herculem Delphis Plin.*Nat.*34.66; hanc (*sc.* catellam)..

picta Publius ~imit tabella MART.1.109.18; ut facies nostra ab optimo quoque artifice ~imatur PLIN.*Ep*.7.33.2; (*cf.*) libros Platonis..legit in quibus..Socrates ~imitur CIC. *de Orat*.3.15;—(*of pictures, etc.*) quae concubitus uarios Venerisque figuras ~imat..tabella OV.*Tr*.2.524; scalptura gemmae uictoriam..~imente SUET.*Gal*.10.4; *CIL* 6.2080. **c** iustitiae solidam et ~am effigiem nullam tenemus, umbra ..utimur CIC.*Off*.3.69; VITR.7.5.2; plus..laboris impendit ut similitudinem eius (rhetoris) effugeret quam impenderat ut ~imeret SEN.*Con*.2.pr.1; quae causa in speculo imagines ~imat sciet sapiens SEN.*Ep*.88.27. **d** iustorum iniustorumque distinctio ad illam antiquissimam..~essa naturam CIC.*Leg*.2.13; GAIUS *Inst*.4.33.

7 To reproduce in another language, translate; *~imere in melius*, to improve on.
uerbum de uerbo ~essum extulit TER.*Ad*.11; fabellas Latinas ad uerbum e Graecis ~essas CIC.*Fin*.1.4; haec ~essa ..carmina Battiadae CATUL.65.16; PLIN.*Ep*.4.18.1;—qui ..uersus Varronis ~essisset in melius SEN.*Con*.7.1.27.

8 To express (ideas, facts, etc.) in words, relate, describe. **b** to state expressly, insist upon. **c** (of words, gestures, etc.) to express the sense of.
~imenda..sunt et ponenda ante oculos ea..quae sint.. subturpia CIC.*de Orat*.2.264; Mithridaticum..bellum..totum ab hoc ~essum est *Arch*.21; omnem denique uitam eius ~essi PLIN.*Ep*.2.13.10; uereor ne parum ~esserim 8.2.5; —(*w. indir. qu.*) in quibus malis sit..~imitur breuiter CIC.*Part*.57; quid..timuerint..neque mihi tam festinanti ~imere uacat neque cui uacat potest VELL.2.124.1; PLIN. *Ep*.5.14(15).2;—(*w.* uerbis *or sim.*) hoc quantum est? ita magnum ut Latine uno uerbo ~imi non possit CIC.*Ver*. 2.154; VELL.2.21.3; non satis..legis latorem uoluntatem suam uerbis ~essisse GAIUS *Inst*.3.76. **b** nemo..superiorum non modo ~esserat sed ne dixerat quidem posse.. CIC.*Luc*. 77; hoc maxume est ~imendum..hanc uim non esse in die positam sed in cogitatione diuturna *Tusc*.3.74; iurauit, ~essit, explanauit uerba quibus caput suum..deorum irae consecraret PLIN.*Pan*.64.3; (*w.* de) est tutius..de ea (re) sola ~imere in compromisso ULP.*dig*.4.8.21.6;—(*w.* ut, ne) consules..nihil..agere nisi quod ~essum senatus consulto est ut dictatorem dicerent comitiorum causa LIV.9.7.12; nec..ulla parte edicti id ipsum nominatim ~imitur ut aliquis ignominiosus sit GAIUS *Inst*.4.182; eadem lege ~imitur ne quis nummos..uendere dolo malo uellet ULP. *dig*.48.10.9.2; 49.17.8. **c** gestus..uerba ~imens scaenicus CIC.*de Orat*.3.220; uerbo..satis sensum ~imente SEN.*Con*. 2.2.7; non figura litterarum, sed oratione quam ~imunt litterae obligamur PAUL.*dig*.44.7.38.

9 To utter (sounds); to articulate precisely.
nolo ~imi litteras putidius, nolo obscurari neglegentius CIC.*de Orat*.3.41; ceteris (balbutientibus) septimo..anno sermonem ~imit (lingua) PLIN.*Nat*.11.174; quotiens ultima est (littera 'm')..etiam si scribitur, tamen parum ~imitur QUINT.*Inst*.9.4.40;—litterae neque ~essae neque oppressae CIC.*Off*.1.133.

exprobrātiō ~ōnis, *f.* [EXPROBRO+-TIO] The act of reproaching; (w. gen.) a reproach (arising from).
admonitio taedium facit, ~o odium SEN.*Ben*.2.11.6; nec ..questu aut ~one abstinebat TAC.*Ann*.13.42; (*cf.*) gari desideria..in ~one erant (*i.e. were a matter for reproach*) PLIN. *Nat*.19.57;—TER.*An*.44; ne qua ~o cuiquam ueteris fortunae discordiam..sereret LIV.23.35.7; pessimum..genus (lactucae) cum ~one amaritudinis appellauere PLIN.*Nat*. 19.126; tacita inpotentiae ~o QUINT.*Inst*.6.2.16.

exprobrātor ~ōris, *m.* [EXPROBRO+-TOR] One who reproaches.
me (oderant) patres quasi publici mali segregem et ~orem SEN.*Con*.7.6.20; SEN.*Ben*.1.1.4.

exprobrātrix ~īcis, *f.* [next+-TRIX] (Fem. of prec.)
~ix memoria SEN.*Ben*.7.22.2.

exprobrō ~āre ~āuī ~ātum, *tr.* [EX-+PROBRVM+-O[3]] (w. dat.) To bring up as a reproach (against a person).
num tibi..casus bellicos ~are aut obicere uideor? CIC. *Ver*.5.132; ne quis eam rem ioco serioue cuiquam ~aret LIV.7.41.3; parcite..uitia ~are puellis OV.*Ars* 2.641; CALP.*Ecl*.6.26; auderesne paupertatem philosopho ~are APUL.*Apol*.18; (*of an action*) mala emptio..~are stultitiam domino uidetur PLIN.*Ep*.1.24.2; (*w.* quod) audiebantur ..uoces ~antium multitudini, quod defensores suos.. in ipso discrimine periculi destituat LIV.6.17.1; (*w.* de) desine..de uxore mihi ~are NEP.*Ep*.5.5;—(*w. ellipsis of dat.*) triginta minas pro capite tuo dedi.—qur ~as?—egone id ~em? PL.*Mos*.300; nudant uniuersi corpora, cicatrices ex uulneribus..~ant TAC.*Ann*.1.35;—(*w. acc. and inf.*) pergin seruom me ~are esse..? PL.*Capt*.591; Boeotis ~atum societatem eos cum Perseo iunxisse LIV.42.38.5; TAC.*Ann*.4.29; —(*pres. pple. as adj.*) dulcis..esse debet, non ~ans sonus QUINT.*Inst*.11.3.16.

exprōmissor ~ōris, *m.* [next+TOR] (leg.) One who promises to pay on behalf of another, a guarantor.
si ~orem dare uult nihil ei prodest GAIUS *dig*.13.7.10; PAUL.*dig*.38.1.37.8; alienae rei ~or 50.17.110.1.

exprōmittō ~ittere ~īsī ~issum, *tr.* [EX-+PROMITTO] To promise to pay; (leg.) to assume an obligation to pay (for another).
emptor..~isit nummos VAR.*R*.2.2.5;—pecunia ob hominem illum ~issa est qui redhibitus est ALF.*dig*.44.1.14; GAIUS *dig*.39.6.31.3; si..nouatione facta eam pecuniam ~sit POMPON.*dig*.14.6.20.

exprōmō ~ere ~psī ~ptum, *tr.* [EX-+PROMO]

1 To bring out from a store, take or put out. **b** (transf.) to give expression to (sounds, etc.).
heminas octo ~psi in urceum PL.*Mil*.831; omnis apparatus supplicii ~ebatur LIV.28.29.11; PLIN.*Nat*.10.199; non ferrum, non uenenum in sororem..~it TAC.*Ann*.12.47; ~ptis mille aureum quos insutu laciniae contexerat APUL. *Met*.7.4; (*in fig. phr.*) quidquid est, incoctum non ~et PL.*Mil*.208. **b** nec potis est..Musarum ~ere fetus mens animi CATUL.65.3; LUCR.2.887; ipse uidebar..maestas ~ere uoces VERG.*A*.2.280; preces ~ere V.MAX.3.8.ext.4.

2 To bring into play, put to use.
~e benignum ex te ingenium PL.*Mil*.1055; omnis uis ratioque dicendi in..mentibus..excitandis ~enda est CIC. *de Orat*.1.17; quorum omnis industria..in antelucanis cenis ~itur *Catil*.2.22.

3 To disclose, reveal.
iniustitiam lenonum ~ere PL.*Mer*.47; nemost..apud quem ~ere omnia mea occulta..audeam TER.*Hau*.575; summam..iniuriarum uobis, iudices, non possum ~ere CIC.*Ver*.3.53; *Fam*.5.12.1; originem sacrorum ~it LIV. 39.13.8; sed Mucianus quod diu occultauerat, ut recens ~psit TAC.*Hist*.4.85; (*w. acc. and inf.*) ~it repertum in agro suo specum *Ann*.16.1;—(*w. indir. qu.*) quid adferret ~it LIV.22.22.16; SEN.*Apoc*.7.2.

exproperō ~āre ~āuī ~ātum, *tr.* [EX-+PROPERO] To hurry on.
VRNA..FATIS ~ATA NIMIS *CIL* 11.3163.

expudōrātus ~a ~um, *a.* [EX-+PVDOR+-ATVS[2]] Lacking shame, brazen.
frontem ~am PETR.39.5.

expugnābilis ~is ~e, *a.* [EXPVGNO+-BILIS] Capable of being captured by assault, open to attack; (poet.) capable of being overcome.
(arcem) nec ui nec operibus ~em LIV.25.11.1; (Leucas) terra marique ~is 33.17.8; miles proelium poscere, cuncta uirtute ~ia clamitare TAC.*Ann*.12.35;—STAT.*Theb*.4.837; situ non ~e robur 6.103.

expugnātiō ~ōnis, *f.* [EXPVGNO+-TIO] Capture by assault (of a fortified position); (transf.) ruin.
urbium ~ones CIC.*Sen*.13; oppidi facilem ~onem esse LIV.27.39.12; FRON.*Str*.3.15.4; coepta patrataque ~o eundem intra diem foret TAC.*Ann*.12.16; (*hyperb.*) illa..~o fani antiquissimi CIC.*Ver*.1.50;—misso cursore qui uianti marito domus ~onem (*i.e. the death of a son*) nuntiaret APUL.*Met*. 10.5.

expugnātor ~ōris, *m.* [EXPVGNO+-TOR] One who takes by storm, conqueror.
urbis ~orem CIC.*Inv*.1.93; ~ores coloniae LIV.6.22.8; SEN.*Dial*.7.26.6; *CIL* 3.14147[5]; (*poet.*) pecoris lupus ~or opimi STAT.*Theb*.4.363; (*transf.*) ~orem pudicitiae CIC.*Ver*. 1.9.

expugnax ~ācis, *a. compar.* ~ācior. [next+-AX] Effectual in overcoming resistance.
siue aliquid regni est in carmine..siue ~acior herba est OV.*Met*.14.21.

expugnō ~āre ~āuī ~ātum, *tr.* [EX-+PVGNO]

1 To capture, reduce, storm (a fortified position). **b** to storm (troops in a fortified position); to defeat in battle. **c** (transf. or fig.).
oppidum ~auimus PL.*Am*.413; castris Latinorum ~atis CALP.*hist*.21; CIC.*Phil*.13.46; CAES.*Gal*.7.69.1; turris erat.. summis quam uiribus omnes ~are..certabant VERG.*A*. 9.532; ne a Capua quam obsidebant abscederent priusquam ~assent LIV.26.1.2; qui fortiter hostium moenia ~at SEN. *Ep*.66.13;—(*in naval battle*) deiectis..defensoribus..eam nauem ~auit CAES.*Civ*.3.40.1; ULP.*dig*.47.9.3.1. **b** uinci ..ab obsesso et prope ~ato hoste LIV.26.4.3; tot militares uiri..~ati et capti TAC.*Ag*.41.2;—quos (*sc.* Macedonas) ..expulissent acieque ~assent LIV.33.8.4; primo impetu Thebani Lacedaemonios ~auerunt FRON.*Str*.1.11.6; (*cf.*) sic ille furentem circuit ~ans STAT.*Theb*.6.779. **c** ego erum ~abo meum sine classe sineque exercitu PL.*Bac*. 929; nihil tam munitum quod non ~ari pecunia possit CIC.*Ver*.4; *Parad*.27; Dardanius Spartam ~auit adulter VERG.*A*.10.92; filia rectius ~at iuuenum domos HOR.*Carm*. 3.15.9; *Ilias* 260.

2 To break into, plunder (someone else's property); to achieve (one's purpose), extort.
nisi id..libidini tuae..paruerit immittentur homines, ~abuntur domus CIC.*Ver*.1.78; lixae..palantes agros uastare, uillas ~are SAL.*Jug*.44.5;—quid..si hoc ~auerint non temptabunt (feminae)? LIV.34.3.1; coepta ~are OV. *Met*.9.619; (*w. abst. subj.*) nihil est quod non ~et pertinax opera SEN.*Ep*.50.6;—(*w.* ut) aliqua ratione ~asset iste ut dies XXXXV inter binos ludos tolleretur CIC.*Ver*.2.130; summa ui ~atum esse ut tribuni militum..crearentur LIV. 4.35.10; aegre ~auit..ut..Tryphaena indutias faceret PETR. 108.12.

3 (of natural forces, etc.) To destroy, break down.
siue uetustas..(urbem) ~auerit minutatim SEN.*Ep*.91.12; flumina id oppidum ~auere PLIN.*Nat*.6.139; (*cf.*) ubi (Euphrates) Taurum ~at (*i.e. breaks through*) 5.85.

4 To overcome, sweep aside, break down (conditions, purposes, etc.). **b** to counteract, overcome (a disease or poison).
cum hac si qui adulescens forte fuerit, utrum hic tibi.. ~are pudicitiam an explere libidinem uoluisse uideatur? CIC.*Cael*.49; spem..fenoris ~andi LIV.6.18.2; oris sui uitium..~auit V.MAX.8.7.ext.1; ancilla..~are dominae pertinaciam coepit PETR.111.10;—(*of activities*) nisi propositum meum ~asset frequens postulatio tua COL.10.pr.3; facultas dicendi ~at ipsam ueritatem QUINT.*Inst*.12.1.33. **b** horror ipse per ea quae supra scripta sunt ~andus CELS. 3.15.4; PLIN.*Nat*.26.123; lacte equino uenena..~antur 28.159.

5 To overcome the resistance of, persuade (a person).
uincit longe prius ipsum ~are caput HOR.*S*.2.5.74; quo apertior est adulatio..hoc citius ~at SEN.*Nat*.4a.pr.9; Sullam cum..aliquamdiu denegasset..~atum tandem SUET. *Jul*.1.3;—(*in erotic sense*) haec etiam clausas ~ant arma pudicas PROP.3.13.9; ~are senem potuit Cleopatra uenenis LUC.10.360.

expulsim, *adv.* [EXPELLO+-IM] (app.) With the action of propelling away; (cf. perh. EXPVLSO).
uidebis..pueros pila ~ ludere VAR.*Men*.456; NIGID. *gram*.7.

expulsiō ~ōnis, *f.* [EXPELLO+-TIO] Expulsion (from territory, into exile, etc.), driving out.
damnationes, ~ones, neces CIC.*Pis*.95; ~ones uicinorum *Parad*.46; *Off*.2.20.

expulsō ~āre ~āuī ~ātum, *tr.* [EXPELLO+-TO] To drive away (a ball in a game).
si me (*sc.* pilam) mobilibus scis ~are sinistris MART. 14.46.1.

expulsor ~ōris, *m.* [EXPELLO+-TOR] One who drives out.
bonorum possessor, ~or, ereptor CIC.*Quinct*.30; ciuium ~ores *Sest*.125; tyranni..~orem NEP.*Di*.10.2.

expultrix ~īcis, *f.* [EXPELLO+-TRIX] (Fem. of prec.)
o uitae philosophia dux, o uirtutis indagatrix ~ixque uitiorum! CIC.*Tusc*.5.5; APUL.*Mun*.pr.

expungō ~gere ~xī ~ctum, *tr.* [EX-+PVNGO]

1 To prick thoroughly; (in quot., obsc.).
ei, natis peruellit.—licet: iam diu saepe sunt ~ctae PL. *Per*.848.

2 To mark off on a list (esp. to indicate the settlement of a debt, cancelling of an obligation, or sim.). **b** to record as paid out.
ut ~gatur nomen, ne quid debeam PL.*Cist*.189; miles.. centuriatus est ~cto in manipulo (*i.e. that draws no pay*) *Cur*. 585; PERS.2.13; ausus..sidera ad nomen ~gere PLIN.*Nat*. 2.95; cum tua centenos ~get (*i.e. discharge your obligation to*) sportula ciuis MART.13.123.1; cum decurias (*sc.* iudicum) rerum actu ~geret SUET.*Cl*.15.1; SCAEV.*dig*.33.7.27; (*cf.*) ex causa desertionis notatus (miles)..temporis quod in desertione fuerit impendiis ~gitur (*i.e. has his pay stopped*) PAPIN.*dig*.49.16.15; (*fig.*) munus munere ~gere SEN.*Ben*. 4.40.4. **b** cum..de suo quinquaginta milia nummum in populum ~xisset APUL.*Apol*.87.

expurgātiō ~ōnis, *f.* **expūrig-.** [next+-TIO] FORMS: *-purig-* cj. in PL.*Am*.965, *Mer*.960 *metri gratia*. The action of cleansing; a justification, excuse.
CHLORON AD EXPVRG(ATIONEM) (*sc.* oculorum) *CIL* 13. 10021(181);—habui ~onem; facta pax est PL.*Am*.965; *Mer*.960.

expurgō ~āre ~āuī ~ātum, *tr.*, (*intr.*). **(expūrigō).** [EX-+PVRGO] FORMS: *-purig-* cj. in PL.*Capt*.620, *Cist*.304 *metri gratia*.

1 To free from dirt, unwanted matter, etc., cleanse, purify. **b** to free (men, animals) from disease or noxious matter, purge.
caluariae..eius ipsum ossum ~arunt inaurauerunt que GEL.*hist*.26; SEN.*Nat*.2.13.4; spicae melius..uannis..~antur COL.2.20.4; 11.2.92; harenas ~at..uerbis..fugantibus angues LUC.9.914; (*transf.*) ~andus est sermo CIC.*Brut*. 258. **b** quae poterunt umquam satis ~are cicutae (*sc.* me)? HOR.*Ep*.2.2.53; pecudes..nausea correptae uomitant atque ~antur 7.10.5.

2 To clear away (unwanted matter).
herbam e segetibus ~ari VAR.*R*.1.30; si..cauata uitis est, dolabella conueniet ~are quicquid emortuum est COL. 4.24.5; purulenta ~ant PLIN.*Nat*.27.63; idem (emplastrum) ..~at et educit quantum eius (*sc.* ossis) alienum est LARG. 201.

3 To clear from blame, justify, excuse; (esp., refl.) to clear oneself.
sum extra noxiam. sed non facile est ~atu TER.*Hec*.277; codicillos ad Neronem composuit, requirens obiecta et ~atum adseuerans TAC.*Ann*.16.24; legatos..miserunt qui..fidem consiliumque publicum ~arent GEL.6(7).3.5;— me ~are tibi uolo PL.*Capt*.620; qui post factam iniuriam se ~et parum mi prosit TER.*Hec*.742; dissimulandi causa aut sui ~andi SAL.*Cat*.31.5;—(*ellipt.*) ad matrem eiius deuenias domum, ~es, iures, ores PL.*Cist*.302.

expūtescō ~ere, *intr.* [EX-+PVTESCO] To rot away.
dum intestina ~unt tibi PL.*Cur*.241.

exputō ~āre ~āuī ~ātum, *tr.* [EX-+PVTO]

1 To cut off superfluous matter from, prune, lop; to cut off (superfluous matter).
in ~anda salice COL.4.30.6; palos..~atos acuere 11.2.12; GEL.7(6).5.9;—cum..arbor conualuerit, quicquid falce contingi poterit ~andum est COL.5.6.14.

2 (transf.) To examine thoroughly, consider; to reach a conclusion.
ut utramque rem simul ~em PL.*Trin.*234; omnia..quae ..rem consequi solent ~amus acriter *Rhet.Her.*2.49;—quae mens eum..a tanta gloria..auocarit..~are non possum PLANC.*Fam.*10.24.6; non est facile ~are..utrum..rem quaesierit an amiserit [CIC.]*Sal.*14.

Exquiliae, Exquilīnus: see ESQ-.

exquīrō ~rere ~sīuī ~sītum, *tr.* Also **exquaerō.** [EX-+QVAERO] FORMS: *exquae-* PL.*Bac.* 721, etc.; in Var.*L.*6.91.

1 To ask about, inquire into. **b** *pretium ~rere*, to work out a price.
dum ibi ~rit fata Iliorum PL.*Bac.*951; quid istuc est quod huc ~situm mulierum mores uenis? *St.*107; noli eius facta ad antiquae religionis rationem ~rere CIC.*Ver.*4.10; cum..optimum rei p. statum ~reret (Plato) *Tusc.*2.27; singula laetus ~ritque auditque uirum monimenta priorum VERG.*A.*8.312; TAC.*Ann.*12.47; (*w.* ab) me..impedit pudor ab homine omnium grauissimo..haec..~rere CIC.*de Orat.* 1.163; (*w.* ex) ex uxore hanc rem pergam ~rere PL.*Am.*1015; —(*w. indir. qu.*) te..salutaui et uoluissesne..~siui 715; CIC.*de Orat.*3.115; forsitan..quae sint ea sacra..~rant animi STAT.*Theb.*1.559;—(*w.* de) ~re de Blesamio num quid ad regem..scripserit CIC.*Deiot.*42; de animi bonis accuratius ~rebant *Fin.*4.17. **b** ~sitis palam pretiis et licitationibus factis CIC.*Ver.*2.133; tu es qui diligentissime pretia ~sisti, qui, ut ais, magno uendidisti 3.71; LIV.22.50.6; SUET.*Cal.*38.4; (si) uiriolam..pretio ~sito..uendidissent ULP.*dig.*18.1.14.

2 To look for, seek. **b** to search, examine.
si consilium ~ris meum CIC.*Pis.*19; si..militibus ~rendi sunt honores noui *Phil.*3.14; consilio..conuocato sententias ~rere coepit CAES.*Gal.*3.3.1; delubra adeunt pacemque per aras ~runt VERG.*A.*4.57; ne quis..exemplum ~reret LIV. 24.9.10; TAC.*Hist.*4.14;—(*w. concr. obj.*) uescendi causa terra marique omnia ~rere SAL.*Cat.*13.3; nos fata deum uestras ~rere terras..egere VERG.*A.*7.239; malorum genera ~renda maxime Scaudiana COL.5.10.19;—(*w. pers. obj.*) ~sitos e Graecia magistros CIC.*Brut.*104; ~rebant duces multitudinum qui..rem publicam uexare soliti erant SAL.*Cat.*50.1. **b** tellurem intus ~rente cura PLIN.*Nat.*33.1; homo cuius paulo ante ~siti sunt sinus [QUINT.]*Decl.*2.22.

3 To find out, discover.
promptum est oculis praediscere..quis cui (*sc. soil*) color; at..~rere frigus difficile est VERG.*G.*2.256; ad quae uitia compositiones ~sitae et aptae sint LARG.pr.p.6,l.18; (*w. acc. and inf.*) soricum fibras respondere numero lunae ~siuere diligentiores PLIN.*Nat.*2.109.

exquīsītē, *adv.* *compar.* ~ius, superl. ~issimē. [EXQVISITVS+-E] In a careful or fastidious manner, meticulously, precisely.
cum..de..eo crimine accurate et ~e disputauisset CIC. *Brut.*277; rationes eae quae ~ius a philosophis colliguntur *Tusc.*1.116; QUINT.*Inst.*8.2.21; gerunt et ferarum pellis, proximi ripae neglegenter, ulteriores ~ius TAC.*Ger.*17.2; de Xenophontis..uita..omnia ~issime scripsere GEL.14.3.1.

exquīsītim, *adv.* [next+-IM] With diligence.
aeger medicos ~ conuocabas VAR.*Men.*18.

exquīsītus ~a ~um, *a.* *compar.* ~ior, *superl.* ~issimus. [pple. of EXQVIRO]

1 Attentive to every detail, studied, meticulous.
eum..ad ~issimam consuetudinem Graecorum erudiit CIC. *Rep.*2.37; adhibenda..munditia est non odiosa neque ~a nimis CIC.*Off.*1.130; uasa..~a arte fabricata V.MAX.4.3.7; ~ior sui..custodia 9.13.ext.2; scientiam..~issimae subtilitatis PLIN.*Nat.*6.211.

2 Chosen with uncommon care, recherché, choice.
rebus ~issimis ad epulandum CIC.*Fin.*2.90; se ad crudelissimum hostem et ad ~a supplicia proficisci *Off.*3.100; munera non tam pretiosa quam rara et ~a SEN.*Ben.*1.12.4; ~issimis magnificentissimisque..ludis ASC.*Pis.*1; QUINT. *Inst.*4.2.36; nouis et ~is eloquentiae itineribus opus est, per quae orator fastidium aurium effugiat TAC.*Dial.*19.5; ~um aliquid (uenenum) placebat quod turbaret mentem et mortem differret *Ann.*12.66; (*w.* ad) uerba..non ut poetae ~a ad sonum, sed sumpta de medio CIC.*Orat.*163.

exrādīcitus, *adv.* (**ērād-**). [facet. nonce-word, EX-+RADICITVS] Utterly and completely.
non radicitus quidem hercle uerum etiam ~ PL.*Mos.*1112; FRO.*Aur.*2.p.102(156N).

exrogō: see EROGO.

exs: var. spelling of EX.

exsacrificō ~āre ~āuī, *intr.* [EX-+SACRIFICO] To make an expiatory sacrifice.
~abat hostiis balantibus ENN.*scen.*39(*Inc.trag.*9).

exsaeuiō ~īre, *intr.* [EX-+SAEVIO] (of a storm) To lose its fury, blow itself out.
dum reliquum tempestatis ~iret LIV.30.39.2.

exsanguinātus ~a ~um, *a.* [EX-+SANGVIS+-ATVS²] Drained of blood.
animalia..~a et exsucata VITR.8.pr.3.

e(x)sanguis ~is ~e, *a.* [EX-+SANGVIS]

1 Lacking blood, bloodless.
concisum plurimis uulneribus extremo spiritu ~em et confectum CIC.*Sest.*79; animantum copia..exos et ~is, LUCR.3.721; corpus..~e sepulcro reddidit Hectoreum VERG.*A.*2.542; ipsum..hostiliter lacerant et prope ~em ..relinquunt LIV.29.9.7; TAC.*Hist.*2.22;—(*of ghosts*) licet ingens ianitor..~is terreat umbras VERG.*A.*6.401; OV.*Met.* 4.443; Ditis feri ~e uulgus SEN.*Oed.*598.

2 Pale (in complexion, usu. from fear, anger, etc.).
uolat ~is, simul anhelat CAECIL.*com.*132; ~is atque aestuans se ex curia repente proripuit CIC.*Har.*2; ille furens et ~is interrogabat suos..quis esset *Q.fr.*2.3.2; colos ei ~is, foedi oculi SAL.*Cat.*15.5; VERG.*A.*2.212; metu ~es CURT. 4.14.2; (*cf.*) ~em (*i.e. unblushing*) illam et ferream frontem (delatoris) PLIN.*Pan.*35.3; (*poet.*) aspicis ~i chartam pallere colore? OV.*Tr.*3.1.55;—(*transf. ep.*) biberent ~e cuminum (*i.e. that causes pallor*) HOR.*Ep.*1.19.18; pallida..~i squalebant corpora morbo OV.*Met.*15.627; ~i formidine trepidantem adulterum APUL.*Met.*9.23.

3 Lacking strength, exhausted, feeble. **b** (of literary style) lacking vitality, bloodless.
qui..nerui esse potuerunt hominis..omni inaudita libidine ~is? CIC.*Sest.*16; (rem publicam) ~em iam et iacentem *Rep.*2.2; ita defessos et ~is regi..praedae futuros SAL.*Rep.*1.5.2; subeo..~e imperium STAT.*Theb.*5.325; ede ..quid fracti ~esque parent 10.433;—(*as a mark of old age*) ~est corpus mi atque annis putret ACC.*trag.*56; LUC.1.343; donec ~is senectus tam durae uirtuti inpares faciat TAC. *Ger.*31.5. **b** aridum et ~e genus orationis *Rhet.Her.*4.16; de quibus illi tenui quodam ~ique sermone disputant CIC. *de Orat.*1.57; QUINT.*Inst.*12.10.14; nimis exilis uox erit et ~is GEL.13.21(20).5.

ex(s)aniō ~āre ~āuī ~ātum, *tr.* [EX-+SANIES+-O³] To drain (a living body of pus, moisture, etc.). **b** to drain (matter) away.
ueterani quamuis confossi..sine gemitu..corpora ~ari patiuntur SEN.*Dial.*12.3.1; multa sudatione corpora ~ata *Ep.*86.6; COL.12.55.2; (*absol. or ellipt.*) sal..his (uulneribus).. medicamentum est..~at enim CELS.5.27.1.B. **b** aquam nitratam suffundito ut omnem amaritudinem eius (*sc.* sinapis) et pallorem ~et COL.12.57.1.

ex(s)arciō ~cīre ~sī ~tum, *tr.* **ex(s)erc-.** [EX-+SARCIO] To patch up, mend.
PAUL.*Fest.*p.81M;—(*transf.*) seruos..eos qui opere rustico faciundo facile sumptum ~cirent suom (*i.e. pay for their keep*) TER.*Hau.*143; si qui roget ut..causam recipiamus, belle negandum est, ut..aliis te rebus ~turum esse persuadeas Q.CIC.*Pet.*45.

ex(s)atiō ~āre ~āuī ~ātum, *tr.* [EX-+SATIO¹]

1 To satisfy, sate (with food and drink).
nisi ~ati cibo uinoque arma non capiebant LIV.40.28.2.

2 To satisfy the passions of (a person); to sate or glut (passions).
populum..ne morte quidem P. Scipionis ~ari LIV. 38.54.10; illam unam..aspicit et uultu non ~atur amato STAT.*Theb.*8.650; si quantum pauperum est..petere pecunias coeperint, singuli numquam ~abuntur TAC.*Ann.*2.38; PLIN.*Pan.*57.1; (*poet.*) usque adeo tela ~auimus? STAT. *Theb.*9.14;—quorum saeuitiam..non deditio..non bona sequentia..deditionem ~ent LIV.9.1.9; ut cupiditates illorum..~et (liberalitas) SEN.*Ep.*73.2.

exsaturābilis ~is ~e, *a.* [next+-BILIS] Capable of being satiated.
Iunonis grauis ira neque ~e pectus VERG.*A.*5.781; STAT. *Theb.*1.214.

exsaturō ~āre ~āuī ~ātum, *tr.* [EX-+SATVRO] To satisfy, sate, glut.
supplicio pascere oculos animumque ~are CIC.*Ver.*5.65; mea numina..odiis..~ata VERG.*A.*7.298; uisceribus.. belua..~anda meis OV.*Met.*5.19; iam..refugerat..~ata Venus STAT.*Theb.*5.303; (*w. retained acc.*) uulnere iusto ~ata oculos 6.176.

exscendō, exscensiō: see ESC-.

ex(s)cindō ~ndere ~dī ~ssum, *tr.* [EX-+SCINDO]

1 To demolish, destroy (towns, buildings).
hostium urbes..~ndere CIC.*Dom.*61; *Off.*1.76; nec posse Argolicis ~ndi Pergama telis VERG.*A.*2.177; ueteres armis ~nde Mycenas STAT.*Theb.*1.261; sedem Iouis..furore principum ~ndi TAC.*Hist.*3.72.

2 To exterminate, destroy (people).
quin socios, amicos..trahant ~ndant SAL.*Hist.*4.69.17; ferro sceleratam ~ndere gentem VERG.*A.*9.137; animam hanc ~ndere SIL.4.672; ~ndit non ausum congredi hostem TAC.*Ann.*2.25; (*poet.*) Nero uirtutem ipsam ~ndere concupiuit interfecto Thrasea Paeto 16.21.

ex(s)cissōrius ~a ~um, *a.* [prec.+-TORIVS] Used for cutting away.
~us (*v.l.* excisorius) scalper CELS.8.3.4.

ex(s)creābilis ~is ~e, *a.* [EXSCREO+-BILIS] Capable of being relieved by coughing up.
(puleium) pulmonum uitia ~ia facit PLIN.*Nat.*20.157.

ex(s)creātiō ~ōnis, *f.* [next+-TIO] The action of bringing up and ejecting (phlegm, etc.), spitting (in quots., caused by disease).
prodest..tussibus uetustis ~onibusque PLIN.*Nat.*20.197; 20.237; sanguinis ~ones 21.123.

ex(s)creō ~āre ~āuī ~ātum, *tr.* [EX-+SCREO] To bring up and spit out, cough up, expectorate; (also absol.).
dum precatur dentem de tribus ~auit unum *Priap.*12.9; spumantem sanguinem ~ant CELS.2.7.16; pus ~atur 3.22.3; PLIN.*Nat.*20.27;—age age, usque ~a.—etiamne?—age ..usque ex penitis faucibus PL.*As.*40; ante ipsas ~at usque fores TIB.1.5.74; QUINT.*Inst.*11.3.160.

exscrībō ~bere ~psī ~ptum, *tr.* [EX-+SCRIBO] To make a written copy of, transcribe, write out. **b** to copy by drawing; (transf.) to show a similarity to, resemble.
qui..in iure abiurant pecuniam, eorum referimus nomina ~pta ad Iouem PL.*Rud.*15; conplura..~pta de Magonis libris VAR.*R.*2.5.18; tabulas in foro..~bo CIC.*Ver.*2.189; LIV.1.20.5; PLIN.*Nat.*29.4; ex qua (comoedia) duo hos uersus ~psimus GEL.3.3.8. **b** (imagines) ~bendas pingendasque PLIN.*Ep.*4.28.1;—amisit..filiam, quae..totum.. patrem mira similitudine ~pserat 5.16.9.

ex(s)culpō ~ere ~sī ~tum, *tr.* [EX-+SCVLPO]

1 To hollow out (a cavity). **b** to remove by digging out or sim.; to chisel out (an inscription).
foramina..~ta CATO *Agr.*18.2; ut in parietibus..sint cubilia gallinarum aut ~ta aut adficta VAR.*R.*3.9.7; SEN. *Nat.*4b.3.4. **b** terram unde ~serant fossam uocabant VAR.*L.*5.143; scabiem uetustam cariosae testae occipit ~ere APUL.*Met.*9.7; (*in fig. phr.*) multum (*i.e. of youthful exuberance*) ratio limabit..sit modo unde excidi possit et quod ~i QUINT.*Inst.*2.4.7; (*transf.*) esuriente leoni ex ore ~ere praedam LUCIL.286;—hos uersus Lacedaemonii ~serunt NEP.*Paus.*1.4.

2 To make by carving.
nescio quid e quercu ~seram quod uideretur simile simulacri CIC.*Att.*13.28.2; signum aliquod ex molari lapide ..~ere QUINT.*Inst.*2.19.3; ut..simulacrum..dei..quacumque materia dummodo lignea ~eret APUL.*Apol.*61; FEST. p.169M; (*in fig. phr.*) uerba..alii uecte..moliuntur, alii autem caelo..~unt FRO.*Aur.*1.p.10(65N).

3 (fig.) To dig or worm out.
possumne ego hodie ex te ~ere uerum? TER.*Eu.*712; quae ex testibus ipse rogando ~o LUCIL.70; (*w.* ut) uix ~si ut diceret PL.*Cist.*541.

ex(s)ecō ~āre ~uī ~tum, *tr.* Also **ex(s)icō.** [EX-+SECO] FORMS: *-ico*, etc. PL.*Rud.*122, fr. 42; CATO *Agr.*42; ~*aueris* (fut. pf.) *Agr.*42.

1 To remove by cutting, cut out, cut off.
quin tu in paludem is ~asque harundinem..dum sudumst? PL.*Rud.*122; CATO *Agr.*42; ~ta..lingua CIC.*Clu.* 187; ~tum iam matre perempta VERG.*A.*10.315; dum uarices ~andas praeberet SEN.*Ep.*78.18;—(*in fig. phr.*) neruis urbis omnibus ~tis urbem ipsam..debilitatam reliquerunt CIC.*Agr.*2.91; ei medentur rei publicae qui ~ant pestem aliquam tamquam strumam ciuitatis *Sest.*135;— (*fig.*) Aristoteles..uetat illam (*sc.* iram) nobis ~ari SEN. *Dial.*5.3.1; (se) ~tum et exemptum honoribus senatoriis PLIN.*Ep.*2.12.3; FRO.*Aur.*2.p.64 (145N).

2 To make a cut in, cut; to make (an aperture) by cutting.
membra ~emus serra PL.fr.42; sua terga puellae pellibus ~tis (*i.e. cut into strips*) percutienda dabant OV.*Fast.*2.446; arborem..serra diligenter ~ato COL.5.11.3; mucrone gulam sibi prorsus ~uit APUL.*Met.*9.38; si..utero ~to partus sit editus ULP. *dig.*38.8.1.9;—sunt rimae magis quam fenestrae muro lapideo ~tae SEN.*Ep.*86.8.

3 To castrate.
esse ~tum Caelum a filio Saturno CIC.*N.D.*2.63; neque.. ~tis uirilitatem restituere posse *B.Alex.*70.6; V.FL.7.636; inmeritos ~uisse mares MART.6.2.2; (*pass., w. retained acc.*) ferro mollita iuuentus atque ~ta uirum LUC.10.134.

ex(s)ecrābilis ~is ~e, *a.* *compar.* ~ior. [EXSECROR+-BILIS]

1 Accursed, detestable, execrable.
tyranni saeuom ingenium atque ~e ACC.*trag.*270; ~em fortunam suam incusabant LIV.26.34.13; uer erit hibernis totum ~e nimbis GERM.fr.4.140; SEN.*Cl.*1.11.4; nullum usquam ~ius (animal) PLIN.*Nat.*9.155.

2 Of or belonging to cursing; (of hatred) amounting to execration.
praeeuntibus ~e carmen sacerdotibus LIV.31.17.9;— 9.26.4; ad ~e odium Romanorum 33.29.1.

ex(s)ecrābilitās ~ātis, *f.* [prec.+-TAS] Abominableness.
ea uitia quae contra naturam sunt pariunt ~atem APUL. *Pl.*2.16.

ex(s)ecrābiliter, *adv.* [EXSECRABILIS+-TER²] (colloq.) Damnably, confoundedly.
cetera corporis ~ ad amussim congruentia APUL.*Met.*2.2

ex(s)ecrātiō ~ōnis, *f.* [EXSECROR+-TIO]

1 The act of cursing, imprecation.
exierunt malis ominibus atque ~onibus CIC.*Sest.*71; Thyestea est ista ~o *Pis.*43; ut neque lamentis neque ~onibus parceretur LIV.8.7.21; ut..~one populi spectaculo ..pelleretur VELL.2.79.6; QUINT.*Inst.*9.2.3;—(*w. obj. gen.*) quid aliud ei quam gemitus aut..~o uitae conueniat 11.1.84; hinc per omnem aciem..saeuissimi belli ~o TAC. *Hist.*3.25.

2 (spec.) A curse invoked in the event of failure to keep a promise.
ubi fides, ubi ~ones, ubi dexterae complexusque..? CIC.*Ver.*5.104; hunc..Cn. Pompeius..~one deuinxerat nihil ..contra me esse facturum *Sest.*15; barbaro ritu et patriis ~onibus uniuersos adigit TAC.*Hist.*4.15; (*cf.*) iurare

cogebant diro quodam carmine in ~onem capitis..nisi isset in proelium LIV.10.38.10.

ex(s)ecrātus ~a ~um, *a.* *superl.* ~issimus. [pple. of next] Accursed, detestable.
euersio illius ~ae columnae CIC.*Phil.*1.5; arbor..malum ferens ~um aliquis odore..aliis expetitum PLIN.*Nat.*13.103; 28.27; ~issimi pharmacopolae LARG.199.

ex(s)ecror ~ārī ~ātus, *tr.* Also ~ō ~āre. [EX-+SACRO]

1 To utter curses against, curse.
tibi pestem exoptant, te ~antur CIC.*Pis.*96; recte.. Socrates ~ari eum solebat *Leg.*1.33; miserae..nurus..dirum ~antur bellum VERG.*A.*11.217; tacite praetereuntem ~ari LIV.2.58.8; PETR.103.5;—(*w.* ut) ~atur..apud Ennium Thyestes..ut naufragio pereat Atreus CIC.*Tusc.*1.106;—(*w.* in+*acc.*) ~atus..in caput regnumque Prusiae LIV.39.51.12;—(*w. internal acc.*) cui quod in me est ~abor ENN.*scen.* 401; haec ~atus in se hostesque LIV.10.28.18;—(*act. form*) ~abant se ac suos AFRAN.*com.*192.

2 To detest, abhor.
uenienti seniores tantum obuiam exisse constat, iuuentutem..auersatam eum ~atamque LIV.8.12.1; P. Crassus.. ~atus in consule Romano captiuitatem FRON.*Str.*4.5.16; TAC.*Ann.*6.41; qui lites ~atur ULP.*dig.*4.7.4.1;—(*gdve. as adj.*) uidi ~andum regiae caedis nefas SEN.*Tro.*44; PLIN.*Nat.* 17.96.

ex(s)ectiō ~ōnis, *f.* [EXSECO+-TIO] Excision, cutting out.
cum ~o..fundi in armario animaduerteretur CIC.*Clu.* 180; illa conscelerata ~o linguae 191.

ex(s)ector ~ōris, *m.* [EXSECO+-TOR] One who cuts out.
~orem uirilitatis meae APUL.*Met.*8.15.

ex(s)ecūtiō ~ōnis, *f.* [EXSEQVOR+-TIO]

1 The action of carrying out, performance; the enforcement (of a law). **b** the administration (of a province).
officiorum ~one SEN.*Ep.*94.34; ~onem eius negotii libens suscepit TAC.*Ann.*3.31; GEL.20.1.15;—ne ~o legis necessaria sit FRON.*Aq.*130; ULP.*dig.*43.29.3. **b** Syriae..~o C. Cestio, copiae militares Corbuloni permissae TAC.*Ann.*15.25.

2 The development, discussion (of a subject).
omnis quaestio suam propositionem habebat, suam ~onem SEN.*Con.*7.pr.2; SEN.*Ep.*52.15; celebres in ea arte quam maxima breuitate percurram, neque enim instituti operis est talis ~o PLIN.*Nat.*35.53; ut..loci alicuius ~one (aduersarium) adiuuemus QUINT.*Inst.*5.13.27; ~o (sententiarum) prioribus aliquid addentium PLIN.*Ep.*8.14.6.

3 (leg.) Action taken to obtain satisfaction (for a wrong).
si quis..in his bonis non admittatur..poterit uti et extraordinaria ~one ULP.*dig.*43.4.3.1; ~o..quorundam delictorum heredibus data est 47.1.1.1; 50.16.131.1.

ex(s)ecūtor ~ōris, *m.* [EXSEQVOR+-TOR]

1 One who carries out a task, a performer, executor.
malorum propositorum ~or acerrimus VELL.2.45.1; pastoralis ~or sententiae APUL.*Met.*7.22; ~or a praetore in negotio meo datus ULP.*dig.*3.5.3.8.

2 An avenger.
offensarum inimicitiarumque minime memor ~orue SUET. *Ves.*14.1.

exsensus ~a ~um, *a.* [EX-+SENSVS] Devoid of feeling, insensate.
mente ~a LAEV.*poet.*8(Gel.19.7.3).

exsequens ~ntis, *a.* *superl.* ~ntissimus. [pple. of EXSEQVOR] (w. gen.) Eagerly seeking (after), studious (of).
Fauorinus..memoriarum ueterum ~ntissimus GEL.10. 12.9.

ex(s)equiae ~ārum, *f.* [EXSEQVOR+-IVS] A funeral procession, obsequies; *~as ire*, to attend a funeral.
non amici conueniunt ad ~as cohonestandas CIC.*Quinct.*50; *Clu.*201; ~is..rite solutis VERG.*A.*7.5; adsint plebei paruae funeris ~ae PROP.2.13.24; ipso Hannibale..~as celebrante LIV 25.17.5; OV.*Fast.*4.849; duorum filiorum ~as esse ducendas CURT.10.5.21; silens agmen et uelut longae ~ae TAC. *Hist.*4.62;—~as Chremeti quibus est commodum ire TER. *Ph.*1026; OV.*Am.*2.6.2.

ex(s)equiālis ~is ~e, *a.* [prec.+-ALIS] Of or belonging to a funeral; (neut. pl. as sb.) funeral rites.
carmina iam moriens canit ~ia cygnus OV.*Met.*14.430; ~e sacrum STAT.*Theb.*6.123;—accipite infandae iusta ~ia mortis 11.610.

ex(s)equiārium ~(i)ī, *n.* [EXSEQVIAE+-ARIVM] A distribution of money on the occasion of a funeral.
EX QVA SVMMA DECEDENT ~I NOMINE HS L *CIL* 14. 2112.1.24; DEDVCTIS COMMODIS ET ~O 14.2112.1.32.

ex(s)equior ~ārī, ~ātus, *tr.* [EXSEQVIAE+-O[3]] To follow in a funeral procession, attend to the grave.
ipsum..liberti semiatrati ~antur VAR.*Men.*47; funus ~ati laute ad sepulcrum 303.

ex(s)equium ~(i)ī, *n.* = EXSEQVIAE.
SEN.*Ep.*70.10; VT ~IVM SIBI FACERENT *CIL* 5.2072.

ex(s)equor ~quī ~cūtus, *tr.* [EX-+SEQVOR]

1 To follow, go along with.
(*in a funeral procession*) qui labores morte finisset.. (decebat) hunc omni amicos laude..~qui CIC.*Tusc.*1.115; funus..~qui non est religio GEL.10.15.25;—(*in partly transf. sense*) ex Italia expulsos..omnis consularis qui.. ~qui cladem illam fugamque potuissent CIC.*Phil.*2.54; cur non omnes fatum illius una ~cuti sumus? *Att.*9.12.1.

2 To go in search of, seek after. **b** to strive after (a state, etc.).
quid petam praesidi aut ~quar..? ENN.*scen.*86; ut matrem tuam uideas..quae exanimata ~quitur aspectum tuom PL.*Epid.*572; bonam..deam..patronam ~quontur *Rud.* 262. **b** non igitur dubium quin aeternitatem maluerit ~qui CIC.*Tim.*7; quod ubique..idoneum uidebatur, cum summo studio domi ~quebantur SAL.*Cat.*51.38.

3 To pursue with vengeance or punishment. **b** to go on behaving towards (in a specified manner).
neque..si qua in pueritia peccasti ~quar [CIC.]*Sal.*13; nec sibi rem ~qui tam atrocem..licuisse LIV.3.13.3; dum falsum nefas ~quor uindex seuerus SEN.*Phaed.*1210; omnia scire, non omnia ~qui. paruis peccatis ueniam.. commodare TAC.*Ag.*19.3; (*w. pers. obj.*) me L. Tarquinium Superbum..quacumque dehinc ui possim ~cuturum LIV. 1.59.1. **b** te credidi uxorem quam tu extulisti pudore ~qui PL.*Epid.*174.

4 To go on with, pursue, persist in (an occupation).
quin tu ergo itiner ~qui meum me sinis? PL.*Mer.*929; nolo..cum inprobis te uiris..sermonem ~qui *Trin.*282; est difficile, quod..sis ingressus, id non ~qui usque ad extremum CIC.*Rab.Post.*5; LIV.4.24.2; retractus Rauenna ~qui accusationem adigitur TAC.*Ann.*4.29; (*w. inf.*) ut..inceptum hoc itiner perficere ~quar PL.*Mer.*913; (*w. pres. pple.*) ~quebantur..quaerentes LIV.41.7.7;—(*w. abl. of gd.*) ~quebantur quaerendo 6.14.13; ~quentibus sciscitando quae acta cum Romanis essent 25.29.10;—(*ellipt.*) perge ~qui (*i.e. your story*) PL.*Am.*801; ~quenti (*i.e. proceeding to ask*), quem tertium duceret LIV.35.14.10.

5 To carry out, execute (a duty, command, or sim.).
pergam eri imperium ~qui PL.*Am.*262; ~qui mandata uestra properantem CIC.*Phil.*9.9; annua uota..~querer VERG.*A.*5.54; intento duce ad consilium opportune ~quendum LIV.21.27.6; denuntiat..tribuno..~qui caedem TAC. *Ann.*11.37; (*pleon.*) certum ~quist, operam ut sumam ad peruestigandum ubi sit illaec PL.*Mer.*934; (*ellipt.*) omnes praecipere, nemo ~qui TAC.*Hist.*3.73;—(*in pass. sense*) quaerebatur, an..sententia ~qui possit ULP.*dig.*2.1.19; ad ~quendam sententiam 10.2.49.

6 (w. *uerbis* or alone) To enumerate, go through, rehearse. **b** (rhet.) to develop, follow up (an argument, topic).
praeter haec quae commemoraui..habeo multa occultiora, quae uix uerbis ~qui possum CIC.*Fam.*11.27.6;— mellis caelestia dona ~quar VERG.*G.*4.2; LIV.27.27.12; ~quentibus nobis morborum curationes CELS.2.18.1; nunc per partes culturam eius ~quar COL.5.8.7; TAC.*Ann.*3. 65; ne ~quar singula SUET.*Dom.*1.3; (*w. indir. qu.*) quae sint in agendo seruanda..~cuti sumus QUINT.*Inst.*12.9.1. **b** QUINT.*Inst.*3.6.16; omnia quae sunt in causa putas ~quenda PLIN.*Ep.*1.20.14; (*w. theme stated*) cum quaerere atque ~qui iuberent 'cur armata..Venus?' QUINT.*Inst.* 2.4.26.

7 To attain, arrive at (a result).
necesse..me..cras mortem ~qui PL.*Ps.*995; si uis..ueram rationem ~qui TER.*Hec.*306; non..potest in eo sucus esse diuturnus, quod nimis celeriter est maturitatem ~cutum CIC.*de Orat.*2.88; *Sen.*28.

ex(s)erciō ~īre: see EXSARCIO.

ex(s)erō ~ere ~uī ~tum, *tr.* [EX-+SERO[2]]

1 To thrust out, stretch forth; (of land) to put forth (plants). **b** (transf.) *caput ~ere*, to make oneself eminent, rise. **c** (refl.) to extricate or free oneself; to obtrude oneself.
stolide laetum et..linguam etiam ab inrisu ~entem LIV. 7.10.5; ter Neptunus aquis..bracchia..~ere ausus erat OV.*Met.*2.271; dextra aduritur mamma, inde expedita in ictus manus quae ~itur MELA 3.34; (rana) eminentia.. cornicula turbato limo ~it PLIN.*Nat.*9.143; acuens ~tos protinus unguis (*sc.* Sphinx) STAT.*Theb.*2.513; (*pass. w. retained acc.*) Leti..imago..truces ~ta manus V.FL.2.207; (*in fig. phr.*) cum..uirtus intra se perfecta sit, etiam si illi manum ~ere non licuit SEN.*Ben.*2.31.1;—segne solum raras ..~it herbas LUC.9.438. **b** quid (prodest)..altius.. uitiis ~uisse caput? *Epic.Drusi* 46; pauca ingenia caput ~ent SEN.*Ep.*21.5; Romam caput..alte ~ere SIL.1.30. **c** infans quaerebat..uiam qua se genetrice relicta ~eret OV.*Met.*10.505; (*transf.*) qui se ~ere (*cj.*) aere alieno putet posse CIC.*Phil.*11.13;—ut..fiducia se ipsa nimium ~ere non debeat QUINT.*Inst.*4.1.55; quando se imago..speculo..foras ~at APUL.*Apol.*16.

2 To lay bare, uncover (a part of the body). **b** to unsheathe, draw (a sword). **c** (pass. pple., of persons) stripped for fighting.
CAES.*Gal.*7.50.2; subnectens ~tae cingula mammae bellatrix VERG.*A.*1.492; ~it haec humerum OV.*Fast.*1.409; ipsa umeros ~taque bracchia uelat STAT.*Ach.*1.346;—(*pass., w. retained acc.*) Amazon unum ~ta latus pugnae VERG.*A.* 11.649; STAT.*Theb.*4.235. **b** ensibus ~tis bellica laeta dea est OV.*Fast.*3.814; ~tum obiectans mucronem STAT. *Theb.*10.412; (*cf.*) ~to..arcu 9.736. **c** ~ti..manus uaesana Cethegi LUC.2.543; fugit ~tos Iocasta per hostis STAT.*Theb.*7.609; 9.681.

3 To reveal, disclose, show.
secreta mentis ore confuso ~it SEN.*Her.O.*255; alii Phrygum ruinas et..uias Vlixis..sequantur: tu..carmen fortior ~is togatum STAT.*Silv.*2.7.53; CVM..OMNEM PRAESTANTIAM ⟨S⟩VAM ~AT *CIL* 5.532; (*cf.*) paulatim principem ~uit (*i.e. showed himself a prince*) SUET.*Tib.*33.

4 To exercise, exert.
paupertatis est proprium..~ere libertatem [QUINT.] *Decl.*9.3; ~am..in librum tuum ius quod dedisti PLIN.*Ep.* 8.7.2; unum hoc..notatum est in quo ~uisse ius tribuniciae potestatis uisus sit SUET.*Tib.*11.3.

ex(s)ertē, *adv.* [EXSERTVS+-E] At the top of one's voice, loudly.
ianitor introrumpit ~ clamitans APUL.*Met.*1.17.

ex(s)ertō ~āre ~āuī ~ātum, *tr.* [EXSERO+-TO]

1 To thrust or put out.
linguam ~are QUAD.*hist.*10b; Scyllam..ora ~antem VERG.*A.*3.425; SEN.*Med.*687; clarior omnia supra Hesperos ~at radios STAT.*Theb.*6.581.

2 To lay bare, expose.
~are umeros STAT.*Theb.*1.413.

ex(s)ertus ~a ~um, *a.* [pple. of EXSERO] In vbl. senses, esp.:

1 Jutting forward, protruding.
ferit curuos ~a Megalia fluctus STAT.*Silv.*2.2.80; (dentes ~i ut apro, hippopotamio, elephanto PLIN.*Nat.*11.160.

2 (of eyes) Wide-open; (also transf., of watchfulness). **b** (of sound) obtrusive.
uigilandum est ~is et inconiuis oculis APUL.*Met.*2.22;— cum..custos..~am mihi teneret uigiliam 2.30. **b** ~o cachinno APUL.*Met.*1.2.

ex(s)ībilō ~āre ~āuī ~ātum, *tr.* [EX-+SIBILO]

1 To hiss (an actor) off the stage.
histrio..~atur, exploditur CIC.*Parad.*26; quod spectatorem a quo ~abatur demonstrasset digito SUET.*Aug.*45.4; (*cf.*) recordare..quam superbe..nobiscum egerit (Psyche) ..confestimque..propelli et efflari ~arique nos iusserit APUL.*Met.*5.10.

2 To utter with a hiss, hiss out; to eject with a hiss.
trementia labra..dirum quiddam ~antia SEN.*Dial.*5.4.2; nescio quid taetrum ~auit quod..Graecum esse affirmabat PETR.64.5; SIL.12.138;—serpens..Stygios aestus fumanti ~at ore 6.219.

exsiccescō ~ere, *intr.* [EX-+SICCESCO] To dry out.
uti..~at stillando sucus VITR.2.9.3.

ex(s)iccō ~āre ~āuī ~ātum, *tr.* [EX-+SICCO]

1 To make dry, dry up. **b** to empty (a vessel) of liquid, drain.
quia tum (arbores) ~atae sint CIC.*Div.*2.33; uidemus.. uestis umore madentis ~are..solem LUCR.6.618; flumina ..~ata OV.*Met.*15.272; Phoebus harenosis..terris ~at populos MAN.4.729; ut..oculos matris ~em SEN.*Dial.*6. 4.1; (*in fig. phr.*) cum sese ~at somno Romana iuuentus ENN.*Ann.*469; (*transf.*) solidum et ~atum genus orationis CIC.*Brut.*291. **b** quae (*sc.* lagonae) furtim essent ~atae Q.CIC.*Fam.*16.26.2; qui amphoram ~at SEN.*Ep.*58.32; cum ~atus esset alueus (fluminis) POMPON.*dig.*41.1.30.1.

2 To drain off, draw off (a liquid).
die decimo aquam ~ato CATO *Agr.*87; aureis mercator ~et culullis uina HOR.*Carm.*1.31.11; VITR.2.8.2; (*transf.*) ebrietas donec ~etur..nimia grauitate defertur in somnum SEN.*Nat.*3.20.5.

ex(s)icō ~āre: see EXSECO.

exsignō ~āre ~āuī ~ātum, *tr.* [EX-+SIGNO] To certify (by seal) as authentic.
omnia ego istaec quae tu dixti scio, uel ~auero PL.*Trin.* 655; sacra omnia exscripta ~ataque LIV.1.20.5.

ex(s)iliō ~īre ~uī, *intr.* [EX-+SALIO[2]] FORMS: pf. *~iuit*, *~iit*, etc. PL.*Cas.*630, SEN. *Dial.* 2.4.1, *Nat.*2.49.3, STAT.*Theb.*7.122, etc.

1 To spring forth, leap up, jump out. **b** (as a sign of emotion, esp. fear); *gaudio ~ire*, to leap for joy.
intra limen..astate, ut quom extemplo uocem continuo ~iatis PL.*Mos.*1065; ille derepente in iumentum ~it AFRAN.*com.*223; CATUL.62.8; postquam exusta palus.. (anguis) ~it in siccum VERG.*G.*3.433; ut..iacens sub rupe tigris hoste conspecto ~it SEN.*Her.O.*242; (*w. abl.*) domo leuis ~it (mus) HOR.*S.*2.6.98; (*w.* ex) puer citu se cunis ~it PL.*Am.*1115;—(*transf., of style*) (compositio) Pollionis Asinii salebrosa et ~iens SEN.*Ep.*100.7. **b** ~uit conscientia sceleris..excitatus CIC.*Ver.*5.73; ~uere uiri siue hoc insania fecit siue timor OV.*Met.*3.670; tremulis, spasticis ~ientibus..aliquid ex corde (hyaenae) coctum mandendum PLIN.*Nat.*28.97;—(*cf.*) magno imperatori..cor ~uit SEN. *Dial.*4.3.3; ~iere animi STAT.*Theb.*7.122;—tuis..litteris perlectis ~ui gaudio Q.CIC.*Fam.*16.16.1; SUET.*Nero* 41.2.

2 (of inanim. things) To spring up or out. **b** (of flames, lightning, etc.) to leap or burst forth.
(umor aquae) sursum reuomit (trabes)..ut..foras emergant ~iantque LUCR.2.200; *Aetna* 479; insularum in uasto ~ientium mari SEN.*Dial.*1.1.3; fontem ~ire tanta ui PLIN *Nat.*31.18; gelida non crebrior ~it Arcto grando STAT *Theb.*6.422. **b** si percutiat lapis..ferrum..lumen ~it LUCR.6.163; ut..~iant..cauis elisi nubibus ignes OV.*Met.* 6.696; SEN.*Nat.*2.23.1; fulmen ~iat polo *Her.O.*849.

3 (of living growth, etc.) To emerge into existence, spring forth.
circa stolones..quorum a sinu ~iunt (folia) PLIN.*Nat.* 27.133; mox subitum nemus..~uit SIL.3.689; (*of sounds*) aliquas (consonantes) faucibus ~ire ab imis MAUR.259;—(*transf.*) Cicero noster a quo Romana eloquentia ~uit SEN.*Ep.*40.11; uenerem damnauit..ut in qua homo alius ~iret ex homine PLIN.*Nat.*28.58.

exsilium: see EXILIVM.

ex(s)istō ~ere ex(s)titī, *intr.* [EX-+SISTO] FORMS: in pf. not dist. from EXSTO.

1 To come into view or sim., appear. **b** to rise from the dead; also *ab inferis ~ere.* **c** (of sounds) to be heard, arise.
undique..uenti erumpunt, saeui ~unt turbines PAC.*trag.* 415; lacum..in eo loco repente exstitisse CIC.*Ver.*4.107; neque in lucem ~unt primordia rerum LUCR.2.796; est bos..cuius a media fronte inter auris unum cornu ~it CAES.*Gal.* 6.26.1; quos..altum texerat aequor, ~unt montes OV.*Met.* 2.264; PLIN.*Nat.*31.5; si nunc ~eret alma Carthago ante oculos SIL.13.12; postea..inguen ex ulcere extitit FRO.*Aur.*1.p.246(89N);—(*of persons*) ex insidiis adorti..ex collibus primis ~unt *B.Afr.*69.1; reliqua uendita, quibus domini non exstitere LIV.3.10.1; GEL.16.19.21. **b** si ~ant, qui apud maiores nostros..tali honore dignati sunt CIC.*Inv.* 2.114; qui utinam posset parumper ~ere! *Scaur.*48;—quid exspectas? an dum ad inferis ipse Malleolus ~at? *Ver.*1.94; si ab inferis ~at rex Hiero LIV.26.32.4; CURT. 7.5.37. **c** uocem ab aede Iunonis..extitisse CIC.*Div.* 1.101; CAES.*Gal.*7.84.4; clamoribus aliis ex alio ~entibus LIV.31.37.2.

2 To come forward, present oneself (in some capacity). **b** to show oneself, prove to be (of a given character); (also of things).
ego huic causae patronus exstiti CIC.*S.Rosc.*5; quaestores M. Volscio, quod falsus..testis..exstitisset, diem dixerant LIV.3.24.3; Procne..suae cupiens ~ere nuntia cladis OV. *Met.*6.654; feminae..nec iudices esse possunt..nec procuratores ~ere ULP.*dig.*50.17.2. **b** si furiosus ~et *Rhet. Her.*1.23; non despero fore aliquem..qui..~at talis orator, qualem quaerimus CIC.*de Orat.*1.95; ex amicis inimici ~unt CAES.*Civ.*3.104.1; Domitium..nimia gloriae cupiditas perfidum ~ere coegit V.MAX.9.6.3; quod adsiduo partu fatigatae (caprae) steriles ~ant COL.7.6.8;—somnia quorum euentus mirabiles exstiterunt CIC.*Div.*1.52; (cicuta) in uino pota inremediabilis ~it PLIN.*Nat.*25.152.

3 (of activities, conditions) To come into being, emerge, arise. **b** (impers.) it follows as a consequence (that). **c** (leg., of a *condicio*) to be fulfilled.
maximam uim ~ere oratoris in hominum mentibus..incitandis CIC.*de Orat.*1.53; exstitit tempus optatum mihi *Fam.*5.8.2; haec..animo..noctes et dies cogitanti ~it illa..cognitio *Tusc.*5.70; uini uis ~it in aceto SEN.*Nat.*3.21.2; noctu saepius..(terrae) motus ~unt PLIN.*Nat.*2.195; eius (*sc.* mali) initium simul et finis extitit TAC.*Ann.*4.62; 15.15;—(*w. source defined*) ex luxuria ~at auaritia necesse est CIC. *S.Rosc.*75; uirtutes et uitia quae ~unt ab ingeniis *Leg.*1.46; unde et amicitia ~ebat et iustitia *Ac.*1.23; CAES.*Gal.*6.5. 2; si e tanto felix concordia bello exstiterit PROP.3.6.42. **b** ~it illud, ut amici..propter se expetendi sint CIC.*Fin.* 5.67; *Fat.*18; (*w. acc. and inf.*) ex quo ~it et illud, multa esse probabilia quae..*N.D.*1.12. **c** post ~entem condicionem quae priori testamento praeposita fuerat POMPON.*dig.* 35.1.105; ULP.*dig.*26.1.14.5; condicio..si exstiterit..emptoris esse periculum aiunt PAUL.*dig.*18.6.8.

exsolētus ~a ~um: see EXOLETVS.

exsolō ~āre: see EXVLO.

ex(s)oluō ~uere ~uī ~ūtum, *tr.* [EX-+SOLVO] FORMS: w. vocalic *u*: *exsolŭatur* LUCR.1.811; *exsolŭisse* OV.*Fast.*4.534.

1 To unfasten, undo, loose (a container, fastening, etc.). **b** to open (the veins). **c** to thaw (ice); to let flow (the natural discharges of the body). **d** (transf., w. indir. qu.) to solve the problem (why).
~ue cistulam PL.*Am.*783; ~ui restim *Rud.*367; nulla ui..usus..quae..nexus ~uere posset LUCR.1.220; ire lacu pigrosque ~uere amictus STAT.*Silv.*1.5.53; catenas..~uunt TAC.*Hist.*3.31; (*in fig. phr.*) qui nodum huius erroris ~uere possit LIV.40.55.4. **b** uenas praebuit ~uendas TAC.*Ann.* 4.22; 14.64; (*cf.*) eodem ictu brachia ferro ~uunt 15.63. **c** (ignis) ~uit glaciem LUCR.6.878;—uestem..infectam sanguine quo feminae per mensis ~uuntur TAC.*Hist.*5.6; uenenum..accepit tramisitque ~uta aluo *Ann.*13.15. **d** perfacile est..~uere nobis quare..penetralior ignis..fuat LUCR. 2.381.

2 To set free, release (from bonds). **b** to release (from difficulties, obligations, etc.).
iube sis me ~ui cito PL.*Bac.*857; uinclis ~uemini *Truc.* 784; uelut frenis ~uti proruperunt TAC.*Ann.*5.3; protinus uinculis ~uunt uirginem APUL.*Met.*7.10; (*in fig. phr.*) artis religionum animum nodis ~uere pergo LUCR.1.932; (*w. inanim. obj.*) ~utum a latere pugionem TAC.*Hist.*3.68;—(*transf.*) frigida toto paulatim ~uit se corpore VERG.*A.* 11.829; QVEI SPIRITVM ~VIT HORA QVA NATVS EST *CIL* 6.6423. **b** me hac suspicione ~uam TER.*Hec.*599; CIC. *Fam.*7.1.5; me..his ~uite curis VERG.*A.*4.652; quod..iure iurando se ~uisset LIV.22.61.4; ut quem obligauit etiam ~ui uelit SEN.*Ben.*2.17.6; MART.6.47.5; donec..pudore proditionis cunctos ~uerent TAC.*Hist.*3.61; PLIN.*Ep.Tra.*10.31.(40).4.

3 To put an end to, do away with.
fertur..longam..inprudens ~uisse famem OV.*Fast.*4.534; ipsa metus ~uerat audax turba suos LUC.5.259; ~uit..genetrix digressa pudorem (*i.e. of her son*) STAT.*Ach.*1.565 ad ~uendum obsidium TAC.*Ann.*3.39; (*w. abst. subj.*) febrem..ardentem..subitus horror ~uit CELS.2.8.19.

4 To perform, discharge (vows, promises, etc.).
ut..quae..uota uoui..ea ego ~uam omnia PL.*Am.*948; nec ~uit id quod promiserat CIC.*Off.*3.7; quam patriae debeo pietatem ~uam patri LIV.23.9.10; 26.31.10; ~ue promissum TAC.*Dial.*27.1; debitum munus ~uit PLIN.*Ep.* 3.5.3.

5 a To pay (money due); to pay for (goods); (also of other sorts of recompense). **b** to pay (a penalty).
a PL.*Bac.*1135; si amplius quam ut ~ueret quanti esset receptum VAR.*L.*5.176; nomina mea, per deos, expedi, ~ue CIC.*Att.*16.6.3; aes alienum grauissimis oneribus prouinciae constituit ~uere *B.Alex.*49.1; ~utis domuum et insularum pretiis TAC.*Ann.*6.45;—non se habere, unde alimenta..~uat PAUL.*dig.*41.7.8;—beneficia eo usque laeta sunt dum uidentur ~ui posse TAC.*Ann.*4.18. **b** male consultorum poenas ~uit VELL.2.88.3; debita supplicia non ~uit V.MAX. 1.1.ext.3; poenas morte ~uisse TAC.*Ann.*1.10.

6 To award (rewards, punishments).
ciuitatium principibus cum pro cuiusque merito consul pretia poenasque ~uisset LIV.26.40.15; suis recte factis gratiam qui ~uat 28.25.6; nullos Minyis ~uet honores V.FL.5.290.

ex(s)olūtiō ~ōnis, *f.* [prec.+-TIO]

1 Dissolution, dispersal.
mors dolorum omnium ~o est et finis SEN.*Dial.*6.19.5.

2 The payment (of a debt); (also of other obligations).
in ~one uectigalis SCAEV.*dig.*20.1.31.1; PAUL.*dig.* 44.7.44.5;—piamentum et ~o omnis contractae religionis FEST. p.238M.

exsomnis ~is ~e, *a.* [EX-+SOMNVS+-IS[1]] Unsleeping, wakeful; vigilant.
Tisiphone..uestibulum ~is seruat noctesque diesque VERG.*A.*6.556; in iugis ~is stupet Euhias HOR.*Carm.*3.25.9; consul traducere noctem ~is SIL.9.5;—uirum..uultu uitaque tranquillum, animo ~em VELL.2.127.4.

exsonō ~āre ~uī, *intr.* [EX-+SONO] To make a loud noise, resound.
ostium..~uit..impulsum PETR.16.1; omnia mimico risu ~uerant 19.1; 73.4.

ex(s)orbeō ~bēre ~psī, *tr.* [EX-+SORBEO]

1 To swallow, gulp down. **b** (of things) to soak up, absorb (liquids). **c** (transf.) to swallow up (wealth, etc.); to swallow (insults).
necessarium est ~bere potionem meri uini cum pipere CELS.5.27.3.E; qui amphoram exsiccat et faecem quoque ~bet SEN.*Ep.*58.32; (*hyperb.*) tu credis amorem..fletumque labellis ~bes JUV.6.277; (*of a river*) Indus..arbores cum magna soli parte ~bet CURT.8.9.6. **b** sanguinem omnem ~buit (uestis) CIC.*Tusc.*2.20; stabula sunt..non incommoda..etiam sabulosa..quod celeriter ~bent transmittuntque (imbres) COL.6.23.1; (*in fig. phr.*) cui..continuatio..litterati laboris omnem..sucum ~bet APUL.*Apol.*4. **c** nisi ducenti Philippi redduntur mihi..animam amborum ~bebo PL.*Bac.*869; quantas iste Byzantiorum..praedas ~buit CIC.*Har.*59; cum..ingens..uectigal singulis comissationibus ~psisset SEN.*Dial.*12.10.9;—multorum..adrogantiam pertulit, difficultatem ~buit CIC.*Mur.*19.

2 To drain juice, etc., from.
pectora..~bent..infantia linguis (*sc.* striges) OV.*Fast.* 6.145; ouorum quae ~buerit quisque calices..frangi PLIN. *Nat.*28.19; (*cf.*) quot longa uiros ~beat uno Maura die JUV. 10.223.

exsordescō ~ere, *intr.* [EX-+SORDESCO] To become tarnished; (in quot., transf.).
cur..patimur nomen philosophiae inlustrissimum in hominibus deterrimis ~ere? GEL.9.2.11.

ex(s)ors ~rtis, *a.* [EX-+SORS]

1 Assigned specially and not by lot; (of persons) exempt from lottery.
dantur equi Teucris..ducunt ~rtem Aeneae VERG.*A.* 8.552; ~rtia terga Laconi praecipiunt pecudum V.FL.4.340;—nam te uoluit rex..Olympi..~rtem ducere honores (*v.l.* honorem) VERG.*A.*5.534.

2 Having no share (in), deprived (of), exempt (from).
dulcis uitae ~rtis VERG.*A.*6.428; acutum reddere..ferrum ualet ~rs ipsa secandi (*sc.* cos) HOR.*Ars* 305; se omnis culpae ~rtem, omnis euentus participem fore LIV.22.44.7; unum..se praedae communis ~rtem CURT.4.14.6; matrimoniorum ~rtes passim cum feminis degunt PLIN.*Nat.*5. 45; TAC.*Ann.*6.10.

exspatiō ~āre: see next.

ex(s)patior ~ārī ~ātus, *intr.* [EX-+SPATIOR] FORMS: *~are* (act.) PAUL.*Fest.*p.80M (codd. *expatare*) To run, flow, move, etc., away from one's course or beyond one's normal bounds; to stretch or reach out; (topog.) to spread out. **b** (transf.) to spread oneself (in speech), expatiate.
~ata ruunt per apertos flumina campos OV.*Met.*1.285; ~antur equi..quaque inpetus egit, hac sine lege ruunt 2.202; *Ilias* 915; (*in fig. phr.*) ne..oblitis ad metam tendere longe ~emur equis OV.*Met.*15.454;—cum speciosius quid uberiusque dicendum est..(bracchium) ~atur in latus QUINT.*Inst.*11.3.84; ignes..clare ~antur in auras SIL.17.94;—~antia tecta multas addidere urbes PLIN.*Nat.*3.67; inde ~atur aequor 4.76 **b** numquam haec..themata iuuenibus tractare permittamus ut ~entur et gaudeant materia QUINT.*Inst.*2.10.5; finis non erit si ~ari in parte hac..uelim 2.17.1; 4.3.4.

ex(s)pectātiō ~ōnis, *f.* [EXSPECTO+-TIO]

1 The state of waiting in suspense. **b** a hopeful waiting, expectancy. **c** (w. indir. qu.) longing, waiting to know (what, etc.).
saepe ignauauit fortem in spe ~o ACC.*praet.*9; Antonius..se..ad urbem uenturum esse minitatur. quae est igitur ~o aut quae uel minimi dilatio temporis? CIC.*Phil.*3.2; ~one torqueor. sed omnia ante Nonas sciemus *Att.*8.14.1; taedio ~onis ingentem..edidere clamorem CURT.4.12.23; circumsteterat interim Palatium publica ~o magni secreti impatiens TAC.*Hist.*1.17. **b** magna ~one, plurimis audientibus CIC.*Brut.*88; CAES.*Civ.*3.37.4; erexi ~onem tuam quam uereor ne destituat oratio PLIN.*Ep.*8.3.3;—(*w. obj. gen.*) funambuli..~o TER.*Hec.*34; crebras ~ones nobis tui commoues CIC.*Att.*1.4.1; tanta fuit omnium ~o uisendi Alcibiadis NEP.*Alc.*6.1; SUET.*Jul.*26.2. **c** eo me maior ~o tenet quibusnam rationibus..ea tanta uis comparetur CIC.*de Orat.*2.74; *Ver.*5.16; erectis omnibus ~one quidnam postulaturus esset LIV.26.22.5.

2 The state of regarding something as about to happen, expectation; *in ~one esse,* to be in prospect; (of persons) to be long in coming.
nihil magis ridetur quam quod est praeter ~onem CIC. *de Orat.*2.284; quid mihi mandasti..in quo non ~onem tuam diligentia mea uicerim? *Fam.*3.10.8; multa contra ~onem accidunt SEN.*Con.*2.1.1; aduenit proficiscendi hora ~one tristior TAC.*Hist.*4.62;—(*w. obj. gen.*) cum..Scipionem ~o successoris uenturi ad paratum uictoriae fructum..sollicitaret LIV.30.36.11; ~o mortis..undique inpendens SEN.*Ep.*74.3;—est..aduentus Caesaris scilicet in ~one CIC. *Fam.*9.6.1; cum bellum..in ~one esset LIV.42.2.3;—uide ne sies in ~one, ne illam animi excrucies PL.*Mil.*1279.

ex(s)pectātor ~ōris, *m.* [EXSPECTO+-TOR] One who waits.
non adiutores calamitosis parentibus filios damus, sed ~ores (*s.v.l.*) [QUINT.]*Decl.*6.13.

ex(s)pectātus ~a ~um, *a.* *compar.* ~ior, *superl.* ~issimus. [pple. of next] Eagerly awaited, welcome.
me non rere ~um amicae uenturum meae? PL.*Am.*659; nimio..ille potuit ~ior uenire qui te nuntiaret mortuom *Mos.*441; mihi tuum aduentum suauissimum ~issimumque esse CIC.*Att.*4.4; ~issimi triumphi HIRT.*Gal.*8.51.3.

ex(s)pectō ~āre ~āuī ~ātum, *tr., intr.* [EX-+SPECTO]

1 To wait for (a person); (also conditions, events). **b** (of events, etc.) to lie in store for, await.
quid illos ~atis qui abhinc iam abierunt triennium? PL. *St.*137; frater est ~andus mihi: is quod mihi dederit..consilium, id sequar TER.*Ph.*460; armati..~ant..hostem VERG.*A.*9.46; mendacem..puellam ad mediam noctem ~o HOR.*S.*1.5.83; STAT.*Theb.*9.380; proximus dies causae destinatur; nec tam Musonius..quam Priscus..ceterique..~abantur TAC.*Hist.*4.10;—(*w. temporal cl.*) in uilla sedens ~o..te..dum fructus in uillam referas VAR.*R.*1.56; CIC.*Att.* 15.27.1;—natura..cum imbre et frigore luctare non uolt et potius uer ~at VAR.*L.*5.61; cum..in uilla..uentum ~ans manerem CIC.*Phil.*1.8; cum belli necessitates non ~ent humana consilia LIV.4.57.4; si lux ~etur 7.35.10; SEN.*Ep.* 90.23; (*refl.*) silent..leges inter arma nec se ~ari iubent CIC.*Mil.*11; (*cf.*) nos..~auimus lacrimas ad ostentationem doloris paratas (*i.e. waited till they were over*) PETR.17.2;—(*w. noun cl.*) mea lenitas..hoc ~auit ut id quod latebat erumperet CIC.*Catil.*2.27; hoc scilicet ~abo, donec e meretrice liberos tollas? SEN.*Con.*2.4.5; ~abimus condicionem quoad exsistat ULP.*dig.*35.3.3.3. **b** seu me tranquilla senectus ~at HOR.*S.*2.1.58; ubi nos..uictoriae praemia ~ant CURT.6.3.5; maiora me pericula ~ant SEN.*Nat.*6.32.2; ~ant retia turdos MART.11.21.5; SIL.12.207.

2 To regard (something) as about to happen, expect; to expect the coming of (a person). **b** (w. noun phrs. or cls.). **c** (pass. pple. as sb.).
in naui fui quom interea semper mortem ~abam TER. *Hec.*422; QUAD.*hist.*41; ne circuitus ipse uerborum sit..breuior quam aures ~ent CIC.*de Orat.*3.191; in urbem mandabat, nullum proeliorum finem ~arent nisi succederetur Suetonio TAC.*Ann.*14.38; (*w.* ab) nolite a me..argumenta, iudices, ~are CIC.*Ver.*5.139; (*w.* ex) eos..proletarios nominauit ut ex iis quasi proles..~ari uideretur *Rep.*2.40; (*poet.*) neque illae (*sc.* oleae) procuruam ~ant falcem..cum semel haeserunt aruis VERG.*G.*2.421;—dixit mihi Pompeius Crassum a se in Albano ~ari ante diem IIII Kal. CIC. *Att.*4.11.1; 12.48. **b** cum ~aret..Aetolos in fidem suam uenturos LIV.43.22.2;—(*w.* ut) nisi forte ~atis ut illa diluam quae de peculatu..obiecit CIC.*S.Rosc.*82; ~abam ut..diceret sibi uasa Corintho afferri PETR.50.3; an ~as ut pronus supplice dextra sternar? STAT.*Theb.*11.688; PLIN. *Ep.*9.26.13. **c** ante ~atum positis..castris VERG.*G.*3.348; OV.*Met.*4.790; ad patrem..~ato reuolauit maturius VELL. 2.123.1; ut..clausulas abrumpant ne ad ~atum respondeant SEN.*Ep.*100.6.

3 To look forward to, hope for. **b** (pass. pple.) awaited with interest.
illud quod tu das ~at atque amat TER.*Eu.*447; boues..uiride cum edunt semper id ~ant CATO *Agr.*54.5; CIC.*Fam.* 15.4.10; illos ~ata seges uanis elusit auenis VERG.*G.*1.226; fama mortis meae non accepta solum sed etiam ~ata est LIV.28.27.9; ut dei cuiusdam aduentus sic ~atur adulteri APUL.*Met.*9.22;—(*w. pers. obj.*) cupite atque ~ate pater, salue PL.*Poen.*1260; ualde te ~o, ualde desidero CIC.*Att.* 2.25.2; o mihi longum ~ata manus V.FL.4.437; (*w.* ut *cl.*) pol filium..~o ut redeat domum TER.*Hec.*280. **b** tantam causam, tam ~atam..oratione exprimere CIC.*Div.Caec.*39; decimo..loco testis ~atus et ad extremum reseruatus dixit *Caec.*28.

4 (intr.) To wait in expectation. **b** (w. acc. of duration of time; also pass., of time). **c** (ellipt., w. indir. qu.) to wait to see or know; (also, w. *de*).
ita..cubando in lecto hic ~ando obdurui PL.*Truc.*916; CIC.*Quinct.*54; uade age..Dardaniumque ducem..Karthagine qui nunc ~at..adloquere VERG.*A.*4.225; ~a et..te ad has latebras perduxero SEN.*Ben.*5.12.1; PERS.4.19; ~ent ergo tribuni, uincant diuitiae JUV.1.109; (*w. inf.*) deici non ~aui sed profugi ULP.*dig.*4.2.9;—(*w. temporal cl.*) ne ~etis..dum illi huc ad uos exeant. nemo exibit PL.*Cist.* 782; cum..~arem..sedens quoad uocarer CIC.*Att.*14.1.2; rusticus ~at dum defluat amnis HOR.*Ep.*1.2.42; steterunt ~antes ut ab aduersariis..pugna inciperet LIV.9.32.5; si ~asses donec me consuleres TRA.Plin.*Ep.*10.121; (*impers. pass.*) nec ultra ~ato quam dum..Claudius..proficisceretur TAC.*Ann.*11.26. **b** melius uiginti menses ~are ut bimae pariant (sues) VAR.*R.*2.4.7; paucos dies ~asset CIC. *Clu.*90; quam moram..~are territa..ciuitas non poterat LIV.22.31.10;—annus est integer uobis ~andus CIC.*Prov.*17. **c** iam dudum ~o si tuom officium scias PL.*Poen.*12; ~o quid uelis TER.*An.*34; ~abant homines quidnam acturus esset CIC.*Ver.*2.127; CAES.*Gal.*3.24.1;—de argumento ne ~etis fabulae, senes..rem uobis aperient PL.*Trin.*16; dubito an Venusiam tendam et ibi ~em de legionibus CIC.*Att.* 16.5.3.

exspergō ~ere, *tr.* [EX-+SPARGO] To scatter abroad.
spatium..deficit, ~i quo possint moenia mundi LUCR. 5.371.

ex(s)pēs, *a.* [EX-+SPES] FORMS: only in nom. sg. Without hope, hopeless.
exul inter hostis, ~ expers desertus uagus ACC.*trag.*415; si fractis enatat ~ nauibus HOR.*Ars* 20; OV.*Met.*14.217; PERS.2.50;—(*w. gen.*) orbus, ~ liberum ACC.*trag.*376; ubi ~ uitae fuit TAC.*Ann.*6.24.

exspīrātiō ~ōnis, *f.* [next+-TIO] An exhalation.
eiusdem (*sc.* terrae) ~onibus..aer alitur CIC.*N.D.*2.83.

ex(s)pīrō ~āre ~āuī ~ātum, *tr., intr.* [EX-+SPIRO]

1 To breathe out, exhale (vapours, etc.); to emit (odours). **b** to lose (by exhalation or sim.). **c** *animam ~are*, to breathe one's last, die.
hos..tellus..exaestuat aestus ~atque foras LUCR.6.817; VERG.*A.*1.44; multa terrarum orbis ~at, quaedam umida, quaedam sicca SEN.*Nat.*1.1.7; aquis aera ~antibus PLIN. *Nat.*2.114; (*poet.*) cadauera..uiscere uermis ~ant LUCR. 3.720; (*transf.*) ingentis..terra tumultus..per umbras ~at, nigri cum..surgunt terrigenae STAT.*Theb.*4.440;—suauis ~ans..odores lectulus CATUL.64.87; LUCR.4.124. **b** senescere eos (*sc.* uniones)..coloremque ~are PLIN.*Nat.*9.115; silua..fructum..~at in umbras (*i.e. wastes its fruitfulness in producing shade*) STAT.*Silv.*5.2.70. **c** anima nondum ~ata B.*Afr.*88.4; confixi ~ant animas VERG.*A.*11.883; OV. *Met.*5.106; insperato gaudio ~asse animam..feminam GEL. 3.15.1; (*cf.*) non longius..uiuit et ~at modo quas acceperat auras OV.*Met.*3.121.

2 (intr.) To be exhaled.
nemus ~ante uapore uides ACC.*trag.*532; per fauces montis ut..~ent ignes LUCR.6.640; uis fera uentorum..~are..cupiens OV.*Met.*15.300; ~at Auerni halitus V.FL. 4.493; SIL.14.593;—(*transf.*) ~antis..pectoris iras CATUL. 64.194; aegra..per trepidos ~at gratia uisus STAT.*Theb.* 9.880.

3 (intr.) To breathe one's last, expire, die. **b** (transf. and fig.) to come to an end, perish. **c** (leg.) to cease to be effective.
cui fracta prius crura brachiaque..ut per singulos artus ~aret SAL.*Hist.*1.44; illum ~antem..atque extrema gementem VERG.*A.*11.865; ubi perire iussus ~auero HOR. *Epod.*5.91; ut inter uerbera ~aret LIV.22.57.3; PETR.72.5; ~auit aper maioris dentibus apri JUV.15.162; (*cf.*) Sophroniscum Socrates ~are (*i.e. be forgotten*) non patitur SEN.*Ben.* 3.32.3; (*impers. pass.*) praetenui eius (*sc.* medullae) membrana modo incisa statim ~etur PLIN.*Nat.*11.178; (*poet.*) equitum..ceteruis ~at protritus ager STAT.*Theb.*12.658. **b** si ego morerer, mecum ~atura res publica..erat? LIV.28.28.11; unguenta ilico ~ant (*i.e. when used*) ac suis moriuntur horis PLIN.*Nat.*13.20; languida succiduis ~ant lumina flammis STAT.*Theb.*10.117; primos ~aturus ad austros..flos *Silv.*2.1.106; ~ante iam libertate PLIN.*Pan.* 57.4. **c** priore obligatione ~ante JULIAN.*dig.*45.1.58; ea (*sc.* iudicia)..nisi in anno et sex mensibus iudicata fuerint ~ant GAIUS *Inst.*4.104; ULP.*dig.*24.3.19.

ex(s)plendescō ~escere ~uī, *intr.* [EX-+SPLENDESCO]

1 To shine forth, flash out.
nubes..in nubes incitatae..ignem euocabunt qui ~escat SEN.*Nat.*2.23.1; sirio ~escente PLIN.*Nat.*11.30.

2 To become conspicuous.
nobilis inter aequales ferebatur clariusque ~escebat NEP. *Att.*1.3; in puero statim corporis animique dotes ~uerunt SUET.*Tit.*3.1.

ex(s)poliō ~āre ~āuī ~ātum, *tr.* [EX-+SPOLIO] To plunder, despoil; (w. abl.) to deprive (of). **b** to strip (seed) of its sheath, hull.
satin, siquis amat, nequit quin..improbis se artibus ~at? PL.*Truc.*553; non plane ~are urbem CIC.*Ver.*4.120; Hasdrubal..a Claudio Nerone ~atus est AMP.36.3;—~are exercitu et prouincia Pompeium CIC.*Att.*10.1.3; *Tusc.*5.27; nolite hos uestro auxilio ~are CAES.*Gal.*7.77.9. **b** semen (apii)..saligneo palo pinsitum ~atumque COL.11.3.33.

ex(s)puitiō ~onis, *f.* [EXSPVO+-TIO] The action of spitting out.
ad ~onem (*cj.*) sanguinis PLIN.*Nat.*23.20.

exspūmō ~āre ~āuī, *intr.* [EX-+SPVMO] To foam out, emerge as foam.
donec inde umor..ex⟨spu⟩met CELS.6.7.8.B.

ex(s)puō ~uere ~uī ~ūtum, *tr.* [EX-+SPVO]

1 To eject from the mouth, spit out; (absol.) to spit.
cum..piscem..gustasset et ~uisset VAR.*R.*3.3.9; populatum..~uit hamum (polypus) OV.*Hal.*37; qui sanguinem ~uunt CELS.2.1.21; PLIN.*Nat.*7.87;—si..~uat in mediam manum PLIN.*Nat.*28.36; ~uere in maria..fas non putant 30.17.

2 (transf.) To eject, emit. **b** to rid oneself of (a condition or sim.).
lacrumam..~uant unam (*sc.* oculi) PL.*Ps.*75; CATUL. 64.155; a sidere caelestis ignis ~uitur PLIN.*Nat.*2.82; haec genera (arborum) accensa..carbonem repente ~uunt 16.45; maris eiectamenta quae ubique..~uuntur APUL.*Apol.*35. **b** ubi illam ~ueret miseriam ex animo TER.*Eu.*406; desine ..~uere ex animo rationem LUCR.2.1041; ictus sagittis qui tuis uitam ~uit SEN.*Her.O.*1469; *Phoen.*44.

ex(s)tans ~ntis, *a. compar.* ~ntior. [pple. of EXSTO] In vbl. senses, also (compar.) more prominent.
(amnis) super ripas utroque ~ntior ibat aggere STAT.*Theb.* 9.455.

ex(s)tantia ~ae, *f.* [prec.+-IA] A projecting portion, projection.
~a cheles (*i.e. claw of a catapult*) VITR.10.11.7; capita (uitium) sine ulla ~a neque aratro neque bubus obnoxia sunt COL.5.5.12.

ex(s)ternō ~āre ~āuī ~ātum, *tr.* [EX-+STERNO] To drive out of one's wits, provoke to panic.
a misera, assiduis quam luctibus ~auit..Erycina CATUL. 64.71; 64.165; pertimuit seque ~ata refugit OV.*Met.*1.641; ad obliuionem praesentium ~ari APUL.*Apol.*43.

ex(s)tillō ~āre ~āuī, *intr.*, (*tr.*). To drip or trickle away; to emit drops, water; (w. acc.) to let fall in drops.
conuenit..pati..omnem amurcam ~are COL.12.50.2;—(*hyperb.*) sinapis..quae..oculi ut ~ent facit PL.*Ps.*818; TER.*Ph.*975;—ecflat (*sc.* monstrum)..in caelum pelagus.. pontumque ~at in astra MAN.5.604.

ex(s)timulātor ~ōris, *m.* [next+-TOR] An inciter, instigator.
Verginii ~or TAC.*Hist.*2.71; rebellionem..cuius ~or acerrimus inter Treuiros Iulius Florus *Ann.*3.40.

ex(s)timulō ~āre ~āuī ~ātum, *tr.* [EX-+STIMVLO] To goad, prick. **b** (transf.) to stir up, incite.
si..ad cursum ~ata sunt (iumenta) COL.6.30.3; (conchae) aculeo ~atae claudunt sese PLIN.*Nat.*9.132; ~ata graui.. fera..uulnere SIL.9.594; (*cf.*) (sidera) coniectu radiorum ~ata PLIN.*Nat.*2.106. **b** tigris..~ata fame OV.*Met.* 5.165; ~ate, precor, cessantia fata *Tr.*3.2.29; talis laudatio ..animos adulescentium ~at SEN.*Ep.*52.14; STAT.*Theb.* 12.613; pessimi..pronum deterioribus principem ~abant TAC.*Ag.*41.4; a libertis..~atur ut..fidentem animi ostenderet *Ann.*4.59.

ex(s)tinctiō ~ōnis, *f.* [EXSTINGVO+-TIO] Extinction, annihilation.
si supremus ille dies non ~onem, sed commutationem adfert loci CIC.*Tusc.*1.117; *Hort.*97.

ex(s)tinctor ~ōris, *m.* [EXSTINGVO+-TOR] One who extinguishes (a fire); (transf.) one who destroys or wipes out completely.
non ~or sed auctor incendi CIC.*Pis.*26;—~or patriae *Sul.*88; *Dom.*141; ~orem domestici latrocini *Sest.*144; stirpis tuae ~or SAL.*Jug.*14.9.

ex(s)tinctus ~ūs, *m.* [EXSTINGVO+-TVS[3]] The action of extinguishing, snuffing.
odor a lucernarum..~u PLIN.*Nat.*7.43.

ex(s)tinguō ~guere ~xī ~ctum, *tr.* [EX-+STINGVO] FORMS: *~xit* (= *~xerit* pf. subj.) PL.*Truc.*524; *~xti* (= *xisti*) PAC.*trag.*329, VERG.*A.*4.682; *~xem* (= *~xissem*) 4.606.

1 (freq. pass. in middle sense) To extinguish, put out (a fire, lamp, etc.). **b** (heavenly lights or other natural phenomena). **c** to quench (heated substances).
lucerna si ~cta est PL.*As.*785; ne ille ignis aeternus.. lacrimis ~ctus esse dicatur CIC.*Font.*47; ~cto..foco PROP. 2.28.36; illa potest..flammas ~guere Vestae OV.*Ars* 3.463; quotiens lucubrante se subito..decideret lumen et ~gueretur SUET.*Tib.*19;—(*transf.*) harum (*sc.* gemmarum) igneus color..sed peculiare quod tactu uelut intermortuae ~guntur PLIN.*Nat.*37.99; (*cf.*) iam ceruix..iam pedum candor..Parium marmor ~xerat (*i.e. outshone*) PETR.126.17. **b** Nixus quem nocte ~ctum atque exortum uidimus una CIC.*Arat.*649(401); nubes intendere se caelo et quidquid lucis internitebat offusa caligine ~ctum est CURT.4.3.16; manet illis (*sc.* cometis) prima facies donec incipiant ~gui SEN.*Nat.*7.18.3; ~guunt fulgura nimbi LUC.4.78; APUL. *Met.*1.8. **c** cum ea (*sc.* calx) erit ~cta VITR.2.5.1; si in aquam feruens massa descendit cum multo murmure ~guitur SEN.*Nat.*2.17; terrarum exhalatio..gelida quicquid accipit ignei uaporis ~guit PLIN.*Nat.*2.135; (*in fig. phr.*) fumantis reliquias coniurationis ~xit CIC.*Cael.*70.

2 To cause the death of, kill. **b** (pass. in middle sense) to die; to become extinct. **c** to cause (faculties) to perish.
puerum..clam uoluit..~guere TER.*Hec.*749; *Rhet.Her.* 4.41; portentosos fetus ~guimus SEN.*Dial.*3.15.2; STAT *Theb.*1.255; haec..sororis meae filium..~xit ueneno APUL *Met.*2.27;—(*w. abst. subj.*) nos ~xit fames PL.*Truc.*524; aliquem concubitus ~xit SEN.*Ep.*66.43; PETR.88.5. **b** si morbo ~ctus essem CIC.*Sest.*49; ~cto..Caesare VERG. *G.*1.466; primo..~guor in aeuo OV.*Met.*3.470; nec pati (pecudes) ueterno consenescere atque ~gui COL.7.5.3; (*pple. as sb.*) si quis..~ctis sensus inest V.MAX.4.6.3;—ex Syria nunc hoc (*sc.* silphium)..inportatur..~cto omni Cyrenaico PLIN.*Nat.*22.100; inlectus..suscipere liberos, ne clarissima familia ~gueretur TAC.*Ann.*2.37. **c** seni animam..~guerem TER.*Ad.*314; cui uultus inanis ~ctique orbes (*i.e. eyes*) STAT.*Theb.*10.698.

3 To obliterate, annihilate, wipe out. **b** to put an end to (activities, conditions, etc.). **c** to put an end to the activities of (a group of people). **d** to quench, allay (passions, appetites, etc.).
sepulcrorum..sanctitas in ipso solo est..atque ut cetera ~guuntur sic sepulcra sanctiora fiunt uetustate CIC.*Phil.* 9.14; in quibus (locis) circumuagando..(uox) ~guatur incerta uerborum significatione VITR.5.8.2; aquam Albanam..dissipatam..riuis ~gues LIV.5.16.9; uestigia quoque urbis ~guere 28.20.7; cum tempus aduenerit quo se mundus ..~guat SEN.*Dial.*6.26.6. **b** legiones reueniunt domum duello ~cto PL.*Am.*189; ipsa horrida, lacrumae, uestitus turpis..haec formam ~guerent TER.*Ph.*108; ~ctis rumoribus CAES.*Civ.*1.60.5; famam ~gui ueterum..malorum VERG.*A.*6.527; manus inpia saeuit..Romanum ~guere nomen OV.*Met.*1.201; grauis sopor etiam somnia ~guit SEN.*Ep.*53.7. **c** ut..ad illam paruam manum ~guendam ducem te..praeberes CIC.*Ver.*5.40; ~cto..senatu deletisque iudiciis *Off.*3.2; si..eos ~guere uoluerimus qui nobiscum aduersus barbaros steterunt NEP.*Ag.*5.4; turbam istam quae uniuersa noceret diuidendo ~guis QUINT.*Decl.*365 (p.398,l.9). **d** ad sensus animorum atque motus uel inflammandos uel etiam ~guendos CIC.*de Orat.*1.60; nec cum filia sua libidinem Ap. Claudi ~ctam esse LIV.3.50.7; (corpus) uolt alimentis famem ac sitim ~guere SEN.*Dial.* 12.10.2; iram..nostram..~guat [SEN.]*Oct.*830.

4 To render (instructions, obligations, etc.) void, extinguish.
tum ille etiam plura scribebat..ut..quae antea scripserat ea plane ~gueret CIC.*Ver.*2.172; ob id ~guebantur fideicommissa GAIUS *Inst.*2.254; ~ctum est mandatum finita uoluntate ULP.*dig.*17.1.12.16; si..restituatur, numquid seruitus poenae ~guat ius patronatus 48.23.1.1.

ex(s)tirpātiō ~ōnis, *f.* [next+-TIO] The action of rooting up.
iunci..pernities repastinatio est, filicis frequens ~o COL. 2.2.13.

ex(s)tirpō ~āre ~āuī ~ātum, *tr.* [EX-+STIRPS+-O[3]] To pull, dig up (plants) by the root, root out; to clear (land) in this way. **b** to pluck out. **c** (transf.) to eradicate (impulses, etc.).
lucos..non caedunt modo, sed etiam ~ant CURT.7.5.34; ~anda uineta COL.3.3.11; harundineto ~ato PLIN.*Nat.* 17.144; antiquas arbores ~ant ut nouas inserant CALP. *Decl.*26; ULP.*dig.*47.7.7.2;—siluestris ager decrescente luna utilissime ~atur COL.11.2.52. **b** huic eximii oculi sunt: ~entur radicitus SEN.*Con.*10.4.2; ~a..pilos de corpore toto MART.6.56.3. **c** perturbationes..quas nos ~andas putamus..esse dicunt..utiliter a natura datas CIC.*Tusc.*4.43; ex eius animo ~atam humanitatem *Amic.*48; SEN.*Ep.*94. 68; odia..uetera..funditus ~aui APUL.*Apol.*93.

ex(s)tō ~āre ex(s)titī, *intr.* [EX-+STO] FORMS: in pf. not dist. from EXSISTO; fut. pple. *exstaturus* PLIN.*Nat.*17.167; ULP.*dig.*12. 6.18.

1 To project, protrude, stand out. **b** (w. abl. of the projecting part). **c** to be taller (than); (also tr.) to surpass (a person) in height.
~ntes..medio de gurgite montes LUCR.4.397; hastili.. tereti praeterquam ad extremum unde ferrum ~abat LIV.21.8.10; semitam paulum ~antem a fundamento (*sc.* maceriae) 42.15.5; oppida insularum modo ~ant SEN.*Nat.* 4a.2.11; quae (partes uirgae) supra terram ~are debent COL.*Arb.*7.3; PLIN.*Nat.*6.89. **b** nudato corpore nymphas ..~antes e gurgite CATUL.64.18; plurima turba hunc.. umeris ~ntem suspicit altis VERG.*A.*6.668; nant alii (boues) celsoque ~ant super aequora collo OV.*Met.*11.358; (calamos) terra obrutos, ut cacumine ~ent PLIN.*Nat.*17.114. **c** summis ~ntem Riphea siluis OV.*Met.*12.352;—quantum ..egomet Nereidas ~o STAT.*Silv.*1.2.116.

2 To be conspicuous, catch attention.
uox..tua noctibus ~et V.FL.5.253; licet haec (clauus et purpurae)..aliquatenus ~are uideantur QUINT.*Inst.*8.5.29; —(*of activities, etc.*) nostrum studium ~abit in conueniendis magistratibus CIC.*Fam.*1.8.7; plus quam uellem iam meus ~at amor OV.*Ep.*15.4; omnia in omnibus uitia sunt, sed non omnia in singulis ~ant SEN.*Ben.*4.27.3; STAT.*Theb.*4.746; (*impers.*) apparet atque ~at, utrum simus earum (artium) rudes CIC.*de Orat.*1.72;—(*of persons*) cuius pater..singulari ~iterit in rem publicam nostram officio *Sul.*58; *Off.*2.45.

3 To exist, be found. **b** (of information, etc.) to be on record. **c** *~at ratio*, a satisfactory account can be given.
ut..uestigia uiolatae religionis maneant, monumenta uictoriae..non ~ent CIC.*Ver.*5.186; temporis ut puncto nil ~et reliquiarum desertum praeter spatium LUCR.1.1109;

Liv.39.8.8; tumulos quosdam Graecis litteris inscriptos.. adhuc ~are Tac.*Ger*.3.3;—(*of persons*) nemo ~at qui ibi sex menses uixerit Pl.*Trin*.543; Hor.*S*.1.5.55; neque ~at qui murem hieme in agro effoderit Plin.*Nat*.10.186; herede ~ante Gaius *Inst*.2.58;—(*w. abst. subj.*) si ~itisset in rege fides Cic.*Rab.Post*.1; *Phil*.2.51; ~ant decreta quibus nos laudat Ov.*Pont*.4.9.101; cum id factum ante in nulla memoria ~aret Gel.16.10.14; si ea condicione debetur quae omnimodo ~atura est (*i.e. will in any case come to pass*) Ulp. *dig*.12.6.18. **b** quod litteris ~et, Pherecydes..primus dixit animos esse hominum sempiternos Cic.*Tusc*.1.38; quod ~at in annalibus *Div*.1.51; (*cf.*) auctorem doctrinae eius, quia non ~at alius, falso..Pythagoram edunt Liv. 1.18.2. **c** non minus oti quam negoti rationem ~are oportere Cic.*Planc*.66; ~at ratio dierum *Att*.10.8.5; Fro. *Aur*.1.p.86(7N).

4 To exist (in a given manner or condition).
fit ut non item in oratione ut in uersu numerus ~et Cic. *Orat*.202; quia (mel) non tam leuibus ~at corporibus Lucr. 3.194;—(*w. pred. noun or adj.*) animum dico..esse hominis partem nilo minus ac manus et pes..partes animantis totius ~ant 3.97; siue latet Phoebus seu terris altior ~at Ov.*Ep*. 13.103; testes Laestrygones ~ant *Fast*.4.69; simulacra.. deorum..caesis..~ant informia truncis Luc.3.413; sic uelut inita arbor fecundo semine fertilior ~at Col.5.9.16.

ex(s)tructiō ~ōnis, *f*. [exstrvo+-tio] The construction, erection (of a building); (concr.) a structure.
~ones..tectorum Cic.*N.D*.2.150; possumus..area ista.. ad ~onem balinei uti Tra.Plin.*Ep*.10.71(76); *CIL* 14.98;— eos..nec inhumatos esse nec desertos..sed contectos..ea.. ~one Cic.*Phil*.14.34.

ex(s)tructor ~ōris, *m*. [next+-tor] A constructor, builder.
~or templi *CIL* 12.972.

ex(s)tructus ~a ~um, *a*. *superl*. ~issimus. [pple. of next] Towering; (neut. as sb.) a raised structure.
illa..in quae patrimonia sua profuderunt..~issima et ornatissima Apul.*Soc*.22;—quo se multis cum milibus heros consessu medium tulit ~oque resedit Verg.*A*.5.290; —(*w. defining gen.*) quae sunt ~a domorum Lucr.6.561; 6.1284.

ex(s)truō ~ere ~xī ~ctum, *tr*. [ex-+strvo]

1 To make a heap on or in (a receptacle), heap up. **b** to make a heap of. **c** to make by heaping or piling.
ita mensas ~it, tantas struices concinnat Pl.*Men*.101; Cic.*Pis*.67; ~at lignis focum Hor.*Epod*.2.43; aras..dono turis..~e Sen.*Oed*.305; mercibus ~ctas obruet unda rates Mart.5.42.6. **b** nubibus..~ctis aliis alias super Lucr. 6.186; Hor.*Carm*.2.3.19; ligna circa ~unt Liv.28.22.6; (faenum) in metas ~i Col.2.18.2. **c** aceruos corporum ~ctos Cic.*Sest*.77; aggerem in altitudinem pedum lxxx ~it Caes.*Civ*.2.1.4; Tib.2.5.99; magnis ~cta ruinis congeries *Aetna* 375; in uestibulo..castrorum rogum ~ctum esse Liv.25.17.4; (*transf.*) in crimine uno uocibus multis.. ~endo Gel.13.25(24).12.

2 To erect by fitting parts together, build up, construct. **b** to set out, arrange.
in iis tignis parietes ~ito Cato *Agr*.18.6; ad caelum.. ~it uillam Cic.*Dom*.124; pulchram..urbem ~is Verg.*A*. 4.267; templvm ~xservnt *CIL* 6.814.9; talis hortos ~it Tac.*Ann*.14.53; in nauem ~endam Paul.*dig*.42.5.26; (*of a pastry-cook*) mille..dulces operum..figuras ~et Mart. 14.222.2;—(*transf.*) ~e animo altitudinem excellentiamque uirtutum Cic.*Fin*.5.71; facilius poema ~i posse Petr.118.2. **b** tu argentum eluito, idem ~ito Pl.*Ps*.162; (*cf.*) quater surgens ~cti remigis ordo Luc.3.530; (*transf.*) oportet uerba..ad poeticum quendam ~ere numerum *Rhet.Her*. 4.44.

3 To build on (a site).
diuitias..quas profundant in ~endo mari Sal.*Cat*.20.11; in modum municipii ~ctus locus Tac.*Hist*.1.67; aream emit..et ~xit Paul.*dig*.20.1.29.2.

exsūcātus ~a ~um, *a*. [ex-+svcvs+-atvs[2]] Lacking juice.
animalia..exsanguinata et ~a Vitr.8.pr.3.

ex(s)uctus ~a ~um, *a*. *compar*. ~ior. [pple. of exsvgo] Lacking juice, dried up.
restibiles segetes (*i.e. crops grown every year*) esse ~iores Var.*R*.2.7.11; semper infirmi corporis et ~i Sen.*Ep*.30.1; ostrea..tenuis ~aque Gel.20.8.3.

ex(s)ūcus ~a ~um, *a*. [ex-+svcvs] Sapless (in quots. transf., of style).
aridus et ~us declamator Sen.*Con*.7.5.15; Quint.*Inst*. 12.10.14.

ex(s)ūdō ~āre ~āuī ~ātum, *tr*., (*intr*.). [ex-+svdo]

1 To get rid of by sweating, sweat out. **b** to exude (a desired product). **c** (intr.) to ooze out.
ut omne ~ent (catuli) uitium Grat.423; (*cf.*) (caseus) aspargitur tritis salibus, ut ~et acidum liquorem Col.7.8.4. **b** fornacibus aurea saxa ~ant pretium *Aetna* 547; (sucum) arbor ipsa ~at cummium modo Plin.*Nat*.24.57. **c** ~at inutilis umor Verg.*G*.1.88; ut si quis umor herbis inest ~et atque excoquatur Col.2.18.3; pictis ~at uestibus aurum Stat.*Theb*.6.208.

2 To achieve with great labour, sweat over.
cum Pedius causas ~et Hor.*S*.1.10.28; quod ingens ~andum esset praemium Liv.4.13.4; edomitos ~atosque labores Sil.3.531.

ex(s)ūgō ~gere ~xī ~ctum, *tr*. [ex-+svgo] Forms: ~*gebo* (fut.) Pl.*Epid*.188.

1 To suck out. **b** (transf.) to draw out (moisture).
me conuortam in hirudinem atque eorum ~gebo sanguinem Pl.*Epid*.188; *Poen*.614; Plin.*Nat*.23.57; Cleopatrae ..psyllos admouit qui uenenum ac uirus ~gerent Suet. *Aug*.17.4. **b** non enim sucum quem quaerit terra solem ..~gere oportet Var.*R*.1.13.4; harenam..aut quid item quod ~gat umorem 2.4.15; calor..e rebus..eripit ~gendo naturales uirtutes Vitr.1.4.3.

2 To suck matter from; to draw the moisture from.
homo adhibendus est qui id uulnus ~gat Cels.5.27.3.b; ossa..~cta Juv.8.90;—segetem ~gunt..omnia quae uelluntur Cato *Agr*.37.1; (arbores) siccitatibus ~ctae solidantur Vitr.2.10.2; Col.4.24.9.

exsul, exsulātiō, exsulātus, exsulō: see exvl-.

ex(s)ultans ~ntis, *a*. *superl*. ~ntissimus. [pple. of exsvlto] In vbl. senses, also (of a rhythm) bouncing.
paulum..morae damus inter ultimum atque proximum uerbum..alioqui sit ~ntissimum Quint.*Inst*.9.4.108.

ex(s)ultanter, *adv*. *compar*. ~tius. [prec.+-ter[2]] Buoyantly, with abandon.
quae hilarius et quasi ~tius scripsi Plin.*Ep*.3.18.10.

ex(s)ultantia ~ae, *f*. [exsvltans+-ia] Triumphant fury.
philosophum..cum..doloris..~a conluctantem Gel.12. 5.9.

ex(s)ultātiō ~ōnis, *f*. [exsvlto+-tio]

1 The action of jumping up and down, leaping, frisking.
non cantus, non ~o armorumque agitatio Liv.7.10.8; ne uelut puerili nimia ~one macescat (agnus) Col.7.3.18; lunam..nouam ~one adorari Plin.*Nat*.8.215; non exsurgunt modo uerum etiam excurrunt et cum indecora ~one conclamant (pueri) Quint.*Inst*.2.2.12.

2 Elation, exultation; (pl.) boisterous expressions of joy.
illa ~o Athamantis Cic.*Har*.39; salutationis noua quaedam ~o Vell.2.104.4; multa cum ~one in urbem reuectus Tac.*Hist*.3.36;—inter ~ones succlamationesque populi Suet.*Nero* 24.1.

ex(s)ultim, *adv*. [next+-im] With leaping, friskily.
uelut latis equa trima campis ludit ~ Hor.*Carm*.3.11.10.

ex(s)ultō ~āre ~āuī, *intr*. [ex-+salto]

1 To spring up, leap about, dance. **b** (transf., of fluids). **c** (of speech) to have a tripping ryhthm.
equos..ferocia ~antes Cic.*Off*.1.90; ululante tumultu feminea ~ant..agmina Verg.*A*.11.663; angues magnitudinis mirae lasciuientium piscium modo ~asse Liv.27.4.13; delphinus..obuiam nauigiis uenit, adludit ~ans Plin. *Nat*.9.24; iubet ~are..Curetas trepidos Stat.*Theb*.4.784; Britannorum copiae passim per cateruas..~abant Tac. *Ann*.14.34; (*impers. pass.*) sinistro pede ~ari (prodest) capite in dextrum umerum deuexo Plin.*Nat*.28.60; (*cf.*) ~antia.. haurit corda pauor Verg.*A*.5.137;—(*of inanim. things*) ~are etiam..ferrea uidi..lapis hic magnes cum subditus esset Lucr.6.1044; fluctibus ignotis ~auere carinae Ov. *Met*.1.134; (pila) cum cecidit ~at Sen.*Nat*.6.10.2. **b** nostro..missus corpore sanguis emicat ~ans alte Lucr. 2.195; ~ant..uada Verg.*A*.3.557; medicamen..feruet et ~at Ov.*Met*.7.263; 13.892. **c** si continuantur (breues syllabae) ~ant Quint.*Inst*.9.4.91.

2 To behave in an unrestrained manner, run riot. **b** to make luxuriant growth. **c** to let oneself go (in speaking, etc.).
infer patriae bellum, ~a impio latrocinio Cic.*Catil*.1.23; hominem furentem ~antemque continui *Har*.1; otio ~as nimiumque gestis Catul.51.14; multitudinem..in perniciem alienam suamque pariter ~aturam Sen.*Cl*.1.1.1; ~at ..saeculi nostri bonis corrupta turba [Sen.]*Oct*.834; (*transf.*) laudamus equum..cui..~at rauco uictoria circo Juv.8.59. **b** densiores..pampini ~ant Plin.*Nat*.17.180; tellvs floribvs ~at *CIL* 8.2035. **c** alterum..~ntem uerborum audacia reprimebat Cic.*de Orat*.3.36; *Orat*.26; ne Ciceroni quidem obtrectatores defuisse, quibus..supra modum ~ns ..et parum Atticus uideretur Tac.*Dial*.18.4;—(*of style*) inordinata digerere, soluta componere, ~antia coercere Quint.*Inst*.10.4.1; uitiosum..dicendi genus quod..uerborum licentia ~at 12.10.73.

3 To show unrestrained pleasure, exult.
Graeci..~ant quod peregrinis (*i.e. Greek*) iudicibus utuntur Cic.*Att*.6.1.15; (Turnus) ~at..animis et spe iam praecipit hostem Verg.*A*.11.491; non ~auit supra me Sen. *Ben*.2.13.2; (*w. acc. and inf.*) ad fastigia missas ~ant haesisse faces Stat.*Theb*.10.529;—(*w.* in+*abl.*) neque sibi fas esse..in patriae parricidio ~are Cic.*Dom*.133; non ~auit in ruinis nostris *Balb*.58;—(*transf.*) cum pace serena publica..~ent otia *Laus Pis*.170; ~ent leges Latiae, gaudete, curules Stat.*Silv*.4.1.5.

exsum exesse, *intr*. [ex-+svm] (See quot.)
exesto, extra esto. sic enim lictor..clamitabat:..uirgo exesto; scilicet interesse prohibebatur Paul.*Fest*.p.82M.

exsuper, *adv*. [ex-+svper] In addition, over and above.
(*app. w. gen.*) inpositis spataliis..gemmatis exsvper eivs svmmae *CIL* 2.2060.

ex(s)uperābilis ~is ~e, *a*. [exsvpero+-bilis]

1 That may be overcome.
non ~e saxum (*i.e. of Sisyphus*) Verg.*G*.3.39.

2 Irresistible.
Manlius..cuius..operam..apud Gallos..~em res p. sensit..uirtute bellica nemini concedebat Quad.*hist*.7.

ex(s)uperans ~ntis, *a*. *compar*. ~ntior, *superl*. ~ntissimus. [pple. of exsvpero] Outstanding, pre-eminent.
Calidonia altrix terra ~ntum uirum Pac.*trag*.404; de his ..uter esset ~ntior certabatur Gel.14.3.11; summus atque ~ntissimus diuum Apul.*Mun*.27; iovi svmmo ~ntissimo *CIL* 3.1090; *BMCI* 4.p.808,no.586(Commodus).

ex(s)uperantia ~ae, *f*. [prec.+-ia] Superiority, pre-eminence.
nonne omnem ~am uirtutis oderunt? Cic.*Tusc*.5.105; ex empla eius fiduciae atque ~ae ingentis Gel.4.18.2; 14.1.12.

ex(s)uperātiō ~ōnis, *f*. [next+-tio] Exaggeration, hyperbole.
Rhet.Her.1.10; per ~onem (fit significatio) cum plus est dictum quam patitur ueritas *Rhet.Her*.4.67.

ex(s)uperō ~āre ~āuī ~ātum, *tr*., *intr*. [ex-+svpero]

1 To pass beyond, cross, surmount. **b** to overtop; to lie beyond. **c** (intr.) to mount, rise up.
~o praepingue solum stagnantis Helori Verg.*A*.3.698; 11.905; iam omnes angustiae ~atae Liv.44.18.3; ~ato.. amne Plin.*Nat*.6.62; Alpis ab Hannibale ~atas 36.2; frondentem Maenalon..~at (diua) saltu Stat.*Theb*.9.640. **b** ulmos..ubique ~ant (uites) Plin.*Nat*.14.12; procera cacumina saltus ~ant cristae (serpentis) Sil.6.222; (*refl.*) (Taurus mons) dictus..ubi se quoque ~at Caucasus Plin. *Nat*.5.98;—si fuerit..uallis quae conspectum agentis ~et Fron.*agrim*.p.17. **c** ~ant flammae, furit aestus ad auras Verg.*A*.2.759; trepidat mihi pectus et aegris faucibus ~at grauis halitus Pers.3.89.

2 To be greater than, exceed (in size, amount, etc.). **b** (intr.) to be in excess; to be left over.
cum ingens illorum (*sc.* cometarum) orbis..matutini amplitudinem solis ~et Sen.*Nat*.1.15.4; quia..reditum inpendia ~ent Plin.*Nat*.17.213; si xvi (cubita) ~auit (Nilus) 18.168; (*cf.*) summam pecuniae..nullius ne horum quidem operum fundamenta non ~aturam (*i.e. exceed the expense of*) Liv. 1.55.9. **b** si..alteri (fundo) aliquid desit, quamuis in altero ~et Paul.*dig*.19.1.42;—quod..his ~at demptis id ducito in aequas sex partes Man.3.423.

3 To surpass, outdo (in excellence, degree, etc.). **b** to outlive, survive. **c** (intr.) to excel.
metuo ne praedicatio tua nunc meam formam ~et Pl.*Mil*. 1237; Ter.*Hau*.878; dum abest quod auemus, id ~are uidetur cetera Lucr.3.1082; malum..omnia ~ans uitia Sen.*Dial*.4.36.6;—(*of persons*) quis homo te ~auit..impudentia? Enn.*scen*.222; Plautus..facile ~at ceteros Volc. *poet*.1.6; omnes Tarquinios superbia ~at Liv.3.11.13; (*cf.*) si (pullus)..cursu certaminis aequalis ~at Col.6.29.1. **b** uiue et..me quoque ~a V.Max.5.9.4; non ~asse parentes *CIL* 3.3196.2; (*cf.*) (uitis) uino..quod genuit aestatem non ~ans Plin.*Nat*.14.33. **c** quantum ipse feroci uirtute ~as Verg.*A*.12.20; ~ans astu (*sc.* Hannibal) Sil.1.57.

4 To overcome, be too strong for; to outweigh. **b** (intr.) to gain the upper hand.
quod fore paratum est id..~at Iouem Cic.*poet*.35 (*Div*.2.25); natura..tenuis aeris..grauioribus ~ata Lucr. 2.234; Verg.*A*.7.591; non..complecterer omnia uerbis, materia uires ~ante meas Ov.*Tr*.1.5.56; si nostrae possessioni iuncta alterius..possessio ~at aduersarii possessionem Gaius *Inst*.4.151;—(*of persons*) nec Turnus segnior instat ~atque moras Verg.*A*.10.658; multitudo Gallorum sensum omnem..damni ~ans Liv.7.24.2; singulos..adortus ~at Flor.*Epit*.1.1(1.3.4);—dubium non est, quin..neglegentiam domini fructus pecoris ~et Col.6.pr.5. **b** praesens dolor ~abat Lucr.6.1277; cum ~at e principiis calor Vitr.1.4.6; Ov.*Fast*.6.372.

ex(s)urdō ~āre ~āuī ~ātum, *tr*. [ex-+svrdvs+-o[3]] To deafen, make deaf; to dull (other senses).
Graecis actionibus aures curiae ~antur V.Max.2.2.3; tibi tantis clamoribus ambitionis ~ato Sen.*Ep*.94.59; paniculae flos aures si intrauit ~at Plin.*Nat*.32.141;— feruida quod subtile ~ant uina palatum Hor.*S*.2.8.38.

ex(s)urgō ~gere ~rexī, *intr*. [ex-+svrgo]

1 (of persons) To rise to one's feet, stand up. **b** to rear one's body.
~ge, praeco, fac populo audientiam Enn.*scen*.1; exporgi meliust lumbos atque ~gier Pl.*Ps*.1; Cic.*Clu*.168; ut.. multi..senatores certatim ~gerent foedaque..censerent Tac.*Ann*.3.65; Apul.*Met*.2.20; (*pregn.*) ne quoquam ~gatis, donec a me erit signum datum Pl.*Bac*.758. **b** perque arma uiro perque ossa securim altior ~gens..congeminat Verg.*A*.11.697; non ~git in plantas Sen.*Ep*.111.3; (*of a snake*) ad umbram aspis ~git *Dial*.5.30.1.

2 To rise from bed, get up. **b** (of heavenly bodies) to rise.
ut de nocte multa inpigreque ~rexi Pl.*Rud*.915; territus ~gis; fugit omnis inertia somni Ov.*Ep*.14.75; pauore ~gens..lucem opperiebatur Tac.*Ann*.14.10. **b** Germ. *Arat*.692; aspici per noctem solis fulgorem, nec occidere et ~gere sed transire adfirmant Tac.*Ag*.12.4; cum..sol ~git aureus Apul.*Met*.11.7.

3 To bestir oneself, take action, arise. **b** to rise in revolt.
nos autem ubi ~gere poterimus aut quando? quorum dux..sine consilio CIC.*Att.*7.13.1; qui ne nunc quidem obnoxiis inimicis ~gitis SAL.*Jug.*31.3; nouam repente aciem ~gentem..cernebant LIV.8.8.13; 27.41.7; Vitelliani temere ~gentes..in insidias praecipitantur TAC.*Hist.*2.25. **b** malebant..decemuiros..abire magistratu quam ~gere rursus plebem LIV.3.41.5; ne contra Gai quidem..domum ~gimus TAC.*Hist.*2.76.

4 (of things) To have an upward or outward movement, swell, rise. **b** to extend upwards or outwards.
presso tellus ~git aratro [TIB.]3.7.161; (fons) immodicus ~git MELA 1.39; interfluit Timauus nouem capitibus ~gens 2.61; utrum oceani uiribus fiat (diluuium) et externum in nos pelagus ~gat SEN.*Nat.*3.27.1; *Phaed.*1012. **b** structis ~gunt oppida muris [TIB.]3.7.174; tofus ~gens VITR.2.6.1; Taurus mons..ubi primum ab Indico mari ~git PLIN.*Nat.* 5.97; inde alii ramuli ~gunt sua capitula gerentes 24.173; simulacrum..non effigie humana..latiore initio tenuem in ambitum metae modo ~gens TAC.*Hist.*2.3; 4.23.

5 (of conditions, activities) To come into existence, spring up.
alia (querella) deinceps ~git V.MAX.5.3.2b; naturam.. semper..nouam ~gere SEN.*Suas.*1.1; necesse est ut ~git et desinat (morbus) SEN.*Ep.*78.17; grauior ~gat dolor *Med.*49; clamor ~git APUL.*Met.*10.16.

6 To rise to a higher (moral, intellectual, or sim.) level.
supra..tuos ~ge dolores *Epic.Drusi* 353; generosa in ortus semina ~gunt suos (*i.e. children rise to the level of their parents*) SEN.*Tro.*536;—(*of activities*) ut ad illa quoque altiora possit ~gere (disputatio) *Dial.*4.1.2; naturali pulchritudine ~git (oratio) PETR.2.6.

exsuscitātiō ~ōnis, *f.* [next+-TIO] (rhet.) The action of arousing emotion.
*Rhet.Her.*4.55.

exsuscitō ~āre ~āuī ~ātum, *tr.* [EX-+SVSCITO]

1 To rouse from sleep, awaken.
me..quietum ~at ACC.*trag.*199; te gallorum, illum bucinarum cantus ~at CIC.*Mur.*22; ex somno ~atus FRO.*Aur.* 1.p.98(12N); (*pregn.*) ~ate uostram huc custodem mihi PL. *Cur.*91.

2 To kindle (a fire).
ipse genu nixus flammas ~at aura OV.*Fast.*5.507;—(*in fig. phr.*) istum iuuenem domi tenendum..censeo, ne.. paruus hic ignis incendium ingens ~et LIV.21.3.6; Bacchus ..in flammam saeuas ~at iras MAN.5.227.

3 To rouse to activity or emotion, stimulate, excite. **b** to evoke (emotion).
uirum..ira ~atum *Rhet.Her.*2.29; si naturalem memoriam ~auerimus 3.34; auditoris animus..omnibus iam dictis ~atur CIC.*Inv.*2.49; tute te ~a BRUT.*ad Brut.*1.16.11; ~at acris ad bellandum animos BIB.*poet.*14(15). **b** apertae surae..horrorem mihi ex corde ~abant TURP.*com.*47.

ext-: for comps. of *ex* and *st-* see EXST-.

exta ~ōrum, *n.* [dub.; perh. by haplology from **exsecta* (EXSECO)] FORMS: gen. pl. *~um* PAC.*trag.*81. The upper internal organs of an animal, comprising esp. the heart, lungs, and liver.
agninis..~is PL.*Ps.*329; iamne ~a cocta sunt? *St.*251; ubi ~a prosecta erunt CATO *Agr.*134.4; cum puerorum ~is deos manis mactare soleas CIC.*Vat.*14; pinguia..in ueribus torrebimus ~a VERG.*G.*2.396; humana..~a HOR.*Ars* 186; LIV.26.23.8; satur anseris ~is PERS.6.71; PLIN.*Nat.*11.197; —(*examined for omens*) omnibus in ~is aibat portendi mihi malum PL.*Poen.*464; CIC.*Luc.*47; OV.*Ars* 2.737; regalia ~a appellantur, quae potentibus insperatum honorem pollicentur FEST.p.289M.

extābescō ~escere ~uī, *intr.* [EX-+TABESCO] To waste away; (also transf.).
corpus macie ~uit *Inc.trag.*189; CIC.*Tusc.*2.20(transl. Sophocles); is fame ~uit SUET.*Gal.*7.2;—uidemus ceteras opiniones..diuturnitate ~uisse CIC.*N.D.*2.5.

extāliōsus ~a ~um, *a.* [*extalis* or *extale* (only found in Late Latin; EXTA+-ALIS)+-OSVS] (perh.) Having fat buttocks.
Timele ~a *CIL* 4.1388a.

extāris ~is ~e, *a.* [EXTA+-ARIS] Used for cooking *exta*.
aulam ~em PL.*Rud.*135.

extemplō, *adv.* [< **ex tempulo* (TEMPVS)] FORMS: *extempulo* PL.*Aul.*93, *Cist.*96, 572, etc.

1 Without delay, at once, immediately. **b** *cum* (*quom*) ~, as soon as, the moment that; (also w. pres. pple.). **c** from the first; (w. *ab*) immediately, right (from).
uerrunt ~ placide mare ENN.*Ann.*384; pugnae facta pausa est. ~ silentio facto..conclamat QUAD.*hist.*10b; erubescit..quid fingat ~ non habet CIC.*Q.Rosc.*8; VERG.*A.* 2.376; non exspectandum iustum tempus comitiorum, sed ~ nouos tribunos militum creandos esse LIV.5.9.1; APUL. *Met.*9.21;—(*correlative w. conj.*) pro monstro ~ est quando qui sudat tremit PL.*As.*289; postquam intro adueni, ~ eius morbum cognoui TER.*Hec.*373; cum prospere peruenisset, senatum ~ habuit LIV.27.5.2; CURT.4.16.13; ut quisque factus est princeps, extemplo fama eius..aeterna est PLIN. *Pan.*55.9. **b** senex quom ~ est, iam nec sentit nec sapit PL.*Mer.*295; ut, quom ~ uocem, continuo exsiliatis *Mos.* 1064; cum ~ magistratum inissent LIV.6.1.9;—adiit ad nos ~ exiens PL.*Poen.*652; imperator ~ adueniens appellatus LIV.7.39.15. **c** (Hannibal) prudentiam..dictatoris (*sc.* Fabii) ~ timuit, constantiam hauddum expertus LIV. 22.12.6;—primis ~ a mensibus anni VERG.*G.*1.64.

2 Without intervening action or argument, directly.
quid, ubi reddebas aurum, dixisti patri? — me id aurum accepisse ~ ab hospite PL.*Bac.*686; non ex omnibus..quaecumque creant res sensilia ~..gigni..sensus, sed magni referre ea..quantula constent LUCR.2.893.

extemporālis ~is ~e, *a.* [*ex tempore* (TEMPVS)+-ALIS] Unpremeditated, extempore; (also, of a person) speaking extempore.
~is illi facultas..non deerat SEN.*Con.*7.pr.2; ~i declamatione PETR.6.1; ~em temeritatem malo quam male cohaerentem cogitationem QUINT.*Inst.*10.6.6; TAC.*Dial.*6.6; SUET.*Aug.*84.1; VERSVS ~ES *CIL* 6.33976;—~is factus est meus rhetor MART.5.54.1.

extemporālitās ~ātis, *f.* [prec.+-TAS] The ability to speak or compose extempore.
in fingendis poematibus promptus et facilis ad ~atem usque SUET.*Tit.*3.2.

extempore: = *ex tempore* (see TEMPVS).

extempulō: see EXTEMPLO.

extendō ~dere ~dī ~tum or ~sum, *tr.* [EX-+TENDO]

1 To make taut, stretch, distend. **b** to stretch or thrust out (a part of the body).
quam magis ~das (uincla) tanto astringunt artius PL. *Men.*95; funem..~tum pedes LV CATO *Agr.*63; cantu uenas cum ~derit omnis LUCIL.576; VAR.*Men.*366; qui (*sc.* axes) ut in torcularibus conuersi rumpere quoque..non solum ~dere neruos..possunt CELS.8.20.6; quemadmodum tela suspensis ponderibus rectum stamen ~dat SEN.*Ep.*90.20; altera (puella)..~dit pectitque comas JUV.6.496; (*in fig. phr.*) ille per ~tum funem..uidetur ire poeta HOR.*Ep.* 2.1.210. **b** ~to bracchio CIC.*de Orat.*2.242; ~sis digitis *Luc.*145; rigida ceruice et ~to capite currentium (equorum) LIV.35.11.8; ~tam..ceruicem interritus liberto praebuit VELL.2.70.2; (*in fig. phr.*) me..natum..in tenui re maiores pennas..~disse HOR.*Ep.*1.20.21.

2 To stretch out in death, etc.; (refl., pass.) to lie full length.
Buten..perculit et fulua moribundum ~dit harena VERG.*A.*5.374; LUC.7.148;—~dit se super torum extremum PETR.78.5;—ille (*sc.* Cerberus)..toto..ingens ~ditur antro VERG.*A.*6.423; CURT.9.5.28; ~tus infra grabatum PETR. 97.4.

3 To elicit the utmost effort from, strain; (refl.) to exert oneself. **b** to bring (resources) into full play.
fessas morbo pecudes uehementer agitare et ~dere non conuenit COL.7.5.3; spectant hoc nuptae..maior tamen.. uoluptas alterius sexus, magis ille ~ditur JUV.11.169;— cum se magnis itineribus ~deret CAES.*Civ.*3.77.3; ut.. pauperes..supra uires se ~dant LIV.34.4.15; nunc etiam aduersus Norbanum se ~dit PETR.46.8. **b** ~dere omnes imperii uires consules dilectu habendo iussit LIV.7.25.7.

4 To make even, smooth; to make straight. **b** to smooth away.
testacea..~ta et ad regulam perfricata VITR.7.1.4; erugatur atque ~ditur malleo (charta) PLIN.*Nat.*13.82; Poppaea..totum corpus..lacte macerabat, ~di..cutem credens PLIN.*Nat.*11.238; 19.136;—cum..nescierint.. gladios ~dere fabri JUV.15.168; (*transf.*) apposita intortos ~dit regula mores PERS.5.38. **b** rugae ore ~duntur TITIN. *com.*174.

5 To arrange in extended order, spread out. **b** to increase the extent of; to give length to. **c** (pass., in middle sense) to have extent, stretch; (also refl.). **d** to add a syllable to (words).
putidas uuas..~dit VAR.*Men.*523; ipse..in radicibus montium ~dere aciem coepit LIV.7.14.9; ~tas..togas OV. *Fast.*3.530; feminae..partem..uestitus superioris in manicas non ~dunt, nudae bracchia ac lacertos TAC.*Ger.*17.3. **b** coepit agros ~dere uictor HOR.*Ars* 208; clarum mane fenestras intrat et angustas ~dit lumine rimas PERS.3.2; (*in fig. phr.*) ducite, Pierides; uestros ~dere fines conor MAN.3.3;—ab oculo lineae duae si ~sae fuerint VITR.3.5.13; neque..de more carinas ~dunt LUC.4.418; (*transf.*) in uia.. non nulla leuiora (*sc.* poemata)..~di. his quaedam addidi in uilla PLIN.*Ep.*9.10.2. **c** in promunturio quod..in aliquantum maris spatium ~ditur LIV.29.35.13; nec umquam per ducenta milia motus (terrae) ~ditur SEN.*Nat.*6.25.3; est..pestilens ora..quae per litus ~ditur PLIN.*Ep.*5.6.2;— ora..se ingenti fronte ad Hellesponticum fretum ~dit MELA 1.10. **d** quod (poesis)..quaedam..uerba..~dere, corripere, conuertere..cogatur QUINT.*Inst.*10.1.29; PLIN. *Ep.*8.4.4.

6 To extend the duration of, prolong, continue. **b** to spend the whole of, pass (time).
incipe et ad medias sementem ~de pruinas VERG.*G.*1.230; ab hora tertia cum ad noctem pugnam ~dissent LIV.27.2.7; ut instrumenta excogitet per quae..~datur dolor SEN.*Cl.* 1.25.2; modulatus editur sonus(*i.e. by the nightingale*)..interdum..grauis, acutus, creber, ~tus PLIN.*Nat.*10.82; 18.339; quod ad mediam noctem comisationes..~eret SUET.*Tit.*7.1; (*refl.*) tot..rebus se Masinissa..ad centesimum ~dit annum V.MAX.5.2.ext.4. **b** ibi suam aetatem ~debant PL.*Bac.* 430; uenatu ~dere uitam abnuit SIL.2.102; uariis sermonibus uespera ~ditur PLIN.*Ep.*9.36.4.

7 To enlarge the scope of, extend (an activity). **b** to increase (an amount).
uirtutem ~dere factis VERG.*A.*6.806; in Africam quoque spem ~derunt LIV.24.48.1; quam naturale sit in immensum mentem suam ~dere SEN.*Ep.*102.21; faenus agitare et in usuras ~dere ignotum TAC.*Ger.*26.1; procurator..ad lapidum uenditionem officium suum ~dit SCAEV.*dig.*20.4.21.1; (*cf., w. pers. obj.*) quo ad altiorem quisque honorum gradum ~ditur [QUINT.]*Decl.*3.13. **b** breues ~dere census MART. 12.6.9; pretia..usque eo ~dens ut quidam..bonis exuti uenas sibi inciderent SUET.*Cal.*38.4.

extensiō ~ōnis, *f.* [prec.+-TIO] The distance covered by stretching out, span.
ulna..utriusque manus ~o est SUET.fr.172(p.272Re).

extensiuus ~a ~um, *a.* [next+-IVVS] Permitting prolongation or delay.
cum uerba ~a sint, paenitentia eius usque ad annum admittenda est PAUL.*dig.*38.17.6.

extensus ~ūs, *m.* [EXTENDO+-TVS[3]] An extent, stretch.
immensos..per armos (*sc.* elephanti) et laterum ~us SIL. 4.617.

extentiō ~ōnis, *f.* [EXTENDO+-TIO] The extension or production (of a line).
ad aciem oculorum radiorumque ~onem certo loco centro constituto VITR.7.pr.11; radii (solis)..~onibus porrecti 9. 1.13.

extentō ~āre ~āuī ~ātum, *tr.* [EXTENDO+-TO] To stretch, make taut; to exert (oneself or one's powers) to the full.
ui morbi..coactus..aliquis..desipit, ~at neruos, torquetur LUCR.3.490;—qui..alieno uiris tuas ~es ostio PL. *Bac.*585; quid ais tu?..uenisti huc te ~atum? *Mos.*594.

extentus ~a ~um, *a.* *superl.* ~issimus. [pple. of EXTENDO] Level; having the form of a slab.
castra inter confragosa omnia..quam ~issima potest ualle locat LIV.21.32.9; per ~os..corpora..iacent campos SIL.15.766;—quorum (smaragdorum)..corpus ~um est eadem qua specula ratione..imagines reddunt PLIN.*Nat.* 37.64.

extenuātiō ~ōnis, *f.* [EXTENVO+-TIO]

1 A diminution of density, rarefaction; reduction of rank growth (in plants).
si aera aut motus extenuat aut ~o incendit SEN.*Nat.* 2.57.2;—uitium ~o et domitura palmitum PLIN.*Nat.*17.246.

2 (rhet.) Belittlement, meiosis.
distincte concisa breuitas et ~o CIC.*de Orat.*3.202; QUINT. *Inst.*9.2.3.

extenuātus ~a ~um, *a.* *superl.* ~issimus. [pple. of next] In vbl. senses, also (superl.): much diminished.
recurri ad meas copiolas..sunt ~issimae et inopia omnium rerum pessime acceptae D.BRUT.*Fam.*11.13.2.

extenuō ~āre ~āuī ~ātum, *tr.* [EX-+TENVO] PROS.: *extenuantur* (quadrisyll.) LUCR.4.1263.

1 To make thin or narrow, whittle down, contract. **b** (med.) to reduce (the body) in bulk.
ramulum..falce ~atum VAR.*R.*1.40.6; siccescendo contrahuntur (*sc.* parietes craticii) et ita ~ati disrumpunt tectoriorum soliditatem VITR.2.8.20; ~abant paulatim angustiae agmen LIV.42.15.7; ~ato culmo paene in surculum PLIN.*Nat.*18.53. **b** tenuis..homo inplere se debet, plenus ~are CELS.1.3.14; ad ~andum corpus uena percutitur SEN.*Ep.*70.16;—(*absol.*) inter ~antia posuerim uomitum et deiectionem CELS.1.3.17; cibos..sumemus acres et ~antis 6.6.27.B.

2 To make less dense, rarefy, thin out; to make (liquids) thin or runny.
aer..~atus sublime fertur, tum autem concretus in nubes cogitur CIC.*N.D.*2.101; aliis rebus concrescunt semina membris atque aliis ~antur LUCR.4.1262; Caesaris equitatum ~are *B.Afr.*14.1; LIV.31.21.14; pili primum ~antur, deinde excidunt CELS.6.4.1;—debet oleum..tepore caloris ~ari VITR.6.6.3; cursu..percussuque ipso ~ari (aquas) PLIN.*Nat.*31.31.

3 To diminish, lessen (in quantity, degree, etc.). **b** (med.) to relieve (a diseased condition). **c** (usu. rhet.) to make jejune, impoverish (one's thoughts, speech, writing).
sumptu fructum non ~abunt VAR.*R.*1.22.2; locupletissimi cuiusque censum ~arant, tenuissimi auxerant CIC.*Ver.*2.138; *Att.*3.13.1; peccatum ~at qui celeriter corrigit PUB.*Sent.* P.40; ~a forti mala corde ferendo OV.*Tr.*3.3.57; non peremit legatum sed ~at JULIAN.*dig.*34.4.11. **b** ad ~andam aspritudinem CELS.6.6.26; scabies ~atur COL.6.13.1; morbum regium ~ant (asparagi) PLIN.*Nat.*20.110. **c** unam (figuram orationis) grauem, alteram mediocrem, tertiam ~atam uocamus *Rhet.Her.*4.11; a quibus utrisque (*i.e. poets and composers*) summittitur aliquid, deinde augetur, ~atur, inflatur CIC.*de Orat.*3.102; *Brut.*97; haec (*i.e. topics*)..deprimunt nec..exacuunt, sed ~ant (animum) SEN.*Ep.*117.19.

4 To make out to be less important, belittle.
si hoc crimen ~ari uellet CIC.*Ver.*5.103; bellicas laudes solent quidam ~are uerbis *Marc.*6; ~antes etiam famam belli LIV.5.37.3; nec ~o calamitatem tuam SEN.*Dial.*6.6.2.

exter ~era ~erum, *a.* *compar.* EXTERIOR. *superl.* EXTIMVS, EXTREMVS. [EX+-TER[1]]

FORMS: nom. sg. masc. rare: e.g. STAT.*Theb.* 11.429; PAPIN.*dig.*29.2.84; *CIL* 5.1703.

1 Originating or situated outside, external, outer. **b** *mare ~erum*, the ocean (as opp. to the Mediterranean).

quamquam uis ~era multos pellat LUCR.2.277; cum res ~era sese insinuat 2.435; GRAT.225; ut metri genus hoc..in tres (pedes)..consimiles eat clausos in medio partibus ~eris MAUR.2662;—(*neut. pl. w. part. gen.*) ad ~era Europae noscenda PLIN.*Nat.*2.169; ~era corporum 22.103; Faliscum liberos..in campi patens ~eraque muri ducere AVIT.*poet.* 2.4. **b** tota ~eri maris ora SEN.*Nat.*4a.2.24.

2 Of another nation or family, foreign, strange. **b** (masc. as sb.) a stranger, foreigner.

NOMINISVE LATINI ~ERARVMVE NATIONVM *CIL* 1.583.1; quam praeclarum esset ~eris gentibus imperare CIC.*Ver.*2.2; nos fas ~era quaerere regna VERG.*A.*4.350; ~era regum agmina STAT.*Theb.*7.249; HIC..IACET..QVEM TERRA ~ERA DVXIT *CIL* 3.6399; HEREDEM ~ERVM 14.4821;—(*w. abst. noun*) sed quid apud talis..~er honos (*i.e. a stranger's influence*)? STAT.*Theb.*11.429; maius erat imperium Romanum quam ut ullis ~eris uiribus opprimi posset FLOR.*Epit.*2.13 (4.2.1). **b** satis est seueros esse (canes)..ut..semper excandescant in ~eros COL.7.12.5; populus Romanus..aduersus ~eros arma..corripuit FLOR.*Epit.*1.3(1.9.6); SUET. *Nero* 36.1; NE AT ~ERVM PERVENIAT (*sc. the tomb*) *CIL* 6. 22083.6.

exterebrō ~āre āuī ~ātum, *tr.* [EX-+TEREBRO] To extract with an auger.

ex eo auro quod ~atum esset buculam..faciendam CIC. *Div.*1.48; (*fig.*) numquam hercle istuc (*i.e. an admission*) ~abis PL.*Per.*237.

extergeō ~gēre ~sī ~sum, *tr.* Also **~gō** ~gere. [EX-+TERG(E)O] To wipe or rub clean, scrub, scour. **b** to wipe away.

linteum cape atque ~ge tibi manus PL.*Mos.*267; *Rud.* 1299; dolia..bis in die fac ~geantur CATO *Agr.*26; aquam uenire oportet..per canales..quae facile ~geri possint VAR.*R.*3.5.2; aera ~sa robiginem..trahunt PLIN.*Nat.*34. 99; (*transf.*) quam tu domum..adisti, quod fanum..quod non euersum atque ~sum (*i.e. stripped bare*) reliqueris? CIC. *Ver.*2.52. **β** maturam oliuam..spongia ~gito COL.12.50.5; spongiae quibus..pauimenta..~gantur ULP.*dig.*33.7.12.22. **b** manantes lacrimas pollice ~sit PETR.9.2; FEST.p.133M.

exterior ~or ~us, *a.* [compar. of EXTER] That is situated on the outside, outer, exterior; *in ~ora*, outwards. **b** walking on a person's outer or unguarded side (as a mark of respect). **c** outward (and visible).

intra tholi columnas ~ores VAR.*R.*3.5.13; CAES.*Gal.* 7.74.1; ~ore ordine remorum LIV.24.34.7; cariotarum.. pulpas medias detracta ~ore cute LARG.74; dependet languida ceruix ~or clipeo STAT.*Theb.*8.640; interiores fores ~ores ianuae muniebant APUL.*Mun.*26;—ignes..qui rursus ex mundo in ~ora labuntur SEN.*Nat.*7.13.3; mole..conuulsa, dum ruit intus aut in ~ora effunditur TAC.*Ann.*4.62. **b** ne..illi tu comes ~or..ire recuses HOR.*S.*2.5.17. **c** nec contentum ~ore eius (*sc.* naturae) aspectu..in deorum secreta descendere SEN.*Nat.*6.5.2; ingenium intimum de ~ore conspicatus est facie APUL.*Pl.*1.1.

exterius, *adv.* [prec.] On the outside, externally.

urbes..~..sitae bimari spectantur ab Isthmo OV.*Met.* 6.420; (uasa) intrinsecus et ~..picari COL.12.44.5; LARG.21.

extermentārium. [prob. EXTERGEO+-MENTVM+-ARIVS] (See quot.)

linteum quod teritur corpore ~ VAR.*L.*5.21.

exterminō ~āre ~āuī ~ātum, *tr.* [EX-+TERMINO] To send beyond a boundary or frontier, expel, banish. **b** to dismiss (an idea from one's mind).

regibus ~atis CIC.*Flac.*25; ~abit ciuis Romanos..a suis dis penatibus? *Sest.*30; *Pis.*96; hos (*sc.* fucos) quidam praecipiunt in totum ~ari oportere COL.9.15.3; (uicinum) glebulis ~are gestiebat APUL.*Met.*9.35; (*pass. in middle sense*) terga uortit (mustela) et cubiculo..~atur *Met.*2.25;—(*transf.*) ut (prouincias) non ante attigerint..quam auctoritatem uestram e ciuitate ~arint CIC.*Prov.*3; sulcis ~et herbam COL.10.149; multis..profuisset uinum undique gentium ~atum FRO.*Aur.*2.p.64(145N); (*cf.*) ~atus animi (*i.e. driven out of his mind*) APUL.*Met.*3.22. **b** nec tamen istas quaestiones physicorum ~andas puto CIC.*Luc.*127.

externus ~a ~um, *a.* [EX+-TERNVS]

1 Situated on the outside, external; *mare* (*pelagus*) *~um*, the ocean.

quae..natura corpori adfinxit ea..habebit deus, nec ~a magis quam interiora CIC.*N.D.*1.92; HIRT.*Gal.*8.37.2; (intestina) alienantur ~o et insueto spiritu circumdato CELS.7.16.2; omnis..~i frigoris tolerantior..uacca est COL.6.22.2; ~ae satis est mihi lucis STAT.*Theb.*4.584;—utrum..~um in nos pelagus exurgat SEN.*Nat.*3.27.1; mare intestinum et ~um inminentesque Herculis speculas FLOR. *Epit.*2.13(4.2.76).

2 Not belonging to the object or person in question, extraneous. **b** not intrinsic, adventitious.

testimonium..dicimus omne quod ab aliqua re ~a sumitur ad faciendam fidem CIC.*Top.*73; omne quod pulsu agitatur ~o *Rep.*6.28; unde mare..~a..longe flumina suppeditant? LUCR.1.230; tot sonos alios spiritu nostro, alios ~o cantus edituros SEN.*Ben.*4.6.5; ~o liuentia mella ueneno V.FL. 1.63;—(*neut. as sb.*) quid moror ~is (*i.e. tales of others*)? OV.*Met.*8.879; ~a suaque in aequo habet SEN.*Cl.*1.26.4. **b** (esse) tria genera bonorum, maxuma animi, secunda corporis ~a tertia CIC.*Tusc.*5.85; per se..petenda est ~is uirtus incomitata bonis OV.*Pont.*2.3.36; SEN.*Ep.*93.7; APUL.*Pl.*2.1.

3 Foreign or involving foreigners, coming from abroad, alien. **b** (masc. as sb.) a foreigner. **c** belonging to someone unfamiliar.

~i sunt isti mores aut leuium Graecorum aut immanium barbarorum CIC.*Lig.*11; uel domesticis opibus uel ~is auxiliis CAES.*Civ.*2.5.5; ~i..thalami VERG.*A.*6.94; auecta ~is Hippodamia rotis PROP.1.2.20; ~a pax LIV.6.18.2; nequa sit ~ae Veneris mixtura LUC.9.900; merces.. suas euehunt, ~as inuehunt PLIN.*Nat.*6.66;—(*neut. pl. as sb.*) quodsi..audire uoletis ~a CIC.*Sen.*20; dum in ~is moror VELL.1.7.2; cum ignota essent ~a licebat illis fabulas mittere SEN.*Nat.*4a.2.24. **b** ciuium rationem dicunt habendam, ~orum negant CIC.*Off.*3.28; ludibrium non ~is modo sed etiam popularibus LIV.8.26.5; NVMA..EX SABINIS VENIENS VICINVS QVIDEM SED TVNC ~VS *CIL* 13. 1668.1.11. **c** ~a pectora tacta manu OV.*Fast.*2.804.

exterō ~erere ~rīuī ~rītum, *tr.* [EX-+TERO]

1 To cause to emerge by rubbing; esp., to thresh out.

exprimitur ualidis ~ritus uiribus ignis LUCR.5.1098;—ungulis e spica ~eruntur grana VAR.*R.*1.52.2; COL.2.9.11; messis..equarum gressibus ~eritur PLIN.*Nat.*18.298.

2 To remove by rubbing, rub away; to wear down, wear out. **b** to omit in pronunciation, elide.

rubiginem ferro marinae (aquae) celerrime ~erunt PLIN. *Nat.*31.66; (lapis) politur..ut inutilia ~erantur 37.172; (*in fig. phr.*) sit..quod sufficiat, ut opus poliat lima non ~erat QUINT.*Inst.*10.4.4;—ungulis ~ritis iam..titubans APUL. *Met.*4.4; rogo te..tunicam..cum bracis meis ut habeam quoniam ~ri⟨u⟩i tuni⟨ca⟩m *P.Mich.*467.22. **b** e Casmena..carmen, r ~rito Camena factum VAR.*L.*7.27; media ~rita syllaba 10.81; u littera..~rita GEL.12.14.6.

3 To crush.

ibit in aduersos montes..congestas ~eret ille niues OV. *Am.*1.9.12; hominis magno pondere ~riti SEN.*Ep.*57.7; grauis ~erit artus ungula STAT.*Theb.*10.478.

exterrāneus ~a ~um, *a.* [EX-+TERRA+-ANEVS] (See quot.)

~us ex alia terra. ~us quoque dicitur..qui ante tempus natus uel potius eiectus est PAUL.*Fest.*p.79M.

exterreō ~ēre ~uī ~itum, *tr.* [EX-+TERREO] To drive distracted, scare, terrify; (w. abl.) to frighten (out of).

(nutrix) aspectu ~ita clamorem sustulit CIC.*Div.*1.79; ne in opere faciendo milites repentino..incursu ~erentur CAES.*Civ.*1.41.4; infelix fatis ~ita Dido mortem orat VERG. *A.*4.450; ~itus Arruns laetitia mixtoque metu 11.806; HOR.*Ep.*1.6.11; forma..insolitae pugnae Romanos parumper ~uit LIV.4.33.2; bos..mugitu suo in sermonem humanum conuerso nouitate monstri audientium animos ~uit V.MAX.1.6.5; ~itus Piso fremitu TAC.*Hist.*1.39; PLIN.*Ep.* 6.16.8; (*of a snake*) asper..siti atque ~itus aestu VERG.*G.* 3.434;—(*poet.*) clamorem..tollit quo..contremuere undae. penitusque ~ita tellus..immugiit *A.*3.673; 10.210;—talia tum memorat lacrimans ~ita somno ENN.*Ann.*36; CIC. *Div.*2.129.

extersus ~ūs, *m.* [EXTERGEO+-TVS[3]] The action of wiping off.

linteum..~ui PL.*Cur.*578.

extexō ~ere ~ui ~tum, *tr.* [EX-+TEXO] To unweave; (in quot., transf.) to undo (a person).

~am ego illum pulchre iam, si di uolunt PL.*Bac.*239.

extimescō ~escere ~uī, *intr., tr.* [EX-+TIMEO+-SCO]

1 (intr.) To take fright, be alarmed.

ut tremit! atque ~uit, postquam te aspexit PL.*Mil.*1272; TER.*Hec.*824; quid uoltu ~uistis? CIC.*Mil.*79; uocat, ueniendum est..minatur, ~escendum *Parad.*36; *B.Alex.* 7.1; ~uit sedens uterque solio dominus (*Pluto and Proserpina*) SEN.*Her.F.*804; (*w.* de) de fortunis communibus ~escebam CIC.*Deiot.*3;—(*w.* ne) hoc..praesidium..ita multi labefactant ut ne moueatur..~escam *ad Brut.*1.10.5; ~ui ne uos ageret uesania discors HOR.*S.*2.3.174;—(*w. inf.*) nec tamen ~ui..credere me pelago OV.*Ep.*12.117; sunt (specula) quae uidere ~escas SEN.*Nat.*1.5.14; TAC.*Ann.*11.1.

2 (tr.) To be afraid of, dread.

patrem ut ~escam TER.*Ph.*154; nihil est quod aduentum nostrum ~escas CIC.*Fam.*9.26.3; aduersos ~uere deos OV. *Pont.*3.2.18; beluas..spernebat..uim fluminum ~escebat CURT.9.2.8; PETR.127.7;—(*pass.*) nec..fatum aut necessitas ~escenda est CIC.*Fat.*28; CAES.*Gal.*3.13.7; posse ~esci (*sc.* filium Arminii) infectum..omnibus externis TAC.*Ann.*11.16.

extimus ~a ~um, *a.* **extumus.** [EX+-TIMVS] Outermost; farthest. **b** the end or utmost edge of. **c** (neut. as sb.) the outside; the end.

(orbis) ~us, qui reliquos omnes complectitur CIC.*Rep.* 6.17; LUCR.3.219; huic (*sc.* telluri) ~a fluctu Oceani.. cingitur ora VAR.AT.*poet.*15(13); Scyrum..Cycladum et Sporadum ~am PLIN.*Nat.*4.72; 5.2; ~us quisque excuneati queruntur, farto toto theatro APUL.*Fl.*16; (*cf.*) bona perdidi, mala repperi, sum ~us a uobis (*i.e. out of the picture*) PL.*Truc.* 729;—aeuitatis ~am attigit metam VAR.*Men.*544. **b** in mare desilit (Arion): delphinus excipit..Taenaro exponit.. in ~o litore FRO.*Ar.*1.p.56(237N); duos minimos (circulos) qui axem ~um tangunt GEL.3.10.3; in ~is palmulis..digiti coguntur in singulas ungulas APUL.*Met.*3.24. **c** eos (*sc.* oculos) natura composuit callosis..in ~o tunicis PLIN.*Nat.* 11.147;—uersus prioris..~um MAUR.926; 2299.

extispex ~picis, *m.* [EXTA+-SPEX] FORMS: gen. pl. *~picium* ACC.*trag.*418 (*s.v.l.*). One who practises divination by the observation of the entrails of sacrificial victims.

artem..~picum *Inc.trag.*88; ~pices disputantis VAR.*Men.* 451; CIC.*Div.*1.12.

extispicium ~(i)ī, *n.* [prec.+-IVM] The examination of the entrails of sacrificial victims as a means of divination.

~ia auium PLIN.*Nat.*7.203; ante paucos quam periret menses attendit..~io SUET.*Nero* 56; APUL.*Soc.*7.

extispicus ~ī: var. of EXTISPEX.

⟨A⟩VISPEX ~VS *CIL* 11.5824.

extollō ~ere, *tr.* [EX-+TOLLO]

1 To lift up, raise; (refl. or pass., of heavenly bodies) to rise; (sim., of rivers). **b** to lift (a part of the body); (refl.) to climb. **c** (pregn.) to keep raised, hold up. **d** (usu. fig.) to set (a person) on his feet.

eos (*i.e. shoots*) in terram deprimito ~itoque primorem partem uti radicem capiat CATO *Agr.*51; qui onera ~ere in iumenta possint VAR.*R.*2.10.3; somno deuincti credunt se ~ere uestem LUCR.4.1027; elephas..militem proboscide circumdat atque in sublime ~it *B.Afr.*84.2; (ignis) percalefieri cogit aquam, ea autem..spiritibus ~ens operculum (uasis)..abundat VITR.8.3.3;—ubi se primis ~it Phoebus ab undis MAN.1.643; intra breuissimum tempus aries ~itur SEN.*Nat.*7.27.3;—ingens amnis ingenti fonte se ~ens MELA 1.74; 2.117. **b** angues..~unt ambo capita PL. *Am.*1109; hunc hodie postremum ~o..pedem *Mer.*831; ~ens..palmas PROP.2.26.11; (*fig.*) illa antiqua libertas.. ~ere iam caput et..se erigere debebat CIC.*Planc.*33;—ego me ~o in abietem ACC.*trag.*407. **c** cruentum alte ~ens Brutus pugionem CIC.*Phil.*2.28; ut immotum pugionem ~eret TAC.*Ann.*16.15. **d** aduersarium..~ere iacentem CIC.*Marc.*8; ita cadere ut nulla res te ad aequitatem animi possit postea ~ere *Fam.*6.12.1.

2 To raise (buildings), build up; to cause (hills, etc.) to rise. **b** to cause (plants) to grow up.

supra ~ebatur turricula III tabulatorum VITR.10.13.6; ad quam altitudinem ~i aedificia..oporteat ULP.*dig.*8.2. 11.1; (*in fig. phr.*) parentes..fundamentum supstruont liberorum; ~unt, parant..in firmitatem PL.*Mos.*122; (*transf.*) summam tu tibi pro mala uita, famam ~es ENN. *scen.*8;—cum spiritus austri..aquiloque..fluctus ~ere certant ENN.*Ann.*445; (spiritus) potest..nouos montes subiectus ~ere SEN.*Nat.*6.21.1. **b** nitidas fruges..unde ~ere possit (tellus) LUCR.2.595.

3 To raise (the voice); to utter loudly.

uox..beneficio..laterum ~ebatur SEN.*Con.*1.pr.16; intentionem uocis..quam ueto te per gradus..~ere, deinde deprimere SEN.*Ep.*15.7;—Venus laetissimum cachinnum ~it APUL.*Met.*6.9.

4 To praise, extol (a person); also, w. *laudibus*. **b** to speak highly of, magnify (actions, events, etc.). **c** to exaggerate.

mauis uituperarier falso quam uero ~i? PL.*Mos.*177; bonis inuident, malos ~unt SAL.*Cat.*37.3; oratione maiores suos ~unt *Jug.*85.21; ~ere candidatorum leuissimum quemque humillimumque LIV.3.35.4; SEN.*Ben.*2.11.6;—nisi eos in caelum suis laudibus praeclaris auctor ~eret CIC.*Har.*47; TAC.*Ann.*12.11. **b** uos meam fortunam deprimitis, uestram ~itis CIC.*Pis.*41; Samnitium bella ~it, eleuat Etruscos LIV.9.37.6; facta singulorum ~ere TAC.*Ann.* 1.71; (*w.* laudibus) Iugurthae uirtutem ~ere laudibus SAL. *Jug.*15.2. **c** intuendum est quo usque deceat ~ere quod nobis non creditur QUINT.*Inst.*8.6.74; uulneratis castra repetiuere..cuncta metu ~entes TAC.*Ann.*15.11; (*cf.*) defectionem sociorum in maius uerbis ~entes LIV.28.31.4.

5 To advance (a person) in position, status, etc., prefer; (of qualities) to distinguish.

plebs nobilitate fusa..nouos ~ebat SAL.*Jug.*65.5; *Rep.* 2.3.3; ne..alios nimium deprimatis..alios praeter modum ~atis LIV.37.53.6; non est nostrum aestimare quem supra ceteros..~as TAC.*Ann.*6.8; (*refl.*) coepere se quisque magis ~ere SAL.*Cat.*7.1;—Mucianum..magnificentia et opes.. ~ebant TAC.*Hist.*2.5.

6 To raise (the mind, etc.) to a higher plane, exalt, elevate. **b** to encourage.

ii qui superiores sunt..debent..quodam modo inferiores ~ere CIC.*Amic.*72; (bona) ~unt quidem et dilatant (animum) sed sine tumore SEN.*Ep.*87.32; animus..emendatus.. super humana se ~ens 124.23; quae me lectio ~at AUR.*Fro.* 1.p.302(105N). **b** ne quis..adulescentium animos praematuris honoribus ad superbiam ~eret TAC.*Ann.*4.17; destinauisse eam (*sc.* Agrippinam)..Plautum..ad res nouas ~ere 13.19.

7 To embellish; to exalt in literary style.

hortis inhians quos ille..insigni magnificentia ~ebat TAC.*Ann.*11.1; piscinas ~ebat 13.21;—premere..tumentia, humilia ~ere QUINT.*Inst.*10.4.1; amplificationibus ~et orationem 12.10.62.

8 To postpone.

res serias omnis ~o ex hoc die in alium diem PL.*Poen.*500, si..~at nuptias CAECIL.*com.*179.

extorqueō ~quēre ~sī ~tum, *tr.* [EX-+TORQVEO]

1 To remove with a twist or jerk, wrench away. **b** (fig. or in fig. phr.).

ei ferrum e manibus ~simus CIC.*Catil.*2.2; *Off.*3.89; dextrae mucronem ~quet VERG.*A.*12.357; pedem mensulae ~si PETR.136.5; ~ta dentibus ferarum trunca caluaria APUL.*Met.*3.17. **b** Macedoniam..fratri tuo..~simus CIC.*Phil.*13.30; *Sen.*85; nisi mihi fortuna proprium consilium ~sisset LEP.*Fam.*10.35.1; LUCR.6.1224; de nobis anni..eripuere iocos ,Venerem ,conuiuia..tendunt ~quere poemata Hor.*Ep*.2.2.57; DOLOR ~QVET CONSTANTIAE VIRES *CIL* 6.1527.2.73; V.Max.8.9.3.

2 To obtain by force, extort. **b** (w. *ut* or subj. alone) to persuade by forcible argument (to do something, etc.); (also w. inf.). **c** to wring out (tears).
HS cccc ~quenda curauit Cic.*Ver*.2.66; obsidibus..~tis Caes.*Gal*.7.54.3; uictoriam hosti ~queamus, confessionem erroris ciuibus Liv.22.29.2; ut ipsa illa quae ~quet impetrare eum credas Quint.*Inst*.10.1.110. **b** quoniam ~sisti ut faterer Cic.*Tusc*.1.14; filius a patre ~sit ut ad eum (*sc.* aprum) opprimendum mitteretur V.Max.1.7.ext.4; Juv.6.54 ~quet a marito cupitis adnuat Apul.*Met*.5.6;—uix piscatori ~simus accipere uiginti denarium 1.24. **c** quemadmodum illi ~quebo lacrimas? Sen.*Con*.9.6.8.

3 To dislocate, sprain, twist (a joint); to cripple, deform (a person). **b** to torture on the rack.
cum ~tis (*cj.*, extertis *codd.*) talis, cum todillis crusculis Pl.*Cist*.408; Sen.*Con*.10.4.2; aliquis..~sit articulum Sen.*Ep*.104.18; per longam neruorum contractionem ~tos minutatim Sen.*Ep*.66.43; omnibus membris ~tus et fractus Plin.*Ep*.8.18.9; prauam ~tamque puellam Juv.8.33; (*fig.*) ipse..taeterrima uoce..canticum ~sit Petr.35.6. **b** hunc abduce uinci, quaere rem. — immo hercle ~que Ter.*Ad*.483; in seruilem modum lacerati atque ~ti Liv.32.38.8.

extorreō ~rrēre ~rruī ~stum, *tr*. [ex-+torreo] To impart a dry heat to, parch; (in quot., absol.).
si uero febris ardens ~rret Cels.3.7.2.a.

extorris ~is ~e, *a*. [ex-+terra+-is] Driven from one's country, home, etc., exiled, banished; *~em agere*, etc., to drive into exile.
~is, regno exturbatus Acc.*trag*.333; hinc cxxxii patres familias ~es profugerunt Cic.*Ver*.3.120; adultus inter ~is et liberalium artium nescios Tac.*Ann*.4.13; (*transf.*) ~e hinc omne Punicum nomen Liv.26.41.19;—(*w. abl.*) ~es..patria Lucr.3.48; finibus ~is..auxilium imploret Verg.*A*.4.616; Liv.27.37.6; suis quisque sedibus ~es Tac.*Ann*.6.36;—(*w. gen.*) se..errare..~em nemorum Stat.*Theb*.9.578;—Montanum..~em agi Tac.*Ann*.16.29; Nursinos..~es oppido egit Suet.*Aug*.12; hunc..proiecit ~em Apul.*Met*.7.6.

extortor ~ōris, *m*. [extorqveo+-tor] One who extorts.
bonorum ~or, legum contortor Ter.*Ph*.374.

extrā, *adv*. and *prep*. [< **extera* (exter +-a²); cf. Osc. *ehtrad*] Forms: *exstrad* (arch.) *CIL* 1.581.16,28. Const.: (as prep.) w. acc.

A as adv.

1 Not within a given place or system, outside. **b** on the outside, externally. **c** (rhet., leg.) without connexion with the matter in hand.
et in corpore et ~ esse quaedam bona Cic.*Fin*.2.68; nil ~ tutum est Ov.*Tr*.5.10.17; sacer est locus, ~ meite Pers.1.113; (mundus) ~ intra cuncta complexus in se Plin.*Nat*.2.2; Quint.*Inst*.3.6.25. **b** uitiles (aluos) fimo bubulo oblinunt intus et ~ Var.*R*.3.16.16; nil..obstant..quo quadratum minus omne sit ~ Lucr.2.785; Plin.*Nat*.8.99; lienosos sanat ~ inpositus sinapis sextarius Larg.130;—(*transf.*) uocis..felicitas et pronuntiatio uel scaenis suffectura..omnia denique ei (*sc.* Trachalo) quae sunt ~ superfuerunt Quint.*Inst*.10.1.119; (*w. quasi-adjl. force*) sermone, conatu et omni ~ paratu facient magnitudinis fidem Sen.*Dial*.3.20.7. **c** sint ~ licet usus bellici Quint.*Inst*.1.10.48; an id..consequi ex causa legati possit..an uero id ~ sit Clem.*dig*.35.1.62.1.

2 (w. vbs. of motion) In an outward direction, out. **b** (indicating direction without motion) outwards. **c** away from one's subject.
eiectis ~ uitalibus auris Lucr.3.577; argentum per panni raritates ~ labitur..aurum intra purum inuenitur Vitr.7.8.4; cum ~ fulgorem spargunt (iaspides) Plin.*Nat*.37.117; oportet..mouere spatha medicamentum ne ~ fundatur Larg.45. **b** ~..pes ultimus spectat Cels.8.20.2; (terra) adsurgit intumescenti similis ~que protenditur Plin.*Nat*.2.160. **c** pusillum ~ progrediar et de his lapidicinis..exponam Vitr.10.2.15.

3 From outside.
potis est..uoces accipere ~ Lucr.4.611; aliis murum fodientibus ~ Ov.*Met*.11.535; ut nihil ~ lacessat aut quatiat Sen.*Dial*.10.4.1;—(*transf.*) ad causam ~ pertinent tempus..locus..exspectatio uulgi Quint.*Inst*.4.1.31; ~ petita (argumenta) 5.11.44.

4 In addition, besides.
nihil tibi ~ promittitur Sen.*Ben*.4.1.3; aliquid mihi ~ pro illis..debes 6.15.3.

5 ~ *quam si*, except in the case that, unless; (also, without *si*).
VTEI EA BACANALIA..~ QVAM SEI QVID IBEI SACRI EST..DISMOTA SIENT *CIL* 1.581.28; Cato *Agr*.144.4; Cic.*Inv*.1.56; negant sapientem suscepturum ullam rei publicae partem ~ quam si eum..necessitas coegerit *Rep*.1.10; ne nauigato citra..promunturia ~ quam si qua nauis..legatos..portabit Liv.38.38.9;—postulat..exceptionem: ~ quam in reum capitis praeiudicium fiat Cic.*Inv*.2.59; (*w. rel.*) Campanos omnes..~ quam qui eorum..apud hostes essent liberos esse iusserunt Liv.26.34.6.

B as prep.

6 Beyond the boundaries of, outside. **b** (spec.) elsewhere than within. **c** (w. vbs. of motion) to the outside of, out of. **d** out of reach of.
occumbunt multi letum..aut intra muros aut ~ Enn.*Ann*.399; censen me potuisse omnia intellegere ~ ostium intus quae..egerint? Ter.*Ph*.876; qui mihi praesto fuerit..~ meum fundum Cic.*Caec*.87; iacet extra sidera tellus, ~ anni solisque uias Verg.*A*.6.795; quae (*i.e. timber*) non potest ~ terram paulum tempus durare Vitr.2.9.10; Suet.*Tib*.23;—(*placed after the sb.*) quo solutius urbem ~ lasciuiret Tac.*Ann*.13.47; miles ne uallum litiget ~ Juv.16.16. **b** ut eum non facile non modo ~ tectum, sed ne ~ lectum quidem quisquam uiderit Cic.*Ver*.5.26; cur..laudet ametque domi, premat ~ limen iniquus Hor.*Ep*.1.19.36; Liv.8.14.6; Carthago..prima..~ Italiam colonia condita est Vell.1.15.4. **c** declinaui paullulum me ~ uiam Pl.*Aul*.711; se Lemurios domo ~ ianuam eicere Var.in Non.p.135M; Cic.*Pis*.49; cum..~ forum traheretur Sen.*Ep*.14.13; elato ~ aquam capite Plin.*Nat*.9.145. **d** in conspectu sed ~ teli iactum utraque acies erat Curt.3.10.1; ubi eum ~ tela extulerat (equus) Gel.5.2.4; (*in fig. phr.*) qui beneficium tam longe proiecit ut ~ conspectum suum poneret Sen.*Ben*.3.2.2.

7 Not included in, outside (a class).
homo ~ nostrum ordinem..disertissimus Cic.*Brut*.205; iudicium ~ cohortem suam committendum fuisse nemini *Ver*.3.142; fuere tamen ~ coniurationem complures Sal.*Cat*.39.5; magnitudine ~ cuncta alia sidera est (sidus Veneris) Plin.*Nat*.2.37; Paul.*dig*.33.2.1; (*cf.*) ~ numerum es mihi (*i.e. you don't count*) Pl.*Men*.182.

8 a Beyond the scope of, not subject to. **b** without relevance to, outside the field of. **c** free from, without; ~ *modum*, immoderately, abnormally.
a ut..non modo..qui de capite decernit, sed quiuis qui ~ periculum sit perhorrescat Cic.*Quinct*.72; ~ poenam fuere..equites quia non desciuerant Liv.8.11.15; Cephallania ~ pacis leges esto 38.11.7; (deis) positis ~ desiderium Sen.*Ben*.2.30.2; Tac.*Ger*.18.3. **b** hoc ~ hanc contentionem..familiariter tecum loquar Cic.*Div.Caec*.37; morbi cognitio ~ artem, medicina intra usum est Cels.1.pr.64; Sen.*Ep*.66.16; negat haec prooemia esse..quia sint ~ litem Quint.*Inst*.4.1.12. **c** quod me accusat nunc uir, sum ~ noxiam Ter.*Hec*.276; nec numerosa esse..neque ~ numerum..esse debet oratio Cic.*Orat*.195; ~ iocum (*i.e. joking apart*) homo bellus est *Fam*.7.16.2; quid tam ~ fidem quam..? Sen.*Ep*.92.20; ipsi medium ingenium, magis ~ uitia quam cum uirtutibus Tac.*Hist*.1.49;—uox..~ modum absona Cic.*de Orat*.3.41; ne ~ modum sumptu et magnificentia prodeas *Off*.1.140.

9 Apart from, except; as well as.
optumam progeniem Priamo peperisti ~ me Enn.*scen*.61; segregat hasce omnis ~ te unam Pl.*Mil*.1232; nullus est..numerus ~ poeticos Cic.*Orat*.188; uacationem militiae..esse placere ~ tumultum Gallicum *Phil*.5.53; liberos..eorum et coniuges uendendas ~ filias quae enupsissent Liv.26.34.3; (*placed after sb.*) nec te quaesiueris ~ (*i.e. seek no one's opinion but your own*) Pers.1.7;—conueniunt..in eam (iurisdictionem) ~ praedictos Macedones Cadieni..et alii ignobiles Plin.*Nat*.5.111; tot ~ agmina tam immeritas ferro decrescere gentis Stat.*Theb*.10.3.

10 Not in accordance with. **b** ~ *ordinem*, exceptionally, irregularly, extraordinarily; ~ *sortem*, without recourse to lot, by direct appointment; ~ *numerum*, out of time or tune: for quots. see the nouns.
causam ~ scriptum accipi non oportere Cic.*Inv*.2.134; si..nihil fit ~ fatum *Div*.2.25; ~ cotidianam consuetudinem longius a uallo esse aciem..progressam Caes.*Civ*.3.85.3; SIQVI..MANVS INTVLERIT EXTRA BONOS MORES *CIL* 3.3403.11.

extrāclūsus ~a ~um, *a*. Also as two wds. [extra+clavdo] Shut out, excluded.
~a loca..quae ultra limites et intra finitimam lineam erint Fron.*agrim*.p.9; Hyg.Gr.*agrim*.p.161.

extractōrius ~a ~um, *a*. [next+-torivs] Of extraction.
foliis eius (harundinis) ad extrahendos aculeos utuntur..uulgaris harundo ~am uim habet Plin.*Nat*.24.87.

extrahō ~here ~xī ~ctum, *tr*. [ex-+traho]

1 To pull out, extract. **b** to draw (water); to drain off (moisture, blood, etc.). **c** to pull up (to a high place); (transf.) to exalt (to honour). **d** to tow off (a ship).
ubi demisi retem atque hamum, quidquid haesit ~ho Pl.*Rud*.984; telum..e corpore ~ctum Cic.*S.Rosc*.19; per urinatores omnis ferme (pecunia) ~cta est Liv.44.10.4; nos trementes ~xit in siccum Petr.72.8; Ulp.*dig*.5.2.6; (*in fig. phr.*) sunt..omnia ista ex errorum orta radicibus, quae euellenda et ~henda penitus..sunt Cic.*Tusc*.4.57;—(*of impers. subjs.*) nec (fabula) pransae Lamiae uiuum puerum ~hat aluo Hor.*Ars* 340; omnia infixa corpori ~hunt folia tussilaginis Plin.*Nat*.26.128; 32.79. **b** sine labore hanc (*sc.* aquam) ~xi Pl.*Rud*.461; specubus ac puteis ~cta aqua *B.Alex*.5.3;—sanguinem ex naribus ~here (oportet) Cels.4.2.8; si materia ~henda est ut in hydropico 5.18.2; submota procul esse debet (uinaria cella)..a cisternis..quibus ~hitur umor qui uinum corrumpit Col.1.6.11; sole..comminus facto ~hi (amnem) ardoris ui Plin.*Nat*.5.55; 32.123; (*absol.*) emplastra nobilia ad ~hendum Cels.5.19.12. **c** Liv.28.3.7; sicubi nimis arduum..saxum occurrebat..primi insequentes ~hentes manu..in summum euadunt 28.20.4; exhausta..iuuentus ~hitur duris silicum..metallis Luc.4.304;—alii (eum)..fratris..gratia ~ctum ad tantum honorem credunt Liv.5.12.12; quem..uolgus ~here ad consulatum nitebatur 22.34.2. **d** naues..religatas puppibus in altum ~xere Liv.22.20.2; nauem..obhaerentem..uado ~xit Suet.*Tib*.2.3.

2 To draw out (to its full extent).
(lingua) tenuissima serpentibus..et, si ~has, praelonga Plin.*Nat*.11.171; (*poet.*) ingentem..~hit amnem..Rhodanus Sil.3.448.

3 To cause (persons) to come forth (by force, persuasion, etc.), fetch out; (also animals). **b** to bring (activities, etc.) to light.
ex tenebricosa popina consul ~ctus Cic.*Pis*.18; qui rure ~ctus in urbem est Hor.*S*.1.1.11; urendo tecta hostium..in aciem inuitos ~xit Liv.8.29.11; primoribus..minabantur nisi uenirent in senatum..se..in publicum omnes ui ~cturos esse 26.13.1; apud communem amicam..a qua illos..~xi mero..perfusos Petr.105.3; Suet.*Jul*.24.1;—serpentes ~hi cantu Plin.*Nat*.8.48; (*in fig. phr.*) illa ex uepreculis ~cta nitedula Cic.*Sest*.72; (*cf.*) quod ut feram..beluam sic ex animis nostris..temeritatem ~xisset Cic.*Luc*.108. **b** perfidia latebris suis ~hatur V.Max.9.6; ueniet tempus quo ista quae nunc latent in lucem dies ~hat Sen.*Nat*.7.25.4; uerberum uis ~hat secreta mentis *Phaed*.884; (compositio) uenit in manus nostras quam antea nullo modo ~here potuimus Larg.97.

4 To deliver (from danger, trouble, etc.), rescue.
quae neque uti deuitem scio neque quo modo me inde ~ham Ter.*Ph*.181; *Hec*.876; cum..urbem..omnes boni..me duce ex periculis maximis ~xissent Cic.*Sest*.11; suos omnis ~xit incolumes Nep.*Eum*.5.7; Sen.*Ep*.95.37; inueniam uiam..quae me ab hac uita ~hat *Phoen*.6; ~ctum custodiae iuuenem Tac.*Ann*.6.23; (*w. abst. obj.*) ut ex caeno plebeio consulatum ~heret Liv.10.15.9.

5 To protract, drag out (an activity). **b** to fill up (time) by protracting an activity. **c** to keep (a person, etc.) in suspense.
res ab aduersariis nostris ~cta est uariis calumniis Cic.*Fam*.1.4.1; ~ctum in tertium annum bellum est Liv.3.2.2; 33.17.11; ne in longum conuiuium ~heret Curt.8.6.14; statim e somno quem plerumque in diem ~hunt lauantur Tac.*Ger*.22.1; Paul.*dig*.37.10.6; (*w.* ex) ~hi rem ex eo anno uiderunt Liv.5.25.13. **b** triduum disputationibus excusationibusque ~hitur Caes.*Civ*.1.33.3; Fabius..cunctando ~xerat diem Liv.10.29.8; ne..sine ullo effectu aestas ~heretur 32.9.10; ~hit insomnis bellorum fabula noctes Luc.4.200; (*cf.*) qui tarde et diem de die ~hens (*i.e. putting it off from day to day*) profuit Sen.*Ben*.2.5.4. **c** eludi atque ~hi se multitudo putare Liv.2.23.13; spes anxia mentem ~hit Stat.*Theb*.1.323; bissenos..dies populum..~hit incertis 3.575; Quint.*Decl*.317(p.247,l.17).

extrāmurānus ~a ~um, *a*. [extra+mvrvs+-anvs] Living outside the city walls.
⟨mv⟩nicipes ~i *CIL* 11.3798.

extrāneus ~a ~um, *a*. [extra+-anevs]

1 Not belonging to one's family or household; (masc., fem., as sb.) a stranger. **b** concerned with matters outside the house. **c** *~us heres*, an heir who is not *in potestate* to the testator at the latter's death, and is free to refuse the inheritance.
per ~am personam nobis adquiri non posse Gaius *Inst*.2.95; 2.241; si quippiam ueri..explorasset, nunquam profecto tam cunctanter hominem ~um tot..criminum postulasset Apul.*Apol*.2;—Vitr.6.5.1; utiliorem..medicum esse amicum quam ~um Cels.1.pr.73; puerum aetas excuset, feminam sexus, ~um libertas Sen.*Dial*.5.24.3; finis uitae eius..amicis tristis, ~is etiam ignotisque non sine cura fuit Tac.*Ag*.43.1; cum..in..liberorum locum ~i sumuntur Gel.5.19.1; non quasi ad ~am, sed quasi ad uxorem fecit (donationem) Ulp.*dig*.24.1.32.27. **b** natura comparata est mulieris ad domesticam diligentiam, uiri autem ad exercitationem forensem et ~am Col.12.pr.4. **c** tributum..facile heredibus dumtaxat ~is, domesticis graue Plin.*Pan*.37.1; liberi quoque nostri qui in potestate nostra non sunt heredes..~i uidentur Gaius *Inst*.2.161.

2 Coming from abroad, foreign.
est..nulla natio quam pertimescatis; nullum aduenticium, nullum ~um malum Cic.*Rab.Perd*.fr.33; ut matrona ornata phaleris..tollat pedes in strato ~o Pub.*com*.13; Paul.*Fest*.p.78M.

3 Not inherent, external, adventitious.
propter aliquam ~am causam ueniunt (*i.e. questions*) in deliberationem *Rhet.Her*.3.2; neque ~is ornamentis animus auditoris tenendus est Cic.*Inv*.1.32; 2.177; ea quae non sua ui sed ~a subleuantur *de Orat*.2.173; instinctu ~o naturalis illa Gracchi uehementia indiguisse non..existimanda est Gel.1.11.14.

extraordinārius ~a ~um, *a*. [extra+ordo+-arivs]

1 Supplementary, additional; (esp. mil., of specially selected troops).
de ~o pecudum fructu Var.*R*.2.11.1;—quarta legio cum duabus ~is cohortibus Liv.34.47.4; 40.31.3; ut ~am manum aduersus eos promiserit..gens una Fabiorum Flor.*Epit*.1.6(1.12.1); (*masc. as sb.*) cedere inde ab Romanis dextra ala et ~i coepere Liv.27.12.14.

2 Not governed by ordinary rules, special, irregular; (of persons) enjoying special privilege. **b** (of money) not accounted for.
consulatus petitionem ~am Cic.*Brut*.226; locus..uacuus ~is fascibus atque imperio Clodiano *Dom*.24; C. Caesari..imperium ~um mea sententia dedi *Phil*.11.20; sacrificia aliquot ~a facta Liv.22.57.6; (gladiatorium munus) ~um et breue Suet.*Cl*.21.4; ~o iure tribunos quoque militares..ius consulendi senatum habuisse Gel.14.7.5; Ulp.*dig*.12.1.17; (*neut. pl. as sb.*) in iis homines ~a reformidant, qui ea suo arbitrio..retenturi uidentur Vell.2.31.4;—si ~us reus nemo accessisset Cael.*Fam*.8.8.1. **b** quo modo tibi tanta pecunia ~a iacet? Cic.*Q.Rosc*.4; ~ae pecuniae crimen *Ver*.1.102.

3 Exceeding what is usual, exceptional; immoderate.
ubi duo summi imperatores..cecidissent, qui in locum duorum succederet ~a cura deligendum esse Liv.26.18.3;

rex ~o periculo defunctus CURT.4.16.25;—ut..omnia quae iucunda uidentur esse, ea non modo his ~is cupiditatibus sed etiam ipsi naturae..denegarem CIC.Ver.5.35; SEN.Ep.21.11.

extrārius ~a ~um, *a.* [EXTRA+-ARIVS]

1 Situated outside, external.
utilitas..aut in corpore posita est aut in ~is rebus CIC.Inv.2.168; ~a lux oculos perterget LUCR.4.277; APUL.Apol.15; bona ~a Pl.2.12.

2 Not directly connected, extraneous.
cum..defensio..adsumpta ~a re conprobatur Rhet.Her.1.24; ~ae defensionis 2.19; interdum..transfertur (crimen)..in ~am (personam) QUINT.Inst.7.2.9.

3 Not belonging to one's household, strange.
me esse..abs te ~um AFRAN.com.324; quod sub ~o accusatore..prodesse numquam potest, in domesticis disceptationibus potest QUINT.Inst.7.4.9; canis ~us e triuio SUET.Ves.5.4; ~os relinquit heredes JAVOL.dig.38.2.36; APUL.Apol.77; PAUL.Fest.p.78M;—(masc. as sb.) hanc condicionem siquoi tulero ~o TER.Ph.579; APUL.Fl.18.

extrēmitās ~ātis, *f.* [EXTREMVS+-TAS]

1 The outermost part, border; the line bounding a figure, outline, perimeter.
summa pars caeli..cum aeris ~ate coniungitur CIC.N.D.2.117; circa ~ates eius (sc. Aethiopiae) PLIN.Nat.6.187; (lacuum) ~ates..inarescunt 31.73; per intextam ~atem (pallae)..stellae dispersae coruscabant APUL.Met.11.4;—esse..~atem..quasi libramentum in quo nulla omnino crassitudo sit CIC.Luc.116; tanta..subtilitate ~ates imaginum erant ad similitudinem praecisae PETR.83.2; debet ~as (picturae)..sic desinere ut promittat alia..ostendatque..etiam quae occultat PLIN.Nat.35.68; QUINT.Inst.1.10.43; agri..mensura per ~atem conprehensi FRON.agrim.p.1.

2 The end, extremity (of a long object); the farthest point (of course). **b** (pl.) the extremities (of the body). **c** a termination, suffix (of a word). **d** the end (of a period of time).
obeliscum pendentem ~atibus suis (i.e. by ropes tied at either end) PLIN.Nat.36.68;—cum sit illa semper utrique (stellae) ~as summa 2.73. **b** ulcera..in ~atibus corporis sanat PLIN.Nat.23.159; articulos ~atium 29.32. **c** in ~atibus nominum SCAUR.gram.in G.L.7.13; GEL.11.15.8. **d** utrum per ~atem prioris (sc. temporis) an per initium sequentis GEL.6.21.3.

3 An extreme condition, case, etc.
inter has ~ates mediae sunt species QUINT.Inst.11.3.15.

extrēmō, *adv.* [EXTREMVS+-O²] At last, finally.
prius enim Gallus, dein Gallicanus, ~ Placentinus haberi coeptus est CIC.Pis.fr.10; ~, cum prope iam ad desperationem peruenissent NEP.Ham.2.3.

extrēmum ~ī, *n.* [next]

1 The most distant part, limit; the edge (of a high place). **b** the outward part, outside. **c** the tip (of a long object); (pl.) the extremities of the body. **d** the lowest part, bottom.
ut imperi nostri terrarumque..idem esset ~um CIC.Prov.33; ad caelum..quod ~um atque ultimum mundi est Div.2.91; ~um..nullius posse..esse, nisi ultra sit quod finiat LUCR.1.960; me..pelagi..~a sequentem VERG.A.8.333; Veientes depopulatos ~a agri Romani LIV.4.1.4; Trapezuntem..ciuitatem..in ~o Ponticae orae conditam TAC.Hist.3.47; (in fig. phr.) moriamur in illis (finibus), Parcaque ad ~um qua mea coepit eat OV.Pont.3.7.20;—circum murum situm in praerupti montis ~o SAL.Jug.37.4; illae murorum ~a capessunt V.FL.6.503. **b** ipsum tangimus ~um saxi LUCR.4.266; ex interiore parte..(funes) traducuntur in ~um VITR.10.2.9. **c** hastili abiegno et cetera tereti praeterquam ad ~um unde ferrum exstabat LIV.21.8.10; (insula) lata..in ~o non plus v̄ PLIN.Nat.5.41; LARG.165;—nesciebant (medici)..latentem uim..ad ~a reuocare SEN.Ep.95.22; in corpore ~a pulsum uenarum..magis sentiunt PLIN.Nat.2.218; paulatim ab ~is cedere spiritum TAC.Ann.15.70. **d** summum gulae fauces uocantur, ~um stomachus PLIN.Nat.11.179.

2 The final part or stage, end (of an activity). **b** the end (of a document or sim.). **c** the conclusion (of an argument).
fuit ista causa..defendenda usque ad ~um CIC.Phil.2.75; bonum ciuem initia belli ciuilis inuitum suscipere, ~a libenter non persequi Fam.4.7.2; cum omnium rerum mors sit ~um 6.21.1; compluris annos Sueborum uim sustinuerunt, ad ~um tamen agris expulsi..ad Rhenum peruenerunt CAES.Gal.4.4.1; SEN.Ben.2.11.4. **b** cognoscite quid ad ~um scribat CIC.Ver.3.128; haec sunt..uerba in ~o Phil.3.19; PLIN.Ep.9.19.1; cetera ut supra ad ~um PAUL.dig.38.10.10.17. **c** potestis igitur principia negare, cum ~a conceditis? CIC.Caec.44; Div.2.106; uerum autem primum, uerum igitur ~um Off.3.27.

3 The last part, end (of a period of time).
diei ~um erat SAL.Jug.21.2; ~um autumni LIV.28.37.5; ~o anni 39.6.3; usque ad ~um aeui SEN.Cl.1.6.3; (pl.) sol..intra ~a ueris niues mollit Nat.4a.1.2.

4 The ultimate pitch or degree (of a quality, condition); *ad ~um*, utterly. **b** (usu. pl.) a desperate situation; desperate measures; *in ~is*, at the point of death.
quid fugiat (natura) ut ~um malorum CIC.Fin.1.11; ~um..esse bonorum uoluptatem 1.40; recti finemque ~um que esse recuso 'euge' tuum et 'belle' PERS.1.48; poenarum ~um LUC.2.519;—improbus homo sed non ad ~um perditus LIV.23.2.4. **b** iam enim ~a sunt CIC.Att.9.19. ad ~a uentum foret ni legati..patefecissent..hostibus uia LIV.2.47.8; moras ~a recusant SIL.7.320; TAC.Ann.11.37;—(sg.) placuit, hoc reseruato ad ~um consilio, interim rei euentum experiri CAES.Gal.3.3.3; perierat imperium quod tunc in ~o stabat SEN.Dial.3.11.5;—descensurum ad ~a et..seruitia concitaturum POL.Fam.10.33.4;—cognoui..filium meum in ~is esse SCAEV.dig.34.4.30.4.

extrēmus ~a ~um, *a.* *compar.* ~ior. [EXTER+-EMVS]

1 Situated at the end, edge, or tip. **b** the end, edge, or tip of. **c** situated, living at the world's end, uttermost.
inter canalis et parietes ~os ubi trapeti stent CATO Agr.18.5; eius..fundi ~am partem oleae derecto ordine definiunt CIC.Caec.22; LUCR.6.947; VERG.G.2.171; ~o..articulo digiti PETR.32.3; nascuntur..in ~is fauis apes grandiores PLIN.Nat.11.47; ~ae..in limine portae substitit V.FL.7.382; (in fig. phr.) ~a linea (i.e. the back row) amare haud nil est TER.Eu.640; (w. part. gen.) ubi intrauit agmen saltum, tum ~as arborum succisarum impellunt LIV.23.24.9. **b** ~um intra camterem PAC.trag.48; in hac insula ~a est fons aquae dulcis CIC.Ver.4.118; Fam.15.4.4; ab utroque latere..fossam obduxit..et ad ~as fossas castella constituit CAES.Gal.2.8.3; genus omne natantum litore in ~o..fluctus proluit VERG.G.3.542; HOR.Ep.1.20.18; ~a gnomonis umbra VITR.1.6.6; STAT.Theb.6.896; Byzantium in ~a Europa posuere TAC.Ann.12.63; (in fig. phr.) ecquis in ~o restat amore locus? PROP.1.11.6; (cf.) audite querellas quas..~is proferre medullis cogor CATUL.64.196. **c** ~um Tanain si biberes HOR.Carm.3.10.1; ~a..litore Tethys SIL.16.172;—(of persons) siue in ~os penetrabit Indos CATUL.11.2; VERG.Ecl.8.44; ~is dantur conubia gentibus OV.Fast.3.195;—(w. part. gen.) ~i..hominum Morini VERG.A.8.727; qui ~i gentium harum..degunt PLIN.Nat.4.81.

2 Hindmost; the rear of.
cum iam pecus atque ~a impedimenta ab nostris tenerentur CAES.Gal.3.29.2; 5.10.1; ~os pudeat rediisse (in a race) VERG.A.5.196; insectorum pedes..~i PLIN.Nat.11.101; (w. part. gen.) obiectis foribus ~os suorum exclusere LIV.5.13.13;—cum ab ~o agmine..impetum nostrorum militum sustinerent CAES.Gal.2.11.4; LIV.2.59.2.

3 Occurring at the end (of a period of time), last; *~o tempore*, finally. **b** the last part of, end of. **c** immediately preceding, last to occur. **d** last remaining. **e** (regarded as completing a piece of work) finishing, final. **f** putting an end to life.
multarum deliciarum comes est ~a saltatio CIC.Mur.13; ~is diebus consulatus mei Sest.11; ~um illud est, ut te orem..animo ut maximo sis Fam.4.13.7; ~um hunc, Arethusa, mihi concede laborem VERG.Ecl.10.1; aetas prima canat Veneres, ~a tumultus PROP.2.10.7; V.FL.7.538;—(w. part. gen.) accipe..uotorum ~a meorum LUC.8.143; an Neronem ~um dominorum putatis? TAC.Hist.4.42;—(as internal acc.) alloquor ~um maestos abituris amicos OV.Tr.1.3.15; ~um..in sidera uersus anhelat STAT.Theb.10.935;—hic tamen tam callidus uir ~o tempore captus est..dolo NEP.Dat.10.1; Eum.5.3. **b** ~a hieme CIC.Man.35; in ~o libro tertio Off.3.9; calor ~us primo cum frigore mixtus LUCR.6.371; sextus ab ~o..mense dies OV.Fast.2.686; circa ~am lunam (the last day of the moon) PLIN.Nat.18.322; (cf.) ut fruendum amicis ~um Socraten (the last of Socrates) daret SEN.Ep.70.9. **c** quo in genere sunt tres (loci) ~i CIC.Inv.2.83; Sicula..incude relictos fulminis ~i cineres STAT.Theb.2.279. **d** utatur ~a defensione Rhet.Her.2.5; salutem nostram, quae spe exigua ~aque pendet CIC.Flac.4; si eruptione facta ~um auxilium experirentur CAES.Gal.3.5.2; Civ.1.5.1; in malis ~um decus SEN.Ag.624. **e** ~a liniamenta orationi attulit CIC.Orat.186; plaga una illa ~a defuit Sest.80; iam canit effectos ~us uinitor antes VERG.G.2.417; A.7.572. **f** seu uiuere credant (socios) siue ~a pati VERG.A.1.219; ad ~a..decretis SEN.Ep.18.11; te fata ~a petente LUC.8.652.

4 Extreme in degree, exceedingly great. **b** extremely distressing, desperate. **c** stopping short at nothing, extreme.
cauda..Centauri ~o candore refulget CIC.Arat.658(410); ~a scelera metuentes Off.2.29; BRUT.ad Brut.1.17.4; ut..~am famem sustentarent CAES.Gal.7.17.3; frustra..niti..~ae dementiae est SAL.Jug.3.3; huic coloniae..centensimus annus est, aetas ne homini quidem ~a SEN.Ep.91.14; ~a uis parabatur TAC.Hist.3.10; Augustae ~am senectam Ann.4.8. **b** cum pro se quisque..etiam in ~is suis rebus operam nauare cuperet CAES.Gal.2.25.3; patiebantur..quae captarum urbium ~a sunt LIV.8.25.6; quicquid ~o in loco est SEN.Oed.834;—(compar.) tu dignus..es ~a sustinere, si quid est tamen nouissimo ~ius APUL.Met.1.8; 7.2. **c** ad haec ~a et inimicissima iura..decurrebas CIC.Quinct.48; constituit bellum facere et ~a omnia experiri SAL.Cat.26.5; LIV.3.15.9.

5 Least in importance, lowest.
haec..forma mei pars est ~a furoris PROP.1.4.11; ~as..dimittere in artes sidera Aetna 33; pro illo iratus ~o mancipio fuisti SEN.Dial.5.37.2; miseri ~ique hominis APUL.Met.5.24; seruus..notae ~ae ULP.dig.47.10.15.44; (w. part. gen.) non estis ~i Syracusanorum ,quippe qui aliis humilitatem obiciatis LIV.26.31.4.

extrīcō ~āre ~āuī ~ātum, *tr.* [EX-+TRICAE+-O³]

1 To set free, loose; (also transf.). **b** to clear (land) for tilling.
~ata densis cerua plagis HOR.Carm.3.5.31; margaritas ~atas (i.e. unstrung) ULP.dig.9.2.27.30;—nisi cum tristes..uenere Kalendae..nummos unde unde ~at HOR.S.1.3.88; (pass. in middle sense) aliqua res reperibitur, aliqua ope exsoluam, ~abor aliqua PL.Epid.152. **b** siluestris ager..qui etiam si frutectis..obsessus est facile ~atur COL.3.11.3.

2 To solve (a problem); *nihil ~are*, to achieve nothing.
putas eos non citius tricas Atellanas quam id ~aturos? VAR.Men.198;—de Dionysio tuo adhuc nihil ~o VAT.Fam.5.10a.1; magna cum minaris, ~as nihil PHAED.4.23(24).4.

extrilidus ~a ~um, *a.* (Dub. word in Gel. 19.1.6, where sense required is 'trembling with fear' or sim.)

extrinsecus, *adv.* [*extrim (EXTER+-IM)+-SECVS]

1 From without. **b** on the outside, externally. **c** outwards.
quod prohibeat..inuolare ~ accipitrem VAR.R.3.9.15; umor adlapsus ~ CIC.Div.2.58; animas..corporibus nostris ~ insinuatas LUCR.3.689; SEN.Dial.3.8.2; sit..uel intra uillam uel ~ inductus fons COL.1.5.1; (attrib.) sine ullo metu ~ belli LIV.2.33.6. **b** ea (sc. amurca) unguito fundum arcae et ~ et pedes et angulos CATO Agr.98.1; utrum ea (sc. columna) solida esset an ~ inaurata CIC.Div.1.48; LUCR.4.646; iecur..intrinsecus cauum, ~ gibbum CELS.4.1.5; COL.12.44.7; AD LATVS SINIST AEDIS..EXTRISECVS CIL 16.4; (attrib.) dispositio ~ tecti VITR.5.1.10. **c** pure ~ emisso CELS.2.8.23; (transf.) in eas res quae ~ declinantur (given an inflexion to extend the meaning) VAR.L.8.18.

2 From an extraneous source. **b** in one's outward circumstances; without inside knowledge.
haec..in dicendo non ~ alicunde quaerenda CIC.de Orat.2.318; inest..in animis praesagatio ~ iniecta Div.1.66; belli..causa..~ uenit, non orta inter ipsos est LIV.7.29.3; summum bonum ~ instrumenta non quaerit SEN.Ep.9.15; haec, etsi ~, non tamen intempestiue uideor hoc loco rettulisse COL.1.6.17; (quaestiones) adductae ~ QUINT.Inst.3.6.7. **b** genus, forma, uires..cetera quae fortuna dat aut ~ aut corpori CIC.de Orat.2.342; haec..quae sunt ~..ut amici, ut parentes, ut liberi Fin.5.68; SEN.Ep.23.6; (attrib.) nihil ornamentorum ~..appetiuit SUET.Ves.12.1;—in quo (i.e. box) quid sit..plerique ~ nesciunt VAR.L.7.34.

extrō ~āre, *intr.* [facet. formation on anal. of *intro*] To go out.
simul limen intrabo, illi ~abunt ilico AFRAN.com.5.

extrūdō ~dere ~sī ~sum, *tr.* [EX-+TRVDO]

1 To force to go out, eject, expel. **b** to cause to protrude.
qua me nunc caussa ~sisti ex aedibus? PL.Aul.44; incenatum senem foras ~dunt mulieres Cas.789; CATO orat.181; te in uiam, simul ac perpaulum gustaris, ~dam, CIC.de Orat.2.234; quoniam furcilla ~dimur Att.16.2.4; ueniunt, e latebris suis ~si TAC.Ag.33.4;—(inanim. things) (uentus) ~dit..mirando pondere saxa LUCR.6.692; (transf.) plenius aequo laudat uenalis qui uult ~dere merces HOR.Ep.2.2.11. **b** ~dens cornua fronte haedus GRAT.489; (topog.) Euboea ad meridiem promunturium..~dit MELA 2.107.

2 To push back or away.
~so mari..molibus..oppidi moenibus adaequatis CAES.Gal.3.12.2; pondere et amplitudine disrumpit et ~dit structurarum saeptiones (terrae congestio) VITR.6.8.5.

extuberātiō ~ōnis, *f.* [next+-TIO] A swelling tumour.
imponitur (sal) cum farina et melle..~onibus PLIN.Nat.31.104.

extūberō ~āre ~āuī ~ātum, *tr., intr.* [EX-+TVBER+-O³]

1 To form into hills or ridges.
defert montes, subrigit plana, ualles ~at (sc. an earthquake) SEN.Nat.6.4.1.

2 (intr.) To swell up; *~ans*, bulging, protuberant.
ex qua (sc. radice) media ueluti malum ~at contectum..fronde PLIN.Nat.21.96;—37.110; cauae (gemmae) aut ~antes 37.196.

extumeō ~ēre ~uī, *intr.* [EX-+TVMEO] To swell up.
illi uterum..numquam ~ere sensi PL.Truc.199; (transf.) ita ira ~uit, ita exarsit furore APUL.Apol.78.

extumidus ~a ~um, *a.* [EX-+TVMIDVS] Convex, bulging.
(aream) rutundam et mediam paulo ~am VAR.R.1.51.1.

extumus ~a ~um: see EXTIMVS.

extundō ~undere ~udī ~ūsum, *tr.* [EX-+TVNDO]

1 To beat, strike, hammer. **b** (of a metal-worker) to hammer out (a design). **c** (transf.) to devise or produce with effort.
asinus..calcibus frontem (leonis) ~udit PHAED.1.21.9; alterius..scapulas in deforme tuber ~undit SEN.Con.10.4.2. **b** hic exsultantis Salios nudosque Lupercos..~uderat VERG.A.8.665; (fig.) alios (pueros) continuatio ~undit, in aliis plus impetus facit QUINT.Inst.1.3.6. **c** ut uarias usus meditando ~uderet artis paulatim VERG.G.1.133; 4.328; dulce melos Nereius ~udit heros pollice Laus Pis.176; eloquentiae..~undendae gratia GEL.17.20.4.

2 To force out; (also, transf.) to dispel.
frequens tussis sanguinem quoque ~undit CELS.4.11.2; terrarum exhalatio fulmina ~undit SEN.Nat.7.4.3;—cum labor ~uderit fastidia HOR.S.2.2.14.

3 To extort, wring (a promise, concession, etc., from a person).
prius quam id ~udi, quom illi subblandiebar PL.Mos.221; ex duro et inmemori pectore gratiam ~undit SEN.Ben.1.3.1; SUET.Ves.2.2; haec..ab inuita Pudentilla..aegre ~udi APUL.Apol.93;—(w. ut) ~uderunt ut exequiarum apparatus..ipsis praebendus addiceretur V.MAX.5.2.10; ~udit

mihi cultus hortorum prosa ut oratione conponerem Col. 11.1.1.

exturbō ~āre ~āuī ~ātum, *tr.* [EX- + TVRBO[1]]

1 To drive out, expel, eject. **b** to divorce (a woman); also *matrimonio ~are*.

eum ~asti ex aedibus Pl.*Trin.*137; regno ~atus Acc. *trag.*234; ex numero uiuorum ~atur Cic.*Quinct.*49; ~are homines ex possessionibus *Sul.*71; hostem..in ruinas muri expellunt, inde..trepidantem..~ant Liv.21.9.2; regem Dandaridarum ~at imperioque eius potitur Tac.*Ann.*12.15. **b** lectum..in eadem domo sibi..sterni expulsa atque ~ata filia iubet Cic.*Clu.*14; ~at Octauiam, sterilem dictitans Tac.*Ann.*14.60;—ut Iuniam Silanam..matrimonio eius ~aret 11.12.

2 To remove (a thing) by force from its position, force out.

nisi ego illi mastigiae ~o oculos atque dentes Pl.*Poen.*382; (quercus) radicitus ~ata prona cadit Catul.64.108; effusis neruo ~ante sagittis Sil.16.481; (*of a medicine*) (radix asparagorum) trita et in uino..pota calculos (*i.e. gallstones*)..~at Plin.*Nat.*20.109.

3 (transf.) To drive out, banish (non-material things).

si recte facias..istam ~es ex animo aegritudinem Pl. *Cur.*224; haec noua iniuria ~auit omnem spem pacis Liv. 6.21.8; Sen.*Ep.*50.8; nefanda casto pectore ~a *Phaed.*130; hic..si non sterilitatem, at mala sterilitatis ~at Plin.*Pan.* 32.2.

4 To disturb, upset, throw into disorder.

numquid Tranio turbauit?—immo ~auit omnia Pl. *Mos.*1032; multa conuenerunt quae mentem ~arent meam Cic.*Q.fr.*1.4.4; ~are odiis tranquilla silentia noctis Stat. *Theb.*1.441; 10.219.

extussiō ~īre, *tr.* [EX- + TVSSIO] To cough up.

ut pus ~iretur Cels.2.8.36; medetur..suppurata ~ientibus Plin.*Nat.*23.72.

exu-: for comps. of *ex-* and *su-*, see EXSV-; for comps. of *ex-* and words beginning with consonantal *u* not found here, see EV-.

exūberans ~ntis, *a.* *superl.* ~ntissimus. [pple. of EXVBERO] In senses of vb., also: Luxuriant.

equum..haut credibili pulcritudine..et colore ~ntissimo Gel.3.9.8.

exūberantia ~ae, *f.* [prec. + -IA] Abundance, copiousness.

'poeniceus'..et 'rutilus'..~am..significant ruboris Gel. 2.26.9; de ~a aut interitu (memoriae) 8.7.

exūberō ~āre ~āuī ~ātum, *intr.*, (*tr.*). [EX- + VBERO]

1 (of liquids) To flow copiously out or over, surge or gush up; (of a water supply) to yield a surplus.

sub eo saxo ~ans scatebra fluuiae radit rupem Acc.*trag.* 504; aquai..alte spumis ~at amnis Verg.*A.*7.465; specus quo..maria residant atque unde se rursus ~antia adtollant Mela 3.2; Plin.*Nat.*2.228; (*fig.*) ex multa eruditione..exundat et ~at illa admirabilis eloquentia Tac.*Dial.*30.5;—omnem aquam..non tantum respondere modulo suo sed etiam ~are Fron.*Aq.*35; 73.

2 To be abundant, abound; to be fruitful.

si luxuria foliorum ~at umbra Verg.*G.*1.191; Tac.*Ann.* 14.53; quia lucrum ~abat Suet.*Cal.*40; non omnino inculpatum..uisum esse (equitem) cuius corpus in tam inmodicum modum..~asset.. Gel.6(7).22.4;—densa et glutinosa terra maxime ~at Col.1.pr.24; potest..naturaliter infecunda uitis semel ~are 3.6.4; (*w. non-physical subj.*) quin pomis ~et annus Verg.*G.*2.516; Plin.*Pan.*29.3.

3 (*tr.*) To cause to abound.

meliorem..materiam uindemiis ~andis Col.2.15.5; herbae..quae fauorum ceras ~ant 9.4.5.

exuerriae ~ārum, *f. pl.* [EX- + VERRO + -IVS] (See quot.)

~ae sunt purgatio quaedam domus, ex qua mortuus ad sepulturam ferendus est Paul.*Fest.*p.78M.

exuibrissō ~āre ~āuī, *intr.* [EX- + VIBRISSO] To sing in a tremulous or wavering manner.

si erit tibi cantandum, facito usque ~es Titin.*com.*170.

exul ~lis, *m.*, (*f.*). **exsul.** [connected by ancients w. *solum*; but more prob. EX- + **ul-* as in *amb-ul-o*] A banished person, exile. **b** (transf., of birds, animals, etc.).

qui huc Athenis ~l uenit Pl.*Rud.*35; Cato *hist.*90; cum uagus et ~l erraret atque undique exclusus Cic.*Clu.*175; qui..~les reduxerit *Phil.*3.30; ~les damnatosque..ad se allicere coepit Caes.*Gal.*5.55.3; ut..~les..esse iuberet L. Tarquinium cum coniuge Liv.1.59.11; relegatus, non ~l, dicor Ov.*Tr.*2.137; per freta..~lis ibo comes Mart.2.24.4; (*fem.*) non alia ~l uisentium oculos maiore misericordia adfecit Tac.*Ann.*14.63; (*w. abl.*) ~l patria domo..quo adcedam? Sal.*Jug.*14.17;—(*w. gen.*) patriae quis ~l se quoque fugit? Hor.*Carm.*2.16.19; nec caelo..nec aquis dea uestra recepta est: ~l erat mundi Ov.*Met.*6.189; erret per urbem pontis ~l et cliui Mart.10.5.3; (*also transf.*) ~l mentisque domusque (*out of his wits and driven from his home*) Ov.*Met.*9.409;—(*cf., of an absent witness*) solus..ad centesimum lapidem longe ~l est..sed misimus qui eum..aduehat Apul.*Apol.*44. **b** ciconia..~l hiemis, titulus tepidi temporis Pub.*com.*9; taurus..uacuos..per agros ~l Luc.2.603; Stat.*Theb.*11.251.

exulātiō ~ōnis, *f.* **exs-.** [EXVLO + -TIO] Banishment, exile.

clarissimos principes..~one multauit Flor.*Epit.*1.17(1. 22.3).

exulātus ~ūs, *m.* **exs-.** [EXVLO + -TVS[3]] = prec.

nullai nuenietur ratio qua duae caedes octo annis ~um efficiant Quint.*Decl.*248(p.16,l.15).

exulcerātiō ~ōnis, *f.* [EXVLCERO + -TIO]

1 The condition of being raw or unhealed, ulceration.

gingiuarum ~ones Cels.2.1.18; in interiore..faucium parte interdum ~o esse consueuit 4.9.1; stomachi ~ones pectoris et renium Plin.*Nat.*21.137; 36.140; Larg.41.

2 That which exasperates, an irritation.

uerebar..ne haec non consolatio esset, sed ~o Sen.*Dial.* 12.1.3.

exulcerātōrius ~a ~um, *a.* [EXVLCERO + -TORIVS] Bringing ulcers to a head.

~is medicamentis Plin.*Nat.*23.126.

exulcerātrix ~īcis, *f. adj.* [next + -TRIX] = prec.

uis ei (*sc.* myosotae)..~ix, ideoque aegilopas sanat Plin. *Nat.*27.105.

exulcerō ~āre ~āuī ~ātum, *tr.* [EX- + VLCERO]

1 To make raw or sore, inflame.

quod muscae..soleant..ea (*i.e. the dog's ears*) ~are Var. *R.*2.9.14; ferramentis..candentibus..uenter ~andus est Cels.3.21.10; Sen.*Dial.*5.17.4; est..grauis pernicies cum pulmones ~antur Col.6.14.1; Plin.*Nat.*22.142; ~ata..uesica Larg.189; dum ~atam in fronte uerrucam..scalpit Suet.*Dom.*16.2; (*plants*) est..~anda uitis in ea parte qua pampinum studemus elicere Col.4.24.17.

2 To wound the feelings of. **b** to aggravate (pain, difficulties, etc.).

tot suspicionibus certorum hominum..~atus Cic.*Dom.* 28; ~atos ignominia..animos Liv.9.14.9; quibus (*sc. arguments*) ~atae mentes ad sanitatem reuocantur Petr.111.8. **b** cum..ea (*i.e. weak points in the case*) quae sanare nequeunt ~ant Cic.*de Orat.*2.303; rebus..ab ipso rege..clam ~atis *Fam.*1.1.4; conuersatio..dissimilium..quicquid inbecillum in animo..est ~at Sen.*Dial.*9.17.3; quod dolorem meum ~at Plin.*Ep.*1.12.1.

3 To free from sores.

folia (uitis)..~ant corpus, utique ulcerum phagedaenis.. inlinuntur Plin.*Nat.*23.22.

exulō ~āre ~āuī ~ātum, *intr.*, *tr.* **exs-,** also **ex(s)ol-.** [EXVL + -O[3]] Forms: *exsolatum* Pl.*Mer.*593, *Mos.*597, *Ps.*1036.

1 To live in exile, be banished; *~atum (ab)ire*, to go into exile. **b** to stay or be kept away (from one's home, etc.); *~atum (ab)ire*, to go abroad. **c** (transf., of things).

uagus ~et, erret exlex Lucil.82; Italia prohibetur, ~at Cic.*Lig.*11; consulem..abdicare se magistratu atque ~are iussum Liv.4.15.4; interfectores eius in regno ~asse meo 42.41.5; Quint.*Inst.*3.6.25;—~atum Caere in Etruscos ierunt Liv.1.60.2; Cn. Fuluius ~atum Tarquinios abiit 26.3.12. **b** (taurus) uictus abit longeque ignotis ~at oris Verg.*G.*3.225; Protei Menelaus adusque columnas ~at *A.*11.263; (*cf.*) etiam cum manent corpore, animo tamen ~ant Cic.*Rep.*2.7;—(*w. abl. of separation*) domo ~o nunc: metuo..ne intus sit Ter.*Eu.*610; V.Fl.6.462;—non possum durare, certumst ~atum hinc ire me Pl.*Mer.*644; ne quo abeat foras urbe ~atum faenoris caussa tui *Mos.*597. **c** amare..coepi..meretricem: ilico res ~atum illam..abibat Pl.*Mer.*43; perfidia et peculatus ex urbe et auaritia si ~ant *Per.*555; cum omnes meo discessu ~asse rem publicam putent Cic.*Parad.*30; tempestates..procul a deorum ..tranquillitate ~ant Apul.*Soc.*12.

2 (tr.) To banish.

tunc iterum ~atur (Medea) Hyg.*Fab.*26.2.

exululō ~āre ~āuī ~ātum, *intr.*, *tr.* [EX- + VLVLO]

1 (intr.) To howl, shriek.

nactus..silentia ruris ~at frustraque loqui conatur Ov. *Met.*1.233; 6.597; (toxicum) cum potum est..ciet dolorem..cogitque ~are Larg.194; implet soror omnia questu ~ans V.Fl.8.172; Sil.12.599.

2 (tr.) To invoke with howls; (pass. in middle sense) to excite oneself by howling.

Cybeleia mater concinitur Phrygiis ~ata modis Ov.*Ars* 1.508; *Fast.*4.186;—Bacche non sentit saucia uulnus, dum stupet Idaeis ~ata modis *Tr.*4.1.42.

exundātiō ~ōnis, *f.* [next + -TIO] The overflowing, flooding (of a river); welling up.

Plin.*Nat.*19.37; ob moderandas Tiberis ~ones Tac.*Ann.* 1.79;—quid in ipsis litoribus aquarum calentium ~o? Sen. *Ben.*4.5.3.

exundō ~āre ~āuī, *intr.*, (*tr.*). [EX- + VNDO]

1 (of fluids, esp. streams, springs) To gush forth, well up, rise in flood. **b** (transf., of feelings, etc.).

(Nilus) aestiuo sidere ~ans Mela 1.52; hinc trunco cruor ~at Sen.*Ag.*903; ut riuis per quos ~at piscina praefigantur ..cancelli Col.8.17.6; spumeus accenso..~at aeno undarum cumulus Luc.9.798; hieme..inarescunt fontes, aestate ~ant Plin.*Nat.*31.51; Sil.5.257; ~ante palude Ulp.*dig.* 39.3.1.2;—(*fig.*) cum..Dolopum uis ~asset in agros Sil. 15.314; ~antem per Aegyptum multitudinem..proximas in terras exoneratam Tac.*Hist.*5.2. **b** magnus ~at dolor Sen.*Oed.*924; tandem ~anti permisit uerba furori Stat. *Theb.*10.609; ex multa eruditione..~at..eloquentia Tac. *Dial.*30.5; Juv.10.119.

2 (of fire smoke, etc.) To pour out like a wave. **b** (tr.) to pour forth, belch (smoke, flame).

flamma..ruens ~at in agros *Aetna* 384; qualis Aetnaeo uapor ~at antro Sen.*Phaed.*103; Stat.*Theb.*12.431. **b** ~at fumum piceus caligine uertex Sil.2.631.

3 (w. abl.) To overflow, run (with liquid); (also absol.). **b** (transf.) to abound (in). **c** to be superabundant, be in excess.

sanguine ~ans solum Sen.*Ag.*222; ut..~ent pingui spumantia dolia musto Col.10.432; (*in fig. phr.*) non..pluuias.. aquas colligit (M. Tullius), sed uiuo gurgite ~at Quint.*Inst.* 10.1.109;—unde (terra)..trahit (umorem)? ex illis scilicet partibus semper hibernis: septemtrionales ~ant Sen.*Nat.* 4a.2.29. **b** cum uernant (*sc. the beehives*) et ~ant nouis fetibus Col.9.9.1; cur Libycus tantis ~et pestibus aer Luc. 9.619; Stat.*Theb.*10.535; terram ~asse chelydris Sil.3.316. **c** eo..detracto quod ~at Sen.*Dial.*3.7.1; ut..~ent uellera Calp.*Ecl.*4.104; nec Augustus arcuerat Taurum..~antis opes ornatum ad urbis..conferre Tac.*Ann.*3.72.

4 To be cast up by the waves.

quae..ui tempestatum in aduersa litora ~ant Tac.*Ger.* 45.7.

exunguor ~guī ~ctus, *tr.* [EX- + VNGVO] To anoint away (money, i.e. dissipate by the liberal use of unguents).

eluas tu anne ~guare Pl.*Rud.*580; quae (*i.e. money*) nunc ad uos clam exportantur, pessumae; ea uos estis, ~guimini, ebibitis *Truc.*312.

exuō ~uere ~uī ~ūtum, *tr.* [EX- + **uo* (cf. *induo*); OSl. *ob-uti* 'put on', etc.]

1 To take or put off (a garment or other object attached to the body); to strip (the skin from an animal).

si non saltas, ~ue igitur (*sc.* pallam) Pl.*Men.*199; Amor.. alas ~uit Verg.*A.*1.690; Apollo..~uit arma Prop.4.6. 70; ~uerat tunicas (nympha) Ov.*Fast.*2.171; Vell.2.43.2; Tac.*Ger.*31.1; gratiam..suam probaturae lacinias omnes ~unt Apul.*Met.*2.8; (*poet.*) Attis ~uit hac (*sc.* pinu) hominem (*i.e. was turned from a man into a pine*) Ov.*Met.* 10.105;—cum lubrica serpens ~uit in spinis uestem Lucr. 4.61; hirsuti costis ~uta leonis..uellera Ov.*Ep.*9.111.

2 To lay bare, strip (the body or its parts). **b** (poet.) to uncover, denude (things).

magnos membrorum artus..lacertosque ~uit Verg.*A.* 5.423; ille ~uit se et omnia uestimenta secundum uiam posuit Petr.62.5; ~uimur: nudos parce uidere uiros Mart. 3.68.4; 14.109.2;—(*w. abl.*) saetosa..~uere pellibus.. remiges Vlixei uolente Circa membra Hor.*Epod.*17.15; Aries..lanis ~utus Man.4.125; tunica intima nisi in locis tectis non ~uit se Gel.10.15.20;—(*pass. w. acc.*) terrificos umeris Aetolus amictus ~uitur Stat.*Theb.*6.836. **b** Tithonia..~uerat..polum V.Fl.3.2; Mart.9.59.7; hi caedunt nemus ~uuntque montis Stat.*Silv.*4.3.50; (*w. abl.*) ~uti concreto frigore montes *Theb.*3.672; (*w.* de) hordea..~ue de palea tegminibusque suis Ov.*Med.*54.

3 To release, set free (from). **b** to remove (a thing).

unde..uix redeat uixque hoc ~uat se Lucil.815; ~utas uinclis..palmas Verg.*A.*2.153; oportet..nationem rebellantem..iugum quo se ~uit accipere rursus cogatis Liv. 34.13.9; te..his ~ue monstris Ov.*Met.*4.591; si uelis uitiis ~ui Sen.*Ep.*104.21; nemo delictis ~uitur Ulp.*dig.*4.5.2.3; (*pass., w. retained acc.*) unum ~uta pedem uinclis Verg.*A.* 4.518;—(*w.* ex) si..ex his te laqueis ~ueris Cic.*Ver.*5.151. **b** ex uulnere telum ~uit ipse gemens Stat.*Theb.*9.288;—(*w. abst. obj.*) lentitiem plumbi non ~uit (ignis)? *Aetna* 544; ~uta sibi uirginitate Sil.13.849.

4 To deprive (of possessions, advantages, etc.). **b** (of strategic positions, etc.).

magnum..ex eis numerum occidit atque omnis armis ~uit Caes.*Gal.*5.51.4; populus Romanus..~utus imperio, gloria, iure Sal.*Hist.*1.55.11; Verg.*A.*11.395; id (*sc.* aes alienum) cumulatum usuris..se agro paterno..~uisse Liv. 2.23.6; cum Caepionem Manliumque consules..fugassent.. et ~uissent exercitu Vell.2.12.2; omnibus ~utus nauibus Pompeius 2.79.5; V.Max.2.6.6; auitis bonis ~uuntur Tac. *Ann.*14.31; ~uti..tribunatu 15.71; (*w. gen.*) quem carmine Circe ~utum formae uolitare per aethera iussit Sil.8.441; (*ellipt.*) cum spoliati ~utique fuerint, amicos fore Tac. *Hist.*4.57. **b** is Persam..fugatum..castris ~uit Vell. 1.9.4; nunc pelago, nunc terra ~utus Sil.15.317; ~utum.. campis Mithridaten compulit in castellum Tac.*Ann.*12.45; ut hostem..~uerent sedibus 13.39.

5 To put aside, throw off (characteristics, habits, etc.). **b** to lay down the role of, cease to act as. **c** to sever connexion with.

nonne omnem humanitatem ~uisses? Cic.*Lig.*14; ~uit antiquos mores Liv.27.8.6; VT..FIDEM ~VEREM *CIL* 6.1527. 2.55; ~uit omnes..moras Caesar Petr.122,l.141; quietis cupidine senatorium ordinem ~uerat Tac.*Hist.*2.86; (*of plants*) haec..si quis inserat..~uerint siluestrem animum Verg.*G.*2.51; (*cf. sense 1*) anguibus ~uitur tenui cum pelle uetustas Ov.*Ars* 3.77. **b** ut..hominem ex homine ~uens naturam odisse uideatur Cic.*Fin.*5.35; ~uit patrem, ut consulem ageret V.Max.5.8.1; beneficium sexus sui..perdiderunt et, qua feminam ~uerant, damnatae sunt morbis uirilibus Sen.*Ep.*95.21. **c** ~uere patriam Tac.*Hist.*5.5; ~uto..Lepido, interfecto Antonio *Ann.*1.2.

exurgeō ~ēre, *tr.* [EX- + VRGEO] Forms: *~uentes* Paul.*Fest.*p.80M. To squeeze out.

quasi peniculus nouos ~eri solet..exurgebo quidquid umoris tibist Pl.*Rud.*1008; Cato *Agr.*87; eximito (*sc. the cabbage leaves*) in linteum ,~eto sucum 156.3.

exūrō ~rere ~ssī ~stum, *tr.* [EX-+VRO]

1 To destroy by fire, burn completely. **b** to devastate (a region) by fire. **c** *uiuum ~rere*, to burn alive.

occentabunt ostium, ~rent fores PL.*Per.*569; abietem ~rat ACC.*trag.*332; uicos ~stos CIC.*Man.*5; *B.Afr.*26.5; ~rere classem VERG.*A.*1.39; sata ~ri LIV.31.30.3; carboni uis maior ~sto iterumque flagranti PLIN.*Nat.*33.94; libros ~ri iussit TAC.*Ann.*14.50. **b** Locri, Phocii, Boeotii ~sti CIC.*Pis.*96; ~rebatur amoenissimus Italiae ager LIV.22.14.1; cliuus Publicius ad solum ~stus est 30.26.5. **c** ille ..domi suae uiuus ~stus est CIC.*Ver.*1.70; faxo..uiua ~rare APUL.*Met.*4.25.

2 To remove by burning, burn out. **b** to exhaust, use up (by burning).

minatur mihi oculos ~rere PL.*Men.*842; sub gurgite uasto infectum eluitur scelus aut ~ritur igni VERG.*A.*6.742; ~stis atque exhaustis eorum (*sc.* saxorum) uiribus VITR.2.5.2; opes terrarum ~rere uenis MAN.4.247; PLIN.*Nat.*11.185; (*transf.*) mihi quidem ex animo ~ri non potest, esse deos CIC.*N.D.*3.7. **b** si lucerna..postero die non erit ~sta VITR.8.1.5.

3 a To make dry, parch. **b** to make sore by excessive heat, burn, scald. **c** to tan (the complexion).

a ~stos aestus hiulcat agros CATUL.68.62; loca ~sta solis ardoribus SAL.*Jug.*19.6; VERG.*A.*3.141; omnes unus (sol) ~rit lacus PHAED.1.6.7; nimia (argilla)..~rit solum PLIN.*Nat.*17.44; (*in fig. phr.*) ~stus siti flos ueteris ubertatis exaruit CIC.*Brut.*16; (*pple. as sb.*) in campos steriles ~staque mundi LUC.9.382. **b** nec quererer quod sol..~reret artus TIB.2.3.9; si quis..~stus in sole est, huic..perfundendum..oleo corpus CELS.1.3.10; si feruentia os intus ~sserint PLIN.*Nat.*30.27. **c** Aethiopum modo ~sti PLIN.*Nat.*6.70; SIL.3.269.

4 (of poison, disease, etc.) To produce the sensation or appearance of burning on (one's body, or plants); (also w. inanim. obj.). **b** (fig. and in fig. phr.).

cum uiscera febris ~rit MART.4.80.6; sunt (uenena) quae calore nimio uitalia ~rant QUINT.*Decl.*350(p.378,l.15);—eruca..~rit semina morsu COL.10.334; germinationes..secutis frigoribus ~runtur PLIN.*Nat.*17.16; 18.287;—uim ..ueneni..talem esse..ut ferrum quoque ~rat CURT.10.10.16. **b** illius ex oculis, cum uult ~rere diuos, accendit..lampadas..Amor [TIB.]3.8.5; animum..sollicitudine ~rimus SEN.*Nat.*4a.pr.2; *Ag.*132; nec..minor ira rebellat..leuiorque ~rit flamma medullas PETR.121,l.106.

exussus ~a ~um: dub. wd. in Pl.*Trin.*406 (? from *exuro* or **exutor*).

exustiō ~ōnis, *f.* [EXVRO+-TIO] Consumption by fire, burning; scorching.

eluuiones ~onesque terrarum CIC.*Rep.*6.23; PLIN.*Nat.*2.236;—olea..clauum etiam patitur..haec est solis ~o 17.223.

exuuiae ~ārum, *f. pl.* [EXVO+-IA] FORMS: *exs-* PAUL.*Fest.*p.81M.

1 Armour, etc., stripped from a defeated enemy, spoils. **b** something belonging to a person, serving as a memento.

si in singulis stipendiis is ad hostis ~as dabit PL.*Epid.*38; locum..~is nauticis et classium spoliis ornatum CIC.*Man*55; qui redit ~as indutus Achilli VERG.*A.*2.275; LIV.30.28.5; quercus..~as ueteris populi..gestans LUC.1.137; TAC.*Ann.*3.72; JUV.10.133; (*in fig. phr.*) tu ornatus ~is huius uenis ad eum lacerandum..ego iacentem..protego CIC.*Sul.*50;—(*transf.*) quid hoc est?—induuiae tuae atque uxoris ~ae (*i.e. her cloak*) PL.*Men.*191; nocturnae..uestigia rixae, quam de uirgineis gesserat ~is CATUL.66.14; APUL.*Met.*2.30; neque..in emendis equis phaleras consideramus et baltei polimina..sed istis omnibus ~is amolitis equum ipsum..contemplamur *Soc.*23. **b** has..~as mihi..ille reliquit, pignora cara sui VERG.*Ecl.*8.91; *A.*4.496; placemus umbras: capitis ~as cape SEN.*Phaed.*1181. collegit..miseri..Magni ..inpressas auro quas gesserat olim ~as LUC.9.177.

2 The skin stripped from a dead beast (often w. ref. to success in the chase); the slough of a snake.

castigabit eos bubulis ~is (*i.e. whips of oxhide*) PL.*Mos.*882; siluestres ~as..lateri accommodant ACC.*trag.*256; pellem horrentisque leonis ~as VERG.*A.*9.307; ferarum ~is gaudens OV.*Met.*1.476; V.FL.6.19;—(anguis) positis nouus ~is nitidusque iuuenta VERG.*G.*3.437; LUC.9.718; deprensis in lecto eius..serpentis ~is SUET.*Nero* 6.4; (*cf.*) ~as stelionum APUL.*Apol.*51.

3 The special attributes of gods, carried in processions.

quod..in Iouis..tensa..puerum histrionem ad ~as tenendas posuisset V.MAX.1.1.16; cum fulmine et sceptro ~isque Iouis Optimi Maximi SUET.*Aug.*94.6; APUL.*Met.*11.10; ~as deae..in eodem fano depositas 11.29.

exuuium ~(i)ī, *n.*: = prec.

~io plenus ab hoste redis PROP.4.10.6.

F

F, f. The sixth letter of the Roman alphabet, a labio-dental unvoiced spirant. Initial F in L. represents IE. bh (*frater*), dh (*feci*), g̑uh (*formus*), g̑hu̯ (*ferus*), bhu̯ (*fio*), dhu̯ (*fores*), s before r (*frīgus*), etc. It does not occur medially in pure Latin words (except compounds), but is common in this position in the other Italic dialects. (as an abbreviation) = *filius*, *filia*, *factus*, *fecit*, etc.

faba ~ae, *f.* [Faliscan *haba* (cf. VEL.gram. in *G.L.*7.69); also perh. Russ. *bob*]

1 The bean-plant, bean (also sg. in collective sense).

perque ~am repunt (grues) ENN.*Ann.*556; PL.*Aul.*819; ~am in locis ualidis..serito CATO *Agr.*35.1; durae culmen inane ~ae OV.*Fast.*4.734; (*prov.*) 'tam perit quam extrema ~a' in prouerbio est FEST.p.363M;—(*pl.*) uere ~is satio VERG.*G.*1.215; ante ~as florentes PLIN.*Nat.*11.13.

2 The seed of a bean-plant, a bean; (also collect.).

septem nigras..~as OV.*Fast.*2.576; catapotia..fiunt ad nostrae ~ae magnitudinem CELS.5.25.4B; fimum..datum ~ae magnitudine PLIN.*Nat.*28.227;—durius..~a et lapillis CATUL.23.21; de mille ~ae modiis HOR.*Ep.*1.16.55;—(*as food, esp. of the poor*) in cicere atque ~a bona tu perdasque lupinis *S.*2.3.182; ~a fabrorum MART.10.48.16; (*avoided by Pythagoreans*) Pythagoriis interdictum putatur ne ~a uescerentur CIC.*Div.*1.62; ~a Pythagorae cognata HOR.*S.*2.6.63; (*cf.*) ~am nec tangere, nec nominare Diali flamini PAUL.*Fest.*p.87M;—(*in the form of meal or paste*) (galbanum) adulteratur ~a aut sacopenio PLIN.*Nat.*12.126; MART.6.93.10;—(*prov.*) istaec in me cudetur ~a (*i.e. I shall suffer for this*) TER.*Eu.*381.

3 (w. var. eps.) *~a Aegyptia*, Egyptian bean, *Nelumbium speciosum*; *~a Graeca*, the nettle-tree, *Celtis australis*.

id quod amarum in Aegyptia ~a est CELS.6.7.1; datur ~ae Aegyptiae magnitudine LARG.95;—~a Graeca, quam Romae..loton appellant PLIN.*Nat.*16.123; 24.6.

4 An object resembling a bean in shape or size, a bead, pellet, or sim.

excatarissasti me ut tibi emerem ~am uitream PETR.67.10; ~is caprini fimi PLIN.*Nat.*19.185.

fabāginus ~a ~um, *a.* [prec.+*-ginus*, perh. starting from misdivision in *faginus*, *ferruginus*, etc.; cf. *oleaginus*] Of beans, bean-.

acus ~um CATO *Agr.*54.2.

fabālia ~ium, *n.* [next] Bean-stalks, bean-straw.

stercus unde facias: stramenta, lupinum, paleas, ~ia..CATO *Agr.*37.2; VAR.*R.*1.23.3; malunt ~ia maturae sationis quam trimestrem fructum PLIN.*Nat.*18.120.

fabālis ~is ~e, *a.* [FABA+-ALIS] Of beans, bean-.

(ocinum) est ⟨ex⟩ ~i segete uiride sectum VAR.*R.*1.31.4; stipulas..~is OV.*Fast.*4.725.

Fabaris ~is, *m.* A river, identified by Servius with FARFARVS.

qui Tiberim ~imque bibunt VERG.*A.*7.715.

fabārius ~a ~um, *a.* [FABA+-ARIVS]

1 Of or for beans, bean-.

pilum ~um I CATO *Agr.*10.5; (*in place-name*) septentrionalis oceani insulis, quas..nostri ~as appellant PLIN.*Nat.*18.121.

2 (as sb.) A seller of beans: **a** (masc.). **b** (fem.).

a M. PAQVIVS..~VS *CIL* 12.4472. **b** *CIL* 3.6672.

fabātus ~a ~um, *a.* [FABA+-ATVS²] Made of, or containing, beans.

calendis Iuniis et publice et priuatim ~am pultem dis mactant VAR.in Non.341M; PLIN.*Nat.*18.118; cum puls ~a dis datur, nominatur refriua FEST.p.277M.

fābella ~ae, *f.* [*fab-* (FABVLA)+-ELLA]

1 A story, tale, anecdote; (spec.) a fable.

adfertur..de Sileno ~a quaedam CIC.*Tusc.*1.114; (parui) ~arum..auditione ducuntur *Fin.*5.42; ~as aniles *N.D.*3.12; TIB.1.3.85; in ~am excessi SEN.*Ep.*77.10; (*prov.*) scriptores..narrare putaret asello ~am surdo HOR.*Ep.*2.1.200;—Aesopus talem tum ~am rettulit PHAED.1.2.9; QUINT.*Inst.*1.9.2; παροιμίας genus illud, quod est uelut ~a breuior 5.11.21.

2 A play, drama.

Terentium cuius ~ae..putabantur a C. Laelio scribi CIC.*Att.*7.3.10; ~as Latinas *Fin.*1.4; histrionibus ~arum actu relicto LIV.7.2.11;—(*transf.*) haec tota ~a ueteris et plurimarum fabularum poetriae quam est sine argumento..! CIC.*Cael.*64.

faber[1] ~brī, *m.* [dub.; cf. Arm. *darbin*, 'smith'] FORMS: gen. pl. *fabrum*.

1 A craftsman, workman, artisan. (spec.) **b** a metal worker, smith. **c** a builder, building worker.

cogito utrum me dicam ducere medicum an ~brum PL.*Men.*887; ~bris omnium generum in publicam officinam inclusis LIV.26.51.7; an instituendum putes collegium ~brorum (*i.e. firemen*) PLIN.*Ep.Tra.*10.33(42)3; ~brum..uolantem (*i.e. Daedalus*) JUV.1.54. **b** arcessatur ~ber, ut istas compedis tibi adimam PL.*Capt.*1027; ~ber, qui cudere soles plumbeos nummos *Mos.*892; ~ber..imitabitur aere capillos HOR.*Ars* 32; nec ensem..duxerat..~ber TIB.1.3.48; OV.*Met.*12.278;—(*in fig. phr.*) proba materies data est, si probum adhibes ~brum PL.*Poen.*915; JUV.14.116. **c** laudant ~brum atque aedes probant PL.*Mos.*102; ~bros se missurum et domum meam disturbaturum esse dixit CIC.*Phil.*5.19; *N.D.*3.65.fr.; LIV.1.56.1; (*fig.*) ~bros ad aedificandam rem publicam CIC.*Fam.*9.2.5.

2 (w. adj. or gen. indicating particular occupation).

~bri ferrarii qui apud carbones adsident PL.*Rud.*531; ~brum tignarium CIC.*Brut.*257; ~brum aerarium LIV.26.30.6; multitudine ~brorum naualium 28.8.14; ~BER ARGENTARIVS *CIL* 6.9392; ~BRO AVTOMATARIO 6.9394; ~BER OCVLARIARIVS 6.9402; COLLEGIVM ~BRVM TIGNVARIORVM 6.9405; ~BER LIMARIVS 12.4475;—marmoris aut eboris ~bros aut aeris HOR.*Ep.*2.1.96; ~bros sandapilarum JUV.8.175.

3 (in the Servian centuries, later attached to a mil. or naval unit); (esp.) *praefectus ~brum*, orig. their commander, but in class. period a staff officer or aide-de-camp.

centuriam ~brum..ut censoriae tabulae loquuntur CIC.*Orat.*156; LIV.1.43.3;—ex legionibus ~bros deligit CAES.*Gal.*5.11.3; ~BRO EX CLASSE PR MISENENSE *CIL* 10.3419;—⟨PRAEFECT⟩VS FABRVM I.1912; CIC.*Balb.*63; duo praefecti ~brum Pompei in meam potestatem uenerunt CAES.*Att.*9.7C.2; NEP.*Att.*12.4.

faber[2] ~bra ~brum, *a.* *superl.* ~berrimus [prec.]

1 Of the craftsman or his work.

Daedalus ingenio ~brae celeberrimus artis OV.*Met.*8.159; *Fast.*3.383.

2 Skilfully wrought.

leuitas illa speculi ~bra APUL.*Apol.*14; anulum..aureum ~berrimo signaculo *Fl.*9.

faber[3] ~brī, *m.* [perh. spec. sense of FABER¹] A sea-fish, the dory.

rarus ~ber OV.*Hal.*110; COL.8.16.9; ~bri siue zaei PLIN.*Nat.*32.148.

Fabiānus ~a ~um, *a.*

1 Of or belonging to Fabius.

~us exercitus LIV.2.59.2; consules..~is artibus..bellum traxisse 22.34.7; (*of the Fabian tribe*) SUET.*Aug.*40.2.

2 (masc. as personal name).

~us philosophus SEN.*Suas.*1.9; PLIN.*Nat.*12.20.

Fabius ~a ~um, *a.*

1 The name of a Roman gens; esp. Q. Fabius Maximus Cunctator, the hero of the second Punic war.

unus de ~a gente relictus erat OV.*Fast.*2.240; si ~o..laudi datum esset, quod pingeret CIC.*Tusc.*1.4;—uictrices..moras ~i PROP.3.3.9; LIV.22.9.7; SIL.6.639; (*cf.*) aliquem Curios semper ~osque loquentem MART.7.58.7.

2 Of or named after a Fabius; (as the name of one of the colleges of Luperci; also, of a tribe).

an ~a (*sc.* lege) teneatur ULP.*dig.*17.2.51.1;—unde licens ~us sacra Lupercus habet PROP.4.1.26; OV.*Fast.*2.377;—hic multum in ~a ualet HOR.*Ep.*1.6.52.

fabrē, *adv.* *superl.* ~berrimē. [FABER²+-E] In a craftsmanlike manner, skilfully; (also, transf.).

nil quicquam factum nisi ~bre PL.*fr.*32; capita ubi ~bre expoliuere MELA 2.9; trabs ~bre teres SIL.14.320; uitrum ~bre sigillatum APUL.*Met.*2.19; urnula ~berrime cauata 11.11;—ut haec (fallacia) est ~bre facta ab nobis PL.*Cas.*862; ut apologum fecit quam ~bre! *St.*570.

fabrēfactus ~a ~um, *a.* [prec.+*factus* (FACIO)] Wrought or constructed by craftsmen.

aeris..~i uis LIV.26.21.8; ex aere (uasa) multa ~a 34.52.5; (*w. ad*) ad id ~is nauigiis 37.27.5.

fabrica ~ae, *f.* [FABER¹+-*ca* (-CVS)]

1 A craft, art. (spec.) **b** the craft of metal-working; of building.
CIC.*Div.*1.116; fabro de ~a quaerere SEN.*Ep.*95.56; ~ae eius quam Graeci χαλκευτικὴν uocant QUINT.*Inst.*2.21.10;—*w.def.adj.or gen.*) ~am aeris et ferri CIC.*N.D.*2.150; aerariam ~am PLIN.*Nat.*7.197; ~AE FERRARIAE *CIL* 13.2036;—(*w.* ars) abies..ad..intestina opera aptissima siue Graeco..siue Siculo ~ae artis genere PLIN.*Nat.*16.225; seruum..arte ~a peritum PAUL.*dig.*33.7.19.1. **b** Pallas..ipsa dedit ~ae rationibus artem CIC.*Arat.*549(303); pictura et ~a ceteraeque artes *N.D.*2.35; ~ae..deum (*i.e. Hephaestus*) PLIN.*Nat.*33.12; HYG.*Fab.*39;—qui non modo architecturae sed omnino ne ~ae quidem notitiam habent VITR.6.pr.6; nec ~a sit ars: casas enim primi illi sine arte fecerunt QUINT.*Inst.*2.17.10.

2 The action or process of making, building, construction. **b** the manner of construction, workmanship.
natura effectum esse mundum, nihil opus fuisse ~a CIC.*N.D.*1.53; in ~a, si prauast regula prima..omnia mendose fieri..necesse est..tecta LUCR.4.513; AD BALINEI ~A(M) *CIL* 11.5939; a nauium ~a excusari PAUL.*dig.*49.18.5. **b** quam..admirabilis ~a membrorum CIC.*N.D.*2.121; horrea sublimi ~a perfecta APUL.*Met.*5.2.

3 A workshop.
est pistrilla et exaduorsum ~a TER.*Ad.*584; uelut in ~a feruens cum marculus ferrum..tundit LUCIL.1165; (Vulcanus) Lemni ~ae traditur praefuisse CIC.*N.D.*3.55;—(*w. def. adj.*) in carpentariis..~is PLIN.*Nat.*16.34; (*mil.*) VETERANVS MILITAVIT IN ~A SAGITTARIA *CIL* 5.8742.

4 (transf.) A plan, device, trick.
facetis ~is et doctis dolis PL.*Mil.*147; hanc ~am fallaciasque 875; ad senem aliquam ~am fingit TER.*Hau.*545.

fabricātiō ~ōnis, *f.* [FABRICO+-TIO]

1 Manufacture, construction.
ex ~onibus aedificiorum..progressi ad ceteras artes VITR.2.1.6; ~o sigilli APUL.*Apol.*61; (*cf.*) ne illa quidem traductio..in uerbo quandam ~onem habet CIC.*de Orat.*3.167.

2 The structure.
si erit tota hominis ~o perspecta CIC.*N.D.*2.133.

3 A device.
Pythagoras normam sine artificis ~onibus inuentam ostendit VITR.9.pr.6.

fabricātor ~ōris, *m.* [FABRICO+-TOR] A maker, fashioner.
minutorum opusculorum ~or CIC.*Luc.*120; VERG.*A.*2.264; tauri ~or aeni OV.*Tr.*5.12.47;—(*of God, as the maker of the world*) ille ~or huius tanti operis CIC.*Tim.*6; OV.*Met.*1.57; magni..~or Olympi MAN.5.31; ~ori deo APUL.*Pl.*1.9;—(*transf.*) dolor ac morbus leti ~or uterquest LUCR.3.472; ~ORI..CIVITATIS NOSTRAE *CIL* 9.1128.

fabric(i)ensis ~is, *m.* [FABRICA+-ENSIS] (mil.) An armourer.
IVLIVS VITALIS FABRICIESIS LEG XX *CIL* 7.49.

Fabricius ~a ~um, *a.*

1 The name of a Roman gens; esp. C. Fabricius Luscinus, freq. mentioned as a type of ancient justice and frugality.
~o, qui talis in hac urbe qualis Aristides Athenis fuit CIC.*Off.*3.87; continentia C. Fabrici *Parad.*12; HOR.*Carm.*1.12.40; ~os Curiosque graues LUC.10.152; aratoris..~i MART.11.2.2.

2 Of Fabricius.
~o..ponte HOR.*S.*2.3.36.

fabricō ~āre ~āuī ~ātum, *tr.* Also **~or** ~ārī ~ātus. [FABRICA+-O³]

1 To fashion, forge, shape. **b** to work, fashion (material). **c** (transf.) to train, fashion (a person, character).
ad tornum aut circinum ~atus axis VITR.10.4.1; hunc (*sc.* cratera)..~auerat Alcon OV.*Met.*13.683; arma occulte ~ata TAC.*Ann.*3.43; (*poet.*) siue ignis ~auit opus MAN.1.132; ~antes fulmina nubes 1.853; (*fig.*) ab initio sic opus ducere ut caelandum, non ex integro ~andum sit QUINT.*Inst.*10.3.18;—(*w. abl. of material*) ~ata..fago pocula OV.*Met.*8.669; auro uincla..~ant MELA 3.86;—(*w.* ex) ara..ex aere ~ata VITR.10.8.1;—(*w. pred.*) me, dum auem ~at, perfecit asinum APUL.*Met.*9.15;—(*w. abst. subj.*) pugnabant armis quae post ~auerat usus HOR.*S.*1.3.102;—(*dep.*) arma..es ~atus ACC.*trag.*559; ferrea..proles..ausa..~arier ensem CIC.*Arat.*135; is qui ~atus gladium est *Rab.Post.*7; pictores et ii qui signa ~antur *Off.*1.147; (*w. pred.*) (deus) hunc (*sc.* mundum)..globosum est ~atus *Tim.*17; (*w. abst. subj.*) Capitoli fastigium..non uenustas, sed necessitas ipsa ~ata est *de Orat.*3.180;—(*pple. as sb.*) ut ~ata sic uirtute parta, quam magna industria haberei decet, ne incuria deformentur SAL.*Rep.*1.1.3. **b** (ulmus et fraxinus) cum ~antur, lentae VITR.2.9.11; (ferrum) ita mollescit, uti in omne genus formae faciliter ~etur 1.4.3. **c** Platon et qui ~auerat illum MAN.1.774; (philosophia) animum format et ~at SEN.*Ep.*16.3.

2 To build, construct. **b** to get ready (a meal).
maenianum..tabulis ~atum VAR.in *Non.*p.83M; scenis..ad ostentationem histrionum ~atis SAL.*Hist.*2.70; haec in nostros ~ata est machina muros VERG.*A.*2.46; caesa materia ratesque ~atae LIV.21.27.5; pontem cessurum oneri dolo ~antium TAC.*Ann.*15.15; Ioui ~atum caeleste palatium APUL.*Met.*5.1;—(*dep.*) utrum..animae..ipsae..sibi ~entur ubi sint LUCR.3.728; nauis..~atur plano alueo TAC.*Ann.*14.29; (*in fig. phr.*) qui montis belli ~atus est *Rhet.Her.*4.15. **b** prandium ~atur opipare APUL.*Met.*7.11.

3 To devise, contrive, invent. **b** to bring about.
regulam ~auerunt COL.3.13.11; ne..~ate moras SIL.16.670; dum illa uerba ~entur et memoriae insidant QUINT.*Inst.*10.7.2; mortem sibi ~are APUL.*Met.*6.32;—(*dep.*) ~are quiduis, quiduis comminiscere PL.*As.*102; ~are, finge quod lubet *Bac.*693; hoc natura est ipsa ~ata CIC.*de Orat.*3.178; ~emur..si opus erit uerba *Luc.*17; illud (*sc.* laser) ipsa ~ata est natura, sed huic (*sc.* melli) gignendo animal PLIN.*Nat.*22.107; (*absol.*) age modo, ~amini PL.*Cas.*488. **b** quem ipse ~aueram, risum obuiorum declinans APUL.*Met.*3.12.

fabrīlis ~is ~e, *a.* [FABER¹+-ILIS²]

1 Of or belonging to a workman, artisan's. (spec.) **b** of a metal-worker or smith; of a carpenter or builder.
erratum ~e CIC.*Att.*6.1.17; ~e scalprum LIV.27.49.1; ferramenta ~ia SEN.*Ep.*90.11; ~em libellam COL.3.13.12; ~es operae..ad heredem transeunt, officiales uero non transeunt ULP.*dig.*38.1.6;—(*neut. as sb.*) tractant ~ia fabri HOR.*Ep.*2.1.116. **b** ignipotens..opera ad ~ia surgit VERG.*A.*8.415; ~es operae rudibus contendere massis festinant *Aetna* 563; folle ~i LIV.38.7.12; Mars..~ia uincula sensit OV.*Am.*1.9.39; PLIN.*Nat.*14.16;—~e saepimentum VAR.*R.*1.14.4; ~i glutine CELS.8.5.1; SEN.*Ben.*6.38.3; scobinae ~is PLIN.*Nat.*11.180.

2 Craftsmanlike, skilled.
~i subtilitate VITR.6.8.9; ~is dextra OV.*Met.*4.175; fractaque ~i dedolat ossa manu MART.11.84.6.

fābula¹ ~ae, *f.* [*fa-* (cf. *fari*, *fama*)+-BVLA]

1 (esp. pl.) Talk, conversation; *lupus in ~a* (prov.), 'talk of the devil'. **b** gossip, talk, rumour; *in ~is esse*, to be much talked of. **c** slanderous talk, gossip, scandal. **d** (meton.) the subject of conversation or gossip, 'the talk of the town'.
excepit Seleucus ~ae partem PETR.42.1;—(*pl.*) deficiente ~arum contextu PETR.20.5; ut ~as quoque eorum et disputationes..exciperem TAC.*Dial.*2.1; conuiualium ~arum simplicitas TAC.*Ann.*6.5; tempus..~is conterunt PLIN.*Ep.*1.13.2;—em tibi autem!—quidnamst?—lupus in ~a TER.*Ad.*537; de Varrone loquebamur: lupus in ~a. uenit enim ad me CIC.*Att.*13.33a.1(4). **b** omnia..sunt ibi senatus consulta, edicta, ~ae, rumores CAEL.*Fam.*8.1.1; populi confusa ualeto ~a PROP.2.13.14; arma nobis ~ae excutiunt? SEN.*Suas.*2.4; SEN.*Phaed.*759; nihilne te..~ae malignorum terrent..? TAC.*Dial.*3.2; habes omnes ~as urbis; nam sunt omnes ~ae Tullus PLIN.*Ep.*8.18.11;—cena quoque eius secretior in ~is fuit SUET.*Aug.*70.1. **c** uitare offensionem, uitare ~am Q.CIC.*Pet.*54; semper formosis ~a poena fuit PROP.2.32.26; uxorem nullis..inquinatam ~is SEN.*Con.*9.6.7; sine ~a uiuit QUINT.*Decl.*344(p.360,l.8); APUL.*Apol.*69. **d** ~a quanta fui! HOR.*Epod.*11.8; ~a nunc ille est TIB.2.3.31; PROP.2.24.1; ~a..tota iactaris in urbe OV.*Am.*3.1.21; SEN.*Ben.*3.23.3; dulcis..narraris ~a MART.12.52.5.

2 A thing said, account, report; *quae haec est ~a?* or sim., what's that you say?
em tibi omnem ~am! PL.*Ps.*754; id credo cognomen errorem in aedilibus fecisse secutamque ~am..conuenientem errori LIV.10.9.13; cognitis..~is meis APUL.*Met.*11.20;—hunc ego esse aio Menaechmum.—at ego me.—quae haec ~ast? tu es Menaechmus? PL.*Men.*1077; *Per.*788; quid, nauis? quae istaec ~ast? *Rud.*355; hem quae haec est ~a?..puer hic undest? TER.*An.*747; *Eu.*689.

3 A fictitious story or report, tale, fiction. **b** *~ae* (as interj.), nonsense! rubbish!
illa uetus aeraria ~a CIC.*Cael.*71; rumorem, ~am falsam, fictam, leuem perhorrescimus *Mil.*42; non ~a rumor ille fuit OV.*Met.*10.561; ~as etiam antecessura latrocinia PETR.17.4; (*w. acc. and inf.*) ~ae locus factus est..id herba restitui, quod per se sanescit CELS.6.6.39.B;—(*cf.*) famam in Alexandro magno prius uolgatam, et uanitate et ~a parem LIV.26.19.7. **b** uera causast.—~ae! TER.*Hau.*336; *An.*224; *Ph.*946.

4 A story told for entertainment, instruction, etc., tale. **b** a fable.
apud Herodotum..sunt innumerabiles ~ae CIC.*Leg.*1.5; id ~as pueris est narrare, non historias scribere ASEL.*hist.*2; inseritur huic loco ~a LIV.5.21.8; extrahit insomnis bellorum ~a noctes LUC.4.200; anilibus..~is APUL.*Met.*4.27;—(*in fig. phr.*) haec decantata erat ~a CIC.*Att.*13.34;—(*w.* ficta) uetera exempla pro fictis ~is..haberi *Ver.*3.182; non fictae solum ~ae uerum etiam historiae *Fin.*5.64. **b** hanc praeterissem ~am silentio PHAED.3.13.16; haec eius (*sc.* Aesopi) ~a de auiculae nidulo GEL.2.29.2.

5 A legend, myth; *~a est* (w. acc. and inf.), legend has it (that), the story goes (that). **b** a thing existing only in talk, a mere name, a thing of the past.
~a est quae neque ueras neque ueri similes continet res, ut eae sunt quae tragoediis traditae sunt *Rhet.Her.*1.13; Endymion..si ~as audire uolumus..in Latmo obdormiuit CIC.*Tusc.*1.92; ~arum dispositas explicationes (*i.e. in statuary*) VITR.7.5.2; pestis ac belua immanis, quales fretum quondam quo ab Sicilia diuidimur..circumsedisse ~ae ferunt LIV.29.17.12; (*poet.*) ecce Promethei rupes et ~a montis (*the fabulous mountain*) MART.9.45.3;—illic stabulare Solis boues ~a est SEN.*Nat.*3.26.7; PLIN.*Nat.*4.53. **b** postremo nos iam ~ae sumus..senex atque anus TER.*Hec.*620; cinis et manes et ~a fies PERS.5.152; tunc omne Latinum ~a nomen erit LUC.7.392; (*in appos.*) iam te premet nox ~aeque Manes HOR.*Carm.*1.4.16; ~AS MANES VBI REX COERCET *CIL* 14.3565a.10.

6 A play, drama. **b** a piece of play-acting, pretence.
Acontizomenos ~a est prime proba NAEV.*com.*1; haec res agetur nobis, uobis ~a PL.*Capt.*52; Graecus tragoedus gloriae sibi ducebat talentum magnum ob unam ~am datum esse GRACCH.*orat.*41; ~ae, ut tragoediae et comoediae VAR.*L.*6.55; cum Orestem ~am doceret Euripides CIC.*Tusc.*4.63; ~a iucundi nulla est sine amore Menandri OV.*Tr.*2.369; ~am cantasse SUET.*Nero* 46.3; ~a atellania GEL.12.10.7;—(*fig.*) non solum unum actum sed totam ~am confecissem CIC.*Phil.*2.34; post profectionem tuam primus..introitus fuit in causam ~ae Clodianae *Att.*1.18.2. **b** hanc conturbabunt ~am PL.*Mos.*510; Cornicinus ad suam ueterem ~am rediit CIC.*Att.*4.2.4; tribuni..in foro personare, ~am compositam Volsci belli, Hernicos ad partes paratos LIV.3.10.10; deterrimo quoque in argumentum ~ae adsumpto TAC.*Hist.*2.72.

fabula² ~ae: see FABVLVS.

fābulāris ~is ~e, *a.* [FABVLA¹+-ARIS] Relating to legends, mythological.
notitiam historiae ~is SUET.*Tib.*70.3.

fābulātor ~ōris, *m.* [FABVLOR+-TOR]

1 A story-teller, 'raconteur'.
erat..~or elegantissimus SEN.*Ep.*122.15; lectoribus aut ~oribus arcessitis SUET.*Aug.*78.2.

2 (of writers) A romancer; a writer of fables.
Herodotus, homo ~or GEL.3.10.11;—Aesopus ille e Phrygia ~or 2.29.1.

Fābulīnus ~ī, *m.* [FABVLA¹+-INVS] The god of speech.
cum primo fari incipiebant, sacrificabant diuo ~o VAR.*gram.*106(Non.p.532M).

fābulō ~āre ~āuī: v.l. for next in several passages.

fābulor ~ārī ~ātus, *intr.*, (*tr.*). [FABVLA³+-O³]

1 To talk, esp. familiarly, to converse, chat. **b** (w. internal acc.; also w. acc. and inf., or dir. sp.).
~ari tute noueris ENN.*scen.*146; uinum si ~ari possit se defenderet PL.*Truc.*830; ut aperte tibi nunc ~er TER.*Ph.*654; quos more prisco apud iudicem ~antis non auditores sequuntur TAC.*Dial.*23.3; omnes in me populi ~abantur APUL.*Met.*11.16; GEL.12.1.4; (*w. adv. denoting language*) qui Obsce et Volsce ~antur TITIN.*com.*104;—eadem istac opera suauiust complexos ~ari PL.*As.*640; occepere aliae mulieres..~ari inter sese *Epid.*237; cum Capitolino Ioue secreto ~abatur SUET.*Cal.*22.4; ambulant..et ~antur APUL.*Fl.*21; stabant..una in uestibulo..~antes GEL.19.13.1. **b** quid ego ex te audio?—hoc quod ~or PL.*Epid.*44; ut apud te falsa ~er 645; sine hoc, aliud ~emur *Rud.*1311; rem ~are (*i.e. you are right*) *Trin.*480; de istis rebus plura ~abimur 711; (*cf.*) faenus illic, faenus hic! nescit quidem nisi faenus ~arier *Mos.*606;—quid hoc negoti est, quod omnes homines ~antur..mihi esse filiam inuentam? *Cist.*774;—quia 'pol edepol' ~are TITIN.*com.*111.

2 To invent a story, make up a fable.
(*w. internal acc.*) sed de apologo quaeritis: non pigebit aliquid ~ari APUL.*Soc.*pr.4; (*w. acc. and inf.*) (medicina) ictum fulmine Aesculapium ~ata PLIN.*Nat.*29.3; quod coruo suo euenisse Aesopus ~atur APUL.*Soc.*pr.4.

fābulōsē, *adv. compar.* ~ius, *superl.* ~issimē. [FABVLOSVS+-E] In a legendary manner, fabulously; *~e narrare*, to tell fabulous tales about.
ea quae Hyginus ~e tradita de originibus apum non intermisit COL.9.2.2; Hesiodus..~e cornici nouem nostras attribuit aetates..et reliqua ~ius PLIN.*Nat.*7.153; candidum (plumbum)..~e..narratum in insulas Atlantici maris peti 34.156; AMP.15.1;—Lixos uel ~issime antiquis narrata PLIN.*Nat.*5.2; casias ~e narrauit antiquitas 12.85; 32.143.

fābulōsitās ~ātis, *f.* [next+-TAS]

1 Incredibility, improbability, fabulousness.
cum excedat omnia ~as, utemur..M. Varronis in expositione ea uerbis PLIN.*Nat.*36.91.

2 The practice of inventing legends; an example of this.
omnis Graeciae ~as..ex hoc primum sinu effulsit PLIN.*Nat.*4.1; si poetica recipiatur ~as 7.101;—~as superfuit Iouem sub ea (platano)..concubuisse 12.11.

fābulōsus ~a ~um, *a. compar.* ~ior, *superl.* ~issimus. [FABVLA²+-OSVS]

1 Celebrated in legend or story, famous. **b** dealing with legendary subjects; concerned with, or involving, legends.
~us..Hydaspes HOR.*Carm.*1.22.7; 3.4.9; illam ~am Charybdin SEN.*Dial.*6.17.2; Aeminius..multum..~us PLIN.*Nat.*4.115; montem Africae uel ~issimum Atlantem 5.5; ~o errore (*i.e. of Ulysses*) TAC.*Ger.*3.3; (*cf.*) ~am ne uetustatem eleues PHAED.3.10.7; (*w. dat.*) fabulosa uatibus palus [QUINT.]*Decl.*10.8. **b** ~is Graecorum carminibus CURT.3.1.2;—leui ac ~o sermone SEN.*Ben.*1.4.6.

2 Resembling an invented tale, incredible, fabulous.
tam ~a pollicitatione conterritus PETR.135.1; proxime ~us est crocodilus PLIN.*Nat.*28.107; PLIN.*Ep.*8.4.1; nihil hac fabula ~ius APUL.*Met.*1.20;—(*neut. as sb.*) quamuis ~a immania credebantur TAC.*Ann.*4.11;—(*foll. by acc. and inf.*) ~um uisum iri tantum ullis mortalium securitatis fuisse 11.27.

3 Unhistorical, false, fictitious, mythical.
Pegasos..~os reor PLIN.*Nat.*10.136; Midae..anulum..quis non etiam ~iorem fateatur? 33.8; mihi totum de Tyndaridis ~um uidetur QUINT.*Inst.*11.2.16;—(*neut. as sb.*) in ~is et carmine traditis 2.4.18; TAC.*Hist.*2.50; —(*foll. by acc. and inf.*) ex feminis mutari in mares non est ~um PLIN.*Nat.*7.36.

fabulus ~ī, *m.* [FABA+-VLVS] FORMS: nom. *fabula* has been assumed, but the fem. gender is not proved.

1 A bean, (collect.) beans.
nucibus, ~is, ficulis PL.*St.*690; ~os albos CATO *Agr.*70.1; —a ~o edendo..homines deducere GEL.4.11.10.

2 A bean-pod.
(naucum esse) fabae grani quod haereat in ~o FEST.p. 166M.

facella ~ae, *f.* [FAX+-ELLA] A small torch.
ACCENDET ~AM QVI LVCERNAM NON HABET *A.Epig.*21.62; 34.244.

facēs: app. var. of FACIES or FAX.
~ antiqui dicebant, ut fides PAUL.*Fest.*p.87M.

facessō ~ere ~īuī or (i)ī ~ītum, *tr., intr.* [FACIO+-ESSO]

1 (tr.) To carry out, perform (orders). **b** to perpetrate.
dictum ~as PL.*Men.*249; AFRAN.*com.*202; matris praecepta ~it VERG.*G.*4.548; iussa ~unt *A.*4.295. **b** mille ~e iocos! OV.*Ars* 3.367.

2 (tr., leg.) *rem ~ere*, To be the plaintiff, bring the case; *periculum* (*negotium*) *~ere* (w. dat.), to bring a case against, accuse.
ego, opinor, rem ~o PL.*Rud.*1061;—ne innocenti periculum ~ieris CIC.*Div.Caec.*45; si cui forte hac lege negotium ~etur *Clu.*158; DE EO CVI IS NEGOTIVM ~ET *CIL* 1.594. 3.2.27; clarissimo cuique periculum ~it TAC.*Ann.*1.74; qui..ob accusandum negotiumue cui ~endum pecuniam accepisse iudicatus erit ULP.*dig.*48.2.4; (*w. gen. of the charge*) negotium magiae ~itur APUL.*Apol.*54.

3 To go away, depart, be off.
uos ab hoc ~ite ENN.*scen.*149; ut..haec hinc ~at TER.*Ph.* 635; ~ite omnes hinc: parumper tu mane! PAC.*trag.*326; ferrum ac lapides remoueantur, operae ~ant CIC.*Flac.*97; ~e hinc..Corinthum LIV.1.47.5; CURT.10.2.27; flentis..qui aderant ~ere..hortatur TAC.*Ann.*16.34; clausis cubiculi foribus ~unt APUL.*Met.*10.20; (*w. sup.*) cubitum ~it 6.11;—(*of the moon*) quanto longius ~at (luna) a sole *Soc.*1;—(*transf.*) ab omni societate rei publicae..~ant CIC.*Leg.*1.39;—(*of abst. things*) ~AT..ILLVT DVCENTIENS ANNV⟨V⟩M *CIL* 2.6278.8; omnis cunctatio, ignauia omnis ~at e pectore APUL.*Met.*3.5.

facētē, *adv.* *compar.* ~ius, *superl.* ~issimē. [FACETVS+-E]

1 Aptly, cleverly.
~e dictum! PL.*Capt.*176; ut ~e orationem ad seruitutem contulit! 276; ludo ego hunc ~e *Cas.*685; TER.*Ad.*805; noster hic ~issime tris..libellos tribus legendos dedit CIC.*de Orat.* 2.223; ~ius eludimur quam putamus *S.Rosc.*128; duo uolumina..de uineis..conposita ~ius et eruditius COL. 1.1.14;—(*of movement, deportment*) ad hunc me modum intuli illis sati' ~e PL.*Ps.*1274; ut ~e, atque ex pictura astitit *St.*271.

2 Wittily, amusingly.
illud ~e dictum CIC.*de Orat.*2.219; quae (*sc.* contumelia) si petulantius iactatur, conuicium, si ~ius, urbanitas nominatur *Cael.*6; scripsisti ~issime *Fam.*9.16.10; ludit ut qui ~issime PLIN.*Ep.*9.22.2; SUET.*Jul.*50.2.

facētiae ~ārum, *f. pl.* Also ~**a** ~ae. [next+-IA] FORMS: sg. PL.*St.*729; GEL. 3.3.3; APUL.*Apol.*56.

1 Skilfulness, cleverness; a clever action. **b** cleverness or aptness of expression.
quoi ~arum cor pectusque sit plenum et doli PL.*Mil.* 783; tu quemuis potis es facere ut afluat ~is 1322;—fecisti ..~as, quom hoc donauisti dono tuom seruom Stichum *St.*655. **b** dulces..Latini leporis ~ae per Caecilium Terentiumque..nituerunt VELL.1.17.1; quibus sumptus et fastidium pro ~is procedit FAV.*orat.*1;—(*sg.*) adductus filo atque ~a sermonis Plauto congruentis GEL.3.3.3.

2 The quality of being witty or facetious, wit. **b** (sg.) an amusing thing or remark, joke.
sales..quorum duo genera sunt, unum ~arum, alterum dicacitatis CIC.*Orat.*87; Antoni uoluntatem asperioribus ~is saepe perstrinxit *Planc.*33; ioca tua plena ~arum *Att.* 14.14.1; leporum differtus puer ac ~arum CATUL.12.9; multae ~ae multusque lepos inerat SAL.*Cat.*25.5; MART. 10.35.9; cui militaribus ~is uocabulum 'cedo alteram' indiderant TAC.*Ann.*1.23; PLIN.*Ep.*6.8.8. **b** haec ~ast, amare inter se riualis duos PL.*St.*729;—aesibi habere (*i.e. look on as a joke*) res diuinas deridere APUL.*Apol.*56.

facētus ~a ~um, *a.* *compar.* ~ior, *superl.* ~issimus. [dub.; regarded by the ancients as from FACIO; perh. connected w. FAX]

1 Displaying cleverness of judgement, clever, adept. **b** (of speakers or writers and their works).
facio ~um me atque magnuficum uirum PL.*As.*351; ~um puerum! *Mil.*1385; *Per.*807; qui..bella aut ~a es, quae ames hominem isti modi? *Truc.*930; tunicis..inguen ad obscenum subductis usque ~us HOR.*S.*1.2.26; frater, pater, adde; ut cuique est aetas, ita quemque ~us adopta HOR.*Ep.* 1.6.55;—(*of actions, etc.*) ~is fabricis et doctis dolis PL.*Mil.* 147; (*colloq.*) neque tam ~is quam tu uiuis uictibus *Mos.* 44. **b** quo ~ior uideare et scire plus quam ceteri LUCIL.963; acuti sunt, elegantes ~i breues CIC.*Brut.*63; hominem litteratum ac ~um *Scaur.*23; (*cf.*) os probum et ~um FRO.*Aur.*1.p.208(75N);—in illa ~issima uerborum attenuatione *Rhet.Her.*4.16; sermo ~us ac nulla in re rudis CIC.*de Orat.*1.32; exornato et ~o genere uerborum *Brut.*325; (*cf.*) QUINT.*Inst.*6.3.20.

2 Gently humorous, whimsical.
cauillator ~us PL.*Mil.*642; cum aliquo aculeo et maledicto ~us CIC.*Brut.*173; Demosthenes..non tam dicax fuit quam ~us *Orat.*90; Aristophanes, ~issumus poeta ueteris comoediae *Leg.*2.37; suaues epulae et ~a conuiuia APUL. *Met.*11.24;—(*of things*) non esse omnia ridicula ~a CIC. *de Orat.*2.251; epistulas..uersiculis ~is ad familiaris missas *Att.*13.6a.(6.4); ~am audaciam Dionysius punire erubuit V.MAX.6.2.ext.2; argutiae ~issimi salis PLIN.*Nat.*35.117; (*cf.*) plausus uero L. Cassio datus etiam ~us mihi quidem uisus est CIC.*Att.*14.2.1;—(*neut. as sb.*) ~um illud Bionis *Tusc.*3.62; molle atque ~um Vergilio adnuerunt gaudentes rure Camenae HOR.*S.*1.10.44.

faciēs ~iēī, *f.* [FACIO; for term. cf. *species*] FORMS: nom. sg. perh. *faces* (PAUL.*Fest.* p.87M); gen. *~ies* or *~ii* QUAD.*hist.*30 (Gel. 9.14.20); gen. or dat. *~ie* LUCIL.269, 1039, 1257; gen. pl. *~ierum* CATO *orat.*224.

1 The physical or outward appearance, looks (of men or animals).
qua ~iest tuo' sodalis Philocrates?—..macilento ore, naso acuto..cincinnatus PL.*Capt.*646; mihi..mandauit ad illam ~iem, ita ut illa est, emerem sibi *Mer.*427; uelim mihi dicas..L. Turselius qua ~ie fuerit, qua statura CIC.*Phil.* 2.41; qua ~ie..sit (animus) aut ubi habitet, ne quaerendum quidem est *Tusc.*1.67; portenta..mira ~ie LUCR.5.838; (bos) ~iem tauro propior VERG.*G.*3.58; insignis et sordibus et ~ie reorum turba LIV.6.16.8; ceterarum uolucrum.. nouam ~iem (*sc.* phoenicis) mirantium TAC.*Ann.*6.28; una senum ~ies JUV.10.198; (*poet.*) spelunca..semihominis Caci ~ies quam dira tenebat VERG.*A.*8.194;—(*w. spec. ref. to stature or physique*) ~ie procera uirum PAC.*trag.*254; (*cf.*) memini Quadrigarium..~iem pro statura totiusque corporis figura dixisse GEL.13.30(29).7;—(*w. ref. to metamorphosis, etc.*) in aurigae ~iem mutata..dea VERG.*A.*12.784; saxa missa uiri manibus ~iem traxere uirorum OV.*Met.* 1.412; induitur ~iem tauri 2.850; noua demersos ~ies habet SEN.*Oed.*460;—(*fig.*) uirtus, quam tu ne de ~ie quidem nosti CIC.*Pis.*81; ingenii..partus recentes rudi esse ~ie et inperfecta GEL.17.10.3.

2 The appearance, look, guise, aspect (of a thing); *~ie, in ~iem*, with, so as to present, the outward appearance (of). **b** (astrol.) the aspect (of the stars). **c** appearance (as indicative of condition).
dicito quid insit et qua ~ie PL.*Rud.*1149; gemina ~ie mala negamus esse similia, si sapore sunt alio VAR.*L.*9.92; quis rebus permota ciuitas atque inmutata urbis ~ies erat SAL.*Cat.*31.1; ~iem liquidarum imitatus aquarum OV.*Met.* 8.736; discussa..saxa nec ullius ~iem seruantia sacri LUC. 9.978; rerum naturae mutasse ~iem PLIN.*Nat.*3.4; alia illi (*sc.* Indiae) caeli ~ies 6.58; ~ies maestissima capti litoris V.FL.2.493; donec litteras..~ie norint non ordine QUINT. *Inst.*1.1.25; antequam Vesuuius mons ardescens ~iem loci uerteret TAC.*Ann.*4.67; ~iem uehiculi ementitus est.. falsam GEL.15.30.3;—aquis passim interfluentibus..~ie amnium spargitur (mare) MELA 3.31; aurum albicare quadam argenti ~ie cogunt PLIN.*Nat.*37.126;—curuata in montis ~iem..unda VERG.*G.*4.361; in..hederae ~iem pendens frondescere uestis OV.*Met.*4.395; SEN.*Nat.*4a.2.8; ossa.. contusa..in ~iem pulueris GEL.10.18.3. **b** si uitae.. eiusdem hominis indicia..non eadem stellarum ~ie denotantur GEL.14.1.21. **c** in ~iem prorae pinus adacta nouae PROP.3.22.14; repleat..Atho et maria in antiquam ~iem reducat SEN.*Suas.*5.7; ut pristinam ~iem aedibus reddat ULP.*dig.*19.2.19.4; *CIL* 10.5918.

3 The aspect, appearance (of situations, events, etc.).
contra belli ~iem tuguria plena hominum SAL.*Jug.*46.5; uerba..quae aliter instructa nouam ~iem habent SEN. *Ep.*79.6; heu rebus ~ies inhonora sinistris! SIL.10.390; quaedam..~iem soloecismi habent QUINT.*Inst.*1.5.52; dum positis loricis et galeis in ~iem pacis ueniretur TAC.*Ann.* 13.38; ~ie maioris uiuere census JUV.7.137; dii boni, quae ~ies rei? APUL.*Met.*3.9;—(*pl.*) quale eius regnum est? non aliud quam captarum urbium forma et terribiles ~ies publici metus SEN.*Cl.*1.26.2.

4 Characteristic appearance, form; characteristic manifestation (of abstract or non-material things), style, form; *in ~iem* (w. gen.), after the manner (of).
nec pingues unam in ~iem nascuntur oliuae VERG.*G.*2.85; munitionis ~ies noua LIV.25.36.8; ~iem componere pugnae [TIB.]3.7.100; duae (uites)..palmitum pari ~ie COL.3.2.17; per locos arboribus..impeditos non una pugnae ~ies TAC. *Hist.*2.42; quod multiplex colorum ~ies, appellationes autem incertae..forent GEL.2.26.2; nec uxoris officiosam ~iem, sed medicae laboriosam personam sustinens APUL. *Met.*5.10;—ad istam ~iem est morbus qui me..macerat PL.*Cist.*71; tam multae scelerum ~ies VERG.*G.*1.506; non ulla laborum..noua mi ~ies inopinaue surgit *A.*6.104; nec ulla ~ies mali deerat CURT.3.11.22; plures..etiam eloquentiae ~ies QUINT.*Inst.*12.10.69; TAC.*Hist.*3.30; misereri et indignari..et angi et laetari omnem..humani animi ~iem pati APUL.*Soc.*12;—in asini ~iem..faena rodebam *Met.*3.29.

5 A body, etc., w. respect to its outward appearance, form (esp. as seen in dreams or visions).
in deo, cuius crebra ~ie pellantur animi CIC.*N.D.*1.106; uerane te ~ies, uerus mihi nuntius adfers? VERG.*A.*3.310; uisa..caelo ~ies delapsa..Anchisae..talis effundere uoces 5.722; nec te ullae ~ies, non terruit ipse Typhoeus 8.298; dominae..relictae ante oculos ~ies stabit OV.*Rem.*584; ad ~iem rediit..eandem et lacrimis turbauit aquas *Met.* 3.474.

6 A thing presented to view, sight, scene, the sight of something being enacted, a spectacle. **b** (w. *repentinus, subitus*) presentation to view, appearance; *prima ~e*, at first sight (also transf.).
unaque erat ~ies sidera, terra, fretum OV.*Ars* 2.468; uidere uideberis tibi captae..ciuitatis ~iem SEN.*Ben.*7.27.1; iuxta terribilis ~ies SIL.9.254; hac non deteriore quam marie ~ie cenatio..fruitur PLIN.*Ep.*2.17.15; uaria hinc et inde ~ies 2.17.2; (VIA QVAE) INTROEVNTES FOEDA..~IE EXCIPIEBAT *CIL* 8.10979;—nec quisquam..quem non commoueret illa ~ies Romanum principem..per urbem exire de imperio TAC.*Hist.*3.68; foeda ~ies, cum populi Romani imperator alienum cursum..sequeretur PLIN.*Pan.* 82.3. **b** repentina eius (*sc.* arcus) ~ies et repentinus interitus SEN.*Nat.*1.6.4; ~ie subita..flammarum SIL.7.367; quam (*sc.* ursam) simul conspexi..repentina ~ie conterritus .. APUL.*Met.*7.24;—quosdam esse colores prima ~ie duros et asperos SEN.*Con.*20.pr.15; SEN.*Ep.*87.1; exceptio, quae prima ~ie iusta uideatur GAIUS *Inst.*4.126; *dig.*16.1.13.

7 Shape, outline.
Sardinia..~ie uestigii humani SAL.*Hist.*2.2; longa quibus ~ies ouis erit HOR.*S.*2.4.12; par ~ies templi OV.*Fast.*6.281; terra..~ie positi ensis adfecta est MELA 2.5; ignium multae uariaeque ~ies sunt SEN.*Nat.*1.1.1; qui stat aer..in aliquam ~iem fingi potest 1.2.6; stella, quam diximus Graecae litterae ~iem obtinere..imae fossae solum metitur COL. 3.13.13; (luna) curuata in cornua ~ie PLIN.*Nat.*2.42.

8 a Good looks, beauty. **b** an imposing appearance, dignified look, impressiveness.
a Tyndaridis ~ies inuisa VERG.*A.*2.601; PROP.2.34.1; cura dabit ~iem; ~ies neclecta peribit OV.*Ars* 3.105; exitio ~ies cui sua paene fuit *Ib.*256; ~ies, non uxor amatur JUV. 6.143;—(*of things*) ~iemque loci fontemque secutus OV. *Met.*3.414. **b** senatus..~iem (legatus) secum attulerat auctoritatemque rei publicae CIC.*Phil.*8.23; maior uti ~ies mundi foret MAN.1.35; uestrae ~iem cognoscite turbae LUC.5.20; magna tamen ~ies et non adeunda senectus (*sc. of a lion*) STAT.*Theb.*11.744.

9 The face, countenance (of a person). **b** *in ~ie, ad ~iem*, in, into the presence (of), before; *a ~ie*, in the face, in front.
ex hominis..~ie pulchroque colore LUCR.4.1094; saxo.. occupat os ~iemque aduersam VERG.*A.*10.699; curuo nec ~iem litore dimouet HOR.*Carm.*4.5.14; ~ies homini tantum, ceteris os aut rostra PLIN.*Nat.*11.138; nonne ad singulas.. distinctiones quamuis in eadem ~ie tamen quasi uultus mutandus est? QUINT.*Inst.*11.3.47; (*cf.*) Cytherea..uelut in ~ie mundi sua collocat ora MAN.2.923;—(*in representation*) ~ies nunc quoque tecta deae est OV.*Ib.*378; concisum argentum in titulos ~iesque minutas JUV.14.291; (*cf.*) hunc ego cum spectem, uideor mihi cernere Romam; nam patriae ~iem sustinet ille suae OV.*Pont.*2.8.20; haec mundi ~ies, haec sunt Iouis ora seueri (*i.e. a sculpture of the Emperor*) MART.9.24.3. **b** me legat in sponsi ~ie..uirgo OV.*Am.* 2.1.5; LUC.4.253; statuis..quas..posuerunt in ~ie publica AMP.15.19;—(STATVAM) TRANSLATAM..AD ORNATVM FORI ET AD ~IEM PVBLICAM *CIL* 14.4721;—cum a tergo se hostibus, a ~ie Romanis (luna) praebuisset FLOR.*Epit.*1.40 (3.5.23).

10 Facial expression, look.
recordamini ~iem atque illos eius fictos..uoltus CIC. *Clu.*72; nec quae sint ~ies nec quae sint uerba rogandi inuenias PROP.3.14.31; eandem semper ~iem seruabit, placidam, inconcussam SEN.*Cl.*2.5.5; conspicio ~iesque truces oculosque minaces LUC.7.291; loqui recta ~ie (*i.e. unabashed*) JUV.6.401; laeti ~iem APUL.*Met.*7.13; (*poet.*) uertitur extemplo ~ies et mentis et oris OV.*Met.*5.568.

11 The surface (of a thing); the part presented to view, aspect.
aegyptillam..nigra radice, caerulea ~ie PLIN.*Nat.*37.148; salis icta frequenti albescit pulsu (remorum) ~ies SIL.14. 361;—siluae..horridiorque naturae ~ies PLIN.*Nat.*24.1.

facile, *adv.* *compar.* ~ius, *superl.* ~limē. [neut. of next] FORMS: superl. *facilumed* *CIL* 1.581.27.

1 Without difficulty, easily. **b** (applied to the actions or qualities of things). **c** (in potential sentences, esp. w. neg.). **d** (w. vbs. of exceeding, superl. adjs., numbers) easily.
VTEI..(TABOLAM)..FIGIER IOVBEATIS VBEI ~VMED GNOSCIER POTISIT *CIL* 1.581.27; parasitus octo hominum munus ~e fungitur PL.*Men.*223; tam ~e uinces quam pirum uolpes comest *Mos.*559; si te libenter uicinitas uidebit, ~ius tua uendes CATO *Agr.*4; quo ~ius..rempublicam administrare possitis GRACCH.*orat.*41; rem ~ius totam accipietis, si haec memineritis CIC.*Quinct.*36; quam me amares, ~e perspexi *Fam.*4.15.1; ~lume..cognoscuntur adulescentes, qui..*Off.*2.46; cum uideret Germanos tam ~e impelli CAES. *Gal.*4.16.1; LIV.4.48.7; TAC.*Dial.*8.4. **b** nihil est..quod tam ~e sequatur quocumque ducas quam oratio CIC. *de Orat.*3.176; mens ~e efferuescit in ira LUCR.3.295; (aurum) ~e et ualidis et pulchris dempsit honorem 5.1114; euenit ~e quod dis cordi esset LIV.1.39.4. **c** etiam si non erunt insidiae, quae ~lime esse poterunt CIC.*Phil.*12.26; hostium saeuitia ~e eum occasurum SAL.*Jug.*7.2; referam ..facta, quibus flecti ~e..possis OV.*Met.*14.698;—habebat hoc a natura ipsa, quod a doctrina non ~e posset CIC.*Brut.* 112; simulacrum..quo non ~e dixerim quicquam me uidisse pulchrius *Ver.*4.94; de iis haud ~e compertum narrauerim SAL.*Jug.*17.2; LARG.194; nec..~e memorauerim quis primus auctor TAC.*Ann.*15.49. **d** Thucydides omnis dicendi artificio..~e uicit CIC.*de Orat.*2.56; ~e ut omnium domos..dignitate superaret *Dom.*116;—eorum (oratorum) ..princeps ~e Demosthenes *Opt.Gen.*13; tu..omnium ~e omnibus rebus infimus *Vat.*17; uirum unum totius Graeciae ~e doctissimum *Rab.Post.*23; APUL.*Fl.*18;—huic hereditas ad HS ~e triciens uenit CIC.*Ver.*2.35; ex altera parte ~e cccc fuerunt *Att.*1.14.5; duplici ~e numero classem habentibus Romanis LIV.24.36.7.

2 Generally, often, (w. neg.) rarely.
ubi malos praemia secuntur, haud ~e quisquam gratuito bonus est SAL.*Hist.*1.77.9; inopia iuniorum non ~e in utrumque..sufficiebat LIV.25.5.5; haud ~e alia infestior classi statio est 28.6.9; (albae uites) ne fecundae quidem ~e reperiuntur COL.8.2.7; Aethiopici (smaragdi)..acriter uirides, sed non ~e puri aut concolores PLIN.*Nat.*37.69; antiquiores 'soloecum' ~e, 'soloecismum' haut scio an umquam, dixerunt GEL.5.20.6.

3 Readily, willingly.
nimio id quod pudet ~ius fertur quam illud quod piget PL.*Ps*.281; ~e aerumnam ferre possum, si inde abest iniuria CAECIL.*com*.47; ~e deridemur. scimus capital esse irascier LUCIL.658; nos et libenter et ~e concedimus CIC.*Flac*.37; paulo ~ius putaui posse me ferre desiderium tui *Fam*.16.1.1; haud ~e lubidinibus carebat SAL.*Cat*.13.5; urbes..eo ~ius in societate manentes Romana quod.. LIV.24.1.1; peiora uuenes ~e praecepta audiunt SEN.*Thy*.309; timidum genus mortalium..non ~e se ferro ⟨ignique⟩ committebat LARG. pr.p.2, l.5.

4 Without hesitation, readily, promptly; (expressing assent or agreement) certainly.
erat in uerbis grauitas et ~e dicebat CIC.*Brut*.221; ~e hoc accredere possis LUCR.3.856; Agricola..~e iusteque agebat TAC.*Ag*.9.2; illi ~e respondent FRO.*Ar*.1.p.58(238N);—nouistin fidicinam Acropolistidem? — tam ~e quam me PL.*Epid*.504; Lycum nouistis? — ~e *Poen*.592.

5 Without trouble or discomfort, favourably, comfortably.
quam uos ~lime agiti', quam estis maxume potentes dites fortunati nobiles TER.*Ad*.501; tres per idem tempus qui agitabant nobiles ~lime PORC.*poet*.3.10; locum habeo nullum ubi ~ius esse possim CIC.*Att*.13.26.2; adsiduus..pro locuplete et ~e facienti dictus GEL.16.10.15.

6 Lightly, heedlessly, carelessly.
ignosce si diligentior sum cum uideam hominem tam ~e damnari SEN.*Con*.7.1.16; absentibus secundum praesentes ~lime dabat SUET.*Cl*.15.2; non debuit ~e quae ignorabat adseuerare ULP.*dig*.19.1.13.3.

facilis ~is ~e, *a. compar.* ~ior, *superl.* ~limus. [FACIO + -ILIS[1]]

1 (of the performance or completion of actions) Not requiring great effort, easy; (neut. pl. as sb., app.) easy means.
quod est ~lumum, facis PL.*Trin*.630; agilem dari ~emque uictoriam SIS.*hist*.14; ~e id dicemus, quod sine magno aut sine ullo labore, sumptu, molestia quam breuissimo tempore confici potest CIC.*Inv*.2.169; ~ior est existimatio quam reprehensio *Ver*.3.190; ~iorem fugam haberunt *B.Alex*.31.5; ~is descensus Auerno VERG.*A*.6.126; ~ior erit decursus aquae VITR.8.5.3; res haudquaquam erat populo ~is LIV.28.11.9; ~i se proelia pauca gesseris euentu LUC. 1.284; ~i..trahi conubia raptu STAT.*Ach*.2.69; ~iore inter malos consensu ad bellum TAC.*Hist*.1.54;—ROGANS TE COGENDEI DISSOLVENDEI TV VT ~IA FAXS⟨EIS⟩ *CIL* 1.632.

2 (of tasks, situations, etc.) Straightforward, easy to handle.
iustam illam causam ~em uincibilem optumam TER.*Ph*. 226; itinerum..laborem..accipite quam ~em sibi..reddiderit CIC.*Ver*.5.26; ulciscendae iniuriae ~ior ratio est *Red. Pop*.22; res..loco..fuisset ~limo, si culpa a quibusdam afuisset *Fam*.12.28.3; ~i proelio LIV.4.57.7; nequaquam tam ~e bellum fuit 10.35.1; OV.*Tr*.3.11.21; (terra) mollis ~isque culturae PLIN.*Nat*.17.37; (*neut. as sb.*) ut..a ~limis ordiamur CIC.*Fin*.1.13.

3 a ~*e est* (w. inf., sup.) It is easy (to). **b** ~*ius est ut*, it is more likely that. **c** *in* (*ex*) ~*i esse*, to be easy; *ex* ~*i*, easily.
a quoiuis homini..~e est facere nequiter PL.*Mos*.411; sine pinnis uolare hau ~est *Poen*.871; illis ~ius est bellum tractare CAEL.*hist*.16; ut..~ius fuerit ad Oceanum peruenire CIC.*Ver*.5.6; nec ~e est..auctorem auctori praeferre LIV.8.40.3;—quoiuis ~e scitust quam fuerim miser TER. *Hec*.296; ~e intellectu est..uerbis eos non re dissidere CIC. *Fat*.44. **b** ~ius est ut me..parum doluisse quam nimis credas PLIN.*Ep*.8.6.17; ~ius est, ut esse aliquis successor tuus possit, quam ut uelit *Pan*.44.3. **c** cum exitus haud in ~i essent LIV.3.8.9; in ~ist omnia posse deo OV.*Ars* 1.562; SEN.*Cl*.1.7.3; satis factum bello ratus et cetera ex ~i TAC.*Hist*.3.49;—quod petis, ex ~i, si uolet illa, feres OV. *Ars* 1.356; artifex instrumenta sua tractat ex ~i SEN.*Ep*. 121.5; quae in emendis bubus..uitanda sint, non ex ~i dixerim COL.6.1.1.

4 (of things) Involving no difficulties, easy to deal with or manage. **b** (of persons or things) putting no difficulties in the way of a particular action or treatment.
non iuuat e ~i lecta corona iugo PROP.4.10.4; sed quae sunt ad uillas (aedificia), ~iora uidentur esse VITR.6.6.6; uia nuda ac ~i decurrentes LIV.27.42.6; cibus..parabilis ~isque SEN.*Dial*.9.1.6; quolibet uento ~es Calydnae *Tro*.839; (arunca) exteritur in Graecia difficulter..eadem in Aegypto ~is fertilisque PLIN.*Nat*.18.92; ~em..transcurrite pontum STAT.*Silv*.3.4.1;—(*in fig. phr.*) cursus ad gloriam..~ior CIC. *Planc*.67; cui non uia ad consulatum ~ior..fiat LIV.6.41.3. **b** (*w. dat.*) ~is quaerentibus herba VERG.*G*.4.272; Romana acies distinctior, ex pluribus partibus constans, ~is partienti LIV.9.19.8;—(*w.* ad) haec ad iudicandum sunt ~lima CIC. *Off*.3.30; locum haud ~em ad circumueniendum LIV.9.21.4; mediocritas praeceptoris..ad..imitationem ~ior QUINT. *Inst*.2.3.1;—(*w.* in+*abl.*) munitum..iter quo ~iora plaustra minorque moles in transitu esset LIV.25.11.8;—(*w. inf.*) Cestros nauigari ~is MELA 1.79; arida et corripi ~ia scintillam..fouent SEN.*Ep*.18.15; Roma capi ~is LUC.2. 656; ~es emi puellae STAT.*Silv*.1.6.67;—(*w. sup. in* -u) ~ia factu facta haec sunt PL.*Per*.761; non ~e est expurgatu TER.*Hec*.277; quaesiui, quod erat inuentu ~limum CIC.*Ver*.2.182; nihil ~ius scitu est LIV.23.13.1; nec uisu ~is nec dictu adfabilis ulli VERG.*A*.3.621;—(*used predicatively for adv.*) ~is lenta pellitur unda manu [TIB.]3.5.30; pascitur et dulci ~is gallina farina (*i.e. is easy to fatten*) MART.13.62.1.

5 (of material things) Easily worked, tractable; (of soil) light. **b** not offering resistance. **c** (of food) easy of digestion, light. **d** (of inanim. things) easily carried, light.
quo ~is magis est natura (aeris quam ferri) LUCR.5.1288; fictilia..fecit..pocula, de ~i composuitque luto TIB.1.1.40; tanto spiritum esse ~iorem omn alia materia, quanto tenuior est SEN.*Ep*.50.6; ~is et fagus, quamquam fragilis et tenera PLIN.*Nat*.16.229; discit..pullus..dum ~e os, uti conformetur APUL.*Fl*.12; (*poet.*) dum ~es animi iuuenum, dum mobilis aetas VERG.*G*.3.165; (*cf.*) materia ~is in te et in tuos dicta dicere CIC.*Phil*.2.42;—in ~i agro VAR.*R*. 1.50.3; si ~is est terra, proscinditur iugerum duabus operis COL.11.2.46; quaerit (castanea) solum ~e nec tamen harenosum PLIN.*Nat*.17.147. **b** ~es iam facti fluminis undas LUC.1.222; uulneris..umeri quod tegmine dextri intrarat ~emque cutem STAT.*Theb*.9.873. **c** sorbitiones.. aliique molles et ~es cibi CELS.3.23.3; 4.12.6; nigra oliua.. uentri ~ior PLIN.*Nat*.23.73. **d** ~es..umeris (*i.e. light*) ..arcus gestat Hylas V.FL.1.109; galeam..deorum haud ulli ~em SIL.4.433.

6 Easily obtained, ready at hand.
quam multa..gignuntur..copia ~i CIC.*Tusc*.5.99; fundit humo ~em uictum iustissima tellus VERG.*G*.2.460; ea (*sc.* aqua)..erit ~ior, si erunt fontes aperti et fluentes VITR. 8.1.1; quid sumus? praeda animalium et..~limus sanguis SEN.*Ben*.4.18.2; ~em..praedam LUC.1.513; nec ~em dignatur dextra cruorem STAT.*Theb*.12.737;—(*of abst. things*) iustam rem et ~em esse oratam a uobis uolo PL.*Am*.33; ~is suffragatio pro salute CIC.*Dom*.45; pellente..canitie ~em..somnum HOR.*Carm*.2.11.8; OV.*Ep*.11.29; ~em eius rei ueniam TAC.*Ann*.11.25.

7 Easy to bear, tolerable; ~*e est de*, it does not matter about.
haec dum incipias, grauia sunt..ubi cognori', ~ia TER. *Hau*.1059; (cupiditates) ~es et tolerabiles CIC.*Cael*.28; omnia..sunt ~iora quam peccati dolor *Att*.11.15.2; ~is iactura sepulcri VERG.*A*.2.646; me fata maturo exitu ~ique soluant SEN.*Tro*.601; seruitium ~e SIL.14.151; superante multitudine et ~i damno TAC.*Hist*.4.28;—de nobis ~e est, scelus est iugulare Falernum MART.1.18.5; de me ~e est: inueniam patrem; sed tibi timeo QUINT.*Decl*.371 (p.409,l.1).

8 Easily impelled (to take a particular course of action), prone, ready. **b** (of things). **c** (of passions) ready, quick.
(*w.* ad) etiamsi ~es nos ad concedendum habuerit CIC. *Div*.2.107; ad credendum temere ~iores erant LIV.8.11.10; mentem ad peiora ~em QUINT.*Inst*.1.2.4; ~i feminarum credulitate ad gaudia TAC.*Ann*.14.4; (*poet.*) ad iuga cur ~es populi..? LUC.2.314;—(*w.* in+*acc.*) in bella ~es TAC.*Ag*.21.1; —(*w. dat.*) morti ~es animos LUC.4.506; ~is capessendis inimicitiis TAC.*Ann*.5.11;—(*w. inf.*) Achelous omnis ~is in species dari SEN.*Her.O*.496; haud ~is temerare fidem SIL. 14.83;—(*w. sup. in* -u) ~em mutatu gentem TAC.*Ann*.14.23; —(*w.* ut) ~ior..erit ut album esse niuem probet quam erat Anaxagoras CIC.*Luc*.100;—(*pred., as adv.*) sponte mea ~is contempto nascor in agro *Nux* 59; credet ~es sibi terga dedisse LUC.9.270;—(*cf., w. noun of agent*) auri ~is contemptor STAT.*Silv*.2.3.70. **b** (*w.* ad) ~iore ad duplicanda uerba Graeco sermone LIV.27.11.5; nimium ~es ad fera bella manus OV.*Ars* 1.592; pecudum ~es humana ad murmura linguae LUC.1.561;—(*w.* in+*acc.*) terra si ~is est in tabem, ipsa soluitur SEN.*Nat*.3.15.7;—(*w. inf.*) alternae ~is cedere lympha manu PROP.1.11.12; V.FL.4.723; ~is lacrimis inrepere somnus STAT.*Theb*.8.217. **c** inde irae ~es LUC.1.173.

9 Complaisant, indulgent, accommodating. **b** (of deities) propitious, favourable. **c** (of winds) favourable. **d** (of animals) obedient, tame, tractable.
ne ille ~i me utetur patre TER.*Hau*.217; Graecus ~is.. nimis pugnax..esse noluit CIC.*Pis*.70; Antonio ~limum me praebui *Att*.14.13.6; non semper aurem ~em habet Felicitas PUB.*Sent*.N.36; cum..Romani, nisi in perniciem suam ~es esse uellent, negarent LIV.2.15.2; quid mihi cum ~i, quid cum lenone marito? OV.*Am*.2.19.57; ne sint aures criminantibus ~es SEN.*Dial*.4.22.3; nequam iuuenes ~esque puellae MART.3.69.5; TAC.*Ann*.5.1; (*poet.*) (ianua) ~is mouebat cardines HOR.*Carm*.1.25.5;—(*w.* in+*abl.*) ~is in causis recipiendis erat CIC.*Brut*.207; tam ~is, tam liberalis in edendo (munere) fuisti PLIN.*Ep*.6.34.2;—(*w. abl.*) cultu modicus, sermone ~is TAC.*Ag*.40.4;—(*of qualities*) quid dicam de moribus ~limis? CIC.*Amic*.11; ~i saeuitia negat, quae..gaudeat eripi HOR.*Carm*.2.12.26;—(*cf., of the eyes*) PL.*fr.inc*.172; ~is..oculos fert omnia circum Aeneas, capiturque locis VERG.*A*.8.310; idem umor (*sc.* uinum) ministrat ~es oculos, pulchriora reddit omnia MAEC.in Serv.*A*.8.310. **b** neque se fore posthac tam ~em dicat (Iuppiter) HOR.*S*.1.1.22; solum hoc ~es tribuere dei SEN. *Oed*.198; euertere domos totas optantibus ipsis di ~es JUV. 10.7;—(*w.* in+*acc.*) habeas ~es in tua uota deos! OV.*Ep*. 15.282. **c** ~es auras uentosque secundos OV.*Ep*.15.23; 17.45; ~es opto uentos (quis credere possit?) *Tr*.1.2.81. **d** ut equos..ferocitate exultantes domitoribus tradere soleant, ut is ~ioribus possint uti CIC.*Off*.1.90; ~es..Lycaones (*a breed of dogs*) GRAT.160; ~is..taurus MART.5. 31.2; (*cf.*) uos Elysium et ~is compescitis umbras STAT. *Theb*.11.79.

10 Finding no difficulty (in or with).
exiguo ~es et opum non indiga corda SIL.1.615; (milites) nec soli ~es 15.718; Romanus miles ~is lorica et missili pilo ..adsultans TAC.*Hist*.1.79;—(*w. vbl. nouns*) fore bello egregiam et ~em uictu..gentem VERG.*A*.1.445; sapiens ~is uictu fuit SEN.*Ep*.90.13; introitu ~em..piscem SIL. 5.52.

11 Easily moving, nimble, agile. **b** deft, quick, skilful. **c** acting without restraint, free, liberal. **d** (of speech) unforced, natural, easy.
corpore nos ~i dulce feremus onus OV.*Am*.2.16.30; iactant ~es ad sua uerba manus *Fast*.3.536; circumfer ~is oculos uultumque per orbem MAN.1.649; halteras ~i rotat lacerto MART.7.67.6. **b** Hasdrubal..peritus omnis barbaricae..perfidiae, ~i lingua LIV.25.33.2; puluinum ~i conposuisse manu OV.*Ars* 1.160; haec..dulce canit flectitque ~lima uocem *Am*.2.4.25; ingenium ~e et copiosum QUINT.*Inst*.10.1.128; (*w.* in+*abl.*) plures reperias..~es in excogitando 1.1.1. **c** seram..~i grandia poma manu TIB.1.1.8; multo..gratius uenit, quod ~i quam quod plena manu datur SEN.*Ben*.1.7.2. **d** hunc ~em et cotidianum.. sermonem CIC.*Brut*.253; multo ~iore et liberiore genere dicendi 333; si fuerit os ~e, explanatum QUINT.*Inst*.11.3. 30; FRO.*Aur*.2.p.72(149N); (*cf.*) leuia carmina et ~is uersus TAC.*Ann*.16.19.

facilitās ~ātis, *f.* [prec. + -TAS]

1 Ease of performance or completion (of an action).
ut plerique faciunt propter ~atem CIC.*Inv*.1.98; numerus ..cognita ~ate contemnitur *Orat*.215; simul copia materiae, simul ~ate operis inducti LIV.21.26.9; ~ate adulteriorum in fastidium uersa TAC.*Ann*.11.26.

2 The quality in a thing of being easy to manage (esp. in the performance of its normal function).
aquarum quoque similis (aeri) ~as SEN.*Nat*.2.7.2; ~as eius soli minorem operam desiderat COL.5.4.3; Aegypti ~ate (*i.e. for agriculture*) PLIN.*Nat*.18.167; nec..~ate materiae praelatum est (aurum) 33.59; ~ate camporum praeuenientem equitem TAC.*Ann*.15.17;—(*w. def. adj.*) picea..in domos recepta tonsili ~ate PLIN.*Nat*.16.40; (smaragdi) uisum admittentes ad crassitudinem sui ~ate tralucida 37.63.

3 (of persons) Facility, ease; fluency.
adsiduitate nimia ~as magis quam facultas..paratur PLIN.*Ep*.6.29.5; insigni ~ate nauiter cuncta praeministrat APUL.*Met*.7.11;—(*w. gen.*) quod..nos..uincant..multa animalia nandi ~ate SEN.*Ben*.2.29.1;—oratio (*sc. of Cicero*) prae se fert felicissimam ~atem QUINT.*Inst*.10.1.111; ~atem ..extemporalem 10.7.18.

4 Promptness, readiness.
ea ipsa ~ate ueniae animos eorum in posterum conciliat LIV.32.14.6; poscendi in uicem eadem ~as TAC.*Ger*.21.3; auxeras..numerum eius (*sc.* populi) congiarii ~ate PLIN. *Pan*.51.5; in..equites R. tanta ~ate animaduertit, ut.. SUET.*Cl*.29.2.

5 Aptitude, tendency, propensity.
haec in bonis rebus, quod alii ad alia bona sunt aptiores, ~as nominetur, in malis procliuitas CIC.*Tusc*.4.28; naturali in hoc (*i.e. blushing*) ~ate corporis pronos SEN.*Ep*.11.5; hanc nos ceteris stirpibus iure praeponimus..~ate per quam.. curae mortalium respondet COL.3.1.3; secundum aliam aetatis illius (*sc. childhood*) ~atem.. QUINT.*Inst*.1.12.11; naturalem hominum ad dissentiendum ~atem ULP.*dig*.4.8. 17.6.

6 Good nature, indulgence, obligingness.
male docet te mea ~as multa TER.*Hau*.648; inepta lenitas patris et ~as praua *Ad*.391; si illius comitatem et ~atem tuae grauitati seueritatique asperseris CIC.*Mur*.66; amicitia ..esse debet..ad omnem comitatem ~atemque procliuior *Amic*.66; eius comitas non sine seueritate erat neque grauitas sine ~ate NEP.*Att*.15.1; si nostra ~as ultionem omiserit SEN.*Dial*.2.18.5; quantalibet ~ate redempturus esset mutuam dissimulationem mali TAC.*Ag*.6.2; nec illi..aut ~as auctoritatem aut seueritas amorem deminuit 9.4;—(*as a sign of inexperience*) uel ab aliis circumuenti uel sua ~ate decepti ULP.*dig*.4.4.44; si iuuenali ~ate ductus..ad accusationem prosilit 48.5.16(15).6.

faciliter, *adv.* [FACILIS + -TER[2]] = FACILE; (cited as example of pedantry in Quint.*Inst.* 1.6.17).
~ contra eas disciplinas disputare possunt VITR.1.1.17; 2.1.2; 10.3.6.

facinorōsus ~a ~um, *a.* **-erōsus.** *superl.* ~issimus. [FACINVS + -OSVS] Doing wrong, criminal, wicked.
ex crudeli, ex ~a, ex libidinosa domo CIC.*Cael*.55; uitam habemus e tuis ~issimis manibus ereptam *Phil*.13.25; si metus supplicii..deterret ab iniuriosa ~aque uita *Leg*.1.40; seditiosus ~usque homo LIV.1.50.7; APUL.*Met*.9.29; (*masc. as sb.*) quintum genus est parricidarum, sicariorum, denique omnium ~orum CIC.*Catil*.2.22.

facinus ~oris (also ~eris), *n.* [FACIO; for term. cf. *pignus*]

1 A deed, act; also, an event, 'thing'. **b** (w. def. adj.).
hoc est serui ~us frugi PL.*Aul*.587; sua quae narrat ~ora TER.*Hau*.220; si forte abesse, dum ~us patratur, malles LIV.23.8.11; gloriam..~oris ultro petere TAC.*Ann*.11.1;—uin tu ~us luculentum inspicere? PL.*Men*.141; ~us mirum est quo modo haec hinc huc transire potuit *Mil*.418; in caelo contueri maximum mirificum ~us ACC.*praet*.27; heu ~us! OV.*Ars* 1.751; tum primum miser sensi ~us caecitatis [QUINT.]*Decl*.2.21. **b** malum..suadet ut faceret ~us ENN.*Ann*.244; ~us fecit audax PL.*Mil*.309; indignum ~us fecisti et malum *Mos*.459; fiunt ~ora capitalia CAECIL.*com*. 213; hoc stultissimum ~us, quod in regnum uenerit CIC. *Rab.Post*.24; nullum..scelus, nullum malum ~us *Sen*.40; instituit..pessimum ~us, ut epistulae aquiliferis legionum traderentur TAC.*Hist*.4.25; (*cf., w. gen.*) ~ora sceleris, audaciae, perfidiae, libidinis CIC.*Ver*.5.189;—solus facio ~ora inmortalia PL.*Mos*.777; non fit sine periclo ~u' magnum nec memorabile TER.*Hau*.314; ~us fecit maximum *Inc.trag*.64; ~us pulcherrimum CIC.*Rab.Perd*.19; egregium ~us ausus LIV.8.24.9.

2 A misdeed, crime, outrage. **b** a criminal person or thing.
dicimus uoluntario ~ori nullam ⟨esse⟩ excusationem *Rhet. Her*.2.49; in ~ore manifesto deprehensus CIC.*Brut*.241; commissum ~us et admissum dedecus confitebor *Fam*. 3.10.2; contaminati ~ore CAES.*Gal*.7.43.3; ut non ~us, sic culpa uocanda est OV.*Pont*.1.6.25; TAC.*Hist*.3.51; (*dist. fr.* scelus) ~us est uincire ciuem Romanum, scelus uerberare, prope parricidium necare CIC.*Ver*.5.170. **b** Lucium fratrem: quam facem..quod ~us, quod scelus, quem gurgitem, quam uoraginem! CIC.*Phil*.11.10; flagitiorum atque ~orum circum se tamquam stipatorum cateruas habebat SAL.*Cat*.14.1; ~us (*i.e. the cup of poison*)..excussit ab ore OV.*Met*.7.423; APUL.*Met*.4.12.

faciō ~ere **fēcī** factum, *tr.*, (*intr.*). [Osc. *fakiiad*, Gk. τίθημι, ἔθηκα, Skt. *dádhāti*, Lith. *dėti*] FORMS: imp.: *fac*; *face* occurs freq. in pre-classical writers, in inscr., also NEP.*Paus*.2.4, V.FL.7.179, JUV.5.112. gdve.: *faciendus* or *faciundus*. *faxo*, *faxim* (where later writers use *fecero*, *fecerim*), etc., freq. in pre-classical writers, also occasionally later, e.g. VERG.*A*.9.152; HOR.*S*.2.3.38, LIV.6.41.12 (arch.), SEN.*Med*.905, SIL.15.362, APUL.*Met*.46. (Also spelt *faxs-* in inscr.).

Passive forms are very rarely found in the present stem; *facitur* NIGID.*gram*.6, *faciatur* TITIN.*com*.97, PETR.71.10. The want of a passive is commonly supplied by FIO. Similarly the senses of *fio* in the perfect tenses are usually expr. by *factus sum*, etc.: see below.

1 To make, build, construct (from parts, raw materials, etc.); to cause to be made, have made; (for *manu ~ere* see MANVS, also MANVFACTVS). **b** to make by laying out, organizing, etc.

MANIOS MED FHEFHAKED NVMASIOI *CIL* 1.3; Mulciber, credo, arma fecit quae habuit Stratippocles PL.*Epid*.34; ei naui ~iundae senatorem..praefuisse CIC.*Ver*.4.19; difficultas ~iendi pontis CAES.*Gal*.4.17.2; fictilia..sibi fecit agrestis pocula TIB.1.1.39; turrium..fundamenta sic sunt ~ienda VITR.1.5.1; (*cf. sense 2*) iuxta urbem ciconiae nec pullos nec nidum ~iunt PLIN.*Nat*.10.78;—(*w. abl.*) cupam materia ulmea..~ito CATO *Agr*.21.5; corona..~ta duabus uirgulis oleaginis NEP.*Thr*.4.1;—(*w.* de) uasculum ~ito de materia hederacia CATO *Agr*.111; cinis de filice ~ta LARG. 244;—(*w.* ex) orbem ex ulmo..~ito CATO *Agr*.18.9; candelabrum ~tum e gemmis CIC.*Ver*.4.67; Callicrates ex ebore formicas..fecit PLIN.*Nat*.7.85; (*facet.*) gestit fartem ~ere ex hostibus (machaera) PL.*Mil*.8; (*transf.*) qui esset totus ex fraude et mendacio ~tus CIC.*Clu*.72;—quantam statuam ~iet populus Romanus ENN.*var*.1; nauis longas x Gaditanis ut ~erent imperauit CAES.*Civ*.2.18.1; templa domus ~ient uobis urbesque beatae OV.*Pont*.4.8.33. **b** castra ~ta esse QUAD.*hist*.54; ut ibi seras uiolas et hortos ~ias VAR.*R*.1.23.5; neque castra..~ere possum POMP.*Att*. 8.12C.2; cuneo..~to per medios uadit hostes LIV.22.50.10; cognitane est nostra littera ~ta manu? OV.*Pont*.2.10.4; uineta ~ere COL.3.4.1; arundineta uulgaresque siluae..prius ~ienda sunt 4.30.2; quidam..fecerunt decimanum in meridianum et kardinem in orientem HYG.GR.*agrim*.p.135.

2 To produce by growth; to bring forth (young). **b** to let grow (on the body or sim.), put on. **c** to make, produce (excreta).

roget..quid ~tum uini, frumenti aliarumque rerum CATO *Agr*.2.1; minus India tostos..progenerat mediumque ~it moderata tenorem MAN.4.725; nucem Graecam et Auellanam Tarentinam ~ere hoc modo poteris COL.5.10.14;—in equis et asinis cuius modi ~iant pullos VAR.*L*.9.93; cum..fecerint (gallinae) pullos COL.8.11.13. **b** quo cibo fecisti tantum corporis PHAED.3.7.5; caulem..robustiorem ~it (montanum trifolium) quam pratense COL.6.17.2; folia (hormini)..discutiunt..furunculos, priusquam capita ~iant PLIN.*Nat*.22.159; (*cf.*) istum, quem fecit..uultum seruate SEN.*Con*.10.5.3; (*transf.*) cum satis in omne certamen uirium fecerit (orator) QUINT.*Inst*.12.7.1. **c** ubi..~ias lutum AFRAN.*com*.199; hic..ueto quisquam faxit oletum PERS.1.112; optimum (stercus) existimatur, quod asinus ~it COL.2.14.4;—cum..urinam non fecerint 6.30.3; PLIN. *Nat*.28.215; ubi saepius..urinam ~iunt LARG.90.

3 To bring into existence, make, create; to make by training, altering the condition of a thing, etc. **b** to create (mil. forces, institutions, etc.).

qui ita natus, ita educatus est, ita ~tus et animo et corpore ut..CIC.*Ver*.4.126; ne pelagus Xerxes ~ietque tegetque MAN.5.49; illa (*sc.* rerum natura) dicet tibi et diem fecisse se et noctem SEN.*Ep*.3.6; deus ipse se fecit SEN.fr. (Haase p.421); steriles ueri quibus una Quiritem uertigo ~it PERS.5.76; (*w. purpose expr.*) miles non ~tus amori PROP. 4.5.49; (*w. abst. obj.*) ita ~ta est..ars quaedam philosophiae CIC.*Ac*.1.17;—solus et artifices qui ~it usus adest OV.*Ars* 2.676; eiusmodi..monumenta magis instruunt quam ~iunt artificem COL.1.1.15; quotiens..opus est..umbris ipsa ~it manes LUC.6.561; (uatem egregium) anxietate carens animus ~it JUV.7.57; cadauer, quod ipse fecerat APUL.*Met*.8.6; (*w.* ex) non ex militibus atque nautis piscatores penatores feci CATO *orat*.84; (*pass. in middle sense, w.* ad) ex industria ~tus ad imitationem stultitiae LIV.1.56.8; (*w. inf.*) ~tus natura et consuetudine exercitus uelare odium fallacibus blanditiis TAC.*Ann*.14.56. **b** Caesar..princeps exercitus ~iendi..fuit CIC.*Phil*.5.44; qui ex paruis opibus tantum imperium fecere SAL.*Cat*.51.42; exercitum argento fecit *Hist*.1.27; ciuitatem unam ex duabus ~iunt LIV.1.13.4; mittit qui auxilia mercede ~erent TAC.*Ann*.6.33.

4 To operate on, prepare, 'do'; to work (metal). **b** (math.) *in se ~ere*, to square.

~ere..uiros lanam natura coegit LUCR.5.1354; mei coc..uitulos aeno coctos solent ~ere PETR.47.10; ebiscum eodem modo ~tum LARG.80; holera lenia ex urtica..malua ~ta 99;—argenti bene ~ti CIC.*Ver*.2.83; 4.37. **b** NIPS. *grom*.p.298La; ~io XIII in se. fit CLXVIIII p.299La.

5 To write, compose (literary works); to draw up (documents). **b** to write, put (letters, words). **c** to form (one word from another); (of a word) to make (an inflexional form).

ex Graecis bonis Latinas fecit non bonas TER.*Eu*.8; epigrammation, quod in adolescentem fecerat Cascam VAR. *L*.7.28; Sophocles ad summam senectutem tragoedias fecit CIC.*Sen*.22; SAL.*Cat*.25.5; proxima Phoebi uersibus ille ~it VERG.*Ecl*.7.23; in procinctu carmina ~ta OV.*Pont*.1.8.10; centum hos uersus quos in ecum maximum eci STAT. *Silv*.1.pr.;—audimus aliquem tabulas numquam confecisse; quae est opinio..falsa, nam fecit diligentissime CIC.*Ver*. 1.60; is qui testamentum fecerat 2.46; innumerabilia senatus consulta fecit, quae quidem omnia citius delata quam scripta sunt *Phil*.13.19; sola (Fortuna) utramque paginam ~it PLIN.*Nat*.2.22; quidam ad creditorem litteras eiusmodi fecit SCAEV.*dig*.13.5.26; a codicillis ad testamentum ~tis PAUL.*dig*.34.9.5.14. **b** 'pueri uenere' e postremum ~ito atque i LUCIL.364; Accius Hectorem nollet ~ere Hectora mallet V.SOR.*poet*.2(3F); ne litteram quidem ullam fecimus nisi forensem CIC.*Luc*.6; si 'huius amici'..scribas, unum i ~ito extremum NIGID.*gram*.10. **c** actio ab agitatu ~ta VAR.*L*.6.41; (*cf.*) eadem (*sc. the letter B*) fecit ex duello bellum QUINT.*Inst*.1.4.15;—falcium falces, non falceis ~it VAR.*gram*.255; sic genetiuus 'Vlixi' et 'Achilli' fecit QUINT.*Inst*.1.5.63; cum interrogantur, cur 'aper' 'apri' et 'pater' 'patris' ~iat 1.6.13.

6 To utter (sounds, words); *uerba ~ere*, to speak(in an assembly or sim.): see VERBVM.

st, tace, caue uerbum faxis! NAEV.*com*.47; PL.*Aul*.173; 'hoc illi ~tum est uni', tenue hoc facies i LUCIL.369; non laudare hominem quemquam, neque mu ~ere 426; qui uerbum numquam in publico fecissent CIC.*Brut*.270; SEN. *Apoc*.1.3.

7 To appoint to an office, institute, create.

⟨F⟩ACTVS EST *Fast.Cos.Cap*.9a(*CIL* 1.p.20); IN EIVS LOCVM ~TVS EST 18a(*CIL* 1.p.24); Pomonalem fecit hic idem ENN.*Ann*.123; uobis tribuni militares ueteres ~iundi essent GRACCH.*orat*.57; ostendit sese in omnibus ciuitatibus censores esse ~turum CIC.*Ver*.2.132; quattuoruiros quos municipes fecerant sustulit *Clu*.25; annua imperia binosque imperatores sibi fecere SAL.*Cat*.6.7; LIV.42.31.5; Galba quidem haec ac talia tamquam principem ~eret TAC.*Hist*. 1.16; praefectos Pelopea ~it, Philomela tribunos JUV.7.92.

8 To go to make up, form, compose. **b** to be a determining feature of, make.

promunturia quae cornibus obiectis ab alto portum ~iunt LIV.37.11.8; an ~ient mensem luces..? OV.*Fast*.6.39; (aer) coire tamen et ~ere corpora quaedam similia nubibus potest SEN.*Nat*.1.1.15; non..fortuita conglobatio turmam aut cuneum ~it sed familiae et propinquitates TAC.*Ger*.7.3; VITAM ~IVNT B(ALNEA) V(INA) V(ENVS) *CIL* 6.15258. **b** regem non ~iunt opes non uestis Tyriae color SEN.*Thy*.344; animum enim fugitiuum ~ere ULP.*dig*.21.1.17.8; non..coitus matrimonium ~it, sed maritalis affectio 24.1.32.13; iusiurandum patronum non ~it 37.14.14.

9 To amount to (by addition, multiplication, etc.), make; to make up the number of, compose. **b** to reach (a specified total, amount, etc.).

cum amplius c milia ~ta essent armatorum NEP.*Ham*.2. 4; quae summae in se multiplicatae quadratorum ~iunt pedum milia uiginti octo et octingentos COL.5.1.6; duplicatus..(actus) in longitudinem iugerum ~iebat PLIN. *Nat*.18.9; cubita..septem, quae ~iunt pedes duodecim et quadrantem GEL.3.10.11; si ⟨semissi unciam detrahas uel si⟩ quadranti sextantem..applices, ~ies quincuncem MAECIAN.*iur*.9; fundorum alterum quidem ~ere dodrantem bonorum, alterum quadrantem ULP.*dig*.28.5.35;—is..numerus (*sc.* septenarius) septentriones..~it, item uergilias VAR.in Gel.3.10. **b** cum milia multa fecerimus CATUL.5.10; postquam iam tantum interualli ab hoste fecerat LIV.27.45.1; eam..summam cum fecerat NEP.*Ep*. 3.6; tria cum primum fecit quinquennia OV.*Met*.4.293; cum interuallum a somno fecerint LARG.100.

10 To pass a total of, spend (time). **b** *iam diu*, etc., *est ~tum cum* or sim., it is (long) since.

Philomeli quinque dies..fecimus CIC.*Att*.5.20.1; is seruus fugerat et annum in fuga fecerat ALF.*dig*.40.7.14.1; quamuis..paucissimos una fecerimus dies SEN.*Ep*.66.4; ne sibi computarentur dies, quos in custodiam fecisset PAPIN.*dig*. 48.5.12(11).5. **b** iam diu est ~tum quom discesti PL.*As*. 251; biennium iam ~tum est postquam abii domo *Mer*.12; iam diu ~tum est, postquam bibimus *Per*.822; iam dudum ~tumst quom abiisti *Trin*.1010.

11 To bring about, cause, produce (situations, conditions, etc.). **b** to cause (physical phenomena; bodily conditions); (pf. pass.) to have developed or arisen. **c** to initiate, bring about (actions).

exsurge, praeco, fac populo audientiam ENN.*scen*.1; Hortensius..clamores ~iebat adulescens CIC.*Brut*.326; causarum..cognitio cognitionem euentorum ~it *Top*.67; morae causas ~ere SAL.*Jug*.36.2; silentium manu fecit SEN.*Con*. 9.4.19; ut..famam exitii sui ~eret TAC.*Hist*.4.67; si tutor cessauerit in distractione earum rerum..suum periculum ~it ULP.*dig*.26.7.7.1;—(*emotions, etc.*) augeo commemorando dolorem et ~io etiam tibi CIC.*Att*.11.8.2; ut mihi stomachum ~erent *Fam*.1.9.10; si..senatus sibi iure iurando fidem fecisset CAES.*Gal*.4.11.3; clementia et probitas uestra..plurimum timoris mihi ~iunt SAL.*Hist*.1. 55.1; cum equites..cogniti tantam ex metu laetitiam fecere LIV.4.40.2; ad uerecundiam ~iendam ROMANUS 35.45.4; dea, quos fecit, sustulit ipsa metus OV.*Fast*.6.20; ne..opinionem fracti ossis frustra ~iat (specillum) CELS.8.4.2; admonitio taedium ~it SEN.*Ben*.2.11.6; latiorem..quam pro numero terrorem ~iunt TAC.*Hist*.4.33; licet tu mihi bonum animum ~ias PLIN.*Ep*.7.30.4. **b** ~e uentum..pallio PL.*Cas*.637; multam ~it herbam (*sc.* stercus equinum) VAR.*R*.1.38.3; hae (stellae) ~iunt magnos longinqui temporis annos CIC.*Arat*.476(232); ad odorem ~iundum LARG. 59; quae ut uocales iunguntur, aut unam longam ~iunt..aut ⟨diphthongum⟩ QUINT.*Inst*.1.4.10;—(*w.* de) qui illum..sciat delicere et noctem ~ere possit de die TITIN.*com*.100;—uino somnum ~iente OV.*Fast*.1.421; cibi..adpetentiam ~iunt (lactucae) PLIN.*Nat*.19.127; ocimum..insaniam ~ere 20.119; (pharicum) potum..~it spasmon LARG.195; cum hoc medicamentum crustam fecerit 228;—ulcera ex frigore uel per se ~ta 220; dolorem ueterem ex qualibet causa ~tum 262. **c** arma capere et bellum ~ere CIC.*Ver*.5.12; quas..caedis, quas lapidationes, quas fugas fecerit *Dom*.67; coniurationem nobilitatis fecit CAES.*Gal*.1.2.1; uno die sex proeliis ~tis *Civ*.3.53.1; princeps fuit belli ~iundi SAL. *Cat*.24.2; emancipatus filius controuersiam ~it mpuberi JULIAN.*dig*.37.6.3.1; (*astrol.*) (Canicula) bella ~it pacemque refert MAN.1.405.

12 To make (an arrangement, agreement, or sim.).

cum nexum ~iet mancipiumque *Lex XII*(*Font.iur*.p.25); pacem feci, foedus feci PL.*Am*.395; id anus mi indicium fecit TER.*Ad*.617; quod sponsionem feceram cum M. Cornelio CATO *orat*.171; in hoc foedere ~iendo CIC.*Ver*.5.51; qui..de ciuibus cum sociis ~iat pactiones *Prov*.12; quod quasi nomen si ut faenerator cum debitore ita rusticus cum uineis suis fecerit COL.3.3.9; pax cum Carthaginiensibus postremo ~ta erat LIV.30.44.1; HOSPITIVM FECIT CVM POPVLO COLON IVLIAE AVG VSELIS *CIL* 10.7845; diuortium cum uxore fecit GEL.4.3.2; uadimonium ei ~iendum est GAIUS *Inst*.4.184.

13 a To achieve (money, reputation, etc.) by one's efforts, make. **b** to sustain, incur (loss, expense, damage, etc.).

a paullulum praedae intus feci PL.*Poen*.804; numquam rem ~ies TER.*Ad*.220; non magnum lucrum fecisse decumanos CIC.*Ver*.3.110; CAES.*Gal*.4.34.5; IN TABVLAS PVBLICAS PECVNIAE ~TAE REFERVNDVM CVRATO *CIL* 1.593.40; QVEIVE CORPORE QVAESTVM FECIT FECERIT 1.593.123; qui magnas pecunias ex metallis fecerat NEP.*Cim*.1.3; magnas opes sibi magnumque nomen ~ere LIV.1.9.3; ius tibi fecisti numen caeleste uidendi OV.*Fast*.6.23; tum sibi Callaico Brutus cognomen ab hoste fecit 6.462; quidam ignobiles nati fecerunt posteris genus SEN.*Con*.1.6.3; fecit assem, semissem habui PETR.61.8; illae (*sc.* hederae) uiuaci morsu adprehensae suam ex aliena fecere uitam PLIN.*Nat*. 17.101; ULP.*dig*.19.5.14.2. **b** terra⟨que⟩ corpus quae dedit ipsa capit neque dispendi ~it hilum ENN.*Ann*.14; modeste..~ere sumptum PL.*St*.692; quod declamationibus nostris cares, damni nihil ~is CIC.*Fam*.7.33.1; Sabino bello ait se..aes alienum fecisse LIV.2.23.5; impensae..in bellum ~tae 37.35.4; propter quem damna omne ~iunt QUINT.*Decl*.385(p.431,l.3); PLIN.*Ep*.8.2.3; MAECIAN.*dig*.49. 17.18.5;—si aedes eae corruerunt uitiumue ~iunt CIC. *Top*.15; res publica detrimentum fecit quod..ius..imminutum est *Ver*.4.20; turris lignea..ab imo uitium fecit usque ad tabulatum..tertium *B.Hisp*.19.1; apud quam..classes regias fecisse naufragium NEP.*Them*.7.5; in hoc orbe terrarum nunc haec pars ~it uitium nunc illa SEN.*Nat*.6.1.12.

14 To make available, afford, provide. **b** to inflict, impose (disadvantages, impediments, etc.). **c** *pretium ~ere*, to name or assign a price: see PRETIVM; *gratiam ~ere*, to give pardon or indulgence, excuse: see GRATIA.

ut eam copiam sibi potestatemque ~as PL.*Mil*.972; nouarum qui spectandi ~iunt copiam TER.*Hau*.28; ad Brutum adeundi legatis potestatem fecerit CIC.*Phil*.7.26; ut his frumenti copiam ~erent CAES.*Gal*.1.28.3; ~it aequo loco pugnandi potestatem. potestate ~ta Afranius copias educit *Civ*.1.41.2; deus nobis haec otia fecit VERG.*Ecl*.1.6; silentium..Praenestinorum ius..magistratibus fecit grauiorum..imperiorum LIV.42.1.12; siquas fecit tibi gratia uires OV.*Tr*.3.6.21; qui primus auro dignitatem per anulos fecit PLIN.*Nat*.33.39; his (*sc.* sodalibus)..potestatem ~it lex pactionem quam uelint sibi ferre GAIUS *dig*.47.22.4; liberalitatis in rem publicam ~tae PAUL.*dig*.22.1.16;—(*a name or title*) iuuentus nomen fecit Peniculo mihi PL.*Men*.77; stellis numeros et nomina fecit VERG.*G*.1.137; qui noua Myrtoae nomina fecit aquae OV.*Ib*.368;—(*of the eponym*) is (*sc.* Auentinus) sepultus in eo colle..cognomen colli fecit LIV. 1.3.9; cum de se nomina fecit aquae (*sc.* Helle) OV.*Fast*. 3.870. **b** remoram..~iunt (gratiae) rei priuatae et publicae PL.*Trin*.38; imperator noster..ei multam ~it CATO *hist*. 82; pugnae ~ta pausa est QUAD.*hist*.10b; neque Parnasi uobis iuga..ulla moram fecere VERG.*Ecl*.10.12; contignationes..mouendo se ~iunt uitia pauimentis VITR.7.1.5; neue..reliquiae maneant, quae..curationi difficultatem ~iant CELS.7.26.3.

15 (w. cls.) To bring it about, cause it to happen (that). **b** (also w. acc.) to act on (a person or thing) so as to bring it about (that), cause. **c** (pf. pass.) to have come about (that).

(*paratactically, w. fut.*) iam faxo hic erit PL.*Mil*.463; iam faxo scibis *Poen*.1227; iam facinus faxo ex me audies TER.*An*.854; (*w.* ut) puer ut satur sit ~ito TER.*Hec*.769; alterum librum cum gemma..adponito..~itoque uti conueniat CATO *Agr*.42.4; prior..pars orationis..~iebat ut mori cuperem CIC.*Tusc*.1.112; barbarus hostis, ut fera plus ualeant legibus arma, ~it OV.*Pont*.4.9.94; fecissem ut uictus posses ignoscere diuis LUC.9.1103; si..ut ea suspecta sint iudici fecerimus QUINT.*Inst*.4.1.11; uerba legis Papiae ~iunt, ut..debeatur GAIUS *Inst*.3.47; ratio ~it, ut a duobus petam hereditatem ULP.*dig*.5.4.1.3;—(*w.* ne) luctus ~it ne dubitem ACC.*trag*.88; di immortales faxint, ne sit alter! CIC.*Ver*.3.81; di ~iant, mea ne terra locet ossa frequenti PROP.3.16.25;—(*w.* quo, quominus) quiue quo placeret alter fecisset minus PL.*Am*.84; ~iebant quo illam mihi lenirent miseriam TER.*Hau*.127; NEQVIS ~ITO QVO MINVS EI OETANTVR *CIL* 1.585.11;—(*w.* quin) numquam quisquam ~iet quin soror istaec sit gemina huius PL.*Mil*.473; ~ere non possum quin cotidie ad te mittam CIC.*Att*.12.27.2;—(*w. subj. alone*) fac nunc ego intellegam *N.D*.3.6; lac ~itote bibat OV.*Met*.9.377; STAT.*Theb*.5.658;—(*w.* cur) fecerat potius, cur suspectus esset Romanis LIV.42.29.11;—(*w.* quod *cl.*) quod castra mouisset, ~tum inopia pabuli CAES.*Gal*.7.20.3; quod aliquos insanis..similes discurrere fecit metus SEN.*Nat*.6.29.1; pendula quod patriae uisere tecta libet, tu ~is MART.10.13(20).5; quod singulis uelut ictibus transacta sunt bella, ignauia principum ~tum est TAC. *Hist*.2.38;—(*w. inf.*) his uocabulis esse deos ~imus CIC. *N.D*.1.83; ~is accepto munere posse frui OV.*Tr*.5.9.14. **b** (*w.* ut) ~ite cenam mihi ut ebria sit PL.*Cas*.747; VTEI EA BACANALIA..~IATIS VTEI DISMOTA SIENT *CIL* 1.581.30; fac me..ut sim certus GEL.19.13.2;—(*w.* ne) si..patrem ~iam tuom..ne intro eat PL.*Mos*.389;—(*w. subj. alone*) superiorem partem arborum digitos VI altam ~ito siet CATO *Agr*. 18.4; haec res me ~it festinem TITIN.*com*.103;—(*w. inf.*) hoc me..telum flere ~it OV.*Met*.7.691. **c** paene ~tum est, quin castra relinquerent QUAD.*hist*.58; hinc ~tum est, ut usus anulorum exemptus dexterae..in laeuam relegaretur

Cap.*iur*.10; quia per eum ~tum est, quo minus arbitretur Ulp.*dig*.4.8.27.4.

16 a (imp., w. *ut* or subj. alone, as a mild or colloq. form of command) See that, be sure to. **b** to go to the length, take the step (of doing).

a ~ito ut facias Pl.*Bac*.1153; ~ito ut memineris *Cur.* 210; proin tu ~ apud te ut sies Ter.*An*.408; ~ modo ut uenias Cic.*Att*.3.4.1; *Off*.3.6;—Surrenti elopem ~ emas Enn.*var*.39; non possum. — ~ possis Pl.*Ps*.236; ~ cures Ter.*Eu*.501; uineas..mature ~e incipias putare Cato *Agr.* 32.1; tu ~ animo forti..sis Cic.*Fam*.1.5b.2; tu ~ utrumque..iungas Lucr.3.421; Sal.*Cat*.44.5; Prop.4.11.68; ~ito studiose requiras Ov.*Ars* 1.145; Apul.*Met*.1.23. **b** numquam ~erem ut illam amanti abducerem Pl.*Mer*.994; ~ito vtei cdl viros legat *CIL* 1.583.12; fecit id quod multi reprehenderunt, ut exercitum..relinqueret Cic.*Ver.* 1.73; existimaui..~iundum esse ut ad te statores meos..mitterem *Fam*.2.19.2; inuitus fecit ut..L. Flamininum e senatu eicerem *Sen*.42; terram ~ ut esse rearis..plenam speluncis Lucr.6.536; si..~iant ut commigrent Romam Liv.5.53.7; fecit, quod solebat, ut sententiam adiectione superuacua..perderet Sen.*Suas*.1.16.

17 To cause to be or become, make, render: **a** (w. noun as pred.). **b** (w. adj.; w. possessive pron.). **c** (w. pple.). **d** (w. other pred.). **e** (pf. pass.) to have become.

a ciues Romani tunc ~ti sunt Campani Enn.*Ann*.169; ~ proserpentem bestiam me Pl.*As*.695; quem ille heredem testamento ex parte ~iebat *Rhet.Her*.2.33; me unum ex eis feci qui ad aquas uenissent Cic.*Planc*.65; regnum eius sceleris sui praedam fecit Sal.*Jug*.14.11; absentem..reum fecerunt Nep.*Alc*.4.3; Iouem testem ~it Liv.1.32.7; edicunt ne quis L. Quinctium consulem ~eret 3.21.8; Saturnum prima parentem feci Ov.*Fast*.6.30; non Libye ~iat, sed tua Roma uirum Mart.9.56.12; hi malis temporibus partem se rei publicae ~iunt Tac.*Hist*.1.76. **b** diuiduom talentum ~iam Pl.*Rud*.1408; qui ab Orco mortuom me reducem in lucem feceris Ter.*Hec*.852; exercitum meliorem industriorem ~it Cato *orat*.176; si planum ~io..HS ccciↄↄↄ a Flauio te abstulisse Cic.*Q.Rosc*.41; cum locum tibi reliquum..ne ad deditionem quidem feceris *Phil*.13.48; negent illi Publium plebeium ~tum esse? *Att*.2.12.1; certior ~tus est omnis eas ciuitates..esse redactas Caes.*Gal*.2.34; ego foedera faxo firma manu Verg.*A*.12.316; territi equi uanum equestre auxilium fecerunt Liv.30.18.7; horaque formosam quamlibet illa ~it Ov.*Ars* 1.250; nec bonum nec malum uagina gladium ~it Sen.*Ep*.92.13; uos illud oportet bonum ~iatis Petr.48.1; amygdalae..radicum decoctum..colorem..hilariorem ~it Plin.*Nat*.23.144; (*ellipt.*) breue ~iam Cic.*Att*.11.7.6;—(*w.* ex) maiores nostros armis rem publicam ex parua magnam fecisse Sal.*Cat*.52.19;—uostrum iudicium fecit; me actorem dedit Ter.*Hau*.12; nescio..cur..ego Puteolos non meos ~iam Cic.*Att*.7.3.9; ut magnam partem Italiae..suam fecerit Caes.*Civ*.2.32.1; quod in quoque optimum est, si possit suum ~ere Quint. *Inst*.10.2.26; (*cf.*) nisi ut propria haec mihi munera faxis Hor.*S*.2.6.5. **c** eos..laetantis ~iam aduentu meo Pl.*St.* 407; ademptum tibi iam faxo omnem metum Ter.*Hau*.341; sponsionem acceptam ~ere Cic.*Ver*.3.139; eum statim missum feci Caes.*Att*.9.7c.2; fecerat haec (*sc.* fama) notum Graias..aduentare rates Ov.*Met*.12.64; nascentem..~is reuocatis lucibus annum Man.4.255; nonam..legionem..totam cum ignominia missam fecit Suet.*Jul*.69; si quis suspectum tutorem ~iens non optinuerit Ulp.*dig*.49.4.1.14;—*w.* ex) quo modo me expeditum ex impedito ~iam Pl.*Epid.* 86. **d** (*w. gen.*) ea..ratione sumptus operasque compendii fecit Vitr.3.3.8; ut se ipse suaque omnia potestatis alienae ~eret Liv.7.31.6; terras..dicionis suae ~iunt 32.21.32; pagum..quem proprie Macedonum fecerat Plin.*Nat*.6.138; emptor..nummos uenditoris ~ere cogitur Ulp.*dig*.19.1.11.2; (*poet.*) uenale, cohortes Hispanae, uulgus Libyci quas fecerat auri Hasdrubal Sil.13.681;—(*w. adv.*) anus fecit palam Pl. *Aul*.548;—(*w. advl. phr. or cl.*) omnia ad se fecerunt Petr.38.12; intra limen sese ~it Apul.*Met*.5.2; si totum in uoluntate fecit heredis Ulp.*dig*.40.5.46.3. **e** nunc is ~tu's qui tum non eras Pl.*Trin*.980; ubi irata ~ta est Cato *orat*.157; rusticus Romanus ~tus es Cic.*Fam*.16.21.7; duos iuuenes..obuios sibi ~tos nuntiare V.Max.1.8.1; ista ~tus in urbe senex Calp.*Ecl*.7.44; nonnulli senes in schola ~ti stupent nouitate, cum in iudicia uenerunt Quint.*Inst*.12.6.5; haec ut primum ante iudicis conspectum ~ta est Apul.*Met.* 10.32; si quis maior ~tus conprobauerit, quod minor gesserat Ulp.*dig*.4.4.3.1; si suae aetatis factus (pupillus) comprobauerit emptionem 26.8.5.2; (*impers.*) Pompeio..cum grauiter aegrotaret..melius est ~tum Cic.*Tusc*.1.86.

18 To place (in a particular position, class, etc.), classify (as). **b** to treat, regard, take (as). **c** (w. gen.) to esteem, value (at).

(*w. adj.*) cur..dubitas..~ere hoc tertium genus? Cic. *de Orat*.2.47; Fabianus..primam fecit quaestionem eandem Sen.*Suas*.1.9; proximam multi hortorum curam fecere Plin. *Nat*.19.1;—(*w. gen.*) accipitrum generis hanc (*sc.* cenchridem) Graeci ~iunt 29.127;—(*w. acc. and inf.*) nono loco esse facile ~io Luscium Volc.*poet*.1.12;—(*w. other pred.*) non satis discernitur, alium eodem nomine an hunc eundem quidam ~iant olympiade cxii Plin.*Nat*.35.133. **b** quem si deum ~imus Cic.*N.D*.3.49; (mortem) qui leuiorem ~iunt *Tusc*.1.92; alteram (animi partem) rationis participem ~iunt 4.10; si ~iant admixtum rebus inane Lucr.1.655; umina ne ~ias oculorum clara creata, prospicere ut possimus 4.825; aut Platonem aut..Stratonem, quorum alter fecit deum sine corpore, alter sine animo Sen.fr. (Haase p.425); sic omina casum fecimus Stat.*Theb*.6.937; senatus hoc pro non scripto non ~it Ulp.*dig*.37.4.8.6. **c** ego semper pluris feci..libertatem..quam pecuniam Naev.*com*.9; te experior quanti ~ias uxorem tuam Pl.*Am.* 508; hoc seruom meum non nauci ~ere ausum! *Bac*.1102; rumorem, famam flocci fecit Cato *orat*.62; tanti Tyrii Cassium ~iunt Cic.*Phil*.11.35; uoluptatem, quam uirtus minimi ~it *Fin*.2.42; ludere hanc sinit..nec pili ~it uni Capul.17.17; parui id ~io Sal.*Jug*.85.31; Hor.*S*.1.9.23; Liv.8.36.2; non assis ~iunt euntque recta *Priap*.8.3.

19 To represent, depict, portray (in speech, writing, or other forms of art). **b** to represent falsely (as being, or doing), make out or pretend (that).

illic res Italas..fecerat ignipotens Verg.*A*.8.628; 'haec' inquit 'Troiast' (muros in litore fecit) Ov.*Ars* 2.133;—(*w. pple.*) non ~iet rem publicam loquentem Cic.*Orat*.85; si Cottam et Varronem fecissem inter se disputantis *Att.* 13.19.3; oratio, qua ~it eum Plato usum apud iudices *Tusc*.1.97; cum..fecisset..centauros sustinentes epistylia Vitr.7.5.5; Phidias..fecit..(Iouem) uelut tonantem Sen. *Con*.10.5.8;—(*w. acc. and inf.*) poetae impendere..saxum Tantalo ~iunt Cic.*Tusc*.4.35; stare deum pelagi..~it Ov. *Met*.6.76; quem ex aduerso dicere feci Pers.1.44;—(*w. pred. noun*) in iis epistulis me Laelium, te Furium ~iam Cic.*Att*.2.19.5. **b** (*w. acc. and inf.*) quod plus fecit Dolabella Verrem accepisse quam iste in suis tabulis habuit Cic.*Ver*.1.100; ~io me alias res agere *Fam*.15.18.1; se ~it esse uenustum Catul.97.9;—(*w. pred. adj. or noun*) quasi stolidum, combardum me ~iebam Pl.*Epid*.421; ~io te apud illum deum Ter.*Ad*.535; cum uerbis se locupletem ~eret Cic.*Flac*.46; Catul.10.17; hos ~ito Armenios Ov.*Ars* 1.225.

20 To suppose (for the purposes of an argument), imagine. **b** (imp., w. acc. and inf., etc.) suppose, assume, imagine (that).

desineret Antiochus pacem sibi ipse spe uana ~ere Liv. 36.41.5; duas mihi aliquis contiones parumper ~iat 45.37.8; haec (*sc.* summa)..si rugam trahit..sume duos equites, ~ tertia quadraginta Juv.14.326. **b** ~ esse, nihil superest Cic.*de Orat*.2.226; ~ id te dedisse mihi quod non ademisti *Phil*.2.60; ~ imagines esse quibus pulsentur animi *N.D.* 1.107; quae est eius (*sc.* animi) natura? propria, puto, et sua. sed ~ igneam..: nihil ad id de quo agimus *Tusc*.1.70; ~..minimis e partibus esse corpora prima tribus Lucr. 2.485; quis me autem, ~ uelle, sinet..? Verg.*A*.4.540; Sen. *Ep*.107.11; Stat.*Theb*.2.449.

21 To do, perform (an action). **b** to commit (a crime). **c** to carry out (commands, promises, duties, etc.). **d** *gratum, pergratum ~ere* (w. dat.), to do a favour to, oblige: see gratvs, pergratvs.

potine tu homo facinus ~ere strenuom? Pl.*Cist*.231; opera..quae ~ta infectaque sient Cato *Agr*.2.1; ~ite exempla eorum Quad.*hist*.93; (*w. prons., neut. of adjs.*) quod sit ~tum iam diu Andr.*trag*.15; pol si istuc faxis, hau sine poena feceris Pl.*Capt*.695; si quid peruerse taetreque ~tum est a muliere Cato *orat*.218; cum quaeritur aliquid ~tum necne sit Cic.*Caec*.71; putaui esse hominem commonendum. id feci *Fam*.7.10.3; quo ~to duas res consecutus est Caes. *Civ*.1.39.4; mature ~to opus est Sal.*Cat*.1.6; quo ~to Athenienses se..dediderunt Nep.*Lys*.1.2; caue faxis te quicquam indignum Hor.*S*.2.3.38; quae, quia non liceat, non ~it, illa ~it Ov.*Am*.3.4.4; qui omnia fecit, ut beneficium redderet Sen.*Ben*.7.14.1; magna pietas erat nihil impie ~ere *Dial*.6.1.2; quae..per eum..acta ~ta gestaque sunt Ulp. *dig*.42.7.2.1;—(*contrasted w. other vbs.*) te inscientem..dicere ac ~ere omnia Ter.*Hau*.633; plura ~iam quam scribere audeo Cic.*Fam*.4.13.6; cum ipse per se et a se et pateretur et ~eret omnia *Tim*.18;—(*sup. w.* facile, difficile, optimum, *and sim.*) nunc adeo hoc ~tust optumum Pl.*Ps.* 185; iustam rem oppido imperas et ~tu facilem Ter. *Hau*.704; difficile ~tu est non probare Cic.*Off*.1.71; perfacile ~tu esse illis probat conata perficere Caes.*Gal*.1.3.6; optimum ~tu esse duxerunt..rem in hiemem producere 4.30.2; docere, quae utilia ~tu essent Gel.15.22.5; quod..arduum ~tu putatur Apul.*Met*.8.3. **b** flagitium maxumum feci miser Pl.*Cas*.549; ne sit scelerata, ~it scelus Ov. *Met*.7.340; ~tum esse scelus loquuntur ~iuntque Tac.*Hist.* 3.25; nil pueri ~iunt Juv.6.173;—(*absol.*) 'fecisse uideri' pronuntiat (*sc.* praetor) Cic.*Ver*.5.14; clamat Pontia 'feci, confiteor' Juv.6.638. **c** omnis sapientis suom officium aequom esse colere et ~ere Pl.*St*.40; pensum ~iat Lucil. 736; ~ere promissum Cic.*Off*.1.31; obsides dare et imperata ~ere Caes.*Gal*.2.3.3; cupido..sub eo duce stipendia ~iendi Liv.10.25.1; omnia..oboedienter..~iebat 39.53.11; dicta ~it Ov.*Fast*.2.375; boues ei fundo cessuros putant, ubi opus fecissent Javol.*dig*.33.7.4.

22 a (in questions, often rhetorical, expr. difficulty or perplexity). **b** (w. dat., abl., *de*) to do..with regard to.

a quid ego nunc ~iam? Pl.*Mos*.371; perii, quid ~iam misera? Ter.*Hec*.340; pater si iudicaret, per deos immortalis, quid ~ere posset? Cic.*Ver*.5.136; quid ~iat custos, cum sint tot in Vrbe theatra..? Ov.*Ars* 3.633. **b** (*w. dat.*) quid puero ~tumst..meo nepoti? Pl.*Truc*.789; quid hic mihi ~iet patri? Ter.*An*.112; quid enim tibi ~iam qui illos libros deuorasti? Cic.*Att*.7.3.2; quid Veioui ~ies, quid Volcano? *N.D*.3.62; quid ~ias illi? Hor.*S*.1.1.63; Quint. *Inst*.1.3.15;—(*w. abl.*)quid illa ~iemus concubina..? Pl.*Mil.* 973; nec quid nunc me ~iam scio Ter.*An*.614; dominus uino quid uolet ~iet Cato *Agr*.148.2; quid hoc homine ~ias? Cic.*Ver*.2.40; quid me nunc ~tum esset..? Gel.10.6.2; (*cf.*) inproba Niliacis quid ~it Hydra feris? Mart.5.65.14;—(*w.* de) de isto..quid ~ere est solitus? Lucil.498; ~..quod de homine nobilissimo..fecisti nuper in curia Cic. *Lig*.37.

23 (w. vbl. nouns or sim.) To do, perform (the action contained or implied in the object). **b** to carry on, practise (a trade, profession, etc.).

tantum..molae crepitum ~iebant Naev.*com*.114; cras auctionem ~iam Pl.*Poen*.1364; qui scis ergo istuc, nisi periclum feceris? Ter.*An*.565; si eluuiem ~ere per uentrem uelis Lucil.645; ubi sementim ~turus eris Cato *Agr*.30; uuas..legere..et uindemiam ~ere Var.*R*.1.34.1; ut primum per aetatem iudicium ~ere potueris Cic.*Fam*.13.29.1; (Lysander) cuius modo feci mentionem *Sen*.63; hac quondam Tiberinus iter ~iebat Prop.4.2.7; cum ~iant eae stellae regressus et morationes Vitr.9.1.11; (canales) in quibus hae cogantur circinationem ~ere 9.1.15; qua pronuntiatione ~ta Caes.*Civ*.2.25.7; magna caedes fugientium..est ~ta Liv.6.9.11; nominatio in locum eius non est ~ta 26.23.8; Cancri cum sidere Phoebus solstitium ~it Man.3.636: neptem tuam abortum fecisse Plin.*Ep*.8.10.1; si..res publica aliqua ~iat uenditionem Ulp.*dig*.21.1.1.4;—(*w. dat. of indir. obj.*) qui huic morbo ~ere medicinam potest Pl. *Cist*.74; si negassent uim hominibus armatis esse ~tam, Cic.*Caec*.4; ~ere illi iniurias, uos prohibere Sal.*Jug*.31.23; si..ipsi sibi uulnera ista fecerunt Ulp.*dig*.29.5.1.37; dum ei rapinam ~it Scaev.*dig*.31.88.16. **b** ego lenocinium facio..? Pl.*Epid*.581; Cn. Flauius..scriptum ~iebat Calp.*hist*.27; argentariam Regi maximam fecit Cic.*Ver.* 5.165; nemo artem ullam aliam conatur domi ~ere, uti sutrinam, fullonicam Vitr.6.pr.7; sic ut quisque uolet, ~iet medicinam Larg.pr.p.4,l.23; Ulp.*dig*.48.2.4.

24 To perform, carry out, hold (rites, ceremonies, festivals, etc.). **b** (absol.) to sacrifice.

ossa ne legito, quo post funus ~iat *Lex XII*(*Font.iur.* p.36); sacra in ⟨o⟩qvoltod ne qvisqvam fecise velet *CIL* 1.581.15; erus nuptias meus hodie ~iet Pl.*Aul*.289; paucis uerbis rem diuinam ~ito *Poen*.408; Sabini feruntur uouisse..se uer sacrum ~turos Sis.*hist*.99; ego qui trinos ludos aedilis feceram Cic.*Mur*.40; te sacra illa tua ~ientem *Har*.33; conuiuia lauta sumptuose de die ~itis? Catul. 47.6; aris ~tus honos Verg.*A*.5.763; neque suum neque publicum diuinum pure ~iet, siue hostia siue quo alio uolet Liv.8.10.13; sacrificia aliquot extraordinaria ~ta 22.57.6; Phaed.5.5.4; Ov.*Fast*.2.532; xvuiri sacris ~iundis creati Apul.*Apol*.47;—(*w. dat.*) ut ei sacra ~erent quotannis Cic. *Ver*.4.151, Liv.1.7.3; quod..inferias Neroni fecisset Tac. *Hist*.2.95. **b** Iunonis Sospitae, cui omnis consules ~ere necesse est Cic.*Mur*.90; saeuis..periclis seruati ~imus Verg.*A*.8.189; (*impers. pass.*) si antidea senatus populusque iusserit fieri ac faxitur *formula* in Liv.22.10.6;—(*w. abl.*) quot agnis fecerat? Pl.*St*.251; altero piaculo eodem modo ~ito Cato *Agr*.140; cum ~iam uitula pro frugibus Verg. *Ecl*.3.77; perfecto..sacrificio omnes tvre et vino fecervnt *CIL* 6.2065.

25 To accomplish, achieve, effect. **b** to make a difference, matter.

quae ego pro re publica fecissem leguntur Cato *orat*.171; quid ~iet in geometria qui non didicerit? Cic.*de Orat*.3.79; scire..quid quaeque nauis remis ~ere posset *Ver*.5.88; quinque..cohortibus quidnam se ~turum arbitratus est..? *ad Brut*.1.2.1; si quid es ~turus *Tusc*.5.13; quid ~ient crines, cum ferro talia cedant? Catul.66.47; quid ~iant pauci contra tot milia fortes? Ov.*Fast*.2.229; dicite, pontifices, in sancto quid ~it aurum? Pers.2.69; quid..multus stilus..~it? Quint.*Inst*.10.7.4. **b** tempora quid ~iunt! hanc uolo, te uolui Mart.6.40.4; nec multum ~it, tabernae sit praepositus an.. Ulp.*dig*.14.3.3; ~it..totum uoluntas defuncti 28.5.35.3; nec quod se abstinere possunt, quicquam ~it 29.4.1.7.

26 (absol.) To perform the action indicated by another verb in the context, do so. **b** (pf. pass., impers.) to have been done, be so.

nonne hic homo modo me pugnis contudit? fecit hercle, nam etiam ⟨mi⟩ misero nunc malae dolent Pl.*Am*.256; fac⟨e⟩: promisi ego illis Ter.*Ad*.940; conserere cogitare non oportet, sed ~ere oportet Cato *Agr*.3.1; uiam..degrumabis, uti castris mensor ~it olim Lucil.100; at occidit Saturninum Rabirius. utinam fecisset! Cic.*Rab.Perd*.31; me uelim, ut ~is, diligas *Fam*.5.21.5; arma tradere iussi ~iunt Caes.*Gal*.3.21.3; interficere conatus est, et fecisset, nisi ille..effugisset Nep.*Eum*.2.5; Verg.*A*.2.110; Sen.*Ep.* 94.26; inferius numquid potuit descendere? fecit Mart. 10.75.13. **b** seruom esse audiui meum apud te.— apud me? numquam ~tum reperies Pl.*Poen*.762; dixtin dudum illam dixisse se exspectare filium?— ~tum Ter.*Hec*.452; eaque hoc te mihi nuntiare iussit. itanest ~tum? 847.

27 (absol.) To be active, take action. **b** *sua*, etc., *re, causa ~ere*, to act in the interests of; (also euphem., for the performance of the excretory functions). **c** (obsc.).

~ere et fungi sine corpore nulla potest res Lucr.1.443; optumus quisque facere quam dicere..malebat Sal.*Cat*.8.5; Sen.*Ep*.117.2; perage, dum ~iunt manus *Med*.987; omne animal aut ~it aut patitur Proc.*dig*.50.16.124; Papin.*dig.* 50.16.218; (*pple. as sb.*) quoniam, ut aiunt, dei ~ientes adiuuant Var.*R*.1.1.4;—(*gram., w. ref. to the active voice*) a copulis diuisionum quadrinis: ab infecti et perfecti..; ~iendi et patiendi, ut uro ungo, uror ungor Var.*L*.10.33; Quint.*Inst*.9.3.7. **b** haec tu eadem si confiteri uis, tua re feceris Pl.*Capt*.296;—si quis uestrum uoluerit sua re causa ~ere Petr.47.4; cum mea re causa ~io 66.2; (*cf., perh.*) homo meus coepit ad stelas ~ere 62.4. **c** pungere me manu coepit et dicere: 'quare non ~imus?' Petr.87.9; ne turpia ludant, ne ~iant uicibus Juv.7.240.

28 (w. advs. or advl. phrs.) To do, act, conduct oneself. **b** (w. dat. of pers.) to act (in a particular manner towards), treat. **c** (w. acc.) to treat (in a particular way). **d** (pf. pass., impers.) to have been done or taken place (in a particular way).

si quisquam aliuta faxit *Lex Reg*.(*Font.iur*.p.10); amice ~is quom me laudas Pl.*Mos*.719; ~tumst abs te turpiter Ter.*Hec*.624; male ~iundo ac dicundo Sal.*Rep*.2.4.2; regnum recte ~ientibus offert Hor.*Ep*.1.1.63; hinc ~iunt Ov.*Am*.1.3.12; differentia..inter eum qui clam ~it et eum qui rapit Ulp.*dig*.47.8.2.24;—(*w. abl. of manner*) soror, more tuo ~is Pl.*Aul*.146; dolo malo ~iunt Cic.*Tul*.34; Julian.*dig*.9.4.39.2;—(*w. prep. phrs.*) sei qvis arvorsv hac faxit *CIL* 1.401; mihi uidere praeter aetatem tuam ~ere Ter.*Hau*.60; qui contra legem fecerit Cic.*Inv*.2.131; φιλιππίζειν..id est, quasi cum Philippo ~ere *Div*.2.118; si non faciat, eum aduersus rem publicam ~turum uideri Caes.*Civ*.1.2.6; et sapit et mecum ~it Hor.*Ep*.2.1.68; si contra mores una puella ~it Prop.2.32.44; aduersus dictum promissumue ~ere uidentur Ulp.*dig*.21.1.17.20. **b** quibus benigne fecerimus Cic.*Inv*.1.109; quod plebi benigne fecisset Liv.4.14.5; totum populum sibi suauiter ~ientem Petr.71.10;—(*w. internal acc.*) si tibi quid feci aut ~io quod placeat Ter.*An*.41; ceruos, qui tibi mali nihil fecerunt Var.*Men*.361. **c** etsi..aliter nos ~iant quam aequomst Pl.*St*.44; paulisper demittito unum manipulum..item ~ito alterum manipulum Cato *Agr*.156.3. **d** ea filia muentast mea.—bene mehercle ~tum est Pl.*Rud*.1365; matrem..mors consecutast.—male ~tum Ter.*Ph*.751; o ~tum male de Alexione! Cic.*Att*.15.1.1; (*w. acc. and inf.*)

bene ~tum te aduenisse TER.*Hec.*456; (*w.* quod) o ~TVM MALE MYIA QVOD PERISTI *CIL* 13.488.

29 a (of abst. things) To act, work (in a particular direction). **b** to be compatible, go (with).

a (*w.* ab) quod nihilo magis ab aduersariis quam a nobis ~it CIC.*Inv.*1.90;—(*w.* cum) sententiam interdicti mecum ~ere fatebatur *Caec.*79; mecum ~ientia iura HOR.*Ep.* 2.2.23;—(*w.* pro) pro sententia Iuliani ~it, quod Labeo scribit ULP.*dig.*8.5.2.3. **b** (*w.* ad) non ~it ad mores tam bona forma malos OV.*Am.*3.11.42; quorundam contumacia non ~it ad aulam SEN.*Dial.*9.6.2; non ~it ad stomachum nostra lagona tuum MART.10.45.6;—(*w.* cum) cum Veneris puero non male, Bacche, ~is OV.*Ars* 3.762;—(*w. dat.*) non ~iet capiti dura corona meo PROP.3.1.20.

30 To function successfully or usefully, be effective, work; (w. *ad*, etc.) to be effective (in dealing with, meeting the needs of, or sim.; also in producing). **b** (of medicines, remedies, etc.).

dum ~it ingenium, petite hinc praecepta, puellae OV. *Ars* 3.57; per Venerem nimiumque mihi ~ientia tela *Ep.* 2.39; nec caelum nec aquae ~iunt nec terra nec aurae *Tr.* 3.8.23; ~it etiam..ficus COL.8.17.13; in omni parte huiusce officii plurimum ~it totas..nosse causas QUINT.*Inst.*6.4.8; in hoc optime ~ient infinitae quaestiones 10.5.11;—frena minus sentit, quisquis ad arma ~it OV.*Am.*1.2.16; recte.. ~iunt ad rem siluestres pinus COL.4.26.1; alii ad aprum, alii ad ceruum canes ~iunt SEN.*Con.*3.pr.9; frontem caedere mire ad pullatum circulum ~it QUINT.*Inst.*2.12.10; alii (loci) ad comparationem singulorum argumentorum ~iunt 5.13. 57; si quid ad rem ~it APUL.*Met.*4.8; (*w. adv.*) huc tua dextra ~it OV.*Am.*2.9.36;—quicquid ad saliuam ~it PETR. 48.2; quid..potissimum ad perpetuitatem memoriae eius ~iat TRA.Plin.*Ep.*10.76(80). **b** ~it..sulpuris triti et picis liquidae modus aequalis COL.7.5.10; ~it et hoc medicamentum bene LARG.49; multo magis emplastri huius uis ~it 175; —(*w.* ad) ad haec..lotura plumbi ~it PLIN.*Nat.*34.170; theriace ~it ad omnium serpentium morsus..mirifice LARG. 165; nihil aeque ~ere ad uiperae morsum SUET.*Cl.*16.4;— (*w.* aduersus) antidotus Cassii..~it aduersus toxicum potum LARG.176;—(*w. dat.*) radix coeliacis praeclare ~it PLIN.*Nat.* 22.48; lienosis bene ~it tamaricum LARG.128.

facteon. [facet. form. from FACIO on anal. of Gk. vbl. adjs. in -τέος] One must make, etc.

qua re..φιλοσοφητέον, id quod tu facis, et istos consulatus non flocci ~ CIC.*Att.*1.16.13.

factīcius ~a ~um, *a.* [FACIO+-ICIVS²] Manufactured, prepared, artificial.

bina genera (ladani), terrenum et ~um PLIN.*Nat.*12.75; ~i (salis) uaria genera 31.81; 34.125; lucernis, taedis, cereis et alio genere ~i luminis APUL.*Met.*11.9.

factiō ~ōnis, *f.* [FACIO+-TIO]

1 The action of making, producing, etc.; *~o testamenti*, the fact (or right) of making a will. **b** *quae haec ~o est?* what sort of conduct is this? what's all this about?

impetus spiritus ~onis exprimit uim flatus VITR.1.6.2;— tabulas..quas is instituisset cui testamenti ~o nulla esset CIC.*Top.*50; cui nullo modo legari possit uelut peregrino, cum quo testamenti ~o non sit (*i.e. in whose favour a will cannot be made*) GAIUS *Inst.*2.218; postumus et surdus testamenti ~onem (*i.e. made in their favour*) habere dicuntur POMPON.*dig.*28.1.16; libertus, qui..liberam testamenti ~onem adsecutus est PAPIN.*dig.*38.1.41. **b** meamne..per uim ut retineat mulierem? quae haec ~ost? PL.*Bac.*843; *Rud.* 1371.

2 Social connections, set.

istas magnas ~ones, animos, dotes dapsilis PL.*Aul.*167; cum uostra nostra non est aequa ~o *Trin.*452; di diuites sunt, deos decent opulentiae et ~ones 491; opulento famam facile occultat ~o CAECIL.*com.*172; ex tanta ~one et opibus TITIN.*com.*108.

3 A band, company, group; a racing establishment (incl. charioteers and other staff), faction; a school (of science, etc.).

Gabinium tres adhuc ~ones postulant CIC.*Q.fr.*3.1.15; armata ~o APUL.*Met.*3.28;—(*of workmen*) OPTIO ~ONIS ARTIFICVM *CIL* 10.3479;TRA.*Plin.Ep.*10.34(43).1;—(*of actors*) intrauit ~o statim PETR.59.3;—LVDOS ~ONE PRIMA (DEDIT) *CIL* 10.1074; prasinae ~oni..addictus SUET.*Cal.*55.2; SUET. *Dom.*7.1; *Vit.*7.1; *CIL* 14.2884;—alia ~o ab experimentis se cognominans empiricen PLIN.*Nat.*29.5; alia magices ~o a Mose..ac Iudaeis pendens 30.11.

4 A political party (usu. in an opprobrious sense), a faction, clique, cabal; a party of conspirators, conspiracy. **b** adherence to a faction, partisanship (implying unfair practices).

inimicorum meorum ~o GRACCH.*orat.*52; cum..certi propter diuitias aut genus..rem publicam tenent, est ~o, sed uocantur illi optimates CIC.*Rep.*3.23; Galliae totius ~ones esse duas CAES.*Gal.*1.31.3; quos certamine ~onum ad intestinum bellum exarsisse..legati adtulerant LIV.41.27.3; REM PVBLICAM ⟨DO⟩MINATIONE ~ONIS OPPRESSAM AUG.*Anc.* 1; in duas ~ones ciuitas discessit TAC.*Hist.*5.12;—mandat ..opes ~onis confirment SAL.*Cat.*32.2; quod ei principatum non concedebat, ~onem comparauit NEP.*Di.*6.3; cessurum se urbe ob ~ones accusatorum TAC.*Ann.*4.21; iugum sororium consponsae ~onis APUL.*Met.*5.14; seditio praerupta ~oque cruenta ULP.*dig.*28.3.6.9; (*cf.*) (rei publicae) omnes consulebant, ~o contra hostis parabatur SAL.*Rep.*2.10.8. **b** tenuisti prouinciam per annos decem..tibi..per uim et per ~onem datos CIC.*Att.*7.9.4; non diuitiis cum diuite neque ~one cum factioso..certabat SAL.*Cat.*54.6; haec inter bonos amicitia, inter malos ~o est *Jug.*31.15; qui officia amicis praestanda sine ~one existimaret NEP.*Att.*8.4; hominem..de ~one diuitem CALV.*orat.*26.

factiōsus ~a ~um, *a.* *superl.* ~issimus. [prec.+-OSVS]

1 Busy, active.

lingua ~i, inertes opera PL.*Bac.*542.

2 Having a powerful following or connexions.

ted esse hominem diuitem, ~um PL.*Aul.*227; si quis potens ac ~us in contione dixerit *Rhet.Her.*2.40; ~i domi, potentes apud socios SAL.*Jug.*8.1; est..locuples, ~us, curatur a multis, timetur a pluribus PLIN.*Ep.*1.5.15.

3 Of or belonging to a faction, factious, turbulent; acting as a faction.

existunt..largitores et ~i, ut opes quam maximas consequantur CIC.*Off.*1.64; homines scelestos et ~os, qui seditionibus rem publicam exagitauerant SAL.*Cat.*51.32; cum ..semper ~us audaxque fuisset NEP.*Lys.*1.3; ut dicatur ..fuisse ~us aut turbulentus QUINT.*Decl.*364(p.396,l.3); ~issimum quemque PLIN.*Ep.*4.9.5;—iudicia tametsi..tribus ordinibus tradita sunt, tamen idem illi ~i regunt SAL.*Rep.* 2.3.3.

factitō ~āre ~āuī ~ātum, *tr.* [FACIO+-ITO]

1 To do frequently or habitually, make a habit of; (also, of continued action) to be doing; (absol.) to do (so). **b** to make a profession of.

quod ~aui in adulescentia PL.*Epid.*432; TER.*Eu.*783; CIC.*Caec.*81; cum pila ludere uellet—studiose enim id ~abat *Tusc.*5.60; a Numa saepius hoc ~atum..tradidit PLIN. *Nat.*2.140; quem eadem ~auisse apud Siciliam..accepimus TAC.*Ann.*2.59;—(*religious ceremonies*) qui sacrificia gentilicia ..stato loco anniuersaria ~arint CIC.*Har.*32; sacra..~asse APUL.*Apol.*57;—quid ~asti mandatis super? PL.*Bac.*196; —ut olim crebro Sabini ~auerunt VAR.*R.*3.16.29. **b** qui ..accusationem ~auerit, ut Athenis Lycurgus CIC.*Brut.*130; ille uersus, qui uetat artem pudere proloqui quam ~es *Orat.* 147; delationes ~auerat TAC.*Hist.*2.10; coactiones argentarias ~auit SUET.*Ves.*1.2; Protagoram..uecturas..onerum corpore suo ~auisse GEL.5.3.1.

2 To make habitually.

coronas ex ea (*sc.* meliloto) antiquitus ~atas PLIN.*Nat.* 21.53; prisci..ualuas in templis ex aere ~auere 34.13;— (*poems*) nec satis apparet cur uersus ~et HOR.*Ars* 470; in carcere ob carmina illic in principem ~ata strangulatus est TAC.*Ann.*6.39.

3 (w. pred.) To make or render repeatedly.

quem palam heredem semper ~arat CIC.*Phil.*2.41.

factor ~ōris, *m.* [FACIO+-TOR] A maker. **b** the perpetrator (of a crime); a player (in a ball-game).

id genus..poema uocitatum est eiusque ~ores poetae SUET.fr.2(p.4Re); CVI IVS MONIMENTI HVIVS CONCESSVM EST A FILIS ET HEREDIBVS ~ORIS *CIL* 14.1452;—(*in oil-pressing*) ~ores (uolunt), ut in tabulato diu sit (olea) CATO *Agr.*64.1; ~ores, qui oleum fecerint 145.2; 146.3. **b** si qui conscii uel ~ores sceleris fuerunt ULP.*dig.*29.5.1.21; MACER *dig.* 48.3.7;—qui ludunt datatim serui..in uia, et datores et ~ores omnis subdam sub solum PL.*Cur.*297.

factum ~ī, *n.* [FACTVS¹] FORMS: gen. pl. *~um* ENN.*scen.*59 (app.).

1 A deed, action. **b** (as opp. to words); *dictum ~um* (prov.) no sooner said than done. **c** an event, occurrence. **d** *bonum ~um* (as a formula of good omen prefixed to edicts, etc.).

ubi nec Pelopidarum ~a neque famam audiam *Inc.trag.* 118; in iudicium caput Corneli, ~um Pompei uocatur CIC. *Balb.*6; quot sunt Herculei ~a laboris OV.*Fast.*5.696;— (*w. adv.*) pro bene ~is eius PL.*Capt.*940; nequiter ~um illud apud uos semper manebit CATO *orat.*20; ut ante ~a in iudicium non uocentur CIC.*Ver.*1.108; praemia..recte ~orum *Mil.*96; PLIN.*Nat.*25.2; ut ex post ~o confirmetur POMPON.*dig.*12.1.8;—(*w. adj.*) ob ~a nefantia LUCIL.140; κατόρθωσιν enim ita appello, quoniam rectum ~um κατόρθωμα CIC.*Fin.*3.45; fera ~a suis cum multa dedere LUCR. 5.1340; cum multis fortibus ~is LIV.26.41.23. **b** memini, quom dicto haud audebat: ~o nunc laedat licet PL.*Capt.* 303; hoc ut deico, ~is persequar *Mer.*554; dicta ~is discrepant ACC.*trag.*47; quamquam sunt ~a uerbis difficiliora CIC.*Q.fr.*1.4.5; ~a arguebantur, dicta inpune erant TAC.*Ann.*1.72;—dictum ~umque facit frux ENN.*Ann.*314; dictum ~um reddidi TER.*Hau.*760; (*advl.*) dictum ~um inuenerit aliquam causam *An.*381; dictum ~um huc abiit *Hau.*904. **c** nos eius animum de nostris ~is noscimus PL.*St.*4; quod..me ~um consili incertum facit TER.*Ph.* 578; prisca fides ~o, sed fama perennis VERG.*A.*9.79; non ..mi haec iactura gusti fuit, tanquam nihil ~i PETR.76.5; Deianira..ob ~um Herculis ipsa se interfecit HYG.*Fab.* 36.6; quaedam sunt talia, ut statim ~o suo noceant ULP. *dig.*43.8.2.31. **d** B(ONVM) F(ACTVM) NEIQVIS..VSTRINAM FECISSE VELIT *CIL* 1.839; libellus propositus est: bonum ~um: ne quis senatori nouo curiam monstrare uelit SUET. *Jul.*80.2; *Vit.*14.4.

2 (w. implication of approval or disapproval) **a** a mighty deed, achievement, exploit. **b** a misdeed.

a cuius ~a uiua nunc uigent NAEV.*com.*109; FACILE ~EIS SVPERASES GLORIAM MAIORVM *CIL* 1.10; mea ~a in acie ACC.*trag.*12; quo tot ~a uirum totiens cecidere? LUCR.5.328; ut prius defessi sint homines laudando ~a tua quam..SAL.*Rep.*1.1.2. **b** supplicium pro ~is dare oportet CATO *orat.*76; propter conscientiam ~i timere HIRT.*Gal.*8.38.3; qui uidet, is peccat..~i lumina crimen habent PROP.2.32.2; nec mea decreto damnasti ~a senatus OV.*Tr.*2.131.

3 (as opp. to fiction) A real happening, fact.

aut ~i aut nominis aut generis aut actionis continet quaestionem CIC.*Inv.*1.10; de ~o quid iudicetis et de poena quid censeatis *Catil.*4.6; ut iam a fabulis ad ~a ueniamus *Rep.*2.4; est mihi pro ~o saepe quod esse potest OV.*Am.* 2.13.6; ~a canam, sed erunt, qui me finxisse loquantur *Fast.*6.3; omnes naues naufragarunt, ~um, non fabula PETR.76.4; ex ~o quaeritur PAUL.*dig.*15.1.52.

4 The result of doing, something done, work; (spec.) the quantity of oil pressed at one time, a pressing.

non hominum uideo, non ego ~a boum OV.*Ep.*10.60;— ex uno ~o olei..~um dicunt quod uno tempore conficiunt VAR.*R.*1.24.3; COL.12.52.19.

factūra ~ae, *f.* [FACIO+-VRA]

1 The working (of a metal).

aliubi uena bonitatem hanc praestat..aliubi ~a PLIN. *Nat.*34.145.

2 The make or fashion (of a thing).

quando facies sit forma omnis et modus et ~a quaedam corporis totius GEL.13.30.2.

factus¹ ~a ~um, *a.* *compar.* ~ior. [pple. of FACIO]

1 That has happened, true.

omittamus et fabulas et externa; ad rem ~am nostramque ueniamus CIC.*Off.*3.99.

2 That is already done; already made or formed.

superuacuum est dissuadere rem ~am STAT.*Silv.*4 pr.;— in Asiam ~us imperator uenit CIC.*Luc.*2; si ~a foret siluis abscondita flamma LUCR.1.904; suppurationibus..futuris aut ~is LARG.206; suspectas uomicas aut iam ~as 265.

3 Achieved, secured.

qui nihil aliud nisi quod sibi soli placet consulit aduorsum filium..~ius nihilo facit PL.*Trin.*395; MART.2.26.3; ~a est iam tibi cena, tace 2.27.4; rem ~am Pompullus habet, Faustine: legetur 6.61(60).1.

4 a (of metal) wrought. **b** (of words) coined. **c** (of style) shaped, moulded, finished.

a Lucius Scipio cum aurum ~um haberet in cista uiminea VAR. in *Non.*p.334M; argenti ~i atque signati CIC.*Ver.*5.63; sunt auri pondera ~i infectique mihi VERG.*A.*10.527; LIV. 34.52.4; ~i mercator erit per utrumque metalli MAN.5.535; quidquid auri argentique relictum sit, legato continetur siue ~um siue infectum ULP.*dig.*34.2.19; argentum ~um recte quis ita definierit 34.2.27.6. **b** si ~is uerbis aut uetustis aut translatis frequenter utamur CIC.*Part.*72; *de Orat.*3.201. **c** accurata et ~a quodam modo oratio CIC.*Brut.*30; uersiculos..magis ~os et euntis mollius HOR.*S.*1.10.58.

factus² ~ūs, *m.* [FACIO+-TVS³] A pressing of olives, the quantity pressed at one time.

factoribus det in ⟨singulos⟩ ~us olei sextarios CATO *Agr.* 67.1; premi plus quam centenos modios non probant; ~us uocatur PLIN.*Nat.*15.23.

facul, *adv.* = FACILE.

nos illum..propitiaturos ~ remur PAC.*trag.*322; erat istuc uirile, ferre aduorsam fortunam ~ ACC.*trag.*460; LUCIL. 259; antiqui..~ dicebant, quod nunc facile dicimus FEST. p.214M.

facula ~ae, *f.* [FAX+-VLA] A torch.

per hiemem..~as facito CATO *Agr.*37.3; quid ~am praefers? AED.*poet.*2.1; VAR.*L.*10.66; pueri..quorum alii ~as, alii retinere sagittas (*sc.* uisi sunt) PROP.2.29.5; CINC.*iur.*13; (*fig.*) nescis..quam tibi Fortuna ~am lucriferam adlucere uolt PL.*Per.*515.

facultās ~ātis, *f.* [doublet of FACILITAS] FORMS: gen. pl. *~atum* CIC., etc.; *~atium* CELS.5.17.1.A, COL.1.pr.12, PLIN.*Ep.Tra.*10. 4(3).5, etc.

1 Ability, power, capacity, skill; (w. gen., *ad*) power (over), command (of), skill (in). **b** the potential strength, support (of a candidate in an election). **c** the potential field of one's power, scope, range.

incredibili quadam fuit ~ate CIC.*Ac.*1.46; adsiduitate nimia facilitas magis quam ~as..paratur PLIN.*Ep.*6.29.5; —(*w. gen.*) nisi mihi dolor meus..huius generis ~atem ademisset CIC.*Att.*3.7.3; illa, si qua fuit in me, ~as orationis *Fam.*9.18.3; ~as atque elegantia summa scribendi HIRT. *Gal.*8.pr.7; opto tibi tui ~atem (*i.e. of drawing on your own resources*) SEN.*Ep.*32.5; illa ex tempore dicendi ~as QUINT. *Inst.*10.3.2;—(*w.* ad) plus ~atis habuit ad dicendum quam uoluntatis CIC.*Brut.*245;—(*w. def. adj.*) ars et ~as oratoria *Inv.*1.7; uocum fictionibus, quae..neque abhorrere a poetica ~ate uisae sunt neque dictu..insuaues esse GEL. 18.11.2. **b** cum..ex uoltu candidatorum coniecturam faciant quantum quisque animi et ~atis habere uideatur CIC.*Mur.*44; quantum sis in ipso campo uirium ac ~atis habiturus Q.CIC.*Pet.*34. **c** memento..me non de mea, sed de oratoris ~ate dixisse CIC.*de Orat.*1.78; uisus est oratoris ~atem non illius artis terminis, sed ingeni sui finibus immensis paene describere 1.214.

2 A particular skill or faculty; (pl.) talents, endowments, powers.

alia quaedam..~as..ingeni CIC.*Arch.*2; popularis est enim illa ~as *Tusc.*2.3;—appellabuntur omnes oratores.. nec generibus inter sese, sed ~atibus different *Opt.Gen.*6; quae si in illo minima fuissent, tamen prae tuis ~atibus maxima putarentur *Rab.Perd.*14; contende omnibus neruis ac ~atibus Q.CIC.*Pet.*56; de moribus ingeniique ~atibus NEP.*Ep.*1.4.

3 (of things) Power, potency; a property, virtue.

certis in rebus inest secreta ~as LUCR.1.173; Latinam linguam ~atis non minus habere, licentiae minus SEN.*Con.* 10.4.23;—aut naturae rerum aut ~ates comparantur CIC. *Part.*7; pastilli quoque ~ates diuersas habent CELS.5.20.1;

ad uim ~atesque eius (*sc.* septenarii) numeri augendas GEL. 3.10.15.

4 A power conferred by external agency, possibility, opportunity, chance. **b** a chance of obtaining (a thing), of seeing, communicating with (a person).

inmortalitus se optulit mi haec ~as TURP.*com.*88; quam ~atem mihi multitudo istius uitiorum..largitur CIC.*Phil.* 2.43; si res ~atem habitura uideatur, ut..Aegyptum tenere possis *Fam.*1.7.4; si qua fuisset ~as, ad se..ueniret CAES. *Civ.*1.19.4; accusatores, si ~as incideret, poenis adficiebantur TAC.*Ann.*6.30; ut sibi quisque pro ~ate consuleret SUET.*Otho* 10.2; (*pl.*) uitiorum, quae semper ~atibus licentiaque..aluntur VELL.2.82.4;—(*w. gen.*) earum..rerum nullam sibi..defendendi ~atem reliquit CIC.*Ver.*4.104; tuae gloriae, cuius maximam ~atem tibi di immortales..dedere *Fam.*10.19.2; datum iri..pugnandi ~atem CAES.*Civ.*1.71. 4; uindictae si sit mihi nulla ~as OV.*Tr.*4.9.15; leti ~as nulla continget tibi SEN.*Phaed.*877; (*pl.*) efficiendi ~atibus CIC.*Part.*115;—(*w.* ad) impudentia..huic..magnam ad se defendendum ~atem dabit *Cael.*50; CAES.*Civ.*3.29.3;—(*w.* ut) ~atem mihi oblatam putaui ut..res..a uobis manifesto deprenderetur CIC.*Catil.*3.4; *Clu.*77;—(*w. inf.*) ut haberent ~atem turmas Iulianas circumfundi *B.Afr.*78.4. **b** harum omnium rerum ~ates..pons..praebebat CAES.*Civ.*1.49.2; quod sibi..fertilissimi regni tanta oblata esset ~as *B.Alex.* 51.2;—si ~as optabilis mihi quidem tui praesentis esset PLANC.*Fam.*10.4.3; uelle se..cum Caesare loqui, si sibi eius ~as detur CAES.*Civ.*3.15.6.

5 a A quantity available, supply, provision. **b** (pl.) resources, means.

a lactis praebent maiorem ~atem VAR.*R.*2.9.11; quas ad causas ~as petitur argumentationum ex eis..locis CIC. *Part.*98; quos uiros! non solum summa uirtute et fide, cuius generis erat in senatu ~as maxima, sed etiam..*Sul.*42; ad ~atem agrariam *Att.*2.15.1; iis, quibus agros dandos censuistis, uideo ~atem fore ex agris Sullanis D.BRUT.*Fam.* 11.20.3; CAES.*Gal.*3.9.6; ubi magna materiarum ~as est (*i.e. in a vine*) COL.4.24.11. **b** quibus ~atibus armorum pecuniae sociorum..possimus uti CIC.*Part.*95; redimeret adulescentem..rei familiaris ~atibus *Phil.*2.46; et suam rem familiarem auxisse et ~ates ad largiendum magnas comparasse CAES.*Gal.*1.18.4; exhaustis..patriae ~atibus NEP.*Han.*6.2; LIV.22.1.18; ad implendas equestres ~ates PLIN.*Ep.*1.19.2.

6 That which is necessary, the means.

~ates sunt..sine quibus aliquid confici non potest CIC. *Inv.*1.41; causa aegritudinis reperta medendi ~atem reperiemus *Tusc.*3.23; cum ~atium materia non ita multiplex sit CELS.5.17.1.A.

7 Easiness, facility, convenience.

di, date ~atem obsecro huic pariundi TER.*An.*232; ne..rerum ipsarum memoria contentus sis, quod et utilior sit et plus habeat ~atis *Rhet.Her.*3.39; summi contempta ~as est operis LUC.10.428; si stilo ~as continget, auditione iudicium QUINT.*Inst.*2.2.11; (*cf.*) ne puero dura ascendisse ~as STAT.*Silv.*2.1.188.

faculter, *adv.* = FACILE.

facul antiqui dicebant et ~ pro facile PAUL.*Fest.*p.87M.

fācundē, *adv. compar.* ~ius, *superl.* ~issimē. [FACVNDVS+-E] Fluently.

nimi' facete nimi'que ~e mala's PL.*Mil.*1141; ~e contra causaris patrem AFRAN.*com.*91; ut..hostem..~e adloquendo sibi conciliarit LIV.28.18.6; mundi naturam.. ~issime expromit V.MAX.3.3.ext.4; alia..uetera ~e executus TAC.*Ann.*12.58; mihi..uidetur neminem..~ius in contione..laudatum FRO.*Parth.*2 p.30(221N).

fācundia ~ae, *f.* [FACVNDVS+-IA] Ability to speak (or write) fluently or eloquently; (pl.) examples of eloquence. **b** (applied to persons).

hic actor tantum poterit a ~a quantum ille potuit cogitare commode..? TER.*Hau.*13; ~a Graecos, gloria belli Gallos ante Romanos fuisse SAL.*Cat.*53.3; non te ~a, non te restituet pietas HOR.*Carm.*4.7.23; in altitibus ~a prisca remansit raucaque garrulitas studiumque immane loquendi OV.*Met.*5.677; addidit inualidae robur ~a causae LUC.7.67; T. Liuio, mirae ~ae uiro QUINT.*Inst.*8.1.3; satis decorus etiam Graeca ~a TAC.*Hist.*2.80; (*poet.*) multa..tolles ex oculis quae mox narret ~a praesens HOR.*Ars* 184; discitur innocuas ut agat ~a causas OV.*Tr.*2.273;—pulcrum.. facinus Graecarumque ~arum magniloquentia condignum GEL.3.7.1. **b** suscipe, Romanae ~a, Maxime, linguae, difficilis causae mite patrocinium OV.*Pont.*1.2.67; 2.3.75.

fācundiōsus ~a ~um, *a.* [prec.+-OSVS] Marked by fluency or readiness of expression.

facta sua spectare oportere, non dicta, si minus ~a essent ASEL.*hist.*10.

fācunditās ~ātis, *f.* [next+-TAS] Eloquence; garrulousness.

facile sibi ~atem uirtus argutam inuenit PL.*Truc.*494;—quod si longior..usus fuero, non mea ~ate sed rei necessitate factum existimato HYG.*Astr.*pr.

fācundus ~a ~um, *a. compar.* ~ior, *superl.* ~issimus. [*fa-*(FOR)+-CVNDVS] Able to express oneself fluently, eloquent. **b** (transf., of speeches, writings, etc.).

suauis homo, ~us ENN.*Ann.*245; amator adeost callide ~us quae in rem sint suam ut possit loqui PL.*Mer.*36; comes ~us in uia pro uehiculo est PUB.*Sent.*C.17; cur ~a parum decoro inter uerba cadit lingua silentio? HOR.*Carm.*4.1.35; ingenia humana sunt ad suam cuique leuandam culpam nimio plus ~a LIV.28.25.14; causam ~o reddidit ore deus OV.*Fast.*5.698; ex his philosophis..et subtilissimus et ~issimus SEN.*Suas.*2.12; ~i carmen iuuenale Properti MART.14.189.1; sollers ingenio et praue ~us TAC.*Ann.*1.53; aduocatum ~iorem APUL.*Apol.*95; (*poet.*) duos..Senecas unicumque Lucanum ~a loquitur Corduba MART.1.61.8; (*of a parrot*) psittace..domini ~a uoluptas STAT.*Silv.*2.4.1; —(*cf.*) cui, Paean, noua plectra moues humeroque comanti ~um suspendis ebur? 1.2.3. **b** ~am et conpositam orationem SAL.*Jug.*85.26; antiqua comoedia cum..sermonis Attici gratiam..retinet, tum ~issimae libertatis QUINT.*Inst.* 10.1.65; ~os..uersus MART.12.43.1; uox iusti ~a Solonis JUV.10.274.

Fācūtālis ~is ~e: see FAGVTALIS.

faecārius ~a ~um, *a.* [FAEX+-ARIVS] Used for lees or dregs.

sportas ~as CATO *Agr.*11.11.

faecātus ~a ~um, *a.* [FAEX+-ATVS[2]] Made from lees or dregs.

uinum ~um sic facito CATO *Agr.*153.

faeceus ~a ~um, *a.* [FAEX+-EVS] Resembling dregs, foul; (in quot., transf.).

nil ego istos moror ~os mores PL.*Trin.*297.

faecinius ~a ~um, *a.* Also **-enius.** [perh. orig. a proper name] The name of a kind of vine, and of the wine made from it.

(uites) ~ae, quod plus quam ceterae faecis adferunt COL. 3.2.14; 12.47.6. **β** reliquae (uites) ignobiles..sicuti ~a.. PLIN.*Nat.*14.27.

faecula ~ae, *f.* **fēc-.** [FAEX+-VLA] Dried lees of wine, argol, tartar (used as a condiment or medicine).

~a iam quo de genere est inulaeque sapores LUCR.2.430; peruellunt stomachum, siser, allec, ~a Coa HOR.*S.*2.8.9; oportet..miscere..~ae pondo trientem LARG.82.

faeculentus ~a ~um, *a.* **fēc-.** [FAEX+-VLENTVS] (of fluids) Full of sediment, thick; (of gems) cloudy.

~i uini COL.2.2.20; pus nigrum et ~um et foedi odoris CELS.7.3.1; (*cf.*) non..ex hac ~a nubecula..conglobata (daemonum corpora) APUL.*Soc.*11;—~ae..improbantur (sardonyches) PLIN.*Nat.*37.89.

faedus ~ī: see HAEDVS.

faelēs or **faelis** ~is: see FELES.

faenārius ~a ~um, *a.* **fēn-.** [FAENVM+-ARIVS] Of or for hay, hay-; (masc. as sb.) a hay-merchant; (neut. pl. as sb., app.) allowance of or for hay.

falces ~as VIII CATO *Agr.*10.3; VAR.*L.*5.137; ULP.*dig.* 33.7.8;—COLLEG(ium) ~IOR(um) *CIL* 6.8686; 6.9417;—~a: dr(achmas) x *P.Gen.*1.I.A.16(*CPL* 106).

faenebris ~is ~e, *a.* **fēn-.** [FAENVS+-IS; for formation cf. *funebris, muliebris*, etc.] Of or belonging to usury; (of money) lent at interest.

consules ~em..rem..leuare adgressi LIV.7.21.5; ~es leges 9.34.4; ~e malum TAC.*Ann.*6.16;—praebita..pecunia ~is SUET.*Cal.*41.1; PAPIN.*dig.*22.1.9.

faenerātiō ~ōnis, *f.* **fēn-.** [FAENERO+-TIO] The lending (of money) at interest, usury.

pecuniae publicae ~o CIC.*Ver.*3.168; haec pecunia.. translata est in quaestum et ~onem *Flac.*56; COL.1.pr.8;—(*fig.*) nec enim, cum tua causa cui commodes, beneficium illud habendum est, sed ~o CIC.*Fin.*2.117; SEN.*Ben.*1.2.3.

faenerātō, *adv.* [*faeneratus* (FAENERO)+-O[2]] With interest; (in quots., transf.).

ne illa ecastor ~ funditat PL.*As.*902; ne illam ecastor ~ apstulisti *Men.*604.

faenerātor ~ōris, *m.* **fēn-.** [FAENERO+-TOR] A money-lender, usurer.

furem dupli condemnari, ~orem quadrupli CATO *Agr.*pr.1; ii quaestus, qui in odia hominum incurrunt, ut portitorum, ut ~orum CIC.*Off.*1.150; HOR.*Epod.*2.67; uociferatus..de.. crudelitate ~orum LIV.6.14.3; ~orem non fugat a foro decoctor SEN.*Ep.*81.2; MART.2.44.3; cum..sanxisset ut ~ores duas patrimonii partes in solo collocarent SUET.*Tib.* 48.1;—(*cf., w. gen.*) testatus se nummorum suorum, non ciuilis sanguinis esse ~orem V.MAX.4.8.3.

faenerātōrius ~a ~um, *a.* **fēn-.** [FAENERO+-TORIVS] Of or belonging to a usurer or usury.

auara et ~a Gallorum philosophia V.MAX.2.6.11.

faenerātrix ~īcis, *f.* **fēn-.** [next+-TRIX] A female money-lender.

ex amica obsequenti subito destrictam ~icem agere coepit V.MAX.8.2.2;—(*the name of a play*) dicunt..alii Plauti Faeneratricem, alii Feneratricem VAR.*L.*7.96

faenerō ~āre ~āuī ~ātum, *intr., tr.* Also **~or** ~ārī ~ātus. **fēn-.** [FAENVS+-O[3]]

1 (intr.) To lend money at interest, practise usury. **b** (of an investment) to bring in interest, prove profitable; (in quot., transf.,).

tribunum plebis tulisse ad plebem ne ~are liceret LIV. 7.42.1; multum serit, multum ~at SEN.*Ep.*41.7; nil debet, ~at immo magis MART.1.85.4; qui pessimo exemplo ~arent *S.C.*(*Font.iur.*p.203)57;—(*dep.*) est interdum praestare..~ari, si tam honestum sit CATO *Agr.*pr.1; CIC.*Off.*2. 89; parum est ~ari ciuibus? QUINT.*Decl.*273(p.120,l.14). **b** metuisti, si nunc de tuo iure concessisses paullulum..ne non tibi istuc ~aret? TER.*Ad.*219.

2 (tr.) To invest (money); also transf. **b** to lend money to, finance. **c** to borrow (money) at interest.

si..te..hortatus fuerim, ut eam (pecuniam) ~ares GAIUS *Inst.*3.156; ~auit pecuniam publicam sub usuris solitis PAUL.*dig.*22.1.11;—(*transf.*) ~atum istuc beneficium pulchre tibi dices TER.*Ph.*493; demus beneficia, non ~emus SEN.*Ben.*1.1.9;—(*dep.*) pecunias istius extraordinarias grandis suo nomine ~abatur CIC.*Ver.*2.170; cum posita esset pecunia apud eas societates..binis centesimis ~atus est 3.165;—(*transf.*) neque enim beneficium ~amur *Amic.*31. **b** coepi libertos ~are PETR.76.9(*s.v.l.*); (*prob.*) haec (*sc.* Minerua) sapit, haec omnes ~at una deos MART.1.76.6. **c** (*dep.*) si quis dominicam pecuniam ab eo ~atus esset ALF.*dig.*46.3.35.

3 (transf.) To supply, lend.

(sol) suum lumen ceteris quoque sideribus ~at PLIN.*Nat.* 2.13; (*quoted as example of fatuous style*) Iuba et Petreius mutuis uulneribus concurrerunt et mortes ~auerunt (*i.e. killed each other*) SEN.*Suas.*7.14.

faeneus ~a ~um, *a.* [FAENVM+-EVS] Made of hay; *homo ~us*, a dummy stuffed with hay.

uidet homines ~os in medium ad temptandum periculum proiectos CIC.*Corn.*1.fr.3.

faeniānus ~a ~um, *a.* [FAENVM+-IANVS] For hay, hay-.

EX HORREIS ~IS *CIL* 6.37796.

faeniculārius ~a ~um, *a.* **fēn-.** [next+-ARIVS] Abounding in fennel: *campus ~us*, the name of a region in Spain (in quot., allusively for the whole country).

utrum ipse in ~um an in Martium campum cogitet CIC. *Att.*12.8.

faeniculum ~ī, *n.* **fēn-.** [FAENVM+-CVLVM] The plant fennel, esp. used as a condiment or medicament.

herbas herbis aliis porro condiunt: indunt coriandrum, ~um PL.*Ps.*814; ~i radicem puram contusam CATO *Agr.* 127.1; COL.12.7.1; semen..~i PLIN.*Nat.*19.119; ~um.. ad condienda plurima, cum inaruit 19.173; ~um nobilitauere serpentes gustatu..senectam exuendo 20.254; LARG. 159.

faenīlia ~ium, *n.pl.* **fēn-.** [FAENVM+-ILIS[2]] A place for storing hay, barn.

nec tota claudes ~ia bruma VERG.*G.*3.321; ut..plena.. desecto surgant ~ia campo *Aetna* 272; horrea, ~ia..extra uillam facienda uidentur VITR.6.6.5; OV.*Met.*6.457; PLIN. *Nat.*18.258.

faeniseca ~ae, *m.* [FAENVM+SECO+-A[1]] = next.

~as eam (*sc.* uiciam) oportet recidere COL.2.17.5; PERS. 6.40.

faenisex[1] ~ecis, *m.* **fēn-.** [FAENVM+SECO] A man who cuts hay, mower.

sicilienda prata, id est falcibus consectanda quae ~ices praeterierunt VAR.*R.*1.49.2; ne cubi ferramentum ~ecis possit offendere COL.2.17.4; cornu propter oleum ad crus ligato ~ex incedebat PLIN.*Nat.*18.261.

?faenisex[2] ~ecis, *f.* [prec.] A mowing.

PRATA QVAE FVERVNT PROXVMA ~ICEI C. CAECILIO Q. MVVCIO COS. IN AGRO POPLICO *CIL* 1.584.37.

faenisicia ~ae, *f.* **fēn-.** [as prec.+-IA] The cutting of hay, mowing; also, mown grass, hay.

herba in pratis ad spem ~ae nata VAR.*R.*1.47; per hos dies..~ae instituendae COL.11.2.40;—~ae conduntur melius sub tecto quam in aceruis VAR.*R.*1.56.

faenisicium ~iī, *n.* **fēn-,** also **-sec-.** [as prec.+-IVM] = prec.

MENSIS IVNIVS..~IVM *CIL* 6.2305;—(*pl.*) per ~ia (*codd.* -secta) eo (*sc.* rastello) festucas corradit VAR.*L.*5.136; post ~ia COL.2.17.6; ante secunda ~ia PLIN.*Nat.*18.258;—nec.. ~ia uidit arida in tabulato (*sc.* tua uilla) VAR.*R.*3.2.6.

faenum ~ī, *n.* **fēn-.** [dub.]

1 Hay.

~um cordum CATO *Agr.*5.8; ~um..secato cauetoque ne sero seces 53; oratorem eum, quem cum Catulus nuper audisset, ~um alios aiebat esse oportere (*i.e. were mere animals in comparison*) CIC.*de Orat.*2.233; *Leg.pub.*(*Font.iur.* p.114)22; ~um habet in cornu; longe fuge HOR.*S.*1.4.34; super raros ~i flammantis aceruos PROP.4.4.77; iumentis herba non alia gratior, siue uiridis siue in ~o siccata PLIN. *Nat.*24.178; (*as a perquisite of a governor*) scito..nos ~um aut quod e lege Iulia dari solet non accipere CIC.*Att.*5.16.3; —(*as packing*) tuta ~o cursor oua portabat MART.3.47.14; JUV.11.70;—(*as bedding*) ~o..iacentibus alto OV.*Ep.*5.15; (*perh.*) Iudaeis, quorum cophinus ~umque supellex JUV. 3.14;—(*collect. pl.*) ignibus heu! lentis uretur, ut umida ~a OV.*Ars* 3.573; ~a rodebam APUL.*Met.*3.29.

2 *~um Graecum*, Fenugreek.

culignam in ~o Graeco ponit, ut bene oleat CATO *orat.*246; pabulorum optima sunt Medica et ~um Graecum COL.2.7.2; (medicina) in qua ~um Graecum uel..malua decocta sit CELS.2.12.2.E; ~i graeci sextarium unum LARG.268.

faenus ~oris, *n.* **fēn-.** [app. cogn. w. *felix, fecundus*; for freq. spelling *faen-* cf. *scaena*] FORMS: abl. ~*ori* PL.*Cur.*508 (in phr. *~ori dare*, etc., PL.*Vid.*84, CIC.*Ver.*2.170, this is perh. loc.).

1 Interest (on capital). **b** *~ore* or *~ori*, at interest.

sortem accipe. — immo ~us, id primum uolo PL.*Mos.*592; quattuor quadraginta illi debentur minae, et sors et ~us 631; hanc ex ~ore pecuniam CIC.*Ver.*3.167; ~ore oppressa plebes SAL.*Hist.*1.11; pecuniam..sine ~ore..credidit NEP. *Att.*9.5; asperior..in ~ore coercendo LIV.32.27.3; ~us agitare et in usuras extendere ignotum TAC.*Ger.*26.1; horti et ~us et uillae *Ann.*14.55; uiginti milia ~us pigneribus positis JUV.9.140; ~us apud Heluetios exercuit SUET.*Ves.* 1.3;—(*w. adj.*) ~ORE GRAVI POPVLVM SENATVS..LIBERAVIT *Elog.*5 (*CIL* 1.p.189); pecuniam adulescentulo grandi ~ore.. occupauisti CIC.*Flac.*51; soluunt tolerabili ~ore 6.1.16; prouincias immenso ~ore hauriri TAC.*Ann.*13.42; (*in fig. phr.*) uita data est utenda, data est sine ~ore nobis *Epic.Drusi* 369; ita summa diebus redditur aequatae soluuntur ~ore noctes MAN.3.473;—(*w. rate indicated*) ~us ex triente Idibus Quintilibus factum erat bessibus CIC.*Att.*4.15.7; ut centesimae perpetuo ~ore ducerentur 5.21.13; ut ~us quaternis centesimis ducant 6.2.9; de unciario ~ore LIV. 7.16.1. **b** qui dant quique accipiunt ~ore PL.*Cur.*480; uos ~ori, hi male suadendo..lacerant homines 508; minam.. ut darem tibi ~ori *Vid.*84; CIC.*Ver.*2.170; aera..militaria, uelut ~ore accepta LIV.5.10.9; ne..pecunias..~ori darent TAC.*Ann.*11.13.

2 A debt carrying interest; *in ~ore*, on loan.

qui quaeritet argentum in ~us PL.*As.*429; ~oribus copertus est SAL.*Hist.*4.52; solutus omni ~ore HOR.*Epod.* 2.4; ut tributo nouum ~us contraheretur LIV.6.32.1; pallet ~oris auctor JUV.11.48;—pecunia quae in ~ore sors est VAR.*L.*6.65; diues agris, diues positis in ~ore nummis HOR. *S.*1.2.13.

3 (transf. and fig.) Increase, gain; profit. **b** that which is put out with a view to gain.

terra..reddit quod accepit..plerumque maiore cum ~ore CIC.*Sen.*51; redditur illa (*sc.* gratia) quidem grandi cum ~ore nobis OV.*Pont.*3.1.81; semina..in ~us sulcatis credere terris MAN.5.273; seges..magnum ~us agricolae dabit SEN. *Phaed.*455; ~oris tui, quod stipulanti spoponderam tibi, reliquam pensiunculam percipe COL.10.pr.1; cum centesima fruge agricolis ~us reddente terra PLIN.*Nat.*5.24;—licentia ~us (*as profit*) refertur LUCIL.1048; ubi ~us bonitatis extenditur [QUINT.]*Decl.*9.16. **b** quam bona fide creditum ~us reddit (terra) PLIN.*Nat.*2.155.

faenusculum ~ī, *n.* **fēn-.** [prec.+-CVLVM] A small sum of interest.

ad danistam deuenires, adderes ~um PL.*Ps.*288.

Faesulānus ~a ~um, *a.* Of or belonging to Faesulae, a town in Etruria; (masc. as sb.) one of its inhabitants.

in agro ~o castra posuit CIC.*Cat.*2.14; colonorum Arretinorum et ~orum exercitu *Mur.*49;—~um quendam.. curare iubet SAL.*Cat.*59.3.

faeteō ~ēre: see FOETEO.

faetiālis: see FETIALIS.

faetidus, faetor, etc.: see FOET-.

faex ~cis, *f.* **fex** fēcis. [dub.]

1 Solid matter or impurities suspended in or deposited by wine, wine-lees, tartar, argol. **b** the turbid residue at the bottom of a wine-jar, dregs, lees. **c** the dregs (as reached at the end of a jar).

latera doliis..perfricato, ne ~x..adhaerescat CATO *Agr.* 152; terrae..pondus..subsedit funditus ut ~x LUCR.5.497; VITR.7.10.4; CELS.3.19.2; (uites) faeciniae, quod plus quam ceterae ~cis adferunt COL.3.2.14; ~x uini siccata PLIN.*Nat.* 14.131; uinum sine ~ce MART.10.48.19. **b** si uoles de ~ce demere uinum CATO *Agr.*26; peruncti ~cibus ora HOR.*Ars* 277; adfundi..arboribus aegris ~cem uini PLIN.*Nat.*17.259; (*in fig. phr.*) de ~ce, inquit, hauris CIC.*Brut.*244;—(*applied to poor wine*) condita..in liquida corna autumnalia ~ce OV.*Met.*8.665; a copone tibi ~x Laletana petatur MART. 1.26.9. **c** poti..~ce tenus cadi HOR.*Carm.*3.15.16; ad ~cem..et haec uindemia uenit MART.7.54.3;—(*fig.*) pars summa uitae utrum ~x sit an liquidissimum ac purissimum quiddam SEN.*Ep.*58.33; si quid adhuc superest in nostri ~ce locelli MART.14.13.1.

2 The dregs or sediment of any liquid. **b** slag, dross. **c** the lowest layer, sediment (in a contemptuous sense).

(Nilus) in siccis..locis ~cem relinquit SEN.*Nat.*4a.2.9; in omni umore ~x ima est 4.6.10;—(*of oil*) ut sordes ~cesque (fiscis) decidant COL.12.52.22; in..fracibus—hae sunt carnes et inde ~ces PLIN.*Nat.*15.22; quod ceromata ~ce de Sabina (redolent) MART.4.4.10; (*of unguents*) ~cem ungumenti magma appellant PLIN.*Nat.*13.19; (*cf.*) quem non offendat toto ~x inlita uultu OV.*Ars* 3.211. **b** si quis lapidum.. pertabuit igni..sopito..quaedam sordida ~x est *Aetna* 477; dum fiunt (aurum et argentum) et a ~ce sua separantur SEN.*Ep.*94.58; (*cf.*) ne ~ce quidem rerum excrementorumque foeditate intemptata PLIN.*Nat.*34.171. **c** nec perlucidos lapides in ima terrarum faece quaerebant SEN.*Ep.* 90.45; (*fig.*) si ex hac aliquando ~ce in illud euadimus sublime et excelsum 75.18.

3 Any impure admixture.

liquidum..aethera nec quicquam terrenae ~cis habentem OV.*Met.*1.68; facillimum ad superos iter est animis.. minimum enim ~cis, ponderis traxerunt SEN.*Dial.*6.23.1; (*transf.*) specularia puros admittunt soles et sine ~ce diem MART.8.14.4.

4 (contemptuously applied to anything base or sordid). **a** (of persons) The dregs, scum. **b** (of things).

a conlegia..ex omni ~ce urbis ac seruitio concitata CIC. *Pis.*9; *Q.fr.*2.4.5; Romam..mundi ~ce repletam LUC.7. 405; JUV.3.61; de triuiali popularium ~ce APUL.*Met.*8.24. **b** hunc uocasset e liquida uita in curiae uestrae ~cem VAR. *Men.*452; rationum ex ea ~ce legationis quaestoriaeque tuae procurationis illa sunt nomina CIC.*Ver.*1.99; nec in altam ~cem rerum hunc expeditum hominem demitto SEN. *Ben.*7.9.1.

fāgeus ~a ~um, *a.* [FAGVS+-EVS] Of the beech-tree, beech-.

glans ~a suem hilarem facit PLIN.*Nat.*16.25; lucus ~us 16.37.

fāgineus ~a ~um, *a.* [FAGVS+-NEVS] Of the beech-tree, beech-; of beech-wood.

cupam materia..~a facito CATO *Agr.*21.5; ~a tempora fronde tegit OV.*Fast.*4.656; glandis ~ae cinis PLIN.*Nat.*24. 14;—alueus..~us OV.*Met.*8.653.

fāginus ~a ~um, *a.* [FAGVS+-NVS] Of beech-wood.

pocula..~a VERG.*Ecl.*3.37; ~us axis *G.*3.172; arculae ~ae COL.12.47.5; cinere..~o PLIN.*Nat.*28.191; ~a mensa MART.2.43.10; (*app. as sb.*) huic soli (*sc.* deo)..inter pampineas ponetur ~us (*? an image*) ulmos CALP.*Ecl.*2.59.

fāgum ~ī, *n.* [next] Beech-nuts, mast.

~um muribus gratissimum est PLIN.*Nat.*16.18.

fāgus ~ī, *f.* [Gk. φηγός, AS. *bōc, bēce*, etc.] FORMS: nom. and acc. pl. also *~ūs* (VAR.*hist.* 2, *Culex* 141).

1 A beech-tree.

patulae recubans sub tegmine ~i VERG.*Ecl.*1.1; ad ueteres ~os 3.12; CAES.*Gal.*5.12.5; OV.*Ep.*5.21; hiberna..ieiunia soluere ~o (*i.e. with its fruit*) CALP.*Ecl.*4.35; PERS.5.59.

2 Beech-wood.

de cerro aut ~o..nullus (axis) ad uetustatem potest permanere VITR.7.1.2; pocula ~us erant OV.*Fast.*5.522.

Fāgūtal ~ālis, *n.* [next] The shrine of *Iuppiter Fagutalis.*

esculetum ab esculo dictum et ~al a fago VAR.*L.*5.152; ~al sacellum Iouis PAUL.*Fest.*p.87M.

Fāgūtālis ~is ~e, *a.* Also **Fāc-.** [FAGVS+-VTVS+-ALIS]

1 (as a title of Jupiter) Of the beech-grove.

VAR.*L.*5.152; PLIN.*Nat.*16.37; *CIL* 6.452.

2 Of *Iuppiter Fagutalis.*

ibi lucus dicitur ~is VAR.*L.*5.49; ~i..monti LABEO *gram.*22.

fala[1] ~ae, *f.* [prob. Etr.] A wooden siege-tower; a similar erection in the Circus.

fiunt tabulata ~aeque ENN.*Ann.*397; qui hosticas trium nummum caussa subeunt sub ~as PL.*Mos.*357; ~ae dictae ab altitudine, a falado, quod apud Etruscos significat caelum PAUL.*Fest.*p.88M;—JUV.6.590.

fala[2]**:** see FALLA.

Falacer ~cris, *m.* An Italian god; (also as adj.) of Falacer.

~crem et Pomonalem fecit (flaminem) hic idem ENN. *Ann.*123; flamen ~cer a diuo patre ~cre VAR.*L.*5.84.

faladō: (see quot.).

Falae..a ~o, quod apud Etruscos significat caelum PAUL.*Fest.*p.88M.

falārica ~ae, *f.* **phal-.** [FALA[1]+-ARIS+-CVS] A heavy missile weapon (discharged by machine or hand; orig. from siege-towers).

~a missa ENN.*Ann.*544; magnum stridens contorta ~a uenit fulminis acta modo VERG.*A.*9.705; ~a erat Saguntinis missile telum hastili abiegno et cetera tereti praeterquam ad extremum unde ferrum exstabat LIV.21.8.10; emissis.. ~is 34.14.11; manu uibrata ~a dextra GRAT.342; tortilibus uibrata ~a neruis LUC.6.198; SIL.9.339.

falcārius ~(i)ī, *m.* [FALX+-ARIVS] A maker of scythes or pruning-hooks; (in quots., as the name of a quarter in Rome).

dico te priore nocte uenisse inter ~ios..in M. Laecae domum CIC.*Catil.*1.8; *Sul.*52.

falcātus ~a ~um, *a.* [FALX+-ATVS[2]]

1 Furnished with curved blades; (esp. of chariots) scythed.

asseribus ~is detergebat pinnas LIV.38.5.3;—~ae regiae quadrigae *B.Alex.*75.2; LIV.37.40.12; couinnos..quorum ~is axibus utuntur MELA 3.52; ~os..currus V.FL.6.105.

2 Curved like a scythe or pruning-hook, sickle-shaped.

~a nouissima cauda est OV.*Met.*3.681; sinus..curuos ~us in arcus 11.229; (amygdalas) serendas quam maxime ~as PLIN.*Nat.*17.63;—(*of swords*) ~i..enses VERG.*A.*7.732; OV. *Met.*1.717; SIL.3.278.

Falcidius ~a ~um, *a.* The name of a Roman *gens*; *lex ~a* a law of 40 B.C. which secured to the heir or heirs a quarter of the estate; (fem. as sb.) the portion secured by this law.

CIC.*Man.*58;—lex ~a qua cautum est ne plus ei (*sc.* testatori) legari liceat quam dodrantem GAIUS *Inst.*2.227;—ex reliquis ~am plenam per doli exceptionem retinere potest SCAEV.*dig.*35.2.16; PAUL.*dig.*30.25.

falcifer ~era ~erum, *a.* [FALX+-FER] Bearing a sickle; (of chariots) scythed.

neque..~erae secuere manus OV.*Met.*13.930;—(*as ep. of Saturn*) ~er..deus *Fast.*1.234; Martis sidera..~erique senis *Ib.*214; ~eri..templa Tonantis MART.5.16.5;—~eros memorant currus abscidere membra LUCR.3.642; 5.1301.

falciger ~era ~erum, *a.* [FALX+-GER] Scythed.

incola Thyles agmina ~ero circumuenit arta couinno SIL.17.417.

falcitenens ~ntis, *a.* [FALX+-TENEO] Holding a sickle or pruning-knife.

HVNC TIBI DE VOCE PATRIS FALCITEN⟨ENTIS⟩ *A.Epig.* 09.177.

falcō ~ōnis, *m.* [FALX+-O[1]] (See quots.)

Capuam..a Capye appellatam ferunt, quem a pede introrsus curuato nominatum antiqui nostri ~onem uocant PAUL.*Fest.*p.43M; ~ones dicuntur, quorum digiti pollices in pedibus intro sunt curuati, a similitudine falcis p.88M.

falcula ~ae, *f.* [FALX+-VLA]

1 A pruning-knife, bill-hook.

~as uiniaticas XL, ~as rustarias X CATO *Agr.*11.4; quod (*sc.* ocinum) ~a secueris, non renascetur 54.3; ~ae et ungues ferrei COL.12.18.2.

2 The curved claw of an animal.

leones et similia..auersis..~is currere PLIN.*Nat.*8.41.

falerae ~ārum: see PHALERAE.

falere ~is, *n.* [prob. Etr., cf. FALA[1]] A platform (in a pen for birds).

~e ad duo pedes altum a stagno, latum ad quinque VAR. *R.*3.5.14.

Falerii ~ōrum, *m. pl.* A city of Etruria.

LIV.5.27.11; 22.1.11.

Falernus ~a ~um, *a.* The name of a district in the north of Campania; the name of a Roman tribe. **b** of or belonging to this district, Falernian; (neut., w. ellipse of *uinum*) Falernian wine; (also, neut. as sb.) a Falernian estate. **c** a name given to a type of amber.

Latinus ager..et ~us..plebi Romanae diuiditur LIV. 8.11.13; nec in ~o colle maior autumnus MART.12.57.22;—duae Romae additae tribus, Vfentina et ~a LIV.9.20.6. **b** (*of wine or vines*) si quis ~o uino delectetur CIC.*Brut.* 287; ~ae..uites HOR.*Carm.*1.20.10; fumosos ueteris proferte ~os (*sc.* cados) consulis TIB.2.1.27; da nobis uina ~a PETR.55.3;—minister uetuli puer ~i CATUL.27.1; nobis prona funde ~a manu [TIB.]3.6.6; LUC.10.163; (*pl.*) marmorea fundens nigra ~a manu MART.8.55(56).14;—eius ~um..idoneum uisum est deuorsorio CIC.*Fam.*6.19.1. **c** summa laus ~is (*sc.* sucinis) a uini colore dictis PLIN. *Nat.*37.47.

Faliscus ~a ~um, *a.*

1 Of or belonging to Falerii; (esp. masc. pl. as sb.) its inhabitants. **b** *~i* or *~a*, the city of Falerii.

iuuencae quas aluit campis herba ~a suis OV.*Am.*3.13.14; in agro ~o GEL.20.8.1; ille poeta ~us (*perh. Annianus*) MAUR.1816; TELLVRE ~A *CIL* 11.7534;—donec M. Furius Camillus in ~os..proficisceretur LIV.5.26.3; perdomitis.. ~is OV.*Fast.*3.843. **b** cum mihi pomiferis coniunx foret orta ~is OV.*Am.*3.13.1; coloniae ~a..quae cognominatur Etruscorum, Lucus Feroniae.. PLIN.*Nat.*3.51.

2 a *~us uenter*, or *~us* alone, A kind of sausage or haggis. **b** *praesepes ~a*, a kind of feeding-trough for cattle.

a VAR.*L.*5.111; Lucanica uentre cum ~o MART.4.46.8; non Lucanica? non graues ~i? STAT.*Silv.*4.9.35. **b** bonas praesepis ~as clatratas CATO *Agr.*4.1; 14.1.

falla (or **fala**) ~ae, *f.* [? FALLO] (app.) A trick.

ob eam rem hanc feci falam (*codd.* fallam) NOV.*com.*12.

fallācia ~ae, *f.* [FALLAX+-IA] Deceptive behaviour or an instance of this, deceit, trick.

argento comparando fingere ~am PL.*As.*250; si sensero hodie quicquam..te..~ae conari TER.*An.*197; intendenda in senemst ~a *Hau.*513; sibi per ~as uerba data esse QUAD. *hist.*16; exagitabantur omnes eius fraudes atque ~ae CIC. *Clu.*101; sine fuco ac ~is *Att.*1.1.1; ubi nulla fugam reperit ~a VERG.*G.*4.443; tanta est ~a tecti (*i.e. the labyrinth*) OV. *Met.*8.168; contra ~am lacerti COL.9.7.6.; seruilis ~as obtegens TAC.*Ann.*12.4;—(*w. defining gen.*) uos, deductae quibus est ~a lunae PROP.1.1.19; deceperat omnes.. sumptae ~a uestis OV.*Met.*13.164;—(*of things*) plurima pars scaenae rerum est ~a *Aetna* 76; illam iudicamus speculi esse ~am SEN.*Nat.*1.15.7.

fallāciēs ~ēī, *f.* = prec.

~e germanitatis inducta (soror) APUL.*Met.*5.27.

fallāciloquus ~a ~um, *a.* (dub.) [FALLAX+LOQVOR+-VS] Of deceitful speech.

'~ae' (*s.v.l.*), ut ait Accius, 'malitiae' CIC.*Fin.*4.68.

fallāciōsus ~a ~um, *a.* [FALLACIA+-OSVS] Full of deception, delusive.

huiuscemodi ambages ~ae GEL.14.1.34; ~a mulier APUL.*Met.*9.6.

fallācitās ~ātis, *f.* (dub.) [FALLAX+-TAS] Deceptiveness, untrustworthiness.

somniorum et superstitionum colores ipsa iam ~ate auctoritatem perdiderunt QUINT.*Inst.*4.2.94.

fallāciter, *adv.* *superl.* ~issimē. [next + -TER[2]] With intent to deceive, deceitfully; in a misleading manner, falsely.
uoluptas, quae..boni..naturam ~iter imitando adulterat CIC.*Part.*90; uobis se coepit..~issime uenditare *Har.*48; ne quid simulate, ne quid ~iter *Off.*3.68; ille in humum saxumque..quaeque uacant anima, ~iter omnia transit OV.*Met.*11.643;—~iter portenta interpretari CIC.*Div.*1.35.

fallax ~ācis, *a.* *compar.* ~ācior, *superl.* ~ācissimus. [FALLO + -AX] FORMS: gen. pl. *~acum* CATUL.30.4.

1 (of persons) Deceitful, treacherous. **b** (transf., of actions, behaviour, etc.).
blanda ~ax superba POMPON.*com.*164; ~acissimum genus esse Phoenicum CIC.*Scaur.*42; uicinitas..non fucosa, non ~ax *Planc.*22; facta impia ~acum hominum CATUL.30.4; VERG.*A.*6.343; HOR.*Carm.*3.7.20; ~acis praemia uulgi *Ciris* 2; patres mollem consulem..rati, plebes ~acem LIV.2.27.4; et hanc leuis ~axque destituet deus..Cupido [SEN.]*Oct.*198; genus hominum (*i.e. astrologers*)..sperantibus ~ax TAC.*Hist.* 1.22. **b** quae de fratre meo scribis..habent nihil ὕπουλον, nihil ~ax CIC.*Att.*10.11.1; est..malitia uersuta et ~ax ratio nocendi *N.D.*3.75; ~acem patriae serpere dixit equum PROP.3.13.64; ~acis consilii talis apparatus fuit LIV.22.16.7; posteritati ~ax miraculum praeparans CURT.9.3.19; igne ~aci nociturus Argis SEN.*Med.*658; specie bonarum artium falsos et amicitiae ~acis TAC.*Ann.*16.32; (*neut. pl. as sb.*) ciuitas..in qua..multa ~acia, multa in omni genere uitia uersantur Q.CIC.*Pet.*54.

2 (of things) Misleading, deceptive, treacherous; (perh. sts. personified in sense 1).
fiscina ~aci cumulo LUCIL.201; nihil ~acius ratione tota comitiorum CIC.*Mur.*36; si est erratum..spe falsa atque ~aci *Phil.*12.7; oculorum ~acissimo sensu *Div.*2.91; ut pote ~aci..excita somno desertam..se cernat CATUL.64.56; norma..~ax LUCR.4.514; grandior ut fetus siliquis ~acibus esset VERG.*G.*1.195; Aenean credam..~acibus auris et caelo..? *A.*5.850; nihil..in speciem ~acius est quam praua religio LIV.39.16.6; nec semper credenda Ceres ~acibus aruis OV.*Ars* 1.401; qui semel est laesus ~aci piscis ab hamo *Pont.*2.7.9; ~aces..sunt rerum species SEN.*Ben.* 4.34.1; ~acibus uadis PLIN.*Nat.*5.128; ut..aggeres umido paludum et ~acibus campis inponeret TAC.*Ann.*1.61; (*w. dat.*) Planasia..nauigiis ~ax PLIN.*Nat.*3.80; (*w. gen.*) ~ax herba ueneni VERG.*Ecl.*4.24.

3 Not real or genuine, false, spurious, counterfeit.
(merces) ~aces quidem et fucosae e chartis et linteis CIC. *Rab.Post.*40; ea non est uirtus sed ~ax imitatio simulatioque uirtutis *Luc.*140; quod ~aci reditu in castra iure iurando se exsoluisset LIV.22.61.4; posita ~acis imagine tauri OV.*Met.*3.1; nostra..~aci ueneratus numina uultu 5.279; fulgore..breui et, cum intueare ~aci PLIN.*Nat.*37.114; uelare odium ~acibus blanditiis TAC.*Ann.*14.56.

fallens ~ntis, *a.* [pple. of FALLO] (in vbl. senses, esp.) That disguises its nature or existence, deceptive.
~nte mendacio LIV.8.40.4; alia accessus lenes habent et incrementa ~ntia SEN.*Dial.*5.1.5; *Ep.*94.41; cliuo ~nte consurgit PLIN.*Ep.*5.6.14.

fallō ~lere fefellī ~sum, *tr.* [dub., cf. perh. Gk. φηλός, etc.] FORMS: pf. pple. pass. *fefellitus* PETR.61.8.

1 (of persons) To practise deception on, deceive, trick, mislead. **b** (w. internal acc.) to mislead in respect of.
ut ~latur pater..inueni PL.*Epid.*354; quem..~lere incipias dolis TER.*An.*493; ab omnibus pretium accipiunt et omnis ~lunt GRACCH.*orat.*41; ne blanda aut supplici oratione..~lamur CIC.*Phil.*7.26; id ipsum sui ~lendi causa milites..factum existimabant CAES.*Gal.*7.50.2; at regina dolos (quis ~lere possit amantem?) praesensit VERG.*A.* 4.296; Sagen..~lere uaria V.FL.3.182; ne quasi ignaram ~lere uideretur SUET.*Gal.*3.4;—(*absol.*) satin astu et ~lendo callet? ACC.*trag.*475; ut..de indutiis ~lendo impetrarent CAES.*Gal.*4.13.5;—(*poet.*) puellae, quae uoluit flammas ~lere, Vesta, tuas PROP.4.4.18; (catella) gutta pallia non fefellit ulla MART.1.109.11. **b** id ego si ~lo PL.*Am.*933; felicem diximus illa coniuge Pirithoum, quod paene fefellimus omen OV.*Met.*12.218; angustae collo non ~lier orcae PERS.3.50; cauebo ne mea credulitate rei p. summa ~latur PLANC.*Fam.*10.21.1.

2 (of the mind or senses) To lead into error, deceive; (refl. and pass., of persons) to be in error, be mistaken. **b** (impers.) *me,* etc., *~lit,* I am wrong.
nisi me animu' ~lit multum TER.*Hau.*668; *Ph.*735; CIC. *S.Rosc.*48; nec tamen hic oculos ~li concedimus hilum LUCR.4.379;—(*refl.*) is..se, nisi me forte ~lo, qui..CIC. *Phil.*12.21; me..ipse fefelli OV.*Tr.*1.3.59;—(*pass.*) nisi ~lor CIC.*Att.*4.19.1; potest fieri ut ~lar *Fam.*13.73.2; VERG.*A.* 5.49; ~lor an irati mihi sunt in imagine uultus? OV.*Pont.*2. 8.21; uisu ~limur? STAT.*Silv.*4.3.117; (*cf.*) ut plerique ~luntur (*i.e. think mistakenly*) TAC.*Ann.*11.24; (*w. internal acc.*) nimirum idem omnes ~limur CATUL.22.18; (*app. w. gen.*) nec satis exaudibam, nec sermonis ~lebar tamen PL.*Epid.*239;—(*w. inf.*) dicere non ~lar quo sit uibrata lacerto LUC.7.289; (*w. indir. qu.*) eum, ad bellum pacemne inclinent animi, ~li LIV.9.45.3;—(*w.* quin) non ~lor igitur quin malim FRO. *Aur.*1.p.88(8N). **b** nisi me propter beniuolentiam forte ~lebat CIC.*Cael.*45;—(*w.indir. qu.*) non multum me ~lit, si consulamini, quid sitis responsuri *Quinct.*54;—(*w.* quin) nec pol me multum ~lit quin quod suspicor sit quod uelit TER.*Hec.*728; CAES.*Civ.*3.94.3;—(*w. acc. and inf.*) num me fefellit hosce id struere? TER.*Hau.*514.

3 (of things) To cause to err, mislead, deceive. **b** to prove (physically) treacherous to, fail to support. **c** to deceive with respect to its nature, cause (a person) to be mistaken about itself.
simulacra solere in somnis ~lere mentem LUCR.5.62; nec sidus regione uiae litusue fefellit VERG.*A.*7.215; ~lentes lumina uestes OV.*Fast.*2.357; in tantum cedro similis, ut ementes ~lat PLIN.*Nat.*16.62;—(*pass.*) quae prouideri poterunt non ~lar in iis CIC.*Fam.*11.21.3; ut iam ~laris, tuta repulsa tuast OV.*Ars* 1.346. **b** ~lentia cursus uada SEN.*Suas.*2.1; ~lunt..ruentis genua uiros STAT.*Theb.*8.155; rotulum, tereti qui lubricus axe impositos subita uertigine ~leret ungues CALP.*Ecl.*7.52;—(*absol. or ellipt.*) senio male fida fefellerat arbor SIL.5.496; ~lere plana solent MART. 12.14.6; per leue..pauimentum ~lente uestigio cecidit PLIN.*Ep.*2.1.5. **c** quem ad modum igitur eum dies non fefellit? CIC.*Mil.*45; quos in aetate..tanti..uiri fefellit quinquennium VELL.2.53.4; si qua incerto ~let te littera tractu PROP.4.3.5;—(*absol.*) faciliusne potuit (uenenum).. ~lere in pane, si esset animaduersum, quam in poculo..? CIC.*Clu.*173; ueriti..ne ~leret bis relata eadem res LIV. 29.35.2; non numerus fefellit [QUINT.]*Decl.*4.4; (*cf.*) sufflati atque tumidi (stili) ~lunt pro uberibus GEL.6(7).14.5.

4 (of things) To belie the expectation of, disappoint (a person).
putabam..probatam meam fidem esse..quod me non fefellit CIC.*Ver.*1.19; si me fortuna non fefellerit PLANC. *Fam.*10.7.2; ubi..de flumine transeundo spem se fefellisse intellexerunt CAES.*Gal.*2.10.4; cum eum opinio fefellisset uictumque se uidisset NEP.*Ag.*3.5; LIV.9.43.20; sic dominum sterilis saepe fefellit ager OV.*Ars* 1.450; nec quemquam dextra fefellit cum feriat moriente manu LUC.4.559;—(*absol.*) quantum opinio fefellit LIV.28.27.9;—(*of persons*) multum eum antistites Iouis fefellerunt. nam non solum corrumpi non potuerunt sed.. NEP.*Lys.*3.3.

5 To fail to come up to, prove vain, belie (a hope, reputation); to fail to execute (an order, etc.). **b** to fail to keep, break (a promise); (also, absol.). **c** to break one's oath to, i.e. swear falsely by (a god, etc.).
quam spem..nostri casus fefellerunt CIC.*de Orat.*1.2; non ~lam opinionem tuam *Fam.*1.6.2; Brutus..animo sua nomina ~lit OV.*Fast.*2.837; qui ueri beneficii speciem fefellit ..ingratus est SEN.*Ben.*5.13.4; di ~lant metum *Med.*396;—mandata..~le mariti OV.*Met.*9.697; nisi fefellisset imperium militaris inprudentia PLIN.*Nat.*7.125; id uotum auaritia fefellit HYG.*Fab.*89.1; (*poet.*) ipsa non ~lunt iter emissa neruo tela SEN.*Her.O.*1658. **b** fide sacratae ius perpetuo ~leret *Inc.trag.*60; fidem hosti datam ~lere CIC. *Off.*1.39; qui caeci auaritia..foedus ac fidem fefellerunt LIV.5.51.10; arua..iussit ~lere depositum uitiataque semina fecit OV.*Met.*5.480; SEN.*Ben.*3.15.3;—(*absol.*) quid si ~les? —tum Mercurius Sosiae iratus siet PL.*Am.*392; (*w. internal acc.*) id ⟨si⟩ ~lis? —tum me faciat quod uolt magnus Iuppiter *Aul.*776. **c** expedit matris cineres opertos ~lere HOR.*Carm.*2.8.10; consulem Romanum miles semel in acie fefellit: deos nunquam ~let LIV.2.45.13.

6 To escape the notice of, be unperceived by. **b** *oculos* (etc.) *~lere,* to be invisible. **c** (absol.) to go unnoticed. **d** (impers.).
haec cum tot tantaque agerentur, non mirum est..multa illum et te fefellisse CIC.*Dom.*129; quae res Caesarem non fefellerat *B.Afr.*75.4; neque..quicquam eorum quae apud hostes agerentur eum ~lebat LIV.22.28.1; adsiduo (nares) domitas tempore ~lit odor OV.*Ars* 2.656; acta deos numquam mortalia ~lunt *Tr.*1.2.97; quem nota pariter et occulta ~lebant TAC.*Hist.*1.24;—(*w. pple.*) nec latens in asperis radix fefellit me locis HOR.*Epod.*5.68; Lucretium.. praedonum agmen fefellit supra montes..ductum LIV.3.8.6;—(*w. pred.*) nequiquam ~lis dea VERG.*A.*12.634; segetis certa fides meae fulgentem imperio..Africae ~lit sorte beatior HOR.*Carm.*3.16.32; (*w. indir. qu.*) non fefelli te, qualis essem SEN.*Con.*1.1.7;—(*cf.*) comites natumque uirumque fefellit (*i.e. was missed by*) VERG.*A.*2.744. **b** lumina ~lit opus OV.*Ars* 2.578; saepe nitent ~luntque oculos rursusque reuisunt MAN.1.873; pisces..coeunt tanta celeritate, ut uisum ~lant PLIN.*Nat.*9.157; GAIUS *Inst.*2.70. **c** ut ~leret, nocte proficiscendum esse LIV.8.26.2; labitur occulte ~litque uolubilis aetas OV.*Am.*1.8.49; ut cicatrix ~lat PLIN.*Nat.*26.129; iaculo tacitas ~lente per auras SIL.5.401; longius fortasse progredior ~lente transitu QUINT.*Inst.*7.10.17; abdita..eo ipso ~lunt quod quaerenda sunt TAC.*Ger.*16.4;—(*w. pple.*) nec uixit male qui natus moriensque fefellit HOR.*Ep.*1.17.10; ne alio itinere hostis ~leret ad urbem incedens LIV.8.20.5. **d** non me fefellit, sensi PL.*Bac.*298;—(*w. acc. and inf.*) quem..nostrum fefellit ita uos esse facturos? CIC.*Orat.*225; quod futurum Caesarem non fefellerat *B.Afr.*80.2; LIV.5.2.3;—(*w. indir. qu.*) neque me ~lit, quantum..negoti sustineam SAL.*Jug.* 85.3; *B.Afr.*56.3.

7 To escape the clutches of, avoid, elude. **b** to while away, beguile (time).
socerum et scelestas ~le sorores HOR.*Carm.*3.11.40; atria seruantem postico ~le clientem *Ep.*1.5.31; non omnia retia ~les OV.*Ep.*19.45; qualis turbido rector mari..arte fluctum ~lit SEN.*Phaed.*1074; remeabile saxum ~lentisque lacus STAT.*Theb.*4.538;—(*w. abst. obj.*) iam uino quaerens, iam somno ~lere curam HOR.*S.*2.7.114; purpureo ~lebam stamine somnum PROP.1.3.41; detineo studiis animum ~loque dolores OV.*Tr.*5.7.39; metus repentinus animum in aliam curam auertendo suspectas horas fefellit SEN.*Ben.* 6.8.1;—(*poet.*) ut liquor arenti ~lat ab ore sitim PROP. 2.17.6. **b** spatiosam ~lere noctem OV.*Ep.*1.9; medias ~lunt sermonibus horas *Met.*8.651; dapibus..tempora ~lunt noctis V.FL.2.349; (*absol.*) ~lit uoluptas, et minus longa quae delectant uidentur QUINT.*Inst.*4.2.46.

8 To conceal the nature of, disguise. **b** to assume by pretence, personate.
austerum studio ~lente laborem HOR.*S.*2.2.12; cum pila ueloces ~lit per bracchia iactus PROP.3.14.5; quinque iacent terrae: spatium discrimina ~lit OV.*Met.*8.578; sua diuina furta fefellit ope *Fast.*3.22; ~lente solo decliuia longa MAN.1.240; alii pueris (absinthium dedere) in fico sicca, ut amaritudinem ~lerent PLIN.*Nat.*27.49; donec..luna surgens ostenderet acies ~leretque TAC.*Hist.*3.23. **b** tu faciem illius..~le dolo VERG.*A.*1.684.

falsārius ~(i)ī, *m.* [FALSVS + -ARIVS] One who falsifies; a forger.
si uerum supprimis ~ius agnosceris CATO *orat.*241;—proclamante quodam praecidendas ~io manus SUET.*Cl.* 15.2; *Nero* 17.1.

falsē, *adv.* = FALSO.
iudicium ~ factum SIS.*hist.*143; ex criminatione, quae confingi quamuis ~ possit CIC.*Inv.*2.36.

falsidicus ~a ~um, *a.* [FALSVM + -DICVS] Lying; untrue.
mendaciloquom aliquem..~um PL.*Trin.*770; audax ~a ACC.*poet.*9(4F);—~is fallaciis PL.*Capt.*671.

falsificus ~a ~um, *a.* [FALSVM + -FICVS] Acting deceitfully.
animum falsiloquom, ~um, falsiiurium PL.*Mil.*191.

falsiiūrius ~a ~um, *a.* [FALSVM + -IVRO + -IVS] Swearing falsely.
animum falsiloquom, falsificum, ~um PL.*Mil.*191.

falsiloquus ~a ~um, *a.* [FALSVM + LOQVOR + -VS] Speaking deceitfully or untruthfully.
quarum rerum te ~om mi esse nolo PL.*Capt.*264; *Mil.*191.

falsimōnia ~ae, *f.* [FALSVS + -MONIA] A trick, deception.
repperiuntur falsi ~is PL.*Bac.*541.

falsiparens ~ntis, *a.* [FALSVS + PARENS] Having a pretended father.
~ns Amphitryoniades (*i.e. Hercules*) CATUL.68.112.

falsō[1] ~āre ~āui ~ātum, *tr.* [FALSVS + -O[3]] To falsify.
qui pondera aut mensuras ~assent MOD.*dig.*48.10.32.1.

falsō[2], *adv.* [FALSVS + -O[2]]

1 Erroneously, wrongly, mistakenly.
dicitur geminum alterum ~ occidisse NAEV.*com.*3; mulieres suspectas fuisse ~..inuenimus TER.*Hec.*777; etiam si ~ accuseris CIC.*Mur.*7; ut quidam ~ putant *Marc.*30; CATUL.114.1; mors filii ~ nuntiata erat LIV.22.7.13; quae ..perpessi miseram seruitutem ~ pacem uocarent TAC. *Hist.*4.17;—(*ellipt.*) aliud utile..aliud honestum uideri solet. ~; nam..CIC.*Off.*3.74; NEP.*Alc.*9.2; PLIN.*Nat.*10.19.

2 Untruthfully, lyingly, with intent to deceive.
mauis uituperarier ~ quam uero extolli? PL.*Mos.*177; ut mihi ~ maledicatur CATO *orat.*25; nihil aliud arbitror ~ in istum esse dictum ab iis qui male de isto existimarint CIC. *Ver.*3.50; uti..C. Caesar ~ nominaretur SAL.*Cat.*49.1; cum alii abesse eum, alii aegrum esse, ~ utrumque, fingerent LIV.42.2.1; si..~..citaui..numina..Iouis OV.*Fast.*5.683; Seiani amicitiam..~ exuerant TAC.*Ann.*6.8.

falsum ~ī, *n.* [next]

1 An untruth, falsehood, lie, misstatement, imposture; a visual fraud, untrue representation.
si ~a dices PL.*Mil.*843; si ~a confingis CATO *orat.*241; ut..~um in codicem referret CIC.*Q.Rosc.*1; de quibus ante ad te ~um..scripseram *Att.*7.14.2; nec possunt ~um ueris conuincere rebus LUCR.4.764; modica..neque in ~um aucta rettulit TAC.*Ann.*3.56; breue confinium artis et ~i 4.58;—haec ~a uidentes homines non reprehendunt sed delectantur VITR.7.5.4.

2 That which is wrongly perceived or interpreted.
neque tam quererer..quod parum longe quam quod ~um uiderem CIC.*Luc.*81; te ~a uidere puta! OV.*Ars* 2.522; telis ..non in ~um iactis TAC.*Ann.*4.50.

3 (leg.) Fraudulent tampering with documents, forgery, fraud.
inspectio..ipsa saepe ~um deprehendit QUINT.*Inst.*5.5.2; ~i damnatus TAC.*Hist.*2.86; ~i et ueneficii reos PLIN.*Ep.* 7.6.8; PAPIN.*dig.*48.10.13; PAUL.*dig.*48.10.21.

falsus ~a ~um, *a.* *compar.* ~ior, *superl.* ~issimus (both rare, cf. PAUL.*Fest.*p.92M). [pple. of FALLO]

1 (of opinions, reports) Erroneous, untrue, false; (of decisions, policy) incorrect, wrong.
nolo esse ~a fama gnatum suspectum tuom TER.*Hec.*758; haec te opinio ~a in istam fraudem impulit CIC.*S.Rosc.*58; nisi forte id ipsum est ~um discessisse illum *Att.*7.12.5; ~ae rationi uera uidetur res occurrere LUCR.3.523; neque id fuit ~um quod ille in pugnam proficiscens dixerat CAES. *Civ.*3.99.3; nil ~um trepidis STAT.*Theb.*7.131; (*superl.*) quod genus exitii..multi opinantur arceri posse..id autem ~issimum est COL.1.6.17;—si uindiciam ~am tulit *Lex XII* (*Font.iur.*p.39); ualde..~um est..non curari eas (*sc.* domos) ubi diutius nobis habitandum est PETR.71.7; (*compar.*) nihil est hominum inepta persuasione ~ius 132;—(*internal acc.*) recuperatores..~um inuitos iudicauisse CIC.*Flac.*49; ~um de iure respondisse *Planc.*62.

2 (of persons) Deceived, in error, wrong, mistaken. **b** *~us esse,* to be under an illusion (as to).
~us es TER.*An.*647; illi ~i sunt qui diuorsissumas res pariter expectant SAL.*Jug.*85.20; ~us utinam uates sim LIV.21.10.10; si..Oriona quaeres, ~us eris OV.*Fast.*5.494; ut adesse..exercitum trepidi ac ~i nuntiarent TAC.*Hist.*2. 17;—(*w. gen.*) (Hannibal) ~us..cupiti Ausoniae motus SIL. 13.886. **b** hau ~a sum nos odiosas haberi PL.*Aul.* 122; id quam mihi facile sit hau sum ~us *Men.*755; quid sit negoti ~us incertusque sum *Truc.*785.

3 Not genuine, sham, spurious, false. **b** (of hopes, fears, suspicions, etc.) ungrounded, unjustified. **c** (of documents) forged. **d** (of notes) not natural (perh., tremolo).

sunt..alia in te ~i accusatoris signa permulta CIC.*Div. Caec.*29; ipsa illa ~a defensio *Ver.*5.151; ciuitates..~o aere alieno liberaui *Fam.*15.4.2; ~is uoluptatibus SAL.*Rep.*1.6.5; Proetides implerunt ~is mugitibus agros VERG.*Ecl.*6.48; cuius ~a tenens fleuerat ossa PROP.2.14.6; fertilitas terrae.. uulgata per orbem ~a iacet OV.*Met.*5.482; te..mors imitata quietem..~o..tulit sub Tartara somno STAT.*Silv.*5.3.261; qui ~am monetam percusserint PAUL.*dig.*48.10.19. **b** caue ne ~am gratiam studeas inire TER.*Hau.*302; ~a inuidia CIC.*Clu.*5; ~ae infamiae 7; spe ~a atque fallaci *Phil.*12.7; ne philosophiam ~a gloria exornes *Tusc.*2.12; ~ae suspicionis CAES.*Civ.*3.72.4; ~i tituli testes LIV.4.20.11; neue metu ~o nimium trepidate OV.*Tr.*1.5.37; TAC.*Hist.*4.46. **c** rettulit ~um senatus consultum CIC.*Dom.*50; decreta ~a uendebat *Phil.*5.11; (litteras) ~as esse et a scriba uitiatas LIV.40.55.1; (legatum) praestandum est ..etsi testamentum ~um esse dicatur ULP.*dig.*5.3.6; PAUL.*dig.*48.10.23. **d** molliores sunt..in cantu flexiones et ~ae uoculae quam certae et seuerae CIC.*de Orat.*3.98.

4 Improperly so called, pretended.

Philocrates ~e PL.*Capt.*610; si hic ~us (pirata) esset mortuus..non esset difficile alium in suppositi locum supponere CIC.*Ver.*5.79; ~i Simoentis ad undam VERG.*A.*3.302; Iuppiter aut ~us pater est aut crimine uerus OV.*Met.*9.24; accipe has..non ~e messis genitor SEN.*Her.O.*791; Orionis..non ~us uirtute nepos STAT.*Theb.*7.257; ~i Neronis ludibrio TAC.*Hist.*1.2; (*cf.*) possem cum degere ~o contentus Polybo (*i.e. falsely believed to be my father*) STAT.*Theb.*1.63.

5 Assumed in order to deceive, counterfeited, imitation; also, disguised. **b** (of names) used so as to deceive, assumed.

~is..lacrimulis CATUL.66.16; dilacerant ~i dominum sub imagine cerui OV.*Met.*3.250; ~um uersus in aurum Iuppiter 5.11; ultibus ~is SEN.*Phaed.*295;—(*internal acc.*) ~um mugire per undas STAT.*Theb.*11.214;—~us..cornua sumeret aethrae rector *Silv.*1.2.135. **b** ~um nomen possidere PL.*Mil.*437; cum..uenditaret ~o antidotum nomine PHAED.1.14.3; auferre trucidare rapere ~is nominibus imperium..appellant TAC.*Ag.*30.6.

6 (of events) That never happened, unhistorical, fictitious; (of things) non-existent, unreal, imaginary, illusory.

qui..conuicti..~is de pugnis sient PL.*Truc.*486; ~i triumphi CIC.*Brut.*62; ementiti erant ~a naufragia LIV.25.3.10; audita ~a Vatini morte QUINT.*Inst.*6.3.84;—cupidus ~is attingere gaudia palmis Thessalus..uenerat umbra PROP.1.19.9; effigiem nullo cum corpore ~i..apri OV.*Met.*14.358; ~um..uolnus mente premit *Fast.*3.633; tantum laboris in rebus ~is consumere QUINT.*Inst.*12.11.15; STAT.*Theb.*9.601.

7 (of statements, etc.) Purposely untrue, mendacious, lying. **b** (of persons).

quae facta dixi omnia huic ~a dixi PL.*Cas.*686; qui ..~um..testimonium..dixerit *Leg.pub.*(*Font.iur.*p.92)13; CIC.*Vat.*40; ~am epistulam *Flac.*93; criminum ~orum auctores LIV.8.27.11; addit..~is periuria uerbis OV.*Met.*11.206. **b** ~um testem LIV.3.25.3; numquam mihi ~a per umbras Iuno uenit STAT.*Theb.*2.350.

8 (of persons) Deceitful, treacherous, faithless. **b** (of actions) deceitful, insincere.

ne me appella, ~a, fal o nomine PL.*Am.*813; repperiuntur ~i falsimoniis *Bac.*541; ambitio multos mortalis ~os fieri subegit SAL.*Cat.*10.4; lacrimis in ~a cadentibus ora OV.*Ep.*6.63;—(*w. dat.*) unanimis ~e sodalibus CATUL.30.1;—(*masc. as sb.*) sensit..~os in amore odia non fingere TAC.*Ann.*6.44. **b** ~as litis falsis testimoniis petunt PL.*Rud.*13; (oratio) contra Aeschinem ~ae legationis CIC.*Orat.*111; quanto.. magis ~a erant quae fiebant, tanto plura facere TAC.*Hist.*1.45;—(*internal acc.*) toruus aut ~um renidens uultu *Ann.*4.60.

9 (of things) Misleading, deceptive, delusive.

quom..opscaeuauit meae ~ae fallaciae PL.*As.*266; num hi ~o oblectant gaudio nos? *Poen.*1258; argumento etiam firmo, quia tamen saepe ~um est, posse recte non credi CIC.*Part.*117; ab sensu ~o ratio orta LUCR.4.483; ~a ad caelum mittunt insomnia manes VERG.*A.*6.896; magnarum potestatium ~a lux SEN.*Ep.*115.7; uictae..~is axibus..rotae *Thy.*661; qui ~is deceperat Aegea uelis STAT.*Silv.*3.3.180.

falx ~cis, *f.* [dub.] FORMS: gen. pl. *~ium* CAES.*Gal.*3.14.5.

1 An agricultural implement with a curved blade, hook, bill, scythe, sickle: **a** (w. defining adj.). **b** (for pruning; for reaping, etc.). **c** (as a symbol of agriculture; associated with Priapus).

a ~ces faenarias VIII, stramentarias V CATO *Agr.*10.3; ~ces sirpiculas V, ~ces siluaticas VI, arborarias III 11.4; uinitoriae ~cis figura COL.4.25.1; ~ces putatoriae..~cesque messoriae falces fenariae ULP.*dig.*33.7.8. **b** arboribus ueteres decidere ~cibu' ramos LUCR.5.936; non ~x attenuat frondatorum arboris umbram CATUL.64.41; ruris opaci ~ce premes umbras VERG.*G.*1.157; ~cibus palmites..ad se trahentes CURT.4.3.10; (*cf.*) facta agresti lignea ~ce Pales TIB.2.5.28; (*in fig. phr.*) cum..magnis parua mineris ~ce recisurum simili te HOR.*S.*1.3.123;—neque ante ~cem maturis quisquam supponat aristis VERG.*G.*1.348; da ~cem ..iurabis nostra gramina secta manu PROP.4.2.25; spicas ~cibus desecantem LIV.42.64.2; tertia iam ~ce decubuit Ceres SEN.*Phoen.*371; quod ~x reliquerit COL.2.13.1; (*in fig. phr.*) sere, quod plena postmodo ~ce metas OV.*Ars* 2.322. **c** uomeris huc et ~cis honos, huc omnis aratri cessit amor VERG.*A.*7.635; priusquam sumeret agrestem..~cem Saturnus JUV.13.39;—cum ~ce saligna..tutela Priapi VERG.*G.*4.110; terreat ut saeua ~ce Priapus aues TIB.1.1.18.

2 a A curved sword. **b** a curved blade attached to a pole for use in siege warfare. **c** a scythe attached to the side (or wheels) of a chariot.

a Perseus cum ~ce MAN.5.22; CURT.9.2.19; STAT.*Ach.*2.133; Gracchum pugnantem..~ce supina JUV.8.201. **b** ~ces iniectas conminuunt SIS.*hist.*82; ~ces praeacutae insertae adfixaeque longuriis, non absimili forma muralium ~cium CAES.*Gal.*3.14.5; laqueis ~ces auertebant 7.22.2; ~cibus uallum ac loricam rescindunt 7.86.6. **c** rotas ~cesque rapaces LUCR.3.650; alios ab utroque latere demissae ~ces lacerauere CURT.4.15.4; currus cum ~cibus GEL.5.5.3.

fāma ~ae, *f.* [cf. *for*; Osc. *faamat* (= *edicit*); Gk. φήμη]

1 News, tidings. **b** a malicious report, slander.

inimici ~am non ita ut natast ferunt PL.*Per.*351; cum.. tristis a Mutina ~a manaret CIC.*Phil.*14.15; ut ~am prope praeueniret LIV.27.1.6; quisquis is est, memori rumorem uoce referre et fieri ~ae parsque gradusque potest OV.*Tr.*3.12.44;—(*w. gen.*) itineris nostri ~am ad te peruenisse laetor CIC.*Att.*5.19.2; post ~am Cannensis pugnae LIV.23.1.3; undique ab sociis legationes..ad ~am regis conuenerunt 28.5.3; ut ~am sui praeiret TAC.*Ann.*15.4;—(*w. de*) o gratam ~am..de subsidio tuo CIC.*Fam.*10.14.1; nondum ad eum ~a de Tituri morte perlata CAES.*Gal.*5.39.1;—(*w. acc. and inf.*) ex clamore ~a tota urbe percrebruit expugnari deos patrios CIC.*Ver.*4.94; ~a uolat..cessisse.. ducem VERG.*A.*3.121; Samnium ~a erat conciri ad bellum LIV.8.17.3;—(*personified*) gratia, ~a, tibi, per quam spectata triumphi..est mihi pompa OV.*Pont.*2.1.19. **b** desubito ~am tollunt, si quam solam uidere in uia NAEV.*trag.*7; uideto..ne haec ~a faciat repudiosas nuptias PL.*Per.*384; me..honoris cupido eadem qua ceteros ~a atque inuidia uexabat SAL.*Cat.*3.5.

2 Rumour, hearsay (as a source of information). **b** (personified).

nullam ego rem citiorem apud homines esse quam ~am reor PL.fr.inc.124; quas regiones..nullae nobis antea litterae, nulla uox, nulla ~a notas fecerat CIC.*Prov.*33; ~a nuntiabat te esse in Syria, auctor erat nemo *Fam.*12.4.2; ubi ea quae ~a acceperat..ita esse cognouit SAL.*Jug.*9.3; ob haec etiam aucta ~a..terror patres inuasit LIV.9.38.9; ut ~a ferebat LIV.10.46.16; haud semper errat ~a; aliquando et eligit TAC.*Ag.*9.7; ubi totis castris in ~a proditio *Hist.*3.13; cuncta, ut mos ~ae, in maius credita *Ann.*3.44; (*poet.*) oculi ~a fuere mei OV.*Pont.*3.4.20;—(*w.* hominum) falsa quadam hominum ~a dictorus..putabatur.. CIC.*Div.*2.110; permotus hominum ~a CAES.*Att.*10.8b.1;—(*w. gen.*) eandem illam ~am iudici corrupti secuti sunt CIC.*Clu.*133; nec iam ~a mali tanti, sed certior auctor aduolat VERG.*A.*10.510. **b** ~a, malum qua non aliud uelocius ullum VERG.*A.*4.174; totum discurrens ~a per orbem LUC.4.574; uerum dicere, ~a, soles MART.7.6.4.

3 Tradition, story.

ut ~ae adsentiens dixit Ennius CIC.*Tusc.*1.28; umor.. quondam coepit superare coortus, ut ~a est LUCR.5.412; Atheniensium res gestae..aliquanto minores..quam ~a feruntur SAL.*Cat.*8.2; notissima ~a insula VERG.*A.*2.21; ~a celebratos tyrannos LIV.33.44.8; Athenas..plenas.. uetustae ~ae 45.27.11; ut ~a loquitur VELL.2.93.2; qui.. ultra..~am exegerit adcolas PLIN.*Nat.*2.175; iam Thesea ~a tacebat STAT.*Theb.*9.68; ~a est Cadmum..artis eius auctorem fuisse TAC.*Ann.*11.14;—(*personified*) ~a prior mundique arcana Vetustas, cui meminisse ducum..curae STAT.*Theb.*4.32.

4 Public opinion, talk; (also, w. defining gen. or adj.).

non sat est tuom te officium fecisse si non id ~a adprobat TER.*Ph.*724; rumorem, ~am flocci fecit CATO *orat.*62; in bello..ciuili quod opinione plerumque et ~a gubernatur CIC.*Phil.*5.26; ubi peccatum citocorrigitur, ~a solet ignoscere PUB.*Sent.*V.32; committere carmina ~ae OV.*Pont.*2.3.77; dabat et ~ae ut uocatus electusque potius a re publica uideretur TAC.*Ann.*1.7;—(*w. gen.*) ~a uulgi, quoddam multitudinis testimonium CIC.*Top.*76; hoc quanti putas esse ad ~am hominum ac uoluntatem? *Mur.*38; Amphiaraum.. honorauit ~a Graeciae deus ut haberetur *Div.*1.88; aduersa omnium ~a LIV.37.47.6; LUC.9.1030;—(*w. adj.*) quod est populari ~a gloriosum CIC.*Fin.*2.48; omnis sermo ad forensem ~am a domesticis emanat auctoribus Q.CIC.*Pet.*17.

5 The report which a person has, one's reputation. **b** (w. gen.) a reputation (for a specified quality).

ut ~a est homini, exin solet pecuniam inuenire PL.*Mos.*227; uxorem sine mala ~a TER.*Ph.*169; bonam ~am bonorum, quae sola uere gloria nominari potest CIC.*Sest.*139; Fufidius uappae ~am timet HOR.*S.*1.2.12; depresni non bella est ~a Treboni 1.4.114. **b** quos..ipsius nequitiae ~a delectet CIC.*Ver.*2.115; ut..falsam a nobis crudelitatis ~am repellamus *Sul.*93; ne ~am subeam temeritatis *ad Brut.*1.18.4; filium tuum..summa..modestiae ~a TREBON. *Fam.*12.16.1; ut ~a clementiae in principio rerum colligeretur LIV.21.48.10; ~a moderationis parta TAC.*Ann.*3.56; (*pl.*) aequi bonique ~as petit SAL.*Hist.*1.90.

6 a One's good name, reputation; (spec. of a woman, w. ref. to chastity). **b** ill repute, notoriety.

a facta et ~am sauciant PL.*Bac.*64; ~am cur maculas tuam? *Inc.pall.*54; cum..imperi nominisque nostri ~am.. uiolaris CIC.*Ver.*1.82; ne..spoliaret ~a probatum hominem *Off.*3.77; aegrotat ~a uacillans LUCR.4.1124; SAL.*Cat.*52.32;—neque satis habuit..quin eius ~am prostitueret CATO *hist.*36; quod uitam patris ~amque sororis defenderat CIC.*Ver.*1.76; LIV.3.44.12; uir doluit, ~ae damna puella tulit OV.*Am.*2.2.50; (*cf.*) stupro..pollui ~am domus PHAED.3.10.17. **b** summam tu tibi pro mala uita ~am extolles ENN.*scen.*8; opulento ~am facile occultat factio CAECIL. *com.*172; aut ~ae metum aut poenae CIC.*Planc.*71; OV.*Fast.*2.810;—(*w. gen. expr. reason*) qui ~am aedis posse in Asprenatem uerti..sperauerat TAC.*Ann.*1.53; multa scelerum ~a 13.15.

7 Fame, glory, renown. **b** (personified). **c** (transf.) a source or object of fame, 'pride'.

urbi Gripo indam nomen monumentum meae ~ae et factis PL.*Rud.*935; VT ~AA FACTA FERAMVS VIREI *CIL* 1.2662.2; ab eis populi Romani ~a celebratur CIC.*Arch.*21; ut ~am opinionemque hominum teneret CAES.*Civ.*3.55.2; aufert Pacuuius docti ~am senis HOR.*Ep.*2.1.56; ~am extendere factis VERG.*A.*10.468; magna eius diei..~a est LIV.10.30.4; Hannibalem..et ~a senescere et uiribus 29.3.15; me tamen extincto ~a superstes erit OV.*Tr.*3.7.50; ipsa dissimulatione ~ae ~am auxit TAC.*Ag.*18.7; multa militari ~a *Ann.*16.15;—(*w. gen. expr. reason*) beneficiorum memoria ac ~a CIC.*Red.Sen.*3; confisus ~a rerum gestarum CAES.*Civ.*3.106.3; penes Romanos ~a uictoriae fuit LIV.21.52.11; ~am sociatae cum marito mortis TAC.*Ann.*15.64. **b** illum aget penna metuente solui ~a superstes HOR.*Carm.*2.2.8; hos inter si me ponere ~a uolet PROP.2.34.94; MART.7.12.10. **c** Euadne..Argiuae ~a pudicitiae PROP.1.15.22; ludorum ~a, Latinus MART.9.28.1; 9.71.1; triplicis monstri ~am et spectacula..boues..egit SIL.6.629.

famel: Osc. wd. for 'slave': see FAMVLVS.

famēlicus ~a ~um, *a.* [FAMES+-ELIS+-CVS] Starved, famished, hungry.

quom lassus fueris et ~us PL.*Cas.*130; ~a hominum natio *Rud.*311; ~am semper alitem PLIN.*Nat.*10.28; lasso..~a collo iumenta JUV.14.146; (*masc. as sb.*) quid agit?—quod ~us PL.*St.*575;—(*humorously, of a dinner*) loquax et ~um conuiuium APUL.*Met.*1.26.

fāmella ~ae, *f.*: (see quot.).

~a deminutiuum a fama PAUL.*Fest.*p.87M.

famēs ~is, *f.* [dub.] FORMS: nom. *famis* VAR.*R.*2.5.15, [QUINT.]*Decl.*15.9; gen. *~i* CATO *orat.*181, LUCIL.430, VAR.in *G.L.*1.55; dat. *~i* PL.*St.*158 (dub.); abl. regularly *~ē*.

1 A desire for food, hunger, appetite.

adhaesit..ad infumum uentrem ~es PL.*St.*236; bestiae ~e monitae CIC.*Clu.*67; neque..caementis ac testis tectorum meorum se ~em suam expleturas putauerunt *Dom.*61; non ~em aut sitim..opperiri SAL.*Cat.*13.3; placata ~es epulis STAT.*Ach.*1.773; uim quandam ~is non tolerabilem, quam Graeci βούλιμον appellant GEL.16.3.9; (*w. gen.*) ~es homini uetitorum tanta ciborum est? OV.*Met.*15.138;—(*facet.*) ~em ego fuisse suspicor matrem mihi PL.*St.*155;—(*poet.*) ~es premit aduena classes, tigris et aurata..uectatur in aula PETR.119,l.16; STAT.*Theb.*12.172.

2 Lack of food, starvation, hunger. **b** scarcity of food, famine. **c** abstention from food, fasting.

~es acer augescit hostibus NAEV.*poet.*33(54); hunc ~es iam occiderit PL.*Ps.*350; ad ~em hunc a studio studuit reicere TER.*Ph.*18; scabiem pecori..caueto: id ex ~e..fieri solet CATO *Agr.*5.7; ~e necati CIC.*Ver.*13; illam praeclaram patientiam ~is, frigoris, inopiae rerum omnium *Catil.*1.26; domi nihil erat quo ~em tolerarent CAES.*Gal.*1.28.3; nec ulla magis uis obsessos quam ~es expugnauit LIV.23.30.2; laboris et ~is maxime patiens COL.7.1.2; TAC.*Ann.*2.59;—(*facet.*) Porci et Socration..scabies ~esque mundi CATUL.47.2; quid cogitatis, o ~es amicorum? MART.3.7.4. **b** in ~e frumentum exportare erat ausus CIC.*Flac.*17; cum ingrauesceret annona, ut iam plane inopia ac ~es, non caritas timeretur *Dom.*11; ~es quam pestilentia tristior erat LIV.4.52.5; (*cf.*) tu sub urbe possides ~em mundam et turre ab alta prospicis meras laurus MART.3.58.45. **c** ubi sanguis cui fluit, ~es indicitur CELS.7.30.3A; 8.7.4; qui medicinam ~e exercent PLIN.*Nat.*22.136.

3 (transf.) **a** Craving, 'hunger'. **b** poverty, meagreness (of style).

a cupit hic gazis implere ~em SEN.*Her.O.*621;—(*w. gen.*) auri sacra ~es VERG.*A.*3.57; crescentem sequitur cura pecuniam maiorumque ~es HOR.*Carm.*3.16.18; argenti sitis importuna ~esque *Ep.*1.18.23; [SEN.]*Oct.*426; PLIN.*Nat.*33.48; inexplebilis honorum Marii ~es FLOR.*Epit.*2.9(3.21.6). **b** qui..cum obruerentur copia sententiarum atque uerborum, ieiunitatem et ~em se malle quam ubertatem et copiam dicerent CIC.*Tusc.*2.3.

famex ~icis, *m.* [dub.] A swelling or abscess (on the hooves of cattle).

~icem..qui si suppurauerit, tarde percurabitur COL.6.12.2.

famicōsus ~a ~um, *a.* [perh. prec.+-OSVS] (See quot.)

~am terram palustrem uocabant PAUL.*Fest.*p.87M.

fāmigerābilis ~e, *a.* [as FAMIGERATVS+-BILIS] Much talked of, famous; notorious.

hinc (*sc.* a fari) etiam ~e VAR.*L.*6.55; prouinciae ~is APUL.*Met.*2.21; 10.17;—uxorcula..postrema lasciuia ~is 9.5.

fāmigerātiō ~ōnis, *f.* [as FAMIGERATVS+-TIO] Gossip, rumour.

haec ~o te honestet, me conlutulentet PL.*Trin.*692.

fāmigerātor ~ōris, *m.* [as next+-TOR] A scandalmonger, gossip.

de eorum uerbis ~orum insciens prosilui amicum castigatum innoxium PL.*Trin.*215; 219.

fāmigerātus ~a ~um, *a.* [pple. of **famigero* (FAMA+GERO)] Famed, celebrated.

Crete..multis ~a fabulis MELA 2.112; fanum Iunonis antiquitus ~um APUL.*Fl.*15.

familia ~ae, *f.* [cf. *famulus*] FORMS: gen. *~ās CIL* 1.582 (118 B.C.) and commonly surviving in sense 1b; *~ai* PL.*Am.*359, *Mer.*834.

1 All persons subject to the control of one man, whether relations, freedmen, or slaves, a household. **b** PATER, MATER, FILIVS, FILIA *~as* or *~ae*, the master, mistress, son, or daughter of a household.
~ai Lar pater Pl.*Mer.*834; salutem dicit Toxilo Timarchides et ~ae omni *Per.*503; nemo potest esse in magna ~a qui neminem neque seruum neque libertum improbum habeat Cic.*S.Rosc.*22; in possessione praediorum eius ~am suam conlocauit *Flac.*72; Orgetorix ad iudicium omnem suam ~am ad hominum milia decem undique coegit Caes.*Gal.*1.4.2; oppidanorum, qui in..montium iuga cum ~is receperant sese Liv.39.58.13; (*of bees*) cum..rex senectute defecit et tanquam domino mortuo ~a..discordat Col.9.11.3.

2 The slaves of a household, servants.
~am magnam, multos artifices, multos formosos homines reliquit Cic.*Ver.*1.91; quin..~am intellegamus quae constet ex seruis pluribus *Caec.*55; usus est ~a..optima Nep.*Att.*13.3; Aesopus domino solus cum esset ~a Phaed.3.19.1; supplicium toti ~ae minitabatur Tac.*Ann.*14.43; ~am ergastulo liberatam Flor.*Epit.*2.7(3.19.9); licet iis..totam ~am suam liberare Gaius *Inst.*1.44; (*cf.*) ~ae appellatione omnes qui in seruitio sunt continentur, etiam liberi homines, qui ei bona fide seruiunt Ulp.*dig.*21.1.25.2.

3 A group of servants domiciled in one place; esp. a gang used for a particular purpose. **b** one's personal servants, retinue.
mulis, equis, asinis feriae nullae, nisi si in ~a sunt Cato *Agr.*138; cum pluere incipiet, ~am cum ferreis sarculisque exire oportet 155.1; ~am abduxit, pecus abegit Cic.*Ver.*3.57; 'urbana ~a' et 'rustica' non loco, sed genere distinguitur Pompon.*dig.*50.16.166;—publicani ~as maximas ..in salinis habent Cic.*Man.*16; Athenis argentifodinae cum habuerunt ~as Vitr.7.7.1; exstinguendis priuata ~a incendiis Vell.2.91.3; FAMIL(ia) VENATORIA *CIL* 5.2541; EX ~A CASTRORVM ORDINARIVS 6.33469; erat..~a publica circa portas..disposita Paul.*dig.*1.15.1;—(*of gladiators*) ~am gladiatoriam Cic.*Sest.*134; lanista qui ~am summa cura exercet Sen.*Ben.*6.12.2; (*cf.*) mihi negas optandum reditum fuisse per ~as comparatas et homines armatos? Cic.*Sest.*127; Lucius..utpote qui peregre depugnarit, ~am ducit *Phil.*5.30;—(*of temple servants*) sic illi Larini in Martis ~a numerarentur *Clu.*43;—(*transf.*) accedit etiam, quod ~am ducit in iure ciuili *Fam.*7.5.3. **b** illancin mulierem alere cum illa ~a! Ter.*Hau.*751; transduce et matrem et ~am omnem ad nos *Ad.*910; Vedius mihi obuiam uenit cum ..~a magna Cic.*Att.*6.1.25; ~am domesticam uxoris Pompon.*dig.*24.1.31.10.

4 A body of persons closely associated by blood or affinity, family.
sororem despondisse suam in tam fortem ~am Pl.*Trin.*1133; NEIVE AMPLIVS DE VNA ~A VNVM *CIL* 1.583.23; nec quisquam de P. Africani et Tiberi Gracchi ~a nisi ego et puer restaremus Gracch.*orat.*44; amplae et honestae ~ae plebeiae Cic.*Mur.*15; est tuum nomen utraque ~a consulare *Planc.*18; antiquissima ~a natum Caes.*Gal.*7.32.4; a Venere Iulii, cuius gentis ~a est nostra *orat.*28; se primum in ~am nouam imperium intulisse Tac.*Hist.*2.48.

5 A school (of philosophy, etc.).
qui a Platone et Socrate et ab ea ~a dissident Cic.*Tusc.*1.55; Peripateticorum ~a *Div.*2.3; tot ~ae philosophorum sine successore deficiunt Sen.*Nat.*7.32.2; ratio Pythagorae ac deinceps ~ae et successionis eius Gel.1.9.1.

6 (leg.) Estate (consisting of the household and household property); (sts. dist. from *pecunia*, and possibly restricted to *res mancipi*).
decem dierum uix mi est ~a Ter.*Hau.*909; si intestato moritur..adgnatus proximus ~am habeto *Lex XII*(*Font. iur.*p.23); SEI QVIS MAG(istratus) MVLTAM INROGARE VOLET ⟨QVEI VOLET DVM MINORIS⟩ PARTVS (= partis) ~AS TAXSAT, LICETO *CIL* 1.582; erciscundae ~ae causam agere Cic.*deOrat.*1.237; ut..eius caput Ioui sacrum esset, ~a..uenum iret Liv.3.55.7; ~am suam, id est patrimonium suum Gaius *Inst.*2.102;—si paterfamilias intestato moritur, ~a pecuniaeque eius agnatum gentiliumque esto Cic.*Inv.*2.148; pecuniam ~amque e principis domo Tac.*Hist.*4.2; Suet.*Nero* 4.1.

familiāricus ~a ~um, *a.* [FAMILIARIS + -CVS] Of or belonging to household slaves.
sellas ~as Var.*R.*1.13.4; in porticibus..cellae ~ae constituuntur Vitr.6.7.2; uestimenta..~a Ulp.*dig.*34.2.23.2.

familiāris ~is ~e, *a. compar.* ~ior, *superl.* ~issimus. [FAMILIA + -ARIS] Forms: abl. sg. usu. *~i* even as sb., but *~e* Rut.Ruf.*hist.* 9, Sulp.Ruf.*Fam.*4.12.2.

1 Of or belonging to one's household. **b** (masc. as sb.) a member of a household (esp. a slave); also, one of the same household. **c** *res ~is*, one's private property, estate, patrimony; also *fortunae*, *copiae*, etc.
fundum alienum arat, incultum ~em deserit Pl.*As.*874; paullum praesidi qui ~em suam uitam oblectet modo *Per.*126; feriae publicae aut ~es Cato *Agr.*140; neque absoluit cura ~i tam parua res Sal.*Hist.*3.48.19; qui ob angustias ~is ordine senatorio sponte cederent Tac.*Ann.*12.52; (*cf.*, *compar.*) ~iorem oportet esse hunc: minitatur malum Ter.*Ph.*851;—(*of gods*) Laribus ~ibus Pl.*Rud.*1207; ubi larem ~em salutauit Cato *Agr.*2.1; Cic.*Quinct.*85; di penates ac ~es mei *Dom.*143; DEIS PENATIBVS ~IBVS *CIL* 9.4776;—(*of a son*) nec mihi secus erat quam si essem ~is filius Pl.*Capt.*273; *Inc.pall.*97. **b** me esse huiius familiai ~em praedico Pl.*Am.*359; cum quidam ~ium aquam.. ferret Liv.1.39.2; seruos, quod etiam in mimis adhuc durat, (appellauerunt) ~es Sen.*Ep.*47.14; ut in ea (*sc.* culina) commode ~es..morari queant Col.1.6.3; nec ullo de ~ibus nostris repugnante Apul.*Met.*4.26;—arguere in somnis me meus mihi ~is uisust Pl.*Mil.*389; (*facet.*) habeo opinor ~em —tergum, ne quaeram foris Pl.*As.*319. **c** me apsente ~em rem uxor curauit meam Pl.*St.*525; propter rei ~is naufragia Cic.*Fam.*1.9.5; cum rem neglegere ~em uideretur, a filiis in iudicium uocatus est *Sen.*22; salutis causa rei ~is commoda neglegenda Caes.*Gal.*7.14.5;—fortunae ~es attenuatissimae *Rhet.Her.*4.53; copiis ~ibus..exiguis Liv.2.16.7; pecunias ~es Tac.*Ann.*4.15; (*cf.*) (fulmina) uocant ..~ia..quae prima fiunt familiam suam cuique indepto Plin.*Nat.*2.139.

2 Private, personal (as opp. to public). **b** (in divination by entrails) relating to the person offering the sacrifice.
ut tuam rem ego tecum hic loquerer ~em Pl.*Aul.*134; ceteri negotia sequebantur ~ia Sal.*Hist.*5.9; uelut ~e bellum priuato sumptu gerere Liv.2.48.9; procurantem ~e ostentum 26.6.14; rationes ~is Tac.*Ann.*6.16; (*cf.*) ~is Romanus, priuatus Romanus Paul.*Fest.*p.93M. **b** quae pars inimica, quae pars ~is esset Cic.*Div.*2.28; fissum ~e et uitale tractant 2.32; caput iocineris a ~i parte caesum Liv.8.9.1.

3 Of or belonging to one's family. **b** (transf., of things) closely associated, intimately connected, akin.
~i..parricidio *Inc.trag.*171; ~is funeris excusatio Cic.*Rab.Perd.*8; *CIL* 1.594.3.2.23; Potitia gens, cuius..Herculis ~e sacerdotium fuerat Liv.9.29.9. **b** labori ac dolori ~ior (uirtus est) Sen.*Ben.*4.2.4; nubes quae illi (*sc.* aeri) ~issimae sunt *Nat.*7.22.1.

4 Closely associated by friendship, intimate; (esp. masc. or fem. as sb.). **b** Of or proper to close friends, intimate.
amicum aut ~em quempiam Pl.*Trin.*89; magis esse illum idoneum qui ipsi sit ~or Ter.*Ph.*721; homini amico et ~ri ..mentiri Lucil.953; homo nobis sane ~is Cic.*de Orat.*1.104; Hirtium..qui esset illi ~issimus *Att.*7.4.2; ut ne frater quidem ei..fuerit..~ior Nep.*Att.*16.2; non alias militi ~ior dux fuit Liv.7.33.1; ~issimas mihi aures tuas Mart.12.pr.21; tertia legio, ~is Arrio Varo miles Tac.*Hist.*4.39;—(*masc. as sb.*) Nicias, ~is tuus Quad.*hist.*41; si..tam ~is erat mulieris Cic.*Cael.*58; Peripatetici, ~es nostri *Tusc.*3.22; Socrates..dicens Critoni suo ~i *Div.*1.52; e uetustissimis ~ium Tac.*Ann.*6.10; ego..illius scabiosi asini faciem timentem ~em incidi Apul.*Met.*9.22; (*fem.*) exclamat tua ~is Cic.*Att.*15.11.2;—(*superl.*) sapientissimus uir ~issimis suis non suscensuit *Sul.*49; Varronem, tuum ~issimum *Fam.*3.7.4; C. Minucio..Scipionis ~issimo *B.Afr.*68.4. **b** uultu illo ~i Cic.*Att.*1.11.1; ioco..~i 10.5.3; ~es conferre sermones *Off.*2.39; sibi multos..~i amicitia coniunxerat Sal.*Jug.*7.7; conloquium amicum ac ~e Liv.25.18.5; Sen.*Ben.*7.25.2; Plin.*Ep.*4.17.2.

5 Well-known, familiar. **b** habitual, customary, frequent. **c** congenial, welcome. **d** suited (to), at home (in).
esset mihi ista solitudo, praesertim tam ~i in loco, non amara Cic.*Att.*3.7.1; nota uox eius et ~e iam signum Liv.25.9.13; remedium..~ius Sen.*Dial.*11.8.1; *Nat.*4b.13.11;—(*w. dat.*) ~e oculis..id spectaculum fecit Liv.41.20.12; ne inparatos fortuna deprehendat, fiat nobis paupertas ~is Sen.*Ep.*18.8; rusticus quidam ~is oculis meis Petr.12.3; sidus, terris ~issimum..lunae Plin.*Nat.*2.41. **b** plerisque etiam litterarum usus et ~is animorum erat exercitatio Vell.2.110.5; hoc ipsi tam ~e erat ut inuito quoque excideret Sen.*Suas.*3.6; tyrannorum..ingenia ~em sibi saeuitiam repressisse Sen.*Dial.*5.11.3; gemini partus ~es ac paene sollemnes sunt Col.3.8.1; facibus carpinus, corylus ~issimae Plin.*Nat.*16.75; cum a litterae in i ~is transitus Vel. gram.in *G.L.*7.67; ~es feminarum artes Apul.*Met.*9.29;—(*w. cl.*) ~e est hominibus omnia sibi ignoscere Vell.2.30.3; Plin.*Ep.*4.24.7. **c** uerba..neque relationi ~ia V.Max.9.13.2; nec ulla tam ~is est infelicibus patria quam solitudo Curt.5.5.11; similia similibus ~iora fecit natura Col.6.36.4; peristereos.. columbis admodum ~is Plin.*Nat.*25.126. **d** peregrina..semina..minus sunt ~ia nostro solo Col.3.4.1; ~ibus aquae uiridibus 8.15.4; Africa..loton gignit..et ipsam Italiae ~em Plin.*Nat.*13.104; 19.163; uerba uel regionibus quibusdam magis ~ia uel artium propria Quint.*Inst.*8.2.13.

6 (w. dat.) Experienced (in), acquainted or familiar (with).
illum huic materiae non minus idoneum esse sed minus ~em Sen.*Con.*7.6.22; huic iam ~is malo Nicopolis Sen.*Nat.*6.26.4; ~is sacris animus Quint.*Decl.*323(p.273,l.4).

familiāritās ~ātis, *f.* [prec. + -TAS] Close friendship, familar intercourse, intimacy. **b** (meton.) an intimate friend or circle of friends. **c** (of things) close relationship, kinship. **d** the state of being well-known, familiarity.
saepe ex huiusmodi re..magna ~as conflatast Ter.*Eu.*874; ~atibus..quae late patere non possunt, propterea quod consuetudines uictus non possunt esse cum multis Cic.*Mil.*21; hominem in ~atem recepi *Q.fr.*1.2.5; disputationes praeparatae..plus habent strepitus, minus ~atis Sen.*Ep.*38.1; Cornelium Tacitum..arta familiaritate complexus est Plin.*Ep.*4.15.1;—(*w. gen.*) Catilinae ~as obiecta Caelio est Cic.*Cael.*10;—(*w.* cum) mihi cum eo..fuit semper ~as Ter.*Hau.*184; Cic.*Fam.*13.44;—(*w.* inter) tanto beneficio..inter mulieres ~atem auctam Liv.1.39.6. **b** Senecio, e praecipua ~ate Neronis speciem amicitiae etiam tum retinens Tac.*Ann.*15.50; omnis (eius) amicitias et ~ates.. intra breue tempus afflixit Suet.*Tib.*51.2. **c** emptio et uenditio et locatio et conductio ~atem aliquam inter se habere uidentur Gaius *Inst.*3.145. **d** nihil est tam.. arduum quod non..in ~atem perducat adsidua meditatio Sen.*Dial.*4.12.3; cito in ~atem grauissima adducens (natura) 9.10.2.

familiāriter, *adv. compar* ~ius, superl. ~issimē. [FAMILIARIS + -TER[2]]

1 In the manner of a close friend, familiarly, intimately.
nimium ~iter me attrectas Pl.*Rud.*419; hic paruae consuetudinis causa huiu' mortem tam fert ~iter Ter.*An.*111; pro amicitia ~ius dixi Cic.*Quinct.*77; ~issime Oppianico usus *Clu.*61; fuit..mecum ~iter triduum *Fam.*3.5.5; sine praenomine ~iter, ut debebas, ad me epistulam misisti 7.32.1; uix notis ~iter arridere Liv.41.20.3; L. VESTINVM ~ISSIME DILIGO *CIL* 13.1668.2.11; cognoui ~iter te cum seruis tuis uiuere Sen.*Ep.*47.1; Plin.*Ep.*2.13.5.

2 With intimate acquaintance or knowledge, thoroughly, familiarly.
qui nullius se ingenio ~iter applicant, sed omnia cursim.. transmittunt Sen.*Ep.*2.2; 100.12; primum esse..officium oratoris, ut totam causam ~iter norit Quint.*Inst.*5.7.7.

3 As if at home, in a familiar manner. **b** habitually, commonly.
erat..uilla Valeri nostri, ut ~iter essem et libenter Cic.*Att.*16.7.1; aeque ~iter in templum uolturios subire putauit quam passeres Sen.*Con.*10.5.28; ad fouendam et educandam nouam prolem ~ius admittuntur (fuci) Col.9.15.2;—(*of plants*) quod ex longinquo petitur, parum ~iter nostro solo uenit Col.*Arb.*1.3. **b** sicut s ~iter in r transit Vel. gram.in *G.L.*7.69.

familitās ~ātis, *f.*: see FAMVL-.

fāminō: imp. of FOR.

famis ~is: see FAMES.

fāmōsus ~a ~um, *a. superl.* ~issimus. [FAMA + -OSVS]

1 Much talked of, famous, noted.
~ae mortis amorem Hor.*Ars* 469; sacrata uorago ~ique lacus nomen memorabile seruant Stat.*Silv.*1.1.67; quod.. actum est personae claritate ~um Plin.*Ep.*2.11.1; amplissimum et ~issimum exercitum 9.13.11; tam ~a uictoria Flor.*Epit.*1.42(3.7.6); curriculo..biiugi ~orum equorum Suet.*Cal.*19.2; illas ~issimas litteras Apul.*Apol.*78; hac ipsa..~a castitate..inflammatus *Met.*9.18; (*w. causal gen.*) mandragoram..grauedinis compertae ~um 10.11.

2 Ill spoken of, notorious, infamous. **b** (spec.) notorious (for immorality), of ill fame.
me miserum ~um fecit flagitiis suis Pl.*Cas.*991; etsi ~us et suspiciosus fuisset Cato *orat.*205; quod moechus foret aut sicarius aut alioqui ~us Hor.*S.*1.4.5; etsi prasinianus es ~us Petr.70.10; nulla..~a signatur lancea penna Stat.*Silv.*5.1.93; crebris apud Neronem delationibus ~os Tac.*Hist.*4.41; (*leg., masc. as sb.*) pendente iudicio nondum inter ~os habetur Ulp.*dig.*3.2.6.1;—(*of actions*) largitionem ~am inpudentemque Sal.*Jug.*15.5; proconsulatum..~um inuisumque Tac.*Hist.*2.97. **b** et formosus homo fuit et ~us Lucil.419; si qua erat ~a Cic.*Rep.*4.6; ~am mulierem Liv.39.43.2; sola..~am culpa professa facit Ov.*Am.*3.14.6; turpia ~us corpora iunget Hymen *Ep.*9.134; (*fem. as sb.*) me ad ~as uetuit mater accedere Cic.*de Orat.*2.277.

3 Defamatory, libellous; (leg., of an action) involving infamy.
nec sponsae laqueum ~o carmine nectit Hor.*Ep.*1.19.31; cognitionem de ~is libellis Tac.*Ann.*1.72; ~a epigrammata Suet.*Jul.*73;—~i iudicii notam..subibant Suet.*Tib.*35.2; si ~a actio non sit uel pudorem non suggilat Ulp.*dig.*2.4.10.12.

4 Conferring renown.
aeui ueteris custos, ~a uetustas Luc.4.654; ut agam causam..pulchram alioqui et ~am Plin.*Ep.*6.23.1.

famul: see FAMVLVS[1].

famula ~ae, *f.* [FAMVLVS[1]] Forms: *famola CIL* 9.6090(5). A serving-woman, maid. **b** (of the servants of the gods).
quinquaginta intus ~ae, quibus..cura penum struere Verg.*A.*1.703; nec lege sinistra ferre timent ~ae natorum pondera matres Stat.*Silv.*3.4.77; nos..tuae ~ae sedulo tibi praeministrabimus Apul.*Met.*5.2;—(*fig.*) quae (*sc.* res familiaris) est ministra et ~a corporis Cic.*Tusc.*1.75; uirtus.. ~a fortunae est 5.2. **b** ego nunc deum ministra et Cybeles ~a ferar? Catul.63.68; tibi hanc..Latonia uirgo, ipse pater ~am uoueo Verg.*A.*11.558; ~ae Ditis (*i.e. the Furies*) Sen.*Her.F.*100; in ~as saeuire Iouis (*i.e. the Harpies*) V.Fl.4.520; numen erat iam cerua loci; ~am..Dianae credebant Sil.13.124; capream ~ae Iouis et generosae in saltu uenantur aues (*i.e. eagles*) Juv.14.81.

famulanter, *adv.* [*famulans* (FAMVLOR) + -TER[2]] In the manner of a servant.
deum..adfare et ~ pete Acc.*trag.*642.

famulāris ~is ~e, *a.* [FAMVLVS[1] + -ARIS] Of or belonging to a servant, servile; also, of a votary.
ueste ~i Cic.*Tusc.*1.116; quem..si Romam intrarit, ~ia iura daturum Ov.*Met.*15.597; ~e collo nobili subeat iugum Sen.*Tro.*747; turba ~is *Thy.*901; (*neut. as adv.*) nec ~e timens Stat.*Silv.*3.1.40;—ipsa..hederis..ligat ~ibus artus V.Fl.2.268.

famulātus ~ūs, *m.* [FAMVLVS[1] + -ATVS[1]] The state of being a slave, servitude; servility.
qui..in ~u fuerunt Cic.*Amic.*70; ~us grauis Sen.*Phaed.*991; (*fig.*) quam miser uirtutis ~us seruientis uoluptati! Cic.*Off.*3.117; (*cf.*) sicut in familia recentissimus quisque seruorum..conseruis ludibrio est, sic in hoc orbis terrarum uetere ~u noui nos..in excidium petimur Tac.*Ag.*31.3;—miserrimo..~u ne per dedecus fascium decus et imperium.. mercari Col.1.pr.10.

famuletium ~(i)ī, *n.* var. of FAMVLITIVM.

famulitās ~ātis, *f.* **(famil-).** [FAMVLVS[2] + -TAS] Forms: *famultas* Laev.*poet.*22.7. Servitude, slavery.
~as uis egestas Pac.*trag.*53; paruos uos oppressit ~as Acc.*trag.*118.

famulitiō ~ōnis, *f.* (*s.v.ll.*) [as next+-TIO (irreg.)] A crowd of servants, domestic staff.
mulierem..frequenti stipatam ~one APUL.*Met.*2.2; una de ~one Veneris 6.8.

famulitium ~(i)ī, *n.* [FAMVLVS¹; cf. *seruitium*] FORMS: *-etium* PAUL.*Fest.*p.87M. = prec.
ex eodem ~io conseruam APUL.*Met.*8.22; frequens ~ium *Fl.*22; ~ii paucitatem *Apol.*17.

famulor ~ārī ~ātus, *intr.* [FAMVLVS+-O³]

1 To be a servant; (w. dat.) to minister (to), serve; (also transf.).
cum..ii ~antur CIC.*Rep.*3.37; Peliacis..cum ~arer in aruis STAT.*Theb.*6.375; ~antis pascua Phoebi LUC.6.368; —quae tibi iucundo ~arer serua labore CATUL.64.161; externis ~antur sacris PLIN.*Nat.*2.21; imbelli ~ate deo STAT.*Theb.*9.478; in longum..tuo ~ata sepulcro durabit deserta fides 12.346; SIL.2.571;—(terra) cruciatur..multo..plus ut deliciis quam ut alimentis ~etur nostris PLIN.*Nat.*2.157.

2 (w. dat.) To be subject (to), be at the orders (of).
si diuinae potentiae bene atque constanter fuissent ~ata (imperia) V.MAX.1.1.9; captae indigno ~atur amore V.FL.2.146; cui..imi ~atur regia mundi STAT.*Theb.*4.476; dominos..quibus occasus pariter ~antur et ortus *Silv.*3.3.47.

famultās ~ātis: see FAMVLITAS.

famulus¹ ~ī, *m.* [cf. Osc. and Paelignian *famel*; Osc. *famelo* (= *familia*)] FORMS: nom. sg. *famul* ENN.*Ann.*313, LUCR.3.1035; gen. pl. *-um* VERG.*A.*11.34, V.FL.3.20, etc.

1 A servant, attendant. **b** (applied to animals).
ut famul infimus esset ENN.*Ann.*313; nisi ut inprobos ~os imiter ac domo fugiam PL.*Cas.*954; dant manibus ~i lymphas VERG.*A.*1.701; huc frequens caementa demittit redemptor cum ~is HOR.*Carm.*3.1.36; ~os inter femina trita suos PROP.3.11.30;—(*of the attendants of a god*) Idaeae matris ~os CIC.*Leg.*2.22; hunc..comitem ~umque sacrorum cepimus OV.*Met.*574;—(*of minor deities*) custos ~usque dei Silenus alumni HOR.*Ars* 239; ~IS DIVIS VERBECES *CIL* 6.2099. **b** incertus geniumne loci ~umne parentis (anguem) esse putet VERG.*A.*5.95; sus..~us uindexque Dianae OV.*Met.*8.272; ~us nunc aucupis idem (*sc.* accipiter) MART.14.217(216).1; ab ordeo, quod adposueram ..illi gratissimo ~o (*i.e. a horse*) APUL.*Met.*3.26.

2 A subject, thrall, slave.
ut..habeat ~os nullo discrimine (Caesar) LUC.4.218; duce sub ~o iussuque satellitis 10.405;—(*w. dat.*) Palatino ~us deberis amori STAT.*Silv.*3.4.38; Assyrio ~us regi SIL.13.886.

famulus² ~a ~um, *a.* [prec.]

1 Of or belonging to slaves, servile.
quis Veneris ~ae conubia liber inire..uelit? OV.*Am.*2.7.21; ~as..ad proelia dextras excitat LUC.4.207; quid saeua fremis ~amque cohortem respectas? STAT.*Theb.*11.292; ~as..turmas *Silv.*4.2.39.

2 Held under another's dominion, subject.
tradiderat ~as iam tibi Rhenus aquas OV.*Fast.*1.268; nec dedignata est abiectis Illyris armis Caesareum ~o uertice ferre pedem *Pont.*2.2.78; ~um uictrix possidet umbra nemus MART.6.76.6; cum fugeret Dido ~am Tyron SIL.1.74.

fānāticē, *adv.* [next+-E] In a frenzied manner, wildly.
uillam..absonis ululatibus constrepentes ~ peruolant APUL.*Met.*8.27.

fānāticus ~a ~um, *a.* [FANVM+-ATICVS]

1 Of or belonging to a temple; (masc. or fem. as sb.) a temple-servant, devotee. **b** (of a tree struck by lightning).
~i Galli..iussu se matris deum famulos deae uenire memorant LIV.37.9.9; fanorum curatores ex pecunia ~a faciundum curauerunt *CIL* 5.3924;—~O DE AEDE BELLONAE 6.2232; NICAE POMPONIAE ~AE 6.32460. **b** ~a dicitur arbor fulmine icta PAUL.*Fest.*p.92M.

2 (of persons) Inspired by orgiastic rites, enthusiastic, fanatic, frantic. **b** of or typical of a devotee, fanatic.
quid tibi necesse fuit anili superstitione, homo ~e, sacrificium..inuisere? CIC.*Dom.*105; isti philosophi superstitiosi et paene ~i *Div.*2.118; simillimi feminis mares..~i ..strepitibus clamoribusque nocturnis attoniti LIV.39.15.9; muliebre et ~um agmen (*i.e. Druids*) TAC.*Ann.*14.30; ut ~us oestro percussus, Bellona, tuo JUV.4.123; ille ~us prior FLOR.*Epit.*2.7(3.19.10). **b** quem..urget..~us error et iracunda Diana HOR.*Ars* 454; Galli Matris Magnae..uaticinantes ~o carmine LIV.38.18.9; cum iactatione ~a corporis uaticinari 39.13.12; QUINT.*Inst.*11.3.71; ~o furore simulato FLOR.*Epit.*2.7(3.19.4).

fancuum ~ī, *n.* (unkn. wd. only in mixed Oscan and Latin inscr.)
PVS OLV SOLV (= ut illorum omnium) ~A RECTA SINT *CIL* 1.1614.7.

fandus ~a ~um, *a.* [gdve. of FOR] That may be spoken of or said; esp. w. neg. or w. *nefandus*, proper, lawful.
~am atque auditam iterabimus ⟨famam⟩ LUCIL.55; (*neut. as sb.*) potius implere fata quam ~a APUL.*Flor.*16;—respersae ~o nefandoque sanguine arae LIV.10.41.3; non ~a piacula LUC.2.176; (*neut. as sb.*) omnia ~a nefanda malo permixta furore CATUL.64.405; deos memores ~i atque nefandi VERG.*A.*1.543.

Fānester ~tris ~tre, *a.* Of *Fanum Fortunae*; (masc. as sb.) one of its inhabitants.
in colonia ~tri VITR.2.9.16; MELA 2.64;—Q GOLIVS Q F POL ~TER *CIL* 11.6232; VNIVERSVS ORDO ~TRIVM 11.6242.

fānitālis ~is ~e, *a.* [FANVM+-*italis* (formed by misdivision in wds. like *digitalis*)] (app.) Of or belonging to a temple.
SACER(DOTI?)..~I *CIL* 9.2565.

Fanniānus ~a ~um, *a.* Of Fannius; (as the name of a kind of paper).
in Bruti epitoma ~orum (*sc.* scriptorum) CIC.*Att.*12.5b; —~a (charta) denos habet (digitos) PLIN.*Nat.*13.78.

Fannius ~ia ~ium, *a.* The name of a Roman *gens.* **b** of a Fannius.
in C. ~i annalibus CIC.*Brut.*81; aegre tulisse P. Rupilium ..scriptum apud ~ium est *Tusc.*4.40; angit me ~iae ualetudo PLIN.*Ep.*7.19.1. **b** lex ~ia..ludis Romanis.. in singulos dies centenos aeris insumi concessit GEL.2.24.3; 20.1.23.

fānō ~āre ~āuī ~ātum, *tr.* [FANVM+-O³]

1 To dedicate, devote.
quod sacrificio quodam ~atur, id est ut fani lege sit VAR.*L.*6.54.

2 (as dep., app.) To act in a frenzy.
ut ceruice lassa ~antur nemoris tyranni MAEC.in Sen.*Ep.*114.5.

fans ~ntis, *a.* [pple. of FOR] Speaking; (in quot. as facet. opp. of *infans*).
tu meum ingenium ~ns atque infans nondum etiam edidicisti PL.*Per.*174.

fānum ~ī, *n.* [< **fasnom* = Osc. *fíísnú*, Umb. *fesnaf-e*; cf. *festus, feriae*]

1 (orig.) A piece of consecrated ground; (usu.) a shrine, temple.
~um tantum, id est locus templo effatus, fuerat LIV.10.37.15; FEST.p.351M;—~a flamma deflagrata ENN.*scen.*90; aeditumum aperire ~um PL.*Cur.*204; ~um fecerunt laribus Grundilibus HEM.*hist.*11; de aris ac focis, de ~is atque templis CIC.*Catil.*4.24; Ephesi a ~o Dianae depositas antiquitus pecunias Scipio tolli iubebat CAES.*Civ.*3.33.1; exaugurare ~a sacellaque LIV.1.55.2; OV.*Fast.*4.756; magna ara ~umque quae..Herculi..Euander sacrauerat TAC.*Ann.*15.41;—(*dedicated to a person after his death*) nollem illud (*sc.* monumentum Tulliae) ullo nomine nisi ~i appellari CIC.*Att.*12.35(2); (*to a living person*) nullos honores mihi nisi uerborum decerni sino, statuas, ~a, τέθριππα prohibeo 5.21.7;—(*as owning property*) societatum et ~orum serui VAR.*L.*8.41.83.

2 (in place-names, esp.) *~um Fortunae*, a town in Umbria.
Pisaurum ~um Anconam singulis cohortibus occupat CAES.*Civ.*1.11.4; ad ~um Fortunae iter sistunt TAC.*Hist.*3.50.

far ~rris, *n.* [cf. OIce. *barr* ('cereals'), AS. *bere* ('barley')]

1 A kind of husked wheat, *triticum dicoccum* or emmer.
quod ~r conferam Campano? quod triticum Apulo? VAR.*R.*1.2.6; seges ~rris LIV.2.5.3; genicula..sunt tritico quaterna, ~rri sena PLIN.*Nat.*18.56;—(*pl.*) hiberno puluere, uerno luto grandia ~rra..metes *Praec.*1.2(*poet.*p.30); ibi flaua seres..~rra VERG.*G.*1.73; JUV.14.155.

2 The grain of this plant. **b** (as plain food). **c** (used in sacrifice).
cibaria, ~r, uinum, oleum mutuum dederit nemini CATO *Agr.*5.3; ~r molatur 23.1; ~r concidite POMPON.*com.*50; ingentem..~rris aceruum VERG.*A.*4.402; LIV.23.19.8; ~r, quod appellatur Clusinum, candidi oris..~r, quod uocatur uennuculum rutilum COL.2.6.3; ~r, milium..purgari nisi tosta non possunt PLIN.*Nat.*18.61. **b** qui eum uinctum habebit, libras ~rris endo dies dato *Lex XII*(*Font.iur.*p.21); satis esse libram aiebant ambobus ~rris TITIN.*com.*38; percontor quanti holus ac ~r HOR.*S.*1.6.112; iisdem militibus legiones libras ~rris et sextarios uini contulerunt LIV.7.37.3; nec lenes alicae, nec asperum ~r? STAT.*Silv.*4.9.31. **c** VERG.*A.*5.745; molliuit auersos Penatis ~rre pio et saliente mica HOR.*Carm.*3.23.20; uinaque dat tepidis ~rraque salsa focis OV.*Fast.*3.284; JUV.6.386.

3 Ground grain, groats.
~r suptile sciat facere CATO *Agr.*143.3; ~rre triticeo COL.6.10.2; ~rre hordeaceo 8.5.17; ~r in Aegypto ex olyra conficitur PLIN.*Nat.*18.62.

farās: see FORAS.

farcīmen ~inis, *n.* [next+-MEN] A sausage.
ab eadem fartura ~ina in extis appellata VAR.*L.*5.111; (Laberius) in mimo..botulum pro ~ine appellat GEL.16.7.11.

farciō ~cīre ~sī ~tum, *tr.* [perh. cogn. w. *frequens*, Gk. φράσσω] FORMS: *farsus* PETR.69.6; HYG.*Fab.*126.7.

1 To fill completely, stuff, pack. **b** to feed up, fatten (birds for table); *~tus*, well-fed; (refl.) to gorge oneself.
puluinus..rosa ~tus CIC.*Ver.*5.27; ~tus papyro..torus MART.8.44.14; quia sint caemento medii ~ti (parietes) PLIN.*Ep.Tra.*10.39(48).4;—(*in preparing food*) turdi siliginei uuis passis nucibusque ~si PETR.69.6; uentriculum ~sum HYG.*Fab.*126.7;—(*obsc.*) nihilo minore uerpa ~ti estis CATUL.28.13. **b** gallinas et anseres sic ~cito CATO *Agr.*89;—equus..de praesepibus ~tus ENN.*Ann.*514; iecore opimo ~ta et satiata (*sc. an eagle*) CIC.*Tusc.*2.24;—edacibus, et se ultra quam capiunt ~cientibus SEN.*Ep.*108.17; (*cf.*) quem ad modum non impleat uentrem sed ~ciat 119.14; ut hoc corpus..~cirem et uiuerem aegri minister? *Nat.*1.pr.4.

2 (w. *in*+acc.) To insert as stuffing, cram (into).
in os ~ciri pannos SEN.*Dial.*5.19.4; lignum..in gulam ~sit *Ep.*70.20; ~citur in nares (ischaemon) PLIN.*Nat.*25.83; omnia..in sacculos..~cientes APUL.*Met.*8.28; (*cf.*) ~ta premitur angulo Ceres omni MART.3.58.6.

faretra ~ae: see PHARETRA.

farfarum ~ī, *n.* Also **farferum.** [unkn.] The plant coltsfoot, *tussilago.*
α dissupabo te tamquam folia ~i PL.fr.inc.171; chamaeleucen apud nos ~um siue farfugium uocant PLIN.*Nat.*24.135. β eo praesternebant folia ~i PL.*Poen.*478.

farfenum ~ī, *n.* (prob. corruption of prec.).
~um uirgulti genus PAUL.*Fest.*p.88M.

farfugium ~(i)ī, *n.* = FARFARVM.
PLIN.*Nat.*24.135.

Fariacus: see PHAR-.

-fāriam, *advl. suff.*: see -FARIVS.

farīna ~ae, *f.* [FAR+-INA]

1 Meal or flour (presumably orig. of emmer, but used generally of all grain). **b** (used in making dough or pastry). **c** (in fig. phrs., of the stuff persons are made of).
opus est ~a PL.*Truc.*906; ~am in mortarium indito CATO *Agr.*74; qui in pistrino pinseret ~am VAR.*Men.*527; transfert..manu fusas in cribra ~as *Mor.*39; triginta dierum ~am..portari imperauit FRON.*Str.*4.1.6; (*in fig. phr.*) et panem facis et facis ~am (*i.e. you make a livelihood and squander it*) MART.8.16.5. **b** lutum inter manus, ~am calcibus subigunt (Aegyptii) MELA 1.57; oua ex ~a pingui figurata PETR.33.6; panem..solidae iam mucida frusta ~ae JUV.5.68. **c** cum fueris nostrae paulo ante ~ae (*i.e. one of our sort*) PERS.5.115; materna tibi ~a est ex crudissimo Ariciae pistrino *in* Suet.*Aug.*4.2.

2 (w. the plant from which it is made specified).
ex qualibet ~a..sive ex tritici siue farris siue hordei CELS.2.33.5; ~a hordeacea 5.17.4; erui moliti ~ae COL.11.3.5; (radix peponis) in ~am tunsa PLIN.*Nat.*20.11; lini seminis ~a LARG.187; ~a triticea 189.

3 Powder or dust made by grinding any hard substance.
tofi..~am PLIN.*Nat.*17.147; contusi dentis humani ~a 28.40; saepiarum crustae ~a 32.67.

farīnāceus ~a ~um, *a.* [prec.+-ACEVS] Made from flour.
Summanalia liba ~a FEST.p.348M; p.360M.

farīnārius ~a ~um, *a.* [FARINA+-ARIVS] Of or for flour, flour-.
cribrum ~um..sumito CATO *Agr.*76.3; PLIN.*Nat.*18.115.

farīnulentus ~a ~um, *a.* [FARINA+-VLENTVS] Mixed with flour or meal, floury.
~a cinere sordide candidati APUL.*Met.*9.12.

Fārīnus ~ī, *m.* [*far-*(FOR)+-INVS] A god of speech.
VAR.*gram.*156.

fārior ~ārī, *intr.* [FOR] (dub.) To speak, utter.
ni testimonium ~atur (*codd.* Gel.15.13.11; fatiatur *cj.*) *Lex XII*(*Font.iur.*p.33).

-fārius ~a ~um, *adjl. suff.* Back-formation from adv. BIFARIAM; forms multiplicative adjs. (*bifarius, trifarius, multifarius*).

farnus ~ī, *f.* [conn. w. FRAXINVS] The ash-tree, or its wood.
(axis) de cerro aut fago seu ~o VITR.7.1.2.

farrāceus ~ea ~eum, *a.* Also **~ius** ~ia ~ium. [FAR+-ACEVS] Of emmer.
in ~ia segete VAR.*R.*1.31.5; cum polline ~eo PLIN.*Nat.*24.39.

farrāginārium ~(i)ī, *n.* [next+-ARIVM] A crop of *farrago.*
fiunt..~a quoque pecori futura per hiemem praesidio COL.11.2.71.

farrāgō ~inis, *f.* [FAR+-GO] FORMS: *ferrago* (by popular etym. from *ferrum*) VAR.*R.*1.31.5 (elsewhere as v.l.) A mixed crop of inferior grains, etc., grown for animal feed. **b** (fig.) a medley, hotchpotch.
a quo tempore ~o dari solet (equlo) VAR.*R.*2.7.13; obiciunt iis (*sc.* anseribus) polentam hordeaceam aut ~inem 3.10.6; demum crassa magnum ~ine corpus crescere iam domitis sinito VERG.*G.*3.205; ~inis hordeaceae (*i.e. seed*) modios septem uel octo COL.11.2.75; PERS.5.77; ~o ex recrementis farris praedensa seritur PLIN.*Nat.*18.142. **b** quidquid agunt homines, uotum timor ira uoluptas gaudia discursus nostri ~o libelli est JUV.1.86.

farrārium ~(i)ī, *n.* [next] A granary.
horrea, fenilia, ~ia VITR.6.6.5.

farrārius ~a ~um, *a.* [FAR+-ARIVS] For grain.
fistulam ~am CATO *Agr.*10.3.

farrātus ~a ~um, *a.* [FAR + -ATVS²] (of a bowl) Filled with porridge made from emmer; (neut. as sb.) porridge.
~a..olla PERS.4.31;—ponebant..Tusco ~a catino JUV. 11.108.

farreārius ~a ~um, *a.* [FARREVM + -ARIVS] = FARRARIVS.
pilum fabarium 1, ~um 1 CATO *Agr.*10.5.

farreātus ~a ~um, *a.* [next + -ATVS²] Married by *confarreatio*.
reges sacrorum nisi ex ~is nati non leguntur GAIUS *Inst.* 1.112.

farreum ~ī, *n.* [next] A cake made from emmer; (as the symbol of a form of marriage, see CONFARREATIO).
nouae..nuptae ~um praeferebant PLIN.*Nat.*18.10; ~um genus libi ex farre factum PAUL.*Fest.*p.88M;—~o in manum conueniunt (feminae) GAIUS *Inst.*1.112.

farreus ~a ~um, *a.* [FAR + -EVS] Of emmer; (as ep. of Jupiter).
~o uel triticeo pane COL.7.12.10;—genus sacrificii, quod Ioui ~o fit GAIUS *Inst.*1.112.

(fars) *acc.* ~tim, *abl.* ~te, *f.* [FARCIO] Stuffing; (fig.) mincemeat.
<com>esa ~te PL.fr.inc.143; (*facet.*) non uestem amatores amant mulieri', sed uestis ~tim *Mos.*169;—(*fig.*) ~tem (*cj.*) facere ex hostibus *Mil.*8.

farticula ~ae, *f.* [prec. + -CVLA] (app.) A small dish of stuffing.
~am (*s.v.l.*) cerebellum, lactis agninas TITIN.*com.*90.

fartilis ~is ~e, *a.* [FARCIO + -ILIS¹] (of birds) Fattened; (of a carcass) stuffed.
~ibus (anseribus) PLIN.*Nat.*10.52;—insiciatum et ~em asinum APUL.*Met.*6.31.

fartim, *adv.* [FARS]

1 By gorging to repletion; tightly, densely.
ut lurcaretur lardum et carnaria ~..conficeret? LUCIL. 79;—lectum omne ~ stipauerant APUL.*Met.*3.2.

2 Like stuffing or mincemeat.
suis parabat uiscum ~ concisum APUL.*Met.*2.7.

fartor ~ōris, *m.* [FARCIO + -TOR]

1 One who fattens birds for table, a poulterer.
de nostro saepe edunt: quod ~ores faciunt PL.*Truc.*104; coqui ~ores piscatores TER.*Eu.*257; cum scurris ~or, cum Velabro omne macellum HOR.*S.*2.3.229; pinguem facere gallinam, quamuis ~oris, non rustici sit officium COL.8.7.1; DRVSI CAESARIS AVIVM ~OR *CIL* 6.8848.

2 (See quot.)
~ores nomenclatores, qui clam uelut infercirent nomina salutatorum in aurem candidati PAUL.*Fest.*p.88M.

fartum ~ī, *n.* **(farct-).** [FARCIO]

1 (= *intestinum fartum*) A sausage.
tertium ~um est longauo, quod longius quam duo illa VAR.*L.*5.111.

2 The stuffing, contents, inside.
ea res efficit..~um fici speciosius et plenius COL.*Arb.*21.2; intestina et ~um eorum..inlita inimicorum ianuae odium.. his conciliare (dicunt) PLIN.*Nat.*28.117.

fartūra ~ae, *f.* [FARCIO + -VRA]

1 The fattening of birds for table; the stuffing (of entrails to make sausages).
pulli..ad ~am meliores VAR.*R.*3.8.3; quot iam ~ae (dies) processerint COL.8.7.5;—ab eadem ~a farcimina.. appellata VAR.*L.*5.111.

2 (concr.) The filling (of a wall).
tres suscitantur..crustae, duae frontium et una media ~ae VITR.2.8.7.

fartus¹ ~a ~um, *a.* superl. ~issimus. [pple. of FARCIO] (in vbl. senses, esp.) Stuffed, crammed, full to overflowing; (transf.) gorged (with wealth).
quae..~a sunt mendaciis SEN.*Dial.*10.13.9; illud (*sc.* theatrum) quidem ~um est *Ep.*76.4; fetidus hic (*sc.* cucumis) suco, pingui quoque semine ~us COL.10.393; ~issimum (*cj.*) iecur PETR.137.11;—infinitis..uectigalibus erat ~us (Mausolus) VITR.2.8.10.

fartus² ~ūs, *m.* **(farct-).** [FARCIO + -TVS³] The inside, flesh (of fruit).
ea res efficit..~um fici pleniorem COL.5.10.11.

fās, *indecl. n.* [dub., perh. conn. w. FOR] CONST.: usu. as pred.

1 That which is right or permissible by divine law. **b** the state of affairs when business may lawfully be conducted.
ibi ~, ibi cunctam antiquam castitudinem ACC.*trag.*585; contra ~, contra auspicia, contra omnis diuinas atque humanas religiones CIC.*Ver.*5.34;—(*as pred.*) inmortales mortales si foret ~ flere NAEV.*poet.*64.1; quem per populum creari ~ non erat propter religionem sacrorum CIC.*Agr.*2.18; Ioue..tonante cum populo agi non esse ~ quis ignorat? *Phil.*5.7; humanus..animus..cum ipso deo, si hoc ~ est dictu, comparari potest *Tusc.*5.38; nec ~ esse, deum quod sit ratione..fundatum..sollicitare LUCR.5.160; neque ~ esse existimant (Druides) ea litteris mandare CAES.*Gal.*6.14.3; ~ mihi Graiorum sacrata resoluere iura VERG.*A.*2.157; anulo uti nisi peruio cassoque ~ non est GEL.10.15.6;—(*personified*) audite, Ius ~que LIV.8.5.8; ultrices..deae ~que V.FL.1.796. **b** intercisi dies sunt per quos mane et uesperi est nefas, medio tempore..~;..dies qui uocatur sic quando rex comitiauit ~ VAR.*L.*6.31.

2 That which is ordained by divine law, the will of heaven.
populum Romanum seruire ~ non est, quem di immortales omnibus gentibus imperare uoluerunt CIC.*Phil.*6.19. non esse ~ Germanos superare, si ante nouam lunam proelio contendissent CAES.*Gal.*1.50.5; illic ~ regna resurgere Troiae VERG.*A.*1.206; quem neque ~ igni cuiquam nec sternere ferro 7.692; nec ~ fuit alium rerum exitum esse quam ut..LIV.9.9.14; hanc ~ imperii frena tenere domum OV.*Fast.*1.532.

3 That which is morally right, fitting, or proper. **b** (as opp. to civil law, esp. *ius ac fas* or sim.) that which is in accordance with natural law. **c** (in a weakened sense) that which is possible or allowable.
ibi ~ ubi proxima merces LUC.10.408;—(*coupled w.* nefas) per omne ~ ac nefas secuturi LIV.6.14.10; LUC.5.313; in omne ~ nefasque auidi aut uenales TAC.*Hist.*2.56;—(*as pred.*) neque..te accuso neque id me facere ~ existumo PL.*As.*514; uereor plus quam ~ est captiuam hiscere ACC. *trag.*157; ciues..si eos hoc nomine appellari ~ est CIC. *Mur.*80; mea quidem sententia legem illam appellare ~ non est *Phil.*13.32; esse..quaedam belli iura, quae ut facere, ita pati sit ~ LIV.31.30.2; quod..uix auditu ~ esse debeat TAC.*Dial.*26.3. **b** nummulis acceptis ius ac ~ omne delere CIC.*Att.*1.16.6; contra ius ~que SAL.*Cat.*15.1; compositum ius ~que animo PERS.2.73; ut manducandi ius ~que est FRO.*Aur.*2.p.102(156N);—(*as pred.*) iusque ~que est PL.*Cist.*20; nihil..quod aut per naturam ~ esset aut per leges liceret CIC.*Mil.*43; legatos, sicut ~ iusque est..mittemus LIV.7.31.2; Pisonis..caede laetari ius ~que credebat TAC.*Hist.*1.44. **c** ille mi par esse deo uidetur, ille, si ~ est, superare diuos CATUL.51.2; nec mihi tot positus numero comprendere ~ est OV.*Ars* 3.151; neque enim mutabile robur credere me ~ est pectoris esse tui OV.*Tr.*5.13.20; neque tamen ~ non est nihil cucurbitulam agere CELS.7.2.2; a ratione incipere ~ est, deinde concludere QUINT.*Inst.* 5.14.17; delphinus excipit (Arionem)..Taenaro exponit, quantum delphino ~ erat, in extimo litore FRO.*Ar.*1.56 (237N).

4 A sense of what is right; an obligation, right, claim.
monet eum ne iura hospitii..neu ~ fidem dexteras..fallat LIV.29.24.3; sunt et rabidis iura insita monstris ~que suum, ut nobis STAT.*Theb.*1.460; cessit ~..et acceptae libertatis memoria TAC.*Ann.*15.54; (*coupled w.* nefas) aduersus omne ~ ac nefas..trucidatum MANC.*orat.*1; ~ uersum atque nefas VERG.*G.*1.505; tantam uictoribus aduersus ~ nefasque inreuerentiam fuisse TAC.*Hist.*3.51;—~ omne abrumpit VERG.*A.*3.55;—(*w. adj.*) mortaline manu factae immortale carinae ~ habeant? VERG.*A.*9.96; praeferendum ..~ commune propriae ultioni APUL.*Apol.*86;—(*w. gen.*) id..~ armorum et ius hostium est TAC.*Hist.*4.58; contra ~ disciplinae *Ann.*1.19; hostium quoque ius et sacra legationis et ~ gentium rupistis 1.42.

fascea, fasceātim, fasceola: see FASCI-.

fascia ~ae, *f.* Also **-ea.** [cogn. w. FASCIS]

1 A strip of material, ribbon, band. **b** (med.) a bandage. **c** a swaddling band (for a baby).
catellam..prasina inuoluebat ~a PETR.64.6; nullus tota nitor in cute, qualem Bruttia praestabat calidi lita ~a uisci JUV.9.14; uiris, feminis ac pueris ~as purpurae ac conchylii distribuit SUET.*Cal.*17.2;—(*w. material specified*) uuas sole siccatas iunci ~is inuoluit PLIN.*Nat.*15.66; uiminum ~is 17.112;—(*used to form the webbing of a bedstead*) somniasse se ouum pendere ex ~a lecti cubicularis CIC.*Div.*2.134; oppressae nimium uicina est ~a plumae? MART.14.159.1; cadurci restitutis ~is SULPICIA *poet.*1. **b** deuinctus..~is et multis medicamentis..delibutus CIC.*Brut.*217; scissis ~is ac uulnere diuolso V.MAX.4.6.2; ~a..ad uulnus deligandum lintea aptissima est CELS.5.26.24; spongiae..adplicantur ac ~is circumdantur COL.6.12.4. **c** ~is opus est, puluinis, cunis, incunabulis PL.*Truc.*905.

2 (as a garment) **a** A band for a woman's breasts. **b** (worn round the legs and ankles) 'puttee'. **c** a band worn round the head or head-dress; (esp. as a mark of royalty).
a mollis et hirsutum cepit mihi ~a pectus PROP.4.9.49; tabellas, quas tegat in tepido ~a lata sinu OV.*Ars* 3.622; ~a mulieris alligato capite dolores minui PLIN.*Nat.*28.76; MART.11.104.7; TAC.*Ann.*15.57. **b** sine ~is calciamenta VAR.in *Non.*p.108M; qui manicatam tunicam et mitram et purpureas ~as habere non possumus CIC.*Clod.*fr.22; *Att.* 2.3.1; ligato crure niuea ~a PHAED.5.7.36; ~is cruralibus alligatus PETR.40.5; ~as, quibus crura uestiuntur..sola excusare potest ualetudo QUINT.*Inst.*11.3.144; ~ae crurales ULP.*dig.*34.2.25.4; (*for protection, in place of greaves*) aspice ..quanta poplitibus sedeat quam denso ~a libro JUV.6.263. **c** FASC(iam) CYLINDR(orum) LXIII MARG(aritarum) c *CIL* 2.2060;—hoc (*sc.* capitis insigne) caerulea ~a albo distincta circumibat CURT.3.3.19; si uis illum (*sc.* regem) aestimare ..~am solue SEN.*Ep.*80.10; cum..quidam..statuae eius coronam lauream candida ~a praeligata imposuisset SUET. *Jul.*79.1.

3 Any long and narrow surface: **a** (archit.) one of the flat horizontal surfaces into which the architrave is divided, a fascia. **b** a long strip or band (in physical formations).
a earum (*sc.* epistylii partium) trium ima ~a est facienda VITR.3.5.10. **b** ~a..quae cohibet uario labentia sidera cursu MAN.1.682(*dub.*); nil color hic caeli, nil ~a nigra minatur; aestiuum tonat JUV.14.294; FINES ~AE FVNDI PACATIANI *CIL* 12.6032a.

4 (prov.) *non es nostrae ~ae,* You are not one of us.
non es nostrae ~ae et ideo pauperorum uerba derides PETR.46.1.

fasciātim, *adv.* [prec. + -ATVS² + -IM] (app.) In bundles.
adiciebant (*sc. to the parts of speech*)..et tractionem ut '~' QUINT.*Inst.*1.4.20.

fasciculus ~ī, *m.* [FAESIS + -CVLVS] A bundle, packet, parcel. **b** ~*us manualis*, etc., a handful; also ~*us* alone. **c** (spec.) a bunch of herbs or flowers, nosegay. **d** a packet of letters; also, of books.
uirgas..inter se alligato, ~os facito CATO *Agr.*101; ~os ex uirgis alligatos VITR.2.9.15; seruantur..~is (*sc.* folia rutae) PLIN.*Nat.*19.157; uasa et cibaria militis in ~os aptata furcis inposuit FRON.*Str.*4.1.7. **b** (linum) in ~os manuales colligatum PLIN.*Nat.*19.16; hysopi ~us cum quadrante mellis 26.31; uerbenaca ~o manus plenae in aqua decocta 26.120; ~us quantum manu conprehendi potest LARG.83; —facit et murti ~us CATO *Agr.*114; tris ~os ueratri 115.2. **c** ~um ad naris admouetis? CIC.*Tusc.*3.43. **d** conieceram in ~um una cum tua uehementem ad illum epistulam CIC.*Att.*8.5.1; ~us alter ad me iam sine tuis litteris perlatus est Q.CIC.*Fam.*16.26.1;—ne forte sub ala ~um portes librorum ut rusticus agnum HOR.*Ep.*1.13.13.

fascīna ~ae, *f.* [FASCIS + -INA] A bundle.
sarmenta degere et ~am face CATO *Agr.*37.5.

fascinātiō ~ōnis, *f.* [next + -TIO] The casting of a spell, bewitching.
simili modo et ~ones repercutimus PLIN.*Nat.*28.35; 28.101; oculis quoque exitialem ~onem fieri in isdem libris scriptum est GEL.9.4.8.

fascinō ~āre ~āuī ~ātum, *tr.* [FASCINVM + -O³] To cast a spell on, bewitch.
quae (basia) nec pernumerare curiosi possint nec mala ~are lingua CATUL.7.12; nescio quis teneros oculus mihi ~at agnos VERG.*Ecl.*3.94; (*absol.*) contra ~antes PLIN.*Nat.*13.40; GEL.16.12.4.

fascinōsus ~a ~um, *a.* (dub.) *compar.* ~ior. [next + -OSVS] Lecherous.
Priape..non es poeta ~ior (*s.v.l.*) nostro *Priap.*79.4.

fascinum ~ī, *n.* Also **~us** ~ī, *m.* [cf. Gk. βάσκανος] FORMS: neut. HOR.*Epod.*8.18, PETR.138.1, APUL.*Apol.*35; masc. VERG.*Cat.* 13.20, PLIN.*Nat.*28.39.

1 An evil spell, bewitchment.
Fescennini uersus..ex urbe Fescennina dicuntur allati, siue ideo dicti, quia ~um putabantur arcere PAUL.*Fest.* p.85M.

2 The penis. **b** a phallic emblem (worn round the neck as a charm). **c** a kind of seashell.
non me uocabis..ad feriatos ~os VERG.*Cat.*13.20; languet ~um HOR.*Epod.*8.18; PETR.92.9; PLIN.*Nat.*26.96; (*artificial*) scorteum ~um PETR.138.1. **b** ~us, imperatorum quoque, non solum infantium, custos, qui deus inter sacra Romana..colitur PLIN.*Nat.*28.39. **c** posse dicitis ad res uenerias sumpta de mari spuria et ~a propter nominum similitudinem APUL.*Apol.*35.

fasciō ~āre ~āuī ~ātum, *tr.* [FASCIA + -O³] To bandage.
a dextro..iugulo..<ad> alam sinistram..~ari debet CELS.8.8.1.D; ~ato naufragus loquax trunco MART.12.57.12.

fasciola ~ae, *f.* Also **-eola.** [FASCIA + -OLA]

1 A strip of material, band, ribbon.
pinnam anseris..inuoluere..~a tenui lintea LARG.47; ~is hiantes uincire plagas APUL.*Met.*8.18.

2 (as an article of dress) A headband; a band worn about the legs; a breast-band.
texta ~a, qua capillum in capite alligarent VAR.*L.*5.130; —a muliebribus soleis purpureisque ~is CIC.*Har.*44; HOR.*S.* 2.3.255;—russea ~a..sub ipsas papillas succinctula APUL. *Met.*2.7.

fascis ~is, *m.* [cf. Ir. *basc* ('neckband'); perh. connected w. Gk. φάκελος]

1 A bundle (esp. of sticks, etc.), faggot; (also, of books).
~es sarmentorum incensos SIS.*hist.*83; alligando ~es VAR.*L.*5.137; ~es..stramentorum ac uirgultorum HIRT.*Gal.* 8.15.5; LIV.22.16.7; COL.10.371; uiridis urticae ~em PETR. 138.2;—magno comites in ~e libelli JUV.7.107; (*cf.*) si..tot reos uno uelut ~e complecteremur PLIN.*Ep.*3.9.9.

2 A bundle to be carried, burden, load.
hoc te ~e leuabo VERG.*Ecl.*9.65; saepe..animam sub ~e dedere (apes) *G.*4.204; uenalis umero ~is portabat in urbem *Mor.*81; sub graui ~e CELS.7.17.1.A; PETR.117.11;—(*mil.*) patriis acer Romanus in armis iniusto sub ~e uiam cum carpit VERG.*G.*3.347; si militare iter ~emque et uigilias imperes QUINT.*Inst.*11.3.26.

3 (usu. in pl.) A bundle of rods (usu. with an axe) carried by lictors before a magistrate (orig. before a king, and used for punishment, later as a symbol of his power). **b** the power or office of a magistrate. **c** (meton.) magistrates.
at unum a praetura tua..abest..lictores duo, duo ulmei ~es uirgarum PL.*Epid.*28; duos et septuaginta lictoris domum deportauisse ~is CAEL.*hist.*45; ~is ac securis et

tantam imperi uim Cic.*Ver.*5.39; anteibant lictores..cum ~ibus bini *Agr.*2.93; neque in ~ibus insignia laureae praetulit Caes.*Civ.*3.71.3; hic sceptra accipere et primos attollere ~is regibus omen erat Verg.*A.*7.173; consulares..~es Liv. 2.54.4; ut..priuato (*i.e.* Tiberio)..~es suos summiserint Vell.2.99.4; Sil.8.484; praecedebant incompta signa, uersi ~es Tac.*Ann.*3.2; Flor.*Epit.*1.1(1.5.6); (*fig.*) cum tibi aetas nostra iam cederet ~isque summitteret Cic.*Brut.*22. **b** ecqui locus..uacuus extraordinariis ~ibus..fuisset? Cic. *Dom.*24; ignoras Domitius cum ~ibusne sit *Att.*8.15.1; petere a populo ~is saeuasque securis Lucr.3.996; illum non populi ~es, non purpura regum flexit Verg.*G.*2.495; cum ita priores decemuiri seruassent ut unus ~es haberet Liv.3.36.3; Aemilius,..cuius ~es erant 8.12.13; auroram ..bis senos ~es (*i.e. the consulship*) quae tibi prima dabit Ov.*Pont.*4.9.4; honores ~isque..capessere Sen.*Dial.*9.1.10; Mart.8.66.3; geminos ~is (*i.e. two governorships*) Stat.*Silv.* 1.4.80; (*cf.*) superbos Tarquini ~is Hor.*Carm.*1.12.35; (*fig.*) longius etiam (me) summoues ingenii ~ibus Plin.*Nat.* pr.4. **c** qua..iter est Latiis ad summam ~ibus Albam Luc.3.87; cuncti ueniunt ad limina ~es Stat.*Silv.*1.2.233; pater tot ~ivm *CIL* 8.15589.

fasēlus ~ī: see phaselvs.

fasēna: Sabine wd. = harena.

faseolus ~ī: see phaseolvs.

fassus ~a ~um: pple. of fateor.

fastī ~ōrum, *m. pl.* [fastvs[1]] Forms: acc. *~ūs CIL* 10.6679, Hor.*Carm.*3.17.4, 4.14.4, *Ep.*2.1.48, Sen.*Dial.*3.21.3, etc.; abl. *~ibus* Luc.10.187.

1 Days on which business may be transacted (opp. nefastvs).

dies de ~is eximere Cic.*Ver.*2.132; 4.151; non omnibus ~is legem ferri licere *Prov.*46.

2 The list of festivals, etc., recurring annually, the calendar; the name of a poem by Ovid.

ascribi iussit in ~is ad Lupercalia: C. Caesari..M. Antonium..regnum detulisse Cic.*Phil.*2.87; scribam ~os protulisse *Att.* 6.1.8; Liv.9.46.5; haec (dies) est, in ~is cui dat grauis Allia nomen Ov.*Ib.*217; nec meus (*sc.* Caesaris) Eudoxi uincetur ~ibus annus Luc.10.187; ~orum genitor parensque Ianus Mart.8.2.1; ederent ludos qui..~is additi Augustales uocarentur Tac.*Ann.*1.15; ~vs de sva pecvn(ia) fecer⟨vnt⟩ *CIL* 10.6679;—sex ego ~orum scripsi totidemque libellos Ov.*Tr.*2.549.

3 The list of consuls who gave their names to the year, the chronological list. **b** (w. ref. to obtaining the consulship).

consules..quos nemo est quin..ex ~is euellendos putet Cic.*Sest.*33; ordo ipse annalium mediocriter nos retinet quasi enumeratione ~orum *Fam.*5.12.5; quae cura patrum ..tuas..uirtutes..per titulos memoresque ~us aeternet..? Hor.*Carm.*4.14.4; instabat..dies qui dat noua nomina ~is Luc.5.5; nomen Pisonis radendum ~is censuit Tac.*Ann.* 3.17;—(*transf.*) tempora si ~osque uelis euoluere mundi Hor.*S.*1.3.112; quantum temporis inter Orphea intersit et Homerum, cum ~os non habeam, computabo? Sen.*Ep.* 88.39. **b** ~orum illud columen (*i.e.* Valerius Publicola) V.Max.4.4.1; inuidebis, quotiens aliquem in ~is saepius legeris Sen.*Ep.*104.9; Marium..erigere in fasces et plenis reddere ~is Luc.8.270; bis octonis accedit purpura ~is (*i.e. he is consul for the 17th time*) Stat.*Silv.*4.1.1; ter memores implerunt nomine ~os *Germ.*fr.3; nostra quoque nomina addentur ~is Plin.*Pan.*92.2.

fastīdiendus ~a ~um, *a.* [gdve. of fastidio] In vbl. senses: esp. loathsome, disgusting; contemptible, insignificant.

uerba..dictu ~a V.Max.9.13.2; ~um odorem Plin.*Nat.* 25.79; (*neut. as sb.*) petunt..mox fugienda aut etiam ~a Sen.*Ep.*118.5;—ex..tam ~o candidato ille Marius euasit, qui Africam subegit V.Max.6.9.14.

fastīdienter, *adv.* [*fastidiens* (fastidio) + -ter[2]] Disdainfully.

parentibus ~ appellatis Apul.*Met.*5.17.

fastīdiliter, *adv.* [fastidivm + -ilis[1] + -ter[2]] In the manner of one who is hard to please.

auet habere et non habere ~ Var.*Men.*78.

fastīdiō ~īre ~iuī or ~iī ~ītum, *tr., intr.* [fastidivm + -io[2]] Mood: pf. pple. in active sense Petr.48.4.

1 (tr.) To show aversion to (food or drink); (also absol.).

boues..qui ~ient cibum Cato *Agr.*103; si sciret regibus uti, ~iret holus Hor.*Ep.*1.17.15; cibum non ~ire Cels. 7.3.1; ~it uinum quia iam sitit iste cruorem *Vers.pop.*in Suet.*Tib.*59.1(*poet.*p.122);—si ~iunt (columbae) aut inclusae consenescunt Var.*R.*3.7.6.

2 (intr.) To put on airs, be haughty or disdainful.

qur ita ~it? — tantas diuitias habet Pl.*Bac.*333; ut ~it gloriosus! *Cur.*633; olfacta igitur hinc, Penicule. lepide ut ~is! *Men.*169; quid mecum est tibi? — mihin ~is, propudiose? *St.*334; maius intumuit tibi ~ienti poculum Hor. *Epod.*5.78; si non ~is, ueni Phaed.3.16.14.

3 (tr., also w. gen.) To regard or treat with disdain or distaste, scorn, turn away from. **b** (w. inf.) to disdain, scorn (to). **c** (intr.) to feel aversion, be squeamish.

quid hic ~is quod faciundum uides esse tibi? Pl.*St.*716; non ~iuit eius amicitiam Cic.*Pis.*68; inuenies alium, si te hic ~it Verg.*Ecl.*2.73; nisi quae terris semota..uidet, ~it et odit Hor.*Ep.*2.1.22; iam aedilitatem praeturamque ~iri Liv.32.7.10; cum domini seruorum non ~iant preces 34.5.13; quanto maius esset regnum ~ire quam accipere Curt. 4.1.18; laudatus abunde, non ~itus si tibi, lector, ero Ov. *Tr.*1.7.32; nemo fideliter diligit, quem ~it Curt.5.5.12; ne me putes studia ~itum, ii bybliothecas habeo Petr. 48.4; arieti naturale agnas ~ire Plin.*Nat.*8.188; diuitiae.. quas facilius inuenies qui uituperet quam qui ~iat Tac. *Dial.*8.4; segnis et dominationibus aliis ~itus *Ann.*13.1;—(*poet.*) somnus..lenis..non humilis domos ~it Hor.*Carm.* 3.1.23; uetulus bos..ab ingrato iam ~itus aratro Juv. 10.270;—(*w. pred.*) cur diues pauperem consessorem ~iret Liv.34.54.7; V.Max.6.9.6;—~it mei, quia uidet me suam amicitiam uelle Pl.*Aul.*245; mein ~is meae deliciae? Titin.*com.*93; ~ire Agamemnonis Lucil.654; (*cf., pple. as adj.*) communium.. uocum respuens minis et ~iens Gel. 7(6).15.2. **b** ne ~ieris nos in sacerdotum numerum accipere Liv.10.8.6; a me ~it amari Ov.*Rem.*305; si.. senatus consultum..legere non ~ierint V.Max.4.8.3; ~it balsamum alibi nasci Plin.*Nat.*16.135; Quint.*Inst.*2.3.4;—(*w. acc. and inf.*) est aliquis, qui se inspici, aestimari ~iat Liv.6.41.2; Sen.*Cl.*1.21.4. **c** omnes homines ad suom quaestum callent et ~iunt Pl.*Truc.*932; etiam in recte factis saepe ~iunt (ciues) Cic.*Mil.*42; nos debemus amici si quod sit uitium non ~ire Hor.*S.*1.3.44.

fastīdiōsē, *adv.* *compar.* ~ius. [next + -e]

1 With feelings or expression of distaste, disdainfully.

quem..sciebam..inuitius, nolo enim dicere..~ius, ad hoc genus sermonis accedere Cic.*de Orat.*2.364; 'ut opinor, ex Africa.' huic ego iam stomachans ~e..'immo ex Sicilia,' inquam *Planc.*65; accipit ~e Sen.*Ben.*2.24.2; tanquam mendici spolium..~e uenditabat Petr.13.1.

2 With excessive niceness or fussiness.

quam diligenter et quam prope ~e iudicamus Cic.*de Orat.* 1.118; nisi eum lente ac ~e probauissem *Att.*2.1.1; quid est stultius quam ~e mori? Sen.*Ep.*70.20.

fastīdiōsus ~a ~um, *a.* *compar.* ~ior, *superl.* ~issimus. [next + -osvs]

1 Displaying aversion to food, squeamish.

~um ac uescum uiuere Lucil.602; ~ae..fiunt (uaccae) Var.*R.*2.5.15.

2 Hard to satisfy, critical, exacting, particular; (w. gen.) unsatisfied or not content (with).

metus me macerat, quod ille ~ust Pl.*Mil.*1233; Neptunus ..~us aedilis est: si quae inprobae sunt merces, iactat omnis *Rud.*372; lepida et concinna..cito satietate adficiunt aurium sensum ~issimum *Rhet.Her.* 4.32; Antonius..facilis in causis recipiendis erat, ~ior Crassus Cic.*Brut.*207; potest in eo aliquis ~us esse aestimator Sen.*Ben.*1.11.1; (*transf. ep.*) non ergo ~o aditu uirtus V.Max.3.3.ext.7;—perfectus litteris, sed Graecis, ~us sane Latinarum Cic.*Brut.*247; dominus..terrae ~us Hor.*Carm.*3.1.37.

3 Haughty, disdainful.

ut ita ~ae mollesque mentes euadant ciuium, ut si minima uis adhibeatur imperii..perferre nequeant Cic.*Rep.* 1.67; placuit aere signari omnes honores ~issimi mancipii Plin.*Ep.*8.6.14; (*w.* in + *acc.*) in aequos et pares ~us *Rhet. Her.*4.52.

4 Wearisome, nauseating.

uincla gutturi nectes tuo, ~a tristis aegrimonia Hor. *Epod.*17.73; ~am desere copiam *Carm.*3.29.9; ~os ob ebrietatem cibos Sen.*Con.*9.2.4.

fastīdium ~(i)ī, *n.* [< **fastitidium* (fastvs[2] + taedivm)]

1 Aversion for food, distaste, lack of appetite, squeamishness.

cum labor extuderit ~ia..sperne cibum uilem Hor.*S.* 2.2.14; positae..mouent ~ia mensae Ov.*Pont.*1.10.7; alios ..cibum adsumpsisse, alios propter ~ium abstinuisse Cels. 1.pr.33; perdices lauri folio annuum ~ium purgant Plin. *Nat.*8.101; (ostrea) ~iis medentur 32.64;—(*w. gen.*) cibi ~ium Cels.7.3.1; uua incocta..~ium gignit uuas adpetendi Plin.*Nat.*14.99; ueteris ~ia quercus Juv.14.184.

2 Aversion engendered by satiety, weariness.

(*of food*) nullis animalibus nisi ex ~io pax est Sen.*Ep.* 89.22;—(*of other things*) ista nostra adsiduitas..nescis quantum interdum adferat hominibus ~i, quantum satietatis Cic.*Mur.*21; sectus flagellis..praeconis ad ~ium Hor. *Epod.*4.12; fecit statim, ut fit, ~ium copia Liv.3.1.7; numquam in ~um ueritas ueniet Sen.*Ep.*78.26; citra ~ium Plin.*Nat.*3.28; multa..omitto..~io parcens 10.79; Messalina facilitate adulteriorum in ~ium uersa Tac.*Ann.*11.26; (*poet.*) matri longa decem tulerunt ~ia menses Verg.*Ecl.* 4.61;—(*w. gen.*) ut neque..satientur, qui audient, ~io similitudinis, nec.. Cic.*de Orat.*3.193; tantum..gloriae.. partae..ut propius ~ium eius sim quam desiderium Liv. 28.40.9.

3 Repugnance, repulsion, disgust. **b** *~io esse*, to be repugnant; also, *in ~io esse, in ~ium ire*, to become repugnant.

non possum animo aequo uidere tot..tam sceleratos hostis; nec id fit ~io meo, sed caritate rei publicae Cic.*Phil.* 12.20; nosti..non modo stomachi mei..sed etiam oculorum in hominum insolentium indignitate ~ium *Fam.*2.16.2; Liv.38.50.12; admiscent nardum ~ii gratia (*i.e. to avoid the repulsive smell*) Plin.*Nat.*28.164; eloquentiae..in oratore (iactatio)..adfert..audientibus non ~ium modo sed.. odium Quint.*Inst.*11.1.15;—(*w. obj. gen.*) nec dapis humanae tibi erunt ~ia Ov.*Ib.*425; ~io utriusque principis Tac.*Hist.*2.37. **b** hic concupiuit, quod illi ~io fuit Sen. *Dial.*12.7.10; neque..dubitauerim aliquis ~io futura quae dicentur animalia Plin.*Nat.*29.28; Tac.*Hist.*1.7;—uetera semper in laude, praesentia in ~io esse *Dial.*18.3;—gregalia poma..post paucos dies itura in ~ium delectant Sen.*Ben.* 1.12.4.

4 **a** Haughtiness, pride. **b** disdain, scorn, contempt.

a superbia nata inibi esse..ex Campanorum ~io uidetur Cic.*Agr.*1.20; quorum..si essent adrogantes, non possem ferre ~ium *Phil.*10.18; nemo e uobis ~ium Macedonum.. ferre cogetur Curt.5.8.14; non superbia et ~io te amplissimos honores repudiare Plin.*Pan.*55.4. **b** facito ~i plenum, quasi non habeat Pl.*Mil.*1034; quod..est eorum in orationibus..~ium, nullum cum sit in uersibus? Cic.*Opt. Gen.*18; tristis Amaryllidis iras atque superba pati ~ia Verg.*Ecl.*2.15; nec illo ~io laborabit orator non agendi causas minores Quint.*Inst.*12.9.7;—(*w. obj. gen.*) mihi cunctarum subeunt ~ia Ov.*Ep.*15.99; ~io nostri Plin. *Pan.*24.5.

5 A critical attitude, fastidiousness, niceness.

sin..intellegentiam ponunt in audiendi ~io Cic.*Opt. Gen.*12; rudem..esse..in nostris poetis..est..~ii delicatissimi *Fin.*1.5; spectatoris ~ia ferre superbi Hor.*Ep.* 2.1.215; oculos, qui non minus ~io laborant Sen.*Dial.* 5.35.4; quotiens..ad ~ium legentium deliciasque respicio Plin.*Ep.*2.5.4;—(*w. gen.*) incredibili uerborum ~io Quint. *Inst.*8.3.23;—(*w.* circa) nullum circa hospitia ~ium Plin. *Pan.*20.3.

fastīgātē, *adv.* [pple. of fastigo + -e] So as to present a sloping surface.

tigna bina..cum..defixerat..non..derecte ad perpendiculum sed prone ac ~, ut secundum naturam fluminis procumberent Caes.*Gal.*4.17.4.

fastīgātiō ~ōnis, *f.* [fastigo + -tio] The shaping of an object to form a ridge; tapering.

strigileculam, recta ~one cymulae Apul.*Fl.*9;—~o leui descendat cuneo tribus non amplius digitis Plin.*Nat.*17.106.

fastīgiō ~āre: variant reading for fastigo.

fastīgium ~(i)ī, *n.* [< **farsti-*; cf. Skt. *bhṛṣti-* ('point'); AS. *byrst* ('bristle'), etc.]

1 A sharp point, tip, apex. **b** narrowing towards a point, convergence, taper.

tectum, quod supra conclauia non placuerat tibi esse multorum ~iorum Cic.*Q.fr.*3.1.14; angusti ~io coni Lucr. 4.429; haec..in acuta ac tenuia posse mucronum duci ~ia 5.1265; cornua..in leue ~ium exacuta Plin.*Nat.*11.124; ~ium addere (obelisco) auratum 36.69; sanguineos flammarum apices..et clara..mediae ~ia lucis Stat.*Theb.* 10.600. **b** scrobes..paulatim angustiore ad infimum ~io Caes.*Gal.*7.73.5; has (*sc.* trabes) inter se capreolis molli ~io coniungunt *Civ.*2.10.3; (Persicus sinus) quodam ~io minus ac minus latus, et quo magis penetrat angustior Mela 3.74; gracilitas (calamorum)..leni ~io tenuatur in cacumina Plin.*Nat.*16.158.

2 An inclination, slope; a slope converging with another to form an apex; *~io*, at a slope, inclined.

iniquum loci ad decliuitatem ~ium Caes.*Gal.*7.85.4; quidquid incidit ~io musculi elabitur *Civ.*2.11.1; pauimentum..~ium habens in pedes denos digitos binos Vitr. 7.1.6; Plin.*Nat.*36.187; campum..quem..mollia non subitis augent ~ia cliuis Stat.*Theb.*6.260;—terram..de recti quidem anguli trigonis, sed ~is paribus, esse Apul.*Pl.*1.7; —tubuli..inclinati ~io Vitr.5.9.7; cloacis ~io in Tiberim ductis Liv.1.38.6; suberat et altera inferior summissa ~io planities Liv.27.18.6.

3 A ridged or pointed roof (usu. in respect of its triangular front elevation), a pediment or gable. **b** an ornament surmounting the roof of a temple (Gk. ἀκρωτήριον).

Capitoli ~ium illud Cic.*de Orat.*3.180; si qua..dona..sacra ad ~ia fixi Verg.*A.*9.408; ~ia facientes, luto inducto proclinatis tectis, stillicidia deducebant Vitr.2.1.3; quo minus ..nomen..eius in Capitolino ~io fulgeret V.Max.6.9.5; in ~iis fori Traiani Gel.13.25.1;—(*bearing an inscription*) Plin.*Pan.*54.4;—(*on private houses as a mark of honour*) ut haberet puluinar, simulacrum, ~ium, flaminem Cic.*Phil.* 2.110; suggestus in curia, ~ium in domo Flor.*Epit.*2.13 (4.2.91). **b** (tempestas) ~ia aliquot templorum a culminibus abrupta foede dissipauit Liv.40.2.3.

4 The roof or top of any erection.

euado ad summi ~ia culminis Verg.*A.*2.458; undae.. summi operis ~io superfusae Curt.4.2.8; turris..cuius e ~io..arbiter belli..regebat acies Sen.*Tro.*1069; ut operum ~ia spectantur, latent fundamenta Quint.*Inst.*1.pr.4; conspicuo..~io turris Antonia Tac.*Hist.*5.11; (*cf.*) operi.. prope..absoluto tamquam ~ium imponimus Cic.*Off.*3.33; (*poet.*) patescunt regiae ~ia (*i.e. the lofty palace*) Sen.*Phaed.* 384; (*in fig. phr.*) e ~io suo deiecta uirtus *Ep.*92.26.

5 The highest part, top, summit. **b** (fig.) the highest point of any activity, peak, pinnacle; the most important part, chief point.

~ia..surarum Lucr.4.827; summa..tenuis ~ia chartae [Tib.]3.1.11; altius his (sideribus) nihil est; haec sunt ~ia mundi Man.1.534; a meridiano caeli ~io urgente (luna) Plin.*Nat.*2.212. **b** ductas summa ad ~ia noctis Man. 4.254; neque emeritae seruat ~ia laudis Grat.282; stetisse ipsum..in ~io eloquentiae fateor Quint.*Inst.*12.1.20;—summa sequar ~ia rerum Verg.*A.*1.342.

6 Height, elevation, level; low level, depth.

cum tria genera sint..agrorum, campestre, collinum, montanum..e quibus tribus ~iis.. Var.*R.*1.6.2; colles.. pari altitudinis ~io oppidum cingebant Caes.*Gal.*7.69.4; turris..quae superare fontis ~ium posset Hirt.*Gal.*8.41.5; propugnatoribus muri ~io altitudinis aequabantur Liv. 44.9.8; inaequale terrae ~ium occupauerant undae Curt. 9.9.19;—forsitan et scrobibus quae sint ~ia quaeras Verg.*G.* 2.288; puteus..ad inrigui premitur ~ia campi Luc.4.296.

7 Degree of eminence or importance; esp. position in the social scale, rank, dignity (almost always of a high position).

cum..bello gesta..pro ~io rerum oratione etiam magnifica..memorasset LIV.6.20.8; Persarum imperium, quod..ad summum ~ium euexerant CURT.4.14.20; poesis ab Homero et Vergilio tantum ~ium accepit QUINT.*Inst.*12.11.26; pulcherrimo populi Romani ~io TAC.*Ann.*3.73; mortale ~ium egresso 15.74; si quid forte ex consulatus ~io fuerit deminutum PLIN.*Pan.*93.2;—ut..in summo essent aut ~io aut periculo NEP.*Att.*10.2; ex altiore ~io rex quam tyrannus detractus erat LIV.35.12.10; per tot extraordinaria imperia in summum ~ium euectum VELL.2.30.3; cui gregarii militis incolumitas proprio ~io carior erat V.MAX.5.1.ext.1; regium adfectare ~ium CURT.10.10.14; Tiberium ..in proximo sibi ~io conlocauit TAC.*Hist.*1.15; ut altissimae ciuium dignitates collatione ~ii tui quasi deprimantur PLIN.*Pan.*61.2;—(*of a lesser dignity*) eius cui curatio altior ~io suo data esset LIV.2.27.6; summittendo se in priuatum ~ium 27.31.6.

fastīgō ~āre ~āuī ~ātum, *tr.* [as prec.+-O³]

1 To make pointed, taper. **b** (refl. and pass.) to narrow, contract, taper.

(tecto) ita ~ato (*v.l.* -ate) atque ordinatim structo CAES.*Civ.*2.10.5; ~atis supra tectis..praelucet Capitolium SEN.*Con.*1.6.4; (cuspis) acutior in mucronem ~ata PLIN.*Nat.*18.172; insula..~atur aquis SIL.12.356. **b** (*refl.*) (Africa) ~at..se molliter MELA 1.20; (promunturium) paulatim se ac sua latera ~at 3.7;—(*pass.*) frumenta..uerno tempore ~antur in stipulam PLIN.*Nat.*18.52; folia..n exilitatem ~antur 24.178; (*pf. pple.*) pyramides..ita ~atae ut..VAR.in Plin.*Nat.*36.92; collis est in modum metae in acutum cacumen a fundo satis lato ~atus LIV.37.27.7; (uniones) ~ata longitudine PLIN.*Nat.*9.113.

2 To make to slope, incline.

collis..leniter ~atus paulatim ad planitiem redibat CAES.*Gal.*2.8.2; testaceum pauimentum..~atum VITR.7.4.5; ~atam, sicut tecta aedificiorum sunt, testudinem faciebant LIV.44.9.6.

fastōsus ~a ~um, *a.* [FASTVS²+-OSVS] Haughty, disdainful.

rara domus..non humilem calcat ~a clientem *Laus Pis.* 119; quid est..~e, ecquid bonam mentem habere coepisti? PETR.131.3; ad nocturna iaces ~ae limina moechae MART.10.14(13).7; (*facet.*) accipe ~um, munera cara, garum 13.102.2.

fastus¹ ~a ~um, *a.* [FAS+-TVS²] (of days) Lawful for the transaction of business; (for masc. as sb., see FASTI).

dies ~i, per quos praetoribus omnia uerba sine piaculo licet fari VAR.*L.*6.29; nefastos dies ~osque fecit LIV.1.19.7; ille (*sc.* Lucifer)..~us erit, per quem lege licebit agi OV.*Fast.*1.48.

fastus² ~ūs, *m.* [dub.; perh. conn. w. *fastigium*] Pride, haughtiness, conceit, arrogance. **b** superior attitude towards things, fastidiousness.

tanto te in ~u negas, amice CATUL.55.14; alios legere ad ~um quoscumque parentis HOR.*S.*1.6.95; nihil ex~u regiae adsumpserat CURT.9.8.23; contubernalis mea mihi ~um facit PETR.96.7; tantum..enatum est ~us, ut..decuriae non capiant eum ordinem PLIN.*Nat.*33.33;—(*pl.*) stirpis Achilleae ~us iuuenemque superbum..tulimus VERG.*A.*3.326; sic essem..superbus, ut caperet ~us uix domus ulla meos OV.*Pont.*4.9.16; personati ~us et regula morum..ite foras MART.11.2.3; gratiam aut ~us ianitorum perpetiebantur TAC.*Ann.*4.74. **b** ad hunc ~um peruenit uenter delicatorum ut gustare non possint (piscem), nisi quem..natantem..uiderunt SEN.*Nat.*3.18.3; ~u..erga patrias epulas TAC.*Ann.*2.2.

fātālis ~is ~e, *a.* [FATVM+-ALIS]

1 Of or concerned with destiny, fateful; (w. gen.) determining the fate (of). **b** (of oracles, prophecies, etc.).

naturae contagio ualet..uis est nulla ~is CIC.*Fat.*5; commonstrauit..leges ~es ac necessarias *Tim.*43; ~e..Palladium VERG.*A.*2.165; sacrae ~ia lumina Vestae PROP.3.4.11; Parcae ~ia nentes stamina TIB.1.7.1; ~i nata parentem crine suum spoliat OV.*Met.*8.85; EI MIHI ~ES CVR RAPVERE DEI *CIL* 3.6475;—stellas..quae esse omnium rerum ~es uiderentur GEL.14.1.18. **b** ~ia carmina quercus *Culex* 134; nil me ~ia terrent..responsa deorum VERG.*A.*9.133; in libris ~ibus LIV.5.14.4; ibi defunctus ~e praesagium impleuit TAC.*Ann.*11.21; SUET.*Jul.*79.3; (*neut. as adv.*) quae nubes ~e sonet STAT.*Silv.*2.1.226.

2 Ordained by fate, destined, fated. **b** (of persons).

quae uidebuntur ei de quo agemus cecidisse diuina atque ~ia CIC.*Part.*73; (Scipio Carthaginem) aliquando quasi ~i aduentu solus euertit *Har.*6; Caesaris mortem..quam omnes ~em fuisse arbitrabantur *Phil.*13.33; quem regno Hesperiae fraudo et ~ibus aruis VERG.*A.*4.355; si ~es..expleuimus annos TIB.1.3.53; praedictam superantibus terminos ~is cladem LIV.38.45.3; ~i Dido Libyes appellitur orae SIL.1.23; defunctum se ~ibus malis existimabat SUET.*Nero* 40.2;—(*w. ad*) ~em hunc annum esse ad interitum huius urbis CIC.*Catil.*3.9;—(*w. dat.*) Roma, tuum nomen terris ~e regendis TIB.2.5.57; aduentante ~i urbi clade LIV.5.33.1; ~em uictoriae suae Thessaliam petiit VELL.2.52.1;—(*w. inf. or cl.*) tam..est ~e medicum adhibere quam conualescere CIC.*Fat.*30; neutri ~e reuerti STAT.*Theb.*9.258; ~e sibi ut coniugum flagitia ferret, dein puniret TAC.*Ann.*12.64; quasi ~e esset non posse Gallias debellari nisi a consule SUET.*Nero* 43.2;—(*neut. as sb.*) quod inter ~ia uates cecinissent, necesse esse tabernacula in foro statui LIV.39.46.4. **b** ~em Aenean manifesto numine ferri VERG.*A.*11.232; finite metum ~is morte tyranni OV.*Met.*15.602; socer augurio ~is Adrastus STAT.*Theb.*2.111.

3 Determined by external causes. **b** (of death) natural (as opp. to violent).

perfuncta res publica est hoc misero ~ique bello CIC.*Marc.*31; hora ~is ignominiae aduenit LIV.9.5.11; damna quae imprudentibus accidunt, hoc est damna fatalia ULP.*dig.*17.2.52.3. **b** seu ~em..seu conflatam insidiis..mortem obiit VELL.2.4.6; mortis quae non ex natura nec ~is uidetur PLIN.*Ep.*1.12.1; αὐτόματος..θάνατος quasi naturalis et ~is nulla extrinsecus ui coactus uenit GEL.13.1.8.

4 Acting as the instrument of fate, fateful. **b** involving death or destruction, fatal, deadly.

a ~i portento prodigioque rei publicae lex..euersa est CIC.*Pis.*9; scandit ~is machina muros VERG.*A.*2.237; cunctanti telum Aeneas ~e coruscat 12.919; ~is incestusque iudex HOR.*Carm.*3.3.19; ~is dux huiusce belli LIV.22.53.6; alter..~i uiuus in igne fuit OV.*Ep.*9.156; Decios..caput ~e uouentis LUC.7.359. **b** si demens studium ~e retemptem OV.*Tr.*5.12.51; ~is harenae muneribus LUC.4.708; (*poet.*) illa (flumina) uorago derepta in praeceps ~i condidit ore *Aetna* 125;—(*w. dat.*) annus, quem ego mihi quam patriae malueram esse ~em CIC.*Red.Sen.*4; ~em..urbi Romanae locum LIV.6.28.5; illum unum Teucris..loquuntur ~em STAT.*Ach.*1.476.

fātāliter, *adv.* [prec.+-TER²] By destiny, by fate's decree.

omnia..ex omni aeternitate definita..esse ~ CIC.*Div.*2.19; Hectorea primus ~ hasta, Protesilae, cadis OV.*Met.*12.67; uelut ad perdendum imperium ~ electos TAC.*Hist.*1.50; SUET.*Jul.*59; ULP.*dig.*50.16.135.

fateor ~ērī fassus, *tr.* [cf. Osc. *fatium* (loqui); as *fari, fabula*; for short vowel cf. Gk. φάτις] FORMS: *~ior P.Mich.*440.2; pass. ULP.*dig.*30.39.6.

1 To accept as true, concede, acknowledge, admit. **b** (absol. or ellipt.); (spec.) to admit guilt, confess. **c** (w. *de*). **d** (w. pred.; w. acc. and inf.; w. inf.; w. indir. qu.).

quae dudum fassast mihi PL.*Cist.*654; quod..mori..maluerint falsum ~endo CIC.*Part.*50; si quod erat factum ~eretur *Clu.*86; Laterensis nostri..fidem..semper ~ebor PLANC.*Fam.*10.23.4; ~etur facinus is, qui iudicium fugit PUB.*Sent.*F.9; metus tormentorum admotus ~eri uera coegit LIV.27.43.3; fassus..nefas..uirginem..ui superat OV.*Met.*6.524; fortunam partium praesens ~ebatur TAC.*Hist.*4.31; (*poet.*) hoc fassas tangis, auara, manus OV.*Am.*3.8.22. **b** qui uincit non est uictor nisi uictus ~etur ENN.*Ann.*493; ~eor, deliqui profecto PL.*Mer.*983; ita res est, ~eor TER.*Hau.*158; a Naeuio uel sumpsisti multa, si ~eris, uel, si negas, surripuisti CIC.*Brut.*76; 'at in Italia fuit.' ~eor *Ver.*5.5; hae meae tibi ineptiae (~eor enim) ferendae sunt *Att.*12.36.1; ignosce ~enti TIB.1.6.29;—non esse exspectandum, dum ~eatur; argumentis peccata conuinci CIC.*Part.*116; posse absolui eum qui ~eretur *Mil.*15; ut coram coarguebantur..fassi omnes LIV.26.27.9; da ueniam fasso OV.*Pont.*1.7.22; neque ~eri audebat neque abnuere poterat TAC.*Hist.*4.41; primum correpti qui ~ebantur *Ann.*15.44; siue quis neget siue ~eatur GAIUS *Inst.*4.173. **c** etiam ~etur de hospite? PL.*Mos.*553; cum de scelere ~eretur [CIC.]*Exil.*17; de se ipse haud cunctanter fassus LIV.24.5.10; OV.*Tr.*2.96. **d** uis tu simplicius senem ~eri..? MART.10.83.9; inuitus puerum ~etur Hypnus 12.75.2;—~eor me omnium hominum esse..minimi preti PL.*Epid.*501; haec..mea culpa ~eor fieri TER.*Ad.*629; nescire me ~eor CIC.*Div.*1.23; nil igitur fieri de nilo posse ~endumst LUCR.1.205; CAES.*Civ.*3.20.3; ~ebantur nunquam cum pertinacione hoste conflictum LIV.7.33.16;—~eor peccauisse PL.*Mos.*1139; numen uiolasse ~entem Isidis OV.*Pont.*1.1.51; sunt quae ~earis nescire APUL.*Apol.*53;—ibi qui essent ~eri Romanum ausum LIV.9.36.7; AUR.*Fro.*1.p.216(75N).

2 To make an open avowal of, profess, declare. **b** (w. pred.); (refl.) to profess one's identity. **c** (gram.) *~endi modus*, the indicative mood.

me uoces audire iuuat sua gaudia fassas OV.*Ars* 2.689; miserere ~entis amorem *Met.*9.561; NOMEN SI QVAERIS TITVLVS TIBI VERA ~ETVR *CIL* 12.533;—(*w. acc. and inf.*) ~eor me oratorem..non ex rhetorum officinis sed ex Academiae spatiis exstitisse CIC.*Orat.*12;—(*absol. or ellipt.*) muta domus, ~eor, desolatique penates STAT.*Silv.*2.1.67; nil ego, nil, ~eor, toto tam dulce sub orbe..uidi 3.4.39. **b** hostem se ~endo prope denuntiauit ut arma caperetis LIV.3.19.6;—fassa..me flammasque meas OV.*Met.*8.53; trepida..timet se uoce ~eri STAT.*Theb.*6.468. **c** omnia quae e et o litteris ~endi modo terminantur QUINT.*Inst.*1.6.7.

3 (absol.) To assent, say yes; (w. inf.) to agree (to).

est tibi nomen Menaechmo? — ~eor PL.*Men.*1107; Veneris fanum, opsecro, hoc est? — ~eor *Rud.*285; haec sum rogaturus: nauem populo Romano debeantne? ~ebuntur. praebuerintne..? negabunt CIC.*Ver.*4.150;—ni..dicto parere ~etur VERG.*A.*7.432; 12.568; acrius inuitos..urget quam qui seruitium ferre ~entur Amor OV.*Am.*1.2.18.

4 To acknowledge by one's behaviour, actions, etc., betray, allow to appear. **b** (of inanim. things).

milites adeo (hoc) ~ebantur, ut Cn. Pompei nomen in scutis inscriptum haberent *B.Alex.*58.3; consul moueri flagitio timoris ~endi LIV.42.60.4; tacito..animum pallore ~ebar OV.*Fast.*6.19; ubi (cerui) se praepingues sensere, latebras quaerunt ~entes incommodum pondus PLIN.*Nat.*8.113; intrantem..deum primo pallore ~etur Thestorides STAT.*Ach.*1.515; longam olim famem crebris adhuc ieiuniis ~entur TAC.*Hist.*5.4;—(*pregn.*) fassus est armis uirum SEN.*Tro.*214; componit aures..(Cerberus) erum..fassus SEN.*Her.F.*811;—(*w. acc. and inf.*) hic qui retorto crine Maurus incedit subolem ~etur esse se coci Santrae MART.6.39.7;—(*w. indir. qu.*) haec dea non stabili, quam sit leuis, orbe ~etur OV.*Pont.*4.3.31. **b** amnis..non nisi refuso mari harenas ~etur PLIN.*Nat.*36.190; erumpunt gemitus lacrimasque ~etur cassis STAT.*Theb.*11.385; linea quae..~eatur Apellen *Silv.*4.6.29; ut ea..ipsa prouenire natura, non..magistrum ~eri..uideantur QUINT.*Inst.*5.14.32;—(*w. acc. and inf.*) (mare) inflatum..intra se esse uentos ~etur PLIN.*Nat.*18.359; fuisse..inutiles maenas odor inpudicus urcei ~ebatur MART.12.32.16;—(*w. indir. qu.*) mors sola ~etur quantula sint hominum corpuscula JUV.10.172.

fāticanus (-cinus) ~a ~um, *a.* [FATVM+CANO+-VS] Foretelling destinies, prophetic.

haec ubi ~o uenturi praescia dixit ore Themis OV.*Met.*9.418; sic dicere..~as..ferunt sortes 15.436.

fātidicus ~a ~um, *a.* [FATVM+-DICVS] Declaring destinies, prophetic, oracular: **a** (of gods and soothsayers); (masc. as sb.) a soothsayer; also, Apollo. **b** (of things).

a anum ~am Stoicorum Pronoeam CIC.*N.D.*1.18; uatis ~ae VERG.*A.*8.340; ~um..deum (*i.e. Apollo*) OV.*Fast.*2.262; ~i..Iouis 5.626; SEN.*Oed.*269; plerasque feminarum ~as..arbitrantur TAC.*Hist.*4.61; (*w. gen.*) ~am Phoebei pectoris umbram SIL.13.412;—~orum et uatium ecfata CIC.*Leg.*2.20;—~e te..compello SEN.*Oed.*1042; ~i..sacras..aures *Ilias* 31. **b** quercus..~a SEN.*Her.O.*1474; familiaria (fulmina) in totam uitam ~a PLIN.*Nat.*2.139; ~i specus 2.208; ~um sorbens..uaporem STAT.*Theb.*10.605; ~is..Hammonis harenis SIL.15.672; ~orum librorum SUET.*Aug.*31.1.

fātifer ~era ~erum, *a.* [FATVM+-FER] Bringing fate or death, deadly.

~erum..ensem VERG.*A.*8.621; ~er arcus 9.631; ~ero..ferro OV.*Met.*6.251; ~erae iuuenem dextrae SIL.1.641.

fatīgātiō ~ōnis, *f.* [next+-TIO] Fatigue, weariness, exhaustion; (transf., of land).

~o ipsorum equorumque..diremit proelium LIV.3.33.9; lassitudo quae citra ~onem sit CELS.1.2.7; ab hac ~one magis quam exercitatione in frigidam descendi SEN.*Ep.*83.5; ~oni..eorum incommodum aliud obiecit FRON.*Str.*2.2.8; TAC.*Hist.*2.60; lauacro ~onem sui diluit APUL.*Met.*5.3;—(*w. gen. of cause*) itinerum..lassitudines et ~ones PLIN.*Nat.*28.137; requiescit labor ille cuius sibi ipsa ~o obstabat QUINT.*Inst.*11.2.43;—non..~one..sed nostra..inertia minus benigne nobis arua respondent COL.2.1.7.

fatīgō ~āre ~āuī ~ātum, *tr.* [prob. from **fatis* (see AFFATIM); cf. *fatisco, fessus*]

1 To tire out, weary, exhaust. **b** to make mentally tired, weary. **c** (poet.) to tire (things by constant use, etc., places by traversing them); *diem* (etc.) *~are*, to spend a weary day. **d** to keep going over, repeat.

in iactando membra ~at LUCR.3.491; Romanus imperator ubi se dolis ~ari uidet SAL.*Jug.*56.1; quos nulla ~ant proelia nec uicti possunt absistere ferro VERG.*A.*11.306; sol ubi..iuga demeret bobus ~atis HOR.*Carm.*3.6.43; nequiquam ~ato milite LIV.21.59.5; ~atos caede diutius quam pugna 30.8.9; (littera) digitos iterum repetita ~at OV.*Ep.*20.27; dentem..in dente ~at *Met.*8.825; quamdiu in altum intentus..oculos ~aui? [QUINT.]*Decl.*12.8; dextram osculis ~are TAC.*Ann.*15.71; (*poet.*) lustrant..nemora alta ..cursuque ~ant Hebrum SIL.2.74;—(*land*) terram nec senescere nec ~ari si stercores COL.11. ad fin.arg.lib.2. **b** quos..fortuna..ueluti ~ata maturius destituerit VELL.2.69.6; bella..scriptorem ~arent 2.89.6; non ~abor eiusdem facta identidem referendo V.MAX.3.7.1e; illa minora, in quibus..~antur QUINT.*Inst.*1.6.32; patientia seruilis tantumque sanguinis domi perditum ~ant animum TAC.*Ann.*16.16. **c** uenatu inuigilant pueri siluasque ~ant VERG.*A.*9.605; puppis iam..~atas ultima uerset aquas OV.*Ep.*13.98; quare Poeantius..uoce ~aret Lemnia saxa sua *Tr.*5.1.62; iamque amplexu frigida presso saxa ~ant SEN.*Oed.*193; LUC.6.45;—remigio noctemque diemque ~ant VERG.*A.*8.94; noctes, quas de me..~es PROP.4.11.81; V.FL.5.601. **d** undique collecti coeunt Martemque ~ant (*i.e. keep crying 'war'*) VERG.*A.*7.582; coepta ~at pectore consilia STAT.*Ach.*1.104; agitant consulta patres curasque ~ant SIL.1.675.

2 To work at persistently, keep on at (a person or thing). **b** (transf., of conditions) to press hard, harass.

te..~ans artus torto distraham PAC.*trag.*159; uerberibus tormentis igni ~ati CIC.*Top.*74; corripit e somno corpus sociosque ~at praecipitis VERG.*A.*4.572; uersa..iuuencum terga ~amus hasta 9.610; quadripedem..citum ferrata calce ~at 11.714; arma ~ant ruricolae, Gradiue, tui V.FL.5.141; iugalis sanguinea Bellona manu longaque ~at cuspide STAT.*Theb.*7.73; nemo tubas, nemo aera ~et JUV.6.442; (*poet.*) puppis..inflicta uadi dorso dum pendet..anceps sustentata diu fluctusque ~at VERG.*A.*10.304; (*refl.*) frustra..niti neque aliud se ~ando nisi odium quaerere SAL.*Jug.*3.3. **b** Lucullum..fames breui ~abat SAL.*Hist.*4.8; NEP.*Eum.*12.4; collecta ~at (lupum) edendi ex longo rabies VERG.*A.*9.63; me..quarta ~at hiems OV.*Pont.*1.2.26; ut..penuria aquae ~arentur TAC.*Hist.*2.39; quamuis..ciborum egestas ~aret *Ann.*1.68.

3 To assail (with advice, criticism, etc.), worry, plague; to harass (with military action). **b** to worry (with questions or requests), importune.

id quod eam (*sc.* animam)..curis..~at LUCR.3.826; an quae te fortuna ~at, ut tristis..domos..adires? VERG.*A.*6.533; quid aeternis minorem consiliis animum ~as? HOR.*Carm.*2.11.12; tua me..~ant consilia et monitis cedo V.FL.7.348; iterumque monens iterumque ~ans STAT.*Ach.*1.338; Iuno ..laudum spe corda ~at SIL.1.63; quem..~abat..criminationibus TAC.*Ann.*15.50; (*poet.*) Iuno..mare..terrasque metu caelumque ~at VERG.*A.*1.280;—quos leuibus proeliis ~astis LIV.27.13.4; 28.16.4; Vaccaeos..crebris incursionibus ~abant FLOR.*Epit.*2.33(4.12.47). **b** non sum scitior quae hos rogem aut quae ~em PL.*Cist.*680; saepius ~atus..promittit SAL.*Jug.*111.3; quidue mea de fraude deos..~as? PROP.2.20.3; deos ~are SEN.*Ep.*31.5; superos..in uota ~ant STAT.*Theb.*2.244;—(*w. abl.*) prece qua ~ent uirgines sanctae..Vestam? HOR.*Carm.*1.2.26; PROP.2.22.49; indutiae..cum per aliquot dies ~assent singulos precibus, impetratae LIV.9.20.3; uotis..~are deos LIV.27.50.5; cum patrem..rogando ~asset 36.11.1; aspernantem..lacrimis ~ant TAC.*Hist.*3.31.

4 To exhaust, expend, use up (physical or mental resources, etc.).
cum..senectus..neruorum firmitatem ~auerit SEN.*Con.* 1.pr.2; ~asse regni uires, ut tamen laus maior artificis esset PLIN.*Nat.*36.93; facundia..adsidua contentionum asperitate ~ata renouatur QUINT.*Inst.*10.5.14; ~atam misericordiam [QUINT.]*Decl.*17.20; cum saeuitiam domi ~asset FLOR. *Epit.*1.1(1.7.4); haec felicitas terrae imbecillis cultoribus ~atur PLIN.*Ep.*3.19.6.

5 To break down, wear down, overcome.
de sicariis..qui non uerbis sunt..sed uinclis et carcere ~andi CIC.*Off.*3.73; aurum et purpura curis exercent hominum uitam belloque ~ant LUCR.5.1424; secundae res sapientium animos ~ant SAL.*Cat.*11.8; ille ~at os rabidum, fera corda domans VERG.*A.*6.79; ~atus consul..contumeliis LIV.41.10.10; lolium tribulique ~ant triticeas messes OV. *Met.*5.485; semina quae non ~entur multo soli pressa pondere COL.4.2.6; qui tertia bella ~et SIL.7.492; prouecta iam senectus aegro et corpore ~abatur TAC.*Ann.*1.4; postumae spei ~ati secumque conlocuti APUL.*Met.*4.5.

fātilegus ~a ~um, *a.* [FATVM+LEGO²+-VS] Gathering (means of) death.
quae..toxica ~i carpunt matura Saitae LUC.9.821.

fātiloquium ~(i)ī, *n.* [FATVM+LOQVOR+-IVM] A prophecy, oracle.
ut..Sibyllae ~ia uersificet APUL.*Soc.*7.

fātiloquus ~a ~um, *a.* [as prec.+-VS] Foretelling destinies, prophetic; (masc. as sb.) a soothsayer.
quam ~am..miratae eae gentes fuerant LIV.1.7.8;—Cretensem Epimeniden inclitum ~um APUL.*Fl.*15.

fatior ~ārī: see FATEOR.

(fatis): only in phr. *ad fatim* (see AFFATIM).

fatiscō ~ere, *intr.* Also **~or** ~ī. [cf. *fatigo, fessus*]

1 To split open, crack, gape.
neu puluere uicta ~at (area) VERG.*G.*1.180; pinguis..tellus..haud umquam manibus iactata ~it 2.249; (naues) rimis..~unt *A.*1.123; saxis solida aera ~unt 9.809; in longiore itinere sine calceatu ~unt (*sc.* pedes cameli) PLIN. *Nat.*11.254; clipeus..~it impulsu clipei SIL.9.323; ne aequor illud uentris inrugetur ac..~at GEL.12.1.8;—(*dep.*) delubra deum simulacraque fessa ~i LUCR.5.308.

2 To become tired, grow weary.
hunc (*sc.* regem apium) esse solum marem, praecipua magnitudine, ne ~at PLIN.*Nat.*11.46; Cyclopum operosa ~unt bracchia STAT.*Theb.*1.217; errore ~ere uano 12.295; alterno mecum clamore ~at *Silv.*5.5.21; (*w. inf.*) citius..exsatiata ~et mater Achilleis hiemes affrangere bustis 5.1.35;—(*dep.*) haud saepius equo uehi quam pedibus ~i FRO.*Ver.*2.p.208(207N); (*w. inf.*) nisi numquam ~ar facere quod quibo boni PAC.*trag.*154; (*w.* quin) haut ~ar quin tuam inplorem fidem ACC.*trag.*330.

3 (transf.) To become exhausted, flag, fail.
(ouis femina) ~it post annum septimum COL.7.3.6; donec ~eret seditio TAC.*Hist.*3.10; non accusatores ~ebant *Ann.* 3.38; (*w.* in+*acc.*) in lacrimas humilesque metus aegramque ~unt segnitiem V.FL.3.395;—(*w. abl.*) ferro flammaue ~unt? SIL.2.316; (*of soil*) solo quod..segetibus ~it COL.2.13.3;—(*dep.*) altera uulneribus ~untur VAR.in Non.p.479M; simul aeuo fessa ~i (mentem et corpus) LUCR.3.458; (deus) patitur ~i nos interdum FRO.*Aur.*2.p.20(217N).

fātor ~ārī, *intr.* [FOR+-TO] (See quot.)
~antur, multa fantur PAUL.*Fest.*p.88M.

Fātua ~ae, *f.* [FATVVS²] An oracular deity.
hinc (*sc.* a fando)..multa, in quo et Fatuus et ~ae VAR.*L.* 6.55; BAS.*gram.*10.

fatuē, *adv.* [FATVVS¹+-E] Foolishly.
non..faciam tam ~ MART.4.72.4; 6.8.6; QUINT.*Inst.*6.4.8.

fatuitās ~ātis, *f.* [FATVVS¹+-TAS] Foolishness, stupidity.
ostendere non hanc imprudentiam aut casum..sed inertiam..~atem nominari oportere CIC.*Inv.*2.99; inperitia sapientiae, ~as prudentiae inueniuntur inimicae APUL. *Pl.*2.4.

fātum ~ī, *n.* [neut. of *fatus* (FOR) in pass. sense]

1 A prophetic utterance, prophecy. **b** (pl.) the decrees (of a god).
auguris ut nostri Calchantis ~a queamus scire CIC.*poet.* 22.2(*Div.*2.63); ex ~is Sibyllinis *Catil.*3.9; ex ~is quae Veientes scripta haberent *Div.*1.100; talia diuino fuderunt carmine ~a (Parcae) CATUL.64.321; data ~a secutus VERG.*A.*1.382;—(*w. vbs. of speaking*) neque me Apollo ~is fandis dementem inuitam ciet ENN.*scen.*58; non haec..a me..tamquam ~a..canebantur? CIC.*Sest.*47; ~a canit VERG.*A.* 3.444; ~a Quiritibus hac lege dico HOR.*Carm.*3.3. 57; quo ruis imprudens..dicere ~a..? PROP.4.1.71; nec uana uoce locutus ~a senex STAT.*Theb.*1.474. **b** sic ~a Iouis poscunt VERG.*A.*4.614; desine ~a deum flecti sperare precando 6.376; ~is Iunonis iniquae 8.292; nulli diuum mutabile ~um SIL.13.857.

2 A decree of fate; *~um est*, it is fated. **b** (regarded as the cause of natural death). **c** (pl.) what fate holds in store, the future.
nisi C. Marcellus quasi aliquo ~o uenisset CIC.*Ver.*2.8; ita ~o nescio quo contigisse arbitror *Fam.*15.13.2; sine ullo ~o esse animorum motus uoluntarii *Fat.*39; ea ~o quodam data nobis sors est ut..uicerimus LIV.26.41.9;—si ~um tibi est ex hoc morbo conualescere CIC.*Fat.*28; si ita ~um sit: 'nascetur Oedipus Laio' 30; se tertium esse, quoi ~um foret urbis potiri SAL.*Cat.*47.2. **b** ferron an ~o moerus Argiuom occidit? *Inc.trag.*69; si quid mihi humanitus accidisset — multa autem impendere uidentur praeter naturam etiam praeterque ~um CIC.*Phil.*1.10; si quid ~o accidat, filium habere TAC.*Hist.*3.38; rarum in tanta claritudine, ~o obiit *Ann.*6.10. **c** ~orum ueteres praedictiones Apollinis uatum libris..contineri CIC.*Har.*18; nostros ea ~a manere nepotes VERG.*A.*2.194; nec ultra inquireret sineretque ~a in occulto esse LIV.21.22.9; sic erat in ~is OV.*Fast.*1.481; fibras tractat ac ~a inspicit SEN.*Thy.* 757; inrumpe deos et ~a latentia uexa STAT.*Ach.*1.508; SUET.*Ves.*4.5.

3 The destiny, fate, lot (of an individual). **b** (as determining the limits of life).
cui parilem fortuna locum ~umque tulit fors LUCIL.447; quonam meo ~o..fieri dicam ut..? CIC.*Phil.*2.1; uiuam libenter. sin autem me aliud ~um manet 13.45; te miserum malique ~i CATUL.15.17; totum athletarum ~um mihi illo die perpetiendum fuit SEN.*Ep.*57.1; senatus..Magno ~um patriaeque suumque inposuit LUC.5.48; plebeium in circo positum est et in aggere ~um JUV.6.588;—(*pl.*) occasum Troiae..solabar ~is contraria ~a rependens VERG.*A.*1.239; sic ~a deum rex sortitur uoluitque uices 3.375; Parcae..bona iam peractis iungite ~a HOR.*Saec.*28; ibi ~is eius terminum dari LIV.8.24.2; fuit in ~is hoc quoque..meis OV.*Pont.*1.7.56; Pyliae nec ~a senectae maluerit STAT. *Theb.*5.751; (*poet.*) cunctas inpellere gentes rursus in arma potes rursusque in ~a redire LUC.7.719;—(*of a state or place*) id..~um ciuitatis fuit ut illa..nitedula rem publicam conaretur adrodere CIC.*Sest.*72; ad illa arma ~o sumus nescio quo rei publicae misero funestoque compulsi *Marc.* 13; sunt ~a deum, sunt ~a locorum! STAT.*Silv.*3.1.11. **b** hunc..uelle maturius exstingui uolnere uestro quam suo ~o CIC.*Cael.*79; quorum suo quisque ~o..uiueret moreretur que LIV.9.18.19; ~IS CESSIT SVIS *CIL* 10.7658; (*poet.*) ~um naidos arbor erat OV.*Fast.*4.232; (*cf.*) Ilio tria fuisse ~a (*i.e. fateful events*) quae illi forent exitio PL.*Bac.*953.

4 One's allotted span of life; *~o functus* (*perfunctus*), dead. **b** *extremum ~i diem, ~um supremum* (*ultimum*, etc.), one's last or dying day, death.
heu nimium ~i tempora longa mei OV.*Tr.*4.1.86; quod superest ~i uitaeque laborum STAT.*Theb.*2.196; exhausti Lachesis mihi tempora ~i..dedit *Silv.*3.5.40;—(*pl.*) complerat genitor sua ~a OV.*Tr.*4.10.77; o numquam data longa ~a summis! STAT.*Silv.*2.7.90;—perfunctos iam ~o LIV.9.1.6; V.MAX.2.10.3; ut..ille functam ~o responderet TAC.*Ann.*11.2. **b** extremum ~i sustinet ille diem OV.*Ep.* 1.114; ad ultimum usque ~i diem V.MAX.7.2.ext.2;—~um extremum rei publicae CIC.*Phil.*3.35; pertulit intrepidos ad ~a nouissima uultus OV.*Met.*13.478; te ~a extrema petente LUC.8.652; suprema in ~a ruentem SIL.12.202; non idem poeta penitus ultimi ~i concepit imaginem? QUINT.*Inst.* 6.2.33.

5 Fate (regarded as the force which moulds events), destiny; (esp., abl.) by fate. **b** (regarded as a deity).
ut illud ~i fuisse uideatur, hoc consili CIC.*Marc.*29; ~um..id appello quod Graeci εἱμαρμένην *Div.*1.125; illud..nulla ~i quod lege tenetur VERG.*A.*12.819; inexsuperabilis uis ~i LIV.8.7.8; ad..Cannas urgente ~o profecti sunt 22.43.9; quod in pace fors seu natura, tunc ~um et ira dei uocabatur TAC.*Hist.*4.26;—(*pl.*) ueter ~orum terminus sic iusserat ACC.*trag.*481; ~is..datas non respicit urbes VERG.*A.*4.225; ducunt uolentem ~a, nolentem trahunt SEN.*Ep.*107.10 (*poet.*5); principium interno..bello parantibus ~is TAC. *Hist.*2.69;—te (*sc.* Metellum) non ~o..sed opera sua consulem factum CIC.*Ver.*29; ne omnia ~o fieri sit necesse *Fat.*19; errabant acti ~is VERG.*A.*1.32; quae ~o manent, quamuis significata, non uitantur TAC.*Hist.*1.18; mihi..in incerto iudicium est ~one res mortalium..an forte uoluantur *Ann.*6.22. **b** dii habendi sunt Aether et Dies eorumque fratres et sorores..~um Senectus Mors CIC. *N.D.*3.44; ~orum nulli reuolubile carmen PROP.4.7.51; HYG.*Fab.*pr.1; ~O BONO *CIL* 7.370.

6 Death, doom. **b** (transf.) destruction, ruin, end. **c** (meton.) a cause of death or ruin.
HAEC QVAE ME FAATO PRAECESSIT *CIL* 1.1221.5; VT ACERBO ES DEDITVS ~O 1.1603.3; Q.Hortensi uox exstincta ~o suo est, nostra publico CIC.*Brut.*328; oppressum ~o LIV.42.11.5; (Vtica) ~o Catonis insignis MELA 1.34; sit praeter gladios aliquod sub Caesare ~um LUC.5.283; ~i iam certus olor STAT.*Silv.*3.3.175;—(*pl.*) eadem me ad ~a uocasses VERG.*A.*4.678; ut ferme fugiendo in media ~a ruitur LIV.8.24.4; quis uos in ~a parentis armat? OV.*Met.* 7.346; uiuo dederam, post ~a reposco 13.180. **b** rem publicam..paene ex faucibus ~i ereptam CIC.*Catil.*3.1; in illo paene ~o rei publicae *Dom.*145; Parim Phrygiae ~um componere..dixit PROP.3.13.63; forsitan..tu quoque sis poenae ~a secuta meae OV.*Tr.*3.7.28; principio pariter ~oque carentem (mundum) MAN.1.124; data sunt ipsis quoque ~a sepulcris JUV.10.146. **c** duo illa rei publicae paene ~a, Gabinium et Pisonem CIC.*Sest.*93; huic misero ~um dura puella fuit PROP.2.1.78; terra parum fuerat, ~is adiecimus undas 3.7.31; OV.*Fast.*5.389; Scipiadae..duces, ~um Carthaginis unum MAN.1.792.

7 Event, outcome, issue.
grauis illa fortuna populi Romani, graue ~um CIC.*Phil.* 5.39; meliore ~o fideque partium Flauianarum duces consilia belli tractabant TAC.*Hist.*3.1; Vitelliani..numero ~oque dispares 3.84; multi committunt eadem diuerso crimina ~o JUV.13.104.

fatuor ~ārī ~ātus, *intr.* [FATVVS¹+-O³] To play the fool.
desine ~ari SEN.*Apoc.*7.1.

fātus ~ī, *m.* var. of FATVM.
medici illum perdiderunt, immo magis malus ~us PETR. 42.5; 71.1; hoc mihi dicit ~us meus 77.3; SIC TVLERAT ~VS NON EXSVPERASSE PARENTES *CIL* 3.3196; ~VS HOC VOLVIT MEVS 11.7024; ~VS ET FORTVNA INQVITER IVDICAVIT *A.Epig.*36.67.10.

fatuus¹ ~a ~um, *a.* [dub.]

1 Mentally feeble, silly, foolish, idiotic. **b** (masc. or fem. as sb.). **c** (of actions, utterances).
stulti, stolidi, ~i PL.*Bac.*1088; TER.*Eu.*1079; ego me esse stultum existimo, ~um esse non opinor AFRAN.*com.*416; non modo nihili et improbus sed ~us et amens es CIC. *Deiot.*21; id quod uerbosis dicitur et ~is CATUL.98.2; Crassum..tam ~um, ut etiam regnare posset SEN.*Apoc.*11.3; tu, qui potes loquere, non loquis..scimus te prae litteras ~um esse PETR.46.1; (*transf.*) quam ~ae sunt tibi, Roma, togae! MART.10.19(18).4; (*cf.*) ~i poppysmata cunni 7. 18.11. **b** paene ecfregisti, ~e, foribus cardines PL.*Am.* 1026; aut regem aut ~um nasci oportere SEN.*Apoc.*1.1; '~o ~a': cum istis quoque personis curator detur GAIUS *dig.*3.1.2; ~ae illius mendacio APUL.*Met.*5.16; (*kept as a buffoon*) Harpasten, uxoris meae ~am, scis..remansisse..si quando ~o delectari uolo SEN.*Ep.*50.2; (*cf.*) hac (herba)..feminis abigunt quos mira persuasione ~os uocant PLIN. *Nat.*27.107. **c** primas illas (litteras) rabiosulas sat ~as dedisti CIC.*Fam.*7.16.1; mentio illa ~a CAEL.*Fam.*8.4.3; ~am quaestionem mouerat SEN.*Con.*7.4.3; (*cf.*) Tyndaris illa bipennem insulsam et ~am dextra laeuaque tenebat JUV.6.658.

2 (of food) Tasteless, insipid.
~as..mariscas MART.7.25.7; 10.37.9; ut sapiant ~ae..betae, o quam saepe petet uina piperque cocus! 13.13.1.

Fātuus² ~ī, *m.* An oracular deity.
ab eodem uerbo fari..et ~us et Fatuae VAR.*L.*6.55.

faucēs ~ium, *f. pl.* [dub.] FORMS: sg. not used (see VAR.*L.*10.78) except abl. (HOR. *Epod.*14.4, OV.*Ep.*9.98, *Met.*14.738, PHAED. 1.1.3, AMP.7.5, etc.).

1 The upper part of the throat, pharynx. **b** (as used for the passage of breath) the windpipe, throat. **c** (as the source of the voice). **d** (as used in swallowing) the gullet. **e** (of dangerous animals; esp. fig.) 'the jaws', 'maw'.
age age, usque exscrea..age quaesso hercle usque ex penitis ~ibus PL.*As.*41; sudabant..~es intrinsecus atrae sanguine LUCR.6.1147; ~ibus ingentem fumum..euomit VERG.*A.*8.252; summum gulae ~es uocantur PLIN.*Nat.* 11.179; ad ~ium remedia 18.229; (*poet.*) cum flaret madida ~e December atrox MART.7.37.6. **b** in anginam..uelim uorti, ut ueneficae illi ~es prehendam PL.*Mos.*219; qui sacerdoti scelestus ~is interpresserit *Rud.*655; iniectis tapetibus in caput ~esque spiritum intercluserunt LIV. 40.24.7; conpressa ~e OV.*Ep.*9.98; ut quaedam elisarum ~ium in ceruice reperirentur notae VELL.2.4.5; angina correptis ~ibus LARG.206; ~es..laqueo uexatae TAC.*Ann.* 6.40;—(*in fig. phrs.*) premit ~es defensionis tuae CIC.*Ver.* 3.176; hi in oculis haerebunt et, cum licebit, in ~ibus *Phil.*13.5; pestifera Ti. Gracchi manu ~ibus conprehensam rem publicam strangulari passus non est V.MAX.5.3.2e. **c** fauent ~ibus russis..cantu (*sc.* galli) ENN.*scen.*219; plenis ~ibus quam sedatissuma..uoce uti conueniet *Rhet.Her.* 3.24; CIC.*Tusc.*1.37; radit uox ~es LUCR.4.528; uox ~ibus haesit VERG.*A.*2.774; illis e ~ibus angues stridula fuderunt ..sibila LUC.9.630; PERS.5.26; TAC.*Ann.*4.70. **d** ut ingurgitat inpura in se merum auariter, ~ibu' plenis PL. *Cur.*127; ubi sitis ~is tenet *Mos.*380; tu istis ~ibus..tantum uini..exhauseras CIC.*Phil.*2.63; LUCR.4.1025; HOR. *Epod.*14.4; illas ~es per quas bona Cn. Pompei transierunt SEN.*Suas.*6.3; STAT.*Theb.*8.761. **e** non tribus infernum custodit ~ibus antrum Cerberus PROP.3.5.43; ~e improba latro (*sc.* lupus) incitatus PHAED.1.1.3;—eripite nos..ex ~ibus eorum CRAS.*orat.*23; urbem..ex..totius belli ore ac ~ibus ereptam CIC.*Arch.*21; urbes..uelut e ~ibus Hannibalis ereptas LIV.26.2.10.

2 The exterior of the throat, neck.
os obtegendum: ~es uelandae CELS.3.22.9; (sal) extra ~ibus inlitus PLIN.*Nat.*31.101; JUV.8.207; retinens..singulos et contortis ~ibus conuertens in hostem SUET.*Jul.*62.

3 A narrow entrance or outlet: **a** the mouth or entrance of a harbour, gulf, river, etc. **b** the entrance to a pass or defile. **c** a pass forming the approach to a country. **d** the entrance to a building or sim., porch, gateway. **e** the crater of a volcano; the entrance to a cave or subterranean passage; (esp. of the underworld). **f** the neck, outlet (of a jar or other vessel); the opening towards the surface (of a trench, channel, etc.). **g** the jaw of a forked tool.
a qua ~es erant angustissimae portus CAES.*Civ.*1.25.5; aduersis fluctibus occurrentibus ostio fluminis, in ipsis ~ibus..demersa naue periit *B.Alex.*64.3; arcem..quae in paene insula posita imminet ~ibus portus LIV.25.11.11; ~es eae sunt Corinthii sinus 28.7.18; quae..tenent Ponti Byzantia litora ~es OV.*Tr.*1.10.31; maris Hadriatici..~es petiit V.MAX.9.8.2; Padi ~es PLIN.*Nat.*3.127; a ~ibus ductus interposita est piscina FRON.*Aq.*15. **b** in salti ~ibus ACC.*trag.*435; ut biuias armato obsidam milite ~es VERG.*A.*11.516; huius saltus ~es Nero occupauit LIV. 26.17.5; locum artis ~ibus et a tergo silua clausum TAC. *Ann.*14.34. **c** castra..in Etruriae ~ibus conlocata CIC. *Catil.*1.5; relicto ad ~es Thessaliae Perseo LIV.26.25.5; in ~ibus Vmbriae 27.50.6; Ciliciae ~es intrauerat CURT. 5.3.22; in ipsas nascentis Italiae ~es FLOR.*Epit.*1.22 (2.6.51). **d** quam mox emittat (carcer) pictis e ~ibus currus ENN.*Ann.*86; a ~ibus macelli CIC.*Quinct.*25; in ipsis ~ibus portae LIV.44.31.9. **e** ~ibus eruptos..uis ut uomat ignis LUCR.1.724; per ~es montis ut Aetnae exspirent ignes 6.639;—altero specus eius ore..inuento utraeque ~es congestis lignis accensae LIV.10.1.5; (*cf.*) patefactis terrae

~ibus Cic.*N.D.*2.95;—Tartarus horriferos eructans ~ibus aestus Lucr.3.1012; uestibulum ante ipsum primis in ~ibus Orci Verg.*A.*6.273; pallidi ~es Auerni Sen.*Phaed.*1201; Sil.6.174. **f** pondus..uehementi decursu per ~es (tubulorum) frequentiam caeli compressione solidatam extrudens Vitr.9.8.3; cum ad ~es peruenerit eius (*sc.* uasis) Col.12.49.2; 12.49.6;—cum fornacem facies, ~es praecipites deorsum facito Cato *Agr.*38.3; caua flumina siccis ~ibus ad limum radii tepefacta coquebant Verg.*G.*4.428; (scrobes) latos pedes ternos in ~ibus Plin.*Nat.*17.81. **g** cum consertum est bifurco pastini, angustis ~ibus ferramenti facile continetur Col.3.18.6.

4 A narrow passage: **a** (of the sea) a strait. **b** a narrow pass, defile; a narrow passage. **c** a neck of land, isthmus. **d** a narrow shaft or tunnel.

a ostriferi ~es..Abydi Verg.*G.*1.207; ~es..Abydo Sestos opposita premit Sen.*Phoen.*611; Apul.*Mun.*6. **b** magnam..multitudinem pecoris intra eas ~es dissipari iussit *B.Alex.*36.4; (saltus) in artas coactus ~es Liv.22.15.11; Caudinis ~ibus Col.10.132; super Herculeas ~es nemorosaque Tempe Luc.8.1;—in ~ibus angiportorum Vitr.1.6.8. **c** (Leucadia) artis ~ibus cohaerens Acarnaniae Liv.33.17.6; Isthmus duo maria..artis ~ibus dirimens 45.28.2; Sen. *Thy.*629. **d** (uenti) pugnant in ~ibus *Aetna* 320.

Faucia ~ae, *f. adj.* The name of one of the thirty curiae of Rome.

Liv.9.38.15.

fauea ~ae, *f.* [perh. connected w. favēo] A maidservant.

quasi..hunc anulum ~ae (*cj.*) suae dederit Pl.*Mil.*797.

fauentia ~ae, *f.* [*fauens* (faveo)+-ia] Auspicious behaviour.

ut omnes..ciues..augustam adhibeant ~am Acc.*trag.* 511; ~a bonam ominationem significat Paul.*Fest.*p.88M.

Fauentīnus ~a ~um, *a.* Of, belonging to, or made in, Faventia in Cisalpine Gaul.

in agro ~o Var.*R.*1.2.7; candore Alianis (*sc.* linis) semper crudis ~a praeferuntur Plin.*Nat.*19.9.

faueō ~ēre fāuī ~tum, *intr.* [dub.] Const.: absol. or w. dat.; also w. *ut, ne,* acc. and inf. (1); w. advs. or *pro* (3).

1 To be favourably inclined, well-disposed (towards), approve (of). **b** (of deities, etc.) to be propitious (to).

(multitudo) ~et odit, contemnit inuidet Cic.*Brut.*188; natura adfert ut eis ~eamus qui eadem pericula..ingrediantur *Mur.*4; nostrae laudi dignitatique ~isti *Fam.*1.7.8; ~ere et cupere Heluetiis propter eam adfinitatem Caes.*Gal.* 1.18.8; coetum, Tyrii, celebrate ~entes Verg.*A.*1.735; nulli magis quam libertati ~ebunt suae Liv.6.19.7; tuo.. amori ~eo 26.50.5; uersus..lectos ore ~ente probas Ov. *Pont.*2.5.20; (*poet.*) ne prima ~entem pignora fallant Grat. 240; (*impers. pass.*) studiis..eorum ceteris commodandi ~etur Cic.*de Orat.*2.207; paci ~etur, omnium ferrum iacet Sen.*Phoen.*438;—(*w. pple. as pred.*) augenti rem priuatam militi ~it Liv.7.16.3; ~ebam..ego uapulanti Petr. 96.1;—(*w. neut. pron.*) quod..~isse me tibi fateor, suasisse ne tu quidem dicis Cic.*Phil.*2.21;—(*w.* ut, ne) facimus..plerumque ingratos et ut sint ~emus Sen.*Ben.* 2.17.5; ~entibus cunctis ut essent uera quae facillima erant Plin.*Nat.*26.13; ~eo..saeculo, ne sit sterile et effetum Plin.*Ep.*5.17.6; Fro.*Amic.*2.p.170(179N). **b** Romanis Iuno coepit placata ~ere Enn.*Ann.*291; nascenti puero.. casta ~e Lucina Verg.*Ecl.*4.10; Phoebe, ~e Tib.2.5.1; ~eat Fortuna Ov.*Met.*13.334; delubra ~entia uotis *Tr.*4.2.55; Roma, ~e coeptis Luc.8.322; ueniet ~ente caelo Stat.*Silv.* 4.3.125; adsum ~ens et propitia Apul.*Met.*11.5;—(*w. advl. acc.*) Rhamnusia..misero letale ~ens Stat.*Silv.*2.6.76;—(*w. acc. and inf.*) salue..Natura, teque nobis..celebratam esse..~e Plin.*Nat.*37.205.

2 To show favour (to), be indulgent (to); to devote oneself (to). **b** to act in support (of), back up.

puero municipia mire ~ent Cic.*Att.*16.11.6; sic moneo ut filium, sic ~eo ut mihi *Fam.*10.5.3; non modo non inuidetur illi aetati uerum etiam ~etur *Off.*2.45; ingeniis non ille ~et plauditque sepultis, nostra sed impugnat Hor.*Ep.*2.1.88; quodsi labori ~erit Latium meo Phaed.2.9.8; bonos et aequos et ~entes uos..habui dominos Suet.*Tib.*29; (*poet.*) quiscunque (locis) quater iunctis ~et (*i.e. by touching them*) angulus Man.2.337;—apes..rura colunt operique ~ent Ov. *Met.*15.367; nemo umquam ulli artium ualidius ~it Plin. *Nat.*30.14. **b** uerbis ~et ipsa suis Ov.*Met.*3.388; fama uix uero ~et Sen.*Phaed.*269.

3 To show partiality (to); to take the side (of), side (with). **b** to be an admirer (of an actor, etc.). **c** to incline to (a view, policy, etc.).

illi ~eo uirgini Ter.*Eu.*916; cuius ego industriae gloriaeque ~eo..propter propinquam cognationem Cic.*Lig.*8; aperte ~ere Antonio *Phil.*12.1; Caesaris rebus ~ebant Caes.*Civ.*1.28.1; iuuentus pleraque..Catilinae inceptis ~ebat Sal.*Cat.*17.6; cum alii..Cinnanis ~erent partibus Nep. *Att.*2.2; qui Parthorum..contra nomen Romanum gloriae ~ent Liv.9.18.6; ut..senatus Romanis ~eret, plebs ad Poenos rem traheret 24.2.8; ~ere reor plures uirtutibus istis Ov.*Pont.*3.1.63; plus uetustati ~et Inuidia Phaed.5. pr.8;—(*poet.*) conposita in mortem iacuit ~itque procellis Luc.9.116; maior numerus qua steterit, ~ere palmam Maur.270;—(*w.* pro) hac pro parte..~ent Ov.*Met.*5.153; —(*w. adv.*) qua stetit inde ~et Luc.4.708; utrimque ~entis Sidonii Graique dei Stat.*Theb.*8.685;—(*pple. as sb.*) studiis ..~entum consonat omne nemus Verg.*A.*5.148; addebat ueris multa ~entis amor Ov.*Tr.*4.3.58; clamore qualis ex insperato ~entium solet Liv.1.25.9; Tac.*Hist.*1.52. **b** prauo studio, quo etiam in certaminibus ludicris uulgus utitur, deteriori atque infirmiori ~endo Liv.42.63.2; Veneri.. plaude ~ente manu Ov.*Ars* 1.148; (*cf.*) unam rem ad hoc adiciam et ~ere te ac plaudere iuuabit Sen.*Nat.*4b.8. **c** in obscura uoluntate manumittentis ~endum est libertati Paul.*dig.*50.17.179.

4 (of circumstances, etc.) To be favourable (to).

~entem per fretum intro currimus Naev.*trag.*53; altera (terra) frumentis..~et, altera Baccho Verg.*G.*2.228; dum ~et nox et Venus Hor.*Carm.*3.11.50; uentos caelo pelagoque ~entes Ov.*Ep.*2.19; auspicium..~ens *Pont.*3.1.160; deum esse amorem..uitio ~ens finxit libido Sen.*Phaed.*195; res praecipui quaestus conpendiique, cum ~et Plin.*Nat.* 21.70; helenium..~ere creditur formae 21.159; ipsa loco mirum natura ~ebat Stat.*Theb.*7.447.

5 *linguis* (*ore*, etc.) *~ere,* (in relig. formula) To avoid words of ill omen, usu. = to keep silence; also without *linguis.* **b** (transf., w. no relig. implication).

rebus diuinis quae publice fierent ut '~erent linguis' imperabatur Cic.*Div.*1.102; ore ~ete omnes Verg.*A.*5.71; ~ete linguis: carmina..Musarum sacerdos..canto Hor. *Carm.*3.1.2; linguis animisque ~ete! nunc dicenda bona sunt bona uerba die Ov.*Fast.*1.71; ~ete linguis. hoc uerbum ..imperat silentium Sen.*Dial.*7.26.7; Juv.12.83;—(*without* linguis) quisquis adest, ~eat: fruges lustramus et agros Tib.2.1.1;—(*cf.*) sint ora ~entia sacris Prop.4.6.1; ~entibus ..linguis contrarios his tam diris uitiis mores commemoremus V.Max.4.3.intro. **b** insidiantes uigilant, partim requiescunt..ore ~entes Enn.*Ann.*437; ~ete, adeste aequo animo et rem cognoscite Ter.*An.*24.

fauilla ~ae, *f.* [cogn. w. foveo]

1 The ashes of a fire, ash; (spec., that carried by wind or smoke).

~ae plena, fumi ac pollinis coquendo sit faxo et molendo Ter.*Ad.*846; parua sub inducta latuit scintilla ~a Ov.*Met.* 7.80; Plin.*Nat.*18.358; cinis e ~a et carbonibus Suet. *Tib.*74; (*poet.*) Vesta, Iliacae felix tutela ~ae (*i.e. fire*) Prop.4.4.69;—(*pl.*) ignium..ex quibus ~ae cadunt Sen. *Nat.*2.13.1; gelidae..exanimesque ~ae Stat.*Theb.*12.418; —ignem iacere..ac late differre ~am Lucr.2.676; nubem turbine fumantem piceo et candente ~a Verg.*A.*3.573; atra ~a uolat Ov.*Met.*13.604; scinditur in partes atra ~a duas Ov.*Tr.*5.5.36;—(*fig.*) haec est uenturi prima ~a mali Prop.1.9.18.

2 The remains of anything consumed by fire, ashes; esp., of a corpse.

sacrorum nigra ~a ara Ov.*Met.*6.325; tepida patuerunt tecta ~a 14.575; absumimus igne libellos: exitus est studii parua ~a mei *Tr.*5.12.62; (*pl.*) aera..ab Isthmiacis auro potiora ~is (*i.e. the burning of Corinth*) Stat.*Silv.*2.2.68;— reliquias uino et bibulam lauere ~am Verg.*A.*6.227; tu calentem debita sparges lacrima ~am uatis amici Hor. *Carm.*2.6.23; Prop.2.1.77; Ov.*Tr.*3.3.84; corporis ~am ab reliquo separant cinere Plin.*Nat.*19.19.

3 (used for var. purposes: as building material; as a medicament; as a cosmetic).

e sabulone et calce et ~a mixta materies Vitr.7.4.5;— e carbone..~a digito sublata et inlita Plin.*Nat.*26.118; fimi equini..~a 28.242;—oculos tenui signare ~a Ov.*Ars* 3.203.

4 *~a salis,* Fine powdery salt.

~a salis, quae leuissima ex eo est, et candidissima Plin. *Nat.*31.90.

fauīsae ~ārum, *f.* Also **fauissae.** [prob. connected w. fovea] Forms: *flauissae* (acc. Valerius Soranus in Gel.2.10.3) prob. invented for etymology. Vaults or subterranean chambers, esp. those under the *area Capitolina.*

Gel.2.10; ~ae locum sic appellabant, in quo erat aqua inclusa circa templa. sunt autem, qui putant, ~as esse in Capitolio cellis cisternisque similes Paul.*Fest.*p.88M.

fauīsor ~ōris, *m.* [var. of *fauitor* (see favtor)] A partisan, supporter.

oritur apud diuersos ~ores eorum..contentio Gel.14.3.9; concordiae..auctor, conciliator, ~or Apul.*Apol.*93.

fauitor ~ōris, *m.* Old form of favtor.

Fauna ~ae, *f.* A rustic goddess.

Fauni dei Latinorum, ita ut et Faunus et ~a sit Var.*L.* 7.36.

Faunigena ~ae, *m.* [next+-gena] The son or descendant of Faunus.

~ae..domo potitur..Latini Ov.*Met.*14.449; uada ~ae regnata antiquitus Arno Sil.5.7; 8.356.

Faunus ~ī, *m.*

1 A mythical king of Latium; (in pl. as a type of antiquity). **b** a rustic god; later identified with Pan.

~o Picus pater Verg.*A.*7.48; ~i, fatidici genitoris 7.81; Sil.9.294; ~o Aboriginum rege Suet.*Vit.*1.2;—terriculas, Lamias, ~i quas Pompiliique instituere Numae Lucil.484; ~orum et Aboriginum saeculo Gel.5.21.7. **b** sacer ~o.. oleaster Verg.*A.*12.766; Hor.*Carm.*1.4.11; in aede Iouis et ~i Vitr.3.2.3; Liv.34.53.4; idibus agrestis fumant altaria ~i Ov.*Fast.*2.193; 2.268;—~us in Arcadia templa Lycaeus habet 2.424; ~o nymphaque Ismenide natus Stat.9.319.

2 (pl.) Deities of the countryside; (regarded as bogies or goblins; as the cause of mysterious voices; as inspiring poets).

agrestum praesentia numina, ~i Verg.*G.*1.10; rustica numina Nymphae ~ique Satyrique et monticolae Siluani Ov.*Met.*1.193; Plin.*Nat.*12.3; Mart.8.49(50).4;—~os esse loquuntur quorum noctiuago strepitu ludoque iocanti adfirmant uulgo taciturna silentia rumpi Lucr.4.581; ~orum in quiete ludibriis Plin.*Nat.*25.29; Mart.9.61.11;— in proeliis ~i auditi Cic.*Div.*1.101; *N.D.*2.6; (*sg.*)~i uocem ..numquam audiui 3.15;—uersibus quos olim ~ei uatesque canebant Enn.*Ann.*214; ut male sanos adscripsit Liber Satyris ~isque poetas Hor.*Ep.*1.19.4; (*cf., sg.*) nisi ~us ictum dextra leuasset, Mercurialium custos uirorum *Carm.* 2.17.28.

Fauōniānus ~a ~um, *a.* Favonian (the name of a variety of pear).

Col.5.10.18; Plin.*Nat.*15.54.

Fauōnius ~(i)ī, *m.*

1 The west wind, zephyr. **b** the west.

uillula nostra non ad Austri flatus opposita est neque ad ~i Catul.26.2; ab occidente aequinoctiali ~ium Vitr.1.6. 4; Sen.*Nat.*5.16.5; Plin.*Nat.*2.119;—(*pl.*) cryptoporticus.. patentibus fenestris ~ios accipit Plin.*Ep.*2.17.19;—(*w.* uentus) liquidiusculus..ero quam uentus est ~ius Pl.*Mil.* 665; ~iis uentis Liv.37.23.4;—(*personified*) ex Astraeo et Aurora..Notus ~ius Hyg.*Fab.*pr.15;—(*heralding spring*) ubi ~ius flare coeperit Cato *Agr.*50.1; uer..cuius initium iste non a ~io..notabat Cic.*Ver.*5.27; simul ac..uiget genitabilis aura ~i Lucr.1.11; Vitr.2.9.1. **b** spectare olíueta in ~ium Plin.*Nat.*15.21; (*w.* uentus) ager..qui in uentum ~ium spectabit Cato *Agr.*6.2; Plin.*Nat.*4.60.

2 The time when the west wind begins to blow, the beginning of spring.

a ~io ad aequinoctium uernum dies xl⟨v⟩ Var.*R.*1.28.2; ante ~ium Plin.*Nat.*15.12; a bruma semen iacere, plantam ~io transferre 19.130.

fauor ~ōris, *m.* [faveo+-or]

1 The state of being well-disposed (towards a person or thing), goodwill, favour. **b** adherence to a cause or candidate, support. **c** (shown in recognition of merit). **d** an instance of goodwill, favour, boon; *~orem praestare,* to maintain ritual silence.

qui rumore et, ut ipsi loquuntur, ~ore populi..ducitur Cic.*Sest.*115; sibi ex ~ore multitudinis crimen..quaeri Liv. 6.15.8; auram ~oris popularis..petit 22.26.4; stet..~or causa pro meliore tuos! Ov.*Fast.*5.576; faciunt ~orem et illa Quint.*Inst.*4.1.33; in ~orem aut odium contactu ualentiorum agebantur (*sc.* prouinciae) Tac.*Hist.*1.11;—(*w. obj. gen.*) ad ~orem eius inclinati animi Liv.42.5.2; hos patriae ~or..accendit Sil.16.329;—(*w.* in+*acc.*) ~or plebis acrior in Domitium Tac.*Ann.*11.11; 13.10; (*w.* erga) ~ore quodam erga nos deorum *Ger.*33.1; (*w.* pro) est..naturalis ~or pro laborantibus Quint.*Inst.*4.1.9. **b** in quos praerogatiuae ~or inclinauit Liv.24.8.9; omnium, qui in Macedonia imperatores fuerant, ~ore est adiutus 45.44.9; uenalis populus, uenalis curia patrum, est ~or in pretio Petr.119,l.42; urbes Latii..uario..~ore ancipites Luc.2.447; pagani ~ore municipali..iuuare partis adnitebantur Tac.*Hist.*3. 43; (*poet.*) numerat ~or anxius annos Sil.15.137. **c** plorauere suis non respondere ~orem speratum meritis Hor. *Ep.*2.1.9; corona, publicus..quam ~or inposuit Ov.*Pont.* 4.14.56; cum ingenia ~or hominum ostendat, ~or alat Sen.*Con.*10.pr.4; qui ~oris gloriam ueri petit Sen.*Thy.*209. **d** ratus apta ~ori tempora Stat.*Theb.*6.492; haud uno contenta ~ore..Fortuna Sil.16.28;—pium..Aeneadae praestant et mente et uoce ~orem Ov.*Met.*15.682.

2 Popular favour, the goodwill of the majority.

quod studium et quem ~orem secum in scaenam attulit Panurgus, quod Rosci fuit discipulus! Cic.*Q.Rosc.*29; quae (leges) sunt..ad tempus descriptae populis, ~ore magis quam re legum nomen tenent *Leg.*2.11; alteri (*sc.* Mario) generis humilitas ~orem addiderat Sal.*Jug.*73.4; tutatur ~or Euryalum Verg.*A.*5.343; consuli..ex ~ore..inuidia..orta Liv. 2.7.5; melius nulla quaeritur arte ~or Ov.*Pont.*2.9.40; unde in Germanicum ~or Tac.*Ann.*1.33 Arminium pro libertate bellantem ~or habebat 2.44;—(*w.* apud) uix.. bono..regi facilis erat ~or apud Syracusanos Liv.24.5.1; mirus apud populum ~or Tac.*Ann.*1.7.

3 Prejudice in favour of one side in a dispute, partiality. **b** (leg., usu. w. gen.) a predisposition or bias in favour (of).

suspicio ~oris in regem Liv.45.31.3; integrioris iudicii a ~ore et odio 45.37.8; partes..~ore fecimus Luc.9.228; cum metus ipse..iudicem..ab aduerso ~ore deterreat Quint.*Inst.*4.1.51; uetus miles timebatur tamquam ~ore imbutus Tac.*Ann.*15.59. **b** lege cautum est ~ore scilicet libertatis, ne onerarentur adsertores Gaius *Inst.*4. 14; benignius est ~ore dotium necessitatem imponi heredi consentire ei quod defunctus fecit Ulp.*dig.*23.3.9.1; ob uectigalis ~orem 43.14.1.7; ~or priorem inducet opinionem Paul.*dig.*40.8.9.

4 Enthusiastic support, keenness.

~ore plebis non iuniores modo sed..pars magna uoluntariorum ad nomina danda praesto fuere Liv.3.57.9; tanto.. ~ore ad suffragium ferendum in tribus discursum est ut.. 25.2.7; ne qua ex nimio redeat iactura ~ore (*of a dog*) Grat 230.

5 The display of favour, enthusiastic reception, applause; fanatic admiration (for an actor, etc.).

decedentem domum cum ~ore ac laudibus prosecuti sunt Liv.2.31.11; quo concursu, qua admiratione, quo ~ore hominum iter suum celebretur 27.45.6; plauditur et magno palma ~ore datur Ov.*Tr.*2.506; plausibus ex ipsis populi laetoque ~ore *Pont.*3.4.29; nec sonat Oebalius caueae ~or V.Fl.4.228; laetis..~oribus omni concinitur uulgo Stat. *Theb.*10.786; ut uero deformis et flens..Valens processit, gaudium miseratio ~or Tac.*Hist.*2.29;—peculiaria huius urbis uitia..histrionalis ~or et gladiatorum equorumque studia *Dial.*29.3; (*personified*) plange, ~or, saeua pectora nuda manu Mart.10.50.2.

fauōrābilis ~is ~e, *a. compar.* ~ior. [prec.+-bilis]

1 Received or regarded with favour, popular.

Metelli triumphum..inuidia Pompei apud optimum quemque fecit ~em VELL.2.34.2; in..iudicium adeo ~is descendit, ut uix iustis et aequis sententiis consternatio populi ullum relinqueret locum V.MAX.9.15.4; haec eum clementia..gratum ac ~em reddidit SEN.*Cl*.1.10.2; suco totius cichorii..peruncto ~iores fieri PLIN.*Nat*.20.74; in ciuitate minime ~i natus TAC.*Dial*.7.1; fecerat eum ~em ..notum..periculis nomen PLIN.*Ep*.4.9.22; uulgo ~is SUET. *Cal*.4; tam ~e nomen eius apud Parthos fuit, ut.. *Nero* 57.2.

2 Calculated or likely to win favour, conciliatory.

omni tempore (uerecundia) ~em prae se ferens uultum V. MAX.4.5.pr.; cum uiderit, quid inuidiosum, ~e..sit in rebus QUINT.*Inst*. 6.1.11; ~i in speciem oratione TAC.*Ann*.2.36; ut deprecari magis (id enim et ~ius et tutius) quam defendi uideretur PLIN.*Ep*.5.13(14).3; ~em apud me causam.. filiorum numerus facit HADR.in *dig*.48.20.7.3.

3 (leg.) That is to receive favourable or preferential treatment.

~ior est causa partus quam pueri ULP.*dig*.37.9.1.15; ~e est libertatem a patre relictam admittere PAUL.*dig*.49.17.20; libertas omnibus rebus ~ior est GAIUS *dig*.50.17.122.

fauōrābiliter, *adv. compar.* ~ius. [prec.+ -TER²]

1 So as to win favour.

in aliquem laetum ac plausibilem locum..~iter excurrere QUINT.*Inst*.4.3.1; Troiam..~iter..lusit SUET.*Nero* 7.1.

2 (leg.) Stretching a point in favour of a particular interpretation, indulgently.

~iter..dicetur locum religiosum fieri ULP.*dig*.24.1.5.11; ~ius dicetur liberam fore PAUL.*dig*.18.7.9.

faustē, *adv.* [FAVSTVS+-E] Auspiciously, favourably.

ut eis..ea res ~ feliciter prospereque eueniret CIC.*Mur*.1.

Faustiānus ~a ~um, *a.* (of wine) = next.

~a uina FRO.*Aur*.2.p.6(224N).

Faustīniānus ~a ~um, *a.*

1 The name of a part of the Falernian territory; the name of its wine.

secunda nobilitas Falerno agro erat et ex eo maxime ~o PLIN.*Nat*.14.62;—mediis collibus ~um (uinum gigni) 14.63.

2 Of or named after the empress Faustina (wife of Antoninus Pius).

SCHOLA ~A *CIL* 14.2901; PVELLAE ~AE *BMCI* 4.p.48, No.324 (Antoninus Pius).

faustitās ~ātis, *f.* [FAVSTVS¹+-TAS] Auspiciousness, 'fair weather'; (in quot., personified).

nutrit rura Ceres almaque ~as HOR.*Carm*.4.5.18.

faustulus¹ ~ī, *m.*: (see quot.).

~um porcillum, feturam porcorum PAUL.*Fest*.p.93M.

Faustulus² ~ī, *m.* The shepherd who was foster-father of Romulus and Remus; (also, facet. of a sheep-farmer).

quis ~um nescit pastorem fuisse nutricium, qui Romulum et Remum educauit? VAR.*R*.2.1.9; LIV.1.4.6; OV.*Fast*.3.56; —quoniam satis balasti..o ~e noster VAR.*R*.2.3.1.

faustus ~a ~um, *a.* [< *fauestus (FAVEO+ -TVS²)]

1 Attended by good fortune, fortunate, lucky.

o ~um et felicem diem! TER.*An*.956; exitus ut classi felix ~usque daretur LUCR.1.100; nutrita ~is sub penetralibus HOR.*Carm*.4.4.26; i pede ~o *Ep*.2.2.37; parum ~i..amoris OV.*Ep*.11.113; felici non ~a loco tentoria ponens LUC.4.663; —(*in relig. formula, w.* bonus *and* felix) ut nobis haec habitatio bona, ~a, felix fortunataque euenat PL.*Trin*.41; maiores nostri..omnibus rebus agendis 'quod bonum, ~um, felix, fortunatumque esset' praefabantur CIC.*Div*.1.102; LIV.3.34.2; APUL.*Met*.2.6.

2 Bringing good fortune, of good omen, favourable.

ut omnes..ciues ominibus ~is augustam adhibeant fauentiam ACC.*trag*.510; ~a..signa suae laudis reditusque notauit CIC.*poet*.7(19).11(*Div*.1.106); adueniet ~o cum sidere coniunx CATUL.64.329; manibus ~os ter crepuere sonos PROP.3.10.4; uoce non ~a precor SEN.*Med*.12; ~um accipitrem SIL.4.132; ~is in Germanicum ominibus TAC. *Ann*.1.35; ~is uocibus exceptus 12.69; inter ~as adclamationes SUET.*Otho* 6.3;—(*of names*) omen nominis uestri.. quia ~um putamus CIC.*Scaur*.30; ingressi milites, quis ~a nomina, felicibus ramis TAC.*Hist*.4.53; SUET.*Cal*.13.

3 (as a personal name, esp. of the son of the dictator Sulla).

balnea ~i MART.2.14.11; SUET.*Cl*.27.2;—CIC.*Agr*.1.12; ~i adulescentis *Vat*.32; CAES.*Civ*.1.6.3.

fautor ~ōris, *m.* Also **fauitor.** [FAVEO+ -TOR] FORMS: *fauitor* PL.*Am*.67,78,79; LUCIL. 902.

1 One who promotes the interests (of), a patron.

deorum immortalium..qui semper exstiterunt huic generi nominique ~ores CIC.*Scaur*.17; si te ~ore usus erit *Fam*.13.64.2; uti ~or consultorque sibi adsit SAL.*Jug*.103.7; Phoebus erit nostri..carminis auctor et..~or *Culex* 13; nisi illi..~or..commendatorque contingat PLIN.*Ep*.6.23.5.

2 An admirer, supporter (esp. at games and in the theatre).

qui..aetatis facieque tuae se ~orem ostendat LUCIL.270; quis tam Lucili ~or inepte est..? HOR.*S*.1.10.2; *Ep*.2.1.23; —si quoi ~ores delegatos uiderint PL.*Am*.67; ~or utroque tuum laudabit pollice ludum HOR.*Ep*.1.18.66; immodestos ~ores histrionum TAC.*Ann*.13.28; SUET.*Tit*.8.2.

3 A political supporter, partisan.

ille improbissimus Chrysogoni ~or CIC.*S.Rosc*.142; quis erit tam cupidus uestri, tam ~or ordinis..? *Ver*.3.224; illarum partium ~ores *B.Hisp*.32.8; illis regis ~oribus SAL. *Jug*.25.2; optimatium ~or NEP.*Alc*.5.3; clamor ab utriusque ~oribus oritur LIV.1.48.2; TAC.*Ann*.4.60.

4 One who promotes or fosters.

cum..tam multos et bonos uiros eius honori uiderem esse ~ores CIC.*Planc*.1; multi ~ores laudis tuae 55; dignitatis meae fuisse ~orem *Phil*.7.6; nequitiae ~oribus HOR.*Ep*. 1.15.33; Hannibalem potentiaeque eius ~ores LIV.30.16.5; olim adoptionis mox dominationis suae ~ores SUET.*Nero* 35.5; iudicem..accusationum ~orem APUL.*Apol*.102.

fautrix ~īcis, *f.* [FAVEO+-TRIX] (Fem. of prec.).

nostrae omnist ~ix familiae TER.*Eu*.1052; facite ut uostra auctoritas meae auctoritati ~ix adiutrixque sit *Hec*. 48; ~ix suorum regio CIC.*Planc*.22; amicitiae..~ices.. sunt uoluptatum *Fin*.1.67; naturam ~icem habuerat in tribuendis animi uirtutibus NEP.*Ag*.8.1; uiri ~ix..Pallas OV.*Met*.3.101; uaria indignorumque ~ix (Fortuna) PLIN. *Nat*.2.22.

fauus ~ī, *m.* [dub.].

1 A honeycomb. **b** a comb built by insects other than bees.

~us est, quem fingunt (apes) multicauatum e cera VAR. *R*.3.16.24; CIC.*Off*.1.157; spumantia cogere pressis mella ~is VERG.*G*.4.141; OV.*Pont*.4.15.10; si sunt pleni..~i COL. 11.2.50;—(*w. ref. to bees' labour*) ~is emissa iuuentus VERG.*G*.4.22; examina..contemnunt..~os et frigida tecta relinquunt 4.104; examina..oblita ~i LUC.9.286;—(*prov.*) creuit quicquid creuit, tanquam ~us (*i.e. without any attention*) PETR.43.1; 76.8. **b** scarabei..~os..fingunt PLIN. *Nat*.11.99.

2 (as food or in medicines; as an offering to a god).

adde et ~um quantum libet ATTA *com*.15/6; (dantur) ~i ipsi in pulte alicae PLIN.*Nat*.22.116;—cui (*sc.* Cereri) tu lacte ~os et miti dilue Baccho VERG.*G*.1.344; porrigit incisos filia parua ~os OV.*Fast*.2.652; SIC.FL.*agrim*.p.105.

3 A hexagonal paving-stone.

uti..nulli gradus in scutulis aut trigonis aut quadratis seu ~is extent VITR.7.1.4.

faux: see FAVCES.

fax ~cis, *f.* perh. also FACES. [dub.] ORTHOG.: *faxs* VAR.*Men*.191.

1 A torch used to provide light. **b** *prima ~x*, the time when torches are first lit, dusk. **c** *~cem praeferre*, to hold a torch in front, light the way; (also fig.); also, to hold up a torch (to), show up.

quod..ambulet ante noctem cum ~ibus HOR.*S*.1.4.52; cum..quaterent sera nocte ~cem pueri PROP.1.3.10; luna..surgebat, nec ~cis usus erat OV.*Fast*.2.500; ~ces ignem adsidua concussione custodiunt PLIN.*Ep*.4.9.11; (*multiplied as a mark of honour*) cum multis ~cibus mihi obuiam uenit CIC.*Ver*.5.129. **b** post primam ~cem GEL. 3.2.11; prima ~x noctis 18.1.16; prima ~ce cubiculum tuum adero APUL.*Met*.2.10. **c** dextra ardentem ~cem praeferebat (*sc. a statue*) CIC.*Ver*.4.74;—cui tu adulescentulo..non..ad libidinem ~cem praetulisti? *Catil*.1.13; acerrimam bello ~cem praetulit TAC.*Hist*.2.86;—incipit.. parentum nobilitas claram..~cem praeferre pudendis JUV. 8.139.

2 (Used in ceremonial processions, sts. even by day): **a** (at marriages, and the subsequent *deductio* of the bride); (meton.) marriage. **b** (at funerals). **c** (in other religious ceremonies).

a huic lucebis nouae nuptae ~cem PL.*Cas*.118; ~ces.. illas nuptialis CIC.*Clu*.15; nouas incide ~ces: tibi ducitur uxor VERG.*Ecl*.8.29; quae mihi deductae ~x omen praetulit PROP.4.3.13; LIV.30.13.12; spina, nuptiarum ~cibus auspicatissima PLIN.*Nat*.16.75;—te ~ce sollemni iunget sibi OV.*Met*.7.49; nec memor castae ~cis SEN.*Her.O*. 959; perpetua natae..~ce MART.10.33.4; STAT.*Theb*.3.702. **b** Arcades..de more uetusto funereas rapuere ~ces VERG. *A*.11.143; conlucentes per campum Martis ~ces TAC.*Ann*. 3.4;—(*combined w. prec. sense*) uiximus insignes inter utramque ~cem (*i.e. marriage and death*) PROP.4.11.46; ~XS ALTERA MORTI⟨S⟩ *CIL* 9.6315;—(*used to light the pyre*) suos consanguineos aliena rogorum insuper exstructa..locabant subdebantque ~ces LUCR.6.1285; VERG.*A*.6.224; accommoda ignes et ~cem extremam mihi SEN.*Her.O*.1660. **c** spicatas..~ces sacrum ad nemorale Dianae sistimus GRAT.484; cum..~ce multa conscius Hippolyti splendet lacus STAT.*Silv*.3.1.56; ~ce dignus arcana, qualem Cereris uult esse sacerdos JUV.15.140.

3 (poet.) **a** The light of heavenly bodies, beam, ray; also, the luminaries themselves. **b** the light or gleam in a person's eyes.

a sol, qui candentem in caelo sublimat ~cem ENN.*scen*. 280; dum rosea ~ce sol inferret lumina caelo LUCR.5.976; ~ces ad solis GRAT.422; SEN.*Her.O*.1288;—quos..iaculatur..ignes Deltoton..tribus ~cibus MAN.5.714; quantum praecedit clara minores luna ~ces STAT.*Silv*.2.6.37;—(*spec., of the sun*) interea ~x occidit ENN.*Ann*.434; Phoebi ~x.. quae magnum ad columen flammato ardore uolabat CIC. *Cons*.fr.2(*Div*.1.18); Phoebeae ~cis SEN.*Phaed*.379; aeternae ~cis exortu *Thy*.836. **b** ille uoltus ignea torquens ~ce SEN.*Her.O*.808; liuida ~x oculis STAT.*Theb*.5.508.

4 A streak of light seen in the sky. **a** a shooting star, meteor, or comet; the tail of a meteor, etc. **b** a flash of lightning.

a uisas nocturno tempore..~ces ardoremque caeli CIC. *Catil*.3.18; LUCR.2.206; ~cem Setiae ab ortu solis ad occidentem porrigi uisam LIV.29.14.3; trabes et globi et ~ces et ardores SEN.*Nat*.1.1.5; ~x stellis comitata nouis PETR. 122,l.139; SIL.1.463;—stella ~cem ducens VERG.*A*.2.694; uidimus caelo iubar ardens cometam pendere infestam ~cem [SEN.]*Oct*.232. **b** PROP.4.6.30; nec trisulca mundus ardescit ~ce SEN.*Phaed*.681; (Iuppiter) direxit per inane ~cem V.FL.1.569; attritus subita ~ce rumpitur aether STAT.*Theb*.1.354.

5 An incendiary torch, firebrand. **b** *faces inicere, inferre*, etc., to set fire (to); (also in fig. phrs.). **c** (applied to the fire in the temple of Vesta).

adest ~x obuoluta sanguine atque incendio ENN.*scen*.63; tu..illas ~ces incendisti..quibus..Bellieni domus deflagrauit CIC.*Phil*.2.91; ~ces in castra tulissem implessemque foros flammis VERG.*A*.4.604; multitudo ~cibus maxime armata ignes coniecit LIV.5.7.2; Danais pro nauibus Aiax dicitur Hectoreas sustinuisse ~ces OV.*Pont*.4.7.42; ut Luco (municipium id Vocontiorum est) ~ces admoueri, donec pecunia mitigaretur TAC.*Hist*.1.66;—(*w.* ardens, accensa) ~ces ardentes ad eam munitionem..mittere VITR.2.9. 15; uulpes ab ara rapuit ardentem ~cem PHAED.1.28.8; ut ..alios cum accensis ~cibus adduxerit CIC.*Att*.4.3.3;—(*as an attribute of the Furies*) armatam ~cibus matrem et serpentibus atris VERG.*A*.4.472; Erinys..polluit Stygia ~ce sacros penates [SEN.]*Oct*.162; in modum Furiarum ueste ferali, crinibus deiectis ~ces praeferebant TAC.*Ann*.14.30; (*in fig. phr.*) ardentis ~ces furiis Clodianis paene ipse consul ministrabas CIC.*Pis*.26;—(*as an attribute of Cupid*) per mea tela, ~ces, et per mea tela, sagittas OV.*Pont*.3.3.67; Cytherea ..ipsa ~ces uolucrum succendit amorum STAT.*Silv*.1.5.33. **b** cum ~ces pariter sacris profanisque inicerent LIV.6.33.4; classi quoque ~ces intulit TAC.*Hist*.3.47; direptis castris ~ces iniciunt 4.60; (*poet.*) qua (*sc.* Canicula) subdente ~cem terris radiosque mouente MAN.5.209;—cum omnes a meis inimicis ~ces inuidiae meae subiciantur CIC.*Mil*.98; dolor ..ardentis ~ces intentat *Tusc*.5.76; nec nimis irai ~x umquam subdita percit LUCR.3.303; bello..ciuili..non alius maiorem flagrantioremque..subiecit ~cem VELL. 2.48.3; quae (*sc.* carmina) adfectibus nostris ~cem subdant SEN.*Ep*.115.12; id nobis acriores ad studia dicendi ~ces subdidisse QUINT.*Inst*.1.2.25;—(*cf.*) qui..ex rei publicae malis sceleris sui ~ces inflammaret CIC.*Dom*.18; primam certaminum ~cem Ti. Gracchus accendit FLOR.*Epit*.2.2 (3.14.1). **c** an tacita uigilet ~ce Troicus ignis STAT.*Silv*. 1.1.35; 5.3.178.

6 Material prepared for use as a torch.

ferro..~ces inspicat acuto VERG.*G*.1.292; (craticii parietes) ad incendia uti ~ces sunt parati VITR.2.8.20; ~ces undique ex agris collectae LIV.22.16.7; Catilina parauit arsuras in tecta ~ces LUC.2.542.

7 (poet.) The flame of love, passion, lust.

me torret ~ce mutua..Calais HOR.*Carm*.3.9.13; tibi non tepidas subdidit illa ~ces PROP.1.13.26; OV.*Rem*.434; memor quam improbis ~cibus arderet V.MAX.5.7.ext.1; breui..in illas arsit Alcides ~ce SEN.*Her.O*.370; quorum de pectore mixtae in longum coiere ~ces STAT.*Silv*.2.2.144; (*cf.*) fata..seruatura diu..Lycen, possent ut iuuenes uisere ..dilapsam in cineres ~cem HOR.*Carm*.4.13.26.

8 (fig.) **a** A person or thing that starts mischief, rouses passions, enthusiasm, etc. **b** the fire, torment (of pain, remorse, etc.).

a ista..~x ac furia patriae cum urbem..cepisset CIC *Dom*.102; Lucium..quam ~cem..quod facinus, quod scelus, quem gurgitem, quam uoraginem! *Phil*.11.10; hortator studii causaque ~xque mei OV.*Pont*.1.7.28; Cn. Carbo..ciuilium malorum ~x ardentissima V.MAX 6.2.3; quae Gaium, quae Domitium Neronem principes genuere totidem ~ces generis humani PLIN.*Nat*.7.45; Theophanes..~x accusationis et origo PLIN.*Ep*.4.9.3; hic Aemiliani huius ~x et flagellum APUL.*Apol*.74;—neque paruis in rebus adhibendae sunt hae dicendi ~ces CIC. *de Orat*.2.205; si leges nominandae sunt ac non ~ces urbis *Mil*.33; rogationes promulgauit..duas ~ces..ad plebem in optimates accendendam LIV.32.38.9; ~x tumultus fuisset (adoptio) PLIN.*Pan*.8.5. **b** qua (*sc.* siti) cum percaluit sanguis et igneis exarsit ~cibus SEN.*Thy*.171; urunt animum intus scelerum ~ces [QUINT.]*Decl*.12.28.

faxim, faxō, etc.: see FACIO.

feber ~bra ~brum, *a.* dub. [unkn.] (app. = EXTREMVS; see quot.).

antiqui ~brum dicebant extremum, a quo in sagis fimbriae et in iecore extremum fibra VAR.*L*.5.79.

Febrārius ~a ~um: see FEBRVARIVS.

febrīcitō ~āre ~āui, *intr.* [FEBRIS+-ITO] To have a fever, be feverish.

scire quando aeger ~et CELS.3.6.5; non (surgam) si ~auero SEN.*Ben*.4.39.3; ~anti boui COL.6.9.1; LARG.114; ~antem basiabit et flentem MART.11.98.20; domnulam meam..~antem repperi AUR.*Fro*.2.p.2(223N); (*pple. as sb.*) insania ~antium CELS.2.1.15.

febrīcula ~ae, *f.* [FEBRIS+-CVLA] A slight fever, a fever.

~am tum te habentem scripsisse CIC.*Att*.6.9.1; PLANC. *Fam*.10.21A.7; propriae etiam dentientium..~ae CELS. 2.1.18; in..longis difficilibusque ~is 3.22.10; SEN.*Ep*.78.1; PLIN.*Ep.Tra*.10.17A(28).1.

febrīculōsus ~a ~um, *a.* [prec.+-OSVS] Prone to fevers, fever-ridden; (of an illness) marked by fever.

febricul⟨osae, mi⟩serae amicae PL.*Cist*.406 (*cj.*); nescio quid ~i scorti diligis CATUL.6.4; (*fig.*) confusam..eloquentiam..partim pineis nucibus Catonis, partim Senecae mollibus et ~is prunulis insitam FRO.*Aur*.2.p.102(155N);— morbus..non ~us GEL.20.1.27.

febriō ~īre, *intr.* [next+-IO²] To have a fever.

~ienti mulae cruda brassica datur COL.6.38.1.

febris ~is, *f.* [dub.] Forms: acc. sg. *~im* Var.*Men.*33, Cic.*Fam.*7.26.1, 14.8, Hor.*S.* 2.3.295, Plin.*Nat.*25.54; *~em* V.Max.2.5.6, Cels.1.pr.69, Larg.95; abl. *~i* Cato *Fil.* 4(J); Cic.*de Orat.*3.6, *Clu.*175, etc., Plin.*Nat.* 8.203; *~e* Cato *Agr.*156.6, Cic.*Att.*7.1.1, Cels. 1.pr.15, Larg.1. A fever or attack of fever. **b** (w. adj.). **c** (worshipped as a goddess).

si sine ~e erit Cato *Agr.*156.6; cum aestu ~ique iactantur Cic.*Catil.*1.31; te in ~im subito incidisse *Fam.*14.8; ubi cui ~is..coorta est Lucr.4.664; artus depascitur arida ~is Verg.*G.*3.458; 'nudus ara, sere nudus': habebis frigore ~em *Obtr.Verg.*(*poet.*p.105).3; ~em somno..discussit Cels.1.pr. 69; ictus eorum (*sc.* crabronum) haut temere sine ~i est Plin.*Nat.*11.73;—(*w.* carere) te plane ~i carere Cic.*Fam.* 16.15.1; Cels.3.21.16; (*cf., facet.*) caruitne ~is te heri? Pl. *Cur.*17;—(*pl.*) nec calidae citius decedunt corpore ~es Lucr.2.34; postquam..~es..accessisse sensit Nep.*Att.*21.4; non aeris acervus et auri aegroto domini deduxit corpore ~is Hor.*Ep.*1.2.48; ~ibus uror anhelis Ov.*Pont.*1.10.5; si ~es erunt Larg.113; Pompeio dederat Campania ~es Juv. 10.283. **b** quid morbi est? — ~is. — cotidiana? Ter. *Hec.*357; ~is querquera Lucil.1194; tertianas..~es et quartanas Cic.*N.D.*3.24; ~es frigidas Plin.*Nat.*23.157; ~is statas 28.107. **c** ara..uetusta in Palatio ~is Cic.*Leg.*2.28; Plin.*Nat.*2.16; ~em..ad minus nocendum templis colebant V.Max.2.5.6; ~is, quae fano suo relicto sola cum illo uenerat Sen.*Apoc.*6.1.

februa ~ōrum, *n. pl.* See also FEBRVM. [< *dhu̯es-ro-; cf. Gk. θεῖος, θύω] Means of purification, expiatory offerings.

~a Romani dixere piamina patres Ov.*Fast.*2.19; 4.726; 5.423; quaecumque..purgamenti causa in quibusque sacrificiis adhibentur, ~a appellantur Paul.*Fest.*p.85M.

Februālis ~is ~e, *a.* [prec.+-ALIS] = FEBRVATVS.

a Iunone Februata, quam alii ~em, Romani Februlim uocant Paul.*Fest.*p.85M.

Februārius ~a ~um, *a.* [FEBRVA+-ARIVS] Forms: *febrarius CIL* 8.23061, 11.4056.

1 (w. *mensis*) February; (also masc. as sb.).

duodecimus..mensis fuit ~us Var.*L.*6.13; quando..nisi ~o mense aspirabit in curiam? Cic.*Ver.*2.76; Paul.*Fest.* p.85M;—Ianuario, ~o prouinciam non habebit Cic.*Prov.*37; *Q.fr.*2.10.2.

2 Of February.

K FEBR *Act.Triumph.*10(*CIL* 1.p.44); nonis ~is Var.*L.* 6.13; VIII IDVS ~AS *CIL* 4.4182.

februātiō ~ōnis, *f.* [FEBRVO+-TIO] A ceremony of purification.

Lupercalia ~o Var.*L.*6.13.

februātus ~a ~um, *a.* [pple. of FEBRVO] Of or concerned with purification.

rex cum ferias menstruas nonis februariis edicit, hunc diem ~um appellat Var.*L.*6.13; a Iunone ~a Paul.*Fest.* p.85M.

Febrūlis ~is ~e, [FEBRVA+-VLIS] = prec.

a Iunone Februata, quam..Romani ~im uocant Paul. *Fest.*p.85M.

februm ~ī, *n*: var. of FEBRVA.

~um Sabini purgamentum (appellant) et id in sacris nostris uerbum Var.*L.*6.13.

februō ~āre ~āuī ~ātum, *tr.* [FEBRVA+-O[3]] To purify, chasten.

arbitror Februarium (appellatum) a die februato, quod tum ~atur populus Var.*L.*6.34; (liba) ~are id est pura facere *gram.*197; Lupercalia, quo die mulieres ~abantur a lupercis amiculo Iunonis, id est pelle caprina Paul.*Fest.* p.85M.

fēcula, fēculentus: see FAECVL-.

fēcundē, *adv. compar.* ~ius, *superl.* ~issimē. [FECVNDVS+-E] Fruitfully, abundantly.

~ius poemata ferrent fructum Var.*L.*7.2; harundo.. recisa ~ius resurgit Plin.*Nat.*16.163; ipsae (*sc.* cantharides) nascuntur..~issime in fraxino 29.94.

fēcunditās ~ātis, *f.* [FECVNDVS+-TAS]

1 Fertility, fecundity, productiveness: **a** (of female animals). **b** (of land). **c** (transf., of the mind or imagination).

a o miserae mulieris ~atem calamitosam! Cic.*Phil.*2.58; VT..ALTERIVS CONIVGIO PARARES ~ATEM *CIL* 6.1527.2.60; quae fouent oua totum tempus ~atis Col.8.11.10; leporum generis sunt et quos Hispania cuniculos appellat, ~atis innumerae Plin.*Nat.*8.217; (cocleae) Africanae quibus ~as (praecipua) 9.173; femina expertae ~atis Tac.*Ann.*12.2;—(*as an object of worship*) templum..~atis 15.23; ~ATI AVGVSTAE *BMCI* 4.p.399(Marcus Aurelius). **b** in quibus (*sc.* agris) multa propter ~atem..gigni..possunt Cic.*Div.*1. 94; propter terrae ~atem *B.Hisp.*8.2; Liv.38.15.9. **c** uolo ..se efferat in adulescente ~as Cic.*deOrat.*2.88; o magna ~as animi! Plin.*Nat.*pr.5.

2 Output, production.

suilli pecoris..numerus ~ati ad uicenos Plin.*Nat.*8.205; omni..~ate (opobalsami) e maiore horto congios senos (impleri) 12.117; M. Varro..insertis uoluminum suorum ~ati etiam septingentorum inlustrium..imaginibus 35.11.

fēcundō ~āre ~āuī ~ātum, *tr.* [next+-O[3]] To make fertile or fruitful.

Aegyptum nigra ~at harena..amnis Verg.*G.*4.291; ~at sanguine campos Sil.14.130; (*transf.*) seu (te) lapsus ab astris non humilis ~at amor Stat.*Theb.*4.752.

fēcundus ~a ~um, *a. compar.* ~ior, *superl.* ~issimus. [*fe-* (cf. *fetus*)+-CVNDVS]

1 (of women, female animals) Productive of offspring, fertile. **b** (of plants, seeds) bearing much fruit, fruitful. **c** (of places) productive of vegetation, game, etc., fertile; (of seasons) fruitful. **d** (of soil) fertile. **e** (transf., of non-material or abst. things).

nihil genuit natura ~ius (sue) Cic.*N.D.*2.160; domi si gnatus erit ~aue coniunx Hor.*S.*2.5.31; Aeacidae ~a fui (*sc.* Hecuba) Ov.*Met.*13.505; gemini fratres, ~ae gloria matris Luc.3.603; fimum accipitris..uidetur (mulieres) ~as facere Plin.*Nat.*30.130; Juv.6.162; (*poet.*) ubi..~am.. Nioben consumpserat Stat.*Theb.*9.682; (*cf., of a country*) quae tanta creat indole tellus magnanimos ~a uiros Sil. 5.675;—(*w. numeral advs.*) Mnemosyne Ioui, ~a nouies, artium peperit chorum Phaed.3.pr.19; Rhea..totiens ~a neque umquam mater Ov.*Fast.*4.201; filia me mea bis..~a ..fecit auum *Tr.*4.10.75. **b** ~a uitis Hor.*Carm.*3.23.6; ~a..semina rerum..creuerunt Ov.*Met.*1.419; (crocum) degenerans ubique nec ~um etiam Cyrenis Plin.*Nat.*21.31; (*fig.*) ~um semen adulterio Catul.113.4. **c** ut segetes ~ae et uberes non solum fruges uerum herbas etiam effundunt Cic.*Orat.*48; ~i..munera ruris Tib.2.5.37; ~a Panhormos, seu siluis sectere feras, seu retibus aequor uerrere.. libeat Sil.14.261; ~iora..nemora lucosque Tac.*Ger.*45.7; Byzantium fertili solo, ~o mari *Ann.*12.63;—sola fuit Crete ~o fertilis anno Ov.*Am.*3.10.37; ~ior annus prouenit *Fast.*4.671. **d** ~as uertentes uomere glebas Lucr.1.211; si non fuerit tellus ~a Verg.*G.*1.67; ~us..hortus Ov.*Fast.* 5.209; ~issima Campaniae ora Tac.*Hist.*1.2; *Ann.*1.79. **e** ~um (genus uerborum), quod declinando multas ex se parit..formas Var.*L.*8.9; quaestum illum maxime ~um uberemque Cic.*Har.*42; cum sit..(ignis) ratio ~a seque ipsa pariat Plin.*Nat.*2.239; uester porro labor ~ior, historiarum scriptores? Juv.7.98.

2 Productive (of), prolific (in). **b** (transf.).

(*w. gen.*) nutricibus lactis ~am (galactitin) Plin.*Nat.* 37.162; terra..pecorum ~a Tac.*Ger.*5.1; (mons) talis siluae frequens ~usque erat *Ann.*4.65; Aemilium genus ~um bonorum ciuium 6.27;—(*w. dat. or abl.*) ~ae frondibus ulmi Verg.*G.*2.446; specus..uberibus ~us aquis Ov.*Met.*3.31; sterilis tellus ~aque nulli arua bono Luc.9.696; uitis.. duodenis musti amphoris ~a Plin.*Nat.*14.11; ~a ueneno Lerna Stat.*Theb.*9.340; (*w. gdve.*) graminibus tellus ~a creandis Ov.*Ep.*5.153; flumen gignendo sale ~um Tac.*Ann.* 13.57;—(*w.* ad) pinguis (terra) ~ior ad multa Var.*R.*1.9.5. **b** Amor et melle et felle est ~issimus Pl.*Cist.*69; ~a culpae saecula Hor.*Carm.*3.6.17; ~a uirorum paupertas Luc. 1.165; ~a..pectora ueri Stat.*Theb.*8.171; ~a gignendis inimicitiis ciuitas Tac.*Hist.*2.92;—(*w.* in+*acc.*) Scorpios in totidem ~us creditur hostis Man.2.557.

3 Reproducing itself or multiplying rapidly, prolific. **b** abundant, plentiful, copious.

hoc quoque uulgus Chrysippus ponet ~a in gente Meneni Hor.*S.*2.3.287; ~um..genus maenae Ov.*Hal.*120;—(*of Tityos' liver*) uultur..immortale iecur tondens ~aque poenis uiscera Verg.*A.*6.598; tondet ales auida ~um iecur Sen.*Ag.*18;—(*of the Hydra*) uulneribus ~a suis erat illa Ov.*Met.*9.70; ~am uetuit reparari mortibus hydram Mart. 9.101.9. **b** flaui ditantes..sulci horrea ~as ad deficientia messis [Tib.]3.7.185; subponunt ~o sulphura fonti Ov.*Met.* 14.791; diues ~is Aries in uellera lanis Man.4.124; (*fig.*) ~i cursus scripta V.Max.3.7.ext.1.

4 Of fertile invention, imaginative, productive.

(Periclem) uberem et ~um fuisse Cic.*Orat.*15; fuderunt claras ~i pectoris artis *Cons.*fr.2.74; ~um concute pectus Verg.*A.*7.338; ~a licentia uatum Ov.*Am.*3.12.41; ~a facit pectora laudis amor *Tr.*5.12.38; ingenia ~a totiusque naturae capacia Plin.*Nat.*2.190; (*w.* in+*acc.*) ~um in fraudes hominum genus Sil.2.498.

5 Life-giving, fertilizing. **b** (transf.) conducive to invention, fruitful.

aura parit flores tepidi ~a Fauoni Catul.64.282; ~is imbribus Aether coniugis in gremium laetae descendit Verg.*G.*2.325; quam..impleuit ~o Iuppiter auro Ov.*Met.* 4.698; excipe ~ae..uerbera dextrae (*of the Lupercus*) *Fast.* 2.427; per totam spatiatus Aegyptum (Nilus) ~us innatat terrae Plin.*Nat.*5.54; Lucina..~a Stat.*Silv.*3.3.123; qui aquam niualem frugibus..et arboribus ~am diceret Gel. 19.5.3; (*in fig. phr.*) ne male ~ae uena periret aquae (*i.e. Hippocrene*) Ov.*Tr.*3.7.16. **b** ~i calices quem non fecere disertum? Hor.*Ep.*1.5.19; ~a quies Stat.*Silv.*1.3.91; ~issima eorum studia Tac.*Dial.*33.2.

fēdus ~ī: see HAEDVS.

fel ~llis, *n.* [cf. Gk. χόλος, χολή, Lettish *žults*, OHG. *galla*, Eng. *gall*]

1 The secretion of the liver, bile, gall. **b** (black bile regarded as the cause of rage or insanity). **c** (applied to venom). **d** (as a type of bitterness, usu. contrasted w. *mel*).

ardet ~lle siccato iecur Sen.*Her.O.*1222; in..~llis.. uomitionibus Plin.*Nat.*23.12; ~llis colorem..habent 37.70;—(*used as a medicament*) ~l bubulum cum aceto mixtum Var.*R.*1.2.25; palatum unguere..~lle taurino Cel.4.7.3; ~l testudinum claritatem oculorum facit Plin.*Nat.*32.37; hyaenae ~llis Larg.38. **b** Alcidae furiis exarserat atro ~lle dolor Verg.*A.*8.220; ~lle nigro tabidum spumat iecur Sen.*Oed.*358; in ~lle nigro insaniae causa homini Plin.*Nat.* 11.193. **c** (sagittam) armatam saeui..~lle ueneni Verg. *A.*12.857; quae patimur, multo spicula ~lle madent Ov.*Ars* 2.520; tela..uipereo lurida ~lle *Tr.*5.7.16. **d** ~l quod amarumst, id mel faciet (amor) Pl.*Cas.*223; in melle sunt linguae sitae uostrae..facta atque corda in ~lle sunt sita *Truc.*179; tristia cum multo pocula ~lle bibat Tib.1.5.50; coniugatione quadam mellis et ~llis Apul.*Fl.*18; (*cf.*) holosteon sine duritia est herba ex aduerso appellata..sicut ~l dulce Plin.*Nat.*27.91.

2 Bitterness, venom, acrimony.

pectora (Inuidiae) ~lle uirent Ov.*Met.*2.777; candidus a salibus suffusis ~lle refugi *Tr.*2.565; sine ~lle ioci Mart. 10.48.21; qui (*i.e. Martial*) plurimum in scribendo et salis haberet et ~llis Plin.*Ep.*3.21.1; Apul.*Met.*5.9.

3 The gall-bladder.

gallinaceum ~l Cic.*Div.*2.29; ex inferiore..parte ei (*sc.* iecinori) ~l inhaeret Cels.4.1.5; Plin.*Nat.*11.191; 27.45.

4 *~l terrae*, the plant centaury.

hoc centaurium nostri ~l terrae uocant Plin.*Nat.*25.68; Larg.227.

fēlēs (~is) ~is, *f.* Also **fael-**. [dub., cf. *meles*] Any of several small carnivora, prob. including the marten, polecat, and wild cat. **b** *felis oculus*, a plant (= ASYLA).

qui canem et ~em ut deos colunt Cic.*Leg.*1.32; (in) ~e soror Phoebi..latuit Ov.*Met.*5.330; Radata, in quo ~is aurea pro deo colebatur Plin.*Nat.*6.178; nocturnorum animalium ueluti ~ium in tenebris fulgent radiantque oculi 11.151;—(*as a beast of prey*) ne ~es aliaue quae bestia introire ad nocendum possit Var.*R.*3.11.3; ne uipera, ~esque, aut etiam mustela possit aspirare Col.8.14.9; qua re pulli ~em timeant? Sen.*Ep.*121.19; ~es..quo silentio, quam leuibus uestigiis obrepunt auibus! Plin.*Nat.*10.202; (*facet., applied to a pimp*) ~es uirginaria Pl.*Per.*751; tune hic, ~es uirginalis, liberos parentibus sublectos habebis? *Rud.*748. **b** Plin.*Nat.*25.145 (*s.v.l.*).

felicātus ~a ~um: see FILICATVS.

fēlīcitās ~ātis, *f.* [FELIX+-TAS]

1 Good fortune, luckiness, luck; (pl.) instances of good fortune. **b** (personified and regarded as a deity). **c** (meton., of a person).

ea..consilio et imperio et ~ate L. Sullae gesta esse intellego Cic.*S.Rosc.*136; incredibili ~ate Auster..in Africum se uertit Caes.*Civ.*3.26.5; magnae ~atis esse arbitrabatur neminem ex caede refugisse in castra Hirt.*Gal.*8.36.2; impulsus..loci ~ate *B.Alex.*74.3; tuam..perpetuam ~atem ..metuo Liv.30.30.11; ~atem diei, quo Samnitium..pulsus est exercitus Vell.2.27.6; latendi etiam si ~atem habent, fiduciam non habent (peccantes) Sen.*Ep.*97.13; hunc..tu uicisti ~ate sortitionis Quint.*Decl.*250(p.25,l.13); hoc solum ~ati eius negatum Tac.*Hist.*3.72; (*iron.*) satis spectatast mihi iam tua ~as Pl.*St.*629;—(*dist. from* uirtus) alii fortuna dedit ~atem, huic industria uirtutem conparauit *Rhet.Her* 4.27; ut ea..casu magis et ~ate a me quam uirtute et consilio gesta esse uideantur Cic.*Sul.*83; hic cum uirtute tyrannidem sibi peperisset, magna retinuit ~ate Nep.*Reg.*2.3; Liv.41.16.8;—(*pl.*) ea uis (*sc.* diuina)..quae saepe incredibilis huic urbi ~ates atque opes attulit Cic.*Mil.*84. **b** ~ATEI *CIL* 1.1481; QVA DIE EVM SAECVLI ~AS ORBI TERRARVM RECTOREM EDIDIT 12.4333.15; ad aedem ~atis Cic. *Ver.*4.4; non semper aurem facilem habet ~as Pub.*Sent.*N.36; IMMOLAVIT..~ATI PVBLICAE VACC(AM) *CIL* 6.2041.11; ~AS PVBLICA *BMCI* 2.p.130(Vespasian); (*cf.*) quoi mage bonae ~ates omnes aduorsae sient Ter.*Eu.*325. **c** Epaminondas, maxima Thebarum felicitas V.Max.3.2.ext.5.

2 Successful outcome (of one's activities), success, prosperity. **b** (spec.) blessedness.

in maximo prouentu ~atis nostrae Paul.*orat.*2; in quibus (*sc.* rebus gestis) ~atem ipsam deorum immortalium iudicio tribui laudationis est Cic.*de Orat.*2.347; laetatus sum ~ate nauigationis tuae *Att.*6.8.1; quaestuosa mercatura, fructuosa aratio dicitur..si..exstat in utraque ~as *Tusc.*5.86; ~as rerum gestarum Caes.*Civ.*2.31.3; (consul) hesterna ~ate pugnae ferox Liv.2.51.7; Capuam..luxuriantem longa ~ate 23.2.1; ~ate corrumpimur Tac.*Hist.*1.15; (*pl.*) quae..res alia ciuiles furores peperit quam nimiae ~ates? Flor.*Epit.* 1.47(3.12.7). **b** neque uirtus in ullo nisi in sapiente nec ~as uere dici potest Cic.*Fin.*4.22; quaeramus..quid nos in possessione ~atis aeternae constituat Sen.*Dial.*7.2.2.

3 A happy endowment, fortunate possession (of). **b** fertility (of land).

in illo..naturalis memoriae ~as erat Sen.*Con.*1.pr.18; sani ~as corporis Sen.*Ep.*70.18; sed hoc uotum est et rara ~as Quint.*Inst.*12.5.6;—(*of things*) si abundantia omnis contingere unius herbae ~ate poterat Plin.*Nat.*26.19. **b** ueterem illam ~atem aruorum Col.3.3.2; ~as maior Babyloniae Seleuciae Plin.*Nat.*18.170; haec ~as terrae imbecillis cultoribus fatigatur Plin.*Ep.*3.19.6.

4 Felicity, aptness (of voice, diction).

Vergilium illa ~as ingenii sui in oratione soluta reliquit Sen.*Con.*3.pr.8; Horatii curiosa ~as Petr.118.5; uocis, quantam in nullo cognoui, ~as Quint.*Inst.*10.1.119.

fēlīciter, *adv. compar.* ~ius, *superl.* ~issimē. [FELIX+-TER[2]]

1 With good fortune, fortunately, luckily. esp. **b** (in wishes); (also, ellipt.) good luck!

sapienter haec reliquisti, si consilio, ~iter Cic.*Fam.* 7.28.3; nec tua quam Pyrrhi ~ius ossa quiescant Ov.*Ib.*301; hoc est..magis ~iter de uita migrare quam mori Vell.1. 11.7; fecerunt..carmina..non melius quam Cicero, sed ~ius Tac.*Dial.*21.6. **b** quae res tibi et gnatae tuae bene ~iterque uortat Pl.*Aul.*788; ut ea res mihi..bene atque ~iter eueniret Cic.*Mur.*1.1; contestatus deos, ut ea res legioni ~iter eueniret Caes.*Gal.*4.25.3;—familia..'Gaio ~iter' conclamauit Petr.50.1; 60.7; adclamante populo: '~iter..patruo imperatoris..' Suet.*Cl.*7.1; GENIO LOCI ~ITER *CIL* 7.235; signatae tabulae, dictum ~iter Juv.2.119.

2 With good results, successfully. **b** felicitously.

satis..~iter..nauigasset Cic.*Ver.*2.95; proeliis ~issime decertauit *Prov.*33; ~issime re gesta Hirt.*Gal.*8.37.1; hic segetes, illic ueniunt ~ius uuae Verg.*G.*1.54; qui alia bella fortius semper quam ~ius gessissent Liv.5.43.7; causam aliquam ~iter orare Tac.*Dial.*7.1. **b** ~iter audet Hor. *Ep.*2.1.166; (Horatius) uerbis ~issime audax Quint.*Inst.* 10.1.96.

felicōnēs, felictum, felicula: see FILIC-.

fēliō ~īre, *intr.* [perh. FELES+-IO³] (vb. expr. the cry of the leopard).
pardarum (est) ~ire SUET.fr.161(p.247Re).

fēlis ~is: see FELES.

fēlix¹ ~īcis, *a.* *compar.* ~īcior, *superl.* ~īcissimus. [cf. *fello, filius, fecundus*, etc.; Gk. θηλή] FORMS: *felixs CIL* 1.1347.9; 4.1356.

1 Fruitful, productive: **a** (of plants, trees). **b** (of land, soil). **c** (of times, seasons; also of a fertility god). **d** (transf.) rich, fertile.
a omnia, quae pomis intersita dulcibus ornant arbustisque tenent ~icibus obsita circum LUCR.5.1378; inutilis.. falce ramos amputans ~iciores inserit HOR.*Epod.*2.14; nulla ~ix arbor, nihil frugiferum in agro relictum LIV.5.24.2; (uitis) tam ~ix campis quam collibus prouenit COL.3.1.3; ubi..~ices sudent opobalsama uirgae STAT.*Silv.*3.2.141; ~ices arbores Cato dixit, quae fructum ferunt PAUL.*Fest.* p.92M; (*w. dat. of gdve.*) uirgulta..pomis frugibusque gignendis ~icia GEL.19.12.9. **b** amnes ~icem..trahunt limum VERG.*G.*2.188; uertunt ~icia Baccho Massica qui rastris *A.*7.725; ~icibus..hortis MART.13.20.1; (*cf.*) Arabiae etiamnum ~icius mare est; ex illo namque margaritas mittit PLIN.*Nat.*12.83. **c** haec Fundana tulit ~ix autumnus Opimi MART.13.113.1; omine quo ~ix et sacer annus erit TIB.2.5.82;—nemus Pomona quod ~ix amat MART.1.49.8. **d** te mihi materiem ~icem in carmina praebe OV.*Am.*1.3.19.

2 Bringing good luck, lucky, auspicious. **b** (of deities) propitious, favourable.
(*of omens, etc.*) non ~icibus..auspiciis VERG.*A.*11.32; ut ~icibus extis significet placidos nuntia fibra deos TIB. 2.1.25; ~ices cantus ore sonante dedit [TIB.]3.4.40; ~ix..nomen Iuli OV.*Fast.*4.39;—(*of dates*) cum..hic mensis huic imperio ~icissimus sit ac fuerit *SC.*(*Font.iur.*p.194) 48; (*w. gen.*) dies.. dedit..Luna ~icis operum VERG.*G.*1.277; (*w. inf.*) septima post decimam ~ix et ponere uitem et..domitare boues 1.284;—(*of places*) illis situs ~ix LEP.*orat.*6; ~ici loco, ubi prima initia incohastis libertatis uestrae, tribunos plebi creabitis LIV.3.54.9;—(*of a mistress*) quae tibi sit ~ix quoniam nouus incidit error PROP.1.13.35;—(*of trees, app. as being fruitful*) in titione ex ~ici arbore VAR.in Non.p.302M; ramo ~icis oliuae VERG.*A.*6.230; ingressi milites, quis fausta nomina, ~icibus ramis TAC.*Hist.*4.53; surculum de arbore ~ici GEL.10.15.28. **b** o, dea certe..sis ~ix nostrumque leues..laborem VERG.*A.*1.330; mactauit..pecudem Zephyris ~icibus album 3.120; Vesta, Iliacae ~ix tutela fauillae PROP.4.4.69; omnia ~ix cui natura dedit SIL.15.453.

3 Enjoying good fortune, blessed, fortunate. **b** (of the dead or the underworld) blessed, happy. **c** *ita sim ~ix*, (in asseverations) 'so help me God'. **d** (as a cognomen). **e** (as the name of a part of Arabia, cf. sense 1b).
hominem ~icem! TER.*Hau.*380; ~ix ista domus quae.. impunitatem..adepta sit CIC.*Deiot.*29; ~ix qui potuit rerum cognoscere causas VERG.*G.*2.490; ita te ~icem dicis HOR.*S.*2.7.31; Verginiae, mortuae quam uiuae ~icioris LIV.3.58.11; nemo malus ~ix JUV.4.8; (*poet.*) (licet) purpura te ~ix, te colat omnis honos MART.8.8.4;—(*w. in+abl.*) ter quater in casta ~ix..Galla PROP.3.12.15;—(*w. in+acc.*) tu parum ~ix in amicos es PETR.77.1;—(*w. abl.*) o ~ix nati pietate VERG.*A.*3.480; recepto Caesare ~ix HOR.*Carm.* 4.2.48; coniuge eram ~ix OV.*Met.*7.799; tu uero ~ix, Agricola, non uitae tantum claritate, sed.. TAC.*Ag.*45.3; (*poet.*) conuiuia Sullae ornabat (aes)..~ix dominorum stemmate signum STAT.*Silv.*4.6.88;—(*w. gen.*) o te, Bolane, cerebri ~icem! HOR.*S.*1.9.12; ~ix curarum cui non Heliconia cordi serta STAT.*Silv.*4.4.46; ~ices leti SIL.4.396;—(*poet.*) ~ix, a domina tractaberis, anule, nostra OV.*Am.* 2.15.7; ~ices..uocat teneant quae membra catenas MAN. 5.573;—(*masc. as sb.*) sibi concessam..nobilitatem pulchritudinem, uota omnium et gaudia ~icium TAC.*Ann.*13.46. **b** ~ices animae VERG.*A.*6.669; ~ices ambo tempestiueque sepulti OV.*Tr.*4.10.81; tristis ~icibus umbris uoltus erat LUC.6.784; STAT.*Theb.*8.193. **c** atque, ita sim ~ix, primo contendis Homero PROP.1.7.3; iucundissime et, ita sim ~ix, uir fortissime SUET.*Tib.*21.4. **d** L. CORNELIO L. F. SVLLAE ~EICI *CIL* 1.722; ~icis Sullae LIV.30.45.6; PLIN.*Nat.*7.137; SUET.*Cl.*28.1; GEL.15.27.1. **e** causas..quae cognomen illi (*sc.* Arabiae) ~icis ac beatae dedere PLIN.*Nat.*12.51; 12.82.

4 a (of the gifts of fortune) Constituting a blessing, happy, fortunate, good. **b** (of times, events, etc.) happy, untroubled.
a nihil hac memoria ~icius V.MAX.2.10.ext.1; uicturos.. dei celant..~ix esse mori LUC.4.520;—(*of natural endowments*) ~icis mali (*i.e. as a medicine*) VERG.*G.*2.127; memoria ei natura quidem ~ix, plurimum tamen arte adiuta SEN. *Con.*1.pr.17; ~icem ualitudinem SEN.*Nat.*5.18.8; regio aprica ~ici temperie PLIN.*Nat.*4.89; Homero..nullum ~icius extitisse (ingenium) conuenit 7.107; tibi..~ix species multumque optanda maritis STAT.*Silv.*5.1.54; haec tam ~ix proprietas aquae FRON.*Aq.*93. **b** o faustum et ~icem diem! TER.*An.*956; quid datur a diuis ~ici optatius hora? CATUL.62.30; funere ~ici spolior VERG.*A.*7.599; memoriae..~icioris ad posteros nomen Appi LIV.9.29.5; animi ~icia laeti argumenta OV.*Met.*4.761; ~icia uellera ducunt (Parcae) SEN.*Apoc.*4.1; ~ix utraque lux MART. 9.52.4; ~ix..sopor noctesque quietae STAT.*Theb.*5.451; sextam iam ~icis huius principatus stationem TAC.*Dial.*17.3.

5 Fortunate in respect of a particular activity, etc., successful. **b** (of actions, policies, etc.) having a happy issue, successful. **c** (of times or seasons) successful, prosperous.
suggerebantur..non enim semper iste ~ix—damna aleatoria CIC.*Phil.*2.67; qui usque eo ~ix est ut isdem ornamentis deceperit uos ANT.in Cic.*Phil.*13.40;—(*w. in+abl.*) ~ix in euertenda re publica fuit CIC.*Sest.*16; in hoc genere fateor ~iciorem esse te *Phil.*2.40; neque..in occultando ~icior fuit VELL.2.91.4; nuper Nemeaeo in puluere ~ix STAT.*Theb.*10.499;—(*w. abl.*) florentem..populum Romanum ac ~icissimum bello LIV.7.20.5; tamquam et ipse ~ix bello TAC.*Hist.*1.79; (*w. abl. o gdve.*) ~ix uobis corrumpendis fuit LIV.3.17.2;—(*w. inf.*) quo non ~icior alter ungere tela manu VERG.*A.*9.772; chelys (*i.e. Amphion's lyre*) lapidem testudine ~ix ducere SIL.11.441; (*of a part of the body*) spicula ~ici Prothoum torquere lacerto STAT.*Theb.* 8.537;—(*coupled w.* fortis) uirum..ad pericula fortem..ad casum fortunamque ~icem CIC.*Font.*43; ipse cum fortis tum etiam ~ix *Mur.*38; fortior an ~icior esset SAL.*Jug.*95.4; ire fortes, ire ~ices iubent LIV.2.49.6; (*cf.*) exercitus..magis strenuos quam ~ix SAL.*Jug.*85.46;—(*masc. as sb.*) ~ix orator quoque maximus et iaculator JUV.7.193. **b** est enim tua toga omnium armis ~icior CAS.*Fam.*12.13.1; talem aduentum eius ~icem fuisse laetabantur *B.Alex.*32.4; ~ici proelio LIV.25.6.15; non semper temeritas est ~ix 28.42.7; hic ordo ~icis curationis est CELS.5.26.31.A; prosperum ac ~ix scelus uirtus uocatur SEN.*Her.F.*251; numquam ~icibus armis usa manus LUC.3.338; parum ~ix matrimonium PLIN.*Ep.Tra.*10.94(95).2;—(*of results*) haec aestas habuit hunc exitum satis ~icem CIC.*Fam.*2.10.4; cum sibi fortunam paternam ~icione euentu destinaret *B.Alex.*41.1; ~ici..euentu..consules superat VELL.2.25.2;—(*of chances*) ~icissima consulatus ei sors petendi et gerendi POL.*hist.*5; non ~ici..sorte PEDO *poet.*11;—(*in wishes, coupled w.* faustus, *etc.*) ut nobis haec habitatio bona, fausta, ~ix fortunataque euenat PL.*Trin.*41; CIC.*Div.*1.102; LIV.8.25.10. **c** ~ix annus bellicis rebus LIV.10.31.8; candidus et ~ix proximus annus erit OV.*Pont.*4.4.18.

6 Prosperous, wealthy. **b** (of materials) rich.
~icis quondam, nunc pauperis agri TIB.1.1.19; ~icissimis..opulentissimisque plurimum aestus subest SEN.*Ben.* 5.12.6; aurum et argentum et quicquid aliud ~ices domos onerat *Ep.*104.34; euersa ~ix moriturus in urbe LUC.2.74; in qua (uilla) se composuerat homo felicior ante quam ~isissimus fieret PLIN.*Ep.*5.18.1; (*cf. sense 3*) ite meae, quondam ~ix pecus, ite capellae VERG.*Ecl.*1.74. **b** niueum ~ix pustula uincit ebur MART.8.50(51).6; 14.89.1.

7 a (of weapons) Finding their mark, well-aimed. **b** (of literary or artistic works) felicitous, well-turned.
a non ~icia tela VERG.*A.*11.196; nulla fuit non certa manus, non lancea ~ix LUC.6.190; summo incidit haud ~ix umero (hasta) SIL.15.756; (*cf.*) historiae seriem ~ici superiorum stilo conditam V.MAX.pr. **b** sunt mihi pro magno ~icia carmina censu OV.*Am.*2.17.27; ~icis..nugas MART.6.64.7; rogabam esset cuius opus laborque ~ix 9.44.2; ~icissimus..sermo est, cui..rectus ordo..contigit QUINT.*Inst.*9.4.27; oratio (Ciceronis) prae se fert ~icissimam facilitatem 10. 1.111.

felix² ~icis: see FILIX.

fellātor ~ōris, *m.* [FELLO+-TOR] One who practises fellatio (cf. FELLO 2).
basia ~orum MART.11.95.1; 12.59.10.

fellātrix ~īcis, *f.* [FELLO+-TRIX] (fem. of prec.).
CIL 4.1388; 4.4192.

felleus ~a ~um, *a.* [FEL+-EVS] Having the nature or appearance of gall, bilious.
cyclamini radix..sudores..~os mouet PLIN.*Nat.*26.124.

fellō ~āre ~āuī ~ātum, *tr., intr.* **fēlō.** [cf. *filius*; Gk. θηλή, etc.]

1 To suck (milk); to suck the milk of.
eum..lac humanum ~asse VAR.*Men.*261;—lupam alumni ~arunt olim 476.

2 (transf., as a sexual perversion).
Rufa Rufulum ~at CATUL.59.1; (*absol.*) non ~at tanti Galla MART.9.4.4; *CIL* 4.5095.

fēmella ~ae, *f.* [FEMINA+-ELLA] (dim. of *femina*) A woman, girl.
~as omnes..prendi CATUL.55.7.

femen ~inis: see FEMVR.

fēmina ~ae, *f.* [cf. *fecundus, filius, fello*; Gk. θηλή; Skt. *dhayati* 'suck'; termination app. orig. pass. pple. as Gk. -μενος, cf. *alumnus*] FORMS: *feminabus* (= ~*is*) *CIL* 8.9108.

1 A woman. **b** (pl. or generic sg.) womankind; *et mares et ~ae, ~a uirque*, etc., all without distinction of sex. **c** (applied to a weak or effeminate man).
Tarquinium bona ~a lauit ENN.*Ann.*155; hunc arrabonem amoris..accipe.—unde est?—a luculenta ac festiua ~a PL.*Mil.*958; mater, ~a primaria CIC.*Ver.*1.153; praestantissima omnium ~arum, uxor tua *Fam.*5.8.2; ~ae notitiam habuisse CAES.*Gal.*6.21.5; notum..furens quid ~a possit VERG.*A.*5.6; non..posthac alia calebo ~a HOR. *Carm.*4.11.34; quantum ~a saeuit PROP.4.8.55; haud secus quam ~as abditos LIV.7.13.6; fortis..et plus quam ~a uirgo OV.*Met.*13.451; Maecenas..otio ac mollitiis paene ultra ~am fluens VELL.2.88.2; ante ~ae coitum CELS. 4.31.1; ultra ~am ferox TAC.*Hist.*2.63;—(*contrasted with the male sex*) utrum tu masne an ~a es..? PL.*Rud.*104; incertus mas an ~a esset LIV.27.37.5; nouum sane..~am signis Romanis praesidere TAC.*Ann.*12.37; qui ex ~is nati sunt (*descendants in the female line*) ULP.*dig.*50.6.1.2; (*cf.*) ~a natus erat (Caeneus) OV.*Met.*12.175. **b** ut..sentiant mulieres naturam ~arum omnem castitatem pati CIC.*Leg.* 2.29; uarium et mutabile semper ~a VERG.*A.*4.570; nec fidum ~a nomen! [TIB.]3.4.61; nescit..quid liceat ~ae QUINT.*Inst.*9.2.20;—eduxi omnem legionem, et maris et ~as PL.*Mos.*1047; supplicatum iere..uiri ~aeque LIV.10.23.2; ~a uirque meo pueri quoque funere maerent OV.*Tr.*1.3.23; gaudeat aduersis ~a uirque tuis *Ib.*116. **c** quem maltam ac ~am dici uidet LUCIL.732; cum ~is sibi bellum fuisse dixisset LIV.9.19.10; negante quodam per contumeliam facile hoc ulli ~ae fore SUET.*Jul.*22.2.

2 A woman (in the capacity of wife).
quaecumque uiri ~a limen amat PROP.2.6.24; nihil quod aut maritus aut ~a proprium esse iuris sui diceret COL. 12.pr.8; MART.8.12.4.

3 (attrib.) Female, she-, hen-, etc. **b** (used to distinguish the smaller or lesser of two varieties of plant or other natural object). **c** CARDO ~*a*, a mortise.
agnum ~am caedito *Lex Reg.*(*Font.iur.*p.8); lupus ~a ENN.*Ann.*68; me..~a adseruat canes PL.*Men.*837; ciuitatem..auxi ciui ~a *Per.*475; musca nulla ~ast in aedibus *Truc.*284; porco ~a CATO *Agr.*134.1; ~is bubus VAR.*R.* 2.1.17; columbae, masculus et totum ~a coniugium PROP. 2.15.28; ~a piscis OV.*Ars* 2.482; anguibus..mare ac ~a deprehensis V.MAX.4.6.1; ~a sus COL.7.9.3; cancro ~a cum salis flore contuso PLIN.*Nat.*32.134; anatis ~ae LARG.177; (*cf.*) Danai ~a turba senis PROP.2.31.4;—(*w. sb. implied by the context*) carpit enim uiris (*sc.* tauri)..~a VERG.*G.*3.216; elephanti..praegredientibus ~is acti LIV.21.28.8. **b** distant (glandes)..et sexu, mares ac ~ae PLIN.*Nat.*16.16; sunt.. qui ~am ilicem uocent suberem 16.34; ~am (apium) esse.. crispioribus foliis 20.113; (*cf.*) ex his (*sc.* spongeis) mares tenui fistula..alias ~as..maioribus fistulis 31.123;—Aegyptii.. aera marem iudicant qua uentus est, ~am qua nebulosus et iners SEN.*Nat.*3.12.2; stimi appellant, alii stibi..duo eius genera, mas ac ~a PLIN.*Nat.*33.101; (magnes) mas sit an ~a 36.128.

fēminal ~ālis, *n.* [prec.+-AL] The female pudendum.
~al rosea palmula..obumbrans APUL.*Met.*2.17; *Apol.*33.

feminālia ~ium, *n. pl.* [FEMVR+-ALIS] Thigh-coverings.
hieme..~ibus et tibialibus muniebatur SUET.*Aug.*82.1.

fēmineus ~a ~um, *a.* [FEMINA+-EVS]

1 Of, belonging to, or proceeding from a woman or women. **b** consisting of women; female. **c** directed towards or involving women.
plangoribus aedes ~is ululant VERG.*A.*2.488; non illa colo..~as adsueta manus 7.806; pila..~a..acta manu PROP.4.6.22; regna..nomine ~o uix satis apta regi OV.*Ep.* 2.112; de ~o (*sc.* Pyrrhae)..iactu *Met.*1.413; quacumque ingrederis..~ae uoces..sonant 4.29; non uirus artus, nate, ~um coquit SEN.*Her.O.*1396; QUINT.*Inst.*1.11.1. **b** ~os coetus OV.*Ars* 1.253; ~ae..turmae *Pont.*4.10.51; ~um.. uolgus LUC.7.39;—genus omne perosos ~um VERG.*A.*9. 142; ~ae stirpi OV.*Met.*13.651; ~i generis animalia LARG. 16; prole uirebat ~a STAT.*Theb.*1.394; (*cf.*) ipsum (lapidem) ..~i sexus putant PLIN.*Nat.*36.149. **c** nullum memorabile nomen ~a in poena est VERG.*A.*2.584; ~us pectora torret amor OV.*Am.*3.2.40; refugerat Orpheus ~am Venerem *Met.*10.80; pictura..omnis ~is argumentis constat PLIN. *Nat.*36.43.

2 Proper to woman, women's; *~ae kalendae*, the 1st of March, the date of the MATRONALIA. **b** typical of a woman, womanish, cowardly. **c** becoming a woman, womanly. **d** like that of woman, effeminate, womanish.
~ae..deae (*i.e.* Bonae Deae) PROP.4.9.25; hinc et ~us labor est, hinc pensa colusque TIB.2.1.63; OV.*Am.*1.13.23; tene..callida ~o genetrix uiolauit amictu? STAT.*Ach.*2.35; pollutis in ~am usque patientiam maribus [QUINT.]*Decl.* 3.11;—~is..kalendis JUV.9.53. **b** feminae uir ~a interimor manu CIC.*Tusc.*2.20(transl. Sophocles); ~o praedae et spoliorum ardebat amore VERG.*A.*11.782; turpia ~ae terga dedere fugae OV.*Fast.*6.522; pelle ~os metus SEN.*Med.*42; instruitur omni fraude ~a dolus *Phaed.*828; quid ~is ululatibus..terrificas, moriture, uiros? STAT. *Theb.*7.677; (*transf.*) longe illi dea mater erit, quae nube fugacem ~a tegat VERG.*A.*12.53. **c** discite ~o corpora ferre gradu OV.*Ars* 3.298; facit..hanc (*sc.* Menippen)..non ~um iugulo dare uulnus *Met.*13.693. **d** quos..creant nascentis sidera Tauri, ~i incedunt MAN.4.519; mollis ac ~i corporis animiue PLIN.*Nat.*25.61; non tibi ~um uultu decus STAT.*Silv.*2.6.38; ~um putat..iacuisse sub umbra SIL.1.259; cui ~o stant corde timores SIL.9.263; ~us pallor PLIN.*Pan.* 48.4.

3 (applied to the smaller, weaker, etc., of two varieties of natural object; also to the even-numbered signs of the zodiac).
(magnes), qui in Troade inuenitur..est..~i sexus ideoque sine uiribus PLIN.*Nat.*36.128; ~am..cherson MART.14.88.1; —(*of the moon*) ferunt lunae ~um ac molle sidus PLIN.*Nat.* 2.223; (*cf.*) regina caeli..luce ~a conlustrans cuncta moenia APUL.*Met.*11.2;—conexa per orbem mascula (signa) ~is MAN.2.389; 2.418.

fēminīnē, *adv.* [next+-E] (gram.) In the feminine gender.
Petronia amnis est..quam magistratus auspicato transeunt..amnem autem ~ antiqui enuntiabant FEST.p.250M.

fēminīnus ~a ~um, *a.* [FEMINA+-INVS]

1 Female.
neque est in iis (*i.e. salamanders, etc.*) masculum ~umue PLIN.*Nat.*10.189; ~i sexus animal 24.151; omnes..personae siue masculini siue ~i sexus GAIUS *Inst.*1.117.

2 Proper to or typical of a woman.
~a fabulare succrotilla uocula TITIN.*com.*171; non amo ~am cutis curam in milite [QUINT.]*Decl.*3b.5; calceis ~is albis..et tenuibus APUL.*Met.*7.8.

3 (applied to the lesser, etc., of two varieties of natural object). **b** (gram.) feminine.
genera eorum (*sc.* raporum) Graeci duo prima fecere masculinum ~umque PLIN.*Nat.*18.129; 21.112. **b** quae (*sc.* merulae) nomine ~o mares quoque sunt VAR.*R.*3.5.6; quae (nomina) ~a positione mares aut neutrali feminas significant QUINT.*Inst.*1.4.24; si quaeratur 'funis' masculinum sit an ~um 1.6.5; omnia nomina ~a nominatiuo singulari a finita SCAUR.gram.in *G.L.*7.12.

femur ~inis or ~oris, *n.* [unkn.] FORMS: nom. acc. sg. *femus* APUL.*Met.*8.5, 31; *femen* AMP.30.2 (cf. PAUL.*Fest.*p.92M); in oblique cases and pl. regularly *~inis*, etc.; less freq. *~oris*, etc., e.g. CIC.*Ver.*4.93; TIB.1.8.26, OV. *Am.*1.4.43, *Met.*3.312, CELS.4.11.6, LUC.9.771, SUET.*Jul.*68.4, APUL.*Met.*7.23.

1 The thigh of a human being.
quod ~ina summa sustinent PL.*Ps.*1188; dentibus frendit, icit ~ur *Truc.*601; barba uulsa ~inibusque subuulsis SCIP.min.*orat.*10; signum Apollinis..cuius in ~ore..nomen Myronis erat inscriptum CIC.*Ver.*4.93; fastigia..surarum ac ~inum LUCR.4.828; stipites ~inis crassitudine CAES.*Gal.* 7.73.6; attollit in aegrum se ~ur VERG.*A.*10.857; ~ori conseruisse ~ur TIB.1.8.26; OV.*Met.*3.312; succisis ~inibus poplitibusque LIV.22.51.7; LUC.9.771; cum ille ingentem in ~ine ostendisset (cicatricem) QUINT.*Inst.*6.3.100; ~ur ferire..indignantes decet 11.3.123; (*of a constellation*) (sol) init in sagittarium ad ~ina eius VITR.9.3.3;—(*in reference to a horse killed under one*) equis..mihi sub ~inibus occisus erat LAEL.*orat.*10; SUET.*Tit.*4.3;—(*as the place where one's sword hangs*) ocius ensem..eripit a ~ine VERG.*A.*10.788.

2 The corresponding part in animals.
asinos..claudos, quibus suptritae ad ~ina iam erant ungulae PL.*As.*340; elephanto..pugno praefregisti..~ur *Mil.*27; (canes) debent esse..a ~inibus summis corpore suppresso VAR.*R.*2.9.4; COL.6.29.3; prioribus pedibus ~ina onerant (apes) PLIN.*Nat.*11.21; binas habent mammas nec aliubi quam in ~inibus 11.233;—(*as food*) ~ur..pulli MART. 2.37.5; ~ur leporis 6.75.2; cerui pinguissimum ~us APUL. *Met.*8.31.

3 *~ur bubulum*, An unknown plant.
~ur bubulum appellatur herba, neruis et ipsa utilis PLIN. *Nat.*27.81.

4 (archit.) A flat vertical band on a triglyph.
una (pars triglyphi) in medio deformetur ~ur..dextra ac sinistra altera ~ina constituantur VITR.4.3.5.

fen-: for wds. beginning thus and not given here see FAEN-.

fenestella[1] ~ae, *f.* [FENESTRA+-ELLA] A small aperture in the wall of a building, vent, slit.
granaria..modicis ~is aquilonibus inspirentur COL.1.6.10; exiguis in ordinem ~is apibus sit peruius (murus) 9.5.3.

Fenestella[2] ~ae, *m.* A personal name, esp. Roman historian of the time of Augustus; *porta ~ae*, one of the gates of Rome.
SEN.*Ep.*108.31; PLIN.*Nat.*8.19;—unde ~ae nomina porta tenet OV.*Fast.*6.578.

fenestra ~ae, *f.* [unkn.] FORMS: *festra* ENN. *inc.*29 (PAUL.*Fest.*p.91M); *fenstra* is read by ed. in PL.*Cas.*132, *Mil.*379, *Rud.*88, where codd. *fenestra*.

1 A window. **b** a window-shutter.
concludere in ~am firmiter PL.*Cas.*132; clatros in ~as maioris bipedalis CATO *Agr.*14.2; has e ~is in caput deiciunt LUCIL.841; ~AS, QVAE IN PARIETE..SVNT *CIL* 1.698.2.14; immisso ~is nouis aquilone VAR.*R.*1.4.5; ~arum angustias quod reprehendis CIC.*Att.*2.3.2; lumina ~arum ualuata VITR. 6.3.10; per ~as in Nouam uiam uersas..populum Tanaquil adloquitur LIV.1.41.4; bifores intrabat luna ~as OV.*Pont.* 3.3.5; uncta..~a dispositae pinguem nebulam uomuere lucernae PERS.5.180; rus est mihi maius in ~a MART. 11.18.2; cubiculum..~a prospicit mare PLIN.*Ep.*2.17.20; quot illa nocte patent uigiles..~ae JUV.3.275; (*cf.*) eas partis (*i.e. eyes and ears*) quae quasi ~ae sint animi CIC.*Tusc.* 1.46;—(*facet.*) natus ad Euphraten, molles quod in aure ~ae arguerint JUV.1.104; ulceris latissimi facto foramine, immo fouea uel etiam ~a APUL.*Met.*7.17. **b** iunctas quatiunt ~as HOR.*Carm.*1.25.1; gemuit paruo mota ~a sono OV. *Pont.*3.3.10; claude ~as uela tegant rimas JUV.9.104; ~as ex argento AMP.8.21.

2 a A loop-hole for the discharge of missiles. **b** an aperture, hole, breach.
a ~as..ad tormenta mittenda in struendo reliquerunt CAES.*Civ.*2.9.9; per..cauas densi tela intorquere ~as VERG.*A.*9.534; STAT.*Theb.*10.536. **b** firma cauauit robora et ingentem lato dedit ore ~am VERG.*A.*2.482; murum pertudit et iussit omnes..quod quisque habuisset aquae, stercoris, luti per eam ~am..effundere VITR.10.16.7; hypocauston..quod angusta ~a suppositum calorem..aut effundit aut retinet PLIN.*Ep.*2.17.23.

3 (fig.) A loop-hole, opportunity.
quantam ~am ad nequitiem patefeceris TER.*Hau.*481; si hanc ~am aperueritis nihil aliud agi sinetis SUET.*Tib.*28.

fenestrātus ~a ~um, *a.* [prec.+-ATVS[2]] Furnished with windows or openings (also transf.).
triclinia..ualuata ac ~a facimus VAR.*L.*8.29; singulis partibus in ea (*sc.* turri) ~is VITR.10.13.4;—oportuisse hominum pectora ~a et aperta esse, uti non occultos haberent sensus 3.pr.1.

fenestrō ~āre ~āuī ~ātum, *tr.* [FENESTRA+-O[3]] To furnish with a window.
media eorum (*sc.* oculorum) cornua ~auit (natura) pupilla PLIN.*Nat.*11.148.

fenestrula ~ae, *f.* [FENESTRA+-VLA] A (small) window.
per quandam ~am..prospicere gestio APUL.*Met.*9.42.

fenstra ~ae: see FENESTRA.

-fer -fera -ferum, *adjl. suff.* From FERO+-VS, w. act. sense to denote carrying, bearing, or bringing (*caelifer*, *pomifer*); also occas. -*ferus* (*pestiferus*).

fera ~ae, *f.* [FERVS[1]]

1 A wild or undomesticated animal. **b** (as opp. to domesticated animals). **c** (dist. fr. birds, fishes, etc.). **d** (w. spec. adjs.).
uagent ruspantes siluas, sectantes ~as ACC.*trag.*441; corpora ~is obicientur CIC.*Ver.*5.119; thalami expertem sine crimine uitam degere more ~ae VERG.*A.*4.551; ut ~a ..densa uenantum saepta corona 9.551; sine stationibus ac custodiis passim ~arum ritu sternuntur LIV.5.44.6; inde diuersae ~ae, cerua ad Gallos, lupus ad Romanos cursum deflexit 10.27.8; ueris ~is et numquam humanam manum passis SEN.*Ben.*7.19.6; atra mole ~a (*i.e. elephant*) SIL.9.571; cibi simplices, agrestia poma, recens ~a aut lac concretum TAC.*Ger.*23.1; captus..Mariccus ac mox ~is obiectus (*sc. in the circus*) *Hist.*2.61; spectaculum gladiatorum aut ~arum *Ann.*13.31; parcit cognatis maculis similis ~a JUV.15.160; iumenta atque etiam mansuetae ~ae SUET.*Nero* 11.2; (*poet.*) tu..muta ~ae..sonorae terga (*i.e. tortoise-shell*) premas STAT.*Silv.*1.5.4; (*facet.*) inplicuit tenuem sucina gutta ~am (*i.e. ant*) MART.6.15.2. **b** de animalibus.. quae sunt hominum propria primum, deinde de pecore, tertio de ~is scribam VAR.*L.*5.80; pecudes armenta ~aeque LUCR.5.228; inter domesticas..quadrupedes..itemque ex ~is CELS.2.18.7. **c** piscibus atque auibus ~isque *formula* in LIV.25.12.6; uolucres anguesque agmenque ~arum OV. *Met.*11.21; timebantur ~ae serpentesque SEN.*Con.*10.4.21; et ~a et piscis spe aliqua oblectante decipitur SEN.*Ep.*8.3. **d** Niliacis..~is (*i.e. crocodiles*) MART.5.65.14; raptant currusque uirosque Massylamque ~am (*i.e. elephant*) SIL. 12.276;—(*of mythical beasts*) Maenali pernix ~a (*the hind of Ceryneia*)..deprensa cursu SEN.*Her.F.*222; Aetolae..~ae (*i.e. the Calydonian boar*) MART.7.27.2.

2 A beast (as opp. to a human being).
etiam ~ae quibus abest ad praecauendum intellegendi astutia PAC.*trag.*357; hoc..uno praestamus..~is, quod conloquimur inter nos CIC.*de Orat.*1.32; non hominis sed ~ae nescio cuius immanis *Att.*5.16.2; spiritus e..~is humana in corpora transit OV.*Met.*15.167; quod arbores loquantur, non tantum ~ae PHAED.1.pr.6; ille tenet medicas artes ad membra ~arum (*i.e. veterinary medicine*) MAN.5.354.

3 (applied spec. to marine animals).
in ponto..cepisse ~arum diuersas facies MAN.5.189; se..~is credunt..marinis..laniandos..relinqui PEDO *poet.* 10; pelagi crudelibus ibit praeda ~is STAT.*Theb.*9.517.

4 (applied to constellations).
(Centaurus) ipse ~am (*i.e. Hydra*) dextra retinens CIC. *Arat.*705(453); magna minorque ~ae OV.*Tr.*4.3.1; GERM. *Arat.*671; MAN.2.538.

ferācitās ~ātis, *f.* [FERAX+-TAS] Fruitfulness.
ubi nihil erit..quod proritet, ~atem (uitium) potius sequemur COL.3.2.31; 3.10.5.

ferāciter, *adv. compar.* ~ius. [FERAX+-TER[2]] Fruitfully.
clariora..ab secunda origine uelut ab stirpibus laetius ~iusque renatae urbis gesta..exponentur LIV.6.1.3.

Fērālia ~ium, *n. pl.* [next] PROS.: *Fĕr-* OV.*Fast.*2.569 (perh. from false etym.). The festival of the dead (21 Feb.).
~ia ab inferis et ferendo, quod ferunt tum epulas ad sepulcrum VAR.*L.*6.13; eodem..die..id est ~ibus CIC.*Att.* 8.14.1; LIV.35.7.3; hanc, quia iusta ferunt, dixere ~ia lucem; ultima placandis manibus illa dies OV.*Fast.*2.569.

fērālis ~is ~e, *a.* [prob. connected w. Lith. *drãsė* 'ghost', MHG. *getwās* 'spectre']

1 Of or associated with death or the dead, funeral, funerary. **b** (of clothes, etc., used for mourning). **c** suggestive of the underworld, spectral. **d** *~es dies*, etc., the time of the commemoration of the dead; *~is mensis*, the month in which this took place, February. **e** *di ~es*, = *di* MANES.
~is..cupressos VERG.*A.*6.216; extincto ~ia munera semper..dato OV.*Tr.*3.3.81; post reditus quoque oberrat oculis turba ~is meis? SEN.*Her.F.*1146; ~is pompa LUC.8.733; picea..~is arbor et funebri indicio ad fores posita PLIN. *Nat.*16.40; defunctorum epulis ~ibus 20.113; ~is reliquias TAC.*Ann.*2.75; ~em urnam 3.1; (*of butterflies; cf. Gk.* ψυχή) agrestes tineae..~i mutant cum papilione figuram OV. *Met.*15.374;—(*neut. as sb.*) neque imperatorem auguratu.. praeditum adtrectare ~ia debuisse TAC.*Ann.*1.62. **b** caput ~i obduxit amictu LUC.9.109; ora sparsus et incultam ~i puluere barbam STAT.*Theb.*6.32; in modum Furiarum ueste ~i, crinibus deiectis faces praeferebant TAC.*Ann.* 14.30. **c** ~e tardis imminet saxum uadis SEN.*Her.F.*762; ipsa..formidine atque umbra ~is exercitus terrorem inferunt TAC.*Ger.*43.5. **d** cum ~es praeteriere dies OV. *Fast.*2.34; ~i tempore 5.486;—~i mense COL.10.192. **e** SEN.*Med.*740; hinc nocte caeca gemere ~is deos *Thy.*668.

2 Bringing death or ruin, fatal.
~ia dona OV.*Met.*9.213; Latii ~is Erinys (*i.e. Cleopatra*) LUC.10.59; rate ~i [SEN.]*Oct.*312; Caesar..idus Mart. ~es sibi notauit PLIN.*Nat.*18.237; non ego te contra Stygiis ~ia sanxi uota deis STAT.*Theb.*11.344; bellum uni necessarium, ~e ipsis TAC.*Hist.*5.25; placuit Thrasyllo scaena ~ium nuptiarum APUL.*Met.*8.11.

3 Presaging death, funereal. **b** dismal, gloomy, ill-omened.
~i carmine bubo..queri VERG.*A.*4.462; diro ~es omine taedas LUC.1.112; increpuere..~ia classica signum SIL. 5.188; in aciem prodeuntibus obuius Aethiops..~e signum fuit FLOR.*Epit.*2.17(4.7.7). **b** ~e per urbem iustitium LUC.2.17; illi..nefas urbis summittere tecto aut laribus ~e caput 6.511; ~em introitum..Galbae TAC.*Hist.*1.37.

ferax ~ācis, *a. compar.* ~ācior, *superl.* ~ācissimus. [FERO+-AX]

1 (of land) Bearing rich crops, fertile, productive; also, producing men or beasts. **b** (of trees or plants) producing fruit, fruitful. **c** (of animals). **d** (transf.) profitable, productive, fruitful.
nullum esse opinor ego agrum..aeque ~acem quam hic est noster Periphanes (*cf. sense 1d*) PL.*Epid.*307; qua locus recte ~ax erit CATO *Agr.*44; agros maximos et ~acissimos CIC.*Ver.*3.84; CAES.*Gal.*2.4.6; quoscumque deos..silua ~axque rus habet OV.*Met.*1.693; terra..satis ~ax, frugiferarum arborum inpatiens, pecorum fecunda TAC.*Ger.*5. 1; ut ~aciorem..redderet (Aegyptum) SUET.*Aug.*18.2;—(Thracia) uiros benignius alit..ad ferociam et numerum.. maxime ~ax MELA 2.16. **b** fici..multo ~aciores erunt CATO *Agr.*94; ~aces plantae immittuntur VERG.*G.*2.79; tertia (habentur semina) a summo uitis uertice lecta, quae ..sunt ~aciora COL.*Arb.*3.1. **c** serpentis (*i.e. Hydra*) resecet, colla ~acia SEN.*Her.F.*529. **d** nullus ~acior in ea (*sc.* philosophia) locus est nec uberior, quam de officiis CIC.*Off.*3.5; dabit ipsa ~acem spes animum *Laus Pis.*217; sitne ~acius et uberius non ad laudem modo, sed ad pecuniam principi, si herede illo mori homines uelint, quam si cogantur PLIN.*Pan.*43.3.

2 (w. gen., also w. dat. or abl.) Productive (of): **a** (vegetation, fruit, animals, etc.). **b** (other natural resources). **c** (transf.).
a (*of places*) nigrae ~aci frondis in Algido HOR.*Carm.* 4.4.58; nitidae..~ax Peparethos oliuae OV.*Met.*7.470; terra lini ~ax CURT.8.9.15; fusci..~ax Pollentia uilli SIL.8.597; ingentium beluarum ~aces saltus TAC.*Ann.*4.72—(*of plants*) si sunt..quae ex iis nasci debent earum rerum ~acia (fera, *i.e. wild plants*) VAR.*R.*1.9.7; (acini) minime ~aces musti PLIN.*Nat.*15.100;—(*of animals*) quidam (asini)..pretiosissimorum seminum ~aces sunt COL.6.36.3; (*poet.*) prolis.. nouae ~aci lege marita HOR.*Saec.*19;—(*w. dat. or abl.*) illa (humus) ~ax oleo est VERG.*G.*2.222; fertilis haec (gleba) segetique ~acior, altera uiti *Aetna* 266; ~acem messe Coroniam STAT.*Theb.*7.307; elephantos, quibus ~ax est Numidia FRON.*Str.*4.7.18. **b** ~ax uarii lapidis Carystos SEN.*Tro.*836; natura regionis..chrysocollae miniique et aliorum colorum ~ax FLOR.*Epit.*2.33(4.12.60). **c** illa aetate, qua nulla uirtutum ~acior fuit LIV.9.16.19; ~ax deorum terra SEN.*Her.F.*259; Asia aliaue..miraculorum ~ax..terra PLIN.*Ep.*8.20.2;—uellem tam ~ax saeculum bonis artibus haberemus 4.15.8.

ferbui: see FERVEO.

ferctum ~ī: see FERTVM.

ferculum ~ī, *n.* [FERO+-CVLVM] FORMS: *fericulum* COL.1.pr.5, SEN.*Dial.*9.7.2, *Ep.*90.15, PETR.60.7, 69.7; *fericulus* (masc.) PETR.39.4.

1 A frame or stretcher for carrying things (esp. in processions). **b** a tray for food.
neglectis ~is triumphalibus CIC.*Pis.*61; ne..tarditatibus utamur ⟨in⟩ ingressu mollioribus, ut pomparum ~is similes esse uideamur *Off.*1.131; spolia ducis hostium caesi suspensa fabricato ad id apte ~o gerens LIV.1.10.5; in alienum inponar ~um exornaturus uictoris..pompam SEN.*Dial.* 7.25.4; nec pompae ueniet nobile ~um *Her.O.*110;—(*for images of gods*) ampliora..humano fastigio..tensam et ~um circensi pompa SUET.*Jul.*76.1;—(*for cinerary urns*) matris fratrisque cineres..duobus ~is Mausoleo intulit *Cal.*15.1. **b** cum pagana madent ~a diuitiis PROP.4.4.76; in ipso ~o expiret (piscis) SEN.*Nat.*3.18.2.

2 A dish of food, course (at a meal).
ubi..multa..de magna superessent ~a cena HOR.*S.*2. 6.104; ut..mensae uarietate ~orum abundarent V.MAX.9. 1.1; multos morbos multa ~a fecerunt SEN.*Ep.*95.18; cenae ~a nostrae malim conuiuis quam placuisse cocis MART. 9.81.3; portant inferias arsuraque ~a STAT.*Theb.*6.126; cenam ternis ~is aut cum abundantissime senis praebebat SUET.*Aug.*74.

ferē, **fermē**, *adv.* [dub., perh. connected w. FIRMVS; *ferme* < **ferime* superl. of *fere*, but is used without dist. of meaning]

1 Approximately, about, roughly, more or less, practically. **b** (w. numbers, measurements, etc.).
α eae quidem disceptationes, quae ad cognitionem referuntur, sic ~..describuntur CIC.*de Orat.*3.117; haec habebam ~ quae te scire uellem *Att.*1.6.2; nunc uenio ad priuata; ~ enim respondi tuis litteris de re publica 7.3.6; paucis ~ mutatis rebus CAES.*Civ.*1.2.3; in his rebus ~ erat Fufius occupatus 3.56.4; oppidorum magna pars..montibus ~ munita..est *B.Hisp.*8.4; sub idem ~ tempus LIV.23.34.16. **β** Perusia et Cortona et Arretio, quae ~ capita Etruriae populorum..erant LIV.9.37.12; haec ~ Hannibalis oratio fuit 36.8.1; Paetum..facetiis insectari..his ~ uerbis TAC. *Ann.*15.25. **b α** insignita ~ tum milia militum octo ENN. *Ann.*332; abhinc mensis decem ~ TER.*Hec.*822; iugorum genera ~ quattuor VAR.*R.*1.8.2; annum ~ una sunt CIC. *Quinct.*15; quartam ~ partem CAES.*Gal.*1.12.2; aequa ~ latitudine *Civ.*2.15.1; non longius ~ mille passus..progressus *B.Afr.*78.2; mediis ~ castris LIV.10.38.5; a Capua capta anni CCXL, ut condita est, anni sunt ~ D VELL.1.7.4; ut..pedali ~ spatio sit inferius COL.4.21.1. **β** hoc factumst ~ abhinc biennium PL.*Bac.*388; inde est ~ mille passuum CATO *hist.*26; capti octingenti ~ et triginta LIV. 10.14.21; solis ~ occasu 23.8.8; quinta ~ hora diei erat TAC.*Hist.*3.16; APUL.*Met.*11.1.

2 Virtually, almost, nearly, pretty well. **b** (w. adjs. denoting identity). **c** (w. superl.). **d** (w. *omnis*, *totus*, *semper*, etc.). **e** (w. *nemo*, *numquam*, etc.).
α scortorum plus est ~ quam olim muscarum est quom caletur maxume PL.*Truc.*64; euolarat iam e conspectu ~ fugiens quadriremis, cum..CIC.*Ver.*5.88; mihi ~ satis est quod uixi *Phil.*1.38; iamque ~ spatio extremo fessique sub

ipsam finem aduentabant VERG.*A*.5.327; iamque ~ raptae matrum quoque nomen habebant OV.*Fast*.3.203; Threicio Scythicoque ~ circumsonor ore *Tr*.3.14.47; (*cf.*) Catonis.. orationes non minus multae ~ sunt quam..Lysiae CIC.*Brut*.63. **β** mihi quidem aetas actast ~ PL.*Trin*.319; iam ~ moriens me uocat TER.*An*.284; Nixus iam supero ~ depulsus lumine cedit CIC.*Arat*.620(374); ~ inter auctores conuenit LIV.28.12.14; in conspectum ~ Africae..uectum 30.24.7. **b α** homines doctissimos, eos ~ ipsos, qui.. CIC.*de Orat*.1.82; suum ~ aequalem *Opt.Gen*.17; ~ miratur eodem quo cupiens pacto HOR.*Ep*.1.6.9; utrimque legati ~ sub idem tempus..missi LIV.1.22.4; διὰ τῶν αὐτῶν ~ dies tramisimus—idem theatrum, idem odium, idem desiderium tuum AUR.*Fro*.1.p.140(30N). **β** orationem eandem ~ quam apud Scipionem habuerunt LIV.30.22.1; (*cf.*) numero non ~ impares futuros se 36.43.5. **c α** Gorgias..antiquissimus ~ rhetor CIC.*Inv*.1.7; tum cum illo postremum ~ conlocuti sunt *de Orat*.3.9; in extrema ~ parte epistulae *Att*. 6.1.20; quod ultimus est ~ ex Atticis (Demetrius) QUINT. *Inst*.10.1.80;—urbem omnium ~ illa tempestate pulcherrimam LIV.25.24.11. **d α** ~ omnem Apuliam LUCIL.824; Laelium semper ~ cum Scipione solitam rusticari CIC. *de Orat*.2.22; totam hanc ~ legem *Agr*.2.50; non sunt uitiosiores quam ~ plerique *Tusc*.3.73; Tusci ~ omnes LIV.10.18.2; uini genera differentiasque..exposuimus et ~ cuiusque proprietates PLIN.*Nat*.23.31; (*cf.*) ~ cotidie CIC. *Fam*.6.5.1. **β** totam ~ longitudinem Italiae LIV.27.43.1; uaria fama, ut cuncta ~ noua TAC.*Ann*.14.20. **e α** nec rei ~ sane amplius quicquam fuit TER.*Hau*.55; nemo..~ saltat sobrius CIC.*Mur*.13; sine uxore, quod numquam ~ *Mil*.28; hisce litteris..nihil ~ scribo quod.. *Q.fr*.3.1.21; patrum haud ~ quisquam in foro LIV.3.38.11. **β** nemo ~ huc sine damno deuortitur PL.*Men*.264; hercle honeste fieri ~ non potest *Trin*.731; ut eo nihil ~ quisquam addere posset CIC.*Brut*.161.

3 (introducing a generalization) In most cases, as a rule, almost always, usually. **b** (w. *non* or *haud*) hardly ever, seldom. **c** for most of the time. **d** for the most part, mainly.

α cum hoc, ut ~ fit, in uia sermonem contulit CIC.*Inv*. 2.14; cum ~ consistat hereditas in iis rebus *Fam*.13.28.2; animum..alii animam (esse dicunt), ut ~ nostri *Tusc*.1.19; timorem nouarum tabularum..qui ~ bella..sequi consueuit CAES.*Civ*.3.1.3; ut barbarorum ~ consuetudo est HIRT.*Gal*.8.36.4; scribebantur..quattuor ~ legiones LIV. 8.8.14; ~ scriptores carmine foedo splendida facta linunt HOR.*Ep*.2.1.236; aestiua quartana ~ breuis est CELS.2.8.16; ~ uinolentiam crudelitas sequitur SEN.*Ep*.83.26; palmipedum in genere sunt, uti anseres et aquaticae ~ aues PLIN.*Nat*.10.29. **β** ~ ut quisque rem accurat suam, sic ei procedit PL.*Per*.451; illae mulieres sunt ~ ut pueri leui sententia TER.*Hec*.312; quod ~ euenit CIC.*Rep*.1.65; mille peditum, iaculatoribus ~, admixtis LIV.21.52.9; quo timoris minus sit, eo minus ~ periculi esse 22.5.2; ut ~ acerrima proximorum odia sunt TAC.*Hist*.4.70; ceteri liberalibus studiis praediti, ~ Graeci *Ann*.4.58. **b α** rationem.. non ~ reddebant CIC.*Tusc*.1.38; quod uulgus..non ~ intellegit *Off*.3.15. **β** facio quod manufesti moechi hau ~ solent PL.*Poen*.862; fidelem haud ~ mulieri inuenias uirum TER.*An*.460; haud ~ armis..corpus exercui SAL. *Rep*.2.10.2; non ~ desunt irarum indulgentes ministri LIV. 24.25.9. **c α** ruri ~ se continebat TER.*Ph*.363; hic ~ aetatem egit CIC.*Leg*.2.3; quo in loco superioribus ~ diebus nostri pabulari consuerant CAES.*Civ*.3.37.5. **β** ab externis ~ bellis otium fuit LIV.10.1.1. **d α** sargus..in Aegyptio mari ~ nascitur FEST.p.322M.

ferens ~ntis, *a*. [pple. of FERO] In senses of vb., esp.:

1 (of winds) Carrying in the desired direction, 'favourable'; (also fig.).

fieret uento mora ne qua ~nti VERG.*A*.3.473; secundus et ~ns uentus SEN.*Dial*.7.22.3; ut hinc potius uenti ~ntes.. optentur PLIN.*Pan*.31.4;—nec instare fortunae ~nti SEN. *Ep*.22.4; quantum..~ntem fortunam uirtute domas! STAT. *Theb*.2.177.

2 Able to bear or tolerate.

corpora hominum salubria et ~ntia laborum TAC.*Hist*. 5.6.

Ferentānī ~ōrum, *m. pl.*: see FRENTANI.

ferentārius ~(i)ī, *m*. [prob. *ferent-* (from FERIO, as *parens* from *pario*)+-ARIVS] (app.) A soldier armed with missile weapons only, a light-armed soldier, skirmisher (used esp. for support purposes).

~ios praedatum misit CATO *Mil*.6(J); uocabant ~ios, qui depugnabant fundis et lapidibus VAR.*gram*.211(Non. p.520M); postquam eo uentum est unde a ~iis proelium conmitti possit SAL.*Cat*.60.2; eo..inrupere ~ius grauisque miles, illi telis adsultantes, hi conferto gradu TAC.*Ann*. 12.35; (*fig.*) nam illum tibi ~ium esse amicum inuentum intellego PL.*Trin*.456; (*cf.*) Cato eos ~ios dixit, qui tela ac potiones militibus proeliantibus ministrabant PAUL.*Fest*. p.369M.

Ferentīna ~ae, *f*. *Aqua ~a*, a river of Latium; *lucus ~ae*, a grove sacred to the river-spirit.

ut..ad caput aquae ~ae..mergeretur LIV.1.51.9;—ut ad lucum ~ae conueniant (Latinorum proceres) indicit 1.50.1.

Ferentīnās ~ātis, *a*. FORMS: nom. sg. *~ātis* TITIN.*com*.85. Of Ferentinum; (masc. pl. as sb.) its inhabitants.

~atis populus TITIN.*com*.85; SENATVS POPVLVSQ⟨VE⟩ FERENTIN⟨AS⟩ *CIL* 10.5826;—nouum ius eo anno a ~atibus temptatum LIV.34.42.5.

Ferentīnum ~ī, *n*. **a** A town in Latium. **b** = FERENTIVM.

a si te grata quies..delectat..~um ire iubebo HOR.*Ep*. 1.17.8. **b** PLIN.*Nat*.3.52.

Ferentīnus ~a ~um, *a*. **a** Of the *aqua Ferentina*. **b** of Ferentinum (a).

a ad caput ~um LIV.2.38.1. **b** ~is Priuernatumque maniplis SIL.8.393.

Ferentium ~(i)ī, *n*. A town in Etruria.

circa municipium ~i VITR.2.7.4; TAC.*Hist*.2.50; SUET. *Otho* 1.1.

Fereola ~ae, *f. adj*. A variety of vine.

has (uites) nuper mihi cognitas, Pergulanam dico.. ~amque COL.3.2.28.

Feretrius ~(i)ī, *m. adj*. [perh. conn. w. FERIO] An epithet of Jupiter as worshipped on the Capitol at Rome.

cuius auspicio..opima spolia capiuntur, Ioui ~io bouem caedito *Lex Reg*.(*Font.iur*.p.8); SPOLIA OPI⟨MA⟩ IOVI ~IO CONSECRA⟨VIT⟩ *Elog*.4(*CIL* 1.p.189); causa ~i, omine quod certo dux ferit ense ducem PROP.4.10.45; NEP.*Att*.20.3; AUG.*Anc*.4.5; LIV.4.20.3;—(*transf.*) opima adposui senex Amori arma ~io MAUR.2633.

feretrum ~ī, *n*. [Gk. φέρετρον] A bier; also = FERCVLVM.

ubi lectus mortui fitur, dicebant ~um nostri, Graeci φέρετρον VAR.*L*.5.166; pars ingenti subiere ~o VERG.*A*. 6.222; 11.64; arsuro portabat membra ~o OV.*Met*.14.747; —cadus et uiridi fumantia liba ~o praeueniunt GRAT.488; quis opima..dona Ioui portet ~o suspensa cruento SIL. 5.168; 10.566.

fēriae ~ārum, *f. pl.* [< *fesiae* (PAUL.*Fest*. p.264M); cf. *festus*] FORMS: *fereae* COL. 2.21.5.

1 A religious festival, holy day.

boues ~is coniungere licet CATO *Agr*.138; rex cum ~as menstruas nonis februariis edicit VAR.*L*.6.13; Saturnalia dicta ab Saturno, quod eo die ~ae eius 6.22; (dies) comitiales ..nisi si quae ~ae conceptae essent..ut Compitalia et Latinae 6.29; ~is iurgia amouento CIC.*Leg*.2.19; nouendialibus..~is *Q.fr*.3.5&6.1;—(*decreed for a special reason*) his auertendis terroribus in triduum ~ae indictae LIV.3. 5.14; senatui placuit dictatorem ~arum constituendarum causa dici 7.28.7; ut quotiens terra in urbe mouisset ~as.. praetor indiceret SUET.*Cl*.22.1;—(*of private festivals*) ~ae publicae aut familiares CATO *Agr*.140; denicales (~ae) CIC. *Leg*.2.55; *CIL* 1.594.3.2.23; natali eius (*sc.* Epicuri)..~as.. omni mense uicesima luna custodiunt PLIN.*Nat*.35.5.

2 (transf.) A day of rest, a holiday, leisure.

ludum, iocum, festiuitatem, ~as PL.*Capt*.770; tuas possidebit mulier faxo ~as (*occupy your leisure*) *Epid*.469; eo die ~ae bubus et bubulcis CATO *Agr*.132.1; indutiae sunt belli ~ae VER.*gram*.124ª(Gel.1.21.1); forenses ~ae CIC. *de Orat*.3.85; longas o utinam..~as praestes Hesperiae! HOR.*Carm*.4.5.37; cum tempestas piscatoribus dedit ~as SEN.*Ep*.55.6; in hoc triclinio solus ~as agit PETR.24.3. (*facet.*) uenter gutturque resident essurialis ~as PL.*Capt*.468.

fēriāticus ~a ~um, *a*. [prec.+-ATICVS] *dies ~us*, a festival, holiday.

praetorem adiri etiam diebus ~is ULP.*dig*.2.12.2.

fēriātus ~a ~um, *a*. [FERIAE+-ATVS]

1 Keeping holiday; also, enjoying (occasional) holidays. **b** dressed for, or otherwise displaying the external concomitants of, a festival. **c** (transf.) unused, idle, unemployed.

Quirinalia..feriae..eorum hominum qui Furnacalibus suis non fuerunt ~i VAR.*L*.6.13; quoniam ~i sumus CIC. *Rep*.1.20; deum sic ~um uolumus cessatione torpere *N.D*. 1.102; male ~os Troas HOR.*Carm*.4.6.14; Musae procul ite ~ae STAT.*Silv*.1.6.2; (Numam) saturatum et ~um dico FRO.*Aur*.2.p.10(226N); (*poet.*) non me uocabis..ad ~os fascinos VERG.*Cat*.13.20; (*w.* ab) a negotiis publicis tamquam ab opere aut temporibus exclusi aut uoluntate sua ~i CIC.*de Orat*.3.58;—a seruitute urbana et ~a translatus ad durum opus SEN.*Dial*.5.29.1. **b** ⟨P⟩OPVLVS CORONATVS ~VS *Fast.Praen*.(*CIL* 1.p.233); tibicines tum ~i uagantur per urbem VAR.*L*.6.17; Dialis cotidie ~us est GEL.10.15.16. **c** ne lamentetur (machaera)..quia se iam pridem ~am gestitem PL.*Mil*.7; nec ~us ibat ante carrucam, sed..cursor oua portabat MART.3.47.13; quousque calcei nusquam, toga ~a? PLIN.*Ep*.7.3.2.

2 *dies ~us*, A festival, holiday. **b** holiday-like, festive.

~is..ac sollemnibus..diebus SEN.*Con*.10.4.8; ~is quoque diebus non patiuntur esse otiosos SEN.*Dial*.1.2.5; PLIN.*Ep*. 3.14.6. **b** ferias..quam ~as egerimus non scribam tibi AUR.*Fro*.2.p.2(223N).

fericulum ~ī, *n*. Also **~us** ~ī, *m.*: var. of FERCVLVM.

fěrīna ~ae, *f*. [FERINVS, *sc. caro*] The flesh of wild animals as food, game.

implentur ueteris Bacchi pinguisque ~ae VERG.*A*.1.215; lactis copia ~aeque COL.10.pr.1; sapore quodam ~ae in apris euidentissimo PLIN.*Nat*.13.43.

ferīnunt: see quot., also FERIO.

nequinont pro nequeunt, ut solinunt ~ pro solent et feriunt dicebant antiqui FEST.p.162M.

ferīnus ~a ~um, *a*. [FERA+-INVS]

1 Of, belonging to, or involving, wild beasts; *caro ~a*, game.

pellis..uestis contempta ~ae LUCR.5.1418; nemorum studiosus..caedisque ~ae OV.*Met*.7.675; ubera..expositis ille (*sc.* Mars) ~a dedit *Fast*.5.466; trepidam bello uitam.. ~o GRAT.13; contectus..~a pelle TAC.*Ann*.2.13; pecuinis et ~is (animis) APUL.*Apol*.12;—quis cibus erat caro ~a SAL. *Jug*.18.1; LIV.35.49 7; PLIN.*Nat*.6.161.

2 Of beasts (as opp. to human).

natam..armentalis equae mammis et lacte ~o nutribat VERG.*A*.11.571; animae sumus, inque ~as possumus ire domos OV.*Met*.15.457; APUL.*Met*.7.21.

3 Having the form or nature of a wild beast. **b** brutish, bestial.

Actaeon..iam in ceruum ~us APUL.*Met*.2.4; hospites ~is equis suis..deuorandos..porrigebat 7.16. **b** omnia barbariae loca sunt uocisque ~ae OV.*Tr*.5.12.55; ~a ista rabies est sanguine gaudere SEN.*Cl*.1.25.1; ~is uoluptatibus praeuinctus GEL.19.2.3; cenam..~is inuadunt animis APUL. *Met*.6.30.

4 Made of hide.

galeae..~ae V.FL.6.379; cudone ~o SIL.8.493.

feriō ~īre, *tr*. [cf. OHG. *berjan* 'strike', Lith. *barù* 'rebuke', Skt. *bhṛṇāti* 'hurt'; connected w. *foro*] FORMS: *ferinunt* (= *feriunt*) FEST. p.162M.

1 a To strike (with the hand or other part of the body). **b** to deal a blow, strike (with a weapon); (also, of lightning). **c** to flog, beat. **d** to strike (an object with an implement, etc.). **e** to strike (the sea, in swimming or rowing; the air, in flying). **f** to knock at (a door).

a ~ire malam male discit manus PL.*Am*.315; Bacchae bacchanti si uelis aduorsarier..~iet saepius 704; excitare Antonium conabantur..uehementius..nonnulla ~iebat CAEL.*orat*.15; parietem saepe ~iens CIC.*Cael*.59; praecipue ..oculos, qui meruere, ~it PROP.4.8.66; tardum..~it delphina Palaemon STAT.*Theb*.9.331; (*of a boxer*) *Silv*.5.3.221; —(*in gestures*) dextera digitis rationem computat, ~iens femur dexterum PL.*Mil*.204; caput ~iebas, femina plangebas CIC.*Aer.Al.Mil*.8; ut frontem ~ias (*in astonishment*), sunt qui etiam Caesonium putent *Att*.1.1.1; QUINT.*Inst*.11.3.123; —(*w. abl.*) compressan palma an porrecta ~io? PL.*Cas*.405; si..manu quamuis iam corporis ipse tute tibi partem ~ias LUCR.2.441; cornu ~it ille (*sc.* caper) VERG.*Ecl*.9.25; ~iet pede rusticus uuas TIB.2.5.85; calce ~itur aselli OV.*Fast*. 3.755; (leo) uacuis ~it aera malis STAT.*Theb*.2.680; ~it hic cubito, ferit assere duro alter JUV.3.245. **b** hostem qui ~iet ENN.*Ann*.280; utrum hac me ~iam an ab laeua latus? PL.*Cist*.641; ipse regis eminus equo ~it pectus aduorsum CAEL.*hist*.44; iacere telum uoluntatis est, ~ire quem nolueris fortunae CIC.*Top*.64; leonem atque alias feras primus.. ~ire SAL.*Jug*.6.1; terga..~ientes LIV.22.48.4; TAC.*Hist*. 4.34;—(*w. abl.*) sinistra corripit auersum dextraque bis ~it pugione *B.Alex*.52.2; telo..orantem multa trabali..~it VERG.*A*.12.295; illum..mediam ~it ense sub aluum OV. *Met*.12.389;—(*absol.*) consurgit Turnus in ensem et ~it VERG.*A*.12.730; studio ~iendi plerumque deiectus TAC. *Dial*.26.5;—~iunt..summos fulgura montis HOR.*Carm*. 2.10.11; cum ~iant unum, non unum fulmina terrent OV. *Pont*.3.2.9. **c** si ~iri uideo te, extemplo dolet PL.*Poen*. 150; quos quom ~ias, tibi plus noceas *Ps*.137; (*absol.*) mentitur, ~i *Mil*.1403; (*in fig. phr.*) ibi illa pendentem ~it (*i.e. presses home her advantage*) *Trin*.247. **d** murum arietibus ~iri SAL.*Jug*.76.6; cum saxis pastores saxa ~ibant OV.*Fast*.4.795; scalprum malleolo medicus..~it CELS.8.3.9; neque rostro ~ire..subterlabentem (quinqueremem) poterant LIV.30.25.6; stricto..~it retinacula ferro VERG.*A*. 4.580. **e** socii ~iunt mare et aequora uerrunt VERG.*A*. 3.290; mergor aquis; quas dum ~ioque trahoque.. OV.*Met*. 5.595; tranquillo..(nauplium) demissis palmulis ~ire ut remis PLIN.*Nat*.9.94; primo..~it dux uerbere pontum STAT.*Theb*.5.480;—quocumque uagis altum ~it aera pennis CALP.*Ecl*.2.11; nulla ~ientur ab alite nubes STAT.*Theb*.8.205. **f** ~iam fores. aperite hoc PL.*Am*.1019; *Ps*.1131.

2 (of a person, weapon) To hit (a mark or target). **b** (fig.) *medium ~ire*, to strike a mean.

nec semper ~iet quodcunque minabitur arcus HOR.*Ars* 350; qui aliquid ex distanti loco ~ire conantur SEN.*Ep*.89.8; —(*absol.*) ante ~it (*sc.* Cupid)..tuti quam cernimus hostem PROP.2.12.11; sagittarius non aliquando ~ire debet, sed aliquando deerrare SEN.*Ep*.29.3; (*on a slinger's bullet*) ~I POMP *CIL* 1.857. **b** uidetur..Chrysippus tamquam arbiter honorarius medium ~ire uoluisse CIC.*Fat*.39.

3 (*pregn.*) To strike dead, strike down, kill; *securi ~ire*, to behead. **b** to kill sacrificially, sacrifice (a victim). **c** to break, destroy (things).

inde Lichan ~it VERG.*A*.10.315; ego illis mollior nec te ~iam neque intra claustra tenebo HOR.*Carm*.3.11.43; LIV. 23.9.7; pestem ut insolitam ~i SEN.*Her.O*.851; ~ienda.. tendite colla LUC.5.361; plures obtulisse ultro percussoribus iugulum: agerent ac ~irent TAC.*Hist*.1.41; (*poet.*) scit.. unde petat Romam, libertas ultima mundi quo steterit ~ienda loco LUC.7.581;—urget..ut..securi ~iantur CIC. *Ver*.1.75; ut uerberibus exanimatum corpus securi ~iretur HIRT.*Gal*.8.38.5; LIV.2.5.8; (*cf.*) ex fuso exercitu cum decimus quisque fusti ~itur TAC.*Ann*.14.44. **b** nos humilem ~iemus agnam HOR.*Carm*.2.17.32; populum Romanum sic ferito ut ego hunc porcum hic hodie ~iam LIV.1.24.8; (Marti) homines..pro uictumis ~iunt MELA 2.15; TAC.*Hist*.3.56. **c** nostra neque ardenti gemma (*i.e. glass*) ~itur aqua MART.14.94.2.

4 *foedus, etc.*, *~ire*, To strike a treaty; also, (transf.) a bargain.

accipe daque fidem foedusque ~i bene firmum ENN.*Ann*. 32; ei quicum foedus ~iri in Capitolio uiderat CIC.*Rab.Post*. 6; iungit opes foedusque ~it VERG.*A*.10.154; paratum se esse foedus cum consulibus ~ire LIV.9.4.5; talia..~ientes pacta Latinos SIL.6.489;—anteuniam et foedus ~iam PL. *Mos*.1061; ut tu amorum turpissimorum cotidie foedera ~ires CIC.*Cael*.34.

5 To coin (metal); to strike (coins).

TRIVMVIRO AERE AVRO ARGENTO FLANDO ~IVNDO *A.Epig*.57.135; PROB.*iur*.3.11;—ut asses sextantario ponderе ~irentur PLIN.*Nat*.33.44; (*in fig. phr.*) qui communi ~iat carmen triuiale moneta JUV.7.55.

6 To cut open, pierce, wound, lance. **b** (of

a snake, scorpion, wasp, etc.) to bite, strike, sting.
~ire pedis..uenam VERG.G.3.460; neque tuto (carcinoma) ~itur CELS.5.28.2B; SEN.Dial.3.6.2; sacro ~iam bracchia cultro Med.807; COL.7.10.2; (cf.) hic per commata septies ~itur, quales hexametron tomas habere..probaui MAUR. 2569. **b** neue uenenato leuius ~iaris ab angue OV.Ib.479; ~iri a serpentibus PLIN.Nat.20.31; si eo die ~iatur quispiam a scorpione 20.120; numquam postea a crabronibus, uespis apibusue ~iuntur 28.32.

7 (of things moving more or less freely) To come into contact or collide with, impinge upon, hit. **b** (of the sea, a river, etc.) to dash against, beat upon; (of the wind) to catch (a sail). **c** (of sounds or the persons producing them) to strike, reach; *aures ~ire*, to assail one's ears, be heard; (also, of a report). **d** (of light or heat). **e** (of a stationary object) to strike (something moving towards it). **f** (of lines, linear objects) to meet, reach.
his..spectris etiam si oculi possent ~iri CIC.Fam.15.16.2; corpora quae ~iant oculos uisumque lacessant LUCR.4.217; ille fronte ~it terram VERG.A.10.349; impauidum ~ient ruinae HOR.Carm.3.3.8; ~ientia terram corpora LUC.4.786; tectis..unde cerebrum testa ~it JUV.3.270; (hyperb.) sublimi ~iam sidera uertice HOR.Carm.1.1.36. **b** insani ~iant sine litora fluctus VERG.Ecl.9.43; unam (nauem)..ingens a uertice pontus in puppim ~it A.1.115; Aethiopum ~is (Nile)..campos LUC.10.293; (cf.) lassus..~it praecordia sanguis STAT.Theb.2.669;—procella uelum aduersa ~it VERG.A.1.103. **c** ~it aurea sidera clamor VERG.A. 2.488; clamor Auentini saxa..~it OV.Fast.6.518;—(w. abl.) ille gemitu sidera et pontum ~it SEN.Her.O.802;—subita.. uoce ~iuntur aures meae Ep.83.7; crebris ~iunt ululatibus aures LUC.2.33;—~iat dum maesta remotas fama procul terras 5.774. **d** lumen..summi..~it laquearia tecti VERG.A.8.25; sole..radiis ~iente cacumina primis OV.Met. 7.804;—(of heat) adicit autem ei (sc. uento) stimulos ortus solis ~iens gelidum aera SEN.Nat.5.8.2. **e** litora Pompeium ~iunt LUC.8.698; interrupta profundo terra ~it puppes 9.336. **f** quaecumque ~it (linea), dicuntur signa trigona MAN.2.276; linea tam rectum mundi ~it illa Leonem LUC.10.306;—cui circumfusa..palla imos ferit..pedes V.FL. 1.385; (poet.) ~ies nudos ueste fluente pedes PROP.3.17.32.

8 To strike (the strings of a lyre, etc.); also, to perform (songs) with lyre accompaniment; (in quot., transf.).
tinnulas plectro ~iente chordas SEN.Tro.833; cf. sonat.. uox ut ~itur QUINT.Inst.11.3.61;—dum ~it (Horatius) Ausonia carmina culta lyra OV.Tr.4.10.50.

9 (of conditions, events) To afflict, fall on; (w. abl.) to afflict (with). **b** to trick, cheat.
quod prouisum ante non sit, id ~ire uehementius CIC. Tusc.3.52; quo minus multa patent in eorum uita, quae fortuna ~iat Off.1.73;—ne quis amicus frigore te ~iat HOR. S.2.1.62; mira libidine..omnis aliqua nota ~iendi SEN.Dial. 2.18.1; uictor..ululatus..occulto..~it praecordia luctu STAT.Theb.9.179; accidit ut..ictu simili ~irer QUINT.Inst. 6.pr.3; non idem dedecus est homini solitario ignominia ~iri FRO.Amic.2.p.180(195N). **b** Geta ~ietur alio munere TER.Ph.47; qui uolet austeros arte ~ire uiros PROP. 3.3.50; cum ~it astutos comica moecha Getas 4.5.44.

10 To strike (the mind or senses) forcibly, appeal to, move, impress; also, to offend (the senses).
ut sensum ~iat id quod translatum sit CIC.de Orat.3.163; nec ullum genus est dicendi..fortius quam binis aut ternis ~ire uerbis Orat.226; tam fortis animus omnium mentes ~it SEN.Tro.1153; ut..omnis sensus in fine sermonis ~iat aurem QUINT.Inst.8.5.13; ~iunt animum (sententiae) 12. 10.48;—(of odours) quae maxime nares ~iunt PLIN.Nat. 13.16;—(of sights) cum..~iat..oculos iniuria mundi MAN. 1.722; his imperitorum ~iuntur oculi omnia subita.. mirantium SEN.Ep.88.22;—ne..publici doloris oculos ~irent FLOR.Epit.2.17(4.7.4).

11 (gram.) To give an ictus or stress to.
breuis utrimque sit licebit; bis ~ire conuenit MAUR.1344; 1347; sed ter ~itur, hinc trimetrus dicitur 2193.

feritās ~ātis, *f.* [FERVS+-TAS]

1 (of animals) Untamed quality or state, wildness. **b** (of men) barbaric or savage state. **c** (of plants) uncultivated state, wildness. **d** (transf.) wildness (of a place); roughness (of taste).
beluas..captas ~atem illam siluestrem primo seruare LIV.38.17.15; OV.Fast.4.217; elephantorum ~atem usque in seruile obsequium demeretur cibus SEN.Ben.1.2.5. **b** eos..ex ~ate illa..ad mansuetudinem transduxerunt CIC.Sest.91; cultu et ~ate non multum a Germanis differebat HIRT.Gal.8.25.2; Lacetanos..insita ~as continebat in armis LIV.34.20.2; populi liberae ~atis PLIN.Nat.6.133. **c** arbusta sine cultore ~atis SEN.Dial.6.18.5; quae res ~atem (mentastro) detrahit COL.11.3.37; si satiuae (uites) siluestribus inserantur, degenerant in ~atem PLIN.Nat. 17.117. **d** ~as inamoena uiae STAT.Silv.2.2.33;—crapula conpesci ~atem nimiam (musti) PLIN.Nat.14.124.

2 a (of animals) Fierceness, ferocity. **b** (of men) brutality, savagery, inhumanity. **c** (transf., of places).
a tempore..compescitur ira leonum, nec ~as animo.. manet OV.Tr.4.6.6; tigres leonesque numquam ~atem exuunt SEN.Ep.85.8; (cf.) illis (sc. Leoni et Centauro) est ~as signis MAN.2.616;—(meton.) leonum ~as inter se non dimicat PLIN.Nat.7.5; at ~as inmota riget MART.5.31.5. **b** illa.. (pars animi) in qua ~as quaedam sit CIC.Div.1.60; non cadit in mores ~as inamabilis istos OV.Pont.1.6.5; gens etiam Germana ~ate ferocior VELL.2.106.2; non esse hanc crudelitatem sed ~atem, cui uoluptati saeuitia est SEN.Cl. 2.4.2; qua ~ate dolentis despiciam questus? STAT.Theb. 3.703; pleraque uulnera ~ate et saeuitia trunco iam corpori adiecta TAC.Hist.1.41; (cf.) nimium ~atis in illo (sc. fulgure) est (*i.e. that is too savage a weapon*) OV.Met.3.304;—(poet.) tanta mihi ~as, tanta est insania luctus STAT.Silv.5.5.23. **c** eximar ut Scythici de ~ate loci OV.Pont.2.2.110; Pontus Euxinus, antea ab inhospitali ~ate Axinus appellatus PLIN. Nat.6.1.

fermē: see FERE.

fermēmodum, *adv.* [prec.+MODVS, cf. *propemodum*] (w. *omnis*) Very nearly, pretty well.
in omnibus ~ ueterum scriptis GEL.18.12.10.

fermentātus ~a ~um, *a.* [pple. of FERMENTO] (of bread) Leavened; (also transf.).
panis ~us CELS.2.25.1; PLIN.Nat.18.104;—debent esse (canes)..unguibus duris..solo..ut ~o ac molli VAR.R. 2.9.4; si uenter est quasi ~us..atque rugosus CELS.2.8.33.

fermentescō ~ere, *intr.* [next+-sco] To swell up as if leavened.
tellus quoque illo modo ~it PLIN.Nat.17.15; optima (sc. crocodilea) quae..friabilis minimeque ponderosa, cum teratur inter digitos ~ens 28.109.

fermentō ~āre ~āuī ~ātum, *tr.* [next+-o³] To cause fermentation in; to leaven. **b** (transf.) to aerate (soil).
ficus uiridis..in amphoras conditur et ibi sinitur ~ari COL.12.17.4;—cum fieret..panis hordeacius, erui aut cicerculae farina ipse ~abatur PLIN.Nat.18.103. **b** columbinum (stercus) quod..~are possit terram VAR.R.1.38.1; neque enim aliud est colere quam resoluere et ~are terram COL.2.2.4.

fermentum ~ī, *n.* [cf. AS. *beorma* 'leaven']

1 The process of fermentation, ferment.
alii aceruorum ~o gigni (spumam nitri) existimauere PLIN.Nat.31.112; quod superest inferioris soli..in ~um congerere COL.3.11.3;—(in fig. phrs.) nunc in ~o totast, ita turget mihi PL.Cas.325; mea uxor propter illam tota in ~o iacet Mer.959.

2 A substance used for fermentation or leavening, yeast, barm.
pocula laeti ~o atque acidis imitantur uitea sorbis VERG. G.3.380; panis sine ~o CELS.2.28; quod pastinati humus, dum est recens soluta laxataque, uelut ~o quodam intumescit COL.4.1.7; 12.5.1; panis Iudaicus nullo ~o detinetur TAC.Hist.5.4; farinam ~o inbutam adtingere ei..fas non est GEL.10.15.19; (*disparagingly applied to a cake*) plena domus libis uenalibus: accipe et istud ~um tibi habe JUV.3.188; (*as a medicament*) si tumori subest aliquis umor, ~um.. inponitur COL.6.12.4;—(fig.) mi centum aureos in manu posuit. hoc fuit peculii mei ~um PETR.76.7; quo didicisse, nisi hoc ~um et quae semel intus innata est rupto iecore exierit caprificus? PERS.1.24.

ferō ~rre tulī lātum, *tr.*, (*intr.*). [Umb. *fertu*, Gk. φέρω, Skt. *bhárati*, OIr. *biru*, OHG. *beran*; for pf. forms see TOLLO] FORMS: Pres. ind. and imp.: *~rs*, *~rt*, *~rtis*, *~r*, and *~rte* regularly for *~ris*, etc., gdve. *~rendus* or *~rundus*. Reduplicated pf. forms *tetul-* PL.Am.716, Cist.650, etc.; TER.An.808, etc.; ENN.Ann. 55; CAECIL.com.75; LUCR.6.672; CATUL.63. 47,52; 66.35. *tol-* (for *tul-*) CIL 1.596.11; 1. 1215b.

1 To carry, convey, transport, take (persons or things). **b** (of ships, vehicles, etc.). **c** (of a road).
homines qui ~rebant te sublimem quattuor PL.Men.1052; ego ~rare faxo, ut meruisti, in crucem Mos.1133; is in lectica ~rebatur GRACCH.orat.46; triumphus..per quem lata est urbs ea CIC.Phil.8.18; lectica ad turrem cum esset ablatus in ea ~rebatur B.Hisp.38.3; uelut qui Iunonis sacra ~rret HOR.S.1.3.11; ~rt uallum et arma miles HOR.Epod.9.13; ne grauia impedimenta ~rentibus essent LIV.21.60.9; (consul) tulit in eo triumpho denarium trecenta septem milia 41.13.7; quemue alium Stygios tulerit secreta per amnis Nereis? STAT.Ach.1.480; unde eum..accitum ~rrent in castra TAC.Ann.15.53; oneri ~rundo non inhabiles (equos) APUL.Met.7.23; (*w. ref. to funeral procession*) egredior, siue illud erat sine funere ~rri OV.Tr.1.3.89; (poet.) Musae, quarum sacra ~ro VERG.G.2.476;—(cf.) '~rri' proprie dicimus, quae quis suo corpore baiulat: 'portari' ea, quae quis iumento secum ducit: 'agi' ea, quae animalia sunt GAIUS dig.50.16.235. **b** inde tot per impotentia freta erum tulisse CATUL.4.19; ~rte coronatae iuuenum conuiuia lintres OV.Fast.6.779; esseda nos agili siue tulere rota Pont.2. 10.34; LUC.3.451; PLIN.Nat.16.203; haec (sc. missile) ictu rapido pugnantum saepe per auras..tulit fumantia membra SIL.1.361; (poet.) fraxinus iram fortunamque ~rens STAT. Theb.8.717. **c** semita haec deinde uos ~ret ipsa Priap. 86.21.

2 (of physical or abst. forces) To cause to go, carry, take. **b** (transf., of feelings, passion, etc.) to carry, lead (to a course of conduct, degree of behaviour, etc.). **c** to carry, lead (into a situation).
nunc eas ab saxo fluctus ad terram ~runt PL.Rud.76; inde omnem classem uentus auster lenis ~rt CATO orat.31; hoc fit idem in partis alias, quocumque tulit uis LUCR.6.299; conuersis in eam partem nauibus quo uentus ~rebat CAES. Gal.3.15.3; (aqua) quae flumine Nilo ~rtur B.Alex.5.2; ita turbine nigro ~rret hiems..stipulas..uolantes VERG.G. 1.321; ~rt impetus ipsum A.12.369; cum praeter Cumas uelis ~rrentur LIV.23.38.2; ~rri secundis tuta coepit flatibus (nauis) PHAED.4.17(18).6; FRON.Str.3.14.2; (*in fig. phr.*) dum me leuis aura ~rebat OV.Tr.3.4.15; (cf.) illi (sc. animi diuini ambitus) in flumen inmersi..ui magna tum ~rebant, tum ~rebantur CIC.Tim.48; ceteri eorum more quae fluminibus innatant non eunt sed feruntur SEN.Ep. 23.8;—(*of abst. forces*) quo quoiusque animus ~rt, eo discedunt SAL.Jug.54.4; qua quemque in tenebris pauor tulit LIV.4.39.7; qua quemque aut consilium aut error tulit 23.17.6; ut quemque formido tulerat TAC.Ag.36.3;—(*of fate, etc.*) incerti quo fata ~rant VERG.A.3.7; fatalem Aenean manifesto numine ~rri 11.232; quo nos cumque ~ret melior fortuna parente HOR.Carm.1.7.25; sic illum fata ~rebant OV.Met.3.176. **b** qui usque eo feruet ~rturque auaritia CIC.Quinct.38; quam caecam crudelitate et scelere ~rri uidetis Clu.199; alii multitudinis iudicio ~runtur Off.1.118; quo magis errantes caeca ratione ~runtur LUCR.6.67; talia iactabam et furiata mente ~rebar VERG.A.2.588; iam aura non consilio ~rri LIV.6.11.7; monstri nouitate ~runtur OV. Met.12.175; cum ad excidium eius summo studio Alexander ~rretur V.MAX.7.3.ext.4; rabies..infanda ciuitatem tulit SEN.Dial.5.2.5; aduersis..~rri non esse uirorum SIL.10.617; cum transuersum ui sua iudicem ~rat (Cicero) QUINT.Inst. 10.1.110; in quem recenti ira ~rebatur TAC.Ann.4.3; (cf.) quos..canam titulos, dubius ~ror Laus Pis.2;—(w. inf.) nos ferro meritas exscindere Thebas mens tulit STAT.Theb. 4.755. **c** nisi illud quod eo quo intendas ~rat deducatque cognoris CIC.de Orat.1.135; interdum..graui lethargo ~rtur in altum..soporem LUCR.3.465; adulescentulus..studio ad rem publicam latus sum SAL.Cat.3.3; tulit te longe a conspectu uitae salubris rapida felicitas SEN.Ep.19.5.

3 (refl.) To make one's way, go, proceed. **b** *pedem* (*pedes, uestigia*) *~rre*, to move the feet, advance, step; (also in dancing). **c** (w. *cursus, iter*, and sim. nouns) to go, proceed, etc.; *aditum, reditum ~rre*, to approach, retire.
sicut equus qui..inde ~rt sese campi per caerula..prata ENN.Ann.516; quod eo se..~rrent aues VAR.L.5.43; cum ipsa paene insula mihi sese obuiam ~rre uellet CIC.Planc.96; talis erat Dido, talem se laeta ~rebat per medios VERG.A. 1.503; se ad Caietae recto ~rt litore portum 6.900; captiuo ..ut se ~rret in auro 11.779; mediam se ~rre uirorum coetibus STAT.Theb.9.826; (cf.) aduersum fidens ~r pectus in hostem VERG.A.11.370; (*of footprints*) ut intro uorsus et ad te spectent atque ~rant uestigia se omnia prorsus LUCIL. 989; (fig.) nescio qua iniquitate naturae eloquentia se retro tulerit SEN.Con.1.pr.6. **b** qui huc in hanc urbem pedem nisi hodie numquam intro tetulit PL.Men.381; numquam huc tetulissem pedem TER.An.808; ad Idae tetuli nemora pedem CATUL.63.52; pedem ex taberna tulimus LABER.com. 59; errantes ~rtque refertque pedes OV.Fast.6.334; huc ~rt pedes et illuc, ut tigris orba natis SEN.Med.862; non ~rre piae uestigia natae aequa ualent STAT.Theb.11.321; uirum.. incomitata uidet uestigia ~rre per umbras SIL.9.101;—~rte simul Faunique pedem Dryadesque puellae VERG.G.1.11; quam nec ~rre pedem dedecuit choris HOR.Carm.2.12.17. **c** ante tulit gressum camposque..desuper ostentat VERG.A. 6.677; ~rte per extremas gentis et ~rte per undas..iter PROP.1.1.29; illa uelut coniunx Vmbri..mariti ambulat ingentis uarica ~rtque gradus OV.Ars 3.304; retro..~renti auersos passus Met.12.136; num flamma cursus pariter et torrens ~rent..? SEN.Her.O.280; quo ~rtis iter STAT.Theb. 1.444; uagos..~rre datur cursus SIL.9.243; (cf.) non similes iam ~rre choros..audet V.FL.2.282;—huc aditum ~rens CATUL.61.26; fac uti..reditum in nemora ~rat 63.79.

4 (pass. of persons, etc.) To proceed (of one's own volition or under an external impulse), be borne, go.
alcyonis ritu litus peruolgans ~ror PAC.trag.393; cum uehementius in mouendo ut ab se abeat foras ~rtur VAR.L. 6.48; egone..haec ~rar in nemora? CATUL.63.58; ad eum omni celeritate et studio incitatus ~rebatur CAES.Civ.3.78. 2; ~rimur per opaca locorum VERG.A.2.725; nocte uagae ~rimur PROP.4.7.89; uidisse post sese serpentem..cum ingenti arborum..strage ~rri LIV.21.22.8; dubius Perseus, dextra laeuane ~ratur OV.Met.5.167; iam ~ror in pugnas Tr.4.9.27; superuolantes..aues quamuis alte et perniciter ~rantur..absorbent (angues) MELA 1.99; inde Paraetoniam ~rtur securus in urbem LUC.10.9;—(w. abl.) inter caedes.. Tarchon ~rtur equo VERG.A.11.730; non usitata nec tenui ~rar penna biformis per liquidum aethera uates HOR.Carm. 2.20.1; profuga..per aequora classe ~rtur ab Antandro OV.Met.13.628;—(transf.) is qui ardens auaritia ~ratur infestus in suos CIC.S.Rosc.88; sed nos ad coepta ~ramur Culex 41; in semet sua per conuicia ~rri MAN.4.873.

5 (pass., of things) To be borne or carried along; (sts. in middle sense; also refl.). **b** (of rivers, wind, etc.). **c** (of sounds). **d** to extend along, lead.
flammeam per aethram late feruidam ~ri facem STRAB. trag.3; orbes stelligeri portantes signa ~runtur CIC.Arat. 482(238); sol ut eam (sc. terram) circum ~ratur de Orat. 3.178; uitis..quae..nisi fulta est, ~rtur ad terram Sen.52; cuncta necessest aut grauitate sua ~rri primordia rerum aut ictu forte alterius LUCR.2.84; ea quae dico rerum simulacra ~runtur undique 4.239; seu propior terris aestiuum ~rtur in orbem (Phoebus) [TIB.]3.7.159; MAN.1. 232; aduerso cursu contra caelum ~runtur AMP.3.3; (cf.) motus quacumque ~runtur LUCR.1.1076;—(transf.) tunc angusta dies uernalis ~rtur in horas dimidiam atque nouem MAN.3.258;—(refl.) ubi forte ita se tetulerunt semina aquarum LUCR.6.672. **b** itaque (aer)..natura ~rtur ad caelum CIC.N.D.2.117; Rhenus..longo spatio per finis.. Treuerorum citatus ~rtur CAES.Gal.4.10.4; uento mixtus imber cum ~rretur in ipsa ora LIV.21.58.3; uallem, per quam mediam ~rtur Aous amnis 32.6.5; antelucanos flatus ..qui..ex conuallibus aut aliquo sinu ~runtur SEN.Nat. 5.7.1; ignes terra editi uillas..corripiebant ~rebanturque in ipsa..moenia TAC.Ann.13.57; (cf.) ne infinite ~ratur ut flumen oratio CIC.Orat.228;—(refl.) qua se ~rt magnus Hister PLIN.Nat.3.146. **c** quoniam per saxea saepta non penetrat, qua uox uulgo sonitusque ~runtur LUCR.4.700; uox iracunda..rauco de gutture ~rtur OV.Met.2.484; (cf.) una uox capere arma iubentium per totam ~rtur aciem LIV.9.41.19. **d** arteriae..sursum procedentes ultra aures ~runtur CELS.4.1.2; stomachus interior ad uentriculum ~rtur 4.1.3; aliae (fistulae) rectae intus ~runtur 5.28.12.

6 (intr.) To move (in a spec. direction), bear. **b** (of a road, gateway, footprints, etc.) to lead.
nunc tu susque deque ~rs LABER.com.29; quem..Aspis

conspiciens ad se ~rentem pertimescit Nep.*Dat.*4.5; ire pedes quocumque ~rent Hor.*Epod.*16.21; sinister umerus proferendus ut cum capite ad dextram ~rente consentiat Quint.*Inst.*11.3.113; postquam mutabat aestus eodemque quo uentus ~rebat Tac.*Ann.*2.23. **b** itinera duo, quae ..ad portum ~rebant Caes.*Civ.*1.27.4; quaerenti nulla ad speluncam signa ~rebant Verg.*A.*8.212; qua uia ad Veserim ~rebat Liv.8.8.19; portam ad mare ~rentem 26.40.8; inde in collem aperta..~rebat uia 27.27.3; e regione portae, quae ~rt Sicyonem 32.23.4; ad fauces, quae ~runt in Tempe 33.13.1; ubi, quo maxime ~rat (*sc.* fistula), specillo exploratum est Cels.7.4.1B; depascitur segetes..ex agro ~rentibus uestigiis (hippopotamius) Plin.*Nat.*8.95; et Laurentina (Via) et Ostiensis eodem ~runt Plin.*Ep.*2.17.2; scalae, quae in cryptoporticum ~runt 5.6.27;—(*in fig. phr.*) me..praecepta et quasi uias quae ad eloquentiam ~rrent traditurum Cic.*Orat.*141; omnis..uias, quae ad quietem.. ~rant *Fin.*1.46.

7 (of usage, opinion, etc.) To incline, tend.
cum inter se, ut ipsorum usus ~rebat, amicissime consalutassent Cic.*de Orat.*2.13; habitus sis in liberum loco, sicut mos maiorum ~rebat *Ver.*1.40; cum ad illud prandium crudior uenisset et, ut aetas illa ~rt, sibi tamen non pepercisset *Clu.*168; ut opinio et spes et coniectura nostra ~rt *Att.*2.25.2; puluerem maiorem quam consuetudo ~rret in ea parte uideri Caes.*Gal.*4.32.1; sed uos, si ~rt ita corde uoluntas, hoc superate iugum Verg.*A.*6.675; Sen.*Ben.*2.31.1; Quint.*Inst.*1.7.1; quantum mea opinio ~rt Apul.*Apol.*95; Ulp.*dig.*24.1.32.14.

8 a (mil.) *signa* ~*rre*, To carry forward the standards, march, advance. **b** *arma* ~*rre*, to bear arms; to go to war, fight.
a cum..signa ~rri iussisset, non fore dicto audientis milites neque propter timorem signa laturos Caes.*Gal.*1.39.7; ~rte signa in hostem Liv.9.23.13; ad ipsam Romam urbem infesta signa ~rri iussit 26.13.11; 42.64.5; (*poet.*) centum puer artium late signa ~ret militiae tuae (*sc.* Veneris) Hor.*Carm.*4.1.16;—(*of a commander*) te signa ~rente et minor in leges gener et Cato Caesaris iret Stat.*Silv.*1.1.27; Sil.1.142. **b** eorum qui arma ~rre possent eum numerum fuisse Liv.1.44.2; qui roboris satis ad ~renda arma habere uiderentur 25.5.7; iuuentus..studio..ignaua palaestrae et uix arma ~ens Luc.7.272; arma cunctis, qui ~rre possent Tac.*Hist.*5.13; (*cf.*) nec pede congressos aequo nec tela ~rentis insequitur Verg.*A.*12.465;—qui..aduersum legiones exercitumque nostrum arma telaque ~rent *formula* in Macr.*Sat.*3.9.10; apud eum quem contra arma tulerant Cic.*Ver.*5.153; nomen (*sc.* hostis)..in eo, qui arma contra ~rret, remansit *Off.*1.37; tot milia gentes arma ~runt Italae Verg.*A.*9.133; arma contra patriam contra ciues uestros ~rretis? Liv.28.28.15; arma..in eos ~rto 38.11.3.

9 *prae se* ~*rre*, To carry in front of one; (esp., transf.) to show in one's demeanour, exhibit, display. **b** (in sim. phrs.). **c** *ore* ~*rre*, etc., to exhibit or display in one's features or expression.
aut aliqua ex argentaria trutina aut lingula pensum prae se omnes ~rent Var.in Non.p.180M; qui stillantem prae se pugionem tulit Cic.*Phil.*2.30; Romana classis..urbium Euboeae spolia prae se ~rens Liv.32.21.7;—quam laudem ille Africa oppressa cognomine ipso prae se ~rebat Cic.*Mur.*31; poetae, qui..magnam speciem doctrinae..prae se tulerunt *Tusc.*3.3; prae se ~rens in uoltu habituque insignem memoriam ignominiae acceptae Liv.27.34.5; deducta..a necessariis laetum prae se ~rentibus uultum V.Max.2.6.14; aequissima uox est et ius gentium prae se ~rens: 'redde, quod debes' Sen.*Ben.*3.14.3; hanc prae se uirtutem ~runt Quint.*Inst.*2.13.11; odium semper..Tiberi prae se ~rens Suet.*Cal.*14.3;—(*w. acc. and inf.*) prae me tuli me nihil malle quam pacem Cic.*Att.*8.11d.7; Liv.39.35.1;—(*w. indir. qu.*) iudices cum prae se ~rrent palamque loquerentur quid essent..iudicaturi Cic.*Balb.*52; quem quanti facias prae te soles ~rre *Att.*16.16c.10; Plin.*Ep.*6.8.2. **b** amare occepit aliam..neque id occulte ~rt Ter.*Ad.*328; neque id obscure ~rebat Cic.*Clu.*54; laetitiam apertissime tulimus omnes *Att.*14.13.2; haud clam tulit iram Liv.31.47.4; ipse animum ante se ~rens uultus Sen.*Ep.*11.10;—(*w. acc. and inf.*) haud dubie ~rebant Minucium Fabio duci praelaturos Liv.22.14.15; palam ~rente Hannibale..se ab Fabio uictum 22.29.6. **c** quem sese ore ~rens, quam forti pectore et armis! Verg.*A.*4.11; patrium..nitorem ore ~rens Ceyx Ov.*Met.*11.272; laetitiam et gratulationem uultu ~rens Tac.*Hist.*2.65.

10 (of female mammals) To carry in the womb, be pregnant with; (also absol.).
equa..uentrem ~rt duodecim menses Var.*R.*2.1.19; nec te conceptam saeua leaena tulit [Tib.]3.4.90; Liv.1.34.3; canis maiore tulit de sanguine fetum Grat.166; filium a matre decem mensibus in utero latum esse Quint.*Inst.*8.3.54; (*cf.*) ille te uenter tulit Sen.*Phaed.*693;—bos forda quae ~rt in uentre Var.*L.*6.15; cameli xii mensibus ~runt Plin.*Nat.*10.179.

11 (w. indication of direction) To lift up, raise, elevate. **b** to raise in importance, morale, etc. **c** *in caelum* (*laudibus*) ~*rre* and sim. phrs., to praise greatly, 'raise to the skies'; also w. *laudibus* alone.
tetulit..ad caelum manus *Inc.trag.*70; Alciden taurus in astra tulit Mart.*Sp.*16b.2; Gorgoneas..~rens ad sidera Pegasus alas Sil.14.576; (*cf.*) exhalare uaporem altaria ~rreque fumum Lucr.3.432. **b** saepe (rem) supra ~ret quam fieri possit Cic.*Orat.*139; fama..qua incerta in maius uero ~rri solent Liv.21.32.7; altius ipsos ~rt domini successus equos *Ilias* 1000; sed non et uiribus infra Tydea ~rt animus Stat.*Theb.*1.416; Trebellium dum uterque dedignatur, supra tulere Tac.*Ann.*14.46. **c** nomina artificum, quae isti ad caelum ~runt Cic.*Ver.*4.12; cuius..ad caelum gloria ~rtur Lucr.6.8; sua quisque fortia facta ad caelum ~rt Sal.*Jug.*53.8; Decium in caelum ~runt Liv.7.36.7;—quae uos ad caelum ~rtis rumore secundo Hor.*Ep.*1.10.9; Fabios ad caelum laudibus ~runt Liv.2.49.1; Tac.*Dial.*19.3;—duces..eorum consilium suum laudibus ~rebant Caes.*Civ.*1.69.2; Macedones..milites ea tum erant fama, qua nunc Romani ~runtur Nep.*Eum.*3.4; qui carmine laudes Herculeas et facta ~runt Verg.*A.*8.288; Tempanium meritis laudibus ~rens Liv.4.41.9; Diocles (rapum) magnis laudibus tulit Plin.*Nat.*20.19; Apul.*Apol.*94; (*cf.*) nec uestra ~retur fama leuis Verg.*A.*7.231.

12 (of stationary things) To carry, bear, support. **b** to have on or in it, contain.
si aqua grauior est leuiorem rem quam ipsa est ~rt Sen.*Nat.*3.25.5; cuius auratas trabes uariis columnae nobiles maculis ~runt *Thy.*647; institis quibus sponda culcitam ~rebat Petr.97.4; Thessalicum breuior Pelion Ossa tulit Mart.8.36.6; inertes undae superiacta ut solido ~runt Tac.*Hist.*5.6. **b** cum neque aptam mollis umeris fibulam sagus ~rret Var.*Men.*569; insularum..quascumque..~rt uterque Neptunus Catul.31.3; quae ~rre solet spatiantem porticus illam Ov.*Rem.*627; Ara ~rens turis stellis imitantibus ignem Man.5.340; alter (sinus) Olbianos in promunturio ~rt Neptuni fanum Mela 1.100; Cypros..ingens, ut quae..aliquot urbes ~rat 2.102; in ollam, quae ~rt amphoras tres Col.12.34; aut Collina tulit stratas quot porta cateruas Luc.2.135; hos ignis egentis ~rt humus Stat.*Theb.*11.277.

13 To carry, support (oneself, one's body, etc.). **b** (w. adj. or adv.) to carry (one's body, limbs, etc., in a particular manner or condition).
me mihi ~rre graue est Ov.*Tr.*4.8.4; infans, qui..~rre se adsuescit Sen.*Ep.*121.8; uisus erat, somno uires adimente ~rendi, cornigerum terra deposuisse caput Ov.*Am.*3.5.19; (*cf.*) fessum..caput se ~rre recusat Luc.6.97. **b** ductores ..ipsos..capita alta ~rentis Verg.*A.*1.189; cur..currant et cur..nuda ~rant posita corpora ueste, rogas? Ov.*Fast.*2.284; membra ~ras Stygiae semicremata neci *Ib.*632; alatos umeros Typhona ~rentem Man.4.581; inter..natos ..suos tuto superba ~rt caput fastu graue Sen.*Oed.*614; augete animos et digna secundis pectora ~rte deis Stat.*Theb.*10.24;—sic oculos, sic ille manus, sic ora ~rebat Verg.*A.*3.490; sic ergo gradum, sic ora manusque, nate, ~res Stat.*Ach.*1.340.

14 To carry about with one (as a feature, attribute, etc.); *in oculis* ~*rre*, to see continually before one, have always in one's thoughts. **b** to take with one at death (as the sum of one's age). **c** to bear (a name).
seruos, quoiius ego ~ro hanc imaginem Pl.*Am.*141; hic illius hodie ~rt imaginem *Capt.*39; hanc sine me spem ~rre tui Verg.*A.*9.291; qui fugam animis, qui uulnera tergo ~rant Tac.*Hist.*5.16; haec Typhoeus membra quae discors tulit Sen.*Med.*773; (*of things*) quaedam..falsa ueri speciem ~runt Sen.*Dial.*4.22.2;—~rebant in oculis hominem Cic.*Har.*48; Trebellium ualde iam diligit: oderat tum..iam ~rt in oculis *Phil.*6.11; *Q.fr.*3.1.9. **b** quot putas illum annos secum tulisse? Petr.43.7; raperis, genitor..trinis..decem quinquennia lustris iuncta ~rens Stat.*Silv.*5.3.253; ANNOS BIS DENOS ADQ DVOS TETVLI *CIL* 3.8135; QVAE VIXIT MECVM ANNOS II..TVLIT AVTEM SECVM ANNOS XXXV 6.12178; TVLIT ANN XXVII MENSES VIIII 10.3768. **c** i nomen diu seruitutis ~runt Pl.*Ps.*107; cum Basilus M. Satrium sororis filium nomen suum ~rre uoluisset Cic.*Off.*3.74; insani sapiens nomen ~rat Hor.*Ep.*1.6.15; qui mea nomina ~rret oraque Stat.*Silv.*5.5.10

15 a To put forward, stretch out, advance (the hand, etc.). **b** to bring (a weapon) to bear (on), thrust (at); to deal (a blow). **c** to bring (the eyes) to bear. **d** *osculum* (*complexum*) ~*rre*, to give a kiss (embrace). **e** to discharge, emit (bodily excretions, etc.).
a quom manum..ad corpus tetulit Bacchidi Pl.*Bac.*482; ~r contra manum et pariter gradere *Truc.*124; ille manum ..ad uulnus tulit Verg.*A.*9.578; (*cf.*) ad os ~rs quicquid nanctu's Nov.*com.*62; (*poet.*) (tigris) quo primum ~rat incerta morsus Sen.*Thy.*709;—(*in swimming*) alterna ~rens in lentos bracchia tractus Man.5.422;—(*in boxing, fighting*) caestus..quibus acer Eryx in proelia suetus ~rre manum Verg.*A.*5.403; aduersus feros audax Gigantas obuias ~rrem manus Sen.*Oed.*91. **b** fuit impetus illi curua gemelliparae spicula ~rre deae Ov.*Fast.*5.542; tela..in hunc omnes unum mittuntque ~runtque *Met.*12.495;—adsurgentis dextra plagamque ~rentis Aeneae subiit mucronem Verg.*A.*10.797. **c** conuertere animos acris oculosque tulere cuncti ad reginam Volsci Verg.*A.*11.800; ~r propius tua lumina Calp.*Ecl.*1.24; huc..atque illuc animum pallentiaque ira ora ~rens Stat.*Theb.*2.568; si uisus per membra ~res *Silv.*4.6.40; (*cf.*) facilius..ad ea, quae uisa (sunt).. mentis oculi ~runtur Cic.*de Orat.*3.163. **d** manum prehendi et osculum tetuli tibi Pl.*Am.*716; oscula nec desunt qui tibi iure ~rant Prop.2.6.8; cum ~ret matri obuiae complexum Liv.2.40.5; oscula ~rre umero..libet Ov.*Ars* 3.310; Gel.10.23.1. **e** cum menses ferunt (equae) Var.*R.*2.7.8; si ferri urina..incipit Cels.2.8.14; ubi pus ~rri desiit 3.27.4B; mulieri, cui menstrua non ~runtur 4.11(4.5).5; ubi et liquida aluus et saepius quam ex consuetudine ~rtur 4.26.1; corde percusso sanguis multus ~rtur 5.26.8; simul.. etiam spiritus cum sono ~rtur 5.26.9.

16 To undergo, endure, sustain (hardships, troubles, etc.).
~r aequo animo Pl.*Mil.*1343; aerumnam pariter tetulisti meam Caecil.*com.*75; quin quod est ferundum ~rs? Ter.*Ph.*430; nec abiecte nec sine aliqua dignitate casum illum temporum et dolorem tuli Cic.*Phil.*3.28; quam fortiter ~rres communis miserias *Fam.*4.15.1; an hunc laborem, mente laturi decet qua ~rre non mollis uiros? Hor.*Epod.*1.10; cum Samnitibus bellum per centum prope annos.. tulerimus Liv.23.5.8; saepe ~res imbrem Ov.*Ars* 2.237; flammas moueoque ~roque *Met.*3.464; habes ex illo duas filias, si male ~rs, magna onera, si bene, magna solacia Sen.*Dial.*6.16.6; seruitium..~ro Stat.*Theb.*5.39.

17 To play, sustain (a part).
ac metuo ne illaec simiae partis ~rat Pl.*Mer.*276; non posteriores ~ram (*sc.* partes) Ter.*Ad.*880; posset qui ~rre secundas Hor.*S.*1.9.46; personam..~ret non inconcinnus utramque *Ep.*1.17.29.

18 (w. adv. or advl. phr.) To react towards, take (in a specified manner).
numquam quoiquam nostrum uerbum fecit neque id aegre tulit Ter.*An.*178; ut aduersas res, sic secundas inmoderate ~rre leuitatis est Cic.*Off.*1.90; si acerbius inopiam ~rrent Caes.*Gal.*7.17.4; bene ~rre magnam disce fortunam Hor.*Carm.*3.27.74; ignauae ~rt male damna morae Ov.*Ars* 1.186; ut..caluitii..deformitatem iniquissime ~rret Suet.*Jul.*45.2;—(*w. acc. and inf. or cl.*) tuli grauiter et acerbe ..in eum me locum adduci Cic.*Div.Caec.*4; eum sibi..anteponi indigne ~rebant Nep.*Eum.*1.3; aegre ~rebat solum eum in magistratibus..esse Liv.6.11.3; diligentius spectari iracunde ~rebat Plin.*Nat.*11.143; quo modo laturus sit Caesar, si Ptolomaeus Pompeium occiderit? Quint.*Inst.*7.2.6; tamquam detectam a se Verginii cunctationem.. ingrate tulisset Tac.*Hist.*1.52; tulit..perindigne actum in senatu, ut..adiceretur Suet.*Tib.*50.2.

19 To endure without giving way, withstand, bear. **b** to take (food or drink) without undesirable effects, carry. **c** (of things) to endure (the lapse of time) without detriment. **d** to hold out against (prayers, etc.).
quo pacto aduorsam aerumnam ~rant, pericla damna exsilia Ter.*Ph.*242; ut pugiles inexercitati, etiam si pugnos ..cupidi ~rre possunt, solem tamen saepe ~rre non possunt Cic.*Brut.*243; facile egestatem suam se laturum putat *S.Rosc.*128; uulneribus acceptis quae ~rre non potuit *ad Brut.*1.3a.(4); accedebat ut..tempestatem ~rrent facilius (hae naues) Caes.*Gal.*3.13.7; diutius nostrorum militum impetum hostes ~rre non potuerunt 4.35.2; uix..~renda tulit Ov.*Tr.*3.2.14; nec ~rre durum frigus aut aestum pati Verg.*Cat.*13.3; non ~rentes impressionem Latinorum se ad principes recepere Liv.8.9.3; quo sola timorem ~rre modo posses? Ov.*Met.*1.360; dictu foedis tulerunt famem Sen.*Ep.*17.7; tulit ille ruentem Thybridis in ripas regem Sil.13.726;—(*of plants*) cum semel haeserunt aruis aurasque tulerunt (oleae) Verg.*G.*2.422. **b** quorum praedulcem cibum stomachus ~rre non potest Calv.*orat.*36; ego.. quemquam ~ram, qui uinum ~rre non possum? Sen.*Ep.*83.12; quantum ille uini..exhauserit, quod ~rre et concoquere non posset Quint.*Inst.*8.4.16. **c** ea uina quae uetustatem ~runt Cic.*Amic.*67; scripta uetustatem si modo nostra ~runt Ov.*Tr.*5.9.8; sic et annos ~rent (*sc.* musta) Quint.*Inst.*2.4.9; si modo ~rre diem..carmina nostra ualent Sil.4.399. **d** uicimus: assiduas non tulit illa preces Prop.1.8.28; Dardanii lacrimas non tulit ille senis Ov.*Tr.*3.5.38; non tulit populus..patris lacrimas nec ipsius parem in omni periculo animum Liv.1.26.12.

20 To put up with, endure, bear: **a** (persons). **b** (things).
a quem ~rret si parentem non ~rret suom? Ter.*Hau.*202; non ~rent, inquam, oculi Saxam, Cafonem Cic.*Phil.*12.20; sed te iam ~rre Herculei labos est Catul.55.13; tantam arrogantiam sumpserat ut ~rendus non uideretur Caes.*Gal.*1.33.5; qui patriam prope non tulerit Liv.35.42.11; quis enim ~rat puerum aut adulescentulum..si iudicet in dicendo et quodam modo praecipiat? Quint.*Inst.*8.5.8; Juv.6.651;—(*w. pred. noun, adj., etc.*) qui Bostrenum praetextatum non ~rebatis Cic.*Q.fr.*2.10.3; talia iactantem dictis..non tulit Ascanius Verg.*A.*9.622; Tarquinium regem qui non tulerim, Sicinium ~ram? Liv.2.34.10; qua grauitate animi criminantes se ad multitudinem inimicos tulerat 22.26.6;—(*w. acc. and inf.*) non ~ret usque suum te propter flere clientem Tib.2.6.35; quos ego Romanis subcubuisse tuli Ov.*Fast.*6.50. **b** id quoque possum ~rre..quamquam iniuriumst Ter.*Ad.*205; hominum ineptias ac stultitias..non ~rebat Cic.*Brut.*236; sed humana ~renda *Att.*15.20.3; saepe numero sese cum his congressos ne uultum quidem..dicebant ~rre potuisse Caes.*Gal.*1.39.1; superbiam regiam..quam ~rre ne liberi quidem potuissent Liv.1.54.1; nisi si et in his ~renda dubitatio est Plin.*Nat.*11.267; non tulit insidias diuum imperiosus Agenor Stat.*Ach.*2.72; militaribus animis adhibenda fomenta ut ~rre pacem uelint Tac.*Ann.*1.46; si..perpetuus quidem morbus est, tamen ~rendus his qui circa eam sunt Ulp.*dig.*24.3.22.7; (*poet.*) fallant uisus tactusque ~rant (semina flammae) Sen.*Med.*836; (*ellipt.*) haud tulit ulterius Ov.*Met.*12.132;—(*w. inf.*) seruo nubere nympha tuli *Ep.*5.12; V.Max.6.2.4;—(*neut. of gdve. w. acc. and inf.*) ne sit periniquum et non ~rendum illorum auctoritatem..comprobatam semper esse Cic.*Man.*63; *Agr.*2.93.

21 To admit of, allow, permit.
haec..cum grauiora sunt quam causa ~rt Cic.*Part.*54; sed eadem illa nostra laboriosissima ratione uitae, si uestra uoluntas ~ret, consequemur *Man.*70; abs te, quantum tua ~rt uoluntas, peto *Fam.*5.4.2; si natura non ~ret *Off.*1.121; ut loci cuiusque natura ~rebat Caes.*Civ.*3.43.2; si studium pecuniae..quoad res ~ret, minueris Sal.*Rep.*2.7.3; ut uires nostrae tulerunt Quint.*Inst.*3.1.1; perorata..ut mediocritas ingenii mei tulit, causa [Quint.]*Decl.*3.19;—(*w.* ut) nec uidebatur natura ~rre ut accidere posset Cic.*Att.*13.10.1.

22 To bring, fetch.
tibi dedi equidem illam (*sc.* pallam), ad phrygionem ut ~rres Pl.*Men.*681; ~rte aquam pedibus *Per.*792; pollicitantem et nil ~rentem Ter.*Ph.*521; prohibentur liberis suis cibum uestitumque ~rre Cic.*Ver.*5.117; timeo Danaos et dona ~rentis Verg.*A.*2.49; ~rte citi flammas 4.594; sitella lata est ut sortirentur Liv.25.3.16; nymphis latura coronas Ov.*Met.*9.337; quid dona..quid inania ~rtis iusta rogis? Stat.*Theb.*6.168; ~re ad nuptam quae mittit adulter Juv.3.45; libros intro ~rre Fro.*Ant.*2.p.4(224N); (*w. inf.*) natum ..ad Stygios iterum ~ro mergere fontis Stat.*Ach.*1.134;—(*non-material objs.*) cum medio..reuolant ex aequore mergi clamoremque ~runt ad litora Verg.*G.*1.361; imber noctem hiememque ~rens *A.*3.195; metum iam ad moenia ~rri 11.900.

23 To give, convey, bestow.
tulisse ut potius iniuriam quam rettulisse gratiam uidear Cic.*Sul.*47; di tibi..praemia digna ~rant Verg.*A.*1.605; di maris et terrae..~rte uiam uento facilem 3.529; di patrii.. cum talis animos iuuenum et tam certa tulistis pectora 9.249; ueniam peto ~roque *formula* in Liv.8.9.7; uilia haec capita luendae sponsionis ~ramus Liv.9.9.19; uerbenas..quas pia dis ruris ~rre solebat anus Ov.*Fast.*1.382; misero decus immortale ~rebat Stat.*Theb.*8.759; initium ~rendi ad

Vespasianum imperii Alexandriae coeptum Tac.*Hist.*2.79; codice saeuo..bona tota ~runtur ad Phialen Juv.10.237.

24 To refer, assign. **b** *acceptum, expensum, ~rre,* to enter as received from, paid out to, to debit or credit; also *accepto ~rre.*

(signa) in proprium cuiusque genus causasque tulere Man.2.27; nihil inueniebam aut proprium aut uniuersale, quod ad Bithynos ~rretur Plin.*Ep.Tra.*10.65(71).2. **b** se..habere argentarii tabulas in quibus sibi expensa pecunia lata sit acceptaque relata Cic.*Caec.*17; quod si mihi expensa ista HS c̄ tulisses *Fam.*5.20.9; quod dotem seruasset, illius religioni acceptum ~rri debere V.Max.8.2.3; philosophiae acceptum ~ro, quod surrexi Sen.*Ep.*78.3; huic (*sc.* Fortunae) omnia expensa, huic ~runtur accepta Plin. *Nat.*2.22; cui..salus imperii ac reipublicae accepta ~rri deberet Gel.4.18.12; Ulp.*dig.*16.1.8.8;—si quis accepto tulerit debitori suo 12.4.4; aliud est quod debetur, aliud quod accepto ~rtur 46.4.13.5.

25 To bear, yield (fruit, produce, etc.). **b** (of places, circumstances, etc.) to produce, give rise to. **c** to yield, provide (revenue).

(*of land, etc.*) in qua terra iugerum unum..quinos denos culleos ~rt uini Var.*R.*1.2.7; ut..agri frumentum eius modi te praetore ~rrent Cic.*Ver.*3.172; plurima tum tellus etiam maiora ~rebat (*sc.* arbuta) Lucr.5.942; immetata quibus iugera liberas fruges et Cererem ~runt Hor.*Carm.*3.24.13; effusis magnum Libye tulit imbribus annum Luc.3.70; ipsa prouincia..~rt elephantos Plin.*Nat.*5.18; insula ibi Citis, topazum ~rens et ipsa 6.170; ~rt Britannia aurum et argentum et alia metalla Tac.*Ag.*12.6;—(*of plants*) olea si fructum non ~ret, ablaqueato Cato *Agr.*93; florem et semen non ~rt (polypodium) Plin.*Nat.*26.58; osyris ramulos ~rt nigros Plin.*Nat.*27.111;—(*cf.*) nec lapis lanam ~rt *Praec.*4.1(*poet.*p.31);—(*of seasons*) quod terra genuit, quod sidus aluit, quod annus tulit Plin.*Pan.*29.4; (*fig.*) artes nostrae..nunc uberiores fructus ~rre uidentur quam olim ~rebant Cic.*Fam.*9.3.2; haec seges ingratos tulit et ~ret omnibus annis Hor.*Ep.*1.7.21. **b** eos quorum uitiosa abundantia est, qualis Asia multos tulit Cic.*Opt.Gen.*8; illum cuius paucos paris haec ciuitas tulit *Pis.*8; hunc..tulit et Camillum saeua paupertas et auitus apto cum lare fundus Hor.*Carm.*1.12.42; quos tulit alta Zacynthos Ov.*Ep.*1.87; Pitanen..quae Arcesilan tulit Mela 1.90;—haec..aetas prima..oratorem prope perfectum tulit Cic.*Brut.*44; tulerint magnos cum saecula nostra poetas Ov.*Tr.*4.10.125; omne tempus Clodios, non omne Catones ~ret Sen.*Ep.* 97.10; Quint.*Inst.*3.7.3; nostra quoque aetas multa laudis..imitanda posteris tulit Tac.*Ann.*3.55; idem..dies et honestum exemplum tulit Cassii Asclepiodoti 16.33. **c** Asia multos annos uobis fructum Mithridatico bello non tulit Cic.*Agr.*2.83; fundum..~rentem annua sexaginta Scaev.*dig.*33.1.21.1.

26 To bring (news), report, bring news of. **b** to offer, bring (prayers, greetings). **c** (of an author) to bring (to the reader). **d** to convey (a meaning), mean.

quid ~rs? Pl.*Mer.*161; ~ro alia flagitia ad te..boni illi(u)s adulescentis Ter.*Ad.*721; eius uoces, eius minae ~rebantur Cic.*Sul.*66; en erit ut liceat totum mihi ~rre per orbem..tua carmina Verg.*Ecl.*8.9; Turno regi responsa ~rebant *A.*9.369; nuntius occurrit captam urbem esse, cetera falsa mixta ueris ~rens Liv.24.30.3; quodcumque ~rat iubet edere Peleus Ov.*Met.*11.350; causne suos ~rat ipsa parenti Stat.*Ach.*1.665; (*cf.*) ostia..patuere..uatisque ~runt responsa per auras Verg.*A.*6.82;—(*of a letter*) cetera ~rt blanda cera notata manu Ov.*Am.*1.11.14;—(*of rumour, etc.*) fugerat in legatione, ut fama ~rebat, populi iudicium Liv.10.46.16; hoc uolucrumque minae praesagaque fulmina ..tulerant V.Fl.3.355;—(*w. acc. and inf.*) mihi fama..tulit ..te..procubuisse Verg.*A.*6.502; id..a ciuitatibus Asiae factum fama ~rebat Liv.1.45.2; ubi legati rediere negata ~rentes arma Aetola sibi Ov.*Met.*14.527. **b** te salutamus ..quamquam hanc salutem ~rimus inuiti tibi Pl.*Poen.*622; Iunoni ~r rite preces Verg.*A.*8.60; sollemnem..honorem Amphitryoniadae magno diuisque ~rebat 8.103; ad aequoreos uota tulisse deos Ov.*Pont.*2.10.40; nec ulla cathedra est cui non mane ~ras inrequietus 'haue' Mart.4.78.4. **c** iuuat immemorata ~rentem ingenuis oculisque legi manibusque teneri Hor.*Ep.*1.19.33; quid dignum tanto ~ret hic promissor hiatu? *Ars* 138; me Veneris praecepta ~rentem Tib.1.4.79; mihi per carmen fatalia iura ~renti Man. 4.436. **d** non ego celari possum, quid nutus amantis quidue ~rant miti lenia uerba sono Tib.1.8.2; dic..uisa quid ista ~rant Ov.*Am.*3.5.32; quid ~rant lacrimae doce [Sen.]*Oct.*711; si uera ~runt praesagia curae Stat.*Theb.* 9.886.

27 **a** *sententiam, suffragium, etc., ~rre,* To give, record, one's verdict or vote. **b** to put forward (a plea), bring forward (an accusation).

a ne de capite uidelicet ciuium Romanorum sententiam ~rat Cic.*Catil.*4.10; aliis audientibus iudicibus, aliis sententiam ~rentibus Caes.*Civ.*3.1.4; Tac.*Ann.*1.74; de calumnia eius..ad modum exilii possunt ~rre sententiam Paul.*dig.*40.12.39.1;—praeclara dicentur iudicia tulisse Cic.*Tog.Cand.*fr.21; iudex quam tulit de reo tabellam Sen. *Con.*7.8.7;—in alia tribu patrem, in alia filium suffragium ~rre Scip.min.*orat.*7; MAG(ISTRATVS) QVEIQVOMQVE COMITIA CONCILIVMVE HABEBIT, EVM SVFRAGIVM ~RRE NEI SINITO *CIL* 1.582.5; ut uniuersus populus in campo Martio suffragium de re Clodi ~rat Cic.*Att.*1.18.4; Ov.*Fast.*5.633. **b** quamquam..alia..maesta et miseranda diu ~rret Tac. *Ann.*6.49; ~rre crimina in Silanum 12.4.

28 To bring in, propose (a law, etc.; in contexts sometimes implying the actual passing of the measure). **b** (w. *de, contra, in*+acc.; also, w. *ut, ne,* to put forward a proposal (concerning, that, etc.). **c** (w. indir. qu.) to put the question (whether).

quod eam legem in tribunatu tulisti Cras.*orat.*17; at enim Sulla legem tulit Cic.*Caec.*95; illae..(leges) sine ulla promulgatione latae sunt ante quam scriptae *Phil.*1.25; operam dat ut ea rogatio quam ipse ~rt..antiquetur *Att.*1.13.3; ibi legem de dictatore latam..cognoscit Caes.*Civ.*2.21.5; ut M. Antistius tribunus plebis..rogationem ~rret scisceretque plebs uti senatui..ius esset Liv.26.33.10; ea rogatio in Capitolio ad plebem lata est 33.25.7; leges..~ret iustissimus auctor Ov.*Met.*15.833; Sen.*Ep.*87.41; Gaius *Inst.*3.122;—(*legal action*) L. Scribonio quaestionem in eum ~rente Cic.*de Orat.*1.227; num igitur ulla quaestio de Africani morte lata est? *Mil.*16;—(*w. pron.*) EXTRA QVAM SEI QVID IN SATVRAM ~RETVR *CIL* 1.583.72; nihil omnino umquam de isto foedere ad populum, nihil ad plebem latum esse..dico Cic.*Balb.*33; altera (rogatione) nihil noui ~rimus Liv.4.3.5; (*cf.*) haud parua res sub titulo prima specie minime atroci ~rebatur 2.56.3;—(*foll. by* ne, *etc.*) nihil de me tulisti quo minus essem..in ciuium numero Cic.*Dom.*82; legem tulit, ne quis ante actarum rerum accusaretur Nep.*Thr.*3.2; Liv. 4.4.5. **b** de capite ciuis nisi per maximum comitiatum.. ne ~runto *Lex XII*(*Font.iur.*p.34); et..statim tuleris in eum 'qui tuam post legem reus factus esset' Cic.*Vat.*27; cum..de me eodem ex senatus consulto comitiis centuriatis ~rebatur *Sest.*109; tulit..de caede quae in Appia uia facta esset *Mil.*15; ut de eorum imperio ad populum ~ratur Caes.*Civ.*1.6.6; ut de quaestione..tribuni primo quoque tempore ad plebem ~rrent Liv.4.51.2; contra hoc tulit ad populum Cn. Aufidius tribunus plebis Plin.*Nat.*8.64;—id agitur, id ~rtur ne quis omnino umquam istis legibus reus fiat Cic.*Phil.*1.22; latum ab x tribunis plebis..ut sui ratio absentis haberetur Caes.*Civ.*1.32.3; cur enim non ~rtis, ne sit conubium diuitibus ac pauperibus? Liv.4.4.9; latum ad populum est ne quis patricius in arce..habitaret 6.20.13; latum est ad populum, uti omnes magistratu se abdicarent Pompon.*dig.*1.2.2.24. **c** ut..P. Scaeuola tribunus plebis ~rret ad plebem uellentne de ea re quaeri Cic.*Fin.*2.54; ausus est ~rre ad populum uellent iuberentne se regnare Liv.1.46.1; latum ad populum esse cuius uellent imperium in Africa esse 30.40.10; (*cf.*) quod..de sua unius sententia rogationem ~rret, uellent iuberentque..bellum indici 45.21.4.

29 To propose, offer (terms, conditions, etc.).

dic quid ~rs, ut feras hinc quod petis Pl.*Capt.*964; condiciones tetuli tortas, confragosas *Men.*591; stare condicionibus iis quas tulisset Cic.*Att.*7.15.2; ea condicione quae a Caesare ~rretur se usuros ostendebant Caes.*Gal.* 4.11.3; postulate aequa et ~rte Liv.7.40.14; ut condiciones pacis ~ramus aequas utrisque 8.5.3; pactionem quam uelint sibi ~rre Gaius *dig.*47.22.4; (*ellipt.*) ait hic sibi Iuliam ~rre Cic.*Att.*15.29.2.

30 To bring (a state or condition) on a person, etc., inflict. **b** (of fortune or sim. agencies). **c** to bring (help or sim.). **d** (of time) to bring with it (situations, etc.).

inferus an superus tibi ~rt deus funera? Andr.*poet.* 25(26); quot ego uoluptates ~ro, quot risiones, quot iocos, quot suauia Pl.*St.*657; nil pol iam istaec mihi res uoluptatis ~runt Ter.*Hec.*593; ut..illa uox..mortem illis acerbiorem et supplicium maturius ~rret Cic.*Ver.*5.147; hic graue seruitium tibi..Roma, ~rebat Verg.*Cat.*3.5; glacies ne frigida laedat molle pecus scabiemque ~rat *G.*3.299; mihi cetera laudem facta ~rent *A.*11.792; loco..uaporis pleno cineremque non puluerem modo ~rente Liv. 5.48.2; quae uim modo ~rre parabant Ov.*Fast.*6.521; ipsa tulit bellum natura per ignes Man.1.902; Stygio ~r bella Ioui! Sil.1.386; sed populo..id quoque dolorem tulit Tac.*Ann.*2.84.1. **b** uosne uelit an me regnare era quidue ~rat Fors uirtute experiamur Enn.*Ann.*197; casum.. timent quem cuique ~rat fors Lucr.3.983; di meliora ~rant [Tib.]3.4.1; si, quod belli casus ~runt Marsque communis, aduersa pugna euenisset Liv.8.31.5;—(*w.* ut+*subj.*) ita naturam rerum tulisse ut quodam tempore homines..fusi per agros..uagarentur Cic.*Sest.*91; fors ita tulit ut eo anno tribunus plebis Cn. Trebonius esset Liv.5.11.1; quando.. casus tulerit, ut non inducerentur Pompon.*dig.*38.17.10.1; —(*w. adv.*) satius duxit, si ita tulisset fortuna, perire Nep. *Eum.*6.5; absentem, quoniam sic fata tulerunt, uiuat ut auxilio subleuet usque suo Ov.*Tr.*1.3.101;—(*ellipt.*) proximus aut idem, si fors tulit..dixit *Met.*11.751;—(*refl.*) sese ut ~runt res fortunaeque nostrae Pl.*Rud.*674; QVONIAM FATVM SE ITA TOLIT *CIL* 1.1215b.6. **c** ecquis suppetias mi audet ~rre? Pl.*Men.*1003; Iuno Lucina, ~r opem Ter. *An.*473; ~rre praesidium labenti et inclinatae paene rei publicae Cic.*ad Brut.*1.18.2; ad Caesarem auxili ~rendi causa proficiscatur Caes.*Gal.*3.18.4; Verg.*A.*1.463; Liv. 21.61.8; studia procerum et largitio principis aduersum casus solacium tulerant Tac.*Ann.*4.66.1;—(*w. non-personal subj.*) mediae (tunicae) zona tulisset opem Ov.*Am.*1.7.48; se suaque Romanis permisere, quod salutem ipsis tulit Tac. *Ann.*13.41. **d** illarum..rerum quas ~rt adulescentia Ter.*Hau.*215; aetatem istuc tibi laturam Lucil.805; de Bruto nostro perodiosum, sed uita ~rt (*i.e. such is life*) Cic. *Att.*13.22.4; si qua fidem tanto est operi latura uetustas Verg.*A.*10.792; multa ~runt anni uenientes commoda secum Hor.*Ars* 175; quid ~rat hora sequens [Tib.]3.4.46; cum quid uesper ~rat incertum sit Liv.45.8.6; nec tulit haec umquam nec ~ret ulla dies Ov.*Am.*3.6.18; cum quinta diem nox orbe tulisset Sil.10.376.

31 (of circumstances, etc.) To prompt, suggest.

multa ~rt lubido Ter.*Hau.*573; quid nunc futurumst? —id enim quod res ipsa ~rt *Ad.*730; Minucius..homini quae uisa sunt, et quae tempus illud tulit et causa, respondit Cic.*Ver.*2.73; hoc..patitur consuetudo, ~rt..humanitas *Off.*2.51; ibi tum, quod inopia scutorum ~rebat, ea arte se quisque..armabat Sal.*Hist.*3.102; se scire..quid fortuna ~rat populi Verg.*A.*11.345;—(*w. inf.*) in noua ~rt animus mutatas dicere formas corpora Ov.*Met.*1.1; ~rt animus calidae fecisse silentia turbae Pers.4.7; Suet.*Otho* 6.1;—(*w.* ut, sic, *etc.*) omnis..et impulsio et, si ita res ~ret, mitigatio Cic.*de Orat.*3.118; paulisper, si ita commodum uestrum ~rt, coniuebo *Agr.*2.77; si ~rt ita forte uoluntas Lucr.3.44; prout cuiusque..aut natura aut studium ~rebat Caes.*Civ.*3.61.3; ea, uti lubido tulit, fecere Sal.*Rep.*2.11.6; sic ira ~rebat Stat.*Theb.*7.399; ut res ~ret flectetur oratio Quint.*Inst.*12.1.45; sed tu mihi (ita similitudo naturae ~rebat) maxime imitabilis..uidebaris Plin.*Ep.*7.20.4;—(*ellipt.*) diutius in his locis esse, si maxume animus ~rat, frumenti..egestas prohibet Sal.*Cat.*58.6; castra, quo fors tulisset loco..posita Liv.31.41.7;—(*impers.*) ut, si ita tulerit, possis illi et obuiam exire Sen.*Nat.*6.32.12; Tac. *Hist.*2.44.

32 To allege, claim.

illud enim falsa ~rtur ratione Lucr.3.754; hae causae belli ~rebantur Liv.1.30.5;—(*w. acc. and inf.*) ut merito ex aliis constare ~ratur humanum genus et fruges Lucr.2.698; timuisse se..~rebat tantum insuper laboris Tac.*Hist.*2.26; —(*w. pred. acc., etc.*) quamuis ~rs te nullius egentem Hor. *Ep.*1.17.22; cum suum conditorisque sui parentem Martem ..~rat Liv.pr.7; Fabius..quarum legum auctor fuerat, earum suasorem se haud dubium ~rebat 6.36.7; qui se Philippum regiaeque stirpis ~rebat Vell.1.11.1; Brenni se stirpe ~rebat Crixus Sil.4.150; causam profectionis officium erga principem..~rebat Tac.*Hist.*2.1; auunculum Augustum ~rens *Ann.*2.43;—(*w. prep.*) cum..se pro ciuibus Romanis ~rrent Liv.34.42.6; uitis se ante ilicem ~rebat Fro.*Aur.*2.p.84(154N);—(*in parenth. cl.*) ostentandae ut ~rebat, uirtutis Tac.*Ann.*3.41.

33 To relate, tell.

(*w. acc.*) haec omnibus ~rebat sermonibus Caes.*Civ.* 2.17.3; de quo hoc plura ~remus, quod..obscuriora sunt eius gesta Nep.*Timoth.*4.6; quid plura ~ram? Luc.9.1029; ad dominam pro te uerba tremente tuli Ov.*Am.*1.6.20;—(*w. acc. and inf.*) gratiam..habeo Simonidi illi Cio, quem primum ~runt artem memoriae protulisse Cic.*de Orat.*2.351; quibus cum esse praestantem Numam Pompilium fama ~rret *Rep.*2.25; ~runt luctu Cycnum..duxisse senectam Verg.*A.*10.189; Hannibalem..dixisse ~runt tandem eam nubem..imbrem dedisse Liv.22.30.10; uolgo..patres ita fama ~rebant..id deis cordi non esse 23.31.13; Procnen ita uelle ~rebat Ov.*Met.*6.470; fama sed uictum ~ret [Sen.] *Oct.*583; ~runt..si..intra praedictum temporis spatium serantur mire prouenire Plin.*Nat.*18.132; Claudium Caesarem ~runt..causam requisisse Plin.*Ep.*1.13.3;—(*pass., w. inf.*) quondam Sabini ~runtur uouisse..se uer sacrum facturos Sis.*hist.*99; quo..in loco multa a Crasso diuinitus dicta esse ~rebantur Cic.*de Orat.*3.4; Ceres ~rtur fruges.. mortalibus instituisse Lucr.5.14; saepius eadem postulanti ~rtur dixisse, ne festinaret abire Sal.*Jug.*64.4; quam Iuno ~rtur..coluisse Verg.*A.*1.15; ~rtur Prometheus..insani leonis uim stomacho apposuisse nostro Hor.*Carm.*1.16.13; interrogatus sententiam ita locutus ~rtur Liv.22.60.5; dixisse ~rtur simius sententiam Phaed.1.10.8; coetu ~rtur iam solus ab omni flere sibi Stat.*Theb.*11.107; idem..~rebatur Corbulonis uirtutes criminatus Tac.*Hist.*3.6;—(*in parenth. cls.*) usurpaui uetus illud Drusi, ut ~runt, praetoris Cic.*Att.* 7.2.8; nec uero, ut fabulae ~runt, bellis..caruerunt *N.D.* 2.70; hic, ut ~rtur Achillis Memnonisque congressus, Q. Pompeius Niger..progressus est *B.Hisp.*25.4; ita fama ~rebat Ov.*Met.*12.197; illius ut incolae ~runt tumulus Mela 3.106.

34 (esp. in pass.) To mention, spread abroad, cite. **b** (w. pred.) to speak of (as). **c** to refer to (as), call, name.

hoc in eius summis laudibus ~runt, quod uerbis solutis numeros primum adiunxerit Cic.*Orat.*174; uulgo dictum ipsius ~rebant Liv.45.32.11;—tria ~rebantur in orbe terrarum signa Iouis..pulcherrime facta Cic.*Ver.*4.129; uita illa beata, quae ~rebatur *Tusc.*5.100; ille..ad superos.. succedet fama uiuusque per ora ~retur Verg.*A.*12.235; multas uoces..celebres..uolgo ~rri, ut illam 'oderint dum metuant' Sen.*Cl.*2.2.2; duo iam sub nomine meo libri ~rebantur Quint.*Inst.*1.pr.7; inde dictum Baeticorum.. non inlepidum ~rebatur Plin.*Ep.*3.9.3; ~runtur..sub Plauti nomine comoediae circiter centum atque triginta Gel.3.3.11; ~runtur exempla, per quae pluribus liberis omnia bona damnati concessa sunt Paul.*dig.*48.20 7.3. **b** qui se..Amyci de gente ~rebat Verg.*A.*5.373; quem modo felicem..~rebant Prop.2.17.11; ut me omnes..tuo sanguine ortum uere ~rrent Liv.8.7.13;—Sulpici orationes quae ~runtur Cic.*Brut.*205; nostra semper ~retur et praedicabitur..incredibilis apud Tenedum pugna illa naualis *Arch.*21; ego nunc..Cybeles famula ~rar? Catul.63.68; is auctor et socius Bestiae ~rebatur Sal.*Jug.*30.1; in pueritia nobilis inter aequales ~rebatur Nep.*Att.*1.3; regii is generis ~rebatur Liv.42.51.8; ingenii..minor laude ~rere mei Ov.*Tr.*1.1.36; (*cf.*) Atheniensium res gestae..aliquanto minores (fuere) quam fama ~runtur Sal.*Cat.*8.2. **c** autumni quod ~rtur nomine tempus Lucr.6.372; Threiciam ..Samum, quae nunc Samothracia ~rtur Verg.*A.*7.208.

35 To take with one, carry away; *~rre et agere* or sim., to carry off and drive away. **b** (of physical forces, inanim. things, etc.). **c** to remove, dispel (abst. things). **d** (of death, destruction, etc.) to carry off. **e** to take away, use up, consume.

quae cras ueniat, perendie..foras ~ratur Pl.*Aul.*156; maxumo..malo..uostro istunc ~rtis. mittite *Men.*1013; uini amphoras quas plenas tulerunt eas argento repletas domum reportauerunt Gracch.*orat.*27; quia uires ad omnia ~renda deerant Liv.5.40.7; ut..exirent a Capua suasque res secum ~rrent 25.22.11; quisquis sub hoc..dependet orbis alterum ex nobis ~rat Sen.*Oed.*1018; taurus..exit turbidus insanoque ~rens altaria cornu Stat.*Theb.*11.230;—alii rapiunt incensa ~runtque Pergama Verg.*A.*2.374; unde oppidani cum omnibus rebus suis quae ~rri agique potuerunt nocte..excesserunt Liv.10.34.4; postquam res sociorum ante oculos prope suos ~rri agique uidit 22.3.7; cum ~rret passim cuncta atque ageret 40.49.1; (*cf.*) hi ~rre agere plebem plebisque res 3.37.7. **b** uenti..frigido se ab axe eruperant..secum ~rentes tegulas ramos Var.*Men.* 271; quo cognito..ex aggere atque cratibus quae flumine ~rebantur Caes.*Civ.*1.40.4; apicem..incita summum hasta tulit Verg.*A.*12.493; uenti temeraria uota..diripienda ~rant [Tib.]3.6.28; alios in aquam compulsos gurgites ~runt Liv.4.33.11; Ov.*Am.*1.8.106. **c** omnia ~rt aetas, animum quoque Verg.*Ecl.*9.51; omnis terror pauorque cum illo latus Liv.8.9.11; dubiam..fidem fortuna ~rebat Luc.2.461; si uindiciam falsam tulit *Lex XII*(*Font.iur.*p.39). **d** postquam te fata tulerunt Verg.*Ecl.*5.34; hic exitus illum sorte tulit *A.*2.555; flammam quae templa ~rebat Man.4.68. **e** quantum tetricae tulere febres Mart. 6.70.8; populare sacrum bis milia dena tulisset 10.41.7.

36 To get (esp. as a consequence of one's action), win, acquire. **b** to take, accept (what is offered). **c** to win, gain (votes); to carry (in an election). **d** to obtain (an answer).

quin..praesens pretium pro factis ~rt Naev.*trag.*8; quem nisi oras guttam non ~res Pl.*Rud.*431; sat habeo si cras ~ro *Mos.*654; non causam dico quin quod meritus sit ~rat Ter.*Ph.*272; uos uirtutis uestrae fructum esse laturos Cic.*Ver.*1.2; poenam hanc maternae temeritatis tulit *Dom.* 134; maximam inter suos ~runt laudem Caes.*Gal.*6.21.4; ut..ultro praemium missionis ~rrent *Civ.*1.86.1; pedum, quod, me cum saepe rogaret, non tulit Antigenes Verg.*Ecl.* 5.89; multa laborum praemia laturus Hor.*S.*2.1.12; si nihil aliud ex eo certamine tulerit, illud certe laturum Liv. 10.24.15; maxima pars horum uitam ueniamque tulerunt Ov.*Pont.*2.1.45; ut quantum una (*sc.* pars) ~rat tantum tribuatur ad ortus temporis..Tauro Man.3.402; cum Syriacus Vallius homo disertus accusaret et uideretur laturus calumniam Sen.*Con.*9.4.18; gnatus hic fatum tulit Sen.*Med.*1000; Vitellius uictor clementiae gloriam tulit Tac.*Hist.*1.75; haec tribui, deinde illa dedi, mox plura tulisti Juv.9.39; ut filius partem dimidiam hereditatis ~rat Gaius *Inst.*3.8; (*w. abst. subj.*) exprimere ius est, ~rre quod nequeunt preces? [Sen.]*Oct.*581;—(*physical wounds*) uolnera..alterna dantque ~runtque manu Ov.*Fast.*2.234; qui ..armati..tulit uulnus, inermis opem *Ib.*254. **b** quin ~ram, si quid datur Pl.*Mos.*614; quod cuique obtulerat praedae fortuna, ~rebat Lucr.5.960. **c** ita..competitores..superauit ut plura ipse in eorum tribubus suffragia quam uterque in omnibus tulerit Suet.*Jul.*13;—tribum suam non tulit Cic.*Sest.*114; duas..tribus solas tulit *Phil.*11.18; *Att.*2.1.9. **d** eadem ~runt responsa Caes. *Gal.*6.4.5; cum..percontatus animos eorum responsum tulisset se conlaturos quanti damnatus esset Liv.5.32.8; ab nullo deinde concilio Hispaniae benigniora uerba tulere 21.19.11; pro responsis ~runt somnia Mela 1.46.

37 *impune ~rre,* To get away with, escape punishment, etc., for; also sim. phrs.

cum multos libros surripuisset nec se impune laturum putaret, aufugit Cic.*Fam.*13.77.3; id non impune ~res Catul.77.9; Prop.1.4.17; Ov.*Met.*8.494; impune..suos, si quid deliquissent..beneficio amicorum laturos Petr.125.1; Apul.*Met.*1.12;—at ne illud haud inultum, si uiuo, ~rent! Ter.*Hau.*918; cetera si reprehenderis, non ~res tacitum Cic.*Att.*2.3.2.

38 To get (from a source), derive.

~runtur..ex optimis naturae et ueritatis exemplis Cic. *Off.*3.69; genus..incertum de patre ~rebat Verg.*A.*11.341; nomina de ludis Graeca tulisse diem Ov.*Fast.*1.330; nomenque genusque roganti qui sit et unde ~rat *Ilias* 555; Stat. *Silv.*3.3.46.

39 To recognize as one's son, be the father of (cf. tollo).

laeto uenit ecce uoltu quem tulit Poeans Sen.*Her.O.*1604; Octauia minore item Augusto quos ex Atia tulerat Suet. *Aug.*4.1; ex Antonia minore complures..liberos tulit *Cl.*1.6; (*cf.*) iuuenis, quem patriciis maioribus ortum Nobilitas gauisa tulit Stat.*Silv.*1.2.72.

ferōcia ~ae, *f.* [ferox+-ia]

1 Fierceness or intractability of temper. **b** (transf.) roughness or harshness (of wine).

~am..animi..in uoltu retinens Sal.*Cat.*61.4; Delmatae ..ingeniorum ~a..paene inexpugnabiles Vell.2.115.4; ad uxorem uersus..orauit exueret ~am Tac.*Ann.*2.72;—(*of animals*) cetera..animalia..trahit in praeceps non sana ~a gentis Ov.*Hal.*51; ~a eius (*sc.* arietis) cohibetur cornu.. terebrato Plin.*Nat.*8.188. **b** decocunt ad sapas musta infusisque iis ~am (uinorum) frangunt Plin.*Nat.*14.121.

2 Ungovernable disposition or conduct, arrogance, insolence.

scio solere plerisque hominibus rebus secundis..superbiam atque ~am augescere Cato *hist.*95a; illam Campanam adrogantiam atque intolerandam ~am Cic.*Agr.*2.91; ingens ~a superbae..genti creuit Liv.25.18.2; cum iam consedisset ~a ab re bene gesta 42.62.3; intumuere statim superbia ~aque Tac.*Hist.*4.19; ne ~a aetatis..paci belloque male consuleret 4.68; poscebant..pericula, pars uirtute, multi ~a 5.11.

3 Fighting spirit, martial zeal.

prudens ~ae hostium Sal.*Hist.*2.87.b; cepisse..eos non Romam..sed..Romanam uirtutem ~amque Liv.9.6.13; ~a subiectorum ingrata imperantibus Tac.*Ag.*31.4; praecipua quartadecimanorum ~a, qui se uictos abnuebant *Hist.*2.66; (*of a horse*) iuuenili ardore et ~a equi hostibus inlatus *Ag.*37.6;—(*cf.*) Aetolorum omnem ~am in uerbis, non in factis esse Liv.35.49.2.

ferōciō ~īre, *intr.* [ferox+-io[2]] To act in a fierce or violent manner, rampage.

si permulcti sonis mitioribus non inmodice ~irent Gel. 1.11.2; rati me..eadem peste infectum ~ire Apul.*Met.*9.2; ~it apud Catonem ferociter agit Paul.*Fest.*p.92M; (*transf., of speech*) ut..aut demissam..orationem eius erigeret aut ~ientem..cohiberet Gel.1.11.15.

ferōcitās ~ātis, *f.* [ferox+-tas]

1 Fierceness, savageness, ferocity.

in Gracchorum ~ate et in audacia Saturnini Cic.*Vat.*23; ipsius uictoriae ~atem *Marc.*16;—(*of animals*) lupos.. nimia ~ate saeuientes Apul.*Met.*8.15.

2 Excessive spirits; aggressiveness, insolence.

~as iuuenum Cic.*Sen.*33;—ut ~atem istam tuam comprimerem et audaciam frangerem *Vat.*2; ut..omittam.. cuius ~atis (fuerit) uictorem orbis terrae non extimescere *Deiot.*15; ~atem..eius ita repressit, ut facile bellum reliquis traderet *Off.*2.40;—(*of horses*) equos propter crebras contentiones proeliorum ~ate exultantes 1.90.

ferōciter, *adv. compar.* ~ius, *superl.* ~issimē. [ferox+-ter[2]]

1 Fiercely, ferociously, aggressively.

pauci ~ius decernunt Sal.*Jug.*104.2; ~iter in absentem Tarquinium erat inuectus Liv.1.50.3; uociferatum..~iter parentandum regi sanguine coniuratorum esse 24.21.2; ~iter minitantem (multitudinem) 24.24.9; acrius inuitos multoque ~ius urget..Amor Ov.*Am.*1.1.17.

2 Arrogantly, insolently, defiantly.

superbe nimi' ~iter legatos nostros increpant Pl.*Am.*213; aspere et ~iter et libere dicta Cic.*Planc.*33; quanto..~ius ille causae suae confidet *Att.*8.9.2; legatis..est ~iter responsum Liv.7.31.11; mandata ~iter edidit Tac.*Ann.*15.5.

3 Boldly, with spirit.

respondisti plane ~iter Cic.*Phil.*2.72; quo minus ~iter aliorum scitis aduersarentur Liv.3.33.6; eo ~ius adequitare Samnites uallo 9.22.4; ~ius quam consultius rem hostes gesturos 22.24.3; cum quo ~issime pro Romana societate.. steterat 23.8.3; Tac.*Hist.*4.57.

ferōculus ~a ~um, *a.* [ferox+-vlvs] (in a contemptuous sense) Fierce, ferocious.

heia quam ~a est! Turp.*com.*107; quid tu..miles tiro? tam ~us es? *B.Afr.*16.1.

Fērōnia ~ae, *f.* A goddess whose cult was widespread in central Italy.

~a, Minerua, Nouensides a Sabinis Var.*L.*5.74; regem ..Erulum..nascenti cui tris animas ~a mater..dederat Verg.*A.*8.564; *BMCR* 2.p.61,No.4512(c. b.c.14); (*as patroness of freedmen*) ut libertinae..unde ~ae donum daretur pecuniam..conferrent Liv.22.1.18;—(*in Latium*) uiridi gaudens ~a luco Verg.*A.*7.800; Hor.*S.*1.5.24; Plin.*Nat.* 2.146;—(*in Etruria*) in agro Capenate ad lucum ~ae Liv. 27.4.14; aedis ~ae 33.26.8; Sil.13.84.

Fērōniensis ~is ~e, *a.* Of Feronia.

~ivm aqvatorvm (*at Aquileia*) *CIL* 5.8307.

Fērōnius ~a ~um, *a.* *Picus ~us,* A kind of woodpecker.

pici..Martius ~usque Ap.Claud.Pulch.*gram.*2.

ferox ~ōcis, *a. compar.* ~ōcior, *superl.* ~ōcissimus. [fervs+-ox] Forms: gen. pl. *~ocum Epic. Drusi* 275.

1 Having a violent or savage nature, fierce, ferocious. **b** (of actions, words, etc.; also, of passions). **c** (poet., of terrain, rivers).

eon es ~ox quia habes imperium in beluas? Ter.*Eu.*415; spectu proteruo ~ox Pac.*trag.*147; sit Medea ~ox inuictaque Hor.*Ars* 123; angebatur ~ox Tullia nihil materiae in uiro.. ad audaciam esse Liv.1.46.6; dolet, quotiens cogitur esse ~ox Ov.*Pont.*1.2.122; ultra feminam ~ox Tac.*Hist.*2.63; cum tam ~ox in Syllanos Marius fuisset Flor.*Epit.*2.9 (3.21.19);—(*of animals*) equos..indomitos, ~ocis Pl.*Men.* 863; ut nequeant (leones) contra durare ~oces Lucr.4.717; ut acerrimum..leonem aut ~ocissimum elephantum Nep. *Eum.*11; a cane ~oce laesus Paul.*dig.*9.1.2.1. **b** ferum ~oci contundendum imperiost Acc.*trag.*174; plebem oratione ~oci refutando Liv.2.52.7; ab nimis ~oci pugna hostes continuit 22.29.4; contiones..Varronis multae ac ~oces fuere 22.38.6; nec bella uides pugnasque ~ocis Stat.*Silv.*4.6. 97; punire ~oci uictorem exemplo Sil.5.418; (*neut. pl. as sb.*) haec..ac ~ociora his iactare Liv.7.12.13;—ira ~ox mota est Ov.*Met.*11.323; iuuenum ~oces concitat flammas (Cupido) Sen.*Phaed.*290; ~ocissimas adfectiones amoris atque odii Gel.1.3.30. **c** ~ocis iuga Pyrenes Sen.*Phaed.* 69;—Rhenus ~ox Sen.*Her.F.*1324; Luc.4.138.

2 Fierce in war, warlike, bellicose. **b** (of a writer).

placare hostem ~ocem inimiciterque accensum Acc.*poet.* 7; ~ociorem reddidit ciuitatem Nep.*Them.*2.1; populos.. ~ocis contundet Verg.*A.*1.263; ~ox Hector uel acer Deiphobus Hor.*Carm.*4.9.21; in castris ~oces, in acie pauidi Liv.7.15.2; prouinciam ingenio ~ocem 40.35.13; illo ripa ~ox Histri sub duce tuta fuit Ov.*Pont.*4.9.76; diua ~ox (*sc.* Diana) Stat.*Theb.*9.637; (legio) non ante in aciem deducta, sed ~ox Tac.*Hist.*2.43;—(*w.* animus, *etc.*) loca amoena.. ~ocis militum animos molliuerant Sal.*Cat.*11.5; ponunt.. ~ocia Poeni corda Verg.*A.*1.302; quantum ipse ~oci uirtute exsuperas 12.19; adeo ~ocia atque indomita ingenia esse Liv.21.20.8;—(*of the hand or arm*) ~ox..lacertus Ov.*Ep.* 4.82; ~oci stamen intorquens manu Sen.*Her.O.*373; (*poet., of winds*) ~oces bella gerunt uenti Ov.*Met.*11.490;—(*w.* armis, bello, *etc.*) genus armis ~ox Sal.*Hist.*2.39; ~ox bello Hor.*Carm.*1.32.6; Marte ~ox et uinci nescius armis Ov.*Pont.* 2.9.45; (*cf.*) uerbis tantum ~ox, operum militarium expers Liv.7.32.11. **b** cedet Musa rudis ~ocis Enni Stat.*Silv.* 2.7.75; Stesichorus..~ox 5.3.154.

3 Fierce-spirited, defiant. **b** (of animals) high-spirited, mettlesome. **c** (of words, actions, etc.).

~ox..Theseus Catul.64.73; quibus aetas animusque ~ox erat Sal.*Cat.*38.1; ~ocis iuuenis animus..est mollitus Liv. 23.16.1; ut inexsuperabilis munimenti spes incolas ~ociores faceret 42.54.1; ut..~ociores a licentia grauitas deterreat Quint.*Inst.*2.2.3; miles Vitellii aduersus pericula ~ox Tac. *Hist.*3.69; de Calpurnio Pisone, nobili ac ~oci uiro *Ann.*4.21; —(*w. abl.*) Agrippa, aetate uiribusque ~ox Liv.3.70.10; adulescentia ~ox 23.40.4;—(*w. gen.*) ~ox scelerum Tac. *Ann.*4.12;—(*w.* ad) ~ociores ad perseuerandum in bello Liv.6.33.2; ~oces ad bellandum habebat uiros 38.13.11. **b** sonipes..frena ~ox spumantia mandit Verg.*A.*4.135; ~ox uitulus Juv.12.7; (*as the name of a dog*) Col.7.12.13. **c** dicta ~ocia Liv.22.14.15; ut non modo ~ocior uox aduersus atrocitatem poenae sed ne gemitus quidem exaudiretur 28.29.11; maior pars ~ocioris sententiae erat 42.50.4;—(*neut. pl. as sb.*) Piso promptus ~ocibus Tac.*Ann.* 2.78.

4 Self-assertive, arrogant, forward, **b** (of words, actions, qualities).

quia tecum eram, propterea animo eram ~ocior Pl. *Mil.*1323; ~ocem facis, quia te erus amat *Mos.*890; nimium es uehemens ~oxque natura Cic.*Vat.*4; propter memoriam rerum quas gesserunt..nimis ~oces *Phil.*12.29; turba ~ox..procorum *Culex* 267; ibat per medias alta ~oxque uias Ov.*Fast.*6.604;—(*w. gen.*) deorum spretor erat mentisque ~ox *Met.*8.613; nimii uerbis, linguae ~oces Tac.*Hist.*1.35;—(*w. causal abl.*) hannibalem complvribvs victoris ~ocem svbseqvendo coercvit *Elog.*13(*CIL* 1. p.193); qui formast ~ox Pl.*Mil.*1390; Veneris praesidio ~ox Hor.*Carm.*1.15.13; ~ox praeda gloriaque exercitus Tac.*Hist.*1.51;—(*w.* ab) ~oces ab re..bene gesta Liv. 3.61.13; consul ~ox ab consulatu priore 22.3.4;—(*w. acc. and inf.*) ~ox est uiginti minas meas tractare sese Pl.*As.* 467;—(*masc. as sb.*) ille facit mites animos deus, ille ~ocem contudit [Tib.]3.6.13. **b** eius ~ocem et toruam confidentiam Pac.*trag.*36; quae fuit ista tam ~ox, tam explorata huius opprimendi fiducia? Cic.*Scaur.*23; cum iam ante ~ocibus dictis rem nobilitassent Liv.23.47.4; ut nullum ~ox uerbum excideret 26.19.14.

ferrāgō ~inis: see farrago.

ferrāmentum ~ī, *n.* [ferrvm+-mentvm] An iron implement or tool (as used in any sort of manual activity). **b** (in surveying) the base for holding the *groma*; also, the complete apparatus.

nostro illum puteum periclo et ~is fodimus Pl.*Rud.*432; ~a, falces sirpiculas v..secures v, cuneos iiii, uomeres ⟨ii⟩ Cato *Agr.*11.4; qui..aliquid..de gladiis ac sicis..respondisset dixissetque se semper bonorum ~orum studiosum fuisse Cic.*Catil.*3.10; nulla ~orum copia quae esset..idonea, gladiis caespites circumcidere Caes.*Gal.*5.42.3; cras ~a Teanum tolletis, fabri Hor.*Ep.*1.1.86; ea conchylia..~is circa scinduntur Vitr.7.13.3; agrestibus ~is Liv.1.40.5; ministros, quibus in tormentis ut eculeo et ~is ad mortem paratis utitur Sen.*Cl.*1.13.2; ~a fabrilia *Ep.*90.11; tonsor ~a sua nobis..distribuit Petr.108.8; cotem, qua ~a saepe exacuta sint Plin.*Nat.*28.47; tenuiora ~a oleo restingui mos est 34.146;—(*in surgery*) ~is..candentibus..uenter exulcerandus est Cels.3.21.10; protinus antiquiores medici ad ~a ueniebant 8.4.10;—(*of gladiatorial weapons*) munere seruili obtulit se ad ~a prospicienda Cic.*Sul.*55; Suet. *Tit.*9.2. **b** quo usu ~i quidquid occurrerit transeamus Fron.*agrim.*p.16; extremitatem ad ~um rectis angulis obligare Hyg.Gr.*agrim.*p.161.

ferrāria ~ae, *f.* Also **-rea.** [next] An iron-mine.

in his regionibus ~ae, argentifodinae pulcherrimae Cato *hist.*93; apud eos magnae sunt ~ae Caes.*Gal.*7.22.2; Liv. 34.21.7; ex lege ferrariar⟨vm⟩ *CIL* 2.5181.34; 6.31863.

ferrārius[1] ~a ~um, *a.* [ferrvm+-arivs] Of or concerned with iron, iron-; *faber ~us,* a blacksmith; *officina, taberna, ~a,* a smithy; *aqua ~a,* water in which iron has been quenched.

~a metalla Plin.*Nat.*34.144; negotiator aerarivs et ~vs *CIL* 6.9664; artis fabricae ~ae 13.2036;—ut fortunati sunt fabri ~i Pl.*Rud.*531; Cato *Agr.*7.2;—officinas ~as instruere *B.Afr.*20.3; Plin.*Nat.*13.128; instrumentum tabernae ~ae Scaev.*dig.*31.88.3;—urinam aquae ~ae ex officinis miscent Plin.*Nat.*28.226.

ferrārius[2] ~(i)ī, *m.* [prec.] A blacksmith.

crescentio ~ivs de svb(vra) *CIL* 6.9399; plumbarii, ~ii, lapidarii Tarr.Pat.*dig.*50.6.7(6).

ferrātilis ~is ~e, *a.* [facet. formation from ferrvm+-atilis] 'Connected with iron-working' or sim.; (in quot., of chained slaves).

augebis ruri numerum, genus ~e Pl.*Mos.*19.

ferrātus ~a ~um, *a.* [ferrvm+-atvs[2]]

1 a Bound or covered with iron. **b** tipped with iron; fitted with iron points or studs.

a postquam Discordia taetra belli ~os postes portasque refregit Enn.*Ann.*267; ~os..rotarum..orbis Lucr.6.551; Verg.*G.*3.361; ~am Danaes..domum Prop.2.20.12; ~i portarum obices Tac.*Hist.*3.30; quantum ~a distet ab arca sacculus Juv.11.26. **b** ~as..trudes Verg.*A.*5.208; quadripedem..~a (*i.e. spurred*) calce fatigat 11.714; uectibus ligneis ~is Vitr.8.6.14; hastam ~am aut praeustam Liv. 1.32.12; qualis ~os subicit clauicula dentes Germ.*Arat.*196; ~o uersetur robore palae dulcis humus Col.10.45; (*poet.*) ~a..dorso forma suum V.Fl.6.90;—~is praefigunt ora capistris Verg.*G.*3.399; calciamentum ~um, quo pelles extenduntur Fest.p.364M.

2 Clad in armour, armoured; (also facet.) chained.

barbarorum Claudius agmina ~a uasto diruit impetu Hor.*Carm.*4.14.30; teris ~o pectore matrem Stat.*Theb.* 7.499; (*as the title of a legion*) legat(us) leg(ionis) vi ~ae *CIL* 5.6974; (*masc. as sb.*) in fronte statuerat ~os..a tergo semermos Tac.*Ann.*3.45;—ut..~us..in pistrino aetatem conteras Pl.*Bac.*781.

3 (of water) Impregnated with iron, chalybeate.

medicatae (aquae), ex quibus sulphuratas dicimus ~as aluminosas Sen.*Nat.*3.2.1; ab aquis caldis, quae sunt in Tuscia ~ae Larg.146.

ferre: pres. inf. of fero.

ferrea ~ae, *f.* [next] A horticultural or agricultural implement; (prob. a fork, though a kind of spade is possible).

~as x, palas vi, rutra iiii Cato *Agr.*11.4; cum ~is sarculisque exire oportet, incilia aperire 155.1; Var.*R.*1.22.3.

ferreus ~a ~um, *a.* [ferrvm+-evs]

1 Made of iron, iron-, steel-. **b** manvs *~a,* lvpvs *~us,* a grappling iron. **c** (poet.) consisting of weapons, steel.

clauis ~is Pl.*Trin.*1039; uncos ~os iii Cato *Agr.*10.2; ~am..soleam (mulae) Catul.17.26; ~us..uomer Lucr. 1.314; ~us..consumitur anulus usu Ov.*Ars* 1.473; ~a bracchia (*of a compass*) *Met.*8.247; ~us Hercules quem fecit Alcon Plin.*Nat.*34.141; tegimen, ~is lamminis..consertum Tac.*Hist.*1.79. **c** fit ~us imber Enn.*Ann.*284; late ~us hastis horret ager Verg.*A.*11.601; 12.284; ~a curru silua tremit Stat.*Theb.*4.220; stant ~ea caelo nubila 8.412; ~a..tempestas operit campos Sil.15.627.

2 Of or proper to iron. **b** *saecula ~a, aetas ~a*, the iron age; of the iron age, iron-age.
basaniten ~i coloris atque duritiae PLIN.*Nat.*36.58; siderites ~i splendoris 37.58; sedet intus abactis ~a lux oculis STAT.*Theb.*1.105; (*facet.*) non te uisitabam.—negotium edepol..—~um fortasse? PL.*Per.*21. **b** ~a..praedam saecula laudant TIB.2.3.35; aurea mutasti Saturni saecula, Caesar, incolumi nam te ~a semper erunt *Vers. pop.* in Suet.*Tib.*59(*poet.*p.122); omne aliud crimen mox ~a protulit aetas JUV.6.23; (*cf.*) (annos) centum sequentes ~os plane et cruentos FLOR.*Epit.*1.34(2.19.3);—~a tum..proles exorta repente est CIC.*Arat.*134; quo ~a primum desinet ac toto surget gens aurea mundo VERG.*Ecl.*4.8.

3 a (of rooms, buildings) Iron-barred, impenetrable. **b** iron-clad, armoured, mailed.
a ~as aedis commutes PL.*Per.*571; aerati postes, ~a turris erat OV.*Am.*3.8.32; (*poet.*) ~a belligeri..limina Iani LUC.1.62. **b** equites catafracti ~a omni specie SAL.*Hist.* 4.66; ~us..cataphractus PROP.3.12.12; (*poet.*) in Aonios iecit sata ~a sulcos STAT.*Theb.*3.181.

4 (transf.) Having the nature or character of iron: **a** hard-hearted, unfeeling, inhuman. **b** cruel, harsh. **c** not easily exhausted or giving way, untiring. **d** (of fate, laws) inflexible, inexorable. **e** shameless, brazen (in speech). **f** *~us somnus*, the sleep of death (cf. χάλκεος ὕπνος Homer *Il.*11.241).
a nec..ego sum ille ~us qui fratris..maerore non mouear CIC.*Catil.*4.3; ~us essem si te non amarem *Fam.*15.21.3; quis tam esset ~us..cui..non auferret fructum uoluptatum.. solitudo? *Amic.*87; TIB.1.2.65; quodsi forte preces praecordia ~a tangunt OV.*Ep.*12.183; ~us orantem nequiquam, ianitor, audis *Am.*1.6.27; o te..~um aut surdum! SEN.*Ep.*56.3; quem tu nisi cognoscere concupiscis, saxeus ~usque es PLIN.*Ep.*2.3.7. **b** ~i sunt isti patres CIC.*Cael.*37; quem ego ferus ac ~us e complexu dimisi meo *Q.fr.*1.3.3; sustinui..~us..ungue notare genas OV.*Am.*1.7.50;—(*of conditions, etc.*) ~a sanguinea bella mouere manu *Ep.*13.64; me..~a sors uitae difficilisque premit *Tr.*5.3.28; duris atque, ut ita dicam, ~is sententiis in exilium missus V.MAX. 5.3.2a. **c** non, mihi si linguae centum sint oraque centum, ~a uox VERG.*G.*2.44; in patientia laboris periculique ~i prope corporis animique LIV.39.40.11; stat ~us Atlans Oceano V.FL.5.410; o ~a pectora Vetti JUV.7.150. **d** quid ~a Clotho cogitet STAT.*Theb.*3.556; ~a..Atropos 4.600; ~a sed nulli uincere fata datur VERG.*Cat.*13a.4; nec ~a iura..uidit *G.*2.501; ~a..ueterum decreta sororum OV.*Met.*15.781. **e** os tuum ~um senatus conuicio uerberari noluisti CIC.*Pis.*63; ruborem ~o canis exprimamus ore CATUL.42.17; exsanguem illam et ~am frontem PLIN. *Pan.*35.3. **f** olli dura quies oculos et ~us urget somnus VERG.*A.*10.745; 12.309.

ferricrepinus ~a ~um, *a.* [facet. from FERRVM+CREPO] Ringing with iron, clanking.
homines qui polentam pinsitant, apud fustitudinas, ~as insulas PL.*As.*34.

ferriterium ~(i)ī, *n.* [FERRVM+TERO+-IVM] Iron-chafery (a facet. equivalent for *ergastulum*).
PL.*Mos.*743.

ferriterus ~a ~um, *a.* [FERRVM+TERO+-VS] Wearing out fetters (facet. nonce-word).
~i mastigiae PL.*Trin.*1021.

ferritrībax ~ācis, *a.* [FERRVM+Gk. τρίβω+-AX] = prec.
plagipatidae, ~aces uiri PL.*Mos.*356.

ferrūgineus ~a ~um, *a.* [FERRVGO+-EVS]

1 Having a dark purplish colour, sombre-coloured.
palliolum habeas ~um (nam is colos thalassicust) PL.*Mil.* 1179; ~os hyacinthos VERG.*G.*4.183; ~a..cumba (Charonis) *A.*6.303; lacertae..~as maculas habentes PLIN.*Nat.* 29.136; ~um nemus astupet STAT.*Theb.*2.13.

2 (of taste) Ferruginous.
fontem..~i saporis PLIN.*Nat.*31.12.

ferrūginus ~a ~um, *a.*: var. of prec.
lutea russaque uela et ~a LUCR.4.76.

ferrūgō ~inis, *f.* [FERRVM+-*ugo* (cf. *aerugo*, etc.)]

1 Iron-rust. **b** rust-like substance.
sudor uirgae corni arboris, lamna candente ferrea exceptus ..inlitaque inde ~o..lichenas sanat PLIN.*Nat.*23.151; ~ine rotarum 28.141. **b** nucleos (pineos) lacunatis includit toris, uestitos alia ~inis tunica PLIN.*Nat.*15.35.

2 The term for shades of colour, app. ranging from a reddish-purple to near-black.
carbasus obscurata..~ine Hibera CATUL.64.227; maesta obtenta Ditis ~ine regna *Culex* 273; (sol) caput obscure nitidum ~ine texit VERG.*G.*1.467; ~ine clarus Hibera *A.* 9.582; peregrina ~ine clarus et ostro 11.772; hanc..tum primum uiridi ~ine barbam..uidi OV.*Met.*13.960; tinctis ~ine pannis *Ib.*231; obscura tinctas ~ine habenas *Met.* 5.404; multa pallens ~ine taurus V.FL.1.775.

3 Moral canker.
pectus..manu ~ine tincta tangit (Inuidia) OV.*Met.*2.798; animus..mala ~ine purus *Laus Pis.*107.

ferrum ~ī, *n.* [dub.] FORMS: no pl.

1 Iron, steel; *~i stercus*, iron slag. **b** (w. ref. to the mythical 'iron' age).
quasi aut ~um aut lapis durat ENN.*scen.*104; quom liquescunt petrae, ~um ubi fit PL.*Bac.*11; hoc quidem pol e robigine, non est e ~o factum *Rud.*1300; fulgit, uti caldum e furnacibu' ~um LUCIL.291; unde queant ualidi silices ~umque creari LUCR.1.571; tum ~i rigor..tum uariae uenere artes VERG.*G.*1.143; is..aries habuerat de ~o duro rostrum VITR.10.15.6; igni ~um gignitur ac domatur PLIN.*Nat.*36.200; ⟨nec⟩ ~um..secare potest, nisi ad sec⟨a⟩ndum habilem acceperit figuram AGEN.*agrim.*p.21; (*as typically hard or insensitive*) a lapis est ~umque, suam quicumque puellam uerberat TIB.1.10.59;—~i stercus quod σκωρίαν Graeci uocant LARG.188. **b** aere, dehinc ~o durauit saecula HOR.*Epod.*16.65; ad ~um uenistis ab auro, saecula OV.*Met.*15.260; peiora..saecula ~i temporibus JUV.13.28.

2 A piece of iron, an iron object. **b** an iron implement or tool, esp. one used for cutting; a writing implement, stylus.
quid crepuit quasi ~um modo? PL.*Aul.*242; ~um insuper iactato CATO *Agr.*160; TEGVLAS..~O FIGITO *CIL* 1.698.2.8; licet ~o cautus se condat et aere PROP.3.18.25; aquam, in qua candens ~um demissum est LARG.132; ~um quo rotae uinciuntur dici solet 'cantus' QUINT.*Inst.*1.5.8; (*cf.*) flebis: non tua sunt duro praecordia ~o uincta TIB.1.1.63;—(*prov.*) Hercules..qui uideret ~um suum in igne esse (*i.e. that his business was in hand*) SEN.*Apoc.*9.6;—(*of chains or fetters*) homines..in ~um atque in uincla coniectos CIC.*Ver.*5.107; crura sonant ~o TIB.2.6.26;—(*of a ring*) scies hoc ~um fidem habere PETR.58.11; laeuae..ignobile ~um exuit STAT.*Silv.*3.3.144. **b** ancipiti ~o effringam cardines LUCIL.839; succedere aratro..et glebas..proscindere ~o 1044; ~um remouit instituitque, ut..barbam sibi..adurerent CIC.*Tusc.*5.58; ~o..uertere terram VERG.*G.*1.147; foedare in puluere crinis uibratos calido ~o *A.*12.100; cur.. siluestrem flammis et ~o mitiget agrum HOR.*Ep.*2.2.186; ungues ~o subsecuisse OV.*Fast.*6.230; simul atque uero ~um ad praecordia accessit CELS.1.pr.42; exulcerandum est (corpus) ~o candenti 3.22.12; ~o scopulos trabesque leuant STAT.*Silv.*4.3.51; obliquo lanam deducere ~o JUV. 7.224;—dextra tenet ~um, uacuam tenet altera ceram OV.*Met.*9.522; armata suo graphiaria ~o MART.14.21.1.

3 The iron part of an implement or weapon, blade, point, head, etc.
hasta uolans perrumpit pectora ~o ANDR.*poet.*35(38); ~um, quod ex hastili in corpore remanserat NEP.*Ep.*9.3; bina manu lato crispans hastilia ~o VERG.*A.*12.165; cum.. siccum et purum ~um (asciae) educetur VITR.7.2.2; phalarica erat..hastili..cetera tereti praeterquam ad extremum unde ~um exstabat LIV.21.8.10; terga sagitta traicit: extabat ~um de pectore aduncum OV.*Met.*9.128; frameas.. angusto et breui ~o TAC.*Ger.*6.1.

4 A sword; (also collect.) swords; *in ~o*, armed with a sword. **b** *~um recipere*, to receive the death-blow.
date ~um, qui me anima priuem ENN.*scen.*198; ~um tenet PL.*Cist.*642; ei ~um e manibus extorsimus CIC.*Catil.* 2.2; deprehensus..cum ~o *Pis.*28; raros, quibus ~um in manu sit, inuenies LIV.8.38.15; in dextera ~oque salutis spem esse 22.5.6; ~o accinctus TAC.*Ann.*11.22;—clipei resonant et ~i stridit acumen ENN.*Ann.*363; ~um quosdam expedientes cernebat LIV.24.26.10; (*opp. to* rudis) non..in acie uersatur nec ~o, sed quasi rudibus eius eludit oratio CIC. *Opt.Gen.*17;—cum me uiderent in ~o APUL.*Met.*3.5;—(*fig.*) quicumque meo superarit Amazona ~o OV.*Ars* 2.743; utraque gente..quasi cote quadam populus Romanus ~um suae uirtutis acuebat FLOR.*Epit.*1.19(2.3.3). **b** num, ut gladiatoribus imperari solet, ~um non recepit? CIC.*Sest.*80; quis..~um recipere iussus collum contraxit? *Tusc.*2.41; qui ~um..animose recipis SEN.*Dial.*9.11.5.

5 'The sword' as the instrument of fighting or violence. **b** *~um sumere* or sim., to take up the sword, resort to arms. **c** *~um et ignis* (*flamma*) or sim., 'fire and sword'.
quem nemo ~o potuit superare nec auro ENN.*Ann.*373; ~on an fato moerus Argiuom occidit? *Inc.trag.*69; quod.. scelere et ~o adsequi consuerunt CIC.*S.Rosc.*8; quo..non aliquot occiderit, multos ~o, multos ueneno 100; ne cum improbis boni ~o dimicarent *Dom.*5; qui ~o esset in legatione interfectus *Phil.*9.3; discordias, quas ~um et uis iudicabit CAEL.*Fam.*8.14.4; qui..non..aut ~o aut fame intereant CAES.*Gal.*5.30.3; ~o inter se depugnant *B.Afr.* 94.1; ~o iter aperiundum est SAL.*Cat.*58.7; in ~um pro libertate ruebant VERG.*A.*8.648; qui me ~o ausi temptare 12.361; ubi res ~o geratur LIV.10.39.12; tu pone ~um, causa qui ~i es prior SEN.*Phoen.*483; causam dicite ~o PETR.122,l.169; dederat ~um..in cunctos LUC.10.352; Martem..rudis uersare nec ullo spectatus ~o SIL.8.261; ~ique togaeque consilia STAT.*Silv.*5.1.82; TAC.*Ann.*1.32; donec Hannibal diceret militi suo 'parce ~o' FLOR.*Epit.* 1.22(2.6.17). **b** uos prius in me strinxeritis ~um LIV. 7.40.10; nec..indigner pro tanta sumere ~um coniuge OV. *Ep.*15.373; ipsae inter se legiones..~um parabant TAC. *Ann.*1.23; quid reliquum nisi ut caperent ~um? 5.4. **c** rem publicam..e flamma atque ~o ac paene ex faucibus fati ereptam CIC.*Catil.*3.1; huic urbi ~o ignique minitantur *Phil.*11.37; prius..quam..possessiones..rapinis, ~o flammaque consumerentur *B.Alex.*60.1; nulla incolumi relicta re cui ~o aut igni noceri posset LIV.5.14.7; omnia ~o ignique uastantur 10.12.8; ~o ignique gesta res 38.6.4; SEN. *Ep.*7.4; (*cf.*) cuius nuper ~um rettuderim flammamque restinxerim CIC.*Sul.*83.

6 (meton.) Armed might.
Emathium sparsit uictoria ~um LUC.9.245; quis numerum ~i gentisque et robora dictu aequarit? STAT.*Theb.*4. 145.

7 A gladiatorial fight.
~um optimum daturus est, sine fuga PETR.45.6; exhibuit ..ad ~um..quadringentos senatores SUET.*Nero* 12.1; qui ad ~um aut ad bestias..damnantur GAIUS *dig.*28.1.8.4.

8 Surgery, 'the knife'.
uulneribus tantummodo ~o et medicamentis mederi CELS.1.pr.3; quosdam ~o et igne curari SEN.*Dial.*1.3.2; sine dolore aut ~o LARG.42; quae ~o cohibenda lues STAT. *Ach.*2.162.

ferrūmen ~inis, *n.* **fērū-.** [dub.; perh. connected w. *fermentum* (-rr- by popular etym. from *ferrum*)] An adhesive, cement, glue, solder; also, a deposit or crust.
atramento..quod frequenter etiam non accersito ~ine infigitur PETR.102.15; furto calcis sine ~ine suo caementa componuntur PLIN.*Nat.*36.176; cum partes duorum dominorum ~ine cohaereant POMPON.*dig.*41.1.27.2; (*cf.*) (uersus) νεωτερικώτερος et quodam quasi ~ine immisso fucatior GEL. 13.27.3;—(crystalla) infestantur plurimis uitiis, scabro ~ine PLIN.*Nat.*37.28.

ferrūminātiō ~ōnis, *f.* **fērū-.** [next+-TIO] Soldering, cementing.
si statuae suae ~one iunctum bracchium sit PAUL.*dig.* 6.1.23.5.

ferrūminō ~āre ~āuī ~ātum, *tr.* **fērū-.** [FERRVMEN+-O[3]] To make to adhere, glue, cement, bind. **b** to solder (metal); to encrust by soldering. **c** to make to join, knit (fractured bones).
surculo super bina oua inposito ac ~ato alui glutino PLIN.*Nat.*10.98; (paniculae coma) interiecta nauium commissuris ~at textus 16.158; muros..massis salis faciunt aqua ~antes 31.78; in fornacibus globos lapidis..~ari 34.136; uitrum sulpuri concoctum ~atur in lapidem 36.199. **b** santerna..qua diximus aurum ~ari PLIN.*Nat.*34.116; si tuum scyphum..alieno..argento ~aueris POMPON.*dig.*41. 1.27;—(anulum aureum) plane ferreis ueluti stellis ~atum PETR.32.3. **c** (canum ossa) fracta non ~antur PLIN.*Nat.* 11.214; ~anda a fracturis ossa 31.62.

fertilis ~is ~e, *a. compar.* ~ior, *superl.* ~issimus. [FERO+-ILIS[1]]

1 (of land) Fruitful, productive, fertile; (also, of the sea). **b** (of trees, plants) prolific; (also poet., of the Hydra). **c** (of a period). **d** (of a house, family).
illam opimam ~emque Syriam CIC.*Dom.*23; agri ~issima regione CAES.*Gal.*7.13.3; nec ~is illa iuuencis (*i.e. for ploughing*)..seges VERG.*G.*4.128; Tibur..~e HOR.*Carm.*4.3.10; ~is..nil nisi..gramen habebit ager OV.*Tr.*5.12.23; terrae ..ad pabula ~es MELA 2.15; Byzantium ~i solo, fecundo mari TAC.*Ann.*12.63;—(*w. abl.*) ~is ubere campus VERG.*G.* 2.185; hortus..uariis..~is herbis *Mor.*63;—(*w. gen.*) ~es agros alios aliorum fructuum CIC.*N.D.*2.131; ~is frugum pecorisque tellus HOR.*Saec.*29; Aegyptus frugum..~issima PLIN.*Nat.*21.86; (*cf.*) Gallia adeo frugum hominumque ~is fuit LIV.5.34.2;—mare..generosae ~e testae HOR.*S.*2.4.31. **b** pomis se ~is arbos induerat VERG.*G.*4.142; tritico nihil est ~ius PLIN.*Nat.*18.94; oliuetis..~ibus domino priori HOR.*Carm.*2.15.8; arbor..pomis ~is aureis SEN.*Ag.*852; bacaliam appellant hanc (laurum) quae..est bacarum.. ~issima PLIN.*Nat.*15.129;—serpens ~is (*i.e. the Hydra*) OV. *Ep.*9.96. **c** dum terna..saecula ~ibus Titan decurreret horis [TIB.]3.7.51; ~is annus erit PROP.4.8.14; proinde aut sterilis annus aut ~is est SEN.*Nat.*4a.2.2. **d** uenit totiens Lucina piumque intrauit repetita larem. sic ~is oro stet domus STAT.*Silv.*4.8.23.

2 (w. gen., dat., or abl., etc.) Rich or abounding (in), productive (of non-organic products; also, of abst. conditions, etc.).
(*w. gen.*) uitri ~es harenas PLIN.*Nat.*5.75; ~issimi sunt auri Dardae 6.67; quid..uenenorum ~ius (quam medicina)? 29.20;—(*w. dat. or abl.*) (Aetna) numquam non ~is igni *Aetna* 558; flumen..auro ~e PLIN.*Nat.*6.98; montes Hispaniarum..huic bono (*i.e. gold*) fertiles 33.67;—(*w.* in+*acc.*) cur Libycus tantis exundet pestibus aer ~is in mortes LUC. 9.620;—~issimae deliciarum..Graeciae urbes V.MAX.4.3.2; et locum et hominem doctrinae ~issimum 8.7.ext.3; (*cf.*) uenare theatris: haec loca sunt uoto ~iora tuo OV.*Ars* 1.90; (*w. inf.*) nec tantum Roma iugalis conciliare toros..~is STAT.*Silv.*3.5.71.

3 Profitable, lucrative, fruitful.
immensus labor est, sed ~is idem *Aetna* 222; inter ordines ..cepas seri ~e est PLIN.*Nat.*13.133; captatio in quaestu ~issimo (esse) 14.5; (*w. dat.+gdve.*) nullum..tam inops exilium est quod non alendo homini abunde ~e sit SEN.*Dial.* 12.10.11.

4 Of fertile invention, imaginative, productive.
~e pectus habes OV.*Pont.*4.2.11; rapacia uirtutis ingenia uel ex se ~ia SEN.*Ep.*95.36.

5 Life-giving, fertilizing. **b** (transf.) conducive to invention, fruitful.
qualis..~is aestiua Nilus abundet aqua TIB.1.7.22; sparsus in agros ~is Euphrates LUC.3.260; capillum..~i natura euocat (oleum cicinum) PLIN.*Nat.*23.83; (*cf.*) maiores ~issimum in agro oculum domini esse dixerunt 18.43; (*of deities*) amicus Aulon ~i Baccho minimum Falernis inuidet uuis HOR.*Carm.*2.6.19; dea ~is (*i.e. Ceres*) OV.*Met.*5.642. **b** Bacche, soles Phoebo ~is esse tuo PROP.4.6.76; (materia) ~is quae capiat ingenium, quae incitet SEN.*Ep.*46.2.

6 Produced in abundance, rich, lush.
petiit herbae ~ioris humum OV.*Am.*3.5.30; ~ior seges est alienis semper in agris *Ars* 1.349; uberius..solum ~ioremue segetem QUINT.*Inst.*12.10.25.

fertilitās ~ātis, *f.* [prec.+-TAS]

1 Fruitfulness, fertility: **a** (of land). **b** (of crops, plants, etc.). **c** (of human beings, animals).
a uel sterilitas agrorum uel ~as CIC.*Div.*1.131; CAES. *Gal.*2.4.1; agrum..nobilissimae ~atis LIV.27.31.1; terrae nullam ~atem habenti nihil optimus agricola profuerit QUINT.*Inst.*2.19.2; (*w. gen. of product*) Arabia, odorum ~ate nobilis regio CURT.5.1.11;—(*in fig. phr.*) tenuis mihi campus aratur: illud erat magnae ~atis opus OV.*Tr.*2.328. **b** tanta frugum uitiumque et olearum ~as PLIN.*Nat.*3.41; ~as adsidua eius (*sc.* arboris) 13.60; (*cf.*) cum oneratae ~ate procumbent (segetes) 18.154; (*w. gen. of product*) celebratur (raphanus) olei propter ~atem 19.79. **c** apud Lacaenas

uirgines, quibus magis palaestra..studio est quam ~as barbara *Inc.trag.*208; Rhea..indoluit ~ate sua Ov.*Fast.* 4.202; ad generandum paucis animalium minor ~as (*sc. than in stallions*) PLIN.*Nat.*8.164; (*cf.*) est quaedam intus (in araneis) lanigera ~as (*i.e. productive power*) 11.80.

2 Productivity, output (of non-organic things). **b** (of artefacts).

Italia..metallorum omnium ~ate nullis cedit terris PLIN. *Nat.*3.138; insulae, Cassiterides dictae..a ~ate plumbi 4.119; 33.78. **b** artis..summa intentio et ideo minor ~as PLIN.*Nat.*35.101.

fertiliter, *adv. compar.* ~ius. [FERTILIS+-TER²] Productively, fruitfully.

rutam furtiuam..prouenire ~ius putant PLIN.*Nat.*19.123; (haec metalla) derelicta ~ius reuiuescunt 34.164.

fertum ~ī, *n.* Also **ferctum.** [dub.] A kind of sacrificial cake (usu. coupled w. *strues*).

~um Ioui ⟨om⟩moueto et mactato sic CATO *Agr.*134.2; ob struem obmouendam et ~um libandum 134.4; extis et opimo uincere ~o PERS.2.48; *CIL* 6.2075; GEL.10.15.14; ~um genus libi dictum, quod crebrius ad sacra ferebatur, nec sine strue PAUL.*Fest.*p.85M.

feruefaciō ~facere ~fēcī ~factum, *tr.* [FERVEO+FACIO] FORMS: tm. CATO *Agr.* 157.9. To make intensely hot, heat, boil; *~factus,* (of metal) incandescent, red-hot.

eaepsae se patinae ~faciunt ilico PL.*Ps.*833; postea ferue bene facito CATO *Agr.*157.9; pice ~facta CAES.*Gal.*7.22.5; aquam marinam..~facere oportet CELS.4.31.4; haec.. oportet..patella fictili ~facere LARG.57;—quod aes.. ~factum conliquisset VAR.*gram.*87; ~facta iacula in casas ..iacere coeperunt CAES.*Gal.*5.43.1.

feruens ~ntis, *a. compar.* ~ntior, *superl.* ~ntissimus. [pple. of FERVEO] In senses of vb., esp.:

1 Intensely hot, boiling; (of metal, etc.) red-hot, incandescent. **b** (of soil, land) heated by the sun, having a hot climate, torrid; (also, of seasons).

epulas foueri foculis ~ntibus PL.*Capt.*847; aestifer est pandens ~ntia sidera Cancer CIC.*Arat.*566(320); aqua.. ~nti..perfunditur *Ver.*1.67; ~ntes..auras uelut e fornace Ov.*Met.*2.229; cibi potionesque uel frigidae uel ~ntes CELS. 2.24.3; rupe ~ntis..Aetnae SEN.*Thy.*583; pix ~ntissima COL.12.18.6; in oleum ~ns PLIN.*Nat.*28.262; (*neut. pl. as sb.*) si ~ntia os intus exusserint 30.27;—(*poet., of wheels, etc.*) meta..~nti circueunda rota Ov.*Ars* 3.396; non Eleus eat campo ~ntior axis SIL.1.224;—in fabrica ~ns cum marculus ferrum..tundit LUCIL.1165; ~ntis fusili ex argilla glandis CAES.*Gal.*5.43.1; panem..cinis calidus et ~ns testa percoxit SEN.*Ep.*90.23; stringere uenas ~ntis massae PERS. 2.67. **b** solem ardentissimum in ~ntissimo puluere sustinens SEN.*Ep.*80.3; quicquid Libycis terit ~ns area messibus *Thy.*357; ~ntibus prouinciis, ut Aegypto COL.3. 12.6; caua ~nti durescunt flumina limo STAT.*Theb.*4.701;— mensium ~ntissimorum SEN.*Nat.*5.10.4; ante ~ntes horas diei PLIN.*Nat.*17.189.

2 (of blood, wounds) Hot with vital heat, fresh.

ferrum..~nti..e uulnere traxit Ov.*Met.*4.120; pectora.. ~nti sanguine supplet LUC.6.667; soluit ~nti sanguine.. niues SIL.17.488.

3 (of the body) Hot with inflammation, inflamed; flushed (with wine); burning (with blushes). **b** (transf., of a fever).

quem..faciam ~ntem flagris PL.*Am.*1030; ~ntes anguli oculorum PLIN.*Nat.*28.76;—mero ~ns JUV.3.283;—uultum ..modesto sanguine ~ntem JUV.10.301. **b** cui grauis et feruens hemitritaeos erat MART.12.90.2.

4 Producing an effect of heat or burning.

libido..~nti tincta ueneno PERS.3.37; (iris Pisidica) natura est ~ns, tractataque pusulas ambusti modo facit PLIN.*Nat.*21.42; 26.65; ~nti concepta incendia pastu gurgite mulcebat rapido SIL.6.162; (*w.* gustu) radix costi gustu ~ns PLIN.*Nat.*12.41; mordens gustu ~nsque in ore 12.119.

5 (of waters) In rapid and agitated movement, seething; (also, fig., of minds) in a turmoil.

spumeus et ~ns..ibat (torrens) Ov.*Met.*3.571; ~ntes aestibus undas 14.48; (Pontus) fluctuosus atque ~ns MELA 1.102; (*cf.*) (sono) resultante in duris, ~nte in umidis PLIN.*Nat.*2.193;—Cassi rapido ~ntius amni ingenium HOR. *S.*1.10.62; ~ns aestuat occultis animus JUV.3.49.

6 Ardent, fervid; (of happenings) marked by ardour.

fortis animus..~ntior plerumque est CIC.*Off.*1.46; ut.. non quicquam..ab illis ~ntibus latronibus interciperetur PLANC.*Fam.*10.23.3;—in re frigidissima cales, in ~ntissima friges *Rhet.Her.*4.21.

feruenter, *adv. superl.* ~tissimē. [prec.+-TER²] (colloq.) With fervour, vehemently.

de damnatione ~ter loqui est coeptum CAEL.*Fam.*8.8.2; quod tibi supra scripsi Curionem ualde frigere, iam calet; nam ~tissime concerpitur 8.6.5.

ferueō ~ēre ferbuī *and* **feruō** ~ere ~ī, *intr.* [cf. Ir. *berbaim* 'boil', Welsh *berwi*] FORMS: 2nd and 3rd conjug. forms are dist. in exs. as α and β; LUCIL.(356) condemns α, QUINT. (*Inst.*1.6.7) β; pf. rare, e.g. α STAT.*Silv.*4.5.16, FLOR.*Epit.*1.17(1.22.1); β CATO *Agr.*157.9.

1 To be intensely hot. **b** (of liquids) to boil, be boiling hot. **c** to produce an effect of intense heat, burn.

α quod spectat ad occidentem..meridie calet, uespere ~et VITR.1.4.1; medius coactis ~eat stellis dies SEN.*Her.O.*471; (*of food, perh. w. condiments*) quaecumque..~ent allata popinis HOR.*S.*2.4.62; (*fig.*) quodam flore uirtutis exarsit ac ferbuit (populus Romanus) FLOR.*Epit.*1.17(1.22.1). β facite ut ignis ~at POMPON.*com.*50; ~ere litora flammis VERG. *A.*4.567; incipit et sicco ~ere terra Cane PROP.2.28.4; CALP. *Ecl.*1.76. **b** α quaedam aquae caleant, quaedam etiam ~eant SEN.*Nat.*3.24.1; tollitur ab igne medicamentum et cum desinet ~ere.. LARG.81; (*of molten metal*) circa hunc (*sc.* lapidem) aes ~ere PLIN.*Nat.*34.136; (*of vessels*) si quibus olla Thyestae ~ebit PERS.5.9. β (*of vessels*) ubi omnes patinae ~ont, omnis aperio PL.*Ps.*840; ~it aqua et ~et, ~it nunc, ~et ad annum LUCIL.357. **c** α liuida materno ~ent adipata ueneno JUV.6.631.

2 a (of parts of the body) To be warm with vital heat; (of things) to reek (with blood). **b** to be inflammed or feverish; (of inflammation, etc.) to be acute.

a α qua uiscera ~ent LUC.3.644; dum ~et cruor et perfusae caede cohortes SIL.10.334;—temo..nunc hoc, nunc illo in sanguine ~et STAT.*Theb.*7.751; ~entia caedibus arua SIL.9.483. **b** α si stomachus..~et uinoque ciboque JUV. 5.49;—nec oculos tumentis temptamus..nec cetera uitia dum ~ent SEN.*Dial.*5.39.2; (spongeae inponuntur) si ~eat impetus PLIN.*Nat.*31.127.

3 a (of seas, rivers, etc.) To be turbulent, seethe, 'boil'; (of currents) to run strongly. **b** (of wine, etc.) to ferment, work. **c** to froth, foam.

a α ~et..fretis spirantibus aequor VERG.*G.*1.327; eruta ..ex imis ~et harena fretis Ov.*Tr.*1.4.6; mare..~et..et aestuat SEN.*Nat.*3.26.7;—exempla..in tranquillo mari nulloque uelorum pulsu..ex Italia peruectorum Vticam aestu ~ente PLIN.*Nat.*2.218; (*fig.*) monte decurrens uelut amnis..~et immensusque ruit profundo Pindarus ore HOR. *Carm.*4.2.7; (*of a volcano*) quae..tantis Aetna ~ebit minis? SEN.*Med.*410. β ~it aestu pelagus PAC.*trag.*416; mare ~ere cogens LUCR.6.442; (*of the sky*) omnia..uento nimbisque uidebis ~ere VERG.*G.*1.456; (*cf.*) omnia tum (*i.e. when intoxicated*) endo muco uideas ~ente micare LUCIL.1075. **b** α mustum..non promendum dum ~et VAR.*R.*1.65.1; mel..~et ut musta PLIN.*Nat.*11.32; testa qua modo ferbuerat Lyaeus STAT.*Silv.*4.5.16. β ubi desiuerit ~ere mustum CATO *Agr.*125. **c** α auriga solet ~entia..ora.. frenis..flectere *Laus Pis.*49; lignum eius (*i.e.* taedae)..igni extra circumdato ~et PLIN.*Nat.*16.52; haec (herba) inter duos lapides trita ~et praecipuo aduersus anginas suco 24.174.

4 To be active or busy, be in agitated or swift movement, swarm. **b** (of places) to seethe or surge with activity, be astir. **c** (of actions, work, etc.) to proceed briskly, be energetically prosecuted.

α ~ent examina putri de boue Ov.*Fast.*1.379; omnis ..~ebat litore plebes LUC.9.254; ~et gens Itala Marte barbarico SIL.13.742. β legiones per loca campi ~ere cum uideas LUCR.2.41; totas..per Alpes ~ere..turmas PETR.123,l.214; toto..~ere campo quem tueor V.FL. 6.588. **b** α opere omnis semita ~et VERG.*A.*4.407; ~ent iam castra tumultu LUC.4.250; fora litibus omnia ~ent MART.2.64.7; laetatur..obsequio ~ere domum STAT.*Theb.* 1.525; ~ent discursibus arces 10.560;—ubi multisona ~et sacer Atthide lucus MART.1.53.9; ~et iter gemitu STAT. *Theb.*3.120. β ~ere piratis uastarique omnia circum VAR.*Men.*86; omnia quae (loca) circum ~unt sonituque cientur LUCR.4.608; instructo Marte..~ere Leucaten VERG. *A.*8.677; ~ere cuncta uirum coetu V.FL.1.121; ~ere partem diuersam Marte infausto SIL.1.456; (*cf., w. gen.*) domus haec ~it flagiti POMPON.*com.*101. **c** α ~et opus, redolentque thymo fragrantia mella VERG.*G.*4.169; pugna..~et commissa lagona JUV.5.29; ~ebat obsidio FLOR.*Epit.*1.31(2. 15.10).

5 To be roused or fired (with passion, excitement, etc.). **b** (transf., of the passions themselves)

α dein Naeuius, qui ~et, pretio in tertiost VOLC.*poet.*1.7; animus tumida ~ebat ab ira Ov.*Met.*2.602; ~et multo linguaque corque mero *Fast.*2.732; perage dum ~et manus SEN.*Her.O.*435; non..soleo cito ~ere PETR.57.3; parce adulescentulo, sanguen illi ~et (*i.e. his blood is hot*) PETR.59. 1; (*w. abl.*) ~et ferturque auaritia CIC.*Quinct.*38; ~et auaritia miseroque cupidine pectus HOR.*Ep.*1.1.33; nec..Veneris.. lampade ~et JUV.6.138. β quom ~it maxume..placidum ..reddo TER.*Ad.*534; (*w. abl.*) cor ira ~it ACC.*trag.* 450; hostem ~ere caede noua VERG.*A.*9.693. **b** α rursus increscit dolor et ~et odium SEN.*Med.*952; ~et immensus dolor *Phoen.*352; ~et e a trepido uix abstinet ira magistro LUC.4.242; ~et amor belli STAT.*Ach.*1.412;—(*cf.*) sic laudamus equum, facili cui plurima palma ~et..uictoria JUV.8.59.

6 To be eager or enthusiastic.

α inde uaporata lector mihi ~eat aure PERS.1.126. β (*w. internal acc.*) hoc nunc ~it animus, hoc uolo AFRAN. *com.*269.

ferueścō ~ere, *intr.* [FERVEO+-SCO]

1 To grow or become hot.

possentne seriae ~ere PL.*Capt.*917; (uentus) mobilitate sua ~it LUCR.6.177; hunc..fontem..sole putant..~ere 6.851; saxa uelut igni ~unt SEN.*Nat.*4a.2.18; PLIN.*Nat.* 33.107.

2 (of the body) To become hot: **a** (with fever). **b** (with passion).

a corporis..summam ~ere partem LUCR.6.1164. **b** (calorem animus) sumit, in ira cum ~it LUCR.3.289; ~it sanguis et ira scintillant oculi PERS.3.116.

3 To be agitated, seethe.

uentorum ualidis ~unt uiribus undae LUCR.3.494; 6.428.

feruidus ~a ~um, *a. compar.* ~ior, *superl.* ~issimus. [FERVEO+-IDVS]

1 Intensely hot, boiling, burning. **b** (of the sun, air, or atmospheric conditions; also, of climatic regions). **c** (of stars or constellations associated with hot weather or regions). **d** (of heat) intense, fierce.

~a fit glans in cursu LUCR.6.307; ~a..in Aetna HOR. *Epod.*17.32; pelles, ubi ~a mollissent aqua LIV.23.19.13; per caput infusae ~us umor aquae Ov.*Ib.*288; clipeos.. repletos ~a harena CURT.4.3.25; obesse..solo uirus lini.. quia sit ~ae naturae COL.2.13.3. **b** sol montis..ipse suo contingens ~us igni LUCR.4.407; spissa ramis laurea ~os excludet ictus HOR.*Carm.*2.15.9; diei ~issimum tempus CURT.3.5.1; an tollet ~us aer temperiem? LUC.1.646; ~a aestas TAC.*Ann.*14.24;—quarta pars mundi..natura ~a est CIC.*N.D.*2.27; ~ae..plagae SEN.*Her.O.*1788; ubi ~a tellus accipit Oceanum..calentem LUC.9.624; (*dist. from* calidus) PLIN.*Nat.*13.27. **c** ~us ille Canis CIC.*Arat.*349(108); aestiferas..in partis et ~a signa LUCR.5.642; ante sidus ~um HOR.*Epod.*1.27; SEN.*Her.O.*70. **d** ~o ardore ACC. *trag.*582; flammai ~us ardor LUCR.5.1099; ~us aestus HOR. *S.*1.1.38; ~is..caloribus *Carm.*3.24.36.

2 (of stars, considered as fires) Blazing, glowing.

pictus aer ~is..ignibus VAR.*Men.*269; e trucibus..oculis (Draconis) duo ~a lumina flagrant CIC.*Arat.*58.

3 a Hot with vital heat. **b** hot with exertion; (of thirst) burning. **c** hot with inflammation, inflamed; flushed, heated (with wine).

a corporis ~os..lacus sanguinis VAR.*Men.*405; ~a.. per armos (apri) spuma fluit Ov.*Met.*8.287; ~o adhuc et compote mentis pectore TAC.*Ann.*15.70. **b** ora..fontana ~a pulsat aqua Ov.*Ars* 3.726; arator liberat..~a colla boui *Eleg.Maec.*100;—~a exustus siti SEN.*Ag.*19; nec ~a pestis cedit adhuc, sed morbus..sibi poscit aquas LUC.4.370. **c** ~a ne..pusula surgat MART.14.167.1; (*of a disease*) sacro ~a morbo pestis LUC.6.96;—si, Bacche, tuis per ~a tempora donis accersitus erit somnus PROP.3.17.13.

4 (of water) Violently agitated, seething; (also applied to fermenting wine). **b** (transf., of orators or their style) turbulent.

praeter uada ~a uexit VERG.*A.*7.24; uentos aequore ~o deproeliantis HOR.*Carm.*1.9.10;—~a musta Ov.*Tr.*3.10.72. **b** uolubilis, sed paulo ~ior oratio CIC.*Brut.*108; (C. Fimbria) ~ior atque commotior 129; (*cf.*) nouam istam quasi de musto ac lacu ~am orationem 288.

5 Hot to the taste; (of wines) strong, intoxicating.

sapore acri et ~o PLIN.*Nat.*20.113;—~a quod subtile exsurdant uina palatum HOR.*S.*2.8.38; ~iore mero *Epod.* 11.14.

6 Excited, roused; blazing (with anger); fired (with passion). **b** (of words, etc.) angry, savage; (of passions) burning.

subita spe ~us ardet VERG.*A.*12.325;—ter totum ~us ira lustrat Auentini montem 8.230; iuuencus..magna stat ~us ira STAT.*Theb.*11.253;—pectus nescio quo calore ~um APUL. *Met.*5.13. **b** non me tua ~a terrent dicta, ferox VERG. *A.*12.894; latratibus ~is..(canes) miscent omnia APUL.*Met.* 8.4;—ne tibi sim..aeque iam ~a cura [TIB.]3.18.1.

7 a Hot-blooded, passionate, lusty. **b** (of persons) hot-headed, hasty, impetuous; (also, of actions, policies). **c** ardent in action, hot, furious; (also poet., of chariots, etc.).

a iuuenes..~i HOR.*Carm.*4.13.26; florente iuuenta ~us *Ars* 116; utrum quis ~i sit ingenii an frigidi atque humilis SEN.*Dial.*5.7.2; amator ~us APUL.*Fl.*16;—(*of Cupid*) ~us..puer HOR.*Carm.*1.30.5; ~vs CVPIDO *CIL* 14.3565. **b** praepropera ac ~a ingenia imperatorum LIV.27.33.10; Acmon ~us ingenio Ov.*Met.*14.485; regenda..est ~a adolescentia [SEN.]*Oct.*446; (*w. gen.*) feruidus ingenii Masinissa et ~us aeui SIL.17.413;—in aliquod ~ius factum SEN.*Dial.*5. 24.4; ~a Gracchi..consulta SIL.7.34; (*cf.*) lentando ~a bella dictator..multa..egerat 8.11. **c** tua ~a uirtus CATUL. 64.218; pedem pede ~us urget VERG.*A.*12.748; ~us..circa praecordia sanguis incaluit LUC.2.557; dum ~us instat Admetum superare STAT.*Theb.*6.475; ~a corda SIL.14.493; —uolat ui ~us axis VERG.*G.*3.107; meta..~is euitata rotis HOR.*Carm.*1.1.4.

ferula ~ae, *f.* [dub.; perh. connected w. *festuca*]

1 The giant fennel, *Ferula communis.* **b** a fennel stalk; (used as a container). **c** (as the name of a group of plants).

Siluanus..florentis ~as et grandia lilia quassans VERG. *Ecl.*10.25; siue ~is exuberat (regio) COL.9.6.1; ~a semen aneto simile habet PLIN.*Nat.*20.260; (*used medicinally*) adicere modo cibo modo potioni..~am CELS.4.17.1. **b** faciunt (aluos)..ex ~is VAR.*R.*3.16.15; ex ~a facto canaliculo CELS.8.8.1.C;—ignem..adseruare ~a Prometheus (inuenit) PLIN.*Nat.*7.198; (herbas) in ~a ut harundine condunt 25.93. **c** nec Cyrenis in ~is laser nasceretur VITR.8.3.13; dat..galbanum Syria..e ~a, quae eiusdem nominis PLIN.*Nat.*12.126; ~a sine dubio est thapsia, sed sui generis 13.124.

2 A stick, rod: **a** (as an instrument of punishment, correction, etc.). **b** (as a walking-stick). **c** (med., as a splint).

a ut ~a caedas meritum maiora subire uerbera HOR.*S.* 1.3.120; si quos Orbilius ~a scuticaque cecidit DOM.MARS. *poet.*4(3); ~ae..tristes, sceptra paedagogorum MART.10. 62.10; et nos ergo manum ~ae subduximus JUV.1.15; SUET.*Cal.*20. **b** senex ~a titubantes ebrius artus sustinet Ov.*Met.*4.26. **c** ~ae..quae..ossa in sua sede contineant CELS.8.10.1.K.

3 An object resembling a smooth rod.

(cornua) teneris increscunt ~is PLIN.Nat.8.117; ~ae ipsae breues, et ad summa breuiores articuli 17.152.

ferulāceus ~a ~um, *a.* [prec.+-ACEVS]

1 Made from fennel, consisting of a fennel-stalk.
rudibus ferreis aut ~is PLIN.Nat.34.170.

2 Resembling fennel, of the fennel kind.
stamineam..uenam..uocant ~am PLIN.Nat.16.226; quaedam uocabimus ~a, ut anetum 19.62; (aspalathus) optimus qui minime ~us 24.112; e cici, arbore..caule ~o 15.25.

fērūm-: see FERRVM-.

feruō ~ere: see FERVEO.

feruor ~ōris, *m.* [FERVEO+-OR]

1 Heat, high temperature. **b** (pl.) hot weather, hot time or season. **c** (poet.) a fire, blaze.
solis uapor..pollens ~ore corusco LUCR.6.237; balneis..ubi ~ore atque aestu anima interclusa..exspirarent LIV.23.7.3; cum peruenit (cibus) in uentrem..aequali..~ore concoquitur SEN.Ep.90.22; fons calidus citra summum ~orem PLIN.Nat.31.20; postquam (potionem) ~ore asperna-batur TAC.Ann.13.16; (*produced by friction*) plurimum..terebrarum proficit ~or PLIN.Nat.37.200; (*regarded as the vital principle of the universe*) mundi ille ~or purior perlucidior..aptior ad sensus commouendos quam hic noster calor CIC.N.D.2.30. **b** nimiis torret ~oribus aetherius sol LUCR.5.215; mediis ~oribus VERG.G.3.154; OV.Met.1.119; usta ~oribus terra SEN.Nat.4a.2.1; PLIN.Nat.6.93. **c** rapidus ~or per pingues..taedas illapsus..insonat alueo SIL.14.427.

2 A high temperature of the body, a burning sensation, fever; an instance of this, a bout of fever; also, inflammation. **b** heat (conceived of as a quality of food, etc.).
calido febrim ~ore coortam LUCR.6.656; caput incensum ~ore 6.1145; CELS.3.3.4; (*as the result of wine*) ut semel icto accessit ~or capiti HOR.S.2.1.25;—post magnos ~ores corporis CELS.2.7.28; ~ores morbosque SEN.Dial.2.9.1; ~ores capitis refrigerare PLIN.Nat.15.19;—podagram cum ~ore et tumore rubicundo LARG.158. **b** ut nimio frigori (lactucae) par ~or (erucae) inmixtus temperamentum aequet PLIN.Nat.19.155; (*of poison*) corporis notas in quas se noxiae potionis..~or effuderit [QUINT.]Decl.15.4.

3 The agitation, seething (of troubled waters). **b** the fermentation (of wine).
quid Oceani ~ore (constantius)? CIC.N.D.3.24; uenti uis..~orem mirum concinnat in undis LUCR.6.437; undae..uincunt ~ore Charybdim LUC.4.461; STAT.Silv.1.3.30; (*fig.*) mare..illud..cuius ~ore (*i.e. due to pirates*) non solum maritimi cursus sed..uiae militares iam tenebantur CIC.Prov.31. **b** orcae..~ore musti ruptae VAR.R.1.13.6; ratio..condiendi musta in primo ~ore PLIN.Nat.14.124.

4 Disturbance, unrest (of the mind).
quid esset iracundia, ~orne mentis an cupiditas puniendi doloris CIC.de Orat.1.220; hic ~or concitatioque animi Tusc.4.24; nuntius (eum)..curarum ~oribus implet SIL.12.450.

5 a Exuberance, hot blood, ardour, enthusiasm. **b** vehemence, heat, passion; an intense stage of any passion, paroxysm.
a erat quidam ~or aetatis CIC.Sen.45; haud tulit Aeneas tanto ~ore furentis VERG.A.10.578; quod offendat in eo, ~orem et audaciam, aetatem cottidie auferre LIV.3.12.7; posito ~ore iuuentae OV.Met.15.209; quo tibi ~or abit..? LUC.7.75; (*of a horse*) ubi ~or equo STAT.Theb.6.317; (*w. gen. of gd.*) signa reportandi crescebat..~or SIL.13.23. **b** ut..nimius..ille ~or despumet SEN.Dial.4.20.3; alii nimio ~ore rupere uenas 4.36.4; calidi scintillat ~or amoris CALP.Ecl.5.22; legum..medelas..pro..uitiorum..~oribus mutari GEL.20.1.22;—cum..ira..in ipso ~ore est SEN.Dial.3.8.6; in primo ~ore (*of grief*) 6.4.2.

ferus[1] ~a ~um, *a.* [cf. Gk. θήρ (Aeolic φήρ); Lith. *žvėrìs*]

1 (of animals, birds) Undomesticated, not tame, wild. **b** (of plants, fruits) uncultivated, wild. **c** (of land) uncultivated, untilled, wild; (also, of a smell) suggestive of the wilds.
liber captiuos aui' ~ae consimilis est PL.Capt.116; caprae ~ae CATO hist.52; equi te esse ~i similem dico HOR.S.1.5.57; cum ~ae bestiae cibum ad fraudem suam positum plerumque aspernentur LIV.41.23.8; palumbium ~orum PLIN.Nat.30.67; columbarum ~a natura est GAIUS dig.41.1.5.5. **b** ~a uite SIS.hist.60; fructus..~os mansue-scere..cernebant LUCR.5.1368; VERG.G.2.36; (arbores) sil-uestres ac ~ae COL.3.1.2; ~a..oliua STAT.Theb.6.7. **c** in locis ~is plura ferunt (arbores) VAR.R.1.7.7; ~a diuersis exercita frugibus arua MAN.1.86;—sinceri (ladani) odor esse debet ~us et quodam modo solitudinem redolens PLIN.Nat.12.76.

2 (of persons) Uncivilized, barbarous, rude, rough. **b** (of a way of life, etc.).
adeon me ignauom putas..aut inhumanum aut ~um? TER.An.278; Musa..intulit se bellicosam in Romuli gentem ~am PORC.poet.1.2; hunc hominem ~um atque agrestem fuisse..numquam in oppido constitisse CIC.S.Rosc.74; nulla gens tam ~a..cuius mentem non imbuerit deorum opinio Tusc.1.30; genus hominum ~um incultumque SAL.Jug.80.1; Graecia capta ~um uictorem cepit HOR.Ep.2.1.156; ~as..mentes (ira) obsidet, erudítas praelabitur PETR.99.3. **b** sibi uictu ~o uitam propagabant CIC.Inv.1.2; homines..a ~a agrestique uita ad hunc humanum cultum..deducere de Orat.1.33; ~a quaedam sodalitas et plane pastoricia Cael.26; Mercuri..qui ~os cultus hominum recentum..formasti HOR.Carm.1.10.2; tot populorum discordes ~asque linguas PLIN.Nat.3.39.

3 (poet.) Of or for wild animals; also, of barbarians.
(Iason) auido dabitur ~a praeda draconi OV.Met.7.31; lacte ~o crescens MAN.1.368;—infecit..~o sanguine Danu-uium OV.Pont.4.9.80.

4 Not amenable to restraint, disobedient, unruly; high-spirited, unsubdued.
reddam ego te ex ~a fame mansuetem PL.As.145; neque ~a hominum pectora fragescunt ACC.trag.26; illa ~os animis alligat una uiros PROP.1.5.12; amore didicimus uinci ~os SEN.Phaed.240; (*cf.*) laserpicium..rem ~am ac contumacem PLIN.Nat.19.42;—~o iuueni in manus..puellulam dedis CATUL.61.56; ore cornipedum derepta ~o spumantia frena SIL.10.318.

5 (of persons) Aggressive, fierce, ferocious, warlike; (of wild animals) savage. **b** (of sounds or voices). **c** (of actions).
~a..complebit manus litora ENN.scen.67; ~i homines et acres et omnibus rebus ad defendendum parati CIC.Att.5.20.5; ~us et Cupido, semper ardentis acuens sagittas HOR.Carm.2.8.14; ~us..Hector PROP.2.22.31; ~o Marti OV.Fast.4.25; caede ~as mentes LUC.1.354; (*cf.*) mala gaudia matrum erroresque ~os nemorum STAT.Theb.1.230;—cum ~a atque immani belua CIC.Ver.5.109; Leo proflat ~us ore calores Q.CIC.poet.6; uelut ~as bestias..trucidare quodcunque obuiam detur LIV.26.27.12; (*transf.*) (aquila) ~is transfigens unguibus anguem CIC.Mar.fr.2(poet.7(19).3); et tua dente ~o uiscera carpat equus OV.Ib.458. **b** tubicen ~a murmura conde PROP.4.4.61; ~o moui linguam stridore bisulcam OV.Met.9.65; ~a..tuba Fast.1.716; uox ~a, trux uultus, uerissima Martis imago Tr.5.7.17. **c** belli ~a moenera LUCR.1.32; boues lucae..~a facta suis..dedere 5.1340; OV.Met.3.248.

6 (of persons) Cruel, ruthless, inhuman; (also, of conditions, actions, etc.).
cur tam mansuetus in senatu fuerit, cum in edictis tam fuisset ~us CIC.Phil.3.23; a nimis ~o corde CATUL.60.5; nemo tam ~us..quin..lacrumarit NEP.Alc.6.4; ~us omnia Iuppiter Argos transtulit VERG.A.2.326; matris supremus aspectus quamuis ~um animum retinebat TAC.Ann.14.4;—poenis..~is NAEV.trag.30; ~a asperaque famultas LAEV.poet.22.7; ~um et immane facinus CIC.Phil.14.8; ut caneret ~a Nereus fata HOR.Carm.1.15.4; dare captiuas ad ~a uincla manus OV.Pont.1.2.46; dapibus ~is (*i.e. of human flesh*) SEN.Thy.150; enses..hebetatos ~is uulneribus [SEN.]Oct.525; ~um uisu dictuque SIL.1.175.

7 (of things) Harmful, noxious, dangerous; (esp. of weapons) cruel, savage. **b** (of weather, sea, etc.) stormy, wild. **c** (of places) wild and forbidding, bleak.
omnia pone ~os..in ignes OV.Rem.719; ut ~a uitarem saxa Pont.2.6.10; ~o de sanguine (*sc.* Medusae) LUC.9.698; ~as..herbas STAT.Theb.9.735;—~o..ornatus ferro ENN.Ann.183; ~a..cuspide OV.Ars 2.190; ~a..fulmina Met.2.61; quem..ense uiolauit ~o SEN.Ag.208. **b** ~as..mulcere procellas CIC.Arat.444(200); mare ~um CATUL.63.40; nec ~a tempestas toto tamen horret in anno OV.Fast.1.495; inter ~a murmura ponti Tr.1.11.7. **c** fugit in nemora ~a CATUL.63.89; montes..~i VERG.Ecl.5.28; ~a..sub Aetna PROP.3.2.7; ~a litora Ponti OV.Tr.1.2.83.

8 (of physical forces; also, of passions) Fierce, violent.
~a uis uenti LUCR.6.592; dissiliunt..~o feruentia saxa uapore 1.491;—et ~us in molli pectore flagrat amor OV.Ep.15.126; ~os requie finire dolores Met.13.317; accensum..bile ~a STAT.Silv.2.1.58; (*of madness*) rabie ~a carens..animus CATUL.63.57.

ferus[2] ~ī, *m.* [prec.] A wild animal, beast, creature.
~us ipse sese..incitat CATUL.63.85; in latus inque ~i (*i.e. the Wooden Horse*)..aluum VERG.A.2.51; PHAED.2.8.14; exagitare ~os (*i.e. horses*) MAN.5.77; ter decuma sub parte ~i..Olor euolat 5.365; oryx aut aper aliusue quis ~us COL.9.1.7; (*of a tame stag*) pectebat..~um VERG.A.7.489.

fescemnoe, *m. pl.*: (see quot.).
Fescemnoe uocabantur, qui depellere fascinum credebantur PAUL.Fest.p.86M.

Fescennia ~ae, *f.* A town in Etruria.
PLIN.Nat.3.52.

Fescennīnus ~a ~um, *a.* [prec.+-INVS; sense 2 may have been orig. a separate wd. connected w. FASCINVM]

1 Of Fescennia.
hi ~as acies..habent VERG.A.7.695; PAUL.Fest.p.85M.

2 *uersus* ~*us*, Ribald verse sung at weddings, Fescennine verse; (of jesting, etc.) done in the Fescennine manner. **b** (masc. or neut. pl. as sb.) Fescennine verse; (masc. sg.) a writer of such verse.
~o uersu similem (uersum) LIV.7.2.7; ~i uersus, qui canebantur in nuptiis, ex urbe ~a dicuntur allati, siue ideo dicti, quia fascinum putabantur arcere PAUL.Fest.p.85M;—ne diu taceat procax ~a iocatio CATUL.61.120; ~a..licentia HOR.Ep.2.1.145. **b** inter nuptiales ~os SEN.Con.7.6.12; festa dicax fundat conuicia ~us SEN.Med.113; ~us..uorum comites PLIN.Nat.15.86; nisi faces accenderit et ~a cecinerit CALP.Decl.46;—in coloniam..scribere nolim..spatiatorem atque ~um CATO orat.123.

fēsiae: arch. form of FERIAE.

fessus ~a ~um, *a.* [prob. orig. pf. pple. of FATISCO w. change of vowel due to influence of *defessus* and to distinguish it from the homonymous pple. of *fateor*] N.B. The idea of mental weariness, exemplified in sense 5, is present to a greater or lesser degree in many exx. in the earlier senses.

1 (of men and beasts) Physically tired with exertion, weary, exhausted. **b** (of strength, efforts) used up, exhausted, spent.
regem..~um subleuant (apes) VAR.R.3.16.8; animalia ~a..sopor altus habebat VERG.A.8.26; puella..somno ~a remittat opus TIB.1.3.88; ne ~us resideret TAC.Ann.16.4; (*poet., of sleep*) simulant ~os curuata cacumina somnos STAT.Silv.5.4.4; (*masc. as sb.*) quale sopor ~is in gramine VERG.Ecl.5.46; ut uehiculorum ~is copia esset LIV.27.43.10; (*fig.*) quo ~um (*i.e. with recounting your exploits*) rapitis, Fabii? VERG.A.6.845;—(*w. abl. of the part affected*) ~i..corporibus animisque LIV.28.15.6; (*w. acc.*) agmina..~a gradum SIL.4.40;—(*w. causal abl.*) ~is uomere tauris HOR.Carm.3.13.11; ~i cum itinere tum populatione nocturna LIV.2.26.3; niuibus et montibus ~i TAC.Ann.12.13; (*w. gen.*) ~um bellique uiaeque STAT.Theb.3.395; (*w. de*) nisi de uia ~us esset CIC.Ac.1.1;—(*of the body or its parts*) ~os quatit aeger anhelitus artus VERG.A.9.814; fletu lumina ~a TIB.1.8.68; ubi..~a sternerent corpora LIV.22.2.8; quantulum ex istis epulis..~o uoluptatibus ore libatis? SEN.Ep.89.22; (*cf.*) ~o..arua gradu..legit STAT.Theb.3.324. **b** ~ae tandem fugiunt de corpore uires Ciris 448; natura..artem..aliquando inritam ~o labore dimittit V.MAX.8.11.ext.5; Cereris..munere ~as restituunt uires V.FL.2.69.

2 Weary with travelling; (poet., freq. of ships and vehicles which have reached their destination). **b** (poet., of moving things which have lost their initial speed or force) spent.
haec (*sc.* Delos) ~os tuto placidissima portu accipit VERG.A.3.78; ~as aequore matres 5.715; ni..~os iam gurgite Phoebus Hibero tingat equos 11.913; uenio..liber exulis..da placidam ~o, lector amice, manum OV.Tr.3.1.2; (*cf.*) amnes..in mare deducunt ~as erroribus undas Met.1.582;—hic ~as non uincula nauis ulla tenent VERG.A.1.168; ecce super ~as uolitat Victoria puppes TIB.2.5.45; si statuit currus quocumque in sidere ~os GERM.fr.4.22; Phoebus..~as quatiebat habenas SEN.Apoc.2.4. **b** languida quo ~i uix uenit aura Noti OV.Pont.2.1.2; ~um..tumentis composuit pelagus uentis patientibus undas LUC.5.701; PLIN.Nat.5.54; V.FL.6.77; STAT.Theb.7.748.

3 a Weakened, debilitated (by wounds, disease, hard living, etc.). **b** enfeebled, weak (by reason of age; also, of old age itself). **c** exhausted, worn out (by war, etc.).
a ~um inedia fluctibusque recrearunt CIC.Planc.26; longa..~um militia latus HOR.Carm.2.7.18; qui salutari leuat arte ~os corporis artus Saec.63; ~am..exhalari animam OV.Met.15.527; ~i corpore et morbo graues SEN.Oed.1052; ~i morbis TAC.Hist.2.94; metu et aegritudine ~us Ann.2.29; (*cf.*) ~um uolnere, ~um cursu trahens corpus LIV.1.25.11. **b** simul aeuo ~a fatisci (corpus et animam) LUCR.3.458; ~um aetate parentem VERG.A.2.596; ~us..senecta LUC.3.729; si cui..~i..senectus longa patris STAT.Silv.3.3.14; ~us senio TAC.Ann.2.42; aetas extrema multum etiam eloquentiae dempsit, dum ~a mente retinet silentii impatientiam 4.52;—senectae parce..annisque ~is SEN.Her.F.1250; si quos imbellis sexus aut ~a aetas..attinuerat TAC.Ann.14.33. **c** Veientes bello ~i CIC.Div.1.100; cum omnes prouinciae, regna, maria terraeque..~a bellis sint SAL.Hist.2.47.14; socii populi Romani ~i populationibus ui atque iniuria LIV.30.42.5; Saguntini..~i fame machinis ferro FLOR.Epit.1.22(2.6.6); ~o imperio subuentum est TAC.Ann.11.24;—(*w. res*) quam ~is finem rebus ferat VERG.A.3.145; PLIN.Nat.2.18; ~is da surgere rebus SIL.2.492; qui ~is rebus succurreret TAC.Ann.15.50.

4 (of things) Weakened, worn out (with age, use, strain, etc.). **b** (poet., of things having a limited duration) dying.
arci..~i pondere, diffracti celeriter corruissent VAR.in Non.p.77M; delubra deum simulacraque ~a fatisci LUCR.5.308; illa (*sc.* quercus), iam ~a cadens radice SEN.Oed.536; ~is turbatisque cardinibus PLIN.Nat.36.120; ~a putri robigine pila STAT.Theb.3.582. **b** ~as..fauillas GRAT.538; cum iam ~a dies STAT.Silv.2.2.48.

5 Mentally fatigued, in low spirits, demoralized. **b** (w. abl.) weary in mind, tired, 'sick' (of). **c** mentally or morally enfeebled.
~us metu ac labore miles LIV.8.24.11; curis ~a diurnis pectora OV.Met.8.83; taedio curarum ~us TAC.Ann.12.39; ~os atque languens animus de aestu maris GEL.16.6.2; (*cf.*) ~o Minoia turba bellandi studio SIL.14.43;—(*w. gen. of respect*) ~i rerum VERG.A.1.178; trepidi rerum ~ique salutis SIL.2.234; ~os opis auxiliique 17.152;—(*poet., of care, anxiety*) ~as mortalia pectora curas..requiescunt Ciris 232; proiecit ~os incerti pectoris aestus LUC.8.166. **b** quid faciam? plorando ~us sum CIC.Att.15.9.1; quam..nemo, ~us satiate uidendi, suspicere..dignatur! LUCR.2.1038; ~us scribendo mittendoque legatos SAL.Hist.2.98.2; ~us tandem uxoris uocibus LIV.24.24.2; nec sanguine ~um crede STAT.Theb.12.594; ~as Gallias ministrandis equis TAC.Ann.2.5; (*cf., w. inf.*) (Charon) ~us turbam uectare nouam SEN.Oed.170. **c** ~as luxu attritasque secundis..mentes SIL.12.83.

festīnābiliter, *adv.* [FESTINO+-BILIS+-TER[2]] Hurriedly.
CIL 4.4758.

festīnābundus ~a ~um, *a.* [FESTINO+-BVNDVS] Hurrying, hasty.
laureae ramulos ~a manu decerpserunt V.MAX.2.8.5.

festīnanter, *adv. compar.* ~tius. [pple. of FESTINO+-TER[2]] Promptly, speedily; with (excessive) haste, hurriedly
~ter reuocauit filium VELL.2.123.1; fascibus..quos ~tius uictor reddiderat quam sumpserat imperator COL.1.pr.13; populos et fraxinos, quia ~tius germinant, disponi quoque maturius conuenit PLIN.Nat.17.78; quo ~tius nuntio tibi

PLIN.*Ep*.5.17.1;—improbe, turbide, ~ter, rapide omnia.. suscepta CIC.*Scaur*.37; praecepto compositius cuncta quam ~tius agerent TAC.*Ann*.15.3; iter..confecit..tam ~ter et rapide SUET.*Cal*.43.

festīnātim, *adv.* [*festinat-* (FESTINO)+-IM] Hurriedly, hastily.

~..ad castra..pedites conducit SIS.*hist*.65; exilui de nocte..~ POMPON.*com*.13.

festīnātiō ~ōnis, *f.* [FESTINO+-TIO]

1 Speed in movement or action, hurrying, haste; (pl.) instances of this. **b** speed (in dealing with a situation), promptness.

in patriam omni ~one properaui CIC.*Fam*.12.25.3; epistulam plenam ~onis et pulueris *Att*.5.14.3; ~oni meae breuitatique litterarum ignosces CAES.*Att*.9.6a; ~o curam exemit uicos dirigendi LIV.5.55.4; in hac tam praecipiti ~one, quae me..nusquam patitur consistere VELL.1.16.1; ~one continua, ubi..uiscera uibrantur TAC.*Ann*.12.51; dantur triremes..iuuandae ~oni 16.2; (*w. gen.*) plerique semineces..~one uictoriae relinquebantur *Ag*.36.2;—ne ..in ~onibus suscipiamus nimias celeritates CIC.*Off*.1.131. **b** illa nos cupiditas incendit..~onis CIC.*Fam*.5.12.9; cum magna ~one succurrendum est CELS.7.16.2; nihil in discordiis ciuilibus ~one tutius TAC.*Hist*.1.62; uos ~o iudicii anteuortit APUL.*Apol*.84; (*cf.*) admirabilis est pomi huiusce ~o (*i.e. earliness in ripening*) PLIN.*Nat*.15.79.

2 Undue haste (in action, or as a state of mind), hurry.

mea..~o non uictoriae solum auida est sed etiam celeritatis CIC.*Phil*.3.2; ignoscas uelim huic ~oni meae *Fam*. 5.12.1; erat in tanta ~one et exspectatione *B.Afr*.26.4; ~o, ut ea explicem, quae exorsus sum NEP.pr.8; LIV. 22.39.22; incredibile est, quantum morae lectioni ~one adiciatur QUINT.*Inst*.1.1.32; initium bello fuit auaritia ac ~o unaetuicensimae legionis TAC.*Hist*.1.67;—(*w. gen.*) cuius (rei) ~onem mihi tollis CIC.*Att*.13.1.2; (*w. gd. or gdve.*) adipiscendi magistratus..praepropera ~o *Fam*.10.26.2; ab ista ~one in Africam traiciendi LIV.28.40.6;—(*of a plant*) ~one pariendi (uiueradix)..ni cohibeatur castigatione tali, in fetum exeat tota PLIN.*Nat*.17.173.

3 The action of hurrying forward or hastening (an event).

cum sit in eo (uino) sola pro arte ~io (*i.e. the grapes are used unripe*) PLIN.*Nat*.23.53;—(*w. gen.*) quod ~one triumphi praetermissum esset LIV.36.39.8; necessaria cibi ~o est CELS.1.pr.73; ~onem exequiarum..defendit TAC.*Ann*. 13.17.

festīnātō, *adv. compar.* ~ius. [pple. of next+-O²] Promptly, speedily; with undue haste, hurriedly.

fumarium..quo materia..~o siccetur COL.1.6.19; quod nisi ~o peragatur PLIN.*Nat*.18.98; ~o exire de saeculo debeo [QUINT.]*Decl*.4.11; senatus ob eundem coetum ~o coactus SUET.*Jul*.16.2; ~ius..publicatum est (forum) *Aug*. 29.1;—nihil ~o, nihil praeparato fecisse uidetur Milo QUINT. *Inst*.4.2.58.

festīnō ~āre ~āuī ~ātum, *intr.* (*tr.*). [cf. Ir. *brass* 'swift', Welsh *brys* 'haste']

1 To act hurriedly, make haste; (esp. in pres. pple. agreeing w. subj. of vb.). **b** to be fussily active, bustle. **c** (of work) to go swiftly forward, proceed rapidly; (of time) to pass swiftly; (of plants) to be early in budding or maturing.

nulla in re iam te ~are uolo CIC.*Fam*.16.4.3; mare sentit amorem ~antis eri HOR.*Ep*.1.1.85; qui semper in augenda ~at et obruitur re 1.16.68; LIV.27.40.9; caue..spem ~ando praecipitare meam OV.*Pont*.3.1.140; libellos, qui mihi.. quadam ~andi uoluptate fluxerunt STAT.*Silv*.1.pr.; quanto quis inlustrior, tanto magis falsi ac ~antes TAC.*Ann*.1.7; (*w. internal acc.*) erat in animo nihil ~are CIC.*Att*.5.12.1;— seruoli esse duco ~antem currere PL.*Poen*.523; haec ~ans scripsi in itinere CIC.*Att*.6.4.3; abiit ~ans domum PHAED. 3.19.9; (*cf.*) remigio ueloque..~a et fuge PL.*As*.157. **b** omnes ~ant intus totis aedibus PL.*Cas*.763; apud nos eccillam ~at cum sorore uxor tua *St*.536; qui unum quid mature transigit, is properat, qui multa simul incipit neque perficit, is ~at CATO *orat*.72; alios ~are, lectos sternere, cenam adparare TER.*Hau*.125; ~ando, agitando omnia plus timoris quam periculi effecerant SAL.*Cat*.42.2. **c** sponte sua ~at opus SEN.*Apoc*.4.1; si ualli ~et opus SIL.1.244;— ut saeculorum infinita series..sua lege ~et [QUINT.]*Decl*. 4.13; annis breuibus et ~antibus mensibus APUL.*Fl*.9;— primo fauonio cornus (germinat)..~at et platanus PLIN. *Nat*.16.98; 19.7.

2 (tr.) To perform with haste (the verbal idea implied by the object), hurry through, make haste over.

ut ~atum non faciatis iter OV.*Pont*.4.5.8; ~ata prior.. cura libelli MART.10.2.1; ~at..uias STAT.*Theb*.2.478; ~atis per Gallias dilectibus TAC.*Hist*.2.57; cum belli ciuilis praemia ~arentur 3.37; APUL.*Met*.4.4.

3 To go or come quickly, hasten, hurry. **b** (tr.) to move quickly.

quid illic ~et sentio PL.*Trin*.615; tres uiae sunt ad Mutinam—quo ~at animus CIC.*Phil*.12.22; solent nautae ~are quaestus sui causa *Fam*.16.9.4; ~at calidus mulis gerulisque redemptor HOR.*Ep*.2.2.72; aqua nubem lapidoso pondere et ~ante perrumpit APUL.*Mun*.9; (*impers. pass.*) ~atum..ad Padum est LIV.21.47.2; quamquam angusto ~aretur aditu (aluei) [QUINT.]*Decl*.13.4; (*poet.*) ~antia sistens fata STAT. *Silv*.3.4.24. **b** ~ata..signa mouebat SIL.11.193; ~atis lictorum manibus in carcerem raptus TAC.*Ann*.6.40.

4 To have little time to spare, be in a hurry, be pressed for time. **b** (w. inf.) to be anxious or impatient (to); (also w. *ut*). **c** (w. *ad*) to be impatient to reach (a new topic, etc.); (also w. *ab*) to be in a hurry to abandon.

~abam eramque occupatior CIC.*Att*.10.6.1; plura scripsissem, nisi tui ~arent *Fam*.12.22a.4; cum ~antem ac praecurrentem Caesarem speraret libentius etiam crediturum sua promissis *B.Alex*.71.1; innuit Latroni ~are Caesarem; finiret iam declamationem SEN.*Con*.2.4.13. **b** perspexisse mihi uidebar, quam ~ares decedere CIC.*Fam*.3.6.2; ~auit uterque confligere POL.*Fam*.10.33.3; proelium commiserunt ~antes praeripere subsequentibus uictoriae societatem *B. Alex*.27.4; dum..arma uiris in arma natis auferre ~ant LIV.9.9.11; quem equidem cruci adfixum uidere ~o CURT. 6.3.14; ut ~et oratio ab homine fugere PLIN.*Nat*.28.87;— ~are et urgere, ut prouinciam, ut legiones solus habeat TAC.*Ann*.2.70. **c** ad singulare..factum ~at oratio CIC. *Phil*.1.3; semper ad euentum ~at HOR.*Ars* 148; legentium plerisque..~antibus ad haec noua LIV.pr.4; ad Taprobanen insulam ~ante animo PLIN.*Nat*.6.79; ~o ad nostros JUV. 10.273;—ab expertis ~ant usibus omnes GRAT.116.

5 To act promptly, avoid delay, lose no time. **b** (w. inf.) to lose no time (in), hasten (to); (also w. sup. or *ad*).

~a atque, uti coepisti, perge SAL.*Jug*.102.9; ~antibus sauiis APUL.*Met*.5.7; (*impers. pass.*) ~andum..in iis (*sc.* cepis Ascaloniis) est, quoniam maturae celeriter putrescunt PLIN. *Nat*.19.103; ~andum ceteris uidebatur antequam cresceret..coniuratio TAC.*Hist*.1.33. **b** tu, quaeso, ~a ad nos uenire CIC.*Att*.3.26; quae laedunt oculos ~as demere HOR.*Ep*.1.2.38; ille ~ans peruenire in urbem VELL.2.59.5; ~at..decurrere uelox flosculus..uitae JUV.9.126; di immortales ~auerunt uirtutes tuas ad gubernacula rei publicae..admouere PLIN.*Ep.Tra*.10.1.1;—(urnulam) adreptam completum ~at APUL.*Met*.6.15; *Soc*.pr.4;—ipsis..~antibus ad effectum operis LIV.6.4.6; ad uinum ~are non oportet CELS.3.19.3; ipsa ad perniciem Poppaeae ~at TAC.*Ann*. 11.2; non esse ~andum ad tormenta ULP.*dig*.29.5.1.5; (*w. gd. or gdve.*) ~are ad eximendum eum (*sc.* dentem)..non est necesse CELS.6.9.5; ~are ad decernendum ULP.*dig*.39.2. 15.22.

6 (tr.) To perform, make, give, work on, prepare, etc., without delay, hasten to, lose no time in, be quick with. **b** to advance in time, hurry on.

festiuum ~ant diem ENN *scen*.426; ni id ~aret, in summo periculo..socios fore SAL.*Jug*.77.1; soleas ~ate *Hist*.inc.20; ~are fugam VERG.*A*.4.575; poenas..~at HOR.*Ep*.1.2.61; ~ant arua coloni *Aetna* 264; iam, quas induat ille, ~at uestes OV.*Met*.11.575; sera iuuenum uenus..nec uirgines ~antur TAC.*Ger*.20.3; quibus proelium et ~ati casus placebant *Ann*.6.44. **b** ~atos nimium sibi sentit honores LUC. 8.24; celerius occidere ~atam maturitatem QUINT.*Inst*. 6.pr.10; quod..missione ~ata fauorem militum quaesiuisset TAC.*Ann*.1.52; mortem in se ~auit 4.28; PLIN.*Pan*.69.5; mors..domini gladiis tam ~ata JUV.4.96; ~andae necis causa GEL.17.16.5.

festīnus ~a ~um, *a.* [prec.+-VS]

1 Swift, quick, fast, rapid; (mil., of troops) fast-moving.

(*w. vbs. of motion*) cursu ~us anhelo aduolat OV.*Met*. 11.347; ~us ad oscula matris cum remeat STAT.*Theb*.9.330; ~us adcucurri APUL.*Met*.1.5; foro se ~us immittit 10.6; (*w. other vbs.*) quam (*sc.* uestem) noctes ~a diesque urgebam VERG.*A*.9.488; ~us..memet expedio APUL.*Met*.2.6;—in secunda cohortis ~as composuerat SAL.*Hist*.inc.2; accedit Rhodani ~o milite ripas SIL.3.446.

2 In a hurry, impatient; (w. gen.) impatient (for).

sua cuique furens ~aque coniunx adiacet V.FL.2.191; nunc ~a cohors STAT.*Theb*.7.100; cruda heu ~aque uirtus 9.716; (*as transf. ep.*) impia terrae infodiunt scelera aut ~is ignibus urunt 5.301;—~us uoti 6.75; laudum ~us *Silv*. 5.3.135.

3 Early, premature.

te exedit..miseris ~a senectus V.FL.4.470; differte animos ~aque tela ponite STAT.*Theb*.5.740; a polo ducentis astra Mycenas 11.129.

festīuē, *adv. superl.* ~issimē. [FESTIVVS+-E]

1 Festively, with feasting.

in loco festiuo sumus ~e accepti PL.*Ps*.1254; diem hunc decorare festum ~issime *Inc.trag*.223.

2 (colloq.) Delightfully, neatly, prettily.

'belle et ~e' nimium saepe nolo CIC.*de Orat*.3.101; quam ~e crimen contexitur! *Deiot*.19; quam pulchre quamque ~e..ollulam istam cum natibus intorques APUL.*Met*.2.7; *Apol*.63; (*iron.*) ~e! accipite aliquid etiam acutius CIC.*Sest*. 135.

3 Amusingly, wittily.

soles..tu haec ~e odorari CIC.*Att*.4.14.2; ~e credis te.. iocari MART.6.44.1; 'belli..ferias' ~e magis dixit quam aperte atque definite GEL.1.25.7; 13.4.1.

festīuitās ~ātis, *f.* [FESTIVVS+-TAS]

1 Festivity, gaiety, conviviality.

Iuppiter..offers mihi..iocum, ~atem, ferias PL.*Capt*.770.

2 Delightfulness, charm; (esp. as a term of endearment) heart's delight.

mei patris ~atem et facilitatem TER.*Eu*.1048; (infans) iam puerascens insigni ~ate SUET.*Cal*.7;—mea uita, mea mellilla, mea ~as PL.*Cas*.135; 577; huiius salus amoena, huiius ~as *Poen*.389; quid istic est, mea ~as..? APUL.*Met*. 2.10.

3 (of speakers, speeches, etc.) Liveliness, humour, wit.

~as quae facilius auribus diiudicari..potest *Rhet.Her*. 4.21; est in his lepos et ~as, non dignitas neque pulcritudo 4.32; nec apud populum grauior oratio..neque lepore et ~ate conditior CIC.*de Orat*.2.227; ~atem habet narratio distincta personis et interpuncta sermonibus 2.328;—(*pl.*) Gorgias..his ~atibus..insolentius abutitur *Orat*.176; ~ates inscriptionum GEL.pr.4; in comoediarum ~atibus 10.3.4.

festīuiter, *adv.* [next+-TER²] Gaily, festively; wittily.

domus parata pulchrae familiae ~ NOV.*com*.40;—seuere simul et ~ GEL.1.2.7; respondisse praetorem ~ 'tu plane superes, non ades' 1.22.6.

festīuus ~a ~um, *a. compar.* ~ior, *superl.* ~issimus. [FESTVS+-IVVS]

1 (of days) Festal, feast-.

~um festinant diem ENN.*scen*.426.

2 (colloq.) Excellent, fine, jolly good, etc. **b** (iron.) fine, pretty.

neque usquam ludos tam ~os fieri PL.*Cas*.760; o pater mi ~issime! TER.*Ad*.983; puer ~us anagnostes noster CIC. *Att*.1.12.4; (librorum) habeo Anti ~am copiam 2.6.1; qua puella nihil umquam ~ius, amabilius..uidi PLIN.*Ep*.5.16.1; —(*of places*) aedes ~issumae PL.*Cur*.93; (hospitium) ~om *Poen*.695; in loco ~o sumus festiue accepti *Ps*.1254;—(*of visual appearance*) ab unguiculo ad capillum summumst ~issuma *Epid*.623; *Mil*.958; nonne..sunt ista (*sc. works of art*) ~a? CIC.*Parad*.38; signum..~um et expressum PLIN. *Ep*.3.6.1. **b** materculae suae ~us filius CIC.*Flac*.91; quam..~o matronae perfruentur amatore bubone! APUL. *Met*.3.23; ~us hic amasio 7.21.

3 a (of persons) Jovial, companionable, genial. **b** (of speeches, writings, etc.) lively, bright.

a te isti facilem et ~om putant TER.*Ad*.986; homo..~us, ut ei cum M'. Curio consessore eodemque conlusore facillime possit conuenire CIC.*Phil*.5.13; *Att*.4.16.3; ~um senem! in honorem filii sui ebrius fit SEN.*Con*.2.6.10. **b** (orationem) concinnam, distinctam, ornatam, ~am CIC.*de Orat*.3.100; poema..facit ita ~um..ut nihil fieri possit argutius *Pis*.70; QUINT.*Inst*.6.3.39; (*of a title*) me non paenitet nullum ~iorem excogitasse titulum PLIN.*Nat*.pr.26.

4 Witty, amusing.

uin tu facinus facere lepidum et ~om? PL.*Poen*.308; ~om facinus uenit mihi in mentem modo 1086; lepidi atque ~i mendacii GEL.1.23.8; ~os delectabilesque apologos commentus (Aesopus) 2.29.1.

festra ~ae: see FENESTRA.

festūca ~ae, *f.* Also **fist-.** [dub.; perh. connected w. *ferula*; sense 2 may be a separate word] FORMS: *fist-* CAES.*Gal*.4.17.1.

1 A stalk, straw. **b** (as a stage in the growth of a plant; also app. applied to any grass-like plant). **c** (used by the lictor in the ceremony of manumission and perh. in the transference of property (cf. FESTVCARIVS)).

per fenisecia eo (*sc.* rastello) ~as corradit VAR.*L*.5.136; ~ae surculique in auiariis passim spargendi sunt COL. 8.15.7; ~is illitis (rubrica) 9.8.8; (gallinae) ~a aliqua sese et oua lustrant PLIN.*Nat*.10.116. **b** cum herba creuerit in ~am PLIN.*Nat*.18.254;—~a quae uocatur aegilops 18.155. **c** ingenuan an ~a facta e serua liberast? PL.*Mil*.961; in ~a, lictor quam iactat ineptus PERS.5.175; ~a..utebantur quasi hastae loco, signo quodam iusti dominii GAIUS *Inst*. 4.16.

2 A ram for beating down earth, etc., beetle, pile-driver.

calcato pedibus bene, deinde ~is uectibusque calcato CATO *Agr*.28.2; haec (*sc.* tigna) cum..~is..adegerat CAES. *Gal*.4.17.4; terram circa radices ~a cospissandam PLIN. *Nat*.17.87; pauimenta..~is pauita 36.185.

festūcārius ~a ~um, *a.* [prec.+-ARIVS] Connected with a FESTVCA (1c).

conferens uim illam ciuilem et ~am..cum ui bellica et cruenta GEL.20.10.10.

festūcātiō ~ōnis, *f.* Also **fist-.** [next+-TIO] A ramming down (of earth).

interualla..solidanda ~onibus VITR.3.4.1; 7.1.1; pali.. defodiantur et circum ~one solidentur 10.2.3.

festūcō ~āre ~āuī ~ātum, *tr.* Also **fist-.** [FESTVCA+-O³] To ram down, pack tightly (earth, etc.).

fundamenta primum ~ato CATO *Agr*.18.7; solo ~ato inducitur..pauimentum VITR.7.4.5; rudus..pedali crassitudine ~ari PLIN.*Nat*.36.186.

festūcula ~ae, *f.* [FESTVCA+-VLA] (app.) Chaff.

hanc ~ae (*s.v.l.*) pallio amictam VAR.*Men*.578b.

festum ~ī, *n.* [next] A festival, feast-day, holiday; (often pl. in sg. sense).

culta Palaestino septima ~a Syro OV.*Ars* 1.416; iussus eras celebrare dapes ~umque canendo *Met*.5.113; ~a uenatione absumi PLIN.*Nat*.6.91;—casta sacerdotes Iunoni ~a parabant OV.*Am*.3.13.3; coniugialia ~a *Met*.5.3; ~a piae Cereris celebrabant annua matres 10.431; Stultorum ~a *Fast*.2.513.

festus ~a ~um, *a. superl.* ~issimus. [cf. *feriae, fanum*]

1 *dies ~us,* A holiday observed in honour of a god, happy event, etc., festival, feast-day; (also w. other nouns denoting time). **b** (as a term of endearment or commendation).

die ~o celebri nobilique Aphrodisiis PL.*Poen*.758; tuas amicas te..deserere et ~os dies..nolo TER.*Hec*.592; ludis et ~is diebus FAN.*orat*.3; urbes Italiae ~os dies agere aduentus mei CIC.*Sest*.131; senatus fuit frequentior quam putabamus esse posse..sub dies ~os *Q.fr.*2.1.1; delubra deum..~is..celebrare diebus Lucr.5.1167; ~is quaedam exercere diebus fas et iura sinunt Verg.*G.*1.268; cras nato Caesare ~us dat ueniam somnumque dies Hor.*Ep.*1.5.9; ut eius diem natalem ~um haberet uniuersa Sicilia Nep. *Timol.*5; Saturnalia institutus ~us dies Liv.2.21.2; dies quo gignitur (Apis) genti maxime ~us est Mela 1.58; ~is Saturno diebus Tac.*Ann.*13.15; (*cf.*) perendinus dies meus dies ~us erit si certe tu uenis Aur.*Fro.*1.p.152(36N);—leuantes tempore ~o corpus et ipsum animum Hor.*Ep.* 2.1.140; non ~a luce madere est rubor Tib.2.1.29; Martis Romani ~ae uenere kalendae [Tib.]3.1.1; lux eadem Marti ~a est Ov.*Fast.*6.191; ~a tempestate Stat.*Theb.*6.12. **b** meu' ~us dies, meu' pullus passer Pl.*Cas.*137; o ~u' dies hominis! amice, salue Ter.*Eu.*560; (*cf.*) Faustinam id tibi esse quod lucem serenam, quod diem ~um Fro.*Aur.*1.p.202 (72N).

2 Keeping holiday, celebrating a festival; in festive attire.

~us in pratis uacat otioso cum boue pagus Hor.*Carm.* 3.18.11; ~am..per urbem Sil.11.270; ~am Antiochensium plebem Tac.*Ann.*2.69;—~a coniunx obuios illi tulit gressus Sen.*Ag.*780.

3 Used or suitable for festivals, festal.

placabis ~is luminibus Venerem Catul.66.90; delubra..~a uelamus fronde Verg.*A.*2.249; ~is..theatris Ov.*Met.*3.111; ~o purgantes moenia lustro Luc.1.593; cur..sanguine ~o..ara..calet? Stat.*Theb.*1.262; ~us promissa deis animalia caespes expectat Juv.12.2.

4 Appropriate to festivities, festive. **b** festive in spirit, merry.

ad ~as dapes Hor.*Epod.*9.1; ~a..innectunt tempora sertis Ov.*Tr.*5.3.3; ~a dicax fundat conuicia fescenninus Sen.*Med.*113; cultus..~os cape *Tro.*883; dolor..~us quicquid fleuerat ante, nunc adoret Stat.*Silv.*2.7.134; ~ae licentiae Quint.*Inst.*6.3.16; Tac.*Ann.*14.13; ~is..clamoribus personat Plin.*Ep.*2.17.24. **b** Tritonida..arcem ingeniis opibusque et ~a pace uirentem Ov.*Met.*2.795; ~os ducat ut orba choros *Tr.*5.12.8; exhinc ~issimum celebraui natalem sacrorum Apul.*Met.*11.24.

fēta ~ae, f. [fetvs¹] A female animal which has just given birth; also, one that is pregnant.

si et ~a lacte deficitur Col.7.12.13; comitatae gregibus paruis nocturna petunt pabula ~ae Sen.*Phaed.*20; optimus in fetu..quem primum fert in cubile ~a Plin.*Nat.*8.151;—(*of women*) ~as nostras, quae in conopiis iacent dies aliquot Var.*R.*2.10.8; in Non.p.312M; V.Fl.5.149;—(*applied to a broody hen*) mortua gallina mariti earum uisi succedentes in uicem et reliqua ~ae more facientes Plin.*Nat.*10.155;—tam placidast (canis) quam ~a quaeuis Pl.*Mos.*852; non insueta grauis temptabunt pabula ~as Verg.*Ecl.*1.49.

fēteō ~ēre: see foeteo.

fētiālis¹ ~is, *m.* [perh. *fetis ('ordinance' cf. Goth. *ga-dēþs*, Lith. *dėtis*)+-alis] Orthog.: *faet-* freq. in codd. One of the college of priests who represented the Roman people in their dealings with other nations, a fetial.

~es, quod fidei publicae inter populos praeerant Var.*L.* 5.86; foederum pacis, belli..~es iudices, nontii sunto Cic. *Leg.*2.21; fieri solitum ut ~is hastam..ad fines eorum ferret Liv.1.32.12; consul..ad collegium ~ium rettulit 36.3.7; ut ~es quoque iis ludis praesiderent Tac.*Ann.*3.64; foedus in foro icit porca caesa ac uetere ~ium praefatione adhibita Suet.*Cl.*25.5;—(*appos.*) ~is legatos res repetitum mittebant quattuor Var.in Non.p.529M; ~i legato imp hadriani *CIL* 8.6706; sacerdoti ~i 12.3164.

fētiālis² ~is ~e, *a.* [prec.] Of or concerned with the college of *fetiales* or their functions.

is preimvs ivs ~e paravit *Elog.*41(*CIL* 1.p.202); ius, quo bella indicerentur..sanxit ~i religione Cic.*Rep.*2.31; belli..aequitas..~i populi Romani iure perscripta est *Off.* 1.36; ~ibus caerimoniis Liv.9.11.8; quod (proelium) nobis sine ~i officio indixeras Apul.*Met.*2.16.

fētidus ~a ~um: see foetidvs.

fētifer ~era ~erum, *a.* [fetvs¹+-fer] Causing fruitfulness.

~er potu Nilus amnis Plin.*Nat.*7.33.

fētificō āre ~āuī, *intr.* [next+-o³] To bring forth young, breed, spawn.

thynni..intrant..Pontum..nec alibi ~ant Plin.*Nat.*9. 47; in insula Africae Cerne..accipitres..humi ~ant nec alibi nascuntur 10.22; 10.90.

fētificus ~a ~um, *a.* [fetvs¹+-ficvs] Reproductive, genital.

umorem iis (*sc.* ostreis) ~um lactis modo effluere Plin. *Nat.*9.160.

fētō ~āre ~āuī, *intr.* [fetvs¹+-o³] To bring forth young, breed.

siluestres gallinae..in seruitute non ~ant Col.8.12.1; in quibus (*sc.* paludibus) plerumque ~ant (anates) 8.15.7.

fētor, fētulentus: see foet-.

fētūra ~ae, *f.* [next+-vra]

1 Breeding (of animals).

de pastione, de ~a, de nutricatu, de sanitate Var.*R.* 2.1.16; (bos) nec ~ae habilis nec fortis aratris Verg.*G.*3.62.

2 The carrying of young, gestation.

appello ~am a conceptu ad partum Var.*R.*2.1.18; ut cibo suffundamus uires ad ~am 2.8.4.

3 The bringing forth of young, parturition; the laying and hatching of eggs; (also fig.).

ut..fructum..uineaticum ~a pecoris excipiat Col.7.3. 11; post ~am..fere omnem subolem pastioni reseruat 7.3.13; quod tempus (*sc.* uer) duce natura ~ae est Fest. p.372M;—sternitur mare alcyonum ~ae Plin.*Nat.*2.125; optima ~a (gallinis) ante uernum aequinoctium 10.150;—libros Naturalis Historiae..natos apud me proxima ~a pr.1.

4 The young offspring, brood; (transf., of the young shoots of a vine).

alios ad dies ubertatem lactis ~aeque seruanto Cic.*Leg.* 2.20; sunt, ~a minor, tepidis in ouilibus agni Ov.*Met.*13.827; pariunt (mulli) ter annis; certe totiens ~a apparet Plin. *Nat.*9.65; Calp.*Ecl.*2.47;—recisa intra iugum (uitis) moretur, ut omnis ~a sub eo exeat Plin.*Nat.*17.179.

fētus¹ ~a ~um, *a.* [ppl. form; cf. *fecundus*, *felix*]

1 (of female animals) Having recently given birth, having a young brood, newly whelped, calved, etc.

lupus femina ~a Enn.*Ann.*68; apibus ~is Verg.*G.*4.139; dum..petit latebras ~ae catulosque leaenae Ov.*Fast.*5. 177; ut neque tardiores grauidas, dum cunctantur, neque agiles et ~as, dum procurrunt, separari a ceteris sinat Col. 7.3.26; (*as esp. ferocious*) ~a truculentior ursa Ov.*Met.* 13.803; iuuencum..tunc primum ~a tuetur mater Stat. *Theb.*9.116;—(*poet., as transf. ep.*) uolucres..~a cubilia uallant 12.17.

2 Pregnant, with young. **b** (of the earth, plants). **c** (transf., w. abl.).

quattuor..mensibus ~a quinto parere (sus debet) Col. 8.9.3; ~a iacebat uxor Juv.14.167; (*as a bad omen*) impios..ducat..praegnas canis..~aque uulpes Hor.*Carm.*3.27.4;—(*poet.*) Centauros ~a..nubes effudit Luc.6.387; ~a tellus impio partu effudit arma Sen.*Oed.*731; ~a uiridis puer excidit orno Stat.*Theb.*4.281; (*w. gen.*) Cadmum..~osque cruenti Martis agros 8.231; (*w. abl.*) scandit fatalis machina muros ~a armis Verg.*A.*2.238. **b** unde alma liquentis umoris guttas mater cum terra recepit, ~a parit nitidas fruges Lucr.2.994; seminibus iactis est ubi ~us ager Ov. *Fast.*1.662; arua per se ~a poscentes nihil pauere gentes Sen.*Phaed.*537; patre fauente Libero ~is palmitibus Col. 3.21.3; (*with water*) terra..non ullas ~a ministrat aquas Prop.4.9.22. **c** multa ~a gerens ira praecordia Sil. 11.203; ~a ueneno attollit..colla..serpens 17.447.

3 Bearing young, fruitful; (of the body) reproducing itself, growing. **b** (of places, w. abl.) teeming or abounding (with natural products, etc.).

geminos excepi ~a maritos Luc.2.339; male ~a..mater Stat.*Theb.*7.179; hoc monstrum..~ae comparo mulae Juv.13.66;—qui furta luit uiscere ~o..Prometheus Sen. *Med.*822. **b** terra..~a frugibus Cic.*N.D.*2.156; regio nec pomo ~a nec uuis Ov.*Pont.*1.7.13; ~a feris Libye Var.At.*poet.*12(19); loca ~a furentibus Austris Verg.*A.* 1.51;—(*with springs*) loca ~a palustribus undis Ov.*Met.* 14.103; ~a tepentibus undis litora Stat.*Silv.*3.2.17.

fētus² ~ūs, *m.* [as prec.+-tvs³]

1 The bringing forth of young, parturition; (of birds) laying; an instance of this, a birth. **b** the bearing of young, breeding. **c** conception, begetting.

quarum (*sc.* bestiarum) in ~u et in educatione laborem ..cernimus Cic.*Fin.*3.62; ~us (apium) intra xlv diem peragitur Plin.*Nat.*11.49; alii duplicem earum (*sc.* locustarum) ~um geminumque exitium tradunt 11.102;—cum ..cessant (gallinae) a ~u Col.8.4.3; (cornix) inauspicatissima ~us tempore, hoc est post solstitium Plin.*Nat.*10.30;—pater curauit uno ut ~u fieret, uno ut labore apsoluat aerumnas duas Pl.*Am.*487; Cic.*Div.*1.36; capram sex haedos uno ~u edidisse Liv.35.21.3; (*cf.*) discors concordia ~ibus apta est Ov.*Met.*1.433. **b** cum excesserunt annos decem, ~ibus inutiles sunt (uaccae) Col.6.21.1; in ~u quoque adiuuant (fuci) eas (*sc.* apes) Plin.*Nat.*11.27. **c** cuius in ~u stetit longior quam nostra Sen.*Her.F.*1158; si quadripes ~um non admittat Plin.*Nat.*22.36; (*transf.*) aer actus in nubem nubilum denset et ea crassitudo aquarum ~u grauidatur Apul.*Mun.*9.

2 The bearing of fruit by plants; (also, by the earth).

robustae sunt (materiae uitis), quod a ~u uacant Col. 3.10.3; arbores ~u exinanitas Plin.*Nat.*17.12; 17.173;—ea, quae frugibus atque bacis terrae ~u profunduntur Cic.*Leg.*1.25; mollia terrae arua nouo ~u quid..in luminis oras tollere..crerint Lucr.5.781;—(*cf.*) quidquid ~u genuit natura sinistro Luc.6.670.

3 That which is born, an offspring (usu. of beasts, occ. of human beings, etc.). **b** (sg. collect.) the young (of an animal), the children (of a parent). **c** the young born at one time, brood, litter. **d** the young while still in the womb.

ubi dissimilis ~us ut ex asino et equa mulus Var.*L.*9.28; facile enim illa (*sc.* oua piscium) aqua et sustinentur et ~um fundunt Cic.*N.D.*2.129; si queat usquam conspicere amissum ~um (*sc.* uitulum) Lucr.2.358; ouium teneros ..~us Verg.*Ecl.*1.21; insuetos ~us animalia edere Liv. 28.27.16; sparsos metu conligit ~us auis Sen.*Oed.*905; ~us quonam modo progenerarent (*bees*) Plin.*Nat.*11.46; aspera tigris ~ibus abreptis Stat.*Theb.*10.821; (*eggs*) (gallinas) incubare..~ibus alienigenis Col.8.5.10; (*dist. from partus, of animals as opp. to men*) augmenta ~uum et partuum Papin.*dig.*33.7.3;—~us matrona dabit Tib.2.5.91; generosissimarum imaginum ~us (*pl.*) V.Max.3.3 ext.7; (*poet.*) Germania quos horrida parturit ~us Hor.*Carm.* 4.5.27; hoc quoque tam uastas cumulauit munere uires Terra sui ~us Luc.4.599. **b** haec totus Hecubae ~us Sen.*Tro.*962; da pecus et gregibus ~um Pers.2.46; lex.. debellandi eas (*sc.* locustas) primo oua obterendo, dein ~um Plin.*Nat.*11.105. **c** cum ~u concolor albo..sus Verg.*A.* 8.82; totus eius (*sc.* tigridis) ~us, qui semper numerosus est Plin.*Nat.*8.66; umido uere melior ~us (apium) 11. 58; (*cf. sense 4*) quo uoto damnati ~um omnem dicuntur eius anni statim consecrasse Sis.*hist.*100. **d** teneros conuellere ~us Ov.*Am.*2.14.5; ut..Iuppiter inplerit gemino Nycteïda ~u *Met.*6.111; sues..~us elidunt Col.7.9.9; ut longiori tempore ~us ex eo grandesceret Gel.3.16.16; 4.2.10.

4 A fruit of a plant; (also sg. collect.) produce, crop. **b** an offshoot, branch, sucker, sapling, etc., produced by a plant. **c** (transf.) a product of the mind or imagination.

lentiscus triplici solita grandescere ~u Cic.*Arat.Progn.* 323; annorum tempora, circum cum redeunt ~usque ferunt Lucr.3.1006; uarios ponit ~us autumnus Verg.*G.*2.521; grauidos Cereris..~us *Ciris* 230; ~ibus arboreis (*i.e. apples*) Ov.*Met.*10.665; ut amygdalae et piri..amittant ~us Plin. *Nat.*17.11; ~us segetum et autumni Tac.*Hist.*5.7; (*poet.*) atque atros chalybis ~us humus horrida nutrit Sil.1.230; (*in fig. phrs.*) subacto mihi ingenio opus est, ut agro.. iterato, quo meliores ~us possit..edere Cic.*de Orat.*2.131;—sol..terrae ~um exusserit Pac.*trag.*13; frugum ~um 142; adseuerant (Arabiam) non ferre tantum (turis) annuo ~u Plin.*Nat.*12.83; nec ~u nemorum gaudent nec mitibus herbis Mart.9.71.5;—(*fig.*) nec ulla aetate uberior oratorum ~us fuit Cic.*Brut.*182; inter Platonas et Xenophontas et illum Socratici ~us prouentum Sen.*Dial.*9.7.5. **b** inseritur..~u nucis arbutus horrida Verg.*G.*2.69; percussam..terram edere cum bacis ~um canentis oliuae Ov. *Met.*6.81; ergo age luxuriam primo ~usque nocentis detrahe Grat.140; donec in nouos ~us reuiuesceret (arbor) Tac. *Ann.*13.58. **c** ex quo triplex ille animi ~us existet Cic. *Tusc.*5.68; nec potis est dulcis Musarum expromere ~us mens animi Catul.65.3.

fētūtīna: see foet-.

fex fēcis: see faex.

-fex -ficis, *m. suff.* From facio; forms sbs. to denote one who makes (*artifex*, *carnifex*).

fiber ~brī, *m.* [cf. Germ. *biber*, Eng. *beaver*; Lith. *bēbrus*; Skt. *babhru-* 'brown'] A beaver.

sic me subes cottidie quasi ~ber salicem Pl.fr.inc.129; ut Aegypti in flumine quadrupes sic in Latio, nominati lutra et ~ber Var.*L.*5.79; si pellem ~bri habueris..ea pelle aciem (*sc.* falcis) detergito Col.*Arb.*15; (cutis) densior ursis, mollior ~bris Sen.*Ben.*2.29.1;—(*as the source of castoreum*) easdem partes sibi ipsi Pontici amputant ~bri periculo urguente Plin.*Nat.*8.109; ~bris, quos castoras uocant et castorea testes eorum 32.26.

fibra ~ae, *f.* [perh. *fid- (findo); for termination cf. *late-bra*, etc.]

1 (in plants) A radical or sheathing leaf, blade (of grasses, etc.), or sim. formation.

porri ~as iii Cato *Agr.*70.1; quattuor educit cum spissis alia ~is *Mor.*89; amaris intiba ~is Verg.*G.*1.120; triticum.. et adorium, cum quattuor ~as habere coeperint..sarientur Col.2.11.4; porri..sucus cum oleo uel ipsa ~a..contrita 6.10.2; teneris frondens lactucula ~is 10.111; cum ternas ~as emiserunt spicae (ulpici uel alii) 11.3.21.

2 One of the subdivisions of a plant's root, a fibre, fibril.

herbescentem..uiriditatem, quae nixa ~is stirpium sensim adulescit Cic.*Sen.*51; quod radix tenui ~a conplectitur Sen.*Ben.*3.29.5; frumenta multis radicantur ~is sine ramis Plin.*Nat.*18.51; (*in fig. phr.*) non solum ramos amputare miseriarum, sed omnis radicum ~as euellere Cic. *Tusc.*3.13.

3 A fold, lobe, division, section, segment (of anything divided by fissures).

sinus et promunturia, quis ut ~is litora eius (*sc.* Peloponnesi) incisa sunt Mela 2.38; (rapa) decussatim..incidito. sed caueto ne usque ad imum praecidas rapa..mediam ~am rapi gustato Col.12.56.2; praecipua..habentur (ostreae).. nec ~is laciniosa ac tota in aluo Plin.*Nat.*32.60.

4 a A lobe (of the liver). **b** a lobe (of the lungs). **c** one of the folds or sections (of the intestines). **d** *fellis* ~*a*, the gall-bladder.

a luna..muribus ~as et iecur addit Lucil.1201; nec ~is requies datur ulla renatis Verg.*A.*6.600; effodiat..ultur ~as Sen.*Her.O.*947; (iecur) in quattuor ~as diuiditur Cels. 4.1.5; soricum ~as respondere numero lunae exquisiuere diligentiores Plin.*Nat.*2.109; uictimarum iocinera replicata intrinsecus ab ima ~a 11.190;—(*in divination*) quid ~a ualeat Cic.*Div.*1.16; sibi commissos ~a locuta deos Prop. 4.1.104; Ov.*Met.*15.795. **b** (pulmo) in duas ~as ungulae bubulae modo diuiditur Cels.4.1.4; cor pulmonis arentes ~as distendit Sen.*Her.O.*1221; pulmonis anheli ~a latet Luc.1.623; 6.630; (*in fig. phr.*) nec spirant animas ~ae Maur.53. **c** esuritionem faciunt inanes patentesque intestinorum ~ae Gel.16.3.3. **d** uerrinum iocur et fellis dumtaxat ~a Plin.*Nat.*28.152.

5 (pl.) The entrails, viscera; (also sg.). **b** (transf.) the bowels (of the earth).

haereat in ~is fixa sagitta tuis Ov.*Ib.*530; licet..cadant cum sanguine ~ae Grat.353; percussae gelido trepidant sub pectore ~ae Luc.6.752;—(*in divination*) cui pecudum ~ae..parent et linguae uolucrum Verg.*A.*10.176; ~as inspiciunt mentesque deum scrutantur in illis Ov.*Met.*15. 136; certissima fides haedorum ~is Tac.*Hist.*2.3;—(*as a burnt offering*) neque impositis ardent altaria ~is Verg.*G.* 3.490; pecoris ~is et fumo turis adorat Ov.*Met.*11.248;—(*sg.*) te..Iuno, pecore uotiuo..Arabumque donis supplice et ~a colam Sen.*Ag.*807;—(*as the seat of the feelings*) neque enim mihi cornea ~a est Pers.1.47; quod latet arcana non enarrabile ~a 5.29. **b** omnes..terrae ~as scrutati Plin. *Nat.*25.3; persequimur omnes eius (*sc.* telluris) ~as 33.1.

fibrīnus ~a ~um, *a.* [fiber+-invs] Of a beaver, beaver-.

falces..~a pelle detergent Plin.*Nat.*17.265; 32.110; 32. 124.

fībula ~ae, *f.* [*fig-* (FIGO)+-BVLA]

1 (in mechanics, for holding beams, etc., in place) A bolt, peg, bar, pin.
uectes senos, ~as duodenas CATO *Agr.*3.5; supra foramina arborum..unae ~ae locum facito 19.1; ~ae unde fiant, aridae iligneae, ulmeae 31.1; haec (*sc.* tigna)..binis utrimque ~is ab extrema parte distinebantur CAES.*Gal.*4.17.6; a capite ea (*sc.* tigna) ~a coniuncta VITR.10.2.1; 10.7.2; (*cf.*) hominem nigrum et macrum et pandum '~am ferream' dixit QUINT.*Inst.*6.3.58.

2 A pin, clasp, brooch (often ornamental). **b** a clasp or slide for the hair.
cum neque aptam mollis umeris ~am sagus ferret VAR.*Men.*569; aurea purpuream subnectit ~a uestem VERG.*A.*4.139; sagula purpurea duo cum ~is aureis singulis LIV.30.17.13; ~as tribunicias ex auro geri PLIN.*Nat.*33.39; sagum ~a aut, si desit, spina consertum TAC.*Ger.*17.1; ~ae ornamentorum magis quam uestis sunt ULP.*dig.*34.2.25.2; (*for a cuirass*) ~a morsus loricae..laxata resoluerat SIL.7.624; (*fig.*) sententia clauo aliquo uel ~a terminanda est FRO.*Aur.*1.p.40(212N). **b** quem (*sc.* capillum) ~a ritu morsilis et tereti nectebant dente cicadae *Ciris* 127; ut ~a crinem auro internectat VERG.*A.*7.815.

3 (med.) **a** A pin used to draw the edges of a wound together. **b** a pin worn through the prepuce to prevent sexual intercourse. **c** (med.) an instrument used to make pin-pricks in the skin.
a si..in carne uulnus est..imponendae..~ae sunt (ancteras Graeci uocant) CELS.5.26.23B; 7.4.1B; omnem partem diuisam et ~is artatam LARG.206. **b** CELS.7.25.3; Menophili penem tam grandis ~a uestit ut.. MART.7.82.1; 14.215.2; si gaudet cantu, nullius ~a durat uocem uendentis praetoribus JUV.6.379;—(*transf.*) neue imponite ~am Priapo *Priap.*77.17; illi lex Papia ~am imposuit SEN.fr.(Haase p.443). **c** aenea ~a pars auriculae latissima circumscribitur COL.6.5.4; sanatur noxa ~a aenea, si locum laesum conpungas 6.17.4.

fībulātiō ~ōnis, *f.* [next+-TIO] Fastening with a bolt or pin.
eadem ratione in summo ~onibus..expediendum VITR.10.2.3.

fībulō ~āre ~āuī ~ātum, *tr.* [FIBVLA+-O³] To knit together, bond, join.
omnes..parietum et soli uincturae testaceis puluinis ~antur COL.1.6.13.

fīcārius ~a ~um, *a.* [FICVS+-ARIVS] Of or for figs, fig-.
cratis ~as inponito CATO *Agr.*48.2; ~os culices caprificus generat PLIN.*Nat.*11.118; uasa ~a orcae dicuntur PAUL.*Fest.*p.180M.

fīcātiō ~ōnis, *f.* [**fico* (FICVS)+-TIO] A fig-harvest.
EIVS FIC⟨ETI⟩ FRVCTVM PER CONTINVAS ~ONES QVINQVE..PERCIPERE PERMITTITVR *CIL* 8.25902.2.21.

fīcēdula ~ae, *f.* [FICVS+-*edula* (cf. *monedula*)] PROS.: *fīcĕdula* JUV.14.9. A small bird esteemed a delicacy in autumn when it feeds on figs and grapes, beccafico, fig-pecker.
circum uolitant ~a, turdi LUCIL.978; spondylos glycomaridas urticas ~as MET.PIUS in Macr.3.13.12; ~ae..a cibo, quod..fico..fiunt pingues VAR.*L.*5.76; PETR.33.8; PLIN.*Nat.*10.86; SUET.*Tib.*42.2.

Fīcēdulensēs ~ium, *m. pl.* [prec.+-ENSIS] (Comic nonce-wd.) 'Beccafico-men'.
multis et multigeneribus opus est tibi militibus..opu' Turdetanis, opust ~ibus PL.*Capt.*163.

Fīceliae ~ārum: see FICVLEA.

fīcētum ~ī, *n.* [FICVS+-ETVM] A plantation of fig-trees, fig-orchard.
ut in locis frigidis ~a fieri non possint VAR.*R.*1.41.1; ~A VE⟨TE⟩RA ET OLIVETA *CIL* 8.25902.2.17; ~is caprificus permittitur PLIN.*Nat.*15.80; (*w. allusion to* FICVS *sense 3*) ut pueros emeret..uendidit hortos nil nisi ~um nunc..habet MART.12.33.2.

fīcitās ~ātis, *f.* [FICVS+-TAS] A fig-crop.
omnes capiunt ~atem NOV.*com.*27.

fīcitor ~ōris, *m.* [FICVS+-TOR] A fig-gatherer, the title of a play by Novius.
NON.p.109M(NOV.*com.*27).

-ficō ~āre ~āuī ~ātum, *vbl. suffix.* [as -FICVS +O³] Forms vbs. expr. making, doing, causing etc. (*aedifico, amplifico, sacrifico*).

fīcolea ~ae, *f.* [perh. FICVLA+-EVS] A fig-wood stake.
~a palus ficulneus PAUL.*Fest.*p.93M.

Fīcolensis ~is ~e: see FICVLENSIS.

fīcōsus ~a ~um, *a.* *superl.* ~issimus. [FICVS+-OSVS] Suffering from piles.
qui non fecerit (uersus), inter eruditos ~issimus ambulet poetas *Priap.*41.4; ~a est uxor, ~us et ipse maritus MART.7.71.1.

fictē, *adv.* [FICTVS+-E] By pretence, falsely; lyingly, mendaciously.
non ~ et fallaciter populares CIC.*Dom.*77; ne cui suspicionem ~ reconciliatae gratiae darem *Fam.*3.12.4;—aures ..in quas ~ et simulate quaestus causa insusurretur *Q.fr.*1.1.13.

fictīcius ~a ~um, *a.* [FICTVS+-ICIVS²] Artificial, not natural.
innumerabilia..genera ~i (uini) PLIN.*Nat.*14.98; ~um oleum 15.24; ~um non potest uideri quod bion appellauimus cum sit in eo sola pro arte festinatio 23.53; obsianae fragmenta ueras gemmas non scariphant, in ~is scariphatio omnis candicat 37.200.

fictile ~is, *n.* [FICTILIS]

1 An earthenware vessel, dish, or plate.
nouo ~i conditur (*sc.* opobalsamum) PLIN.*Nat.*12.116; 18.158;—(*as cheap table-ware*) neu..dona..e puris spernite ~ibus TIB.1.1.38; OV.*Met.*8.668; ~ibus in publica cena usus SEN.*Ep.*98.13; MART.14.98.2; Vinio ~ibus ministrari iussit TAC.*Hist.*1.48; nulla aconita bibuntur ~ibus JUV.10.26; condire gulosum ~e 11.20.

2 A terracotta or earthenware statue.
antefixa ~ia deorum Romanorum LIV.34.4.4.

fictiliārius ~(i)ī, *m.* [prec.+-ARIVS] A maker of earthenware, potter.
CIL 13.11361.

fictilis ~is ~e, *a.* [FICTVS+-ILIS¹] Made of earthenware, pottery, terracotta; (also, of men, as being made by Prometheus from clay).
in uas ~e condito CATO *Agr.*99; in cereis..aut ~ibus figuris CIC.*N.D.*1.71; Sileni..imago ~is PROP.3.3.30; ~ibus doliis VITR.5.5.8; tubulis ~ibus 8.6.1; lucernam..~em PETR.69.4; ~ibus..phaselis JUV.15.127; (*facet.*) litteratas ~is epistulas, pice signatas (*i.e. wine-jars*) PL.*Poen.*836;—(*as indicating poverty or frugality*) quid te in uasis ~ibus appositurum putem? CIC.*Att.*6.1.13; *Parad.*11; ~ia antiquus primum sibi fecit agrestis pocula TIB.1.1.39; (*typical of the early days of Rome*) cogita illos (*sc.* deos), cum propitii essent, ~es fuisse SEN.*Ep.*31.11; ~is et nullo uiolatus Iuppiter auro JUV.11.116;—(*of men*) Prometheus, auctor uulgi ~is PHAED.4.15(16).3.

fictiō ~ōnis, *f.* [FINGO+-TIO]

1 The action of shaping, moulding, fashioning; the coining (of words and phrases).
a ~one ueretri (*i.e. by Prometheus*) PHAED.4.14(15).1;—nominum ~o adiectis, detractis, mutatis litteris QUINT.*Inst.*6.3.53; 8.6.32; dedecorasse linguam Latinam..huiuscemodi uocum ~onibus GEL.18.11.2; (*cf.*) ea..quae haberent aliquam remotam ab usu communi ~onem QUINT.*Inst.*9.1.25.

2 A feigning, pretence; *personae* ~*o*, personification of things, prosopopoeia. **b** that which is feigned, a supposition; (leg.) a fiction which enabled legal action to be taken by or against a person otherwise disqualified.
in figura (*sc.* εἰρωνείᾳ) totius uoluntatis ~o est QUINT.*Inst.*9.2.46; utimur..~one personarum et uelut ore alieno loquimur 11.1.39;—~ones personarum, quae προσωποποιίαι dicuntur 9.2.29; in personae ~one..'crudelitatis mater est auaritia' 9.3.89. **b** duci argumenta..etiam a ~one quod Graeci καθ' ὑπόθεσιν uocant QUINT.*Inst.*5.10.95; utitur ~one si miles, si infans sit 5.10.97;—ut ea ~one res Latinorum defunctorum ad patronos pertinere desinerent GAIUS *Inst.*3.56; 4.32; ~o legis Corneliae et hereditatem et heredem facit PAUL.*dig.*35.2.18.

fictor ~ōris, *m.* [FINGO+-TOR]

1 One who fashions or shapes, a modeller of images, sculptor.
pergula ~orum, ueri nihil, omnia ficta LUCIL.489; ~or..figuram imponit VAR.*L.*6.78; deos ea facie nouimus qua pictores ~oresque uoluerunt CIC.*N.D.*1.81; Daedalus, et ipse inter ~ores laudatus PLIN.*Nat.*34.76; Phidian illum..~orem probum fuisse tradit memoria APUL.*Mun.*32.

2 (relig.) An attendant of the priest, who kneaded the *liba.*
mensas constituit idemque (*sc.* Numa) ancilia..libaque ~ores Argeos ENN.*Ann.*121; ~ores dicti a fingendis libis VAR.*L.*7.44; sacerdos..sine ~ore CIC.*Dom.*139.

3 (transf.) One who devises or makes.
omnium legum atque iurum ~or PL.*Epid.*523; sapiens..ipsus fingit fortunam sibi: eo non multa quae neuolt eueniunt, nisi ~or malust. — multa illi opera opust ficturae, qui se ~orem probum uitae agundae esse expetit *Trin.*364; epularum ~or ACC.*trag.*219; fandi ~or Vlixes VERG.*A.*9.602.

fictrix ~īcis, *f.* [FINGO+-TRIX]

1 That which moulds or fashions.
eius (*sc.* materiae rerum)..~icem et moderatricem diuinam esse prouidentiam CIC.*N.D.*3.92.

2 (prob.) A deceiver, pretender.
labra labellis ~icis conpono LUCIL.304.

fictūra ~ae, *f.* [FINGO+-VRA] The action of forming, fashioning; a method of forming, formation.
multa illi opera opust ~ae, qui se fictorem probum uitae agundae esse expetit PL.*Trin.*365;—('auarus') eadem..esse (uidetur) ~a, qua est 'amarus' GEL.10.5.3.

fictus¹ ~a ~um, *a.* [pple. of FINGO] In senses of vb., esp.: **a** (of stories, etc.) Untrue, made up. **b** (of expressions of emotion) pretended, sham; (in quots., neut. sg. as internal acc.). **c** (of persons, their character, etc.) insincere, deceitful; (of witnesses) false, lying.
a ueri nihil, omnia ~a LUCIL.489; ~am et commenticiam fabulam CIC.*Off.*3.39; carmine ~o VERG.*G.*2.45; materiam ueram sed simillimam ~ae PLIN.*Ep.*9.33.1;—(*neut. as sb.*) regem ~a locutum intellegebat SAL.*Jug.*11.1; iam consumpserat omnem materiam ~i OV.*Met.*9.769;—(*w. part. gen.*) dum..ridetur ~is rerum HOR.*S.*2.8.83. **b** flens ancillula ~um OV.*Rem.*639; ~um..in colla minatus STAT.*Theb.*6.876; 12.688. **c** ~o pectore fatur VERG.*A.*2.107; pro bene sano ac non incauto ~um astutumque uocamus HOR.*S.*1.3.62; alii ~um, ingratum, immemorem loquuntur (*sc.* Domitium) PLIN.*Ep.*8.18.3;—~i testes in eum dantur CIC.*Ver.*4.100; *Caec.*71.

fictus² ~a ~um: var. of pf. pple. of FIGO.

fīcula ~ae, *f.* [FICVS+-VLA] A fig.
hoc conuiuiumst..sati' commodule nucibus, fabulis, ~is PL.*St.*690.

Fīculea ~ae, *f.* Also **Fīceliae** ~ārum. ~*a uetus*, a town of Latium.
LIV.1.38.4; incolis..ueteres..~as MART.6.27.2.

Fīculeātēs ~ium, *m. pl.* The people of Ficulea.
~es ac Fidenates..contra nos coniurarunt VAR.*L.*6.18.

Fīculensis ~is ~e, *a.* **Fīcol-.** Of Ficulea; (masc. pl. as sb.) its inhabitants; (neut. as sb.) a property there.
Via Nomentana, cui tum ~i nomen fuit LIV.3.52.3; REGIONE ~I *CIL* 14.4012;—PVERI ET PVELLAE ALIMENTARI ~IVM 14.4003;—puto me in ~i fore CIC.*Att.*12.34.1.

fīculneus ~a ~um, *a.* [FICVLA+-NEVS] Of the fig or fig-tree, fig-.
bubus frondem..~am..dato CATO *Agr.*30.1; folia ~a VAR.*R.*2.2.19; ~o lacte, quod emittit arbor COL.7.8.1; seminibus ~is *Arb.*20.3; arboris ~ae 27.3; ~o cinere PLIN.*Nat.*11.69.

fīculnus ~a ~um, *a.* [FICVLA+-NVS] = prec.
insitiones ~as VAR.*R.*1.18.8; truncus eram ~us HOR.*S.*1.8.1; lactis ~i PLIN.*Nat.*23.118; ~i caules 26.21.

fīcus ~ī *and* ~ūs, *f.* (*m.*). [loan-wd. from unkn. language; cf. Gk. σῦκον (Boeotian τῦκον), Arm. *t'uz*] FORMS: 4th decl.: VAR.*gram.*72, CIC.*de Orat.*2.278, HOR.*S.*2.2.122, SEN.*Suas.*2.17, LARG.190, *CIL* 4.1820, 8.25902; cf. MART.1.65. GENDER: masc. CATO *Agr.*42, LUCIL.198, MART.1.65.4.

1 A fig-tree; ~*us* RVMINALIS, the fig-tree under which Romulus and Remus were said to have been exposed; ~*us sterilis,* = CAPRIFICVS. **b** the banyan-tree; also, an unidentified marine plant.
~i dulciferae lactantes ubere toto ENN.*Ann.*264; ~os mariscas in loco cretoso..serito CATO *Agr.*8.1; uxorem suam suspendisse se de ~u CIC.*de Orat.*2.278; serotinae ~o PLIN.*Nat.*16.84;—VAR.*L.*5.54; ubi nunc ~us Ruminalis est..pueros exponunt LIV.1.4.5;—sterilis mala robora ~i JUV.10.145. **b** ut sub una ~o turmae condantur equitum PLIN.*Nat.*7.21; 12.22;—~us sine foliis, rubro cortice 13.138.

2 The fruit of the fig-tree, a fig; (also in sg.) figs; *prima* ~*us,* the time when figs begin to ripen, early autumn.
Zacynthi ~os fieri non malas PL.*Mer.*943; ~is uictitamus aridis *Rud.*764; primos ~os propola recentis protulit LUCIL.198; fiscinam ~orum CIC.*Flac.*41; ~is pastum iecur anseris HOR.*S.*2.8.88; inlinitur eadem ex aceto aut..ex ~o uel aqua PLIN.*Nat.*26.75;—magno inuento hordei, olei, uini, ~i numero *B.Afr.*67.2; Libycae ~i pondere testa grauis MART.7.53.8;—dum ~us prima calorque dissignatorem decorat lictoribus atris HOR.*Ep.*1.7.5;—(*cf.*) si uis aliam decerpere ~um (*i.e. to live another year*) JUV.14.253.

3 (pl.) Haemorrhoids, piles; (also sg.).
OPTO TIBI VT REFRICENT SE ~VS TVAE *CIL* 4.1820; dicemus ~us, quas scimus in arbore nasci, dicemus ~os, Caeciliane, tuos MART.1.65.3;—solet a nudo surgere ~us equo 14.86.2; (*cf., in a pun*) qui modo ~us eras, iam caprificus eris 4.52.2.

-ficus ~a ~um, *adjl. suff.* From *fac-* (FACIO)+ -VS; formed from nouns to denote making or causing (*calorificus, honorificus, magnificus*).

fīdē, *adv.* *superl.* ~issimē. [FIDVS+-E] Faithfully, loyally.
quae mihi a te ad timorem ~issime atque amantissime proponuntur CIC.*Fam.*2.16.4; iugi concordia ~issime amicissimeque uixerunt GEL.12.8.6.

fideicommissārius¹ ~a ~um, *a.* [FIDEICOMMISSVM+-ARIVS] Of or concerned with *fideicommissa*; (of an inheritance) acquired by *fideicommissum*; (of freedom) enjoined or conferred thus.
pater decedens epistulam ~am ad filium suum scripsit SCAEV.*dig.*32.37.3; praetor ~us ULP.*dig.*35.1.92;—in omnibus ~is hereditatibus *S.C.*(*Font.iur.*p.202)55; GAIUS *dig.*29.4.17;—seruus..cui ~a libertas debebatur ULP.*dig.*4.4.5; JULIAN.*dig.*29.7.2.2.

fideicommissārius² ~(i)ī, *m.* [prec.] A beneficiary under a will by *fideicommissum*; (also, perh.) a person appointed to carry out a *fideicommissum.*
actiones..~io competunt, quas habuit heres JULIAN.*dig.*36.1.28(27).7; ut ~ium priuaret fideicommisso ULP.*dig.*32.11.13;—nihil hanc rem ~io nocere 7.4.29.2.

fideicommissum ~ī, *n.* Also as two wds [FIDEICOMMITTO] (leg.) A testamentary disposition or bequest in the form of a request instead of a command to the heir.
quibus ex testamento ~um restitutum fuisset *S.C.*(*Font.*

iur.p.202)55; difficile est natura probare tacitum ~um QUINT.*Decl*.325(p.279,l.4); *Inst*.3.6.70; ut ex ~o manumitti debuisset *S.C.*(*Font.iur*.p.204)59; ut eum per ~um obligemus GAIUS *Inst*.2.184; legatorum ~orum seruandorum causa PAUL.*dig*.19.1.2.

fideicommissus ~a ~um, *a*. [next] Conferred or enjoined by *fideicommissum*.
qui ~am libertatem..deberent seruo *S.C.*(*Font.iur*.p.204)59; GAIUS *Inst*.2.265; ei, cui ~a hereditas relicta sit POMPON.*dig*.36.1.49(47).

fideicommittō ~ittere ~īsī ~issum, *tr*. Also as two wds. [FIDES+COMMITTO] To leave (a thing) by will requesting the executor that it should be delivered to a third party; (esp. absol.) to make a bequest by this means.
quod..ab ea ~itti potuit ULP.*dig*.33.4.2.1;—filias heredes scripserat, quarum ~isit SCAEV.*dig*.34.3.28.9;—(*w.* ut) ~itti potest, ut..seruum alicui restituat JULIAN.*dig*.30.1.91.4; (*tm.*) si fidei eius qui dolum admisit commissum est, ut hereditatem restitueret PAUL.*dig*.29.6.2.2.

fidēiubeō ~bēre ~ssī ~ssum, *intr*. Also as two wds. [FIDES+IVBEO] To become a surety, go bail.
si is, pro quo ~ssit, soluendo non sit GAIUS *Inst*.3.122; nisi donandi animo ~ssit ULP.*dig*.3.5.4; (*cf.*) id fide tua esse iubes? *formula* in Ulp.*dig*.45.1.75.6; (*w.* in+*acc.*) summam, in quam ~ssit ULP.*dig*.17.1.29.2; (*w. sum specified*) cum duo pro reo ~ssissent decem 12.6.25; (*w. acc. and inf.*) de ea pecunia mille modios tritici fide tua esse iubes? JAVOL.*dig*.46.1.42.

fidēiussiō ~ōnis, *f*. [prec.+-TIO] The giving of a surety or going bail.
~ones et mutui dationes pro aliis *S.C.*(*Font.iur*.p.194)50; si heres eius ex causa ~onis aliquid praestiterit SCAEV.*dig*.34.3.28.

fidēiussor ~ōris, *m*. [as prec.+-TOR] One who gives a surety or goes bail, a guarantor.
solent alii obligari, quorum alios sponsores..alios ~ores appellamus GAIUS *Inst*.3.115; pecuniam accepit sub ~ore marito SCAEV.*dig*.16.1.28; ~or uenditionis JULIAN.*dig*.19.1.24.2.

fidēiussōrius ~a ~um, *a*. [prec.+-IVS] Of a guarantor or surety.
obligatio ~a peremitur JULIAN.*dig*.46.1.14; si ~o nomine se uel rem suam obligauit ULP.*dig*.4.4.7.3.

fidēle, *adv*. [neut. of FIDELIS] = FIDELITER.
fac ~ (*cj.*) sis fidelis, caue fidem fluxam geras PL.*Capt*.439.

fidēlia ~ae, *f*. [cf. Gk. πίθος, φιδάκνη; OIce. *biđa* 'milk-pail'] A large pot, pail, bucket.
ut ius usque in summum labrum ~ae perueniat COL.12.7.3; in fictili ~a 12.38.1; uiridi non cocta ~a limo PERS.3.22; quod multa ~a putet in locuplete penu 3.73; (*facet.*) o Fides, mulsi congialem plenam faciam tibi ~am PL.*Aul*.622;—(*prov.*) sine eum..putare me uirum bonum esse nec solere duo parietes de eadem ~a dealbare CUR.*Fam*.7.29.2.

fidēlis ~is ~e, *a*. *compar*. ~ior, *superl*. ~issimus. [FIDES[1]+-ELIS]

1 (of persons) Keeping faith, faithful, constant, loyal, devoted. **b** faithful in love, constant. **c** (of citizens, troops, allies, etc.) faithful in allegiance, loyal.
qui quasi parens bonus aut tutor ~is esse deberet CIC.*de Orat*.3.3; firmus amicus ac ~is *Cael*.14; in eis poenis quas ab eo serui ~es pro domini uita expetiuerunt *Mil*.56; optimi fili ~issimaeque coniugis diligentia *Phil*.9.5; non mente ~ior aegra sperauit..reditus Eumaeus Vlixis STAT.*Silv*.2.6.56; (*of animals*) seu uisa est catulis cerua ~ibus HOR.*Carm*.1.1.27; alitem..expertus ~em Iuppiter in Ganymede flauo 4.4.3; (*masc. as sb.*) nata ~ibus hora PERS.5.48; (*transf. ep.*) ueritus non es portus aperire ~es OV.*Tr*.4.5.5;—(*w. dat.*) alios ~iores semper habuisti tibi quam me PL.*Mil*.1354; seni ~i' dum sum scapulas perdidi TER.*Ph*.76; seruum..nimium domino ~em CIC.*Clu*.176; te sibi cum paucis meminit mansisse ~em OV.*Tr*.5.4.35;—(*w.* in+*acc.*) quam ~i animo et benigno in illam et clementi fui TER.*Hec*.472; CIC.*Mil*.29; in amicos ~es erant SAL.*Cat*.9.2;—(*poet., of things*) haec (tellus) duro melior pecori siluisque ~is *Aetna* 268; (*cf.*) et doctrina et domus et ars et ager etiam '~is' dici potest, ut sit..uerecunda tralatio CIC.*Fam*.16.17.1. **b** numquam quisquam amico amanti amica nimis fiet ~is NAEV.*com*.90; ~em haud ferme mulieri inuenias uirum TER.*An*.460; HOR.*Carm*.2.4.18; nemo est in amore ~is PROP.2.34.3. **c** ciuem et ~em et bonum PL.*Per*.67; socii ~issimi in hostium numero existimati CIC.*Ver*.13; ~em fructuosamque prouinciam 2.6; Deiotarum, ~issimum regem atque amicissimum rei p. nostrae *Fam*.15.2.2; exercitum ~issimum PLANC.*Fam*.10.21.5; duae factiones..una cuius principes erant defectionis a populo Romano auctores, altera ~ium ciuium LIV.9.16.6; ~issimum partium suarum haberet regem Iubam VELL.2.53.1; ~ISSIMARVM GALLIARVM *CIL* 2.6278.14; LEGIO PIA ~IS 11.6053; (*poet.*) sic desideriis icta ~ibus quaerit patria Caesarem HOR.*Carm*.4.5.15.

2 (of actions, advice, etc.) Characterized by good faith or loyalty. **b** marked by adherence to a principle or purpose, constant.
operam da hanc mihi ~em PL.*Per*.48; quod eorum opera forti ~ique usus essem CIC.*Catil*.3.14; ~is litteras tuas *Att*.3.19.2; erat meum consilium cum ~e Pompeio tum salutare utrique *Fam*.6.6.4; est et ~i tuta silentio merces HOR.*Carm*.3.2.25; LIV.23.46.6; absentis cura mandata ~i perficis OV.*Pont*.2.11.23. **b** mecum..~i in gratiam reditu..coniunctum CIC.*Scaur*.31; ut quasi aurum igni sic beneuolentia ~is periculo aliquo perspici possit *Fam*.9.16.2; censores ~i concordia senatum legerunt LIV.40.51.1; cum sit satis esse ~em (sententiam) OV.*Met*.13.319; tenuit Mysas gentes in pace ~i *Pont*.4.9.77; quantus ad spectaculum non ~e et lusorium fiat concursus SEN.*Ep*.80.2; LUC.9.1102; multo ac ~i stilo sic formetur oratio QUINT.*Inst*.10.7.7.

3 (of persons) Trustworthy, trusty, reliable. **b** (of statements, impressions, senses, memories, etc.) accurate, reliable. **c** (of things) reliable to use, safe, lasting, dependable.
nec quemquam ~iorem neque quoi plus credat potes mittere PL.*Capt*.346; non inuenio ~em tabellarium CIC.*Att*.1.13.1; ut cum singulis ~ibus amicis ueniant LIV.1.58.5; cladis..suae uix ipse ~is auctor erat LUC.8.17; (*cf.*) in naui tuta ac ~i conlocatus CIC.*Planc*.97; (*masc. as sb.*) ut..si quem tuorum ~ium uoles, ad me mittas *Fam*.4.1.2. **b** comprehensio facta sensibus et uera esse illi et ~is uidebatur CIC.*Ac*.1.42; nulla uiri speret sermones esse ~es CATUL.64.144; quae sunt oculis subiecta ~ibus HOR.*Ars* 181; litterae..una custodia ~is memoriae rerum gestarum LIV.6.1.2; numquam ~e consilium daturus timor SEN.*Ben*.7.26.5; minime ~em esse..recentem memoriam QUINT.*Inst*.11.2.42; in exemplaribus ~issimis ita inueni scriptum GEL.12.10.6. **c** poscis opem neruis corpusque ~e senectae PERS.2.41; materies..~is ad uetustatem PLIN.*Nat*.13.54; (harundo) rimis..explendis ~ior pice 16.158; (glutinum) Rhodiacum ~issimum 28.236; structura..quam..~em fieri oportet FRON.*Aq*.123;—(*of abst. things*) malus..est custos diuturnitatis metus..beniuolentia ~is uel ad perpetuitatem CIC.*Off*.2.23; ~issimus est ad honesta ex paenitentia transitus SEN.*Nat*.3.pr.3.

fidēlitās ~ātis, *f*. [prec.+-TAS] Faithfulness, loyalty, fidelity.
qui illius sapientiam et meam ~atem..pessum dedit PL.*Trin*.164; ~atem..populi Syracusani CIC.*Ver*.4.122; uitam meam, quae ~ate amicorum conseruata sit *Planc*.71; ego maxime operam et ~atem desideraui tuam *Fam*.16.12.6; ~ate atque auxiliis prouinciae illius HIRT.*Gal*.8.46.6;—(*w.* erga) fides ~asque amicum erga PL.*Trin*.1126; erga patriam ~atem PLANC.*Fam*.10.17.2; (*w.* in+*acc.*) quem scis quali in te siet ~ate ACC.*trag*.20.

fidēliter, *adv*. *compar*. ~ius, *superl*. ~issimē. [FIDELIS+-TER[2]]

1 Faithfully, constantly, loyally.
ut erga hunc rem geras ~iter PL.*Capt*.424; prudentibus ~iterque suadentibus CIC.*Fam*.2.13.1; quod ~iter permanserant in Caesaris amicitia *B.Alex*.33.3; nec retinent patulae commissa ~iter aures HOR.*Ep*.1.18.70; (*in love*) quinque tibi potui seruire ~iter annos PROP.3.25.3; (*in allegiance*) id senatum non modo ut ~iter sed etiam ut sapienter factum comprobaturum CIC.*Fam*.10.16.2; se sub imperio populi Romani ~iter atque oboedienter futuros LIV.8.19.2.

2 Conscientiously, without pretence, earnestly, in good faith.
sed aussimne ego tibi eloqui ~iter? PL.*Mer*.301; uera et prouidere et ~iter praedicere LIV.36.41.6; ingenuas didicisse ~iter artes OV.*Pont*.2.9.47; philosophiae ~iter deditos SEN.*Ep*.73.1; saepius pauper et ~ius ridet 80.6.

3 With certainty, reliably; accurately.
quo ~ius ad te litterae perferantur CIC.*Fam*.11.21.5; quod ~iter firmum est QUINT.*Inst*.6.4.14; extincta parum ~iter incendia FLOR.*Epit*.1.40(3.5.14); (*cf.*) unde illud tam ἄκυρον 'ualetudini ~iter inseruiendo'? unde in istum locum '~iter' uenit? CIC.*Fam*.16.17.1;—acies nostra..labitur nec apprehendere, quod uult, ~iter potest SEN.*Nat*.1.6.5.

4 Securely, firmly, tenaciously.
minus ~iter continetur (os fractum) CELS.8.11.7; hoc ~ius custodire calorem receptum SEN.*Nat*.4b.10;—(*transf.*) quod in animo ~iter sedeat *Ep*.2.2; hac cui tam ~iter inhaeres quiete STAT.*Silv*.3.pr.; QUINT.*Inst*.10.6.2.

Fīdēnae ~ārum, *f. pl*. Also **Fīdēna** ~ae. FORMS: (sg.) VERG.*A*.6.773, SIL.15.91, TAC.*Ann*.4.62. PROS.: *Fĭdēna* VERG.*A*.6.773. A town of Latium, in early times a rival of Rome, but later almost deserted.
Veios, ~as, Collatiam..cum Calibus, Teano, Neapoli..comparabunt CIC.*Agr*.2.96; LIV.1.27.4; Gabiis desertior atque ~is uicus HOR.*Ep*.1.11.8; Roma minanti impar ~ae SIL.15.91.

Fīdēnās ~ātis, *a*. Of Fidenae; (masc. pl. as sb.) its inhabitants.
(lapidicinae) Pallenses, ~ates VITR.2.7.1; belli ~atis contagione inritati Veientium animi LIV.1.15.1;—1.15.1; QUINT.*Inst*.3.8.37; *CIL* 6.37763.

fīdens ~ntis, *a*. *compar*. ~ntior. [pple. of FIDO] In senses of vb., esp.: Self-confident, assured, bold; (w. gen.) confident (in).
Calchas haec est ~nti uoce locutus CIC.*poet*.22(*Div*.2.64); ~nti animo..gradietur ad mortem *Tusc*.1.110; nihil profecto hac seueritate ~ntius V.MAX.6.3.2; Hannibalem alternis..~ntem ac diffidentem LIV.22.13.3; quidam lanius paulo ~ntior APUL.*Met*.4.21;—uirtus..armorum ~ns LUC.9.373; operum ~ns STAT.*Theb*.6.678; (*w.* animi) ~ns animi atque in utrumque paratus VERG.*A*.2.61; ut erectum et ~ntem animi ostenderet TAC.*Ann*.4.59;—(*masc. as sb.*) non est ~ntis hoc testimonium sed potius timentis CIC.*Att*.14.16.3.

fīdenter, *adv*. *compar*. ~tius. [prec.+-TER[2]] Confidently, with assurance, boldly.
rescribo te illi probe respondisse; paulo uellem ~tius CIC.*Att*.6.1.21; ~ter sane..nihil tam uerens quam ne dubitare..uideretur *N.D*.1.18; ~ter..in aciem descendo V.MAX.6.4.5; TAC.*Hist*.3.9.

fīdentia ~ae, *f*. [FIDENS+-IA] Self-confidence, assurance.
audacia, quae ~ae..finitima est CIC.*Inv*.2.165; ~a, id est firma animi confisio *Tusc*.4.80.

fidēpromissor ~ōris, *m*. [next+-TOR] (leg.) A guarantor, surety.
solent alii obligari, quorum alios sponsores, alios ~ores, alios fideiussores appellamus GAIUS *Inst*.3.115; sponsoris uero et ~oris similis condicio est fideiussoris ualde dissimilis 3.118.

fidēpromittō ~ittere ~īsī ~issum, *intr*. Also as two words. [next+PROMITTO] (leg.) To make a solemn promise on behalf of another person, stand guarantor or surety.
~ittis? ~itto GAIUS *Inst*.3.92; (*tm.*) idem fide tua promittis? 3.112.

fidēs[1] ~ēī, *f*. [cf. FIDO; Gk. πίστις, πείθω] FORMS: *~e* (gen.) TER.*Hau*.1002 (*~ei* codd.), *Inc. trag*.60, HOR.*Carm*.3.7.4 (s.v.l.), OV.*Met*.3.341; (dat.) PL.*Am*.391, *Aul*.615, etc., HOR.*S*.1.3.95; *~i* (gen.) APUL.*Met*.10.8; (dat.) *CIL* 9.5845. PROS.: *fĭdĕī* MAN.2.605,630,955,3.107.

1 The condition of having trust placed in one, trust, tutelage. **b** (w. vbs. of requesting, seeking, etc.; also, w. ellipse of vb.). **c** (in exclamations) *pro ~em* (usu. *pro deum atque hominum ~em*); *per ~em*; (nom. or acc. alone).
tuae ~e concredidi aurum PL.*Aul*.615; ~e adulescentem mandatum malae *Trin*.128; ego me tuae commendo et committo ~e TER.*Eu*.886; in clientelam et ~em nobis dedit se 1039; QVEIVE IN EODEM CONLEGIO SIET, QVOIAVE IN ~E IS ERIT *CIL* 1.583.10; de his rebus quae meae ~ei commissae sunt CIC.*Ver*.2.1; cui ciui supplicanti non illa dextera inuicta ~em porrexit..? 5.153; ~em suam populo Romano promptam..praebuerit *Caec*.78; consulem uestrae ~ei commendat *Mur*.2; Dyrrachium, quod erat in ~e mea *Planc*.97; ut Lysonem in ~em necessitudinemque tuam recipias *Fam*.13.19.2; Dianae sumus in ~e CATUL.34.1; Aeduos, quorum antiquitus erat in ~e ciuitas CAES.*Gal*.6.4.2; cuiusquam ~ei suam committere salutem HIRT.*Gal*.8.23.2; si..in Caesaris ~em amicitiamque uenturi essent *B.Alex*.23.2; nulli ~es eius, nulli opera..defuit NEP.*Cim*.4.3; SENATVM POPVLVMQVE BOCCHORITANVM IN ~EM CLIENTELAMQVE SVAM SVORVMQVE RECEPIT *CIL* 2.3695; legiones..secutae..sint eius auspicia ac ~em *S.C.*(*Font.iur*.p.193)48; nos ipsos..cognitae permittimus ~ei LIV.7.40.19; qui..nec in ~e populi Romani nec in dicione essent 8.1.10; ex quo in amicitiam populi Romani uenerit, ~em coluisse 22.37.10; deditos in ~em populi Romani 42.8.5; qui in ~em cum armis ueniunt SEN.*Dial*.9.4.1; ne Spartaco quidem..datum ut pacto in ~em acciperetur TAC.*Ann*.3.73; (*poet.*) fugatae uirtutis iam sola ~es (*i.e. Cato*) LUC.2.243. **b** tuam ~em opsecro PL.*Am*.373; clamabas deum ~em atque hominum *Men*.1053; pro deum..clamo postulo obsecro oro ploro atque inploro ~em! CAECIL.*com*.212; illaec ~em nunc uostram inplorat TER.*Ad*.489; ~em et misericordiam uestram requirebat CIC.*Ver*.5.129; consulis auxilium implorasse et senatus ~em *Dom*.12; CAES.*Civ*.3.82.4; ~em pastorum nequiquam inuocans LIV.1.7.7;—di uostram ~em PL.*Capt*.418; CAECIL.*com*.269; TER.*An*.744. **c** pro diuum ~em ENN.*Sat*.18; pro deum atque hominum ~em! PL.*Epid*.580; pro deum hominumque ~em! CIC.*Q.Rosc*. 23; pro deorum atque hominum ~em! *Tusc*.5.48; SAL.*Cat*.20.10; pro uestram ~em, ciues LIV.9.24.9;—per uos et uostrum imperium et ~em..commiserescite ENN.*scen*.186; quo deorum, per ~em, ista monstrante! PLIN.*Nat*.29.24; [QUINT.]*Decl*.2.11;—deorum hominumque ~em! CIC.*Font*. 4; ~em iustitiae! [QUINT.]*Decl*.14.1; ~em numinum! FLOR.*Epit*.1.38(3.3.7); (*cf.*) ecce (~es superum!) laceras comitata Thoantis aduehit exsequias STAT.*Theb*.5.650.

2 A guarantee, promise, assurance. **b** (as secured or freed). **c** a promise of safe conduct. **d** *mea* (*tua*, etc.) *~e*, on my guarantee, on my word. **e** *~es publica*, a guarantee or promise given on behalf of the state; esp. promising immunity from prosecution, etc.; a safe-conduct.
accipe daque ~em ENN.*Ann*.32; ne..haec mutet ~em PL.*Mil*.983; ~e data credamus *Per*.243; leno..flocci non fecit ~em *Rud*.47; NEVE QVISQVAM ~EM INTER SED DEDISE VELET *CIL* 1.581.14; soluisti ~em TER.*An*.643; inter se ~em et ius iurandum dant CAES.*Gal*.1.3.7; neque ab se ~em laesam 6.9.6; nisi ~e staretur LIV.23.48.9; in hoc ~em, quam uoltis ipsi, accipite 23.2.9; quam..iterum fallas, altera danda ~es OV.*Ep*.7.18; siue alma ~em messesque negasset Creta STAT.*Silv*.2.6.66; moriturum potius quam ~em exueret clamitans TAC.*Ann*.1.35; (*poet.*) cum mari uentus ~em foedusque iungent SEN.*Thy*.481;—(*w. gen.*) Perusiam, quae et ipsa indutiarum ~em ruperat LIV.9.40.18; ad ~em promissorum obsides acciperet 21.34.3; gens fallax promissi ~em praestitit 25.41.4; admonet promissae breuitatis ~es VELL.2.55.1; ~em..descendendi tuto interfectoribus Caesaris dedit 2.58.3; quis ~em pacis dabit? SEN.*Thy*.294; (uitis) pretio parata..certam generositatis ~em non habet COL.*Arb*.1.3; cuius summae si non praestetur ~es QUINT.*Decl*.278(p.132,l.21);—(*poet.*) geminae mihi..nepotum laeta ~es..natae STAT.*Theb*.2.159; in principe..certissima diuinitatis ~es est bonus successor PLIN.*Pan*.11.3;—(*w. acc. and inf.*) si ~em modo das mihi te non fore infidum PL.*Rud*.952; fac ~em te..populi utilitatem..quaerere CIC.*Agr*.2.22; quoad ~es esset data Caesarem facturum quae polliceretur CAES.*Civ*.1.10.4; LIV.8.18.4. **b** hac lege tibi meam adstringo ~em TER.*Eu*.102; audeo etiam obligare ~em meam..uobis CIC.*Phil*.5.51; ne cui ~em meam obstringam PLIN.*Ep*.4.13.10;—quod..dixi in contione, in eo uelim ~em meam liberes CIC.*Fam*.12.7.2; ut P. Valeri ~em exsoluerent LIV.3.19.1; tollit indutias ut libera ~e incepta exsequeretur 30.4.10; uouerat et uoti soluerat ille ~em OV.*Fast*.1.642. **c** si ~es Saturnino data est CIC.*Rab.Perd*.28; ~e accepta se..proconsuli tradit *B.Afr*.93.3; cum..in id ne cui Romano traderetur ~em exposceret LIV.30.12.17; legiones duas..post ~em in angulo congestas contrucidauit (Sulla) SEN.*Ben*.5.16.3;—(*cf.*) nec cauea tanta conditur ille (*sc.* lepus) ~e MART.1.48.6. **d** mittam equidem istunc aestumatum tua ~e PL.*Capt*.351; mea ego id promitto ~e *Men*.894; idem ~e tua promittis?

formula in Gaius *Inst.*3.112. **e** fetiales, quod ~ei publicae inter populos praeerant VAR.*L.*5.86; ~em..publicam impendio priuato exsoluit LIV.22.23.8;—~em publicam iussu senatus dedi; hortatus sum ut ea quae sciret sine timore indicaret CIC.*Catil.*3.8; ~em publicam postulauit *Att.*2. 24.2; SAL.*Cat.*47.1; nunquam unum militem habituros ni praestaretur ~es publica LIV.2.28.7;—uti..eum..interposita ~e publica Romam duceret SAL.*Jug.*32.1.

3 The fulfilment of a promise, wish, or omen. dicta ~es sequitur, responsaque uatis aguntur OV.*Met.* 3.527; *Fast.*1.359; pollicitam dictis, Iuppiter, adde ~em 3.366; ~es solutionis PLIN.*Ep.*8.2.6.

4 A piece of evidence for a statement, proof, confirmation; *~es penes auctores erit*, evidence or proof is to be found in the authorities. **b** authoritativeness, certainty. **c** the true meaning, intention (of an expression).

~ei causa (*as proof of his trust*) mittitur..quaestor SAL. *Jug.*29.4; ut fama ~em missique reportant exploratores VERG.*A.*11.511;—(*w. gen.*) est nostri sanguinis ista ~es PROP.4.6.60; ad ~em..tam laetarum rerum LIV.23.12.1; sum..~es huius maxima uocis ego OV.*Pont.*1.5.32; miram dicti ~em digesta numero cadauera exhibuere V.MAX. 1.8.5; uolt sceleris superesse ~em LUC.8.688; TAC.*Hist.*4.85; —(*w. dat.*) figulos huic esse ~em *Aetna* 517;—(*w. acc. and inf.*) principes quidam iuuentutis (*among the captives*) inuenti, manifesta ~es publica ope Volscos hostes adiutos LIV. 6.13.7;—~es eius rei penes auctores erit SAL.*Jug.*17.7; SEN.*Nat.*4b.3.1; PLIN.*Nat.*17.93. **b** quid ita..de tuarum tabularum ~e compromissum feceris CIC.*Q.Rosc.*12; Cyrus ille a Xenophonte non ad historiae ~em scriptus *Q.fr.*1.1.23; ut crimina delata ab Eumene ~e reum refellerent LIV. 42.45.7; prius audiendi patientia quam memoriae ~es defecit QUINT.*Inst.*11.2.8; quae priores nondum comperta eloquentia percoluere, rerum ~e tradentur TAC.*Ag.*10.1; PLIN.*Ep.Tra.*10.65(71).3; (*cf.*) quadrati..~em (*an accurate square*) quaeri per signa quaterna MAN.2.332. **c** uerbi paulum ideo inmutati, ut sententiae ~es salua sit GEL.1.4.4; contra sententiae ~em PAPIN.*dig.*3.1.8.

5 Credit, good name; (esp.) financial credit. ille uir haud magna cum re sed plenus ~ei ENN.*Ann.*338; ad paupertatem si admigrant infamiae, grauior paupertas fit, ~es sublestior PL.*Per.*348; de possessione detrahere, adquirere ad ~em CIC.*Catil.*2.18; famae..ac ~ei damna maiora esse quam quae aestimari possent LIV.3.72.3; uestra ~es famaque inlaesa ad hunc diem mansit TAC.*Hist.*1.30;—scimus Romae solutione impedita ~em concidisse CIC.*Man.* 19; ~em de foro..sustulistis *Agr.*1.23; reuocaui ~em 2.103; ~es, quae esse nulla potest, nisi erit necessaria solutio rerum creditarum *Off.*2.84; cum ~es tota Italia esset angustior CAES.*Civ.*3.1.2; non rem familiarem modo, uerum etiam ~em consumpsi SAL.*Hist.*2.98.9; ego ~em meam malo quam thesauros PETR.57.9; magis patris dominiue quam filii seruiue ~em sequitur GAIUS *Inst.*4.70; (*cf.*) incertam ~em ruris, incertiorem fori SEN.*Nat.*4a.pr.7; (*facet.*) cetera quae uolumus uti Graeca mercamur ~e (*i.e. for cash*) PL. *As.*199.

6 Good faith, honesty, honour. **b** *~em seruare* (*tenere, retinere*, etc.), to keep faith, observe one's obligations. **c** *ex ~e*, in good faith; *e re publica ~eque sua*, in accordance with the public interest and one's own conscience. **d** (personified and worshipped as a goddess).

nulla regni sancta societas nec ~es est ENN.*scen.*405; aequom est ⟨reponi⟩ per ~em quod creditum est PL.*Cist.* 760; si adhibebit~em (*i.e. be honest*) *Rud.*1043; quod dixisti ..nihilne ad ~em tuam putas pertinere? CIC.*de Orat.*2.367; si..~e societas, pietate propinquitas colitur *Quinct.*26; hinc ~es, illinc fraudatio *Catil.*2.25; ut..~em..fratris mei praestarem *Fam.*1.9.10; ~es, id est dictorum conuentorumque constantia et ueritas *Off.*1.23; hostes sine ~e..occasionem fraudis..quaerunt CAES.*Civ.*2.14.1; respondit se Caesarem esse ~emque praestaturum *B.Hisp.*19.6; si qua ~es tellure sub ima est VERG.*A.*6.459; suspectam..Punicam ~em LIV.30.30.27; cuius tam modestis cupiditatibus Fortuna praestet ~em SEN.*Con.*10.pr.16; dissimulare non est ~ei meae COL.4.29.2; ea est in re praua peruicacia; ipsi ~em uocant TAC.*Ger.*24.4; cum quis ~em elegit nec depositum redditur ULP.*dig.*16.3.1.4;—(*w. adj.*) haec reperta est ~es firma nobis PL.*Capt.*927; muliebri..~e *Mil.*456; ~e lenonia *Rud.*1386; qui magna ~e societatem gererent CIC.*Quinct.*13; uir incredibili ~e *Sest.*26; de ~e mala *N.D.* 3.74; remissi summa cum ~e LIV.23.19.16; sincera ~e V.MAX.2.9.6; uix..bonae ~ei uiro conuenit QUINT.*Inst.* 10.7.1; (*poet.*) segetis certa ~es meae HOR.*Carm.*3.16.30. **b** quoniam tecum seruaui ~em PL.*Capt.*930; seruarisne in eo ~em? CIC.*Vat.*15; est in eo ipso ~es conseruanda *Off.* 1.39; diffidens de numero dierum Caesarem ~em seruaturum CAES.*Gal.*6.36.1; in ~e pariter tuenda *B.Afr.*40.5; tunc melius tenuere ~em TIB.1.10.19; pro quo ~em et arma usque ad supremum spiritum retenturos TAC.*Hist.*4.21. **c** ego nihil magis ex ~e quam de te scribo PLIN.*Ep.*9.14.1; SUET.*Jul.*74.2; rationem..ex ~e reddat ULP.*dig.*40.5.37; —testibus..denuntiandi potestatem facito, ita, ut ei e re publica ~eque sua uidebitur *Leg.pub.*(*Font.iur.*p.96)15; *S.C.*(*Font.iur.*p.170)38; CIC.*Phil.*3.39; faceret quod e re publica ~eque sua duceret LIV.25.7.4. **d** o ~es alma apta pinnis ENN.*scen.*403; in ~ei fanum PL.*Aul.*583; Mens ~es Virtus..consecratae et publice dedicatae sunt CIC. *N.D.*2.79; incorrupta ~es HOR.*Carm.*1.24.7; ~EI PVBLICAE *CIL* 2.4497.

7 *bona ~es*, Good faith, sincerity; (esp. in phrs.) *bona ~e, ex bona ~e, bonae ~ei*, in good faith, bona fide. **b** *bona ~e*, really, genuinely.

laudatur et inter maxima humani generis bona ~es colitur SEN.*Ben.*5.10.4; ~es bona contraria est fraudi et dolo PAUL.*dig.*17.2.3.3;—bonan ~e tu mihi istaec uerba dixisti? PL.*Capt.*890; qui..nummos ~e bona soluat CATO *Agr.*14.3; polliceor hoc uobis..bona ~e CIC.*Agr.*2.100; defendi ~e optima *Phil.*11.11; osculis..bona ~e exactis PETR. 11.1; qui bona ~e deos colit STAT.*Silv.*5.pr.;—ut eo stari non oporteat ex ~e bona *Ed.* in Cic.*Att.*6.1.15; CIC.*Off.*3.61; AFRIC.*dig.*21.1.51;—utique si bonae ~ei possessor fuerit GAIUS *Inst.*2.76; sunt..bonae ~ei iudicia haec 4.62. **b** si (uis esse) ~e bona uir bonus SEN.*Ep.*71.7; numquam bona ~e uitia mansuescunt 85.9; populus R...cum bona ~e adoleuisset FLOR.*Epit.*1.18(2.1.1).

8 Sense of duty towards others, loyalty, allegiance; *in ~e manere* to remain loyal. **b** (manifested in the keeping of secrets or confidences).

neque med umquam deseruisse te neque factis neque ~e PL.*Capt.*405; missa ~e ac pietate SIS.*hist.*13; gentem..tam ~e beniuolentiaque coniunctam CIC.*Balb.*30; qua ~e mecum uiuant *Fam.*9.16.5; nec de eius ~e dubitandum CAES.*Gal.* 7.21.1; si qua est quae restet adhuc mortalibus usquam intemerata ~es VERG.*A.*2.143; constantis iuuenem ~e (*gen.*) HOR.*Carm.*3.7.4; cum cerneret metu tenendos quos ~es non tenuisset LIV.7.25.7; Penelopea ~es OV.*Tr.*5.14.36; officium est patroni ut..~e cogente facere credatur QUINT. *Inst.*11.1.65; lubrica ad mutandam ~em classe TAC.*Hist.* 2.101;—(*w.* erga) ~em erga imperatorem suum..conseruare CAES.*Civ.*1.84.3; TAC.*Hist.*2.6;—(*w.* in+*acc.*) ~es in hunc ordinem CIC.*Rab.Post.*13; in proscriptos uxorum ~em VELL.2.67.2;—(*w.* aduersum) uixisse me..cum ~e aduersum te TAC.*Ann.*3.16;—fregit foedus Gabinius, Piso tamen in ~e mansit CIC.*Dom.*66; ea sola in ~e manserat Gallica gens LIV.21.55.4. **b** PROP.1.10.14; frustra silentium et ~em in tot consciorum animis et corporibus sperare TAC.*Ann.*15.59; senatus ~em atque ingenium pueri exosculatur GEL.1.23.13.

9 The quality of being worthy of belief, credibility; *~em habere*, to be credible; (also w. dat.). **b** trustworthiness, reliability.

tristi' seueritas inest in uoltu atque in uerbis ~es TER. *An.*857; imminuit..et oratoris auctoritatem et orationis ~em CIC.*de Orat.*2.156; non quo nationi huic ego unus maxime ~em derogem *Flac.*9; ~em dictis corradere nostris LUCR.1.401; multa ~em promissa leuant HOR.*Ep.*2.2.10; magna ~es auium est: experiamur aues OV.*Fast.*4.814; Stygis..unda quae facit caelo ~em SEN.*Thy.*667; qui ueterum poemata..ad ~em causarum..adsumunt QUINT. *Inst.*1.8.10; uulgatis traditisque demere ~em TAC.*Hist.*2.50; —debebit habere ~em nostra praedictio CIC.*Fam.*6.6.7; noua..habebunt uerba ~em, si.. HOR.*Ars* 52; res quia quam causam nullam tam ne ~em quidem habebat LIV. 8.27.10; siue ficto habita ~es TAC.*Ann.*6.9; ut cum uera uaticinaretur, ~em non haberet HYG.*Fab.*93;—(*w. acc. and inf.*) ~em non habet turbinem..in medios siderum ordines peruenire SEN.*Nat.*7.10.2;—siqua ~es miseris, hoc..per numina iuro OV.*Met.*9.371; (*w. acc. and inf.*) mihi ~es apud hunc est nil me istiu' facturum TER.*Hau.*571. **b** eum rem ~emque perdere..aiunt PL.*Cur.*504; quod credidisti reddo. —haud accuso ~em *Epid.*549; quoius tu ~em in pecunia perspexeris TER.*Ph.*60; in xuiris faciendis siue ~es haberetur siue honos CIC.*Agr.*2.23; cum iudiciorum ~es, cum senatus auctoritas concidisset *Att.*1.16.7; famae..ac ~ei damna maiora esse quam quae aestimari possent LIV.3.72.3; suarum aurium ~ei minimum credentes 33.32.7; in exploranda ~e aquarum atque copia FRON.*Aq.*64;—(*w. dat.*) ut tuis nulla apud te ~es sit PL.*Am.*555; ubi prima ~es pelago VERG.*A.*3.69; LIV.21.35.4; sed tamen medicinae ~es est CELS.2.6.18.

10 *~em habere* (w. dat.) To place trust (in), give credence (to).

dixit iureiurando meo se ~em habuisse TER.*Hec.*871; eis siue creditur..siue ~es non habetur CIC.*Caec.*3; quantam Asiaticis testibus ~em habere uos conueniret *Flac.*60; quanta ~es ei sit habenda *Att.*8.3.2; fidis hominibus..ita ~es habetur, ut.. *Off.*2.33; cuiue habeant ~em? CATUL. 30.6; quo maior perfugae ~es haberetur CAES.*Civ.*3.71.4; prodigiis ~es habita LIV.22.1.13; nec gladiis habuere ~em LUC.7.139; habita indici ~es TAC.*Ann.*2.12;—(*w. gen.*) quia ei ~em non habui argenti PL.*Per.*785; cui maximam ~em suarum rerum habeat CIC.*Ver.*2.131.

11 *~em facere*, To induce belief; (w. dat. of person) to persuade, convince.

eas tris res, quae ad ~em faciendam solae ualent CIC. *de Orat.*2.121; Ambiorigem ostentant ~ei faciendae causa CAES.*Gal.*5.41.4; aliquamdiu ~es fieri non poterat *Civ.* 2.37.1; LIV.33.28.8; lacrimae fecere ~em OV.*Met.*6.566;—(*w. dat. of thing believed*) potius quam miseria mea ~em uerbis faceret SAL.*Jug.*24.9; fecit..negatis numinibus metus ipse ~em LUC.5.142;—(*w. acc. and inf.*) quae..faciant ~em uere tradita esse CIC.*Inv.*1.39; ut..~em non faceret adesse..Caesarem CAES.*Gal.*6.41.2; rerum..quas uix ~es fiat homines passos LIV.30.28.5; TAC.*Ann.*15.50;—(*w. dat. of person*) si oratio..fecerit ~em auditoribus *Rhet. Her.*1.10; ~em mihi faciebat se uelle nobis placere CIC.*Q.fr.* 2.5.3; illa proceritas siluae..~em tibi numinis facit SEN. *Ep.*41.3; fecit mihi ~em paenitentiae PLIN.*Ep.*9.21.1.

12 Belief, conviction, credence; *~em habere*, to be believed; (also w. dat.). **b** trust, confidence.

~es est firma opinio CIC.*Part.*9; credo equidem, nec uana ~es VERG.*A.*4.12; certa loquor, sed nulla ~es PROP.3. 13.61; aliis nulla ante futura ~es erat quam legatos.. audissent LIV.27.50.11; cum ~e audiebatur TAC.*Ann.*4.59; ~em res capit MELA 1.32; maiora ueris monstra (uix capiunt ~em) SEN.*Tro.*169; ut iam quae carmina tradunt digna ~e credas JUV.15.118; libros..mercati sunt pretiis ~em non capientibus GEL.3.17;—(*w. gen.*) Bruttiis..nullius rei primo ~es est LIV.24.1.6; difficillima est..grauissimi cuiusque sceleris ~es QUINT.*Inst.*4.3.6; ~em peractae mortis impleuit PLIN.*Ep.*3.14.2;—ut ~em haberent fictae preces PETR.97.9; non est habiturus in negando ~em QUINT.*Inst.* 4.2.93;—uti mox nulla ~es damnis..adsit HOR.*Ep.*1.17.57; cui rei..~es non fuerat LIV.3.10.6; ~es nuntiantibus fuit 3.43.6; nulla dictis ~es TAC.*Hist.*2.72; (*cf.*) quae si non apud omnis certam ~em at certe penes cunctos notitiam promiscuam possident APUL.*Soc.*14. **b** nec timida gaudete ~e OV.*Met.*9.792; non illa metus solacia falsi tam longam traxere ~em GRAT.401;—(*w. gen.*) dum aspectus ipse ~em faciat sui iudicii CIC.*Luc.*19; ~es promissi humani LIV. 26.19.2; nocenti contingere..latendi ~es non potest SEN. *Ep.*97.13; uera ~es..libertatis LUC.9.204.

13 The range or possibility of belief; (w. gen.) what can be believed (of).

id..propius ~em est LIV.2.41.11; abhorrebat ab ~e quemquam..intraturum 9.36.6; excedente humanam ~em temeritate VELL.2.51.3; res..~e maior OV.*Met.*4.394; haec supra ~em et poetica..themata QUINT.*Inst.*2.10.5; laboris ultra ~em patiens SUET.*Jul.*57; usque autem uideas hoc procul a ~e MAUR.2658;—ultra humanarum irarum ~em saeuienti turbae LIV.8.24.15; uera quidem, ueri sed grauiora ~e OV.*Tr.*4.1.66.

fidēs[2] ~ium, *f. pl.* Also **fidēs (~is)** ~is. [perh. cf. Gk. σφίδες, σφίδη]

1 A stringed musical instrument, lyre. **b** *~ibus canere*, etc., to play the lyre; *~ibus scire* (*discere, docere*) to know (learn, teach) how to play the lyre. **c** (poet.) lyric poetry, lyric metres.

~es, ei (*sc.* fidicinae) quae accessere, tibi addam dono gratiis PL.*Epid.*473; cum ~ibus Pythagoreorum more uteretur CIC.*Tusc.*5.113; neruos in ~ibus aliis pulsis resonare alios *Div.*2.33; artifices cum ~ibus sui generis CURT.5.1.22; QUINT.*Inst.*1.10.20; (*prov.*) nihil cum ~ibus graculo est *Vers.pop.*in Gel.pr.19(*poet.*p.30);—(*sg.*) primum huic neruis septem est intenta ~es V.RUF.*trag.*4; qua numerosa ~es, quaque aera rotunda..sonant PROP.4.7.61; inuentor curuae..~is OV.*Fast.*5.104; ~es genus citharae dicta PAUL.*Fest.*p.89M. **b** ut ~ibus cantarem seni PL. *Epid.*500; ~ibus praeclare cecinisse dicitur CIC.*Tusc.*1.4; *Div.* 2.122;—ubi esse hanc forma uidet honesta uirginem et ~ibu' scire TER.*Eu.*133; discebant..~ibus antiqui CIC. *Sen.*26; Socraten ~ibus docuit nobilissimus fidicen *Fam.* 9.22.3. **c** ~ibusne Latinis Thebanos aptare modos studet..? HOR.*Ep.*1.3.12; 2.2.143; Seuerum non solitis ~ibus saluto STAT.*Silv.*4.5.4; (*sg.*) marem strepitum ~is.. Latinae PERS.6.4.

2 The strings of a lyre.

Threicia fretus cithara ~ibusque canoris VERG.*A.*6.120; (*sg.*) Centauro dilecta chelys compesceret iras, percussa ~e, uel pelagi uel tristis Auerni SIL.11.452.

3 (sg.) The constellation Lyra, the Lyre.

astri..quod Graeci uocant lyran, ~em nostri VAR.*R.* 2.5.12; cedit clara ~es Cyllenia CIC.*Arat.*627(381); MAN. 5.409; id. Mai. ~is mane oritur COL.11.2.40.

fidicen ~inis, *m.* [prec.+-CEN]

1 A lyre-player.

Socraten fidibus docuit nobilissimus ~en CIC.*Fam.*9.22.3; doctor argutae ~en Thaliae Phoebe HOR.*Carm.*4.6.25; addidit ut ~en (*sc.* Amphion) miseris sua funera natis OV. *Ib.*581; COLLEGIO TIBICINVM ET ~INVM ROMANORVM *CIL* 6.2191.1.

2 (poet.) A writer of lyric poetry, lyricist.

monstror digito praetereuntium Romanae ~en lyrae HOR.*Carm.*4.3.23; *Ep.*1.19.33; Pindaricae ~en tu quoque, Rufe, lyrae OV.*Pont.*4.16.28.

fidicina ~ae, *f.* [as prec.] A female lyre-player.

ut ~a, quam amabat, emeretur sibi PL.*Epid.*47; scorta duci, pergraecari, ~as, tibicinas ducere *Mos.*960; TER.*Eu.* 457; Herodotus Alyattem regem ~as in procinctu habuisse tradit GEL.1.11.

fidicinius ~a ~um, *a.* [FIDICEN+-IVS] For lyre-playing.

eam uidit ire e ludo ~o domum PL.*Rud.*43.

fidicula ~ae, *f.* [FIDES[2]+-CVLA] ORTHOG.: *fiduc-* occasionally in codd.

1 A small lyre.

si platani ~as ferrent numerose sonantes CIC.*N.D.*2.22; non ~arum tibiarumque..concentu GEL.1.11.8; PAUL.*Fest.* p.89M.

2 The constellation Lyra.

~a uespere occidit COL.11.2.4; ~ae occasus autumnum inchoat PLIN.*Nat.*18.222.

3 (pl.) An instrument of torture, a kind of rack.

~as laxauit, soluit eculeum V.MAX.3.3.ext.5; torserat ..~is, talaribus, eculeo, igne SEN.*Dial.*5.19.1; ~ae licet cogant MART.5.51.6; exquisiturum se uel ~is SUET.*Cal.*33.1.

fidiculārius ~a ~um, *a.* [prec.+-ARIVS] (of words, perh.) Racked, twisted.

uerba contorta et ~a FRO.*Aur.*2.p.66(146N).

Fidius ~(i)ī, *m.* [FIDES[1]+-IVS] *Dius ~ius*, a god sworn by in oaths, perh. a title of Jupiter; esp. in phr. *medius ~ius* (also *me dius ~ius, mediusfidius*). I call heaven to witness, so help me God.

per Dium ~ium quaeris: iurato mihi uideo necesse esse eloqui quidquid roges PL.*As.*23; Aelius Dium ~ium dicebat Diouis filium VAR.*L.*5.66; quaerebam, Nonas Sanco ~ione referrem OV.*Fast.*6.213;—rei quoque publicae medius ~ius miserear CATO *orat.*174; plus medius ~ius in eo ludo uidi pueris..quingentis SCIP.min.*orat.*20; quae ita aperta..sunt ut medius ~ius, iudices, inuitus ea dicam CIC.*S.Rosc.*95; ciuem medius ~ius egregium *Dom.*83; ad seruos medius ~ius res publica uenisset 92; ne ille me Dius ~ius uir sapiens laetus ex his tenebris..excesserit *Tusc.*1.74; si, mediusfidius, ad hoc bellum nihil pertineret LIV.5.6.1; PLIN. *Ep.*4.3.5; APUL.*Apol.*67.

fīdō ~ere fisus, *intr.* [cf. *fides, foedus*; Gk. πείθομαι] (w. abl. or dat.) To trust (in), have confidence (in), rely (on); *sibi ~ere*, to be self-confident. **b** (w. inf.) to have confidence (to); (w. acc. and inf.) to be confident (that).

(*w. abl.*) hac ~unt duce nocturna Phoenices in alto Cic. *Arat.*40; pecunia ~ens Nep.*Lys.*3.5; ~entem..fuga Parthum Verg.*G.*3.31; hostem pedestri ~entem Marte Liv. 24.48.6; hic arcu fisos terruit ense Getas Ov.*Pont.*4.9.78; ex is, ⟨quae⟩ uolatu ~unt Cels.2.18.6;—(*w. dat.*) non tam nostrae causae ~entes quam huius humanitati Cic.*Lig.*13; celerare fugam in siluas et ~ere nocti Verg.*A.*9.378; ut nec duci milites nec militibus dux satis ~eret Liv.10. 18.6; nec aut colli aut flumini satis ~ens 23.26.10; heu nimium tibi fisus Stat.*Theb.*9.624; posse eum innocentiae ~ere Tac.*Ann.*2.65;—uterne ad casus dubios ~et sibi certius? Hor.*S.*2.2.108; sibi potius ~ere quam meminisse ignominiae Liv.3.61.12; proelium fuit..inter ~entes sibimet ambo exercitus 3.62.6;—(*absol.*) ubi ~entem fraudaueris Pl.*As.*561; non amantis mulieris, sed sociai unanimantis, ~entis fuit officium *Truc.*435. **b** seu crudo ~it pugnam committere caestu Verg.*A.*5.69; ipsum autem et lassa ~it prosternere dextra Stat.*Theb.*9.848;—~is enim manare poetica mella te solum Hor.*Ep.*1.19.44; nec uiuere Marcium consulem satis ~ebant Liv.9.38.10; Magoni iam haud ferme ~enti retenturum defensurumque se urbem 27.28.14; nec se tanta in certamina ~it sufficere Stat.*Theb.*11.59.

fīdūcia ~ae, *f.* [**fiducus* (fido; cf. *caducus*)+-ia]

1 (leg.) The transference of a property on trust. **b** (fig.; esp. abl., w. gen., poss. adj., etc.) on the responsibility (of). **c** (transf.) a guarantee, assurance.

si qui ~am acceperit Cic.*Top.*42; priuata iudicia..~ae, tutelae, societatis *Q.Rosc.*16; rem mandatam aut ~ae rationem fraudauit *Caec.*7; pecuniam adulescentulo grandi faenore, ~a tamen accepta, occupauisti. hanc ~am commissam tibi dicis *Flac.*51; formula ~ae: 'ut inter bonos bene agier oportet' *Fam.*7.12.2; qui rem alicui ~ae causa mancipio dederit Gaius *Inst.*2.59; cum ~a contrahitur aut cum creditore pignoris iure aut cum amico, quo tutius nostrae res apud eum essent 2.60. **b** ibo ad te fretus tua, Fides, ~a Pl.*Aul.*586; qui tuae mandatus est fide et ~ae *Trin.*117;—mei tergi facio haec, non tui ~a *Mos.*37;—mea ~a opu' conduxi et meo periclo rem gero *Bac.*752; qua ~a ausu's..filiam meam dicere esse?—lubuit: ea ~a *Epid.*697; mea ~a..his promisit..libertatem *Poen.*1209; uiuimus aliena ~a Plin.*Nat.*22.15. **c** uiderit qui ~am ueritatis putet quod caeco facinus obiectum est [Quint.] *Decl.*1.2.1.

2 Trust, reliance, confidence (in a source of help, safety, etc.). **b** (abl., w. gen.) in reliance (on), trusting (in). **c** (poet., of a person or thing on which one's safety, etc., rests).

(*w. gen.*) tantam habebat suarum rerum ~am Caes.*Civ.* 2.37.1; ~a cessit quo tibi, diua, mei? Verg.*A.*8.395; falsa est ista tuae, mulier, ~a formae Prop.3.24.1; cum ~a sui sine contemptu hostium Liv.7.33.5; quo te ~a..uana pedum..rapit? Ov.*Met.*9.120; ita placebat barbaris numerus suus, ita ~a uirium ut.. Vell.2.112.3; nulla manus illis, ~a tota ueneni est Luc.8.388; neque..tanta sit unquam ~a facilitatis, ut.. Quint.*Inst.*10.7.20; tibi eam ~am diligentiae habeo, ut.. Tra.*Plin.Ep.*10.78(82).2;—(*w.* in+*abl.*) tantum illis in uirtute ac fide Theodoti ~ae fuit Liv.24.5.14; in uolucri tenuis ~a cursu Stat.*Theb.*5.167; tanta in muneribus ~a Juv.10.306;—(*w. poss. or interr. adj.*) propter te tuamque prauos factus est ~am Pl.*Bac.*413; memoret quae sit ~a capto Verg.*A.*2.75; quae ~a reo Tac.*Ann.*3.11. **b** nihil esse quod posthac arcae nostrae ~a conturbaret Cic.*Q.fr.*2.10.5; hoc se colle..Galli ~a loci continebant Caes.*Gal.*7.19.2; desertos ab eis..quorum ~a rebellauerant Liv.6.8.9; Plin.*Ep.*2.4.2. **c** tu..nostrarum quondam ~a rerum Ov.*Tr.*5.6.1; spes et ~a gentis Regulus Hectoreae Sil.2.342; 8.607.

3 A confident attitude with regard to an uncertainty, sureness, confidence. **b** (w. gen.) a confident expectation (of).

egregia tua fides..~am commendationi meae tribuit Sal. *Cat.*35.1; humanis quae sit ~a rebus Verg.*A.*10.152; aequum uulnus utrique dedit, sed erat ~a dispar Ov.*Met.* 9.721; ne tamen haec dici possit ~a mendax..fuisse, caue *Pont.*2.4.31; non habet..~am, si mauult uideri recepisse puerum quam adduxisse Sen.*Con.*2.4.8; o utinam non tanta mihi ~a saeuis esset in Arsacidis! Luc.8.306; Othoni ~am addidit..nuntius Tac.*Hist.*1.76; inde hostibus terror, ~a militi *Ann.*1.63;—(*w. gen.*) omnis spes Danaum et coepti ~a belli Verg.*A.*2.162; ~a..futuri Ov.*Pont.*4.1.27;—(*w. dat.*) neutri ~a coepto Stat.*Theb.*10.408;—(*w.* de) hanc de me ~am prouidentissimi uiri Plin.*Ep.*4.17.10;—(*w. acc. and inf.*) quae..res mihi ~am praebet coniungi nobis Philippum posse? Liv.36.7.11; certa..esse ~a potest fore ut undique uitiosa caro excidat Cels.5.28.1.d; hanc habere ~am, paratum esse sanctitati..praemium Plin.*Pan.*70.4. **b** uictoriae ~am Caes.*Civ.*3.96.1; more..magnorum uirorum et ~am magnarum rerum habentium Cels.8.4.3; (procella) in ipsa sereni ~a solet emergere Sen.*Ep.*74.4; suam ipsi uitam narrare ~am..morum..arbitrati sunt Tac.*Ag.*1.3; —(*w. gd. or gdve.*) quae fuit ista..tam explorata huius opprimendi ~a? Cic.*Scaur.*23; ~a rei bene gerendae Caes. *Civ.*2.38.2; eam ipsam ~am impetrandi sibi esse dixit, quod priores legati nihil impetrassent Liv.37.35.2; nec omnia patrandi ~a Tac.*Hist.*5.20.

4 Confidence in oneself, assurance, courage, boldness. **b** (w. gen. of gd., *ut*+*subj.*) the courage or confidence (to do something).

alacres et ~ae pleni Caes.*Gal.*7.76.5; tantum ~ae ac spiritus Pompeianis accessit *Civ.*3.72.1; at non audaci Turno ~a cessit Verg.*A.*9.126; Luc.4.538; optima est.. emendatio uerecundiae ~a Quint.*Inst.*12.5.4. magis in studiis homines timor quam ~a decet Plin.*Ep.*5.17.3. **b** certior..inimicis adgrediendi ~a Pol.*hist.*5; ~am Androstheni fecerunt acie decernendi Liv.33.14.5; V.Max. 8.11.1; Tac.*Ann.*13.39;—neque mihi ~a est, ut ea sola esse contendam Quint.*Inst.*5.12.1.

fīdūciārius[1] ~a ~um, *a.* [prec.+-arivs]

1 Holding on trust, fiduciary. **b** of or proper to a trustee.

qui tutor ~us dicitur Gaius *Inst.*1.115; ~um reliquit heredem Valerium Maximum Javol.*dig.*36.1.48(46); heredens ~vs *CIL* 6.15237. **b** quod esset officium legati qui ~am operam obtineret Caes.*Civ.*2.17.2; testamenti faciendi gratia ~a fiebat coemptio Gaius *Inst.*1.115a.

2 (of property, etc.) Held on trust, entrusted.

multitudinem..confectam taedio puellae, ~o regno, dominatione..Ganymedis *B.Alex.*23.2; optimum ratus Nabidi eam (*sc.* urbem Argos)..uelut ~am dare Liv.32.38.2; tibi ~um restituet imperium Curt.5.9.8; (*leg.*) ~a hereditas Javol.*dig.*36.1.48(46).

fīdūciārius[2] ~(i)ī, *m.* [prec.] A trustee, fiduciary.

et tv ~i cave malvm *CIL* 6.35050.

fīdūciō ~āre ~āuī ~ātum, *tr.* [fidvcia+-o[3]] To pledge, mortgage.

ne ~ent ne vendant neve alio qvo genere id sepvlchrvm..alienare vlli potestas sit *CIL* 6.8456; 6.29909.

fīdus[1] ~a ~um, *a.* *compar.* ~ior, *superl.* ~issimus. [cf. *fido, fides*] Forms: *feidus CIL* 1.1221b. 6.

1 Keeping faith, faithful, loyal, devoted. **b** (of friendships, actions, etc.) characterized by faithfulness. **c** (poet., of things).

antiqua erilis ~a custos corporis Enn.*scen.*255; do fidem tibi, ~us ero Pl.*Rud.*954; casta pvdens volgei nescia feida viro *CIL* 1.1221b.6; ut me..carissimis liberis, ~issima coniuge..caruisse glorier Cic.*Sest.*49; quo inter se ~i magis forent alius alii tanti facinoris conscii Sal.*Cat.*22.2; Ov.*Tr.* 1.6.13; pectore ~o Stat.*Silv.*3.2.99; dolores suos quasi ad ~issimum deferre Tac.*Ann.*4.68; (*as transf. ep.*) Carmentis ~os intrasse penates Ov.*Fast.*6.529;—(*w. dat.*) ego sum tibi firme ~us Pl.*Mil.*1015; maxume ~o sibi Sal.*Jug.*35.4; quae ~a fuit nulli Tib.1.6.77; (*w.* in+*acc.*) Seneca ~us in Agrippinam..credebatur Tac.*Ann.*12.8; (*w. gen.*) regina, tui ~issima Verg.*A.*12.659;—(*of dogs*) canum ~o cum pectore corda Lucr.5.864. **b** familiaritates habere ~as amantium nos amicorum Cic.*Off.*2.30; neque eo magis ~a inter eos amicitia manere potuisset Nep.*Reg.*3.3; quisquis ~o praetulit arma toro Prop.3.12.6; ~us amor Ov.*Ep.*2. 21; ~a..urbe Ov.*Tr.*3.4.40; ~am proiecto neue negate manum 3.4b.76; ~as..uoces Stat.*Theb.*11.200; oscula ~a reuellit *Silv.*3.2.57. **c** ~um capiti subduxerat ensem Verg.*A.*6.524; quas..~as tibi credis ituro..undae Ov. *Ars* 2.141; ante alios Triuiae qui creditur amnis ~us V.Fl. 5.104; Libanum..tantos inter ardores opacum ~umque niuibus Tac.*Hist.*5.6.

2 Faithful in allegiance, loyal.

coloniam uestram ~issimam fortissimamque Cic.*Phil.* 6.2; exercitum ~issimum et constantissimum 10.24; Hiero ~issimus imperii Romani cultor Liv.26.32.4; ~iora haec genera hominum fore ratus in Romano bello 40.3.4;—(*w. dat.*) ~issimos suis rebus Thapsitanos *B.Afr.*79.2; quae regio si ~a Samnitibus fuisset Liv.9.13.8; Iulianis partibus ~us Vell.2.63.3; Tac.*Hist.*1.64.

3 (of actions, etc.) Performed or undertaken in good faith, honest, sincere.

non haec sententia tantum ~a, sed et felix Ov.*Met.*13.319; paucioribus Drusum..laudauit, sed intentior et ~a oratione Tac.*Ann.*1.52; (*neut. as sb.*) in Gotarzen per occulta et magis ~a inclinabat 12.13.

4 (of persons, etc.) Trustworthy, reliable. **b** (of things) that may be used with confidence, reliable, safe; (also of places). **c** (transf., of states or conditions) reliable, lasting, unfailing.

iustis..et ~is hominibus, id est bonis uiris Cic.*Off.*2.33; o ~am dexteram Antoni qua ille plurimos ciuis trucidauit! *Phil.*13.4; neque..responsa dabantur ~a satis Verg.*A.* 2.377; ille uelut ~is arcana sodalibus olim credebat libris Hor.*S.*2.1.30; bonus atque ~us iudex *Carm.*4.9.40; ~us interpres *Ars* 133; auctorem leuem nec satis ~um Liv.5.15.12; littera, sermonis ~a ministra mei Ov.*Tr.*3.7.2; quanto quis audacia promptus, tanto magis ~us..habetur Tac.*Ann.*1.57. **b** parua..tabella..lumina ~a locat *Mor.*21; camelino (genitali) arcus intendere orientis populis ~issimum Plin. *Nat.*11.261; ilex..~a iis, quae terantur, ut rotarum axibus 16.229; senio male ~a..arbor Sil.5.496; ualidum et ~um intellexere (pontem) Tac.*Ann.*15.15;—litora cursu ~a petunt Verg.*A.*2.400; ~a..castra Prop.4.4.8; ut..praesidium satis ~um ad omnia esset Liv.3.15.8; Brundisium, quod nauiganti celerrimum ~issimumque adpulsu erat Tac.*Ann.*3.1; in hortos Pomponii quasi ~issimum ad subsidium perfugisset 5.8. **c** hominem mihi coniunctum ~issima gratia Cic.*Mil.*75; cum quibus nec pax satis ~a nec bellum pro certo sit Liv.5.17.8; ~issimum annonae subsidium 27.5.5; uentosue truces ~amue quietem Germ. *Arat.*725; pax ante ~a niuibus et flammis erit Sen.*Her.F.* 375; placuit sedes ~ique receptus Stat.*Theb.*7.443; nec umquam satis ~a potentia, ubi nimia Tac.*Hist.*2.92.

fīdus[2] ~eris: see foedvs[2].

fidusta. [perh. prec.+-tvs[2]] (See quot.)

~a a fide denominata, ea quae maximae fidei erant Paul. *Fest.*p.89M.

fifeltāres, *m. pl.* [dialect of Vestini; orig. dub.] (app.) Certain magistrates at Furfo.

idqve veicvs fvrf(ensis) maior pars ~es sei apsolvere volent sive condemnare, liceto *CIL* 1.756.15.

figlinae ~ārum, *f. pl.* **figil-, figul-.** [figlinvs] Forms: *figil-* Var.*R.*1.2.22, *CIL* 11.8114(3), etc.; *figul-* Plin.*Nat.*14.123, *CIL* 8.22632(32), etc. A potter's workshop, pottery; (also sg., app.) pottery-work.

~as quom ad modum exerceri oporteat Var.*R.*1.2.22; ~as teglarias *CIL* 1.594.2.2.24; a ~is doliorum Plin. *Nat.*3.83; ~arum opera 28.19; ex ~is ivlinianis *CIL* 15.256;—fvn⟨di f. pre⟩ciliorvm doliaris figlin 15.236.

figlīnum ~ī, *n.* [next] Earthenware pottery.

Plin.*Nat.*34.16; aliqui in crudis fictilibus urunt, donec ~um percoquatur 34.113; 34.133.

figlīnus ~a ~um, *a.* [figvlvs[1]+-invs] Forms: *figulinus* Plin.*Nat.*31.130; Fest. p.274M. Of a potter, potter's; *opus ~um*, pottery or tile work, earthenware.

~a creta Plin.*Nat.*10.50; cuidam artis ~ae prudenti Fest.p.274M;—~um opus subiciatur Vitr.5.10.3; ollis.. e ~o opere crudis Plin.*Nat.*31.46; ~um opus encausto pinxit 36.189; cameram ex ~o opere factam Paul.*dig.* 8.2.19.1; *CIL* 15.746.

figmentum ~ī, *n.* [fingo+-mentvm]

1 A thing formed or devised, a formation; an image.

~is uerborum nouis Gel.20.9.1;—eius..animalis ~um 5.12.12; (*transf.*) hanc..ut ~um aliquod ueritatis exempli causa per se conpositam uult esse rem publicam Apul.*Pl.* 2.25.

2 A fiction, invention, unreality.

~a militis impurissimi..libet detegere [Quint.]*Decl.*3b.1; nec uanis somniorum ~is terreare Apul.*Met.*4.27.

fīgō ~gere ~xī ~xum (~ctum), *tr.* [Umb. *fiktu* (=*figito*); cf. Lith. *dýgstu*, *dýgti* 'to point', *dẽgiu*, *dẽgti*, 'to plant, fix'; perh. also fivo] Forms: *~ctus* Var.*R.*3.7.4, Lucr.3.4.

1 To drive in, fix in, insert (nails, stakes, etc.); *clauum ~gere* (relig.), to drive in a nail (see clavvs 1b); to shoot (a bolt). **b** to embed, stick (a weapon in an opponent's body, etc.).

non sum dignus prae te palum ut ~gam in parietem Pl. *Mil.*1140; si ~git adamantinos summis uerticibus dira Necessitas clauos Hor.*Carm.*3.24.5; ~xis in terram pilis Liv.2.65.3; clauos per modica interualla ~gentes 28.20. 4; (*fig.*) effundi uerba non ~gi Sen.*Ep.*100.1;—dict(ator) clavi ~g(endi) cavssa *Fast.Cos.Cap.*102a(*CIL* 1.p.20); senatus dictatorem claui ~gendi causa dici iussit Liv.7.3.4; —reserat ~xo dente puella fores Tib.1.2.18. **b** mucrones ..dubitantis utrum in ciue an in hoste ~gantur Cic.*Phil.* 14.6; spicula, quot nostro pectore ~xit Amor Prop.2.13.2; spiculum inter aures equi ~xit Liv.8.7.10; ~xo dare uulnera cultro Ov.*Tr.*5.7.19; ~ge luminibus faces Sen. *Med.*965; terrae ~gere tela Luc.7.486; (*cf.*) mollia..immitis ~xit in ora manus! Prop.3.15.14; (*poet.*) harundo.. tenuit haerentem fugam mortemque ~xit Sen.*Her.O.*519; —(*fig.*) deorum tela in impiorum mentibus ~guntur Cic. *Har.*39.

2 To transfix, pierce, run through; also, to hook (a fish).

nauem..saepe tritam, saepe ~xam Pl.*Men.*403; diuersis ..telis nostri ~gebantur *B.Alex.*30.6; uiscera..ueribus.. trementia ~gunt Verg.*A.*1.212; ~xit harundine malum 5.544; olli per galeam ~xo stetit hasta cerebro 12.557; ~xurus apros Ov.*Met.*14.343; duro fera robora rostro ~git (picus) 14.392; me geminae ~gant acies Luc.2.309; quidam ..admotis sagittariis per ludibrium ~gebantur Tac.*Ann.* 2.17;—(*of Cupid*) ~xisse puellas gestit (Cupido) Tib.2.1.71; me ~xit Amor Ov.*Ars* 1.23;—(*w. weapon as subj.*) (hasta) Antoren latus inter et ilia ~git Verg.*A.*10.778; ~gat tuus omnia..arcus Ov.*Met.*1.463;—piscis..nullus nisi ~xus sentiat hamos 8.858;—(*fig.*) aduersarios ~et (orator) Cic.*Orat.*89; quando ego ~gam aliquid, quo sit mihi tuta senectus..? Juv.9.139; (*at dice*) quo possis plurima iactu ~gere Ov.*Tr.*2.474.

3 To fasten up, fix, nail (on a wall, etc.). **b** to hang up (dedicatory offerings in a temple); (also, arms, etc., in private houses). **c** to post up for public information, promulgate (laws, decrees).

vtei..eam (*sc.* tabolam) ~gier iovbeatis vbei facilvmed gnoscier potisit *CIL* 1.581.27; insvper mvtvlos trabicvlas..inponito ferroqve ~gito 1.698.2.1; uertice ~gere cristas Verg.*A.*10.701; cum eius diei senatus consulta aureis litteris ~genda in curia censuisset Tac.*Ann.*3.57. **b** scuta quae fuerant sublime ~xa Cic.*Div.*2.67; clipeum.. postibus aduersis ~go et rem carmine signo Verg.*A.*3.287; armis Herculis ad postem ~xis Hor.*Ep.*1.1.5; rostra nauium ..in aede Iunonis..~xa Liv.10.2.14;—arma uiri thalamo quae ~xa reliquit Verg.*A.*4.495; onerare tuam ~xa per arma domum Prop.3.9.26; qui spolia ex hoste ~xa domi haberent aut ciuicam coronam accepissent Liv.23.23.6; spoliis decorata est regia ~xis Ov.*Met.*8.154. (*cf.*) ut tibi lasso ~gantur uirides..palmae Juv.7.118. **c** eae miserae (*sc.* leges) etiam ad parietem sunt ~xae clauis ferreis Pl.*Trin.* 1039; quis est Italiae locus in quo non ~xum sit in publicis monumentis studium salutis meae..? Cic.*Sest.*128; leges.. quas post mortem Caesaris prolatas esse et ~xas uidetis *Phil.*1.23; Antonius accepta grandi pecunia ~xit legem *Att.* 14.12.1; ~xit leges pretio atque refixit Verg.*A.*6.622; (*fig.*) ut hoc beneficium, quem ad modum dicitur, trabali clauo ~geret Cic.*Ver.*5.53; quod semel destinaui, clauo tabulari ~xum est Petr.75.7.

4 To fasten, secure, nail (a person); *cruci* (*in cruce*) *~gere*, to crucify; also *~gere* alone.

ipse summis saxis ~xus Enn.*scen.*362; V.Fl.5.170;— quotiens noxios cruci ~gimus Quint.*Decl.*274(p.124,l.12); *Inst.*7.1.30; in crvce figarvs (*app. for* ~garis) *CIL* 4.2082; (*cf.*) latrones..furca ~gendos compluribus placuit Call. *dig.*48.19.28.15;—serum cur ~gis..? Mart.2.82.1.

5 To fix in position. **b** to attach, fasten on, fit; to hold in place. **c** to press close.

cruces ad ciuium Romanorum supplicia ~xas Cic.*Ver.*3.6; cum..crucem ~xissent post urbem in uia Pompeia 5.169; non ~xus in agris, qui regeret certis finibus arua, lapis Tib. 1.3.43; urbem constitui lateque patentia ~xi moenia Ov. *Ep.*7.119; natura..cum sidera ~xit Man.2.515; deserueere cauo tentoria ~xa Lemanno Luc.1.396; silua..quae ~xam pelago Nesida coronat Stat.*Silv.*3.1.148;—(*plants*)

~gat humo plantas VERG.*G*.4.115; (*cf.*) ramum..aduerso in limine ~git *A*.6.636. **b** ubi porculum ~gere oportebit CATO *Agr*.19.2; ex his..funiculi ardentes ~gebantur VAR. *L*.5.119; sub ordines singulos tabulae ~ctae *R*.3.7.4; ad capsum raedae loculamentum firmiter ~gatur VITR.20.9.2; (hirundo) luteum celsa sub trabe ~git opus OV.*Fast*.1.158; —~gat acus tortas sustineatque comas MART.14.24.2. **c** pauper..in tenero ~xus erit latere TIB.1.5.62; ~xus lateri patienter adhaesi OV.*Am*.3.11.17; conlecta ut pectora parmae ~xerat STAT.*Theb*.9.90.

6 To set down, plant (in a particular place); (transf.) to establish. **b** to place firmly or deliberately, plant (one's steps), to plant (one's feet, i.e. take up a stance). **c** to plant, impress (kisses). **d** (transf.) to establish, set (limits).

aegrum..in gelida ~xum ripa HOR.*S*.2.3.294; in quo loco primum caput ~xerit corruens morbo comitiali PLIN. *Nat*.28.63; (*pass. w. ret. acc.*) in molli ~xa toro cubitum PROP.1.3.34; (*fig.*) nitidis maculam haesuram ~gentia rebus JUV.14.2;—sedem ~gere Cumis 3.2. **b** it comes et paribus curis uestigia ~git VERG.*A*.6.159; serpentis capiti ~git uestigia laeua GERM.*Arat*.69; stabilem in plano ~gere gressum SEN.*Thy*.928; (*in fig. phr.*) CIC.*Sest*. 13; in..tuis nunc ~cta pedum pono pressis uestigia signis LUCR.3.4;—~xerat ille gradus totoque ex agmine solus stabat V.FL.7.559; ante ipsos..gressum ~git equos STAT.*Theb*.3.264. **c** foribus miser oscula ~git LUCR. 4.1179; VERG.*A*.1.687; oscula pollutae ~xisse trementia dextrae LUC.2.114; STAT.*Theb*.12.27; (*cf.*) dare..oscula et in collo ~gere dente notas TIB.1.8.38. **d** siquidem rerum modum ~gere non possumus CIC.*Parad*.25; tandem nequitiae ~ge modum tuae HOR.*Carm*.3.15.2.

7 To make motionless or rigid; to strike (a person) rigid. **b** to make permanent, fix, make a fixture of.

carinas ~xerant uadis LIV.22.20.2; maria pigro ~xa languore SEN.*Ag*.161; primo uestigia uisu ~git V.FL.4.395; lumina (*sc. of the dying man*)..adhuc dubitantia ~gi STAT. *Theb*.8.756; sanguine ~xo membra..ruunt 9.40; (*fig.*) tacitus nostras intra te ~ge querellas JUV.9.94;—stetit acri ~xa dolore VERG.*A*.7.291; ~git gelidus Nereida pallor STAT. *Ach*.1.158; Caesar in silentium ~xus TAC.*Ann*.6.50; ~xus in lapidem steti APUL.*Met*.3.10. **b** si..~gas in cute solem PERS.4.33; domos ~gunt TAC.*Ger*.46.2; *Ann*.13.54; (*transf.*) pacem cum Romulo ~xit AMP.39.1.

8 a To fix, implant (in the mind or memory). **b** to implant (feelings, etc.).

a omnis ~xas esse in animo sententias CIC.*de Orat*.2.355; illud..~xum in animis uestris tenetote *Balb*.65; quae perpetuo animo meo ~xa manebunt LEP.*Fam*.10.34a.3; accipite ergo animis atque haec mea ~gite dicta VERG.*A*. 3.250; monitus..sub pectore ~xit STAT.*Ach*.2.163; mandata uocesque, quas penitus animo ~geremus TAC.*Ag*.45.5; primo ~ge loco quod tu discumbere iussus mercedem.. capis officiorum JUV.5.12; (*cf.*) arcana..murmura ~git auribus STAT.*Ach*.1.380. **b** curam..quae nunc te coquit et uersat in pectore ~xa ENN.*Ann*.336; ~xam..medullis famem detrahe SEN.*Ep*.94.6; quantum mihi te sinuoso in pectore ~xi PERS.5.27.

9 To fix (one's gaze or attention). **b** (poet., w. *lumine*) to gaze on, stare at.

(*w.* in+*abl.*) obtutum in cauda..~gere CIC.*Arat*.61; mentem..omnem in Milonis consulatu ~xi *Fam*.2.6.3; (*pass. w. ret. acc.*) oculos..in uirgine ~xus VERG.*A*.11.507;—(*w.* in+*acc.*) ~xos..in terram oculos LIV.9.7.3; oculis.. in carbasa ~xis STAT.*Ach*.2.25; TAC.*Hist*.4.72;—(*w. dat. or abl.*) solo ~xos oculos..tenebat VERG.*A*.1.482; cum semel ~xae cibo intabuissent pupulae HOR.*Epod*.5.39; oculos terrae..~xos SIL.13.822;—(*w. cause as subj.*) Graiae ~xos (*sc.* nos) tenuere tabellae signaque *Aetna* 594. **b** ~gentes lumine terram PERS.3.80; nullamne notauit illa (*sc.* Fortuna) domum, toruo quam non haec (*sc.* Inuidia) lumine ~gat..? STAT.*Silv*.5.1.140.

figulāris ~is ~e, *a.* [FIGVLVS[1]+-ARIS] Of or used by a potter, esp. CRETA ~*is*, potter's clay.

uorsutior es quam rota ~is PL.*Epid*.371.

figulātus ~a ~um, *a.* [FIGVLVS[2]+-ATVS[2]] Made into or resembling a Figulus.

ab nominibus..deriuata sunt quaedam, ut a Cicerone 'sullaturit', Asinio 'fimbriatum' et '~um' QUINT.*Inst*. 8.3.32.

figulīnus, figulīnae: see FIGLIN-.

figulus[1] ~ī, *m.* [*fig-* (FINGO)+-VLVS] A maker of earthenware vessels, a potter.

rota, qua ~i utuntur VITR.9.1.15; creta, qua utuntur ~i COL.3.11.9; PLIN.*Nat*.35.151; ~i tua castra sequantur JUV. 4.135; orbis a ~o circumactus APUL.*Apol*.45; (*cf.*) a ~is munitam intrauerit urbem (*i.e. with walls made of baked brick, i.e. Babylon*) JUV.10.171;—(*pl., as forming a community*) quod is locus esset inter ~os VAR.*L*.5.154.

Figulus[2] ~ī, *m.* A Roman cognomen; esp. P. Nigidius Figulus, a learned contemporary of Cicero.

Fast.Cos.Cap.18b(*CIL* 1.p.25);—CIC.*Fam*.4.13; at ~us, cui cura deos secretaque caeli nosse fuit LUC.1.639; Nigidius ~us, homo..iuxta M. Varronem doctissimus GEL.4.9.1.

figūra ~ae, *f.* [*fig-* (FINGO)+-VRA]

1 Form, composition, make-up. **b** the characteristic or distinctive form of a particular person, animal, or thing.

barbaricam pestem..noua ~a factam PAC.*trag*.271; signorum..magnitudinem, ~am, statum litteris definiri uides CIC.*Ver*.1.57; animi ~am et quasi corpus negauit esse ullum, numerum dixit esse *Tusc*.1.20; totam ~am mundi leuitate circumdedit *Tim*.18; nauium ~a..et inusitato genere tormentorum permoti barbari CAES.*Gal*.4.25.2; iuuenis quondam, nunc femina..et in ueterem fato reuoluta ~am VERG. *A*.6.449; mutata ~a [TIB.]3.7.206; diuersae tela ~ae OV. *Fast*.5.561; primam mundo natura ~am cum daret LUC. 9.303; (insectorum) mutationes et in alias ~as transitus PLIN.*Nat*.11.120;—(*w. ref. to size or bulk*) cur alias aliis praestare uidemus pondere res rebus nilo maiore ~a? LUCR. 1.359; 5.577; (*cf.*) ut omnia facta..eius secum reuoluant, formamque ac ~am animi magis quam corporis complectantur TAC.*Ag*.46.3;—(*transf.*) maius et minus et aeque magnum..ex ~a negotii, sicut ex statura corporis, considerafur CIC.*Inv*.1.41; (*cf. sense 11*) orationes si..ita expressero uirtutibus utens illorum omnibus, id est sententiis et earum ~is et rerum ordine *Opt.Gen*.23. **b** conuerti in aliquam ~am bestiae CIC.*Rep*.4.1; persecutus est Aristoteles animantium omnium ortus, uictus, ~as *Fin*.5.10; est bos cerui ~a CAES.*Gal*.6.26.1; uirili ~a signa VITR.6.7.6; trahit ~am uirginis tener Bacchus *Priap*.36.3; herba..cuius speciem ~amque diximus in nardi generibus PLIN.*Nat*. 21.30; Achillem Apollo (occidit) Alexandri ~a HYG.*Fab*. 113.1.

2 Shape or outline (as dist. from size, colour, etc.). **b** (pregn.) distinct or recognizable shape.

ut mutaret (stella) colorem, magnitudinem, ~am, cursum VAR.*hist*.6; sunt quaedam corpora quorum concursus motus ordo positura ~ae efficiunt ignis LUCR.1.685; 2.409; amplitudo cornuum et ~a et species CAES.*Gal*.6.28.5; mundus.. teretis facit esse ~as stellarum MAN.1.207; alopecia..sub qualibet ~a dilatatur CELS.6.4.2; intus granum quadriangula ~a PLIN.*Nat*.13.118; 37.76;—(*in comparisons*) bacilla..habent ~am litterae V VAR.*L*.5.117; CELS.8.4. 9; stellionibus..lacertarum ~a PLIN.*Nat*.11.90; differens specie foliorum, quae sunt ~a ocimi 20.144. **b** nulla.. manente ~a una nota est Magno capitis iactura reuolsi LUC.8.710; 9.792.

3 Outward appearance (of a person), aspect, features. **b** (as indicative of health or vigour); (of race or breed). **c** (with or without qualifying adj., etc.) a person's appearance in respect of its aesthetic qualities, 'looks'. **d** (transf.) quality (of voice).

si quam coniecturam adfert hominibus tacita corporis ~a CIC.*Q.Rosc*.20; quos utriusque ~ae esse uides, iuxtim miscentis uulta parentum LUCR.4.1212; mouisset uultus maesta ~a tuos OV.*Ep*.10.134; 14.97; ut eorum equitum.. expressa similitudine ~arum faceret statuas VELL.1.11.4; si qua uestigia magnae uirginis aut dubia facies suspecta ~a STAT.*Ach*.1.744. **b** erat..in nobis summa gracilitas ..corporis..tenue collum: qui habitus et quae ~a non procul abesse putatur a uitae periculo CIC.*Brut*.313;—Afra genus, tota patriam testante ~a *Mor*.32; (*in a picture*) gentes formatae mille ~is nutrissent carmen OV.*Pont*.3.4.25. **c** noua ~a oris.— papae TER.*Eu*.317; eum..~a et liniamenta hospitae delectabant CIC.*Ver*.2.89; neque tam magno corpore quam ~a uenusta NEP.*Eum*.11.5; ut natura dedit, sic omnis recta ~a est PROP.2.18.25; tu..o confisa ~ae, infelix Lethaea, tuae OV.*Met*.10.69; 14.770; GERM.536; DII INFERI VOBIS COMMENDO ILLIVS MEMBRA COLOREM ~AM *CIL* 10.8249; (*meton.*) si (Cynthia) leuibus fuerit collata ~is PROP.1.4.9. **d** ~a uocis est ea quae suum quendam possidet habitum ratione..conparatum *Rhet.Her*.3.19.

4 Posture, pose, attitude.

Venerem iungunt per mille ~as OV.*Ars* 2.679; 3.772; *Rem*. 407; cum..(laruae) catenatio mobilis aliquot ~as exprimeret PETR.34.9; MART.12.43.5;—(*in fig. phr.*) idem animus in uarias ~as conuertitur et non totiens animal aliud est, quotiens aliud facit SEN.*Ep*.113.7.

5 Outward appearance (as opp. to real nature); also, the apparent meaning, letter (of an expression, as opp. to its intention).

ista in ~a hominis feritas et immanitas beluae CIC.*Off*. 3.32; 3.82; in hoc legato uestro..nec hominis quicquam est..praeter ~am et speciem LIV.29.17.11;—non solam ~am, sed uim quoque condicionis continere PROC.*dig*. 28.5.70(69); Labeo uidetur uerborum ~am sequi, Proculus mentem testantis JAVOL.*dig*.50.16.116.

6 Anything having a specified shape or form, a figure; (sts. applied to the 'atoms' of the Epicurean system, usu. in respect of their shape). **b** a geometrical figure. **c** a written symbol or character.

a corporibus..solidis et a certis ~is uult fluere imagines CIC.*Div*.2.137; quo..geminam tauri iuuenisque ~am clausit (Minos) OV.*Met*.8.169; nubes atra..in longas flammarum ~as dehiscebat PLIN.*Ep*.6.20.9;—ignem..e paruis constare ~is LUCR.2.385; 3.190; quorum partis..uidemus corpore natiuo ac mortalibus esse ~is 5.241. **b** quid..pulchrius ea ~a (*sc.* sphaera) quae sola omnis alias ~as complexa continet..? CIC.*N.D*.2.47; grues..effingunt uarias casu monstrante ~as LUC.5.713; Padus..triquetram ~am..facere proditus PLIN.*Nat*.3.121; ~arum, quae σχήματα geometrae appellant, genera sunt duo, 'planum' et 'solidum' GEL. 1.20.1; 2.21.10. **c** rudibus uocem signare ~is LUC.3.221; quinque contenta est ~is Romuli latinitas: η et ω longas enim nos non habemus litteras MAUR.1303.

7 An arrangement or configuration; (spec.) an arrangement of stars, constellation. **b** (astrol.) a horoscope, nativity.

astrorum quidam uarias dixere ~as MAN.2.25;—una.. in tropicis pars est cernenda ~is, quae moueat mundum 3.676; in regione tuae, Capricorne, ~ae 5.390. **b** ne falsa uariet genitura ~a MAN.3.169.

8 An image, likeness; (esp., of artistic representations or sim.). **b** (seen in dreams, visions, etc.; also, of the dead).

Oeagri quaedam compressa ~a PROP.2.30.35; illas Epicuri ~as quas e summis corporibus dicit effluere (*i.e.* εἴδωλα) QUINT.*Inst*.10.2.15;—in cereis..aut fictilibus ~is CIC.*N.D*. 1.71; uestis priscis hominum uariata ~is CATUL.64.50; candelabra aedicularum sustinentia ~as VITR.7.5.3; globus, inmensi parua ~a poli OV.*Fast*.6.278; ebur impressis aurumue animare ~is STAT.*Silv*.5.1.2; per ~as animalium Aegyptii sensus mentis effingebant TAC.*Ann*.11.14; ligneolis hominum ~is APUL.*Mun*.27; (*in fig. phr.*) pagina..certa domini signata ~a MART.1.53.2. **b** in somnis, cum saepe ~as contuimur miras simulacraque luce carentum LUCR. 4.38; tristibus..somnum turbata ~is STAT.*Theb*.9.570; egredienti..naue eadem ~a in litore occurrisse narratur PLIN.*Ep*.7.27.3;—morte obita qualis fama est uolitare ~as VERG.*A*.10.641; CVM VITA FVNCTVS IVNGAR TIS (= tuis) VMBRA ~IS *CIL* 11.3771.

9 A thing having a specified character, sort, type. **b** a form of procedure, method. **c** a manner of speaking or writing, literary style. **d** a style of handwriting.

coronarum..sunt ~ae aliae purae, aliae caelatae VITR. 7.3.4; quos tibi..scelerum de mille ~is expediam casus? STAT.*Theb*.5.206; ~ae quaedam numerorum..uocabula in lingua Latina non habent GEL.18.14.1; ex uariis causarum ~is GAIUS *dig*.44.7.1. **b** occurrunt animo pereundi mille ~ae OV.*Ep*.10.81; loquimur de his iuris ~is, quibus per uniuersitatem res nobis adquiruntur GAIUS *Inst*.2.191; exceptis his capiendi ~is *dig*.39.6.31. **c** sunt..tria genera, quae genera nos ~as appellamus..unam grauem alteram mediocrem tertiam extenuatam uocamus *Rhet.Her*.4.11; CIC. *de Orat*.3.212. **d** ducere consuescat multas manus una ~as OV.*Ars* 3.493.

10 (gram.): **a** One of the various shapes assumed by a word in inflexion, spelling, etc., a form; also, an etymological formation. **b** a form of expression, idiom, construction, or sim.

a ex singulis uocibus ternas ~as uocabulorum fieri, ut albus alba album VAR.*L*.9.55; neque 'quadrigas' in unam nominis ~am..conuertere possimus CAES.in GEL.19.8.8; quaedam (uerba) tertiae demum personae ~a dicuntur, ut 'licet piget' QUINT.*Inst*.1.4.29; 'die pristini'..atque item simili ~a 'die crastini' dicebatur GEL.10.24.8; ut pro uerbis habentibus patiendi ~am agentia ponerent 18.12.1;—est.. hoc uocabulum ~a ut Vatinius..denarius VAR.*L*.8.71; auidum bibendi..noua et prope absurda uocabuli ~a 'bibosum' dictum GEL.3.12; 11.15.8. **b** antiqua..uerba et ~as..colligere SUET.*Gram*.10(p.109 Re); sestertius..quasi semis tertius, Graeca ~a ἕβδομον ἡμιτάλαντον MAECIAN.*iur*. 46; duae istae in loquendo ~ae notae..sunt: 'mihi nomen est Iulius' et 'mihi nomen est Iulio' GEL.15.29.1.

11 (rhet.) A form of speech departing from the straightforward and obvious, figure of speech. **b** (pregn.) an oblique mode of expression, insinuation, innuendo, etc.

cum ultima (*i.e. his last moments*) per testamenti ~am tractaret SEN.*Con*.9.3.14; 10.4.18; nec (haec) ea ~a (facienda), qua quidam reiciunt, quae magis ad se uolunt adtrahere SEN.*Ben*.2.11.3; exornata ~is..sententia *Laus Pis*.95; saepe a ~is ea (*i.e. solecisms, etc.*) separare difficile est QUINT.*Inst*.1.5.5; 2.13.11; ~a sit arte aliqua nouata forma dicendi 9.1.14; ~is mutare casus atque numeros 9.4.58; PLIN.*Ep*.7.9.2; Tullium..~a usum, quam scriptores artium ἐπαναφοράν uocant FRO.*Aur*.2.p.158(108N); GEL. 17.2.15. **b** qui non..palam dicerent, sed per suspiciones et ~as SEN.*Con*.7.1.20; nemo se tenuit agens pro patre, quin ~as in filium faceret QUINT.*Inst*.9.2.82; amicorum libertatem, causidicorum ~as..lenissime tulit SUET.*Ves*.13.1; *Dom*.10.1.

figūrātiō ~ōnis, *f.* [FIGVRO+-TIO]

1 The process of forming or fashioning.

eorum (*sc.* principiorum)..inter se cohaerentiam naturali ~one e generum discriminibus efficere qualitates VITR. 8.pr.1.

2 Form, shape, or design, or a particular instance of it; arrangement, configuration. **b** a manifestation of a god in human form, 'avatar'.

uti proportionibus membra ad summam ~onem eius (*sc.* corporis) respondeant VITR.3.1.4; sic..habebit (*sc. the building*)..~onis aspectum uenustum 3.3.6; hominum corpora uno genere ~onis..concepta 6.1.8; nerui..hic teretes, illic lati ut quaeque poscit ~o PLIN.*Nat*.11.217; materiam.. adhuc rudem et ~onis qualitate uiduatam APUL.*Pl*.1.5;— eorum (*i.e. invisible constellations*) ~ones..non sunt notae VITR.9.5.4; nisi..constet linearum illam ~onem..esse aliquid AGEN.*agrim*.p.20. **b** cum..Apollinis ~o Perictionae (*Plato's mother*) se miscuisset APUL.*Pl*.1.1.

3 A representation in words, description, sketch; a mental representation, imagining.

ultima supplicii ~o, sub eiusmodi titulo QUINT.*Decl*.380 (p.425,l.12); 385(p.431,l.23);—uanae ~ones [QUINT.]*Decl*. 6.4; spei ~one tardius 12.27.

4 (gram.) A word-formation.

diurnare..ex ea ~one est, qua dicimus 'perennare' GEL. 17.2.16.

5 A form of expression, linguistic usage; (rhet.) = FIGVRA (sense 11).

simili ~one uerbum potest esse subdisiunctiuum PROC. *dig*.50.16.124;—quisquam illorum his ~onibus uteretur, quae Graeci σχήματα uocant? FRO.*Aur*.2.p.40(98N); 2.p.78 (152N).

figūrātor ~ōris, *m.* [FIGVRO+-TOR] One who shapes or fashions.

ollarum ~or (*cj.*) VAR.*Men*.68.

figūrātus ~a ~um, *a.* [pple. of next] In senses of vb., esp.:

1 Having a distinct shape or form.

(*neut. pl. as sb.*) uenter..reddit mollia, ~a CELS.2.3.5; 2.8.9.

2 (of language) Marked by the use of figures of speech (see FIGVRA, sense 11); (pregn.)

characterized by the use of suggestion (rather than direct statement), oblique.
oratio eius non ~a erat sed praua SEN.*Con.*10.pr.10; ~um (est rogare)..quotiens non sciscitandi gratia adsumitur, sed instandi QUINT.*Inst.*9.2.7; opus..elegans, purum, ~um PLIN.*Ep.*4.20.2;—qui id solum putauerit schema, quo aliud simulatur dici quam dicitur..unde et ~ae controuersiae quaedam..uocantur QUINT.*Inst.*9.1.14; 9.2.65.

figūrō ~āre ~āuī ~ātum, *tr.* [FIGVRA+-O[3]]

1 To provide (pre-existing materials) with a form or shape (specified or not), mould, fashion; (pass.) to take shape. **b** (w. *in*+acc.) to transform (into); (pass.) to be metamorphosed, turn (into). **c** to arrange (in a specified position).
cruribus..intro uersus potius ~atis VAR.*R.*2.7.5; terga declarant non esse se ad onus accipiendum ~ata CIC.*N.D.* 2.159; (mundum) ea forma ~auit (deus) *Tim.*17; uoces..formatura..labrorum pro parte ~at LUCR.4.552; hominis bene ~ati membrorum VITR.3.1.1; ut ille (aer), qui manet, possit ~ari SEN.*Nat.*1.2.7; manu ~atur (caseus) COL.7.8.7; barbam peregrina ratione ~are PETR.102.15; lambendo calefaciunt fetus omnia ea (animalia) et ~ant PLIN.*Nat.* 10.176; (uitrum) flatu ~atur 36.193;—(*w.* in+*acc.*) non potuisset aes illud in habitum statuae ~ari SEN.*Ep.*65.5; ut..~etur..in speciem cunei (rasura) COL.4.29.9;—(*absol.*) quae (corpora)..formare ~are colorare animare non possent CIC.*N.D.*1.110;—(*transf.*) os tenerum pueri..poeta ~at (*i.e. poetry is used for reading lessons*) HOR.*Ep.*2.1.126; in..modos Venerem mille ~et amor OV.*Am.*3.14.24;—mox pedes..~antur cauda findente se in posteriores PLIN. *Nat.*9.159. **b** siue..nascuntur aues seu carmine fiunt naeniaque in uolucres Marsa ~at anus OV.*Fast.*6.142;—omnes (uermes)..in cerasten ~antur PLIN.*Nat.*17.221; 36.161. **c** brachium..inclinandum est idque efficit, cum ante fascias quoque sic ~andum sit ne postea..umerum inclinet CELS.8.10.2.C.

2 To produce by shaping, form, make. **b** (w. *ab*, abl.) to form (a word from), model (on).
mixtionibus (principiorum)..~antur omnium animalium ..qualitates VITR.1.4.5; exemplar..quod intuens opifex statuam figurauit SEN.*Ep.*58.21; hac (lege) uitium genera ~auit (natura) COL.3.10.11; 9.5.5; oua ex farina pingui ~ata PETR.33.6; signum ipsum in modum liburnae ~atum TAC.*Ger.*9.2; iris multicolora est et semicirculo ~ata APUL.*Mun.*16; quod uocibus lingua ~atis significaretur PAUL.*dig.*44.7.38;—(*w. material as subj.*) robora, minacem quae ~arent equum PETR.89,l.6. **b** quamuis dicatur ('spondeo') a Graeca uoce ~ata esse GAIUS *Inst.*3.93; (telum) Graeca uoce ~atum ἀπὸ τοῦ τηλοῦ *dig.*50.16.233.2.

3 To make a likeness of, depict, represent (pictorially, in words, or otherwise); also, to present the form or appearance of. **b** (of a constellation) to mark, indicate (a season, etc.). **c** (also w. *sibi*) to form a mental image of, imagine.
~auit (*sc.* se) Rhodiorum ciuitati stigmata inponentem VITR.2.8.15; uti..quae in directis planisque frontibus sint ~ata..prominentia esse uideantur 7.pr.11; caudae capitibus earum (*i.e. Ursa Major and Minor*) aduersae..~antur 9.4.5; resupinus eo modo, quo in curatione ani ~atur..conlocandus est CELS.7.26.1.B; Cepheus..manibus utrisque proiectis ~atus HYG.*Astr.*3.8; ex quibus (stellis) quasi iuncti triones ~antur GEL.2.21.9; (*w. inf.*) Ophiuchus..anguem manibus tenere ~atur HYG.*Astr.*3.13; (*cf. sense 1b*) (Liber) arietem inter sidera ~auit 2.20;—(delphinus) sinibus uires sumit fluctumque ~at MAN.5.421; infelix senex uidit..patriae ruinas..iam ad ~andum Promethea satis tristis est SEN.*Con.*10.5.1. **b** dum Libra atque Aries autumnum uerque ~ant MAN.3.672; quartam ne selige partem Centauri..sex bisue peractis..metuendus dicitur aer..uel cum ter dena ~at 4.485. **c** Cimber etiam in capto (Mario) uidit imperantem..qui in crepidine uiderat Marium in sella ~auit SEN.*Con.*7.2.6; utinam..non inanes ..species anxio animo ~aret CURT.7.1.36; qualia poetae inferna monstra finxerunt..talem nobis iram ~emus SEN. *Dial.*4.35.5; COL.6.27.4;—(*w. indir. qu.*) ~are..potestis qui tunc animus mihi..fuerit [QUINT.]*Decl.*9.6.

4 To adorn (a speech) with rhetorical figures.
tam enim translatis uerbis quam propriis ~atur oratio QUINT.*Inst.*9.1.9; FRO.*Aur.*2.p.40(98N);—(*absol.*) adfectus efficaciter mouit, ~abat egregie SEN.*Con.*7.pr.3; PLIN.*Ep.* 3.13.3.

fīlāmen ~inis, *m.*: an alleged early form of FLAMEN[1] (VAR.*L.*5.84, PAUL.*Fest.*p.87M).

fīlāmentum, ~ī, *n.* [FILVM+-MENTVM] A narrow piece of cloth, fillet (= FILVM sense 2f).
infulae sunt ~a lanea, quibus sacerdotes..uelantur PAUL. *Fest.*p.113M.

fīlātim, *adv.* [FILVM+-ATVS[2]+-IM] Thread by thread.
purpura poeniceusque color..~ cum distractum est disperditur omnis LUCR.2.831.

fīlia ~ae, *f.* [as FILIVS] FORMS: *fileia* *CIL* 1.60 (= 14.2863); *fileai* (= ~*ae*) *CIL* 1.561; dat. and abl. pl. usu. ~*abus*, at least when it needs to be distinguished from the dat. and abl. pl. of *filius*, as in legal writers; but ~*is* occurs in ENN.*scen.*122, PL.*Poen.*1128, LIV. 38.57.2, FRON.*Str.*4.3.5, etc. A daughter. **b** ~*a familiae*, ~*a familias*, a daughter subject to the *patria potestas*. **c** (poet., of inanim. objs. personified).
si nitidior sis ~ai nuptiis PL.*Aul.*540; *Poen.*1374; dotes ~abus suis non dant CATO *hist.*94; testamento fecit heredem ~am CIC.*Ver.*1.111; *Att.*4.2.7; cum ~am suam Seleuco in matrimonium dedisset NEP.*Reg.*3.3; o matre pulchra ~a pulchrior HOR.*Carm.*1.16.1; Alcinoi..~a (*i.e. Nausicaa*) *Priap.*68.25; PHAED.3.8.2; TAC.*Ann.*3.23; si quis ~abus suis uel filiis tutores dederit ULP.*dig.*26.2.5;—(*in fig. phr.*) non..sine liberis morior, quoniam mirificas ~as Leuctram et Mantineam relinquo V.MAX.3.2.ext.5. **b** tu ~a familiae locupletibus filis ultro contulisti SEN.*Dial.*12.14.3; eadem de ~a familias..dicta intellegemus GAIUS *Inst.*3.114. **c** Pontica pinus, siluae ~a nobilis HOR.*Carm.*1.14.12; ~a Picenae uenio Lucanica porcae MART.13.35.1; 14.90.1.

fīliaster ~trī, *m.* [FILIVS+-ASTER] A stepson (= PRIVIGNVS).
P AEL SEVERO..CLAVDIA ELPIS CONIVX ET TI CLAVDIVS SEVERINVS ~TER B M F *CIL* 6.3447; 10.590; 10.7526.

fīliastra ~ae, *f.* [as prec.] A stepdaughter.
AVRELIVS FESTVS FVRCIAE FLAVIAE ~AE *CIL* 6.13101; 10. 2201.

filicātus ~a ~um, *a.* **fel-.** [FILIX+-ATVS[2]] Engraved with a pattern of fern-leaves.
in ~is lancibus CIC.*Att.*6.1.13; ~as Saliorum pateras *Parad.*11; ~a patera dicta, quod ad felicis herbae speciem sit caelata PAUL.*Fest.*p.86M.

filicōnēs (fel-), *m.pl.*: (see quot.).
~es mali et nullius usus, a felice dicti PAUL.*Fest.*p.86M.

filictum ~ī, *n.* **fel-.** [FILIX+-TVM] A thicket of ferns, fern-brake.
(locus) ~is aliisue frutectis inpeditus COL.2.2.8.

filicula ~ae, *f.* **fel-.** [FILIX+-VLA] A small kind of fern, app. polypody.
polypodi, quam nostri ~am uocant, similis felici, radix in usu PLIN.*Nat.*26.58;—(*used in medicine*) addito..~ae pullum CATO *Agr.*158.1; CELS.2.12.1.A; remedio erit ~a trita et aqua tepida permixta COL.6.27.11.

fīliola ~ae, *f.* [FILIA+-OLA] A little daughter (often used affectionately).
quae educaret eam pro ~a sua PL.*Cist.*571; ~am ego unam habui *Rud.*106; cum uxore et ~a et mellito Cicerone CIC.*Att.*1.18.1; 7.2.4; V.MAX.1.5.3; JUV.6.241; AUR.*Fro.*1. p.250(91N);—(*contempt., of an effeminate youth*) totus ille grex Catilinae, duce ~a Curionis CIC.*Att.*1.14.5.

fīliolus ~ī, *m.* [next+-OLVS] A little son.
qui tibi surrupuit quadrimum puerum ~um tuom PL. *Capt.*876; ~o me auctum scito CIC.*Att.*1.2.1; V.MAX.8.8. ext.1; JUV.6.390; AUR.*Fro.*2.p.120(101N).

Filippus: see PHILIPPVS.

fīlius ~(i)ī, *m.* [Umb. *feliuf*; cf. *fello*, Gk. θηλή] FORMS and ORTHOG.: voc. sg. regularly *fili*, but *filie* in ANDR.*poet.*2; nom. pl. *feilieis* (archaic) *CIL* 1.1536; dat. and abl pl. *filibus* in inscriptions, e.g. *CIL* 3.7535, 6.28052; *phil- FJRA* 3.134.10.

1 A son. **b** ~*ius familiae* (*familias*), a son subject to the *patria potestas*. **c** (poet.) one born in a specified country, 'son'. **d** (in prov. phrs.) *terrae* ~*ius*, a man about whom nothing is known, a nobody; *Fortunae* ~*ius*, a lucky fellow, Fortune's darling; *gallinae* ~*ius albae*, one 'born with a silver spoon in his mouth' (see TERRA, FORTVNA, GALLINA).
concubitu (Alcumenam) grauidam feci ~io PL.*Am.*1136; ~io..uxorem dare TER.*An.*452; Quintus pater et ~ius CIC.*Fam.*14.14.2; honesti adulescentes, senatorum ~ii CAES.*Civ.*1.51.3; Mago Hamilcaris ~ius LIV.23.11.7; quare ..liberalibus studiis ~ios erudimus? SEN.*Ep.*88.20; qui ..per salutem ~ii peierasset PLIN.*Ep.*2.20.5; ~ios naturales ULP.*dig.*20.1.8;—(*by adoption*) ~ium adoptiuum SCIP. min.*orat.*7; factus es eius ~ius contra fas CIC.*Dom.*35; *Tusc.*1.31;—(*as a type of devotion*) mihi pietate ~ius inuentus est *Red.Pop.*8; frater ego et tibi sim ~ius unus ego PROP.2.18.34;—(*poet.*) si..similem tibi se non corpore tantum nec uultu dederit, morum quoque ~ius JUV.14.52;—(*applied to animals*) eius modi admissarius nepotibus magis quam ~iis utilior est COL.6.37.4. **b** ~ium familias patre parco ac tenaci CIC.*Cael.*36; sueta erga ~ios familiarum nobilis liberalitate TAC.*Ann.*3.8; GAIUS *Inst.*4.75; ULP. *dig.*47.10.17.20. **c** cuniculosae Celtiberiae ~i, Egnati CATUL.37.18.

2 (usu. pl., incl. daughters and other descendants).
incomitatis ut uagari liceret (uirginibus) et ~ios habere VAR.*R.*2.10.9; cum marem feminamque '~ios' dicimus QUINT.*Inst.*9.3.63; CALP.*Decl.*12; ~ii..appellatione saepe et nepotes accipi CALL.*dig.*50.16.220.1.

3 (esp. voc., as an affectionate way of referring to a man younger than oneself).
haue mi, domine ~i carissime FRO.*Amic.*2.p.176(192N); subsiste..ut et ~ius meus iste Lucius..sermonis tui perfruatur comitate APUL.*Met.*2.20; nihil triste de me tibi, ~i, metuas 9.27; (*cf.*) adolescens..quem ~ium publicum omnis sibi ciuitas cooptauit 4.26.

filix ~icis, *f.* **felix.** [unkn.] FORMS: *fel-* freq. as a manuscript variant and read in many texts; *filex* VITR.7.1.2.

1 (often collect. sg.) A generic name for any large fern, bracken, etc.
~ex..substernatur, uti materies ab calcis uitiis defendatur VITR.7.1.2; CELS.5.26.35.C; ~ice stercorare PLIN.*Nat.* 17.54; ~icis duo genera nec florem habent nec semen. pterim uocant Graeci 27.78;—(*as bedding or cattle*) stipula ~icumque maniplis sternere subter humum VERG.*G.*3.297; ut..quam aridissimis ~icibus..stabula constrata sint COL. 7.3.8;—(*as a weed*) ~icem curuis inuisam..aratris VERG.*G.* 2.189; neglectis urenda ~ix innascitur agris HOR.*S.*1.3.37; ~icis frequens exstirpatio COL.2.2.13; (*transf., of hairs on the body*) quinque palaestritae licet..nates labefactent forcipe adunca, non tamen ista ~ix ullo mansuescit aratro PERS. 4.41;—(*used in medicine*) biles purgat..~icis radix lota et rasa LARG.136; ~icis Macedonicae 140.

2 (colloq. app.) A worthless person, 'no-good' (cf. *filicones*; in quot., perh. associated with *filia*).
quid autem Glyco putabat Hermogenis ~icem unquam bonum exitum facturam? PETR.45.9.

fīlum ~ī, *n.* [dub.; perh. cf. Lith. *gýsla*, OSl. *žila*, Arm. *jil* 'sinew']

1 A single strand of yarn, a thread. **b** (phr.) ~*o pendere* (or sim.), to be in a precarious condition, 'hang by a thread'. **c** (poet.) the thread of a person's life (spun by the Fates).
~um..minimum est in uestimento VAR.*L.*5.113; deducens pollice ~um OV.*Met.*4.36; purpureas..notas ~is intexuit albis 6.577; SEN.*Ep.*90.20; candida Sidonio perlucent pectora ~o LUC.10.141; singulae earum (*sc.* plagarum) stamina centeno quinquageno ~o constare PLIN.*Nat.*19.11;—(*w. ref. to the texture or quality of cloth*) toga..~o tenuissima OV. *Ars* 3.445; spondet..Tyrio stlattaria purpura ~o JUV. 7.134;—(*in fig. phrs., cf. sense 5a*) munusculum..leuidense crasso ~o CIC.*Fam.*9.12.2; tenui deducta poemata ~o HOR. *Ep.*2.1.225; gracili conectere carmina ~o COL.10.227;—(*transf.*) ~a corporum possident (daemones) rara et splendida et tenuia APUL.*Soc.*11. **b** hac noctu ~o pendebit Etruria tota ENN.*Ann.*152; omnia sunt hominum tenui pendentia ~o OV.*Pont.*4.3.35; cum..tenui ~o suspensa rei publicae salus ex sociorum fide penderet V.MAX.6.4.1; (*cf.*) uix uno ~o hosce (*i.e. a ram's testicles*) haerere putares LUCIL.535. **c** extrema..Lauso Parcae ~a legunt VERG.*A.*10.815; dum res et aetas et sororum ~a trium patiuntur atra HOR. *Carm.*2.3.16; o duram Lachesin, quae..~a dedit uitae non breiora meae! OV.*Tr.*5.10.46; *Pont.*1.8.64; LUC.6.703; Mors ~a Sororum ense metit STAT.*Theb.*1.632; *Silv.*3.1.171; (*cf.*) ducentes..ultima ~a grandaeuos..senes (*i.e. dragging out the last days of their life*) SIL.4.28.

2 A fine cord, string, thread. **b** (as the means used by Theseus to find his way out of the Labyrinth); (also transf.). **c** a cord of twisted threads used in magic. **d** the wick (of a candle). **e** (pl.) the strings of a musical instrument. **f** a woollen fillet worn during religious rites.
cutis acu ~um ducente transuitur CELS.7.25.3; quando ~um membri (*i.e. of a puppet*), quod agitari uolent, traxerint APUL.*Mun.*27; ~A II EX CYLINDRIS N XXXIII *CIL* 11.364. **b** errabunda regens tenui uestigia ~o CATUL.64.113; VERG. *A.*6.30; pro duce ~a dedi OV.*Ep.*10.72; STAT.*Theb.*12.676;—(*transf.*) quattuor et gradibus (circulus) sua ~a reducit ab aestu MAN.1.581; obliquos aduersaque ~a trahentis inter se gyros 1.666; 1.686. **c** ter..nouena ligans triplici diuersa colore ~a, 'ter in gremium mecum', inquit, 'despue, uirgo' *Ciris* 372; quos non concordia mixti alligat ulla tori.. traxerunt (Thessalides) torti magica uertigine ~i LUC.6.460. **d** tenuis..cerei ~a MAEC.in Sen.*Ep.*114.5; breue lumen candelae, cuius dispenso et tempero ~um JUV.3.287. **e** digitis morientibus ille retemptat ~a lyrae OV.*Met.*5.118; *Fast.*5.106; tibi (*sc.* Iunoni) ~a mouent docta puellae carmine molli SEN.*Ag.*360; ~a sonantia plectro cum quaterem STAT.*Ach.*2.157; SIL.11.434. **f** flamines..caput cinctum habebant ~o VAR.*L.*5.84; uelatus ~o..uota nouem Triuiae ..dedi TIB.1.5.15; legatus..capite uelato ~o—lanae uelamen est—'audi, Iuppiter' inquit LIV.1.32.6; PAUL.*Fest.* p.23M.

3 A filament or thread spun by a spider, silkworm, etc.
aranei tenuia ~a LUCR.3.383; pede quod gracili deducit aranea ~um OV.*Am.*1.14.7; quae..solent canis frondes intexere ~is agrestes tineae *Met.*15.372; quae ~a ramis ultimi Seres legunt SEN.*Phaed.*389; PLIN.*Nat.*11.65; 30.129.

4 Anything comparable to a thread in length and fineness. **b** a thread-like part of a plant, e.g. pedicel (of a flower), filament (of a stamen), fibril (of a root); (pl.) the green tops (of young leeks). **c** a vegetable fibre.
ardua cum gracili tenuatur semita (*i.e. the path of a meteor*) ~o MAN.1.851; thymosum (mel) non coit et tactu praetenuia ~a mittit PLIN.*Nat.*11.39; foliorum exilitate usque in ~a adtenuata 21.30. **b** exiguo coriandra trementia ~o *Mor.*89; nec fuerant rubri cognita ~a croci OV.*Fast.*1.342; 5.318; radicum ~is (*cj.*) magnam adhibendam curam PLIN. *Nat.*17.87;—porris ~a resecta suis MART.11.52.6; 13.18.1; ~a..sectiui numerata includere porri JUV.14.133. **c** chartarum ~a PLIN.*Nat.*37.103;—(*w. ref. to the 'stringy' nature of some vegetables*) lenta ..inus gracili crescunt colocasia ~o MART.8.33.13; 13.57.2.

5 (transf.): **a** 'Texture' of a speech, etc., style or sim. **b** what a person is 'made of', his character or capabilities.
a retinebant illum Pericli sucum, sed erant paulo uberiore ~o CIC.*de Orat.*2.93; si tenuis causa est, tum etiam argumentandi tenue ~um *Orat.*124; aliud quoddam ~um orationis tuae *Amic.*25; adductus ~o atque facetia sermonis Plauto congruentis GEL.3.3.3; uocum..~o tereti fabulam scripsit 16.19.1. **b** ingeniosus est et bono ~o, etiam si in aues morbosus PETR.46.3.

6 Build, figure (of a person).
satis scitum ~um mulieris PL.*Mer.*755; LUCIL.816; facie quoque paene eadem, habitu corporis, ~o VAR.*L.*10.4 de..totius corporis ~o atque habitu GEL.1.9.2; 14.4.2; uirginem ~o liberalem APUL.*Met.*4.23.

7 Size, bulk.
debent..non..omnia (*sc. atoms*)..esse pari ~o similique adfecta figura LUCR.2.341; sunt..formarum uestigia certa quae uulgo uolitant subtili praedita ~o 4.88; forma quoque hinc solis debet ~umque uideri..uere 5.572; 5.589.

fimbriae ~ārum, *f. pl.* [dub.] A fringe on the border of a cloth or garment. **b** a fringe (of curly hair). **c** (applied to the capillary blood-vessels).
in sagis ~ae VAR.*L.*5.79; si manibus quis..in ueste floccos legit, ~asue deducit CELS.2.6.6; mappam, ~is hinc atque illinc pendentibus PETR.32.2; (palla) ad ultimas oras nodulis ~arum..confluctuabat APUL.*Met.*11.3. **b** erant illi compti capilli et madentes cincinnorum ~ae CIC.*Pis.*25. **c** uenae in praetenues postremo ~as..tenuantur PLIN.*Nat.* 11.220.

fimbriātus[1] ~a ~um, *a.* [prec.+-ATVS[2]] (of clothes or garments) Having a fringe, fringed; (also, of a whip). **b** (of persons, etc.) having a fringe of hair. **c** (of leaves, roots, etc.) having a fringe of fine processes or fibrils, fimbriate.
uestimentum..~um FEST.p.289M; usum..lato clauo ad manus ~o SUET.*Jul.*45.3;—(flagrum) contortis taenis.. prolixe ~um APUL.*Met.*8.28. **b** quasi hermaphroditus ~um frontem gestas TITIN.*com.*112. **c** partem..aliquam e matris (*i.e. tree*) quoque corpore auferunt (stolones) secum ~o corpore PLIN.*Nat.*17.67; ~is foliis 21.92; radix.. multis capillamentis ~a 27.105.

fimbriātus[2] ~a ~um, *a.* Made into or resembling a Fimbria (i.e. a Roman having this cognomen).
ab nominibus..deriuata sunt quaedam, ut a Cicerone 'sullaturit', Asinio '~um' et 'figulatum' QUINT.*Inst.*8.3.32.

fimētum ~ī, *n.* [next+-ETVM] A dung-heap.
~a sub diu concauo loco..fieri iubent PLIN.*Nat.*17.57; 24.171.

fimum ~ī, *n.* Also **fimus** ~ī, *f.* [perh. cogn. w. *foeteo, suffio*] GENDER: certainly neut. in PLIN.*Nat.*28.277, 30.76, etc., and prob. so elsewhere (masc. not definitely attested till late Latin) but exx. ambiguous; fem. in APUL. *Met.*7.28. Excrement (of animals), dung, ordure (esp. as used for manure, fuel, etc.).
arbores..praecisas serito oblinitoque ~o summas CATO *Agr.*28.2; LUCIL.1018; uitiles (aluos) ~o bubulo oblinunt intus et extra VAR.*R.*3.16.16; arida..saturare ~o pingui ..sola VERG.*G.*1.80; concidit immundoque ~o sacroque cruore *A.*5.333; ~o bubulo pro lignis utuntur LIV.38.18.4; PHAED.4.18(19).5; manu per anum inserta ~um extrahere COL.6.6.4; amant rigua ac ~um (cucurbitae) PLIN.*Nat.* 19.69; Arethusam Syracusis ~um redolere per Olympia 31.55; TAC.*Ger.*16.4.

fīnālis ~is ~e, *a.* [FINIS+-ALIS] Of or concerned with boundaries.
ex industria terminos ~es positos SIC.FL.*agrim.*p.103; in causa ~i de proprietate soli..contendentes APUL.*Met.* 6.29; CALL.*dig.*47.21.3.2.

findō ~ere fidī fissum, *tr.* [cf. Skt. *bhinadmi*, Goth. *beitan*, Eng. *bite*] FORMS: pf. stem app. attested only in CELS.8.4.6.

1 To split apart, cleave. **b** to split lengthwise or along the grain. **c** (of heat and other natural agencies) to cause to split. **d** (hyperb., of hunger, indignation, etc.).
nequeunt radices ~ere terras CIC.*Arat.*360(118); ferte rates, inimicam ~ite rostris hanc terram (*i.e. in landing*) VERG.*A.*10.295; mons non ~it nubem sed digerit SEN.*Nat.* 2.28.2; paruus armenti comes primis..nondum cornibus ~ens cutem *Tro.*538;—(*by ploughing or sim.*) patrios ~ere sarculo agros HOR.*Carm.*1.1.11; [TIB.]3.3.12; uomere ~is humum OV.*Ep.*12.94;—(*transf.*) tellus, quam..~unt Scamandri flumina..et Simois HOR.*Epod.*13.14;—(*cf., of supernatural phenomena*) caelum ~i uelut magno hiatu uisum LIV.22.1.11; cumulus..inmanis aquarum..uisus..summo ..cacumine ~i OV.*Met.*15.510. **b** fissa..harundine PROP.4.7.25; lingua repente in partes est fissa duas OV.*Met.* 4.587; fisso..cortice lignum inserit (*i.e. in grafting*) 14.630; quercum..cuneis adactis fissam V.MAX.9.12.ext.9;—(*refl. or pass.*) robur..obnoxium etiam, ut torqueat sese ~atque PLIN.*Nat.*16.189;(lapis)specularis..~itur in..tenues crustas 36.160; (*dist. from* frango) omne..os..aut uitiatur aut ~itur aut frangitur CELS.8.2.1. **c** silices cum ~at gelus AFRAN. *com.*106; hiulca siti ~it Canis aestifer arua VERG.*G.*2.353; rubra Canicula ~et infantis statuas HOR.*S.*2.5.39; OV.*Met.* 3.152; si..totas ~it domos (terrae motus) SEN.*Nat.*6.30.5; omnis..qui per aestatem ~itur ager COL.*Arb.*3.6; (*cf., of a witch*) haec cantu ~itque solum manesque sepulchris elicit TIB.1.2.45. **d** esurigo ~ebat costas VAR.*Men.*521;—(*pass.*) cor meum et cerebrum..~itur istius hominis ubi fit quaque mentio PL.*Bac.*251; turgescit uitrea bilis: '~or' PERS.3.9.

2 To cleave (the sea or air in swimming, sailing, flying, etc.).
freta gemmiferi ~ere classe maris PROP.3.4.2; dummodo, quas ~am corpore, dentur aquae OV.*Ep.*17.146; nec poterit rigidas ~ere remus aquas *Tr.*3.10.48; anseres..rostrato impetu feruntur, facilius ita ~entes aera PLIN.*Nat.*10.63; nubila disco ~ere STAT.*Silv.*3.1.156; (*cf.*) iuuencus..nunc pede toruus humum, nunc cornibus aera ~ens *Theb.*11.255.

3 To cut in two, halve, divide; (esp. of lines, natural boundaries, or sim.). **b** (refl. or pass.) to fork, split.
diuiduo ~etur munere quadra (*i.e. a piece of a loaf*) HOR. *Ep.*1.17.49; quando genus ~itur hoc ionicorum MAUR.1571; 2781;—limes..caeruleum ~ens ingenti lumine mundum MAN.1.712; GERM.*Arat.*485; Hellesponti freto litus obuium ~it (mare) MELA 1.96; (*poet.*) Idus..qui dies mensem Veneris marinae ~it Aprilem HOR.*Carm.*4.11.16. **b** hoc quasi rostro ~itur (amnis) CIC.*Leg.*2.6; Italia..~itur in duo promunturia SAL.*Hist.*4.23; partis ubi se uia ~it in ambas VERG.*A.*6.540; ita se ~ente Nilo, ut triquetram terrae figuram efficiat PLIN.*Nat.*5.48.

4 To open up (a path, etc.) by splitting or cleaving.
~itur in solidum cuneis uia VERG.*G.*2.79; fissa..fluctu.. uulnera (*i.e. in a ship's side*) V.FL.1.479; (*of a swimmer*) tu placidas tuto pectore ~e uias! OV.*Ep.*18.208.

fīne: see FINIS.

Fīnēius: see PHINEIVS.

fingō ~ngere ~nxī ~ctum, *tr.* [*dheigh-, cf. Osc. *feihúss*, also (w. loss of initial aspirate) Skt. *dèhmi*, Gk. τεῖχος, Eng. *dough*] FORMS: pf. *fixi CIL* 1.2371; pple. *finctus* read in TER.*Eu.* 104, FEST.p.348M.

1 To make by shaping (from clay, wax, molten metal, etc.), form, fashion. **b** to produce artificially (instead of by natural processes); to make an imitation of, counterfeit. **c** to mould, knead (materials) into shape; (poet.) to chafe, caress (someone's hands).
placentam ~ngito CATO *Agr.*76.3; C RVFIVS S ~NXIT (*sc. a statuette*) *CIL* 1.2375; apium examina non ~ngendorum fauorum causa congregantur CIC.*Off.*1.157; humum, de qua ~ngantur pocula, monstrat OV.*Tr.*2.489; farinam..tractatione perdomuit ~nxitque panem SEN.*Ep.*90.23; lateres.. ~nguntur optime uere PLIN.*Nat.*35.170; cum..~ngendum erit collyrium LARG.27; gestamina mensae ~ngere STAT. *Silv.*4.6.46; TAC.*Ger.*5.4; imagines uestrae..male..~ctae sculptaeue FRO.*Aur.*1.p.206(74N). **b** uini genera quae ~ngi docuimus PLIN.*Nat.*23.52; nascuntur Sinopis, rubrica ..auripigmentum; ceteri (colores) ~nguntur 35.30; (*in fig. phr.*) solida uirtus nascitur magis quam ~ngitur V.MAX. 5.4.ext.5; (*transf.*) cum as sit simplex, dupondius ~ctus VAR.*L.*9.83;—~ctas cera nuces PLIN.*Nat.*8.215; Salmoneus..qui ~ngeret..quadrifida trabe tela Iouis V.FL.1. 662; quicumque nummos aureos..~nxerint ULP.*dig.*48.10.8. **c** (apes) mella tenacia ~ngunt VERG.*G.*4.57; TIB.2.3.48; quam (*sc.* terram)..mixtam..undis ~nxit in effigiem.. deorum OV.*Met.*1.83; aer impelli et diduci et in aliquam faciem ~ngi potest SEN.*Nat.*1.2.6; (apes) uenena portantes ore ~ngentesque PLIN.*Nat.*21.78; (*w. abst. subj.*) materia ea quam ~ngit et format effectio CIC.*Ac.*1.6; (*cf.*) ut ipsae sermonem (Xenophontis) ~nxisse Gratiae uideantur QUINT.*Inst.*10.1.82; (*humorously*) illic homo me interpolabit meumque os ~nget denuo (*i.e. by a blow from his fist*) PL. *Am.*317;—(*fig.*) fortuna humana ~ngit artatque ut lubet *Capt.*304; ea (uerba)..sicut mollissimam ceram ad nostrum arbitrium formamus et ~ngimus CIC.*de Orat.*3.177;—(*of an animal licking its cubs into shape*) illam (*sc.* lupam).. corpora (puerorum) ~ngere lingua VERG.*A.*8.634; lambendo mater (*i.e. bear*) in artus ~ngit (catulum) OV.*Met.*15. 381; GEL.17.10.3;—saepe manus aegras manibus ~ngebat amicis OV.*Fast.*5.409.

2 To form out of original matter, create; (of animals) to produce (offspring). **b** (of original matter, elements, or sim.).
deum (esse)..eam mentem quae ex aqua cuncta ~ngeret CIC.*N.D.*1.25; in ~ngendo mundo *Tim.*11; naturam.. maleficam nactus est in corpore ~ngendo: nam..statura fuit humili NEP.*Ag.*8.1; PHAED.4.15(16).6; (*cf.*) natura materia doctrinae est: haec ~ngit, illa ~ngitur QUINT. *Inst.*2.19.3; (*of astral influence*) Orion..sollertis animos uelocia corpora ~nget MAN.5.61;—(*w. pred. adj., phr.*) quod non unius modi (natura) ~nxerit animalis omnis VAR.*L.* 9.101; pecora, quae natura prona..~nxit SAL.*Cat.*1.1; si miserum fortuna Sinonem ~nxit VERG.*A.*2.80; di bene fecerunt inopis me quod..~nxerunt animi HOR.*S.*1.4.18;— interdum..dissimiles sui mulas ~ngit (*i.e. the stallion*) COL. 6.37.7; PLIN.*Nat.*11.47; (*cf., of a breeder*) hic et semiferam thoum de sanguine prolem ~nxit GRAT.254. **b** in indiuiduis corpusculis tam praeclara opera..~ngentibus CIC.*N.D.*1.67; umorem..putarunt ~ngere res ipsum per se LUCR.1.709; flammae..micantes quae..fulmina ~ngunt MAN.1.134; postquam sanguis ille opifex..omne corpus hominis ~nxit GEL.12.1.13.

3 (of sculptors) To make a likeness of, represent (in clay, metal, etc.).
cum (Polyclitus) Herculem ~ngebat CIC.*de Orat.*2.70; Alexander..a Lysippo ~ngi uolebat *Fam.*5.12.7; hic (*i.e. in the design on the shield*)..discinctos Mulciber Afros..~nxerat VERG.*A.*8.726; neque ~cto in peius uultu proponi cereus.. opto HOR.*Ep.*2.1.264; (Pasiteles) nihil umquam fecit ante quam ~nxit (*i.e. made a model of it*) PLIN.*Nat.*35.156; qui ~ngit sacros auro uel marmore uultus MART.8.24.5; qui se neque pingi neque ~ngi..passus est APUL.*Apol.*15; (*in fig. phr.*) hic homullus, ex argilla et luto ~ctus Epicurus CIC. *Pis.*59; (*w. pred. adj.*) quae (*sc.* aquila) ob hoc armigera huius teli ~ngitur PLIN.*Nat.*2.146;—(*absol.*) alterum ~ngere opinor e cera solitum esse, alterum esse pictorem CIC.*Ver.*4.30; QUINT.*Inst.*3.9.9; habuit et pingendi ~ngendique non mediocre studium SUET.*Nero* 52.1.

4 To modify the form or arrangement of; (esp.) to tidy, arrange, groom (the hair); (w. pred. adj.) to transform into. **b** (refl. or pass.) to change one's appearance, clothes, etc., transform oneself. **c** (cf. sense 10a) to modify the expression of (a face), tone of (a voice); (refl. or pass., w. *in*+acc.) to assume, take on (a new attitude or sim.).
persequitur uitem attondens ~ngitque putando VERG. *G.*2.407; (trabes) aliter natae in id ~nguntur quod usus noster exigit SEN.*Ep.*50.6; si (supercilia)..contra id quod dicimus ~nguntur QUINT.*Inst.*11.3.79;—~ctos, compositos, crispos cincinnos.. PL.*Truc.*287; nitidas presso pollice ~nge comas PROP.3.10.14; OV.*Ars* 1.306; SEN.*Phaed.*372; quas ~nxerat auro ipsa comas STAT.*Theb.*5.228; (*transf.*) illa (*forms of speech*) quae curam fatentur et ~cta atque composita uideri..uolunt QUINT.*Inst.*8.pr.23;—me..saxum ~ngite, superi SEN.*Her.O.*186; (*of conditions*) mutata figura seu me ~nget equum [TIB.]3.7.207; (*cf. sense 1*) custos si ~ngar ille Cretum CATUL.58b.1. **b** ambae numquam concessamus..poliri, expoliri, pingi, ~ngi PL.*Poen.*221; *St.*745; cum (domina) se non ~nxerit uili OV.*Rem.*341; formas..apte ~ngetur in omnes (Vertumnus) *Met.*14.685; seruiliter ~cti dominum consulatumas PETR.117.6. **c** ea (*sc.* lingua) uocem..~ngit et terminat CIC.*N.D.*2.149; circumspexit amictum et ~nxit uultum et meruit formosa uideri OV.*Met.*4.319; flere, quia aliquis filium efferat, et frontem suam ~ngere SEN.*Dial.*9.15.5;—si ad sacrificium accessuri..in omne argumentum modestiae ~ngimur *Nat.* 7.30.1: breuiatur..ceruix..cum sei n habitum adulationis.. ~ngunt QUINT.*Inst.*11.3.83.

5 To modify the character or behaviour of (a person or animal), mould, guide, influence, etc.; (w. pred. adj., sb.) to train, influence (a person) to become. **b** to adapt, shape (one's actions, words, situation, etc.).
tuom..Syrus idem mire ~nxit filium TER.*Hau.*898; ut puerorum mentes ad humanitatem ~ngerentur CIC.*de Orat.* 3.58; testis..impelli deterreri ~ngi flecti potest *Scaur.*15; tanto magis ille (*sc.* deus) fatigat os rabidum (uatis)..~ngitque premendo VERG.*A.*6.80, ~ngit equum tenera docilem ceruice magister HOR.*Ep.*1.2.64; uoce paterna ~ngeris ad rectum *Ars* 366; GRAT.105; non est adhuc bonus sed in bonum ~ngitur SEN.*Ep.*92.29; ~ngit placidis fera pectora dictis V.FL.5.533; STAT.*Silv.*5.3.191;—(*refl.*) ad eorum arbitrium et nutum totos se ~ngunt et accommodant CIC.*Orat.*24; formam..mihi totius rei publicae..uelim mittas..ex qua me ~ngere possim *Att.*6.3.4;—(*of activities, conditions, etc.*) nulla res magis..eos (*sc.* animos)..~ngit format flectit *Brut.*142; tibi..~nxerunt pectus Athenae MART.6.64.17;—te quoque dignum ~nge deo VERG.*A.*8.365; dum modo causidicum, dum te modo rhetora ~ngis MART.2.64.1; APUL.*Pl.*1.2. **b** sapiens..ipsus ~ngit fortunam sibi PL.*Trin.*363; Peripateticorum institutis commodius ~ngeretur oratio CIC. *Brut.*119; ~ctus ad ipsorum uoluntatem sermo *Amic.*98; ~cti..ad mollia gressus MAN.5.153; fata si liceat mihi ~ngere arbitrio meo SEN.*Oed.*883.

6 a To compose (poems and other literary works). **b** to invent, coin (words, names).
a qui ~ngere laudes pro meritis eius possit LUCR.5.3; ego apis Matinae more modoque..carmina ~ngo HOR.*Carm.* 4.2.32; ~nge elegos PROP.4.1.135; Aesopus ~nxit consolandi hoc gratia PHAED.4.17(18).2; epigrammata ~ngere MART.12.94.9; Latine Graeceque..in ~ngendis poematibus promptus SUET.*Tit.*3.2. **b** ~cta ab iuuando et luce Iuno Lucina VAR.*L.*5.69; noua uerba ~ngunt, deserunt usitata CIC.*Fin.*4.7; Aeneadas..meo nomen de nomine ~ngo VERG.*A.*3.18; SEN.*Ep.*108.35; non absurde..~nxit 'recentatur' GEL.15.25.1; 18.14.2; (*cf. sense 9*) 'bimaritum' appellas, ut uerba etiam ~ngas, non solum crimina CIC. *Planc.*30; (*absol.*) ~ngere..Graecis magis concessum est, qui sonis..non dubitauerunt nomina aptare QUINT.*Inst.* 8.3.30.

7 To devise, contrive, think up (a plan of action, etc.); (of activities) to bring about, produce.
at fugam ~ngitis PL.*Capt.*207; ~ngunt quandam inter se nunc fallaciam TER.*An.*221; LUCIL.795; ~cta dat mihi signa nota OV.*Ep.*20.24; Peripatetici et ~ngunt illam (*sc.* interrogationem) et soluunt SEN.*Ep.*87.38; omnes blanditiae quascumque mulier libidinosa ~ngebat PETR.113.7; mendacium ~ngere APUL.*Met.*5.19; (*w. indir. qu.*) ~ngite inuenite efficite qui detur tibi TER.*An.*334;—non..obnuntiatio Ateii causam ~nxit calamitatis CIC.*Div.*1.30; ea gaudia ~ngit ira deum V.FL.3.223.

8 (also w. *sibi, animo*, or sim.) To form or convey a mental picture of, conjure up in the mind, visualize. **b** (w. acc. and inf., freq. ellipt.) to imagine, suppose, assume that; (also, w. indir. qu.). **c** (w. pred. adj., sb.) to suppose to be, regard as.
mulierem peiorem..non uidi..neque pol dici nec ~ngi potest PL.*Cur.*594; qui..nouam quandam ~nxit in libris ciuitatem CIC.*de Orat.*1.224; homines antiqui, qui ex sua natura ceteros ~ngerent *S.Rosc.*26; nihil ~ngi potest mali quo non urgear *Att.*11.15.2; *Div.*2.138; tecum ~nge triumphos PROP.3.18.17; iam sibi quisque deos..~ngit PETR. fr.27.13; ne uacua mens audita simulacra et inanes sibi metus ~ngeret PLIN.*Ep.*7.27.7; sonum uocis eundem animo ~ngo FRO.*Aur.*2.p.228(234N);—(*w. abst. subj.*) cuius (*sc.* rationis) ignoratio ~nxit inferos easque formidines CIC. *Tusc.*1.36; fidus amor, quidquid properantibus obstat, ~nxit OV.*Ep.*2.22. **b** ~nge aduenam esse *Inc.trag.*247; obliuiscor..Roscium et Cluuium uiros esse primarios; improbos temporis causa esse ~ngo CIC.*Q.Rosc.*50; *Fam.*3.12.2; lunam qui ~ngunt esse pilai consimilem LUCR.5.713; neque ego hanc abscondere furto speraui (ne ~nge) fugam VERG.*A.* 4.338; interfecti aliqui sunt; ~nge, a nobis LIV.39.37.11; ~nge datos currus: quid ages? OV.*Met.*2.74; PETR.101.7; STAT.*Theb.*11.690; interim scit..interim nescit. ~ngamus in praesentia scire QUINT.*Inst.*5.7.15; ueteris..doctrinae uiros ~nxisse..caecam..esse Fortunam APUL.*Met.*7.2;— (*w. indir. qu.*) uelim..aliquid etiam in posterum prospicias ~ngasque quem me esse deceat CIC.*Att.*8.12.4; tunc mens mihi perdita ~ngit, quis..meam teneat TIB.2.6.51. **c** sese ideo leuiorem suum casum ~ngere CIC.*Ver.*5.113; Tiresiam, quem sapientem ~ngunt poetae *Tusc.*5.115; LUCR.6.677; inuisum quem tu tibi ~ngis..en supplex uenio VERG.*A.* 11.364;—~ngerent (Alpes) altiores Pyrenaei iugis LIV.21.30.7; uix spes ipse (*sc.* Midas) suas animo capit aurea ~ngens omnia OV.*Met.*11.118; QUINT.*Inst.*5.13.42; APUL.*Soc.*12.

9 To make up, invent, fabricate (a story, excuse, accusation, etc.). **b** to make a pretence of (doing or feeling something), feign, simulate. **c** to play the part of, pose as, imitate. **d** (w. acc. and inf.) to pretend, allege that. **e** (w. pred. adj., sb.) to misrepresent as; (refl.) to pretend to be. **f** to assume as a legal fiction.

~ngit causas ne det sedulo Ter.*Eu.*138; in nos crimina ~nguntur Cic.*Flac.*96; cum eum multi..~ctis religionibus impedirent *Dom.*139; ~cta uoluptatis causa sint proxima ueris Hor.*Ars* 338; quam multitudinem consul..~ngendo moras retinebat Liv.7.39.3; ~ngit iter Lemnum Ov.*Ars* 2.579; nullo..auctore malorum quae ~nxere timent Luc.1.486; mixta inter patrem filiumque coniurationis scientia ~ngitur Tac.*Ann.*16.17; legem conuiualem ~cto nomine conscripsit Fest.p.363M;—(*absol.*) sic Stratocles de Themistocle ~nxit Cic.*Brut.*42; conloquium Hannibalis in secreto habitum ac liberum ~ngenti qua uolt flectit Liv. 30.32.8; uulgus ~ngendi auidum Tac.*Hist.*2.1;—(*w. pers. obj.*) falsos ~ngis tibi saepe propinquos Prop.2.6.7; incitat (*sc.* amantem)..~cti tristis custodia serui Ov.*Ars* 3.601; cum (nupta)..~cta paelice plorat Juv.6.272. **b** non facile diiudicatur amor uerus et ~ctus Cic.*Fam.*9.16.2; in eam opinionem Cassius ueniebat, quae diripuisset ipse ut uiderentur ab hoste uastata, ~nxisse bellum et Arabas in prouinciam immisisse Cael.*Fam.*8.10.2; difficile est tristi ~ngere mente iocum [Tib.]3.6.34; ~cta grauitate Ov.*Met.*7.308; coepit ~ngere Caelius podagram Mart. 7.39.4; blandos quaerentem ~ngere uultus V.Fl.3.507; ~ctis adoptionibus Tac.*Ann.*15.19; nemo dolorem ~ngit in hoc casu Juv.13.132; mulieres..quae pectines eburnos ferentes..obpexum crinium regalium (*sc. of the sacred image*) ~ngerent Apul.11.9; (*pleon.*) quae multis simulatum ~ngit amorem Prop.2.24.47; (*absol.*) deliberant, dum ~ngere nesciunt Tac.*Ger.*22.4;—(*cf.*) ~ngit sollemnia Campus (*i.e. ceremonies conducted too irregularly to be worthy of the name*) Luc.5.392. **c** qui poterit sanum ~ngere, sanus erit Ov.*Rem.*504; neue deum mihi ~nge V.Fl.6. 539; Stat.*Theb.*9.152; qui..hircino barbitio philosophum ~ngeret Apul.*Met.*11.8; (*of a thing*) quadratamue trabem ~ngit (*sc. the comet*) teretemue columnam Man.1.841; (*cf.*) ~cti adulatores cum cenas diuitum captant (*i.e. toadies in comedy*) Petr.3.3. **d** sic..~ngitis..tum repente euolasse istos praeclaros testis Cic.*Cael.*63; cum alii abesse eum, alii aegrum esse..~ngerent Liv.42.2.1; cum..elapsus..caua ~ngitur aure lapis Ov.*Ars* 1.432; Luc.8.564; Tac.*Hist.*1.27; siue se putet tutorem, siue scit non esse, ~nget tamen esse Ulp.*dig.*27.5.1.1. **e** timui mea ne ~nxisse minora putarer, dissimulator opis propriae Hor.*Ep.*1.9.8; (*cf.*) Muciano triumphalia de bello ciuium data, sed in Sarmatas expeditio ~ngebatur (*i.e. was made the ostensible reason*) Tac.*Hist.*4.4;—Socrates in caelum effert laudibus..ceteros, se autem omnium rerum inscium ~ngit Cic.*Brut.*292; cum se pauidum contra mea iurgia ~ngit Verg.*A.*11.406; quis se Caesaribus notus non ~ngit amicum? Ov.*Pont.*1.7.21; Sen.*Ben.*4.17.3; Luc.1.427; (*cf. w.* pro) cum se pro patre familias ~ngeret Marcel.*dig.*42.1.10. **f** (*w. dat. of advantage*) ciuitas Romana peregrino ~ngitur Gaius *Inst.*4.37;—(*w. pred. sb.*) is qui..possessionem petiit ~cto se herede agit 4.34;—(*w. acc. and inf.*) ~ngitur rem usu cepisse 4.36; 4.38.

10 a To make (one's expression, language, etc.) false or hypocritical. **b** to utter or produce insincerely (words, tears, etc.); to forge (a will).

a ~cto non modo sermone sed etiam uoltu Cic.*Off.*2.43; uita..~cta, ostentationi parata Sen.*Dial.*9.17.1; magnos ~cto premit ore timores Stat.*Theb.*11.233; Juv.13.77; (*cf., refl.*) ea (*forms of speech*)..recta sunt nec se ~ngunt sed confitentur Quint.*Inst.*9.2.5. **b** ~ngere me uerba et fugam simulare Sal.*Jug.*14.20; quod..leges, ex ipsis collige uerbis ~ngat an ex animo..roget Ov.*Ars* 3.472; dat gemitus ~ctos *Met.*6.565; nec cessant nec fluunt (lacrimae) umquam tam turpiter quam ~nguntur Sen.*Ep.*99.20;—illud testamentum ~ctum esse Apul.*Apol.*2.

fīnī: see finis.

fīniō ~īre ~īuī or ~iī ~ītum, *tr.* (*intr.*). [next+-io²] Forms: *finit* (=*finiuit*) Vitr. 5.4.4.

1 To mark out the boundaries of (a territory or other area). **b** (esp. of geographical features) to form the boundary of; also, to divide, demarcate (two areas). **c** *orbis ~iens, circulus ~iens*, a horizon. **d** to draw, describe (a geometrical figure). **e** (app.) to fix as a boundary-mark.

dictum templum locus augurii..causa quibusdam conceptis uerbis ~itus Var.*L.*7.8; spatium..si inclusum certis consisteret oris ~itumque foret Lucr.1.990; mediae..partes phalangarum..clauis sunt ~itae Vitr.10.3.7; tu (*sc.* Terminus) populos urbesque et regna ingentia ~is Ov. *Fast.*2.659; actus quadratus undique ~itur pedibus cxx Col.5.1.5. **b** in ore sita lingua est ~ita dentibus Cic.*N.D.* 2.149; populi Romani imperium Rhenum ~ire Caes.*Gal.* 4.16.4; qua terrarum ultimas ~it Oceanus Liv.28.39.14; India..ab occidente Indo ~ita Mela 3.61; ubi montes ~iunt Thebaidem Plin.*Nat.*5.61; cippi hi ~ivnt hortos *CIL* 6.29771;—iugum..quo Cappadocia ~itur ab Armenia *B.Alex.*35.3; lucidissima stella ~it uentrem equi et caput Andromedae Vitr.9.4.3; qua caro ab interiore parte ~itur Cels.7.15.1. **c** illi orbes qui caelum quasi medium diuidunt et aspectum nostrum definiunt (qui a Graecis ὁρίζοντες nominantur, a nobis ~ientes rectissume nominari possunt) Cic.*Div.*2.92; ~iens circulus Sen.*Nat.*5.17.4. **d** iussit..prius responsum reddere, quam egrederetur ~ito harenae circulo Vell.1.10.2. **e** regiones ab oriente ad occasum determinauit..signum contra quo longissime conspectum oculi ferebant animo ~iuit (*i.e. in his mind's eye*) Liv.1.18.8.

2 (of things) To form the terminal point or feature of; (pass., also intr.) to terminate, end (at a given point in space).

quae Lyciam ~it urbs Telmesos Mela 1.82; fasces..quorum unam partem quasi embolum nauis aeneum ~iebat Petr.30.1;—(*pass.*) Tmolus..Sardibus hinc, illinc paruis ~itur Hypaepis Ov.*Met.*11.152; Equus..~itur in Andromeda Man.1.350; sex fasceis (membrum) inuoluendum sic, ut tertia et quinta infra, ceterae supra ~iantur Cels. 8.10.1H; sinus Acroceraunis incipit montibus, ~itur Hellesponto Plin.*Nat.*4.1; fontem..ubi ~itur id genus piscium 31.25; Alsietinae ductus post naumachiam..~itur Fron.*Aq.*22; (*intr.*) ab Aegypti fine usque ad oceanum, qua ~it circulus aequinoctialis Hyg.*Gr.agrim.*p.151.

3 a To establish the limits of, define (an empire or sim.). **b** to restrict the movement or activity of, confine (within a given space).

a terminos..quibus P. Scipio uictor agrum, qui iuris esset Carthaginiensium, ~isset Liv.34.62.10; ~irent Europa imperium 37.35.5; 39.26.14; (*in fig. phr.*) hunc (*sc.* animum) in possessionem rerum naturae inducere (licet), ut sua orientis occidentisque terminis ~iat Sen.*Ep.*92.32. **b** aqua ..~iendae (cochleae), ne fugitiuarius sit parandus Var. *R.*3.14.1; nec (torreus)..riparum clausas margine ~it aquas Ov.*Fast.*2.222; at non ille deus pacem intra moenia ~it *Nux* 145.

4 To limit in duration, scope, extent, etc., restrict.

an potest cupiditas ~iri? tollenda est..radicitus Cic. *Fin.*2.27; quid possit oriri, quid nequeat, ~ita potestas denique cuique quanam sit ratione Lucr.1.76; si ista lex.. ideo lata esset, ut ~iret libidinem muliebrem Liv.34.6.10; (maiores) non prohibuerunt luctus, sed ~ierunt Sen.*Dial.* 12.16.1; numerum liberorum ~ire Tac.*Ger.*19.5;—(*w. limit expr.*) luctum lacrimis ~ire diurnis Cic.*poet.*28(*Tusc.*3.65); quinque dierum spatio ~iebatur imperium Liv.1.17.6; deliberatiuas (causas)..miror a quibusdam sola utilitate ~itas Quint.*Inst.*3.8.1; oratio..diui Marci..quattuor mensibus ~it certas usuras Ulp.*dig.*17.2.52.10.

5 To lay down as a limit, appoint, prescribe, specify (a number, date, etc.). **b** to prescribe the limits of (dimensions, a period). **c** to count, measure, reckon.

ne quid accedat temporis ad id quod tu mihi et senatus c. et lege ~isti Cic.*Fam.*15.9.2; huic..~itus est moriendi dies *Fat.*30; quia plus quam quod lege ~itum erat agri possiderent Liv.10.13.14; cibi potionisque desiderio naturali ..modus ~itus 21.4.6; ~ita..certis legibus est aetas, unde petatur honor Ov.*Fast.*5.65; adpropinquante..~ita die nec illo redeunte V.Max.4.7.ext.1; tanti..poena ~ita est 5.3.2a; egredi numerum edendis gladiatoribus ~itum Tac.*Ann.* 13.49; ~iuit..tempus intra quod effectis domibus..apiscerentur (praemia) 15.43; lex Iulia..qua profestis..diebus ducenti (sestertii) ~iuntur Gel.2.24.14;—(*foll. by pred. phr.*) porticus, quam medium spatium futurum est, ex tertia ~iatur Vitr.5.1.5;—(*w.* ne) potuisse (senatum)..~ire senatus consulto, ne per praetorem sed per consulem (res) gereretur Liv.31.48.8; 40.44.10;—(*w. indir. qu.*) neque.. posse (censorem)..ubi censeatur, ~ire 45.15.4; qui numero ~iunt, quotiens aliquis perfricandus sit Cels.2.14.9. **b** ab hominum genere ~itus est dies mensis annus Cic. *N.D.*2.153; crassitudines..ita ~iendas censeo, ut neque crassiores dextante nec tenuiores dodrante sint conlocatae Vitr.3.4.4; 5.1.2; qui diem ~iere ciuilem Plin.*Nat.*2.188. **c** multa antiqui duodenario numero ~ierunt, ut duodecim decuriis actum Var.*L.*5.34; spatia omnis temporis non numero dierum sed noctium ~iunt Caes.*Gal.*6.18.2; Hercyniae siluae..latitudo nouem dierum iter..patet: non enim aliter ~iri potest 6.25.1; cecidere Persarum, quorum numerum uictores ~ire potuerunt, milia xl Curt.4.16.26.

6 To describe, define, or sim.

~ire..terminationibus eius (*sc.* architecturae) species Vitr.2.1.8; restat equos ~ire notis, quos arma Dianae admittant Grat.497; (medicinam) ita ~iunt, ut quasi uiam quandam quam μέθοδον nominant..esse contendant Cels.1.pr.57; Sen.*Ep.*89.5; (rhetorice) ~itur quidem uarie Quint.*Inst.*2.15.1; si ~ias equum..genus est animal, species mortale 7.3.3;—(*ellipt.*) ut semel ~iam (*i.e. to put the matter in a nutshell*), nihil faciamus nisi nouissimum? 1.12.6; M. Varro..expeditissime ita ~it: proloquium est sententia, in qua nihil desideratur Gel.16.8.6;—(*w. pred.*) orator.. qui a M. Catone ~itur, 'uir bonus dicendi peritus' Quint. *Inst.*12.1.1;—(*w. indir. qu.*) ~iamus necesse est quid sit causa mortis *Decl.*270(p.102,l.16).

7 To put an end to, dispose of, stop, finish. **b** (pass.) to come to an end, cease.

bellum eo die potuisse ~iri Caes.*Civ.*3.51.3; ~ire memento tristitiam..molli, Plance, mero Hor.*Carm.*1.7.17; disceptando controuersias ~ire Liv.28.21.5; Aetolos..~ire tandem aduersus se odia debere 36.29.10; Psamathen, ut ~iat iram, orat Ov.*Met.*11.398; quilibet hanc saeuo uitam mihi ~iat ense *Tr.*3.7.49; tussicula suis remediis ~ienda Cels.3.22.9; si non ~ire lacrimas, at certe reseruare debemus Sen.*Dial.*11.4.3; si puellae tutores ad ~ienda sponsalia nuntium miserunt Ulp.*dig.*23.1.6;—(*of things*) si tibi nulla sitim ~iret copia lymphae Hor.*Ep.*2.2.146; oris resolutio etiam aluo cita ~itur Cels.2.8.14; amorem ~it..rubeta adalligata Plin.*Nat.*32.139;—(*cf.*) consuli ~ienti prouincias Gallias (*i.e. Caesar's command in Gaul*) Kalendarum Martiarum die restitit Cic.*Att.*8.3.3; tellus..has ~ire potest, illas aperire cauernas Ov.*Met.*15.345;—(*absol. or intr.*) o iuuenem laboriosum; puto illum pridie incipere, postero die ~ire Petr.92.9. **b** inflammatio fere quinto..die ~itur Cels.7.26.5F; ~iti frigoris indicium Plin.*Nat.*18.253; certe ~itam Neronis pueritiam Tac.*Ann.*14.52; cum tempore pubertatis ~iatur (tutela) Gaius *Inst.*1.168.

8 To end the life of; (usu. w. abst. subj.). **b** (pass., of persons) to die, perish (also intr.); (of a family, city) to be wiped out, become extinct.

non ~iuit tantum se ipse sed etiam sepeliuit Sen.*Con.* 10.pr.7; Sen.*Ep.*24.24;—aetati tuae, quod non praecipitet te quam primum et ~iat, infestissima eris *Dial.*6.3.3; sic te serior..~iat senectus Mart.5.6.4; qvem ~iit annvs septimvs et decimvs *CIL* 11.3163. **b** sic fuit utilius ~iri ipsique tibique Cic.*poet.*32(47)(*Tusc.*1.115); siue illi senectus longa contigit siue citra senectutem ~itus est Sen.*Ep.*74.26; medio ~itus..in itinere ~itur Mart.8.77.7; qui morbo ~iuntur Plin.*Ep.*1.12.2; qvinqvagesimo octavo anno ~ita est *CIL* 3.9621; (*intr.*) sic Tiberius ~iuit octauo et septuagesimo aetatis anno Tac.*Ann.*6.50;—~ita Iuliorum Claudiorumque domo *Hist.*1.16; tandem Carthago ~ita est Flor.*Epit.* 1.31(2.15.1).

9 To bring (one's own activity, speech, etc.) to its close, complete, conclude (in a way specified or not). **b** *uitam* (*animam, spiritum, aeuum*), to end one's life, die (naturally or otherwise). **c** (of things) to form or mark the end or completion of. **d** (intr.) to stop speaking or writing; to end a sentence (in a given way).

illo..dum credebant..~ire se militiam ignominiosam posse Liv.29.24.11; ut uia ~ita est et opus requieuit eundi Ov.*Tr.*3.2.17; hic alius ~isset iter..non ultra struxisset opus Man.5.1; comperit, eadem nocte ~itum iri proditionem Quint.*Decl.*348(p.369,l.13); quasi ob causam datus sit (anulus) et causa ~ita sit Ulp.*dig.*19.1.11.6;—(*w. manner of end specified*) qui nigris prandia moris ~iet Hor.*S.*2.4.23; orationem..ita ad extremum ~iuit, ut diceret.. Liv.36. 28.1; uoto ~iendum uolumen est Vell.2.131.1; Quint. *Inst.*1.5.25. **b** dum uerba precantia dicit..animam ~iuit Ov.*Met.*7.591; se super inponit ~itque in odoribus aeuum (phoenix) 15.400; quintum genus..uoluntaria semper morte uitam accenso prius rogo ~it Plin.*Nat.*6.66; equus eius inedia uitam ~iuit 8.157; Boudicca uitam ueneno ~iuit Tac.*Ann.*14.37; tumescentibus paulatim faucibus et impedito meatu spiritum ~iebat 14.51. **c** dichoreo ~itur Cic.*Orat.*224; tertium hemitonium ~it tetrachordi magnitudinem Vitr.5.4.3; accipe quo semper ~itur epistula uerbo ..'uale' Ov.*Tr.*5.13.33; inchoat atque eadem ~it oliua dapes Mart.13.36.2; Latinum (uerbum), quod o et n litteris ~iretur, non reperiebant Quint.*Inst.*1.5.60; Gel.15.9.8. **d** ~iturus eram; sed sunt diuersa puellis pectora Ov.*Ars* 1.755; ~ierat Iuno, respeximus *Fast.*6.65; Stat.*Theb.*5.753; ~ierat Maternus, cum Messalla..Tac.*Dial.*42.1;—illi philosopho ordiri placet a superiore paeane, posteriore ~ire Cic.*de Orat.*3.183; multi..cum initium tempestatem sumpserunt, incendio..~iunt (*i.e. by mixing their metaphors*) Quint.*Inst.*8.6.50.

10 (app. in imitation of Gk. παύω, w. abl.) To make to cease, give rest (from).

heic sitvs svm lemiso qvem nvmqvam nisi mors feinivit labore *CIL* 1.1325.3.

fīnis ~is, *m.* (*f.*). [perh. < *fig-snis (figo)] Forms: abl. sg. regularly *fine*; *fini* in, e.g., Lucr.1.978, Maur.1093; also in quasi-prepositional use: see senses 3a, 3b, 6e, 7b. Gender: fem. in Acc.*trag.*577, Cic.*Fam.* 12.1.1, *Leg.*2.55, Lucr.1.107, 561, Verg.*A.* 2.554, 3.145, Liv.9.26.9, Plin.*Nat.*33.98, etc.

1 (often pl.) The boundary of a territory or other area, or the line marking it. **b** the boundary between two territories or other areas specified or implied, a frontier. **c** an object marking a boundary. **d** (pl., applied to the starting-line in a race).

qvei ager intra ~is..vticensivm..tevdalensivm.. ⟨fvit⟩ *CIL* 1.585.79; non longe a ~ibus..Ciliciae Cic. *Fam.*15.4.7; qui regeret certis ~ibus arua, lapis Tib.1.3.44; haud procul Argiuorum ~e positis castris Liv.28.5.5; nulla legatio ad ~em praesto fuerat 38.15.10; circa Pontum aliquot populi alio alioque ~i uno omnes nomine Pontici Mela 1.14; exulem intra ~es deprehensum (*i.e. of his native land*) Quint.*Decl.*305(p.194,l.9);—(*in non-legal sense*) ingrediens intra ~em eius loci quem oleae terminabant Cic.*Caec.*22; spatium sine ~e modoquest Lucr.2.92; curue suos ~is altum non exeat aequor Prop.3.5.37; qui..imperium populi Romani propagauerit in ultimos terrarum ~es Liv.38.60.5; summitatis ~es lineae Balb.*grom.*p.98La; —(*in fig. phrs.*) oratoris facultatem non illius artis terminis, sed ingeni sui ~ibus immensis paene describere Cic.*de Orat.* 1.214; uidebam illud scelus..non posse arceri oti ~ibus *Har.*4. **b** uicini nostri hic ambigunt de ~ibus Ter.*Hau.* 499; qva lege agrvm possiderent et qva ~eis fierent *CIL* 1.584.3; si in urbe de ~ibus controuersia est Cic.*Top.* 43; flumen Rubiconem, qui ~is est Galliae *Phil.*6.5; Romani Punicique imperii ~ibus Liv.27.8.17; Alpes prope inexsuperabilem ~em in medio esse 39.54.12; Tanais..Asiam et Europam ~is interfluit Curt.7.7.2; Luc.1.404; (*pl. used of a single frontier*) quae imperii ~es Tiberinum uirgo natauit Juv.8.265; (*in fig. phr.*) sunt..haec omnia (*sc. the words* citra, ultra, *etc.*) quasi contermina iunctis inter se ~ibus cohaerentia Gel.12.13.9;—(*transf.*) hinc ~es capilli discripti, quod finis uidetur, discrimen Var.*L.*6.81; foramen fit in ipso ~e uitiosi ossis atque integri Cels.8.3.4. **c** arbores constitui ~es apparet Var.*L.*7.9; domvs partem dimidiam ..cvm svis saepibvs saepimentis ~ibvs aditibvs *CIL* 3.p.944; (*cf., of turning-posts in a race*) metarum instar erant hinc..quercus..hinc saxeus umbo..~em iacet inter utrumque quale quater iaculo spatium..uincas Stat.*Theb.* 6.353. **d** ubi clara dedit sonitum tuba, ~ibus omnes.. prosiluere suis Verg.*A.*5.139.

2 (pl.) The land lying within set limits, territory, domain (of a state, individual, etc.; sts. contrasted with *urbs*, etc.). **b** (sg.) a region, tract.

uti propere suis de ~ibus exercitus deducerent Pl.*Am.* 215; coloni..facile urbis suas ~isque defendent Cic. *Catil.* 2.26; cum aut suis ~ibus eos prohibent aut ipsi in eorum ~ibus bellum gerunt Caes.*Gal.*1.1.4; eius..beneficio agris ~ibusque donati *B.Afr.*56.3; spectabis..et pecus et ~is pauperis agricolae Prop.2.19.8; et oppidum et ~es amisere Liv.4.49.5; ~es..hostium usque ad oram maritimam est depopulatus 8.1.6; 10.12.7; provinciarvm..~es avxi Aug.*Anc.*5.10; Petr.48.3; Mart.11.18.17; (*in fig. phr.*) grammaticus circa curam sermonis uersatur..ut longissime ~es suos proferat, circa carmina Sen.*Ep.*88.3; (*transf.*) his in ~ibus aeui (*i.e. you being so young*) unde ego bella tibi.. timerem? Stat.*Theb.*6.141. **b** ab arctico circulo frigus, ab aestiuo feruor exortus in unum concurrens efficit mediam ~em temperatam, quae habitari possit Hyg.*Astr.*1.8.

3 *~i* or *~e* (quasi-prep. w. abl. or gen.), Up

to the point of, as far as; also, within the bounds of. **b** *qua* ~*e* (~*i*), up to the point where; also, up to what point, how far?

a (*w. abl.*) osse ~i dedolabo assulatim uiscera PL.*Men.* 859; operito terra radicibus ~i CATO *Agr.*28.2;—(*w. gen.*) amphoras..inplere..ansarum infimarum ~i 113.2; per mare umbilici ~e ingressi *B.Afr.*85.1; SAL.*Hist.*3.52; exoritur..nauis Argo ~e totius ueli HYG.*Astr.*4.12; (*cf.*) coma prolixior..ceruicem scapularum ~ibus obumbrat APUL.*Fl.*15;—uoluptas est e suco ~e palati LUCR.4.627; qui uix Thessaliae ~e timendus erat OV.*Pont.*1.4.28; cercyros ..scopulorum ~e moratus *Hal.*102; quae non coercuit (natura) ~e terrarum SEN.*Ben.*6.23.6. **b** ad summum, qua ~i culleum capiet, pertundito (*sc. a cask*) CATO *Agr.*154; APUL.*Met.*2.10;—qua uendas (pabulum) ~i dicito CATO *Agr.*149.1.

4 The object or point aimed at in a race, archery contest, etc., a finishing-post, target, or sim. **b** (transf.) the destination, goal (of a journey).

(*a finishing-post*) ut efferatur (cursor) ultra ~em *Rhet. Her.*4.60; sub ipsam ~em aduentabant VERG.*A.*5.328; STAT. *Theb.*6.615;—(*a target*) quominus quo missum est ueniat ~ique locet se (telum) LUCR.1.978; trans ~em iaculo.. expedito HOR.*Carm.*1.8.12; uenit harundo retro uersumque a ~e tenorem pertulit STAT.*Theb.*6.940. **b** sequor, sed ~em fore quem dicam nescio PL.*Trin.*2; ubi..~em portusque tenebunt Ausonios VERG.*A.*9.98;—(*of a heavenly body*) nil ingens ad ~em solis ab ortu..mitius orbis habet OV.*Tr.* 5.8.25; aries..ad ~em non tardius ursa peruenit GERM. *Arat.*225.

5 a The remotest limit, outermost point (of a country, empire, etc.). **b** the terminal point or portion (of an object, line, etc.), extremity.

a qui ~em imperii Bactra futura canent PROP.3.1.16; Phaselis a Mopso condita ~is Pamphyliae MELA 1.79; PLIN. *Nat.*5.38; hominum ~em Gades..secutus SIL.1.141; si candida iusserit Io, ibit ad Aegypti ~em JUV.6.527. **b** ad ipsum munimentorum ~em LIV.36.18.4; ora..cornu indurata rigent ~emque in acumine ponunt (*i.e. ends in a pointed beak*) OV.*Met.*14.503; ut..inter se cutis antiqui ~es committerentur CELS.7.7.15.E; quarum (*sc.* uinearum) a ~e.. arbusta nascuntur PLIN.*Ep.*5.6.9; (lorum) surculo..a capite ad ~em..circumplicabat GEL.17.9.14; (*in fig. phr*) poliuit (litterarum curam) usque ~em ad unguis extimum (graeca diligentia) MAUR.344; (*cf.*) placide accliues ad quendam ~em colles LIV.38.20.4

6 (also pl.) A limit, bound (in action, feeling, scope, magnitude, etc.); *sine* (*ullo*) ~*e*, without limit, to the uttermost extent. **b** (expr. as the total amount, distance, etc., contained within a limit). **c** a distinction between two categories, 'dividing-line'. **d** a limiting condition or proviso. **e** ~*i* (*ad* ~*em*)+gen., to the extent of; *qua* (*hac*, etc.) ~*i*, to what (this, etc.) extent.

haud opinor commode ~em statuisse orationi militem TER.*Hec.*96; si uos semel in iudicando ~em aequitatis et egis transieritis CIC.*Ver.*3.220; difficile est ~em facere pretio nisi libidini feceris 4.14; ut sapiens..naturae ~ibus contentus sine aegritudine possit..uiuere *Fin.*1.44; frangendi reddita ~is certa manet LUCR.1.561; semper auarus eget: certum uoto pete ~em HOR.*Ep.*1.2.56; quaesturam ..non honoris ipsius ~e aestimabant LIV.4.54.6; ~e coli modico forma uirilis amat OV.*Ep.*4.76; uideamus, quid sit clementia..et quos ~es habeat SEN.*Cl.*2.3.1; cum ~is nominum non sit PLIN.*Nat.*37.195; scire suos ~es matrona..debet MART.12.96.11; ~em inpensae non seruat prodiga Roma JUV.7.138; diligenter..~es mandati custodiendi sunt PAUL.*dig.*17.1.5.1;—pretium..iubent sine ~e pacisci OV.*Met.*7.306; inuidia naturae sine ulla ~e indulgentis auiditati maris PLIN.*Nat.*6.1; uiperae caput inpositum..sine ~e prodest 29.69; pessimis imperatoribus sine ~e dominationem..placere (*i.e. absolute power*) TAC. *Hist.*4.8. **b** eius (*sc.* actus) ~is minimus constitutus in latitudinem pedes quattuor..; in longitudinem pedes centum uiginti VAR.*L.*5.34; si suam quoique rem familiarem ~em sumptuum statueris SAL.*Rep.*1.5.4; centum annos.. qui ~is uitae longissimus esset GAIUS *dig.*33.2.8. **c** cum fas atque nefas exiguo ~e libidinum discernunt auidi HOR. *Carm.*1.18.10; hoc aliquis in ~e seueritatis et saeuitiae ponendum dixerit—disputatione enim utroque flecti potest V.MAX.6.3.5; omne homini natale solum, nec te, optima, saeuo tamque humili populos deceat distinguere ~e..tuos STAT.*Theb.*8.321. **d** tertius..ille ~is deterrumus, ut quanti quisque se ipse faciat, tanti fiat ab amicis CIC.*Amic.*59; *Off.*1.52. **e** dabitur ei compensatio peculii ~i PAPIN.*dig.* 16.2.19; 36.2.26; cum heres legitimus ad ~em quinti gradus (*sc.* cognationis) exstitit 38.12.2;—ea..~e heres patris fuit, ut creditoribus paternis aegre satisfaceret FRO.*Ver.*2.p.154 (135N); hac..~i ames, tamquam forte fortuna et osurus GEL.1.3.36; qua ~i id uocabulum dicatur 4.1.6.

7 A limit in duration. **b** (phrs.) *quem* (*quam*) *ad* ~*em?* how long?; *ad eum* ~*em dum* (*quoad*), up to the point when; *ad* (*intra*) ~*em*+gen., up to the time of; *eadem* ~*i*, within the same period.

tute ipse his rebus ~em praescripsti TER.*An.*151; praegnationis primi et extremi ~es VAR.*R.*2.1.18; intra ~em anni uertentis CIC.*Phil.*13.22; isdemne ~ibus nomen suum quibus uita terminaretur? *Tusc.*1.32; si certam ~em esse uiderent aerumnarum homines LUCR.1.107; ~em militiae sibi..constituere VELL.2.125.2; seditionis male consulta, quibus sedecim stipendiorum ~em expresserant TAC.*Ann.* 1.78; GEL.3.16.1; (*cf.*) non temporis, sed rei gerendae ~e.. prorogatum imperium est LIV.30.1.10. **b** ecquando haec facere oportet? quam ad ~em? VAR.*Men.*294; piratam uiuum tenuisti. quem ad ~em? dum cum imperio fuisti CIC.*Ver.*5.75; *Catil.*1.1; TAC.*Ann.*14.52;—mansit in..pacto usque ad eum ~em dum iudices reiecti sunt CIC.*Ver.*16; *N.D.*2.129; exercebatur..luctando ad eum ~em, quoad stans complecti posset NEP.*Ep.*2.5;—neque ad ~em uictoriae satis laudari neque post uictoriam abunde uituperari potest VELL.2.17.1; intra ~em operis consummati ULP.*dig.*50.15.4.9;—neque id tamen semper eadem esse ~i ..sed alias ocius fieri, alias serius GEL.3.16.20.

8 A formula limiting the meaning of a term, definition.

est..frequentissimus ~is 'rhetoricen esse uim persuadendi' QUINT.*Inst.*2.15.3; ducuntur..argumenta ex finitione seu ~e 5.10.54; 7.3.20; ut ~e conprehendam, daemones sunt genere animalia, ingenio rationabilia, animo passiua APUL.*Soc.*13; PAUL.*dig.*50.16.223.

9 The terminal point of a period, activity, etc., an end, stop, finish. **b** *sine* (*ullo*) ~*e*, incessantly, endlessly; (also, poet., *exempto* ~*e*, *dempto* ~*e*, *nulla cum* ~*e*).

sermoni iam ~em face tuo PL.*As.*605; TER.*Hau*.34; diuturni silenti..~em hodiernus dies attulit CIC.*Marc.*1; *Phil.* 5.20; deplorandi..sit iam nobis aut ~is omnino..aut moderatio quaedam *Att.*10.4.1; quoniam prope ad ~em laborum..esset peruentum CAES.*Civ.*3.6.1; nos tempus est huius libri facere ~em NEP.*Han.*13.4; haec ~is Priami fatorum VERG.*A.*2.554; ea uox audita laborum prima tulit ~em 7.118; ne is quidem ~is certaminum fuit LIV.6.42.10; nec postero die res ~em inuenit 26.17.10; ~em..bello Punico adesse 29.14.1; haec erit a mensis ~e secunda dies OV.*Fast.*1.710; pugna suum ~em, cum iacet hostis, habet *Tr.*3.5.34; Assyriae paci ~em, Fortuna, precamur LUC. 8.427; ~em uitae sibi posuit TAC.*Ann.*6.40; post ~em ludicri Poppaea mortem obiit 16.6; deos..neque ~i ullo neque exordio, sed prorsus ac retro aeuiternas APUL.*Soc.*3. **b** quaerenti et tectis urbis sine ~e ruenti VERG.*A.*2.771; OV.*Met.*2.387; sine ~e respectans Caesarem ripae suorum appulsus est VELL.2.107.2; tribunicio furore eius sine ullo ~e uexatus V.MAX.6.5.7; MART.3.46.1;—strenuus exempto ~e sequetur amans OV.*Am.*1.9.10; me Cyclops nulla cum ~e petebat *Met.*13.755; scelera dempto ~e per cunctas domos iere SEN.*Phaed.*553.

10 (pregn.): **a** The end of a person's life, his death; also, extinction, destruction (of other things). **b** an end of speaking, etc., pause.

a ad ~em seruatos laudat amores OV.*Met.*11.750; tam forti ~e inlustrem professionis actum conprobauit V.MAX. 3.3.ext.4; illam tranquillo ~e solutam felicemque uocant STAT.*Silv.*5.1.220; post ~em Phraatis TAC.*Ann.*2.2; Silius imminentem damnationem uoluntario ~e praeuertit 4.19; —(*w.* supremus, ultimus) comperit inuidiam supremo ~e domari HOR.*Ep.*2.1.12; BIS MIHI SEPTENIS ~IS DATVS VLTIMVS ANNIS *CIL* 6.29629;—tanta ira..ut uictis ~em adesse appareret LIV.5.1.1; Creta..libertatis ~e multata est VELL.2.38.6; ~em..excidiumque uicissim molitae gentes SIL.1.12. **b** sed ~is sit; neque enim prae lacrimis iam loqui possumus CIC.*Mil.*105; Aeneas nunc acris Oronti, nunc Amyci casum gemit..et iam ~is erat VERG.*A.*1.223; ubi is ~em fecit, extemplo..clamor flebilis est sublatus LIV.22.60. 1; STAT.*Theb.*6.365; (*ellipt.*) quae cum dixisset, Cotta ~em CIC.*N.D.*3.94.

11 (applied to the actual place, circumstance, etc., marking the end of a journey, activity, or sim.). **b** (regarded as the cause of the end).

~em stipendiorum patris uictoriam..fuisse CIC.*Mur.*12; hunc laborem recusabat nemo, quod eum omnium laborum ~em fore existimabant CAES.*Civ.*1.68.3; age iam (Phylli), meorum ~is amorum—non enim posthac alia calebo femina HOR.*Carm.*4.11.32; Cynthia prima fuit, Cynthia ~is erit PROP.1.12.20; itineris ~em sperent campum interiacentem Tiberi ac moenibus Romanis LIV.21.30.11; mors solliciti ~is amoris erit OV.*Ep.*17.196; duodecim tabulae, ~is aequi iuris TAC.*Ann.*3.27. **b** munus sibi illud.. susceptum uitae ~em fore CIC.*Phil.*9.6; si Hannibali.. Hispaniensis exercitus esset iunctus, illum ~em Romani imperii fore LIV.23.28.8; SEN.*Phaed.*843; (numen) sustulit iras telluris sterilis monstrato ~e (*i.e. remedy*) LUC.5.110.

12 The last part (of a period of time); the ending (of a letter, sentence,etc.). **b** (phr.) *in* ~*e*, at or nearing its close; also, in conclusion, lastly.

seu ~e bonorum anxia mens curis ad tempora laeta refugit LUC.7.19; ~e anni..sacrarium genti Iuliae effigiesque diuo Augusto apud Bouillas dicantur TAC.*Ann.*2.41; 6.14;—ut..clausa..consueto sit sibi ~e (epistula) OV.*Ep.* 19.242; similem duarum sententiarum..~em QUINT.*Inst.* 9.3.77; peius cludit..~is hexametri 9.4.75. **b** iam labor in ~e est OV.*Met.*13.373; cum esset in ~e bellum piraticum VELL.2.33.1; STAT.*Silv.*3.3.172;—nunc animas tibi..paucas in ~e ensemraque paro SIL.13.852; PLIN.*Ep.*9.28.4.

13 What follows upon a course of action, etc., outcome, event, issue.

qui ~is istius consili est? CIC.*Fam.*4.9.3; quorsum..ea dissimulatio erupit aut quem ~em habuit? V.MAX.7.4.5; ~em..expromere rerum sollicitat superos LUC.5.68; V.FL. 4.558.

14 Completion, fulfilment (of an enterprise).

ante..quam spei nostrae ~em captis Veiis imposuerimus LIV.5.4.10; non uenit ad ~em tam audax inceptum 10.32. 5; factorum..genus..quod..~em propositi non inuenit V.MAX.7.3.intro.; proditionis ~is atque effectus omnis in proximam nobis noctem denuntiabantur QUINT.*Decl.*348 (p.370,l.26); oculos..in ~e trementis (*i.e. when lust is consummated*) JUV.7.241.

15 An extreme of degree, zenith, culminating point. **b** (phil.) ~*is bonorum* (*malorum*), the supreme good (evil) to be sought (avoided) in life.

honorum populi ~is est consulatus CIC.*Planc.*60; donec ad extremum crescendi..~em omnia perduxit rerum natura LUCR.2.1116; ne ad extremum ~em supplicii tenderet LIV.8.32.15; sub ~em morbi (*i.e. the crisis*) CELS. 2.3.6; 'inlaudatus'..~is est extremae malitiae GEL.2.6.10. **b** nullus in ipsis error est ~ibus bonorum et malorum, id est in uoluptate aut in dolore CIC.*Fin.*1.55; ~is bonorum existit secundum naturam uiuere 5.24; *Tusc.*5.82; *Off.*1.5; (*cf.*) recti ~emque extremumque esse recuso 'euge' tuum et 'belle' PERS.1.48;—(*ellipt.*) his libris quaeritur, qui sit ~is..quid ultimum, quo sint omnia bene uiuendi..consilia referenda CIC.*Fin.*1.11; 2.35;—(*in a title*) quintum 'de ~ibus' librum *Att.*13.21a.1(4); *Tusc.*5.32.

16 The purpose of an activity, object, end (usu. phil., = a final cause).

id, quod facere debet, officium esse dicimus, illud, cuius causa facere debet, ~em appellamus CIC.*Inv.*1.6; ~is alterius est honestas alterius turpitudo *Part.*71; suasoris..~is est utilitas eius cui quisque suadet *Ep.*fr.8(7).6; domum.. cuius ~is est usus *Off.*1.138; ~is..edendi..satietas est SEN. *Ep.*85.23; quem ~em..habeat rhetorice QUINT.*Inst.*2.15.38; non persuadendi sed bene dicendi ~em in oratore seruandum 11.1.11; 12.9.6.

fīnītē, *adv.* [FINITVS+-E] In a limited degree, to a certain extent; specifically (as opp. to generally).

auarus erit, sed ~ CIC.*Fin.*2.27;—referri..aut infinite de re publica aut de singulis rebus ~ GEL.14.7.9.

fīnitima ~ōrum, *n. pl.* [FINITIMVS] The adjacent regions.

non Etruriae modo populos sed Vmbriae ~a LIV.9.37.1; ~a prouinciae Romanae..uastare 24.29.4; PLIN.*Nat.*6.20.

fīnitimī ~ōrum, *m. pl.* [next] Those who live close by, neighbouring persons or tribes.

~orum uim repressisse CIC.*de Orat.*1.37; amicitiem coeperunt iungere..~i inter se LUCR.5.1020; ~is bellum inferre CAES.*Gal.*1.2.4; populus..a quo..auxilium ~i petissent LIV.7.31.6; Cacus..non leue ~is hospitibusque malum OV. *Fast.*1.552; FLOR.*Epit.*1.3(1.9.6); AMP.31.1.

fīnitimus ~a ~um, *a.* **fīnitumus.** [FINIS+ -TIMVS] CONST.: foll. by dat., or absol.

1 Situated or living on the boundary, neighbouring, near-by, adjacent: **a** (of places, objects). **b** (of people).

a regnum Ariobarzanis quod ~um est uestris uectigalibus CIC.*Man.*5; mari ~us aer *N.D.*2.101; partem ~i agri CAES.*Gal.*6.12.4; in ~a regione Persidis NEP.*Eum.*8.1; mundi..Boreae ~um latus HOR.*Carm.*3.24.38; in ~o.. stans noctua tigno PROP.4.3.59; certaminum ex tuto coeptorum, ~o receptu LIV.22.12.10; CURT.4.8.13; TAC.*Ann.* 14.26; ~as..uillas APUL.*Met.*8.15; (*cf.*) artium studiorumque quasi ~a uicinitas CIC.*Brut.*156. **b** reges, quorum multi erant ~i CIC.*Deiot.*15; Aduatucos, qui erant eius regno ~i CAES.*Gal.*5.38.1; alios ~os sibi atque illis populos LIV.29.1.25; ~i proceres coeunt OV.*Met.*6.412; gaudent praecipue ~arum gentium donis TAC.*Ger.*15.3.

2 (of wars, etc.) Involving, concerned with or derived from neighbouring peoples.

praetor ~o, consul domestico bello CIC.*Planc.*70; tumultum Gallicum quod erat Italiae ~us..nominabant *Phil.* 8.3; Philippum..implicatum bello ~o ratus LIV.26.24.16; 27.29.9; legationes ~as ab Elaeunte et Dardano et Rhoeteo 37.9.7; ~is..tropaeis ac triumphis alitam uirtutem V.MAX. 7.4.1.

3 (surv.) Relating to boundaries; forming or marking a boundary.

demonstratio ~is argumentis..fundata AGEN.*agrim.*p.29; —~a..linea FRON.*agrim.*p.9; arbores ~as AGEN.*agrim.*p.34.

4 (transf.): **a** Closely allied in nature or properties, kindred, cognate. **b** not easily separable, closely linked.

a haec tres partes purgationis inter se ~ae sunt *Rhet.Her.* 2.24; sermo est oratio..~a cotidianae locutioni 3.23; est ..~us oratori poeta CIC.*de Orat.*1.70; 3.203; deterrimum genus et ~um optimo *Rep.*1.65; metus..aegritudini est ~us *Tusc.*3.23; *Off.*2.66; uerbum ei uerbo, quod omiserat, ~um GEL.1.4.8. **b** uoluptatibus maximis fastidium ~um est CIC.*de Orat.*3.100; eius nomen ~um maxime est huius periculo et crimini *Sul.*71.

fīnītiō ~ōnis, *f.* [FINO+-TIO]

1 A boundary, border, frontier; the circuit (of a city's walls). **b** a fixed point or mark. **c** a limited portion, division.

cuius quadrati latus est proximum scaenae..ea regione designatur ~o proscaenii VITR.5.7.1; omnium agrorum extremitas..inaequali cluditur ~one FRON.*agrim.*p.15; SIC.FL.*agrim.*p.126; (*transf.*) rationes..summae architecturae partitione distribui ~onibusque terminari VITR. 3.pr.4;—conspicitur..portus moeniumque tota ~o 2.8.13. **b** ut..rota..perueniendo ad eam ~onem, a qua coeperit uersari, certum modum spatii habeat peractum pedes XII S VITR.10.9.1;—(*in a musical scale*) continuata uox neque in ~onibus consistit neque in ullo loco 5.4.2; 5.4.8. **c** si non in triginta partes..hemisphaerium diuidatur, sed in alias quaslibet ~ones HYG.*Astr.*1.6.

2 A limitation, restriction (in size, age, etc.).

de magnitudinibus (naualiorum)..~o nulla debet esse, sed faciunda ad maximum nauium modum VITR.5.12.7; haec ~o..ridicula est: 'nihil est puero teste certius, utique quinquenni'; puta nec si quadrimus puer testis est nec si sex annorum SEN.*Con.*7.5.11.

3 A rule, law, prescript.

nec ~onem ullam in monosyllabis grammatici temptauerunt PLIN.in Char.p.141K; FEST.p.294M; non ~ones illas praerancidas neque fetutinas grammaticas spectaueris, sed aurem tuam interroga GEL.13.21.1; 15.9.11.

4 An exact description, definition. **b** (rhet.) a form of argument based on the definition of a term.

haec crudelitas quidem; sed..extra ~onem nostram cadit SEN.*Cl.*2.4.2; Aristotelis ~o non multum a nostra abest *Dial.*3.3.3; *Ep.*121.10; huic..substantiae..maxime conueniet ~o 'rhetoricem esse bene dicendi scientiam' QUINT. *Inst.*2.15.34; 5.10.36; GEL.6(7).17.13. **b** seruabam tris rationales status: coniecturam, qualitatem, ~onem QUINT.

*Inst.*3.6.66; ~one usus est..de pantomimis duobus..cum eorum alterum saltorem dixit, alterum interpellatorem 6.3. 65; 7.3.2.

5 The endmost point, extremity (of a portion of space); a conclusion, ending (of a book, etc.). **b** a state of completeness. **c** the end of one's life, death.

inter huius ~onem corporis et Arietis caudam stellae sunt VII HYG.*Astr.*3.20;—ita ~onem primo uolumine constitui VITR.3.pr.4. **b** unde origines aedificiorum..progressae sint gradatim ad hanc ~onem VITR.2.1.8. **c** SI PERMANSERIT VSQVE IN DIEM ~ONIS SVES (= suae) *CIL* 9.984.10.

fīnītĭuus ~a ~um, *a.* [FINIO+-IVVS] (rhet., of disputed points) Dependent upon definition of terms.

erit quaestio coniecturalis uel ~i status QUINT.*Inst.*3.6.5; quaeritur..an maiestas minuta sit..etiam si uideri potest ~a, tamen, quia de finitione non ambigitur, iudicatio est qualitatis 7.3.36; 12.2.19.

fīnĭtor ~ōris, *m.* [FINIO+-TOR] PROS.: second syll. app. short in PL.*Poen.*49 (perh. here strictly a different word, formed from *finis* on analogy of *ianitor, funditor,* etc.).

1 One who marks out boundaries, a surveyor.

cum isti xuiri..cum illa delecta ~orum iuuentute per totum orbem terrarum uagabuntur CIC.*Agr.*2.45; 2.53; (*in fig. phr.*) eius (*sc.* argumenti) nunc regiones, limites, confinia determinabo: ei rei ego sum factus ~or PL.*Poen.*49.

2 One who sets an end or limit to.

inuentus, Chrysippe, tui ~or acerui (*i.e. the Sorites*) PERS. 6.80; si..hic ora resoluere fas est Manibus, o cunctis ~or maxime rerum (*i.e. Pluto*) STAT.*Theb.*8.91.

3 *circulus* ~*or,* The horizon.

hunc circulum Graeci ὁρίζοντα uocant, nostri ~orem esse dixerunt SEN.*Nat.*5.17.3; nec sidera tota ostendit Libycae ~or circulus orae LUC.9.496.

fīnītus ~a ~um, *a.* [pple. of FINIO] In senses of vb., esp.:

1 Particular, specific, determinate, definite. **b** (rhet.) *quaestio* ~*a,* a special case, = Gk. ὑπόθεσις (opp. *quaestio infinita,* a general question, = Gk. θέσις). **c** (gram., of pronouns) referring to a particular person (e.g. *ego, tu, ille*).

(nomina) sunt ~a ac significant res proprias, ut Paris Helena VAR.*L.*8.80; ~a simul generatim tempora rebus stare, quibus possint aeui contingere florem LUCR.1.563; ~a puncta VITR.10.6.1; sapientiae praecepta ~a debent esse et certa SEN.*Ep.*94.16; cum ius ~um et possit esse et debeat NERAT.*dig.*22.6.2. **b** infinita (quaestio) est 'an uxor ducenda', ~a 'an Catoni ducenda' QUINT.*Inst.*3.5.8; 3.6.81. **c** in articulis duae partes, ~ae et infinitae VAR. *L.*10.20; proprium illud habent, quod partim sunt ~a, ut hic haec, partim infinita, ut quis, quae 10.30; ~a pronomina PLIN.in *G.L.suppl.*p.135.

2 (of space, time, etc.) Having bounds or limits, finite; also, having a finite existence. **b** (in divination, of thunderbolts: see quot.).

quod ~um est..habet extremum CIC.*Div.*2.103; primordia rerum ~a uariare figurarum ratione LUCR.2.480; nec ualidas aeui uiris perferre patique ~i (silices) 5.315; (mundus) sacer est, aeternus..infinitus ac ~o similis PLIN. *Nat.*2.2; rhythmis libera spatia, metris ~a sunt QUINT. *Inst.*9.4.50;—cum sciam omnia esse ~a, ego ultimum suspirium timeam? SEN.*Nat.*6.32.8. **b** aiunt aut perpetua esse fulmina aut ~a..perpetua, quorum significatio in totam pertinet uitam..~a ad diem utique respondent SEN.*Nat.*2.47.

3 (of sentences) Carefully finished, rounded.

ipsi infracta..loquuntur et eos uituperant qui apta et ~a pronuntiant CIC.*Orat.*170.

fintinniō ~īre, *intr.* [imitative] (of swallows) To twitter.

hirundinum (est) ~ire uel minurrire SUET.fr.161 (p.253 Re).

fīō fĭerī, *intr.* [*cf.* OIr. *bīu,* Corn. *bethaf,* AS. *bēo*] FORMS: inf.: *fiere* ENN.*Ann.*15(*cj.*), 354; imp. *fi* PL.*Cur.*87, *Per.*38, HOR.*S.*2.5.38; *fite* PL.*Cur.*89, *Poen.*8; *fito CIL* 6.32328; *fitote CIL* 6.32323; *fis* app. only in HOR.*Carm.* 4.13.2, *Ep.*2.2.211. Pass. forms: *fitur* CATO *orat.*68; *fiebantur* 95; *fitum est* ANDR.*poet.* 29(30). N.B. *fio* commonly supplies the passive senses of *facio* in the present stem. The want of perfect tenses of *fio* is supplied by the perfect passive of FACIO.

1 (of events, situations, etc.) To take place, occur, arise. **b** (of physical phenomena, substances, etc.) to arise, develop; (also) to occur, be found.

noctem tuam et uini cadum uelim, si optata fiant PL.*As.* 624; monstrum fit: sus parit porcos triginta HEM.*hist.*11; si omnia fato fiant CIC.*Fat.*41; fit equestre proelium CAES. *Gal.*7.70.1; fit protinus..ex castris Gallorum fuga 7.88.6; cuius non mater familias..in celebritate uersatur? quod multo fit aliter in Graecia NEP.pr.7; in magno qui fit amore, dolor OV.*Ars* 1.736; non dicit hoc fieri, sed uideri SEN.*Suas.* 1.12; ordine eo qui litorum tractu fiet PLIN.*Nat.*3.46; hoc.. diebus fit paucis LARG.249; Romanos..dicit..nono mense ..partionem mulieris..fieri existimasse GEL.3.16.9. **b** simulacra..sponte sua quae fiunt aere in ipso LUCR.4.736; e quibus floribus ea (*sc.* mella) fierent PLIN.*Nat.*21.74; tumorem non patitur fieri neque pus LARG.214;—non illa ubi tus gignitur, sed ubi apsinthium fit PL.*Trin.*935; in omnibus..his metallis fit (chrysocolla) PLIN.*Nat.*33.86.

2 (w. *ut, ne,* etc.) To come about, happen (that).

per hos (*sc.* fetiales) fiebat ut iustum conciperetur bellum VAR.*L.*5.86; fit uestra diligentia..ut.. CIC.*Planc.*84; fit enim nescio qui ut quasi coram adesse uideare *Fam.*15. 16.1; fiebat autem ita ut, cum is..dixisset..tum ego contra dicerem *Tusc.*1.8; fit ut in somnis facere hoc uideatur imago LUCR.4.770; qui fit, Maecenas, ut nemo..contentus uiuat? HOR.*S.*1.1.1; quod ferme fit ut secundae res neglegentiam creent LIV.21.61.2; sic fit ut hinc res publica, inde hostes rei publicae constiterint TAC.*Hist.*1.84;—(*w.* ne) uix umquam fit ne uomitus sequatur CELS.4.18(11).2; ita fieri ne..aer.. torpeat PLIN.*Nat.*2.33;—(*w.* quin) numquam..fiet hodie haec quin saltet tamen PL.*St.*754; fieri nullo modo..poterat quin Cleomeni parceretur CIC.*Ver.*5.104;—(*w.* quominus) per quem populum fiat quo minus legibus dictis stetur LIV. 9.5.3;—(*w. pron.*) si id fieri possit, ne indigna indignis di darent PL.*Poen.*1251; id fieri non potest quin sentiant TER. *Hec.*397; hoc ita fit ut uiri fortes..contentionis odium simul cum..armis..deponant CIC.*Pis.*81.

3 a *quid fit?* or sim., What is the situation? how are things going? (in impatient questions) well, what is it? what is the matter?; *quid fiet?* what will happen now? (often implying uncertainty, despair, etc.). **b** (impers., w. adv.) to happen, turn out (in such a way); *ut fit,* as usually happens, as is liable to happen.

a quid fit? seditio tabetne an numeros augificat suos? ENN.*scen.*103; Mnesiloche, quid fit? —perii PL.*Bac.*626; quid fit? — tu amas: ego essurio et sitio *Cas.*724; quid a te fiat ad me uelim scribas CIC.*Att.*4.11.2;—percide os tu illi odio? age, ecquid fit? PL.*Cas.*404; ede mihi scriptum.. quid fit? CIC.*Ver.*4.36;—dotem si accipiet, uxor ducendast domum: quid fiet? TER.*Ph.*694; quid fiet? in eodem luto haesitas 780; *Ad.*288; quid ergo fiet si in altero scelus est, in altero supplicium? CIC.*Att.*9.2a.1; HOR.*S.*2.3.4. **b** non hercle hic..durare quisquam, si sic fit, potest TER.*Ad.*554; 'ita fit' inquit CIC.*N.D.*3.89;—ut fit in bello, capitur alter filius PL.*Capt.*25; credo, ut fit, misera prae amore exclusti hunc foras TER.*Eu.*98; dum se uxor, ut fit, comparat CIC.*Mil.*28; CATUL.22.5; HOR.*Ep.*2.2.14; fortunae, ut fit, obirati cultum reliquerant deum LIV.1.31.3; ad..incisa articulamenta, ut fit, cum ad dentem peruenit pugnus LARG. 214.

4 To result (from calculation; cf. sense 9b).

de magnis diuitiis si quid demas, plus fit an minus? PL. *Trin.*349; adde totius summae DXXXX milium mod. tris quinquagesimas; fit tritici mod. $\overline{\text{XXXII}}$CCCC CIC.*Ver.*3.116; redit uncia, quid fit? HOR.*Ars* 329; quincunces et sex cyathos besemque bibamus, Gaius ut fiat Iulius et Proculus MART.11.36.8.

5 To be made, produced (from parts, raw materials, etc.). **b** (of non-material things). **c** to be created.

si quis magistratus..pondera..minora maioraue faxit iusseritue fieri *Leg.pub.*(*Font.iur.*p.46)3; qua murum fieri uoluit ENN.*Ann.*617; ex sale, qui apud Karthaginienses fit CATO *hist.*67; quae (*sc.* aedes rotundae) sine cella fiunt, tribunal habent VITR.4.8.1; fit docta multa corona manu OV.*Fast.*6.792; nihil est illis (*sc.* auro et argento), dum fiunt et a faece sua separantur, informius SEN.*Ep.*94.58; —(*w. material specified*) qui (*sc.* grabatti)..eadem materia fiunt VAR.*L.*8.32; carinae..ex leui materia fiebant CAES. *Civ.*1.54.2; quod fieri ferro liquidoue potest electro VERG.*A.* 8.402; tribus hastis iugum fit LIV.3.28.11; uasa ligno fiunt aut cortice MELA 1.41;—(*opp.* nascor) earum (*sc.* arborum) quae arte et humanis ingeniis fiunt uerius quam nascuntur PLIN.*Nat.*17.1; alii (colores) nascuntur, alii fiunt 35.30. **b** coniunctione fit unum uerbum ex duobus CIC.*Part.*23; nec miretur cur ex 'scamno' fiat 'scabillum' QUINT.*Inst.* 1.4.12. **c** di quoque carminibus, si fas est dicere, fiunt OV.*Pont.*4.8.55; ne agricolam quidem aut gubernatorem disputatione sed usu fieri CELS.pr.32.

6 a (of laws, agreements, etc.) To be instituted, established, made. **b** to be elected, appointed (to a magistracy, etc.).

a PACEM FIERI CVM TYRRHO REGE PROHIBVIT *Elog.*10 (*CIL* 1.p.192); amore perditast te misera! — mutuom fit PL.*Mil.*1253; sponsio fit de capite ac fortunis tuis CIC.*Ver.* 3.133; LIV.3.21.2; peruincunt ut senatus consultum fiat de tribunis militum creandis 4.55.5. **b** curiones dicti a curiis, qui fiunt ut in his sacra faciant VAR.*L.*5.83; ac uide, an facile fieri tu potueris, cum is factus non sit, cui tu concessisti CIC.*Clod.*fr.7; ut..decemuiri creentur ita ut pars ex plebe, pars ex patribus fiat LIV.6.37.12; PONTIF⟩EX MAXIMVS NE FIEREM IN VIVI ⟨C⟩ONLE⟨GAE MEI L⟩OCVM AUG.*Anc.* 2.23.

7 To be prepared, be 'done'.

malum erigi, uela fieri..imperauit CIC.*Ver.*5.88; quem ex eis (*sc.* porcis) uultis in cenam statim fieri? PETR.47.10.

8 To be made available, be given. **b** to be incurred.

illi facile fit quod doleat TER.*Eu.*448; quae potestas si mihi..fiet, utar CIC.*Phil.*1.38; uelle, si sibi fiat potestas, Caesarem conuenire CAES.*Civ.*1.22.1; si eadem illi copia fieret SAL.*Jug.*83.2; mandat fieri sibi talia Daphnis VERG. *Ecl.*5.41; fit poena merenti *Culex* 229. **b** tantos sibi sumptus domi cotidianos fieri nec fieri modum TER.*Hau.* 755; detrimenti nil fieri potest *Hec.*234.

9 (w. pred.) To become or be made. **b** to come or amount to (by addition, subtraction, etc.).

numquam..fuit neque fiet ille senex insanior..quam ille adulescens PL.*Mer.*446; fit forte obuiam mihi Phormio TER.*Ph.*617; quid est quod planum fieri testibus possit, si hoc non fit? CIC.*Ver.*1.127; ne absentes homines..rei fierent rerum capitalium 2.95; eas..legiones bello confecto missas fieri placere *Phil.*5.53; id, quod Pythagoras uult in amicitia, ut unus fiat ex pluribus *Off.*1.56; etsi de re p. rumoribus et nuntiis certior fio CIC.*fil.Fam.*16.25; etesiis tenebatur, qui nauigantibus Alexandria fiunt aduersissimi uenti CAES. *Civ.*3.107.1; hic Acherusia fit stultorum denique uita LUCR. 3.1023; sua cuique deus fit dira cupido? VERG.*A.*9.185; fi cognitor ipse HOR.*S.*2.5.38; mali cortex..decoquitur, donec madida fiat LARG.248; fit temeritatis alienae comes Spurinna TAC.*Hist.*2.18; si Fortuna uolet, fies de rhetore consul JUV. 7.197; cum..custodiam nostram euaserit (fera bestia).. rursus occupantis fit GAIUS *Inst.*2.67;—(*impers.*) miquidem hercle non fit ueri simile TER.*An.*225. **b** pondus talentum quattuor milium,quod fit CCCCL$\overline{\text{XXX}}$ pondo VITR.10.15.7; has duas summas in se multiplicato, quinquagies centeni fiunt quinque millia COL.5.2.6; quod quinquaginta et uiginti quinque fieri centum putauerit..error computationis est MACER *dig.*49.8.1.1; MAECIAN.*iur.*41.

10 To be valued (at).

uiden ridiculos nihili fieri..? PL.*St.*637; lotiolente! — flocci fiet TITIN.*com.*137; illum unum pluris quam se omnes fieri uidebant NEP.*Dat.*5.2;—(*w.* ab *indicating agent*) me a te plurimi fieri sentio CIC.*Fam.*13.4.1; *Amic.*56.

11 (of an action) To be performed, be done.

fiunt facinora capitalia CAECIL.*com.*213; non fit sine periclo facinu' magnum TER.*Hau.*314; fient quae fieri aequomst omnia *Ad.*505; multa.., dum fiunt, turpia, facta placent OV.*Ars* 3.218; iussa Iouis fiunt *Fast.*2.611; —(*w. pron.*) QVO MINVS EA..ITA SINT FIANT.. *CIL* 1.589. 2.30; in quo..quid factum sit aut fiat futurumue sit quaeratur CIC.*de Orat.*2.104; quae fieri uellet Vticae constituit CAES.*Civ.*2.44.3; quorum id perfidia et periurio fiat LIV. 3.2.4; excidendum scalpro..qua cauatus est, quod sine ullo fit dolore LARG.53; quanto..magis falsa erant quae fiebant, tanto plura facere TAC.*Hist.*1.45; quae nunc populi fiunt victoris in urbe, non faciunt illi quos uicimus JUV.2.162;— (*impers.*) itane fieri oportet? — quid ego feci? TER.*Hau.*562; —(*w. adv. of manner*) sicine hoc fit, pedes? PL.*Ps.*1246; nimis..hoc..fit uerniliter CAECIL.*com.*131; de Quinto filio fit a me quidem sedulo CIC.*Att.*10.6.2.

12 a *quid fiet?* (w. dat. or abl.) What will happen (to)? what is to become (of)?; (also, w. *de*). **b** *quod fiat..,* so far as can be done, is possible, etc.(within specified limits).

a quid mihi fiet tertio..? PL.*Mos.*776; tenero quid fiet Amori? TIB.2.6.1; quid fiet sonti, cum rea laudis agar? OV. *Ep.*14.120;—quid illa fiet fidicina igitur? PL.*Epid.*151; quid Tulliola mea fiet? CIC.*Fam.*14.4.3; quid deinde tam opima praeda..fiet? LIV.45.39.4; FRO.*Aur.*1.p.146(33N);—quaeris quid fiat de Gabinio CIC.*Q.fr.*3.3.3; rettulit..quid de nexis fieri placeret LIV.2.31.8. **b** uelim..ipse, quod commodo tuo fiat, cum eo conloquare CIC.*Att.*14.16.4; in maiorem modum, quod sine tua molestia fiat, ut ei de habitatione accommodes *Fam.*13.2; quod sine fraude mea populique Romani Quiritium fiat, facio LIV.1.24.5; QVOD EIVS S(ine) D(olo) M(alo) FIAT *CIL* 10.4842.26.

13 (of festivals, legal or other business, etc.) To take place, be held. **b** (impers.) a sacrifice is offered; a festivity or sim. is held.

homo si fulmine occisus est, ei iusta nulla fieri oportet *Lex Reg.*(*Font.iur.*p.8); hodie fient nuptiae PL.*Cur.*728; auctio fiet Menaechmi mane sane septumi *Men.*1157; siquid ..controuersiae erit, Romae iudicium fiat CATO *Agr.*149.2; ut..iudicium fieret de factis famaque Demosthenis CIC. *Opt.Gen.*21; cum locatio fieret *Ver.*3.18; sacrificium..quod fit per uirgines Vestalis *Har.*37; ut..comitia regi creando fierent LIV.1.35.1. **b** hisce manibus lacte fit, non uino VAR.*gram.*102; P. Clodium,..deprehensum domi C. Caesaris cum pro populo fieret CIC.*Att.*1.12.3; ter tibi fit libo, ter, dea casta, mero [TIB.]3.12.14;—nescitis, hodie apud quem fiat? PETR.26.9.

14 (indicating the performance of the action expressed by the subject) To be done.

in caldissimis locis sementim postremum fieri oportet CATO *Agr.*34.1; porta..qua posset eruptio fieri SIS.*hist.*86; uindemiae primum ab sacerdotibus publice fiebant VAR.*L.* 6.16; cum loquerer tanti gemitus fletusque fiebant CIC.*Ver.* 4.110; impetus..in Syracusanos milites fiebant LIV.24.31.11; fuga..ex acie duce amisso fieri coepta est 25.34.13; a tepidis fiet tonsura Kalendis CALP.*Ecl.*2.79; dedicationis quae fit nostro iure TRA.Plin.*Ep.*10.50.

15 (impers., representing the action of another vb. in the context) It is being done; *fiat,* so be it, very well.

animum aduorte. — fiet sedulo PL.*Mer.*302; accede ad me atque adi contra. — fit sedulo *Rud.*242;—i mecum.. — fiat *Mos.*1038; TER.*Eu.*614.

fircus: see HIRCVS.

firmāmen ~inis, *n.* [FIRMO+-MEN] A support, prop.

radix, longi ~ina trunci OV.*Met.*10.491;—(*transf., of a person*) unicum lapsae domus ~en..temet reserua SEN. *Her.F.*1251.

firmāmentum ~ī, *n.* [FIRMO+-MENTVM]

1 A support, prop, stay. **b** the strengthening, buttressing (of a structure).

omne..~um in lubrica figitur et lutosa humo, nihil stabile est SEN.*Nat.*3.27.6; cum exustae trabes sunt aut corrupta quae superioribus ~um dabant 6.9.3; (*pred. dat.*) tigna.. quae ~o esse possint CAES.*Civ.*2.15.2; (*in fig. phr.*) si ullum ~um in illo teste posuisses CIC.*Flac.*92;—(*of the framework of the body*) in corpore nostro ossa neruique et articuli, ~a totius et uitalia SEN.*Dial.*4.1.2; GEL.13.23(22).9. **b** usum (ualli) nec ad commoditatem ferendi nec ad ipsius munitionis ~um aptauerunt LIV.33.5.5; quae in ~um totius operis iacta sunt SEN.*Ben.*3.29.5.

2 (transf.) That which upholds or supports, a prop, mainstay. **b** (applied to persons). **c** something that supports an argument;

(spec.) the central point in a prosecution or defence.
parum ~i et parum uirium ueritas habet Cic.*Clu.*5; duo ~a rei publicae..auspicia et senatum *Rep.*2.17; ~um.. stabilitatis..fides *Amic.*65; locum..ne quem esse patiare in quo non habeas ~i quod satis esse possit (*i.e. at an election*) Q.Cic.*Pet.*30; uirorum pariter ac feminarum praecipuum ~um, Pudicitia V.Max.6.1.intro.; unum bonum est, quod beatae uitae causa et ~um est, sibi fidere Sen. *Ep.*31.3; honor sacerdotii ~um potentiae adsumebatur Tac.*Hist.*5.8; cenae fundus et ~um omne erat aula una lentis..minutim caesae Gel.17.8.2. **b** uxorem quaerit ~um familiae Afran.*com.*241; ~um rei publicae publicanorum ordine continetur Cic.*Planc.*23; Gnaeum Pompeium, decus istud ~umque imperii Sen.*Dial.*6.20.4;—(*of troops*) ex quibus (legionibus) aliquid ~i se existimabat habere *B.Hisp.*7.4; legionem ex subsidiis in primam aciem ~um ducit Liv.29.2.9. **c** confirmatio est, per quam.. nostrae causae..~um adiungit oratio Cic.*Inv.*1.34; tum suggerenda sunt ~a causae *de Orat.*2.331;—~um quaerendum est, id quod continet accusationem, quod adfertur contra rationem defensionis *Rhet.Her.*1.26; ~um est firmissima argumentatio defensoris Cic.*Inv.*1.19; ~um.. sine quo accusatio stare non posset *Part.*103; continens, uel ut alii uocant, ~um Quint.*Inst.*3.11.1.

Firmānus ~a ~um, *a.* Of, from, or belonging to Firmum, a city of Picenum; (masc. pl. as sb.) its citizens.
de ~is fratribus Cic.*Att.*4.8a.3; ~o saltu Catul.114.1; tres cohortes, ~a, Vestina, Cremonensis Liv.44.40.6;—laudandi sunt..~i Cic.*Phil.*7.23.

firmātor ~ōris, *m.* [firmo+-tor] One who makes firm, an upholder, confirmer.
missus..Drusus..paci ~or Tac.*Ann.*2.46; te conditorem disciplinae militaris ~oremque Plin.*Ep.Tra.*10.29(38).1.

firmē, *adv. compar.* ~ius, *superl.* ~issimē. [firmvs+-e]

1 Firmly, securely, fast.
puluinus quam ~issime struatur Vitr.5.12.3; ut..palos ~e in terram defigerent Fron.*Str.*2.3.17; ueste..subiecta.. militum pedibus, quo ~e..insisterent Suet.*Cal.*26.3; si contineri ~ius ab aliquo poterit (canis) Ulp.*dig.*9.1.1.5.

2 (transf.): **a** With firmness of purpose, conviction, etc., steadfastly, unwaveringly; also, in a manner or tone that shows resolution. **b** (w. vbs. of recollection, etc.) unfalteringly, soundly. **c** so as not to permit of dissolution, immutably, irrevocably.
a ego sum tibi ~e fidus Pl.*Mil.*1015; obsistere uisis adsensusque suos ~e sustinere Cic.*Fin.*3.31; quo hoc ~ius crederemus *Tusc.*5.20; amicitias, quae..~issime durant Quint.*Inst.*1.2.20; pro nobis ~ius stetit (*Rhodes*) Flor. *Epit.*1.40(3.5.8);—unum illud ~issime adseuerabat Cic.*Att.* 10.14.3; respondit Fronto Catius grauiter et ~e Plin.*Ep.* 6.13.3. **b** ~e et perpetue meminerimus *Rhet.Her.*4.69; habere bene cognitam uoluptatem et satis ~e conceptam animo Cic.*Fin.*2.6. **c** ~ius acta tyranni comprobatum iri Cic.*Att.*16.14.1.

firmitās ~ātis, *f.* [firmvs+-tas]

1 (of things) Strength, stoutness; firmness (of the ground). **b** (of a person, his body, its parts, organs, etc.) robustness, vigour, etc.; (also, of plants). **c** (transf.) military or political strength.
specta postis..quanta ~ate facti et quanta crassitudine Pl.*Mos.*819; ea quae ille propter ~atem στερέμνια appellat Cic.*N.D.*1.49; ictum ~as materiae sustinet Caes.*Civ.*2.11.1; calor cum excoquit e rebus ~atem Vitr.1.4.3; ~as putaminum tanta est, ut recta nec ui nec pondere ullo frangantur Plin.*Nat.*29.46; iactis super ancoris quae ~atem pontis continerent Tac.*Hist.*2.34; (*pl.*) quod (*sc.* genus pulueris) conmixtum cum calce et caemento..ceteris aedificiis praestat ~ates Vitr.2.6.1; (*in fig. phr.*) i (*sc.* parentes) fundamentum supstruont liberorum; extollunt, parant sedulo in ~atem Pl.*Mos.*122;—classem nantes lubricis pelagi quasi camporum ~ate pedites in litus retraxerunt V.Max.3.2.10; neue amphitheatrum imponeretur nisi solo ~atis spectatae Tac. *Ann.*4.63. **b** ista gladiatoria totius corporis ~ate Cic. *Phil.*2.63; Nep.*Alc.*11.3; cum..neruorum ~atem fatigauerit (senectus) Sen.*Con.*1.pr.2; crus solidum et lacertus et dentes et horum sanitas ~asque Sen.*Ep.*92.19; somno concoquere corpulentiae quam ~ati utilius Plin.*Nat.*11. 283; uocis ~atem Quint.*Inst.*10.7.26; disiunctissimas terras teneris adhuc annis uiri ~ate lustrasti Plin.*Pan.*15.1; (*in fig. phr.*) illam..sanitatem (*sc. of style*) non ~ate, sed ieiunio consequuntur Tac.*Dial.*23.3;—(*of plants*) tanta est contra frigora..~as (uitis) Plin.*Nat.*14.40. **c** si aliquid ~atis nactus sit Antonius, omnia tua illa praeclara in rem p. merita ad nihilum esse uentura Cic.*Fam.*11.12.1.

2 Resistance to change, stability; (esp. of institutions, conditions, etc.).
principatus datur Aminneis (uitibus) ~atem propter Plin.*Nat.*14.21; quod ad permutationem seminum attinet, quibusdam ex his ~as maior est, ut coriandro 19.181;—oris ..habitus ad uitae ~atem nihil pertinet Cic.*N.D.*1.99; sed ea (*sc.* amicitia) non satis habet ~atis *Amic.*19; ~atem ualetudinis custodiri Plin.*Nat.*20.42; de ~ate imperii capturus auspicium Suet.*Ves.*7.1.

3 (of persons or their minds) Steadfastness of purpose, firmness, resolution.
tanta..~ate animi..in rem publicam Cic.*Sest.*95; solent domestici deprauare non numquam; sed noui ~atem tuam *Phil.*1.33; quid..loquar de ~ate sapientis? *Luc.*66; *CIL* 6.1527.2.7; admonitionem consilii ~ate roborarunt (dii) V.Max.1.7.ext.3; debes illorum imitari ~atem in perferendis..doloribus Sen.*Dial.*11.17.1; animum..accusatoria ~ate robustum [Quint.]*Decl.*15.4.

4 (of troops in action) Reliability or steadiness; (of the memory) unfaltering quality.
exercitus numero amplissimus est, ~ate exiguus. quantum autem in acie tironi sit committendum, nimium saepe expertum habemus Planc.*Fam.*10.24.3;—accedente..memoriae ~ate et actionis gratia Quint.*Inst.*12.5.1.

5 (leg.) Effectiveness in law, validity.
mors eius expectanda est, ut..plenissimam habeat (donatio) ~atem Ulp.*dig.*24.1.13.1.

firmiter, *adv.* [firmvs+-ter[2]] (For *firmius, firmissime* see firme.)

1 Firmly, securely, fast, tight.
concludere in fenstram ~ Pl.*Cas.*132; nisi suffulcis ~ *Epid.*83; cubilia gallinarum..adficta ~ Var.*R.*3.9.7; ~ insistere Caes.*Gal.*4.26.1; arcae..destinandae..~ Vitr.5. 12.3; 10.15.1; ianuam ~ oppessulatam Apul.*Met.*1.22;—(*in fig. phr.*) ~..stabilita matrimonia Cic.*Rep.*6.2.

2 (transf.): **a** Securely, safely, unshakably. **b** steadfastly, resolutely. **c** (w. vbs. of recollection) unfalteringly.
a ~ ac diutissime imperaturum Suet.*Vit.*14.5. **b** nisi longe ~ praecaues Apul.*Met.*5.11; ~..nutriens amorem 8.2; quibus me in perpetuum ~ dedicaui *Fl.*16. **c** euenta ~ meminisse Gel.13.8.2.

firmitūdō ~inis, *f.* [firmvs+-tvdo]

1 (of things) Strength, durability. **b** (of persons) soundness of health. **c** (transf.) steadiness (of the voice). **d** stability, permanence (of an institution).
neque..his (*sc.* nauibus) nostrae rostro nocere poterant (tanta in his erat ~o) Caes.*Gal.*3.13.6; operis ~o 4.17.7; materies bonitate, ~ine..nihil differens a loto Plin.*Nat.* 13.61; ut..coria boum penderent (Frisii), non intenta cuiusquam cura quae ~o, quae mensura Tac.*Ann.*4.72. **b** in patientia ~inem simulans solitusque eludere medicorum artes Tac.*Ann.*6.46. **c** diuiditur in tres partes (figura uocis): magnitudinem, ~inem, mollitudinem *Rhet.Her.*3.20; 3.22. **d** haec constitutio..habet..~inem Cic.*Rep.*1.69.

2 (of a person or his mind) Firmness of purpose, steadfastness, resolution.
si istam ~inem animi optines, salui sumus Pl.*As.*320; cura ut cum ~ine te animi tum etiam spe optima sustentes Cic.*Fam.*6.6.13; Caes.*Civ.*3.28.4; referendum iam animum ad ~inem Tac.*Ann.*3.6; lacrimas eorum..ad ~inem reuocat 15.62.

3 (of a promise) Reliability, trustworthiness; (of arguments, etc.) force, convincingness.
non quod ab isto salus data quicquam habitura sit ~inis Cic.*Att.*11.14.2;—causa facti parum ~inis habet nisi.. *Inv.* 2.32; 2.58.

firmō ~āre ~āuī ~ātum, *tr.* [next+-o[3]]

1 To make (objects) strong or durable, reinforce, support, etc. **b** to strengthen or repair (walls, buildings, etc., esp. against attack). **c** to make firm (what is loose); to bind (the bowels). **d** to support, steady (one's steps). **e** to make fast, secure.
id (os)..uentrem ~at Cels.8.1.23; fossas..saepibus ~ari Plin.*Nat.*18.47; aeramentis inlinitur (bitumen) ~atque ea contra ignes 35.182; scuta..ferro neruoue ~ata Tac.*Ann.* 2.14;—(*transf.*) h litteram..inserebant..plerisque uocibus uerborum ~andis roborandisque Gel.2.3.1. **b** ut muros turresque urbis ~arent Liv.22.8.7; (insulam) ne laceret amnis..muniunt opere..stramento rostrum eius ~antes (hirundines) Plin.*Nat.*10.94; intuta moenium ~are Tac. *Hist.*3.76; ut basilicam..propria pecunia ~aret *Ann.*3.72. **c** remedium ad dentium mobiles ~andos Plin.*Nat.*21.180; aestuaria aggeribus et pontibus traducendo grauiori agmini ~at Tac.*Ann.*4.73;—aluum ~are (debet) is, cui fusa Cels. 1.3.14; Plin.*Nat.*14.117. **d** trunca manum pinus regit et uestigia ~at Verg.*A.*3.659; gradum ~are uix poterant, cum..saxa lubrica uestigium fallerent Curt.4.9.18; fixo ~at uestigia pilo Luc.4.41; Stat.*Theb.*4.582; Quint.*Inst.* 9.4.129. **e** adducta fore pessulisque ~atis Apul.*Met.*1.11.

2 To make (a person, his limbs, etc.) robust, strengthen; (also, plants or parts of plants). **b** to build up, increase (health, strength); (also, faculties).
corpora iuuenum ~ari labore Cic.*Tusc.*2.36; an tum bracchia consuescunt ~antque lacertos? Lucr.6.397; teneros ~amus robore neruos *Ciris* 43; cibo corpora ~are Liv. 27.13.13; ut uexatos milites quiete ~aret Curt.9.10.18; largo..pascuo ~andae (equae) Col.6.27.10; struenda acie, muniendo uallandoque..militem ~abant Tac.*Hist.*4.26; *cf.*) uocem..~at (porcillaca) Plin.*Nat.*20.212;—flos..quem ..~at sol, educat imber Catul.62.41; Germ.337; ut inferiores (radices) penitus descendendo ~entur Quint.*Inst.* 10.7.28; (*in fig. phr.*) ~ata iam stirpe uirtutis Cic.*Cael.*79. **b** non ulla magis uiris industria ~at Verg.*G.*3.209; ~atis.. cibo uiribus Liv.9.32.4; ~andae ualetudini in Campaniam concessit Tac.*Ann.*3.31;—(*faculties*) patientia dolorum, quam..animi intentione dixi esse ~andam Cic.*Tusc.*2. 65; (memoria) praecipue ~atur atque alitur exercitatione Quint.*Inst.*1.1.36.

3 To make (a place) strong with defensive works, fortify. **b** to secure with troops, hold, guard.
magnis..eum locum munitionibus ~at Caes.*Gal.*6.29.3; munimentis castra ~auit Liv.9.44.9; ~ata..turribus altis moenia Ov.*Ep.*15.181; Luc.2.449;—(*w. fortifications as subj.*) urbem arduam situ opera molesque ~auerant Tac. *Hist.*5.11. **b** moenia..turris extruit easque praesidiis ~at Sal.*Jug.*23.1; pars aditus urbis ~et turrisque capessat Verg.*A.*11.466; oppidum..~atum septingentorum militum de exercitu Hannibalis praesidio Liv.23.20.1; 27.1.4; si Alpes praesidiis ~entur Tac.*Hist.* 4.55; uicesima legio terga ~auit *Ann.*1.51;—(*in fig. phrs.*) locum quem nobilitas praesidiis ~atum atque omni ratione obuallatum tenebat Cic.*Agr.*2.3; aestimare ~ari domum aduersum iniquas Agrippinae offensiones Tac.*Ann.*4.39.

4 To reinforce, support, strengthen (a general, battle-line, etc., with troops). **b** to strengthen in formation.
ut illorum praesidio nostram ~aremus classem Lent. *Fam.*12.15.2; sinistrum cornu magnis equitum copiis ~auerant *B.Afr.*13.1; 20.1; Hasdrubali fratri..eam prouinciam destinat ~atque eum Africis maxime praesidiis Liv.21.22.2; media acie peditibus ~ata 22.46.3; 23.29.4; cornua..subsidiis ~auit..a latere positis Curt.4.13.30; Tac.*Hist.*2.43; *Ann.*1.24;—(*refl.*) nouis..copiis sese ~abat 2.65;—(*cf.*) Gallia..armis, uiris, pecunia belli principia ~auit Cic.*Phil.*12.9; nouis uiribus oppidum ~arunt Liv. 4.49.7; ~auit tenues ortus (*sc.* Sagunti) mox Daunia pubes Sil.1.291. **b** ~ati inter se densis ordinibus excipiunt Vitellianos temere effusos Tac.*Hist.*3.17.

5 To invest (laws, institutions, etc.) with lasting authority or influence, put on a firm footing, strengthen, establish. **b** to augment, strengthen (power, resources, etc.). **c** (pass., of a person or his mind) to become settled and mature; *~ata aetas*, years of discretion.
hoc iure ~ato Cic.*Dom.*47; ~are (Romulus) dicitur primum cogitauisse rem publicam *Rep.*2.5; si..nos..uestra auctoritate ~aueritis Lent.*Fam.*12.15.6; cum plebem.. tribunicio auxilio satis ~assent Liv.3.55.6; non tamen pro ~ato iam stetit magistratus eius ius 4.7.3; perpetuam ~are pacem amicitiamque 9.3.10; cum..~are urbem nouam tam uicinis Veientibus..uix potuerit Vell.1.8.5; antequam (Thyestes) se ~at aut uires parat Sen.*Thy.*201; ~are.. centeno iudice causas *Laus Pis.*42; (*cf.*) oratio..in qua.. remissio..lenitatis quadam grauitate et contentione ~atur Cic.*de Orat.*2.212; (*poet.*) ~at..soporem languida permulcens medicata lumina uirga Ov.*Met.*1.715. **b** contra uos ~ari opes, armari praesidia Cic.*Agr.*2.77; regni sui ~andi..memor centum in patres legit Liv.1.35.6; quae res forent ~ando Neronis imperio Tac.*Ann.*12.68; hanc eorum auctoritatem..ratione etiam ~are uoluerunt Gel.4.16.3. **c** animum adulescentis nondum consilio ac ratione ~atum Cic.*Clu.*13; iam robustis et seueriore genere satis ~atis legendus (Seneca) Quint.*Inst.*10.1.131;—minus..praecipitur eorum uirtus..qui..adulescentuli, quam qui iam ~ata aetate descendunt Cic.*Ver.*3.3; *Cael.*43; ubi iam ~ata uirum te fecerit aetas Verg.*Ecl.*4.37.

6 To make (advantages, etc.) safe, guarantee, ensure, maintain. **b** (esp. w. *in se, sibi*) to ensure the loyalty of, make sure of.
omnia..quae sunt in imperio..ab his defendi et ~ari putantur Cic.*Mur.*24; quorum commoda..sententia, auctoritate, oratione ~aui *Phil.*12.29; ~anda..sunt..concordiae bona Sal.*Rep.*1.5.3; testamentum Titi Vinii magnitudine opum inritum, Pisonis supremam uoluntatem paupertas ~auit Tac.*Hist.*1.48; uestra salus incolumitate senatus ~atur 1.84; uim principatus sibi ~ans *Ann.*3.60. **b** compluris ciuitates in fidem recipit, obsidibus ~at Hirt. *Gal.*8.27.1; cunctis ciuium sociorumque animis in se ~atis Liv.21.5.5; quo sibi in posterum gentem ~aret Tac.*Hist.*5.4; cunctos adloquio et cura sibique et proelio ~abat *Ann.*1.71.

7 **a** To strengthen the spirits of, encourage (a person or his mind), hearten, reassure. **b** to brace, steel (oneself, one's mind); *oculos, uultum ~are*, to put on a set look; *gradum ~are*, to step resolutely forward.
a praesidia quae oblata sunt..consilio et auctoritate ~aui Cic.*ad Brut.*1.10.4; cuius aduentus Pompeianos compressit nostrosque ~auit Caes.*Civ.*3.65.1; suis ex terrore ~atis *B.Afr.*18.2; Anchises..animum (iuuenis) praesenti pignore ~at Verg.*A.*3.611; donec labantis consilio patres ~aret auctor Hor.*Carm.*3.5.46; Marcellus mediam aciem hortator testisque praesens ~abat Liv.27.14.4; his pauoribus nutantem..amici..~abant Tac.*Hist.*2.76; eum..adulatio ad spem ~auit *Ann.*14.10. **b** ~andus animus ad dolorem ferendum Cic.*Tusc.*2.28; nisi ~ata properaris mente reuerti Ov.*Rem.*245; cadentem, misera, ~a spiritum Sen.*Tro.*951; uenator..leonem exspectat ~ans animum Stat.*Theb.*4.496; stetit ambiguo..in aestu curarum..tunc ~at sese 12.688; quem ignarum inermumque quamuis ~atus animo centurio aegre confecit Tac.*Ann.*1.6; animum aduersum suprema ~abat 15.59;—(leo) ~at hians oculos animamque hostemque requirit Stat.*Silv.*2.5.23; conuenere, ~ato uultu, Piso aduersus metum, Germanicus ne minari crederetur Tac. *Ann.*2.57;—nondum ausos ~are gradum tuba terruit ingens Stat.*Theb.*2.261; 2.586.

8 To confirm, make good, etc. (a treaty, promise, omen, decision, etc.). (esp.) **b** *fidem ~are.*
quor non accersi iubes filiam et quod doti' dixi ~as? Ter.*Hau.*1048; sic aquilae clarum ~auit Iuppiter omen Cic.*Mar.fr.*2(*Div.*1.106); Hespere..qui desponsa tua ~es conubia flamma Catul.62.27; adsis o tantum et propius tua numina (*i.e. your divine revelations*) ~es Verg.*A.*8.78; talibus inter se ~abant foedera dictis 12.212; re..minas ~at Ov.*Met.*3.368; ut promissa ~ent Sen.*Nat.*2.33; societate nobilissimis obsidum ~ata Tac.*Hist.*4.28; reddita Rhodiis libertas, adempta saepe aut ~ata *Ann.*12.58; (*ellipt.*) sic deus omnipotens ~et Stat.*Ach.*1.546;—(*w. acc. and inf.*) ea facturum quae imperarit obsidibus datis ~at Hirt.*Gal.* 8.48.8. **b** quae coniurasset mecum et ~asset fidem Pl. *Cist.*241; nisi das ~atam fidem *Mil.*453; fr.52; fidelem haud ferme mulieri inuenias uirum..sed hic Pamphilus..~auit fidem (*i.e. by his actions*) Ter.*An.*462; missi..ad regis ipsius ~andam fidem legati Liv.23.34.2; 28.17.8.

9 To vouch for (a statement, etc., or its veracity), attest, support, certify, establish.
credibile est, quod sine ullo teste auditoris opinione ~atur Cic.*Inv.*1.48; tabulis hoc censoriis, memoria multorum ~abo ac docebo *Har.*30; meam ~ant nunc duo busta fidem Prop. 4.1.92; quod (*sc.* omen) postquam ueris nuntiis..~atum est Liv.45.1.5; dicta Iouis ~at Ov.*Met.*3.333; pulsas mille

credidimus rates..hoc ad furta compositus Sinon ~abat PETR.89,l.14; fides antiquitatis religione ~atur TAC.*Ger.* 39.1; crimen..quod ne accusatores quidem satis ~abant *Ann.*3.14;—(*w. acc. and inf.*) quod (templum) suis a maioribus..dicatum Lacedaemonii ~abant annalium memoria 4.43.

10 To assert, affirm.

de comitiis consularibus..uix quicquam ~are ausim TAC.*Ann.*1.81; quae uetus memoria ~auit 6.28;—(*w. acc. and inf.*) illud in his rebus uideo ~are potesse..uestigia linqui paruula LUCR.3.319; neque se arma neque socios, dum animae essent, prodituros ~abant SAL.*Hist.*2.87.D; TAC.*Hist.*2.9; *Ann.*6.50.

firmus ~a ~um, *a. compar.* ~ior, *superl.* ~issimus. [cf. Skt. *dhārayati* 'hold', *dharmaḥ* 'law']

1 (of things) Strong, stout, durable. **b** (of persons or animals, their limbs, powers, years, etc.) robust, sturdy, etc.; (also, of plants). **c** (w. ref. to consistency) firm.

lana..Apula..in usu ~ior sit VAR.*L.*9.39; admodum ~is ramis abscisis CAES.*Gal.*7.73.2; clauditur et dura ianua ~a sera TIB.1.2.6; uti ~iora sint inferiora superioribus VITR. 3.4.1; ferrea manus ~ae catenae inligata LIV.24.34.10; ~a sit illa licet, soluetur in aequore nauis OV.*Pont.*1.4.17; cor..~o..opertum membranae inuolucro PLIN.*Nat.*11.181; ~ioris ligni frutex 13.127;—(*in fig. phrs.*) fundamenta defensionis meae, quae ~issima sunt si nituntur iudicio suorum CIC.*Cael.*5; *Balb.*31. **b** uidendum ut sint (caprae) ~ae, magnae VAR.*R.*2.3.2; ~ior imbecilliorem Iuba Petreium facile ferro consumpsit *B.Afr.* 94.1; non hydra secto corpore ~ior..creuit HOR.*Carm.*4.4.61; tremens et nondum poplite ~o OV.*Met.*15.223; si lactens adhuc infans est..si uero iam ~ior puer est CELS.6.11.5; fuit..compactis ~isque membris SUET.*Ves.*20; (*masc. as sb.*) datae leges, ne ~ior omnia posset OV.*Fast.*3.279; (*in fig. phr.*) duo corpora..rei publicae, unum debile infirmo capite, alterum ~um sine capite CIC.*Mur.*51;—(*cf.*) uirtutis robore ~ior quam aetatis *Phil.*10.16;—(*of a person's powers, years, etc.*) uiribus ad laborem ferendum ~is NEP.*Eum.*11.5; OV.*Fast.*3.39; cum hic morbus aetate ~issima maxime oriatur CELS.3.22.8; LUC.2.631; exspecta..dum ~ius aeuum STAT.*Theb.*4.335;—durissimum far et contra hiemes ~issimum PLIN.*Nat.*18.83. **c** uites..seu praecoques..seu ~i durique acini COL.3.1.7.

2 (of things) In sound physical condition, in a good state of repair or sim. **b** (of persons) in sound health, strong, in good physique, etc.; (med., of parts of the body); (of one's health, constitution) sound.

ipsa metreta ~ior erit CATO *Agr.*100; ~a tecta in domiciliis habere CIC.*Brut.*257; laceras..puppes..refeci, ut, qua desererer, ~a carina foret OV.*Ep.*2.46; QVI..ALIVT..QVID DOLO MALO FECISSE QVOMINVS IS PVTEVS ~VS SIT CONVICTVS ERIT *LexVip.*34(*Font.iur.*p.295);—(*w. inf.*) fundus nec uendibilis nec pascere ~us HOR.*Ep.*1.17.7. **b** cum ea, quem ad modum spero, satis ~a sit (*i.e. after childbirth*) CIC. *Fam.*6.18.5; 16.2; ne te tam longae nauigationi..nisi bene ~um committas 16.8.1; si male ~a cubabit OV.*Ars* 2.319; hinc remiges ~issimi, illinc inopia adfectissimi VELL.2.84.1; uixdum ~us a graui ualitudine SUET.*Aug.*8.1;—(*of parts of the body*) si ~a uiscera sunt, si spiritus facilis CELS.2.8.8; 3.6.10; carne hebete nec ~a 7.3.2; (*cf.*) uulnus in antiquum rediit male ~a cicatrix OV.*Rem.*623;—(*of health or sim.*) ~a corporis adfectione CIC.*Tusc.*5.27; *Off.*3.117; ~issima ualetudine TAC.*Dial.*41.3;—(*cf.*) quamuis..tot circum siluae ~o se robore tollant, sola tamen colitur (*sc. an aged oak*) LUC.1.142.

3 (of the hand, etc.) Not shaking or wavering, firm, steady; (also, of a grasp, footing). **b** (of troops in battle). **c** (transf., of the voice, faculties).

solutae manus et ad hoc unum satis ~ae SEN.*Apoc.*6.2; MART.14.30.2;—aliquid aequi loci ubi ~o consisteret gradu LIV.27.18.14; mox latus et ~o celer implicat ilia nexu STAT. *Theb.*6.889. **b** a dextro cornu, quod eam partem minime ~am hostium esse animaduerterat, proelium commisit CAES.*Gal.*1.52.2; hostibus dubiis instare, quod ~os cognouerat, eminus pugnando retinere SAL.*Jug.*51.5; ubi compositos ~is ordinibus sequi rursus iudere TAC.*Ag.*37.5 **c** memoria est ~a animi rerum..perceptio *Rhet.Her.*1.3; ~am..in dicendo uocem conseruare 3.21; cuius acies ~a contra (*sc.* solem) stetit PLIN.*Nat.*10.10.

4 (of fortifications or sim.) Strongly protected, secure against attack. **b** (transf., of safeguards).

quae minime uisa pars (*sc. of the defences*) ~a est, huc concurritur CAES.*Gal.*7.84.2; *B.Alex.*1.2; amissa Thala nihil satis ~um contra Metellum putat SAL.*Jug.*80.1; ea (*sc.* castra)..omni iusta militari custodia tuta et ~a esse LIV. 28.1.8; (*cf.*) quod..longe a quaesturis ~ae latebrae uiderentur APUL.*Met.*8.23. **b** summum et ~issimum est illud communibus fortunis praesidium CIC.*Agr.*2.103; cum me ~issimis opibus contra scelus inimicorum munire.. possem *Prov.*41; in ea (*sc.* lege) ~um libertati fore praesidium LIV.3.45.2; nihil concordi collegio ~ius ad rem publicam tuendam esse 10.22.3; non..gladius in acie ~ius munimentum quam reo..eloquentia TAC.*Dial.*5.5.

5 a (of food) Substantial, solid; (of wine) full-bodied. **b** (of colour, taste, sound) intense, pronounced, strong.

a arido et ~o cibo pecude pasta VAR.*R.*2.11.2; ~ius est triticum quam milium CELS.2.18.4; 2.18.11; paulatim ~ioribus cibis adhibitis ad iusta perducetur (*sc. a sick horse*) COL.6.30.7; 8.10.5;—discussis febribus initium cibi plenioris uinique ~ioris facit CELS.2.17.2; GEL.13.5.8. **b** marmoris ..candore ~o VITR.7.3.7; ~um probumque saporem uini COL.*Arb.*3.7; ~ior..et uiridior sonus GEL.13.21(20).13.

6 Endowed with military, political, or sim. strength, powerful, strong.

(*of armies or sim.*) ~issimum exercitum ex inuicto genere ueteranorum militum comparauit CIC.*Phil.*3.3; ~o in Treueris ad pontem praesidio relicto CAES.*Gal.*6.9.5; 7.69.7; copiis pedestribus multo ~ior Marcellus *B.Alex.*61.1; unde duo consulares exercitus satis ~i ad tantum bellum efficerentur LIV.23.25.6; VELL.2.29.1;—(*of cities, states*) ciuitas in primis ~a et magnae inter Gallos auctoritatis CAES.*Gal.* 5.54.2; *Civ.*2.19.4; ~issima transpadanae regionis municipia TAC.*Hist.*1.70;—(*of politicians, rulers, etc.*) quam diu..sine armis certetur, honestiorem sequi partem, ubi ad bellum ..uentum sit, ~iorem CAEL.*Fam.*8.14.3; quo ~ius esset eorum regum imperium *B.Alex.*33.3; ipsum (*sc.* tyrannum) uelut comprobata dominatione ~iorem futurum LIV.34. 33.8; adiutoribus usi ~issimis M. Crasso et C. Caesare ASC. *Tog.*74.

7 Resistant to change, stable; (esp.) **b** (of agreements, institutions, etc.). **c** (of opinions, feelings). **d** (of powers of judgement) settled, mature.

Aminneae uites, ~issima uina VERG.*G.*2.97; multo melius et ~ius erit uinum COL.12.28.4; sucus..miscetur cum uino, sic ~ior PLIN.*Nat.*22.58. **b** foedus..feri bene ~um ENN.*Ann.*32; habet (uxorem), sed, ~ae haec uereor ut sint nuptiae TER.*Hec.*101; fuit..ita ~a haec ciuitas..ut neglegentiam senatus..ferre posset CIC.*Har.*60; nationes..nondum satis ~a pace deiunctae *Prov.*19; id ~issimum longe imperium est quo oboedientes gaudent LIV.8.13.16; fides ..quae ad eam diem ~a steterat 22.61.10; hoc (*sc.* adulterium) ~os soluit amores OV.*Ars* 2.385; rerum mihi ~a potestas V.FL.4.12. **c** fides est ~a opinio CIC.*Part.*9; fac..spem..habeas ~issimam *Fam.*6.5.4; fidentia, id est ~a animi confisio *Tusc.*4.80; opiniones adsensionesque ~ae ueraeque gignuntur TIM.28. **d** studio optimo iudicio minus ~o praeditos CIC.*Orat.*24; ad intellegendas eorum (*i.e. Homer and Virgil*) uirtutes ~iore iudicio est QUINT. *Inst.*1.8.5; 2.5.22; GAIUS *dig.*40.2.25.

8 (of persons, their minds, etc.) Firm in one's resolve, resolute, determined, steadfast. **b** firm in resisting temptation, strong-minded. **c** resolute in attack or sim., confident, fearless. **d** firm in the face of suffering, stoical, unmoved.

sunt fortasse in sententia ~iores CIC.*Balb.*61; in suscepta causa ~issimus *Mil.*91; quaesitor grauis et ~us *Q.fr.*3.3.3; quia non ~o rectum defendis HOR.*S.*2.7.26; cum me tibi ~a negaui OV.*Ep.*20.151; ~us proposito VELL.2.63.3; argumentum est ~ae uoluntatis ne mutari quidem posse SEN. *Ben.*6.21.2; egregie ~us aduersus militarem largitionem TAC.*Hist.*2.82. **b** nec quisquam est tam ingenio duro nec tam ~o pectore quin ubi quidque occasionis sit sibi faciat bene PL.*As.*944; deliciae..quae ~iore animo praeditis diutius molestae non solent esse CIC.*Cael.*44; satis ~us.. aduersum pecuniam TAC.*Ann.*3.18. **c** quem..perturbatum putat..uidet animo ~issimo contra dicere paratum CIC.*Inv.*1.25; quo ~iore animo in proelium prodeatis CAES.*Civ.*3.86.2; ~issumus contra pericula SAL.*Jug.*28.5; nunc animis opus..nunc pectore ~o VERG.*A.*6.261; ~am frontem SEN.*Dial.*9.6.2; ~a quaedam facilitas, quae apud Graecos ἕξις nominatur QUINT.*Inst.*10.1.1. **d** me obiurgas et rogas ut sim ~ior CIC.*Att.*3.15.1; tumulis mandare peremptos ~o animo *Tusc.*3.65; non ego ~us in hoc, non haec patientia nostro ingenio [TIB.]3.2.5; cetera damna durata iam mente malis ~aque tulerunt LUC.5.798; aduersus conuicia malosque rumores..~us ac patiens SUET. *Tib.*28.

9 (of friends, allies, or sim.) Firm in one's attachment to a person, cause, etc., constant, loyal, staunch, true; (also, of friendship, loyalty, or sim.).

hic meo ero amicus solus ~us restitit PL.*Trin.*1110; TER. *Hec.*746; fiunt (praefecti) ~iores ac coniunctiores fundo VAR.*R.*1.17.5; publicanos qui numquam ~i sed nunc Caesari sunt amicissimi CIC.*Att.*7.7.5; sperabam..Ciliciam.. ~iorem fore, si aequitatis nostrae particeps facta esset *Fam.*15.1.3; 15.4.14; ~i suffragatores Q.CIC.*Pet.*35; NEP. *Lys.*2.2; OV.*Pont.*2.3.57; (*cf.*) dexteram non tam in bellis ..quam in promissis et fide ~iorem CIC.*Deiot.*8;—haec reperta est fides ~a nobis PL.*Capt.*927; ~iorem..fore amicitiam posthac TER.*Hec.*533; nos..~issima beneuolentia hominum muniti sumus CIC.*Att.*2.25.2; SAL.*Cat.*20.4.

10 (of hopes, promises, resources, etc.) Reliable, sure, dependable; (of the memory) unfaltering. **b** (of causes, candidates) sure to succeed, strong, safe. **c** (of statements, rumours, etc.) reliable in respect of veracity.

~um omne erit quod tu egeris PL.*Trin.*387; nullum ~um in Graecis hominibus consilium CIC.*Flac.*36; neque omni interposita fide ~um esse posse (*sc. a promise of discharge*), si in aliud tempus differretur CAES.*Civ.*1.86.2; spem ~iorem pacis LIV.42.62.6; duos iuuenes, ~a adiumenta parentis OV.*Pont.*4.13.31; ~ius remedium SEN.*Dial.*11.8.1;—(*of troops, cf. sense 9*) has (*sc. units*) ~issimas se habere Pompeius existimabat CAES.*Civ.*3.88.4; additis auxilio perfugis, quod genus ex copiis regis, quia fallere nequibat, ~issumum erat SAL.*Jug.*56.2;—(*of the memory*) ~a memoria QUINT.*Inst.* 5.10.54. **b** si in minus ~is causis hominum periculis non defuissem CIC.*Clu.*51; *Red.Sen.*9; qui..~ior candidatus fore uideatur *Att.*1.1.2; alterius ducis causa melior uidebatur, alterius erat ~ior VELL.2.49.2. **c** nil sati' ~i uideo quam ob rem accipere hunc mi expediat metum TER. *Hau.*337; minime ~am ueneni suspicionem CIC.*Clu.*174; rumor..non ~us *Att.*11.25.2; SAL.*Jug.*64.6.

11 (of arguments, proofs, etc.) Well-founded, convincing. **b** established or binding in law, valid.

~issimum et grauissimum argumentum CIC.*Q.Rosc.*37; id mihi erat satis ~um ad leniendam aegritudinem *Att.* 13.12.1; Chrysippi (consolatio) ad ueritatem ~issima est *Tusc.*3.79; ~issimis probationibus QUINT.*Inst.*7.10.12; nec ullo ~iore indicio (infantem) sui seminis esse..quam feritatis SUET.*Cal.*25.4; probabilius id ~iusque est, quod de locuplete dixit (Nigidius) GEL.10.5.3. **b** si populus iusserit me tuum..seruum esse, id iussum ratum atque ~um futurum CIC.*Caec.*96; *Agr.*2.58; acta Caesaris ~a erunt *Phil.*1.16; ut ex aequo ius ~um approbaret PETR.74.9; si possessio petenti ~a est AGEN.*agrim.*p.33.

fiscālis ~is ~e, *a.* [FISCVS + -ALIS] Of, belonging to, or connected with the imperial treasury or its revenues; (neut. pl. as sb.) moneys due to the imperial treasury.

~es calumnias magna calumniantium poena repressit SUET.*Dom.*9.3; A CONDVCTORIB(us) AGROR(um) ~IVM *CIL* 8.10570; si ~is pecuniaria causa sit ULP.*dig.*1.16.9; res..~es quasi propriae et priuatae principis sunt 43.8.2.4; ~ibus debitoribus PAUL.*dig.*49.14.45.10; in uenditionibus ~ibus CALL.*dig.*49.14.3.5;—SOLVI SEMPER ~IA MANCEPS *CIL* 9. 4796.

fiscella ~ae, *f.* [as FISCINA + -ELLA] A small basket; (used as a filter, esp. in cheese-making). **b** a wicker guard used to prevent cattle from grazing, a muzzle; also, to protect ewes from rams.

resinam..indito in ~am et facito uti in doleo musti pendeat CATO *Agr.*23.3; gracili ~am texit hibisco VERG. *Ecl.*10.71; OV.*Fast.*4.743; cumulata..moris..sanguineo manat ~a cruore COL.10.402; CALP.*Ecl.*3.68;—tunc ~a leui detexta est uimine iunci, raraque per nexus est uia facta sero TIB.2.3.15; COL.7.8.3; in iunceis ~is..percolant (acetum) 12.17.2. **b** ~as habere (boues) oportet, ne herbam sectentur, cum arabunt CATO *Agr.*54.5; PLIN.*Nat.*18. 177;—deterrent (arietes) ab saliendo, et ~as e iunco aliaue qua re quod alligant ad naturam (ouium) VAR.*R.*2.2.14.

fiscellus ~i, *m.* [FISCVS + -ELLVS]

1 = prec.

(bacas) ~o lineo inclusas COL.12.38.6.

2 (See quot.)

~us casei mollis appetitor, ut catillones catillorum liguritores PAUL.*Fest.*p.90M.

fiscina ~ae, *f.* [next] A basket of rush, wickerwork, or sim. used in pressing fruit, etc. **b** (in prov. phr.) *cum porcis, cum ~a*, (app.) 'lock, stock, and barrel'.

uindemia facta uasa torcula, corbulas, ~as..iubeto suo quidquid loco condi CATO *Agr.*26; ~as olearias 153; quod.. quaeso ut in pectus tuum demittas tamquam in ~a uindemitor NOV.*com.*4[b]; VAR.*R.*1.26; facilis rubea texatur ~a uirga VERG.*G.*1.266; COL.11.2.90; unus frondator quattuor frondarias ~as complere in die iustum habet PLIN.*Nat.* 18.314; (*used in cheese-making*) caseoli quos iuncea ~a siccat *Copa* 17;—(*w. gen. of contents*) ~am ficorum abiecisti CIC. *Flac.*41; data est aegrae ~a frondis oui OV.*Fast.*4.754. **b** uobis habete (*sc.* amicam) cum porcis, cum ~a PL.*Mer.* 988.

fiscus ~i, *m.* [dub.]

1 A basket used in pressing olives, etc.

per lineum ~um quod pertriuerant exprimunt COL.12. 38.7; 12.49.9; ~os..quibus ad premendam oleam utimur ULP.*dig.*19.2.19.2.

2 A receptacle (orig. a basket?) for holding money, money-bag.

PEQVNIA IN ~IS OPSIGNETVR *CIL* 1.583.67; ~os compluris cum pecunia Siciliensi CIC.*Ver.*22; quaternos HS, quos mihi senatus..ex aerario dedit, ego habebo et in cistam transferam de ~o 3.197; (mulus) ferebat ~os cum pecunia PHAED.2.7.2; ego iam paraueram ~os: circumspiciebam, in quod me mare negotiaturus inmitterem SEN.*Ep.*119.5; donatus..~o aeris PLIN.*Nat.*7.102; ~i de imperatore rapti TAC.*Ann.*1.37; aerata multus in arca ~us JUV.14.260; SUET.*Cl.*18.1; suffiscus folliculus testium arietinorum..a ~i similitudine dictus PAUL.*Fest.*p.308.

3 The imperial exchequer (officially dist. from the public treasury or *aerarium Saturni*). **b** (w. defining adjs., of various special departments dealing with particular revenues or expenses of the emperor).

Caesar omnia habet, ~us eius priuata tantum ac sua SEN.*Ben.*7.6.3; uectigal a ~o redemerat PLIN.*Nat.*6.84; Otho ..~um suum uacationes annuas exoluturum promisit TAC. *Hist.*1.46; computatis singillatim quae ~o petebantur *Ann.* 4.20; emit ~us, quidquid uidetur emere PLIN.*Pan.*29.5; quidquid conspicuum pulchrumque est aequore toto, res ~i est JUV.4.55; GAIUS *Inst.*2.285;—(*dist. from the* aerarium) commoda publicae familiae ex aerario dantur..Caesaris familia ex ~o accipit commoda FRON.*Aq.*118; SUET.*Aug.* 101.4;—(*dist. from the emperor's private funds*) si principalis rei bona ad ~um deuoluta sint PAUL.*dig.*49.14.45.11. **b** PROC(urator) FISC(i) ASIATIC(i) *CIL* 6.8570; praeter ceteros Iudaicus ~us acerbissime actus est SUET.*Dom.*12.2; ADIVTOR TABVLARIOR(um) ~I CASTRENSIS *CIL* 8.12609.

Fisica ~ae, *f.* [cf. perh. FIDIVS, Osc. *Fiisiais*] A cult title of Venus at Pompeii.

⟨VENERE⟩M ~AM *CIL* 4.6865; IMPERIO VENERIS ~AE IOVI O M 10.928.

fisicus: see PHYSICVS.

fissiculō ~āre ~āuī ~ātum, *tr.* [FISSVM + -CVLVM + -O[3]] (of divine powers) To make fissures in, cleave (the entrails of victims sacrificed for divination).

eorum (*sc.* daemonum)..de numero praediti curant singuli..uel somniis conformandis uel extis ~andis..ceterisque adeo, per quae futura dinoscimus APUL.*Soc.*6.

fissilis ~is ~e, *a.* [FINDO + -ILIS] Easily split, fissile. **b** split, cleft.

cuneis scindebant ~e lignum VERG.*G.*1.144; ~e robur sciinditur *A.*6.181; uenae..~ibus (arboribus) insunt PLIN. *Nat.*16.184; sarcophagus lapis ~i uena scinditur 36.13.1. **b** ad focum si adesses, non ~e auferres caput PL.*Aul.*440;

ut..Milo, robur diducere ~e temptes Ov.*Ib*.607; quod genus ~is adminiculi manet ;ʒ utius quam teres palus Col. 4.33.4; 9.1.3.

fissiō ~ōnis, *f.* [FINDO+-TIO] The action of splitting or cleaving.
cum terrae subigerentur ~one glebarum Cic.*N.D*.2.159.

fissum ~ī, *n.* [FISSVS] A cleft, fissure, split.
impleuisti fusti ~orum caput Pl.*Aul*.454; ad ani ~a uel.. cancrum Cels.5.20.5; 6.13.4;—(*in divination, of clefts in the entrails*) quis inuenit ~um iecoris..? Cic.*N.D*.3.14; *Div.* 1.16; 2.28.

fissūra ~ae, *f.* [FINDO+-VRA]

1 The process of cleaving or splitting.
quod..totius obtruncatione uitis et cum eiusdem resectionis ~a praecipit fieri Col.4.29.4; trunco..arboris ~is diuiso Plin.*Nat*.13.36.

2 A crack or opening made by splitting, cleft, fissure. **b** a natural cleft or division.
surculos in ~am demittito Col.*Arb*.8.2; cuneo..tenui ~am custodiente Plin.*Nat*.17.102;—(*med.*) efficax..labrorum ~is 28.188; ~as ani diutinas Larg.223. **b** Philae, DC p. a Nili ~a Plin.*Nat*.5.59; oblonga herba est cum ~is 22.48; (*cf.*) quorum (animalium) in digitos pedum ~a diuisa est 10.176.

fissus ~a ~um, *a.* [pple. of FINDO] In senses of vb., esp.: (of a hoof, etc.) Cloven, divided; (of alum) scissile, flaky.
~a ferarum ungula Lucr.4.680; cerui..auribus..~is Plin.*Nat*.8.225;—aluminis ~i, aluminis rotundi..singulorum pondo libra Larg.208.

fistūca, fistūcātiō, fistūcō: see FESTVC-.

fistula ~ae, *f.* [dub.]

1 A pipe, tube; (esp.) a pipe for supplying water. **b** (med.) a tube used for applying medicaments; a catheter. **c** a metal punch.
eo ~am ferream indito, quae in columellam conueniat Cato *Agr*.21.1; Liv.38.7.11; duos..cyathos per tenuem ~am bibant Cels.1.8.3; quemadmodum..crocum latentibus ~is exprimat Sen.*Ep*.90.15;—~AS SOLEDAS FECIT *CIL* 1529.12; ~as quibus aqua suppeditabatur Cic.*Rab.Perd*.31; ductus..aquae fiunt..~is plumbeis, seu tubulis fictilibus Vitr.8.6.1; cum uitiato ~a plumbo scinditur Ov.*Met*.4.122; Sen.*Ep*.86.7; Plin.*Nat*.31.58; quinque antiqui moduli exiles..in unam ~am coacti Fron.*Aq*.25; 36; cum abruptis ~is obsideretur Flor.*Epit*.2.4(3.16.6); Ulp.*dig*.43.23.1.6. **b** squama..aeris..per ~am recte instillatur (*i.e. into an ulcerated ear*) Cels.6.7.4.B; trita sepiae testa..per ~am.. oculo inspirata Col.6.17.7;—aeneae ~ae..ad mares tres, ad feminas duae medico habendae sunt Cels.7.26.1.A. **c** hinc nata inoculatio sutoriae simili ~a aperiendi in arbore oculum cortice exciso Plin.*Nat*.17.100.

2 A shepherd's pipe, pan-pipe, syrinx; (app. also) a pitch-pipe. **b** (transf.) a whistle of disapproval (in theatres or sim.).
unco saepe labro calamos percurrit hiantis, ~a siluestrem ne cesset fundere musam Lucr.4.589; disparibus septem compacta cicutis ~a Verg.*Ecl*.2.37; 10.34; dicunt..custodes ouium carmina ~a Hor.*Carm*.4.12.10; rustica..~a Ov.*Met.* 8.192; tibiarum ac ~ae cantu Plin.*Nat* 5.7; Calp.*Ecl*.4. 74; Apul.*Met*.6.24;—Gracchus..cum eburneola solitus est habere ~a qui staret occulte post ipsum, cum contionaretur Cic.*de Orat*.3.225; ~a, quam τονάριον uocant Quint.*Inst.* 1.10.27. **b** ludis..mirandas ἐπισημασίας sine ulla pastoricia ~a auferebamus Cic.*Att*.1.16.11.

3 A kind of mortar for crushing wheat.
~am farrariam 1 Cato *Agr*.10.3; Etruria spicam farris tosti pisente pilo praeferrato ~a serrata et stella intus denticulata..maior pars Italiae nudo utitur pilo Plin.*Nat.* 18.97.

4 A naturally occurring tube, pore, cavity, or sim., esp. in the bodies of human beings or animals; ~*a urinae* or ~*a* alone, the urethra. **b** the hollow stalk (of a plant); a reed-pen. **c** a tubular roll, 'quill' (of cassia-bark).
sub naribus..~a est per quam bibere auenis..dicuntur Mela 3.91; (ballaenae et delphini) ~a spirant Plin.*Nat.* 9.19; (dentes aspidis) tenui ~a perforati 11.163; extremam ~am intestini (hyaenae) 28.106; ~am, quae Graece nominatur τραχεῖα ἀρτηρία Gel.17.11.3; (*in a sponge*) mares (spongeas) tenui ~a spissioresque Plin.*Nat*.31.123; (*in a honeycomb*) in extremis fauis transuersas ~as esse, quae contineant regios pullos Col.9.11.5;—ne..~am..urinae..claudat (*sc. the foreskin*) Cels.6.18.2.K; prolapsus in ipsam ~am calculus 7.26.1.C; Plin.*Nat*.29.63. **b** inest (calami) ~ae araneum, quod uocant florem Plin.*Nat*.12.106; calami scriptorii ~am Larg.47;—dilutas querimur geminet quod ~a guttas Pers. 3.14. **c** (casia) probatur..breui tunicarum ~a atque non fragili Plin.*Nat*.12.97; casiae rufae ~arum uictoriati pondus Larg.36.

5 (med.) A narrow pipe-like suppurating sore or ulcer, fistula.
si ~a erit, turundam intro trudito Cato *Agr*.157.14; ut.. per lumbos ~ae puris eruperint Nep.*Att*.21.3; ex aliis ulcerum generibus ~ae oriuntur Cels.5.28.12.A; Plin.*Nat.* 23.6; Larg.206.

fistulārius ~(i)ī, *m.* [prec.+-ARIVS] (prob.) A player on the pan-pipes, piper.
CIL 1.1244.

fistulātim, *adv.* [FISTVLATVS+-IM] In a jet or spray.
fimo ~ excusso Apul.*Met*.4.3.

fistulātor ~ōris, *m.* [FISTVLA+-TOR] One who plays a pipe.
~orem domi relinquetis, sensum huius consuetudinis uobiscum ad forum deferetis Cic.*de Orat*.3.227; concinentes habuit ~ores et fidicines Gel.1.11.7.

fistulātōrius ~a ~um, *a.* [FISTVLA+-TORIVS] Suitable for use as a Pan-pipe.
de..~is calamis Plin.*Nat*.1.16.66.

fistulātus ~a ~um, *a.* [FISTVLA+-ATVS[2]] Fitted with pipes; also, having a tubular aperture.
cenationes laqueatae tabulis eburneis..~is, ut unguenta desuper spargerentur Suet.*Nero* 31.2;—uasculo quodam (*i.e. a clepsydra*) in uicem coli graciliter ~o Apul.*Met*.3.3.

fistulōsus ~a ~um, *a.* [FISTVLA+-OSVS]

1 Full of holes or passages, porous. **b** (med.) full of fistulas, ulcerated.
quae (calx)..erit ex ~o (saxo), in tectoriis (utilis erit) Vitr.2.5.1; saxa..exesa et ~a Sen.*Nat*.3.25.10; neque ~us neque salsus..prouenit (caseus) Col.7.8.5; scarabei..fauos ..~ae modo spongiae..fingunt Plin.*Nat*.11.99. **b** cancer..albus purulentus est, sed ~us et subtus suppurat sub carne Cato *Agr*.157.3.

2 Pipe-shaped, tubular.
spiritus..cum graues per interuenia ~a perueniunt Vitr. 8.6.12; interualla..~a Sen.*Nat*.5.12.1; pectus ipsum (cicadae) ~um Plin.*Nat*.11.13; 11.173; ceteris (leguminibus).. praetenui surculo, omnibus uero ~is 18.57.

fītilla ~ae, *f.* [< **fictilla* (FINGO+-ILLA); cf. Umb. *fikla, ficlam* (= *offam, libum*)] A kind of cake or paste offered in sacrifices.
boni etiam farre ac ~a religiosi sunt Sen.*Ben*.1.6.3; sacra prisca..pulte ~a conficiuntur Plin.*Nat*.18.84.

fīuō ~ere, *tr.*: (see quot.).
~ere item (apud Catonem) pro figere Paul.*Fest*.p.92M.

fixa ~ōrum, *n. pl.* [FIXVS] (leg.) Fittings, fixtures.
ut ruta caesa uincta ~aque quae aedium non essent Cels. *dig*.19.1.38.2.

fixula ~ae, *f.*: var. of FIBVLA.
Paul.*Fest*.p.90M.

fixus ~a ~um, *a.* [pple. of FIGO] In senses of vb., esp.

1 (of ordinances, fate, decisions, etc.) Firmly established, unchangeable, irrevocable, etc.; (of a person) unwavering in one's resolve.
censorias subscriptiones..~as et in perpetuum ratas Cic.*Clu*.132; si haec mala ~a sunt *Fam*.14.4.1; stabili et ~o et permanente bono *Tusc*.5.40; si mihi non animo ~um immotumque sederet Verg.*A*.4.15; quicquid ab hoc portenditur, ~um est nec..mutatur Sen.*Nat*.2.34.1; manet haec ab origine mundi ~a dies bello Stat.*Theb*.3.243; nec cordi ~a uoluntas *Silv*.1.2.58; immotum aduersus eos sermones ~umque Tiberio fuit non omittere caput rerum Tac.*Ann*.1.47;—talia perstabat memorans ~usque manebat Verg.*A*.2.650.

2 (w. abl., app.) Set or fitted with.
stellis..micantibus aethera ~um Lucr.5.1205; (*cf.*) ualida uenabula cuspide ~a (*i.e. tipped with*) Man.5.202.

flābellifera ~ae, *f.* [FLABELLVM+-FER] A maid who holds a fan over her mistress.
~ae, sandaligerulae, cantrices Pl.*Trin*.253.

flābellulum ~ī, *n.* [next+-VLVM] A small fan.
~um (flabellum *codd.*) tenere Ter.*Eu*.598.

flābellum ~ī, *n.* [FLABRVM+-ELLVM] A fan.
cape hoc ~um, uentulum huic sic facito Ter.*Eu*.595; cuius lingua quasi ~o seditionis illa tum est egentium contio uentilata Cic.*Flac*.54; pauonis caudae ~a superbae Prop. 2.24.11; aestuanti tenue uentilat frigus..concubina ~o Mart.3.82.11.

flābilis ~is, ~e, *a.* [FLO+-BILIS] Of the nature of wind, airy.
nihil..est in animis..aut umidum..aut ~e aut igneum Cic.*Tusc*.1.66.

flābrum ~ī, *n.* [FLO+-BRVM] (in quots., pl. only) A gust or blast (of wind).
uenti uis..montis..siluifragis uexat ~is Lucr.1.275; etesia ~a aquilonum 5.742; non hiemes illam (*sc.* aesculum) non ~a neque imbres conuellunt Verg.*G*.2.293; segetes altae..lenibus horrescunt ~is 3.199; Boreae ~a Prop. 2.27.12; V.Fl.6.665; Apul.*Mun*.10.

flacceō ~ēre, *intr.* [FLACCVS[1]+-EO] To decline in strength, flag, languish; (in quots., transf., of persons or things).
an sceptra iam ~ent? Acc.*trag*.3; iam ~et fortitudo Afran.*com*.65; ambitus redit immanis; numquam fuit par.. Messala ~et Cic.*Q.Fr*.2.14.4; cur uestra oratio rebus ~et, strepitu uiget? Apul.*Apol*.25.

flaccescō ~ere, *intr.* Also **flaccisco.** [prec.+-SCO] (esp. of vegetation) To languish, droop, flag.
flucti ~unt, silescunt uenti Pac.*trag*.77; ~ente fronde Vitr.2.9.2; paucis horis, dum ~at, in sole habeto (cytisum) Col.5.12.5; 12.7.4;—(*transf.*) cum..motus..omnis animi tamquam uentus hominem defecerat, ~ebat oratio Cic. *Brut*.93.

flaccidus ~a ~um, *a.* *compar.* ~ior. [FLACCEO+-IDVS] Drooping, floppy, flaccid. **b** (transf.) languid, weak.
aures..~ae Col.6.30.5; 7.6.2; folio..~o Plin.*Nat*.15. 127; ueste..in sinus ~os abundante Apul.*Met*.7.8; *Soc*.pr.1. **b** ~iore..quanto iam turbine fertur (luna) Lucr.5.632.

flaccus[1] ~a ~um, *a.* [dub.] (of ears) Drooping, floppy; (of persons) having pendulous ears.
auriculis magnis ac ~is Var.*R*.2.9.4;—ecquos (deos arbitramur) silos ~os frontones..? Cic.*N.D*.1.80.

Flaccus[2] ~ī, *m.* A Roman cognomen; esp. Q. Horatius Flaccus, the poet Horace.
M FVLVIVS Q F M N ~VS *Act.Triumph*.19(*CIL* 1.p.46); multum in Valerio ~o nuper amisimus Quint.*Inst*.10.1.90; (*cf.*) aures homini tantum inmobiles. ab his ~orum cognomina Plin.*Nat*.11.136;—si quid in ~o uiri est (*i.e. if I am a man*) Hor.*Epod*.15.12; Calabri..carmina ~i Mart. 8.18.5; Maur.2265; (*meton.*) cum totus decolor esset ~us (*i.e. copies of his works*) Juv.7.227.

flacēs: see FRACES.

flagellō ~āre ~āuī ~ātum, *tr.* [next+-O[3]]

1 To scourge, lash, whip, flog.
hunc infera monstra ~ant Luc.7.783; quaestorem.. ~auit ueste detracta Suet.*Cal*.26.3; 55.1; *Cl*.38.2;—(*in fig. phr.*) consentiamus mala facinora conscientia ~ari et plurimum illi tormentorum esse eo, quod perpetua illam sollicitudo urget Sen.*Ep*.97.15.

2 To strike repeatedly as with a whip, lash, beat against, etc.; to thresh, flail (corn). **b** to shake violently like a whip; to lash out with (the arm).
arbor..ima parte ~ari gemuit sua robora caudae Ov. *Met*.3.94; ~abant (angues) gaudentis colla Medusae Luc. 9.633; radiorum..multiformi iactu ~atus aer Plin.*Nat.* 2.116; canes..extremis crinibus (polypi) ~atos 9.92; ut.. serpentes ipsae sese interimant ~ando 25.101; molles.. ~ent colla comae Mart.4.42.7; puppem..insana ~at arbor (*i.e. mast*) Stat.*Theb*.5.373;—messis..perticis ~atur Plin. *Nat*.18.298. **b** serta..mixta comis sparsa ceruice ~at Stat.*Theb*.10.169;—ut manum alius ultra sinum proferre non audeat, alius..repetito ultra laeuum umerum gestu ita in tergum ~et ut consistere post eum parum tutum sit Quint.*Inst*.11.3.118.

3 (transf., app.) To keep (prices, money) in a state of constant progress, 'whip up'.
pretia..non ignoramus alia aliis locis esse et omnibus paene mutari annis, prout..aliquis praeualens manceps annonam ~et Plin.*Nat*.33.164; felixque uetusque sodalis et cuius laxas arca ~at opes Mart.2.30.4; 5.13.6; (*cf.*) si puteal multa cautus uibice ~as (*i.e. by usury*) Pers.4.49.

flagellum ~ī, *n.* [FLAGRVM+-ELLVM]

1 A whip, lash: **a** (as an instrument of punishment). **b** (for driving horses). **c** (in spinning a top). **d** (transf.) the thong of a javelin.
a Porcia lex uirgas ab omnium ciuium..corpore amouit, hic misericors ~a rettulit Cic.*Rab.Perd*.12; ne laneum latusculum..inusta turpiter tibi ~a conscribillent Catul. 25.11; ille ~is ad mortem caesus Hor.*S*.1.2.41; ~orum ictus nudis ossibus incussos Curt.6.11.17; in corum atque eurum solitus saeuire ~is barbarus Juv.10.180;—(*as the characteristic weapon of the Furies and similar deities*) ultrix accincta ~o Tisiphone Verg.*A*.6.570; cum sanguineo sequitur Bellona ~a 8.703; hic tibi de Furiis scindet latus una ~o Ov.*Ib*.181; Sen.*Med*.962; V.Fl.8.20;—(*in fig. phrs.*) mens sibi conscia factis praemetuens adhibet stimulos torretque ~is Lucr.3.1019; Juv.13.195. **b** equos respondit: oreas mihi inde, tibi cape ~um Cato *hist*.72; signum.. dedit insonuitque ~o Verg.*A*.5.579; qui..iugum ~o temperat lento meum Phaed.3.6.6; Plin.*Nat*.28.93; Mart. 14.55.1. **c** callidior buxum torquere ~o Pers.3.51. **d** teretes sunt aclydes illis tela, sed haec lento mos est aptare ~o Verg.*A*.7.731.

2 The young whip-like shoot of a vine; (also, of other plants).
uitem, quam uocant minorem ~um, maiorem et iam unde uuae nascuntur palmam Var.*R*.1.31.3; Catul.62.52; neue ~a summa pete aut summa defringe ex arbore plantas Verg.*G*.2.299; ne pluribus ~is emacientur (uites) Col. 4.6.3; *Arb*.16.4; cum eualuissent ~a pedes binos Plin. *Nat*.17.116; Annian.*poet*.3.1;—reptantibus ~is scandentis (cucurbitae)..in tectum usque natura sublimitatis auida Plin.*Nat*.19.69.

3 An arm, tentacle (of a polyp).
ut..deprensum polypus hostem continet ex omni dimissis parte ~is Ov.*Met*.4.367.

flāgitātiō ~ōnis, *f.* [FLAGITO+-TIO] An importunate request, entreaty, demand.
nolui deesse ne tacitae quidem ~oni tuae Cic.*Top*.5; crebris populi ~onibus Tac.*Ann*.13.50; Apul.*Apol*.1.

flāgitātor ~ōris, *m.* [FLAGITO+-TOR] One who makes importunate demands; esp. a creditor insisting on repayment, dun.
pugnae ~or Liv.2.45.13; triumphi ante uictoriam ~or 8.12.9; improbi ~ores qui detrimenta pueritiae suae mutuo dedecore compensant Calp.*Decl*.20;—ne quis formidet ~orem suom Pl.*Cas*.24; sol..quasi ~or astat usque ad ostium *Mos*.768; Gel.17.6.10; (*in fig. phr.*) non..tibi repromittere istuc quidem ausim. nam hunc..uideo ~orem ..adsiduum..et acrem fore Cic.*Brut*.18.

flāgitiōsē, *adv.* *superl.* ~issimē. [next+-E] In a disgraceful manner, scandalously, outrageously.
si quid..malitiose ~e factum proferemus *Rhet.Her*.1.8; patres conscriptos iudicia male et ~e tueri Cic.*Ver*.44; qui..

aliorum amori ~issime seruiebat *Catil.*2.8; sumus..~e imparati cum a militibus tum a pecunia *Att.*7.15.3; *Fin.*5.94; [QUINT.]*Decl.*1.6.

flāgitiōsus ~a ~um, *a. compar.* ~ior, *superl.* ~issimus. [next+-OSVS] **a** (of actions, etc.) Disgraceful, shocking, scandalous. **b** (of persons) guilty of outrageous behaviour, infamous.

a iudicia..turpia ac ~a fieri CIC.*Ver.*45; istius ~as libidines 2.134; foedo illo et ~o die *Phil.*3.12; ~ae et calamitosae fugae *Att.*8.1.3; uiro ~issumum existumo impune iniuriam accepisse SAL.*Jug.*31.21; abscedi a Capua..~um ducebat LIV.26.8.3; quid est cena sumptuosa ~ius? SEN.*Ep.*95.41; iniquam iracundiam ~a perfidia ulciscebatur TAC.*Hist.*2.100; *Ann.*6.32. **b** ex Verris turpissimo ~issimoque comitatu CIC.*Ver.*3.30; *Catil.*2.10; M. Aemilius, omnium ~orum postremus SAL.*Hist.*1.77.3; PLIN.*Ep.*3.9.31.

flāgitium ~(i)ī, *n.* [app. as next+-IVM]

1 (app.) A public demonstraation of disapproval outside a person's house.

~ium probrumque magnum..expergefacis PL.*Cur.*198; abiero. ~io cum maiore post reddes tamen (fides) *Epid.*516; neque propter eam quicquam eueniet nostris foribus ~i *Mer.*417.

2 Disgrace incurred by someone, dishonour, infamy.

quam propter tantum damni feci et ~i PL.*Bac.*1032; maxumo ego ardeo ~io *Cas.*937; non queror..~ium huius iacturae atque damni CIC.*Agr.*1.21; ut..periturum se potius dixerit, quam cum tanto ~io domum rediret NEP.*Ham.*1.5; peius..leto ~ium timet HOR.*Carm.*4.9.50; moueri ~io timoris fatendi LIV.42.60.4; non..eximiam gloriam meruisse..sed tantum effugisse ~ium PLIN.*Ep.*3.11.4.

3 A shocking circumstance, state of affairs, etc., a scandal, disgrace. **b** (concr.) *~ium hominis* (as a term of abuse), an infamous scoundrel.

non est ~ium, mihi crede, adulescentulum scortari neque potare TER.*Ad.*101; senectus (tua fuit) rei publicae ~ium GRACCH.*orat.*60; qui praeesse agro colendo ~ium putes CIC.*S.Rosc.*50; si quod sit in obscenitate ~ium *Fam.*9.22.1; in mappis, in scobe quantus consistit sumptus? neglectis ~ium ingens HOR.*S.*2.4.82; clamitans summum ~ium fore, si alterum exercitum utriusque uictoriae compotem sinerent fieri LIV.9.43.14; crederes (plebem) laetari, ac fortasse laetabantur per incuriam publici ~ii TAC.*Ann.*16.4; (*pred. dat.*) non diuitias decori habere, sed ipsum illis ~io esse SAL.*Rep.*1.8.1. **b** is mi..aduorsatur..animi amorisque caussa sui, ~ium illud hominis! PL.*Cas.*155; ~ium hominis, subdole ac minimi preti *Men.*489; 709.

4 A shameful act, an offence against decent feeling, an outrage, enormity, sin. **b** (collect. sg.) outrageous conduct. **c** (often applied to sexual misconduct or instances of it). **d** (applied to offences against military discipline).

ut celem patrem..tua ~ia PL.*Bac.*376; *Men.*605; an id ~iumst si..eas itidem fallam, ut ab is fallimur? TER.*Eu.*385; mutare sententiam turpe est, exorari scelus, misereri ~ium CIC.*Mur.*62; quasi nescio cuius te ~i insimularim *Att.*10.17.4; deos hominesque testantes ~ium ingens fieri LIV.3.72.1; sacrilegum ~ium V.MAX.8.5.5; SEN.*Med.*236; quos per ~ia inuisos uulgus Christianos appellabat TAC.*Ann.*15.44; JUV.13.244;—(*contrasted w.* scelus) ibi scelus quoque latere inter illa tot ~ia putatote CIC.*S.Rosc.*118; *Att.*9.10.3; tamquam scelera ostendi oporteat, dum puniuntur, ~ia abscondi TAC.*Ger.*12.2;—(*hyperb.*) ~ium maxumum feci miser..operam uxoris polliceor foras, quasi catillatum PL.*Cas.*549; ista..~ia Democriti..esse corpuscula quaedam leuia alia aspera CIC.*N.D.*1.66;—(*humorous*) fores hae fecerunt magnum ~ium modo. — quid id est ~i? — crepuerunt clare PL.*Poen.*609[a]. **b** dum aliud aliquid ~i conficiat TER.*Ph.*770; si uera et honesta ~ium superauerit SAL.*Hist.*3.48.13; imperium ~io quaesitum TAC.*Hist.*1.30; trepidis..quis ~ii conscientia inerat 4.41;—(*hyperb.*) ut ne legens quidem..senserit quantum ~i commisisset (*i.e. an anachronism*) CIC.*Brut.*219. **c** ~i principium est nudare inter ciuis corpora ENN.*scen.*395; amori congressio causam attulerat, amor ~io CIC.*Top.*59; numquam comoediae, nisi consuetudo uitae pateretur, probare sua theatris ~ia potuissent *Rep.*4.10; *Tusc.*4.69; CATUL.67.42; postquam aspernabantur ~ium aures, minis territare (adulescentem) LIV.8.28.3; CURT.5.1.37; ~ia principis sub nominibus exoletorum feminarumque..perscripsit (Petronius) TAC.*Ann.*16.19. **d** ut, si a multis esset ~ium rei militaris admissum, sortito in quosdam animaduerteretur CIC.*Clu.*128; abolere ~ii memoriam noua gloria LIV.7.13.4; scutum reliquisse praecipuum ~ium TAC.*Ger.*6.6; *Hist.*5.22.

flāgitō ~āre ~āuī ~ātum, *tr.* [cf. perh. FLAGRVM]

1 To beset (a person) with demands, press, importune; esp., to dun (a debtor). **b** to summon (a person) to stand trial. **c** to solicit the favours of, seduce (a woman).

facile est bene agere cum eis a quibus etiam tacentibus ~ari uidemur CIC.*Phil.*14.30; exspectatione promissi tui moueor ut admoneam te, non ut ~em *Fam.*9.8.1; quoniam me ~as, coactu tuo scribam quae sentio BRUT.*ad Brut.*1.17.1;—neque nos quemquam ~amus neque nos quisquam ~at PL.*Poen.*539; si non dabis, clamore magno et multum ~abere *Ps.*556; 1145; eam pecuniam uiro mutuam dat; postea, ubi irata facta est, seruum..sectari atque ~are uirum iubet CATO *orat.*157; cum undique uersum tabulis ~aretur APUL.*Apol.*75. **b** compertum publicam pecuniam auertisse ut peculatorem ~ari iussit TAC.*Hist.*1.53. **c** si quis ancillam alienam subripuit et ~auerit ULP.*dig.*47.1.2.5; (*cf.*) nudatum supinatumque iuuenem execrandis oribus ~abant APUL.*Met.*8.29; (*app.*) inter cutem ~atos dicebant antiqui mares, qui stuprum passi essent PAUL.*Fest.*p.110M.

2 (w. double acc.) To ask repeatedly, solicit (a person for something). **b** (w. acc. of person foll. by *ut*).

illa, quae me ludens Crassus modo ~abat CIC.*de Orat.*2.188; Caesar Aeduos frumentum..~are CAES.*Gal.*1.16.1; nec potentem amicum largiora ~o HOR.*Carm.*2.18.13; tunc ~at iras in populos Astraea Iouem V.FL.2.362; qui umquam se..debitum..~assent SUET.*Vit.*14.2;—(*pass.*) Petreius atque Afranius cum stipendium ab legionibus..~arentur CAES.*Civ.*1.87.3. **b** ~as me ut eloquar PL.*Mer.*178; pro me superiores consules semper ut referrent ~ati sunt CIC.*Red.Pop.*11; *Fam.*10.16.1.

3 (w. acc. of thing, etc., demanded, sts. foll. by *ab*) To clamour for, demand, insist on being given (a thing, person). **b** (w. impers. subj.). **c** (w. indir. qu.) to question insistently.

illum (*sc.* puerum amissum) clamore uidi ~arier PL.*Men.*46; dum..abs te officia tutelae sodalitatis..~et CIC.*Ver.*1.94; ~o testis *Font.*11; ciuium pacem ~antium *Marc.*14; populus..regem ~are non destitit *Rep.*2.23; id..ex omnibus partibus ab eo ~abatur CAES.*Civ.*1.71.1; inermes telum foris ~antes NEP.*Di.*9.6; illa caua pretium ~at usque manu TIB.2.4.14; ~atum quoque stipendium procacius..erat LIV.28.24.8; cum pactum ~aret praemium PHAED.1.8.10; siser..Tiberius..nobilitauit ~ans omnibus annis e Germania PLIN.*Nat.*19.90; ministros in tormenta ~abat TAC.*Ann.*3.14;—(*w. pred.*) ille senatus..qui occiso Nerone delatores..puniendos ~abat *Hist.*4.42;—(*w. acc. and inf.*) ut theatri clamoribus reponi apoxyomenon (*a statue*) ~auerit (populus) PLIN.*Nat.*34.62; APUL.*Met.*3.6;—(*w.* ut) cognoscit..~ari..ab Domitio ut quam primum Caesari subsidia mitteret *B.Alex.*38.1; ~ante uulgo ut omnia studia sua publicaret TAC.*Ann.*16.4;—(*w. inf.*) ut..ciliis alterna coniuens, bibere ~arem APUL.*Met.*10.17;—(*ellipt.*) sed ~at tabellarius. ualebis igitur CIC.*Fam.*15.18.2; tandem ~ante populo proposuit..legem SUET.*Cal.*41.1. **b** naturale illud, quod aures hominum ~abant CIC.*de Orat.*3.198; ea quae tempus et necessitas ~at *Phil.*5.53; ad uictum quae ~at usus LUCR.6.9; quod cum tardius fieret quam periculum nostrorum ~abat *B.Alex.*44.3; Arabia ~at quandam generum distinctionem PLIN.*Nat.*12.41;—(*w. inf.*) perna magis et magis hillis ~at immorsus (stomachus) refici HOR.*S.*2.4.61; APUL.*Met.*4.6. **c** Calchanta..protrahit in medios; quae sint ea numina diuum ~at VERG.*A.*2.124.

flaglō: see FLAGRO.

flagrans ~ntis, *a. compar.* ~ntior, *superl.* ~ntissimus. [pple. of FLAGRO] FORMS: *fraglans* read in APUL.*Met.*4.31. In senses of vb., esp.:

1 Flaming, fiery, blazing.

Colchis ~ntis (*i.e. fire-breathing*)..sub iuga tauros egit PROP.3.11.9; ~ntis portitor undae (*i.e. Phlegethon*) LUC.6.704;—(*in fig. phr.*) malis non alius maiorem ~ntioremque quam C. Curio tribunus pl. subiecit facem VELL.2.48.3.

2 (of the sun, etc.) Fierily hot, scorching; (of heat) intense; (of fevers) burning.

~ntis atrox hora Caniculae HOR.*Carm.*3.13.9; ~nti..in zona SEN.*Her.O.*1363; ~ntis post terga Noti LUC.10.50; reductis..~ntissimo sole uelis SUET.*Cal.*26.5; aestate anni ~ntissima GEL.19.5.1;—~ntissimo aestu LIV.44.36.7; PLIN.*Nat.*12.58;—~ntissimis febribus ardebat APUL.*Met.*10.25.

3 (of a person, his mind, etc.) Burning with desire (for something specified or implied), enthusiastic, ardent. **b** (ref. to permanent disposition) fiery, passionate, or sim. **c** (of feelings, desires) vehement, intense. **d** (of tumult, strife, etc.) fierce, furious.

illa studia..quibus..te incendi, quamquam ~ntissimum acceperam CIC.*Fat.*3; omni in pectore saeuit mortis amor..nihil ~ntibus obstat STAT.*Theb.*7.138; ni prudentia matris incensum ac ~ntem animum coercuisset TAC.*Ag.*4.4; ~ntissima cohortium suarum integra *Hist.*4.79; Nero..~ntior in dies amore Poppaeae *Ann.*14.1;—(*of things*) cum ~ntia detorquet ad oscula ceruicem HOR.*Carm.*2.12.25; ad quem tu tam ~ntes litteras mittis FRO.*Aur.*1.p.84(5N). **b** ~ns odiosa loquacula Lampadium fit LUCR.4.1165; C. Gracchus..~ntissimo ingenio V.MAX.8.10.1; ~ns iuuenis TAC.*Ann.*16.26. **c** ut in nullo umquam ~ntius studium uiderim CIC.*Brut.*302; ~nti cupiditate *Tusc.*4.44; cum tibi ~ns amor et libido..saeuiet circa iecur HOR.*Carm.*1.25.13; ~ntissimus in Antonium amor TAC.*Hist.*4.39; neminem tam ~nti desiderio celebratum *Ann.*3.6; ~ntior aequo non debet dolor esse JUV.13.11; ira ~ntior APUL.*Pl.*1.18. **d** medio in ~nte tumultu VERG.*A.*11.225; cum..~ntibus comitiis pecunias deponerent candidati PLIN.*Nat.*pr.9; ~ntior inde uis, plures seditioni duces TAC.*Ann.*1.22.

4 (of a person, his popularity) In the ascendant.

~ntissima..eo in tempore gratia Pallas TAC.*Ann.*11.29; eam..Otho pellexit iuuenta ac luxu et quia ~ntissimus in amicitia Neronis habebatur 13.45.

5 (of crimes, app.) Outrageous, monstrous, flagrant.

ciuitati grande desiderium eius mansit per memoriam uirtutis et successorum alterius segnem innocentiam, alterius ~ntissima flagitia TAC.*Ann.*14.51.

flagranter, *adv. compar.* ~ius, *superl.* ~issimē. [prec.+-TER[2]] Ardently, passionately.

nec Latium curis ardet ~ius ullis SIL.16.595; Gaium ac Lucium..destinari consules..~issime cupiuerat TAC.*Ann.*1.3; (epistulas) tam effuse tam ~er compositas FRO.*Aur.*1.p.220(50N).

flagrantia ~ae, *f.* [FLAGRANS+-IA] FORMS: *fraglantia* read in APUL.*Met.*4.17, 6.12.

1 A blaze, burning. **b** scorching heat (of the sun or sim.). **c** a passionate glow (of the eyes).

carmen quod de natura atque ~a montis eius (*sc.* Aetnae) compositum est GEL.7.10.8. **b** (ursae) aestiua ~a maceratae APUL.*Met.*4.14; serico tegmine ~ae solis obsistit 4.31; 6.32. **c** si..ita sese gerat non incessu solum sed ornatu..non ~a oculorum..sed etiam complexu..ut..proterua meretrix procaxque uideatur CIC.*Cael.*49.

2 Passionate love, ardour.

uigor ille maternae ~ae sensim..restinguitur GEL.12.1.22.

3 *flagiti ~a,* (as a comic term of abuse).

etiam uim proportas, flagiti ~a? PL.*Rud.*733.

flagrātōrēs ~um, *m. pl.* [FLAGRVM+-O[3]+-TOR] (See quot.)

~es dicebantur genus hominum, quod mercede flagris caedebantur PAUL.*Fest.*p.89M.

flagriō ~ōnis, *m.* [FLAGRVM+-IO[1]] A slave who is always being whipped.

AFRAN.*com.*391.

flagritriba ~ae, *m.* [FLAGRVM+Gk. τρίβω] (comic nonce-wd.) One who wears out whips by being flogged.

quos quom ferias, tibi plus noceas; eo enim ingenio hi sunt ~ae PL.*Ps.*137.

flagrō[1] ~āre ~āuī, *intr.* (*tr.*). [cf. *fulgeo*, Gk. φλέγω, Skt. *bhrājate* 'shine', Lith. *blizgeti*] FORMS: *fraglo* freq. in codd., and read in APUL.*Met.*5.9, 5.23; *flaglo* read in HYG.*Fab.*152.2.

1 To be ablaze, burn, flame: **a** (of fires, lights). **b** (of inflammable things). **c** (of the place occupied by a fire).

a e trucibus..oculis (Draconis) duo feruida lumina ~ant CIC.*Arat.*58; si circa me ~arent incendia SEN.*Ep.*109.18; comete..illis noctibus ~ante PLIN.*Nat.*2.149; ignes..quales iam compluribus locis ~ant 36.83; STAT.*Theb.*10.843. **b** domus hostili ~abit incendio *Rhet.Her.*4.51; ~antem feruida pinum sustinet VERG.*A.*7.397; fumo crepitoque uiridis materiae ~antis LIV.6.2.11; ~abant (sarcinae) exurentibus dominis CURT.6.6.16; faex..sine alimento per sese ~at PLIN.*Nat.*14.131; inclitas..urbis igne caelesti ~asse TAC.*Hist.*5.7; qui seruauit trepidam ~anti ex aede Mineruam JUV.3.139; (*w. acc. of respect*) a cuius lumine ~ans Hersilie crinis OV.*Met.*14.847; (*poet.*) ~abant sancti sceleratis ignibus ignes (*i.e. when the temple of Vesta burned*) *Fast.*6.439; (*fig.*) ~ antibus iam militum animis uelut faces addiderat Maeuius Pudens TAC.*Hist.*1.24. **c** sacerdos..admouit..pecus ~antibus aris VERG.*A.*12.171; Aetna..adsiduis ignibus ~at MELA 2.119; ~et..exciso festa culina iugo MART.7.27.6.

2 To appear as if on fire, burn, shine (with reflected light or bright colours). **b** (of the eyes, cheeks) to burn, glow (with emotion). **c** (of the body, etc.) to be flushed or hot (with fever, wine, or sim.).

Aeneas..sidereo ~ans clipeo VERG.*A.*12.167; quosdam (carbunculos)..magis in sole ~antes PLIN.*Nat.*37.93; lacus ~antes sanguine SIL.1.126. **b** oculos..hos ~antis sororis CIC.*Har.*38; ex illo ~antia declinauit lumina CATUL.64.91; lacrimis..~antis perfusa genas VERG.*A.*12.65; ~ant genae rubentes SEN.*Med.*858; contuitu..multiformes (oculi), truces, torui, ~antes PLIN.*Nat.*11.145; ~ans oculis, truci uoce TAC.*Hist.*3.3. **c** intima pars hominum uero ~abat ad ossa LUCR.6.1168; ~at incensum siti cor SEN.*Thy.*98; si mens et corpus hominis uino ~aret GEL.15.2.3.

3 (w. abl.) To be excited (by), burn (with passion, zeal); (also absol.). **b** (w. abl.) to burn with love (for); (also w. acc.). **c** (w. inf.) to be eager, burn to.

incredibili quodam nostri homines discendi studio ~auerunt CIC.*de Orat.*1.14; homo ~ans cupiditate gloriae *Sest.*134; non dici potest quam ~em desiderio urbis *Att.*5.11.1; coniugis..~ans..amore CATUL.68.73; cum Dion eius audiendi cupiditate ~aret NEP.*Di.*2.2; ~antes ira LIV.5.37.4; ~ant odio tua pectora nostro OV.*Tr.*4.9.7; ~abat ..mulier pulcherrima..aemulatione COL.12.pr.7; ~abat libidinibus in mulieres SUET.*Gram.*23(p.118Re); gliscentis inuidiae felle ~antes APUL.*Met.*5.9;—multitudinem Iudaeorum ~antem non numquam in contionibus..contemnere CIC.*Flac.*67; ~ant animi, Romanaque uirtus erigitur LUC.7.383; decertandum hosti, qui..~et meliore Gradiuo SIL.15.15. **b** hac ego nunc mirer si ~et nostra iuuentus? PROP.2.3.33; 3.19.13; uirgines patrum senectute ~antes [QUINT.]*Decl.*15.11;—caelestem ~ans amor Herculis Heben PROP.1.13.23. **c** pars uisere ~at unius acta uiri STAT.*Theb.*3.118; 10.221; ire in aciem..furore quodam et instinctu ~abant TAC.*Hist.*2.46.

4 (of countries, etc.) To be in a state of violent unrest, seethe (with war, strife, or sim.).

in eius modi conuiuiis..quae domesticis stupris flagitiisque ~abunt CIC.*Ver.*4.71; Italiam ~aturam bello *Att.*7.17.4; ciuitas..intestino..~abat odio LIV.2.23.1; cum omnia bello ~arent 22.13.11; TAC.*Hist.*3.46.

5 (w. abl.) To be intensely subjected (to hatred, infamy).

a populo Romano contemnimur..graui..~amus infamia CIC.*Ver.*43; *Att.*4.17.2; ~et rumore malo cum hic HOR.*S.*1.4.125; in eadem hac potestate multiplici ~auit inuidia SUET.*Aug.*27.3; *Gal.*16.1; GEL.6(7).3.52.

6 a (of passions) To be intense or ardent, burn. **b** (of battle, war) to rage; (of conditions, etc.) to be rife, flourish, prevail.

a ~abant uitia libidinis apud illum CIC.*Cael.*12; ut quoiusque studium ex aetate ~abat SAL.*Cat.*14.6; ferus..~at amor OV.*Ep.*15.126; penitus..medullis (*sc.* Hannibalis) sanguinis humani ~at sitis SIL.1.60. **b** ~antis in omnia belli..cursum LUC.3.390; paribus Mauors ~abat in armis SIL.9.357; momento..temporis ~abat ingens bellum Tac.*Hist.*2.86; *Ann.*2.59;—imaginum amorem ~asse quondam Plin.*Nat.*35.11; quorum recens ~abat inuidia Tac.*Ann.*13.4; apud quos ~ante etiam tum libertate nondum cognita libertinorum potentia erat 14.39; CIVITATES..IN QVIBVS AMPLIORA GLADIATORVM PRETIA ~ABANT *CIL* 2.6278.47.

flagrō[2]: see FRAGRO.

flagrum ~ī, *n.* [cf. ON. *blak* 'a blow'] A whip, lash (for chastisement). **b** a stroke of the whip; also, a flogging.
gymnasium ~i, salueto Pl.*As.*297; pinsetur ~o *Mer.*416; iussit uestimenta detrahi atque ~o caedi Cato *orat.*66; Var.*R.*2.5.1; caesa..~o est Vestalis Liv.28.11.6; ~is, ferulis, colaphis uapulantem Sen.*Apoc.*15.2; Quint.*Inst.* 6.3.25; ut saepe ~is obiurgaretur a patre Suet.*Otho* 2.1; Apul.*Met.*8.28. **b** quem..faciam feruentem ~is Pl. *Am.*1030; ego te implebo ~is *Cas.*123; uinculis, carcere fame uindicamus rem castigandam ~is leuioribus Sen. *Dial.*5.32.2; si leuis..~orum causa uidetur Mart.8.23.3; ad sua qui domitos deduxit ~a Quirites Juv.10.109;—depromar ad ~um Pl.*Am.*156.

flāmen[1] ~inis, *m.* [app. cogn. w. AS. *blōtan* 'sacrifice'; others compare Skt. *brahmán-* 'priest'] A priest appointed to carry out the ritual of one particular deity (esp. Jupiter), flamen. **b** (w. ep. denoting deity); (alone, usu. of the flamen Dialis). **c** (in imperial times applied to priests of living or deceased emperors, of Rome, etc.).
~ines, quod in Latio capite uelato erant semper ac caput cinctum habebant filo, filamines dicti. horum singuli cognomina habent ab eo deo cui sacra faciunt Var.*L.*5.84; populus Romanus breui tempore neque regem sacrorum neque ~ines nec Salios habebit Cic.*Dom.*38; Lanuui a dictatore Milone prodi ~inem necesse esse *Mil.*46; ~inem Ioui adsiduum sacerdotem creauit (Numa) Liv.1.20.21; tollens apicem generoso uertice ~en Luc.1.604;—(*dist. from* pontifex) discite orationem, pontifices, et uos, ~ines Cic. *Dom.*127; diuis..aliis alii sacerdotes, omnibus pontifices, singulis ~ines sunto *Leg.*2.20; Flor.*Epit.*1.7(1.13.11). **b** QVEI APICE INSIGNE DIALIS FLAMINIS GESISTEI *CIL* 1.10; Sulla *hist.*2; ~en Carmentalis Cic.*Brut.*56; ~en Quirinalis *Har.*12; ~ini Diali noctem unam manere extra urbem nefas est Liv.5.52.13; Vell.2.22.2; maximae dignationis Flamen Dialis est inter quindecim ~ines,..minimi habetur Pomonalis Fest.p.154M; ~ines maiores, id est Diales, Martiales, Quirinales Gaius *Inst.*1.112;—pontifices ab rege petunt et ~ine lanas Ov.*Fast.*2.21; Plin.*Nat.*18.119. **c** cum se templis et effigie numinum per ~ines et sacerdotes coli uellet Tac.*Ann.*1.10; Suet.*Tib.*26.1; ~INI ROMAE DIVORVM ET AVGVST(orum) PROV(inciae) HISP(aniae) CITER(ioris) *CIL* 2.4222; ~INI AVGVSTALI 3.1822; FLAM(ini) IVVENT(utis) 12.1783.

flāmen[2] ~inis, *n.* [FLO+-MEN]
1 A blast, gust (of wind). **b** an exhalation, breath. **c** a note sounded on a wind-instrument.
aquilo..suo cum ~ine Enn.*Ann.*444; uentorum ~ina Lucil.870; crebram siluam cum ~ina cauri perflant Lucr. 6.135; cum..fera discordes tenuerunt ~ina uenti [Tib.] 3.7.124; ducitur ad Laurens ingenti ~ine litus puppis Ov. *Fast.*3.599; laborantes concepto ~ine terrae Stat.*Theb.* 7.809. **b** haec (*sc.* arbusta) augens anima uitali ~ine mulcet (Sirius) Cic.*Arat.*359(117). **c** cur Berecyntiae cessant ~ina tibiae? Hor.*Carm.*3.19.19.
2 A wind, breeze.
leui..uolitantem ~ine currum Catul.64.9; ferunt sua ~ina classem Verg.*A.*5.832; non sic incerto mutantur ~ine Syrtes Prop.2.9.33; tremulae sinuantur ~ine uestes Ov. *Met.*2.875; non moti ~ine rami 11.600; Germ.fr.4.67; V.Fl. 2.429.

flāmina ~ae, *f.*: var. of FLAMINICA.
MARCELLA ~A AVGVST(i) *CIL* 9.5841.

flāminālis ~is, *m.* [FLAMEN[1]+-ALIS] (also *uir ~is*) One who has held the office of *flamen.*
STATVAM INTER ~ES VIROS POSITAM *CIL* 2.4248; C ANTONIVS..QVIRNA ~IS 8.1669; 8.4890.

flāminātus ~ūs, *m.* [FLAMEN[1]+-ATVS[1]] The office of *flamen* (= FLAMONIVM).
FVNCTVS..~V PROVINCIAE HISPANIAE CITERIORIS *CIL* 2.3711; 8.12278; 8.23286.

flāminia[1]: see FLAMINIVS[1].

Flāminia[2]: see FLAMINIVS[2].

Flāminiānus ~a ~um, *a.* Of or relating to Flaminius.
a te ~a ostenta collecta sunt Cic.*Div.*2.67.

flāminica ~ae, *f.* [FLAMEN[1]+-CVS] The wife of a *flamen* (esp. the *flamen Dialis*); a priestess.
flamen Martialis..et ipsius uxor Publicia ~a Met.Pius in Macr.3.13.11; ~am poscentem februa uidi Ov.*Fast.*2.27; lata lex qua ~a Dialis sacrorum causa in potestate uiri, cetera promisco feminarum iure ageret Tac.*Ann.*4.16; mortuae pecudis corio calceos..fieri ~is nefas habetur Fest. p.161M; Gel.10.15.26;—~AE AVGVSTAE *CIL* 6.29711.

flāminicātus ~ūs, *m.* [prec.+-ATVS[1]] The office of *flaminica.*
OB HONOREM ~VS *CIL* 8.26529.

flāminicius ~(i)ī, *m.* [FLAMEN[1]+-ICIVS[1]] = FLAMINALIS.
~IO DVVMVIRALIQVE *CIL* 8.20706.

flāminicus ~ī, *m.* [back-formation from FLAMINICA] A *flamen* (in the cult of Caesar). *CIL* 12.140.

Flāminīnus ~ī, *m.* A Roman cognomen; esp. T. Quintus Flamininus who defeated Philip V of Macedon at Cynoscephalae in 197 B.C.
Cic.*Ver.*1.55; Liv.32.8.1; V.Max.4.8.5.

flāminium ~(i)ī, *n.*: a dub. MS. variant of FLAMONIVM.
Cic.*Phil.*13.41; V.Max.1.1.4.

flāminius[1] ~a ~um, *a.* [FLAMEN[1]+-IVS]
1 Of or belonging to a *flamen*, esp. the *flamen Dialis.*
~ae aedes domus flaminis Dialis Paul.*Fest.*p.89M; ~us camillus puer dicebatur..qui flamini Diali ad sacrificia praeministrabat..~us lictor est, qui flamini Diali sacrorum causa praesto est p.93M; ex domo ~a p.106M.
2 (fem. as sb.): **a** The house of the *flamen Dialis.* **b** (see quot.).
a ignem e ~a, id est flaminis Dialis domo, nisi sacrum efferri ius non est Gel.10.15.7. **b** ~a dicebatur sacerdotula, quae flaminicae Diali praeministrabat Paul.*Fest.* p.93M.

Flāminius[2] ~a ~um, *a.*
1 A Roman gentile name; esp. C. Flaminius, the Roman general defeated by Hannibal at Lake Trasimene (217 B.C.).
Liv.21.63.1; Ov.*Fast.*6.765; V.Max.5.4.5; Fron.*Str.*2. 5.24.
2 Of or belonging to Flaminius, esp.: **a** *uia ~a*, the road from Rome to Ariminum, built by C. Flaminius in his censorship (220 B.C.), the Flaminian Way; (also w. ellipsis of *uia*). **b** *circus ~us*, an amphitheatre built by C. Flaminius below the Capitoline Hill; also, the name given under the empire to the ninth region of Rome.
a tres..uiae: a supero mari ~a, ab infero Aurelia, media Cassia Cic.*Phil.*12.22; Liv.22.11.5; Plin.*Nat.*15.137; uitata ~ae uiae celebritate deuertere Interamnium Tac.*Hist.*2.64;—~ae Salariaeque gestator Mart.4.64.18; 9.57.5;—(*as the site of many tombs*) quorum ~a tegitur cinis atque Latina Juv.1.171. **b** circus ~us..qui circum aedificatus est ~um campum Var.*L.*5.154; Liv.27.21.1;—accipe de circo pocula ~o Mart.12.74.2.

flamma ~ae, *f.* [cf. Gk. φλέγμα, φλεγμός, Let. *blãzma* 'gleam'] Forms: *flãma CIL* 1.2540a.3.
1 (usu. pl. or collect. sg.) A flame. **b** (as a source of heat). **c** *in ~a*, on fire, ablaze.
siqua ~a exibit Cato *Agr.*38.4; lucernarum florentia lumina ~is Lucr.4.450; ter ~a ad summum tecti subiecta reluxit Verg.*G.*4.385; ~am ei contionanti fusam e capite Liv.25.39.16; ~ae custos..dea (*i.e. Vesta*) Ov.*Fast.*6.258; ut pura luceat ~a (opium) Plin.*Nat.*20.203; lanterna..clusis feror aurea ~is Mart.14.61.1;—(*in phrs. meaning to catch fire*) uti..tormenta ~am conciperent Caes.*Civ.*2.14.2; ~a ab utroque cornu comprensa naues sunt combustae quinque 3.101.4; corripitur ~is..tellus Ov.*Met.*2.210;—(*breathed out by mythical creatures*) quadrupedantes ~am halitantes Enn.*scen.*184; ~am uoluens ore Chimaera fero [Tib.]3.4.86; Petr.134.12,l.11;—(*in fig. phrs.*) ~a..de stipula nostra breuisque fuit Ov.*Tr.*5.8.20; iram..~is iam residentem incitas? Sen.*Ag.*261;—(*in prov. phrs. or sim.*) semper tu scito, ~a fumo est proxuma..qui uolt cubare, pandit saltum sauiis Pl.*Cur.*53; 'prius undis ~a', ut ait poeta nescio quis Cic.*Phil.*13.49; num ~a cursus pariter et torrens ferent? Sen.*Her.O.*280. **b** una cum sapa coquas sarmentis et leui ~a Cato *Agr.*107.1; herbae..quae mitescere ~a..queant Ov.*Met.*15.78; loco ~a praecalfacto Larg.156; ~a tenui calent ophitae (*i.e. the tiles in a caldarium*) Mart. 6.42.15; ~ae largissimae uapore recreati calidaque perfusi Apul.*Met.*4.7;—(*used for torture*) taurus..quo uiuos supplici causa demittere homines et subicere ~am solebat Cic. *Ver.*4.73. **c** nec natum in ~a uidisset..cepisset genitor si Phaethonta Merops Ov.*Tr.*3.4.29.
2 Fire or flame as a destructive agency. **b** *ferrum ~aque* (and sim.), 'fire and the sword' (i.e. the weapons of total destruction, devastation). **c** (pregn.) the flames of a funeral pyre; (also, of a sacrificial fire; of a fire for burning people alive).
fana ~a deflagrata Enn.*scen.*90; tantum..urbis (superfuturum), quantum ~a obire non potuisset Cic.*Catil.*3.25; da ~am euadere classi Verg.*A.*5.689; illum ego per ~as et mille sequentia tela eripui 6.110; hausta ~is ad quadraginta milia hominum sunt Liv.30.6.8; an noua contemptis surgant Palatia ~is pulchrius Stat.*Silv.*1.1.34;—(*in prov. or sim. phrs.*) e ~a petere te cibum posse arbitror Ter.*Eu.*491; mordicus petere aurum e ~a expediat, e caeno cibum Lucil.659; ut praedam ex ~a petentes, arietem sequi coeperunt Hyg.*Astr.*2.20. **b** L. Catilinam..huic urbi ferro ~aque minitantem ex urbe..eiecimus Cic.*Catil.*2.1; omnia ~a ac ferro delere *Prov.*24; Liv.35.11.11; in..meos ferrum ~amque penatis inpulit (Achilles) Ov.*Met.*12.551; Juv.10.266; (*cf., in clearing rough ground*) cur..alter..siluestrem ~is et ferro mitiget agrum Hor.*Ep.*2.2.186. **c** post mortem fore ut..~is interfiat Lucr.3.872; moenia respiciens, quae iam infelicis Elissae conlucent ~is Verg.*A.* 5.4; iustas sibi nostra senectus prospiciat ~as Luc.9.235; temptem..nomen ~is eripuisse meum Mart.1.107.6; hi sunt honores, in quos nihil ~is, nihil senectuti..liceat Plin.*Pan.*55.8;—tum rite sacratas in ~am iugulant pecudes Verg.*A.*12.214;—qui seditiosos..sagittis occidit alios ~is dedit Amp.35.5.
3 A conflagration, blaze, fire. **b** (fig.) an outburst, 'flare-up' (of discord, violence, etc.). **c** (fig.) a highly dangerous situation.
quasi in aliqua perniciosissima ~a atque in communi incendio subuenire Cic.*Clu.*4; magna repente in ipsis operibus ~a exstitit Hirt.*Gal.*8.42.2; si..uento..diffusa ~a magnam partem urbis absumat Liv.5.54.1. **b** qui in eadem inuidiae ~a fuisset Cic.*de Orat.*3.11; legem illam esse nullam, atque esse potius ~am temporis interdictum sceleris *Dom.*69; incidi in ipsam ~am ciuilis discordiae *Fam.*16.11.2; in ~am saeuas exsuscitat iras Man.5.227. **c** se tum eripuit ~a, propter pueros misericordia populi commota Cic.*Brut.*90; post illam ~am aliorum..cupiditate excitatam ..erigere animum *Clu.*200; quae sint in illa rei publicae ~a gesta *Dom.*30; quae ~a est, per quam non cucurrerint i qui haec olim punctis singulis colligebant? *Tusc.*2.62.
4 A flaming torch, firebrand. **b** (transf., of a dangerous person) a 'firebrand'. **c** (in fig. phrs.) *~am adicere, suggerere*+dat., to make more intense, fan the flames of (unpopularity).
~as cum regia puppis extulerat Verg.*A.*2.256; funereas rapuere faces; lucet uia longo ordine ~arum 11.144; non Hectoreis dubitauit cedere ~is quas ego sustinui Ov.*Met.* 13.7; armant alii picis unguine ~as V.Fl.8.302. **b** illa labes ac ~a rei publicae (*i.e. Clodius*) Cic.*Dom.*2; Paris, exitium Troiae funestaque ~a *Ilias* 253. **c** inuidiae.. ~am ac materiam criminibus suis suggerere Liv.3.11.10; huius atrocitas facinoris nouam uelut ~am regis inuidiae adiecit 40.5.1; 43.16.2.
5 The fire contained in or given out by the sun, moon, stars, etc. **b** (applied to lightning).
sol qui micantem..~am..feruido ardore explicas Acc. *trag.*582; splendidissimo candore inter ~as circus elucens Cic.*Rep.*6.16; innumerabiles ~ae siderum *N.D.*2.92; (Hespere) qui desponsa tua firmes conubia ~a Catul.62.27; stellas..labi, noctisque per umbram ~arum longos a tergo albescere tractus Verg.*G.*1.367; dea (*i.e. Diana*) uenatu fraternis languida ~is Ov.*Met.*2.454; aegoceros..uidetur oceano mersus sopitas condere ~as Germ.*Arat.*287; bis positis Phoebe ~is, bis luce recepta uidit.. Luc.9.940; Stat.*Theb.*2.138. **b** ~a inter nubes coruscat Pac.*trag.* 413; Macedo rapidis ictus cum coniuge ~is Ov.*Ib.*473; ocior..caeli ~is..transcurrit Luc.5.405; diuinarum..sagacem ~arum Sil.3.345.
6 A fiery gleam, radiance (in the eyes, etc.).
terribilem cristis galeam ~asque uomentem Verg.*A.* 8.620; (carbunculos) liquidiores aut ~ae nigrioris Plin. *Nat.*37.93; miratur Scythicas uirentis auri (*i.e. emeralds set in gold*) ~as Mart.12.15.4;—(*in the eyes*) stant lumina ~a Verg.*A.*6.300; Ov.*Met.*11.368; lasciua..crebras..iaciebant lumina ~as Sil.15.27.
7 Fiery heat; also, a burning fever.
temperiem..dedit (deus) mixta cum frigore ~a Ov.*Met.* 1.51; hiemem nimbis ~isque carentem Luc.9.949;—~ae ..latentis indicium rubor est et ductus anhelitus Ov. *Met.*7.554; lenta corpora tabe corripit exustis letalis ~a medullis Man.1.881.
8 (fig.) A burning passion, fire, heat: **a** (usu., of love); (concr.) the object of one's passion. **b** (of fury). **c** (of enthusiasm or sim.). **d** a devouring feeling (of hunger).
a praetor amoris turpissimi ~a..flagrabat Cic.*Ver.*5.92; illi non minus ac tibi pectore uritur intimo ~a Catul.61.171; agnosco ueteris uestigia ~ae Verg.*A.*4.23; adsume nouas auctore Agamemnone ~as Ov.*Rem.*485; obscenae procul hinc discedite ~ae *Met.*9.509; ~as nobis fassus es ipse tuas *Fast.*3.502; quantum maritalis ~ae illo pectore clausum habuisset V.Max.4.6.2; Sen.*Phaed.*165; incidit in ~as Mart.1.62.5; uariis manifesta notis palletque rubetque ~a repens Stat.*Ach.*1.310;—digne puer meliore ~a Hor.*Carm.* 1.27.20; Varro Leucadiae maxima ~a suae Prop.2.34.86; *Ilias* 320. **b** ecfundunt..suas concesso in corpore ~as Man.5.230; pectoris sani parum aestus..comprime et ~as doma Sen.*Her.O.*276; Petr.121,l.106. **c** memoria rerum gestarum eam ~am egregiis uiris in pectore crescere Sal.*Jug.*4.6; decoris..urebat pectora ~is Sil.17.294. **d** tum quoque dira fames inplacataeque uigebat ~a gulae Ov.*Met.*8.846.
9 *~a Iouis*, The name of an unknown red flower.
uiticulis..rubentibus qualiter flos quam Iouis ~am appellamus Plin.*Nat.*27.44.

flammans ~ntis, *a.* [pple. of FLAMMO] Flaming, blazing, fiery.
~ntia moenia mundi Lucr.1.73; faeni ~ntis aceruos Prop.4.4.77; tauri ferocis ore ~nti Sen.*Med.*241;—(*of the eyes*) ~ntia lumina torquens Verg.*G.*3.433.

flammāris ~is ~e, *a.* [FLAMMA+-ARIS] (dub.) Flame-coloured.
misisse..~is (*s.v.l.*)..togae scripula tota decem luxuria est Mart.5.19.12.

flammārius ~(i)ī, *m.* **flammeārius.** [FLAMMA (or FLAMMEVS)+-ARIVS] One who dyes garments flame-coloured.
~ii, uiolarii, carinarii Pl.*Aul.*510. β ~i, infectores flammei coloris Paul.*Fest.*p.89M.

flammātus ~a ~um, *a.* [pple. of FLAMMO] In senses of vb., esp.: **a** Fiery, burning. **b** fiery in colour, flushed. **c** devoured by thirst; (of thirst) raging, intense.
a ~o ardore Cic.*Cons.*fr.2.21(*Div.*1.18); ~o fulminis ictu 2.45(*Div.*1.20). **b** ~a facies spiritum ex alto citat Sen.*Med.*387. **c** perfurit aruis ~um pecus Stat.*Theb.* 4.734;—cornipedum ~a sitis 6.472.

flammeolum ~ī, *n.* [FLAMMEVM+-OLVM] A bridal veil.
dudum sedet illa parato ~o Juv.10.334.

flammeolus ~a ~um, *a.* [FLAMMEVS + -OLVS] Flame-coloured.
~a..calta Col.10.307.

flammescō ~ere, *intr.* [FLAMMA + -ESCO] To become fiery, blaze.
ignis abundare Aetnaeus, ~ere caelum Lucr.6.669.

flammeum ~ī, *n.* [next]

1 The flame-coloured veil worn by a Roman bride at her wedding.
~um expassum domi Caecil.*com.*198; ~um cape laetus Catul.61.8; non..nuptae..lutea demissos uelarunt ~a uoltus Luc.2.361; Plin.*Nat.*21.46; etsi crudus amor necdum post ~a toti intepuere tori (*i.e. since my wedding*) Stat.*Theb.*2.341; Tac.*Ann.*15.37; haec..permutat..domos et ~a conterit (*i.e. is frequently remarried*) Juv.6.225; Suet.*Nero* 28.1; (*in non-Roman context*) ut tibi (*i.e. Scylla*) Corycio glomerarem ~a luto *Ciris* 317;—(*as worn regularly by the wife of the flamen Dialis*) ~o..assidue utebatur flaminica..cui non licebat facere diuortium Paul.*Fest.*p.89M.

2 An unknown flame-coloured flower.
~um, quod phlox uocatur Plin.*Nat.*21.64.

flammeus ~a ~um, *a.* [FLAMMA + -EVS]

1 Flaming, fiery.
torrus..~us Acc.*trag.*452; sunt..stellae natura ~ae Cic.*N.D.*2.118; ~us ardor horribili sonitu siluas exederat Lucr.5.1252; mundi ~a tecta Man.2.118; adsint..Eumenides, ignem ~ae spargant comae Sen.*Her.F.*87; ~a diri montis hiems (*i.e. an eruption of Vesuvius*) Stat.*Silv.*3.5.72;—(*poet.*) ubi ~us aegida caelat Mulciber 3.1.132.

2 Bright or radiant like fire; (of the eyes) burning. **b** flame-coloured (i.e. reddish orange or sim.).
sub armis..umeros ac pectora late ~us orbis (*i.e. a shield*) habet Stat.*Theb.*4.132; mirantem superum uultus et ~a membra Sil.12.727; auri..splendor ~us Apul.*Met.*9.19;—~a torquens lumina Verg.*A.*7.448; Ov.*Ep.*12.107;—(*cf.*) rubore ex oculis fulgens ~o Acc.*trag.*443; uultus ~um intendens iubar Sen.*Tro.*448. **b** si..~a (luna) apparuerit Var.in Plin.*Nat.*18.349; uidemus in eo (*sc.* arcu) aliquid ~i, aliquid lutei Sen.*Nat* 1.3.4; color (sandaracae) esse debet ~us Plin.*Nat.*35.39; (carbunculos) obumbrante tecto purpureos uideri, sub caelo ~os 37.95; externo iam ~a murice cerno tegmina V.Fl.5.360.

3 Burning hot, fiery, torrid.
~o uapore aut frigore terrae fructos omnis interire Var.*R.*1.2.5; albae leone ~o calent luces Mart.10.62.6; ultra sidera ~umque solem Stat.*Silv.*4.3.156.

4 Ardent, passionate.
amore uecors ~o Acc.*trag.*637; (*cf.*) Enni poeta salue, qui mortalibus uersus propinas ~os medullitus Enn.*Sat.*7.

5 Swift as fire.
qui..~a praeuertet celeris uestigia ceruae Catul.64.341.

flammidus ~a ~um, *a.* [FLAMMA + -IDVS] = FLAMMEVS.
uestis..roseo rubore ~a Apul.*Met.*11.3; in igni ~a (animalia) *Soc.*8;—(*neut. pl. as sb.*) uuidis arida et glacialibus ~a..confudit *Mun.*21.

flammifer ~era ~erum, *a.* [FLAMMA + -FER] Carrying or having flames, fiery, flaming.
~eram hanc uim quae me excruciat Enn.*scen.*29; ~eram ..facem Ov.*Ep.*15.46; solis equi..hinnitibus auras ~eris inplent *Met.*2.155; ~era Erinys Sen.*Her.F.*982; Leo ~eris aestibus ardens *Thy.*855; ~era..nocte (*i.e. torch-lit*) Luc.5.402; ~eros..tauros (*i.e. fire-breathing*) V.Fl.6.434; 7.185;—(*transf.*) aestus ~erae noui mentis Sil.9.477; sentit ~eras pubes Maurusia pennas (*i.e. Cupid's arrows*) 11.412.

flammiger ~era ~erum, *a.* [FLAMMA + -GER] = prec.
~eros Phoebi..currus Luc.1.48; 1.415; ~eri proles..Solis V.Fl.5.581; ~er ales (*i.e. the eagle*) Stat.*Theb.*8.675; dum me ~eri portabit machina caeli *Silv.*3.1.181.

flammigō ~āre, *intr.* [FLAMMA + -IGO[1]] To emit flames.
interdius fumare Aetnam, noctu ~are Gel.17.10.11.

flammō ~āre ~āuī ~ātum, *tr.* [FLAMMA + -O[3]] N.B.: for intr. use see FLAMMANS.

1 To cause to blaze or glow, set fire to. **b** (pass., of a bright colour) to glow, flame.
principio aetherio ~atus Iuppiter igni uertitur Cic.*Cons.* fr.2.1(*Div.*1.17); sorore ~ati Phaethontis Catul.64.291; illa (uiscera) ~atus latex querente aeno iactat Sen.*Thy.*766; ingenti ~antem nubila sulco..facem (*i.e. a thunderbolt*) V.Fl.1.568; sol propius ~abat aquas 5.177; crucibus adfixi aut ~andi (*s.v.l.*) Tac.*Ann.*15.44; ignes..illi inmortalis dei uiuacitate ~antur Apul.*Mun.*5; (*hyperb.*) equorum mille rapit turmam atque hinnitibus aera ~at (Acragas) Sil.14.209;—(*transf.*) ~ata ueneno tela V.Fl.1.108. **b** illius et roseo ~atur purpura uultu et gemmis lux maior inest Stat.*Ach.*1.297.

2 (fig.) To inflame (a person or his mind) with an emotion, arouse, excite (with love, fury, ardour, etc.). **b** to kindle (a passion).
talia ~ato secum..corde uolutans Verg.*A.*1.50; his dictis impenso animum ~auit amore 4.54; ~atum..amoris aestu pectus Sen.*Tro.*303; genetrix nati..patitur nexus ~ata cupidine Tellus Col.10.208; insequitur ~ata pudore iuuentus V.Fl.4.655; ~atus Aconteus strage uirum Stat.*Theb.*7.590; magno ~atus pectora luctu *Silv.*5.1.197; Ascanius miseram..patri ~abat Elissam 5.2.120; haec ait ac iuuenem facta ad Mauortia ~at Sil.1.55; sic donis uulgum..~at 16.302; omnis exercitus ~auerat adrogantia uenientium a Vitellio militum Tac.*Hist.*2.74; 4.24; Apul.*Met.*5.21;—(*an animal*) cuspide ~at equum Sil.4.195. **b** una hic armiger ira ~abat Martem Sil.10.135.

flammula ~ae, *f.* [FLAMMA + -VLA] A (small) flame.
duas ex lucerna ~as Cic.*Luc.*80; dum..circa ~am uolitent (papiliones) Col.9.14.9; ex tenuibus lignis ~a facta 12.55.4; Apul.*Met.*11.10.

flāmōnium ~(i)ī, *n.* [< **flami(ni)monium* (FLAMEN[1] + -MONIVM)] The office of *flamen*.
C. Claudius flamen Dialis quod exta perperam dederat ~io abiit Liv.26.23.8; 27.8.8; qui id ~ium apisceretur Tac.*Ann.*4.16; ~ium Claudiale 13.2; Diale ~ium Suet.*Aug.*31.4; Gel.10.15.22; *CIL* 3.1134.

flāmōnius ~a ~um, *a.* [app. from prec.] Of or connected with the office of *flamen*.
DVMVIRALIBVS ⟨ET F⟩LAMONIS..ORNAMENT⟨IS⟩ HONORATO *A.Epig.*92.92.

flātilis ~is ~e, *a.* [FLO + -ILIS[1]] Of or produced by blowing.
labore ~i Var.*Men.*307.

flātor ~ōris, *m.* [FLO + -TOR]

1 A player on a wind-instrument.
~or tibicen Paul.*Fest.*p.89M.

2 A caster (of metals).
SERVI..~ORVM ARGENTARIORVM AERARIORVM *CIL* 2.5181.56; triumuiri monetales aeris argenti auri ~ores Pompon.*dig.*1.2.2.30.

flātūra ~ae, *f.* [FLO + -VRA] The casting (of metals); (app. concr.) the material produced by this process; (also, perh.) a foundry. **b** (transf.) quality, 'calibre' (of a person).
in aeris ~a Vitr.2.7.4; auri metalla et ~am (inuenit) Cadmus Plin.*Nat.*7.197; QVI ~IS..OPERAM DANT *CIL* 2.5181.56;—leuissimum hoc (*i.e. Cyprus ash*) est ~ae totius euolatque e fornacibus Plin.*Nat.*34.130;—MANCIPS OFFICINARVM AERARIARVM QVINQVAE ITEM ~AE ARGENTARIAE *CIL* 6.8455. **b** unus alicuius ~ae fuit Thraex, qui et ipse ad dictata pugnauit Petr.45.12.

flātūrārius ~a ~um, *a.* [prec. + -ARIVS] Of or pertaining to the casting of metal; (masc. as sb.) a caster, founder (of metal).
ARTIS CRETARIAE ET ~AE *CIL* 3.5833;—~VS AVRI ET ARGENTI MONETAE 6.8456; 6.9419.

flātus ~ūs, *m.* [FLO + -TVS[3]]

1 The blowing (of a wind). **b** a blast (of wind), breeze, gale.
auster..aduersus maximo ~u me..Regium rettulit Cic.*Fam.*12.25.3; medio cursu ~u aquilonis et austri Lucr.5.689; ille etesiarum ~us aestatem frangit Sen.*Nat.*5.10.4; Zephyros..quorum stata tempora ~u Luc.10.240; ~us fauoni (inchoat) uernum tempus Plin.*Nat.*18.222; neque in nube neque in ~u cadunt rores 18.292. **b** uillula..ad Austri ~us opposita Catul.26.2; quercum..Boreae nunc hinc nunc ~ibus illinc eruere inter se certant Verg.*A.*4.442; ut solet a magno fluctus languescere ~u Ov.*Fast.*2.775; antelucanos ~us Sen.*Nat.*5.7.1; uentos uel potius ~us Plin.*Nat.*2.114; (uela) tumentia et ~u plena Fron.*Str.*2.13.11;—(*w. ref. to navigation*) ~u..secundo carbasa mota sonant Ov.*Met.*13.418; (nauis) ferri secundis tuta coepit ~ibus Phaed.4.17(18).6; ~ibus aduersis ad saxa Capharea naufragium fecerunt Hyg.*Fab.*116.1;—(*in fig. phrs.*) ad id, unde aliquis ~us ostenditur, uela do Cic.*de Orat.*2.187; cum prospero ~u eius (*sc.* fortunae) utimur *Off.*2.19; mendaces ludunt ~us in amore secundi Prop.2.25.27; incertissimo ~u fortunae V.Max.6.9.ext.7; Quint.*Inst.*10.3.7.

2 The act of breathing, a breath; esp. a laboured breath, pant or gasp. **b** a forcible expulsion of breath for some given purpose. **c** a note sounded on a wind-instrument.
cum dicimus nos, neque profuso intentoque ~u uocis..pronuntiamus Nigid.*gram.*23; ipsa sui ~us ne sonet aura, cauet Ov.*Fast.*1.428; inferna monstra..succincta serpentibus et igneo ~u Sen.*Dial.*4.35.5; V.Fl.7.583; (*poet.*) haec ego diuino cupiam cum ad sidera ~u ferre Man.2.136;—umescunt spumis ~uque sequentum Verg.*G.*3.111; ~us..audiuit equorum *A.*11.911; longi suspendunt ilia ~us Stat.*Theb.*6.473; 6.873; Sil.5.433. **b** excitat et crebris languentem ~ibus ignem *Mor.*12; aliud (uitrum) ~u figuratur Plin.*Nat.*36.193. **c** tibia..adesse choris erat utilis atque..complere sedilia ~u Hor.*Ars* 205; (tibicen) cuius ~ibus solebat excitari saltantis uigor Phaed.5.7.14.

3 **a** A blast or current of air produced artificially (by bellows, etc.). **b** an exhalation, vapour (from the ground); (poet.) a scent, aroma. **c** 'wind' (from the intestines).
a efficiunt ad ignem uehementem ~um (aeoli pilae) Vitr.1.6.2; Curt.4.2.13; carbo..desinente ~u protinus emoriens Plin.*Nat.*16.23; neque..alia (terra) ~um ignemque et ardentem materiam tolerat 33.69; 34.134. **b** ab is regionibus, quae caloribus ~us ad corpora hominum possunt spargere Vitr.1.4.5; tellus..aestuat et Stygios exhalat in aera ~us Sil.12.137;—(*poet.*) medios (*i.e. mixed*) unguenta..referentia ~us Man.5.265. **c** edictum, quo ueniam daret ~um crepitumque uentris in conuiuio emittendi Suet.*Cl.*32.1.

4 (fig.) Boasting, pride, vainglory; (esp. pl.).
superba et impotens ~u nimis Fortuna magno spiritus tumidos daret Sen.*Ag.*247; tali mentem pars maxima ~u erigit V.Fl.3.631;—(*pl.*) det libertatem fandi ~usque remittat Verg.*A.*11.346; magniloquos luit impia ~us Tantalis Stat.*Theb.*3.192; Sil.2.288.

flāuens ~ntis, *a.* [pple. of next] Yellow, golden.
~ntia..arua Catul.64.354; torquens ~ntis Hister harenas Verg.*G.*3.350; ~ntem prima lanugine malas *A.*10.324; spicis nitido ~ntibus auro Ov.*Met.*9.689; ~ntia lumina caltae (*i.e. marigold*) Col.10.97; puluere belli ~ntem sordere comam Stat.*Theb.*4.262; leo..iubae ~ntis honore terribilis 8.573; ~ntis auri Apul.*Met.*6.13.

flāueō ~ēre, *intr.* [FLAVVS + -EO] To be yellow.
seu ~ent (capilli) Ov.*Am.*2.4.43; cum maturis ~ebit messis aristis Col.10.311.

flāuescō ~ere, *intr.* [FLAVVS + -ESCO] To turn yellow, become golden.
ubi hordeum ~it Cato *Agr.*151.2; ~et campus arista Verg.*Ecl.*4.28; fuluae tactu ~it harenae Ov.*Met.*9.36; uespertina aut matutina (nubes) ~unt Sen.*Nat.*7.12.6; folium..celerrime ~ens Plin.*Nat.*16.18; Quint.*Inst.*1.3.5; Gel.2.29.5.

Flāuiālis ~is ~e, *a.* Of or connected with the cult of the Flavian house; (masc. as sb.) a *flamen* in charge of this cult.
SODALI ~I *CIL* 3.6813; SACERDOTIO ~I 8.7062;—collegio ~ium Suet.*Dom.*4.4; C VIBIVS..AVGVSTALIS ~IS TITIALIS NERVIALIS *CIL* 3.1835.

Flāuiānus ~a ~um, *a.* Of or belonging to a Flavius, esp. Vespasian; *ius ciuile ~um*, a book of legal procedure published by Cn. Flavius. **b** (masc. pl. as sb.) the partisans of Vespasian.
robur ~arum partium Tac.*Hist.*2.67; ~i exercitus robur 3.19;—Pompon.*dig.*1.2.2.7. **b** principia belli secundum ~os data Tac.*Hist.*3.6; Suet.*Vit.*15.3.

flāuidus ~a ~um, *a.* *compar.* ~ior. [FLAVVS + -IDVS] Yellowish.
rapiciorum..~orum quoque et in horreis enecatorum Plin.*Nat.*18.127; alterum genus (porri) ~ioris (*cj.*) folii 19.110.

Flāuius ~a ~um, *a.*

1 The name of a Roman gens, to which Vespasian belonged. **b** (masc. or fem.) a member of the Flavian gens; esp. Cn. Flavius, who first made public the forms of legal procedure (previously kept secret).
~ae decus gentis Mart.9.1.8; Suet.*Ves.*1.1. **b** ~us..ultimus (*i.e. Domitian*) Juv.4.37; T. ~us Petro Suet.*Ves.*1.2; (*fem.*) ~am Domitillam 3.1;—expositis a Cn. ~o primum actionibus Cic.*de Orat.*1.186; Liv.9.46.1; Plin.*Nat.*33.17.

2 Of or belonging to a Flavius, Flavian.
~a templa (*i.e. built by Domitian*) Mart.9.3.12; Stat.*Silv.*4.3.19;—(*as title of a legion, etc.*) LEG(ionis) XVI ~AE FIRMAE *CIL* 8.5179; CLASSIS ~AE PANNONICAE 8.7977.

flāuus ~a ~um, *a.* [prob. cogn. w. OHG. *blāo* 'blue', also 'yellow', Eng. *blue*, OIr. *blār*, Welsh *blawr* 'grey']

1 Yellow (esp. pale yellow or golden). **b** (masc. as sb.) a gold coin, = AVREVS[2].
marmore ~o caeruleum spumat sale Enn.*Ann.*384; mellis dulci ~oque liquore Lucr.1.938; ~a..farra Verg.*G.*1.73; Tiberinus..multa ~us harena *A.*7.31; ~o lumine chrysolithos Prop.2.16.44; ~ae..cerae Ov.*Met.*3.487; ~um..aurum *Tr.*1.5.25; iubae (*i.e. of cocks*)..ex auro ~ae Col.8.2.9; gentes ~is promissas crinibus Plin.*Nat.*2.189; ~a..moneta (*i.e. of gold*) Mart.14.12.1; ~am maculoso nebrida tergo Stat.*Silv.*1.2.226;—(*the colour described*) '~us'..uidetur e uiridi et rufo et albo concretus Gel.2.26.12. **b** de moneta Caesaris decem ~os Mart.12.65.6.

2 Having the hair (or beard) yellow, fair-haired, blonde.
non ~o retinens..uertice mitram Catul.64.63; ~a Lycorias Verg.*G.*4.339; Ganymede ~o Hor.*Carm.*4.4.4; ~a Minerua Ov.*Fast.*6.652; cur iracundissimi sint ~i rubentesque Sen.*Dial.*4.19.5; ~is..Britannis Luc.3.78; Stat.*Theb.*8.491;—(*of the face of a young man*) ~a uerecundus tinxerat ora rubor Ov.*Ep.*4.72; (*transf. ep.*) ora (*sc. of the youthful Theseus*) ~us tenera tinguebat pudor Sen.*Phaed.*652.

Flazius ~a ~um, *a.* **Flazzus.** [Osc., perh. conn. w. *flamma*, Gk. *φλόγιος*] A cult-title of Jupiter.
CIL 10.1571.

flēbilis ~is, ~e, *a.* *compar.* ~ior. [FLEO + -BILIS]

1 Worthy of tears, lamentable.
miseram illam quidem et ~em speciem Cic.*Phil.*11.7; raptus..~is Hector equis Ov.*Am.*2.1.32; ~e principium melior fortuna secuta est *Met.*7.518; tota ~is uita est Sen.*Dial.*6.11.1; ~e dictu Sil.9.502; interitus quamuis promisci minus ~es erant Tac.*Ann.*16.13; mulier..~i centunculo semiamicta Apul.*Met.*9.30;—(*w. dat.*) multis ille bonis ~is occidit, nulli ~ior quam tibi, Vergili Hor.*Carm.*1.24.9; pati timidis ignauisque ~ia Sen.*Dial.*1.4.8; ~is urbi V.Fl.3.202.

2 Causing tears.
scorpios infestus praeportans ~e acumen Cic.*Arat.*682 (430); et tu non orbum luxti deserta cubile, sed fratris cari ~e discidium? Catul.66.22; quam multis ~is ultor eris! Ov.*Ep.*13.48;—(*humorously, of onions*) ~e cepe Lucil.194; Var.*Men.*250.

3 Accompanied by tears; (usu., of utterance, music, etc.) expressive of sorrow, plaintive, doleful, piteous. **b** (neut. sg. as adv.).
o ~is uigilias, o noctes acerbas..! Cic.*Planc.*101; maeror

(est) aegritudo ~is *Tusc.*4.18; (*cf.*) uultus ~es praefert notas (*i.e. signs of weeping*) SEN.*Oed.*509;—~is uoces refert Acc.*trag.*551; (uox) habebat..~e quiddam aptumque..ad misericordiam commouendam CIC.*Brut.*142; miserationes..~es *Top.*86; tu semper urges ~ibus modis Mysten ademptum HOR.*Carm.*2.9.9; clamor ~is est sublatus LIV.22.60.1; 29.16.6; socialia carmina..mihi funerea ~iora tuba OV.*Ep.* 12.140; ~is gemitus ciens PHAED.1.18.3; quam ~es uoces exprimit in quadam ad Atticum epistula! SEN.*Dial.*10.5.2; *Ep.*88.9; flexum uocis et ~em suauitatem, qua praecipue franguntur animi QUINT.*Inst.*11.3.170. **b** exclusus ~e cantet amans OV.*Rem.*36; aura..resonauit ~e MAN.5.565; ~e saeui latrauere canes LUC.1.548; V.FL.7.215; HYG.*Fab.* 154.5.

4 (of persons) Tearful, weeping.

~i sponsae iuuenem..raptum HOR.*Carm.*4.2.21; ne iaceam clausam ~is ante domum TIB.2.4.22; spargebat teneros ~is imbre sinus OV.*Am.*3.6.68; stat (*sc.* Niobe) nunc Sipyli uertice summo ~e saxum SEN.*Ag.*395; gemitu iam regia mugit ~is STAT.*Theb.*6.29; APUL.*Met.*3.8.

flēbiliter, *adv.* [prec.+-TER²] Tearfully, dolefully.

perquam ~ Vlixes lamentatur CIC.*Tusc.*2.49; ~ gemens HOR.*Carm.*4.12.5; ~ nomine sponsum mortuum appellat LIV.1.26.2; V.MAX.9.13.2.

flectō ~ctere ~xī ~xum, *tr.*, (*intr.*). [dub.]

1 To bend, curve. **b** to curl (the hair). **c** (pass., of persons) to bow down, crouch, kneel. **d** (refl. and pass., of topog. features) to wind, curve, etc.

animal omne..membra..quocumque uult ~ctit contorquet porrigit contrahit CIC.*Div.*1.120; ~ctitur in uiridi remus sale *Ciris* 461; (abies) rigore naturali contenta non cito ~ctitur ab onere VITR.2.9.6; torpentibus rigore neruis uix ~ctere artus poterant LIV.21.58.9; nympha..nec uenatibus apta nec arcus ~ctere quae soleat OV.*Met.*4.303; teneros adhuc ramos manu ~ctunt CURT.6.5.14; ceruices post terga ~ctere PETR.73.4; HYG.*Fab.*38.2. **b** ~xae pectine comae PETR.126.2; ~ctere te nolim, sed nec turbare capillos MART.2.36.1; 10.65.6; (*cf.*) frons minima et quae radices capillorum retro ~xerat PETR.126.15. **c** poplite ~xum sternentemque manus..tollit STAT.*Theb.*7. 193; ~xus in ilia Tydeus 8.720; ~xus genu TAC.*Ann.*16.4. **d** hinc se ~ctit sinistrorsus (Hercynia silua) CAES.*Gal.* 6.25.3; sinus..longe ac molliter ~xus MELA 1.91; nunc hunc, nunc illum, qua ~ctitur, ampliat orbem (Tanais) LUC.3.276; PLIN.*Nat.*6.125; artis itineribus hucque et illuc ~xis (*i.e. in old Rome*) TAC.*Ann.*15.38; (*cf.*) Maeandros.. ~ctit errantis aquas SEN.*Phoen.*606.

2 a To round, double (a cape or other turning-point). **b** to produce (circles, etc.) by bending or curving.

a Leucatam ~ctere molestum uidebatur CIC.*Att.*5.9.1; in ~ctendis promunturiis *Div.*2.94; ~xae circa compendia metae STAT.*Theb.*6.440; (*in fig. phr.*) citerioris aetatis metas, sed non parui tamen spatii Chrysippi uiuacitas ~xit V.MAX.8.7.ext.10. **b** exiguum ~ctit acanthus iter PROP. 3.9.14; haec (*sc.* Arctos) contenta suos in uertice ~ctere gyros MAN.1.503; Malea longas nauibus ~ctens moras SEN. *Med.*149.

3 To cause to go in a different or in the opposite direction, turn, deflect, etc. **b** to alter or reverse (one's course). **c** *oculos ~ctere* (and sim.), to avert one's eyes (in horror, shame, etc.); also, to look behind one. **d** (refl., pass., or intr.) to change direction, turn away, or turn about.

quin puppim ~ctis, Vlixes CIC.*poet.*29.1(*Fin.*5.49); neque ~ctere nauem propter uim fluminis neque directam tantis fluctibus tenere posset *B.Alex.*64.3; tu (*i.e. Bacchus*) ~ctis amnis HOR.*Carm.*2.19.17; cum iam ~ctant Icarii sidera tarda boues PROP.2.33.24; ~xis subito equis in pugnam rediit LIV.29.34.14; reuertere. Theseu, ~cte ratem! OV.*Ep.* 10.36; (pisces) cauda reguntur et leui eius in utrumque momento uelocitatem suam ~ctunt SEN.*Ep.*90.24; aduersa..~ctit spicula fortunamque hastis uenientibus aufert STAT.*Theb.*7.753; (*cf.*) umbras nusquam ~ctente Syene (*i.e. where the shadows fall straight*) LUC.2.587;—(*fig.*) non ego te incepto..conor ~ctere amore *Ciris* 329; animum.. ~ctere a uero LIV.pr.5; si quem a proposito spes..~xisset 28.22.11; animum ab ira ~ctere SEN.*Med.*203. **b** ~ctit iter suum et illum anfractum longiorem copiosae uiae capit NEP.*Eum.*9.6; VERG.*A.*7.35; ~xit uiam Brutus..ne obuius fieret LIV.1.60.1; 22.18.7; tandem uestigia ~xit..conuersaque lente terga refert STAT.*Theb.*9.485; (*in fig. phr.*) qui modo celabas monitu tua crimina nostro, ~cte iter et monitu detege furta meo OV.*Ars* 2.428. **c** cuius fletus adsiduus sordesque lugubres uobis erant iucundae, ceterorum omnium mentis oculosque ~ctebant CIC.*Dom.*59; num fletu ingemuit nostro? num lumina ~xit? VERG.*A.* 4.369; quid ora ~ctis? hoc erit pietas scelus SEN.*Her.O.*986; solus ab Hesperia non ~xit lumina terra LUC.3.4; oculos ~ctebat ab omine mater STAT.*Theb.*6.66; TAC.*Hist.*2.70; —~xit amans (*sc.* Orpheus) oculos OV.*Met.*10.57; SIL.3.188; **d** hos laeuo ~ctentis limite cernunt VERG.*A.*9.372;—(*of a heavenly body which has passed its zenith*) fessas quatiebat (Phoebus) habenas obliquo ~xam deducens tramite lucem SEN.*Apoc.*2.4; cum sidera..oculis umentibus omnes aspicerent ~xoque Vrsae temone pauerent LUC.4.523;— (*in fig. phrs.*) quo uobis mentes, rectae quae stare solebant antehac, dementes sese ~xere uiai? ENN.*Ann.*203; quem primum adfirmant ~xisse ab illa uetere atque directa dicendi uia TAC.*Dial.*19.1.

4 (transf.) To avert, turn aside (misfortune, anger, etc.).

intellexi..quae istorum ira esset, sed ut eam ~ctas te rogo CIC.*Att.*11.18.2; sin..id potest ~cti, nullum est fatum *Div.*2.21; nullane res potuit crudelis ~ctere mentis consilium? CATUL.64.136; haudquaquam dictis uiolentia Turni ~ctitur VERG.*A.*12.46; si ~ctitur ira deorum OV.*Met.*1.378; minas trucis Alcidae ~xit Priamus SEN.*Tro.*720; si incipiens..seditio melioribus consiliis ~cteretur TAC.*Hist.* 1.31.

5 To steer in a specified (usu. new) direction or a named course. **b** to direct, bend (one's course, usu. w. implied change of direction). **c** (refl., pass. and intr.) to bend one's steps, turn (in a given direction, usu. a new one). **d** (pass. or intr., transf.) to incline to or verge on a given condition.

cum de foro in Capitolium currus ~ctere incipiunt CIC. *Ver.*5.77; ~ctite currentis nymphas uaga flumina retro *Dirae* 67; ~ctere luctantis inter uineta iuuencos VERG. *G.*2.357; Polypheme..Galatea..ad tua..carmina ~xit equos PROP.3.2.8; ~ctit paululum in cliuos agmen LIV. 9.35.2; ad..clamorem ~ctere cornua et obuertere ordines 27.18.16; equus..huc illuc..~ctendus est SEN.*Ben.*5.25.5; in litora Lesbi ~ctere uela iubet LUC.8.41. **b** lupam..ad puerilem uagitum cursum ~xisse LIV.1.4.6; ad Brundisium ~xit iter 25.22.14; 32.29.6; 38.22.1; inde..~ctunt uestigia.. ad delubra deae OV.*Met.*1.372. **c** in superas brumali tempore ~xus se recipit sedes CIC.*Arat.*528(282); copia materiai cogitur interdum ~cti per membra LUCR.2.282; ~xa retro classis LIV.22.20.10; ut..miluus..~ctitur in gyrum OV. *Met.*2.718; (luna) minoribus se spatiis ~ctens SEN.*Ben.* 4.23.1; PETR.126.12;—(*intr.*) ex Gabino in Tusculanos ~xere colles LIV.3.8.6; 27.43.12; (cometes) in occidentem tendens ad meridiem ~xit SEN.*Nat.*7.21.3; mox (delphinus) ~ctit ad litus PLIN.*Ep.*9.33.4; SUET.*Tib.*20;—(*transf.*) quae sese ad foedera ~ctat VERG.*A.*12.658; ne adsiduos in domum coetus..receptando facultatem criminantibus praeberet, huc ~xit ut Tiberium ad uitam procul Roma..degendam impelleret TAC.*Ann.*4.41. **d** in calorem frigusque ~ctentis anni SEN.*Nat.*7.28.1; ~xo in uesperam die TAC. *Ann.*1.16.

6 To direct or transfer (one's faculties) to a given thing. **b** (one's words, activities, etc.). **c** (intr.) to turn one's attention, proceed (to some specified subject; in quots., in a speech).

huc geminas nunc ~cte acies VERG.*A.*6.788; ad omnia animos oraque et oculos ~ctebant LIV.5.42.4; animos ad publica carmina ~xi OV.*Tr.*5.1.23; ora..retro ~xit *Met.* 3.188; ad illa itaque cogitationes tuas ~cte SEN.*Ben.*7.31.2; in hunc magnae ~ctuntur lumina Romae STAT.*Silv.*5.1.217. **b** mentis suas ad nostrum imperium..~xerunt CIC.*Balb.*39; si ~xerit aduersus alios iudicium suum BRUT.*ad Brut.* 1.16.11; ad laudes ~ctere uerba meas TIB.2.5.4; cum in ipsum..impetus fieri non posset, ~xere iras in C. Sempronium LIV.4.44.6; alio lacrimas ~ctite uestras SEN.*Tro.*142; ~xit conuicium in puerum PETR.58.2. **c** a ueneratione Augusti orsus ~xit ad uictorias..Tiberii TAC.*Ann.*1.34; 13.3.

7 To guide (a horse, etc.), steer; to control, handle (the reins, tiller).

qui pampineis uictor iuga ~ctit habenis VERG.*A.*6.804; ~ctere ludus equos 9.606; dum certum ~ctit in orbem quadripedis cursus OV.*Met.*6.225; colla..uelocis ~ctere doctus equi *Pont.*2.9.58; SEN.*Phaed.*811; JUV.1.20; (*ellipt.*) nec deinde regenda puppe manus ualuit, ~ctenti immortua clauo SIL.14.403;—(*in fig. context*) illorum (*sc. the gods*) nutu facere omnia ~cti LUCR.5.1187; desine (*sc.* Venus)..circa lustra decem ~ctere mollibus iam durum imperiis HOR.*Carm.*4.1.6; fouet anxia curas coniugis hortaturque simul ~ctitque labores STAT.*Silv.*5.1.120;—undantis ~ctit habenas VERG.*A.*12.471; OV.*Met.*2.169; rector nauis scite gubernaculum ~ctit SEN.*Ep.*121.5.

8 To make different, change, modify; (pass.) to undergo change. **b** to alter to fit special needs or circumstances, adapt, adjust. **c** to adapt (a word) from a foreign language. **d** (w. *ad* or *in*+acc.) to modify (one's face, language) to express (a given emotion).

uita..quam solam uidetis per se ex sua natura facillime perspici, subito ~cti fingique non posse CIC.*Sul.*79; immortalem animam mutato corpore ~cti LUCR.3.755; gratia uiri permotus ~xit animum suom (*i.e. changed his plans*) SAL.*Jug.*9.3; conloquium Hannibalis in secreto habitum ac liberum fingenti qua uolt ~ctit LIV.30.32.8; ~xas ad mitius iras (*i.e. turned to milder feelings*) OV.*Tr.*3.5.41; (uerba) deriuare, ~ctere, coniungere QUINT.*Inst.*8.3.36; pleraque ab saeuis adulationibus aliorum in melius ~xit TAC.*Ann.*4.20; ~xisse uideris propositum et uitae contrarius ire priori JUV.9.20; legum oportunitates..pro temporum moribus.. mutari atque ~cti GEL.20.1.22;—modo qui nunc sum uideor, modo ~ctor in anguem OV.*Met.*8.881; in melius aduersa, in deterius optata ~ctuntur SEN.*Nat.*3.pr.8. **b** oblata casu ~ctere ad consilium LIV.28.44.8; ~CTAM EGO QVOQVE SENSVS MEOS AD IVDICIA TVA *CIL* 6.1527.2.65; ~ctere iactum aut..longinqua ad tela parati tormenti mutare modum LUC.3.478; sicut Augustus quaedam ex horrida illa antiquitate ad praesentem usum ~xisset TAC.*Ann.*4.16; additis uersibus qui in Tiberium ~cterentur 6.29; APUL. *Apol.*22. **c** non omnia ~cti possunt et propria melius sub uoce notantur MAN.3.41; hoc quoque uocabulum de Graeco ~xum est GEL.4.3.3. **d** ~xo in maestitiam ore TAC.*Ann.*3.16; epistulae..ad modestiam ~xae 3.59.

9 To cause to relent, prevail on, soften, move, influence (a person or his feelings). **b** (w. *ad* or *in*+acc.) to incline or dispose (a person, his mind, etc.) to a given course of conduct, etc.

haec tu etsi peruerse dices, facile Achiuos ~xeris ENN *scen.*199; post factum ~ctor, qui antepartum perdidi PL. *Truc.*343; cum contentione orationis ~ctere animos iudicum uix posset CIC.*Brut.*202; bestiae saepe immanes cantu ~ctuntur *Arch.*19; te ipsum..studiis flagrantem iam usus ~ctet, dies leniet, aetas mitigabit *Mur.*65; ~ctere si nequeo superos, Acheronta mouebo VERG.*A.*7.312; cunctantem ~ctere sermo coeperat 12.940; concitatos animos ~cti quam frangi putabat..facilius esse LIV.2.23.15; nec spes ~xisset eorum animos 28.8.12; numquam tum durus hostis fuit, ut paternis lacrimis non ~cteretur SEN.*Con.*7.7.7; LUC.4.364; dominum mundi ~ctere uota ualent MART.8.32.8; SUET.*Cal.* 9;—(*cf.*) aliquando et a solo impetrari, ut alienas (arbores) alat..caelum nullo modo ~cti PLIN.*Nat.*16.136; Calchas.. tempestates ~xit et classem deduxit APUL.*Soc.*18;—(*w.* ne, quin) cum eos..~ctere non posset ne..uniuersa acie confligere uellent V.MAX.7.3.6; TAC.*Hist.*2.44; neque fletu et lacrimis..~xus est quin daret profectionis signum *Ann.* 14.33. **b** iuuenis..cereus in uitium ~cti HOR.*Ars* 163; hostes..nec quicquam tot cladibus territos nec ~xuros ad deditionem animos ni uis adhiberetur LIV.5.43.1; quam durus..ad recta ~cti regius nolit tumor SEN.*Phaed.*137; (milites) ~xos ad modestiam si uideat, si supplices audiat TAC.*Ann.*1.29; ~xis ad nouum regem popularium animis 6.37; (si maritus) spernit..infelicitatem uxoris et non ad eam ~ctitur ULP.*dig.*24.3.22.8.

10 a *uultum ~ctere,* To soften or relax one's expression (so as to show emotion). **b** *animum* (*mentem*, etc.) *~ctere*, to allow one's resolution to weaken, give way; also *~ctere* alone.

a flente populo Romano non ~xit uultum SEN.*Dial.* 6.15.3; ut ~xerat uultum aut indurauerat Otho, clamor et gemitus TAC.*Hist.*2.46; (*cf.*) non uultu aut sermone ~cti *Ann.*4.54. **b** istuc est sapere, qui ubiquomque opu' sit animum possis ~ctere TER.*Hec.*608; nihil..~xerunt animos quin..collem..defenderent LIV.5.42.7; ~cte, ferox, animos OV.*Ep.*4.165; ~cte mentem SEN.*Phoen.*77; pectora ~ctas et melior sis, quaeso, deis STAT.*Theb.*8.119;—fessus.. expostulatione singulorum ~xit paulatim..ut negare et rogari desineret TAC.*Ann.*1.13; quorum rumore arguebatur in ambitionem ~xisse 4.37.

11 To vary in pitch, modulate (sounds, the voice); also, to sing in a modulated voice. **b** (spec.) to write or pronounce with a circumflex (= Gk. περισπᾶν).

uox..mutationibus cum ~ctitur, alias fit acuta, alias grauis VITR.5.4.2; dulce canit ~ctitque facillima uocem OV.*Am.*2.4.25; apertioribus earum (*sc.* harundinum) lingulis ad ~ctendos sonos PLIN.*Nat.*16.171; QUINT.*Inst.*11.3.41;— ducere multimodis uoces et ~ctere cantus LUCR.5.1406; SEN.*Ag.*335; seu uoce paterna..mea carmina ~ctit STAT. *Silv.*3.5.65. **b** QUINT.*Inst.*1.5.23.

flēmina ~um, *n. pl.* [alteration of Gk. φλεγμονή 'inflammation'] A swelling about the ankles (and perhaps other joints).

dum te sequor..inuaserunt misero in genua ~a PL.*Epid.* 670; ~a secari et interdum inuri solent COL.6.38.3; (bryonia) in iumento homineque ~a aut sanguinem qui se ad talos deiecerit circumligata sanat PLIN.*Nat.*23.28; ~a dicuntur, cum ex labore uiae sanguis defluit circa talos PAUL.*Fest.* p.89M.

fleō ~ēre ~ēuī ~ētum, *intr.*, *tr.* [perh. cogn. w. OHG. *bellan* 'bark', OIce. *belia* 'bellow']

1 (intr.) To weep, cry, lament.

aedes..quas quotiensquomque conspicio ~eo PL.*Capt.* 97; ne ~e, mulier *Epid.*601; TER.*Ph.*521; MET.NUM.*orat.*4; lapides..~ere ac lamentari coegisses CIC.*de Orat.*1.245; ~ebat..pater de fili morte *Ver.*1.76; cum ego te..~ens flentem obtestabar *Flac.*102; CAES.*Gal.*1.20.5; neque sine causa dici matrem timidi ~ere non solere (*i.e. at his funeral*) NEP.*Thr.*2.3; ~eat ante meum maesta Neaera rogum [TIB.] 3.2.12; cogemur..alter in alterius mutua ~ere sinu PROP. 1.5.30; ~ens ad pedes imperatoris procubuit LIV.26.49.11; VELL.2.7.2; CALP.*Ecl.*3.47; SUET.*Nero* 43.2; (*impers. pass.*) in ignem inpositast; ~etur TER.*An.*129;—(*humorously*) nisi tu illi drachumis ~eueris argentis PL.*Ps.*100;—(*poet.*) in saxis..permanat aquarum liquidus umor et uberibus ~ent omnia guttis LUCR.1.349;—(*w. internal acc.*) ~ere genis electra tuas, Auriga, sorores OV.*Am.*3.12.37; nocturnas.. uolucres..altis culminibus uetuit feralia carmina ~ere COL.10.350.

2 (tr.) To weep for, bewail, lament. **b** (w. acc. and inf.). **c** (w. inf.).

inmortales mortales si foret fas ~ere NAEV.*poet.*64.1; egone illum non ~eam? PL.*Capt.*139; ~ens meum et rei publicae casum CIC.*Sest.*60; illum etiam lauri, etiam ~euere myricae VERG.*Ecl.*10.13; amissum Anchisen ~ebant *A.* 5.614; bona..ardentem ~ebitur ante rogum TIB.2.4.46; carnifici fortuna potest mea ~enda uideri OV.*Tr.*3.11.37; adlatum..Caesar Pompei caput ~euit SEN.*Con.*10.3.1; LUC.9.1048; TAC.*Ann.*2.71;—(*of poets*) graue dicere carmen aut Amphioniae moenia ~ere lyrae PROP.1.9.10; protinus Italiam concepit..qui modo uix Culicem ~euerat ore rudi MART.8.55(56).20. **b** me discedere ~euit VERG.*Ecl.*3.78; ~ebam successu posse carere dolos OV.*Ep.*1.18; V.MAX. 9.13.ext.1. **c** haec iterant segni ~entes occumbere leto V.FL.1.633; 7.575.

3 (pf. pple., app.) Overcome with weeping, tearful.

mater..mortem deplorans acerbam filii, ~eta et lacrimosa fuscaque ueste contecta APUL.*Met.*7.27.

flētus ~ūs, *m.* [prec.+-TVS³] Weeping, lamentation. **b** (concr.) tears.

nemo me lacrimis decoret nec funera ~u faxit ENN.*var.*17; CATO *orat.*66; multas lacrimas et ~um cum singultu uidere potuisti CIC.*Planc.*76; plura scribere ~u prohibeor *Att.* 11.9.3; *Tusc.*1.30; cum orator excitat ~um, renidet ille CATUL.39.3; LIV.6.3.4; datae gemitu et ~u maximo uiro inferiae SEN.*Suas.*6.21; LUC.3.757; TAC.*Ann.*15.16;—(*pl.*) tanti gemitus ~usque fiebant ut.. CIC.*Ver.*4.110; talia fundebat lacrimans longosque ciebat incassum ~us VERG. *A.*3.345; quod in muliebres et inutiles se proiecissent ~us LIV.25.37.10; siste tuos ~us OV.*Met.*14.835. **b** abstergere ~um CIC.*Phil.*14.34; perfusum ~u LIV.40.12.2; ~u super ora refuso OV.*Met.*11.657; maestum ~u manante cadauer LUC.6.776.

flexanimus ~a ~um, *a.* [FLECTO+ANIMVS]

1 That bends or sways the mind, persuasive.

o ~a atque omnium regina rerum oratio! PAC.*trag.*177; quae tibi ~o mentem perfundat amore (mentis..amorem *cod.*) CATUL.64.330.

2 Having a disordered mind, distracted, deranged.

~a tamquam lymphata aut Bacchi sacris commota, in tumulis Teucrum commemorans suum PAC.*trag.*422.

flexibilis ~is ~e, *a.* [FLECTO+-BILIS]

1 Easily bent, pliant, flexible.
quate ~e caput MAEC.*poet.*5(4) ~es..Apollinis arcus OV.*Am.*3.3.29; ~es rictus (*i.e. of a horse*) *Laus Pis.*53; —(*transf.*) Fortuna..cur..non me ~em concuruasti ut carperes? LABER.*com.*118;—(*in fig. phr.*) est oratio mollis et tenera et ita ~is ut sequatur quocumque torqueas CIC. *Orat.*52; quanto facilius animus accipit formam, ~is et omni umore obsequentior! SEN.*Ep.*50.6.

2 (of things) Capable of change or modification, flexible, adaptable. **b** (of persons, their disposition, etc.) amenable to influence, tractable, pliable, etc.
nihil est..tam aut fragile aut ~e quam uoluntas erga nos sensusque ciuium CIC.*Mil.*42; materiam..rerum..totam esse ~em et commutabilem *N.D.*3.92; auaritiam, durissimum malum minimeque ~e SEN.*Dial.*4.36.6; ingenium..quam uarium, quam ~e, quam multiplex esset PLIN.*Ep.* 1.16.1. **b** quae de fratre meo scribis, sunt ea quidem parum firma sed habent nihil..fallax, nihil non ~e ad bonitatem CIC.*Att.*10.11.1; ~is aetas multique ad deprauandum parati *ad Brut.*1.18.4; quid..potest esse tam ~e, tam deuium quam animus eius qui ad alterius..nutum conuertitur? *Amic.*93; ~es quamcumque in partem ducimur a principe PLIN.*Pan.*45.5.

3 (of the voice) Varying in pitch, flexible.
aliud miseratio ac maeror, ~e, plenum, interruptum, flebili uoce CIC.*deOrat.*3.217; uocis genera permulta..graue acutum, ~e durum *N.D.*2.146; QUINT.*Inst.*11.3.15.

flexilis ~is, ~e, *a.* [FLECTO+-ILIS[1]]

1 That may be bent or turned, pliant, flexible.
it..~is obtorti per collum circulus auri VERG.*A.*5.559; opposito..genu curuauit ~e cornum OV.*Met.*5.383; caput..collo ~i imposuit SEN.*Dial.*8.5.4; nares..~i mollitia PLIN. *Nat.*11.216; ~i crate 16.209; ut ~e esset (uitrum) 36.195.

2 Curved, bent, twisted; (of hair) curled. **b** revolving, wheeling.
~e signum in puppim formatur GERM.*Arat.*683; media pars arborum..quo propior radici, minoribus magisque ~ibus maculis PLIN.*Nat.*16.231; uidet spicas frumentarias in aceruo et alias ~es in corona APUL.*Met.*6.1;—cui..multa spirat coma ~is aura V.FL.5.588. **b** Arctos..numquam tincta uadis sed semper ~is orbe MAN.5.695.

flexiloquus ~a ~um, *a.* [FLECTO+LOQVOR+-VS] Expressed in tortuous language, involved, riddling.
oraclis..partim ~is et obscuris ut interpres egeat interprete..partim ambiguis CIC.*Div.*2.115.

flexiō ~ōnis, *f.* [FLECTO+-TIO]

1 The action of bending or curving; (concr.) a winding or circuitous path.
trunco..toto se ipse moderans et uirili laterum ~one CIC. *Orat.*59;—quos tu Maeandros..quae deuerticula ~onesque quaesisti? *Pis.*53.

2 An inflection, modulation (of the voice).
quanto molliores sunt..in cantu ~ones et falsae uoculae CIC.*de Orat.*3.98; *Orat.*57; ut..ceruices oculosque pariter cum modorum ~onibus torqueant *Leg.*2.39; hinc tot cantus et moduli ~onesque PLIN.*Nat.*11.271.

flexipēs ~edis, *a.* [FLECTO+PES] (of ivy) Having zigzagging shoots.
~edes hederae OV.*Met.*10.99.

flexō ~āre ~āuī ~ātum, *tr.* [FLECTO+-TO] To bend, curve.
eodem..modo uineam statuito, alligato ~atoque, uti fuerit CATO *Agr.*49.2.

flexuntēs or **~ae**, *m. pl.* [prob. Etr.] An early name of the Roman *equites*.
equites apud ueteres ~ae uocabantur VAR.*gram.*122; celeres sub Romulo regibusque sunt appellati (equites), deinde ~es, postea trossuli PLIN.*Nat.*33.35.

flexuōsē, *adv.* [next+-E] In a winding manner, sinuously.
si ~ uolitet flamma PLIN.*Nat.*18.357.

flexuōsus ~a ~um, *a. superl.* ~issimus. [FLEXVS[2]+-OSVS] Full of bends or turns, winding, sinuous, tortuous; also, moving in a sinuous course.
uitem..deligato recte, ~a uti ne sit CATO *Agr.*33.1; ~um iter habet (auditus) CIC.*N.D.*2.144; ~os fossarum ambitus V.MAX.8.7.ext.3; melior (ambulatio) recta quam ~a CELS. 1.2.6; ~o draconum meatu PLIN.*Nat.*2.67; hirundini ~i uolatus uelox celeritas 10.73; intestina..homini..~issimis orbibus 11.200; acanthus hinc inde lubricus et ~us PLIN. *Ep.*5.6.36;—spiritus..obliquus est ~usque SEN.*Nat.*2.58.2; saltaturi pyrricam..nunc in orbem rotatum ~i APUL.*Met.* 10.29.

flexūra ~ae, *f.* [FLECTO+-VRA]

1 The action of bending or turning. **b** the quality of being curved, curvature. **c** (concr., usu. pl.) a bend, curve, twist.
nondum Hesperiae ~a rotae (*i.e. the westward turn of the sun's chariot*) iubet emeritos soluere currus SEN.*Thy.*796; melius existimat Celsus..caules..contortos arbori circumdari, ut ~a materias profundat COL.5.6.22;—(*in fig. phr.*) (uirtus) recta est, ~am non recipit SEN.*Ep.*71.20. **b** latuscula..speculorum assimili lateris ~a praedita nostri LUCR. 4.312. **c** ~as..uolutarum VITR.4.1.9; nomina familiae suae longo ordine ac multis stemmatum inligata ~is SEN. *Ben.*3.28.2; offensus..angustiis ~isque uicorum incendit urbem SUET.*Nero* 38.1.

2 (gram.) Modification in the form of a word, inflexion.
~ae..similitudo uidenda ideo quod alia uerba quam uim habeant ex ipsis uerbis, unde declinantur, apparet VAR.*L.* 10.28.

flexus[1] ~a ~um, *a.* [pple. of FLECTO] In senses of vb., esp.:

1 Bent, curved, twisting. **b** (of language) tortuous, involved, obscure.
Draco..conficiens..sinus e corpore ~os CIC.*Arat.*48; (corpora) ~is mucronibus unca LUCR.2.427; ~i..uimen acanthi VERG.*G.*4.123; aliae (fistulae) rectae, aliae ~ae..sunt CELS.5.28.12.A; cucumis..qui..uentre cubat ~o COL. 10.391; id uillae nomen est quae..~o mari adluitur (*i.e. an inlet of the sea*) TAC.*Ann.*14.4; (*of movements*) ~i fractique motus, quales proteruorum hominum aut mollium esse solent CIC.*Fin.*5.35;—(*poet.*) ~us onyx (*i.e. with wavy bands*) STAT.*Silv.*1.2.149;—(*transf.*) qua lege recurrat Pindaricae uox ~a lyrae (*i.e. his winding rhythms*) 5.3.152. **b** ambage ~a Delphico mos est deo arcana tegere SEN.*Oed.*214; LUC. 1.637; STAT.*Theb.*4.645; (*neut. pl. as sb.*) ~a, non falsa autumare dictio Delfis solet PAC.*trag.*308.

2 (of the voice, utterance) Having a rise and fall of tone, modulated; (spec., of an accent) circumflex; (of a syllable) having a circumflex accent.
(uox) miseratione ~a et flebilis QUINT.*Inst.*11.3.64; infinito magis illa ~a et circumducta sunt 11.3.172;—cum acuta et grauis alia pro alia ponuntur..aut grauis pro ~a 1.5.23;—ultima syllaba nec acuta umquam excitatur nec ~a circumducitur 12.10.33.

3 (gram.) Inflected.
det licet longam priorem ~a declinatio MAUR.413.

flexus[2] ~ūs, *m.* [FLECTO+-TVS[3]]

1 The act of bending or curving (something); spec., of curling (the hair). **b** the rounding (of a corner). **c** the fact or quality of being bent or curved.
molliri membra uideres, ossa pati ~us OV.*Met.*5.430; ne ~u ceruicis tempora perdam *Fast.*1.143; (callus) ~us illius (*sc.* cubiti)..prohibet CELS.8.16.4; corpora ad quosdam membrorum ~us formari nisi tenera non possunt QUINT. *Inst.*1.1.22; rigor aeris difficilior ad ~um non temere potest laxari FRON.*Aq.*36; fustium ~u tereti in rectum aggerata (*sc.* uiminea cauea) cumulum APUL.*Met.*9.24;—dociles et centum ~ibus apti..erant (capilli) OV.*Am.*1.14.13. **b** metae qua mollis ~us et unde PERS.3.68. **c** ~us ille (statuae) et, ut sic dixerim, motus dat actum quendam QUINT.*Inst.*2.13.9.

2 The act of changing course, a side-turn, swerve, or sim. **b** (of a road, river, etc.).
muraena..per multos euadit lubrica ~us OV.*Hal.*29; si (luna) ~us oblita uagi per recta cucurrit signa LUC.9.694; ut qui cursu parum ualent, ~u eludent QUINT.*Inst.*9.2.78; (equos) uno ~u dextros agunt TAC.*Ger.*6.3; naues..habiles ad omnia quae usus posceret, ad impetus et recursus ~usque capiendos FLOR.*Epit.*2.21(4.11.6); (*of the eyes*) inpudicum..ostendit..~us oculorum SEN.*Ep.*52.12; (*in fig. phr.*) inde (*i.e. in prosecution*) recta..est actio: hinc (*i.e. in defence*) mille ~us et artes desiderantur QUINT.*Inst.*5.13.2. **b** in quo ~us est ad iter Arpinas CIC.*Att.*16.13(a).1; tardis ingens ubi ~ibus errat Mincius VERG.*G.*3.14; Ionia..a Posideo promunturio ~um inchoans MELA 1.86; litora ~u Oceano fecere locum LUC.9.415; Rhenus..modico ~u in occidentem uersus TAC.*Ger.*1.2.

3 (concr.) A bend, curve, crook, angle. **b** a curved line or part; *in ~um*, in a curved or sinuous course.
quasi corneolos (aures) habent introitus multisque cum ~ibus CIC.*N.D.*2.144; labyrintheis e ~ibus egredientem CATUL.64.114; in aliquo ~u uiae LIV.22.12.7; per tortuosi amnis sinus ~usque cum errorem uoluens haud multum processisset 27.47.10; fluminis ad ~um..unde sinister abit OV.*Fast.*4.329; in litore ~u Megybernaeus MELA 2.34; montium..~us..uentos generant PLIN.*Nat.*2.115; uis piscium..omisso alterius litoris ~u hos ad portus defertur TAC.*Ann.*12.63; (*cf.*) hos (*sc. Leo and Gemini*)..contingit per senos linea ~us (*i.e. they are in sextile opposition*) MAN. 4.333;—(*transf.*) id..est caput ciuilis prudentiae..uidere itinera ~usque rerum publicarum CIC.*Rep.*2.45; qui haec recta..et in nullos ~us recedentia copiose tractauerit QUINT.*Inst.*10.5.12. **b** ne in alliganda materia ~um pali, si forte curuus est, sequendum putet COL.4.13.1; qua curuantur (cornua) in ~um 7.3.6; (apris) cubitales dentium ~us PLIN.*Nat.*8.212;—cucurrerunt..omnes (cometae) in ~um SEN.*Nat.*7.7.3; non imbriferam contorto puluere nubem in ~um uiolentus agit (auster) LUC.9.456.

4 A turning-point; (esp. of the sun, as marking the end of a season). **b** (in a sentence, applied to the point where one clause ends and another begins).
(*in a race*) in hoc ~u quasi aetatis..fama adulescentis paululum haesit ad metas CIC.*Cael.*75; (*in fig. phr.*) si infinitus forensium rerum labor..decursu honorum, etiam aetatis ~u constitisset CIC.*de Orat.*1.1;—quo pacto..(sol) brumalis adeat ~us LUCR.5.616; 5.640; ad illius (*sc.* solis) ~um hiemes aestatesque uertuntur SEN.*Nat.*2.11.2; ~u autumni et crebris per aequinoctium imbribus superfusus amnis TAC.*Hist.*5.23; ut mota sidera tonent ac suos ~us tempestate significent FLOR.*Epit.*2.14(4.3.8). **b** fit per ~um idem (*i.e. ambiguity*) magis: 'quinquaginta ubi erant centum inde occidit Achilles' QUINT.*Inst.*7.9.8; oculi totos simul in lectione uersus ~usque eorum et transitus intuentur 10.7.11.

5 A variation in pitch, modulation, inflexion (of the voice).
dum uocem..in ~us modulationis inertissimae torquent SEN.*Dial.*10.12.4; quo quidque ~u..dicendum QUINT.*Inst.* 1.8.1; qui ~us deceat miserationem 1.11.12; 11.3.25.

6 (gram.) A modification in the form of a word (by inflexion or composition).
quae tota positionis eiusdem in diuersos ~us eunt? cum 'Alba' faciat 'Albanos' et 'Albensis', 'uolo' 'uolui' et 'uolaui' QUINT.*Inst.*1.6.15; (*prob.*) 4.1.68.

flictus ~ūs, *m.* [next+-TVS[3]] The process of striking together, collision, impact.
armamentum stridor, ~us nauium PAC.*trag.*335; scuta cauaeque dant sonitum ~u galeae VERG.*A.*9.667; SIL.9.322; ~u..sonantia rostra 14.558.

flīgō ~ere, *tr.* [cf. Gk. φλίβω, Let. *blaîzît* 'hit'] FORMS: pf. pple. *flictam* VAR.*Men.*85 (dub.). To strike or dash down.
ipsus se in terram saucius ~it cadens ANDR.*trag.*12; cuiatis stirpem funditus ~i studet ACC.*trag.*22; nec perdolescit ~i socios, morte campos contegi 317.

flō ~āre ~āuī ~ātum, *intr.*, *tr.* [cf. OHG. *blāen*, *blāsan*, Eng. *blow*]

1 (intr., of winds) To blow.
ubi fauonius ~abit CATO *Agr.*29; CIC.*Fam.*9.24.2; Auster, qui per biduum ~auerat CAES.*Civ.*3.26.5; *B.Alex.*9.4; si pergerent..ab ortu solis ~are per dies plures uenti LIV. 25.27.6; OV.*Met.*7.664; quo illi (*sc.* etesiae) ~auere uehementius SEN.*Nat.*4a.2.23; PLIN.*Nat.*3.94; APUL.*Met.*5.27; —(*w. pred.*) austros ibi tam ardentes ~are ut..siluas accendant PLIN.*Nat.*12.93; cum serenior ~at (leuconotus) AMP.5.2;—(*impers.*) illinc ~ante ne arato PLIN.*Nat.*18.328; —(*poet.*) cum ~aret madida fauce December atrox MART. 7.37.6;—(*in fig. phr.*) postquam ~are ab Asia Thoas et Dicaearchus..coepissent, tum illam tempestatem coortam LIV.38.10.6.

2 (intr., of persons) To emit breath, breathe or blow; (transf., w. ref. to bombastic language). **b** (tr.) to exhale (breathe, etc.).
simul ~are sorbereque hau factu facilest (*i.e. do two opposite things at once*) PL.*Mos.*791;—(*w. internal acc.*) omisso magna semper ~andi tumore in quibusdam causis loquendum est QUINT.*Inst.*12.6.5; has ille inanes glorias cum ~aret GEL.1.2.6. **b** tum anima quae ~atur omnium apparet VAR.*L.*6.9; ut..Chimaera ore foras acrem ~aret de corpore flammam LUCR.5.906; (*cf.*) postquam..altum soporem ~are coeperit APUL.*Met.*5.20; (*transf.*) sub terris occulti sunt spiritus et ~ant incendia indidem et suspirant, ut..Aetna..solet *Mun.*17.

3 (tr.) To play on (a pipe); to play (songs), celebrate (events) on a wind-instrument. **b** (intr., of a pipe) to sound.
furiosa..tibia ~atur OV.*Fast.*4.341;—rauco praeconia classica cornu ~are (flere *codd.*) PROP.3.3.42; Pieria proelia ~are tuba MART.11.3.8. **b** inflexo Berecyntia tibia cornu ~abit OV.*Fast.*4.182.

4 (tr.) To subject (metals, etc.) to a current of air. **b** to melt down (metals); to cast the metal for (coins).
cum fundendo plumbum ~atur VITR.8.6.11; scintillam..folle fabrili..~ando accenderunt LIV.38.7.12; uritur (lapis)..~atus follibus, donec rufescat PLIN.*Nat.*36.143. **b** duabus massis duorum dominorum ~atis tota massa communis est PAUL.*dig.*17.2.83;—aes antiquissimum quod est ~atum pecore est notatum VAR.*R.*2.1.9; ratio aut ~andae aut conflandae pecuniae CIC.*Sest.*66; TRIVMVIRO AERE AVRO ARGENTO ~ANDO FERIVNDO *A.Epig.*57.135; non rude aes argentumque, sed ~ata signataque pecunia GEL.2.10.3; qui argenteos nummos adulterinos ~auerit ULP.*dig.*48.10.9.

floccēs, *pl.* **flōcēs.** [perh. next w. term. influenced by *faeces*, *fraces*] N.B.: gender and inflexion uncertain Lees of wine.
neque florem neque ~es uolo mihi, uinum uolo CAECIL. *com.*190; apludam edit et ~es bibit *in* Gel.11.7.3.

floccus ~ī, *m.* [dub.]

1 A tuft or wisp of wool.
tegeticulis subiectis oues tondere solent, nequi ~i intereant VAR.*R.*2.11.8; si..quis..in ueste ~os legit CELS. 2.6.6; nidum mollibus plumis ~isque consternunt PLIN.*Nat.* 10.92; sanguis ~o inpositus 30.80;—(*in plants*) pilulae nucibus non absimiles, intus habentes ~os molles 16.28; cucurbitae siluestris ~orum aut seminis p X II.

2 (phrs.) *~i facere, pendere*, etc.: **a** To think of any importance, take any account of; (usu. in negative or quasi-negative contexts). **b** to think of no importance, not to care a straw about.
a ut illum di..senium perdant qui me hodie remoratus est; meque..qui illum ~i fecerim TER.*Eu.*303;—satin abiit neque quod dixi ~i existumat? PL.*Mos.*76; minacias ego ~i non faciam tuas *Rud.*795; *Trin.*918; inuidere omnes mihi..ego non ~i pendere TER.*Eu.*411; φιλοσοφητέον..et istos consulatus non ~i facteon CIC.*Att.*1.16.13; 4.15.4;—(*w. indir. qu.*) falsan an uero laudent, culpent quem uelint, non ~i faciunt PL.*Trin.*211; fr. inc.132; (*cf.*) qui sis, qui non sis, ~um non interduim *Trin.*994. **b** dum tibi ego placeam..meum tergum ~i facio PL.*Epid.*348; famam ~i fecit CATO *orat.*62; lotiolente! — ~i fiet TITIN.*com.*137; (*w. indir. qu.*) ~i pendo quid rerum geras PL.fr.inc.4.

flogium: see PHLOGIVM.

Flōra ~ae, *f.* The goddess of flowers or the flowering season.
(aras) uouit Opi, ~ae, Vedioui (rex Tatius) VAR.*L.*5.74; CIC.*Ver.*5.36; LUCR.5.739; VITR.7.9.4; Chloris eram, quae ~a uocor OV.*Fast.*5.195; MART.5.22.4.

Flōrālēs ~ium, *m.pl.* [FLORALIS (sc. *ludi*)] = FLORALIA[2].
epigrammata illis scribuntur qui solent spectare ~es MART.1.pr.

flōrālia[1] ~ium, *n. pl.* [FLOS+-ALIS] Flower-gardens.

quae sunt fructuosa propter uoluptatem, ut quae pomaria ac ~ia appellantur VAR.*R*.1.23.4.

Flōrālia[2] ~ium, *n. pl.* [FLORALIS] A festival held on 28 Apr. in honour of Flora, traditionally an occasion of much licentiousness.

Florae ludi ~ia instituti VAR.*R*.1.1.6; PERS.5.178; PLIN.*Nat*.18.286; quis ~ia uestit et stolatum permittit meretricibus pudorem? MART.1.35.8.

Flōrālicius ~a ~um, *a.* [prec.+-ICIVS] Of or connected with the Floralia.

cum..~as lasset harena feras MART.8.67.4.

Flōrālis ~is ~e, *a.* [FLORA+-ALIS] Of or connected with Flora or her festival.

sacrum ~e OV.*Fast*.4.947; quo anno ~ium ludorum factum est initium VELL.1.14.8; V.MAX.2.10.8; ~es iocos nudandarum meretricum SEN.*Ep*.97.8; dignissima..~i matrona tuba IUV.6.250; FLAMEN ~IS *CIL* 9.705.

flōrens ~ntis, *a.* *compar.* ~ntior, *superl.* ~ntissimus. [pple. of next] In senses of vb., esp.:

1 That bears a blossom, flowering; (of garlands) of flowers, flowery; (also applied to a season).

quis humum ~ntibus herbis spargeret..? VERG.*Ecl*.9.19; *G*.3.126;—cingatur ~ntibus ara coronis OV.*Tr*.3.13.15; *Pont*.3.1.11;—tempora..ueris ~ntia LUCR.6.359; redditur arboribus ~ns reuirentibus aetas *Eleg.Maec*.113.

2 (of persons or cities, their fortunes, etc.) Prosperous, flourishing. **b** (of a person) in the flower of one's youth; (of one's life) in its flower or prime.

benefactis tuis me ~ntem facis PL.*Men*.372; ab adflicta amicitia transfugere atque ad ~ntem aliam deuolare CIC.*Quinct*.93; sint incolumes, sint ~ntes, sint beati (mei ciues) *Mil*.93; qua (*sc.* fortuna) illi ~ntissima, nos duriore conflictati uidemur *Att*.10.4.4; quod..~ntissimis rebus domos suas..reliquissent CAES.*Gal*.1.30.3; ciuitas ampla atque ~ns 4.3.3; neu ~ntis res suas cum Iugurthae perditis misceret SAL.*Jug*.83.1; quid est quod non fortuna, cum uoluit, ex ~ntissimo detrahat? SEN.*Ep*.91.4; ~ntissimum Italiae latus TAC.*Hist*.2.17. **b** ~ns uolitabat Iacchus CATUL.64.251; (*cf., transf.*) liberator..Germaniae et qui non primordia populi Romani..sed ~ntissimum imperium lacessierit TAC.*Ann*.2.88;—aeuo ~nte puellas LUCR.3.1008; forma erat insignis et ~ntissima aetas LIV.30.12.17; ~NTES ANNOS MORS IPSA ERIPVIT *CIL* 5.3403.

3 (of persons or things) Illustrious, brilliant, distinguished, outstanding (in general or in some given respect). **b** excelling in strength, powerful, effective.

L. Philippus, eloquentia, grauitate, honore ~ntissimus ciuitatis CIC.*Quinct*.72; delegit ex ~ntissimis ordinibus ipsa lumina *Mil*.21; cum maxime ~ns uiribus LIV.27.9.4; ingenio ~ntissimus VELL.2.2.2; C. Sallustius, rerum Romanarum ~ntissimus auctor TAC.*Ann*.3.30;—(*of things*) in praefectura ~ntissima CIC.*Planc*.32; sanctitatis..gloriam..Graecia laudibus summis celebrando cotidie ~ntiorem efficit V.MAX.6.1.ext.1; orationem ~ntissimam GEL.15.28.5. **b** exercitu ~ntissimo CIC.*Phil*.12.16; ~ntissuma Samnitium castra *Div*.1.72; ~ntes opes Etruscorum LIV.1.2.3; (*cf.*) modus..nullus est ~ntior in singulis uerbis neque qui plus luminis adferat orationi CIC.*de Orat*.3.166.

4 (of a speaker or his style) Full of colour, gay, vivid (= *floridus*, Gk. ἀνθηρός).

alii in eadem ieiunitate..faceti, ~ntes etiam et leuiter ornati CIC.*Orat*.20; quoddam..insigne et ~ns orationis pictum et expolitum genus, in quo omnes uerborum, omnes sententiarum inligantur lepores 96.

flōreō ~ēre ~uī, *intr.* [FLOS+-EO] FORMS: pf. *floriuit CIL* 13.7113.

1 To put forth flowers, blossom, bloom. **b** (of the ground, usu. w. abl.) to be covered or decked with flowers.

malum Punicum ubi ~ebit CATO *Agr*.127.1; 131; ante quam ~ere coepisset (olea) CIC.*Div*.1.111; cum iam per terras frondent atque omnia ~ent LUCR.5.214; haec circum..grauiter spirantis copia thymbrae ~eat VERG.*G*.4.32; arbor ~ens purpureo colore VITR.8.3.15; in spem bacarum ~ebat..lotos OV.*Met*.9.341; COL.2.11.10; picris..toto anno ~ens PLIN.*Nat*.21.105; 27.76; MART.3.65.3;—(*poet., of the year*) si bene ~eat annus OV.*Fast*.5.327;—(*cf., in fig. phr.*) uer uide: ut tota ~et, ut olet, ut nitide nitet! PL.*Truc*.354. **b** pampineo grauidus autumno ~et ager VERG.*G*.2.6; uariis ~entia limina sertis *A*.4.202; ~et odoratis terra benigna rosis TIB.1.3.62; OV.*Pont*.2.7.26; mulieres..uerno ~entes coronamine APUL.*Met*.11.9.

2 (usu. foll. by abl.) To be bright or gay, shine, glow (with colours, metalwork, etc.). **b** (transf., of places) to be richly ornamented (with a concourse of people, etc.).

mare uelis ~ere uideres CATO *orat*.31; bina lucernarum ~entia lumina flammis LUCR.4.450; coma Sidonio ~ens..ostro *Ciris* 387; ~entis aere cateruas VERG.*A*.7.804; uariis ubi plurima ~et purpura picta modis STAT.*Theb*.10.59; exercitum insignibus argenteis et aureis ~entem GEL.5.5.2; oues..nitentes auriue colore ~entes APUL.*Met*.6.11; carina citro limpido perpolita ~ebat 11.16. **b** ius ciuile docere semper pulchrum fuit hominumque clarissimorum discipulis ~uerunt domus CIC.*Orat*.142; nullis umquam comitiis campum Martium tanta celebritate, tanto splendore..~uisse *Dom*.75; *Sest*.131; laetas urbis pueris ~ere uidemus LUCR.1.255; quibus Itala iam tum ~uerit terra alma uiris VERG.*A*.7.644; una urbs Attica pluribus omnis eloquentiae quam uniuersa Graecia operibus..~uit adeo.. VELL.1.18.1.

3 a (of wine) To develop a scum on the surface. **b** (of the cheeks of a young man) to be covered with the soft down of the first beard.

a uina..in magnis..condita cellis ~ent et nebulae dolia summa tegunt OV.*Fast*.5.270; COL.12.30.1; quod (uinum) celeriter ~ere coeperit odoremque trahere PLIN.*Nat*.14.136. **b** libat ~entes haec (lux) tibi prima genas MART.3.6.4; STAT.*Theb*.1.705.

4 To be excited or exhilarated (with wine, etc.).

~entem uino animum GEL.7(6).13.4; nuntio Psyche laeta ~ebat APUL.*Met*.5.12.

5 (of persons, cities, etc.) To enjoy good fortune, prosper, flourish. **b** *~ere aetate* (and sim. phrs.), to be in the flower of one's youth. **c** (of arts, practices, etc.) to be much observed or cultivated, flourish.

uos me ~entem semper ornastis, laborantem..defendistis CIC.*Red.Sen*.31; uiximus, ~uimus (*i.e. my prosperity is over*) *Fam*.14.4.5; in Graecia musici ~uerunt *Tusc*.1.4; pecuniam..conferre noluerat ~enti illi parti NEP.*Att*.8.6; Lycurgus..auctor..disciplinae..cuius quam diu Sparta diligens fuit, excelsissime ~uit VELL.1.6.3; ~ebant hilares inconcussique penates STAT.*Silv*.5.1.142; inuenit aemulos etiam infelix nequitia: quid si ~eat uigeatque? TAC.*Hist*.4.42; tunc solida domi quies et aduersus externa ~uimus *Ann*.11.24. **b** ambo ~entes aetatibus, Arcades ambo VERG.*Ecl*.7.4; trecentos iuuenes, ~entes aetate et uirium robore insignes LIV.29.1.2; ~ens aequali Lentulus aeuo SIL.5.231; Berenice..~ens aetate formaque TAC.*Hist*.2.81; QVEM PRIMA AETATE ~ENTEM MORS DIRA SVBRIPVIT *CIL* 12.3559. **c** haec una res in omni libero populo..semper ~uit CIC.*de Orat*.1.30; tale (genus) quale ~uit Athenis *Opt.Gen*.7; quae nunc in magnis ~ent sacra rebu' locisque LUCR.5.1164; ~ent sub Caesare leges OV.*Fast*.2.141; SEN.*Cl*.1.19.8; ~uit..circa Philippum..pictura praecipue QUINT.*Inst*.12.10.6.

6 To be at the height of one's powers, fame, etc., be in one's zenith. **b** (in weakened sense, ref. to the most active period of a man's life, his 'floruit'). **c** (of life) to be in its prime; (of fame, fortune) to be at its height.

ille..minus potens eo tempore quid in me ~entem posset ostendit CIC.*Q.fr*.3.4.2; tribus actis impiger annis ~et equus LUCR.5.884; in ea tempora, quibus Macedones ~erent NEP.*Eum*.1.2; tam mature tantam urbem creuisse, ~uisse, concidisse, resurrexisse VELL.1.7.4; o nimis felix..Tartari intrasti loca ~ente nato SEN.*Her.O*.1780. **b** uiuo Catone minores natu multi uno tempore oratores ~uerunt CIC.*Brut*.81; temporibus ~uit eis quibus inter profectionem reditumque L. Sullae sine iure fuit..res publica 227; ante annos DCCCCL ~uit, intra mille natus est (Homerus) VELL.1.5.3; 2.36.2; ~uit..olympiade LXXXIII (Phidias) PLIN.*Nat*.34.49; TAC.*Dial*.16.5. **c** at tu dum primi ~et tibi temporis aetas utere TIB.1.8.47; OV.*Fast*.5.353; primus erat lusor dum ~uit aetas MART.10.86.3; HVIC AETAS PRIMA CVM ~EBAT IN ANNIS *CIL* 3.3397;—~ens cacumen nostrae famae frangere LABER.*com*.115; gentium nunc ~ere fortunam, nunc senescere, nunc interire VELL.2.11.3.

7 (usu. of persons) To be pre-eminent or distinguished, shine, excel; (usu. w. sphere of eminence defined). **b** to continue famous. **c** (of a quality) to be highly developed.

quamuis..illa (*sc.* quaestura mea) ~uerit CIC.*Planc*.64; (Cato) qui..in ipsa senectute praeter ceteros ~uisset *Amic*.4; cum sine inuidia in re publica ~uissent eminuissentque sine periculo VELL.2.48.6; quae familia, quanquam plebeia..admodum ~uit..censuris duabus..honorata SUET.*Tib*.3.1;—tria..genera dicendi, quibus in singulis quidam ~uerunt CIC.*Orat*.20; cum Sicilia ~ebat opibus et copiis *Ver*.4.46; artes, quibus a pueritia ~uisti *Fam*.4.13.4; in re militari ~ere Epaminondam uidebat NEP.*Ep*.5.3; Mnemon..iustitiae fama ~uit *Reg*.1.4; studiis ~entem ignobilis oti VERG.*G*.4.564; militari laude apud Germanias ~uit TAC.*Hist*.1.49; APUL.*Met*.11.15; (*w. pred.*) ~uerat primo clarus pugnator in aeuo SIL.15.595. **b** semper ~entis Homeri..speciem LUCR.1.124; sapientium scriptorum sententiae..uetustate ~entes VITR.9.pr.17; ~eat ut toto carmen Nasonis in aeuo OV.*Fast*.5.377; (A. Cremutius Cordus) legitur, ~et, in manus hominum..receptus uetustatem nullam timet SEN.*Dial*.6.1.4. **c** (memoriam) adeo in me ~uisse ut..in miraculum usque procederet SEN.*Con*.1.pr.2.

flōrescō ~ere, *intr.* [prec.+-SCO]

1 (of plants) To (begin to) flower; (also, of the ground; in quot., poet.).

antequam gemmas agant ac ~ere incipiant VAR.*R*.1.30; puleium aridum ~ere brumali ipso die CIC.*Div*.2.33; LUCR.5.670; large ~ente eo (*sc.* thymo) PLIN.*Nat*.21.56; (*gdve. in sense of pres. pple.*) AEDIS FLORAE QVAE REBVS ~ENDIS PRAEEST DEDICATA EST *Fast.Praen*.(*CIL* 1.p.236);—Cadmei dum dentibus exeat hydri miles et armata ~ant pube nouales V.FL.7.77.

2 To increase in physical vigour; (spec.) to approach one's prime.

quae decedunt corpora cuique..illa senescere at haec contra ~ere cogunt LUCR.2.74; idem (flos) stat fulmina contra saluus et in mediis ~unt ignibus herbae V.FL.7.363;—quae neque ~unt pariter nec robora sumunt corporibus neque proiciunt aetate senecta LUCR.5.895.

3 To increase in renown, prosperity, or sim.

hoc (*sc.* Hortensio)..~ente Crassus est mortuus CIC.*Brut*.303; hunc nunc primum ~entem firmata iam stirpe uirtutis *Cael*.79; haec tua iustitia et lenitas ~et cotidie magis *Marc*.12; gaudeo..quod patria nostra ~it, quam mihi a quocumque excoli iucundum..est PLIN.*Ep*.5.11(12).2; lusus..semper commenti nouitate ~it APUL.*Met*.3.11.

flōreus ~a ~um, *a.* [FLOS+-EVS] Made or consisting of flowers; full of flowers, flowery. **b** (fig., of youth or sim.) blooming.

coronas ~as PL.*Aul*.385; *Men*.632; ~a serta MART.8.77.4; VER TIBI CONTRIBVAT SVA MVNERA ~A GRATA *CIL* 11.6565;—per ~a rura VERG.*A*.1.430; ~a per uerni..iuga..Hymetti V.FL.5.343. **b** cordi quando fuisse sibi canit (Sappho) Atthida paruam, ~a uirginitas sua cum foret MAUR.2155.

flōridē, *adv.* [FLORIDVS+-E] In gay colours.

~ depicta ueste APUL.*Met*.11.24.

flōridulus ~a ~um, *a.* [next+-VLVS] Dim. of next.

uxor..ore ~o nitens CATUL.61.186.

flōridus ~a ~um, *a.* *compar.* ~ior. [FLOS, FLOREO+-IDVS]

1 Abounding in, covered with, or producing flowers, flowery; also, adorned with representations of flowers. **b** composed of flowers; having the nature or characteristics of flowers.

~os et incultos..montes VAR.*R*.3.16.7; expones, quae spectet, ~a et uaria? CIC.*Tusc*.3.43; ~is uelut enitens myrtus Asia ramulis CATUL.61.21; semper ~a tinus *Culex* 407; ~a..Hybla OV.*Tr*.5.6.38; ~o..uere *Priap*.86.10; ~a tellus PETR.134.12,l.1; prata ~a PLIN.*Ep*.5.6.11; (*cf.*) eum..adhuc unguentis madidum, coronis ~um APUL.*Met*.4.27; (*fig.*) Pythagorae..praecepta..recentes et ~os edunt fructus VITR.9.pr.2;—graciliora et ~a foliisque et uolutis ornata opera 1.2.5. **b** ~is corollis CATUL.63.66; ~a serta TIB.1.1.12; OV.*Fast*.6.312;—~a cum soboles materno pullulat aruo COL.10.146; quod uer..gemmulis ~is cuncta depingeret APUL.*Met*.10.29.

2 Gaily coloured, bright; (of colours) bright, brilliant. **b** (app.) pretty, attractive. **c** (transf.) outstanding, glorious.

~ae uestis hilaris color APUL.*Met*.2.8; ~ae picturae 4.13; lectus..ueste serica ~us 10.34; (*of the sun*) luce clara et..sole ~o 8.15;—(*of colours*) quanto colorum pulchritudine et uarietate ~iora sunt in picturis nouis pleraque quam in ueteribus! CIC.*de Orat*.3.98; sunt..colores austeri aut ~i PLIN.*Nat*.35.30; 35.97. **b** uasculum ~is palmulis rotabat APUL.*Met*.2.7. **c** gloriam satis ~am APUL.*Met*.2.12.

3 (of a person, etc.) In the bloom of youth or beauty; (of youth) blooming.

~am..puellam CATUL.61.57; Galatea..~ior pratis OV.*Met*.13.790; formam..adhuc ~am et uegetam SUET.*Gal*.20.2; (*w. gen.*) aeui ~ior Fabius SIL.12.482;—iucundum cum aetas ~a uer ageret CATUL.68.16; ~OS CITO MORS ERIPIS ANNOS *CIL* 5.4754; ~AM IVVENTAM 14.3565; (*poet.*) nouitas tum ~a mundi LUCR.5.943.

4 (of speakers, their style, etc.) Bright or gay with rhetorical colour.

est (Demetrius) ~ior, ut ita dicam, quam Hyperides CIC.*Brut*.285; SEN.*Con*.4.pr.3; sententiae..~ae sunt et nimis dulces SEN.*Ep*.114.16; alii ~ius genus (probauerunt), ut ad alenda primarum aetatium ingenia magis accommodatum QUINT.*Inst*.2.5.18; 8.3.74; unum (genus dicendi) subtile..alterum grande atque robustum..constituunt, tertium..alii ~um..addiderunt 12.10.58.

flōrifer ~era ~erum, *a.* [FLOS+-FER] **a** Producing flowers, flowery. **b** carrying flowers; (in quot., transf.).

a ~eris ut apes in saltibus omnia libant LUCR.3.11; uere ~ero SEN.*Oed*.649. **b** studium..laboris ~eri repetunt (apes) LUC.9.290.

flōrifertum ~ī, *n.* [FLOS+FERO] (See quot.)

~um dictum, quod eo die spicae feruntur ad sacrarium PAUL.*Fest*.p.91M.

flōrilegus ~a ~um, *a.* [FLOS+LEGO[2]+-VS] Culling flowers.

~ae..apes OV.*Met*.15.366.

flōrisapus ~a ~um, *a.* [FLOS+SAPIO+-VS] Tasting of flowers.

~OS DVM DANT NOVA MELLA LIQVORES *CIL* 8.212.

Flōrius ~a ~um, *a.*: app. = FLORALIS.

GEL.9.12.7.

flōrus ~a ~um, *a.* [prob. cogn. w. FLAVVS] (of the hair, etc.) Light-coloured, fair.

lanugo ~a ACC.*trag*.246; ~i crines 255; PAC.*trag*.19; equum..~a et comanti iuba GEL.3.9.3;—(*cf. app., of a fire*) ut uideam Volcani opera haec flammis ~a fieri NAEV.*trag*.45.

flōs ~ōris, *m.* [cf. Eng. *bloom*, Irish *blāth*, etc.]

1 A flower, blossom, bloom. **b** (often collect. sg.) the flower(s) borne by a particular plant, its blossom. **c** a (carved) representation of a flower.

quam (*sc.* Hennam) circa..sunt..laetissimi ~ores omni tempore anni CIC.*Ver*.4.107; ~oribus atque apio crinis ornatus amaro VERG.*Ecl*.6.68; ~os..cui nomen amello fecere agricolae *G*.4.271; potare et spargere ~ores HOR.*Ep*.1.5.14; natos sine semine ~ores OV.*Met*.1.108; uicos..~oribus coronisque sterni iubet CURT.9.10.25; Apollo pueri umbram reuocauit in ~orem PETR.83.5; Elysios animae praesternere ~ores STAT.*Silv*.5.1.257; Octauiae imagines gestant umeris, spargunt ~oribus TAC.*Ann*.14.61; (*sg. collect.*) plenos ~ore referte sinus OV.*Fast*.4.432;—(*poet.*) donec flammai fulserunt ~ore coorto LUCR.1.900;—(*in fig. phrs.*) exustus..siti ~os ueteris ubertatis exaruit CIC.*Brut*.16; ~orem decoris singuli carpunt dies [SEN.]*Oct*.550. **b** cum ~orem oleae uidet CIC.*Div*.2.16; arbor ~oris odore hominem taetro consueta necare LUCR.6.787; ubi mollis amaracus illum ~oribus..complectitur VERG.*A*.1.694; ~ore semel laeso pereunt uiciaeque fabaeque OV.*Fast*.5.267; ~os albae uiolae CELS.5.4; alterum genus ~ore candido, calice purpureo PLIN.*Nat*.21.25; phaleris..habet..in summo ~orem inclinatum 27.126;—(*as the food of bees*) saepes..apibus ~orem depasta salicti Verg.*Ecl.*1.54; (*w. ref. to pollen*) ~ores apis ingerit alueo Tib.2.1.49; Plin.*Nat.*11.20. **c** ~ores..et acanthos eleganter scalptos Vitr.2.7.4; 4.1.12; 4.8.3.

2 The flowering (of a plant); the state of being in flower.
diebus..quibus post ~orem ad maturitatem uenit Col.2.11.10; post tertium ~orem Plin.*Nat.*18.135; 18.244;—cum se nux plurima siluis induet in ~orem Verg.*G.*1.188; in ~ore nouo..arbos 4.142; sata siue herba tenus aut ~ore seu solitam in speciem adoleuere Tac.*Hist.*5.7; (*in fig. phr.*) ego..qui indolem ingenii tui in germine..et in herba et in ~ore dilexerim Fro.*Aur.*2.p.124(102N).

3 Brightness, lustre.
cinis..ille..purpuras mutat, ~orem coloribus adimit Plin.*Nat.*28.80; dei pinnae roscidae micanti ~ore candicant Apul.*Met.*5.22.

4 Anything forming on the surface: **a** a scum or deposit, esp. on wine; *~os aeris*, impure cuprous oxide; *~os salis*, crystalline salt obtained by evaporation from brine; also, an unknown oily exudation found near salt deposits; *~os picis*, (see quot.). **b** *~os resinae*, (app.) a kind of crude resin containing a volatile oil and a hard residue. **c** (poet.) the downy growth of the first beard.
a fit (atramentum)..aput infectores ex ~ore nigro, qui adhaerescit aereis cortinis Plin.*Nat.*35.43;—(*on wine*) neque ~orem neque flocces uolo mihi, uinum uolo Caecil.*com.*190; cola qui ~orem demat III Cato *Agr.*11.2; si uinum florere incipiet, saepius curare oportebit: ne ~os eius pessum eat, et saporem uitiet Col.12.30.1; Plin.*Nat.*14.136;—Cels.5.20.1; aeris ~os..fit aere fuso..flatu crebriore excutiuntur ueluti milii squamae, quas uocant ~orem Plin.*Nat.*34.107; aes ipsum in catinos defluit..~os supernatat 34.135;—usque adeo in sole habeto (muriam), donec concreuerit. inde ~os salis fiet Cato *Agr.*88.2;—~os salis..crocei coloris aut rufi, ueluti rubigo salis odore quoque ingrato ceu gari dissentiens a sale Plin.*Nat.*31.90;—~orem picis..appello, quod excipitur, dum ea coquitur, lana superposita eius uapori Larg.40. **b** crudo ~ore resinae excitari..lenitatem (uini), e diuerso crapula conpesci feritatem nimiam Plin.*Nat.*14.124; 16.54. **c** tum mihi prima genas uestibat ~ore iuuentas Verg.*A.*8.160; illa genae ~orem primaeuo corpore uolsit Luc.6.562; tenuem pingues ~orem induxere palaestrae Stat.*Theb.*6.585; *CIL* 9.4756.

5 A powdered or powdery form of a substance, dust, 'flowers'.
harena..cum nitri ~ore conteritur Vitr.7.11.1; marmoris uel gypsi quod ~os appellatur Col.12.20.8; eiusdem lapidis ~os appellatur, in farinam mollis Plin.*Nat.*36.133; Larg.82.

6 A fragrance, aroma (of wine, etc.).
~os ueteris uini meis naribus obiectust Pl.*Cur.*96; Bacchi cum ~os euanuit Lucr.3.221; dum..meum puellum sauior dulcemque ~orem spiritus duco *Inc.poet.*p.139(Gel.19.11.4); (*cf.*) amaracini blandum stactaeque liquorem et nardi ~orem..cum facere instituas Lucr.2.848.

7 The most flourishing condition attained by a person or thing; the best period, zenith, heyday.
cum uitae ~ore tum mortis opportunitate diuino consilio et ornatum et exstinctum Cic.*de Orat.*3.12; habitum..regni ~ore pollentem inclito Sen.*Phoen.*185; (*pl. in same sense*) nihil..perpetuos..tenet ~ores unumque tenorem Man.4.822;—in ipso Graeciae ~ore Cic.*N.D.*3.82; in ~ore uirium se credens esse Liv.42.15.2; doctior urbe sua linguae sub ~ore Menander Man.5.475; mihi facit controuersiam de senectute (animus); hunc ait esse ~orem suum Sen.*Ep.*26.2; uetera imperia in ipso ~ore ceciderunt *Nat.*3.pr.9; in ipso..~ore dignationis suae..ad Tarpeium raptus Plin.*Nat.*7.143.

8 (often *~os aetatis, iuuentutis*, or sim.) Youthful condition or qualities; (spec.) youthful beauty (usu. as a source of sexual attraction). **b** (as a period) the flower of one's youth, youthful prime; also, the blossoming (of youthful talents). **c** chastity, virginity.
membris collatis ~ore fruuntur aetatis Lucr.4.1105; pueri et primaeuo ~ore iuuentus Verg.*A.*7.162; ex morbo uelut renouatus ~os iuuentae Liv.28.35.7; nec quo sit nata require consule..praecipue si ~ore caret Ov.*Ars* 2.665; opus est sucis, per quos..senectus in ~orem redeat *Met.*7.216; senescentibus membris..animos..~orem iuuentae retinere V.Max.8.7.ext.9; matrona..tum anus et ~oris extincti Petr.140.1;—crebro in Albanum rapitur ob ~orem aetatis suae Porc.*poet.*3.5; gratiam non uirtutis spe, sed aetatis ~ore conlectam Cic.*Phil.*2.3; Liv.21.3.4; Vell.2.29.2; ~ore capi iuuenem primaeuo lubrica mentem nympha Sil.5.18; laciniam..uentus..reflabat, ut dimota pateret ~os aetatulae Apul.*Met.*10.31; ~ore cvltvqve corporis praestantior..nemo *CIL* 10.2936. **b** anni? sedecim. — ~os ipse Ter.*Eu.*319; in ipso iuuentae ~ore..occisus Manc.*orat.*1; qui adulescentiam ~orem aetatis, senectutem occasum uitae uelit definire Cic.*Top.*32; nemo hunc M. Caelium in illo aetatis ~ore uidit nisi aut cum patre aut mecum *Cael.*9; uiridissimo nupta ~ore puella Catul.17.14; aeui contingere ~orem Lucr.1.564; Perseus iam tricesimum annum agens, Demetrius quinquennio minor, medio iuuentae robore ille, hic ~ore Liv.40.6.4; puellas..in ~ore primo fecunditas abstulit Plin.*Ep.*4.21.2; in ipso aetatis meae ~ore uocabor auia Apul.*Met.*6.9;—qui mos incipientibus adulescentulis ad illustrandum ingenii ~orem apud antiquos concessus *Apol.*66. **c** cum castum amisit polluto corpore ~orem Catul.62.46; Quint.*Decl.*276(p.129, l.9); uenit..ad eum noua nupta..pudore dispoliato, ~ore exsoleto, flammeo obsoleto Apul.*Apol.*76; (*cf.*) ~orem..aetatis a Venere orti in Bithynia contaminatum Suet.*Jul.*49.3.

9 The choicest part of anything (material or otherwise). **b** (poet.) *~s Liberi*, wine.
is nunc ~os cenae habetur Fav.*orat.*1; ex omni ~orem uirtute capessunt Grat.198; murices..purpurae ~orem illum..in mediis habent faucibus Plin.*Nat.*9.125; quod (oleum)..post molam primum expressum est, ~os 15.23; (pollinem) appellant in tritico quod ~orem in siligine 18.89; inde lingulis hauriunt ~orem (cerae), id est candidissima quaeque 21.84; gari ~os *CIL* 4.5663; ~orem ipsius totius loci Vergilium uideri omisisse Gel.9.9.16. **b** ~orem anculabant Liberi ex carchesiis Andr.*trag.*30; nisi haec meraclo se uspiam percussit ~ore Liberi Pl.*Cas.*640; Pac.*trag.*291.

10 (of a person or persons) The finest specimen(s) of a class, the pick, flower; (also, of a city).
ea tempestate ~os poetarum fuit, qui nunc abierunt hinc Pl.*Cas.*18; Castricium..'decus patriae..~orem iuuentutis' appellant Cic.*Flac.*75; tirones milites, ~os Italiae *Phil.*11.39; ego gymnasi fui ~os Catul.63.64; ~os Achaeorum iuuentutis Liv.32.25.9; ~os ordinis equestris V.Max.3.2.9; Luc.2.196; Flor.*Epit.*2.13(4.2.5); tibi pocula cursor Gaetulus dabit..~os Asiae (*i.e. a handsome page*) ante ipsum Juv.5.56;—quod..~orem Thessalicae regionis ad instar solitudinis..deducitis Apul.*Met.*1.25.

11 Rhetorical or poetical ornamentation or an instance of it.
in huius oratione..erat..nullus ~os..neque lumen ullum Cic.*Brut.*233; 298; *Parad.*2; argumentationes..molestae sunt et minimum habent ~oris Sen.*Con.*9.pr.1; ueterum auctorum placita..Virgilius poeticis ~oribus illuminauit Col.9.2.1; uerba nec incluso sed aperto pingere ~ore *Laus Pis.*63; male audire..nimiis ~oribus et ingenii affluentia Quint.*Inst.*12.10.13.

flosculus ~ī, *m.* [prec.+-cvlvs]
1 A (small) flower, floweret. **b** the remains of the flower on a fruit.
~i oblongi ueluti calathi Plin.*Nat.*25.85; 27.82; solum sternebant ~is Apul.*Met.*11.9;—(*as a type of the ephemeral*) ficta omnia celeriter tamquam ~i decidunt Cic.*Off.*2.43;—(*in fig. phrs.*) non sum tam ignarus, iudices, causarum..ut omni ex genere orationem aucuper et omnis undique ~os carpam *Sest.*119; non enim ~os..sed iam decimum aetatis ingressus annum certos ac deformatos fructus ostendebat Quint.*Inst.*6.pr.10; ut noctes ipsae..his quoque historiae ~is leuiter iniectis aspergerentur Gel.17.21.1. **b** poma sic componi ut ~i sursum pediculi deorsum spectent Col.12.47.5.

2 A bright flash or gleam.
coruina nigredine caerulos columbarum e collis ~os aemulatur (*i.e. a woman's hair*) Apul.*Met.*2.9.

3 The best of anything, the 'flower'. **b** a short and choice excerpt from someone's writings.
o qui ~us es Iuuentiorum Catul.24.1; festinat..decurrere uelox ~us angustae miseraeque breuissima uitae portio Juv.9.127. **b** certi profectus uiro captare ~os turpe est et fulcire se notissimis ac paucissimis uerbis et memoria stare..turpe est..seni..ex commentario sapere Sen.*Ep.*33.7.

4 (rhet.) An embellishment of style, flowery conceit, or sim.
ne recentis huius lasciuiae ~is capti uoluptate praua deleniantur, ut praedulce illud genus..adament Quint.*Inst.*2.5.22; iuuenibus ~os omnium partium in ea quae sunt dicturi congerentibus 10.5.23; 12.10.73.

flouius: see flvvivs.

flucticulus ~ī, *m.* [flvctvs+-cvlvs] A small wave, ripple.
quamlibet leuiter motis ~is Apul.*Apol.*35.

fluctifragus ~a ~um, *a.* [flvctvs+*frag-* (frango)+-vs] That breaks the force of the waves.
~o..in litore Lucr.1.305.

fluctiger ~era ~erum, *a.* [flvctvs+-ger] (perh.) Carried by the waves, wave-borne.
se ~ero tradit..paroni Cic.*Mar.*fr.3.

fluctiō ~ōnis, *f.* [flvo+-tio] (med.) A flux, discharge.
(beta) ~ones stomachi et uentris sistit Plin.*Nat.*20.71; sanguinis ~ones 20.150; ~ones mulierum 21.123; pituitae ~ones, quas Graeci rheumatismos uocant 22.138; ~ones oculorum 28.73.

fluctisonus ~a ~um, *a.* [flvctvs+sono+-vs] Loud with the noise of waves.
~a..litora Sen.*Her.O.*836; insula ~o circumuallata profundo Sil.12.355.

fluctiuagus ~a ~um, *a.* [flvctvs+vagvs] That wanders over the sea, wave-tossed.
~am..domum madidosque penatis Alcyone deserta gemit Stat.*Theb.*9.360; ruricolam..Gyan cum ~o Ergino 9.305; ~os nautas *Silv.*3.1.84; (*cf.*) ~a qua praeterlabitur unda Sicanios longe relegens Alpheos amores *Theb.*1.271.

fluctuātim, *adv.* [flvctvo+-im] With a sweeping, wave-like motion.
magnifice uolo ~ ire ad illum Afran.*com.*237.

fluctuātiō ~ōnis, *f.* [next+-tio] Restless movement (as of the waves), swaying, shaking, etc.; (transf.) alternation of the mind between conflicting ideas or emotions, vacillation, etc.
tum artus trepidi..totius corporis ~o Sen.*Dial.*4.35.3;—in ea ~one animorum opprimi incautos posse Liv.9.25.6; causa inopinatae eius ac subitae ~onis V.Max.7.4.5; rogo..si quod habes remedium, quo hanc ~onem meam sistas, dignum me putes qui tibi tranquillitatem debeam Sen.*Dial.*9.1.17; maximum indicium est malae mentis ~o *Ep.*120.20.

fluctuō ~āre ~āuī ~ātum, *intr.* **~or** ~ārī ~ātus. [flvctvs+-o[3]]
1 (of liquids) To rise in waves, surge, billow. **b** (transf.) to move to and fro in the manner of waves, sway, ripple, undulate, etc.
ualide ~at mare Pl.*Rud.*303; 903; per angusta eluctatus..~at (Nilus) Sen.*Nat.*4a.2.5; Luc.2.702; ~ant in cellis uina Plin.*Nat.*2.107; num torta Charybdis ~et Stat.*Silv.*3.2.86; (*in fig. phr.*) tota res etiam nunc ~at, κατ' ὀπώρην τρύξ Cic.*Att.*2.12.3;—(*dep.*) ~atur intus in ea (*sc.* gemma)..liquor Plin.*Nat.*37.190; (*in fig. phr.*) siue secundo cursu uita procedit, siue ~atur et it per aduersa ac difficilia Sen.*Ep.*111.4. **b** ut..uentis furibundus ~et aer Lucr.6.367; Cetos..orbibus insurgit tortis et ~at aluo Man.1.434; ~antes more turbati maris..harenas Sen.*Her.F.*320; nec..leni ~at Zephyro seges 699; leo..toris comisque ceruicum ~antibus Gel.5.14.9; leniter ~ante spinula et sensim adnutante capite coepit incedere Apul.*Met.*10.32; (*of crowds*) Appi..Caeci filia..turba undique confluentis ~antisque populi iactata est Gel.10.6.2; (*cf.*) cum longa cohortis explicuit legio..ac late ~at omnis aere renidenti tellus Verg.*G.*2.281; (*of sounds*) (sono) feruente in umidis, ~ante in stagnantibus Plin.*Nat.*2.193;—(*dep.*) si quod unum immobile est in illo fixumque..~atur Sen.*Nat.*6.1.4.

2 To be tossed or driven by the waves. **b** to float.
quid tam est commune quam..mare ~antibus, litus eiectis? Cic.*S.Rosc.*72; quadriremem..~antem in salo reliquerat *Ver.*5.91; (*cf.*) ~at infelix concusso stipite turba (*i.e. people taking refuge in a tree*) Sil.5.503;—(*dep.*) modo in sicco relinquuntur, modo torrente unda ~antur Sen.*Dial.*7.14.1; (*in fig. phr.*) Cicero..dum ~atur cum re publica et illam pessum euntem tenet 10.5.1. **b** (*cf.*) ~antes Cyprii Apul.*Met.*11.5;—(*dep.*) quaedam insulae semper ~antur Plin.*Nat.*2.209; sesamam..frigida mergi, ut paleae ~entur 18.98; lapidem e Syro insula ~ari tradunt 36.130.

3 (fig. or transf., of a person, his mind, etc.) To be in a state of agitation or turmoil (with violent emotion or sim.). **b** (of a passion) to seethe.
quid si mi animus ~at? Pl.*Mer.*890; magnis curarum ~at undis (Ariadne) Catul.64.62; magno..irarum ~at aestu Verg.*A.*4.532; ingenti Telamon iam ~at ira V.Fl.3.637; talibus cogitationibus ~antem subit me illa cura potior Apul.*Met.*7.4; (*w. ref. to style*) nihil in illa (*sc.* compositione) placidum..omnia excitata et ~antia Sen.*Con.*7.4.8; (*cf.*) crederes et illam ~are tantum uaporibus febrium Apul.*Met.*10.2;—(*dep.*) non potest hic animus..otium capere, quatiatur necesse est ~eturque Sen.*Dial.*3.10.2. **b** ~at ira intus, rumpuntur nescia uinci pectora Verg.*A.*12.527.

4 (of a person, his opinion, etc.) To be in doubt or show irresolution, hesitate, waver, vacillate. **b** to move in a hesitant manner, grope, etc.; (of a battle-line or sim.) to falter, give way. **c** (of one's hopes, fortunes, etc.) to be in a state of uncertainty, hang in the balance; (also, of persons).
simul atque Graccus prospexit ~are populum *Rhet.Her.*4.68; cum hominis amplissima fortuna..~antem sententiam confirmassem Cic.*Att.*1.20.2; ~ans..animo ut tereret tempus ordines explicat Liv.1.27.6; ceteras (ciuitates) satis fidas, Rhodios ~antis..inuenisse Liv.42.26.8; (*impers. pass.*) inter execrationem hominis et admirationem dubio mentis iudicio ~atur V.Max.3.1.ext.1;—(*dep.*) non debere eos in suo decreto..~ari Cic.*Luc.*29; Celtiberi parumper incertis animis ~ati sunt Liv.40.32.3; ne semper inter spem et metum ~emur Aug.in Suet.*Cl.*4.4; ~amur inter uaria consilia Sen.*Ep.*52.1; quid ~aris? statue, quem poenae extrahas *Tro.*657; ambrosia uagi nominis et circa alias herbas ~ati unam habet certam Plin.*Nat.*27.28; (*w. indir. qu.*) utrius populi mallet uictoriam esse incertis adhuc uiribus ~atus animo fuerat Liv.23.33.3; 32.13.4. **b** consueta..campo ~at et mersas leuis ungula quaerit harenas Stat.*Theb.*9.251;—ubi..turbata..signa et ~antem aciem uidit Liv.8.39.4; 9.35.6; proelia..quae ~antem turbarunt primo, deinde disiecerunt phalangem 44.41.6; Curt.3.10.6;—(*dep.*) principum..signa ~ari coeperant uagam ante se cernendo aciem Liv.30.34.10. **c** uictoriae spes ~abat V.Max.3.8.ext.6;—(*dep.*) ancipiti..casu salus eorum ~abatur 6.2.1;—eum..causa admodum dubia ~antem saluum ad penates suos remisit 5.3.4; illum..periculosa ualitudine in Germania ~are 5.5.3.

fluctuōsus ~a ~um, *a.* [next+-osvs] (of the sea) Agitated, billowy; (of precious stones) marked with wavy lines.
in mari ~o Pl.*Rud.*910; ~us atque feruens (Pontus) Mela 1.102;—hi (smaragdi) sunt ~osi et rerum imagines complexi Plin.*Nat.*37.71.

fluctus ~ūs, *m.* [flvo+-tvs[3]] Forms: gen. sg. *fluctuis* Var. and Nigid.in Gel.4.16.1; nom. pl. *flucti* Pac *trag.*77, Acc.*trag.*34,633.

1 A wave, billow (usu. of the sea). **b** (pl. or collect. sg., vaguely) the waters of the sea (or of a particular sea), 'the waves'. **c** (often in fig. context).
uideo med ad saxa ferri saeuis ~ibus Pl.*Mer.*197; mare cum horreret ~ibus Acc.*trag.*413; ita iactantur ~ibus ut numquam adluantur Cic.*Orat.*107; hiemi ~ibusque sese committere *Ver.*2.91; puppes ad magnitudinem ~uum..accommodatae Caes.*Gal.*3.13.2; limum harenamque..~us trahunt Sal.*Jug.*78.3; hi summo in ~u pendent Verg.*A.*1.106; saxum..quod tumidis summersum tunditur olim ~ibus 5.126; amnium coetus maritimis similes ~us mouet Curt.9.4.9; decumus..~us (*traditionally the largest*) Luc.5.672; paene obrutus ~ibus Suet.*Jul.*58.2;—(*collect. sg.*)

nosti aphracta Rhodiorum; nihil quod minus ~um ferre possit CIC.*Att*.5.12.1; subito adsurgens ~u nimbosus Orion VERG.*A*.1.535; una..naui, quam petrae ~us inliserat, haerente CURT.8.13.27; ut secundo ~u exeant e Ponto PLIN.*Nat*.9.51; cum plenus ~u medius foret alueus JUV. 12.30;—(*prov.*) excitabat..~us in simpulo, ut dicitur, Gratidius CIC.*Leg*.3.36. **b** (*pl.*) te iam septima portat omnibus errantem terris et ~ibus aestas VERG.*A*.1.756; ~us ..siccare marinos PROP.2.32.49; ~ibus ignotis exultauere carinae OV.*Met*.1.134; Graecia..Ioniis ~ibus obiacet MELA 2.37; ~us..defertur in imos (pistris) V.FL.2.535;—(*collect. sg.*) procul e ~u Trinacria cernitur Aetna VERG.*A*.3.554; Achradina, cuius murus ~u adluitur LIV.24.33.9; MELA 3.89. **c** non uides..quantos belli ~us concites? ACC. *trag*.608; qui in maximis turbinibus ac ~ibus rei publicae nauem gubernassem CIC.*Pis*.20; irarum tantos uoluis sub pectore ~us VERG.*A*.12.831; maeror marcorque et mille ~us mentis incertae SEN.*Dial*.9.2.10; talibus fatorum ~ibus uolutabar APUL.*Met*.10.13;—(*collect. sg.*) ~um..totius barbariae ferre urbs una non poterat CIC.*Att*.7.11.3; diuitias, quas huc atque illuc incertae fortunae ~us appellet SEN. *Con*.1.1.10.

2 (transf.): **a** A stream, flood, wave (of any fluid); (also, of air, vapour, etc.). **b** an undulating movement (of the body). **c** a wave-like arrangement (of hair).

a ut..profundant fluminis ingentis ~us uestemque cruentent LUCR.4.1036; iuuenem..uomentem sanguineos ~us *Ilias* 783;—unde fluens uoluat uarius se ~us odorum LUCR.4.675; quoniam uentus haut aliud intellegatur quam ~us aeris PLIN.*Nat*.2.114; taurus..proflauit..flammas..atro uoluens incendia ~u V.FL.7.572; (*of the effluence from a magnet*) cogitur (*sc. the magnet*)..pulsare..~u ferrea texta suo LUCR.6.1053. **b** exossato ciet omni pectore ~us LUCR.4.1271; Medullinae ~um crisantis JUV. 6.322. **c** tortos in ~um ponere crines MAN.5.147.

fluens ~ntis, *a.* [pple. of FLVO] In senses of vb., esp.:

1 Free-flowing (and not stagnant); *aqua ~ns* (and sim.), running water, stream-water. **b** (of diseases) accompanied by a flux; also, accompanied by liquefaction or putrefaction. **c** (transf., of quantity) abundant, overflowing.

si erunt fontes aperti et ~ntes VITR.8.1.1;—si deerit ~ns unda, putealis quaeratur COL.1.5.1; 11.3.8. **b** morborum ..tria genera esse, unum adstrictum, alterum ~ns, tertium mixtum CELS.1.pr.55; 1.pr.66;—aera pestiferum tractu morbosque ~ntis LUC.7.412; (*cf.*) subit facies leto diuersa ~nti 9.789. **c** ut..haec..extremitas (*i.e. the suffix* -bundus) largam et ~ntem uim et copiam declararet GEL. 11.15.8.

2 (of speech, composition, etc.) Smooth, flowing.

tracta quaedam et ~ns..non..contorta et acris oratio CIC.*Orat*.66; insignem cithara cantuque ~nti Dorcea V.FL. 3.158; lenis et ~ns contextus QUINT.*Inst*.9.4.127; tam ~ntes carminum delicias GEL.19.9.7;—(*of a speaker*) in locis ac descriptionibus fusi ac ~ntes, in epilogis plerumque deiecti et infracti QUINT.*Inst*.9.4.138.

3 Having no firm moral principles.

discunt haec miseri, antequam sciant uitia esse: inde soluti ac ~ntes..mala ista..in scholas adferunt QUINT. *Inst*.1.2.8.

fluenter, *adv.* [prec.+-TER²] In a stream or flood.

omnibus ab rebus res quaeque ~ fertur LUCR.4.225; 6.931.

fluentisonus ~a ~um, *a.* [next+SONO+-VS] Resounding with the noise of waves.

~o..litore Diae CATUL.64.52.

fluentum ~ī, *n.* [FLVO] (usu. pl.) A stream, river, flood; (also applied to the waters of a lake).

umori' ~a..proluuie larga lauere umida saxa LUCR.5.949; Xanthi..~a VERG.*A*.4.143; Tiberina ~a 12.35; *Ilias* 783; Ilissi amnis modicum ~um APUL.*Soc*.19; argenti metalla et auri ~a (*i.e. gold-bearing rivers*) *Fl*.6; (*transf.*) flammarum ~a *Mun*.34;—captus..ad Thrasymenna ~a SIL.14.150.

fluidus ~a ~um, *a.* Also **fluuidus.** [FLVO+-IDVS] PROS.: *flŭuidus* LUCR.2.464,466.

1 Flowing freely, liquid. **b** (of robes) flowing.

~o quae corpore liquida constant LUCR.2.452; abundabat ~us liquor VERG.*G*.3.484; ~um lauit inde cruorem *A*.3.663; OV.*Met*.4.482; ~um..aequor MAN.1.164; quid..tam contrarium est quam terrenum ~o? COL.8.16.1;—(*cf.*) huius (*sc. an icosahedron*) forma ~a et uolubilis aquae similior est uisa APUL.*Pl*.1.7. **b** sinus laxi ~umque syrma SEN. *Oed*.423.

2 (usu. foll. by abl.) Running or dripping (with a liquid specified or implied). **b** (of disease, etc.) accompanied by liquefaction, dissolving.

~os humano sanguine rictus OV.*Met*.14.168; ~um salinis os COL.6.9.2; ~is adopertus nubibus aether *Laus Pis*.147; uiam..stagnanti palude ~am APUL.*Met*.9.9. **b** quaecumque mora ~oque calore corpora tabescunt OV.*Met*. 15.362; ~ae contagia pestis LUC.6.89.

3 Yielding to pressure, soft: **a** (of soil). **b** (of flesh) flabby. **c** (transf.) lacking in vigour, weak, feeble.

a fundamenta..in mollem et ~am humum missa SEN.*Ep*. 52.5; solo, quod molle ~umque est *Nat*.3.27.5. **b** mollia et ~a corpora Gallorum LIV.34.47.5; illos, qui fuerant ..Herculeis similes, ~os pendere lacertos OV.*Met*.15.231; (locusta) ~a carne non habet callum PLIN.*Nat*.9.95;—(*neut. pl. as sb.*) ossa neruique, firmamenta ~orum ac labentium SEN.*Ep*.102.25. **c** non ista difficilia sunt natura, sed nos ~i et enerues SEN.*Ep*.71.23; omnis ex languido ~oque conatus (*sc.* animi) conatus est 114.23; luxuria inuictum malum et ex molli ~oque durum atque patiens *Nat*.4b.13.11.

4 Impermanent, perishable, unstable. **b** (of character, prob.) volatile, unsteady.

de homine dixi, ~a materia et caduca SEN.*Ep*.58.24; pecunia et corpus et honores, inbecilla, ~a, mortalia 66.23; inutilis caro et ~a, receptandis tantum cibis habilis 92.10; *Nat*.6.2.3. **b** habitus, qualem nec dicere maestum nec ~um, laeta sed tetricitate decorum possumus *Laus Pis*.103.

fluitō ~āre ~āuī, *intr.* Also **flūtō (flūtor), fluuitō.** [FLVO+-ITO] FORMS: *fluto* LUCR. 3.189, 4.77; *flutor* (dep.) VAR.in Macr.3.15.8; *fluuito* SEN.*Dial*.6.6.3, *Ep*.51.12, PLIN.*Nat*. 16.168, 204, and as a v.l. elsewhere.

1 (of fluids) To flow, run. **b** (transf., of poetry) to glide smoothly along, 'flow'. **c** (of a large company) to swarm, stream.

~ans circum magnis anfractibus aequor LUCR.1.718; mouetur aqua et tantillo momine ~at 3.189; fusile per rictus aurum ~are uideres OV.*Met*.11.126; riuis hinc atque illinc ~antibus MELA 1.73;—(*cf.*) si ~at nimis aeger humoribus [QUINT.]*Decl*.8.17. **b** si carmina forte nectere ludenti iuuit ~antia uersu *Laus Pis*.164. **c** toto ~antes orbe cateruas PETR.124,l.281.

2 To be carried about or along by the waves, float, drift. **b** to float (and not sink).

cum..amisso ~antem errare (ratem) magistro sensit VERG.*A*.5.867; fragmina remorum..et ~antia transtra 10. 306; cum ~antem alueum, quo expositi erant pueri,..in sicco aqua destituisset LIV.1.4.6; MAN.5.51; caput (*sc. of Orpheus*) tristi ~auit Hebro SEN.*Med*.631; si contra aquas ~et (ouum) PLIN.*Nat*.29.52; per iocum ludumque ~antibus (*i.e. sailing to and fro*) PLIN.*Ep*.8.8.4; FLOR.*Epit*.2.21 (4.11.7);—(*in fig. phrs.*) hanc rei publicae nauem, ereptis senatui gubernaculis ~antem in alto tempestatibus seditionum ac discordiarum CIC.*Sest*.46; animi incerto ~ans errore uagaris LUCR.3.1052; oratio carens hac uirtute tumultuetur necesse est et sine rectore ~et QUINT.*Inst*. 7.pr.3. **b** genera..partim submersarum partim ~antium et innantium beluarum CIC.*N.D*.2.100; ~antia signa (*i.e. Pisces*) MAN.2.196; plumbum in massa mergi, dilatatum ~are PLIN.*Nat*.2.233; materies..primo sidit, postea ~are incipit 13.57; 31.22; (*w. pred.*) uirorum cadauera supina ~are 7.77;—(*poet.*) insula Trinacriae ~antem ad iura sororem (*i.e. Crete*) subsequitur MAN.4.787;—(*transf.*) quod (*sc. secondary qualities*) in summis ~are uidemus rebus LUCR.2.1011.

3 (of clothes, hair, etc.) To hang loose, flow, stream.

uela..magnis intenta theatris..trementia ~ant LUCR. 4.77; PROP.3.18.13; adspice, ut in curru..det ~antia rector lora OV.*Ars* 2.433; ceu longi ~ent de uertice crines MAN. 1.835; nauigii rector..qui ~antia uela deseruit SEN.*Dial*. 6.6.3; ueste..non ~ante..sed stricta et singulos artus exprimente TAC.*Ger*.17.1; FRO.*Aur*.1.p.12(66N).

4 To move unsteadily or uncertainly, waver, wobble, etc.; (fig., of persons or things) to be in a state of doubt or uncertainty.

cum..internodia membris imperfecta nouo ~ant concreta calore (*i.e. when a chick is hatched*) *Ciris* 492; inualidis ~antia tela lacertis..spargimus STAT.*Theb*.5.378; disiectam ~antemque testudinem lanceis..scrutantur TAC.*Hist*.3.27; praelongis hastis ~antem labantemque militem eminus fodiebant 5.18;—haec (*sc. the phases of love*)..mobilia et caeca ~antia sorte HOR.*S*.2.3.269; neu ~em dubiae spe pendulus horae *Ep*.1.18.110; creditur Caecinae fides ~asse TAC.*Hist*. 2.93.

fluius ~iī: see FLVVIVS.

flūmen ~inis, *n.* [FLVO+-MEN]

1 A river or stream. **b** (sg. or pl.) the waters of a river, its stream, current, etc.; *secundo ~ine*, downstream; *aduerso ~ine*, upstream (see SECVNDVS, ADVERSVS¹). **c** (sg. or pl.) water from a river or stream. **d** (in general) any body of moving water; (leg.) rain-water forming a stream (opposed to *stillicidium*). **e** (astron., of the constellation Eridanus).

per amoenam urbem leni fluit agmine ~en ENN.*Ann*. 173; SIS.*hist*.103; ~en..subito accreuit CIC.*Inv*.2.97; ~ina arcemus derigimus auertimus *N.D*.2.152; hunc montem ~en subluebat CAES.*Civ*.3.97.4; Lethaei ad ~inis undam VERG.*A*.6.714; transgressus Volturnum ~en LIV.23.35.5; 25.33.9; excedentia ripas suas..~ina MELA 2.15; V.FL. 4.402; amplissimum ~en atque etiam nauium patiens PLIN.*Ep*.8.8.3; GEL.19.7.15;—(*w. defining gen.*) ex ~ine Loracinae LIV.43.4.6; SUET.*Cal*.43;—(*dist. from* riuus) ~en a riuo magnitudine discernendum est ULP.*dig*.43.12.1.1;—(*of one of the channels in a river delta*) Hister..in Pontum uastis sex ~inibus euoluitur PLIN.*Nat*.4.79;—(*personified*) Fauni..~inaque et Nymphae OV.*Ib*.80;—(*in fig. phr.*) neque..edere partum mens potest nisi ingenti ~ine litterarum inundata PETR.118.3. **b** Tiberis ~en uomit in mare salsum ENN.*Ann*.142; Brixia..quam molli praecurrit ~ine Mella CATUL.67.33; cum..montano ~ine torrens sternit agros VERG.*A*.2.305; cum obliquo ~ine inpellerentur CURT.7.9.6; sequemur ipsius amnis iter, donec nos ~ine certo proferat V.FL.8.189;—(*pl.*) Nilus.. antiquo sua ~ina reddidit alueo OV.*Met*.1.423; LUC.10.253. **c** caua succepto ~ine palma sat est PROP.4.9.36;—(*pl.*) nec..infusa..~ina prosunt (*i.e. to put out a fire*) VERG.*A*. 5.684; haurire parat demissis ~ina palmis (Hylas) PROP. 1.20.43. **d** posteaquam..maritumum ~en inmisisset in piscinas VAR.*R*.3.17.9; ~ina sopito quae..Marone cadunt (*i.e. jets from a fountain*) PROP.2.32.14; ruptae (fistulae) inundant parietem tuum: puto posse te mecum recte agere ius mihi non esse ~ina ex meo in tuum parietem fluere PROC.*dig*.8.5.13;—lege praediorum urbanorum scribitur: 'stillicidia ~inaque ut ita cadant fluantque' VAR.*L*.5.27; POMPON.*dig*.18.1.33. **e** Vincla uidebis..~ine mixta retro ad Pistricis terga reuerti CIC.*Arat*.396(152); per speciem stellarum ~en profluit, initium fontis capiens a laeuo pede Orionis VITR.9.5.3;—(*cf., of Eridanus and the water from Aquarius' jar*) ~ina..errantis late sinuantia flexus et biferum Cetus MAN.5.14.

2 A flow or current of blood or other liquid, air, etc., stream; (often hyperb.).

sanguinis exspirans calidum de pectore ~en LUCR.2.354; picis e caelo demissum ~en 6.257; laeta magis pressis manabant ~ina (*i.e. of milk*) mammis VERG.*G*.3.310; largo.. umectat ~ine (*i.e. of tears*) uultum *A*.1.465; toto corpore sudor liquitur et piceum..~en agit 9.814; multo ~ine flammae GRAT.445; uehemens in unum coacti aeris ~en APUL.*Mun*. 10; (*of the 'emanation' from a magnet*) impellant ut eam (*sc.* ferri naturam) Magnesia ~ine saxa LUCR.6.1064;—(*hyperb.*) meum reditum..~ine sanguinis intercludendum putauerunt CIC.*Red.Sen*.6; V.MAX.9.2.1; quis conuiuia..largi ~ina quis canat Lyaei? STAT.*Silv*.1.6.95.

3 (transf.) A copious supply (of eloquence, talent, or sim.), flow, stream; a violent onrush, flood (of attackers).

genus (dictionis)..uerbis uolucre atque incitatum..nec ~ine solum orationis, sed etiam exornato..genere uerborum CIC.*Brut*.325; 'nullius tantum ~en est ingeni, nulla dicendi ..tanta uis..quae..enarrare, C. Caesar, res tuas gestas possit *Marc*.4; neque..~ine conturbor inanium uerborum *N.D*.2.1; haec mire placent, cum impetu quodam et ~ine peruehuntur PLIN.*Ep*.1.16.2;—effusae..ruunt inopino ~ine turmae SIL.12.185.

Flūmentānus ~a ~um, *a.* *Porta ~a*, One of the gates of Rome, near the river and at the entrance to the Campus Martius.

VAR.*R*.3.2.6; LIV.6.20.11; 35.21.5; PAUL.*Fest*.p.89M.

flūmineus ~a ~um, *a.* [FLVMEN+-EVS] Of or associated with a river or rivers.

~ae uolucres OV.*Met*.2.253; ~a..aqua *Fast*.2.46; ~am.. uluam 5.519; ~a..harena LUC.1.685; ratis..~is uix tuta uadis 8.36; ~a..ripa STAT.*Silv*.1.2.243; ~am..classem (*i.e. barges*) SIL.4.492.

fluō ~ere ~xī ~xum, *intr.* [cf. Gk. φλύω, φλύζω, 'boil over']

1 (of rivers, streams, etc.) To flow, run. **b** (as opposed to stagnating).

leni ~it agmine flumen ENN.*Ann*.173; CATO *hist*.71; amnis qui per Assorinorum agros ~it CIC.*Ver*.4.96; CAES. *Civ*.3.37.1; Tigris et Euphrates sub tua iura ~ent PROP. 3.4.4; (amnis) pluribus simul neque iisdem alueis ~ens LIV.21.31.11; fons, ex quo ~xerat (aqua) SEN.*Ep*.74.25; (sole) in capricornum..reuerso..parcius ~ere (Nilum) PLIN.*Nat*.5.56; TAC.*Ann*.1.79; JUV.13.69;—(*of the sea or sim.*) Euripon..rapidum mare, et..inmodice ~ens MELA 2.108;—(*w. pred.*) aquas Caeretes sanguine mixtas ~xisse LIV.22.1.10; ex flumine, quod..limosum et turbulentum ~it FRON.*Aq*.15;—(*w. abl. of the liquid flowing*) balineae marinis..~entes aquis SUET.*Nero* 31.2;—(*hyperb.*) non sic libera uina tunc ~ebant STAT.*Silv*.1.6.41;—(*in fig. phrs.*) Pythagorae..doctrina cum longe lateque ~eret CIC. *Tusc*.4.2; carmen uena pauperiore ~it OV.*Pont*.4.2.20; (grammatice) tenuis a fonte..pleno iam satis alueo ~it QUINT.*Inst*.2.1.4. **b** ut stet aqua aut fluat, loci positio efficit: in deuexo ~it, in plano et conuexo continetur et stagnat SEN.*Nat*.3.3; MART.9.99.10.

2 (of any liquid) To move or issue in a stream, run, pour, flow, exude, etc.; esp. **b** (of blood, tears, and other bodily fluids). **c** (of rain).

mel ex olea ~xisse dicunt CIC.*Div*.2.86; canis ~it unda capillis OV.*Met*.1.266; saepe tremuit terra, et nihil umoris noui ~xit SEN.*Nat*.6.4; acerbum oleum facere..non conducit, quoniam exiguum ~it COL.12.52.1; ~ere excusso cinnama fusa uitro MART.3.55.2;—(*cf.*) dissiluit stringens uterum membrana, ~untque uiscera LUC.9.773. **b** num mucci ~ont? PL.*Mos*.1109; sudor ~it undique riuis VERG. *A*.5.200; ut immerentis ~xit in terram Remi..cruor HOR. *Epod*.7.19; lacrimae..per ora..~xerunt OV.*Met*.3.203; per uulnus..~it sanies mali odoris CELS.7.27.1; non mihi muliebres ~xere lacrimae SEN.*Nat*.4a.pr.16; si e naribus ~at (sanguis) PLIN.*Nat*.20.102; (*w. pred.*) cum tenuis abundansque ~it lacrima LARG.24; (*cf.*) quod ~entem nauseam coerceat..Caecubum HOR.*Epod*.9.35;—(*impers., w. ref. to the menstrual flow*) cum grauidis ~xit, inualidi..partus eduntur PLIN.*Nat*.7.66. **c** non intermissis ut ~at imber aquis OV.*Pont*.4.4.2; ~ere assiduos imbres SEN.*Nat*. 3.28.2; (*poet.*) tibi..cui miranti fuluo, Danae, ~xit in auro (*i.e. Zeus*) [SEN.]*Oct*.772; (*transf., of missiles*) toto..~ebant aggeris anfractu tela improuisa per auras SIL.1.2.53.

3 (of air, vapour, light, immaterial effluences, etc.) To flow, stream.

a corporibus..solidis..uult (Democritus) ~ere imagines CIC.*Div*.2.137; uentus..paulatim cum uerberat et cum acre ~it frigus LUCR.4.260; luroris de corpore eorum semina multa ~unt 4.334; qualis..passim ~at igneus aether [TIB.] 3.7.22; uox..est spiritus ~ens aeris VITR.5.3.6; nec..ex natura ~it spiritus (*i.e. my breathing*): sentio haesitationem quandam eius SEN.*Ep*.54.6; ipsum ab illis (*sc.* sideribus) ~ens lumen *Nat*.7.1.6; modice ~ens aura *Oed*.887; in solam Calpen ~it umidus aer LUC.4.71; ~it undique uictor Mulciber SIL.17.101; GEL.2.30.1.

4 (of crowds) To stream, flock.

olli conuenere ~untque ad regia plenis tecta uiis VERG. *A*.11.236; omnis..relictis turba ~it castris 12.444; densatis ordinibus effuse ~entem in se aciem excepere CURT. 6.1.6; SIL.3.412; ~xit ad istos et Sybaris collis (*i.e. to Rome*)..et Rhodos et Miletos JUV.6.295;—(*cf., poet.*) omne illic (*i.e. to a funeral pyre*) stipatum examine longo uer Arabum Cilicumque ~it floresque Sabaei STAT.*Silv*.5.1.211.

5 (of solids) To liquefy, melt, dissolve.

b (of the bowels) to be relaxed; (of a disease) to be accompanied by a flux. **c** (transf.) to dissolve, decay, fall to pieces, etc.
~it ignibus aurum Ov.*Met.*2.251; niue, quae zephyro uicta tepente ~it *Fast.*2.220; ~it (*sc. a quantity of fish*) in liquidam tabem Man.5.681; Sen.*Nat.*3.29.7; manant umeri fortesque lacerti, colla caputque ~unt Luc.9.781; ~xit ceu correptus fornacibus ensis Sil.12.626; (*poet.*) tempta modo tangere corpus, iam tua flammifero membra calore ~ent Petr.126.18,l.6; (*in fig. phr., cf. sense 6d*) cum liquescimus ~imusque mollitia Cic.*Tusc.*2.52. **b** quibus iuuenibus ~xit aluus Cels.1.3.33; si uenter ~it 3.6.15;—facilius..id in iis (generibus morborum), quae ~unt, inspici potest 1.pr.66. **c** dissociata ~at resoluto machina mundo Man. 2.807; nuda iam crate ~entis..clipeos Luc.1.241; uestes.. ~entis..in cineres 6.536; omne uident ~xisse cadauer Stat. *Theb.*12.455.

6 (of solid objects, usu. w. abl.) To be bathed or soaked (in a fluid specified or implied), run, stream, overflow, etc. **b** (absol., of the veins) to bleed; (of the eyes) to water. **c** (of vines, foll. by advs.) to give a specified yield of juice. **d** (fig., w. abl.) to luxuriate or abound (in wealth, luxury, or sim.).
membra ~entia tabo Verg.*A.*3.626; madida..~ens in ueste Menoetes 5.179; Propontiaca quae ~it isthmos aqua Prop.3.22.2; sudore ~entia multo bracchia Ov.*Met.*9.57; fontibus aeternis gaudens urnaque ~enti (Aquarius) Man. 4.354; nec sicci sint oculi..nec ~ant: lacrimandum est, non plorandum Sen.*Ep.*63.1; ~it impia riuis sanguineis uallis Sil.5.341; ~xit mulctra mero 7.190; (*hyperb.*) si diu pasta et coacta pinguescere ~unt ac uix saginam continent suam Sen.*Ep.*110.13. **b** lacerae..fixis unguibus uenae ~ant Sen.*Phoen.*162; Col.6.30.6;—neque tument neque ~unt oculi, sed rubent tamen Cels.6.6.29. **c** cui non certauerit ulla (uitis)..tantum ~ere Verg.*G.*2.100; (uites) commode ~unt, nec deficiunt macro solo Col.3.2.20; 3.2.24. **d** iam ueniant praedae, si Venus optat opes: ut mea luxuria Nemesis ~at Tib.2.3.51; Campani..~entes luxu Liv. 7.29.5; nimio luxu ~entibus rebus 7.32.7; Maecenas..otio ac mollitiis paene ultra feminam ~ens Vell.2.88.2; cum uideris bonos uiros..laborare..malos autem lasciuire et uoluptatibus ~ere Sen.*Dial.*1.1.6; *Phaed.*205.

7 (of fluids, vapours, etc.) To flow off, out, or away; (transf., of hope, strength, etc.) to ebb, fail.
aquam diducere in uias et curare oportet uti ~at Cato *Agr.*155.1; nilo iam plus est quod datur intra uitalis uenas quam quod ~it atque recedit Lucr.2.1119; iure igitur pereunt, cum rarefacta ~endo sunt 2.1139; quaedam bucarum inanitas..qua perfossa..spiritus ~it Plin.*Nat.* 11.250;—(*transf.*) ex illo ~ere..spes Danaum Verg.*A.* 2.169; cum..~ere iam lassitudine uires sentirent Liv. 7.33.14; iras..retentant, congeries (*i.e. a shower of missiles*) dum prima ~at V.Fl.3.98.

8 To move smoothly or imperceptibly, glide, steal.
robora..amplexos circum ~xisse dracones Luc.3.421; 6.408; signifero quaecumque ~unt labentia caelo..sidera 8.172; felix sic orbita ~xit Triptolemi Stat.*Silv.*4.2.35;—(*transf., of an emotion*) carmine Thessalidum dura in praecordia ~xit..amor Luc.6.452.

9 a (of time, or things in time) To pass, slip by. **b** (of events, plans, etc.) to proceed, develop (in a given manner or in a specified direction).
a sic mihi tarda ~unt ingrataque tempora Hor.*Ep.*1.1.23; uoluptas..quae ~it et transit et paene ante quam ueniat aufertur Sen.*Dial.*11.10.3; ~unt dies et irreparabilis uita decurrit *Ep.*123.10; nullis nota Quiritibus aetas per tacitum ~at *Thy.*397; dextra bis octonis ~xerunt saecula lustris Stat.*Silv.*3.3.146. **b** res ~it ad interregnum Cic.*Att.* 4.18.3(16.11); uideamus..illius rationes quorsum ~ant 9.10.4; in rebus prosperis et ad uoluntatem nostram ~entibus *Off.*1.90; rebus supra uota ~entibus Sal.*Hist.*5. 25; in deterius luxu ~ente Sen.*Con.*2.5.7; non ex destinato proposita ~xerunt Sen.*Dial.*5.6.4; nec praesentia prospere ~ebant Tac.*Ann.*15.5; in luxuriam ~ens saeculum Flor.*Epit.*2.34(4.12.65); (*cf.*) cuncta in Mithridaten ~xere (*i.e. passed into his hands*) Tac.*Ann.*11.9.

10 (of speech or composition) To proceed from someone's lips or pen (usu. w. an idea of ease, speed, or fluency), run, flow.
orationem..aequabiliter ~entem Cic.*de Orat.*3.172; cum ~xerunt continuo plures translationes *Orat.*94; debet uerborum illa comprehensio..tota a capite ita ~ere, ut ad extremum ueniens ipsa consistat 199; superior longius quam uolui ~xit oratio *Fam.*9.6.4; cum uerba uelut iniussa ~erent Sen.*Con.*2.pr.2; carmina molli nunc demum numero ~ere Pers.1.64; his libellis, qui mihi subito calore.. ~xerunt Stat.*Silv.*1.pr.; qui ..illum horridum sermonem, ut forte ~xerit,..magis uirilem esse contendant Quint. *Inst.*9.4.3; cum debeant sublimia ingredi..acria currere, delicata ~ere 9.4.139; uerba..effeminate ~entia Fro. *Aur.*2.p.106(158N);—(*of a speaker*) is..uno tenore, ut aiunt, in dicendo ~it Cic.*Orat.*21; cum magna phrasi ~eret et concitata (Latro Porcius) Sen.*Con.*7.4.10;—(*cf.*) lingua tam prodiga..ut ~at semper et aestuet conluuione uerborum taeterrima Gel.1.15.17.

11 To originate, derive, proceed (from a named source).
post anapaestus..effloruit, inde ille licentior et diuitior ~xit dithyrambus Cic.*de Orat.*3.185; illo uitio, quod ab Hegesia maxime ~xit *Orat.*230; ista duo (genera diuinationis)..quae a libera mente ~ere uiderentur *Div.*2.101; hoc fonte deriuata clades in patriam populumque ~xit Hor. *Carm.*3.6.20; mite genus dulcesque ~unt a sidere (*sc.* Aquario) partus Man.4.270; bonum ex honesto ~it, honestum ex se est Sen.*Ep.*118.11; quis ~ere occultis rerum neget omina causis? Stat.*Theb.*6.934; nomen ex Graeco creditur ~xisse Quint.*Inst.*3.4.12; 7.3.33; Pompon.*dig.*1.2.2.6.

12 To fall gradually or imperceptibly, drop, sink, slip, etc. **b** (of the hair) to become loose or fall out.
excident gladii, ~ent arma de manibus Cic.*Phil.*12.8; ad terram..~it deuexo pondere ceruix Verg.*G.*3.524; simul his dictis linquebat habenas ad terram non sponte ~ens *A.*11.828; nullo poma mouente ~unt Ov.*Am.*3.7.34; uernae capiti ~xere rosae Sen.*Thy.*947; mox nubibus atris ~xit deficiens penna labente uolucris (*i.e. during a plague*) Sil. 14.595; 15.378; (*in fig. phr.*) saepe ~unt (gaudia) imo sic quoque lapsa sinu Mart.1.15.10. **b** capillis ~entibus.. saepe radendo succurritur Cels.6.1; (brassica) ~entes capillos retinet Plin.*Nat.*20.89; 27.17.

13 (of clothes, hair, etc.) To hang loosely, flow, stream. **b** (of the body or its parts) to be limp, languid, or torpid, droop, etc. **c** (of the branches of a tree) to spread too much, sprawl, straggle; (of a speech) to be diffuse, lack form.
uenatrix..nodo..sinus collecta ~entis Verg.*A.*1.320; intonsi crines longa ceruice ~ebant [Tib.]3.4.27; tibi securo tunicae ~xere solutae *Eleg.Maec.*59; Sen.*Tro.*85; ~entia.. frena V.Fl.1.679; occursu Zephyri retro ~it (crinis) Stat. *Theb.*6.612; ubique uela ~unt, laxi iactantur ubique rudentes 7.141; ille (*sc.* sinus togae)..nec strangulet nec ~at Quint.*Inst.*11.3.140;—(*cf., of a person*) unguento delibutus, uestitu ~ens Phaed.5.1.12. **b** Gallum..eiecta lingua, buccis ~entibus Cic.*de Orat.*2.266; *Red.Sen.*13; dissoluuntur..tum demum (*i.e. in sleep*) membra ~untque Lucr. 4.919; Gallorum..corpora intolerantissima laboris atque aestus ~ere Liv.10.28.4; Curt.8.14.33; non molliter se infringens, ut nunc mos est etiam incessu ipso ultra muliebrem mollitiam ~entibus Sen.*Dial.*9.17.4; illecebris somni torpentia membra ~ebant Sil.12.19;—(*in fig. phr.*) Pompeio..et Mario ~entem procumbentemque rem populi Romani restituentibus Vell.2.16.4. **c** tum denique dura exerce imperia et ramos compesce ~entis Verg.*G.* 2.370;—ne ~at oratio, ne uagetur Cic.*de Orat.*3.190; ne.. dissoluta aut ~ens sit oratio *Orat.*198; 220.

14 (usu. in phil. context) To be in a state of transition or flux.
ea quae natura ~erent atque manarent, ut et aquam et terram et aera Cic.*N.D.*1.39; nihil est toto, quod perstet, in orbe. cuncta ~unt Ov.*Met.*15.178; permixta ~it (fortuna) nec permanet usquam Man.3.528; (aer) ~it semper, et breuis illi quies est Sen.*Nat.*7.22.1.

Fluōnia ~ae, *f.* **Fluuiōnia.** A cult-title of Juno (see quot.).
~am Iunonem mulieres colebant, quod eam sanguinis fluorem in conceptu retinere putabant Paul.*Fest.*p.92M. β Var.*gram.*152.

fluor ~ōris, *m.* [flvo+-or]
1 (med.) A morbid discharge, flux.
solent gingiuae quorundam ~ore infestari Larg.61; tussim, quae cum ~ore est 87; mulieribus, quae ~ore sanguinolento infestantur 121; 173;—(*of diarrhoea*) quisquis.. ~ore aeger est Cels.3.6.16; in omni ~ore uentris 4.23.2.
2 A flow, stream (of any substance).
(of liquids) riuus uulgo appellatur tenuis ~or aquae Fest.p.273M; amnium ~ores Apul.*Fl.*10; (*in mining*) ⟨qvodsi⟩ ~or inpedierit *Inst.Dac.*10(*CIL* 3.p.948);—(*of other things*) imagines..iugi ~ore a corporibus manantes Apul.*Apol.*15; stellae ~or et ignitus liquor, qui cum latius quatitur, 'cometes' uocatur *Mun.*16.

flūsāris ~is ~e, *a.* [form dub.; Sabine = Floralis] The local name of a month.
mense ~e *CIL* 1.756.2.

flustra ~ōrum, *n. pl.* [app. cogn. w. flvo] A quiet state of the sea, calm.
onerariae onustae stabant in ~is Naev.*poet.*46(51); ~a dicuntur, cum in mari fluctus non mouentur, quam Graeci μαλακίαν uocant Paul.*Fest.*p.89M.

flūta ~ae, *f.* [ad. Gk. πλωτή] The name of a choice variety of murena.
si murenae optimae ~ae sunt in Sicilia Var.*R.*2.6.2; in Macr.3.15.8; Col.8.17.8 (*v.l.* plautas).

flūtō, flūtor: see flvito.

fluuia ~ae, *f.* var. of flvvivs.
exuberans scatebra ~ae Acc.*trag.*505; inter duas ~as Sis.*hist.*53; 54.

fluuiālis ~is ~e, *a.* [flvvivs+-alis] Of or from a river or rivers.
~is harundo Verg.*G.*2.414; corpus ~i spargere lympha *A.*4.635; ~is anas Ov.*Met.*11.773; ~em arenam Col.12.46.4; ~ibus aquis Tac.*Ann.*13.57; ripae ~is marginem Apul.*Met.* 4.2; 10.30; (*cf.*) partem ~is Aquari (*i.e. from which a river flows*) Man.5.490.

fluuiāticus ~a ~um, *a.* [flvvivs+-aticvs] = prec.
harena..~a aut marina Vitr.1.2.8; 2.4.3; 2.5.1.

fluuiātilis ~is ~e, *a.* [flvvivs+-atilis] Of or found in rivers; *equus* ~*is*, the hippopotamus. **b** (of boats) suitable for use on rivers.
~es..testudines Cic.*N.D.*2.124; ~i pisce Curt.7.4.24; in ~i negotio Col.8.17.7; cancris..marinis uel ~ibus Plin. *Nat.*20.120; cocleae ~es 32.116; (silex) ~is, semper ueluti madens 36.169;—eale, magnitudine equi ~is 8.73. **b** ~es naues, ad superanda uada stagnorum apte planis alueis fabricatas Liv.10.2.12; Ulp.*dig.*14.1.1.6.

fluuidus: see flvidvs.

fluuiō ~āre ~āuī ~ātum, *tr.* [flvvivs+-o[3]] (prob.) To split (wood) along the grain (cf. *quadrifluuium*).
haec (pars abietis) qua diximus ratione ~ata detoratur atque ita sappinus uocatur Plin.*Nat.*16.196.

Fluuiōnia: see Flvonia.

fluuitō: see flvito.

fluuius ~(i)ī, *m.* [flvo+-ivs] Pros.: gen. pl. trisyll. (‒ ‒ ‒) Verg.*G.*1.482. Forms: *flouius CIL* 1.584.6; *fluius CIL* 1.808.3; gen. pl. *fluuium* Lucil.329, V.Fl.6.391,443; see also flvvia. A river or stream. **b** the stream or current of a river. **c** (sg. or pl.) water from a stream. **d** (personified) a river-god. **e** (transf.) a stream, torrent (of blood, sweat, etc.).
rapidus ~ius est hic, non hac temere transiri potest Pl. *Bac.*85; de ~io qui aquam deriuat sibi *Truc.*563; Cato *hist.* 71; in ~ios..gelidos ardentia morbo membra dabant Lucr.6.1172; Lethaeum ad ~ium Verg.*A.*6.749; 8.93; Hor.*S.*2.3.55; nauigabilis ~ius Mela 1.78; Stat.*Silv.* 4.3.55; in castra hostium..~ium..inmisit Fron.*Str.* 3.7.3;—(*w. name in appos.*) ~ius Eurotas Cic.*Inv.*2.96; *Fam.*3.11.1; ~ius Arnus Liv.22.2.2; Suet.*Aug.*21.1. **b** (aquilones) contra ~ium flantes remorantur (Nilum) Lucr.6.717; ~io Tiberinus amoeno Verg.*A.*8.31; alter (latex)..tacente sacram deuehens ~io Styga Sen.*Her.F.* 713. **c** capris arbuta sufficere et ~ios praebere recentis Verg.*G.*3.301; satis est populis ~iusque Ceresque Luc.4.381. **d** Fontisque ~iosque uoco Verg.*A.*12.181. **e** ~ios non ille cruoris..uidet Luc.4.785; 7.292; exuit ingestas ~io sudoris harenas Stat.*Theb.*6.874; cruoris maculas noui sanguinis ~io proluit Apul.*Met.*9.38.

fluxūra ~ae, *f.* [flvo+-vra] The wine produced by a vine.
duae lanatae (uites)..~ae qualitate sunt dispariles Col. 3.2.17; uineae..pretiosae ~ae 3.2.32.

fluxus[1] ~a ~um, *a.* *compar.* ~ior. [pple. of flvo]
1 Flowing, liquid. **b** (of a vessel) leaking; (in quot., transf.).
cum cerificauere (purpurae), ~os habent sucos Plin. *Nat.*9.133; ut..fontanos latices de corporibus humanis ~os crederem Apul.*Met.*2.1; inter se pugnantibus elementis.. aridis atque ~is, glacialibus et ignitis *Mun.*19; *Soc.*8. **β** (uas, *i.e. the mind*) ~um pertusumque esse uidebat Lucr. 6.20.
2 (of clothes, etc.) Loose, flowing; (of hair) streaming; (of weapons) loosely held, dangling.
ne ~a habena uolutetur in iactu glans Liv.38.29.6; balteus ..~os gemmis astrinxit amictus Luc.2.362; Stat.*Ach.*1.533; ~iore cinctura Suet.*Jul.*45.3; ~a..syrmata *CIL* 10.1948; (*cf., of persons*) ~os uestium Arsacidas Apul.*Fl.*6; ipsa crine ~o thyrsum quatiens Tac.*Ann.*11.31;—lentum et rarum agimen, ~a arma, segnes equi *Hist.*2.90.
3 (of a person or his limbs) Flabby, soft, nerveless, feeble; (also transf., of speech, etc.) **b** weak or shaky (as the result of injury).
iuuenum corpora ~a et resoluta sunt Col.1.pr.17; spadone cum sis euiratior ~o Mart.5.41.1; durata..multo sole geluque cutis; tenero nec ~a cubili membra Stat.*Ach.*2.108; Tac.*Hist.*2.32;—(*transf.*) delicati (hominis oratio est) tenera et ~a Sen.*Ep.*114.20; spectaculum..non..~um, nec quod animos uirorum molliret Plin.*Pan.*33.1. **b** articulus ex eo luxu adhuc ~us est Apul.*Fl.*16.
4 (of structures) Crumbling, decayed; (also transf.).
altiora murorum sagittis..incessere, neglecta aut aeuo ~a comminus adgredi Tac.*Hist.*2.22;—~am senio mentem *Ann.*6.38.
5 (fig., of fortune, etc.) Unstable, uncertain; (of loyalty) wavering. **b** transitory, impermanent. **c** (of a person or his character) changeable, inconstant.
huius belli fortuna 'ut in secundis ~a, ut in aduersis bona' Cic.*ad Brut.*1.10.2; inter illum Pompeiumque ~a pace Sal. *Hist.*2.93; ~as Phrygiae res Verg.*A.*10.88; Sil.7.17; dum Galbae auctoritas ~a, Pisonis nondum coaluisset Tac.*Hist.* 1.21;—caue fidem ~am geras Pl.*Capt.*439; Sal.*Jug.*111.2; ueram..pacem, non ~a, ut ante, fide Celtiberos fecisse Liv. 40.50.5; Tac.*Hist.*4.23. **b** diuitiarum..gloria ~a atque fragilis est Sal.*Cat.*1.4; non ille..uanos honores sequitur aut ~as opes Sen.*Phaed.*491; studia (*i.e. poems*) illi..inania et ~a sunt; nec quicquam graue ac serium ex eo metuas Tac.*Ann.*3.50; Apul.*Fl.*22; (*cf.*) quae (*sc. decrees of celebrations*) ~a fuere (*i.e. lost their basis*)..defuncta infante Tac. *Ann.*15.23. **c** eorum (*sc.* adulescentium) animi molles et aetate ~i Sal.*Cat.*14.5; ~am morum gentem Sil.4.50; ingenio ~i, sed prima feroces 8.16.
6 Devoid of moral principles, loose, dissolute.
Drusus ~ioris remissiorisque uita[e] erat Suet.*Tib.*52.1.

fluxus[2] ~ūs, *m.* [flvo+-tvs[3]] A flow, discharge; (esp., med.) a flux.
picem..non aliud esse quam combustae resinae ~um Plin.*Nat.*23.46; illius aestatis ~us (*sc.* aquae) indubitatior est Ulp.*dig.*43.13.1.8;—(echeneis) ~us grauidarum utero sistens Plin.*Nat.*9.79; alui ~us constitit Aur.*Fro.*1.p.202 (72N); Apul.*Met.*4.3.

fōcāle ~is, *n.* [favces+-ale] A scarf or sim. worn round the neck (by invalids or excessively delicate people).
insignia morbi, fasciolas, cubital, ~ia Hor.*S.*2.3.255; quosdam graciles et palliolo ~ique circumdatos Sen.*Nat.* 4b.13.10; Mart.14.137(142).2; Quint.*Inst.*11.3.144.

fōcāneus ~ī, *m.* [favces+-anevs] A branch growing from the fork of a tree.

id (bracchium) quod imbecillius est tollitur et ipse ~us summittitur Col.4.24.10; 5.6.35.

focāria ~ae, *f.* [as next]

1 A kitchen-maid. Ulp.*dig.*33.7.12.5.

2 A soldier's concubine. valeria favstina ~a et heres eivs benemerenti posvit *CIL* 11.39.

focārius ~(i)ī, *m.* [focvs+-arivs] A kitchen servant. atriarii et ~ii Ulp.*dig.*4.9.1.5; 33.7.12.6.

fōcilātiō ~ōnis, *f.* [next+-tio] The act of reviving or keeping alive. Paul.*Fest.*p.85M.

fōcilō ~āre ~āuī ~ātum, *tr.* [next+-o³] Forms: *focilor* (dep.) Var.in Non.p.481M. To restore to health or consciousness, revive, or keep alive. **b** (transf.) to cherish, tend, foster, or sim.

ipse paucis diebus aegre ~atus..decessit Plin.*Ep.*3.14.4; 3.16.12; Fro.*Aur.*1.p.242(88N); (*in fig. phr.*) pudet me ibi sic tecum loqui et tam lenibus te remediis ~are Sen.*Ep.* 13.14. **b** miserum (amicum) parua stipe ~at *Laus Pis.* 126; societatem..reconciliationibus..uariis male ~atam Suet.*Aug.*17.1; (*dep.*) suum quisque diuersi commodum ~atur Var.in Non.p.481M.

fōculum ~ī, *n.* [< **fouiculum* (foveo+-cvlvm)] (app.) A device for warming (or keeping warm) anything.

iuben an non iubes..epulas foueri ~is feruentibus? Pl. *Capt.*847;—(*humorously*) at edes, nam iam intus uentris fumant ~a *Per.*104.

foculus ~ī, *m.* [next+-vlvs] A small portable stove, brazier, or sim.; esp. one used at sacrifices.

Cato *Agr.*11.4; qui ~um gerens super cassidem..flammam uelut ardenti capite funditabat Flor.*Epit.*2.26(4.12.16); domus (*i.e. the slaves*)..bucca ~um excitat Juv. 3.262; ~um coram cum igni apponit Gel.1.19.5;—sacerdotes Liberi..cum libis et ~o pro emptore sacrificantes Var.*L.*6.14; bona Q. Metelli..consecrauit ~o posito in rostris Cic.*Dom.*123; dextram..accenso ad sacrificium ~o inicit Liv.2.12.13; V.Max.9.12.3; Plin.*Nat.*22.11; Fro.*Ver.* 2.p.84(133N).

focus ~ī, *m.* [dub.]

1 A domestic hearth or fireplace, esp. that in the *atrium*, centre of the worship of the *Lar Familiaris*. **b** (used for cooking). **c** (of the hearth in the temple of Vesta). **d** (app.) = focvlvs, a brazier.

haec (*sc. offerings*) imponentur in ~o nostro Lari, ut fortunatas faciat gnatae nuptias Pl.*Aul.*386; ~um purum circumuersum cotidie..habeat (uilica) Cato *Agr.*143.2; Curio ad ~um sedenti Cic.*Sen.*55; dum meus adsiduo luceat igne ~us Tib.1.1.6; Liv.45.16.5; in..~o tepidum cinerem dimouit et ignes suscitat hesternos Ov.*Met.*8.641; V.Max. 4.3.5; ~us Larum, quo familia conueniet Plin.*Nat.*28.267; V.Fl.3.116; (*pl. for sg.*) suspensa ~is explorat robora fumus Verg.*G.*1.75; (*poet.*) ~i (*i.e. of a nomad*)..in silicis uenis Sil.2.444. **b** panem..in ~o caldo sub testu coquito leniter Cato *Agr.*75; coniuncta..(culina) habeat bubilia, quorum praesepia ad ~um..spectent Vitr.6.6.1; ~um seruat pistor dominamque ~orum (*sc.* Vestam) Ov.*Fast.* 6.317; cum..eisdem (*sc.* auibus) familiarem ~um mensamque pretiosis dapibus opulentent Col.8.1.2; (obsonia) priuatis maiora ~is (*i.e. kitchen*) Juv.4.66; instruit..~um prouincia 5.97. **c** Virginesque Vestales in urbe custodiunto ignem ~i publici sempiternum Cic.*Leg.*2.20; cur.. taedas inuitor ad ullas turpis et Iliacis infitianda ~is? Ov. *Am.*3.6.76; Latiaris Iuppiter..Vestalesque ~i Luc.1.109. **d** ~o uirenti suberat amphorae ceruix Mart.12.32.14.

2 (as the symbol of home-life) One's 'hearth', 'fireside', home; (esp. pl., coupled w. *arae*). **b** a household, family.

domi ~ique fac uicissim ut memineris Ter.*Eu.*815; nudum eicit domo atque ~is patriis disque penatibus praecipitem Cic.*S.Rosc.*23; nec priuatos ~os nec publicas leges uidetur nec libertatis iura cara habere *Phil.*13.1; gentem hortor amare ~os Verg.*A.*3.134; Prop.4.1.10; sub ipsis moenibus ~isque urbis Vell.2.21.3; incolui non steriles ~os nec ieiuna soli iugera Thessali Sen.*Her.O.*133; Sil.6.471;—urbem, agrum, aras, ~os seque uti dederent Pl.*Am.*226; aras et ~os relinquere Cic.*Pis.*91; *Att.*7.11.3; Liv.28.42.11; ne populus gentium uictor..extorris aris ac ~is ageret Flor.*Epit.*2.1(3.13.2); Gel.19.9.8. **b** uilice..agelli, quem tu fastidis habitatum quinque ~is Hor.*Ep.*1.14.2; euenit, ut..uni ~o territoria complurium acceptarum adtribuantur Sic.Fl.*agrim.*p.126;—(*pl. for sg.*) quid genus.. profuit illi..et amplexum Caesaris esse ~os? Prop.3.18.12.

3 A sacrificial hearth or altar (often of a temporary nature).

serta..de sanctis deripuisse ~is? Tib.1.2.82; dis tribus ille ~os totidem de caespite ponit..ara Iouis media est Ov.*Met.*4.753; dea..uirgo est, et spretos bis tamen ulta ~os *Fast.*5.308; in ornatum fundere uina ~um 6.630; Isiacos ante sedere ~os *Pont.*1.1.52; sacerdotis..sui sanguine uetustissimi ~i maduerunt V.Max.9.12.5; Sen.*Her.O.*734; Chaldaeos culture ~os et barbara sacra Luc.8.338; Calp.*Ecl.* 5.26; nuntiata repente hostis incursione, semicruda exta rapta ~o prosecuit Suet.*Aug.*1.

4 (applied to various other places where fires are lit): **a** (for baking pottery or sim., for testing metals). **b** (in a lighthouse). **c** (for burning the dead).

a murrea..in Parthis pocula cocta ~is Prop.4.5.26; nec odit exploratores nubila massa (*i.e. metal*) ~os Mart. 8.50(51).4. **b** erat ardua turris, arce ~us summa, fessis nota grata carinis Ov.*Met.*11.393. **c** neive vstrinae in eis loceis..nive ~i vstrinae cavssa fierent *CIL* 1.591.1.4; cinerem et confusa ruebant ossa ~is Verg.*A.* 11.212.

fodicō ~āre ~āuī ~ātum, *tr.* [fodio+-ico] To stab, prick, or prod.

seruum..laeuum qui ~et latus Hor.*Ep.*1.6.51;—(*in fig. context*) aculeata sunt (istaec, *sc.* uerba), animum ~ant, bona destimulant Pl.*Bac.*64; stimulus ego nunc sum tibi, ~o corculum *Cas.*361; non est..in nostra potestate ~antibus in rebus, quas malas esse opinemur, dissimulatio Cic. *Tusc.*3.35.

fodīna ~ae, *f.* [next+-ina] A mine, pit, or working; (usu. only as part of a compound sb., see avrifodina, etc.).

auri et argenti et sulpuris et aeris et ferri et ceterorum ~as Ulp.*dig.*7.1.13.5.

fodiō ~dere fōdī fossum, *tr.* [cf. OSl. *bodǫ*, Lith. *badù* 'pierce'] Forms: inf. pass. *fodiri* Cato *Agr.*2.4, Col.11.2.35, *Arb.*30.2, Ulp. *dig.*45.1.72, 45.1.75.7; pple. *foditus A.Epig.* 02.161; see also fodo.

1 To pierce, prick, prod, jab, stab, etc. **b** to thrust home (blows).

istuc male factum arbitror, quia non latu' ~di Pl.*Aul.* 418; ego et pendentem ~diam stimulis *Men.*951; Cic.*Phil.* 2.86; seu..equi ~deret calcaribus armos Verg.*A.*6.881; auersos (elephantos) sub caudis..~diebant Liv.21.55.11; cadat aduersa cuspide ~ssus aper Ov.*Ep.*4.172; Curt. 5.4.32; ~dit..tonsis ora laxa lentiscis (*i.e. pretends to pick his teeth*) Mart.6.74.3; qui laeto ~dit ense patrem Stat. *Theb.*4.631; praelongis hastis fluitantem..militem eminus ~diebant Tac.*Hist.*5.18; *Ann.*11.18; (*ellipt.*) dic iussisse te. —noli ~dere (*i.e. prod*). iussi Ter.*Hec.*467;—(*obsc.*) *Priap.* 52.8; (*cf. sense 2*) seruus erit minus ille miser qui ~derit agrum quam dominum Juv.9.45;—(*in fig. context*) pungit dolor, uel ~diat sane Cic.*Tusc.*2.33; urgentia sumat.. ~diant quae magnas pectus in iras Sil.5.159. **b** haud ulli uehementior..incubui..iterataque uulnera ~di Stat. *Silv.*1.2.84.

2 To dig over, dig (land or sim., usu. in order to till it); to work (mines); (of animals) to grub up (the soil). **b** (absol.). **c** to dig round (plants). **d** (app.) to dig in (plants); also, to bury, inter. **e** to undermine.

ut hortum ~diat Pl.*Poen.*1020; locum..~dere (*i.e. for buried treasure*) *Trin.*754; harundinetum..~ditur et incenditur Cato *Agr.*6.4; primus humum ~dito Verg.*G.*2. 408; Ov.*Pont.*3.8.6; quod rus suum..~dit Sen.*Dial.*1.3. 6; Col.*Arb.*29.2; Flor.*Epit.*2.25(4.12.12); (*transf.*) mersis..~dit aequora remis Sil.14.359;—Suani, indomitae gentes, auri tamen metalla ~diunt Plin.*Nat.*6.30;—~dere terram quod uides cotidie aprum Phaed.2.4.8. **b** quin te in fundo conspicer ~dere aut arare Ter.*Hau.*60; circum capita oleaginea..~dere oportet Cato *Agr.*43.2; ~dit, inuenit auri aliquantum Cic.*Div.*2.134; Sen.*Dial.*4.25.2. **c** quam saepissime ~diantur (semina) Col.*Arb.*3.5; uineae pampinantur, curatur ut uinea uetus semel ~ssa sit, bis nouella Plin.*Nat.*18.257; Quint.*Inst.*9.4.5. **d** (rosae) ~diuntur altius quam fruges, leuius quam uites Plin.*Nat.* 21.20;—mortuos..cremare aut ~dere Mela 1.57. **e** aliis murum ~dientibus extra Ov.*Met.*11.535.

3 To make by digging, dig (trenches), sink (wells), etc. **b** to clear away the earth from (a place).

~dere puteum Pl.*Mos.*380; cum fundamenta ~derentur Var.*L.*5.41; scrobes tris in altitudinem pedes ~diebantur Caes.*Gal.*7.73.5; si fons nouus ~ssus fuerit Vitr.8.4.1; fossam ~diens Liv.3.26.9; uulpes, cubile ~diens dum terram eruit.. Phaed.4.20(21).1; illi alterum sibi portum..~derunt Flor.*Epit.*1.31(2.15.14); (*poet.*) antra..demersas penitus ~disse latebras *Aetna* 141. **b** sin..locus erit..paluster, tunc is locus ~diatur exinaniaturque Vitr.3.4.2; 5.9.7; (*cf.*) ~ditur..altitudo circiter pedum binum 7.4.5.

4 To remove by digging: **a** to dig up, unearth; (spec.) to mine, quarry, or sim. **b** to dig away or out. **c** (transf.) to tear out (the eyes).

a ~ditur (nardum), cum folia amittere incipit Plin.*Nat.* 12.47; (*cf.*) cum leuis Aonias ungula (Pegasi) ~dit aquas Ov. *Fast.*3.456;—auripigmentum..~ditur Ponto Vitr.7.7.5; ager frugifer; argentum etiam incolae ~diunt Liv.28.3.3; quicquid ~dit Occidens Sen.*Thy.*353; ius..harenae ~diendae Ulp.*dig.*8.3.1.1. **b** ~diendo terram progrediebatur extra murum Vitr.10.16.10; tantum niuis ~diendum atque egerendum fuit Liv.21.37.1; quae..lacu durae non ~diantur aquae Ov.*Tr.*3.12.28; Hellespontus..uerticibus limitem ~diens, donec Asiam abrumpat Europae Plin.*Nat.*5.141. **c** quid ~dis inmeritis..sua lumina natis? Ov.*Ars* 1.339; Sen.*Oed.*957; Stat.*Theb.*11.614.

fodō ~āre, *tr.* [as prec.] (See quot.) ~are fodere Paul.*Fest.*p.84M.

foecund-: erroneous form of fecvnd-.

foedē, *adv.* *compar.* ~ius, *superl.* ~issimē. [foedvs¹+-e]

1 In a way that offends the senses or feelings, horribly, repulsively, foully, hideously, etc.

distraxissent..satellites tui me miserum ~e Pl.*Trin.*833; reliquias..~e diuexarier Pac.*trag.*201; tempestas..subito fit turbida ~e Lucr.4.169; caesa manus iuuenum ~e Verg. *A.*10.498; ~e..in captis exercuere uictoriam Liv.6.22.4; 9.43.1; multis..in templo ipso ~e interfectis 30.20.6; quatenus ~e prominebit (oculus) Cels.6.6.9.c; Tac.*Hist.*1.41.

2 So as to bring dishonour on oneself, shamefully, basely, ignominiously.

ne ~e semper seruias Pl.*Per.*230; (causa) optima (est), sed agetur..~issime Cic.*Att.*9.7.4; ceteri..~e perierunt. at Cato praeclare *Fam.*9.18.2; de uirgine adeo ~e ad libidinem petita Liv.3.51.7; deserta ~e castra 4.40.5; 26.1.9; quanto altius elatus erat, eo ~ius corruit 30.30.23; Curt.4.16.30; qui..~e..latentia profers numina Stat.*Silv.*3.1.169.

foederātus ~a ~um, *a.* [foedvs²+-atvs²] (as the name of a class of allies) Bound by treaty to Rome, federated. **b** (transf.).

qvei foideratei esent ita exdeicendvm censvere *CIL* 1.581.2; nauem Mamertinis non imperasti, quod sunt ~i Cic.*Ver.*5.49; multi in ciuitatem recepti ex liberis ~isque populis sunt *Balb.*52; *Pis.*98; ~am ciuitatem Nep.*Han.*3.2; ne Samnitibus ~is bellum inferrent Liv.8.5.1; Plin.*Ep. Tra.*10.92(93); Suet.*Aug.*47;—(*masc. pl. as sb.*) si causa reddenda sit, non uobis nec ~is, sed.. Liv.42.41.14; oppida ciuium Romanorum xiii..~orum unum, stipendiaria cxxxv Plin.*Nat.*3.18. **b** nihil sibi cum eo consociatum, nihil ~um Liv.25.18.10.

foederō ~āre ~āuī ~ātum, *tr.* [back-formation from prec.] To seal, ratify (an agreement).

manu alterutrum tenentes..amicitiam ~abamus Flor. *Verg.*p.184R.

foedifragus ~a ~um, *a.* [irreg. from foedvs² +*frag*-(frango)+-vs] That breaks treaties, treacherous.

Poeni ~i, crudelis Hannibal Cic.*Off.*1.38; hostis, qui foedera frangerent, ~os, non 'foederifragos' dixit (Laeuius) Gel.19.7.5.

foeditās ~ātis, *f.* [foedvs¹+-tas]

1 Unpleasant or offensive quality, foulness, repulsiveness, beastliness. **b** (spec.) physical repulsiveness, ugliness, unsightliness. **c** (of weather) foulness.

odoris intolerabili ~ate Cic.*N.D.*2.127; auertere omnes ab tanta ~ate spectaculi oculos Liv.1.28.11; cum uasta desertaque omnia atque eandem quam apud hostes ~atem inuenisset 4.39.9; necessarium est..~atem eius (*sc.* irae) ac feritatem coarguere Sen.*Dial.*5.3.2; qua ~ate..Sulla..et Alcman..obiere (*i.e. from this loathsome growth*) Plin.*Nat.* 11.114; barbarismi ac soloecismi ~as absit Quint.*Inst.*1. 5.5. **b** ~as (uillicae) fastidiosum, nimia species desidiosum faciet eius contubernalem Col.12.1.1; notabilis ~as uoltus Plin.*Nat.*36.12; (*pl.*) ad..cicatricum ~ates tollendas 33.110. **c** adeo atrox adorta tempestas est, ut Alpium prope ~atem superauerit Liv.21.58.3.

2 Disgrace, shame, infamy.

o ~atem hominis flagitiosam, o impudentiam..! Cic. *Phil.*2.15; quo..ducere hunc iuuenem potestis ubi non sua decora eum a tanta ~ate supplicii uindicent? Liv.1.26.11; Tac.*Ann.*6.1; (*pl.*) illos execrandas ~ates obeuntes deprehendunt Apul.*Met.*8.29.

foedō ~āre ~āuī ~ātum, *tr.* [next+-o³]

1 To make filthy or unclean, soil, stain, befoul, etc. **b** to defile, pollute (something holy). **c** (transf.) to destroy the purity of, corrupt, contaminate.

canitiem..infuso puluere ~ans Catul.64.224; contactu ..omnia ~ant (Harpyiae) Verg.*A.*3.227; sparsas ~antem sanguine uestes Ov.*Met.*7.845; locum quem..uomitu ~auerat Sen.*Suas.*6.3; caelum ~auit hiatu (serpens) Sil. 6.187; orta..tabe quae corpora ~aret Tac.*Hist.*5.3; arae ..frigido cinere ~atae Apul.*Met.*4.29. **b** sanctissima sacella..summa..turpitudine ~ata Cic.*Har.*32; cum arae ..supplicum sanguine ~arentur Sal.*Hist.*1.47; multi exsulum caede sua ~auere templum Liv.3.18.10; [Sen.]*Oct.*148; (*cf.*) qui nati coram me cernere letum fecisti et patrios ~asti funere uultus Verg.*A.*2.539; (*in fig. phr.*) non rei publicae cura, quam ~are principis sui sanguine..parabant Tac.*Hist.*1.26. **c** conubiis mixtis nonnihil in Sarmatarum habitum ~antur Tac.*Ger.*46.1; qui..fastos adulatione temporum ~atos exonerarent *Hist.*4.40;—(*sexually*) ~andos populo prostituisse mares Mart.9.7(8).2.

2 To spoil the appearance of, disfigure, mar; (also transf.). **b** to spoil the brightness or clearness of, darken or dim. **c** (transf.) to make (a punishment) horrible or barbarous.

lacrimis oculos..~are Tib.2.6.43; pulcherrima ora ~auit (ira) Sen.*Dial.*4.35.3; nullae tectoria eorum rimae ~auere Plin.*Nat.*36.176; ora notis ~ata (*i.e. scarred*) Stat.*Theb.* 1.528; mulier..lurore buxeo macieque ~ata Apul.*Met.* 9.30;—(*transf.*) multiplici clade ~atus annus Liv.3.32.4; hoc gaudium magna prope clade..~atum est 7.34.1; illam indolem, qua omnes reges antecessit..uini cupiditate ~auit Curt.5.7.1. **b** ~auere lumen (*sc.* nubes) Sal.*Hist.*4.80; luna deficiens..sanguinis colore suffuso lumen omne ~auit Curt.4.10.2; diras..diem ~asse uolucres Luc.1.558; (*in fig. phr.*) quae causa indigna serenos ~auit uultus? Verg.*A.* 2.286. **c** litare diis sanguine humano..cuiusquemodi ludibriis ~are mortem tam igni quam fumo Flor.*Epit.* 1.39(3.4.2).

3 To wound savagely, mangle, hack, mutilate. **b** to ravage horribly (land).

~ant et proterunt hostium copias Pl.*Am.*246; hanc custodem (*i.e. Prometheus' eagle*)..quae me perenni uiuum ~at miseria Cic.*Tusc.*2.24 (transl. Aeschylus); ferro Argolicas ~are latebras (*i.e. the Trojan Horse*) Verg.*A.*2.55; unguibus ora..~ans et pectora pugnis 4.673; 11.86; Aetnaeae Neptunius incola rupis (*i.e. the Cyclops*)..~atus lumina [Tib.]3.7.57; ~asti miserum, marite, moechum Mart.2.83.1; uerberibus ~atus..iugulatur Tac.*Hist.*3.77; (*in fig. phr.*) posse se, quoniam..domestici belli exstinctorem nefario scelere ~asset, illum exterminorum bellorum..uictorem adfligere Cic.*Har.*49. **b** ~ati agri, terror iniectus urbi est Liv.3.26.1.

4 To bring shame or discredit on, disgrace, dishonour, besmirch (a person, reputation, etc.).

ut rem patriam et gloriam maiorum ~arim meum PL.*Trin.*656; nos..Opicon appellatione ~ant CATO *Fil.*1(J); ~ati crimine turpi LUCR.3.49; quos uile genus despectaque lucis origo ~abat SIL.11.49; infamem uitam ~auit etiam exitu..inhonesto TAC.*Hist.*1.72; ne uestis serica uiros ~aret *Ann.*2.33; ratus..dedecus molliri, si pluris ~asset 14.14; feminarum inlustrium senatorumque plures per arenam ~ati sunt 15.32; qualis..matrona..turpissimo se dedecore ~auit! APUL.*Met.*9.23.

foedus[1] ~a ~um, *a. compar.* ~ior, *superl.* ~issimus. [perh. cf. Lith. *baisùs* 'frightful']

1 Offensive to the senses, foul, loathsome, ghastly, unclean, etc. **b** (spec.) repulsive in appearance, hideous, ugly.

~o pertorquent ora sapore LUCR.2.401; incultu tenebris odore ~a atque terribilis eius (*sc. a prison*) facies est SAL.*Cat.*55.4; ~issima uentris proluuies VERG.*A.*3.216; ad spolia legenda ~amque etiam hostibus spectandam stragem insistunt LIV.22.51.5; pus..~i odoris CELS.7.3.1; ora..~o sparsa cruore [SEN.]*Oct.*17; ~a silentis aura poli STAT.*Theb.*2.4; cloaca ~issima PLIN.*Ep.Tra.*10.98(99).1;—(*of animals*) cimicum, animalis ~issimi..natura PLIN.*Nat.*29.61; tantum ~arum uolucrum (*i.e. vultures*) superuolitauit TAC.*Hist.*3.56;—(*w. abl.*) ~a nigro simulacra fumo HOR.*Carm.*3.6.4; terra..paludibus ~a TAC.*Ger.*5.1; JUV.14.64;—(*w. sup. or pass. inf.*) o rem non modo uisu ~am sed etiam auditu! CIC.*Phil.*2.63; horrida cerni ~aque contingi LUC.3.348;—(*transf.*) scriptores carmine ~o splendida facta linunt HOR.*Ep.*2.1.236. **b** nunc tibi uidetur ~u', quia illam (*sc. uestem*) non habet TER.*Eu.*684; parumne ~a persona est ipsius senectutis? CIC.*Att.*15.1.5; colos ei exanguis, ~i oculi SAL.*Cat.*15.5; ~a cicatrix HOR.*S.*1.5.60; (uilica) nec ~i habitus nec rursus pulcherrima COL.12.1.1; adeone pulchra est? immo ~ius nil est MART.1.10.3; QUINT.*Inst.*6.3.32;—(*w. abl.*) tergum ~um recentibus uestigiis uerberum LIV.2.23.7.

2 Fearful, frightful, severe, grievous: **a** (of storms or sim.). **b** (of events, omens, news, etc.).

a Romae ~um incendium per duas noctes..tenuit LIV.24.47.15; classis..~issima tempestate lacerata 29.18.5; 33.41.7; 38.2.5; ~a hieme..conflictatus exercitus TAC.*Hist.*3.59;—(*w. abl.*) ~um imbribus diem TAC.*Hist.*1.18; (*cf.*) ~us insequens annus seu intemperie caeli seu humana fraude fuit LIV.8.18.1;—(*in fig. phr.*) iniecta fax est ~a ac luctuosa rei publicae CIC.*Har.*45. **b** quae occulte temptauerat aspera ~aque euenerant SAL.*Cat.*26.5; ~am..extremi agminis caedem LIV.2.59.2; duo simul mala..exorta..~a homini, ~a pecori 3.32.2; qui..~issimo cum euentu pugnasset 8.33.15; territis omnibus..uelut ~o omine incipiendae rei 22.3.12; classem..tempestas..~a strage lacerauit FLOR.*Epit.*1.40(3.5.18).

3 Repugnant to refined taste or civilized feeling, monstrous, horrible, atrocious, beastly, shocking.

Antoni immanem et ~am crudelitatem CIC.*Phil.*14.25; ~a crudeliaque in ciuis facinora facere SAL.*Cat.*11.4; siluestris homines..uictu ~o (*i.e. cannibalism*) deterruit Orpheus HOR.*Ars* 392; ~ae populationes in Labicano..agro..sunt factae LIV.7.11.3; ~a supplicia 9.18.4; ~o..repugnat amori (Myrrha) OV.*Met.*10.319; ~o disiectum uulnere 12.366; mortuorum..lacerationem..quae etsi non crudelis, tamen ~a sit CELS.1.pr.44; Fennis mira feritas, ~a paupertas TAC.*Ger.*46.3;—(*cf., of offences against literary taste*) uersum in oratione fieri multo ~issimum est totum QUINT.*Inst.*9.4.72.

4 Shameful, disgraceful, vile, infamous, etc. **b** (of abuse) coarse, foul, low; (of words) indecent, obscene.

(*of actions, etc.*) me uxor insanum facit suis ~is factis PL.*Am.*1085; nihil ~ius seruitute CIC.*Phil.*3.36; *Att.*15.10; luxuria..cum omni aetati turpis, tum senectuti ~issima est *Off.*1.123; mens..Reguli dissentientis condicionibus ~is HOR.*Carm.*3.5.15; ~a cupiditas regni LIV.6.20.5; VT APSTINERENT SE A TAM ~O GENERE NEGOTIATIONIS *CIL* 10.1401.2.41; nudata..~a terga fuga LUC.4.713; ~a pueritia, impudica senecta TAC.*Hist.*1.72; cum in Blaesum multa ~aque incusauisset *Ann.*5.7; per ambitum lacus non sine ~a uacillatione discurrens SUET.*Cl.*21.6;—(*of persons*) an ille..~ior aut inquinatior in Cn. Pompeio accusando..fuit? CIC.*Har.*51; ~i agminis miserabilem uiam per sociorum urbes (*i.e. after a surrender*) LIV.9.5.9; dies, qui prole ~a misceat prolem inclitam SEN.*Med.*511; homo ~us et aperte malus PLIN.*Ep.*3.9.2;—(*w. abl.*) Capitonem..auaritia et libidine ~um ac maculosum TAC.*Hist.*1.7; tot facinoribus ~um annum etiam dii..morbis insigniuere *Ann.*16.13. **b** ~a linguae probra circulatricis MART.10.3.2; hunc ~issimo conuicio coram prosciderunt SUET.*Aug.*13.2;—~iora uerba ne consuetudine quidem aliqua uerecundius loquentium commendata sunt CELS.6.18.1.

foedus[2] ~eris, *n.* [cf. FIDES[1], FIDO] FORMS: *fidus* ENN.*inc.*48(VAR.*L.*5.86); gen. pl. *foidesum Carm.Sal.*10(VAR.*L.*7.27). N.B.: pl. often used in sg. sense by poets.

1 A formal agreement between states or peoples, league, treaty (of peace, alliance, etc.). **b** (types of treaty distinguished); *~us aequum*, a treaty in which (in theory at least) the two parties are on equal terms; *~us iniquum*, a treaty in which one party is recognized as superior. **c** (applied to a truce). **d** (poet.) a state of being bound by treaty, peace, amity; (in quots., transf.).

accipe daque fidem ~usque feri bene firmum ENN.*Ann.*32; ~us..non esse seruatum QUAD.*hist.*73; ciuitates..quinque ..sine ~ere immunes ac liberae CIC.*Ver.*3.13; nec..uiolatum ~us eorum uideretur *Balb.*31; fecerisne ~era..cum ciuitatibus, cum regibus, cum tetrarchis *Vat.*29; M. Octauium..cum barbaris ~era percussisse *B.Alex.*44.1; pecunia, quae Romanis ex ~ere penderetur NEP.*Han.*7.5; nunc arma uolunt ~usque precantur infectum VERG.*A.*12.242; rupto ~ere quod ictum erat priore anno cum Romanis LIV.3.25.5; Aequorum legati ~us ab senatu cum petissent et pro ~ere deditio ostentaretur, indutias annorum octo impetrauerunt 4.30.1; impio bello et contra ~us suscepto 8.39.10; VELL.2.1.4; LUC.4.508; legiones ~eribus Galliarum obstrictas TAC.*Hist.*4.76; *Ann.*2.53;—(*w. descriptive gen.*) in hoc pacis ~ere VELL.2.77.2; LUC.4.365;—(*quasi-concrete*) fundamenta deum Romanaque ~era cernis (*i.e. a place bound by treaty to Rome*) SIL.1.447;—(*poet.*) ante cum flammis aquae ..fidem ~usque iungent SEN.*Thy.*482;—(*transf.*) cum bene saeuierit (puella)..tum pete concubitus ~era: mitis erit OV.*Ars* 2.462. **b** esse..tria genera ~erum..unum, cum bello uictis dicerentur leges..alterum, cum pares bello aequo ~ere in pacem..uenirent..tertium esse genus, cum, qui numquam hostes fuerint, ad amicitiam sociali ~ere inter se iungendam coeant LIV.34.57.7;—sub umbra ~eris aequi seruitutem pati 8.4.2; 23.5.9; Camertes cum aequo ~ere cum Romanis essent 28.45.20;—nullam..ciuitatem se in Graecia nosse, quae..~ere iniquo adligata quas nolit leges patiatur 35.46.10. **c** uos (*sc. Paris and Menelaus*) ~ere iuncto aduersas conferte manus, decernite ferro *Ilias* 269; oleae..ramos extulit et..poposcit ~era STAT.*Theb.*5.419; data ~ere paruo maesta uiris requies 8.160. **d** odium ~usue gerunt (astra) MAN.2.469; Leo et Arquitenens.. negant Chelis ~us 2.524; 2.577.

2 An agreement between private persons, compact; also, a condition one has agreed to observe, promise or undertaking.

cum..consulum societate et nefario ~ere seruitute oppressam ciuitatem teneres CIC.*Dom.*131; ~us esse quoddam sapientium, ut ne minus amicos quam se ipsos diligant *Fin.*1.70; bona magnaque pars seruabat ~era caste LUCR.5.1025; ~us clandestinum inter ipsos..ictum, ne comitia haberent LIV.3.36.9; dant gemitum uicti (*i.e. in the race with Atalanta*) penduntque ex ~ere poenas OV.*Met.*10.599; parricidarum ~us et nefariae spei pactum SEN.*Con.exc.*6.1; obstringuntur inter se tacito ~ere legiones TAC.*Hist.*1.54;—(*w. descriptive gen.*) nemo..fuit quem non ad hoc incredibile sceleris ~us asciuerit CIC.*Catil.*2.8; ut tu amorum turpissimorum cotidie ~era ferires *Cael.*34;—ad erum..uenio ~us commemoratum PL.*Ps.*1283; Eurydicen ..immemor..respexit (Orpheus)..immitis rupta tyranni ~era VERG.*G.*4.492; ~era (*i.e. a vow of chastity*) seruasset, si non formosa fuisset OV.*Fast.*2.161.

3 (applied to the marriage bond; also to other sexual unions).

accipiat coniunx felici ~ere diuam CATUL.64.373; nec coniugis umquam praetendi taedas aut haec in ~era ueni VERG.*A.*4.339; non ego nequitia socialia ~era rumpam OV.*Ep.*4.17; odisse Veneris ~era et..uulgare populis corpus SEN.*Phaed.*910; ~era faxo Aesonii petat ipsa uiri V.FL.7.177; sanctae ~era taedae SIL.6.447;—ueniunt ad ~us amantes OV.*Ars* 2.579; riualem partitaque ~era lecti sentiat (amator) 3.593; furtiua..~era amantum SIL.2.416.

4 A bond or tie (of friendship, kinship, hospitality, and the like).

hospitii ~us LIV.1.9.13; corpora, quae possunt animas habuisse parentum..aut aliquo iunctorum ~ere nobis OV.*Met.*15.460; alii nullo mihi ~ere iuncti *Tr.*1.8.27; per studii communia ~era sacri (*i.e. poetry*) *Pont.*4.13.43; artissimo se amicitiae ~ere iunxissent V.MAX.2.9.6; omne ~us humanum eiecit animo (ira) SEN.*Dial.*4.5.3; ad coetus sociaeque ad ~era mensae..Oedipoden exisse ferunt STAT.*Theb.*8.240; adlegantes patrocinii ~us PLIN.*Ep.*3.4.4; per ego te..maternae caritatis ~era deprecor APUL.*Met.*4.31;—(*cf.*) ruptor ~eris humani uiolatorque gentium iuris LIV.4.19.3.

5 A law or limit (imposed by Nature, Fate, or sim.).

ut fugere uitam uetent atque id contra ~us fieri dicant legemque naturae CIC.*Scaur.*5; quo ~ere fiat naturae, lapis hic ut ferrum ducere possit LUCR.6.906; has leges aeternaque ~era certis imposuit natura locis VERG.*G.*1.60; sic Parcarum ~ere cautum est OV.*Met.*5.532; Libra diem noctemque pari cum ~ere ducens MAN.3.659; effregit ecce limen inferni Iouis (Hercules)..~us umbrarum perit SEN.*Her.F.*49; ut rupto naturae ~ere terrestre animal homo ..fluctibus pendeat COL.1.pr.8; SIL.14.346.

foen-: see FAEN-.

foeteō ~ēre, *intr.* **faet-, fēt-.** [perh. cogn. w. *fimum, suffio*] To have an offensive smell, stink.

dic..an ~et anima uxoris tuae? PL.*As.*894; os..ubi.. siccum est et ipsi ~et CELS.3.4.5; cocum..muria condimentisue ~entem PETR.70.12; PLIN.*Nat.*20.90; ~ere multo Myrtale solet uino MART.5.4.1;—(*transf.*) fui fui! ~et tuo' mihi sermo PL.*Cas.*727.

foetidus ~a ~um, *a.* **faet-, fēt-.** [prec.+ -IDVS] Foul-smelling, stinking.

piscis ~os PL.*Capt.*813; anima ~a *Mer.*574; oleum ~um fiet CATO *Agr.*3.4; pannos..~os TITIN.*com.*139; cum isto ore ~o taeterrimam nobis popinam inhalasses CIC.*Pis.*13; LUCR.4.1160; si cariosi et ~i sint (dentes) PLIN.*Nat.*32.82; corpore maculoso et ~o SUET.*Nero* 51.1; APUL.*Met.*5.10; (*neut. pl. as sb.*) purpurae..~is capiuntur PLIN.*Nat.*10.195.

foetor ~ōris, *m.* **faet-, fēt-.** [FOETEO+-OR] A foul smell, stench.

iacebat in suorum Graecorum ~ore et caeno CIC.*Pis.*22; ~orem..quendam oris, quem ozenam Graeci uocant, minuit CELS.3.11.3; ne quem redoleat ~orem (cella uinaria) COL.12.18.3; PLIN.*Nat.*20.186; manum..~ore sordentem APUL.*Met.*8.23;—(*fig.*) uitatis..reconditorum uerborum, ut ipse dixit, ~oribus SUET.*Aug.*86.1.

foetulentus ~a ~um, *a.* **fēt-.** [FOETEO+ -VLENTVS] Foul-smelling, stinking.

nihil uspiam corporis aperti immundum pati ac ~um APUL.*Apol.*7.

foetūtina ~ae, *f.* **fēt-.** [FOETEO+-INA] A noisome place, midden, cesspool, or sim.; (in quots., fig.).

non finitiones illas praerancidas neque ~as grammaticas spectaueris, sed aurem tuam interroga PROB.in GEL.13.21.1; ei nocens lingua..semper in ~is et olenticentis suis iaceat APUL.*Apol.*8.

foliāceus ~a ~um, *a.* Sts. written **foliācius.** [FOLIVM+-ACEVS] Resembling a leaf, foliaceous.

semen erat ~um, folium ipsum uere deciduum PLIN.*Nat.*19.42; 19.119.

foliātum ~ī, *n.* [FOLIATVS] A perfume made from the leaves of aromatic plants.

nardinum siue ~um constat omphacio aut balanino, iunco, costo, *etc.* PLIN.*Nat.*13.15; libram ~i poscat amica MART.11.27.9; moechis ~a parantur JUV.6.465.

foliātūra ~ae, *f.* [next+-VRA] Foliage, leafage.

(cedri) sunt similes cupresseae ~ae VITR.2.9.13.

foliātus ~a ~um, *a.* [FOLIVM+-ATVS[2]] Bearing foliage (usu. of a specified sort).

toto caule ~o in modum coronae PLIN.*Nat.*21.98; 25.71; uirga ~a ex olea deplantata FEST.p.250M; arbores..similiter ~as APUL.*Met.*2.1; 11.10.

foliōsus ~a ~um, *a. compar.* ~ior. [next+ -OSVS] Abounding in leaves, leafy.

alia (arbor) similis, ~ior tamen PLIN.*Nat.*12.40; helxine.. a radice ~a 21.96; ramos..~os 24.139; 27.74.

folium ~(i)ī, *n.* [cf. prob. Gk. φύλλον]

1 A leaf of a plant. **b** a representation of a leaf in sculpture, etc. **c** (transf.) a small matter, trifle.

(bestiam) quae in pampini ~io intorta implicat se PL.*Cist.*729; panem facito, ~ia subdito, in foco caldo..coquito CATO *Agr.*75; nec me consules mouent qui ipsi pluma aut ~io facilius mouentur CIC.*Att.*8.15.2; umeros plexis redimire coronis floribus et ~iis LUCR.5.1400; suscepit..ignem ~iis VERG.*A.*1.175; quam multa in siluis autumni frigore primo lapsa cadunt ~ia 6.310; Deliis ornatum ~iis ducem (*i.e. laurel*) HOR.*Carm.*4.3.7; radicibus et corticibus teneris strictisque ~iis uixere LIV.23.30.4; ~io pinus acuta OV.*Ars* 2.424; CELS.5.28.14.E; in umbra siccata..harundinum.. ~ia COL.4.13.2; prunus Aegyptia..maturescens bruma nec ~ia demittens PLIN.*Nat.*13.64; TAC.*Ann.*11.4; uerum est: credite me uobis ~ium recitare Sibyllae JUV.8.126; GEL.9.7.1;—(*in fig. phr.*) ~ia nunc cadunt, praeut si triduom hoc hic erimus: tum arbores in te cadent PL.*Men.*375. **b** ~iis..et uolutis ornata opera VITR.1.2.5; 4.1.12; de praetoricia ~ium..corona (*sc. of gold-foil*) MART.8.33.1. **c** ut se (*i.e. a witch*) ament efflictim non modo incolae, uerum etiam..ipsi Antichthones, ~ia sunt artis et nugae merae APUL.*Met.*1.8.

2 (spec., pl. or collect. sg.) Leaves of nard (or other aromatic plants).

ea (*sc. ossa*) cum ~iis et amomi puluere misce OV.*Tr.*3.3.69; cinnami,..~ii..singulorum p ✱ IIII LARG.106; tingue caput Cosmi ~io, ceruical olebit MART.14.146.1; CORPVS..VNGVENTO ET ~EO ROSISQVE PLENVM *CIL* 6.30102; 10.1784.

3 A petal (esp. of a rose).

ut..rosae puro lacte natant ~ia PROP.2.3.12; croceum ..florem..~iis medium cingentibus albis OV.*Met.*3.510; candidior ~io niuei, Galatea, ligustri 13.789; rosae floris ~ia CELS.4.22(15).3; PLIN.*Nat.*21.121.

follicō ~āre, *intr.* [FOLLIS+-ICO] To hang loosely, sag.

muli senes..capita demersi..ceruices cariosa uulnerum putredine ~antes APUL.*Met.*9.13.

folliculāre ~is, *n.* [next+-ARIS] (See quot.)

~e appellatur pars remi, quae folliculo est tecta PAUL.*Fest.*p.85M.

folliculus ~ī, *m.* [next+-CVLVS]

1 A bag or sack.

ei (*sc. a matricide*) damnato statim ~o lupino os obuolutum est *Rhet.Her.*1.23; CIC.*Inv.*2.149; ut..eques ~is.. frumentum ueheret LIV.9.13.9.

2 An inflated ball.

exercitationes..equorum..omisit et ad pilam primo ~umque transiit SUET.*Aug.*83.

3 The envelope or integument of a seed, etc., shell, skin, husk, or sim.; the sheath containing an unexpanded inflorescence. **b** a seed-pod. **c** (in animal bodies) a bladder or sac.

gluma qui est ~us eius (*sc. grani*) VAR.*R.*1.48.1; cum expressissent acinis mustum et ~os in dolium coniecissent *in* NON.p.551M; COL.6.3.5; *Arb.*3.1; dentibus..~os (*sc. of beans*)..spoliat atque..despuit PETR.135.6; haec (*sc. kinds of grain*) cum suis ~is seruntur cruda PLIN.*Nat.*18.61; (*of the chrysalis of an insect*) ~os ut nunc teretes aestate cicadae linquunt LUCR.5.803; (*of the human body*) ego..qui sum et quo ~o nunc sum indutus LUCIL.622;—nisi esset, quod..latentem frugem ruptis uelamentis suis, quae ~os agricolae uocant, adaperiret SEN.*Nat.*5.18.3; COL.2.8.5;colligi..oportebit ..holeris atri..florem antequam de ~o exeat 12.7.1. **b** frutex..~is magnis latisque PLIN.*Nat.*21.177; astaphis agria.. fert ~os uerius quam acinos 23.17; 27.25. **c** in ~o fellis PLIN.*Nat.*28.226; 30.111; 32.27; ~us testium arietinorum FEST.p.309M.

follis ~is, *m.* [cf. OHG. *bolla* 'bubble', *ballo* 'ball', OIr. *bolg* 'leather bag', etc.]

1 A bag or sack. b a money-bag or purse. c (app. in obscene sense) the scrotum.
quom it dormitum, ~em opstringit ob gulam PL.*Aul.*302; ~em..plenum (*sc.* pilarum) habebat seruus PETR.27.2; in ~es conferciunt (murram) PLIN.*Nat.*12.68. **b** si reddat ueterem cum tota aerugine ~em JUV.13.61; tenso ~e reuerti 14.281; aureos ~es incubabat APUL.*Met.*4.9; CALL.*dig.*35.1.82. **c** mangonum pueros uera..urit debilitas, ~isque pudet cicerisque relicti JUV.6.373b.

2 A large inflated ball.
colligit et referet laxum de puluere ~em MART.12.82.5; 14.45.2; ~e decet pueros ludere, ~e senes 14.47.2;—(*as a punch-ball*) ego te ~em pugilatorium faciam et pendentem incursabo pugnis PL.*Rud.*721.

3 (pl.) A pair of bellows; (also sg.).
scio spiritum eiius maiorem esse multo quam ~es taurini habent PL.*Bac.*10; figurae, quas uos effici posse sine ~ibus et incudibus non putatis CIC.*N.D.*1.54; alii taurinis ~ibus auras accipiunt redduntque VERG.*G.*4.171; VITR.10.1.6; cum..admotis..~ibus ignem flatu accenderent CURT.4.2.13; PLIN.*Nat.*33.108; JUV.10.61; (*in fig. phr.*) tu (*sc. a poet*) neque..~e premis uentos, nec..raucus nescio quid tecum graue cornicaris inepte PERS.5.11; (*transf., of an orator's lungs*) inmensa caui spirant mendacia ~es JUV.7.111;—(*sg.*) scintillam..~e fabrili ad caput fistulae imposito flando accenderunt LIV.38.7.12.

follītus ~a ~um, *a.* [prec.+-ITVS²] Enclosed in a bag or sack (perh. w. ref. to the punishment of parricides).
nil moror..uolgata uerba. 'peratum ductare'..ego ~um ductitabo PL.*Epid.*351.

fōmentātiō ~ōnis, *f.* [next+-O³+-TIO] Application of poultices or sim.
quae ~onis gratia parata sunt uel medicinae ULP.*dig.*32.70.7.

fōmentum ~ī, *n.* [FOVEO+-MENTVM]

1 (med., usu. pl.) A soothing application (hot or cold), compress, poultice, dressing, etc. b (in fig. context) a remedy, solace, alleviation.
habes qui..~a paret, medicum roget ut te suscitet HOR.*S.*1.1.82; *Ep.*1.2.52; ~a..calida sunt milium, sal, harena, quidlibet eorum calfactum et in linteum coniectum CELS.2.17.9; 3.12.4; siccis et calidis ~is uti 4.13.3; ~a non aspernatur (sacer ignis) lactis caprini COL.7.5.16; non ~a sauciis TAC.*Ann.*1.65; 15.55; quia calida ~a non proderant, frigidis curari coactus SUET.*Aug.*81.1; AUR.*Fro.*1.p.224 (82N);—(*applied to any warm coverings*) cuius pedes inter ~a subinde mutata tepuerunt SEN.*Dial.*1.4.9; (*transf.*) ex maternorum uiscerum calido mollique ~o emissum *Ep.*102.26;—(*applied to a hot bath*) in solium is aquae calidae..demittendus est..finis..eius ~i est, donec infirmando offendat CELS.7.26.5.c; (*cf.*) qui hieme concupiscunt rosam ~oque aquarum calentium..illum florem uernum exprimunt SEN.*Ep.*122.8. **b** patientiae, fortitudinis ~is dolor mitigari solet CIC.*Fin*2.95; *Tusc.*2.59; ~a uulnus nil malum leuantia HOR.*Epod.*11.17; ad pedes se Memmii supplex prostrauit, inde aliquod ~um procellae petens V.MAX.8.1.absol.3; militaribus animis adhibenda ~a ut ferre pacem uelint TAC.*Ann.*1.46; paupertati meae ~a conquiro APUL.*Met.*2.21.

2 (pl. or collect. sg.) Wood for kindling, = FOMES.
~a taleae excisae ex arboribus S.CLOD.*gram.*1; ~o tenui calescens et enutritus ignis APUL.*Met.*7.19; (*in fig. phr.*) flamma saeui amoris..~is consuetudinis exaestuans 8.2; (*transf.*) naturalibus ~is contentus est (stomachus) SEN.*Nat.*4b.13.5.

fōmes ~itis, *m.* [cf. FOVEO] Chips of wood, etc., for kindling or feeding a fire.
rapuit..in ~ite flammam VERG.*A.*1.176; excitat inualidas admoto ~ite flammas LUC.8.776; teritur..lignum ligno ignemque concipit adtritu, excipiente materie aridi ~itis, fungi uel foliorum facillimo conceptu PLIN.*Nat.*16.208; cur caua specula..appositum ~item accendant APUL.*Apol.*16; ~ites sunt assulae ex arboribus, dum caeduntur, excussae PAUL.*Fest.*p.84M;—(*fig.*) ~item esse quendam..et incitabulum ingenii GEL.15.2.3; ~ITE A(MORIS) NONDVM SVPPLETA CVBILIA *CIL* 6.12072.

fōmitō ~āre ~āuī ~ātum, *tr.* [prec.+-O³] (perh.) To knock chips off (a piece of wood).
ego (*sc. Priapus*)..quercus arida rustica ~ata (*codd.* formitata, *etc.*) *Priap.*86.3.

fons ~ntis, *m.* [cf. perh. Skt. *dhanvati* 'flow', *dhanáyati* 'set in motion'] FORMS: abl. sg. *fontei CIL* 1.584.6; gen. pl. usu. *fontium*, *fontum* CIC.*N.D.*2.98 (v.l. *fontium*); archaic form *funtes*, etc. according to VEL.gram.in *G.L.*7.49.

1 A flow of water issuing from the ground, spring. b (supplying the sea). c (alluding to the spring of the Muses on Mt. Helicon). d a spring found by digging, well. e (poet., also pl.) water from a spring; the waters of a river, sea, etc. f (of a spring or flow of some other liquid).
interbibere sola, si uino scatat, Corinthiensem ~ntem Pirenam potest PL.*Aul.*559; Acc.*trag.*602; ~ns unde funditur e terra aqua uiua VAR.*L.*5.123; ~ns aquae dulcis CIC.*Ver.*4.118; ~ntum gelidas perennitates *N.D.*2.98; ubi magnus ~ns aquae prorumpebat HIRT.*Gal.*8.41.1; SAL.*Jug.*89.6; Hylan nautae quo ~nte relictum clamassent VERG.*Ecl.*6.43; TIB.2.1.14; ~ns..inlimis, nitidis argenteus undis OV.*Met.*3.407; PHAED.1.12.3; CALP.*Ecl.*2.5; ~ns oritur in monte, per saxa decurrit..in Larium lacum decidit PLIN.*Ep.*4.30.2; GEL.17.8.16;—(*artificially extended*) ~NTEM LON(gum) P(edes) XXX LAT(um) P(edes) XV..POPVLO D(e) S(uo) D(edit) *CIL* 12.1188;—(*medicinal*) qui caput et stomachum supponere ~ntibus audent Clusinis HOR.*Ep.*1.15.8; consistere in frigidis medicatisque ~ntibus CELS.4.12.7;—(*in fig. phrs.*) tardi ingeni est riuulos consectari, ~ntis rerum non uidere CIC.*de Orat.*2.117; ~ntis..adire remotos atque haurire..uitae praecepta beatae HOR.*S.*2.4.94. **b** unde mare ingenui ~ntes externaque longe flumina suppeditant? LUCR.1.230; 6.613; quo ~nte immensum uiuat mare STAT.*Theb.*6.362. **c** res antiquae laudis..ingredior sanctos ausus recludere ~ntis VERG.*G.*2.175; o quae ~ntibus integris gaudes..Piplei dulcis! HOR.*Carm.*1.26.6; 3.4.25; nomen habes auerso ~nte sororum inpositum MART.4.31.5; (*cf.*) si ueterem digno depleuimus haustu, da ~ntis mihi, Phoebe, nouos STAT.*Ach.*1.9. **d** puteos fodere cogebantur..qui tamen ~ntes..celeriter aestibus exarescebant CAES.*Civ.*3.49.4; si ~ns nouus fossus fuerit VITR.8.4.1; ~ns inlacrimet putei non sede profunda COL.10.25. **e** sanctos restinguere ~ntibus ignis VERG.*A.*2.686; alii ~ntemque ignemque ferebant 12.119; (*w.* aquae) uitigeni latices aquai ~ntibus audent misceri LUCR.6.1072;—ferens rapidum diuiso gurgite ~ntem..Indus LUC.3.235; 5.337; soluerat..Sol..equos rutilamque lauabat Oceani sub ~nte comam STAT.*Theb.*3.409. **f** ument..~nte perenne (*i.e. tears*) genae OV.*Ep.*8.64; lactis candidos ~ntes SEN.*Oed.*495; bituminis ~ntem PLIN.*Nat.*6.179; terra dehiscens..emicuit sanguinis ~ntem APUL.*Met.*9.34.

2 The god of springs or of a particular spring.
Fontanalia a ~nte, quod is dies feriae eius VAR.*L.*6.22; ~ntis delubrum..dedicauit CIC.*N.D.*3.52; ~ntisque Fluuiosque uoco VERG.*A.*12.181; OV.*Fast.*3.300; *CIL* 5.4938; (*humorously*) utrum ~ntine an Libero imperium te inhibere mauis? — nimio liquido Libero PL.*St.*699.

3 The source or head-waters of a river. b (applied to the source of various liquid and other emanations).
~ntem superare Timaui VERG.*A.*1.244; ~ntium qui celat origines Nilus HOR.*Carm.*4.14.45; ad ~ntem Xanthi uersa recurret aqua OV.*Ep.*5.30; ~ns eius (*sc. the river Marsyas*) ex summo montis cacumine excurrens CURT.3.1.3; Padi ~ns mediis diebus aestiuis..semper aret PLIN.*Nat.*2.229; SUET.*Rhet.*4(p.124Re); (*of a lake*) omnem eum tractum, qua Nar Anio ~ntes Velini FLOR.*Epit.*1.10(1.15.2);—(*in fig. phr.*) tenuis a ~nte..pleno iam satis alueo fluit (grammatice) QUINT.*Inst.*2.1.4. **b** ~ns luminis, aetherius sol LUCR.5.281; 5.597; cum iam cecidere (aues) ueneni in ~ntis ipsos 6.828; ex hoc ~nte (*i.e. the heart*) duae grandes uenae..discurrunt PLIN.*Nat.*11.182; pleraeque..mulieres ~ntem illum sanctissimum corporis (*i.e. the breasts*)..arefacere..laborant GEL.12.1.8.

4 (transf. or fig.) A source, origin, fount: a (of the source from which a thing is derived). b (as of a foundation or basic principle). c (of a prime cause). d (of a source of supply).
a ero male dicere..audes, ~ns uiti et peiiuri PL.*Truc.*612; opulentus ab ope..ab eodem ~nte copis ac copiosus VAR.*L.*5.92; horum duorum criminum uideo auctorem, uideo ~ntem CIC.*Cael.*31; ex uno ~nte omnia scelera manare *Phil.*13.36; si omnia dixi hausta e ~nte naturae *Fin.*1.71; uerba..si Graeco ~nte cadent HOR.*Ars* 53; unde haec monstra tamen uel quo de ~nte requiris? JUV.6.286;—(*contrasted with its derivatives*) philosophorum greges iam ab illo ~nte et capite Socrate CIC.*de Orat.*1.42; misisse eum antea legatos..ad..imperatores Romanos: nunc ab ipso uelut ~nte petere Romanam amicitiam uoluisse LIV.27.4.6; ~ns ingeniorum Homerus PLIN.*Nat.*17.37; QUINT.*Inst.*1.10.13. **b** omnis orationis reliquae ~ns est narratio CIC.*de Orat.*2.330; ~ntem omnium bonorum in corpore esse *Luc.*140; beniuolentiam, qui est amicitiae ~ns a natura constitutus *Amic.*50; *Off.*3.72; scribendi recte sapere est et principium et ~ns HOR.*Ars* 309; decem tabularum leges perlatae sunt, qui nunc quoque..~ns omnis publici priuatique est iuris LIV.3.34.6; QUINT.*Inst.*9.2.25. **c** si ~ntem maledicti reperietis CIC.*Planc.*57; perturbationum ~ntem esse..intemperantiam *Tusc.*4.22; obliti ~ntem curarum hunc esse timorem LUCR.3.82; hoc ~nte deriuata clades HOR.*Carm.*3.6.19; (*of a person*) cuncti ~ns Varro mali SIL.9.414. **d** hic..suffragationem consulatus, ~ntem perennem gloriae suae perdidit CIC.*Mil.*34; largitio..~ntem ipsum benignitatis exhaurit *Off.*2.52; quod querar, illa (*sc.* fortuna) mihi pleno de ~nte ministrat OV.*Tr.*5.1.37; totos eloquentiae aperire ~ntes QUINT.*Inst.*6.1.51; utrumque..exundans leto dedit ingenii ~ns JUV.10.119;—(*of a person*) litterarum..abundantissimum ~ntem (*i.e. Cicero*) V.MAX.2.2.3; o..hominem acutum atque urbanitatis uernaculae ~ntem PETR.24.2.

fontālis ~is, ~e, *a.* [prec.+-ALIS] Of a spring.
aqua..in potione ita..suauis, uti nec ~is ab Camenis nec Marcia saliens desideretur VITR.8.3.1.

fontāna¹ ~ae, *f.* [FONTANVS¹] (app.) Some part of the eye, perh. the tear-duct.
REDVBLICARE EX SPVTO IN ANG(U)LO FVNTANE *CIL* 13.10021(211).

Fontāna² ~ae, *f.* A goddess of springs.
~AE SACRVM *CIL* 2.6277.

Fontānālia ~ium, *n. pl.* [FONTANVS²+-ALIS] = FONTINALIA.
~ia a Fonte, quod is dies feriae eius; ab eo tum..in fontes coronas iaciunt VAR.*L.*6.22

fontānus¹ ~a ~um, *a.* [FONS+-ANVS] Of a spring or fountain, spring-.
~a..numina, naiades OV.*Met.*14.327; ora..~a reclusi *Fast.*1.269; ~a..unda 4.655; 5.435; aqua leuissima pluuialis est, deinde ~a CELS.2.18.12; COL.12.6.1; ~os latices APUL.*Met.*2.1.

Fontānus² ~ī, *m.*

1 A god of springs.
~O ET FONTANAE..VOTVM SOLVIT *CIL* 2.150; 10.6071.

2 A member of a college at Rome, app. one formed by the *fullones* for the worship of the deities of their spring.
CIL 6.268(A.D. 57).

fonticulus ~ī, *m.* [FONS+-CVLVS] A small spring.
magno de flumine mallem quam ex hoc ~o tantundem sumere HOR.*S.*1.1.56; ~us est, ex quo qui biberint, amittunt dentes VITR.8.3.23; COL.11.1.16; PLIN.*Nat.*31.107; PLIN.*Ep.*5.6.23.

Fontīnālia ~ium, *n. pl.* [next] The festival of Fons, celebrated on 13th October.
~ia, fontium sacra PAUL.*Fest.*p.85M.

Fontīnālis ~is ~e, *a.* [FONS; term. prob. on anal. of *Quirinalis*] *porta ~is*, The name of a gate in Rome, at the entrance to the Campus Martius.
ab porta ~i ad Martis aram LIV.35.10.12; *CIL* 6.33914.

for fārī fātus, *intr.*, (*tr.*). [cf. *fama*, *fabula*; Gk. φημί, AS. *bōian*] FORMS in use: pres. indic. *fatur*, *fantur*; fut. *fabor*, *fabitur*; imper. *fare* (*famino* PAUL.*Fest.*p.87M); inf. *fari* (*farier* VERG.*A.*11.242); pple. *fans*, etc.; gd. *fandum*, etc.; gdve. FANDVS; pf. *fatus* (*sum*), etc.; sup. *fatu*; app. used in passive sense in SUET.fr.114(p.154Re), FEST.p.142M (in both places in attempted etymologies).

1 To speak, talk. b *fando audire* (and sim. phrs.), to learn of by hearsay, hear tell of.
Aeneas puppi sic fatur ab alta VERG.*A.*8.115; fatus medium procedit in aequor 10.451; LUC.2.284; STAT.*Silv.*2.7.105;—(*gd.*) minime flectas fandi me prolixitudine PAC.*trag.*127; fando surgentis demoror Austros VERG.*A.*3.481; parentibus..meis..quibus te modo nomine quod fando possum aequaui LIV.22.30.3;—(*sup.*) tarda fatu est lingua SEN.*Oed.*293;—(*transf., of words*) aperte fatur dictio, si intellegas *Inc.trag.*49. **b** quae neque fieri possunt neque fando umquam accepit quisquam PL.*Am.*588; scelera..quae neque fando neque legendo audiuimus CATO *orat.*76; ne fando quidem auditumst crocodilum..uiolatum ab Aegyptio CIC.*N.D.*1.82; fando aliquod si forte tuas peruenit ad auris..nomen Palamedis VERG.*A.*2.81; nominibus..gentium uix fando auditis LIV.35.48.5; AUR.*Fro.*1.p.178 (68N); APUL.*Fl.*3.

2 (in various pregn. uses): a To speak articulately. b to speak as an orator. c to speak prophetically; (w. acc.) to utter (oracles).
a fatur is qui primum homo significabilem ore mittit uocem VAR.*L.*6.52; nescios fari pueros HOR.*Carm.*4.6.18; VITR.2.1.1; cum primum fari coepisset SUET.*Aug.*94.7; GEL.5.9.1. **b** fandi doctissima Cymodocea VERG.*A.*10.225; rudis fandi STAT.*Theb.*2.391; uis insita fandi SIL.1.188. **c** Anchises..Venus quem..fari donauit ENN.*Ann.*19; fabor enim..longius, et uoluens fatorum arcana mouebo VERG.*A.*1.261;—me Apollo fatis fandis dementem..ciet ENN.*scen.*58.

3 To say, tell: a (w. acc.; also, w. direct quot.). b (w. ref. to supposed etym. of *fastus*, *nefastus*). c (w. indir. qu.).
a tum ad eos deus..fatur haec CIC.*Tim.*40; dementit..deliraque fatur LUCR.3.464; uix ea fatus erat VERG.*A.*1.586; subtrahit haec fantem..fluctus PROP.3.7.65; SEN.*Oed.*328; V.FL.6.679; (*sup.*) haec haud mollia fatu VERG.*A.*12.25; SEN.*Ag.*416;—malo cruce, fatur, uti des Iuppiter ENN.*Ann.*360. **b** dies nefasti, per quos dies nefas fari praetorem 'do dico addico' VAR.*L.*6.30; simul exta deo data sunt, licet omnia fari OV.*Fast.*1.51. **c** fare age quid uenias VERG.*A.*6.389; 11.240; qui sapere et fari possit quae sentiat HOR.*Ep.*1.4.9; OV.*Met.*4.770.

4 (w. acc.) To tell of, reveal.
Tarpeiae turpe sepulcrum fabor PROP.4.4.2; fare casus horridos SEN.*Her.F.*657; fari..arcana futuri LUC.5.137; V.FL.8.184.

forābilis ~is ~e, *a.* [FORO+-BILIS] Capable of being bored or pierced.
nullo..~is ictu Cygnus OV.*Met.*12.170; ~ia ac sectilia, (ligna) quae modice umida PLIN.*Nat.*16.227.

forāgō ~inis, *f.* [perh. FORO+-AGO] (See quot.)
~o, filum, quo textrices diurnum opus distinguunt, a forando dictum PAUL.*Fest.*p.90M.

forāmen ~inis, *n.* [FORO+-MEN] An aperture, hole, or cavity (orig., one produced by boring). b a stop (in a musical pipe). c a hole through which water is discharged, jet, adjutage. d a socket. e a cell (in a honeycomb). f a natural aperture in the body. g a pore (in solid matter).
~ina ubi feceris CATO *Agr.*21.2; neque porta neque ullum ~en erat, qua posset eruptio fieri SIS.*hist.*86; inuenta sunt in eo (*sc.* scuto) ~ina CXX CAES.*Civ.*3.53.4; ex aedificiis..per ~ina in proxima aedificia arietes immittuntur *B.Alex.*1.2; sanguis per utrumque ~en emicuit OV.*Met.*9.129; ~ina retis *Hal.*28; ~ine relicto superne lumen admittunt CURT.7.3.10; cribrum tenuibus ~inibus LARG.75; ~inibus et rimis aurem admouent TAC.*Ann.*4.69; ulceris latissimi facto ~ine APUL.*Met.*7.17; (*of ant-holes*) contra formicas..remedium monstrauit..cinerem obturandis earum ~inibus PLIN.*Nat.*19.178. **b** tibia Phrygia dextra unum ~en habet, sinistra duo VAR.*gram.*283; tibia..tenuis simplexque ~ine pauco HOR.*Ars* 203; cantus tibiarum, quae praeclusis, quibus clarescunt, ~inibus..grauiorem spiritum reddunt QUINT.*Inst.*1.11.7; 11.3.20. **c** ~en nouum castello inponunt, uetus relinquunt quo uenalem extrahant aquam

Fron.*Aq.*114; 129. **d** in his ~ina ferrea sunt inclusa Vitr.10.6.3; cardines ad ~ina resident Apul.*Met.*1.14. **e** par in fauis angulorum omnium ~en Sen.*Ep.*121.23; Col.9.11.4. **f** ~en auris Cels.6.7.6; narium duo ~ina 8.1.5; Col.6.30.4; cum coquatur (plumbum), munienda ..~ina spiritus conuenit Plin.*Nat.*34.167. **g** uox per flexa ~ina rerum incolumis transire potest Lucr.4.599; per rara ~ina terrae..erumpens..aether 5.457; 6.592; umore penetrante in ~inum raritates, conferuescit (lapis) Vitr. 2.5.3; 2.9.9; Sen.*Nat.*4b.9.

forās, *adv.* (*prep.*). [as foris²; for term. cf. *alias*, etc.] Forms: *faras CIL* 4.4278, 6.21975.

1 (w. vbs. expressing or implying motion) To the outside of a house or building, out of doors, abroad. **b** to the outside of a city, camp, etc. **c** (without sense of motion) outside.

anum ~ extrudit, ne sit conscia Pl.*Aul.*38; qui..auscultare nolet exsurgat ~ *Mil.*81; sed eccam ipsam, egreditur ~ 1215; *Per.*404; homo quatietur certe cum dono ~ Ter.*Eu.* 358; 1041; stercus ~ efferri Cato *Agr.*2.3; Turp.*com.*150; exit saepe ~ magnis ex aedibus ille, esse domi quem pertaesumst Lucr.3.1060; fer cineres, Amarylli, ~ Verg.*Ecl.* 8.101; si nihil attuleris, ibis, Homere, ~ Ov.*Ars* 2.280; Phaed.2.4.22; Petr.28.7; Apul.*Met.*5.31;—(*w. ellipse of vb.*) 'aquam ~, uinum intro' clamauit Petr.52.7; *CIL* 4.4278;—(*w. sb.*) ~ egerones, bonorum exagogae Pl.*Truc.* 551. **b** Hector..armatos educit ~ Enn.*scen.*158; Cato *hist.*101; cum infulis se porta ~ uniuersi proripiunt Caes. *Civ.*2.11.4; ut signa ~ efferrent Liv.34.46.11. **c** nunc populus est domi leones, ~ uulpes Petr.44.14; 47.5; cancelli aenei cvm hermvlis..intro et ~ *CIL* 14.2215.

2 (in pregn. senses): **a** Away from home, out. **b** (w. vbs. of lending, selling, etc.) into the hands of outsiders. **c** (w. vbs. of revealing, publishing, or sim.) to the knowledge or attention of others, into the light of day.

a uocatos..uos esse ad cenam ~ Pl.*Rud.*1420; ad cenam hercle alio promisi ~ *St.*596; filium suum..~ ad propinquum suum quendam mittit ad cenam Cic.*Ver.* 1.65;—(*w. vb. not expr. motion*) pridie kalendas Ianuarias C. noster ~ cenat Petr.30.4. **b** tuam nec chlamydem do ~ nec pallium quoiquam utendum Pl.*Men.*658; ~ necessumst quidquid habeo uendere *St.*219; ilico res ~ labitur, liquitur *Trin.*243; agellist hic sub urbe paullum quod locitas ~ Ter. *Ad.*949. **c** uides peccatum tuom esse elatum ~ Ter.*Ph.* 957; Lucil.652; in eius modi domo in qua..nihil geratur quod ~ proferendum sit Cic.*Cael.*57; quae (*sc.* oratio) non sit ~ proditura nisi re publica reciperata *Att.*15.13.7; ne fidos inter amicos sit qui dicta ~ eliminet Hor.*Ep.*1.5.25; libris ~ editis Gel.20.5.7; si quidem id ~ scripsit Apul. *Apol.*79.

3 (in generalized use) Forth, out; (w. vbs. expr. direction) outwards.

exin candida se radiis dedit icta ~ lux Enn.*Ann.*90; uiden alteram illam ut fluctus eiecit ~ Pl.*Rud.*171; piscis.. donicum eduxit ~ (*i.e. from a net*) *Truc.* 39; animi spretis corporibus euolant atque excurrunt ~ Cic.*Div.*1.114; si quae penitus corpuscula rerum ex altoque ~ mittuntur Lucr.4.200; 4.550; illa modis quibus..flamma ~ uastis Aetnae fornacibus efflet 6.681; (*in fig. phr.*) (urbs) mihi laetari uidetur, quod tantam pestem euomuerit ~que proiecerit Cic.*Catil.*2.2; (*w. sb.*) ~ eiectus largior eius (*sc. the soul*) Lucr.4.960;—ubi omnia (uestigia) ~ uersa uidit Liv.1.7.6; si ~ iam ruptus procedit (oculus) Cels.6.6.1d; per illam (partem) quae ~ spectat extenditur (lammina) Fron.*Aq.*25;—(*in fig. phrs.*) iustitia ~ spectat Cic.*Rep.*3.11; *Fin.*5.67.

4 (as prep., w. gen., cf. Gk. ἐκτός) Out of; (app.) *de foras*+abl., on the outside of.

ea..tabes si ~ corporis prospirauit Apul.*Apol.*50;—tabvla..qvae fixa est..de ~ podio sinisteriore *CIL* 16.14.

forbea ~ae, *f.* [app. ad. Gk. φορβή] (See quot.)

~am antiqui omne genus cibi appellabant, quam Graeci φορβὴν uocant Paul.*Fest.*p.84M.

forceps ~ipis, *f* [< **formucaps* (formvs+-ceps¹)] N.B.: etymologically identical with forfex, forpex; the three forms are liable to be interchanged in MSS. and editions. Forms: gen. pl. *forcipium* in the only known instance (Lucil.401).

1 Tongs (for handling hot objects). **b** pincers, tweezers (for gripping or plucking). **c** shears, clippers.

uersant..tenaci ~ipe ferrum (Cyclopes) Verg.*G.*4.175; *A.*8.453; ferrum..quod ~ipe curua cum faber eduxit, lacubus demittit Ov.*Met.*12.277; Apul.*Mun.*1; (*used in branding*) signare oportet frontem calida ~ipe Nov.*com.*42;—(*pl.*) utrum malleus in usu esse prius an ~ipes coeperint Sen. *Ep.*90.13; a carbone et ~ipibus gladiosque paranti incude Juv.10.131. **b** uncis ~ipibus dentes euelleret Lucil.404; ~ipes dentharpagas Var.*Men.*441; nequiquam spicula (*i.e. imbedded in a wound*) dextra sollicitat prensatque tenaci ~ipe ferrum Verg.*A.*12.404; conprensam ~ipe (*v.l.* forfice, forpice) linguam abstulit ense fero Ov.*Met.*6.556; 9.78; (*for removing hairs*) quinque palaestritae..nates labefactent ~ipe adunca Pers.4.40. **c** bidente..attodisse ~ipe comata colla (*i.e.. of a mule*) Verg.*Cat.*10.9.

2 A claw or pincer (of a crab, etc.).

bina bracchia denticulatis ~ipibus (*v.l.* forficibus) Plin. *Nat.*9.97; cornua..bisulca dentatis ~ipibus in cacumine 11.97; 32.148.

3 (mil.) A pincer formation (of troops).

siue forte opus sit cuneo aut globo aut ~ipe Cato *Mil.* 11(J).

forctis (forctēs) ~is ~e, *a.* Also **~us** ~a ~um. [app. an old form of fortis] (See quots.)

~es, frugi et bonus, siue ualidus Paul.*Fest.*p.84M; horctum et ~um pro bono dicebant p.102M;—(*masc. pl. as sb.*) in xii (*sc.* tabulis) cautum est, ut idem iuris esset Sanatibus quod ~ibus, id est bonis, et qui numquam defecerunt a populo Romano Fest.p.348M.

forda ~ae, *f. adj.* Also **horda**. [perh. fero] (of cows) Pregnant, in calf.

bos ~a quae fert in uentre Var.*L.*6.15; ~a sacra litate boue! ~a ferens bos est fecundaque dicta ferendo..Telluri plenae uictima plena datur Ov.*Fast.*4.630; Paul.*Fest.* p.83M; (*as sb.*) ubi post unum coitum ~a non admittit taurum Col.6.24.3. β quae sterilis est uacca, taura appellata; quae praegnas, ~a Var.*R.*2.5.6; Paul.*Fest.*p. 102M.

fordeum: see hordevm.

Fordicīdia ~ōrum, *n. pl.* Also **Hord-**. [forda+caedo+-ivs] A festival, held on 15 April, at which pregnant cows were sacrificed to Tellus (see Ov.*Fast.*4.629 sq.).

~ia a fordis bubus..eo die publice immolantur boues praegnantes Var.*L.*6.15; *A.Epig.*22.87; Paul.*Fest.*p.83M. β Var.*R.*2.5.6; Paul.*Fest.*p.102M.

fore: = *futurum esse*, used as fut. inf. of svm.

forecula: see foricvla.

forem ~es, etc.: used as impf. subj. of svm.

forensis ~is ~e, *a.* [forvm+-ensis]

1 Of, belonging to, or inhabiting the Forum (at Rome or elsewhere). **b** (as the name of a type of grape) 'market-'.

~is dignitas creuit, atque ex tabernis lanienis argentariae factae Var.in Non.p.532M; arx ciuium perditorum.. castellum ~is latrocini Cic.*Pis.*11; consalutatio ~is perhonorifica *Att.*2.18.1; innati triuiis ac paene ~es Hor. *Ars* 245; aliud integer populus..aliud ~is factio (*i.e. the rabble*) tenebat Liv.9.46.13; V.Max.2.2.9; genio ~i callomallvs vas(iensis) tabvl(arius) *CIL* 12.1283. **b** (uuae) quae ~es uocantur..uendibiles aspectu, portatu faciles Plin.*Nat.*14.42.

2 Of, appropriate to, or connected with the law-courts (esp. those in Rome), forensic. **b** (masc. as sb.) a public pleader, advocate.

Isocrates..magnus orator..quamquam ~i luce caruit Cic.*Brut.*32; omnibus ~ibus negotiis intermissis *Cael.*1; splendorem nostrum illum ~em et in senatu auctoritatem *Att.*4.1.3; illud ~e dicendi et hoc quietum disputandi genus *Off.*1.3; plures..opera ~i suos reddiderat Nep.*Alc.*3.4; quid ualeas..Marte ~i Ov.*Pont.*4.6.29; oratio ac uis ~is Vell. 1.17.3; ~is eloquentia Sen.*Ep.*14.11; ius ~e Quint.*Inst.* 7.2.20; stipendiis ~ibus Apul.*Met.*11.30. **b** ~ibus..et disertis elegantiora (faciunda sunt uestibula) Vitr.6.5.2; aiebat hoc Latronem uideri tamquam ~em facere Sen.*Con.* 2.3.13; Quint.*Inst.*5.10.27.

3 Public (as opp. to domestic). **b** (of dress) worn at public occasions; (also neut. pl. as sb.).

nostrae fucosae..amicitiae sunt in quodam splendore ~i, fructum domesticum non habent Cic.*Att.*1.18.1; haec de rebus ~ibus; redeamus domum 7.1.9; *Fam.*5.15.3; domesticis et ~ibus solaciis *Tusc.*1.84; natura comparata est mulieris ad domesticam diligentiam, uiri autem ad exercitationem ~em et extraneam Col.12.pr.4. **b** (Hannibal) obuersatus eo die in foro auertendae suspicionis causa, primis tenebris uestitu ~i ad portam..est egressus Liv. 33.47.10; arculae faginae..quales sunt in quibus uestimenta ~ia conduntur Col.12.47.5; Paul.*Fest.*p.368M; (*cf.*) ut uestitum, sic sententiam habeas aliam domesticam, aliam ~em Cic.*Fin.*2.77;—(*neut. pl. as sb.*) Petr.56.9; ~ia..et calceos..intra cubiculum habuit ad subitos..casus parata Suet.*Aug.*73; *Cal.*17.2.

4 (app. assoc. w. foris²) Foreign.

praefamur ueniam, siquid exotici ac ~is sermonis rudis locutor offendero Apul.*Met.*1.1.

forfex ~icis, *f.*, (*m.*). [alteration of *forpex*= forceps] Gender: masc. Vitr.10.2.2.

1 a Tongs, pincers, forceps. **b** shears, scissors.

a mucro uel digitis adprehendi uel ~ice..debet Cels.7. 5.2b; si fieri potest, manu; si minus, ~ice, dens excipiendus est 7.12.1b; 8.4.16; (*as part of a hoisting machine*) ad rechamum..imum ferrei ~ices religantur, quorum dentes in saxa forata accommodantur Vitr.10.2.2. **b** qui omentum ~ice praeciderent Cels.7.21.1c; demptis ~ice..acinis Plin.*Nat.*15.62; Larg.46;—(*pl.*) uitiosa grana ~icibus amputant Col.12.44.4; Plin.*Nat.*32.124; barba qualem ~icibus metit supinis tonsor Mart.7.95.12.

2 (mil.) A pincer formation.

uocabula sunt militaria, quibus instructa certo modo acies appellari solet:..'orbis', 'globus', '~ices', 'serra' Gel. 10.9.1.

forficulae ~ārum, *f. pl.* [prec.+-vla] Shears, scissors.

(helleborum) incisum ~is Plin.*Nat.*25.58; ~is adtondentem caprinos utres Apul.*Met.*3.17.

foria ~ae, *f.* [dub.; cf. *conforio*, *foriolus*] Diarrhoea.

(sues) perfunctas esse a febri et a ~a Var.*R.*2.4.5.

forica ~ae, *f.* [prec.+-cvs] A public lavatory.

conducunt ~as, et cur non omnia? Juv.3.38.

foricārius ~(i)ī, *m.* [prec.+-arivs] One who contracts to manage a public lavatory.

Paul.*dig.*22.1.17.5.

foricula ~ae, *f.* Also **fore-**. [foris¹+-cvla] A window-shutter.

oporothecas qui faciunt..ut fenestras habeant..curant neque tamen sine ~is Var.*R.*1.59.1; Paul.*Fest.*p.84M.

foriculārium ~(i)ī, *n.* [prec.+-arivm] (app.) Some sort of duty levied on goods brought into Rome for sale (known only in combination w. *ansarium* and perh. indistinguishable from it).

m avrelivs antoninvs..et imp caesar l avrelivs commodvs..hos lapides constitvi ivsservnt..vti finem demonstrarent vectigali ~i et ansarii promercvlivm ..exigvndo *CIL* 6.1016a; 6.31227.

Foriensis ~is, *f. adj.* The name of one of the thirty curiae of Rome.

Fest.p.174M.

Fōrīnae: see Fvrrina.

forinsecus, *adv.* [foris²+-secvs; formed on anal. of *extrinsecus*, etc.]

1 On the outside.

ab chorte ~ praedictis fenestellis scandulae..iniungantur Col.8.3.6; lignum omne corticis loco habent ~ Plin.*Nat.* 13.122.

2 (w. vbs. of motion) Out, away.

(Pamphile) in altum sublimata ~ totis alis euolat Apul. *Met.*3.21; rerum singula per latiorem fenestram ~..dispergere 4.12; (puerum) castigatum ~ abicit 9.28; 9.34.

foriolus ~a ~um, *a.* [foria+-olvs] Suffering from diarrhoea.

~us esse uidere: in coleos cacas Laber.*com.*66.

foris¹ ~is, *f.* [cf. Skt. *dvār-*, Gk. θύρα, Lith. *dūrys*, Eng. *door*]

1 The door of a building, room, etc. (strictly, of a single door). **b** (pl.) a double door (or the two leaves which compose it). **c** (in various phrs. expr. entering or leaving a building). **d** (*in*) ~*ibus* (~*e*), in the doorway.

nostra ~is crepuit Pl.*Cas.*874; cum ~em cubiculi clauserat Cic.*Tusc.*5.59; Catul.61.161; sin..ualuatae erunt (~es)..adiciatur..~is latitudo Vitr.4.6.5; ut..~em, ut mos est, uirga percuteret Liv.6.34.6; Plin.*Nat.*7.112; Apul.*Met.*10.19; (*of a double door*) ad geminae limina prima ~is Ov.*Ep.*12.150;—(*pl., of more than one door*) ut omnes ~es aedificii circumiret Nep.*Han.*12.4; cunctae hospitibus patuere ~es Stat.*Theb.*5.449. **b** aperite hasce ambas ~es Pl.*Capt.*831; ~es pultabo, adesse ut me sciat *Men.*987; ~es effringere Ter.*Ad.*102; aeneum..equum..cuius in lateribus ~es essent Cic.*Off.*3.38; citra postis..cernitur aer, inde ~es ipsae dextra laeuaque sequuntur Lucr.4.276; frustra clauis inest ~ibus Tib.1.6.34; alius ante amicae ~es laqueo pependit Sen.*Ep.*4.4; V.Fl.5.417; concursu..ad ianuam facto moliuntur ~is Tac.*Ann.*1.39; Suet.*Cal.*6.1;—(*in a city or fortification*) unis ~ibus Hexapyli apertis Liv. 24.32.5; ibi positi erant qui ~es portae obicerent 28.6.5; —(*dist. from* porta) hic (*sc.* miles) portas frangit, at ille (*sc.* amans) ~es Ov.*Am.*1.9.20;—(*of mythological gates*) (Ianus) praesideo ~ibus Caeli *Fast.*1.125;—(*in fig. phr.*) ab hoc artis ~es apertas Zeuxis..intrauit Plin.*Nat.*35.61. **c** ut ..Aeneas ~ibus sese intulit altis Verg.*A.*11.36; ~ibus patriis egrediebar Ov.*Ep.*17.56; dum..exit et intrat saepe ~es *Met.*9.310. **d** ~ibus diuae, media testudine templi.. resedit Verg.*A.*1.505; custos in ~e nullus erat Ov.*Fast.* 2.738; Piso in ~ibus templi trucidatur Tac.*Hist.*1.43.

2 (transf.) An entrance, opening.

(*in a beehive*) cum ante ~es in teporem solis promotis (apibus) aliae cibos ministrant Plin.*Nat.*11.63; 21.82;—(*in a bird's nest*) ~es binas omnium scrobibus 10.126;—(*applied to a mountain pass*) geminas Alpium ~es, Graias atque Poeninas 3.123; 6.44;—(*in a weel*) scaurum inclusum nassis..caudae ictibus crebris laxare ~es 32.11;—(*obsc.*) *Priap.*83.30.

forīs², *adv.* [as prec.]

1 On the outside of a building or other enclosure, out of doors, outside. **b** away from home, out. **c** outside one's household, among strangers; in one's public life. **d** outside Rome, abroad. **e** outside the Senate, among the people. **f** ~ *esse*, (app.) to be bankrupt.

alicubi apstrudam (aurum) ~ Pl.*Aul.*577; quia ~ ambulatis, natus nemo in aedibus seruat *Mos.*451; putabant eos qui ~ atque qui in arce erant, inter se..consilia facere Quad. *hist.*5; ut totum annum recte pascantur intus et ~ (oues) Var.*R.*2.2.7; fit strepitus, adeo ut exaudiri possit ~ Nep. *Di.*9.4; Col.7.4.2; ponere ~ (*i.e. you will be turned out of the house*) Juv.5.126. **b** si domi sum, ~ est animus Pl.*Mer.* 589; qui meretricem amaret, qui pernoctaret ~ Ter.*Hec.* 539; si ~ cenitarem Cic.*Fam.*7.16.2; *Q.fr.*3.1.19; Hor.*S.* 2.2.16; Plin.*Nat.*35.81. **c** meos oculos habeo nec rogo utendos ~is Pl.*Mil.*347; ne uos forte inprudentes ~ effuttiretis (*sc. my real name*) Ter.*Ph.*745; Lucil.1015; —uir..cum ~ clarus tum domi admirandus Cic.*Phil.*2.69; nobis est domi inopia, ~ aes alienum Sal.*Cat.*20.13; inperiosus intra limen..humilis ~ Sen.*Ben.*3.28.6; Plin. *Pan.*83.4. **d** parui..sunt ~ arma, nisi est consilium domi Cic.*Off.*1.76; seniores ad urbis custodiam ut praesto essent, iuuenes ut ~ bella gererent Liv.1.43.2; domi ~que otium fuit 3.31.1; 6.11.1; pactum..ut simul ~ ille, ipse Romae ad res nouas consurgerent Suet.*Jul.*9.3; *Cl.*22.1. **e** cum..ea contentio mihi magnum etiam ~ fructum tulisset Cic.*Fam.*1.9.20; senatus frequens diuinus fuit in supplicatione Gabinio deneganda..~ ualde plauditur *Q.fr.* 2.6.1. **f** quem (*sc.* Gabinium) P. Sulla non dubitans quin ~ esset postularat Cic.*Att.*4.18.3; (*cf.*) egere sordidissime (*cj.*, ~ esse *codd.*) Gabinium, sine prouincia stare non posse *Pis.*12.

2 (in a generalized sense) Outside, without; *a foris*, on the further side. **b** on the outer surface, externally; (esp. ref. to the application of remedies). **c** (transf.) external(ly) to a person or thing.

intus paueo et ~ formido (*i.e. my heart's afraid and my body's trembling*) PL.*Cist*.688; cum per inane meant uacuum nec res remoratur ulla ~ LUCR.2.159; 2.1057; nec intra animum nec ~ APUL.*Soc*.16;—notae..in propriis arboribus a ~ ponuntur HYG.*agrim*.p.90. **b** ista..~ nitent, introrsus misera sunt SEN.*Dial*.7.2.4; pessima (murra) quae intus nigra, peior, si etiam ~ PLIN.*Nat*.12.70; 15.111; candor eius (*sc. the lily*) eximius ~ striati 21.23;—usus lactis ad omnia intus exulcerata, ..~ pruritum cutis 28.125; 35.188. **c** aliae (declinationes) quae extra hominem ut pecuniosi, agrarii, quod ~ pecunia et ager VAR.*L*.8.15; ea, quae sunt ~ neque haerent in rei natura CIC.*de Orat*.2.163; uitia non tantum, cum ~ peccant, inuisa sunt, sed cum in se retorquentur SEN.*Ben*.5.7.4.

3 From outside, from without; also *a* ~. **b** from outside the family or household, from strangers. **c** from another country, from abroad. **d** (transf.) from an external source; (ref. to arguments) from external circumstances.

hasce ego aedis occludam hinc ~ PL.*Mos*.405; conueniunt simulacra ~ e corpore quoque LUCR.4.1032; 5.543; telum ~ flagitantes NEP.*Di*.9.6; porta intus ~que pariter refringi coepta LIV.26.46.6;—in ulcus penetrat iniuria omnis a ~ PLIN.*Nat*.17.227. **b** amanti ero..regias copias..optuli, ut domo sumeret neu ~ quaereret PL.*Bac*.648; hi igitur his maioribus..consilium peterent..~ potius quam domo? CIC.*Phil*.2.26. **c** uocabula..partim sunt uernacula, partim peregrina. ~ muraena..cybium et thynnus VAR.*L*.5.77; patriis intermiscere petita uerba ~ HOR.*S*.1.10.30. **d** (animi) auxilium non ut in corporis morbis petendum est ~ CIC.*Tusc*.3.6; (summum bonum) incipit fortunae esse subiectum, si quam partem sui ~ quaerit SEN.*Ep*.9.15;—quae (pars) ipsa ex se nihil dat firmi ad recusationem, ~ autem aliquid defensionis adsumit CIC.*Inv*.1.15; aliquo..~ adiuncto argumento 2.71; *de Orat*.2.173.

4 (w. vbs. expr. motion, direction) To the outside, forth, out (= *foras*).

procedit ~ (rex) non nisi migraturo examine PLIN.*Nat*.11.54; extremi longiores (pedes) ~ curuantur 11.101; dum ..~..ferretur (mortuus) 21.7; fenestras, quae ~ urbem prospiciunt APUL.*Met*.1.21.

forma ~ae, *f.* [perh. cf. Gk. μορφή]

1 Visible form, appearance, aspect. **b** outward appearance (as dist. from substance, reality, or practical use).

haec noui iudici noua ~a terret oculos CIC.*Mil*.1; nocturnam..caeli ~am undique sideribus ornatam *Tusc*.1.68; muri..Gallici hac fere ~a sunt CAES.*Gal*.7.23.1; Romana acies unius prope ~ae fuit LIV.37.39.7; ~am terribilem praebuit tribunal 45.29.2; unast iniusti caerula ~a maris OV.*Am*.2.11.12; speculi natura talis, ut..in portentuosam magnitudinem augeat ~as SEN.*Nat*.1.6.2. **b** munere in hoc..est usus..nec sola est operis ~a probanda mei OV.*Tr*.3.11.44; mutata ~a prope interemit substantiam rei ULP.*dig*.10.4.9.3;—(*transf.*) ut ~am saltem eius (*sc.* rei publicae) et extrema tamquam liniamenta seruaret CIC.*Rep*.5.2; malus hic (*i.e. Theseus*) celans dulci crudelia ~a consilia CATUL.64.175; fabulam, quae uersatur in tragoediis..non a ueritate modo, sed etiam a ~a ueritatis remota QUINT.*Inst*.2.4.2.

2 Form or appearance: **a** (as characteristic of a particular person, animal, or thing). **b** (as denoting size or quality). **c** (as indicating state or condition).

a beluae..~a hominum indutae CIC.*Sul*.76; simulacra..diuinae nuntia ~ae LUCR.6.77; quanto ille (*sc.* Proteus) magis ~as se uertet in omnis VERG.*G*.4.411; glaebam..aspexit..sumere mox hominis terraeque amittere ~am OV.*Met*.15.556; plaustri praebentia ~am..sidera *Pont*.4.10.39; pauimentum..est ~a terrena (*i.e. looks like earth*) PLIN.*Nat*.36.188; Epicurus, qui humanam ei (*sc. God*) ~am ..dedit QUINT.*Inst*.7.3.5. **b** catapultae maximae ~ae LIV.26.47.5; aliis minoris ~ae nauigiis 34.26.11; in..breuem ~am..contrahitur OV.*Met*.5.457; tertia Pleiadas dotauit ~a sorores MAN.5.710; primae ~ae feras, captas multa caede uenantium SEN.*Dial*.1.3.6; ingentis ~ae..canis PETR.64.7; terga urorum delegit quorum ad ~am acciperentur (boum coria) TAC.*Ann*.4.72. **c** eademne ~a pacis quae in agris ostentaretur etiam intra moenia esset scire cupiens LIV.6.25.8; quae sit terrae mortalibus orbae ~a futura, rogant OV.*Met*.1.248; Vrbs gentis..gentibus aduersis ~a sit illa, precor *Epic.Drusi* 182; (*transf.*) is status est, ea rerum ~a mearum OV.*Pont*.1.10.17.

3 Shape, outline; (spec.) the shape of a thing as essential to the performance of its functions. **b** a geometrical figure. **c** (pregn.) distinct or recognizable shape.

quis hic est homo..? de ~a noui, de colore non queo nouisse PL.*Cur*.232; quanta sit solis magnitudo, quae ~a terrae CIC.*de Orat*.2.66; ~a erat scuti: summum latius..ad imum cuneatior LIV.9.40.2; utrum maiorem an minorem circulum scribas, ad spatium eius pertinet, non ad ~am SEN.*Ep*.74.27; crescunt (cucumeres) qua coguntur ~a PLIN.*Nat*.19.64; ut litterarum nomina..prius quam ~as paruuli discant QUINT.*Inst*.1.1.24; AMP.1.2;—curui ~am accipit ulmus aratri VERG.*G*.1.170; in..tori ~am molles sternentur harenae OV.*Am*.2.11.47; PLIN.*Nat*.30.63. **b** in geometria lineamenta, ~ae, interualla, magnitudines CIC.*de Orat*.1.187; QUINT.*Inst*.1.10.35; circulus..est plana ~a ab una linea conprehensa, ad quam ab uno signo intra ~am posito omnes accedentes rectae lineae sunt inter se pares BALB.*grom*.p.104La. **c** canebat uti..durare solum..coeperit et rerum paulatim sumere ~as VERG.*Ecl*.6.36; tiliae..~am accipiunt ferroque cauantur acuto *G*.2.450; in ~am calidae percussit pondera massae LUC.6.403; cetera turba (apium) cum ~am capere coepit nymphae uocantur PLIN.*Nat*.11.48;—(*transf.*) si esset aliqua ~a rei p., tamquam in patria ut essem CIC.*Fam*.7.3.4; cum Appius Claudius..ad ~am redegisset has actiones POMPON.*dig*.1.2.2.7.

4 A person's outward appearance, his features, aspect, person. **b** (esp., as beautiful or ugly).

ita ~a simili puerei uti mater sua non internosse posset PL.*Men*.19; ~a in tenebris nosci non quitast TER.*Hec*.572; qui se naturam cuiusque ex ~a perspicere profitebatur CIC.*Tusc*.4.80; natura..quae ~am nostram reliquamque figuram, in qua esset species honesta, eam posuit in promptu *Off*.1.126; fuit..et animo magno et corpore imperatoriaque ~a NEP.*Iph*.3.1; ~a uiros neclecta decet OV.*Ars* 1.509; Hecate pallenti tabida ~a LUC.6.737; ~am mariti sui nescire APUL.*Met*.5.16; (*of animals*) de ~a uidendum ut (capellae) sint firmae, magnae VAR.*R*.2.3.2; (*transf.*) ~am quidem ipsam..et tamquam faciem honesti uides CIC.*Off*.1.15. **b** ~a eximia mulierem PL.*Mer*.13; omnis quorum in adulescentia ~a et species fuit liberalis CIC.*Cael*.6; deteriore fit ut ~a muliercula ametur LUCR.4.1279; ~a pulcherrima Dido VERG.*A*.1.496; ~a uiribusque corporis excellebat LIV.30.1.5; pessima sit, nulli non sua ~a placet OV.*Ars* 1.614; iuuenis ~a quam mente melior VELL.2.88.1; Lais..ob elegantiam..~ae grandem pecuniam demerebat GEL.1.8.3.

5 (pregn.) Fine or handsome appearance, beauty, good looks. **b** (of things). **c** (concr.) a handsome person, a beauty; also, an adornment.

QVOIVS ~A VIRTVTEI PARISVMA FVIT *CIL* 1.7; laudare infit ~am uirginis PL.*Rud*.51; AFRAN.*com*.63; qui aliquid ~ae aetatis artificique habebant CIC.*Ver*.5.64; ~ae conscia coniunx VERG.*A*.8.393; uino ~a perit PROP.2.33.33; ipsum in Hispania iuuenem nullius ~a pepulerat captiuae LIV.30.14.3; fastus inest pulchris, sequiturque superbia ~am OV.*Fast*.1.419; res est ~a fugax SEN.*Phaed*.773; ~am prostituis PETR.126.2; TAC.*Ger*.19.2; JUV.10.289; APUL.*Met*.10.31. **b** florem..hyacinthi, cui neque fulgor adhuc nec dum sua ~a recessit VERG.*A*.11.70; quae ~a beatis ante manus artemque locis! STAT.*Silv*.1.3.15. **c** illa ~a matrem familias flagitium sit sei sequatur PL.*Mer*.405; taedet cotidianarum harum ~arum TER.*Eu*.297; estne, ut fertur, ~a? — sane 361; quot Troia tulit..et quot Achaia ~as PROP.2.28.53;—hebenus..stat pro robore uili, auxilium non ~a domus LUC.10.119.

6 Arrangement, pattern, configuration, or conformation; (also transf.). **b** a system (of government); (also, of teaching or sim.). **c** (rhet.) a poetic or rhetorical form of speech (= Gk. σχῆμα, cf. FIGVRA sense 11).

species ~aque pugnae CIC.*Tusc*.5.114; scribetur tibi ~a loquaciter et situs agri HOR.*Ep*.1.16.4; contemplatus..qui tractus castrorum quaeque ~a esset LIV.3.28.1; cognita Aethiopiae ~a PLIN.*Nat*.12.19; iam cura deae, quae ~a capillis optima STAT.*Silv*.3.4.50; ~am aedificiorum urbis nouam excogitauit SUET.*Nero* 16.1;—(*of a military formation*) qua ..castra mouenti tutum maxime iter, quae ~a agminis esset LIV.35.28.6; Scipio aduersus hanc ~am robur legionis ..opposuit FRON.*Str*.2.3.16;—(*astrol., of the configuration of the stars*) cum tibi, nascentis percepto tempore, ~a constiterit caeli MAN.3.178;—(*transf.*) earum (*sc.* causarum)..~a duplex est: quarum altera delectationem sectatur aurium, altera, ius ut obtineat CIC.*Part*.69; in tribus..partibus (*sc.* epichirematis) non est ~a semper eadem QUINT.*Inst*.5.14.10. **b** norunt isti homines ~am rei publicae, iura belli..? CIC.*Phil*.5.25; qui Graeciae ~am rerum publicarum dederunt *Tusc*.2.36; iterum mutatur ~a ciuitatis LIV.3.33.1; quam ciuitatis ~am patres..instituerint TAC.*Hist*.4.8;—mutauit..totam ~am prope disciplinae suae CIC.*de Orat*.3.141; una et consentiens duobus uocabulis philosophiae ~a instituta est *Ac*.1.17. **c** si uerborum immutationibus utantur, quos appellant τρόπους, et sententiarum orationisque ~is, quae uocant σχήματα CIC.*Brut*.69; ~ae..quaedam sunt orationis, in quibus ea concinnitas est ut sequatur numerus necessario *Orat*.220; *Opt.Gen*.14.

7 Tenor, purport (of a document, etc.); terms, provisions (of a law or agreement).

alia..in eandem ~am decernuntur TAC.*Ann*.13.41; mandata regis Vologesis litterasque in eandem ~am attulere 15.24; quid et qua ~a regum litteris rescribi placeret SUET.*Tib*.30;—neque emptio agrorum exercita ad ~am senatus consulti TAC.*Ann*.6.17; iam extra mandati ~am est CELS.*dig*.17.1.48.2; si messes eius anni..colonum ex ~a locationis sequantur ULP.*dig*.24.3.7.3; in conuentionalibus stipulationibus contractui ~am contrahentes dant 45.1.52.

8 (usu. w. gen.) Any mode, form, or state in which a thing may exist.

disceptationes eae..rursum ad consultationum ~am rationemque reuocantur CIC.*Part*.106; res proxime ~am latrocinii uenerat LIV.2.48.5; ciuitates..in aliquam tolerabilem ~am redigendae 34.51.4; alii breui in ~am iusti coiere exercitus VELL.2.61.2; alioqui in ~am crediti transeunt (beneficia) SEN.*Ben*.1.2.3; de siluestri regione in aruorum ~am redigenda COL.2.2.8; sic egesto quidquid turbidum redit urbi sua ~a TAC.*Hist*.4.39; magna uis auri..non in ~am pecuniae sed rudi et antiquo pondere *Ann*.16.1; Achaiam, Lyciam, Rhodum..in prouinciarum ~am redegit SUET.*Ves*.8.4; VTI MVNERA, QVAE ASSIFORANA APPELLANTVR, IN SVA ~A MANEANT *CIL* 2.6278.29; eos..seruos fuisse, sed auxilio praetoris in libertatis ~a seruari solitos GAIUS *Inst*.3.56.

9 A category, class.

plura sunt orationum genera..neque in unam ~am cadunt omnia CIC.*Orat*.37; *Part*.100; Vergilius..Tibullusque et Naso, perfectissimi in ~a operis sui VELL.2.36.3; in secundam numinum ~am animae perpetitae SEN.*Ep*.90.28; haec..non sunt in ea ~a, de qua nunc loquimur QUINT.*Inst*.9.2.27.

10 (usu. w. gen.) A kind, sort, variety (of). **b** style, manner. **c** (rhet.) style of composition (= Gk. χαρακτήρ). **d** (phil.) a species (as a subdivision of a genus).

quod genus (*sc.* topicorum) ~a quaedam definitionis est CIC.*Top*.87; omnis scelerum comprendere ~as VERG.*A*.6.626; consensum in omnem ~am luctus est LIV.9.7.7; [SEN.]*Oct*.157; quoniam duae ~ae sint matrimoniorum QUINT.*Inst*.5.10.62; diuersae..sollicitudinum ~ae TAC.*Ann*.4.60; haec ~a παραλείψεως noua FRO.*Aur*.2.p.46 (100N); APUL.*Pl*.2.15. **b** causas totas alias alia ~a dicendi esse tractandas CIC.*Orat*.74; uaria pereuntium ~a et omni imagine mortium TAC.*Hist*.3.28; qui ~am uitae iniit, quam postea celebrem miseriae temporum..fecerunt *Ann*.1.74; postulationem Vareni silentio praeteriit. haec ~a negandi fuit PLIN.*Ep*.5.20.6. **c** difficillimum est ~am, qui χαρακτήρ Graece dicitur, exponere optimi CIC.*Orat*.36; 90; 211; non una omnibus ~a placuit QUINT.*Inst*.12.10.2; GEL.6(7).14.6. **d** ~ae, quas Graeci εἴδη uocant, nostri..species appellant..~ae sunt eae in quas genus sine ullius praetermissione diuiditur CIC.*Top*.31; QUINT.*Inst*.5.10.62.

11 (gram.) A form assumed by a word in inflexion, composition, etc.; also, a paradigm.

fecundum (genus uerborum), quod declinando multas ex se parit disparilis ~as, ut est lego legi legam VAR.*L*.8.9; 8.47; dici uirum Perpennam..muliebri ~a 9.41; FEST.p.206M; 'aeditimus'..ea ~a dictum qua 'finitimus' GEL.12.10.1;—dum sacrifico qui dicat seruet sacrificabo et sic per totam ~am VAR.*L*.9.105; 9.109; eam quae in usu est, ~am in declinationibus sequimur FEST.p.246M.

12 A set mode of procedure according to rule; *ex ~a*, in due form of law. **b** a set form of words, formula.

hanc..~am uitae tenete, ut corpori tantum indulgeatis, quantum bonae ualitudini satis est SEN.*Ep*.8.5; duas (leges) ex S.C. promulgauit..poena grauiore et ~a iudiciorum breuiore ASC.*Mil*.31; capitis iudicia..habent suam ~am..quaesitorem suum QUINT.*Decl*.331(p.303,l.19); iudices, qui nulla certa pronuntiandi ~a tenentur *Inst*.5.13.5; ~am dederis omnibus omnium prouinciarum magistratibus, quid in eiusmodi causis decernant FRO.in Aur.*Fro*.1.p.156 (14N); legis actiones, quae ~am agendi continent POMPON.*dig*.1.2.2.12; in ~a legis Furiae testamentariae 'pro iudicato' uerbum inseri, cum in ipsa lege non sit GAIUS *Inst*.4.24; 4.32; ne contra ~am perpetuam in comparatiuo i littera sit ante extremum a GEL.5.21.8; *CIL* 8.10570; hanc ~am ab Hadriano datam obseruandam esse imperator noster rescripsit ULP.*dig*.34.1.14.1;—EDITE EX ~A SENTENTIAM *CIL* 3.411.14; petit nunc procurationem ex ~a suo loco ac iusto tempore FRO.*Aur*.1.p.238(87N); (*humorously*) plagis non..commouebar quippe consuetus ex ~a concidi fustibus APUL.*Met*.7.25. **b** in edicto consulum..scributur ex uetere ~a perpetua: ne quis magistratus minor de caelo seruasse uelit GEL.13.15.1.

13 (concr.) Something considered in respect of its shape or outward appearance; the figure of a (usu. supernatural or mythological) being. **b** (poet., in periphrases w. gen.). **c** (in Platonic phil. = ἰδέα) an ideal form, archetype.

aether..in quo..igneae ~ae cursus ordinatos definiunt CIC.*N.D*.2.101; dissimiles..~ae glomeramen in unum conueniunt LUCR.2.686; librum..cuius..uanae fingentur species, ut nec pes nec caput uni reddatur ~ae HOR.*Ars* 9; eadem cera aliae aliaeque ~ae duci solent QUINT.*Inst*.10.5.9;—uariae nocturno tempore uisae terribiles ~ae bellum ..monebant CIC.*Cons*.fr.2.27; *Ciris* 80; insequar et uultus ossea ~a tuos OV.*Ib*.142; has inter ~as..suggestu residens (*sc. Persephone*) SIL.13.601; TAC.*Ann*.2.24; (*cf.*) ~as..fingimus saepe, ut Famam Vergilius, ut Voluptatem ac Virtutem QUINT.*Inst*.9.2.36. **b** ignoti noua ~a uiri..procedit VERG.*A*.3.591; ~ae..luporum, quos hominum ex facie..induerat Circe in uultus ac terga ferarum 7.18; astra tenent caeleste solum ~aeque deorum OV.*Met*.1.73; 2.78; tecta noui ~am celantia monstri *Ib*.371. **c** has rerum ~as appellat ἰδέας..Plato CIC.*Orat*.10; illam Platonis..rei ~am et speciem 101; APUL.*Pl*.1.5.

14 A likeness, image. **b** (of artistic representations). **c** the impression stamped on a coin (in some cases perh. = a die used to stamp coins, cf. sense 16).

sunt..tenues ~ae rerum similesque effigiae (*i.e. given off from a mirror*) LUCR.4.104; luctus gemitusque sonabant, ~aque non taciti funeris intus erat OV.*Tr*.1.3.22; surgente Lyra testudinis enatat undis ~a MAN.5.325;—(*of supernatural likenesses*) saepe Faunorum uoces exauditae, saepe uisae ~ae deorum CIC.*N.D*.2.6; VERG.*A*.4.556;—(*of a mental image in a mnemonic system*) quo modo poterunt copulata fluere, si propter singula uerba ad singulas ~as respiciendum est? QUINT.*Inst*.11.2.26. **b** ille artifex cum faceret Iouis ~am CIC.*Orat*.9; clarissimorum uirorum ~as *Mil*.86; colitur pro Ioue ~a Iouis OV.*Pont*.2.8.62; insigne superstitionis ~as aprorum gestant TAC.*Ger*.45.3. **c** PECVNIA..SIGNAT A~A P(ublica) P(opulei) R(omanei) *CIL* 1.592.2.1; cur naualis in aere altera signata est, altera ~a biceps? OV.*Fast*.1.230; corium ~a publica percussum SEN.*Ben*.5.14.4; non est malus denarius, quem barbarus et ignarus ~ae publicae reiecit 5.20.2; aurum..quod..aliqua ~a est expressum ULP.*dig*.34.2.27.4; (*cf.*) ~as..quasdam nostrae pecuniae agnoscunt atque eligunt TAC.*Ger*.5.4;—(*in fig. phrs.*) consueta..uerba, puellae, scribite: sermonis publica ~a placet OV.*Ars* 3.480; adficiuntur illis (*i.e. the words they hear*) et sunt, quales iubentur, si illa animo ~a permaneat SEN.*Ep*.108.7.

15 A diagram, map, plan, or sim.; (spec., in surveying) an official map showing the division of land in a colony, etc. **b** a preliminary sketch for a building or sim., plan, design; (transf., for a literary work, etc.). **c** (transf.) a brief account or description, sketch.

~as siue..σχήματα duo explicare, unum ita deformatum, ut appareat, unde certi uentorum spiritus oriantur VITR.1.6.12; Archimeden..intentum ~is quas in puluere descripserat..interfectum LIV.25.31.9; SIL.14.677; ~as..ductuum facere curauimus FRON.*Aq*.17;—QVOD..DE EO AGRO LOCO..III VIR DEDIT..INVE ~AS TABVLASVE RETVLIT REFERIVE IVSIT *CIL* 1.585.7; 10.7852.17; in ~a generatim enotari debebit loca culta et inculta HYG.*agrim*.p.73; quidam ~as..in aereis tabulis scripserunt SIC.FL.*agrim*.p.118; HYG.GR.*agrim*.p.161. **b** magis..cerni iam poterat (domus) quam quantum ex ~a iudicabamus CIC.*Q.fr*.2.5.3; Dinocrates (sum)..architectus Macedo, qui ad te cogitationes et ~as adfero dignas tuae claritati VITR.2.pr.2; PLIN.*Ep*.9.39.5; SUET.*Jul*.31.1; (*in fig. phr.*) ut, ex tuis litteris cum ~am rei publicae uiderim, quale aedificium futurum sit scire possim CIC.*Fam*.2.8.1;—(*transf.*) cogit.. excedere propositi ~am operis erumpens animo ac pectore indignatio VELL.2.66.3; 2.96.3; ~am futuri principatus praescripsit TAC.*Ann*.13.4. **c** uelim..~am mihi urbis exponas, ecquod Pompei desiderium, ecquae Caesaris inuidia appareat CIC.*Att*.7.12.6; habes..~am eorum, de quibus loquor, philosophorum *Fin*.4.19; *Tusc*.3.38; ut ad officii ~am reuertamur *Off*.1.103; ~a, qua flagitia disciplinae plebis describuntur FRO.*Aur*.2.p.168(111N).

16 a A mould for casting metal, etc.; also, a confection made in a mould. **b** a shoemaker's last. **c** a frame (for holding something together). **d** the channel or conduit (of an aqueduct). **e** a groove, slot, rabbet.

a (fiunt maceriae) ex terra et lapillis compositis in ~is VAR.*R*.1.14.4; in aeris flatura ~is comparatis VITR.2.7.4; (caseus) buxeis ~is exprimitur COL.7.8.7; cera..in quas quis uoluit ~as..defunditur 9.16.1; ~ae..in quibus aera funduntur PLIN.*Nat*.36.168;—~a appellatur puls miliacia ex melle PAUL.*Fest*.p.83M. **b** si scalpra et ~as non sutor (emat) HOR.*S*.2.3.106; sutor..puero..~a calcei ceruicem percussit ULP.*dig*.9.2.5.3. **c** picturae excisae intersectis lateribus inclusae sunt in ligneis ~is VITR.2.8.9; PLIN.*Nat*.35.173. **d** VESPASIANVS..AQVAS CVRTIAM ET CAERVLEAM..NOVA ~A REDVCENDAS..CVRAVIT *CIL* 6.1258; plerique possessorum..~as riuorum perforant FRON.*Aq*.75; 126; ULP.*dig*.30.39.5; ~AM AQVAEDVCTVS VETVSTATE CORRVPTAM..REFECIT *CIL* 9.3308; AD KAPVT ~AE PVBLICAE 11.5942. **e** per media..spatia tignorum..excidunter ~ae, in quibus excisionibus cluduntur capitula catapultarum VITR.10.12.1.

17 (cf. *formula* 2b) Territory, jurisdiction (of a province).

si..insulam sub se habeant (id est ad eius prouinciae ~am pertinentem, quam administrant) ULP.*dig*.48.22.7.1.

formāceus ~a ~um, *a.* [prec.+-ACEVS] (of walls) Built within a framework (see quot.).

in Africa Hispaniaque e terra parietes, quos appellant ~os, quoniam in forma circumdatis II utrimque tabulis inferciuntur uerius quam struuntur PLIN.*Nat*.35.169.

formālis ~is ~e, *a.* [FORMA+-ALIS]

1 Serving as a model or pattern; theoretical, titular.

cum procuratorum suorum nomine ~em dictaret epistulam (*i.e. for circulation*), sic coepit: dominus et deus noster hoc fieri iubet SUET.*Dom*.13.2;—aestimanda erunt..secundum praesens pretium: nec quicquam eorum ~i pretio aestimandum esse sciendum est ULP.*dig*.35.2.62.1.

2 (as the name of a bronze alloy) Used for making moulds.

sequens temperatura (aeris) statuaria est..appellatur..~is temperatura aeris tenerrimi PLIN.*Nat*.34.98.

formāmentum ~ī, *n.* [FORMO+-MENTVM] Arrangement, configuration.

quoniam..omnia principiorum ~a queunt in quouis esse nitore LUCR.2.819.

formaster ~trī, *m.* [perh. FORMA+-ASTER] (perh.) A kind of pastry.

obstrudulenti aliquid..aut ~ter frigidus TITIN.*com*.166.

formātiō ~ōnis, *f.* [FORMO+-TIO]

1 The action of forming.

ista iam a ~one morum recesserunt SEN.*Ep*.117.19.

2 A design, plan (for a building).

quemadmodum ~onem puto probandam, sic iudico locum improbandum VITR.2.pr.3; 4.6.6.

formātor ~ōris, *m.* [FORMO+-TOR] One who shapes or forms, a fashioner.

~or uniuersi SEN.*Dial*.12.8.3; *Ep*.65.19;—(*transf.*) animi..~orem praeceptoremque uirtutis COL.1.pr.4; alienorum ingeniorum..~or QUINT.*Inst*.10.2.20; ut me ~ore morum..uteretur PLIN.*Ep*.8.23.2.

formātūra ~ae, *f.* [FORMO+-VRA] The process of shaping; shape or conformation.

uoces..articulat..lingua ~aque labrorum pro parte figurat LUCR.4.552;—seruat (uox)..~am seruatque figuram 4.556.

Formiae ~ārum, *f. pl.* A city on the coast of Latium, reputedly the seat of the Laestrygonians.

CIC.*Att*.2.13.2; HOR.*Carm*.3.17.6; PLIN.*Nat*.3.59.

Formiānus ~a ~um, *a.* Of or belonging to Formiae; (masc. pl. as sb.) its inhabitants; (neut. as sb.) a property there.

de fundo ~o CIC.*N.D*.3.86; decoctoris..~i (*i.e. Mamurra*) CATUL.41.4; ~i..colles HOR.*Carm*.1.20.11; ~os..dies (*i.e. spent at Formiae*) MART.10.30.26;—SUET.*Vit*.7.2;—in ~o a. d. III K. esse uolo CIC.*Fam*.16.10.1; *Rep*.1.61.

formīca ~ae, *f.* [cf. Gk. μύρμηξ, Skt. *vamrī-*, Welsh *myrion*] An ant.

ego te faciam ut hic ~ae frustillatim differant PL.*Cur*.576; CATO *Agr*.91; neque..homines murum aut ~arum causa frumentum condunt CIC.*N.D*.2.157; uelut ingentem ~ae farris acervum cum populant hiemis memores VERG.*A*.4.402; paruula..magni ~a laboris ore trahit quodcumque potest HOR.*S*.1.1.33; OV.*Tr*.1.9.9; PHAED.4.24(25).2; aurum..Indicum a ~is..erutum PLIN.*Nat*.33.66; JUV.6.361;—(*used in medicine*) ~as Herculaneas..quibus tritis ..talia uitia sanentur PLIN.*Nat*.30.29;—(*as a type of blackness*) quandam uolo nocte nigriorem, ~a, pice MART.1.115.5; 3.93.3.

formīcātiō ~ōnis, *f.* [FORMICO+-TIO] (med.) A sensation as of ants crawling over the skin, formication.

~ones corporum PLIN.*Nat*.28.71; uerendorum ~onibus..medetur 30.72.

formīcīnus ~a ~um, *a.* [FORMICA+-INVS] Ant-like, crawling.

moue ~um gradum PL.*Men*.888.

formīcō ~āre, *intr.* [FORMICO+-O[3]]

1 (of the skin) To experience formication.

cantharides..donec ~et cutis, tolerandae sunt PLIN.*Nat*.30.120.

2 (of the pulse) To be slight and irregular.

uenarum inaequabili aut ~ante percussu PLIN.*Nat*.7.171.

formīcōsus ~a ~um, *a.* [FORMICA+-OSVS] Swarming with ants.

~am arborem PLIN.*Nat*.10.206.

formīcula ~ae, *f.* [FORMICA+-VLA] An ant.

~a illa paruula atque ruricola APUL.*Met*.6.10.

formīdābilis ~is ~e, *a.* [FORMIDO[1]+-BILIS] Inspiring fear, frightening, terrifying.

Serpens..pigra prius nec ~is ulli OV.*Met*.2.174; ~is Orci ..opes 14.116; quid..in istis est tam ~e quam fama uulgauit? SEN.*Ep*.104.25; STAT.*Theb*.9.544; imaginem..aspectu uehementi et ~i GEL.14.4.2;—(*neut. as sb.*) nec periculorum amor nec ~ium adpetitio SEN.*Ep*.85.28;—(*advl. acc.*) ~e ridens STAT.*Theb*.8.581.

formīdāmen ~inis, *n.* [next+-MEN] A frightening apparition, bogy.

omnia bustorum ~ina, omnia sepulcrorum terriculamenta APUL.*Apol*.64.

formīdō[1] ~āre ~āuī ~ātum, *tr.*, (*intr.*). [next +-O[3]] To be afraid of, fear, dread: **a** (w. acc.); (esp. pass.). **b** (w. *ne*). **c** (w. inf.). **d** (w. acc. and inf.). **e** (absol.); (w. dat.) to be afraid for the safety of.

a ego nunc quod non futurumst ~o tamen PL.*Per*.364; illius iracundiam ~ant CIC.*Att*.8.16.2; ~a nimium sublimia semper OV.*Tr*.3.4.31; uir consularis campos ~abat FRO.*Aur*.2.p.76(151N);—(*pass.*) satietas ~anda est magis CIC.*Orat*.213; ~atam Parthis..Romam HOR.*Ep*.2.1.256; si aqua ..~etur a morsu canis (*i.e. in hydrophobia*) PLIN.*Nat*.28.84; ~andos..sub casside patres STAT.*Theb*.7.242; 8.418; ~atos impune lacessere uultus 9.185; *Ach*.1.1; TAC.*Ann*.4.7; (*cf.* formido[2], *sense 2b*) nec ~atis ceruos includite pinnis OV.*Met*.15.475. **b** ~o ne manufesto hic me opprimat PL.*Mos*.511; *Ps*.1019; LUTAT.*poet*.1.6. **c** si isti ~as credere PL.*Ps*.316; HOR.*Ep*.1.19.46; ~o..domus huius operta detegere APUL.*Met*.3.15. **d** meu' ~at animus, nostrum tam diu ibi desidere neque redire filium PL.*Bac*.237. **e** bono animo es, ne ~a PL.*As*.638; *Mil*.1011; maesti atque ~antes (milites) GEL.1.11.18;—(*w. dat.*) metuens pueris, mihi ~ans PL.*Am*.1113; ACC.*trag*.354; auro ~at Euclio, abstrudit foris *Arg*.2.*Pl.Aul*.6.

formīdō[2] ~inis, *f.* [cf. Gk. μορμώ; for term. see -IDO]

1 A state or feeling of acute fear, terror, alarm. **b** religious dread, awe. **c** (used objectively) ground or reason for alarm.

eadem nos ~o timidas terrore impulit PL.*Am*.1079; ego miser uix asto prae ~ine *Capt*.637; ~ine oppressus SIS.*hist*.79; ~inem illam suam miseris Agyrinensibus iniciebat CIC.*Ver*.3.68; ~inem metum permanentem (definiunt) *Tusc*.4.19; ubi illa ~o mentibus decessit SAL.*Jug*.41.3; Carbo turpi ~ine..exercitum deseruit *Hist*.1.38; gelidus..coit ~ine sanguis VERG.*A*.3.30; furiarum..ac ~inis plena omnia ad hostes esse LIV.10.29.4; has ~ines agitando animis ipsi curas..augebant 30.28.8; ex insolito ~o maior est SEN.*Nat*.6.3.2; TAC.*Hist*.5.21; JUV.15.77;—(*w. obj. gen.*) non solum..calamitate sed etiam calamitatis ~ine liberatos CIC.*Man*.16; caret (tibi pectus) mortis ~ine..? HOR.*Ep*.2.2.207; OV.*Met*.15.153;—(*pred. dat.*) quibus..~ini essemus SAL.*Cat*.20.7;—(*poet.*) caligantem nigra ~ine lucum VERG.*G*.4.468;—(*personified*) circum..atrae ~inis ora Iraeque Insidiaeque, dei comitatus, aguntur *A*.12.335; HYG.*Fab*.pr.29. **b** Belli portae..religione sacrae et saeui ~ine Martis VERG.*A*.7.608; patria Tyriis ~ine cultum..templum SIL.1.82; TAC.*Ger*.39.2. **c** parumne multa mercatoribus sunt..pericula subeunda fortunae, nisi etiam hae ~ines ab nostris magistratibus..impendebunt? CIC.*Ver*.5.157; ut aliqua in uita ~o improbis esset proposita *Catil*.4.8; defensoribus moenium praemia modo, modo ~inem ostentare SAL.*Jug*.23.1.

2 A thing which frightens, horror, bogy. **b** a rope strung with feathers used by hunters to scare game.

quia quasdam post mortem ~ines extimescant CIC.*Fin*.5.31; *Tusc*.1.36; olim truncus eram ficulnus..deus inde ego furum auiumque maxima ~o HOR.*S*.1.8.4; dux Latius tota subitus ~ine belli LUC.10.536; ei..cani..trinas..dentium ~ines addidisse FRO.*Aur*.2.p.14(228N). **b** pauidos ~ine ceruos terret OV.*Fast*.5.173; retibus et claudunt campos, ~ine montis MAN.5.185; cum maximos ferarum greges linea pinnis distincta contineat..ab ipso effectu dicta ~o SEN.*Dial*.4.11.5; LUC.4.437; OMNE INSTRVMENTVM..CVM LANCEIS..RETIBVS, PLAGIS, LAQVEIS, THALAMIS, TABERNACVLIS, ~INIBVS *CIL* 13.5708.2.24; APUL.*Apol*.60.

formīdolōsē, *adv.* **formīdulōsē.** *compar.* ~ius. [next+-E] In a frightening manner, alarmingly; timorously, fearfully.

eos qui plurimum possent opponi omnibus contionibus falso, sed ~e tamen, auctores ad perniciem meam CIC.*Sest*.42;—~ius atque segnius atque timidius pro re publica nitentur CATO *orat*.52.

formīdolōsus ~a ~um, *a.* **formīdulōsus.** *compar.* ~ior, *superl.* ~issimus. [FORMIDO[2]+-OLVS+-OSVS]

1 Causing fear, formidable, alarming, dangerous.

herbas..~as dictu, non essu modo PL.*Ps*.824; hunc locum..quem illi horribilem A. Cluentio ac ~um fore putauerunt CIC.*Clu*.7; bellum maximum ~issimumque *Man*.62; *Tusc*.4.53; potentia Pompei ~a erat SAL.*Cat*.19.2; ~is cum latent siluis ferae HOR.*Epod*.5.55; id erat ~issimum hosti LIV.8.8.13; ~um paci uirum insignem TAC.*Ann*.11.19; tremor terrae minus ~us PLIN.*Ep*.6.20.3.

2 Fearful, timorous, frightened.

num ~us obsecro es, mi homo? TER.*Eu*.756; mancipia..neque ~a neque animosa VAR.*R*.1.17.3; fiet..(equus) ~us ..nisi eum blandiente tactu permulseris SEN.*Cl*.1.16.4; ad ingredienda flumina..~i (boues) COL.6.2.14; APUL.*Met*.9.16; —(*w. gen.*) exercitum..tardatum ad proelia et ~iorem hostium credebat TAC.*Ann*.1.62.

formidus ~a ~um, *a.* [FORMVS+-IDVS] Warm.

Cato ait de quodam aedificio: 'aestate frigido, hieme ~o' PAUL.*Fest*.p.83M.

formiō ~ōnis, *m.* [ad. Gk. φορμός, φορμίον; for term. cf. *aero*] (prob.) A kind of basket.

ULP.*dig*.33.7.12.18.

formō ~āre ~āuī ~ātum, *tr.* [FORMA+-O[3]]

1 To mould, fashion (materials) into a given shape. **b** to give a definite shape or outline to; (pass.) to take shape.

ex materia ea quam fingit et ~at effectio CIC.*Ac*.1.6; Athon montem ~aui in statuae uirilis figuram VITR.2.pr.2; in habitum id (*sc.* aurum) Victoriae ~auit V.MAX.4.8.ext.1; SEN.*Ep*.90.31; ad recipiendam uitem ~abis (arborem) COL.*Arb*.16.3; sanguine eiusdem (*sc. a kid*) in cibum ~ato PLIN.*Nat*.28.209; quae diuum in uultus igni ~anda liquescat massa STAT.*Silv*.3.3.104; QUINT.*Inst*.2.21.24; gemmas ~atas in pocula APUL.*Met*.2.19;—(*transf.*) ~at..natura prius nos intus ad omnem fortunarum habitum HOR.*Ars* 108. **b** dextera..deducens fila supinis ~abat digitis CATUL.64.313; animas ~atae infundere terrae OV.*Met*.1.364; sectura inde ~antur (callainae) PLIN.*Nat*.37.111; STAT.*Silv*.2.2.57; (*transf.*) ut..semper..nostram uocem prouisa et ~ata cogitatio excipiat QUINT.*Inst*.10.7.8;—modo ~atis operitur frondibus arbor OV.*Fast*.1.153; pullis..~andis excludendisque triginta diebus opus est COL.8.14.7; quo maius est animal, tanto diutius ~atur in utero PLIN.*Nat*.10.175.

2 To invest with a specified form or shape; to 'get up' (persons, etc.) in a particular guise. **b** to arrange (the limbs) in a given attitude; (pass., w. *in*+acc.) to adjust one's features (to express some emotion). **c** to change the appearance of, transform. **d** to set in order, compose (parts of the body).

(simulacra) quae multis ~ata modis sublime feruntur LUCR.4.133; qua flexile signum in puppim ~atur GERM.*Arat*.684; uasa..in modum doliorum ~ata COL.12.4.5; FEST.p.206M; (*w. pred.*) Iuuenis nudos ~atus mollior artus MAN.4.797; (*transf.*) donec..res et bello turbatas et in statum alium ex regno ~andas conposuissent LIV.45.16.2; —in his (signis)..ipsa Himera in muliebrem figuram habitumque ~ata CIC.*Ver*.2.87; LIV.27.16.8; emptis..quorum habitus et crinis in captiuorum speciem ~arentur TAC.*Ag*.39.2; deformiter quisque ~ati facie caenoso pigmento delita..prodeunt APUL.*Met*.8.27. **b** qui iaculari discit ..manum ~at ad derigenda quae mittit SEN.*Ep*.94.3; nec ad unum modum ~atae (sunt) manus QUINT.*Inst*.2.13.9; 11.3.97; SUET.*Cal*.56.2;—(Messalina) in admirationem ~ata sibi quoque eandem speciem aliquot iam noctibus obuersari rettulit *Cl*.37.2. **c** hunc (*sc.* draconem)..duro ~auit tegmine saxi CIC.*poet*.22.19(*Div*.2.64); elabor..uiro longum ~atus in anguem OV.*Met*.9.63; (*w. pred.*) quae me ~auit non canem, sed asinum APUL.*Met*.7.14. **d** lapsos ~are capillos PROP.1.3.23; utinam Drusi manus altera et altera fratris ~arent oculos comprimerentque meos *Epic.Drusi* 160.

3 (transf.) To adapt, modify (speech, proceedings, etc.); to express (in words); to set (verses) to a musical accompaniment.

hanc..ad legem cum exercitatione tum stilo..~anda nobis oratio est CIC.*de Orat*.3.190; ~atis omnibus domi et ad belli et ad pacis usus LIV.1.45.1; pro qualitate personarum..actio ~atur PAUL.*dig*.3.5.14(15);—elogium tacita ~at quod littera uoce *Culex* 412; inuenta..uerbis ~ata memoriae mandare QUINT.*Inst*.3.3.10;—uersus..meos cantat etiam ~atque cithara PLIN.*Ep*.4.19.4.

4 To mould the character or conduct of, train or influence (a person or his mind); (refl. or pass.) to adapt one's conduct (to a named model). **b** to direct, shape (a person's life, studies, etc.). **c** to dispose, incline (a person, his mind, etc.) to some course of action. **d** to give directions to, instruct, prime.

(animos) fingit ~at flectit CIC.*Brut*.142; quos ad studium atque usum ~abis agrestem..uitulos VERG.*G*.3.163; os tenerum pueri..poeta figurat..mox etiam pectus praeceptis ~at amicis HOR.*Ep*.2.1.128; collegas..in suos mores ~are LIV.3.36.1; magorum exactissimae prudentiae se ~andum tradidit V.MAX.8.7.ext.2; potuit sub cura tua in meliora ~ari SEN.*Ep*.99.12; rectoris ~abat Scipio bello SIL.8.546; multa..lectione ~anda mens QUINT.*Inst*.10.1.59; circa educandos ~andosque liberos TAC.*Dial*.28.3; Honorinum..

fauor Caesarum ad consulatum ~at APULFl.9; (*cf.*) si.. possessor efficit ut in id ~etur (ager), quod maxime praestare possit COL.1.4.5;—(*pass. or refl.*) cum ipsi se homines in regis..mores ~arent LIV.1.21.2; hoc exemplum principi constituam ad quod ~etur SEN.*Cl.*1.7.1. **b** Mercuri..qui feros cultus hominum recentum uoce ~asti catus HOR. *Carm.*1.10.3; seruum..qui..fistula pronuntiationis eius modos ~abat V.MAX.8.10.1; malleolorum ~are incrementa COL.4.11.2; cuius adortus cruda rudimenta et teneros ~auerit annos Centaurus? STAT.*Ach.*1.478; studia eius ~are ab infantia incipiam QUINT.*Inst.*1.pr.5. **c** sic quisque dictis mouetur, ut est ad credendum..ante ~atus QUINT.*Inst.* 5.7.8; in quae iudicem duci ~arique uolumus 11.1.2; ita ~atis principis auribus ut aspera quae utilia..acciperet TAC.*Hist.*3.56; ita animos uestros ad quaecumque agenda ..~ate, ut.. APUL.*Soc.*16; (*pass. in refl. sense*) sic..~are, ut scias non posse te consequi, ut sis impenetrabilis (*i.e. to flattery*) SEN.*Nat.*4a.pr.5. **d** talibus ignaram Iuno Cadmeida dictis ~arat OV.*Met.*3.288; quendam ex amicis conpositum et ~atum Karthaginem misit V.MAX.7.3.ext.7; equites ita ~atos, ut..paulatim cederent FRON.*Str.*2.5.33.

5 To produce by shaping, fashion, form. **b** (transf.) to give rise to, produce (phenomena); to articulate (words). **c** to frame in the mind, conceive (an idea, plan, etc.). **d** to develop, form (a habit, skill, or sim.).

illae quinque formae, ex quibus reliqua ~antur CIC.*N.D.* 1.19; tempore quo primum..~abat..Aeneas classem VERG. *A.*9.80; Romulus..nondum ~auerat urbis moenia TIB. 2.5.23; e Pario ~atum marmore signum OV.*Met.*3.419; rotam figuli, cuius circuitu uasa ~antur SEN.*Ep.*90.31; ~antur pilulae uiciae magnitudinis LARG.88; (*w. pred.*) cuncta fluunt, omnisque uagans ~atur imago OV.*Met.* 15.178; (*w. constituent part as subj.*) ~antibus astris..in caelum nitidis Olor euolat alis MAN.5.365. **b** tubae et quae..maiorem sonitum ~ant, quam qui ore reddi potest SEN.*Nat.*2.6.5; ubi perrupit stagnantem calculus undam, exiguos ~at..gyros SIL.13.25;—intra biennium, quam uerba recte ~are potuerunt (pueri) QUINT.*Inst.*1.12.9. **c** si quid inexpertum scaenae committis et audes personam ~are nouam HOR.*Ars* 126; abeundi ~aui consilium PETR. 136.8; ut iudex..suam sententiam possit ~are PAUL.*dig.* 22.3.25.3. **d** non posse ea, quae inter se discrepant, eisdem praeceptis..~ari CIC.*de Orat.*3.34; consuetudinem, quam partim assiduitate exercitationis partim ratione ~abant *Ac.*1.20; V.MAX.2.3.1.

6 To fashion a likeness of, depict, represent.

unde recuruis nunc quoque ~atus Libys est cum cornibus Ammon OV.*Met.*5.328; gentes ~atae mille figuris (*i.e. at a triumph*) *Pont.*3.4.25; catagrapha inuenit hoc est obliquas imagines, et uarie ~are uoltus respicientes suspicientesue PLIN.*Nat.*35.56;—(*in the mind*) multa..sunt uerba.. quae ~ari similitudine nulla possunt CIC.*de Orat.*2.359; quae non tacita ~aui gaudia mente! OV.*Am.*3.7.63; fingenti ~antique mihi principem, quem..potestas deceret PLIN. *Pan.*4.4;—(*in words*) Atlas..~atur historia sustinens mundum VITR.6.7.6.

7 (of God, Nature, or sim.) To determine the character of, form, constitute; (esp., pass.).

quos Geminorum sidera ~ant MAN.2.545; animos nostros, quos in amorem sui natura ~auit SEN.*Ep.*36.8;—(*pass.*) utcumque temperatus sit aer, ita pueros orientis animari atque ~ari CIC.*Div.*2.89; proprio..colore ~antur gentes MAN.4.713; uino..deditus..aut, si nondum deditus, ita ~atus, ut in hoc illum mores sui ferant SEN.*Ben.*4.27.3; in omnibus, quae aduersa uidentur..sic ~atus sum: non pareo deo, sed adsentior *Ep* 96.2; QUINT.*Inst.*2.20.6.

8 To compose (a literary work, etc.), draw up (documents or sim.).

si quisquam dicitur nisi orator ~are orationem CIC.*de Orat.*2.36; subtilis haec et ad morem dialecticorum ~ata conclusio QUINT.*Inst.*7.3.14; hanc..tragoediam disposui iam et intra me ipse ~aui TAC.*Dial.*3.3; notarium uoco et.. quae ~aueram, dicto PLIN.*Ep.*9.36.2; conponunt ipsae per se ~antque libellos JUV.6.244; si quid res exigeret, Latine ~abat uertendumque alii dabat SUET.*Aug.*89.1; *Nero* 47.2; APUL.*Apol.*102.

9 (gram.): **a** To inflect (a word). **b** to form (new words) by derivation, etc.

a praeterito..tempore uarie ~ari uerba QUINT.*Inst.*1. 6.15; nec pluraliter ~ari solet (*the word* nemo) FEST.p. 162M; pecuum..M. Cato..a singulari casus recti ~auit.. id est pecu p.246M; p.376M. **b** multa (uerba) ex Graeco ~ata noua QUINT.*Inst.*8.3.33.

formōsē, *adv.* **formonsē.** *compar.* ~ius. [FORMOSVS+-E] In a beautiful manner, beautifully.

~e saltat PROP.2.3.17; in orbem se (olea) ~ius fundet QUINT.*Inst.*8.3.10; formonsum deum ~e cubantem APUL. *Met.*5.22.

formōsitās ~ātis, *f.* **formonsitās.** [FORMOSVS+-TAS] Beauty, good looks.

decorum..positum est in tribus rebus, ~ate, ordine, ornatu ad actionem apto CIC.*Off.*1.126; inaccessae ~atis admiratione stupidi APUL.*Met.*4.28; 6.16; 9.17; 10.31.

formōsulus ~a ~um, *a.* **formonsulus.** [next +-VLVS] Pretty.

~a uxor VAR.*Men.*176.

formōsus ~a ~um, *a.* Also **formonsus** *compar.* ~ior, *superl.* ~issimus. [FORMA+-OSVS] Having a fine appearance or form, beautiful, handome, fair: **a** (of persons). **b** (of animals). **c** (of parts of the body). **d** (of things). **e** (transf., of qualities, etc.).

a quanto nunc ~ior uidere mihi quam dudum TER.*Eu.* 730; ~a uirgo est AFRAN.*com.*156; nauis plena iuuentutis ~issimae CIC.*Ver.*5.63; *Off.*1.144; omnium aetatis suae multo ~issimus NEP.*Alc.*1.2; Galatea..hedera ~ior alba VERG.*Ecl.*7.38; fis anus, et tamen uis ~a uideri HOR.*Carm.* 4.13.3; SEN.*Ep.*66.34; JUV.6.465; SVMMO AC ~O GLADIATORI *CIL* 2.6278.34;(*cf.*) quascumque tulit ~i temporis aetas (*i.e. the age of beautiful women*) PROP.1.4.7;—(*masc. or fem. as sb.*) carmine ~ae, pretio capiuntur auarae [TIB.]3.1.7; ut ~a nouo quae parat ire uiro PROP.1.15.8; Naides..~os solitae claudere fontibus SEN.*Phaed.*781. **b** ~am capram PL. *Mer.*229; ~i pecoris custos VERG.*Ecl.*5.44; ~i cornua tauri OV.*Fast.*3.499; pauonum ~o gregi PHAED.1.3.7. **c** non altera nostro limine ~os intulit ulla pedes PROP.1.18.12; ~a..manu OV.*Pont.*1.10.12; capillus..~ior SEN.*Ep.*124.22. **d** mihi..pyramidis (forma) uidetur esse ~ior CIC.*N.D.*1.24; nunc frondent siluae, nunc ~issimus annus VERG.*Ecl.*3.57; ~a..prata *Lydia* 1; ~ius..telum OV.*Met.*7.679; o ~um spectaculum! SEN.*Dial.*4.5.4; domum ~am *Ep.*87.6; (*advl. acc.*) Venus..~a saltauit APUL.*Met.*6.24. **e** nihil est.. uirtute ~ius, nihil pulchrius CIC.*Fam.*9.14.4; ex lite multa gratia est ~ior PUB.*Sent.*E.18.

formucapēs ~um, *f. pl.*: (see quot.)

~es forcipes dictae, quod forma capiant, id est feruentia PAUL.*Fest.*p.91M.

formula ~ae, *f.* [FORMA+-VLA]

1 a Pretty appearance, prettiness. **b** shape, outline.

a hanc uigilare oportet ~am atque aetatulam PL.*Per.*229; scitulae ~ae iuuenem APUL.*Met.*3.15. **b** litteris..Latinis, Graeca quibus est ~a MAUR.327.

2 A register, list, roll; (esp.) a list of those eligible for military service. **b** the sum total of places attached to a state or province, territory, jurisdiction.

VTEI..EOS IN AMEICORVM ~AM REFERVNDOS CVRARENT *CIL* 1.588.7; Lampsacenos in sociorum ~am referre LIV.43.6.10; 44.16.7;—QVIBVS EX ~A TOGATORVM MILITES IN TERRA ITALIA INPERARE SOLENT *CIL* 1.585.21; ad socios..ad milites ex ~a accipiendos mittunt LIV.22.57. 10; 27.10.2; 29.15.12. **b** urbem ne quam ~ae sui iuris facerent, quae..ui capta ab Romanis esset LIV.38.9.10; Paracheloida..nullo iure Thessalorum ~ae factam 39.26.2; adiecit ~ae (prouinciae Narbonensis) Galba Imperator.. Auanticos PLIN.*Nat.*3.37.

3 A charter (of government); a system (of teaching).

hac ~a dicta Illyrico ipse..in hiberna redit LIV.45.26.15; 45.31.1;—certam quandam disciplinae ~am composuerunt CIC.*Ac.*1.17.

4 Legal position, status.

Acarnanas..restituturum se in antiquam ~am iurisque ac dicionis eorum LIV.26.24.6; 32.33.7; Africam in ~am edegit prouinciae VELL.2.38.2.

5 The terms or provisions (of a law, compact, etc.).

quae..pacti et conuenti formula non infirmari..potest ..? CIC.*Caec.*51; accipe, quae nostrae ~a legis erit PROP. 4.8.74; recitetur ~a pacti OV.*Ep.*19.151; PETR.109.1.

6 A set form of words, formula; (spec.) a specimen plea in the praetor's *album*, serving as a model for the wording of the next. **b** an official document, drawn up by a plaintiff in conjunction with the defendant and the magistrate, in which the legal issue was summarized and directions given to the judge to pronounce judgement. **c** (phrs.) *~am edere, intendere, scribere*, to bring an action; *~am accipere*, to be sued (in quot., in fig. phr.); *~a cadere, excidere*, to lose one's case (through failure to choose the right *formula*, etc.).

emptor stipulatur prisca ~a sic, 'illasce oues, qua de re agitur, sanas recte esse..' VAR.*R.*2.2.5; quid ille non dixit de testamentorum iure? de antiquis ~is? CIC.*Brut.*195; deditionis ~am LIV.1.38.1;—(*spec.*) 'qua de re agitur'.. illud quod multis locis in iuris consultorum includitur ~is CIC.*Brut.*275; sunt ~ae de omnibus rebus constitutae, ne quis aut in genere iniuriae aut in ratione actionis errare possit. expressae sunt enim ex unius cuiusque damno, dolore, incommodo, calamitate, iniuria publicae a praetore ~ae, ad quas priuata lis accommodatur *Q.Rosc.*24; nondum ..C. Aquilius protulerat de dolo malo ~as *Off.*3.60; QVA DE RE QVISQVE..DAMNEI INFECTEI EX ~A RESTIPVLAREI.. VOLET.. *CIL* 1.592.1.8; si quis seruo conuicium fecerit.. non proponitur ulla ~a GAIUS *Inst.*3.222; petitoria..~a haec est, qua actor intendit rem suam esse 4.92. **b** ipsa uerba ~ae testimonio sunt CIC.*Q.Rosc.*11; iudicem..~a includit et certos..terminos ponit SEN.*Ben.*3.7.5; ~a errare et in petitione pecuniae non uti iure concesso QUINT.*Decl.* 260(p.62,l.15); priuata..iudicia saepe unum iudicem habere multis et diuersis ~is solent *Inst.*3.10.1; mutata ~a iure Quiritium peti debet proprietas loci AGEN.*agrim.*p.34;—(*transf.*) eiusdem ~ae disceptatio (*i.e. involving the same issue*) de Perrhaeborum..oppidis fuit LIV.39.25.6; nunc ad ipsam rem accedamus, quoniam satis de ~a disputatum est SEN.*Nat.*5.1.5. **c** damni ~am editam PLIN.*Nat.*9.182; colaphum..tibi ducam et ~am scribes quod caput durum habeas QUINT.*Inst.*6.3.83; cum libertino cuidam..iniuriarum ~am..intendisset SUET.*Vit.*7.2;—(scripta tua) appellantur cottidie..ac iam periculum est, ne cogantur ad exhibendum ~am accipere PLIN.*Ep.*5.10(11).1;—causis, in quibus cecidisse quis ~a dicitur QUINT.*Inst.*3.6.69; qui apud priuatos iudices plus petendo ~a excidissent SUET.*Cl.* 14.1; (*cf.*) plura proponere tutius est, ne una finitio parum rem conprehendat et, ut ita dicam, ~a excidat SEN.*Cl.*2.3.1.

7 A rule of procedure or standard (official or otherwise). **b** a guide, pattern, exemplar. **c** a standard measurement. **d** a pattern or scheme of variation, e.g. a paradigm.

alteram ~am scribit (Cato) de uinearum iugeribus c, ut dicat haberi oportere haec XV mancipia, uilicum, uilicam, operarios X.. VAR.*R.*1.18.1; 1.22.4; causa..abhorret illa.. a ~a consuetudinis nostrae CIC.*Opt.Gen.*20; erit..haec ~a Stoicorum rationi..maxime consentanea *Off.*3.20; RATIONEM PECVNIAE EX ~A CENSVS..AB IEIS IVRATEIS ACCIPITO *CIL* 1.593.147; ~am iuris exsequendi constituendam esse LIV.39.26.14; ne ad illam quidem artissimam innocentiae ~am praestare nos possumus SEN.*Dial.*4.28.3; obseruauit illum, an ex ~a sua uiueret *Ep.*6.6; 92.3; quidquid..militum esset, ad certam stipendiorum..~am adstrinxit SUET.*Aug.* 49.2; *Tib.*18.1; geometriae sollertissimas ~as APUL.*Fl.*15. **b** cuiusque generis species subiiciemus, quibus quasi ~is utemur COL.5.1.13; hunc commentarium..pro ~a administrationis respicere FRON.*Aq.*2. **c** ~as modulorum.. subieci FRON.*Aq.*37. **d** si..acciderit in ~a, ut..caput non sit VAR.*L.*9.103; in hac ~a numerorum duo inerunt quos dixi logoe 10.43.

8 Characteristic form or structure, pattern, type.

ad id totum de quo disseritur..definitio adhibetur..eius argumenti talis est ~a.. CIC.*Top.*9; quom..tres quasi ~ae sint orationis, ἰσχνὸν μέσον ἁδρόν FRO.*Aur.*1.p.104(54N); quod..nos uersus ~a posta perdocebit, 'carmen nemo facit meo Sabino' MAUR.2905.

formulārius ~(i)ī, *m.* [prec.+-ARIVS] An expert on legal formulas.

alii se ad album ac rubricas transtulerunt et ~ii..esse maluerunt QUINT.*Inst.*12.3.11.

formus ~a ~um, *a.* [cf. Gk. θερμός, Skt. *gharma-*, Eng. *warm*] Warm, hot (see quots.).

~a significat modo faciem cuiusque rei, modo calidam PAUL.*Fest.*p.83M; formucapes forcipes dictae, quod ~a capiant, id est feruentia p.91M.

Fornācālia ~ium, *n. pl.* Also **Furn-.** [next] The 'oven' or 'baking festival', held in Rome in early February, on different days according to the *curia* one belonged to.

Quirinalia..feriae..eorum hominum, qui ~ibus suis non fuerunt feriati VAR.*L.*6.13; curio legitimis nunc ~ia uerbis maximus indicit OV.*Fast.*2.527; (Numa) ~ia instituit farris torrendi ferias PLIN.*Nat.*18.8; FEST.p.254M; PAUL.*Fest.* p.93M.

Fornācālis ~is ~e, *a.* [FORNAX+-ALIS] Of or belonging to ovens; *dea ~is* = FORNAX 2.

~i sunt sua sacra deae OV.*Fast.*6.314.

fornācārius ~a ~um, *a.* [FORNAX+-ARIVS] Of or attached to a furnace.

si ~us (fornicarius *codd.*) seruus..ad fornacem obdormisset ULP.*dig.*9.2.27.9.

fornācātor ~ōris, *m.* [FORNAX+-TOR] One who stokes a furnace.

CIL 4.1150; instrumento balneario..continetur..et ~or (fornicator *codd.*) PAUL.*dig.*33.7.14.

fornācula ~ae, *f.* [next+-VLA] A furnace.

~a habens in laconicum nares VITR.7.10.2; ~as balnearum FRO.*Aur.*1.p.86(7N);—(*fig.*) perituros audio multos.— nil dubium, magna est ~a JUV.10.82; (*of a person*) hic est.. pueruli huius instigator..hic totius calumniae ~a APUL. *Apol.*74.

fornax ~ācis, *f.* Also **furnax.** [cf. *furnus*, *formus*, Russ. *gornъ* 'hearth', Skt. *ghṛṇáh* 'heat', OIr. *gorn* ('fire')]

1 A furnace, oven, kiln. **b** (for heating baths). **c** (for smelting metal). **d** (for burning limestone). **e** (for firing clay). **f** (poet., of thunderclouds, volcanoes).

(bestiae) quae..appareant..in ardentibus ~acibus CIC. *N.D.*1.103; flagrabat stomacho flamma ut ~acibus intus LUCR.6.1169; aestuat ut clausis rapidus ~acibus ignis VERG.*G.*4.263; OV.*Met.*2.229. **b** ~ace balneariorum LARG.60; uaporiferis iunctus ~acibus amnis STAT.*Silv.* 1.3.45; TAC.*Hist.*3.11. **c** ut calidis candens ferrum e ~acibus olim stridit LUCR.6.148; recoquunt patrios ~acibus ensis VERG.*A.*7.636; CURT.4.2.13; inmensis coxit ~acibus aera LUC.6.405; SIL.4.15. **d** ~acem calcariam CATO *Agr.* 38.1; in ~ace lapis torretur *Aetna* 481; VITR.2.5.2; OV.*Met.* 7.107. **e** cum..quadrigae fictiles in ~ace creuissent PLIN.*Nat.*28.16; 35.163; FEST.p.274M. **f** ignis semina conuoluunt e nubibus atque ita cogunt multa rotantque cauis flammam ~acibus intus LUCR.6.202; 6.278; modis quibus..flamma foras uastis Aetnae ~acibus efflet 6.681; undantem ruptis ~acibus Aetnam VERG.*G.*1.472; *Aetna* 1.

2 An alleged goddess of ovens (prob. a mere inference from the *Fornacalia*).

facta dea est ~ax: laeti ~ace coloni orant, ut fruges temperet illa suas OV.*Fast.*2.525.

fornicātim, *adv.* [FORNICATVS+-IM] In an arched manner, archwise.

cetera..in inferiora pandantur, palma ex contrario ~ PLIN.*Nat.*16.223.

fornicātiō ~ōnis. [as next+-TIO] A vaulting, arch.

uti leuent onus parietum ~ones cuneorum diuisionibus VITR.6.8.3; societas nostra lapidum ~oni simillima est SEN. *Ep.*95.53.

fornicātus ~a ~um, *a.* [FORNIX+-ATVS[2]] Arched, vaulted; *uia ~a*, a street in Rome.

parietem..uel solidum uel ~um CIC.*Top.*22; pilarum intergeriuis a solo ~is (*in a beehive*) PLIN.*Nat.*11.23; 12.22; —in uia ~a, quae ad Campum erat LIV.22.36.8.

fornix ~icis, *m.* [cf. FORNAX, FVRNVS]

1 A vault, arch. **b** a vaulted opening, archway. **c** an arch erected as a monument.

FVNDAMENTA ~ICES FACIVNDA COERAVERE *CIL* 1.1524; CIC.*Top.*22; sine contignatione ac materia sunt aedificia et structuris ac ~icibus continentur *B.Alex.*1.3; camera lapideis ~icibus iuncta SAL.*Cat.*55.4; SEN.*Ep.*90.32;(aqua) nouem milibus passuum ~icibus structis perducta (*i.e. over an aqueduct*) PLIN.*Nat.*31.41; relinquuntur (*i.e. in mining*).. ~ices crebri montibus sustinendis 33.70;—(*of the vault of heaven*) caeli ingentes ~ices ENN.*scen.*381; Atlanti..caeli ~icem super umeros imposuit HYG.*Fab.*150.2. **b** uis.. seruorum..e ~icibus ostiisque omnibus in scaenam..inrupit CIC.*Har.*22; moenia conspicio atque aduerso ~ice portas VERG.*A.*6.631; ~ices..in muro erant apti ad excurrendum LIV.36.23.3;—(*as a shelter for beggars*) illi..madens bruma clususque ~ix triste frigus extendat MART.10.5.7;—(*of a natural formation*) latet..uiator..alti ~ice saxi VERG.*A.* 10.806. **c** ita sibi ipsum magnum uideri Memmium, ut in forum descendens caput ad ~icem Fabianum demitteret CIC.*de Orat.*2.267; huius ~ix in foro Syracusis est *Ver.*2.134; de manubiis duos ~ices in foro bouario..fecit LIV.33.27.4; 37.3.7.

2 (spec.) A cellar or sim. used for prostitution, a brothel.
alius nullam (tangit) nisi olenti in ~ice stantem HOR.*S.* 1.2.30; redolet (puella) adhuc fuliginem ~icis SEN.*Con.* 1.2.21; PETR.7.4; MART.1.34.6; lenonum pueri quocumque ex ~ice nati JUV.3.156; APUL.*Met.*7.10;—(*as a term of abuse*) eum..stabulum Nicomedis et Bithynicum ~icem dicunt SUET.*Jul.*49.1.

fornus: see FVRNVS.

forō ~āre ~āuī ~ātum, *tr.* [cf. *ferio*, Eng. *bore*]

1 To bore through, pierce, perforate.
ita te ~abunt patibulatum per uias stimulis PL.*Mos.* 56; bene ~atas..aures CIC.*Facet.*14; quicumque..fistulas tubulos castella lacus aquarum publicarum..~auerit ruperit *Leg.pub.*(*Font.iur.*p.113)22; acus admouenda est, sic acuta, ut ~et CELS.7.7.14D; ~atum pluribus locis solum SEN.*Ep.*79.3; urnis quas ~atis inritus ludit labor, Danaides *Med.*748; tenuiter ~ato cribro LARG.10; Xerses.. in Europam transiuit..~ato Atho monte AMP.13.4; (*in fig. phr.*) nihil refert quantum temporis detur si non est ubi subsidat, per quassos ~atosque animos transmittitur SEN. *Dial.*10.10.5.

2 To make by boring, bore (holes or sim.).
(foramina) ita ~ari, ne possint capere plus unius apis incrementum COL.9.7.5; licet hae (*sc.* arbores) terebris ~atam (cicatricem)..habere dicantur HYG.*agrim.*p.76.

Foro-: form of FORVM used in comp. adjs. derived from place-names such as Forum Cornelium, Forum Julii, etc.
ex Forocorneliensi agro PLIN.*Nat.*3.120; in colonia Foroiuliensi TAC.*Hist.*2.14; POPVLVS FOROPOPILIENSIVM *CIL* 10.4722; DECVRIONES FOROSEMPRONIENS(es) 11.6123.

forpex ~icis, *f.* [metathesis of FORCEPS] Pincers, tongs; shears.
~icis II, rutabulum I, foculos II CATO *Agr.*10.3; 11.4; SUET.*Aug.*75;—ne sit acuta ~ice laesa cutis CALP.*Ecl.* 5.74.

fors[1] ~tis, *f.* [< FERO; for form cf. Skt. *bhṛtiḥ* 'support', Eng. *birth*] FORMS: normally found only in nom. and abl. sg. (pl. not known), but has gen., dat., and app. (OV.*Fast.*6.775) acc. when used as a proper name (1c); see also FORTE.

1 Chance or luck, regarded as causing or directing events (N.B.: not always clearly separable from 1c). **b** (strengthened by addition of *fortuna*); ~*te fortuna*, by chance. **c** (personified or worshipped as a goddess); (esp. in comb. ~*s Fortuna*).
quid..ferat ~s uirtute experiamur ENN.*Ann.*197; TER.*Ph.*138; quia tam incommode illic ~s obtulerat aduentum meum *Hec.*370; quibus natura praua magis quam ~s aut fortuna obfuit ACC.*trag.*110; sin..uitam mihi ~s ademisset CIC.*Planc.*101; sed haec ut ~s tulerit *Att.*7.14.3; casum.. timent quem cuique ferat ~s LUCR.3.983; coactis..cohortibus, quas ex proximis praesidiis deductas ~s obtulit CAES.*Gal.*7.87.3; ~s dicta refutet! VERG.*A.*12.41; non uirtus solum consulis sed ~s etiam adiuuit LIV.10.36.9; iacebant.. pedites passim equitesque, ut quem cuique ~s aut pugna iunxerat aut fuga 22.51.6; CURT.9.6.22; quod in pace ~s seu natura, tunc fatum et ira dei uocabatur TAC.*Hist.*4.26; APUL.*Fl.*2. **b** quaeque ~s fortunast..nobis quae te hodie obtulit, per eam te obsecramus TER.*Hec.*386; cui parilem fortuna locum fatumque tulit ~s LUCIL.447;—ni illic hodie ~te fortuna hic foret PL.*Bac.*916; *Mil.*287; ~te fortuna domi erat quidam eunuchu' TER.*Eu.*568; quid est tandem quod casu fieri aut ~te fortuna putemus? CIC.*Div.*2.18; GEL.1.3.30. **c** sit sane ~s domina campi CIC.*Pis.*3; uersatur celeri ~s leuis orbe rotae TIB.1.5.70; deam laeti ~tem celebrate, Quirites! OV.*Fast.*6.775; et spes et metus ~s caeca uersat SEN.*Phoen.*632; abscidit nostrae multum ~s inuida laudi LUC.4.503;—CONLEGIA AERARIOR(um) ~TE FORTVNAE DONV(m) DANT *CIL* 1.977; 1.979; o Fortuna, o ~s Fortuna, quantis commoditatibus..hunc onerastis diem! TER.*Ph.*841; dies ~tis Fortuna VAR.*L.*6.17; in cella aedis ~tis Fortunae LIV.27.11.3; OV.*Fast.*6.773; de cetero ~s fortuna, ut uolet, ordinet SEN.*Dial.*10.7.9; COL.10.316; FRO.*Aur.*2.p.34(95N).

2 The destiny or lot attached to a particular thing, undertaking, etc.
nos..~te sua Libycis tempestas appulit oris VERG.*A.* 1.377; ~s (*v.l.* sors) sua cuique loco est OV.*Fast.*4.507;—(*w. gen.*) quod cuique ~s belli dederit LIV.5.20.9; 36.9.8; ~s prospera belli STAT.*Theb.*8.250; tunc sedet..Mycenas ferre iter..seu praeuia ducit Erinys, seu ~s illa uiae 1.327.

3 (usu. qualified by adjs.) A chance happening, accident.
quam ~s inopina salutem ostentat VERG.*A.*8.476; o si urnam argenti ~s quae mihi monstret HOR.*S.*2.6.10; ~s eadem..Hebrum cum Strymone siccat OV.*Met.*2.257; si sic nubes ~s aliqua disposuit, ut inter se conspiciant SEN.*Nat.*1.13.1; noctem minacem..~s leniuit: nam luna claro repente caelo uisa languescere TAC.*Ann.*1.28; 4.27;—(*abl.*) ~te quadam utili ad tempus, ut comitiis praeesset..M. Duillio sorte euenit LIV.3.64.4; 5.49.1; quae si quis ulla ~te ab homine excogitari potuisse credit PLIN.*Nat.*27.6; ~te quadam peruenimus ad difficilius..genus QUINT.*Inst.* 4.2.66.

4 (w. gen.) A possibility, chance (of doing something).
uni se..~s dare uisa est..imperii reciperandi LIV.1.45.3.

5 ~*s fuat* (*sit*) *an* (*ut, anne*)+subj., it might be that, perhaps (see also FORSAN, FORSIT, FORSITAN); ~*s fuat*, I pray that it may be so; ~*s fuit ut* (+subj.), it so happened that.
(*w.* an) ~s fuat an istaec dicta sint mendacia PL.*Ps.*432; nihil est..fas concupiscere sapienti..quod ~s fuat an frustra concupiscat FRO.*Aur.*2.p.60(143N); APUL.*Apol.*92; (*w.* ut) dicta..mea..fuisse non paenitenda, ~s sit ut.. sciatis GEL.1.3.2; (*cf., w.* fuat *omitted*) ~s anne..non inducat animum uerum esse quod dixi APUL.*Apol.*56;—istuc est sapere..quod sit faciundum fortasse post, idem hoc nunc si feceris.—~s fuat pol TER.*Hec.*610;—~s fuit, ut apud eandem mensam duo illi iunctim locarentur GEL. 12.8.2.

fors[2], *adv.* [prec.] Perhaps, it may be, perchance: **a** (w. subj.). **b** (w. ind.).
a et ~ aequatis cepissent praemia rostris VERG.*A.*5.232; 6.537;—(*foll. by* et) ~ et debita iura..te maneant ipsum HOR.*Carm.*1.28.31; me..~ et magniloquo non posthabuisset Homero STAT.*Silv.*5.3.62;—(*in a conditional cl.*) cesserit Ausonio si ~ uictoria Turno VERG.*A.*12.183. **b** rem me professum dicet ~ aliquis grauem PHAED.3.pr.51; sed iecur ~ horridum flectam merendo SEN.*Her.O.*574; V.FL.3.665; ~ aderit lux illa tibi STAT.*Theb.*2.361;—(*foll. by* et) quos illi ~ et poenas ob nostra reposcent effugia VERG.*A.*2.139; 11.50; PROP.2.9.1;—(*foll. by* etiam) ~ etiam optatam dabitur contingere pellem V.FL.4.620.

forsan, *adv.* [FORS[1]+AN] It may be, perhaps: **a** (w. subj.). **b** (w. indic.). **c** (qualifying pples., adjs., etc.).
a ~ isto uterer beneficio, si non ei summum scelus adiungeretur *B.Afr.*45.2; quem decreto sermonem praetenderit, ~ aliquem uerum auctores antiqui tradiderint LIV.3.47.5; occurrat mihi ~ aliquis QUINT.*Inst.*1.5.6; multa Pudicitiae ueteris uestigia ~..exstiterint JUV.6.14; FRO. *Aur.*1.p.38(211N);—(*in subordinate cls.*) fit quoque uti pluuiae ~ magis ad caput ei tempore eo fiant LUCR.6.729; paras acies..cum ~..iam tibi sit promissa salus LUC.4.234. **b** ~ et haec olim meminisse iuuabit VERG.*A.*1.203; et mihi ~, tibi quod negarit, porriget hora HOR.*Carm.*2.16.31; sic quondam festum Laertius egerat heros ~..coniugis..diem OV.*Tr.*5.5.4; LARG.38; (*cf.,* in *indir. sp.*) datum hoc ~ nomini familiaeque suae ut.. LIV.10.39.14. **c** parua.. dona, sed ingenti ~ uictura sub aeuo STAT.*Silv.*2.3.63; durabis quascumque uias..subibis, ~ et ipse latus..cinctus 5.2.154; SIL.15.341;—(*w. numerals, to denote approximation*) transierant binae ~ trinaeue Kalendae MART.10.75.7.

forsit, *adv.* [FORS[1]+*sit* (subj. of SVM)] Perhaps.
non, ut ~ honorem iure mihi inuideat quiuis ita te quoque amicum HOR.*S.*1.6.49.

forsitan, *adv.* [prec.+AN] N.B.: printed as three words in TER.*Ph.*771. It may be, perhaps: **a** (w. subj.). **b** (w. ind.). **c** (w. ellipsis of vb. or qualifying pples., adjs., or advs.).
a ~ nos reiciat TER.*Ph.*717; quod ~ aliquis iure inriserit CIC.*de Orat.*2.294; at enim ~ hoc tibi ueniat in mentem *Q.Rosc.*39; *Lig.*38; ~ Aethiopum penitus de montibus altis crescat (Nilus) LUCR.6.735; et ~ etiam hoc fecerit odio Caesaris *B.Alex.*58.2; ~ et Priami fuerint quae fata requiras VERG.*A.*2.506; tribuni suo more impedire dilectum, et ~ ad ultimum impedissent LIV.3.25.9; OV.*Pont.*4.9.131; frugalitas apud Sybaritas ~ odio foret QUINT.*Inst.*3.7.24;—(*in subordinate cls.*) eius modi cetera quae ~ alii quoque etiam fecerint CIC.*Ver.*3.206; *Clu.*141; neque id facio, ut ~ quibusdam uidear, simulatione *Fam.*1.8.2; cum bello tuo ~ uix sufficias LIV.10.18.13; MART.6.32.2. **b** dictis dabit ipsa fidem res ~ et grauiter..omnia conquassari..cernes LUCR.5.105; ita ~ decuit LIV.21.40.11; ~ et tecum tua nunc requiescit amica OV.*Am.*1.6.45; SEN.*Nat.*5.9.4; et ~..quaeris, quare solus Corinthea uera possideam PETR.50.4; STAT.*Theb.*10.447. **c** multa..perpessi sumus..spe ~ recuperandae libertatis CIC.*Phil.*3.29; incertae ac ~ post paulo morbo interiturae uitae SAL.*Jug.*106.3; exonera ciuitatem uano ~ metu LIV.2.2.7; carmen..illa tempestate ~ laudabile 27.37.13; patrem fratresque..uocat..~ et matrem OV.*Met.*8.522; non ut in Ausoniam redeam, nisi ~ olim..oro *Tr.*2.575; extremo tunc ~ urbis amatae plenus abit uisu LUC.1.508;—(*w. numerals, to denote approximation*) Salonem quinto ~ essedo uidebis MART.10.104.7.

fortasse, *adv.* [FORS[1]; etym. of term. dub., perh. = *forte an sit*] It may be, perhaps, possibly (sts. iron.): **a** (w. ind.). **b** (w. subj.). **c** (w. pples. or in indir. sp.). **d** (w. ellipsis of vb. or qualifying adjs. or advs.). **e** (w. numerals or sim., to express approximation). **f** (w. acc. and inf.).
a an tu ~ fuisti meae matri opstetrix..? PL.*Capt.*629; ~ haec tu nunc mihi non credis quae loquor *Ps.*888; ludis ~ me? TER.*Hau.*824; scire innocentem fuisse reum quem ~ numquam uiderat CIC.*Clu.*131; dicet ~ quispiam *Sul.*84; ~ consolationis ~ aliquid exspectasti *Att.*8.11.4; facti ~ pigebit OV.*Ep.*12.209; VELL.2.104.4; ~ erit, ~ non erit SEN.*Ep.*13.11; JUV.4.25;—(*iron.*) caelo..animum ~ ferebat canitiemque sibi et longos promiserat annos VERG.*A.*10.548. **b** si uellent, ~ uix possent frangere hominis..corroboratam iam uetustate audaciam CIC.*Mil.*32; *Att.*15.27.2; uelentur ~ Palatia sertis OV.*Tr.*4.2.3; genus ~ sint secuti non idem QUINT.*Inst.*9.4.17; APUL.*Apol.*31;—(*in subordinate cls.*) fit ut Demosthenes..possit summisse dicere, elate Lysias ~ non possit CIC.*Opt.Gen.*10; cum interim ~ ille ipse..dies ultimus esset SEN.*Dial.*10.3.4; ne qui ~ de Bruttianis requirat GEL. 10.3.18. **c** de Crassi oratione sic existimo, ipsum ~ melius potuisse scribere, alium..neminem CIC.*Brut.*298; pudore adducti et ~ non se liberari..arbitrati CAES.*Civ.*3.60.3; quas illi detraxero sordes, sub accusatoribus isdem ~ sumpturus SEN.*Ben.*4.12.2. **d** quid istic scriptum?.. —nescio; nisi ~ blanda uerba PL.*Per.*250; uah tardus es.—~ TER.*Hau.*777; Scipiones..non tam ~ docti, sed impetu mentis simili CIC.*de Orat.*3.56; amandat hominem—quo? Lilybaeum ~? *Ver.*5.69; ut ~ uere, sic parum utiliter ..respondit LIV.4.6.2; non utique ~ sed saepius tamen CELS.1.pr.51; discordiam..odio ~ dignam, non poena TAC. *Ann.*2.76. **e** Q. Pompeius..biennio quam nos ~ maior CIC.*Brut.*240; fiunt per triennium HS ~ D milia *Ver.*3.118; *Att.*2.20.6. **f** ubi fit polenta, te ~ dicere PL.*As.*37; ad quadraginta ~ eam posse emi minimo minis *Epid.*296; *Mer.*782; ~ unum aliquod uerbum inter eas iram hanc conciuisse TER.*Hec.*313; TITIN.*com.*152.

fortassean, *adv.* Also as two words. [prec.+AN] It may be, perhaps.
(*w. subj.*) ~ sit quod uos hic non mertet metus ACC. *trag.*122; quod ~..celeriter confecisset SIS.*hist.*49; si ab Libya dictae essent Lucae, ~ pantherae quoque..non Africae bestiae dicerentur, sed Lucae VAR.*L.*7.40; *R.*3.6.1; ~..sit loquacior GEL.5.14.3; 6(7).3.53; ~ adhuc uidua.. domi sedisset APUL.*Apol.*76;—(*foll. by indic.*) ~ de 'quadrigis' ueterum auctoritati concessero GEL.19.8.6; ~ peracute repperisse uobis uidebamini APUL.*Apol.*34.

fortassis, *adv.* = FORTASSE. **a** (w. indic.). **b** (w. subj.). **c** (w. ellipsis of vb. or qualifying adjs. or advs., adjl. or advl. phrs. or cls.).
a ~ tu auri dempsisti parum? PL.*Bac.*671; si condicio ualde bona fuerit, ~ non amittam CIC.*Q.fr.*2.2.1; pugnabit primo ~ et 'inprobe' dicet OV.*Ars* 1.665; SEN.*Con.*10.4.25; APUL.*Met.*5.9. **b** ~ et istinc largiter abstulerit longa aetas HOR.*S.*1.4.131; ~ eadem sit quae leucas appellatur PLIN.*Nat.*27.102; TRA.Plin.*Ep.*10.55(63); ULP.*dig.*11.7.14.9. **c** neque me..alter est..quisquam quoi credi recte aeque putent.—~ PL.*As.*493; tu cum sis quod ego et ~ nequior HOR.*S.*2.7.40; SEN.*Nat.*6.7.5; occidentur uno ~ ictu [QUINT.]*Decl.*11.10; huius commentarii pertinebit ~ et ad successorem utilitas FRON.*Aq.*2;—(*qualifying a reason*) auster..magis siccus, ~ quia umidus frigidior est PLIN. *Nat.*2.127; 11.250;—(*introducing an example*) mancipia alia, puellae ~, quas..mulieres exornant ULP.*dig.*32.49.

fortax ~ācis, *m.* [ad. Gk. φόρταξ] (app.) A support, base; (in quot., prob. some sort of arrangement in a lime-kiln to prevent the stones from falling down).
facito ~ax totam fornacem infimam conplectatur CATO *Agr.*38.1.

forte, *adv.* [abl. of FORS[1]] N.B.: This cannot be readily distinguished from the advl. use of the abl. of *fors*; for convenience all exx. in which *forte* stands alone are placed here; those in which it is qualified by an adj. or gen. will be found under FORS[1].

1 By (the agency of) chance, accidentally, fortuitously, at random, etc.
et rursus multae fortunae ~ recumbunt ENN.*Ann.*288; illud quod cecidit ~, id arte ut corrigas TER.*Ad.*741; ~ correcta Mari temeritas SAL.*Jug.*94.7; magna pars ~ in quem quaeque inciderat raptae LIV.1.9.11; seu ~ seu consilio 22.49.14; solemus dicere..~ hominibus datos (parentes) SEN.*Dial.*10.15.3; quae..hominibus ~ optigerunt QUINT. *Inst.*3.7.13; ~ lapsa uox TAC.*Ann.*11.31; etiam ~ prolapsos (*sc.* gladiatores) iugulari iubebat SUET.*Cl.*34.1;—(*w. neg.*) non mihi ~ uisum ilico fuit, melius quom prandium quam solet dedit PL.*Mos.*694; grauia saxa non ~ iaciebat TAC. *Hist.*4.29; in urbem non regressurum haud ~ dictum *Ann.* 4.58;—(*w.* casu) ea cum casu sunt ~ coorta LUCR.6.1096; —(*w.* temere) quam saepe ~ temere eueniunt quae non audeas optare! TER.*Ph.*757; nisi ista casu non numquam ~ temere concurrerent CIC.*Div.*2.141; nec huius occasionis spem..~ temere sed ex re ipsa conceptam habeo LIV.25. 38.12; (beneficia) ~ ac temere data SEN.*Ben.*1.15.1; FRO. *Ver.*2.p.210(207N).

2 (in narrative, introducing a chance event or circumstance) As it so happens or happened, as luck would have it: **a** (in main cl.). **b** (in temporal and other subordinate cls.); (also, w. pple. or w. ellipsis of vb.).
a ~ aspicio militem. adgredior hominem PL.*Cur.*357; Tarenti ludei ~ erant quom illuc uenit *Men.*29; ut abii abs te, fit ~ obuiam mihi Phormio TER.*Ph.*617; cum iter..per Mauretaniam..faceret, ~ incidit in Faustum *B.Afr.*95.1; ~ fuit iuxta tumulus VERG.*A.*3.22; 10.653; ibam ~ uia Sacra HOR.*S.*1.9.1; per eos ~ dies ex Etruria allatum.. Etruriam concitam in arma LIV.10.21.2; 26.39.8; 42.49.1; ~..Silenus asellum liquerat OV.*Fast.*6.339; inuenit caluus ~ in triuio pectinem PHAED.5.6.1; TAC.*Ann.*3.31; SUET. *Tib.*75.2. **b** ut numerabatur ~ argentum, interuenit homo de inprouiso TER.*Ad.*406; cum..Puteolos ~ uenissem CIC.*Planc.*65; *B.Afr.*29.3; consul inuadit hostem et cum quo ~ contulit gradum obtruncat LIV.7.33.11; CELS.5.27.4; inter tumultum cum ~ paropsis excidisset PETR.34.2; SUET. *Aug.*1;—cum ferme triginta senatores, ac ~ primus quisque, Capuam petissent LIV.23.15.6; Silanus insidiarum nescius ac ~ eo anno praetor TAC.*Ann.*12.4; in locum tr. pl. ~ demortui candidatum se ostendit SUET.*Aug.*10.2.

3 (in conditional cls. or sim.) By any chance, as may (might) happen or be the case: **a** (w. conditional *si*); (also, ellipt.) *si* ~, perhaps, with luck, etc. (= εἰ τύχοι). **b** (w. *nisi*); (esp. used to introduce an unlikely or absurd suggestion). **c** (w. pples. used conditionally).

d (w. *ne*). **e** (in indir. qu.). **f** (w. *si*) on the chance that. **g** (in other types of indefinite cl.).

a si iratum scortum ~st amatori suo Pl.*Truc.*46; siue ~ opus sit cuneo Cato *Mil.*11(J); cum coactus dicam, si quid ~ dicam Cic.*Tul.*5; si ~ desit pecunia *Agr.*2.47; uelim si quid ~ noui habes..scribas ad me *Att.*4.14.2; 12.53; si quid doluit ~, dolere nega! Prop.2.18.4; Cels.2.10.16; Juv.11.119; (*preceding* si) nullae magis res duae plus negoti habent, ~ si occeperis exornare Pl.*Poen.*213;—uereor ne nihil sim tui nisi supplosionem pedis imitatus..et aliquem, si ~, motum Cic.*de Orat.*3.47; restat ut in castra Sexti aut, si ~, Bruti nos conferamus *Att.*14.13.2; in uno illo aut, si ~, in liberis eius manet gratia *Off.*2.70; uersari..potest, globus ut, si ~, pilai Lucr.5.720. **b** nemo..saltat sobrius, nisi ~ insanit Cic.*Mur.*13; uelim eam orationem legas, nisi ~ iam legisti *Att.*15.1a.2; erit (nisi ~ recusas) arbiter Calp.*Ecl.*6.28;—nihil ad me attinet?—nisi ~ factu's praefectus nouos, qui res alienas procures Pl.*Mos.*941; quid..illi mali mors attulit? nisi ~..fabulis ducimur ut existimemus illum ad inferos impiorum supplicia perferre Cic.*Clu.*171; *Phil.*1.36; haec..uobiscum una consul agam, nisi ~..seruire magis quam imperare parati estis Sal.*Cat.*20.17; Curt.5.8.11; Quint.*Inst.*10.5.7. **c** ne penes ipsos culpa esset cladis ~..acceptae Liv.5.36.10; ut ~ rogatus..dicat nutricem Anchisae Juv.7.232. **d** pacem ab Aesculapio petas, ne ~ tibi eueniat magnum malum Pl.*Cur.*271; ne ~ nescias Cic.*de Orat.*2.142; *Clu.*182; Lucr.2.842; ne ~ credas interitura, quae..uerba loquor Hor.*Carm.*4.9.1; Curt.5.12.20; ueremur, ne ~..propriae laudi seruisse uideamur Plin.*Ep.*1.8.13. **e** nec refert ea quae tangas quo ~ colore praedita sint Lucr.2.813; prouidendum, num ~ superuacua..sit finitio Quint.*Inst.*7.3.20. **f** si ~ frater redierit uiso Ter.*Ad.*549; si ~ hostis..posset elicere ad dimicandum, agminis ordinem ita constituit Hirt.*Gal.*8.8.4; Nep.*Han.*8.1; pergit ad proximam speluncam, si ~ eo uestigia ferrent Liv.1.7.6. **g** certare sagitta inuitat qui ~ uelint et praemia dicit Verg.*A.*5.486; nemo est..qui ~ Latine quaelibet e medio reddere uerba queat Ov.*Tr.*5.7.53.

4 Maybe, perhaps, conceivably. **b** (introducing a possible example) say. **c** (qualifying the second of two disjunctive particles). **d** (see quot.).

~ quid expediat..quaeritis Hor.*Epod.*16.15; dicet aliquis ~ Vitr.5.5.7; 6.pr.4; quod..ille fugerit et ~ perstet hic mecum Quint.*Decl.*335(p.319,l.21); Calp.*Decl.*13; ego sum Byrrena illa, cuius ~ saepicule nomen..frequentatum retines Apul.*Met.*2.3. **b** loca deligunt quam maxime spatiosa..domum ~ magnam Quint.*Inst.*11.2.18; si quid..noui sit, ~ si condicio..adiciatur Gaius *Inst.*3.177; si frumentum..casu quodam interierit, ~ incendio ruina *dig.*3.5.21(22); Ulp.*dig.*21.1.4.1. **c** cuncta necessest aut grauitate sua ferri primordia rerum aut ictu ~ alterius Lucr.2.85; 6.709; (metrorum ratio) ne dactylum quidem (recipit) aut ~ spondeum alterum pro altero Quint.*Inst.*9.4.49; tutorem optare uel in omnes res uel in unam ~ aut duas Gaius *Inst.*1.150. **d** '~' dubitanter..dixit (Laeuius) Gel.19.7.7.

fortescō ~ere, *intr.* [fortis+-esco] To become brave or strong.

~ere posuit (Laeuius) pro 'fortem fieri' Gel.19.7.9.

forticulus ~a ~um, *a.* [next+-cvlvs] Fairly brave; fairly strong.

quamuis..(Epicurus) ~um se in torminibus..praebeat Cic.*Tusc.*2.45;—fac..ualetudinis tuae curam agas..dei praestabunt ut me quoque ~um inuenias Fro.*Amic.*2.p.92(186N); me..satis ~um denuntiat (praeco) Apul.*Met.*8.24.

fortis ~is ~e, *a. compar.* ~ior, *superl.* ~issimus. [dub.] Forms: abl. sg. *forte* Calp. *Decl.*52(*s.v.l.*), Gel.9.16.7; see also forctis.

1 (of persons or animals, their limbs, etc.) Physically robust or powerful, strong, hardy, vigorous, etc. **b** (of plants). **c** in healthy physical condition, in robust health. **d** able to take strong food or drink. **e** full of sexual vigour. **f** robust in appearance, well set up, strapping. **g** having or requiring a man's strength; *~ior aetas* (or sim.), the prime of manhood, maturity.

ex agricolis et uiri ~issimi et milites strenuissimi gignuntur Cato*Agr.*pr.4; ~is equi uis Lucr.3.8; pingue solum..~es inuertant tauri Verg.*G.*1.65; Tib.2.2.14; reducunt..ad ~ia pectora remos Ov.*Met.*11.462; ~ior..nouus est luctator..quam cui sunt tarda brachia fessa mora *Tr.*4.6.31; cum ~iores exercentur et manus plumbo graues iactant Sen.*Ep.*56.1; Petr.62.2; umeros ~es V.Fl.1.434; ~em..sexum (*i.e. males*) Stat.*Silv.*4.3.13; parere necesse est; nam quid agas, cum te furiosus cogat et idem ~ior? Juv.3.292; (*w. abl.*) cursu ~is Aello (*a hound*) Ov.*Met.*3.219; (*w.* ad) boues..ad opera ~is Col.6.1.2;—(*of activities, etc.*) dum ~ius opus permisit aetas [Quint.]*Decl.*13.2; iuuenis complexu ~issimo arripit eius dexteram Apul.*Met.*9.38;—(*transf.*) sum tibi uiribus impar: ~ius ingenium suspicor esse uiris Ov.*Ep.*18.6. **b** infecunda quidem, sed laeta et ~ia surgunt (*sc. weeds*) Verg.*G.*2.48; (aesculus) ~is late ramos et bracchia tendens 2.296; Col.3.11.5; ~iora contra hiemes frumenta Plin.*Nat.*18.60; (lapathum) omnium, quae seruntur nascunturque, ~issimum 19.184; (*in fig. phr.*) resurgit uerae uirtutis ~ior fama Quint.*Inst.*12.9.4. **c** languescit (mullus). uiuum da mare: ~is erit Mart.13.79.2; contingat modo te filiamque tuam ~es inuenire! Plin.*Ep.*4.1.7; 7.23.1; (*transf.*) dormi per istas noctes, ut ~i colore in senatum uenias Fro.*Aur.*1.p.188(77N). **d** seu quis capit acria ~is pocula seu modicis uuescit laetius Hor.*S.*2.6.69; ~ioribus stomachis ex iure (ranas) mandendas dabat Plin.*Nat.*32.80. **e** saepe ego lasciue consumpsi tempora noctis, utilis et ~i corpore mane fui Ov.*Am.*2.10.28; (*cf.*) suspectus tibi sit, quanto uox mollior..hic erit in lecto ~issimus Juv.6.O25. **f** sed Bacchis etiam ~is tibi uisast? Pl.*Bac.*216; *Mil.*1111; adulescentem..strenua facie, rubicundum, ~em *Rud.*314. **g** nondum teneras uestite genas necdum ~i sanguine Sen.*Her.O.*214; creuerat hic uultus bis denis ~ior annis Mart.9.76.3; te ~ior annis nondum cura decet Stat.*Theb.*2.357;—Telemacho ueniet, uiuat modo, ~ior aetas Ov.*Ep.*1.107; mater eris iuuenis, qui ~ibus annis acta patris uincet *Met.*11.222; nos ~ior aetas iam fugit Stat.*Silv.*5.2.158; (*cf.*) nec non infelix ferro mollita iuuentus..stat contra ~ior aetas (*i.e. adult men*) Luc.10.134.

2 (of things) Strong, stout, tough.

in pistrino..praepeditus latere ~i ferreo Pl.*Poen.*828; testudo..facta..ex ~issimis lignis Caes.*Civ.*2.2.4; tibi nascenti..nerunt fatales ~ia fila deae Ov.*Pont.*1.8.64; tendant Cretes (*i.e. hounds*) ~ia..uincula collo Sen.*Phaed.*35; ~is crebris sonat ictibus umbo Luc.6.192; ~ius lignum quercus habet Plin.*Nat.*16.22; globosus (silex) contra iniurias ~is 36.169; campi, quod non nisi..~issima aratra perfringunt Plin.*Ep.*5.6.10; moenia ~ia *CIL* 3.6037.

3 a (of winds, streams, etc.) Having force of movement, strong; (of heat, light) intense, powerful. **b** (of sounds) loud, noisy. **c** (of medicines, wines, etc.) powerful in operation, potent, effective; (also transf.).

a quae tam ~es uoluant incendia causae *Aetna* 2; ~em..amnem 122; inpleat illa tuos ~ior aura sinus Ov.*Am.*2.11.38; Sen.*Ag.*442; nec ~i uelis Aquilone recepto Luc.4.584; nec ~ior undis labitur (*sc.* Inachus) 6.362;—solis ~ius lumen est Sen.*Nat.*1.2.10; (fulgores) quibus..ignis ~ior (est) 1.15.4; ubi..sole iam ~i medioque uere tabuit Haemus *Med.*589. **b** altiores gemitus et ~iora..suspiria Sen.*Con.*2.2.3; ~i pectora conlidunt plausu Stat.*Theb.*6.590; tu planctus lamentaque ~ia mauis *Silv.*2.1.6; (liberi) colore satis salubri, clamore ~i Fro.*Aur.*2.p.120(101N). **c** Aufidius ~i miscebat mella Falerno Hor.*S.*2.4.24; ~ibus herbis, quas maga terribili subsecat arte manus Ov.*Med.*35; *Met.*15.534; ~iora omnia eadem (*i.e. antidotes from wild horses*) quam in equis intellegi debent Plin.*Nat.*28.159;—(*transf.*) oculis..nulla poterat esse ~ior contra dolorem et mortem disciplina Cic.*Tusc.*2.41; ubique uitia remediis ~iora Plin.*Ep.*4.25.5; consuetudo res ~is est Flor.*Verg.*p.185R.

4 (of cities, etc.) Rich in resources, military strength, etc., powerful. **b** (colloq., of persons, their conduct) honourable, decent, worthy.

oppidum fere totius Ciliciae nobilissimum ~issimumque *B.Alex.*66.2; ~issima..castra V.Max.1.6.4; si qvibvs civitatibvs res pvblica tenvior est, non eadem serventvr, qvae apvt ~iores civitates scripta svnt *CIL* 2.6278.48. **b** eum sororem despondisse suam in tam ~em familiam Pl.*Trin.*1133; cauit ne umquam infamiae ea res sibi esset, ut uirum ~em decet Ter.*An.*445; redeam? non si me obsecret.—siquidem hercle possis, nil prius neque ~ius *Eu.*50; frater eius ~is fuit, amicus amico, manu plena, uncta mensa Petr.43.4.

5 a (of arguments, proofs) Convincing, strong. **b** (of remedies or sim.) drastic, severe; (also, of persons).

a cuius erga ipsum beniuolentiae..hoc..haberet ~issimum pignus Curt.6.7.9; ex pugnantibus..~ior multo probatio est Quint.*Inst.*5.14.2; quasi ~issimum amplectitur, cum ab alio dictum est, quod ipse praeuidit Plin.*Ep.*1.20.13; huius rei ~issimum argumentum Papin.*dig.*1.21.1; quanam uerborum industria causa infirmior fieret ~ior Gel.5.3.7. **b** cum alii..permulcendum militem censerent, alii ~ioribus remediis agendum Tac.*Ann.*1.29; solacium..castigatorium et nimis ~e Plin.*Ep.*5.16.10;—eligat ipse, qualem sortiri uelit patrem, mitem an ~em Quint.*Decl.*286(p.152,l.10).

6 (of speakers, their words, style, etc.) Vigorous, forceful, bold, strong. **b** (applied to the rhythm of a sentence). **c** (gram., applied to the letter *s*); (also, to syllables beginning with this letter).

non..semper ~is oratio quaeritur, sed saepe placida, summissa, lenis, quae maxime commendat reos Cic.*de Orat.*2.183; ~is..actor et uehemens *Brut.*221; placidis miscentem ~ia dictis Ov.*Met.*4.652; origo et principium ~ioris tragoediae (*i.e. Aeschylus*) V.Max.9.12.ext.2; illas sententias aiebat tumidas magis esse quam ~es Sen.*Con.*10.1.14; ~ius uero qui incompositum potest esse quam uinctum et bene collocatum? Quint.*Inst.*9.4.6; fiunt..pro grandibus tumidi..~ibus temerarii 10.2.16; Gel.10.3.1. **b** dixi multum referre, unone uerbo sint duo pedes conprehensi an uterque liber. sic enim fit ~e 'criminis causa', molle 'archipiratae' Quint.*Inst.*9.4.97. **c** dum caput obtineat ~issima littera uerbi Maur.1052;—syllaba si..~isque et uiuida detur, 'unde scire potes', 'percussa spumat harena' 1198.

7 (of a person, his disposition, etc.) Courageous, brave, bold, resolute. **b** (of words, actions, etc.) of, characteristic of, or befitting a brave man.

certumst confidenter hominem contra conloqui, qui possim uideri huic ~is Pl.*Am.*340; ~is fortuna adiuuat Ter.*Ph.*203; ~issimus adiutor ad rem perficiendam fuit Cic.*Dom.*30; senatus..~is est et habet fortis duces *Fam.*11.18.1; omnia ~issimo sustinebant animo Hirt.*Gal.*8.42.3; frangit ~ia corda dolor [Tib.]3.2.6; si aditus ad honores uiris strenuis et ~ibus datur Liv.4.5.5; caesi..parentis..~issimus ultor Ov.*Met.*15.821; Vell.2.24.5; Sen.*Ep.*22.7; ~ior (*i.e. emboldened*) ominibus mouit Mauortia signa Caesar Petr.123,l.183; ~issimus aduocatus Plin.*Ep.*7.22.2; Juv.10.357;—(*of birds, etc.*) ut fecundiores essent fugaces earum (*sc.* auium) quam ~es Plin.*Nat.*10.143;—(*poet.*) rapta..~i uellera..manu Ov.*Ep.*6.14; per..hunc iuro ~em castumque cruorem (*i.e. of Lucretia*) *Fast.*2.841;—(*w.* ad) ad pericula ~em Cic.*Font.*43; Liv.7.40.2; graui pauidus metu, nec ad rogandum ~is Sen.*Tro.*316;—(*w.* in+*acc.*) est et mihi ~is in unum hoc manus Ov.*Met.*4.149;—(*w.* in+*abl.*) ~es in decernendo non erant Cic.*Mur.*51; an consules in praetore coercendo ~es fuissent? *Mil.*89;—(*w. inf.*) contemnere honores ~is Hor.*S.*2.7.86; *Carm.*1.37.26;—(*w. advl. force*) nemus tacito clam pede ~is init Ov.*Ars* 3.712. **b** perpetua ~is inuicta defensio salutis meae Cic.*Red.Sen.*30; ~ibus sane oculis Cassius (Martem spirare diceres).. *Att.*15.11.1; bellum et ~ia consilia placeant Liv.9.11.4; qui liberam et ~em censuram timerent 39.41.3; flere palam non uolt exemplaque ~ia seruat Ov.*Fast.*4.847; alterius luctu ~ia uerba loqui *Epic.Drusi* 10; istorum (*sc.* incommodorum) ~em tolerantiam Sen.*Ep.*67.5.

8 (of soldiers or sim.) Gallant, heroic, valiant; *manu ~is*, brave in combat. **b** (spec.) that has been decorated for bravery. **c** (transf., of actions, etc., also of weapons and other appurtenances of war); (also, of epic poetry).

homo..~is atque bellator probus Pl.*Ps.*992; ut ~is decet milites Ter.*Eu.*814; maximo et ~issimo exercitu Cic.*Mur.*32; centuriones, ~is uiros, circiter xxx amisit Caes.*Civ.*3.99.1; iuuenes, ~issima frustra pectora Verg.*A.*2.348; Liv.22.60.20; quid faciant pauci contra tot milia ~es? Ov.*Fast.*2.229; Vell.2.27.1; Fron.*Str.*1.1.9; (*of the god of war*) ~em..deum (*i.e. Mars*) Ov.*Fast.*5.598; (*w.* ad) ~is..ad proelia turmas Prop.2.10.3;—si qui..manu se ~em esse defendet Cic.*Inv.*1.94; illo Perses nemo manu fuit ~ior Nep.*Reg.*1.4; Verg.*A.*9.592; Sen.*Ben.*4.37.1. **b** si casu ter ~is occidisset Sen.*Con.*1.8.9; uir ~is optet quod uolet Quint.*Inst.*7.5.4; Calp.*Decl.*15. **c** quorum opera..optima ~issimaque erat usus Caes.*Civ.*3.59.1; Augusti ~ia signa Prop.3.12.2; multis ~ibus factis militari gloria inlustris Liv.26.39.3; quid..tibi, lasciue puer, cum ~ibus armis? Ov.*Met.*1.456;—(*neut. pl. as sb.*) serae..ad ~ia uires Verg.*A.*8.509; Liv.2.12.9;—~e epos acer ut nemo Varius ducit Hor.*S.*1.10.43; qui..caneret ~i regia bella pede Dom.Mars.*poet.*7.4.

fortiter, *adv. compar.* ~ius, *superl.* ~issimē. [prec.+-ter[2]]

1 With physical strength, vigorously, powerfully, sturdily, etc. **b** (w. vbs. of tying, etc.) firmly, securely. **c** (w. vbs. of burning, etc.) violently, intensely. **d** loudly, noisily.

quam ~iter illic uersarem..solum..! Tib.2.3.5; lunauit..~iter arcum Ov.*Am.*1.1.23; si tamen horteris, ~ius ibit equus *Pont.*2.11.22; perfricari ~iter Cels.3.15.4; discussis..~issime claustris Petr.11.2; qui tam ~iter fores uerberasti Apul.*Met.*1.22; (*transf.*) matres fouere in sinu..uolunt..patrium deus habet aduersus bonos uiros animum et illos ~iter amat Sen.*Dial.*1.2.6; (*cf.*) cum ualeas ~ius (*i.e. since you are in stronger health*) Ov.*Pont.*3.1.72;—(*of inanim. objs.*) imbres et uentos ~ius patitur (uitis) Col.3.2.8; rigorem ~issime seruat ulmus Plin.*Nat.*16.210; 21.67. **b** hunc..astringite ad columnam ~iter Pl.*Bac.*823; pugnantes ~ius illa (*sc.* uincula) tenent Ov.*Fast.*3.308; haereat ut collo ~ius illa suo 5.614; in sicco quoque parum ~iter stamus Sen.*Ep.*116.6; Stat.*Silv.*5.1.173. **c** arserunt agitati ~ius ignes (*i.e. of love*) Ov.*Met.*6.708; quotiens ~ius ipsa iactatione se accendit (aer) Sen.*Nat.*2.58.1. **d** rudiui ~iter, immo tonanti clamore personui Apul.*Met.*7.13.

2 a With vigour or zeal in action, strenuously, energetically. **b** (w. vbs. of assertion, etc.) with strong conviction, stoutly, uncompromisingly; (ref. to manner of speaking) with vigour of style or language, forcefully.

a iniuriam facere ~issime perseuerat Cic.*Quinct.*31; tu, puer, i, liquidum ~ius adde merum [Tib.]3.6.62; quasi hoc condimento illectae pecudes ~ius iusta cibariorum conficient Col.5.6.4; caue ~iter a malis artibus..Pamphiles Apul.*Met.*2.5. **b** ne ii quidem qui hoc ~issime adfirmant Quint.*Inst.*2.4.42; Ciceronem cuicumque eorum ~iter opposuerim 10.1.105; 12.3.3;—liberius et ~ius et magis more nostro refutaremus istam male dicendi licentiam Cic.*Cael.*7; narrat aperte, pugnat acriter, colligit ~iter (Isaeus) Plin.*Ep.*2.3.3.

3 With strong reason, justifiably.

quare ~ius et si aqua per riuum sua sponte perfluxit, ius aquae ducendae retinetur Cels.*dig.*8.6.12; si filii familias militis peculium sit, ~ius defendi potest hereditatem effectam per constitutiones Ulp.*dig.*10.2.2.2; 26.2.10.2; 45.1.81.1.

4 With boldness or fortitude, bravely, manfully, resolutely, etc.

qui malum fert ~iter Pl.*As.*323; pugnaui ~iter *Men.*129; cum..rei publicae partem ~issime suscepisset Cic.*Mil.*40; ~iter resistendum est legi agrariae *Att.*2.3.3; 11.1.1; nostri ~iter impetum eorum tulerunt Caes.*Civ.*3.37.6; ~iter uenari, luxuriose uiuere Nep.*Alc.*11.5; o nauis..~iter occupa portum! Hor.*Carm.*1.14.2; qui alia bella ~ius semper quam felicius gessissent Liv.5.43.7; ~ius e multis mater desiderat unum Ov.*Rem.*463; Vell.2.24.1; admonitus..~iter protendere ceruicem, 'utinam' ait 'tu tam ~iter ferias!' Tac.*Ann.*15.67; Gel.10.22.24;—(*iron.*) ut rebus maternis atque paternis ~iter absumptis urbanus coepit haberi Hor.*Ep.*1.15.27.

fortitūdō ~inis, *f.* [fortis+-tvdo]

1 Physical strength, vigour, robustness.

sinite..illas (*sc.* capellas) gloria uana frui..pares dum non sint uestrae (*sc.* hircorum) ~ini Phaed.4.16(17).6; Col.6.37.4; uectorem sibimet equum deligunt diutinae ~inis Apul.*Fl.*21; Ulp.*dig.*21.1.38.7.

2 Boldness or fortitude, courage, bravery; (pl.) forms or instances of courage.

uereor, ne istaec ~o in neruom erumpat denique Ter.*Ph.*325; perturbata sum, iam flaccet ~o Afran.*com.*65; ~o in periculis Cic.*Man.*29; *Fam.*5.13.3; ~o, cuius munera duo sunt maxima: mortis dolorisque contemptio *Tusc.*2.43; pro gloria belli atque ~inis angustos se finis habere arbitrabantur Caes.*Gal.*1.2.5; malarum rerum audacia ~o uocatur Sal.*Cat.*52.11; neque ~ine aduersus Mithridatem neque fide in Romanos quisquam Rhodiis par fuit Vell.2.18.3; Sen.*Ben.*2.34.3; Tac.*Ag.*33.2; Suet.*Aug.*3.2;—(*pl.*) sunt gitur domesticae ~ines non inferiores militaribus Cic.*Off.*1.78; differentes sunt..nationum..~ines Vitr.10.16.1.

fortuītō, *adv.* [fortvitvs+-o[2]] By (mere) chance, fortuitously, without design. **b** without fixed direction, order, etc., haphazardly, at random.

si eam senex anum praegnatem ~ fecerit PL.*Aul.*163; haec inter nos partitio defensionis non est ~..nec temere facta CIC.*Sul.*13; quod uerbum tibi non excidit..~: scriptum, meditatum, cogitatum attulisti *Phil.*10.6; nec mihi.. hoc accidit ~ *Tusc.*1.99; ~ oblatam occasionem egressus aucupabatur *B.Afr.*3.5; sensit id non ~ factum, sed se peti NEP.*Han.*12.5; SEN.*Dial.*4.3.1; multa quae prouideri non possint ~ in melius casura TAC.*Ann.*2.77; incenante eo.. ingentia saxa ~ superne dilapsa sunt SUET.*Tib.*39; APUL. *Met.*7.25. **b** totum animal mouetur illud quidem, sed inmoderate et ~ CIC.*Tim.*48; parietes ~ sidentes uitiantur VITR.2.3.2; id..non ut libet aut ~ faciendum COL.4.16.2; (surculos) notis quibusdam discretos..temere ac ~ spargunt TAC.*Ger.*10.1.

fortuītū, *adv.* [as prec., after *casu*] By chance, accidentally.

casu et ~ nauis in portum incolumis delata est *Rhet.Her.* 1.19; HYG.*Astr.*2.20.

fortuītus ~a ~um, *a.* [FORS; for term. cf. *gratuitus*] PROS.: *-ītus* HOR.*Carm.*2.15.17, PHAED.2.4.4; *-ĭtus* prob. (cf. *gratuitus*) in MAN.1.182, PETR.135.8, JUV.13.225 (unless synizesis is assumed).

1 Determined by chance, accidental, fortuitous. **b** (neut. as sb.) a chance occurrence or circumstance; (esp.) a misfortune, accident.

paucas tribus non certa condicione iuris, sed sortis beneficio ~o..uocare CIC.*Agr.*2.17; ut illud..non ~um, sed diuinum uideretur *Fam.*7.5.2; praesensiones non ~ae *Div.* 2.109; ~um non hostilem ac bellicum ignem rati esse LIV.30.5.8; cuius mors..~a an uoluntaria fuerit ignoro VELL.2.102.1; nasci a principibus ~um TAC.*Hist.*1.16; qui liburnicam qua aduecta erat (Agrippina) uelut ~o concursu confringerent SUET.*Nero* 34.2; ictus..~us GEL.20.1.16. **b** si..prudentes nasceremur, sapientia quod in se optimum habet, perdidisset, inter ~a non esse SEN.*Ep.*90.2; ~a belli sperabantur TAC.*Hist.*4.23;—si animus ~a contempsit SEN.*Ben.*7.1.7; praeter ~a casusque..et milia morborum..timenda PLIN.*Nat.*25.23; nihil tam capax ~orum quam mare TAC.*Ann.*14.3.

2 (of circumstances, material objects, etc.) That happens to arise or present itself, casual, chance, spontaneous, etc.

si subitam et ~am orationem commentatio et cogitatio facile uincit CIC.*de Orat.*1.150; neque nauium se magnitudine neque numero parem esse ~ae dimicationi *B.Alex.* 46.1; dilapsi omnes, quocumque..~us animi impetus tulit LIV.23.15.5; ~um feles contubernium..sic euertit PHAED. 2.4.4; formam eius laudauerat princeps, nulla libidine, sed ~o sermone TAC.*Ann.*12.22; Poppaea mortem obiit, ~a mariti iracundia 16.6; sollicitatus quorundam..ignotorum..~o fauore SUET.*Ves.*6.1;—(*of material things*) nec ~um spernere caespitem leges sinebant HOR.*Carm.*2.15.17; (solem) ~orum ignium globum..adpellat SEN.*Ben.*7.31.3; ~o ductae quater aggere pinnae STAT.*Theb.*7.449; cibo ~o, ueste habituque uix a gregario milite discrepans TAC.*Hist.* 2.5; (*of a self-sown plant*) aeque ~a eodem loco est uitis PLIN.*Nat.*15.78.

3 Not directed towards a particular end, random, haphazard.

cum..latrocinii modo caeca et ~a pro collemni et sacrata militia sit LIV.8.34.10; elephantos..quorum ~us impetus.. signa sequi..Romanos prohiberent 30.35.6; omnium ignari ~um iter incipiunt TAC.*Hist.*5.3; (*cf.*) paries..palea satiatus inani ~oque luto PETR.135.8,l.9.

4 Non-essential to the existence of something, incidental, contingent.

corporis..~orumque cum leuior, tum non uno modo tractanda est (laus) QUINT.*Inst.*3.7.12; illa ~a aderant omnia, uocis iucunditas claritasque, oris suauitas 6.pr.11.

fortūna ~ae, *f.* [cf. FORS] FORMS: gen. sg. ~*as* NAEV.*poet.*20(21); dat. sg. ~*a* *CIL* 1.60; dat. and abl. pl. ~*abus* *CIL* 5.8929, 6.182.

1 The more or less personified agency supposed to direct events, Fortune. **b** (distinguished as good or bad); *bona ~a*, (euphem.) nobody. **c** (regarded as concerned with a particular person, state, etc.). **d** (phrs.) *~am temptare* (*periclitari*), to make trial of fortune, try one's luck; *~ae committere* (*mandare*), to entrust to fortune, leave to chance; *in ~a positum esse*, *~ae subiectum esse*, to be dependent on chance; *forte ~a*, by chance (see FORS).

fortunati omnes sitis, quod certo scio nec fore nec ~am id situram fieri PL.*Poen.*624; cum..timerem ne quid mali ~a moliretur PAUL.*orat.*2; ~ae..ista tela sunt non culpae CIC.*Pis.*43; sed haec ~a uiderit, quoniam ratio non gubernat *Att.*14.11.1; ~a caeca est *Amic.*54; multum cum in omnibus rebus tum in re militari potest ~a CAES.*Gal.*6.30.2; si miserum ~a Sinonem finxit VERG.*A.*2.79; temeritati consulis..materiam etiam ~a dedit LIV.22.41.1; Caesar ei parti destinatus, in quam a ~a uocaretur, ubique aderat VELL.2.85.2; res humanas ordine nullo ~a regit SEN.*Phaed.* 979; quem futurum principem ~a in occulto tenebat TAC. *Ann.*3.18. **b** Malam ~am in aedis te adduxi meas PL. *Rud.*501; ~a lustro prospera tertio belli secundos reddidit exitus HOR.*Carm.*4.14.37; Mario..omnia passo quae peior ~a potest, atque omnibus uso quae melior LUC.2.132;—num quis me quaesiit? — bona ~a AFRAN.*com.*429. **c** nisi ..diuinitus Cn. Pompeium ad eas regiones ~a populi Romani attulisset CIC.*Man.*45; si me non uel mea uel rei publicae ~a seruasset *Mil.*20; tandem uicit ~a rei publicae SAL.*Cat.* 41.3; eam esse consuetudinem regiam, ut casus aduersos hominibus tribuant, secundos ~ae suae NEP.*Dat.*5.4; LUC. 8.686; eos ~a Traiani principis triumphis reseruauit AMP. 47.7. **d** saepius ~am temptare Galba nolebat CAES.*Gal.* 3.6.4; cur denique ~am periclitaretur? *Civ.*1.72.2; statuit eum obiectare periculis et eo modo ~am temptare SAL.*Jug.* 7.1; TAC.*Ann.*6.44;—~ae sunt committenda omnia CIC. *Att.*10.2.2; LIV.3.60.2; ~ae se committere aduersus hostem 7.12.11; ~ae cetera mando OV.*Med.*2.140;—ut omne consilium in ~a positum uideretur CIC.*Att.*14.17.1; *Div.*2.14; (summum bonum) incipit ~ae esse subiectum, si quam partem sui foris quaerit SEN.*Ep.*9.15; QUINT.*Inst.*1.12.18.

2 Fortune regarded as granting, withholding, or withdrawing success or prosperity. **b** *~ae filius*, one born lucky, Fortune's darling.

haudquaquam quemquam semper ~a secuta est ENN. *Ann.*289; opes, diuitiae, cetera quae ~a dat aut extrinsecus aut corpori CIC.*de Orat.*2.342; dum..uultum seruat ~a benignum HOR.*Ep.*1.11.20; si ~a dubitabit LIV.21.44.8; adfuit ~a incepto 26.40.3; semper ~am in sua potestate habuit VELL.2.35.2; si ~a uolet, fies de rhetore consul JUV. 7.197; laetum eum atque fidentem..~a destituit SUET.*Aug.* 65.1;—(*prov.*) fortis ~a adiuuat TER.*Ph.*202; CIC.*Tusc.*2.11; LIV.34.37.4. **b** ludos spectauerat una (*i.e. with Maecenas*) ..'~ae filius!' omnes HOR.*S.*2.6.49; plane ~ae filius, in manu illius plumbum aurum fiebat PETR.43.7.

3 The goddess Fortune; also *Fors ~a*. **b** (w. various epithets; see further under the adjs. in question). **c** *per ~as*, (in earnest appeals) for heaven's sake, in God's name. **d** (astrol., as the name of a division of the *dodecatropos*).

quem te autem diuom nominem? — ~am, atque Opsequentem PL.*As.*716; ~ae fanum antiquum CIC.*Ver.*4.119; lactens (Iuppiter)..~ae in gremio sedens *Div.*2.85; unam (hostiam) ~ae LIV.45.44.8; porrige ~ae munera parua die OV.*Ars* 2.256; (*pl.*) ~ABVS BALNEI VERVLANI C HOSTILIVS AGATHOPVS D D *CIL* 6.182;—quam cito uenerunt ~ae Fortis honores! OV.*Fast.*6.773; COL.10.316. **b** unum peruetus ligneum (signum), Bonam ~am, ut opinor CIC.*Ver.*4.7; aram Malae ~ae *N.D.*3.63; aedem ~ae Primigeniae LIV. 34.53.5; ~ae..Virili OV.*Fast.*4.145; aram ~ae muliebri eo loco, quo Coriolanus exoratus fuerat, faciendam curauit V.MAX.5.2.1; ~ae Reducis..templa MART.8.65.1; donum quod..equites Romani uouerunt equestri ~ae TAC.*Ann.* 3.71; ~AE RESPICIENTI *CIL* 11.347. **c** ad quae recipe-randa, per ~as! incumbe CIC.*Att.*3.20.1; ne prouincia nobis prorogetur, per ~as!..prouide 5.11.1; 5.13.3; per ~as uestrosque Genios..decrepito seni subsistite APUL.*Met.*8.20; (*cf. sense 11*) per ~as miseras nostras, uide ne puerum perditum perdamus CIC.*Fam.*14.1.5. **d** propria est haec reddita parti uis, ut conubia et thalamos..gubernet..nomen erit ~a loco MAN.2.927.

4 Good fortune regarded as an attribute of generals, etc., luck; *~am* (*suam*) *sequi*, to be led by one's luck, follow one's star; *~am alicuius sequi*, to follow someone's leadership. **b** ill-starred quality, unluckiness.

magnis imperatoribus non solum propter uirtutem sed etiam propter ~am saepius imperia mandata CIC.*Man.*47; in quo uno ita summa ~a cum summa uirtute certauit ut.. plus homini quam deae tribueretur *Balb.*9; disce, puer, uirtutem ex me..~am ex aliis VERG.*A.*12.436; Hannibalis uirtutem ~amque extollit LIV.23.43.10; usus Caesar uirtute et ~a sua Perusiam expugnauit VELL.2.74.4; iuuat..quod superest fati uitaeque laborum ~a transire tua STAT.*Theb.* 2.197; (*of a place*) cum iam ut uirtus uestra transire alio possit, ~a certe loci huius transferri non possit LIV.5.54.6; —secuturum se ~am suam, si dictator in cunctatione ..perstaret 22.27.4; VELL.2.55.1; mutabit pelago terras uentisque sequetur ~am MAN.5.43;—ut hi fratres diuersas sententias ~asque sequerentur CIC.*Lig.*34; habiturum ..plurimos belli socios, qui ~am sequerentur, si bellare mallet LIV.42.59.10; meam ~am..quam uictoris maluistis sequi CURT.5.8.9. **b** aetatis (*sc. of Scipio*) maxime paenitebat; quidam ~am etiam domus horrebant LIV. 26.18.11; eundem equum tali fuisse fato siue ~a..ut, quisquis haberet eum..deperiret GEL.3.9.3.

5 The way in which events fall out, the workings of fortune, chance(s), hazard(s); (esp., foll. by gen.).

hos ad magistros si qua te ~a..detulisset CIC.*Mur.*64; qui hanc temptandam ~am non existimabant CAES.*Gal.* 7.4.2; ad ~am inclinauit legatosque ad Hannibalem misit LIV.23.33.4; tacite gementes tristem ~ae uicem PHAED. 5.1.6; extra ~am est quidquid donatur amicis MART.5.42.7; sequitur ~am, ut semper, et odit damnatos JUV.10.73;—(*w. gen.*) quorum uirtuti belli ~a pepercit ENN.*Ann.*199; cui ~a belli crimini..fuit CIC.*Brut.*135; anceps pugnae fuerat ~a VERG.*A.*4.603; nullam ~am certaminis experti LIV. 22.60.24; an..adulescens..dignus sit, qui iterum ~am subeat optionis SEN.*Con.*7.8.9; prius..quam ~am obsidionis experiretur CURT.7.11.5; satis est..per quattuor..genera uindemiae ~am opperiri COL.3.20.3; uerebar ~am iudiciorum et exempla QUINT.*Decl.*375(p.415,l.23); mente ambigua ~am seditionis alienae speculabantur TAC.*Ann.*1.31; (*cf.*) illis piscium se capturam uendidisse adfirmantibus, hoc ~am ductus emisse dicente V.MAX.4.1.ext.7; APUL.*Apol.*31.

6 A favourable chance (of doing something), opportunity, occasion.

Camillam circuit, et quae sit ~a facillima temptat VERG.*A.*11.761; urbem..si qua ~a daret, temptandam LIV.3.5.2; Hannibali alia..bene gerendae rei ~a oblata est 25.19.8; deos..accusans quod tantae rei ~am ex oculis prope raptam amisisset 28.7.8; nec nocuisse ulli et ~am habuisse nocendi *Epic.Drusi* 47; rapuit gauisa Polyxo ~am STAT.*Theb.*5.132.

7 The outcome, issue, result. **b** (pregn.) a favourable outcome, success.

diiudicata iam belli ~a CAES.*Civ.*2.32.6; huius certaminis ~a et Faliscos..foedus petere..coegit LIV.7.38.1; armis decernendum esse habendamque eam ~am quam di dedissent 30.31.10; qui si quaeritis huius ~am pugnae, non sum superatus ab illo OV.*Met.*13.90; cum..adligasset..pugionem ad femur alterutri se ~ae parans VELL.2.43.2; prosperrime semper ac ne ancipiti quidem umquam ~a..dimicauit SUET.*Jul.*36. **b** habuisset tanto impetu coepta res ~am LIV.24.34.1; ad omnem clausulam..cum indecora exsultatione conclamant (*sc. pupils*). id mutuum est et ibi declamationis ~a QUINT.*Inst.*2.2.12.

8 What befalls or is destined to befall one, one's fate, destiny, fortunes; (also pl.). **b** (w. defining adj.). **c** (poet., applied to persons whose destiny is bound up with one's own).

sapiens..ipsus fingit ~am sibi PL.*Trin.*363; habetis hominem..in utraque ~a cognitum multis signis et uirtutis et humanitatis CIC.*Caec.*104; non debes aut propriam ~am et praecipuam postulare aut communem recusare *Fam.* 4.15.2; quamuis ~am a populo Romano pati CAES.*Gal.* 2.31.5; Troiae renascens alite lugubri ~a tristi clade iterabitur HOR.*Carm.*3.3.62; eandem qua Fidenae deletae sint imminere Veiis ~am LIV.4.25.8; suam cuique ~am in manu esse 24.14.7; ~a..moribus inpar OV.*Tr.*5.5.47; ex horum (*sc.* siderum) leuissimis motibus ~ae populorum dependent SEN.*Dial.*6.18.3; dum pendet ~a ducum LUC. 2.41; ~a partium alibi transacta TAC.*Hist.*3.5; accidit.. similis ~a Catullo JUV.12.29; (*of a thing*) muneris aliturus quae sit ~a, requiris? OV.*Met* 7.757; (*poet.*) cui (*sc.* Plutoni) triplicis cessit ~a nouissima regni! 5.368;—(*pl.*) conqueritur mecum mulier ~as suas PL.*Mil.*125; si eo meae ~ae redeunt, Phanium, abs te ut distrahar TER.*Ph.*201; negat in eo positas esse ~as Graeciae CIC.*Orat.*27; sese suas exercitusque ~as in dubium non deuocaturum CAES.*Gal.* 6.7.6; uice ~arum humanarum LIV.7.31.6; GEL.14.1.21. **b** conqueri ~am aduersam PAC.*trag.*268; in tam misera ~a uersari CIC.*Att.*11.17.1; quibus..nefas est etiam in extrema ~a deserere patronos CAES.*Gal.*7.40.7; qui nec bonam nec malam ferre ~am possit LIV.27.14.1; diligitur nemo, nisi cui ~a secunda est OV.*Pont.*2.3.23; TAC.*Ann.*11.17;—(*pl.*) ~is parum prosperis usus est FRO.*Amic.*2.p.182(195N). **c** o domitor mundi, rerum ~a mearum, miles LUC.7.250; uos (*i.e. my sons*) uteri ~a mei STAT.*Theb.*3.155.

9 Fortunate circumstances, prosperity, good fortune.

quis est mortalis tanta ~a adfectus umquam..? PL.fr.17; tantam ~am de inprouiso esse his datam! TER.*Ph.*884; eum..clarissimum Graeciae diuturna cum ~a fore CIC.*Div.* 1.39; ~a uitrea est: tum cum splendet frangitur PUB.*Sent.* F.24; sperauimus ista, dum ~a fuit VERG.*A.*10.43; ut redeat miseris, abeat ~a superbis HOR.*Ars* 201; si uolumus ~a uti LIV.23.12.11; quidquid laudamus in ullo maiorum, ~a fuit LUC.9.596; Vespasiano ante ~am amicus TAC.*Hist.*3.43;—(*w. gen. of definition*) nullane placuere ueniet ~a procellae? PROP.1.17.7; bina postea, inter tot annos..opima parta sunt spolia: adeo rara eius ~a decoris fuit LIV.1.10.7;—(*attributed to things*) da..ferro, quod missile libro, ~am atque uiam duri per pectus Halaesi VERG.*A.*10.422. ~am ..hastis uenientibus aufert STAT.*Theb.*7.754.

10 Unfortunate circumstances, misfortune, ill success, bad luck.

quae..~a aut quis casus aut quae tanta possit iniuria.. decreta delere? CIC.*Deiot.*37; si nos premet eadem ~a *Fam.* 14.1.5; repentina ~a permoti CAES.*Civ.*2.14.3; arte emenda turus ~am HOR.*S.*2.8.85; saepe imprudenti ~a occurrit amanti PROP.1.20.3; quod auri sibi..ad subsidium ~ae a maioribus relictum foret LIV.22.32.6; foedior debilitas est, ubi ~ae neglegentia..accessit CELS.8.10.5.B; ~am..auertere SEN.*Cl.*1.19.8;—(*poet.*) trahitur manibus regum ~a (*i.e. kings in captivity*) retortis HOR.*Ep.*2.1.191;—(*w. defining gen.*) gratulor tibi, mi Balbe..uincebatur..~a ipsa debilitatae gratiae nostrae tui caritate CIC.*Fam.*6.12.1.

11 Condition (temporary or permanent), position, circumstances, plight, etc.; (also pl.). **b** social position, rank, station; (app. pregn.) high position, greatness.

utinam ~a nunc anetina uterer, ut quom exiissem ex aqua, arerem tamen PL.*Rud.*533; nunc meam spoliatam ~am conferam cum florente ~a imperatoris CIC.*Pis.* 38; ut longe alia in ~a esset atque eius pietas..postulabat *Fam.*14.11; esse miseriorem..~am Sequanorum quam reliquorum CAES.*Gal.*1.32.4; quae sit rebus ~a uidetis VERG. *A.*2.350; moram cum pati ~a obsessorum non potuisset LIV.6.3.3; si cum ~a mutanda fides fuerit 23.44.1; si antiqua ciuitatis ~a esset 38.31.3; cum similis casus nos in eandem ~am rettulisset PETR.87.1; Oedipodi par est ~a doloris ac mihi STAT.*Theb.*12.86; gallus auem an gentem an nomen an ~am corporis significet incertum est QUINT. *Inst.*7.9.2; ~a captae urbis TAC.*Hist.*4.1; (*of a thing*) lex pedis officio (*i.e. introducing your name into my verse*) ~aque nominis obstat OV.*Pont.*4.12.5;—(*pl.*) secundas ~as decent superbiae PL.*St.*300; CATO *orat.*120; Polyphemum Homerus..cum ariete..conloquentem facit eiusque laudare ~as, quod, qua uellet, ingredi posset CIC.*Tusc.*5.115; **b** in ~a quaeritur, seruus sit an liber pecuniosus an tenuis CIC.*Inv.*1.35; homines infima ~a..delectantur historia *Fin.*5.52; neu super ~am animum gereret SAL.*Jug.*64.2; sociis pro ~a humatis *Hist.*fr.(*P.Ryl.*473,III.60); unde domo, quis, cuius ~ae HOR.*Ep.*1.7.54; eques..intra ~am qui cupis esse tuam PROP.3.9.2; dilectum ex omni aetate et ~a habetis LIV.22.59.12; incedere magno comitatu, splendido cultu, non est ~ae meae; ista diuites possunt SEN.*Con.*10.1.3; rarus..ferme sensus communis in illa ~a JUV.8.74; SUET.*Rhet.*25(p.121Re); PAUL.*dig.*47.12.11;—(*pregn.*) Mariccus quidam, e plebe Boiorum, inserere sese ~ae..ausus est TAC.*Hist.*2.61.

12 (pl.) Wealth, property, fortune, (also sg.).

cuius non modo illae amplissimae ~ae sed etiam uictus uestitusque necessarius sub praeconem..subiectus est CIC. *Quinct.*49; qui periculum ~arum et capitis sui prae mea salute neglexit *Fam.*14.4.2; cum..sua..omnia impedimenta atque omnis ~as conflagrare intellegerent CAES.*Gal.*5.43.4; ~as sociorum populi Romani direptas esse LIV.43.7.10; argentum..plus..quam quisquam in ~is habet PETR.37. 8; TAC.*Ann.*15.38;—(*sg.*) ~a omni spoliatam relinquam (Tulliam) CIC.*Att.*11.9.3; auctionem ~ae regiae LIV.2.14.4; totam ut ~am..aequaliter distribuat PHAED.4.5.8; maiores..non abhorruisse spectaculorum oblectamentis pro ~a quae tum erat TAC.*Ann.*14.21; Croesi ~a JUV.14.328; APUL. *Apol.*75.

fortūnātē, *adv.* *compar.* ~ius. [FORTVNATVS

+-E] With good fortune, fortunately, prosperously.

quam facile et quam ~e euenit illi Pl.Epid.243; Mil.706; ei mihi uidentur ~e beateque uixisse Cic.Brut.9; Fin.3.26; quod ductu consulis quicquam ibi satis scite aut ~e gestum sit Liv.10.18.5; (oppidum) altius quam ~ius situm Plin. Nat.3.125.

fortūnātim, *adv.* [next+-IM] Fortunately, prosperously.

uobis..se ~ feliciter ac bene uortat Enn.Ann.108.

fortūnātus ~a ~um, *a. compar.* ~ior, *superl.* ~issimus. [pple. of next]

1 Attended by good fortune, fortunate, lucky, successful: **a** (of persons). **b** (of things).

a saluos atque ~us..semper sies Pl.Aul.182; illae sunt ~ae quae cum isto cubant Mil.65; o populares, ecqui' me hodie uiuit ~ior? Ter.Eu.1031; Hec.848; o ~am natam me consule Romam Cic.Cons.fr.9; o hominem ~um qui eius modi nuntios seu potius Pegasos habeat! Quinct.80; Arch.24; 'o ~i mercatores!' grauis annis miles ait Hor.S.1 1.4; ~a, meo si qua es celebrata libello! Prop.3.2.17; ~issimi omnium Saguntinorum uidemur Liv.28.39.9; Sen.Dial.5.37.3; Stat. Theb.11.36; Apul.Pl.2.23;—(*w. abl.*) haec mulier genere atque forma, praeterea uiro liberis satis ~a fuit Sal.Cat. 25.2;—(*w. gen.*) ~us..laborum Verg.A.11.416; ~e animi longumque in saecula digne promeriture diem! Stat.Theb. 1.638;—(*masc. as sb.*) integrorum et ~orum promissis saucios et miseros credere non oportere Cic.Mur.50; Curt. 5.5.12. **b** ut ~as faciat (Lar) gnatae nuptias Pl.Aul.387; quod ~um isti putant, uxorem, numquam habui Ter.Ad.43; ~am uitam uixit Turp.com.143; ~us illius exitus, qui ea non uidit Cic.Brut.329; nullius ciuitatis statum ~iorem ac beatiorem fore Liv.24.28.3; ~issimo decertauere proelio Vell.2.12.5; illo summo ac ~issimo die suo Sen.Ep.66.47;—(*in a formula of prayer*) ut nobis haec habitatio bona, fausta, felix ~aque euenat Pl.Trin.41; quod bonum ~um felix salutareque siet populo Romano Var.L.6.86; Cic.Div. 1.102.

2 Wealthy, rich.

numquam hercle hinc hodie ramenta fies ~ior Pl.Rud. 1016; ~um hominem et nobilem Cic.deOrat.2.352; omnibus..bonis expedit saluam esse rem publicam. sed in eis qui ~i sunt magis id apparet Phil.13.16; quid uos..hanc miseram ac tenuem sectamini praedam, quibus licet iam esse ~issimos? Caes.Gal.6.35.8;—(*of wealth*) oppidum pulchrum habuere..rem ~issimam Cato orat.58.

3 (of gods, the dead, etc.) Enjoying perpetual bliss, happy, blessed. **b** *~ae (~orum) insulae,* mythical islands in the far west, home of the spirits of the blessed; later identified with various islands in the Atlantic, esp. the Canaries.

nymphe campi felicis, ubi audis rem ~is ante fuisse uiris Ov.Fast.5.198; tum me..caelesti sede receptum cum ~is suspicor esse deis Pont.3.5.54; (*cf.*) nunc non e tumulo ~aque fauilla nascentur uiolae? Pers.1.39. **b** ~orum.. insulas quo cuncti qui aetatem egerint caste suam conueniant Pl.Trin.549;—~ae insulae abundant sua sponte genitis Mela 3.102; Plin.Nat.6.202; usque in Oceanum ~asque insulas penetrauit Flor.Epit.2.10(3.22.2);—(*cf.*) amoena uirecta ~orum nemorum sedesque beatas Verg.A. 6.639.

fortūnō ~āre ~āuī ~ātum, *tr.* [FORTVNA+-O[3]] FORMS: *~assint* (pf. subj.) Afran.com.88. To make fortunate or successful, prosper, bless.

di ~abunt uostra consilia Pl.Trin.576; tibi patrimonium dei ~ent Cic.Fam.2.2; eum..honorem tibi deos ~are uolo 15.7; quamcumque deus tibi ~auerit horam Hor.Ep. 1.11.22; quod faxitis deos uelim ~are Liv.6.41.12; 34.4.20; (*ellipt.*) da ~are Penates Pers.2.45.

forulus ~ī, *m.* [FORVS+-VLVS] N.B.: only as pl. in quots. **a** A shelf (or collection of shelves) for books. **b** (see quot.).

a hic libros dabit et ~os mediamque Mineruam Juv. 3.219; condidit..(libros Sibyllinos) duobus ~is auratis Suet.Aug.31.1. **b** fori significant et Circensia spectacula, ex quibus etiam minores ~os dicimus Paul.Fest.p.84M.

forum ~ī, *n.* [dub., cf. next]

1 A public square in the centre of a town, piazza. **b** (w. distinguishing names, of various great squares in Rome). **c** (as a centre for buying and selling) a market; (esp., w. adj., etc., denoting the commodity sold there). **d** the people in the street, the general public. **e** *in ~o,* outside one's home, in public.

amator si a ~o rediit domum Pl.Cas.591; apud ~um modo e Dauo audiui Ter.An.302; ~VM AEDISQVE POPLICAS HEIC FECEI CIL 1.551; ~um Syracusanum nauarchorum sanguine redundauit Cic.Ver.3.186; statua in ~o Magnesiae Nep.Them.10.3; basilicarum loca adiuncta ~is..oportet constitui Vitr.5.1.4; pro immolatis in ~o Tarquiniensium Romanis Liv.7.19.3; in omnium municipiorum ~is statuae ornamentum esse coepere Plin.Nat.34.17; (Agricola) hortari (Britannos)..ut templa ~a domos extruerent Tac. Ag.21.1. **b** templa..in Augusto conspicienda ~o Ov. Fast.5.552; Pont.4.5.10; ~VM IVLIVM..PERFECI Aug.Anc. 4.12; ~um Romanum Tac.Ann.12.24; in fastigiis ~i Traiani Gel.13.25(24).1. **c** te..auctore..ne ~o quidem et commeatu Mamertini iuuare populum Romanum debuerunt Cic.Ver.5.52; ~um ac negotia feminae..curant Mela 1.57; uenlebamus in ~um..in quo notauimus frequentiam rerum uenalium Petr.12.1; (*in a camp*) praetorio deiecto ..ad quaestorium, ~um quintanamque hostes peruenerunt Liv.41.2.11; (*in fig. phrs.*) ubi ego me uideo uenire in meo ~o..facio..quod..alii, quibu' res timida aut turbidast Pl.Mos.1051; coepi is omnia facere..quae uellent.. —scisti uti ~o (*i.e. look after one's interests*) Ter.Ph.79; (*transf.*) oppidum..nomine Vaga, ~um rerum uenalium totius regni maxume celebratum Sal.Jug.47.1;—(*w. adj., etc., denoting commodity sold*) ubi quid generatim (*sc. was sold*), additum ab eo cognomen, ut ~um bouarium, ~um olitorium Var.L.5.146; cum ad piscatoris ~um perlatus est (piscis) Col.8.17.15; ut prius aliquid nobis cibatui prospicerem, ~um cupidinis peto Apul.Met.1.24; (*at Rome*) in sacello Pudicitiae Patriciae, quae in ~o bouario est Liv. 10.23.3; 22.57.6; templum, quod apud ~um holitorium C. Duilius struxerat Tac.Ann.2.49; ~um suarium sub ipsius (*sc.* praefecti urbi) cura est Ulp.dig.1.12.1.11. **d** quas nouas uerbi declinationes..respuet ~um Var.L.9.17; arripere uerba de ~o Cic.Fin.3.4. **e** uestiri in ~o honeste mos erat, domi quod satis erat Cato Mor.2(J); satius est ..aliquos aliquando in ~o tibi irasci quam omnis continuo domi Q.Cic.Pet.48.

2 (spec.) The Forum Romanum, the main square in Rome. **b** (as the scene of public entertainments). **c** (as the scene of funeral eulogies).

per ~um se in Capitolium contendit Macer hist.25; insidiator erat in ~o conlocatus atque in uestibulo ipso senatus Cic.Mil.19; fallacem Circum uespertinumque pererro saepe ~um Hor.S.1.6.114; ciuile ius..euolgauit fastosque circa ~um in albo proposuit Liv.9.46.5; Ov.Met.15. 841; antea rostra nauium tribunali praefixa ~i decus erant Plin.Nat.16.8; Tac.Hist.1.47; Suet.Cal.22.2. **b** ut locus et in circo et in ~o daretur amicis Cic.Mur.72; in muneribus, quae a magistratibus ~o gladiatorum scaenisque ludorum dantur Vitr.10.pr.3; Liv.23.30.15; VENATIONES BESTIARVM AFRICANARVM..IN ~O..POPVLO DEDI Aug.Anc. 4.41. **c** laudationes, quibus in ~o utimur..scribuntur ad funebrem contionem Cic.de Orat.2.341; Att.14.10.1; cui nos et lacrimas..et dedimus medio scripta canenda ~o Ov.Pont.1.7.30; Tac.Ann.3.5.

3 The forum at Rome (or in other cities) as a centre for banking, 'the Exchange'; *~o cedere,* to go bankrupt.

in ~o dego diem, locare argenti nemini nummum queo Pl.Mos.534; sequere sis me ergo hac ad ~um ut soluam Ps.1230; haec ratio pecuniarum quae Romae, quae in ~o uersatur Cic.Man.19; ~um putealque Libonis mandabo siccis Hor.Ep.1.19.8; reuocata in ~um fides Vell.2.126.2; quod illis nec praedia..sint..nec grande in ~o faenus Sen. Dial.9.8.5; eamus in ~um et pecunias mutuemur Petr. 58.11; ut maxima toto nostra sit arca ~o Juv.10.24;—si ~o cesserit (debitor), portionem feram Sen.Ben.4.39. 2; Juv.11.50; Ulp.dig.16.3.7.2; (*cf.*) nisi C. Caesaris..incredibilis in hunc..liberalitas exstitisset, nos hunc Postumum iam pridem in ~o non haberemus Cic.Rab.Post.41.

4 (as the place where the people assembled for political purposes or sim.); *~um attingere,* to take part in public life; *in ~um deducere,* to escort (a youth) to the forum on his assuming the *toga uirilis,* introduce him to public life. **b** the people in the forum, the popular assembly (opp. to senators).

de summis rebus regundis consilio indu ~o lato sanctoque senatu Enn.Ann.238; quid in ~o gestum sit, qui suaserint, qui dissuaserint Tit.orat.2; si in senatum non est..uenturus, quid facturus sit in ~o (*i.e. in a public harangue*) nescio Cic.Att.14.18.4; absint ex hoc ~o lenones..dum sacerdos legitur Sen.Con.1.2.1; Tiberium adoptauit in ~o lege curiata Suet.Aug.65.1;—apud exercitum mihi fueris..tot annos ~um non attigeris; afueris tam diu et, cum longo interuallo ueneris, cum his qui in ~o habitarint de dignitate contendas? Cic.Mur.21; Fam.15.16.3;—EX EO DIE, QVO DEDVCTI SVNT IN ~VM, VT INTERESSENT CONSILIIS PVBLICIS Aug.Anc.3.3; Suet.Aug.26.2. **b** mutum ~um, elinguem curiam..uidebatis Cic.Red.Sen.6; nihilo plus sanitatis in curia quam in ~o esse Liv.2.29.6; humilibus per omnes tribus diuisis ~um et campum (*i.e. the Comitia Tributa and Comitia Centuriata*) corrupit 9.46.11.

5 (as the scene of trials before the people); (hence, allusively) forensic practice or the legal world, 'the bar', 'the courts'.

in comitio aut in ~o ante meridiem caussam coiciunto Lex XII(Font.iur.p.19); ~um in quo omnis aequitas continetur Cic.Catil.4.2; si neque amici in ~o requirunt studium meum neque res publica in curia Sul.26; cum Romae a iudiciis ~um refrixerit Att.1.1.2; concines..Vrbis publicum ludum..~umque litibus orbum Hor.Carm.4.2.43; (*outside Rome*) annos iam xxx in ~o uersaris, sed tamen in Pergameno Cic.Flac.70;—cui disciplina fuerit ~um de Orat.3.74; aratorum, remotissimorum a ~o, iudiciis, controuersiis Ver.3.75; quis te maiora gerit castrisue ~oue? [Tib.]3.7.39; erat..sic ~i, ut ille curiae princeps V.Max.8.5.3; maius nomen in ~o quam in declamationibus habuit Sen.Con. 7.6.22; ambitum ~i, corrupta iudicia..increpans Tac.Ann. 2.34; ~o exercitus 5.11; egit et causas..postea renuntiauit ~o Suet.Rhet.30(p.26Re).

6 A court of law; also, those attending it. **b** a court held by a governor in various towns of a province, an 'assize'.

si..sunt in Stygio crimina nostra ~o Ov.Tr.4.10.88; lis ad ~um deducta est, uespa iudice Phaed.3.13.3; fraudes, infitiationes, quibus trina non sufficiunt ~a Sen.Dial.4.9.4; aditur illo Gnosius Minos ~o Her.F.733; non ~a litesue esse (*i.e. in Ceylon*) Plin.Nat.6.89; ut..sumpto iustitio deserentur ~a Tac.Ann.2.82; eodem ~o utuntur principatus et libertas Plin.Pan.36.4; si cuncta uides simili ~a plena querella Juv.13.135; (*in fig. phr.*) ciuitatis aures quibus adsueueram quaero, et uideor mihi in alieno ~o litigare Mart.12.pr.;—iuxta..Minoida sellam Eumenidum intento turba seuera ~o Prop.4.11.22; castra timenti mixta ~o (*i.e. at Milo's trial*) Luc.1.320; grata quo non spectatior alter uoce mouere ~a Sil.1.441. **b** ceteras dicas omnis illo ~o ..quaestor sortitus est Cic.Ver.2.44; ~um institueram agere Laodiceae Cibyraticum et Apamense Att.5.21.9; Fam.3.6.4.

7 A country town in which legal cases were tried, 'assize-town'. **b** (in place-names).

IN TERRA ITALIA IN OPPEDEIS ~EIS CONCILIABOLEIS CIL 1.583.31; ex iis ciuitatibus quae in id ~um conuenirent electi Cic.Ver.2.38; ne quis extra suum ~um uadimonium promittere cogatur 3.38; 3.92; in pagis ~isque et conciliabulis Liv.25.5.6; 29.37.3; eadem solitudo, quia Romae non respondebant..quorum nomina delata erant, coegit consules circa ~a proficisci ibique quaerere et iudicia exercere 39.18.2; eodem ~o disceptant Orthronienses Plin. Nat.5.109; si quis..alterius ~i esse coeperit Ulp.dig.5.1.7. **b** ~um Aurelium Cic.Catil.1.24; prima luce peruenit ad Anni ~um Sal.Hist.3.98.B; inde ~um Appi Hor.S.1.5.3; ~um Iuli, Octauanorum colonia Mela 2.77.

8 a An area in front of a tomb. **b** (in a wine- or oil-press) the space where the fruit was laid for pressing. **c** (app.) a gaming-board (N.B.: these quots. may belong rather to FORVS). **d** = FORVS 1.

a ~um, id est uestibulum sepulchri Cic.Leg.2.61; Paul. Fest.p.84M. **b** totum ~um longum P. V, latum P. II S, crassum P. I S Cato Agr.18.3; lecta (uua) defertur in ~um uinarium Var.R.1.54.2; torcularia..et ~a diligenter emundata..habeat Col.11.2.71; 12.18.3; factus tres gemino ~o a quaternis hominibus nocte et die premi iustum est Plin. Nat.15.23. **c** lusimus..per omnis dies ~umque aleatorium calfecimus Aug.in Suet.Aug.71.3; tesseris ac ~o.. eleuabat mala Sen.Dial.11.17.4. **d** Gel.hist.32.

forus ~ī, *m.* [dub., perh. var. of prec.]

1 (on a ship) A narrow platform, deck, or gangway. **b** (transf.) a passage, path.

multa ~o ponit et agea longa repletur Enn.Ann.492; cum alii malos scandant, alii per ~os cursent Cic.Sen.17; inde alias animas, quae per iuga longa sedebant, deturbat (Charon) laxatque ~os Verg.A.6.412; (ratis) ad summos repleta ~os descendit in undas Luc.3.630; Tac.Hist.2. 35; stans..in summae puppis ~o carmen..cantauit Gel. 16.19.14. **b** (*in a beehive*) (apes) incumbent generis lapsi sarcire ruinas complebuntque ~os et floribus horrea texent Verg.G.4.250; (*in a garden*) angustos..~os aduerso limite ducens rursus in obliquum distinguat tramite paruo Col. 10.92.

2 (pl.) Rows of benches erected for spectators at games.

loca diuisa patribus equitibusque ubi spectacula sibi quisque facerent; ~i appellati Liv.1.35.9; ~os in circo aciendos 1.56.2; circa ~os publicos 29.37.2; 45.1.7.

3 = FORVM 1.

Romanis ludis ~us olim ornatus lucernis Lucil.146; Pompon.com.38; illum raptis ~um et castra nautica.. mutauerat Sal.Hist.1.124; ~VS BOARIVS CIL 6.36613.

fossa ~ae, *f.* [FODIO] A long narrow excavation, ditch, trench (esp. for drainage). **b** (used in fortification) a moat, fosse; (also, in circumvallation). **c** (used to convey water to or from a place) a canal or sim. **d** (transf.) any rut, groove, or sim.

in monte ~as inciles puras habere oportet Cato Agr. 155.1; ~as nouas fodere, ueteres tergere Var.R.1.35.2; implentur ~ae et caua flumina crescunt Verg.G.1.326; humili designat moenia ~a A.7.157; labores plebis in ~as cloacasque exhauriendas demersae Liv.1.59.9; ~a repletur humo Ov.Fast.4.823; Plin.Nat.18.47; praeruptis utrimque ~is uia..angusta Tac.Hist.2.41;—(*marking a boundary*) QVAECVMQVE ~AE LIMITALES IN EO AGRO ERVNT CIL 1.594.3.5.11; duas prouincias..discretas ~a Plin.Nat.5. 25;—(*used for magic rites*) cruor in ~am confusus, ut inde manis elicerent Hor.S.1.8.28; Collinas ad ~am mouerit herbas Prop.4.5.11;—(*of an underground excavation*) turrium altitudinem cuniculis ac latentibus ~is repente desidere Sen.Dial.2.6.4;—(*obsc.*) castigas turpia, cum sis inter Socraticos notissima ~a cinaedos? Juv.2.10;—(*prov., of a place difficult to get out of*) 'minime, sis,' inquit 'cantherium in ~am'; quae uox in rusticum inde prouerbium prodita est Liv.23.47.6; (*perh. cf.*) ueriti ne in ~a ab equitibus opprimerentur..singuli de rupe prodire B.Afr.50.3. **b** castra..~a duodeuiginti pedum munire Caes.Gal.2.5.6; 5.21.3; hostes..castra oppugnant, ~am complent 5.40.3; proelia miscent aggeribus murorum et inundant sanguine ~as Verg.A.10.24; nondum praecipites cingebant oppida ~ae Ov.Met.1.97; Sen.Ben.6.25.4; Tac.Hist.4.71; (*in fig. phr.*) cuius ego imperium, non Alpium uallum contra ascensum..Gallorum, non Rheni ~am..Germanorum immanissimis gentibus obicio Cic.Pis.81;—(*in circumuallation*) duplici ~a ualloque circumdati Sis.hist.16; exercitus Cn. Pompeium circumsedet, ~a et uallo saeptum tenet Cic.Att.9.12.3; Fam.15.4.10; Liv.28.3.5; Flor.Epit.1.34(2. 18.13). **c** ~as..facere instituit, quibus partem aliquam Sicoris auerteret Caes.Civ.1.61.1; ~ae qua iungunt ora Padusam Valg.poet.3.1; ~ae ex Rhodano, C. Mari opere et nomine insignes Plin.Nat.3.34; nauibus ~am, cui Drusianae nomen, ingressus Tac.Ann.2.8; Suet.Cl.1.2. **d** terra..succidit et salso suffudit gurgite ~as Lucr.5.482; non arua rigaret sudor equum aut putri sonitum daret ungula ~a Stat.Silv.5.3.55; (*in the body*) ~as inguinis Priap.46.9; (*made by the teeth*) 78.6.

fossīcius ~a ~um, *a.* [FODIO+-ICIVS[2]] Obtained by digging; *sal ~us,* rock-salt.

genera..harenae ~ae Vitr.2.4.1; Plin.Nat.36.175;—ubi salem nec ~um nec maritimum haberent Var.R.1.7.8; Larg.59.

fossilis ~is ~e, *a.* [FODIO+-ILIS[1]] = prec.

in Apolloniatarum agro picem ~em..inueniri Plin.Nat. 16.59; ~es harenae 36.192; (*cf.*) (lapis specularis) extrahitur ..aut exciditur. sed maiore ex parte ~i natura 36.161; —(*of salt*) asperi solent sales, melior ~is quam marinus Var.R.2.11.6; Cels.6.6.25.c; Col. 6.33.1.

fossiō ~ōnis, *f.* [FODIO+-TIO] The action of digging or an instance of it; an excavated space, hole, pit.

uidemus et recenti ~one terram fumare calentem Cic. N.D.2.25; ~ones agri Sen.53; in puteorum..~onibus non est contemnenda ratio VITR.8.6.12; crebris ~onibus pastinatum resoluere COL.4.4.2; PLIN.*Nat*.17.189;—si uasum ex creta factum..in ea ~one..positum fuerit VITR.8.1.5.

fossor ~ōris, *m.* [FODIO+-TOR]

1 One who digs the ground (in agriculture). **b** (as a type of clumsiness and uncouthness).
labefacta mouens robustus iugera ~or VERG.*G*.2.264; hoc est cur cantet uinctus quoque compede ~or OV.*Tr*.4.1.5; uinearum diligens ~or SEN.*Nat*.3.7.1; optimus ~or aut foeni sector COL.11.1.12; CALP.*Ecl*.4.118. **b** bellus ille.. Suffenus unus caprimulgus aut ~or rursus uidetur (*i.e. when he attempts poetry*) CATUL.22.10; nec cum sis cetera ~or, tris tantum ad numeros satyrum moueare Bathylli PERS. 5.122.

2 One who works in a mine, a miner; (mil.) one who undermines fortifications, a sapper.
lacrimas argenti uiui, quae a ~oribus statim colliguntur VITR.7.8.1; PLIN.*Nat*.33.71; ubi Dite uiso pallidus ~or redit STAT.*Silv*.4.7.15;—ceu saepta nouus iam moenia laxet ~or *Theb*.2.419.

fossula ~ae, *f.* [FOSSA+-VLA] A small trench.
~as facito, quo radices asparagi demittas CATO *Agr*.161.3; COL.11.3.43; ~ae tripedaneae 12.46.3.

fossūra ~ae, *f.* [FODIO+-VRA] The act of digging or excavating. **b** (concr.) an excavated space, cavity, trench, or sim.
aquae ~is puteorum..excipiuntur VITR.5.9.8; frequentibus..~is terra permiscetur COL.4.22.3; fodito tertiam ~am *Arb*.12.1; iubet..(scrobes) caminata ~a ore compressiore esse PLIN.*Nat*.17.80; complanata ~is montium iuga SUET.*Cal*.37.3. **b** summa ~a operiatur harundinibus VITR.8.1.4; in una ~a, quae contra hostium specus fuerat 10.16.10; (sulcus appellatur) ~a rectis lateribus, ubi arbores seruntur FEST.p.302M.

fostia, fostis: old forms of HOSTIA, HOSTIS.

fōtus ~ūs, *m.* [FOVEO+-TVS[3]] (med.) A soothing application, fomentation.
facie ante ~u praeparata PLIN.*Nat*.23.144; 26.153; (flos nitri) alarum uirus (tollit) ex aqua cottidiano ~u 31.122.

fouea ~ae, *f.* [dub.]

1 A pit.
umor..ut in ~am fluat LUCR.2.475; quos sibi ipsos fecisse ~as obruentesque ora superiecta humo interclusisse spiritum apparebat LIV.22.51.8;—(*for burial*) cadauera..~is abscondere VERG.*G*.3.558; STAT.*Theb*.12.419;—(*hyperb.*) ulceris latissimi facto foramine, immo ~a uel etiam fenestra APUL.*Met*.7.17.

2 (spec.) A pit with a concealed mouth used to trap game, a pitfall.
belua quae, quoniam in ~am incidit, obruatur CIC.*Phil*. 4.12; ~a atque igni..uenarier LUCR.5.1250; CAES.*Gal*. 6.28.3; cautus..metuit ~am lupus HOR.*Ep*.1.16.50; quod ferarum ritu ueluti in ~a deprehensi caederentur CURT. 5.3.19; PLIN.*Nat*.8.24; STAT.*Silv*.2.5.10; PAUL.*dig*.9.2.28;—(*in fig. phrs.*) ego ille doctus leno paene in ~am decidi PL. *Per*.594; decipiemus ~a lenonem Lycum *Poen*.187.

foueō ~ēre fōuī fōtum, *tr.* [cf. *fauilla*; Skt. *dahati*, Lith. *degù* 'burn']

1 To make or keep warm, heat; esp. **b** to make warm and snug, protect from the cold; (often of incubating birds). **c** (poet.) to keep (a place) warm by close contact; (transf.) to make (cold weather) warm.
epulas ~eri foculis feruentibus PL.*Capt*.847; ut..solis terra uapore fota nouet fetus LUCR.1.1033; quamuis (saxa) materies ~eat sucosior intus *Aetna* 535; ut (Amor) nostras auido ~et igne medullas OV.*Ep*.4.15; focus a flammis et quod ~et omnia dictus *Fast*.6.301; calor, qui ima simul ac summa ~eret aequaliter SEN.*Ep*.90.25; caluit cruor atraque ~it uolnera LUC.6.750. **b** ibo lautum in pyelum, ibi ~ebo senectutem meam PL.*St*.568; pullos..ita (aues) tuentur ut.. pinnis ~eant ne frigore laedantur CIC.*N.D*.2.129; ut ~eat molli frigida membra sinu TIB.1.8.30; gelu rigentem quidam colubram sustulit sinuque ~it PHAED.4.19(20).3; sunt qui mortuas (apes), si..ficulneo cinere tepido ~eantur, putent reuiuescere PLIN.*Nat*.11.69; cum se ignibus prius oleoque ~issent FLOR.*Epit*.1.22(2.6.12);—(*of incubating birds*) oua.. pauonina..cum iam decem dies ~ere coepit (gallina) VAR. *R*.3.9.10; aues..quae facitis nidos et plumis oua ~etis OV.*Fast*.1.443; sui generis quattuor oua..~enda recipient (gallinae) COL.8.5.10; 8.11.13; (*cf.*) nuper..inuentum, ut oua ..igne modico ~erentur homine uersante PLIN.*Nat*.10.154. **c** coluber..~it humum VERG.*G*.3.420; tutius est ~isse torum, legisse libellos OV.*Am*.2.11.31; (*iron.*) non obuia ferre arma uiros, sed castra ~ere VERG.*A*.9.57;— nunc hiemem inter se luxu, quam longa, ~ere regnorum immemores (*sc. Aeneas and Dido*) 4.193.

2 To give physical ease or comfort to, refresh, soothe, relieve, etc.; (in bad sense) to pamper, indulge.
quis (*sc. frogs*) nantia limo corpora lympha ~et *Culex* 152; tu (*sc.* Aura) me reficisque ~esque OV.*Met*.7.818; quaedam (aquae) interiora potu ~ent SEN.*Nat*.3.1.2; fessus graui labore niueo corpus Iliso ~et *Phaed*.504; perniones ex uino ~et (laser) PLIN.*Nat*.22.104; sicca domus queritur nullo se rore ~eri MART.9.18.5; (*transf.*) aqua..platanos..leni adspergine ~et PLIN.*Ep*.5.6.20;—tu gubernacula rei publicae petas ~endis hominum sensibus et deleniendis animis et adhibendis uoluptatibus? CIC.*Mur*.74; ut..omisso..bello ~endis corporibus operam daremus SEN.*Ep*.51.7.

3 (med.) To treat (parts of the body wounds, etc.) with soothing application (originally warm, later also cold), bathe foment, or sim. **b** to chafe, massage. **c** (app.) to make sweet, freshen (the breath or sim.).
luxatum siquid est, bis die aqua calida ~eto CATO *Agr*. 157.4; ~it ea uulnus lympha..Iapyx VERG.*A*.12.420; frigidis et umidis fomentis stomachum ~ere CELS.4.18(11).3; 4.31(24).6; cera subinde calfacta ~eri oportet (tuberculum) 7.7.2; SEN.*Dial*.5.39.4; si genua intumuerunt, calido aceto ~enda sunt COL.6.12.4; zmegma..quo ~ere gangraenas, eruptiones pituitae..expediat PLIN.*Nat*.22.156; lacte asinino..cottidie septies genas..~ere 28.183; JUV.6.468; AUR.*Fro*.1.p.80(4N);—(*in fig. phr.*) ~isti lacrimis uulnera nostra tuis OV.*Pont*.4.11.4. **b** ipse aeger anhelans colla ~et VERG.*A*.10.838; si qua in extremis partibus frigent, unctis..manibus ~ere CELS.3.19.6. **c** animas et olentia Medi ora ~ent illo VERG.*G*.2.135; haustu sparsus aquarum ora ~e 4.230.

4 To fondle, caress. **b** to 'hug', 'nurse' (one's wounds or sim.); (transf., one's sorrows).
inimicum meum..sic ~ebant, sic me praesente osculabantur CIC.*Fam*.1.9.10; semianimem..sinu germanam amplexa ~ebat VERG.*A*.4.686; Delia furtim nescio quem..~et TIB.1.6.6; sex annis pulchram ~isse Calypso OV.*Pont*.4. 10.13; quae modo conplexu ~erunt pectora caedunt LUC. 4.246; has (*sc.* magas) auidae tigres..ore ~ent blando (*i.e. fawn on*) 6.488; gremio puerum complexa ~ebat Inuidia STAT.*Silv*.2.1.121. **b** permitteres mihi uno loco iacere et ~ere morbum meum SEN.*Ep*.68.8; confixa..terga ~entis ..indecores pater auersetur alumnos STAT.*Theb*.10.766;—(*transf.*) dum illud tractabam..quasi ~ebam dolores meos CIC.*Att*.12.18.1; quid damna ~es et pectore iniquo uulnus amas? STAT.*Silv*.2.6.94; quid..fletus corde ~es longumque uetas exire dolorem? 5.1.248.

5 To watch over the growth or development of, foster, nurture (persons or their faculties, organizations); (also, plants). **b** to minister to the needs of, tend (the sick, infirm, etc.). **c** to keep alive, feed (a fire).
ne mutas quidem bestias minus alere ac ~ere si quid ex progenie sua parum prosperum sit LIV.7.4.6; fragiles uires eius esse uixdum coalescens ~entis regnum 29.31.4; ~et Capricorni sidera Vesta MAN.2.445; cuius caelesti prouidentia uirtutes..~entur V.MAX.1.pr.; natum ad maiora ~ebat SIL.5.14; sextam..huius principatus stationem, qua Vespasianus rem publicam ~et TAC.*Dial*.17.3; studia iuuenum..praeceptis sapientiae ~ebat *Ann*.15.71; Ciceronis epistulas..mone quas potissimum legendas mihi censeas ad facultatem sermonis ~endam AUR.*Fro*.2.p.156(106N); (*cf.*) sed credula uitam spes ~et TIB.2.6.20;—agricola euersis arboribus..sobolem ex illis residuam ~et SEN. *Dial*.6.16.7; umentes..~et Proserpina lucos SIL.13.546. **b** rapta sinu matris, quam iam prope sola ~ebat OV.*Met*. 13.450; adsidere ualetudini, ~ere deficientem TAC.*Ag*.45.4; illam thalamo receptam commode parentes sui ~ebant APUL.*Met*.7.13; (*cf.*) et anxia curas coniugis STAT.*Silv*.5.1. 119. **c** quos sancta ~et ille manu bene uiuitis, ignes OV. *Fast*.3.427;—(*of things*) arida..scintillam..~ent usque in ncendium SEN.*Ep*.18.15; tecta..rapuere uaporibus ignem, et cladem ~ere Noti LUC.10.500.

6 To take the side of, favour, support (one of the parties in a contest, etc.); to give encouragement to, befriend, patronize (people of promise).
non nullae ciuitates rebus Cassi studebant, plures Marcellum ~ebant *B.Alex*.62.2; Iuno..mecum..~ebit Romanos VERG.*A*.1.281; non ~ere tantum, sed adiuuare.. bellum poterant LIV.42.45.3; qui non contraria ~i arma OV.*Tr*.1.5.41; ut Romanorum potius quam Karthaginiensium partes ~eret V.MAX.3.8.ext.1; haec Latium manus et Laurentia signa ~ebat SIL.14.257; palam epistulis edictisque Vitellium, occultis nuntiis Vespasianum ~ens TAC.*Hist*.2.98; populus..hos, rursus illos clamore et plausu ~ebat 3.83; —ut..aliquos ex melioribus (seruis) ~eat (uilicus) COL. 1.8.10; eum, in quo studium ingeniumque perspexerit.. peculiariter ~ebit QUINT.*Inst*.1.2.16; rectos..animos non ut alii..deprimis, sed ~es et attollis PLIN.*Pan*.44.6; ingenia saeculi sui omnibus modis ~it SUET.*Aug*.89.3.

7 a To promote, further, encourage (an activity, feeling, result, etc.). **b** to harbour fondly, cherish (a hope, desire, etc.); to ponder, mull over (in quot., foll. by indir. qu.).
a ego tela dedi ~iue Cupidine bella? VERG.*A*.10.93; tribuni plebis in cooptandis collegis patrum uoluntatem ~erunt LIV.3.65.1; parum est dedisse, ~enda sunt (beneficia) SEN. *Ben*.2.11.5; quae..peccata..uitio domini uel conmitti uel ~eri nihil dubium est COL.1.7.5; Cannas..malum exitiale ~ebat ambitus SIL.8.256; nunc inimicitias accusationes, odia et iniurias ~eri TAC.*Ann*.11.6; Rustici Aruleni periculum ~erat PLIN.*Ep*.1.5.2. **b** hunc (amorem) et tu ~ebis et nos..augebimus CIC.*Q.fr*.3.1.9; perditam spem ~ere LIV.22.53.4; animo mea uota ~ebam OV.*Met*.7.633; gaudia magna ~es..spem pone *Epic.Drusi* 37; spem.. quae etiam incerta recte ~etur V.MAX.6.9.intro.; TAC.*Hist*. 3.62; desisti..nec ultra ~isti errorem JUV.8.165; (*w. acc. and inf.*) hoc regnum dea gentibus esse..iam tum tenditque ~etque VERG.*A*.1.18;—quam magis in pectore meo ~eo quas meu' filiu' turbes turbet PL.*Bac*.1076.

8 To seek the support or patronage of, pay court to. **b** to endeavour to acquire, cultivate (a person's friendship, etc.).
puto per Pomponium ~endum tibi esse ipsum Hortensium CIC.*Q.fr*.1.3.8; ipse Neaeram dum ~et ac ne me sibi praeferat illa ueretur VERG.*Ecl*.3.4; temporis illius colu ~ique poetas OV.*Tr*.4.10.41; hos dum sollicitat donis.. ac fluxam morum gentem ~et SIL.4.50; infima dum uulgi ~et 8.249. **b** quisquis alius studium poeticae et carminum gloriam ~et TAC.*Dial*.5.3; qui gratiam C. Caesaris numquam sibi neglectam acrius in dies ~ebat *Ann*.6.45.

fraceō ~ēre, *intr.* [dub., perh. from next] (See quot.)
~ebunt, displicebunt PAUL.*Fest*.p.90M.

fracēs, *f. pl.* Also **flacēs.** [cf. perh. ON. *dregg*, Eng. *dregs*] (strictly) Fragments of pulp left after pressing olives (opp. to the watery residue, *amurca*), (loosely) lees of olive oil.
oleum quam diutissime in amurca et in ~ibus erit, tam deterrimum erit CATO *Agr*.64.2; 66.2; materies..~ibus.. saturetur VITR.7.1.6; subsiduas..~es GRAT.474; in amurca et ~ibus—hae sunt carnes et inde faeces PLIN.*Nat*.15.21; GEL.11.7.6. **β** quidam ~es uino et adipi conmiscent COL.6.13.3.

fracescō ~ere fracuī, intr. [prec.+-sco] To become soft or mushy.
terram..cretosam..eo amurcam infundito..sinito quadriduum ~at CATO *Agr*.128; olea lecta si nimium diu fuit in aceruis, caldore ~it et oleumf oetidum fit VAR.*R*.1.55.6.

fracessō ~ere, *intr.* [FRACES+-ESSO] To turn sour, go bad.
oleum..si congelatur ~it COL.1.6.18.

fracidus ~a ~um, *a.* [FRACES+-IDVS] (of fruit) Soft, pulpy.
factores (uolunt), ut (olea) in tabulato diu sit, ut ~a sit, quo facilius efficiant CATO *Agr*.64.1.

? **fractāria** ~ae, *f.* (form and gender dub.) [FRANGO+-ARIVS] A heavy tool for breaking through rock, ram.
silices..caeduntur ~is CL libras ferri habentibus PLIN.*Nat*. 33.71.

fractūra ~ae, *f.* [FRANGO+-VRA] The process of breaking; (med.) a fracture (of the bone). **b** a split or fractured place.
ne aut ad ipsam uesicam ferramentum perueniat, aut calculi ~a ne quid incidat CELS.7.26.3.C;—articulorum ~is cinis..medetur PLIN.*Nat*.30.119; feruminanda a ~is ossa 31.62. **b** ad luxum aut ad ~am alliga, sanum fiet CATO *Agr*.160; quo propior ~a capiti..est CELS.8.10.1.A; cocleae..~is aurium inlinuntur cum melle PLIN.*Nat*.29.137.

fractus ~a ~um, *a. compar.* ~ior. [pple. of FRANGO]. In senses of vb., esp.:

1 a (of ground) Broken, uneven, rugged. **b** (of sounds, prob.) produced by a broken voice or instrument, rough, grating, or sim. **c** (of style) abrupt, jerky.
a ~is sacrum Vadaueronem montibus MART.1.49.5. **b** uox (apium) auditur ~os sonitus imitata tubarum VERG. *G*.4.72; auditur gemitus ~umque in casside murmur SIL. 1.532; adfectatur..asperitas soni et ~um murmur TAC.*Ger*. 3.2. **c** (explicationum) ~a compositio poterit uos offendere SEN.*Suas*.2.23.

2 Exhausted, feeble, powerless; (of a person's fortunes or sim.) ruined, desperate.
cum quibusdam ~is iam atque inanibus minis CIC.*Har*.2; spes amplificandae fortunae ~ior *Amic*.59; (ira) iam ~a lenisque est SEN.*Dial*.3.17.5; (*w. gen.*) ~us opum SIL. 13.876;—etsi res sunt ~ae PL.*Per*.655; VERG.*G*.4.240; hi, quorum ~a ratio, quorum clauda fortuna QUINT.*Decl*.261 (p.71,l.16).

3 Broken in spirit, crushed, dejected.
qui me animo nimis ~o esse atque adflicto loquebantur CIC.*Dom*.97; *Planc*.50; non quo ita sim ~us, ut..fortunae succumbendum putem *Fam*.9.11.1; tamne ergo abiectus tamque ~us? *Tusc*.3.26; *Parad*.35; nec te uidere superbum prospera bellorum nec ~um aduersa uidebunt LUC.7.684.

4 (of persons, their gestures, speech, etc.) Effeminate, womanish, affected.
fluxi ~ique motus, quales proteruorum hominum aut mollium esse solent CIC.*Fin*.5.35; qui uoluptatem sequitur, uidetur eneruis, ~us SEN.*Dial*.7.13.4; ~i..enerui corpore gressus PETR.119,l.25; corpus uulsum, ~um incessum QUINT.*Inst*.5.9.14; (Ciceronem) incessere audebant ut..in compositione ~um 12.10.12; ~os sonos et dulcedinem uocum TAC.*Ann*.14.20; pudet referre, quae quam ~a pronuntiatione dicantur PLIN.*Ep*.2.14.12.

frāga ~ōrum, *n. pl.* [dub.] Wild strawberries.
qui legitis flores et humi nascentia ~a VERG.*Ecl*.3.92; montana..~a OV.*Met*.1.104; SEN.*Phaed*.516; aliud corpus ..terrestribus ~is, aliud congeneri eorum unedoni PLIN. *Nat*.15.98; 25.109; JUV.13.57.

fragescō ~ere, *intr.* [*frag-* (FRANGO)+-ESCO] To become subdued or tractable.
neque fera..~unt, donec uim imperi persenserint ACC. *trag*.26; numquam erit tam immanis..quin ~at 338.

fragilis ~is ~e, *a. compar.* ~ior, *superl.* ~issimus. [FRANGO+-ILIS[1]] FORMS: superl. ACC.*poet*.5.

1 Liable to break, snap, or crumble, brittle, fragile, or sim.
iam ~is poteram a terra contingere ramos VERG.*Ecl*.8.40; cum..~i iam stringeret hordea culmo (agricola) *G*.1.317; coryli ~es OV.*Met*.10.93; ~es..aquae (*i.e. ice*) *Tr*.3.10. 26; pirum ~e, quale Crustuminum..est CELS.2.24.2; ~i circumdata testa moenia..Babylonia LUC.6.49; (scarabaeorum) tenuior ~iorque pinna PLIN.*Nat*.11.97; mel in harundinibus collectum..dentibus ~e 12.32; 34.94; ~i prosternit pectora musco STAT.*Silv*.1.3.72; ~es..patellas JUV. 6.344; caput..ictibus..parius ~e GEL.7(6).1.11;—(*neut. as sb.*) ~i quaerens illidere dentem offendet solido HOR.*S*. 2.1.77.

2 Making a crackling or snapping sound; (also, of sounds) crackling.
~is incende bitumine lauros VERG.*Ecl*.8.82; fraudata tumeat ~is tibi culcita mula (*i.e. with hay*) MART.14.162.1;

—(carbasus) perscissa furit..et ~is sonitus chartarum commeditatur LUCR.6.112.

3 Easily destroyed, weak, flimsy, frail; (esp. of living creatures or their bodies). **b** (of the mind) easily disturbed, unstable, weak. **c** (of periods of life) marked by physical frailty.

qui ~em truci commisit pelago ratem HOR.*Carm*.1.3.10; SEN.*Med*.302; Tydea non timuit, ~ique lacessere telo..ausus erat STAT.*Theb*.8.578;—~e corpus animus sempiternus mouet CIC.*Rep*.6.26; in ~i corpore (*sc*. senis) odiosa omnis offensio est *Sen*.65; corpora..~i natura praedita LUCR.1.581; urbem..in aeternum conditam huic ~i et mortali corpori aequalem esse LIV.28.28.11; nemo altero ~ior est SEN.*Ep*.91.16; ~is et laboriosa mortalitas PLIN.*Nat*.2.15; haud aeui ~is sonipes SIL.3.386; (*cf.*) illi (*sc. Cynthia's ghost*) pollicibus ~es increpuere manus PROP.4.7.12;—(*transf.*) adhuc teneras et ~es uires eius esse uixdum coalescens fouentis regnum LIV.29.31.4; impatiens..dei, ~i, quem mente receptum non capit STAT.*Theb*.10.165. **b** quomodo tam grandia tamque solida tam ~is animus conceperit SEN.*Dial*.11.11.6; omnia..timeo..de tam ~i ac tam mutabili mente QUINT.*Decl*.256(p.47,l.21); ~e esse et infirmum huiusmodi aetatium consilium ULP.*dig*.4.4.1. **c** subeunt anni ~es et inertior aetas OV.*Tr*.4.8.3; Parcis ~is urgentibus annos (*i.e. of a young boy*) STAT.*Silv*.2.1.148; ubi fata uirum ~i soluere senecta SIL.14.85.

4 (of circumstances, qualities, etc.) Not sure or lasting, impermanent, uncertain, frail.

nihil est..tam aut ~e aut flexibile quam uoluntas erga nos..ciuium CIC.*Mil*.42; res humanae ~es caducaeque sunt *Amic*.102; diuitiarum..gloria fluxa atque ~is est SAL.*Cat*.1.4; forma bonum ~est OV.*Ars* 2.113; quam ~i loco starent superbi SEN.*Tro*.5; ~em..hunc corporis usum STAT.*Theb*.8.738; hominum..aeuum omne et breue et ~e est PLIN.*Pan*.78.2;—(*neut. pl. as sb.*) ~ibus innititur qui aduenticio laetus est SEN.*Ep*.98.1.

fragilitās ~ātis, *f*. [prec.+-TAS]

1 Fragility, brittleness.

crystallina, quorum accendit ~as pretium SEN.*Ben*.7.9.3; (tus) probatur candore..~ate PLIN.*Nat*.12.65; 33.5; 34.146.

2 Frailty, uncertainty, impermanence.

(*of human beings or their bodies*) incertos euentus ualetudinis et naturae communis ~atem CIC.*Marc*.22; humani generis imbecillitatem ~atemque *Tusc*.5.3; V.MAX.9.12.8; corpus ~atis caducae morbis obnoxium SEN.*Suas*.6.6; ista, quae uos tumidos et supra humana elatos obliuisci cogunt uestrae ~atis SEN.*Ben*.6.3.2; *Nat*.2.59.9; me recordantem ~atis humanae miseratio subit PLIN.*Ep*.3.7.10;—(*of immaterial things*) ~ate alterius boni quicquid in altero uigoris est hebetat SEN.*Dial*.7.15.3; certus..~atis humanae fidei APUL.*Met*.9.18.

fragium ~(i)ī, *n*. [*frag*-(FRANGO)+-IVM; cf. *crurifragius*] A fracture (of a part of the body).

uxor..crurum ei ~ium abominata APUL.*Met*.9.23.

fraglantia: see FLAGRANTIA.

fraglō: see FLAGRO[1] and FRAGRO.

fragmen ~inis, *n*. [*frag*-(FRANGO)+-MEN]

1 A piece broken off, fragment; (also, in pl.) chips of wood.

dissipatis imbricum ~inibus SIS. *hist*.11; decursus aquai ~ina coniciens siluarum LUCR.1.284; ingenti ~ine montis Lucetium..sternit VERG.*A*.9.569; ~ina nauigii OV.*Met*.11.561; ~ine subselli ictus VELL.2.3.2; SEN.*Her.O*.115; ~ina fauorum COL.9.15.13; clipei ~en STAT.*Theb*.12.439; SUET.*Cl*.18.2;—taedas..et ~ina poni imperat et positis inimicos admouet ignes OV.*Met*.8.460.

2 (app.) The action or process of breaking.

intortis adsurgens (*sc. a rower*) arduus undis percussit subito deceptum ~ine pectus V.FL.3.477; rupes..scindunt resonanti ~ine montem (*i.e. in an avalanche*) SIL.1.372; ~ine putri ramorum et senio male fida fefellerat arbor 5.495.

fragmentum ~ī, *n*. (as prec.+-MENTVM] A piece broken off, fragment.

~a..panis LUCIL.1157; adoriuntur..~is saeptorum et fustibus CIC.*Sest*.79; ramea costis subiciunt ~a VERG.*G*.4.304; tegularum..~a LIV.34.39.11; si quod paruulum ~um ossis eminet CELS.8.10.7.F; glutinat uitri ~a PLIN.*Nat*.29.51; MART.7.19.1;—(*poet.*) mille carinis (Cato) abstulit Emathiae secum ~a ruinae LUC.9.33.

fragor ~ōris, *m*. [*frag*-(FRANGO)+-OR]

1 The act or process of breaking up or splitting.

finem non esse secandis corporibus..neque pausam stare ~ori LUCR.1.747; 5.317; geli multus ~or atque ruina grandinis..sonitum dat 6.156.

2 A noise of or as of breaking, crash, roar, din. **b** (made by human voices) a noisy clamour, shouting, or sim.

terra continens aduentus hostium..quasi ~ore quodam et sonitu ipso ante denuntiat CIC.*Rep*.2.6; dant sonitum frondes ramique ~orem LUCR.6.136; aridus altis montibus audiri ~or VERG.*G*.1.358; subito..~ore intonuit laeuum *A*.2.692; ~or tectorum quae diruebantur..audiebatur LIV.1.29.4; nec sinit audiri uocem ~or aequoris ullam OV.*Met*.11.485; aduentantis equitatus ~or V.MAX.3.1.1; pauescis ad caeli ~orem SEN.*Nat*.2.59.11; LUC.1.152; quater horrendum pepulere ~orem arma STAT.*Theb*.6.218; (*dist. from* stridor) uertex..distat a turbine..quo stridor a ~ore PLIN.*Nat*.2.134;—(*pl.*) resonat..~oribus aether VERG.*A*.5.228; inter horrendos ~ores micare ignes LIV.21.58.5; declamationes fluctuum ~oribus obluctantibus edebat (Demosthenes) V.MAX.8.7.ext.1; (*poet., w. ref. to the Symplegades*) ~ores (Iason) per medios ruit V.FL.4.675; 5.482. **b** in tectis..praecipuus ~or et longi pars maxima luctus VERG.*A*.11.214; laetus ~or aethera pulsat uictorum LUC.6.225; femineus quatit astra ~or STAT.*Theb*.12.790;—(*of applause*) cum scholasticorum summo ~ore SEN.*Con*.2.3.19; ~or intonat ingens hortantum STAT.*Theb*.3.669; sublimitas..expressit illum ~orem QUINT.*Inst*.8.3.3; totam hodie Romam circus capit, et ~or aurem percutit JUV.11.197;—(*of abuse*) maximo..contionis ~ore et incitatissimis minis conpulsus non est V.MAX.3.8.ext.3;—(*of a rumour*) regem..~or per moenia differt mille ciere manus V.FL.1.753.

3 (transf.) Uproar, commotion, disturbance.

postquam iste in rem p. fecit impetum, ~or ciuitatis in primis *Rhet.Her*.4.42; inter ~ores bellorum ciuilium SEN.*Ep*95.69; LUC.5.228.

fragōsē, *adv. compar*. ~ius. [next+-E] (perh.) So as to break up or shatter.

(secures) ~ius sidunt (*i.e. into a tree*), aegrius reuelluntur PLIN.*Nat*.16.47.

fragōsus ~a ~um, *a*. [*frag*-(FRANGO)+-OSVS]

1 Apt to break, brittle.

quae cum ita sunt..ut mortalia constent, molli lenta, ~a putri, caua corpore raro LUCR.2.860.

2 (of ground, etc.) Full of breaks, rough, uneven, rugged; (of water, prob.) having its flow broken up by rocks. **b** (transf., of style) jerky, disjointed.

siluis horrentia saxa ~is OV.*Met*.4.778; ~um Nebroden (*a range of mountains*) GRAT.527; montanum trifolium..quod ~is locis efficacissimum nascitur COL.6.17.2; Maleae uelut arce ~a turbo rapax V.FL.4.261; (*of lightning*) nimbis et luce ~a (Venerem) prosequitur polus et tonitru pater auget honoro 2.198;—(*of water*) medio..~us dat sonitum saxis et torto uertice torrens VERG.*A*.7.566; Parium..infame ~is..uadis V.FL.2.621. **b** quae conexa est..~a atque interrupta melior oratio QUINT.*Inst*.9.4.7; (*neut. pl. as sb.*) (aures) ~is offenduntur 9.4.116.

frāgrans ~ntis, *a*. Sts. written **frāglans.** *superl*. ~ntissimus. [pple. of FRAGRO] Fragrant, sweet-smelling; also, strong-smelling, rank.

donum..~ntis amomi SIL.15.117; in modum floris odori porrectos caliculos..~ntis minime APUL.*Met*.4.2; unguento ~ntissimo 10.21;—dextera pistillo..~ntia mollit alia *Mor*.101.

frāgrantia ~ae, *f*. [prec.+-IA] Sweet smell, fragrance.

unguentorum ~a V.MAX.9.1.ext.1.

frāgrō ~āre ~āuī, *intr*. Also **frāglō.** [dub.] FORMS: often written *flagr*- or *fragl*- in codd.; the latter now accepted in the text of Apuleius. PROS.: first syll. short in CATUL.6.8. (esp. foll. by abl.) To smell strongly: **a** (with a pleasant smell); (w. acc.) to be redolent of. **b** (with an unpleasant smell).

a ~antem Assyrio..odore domum CATUL.68.144; storace Idaeo ~antis..capillos *Ciris* 168; redolent..thymo ~antia mella VERG.*G*.4.169; adulescentulum ~antem unguento SUET.*Ves*.8.3; tota suaue ~ante cauea APUL.*Met*.10.34;—(*w. acc.*) ~auit ore quod rosarium Paesti MART.5.37.9; Venus..cinnama ~ans APUL.*Met*.2.8; 6.11. **b** ne grauis hesterno ~es..uino MART.1.87.1; ~antem mero QUINT.*Decl*.298(p.177,l.4); (*cf., of the smell itself*) ~at acerbus odor (*i.e. from the Harpies*) patriique exspirat Auerni halitus V.FL.4.493.

frāgum: see FRAGA.

framea ~ae, *f*. [Germanic] A spear used by the Germani.

hastas uel ipsorum uocabulo ~as gerunt angusto et breui ferro, sed ita acri..ut eodem telo..uel comminus uel eminus pugnent TAC.*Ger*.6.1; 11.6; 14.4; per Solis radios..iurat et Martis ~am JUV.13.79; GEL.10.25.2.

frangō ~ngere frēgī ~ctum, *tr*. [cf. Goth. *brikan*, Eng. *break*]

1 To break, shatter, smash. **b** (pass. in middle sense). **c** *nauem ~ngere* (and sim.), to wreck a ship (usu. pass.); also, to suffer shipwreck. **d** (of rocks, etc.) to break (waves).

tela ~ngunt PL.*Am*.232; procellae..~ngere malum, ruere antemnas *Trin*.836; signa sacra noctu ~ngere CIC.*de Orat*.2.253; in illo tumultu ~cti fasces *Pis*.28; arcum fregisti et calamos VERG.*Ecl*.3.13; ~ngere in aduersum pocula Pirithoum PROP.2.6.18; onere ipso ~ngebantur (scalae) LIV.26.45.3; crustallina..~ngi iussit SEN.*Dial*.5.40.3; ~cta iuga..resarcire COL.11.2.38; ~cto..ponte TAC.*Hist*.3.17; hic ~ngit ferulas (*i.e. by being beaten*) JUV.6.479; (*poet.*) ~ngebat radios humili iam pronus Olympo Phoebus STAT.*Ach*.1.689. **b** perfidus ensis ~ngitur in medioque ardentem deserit ictu VERG.*A*.12.732; SEN.*Her.O*.153; ~cta est putris sella PETR.136.1. **c** nauis si ~ctast tibi PL.*Rud*.505; nauis..expulsa atque eiecta fluctu ~ngitur CIC.*Ver*.1.46; CAES.*Gal*.4.29.3; multae quassatae..naues, quaedam ~ctae LIV.30.39.3; Dolopas cum..perdomui, fregique uadis..carinas STAT.*Ach*.1.778;—nauim is fregit apud Andrum insulam TER.*An*.222. **d** tamquam fluctum a saxo ~ngi CIC.*Fam*.9.16.6; mare montis ad eius radices ~ngit fluctus LUCR.6.695; insula portum efficit obiectu laterum, quibus omnis ab alto ~ngitur..unda VERG.*A*.1.161; fluctus..non tot ~ngit Ionium mare SEN.*Oed*.603; ~ngentem fluctus scopulum LUC.6.266;—(*refl. or pass.*) aequor..quod longe a conspecta ueteris litoris ~ngitur SEN.*Nat*.3.28.3; aequor pendet et arquato iam iam prope sidera dorso ~ngitur STAT.*Theb*.5.370; (*in fig. phr.*) ubi se iste fluctus ~nget? exundat furor SEN.*Med*.391.

2 a To break (part of one's own or another's body); (esp.) to break the bone of, fracture (a limb). **b** *ceruices* (*guttur*, etc.) *~ngere alicui*, to break the neck (by hanging, garrotting, etc.). **c** to kill by breaking, crush to death.

a manu fustiue si os fregit libero *Lex XII* (*Font.iur*.p.29); CATO *hist*.81; fregit in arbore cornu (*sc*. capella) OV.*Fast*.5.121; ~cta..aure magister (*i.e. a boxing instructor*) MART.7.32.5; (*in fig. phr.*) genuinum fregit in illis (Lucilius) PERS.1.115;—quem..Aquila..expulit et quidem crure ~cto CIC.*Phil*.11.14; necopinus..sinistram fregit tibiam PHAED.5.7.8; cecidit coxamque fregit PLIN.*Ep*.2.1.5; SUET.*Gram*.2 (p.100Re); (*neut. pl. of pf. pple. as sb.*) aliae (aquae) luxatis ~ctisue (prosunt) PLIN.*Nat*.31.6. **b** ceruices in carcere ~ngebantur..ciuium Romanorum CIC.*Ver*.5.147; *Vat*.26; uindices rerum capitalium..laqueo gulam fregere SAL.*Cat*.55.5; parentis..si quis impia manu senile guttur fregerit HOR.*Epod*.3.2; *Carm*.2.13.6; ~ngere colla Iugurthae LUC.9.600; (*in suicide*) hic laqueo fauces elisaque guttura fregit, hic se praecipiti iaculatus pondere..dissiluit 2.154. **c** duo..cum corpora..~ngeret ad saxum VERG.*A*.3.625; non ego te tigris ut aspera..~ngere persequor HOR.*Carm*.1.23.10; exanimatos serpentium morsu aut ~ctos ruina SEN.*Ep*.66.43; caestibus ~ctus suis Eryx *Her. F*.481; ~ngere tam paruas non dicicere feras (ora leonis) MART.1.22.2.

3 To break in pieces, split up; also, to make by splitting. **b** to grind, crush (corn or sim.); also, to grind with the teeth, crunch. **c** to break the continuity of, make disjointed, break up (sounds, etc.); (pass., of a stream) to flow in an interrupted course. **d** to break off (a fragment).

panem ~ngito PL.*Poen*.729; si nullam finem natura parasset ~ngendis rebus LUCR.1.552; campum..~ctis inuertere glaebis VERG.*G*.3.161; lapides..ne integri cumularent ruinas, ~ngi iussit LIV.31.26.12; niueum..quisquis ~ngit Araxen (*i.e. the ice*) SEN.*Oed*.428; (tribulus) potus calculos ~ngit PLIN.*Nat*.22.27; (*refl. or pass.*) disturbata niue et glacie ~ngente se SEN.*Nat*.4b.5.4; ~cto..madescunt saxa gelu LUC.4.84; (*transf.*) duo..genera quae erant, fecit tria. hoc est non diuidere, sed ~ngere CIC.*Fin*.2.26;—caementum de silice ~ngatur ne grauius quam librarium VITR.8.6.14. **b** fruges..minaci robore cum saxi ~nguntur LUCR.1.882; nunc torrete igni fruges, nunc ~ngite saxo VERG.*G*.1.267; OV.*Fast*.6.381; suspensa mola oliuam ~ngito COL.12.54.2; faba ~cta PLIN.*Nat*.19.40;—glandem..sues fregere sub ulmis VERG.*G*.2.72; (*cf., poet.*) quid..obnixi ~ngunt (*i.e. grind out*) mala murmura dentes? STAT.*Theb*.11.137. **c** aequora ~cta uadis abruptaque terra profundo (*i.e. the Syrtes*) LUC.9.308; ~ctas uadis abrupta que terra profundo LUC.9.308; ~ctas (*i.e. spasmodic*) ubi Vesuius erigit iras STAT.*Silv*.4.4.79;—(*rays of light*) matutinos spargens super aequora Phoebus fregit aquis radios LUC.3.522; armorum lux..in aethera longum ~ngitur STAT.*Theb*.12.660;—(*sounds*) acceptos longe nemora auia ~ngunt multiplicantque sonos 6.29; echon simul hinc et inde ~ctam *Silv*.4.3.63; fauces..quarum uitio et ~ngitur et obscuratur..et scinditur uox QUINT.*Inst*.11.3.20;—(*pass., of a stream*) qualiter hiberni summis duo montibus amnes ~nguntur STAT.*Theb*.8.461. **d** qui teneros caulis alieni fregerit horti HOR.*S*.1.3.116; aditum ~cti praestruxerat obice montis OV.*Fast*.1.563;—(*transf.*) de caespite uiuo (*i.e. your landed property*) ~nge aliquid, largire inopi PERS.6.32; JUV.7.219.

4 To break the surface of, rumple, etc.; (esp.) to make (water) rough and choppy, churn up. **b** to wave or curl (hair; with an implication of effeminacy, cf. sense 8).

(uidit patria) equitatu leui Cadmea ~ngi prata SEN.*Phoen*.546; MART.2.59.3; imperat extructos ~ngere nona (hora) toros 4.8.6;—carebimus ~ctis..rauci fluctibus Hadriae HOR.*Carm*.2.14.14; ~ngitur (Nilus)..occurrentibus saxis SEN.*Nat*.4a.2.5; ~ctus austro pontus *Her.O*.710; torquet (Boreas)..mare, ~ctaque anhelant aequora SIL.1.592; inter obstantia saxa ~ctis aquis ac reluctantibus QUINT.*Inst*.9.4.7. **b** capillum ~ngere et ad muliebres blanditias extenuare uocem SEN.*Con*.1.pr.8; uelli et comam in gradus ~ngere QUINT.*Inst*.1.6.44.

5 To break open (buildings, etc.), break down (barriers); *iter ~ngere*, to force a way. **b** to break through, penetrate, cleave (water or air by one's motion, etc.).

quis nostras sic ~ngit fores? PL.*As*.384; qui e nuce nuculeum esse uolt, ~ngit nucem *Cur*.55; quid istas aedis ~ngitis? *Mos*.939; ~ngere postes TIB.1.1.73; non tam portas intrare patentis quam fregisse iuuat LUC.2.444; Tarpeiam..cum fregerit arcem Brennus *poet*.12; cum ~cto Boreas caput extulit antro STAT.*Theb*.6.108; (*cf.*) caepe nefas uiolare et ~ngere morsu JUV.15.9;—quicquid in obliquom est, ~ngunt iter (uenti) *Aetna* 382. **b** nescit..magister quam ~ngat, cui cedat aquae LUC.5.646; nec ~nget nando uiolenti uerticis amnem 8.374; ubi mollia ~ngunt nubila (uolucres) STAT.*Ach*.1.372; tuba terrificis fregit stridoribus auras SIL.5.189; 8.553.

6 To break the force of, mitigate, temper (physical forces); (refl. or pass.) to abate. **b** (gram., of the second of two consecutive consonants) to modify the sound of (the first). **c** to break off, arrest (one's course); to give a sharp turn to (a line).

leuiter poenas (*i.e. pain caused by biting*) ~ngit Venus inter amorem LUCR.4.1084; uti (uenti) aduenientes ad angulos insularum ~ngantur VITR.1.6.8; cum uini uim miscendo fregisset CELS.1.pr.69; non ipse..Oceanus meos ~nget (*i.e. cool*) uapores SEN.*Her.O*.1367; Saturnum..grauem nostro Ioue ~ngimus una PERS.5.50; faciles iam ~cti fluminis undas LUC.1.222; sacco ~ngimus uires (uini) PLIN.*Nat*.14.138; unde maxime flatum opus erat ~ngi 34.40; bouis exuuias multo qui ~ngit (*i.e. softens*) oliuo V.FL.6.358; Setinos..niue ~nge (*i.e. dilute*) trientes MART.14.103.1; CLIVOM MEDIVM FREGI ET DEPRESSI (*i.e. levelled*)

CIL 14.4012; (*w.* in+*acc.*) iam pontus ac tellus renident in Zephyros Aquilone ~cto STAT.*Silv.*4.5.8; (*in fig. phr.*) quid miser langues dolor?..quid ~ngis ignes? SEN.*Her.O.* 311;—(*refl. or pass.*) antequam calores aut frigora se fregerunt VAR.*R.*2.2.18; CIC.*de Orat.*1.265; iam ~ctis aestibus, nondum ortis frigoribus CELS.7.7.4.E. **b** QUINT.*Inst.*1.4.11; (f littera) etiam cum uocalem proxima accipit, quassa quodam modo,..quotiens aliquam consonantium ~ngit ..multo fit horridior 12.10.29. **c** amisso medium cum praeside puppis fregit iter STAT.*Theb.*10.183; (*transf.*) resumere impetum ~ctum omissumque PLIN.*Ep.*7.9.6;—habiles..pinus..temptare fugam nec longo ~ngere gyro cursum LUC.3.554; rectus hic hippodromi limes in extrema parte hemicyclio ~ngitur PLIN.*Ep.*5.6.33.

7 To exhaust, wear out, break down (a person, his strength, etc.); (esp. of old age).

nec tantis se laboribus ~ngeret neque tot curis..angeretur CIC.*Arch.*29; grauis annis miles..multo iam ~ctus membra labore HOR.*S.*1.1.5; mediae nequeunt te ~ngere noctes PROP.2.33.25; ~ctus morboque fameque OV.*Met.* 13.52; se assidua..contentione fregerat SEN.*Con.*1.pr.15; pelago ~ctis uiribus (*i.e. of Agrippina*) [SEN.]*Oct.*354; tot bellis..fregimus aeuum SIL.6.474; (*refl., in fig. phr.*) iam peruagatus ipse se fregit furor SEN.*Ag.*775;—(*of old age*) sensim..aetas senescit nec subito ~ngitur CIC.*Sen.*38; inde minutatim uiris et robur adultum ~ngit..aetas LUCR. 2.1132; quem si quis uideat uetus ut non fregerit aetas [TIB.]3.7.111; primone in aeuo uiridis an ~cto occidit? SEN.*Oed.* 775; iam placidus senio ~ctisque modestior annis LUC.8.476; JUV.14.161.

8 To take away the vigour or masculine qualities of, enervate, weaken, relax (a person, his disposition, speech, etc.).

nos..ausuros grandia ~ngit Amor OV.*Am.*2.18.4; tu carmen scribas, tu..seueritatem templo debitam modulatione ~ngas? SEN.*Con.*exc.6.8; nunc ~ngere sexum (*i.e. practise castration*) atque hominem mutare nefas STAT.*Silv.* 3.4.74; mollis illa educatio..neruos omnis mentis et corporis ~ngit QUINT.*Inst.*1.2.6; equorum cursum delicati minutis passibus ~ngunt 9.4.113; corruptum et omnibus uitiis ~ctum dicendi genus 10.1.125; cum laudes imperatorum..in omne ludibrium effeminatis uocibus, modis, gestibus ~ngerentur PLIN.*Pan.*54.1; turpi fregerunt saecula luxu diuitiae molles JUV.6.299.

9 To inflict a crushing blow on (a nation, individual, etc.), vanquish, destroy, discomfit, etc. (in a military or other contest). **b** (power, wealth, aspirations, etc.).

qui iniuria accepta fregit Ti. Gracchum patientia..M. Octauius CIC.*Brut.*95; cum uideret sceleratum ciuem.. iudicio esse ~ngendum *Red.Sen.*19; Thasios..suo aduentu fregit NEP.*Cim.*2.5; ~ngimur heu fatis VERG.*A.*7.594; concusso iam et paene ~cto Hannibale LIV.28.44.11; Achaia, cuius pars magna..Metelli Macedonici uirtute..~cta erat VELL.1.12.1; Celtiberos..aliquot proeliis fregit FLOR.*Epit.* 1.33(2.17.9); Fabius Hannibalem mora fregit AMP.18.6; (*poet.*) cum quo morantem saepe diem mero fregi HOR.*Carm.*2.7.7; (*in fig. phr.*) dolor..~ctus cedet Alcidae SEN. *Her.O.*913;—(*transf.*) alterius..uitia emendanda, alterius ~ngenda sunt *Ep.*25.1; ~ngentem..ardua montis spectarunt superi SIL.3.497;—(*in argument or sim.*) quod (risus ~ngit aduersarium CIC.*de Orat.*2.236; Clodium praesentem fregi in senatu cum oratione *Att.*1.16.8; 2.1.5; ut..Plato.. ipsa auctoritate me ~ngeret *Tusc.*1.49. **b** quae..essent pro aduersariis, infirmanda atque ~ngenda CIC.*de Orat.* 1.143; *Part.*44; hominum perditorum de me consilia ~ngere *Fam.*1.9.21; quo facto ~ngi Lacedaemoniorum opes necesse esset *Off.*3.49; tu mea tu moriens fregisti commoda, frater CATUL.68.21; postquam omnis res mea Ianum ad medium ~cta est HOR.*S.*2.3.19; ~nge..damnosae iura pudicitiae PROP.4.5.28; hoc proelio ~ctae iterum Etruscorum uires LIV.10.5.12; 23.35.1; ne potentia eorum (*sc. the new citizens*) ..ueterum ciuium dignitatem ~ngeret VELL.2.20.2; ~ctis rebus uiolentior ultima uirtus SIL.1.560; liberalitatem.. captiosam interpretatio prudentium fregit PAPIN.*dig.*2.15.5.

10 To prevail on, influence, soften (a person); (refl. or pass.) to relent, unbend.

te ut ulla res ~ngat, tu ut umquam te corrigas CIC.*Catil.* 1.22; saepe..uidemus ~ctos pudore, qui ratione nulla uincerentur *Tusc.*2.48; pueri..parentum blanditiis facile ingenium fregere superbum LUCR.5.1018; crudelis lacrimis pascitur, non ~ngitur PUB.*Sent.*C.29; animum pietas maternaque nomina ~ngunt OV.*Met.*8.508; non essem ~ctus..precibus eius SEN.*Con.*10.3.15; illum gemitu iam supplice mater ~ngit STAT.*Theb.*11.376;—(*refl. or pass.*) odium peperere querelae: ~ngitur in tacito femina saepe uiro PROP.2.18.2; 2.28.34; rogare coepit, ut se ~ngeret (effrangeret *codd.*) PETR.75.2.

11 To repress, check, curb, restrain (passions, etc.). **b** to reduce to obedience, break in (a person, animal).

de ~ngendis cupiditatibus, de conformandis hominum moribus CIC.*de Orat.*1.86; ortum repente bellum Allobrogum ..proeliis fregit *Prov.*32; dolorem..si non potuero ~ngere, occultabo *Phil.*12.21; quam concitationem animorum fregit aduentus exercitus LIV.9.7.10; tum demum ~cta pertinacia est, ut ferri agique res suas uiderunt 38.15.10; posthac uirginis uerba impiae..~ngam SEN.*Ag.*965; cum odium iramque frequentissime ~ngat (risus) QUINT.*Inst.*6.3.9. **b** cum ~ngerem iam ipse me cogeremque illa ferre toleranter CIC.*Fam.*4.6.2; quom tibi dulcis in artem ~ngitur et nostras curat facundia leges STAT.*Silv.*1.4.30; sternacem ad proelia..~ngere equum SIL.1.262.

12 (in full, *animo ~ngere*) To crush in spirit or temper, discourage, daunt, deject (a person); (also, his spirits).

ut ~ngerer animo propter uitae cupiditatem CIC.*Phil.* 2.37; sin te tanta mala rei publicae ~ngunt *Fam.*4.8.1; eo detrimento adeo sunt ~cti Alexandrini *B.Alex.*12.1; quae contumelia non fregit eum, sed erexit NEP.*Them.*1.2; cum uideo quam sint mea fata tenacia, ~ngor OV.*Pont.* 1.2.61; CURT.6.1.16; exilia non fregere..Sullam [SEN.]*Oct.* 464; non post damnationem ~ctus animo TAC.*Ann.*13.43;—meum ~ngit amantem animum PL.*Cist.*222; quid est quod animum meum ~ngere aut debilitare possit..? CIC.*Red. Sen.*36; exiles res animi magnitudinem, etsi non ~ngebant, tamen minuebant NEP.*Eum.*5.1; ~ngit fortia corda dolor [TIB.]3.2.6; cuius uirtutem iniuriae non fregerunt, sed acuerunt V.MAX.7.5.3; TAC.*Hist.*2.33; SUET.*Jul.*68.2.

13 To violate, infringe, break (a promise, law, custom, etc.).

qui ~ngant foedera PL.*Cist.*460; fregisti fidem ACC.*trag* 227; fregit foedus Gabinius, Piso tamen in fide mansit CIC. *Dom.*66; *Scaur.*42; quisquis misero fas umquam in supplice fregit GRAT.451; hanc patriae ritus fregisse seueros.. mirantur STAT.*Theb.*12.535.

frātellus ~ī, *m.* [next+-LVS] A little brother.

SCAUR.gram.in *G.L.*7.13.

frāter ~tris, *m.* [cf. Skt. *bhrâtar-*, OIr. *brāthir*, Eng. *brother*, also Gk. φράτηρ 'clansman']

1 A son of the same father or mother, brother; *~ter germanus*, a full brother. **b** (pl.) brother and sister. **c** (pl., transf., of a kindred race).

Ioui' ~tri et Neri Neptuno PL.*Trin.*820; TER.*Ad.*912; pessimi Tiberium ~trem meum optimum interfecerunt GRACCH.*orat.*16; qui me..iuxta ac si meus ~ter esset, sustentauit CIC.*Red.Sen.*20; tres illi ~tres fuerunt, C., Cn., M. Carbones *Fam.*9.21.3; pilleatis..~tribus (*i.e. Castor and Pollux*) CATUL.37.2; gaudent perfusi sanguine ~trum VERG. *G.*2.510; consulis ~ter matre eadem genitus LIV.38.9.8; est ~ter quidem, sed ex nouerca SEN.*Her.O.*1313; STAT.*Theb.* 11.394; a maiore ~tre eius geniti GEL.13.20(19).15; (*by adoption*) scelera (Iugurthae) in patrem ~tresque ostendit, SAL.*Jug.*33.4; (*as a type of devotion*) qui in me..consiliis parens, amore..~ter inuentus est CIC.*Red.Sen.*37;—(*applied to animals*) Cyprio uelox cum ~tre Lycisce OV.*Met.*3.220; GRAT.299; (*astron.*) Haedus..~trum uestigia quaerit MAN. 5.312;—(*poet.*) nec ~tris radiis obnoxia surgere Luna (uidetur) VERG.*G.*1.396; magnis cum ~tribus Eurus intonat V.FL.2.365;—(*used of inanim. objs. personified*) aspicies (*sc. a book*) illic positos ex ordine ~tres OV.*Tr.*1.1.107; MART. 12.2(3).6;—(*in a place-name*) quos (*sc.* montes) Septem ~tres a simili altitudine appellant PLIN.*Nat.*5.18;—~tres germanos duos geminos, una matre natos et patre uno uno die PL.*Men.*1102; CIC.*Ver.*1.128. **b** ~trum..non incestum, sed incustoditum amorem ad infamiam traxit TAC.*Ann.*12.4; CALP.*Decl.*44; Lucius et Titia ~tres PAUL. *dig.*10.2.38. **c** Suessiones..~tres consanguineosque suos, qui..isdem legibus utantur (*i.e. as the Remi*) CAES.*Gal.* 2.3.5; Aruerni..ausi Latio se fingere ~tres..populi LUC. 1.427;—(*cf., as an honorific title for allies*) Aeduos, ~tres consanguineosque saepe numero a senatu appellatos CAES. *Gal.*1.33.2; CIC.*Fam.*7.10.4.

2 *~ter patruelis*, A son of one's paternal uncle, cousin (on one's father's side); also *~ter* alone.

pater tuos, is erat ~ter patruelis meus PL.*Poen.*1069; LIV.28.21.6; GAIUS *dig.*38.10.1.6; (*cf.*) Lucius..Cicero, ~ter noster cognatione patruelis, amore germanus CIC. *Fin.*5.1;—fore ut angeretur cum a ~tre familiaritate (*sc.* Caesaris)..uinceretur (*Cicero's son*) *Att.*12.7.1; si non esses uir mihi, ~ter eras! OV.*Ep.*8.28; 14.130; *Met.*13.31; CURT. 6.10.24; SUET.*Cal.*15.2.

3 (esp. voc., as an affectionate way of referring to a person of one's own age; cf. *pater, filius*). **b** (as a euphemism for a partner in an irregular sexual union).

uolo, mi ~ter, fraterculo tuo credas *letter* in Cic.*Ver.*3.155; ~ter, pater, adde; ut cuique est aetas, ita quemque facetus adopta HOR.*Ep.*1.6.54; asellus apro cum fuisset obuius, 'salue' inquit '~ter' PHAED.1.29.5; uenit en et ~ter Amyntas CALP.*Ecl.*4.78; domine ~ter FRO.*Amic.*2.p.244 (188N); APUL.*Met.*9.7; (*cf.*) 'da Trebio, pone ad Trebium. uis, ~ter, ab ipsis ilibus?' o nummi, uobis hunc praestat honorem, uos estis ~tres JUV.5.137. **b** haec tibi uir quondam, nunc ~ter, casta Neaera, mittit [TIB.]3.1.23; habitationem mihi prospiciam et aliquem ~trem PETR. 10.6; 127.2; si triduo sine ~tre dormieris 129.8.

4 A member of a religious *collegium*.

~tres aruales dicti qui sacra publica faciunt VAR.*L.*5.85; SAB.*iur.*14; aruorum sacerdotes Romulus..instituit seque duodecimum ~trem appellauit PLIN.*Nat.*18.6; COLL(egium) VELABRENSIVM..~TRIB(us) SVIS *CIL* 6.467.

frāterculō ~āre, *intr.* [next+-O³] = FRATRO.

tunc papillae primulum ~abant—illud uolui dicere, 'sororiabant' PL.fr.83.

frāterculus ~ī, *m.* [FRATER+-CVLVS] A little brother.

germana mea sororcula. — repudio te ~um PL.*Cist.*452; ~us..gigantis (*i.e. a man without a pedigree*) JUV.4.98;—(*as an endearment*) uolo, mi frater, ~o tuo credas *letter* in Cic.*Ver.*3.155.

frāternē, *adv.* [FRATERNVS+-E] In the manner or spirit of a brother, fraternally.

si ~, si pie..faciunt CIC.*Lig.*33; te a me ~ amari *Att.*1.5.8; litteras ad te parum ~ scripseram *Q.fr.*1.2.12.

frāternitās ~ātis, *f.* [next+-TAS] The relationship of brothers, brotherhood, fraternity.

quae potest amicitia esse tam felix, quae imitetur ~atem? QUINT.*Decl.*321(p.259,l.6); ~as ducum et pro uno duos stare Pompeios FLOR.*Epit.*2.13(4.2.74); per adoptionem quaesita ~as GAIUS *dig.*23.2.17; ULP.*dig.*17.2.63;—(*w. ref. to the title* 'fratres' *bestowed on favoured allies*) Aedui..soli Gallorum ~atis nomen cum populo Romano usurpant TAC. *Ann.*11.25.

frāternus ~a ~um, *a.* [FRATER+-NVS]

1 Of or belonging to a brother or brothers. **b** of a cousin.

~um..exilium PAC.*trag.*306; de ~is bonis CIC.*Ver.*1.123; ~o parricidio *Clu.*31; C..Gracchum mors ~a..excitauit *Har.*43; perfudere manus ~o sanguine fratres CATUL.64.399; mederi ~ae inuidiae SAL.*Jug.*39.5; litora..~a Erycis VERG. *A.*5.24; quod sua ~o circumdet bracchia collo OV.*Met.* 9.459; uindicandae ~ae mortis gratia VELL.2.6.2; ~us adulter (*i.e. paramour of his brother's wife*) STAT.*Silv.*5.1.58; (*cf.*) prodita..~i cornua monstri (*i.e. the Minotaur, Ariadne's half-brother*) PROP.4.4.41;—(*ref. to animals*) maerentem ..~a morte iuuencum VERG.*G.*3.518;—(*poet.*) luna..~o lustrabit lumine terras SIL.8.174;—(*w. ref. to the honorific term* 'fratres' *used in addressing allies*) longe his (*sc. the Aedui*) ~um nomen populi Romani afuturum CAES.*Gal.*1.36.5. **b** me (*i.e. Ajax*) est aecum frui ~is (*i.e. Achilles'*) armis *Inc.trag.*53; OV.*Met.*13.31; V.FL.1.178.

2 Befitting or proper to a brother, brotherly, fraternal.

in Epirum..inuitatio..quam liberalis, quam ~a! CIC. *Att.*9.12.1; propter amorem in nos ~um *Q.fr.*1.1.10; ~um rumpere foedus HOR.*Ep.*1.3.35; cum uultus inter uos minime ~os cernerem LIV.40.8.8; qui frater non est, si ~a caritate diligitur PAUL.*dig.*28.5.59(58).

fratillī ~ōrum, *m. pl.* [dub.] (See quot.)

~i uilli sordidi in tapetis PAUL.*Fest.*p.90M.

frātrābiliter, *adv.* [FRATER+-BILIS+-TER²] Fraternally (perh. cf. FRATER 3b).

SVILIMEA CISSONIO ~ SAL *CIL* 4.659; 4.8227.

frātria[1] ~ae, *f.* [FRATER+-IVS] A brother's wife, sister-in-law.

PAUL.*Fest.*p.90M.

frātria[2] ~ae, *f.* [Gk. φρατρία] (in Gk. towns) A division of the people for political purposes, 'clan'.

~a est graecum uocabulum partis hominum, ut Neapoli etiam nunc VAR.*L.*5.85.

frātricīda ~ae, *m.* [FRATER+-CIDA] The murderer of a brother, fratricide.

patricida, ~a, sororicida CIC.*Dom.*26; NEP.*Timol.*1.5.

frātrō ~āre, *intr.* [FRATER+-O³] (of a boy's breasts at puberty) To swell up (= *fraterculo*).

~are puerorum mammae dicuntur, cum primum tumescunt, quod uelut fratres pares oriuntur PAUL.*Fest.*p.91M.

fraudātiō ~ōnis, *f.* [FRAVDO+-TIO] The practice of fraud, cheating, swindling.

serui..qui ad eri ~onem callidum ingenium gerunt PL. *As.*257; ~onis causa latuisse CIC.*Quinct.*74; hinc fides, illinc ~o *Catil.*2.25; ut inter bonos bene agier oportet et sine ~one *formula* in Cic. *Off.*3.70; GAIUS *Inst.*3.78.

fraudātor ~ōris, *m.* [FRAVDO+-TOR] One who defrauds, a swindler.

eandem..esse ~orum et infitiatorum impudentiam CIC *Flac.*48; ~or creditorum *Phil.*13.26; LIV.4.50.1; beneficiorum ~or SEN.*Ben.*4.26.3; et ~or es et negotiator MART. 11.66.2; TAC.*Hist.*2.66; VEN.*dig.*42.8.25.7.

fraudātōrius ~a ~um, *a.* [prec.+-IVS] Relating to fraud.

interdicto ~o PAPIN.*dig.*46.3.96.

fraudō ~āre ~āuī ~ātum, *tr.* [FRAVS+-O³] FORMS: *fraudassis* (= *~aueris*) PL.*Rud.*1345; also *frausus sum*, etc. (dep.) PL.*As.*286, PAUL. *Fest.*p.91M.

1 To deprive (a person or thing) deceitfully of what is his or its by right, cheat, defraud. **b** (w. abl.) to cheat or swindle out of; (sim. w. second acc.). **c** to make ineffectual, baffle, cheat (hopes); to dishonour, violate (a promise or sim.).

ubi fidentem ~aueris, ubi ero infidelis fueris PL.*As.*561; uadimonium mihi deseruit, me ~auit CIC.*Quinct.*75; qui per tutelam aut societatem..~auit quempiam *Caec.*7; ~are creditores *Phil.*6.11; numen ~are deorum *Ciris* 83; peculium..quod comparauerunt uentre ~ato SEN.*Ep.*80.4; ~abitur..dominus soli in pensione percipienda POMPON. *dig.*39.2.39.2;—(*w. cogn. acc.*) metuo in commune ne quam fraudem frausu' sit PL.*As.*286;—(*absol.*) si cotidie ~as, decipis, poscis CIC.*Parad.*43. **b** ut..neque..grano uno posset arator sine maxima poena ~are decumanum CIC. *Ver.*3.20; cum magna pecunia ~aretur *Att.*1.1.3; audebo.. cetera..bona appellare nec ~are suo uetere nomine *Fin.* 5.91; Ascanius..quem regno Hesperiae ~o VERG.*A.*4.355; quid ~are iuuat uitem crescentibus uuis? [TIB.]3.5.19; ~ans se ipse uictu suo LIV.2.10.13; qui..militem praeda ~auere 2.42.1; triumpho..~or 38.47.6; artus anima ~are senili OV.*Met.*7.250; praeclarum..factum..ne ~etur memoria VELL.2.92.1; occidit illa prior uiridi ~ata iuuenta MART. 7.40.5; quos equidem non ~auerim debita laude QUINT. *Inst.*2.14.1; inundatione..regio (*i.e. Egypt*) ~ata PLIN.*Pan.* 30.5; perfidiae..tantae, ut..mercede palmarum aurigarios ~auerit SUET.*Nero* 5.2; (*poet.*) bis quinos annos..unumque triente ~atum (*i.e.* 10⅓) MAN.3.568;—pubes, membra leuis celsique decus ~ata superbum corporis SIL.3.232. **c** ~ata ..tempore segni uota patrum V.FL.2.376;—quod (*sc.* pactum)..Laomedon ~auit HYG.*Fab.*89.4; fidem ~auit 219.2.

2 To remove (money) dishonestly, embezzle.

stipendium..equitum ~abant et praedam omnem domum auertebant CAES.*Civ.*3.59.3; si..~ata restituere uellent 3.60.5; NEIVE QVIS QVOD..PEQVNIAE PVBLICAE..EST ERIT ~ATO NEIVE AVORTITO *CIL* 1.590.2.

3 To defeat the intention of (a law) by trickery, fraudulently evade.
quod ~andael egis gratia esset adscriptum CLEM.*dig.*35.1.64.1; ~are edictum ULP.*dig.*29.2.42.

fraudulenter, *adv. compar.* ~ius. [irreg., FRAVDVLENTVS+-TER²] Fraudulently, dishonestly.
~er atque auariter CATO *orat.*223; si (res) tractetur ~er COL.9.5.2; nullum animal ~ius inuidere homini tradunt PLIN.*Nat.*30.89; SCAEV.*dig.*40.7.40.4.

fraudulentia ~ae, *f.* [next+-IA] Dishonesty, knavery.
os habet, linguam, perfidiam. . ~am PL.*Mil.*189ᵃ.

fraudulentus ~a ~um, *a. superl.* ~issimus. [FRAVS+-VLENTVS] Dishonest, deceitful, fraudulent.
(*of persons*) litium pleni, rapaces uiri, ~i PL.*Men.*583; *Rud.*318; Carthaginienses ~i et mendaces non genere, sed natura loci CIC.*Agr.*2.95; HOR.*Carm.*3.3.24; qualis esse infitiator ac ~us solet SEN.*Ben.*3.17.4; ~issimus regum FLOR.*Epit.*1.36(3.1.17);—(*of things*) mea industria et malitia ~a PL.*Ps.*582; ueditiones ~as CIC.*Off.*3.83; (magica) ~issima artium PLIN.*Nat.*30.1; gestum quendam humilem . .et quasi ~um facit QUINT.*Inst.*11.3.83; ~as ambages APUL.*Met.*8.12.

fraudulōsus ~a ~um, *a.* [*fraudul-* (on anal. of prec.)+-OSVS] = prec.
furtum est contrectatio rei ~a PAUL.*dig.*47.2.1.3.

fraus ~dis, *f.* [perh. cf. Skt. *drahyati* (hurt), AS. *bidriogan* 'deceive'] FORMS: *frūd-* read in LUCR.6.187; gen. pl. *fraudum* CIC.*Pis.*44, TAC.*Ann.*6.21, GEL.14.2.6 and regularly in dactylic poets (SIL.1.484, etc.), *fraudium* CIC. *Off.*3.75, APUL.*Met.*5.15, 10.6, etc., ULP.*dig.* 9.2.23.4.

1 Detriment, harm, mischief, danger; *sine ~de*, without harm to oneself, in safety, unscathed. **b** (esp. in pred. dat.).
tuis nunc cruribus capitique ~dem capitalem hinc creas PL.*Mil.*294; in eandem ~dem ex hac re atque ex illa incides TER.*Hau.*442; quod multo rectius fuit id mihi ~dem tulit CIC.*Att.*7.26.2; quid enim est cur. .huic. .ad minimam ~dem Caesaris familiaritas ualere debeat? *Balb.*63; neque uos ulla mortis fata perement nec ~s ualentior quam consilium meum *Tim.*40; quis deus in ~dem, quae dura potentia nostri egit? VERG.*A.*10.72; nec sine ~de labos SIL.14.336; contra morborum uitiorumque ~des GEL.1.2.4;—nodo coerces uiperino Bistonidum sine ~de crinis HOR.*Carm.*2.19.20; *Saec.*41; Achaei. .pacti, ut sine ~de liceret abire, praesidio excesserunt LIV.35.51.8; OV.*Fast.*6.173. **b** quibus certe pietas ~di esse non debuit CIC.*Phil.*5.39; si quid. .non nullorum hominum perfidia detraxerit, id maiori illis ~di quam tibi futurum *Fam.*1.5a.4; 7.26.2; ut transitio sibi nec ~di apud eum nec honori sit LIV.27.17.14; OV.*Tr.*2.463; mihi nec grando. .nec uentus ~di. .fuit *Nux* 106; V.MAX.6.1.13.

2 (spec.) Liability to punishment, responsibility for an action; *sine (se, sed) ~de*, without risk of punishment, with impunity.
quis umquam eius rei ~dem aut periculum proposuit edicto, quae neque post edictum reprehendi neque ante edictum prouideri potuit? CIC.*Ver.*1.107; quid turbassitur in agendo, ~s actoris esto *Leg.*3.11; mea ~s omnis, nihil iste nec ausus nec potuit VERG.*A.*9.428; crimen. .rebellionis a publica ~de in paucos auctores uersum LIV.8.14.4; publica ~s absit: auctorem culpae. .deposcunt 21.10.6; si quis rumpet occidetue insciens, ne ~s esto *formula* in LIV.22.10.5; arserat et ante Capitolium ciuili bello, sed ~de priuata TAC.*Hist.*3.72;—(*pred. dat.*) eis ~di ne sit quod cum M. Antonio fuerint CIC.*Phil.*8.33; LIV.3.53.4;—si plus minusue secuerunt, se ~de esto *Lex XII*(*Font.iur.*p.21); *Lex XII*(*Font.iur.*p.37); ID QVAESTOR. .SED ~DE SVA EXTRA ORDINEM DATO SOLVITOQVE *CIL* 1.583.69; 1.587.1.4; coronam. .ei. .sine ~de esse lex inpositam iubet CIC.*Leg.*2.60; diem statuit, ante quam sine ~de liceret ab armis discedere SAL.*Cat.*36.2; OV.*Am.*3.3.43; dum utrumque corpus interficiat, sine ~de sit SEN.*Con.*1.4.6.

3 Conduct involving guilt, wrongdoing; an offence, crime.
causam. .quae homines audaces in ~dem rapere soleat CIC.*Inv.*2.36; cur. .praesentis ~dis poenas in diem reseruatis? *Cael.*59; priscae uestigia ~dis VERG.*Ecl.*4.31;—erat. .Athenis reo damnato, si ~s capitalis non esset, quasi poenae aestimatio CIC.*de Orat.*1.232; *Rab.Perd.*26; qui. .re publica uiolanda ~des inexpiabiles concepissent *Tusc.*1.72; immeritis nocituram. .natis ~dem committere HOR.*Carm.*1.28.31; capitalem ~dem ausi LIV.23.14.3; ULP.*dig.*21.1.23.2.

4 (spec.) Dishonest conduct, deceit, guile, trickery. **b** (attributed to things). **c** (applied to persons as a term of abuse).
~dis, sceleris, parricidi, peiiuri plenissumus PL.*Rud.*651; pertuli crudelitatem inimicorum. .~dem inuidorum CIC.*Sest.*145; cum. .aut ui aut ~de fiat iniuria, ~s quasi uulpeculae, uis leonis uidetur *Off.*1.41; occasionem ~dis ac doli quaerunt CAES.*Civ.*2.14.1; sese dedere sine ~de constituunt 2.22.1; clamant ~de fieri quod foris teneatur exercitus LIV.3.24.1; ne quid ab tergo ~dis esset 24.47.2; fontes aquarum. .incolentium ~de celantur CURT.10.10.11; TAC.*Hist.*3.11;—(*pred. dat.*) ne tibi sit ~di quod nos inferne uidemus quam sint lata magis quam sursum exstructa quid exstent LUCR.6.187;—(*w. obj. gen. or poss. adj.*) cum ferae bestiae cibum ad ~dem suam positum. .aspernentur LIV.41.23.8; qui in ~dem creditorum. .manumittit GAIUS *Inst.*1.37; ULP.*dig.*42.8.6.8;—(*personified*) Aether et Dies eorumque fratres et sorores. .Amor Dolus. .Gratia ~s CIC.*N.D.*3.44. **b** Aenean credam. .caelo, totiens deceptus ~de sereni? VERG.*A.*5.851; Euryalum. .~de loci et noctis. .oppressum 9.397; non hostium, sed locorum ~de suspecta CURT.5.5.1; ripa. .caeca prosternit ~de paludis SIL.4.580; gentem. .saltibus fere et montium ~de grassantem FLOR.*Epit.*1.11(1.16.7). **c** fugitiue. — bombax! — ~s populi PL.*Ps.*365; gerro iners ~s helluo TER.*Hau.*1033.

5 An instance of deceit, a fraud, deception, stratagem, etc.
uestrae ~des, uestrum scelus, uestrae criminationes insidiarum mearum CIC.*Pis.*76; non ~des esse in amore meo PROP.3.6.38; cum ~s hostilis apparuisset LIV.9.2.9; pater est aliqua ~de morandus OV.*Tr.*3.9.20; callidas tantum feris struxisse ~des nouit SEN.*Phaed.*503; ~dem. .supremam in media iam morte parat STAT.*Theb.*11.554; quicquid (aquarum). .~dibus aquariorum intercapiebatur FRON.*Aq.* 87; seruus, qui magnas ~des in meis rationibus commiserat ULP.*dig.*9.2.23.4;—(*w. defining gen.*) cum. .~dem . .legis et insidias quae ipsi populo Romano a. .tribunis plebis fiant ostendero CIC.*Agr.*1.25; offulae. .~de caninis latratibus obseratis APUL.*Met.*6.20;—(*poet.*) nudo sine ~dibus ensi (*i.e. not smeared with poison*) SIL.1.219.

6 Fraudulent evasion (of a law or obligation).
ut ne legi ~dem faciant aleariae PL.*Mil.*164; facio ~dem senatus consulto CIC.*Att.*4.12; quod. .emancupando. .filium ~dem legi fecisset LIV.7.16.9; ne qua ~s iustitiae fieret V.MAX.6.5.ext.4; inuentum. .deuerticulum est in ~dem earum (*sc.* legum) PLIN.*Nat.*10.140; ~s legis Voconiae QUINT.*Decl.*264(p.78,l.4); in ~dem ciuilium munerum. .praedia translata PAPIN.*dig.*50.1.15.2; in ~dem (legis facit). .qui saluis uerbis legis sententiam eius circumuenit PAUL.*dig.*1.3.29.

7 A snare for the mind, an illusion; only in such phrs. as *in ~dem illicere, incidere*, etc.
scelu' uiri Palaestrio, is me in hanc inlexit ~dem PL.*Mil.*1435; TER.*An.*911; doleo. .illos uiros (*i.e. the Gracchi*) in eam ~dem in re publica esse delapsos CIC.*de Orat.*3.226; hic (*sc.* uoltus) in ~dem homines impulit, hic eos quibus erat ignotus decepit *Pis.*1; cuius (*sc.* pacis) ego spe in hanc ~dem incidi *Att.*11.16.1; ne tibi dent in eo flammarum corpora ~dem LUCR.2.187; nos in ~dem induimus frustraminis ipsi 4.817; 4.1207; cum eum, quem interrogatis, scientes in ~dem inducitis SEN.*Ep.*48.10.

frausus: see FRAVDO.

fraxineus ~a ~um, *a.* [next+-EVS] Of the ash-tree; made of ash-wood, ashen.
probatur. .maxime (frons) ulmea, post ~a COL.6.3.6; 11.2.83;—~as. .sudes VERG.*G.*2.359; *A.*6.181; ~am. . hastam OV.*Met.*5.9; ~a. .crate CALP.*Ecl.*1.39; spatha ~a LARG.173.

fraxinus¹ ~ī, *f.* [dub., cf. Skt. *bhūrja-* 'birch']

1 An ash-tree, ash; also, its wood.
exciditur ilex, ~us frangitur ENN.*Ann.*189; ~us in siluis pulcherrima VERG.*Ecl.*7.65; HOR.*Carm.*3.25.16; ~us. .capris et ouibus gratissima est COL.5.6.5; STAT.*Theb.*9.494; *CIL* 9.2827.29;—oboedientissima quocumque in opere ~us, eademque hastis corylo melior PLIN.*Nat.*16.228.

2 A spear or javelin of ash.
~us fixa ferox infensa infunditur ossis ACC.*poet.*4; per utrumque grauis librata lacerto ~us acta femur OV.*Met.*5.143; Cygnum repetit, nec ~us errat 12.122; STAT.*Theb.*8.716; SIL.4.341.

fraxinus² ~a ~um, *a.* [prec., app. on anal. of *faginus*] = FRAXINEVS.
ut quatitur tepido ~a uirga Noto OV.*Ep.*11.76.

fraxō ~āre, *intr.* [perh. Gk. φράσσω] (See quot.)
~are uigiliam circuire PAUL.*Fest.*p.91M.

Fregellae ~ārum, *f. pl.* An ancient Volscian city on the bank of the Liris, destroyed after a revolt in 125 B.C.; also, the name given to a quarter of Rome.
populus R. . .~as euertit *Rhet.Her.*4.37; LIV.8.22.1; SIL.12.529;—~ae locus in Vrbe, in quo ciuitatis eius hospites habitauerunt PAUL.*Fest.*p.91M.

Fregellānus ~a ~um, *a.* Of, belonging to, or connected with Fregellae; (masc. pl. as sb.) its citizens.
bella cum sociis, ~um, Marsicum CIC.*Agr.*2.90; in agro ~o *Fam.*13.76.2; arcem ~am LIV.9.28.3; (*of a type of vine*) nigra ~a (uitis) COL.3.2.27;—(*masc. pl. as sb.*) CIC.*Inv.*1.11.

fremibundus ~a ~um, *a.* **fremeb-.** [FREMO+-BVNDVS] Making a loud confused noise, roaring, growling, etc.; also, full of noise, clamorous.
tanta moles (*sc. the Argo*) labitur ~a ex alto ACC.*trag.*392; praeceps curru ~us ab alto desilit OV.*Met.*12.128; ante ora uirum ~a STAT.*Theb.*5.700;—quae murmura noctis, cur ~a quies 5.244; gregis (*sc. of elephants*) illapsu ~o territus. .Rhodanus SIL.3.463.

fremidus ~a ~um, *a.* [next+-IDVS] = prec.
~a regalia turba (*v.l.* fremitu. .turbae) atria conplentur OV.*Met.*5.2.

fremitus ~ūs, *m.* [next+-TVS³]

1 A deep dull continuous sound, a low roar, rumble, growl, hum, etc.: **a** (made by natural agencies); (also, by musical instruments). **b** (made by animals in excitement, anger, etc.); (also, by persons). **c** (caused by crowds, commotions, or sim.).
a omne sonabat arbustum ~u siluai frondosai ENN.*Ann.* 191; ~um murmurantis maris CIC.*Tusc.*5.116; terrae ~us *Div.*2.60; ~us per nubila mittunt (uenti) LUCR.6.199; aequoris nigri ~um HOR.*Carm.*3.27.23; Aetnaei montis ~us *Aetna* 278; SEN.*Nat.*5.14.4; V.FL.1.629;—tubae ~us truces [SEN.]*Oct.*400. **b** ubi equus. .~um patulis sub naribus edit ad arma LUCR.5.1076; CAES.*Civ.*3.38.3; ~us hinnitusque equorum LIV.2.64.11; ut. .horribili ~u suo fuget insidiantem (*sc.* canis) COL.7.12.3; leo. .it ~u gaudens STAT.*Theb.*7.673; GEL.5.14.9;—iaceo in tecto. .quod. .questu gemitu ~ibus resonando. .flebilis uoces refert ACC.*trag.*550. **c** boat caelum ~u uirum PL.*Am.*233; nego esse ista testimonia quae tu psephismata appellas, sed ~um egentium CIC.*Flac.*23; iam audieram ~um clientium meorum *Fam.* 7.18.3; quorum timor cum ~u et concursu significaretur CAES.*Gal.*4.14.3; illum (*sc.* regem) admirantur (apes) et omnes circumstant ~u denso VERG.*G.*4.216; ~us aequalis. .pugnae LIV.8.38.11; ~um consuetum castrorum 9.45.15; non me ~us salutantium. .excitet TAC.*Dial.*13.6; inquietatus ~u. .in circo loca de media nocte occupantium SUET.*Cal.*26.4.

2 An inarticulate expression of disapproval or impatience, grumbling, muttering.
qui ~us hominum! quam irati animi! CIC.*Att.*2.13.2; ~us. .aspernantium imperium LIV.6.4.5; cum initio ~us, deinde aperta uociferatio fuisset 22.43.3; ingentem ea res ~um Macedonia tota fecit 40.3.5; ~u inuidiae V.MAX.8.15.8; ~u uolgi. .discordia sensit pectora LUC.10.11; (*foll. by indir. sp.*) ~u orto quid in uasto ac deserto agro. .tempus tererent LIV.3.7.3; ~us perfertur exire. .ad impediendum iter Romanos 10.35.18.

3 A loud murmur or buzz of applause, approval, or sim.
cetera magno cum ~u et clamore sunt dicta CIC.*Att.*2.19.3; plausu ~uque uirum studiisque fauentum consonat omne nemus VERG.*A.*5.148; ~us. .toto agmine erat haud dubie approbantium aduentum eorum LIV.24.31.2; excepere orationem alacres. .~u cantuque et clamoribus dissonis TAC.*Ag.*33.1.

fremō ~ere ~uī ~itum, *intr.*, (*tr.*). [cf. OHG. *breman* 'roar' and perh. Gk. βρέμω]

1 To utter a deep dull continuous sound, to rumble, roar, hum, buzz, growl, etc.: **a** (of natural agencies); (also, of missiles). **b** (of animals, esp. in a state of anger or excitement). **c** (of crowds, assemblies). **d** (of places, usu. foll. by abl.) to resound (with any dull prolonged noise).
a ~ebat imber Neptuni ENN.*Ann.*497; animae. .uis maxima. .speluncas inter magnas ~it LUCR.6.581; (uenti) magno cum murmure montis circum claustra ~unt VERG.*A.*1.56; OV.*Tr.*1.2.25; celer et ~ens. .occidentem petit (Euphrates) MELA 3.77; caeco terra mugitu ~ens SEN.*Tro.* 171; ~unt undae STAT.*Theb.*4.817; (*poet.*) iam ~it aestas CALP.*Ecl.*4.168;—(*of missiles*) murali concita numquam tormento sic saxa ~unt VERG.*A.*12.922; ~entem hastam *Ilias* 289. **b** irritata canum. .ricta ~unt duros nudantia dentis LUCR.5.1064; leo. .~it ore cruento VERG.*A.*9.341; ~entem mittere equum medios per ignis HOR.*Carm.*4.14.23; OV.*Met.*3.704; immane ~entes (tigres) transiliunt campos STAT.*Theb.*7.584; JUV.8.37; (*w.* in+*acc.*) ubi saeuit (leo), in uiros potius quam in feminas ~it PLIN.*Nat.*8.48;—(*of birds*) hinc aues querulae ~unt SEN.*Phaed.*508. **c** altaria circum Cretesque Dryopesque ~unt VERG.*A.*4.146; uario superi sermone ~ebant OV.*Met.*9.419; uidebatur mihi omnis maiorum meorum circa me turba ~ere SEN.*Con.*9.1.4; foribus tum immissa superbis unda ~it uulgi STAT.*Theb.*2.224;—(*cf.*) rumor de tibicine ~it in theatro PHAED.5.7.21. **d** femineo ululatu tecta ~unt VERG.*A.*4.668; ~unt ripae crepitantibus undis 11.299; haec (tecta) pelagi clamore ~unt STAT.*Silv.*2.2.50; ~enti. .foro 4.5.49; QUINT.*Inst.*12.5.6;—(*with the noise of war*) bello. .~entem Italiam VERG.*A.*4.229; ~ere iam totus tuis debebat armis orbis SEN.*Thy.*180;—(*with a rumour*) Lydia tota ~it, Phrygiaeque per oppida facti rumor it OV.*Met.*6.146.

2 (of persons): **a** To make inarticulate protests or complaints, grumble, mutter, growl, etc. **b** to utter confused cries of joy, assent, or sim.
a ~ant omnes licet, dicam quod sentio CIC.*de Orat.*1.195; Pompeius ~it, queritur *Att.*4.15.7; toto. .~unt condensae litore puppes signaque ferre iubent VERG.*A.*8.497; Volscos. .ob communitam Verruginem ~ere LIV.4.1.4; impositas uictis Carthaginiensibus leges ~ens maerensque accepit 21.41.9; ~ebat indignatione. .maritus SEN.*Con.*2.5.4; pedibus pulsant tabulata ~entes V.FL.8.305; ~ebat. .Domitianus aestuabatque PLIN.*Ep.*4.11.5; SULP.*peri.Ter.Ph.*9;—(*w.* animo, *etc.*) ardentem oculis animisque ~entem VERG.*A.*9.703; *Ilias* 808; (*cf.*) illi tacito sub pectore dudum ignea corda ~unt STAT.*Theb.*2.411;—(*w. internal acc.*) stabat acerba ~ens. .Aeneas VERG.*A.*12.398; haec ~unt plebes LIV.3.38.10; dubium non claro murmure uolgus secum incerta ~it LUC.1.353; Iouem circa studiis diuersa ~ebant Argolici Tyriique dei STAT.*Theb.*10.883;—(*w.* aduersus) aduersus iniuriam decreti cum multi magis ~erent quam quisquam unus recusare auderet LIV.3.45.4;—(*w.* ne) populus. .~ere ne tanta. .amitteretur praeda 30.24.10; TAC.*Ann.*3.45;—(*w. indir. qu.*) circa ~it indignata iuuentus cetera, cur maneant castris STAT.*Theb.*10.223. **b** talibus Ilioneus; cuncti simul ore ~ebant Dardanidae VERG.*A.*1.559; 5.385; Teucri clamore sequuntur laetitiaque ~unt 9.637;—(*w. internal acc.*) hymenaeum ~unt aequales PAC.*trag.*113; omnes eadem ore ~ebant VERG.*A.*11.132; laetum ~it assensuque furentem implet Achaea manus STAT.*Theb.*3.618;—(*w. dir. sp.*) euhoe Bacche ~ens VERG.*A.*7.389.

3 (w. acc.): **a** To demand with confused cries, clamour for; (also w. inf.). **b** to mutter at or against. **c** to invoke with frenzied cries.
a nonne Argiuos ~ere bellum et uelle uim uulgum uides? ACC.*trag.*288; arma amens ~it, arma toro tectisque requirit VERG.*A.*7.460; 11.453; bella animis, bella ore ~unt STAT.*Theb.*3.593; 6.618;—(*w. inf.*) uertere regna ~unt 5.696. **b** ne quis regnum occuparet, si plebs nostra ~ere imperia

coepisset HEM.*hist.*22; *Aetna* 3; talibus orantem uultu grauis ille minaci iamdudum ~it V.FL.5.520; (*w. inf.*) (equus) domini..~it captiuus inire imperia STAT.*Ach.*1.280. **c** uatem..Bacchea uoce ~entem Delie te Paean COL.10.223.

4 (w. acc. and inf.) To declare noisily or indignantly (that).

Arrius consulatum sibi ereptum ~it CIC.*Att.*2.7.3; bello.. amissa repetenda minaciter ~unt LIV.2.6.4; adesse legiones gaudio alacres ~unt 10.14.19; ab suo comitatu..~ebant interfectum (Brachyllem) 33.28.4; 40.55.1; M. Bruti..epistulae..~entis fibulas tribunicias ex auro geri PLIN.*Nat.* 33.39; inueniendum..Britanniae terminum..~ebant TAC. *Ag.*27.1; Agrippina libertam aemulam, nurum ancillam.. muliebriter ~ere *Ann.*13.13; SUET.*Tib.*73.1.

fremor ~ōris, *m.* [prec.+-OR] A low confused noise, hum, roar, murmur, etc.

~or oritur *Inc.trag.*233; uarius..per ora cucurrit Ausonidum turbata ~or VERG.*A.*11.297; STAT.*Theb.*5.147; leonum indignati ~ores APUL.*Fl.*17.

frēnātor ~ōris, *m.* [FRENO+-TOR] One who equips or controls (a horse) with a bridle.

ignipedum ~or equorum (*i.e. the sun*) STAT.*Theb.*1.27;—(*in fig. phr.*) infinitae potestatis domitor ac ~or animus PLIN.*Pan.*55.9; (*poet.*) ingentis ~or Sarmata conti (*perh. 'who rides with a heavy lance'*) V.FL.6.162.

frēnātus ~a ~um, *a.* [pple. of FRENO] (of horses) Wearing a bridle, bridled; (of riders) using the bridle; (poet., of soldiers) riding a horse, mounted.

(*of horses*) equo..uti ~o *B.Afr.*19.3; pueri..~is lucent in equis VERG.*A.*5.554; equi ~o est auris in ore HOR.*Ep.* 1.15.13; ~a suis in curribus intrant armenta STAT.*Theb.* 4.812;—cum tribus legionibus equitibusque ~is DCCC *B.Afr.* 48.1; equites ~os infrenatosque LIV.21.44.1;—(*poet.*) signa ~ae moderatus alae STAT.*Silv.*4.7.47; qualis ~a acies.. pedestris copia quanta uiris SIL.11.264.

frendō ~ere frēsum, *intr.*, *tr.* Also **~eō** ~ēre. [cf. AS. *grindan*, Lith. *grendu*] FORMS: clearly 3rd conj. in PL.*Truc.*601, fr. 154, PAC.*trag.* 11, ACC.*trag.*478, STAT.*Theb.*6.768; prob. 2nd conj. PAC.*trag.*10.

1 (intr., also *dentibus ~ere*) To grind or gnash one's teeth in rage; (also app. tr.) to gnash (the teeth). **b** (w. acc. and inf.) to complain with gnashing of teeth that; (app. w. acc.) to gnash one's teeth at the thought of. **c** (ref. to the cry of certain birds).

ego illum male formidabam, ita ~ebat dentibus PL.*Capt.* 913; *Truc.*601; grauiter ~ens sic fatis ora resoluit VERG.*G.* 4.452; ~ens gemensque ac uix lacrimis temperans dicitur legatorum uerba audisse LIV.30.20.1; tumida ~ens Mauortius ira OV.*Met.*8.437; CURT.10.2.30; SIL.5.253; (*w. advl. acc.*) inrita ~it insurgen sSTAT.*Theb.*6.768;—(*of animals*) Nemeaeus leo ~ens efflauit..extremum halitum CIC. *Tusc.*2.22 (transl. Sophocles); qua ~ens ualle moretur aper OV.*Ars* 1.46;—(*tr.*) dentes ~ere PL.fr.inc.154. **b** ~ente Alexandro, eripi sibi uictoriam e manibus CURT.4.16.3; SIL.17.116;—~ere noctes, misera quas perpessa sum PAC. *trag.*10. **c** ~e (*cj.*)..et fritinni suauiter SUEIUS *poet.*5(6); merulorum (est) ~ere uel zinziare SUET.fr.161(p.252Re).

2 (tr.) To grind up small, convert into meal (corn, legumes); also, to break with the teeth, crunch.

fruges ~o solidas saxi robore PAC.*trag.*11; fabam fresam CATO *Agr.*90; CELS.5.18.21; fresi et aqua macerati erui quaternos sextarios COL.6.3.4; PLIN.*Nat.*27.40; MART.4. 46.6;—lactantes dicuntur (porci) nefrendes ab eo quod nondum fabam ~ere possunt VAR.*R.*2.4.17; cetera..dente deprehenduntur stridentia in ~endo PLIN.*Nat.*34.112.

frēniger ~era ~erum, *a.* [FRENVM+-GER] Having a bridle, bridled.

~erae..alae (*i.e. cavalry*) STAT.*Silv.*5.1.98.

frēnō ~āre ~āuī ~ātum, *tr.* [next+-O³]

1 To equip or control (horses, etc.) with a bridle. **b** (poet.) to control (a ship).

armatus eques ~atos instratosque teneret equos LIV. 28.14.7; arma capere et ~are equos 29.34.11; 44.33.10; CURT.3.8.26; ~at celeris Epiros alumnos STAT.*Ach.*1.420; —(*other creatures*) uecta est ~ato caerula pisce Thetis TIB. 1.5.46; mollia purpureis ~abas ora (cerui) capistris OV.*Met.* 10.125; ~are leones MAN.5.701; curru saeuos ~asse dracones V.FL.1.68;—(*cf.*) ille Indus aut Poenus unam coercet beluam..at uero..mens..non unam aut facilem ad subigendum ~at et domat CIC.*Rep.*2.67. **b** necesse est.. ~are ratem fluctusque effundere rector (nouerit) MAN.4.283; SEN.*Med.*3.

2 (transf.) To check the course of (moving things); to block (an entrance).

cum tristis hiems..glacie cursus ~aret aquarum VERG. *G.*4.136; Aeolus..uentos..uinclis et carcere ~at *A.*1.54; frigore ~atas..aquas GERM.*Epig.*2.2; stridoribus (*i.e. magical chants*) amnes ~antem SIL.8.501; subito ni turbine Poenus agmina ~asset iam procurrentia ductor 9.418;—ubi demersis nauibus ~assent claustra maris LIV.37.15.1.

3 (fig.) To keep in check, curb, restrain, govern (a person, his impulses, etc.).

eius furores, quos nullis iam legibus, nullis iudiciis ~are poteramus CIC.*Mil.*77; iustitia..gentis ~are superbas VERG.*A.*1.523; ne quis timore ~ari eos dicere posset LIV. 26.29.7; exigua cum ~aret materia impetum PHAED.4.25 (26).7; regina, ~a temet SEN.*Ag.*203; ~a dolorem *Her.O.* 277; Haemoniam primis Pelias ~abat ab annis V.FL.1.22; forsitan Ausonias ibis ~are cohortes STAT.*Silv.*4.4.61; magno tellus ~ata parenti 5.2.140; 5.3.188; ~atam..tot malis linguam resoluimus PLIN.*Pan.*66.5.

frēnum ~ī, *n.* [cf. perh. *fretus*¹] FORMS: sg. less common and mostly poet.; pl. more often in masc. heteroclite form ~*i*; ~*a* perh. confined to poetry.

1 A horse's bridle or harness (incl. the reins and bit). **b** (used particularly of the reins). **c** (poet., used of harnessed horses, or a chariot and its team); (also, of the action of riding).

(*pl.*) pars ~a tensae atque ori equorum accommodant ACC.*trag.*686; ibi (*i.e. in the stable*) ~os suspendendum, ut eculi consuescant..uidere eorum faciem VAR.*R.*2.7.12; equorum pectora mulcere et ~is conuertere in hostis LUCR.5.1317; stat sonipes ac ~a ferox spumantia mandit VERG.*A.*4.135; Gallica nec lupatis temperet ora ~is HOR. *Carm.*1.8.7; restitit pauidus atque inhibuit ~os is qui iumenta agebat LIV.1.48.6; ~os ut detrahant equis imperat, et ipse princeps calcaribus subditis euectus effreno equo in medios ignes infertur 4.33.7; ~is saepe repugnat equus OV. *Rem.*514; non faciunt meliorem equum aurei ~i SEN.*Ep.* 41.6; auget eques stimulos ~orumque artat habenas LUC. 7.143; praecedentia longi agminis officia et niueos ad ~a Quirites (*sc. clients escorting a chariot*) JUV.10.45;—(*sg.*) equum celerem..arto compescere ~o [TIB.]3.7.91; OV.*Tr.* 4.6.24; generosi..equi melius facili ~o reguntur SEN.*Cl.* 1.24.2; Numidae, gens inscia ~i SIL.1.215;—(*for other creatures*) accipe currus, accipe, quos ~is alte moderere, dracones OV.*Met.*8.795; dente premunt domito Cybeleia ~a leones 10.704;—(*in fig. phrs.*) Cicerones pueri.. exercentur, sed alter, uti dixit Isocrates in Ephoro et Theopompo, ~is eget, alter calcaribus CIC.*Att.*6.1.12; animum rege..hunc ~is, hunc tu compesce catena HOR. *Ep.*1.2.63; QUINT.*Inst.*2.8.11. **b** ~a..in effusa laxa iacere iuba OV.*Am.*3.4.16; Pterelan sonipes..rumpentem ~os..raptat STAT.*Theb.*7.633; utrimque fluentia Triton ~a tenet V.FL.1.679;—(*transf.*) ea ~a furenti (Sibyllae) concutit..Apollo VERG.*A.*6.100. **c** Phoebum..nocte subita ~a reuocantem sua SEN.*Ag.*296; (eques) in sua conuersis praeceps ruit agmina ~is LUC.7.531; ubi fulserunt primis Phaethontia ~a ignibus SIL.10.540;—idem eques et ~is, idem fuit aptus aratris PROP.4.10.9.

2 (in various phrs. and collocations, often fig.): **a** ~*os* (~*a*, ~*um*) *recipere* (*pati*, etc.), to submit to the bridle, learn obedience. **b** ~*os* (~*a*, ~*um*) *mordere* = prec.; also, to take the bit between the teeth, become unmanageable. **c** ~*os* (~*a*) *rumpere* (*abrumpere*), to snap the bridle (or reins), break from control. **d** ~*os* (~*a*) *imponere*, *inicere*, etc. (+dat.), to put a bridle on, curb, restrain; ~*os* (~*a*) *tenere* (+gen.), to keep in check; *sub* ~*o*, *in* ~*is*, under control. **e** ~*os* (~*a*) *dare* (*remittere*, *immittere*, *laxare*, *effundere*, etc.), to let the reins go slack, give a horse its head. **f** ~*os* (~*a*) *remittere*, to drop the reins. **g** ~*os* (~*a*) *tenere*, *moderari*, etc., to handle the reins, be in control of a chariot.

a equa quae ~os recipere solet CIC.*Top.*36; implorauit opes hominis ~umque recepit (equus) HOR.*Ep.*1.10.36; ~a ..uix patitur de grege captus equus OV.*Ep.*4.22; PHAED. 4.4.9;—urbem hodie..ni ~um accipere et uicti parere fatentur, eruam VERG.*A.*12.568; caecus est ignis stimulatus ira nec..patitur..~os SEN.*Med.*592; uix dolor ~os capit *Thy.*496; LUC.5.176; tua ~a libens docilisque recepi STAT. *Silv.*3.5.26. **b** non domito ~os ore momordit equus TIB. 1.3.42; *Buc.Eins.*2.37; (*in fig. phr.*) subiit leges et ~a momordit ille solutus amor STAT.*Silv.*1.2.28;—si ~um momorderis, peream, si te omnes quot sunt conantem loqui ferre poterunt D.BRUT.*Fam.*11.23.2; (mens) desciscat oportet a solito et efferatur et mordeat ~os et rectorem rapiat suum SEN.*Dial.*9.17.11. **c** ubi contempti rupistis ~a pudoris PROP.3.19.3; abrumpet..~os pudicitia SEN. *Ben.*1.10.2; ne comprime fletus..rumpat ~os dolor iste STAT.*Silv.*2.6.13. **d** neque cupiditati non imposui ~os VAR.*Men.*177; ~os inponit linguae conscientia PUB.*Sent.* F.31; CURT.7.8.24;—ordinem rectum euaganti ~a licentiae iniecit HOR.*Carm.*4.15.10; ~i sunt iniecti uobis, Quirites, nullo modo perpetiendi V.MAX.2.9.5.;—saepe obstinatis induit ~os Amor SEN.*Phaed.*574;—incertus..an ~a teneret irarum STAT.*Theb.*3.445; forsitan minus tenuerit cupiditatium ~os QUINT.*Decl.*260(p.66,l.10);—uoluptates tenere sub ~o SEN.*Ep.*23.4; iracundias semper domitas et in ~is habet APUL.*Pl.*2.5. **e** immissis pars caeca et concita ~is arietat in portas VERG.*A.*11.889; ~a dabat Sipylus OV.*Met.* 6.231; effusis urgens uestigia ~is Poenorum SIL.12.223;—(*in fig. phrs.*) da ~a et omnem prona nequitiam incita SEN. *Ag.*114; arma permittit populis ~osque furentibus ira laxat LUC.7.124; ne ~a animo permitte calenti STAT.*Theb.*10.703; cui (*sc.* dolori) si ~os remittas PLIN.*Ep.*5.21(9).6; laxandos esse eloquentiae ~os 9.26.7;—(*transf.*) acta praecipiti pinus borea, cui uicta remisit ~a suus rector OV.*Met.*2.186. **f** ignarus stupet et nec ~a remittit nec retinere ualet OV. *Met.*2.191; V.FL.5.133;—(*in fig. phr.*) studiis quoque ~a remisi, ducitur et digitis littera rara meis OV.*Pont.*4.2.23. **g** ~a tenent ipsae (Furiae) STAT.*Theb.*11.405;—(*in fig. phrs.*) hanc fas imperii ~a tenere domum OV.*Fast.*1.532; *Tr.*2.42; Caesar ut imperii moderetur ~a precamur *Pont.*2.9.33; quem mirabantur Athenae torrentem et pleni moderantem ~a theatri JUV.10.128;—(*cf.*) qui ~a rogatus saepe recusati ceperit imperii OV.*Pont.*4.13.27.

3 (in other fig. uses): **a** A restraint, check, curb. **b** control, mastery (over persons or things).

a ne Lycurgi quidem disciplina tenuit illos in hominibus Graecis ~os CIC.*Rep.*2.58; fugiunt ~o non remorante dies OV.*Fast.*6.772; discordia uincta catenis aeternos habeat ~os in carcere clausa MAN.1.924; ~um..soluit pristinum licentia PHAED.1.2.3; resoluta..legum ~is ira ruit LUC. 2.146; pone irae ~a modumque JUV.8.88; cuius primae iuuentutis..impetus ~o quodam cohercendos existimaui APUL.*Met.*6.23. **b** nec defuit auctor qui primae (parti) momenta daret ~osque dierum MAN.3.682; ausa sibi Libye rerum deposcere ~os SIL.3.226; quae Libycos renuit ~os.. Roma 10.480.

4 (transf.) The ties (used to hold masonry together); (med.) a retaining ligament.

absiliunt pontes, tectique prementis saxea ~a labant STAT.*Theb.*10.880;—cutis (*i.e. the foreskin*) inciditur recta linea usque ad ~um CELS.7.25.2.

frequens ~ntis, *a.* *compar.* ~ntior, *superl.* ~ntissimus. [cf. perh. *farcio*, Gk. φράσσω]

1 **a** (of persons or things) Occurring at close intervals, densely packed. **b** (of a collective unity) having its parts closely packed.

a sequimur multi atque ~ntes LUCIL.1142; inferiorem partem ~ntibus pilis subcrispam VAR.*R.*2.5.8; bestiae.. suos post se ~ntis stipatosque proterere *B.Afr.*83.2; ut cum signis ~ntes incederent SAL.*Jug.*45.2; cum a ~ntibus palantes..circumuenirentur LIV.22.31.4; murto ~ntibus ramis diffusae V.MAX.1.8.2; castello..urbem circumuallare ~nti SIL.1.328; stationes militum per Italiam solito ~ntiores disposuit SUET.*Tib.*37.1;—(*of volleyed weapons*) omnibus uni, uni odiisque uiro telisque ~ntibus instant VERG.*A.* 10.692;—(*of words, etc.*) ut infirma facultas oratoris uideatur, nisi sententiam..~ntibus efferat uerbis *Rhet.Her.*4.27; CIC.*Brut.*250. **b** si oletum bonum beneque ~ns..erit CATO *Agr.*3.5; lucus..~nti silua..saeptus LIV.24.3.4; ut ~nti agmine signa inferrentur 27.15.18; 35.1.6; armatorum circa Meleagrum ~ns globus erat CURT.10.7.1; ~ns et dispositum arbustum paribus spatiis COL.5.6.1;—(*of discourse*) oratio ~ns cum raris et breuibus interuallis *Rhet. Her.*3.23;—(*pred.*) motione..uectium uehementiore spiritus ~ns compressus VITR.10.8.5.

2 (w. abl.) Crowded or densely covered (with), abounding (in).

~ntem tectis urbem LIV.1.9.9; ~ntem cultoribus..populum 21.34.1; ~ntem custodiis locum 25.24.4; locus..piceis ilicibusque ~ns OV.*Ep.*15.54; uerticibus..~ns erat..amnis *Met.*9.106; (terra) salubris, et noxio genere animalium minime ~ns MELA 3.17; Lernaeis ~ns pharetra telis SEN. *Her.F.*1233; ranis ~ns..uiuarium COL.8.16.4; scopulos.. ~ntes exulibus magnis JUV.13.246;—(*cf.*, *w. gen.*) talis siluae ~ns fecundusque erat (mons) TAC.*Ann.*4.65.

3 **a** (of places, meetings, etc.) In or at which many people are present, crowded, thronged, busy. **b** (of towns or countries) densely populated, populous.

a ut ea..in turpissimis rebus ~ntissima celebritate et clarissima luce laetetur CIC.*Cael.*47; mihi ianuae ~ntes CATUL.63.65; ~ntia..compita HOR.*S.*2.3.25; ludos ter die claro..~ntis HOR.*Saec.*24; mea ne terra locet ossa ~nti PROP.3.16.25; mercatu ~nti negotiatores Romanos comprehensos LIV.1.30.5; itinera quam maxime ~ntia occupari iubet 25.9.16; celebre et ~ns emporium 38.18.11; inlustrium uirorum feminarumque coetus ~ntis egerat TAC. *Ann.*16.34; ~nti auditorio PLIN.*Ep.*2.18.2; ~nti quodam conuiuio SUET.*Tib.*61.6;—(*w. abl.*) ut..mea sit culto sella cliente ~ns MART.9.22.10; (*poet.*) comitum clamore ~ntes.. in thalamos laeti..feruntur OV.*Ep.*14.29;—(*of a time of day*) (cineres) medio ac ~nti die..Mausoleo intulit SUET.*Cal.* 15.1. **b** obuiam ei processit, ut est ~ns municipium, magna sane multitudo CIC.*Phil.*2.106; inter illos et ~ntem Numidiam multi uastique loci erant SAL.*Jug.*78.5; ad ~ntes agros..peruenit LIV.10.2.7; uasta est (Africa) magis quam ~ns MELA 1.21; 3.43.

4 **a** (of an assembly, etc.) Containing many individuals, large, multitudinous; (spec.) having most or all of its members present, full, plenary. **b** (of persons) present in crowds, in force; (usu. quasi-advl.). **c** (of things) existing in large supplies, plentiful.

a ~ns..consessus theatri..mouetur audiens tam grande carmen CIC.*Tusc.*1.37; illis Latium iuuentutem praebuisse maiorem semper ~ntioremque pro tot caesis exercitibus subolescentem LIV.29.3.12; ~ns ab Hypata legatio Aetolorum uenit 37.6.6; gentis..aditu difficillimas, numero ~ntis VELL.2.95.2;—(*of numbers*) est numerus ueteranorum.. satis ~ns D.BRUT.*Fam.*11.10.3; APUL.*Met.*2.19;—~ns senatus poterit nunc haberier PL.*Mil.*594; ut legem..populi ~ntis suffragiis abrogauerit CIC.*Brut.*222; senatum ~ntem celeriter..coegi *Catil.*3.7; *Sul.*44; nego..ulla de re..tam ~ns conlegium iudicasse *Har.*13; duas non ~ntis tironum legiones POL.*Fam.*10.33.5; damnatus ~nti concilio Achaeorum LIV.42.51.8;—(*pred.*) populus Romanus ~ns..salutem D.Bruti una uoce depoposcit CIC.*Phil.*14.5; SAL.*Jug.*73.7; senatus..censuit ~ns coloniam Labicos deducendam LIV. 4.47.6; 31.3.2;—(*transf.*) ~ns conspectus uester (*i.e. the sight of your full house*) CIC.*Man.*1; quae sententia..post tantas dissensiones fuit sola ~ns (*i.e. unanimously supported*) PLIN.*Ep.*2.11.6. **b** refert..qui audiant..~ntes an pauci an singuli CIC.*de Orat.*3.211; nihil temere decerni placuit; ad ~ntiores consultatio dilata est LIV.35.7.1; pro gradibus Palati apud ~ntes milites cedere se imperio.. professus SUET.*Vit.*15.2;—(*pred.*) edicam, ~ntes ut eant gratatum hospiti PAC.*trag.*187; ~ntiores pontifices de mea domo quam umquam de caerimoniis uirginum iudicasse *Har.*13; de tribus legatis ~ntes ierunt in alia omnia *Fam.*1.2.1; huc postero die quam ~ntissimi conuenirent CAES.*Gal.*4.11.5; *Civ.*3.36.1; capite arma ~ntes LIV.5.44.7; 23.7.9; ceteros manere in praetorio ~ntis iussit 45.7.1; SUET.*Gal.*4.4. **c** ibi (*i.e. in Sicily*) thymum bonum ~ns est VAR.*R.*3.16.14; cytisum lotosque ~ntis..ferat praesepibus VERG.*G.*3.394; ubique potens templisque ~ntibus aucta..dea OV.*Fast.* 4.117; serpentes..in odoriferis siluis ~ntissimas PLIN.*Nat.* 12.81; 32.154.

5 (of persons, esp. pred. or quasi-advl.) Assiduous, constant, regular.

filius cum illis qui amabant Chrysidem una aderat ~ns TER.*An.*107; ~ns..te audiui atque adfui CIC.*de Orat.*1.243; erat ille Romae ~ns *S.Rosc.*16; filium ~ntiorem prope cum ~is quam secum cernebat LIV.39.53.11; dum redit itque illns OV.*Met.*2.409; terga nunc torto ~ns uerbere cohercet SEN.*Phaed.*1076; toto legor orbe ~ns MART.5.13.3; ~ns ubique Agricola TAC.*Ag.*37.4; adesse ~ns senatui *Ann.*4.

55; argumentum amoris ~ntibus delectari, cessantibus obirasci APUL.*Fl.*17;—(*w. agent-nouns*) ~ns..Platonis auditor CIC.*Orat.*15; conuiua ~ns MART.9.97.10;—(*w. in+abl.*) cur tu ~ntior in isto officio esse debeas quam nos CIC.*Fam.*15.20.2; qui non est..~ns nimiusue in hoc uitio SEN.*Ep.*85.3; quis philosophorum..in iudiciis ~ns..fuit? QUINT.*Inst.*12.2.7;—(*w. abl.*) apud omnis comparebo tibi res benefactis ~ns PL.*Mil.*662; haud perinde instruendo bello intentus quam ~ns contionibus TAC.*Hist.*4.69; *Ann.*4.3;—(*w. gen.*) ~ns pugnae nulloque ingloria sacro uox tua STAT.*Silv.*5.3.138;—(*w. inf.*) hicne hominum casus lenire..~ns? *Theb.*7.706.

6 Of constant occurrence, repeated, frequent; (w. abl.) marked by the frequent occurrence (of).

mihi ~ntem operam dedistis PL.*Cist.*6; ut ad eam doctrinam..adiungeretur usus ~ns CIC.*de Orat.*1.15; ~ns tussis CATUL.44.13; quae coniunctio..eorum..familiaritatem reddidit ~ntiorem NEP.*Att.*19.4; cultu..~nti VERG.*G.*2.51; consuetudinem nocte egrediundi..~ntiorem facere LIV.25.8.9; admonitio ~ns..uindicta rarissima VELL.2.114.3; exigis a me ~ntiores epistulas SEN.*Ep.*118.1; (lactucas) ~ntiores in cibo (*i.e. eaten too often*) officere claritati oculorum PLIN.*Nat.*20.68; uomitiones..supra modum ~ntes 26.17; ~ns mihi disputatio est cum quodam docto homine PLIN.*Ep.*1.20.1; 9.40.3; sermonibus assiduis et conuersatione ~nti APUL.*Met.*8.2;—(*w. abl.*) censuram..gessere..~ntem iurgiis PLIN.*Nat.*17.3.

7 Of common occurrence, widespread, usual, general; *~ns est* (+inf.), it is a common practice (to).

iambus..~ntissimus est in eis quae demisso..sermone dicuntur CIC.*Orat.*196; qui (*sc.* sermones)..quam ~ntes essent et quam graues..ipse cognouit *Q.fr.*1.2.2; ea ~ntior fama est quam cuius Piso auctor est LIV.2.32.3; est..~ns..nomen in ore tuom OV.*Fast.*6.528; ex ~ntissimis collyriis est id, quod quidam cycnon..appellant CELS.6.6.7; nullum est malum ~ntius SEN.*Ep.*103.1; ~ntior..usus anulorum non ante Cn. Flauium..deprehenditur PLIN.*Nat.*33.17; (puella) cui conparatus indecens erat pauo..~ns phoenix MART.5.37.13; more poetis ~ntissimo QUINT.*Inst.*11.2.11;—erat..~ns senatoribus, si quid e re publica crederent, loco sententiae promere TAC.*Ann.*2.33; PAUL.*dig.*44.2.6.

frequentāmentum ~ī, *n.* [FREQVENTO+-MENTVM] (mus., perh.) A frequent alteration of note, trill.

si..Graccho contionanti numeros et modos et ~a quaedam uaria tibicen incineret GEL.1.11.12; si quibusdam quasi ~is (fretamentis *codd.*) orationis mouentur 5.1.1.

frequentārius ~a ~um, *a.* [FREQVENS+-ARIVS] (See quot.)

~um frequentem PAUL.*Fest.*p.93M.

frequentātiō ~ōnis, *f.* [FREQVENTO+-TIO] A crowding together, concentration; (rhet.) the assembling of scattered arguments in a short résumé.

continuatio est et densa et continens ~o uerborum cum absolutione sententiarum *Rhet.Her.*4.27; definitiones conglobatae et consequentium ~o CIC.*Part.*55; ~one argumentorum et coaceruatione uniuersa 122;—~o est cum res tota causa dispersae coguntur in unum locum quo..criminosior oratio sit *Rhet.Her.*4.52.

frequentātīuē, *adv.* [next+-E] As a frequentative form.

uerberitare idem Cato ~ ab eo, quod est uerbero, dicit PAUL.*Fest.*p.379M.

frequentātīuus ~a ~um, *a.* [FREQVENTO+-IVVS] (gram.) Denoting the repetition of an act, iterative, frequentative.

uerba..quae appellant grammatici '~a', 'actito' et 'actitaui' GEL.9.6.1.

frequenter, *adv. compar.* ~ius, *superl.* ~issimē. [FREQVENS+-TER²]

1 In large numbers, in crowds. **b** (w. vbs. of inhabiting) densely, thickly.

um..salutationi nos dedimus amicorum, quae fit hoc etiam ~ius quam solebat CIC.*Fam.*7.28.2; meae..sententiae..cum ~er adsentiretur senatus 10.12.3; cum Etruscorum concilium ad fanum Voltumnae ~er habitum esset LIV.4.61.2; psittacus..occidit: exequias ite ~er, aues OV.*Am.*2.6.2; ~ius etiam audiebantur (*i.e. by a larger audience*) V.MAX.8.7.5. **b** colitur..ea pars et habitatur ~issime CIC.*Ver.*4.119; locus..quondam ~er habitatus LIV.27.30.3; partem extra muros, qua ~ius prope quam in urbe habitabatur 36.22.7.

2 On many occasions or at frequent intervals, repeatedly, often, frequently, assiduously, etc.

oleum ~er capiant CATO *Agr.*67.1; ut translatis utamur ~er, interdum factis CIC.*de Orat.*3.201; audiui..eum studiose et ~er Sami *Brut.*156; *N.D.*1.59; (copiae) educi inde ~er ante urbem..coepere LIV.35.35.10; solebat dulces sententias dicere, ~ius tamen praedulces SEN.*Suas.*7.12; aut numquam decipietur aut certe non ~er COL.11.2.1; colluere os ~er LARG.53; 96; QUINT.*Inst.*10.1.106; multa, sed hoc ~issime clamitabat PLIN.*Ep.*4.11.7; 6.7.3; FRO.*Aur.*1.p.122 (23N).

3 Commonly, generally, widely.

uocabulum..cibi quo ~ius Sicilia quam Italia usa VAR.*L.*7.86; dorycnion..potum..uomitus ~er concitat LARG.191; tanto magis reliquos (libros) perficere cupiebat, quanto ~ius hi lectitabantur PLIN.*Ep.*5.5.3.

frequentia ~ae, *f.* [FREQVENS+-IA]

1 A closely-packed formation, dense mass.

pondus..uehementi decursu..~am caeli (*i.e. air*) compressione solidatam extrudens in aerem patentem VITR.9.8.3; ut per longum coronae ambitum extenuaret hostilem ~am FRON.*Str.*1.5.23;—(*of words, ideas*) (Thucydides) ita creber est rerum ~a ut uerborum prope numerum sententiarum numero consequatur CIC.*de Orat.*2.56; ~a multitudineque sermonis inpediente VITR.5.pr.2.

2 **a** The condition of being thickly populated, populousness; also, a populous district. **b** the condition of being densely thronged, crowdedness.

a ciuitas..non potest..sine abundantia cibi ~am habere VITR.2.pr.3; coloni..quibus adscriptis speciem antiquae ~ae Velitrae receperunt LIV.8.14.7; 24.3.11;—(colonia) deducta in hanc ~am loci opportunitate conualuit SEN.*Ep.*91.14. **b** si quis requirit..cur non sim in iis meis praediolis..: quia ~am illam non facile ferrem CIC.*Att.*12.40.3.; negotioso..aduenae Romana ~a, modesto uero hospiti quies uillatica APUL.*Met.*2.19.

3 (w. gen. or poss. adj.) The fact of being present in dense crowds, large attendance (by specified persons); (without gen.) the presence of a crowd. **b** (concr.) a large concourse of people, crowd, throng.

omnis Larinatis..uenisse Romam ut hunc studio ~aque sua..in tanto eius periculo subleuarent CIC.*Clu.*195; ciues..quorum tu et ~am uidere et studia perspicere..potuisti *Catil.*1.21; *Marc.*13; neque adhuc ~am senatus efficere potuit CAEL.*Fam.*8.5.3; ne quid per ~am iuuenum eorum in quibus uires omnes plebis essent agi de commodis eorum posset LIV.5.2.5; serui minorem nobis aestum ~a sua facient PETR.34.5;—magnam dignitatem (adfert) cotidiana in deducendo ~a Q.CIC.*Pet.*36; praeceptor ~a gaudet ac maiore se theatro dignum putat QUINT.*Inst.*1.2.9. **b** ut Hortensius consul designatus domum reducebatur e campo cum maxima ~a ac multitudine CIC.*Ver.*18; non usitata ~a stipati sumus *Mil.*1; qua ex ~a T. Labienus prodit CAES.*Civ.*3.19.6; elatus est in lecticula..comitantibus omnibus bonis, maxima uulgi ~a NEP.*Att.*22.4; iter eius ~a minore—nemo enim praecesserat nuntius—..celebratum est LIV.27.50.2; maior ~a mulierum..sese in publicum effudit 34.8.1; OV.*Tr.*5.7.13; SEN.*Dial.*12.6.2; intrat stabulum praeco cum seruo publico aliaque sane modica ~a PETR.97.1; in ipsa..ludorum ~a trucidatis..legatis FLOR.*Epit.*2.6(3.18.9); SUET.*Vit.*11.2; APUL.*Met.*8.1.

4 Numerousness, abundance (of persons or things); (concr.) a large quantity, multitude. **b** number of inhabitants, population.

ne eorum quidem bonorum..~a beatiorem uitam fieri CIC.*Fin.*3.43; liberorum quoque eum ~ae taedere LIV.1.53.6; exercitus seditio, qui..contemplatus ~am suam a disciplina desciscit VELL.2.81.1; appellari..polygonaton a ~a geniculorum PLIN.*Nat.*27.113;—(*concr.*) est..ad portas Agragantinas magna ~a sepulcrorum CIC.*Tusc.*5.65; Athenae..scriptorum ~am pepererunt COL.1.1.8; forum..in quo notauimus ~am rerum uenalium PETR.12.1. **b** optauerat ut..consul factus infelici ductu nimis magnam urbis ~am minueret V.MAX.8.1.damn.4; utilissimum est pro ~a domicilii (*i.e. a beehive*) duos uel tres aditus..fieri COL.9.7.6; ut exhaustae..urbis ~a suppeteret SUET.*Jul.*42.1.

5 Frequent occurrence, frequency; assiduous performance (of duties); constant attendance (on a person).

de epistularum ~a te nihil accuso CIC.*Att.*4.16.1; propter ~am incendiorum FRON.*Aq.*18;—ex mediorum officiorum ~a..gerebant speciem..sapientium CIC.*Off.*3.16;—adsectatur, qui tacitus frequenter sequitur: adsiduo (adsidua *edd.*) enim ~a quasi praebet nonnullam infamiam ULP.*dig.*47.10.15.22.

? **frequentitō** ~āre, *intr.* [next+-ITO] (of soldiers, app.) To assemble for duty.

uti milites scripti intra praedictum diem in loco certo ~arent (frequentarent *most codd.*) GEL.16.4.

frequentō ~āre ~āuī ~ātum, *tr.* [FREQVENS+-O³]

1 To fill with inhabitants, populate; to make (a place or meeting) crowded. **b** (w. abl.) to supply plentifully, crowd, or pack (with).

Italiae solitudinem ~ari posse arbitrabar CIC.*Att.*1.19.4; urbes..sine hominum coetu non potuissent nec aedificari nec ~ari *Off.*2.15; quae loca et nationes ob calorem aut asperitatem..minus ~ata sunt SAL.*Jug.*17.2; cum..Lysimachiam..reuocatis cultoribus ~auerit (Antiochus) LIV.34.58.5; SUET.*Aug.*46.1; (*transf.*) non solum piscinas..~abant, sed etiam quos rerum natura lacus fecerat..replebant COL.8.16.2;—tribuni plebis..contiones suas ~are legibus agrariis conabantur LIV.6.5.1; ad triumphum ~andum deductos esse milites 36.39.8; uilis (femina) anquiritur..quae mecum incoram publicam populi caueam ~aret APUL.*Met.*10.23. **b** genus..non tam sententiis ~atum quam uerbis CIC.*Brut.*325; sagittariis..ductis in castra compluribus ~abat suas copias *B.Afr.*20.1; uere rosa..aestate ~or spicis *Priap.*84.1; plerique ima tabulata materiis ~ant COL.5.6.24; Illyrici ora mille amplius insulis ~atur PLIN.*Nat.*3.151; ut (arbor)..~aretur..columbarum nidis SUET.*Aug.*94.11; latioribus sonis pedes ~ant MAUR.2208.

2 (of a multitude) To occupy (a place) in large numbers, crowd, throng. **b** to crowd round, throng (a person). **c** to take part in or perform in great numbers.

domus dedecori saepe domino est, si est in ea solitudo, et maxime, si..alio domino solita est ~ari CIC.*Off.*1.139; domum conuentu tota ~at Thessalia CATUL.64.32; SAL.*Cat.*14.7; maritimis portubus ~atis aut desertis LIV.39.26.3; horum gratia uiguit, domus ~ata est, dum ipsi steterunt SEN.*Ep.*21.6; tumulum..magna turba multisque luminibus ~ari SUET.*Aug.*98.4. **b** uti opifices..relictis operibus ~arent Marium SAL.*Jug.*73.6; hunc adsueta cohors Satyri Bacchaeque ~ant OV.*Met.*11.89; iam iuuentutis concursu, iam publicis studiis ~abatur (iuuenis) TAC.*Ann.*5.10; ne (Agrippina) coetu salutantium ~aretur, separat domum (Nero) 13.18. **c** publicum est, quod ciuitas uniuersa aliqua de causa ~at, ut ludi..bellum CIC.*Inv.*1.40; lenius..lacrimae..mordent, turba quas fletu similis ~at SEN.*Tro.*1012.

3 To assemble (people, etc.) in a crowd or dense mass; to make more numerous, increase, multiply.

nec aceruatim multa ~ans una complexione deuinciet CIC.*Orat.*85; scribas..quos, cum casu hic dies ad aerarium ~asset *Catil.*4.15; quem tu tamen populum nisi tabernis clausis ~are non poteras *Dom.*89;—(uinea) sublato fructu protinus ~anda est et..malleoli propagandi sunt COL.4.15.1; ubi (castaneta) ~anda sunt 4.33.3; ad prolem populi ~andam praemiis..usus fuit GEL.2.15.3.

4 To use frequently or widely, favour the use of. **b** to increase the frequency of; (pass.) to become common.

(genus argumentandi) ab Aristotele et Theophrasto ~atum CIC.*Inv.*1.61; haec ~at Phalereus maxime *Orat.*94; ea..curatio, quae ab omnibus ~atur CELS.7.7.8.E; aromatitis..reginis ~ata PLIN.*Nat.*37.145; MAUR.2490; usuras..eas..quae in regione ~antur ULP.*dig.*22.1.37; 26.7.7.10; (interrogatoriae actiones) minus ~antur et in desuetudinem abierunt CALL.*dig.*11.1.1. **b** merito exigis, ut hoc inter nos epistularum commercium ~emus SEN.*Ep.*38.1;—(*pass.*) crudelitatis..exempla..nata et ~ata apud illos (*sc.* Athenienses) CIC.*Rep.*1.5; nec ideo..educationes liberum ~abantur praeualida orbitate TAC.*Ann.*3.25.

5 To say, perform, etc., over and over again, repeat often.

tu primas quasque partes in animo ~a *Rhet.Her.*3.40; haec fore perpetuis signis clarisque ~ans ipse deum genitor..canebat CIC.*Cons.fr.*2.31; a poetis..ornandae rei gratia duobus eadem pluribusue nominibus ~antur GEL.13.25(24).8; iterato rursum (sono sternutationis) et ~ato saepius APUL.*Met.*9.25; tibicines, qui per oblicum calamum..familiarem templi..modulum ~abant 11.9.

6 To resort to (a place) often, haunt, frequent; to visit or attend (a person) constantly. **b** to perform assiduously (a service or sim.). **c** to cherish (the memory of someone).

dum deus Eurotan..~at OV.*Met.*10.169; urbem ~a, ciuium coetum cole SEN.*Phaed.*482; non solus amat qui nocte dieque ~at limina MART.10.58.11; auditoria..benignitate mira ~at PLIN.*Ep.*8.12.2; locum incunabulorum assidue ~auit SUET.*Ves.*2.1; (*cf.*) sic docta ~es otia STAT.*Silv.*1.3.108;—~andi cuiusque causa ut sequeretur destinatus LABEO in Ulp.*dig.*47.10.15.16; ad audiendos, quos tunc ego ~abam..uentitabat PLIN.*Ep.*6.6.3; scis..sibi quemque praestare, quod te uideat, quod ~et *Pan.*48.2; (*app. w. dat.*) facile est ~are tibi utilisque habere (*sc.* nos) PL.*Cist.*8 (*dub.*). **b** uirgo potens nemorum, cuius non mollia signa militiamque trucem..~o STAT.*Theb.*9.609; sollicitius sedulum colendi ~abam ministerium APUL.*Met.*11.21. **c** quam (*sc.* memoriam) nemo potest retinere et ~are, qui illam tristem sibi reddidit SEN.*Dial.*6.3.2; (nos) non sentientes colet ac ~abit (sermo posterorum) *Ep.*79.17.

7 (w. little or no idea of number or repetition): **a** To celebrate, observe (a festival, occasion, ceremony), attend (a meeting). **b** to appear on (the stage). **c** to make one's abode in, inhabit.

a accessi sacris Baccheaque sacra ~o OV.*Met.*3.691; 10.436; Lucani proprium diem ~et quisquis.. STAT.*Silv.*2.7.1; ut mors Sulpicii Quirini publicis exequiis ~aretur TAC.*Ann.*3.48; quando..festos dies apud Baias ~abat 14.4; sponsalia aut nuptias ~aui PLIN.*Ep.*1.9.2; iuuenes..prohibuit ullum nocturnum spectaculum ~are SUET.*Aug.*31.4; quorundam illustrium exequias usque ad rogum ~auit *Tib.*32.1. **b** cupidine adigebatur Nero promiscas scaenas ~andi TAC.*Ann.*15.33. **c** arua..quae bello clari secreta ~ant VERG.*A.*6.478; hominum pars siluas ~ant..pars in urbibus agunt MELA 3.107; (*cf.*) HOC SEPVLCR⟨VM⟩ ~ENT A ME QVI SINT LIBERI *CIL* 10.3.47.

frēsus: see FRENDO.

Fretensis ~is ~e, *a.* [FRETVM+-ENSIS] Of the Straits of Messina.

mari..~i CIC.*Att.*10.7.1;—(*as the name of a legion*) LEG(atus) LEG(ionis) X ~IS *CIL* 3.1455; 6.3614; 14.3610.

fretum ~ī, *n.* Also **fretus** ~ūs, *m.* [cf. *ferueo, fermentum*] FORMS: 4th decl. in ENN.*scen.*382, NAEV.*trag.*53, PAC.*trag.*420, LUCIL.939, PORC.*poet.*5(6), VAR.in Non.p.205M, CIC.*Ver.*5.169, *Sest.*18, LUCR.1.720, 6.364, MES.COR.*orat.*21, AUG.in *G.L.*1.129.

1 A place where the sea boils up, narrow strait, sound, channel. **b** (transf.) a (stormy) transitional period.

dictum fretum ab similitudine feruentis aquae, quod in ~um saepe concurrat aestus atque efferuescat VAR.*L.*7.22; non..Charybdim tam infestam..quam istum in eodem ~o fuisse arbitror CIC.*Ver.*5.146; quid de ~is aut de marinis aestibus plura dicam? *Div.*2.34; ~um quod Naupactum et Patras interfluit LIV.27.29.9; Cycladas ~is alias maioribus, alias minoribus diuisas 36.43.1; quod..Seston Abydena separat urbe ~um OV.*Tr.*1.10.28; (mare) it angustum et par ~o MELA 3.31; TAC.*Hist.*3.2;—(*in geographical proper names*) ~um Euripi LIV.31.23.12; ~um Cephallaniae 37.13.11; libertum in ipso ~o Oceani (*i.e. the English Channel*) obuium Agricolae TAC.*Ag.*40.2;—(*in fig. phr.*) forsan et enasset rapidi ~a saeua pericli SIL.15.375. **b** quibus aetatis ~a primitus insinuatur semen LUCR.4.1030; nam ~us ipse anni permiscet frigus et aestum 6.364; talis..populus R. ~um illud adulescentiae, id est secundam imperii aetatem habuit FLOR.*Epit.*1.17(1.26.9)

2 (spec.): **a** The Straits of Messina; in full, *~um Siculum* or sim. **b** the Straits of Gibraltar; in full *~um Gaditanum, ~um Oceani*, etc.

a te iubere (Mamertinos) in ea parte (crucem) figere quae ad ~um spectaret CIC.*Ver*.5.169; *Att*.2.1.5; CAES.*Civ*.1.29.2; qui..Italiam ab Alpibus ad ~um monumentis ingentium rerum complesset LIV.30.28.5; FLOR.*Epit*.1.17(1.26.9); (*pl.*) ~a, Messanam, Regina uidebis, moenia LUCIL.103;—~o Siciliae CAES.*Civ*.2.3.1; haud procul ~o Siculo; a piratis Liparensium excepti LIV.5.28.2; MELA 2.120; TAC.*Ann*.1.53. **b** uenerisne ad ~um per Mauretaniam? CIC.*Vat*.12; LIV.28.30.3; Europa, quae est inter ~um et Tanain AMP.6.2;—Oceani ~a illa..'Europam Libyamque rapax ubi diuidit unda' CIC.*Tusc*.1.45; ~um nostri maris et Oceani SAL.*Jug*.17.4; Lixum a Gaditano ~o CXII abesse PLIN.*Nat*.5.9; FLOR.*Epit*.1.41(3.6.9).

3 (sg. or pl.) The sea, the deep. **b** a particular sea. **c** (esp. pl., usu. poet.) the waters (of the sea); (also, of other waters). **d** sea-water. **e** (transf., cf. *aequor*) any wide open expanse (in quot., of the sky).

undante in ~o ACC.*trag*.401; sederunt medio terra ~umque solo OV.*Fast*.1.110; purgamenta exaestuantis ~i CURT.8.9.19; litus dubium quod terra ~umque uindicat alternis uicibus LUC.1.409; pulso..introrsus ~o breuia litorum nudantur TAC.*Ann*.6.33;—(*pl.*) media Aeneas ~a nocte secabat VERG.*A*.10.147; cum traheret per ~a nauibus Idaeis Helenen perfidus hospitam HOR.*Carm*.1.15.1; TIB.1.4.46; ille ego clamatus sacris ululatibus amnis..stipatus caedibus artas in ~a quaero uias STAT.*Theb*.9.437;—(*in fig. phr.*) deriget in medio quis mea uela ~o? OV.*Fast*.1.466. **b** cum ~a, cum terras omnis..emensae ferimur VERG.*A*.5.627; nullum uastum ~um et procellosum tantos ciet fluctus CURT.10.7.11; omne ~um metuens pelagi LUC.2.578;—(*w. local epithet*) in Aegaeo ~u PAC.*trag*.420; insula, quam Libyci uerberat unda ~i OV.*Fast*.3.568; Euxini..sinistra ~i *Pont*.2.2.2; Caspium ~um CURT.7.3.19. **c** (mare) alio caeli statu recipit in se ~um CURT. 6.4.19; geminum..mare separat Isthmos nec patitur conferre ~um LUC.1.102;—(*pl.*) axena Ponti per ~a *Inc.trag*.182; fit ut..columna in mare de caelo descendat, quam ~a circum feruescunt LUCR.6.427; ~a ponti incipiunt agitata tumescere VERG.*G*.1.356; ~a gemmiferi findere classe maris PROP.3.4.2; saeuior pelagi ~is [SEN.]*Oct*.129;—alueo medius tuo, Phlegethon, relinquar igneo cinctus ~o SEN.*Thy*.73. **d** medio..e uulnere saxi exiluisse ~um OV.*Met*.6.77; si maior recentis ~i uis incesserit COL.8.17.4. **e** crassa puluis oritur, omnem peruolat caeli ~um ENN.*scen*.382.

frētus[1] ~a ~um, *a.* [cf. perh. *firmus*] **a** (w. abl.) Relying on, trusting to, confident of. **b** (w. dat.). **c** (w. acc. and inf.) confident that. **d** (w. inf.) confident in one's power to. **e** (app. without const.).

a dis sum ~us, deos sperabimus PL.*Cas*.346; Dauom..quoi(u)s consilio ~u' sum TER.*An*.336; si ~us gratia postulabat aliquid iniquius Alfenus CIC.*Quinct*.70; impudentia atque audacia ~us *Flac*.35; *Att*.5.21.12; loci praesidio ~i CAES.*Gal*.6.5.7; amicitia populi Romani magis quam Numidis ~us erat SAL.*Jug*.20.5; ille pedum melior motu ~usque iuuenta VERG.*A*.5.430; ingenio feroces et multitudine ~i LIV.21.5.12; prioribus..promissis ~us 29.23.7; VELL.2.20.4; quo duce ~a cohors STAT.*Theb*.2.539; FLOR.*Epit*.1.28(2.12.9);—(*of things*) pondere..~ae partim stant (res); quod genus aurum LUCR.6.1058; spes Carthaginis..uno solacio ~a exempli tui APUL.*Fl*.9. **b** ~us memoriae VITR.7.pr.7; tamquam constantissimae rei fortunae ~us LIV.4.37.6; 6.13.1; 8.22.7. **c** satis ~us esse etiam nunc tolerando certamini legatum LIV.10.5.5; CURT.7.7.31. **d** ~us doctas anteire canendo Aonidas..Thamyris STAT.*Theb*.4.182. **e** super portae dux..astitit arcem colloquiumque sua ~us ab urbe dedit PROP.4.10.32.

fretus[2]: see FRETVM.

friābilis ~is ~e, *a.* [FRIO+-BILIS] Capable of being crumbled, crumbly, friable.

tofus naturae ~is expetitur PLIN.*Nat*.17.29; optima (crocodilea) quae..~is minimeque ponderosa 28.109; 31.113; 34.102.

fricātiō ~ōnis, *f.* [FRICO+-TIO] (med.) Massage.

ultima..auxilia sunt gestatio et ~o CELS.3.12.6; ~onem corporis, ambulationem PLIN.*Nat*.26.13; 28.53.

fricātūra ~ae, *f.* [FRICO+-VRA] The smoothing (of a surface) by rubbing, rubbing down.

cum..anguli non fuerint omnes aequaliter plani, non erit exacta, ut oportet, ~a VITR.7.1.4.

fricātus ~ūs, *m.* [next+-TVS[3]] The action of rubbing.

splendescunt (mensae citreae)..manus siccae fricatu PLIN.*Nat*.13.99; emendat (cinis fici) dentium..uitia crebro ~u 23.124.

fricō ~āre ~uī ~ātum or ~tum, *tr.* [cf. *frio*] FORMS: *fricatus*, etc., VITR.7.1.6, 7.3.6, PLIN.*Nat*.8.100, LARG.104; *frictus* SEN.*Nat*.1.1.5, 2.22.1, JUV.6.578.

1 To rub, chafe.

quiduis egestas imperat: (genua) ~entur (*i.e. in supplication*) PL.*As*.671; quod tu si manibus teras ~esque CATUL.23.22; sus..~at arbore costas VERG.*G*.3.256; cum duo ligna inter se diutius ~ta sunt SEN.*Nat*.2.22.1; in ~ando odorata (lacrima balsami) PLIN.*Nat*.12.120; hic (lapis) ~atur altero lapide 27.100; si prurit ~tus ocelli angulus JUV.6.578.

2 To massage, rub down. **b** (w. abl.) to rub (with a medicament, etc.).

ambae numquam concessamus lauari aut ~ari aut tergeri aut ornari PL.*Poen*.220; 231; mulas qui ~abat consul factus est *Vers.pop*.in Gel.15.4.3(*poet*.p.93); caput..radere et diutius siccum ad relaxationem cutis ~are LARG.10; 104;—(*prob. in pun w. a slang sense 'to beat up, drub'*) uncti hi sunt senes, ~ari sese ex antiquo uolunt PL.*Ps*.1190;—(*obsc.*) blanditias nescis: 'dabo' dic 'tibi milia centum..'..nil opus est digitis: sic mihi, Phylli, ~a MART.11.29.8; (*cf.*) magis expedit inguina quam ingenia ~are PETR.92.11. **b** alopecias ~uere et psoras tusis cepis PLIN.*Nat*.20.41; iubent et lepore marino recenti podagram ~ari 32.110; hoc medicamento si quis ter in mense dentes ~uerit LARG.58; 198.

3 To smooth or polish by rubbing; also, to rub clean.

ubi structum erit, pauito ~atoque CATO *Agr*.18.7; cum ea structa fuerint..ita ~entur, uti..nulli gradus..extent VITR.7.1.4. 7.3.6;—oleo bono plumbea (uasa) intrinsecus imbui, et bene ~ari COL.12.19.6.

frictiō ~ōnis, *f.* [prec.+-TIO] (med.) Massage, friction.

hunc reficit in ipso quoque itinere frequens ~o CELS.1.3.9; 2.9.2; 2.14.1.

frīda ~ae, *f.*: (app. a colloq. contraction of FRIGIDA).

DA ~AM PVSILLVM *CIL* 4.1291.

frigdārium: see FRIGIDARIVM.

frīgēdō ~inis, *f.* [FRIGEO+-EDO] Cold.

ut igni feruido medullitus aquiloniam intus eruat ~inem VAR.*Men*.77.

frīgefactō ~āre, *tr.* [next+FACIO+-TO] To make cold, cool; (in quots., in fig. phrs.).

calidum prandisti prandium hodie? dic mihi. — quid iam? — quia os nunc ~as, quom rogas PL.*Poen*.760; dabo septingentos. — os calet tibi, nunc id ~as *Rud*.1326.

frīgeō ~ēre, *intr.* [<*srigeo, cf. Gk. ῥιγέω]

1 To be cold. **b** (with the chill of death).

~entis Arctos boreanque rigentem MAN.1.314; ubi ~ere coepit (ferramentum), ad ignem refertur CELS.2.17.10; quo tempore ~ent interiora terrarum SEN.*Nat*.4a.2.26;—(*of parts of the body*) si extremae partes corporis ~ent CELS.4.18.5; uulnus, quod tepens..dolorem non mouerat, ~ente sanguine intumuit CURT.4.6.19; summosque pedes attinge manusque, non ~ent PERS.3.109;—(*of a person*); ualde metuo ne ~eas in hibernis CIC.*Fam*.7.10.2; (*with fright*) abi, tange: si non totus ~et, me enica TER.*Ph*.994; (*in fig. phr.*) in re frigidissima cales, in feruentissima ~es *Rhet.Her*.4.21;—(*of a season*) per hiemem ~entem et umidam COL.3.15.5. **b** corpus..lauant ~entis et unguunt VERG.*A*.6.219; scrutantur galeas ~entum inuentaque monstrant corpora STAT.*Theb*.3.127; 11.600; iam ~entia lumina torpent *Silv*.2.1.146.

2 a (of an old man, his powers, etc.) To lack vigour, fail. **b** to be paralysed with inactivity, have nothing to do.

a sanguis hebet, ~entque effetae in corpore uires VERG.*A*.5.396; refouet ~entis amicum pectus alumna senis STAT.*Theb*.7.361; uani ~entem in Marte senectam prodebant ictus SIL.5.570; (*transf.*) ~ere ac torpere senis consilia LIV.6.23.6; (*cf.*) sine Cerere et Libero ~et Venus TER.*Eu*.732. **b** an hoc significas, nihil fieri, ~ere te, ne chartam quidem tibi suppeditare? CIC.*Fam*.7.18.2; plane iam..~eo; ὄργανον enim erat meum senatus; id iam est dissolutum 11.14.1.

3 (of persons) To fail to win favour or sympathy, have a cool reception; (of words, efforts, etc.) to have no effect, fall flat.

Parmenonem..tristem uideo, riuali' seruom: salua rest. nimirum hic homines ~ent TER.*Eu*.268; tibicen..dixerit discipulo sane ~enti ad populum CIC.*Brut*.187; iacent beneficia Nuculae; ~et patronus Antonius *Phil*.6.14; *Q.fr*.3.8.3;—ipsa accumbere mecum..sermonem quaerere. uid ~et, huc euasit, quam pridem pater mihi et mater mortui essent TER.*Eu*.517; cum omnia consilia ~erent CIC.*Ver*.2.60; sin autem ista ~ebunt, recipias te ad nos *Fam*.7.11.3; prima contio Pompei qualis fuisset scripsi ad te antea..beatis non grata, bonis non grauis; itaque ~ebat *Att*.1.14.1; ~ere uidentur ista plerisque QUINT.*Inst*.4.2.59; cum hoc quoque mendacium ~ere..uideret APUL.*Apol*.46; (*cf.*) postquam in manus Menander uenit..quantum stupere atque ~ere..Caecilius uisus est! GEL.2.23.7.

frīgerō ~āre, *tr.* [FRIGVS+O[3]] To make cool.

Aonios specus, nympha quos super irrigat ~ans Aganippe CATUL.61.30.

frīgescō ~ere frixī, *intr.* [FRIGEO+-SCO]

1 To lose heat, become cold, cool.

feruefacito, infundito in catinum, ubi ~at CATO *Agr*.156.6; penitus ~it terra coitque LUCR.6.865; quo celerius et calfit et ~it (aqua) CELS.2.18.12; SEN.*Nat*.3.9.1; (*poet.*) uide sis ne maiorum tibi forte limina ~ant (*i.e. become inhospitable*) PERS.1.109;—(*of parts of the body*) extremae partes ~unt CELS.4.19.1; TAC.*Ann*.15.70;—(*of a person, in death*) qui denascitur eum (*sc.* ignem) amittit ac ~it VAR.*L*.5.70; (*with fear*) Vlixi cor frixit prae pauore ANDR.*poet*.16(17); (*in fig. phr.*) si Parthi uos nihil calficiunt, nos frigore ~imus CAEL.*Fam*.8.6.4.

2 (fig., of a feeling or impulse) To slacken, abate, cool off; (of speech) to lose its impact, fall flat; (of persons) to become torpid or inert.

in his omnibus et uis illa dicendi soluitur et ~it adfectus QUINT.*Inst*.11.3.133; ~unt impetus mentium quos non explicant ministeria membrorum [QUINT.]*Decl*.1.6;—numquam..debet longa esse miseratio..non patiamur igitur ~ere hoc opus QUINT.*Inst*.6.1.29;—patria ex oculis acerque laborum pulsus amor, segnique iuuat ~ere luctu V.FL.3.368.

frīgida ~ae, *f.* Also FRIDA. [FRIGIDVS] Cold water.

~a non laui magi' lubenter PL.*Mos*.157; cum..(ferrum) candens refrigeretur tinctum ~a VITR.1.4.3; uetus ~ae cultor mitto me in mare SEN.*Ep*.53.3; animo relictos..~a spargimus *Nat*.4b.13.7; COL.6.15.2; MART.14.105.1; PLIN.*Ep*.3.5.11.

frīgidārium ~(i)ī, *n.* Also **frigdārium.** [next] A cooling-room (in a bath); a cold store (for food).

proxime..elaeothesium ~ium VITR.5.11.2;—sallere murenas, mercem in ~ia ferre LUCIL.317.

frīgidārius ~a ~um, *a.* [FRIGIDA+-ARIVS] Of or for cold water; *cella ~a*, a cooling-room (in a bath).

aenea..tria..unum caldarium, alterum tepidarium, tertium ~um VITR.5.10.1; balneum..cisternae ~ae simile PETR.73.2;—balinei cella ~a spatiosa et effusa PLIN.*Ep*.2.17.11; 5.6.25.

frīgidē, *adv.* *compar.* ~ius, *superl.* ~issimē. [FRIGIDVS+-E]

1 Without enthusiasm, coolly, coldly.

qui quae cupiunt tamen ita ~e agunt ut nolle existimentur CAEL.*Fam*.8.10.3; turpius esse..exigue atque ~e laudari quam..grauiter uituperari GEL.19.3.1.

2 (w. vbs. of speaking, etc.) Without force or effect, unimpressively, flatly, lamely, ineptly.

illius sententiae ~ius dixit contrariam SEN.*Con*.1.4.10; ille, alioqui uir facundus..obmutuit et infantem suam ~issime reportauit QUINT.*Inst*.6.1.39; illa ipsa, quae sunt in Verrem dicta ~ius 6.3.4; si aliquando concitate itur, nunquam non ~e reditur 11.3.133; duobus uerbis idem..significantibus inepte et ~e esse usus GEL.13.25(24).7.

frīgidiusculus ~a ~um, *a.* [*frigidior* (compar. of FRIGIDVS)+-CVLVS] (of remarks) Rather feeble, pretty inept.

sed alia quoque ibidem congerit ~a (Varro) GEL.3.10.16.

frīgidulus ~a ~um, *a.* [FRIGIDVS+-VLVS] Chilly, cold.

~os udo singultus ore cientem CATUL.64.131; ~am iniecta circumdat ueste puellam *Ciris* 251; morientis alumnae ~os..ocellos 348; media nox tepida..gallicinium ~um AUR.*Fro*.1.p.142(31N).

frīgidum ~ī, *n.* [next] **a** Absence of heat, cold. **b** a cold food or drink. **c** the cold state (of a metal). **d** (pl.) cold regions.

a si id membrum..aeque ~o calidoque offenditur CELS.2.7.6; ~um et calidum semper in contraria abeunt SEN.*Nat*.6.13.2; bona ualetudo calidi et ~i..certo..modo continetur COL.3.12.3. **b** abstinendum..est ab omnibus ~is: neque enim res ulla magis iecur laedit CELS.4.15.3; (*prov.*) hoc est caldum meiere et ~um potare PETR.67.10. **c** lamnis..ferreis ex ~o ductis VITR.10.15.2. **d** in ~is utilius uere seri quam autumno PLIN.*Nat*.19.113.

frīgidus ~a ~um, *a.* *compar.* ~ior, *superl.* ~issimus. [FRIGVS+-IDVS]

1 Cold, chilly. **b** (of the atmosphere, winds, seasons, or sim.). **c** (w. ref. to the supposed composition of the body or soul out of cold elements). **d** not giving any warmth.

salsam..potionem et ~am PL.*Rud*.530; nec..ullum hoc ~ius flumen attigi CIC.*Leg*.2.6; ~ior..in puteis aestate fit umor LUCR.6.840; ~a Saturni..stella (*i.e. because of its distance from the sun*) VERG.*G*.1.336; dum tepidus Ganges, ~us Hister erit OV.*Ib*.136; ~is et umidis fomentis stomachum fouere CELS.4.18(11).3; suppuratio melius ignea lammina quam ~o ferramento reseratur COL.6.34.1; quae (aquae) sint haustu ~issimae PLIN.*Nat*.31.40; ~a in aqua adfunditur uenenum TAC.*Ann*.13.16; ~ior Geticis..decocta pruinis JUV.5.50;—(*w. ref. to a person's normal temperature*) alii graciles, alii obesi sunt, alii calidi, alii ~iores CELS.1.3.13;—(*of snakes, etc.*) ~us..latet anguis in herba VERG.*Ecl*.3.93; ~us custos (*sc. of the Golden Apples*) nescius somni SEN.*Ag*.856; piscis brutus et ~us APUL.*Apol*.30;—(*in fig. phr.*) nostro ordini palam blandiuntur, clam, si occasio usquam est, aquam ~am subdole suffundunt PL.*Cist*.35;—(*transf.*) ~is natationibus (utendum) CELS.3.24.5; urceolum ~um (*i.e. of cold water*) PETR.74.12. **b** ~us..aquilo VAR.*At.poet*.6; ~us agricolam si quando continet imber VERG.*G*.1.259; ubi ~us annus (*i.e. winter*) trans pontum fugat (aues) *A*.6.311; manet sub Ioue ~o uenator HOR.*Carm*.1.1.25; ~a..Eoo me dolet aura gelu PROP.1.16.24; uer..~um et siccum CELS.2.1.14; ~us dies Aquilone COL.11.2.21; caelum est hieme ~um et gelidum PLIN.*Ep*.5.6.4; (*in fig. phr.*) quis Apolline merso ~a damnatae praeduxit nubila menti? STAT.*Silv*.5.3.13. **c** uentosa magis cervorum ~a mens est LUCR.3.299; umidioribus siccioribusque et ~is non est ab ira periculum SEN.*Dial*.4.20.4. **d** aestate graue esse aureum amiculum hieme ~um CIC.*N.D*.3.83; (Canicula) uix sole minor, nisi quod procul haerens ~a caeruleo contorquet lumina uultu MAN.1.409.

2 (of places) Having a cold climate or situation. **b** (applied to persons or plants inhabiting chilly places); (to stars associated w. cold conditions).

qui ager ~ior et macrior erit CATO *Agr*.6.2; milites, qui durissimis et ~issimis locis..bellum..confecerunt CAEL.*Fam*.8.15.1; CAES.*Gal*.4.1.10; quos ~a misit Nursia VERG.*A*.7.715; ~a..litora Ponti OV.*Tr*.4.4.55; regio..infecunda, ~a MELA 2.16; COL.5.8.5. **b** Sarmata ~us SEN.*Her.O*.158; ~as..arbores, pinum, abietem, piceam PLIN.*Nat*.16.138; (*of a water-nymph*) ~a caelestum matres Arethusa uocarat OV.*Fast*.4.423;—(*of stars*) ~us..Aquarius VERG.*G*.3.303; ~a duro Cynosura gelu SEN.*Thy*.872; exurit (rura)..~um sidus arcturi PLIN.*Nat*.18.287; ~us aestiuas impellit Noctifer horas CALP.*Ecl*.5.121; ~a..pigri serraca Bootae JUV.5.23.

3 Pleasantly or refreshingly cold, cool. **b** (of a drink, app.) cooling.

est. . is (locus) maxime et opacus et ~us Cic.*de Orat*.3.18; triclia umbrosis ~a harundinibus *Copa* 8; seu mihi ~um Praeneste. . seu liquidae placuere Baiae Hor.*Carm*.3.4.22; sedis. . quas et mollis hiems et ~a temperat aestas Stat.*Silv*.3.5.83; ~a. . spelunca Juv.6.2. **b** id. . uinum ~ius reliquis existimatur in ~o potu Plin.*Nat*.14.57.

4 (of diseases) Accompanied by or producing cold sensations; *sudor ~us*, a cold sweat. **b** (app.) not accompanied by inflammation. **c** (of a poison) having a numbing effect.

me grauedo ~a et frequens tussis quassauit Catul.44.13; ~a si puerum quartana reliquerit Hor.*S*.2.3.290; febres ~as leuiores facit agaricum Plin.*Nat*.26.115; 27.130; accessiones ~as 31.122;—incertus ibidem sudor et ille quidem morituris ~us Verg.*G*.3.501; Plin.*Nat*.29.90; Larg.188; Apul.*Met*.10.10. **b** ~am podagram, quae sine tumore et rubore consistit Larg.160. **c** eos. . necat ~a ui (salamandra), nihil aconito distans Plin.*Nat*.29.74.

5 Cold through loss of heat, no longer warm. **b** (of food or drink).

(apes) contemnunt. . fauos et ~a tecta relinquunt Verg.*G*.4.104;—(*of extinguished fires or their sites*) locus (*i.e. an extinct volcano*). . multis iam ~us annis *Aetna* 432; contra Veneris stat ~a semper ara V.Fl.2.98; cinis. . extinctus am et diu ~us Suet.*Tib*.74; Apul.*Met*.4.29;—(*of an unshared bed*) cum. . quererer lecti ~a regna mei Prop.4.7.6; (*transf.*) ~as noctes non sine multis insomnis lacrimis agit Hor.*Carm*.3.7.6; uiduo tum primum ~a lecto atque insueta quies uni Luc.5.806;—(*of swords from which the blood has dried*) seu. . clausus. . et ~us ensis expulerat belli furias 5.245; 7.502;—(*of the traces of past activity*) ~a. . ut ueteris, deprendit signa ruinae Luc.6.281. **b** pernam . . ius est adponi ~am postridie Pl.*Per*.106; probus hic conger ~ust, remoue *Mil*.760; ut mulsum ~um biberet Cic.*de Orat*.2.282; fastidium. . uelut ~i et repositi cibi Quint.*Inst*.2.4.29.

6 (of persons, their limbs, etc.) Suffering from the cold, chilled. **b** (through fear or shock); (of fear or sim.) chilling; (also, of alarming things). **c** (through old age).

sinu. . amicam refice ~am caldo Mat.*poet*.12; mare prospiciens in saxo ~a sedi Ov.*Ep*.10.49; ~a. . uelantis inguina panni Juv.14.300;—(*because without a bedfellow*) non ego deserto iacuissem ~a lecto Ov.*Ep*.1.7. **b** ~us Arcadibus coit in praecordia sanguis Verg.*A*.10.452; palluit et subito sine sanguine ~a sedit Ov.*Met*.7.136; accedit sonipes, accedit et ipse ~us V.Fl.6.259; 7.530; ~a nautis corda tremunt Sil.1.470; Hannibalis. . nomina ferre si discit miles nec ~us aspicit hostem 9.49; rubet auditor, cui ~a mens est criminibus Juv.1.166;—(*of fear or sim.*) hinc illaec primum Veneris dulcedinis in cor stillauit gutta et successit ~a cura Lucr.4.1060; mihi ~us horror membra quatit Verg.*A*.3.29; Ov.*Met*.9.290; ~o exsanguis metu Sen.*Phaed*.1053;—(*of alarming things*) ~us a Rostris manat per compita rumor Hor.*S*.2.6.50; redit ecce nefas et ~a cordi Eumenis Stat.*Theb*.5.32. **c** det munera canus amator, ut foueat molli ~a membra sinu Tib.1.8.30; omnia fient ad uerum, quibus incendi iam ~us aeuo Laomedontiades. . possit Juv.6.325.

7 (of persons, parts of the body) Not having the degree of heat natural to the organism; (usu.) cold with the chill of death; (also poet. of death).

cauati oculi. . ~a pellis duraque Lucr.6.1194; ~as (habere) extremas partes acuto morbo urguente Cels.2.4.4; —Eurydicen uox ipsa et ~a lingua. . anima fugiente uocabat Verg.*G*.4.525; labuntur ~a leto lumina *A*.11.818; iam prope depositus, certe iam ~us aeger Ov.*Pont*.2.2.45; ~us et iamiam cum moriturus erat *Eleg.Maec*.146; ~a. . strages (*i.e. the heap of dead*) Stat.*Theb*.12.29; tuum corpus ~um, exsangue complexus Quint.*Inst*.6.pr.12; (*transf.*) ~a nequiquam duro dedit oscula rostro Ov.*Met*.11.738; (*cf.*) Iunonis opem. . exposcunt, pictasque toris et ~a (*i.e. lifeless*) uultu saxa terunt Stat.*Theb*.10.52;—~a quem semel est uitai pausa secuta Lucr.3.930; cum ~a mors anima seduxerit artus Verg.*A*.4.385; en ~us orbes purpureos iam somnus obit V.Fl.3.178.

8 Having no energy or vigour, effete, sluggish, torpid. **b** (of arguments, measures, etc.) failing to produce the effect intended, making no appeal, feeble, flat, lame, frigid, etc.; (also, of speakers). **c** (of subjects, tasks) unimportant, dull, tedious. **d** (of persons) lacking in ardour or passion, cold, unresponsive.

~us in Venerem senior (equus) Verg.*G*.3.97; lingua melior, sed ~a bello dextera *A*.11.338; eneruem et ~am iuuentam egit V.Max.3.5.3; hoc interest utrum quis feruidi sit ingenii an ~i atque humilis Sen.*Dial*.5.7.2; amor. . in senectute ~ior est Calp.*Decl*.37;—(*poet.*) longa. . ~a pace terra V.Fl.2.386. **b** caue in ista tam ~a, tam ieiuna calumnia delitiscas Cic.*Caec*.61; ~as sane et inconstantis. . litteras *Fam*.10.16.1; Pierides, solacia ~a Ov.*Pont*.4.2.45; quid. . est iracundia in superuacuum tumultuante ~ius? Sen.*Dial*.4.11.1; ~um schema Petr.126.8; eandem exigebat stili facilitatem leo. . quem in amphitheatro prostratum ~um erat sacratissimo Imperatori ni statim traderem Stat.*Silv*.2.pr.; illa. . ~a et puerilis est in scholis adfectatio Quint.*Inst*.4.1.77; 5.10.31; inmixtis interdum ~is et arcessitis iocis Suet.*Cl*.21.5; admonitiones. . ad oblectandum fouendumque animum ~ae Gel.pr.16; ~issimos uersus 7(6).16.2; repetitio ignaua et ~a 13.25(24).20;—nimis ille quidem lentus in dicendo et paene ~us Cic.*Brut*.178; testibus laeditur, accusatoribus ~issimis utitur *Q.fr*.3.3.3; (Ciceronem) in salibus aliquando ~um Quint.*Inst*.12.10.12. **c** quot dies quam ~is rebus absumpsi Plin.*Ep*.1.9.3; multum distringebar plerumque ~is negotiis 9.2.1; sermones. . a rebus paruis et ~is abducebat ad ea, quae magis utile esset audire Gel.4.1.19. **d** me legat in sponsi facie non ~a uirgo Ov.*Am*.2.1.5; siue bonus color est, n te. . ~us esse, seu malus, alterius dicor amore mori 2.7.9.

frīgō[1] ~gere (~xī) ~ctum, *tr*. [cf. Pers. *birištan*, Gk. φρύγω] To roast; (esp. in pf. pple.) roast, parched.

sesquilibram salis ~gito Cato *Agr*.106; perfusum aqua hordeum siccant. . ac postero die ~gunt Plin.*Nat*.18.72;—(*pple.*) ~ctas nuces Pl.*Poen*.326; cumini ~cti tantum quod oleat Cato *Agr*.156.3; triticum ~ctum Var.*R*.2.4.21; ~cti ciceris Hor.*Ars* 249; pares portiones salis ~cti et iridis ~ctae Cels.6.15.1; resinae ~ctae pondo dua. . liquefacta Larg.203; Apul.*Met*.7.15; (*humorously*) tam ~ctum ego illum reddam quam ~ctum est cicer Pl.*Bac*.767.

frigō[2] ~ere, *intr*. [cf. *friguttio*] (of a child) To cry, squeal.

mulier. . plorat orat, occurrit nepos pausillus, nep tis porro de lecto ~it Afran.*com*.247.

frigō[3] ~ere, *tr*. (According to Non.p.308M = erigo, to raise; perh. orig. a misreading of *erigo*.)

(aper) ~it saetas Acc.*trag*.443; 461.

frigorificus ~a ~um, *a*. [next+-ficvs] Producing coldness, cooling.

acetum. . omnium maxime ~um est Gel.17.8.14.

frigus ~oris, *n*. [< *srigos, cf. Gk. ῥῖγος]

1 Cold, regarded absolutely or as one of the four elements; the coldness (of particular things).

~ori miscet calorem atque humori aritudinem Enn.*var*. 46; ut ~us (distat) calori Cic.*Inv*.1.42; fluunt certis ab rebus odores; ~us ut a fluuiis, calor ab sole Lucr.4.219; sterile ~us est, calor gignit Sen.*Nat*.2.10.4; (*pl. in sim. sense*) nec calidos aestus tuimur nec ~ora quimus usurpare oculis Lucr.1.300; uoluentes ~ora fontes 2.590;—~ora ne possim gelidi sentire profundi Ov.*Ep*.17.89; (hedera) serpentium ~ori gratissima Plin.*Nat*.16.144; ferri ~ore primo territus Stat.*Theb*.11.544; (*poet.*) quisquam picta colit Spartani ~ora saxi (*i.e. a marble pavement*). . ? Mart.1.55.5.

2 Atmospheric cold, coldness of weather or surroundings; (often pl.) cold spells, frosts, or sim. **b** (as an indication of the season); (poet.) the cold season, winter. **c** (as indicating climate or position). **d** (as desirable in hot weather) coolness; (poet.) a cool spot.

nec calor nec ~us metuo neque uentum neque grandinem Pl.*Mer*.860; cratis. . quae ~us defendant et solem Cato *Agr*.48.2; nudus in aere, in imbri, in ~ore Cic.*Ver*.4.87; tuam. . patientiam famis, ~oris, inopiae rerum omnium *Catil*.1.26; quam multa in siluis autumni ~ore primo lapsa cadunt folia Verg.*A*.6.309; morietur ~ore Hor.*Ep*.1.17.31; nil uernum nascentia ~us adurat poma Ov.*Met*.14.763; corpus ~ore duplicatum V.Max.5.1.ext.1; ulcera ex ~ore. . facta (*i.e. chilblains*) Larg.220; tantum ~oris est in cubiculo meo Aur.*Fro*.1.p.54(93N); (*poet.*) durati concreto ~ore collis lubrica. . semita Sil.3.518; (*in fig. phr.*) si Parthi uos nihil calficiunt, nos ~ore frigescimus Cael.*Fam*.8.6.4;—(*pl.*) loca sunt temperatiora. . remissioribus ~oribus Caes.*Gal*. 5.12.7; matutina parum cautos iam ~ora mordent Hor.*S*. 2.6.45; infames ~oribus Alpes Liv.21.31.8; papiliones. . ~orum inpatientia uillis inhorrescere Plin.*Nat*.11.77; Tac. *Ag*.12.3; Suet.*Aug*.81.2. **b** irundines aestiuo tempore praesto sunt, ~ore pulsae recedunt *Rhet.Her*.4.61; seges. . bis quae solem, bis ~ora sensit Verg.*G*.1.48; ~ora mitescunt Zephyris Hor.*Carm*.4.7.9; ter ~ore constitit Hister Ov.*Tr*. 5.10.1;—lac mihi non aestate nouum, non ~ore defit Verg. *Ecl*.2.22; 5.70; gelida cum perluor unda per medium ~us Hor.*Ep*.1.15.5; aestu numerabis aristas, poma per autumnum ~oribusque niues Ov.*Tr*.4.1.58; Sen.*Her.O*.454. **c** propter ~ora, quod Gallia sub septentrionibus. . posita est . . frumenta in agris matura non erant Caes.*Gal*.1.16.2; apertos Bacchus amat collis, Aquilonem et ~ora taxi Verg. *G*.2.113; gens. . ~ori adsueta Liv.5.48.3; ulterius nihil est nisi non habitabile ~us Ov.*Tr*.3.4.51; in ~ora septentrionemque uergentibus Sen.*Dial*.4.15.5. **d** ~us captabis opacum Verg.*Ecl*.1.52; manibus dura ~us habere pila Prop.2.24.12; ~ora dant rami Ov.*Met*.5.390; excludunt radios siluis demissa uetustis ~ora Stat.*Silv*.1.2.155; uela, quae ~oris causa uel umbrae in domo sunt Ulp.*dig*.33. 7.12.16;—Albanos. . colles et quodcumque iacet sub urbe ~us Mart.4.64.14.

3 A cold sensation in the body, chilliness: **a** (caused by disease, etc.); *~us colligere, recipere*, to catch cold. **b** (caused by fear).

a uestimentis ~us atque horrorem exacturum putet Lucil.643; aliae (cottidianae febres). . a calore incipiunt, aliae a ~ore. ~us uoco, ubi extremae partes membrorum inalgescunt, horrorem, ubi corpus totum intremit Cels. 3.3.3; tam periculoso inhorrui ~ore, ut tertianae etiam impetum timeam Petr.17.7; accessiones, quarum ~us intolerabile est Plin.*Nat*.20.138; aduersantur uenenis. . maxime quae ~us inferunt 24.61;—nec qui ~us collegit, furnos et balnea laudat Hor.*Ep*.1.11.13; etsi nudis pedibus fuerint non recipiunt ~us Vitr.7.4.5. **b** Aeneae soluuntur ~ore membra Verg.*A*.1.92; Ov.*Met*.11.416; extimu i ~usque per ossa cucurrit *Epic.Drusi* 153; timido iam ~ore pectus labitur Stat.*Silv*.3.2.51.

4 Lack of vital heat, chill (of death or old age). **b** lack of strength, energy, or sim., numbness, torpor.

(*in death*) iaceret aeterno corpus perfusum ~ore leti Lucr.4.924; illi soluuntur ~ore membra uitaque cum gemitu fugit Verg.*A*.12.951; corpus inane animae ~us letale secutum est Ov.*Met*.2.611; animos extremo ~ore labi sensit Stat.*Theb*.8.734; (*cf.*) animae. . supremum ~us amat (*i.e. cherishes his last cold breath*) *Silv*.3.3.20;—(*in old age*) aetas media. . quae neque iuuentae calore, neque senectutis ~ore infestatur Cels.2.1.5; aetas mea contenta est suo ~ore; uix media regelatur aestate Sen.*Ep*.67.1. **b** corrigere. . animum lento curarum ~ore laedit Ov.*Pont*.3.9.25; si idem ~us (*i.e. as affects your virility*) genua manusque temptauerit tuas Petr.129.7; deficit, infracti languescunt ~ore cursus V.Fl.3.236.

5 Lack of temperature (in a speech, speaker, etc.), flatness.

imperitia et rusticitas. . afferunt interim ~us Quint.*Inst*. 6.1.37; ne reliqua actio mea et ~us ut deposita et taedium ut resumpta pateretur Plin.*Ep*.4.9.11; 6.15.4; (*w. obj. gen.* ne intellegere se neget (*sc.* testis), quod interrogantis non leue ~us est Quint.*Inst*.5.7.31.

6 Lack of affection or interest, coldness, coolness; (esp.) lack of enthusiasm in greeting a speech or sim., a lukewarm or unfavourable reception. **b** lack of passion, 'phlegm'.

cum Appius senatum infrequentem coegisset, tantum fuit ~us ut. . coactus sit nos dimittere Cic.*Q.fr*.2.10.1; ne quis amicus ~ore te feriat Hor.*S*.2.1.62; amicitia Tiberi notus et ~ore Sen.*Ep*.122.11; cum ille ex leui ~oris suspicione . . Mytilenas se. . contulisset Suet.*Aug*.66.3. **b** uehemens . . est ira, sed sine incremento. . quia inclinaturum calorem ~us insequitur Sen.*Dial*.4.19.4.

friguttiō ~īre, *intr*. [cf. *frigo*[2], *fringultio*] To utter broken sounds, stutter, etc.

egone? — tu. nam quid ~is? Pl.*Cas*.267; loqui. . quam eloqui malle, murmurare potius et ~ire quam clangere Fro.*Aur*.2.p.66(146N); fringilla auis dicta, quod frigore cantet. . unde et ~ire Paul.*Fest*.p.90M.

fringilla (-uilla) ~ae, *f*. Also **fringillus** ~ī, *m*. [onomat., cf. next two and Gk. φρυγίλος] A song-bird, perh. the chaffinch.

multa ab animalium uocibus tralata in homines. . in Casina a ~a: 'quid friguttis?' Var.*L*.7.104; ~a auis dicta, quod frigore cantet et uigeat Paul.*Fest*.p.90M. **β** sturnos inopes ~orumque (*v.l.* ~arumque) querelas Mart.9.54.7.

fringuliō ~īre, *intr*. [onomat., cf. prec. and next] (See quot.)

graculorum (est) ~ire (*v.l.* fringultire) Suet.fr.161(p.252 Re).

fringultiō ~īre, *intr*. [cf. *frigo*[2], and prec. three words] To utter broken sounds: **a** (of birds) to twitter, chirp. **b** (of persons) to stutter, stammer.

a (*w. internal acc.*) merulae in remotis tesquis ⟨cantilenam pueritiae⟩ ~iunt Apul.*Fl*.17. **b** quod. . saepe in rebus nequaquam difficilibus ~iat Apul.*Apol*.34; (*w. internal acc.*) fratrem. . uix singulas syllabas ~ientem 98.

friō ~āre ~āuī ~ātum, *tr*. [cf. *frico*, *friuolus*, Skt. *bhrīnanti* 'injure'] To break up small, crumble, pulverize; (pass. or refl.) to fall into fragments, crumble.

glebis terrarum saepe ~atis Lucr.1.888; Vitr.2.7.2; (cardamomum) contumax ~anti Plin.*Nat*.12.50; 13.47;—terra. . quae cum fodiatur, facile ~etur Var.*R*.1.9.7; ut ubi collyria facta inaruerunt, glutinata sint neque ~entur Cels. 6.6.8; ne dentem recipiat (tus) potiusque in micas ~etur Plin.*Nat*.12.65; chalcitis ~at se statim, mollis natura 34.117.

Frīsius ~a ~um, *a*. Of the Frisians, a people on the Dutch coast between the Rhine and the Ems; (masc. pl. as sb.) the Frisians.

clarum inde inter Germanos ~um nomen Tac.*Ann*.4.74; —Plin.*Nat*.4.101; ~i, transrhenanus populus Tac.*Ann*. 4.72.

frit, *indecl. n*. [perh. onomat.] A tiny particle, perh. undeveloped grain, at the top of an ear of corn; (as a type of minuteness) a 'grain'.

illut. . summa in spica iam matura, quod est minus quam granum, uocatur ~ Var.*R*.1.48.3;—non dat, non debet. —non debet? — ne ~ (nec erit *codd*.) quidem ferre hinc potes Pl.*Mos*.595.

fritillus ~ī, *m*. [onomat.] A dice-box.

qui concusso magna parastis lucra ~o Sen.*Apoc*.12.3; alea ludere pertuso ~o 14.4; blando male proditus ~o. . aleator Mart.5.84.3; 11.6.2; si damnosa senem iuuat alea, ludit et heres bullatus paruoque eadem mouet arma ~o Juv.14.5.

fritinniō ~īre, *intr*. [onomat.] To chirp, twitter.

frende. . et ~i suauiter Sueius *poet*.5(6); pullos. . ~ientis Var.*Men*.565; prius. . quam. . uolucris. . tremulo queribunda ~iat ore Calp.*Ecl*.5.65; cicadarum (est) ~ire Suet.fr.161 (p.254Re).

Frīuolāria ~ae, *f*. [next+-arivs, sc. *fabula*] 'A play about trifles' (title of a lost Plautine comedy).

Var.*L*.7.58; Fest.p.301M.

frīuolus ~a ~um, *a*. [frio+-olvs] Having little or no material value, worthless, trashy; (neut. pl. as sb.) paltry possessions, trifles. **b** (transf.) worthless, insignificant, trifling, silly, empty, frivolous, etc.

qui nescio quid ~i ducentis milibus traderet Suet.*Cal*. 39.2; tam magnis pretiis pisces ~os indicatis Apul.*Met*. 1.25;—(*neut. pl. as sb.*) ego illos in ~a inuitaui nostra Sen. *Con*.2.1.2; nec inter illa ~a mea tam altus incedo Sen.*Dial*. 9.1.9; iam poscit aquam, iam ~a transfert Ucalegon Juv. 3.198; 5.59; Ulp.*dig*.13.7.11.5; (*cf.*) ~a sunt proprie uasa fictilia quassa PAUL.*Fest*.p.90M. **b** ~us..et inliberalis ..sermo *Rhet.Her*.4.16; ~am insolentiam PHAED.3.6.8; ineptum et ~um..exemplum SEN.*Ben*.2.21.4; qui catulos auesque et ~a animorum oblectamenta..nutriunt *Dial.* 6.12.2; labor ~us et superuacuus *Ep*.31.7; quam sit ~a animalium superbissimi (*i.e. man*) origo PLIN.*Nat*.7.43; ~o.. ioco 28.260; ~o auspicio mente recreata SUET.*Nero* 41.2; quam ~is argumentis Accius..utatur GEL.3.11;—(*of persons*) modo circumspectus et sagax..nonnumquam ~us amentique similis SUET.*Cl*.15.1; fiunt in litterarum ostentatione inepti et ~i GEL.15.30.1;—(*neut. pl. as sb.*) ~is turbamur et inanibus SEN.*Dial*.5.30.1; leuibus aut ~is (*i.e. futile arguments*) reum incessere QUINT.*Inst*.7.2.34; APUL.*Apol*.25.

frīuusculum ~ī, *n.* [**friuus* (cf. FRIO)+-CVLVM] A slight quarrel, tiff.

si diuortium non intercesserit, sed ~um, profecto ualebit donatio, si ~um quieuit (fribusculum *codd.*) ULP.*dig*.24.1. 32.12.

Froegia: see PHRYGIA.

frondārius ~a ~um, *a.* [FRONS¹+-ARIVS] For leaves, leaf-.

unus frondator quattuor ~as fiscinas complere in die iustum habet PLIN.*Nat*.18.314.

frondātiō ~ōnis, *f.* [**frondo* (FRONS¹+-O³)+-TIO] The operation of stripping off leaves, pruning.

in ~one cauendum ne prolixiores pollices fiant COL.5.6.16.

frondātor ~ōris, *m.* [as prec.+-TOR] One who strips foliage from trees, a pruner.

non falx attenuat ~orum arboris umbram CATUL.64.41; VERG.*Ecl*.1.56; falce data ~or erat uitisque putator OV. *Met*.14.649; PLIN.*Nat*.18.314.

frondens ~ntis, *a.* [pple. of next] Covered with or full of foliage, leafy; (of places) full of green trees or leafy plants.

hostias..uelatas ~nti coma *Inc.trag*.221; ~ntes sumere thyrsos OV.*Met*.4.7; ut..hospitiis teneat ~ntibus arbos (apes) VERG.*G*.4.24; ramis..~ntibus *A*.3.25; ~nti ex ilice 5.129; ~ntibus intulit aris..dapes V.FL.3.456; ~ntia uatum praemia STAT.*Silv*.5.3.56; ~ntibus umbris SIL.12.354;—(*of places*) ungula ~ntem discussit..campum LUC.6.83; ~nti ..iungere Pelion Ossae STAT.*Theb*.8.79; Nemees ~ntis alumnus *Silv*.1.3.6.

frondeō ~ēre, *intr.* [FRONS¹+-EO] (of plants) To have or put forth leaves; (of places) to be full of green trees, be leafy.

ubi uinea ~ere coeperit, pampinato CATO *Agr*.33.4; VAR. *R*.1.30; cum iam per terras ~ent atque omnia florent LUCR.5.214; nunc ~ent siluae VERG.*Ecl*.3.57; bacas semper ~entis acanthi *G*.2.119; OV.*Met*.8.295; COL.11.2.19; ne ex reciso ~eat (mergus) PLIN.*Nat*.17.205; (*of a person metamorphosed into a tree*) Baucida conspexit senior ~ere Philemon OV.*Met*.8.714;—(*of places*) ubi sanctus Cithaeron ~et uiridantibus fetis ACC.*trag*.244; dicas adductum propius ~ere Tarentum HOR.*Ep*.1.16.11; nigra nemus ilice ~et OV.*Am*.2.6.49; quamuis (Meroe) arbore multa ~eat LUC. 10.305.

frondescō ~ere, *intr.* [prec.+-SCO] To put forth foliage, become leafy, shoot.

caelum nitescere, arbores ~ere ENN.*scen*.151; alia hieme nudata uerno tempore tepefacta ~unt CIC.*Tusc*.5.37; arboribus summos ~ere ramos LUCR.1.1092; simili ~it uirga metallo VERG.*A*.6.144; uidit ~ere Romulus hastam OV. *Met*.15.561; COL.4.24.20.

frondeus ~a ~um, *a.* [FRONS¹+-EVS]

1 Made or consisting of foliage, leafy.

~a semper tecta petunt (apes) VERG.*G*.4.61; sunt, quibus e ramis ~a facta casa est OV.*Fast*.3.528; Romulus ~a (corona) coronauit Hostum Hostilium PLIN.*Nat*.16.11; ~a nutant culmina STAT.*Theb*.7.799.

2 Abounding in foliage, leafy.

nemora inter ~a VERG.*A*.1.191; colles, quos..incuruis claudunt iuga ~a siluis STAT.*Theb*.2.500; 9.643;—(*app. as transferred ep.*) si tibi ~a cuspis (*i.e. a twig from the leafy mastic-tree*) defuerit (*i.e. for picking your teeth*) MART.14.22.1.

frondicomus ~a ~um, *a.* [FRONS¹+COMA+-VS] Having leafy tresses.

~A..PINVS *CIL* 8.7759.

frondifer ~era ~erum, *a.* [FRONS¹+-FER] Leaf-bearing, leafy.

~eros locos NAEV.*trag*.22; ~eras..domos auium LUCR. 1.18; ~erum nemus 2.359; SEN.*Oed*.276.

frondōsus ~a ~um, *a.* *compar.* ~ior. [FRONS¹+-OSVS] Abounding in foliage, leafy.

omne sonabat arbustum fremitu siluai ~ai ENN.*Ann*.191; montes ~os VAR.*R*.2.5.11; Idalium ~um CATUL.64.96; semiputata tibi ~a uitis in ulmo est VERG.*Ecl*.2.70; ~a reducitur aestas *G*.3.296; ~os ramos per terram trahebant LIV.10.41.6; OV.*Met*.8.410; taxus Cocyti rigua ~ior unda SIL.13.596; uis locustarum ambederat quidquid herbidum aut ~um TAC.*Ann*.15.5; ~o casulae contentus umbraculo APUL.*Met*.9.32.

frons¹ ~ndis, *f.* [dub.] FORMS: archaic *fruns, frund-* ENN.*Ann*.261, 577, cf. VEL.gram. in *G.L*.7.49; *frōs* VAR.in *G.L*.1.130, allegedly for distinction from *frons²*.

1 The leafy part of a tree, etc., foliage or leafy boughs: **a** (collect. sg.); *in ~nde*, in leaf. **b** (pl.).

a populea ~ns ENN.*Ann*.577; tegere (*sc. seedlings*).. ~nde aut stramentis VAR.*R*.1.45.2; glauca canentia ~nde salicta VERG.*G*.2.13; uiret semper laurus nec ~nde caduca carpitur OV.*Tr*.3.1.45; ubi (trunci) multa ~nde uestiti sunt CURT.6.5.15; hostem..orant..praelata ~nde Mineruae (*i.e. olive-boughs*) LUC.3.306; rhododendron..sempiternum ~nde PLIN.*Nat*.16.79; (uolucris) timens, qua ~nde domum suspendat STAT.*Ach*.1.213; (*in fig. phr.*) modus..quidam tenendus, ut neque praepropere destringatur immatura ~ns et.. QUINT.*Inst*.12.6.2;—si depastum sit (lupinum) in ~nde PLIN.*Nat*.18.136. **b** russescunt ~ndes ENN. *Ann*.261; uia..interclusa iam ~ndibus et uirgultis CIC. *Cael*.42; teneras turbauit ianua ~ndes (*i.e. on which the Sibyl wrote*) VERG.*A*.3.449; spargit agrestis tibi silua ~ndis HOR.*Carm*.3.18.14; quot..silua gerit ~ndes OV.*Met*.11.615; folia..proximis decisa ~ndibus MELA 3.88; ~ndium iactura SEN.*Ep*.104.11; COL.4.11.2; PLIN.*Ep*.5.6.32.

2 (for special purposes): **a** (as bedding). **b** (as fodder). **c** (for wreaths and garlands).

a stramenta si deerunt, ~ndem iligneam legito, eam substernito ouibus bubusque CATO *Agr*.5.7; poteras requiescere noctem ~nde super uiridi VERG.*Ecl*.1.80; LUC.9.841. **b** uti ~ndem ouibus et bubus habeas CATO *Agr*.6.3; VAR. *R*.1.15; non modo hordeum..sed etiam ~ns ex arboribus deficiebat CAES.*Civ*.3.58.5; PHAED.2.8.11. **c** ad sepulcrum ferunt ~ndem ac flores VAR.*L*.7.24; perenni ~nde (*i.e. laurel*) coronam LUCR.1.118; delubra deum..festa uelamus ~nde VERG.*A*.2.249; pueri patresque..~nde comas uincti cenant HOR.*Ep*.2.1.110; ~ndibus Actiacis comptos redimita capillos, Pax, ades OV.*Fast*.1.711; ~nde triumphali *Epic.Drusi* 334; clarus ~nde Iouis MART.11.9.1; GEL.5.6.12.

frons² ~ntis, *f.*, (*m.*). [cf. perh. ON. *brandar* 'projections of ships or houses', AS. *brant* 'high, steep'] GENDER: masc. in PL.*Mil*.201, fr.107; CAECIL.*com*.79; CATO *hist*.99, 100, *Mil*.10(J); PAC.*trag*.582; TITIN.*com*.112; VITR. 10.11.7; cf. GEL.15.9.4, PAUL.*Fest*.p.60M, etc. FORMS: *frote* (= *fronte*) *CIL* 1.1374; *frunt-* *CIL* 6.35736, 10.8249.

1 The forehead, brow (of a person). **b** (as the place where garlands or crowns are worn). **c** (as the part branded). **d** (of animals, esp. as the place where the horns grow). **e** *~ntibus aduersis* (and sim.), face to face, head on.

ut uiridis exoritur colos ex temporibus atque ~nte.. uide! PL.*Men*.829; fimbriatum ~ntem TITIN.*com*.112; ~ns calamistri notata uestigiis CIC.*Red.Sen*.16; ~ns tenta tumebat LUCR.6.1195; ille ~nte ferit terram et..uomit ore cruorem VERG.*A*.10.349; ruga..in antiqua ~nte senilis erit OV.*Tr*.3.7.34; caluus comosa ~nte PHAED.5.8.2; Arimaspi ..uno oculo in ~nte media insignes PLIN.*Nat*.7.10; cum.. ~ntem..sudario tergeret QUINT.*Inst*.6.3.60;—(*struck as a sign of strong emotion, esp. anger*) ut ~ntem ferias, sunt qui etiam Caesonium putent (*sc. will be a candidate*) CIC.*Att*.1.1.1; nulla perturbatio animi, nulla corporis, non ~ns percussa, non femur *Brut*.278; QUINT.*Inst*.2.12.10; dextra..~ntem replaudens: 'me miserum', infit.. APUL.*Met*.1.7;—(*its lowness regarded as a mark of beauty*) insignem tenui ~nte Lycorida HOR.*Carm*.1.33.5; ~ns minima PETR.126.15; ~ns breuis MART.4.42.9;—(*pregn.*) decoris..et ~ntis (*i.e. loftiness of brow*) egenum corpus SIL.6.304. **b** doctarum hederae praemia ~ntium (*i.e. of poets*) HOR.*Carm*.1.1.29; nulla coronata peraguntur seria ~nte OV.*Fast*.5.341; turba ~ntibus laurum gerens SEN.*Her.F*.828; hoc regimen dextrae ~ntisque superbae uincula STAT.*Theb*.12.89. **c** signare oportet ~ntem calida forcipe NOV.*com*.42; herba deletura.. ~nti data signa fugarum COL.10.125; homunculi..~tes litterati APUL.*Met*.9.12;—(*prob. fig.*) integrae ~ntis homo (*i.e. of unblemished character*) PAPIN.*dig*.22.5.13. **d** bos.. cuius a media ~nte inter auris unum cornu exsistit CAES. *Gal*.6.26.1; equus..~ntem..ostentans arduus albam VERG. *A*.5.567; uituli nondum metuenda ~nte minaces OV.*Am*. 3.13.15; omnibus (*sc. queen bees*)..in ~nte macula quodam diademate candicans PLIN.*Nat*.11.51; ne armentis quidem suus honor aut gloria ~ntis TAC.*Ger*.5.2; (*cf.*) fulmine abiecto deus (*i.e. Jupiter*) cum ~nte subita tumuit SEN.*Her.O*.552; —(*of a constellation*) ophiuchos..laeuo pede calcans mediam ~ntem scorpionis VITR.9.4.4; COL.11.2.78;—(*transf.*) proterua ~nte petit Lalage maritum HOR.*Carm*.2.5.16. **e** cum duo conuersis inimica in proelia tauri ~ntibus incurrunt VERG.*A*.12.717; ~ntibus..aduersis concurrendum erat LIV.42.47.2;—(*transf.*) concurrere nubes ~ntibus aduersis LUCR.6.117; nunc..Boreas bacchatur ab Arcto, nunc Notus aduersa proelia ~nte gerit OV.*Tr*.1.2.30.

2 A person's brow as the mirror of his feelings, expression, countenance, etc.; (prov.) *~ns occipitio prior est* (or sim.), the master's brow is better than his back (i.e. his presence makes for better work). **b** *~ntem contrahere* (*adducere, etc.*), to knit one's brows, frown; opp. *~ntem remittere* (*exporrigere*, etc.). **c** (pregn.) a grave or solemn mien.

eri ille imperium ediscat, ut quod ~ns uelit oculi sciant PL.*Aul*.599; quid illuc est quod illi caperrat ~ns seueritudine? *Epid*.609; sit denique inscriptum in ~nte unius cuiusque quid de re publica sentiat CIC.*Catil*.1.32; ut.. ~ntis tuae nubeculam..pertimescerem *Pis*.20; ex uultu et oculis et ~nte, ut aiunt, meum erga te amorem perspicere potuisses *Att*.14.13b.1; aequabilitas..et idem semper uultus eademque ~ns *Off*.1.90; sedet..haud laeta ~nte Latinus VERG.*A*.11.238; neu, si quid petiit, ingrata ~nte negaris PROP.1.10.23; illa quidem fateor ~ntis non esse seuerae scripta OV.*Tr*.2.241; hominum licentiae ludibrio esse quieta ~nte tulit V.MAX.6.2.4; nutrix turbidam ~ntem gerens et maesta uultu SEN.*Phaed*.432; si te receptum ~nte uideris tota (*i.e. without a frown*) MART.7.26.5; 10.64.2; non ~ntem uertere minae STAT.*Silv*.2.2.149; ~ntis auctoritas QUINT. *Inst*.12.5.5; puerum serena ~nte..commulcens APUL.*Met*. 9.27;—(*prov.*) ruri si recte habitaueris..saepius uenies.. minus peccabitur..~ns occipitio prior est CATO *Agr*.4; PLIN.*Nat*.18.31. **b** contraxistis ~ntem quia tragoediam dixi futuram hanc? PL.*Am*.52; CIC.*Clu*.72; ~ntem adduxit ..occupationes simulauit SEN.*Ben*.1.1.5; constricta..~nte PETR.132.15,l.1; ~nte obducta JUV.9.2;—da te hodie mihi: exporge ~ntem TER.*Ad*.839; ~ntem nugis soluere disce meis MART.14.183.2; ut in plerisque ~ntem remittas PLIN. *Ep*.2.5.5. **c** tu adeo mihi excussam seueritatem ueterem putas, ut ne in foro quidem reliquiae pristinae ~ntis appareant? CIC.*Fam*.9.10.2; alterius ~ns (*s.v.l.*) est scribendis legibus apta MAN.4.81; iam istam ~ntem ad risum quaelibet fortuita res transferet SEN.*Ep*.63.3; unde tibi ~ntem libertatemque parentis, cum facias peiora senex..? JUV.14.56.

3 A person's brow regarded as expressing modesty or shyness or the lack of these; *~ntem perfricare*, to wipe the blushes off one's face, assume a bold air. **b** (pregn.) a sense of what is decent or fitting, modesty, propriety.

maioris fugiens opprobria culpae, ~ntis ad urbanae descendi praemia HOR.*Ep*.1.9.11; nummos..~nte inuerecunda..captauerat V.MAX.8.2.2; parum idonea est uerecundia rebus ciuilibus, quae firmam ~ntem desiderant SEN. *Dial*.9.6.2; ~ntis tenerae (*i.e. easily blushing*) cupis uideri MART.4.6.2; imbecilla ~ns magna conscientia sustinetur QUINT.*Inst*.12.5.4; mollitia ~ntis, ne in publico diceret, impediebatur PLIN.*Ep*.6.29.6; populi ~ns durior huius JUV. 8.189;—perfrica ~ntem et dic te digniorem, qui praetor fieres, quam Catonem CALV.*orat*.23; MART.11.27.7; (*in fig. phr.*) quo improbior (est), quo magis ~ntem suam perfricuit (adulatio) SEN.*Nat*.4a.pr.9. **b** nauem si poscat sibi..arator..exclamet Melicerta perisse.. ~ntem de rebus PERS.5.104; iam nunc in balnea salua ~nte licet uadas, quamquam solida hora supersit ad sextam JUV.11.205; cum propria cuiusque contumacia puniatur, qua ~nte poterit hoc desiderari? PAPIN.*dig*.26.7.38.2.

4 A person's brow considered as masking his true feelings or character. **b** (transf.) outward appearance, aspect (as dist. from inward nature); *prima ~nte* (also *~nte* alone), at first sight.

~nte hilaro, corde tristi CAECIL.*com*.79; ~ns omnium familiaris, multorum animus iratus CIC.*Flac*.87; Pompeius ..Scauro studet, sed utrum ~nte an mente dubitatur *Att*. 4.15.7; ~nte occultare sententiam *Amic*.65; consilium uultu tegit ac spem ~nte serenat VERG.*A*.4.477; adquirit.. fidem simulati ~nte doloris LUC.9.1063; ~ntis nulla fides; quis enim non uicus abundat tristibus obscenis? JUV.2.8. **b** lateant uires, nec sis in ~nte disertus OV.*Ars* 1.463; penitus..deus (*i.e. the universe*), non ~nte notandus MAN. 4.309; non semper ea sunt quae uidentur: decipit ~ns prima multos PHAED 4.2.6; multa beneficia tristem ~ntem et asperam habent SEN.*Ben*.5.20.2; ipsa..leti (*i.e. a fatal snake-bite*) ~ns caret inuidia LUC.9.740; haec..professio.. plus habet in recessu quam ~nte promittit QUINT.*Inst*.1.4.2; ubi ~ns causae non satis honesta est 4.1.42;—(*cf.*) non iam regnare pudebit nec color imperii nec ~ns erit ulla senatus LUC.9.207;—dissimulate..nec prima ~nte rapaces este OV.*Ars* 3.553; dura prima ~nte quaestio QUINT.*Inst*.7.1.56; CELS.*dig*.22.3.12;—~nte exile negotium, et dignum pueris putes MAUR.63.

5 The foremost part or side of anything, front (as opp. to back and sides). **b** *a ~nte, in (prima) ~nte, in ~ntem*, in front, to the fore. **c** *ante ~ntem (a ~nte)*+gen., in front of, before.

~nte (tumuli) locatur elogium *Culex* 411; una ambae (naues) iunctisque feruntur ~ntibus VERG.*A*.5.158; post ~ntem horologii VITR.9.8.11; his (*sc.* castris) ab tergo—nam ~ns natura tuta erat—uallum obiectum LIV.26.42.6; hos.. sex uersus, in prima ~nte libelli..habe OV.*Tr*.1.7.33; expositus..in ~nte prima spectaculorum conspicietur AUG. in Suet.*Cl*.4.3; composito agmine incedunt, cuius ~ntem et terga Aorsi,..tutabantur TAC.*Ann*.12.16; nudo latere et paruis ~ns aerea lectis JUV.11.96;—(*of a man's body*) Triton ..cui laterum tenus hispida nanti ~ns hominem praefert, in pristim desinit aluus VERG.*A*.10.211;—(*applied to the moon's face*) bis quinos plena cum ~nte resumeret orbis Cynthia STAT.*Theb*.1.576;—(*applied to the façade of a building*) ~ns aedis doricae..diuidatur..in partes XXVII VITR.4.3.3; 4.4.2; turmam statuarum..quae ~ntem aedium spectant VELL.1.11.3; ut aedificii ~ns auersa sit ab infestis..uentis COL.1.5.4; TAC.*Ann*.15.43;—(*applied to a shop-front*) ~ntem tabernae sopionibus scribam CATUL.37.10; MAN.4.185; emptorem..nihil inueniturum, cum intrauerit, praeter illa, quae in ~nte suspensa sunt SEN.*Ep*.33.3. **b** totis..a ~nte et ab sinistra parte nudatis castris CAES.*Gal*.2.23.4; cum anceps hostis et a ~nte et a tergo urgeret LIV.6.33.12; 28.14.20; insulam..quam mare Oceanus a ~nte..circumluit TAC. *Hist*.4.12; Andromachen a ~nte uidebis, post minor est JUV.6.503;—illud apparere unum cuius sint plurima mixta et magis in promptu primaque in ~nte locata LUCR.1.879; cum Germaniam ad laeuam et in ~nte..haberet VELL. 2.109.3; TAC.*Ann*.14.34;—interuallum iustum arborum.. quadrageni pedes in terga ~ntemque PLIN.*Nat*.17.202. **c** copias ante ~ntem castrorum instruit CAES.*Civ*.3.37.1; *B.Afr*.56.1;—simul a ~nte est anelli rarior aer factus LUCR.6.1024.

6 (mil.) The front of an army or fleet in battle array; *~ns prima*, the front line. **b** (applied to a specified section of a battle-line).

una depugnatio est ~nte longo, quadrato exercitu CATO *Mil*.10(J); (aciem) funditorum..quae..contra eorum (*sc.* elephantorum) ~ntem aduersam lapillos minutos mitteret *B.Afr*.27.1; subsidiis principes augere et densere ~ntem SAL.*Hist*.2.103; diuersi Volsci hinc..legiones sustinere, altera ~nte instare..equitibus LIV.4.39.4; ~nte inaequali concursum est 10.19.16; contra fauces portus instructa in ~ntem nauium acie stetere 37.13.8; 37.23.7; inuehemini in mediam aciem et urgebitis ~ntem CURT.8.14.15; TAC.*Ag*. 37.2; (*cf.*) collem turrita cingere ~nte (*i.e. a line of forts*) SIL.1.327;—impulsa ~ns prima et trepidatio subsidiis inlata LIV.6.13.3; SEN.*Cl*.1.4.1; subrectis adest ~ns prima telis *Phoen*.399; LUC.7.521. **b** ea ~ns quam Hispani tenebant cum sinistro Romanorum cornu concurrit LIV. 27.48.8; dextra ~nte prima legio incessit TAC.*Hist*.2.24; (*cf.*) ~ns laeui cornus haec erat CURT.4.13.29.

7 **a** (surv.) The side of a property which abuts on a road, river, etc., frontage; (usu. ref. to its length, esp. in phr. *in ~nte*).

b (geog.) the part or side of a country which adjoins the sea, coastline; also, a projecting piece of coast.

a insula est enata in flumine contra ~ntem agri mei.. postea aucta est paulatim et processit contra ~ntes et superioris uicini et inferioris Proc.*dig*.41.1.56;—tres partes aequis ~ntibus Hyg.Gr.*agrim*.p.162;—IN FROTE P(EDES) XXVI IN AGR(O) P(EDES) XX *CIL* 1.1374; mille pedes in ~nte, trecentos cippus in agrum hic dabat Hor.*S*.1.8.12; Petr. 71.6; si quini deni (pedes) per latera, quini in ~nte sint Quint.*Inst*.1.10.43; *CIL* 6.2899. **b** Hellas..grandi ~nte procedit, mox..media ferme prope inciditur Mela 2.37; iterum ad septentriones ~ns litorum respicit 3.23; inde incipit ~ns illa (Africae) quae..mari Atlantico adluitur 3.100; promunturium..quo longissime ~ns procurrat Hispaniae Plin.*Nat*.2.242; inde primum circumagente se terrarum ~nte in occasum 6.199;—~nte sub aduersa scopulis pendentibus antrum Verg.*A*.1.166; tres maximos sinus efficit (Europa), totidemque se in altum magnis ~ntibus euehit Mela 1.16; a Locris Italiae ~ns incipit, Magna Graecia appellata Plin.*Nat*.3.95; ~ns tertia terrae Sil.14.76.

8 (applied to one or other extremity or face of a thing): **a** The outer or inner surface (of a wall, etc.). **b** either of the flat ends (of a papyrus roll). **c** the top or bottom end (of a trench). **d** the broad side (of something rectangular).

a utraeque muri ~ntes inter se, quemadmodum fibulis, his taleis conligatae Vitr.1.5.3; 2.8.4; omnis habet geminas, hinc atque hinc, ianua ~ntis Ov.*Fast*.1.135; ~ntibus (*sc.* parietum) politis reliqua fortuita conlocant Plin.*Nat*.36.171; gemina ~ns ceris imponitur (*i.e. in a honeycomb*) [Quint.] *Decl*.13.18. **b** inter geminas pingantur cornua ~ntes [Tib.]3.1.13; cetera turba (*i.e. my other books*)..sua detecta nomina ~nte geret Ov.*Tr*.1.1.110; *Pont*.4.13.7; cui uoluminum suorum ~ntes maxime placent titulique Sen.*Dial*. 9.9.6; pumicata ~nte si quis (liber) est nondum Mart. 1.66.10; 3.2.8. **c** malleolos..aduersis scrobium ~ntibus curuatos erigunt Col.3.13.2; 3.15.2; 4.4.1. **d** Lusitania oceano..obiecta est, sed latere ad septentriones, ~nte ad occasum Mela 2.87; illo (*sc.* promunturio) finitur Hispaniae latus et a circuitu eius incipit ~ns Plin.*Nat*.4.113.

9 The exposed surface, outer side of anything.

una ~nte contra hostem castra muniunt Caes.*Civ*.1.80.2. turris..pontibus traiectis constratisque coniungi, quorum ~ntes uiminea loricula munirentur Hirt.*Gal*.8.9.3; tegulae ..habentes singulis coagmentorum ~ntibus excelsos canaliculos digitales Vitr. 7.1.7; circa earum (*sc.* rotarum) ~ntes adfiguntur pinnae 10.5.1; 10.9.5; ~ns ossis, quem serrula exasperaüit, leuandus est Cels.7.33.2; non habet latam data plaga ~ntem sed uorat tectas penitus medullas Sen. *Phaed*.281; quae signa triumphi uidistis celsa murorum in ~nte Stat.*Ach*.1.779;—(*applied to one of the faces of a set of reversible scenery*) scaena ut uersis discedat ~ntibus Verg. *G*.3.24; uersentur (machinae) mutentque speciem ornationis in ~ntes Vitr.5.6.8; 7.pr.11;—(*applied to the side of a hill*) tota montium ~nte gentes..ferae Plin.*Nat*.6.29; in ~nte Caucasi solibus opposita 12.26.

frontālia ~ium, *n. pl.* [prec.+-ALIS] A part of an elephant's or horse's trappings covering the forehead.

ingentes ipsi (elephanti) erant; addebant speciem ~ia et cristae Liv.37.40.4; ut equis regum in oriente ~ia.. facerent (cochlides) Plin.*Nat*.37.194.

frontālis ~is, ? *m.* [as prec.] (perh.) A fronting or retaining wall.

PROPORTICVM ET CVLINAM ET ~EM..FECERVNT *CIL* 3.7960.

frontātī ~ōrum, *m. pl.* [FRONS[2]+-ATVS] (prob.) Stones having a side exposed in the surface of a wall, facing-stones.

e suis ~is..unam crassitudinem parietum consolidant.. interponunt singulos crassitudine perpetua utraque parte ~os, quos *διατόνους* appellant Vitr.2.8.7.

Frontīnus ~ī, *m.* A Roman cognomen; esp. Sex. Julius Frontinus, *c.* A.D. 30–104, author of works on surveying, aqueducts, and military strategy.

Mart.10.48.20; Tac.*Ag*.17.3; Plin.*Ep*.9.19.6.

frontō[1] ~ōnis, *m.* [FRONS[2]+-O[1]] A person with a bulging forehead.

ecquos (deos arbitramur) silos flaccos ~ones capitones..? Cic.*N.D*.1.80.

Frontō[2] ~ōnis, *m.* A Roman cognomen; esp. M. Cornelius Fronto, a famous orator and tutor of the emperor Marcus Aurelius.

Aur.*Fro*.1.p.82(4N); Gel.2.26.1; 19.8.1.

frōs: see FRONS[1].

fructa ~ae, *f.*: app. a by-form of FRVCTVS.

~am et fructum (dixerunt antiqui) Paul.*Fest*.p.92M.

fructifer ~era ~erum, *a.* [FRVCTVS+-FER] Bearing fruit, fruitful.

intra tertium annum ~era (arbor) Plin.*Nat*.12.112; 13.40;—(*fig.*) omnia, quae fortuna intuetur, ita ~era ac iucunda fiunt, si qui habet illa, se quoque habet Sen.*Ep*. 98.2.

fructificō ~āre ~āuī ~ātum, *intr.* [FRVCTVS+-FICO] (of plants, land) To produce new growth, sprout.

ubi (locus) ex uno semine pluribus culmis ~auit (*v.l.* fruticauit) Col.2.9.6; montes..in quibus..laurus ~ant Calp. *Ecl*.4.91.

fructuāria ~ae, *f.* [next] (leg.) A female usufructuary.

Scaev.*dig*.7.1.58.

fructuārius[1] ~a ~um, *a.* [FRVCTVS+-ARIVS]

1 (of shoots or buds) Fruit-bearing, fruiting; (of animals) productive. **b** for or concerned with produce.

tres ~i oculi Col.3.18.4; sarmenta..nouella et ~a recta summittito 4.24.7; quod (genus palmitum) quia protinus creat, ~um appellant 5.6.29; Plin.*Nat*.17.181;—si minus pariat (scrofa), ~am idoneam non esse Var.*R*.2.4.17. **b** diuidatur (uilla) in tres partes, urbanam, rusticam, ~am Col.1.6.1; 1.6.9.

2 (leg.) Relating to usufruct; (of property) held in usufruct (but not owned); (of persons) enjoying usufruct but not having title, usufructuary.

~a stipulatione Gaius *Inst*.4.166; iudicium..quod appellatur ~um 4.169;—agros, quos ~os habent ciuitates, uult.. immunis esse Cael.*Fam*.8.9.4; fundo ~o Ulp.*dig*.7.6.1; ~i serui operas 19.2.9.1; 32.73;—heredem filii ~i Scaev. *dig*.33.2.32.7.

fructuārius[2] ~(i)ī, *m.* [prec.]

1 (app.) A fruiterer.

OLLARIA ~IORVM *CIL* 6.10275.

2 (leg.) One who is entitled to the usufruct of a property but does not have the title, a usufructuary.

usu fructu legato omnis fructus rei ad ~um pertinet Ulp.*dig*.7.1.7; 42.5.8; 47.2.46.1;—(*w. gen.*) si debitor sit serui ~us 46.3.63.

fructuōsus ~a ~um, *a. compar.* ~ior, *superl.* ~issimus. [next+-OSVS]

1 (of land) Abounding in produce, fruitful, productive; (spec.) yielding plenty of fruit (as opp. to corn-crops). **b** (of plants) fruiting abundantly.

Siciliam, ~issimam atque opportunissimam prouinciam Cic.*Ver*.3.226; *Agr*.2.87; ager quamuis fertilis sine cultura ~us esse non potest *Tusc*.2.13; Caes.*Gal*.1.30.3; amoenum aliquod ~umue praedium Sen.*Ep*.42.7; Plin.*Ep*.4.6.3; (*in fig. phr.*) cum tota philosophia..~a nec ulla pars eius inculta..sit Cic.*Off*.3.5; (*transf.*) cui marina cuncta ~o alueo inportat (Padus) Plin.*Nat*.3.123;—ruratio omnis in sarculo et surculo, quorum prouentu magis ~a insula est quam frugifera Apul.*Fl*.15. **b** quondam bene ~a malus *Priap*. 61.2; e ~a parte uitis Col.3.10.17; si (oleae) sunt parum ~ae 11.2.87.

2 Producing rich material gains, financially rewarding, lucrative; worth much money, valuable.

tabernae deuersoriae, quae..quamuis sint ~ae, nihilo magis sunt agri culturae partes Var.*R*.1.2.23; quod..ex istis ~is rebus receptum est Cic.*Att*.15.15.3; ~a aratio dicitur..si multo maiore ex parte exstat..felicitas *Tusc*. 5.86; Saturnalia ~iora (*i.e. at which more presents are received*) Mart.4.46.18;—genera..uini..quae quanto pluris annos condita habuerunt, tanto..sunt ~iora Var.*R*.1.65; praedam de rapinis uberrimam ~amque capturi Apul. *Met*.9.8.

3 Conferring many benefits, profitable, useful, advantageous.

hae uirtutes..generi hominum ~ae putantur Cic.*de Orat*. 2.344; ut iste tuus a me discessus quam ~issimus tibi sit *Fam*.7.18.1; est..non numquam de suo iure decedere.. interdum etiam ~um *Off*.2.64; Archimedis..~am industriam V.Max.8.7.ext.7; ~ior est adulescentia liberorum, sed infantia dulcior Sen.*Ep*.9.7; cum (ars) sit ~ior nulla (*sc. than medicine*) Plin.*Nat*.29.2; opus omnibus ~um Plin.*Ep.Tra*.10.41(50).2;—(*of plants, animals*) maxime ~a (ulmus), quod et sustinet saepem..et frondem..ministrat ouibus Var.*R*.1.15; facilius asellus quam uacca alitur; sed ~ior haec 1.20.4.

fructus ~ūs (~ī), *m.* [FRVOR+-TVS[3]] FORMS: gen. sg. *fructi* Ter.*Ad*.870, Cato *Agr*.4, Turp.*com*.12, 86, *fructuis* Var.*Men*.295, 530, *R*.1.2.19; abl. *fructo Inst.Dac*.13 (*CIL* 3.p.951); acc. pl. *fructos* Var.*R*.1.1.5, 1.2.5, 1.44.3, 2.5.7; gen. pl. *fructum* Var.*R*.2.1.28, Vitr. 10.1.4.

1 (abst.) The enjoyment or pleasurable possession (of something specified or implied). **b** (leg.) the right to enjoy the profits from something; esp. in phr. *usus et ~us, usus ~us* (sts. as one word), usufruct (see VSVS).

aliis ~um libidinum, aliis mortem parentum..pollicebatur Cic.*Catil*.2.8; magni aestimo unius aestatis ~um palaestrae Palatinae *Att*.2.4.7; quae..in eo (*sc.* mundo) sunt ea parata ad ~um hominum..sunt *N.D*.2.154; o fortuna.. quam magno odio est tibi beatae uitae perpetuus..~us! Rut.Lup.2.1; stultus (est), qui nullum ~um esse putat bonorum nisi praesentium Sen.*Dial*.11.10.2; nec praemium iucundius quam ~um libidinis..existimat Col.11.1.14. **b** meast haec.—scio, sed meus ~ust prior Pl.*Cas*.837; usus, ~us, uictus, cultus iam mihi harunc aedium..alienatust *Mer*.832; ~us est tuus, mancipium illius Cur.*Fam*. 7.29.1; si Titio ~us, Maeuio proprietas legata sit Papin. *dig*.7.1.33; 7.4.2.2.

2 (concr.) Useful products of any kind arising naturally, produce (incl. the young of animals). **b** the amount produced, output, yield.

(*collect. sg.*) oues quae non pepererint binae pro singulis in ~u cedent Cato *Agr*.150.2; ex olea ~us duplex, oleum..et amurca Var.*R*.1.55.7; earum (*sc.* gallinarum) ~us erat oua et pulli 3.3.6; partus ancillae situe in ~u habendus, disseretur inter principes ciuitatis Cic.*Fin*.1.12; apibus ~um restituo suum Phaed.3.13.15; leuium metallorum ~us in summo est Sen.*Ep*.23.5; ille ~um e terra speret, hic e pecore Col.6.pr.1; pastoribus in stabulis ~um (*i.e. milk*) cogentibus 12.3.9; dicimus uitulum ~um esse uaccae Julian.*dig*.21.2.43; ~us hominis (*i.e. a slave*) in operis consistit Gaius *dig*.7.7.4; nec in ~u est marmor: nisi tale sit, ut lapis ibi renascatur Ulp.*dig*.24.3.7.13;—(*pl.*) pecudes aetate potius ad ~os ferendos integrae quam iam expartae Var.*R*.2.5.7; pascere eas (*sc.* beluas)..aut tempestiuos ~us ex iis capere Cic.*Off*.2.14; ~us constant radice, frutice, cortice, suco, lacrima, ligno, surculo, flore, folio, pomo Plin.*Nat*.12.41. **b** Massici montis uberrumos quattuor ~us ebibere in hora una Pl.*Ps*.1304; prouidendum ne infirmiores (apes) a ualentioribus opprimantur: eo enim minuitur ~us Var.*R*.3.16.35; minor ~us mellis respondet Col.9.8.5; ~us lactis ex matribus non minor percipitur 7.3.13; specus..unde tenuis ~us (*sc. of silver*) nec in longum fuit Tac.*Ann*.11.20.

3 (esp. of vegetable produce, crops, etc.). **b** (spec.) the fruit of a plant (opp. to the flower, etc.).

(*collect. sg.*) ne paleae quidem ex omni ~u atque ex annuo labore relinquerentur Cic.*Ver*.3.114; ibi tum seges farris dicitur fuisse..quem campi ~um..religiosum erat consumere Liv.2.5.3; multo ~um sudore parantes..fodiebant arua coloni Ov.*Met*.11.32; denegat ~um Ceres adulta Sen. *Oed*.49;—(*pl.*) nobis unde forent ~us uitaeque propagmen Enn.*Ann*.160; uer..ostendit..~us futuros, reliqua autem tempora demetendis ~ibus et percipiendis accommodata sunt Cic.*Sen*.70; ~us..feros mollite colendo, neu segnes iaceant terrae Verg.*G*.2.36; ad ~us ex agris uectandos Liv.21.63.4; consita omnia magis amoenis quam necessariis ~ibus 22.15.2; omnes hibernos ~us et praecoces laedi necesse est Plin.*Nat*.18.283; seruos ibi perdidit omnes et pecus et ~us Mart.1.85.6. **b** (*collect. sg.*) olea si ~um non feret Cato *Agr*.93; ~um grando decutiet Sen.*Nat*. 3.28.1; pampinos..ad ~um relinquere Col.4.29.17; iucundioris saporis ~um 5.10.12; alteri (terebintho) ~us rubet lentis magnitudine Plin.*Nat*.13.54; arbutus..~um fert difficilem concoctioni 23.151; graues ~u uites Quint. *Inst*.8.3.8;—(*pl.*) nec ~us idem arboribus constare solerent Lucr.1.165; nec eius (*sc.* uitis)..~us maturat (Thracia) Mela 2.16;—(*dist. from* fruges) eas fruges atque ~us quos terra gignit Cic.*N.D*.2.37; 3.86; Talge..omni fruge ac ~ibus abundans Mela 3.58;—(*in fig. phrs.*) animi non omnes culti ~um ferunt Cic.*Tusc*.2.13; Veneris decerpere ~um Ov.*Rem*.103; decimum aetatis ingressus annum certos ac deformatos ~us ostenderat Quint.*Inst*.6.pr.10.

4 A financial gain, profit, revenue. **b** one's income.

(*collect. sg.*) ~us duplione damnum decidito *Lex XII* (*Font.iur*.p.39); ~um quem Lemni uxoris reddunt praedia Ter.*Ph*.680; fundus melius erit..~i plus capies Cato *Agr*.4; totius anni ~us uno rumore periculi..amittitur Cic.*Man*.15; Asia..uobis ~um Mithridatico bello non tulit *Agr*.2.83; Coponianam uillam et ueterem et non magnam noui, siluam nobilem, ~um autem neutrius *Att*.12.31.2; 16.1.5; ut..honore fuerit contentus, rei familiaris despexerit ~um Nep.*Att*.6.4; uectigal..capimus quod nobis non ~u iucundius est quam ultione Liv.28.39.12; quod..nos facere censemus, non quia magni sit ~us, sed quia minimi oneris Col.8.13.3; si quibus regna restituit, adiecit et ~um omnem uectigalium et reditum medii temporis Suet.*Cal*.16.3; dotis ~um ad maritum pertinere debere aequitas suggerit Ulp.*dig*.23.3.7;—(*pl.*) cum..uno sermone nostro omnis ~us prouinciae non confero Cic.*Fam*.2.12.2; huius omnis pecuniae coniunctim ratio habetur ~usque seruantur Caes. *Gal*.6.19.2; in tantas breui creuerant opes seu maritimis seu terrestribus ~ibus Liv.21.7.3; si ~us quibus res publica sustineretur deminuerentur Tac.*Ann*.13.50; fideicommissorum usurae et ~us debentur Gaius *Inst*.2.280;—(*pred. dat.*) miles..gaudet..~ui sibi rem publicam esse, et laetus stipendium accipit Liv.5.4.6; Ulp.*dig*.5.3.20.12. **b** haecin erat ea quae nostros minuit ~us uilitas? Ter.*Ph*. 1013; qui exercitum alere posset suis ~ibus Cic.*Parad*.45; non modo ad sumptum ille est ~us, sed etiam ad faenus exiguus 49; ~us sumptibus exsuperat Catul.114.4.

5 An advantage or benefit resulting from something, profit, reward, fruit.

oti ~us est non contentio animi, sed relaxatio Cic. *de Orat*.2.22; nihil nisi populi utilitatem et ~um quaerere *Agr*.2.22; mihi propono ~um amicitiae nostrae ipsam amicitiam *Fam*.3.13.2; omnium superiorum dimicationum ~um in eo die..docet consistere Caes.*Gal*.7.86.3; quo facto tulit pietatis ~um Nep.*Att*.5.1; ut miles..~um uictoriae sentiret Liv.36.24.7; quem ~um capis hoc ex labore..? Phaed.4.20(21).8; suum tantum studium sine ~u fuisse Tac.*Ann*.4.29; pecuniae ~um non alium putabat quam profusionem Suet.*Nero* 30.1; Psyche..nullum decoris sui ~um percipit Apul.*Met*.4.32;—(*pl.*) praesentis ~us neglegamus, posteritatis gloriae seruiamus Cic.*Sest*.143; honestum..id intellegimus, quod tale est, ut..sine ullis praemiis ~ibusue per se ipsum possit iure laudari *Fin*.2.45; ~us proicies amoris omnes Catul.55.19; homo uitae ~ibus continuo cariturus V.Max.7.8.9;—(*iron.*) hoc ~i pro labore ab eis fero, odium Ter.*Ad*.870;—(*pred. dat.*) nisi eos qui uobis ~ui sunt conseruaueritis Cic.*Man*.16; *Fam*.10.5.2; —(*w. defining gen.*) perpetui ~um donaui nominis Ov. *Tr*.5.14.13; ut eloquentia quoque..praesenti ~u laudis opinionisque ducatur Quint.*Inst*.10.7.17;—(~us est, *w. inf.*) quis..~us est, impetrare nuptias hominis inuiti? Calp.*Decl*.22.

6 Gratification, pleasure, satisfaction.

ecquando..isto ~u quisquam caruit, ut uidere piratam captum non liceret? Cic.*Ver*.5.66; cuius ex miseriis.. uidendo ~um caperes maiorem quam audiendo *Sul*.90; qui propter odium ~um oculis ex eius casu capere uellent Nep. *Eum*.11.2; quo tempore natis nulla quies placet, in nullo sunt otia ~u (*i.e. give no satisfaction*) Man.5.120; militem labore defetigatum proximum quemque ~um..expetere Curt.9.2.11;—(*w. defining gen.*) quod carui ~u iucundissimae consuetudinis Cic.*Fam*.2.1.2; reditus domum ~usque uidendi suos Liv.25.33.4; auaritia..neque habendi ~u felix et cupiditate quaerendi miserrima V.Max.9.4.intro.;

SEN.*Dial.*12.15.3;—(~us est, *w. inf.*) ubi testis..abscessit, uitia subsidunt, quorum monstrari et conspici ~us est *Ep.*94.69.

frūd-: see FRAVS.

frūgālis ~is ~e, *a.* *compar.* ~ior, *superl.* ~issimus. [FRVX+-ALIS]

1 Of good character or habits, not given to excess, temperate, sober, frugal, honest, simple, etc.: **a** (used to supply a compar. and superl. for FRVGI). **b** (rarely in positive, criticized by Quintilian (*Inst.*1.6.17) as a pedantry).

a tanton in re perdita quam in re salua Lesbonicus factus est ~ior? PL.*Trin.*610; dedo patri me nunciam ut ~ior sim quam uolt TER.*Hau.*681; aratoribus laboriosissimis ~issimisque hominibus CIC.*Ver.*3.86; homines sunt tota ex Asia ~issimi..a Graecorum luxuria et leuitate remotissimi *Flac.*71; cum accusator..homines nequissimos reiceret, reus..~issimum quemque secerneret *Att.*1.16.3; comparatus cruciariis ~ior est SEN *Con.*7.6.6; longe..~ior haec iuuentus est quam illa SEN.*Ep.*97.9; magistros pecoribus oportet praeponere sedulos ac ~issimos COL.1.9.1; uentre nihil noui ~ius JUV.5.6;—(*of a building*) haec..uilla..~ior ac melior est quam tua illa perpolita VAR.*R.*3.2.3. **b** IVLIA ROSVLA..SEMPER ~IS ET BONA *CIL* 8.20382.

2 Of or concerning vegetable produce.

emicationes..siluarum, ~is maturitas, fetus animalium APUL.*Mun.*29.

frūgālitās ~ātis, *f.* [prec.+-TAS]

1 (abst.) Steadiness of life, sober habits, temperance, self-restraint, etc.

homo..~atis existimatione praeclara..qui..cum meretricibus lenonibusque uixisset CIC.*Ver.*1.101; ~atem, id est modestiam et temperantiam, uirtutem maximam iudico *Deiot.*26; cum luxu an cum ~ate CELS.1.pr.53; ~atis exactae homines et laboriose operae SEN.*Dial.*10.18.4; (uilicus) in conspectu eorum (*sc. the slaves*) similiter epuletur sitque ~atis exemplum COL.11.1.19; ~as apud Sybaritas forsitan odio foret QUINT.*Inst.*3.7.24; PLIN.*Ep.*1.14.4; ex ~ate sua peculium adquirentem GAIUS *dig.*21.1.18;—(*transf.*) Atticos..significantes, sed quadam eloquentiae ~ate contentos QUINT.*Inst.*12.10.21.

2 (concr.) A modest income or fortune.

tota ~ate spoliatum (*sc.* tenuem uicinum) ipsis etiam glebulis exterminare gestiebat APUL.*Met.*9.35; THERMAS.. DE ~ATE SVA..⟨AEDIFI⟩CAVIT *CIL* 3.1805; QVIBVS SVAM ~ATEM TESTAMENTO SVO LEGAVIT 8.18800.

frūgāliter, *adv.* *compar.* ~ius. [FRVGALIS+-TER[2]] In a restrained or careful manner, economically, soberly, frugally, simply, etc.

argentum dedi ut emeretur. ille eam rem..sobrie et ~iter accurauit PL.*Epid.*565; ornamentorum quod superfuit in fanis..sane ~iter domum suam deportauit CIC.*Dom.*111; parce, ~iter, atque uiuerem uti contentus eo quod mi ipse parasset HOR.*S.*1.4.107; numquid cenes ~iter, aedifices luxuriose SEN.*Ep.*20.3; uter uestrum ~ius uixerit QUINT. *Decl.*318(p.252,l.2); (*cf.*) si..nequamst, male res uortunt quas agit, sin autem frugist, eueniunt ~iter PL.*Per.*454;—(*w. ref. to diction*) de sublimibus magnifice, de tenuibus ~iter dicere FRO.*Ver.*2.p.144(127N).

frūgāmenta ~ōrum, *n. pl.* [FRVX+-MENTVM] (See quot.)

~a a frugibus appellata PAUL.*Fest.*p.91M.

frūgēs: see FRVX.

frūgeus ~a ~um, *a.* [FRVX+-EVS] Producing fruits, fruitful; *mater ~a*, the earth.

QVAE..HOC ALTO SINV ~AE MATRIS QVIESCIT *CIL* 6.13528.

frūgī, *indecl. adj.* (for compar. and superl. see FRVGALIS). [orig. pred. dat. of FRVX]

1 (of persons, esp. slaves) Having merit or worth, honest, deserving, well-conducted, sober, thrifty, etc., = *bonae* ~ (FRVX 5b). **b** ~ *esse*, (colloq.) to do one's duty, 'do the right thing', be good. **c** (as a surname of L. Calpurnius Piso, consul in 133 B.C.).

meum uirum..siccum, ~, continentem, amantem uxoris maxume PL.*As.*857; uorsipellem ~ conuenit esse hominem (*i.e. anyone worth his salt*) *Bac.*657; homini' ~ et temperanti' functu's officium? TER.*Hau.*580; eisdem uerbis et laudare ~ seruum possimus et, si est nequam, iocari CIC. *de Orat.*2.248; ~ hominem dici non multum habet laudis in rege *Deiot.*26; (Graeci) ~ homines χρησίμους appellant *Tusc.*3.16; parcius hic uiuit: ~ dicatur HOR.*S.*1.3.49; alteram (filiam) lanificam et ~ rusticam PHAED.4.5.5; puerum basiaui..quia ~ est. decem partes dicit, librum ab oculo legit.. PETR.75.4; tam ~ Iuno uellet habere uirum MART.6.21.8; ~ seruos libertos facimus QUINT.*Decl.*388 (p.438,l.23); ~..et solitarii homines fortunam..protegunt acrius APUL.*Met.*4.9; (*as sb.*) FVRES FARAS (= *foras*) ~ INTRO *CIL* 4.4278. **b** fac sis ~.—iam non possum, amisi omnem lubidinem PL.*Mil.*1360; si ~ esse uis, eas liberali iam adseres caussa manu *Poen.*963; *Trin.*1182; de symbolis quid actumst? — paratumst. — ~ es TER.*Eu.*608. **c** quem cum..Gracchus uocari iuberet et uiator quaereret, quem Pisonem, quod erant plures: 'cogis me,' inquit, 'dicere inimicum meum ~' CIC.*Font.*39; *Fin.*2.90; PLIN. *Nat.*33.38.

2 (of things) Moderate, frugal, sober.

cuius..~ seueraque est uita CIC.fil.*Fam.*16.21.4; uictus luxuriosus an ~ an sordidus quaeritur QUINT.*Inst.*5.10.27; atrium ~ nec tamen sordidum PLIN.*Ep.*2.17.4; cena non minus nitida quam ~ 3.1.9; JUV.3.167.

frūgifer ~era ~erum, *a.* [FRVX+-FER] Producing fruit or crops, fruitful, productive: **a** (of land). **b** (of plants or parts of plants). **c** (of deities associated with fertility). **d** (of periods, circumstances, etc.). **e** (transf. or fig.) profitable, fruitful.

a terrai ~erai ENN.*Ann.*489; ~era..aura Asiae *Inc.trag.* 164; agri non omnes ~eri sunt qui coluntur CIC.*Tusc.*2.13; Pallenen, fertilem ac ~eram terram LIV.45.30.4; ~er.. Garganus (*i.e. because of its oak-forests*) LUC.5.378; Africae ~ero solo PLIN.*Nat.*15.8; (*in fig. phr.*) cum tota philosophia ..~era et fructuosa nec ulla pars eius inculta..sit CIC.*Off.* 3.5;—(*w. ref. to cereal crops as opp. to tree-fruit*) magis fructuosa insula..quam ~era APUL.*Fl.*15. **b** nulla felix arbor, nihil ~erum in agro relictum LIV.5.24.2; terra ~erarum aut laetarum arborum ferax SEN.*Dial.*12.9.1; palmitem..~era parte (uitis) enatum COL.3.10.14; (palma) ~era..nusquam nisi in feruida (parte terrarum) PLIN.*Nat.* 13.27; rami..fecundi et ~eri, bacis pomisque onusti FRO. *Amic.*2.p.180(195N); (*neut. pl. as sb.*) si ~era succidi.. uiderimus QUINT.*Decl.*253(p.36,l.26). **c** ~ero..Priapo COL.10.108; Osirim ~erum STAT.*Theb.*1.719; PLVTONI AVG ~ERO DEO SACRVM *CIL* 8.840; IOVI ~ERO 12.336; (*transf.*) nos quoque ~erum sentimus inutilis herba numen OV. *Pont.*2.1.15; (*cf.*) per ego te (*sc. Ceres*) ~eram tuam dexteram istam deprecor APUL.*Met.*6.2. **d** ~eras messes OV.*Met.*5.656; terram..uim ~eram perdidisse TAC.*Hist.*5.7; SAECVLO ~ERO *BMCI* 5.p.2,no.5(Pertinax);—(*in connection w. animals*) conplexus anguium et ~era eorum concordia PLIN.*Nat.*29.54. **e** hoc illud est praecipue in cognitione rerum salubre ac ~erum LIV.pr.10; maritimum emporium ..quondam Thessalis quaestuosum et ~erum 39.25.9.

frūgiferens ~ntis, *a.* [FRVX+*ferens* (pple. of FERO)] = prec.

Venus..quae terras ~ntis concelebras LUCR.1.3.

frūgilegus ~a ~um, *a.* [FRVX+LEGO[2]+-VS] Gathering corn or fruit; (in quot., as poet. ep. of the ant).

~as..formicas OV.*Met.*7.624.

frūgiparus ~a ~um, *a.* [FRVX+PARIO[2]+-VS] Giving birth to (cereal) fruits.

primae ~os fetus mortalibus aegris dididerunt..Athenae LUCR.6.1.

frūgiperdius ~a ~um, *a.* [FRVX+PERDO+-IVS, transl. Gk. ὠλεσίκαρπος] (of a tree) Shedding its fruit.

salix amittit semen, antequam..maturitatem sentiat, ob id dicta Homero ~a PLIN.*Nat.*16.110.

frūmentārius[1] ~a ~um, *a.* [FRVMENTVM+-ARIVS]

1 Of or concerned with corn, corn-; (also, spec.) of wheat. **b** (of land) corn-producing. **c** *res ~a*, the corn-supply, victuals, supplies.

rationes putare argentariam, ~am CATO *Agr.*2.5; dolia.. ~a 10.4; praedonem ~um CIC.*Ver.*3.76; ~a procuratione *Har.*43; ~a magna largitio *Off.*2.72; nauem..~am CAES. *Civ.*3.96.4; (cicadam) ~am PLIN.*Nat.*11.94; saccis ~is palea refertis FRON.*Str.*3.2.8; CORPVS MERCATORVM ~ORVM *CIL* 14.161;—spicas ~as..spicas hordei APUL.*Met.*6.1. **b** agrum ~um CATO *Agr.*6.1; campus ~us VAR.*R.*1.7.9; prouinciae ~ae CIC.*Dom.*11; *Att.*9.9.2; locis patentibus maximeque ~is CAES.*Gal.*1.10.2; pingui et ~o solo COL. 5.9.7. **c** propter metum atque inopiam rei ~ae CIC. *Dom.*6; *Att.*8.1.2; re ~a quam celerrime potuit comparata CAES.*Gal.*1.37.5; 5.8.1; VELL.2.94.3; rem ~am sine quaestu tractabat TAC.*Ann.*14.51; SUET.*Jul.*34.2.

2 (of laws) Relating to the distribution of (esp. cheap or free) corn; *tessera ~a*, a ticket entitling the holder to free corn; *plebs ~a*, the people so entitled.

~am legem C. Gracchus ferebat: iucunda res plebei, uictus enim suppeditabatur large sine labore CIC.*Sest.*103; *Tusc.*3.48; SAL.*Hist.*3.48.19; studium populi..agrariis ~is iudiciariis legibus aucupabatur FLOR.*Epit.*2.1(3.13.1);—sparsa et populo missilia omnium rerum..tesserae ~ae, uestis, aurum.. SUET.*Nero* 11.2; ULP.*dig.*5.1.52.1; PAUL. *dig.*31.49.1;—congiariis ~am..plebem..placari FRO.*Ver.*2. p.216(210N).

frūmentārius[2] ~(i)ī, *m.* [prec.]

1 A dealer in corn, corn-merchant.

amica es ~iis, quibu' cunctis montes maxumi frumenti acerui sunt domi PL.*Ps.*188; CIC.*Off.*3.57; Sp. Maelium.. ~ium diuitem..cibo..obiciendo ratum..populum in seruitutem perlici posse LIV.4.15.6; 38.35.5.

2 (mil.): **a** A soldier sent to look for corn, forager (= *frumentator*). **b** one of a special corps of soldiers (orig. in charge of the commissariat?), since about the time of Hadrian employed as police agents, couriers, or sim.

a ex proximis castellis in ~ios..impetum fecit HIRT.*Gal.* 8.35.4. **b** quam ⟨tibi⟩ da⟨tu⟩rus est epis⟨tula⟩m.. frument⟨ar⟩ius *P.Mich.*472.16; ELPINIVS FESTIANVS ~IVS LEG(ionis) I ADIVTRICIS AGENS CVRAM CARCERIS *CIL* 3.433; ⟨c⟩OHOR(S) VII VI⟨GV⟩L(um)..(centuria) FAVSTINI HARIVS FRVMENTARI(us) 6.3052; 6.3358.

frūmentātiō ~ōnis, *f.* [FRVMENTOR+-TIO]

1 (mil.) The collecting of corn or provisions, foraging.

confecta ~one, milites nostri clamorem exaudiunt CAES. *Gal.*6.39.1; ~onibus pabulationibusque Romanos prohibere 7.64.2; parum tuta ~o erat LIV.31.36.5; SUET.*Gal.*20.2.

2 A distribution of corn (esp. at reduced rates).

DVODECIM ~ONES FRVMENTO PRIVATIM COEMPTO EMENSVS SVM AUG.*Anc.*3.11; ne plebs ~onum causa..ab negotiis auocaretur SUET.*Aug.*40.2; 42.3; officium tribunorum est.. ~onibus commilitonum interesse MACER *dig.*49.16.12.2.

frūmentātor ~ōris, *m.* [next+-TOR] One sent to procure supplies of corn; (usu., mil.) a forager.

in Volscis..ne emi quidem potuit (frumentum); periculum quoque ab impetu hominum ipsis ~oribus fuit LIV. 2.34.4;—ut impetus..in ~ores palatos..fieret 22.24.2; supra septem milia capitum cum ~oribus Campanis..capta 25.14.11; 31.2.8; TAC.*Hist.*4.35.

frūmentor ~ārī ~ātus, *intr.* [next+-O[3]] (mil.) To gather corn or provisions, forage.

magnam partem equitatus..praedandi ~andique causa ..trans Mosam missam CAES.*Gal.*4.9.3; quinque cohortis ~atum in proximas segetes mittit 6.36.2; si pabulari ~arique Marcellum non pateretur *B.Alex.*61.6; Hannonem cum exercitus parte profectum ~atum LIV.25.13.10; 26.39.20; cum in propinquo agro ~arentur Romani 31.36.5; FRON. *Str.*3.2.9.

frūmentum ~ī, *n.* [*frug*-(FRVX)+-MENTVM]

1 (esp. sg.) The fruit of cereal plants, corn, grain. **b** (issued to soldiers). **c** (distributed to the people of Rome free or at reduced rates). **d** (pl.) grains of corn; (transf.) the seeds in a fig.

~i quom alibi messis maxumast PL.*Trin.*529; ~o ne noceat curculio CATO *Agr.*92; ~um uannere LUCIL.278; ~i granum Halaesinos, quibus sexagena milia modium imperata erant, nullum dedisse CIC.*Ver.*3.171; qui in fame ~um exportare erat ausus *Flac.*17; *Att.*15.9.1; Caesarem.. intercludi posse ~oque prohiberi CAES.*Civ.*1.17.1; nauibus ~o praedaque onustis LIV.25.31.14; 27.3.9; ut incorruptum ..~um transfundatur in horrea SEN.*Dial.*10.19.1; TAC. *Hist.*4.52; PROC(urator) AVG(usti) A ~O *CIL* 10.8295;—(*pl.*) mercator..annonae prosit, portet ~a penusque HOR.*Ep.* 1.16.72; horreum siccum..~is habetur idoneum COL.12.2.2; APUL.*Met.*9.23. **b** quo die ~um militibus metiri oporteret CAES.*Gal.*1.16.5; iumenta sarcinis leuari iubet nisi ~o dierum decem SAL.*Jug.*75.3; milites..duplici ~o in perpetuum..donati LIV.7.37.2; SUET.*Nero* 10.1. **c** consularis ad ~um accipiundum uenerat CIC.*Tusc.*3.48; QVOM ~VM POPVLO DABITVR *CIL* 1.593.15; ~um publicum tam fur quam periurus et adulter accipiunt SEN.*Ben.*4.28.2; uilis tessera..~i JUV.7.174. **d** pars (formicarum) grandia trudunt obnixae ~a umeris VERG.*A.*4.406;—ficis mollis omnibus tactus, maturis ~a intus PLIN.*Nat.*15.82; 17. 256.

2 (esp. pl.) Growing or standing corn, the crops.

~a face bis sarias runcesque CATO *Agr.*37.5; ut ~a nata sunt, ita decumae ueneunt CIC.*Ver.*3.147; cum maturescere ~a inciperent CAES.*Gal.*6.29.4; cum ~a in uiridi stipula lactentia turgent VERG.*G.*1.315; ~a..quae iam in herbis erant LIV.25.15.18; ad demetenda ~a 31.2.7;—(*collect. sg.*) ut ~um metat PL.*Poen.*1020; ut de ~o anseres..abigit *Truc.*252; CAES.*Gal.*4.32.4.

3 (sg.' or pl.) Cereal plants in general (as a class of produce). **b** any individual cereal plant.

alius (ager) est ad uitem appositus, alius ad ~um VAR.*R.* 1.7.5; quae mitiora sunt, ~o conseruntur CURT.7.4.26; inter ~um etiam panicum ac milium ponenda sunt COL. 2.9.17; (*dist. from* fruges) ~um..id esse, quod arista se teneat, recte Gallum definisse: lupinum uero et fabam fruges potius dici PAUL.*dig.*50.16.77;—(*pl.*) nigra..terra..optima ~is VERG.*G.*2.205; omnia legumina, quaeque ex ~is panificia sunt CELS.2.18.2; ~a, ut triticum, hordeum, et legumina, ut faba, cicer PLIN.*Nat.*18.48. **b** quoduis ~um non tamen omne quique suo genere inter se simile esse uidebis LUCR.2.371; cetera robusta ~a semper ante hiemem seri debent COL.2.9.8; quia tritico uel aliis ~is minus crassescat (turtur) 8.9.2; hiemalibus prouinciis nullum hoc ~o laetius PLIN.*Nat.*18.69; 18.91.

4 (sg., spec.) Wheat (growing or harvested).

tunicae ~o plures. hordeum maxime nudum et arinca.. calamus altior ~o quam hordeo PLIN.*Nat.*18.61; 18.151; potui humor ex hordeo aut ~o, in quandam similitudinem uini corruptus TAC.*Ger.*23.1; APUL.*Met.*6.10.

frūniscor ~iscī ~itus, *tr.*, *intr.* [*frug*-(FRVOR)+-*ni*-+SCO; for the formation, cf. *conquinisco*] To enjoy, have the pleasure of: **a** (w. acc.). **b** (w. abl.).

a hinc tu nisei malum ~iscei nihil potes PL.*Rud.*1012; CATO *inc.*26(J); quod magno opere quaesiuerunt, id ~isci non queunt NOV.*com.*77; domus suas quemque ire iubet et sua omnia ~isci QUAD.*hist.*23; ita meos ~iscar, ut ego puto omnia illa a diibus fieri PETR.44.16; sic peculium tuum ~iscaris 75.3; LIBERTATEM SVAM ~ITA EST ANNOS II *CIL* 6.11928. **b** summa gloria ~iscor MET.NUM.in Gel.17.2.7; QVI (a)ETATE SVA NON SVNT ~ITI *CIL* 6.15160; BREVITER ~ITVS ANIMA 8.19606.

fruns: see FRONS.

fruor ~ī ~ctus or ~itus, *intr.*, (*tr.*). [< *frugụor, cf. *frux*, Goth. *brūkjan*, AS. *brūcan* 'use'] FORMS: *fructus* *CIL* 1.589.1.28, SCAUR.*hist.*2, LUCR.3.940, *CIL* 2.5439.2.3.38, *CIL* 9.1837.5, VELL.2.104.3; *fruitus* SEN.*Ep.*93.9, ULP.*dig.* 7.4.29, 19.2.9.1; *fruiturus* CIC.*Tusc.*3.38, APUL.*Apol.*72, ULP.*dig.*7.9.12, etc.; imp. *fruimino* *CIL* 1.584.32. CONSTS.: w. abl. (regularly) or acc.

1 (leg., often combined w. *utor*) To enjoy the produce of, the proceeds from. **b** to derive advantage from, profit by, avail oneself of, enjoy.

agellist hic sub urbe paullum quod locitas foras: huic demu' qui ~atur TER.*Ad.*950; si constat hunc..certis fundis patre uiuo ~i solitum esse CIC.*S.Rosc.*44; uectigalibus non ~untur qui redemerunt *Har.*60; fructibus Agrippae Siculis quos colligis Icci si recte ~eris HOR.*Ep.*1.12.2; usus fructus est ius alienis rebus utendi ~endi PAUL.*dig.*7.1.1;—(*w. acc.*) pabulum ~i occipito ex Kal. Septembribus CATO *Agr.*149.1; IS EVM AGRVM NEI HABETO NIVE ~IMINO *CIL* 1.584.32;—(*gdve.*) insulae uectigalia Atheniensibus senatus ..concessit ~enda VITR.7.7.2; ut..tecta urbis ~enda locarentur LIV.27.3.2; 32.7.3; V.MAX.5.2.ext.1;—(*ellipt.*) deducunt suos, quorum nomine ipsi teneant (agrum Campanum) et ~antur CIC.*Agr.*2.78; ne uis fiat utenti et ~enti legatario ULP.*dig.*36.4.5.23. **b** me (*sc. Ajax*) est aecum ~i fraternis armis *Inc.trag.*52; res publica, dum..licet, ~i debet summi uiri uita atque uirtute CIC.*Man.*59; si sapis **ac** ~i tuis commodis cogitas *Att.*4.18.5(17.3); non paranda nobis solum ea (*sc.* sapientia), sed ~enda etiam est *Fin.*1.3; molliter cohortem totam Syracusarum amoenitate ~i LIV.29.19.12; uota ego persoluam? uotis Medea ~etur! OV.*Ep.*6.75; abundantes..praeda magis parta ~i uelle quam adquirenda fatigari CURT.9.2.10; aliena insania ~i PLIN.*Nat.*18.31; quorum prosperis et alii ~antur, aduersa ad iunctissimos pertineant TAC.*Hist.*4.52; (*cf.*, *app.*) cum uictoria posset uti (Hannibal), ~i maluit (*i.e. he made it a source of material gain instead of practical results*) FLOR.*Epit.* 1.22(2.6.21);—(*w. acc.*) hocin me miserum non licere meo modo ingenium ~i! TER.*Hau.*401;—(*ellipt.*) datur, ~are dum licet 345.

2 (in weakened sense) To have as one's lot (something good), be blessed with, enjoy. **b** (of things).

tu illis ~are commodis quibu' tu illum dicebas modo: cibum una capias, adsis.. TER.*Eu.*372; si..illum uita ~i noluit CIC.*Clu.*170; si mihi bona re publica ~i non licuerit, at carebo mala *Mil.*93; alias bestias nantis aquarum incolas esse uoluit (natura), alias uolucres caelo ~i libero *Tusc.*5.38; diuum natura necessest immortali aeuo..~atur LUCR.2.647; uita ipsa qua ~imur breuis est SAL.*Cat.*1.3; ~itur..deorum conloquio VERG.*A.*7.90; ne super impunitatem etiam praemio sceleris ~eretur LIV.40.56.2; fato candidiore ~i OV.*Tr.* 3.4.34; omnium rerum cognitione ~iti sumus SEN.*Ep.*93.9; ingenti ~or..somno MART.12.18.13; ~erentur sane uocabulo ciuitatis TAC.*Ann.*11.23; libertate atque fortunis (se) per illum ~i SUET.*Aug.*98.2; publico salario non ~itur PAPIN.*dig.*1.22.6; (*w. pred.*) CONIVGE SVM CADMO ~CTA SCRATEIO *CIL* 9.1837.5;—(*w. acc.*) sin ea quae ~ctus cumque es periere LUCR.3.940; prospectum maris..liberius me ex ea (*sc.* habitatione) ~iturum APUL.*Apol.*72;—(*gdve.*) iustitiae ~endae causa uidentur..reges constituti CIC.*Off.* 2.41; magna ipsis ~enda, maiora liberis relinquenda LIV. 6.37.11; ~endis uoluptatibus crescit carendi dolor PLIN. *Ep.*8.5.2;—(*ellipt.*) illi..qui timidi inlicitam aquam ducebant, securi nunc ex beneficiis (Neruae) ~untur FRON.*Aq.* 88. **b** (uerborum) constructio..liberiore quadam ~itur licentia CIC.*Orat.*37; paruissima corpora..mobilitate ~untur LUCR.3.200; dum lene fretum Zephyroque ~untur carbasa STAT.*Ach.*2.46; non deteriore..facie cenatio..~itur PLIN. *Ep.*2.17.15.

3 To derive pleasure from, delight in, find enjoyable, enjoy.

sin id tardius..fiet, ~ar tamen tua et indignitate et timiditate CIC.*Pis.*99; sine nescius errem, et liceat stulta credulitate ~i OV.*Am.*3.14.30; iuuat iam et humano sanguine ~i SEN.*Dial.*9.2.13; amant miseri lamenta malisque ~untur STAT.*Theb.*12.45; adit castrorum uias, adsistit tabernaculis ~iturque fama sui TAC.*Ann.*2.13;—(*w. acc.*) nuptias non ~eris, nec mortis quiete recreaberis APUL. *Met.*8.12;—(*gdve.*) spectatum huc..ad rem ~endam oculis..uenimus? LIV.22.14.4;—(*ellipt. or absol.*) sapimus animo, ~imur anima ACC.*trag.*296; exultabant, ~ebantur, nulla partium cura, malis publicis laeti TAC.*Hist.*3.83; agnoscebamus et ~ebamur, cum..uictimae..ad lenta supplicia..ducerentur PLIN.*Pan.*34.4.

4 To enjoy the society of (a person). **b** to enjoy sexually.

di faxint ut tali genero mihi praesenti tecum simul..~i liceat! CIC.*Fam.*14.3.3; *Q.fr.*2.8.3; cum..minus saepe, quam uellet, Attico ~eretur NEP.*Att.*20.2; liceat mihi..securo cara coniuge posse ~i [TIB.]3.3.32; amicis auide ~amur SEN.*Ep.*63.8; TAC.*Hist.*2.47; (*cf.*) Teucri socia simul urbe ~untur VERG.*A.*3.352; (*poet.*) quo (*sc.* Augustus) cum tellus erit usa, ~entur aetheriae sedes OV.*Met.*15.448. **b** ut sinat sese alternas cum illo noctes hac ~i PL.*As.*918; Iphis amat, qua posse ~i desperat OV.*Met.*9.724; LUC.*poet.* 8(9);—(*gdve.*) puella..quae si contigerit ~enda nobis *Priap.* 50.5.

Frusinās ~ātis, *a.* Of Frusino; (masc. pl. as sb.) its inhabitants.

CIC.*Att.*11.4.1; 11.13.4; LIV.26.9.11;—10.1.3; PLIN.*Nat.* 3.64.

Frusinō ~ōnis, *m.* A town on the *Via Latina* in Latium.

LIV.27.37.5; JUV.3.224.

frustātim, *adv.* [FRVSTVM+-*atim* (-IM)] In little pieces, piecemeal.

eis (*sc.* leonibus) tete obiectes ~ passerinum prandium? POMPON.*com.*177; coquitur (scilla)..~ in patinis PLIN.*Nat.* 20.99; adulescentem ~ discerpunt (canes) APUL.*Met.*9.37; 9.40.

frustillātim, *adv.* Also **-ilātim.** [FRVSTVM+-ILLVM+-*atim* (-IM)] = prec.

iam ego te faciam ut hic formicae ~ differant PL.*Cur.* 576; non ~ nec minutatim dari POMPON.*com.*166.

frustrā, *adv.* [cf. FRAVS] PROS.: *frustră* (in phr. *ne ~ sis*) PL.*Capt.*854, *Men.*692, *Per.*140, etc.

1 To no purpose, in vain, without avail. **b** (modifying an adj. or sb.). **c** (in an ellipsis). **d** ~ *esse*, (of persons) to meet with no success, accomplish nothing; (of hopes, efforts, etc.) to be of no avail, have no effect, fail. **e** ~ *habere*, to make ineffectual, set aside, disregard (a regulation).

praesagibat mi animus ~ me ire PL.*Aul.*178; si falsa dicam ~ dixero *Rud.*1135; ne me ~..exspectet TER.*Hec.*438; in causis..~ litigantem CIC.*Cael.*27; non ~ laborem suscepisti *Att.*10.4.1; orgia quae ~ cupiunt audire profani CATUL. 64.260; ut nullum ~ telum in eos mitteretur CAES.*Civ.* 1.45.6; ea res ~ sperata SAL.*Jug.*84.3; interit et curuis ~ defensa latebris uipera VERG.*G.*3.544; Hannibalem..~ iam diu poscentem ab domo auxilia LIV.28.42.18; ~..loqui conatur OV.*Met.*1.233; repugnante Caesare, sed ~ aduersus duos VELL.2.66.1; cum dentem..~ conprehendat (forfex) CELS.7.12.1.C; cum multis ~ usus essem medicamentis LARG.40; quorum superbiam ~ per obsequium..effugias TAC.*Ag.*30.4; SUET.*Gal.*3.1; APUL.*Met.*9.36;—(*cf.*) multa.. oratione consumpta legati ~ discessere (*i.e. without achieving their object*) SAL.*Jug.*25.11;—(*pleon.*) uerba miser ~ non proficientia perdo OV.*Tr.*1.2.13. **b** tu ~ pius heu non ita creditum poscis Quintilium deos HOR.*Carm.*1.24.11; OV. *Met.*5.152; populus largitione nocitura ~ plenus SEN.*Ep.* 114.24; Tydeos..comes et modo ~ armiger STAT.*Theb.* 9.205. **c** Bituriges..in finitimas ciuitates..confugerant. ~: nam Caesar..omnibus locis occurrit HIRT.*Gal.*8.3.4; HOR.*Carm.*3.7.21; FLOR.*Epit.*2.21(4.11.9). **d** sine argento ~ es qui me tui misereri postulas PL.*Ps.*378; 683; uti neque uos capiamini et illi ~ sint SAL.*Jug.*85.6; FRO.*Amic.*2.p.98 (183N);—(*of things*) spes magna, dominatio in manibus ~ fuissent SAL.*Cat.*20.2; spem ~ fuisse intellexistis *Hist.*3.48.9; ita ~ id inceptum Volscis fuit LIV.2.25.1; 24.30.11; in quibus adsidue ~ fuit (curatio) CELS.3.2.4; TAC.*Ag.*13.4;—(*impers.*) insidiatores ab Othone in Germaniam, a Vitellio in urbem missi. utrisque ~ fuit *Hist.*1.75; (*inf. as subj.*) Flaminium implorasse..haud ~ fuit SIL.5.417. **e** alia..quae breui seruata dein ~ habita sunt TAC.*Ann.*13.51.

2 Without a reason or purpose, mistakenly, needlessly, etc.; (often in litotes). **b** ~*esse*, to be mistaken or deceived; *ne ~ sis*, (emphasizing a statement or admonition) make no mistake; ~ *habere*, to trick, hoodwink.

ah ~ sum igitur gauisus miser TER.*Hau.*857; (Pherecrates dicit) nihil esse omnino animum..~que animalia et animantis appellari CIC.*Tusc.*1.21; sine re nomen deus est ~que timetur OV.*Am.*3.3.23; ne..opinionem fracti ossis ~ faciat CELS.8.4.2; ~ mala omnia ad crimen fortunae relegamus QUINT.*Inst.*6.pr.13; 10.1.56; quamuis..persancte iurasset suspectum se ~ SUET.*Nero* 35.5;—(*in litotes*) iubes ..eum bene sperare..quod scio te non ~ scribere solere CIC.*Deiot.*38; neque ~ antiquitus institutum est ut signa undique concinerent CAES.*Civ.*3.92.5; hoc..flebat Achilles ..nec ~ flebat OV.*Rem.*779; TAC.*Ann.*1.30; ut multi nec ~ opinantur SUET.*Otho* 9.3; uerba idem duo significantia non ~ posita esse ἐκ παραλλήλων GEL.13.25(24).21; APUL. *Pl.*1.15; (*ellipt.*) quaestuosissimam iudicat uitem, non ~, quoniam.. PLIN.*Nat.*18.29. **b** hisce ambo..~ sunt duo, qui me Amphitruonem rentur esse PL.*Am.*974; *Bac.*840; egone hic me patiar ~ (*sc.* esse) in matrimonio..? *Men.*559; GEL.5.1.1; (*foll. by Gk. gen.*) erras..et longe huius animi ~ es, si.. APUL.*Apol.*19;—nec nihil hodie nec multo plus tu hic edes, ne ~ sis PL.*Capt.*854; *Men.*692; dominus huic, ne ~ sis, nisi ego nemo natust *Rud.*969; *Truc.*754;—Corbulo quaesito diu proelio ~ habitus TAC.*Ann.*13.37; is aduenientis seruum ac dominum ~ habet *Arg.2.Pl.Am.*5.

frustrāmen ~inis, *n.* [FRVSTROR+-MEN] Deception, error.

nos in fraudem induimus ~inis ipsi LUCR.4.817.

frustrātiō ~ōnis, *f.* [FRVSTROR+-TIO]

1 A deception, trick, prevarication.

in horum familiam hodie ~onem iniciam maxumam PL.*Am.*875; optumas ~ones dederis in comoediis *Mos.*1151; tantae rei ~one Hannibalem elusum ut.. LIV.27.47.6; Crispinilla uariis ~onibus..periculo exempta est TAC.*Hist.* 1.73;—(*employed to cause delay*) clamant fraude fieri quod foris teneatur exercitus; ~onem eam legis tollendae esse LIV.3.24.1; cum longo sermone habito dilatus per ~onem esset 25.25.3; 38.25.7; uariis ~onibus nuptias eludit APUL. *Apol.*68; AFRIC.*dig.*17.1.37.

2 Failure to achieve something, disappointment, ill success.

sine successu ac bono euentu ~o est, non (agri) cultura VAR.*R.*1.1.6; quo magis me petiuerunt, tanto maiorem iis ~o dolorem attulit PLANC.*Fam.*10.23.5; QUINT.*Inst.*2.20.3; (*w. gen.*) ~onem cupiditatis COL.11.1.14.

frustrātor ~ōris, *m.* [FRVSTROR+-TOR] One who hinders or frustrates.

litem in iudicium deductam et a reo desertam ~oris amicus ultro egit PAPIN.*dig.*3.5.30(31).2.

frustrātōrius ~a ~um, *a.* [as prec.+-TORIVS] Calculated to hinder or frustrate.

si ~am morandi causa appellationem interpositam animaduerteret MOD.*dig.*22.1.41.

frustrātus ~ūs, *m.* [next+-TVS³] Deception, delusion.

aliam..inuenito quam habeas ~ui PL.*Men.*695.

frustror ~ārī ~ātus, *tr.* Also **~ō** ~āre ~āuī ~ātum [FRVSTRA+-O³]

1 To deceive with false hopes or notions, delude. **b** to escape, elude. **c** (of hopes or beliefs) to delude, fail.

qui lepide postulat alterum ~ari.. ENN.*Sat.*59; praestigiator hanc ~atur mulierem PL.*Am.*830; ne ~etur ipse se TER.*Eu.*14; ~ari cum alios tum etiam me ipsum CIC.*Luc.* 65; ne..egredientem tecti ~aretur inobseruabilis error CATUL.64.115; pars tollere uocem exiguam: inceptus clamor ~atur hiantis VERG.*A.*6.493; nec Tarquinios spe auxilii.. ~abor LIV.2.15.5; nisi me ~antur..oculi 2.40.4; lux..~ata Romanos..maiorem..quam erat, hostium aciem ostendit 41.2.4; semet ~atur TAC.*Ann.*15.4;—(*absol.*) quidam statera iudicant..~ante diligentia PLIN.*Nat.*31.38;—(*in pass. sense*) si tibi cum Tyrio credis fore maxima bella ductore.. ~aris SIL.8.300 (*s.v.l.*); (*pf. pple.*) intellexit ~atum esse uisum suum VELL.2.43.2; ad iuga maerentis cogit ~ata iuuencos MAN.1.879; ~atis insecutoribus APUL.*Met.*7.2; (*w. gen.*) captionis uersute excogitatae ~atus fuit GEL. 5.10.16; (*w. abl.*) ~atus spe continuandi consulatus VELL. 2.21.2; (*w.* ab) ~atus..a spe FEN.*hist.*29;—(*act. forms*) qui sine frustis uentrem ~arunt suum POMPON.*com.*79; non ~abo uos, milites CAES.*orat.*42. **b** ~ata custodes LIV. 2.13.6; per auersam domus partem furtim digressus inrumpentis ~atus est TAC.*Hist.*2.51; *Ann.*3.42. **c** saepe iam me spes haec ~atast TER.*An.*374; si Syriae spes eum ~ata esset LENT.*Fam.*12.14.1; SAL.*Jug.*101.3; nec eum opinio est ~ata LIV.36.25.6; APUL.*Met.*1.5.

2 To render vain, baffle, evade, frustrate (efforts). **b** to disappoint, frustrate (hopes or beliefs). **c** to prevent (legal action) by procrastination, etc.

militarem impetum ~ari LIV.7.38.9; obsidionem Cn.Pompei ~antes V.MAX.7.6.ext.3; in se inplicati arborum rami ..~abantur ictus CURT.6.5.16; ne..opera inchoet laboremque ~etur COL.1.pr.22; inprudenter facta opera ~antur impensas 1.1.2; saeuitiam militum..raro..~atur TAC.*Hist.* 1.58; instantem damnationem ~ati *Ann.*16.8; (*absol.*) Cocceius uide ne ~etur CIC.*Att.*12.18.3; (*poet.*) o numquam ~ata uocatus hasta meos VERG.*A.*12.95; (*cf.*) (Euripos) adeo inmodice fluens, ut uentos etiam ac plena uentis nauigia ~etur MELA 2.108. **b** parua res..ignaui cuiusque tenuissimas spes ~atur SAL.*Hist.*3.48.19; LIV.37.7.2; saepe iudicium probantis ~atur experimentum COL.6.36.3; exspectatio..quam ~ari adhuc et differre non debes PLIN. *Ep.*2.10.2. **c** 'si caluitur': et moretur et ~etur GAIUS *dig.*50.16.233; non uidetur ~andae actionis causa latitare ULP.*dig.*5.1.3; qui ideo causam agere ~atur MACER *dig.* 49.5.4; (*cf.*) si dum uult apud sequentem praetorem agere, tempus ~atus est ULP.*dig.*4.6.26.6.

3 (in pass. or middle sense) To fail in one's object, be baffled. **b** (of hopes or beliefs) to prove false, be belied.

tela eminus missa remittere, pauci in pluribus minus ~ari (*v.l.* ~ati) SAL.*Jug.*58.3;—(*pf. pple.*) qui caesim uitem petit, si ~atus est COL.4.25.3; quodcumque cadit ~ato pondere ferrum LUC.3.581; manus..leui numquam ~ata sagitta STAT.*Silv.*1.2.62; ~ato proditus ictu SIL.2.247. **b** opinione ~ata SIS.*hist.*102; ~ata spes est LIV.33.5.2; ~ata exspectatione omnium APUL.*Apol.*25.

frustulentus ~a ~um, *a.* [FRVSTVM+-VLENTVS] Full of crumbs or morsels.

uin aquam?—si ~a est, da..opsorbeam PL.*Cur.*313.

frustulum ~ī, *n.* [next+-VLVM] A morsel.

~um panis APUL.*Met.*1.19.

frustum ~ī, *n.* [cf. perh. OIr. *brūim* 'break', AS. *brȳsan*]

1 A scrap of food, hunk, morsel; *in ~a secare* or sim., to cut into pieces.

addito de perna ~um P. S CATO *Agr.*158.1; qui sine ~is uentrem frustrarunt suum POMPON.*com.*79; is uomens ~is esculentis uinum redolentibus gremium suum..impleuit CIC.*Phil.*2.63; semesa..lardi ~a HOR.*S.*2.6.86; sunt qui ~is et pomis uiduas uenentur auaras *Ep.*1.1.78; nec hausta meri, sed data ~a (*i.e. frozen lumps*) bibunt OV.*Tr.*3.10.24; ursinae ~um PETR.66.5; duo ~a..cybii MART.11.27.3; nudum et ~a rogantem JUV.3.210;—uiscera..pars in ~a secant ueribusque trementia figunt VERG.*A.*1.212; caro in libraria ~a conciditur COL.12.55.4; quo die illum senatus deduxerat, populus in ~a diuisit SEN.*Dial.*9.11.11; (*fig.*) philosophiam in partes, non in ~a diuidam *Ep.*89.2.

2 A small piece, fragment (of other things).

non tenues crustas..sed totas uariae..materiae (moles), cuius tu paruula ~a miraris SEN.*Ben.*4.6.2; lateris crudi ~o PLIN.*Nat.*18.98; cerae Ponticae in ~a redactae LARG.156; (*fig.*) minuta illa nec iam membra (orationis) sed ~a QUINT. *Inst.*4.5.25; 8.5.27;—(*facet.*) loquere tu etiam, ~um pueri (*i.e. whipper-snapper*)? PL.*Per.*848.

frutectōsus ~a ~um, *a.* [next+-OSVS]

1 Abounding in thickets, shrubby.

nemorosi ~ique tractus duplex cura est COL.2.2.11; ~o solo PLIN.*Nat.*18.134; 19.34.

2 Resembling a bush or shrub, bushy.

~i est generis et saripha PLIN.*Nat.*13.128; (smilax) spinosis ~a ramis 16.153; 16.179.

frutectum ~ī, *n.* [contr. from FRVTICETVM] A thicket of shrubs or bushes; (pl. also) shrubs, bushes.

si ~is aut arboribus obsessus est (ager) COL.3.11.3; insulis tamaricum aut scirporum ~is immorari 8.15.4; nascitur (heliochrysum) in ~is PLIN.*Nat.*21.168; ~is absconditus APUL.*Met.*4.1;—cocleae..quae ~is adhaerent PLIN.*Nat.* 30.37; ~a atque uirgulta simul omnia pomis..gignendis felicia..conuellit GEL.19.12.9.

frutex ~icis, *f.* [dub.]

1 A shrub or bush.

et ~ices inter condebant squalida membra LUCR.5.956; genus omne siluarum ~icumque uiret VERG.*G.*2.21; aucupibus noti ~ices OV.*Ars* 1.47; domus antra fuerunt et densi ~ices *Met.*1.122; ex surculo..procedit..~ex, ut uiolae, rosae, harundines COL.*Arb.*1.2; arbor strata in solo umido tota radicatur, sed in ~ices, non in arborem PLIN. *Nat.*13.36.

2 A shoot, stem, stalk, growth.

nisi sint (uitis et ulmus) paribus ~icibus ANNIAN.*poet.*3.3; ut latius se ~ex culmi diffundat COL.2.11.8; amelli radix, cuius est ~ex luteus, purpureus flos 9.13.8; hypericon.. oleraceo ~ice..tenui, cubitali PLIN.*Nat.*26.85; rutae ~icibus quinque uel sex LARG.192; quercus..singulos repente ramos a ~ice dedit SUET.*Ves.*5.2.

3 (applied to persons as a term of abuse) 'Blockhead'.
nec ueri simile loquere nec uerum, ~ex PL.*Mos.*13; ne huic ~ici credam..peccatorum..intellectum inesse APUL.*Apol.*66.

fruticātiō ~ōnis, *f.* [FRVTICO+-TIO] The putting forth of shoots, sprouting.
in ipsis arboribus ~o inutilis PLIN.*Nat.*17.7.

fruticescō ~ere, *intr.* [FRVTEX+-SCO] To put forth shoots, become bushy.
alternam (tonsuram quaerunt)..myrtus, punicae, oleae, quia celeriter ~unt PLIN.*Nat.*17.257.

fruticētum ~ī, *n.* [FRVTEX+-ETVM] A thicket of shrubs or bushes: see also FRVTECTVM.
arto latitantem ~o excipere aprum HOR.*Carm.*3.12.12; inter ~a ac uepres SUET.*Nero* 48.3.

fruticō ~āre ~āuī, *intr.* Also **~or** ~ārī. [FRVTEX+-O[3]]

1 To put forth shoots, bush out.
debere eas (*sc.* segetes) permota terra adobrui, ut ~are possint COL.2.11.2; ut e trunco ~et (salix) 4.31.3; spatiose ~at (inula) PLIN.*Nat.*19.92; sub omnibus paene foliis ~at cauliculis peculiaribus (brassica) 19.140; rura..centum Cereri ~antia culmis SIL.9.205;—(*dep.*) excisa enim est arbor, non euulsa. itaque quam ~etur uides CIC.*Att.*15.4.2.

2 (transf., of a stag's head) To branch out (in antlers); (of hair) to grow thickly.
aspicis, ut ~at late caput CALP.*Ecl.*6.37;—~ante pilo neglecta et squalida crura JUV.9.15.

fruticōsus ~a ~um, *a.* *compar.* ~ior, *superl.* ~issimus. [FRVTEX+-OSVS]

1 Covered with shrubs or bushes.
scopulos ~aque litora calco OV.*Ep.*2.121; mare id..~um arboribus PLIN.*Nat.*6.87.

2 Resembling a bush, bushy.
~a legebant uimina OV.*Met.*6.344; montanam (ulmum) quae sit amplior, campestrem quae ~a PLIN.*Nat.*16.72; ~issimus (calamus), qui uocatur donax 16.165; latiora satiuae (rutae) folia, rami ~iores 20.131; unum (genus) ~ius a terra statim, alterum unicaule crassius 20.262.

Frutīnal ~ālis, *n.*: (see quot.).
~al templum Veneris Fruti PAUL.*Fest.*p.90M.

frux ~ūgis, *f.* esp. **~ūgēs** ~ūgum, *f. pl.* [cf. FRVOR] FORMS: nom. sg. rare, ENN.*Ann.*314, 431 (cf. VAR.*L.*9.75, PAUL.*Fest.*p.92M); also *frugis* (in Var. l.c.); see also FRVGI.

1 The edible produce of trees, plants, etc., fruit, crops. **b** (spec.) corn or other field-crops. **c** the fruits of other plants. **d** (transf.) output.
~uges consumere nati HOR.*Ep.*1.2.27; cum centesima ~uge agricolis faenus reddente terra PLIN.*Nat.*5.24; cumulos ~ugum STAT.*Theb.*8.301;—(*fig.*) in adulescentia..tamquam in herbis significant quae uirtutis maturitas et quantae ~uges industriae sint futurae CIC.*Cael.*76; (*sg.*) ut bonam ~ugem libertatis maturis iam uiribus ferre possent LIV.2.1.6; ~ugem ipsam maturae uirtutis FRO.*Aur.* 2.p.124(102N). **b** segetes largiri ~uges, florere omnia ENN.*scen.*154; ager, qui cum multos annos quieuit, uberiores efferre ~uges solet CIC.*Brut.*16; ~ugum inopia *Dom.*17; astrum quo segetes gauderent ~ugibus VERG.*Ecl.*9.48; aduersus annus ~ugibus fuit LIV.4.12.7; pro satis ~ugibus MELA 3.81; (*as dist. from tree-fruit*) eas ~uges atque fructus quos terra gignit CIC.*N.D.*2.37; MELA 3.58;—(*sg.*) nec ~ugem segetes praebent [TIB.]3.7.162. **c** lentiscus..ter ~uges fundens CIC.*Arat.Progn.*324; ~ugibus arboreis CORNIF.*gram.*17; qui negauerunt esse idoneam ~ugibus superiorem partem materiae (*sc.* uitis) COL.3.17.1; ~ugibus roburneis 9.1.5; neque frumento neque ~ugibus ULP.*dig.* 7.8.12.1; (*sg.*) si quercus et ilex multa ~uge pecus..iuuet HOR.*Ep.*1.16.10; spineta sentesque non utili aliqua ~uge compleri SEN.*Dial.*4.10.6. **d** '~ugem' pro reditu appellari, non solum frumentis aut leguminibus, uerum et ex uino, siluis caeduis, cretifodinis, lapidicinis capitur, Iulianus scribit PAUL.*dig.*50.16.77.

2 Growing crops.
qui ~uges excantassit *Lex XII*(*Font.iur.*p.30); deinde alias ~uges serito CATO *Agr.*27; nitidas ~uges uinetaque laeta LUCR.2.1157; ager..~ugum uacuos ea tempestate SAL.*Jug.*90.1; nocent et ~ugibus umbrae VERG.*Ecl.*10.76; ~ugibus corruptis LIV.22.11.4; cum singulari cura ~ugum, agrorum, hominum, urbium VELL.2.25.1; uiuere (insecta) ut ~uges arboresque PLIN.*Nat.*11.5;—(*sg.*) ut non omnem ~ugem neque arborem in omni agro reperire possis CIC.*S.Rosc.*75; ne rursus in ~ugem (semina) exeant e terra PLIN.*Nat.*11.109.

3 The seed of corn regarded separately from the plant, grain. **b** (prepared for use as food) bread, meal.
~uges frendo solidas saxi robore PAC.*trag.*11; quis mel Aristaeo..Triptolemo ~uges, poma det Alcinoo? OV.*Pont.* 4.2.10; ursi et ~uge, fronde..pomis uiuunt PLIN.*Nat.* 10.199; (*sg.*) cum emersit (uiriditas), fundit ~ugem spici ordine structam CIC.*Sen.*51; non ~uge neque herbis..uiuit (phoenix) OV.*Met.*15.393; (*as seed, fig.*) cultor..iuuenum purgatas inseris aures ~uge Cleanthea PERS.5.64. **b** oneratus ~ugem et floris Liberi PAC.*trag.*291; cum ~uges Cererem appellamus uinum autem Liberum CIC.*N.D.*2.60; hoc facile expletur laticum ~ugumque cupido LUCR.4.1093; (Cerbero) medicatis ~ugibus offam obicit VERG.*A.*6.420; dona..ac ~uges super eum..congestas LIV.7.6.5; (*sg.*) mensas..nec tostae ~ugis egentes OV.*Met.*11.120; (*fig.*) implendus sibi quisque bonis est artibus: illae sunt animi ~uges *Aetna* 275;—(*sacrificial meal*) mihi sacra parari et salsae ~uges VERG.*A.*2.133; SIC.FL.*agrim.*p.105; OV.*Met.* 15.134; (*w. contemptuous reference to beer*) est et occidentis populis sua ebrietas ~uge madida PLIN.*Nat.*14.149.

4 (sg.) Fruition, maturity; (in quots., fig.).
si mox, si iam data sit ~ux ENN.*Ann.*431; illud ingeniorum uelut praecox genus non temere unquam peruenit ad ~ugem QUINT.*Inst.*1.3.3; 6.2.3; ut quasi ad quandam iuuentae ~ugem peruenerit (populus Romanus) FLOR.*Epit.* 1.1(1.pr.4).

5 (sg.) Morality, honesty, sobriety, virtue. **b** *bonae ~ugi* (pred. dat. used as adjl. phr.), (of persons) having merit or worth, virtuous, honest, sober, steady, thrifty, or sim.; (see also FRVGI). **c** *~ugem facere*, to act properly, 'do the right thing'. **d** a worthy or honest man (acc. Prisc.in *G.L.*2278).
ecquid eum ad uirtutem aut ad ~ugem opera sua compulerit PL.*Bac.*1085; ad ~ugem adplicare animum *Trin.*270; centuriae seniorum agitant expertia ~ugis HOR.*Ars* 341; iuuenes..neque ~ugis neque operae probae GEL.1.2.6; ~ugem tuam periclitabor APUL.*Met.*6.10; (*w.* bona) PONTIA VXSOR ~VGE BONA PVDICA *CIL* 1.1349.4; se ad ~ugem bonam, ut dicitur, recepisse CIC.*Cael.*28; hominem nihili rei neque ~ugis bonae GEL.6(7).11.2; multa alia ad bonam ~ugem ducentia 13.28(27).2; haec..bonae tuae ~ugi congruentia APUL.*Met.*5.29. **b** numquam bonae ~ugi sient, dies noctesque potent PL.*As.*602; amator sei quod oratur dedit atque est benignus potius quam ~ugi bonae *Truc.*41; acutus et permodestus ac bonae ~ugi CIC.*Att.*4.8a.3; asinum me bonae ~ugi dominis exhibere APUL.*Met.*4.5; uos bonae ~ugi latrones inter furta parua atque seruilia..scrutariam facitis 4.8. **c** eru' tuo' si uolt facere ~ugem, meum erum perdet PL.*Poen.*892. **d** dictum factumque facit ~ux ENN.*Ann.*314.

Frygēs, frygiō, Frygius: see PHRYG-.

fu: perh. old imp. of SVM (cf. next).
SATVR FV FERE MARS *CIL* 1.2.

fuam, fuās, etc.: old subj. of SVM.

fūcātus ~a ~um, *a.* *compar.* ~ior. [pple. of FVCO] In senses of vb., esp.:

1 (of colours) Produced by dyeing, artificial.
~us (color)..deprehenditur nigrescitque et funditur sulpure PLIN.*Nat.*35.198; (*fig.*) in qua naturalis inesset, non ~us nitor CIC.*Brut.*36; ~i..medicamenta candoris et ruboris *Orat.*79.

2 Not genuine, faked, sham, counterfeit.
secerni..blandus amicus a uero..tam potest..quam omnia ~a et simulata a sinceris atque ueris CIC.*Amic.*95; ~ae plus uetustati fauet Inuidia PHAED.5.pr.8; quae in ~o (opio) non eueniunt PLIN.*Nat.*20.203; puerum subdolae et ~ae uernilitatis 34.79; nihil..exhortationibus tuis ~um PLIN.*Pan.*66.5; esse..uidetur..Vergilii (uersus) νεωτερικώτερος et..~ior GEL.13.27.3.

fūcilis ~is ~e, *a.*: (see quot.).
~is, falsa; dicta autem quasi fucata PAUL.*Fest.*p.92M.

fucillans ~ntis: dub. wd. in FEST.p.371M.

fūcinum ~ī, *n.* [FVCVS[1]] Cloth dyed with orchil.
si..iudicium his corruptis acrius adhibeas ut ~is sulphura QUINT.*Inst.*12.10.76; purpurae..appellatione..~um et ianthinum continebitur ULP.*dig.*32.70.13.

Fūcinus ~ī, *m.* A lake in Samnium.
uitrea..~us unda VERG.*A.*7.759; ad lacum ~um LIV. 4.57.7; SEN.*Nat.*3.3; SIL.4.344; SUET.*Cl.*20.1.

fūcō ~āre ~āuī ~ātum, *tr.* [FVCVS[1]+-O[3]]

1 To dye, stain, colour. **b** (transf.) to tinge, colour.
alba neque Assyrio ~atur lana ueneno VERG.*G.*2.465; Libyco ~antur sandyce pennae GRAT.86; SIL.8.436; tenuis et ~atas colore tabulas TAC.*Ann.*2.14; ~atis ephippiis APUL.*Met.*10.18; (*in fig. phr.*) melius est orationem uel hirta toga induere quam ~atis et meretriciis uestibus insignire TAC.*Dial.*26.1. **b** lepido quae sunt ~ata sonore LUCR. 1.644; isdem ineptiis ~ata sunt illa omnia CIC.*Mur.*26.

2 To paint with cosmetics, make up; *~are colorem*, to apply colour in make-up. **b** (fig.) to make ornate, colour (language).
conuenies..uoluptatem..pallidam aut ~atam et medicamentis pollinctam SEN.*Dial.*7.7.3; formam ~ata nocentem ..Cleopatra LUC.10.137; si quis uolsa atque ~ata (corpora) muliebriter comat QUINT.*Inst.*8 pr.19;—color..stercore ~atus crocodili HOR.*Epod.*12.11; composita est aliis ~andi cura coloris OV.*Tr.*2.487. **b** oratio..si circumtonsa est et ~ata et manu facta SEN.*Ep.*115.2; unumquodque..genus (dicendi)..cum ~atur atque praelinitur, fit praestigiosum GEL.6(7).14.11; ea..delenimenta..ne cum multo ac magno dedecore ~ata sint FRO.*Aur.*1.p.120(22N).

fūcōsus ~a ~um, *a.* *superl.* ~issimus. [next+-OSVS] Full of pretence, deceptive, sham, bogus.
laudes ~as PORC.*poet.*3.1; (merces) fallaces et ~ae CIC.*Rab.Post.*40; uicinitas..non ~a, non fallax *Planc.*22; ambitiosae nostrae ~aeque amicitiae *Att.*1.18.1; mendacem et ~am superstitionem V.MAX.2.6.7;—(*of persons*) ex ~is firmi suffragatores euadunt Q.CIC.*Pet.*35; ~issima me puella ludit *Priap.*50.2.

fūcus[1] ~ī, *m.* [Gk. φῦκος]

1 Sea-weed; *~us marinus* (= φῦκος θαλάσσιον) orchella-weed, *Rocella tinctoria*.
longum rubente spargitur ~o latus SEN.*Phaed.*1045;—~us marinus, lactucae similis.. PLIN.*Nat.*26.103; nomae et collectiones omnes (sanari) ~o maris, priusquam inarescat 26.128.

2 A dyestuff, dye; (orig. the inferior red dye derived from orchella-weed). **b** (used as a cosmetic). **c** (transf.) colouring.
puluinar..quod..tincta tegit roseo conchyli purpura ~o CATUL.64.49; neque amissos colores lana refert medicata ~o HOR.*Carm.*3.5.28; si caeruleo quaedam sua tempora ~o tinxerit PROP.2.18.31; nec te (*sc. a book*) purpureo uelent uaccinia ~o OV.*Tr.*1.1.5; bucinum per se damnatur, quoniam ~um remittit (*i.e. the dye is not fast*) PLIN.*Nat.*9.134; infici uestes..admirabili ~o 22.3; lana tincta ~o citra purpuras placet QUINT.*Inst.*12.10.75. **b** quae uitia corporis ~o occulunt PL.*Mos.*275; quid (prodest) ~o splendente genas ornare..? TIB.1.8.11; palpebrae..mulieribus ~o etiam infectae cotidiano PLIN.*Nat.*11.154; (mangones) qui colorem ~o..mentiantur QUINT.*Inst.*2.15.25; (*fig.*) quidam uenustatis non ~o inlitus, sed sanguine diffusus..color CIC.*de Orat.*3.199. **c** corpora..nullo circumlita ~o LUCR. 2.745; lintea de summo cum corpore ~um mittunt 4.84; adulteratur (flos salis)..tinguiturque rubrica..qui ~us aqua deprehenditur diluente facticium colorem PLIN.*Nat.* 31.91.

3 Bee-glue, propolis.
tenuia cera spiramenta linunt (apes), ~oque et floribus oras explent VERG.*G.*4.39.

4 A pretence, disguise, sham. **b** *~um facere*, to play a trick, impose (upon).
nec sycophantiis nec ~is ullum mantellum obuiam est PL.*Capt.*521; sine ~o ac fallaciis more maiorum negatur CIC.*Att.*1.1.1; quod mercem sine ~is gestat HOR.*S.*1.2.83; perfusa..gloria ~o OV.*Fast.*1.303; SEN.*Ep.*26.5; sine ~o et sine ambagibus FRO.*Aur.*1.p.110(25N). **b** uenisse clanculum per inpluuium ~um factum mulieri TER.*Eu.*589; si eum..audieris ~um, ut dicitur, facere Q.CIC.*Pet.*35.

5 Artificial embellishment of style.
tam integrae sententiae..tam sine pigmentis ~oque puerili CIC.*de Orat.*2.188; citius in oratoris aut in poetae cincinnis ac ~o offenditur 3.100; in his uersibus..suauitas tam inpromisca tamque a ~o omni remota est GEL.12.4.3.

fūcus[2] ~ī, *m.* [cf. AS. *bēaw* 'gadfly'] A drone.
nil moror mihi ~um in alueo, apibus qui peredit cibum PL.*fr.*90; fur qui uocabitur, ab aliis ~us, est ater et lato uentre VAR.*R.*3.16.19; ignauum ~os pecus a praesepibus arcent VERG.*G.*4.168; PHAED.3.13.2; COL.9.15.1; et iis (*sc.* crabronibus) sui ~i PLIN.*Nat.*11.74.

Fūfētius ~a ~um, *a.* A Roman gentile name.
Mettum ~um..interemit VAR.in Non.p.287M; Accae Larentiae et Gaiae Taraciae, siue illa ~a erat GEL.7(6).7.1.

Fūfidiānus ~a ~um, *a.* Of or belonging to Fufidius.
de coheredibus ~is CIC.*Att.*11.13.3; de ~is praediis 11. 14.3.

Fūfidius ~a ~um, *a.* A Roman gentile name.
CIC.*Pis.*86; *Fam.*13.11.1; HOR.*S.*1.2.12.

Fūfius ~a ~um, *a.*

1 A Roman gentile name; esp. Q. Fufius Calenus, *consul suffectus* in 47 B.C.
HOR.*S.*2.3.60;—CIC.*Fam.*5.6.1; CAES.*Civ.*1.87.4.

2 (as the name of var. laws); esp. *lex* AELIA *et ~a* of about 150 B.C. dealing with auspices; and *lex ~a Caninia* of 2 B.C. regulating testamentary manumission.
legem Aeliam manere, legem ~am non esse abrogatam CIC.*Prov.*46;—lege ~a Caninia certus modus constitutus est in seruis testamento manumittendis GAIUS *Inst.*1.42.

fuga ~ae, *f.* [cf. *fugio*; Gk. φυγή]

1 The action of running away, taking flight, fleeing. **b** (poet., of things; also transf.).
quo..nunc auxilio exili aut ~a freta sim? ENN.*scen.*87; nauem in ~am transdunt ACC.*trag.*629; uitam..suam noctis et ~ae praesidio..defendit CIC.*Sest.*76; cursus et ~a in Galliam *Phil.*13.20; in communi bonorum ~a *Att.*7.13.3; ~a ceruis a patribus datur LUCR.3.742; in parentum..sinum ~a mulierum et puerorum SAL.*Rep.*1.4.2; dea se..sustulit alis ingentemque ~a secuit sub nubibus arcum VERG.*A.*5.658; non nuntii solum sed per urbem agrestium ~a trepidationem iniecit LIV.3.38.4; Antonius ~a transgressus Alpis VELL.2.63.1; una (apis), quae cum euasit, ~am suam demonstrat obseruanti COL.9.8.9; quacumque uenis, ~a est et ingens circa te..solitudo MART.3.44.2; hostia ..semifacta opera ~a perrupit TAC.*Ann.*15.7; FLOR.*Epit.* 2.13(4.2.45); (*fig.*) metus recessum quendam animi et ~am (efficit) CIC.*Tusc.*4.15;—(*pl.*) quas iste tum caedis, quas lapidationes, quas ~as fecerit *Dom.*67; *Att.*8.14.1; subitas concipit ipse ~as OV.*Fast.*2.286. **b** principiis rerum spatium tempusque ~ai largiri LUCR.1.1047; labris..ab ipsis arboris plenae ~as SEN.*Thy.*69; doctum..supremi..~am reuocare cruoris STAT.*Theb.*10.733;—quo modo..Axilla Ala factus est nisi ~a litterae uastioris? CIC.*Orat.*153.

2 (mil.) Running away in battle, flight, rout.
PL.*Am.*238; in ~am sunt coniecti QUAD.*hist.*51; cum paucis ~ae se mandant SIS.*hist.*34; ut in eo loco quo ~am hostium fore arbitrentur milites conlocent CIC.*S.Rosc.*151; initium eius ~ae factum a Dumnorige CAES.*Gal.*1.18.10; eos in ~am dederunt 4.26.5; ~a sibi praesidium capiunt *B.Hisp.*38.6; postquam eos..circumueniri uident, ~am faciunt (*i.e. take flight*) SAL.*Jug.*53.3; nulla tuos currus ~a segnis equorum prodidit VERG.*A.*10.592; neque his ~a nota neque illis 10.757; uiderat ille ~a stratos in litore Achiuos PROP.2.8.31; deme terrorem Romanis ~amque foedam siste LIV.1.12.6; hinc ~a coepta totam auertit aciem Romanam 10.36.5; Hannibal agmine quadrato amnem ingressus ~am ex ripa fecit 21.5.16; Mauors..rapido mortemque ~amque axe uehens STAT.*Theb.*12.734; uersi in ~am etiam qui subueniebant TAC.*Hist.*2.26; terga ~ae celeri praestant JUV.15.75; quomodo equites sine ~a cederent AMP.18.10; (*poet.*) qua uenti incubuere, ~am dant nubila caelo VERG.*A.* 12.367; (*applied to cowardly gladiators*) adeo de magna turba

adhibete' acceperant, plane ~ae merae PETR.45.12;—(cf.) metum et ~am perduellibus meis me ut sciant natum PL.Ps. 589.

3 The leaving of one's place of duty, desertion. **b** the absconding (of slaves).
istius in quaestura ~am CIC.Ver.2.18; ~a ducis hostium audita LIV.28.16.9; desertae ~a nautaram..onerariae 30. 24.12. b quin tu mihi adornas ad ~am uiaticum..? PL.Epid.615; iam ornarat ~am TER.Eu.673; scire..de sanitate, de ~a, de furtis CIC.Off.3.71; excepta nihil te si ~a laedit HOR.Ep.2.2.16; MART.6.33.3; seruus meus, cum in ~a sit POMPON.dig.6.2.15.

4 Exile, banishment.
quis modus tibi exsilio tandem eueniet, qui finis ~ae? PL. Mer.652; in illa ~a nobis gloriosa, patriae calamitosa CIC. Div.1.59; multos mortalis ferro aut ~a extinxit SAL.Jug. 42.4; siquid medium est mortisque ~aeque OV.Met.10.233; est ~a dicta mihi, non est fuga dicta libellis Tr.3.14.9; adulteros..morte aut ~a puniuit TAC.Ann.3.24; (cf.) ut propior patriae sit ~a nostra roga OV.Pont.1.2.128.

5 Rapid movement, flight, speed. **b** swift passage (of time).
uolucrem..~a praeuertitur Hebrum VERG.A.1.317; omnis in ~a uentus est SEN.Nat.6.18.5; certam dare ~am sagittis Her.O.1658; ~a signorum medio rapit omnia caelo LUC.9.543; breuem..~am necopino fine reponunt STAT. Theb.6.592; uolat illa (sc. trabs) sagittis aequa ~a 9.125; leuibus gens..plantis; cui sonipes cursu..cesserit..tanta ~a est SIL.3.307. b innumerabilis annorum series et ~a temporum HOR.Carm.3.30.5; praelabentis..temporis ~a quam sit inreparabilis, quis dubitet? COL.11.1.29.

6 (transf.) Avoidance, shunning.
laboris ~a CIC.Orat.229; turpis..~a mortis omni est morte peior Phil.8.29; ~a desidiae uoluptatumque contemptio Ac.1.23; bellandi..~a Off.1.80; paupertatis pudor et ~a HOR.Ep.1.18.24; in uitium ducit culpae ~a Ars 31; ipsius lucis ~am et taedium QUINT.Inst.1.3.16.

7 A way or means of escape, (esp. *~am petere*, etc.). **b** (w. gen.) a means of avoiding, escape (from).
neque deprecatio perfidiis meis nec malefactis ~a est PL. Capt.522; ubi nulla ~am reperit fallacia VERG.G.4.443; Neptunus..~am dedit et praeter uada feruida uexit A.7. 24; quo fugis a demens? nulla est ~a PROP.2.30.1; ~am magis retro quam proelium aut hostem spectante milite LIV.8.19.7; eam quoque se illis ~am clausurum 27.18.9; ne spatiorum laxitas..pecudi praebeat ~am COL.9.1.4;—rursus aliam in partem ~am petebant CAES.Gal.2.24.1; itineribus diuersis ~am quaerunt HIRT.Gal.8.19.6; extremo quaerere in orbe ~am PROP.2.16.40; OV.Ep.6.158; repete siluestres ~as SEN.Thy.412. b neque enim ~a iam super ulla pericli VERG.A.8.251; ferro durauit saecula, quorum piis secunda..datur ~a HOR.Epod.16.66; neque ulla est.. leti ~a HOR.S.2.6.95; si alia ~a honoris non esset LIV.3.67.2.

fugāciter, *adv. compar.* ~cius. [next+-TER²] With a tendency to flee, evasively.
utrum a se audacius an ~cius ab hostibus geratur bellum LIV.28.8.3.

fugax ~ācis, *a. compar.* ~ācior, *superl.* ~ācissimus. [FVGA+-AX]

1 Prone to run away, evasive, elusive, fugitive. **b** (of things) liable to move away or retreat. **c** (of slaves) runaway.
manus cruentae pedes ~aces SAL.Rep.2.9.2; mater.. quae nube ~acem feminea tegat VERG.A.12.52; mors et ~acem persequitur uirum HOR.Carm.3.2.14; fusos..ab ignauissimo ac ~acissimo hoste LIV.5.28.8; ~ax Parthus OV. Rem.155; qui re secunda fortis est, dubia ~ax PHAED.5. 2.15; non esse ad bella ~aces qui pacem potuere pati LUC. 2.558; arcu..horrenda ~aci Armenia STAT.Silv.1.4.78; hi ceterorum Britannorum ~acissimi TAC.Ag.34.1;—(of wild animals) timidi dammae ceruique ~aces VERG.G.3.539; feras solitus terrere ~acis A.9.591; ~aces lyncas HOR.Carm. 4.6.33; ut fecundiores essent ~aces earum (sc. auium) quam fortes PLIN.Nat.10.143. b poma ~acia captat Tantalus OV.Am.2.2.43; in re ~aci et mutabili (i.e. air) SEN. Nat.7.22.1; uicibus alternis ~ax Euripus unda Her.F.377; Tethyn..~acem qui ferit Hesperius..Baetis LUC.2.588; [QUINT.]Decl.12.28; leues et ~aces myoparonas FLOR.Epit. 1.41(3.6.4). c lurcho, edax, furax, ~ax PL.Per.421; (cf.) regna tenent (nemoris Aricini) fortes manibus pedibusque ~aces OV.Fast.3.271.

2 (w. gen.) That is in the habit of avoiding.
~ax rerum OV.Tr.3.2.9; ~ax ambitionis 4.10.38; illum.. gloriae sequentis ~acissimum SEN.Ben.4.32.4; nec auidus periculi nec ~ax Nat.3.pr.13.

3 Running away, fleeing; speeding away **b** (of time) swiftly passing, fleeting.
illa petit Nilum cumba male nixa ~aci PROP.4.6.63; tergo..~acis inminet OV.Met.1.541; illae clangore ~aci.. uolant STAT.Theb.5.13; (prol.) fulgor armorum ~aces terret equos HOR.Carm.2.1.19; (cf.) pugna leuis bellumque ~ax LUC.8.380;—conuersis..~ax aufertur habenis VERG.A.11. 713. b eheu ~aces, Postume, Postume, labuntur anni HOR.Carm.2.14.1; annum ~acem tradit Astraeae leo SEN. Her.O.69.

4 Fast-moving, swift (usu. w. some implication of 'away').
quid obliquo laborat lympha ~ax trepidare riuo? HOR. Carm.2.3.12; Atalantes crura ~acis OV.Am.3.2.29; pennis ..~acem Pegason Met.4.785; Galatea..uentis uolucrique ~acior aura 13.807; ~ax hippodromon ungula plaudit MART.12.50.5.

5 That is quickly over, transient; quick to decay.
uoluptas..non illa leuis et ~ax..sed stabilis et certa SEN.Ep.18.10; quod tantopere amamus rem ~acissimam, corpus 58.23; licet..cantu ~ax stet deprehensum fulmen Her.O.469; ~aces blanditias PLIN.Ep.7.4.3(poet.1.12);—non aliud (pomum) ~acius PLIN.Nat.15.40.

fugēl(l)a ~ae, *f.* [FVGIO+-ELA] The action of fleeing, flight.
ab optimis artibus fugit maxima ~a CATO orat.81; magna ~a in ganeum fugit APUL.Apol.98.

fugiens ~ntis, *a.* [pple. of next] (in senses of vb.; also, w. gen.) Inclined to avoid, shy (of).
tardus aut ~ns laboris CAES.Civ.1.69.3; ~ns..laborum ..iuuentus SIL.12.299.

fugiō ~ere fūgī, *intr., tr.* [cf. Gk. φεύγω, Skt. *bhujati* 'bend', Goth. *biugan*, AS. *būgan*, Eng. *bow*] FORMS: *~ientum* (= *~ientium*) HOR. *Carm.*3.18.1, STAT.*Theb.*5.349; fut. pple. *~iturus* OV.*Ep.*2.47.

1 (intr.) To run away (as from danger), take to one's heels, flee. **b** (poet., of things).
nunc mi incertumst abeam an maneam an adeam an ~iam PL.Aul.730; senex exit foras: ego ~io TER.Hau.1000; quid igitur ~iebant? propter metum CIC.Caec.44; ~ientem Lucilium Hirrum cum sex cohortibus..excipit CAES.Civ.1. 15.5; cum primus omnium imperator ~eret LIV.26.2.12; cum duobus itineribus ~ientes uideret hostes 26.46.8; Germania sicca iam tellure ~it MAN.3.634; ~ientum more uolucrum STAT.Theb.5.349; (w. internal acc.) mille ~it refugitque uias VERG.A.12.753; fortuna mea..quam..~iens effugere..non potui APUL.Met.8.24; (hyperb.) propera atque abi. — ~io PL.Poen.427;—(w. destination expr.) ~e domum quantum potest Men.850; ~ito huc ad me Truc.880; ~e modo intro TER.Ad.538; Sex. Pompeium..~isse in Hispaniam CIC.Att.12.37a.(4); uita..cum gemitu ~it indignata sub umbras VERG.A.11.831; huc illuc impia turba ~it TIB.1.3.70; tamquam..Parthorum ad misericordiam ~eret TAC.Ann.6.14; in exilium praeceps ~it JUV.10.160; (impers. pass.) sic urbe relicta in bellum ~itur LUC.1.504;—(cf., prov.) ita ~ias ne praeter casam, quod aiunt TER.Ph. 768;—(w. place whence expr.) ut ~iat longe ab aedibus PL.Mos.390; non illa ut a uiro improbo discessisset sed ut a crudelissimo hoste ~isset CIC.Clu.189; puella..quae meo sinu ~it CATUL.37.11; cui (sc. Ciceroni) ex patria ~ienti NEP.Att.4.4; (Medea) ~iens arce..tua OV.Tr.3.8.4. b fit quoque ut a lapide hoc ferri natura recedat interdum, ~ere atque sequi consueta uicissim LUCR.6.1043; ~iunt uasto aethere nimbi VERG.A.5.821; concidunt uenti ~iuntque nubes HOR.Carm.1.12.30; litora modo saeuiente fluctu inquieta, modo ~iente deserta SEN.Suas.1.2; hasta..parmam..tenenti excutit et summa ~iens in cuspide portat STAT.Theb.8.496; (by growing) si terram ~ientes cauliculos sequare terra PLIN.Nat.19.139.

2 (tr.) To run away from, flee from.
~ere..hostes PL.Trin.1034; hinc saeuitiam Salaciae ~imus PAC.trag.419; ~ientem latronum tela CIC.S.Rosc.27; quem ~iam habeo, quem sequar non habeo Att.8.7.2; ~it cum saucius aram taurus VERG.A.2.223; cerua ~iens lupum LIV.10.27.8; tuum Catilina ~it ingenium PLIN.Nat.7.117; (prov.) longe fugit quisquis suos ~it PETR.43.5; (w. destination expr.) ex Sicilia..quo Minonis iram atque opes ~erat SAL.Hist.2.7;—(of things) interea ~it albus iubar Hyperionis cursum ENN.Ann.557; nox..alterna diem ~eret rursumque fugaret MAN.2.73.

3 a To run or move fast from a place, fly, rush, or speed away; (also transf.). **b** (tr.) to speed past or away from.
a altum Pelion hinnitu ~iens impleuit acuto VERG.G. 3.94; quo ~itur per plana gradu STAT.Ach.2.140; (poet.) madidos ~ientis (i.e. dying) pressit ocellos OV.Am.3.9.49; —(of things) ~ientia signa CIC.Arat.583(337); ~iens per gramina riuus VERG.G.4.19; ~it Eurus ab ortu MAN.4.591; cum laxato ~erunt cardine claustra 5.76; ~iens aqua SEN. Nat.1.2.7; COL.10.284; ~ientia carbasa uisu dulce sequi STAT.Theb.4.29;—(of things in apparent motion) terras procul..~ientes notat SEN.Ag.445;—praesertim cum a suis condicionibus ipse ~erit CIC.Fam.16.12.4; ad uerba..~i PETR.132.8. b potius ~ientia ripas flumina detineas STAT.Silv.5.5.62; ratis..~it omne Crobiali latus V.FL.5.101; —(pass.) Parthenium ~itur nemus STAT.Theb.4.285; ~itur cum portus 7.140.

4 *a patria*, etc., *~ere*, (also tr.) *patriam ~ere*, To fly the country, go into exile.
a patria ~i uictus et exul ego OV.Tr.1.5.66; ~iendum de ciuitate QUINT.Inst.6.1.19;—nos patriam ~imus VERG.Ecl. 1.4; JUV.11.52.

5 (spec. of slaves or troops): **a** (intr.) To abscond, desert. **b** (tr.) to run away from, desert.
a ut inprobos famulos imiter ac domo ~iam PL.Cas.954; non ~io, domi adesse certumst Epid.664; eos Sertorianos milites esse atque a Dianio ~ere dicebat CIC.Ver.5.146; ex Hispania ~ientis se excepisse..dicit 5.151; nec furtum feci nec ~i HOR.Ep.1.16.46; Diogeni seruus unicus ~it SEN.Dial. 9.8.7; ut..in ipsa acie..~eret TAC.Hist.4.18; (poet.) aut ~ies Vticam aut uinctus mitteris Ilerdam (sc. a book) HOR.Ep. 1.20.13; (cf.) laserpicium..rem feram..et, si coleretur, in deserta ~ientem PLIN.Nat.19.42. b uellem hae fores erum ~issent PL.St.312; ~erent ceu Punica castra SIL. 10.189; (poet.) illos terra ~it dominos, his rura colonis accedunt donante Pado LUC.6.277.

6 (intr.) To escape by running away; (tr.) to get away from, escape. **b** (of things, intr.) to slip, fly, etc., out of one's grasp or control; (tr.) to slip from.
~it aliquis e manibus CIC.Cael.65; ex media caede ~isse CAES.Gal.7.38.5; (cf.) quid uerbi ex tuo ore supera ~it? ANDR.poet.3;—si uafer unus et alter insidiatorem praeroso ~erit hamo HOR.S.2.5.25; ne metentes ~iat (lupinum) exiliendo PLIN.Nat.18.133. b si telum manu ~it magis quam iecit Lex XII(Font.iur.p.34); coeperat ~ientes semper tesseras quaerere SEN.Apoc.14.4; (cf.) nullum sine numine ~it missile STAT.Theb.9.770;—~it..lacertos uestis MAN. 5.556; ~ere meos Parnasia crinis uellera (i.e. I lost my office as priest to the Muses) STAT.Silv.5.3.7.

7 a (of things, esp. topog., intr.) To recede, run away; (tr.) to recede or retreat from. **b** (intr.) to be repelled; (tr.) to be repelled by.
a est Phoebi ~iens Athamana ad litora portus PROP. 4.6.15; lumina retro exesis ~ere genis SIL.2.466; ~iunt.. in nubila siluae Pyrenes 15.175;—~ientis aequora terras MAN.4.625; unde Europa ~it Libyen LUC.9.415. b ut arbores..~iant, ut introrsum in fundum se reclinent VAR. R.1.16.6;—(bitumen) ~it cruorem TAC.Hist.5.6.

8 (of time, intr.) To recede into the past, fly. **b** (of perishable things) to begin to decay, 'go off'.
sed fugit interea, ~it inreparabile tempus VERG.G.3.284; septimus octauo propior iam ~erit annus HOR.S.2.6.40; ~it iuuentas Epod.17.21; dum loquimur, ~erit inuida aetas Carm.1.11.7; alter (mensis) te ~iens, cum uenit, alter habet OV.Fast.5.186; tempora labuntur..et ~iunt freno non remorante dies 6.772; qui ~ientes occasiones secutus est SEN.Ben.7.15.2; in puncto ~ientis temporis pendeo Nat. 6.32.10; ~it hora PERS.5.153; (cf.) ~ere (sc. dies), quod currendi genus concitatissimum est SEN.Ep.108.25. b qui uinum ~iens uendat sciens CIC.Off.3.91; quae ~iunt, celeri carpite poma manu OV.Ars 3.576; gratissima sunt poma, cum ~iunt SEN.Ep.12.4; sertas..coronas..numquam ~iente rosa LUC.10.165; ~ientibus utere donis STAT.Silv.1. 2.166.

9 To disappear from view, vanish. **b** (of abst. things, intr.) to pass away, vanish; (tr.) to vanish from, leave.
sol ~it OV.Fast.2.493; cum latet hic (sc. sol) pressus nubibus, illa (sc. umbra) ~it Tr.1.9.12; ~iet pars altera terrae, altera reddetur MAN.3.328; discutiens ~ientia Lucifer astra SEN.Apoc.4.1;—(w. ex) toto..e corpore sanguis ~it OV.Fast.3.332; e pratis uda pruina ~it 6.730. b (of conditions, feelings, etc.) omnis de corpore ~it quippe dolor VERG.A.12.421; quantus in exiguo tempore ~it amor! PROP.1.12.12; cura ~it OV.Ars 1.238; rara quidem uirtus ..quae maneat stabili, cum ~it illa (sc. Fortuna), pede Tr.5.14.30; nec metus ante ~it GERM.Arat.412; (cf.) nisi causa morbi ~erit uenis HOR.Carm.2.2.15;—(of physical and mental powers) ubi me ~iet memoria PL.Bac.36; ~ienti ..uita LUCR.5.897; anima ~iente VERG.G.4.526; ~iunt de corpore uires Ciris 448; uenis ~ientibus aeger OV.Pont. 3.1.69; ~ere animus uisusque sonusque STAT.Theb.12.316; (cf.) qui praecipue uindicat a situ litteras iam paene ~ientis Silv.1.pr.;—(tr.) uox quoque Moerim iam ~it ipsa VERG.Ecl. 9.54; ~iat uultus fortuna prior (i.e. pass from the mind's eye) SEN.Her.O.227; ~it ilicet artus somnus STAT.Theb.5.539; nos fortior aetas iam ~it Silv.5.2.159.

10 (tr.) To keep away from, avoid (a person or place); (w. *oculis*) to avoid setting eyes on; *~ere conspectum*, to keep out of sight (of).
~it forum PL.Trin.261; amnem, Troiugena, ~e Cannam formula in Liv.25.12.5; urbem ~io multas ob causas CIC. Att.12.27.3; cum..concilia conuentusque hominum ~eret CAES.Civ.1.19.3; dextrum ~e litus VERG.A.3.413; percontatorem ~ito HOR.Ep.1.18.69; ut..serpens..ipsam (arborem) procul ~iat PLIN.Nat.16.64;—(poet.) ~e pabula laeta VERG.G.3.385; nullum saeua caput Proserpina ~it HOR.Carm.1.28.20;—nemo..ciuis est..qui uos non oculis ~iat, auribus respuat CIC.Pis.45;—nec..eorum..conspectum ~ere ausus est Agr.2.56; conspectum multitudinis ~erat CAES.Gal.7.30.1.

11 (transf.) To avoid, shun, keep off. **b** (w. inf.). **c** (phil., opp. *expeto*; usu. gdve, cf. Gk. φευκτός). **d** (intr., w. *ab*) to keep away, shrink (from).
quod uolueram faciebatis, quod nolebam..~iebatis PL. As.213; recte ego has semper ~i nuptias TER.An.766; ne.. ~isse nos laborem putares Rhet.Her.1.1; ut alius grauitatem sequens subtilitatem ~iat CIC.Opt.Gen.6; animi lucem splendoremque ~ientis Pis.57; tantum abest ut Antoni suspicionem ~ere nunc curem Att.15.5.2; quintam (diem) ~e VERG.G.1.277; neminem..~io (i.e. as judge) LIV.9.1.7; uina ~it OV.Met.15.323; ueniam..concede..extrema quod oscula ~i LUC.3.745; cyclaminum..aestates hiemesque ~it PLIN.Nat.21.64; (pass.) ~itur inuidia Rhet.Her.4.50; (in gdve.) obscuritas ~ienda est CIC.de Orat.3.167; ferro ~ienda fames LUC.2.253. b neque enim illud ~erim dicere CIC. de Orat.3.153; illud..longe ~e credere LUCR.1.1052; mene igitur socium summis adiungere rebus, Nise, ~is? VERG.A. 9.200; quid sit futurum cras ~e quaerere HOR.Carm.1.9. 13; PERS.6.65; 'dimidiam horam' dicere studiose ~it GEL. 3.14.11; (impers. pass.) huic donis militaribus patris triumphum decorare ~iendum fuit CIC.Mur.11. c mors ~itur..uita expetitur CIC.Leg.1.31;—rerum expetendarum ~iendarumque partitio Ac.1.18; Tusc.5.68;—(neut. as sb.) Top.84; non ~ienda petendis immiscere HOR.S.1.2.75; 1.3.114. d quam procul a suspicione ~it CIC.Agr.3.6; Off.1.128; omne animal adpetit quaedam et ~it a quibusdam N.D.3.33.

12 (tr.) To succeed in avoiding, escape (a misfortune, etc.). **b** (poet., of things) to elude the grasp of, escape. **c** to be beyond, escape, baffle (notice, skill, etc.).
admiror, quo pacto iudicium illud ~erit HOR.S.1.4.100; LIV.10.46.16; Quirinus..Acheronta ~it HOR.Carm.3.3.16; cur ego tot gladios ~i..? OV.Tr.3.2.25; (of things) cum..ea, quae leuiter sensum uoluptate moueant, facillime ~iant satietatem CIC.de Orat.3.99; munditia..tantum quae ~iat agrestem et inhumanam neglegentiam Off.1.130. b cuncta manus auidas ~ient heredis HOR.Carm.4.7.19; at nisi perfossis ~iet te montibus aurum MAN.4.396; me..~it speratus honos STAT.Silv.5.3.232. c nullam rem esse.. quae huius uiri scientiam ~ere possit CIC.Man.28; mens.. ~ere intellegentiae nostrae uim et notionem uidetur N.D. 1.27; an tanta sit eius tenuitas, ut ~iat aciem? Tusc.1. 50; is ~iet uisus nocte sequente tuos OV.Fast.2.80; quae ..~iet memoriam iudicis QUINT.Inst.4.5.3; GEL.1.18.6.

13 (tr.) To escape the notice or recollection of, be overlooked by; (also intr.). **b** (impers.). **c** *~it* (pf.) *me ratio*, I made a mistake.
quod te non ~it (i.e. as you are well aware) CIC.Fam.5.12.8; Epicurus..inuenit quo modo necessitatem effugeret, quod

uidelicet Democritum ~erat *N.D.*1.69; si quos haud ulla uiros uigilantia ~it Verg.*G.*2.265; neque..haec Dionysium ~iebant Nep.*Di.*2.1; quamuis..multa..me ~iant..plura tamen memini Ov.*Met.*12.183; sed neminem haec utilitas ~it Quint.*Inst.*2.5.17; Fro.*Aur.*2.p.44(99N); (*w. neut. pron. and cl., etc., as subj.*) illud te non arbitror ~ere quin homines ..debeant..honestiorem sequi partem Cael.*Fam.*8.14. 3; neque..id Caesarem ~iebat..perterritum exercitum sustinere non posse Caes.*Civ.*1.71.1;—quaecumque uoles ~ient tibi uerba querenti Prop.1.5.17; memoriane ~erit in annalibus digerendis..incertum est Liv.9.44.4; Quint.*Inst.* 10.4.1. **b** ut te non ~it Cic.*Fam.*13.10.1; Quint.*Inst.* 10.1.12;—(*w. inf.*) cui rei ~erat me rescribere Cic.*Att.*5.12.3; non te ~iet uti consilio M. Bibuli *Fam.*12.19.2;—(*w. acc. and inf.*) non me ~it..uetera exempla pro fictis fabulis iam ..haberi *Ver.*3.182; me..~erat deorum immortalium has esse..poenas certissimas *Pis.*46; Liv.22.31.9;—(*w. indir. qu.*) quae cauenda fuerint et quo modo te non ~it Cic.*Att.* 3.23.2; 12.42.2; Ov.*Fast.*5.446. **c** ~it te ratio Pl.*Am.* 386; qui se propter uinum..~isse rationem dicet *Rhet.Her.* 2.24; sed me tum haec ratio ~it 2.40; istud quod modo dixeram me habere ~it me ratio Catul.10.29.

fugitans ~ntis, *a.* [pple. of FVGITO] In senses of vb., also as adj.; (w. gen.) averse (to).
erus liberalis est et ~ns litium Ter.*Ph.*623.

fugitīua ~ae, *f.* [FVGITIVVS[1]] A runaway female slave.
ex ~a natum Ulp.*dig.*11.4.1.5.

fugitīuārius ~(i)ī, *m.* [next+-ARIVS] One who makes a business of recapturing runaway slaves.
qui per ~ios abstrahi debuissent Flor.*Epit.*2.7(3.19.7); Ulp.*dig.*19.5.18; (*transf.*) aqua..finiendae (cochleae), ne ~ius sit parandus Var.*R.*3.14.1.

fugitīuus[1] ~a ~um, *a.* [FVGIO+-IVVS] Runaway, fugitive: **a** (of men, esp. slaves). **b** (of domestic animals). **c** (transf., of things).
a qui ~is seruis indunt compedis Pl.*Men.*80; tuus seruus anagnostes ~us Vat.*Fam.*5.9.2; Liv.38.38.7; mancipia ~a Plin.*Nat.*28.13; nequissimi ~i ductores illi nostri Apul.*Met.*8.16; (*w.* ab) neque tam ~i illi ab dominis quam tu ab iure et ab legibus Cic.*Ver.*4.112; (*w. gen.*) hos..tamquam patriae ~os crucibus adfixit V.Max.2.7.12; regem.. finium suorum regnique ~um Flor.*Epit.*1.36(3.1.12);— (*transf.*) te..ipsum uitas ~us et erro Hor.*S.*2.7.113; polliceris..futurum te ~um rei familiaris Plin.*Ep.*9.28.4;— (*cf.*) quid facit infelix et ~a quies? Mart.7.64.6. **b** alligem ~am canem agninis lactibus Pl.*Ps.*319; ~ae fiunt (apes) Var.*R.*3.16.21; ~um..piscem Juv.4.50; (*w. gen.*) ut..negent (columbas) ~as illius loci fieri Plin.*Nat.*18.142. **c** retraham..ad me..~om argentum Ter.*Hau.*678[a]; lapis ~us appellatus;..hunc e prytaneo..saepe profugum uinxere plumbo Plin.*Nat.*36.99;—(*of abst. or non-material things*) illa quae iam maioribus nostris ademit obliuio, ~a secuta sedulitas..Bruti retrahere nequit Var.*L.*5.5; gaudia non remanent, sed ~a uolant Mart.1.15.8.

fugitīuus[2] ~ī, *m.* [prec.] Orthog.: *fugiteiuos CIL* 1.638.10. A runaway slave, fugitive; (pl.) the army of runaway slaves commanded by Spartacus and eventually defeated by Crassus in 71 B.C.
quia tute es ~os, omnis te imitari cupis? Pl.*Cas.*397; at etiam restitas, ~e? Ter.*Eu.*669; cum manicis catulo collarique ut ~um deportem Lucil.854; ~os ITALICORVM CONQVAEISIVEI *CIL* 1.638.10; ~o alicui aut gladiatori concedi Cic.*Catil.*2.19; nos autem qui sapientes non sumus ~os, exsules..esse dicunt *Mur.*61; cum..~os reciperent Fam. 15.4.10; ea res per ~os L.Aemili..hostibus nuntiatur Caes. *Gal.*1.23.2; *Civ.*3.110.4; ut..sacerdotis ~us liba recuso Hor.*Ep.*1.10.10; captiuos et perfugas et ~os restituant Liv.30.16.10; Tac.*Hist.*2.72; Ulp.*dig.*21.1.17; (*as a term of abuse*) di te perduint, ~e! Cic.*Deiot.*21;—Siciliam..a ~is atque a belli periculis tutam esse seruatam *Ver.*5.1; bello ~orum *Agr.* 2.83; Gel.5.6.23.

fugitō ~āre ~āuī, *tr., intr.* [FVGIO+-ITO]
1 (tr.) To run away from, flee from, desert. **b** (intr.) to flee.
erum nosmet ~are censes? Pl.*As.*485; ut ~et patrem Ter.*Ph.*835; ~as personas Nov.*com.*2; quam famulae longe ~ant Lucr.4.1176; (piscis, *i.e. constellation*) qui borean ~at Germ.*Arat.*380. **b** miserrimus fui ~ando nequis me cognosceret Ter.*Eu.*847; (aues) ~antes in nidos suos Plin. *Nat.*18.363.
2 To avoid, shun.
quod meos te dicam ~are oculos Pl.*Capt.*541; illum amant, me ~ant Ter.*Ad.*872; qui quaestionem ~ant Cic. *S.Rosc.*78; amaracinum ~at sus Lucr.6.973; nauita portu infestam noctem ~at Germ.*Arat.*309; frustra necem ~ant inertes Phaed.1.2.26; ~et foedam..scurrilitatem Tac.*Dial.* 22.5; mala quaedam sui causa ~anda sunt Apul.*Pl.*2.10; —(*w. inf.*) id quod aliae meretrices facere ~ant Ter.*Hec.* 776; ~ant in rebus inane relinquere purum Lucr.1.658.

fugitor ~ōris, *m.* [FVGIO+-TOR; app. nonce-word] One who runs away.
credo ad summos bellatores acrem—~orem fore Pl. *Trin.*723.

fugō ~āre ~āuī ~ātum, *tr.* [FVGA+-O[3]]
1 To cause to flee, drive away. **b** (mil.) to put to flight, rout. **c** (poet.) to drive away, put to flight (things); (esp. of day, etc.) to dispel (the stars, night, etc.).
qui ferro alios ~aret Cic.*Har.*6; ~ata contione *Phil.*6.3; uerbis..~antibus angues Luc.9.914; (*fig.*) consul idem illud responsum rettulit, quo ~ati ab senatu erant Liv.37.6.7;— (*w.* ex) Venerem ipsam e fano ~ent Pl.*Poen.*323;—(*w.* ab) ab altaribus religiosissimis ~atus Cic.*Har.*9; piscium adipe camelos perungui..ut asilos ab iis ~ent odore Plin.*Nat.* 32.10;—(*w. abl.*) campis fluuiisque ~ari Stat.*Ach.*1.154. **b** legiones hostium ut ~auerit Pl.*Am.*136; exercitus.. pulsos et ~atos Cic.*Caec.*41; Dolabellam caesum ~atumque esse Brut.*ad Brut.*1.6.3; ~ato omni equitatu Caes.*Gal.* 7.68.1; ~at hostem non ex Algido modo sed a Corbione Ortonaque Liv.3.30.8;—(*coupled w.* fundo) alios arma sumentis ~ant funduntque Sal.*Jug.*21.2; cetera fusa ac ~ata classis Liv.28.4.6; Vell.2.12.2;—(*fig.*) defenditur a Q. Volusio, tuo discipulo, si forte ea res poterit aduersarios ~are Vat.*Fam.*5.10a.2. **c** caeruleae mole ~antur aquae Ov.*Ars* 3.126; Sen.*Thy.*460; ora (Nili) ~antia pontum Man.3.274; an uultum nobis mutent..an ~ent sanguinem (adfectus) Sen.*Ep.*106.5; Gortynia..tela sonante ~at neruo Sil.2.91;—rubescebat stellis Aurora ~atis Verg.*A.*3.521; pulcher ~atis ille dies Latio tenebris Hor.*Carm.*4.4.39; et dederit Phoebo stella ~ata locum Ov.*Fast.*4.390; quaedam ..tantum lucis emittunt, ut ~ent tenebras Sen.*Nat.*1.15.2; —(*cf.*) nox..alterna diem fugeret rursumque ~aret Man. 2.73; sole ~o Calp.*Ecl.*5.120.
2 To send away (so as to exclude from a situation, activity, etc.), get rid of, dismiss. **b** (spec.) to drive into exile.
pauci..boni..quos reiectione ~are ille non potuerat Cic.*Att.*1.16.3; gnato..~ato (*i.e. disowned*) Hor.*S.*1.2.21; per quas nos petitis, saepe ~atis, opes Ov.*Ars* 3.132; (*w.* ab) haec illum sollicitudo ~auit a foro Sen.*Con.*7.pr.6; feneratorem non ~at a foro decoctor Sen.*Ep.*81.2. **b** longe.. ~ati conspectu ex hominum Lucr.3.48; cum..alii causa tibi sint grauiore ~ati Ov.*Tr.*2.193; nisi me mea Musa ~asset *Pont.*3.5.21; curia solos illa uidet patres plena quos urbe ~auit Luc.5.33; nunc exsul ego aeternumque ~atus Stat.*Theb.*9.52; patria..a sede ~ati 12.507.
3 (transf.) To deter, frighten off.
~at hoc terretque poetam Hor.*Ep.*2.1.182; ista res ~are nos..non debet Sen.*Ben.*1.1.13; nec..audaces manus stabuli ~auit turpis Augei labor *Her.F.*248; ea res emptorem ~at Col.12.20.6; (*w.* ab) id quidem multos a proposito studendi ~at Quint.*Inst.*2.2.7.
4 To dispel (physical or abstract states, etc.), banish, put to flight.
Virgo ~at orta uaporem Q.Cic.*poet.*7; Martia cui somnos classica pulsa ~ent Tib.1.1.4; medicamina..ore ~ant maculas Ov.*Med.*78; mercem..~antem frigora Man.4. 252; inpetus..animi, qui consilium ~at Sen.*Ben.*2.14.1; pallor ~at ruborem *Med.*859; ita ~ari uitium arbitrantes Plin.*Nat.*22.149; medicamentum..quo uenena ~arentur Quint.*Decl.*321(p.265,l.3); aegra quietem pax ~at Stat. *Theb.*12.8.

fulcīmen ~inis, *n.* [FVLCIO+-MEN] A prop, support.
terra..nullo ~ine nixa Ov.*Fast.*6.269.

fulcīmentum ~ī, *n.* [next+-MENTVM] A prop, support.
~um quo sustinebar repello Apul.*Met.*1.16; Ulp.*dig.*33.7. 12.19.

fulciō ~cīre ~si ~tum, *tr.* [cf. perh. Gk. φάλκης 'rib of a ship', Lith. *balzena* 'wooden prop', AS. *bealca*, Eng. *balk*]
1 To hold up, support. **b** to give additional strength or rigidity to, brace. **c** to prop up (a person on cushions, etc.) **d** (w. *in*+abl., *super*+acc.) to support (on a base).
quattuor..orbes stelligeri..caeli sub tegmine ~ti Cic. *Arat.*483(239); uitis..quae..nisi ~ta est, fertur ad terram *Sen.*52; laeua uestem..sub inguina ~cit (*i.e. tucks up*) *Mor.* 100; Atlantis..caelum qui uertice ~cit Verg.*A.*4.247; si facies..decora molli ~ta pede est Hor.*S.*1.2.88; Taenariis domus..~ta columnis Prop.3.2.11; domus, non ullo robore ~ta Luc.5.515; stant ~ti puluere crines Stat.*Theb.*3.326; Juv.7.182; (*by piling together*) stetit aggere ~ti caespitis Luc.5.316; culmi..e stramine ~tum..torum Sil.13.814;— (*in fig. phr.*) horum consulum ruinas..~sistis Cic.*Red.Sen.* 18; te mea subposita ueluti trabe ~ta ruina est Ov.*Tr.*1.6.5; utraque (*sc.* bona et mala) necessum est..quasi mutuo aduerso quaeque ~ta nisu consistere Gel.7(6).1.3. **b** ~tos ..emuniit obice postis Verg.*A.*8.227; opposita ianua ~ta sera Ov.*Ars* 2.244; PVTEI OMNES DILIGENTER ~TI..SVNTO *Lex Vip.*30(*Font.iur.*p.295); ruentes ceras ~ciunt (apes) Plin.*Nat.*11.23. **c** mihi sati' sic ~tumst Pl.*St.*94; et puluino ~tus Lucil.138; caput..~tum..ut uidit Verg.*A.* 11.39; Petr.78.5; ~tus..toro meliore Juv.3.82; (*w. ret. acc.*) ille latus niueum molli ~tus hyacintho Verg.*Ecl.*6.53; Vesta iacet..positum caespite ~ta caput Ov.*Fast.*6.332. **d** in terra mento conlocato et ~to Vitr.8.1.1; lingula ~ta in areae solo 10.3.3;—(*fig.*) in ualido pectus..robore ~tum Ov. *Tr.*5.12.11; quam..staret..super titubantia ~tus (Caesar) Luc.5.251.
2 To press down; (w. *pedibus*) to tread; (also app., transf.) to oppress.
linamenta super non ~cienda sed leuiter tantum ponenda sunt Cels.7.19.5;—tu pedibus teneris positas ~cire pruinas ..? Prop.1.8a.7;—(*transf.*) Antiopa, aerumnis cor luctificabile ~ta Pers.1.78 (*ridiculing the language of Pacuvius*).
3 To strengthen, fortify, bolster up (the body).
omnia debet..~cire cibus Lucr.2.1147; animo ~ciens corpus Sen.*Dial.*7.20.3; frequenti cibo (stomachum) ~cit *Ep.*68.7; uino ~cire uenas cadentes 95.22; Col.6.24.4; (*cf.*) non..omnia..corpora (*i.e. elements*)..ex aequo ~cire salutem Lucr.3.125; in senili corpore aliquatenus inbecillitas sustineri et ~ciri potest Sen.*Ep.*30.2.
4 (transf.) To strengthen, support, sustain. **b** (with money or sim. means). **c** (with moral encouragement).
magnis subsidiis ~ta res publica est Cic.*Fam.*12.5.1; omnes..partes mundi..calore ~tae sustinentur *N.D.*2.25; domus est titulis utraque ~ta suis Prop.4.11.32; ut..illam uanam criminationem..hoc ficto et composito argumento ~ciret Liv.40.12.7; ne tam praeclara lex..oblitteraretur, egis alterius adiutorio ~ta est V.Max.2.8.1; *Laus Pis.*8; serie ~cite genus Prop.4.11.69; priusquam totis uiribus ~ta constaret hostium acies Liv.3.60.9; gemino natarum pignore ~tus Stat.*Theb.*1.394; (*cf. sense* 1) Chrysippum, qui ~cire putatur porticum Stoicorum Cic.*Luc.*75. **b** equitem Romanum..labentem excepit, corruere non siuit, ~sit et sustinuit re, fortuna, fide Cic.*Rab.Post.*43; te crebrae mortes propinquorum immeritis hereditatibus ~serunt Apul.*Apol.*23; (*cf.*) ruentis patrimonii rationem ~cire Quint.*Decl.*360(p.392,l.14). **c** Thermum..creberrimis litteris ~cio Cic.*Att.*5.21.14; quo animum tuum magis ~cias Sen.*Ep.*98.5.

fulcipedia ~ae, *f.* [FVLCIO+PES+-IVS] (a term of abuse, applied app. to a person standing on her dignity).
ita tibi uidetur, ~a? Petr.75.5.

fulcrum ~ī, *n.* Also **fulctrum.** [FVLCIO; term. dub. cf. *-crum*]
1 The head- or back-support of a couch.
subicit hinc ~um, fulmentas quattuor addit Lucil.160; omnes lectos haberemus..aut cum ~o aut sine eo Var.*L.* 8.32; lucent genialibus altis aurea ~a toris Verg.*A.*6.604; nec mihi tunc ~o sternatur lectus eburno Prop.2.13.21; Cynthia namque meo uisa est incumbere ~o 4.7.3; ad plutei ~a sinistra latens 4.8.68; ~a..acerna Ov.*Pont.*3.3.14; Plin.*Nat.*34.9; alienum..lectum concutere atque sacri genium contemnere ~i Juv.6.22; ut lectum legatum contineat et ~a Ulp.*dig.*32.52.9;—(*as the place where attendants, etc., sit*) ~a torosque deae tenerum premit agmen Amorum Stat.*Silv.*1.2.54; liberos suos..ad ~a lectorum sedentes Suet.*Cl.*32.1; apud eius (*sc.* Dialis) lecti ~um capsulam esse cum strue atque ferto oportet Gel.10.15.14.
2 (app.) The sole of the foot.
pilam celeri fugientem reddere planta et pedibus pensare manus et ludere ~o (*cj.*) Man.5.166.

fulgens ~ntis, *a.* *compar.* ~ntior, *superl.* ~ntissimus. [pple. of FVLGEO]
1 Flashing, gleaming, glittering, resplendent. **b** (of white or brightly coloured things) brilliant, gleaming.
caelum..stellis ~ntibus aptum Enn.*Ann.*29; ~ntibus gemmis *Rhet.Her.*4.60; ~nti..auro atque argento Catul. 64.44; aurea..Hesperidum..~ntia mala Lucr.5.32; ~nti ..ense Verg.*A.*10.414; lucidum ~ntis oculos Hor.*Carm.* 2.12.15; caeli ~ntis imago Ov.*Met.*2.17; quod inter ~ntissima sidera particeps caeli sit Col.6.pr.7;—(*w. abl.*) tectis ebore et auro ~ntibus Cic.*Parad.*13; ~ntis aere cateruas Verg.*A.*8.593; ~ntes armis uirisque campi Tac.*Hist.*2.22; —(*cf.*) si quis uiderit hanc faciem (*sc.* uiri boni) altiorem ~ntioremque quam cerni inter humana consueuit Sen.*Ep.* 115.4. **b** ~ntem..plantam Catul.68.71; Meliboea..~ns purpura Thessalico concharum tacta colore Lucr.2.500; picta croco et ~nti murice uestis Verg.*A.*9.614; ~ntis.. Cycladas Hor.*Carm.*3.28.14; candore tunicarum ~ntem aciem Liv.10.39.12; domini ~ntes marmore uultus Mart. 9.23.3; ~ntium rosarum Apul.*Met.*4.2.
2 (fig.) Bright, splendid.
~ntissimum C. Caesaris opus Vell.2.39.1; Messalla, ~ntissimus iuuenis 2.71.1; inter duo ~ntissima cognomina V.Max.3.5.1; fretus ~nte iuuenta Sil.12.347; inter ~ntes uirtutes tuas [Quint.]*Decl.*3.18; Crassum, egregiis maioribus et fraterna imagine ~ntem Tac.*Hist.*4.39.

fulgenter, *adv.* *compar.* ~tius. [prec.+-TER[2]] Brilliantly, resplendently.
sic ~tius radiant (colores pauonis) Plin.*Nat.*10.43; aliorqui ~tius instrui poterat luxuria 22.4.

fulgeō ~gēre ~sī, *intr.* Also **fulgō** ~gere. [cf. FLAGRO, Gk. φλέγω, etc.] Forms: 3rd conjug. Pac.*trag.*229, Lucil. 291, 409, Acc. *trag.*251, Pompon.*com.*74, Lucr.5.1095, 6.160, Verg.*A.*6.826, Liv.34.3.9, V.Fl.8.284, cf. Sen. *Nat.*2.56.2.
1 To shine brightly, flash, glitter, gleam. **b** (in a punctual sense). **c** (impers.) it lightens; (also pers., of Jupiter; of the sky, etc.; of lightning).
cum in caelo ~git propter lunam lucifer Pompon.*com.*74; (luna) pleno bene lumine ~sit Lucr.5.708; neque certa ~gent sidera nautis Hor.*Carm.*2.16.3; purior aether ~sit Ov.*Ars* 3.56; felium in tenebris ~gent radiantque oculi Plin.*Nat.*11.151; tot ~gere taedas V.Fl.8.284; (ladanum) accensum ~gere odore iucundo Plin.*Nat.*12.76; huius terrae pars die ~get, pars nocte fuscatur Agen.*agrim.*p.22; —(*of polished metals, etc.*) ~gentis gladios hostium Cic.*Tusc.* 2.59; aera..~gent sole lacessita Verg.*A.*7.526; in his (*sc.* sardis)..mares excitatius ~gent, feminae pigriores et crassius nitent Plin.*Nat.*37.106; argenti quod erat solis ~gebat in armis Juv.11.109;—(*w. abl.*) rubore ex oculis ~gens flammeo Acc.*trag.*443; nec domus argento ~get Lucr.2.27; aurato ~gebat Apolline puppis Verg.*A.*10.171; litora crebris ignibus ~sisse Liv.22.1.8; cum..ulterior (ripa) armata hostium uirtute ~geret Vell.2.107.1; (*cf.*) linguae bisulcis actu crispo ~gere Pac.*trag.*229. **b** donec flammai ~serunt flore coorto Lucr.1.900; ~sere ignes et conscius aether Verg.*A.*4.167; cum apparuit..balteus et notis ~serunt cingula bullis 12.942; ut..micantes..~sere gladii Liv.1.25.4; cum crastina ~serit Eos Ov.*Ep.*3.57; propinqua luce ~sere signa Tac.*Ag.*26.2; (*fig.*) ~sisse mihi uidebatur τὸ καλὸν ad oculos eius Cic.*Att.*8.8.2; (*cf.*) ea caeli temperies ~sit..solis opere natali urbis DCXXXIII Plin.*Nat.*14.55. **c** primum ~git, uti caldum e furnacibus ferrum Lucil.291; si ~serit si tonuerit Cic.*Div.*2.149; Lucr.6.160; Plin.*Nat.* 18.354;—Ioue ~gente cum populo agi nefas esse Cic.*Vat.*20; *N.D.*2.65; (*fig.*) (Pericles) ab Aristophane poeta ~gere tonare permiscere Graeciam dictus *Orat.*29;—donec diuulsa ~serunt nube corusci (uenti) Lucr.6.203; tremulo tempestas impete ~git 6.174; cum picei ~sere poli V.Fl.1.622.
2 (of white or brightly-coloured things) To be bright or resplendent.

bracae, saga ~gere LUCIL.409; lucida cum ~gent summi carchesia mali CINNA *poet.2.(4)*; iuuenis, cui leuia ~gent ora TIB.1.8.31; (*w. abl.*) qui ~gent purpura CIC.*Catil.*2.5; florida ~serunt uiridanti prata colore LUCR.5.785; est hederae uis multa, qua crinis religata ~ges HOR.*Carm.*4.11.5; non consule sacrae ~serunt sedes LUC.3.106; illic ~gent roseo (colore) PLIN.*Nat.*14.15; ipse superbis ~gebat stratis STAT.*Theb.* 1.526.

3 (fig.) To shine, be bright or conspicuous.
~gebat..iam in adulescentulo indoles uirtutis NEP.*Eum.* 1.4; Virtus..intaminatis ~get honoribus HOR.*Carm.*3.2.18; ~gentem imperio fertilis Africae 3.16.31; inde..diui ~serunt Caesares V.MAX.2.1.10; omnia..quae unquam ingenia ~serunt SEN.*Dial.*10.3.1; non est minor (uirtus), sed minus ~get *Ep.*92.18; quondam nobili ~si patre *Med.*209; sic nostra..forma..deperdit aliquid semper et ~get minus *Her.O.*386; sacerdotio ~gens TAC.*Hist.*4.42; ut te conciperet quae sanguine ~get Iuli JUV.8.42.

fulgetrum ~ī, *n.* Also **fulgetra** ~ae, *f.* [FVLGEO+-TRVM] FORMS: fem. PLIN.*Nat.* 2.112, 18.354, 28.25; neut. pl. *fulgitrua* (on anal. of *tonitrua*) HYG.*Fab.*183.2. A flash of lightning without thunder, heat-lightning; lightning (as dist. from thunder).
cognitio..trium, ~i tonitrui fulguris VAR.*Men.*412; incipientem ignium conatum et primam flammam incertam..haec antiqui ~a dicebant SEN.*Nat.*2.56.1;—~um prius cerni quam tonitrua audiri PLIN.*Nat.*2.142; cum sereno caelo ~ae erunt et tonitrua 18.354; Bronte quae nos tonitrua appellamus, Sterope quae ~ua HYG.*Fab.*183.2.

fulgidulus ~a ~um, *a.* [next+-VLVS] Bright.
instar tituli ~a notabo milto MAUR.225.

fulgidus ~a ~um, *a.* [FVLGEO+-IDVS] Shining, brilliant.
rota ~a Solis Q.CIC.*poet.*15; (*neut. as sb.*) ~a praesertim cum cernere saepe nequimus LUCR.3.363.

fulgitrua ~ōrum, *n. pl.*: see FVLGETRVM.

fulgō ~ere: var. of FVLGEO.

fulgor ~ōris, *m.* [FVLG(E)O+-OR]

1 Brightness, brilliance, radiance. **b** brightness of colour.
candelabrum..cuius ~ore conlucere..templum oportebat CIC.*Ver.*4.71; ~ore..auri CATUL.64.100; ~or armorum HOR.*Carm.*2.1.19; LIV.22.28.8; speculorum ~or PLIN.*Nat.* 7.64; (sucinis) molli ~ore perspicuis 37.47; protegere galeas, ne ~ore earum conspicui fierent FRON.*Str.*2.3.14; extremus cadentis..solis ~or in ortum edurat TAC.*Ger.*45.1; si ~or et claritudo deae (*sc.* lunae) redderetur *Ann.*1.28; (*of eyes*) oculos tremulo ~ore micantes OV.*Ars* 2.721; CELS.7. 7.14A.; (*fig.*) urit enim ~ore suo, qui praegrauat artis infra se positas HOR.*Ep.*2.1.13; (*pl.*) armorum ~ores audentissimi cuiusque procursu TAC.*Ag.*33.1; quod moenibus cingebatur ita repente atra nube coopertum ~oribusque discretum est *Ann.*13.41. **b** languentis hyacinthi, cui neque ~or adhuc nec dum sua forma recessit VERG.*A.*11.70; (serpens) attollit nitidis pectus ~oribus *Culex* 170; purpura ~orem pictis accommodat uuis OV.*Met.*4.398; ~ore purpureae abollae SUET.*Cal.*35.1.

2 A flame, flash.
semina concurrunt calidi ~oris ad ictum LUCR.6.316; ~ores nunc terrificos sonitumque metumque miscebant operi VERG.*A.*8.431; tandem concepto..~ore recedit *Mor.* 13; non fumum ex ~ore, sed ex fumo dare lucem cogitat HOR.*Ars* 143.

3 A flash of lightning.
tum ~ores et tonitrua existere CIC.*Div.*2.44; fulmina ipsa non tam nos confunderent, si uis eorum tantum, non etiam ipse ~or timeretur QUINT.*Inst.*8.3.5;—(*regarded as an omen*) prospera Iuppiter his dextris ~oribus edit CIC.*poet.* 25(*Div.*2.82); improuiso uibratus ab aethere ~or cum sonitu uenit VERG.*A.*8.524; OV.*Met.*7.619.

4 (concr.) A shining object; (astron.) a meteor.
(Draconi) tempora sunt duplici ~ore notata CIC.*Arat.*57; ille ~or qui dicitur Iouis *Rep.*6.17; cum stupet insanis acies ~oribus HOR.*S.*2.2.5; quamuis ~or ille (*i.e. a mirror*) sinistras imagines reddat QUINT.*Inst.*11.3.68;—~ores..quos Graeci σέλα appellant SEN.*Nat.*1.15.1; APUL.*Mun.*16.

5 (transf.) Brilliance, splendour, lustre, glory.
dempto hoc uno ~ore nominis Romani LIV.21.43.12; famae quondam ~ore trahebar OV.*Tr.*5.12.39; Homeri..qui magnitudine operis et ~ore carminum solus appellari poeta meruit VELL.1.5.1; conspicuus uitae ~or V.MAX.6.9. ext.5; laudant otium..odio est ~or SEN.*Ep.*94.74; neque ~orem honorum umquam precatum TAC.*Ann.*4.39.

Fulgora ~ae, *f.* A goddess of lightning.
Populonia uel ~a et diua Rumina SEN.in August.*C.D.*6. 10(Haase p.426).

fulgoriō ~īre: see FVLGVRIO.

fulgur ~ris, *n.* [cf. FVLGEO] FORMS: *fulgus* PAUL.*Fest.*p.92M; *-ori A.Epig.*24.32; *-ora* CIC. *Div.*1.12, OV.*Met.*1.56; *-ere* LUCR.4.190 (s.v.l.).

1 A flash of lightning. **b** (as that which strikes something); *condere ~r*, to bury ritually the traces or effects of lightning. **c** (as a title of Jupiter).
semina quae faciunt nictantia ~ra flammae LUCR.6.182; ~ribus praestringentibus aciem oculorum LIV.40.58.4; inmixta..~ra uentis OV.*Met.*3.300; extinguunt ~ra nimbi LUC.4.78; tonitrua et ~ra TAC.*Hist.*1.18;—(*regarded as an omen*) monstra aut ~ra interpretantium CIC.*Div.*1.12; SEN.*Nat.*2.39.1; infestum..tonat pater et mala ~ra lucent STAT.*Theb.*7.406. **b** feriunt..summos ~ra montis HOR. *Carm.*2.10.12; non alias caelo ceciderunt plura sereno ~ra VERG.*G.*1.488; tonitrua, fulgetra, ~raque PLIN.*Nat.*35.96; —qui publica ~ra condit JUV.6.587; ~R CONDITVM *CIL* 12.2970; FEST.p.333M. **c** Ioui ~ri VITR.1.2.5; *CIL* 6. 2295; IOVI FVLMINI ~RI TONANTI 11.4172.

2 (as a name given to a type of meteor).
haec ~ra (*cj.*) dicuntur, quia breuis illorum facies et caduca est nec sine iniuria decidens SEN.*Nat.*1.15.3.

3 (poet.) A flash of light, spark, gleam.
ut..ad caelum..ferat flammai ~ra rursum LUCR.1.725; 2.164; clarae..coruscis ~ribus pingues multa caligine taedae 5.296; armorum transmittunt ~ra siluae STAT.*Theb.* 5.10.

fulgurālis ~is ~e, *a.* [prec.+-ALIS] Of or concerned with lightning (as an omen); (as a title of Jupiter; cf. FVLGVR 1c).
~es et rituales libri CIC.*Div.*1.72;—I(oui)..DIVO ~I SACRVM *CIL* 3.1086.

fulgurātiō ~ōnis, *f.* [FVLGVRO+-TIO] A flash of lightning.
nubes collisae..~ones efficient SEN.*Nat.*1.1.6; ~o est late ignis explicitus 2.16; 2.21.3.

fulgurātor ~ōris, *m.* [FVLGVRO+-TOR]

1 One who interprets omens given by lightning.
haruspicem, ~orem si quis adducat CATO *orat.*102; CIC. *Div.*2.109; APUL.*Soc.*7.

2 (as a title of Jupiter) The sender of lightning.
(Iuppiter) ~or et tonitrualis et fulminator APUL.*Mun.*37.

fulguriātor ~ōris, *m.* var. of prec.
HARVSPEX ~OR *CIL* 1.2127.

fulguriō ~īre ~iuī, ~ītum, *intr.*, (*tr.*). **fulgoriō.** [FVLGVR+-IO²] To send or cause lightning; (pf. pple. in pass. sense) struck by lightning.
suo sonitu claro ~iuit Iuppiter NAEV.*trag.*12;—~itae sunt alternae arbores PL.*Trin.*539; LUCIL.644; ~itum, quod fulmine ictum contrariis diis VAR.*L.*5.70; nemo amicitiam eius extimuit, nemo quasi ~itum refugit SEN.*Dial.*5.23.6.

fulgurō ~āre ~āuī ~ātum, *intr.*, (*tr.*). [FVLGVR+-O³]

1 (impers.) It lightens; (also pers. of Jupiter or the sky); (pple. in pass. sense) struck by lightning. **b** (fig., of eloquence, etc.).
quare aliquando non ~at et tonat? SEN.*Nat.*2.18; minore ..ui ad ~andum opus est quam ad fulminandum 2.23.1; sine tonitribus ~at PLIN.*Nat.*2.145; 18.354;—Ioue tonante, ~ante CIC.*Div.*2.42; saeuo Ioue ~at aether *Aetna* 609;—omnibus ~atis odor sulphuris est SEN.*Nat.*2.21.2. **b** ~are in nullo umquam uerius dicta uis eloquentiae PLIN.*Nat.* pr.5; (oratio) lata et magnifica et excelsa tonat, ~at PLIN. *Ep.*1.20.19.

2 To shine, glitter, gleam.
Icarii quamuis iuba ~et astri STAT.*Theb.*4.778; late ~at umbo SIL.1.467; nitor splendidus..contra solis aciem uegetus ~at APUL.*Met.*2.9;—(*w. abl.*) domus iam ~at auro STAT.*Theb.*4.191; 5.440; coronam, quae rosis amoenis intexta ~abat APUL.*Met.*11.13.

fulica ~ae, *f.* [cf. perh. Gk. φαλαρίς] FORMS: *fulca* (cj., *metri gratia*, for *fulica*) FUR.ANT. *poet.*4. A water-fowl, prob. the coot; also, an unidentified sea-bird.
ah ~a, paene perdidisti AFRAN.*com.*264; nunc celebres mergis ~isque palustribus undae OV.*Met.*8.625; PLIN.*Nat.* 11.122;—cum..marinae in sicco ludunt ~ae VERG.*G.*1.363.

fūlīgineus ~a ~um, *a.* [next+-EVS] Of or like soot, sooty.
liquefactum per totum os atramentum omnia..lineamenta ~a nube confudit PETR.108.2.

fūlīgō ~inis, *f.* [cf. Lith. *dúlis* 'mist', Skt. *dhūli-* 'dust'; for term. see -GO] Soot.
an tu eo pulchra uidere..si tibi illi non os oblitumst ~ine? PL.*Poen.*1195; quasi ~ine abstersa..in Capitolio praeclara senatus consulta fecisti CIC.*Phil.*2.91; adsidua postes ~ine nigri VERG.*Ecl.*7.50; ubi minime fumus est nec ~o potest nocere VITR.7.3.4; maxime proderit ~o ex aeno ulceri infricata COL.6.32.3; ~o ex aceto PLIN.*Nat.*26.121; (atramentum) fit..e ~ine 35.41; multa ueteris ~ine testae JUV. 5.35; (*pl.*) ab luminum crebris ~inibus corrumpuntur VITR. 7.4.4;—(*as a cosmetic*) supercilium madida ~ine tinctum JUV.2.93; 6.O21;—(*deposited in rooms, etc., lit by lamps*) redolet adhuc ~inem fornicis SEN.*Con.*1.2.21; ~o lucubrationum bibenda QUINT.*Inst.*11.3.23; cum..haereret nigro ~o Maroni JUV.7.227;—(*in fig. phr.*) atra..uerborum et argutiarum ~ine ob oculos audientium iacta GEL.1.2.7.

fulix ~icis, *f.*: var. of FVLICA, used by Cicero to translate Gk. ἐρωδιός.
cana ~ix..fugiens e gurgite ponti CIC.*Arat.Progn.*183.

fullō ~ōnis, *m.* [dub.]

1 A fuller, launderer.
stat ~o, phyrgio, aurufex, lanarius PL.*Aul.*508; *CIL* 1.2108; ut uestimentum apud ~onem cum cogitur VAR.*L.* 6.43; quod eum peius formidant quam ~o ululam *Men.*539; SEN.*Nat.*1.3.2; ego non cotidie lauor; baliscus enim ~o est, aqua dentes habet PETR.42.2; PLIN.*Nat.*28.66; FRON.*Aq.*91; si ~oni polienda curandane..uestimenta dederim GAIUS *Inst.*3.143;—(*the title of a play*) in ~one furem manuarium appellat (Laberius) GEL.16.7.3.

2 a (applied as a name to a kind of beetle). **b** (as a cognomen).
a tertium (scarabaeum), qui uocatur ~o, albis guttis PLIN.*Nat.*30.100. **b** *Fast.Cos.Cap.*18a(*CIL* 1.p.24); LIV. 33.24.2.

fullōnia ~ae, *f.* [FVLLONIVS] The fuller's trade, fulling.
si non didicisti ~am PL.*As.*907.

fullōnica ~ae, *f.* [FVLLONICVS] FORMS: *fulon- CIL* 1.1539.6.

1 A fuller's shop or work-place.
coicior in ~am LABER.*com.*147; haec (aqua) ipsa non in alium usum quam in balnearum aut ~arum dabatur FRON. *Aq.*94; ULP.*dig.*39.3.3.

2 Fuller's work, fulling.
QVINQVAGINTA DVO NVMMOS OB ~AM *CIL* 4.3340.141.

fullōnicum ~ī, *n.* [next] A fuller's shop.
quae uolgo deuersoria uel ~a appellant ULP.*dig.*7.1.13.8.

fullōnicus ~a ~um, *a.* [FVLLO+-CVS] Of or for fulling.
pilam ligneam I, ~am I CATO *Agr.*10.5; artem..uti sutrinam, ~am VITR.6.pr.7.

fullōnius ~a ~um, *a.* [FVLLO+-IVS] Of or for fulling; CRETA *~a*, fuller's earth.
pilam..~am I CATO *Agr.*14.2; saltus..ille..~us SEN.*Ep.* 15.4; ~am artem PLIN.*Nat.*7.196; in spinis, ex quibus fiunt aenae ~ae 27.92; TABERNARVM ~ARVM *CIL* 2.5181.43; (*cf.*) cras mihi potandus fructus est ~us (*perh., take a drubbing*) PL.*Ps.*782.

fulmen ~inis, *n.* [<**fulg-men* (FVLGEO+-MEN)]

1 Lightning that strikes, a 'thunderbolt'. **b** (regarded as an omen). **c** (as the weapon of Jupiter).
homo si ~ine occisus est *Lex Reg.*(*Font.iur.*p.8); qui ~ine claro omnia per sonitus arcet ENN.*Ann.*542; terribili perculsus ~ine ciuis CIC.*Cons.*fr.2; ~inum iactus *Catil.*3.18; ~en detulit in terram mortalibus ignem LUCR.5.1092; Enceladi semustum ~ine corpus VERG.*A.*3.578; milites quosdam ictos ~inibus LIV.22.1.9; passim cadentium ~inum species uisebatur CURT.8.4.4; ~en est fulgur intentum SEN.*Nat.*2.57.3; PLIN.*Nat.*2.133; quem (*sc.* Periclea) ~inibus..comparant comici QUINT.*Inst.*12.10.24; (*w. ref. to its speed*) uentis et ~inis ocior alis VERG.*A.*5.319; equum..~inis ire modo OV.*Am.*3.4.14. **b** tribunus plebis sinistrum ~en nuntiabat CIC.*Phil.*2.99; aiunt (Etrusci) aut perpetua esse ~ina aut finita aut prorogatiua SEN.*Nat.*2.47. **c** quae quondam ~ine icit Iuppiter NAEV.*trag.*10; CIC. *N.D.*3.84; VERG.*A.*1.230; ministrum ~inis alitem HOR. *Carm.*4.4.1; ~inis auctor STAT.*Theb.*10.800; contemnere ~ina pauper creditur (*i.e. perjures himself with impunity*) JUV.3.145; (*cf., as an emblem of divinity*) ~inibus manes radiisque ornabit et astris..Roma LUC.7.458; (*as a cult-title*) IOVI ~INI FVLGVRI TONANTI *CIL* 11.4172; 12.1807; (*cf.*) pecudum..magistri in Capitolinos duxissent ~ina montis MAN.4.28.

2 A representation of a thunderbolt.
decretum est Ioui primum donum fulmen aureum..fieret LIV.22.1.17; STAT.*Theb.*3.223.

3 (poet. = FVLGVR) A dazzling flash of light.
clipeo..micantia ~ina mittit VERG.*A.*9.733.

4 (fig., of a deadly weapon, threat of destruction, etc.). **b** (of generals). **c** (of violent utterances or sim.).
~en est, ubi cum potestate habitat iracundia PUB.*Sent.* F.19; dictatorium ~en in se intentatum LIV.6.39.7; tu, me quo possis perdere, ~en habes OV.*Am.*1.6.16; ~en habent acres in aduncis dentibus apri *Met.*10.550; cum..castum uibraret Iulia ~en STAT.*Silv.*5.2.102; destinatum..Romanis iam diu ~en Saguntino igne conflauit FLOR.*Epit.*1.22(2.6.9). **b** Scipiadas, belli ~en, Carthaginis horror LUCR.3.1034; duo ~ina nostri imperi..Cn. et P. Scipiones CIC.*Balb.*34; VERG.*A.*6.842; ~en..quod omnis percuteret pariter populos LUC.10.34; ~en subitum Carthaginis Hannibal adsit SIL. 15.664; (*cf.*) Caesarei prope ~en equi STAT.*Silv.*5.1.133. **c** cuius (*sc.* Demosthenis) non tam uibrarent ~ina illa, nisi numeris contorta ferrentur CIC.*Orat.*234; insanire tibi uideris, quod imitere uerborum meorum, ut scribis, '~ina'? *Fam.*9.21.1; ~ina illa Ciceronis COL.1.pr.30; post hoc ~en Habinnas rogare coepit, ut iam desineret irasci PETR.75.1; QUINT.*Inst.*8.6.7.

5 A sudden disaster, crushing blow; a shocking piece of news.
~ina fortunae CIC.*Tusc.*2.66; quae duo ~ina domum meam per hos dies perculerint LIV.45.41.1; uenit in hoc illa ~en ab arce caput OV.*Tr.*1.1.72; QUINT.*Inst.*6 pr.10;—trinas (litteras) ante legeram quibus meliuscule Lentulo esse scriptum erat. ecce quartae ~en! CIC.*Att.*4.6.2.

fulmenta ~ae, *f.* [var. of next] A prop, support.
~as iubeam suppingi socco? (*i.e. to increase his height*) PL.*Trin.*720; postes, iugumenta, asseres, ~as CATO *Agr.*14.1; subicit huic fulcrum, ~as quattuor addit LUCIL.160.

fulmentum ~ī, *n.* [FVLCIO+-MENTVM] A support, prop; a leg (of a piece of furniture).
contra capitula ex ~is dispositae pilae sunt conlocatae VITR.5.1.9; uni pedi subiciendum ~um est, atque ita lectus huc et illuc manu inpellendus CELS.2.15.4; (*fig.*) eodem illo 'et' omnis binos consules colligare possumus..cum ~um ex una syllaba illud 'et' maneat unum VAR.*L.*8.10;—LABRVM CVM ~IS MARMOR(eum) *CIL* 6.10237; (*prov.*) ~a lectum scandunt VAR.*Men.*586.

fulmināris ~is ~e, *a.* [FVLMEN+-ARIS] (as a title of Jupiter) Hurling thunderbolts.
IOVI SACR(um) ~I *CIL* 5.2474.

fulminātiō ~ōnis, *f.* [FVLMINO+-TIO] The falling of a thunderbolt.
fulguratio ostendit ignem, ~o emittit SEN.*Nat.*2.12.1; 2.12.2.

fulminātor ~ōris, *m.* [FVLMINO+-TOR] (as a title of Jupiter) The hurler of thunderbolts.
fulgurator et tonitrualis et ~or APUL.*Mun.*37.

fulminātus ~a ~um, *a.* [FVLMEN+-ATVS²] (as the title of a legion) Provided with thunderbolts.
PRIMIPILARIS LEG(ionis) XII ~AE *CIL* 3.30; 8.7079.

fulmineus ~a ~um, *a.* [FVLMEN+-EVS]

1 Belonging to, also caused by, a lightning-flash. **b** like that of a lightning-flash or of thunder.
~us..ignis LUCR.2.382; ictu ~o HOR.*Carm.*3.16.11; ~os ..ignis STAT.*Silv.*5.1.68;—cum regia Cadmi ~um in cinerem..consedit *Theb.*3.184; 7.326;—(*cf.*) ~i per uos cunabula Bacchi 10.424. **b** ~um iubar incendit aequor PETR.89,l.39; ~us quatit ora (monstri) fragor V.FL.2.501.

2 Acting like a lightning-flash (with regard to speed of movement, destructiveness, etc.). **b** (spec.) having the speed of lightning.
(*of warriors, their attributes, etc.*) ~us Mnestheus VERG.*A.* 9.812; ~am..dextram SIL.3.319; ~i gliscens iuuenis furor 9.393; ~a toruum exclamat Marcellus ab ira 11.99;—(*of wild beasts*) aper..~o rabidos cum rotat ore canes OV.*Ars* 2.374; PHAED.1.21.5; Nemeaeus..~us leo SEN.*Ag.*830; (taurus) bis ~is se flatibus infert V.FL.7.583; APUL.*Met.*8.4;—(*of weapons*) uagina..eripit ensem ~um VERG.*A.*4.580; LUC.6.239; STAT.*Theb.*10.272. **b** donec ~o partus uestigia cursu colligat (*sc.* tigris) SIL.12.461; 14.447.

fulminō ~āre ~āuī ~ātum, *intr., tr.* [FVLMEN+-O³]

1 (intr., impers.) Lightning strikes; (also pers., of Jupiter or the sky) to cause lightning to strike. **b** to flash fiercely; (also w. internal acc.).
Boreae de parte trucis cum ~at VERG.*G.*1.370; minore.. ui ad fulgurandum opus est quam ad ~andum SEN.*Nat.* 2.23.1; 7.4.2;—~antis magna manus Iouis HOR.*Carm.*3.3.6; IOVI TONANTI ~ANTI *CIL* 11.3773; ~antis caeli..horridam faciem SEN.*Nat.*6.32.4; disiectis nubibus ~at caelum APUL. *Mun.*22. **b** ~at illa oculis PROP.4.8.55; oculis quoque pupula duplex ~at OV.*Am.*1.8.16;—spiritus..qui ~at ignis *Aetna* 345.

2 (transf.) To spread sudden disaster, strike like lightning.
Caesar dum magnus ad altum ~at Euphraten bello VERG.*G.*4.561; ~at Aeneas armis *A.*12.654; non stricto ~at ense manus OV.*Am.*2.2.64; totum..per orbem ~at (fortuna) *Epic.Drusi* 374; genti..solo Marte ~anti PLIN.*Nat.* 30.6.

3 (pass.) To be struck with lightning; (fig.) to be thunderstruck.
uulnera ~atorum frigidiora sunt reliquo corpore PLIN. *Nat.*2.145; tyrannus in foro ~atus est QUINT.*Decl.*274(p.120, l.26); (*cf.*) pars superior mundi..omni tumultu caret, inferiora ~antur SEN.*Dial.*5.6.1; (*poet.*) sic natum Nasamonii Tonantis post ortus obitusque ~atos angusto Babylon premit sepulcro STAT.*Silv.*2.7.94;—~atus hac pronuntiatione PETR.80.7.

fulsī: pf. of FVLCIO and FVLGEO.

fultūra ~ae, *f.* [FVLCIO+-VRA]

1 The propping or shoring up (of buildings, etc.).
leui pretio ~a conducitur SEN.*Ben.*6.15.7; frustra titubantium (tectorum) ~a temptatur *Nat.*3.27.6; ULP.*dig.*8.5.8.

2 That which holds up or supports, a prop, stay; (also transf.).
uehemens aquae uis inmissa supplantauit ~as VITR.10. 16.11; suspenso ~is..muro LIV.38.7.9.; PILAS AVT ~AS FIRMAMENTI CAVSA RELICTAS *Lex Vip.*31(*Font.iur.*p.295); ut eximantur trabes sine ~is ac reponantur PLIN.*Nat.*36.100; —ni cibus atque ingens accedit stomacho ~a ruenti HOR.*S.* 2.3.154; corpori uaco, cuius ~is animus sustinetur PLIN.*Ep.* 1.9.4.

fultus ~a ~um: pple. of FVLCIO.

Fuluiānus ~a ~um, *a.* Of or belonging to a Fuluius or Fuluia; *herba ~a*, an unidentified plant.
adhaerens..~ae stolae pugio V.MAX.3.5.3; EX FIGLINIS ~IS *CIL* 15.223;—herba ~a..nomen inuentoris habet PLIN. *Nat.*26.88.

Fuluius ~a ~um, *a.* A Roman gentile name.
post Q. ~um Q. Fabium consules CIC.*Agr.*2.90; *Planc.*20; —(*fem.*) *Att.*14.12.1.

fuluor ~ōris, *m.* [next+-OR] Tawny red colour.
fulmen dictum a ~ore flammae PAUL.*Fest.*p.92M.

fuluus ~a ~um, *a.* [cf. *flauus*] Brown (app. ranging between a dull yellow and a reddish-brown), tawny, sandy, etc.
~ae nubis caligine crassa LUCR.6.461; sidera ~a TIB. 2.1.88; lilia..~is horrentia linguis OV.*Met.*10.191; iaspide ~a supellex LUC.10.122; ~us..de rufo atque uiridi mixtus GEL.2.26.11;—(*of dust or sand*) puluis ~a uolat ENN.*Ann.* 315; ~ae nimbus harenae VERG.*G.*3.110; ~o..Tagum decurrere limo STAT.*Silv.*1.2.127;—(*of animals*) nuntia ~a Ious miranda uisa figura (*i.e. the golden eagle*) CIC.*Mar.*fr.1 (*Leg.*1.2); corpora ~a leonum LUCR.5.901; ~os..lupi de pelle galeros VERG.*A.*7.688; ~us aper OV.*Ars* 2.373; ~ae.. auis *Fast.*5.732;—(*of hair*) nudo cui uertice ~a caesaries VERG.*A.*11.642; PROP.2.2.5;—(*of gold or bronze*) aera ~a ENN.*Ann.*454; ~o..auro TIB.1.1.1; uellera ~a OV.*Ep.*6.14; ~is (*i.e. golden*) donabere frenis SIL.4.269;—(*internal acc.*) ~um..nitet MAN.2.912.

fūmārium ~(i)ī, *n.* [FVMVS+-ARIVM] A smoke-room where wine was stored to mature.
~ium..in parte rusticae uillae fieri potest COL.1.6.19; inproba Massiliae quidquid ~ia cogunt MART.10.36.1.

fūmeus ~a ~um, *a.* [FVMVS+-EVS] Full of smoke, smoky, murky.
~a taedis lumina VERG.*A.*6.593; Acheron..~us V.FL. 4.596; (*cf.* FVMARIVM) ~a Massiliae..uina MART.13.123.2.

fūmidus ~a ~um, *a.* [FVMVS+-IDVS]

1 (of torches, fires) Smoking, smoky; (of places, etc.) full of smoke, smoky. **b** steaming.
fax..~a LUCR.3.304; piceum fert ~a lumen taeda VERG. *A.*9.75; altaria..~a OV.*Met.*12.259; crassi ~ique ignis SEN.*Nat.*1.15.5; propter uaporem ~am exhalari caliginem PLIN.*Nat.*2.111; ~us..Phlegethon STAT.*Theb.*4.523;—~a.. caeli..templa LUCR.6.644; ~a..per tecta OV.*Met.*4.405. **b** furit intus aquai ~us..amnis VERG.*A.*7.465.

2 a Smoky in appearance. **b** tasting of smoke, smoky.
a ~ae..chrysolitho similes PLIN.*Nat.*37.101; iaspidis ~ae 37.151. **b** uitia (resinae)..acor aut ~um uirus PLIN. *Nat.*14.127.

fūmifer ~era ~erum, *a.* [FVMVS+-FER] Producing smoke or steam, smoky.
~eram noctem VERG.*A.*8.255; ~eros..ignis 9.522; Aponus terris ubi ~er exit LUC.7.193; ~erae nubes *Ilias* 599; ~eram..lampada STAT.*Theb.*8.466; SIL.13.570.

fūmificō ~āre ~āuī, *intr.* [FVMVS+-FICO] To make smoke (by burning incense).
ut Ephesiae Dianae..Arabico ~em odore amoene PL. *Mil.*412.

fūmificus ~a ~um, *a.* [FVMVS+-FICVS] Making smoke.
Epeum ~um qui legioni nostrae habet coctum cibum PL. fr.inc.118; ~is..locum mugitibus inpleuerunt OV.*Met.*7.114.

fūmigans ~ntis, *a.* [next] (in senses of vb.; also) Producing smoke or fog.
caelum atrum et ~ntes globi GEL.19.1.3.

fūmigō ~āre ~āuī ~ātum, *tr.* [FVMVS+-IGO¹] To treat with or subject to smoke, smoke, fumigate.
~ans leniter eas (*sc.* aluos) VAR.*R.*3.16.17; COL.8.5.16; si..superioris uicini ~andi causa fumum faceret JAVOL.*dig.* 47.10.44; parietes ~atos APUL.*Apol.*58.

fūmō ~āre ~āuī, *intr.* [FVMVS+-O³]

1 To emit smoke or fumes, smoke. **b** (spec., of altars). **c** (as a sign of catching fire, of being alight, or of the last stages of burning).
ita domus ipsa ~abat ut.. CIC.*Sest.*24; ~antis..taedas VERG.*A.*7.457; tellus ~at qua taeter labitur anguis MACER *poet.*8; odorem culinarum ~antium SEN.*Ep.*104.6;—(*w. abl.*) nubem turbine ~antem piceo VERG.*A.*3.573; ignibus atria ~ant OV.*Met.*12.215; Amazoniis Tanain ~asse sepulcris STAT.*Theb.*12.578;—(*of fire-breathing animals*) uiso ~antes hospite tauri V.FL.7.283; (*cf.*) nec..~antem nasum uiui temptaueris ursi MART.6.64.28. **b** ~antibus aris CIC. *poet.*22.8(*Div.*2.63); CATUL.64.393; ~ant altaria donis LUCR.6.752; propter quem..arae sacrificiis ~ent LIV.8. 33.20; (*cf.*) ardens ~at harena sacris STAT.*Silv.*3.1.140. **c** iam intus uentris ~ant focula PL.*Per.*104; est animaduersum ~are aggerem CAES.*Gal.*7.24.2; iam summa procul uillarum culmina ~ant VERG.*Ecl.*1.82; ~antem rapidis quatiebat cursibus axem SIL.2.81; 8.282; tabulata tibi iam tertia ~ant JUV.3.199; (*fig.*) ~antem incendisti [QUINT.] *Decl.*12.15;—conscia ~abunt semper ad ora faces OV.*Ib.* 158; ~antes incoquet igne genas 184; non plebeio ~are Menoeceа busto..sinunt STAT.*Theb.*12.60; JUV.1.156;—cum ~antis etiam nostras nauis reliquissent CIC.*Ver.*5.95; omnis humo ~at Neptunia Troia VERG.*A.*3.3; LIV.31.24.3; Hyperionium tepido Phaethonta sorores ~antem lauere Pado STAT.*Theb.*12.414; ~antia procul tecta TAC.*Ag.*38.2; (*pres. pple. in prol. use*) aequa solo ~antia culmina ponam VERG.*A.*12.569.

2 (of liquids or moist substances) To give off vapour, steam. **b** (of newly cooked food). **c** (of animals) to steam (with the sweat of exertion).
recenti fossione terram ~are calentem CIC.*N.D.*2.25; acri sulpure montes oppleti calidis ubi ~ant fontibus aucti LUCR.6.748; tepidus..cruor ~abat ad aras VERG.*A.*8.106; mediis Tanais ~auit in undis OV.*Met.*2.242;s anguine ~ant stagna STAT.*Theb.*11.81; ~ant balnea *Silv.*1.3.43; manum.. quae ~are mihi adhuc filii mei sanguine uidetur QUINT. *Decl.*291(p.162,l.5). **b** si ducor libo ~ante HOR.*S.* 2.7.102; OV.*Fast.*3.671; ardentes boletos..demittunt paene ~antes SEN.*Nat.*4b.13.10; grandes ~abant pultibus ollae JUV.14.171. **c** tempus equum ~antia soluere colla VERG. *G.*2.542; ~ant sudoribus artus LUC.4.754; ~ant crebro praecordia pulsu V.FL.4.285; ~antis..genas crinemque nouatur fontibus STAT.*Ach.*1.179.

3 To be clouded or dense as with smoke or steam.
uti..cacumina..magis edita ~ent assidue fuluae nubis caligine crassa LUCR.6.460; ~antis puluere campos VERG.*A.* 11.908; praecipitent altis ~antes montibus imbres *Dirae* 76; (*poet.*) arua coquit (*sc.* Sardinia) nimium, cancro ~antibus Austris SIL.12.374.

fūmōsus ~a ~um, *a.* [next+-OSVS]

1 Abounding in smoke, smoke-covered, smoky. **b** (of wine-jars) grimy from exposure to smoke. **c** emitting much smoke, smoky.
cola..prelorum ~is deripe tectis VERG.*G.*2.242; ~o parieti PETR.135.4; (*as a sign of antiquity*) commendatione ~arum imaginum CIC.*Pis.*1; SEN.*Ep.*44.5; JUV.8.8;—(*poet.*) ~o mense Decembri OV.*Tr.*2.491; MART.5.30.5; ~a Palilia faeno PERS.1.72. **b** ~os ueteris..Falernos consulis TIB.2.1.27; ~o condita uina cado OV.*Fast.*5.518; MART.12.82.11. **c** flamma minus ~a exibit CATO *Agr* 38.4; neque ~a erunt (ligna) et ardebunt bene 130; ~is.. focis OV.*Fast.*4.638.

2 (of food) Treated with smoke, smoked.
~ae cum pede pernae HOR.*S.*2.2.117; fissa ~um sinciput aure PERS.6.70; caseus ~us MART.13.32.

fūmus ~ī, *m.* [cf. Skt. *dhūmáḥ*, Lith. *dúmai*, OSl. *dymъ*; Gk. θυμός]

1 Smoke, fumes; (pl.) clouds of smoke. **b** (as a sign of the presence of fire; as preceding fire). **c** (w. ref. to the suspension of food, wine, or other materials above a fire for maturing, curing, etc.). **d** (as a means of torture or execution).
de suo tigillo ~us si qua exit foras PL.*Aul.*301; in lignis si flamma latet ~usque cinisque LUCR.1.871; significatione per castella ~o facta CAES.*Civ.*3.65.2; equites cum intrare ~um et flammam densissimam timerent HIRT.*Gal.*8.16.2; caelum subtexere ~o VERG.*A.*3.582; foeda nigro simulacra ~o HOR.*Carm.*3.6.4; ~one uicti..uelut examen apum.. cedetis hosti? LIV.4.33.4; ~o crepituque uiridis materiae flagrantis ita consternauit hostes 6.2.11; ligna macerata amurca nullo ~i taedio ardere PLIN.*Nat.*15.34;—(*from a funeral pyre*) fraterno ueniet concordia ~o OV.*Ib.*35;—(*from cooking and other domestic activities*) in illo ganearum tuarum nidore atque ~o CIC.*Pis.*13; omitte mirari beatae ~um.. Romae HOR.*Carm.*3.29.12; amici, propter quos maior ~us fieret SEN.*Ep.*64.1; calceus hinc est et panis ~usque domi JUV.1.120;—(*of a particular kind*) ~o turis OV.*Met.*11.248; (tussilaginis) ~us per harundinem haustus PLIN.*Nat.*26.30; —(*as a type of the unsubstantial*) dissolui..omnem animai naturam, ceu ~us, in altas aeris auras LUCR.3.456;—(*pl.*) nebulae ~ique uolantes 6.104; ~os e ture coortos OV.*Tr.* 5.5.29. **b** argumentum quod numquam aliter sit certumque declaret, ut ~us ignem CIC.*Part.*34; castra, ut ~o atque ignibus significabatur, amplius milibus passuum octo.. patebant CAES.*Gal.*2.7.3; cum Volscos adesse ~o ex incendiis..cognitum est LIV.2.63.2; optat ~um de patriis posse uidere focis OV.*Pont.*1.3.34;—flamma ~o est proxuma; ~o comburi nil potest, flamma potest PL.*Cur.*53; non ~um ex fulgore, sed ex ~o dare lucem cogitat HOR.*Ars* 143. **c** pernas..suspendito in ~o biduum CATO *Agr.*162.3; suspensa focis explorat robora ~us VERG.*G.*1.175; amphorae ~um bibere institutae HOR.*Carm.*3.8.11; glans..~o tabulatis recondenda est COL.7.9.8; uinum diutino ~o inueteratum PLIN.*Nat.*23.40. **d** hominem..~o excruciatum semiuiuum reliquit CIC.*Ver.*1.45; Nucerinos..uapore et ~o balnearum strangulando V.MAX.9.6.ext.2; nec..sulpuris te letali ~o necabo APUL.*Met.*9.27.

2 Steam or mist, vapour.
(terra) quae tenuem exhalat nebulam ~osque uolucris VERG.*G.*2.217; is qui ex his ab ignis uapore ~us suscitatur ..inuenitur esse argentum uiuum VITR.7.8.2; deiectu.. graui tenues agitantia ~os nubila OV.*Met.*1.571.

3 (transf.) That which has no substance; *~um uendere*, to sell something which does not materialize.
pullatis ut mihi nugis pagina turgescat dare pondus idonea ~o PERS.5.20; (*in a pun w. sense 1*) oculi dolent. — qur? — quia ~u' molestust PL.*Mos.*891;—uendere nec uanos circa Palatia ~os MART.4.5.7; Aemiliano, homini rustico, ~um uendidit APUL.*Apol.*60.

fūnāle ~is, *n.* [next]

1 A torch of wax- or tallow-soaked rope.
HVIC PERMISSVM EST VT..DO(MVM CVM TIBICI)NE ET FVNALI REDIRET *Elog.*11(*CIL* 1.p.193); *CIL* 1.594.1.3.22; VAR.in SERV.*A.*1.727; noctem flammis ~ia uincunt VERG.*A.* 1.727; hic ponite lucida ~ia HOR.*Carm.*3.26.7; cui, nocturnus honos, ~ia clara sacerque..tibicen adest SIL.6.667; FLOR.*Epit.*1.18(2.2.10).

2 A chandelier.
ab aede lampadibus densum rapuit ~e coruscis OV.*Met.* 12.247.

fūnālis ~is ~e, *a.* [FVNIS+-ALIS]

1 Made of rope; *cereus ~is* = FVNALE 1.
delectabatur cereo ~i et tibicine CIC.*Sen.*44; ad ~em cereum praeeunte tibicine..domum reuerti solitus est V] MAX.3.6.4.

2 *equus ~is*, A trace-horse.
currum Augusti comitatus est sinisteriore ~i equo SUET. *Tib.*6.4; HYG.*Fab.*183.1.

fūnambulus ~ī, *m.* [FVNIS+AMBVLO+-VS] A tightrope walker.
TER.*Hec.*4; ~i..exspectatio 34; MES.COR.*orat.*32; SUET. *Gal.*6.1.

functiō ~ōnis, *f.* [FVNGOR+-TIO] The carrying out, performance, execution (of a task).
ut iis iucundior esset muneris illius ~o CIC.*Ver.*3.15; labor est ~o quaedam uel animi uel corporis grauioris operis et

muneris *Tusc*.2.35; PAUL.*dig*.12.1.2.1; cum ex aliquo fulgure ~o fieri coepit FEST.p.289M.

functus ~a ~um, *a*. [pple. of FVNGOR] (in senses of vb., esp.) Dead; (masc. pl. as sb.) the dead.
~i cineribus regis hoc decuit dari SEN.*Oed*.240; ~a ducum ..corpora STAT.*Theb*.12.137; (*poet.*) ~as..manu stimulauimus iras 12.437;—ut daret ~is uiam SEN.*Oed*.579; aegras ~orum carpere fibras STAT.*Theb*.4.511.

funda ~ae, *f*. [dub.; cf. Gk. σφενδόνη]

1 A leather strap for hurling stones, a sling.
uiscum legioni dedi ~asque PL.*Poen*.478; ~am tibi nunc nimi' uellem dari, ut tu illos procul hinc ex occulto caederes TER.*Eu*.786; stridore ~arum *B.Afr*.83.2; VERG.*G*.1.309; plumbea cum tortae sparguntur pondera ~ae PROP.4.3.65; ~as lapidesque missiles hi secum gerebant LIV.1.43.7; ~a saxa librare CURT.4.14.5; STAT.*Theb*.8.416;—(*w. ref. to the effect of the missile*) inde ~is, sagittis, tormentis hostis propelli..iussit CAES.*Gal*.4.25.1; in aduersum os ~a uulneratur 5.35.8; quem ~a procul per inane uoluta sopierat SIL.10.151;—(*w. ref. to distance of a sling-shot*) quantum Balearica torto ~a potest plumbo medii transmittere caeli OV.*Met*.4.710.

2 a A casting-net (for fishing). **b** a hollow setting for a jewel, collet, bezel.
a latum ~a iam uerberat amnem VERG.*G*.1.141. **b** praestantiores (iaspides) ~a cluduntur, ut sint patentes ab utraque parte PLIN.*Nat*.37.116; 37.126.

fundāmen ~inis, *n*. [FVNDO²+-MEN] A foundation.
(apes) lentum de cortice gluten prima fauis ponunt ~ina VERG.*G*.4.161; Siculae..~ina terrae OV.*Met*.5.361; iaciunt ~ina ciues *Fast*.4.835; MAN.1.728; (*transf.*) quoniam ~ine magno res Romana ualet OV.*Met*.14.808.

fundāmentum ~ī, *n*. [FVNDO²+-MENTVM]

1 A substructure for a building, foundation. **b** *a ~is diruere*, etc., to raze to the ground. **c** (astrol., app.) the nadir.
non uideor mihi sarcire posse aedis meas quin totae perpetuae ruant, cum ~o perierint PL.*Mos*.148; ~a supra terram pede CATO *Agr*.14.4; ~A MVROSQVE AF SOLO FACIVNDA COERAVE *CIL* 1.1522; in isdem ~is aedificare *Rhet.Her*.4.63; agere ~a CIC.*Mil*.75; CAES.*Civ*.2.11.3; hic alta theatris ~a locant VERG.*A*.1.428; ~orum ad solidum depressio VITR.1.3.2; prima urbi ~a ieci LIV.1.12.4; fodientes delubro ~a PLIN.*Nat*.28.15; QUINT.*Inst*.1.pr.4; TAC.*Hist*.4.53; (*cf.*) ut..ista (*sc. meteors, etc.*)..cito intercidant, quia sine ~o et sede certa sunt SEN.*Nat*.1.1.10; solum (*i.e. treading*)..hominis exitium herbae et semitae ~um VAR.*R*.1.47. **b** arcem Syracusis..a ~is disiecit NEP.*Timol*.3.3; Albam..a ~is proruerant LIV.26.13.16; urbs diruta a ~is 42.63.11; 42.67.9; (*cf.*) a ~o mi usque mouisti mare PL.*Rud*.539. **c** stent ~a sub imo MAN.3.507.

2 (fig., or in fig. phrs.) That on which a thing depends or is based, a basis, foundation. **b** that which is indispensable, a fundamental necessity.
parentes fabri liberum sunt: i ~um supstruont liberorum PL.*Mos*.121; analogiae ~um esse..naturam et usum VAR.*L*.9.63; ad euertenda ~a rei publicae CIC.*Catil*.4.13; nullum est enim ~um horum criminum, nullae sedes *Cael*.30; pietas ~um est omnium uirtutum *Planc*.29; immortalia si uolumus subiungere rebus ~a quibus nitatur summa salutis LUCR.2.863; ut ~o stabili fortuna maneret 5.1121; ~a ruunt artis MAN.3.207; quae uictoria futurae eius..potentiae gradus et ~um extitit V.MAX.1.6.4; non a summis labris ista uenerunt, habent hae uoces ~um SEN.*Ep*.10.3; ~a iaciuntur impudentiae QUINT.*Inst*.12.6.2; ab hoc ~o maiores..uidentur constituisse rationem FRON.*agrim*.p.11. **b** standi ~um pes VAR.*L*.5.95; quod est ~um ac robur totius accusationis CIC.*Mur*.58; ~um..est iustitiae fides *Off*.1.23; quin..conciderit corpus, penitus quia mota loco sunt ~a LUCR.3.586; uelut caput et ~um intellegitur totius testamenti heredis institutio GAIUS *Inst*.2.229; ~um..conseruandae hominum perpetuitatis GEL.12.5.7.

3 (poet.) That which has been founded, a foundation.
(Saguntum) ~a deum Romanaque foedera cernis SIL.1.447.

Fundānius ~a ~um, *a*. A Roman gentile name.
CIC.*Q.fr*.1.2.10; HOR.*S*.1.10.42; (*fem.*) VAR.*R*.1.1.1.

fundānus¹ ~a ~um, *a*. [FVNDVS+-ANVS] Having the status of *fundus* (see FVNDVS 2b)
IN MVNICIPIO ~O *CIL* 1.593.159.

Fundānus² ~a ~um, *a*. Of or belonging to Fundi; (neut. as sb.) wine of Fundi.
ager..~us CIC.*Agr*.2.66; lacus ~us PLIN.*Nat*.3.59;—quae in uineis arbustisque nascuntur ~a 14.65; MART.13.113.1; *CIL* 15.4568.

fundātiō ~ōnis, *f*. [FVNDO²+-TIO] A foundation.
~ones eorum operum fodiantur..ad solidum VITR.3.4.1; 5.3.3; 6.8.1.

fundātor ~ōris, *m*. [FVNDO²+-TOR] One who founds or establishes, founder.
Praenestinae ~or..urbis VERG.*A*.7.678; Solone..qui legum Atticarum ~or fuit APUL.*Pl*.1.1; ~oribus rerum publicarum 2.24; SEVERI..PACATORIS ORBIS ET ~ORIS IMPERII ROMANI *CIL* 2.1969.

fundātus ~a ~um, *a*. *compar*. ~ior, *superl*. ~issimus. [pple. of FVNDO²] In senses of vb., esp.:

1 Having secure foundations.
cum ~ior erit ex harenato directura VITR.7.3.5.

2 Securely established, firmly founded.
subitas ~issimae familiae ruinas CIC.*Dom*.96.

Fundī ~ōrum, *m.pl*. A town in Latium.
VITR.8.3.12; MELA 2.71; SIL.8.529; SUET.*Gal*.4.1.

funditō ~āre ~āuī ~ātum, *tr*. [FVNDO¹+-ITO; in sense 2 connected w. *funda*; see also next]

1 To pour out continuously or in a stream.
qui..flammam uelut ardenti capite ~abat FLOR.*Epit*.2.26(4.12.16); (*insults*) cum cruciatu tuo istaec hodie, uerna, uerba ~as PL.*Am*.1033; monstrum mulieris, tantilla tanta uerba ~at *Poen*.273.

2 To shoot at with slings.
eo illos uolantis iussi ~arier PL.*Poen*.482.

funditor ~ōris, *m*. [FVNDA; for term. cf. *ianitor*, etc.] A soldier armed with a sling, slinger.
~ores et sagittarios SIS.*hist*.19; ~ores Balearis CAES.*Gal*.2.7.1; inter manipulos ~ores et sagittarios dispertit SAL.*Jug*.49.6; LIV.21.21.12; TAC.*Ann*.13.39.

funditus, *adv*. [FVNDVS+-ITVS¹]

1 (of buildings or cities) From the foundations; (usu. w. vbs. of destroying) 'to the ground'. **b** (of plants, hair) 'by the roots'. **c** (of other things) from the bottom, from the depths.
id (*sc.* monumentum) ~ deleuit ac sustulit CIC.*Ver*.4.79; Karthaginem et Numantiam ~ sustulerunt *Off*.1.35; pro..excisa..~ urbe *Ciris* 53; cur perirent (urbes) ~ HOR.*Carm*.1.16.20; sit Rhodus in terris an ~ deleatur LIV.45.24.9; VELL.1.12.5; ~ busta eruam SEN.*Tro*.663; SUET.*Ves*.9.1. **b** nam ~ canos puella, nigros anus euellerat PHAED.2.2.9; uinea..~ exstirpanda COL.4.22.8. **c** de terra..necessest ~ ipsa ignis corpora per totum consurgere fontem LUCR.6.884; conuulsi ~ maris insania SEN.*Suas*.1.4; si ab imo metus nascitur et ~ trahitur (*i.e. in an earthquake*) SEN.*Nat*.6.1.4; spumantem ~ amnem V.FL.4.195; (*in fig. phr.*) belli magnos commouit ~ aestus LUCR.5.1435; omnia ~ misceri SAL.*Rep*.2.6.1.

2 At the bottom, in the depths.
quia nil est ~us imum LUCR.1.997; omnis mundi quasi limus in imum confluxit grauis et subsedit ~ ut faex 5.497; (*fig.*) non prius..quam cuncto concepit corpore flammam ~ CATUL.64.93.

3 Utterly, completely, without exception: **a** (in contexts expr. overthrow, ruin, removal, etc.). **b** (in other contexts).
a perdidisti me sodalem ~ PL.*Bac*.560; quod si fit pereo ~ TER.*An*.244; ciuitatem ~ diiecisti *Rhet.Her*.4.38; Lacedaemonios ~ uicit CIC.*Inv*.1.55; ne spondeus quidem ~ est repudiandus *Orat*.216; nec earum rerum quemquam ~ natura esse uoluit expertem *deOrat*.3.195; ut..omnis memoria ~ ex oculis hominum ac mentibus tolleretur *Dom*.114; rem publicam ~ amisimus *Q.fr*.1.2.15; occidet ad nilum nimirum ~ ardor omnis LUCR.1.668; ~ deleti essent *B.Alex*.27.6; nec ~ omnes corporeae excedunt pestes VERG.*A*.6.736; ~ amissas nobilis familias TAC.*Ann*.3.6; ut tam dirae factionis ~ formido perematur APUL.*Met*.3.8; (*poet.*) sic cum uinceret inferos Orpheus carmine ~ SEN.*Her.O*.1080. **b** lares tectum nostrum qui ~ curant ENN.*Ann*.620; perspicere ut possis res gestas ~ omnis LUCR.1.478; quae nos natiua uidemus esse et mortali cum corpore ~ 1.755.

fundo¹ ~ere fūdī fūsum, *tr*. [cf. Goth. *giutan*, AS. *gēotan*; Gk. χύδην; also, χέω, Skt. *juhoti*]

1 To pour (fluids from a vessel), pour out; *extra ~i*, to be spilt. **b** (granular and sim. substances; also hyperb., w. larger objects). **c** to empty (a vessel or container).
in unguen caldum ~ito CATO *Agr*.80; e patera..sanguinem..~ere CIC.*Div*.1.46; hanc (*sc.* aquam) locis superioribus ~ere in partem Caesaris non intermittebat *B.Alex*.6.1; uina..~am calathis Ariusia VERG.*Ecl*.5.71; de patera nouum ~ens liquorem HOR.*Carm*.1.31.3; fusa..aqua PHAED.1.14.7; ex cortinis in labra ~endum (*sc.* oleum PLIN.*Nat*.15.22; (*cf., in fig. phr.*) maculis, quas..incuria fudit HOR.*Ars* 352; (*of a vessel, etc.*) ~eret ut nato testa paterna merum TIB.1.10.48;—(*in libations*) tunc ~e libans *Inc.trag*.256; fusa..in obscenum se uertere uina cruorem VERG.*A*.4.455; STAT.*Theb*.7.92;—(*w.* extra) traicere in caccabum amplum, ne extra ~atur LARG.45. **b** picem reliquasque res quibus ignis excitari potest ~ebant CAES.*Gal*.7.24.4; fusus erat terra frumenti pauper acervus *Mor*.16; segetem..corbibus fudere in Tiberim LIV.2.5.3; nuces..fusae ab Romanis castris, cum medio amni ad Casilinum defluerent, cratibus excipiebantur 23.19.12;—licet..pueros tres in gremium patris ~at JUV.5.142; ~ite quae mea sunt..cuncta 12.37. **c** ipsa tenens dextra pateram..candentis uaccae media inter cornua ~it VERG.*A*.4.61; duo..mero libans carchesia Baccho ~it humi 5.78; hanc (*sc.* pateram) undante mero ~ens STAT.*Theb*.1.552; (*cf.*) cornipedis fusa satiaris..uena SIL.3.361.

2 To cast, found (metals, etc.); to make by casting, cast.
ad aes ~endum VITR.2.7.4; cum ~endo plumbum flatur 8.6.11; pineis optume lignis aes ferrumque ~itur PLIN.*Nat*.33.94; uitro ~endo 34.148;—glandis ~ere *B.Afr*.20.3; quid fusum durius esset HOR.*S*.2.3.22; fistulae..pedum denum ~antur VITR.8.6.4; ipse se ex aere fudit PLIN.*Nat*.34.83; cum eius (*sc.* statuae) membra ~entur QUINT.*Inst*.2.1.12.

3 (w. abl.) To drench (with).
multo tempora ~e mero TIB.1.7.50; ossa..niueo ~ere lacte parent [TIB.]3.2.20.

4 To emit freely (from the body), pour out, shed (blood, tears, etc.); (also, of plants). **b** (of places, etc., also pass., in middle sense) to pour out (rivers); (of rivers) to pour out (water). **c** (of a woman) to give birth to. **d** (pass., of rain) to fall in a heavy shower, pour; (also act.) to cause (rain) to fall heavily.
lue patrium hostili fusum sanguen sanguine ACC.*praet*.4; totiens ob rem publicam fuso sanguine? SAL.*Hist*.2.98.2; ~itur ater ubique cruor VERG.*A*.11.646; multorum sanguinem hauserunt fusuri nouissime suum SEN.*Ben*.6.30.5; cruor..quem barbara ~unt pectora LUC.7.536; TAC.*Hist*.4.11; (*poet.*) animam moribundo corpore fudit LUCR.3.1033; uitam cum sanguine fudit VERG.*A*.2.532;—DESINITE..LACRVMAS ~ERE *CIL* 1.1215b.3; VERG.*A*.3.348; fletus..~ere OV.*Met*.11.672; SEN.*Dial*.6.1.2; (*cf.*) oculos in media orbitate fudisti [QUINT.]*Decl*.16.8;—(*other fluids*) totius umorem saccatum corpori ~unt LUCR.4.1028; uirus ~it in morsus PLIN.*Nat*.11.164; canes urinam ~unt 24.171; (*poet.*) conuertebat ibi natura foramina terrae et sucum uenis cogebat ~ere apertis LUCR.5.812;—plagae..obliquae..commodius aquam ~unt COL.4.24.7; radix in oleo non ~it sucum PLIN.*Nat*.22.50. **b** uaga muscosis flumina fusa iugis PROP.2.19.30; Odrysarum gens ~it Hebrum PLIN.*Nat*.4.40; Parhedris montibus, qui ~unt Absarrum 6.25; (Libanus) amnem Iordanen alit ~itque TAC.*Hist*.5.6; (*fig.*) flumen orationis aureum ~ens Aristoteles CIC.*Luc*.119; (*poet.*) gelidum riuum ~entis Aquari *Arat*.520 (274); Eurotan molli..fuderat auro (*i.e. embroidered in gold*) V.FL.1.430; amnem ~ens pater Inachus urna VERG.*A*.7.792;—~it Anigros aquas OV.*Met*.15.282; (*cf.*) in septem lacus eum (*sc.* Strymonem) ~i PLIN.*Nat*.4.38. **c** quem candida Maia..fudit VERG.*A*.8.139; quae male pignora fudi tam diuersa mihi? STAT.*Theb*.10.805. **d** ingentibus procellis fusus imber LIV.6.8.7; 6.32.6; hibernus imber repente fusus oculos aurisque impediebat TAC.*Hist*.3.69; 5.18;—cum..ante fuderit assiduas nubilus Auster aquas OV.*Pont*.2.1.26.

5 To send forth in a stream, emit; to shoot repeatedly (missiles). **b** to give out a flood of (light); also, to cast (shadows). **c** to pour out (sounds); to utter freely, give vent to (words); (transf.) to produce a stream of (poetry, etc.).
illam naturam quae imagines ~at ac mittat CIC.*N.D*.1.29; LUCR.4.52; armatos..~it equus (*i.e. the Wooden Horse*) VERG.*A*.2.329; a uertice flamma ~itur 10.271; (urtica) quae..odorem ~it PLIN.*Nat*.21.92;—~ere gaesa PROP.4.10.42; crebra Cydoneo ~ebat spicula cornu SIL.2.109; 14.334. **b** ~unt..lucem ENN.*Ann*.600; cum solis lumina cumque inserti ~unt radii per opaca domorum LUCR.2.115; VERG.*A*.2.683; purpureum ~ens Caesar ab ore iubar MART.8.65.4;—(*refl., of light*) semper enim noua se radiorum lumina ~unt LUCR.4.375; qua se plena per insertas ~ebat luna fenestras VERG.*A*.3.152;—silua..~it opacas montibus umbras SEN.*Oed*.155. **c** ~ens e gutture cantus CIC.*Arat.Progn*.185; arteria..per quam uox..~itur *N.D*.2.149; querellas tibia quas ~it LUCR.4.585;—mera iam mendacia ~es PL.*Ps*.943; ridicularia ~ere CATO *orat*.124; ~itur numerose et uolubiliter oratio CIC.*Orat*.210; talia diuino fuderunt carmine fata CATUL.64.321; talia ~ebat VERG.*A*.3.344; inconditis inter se iocularia ~entes uersibus LIV.7.2.5; rata uerba fudi SEN.*Oed*.572; probra in Artabanum ~ebant TAC.*Ann*.6.42; (*expr. controlled opp. uncontrolled flow*) Fabianus mihi non effundere uidetur orationem, sed ~ere SEN.*Ep*.100.2;—uersus hexametros..~ere ex tempore CIC.*deOrat*.3.194; inlaudabile carmen ~ere STAT.*Silv*.5.5.34; poema..spiritu quodam initio fusum QUINT.*Inst*.9.4.114.

6 To cause to rush forth; (esp. pass. and refl.) to rush out; (w. *circum*) to surround (see CIRCVMFVNDO).
(Mars) ~it in aequora Persen V.FL.6.30; celsum fudere Dryanta Electrae (portae) STAT.*Theb*.8.355;—(*pass.*) a carcere fusi currus ENN.*Ann*.484; domibus fusi STAT.*Theb*.5.186; ad proelia fusos..cornipedes 11.439;—(*refl.*) agmina se ~unt portis VERG.*A*.12.122; ~unt se carcere laeti Thraces equi Zephyrusque et..Notus V.FL.1.610; SIL.1.590.

7 (of plants, land) To bring forth in abundance, bear (fruits, branches, etc.). **b** (of the earth, etc.) to bring forth (animals).
fundus dictus..quod ~it..multa VAR.*L*.5.37; lentiscus..ter fruges ~ens CIC.*Arat.Progn*.324; terra..feta frugibus et uario leguminum genere, quae cum maxima largitate ~it *N.D*.2.156; cur uere rosam, frumenta calore, uitis autumno ~i suadente uidemus..? LUCR.1.175; ~it humus flores VERG.*Ecl*.9.41; crebram..materiam ~it (uitis) COL.3.2.12; sescenas urnas..singula uinearum iugera fudisse 3.9.3; illa (*sc.* terra) medicas ~it herbas PLIN.*Nat*.2.155. **b** tempore quo primum tellus animalia fudit LUCR.5.917; cui..fudit equum..tellus VERG.*G*.1.12; Africa, quae et asinorum siluestrium multitudinem ~it PLIN.*Nat*.8.108.

8 To expend or pour out lavishly (effort, means, etc.); to squander.
tot incassum fusos..labores VERG.*A*.7.421; di..tot munera, quae sine intermissione..~unt, non darent SEN.*Ben*.4.3.2; ista, per quae diuitias suas disposuit ac fudit 7.10.6;—inmoderatius ~endo patrimonia APUL.*Pl*.2.4.

9 To cause to spread out, extend, spread. **b** (pass. and refl.) to extend, expand, develop. **c** (rhet.) to enlarge on, expand; (refl.) to spread oneself.
mixta farina et..aqua circuitum aequabiliter ~ebant VAR.*L*.5.106; ille fusus et candore mixtus rubor CIC.*N.D*.1.75; late ~entes bracchia betae *Mor*.72; fusis..uelis SEN.*Thy*.591; diduxit cornua..eques bellique per ultima fudit LUC.7.507; cornua..aliorum fudit (natura) in palmas PLIN.*Nat*.11.123; totos pellem..~it in artus V.FL.8.123; Tyrios sic ~it amictus STAT.*Silv*.3.4.55; ~entem uela carinam SIL.2.25; sopor..mitem ~it per membra quietem 6.97; (*poet.*) (equus)..ardua ~et in auras crura GRAT.503; (*pass., w. acc.*) (uirgines) candida purpureum fusae super ora pudorem STAT.*Theb*.2.231; (*cf.*) fucatus..(uestis) deprehenditur..et ~itur sulpure PLIN.*Nat*.35.198. **b** (*pass.*) aer..fusus et extenuatus CIC.*N.D*.2.101; ne..in omnes partes nimia ~atur (uitis) *Sen*.52; flamma late fusa LIV.10.43.11;

stagnum..ad septentrionem fusum 26.42.8; fusa..erant toto languida membra toro Ov.*Pont*.3.3.8; pupilla ~itur et dilatatur Cels.6.6.37.a; Iudaea longe lateque ~itur Plin. *Nat*.5.70; (*refl*.) aer..in omnes partes se ipse ~it Cic.*N.D.* 2.117; ut minor altitudo in latitudinem se ~at Plin.*Nat*.17. 106; Quint.*Inst*.8.3.10; (*transf*.) neque se tanta umquam in eo fudisset ubertas 12.2.23. **c** ~ere quae natura contracta sunt, augere parua Quint.*Inst*.10.5.11;—tum se latius ~et orator Cic.*Orat*.125.

10 a To let go, loose, or slack; to let down (the hair). **b** to fuse, melt (metals, etc.).

a fusis instabat habenis Sil.13.172; (*pass., w. acc.*) ni, fusus habenas..obuia quadrupedis praeceps Catus ora tulisset 4.137; (*of a disease*) conpresserit aliquem morbus an fuderit Cels.1.pr.63;—fusus resoluta crine capillus Atta *poet*.1; fusas..comas Tib.2.5.66; Prop.3.13.18; Ov. *Fast*.4.458; comas..fudit stirps Inachia Sen.*Ag*.314; Luc.2. 32; fusos a tempore laeuo..crinis Stat.*Theb*.10.110; (*cf., perh.*) (pauo) colores ~ere incipit in trimatu Plin.*Nat*. 10.44. **b** ~etur ferro citius (lapis) *Aetna* 407; ferrum et aes ~it (fulmen) Sen.*Nat*.2.52.2; Plin.*Nat*.2.223.

11 To distribute over a wide area, spread out, scatter. **b** (mil.) to rout, disperse.

illae (res) in perpetuis orationibus fusae esse debebunt Cic.*de Orat*.2.310; homines..fusi per agros ac dispersi *Sest*. 91; ea natura quae per omnem mundum..~itur *N.D.* 2.115; tactus..toto corpore aequabiliter fusus est 2.141; cum corpore fusa peribit (anima) Lucr.3.700; fusas..per aequora terras Man.4.782; caelum appellauere..omne quod ..uitalem hunc spiritum ~it Plin.*Nat*.2.102. **b** tvscorvm exercitvm fvdit *Elog*.10(*CIL* 1.p.192); illorum copias ~am Acc.*trag*.126; hostium exercitum caesum fusumque Cic.*Phil*.14.1; crebris eruptionibus fusi Caes.*Civ*. 2.22.1; Tib.1.7.3; turpi fuga ~untur Liv.4.43.2; curru Tirynthia ~ens robora Stat.*Theb*.7.725; Vannius ~itur proelio Tac.*Ann*.12.30; (*coupled w.* fugo) Liv.1.10.4; cetera fusa ac fugata classis 28.4.6;—(*fig*.) ea tempestate plebs nobilitate fusa..nouos extollebat Sal.*Jug*.65.5.

12 To make more widespread, spread abroad; (esp. pass. and refl.) to spread.

ubi luxuriam late felicitas fudit Sen.*Ep*.114.9; Cicero hanc famam latius fudit Quint.*Inst*.11.2.14;—(*pass*.) superstitio fusa per gentis Cic.*Div*.2.148; negant nec uirtutes nec uitia crescere, tamen utrumque eorum ~i.. putant *Fin*.3.48; quae mala primum in urbe nata, mox per Italiam fusa Tac.*Dial*.28.2; (*refl*.) ut ipsa (*sc.* iustitia) se ~et in ceteras uirtutes Cic.*Fin*.5.66.

13 a (pass., of persons) To be stretched out (on the ground, etc.); (esp. pass. in middle sense and in pf. pple.) **b** to lay low, slay.

a fusus (*thrown*)..ruentis uulnere equi Sil.7.31;—molli iuuenes ~untur in alga V.Fl.1.252;—ut fusi..sine ullo sensu iacerent Cic.*Ver*.5.28; fusus..per herbam Verg.*G*. 2.527; humi fusus Ov.*Met*.8.530; fusus..transtris miles Sen.*Ag*.444; Tac.*Ann*.11.37; (*poet*.) cara ceruice mariti fusa (*i.e. hanging*) Stat.*Ach*.1.930; (*w. acc.*) candida tam foedo bracchia fusa uiro Prop.2.16.24. **b** fortem.. manu fudisse Numanum Verg.*A*.9.592; Acrona..in euersum cuspide ~is equum Prop.4.10.8; puero quae gloria fuso parta tibi est? Ov.*Met*.12.292; pro telis gerit quae timuit et quae fudit Sen.*Her.F*.45; multo uix fusum uulnere Breucum Sil.4.233; reperiuntur..fusae passim ferae Tac.*Ann*.12.13.

fundō² ~āre ~āuī ~ātum, *tr*. [fvndvs+-o³]

1 To lay the foundations or framework of; to constitute the foundations of; (pass., of land) to have a foundation built on it.

facile esse nauem facere, ubi ~ata, constitutast Pl.*Mil*. 917; Aenean ~antem arces Verg.*A*.4.260; cum paruas aedes sibi ~asset Socrates Phaed.3.9.2; (*in fig. phr.*) dum mea puppis erat ualida ~ata carina Ov.*Pont*.4.3.5;—~atura citas flectuntur robora naues *Ep*.15.111; ima tenet quartus (cardo) ~ato nobilis orbe Man.2.798; (*poet*.) quibus ille modis congressus materiai ~arit terram Lucr.5.68;— si summa pars cliui ~ata propriam molem susceperit Col. 1.5.10.

2 To base (on a means of support); to give a firm base to, fix.

fastigia..surarum ac feminum pedibus ~ata Lucr.4.827; genus humanum..solidis magis ossibus intus ~atum 5.928; ut media acies fortissimis ~aretur Fron.*Str*.2.3.4;—dente tenaci ancora ~abat nauis Verg.*A*.6.4; non uagatur, quod fixum atque ~atum est Sen.*Ep*.35.4.

3 To found (a city, temple, etc.).

Erycino in uertice sedes ~atur Veneri Idaliae Verg.*A*. 5.760; quam dicitur urbem Acrisioneis Danae ~asse colonis 7.410; ~ata uetusta..Ilerda manu Luc.4.12; sedem ~asse Stat.*Theb*.12.498.

4 To set up, establish, found (an institution, practice, state, etc.). **b** to put on a firm basis, establish; to ground (the mind). **c** (pass., w. abl.) to be based (on); (also, w. adv.).

quantis laboribus ~atum imperium Cic.*Catil*.4.19; ~are ..tantam..rem publicam *Rep*.5.1; non modo ~atam, uerum etiam extructam disciplinam *Fin*.4.1; deum quod sit ratione uetusta gentibus humanis ~atum perpetuo aeuo Lucr.5.161; ~atum ab illo statum nostrum professi sumus Sen.*Ben*.3.3.2; is ~arat thalamos Tritonide nympha Sil. 2.65; qui ~auerunt ius ciuile Pompon.*dig*.1.2.2.39. **b** illud ..nostrum ~auit imperium..quod..Romulus..docuit etiam hostibus recipiendis augeri hanc ciuitatem oportere Cic.*Balb*.31; rei publicae statum illum..qui..auctoritate consulatus mei fixus et ~atus uidebatur *Att*.1.16.6; nisi prima fides ~ata ualebit Lucr.1.423; primam qui legibus urbem ~abit Verg.*A*.6.811; Sen.*Apoc*.10.2; Solon qui Athenas aequo iure ~auit *Ep*.90.6; ~ata..potestate tribunicia Liv.3.56.1; si..nostram subole ~aro domum [Sen.] *Oct*.532; domum..pluribus adminiculis ~atam Plin.*Ep*. 4.21.3; Tac.*Hist*.2.76;—animum eius liberalibus disciplinis ..~atum Sen.*Dial*.11.2.5; animum..bonae mentis instrumentis ~are Agen.*agrim*.p.21. **c** nihil ueritate ~atum Cic.*Flac*.26; nitidis ~ata pecunia uillis Hor.*Ep*.1.15.46; regnum..nullis uetustis ~atum opibus Liv.45.19.10; res publicas eas demum ~atas ratione dicebat esse Apul.*Pl*. 2.24;—adeone est ~ata leuiter fides..? Liv.2.7.10; qvi scitis altivs ~ari remedia, qvae etiam malis consvlvnt *CIL* 2.6278.12.

? **fundula** ~ae, *f*. [fvnda+-vla] (app.) A blind alley, cul-de-sac; (cf. next).

~ae (*cod*. -ullae, *cj. also* -ula *n.pl.*) a fundo, quod exitum non habent ac peruium non est Var.*L*.5.145.

fundulum ~ī, *n*. **(fundol-).** [next+-vlvm]

1 The blind gut, caecum.

~um a fundo, quod..ex una parte sola apertum Var.*L*. 5.111.

2 A piston.

aerei modioli, ~is ambulatilibus ex torno subtiliter subactis Vitr.10.8.1.

fundus ~ī, *m*. [cf. Gk. πύνδαξ, πυθμήν, Skt. *budhnáḥ* 'bottom', etc.]

1 The bottom, base (esp. of a vessel); a movable bottom, piston (in a cylinder). **b** the depths (of the sea, earth, etc.). **c** (in prov. phrs.) *largitio ~um non habet*, there is no end to giving; *sera parsimonia in ~o est*, it's too late to be sparing when your purse is empty. **d** *a ~o*, from beneath; *~o*, from the foundations, utterly.

in ~o dolii Cato *Agr*.162.1; uertitur oenophori ~us Lucil.139; armari ~um exsecuit Cic.*Clu*.179; ~um caccabi perforare Larg.271; pars aequora ~o (ratis) egerere Stat. *Theb*.5.382; Apul.*Met*.11.11; (*in fig. phr.*) uix ad ~um ueniretur, in quo ueritas posita est Sen.*Nat*.7.32.4;— ancones deducunt ~os modiolorum ad imum Vitr.10. 8.5;—(*poet*.) hi duo longaeuo censentur Nestore ~i (*i.e. a cup with a double base; cf.* Homer *Iliad* 11.635) Mart.8.6.9. **b** ubi se laniata naufragia ~o emergunt Sal.*Hist*.4.28; imo..ciet aequora ~o Verg.*A*.2.419; hic genus antiquum Terrae..fulmine deiecti ~o uoluuntur in imo 6.581; in ~um telluris intimae Sen.*Nat*.5.15.3; ab imo Tartari ~o *Her.F*.86; Luc.2.668; Rutupino..edita ~o ostrea Juv.4.141. **c** quod..iam in prouerbii consuetudinem uenit, largitionem ~um non habere Cic.*Off*.2.55;— sera parsimonia in ~o est Sen.*Ep*.1.5; (*cf*.) donec..nequiquam ~o suspiret nummus in imo Pers.2.51. **d** dolium a ~o pertusum Liv.38.7.11; granaria..perflari undique malunt, atque etiam a ~o Plin.*Nat*.18.302;—Phrygiae res uertere ~o Verg.*A*.10.88; correpta..moenia ~o excutiam Stat.*Theb*.3.248.

2 (transf.) A basis, foundation. **b** (applied to a person or persons who put an arrangement, etc., on a firm footing by their support; esp. of a *ciuitas foederata* accepting a law passed at Rome).

nullo scientiae ~o concepto Gel.14.1.5; frequens eius cenae ~us et firmamentum omne erat aula una lentis.. 17.8.2. **b** ut..ei rei ~us pater sit potior Pl.*Trin*.1123;— negat ex foederato populo quemquam potuisse, nisi is populus ~us factus esset, in hanc ciuitatem uenire Cic.*Balb*. 19; huic generi legum ~os populos fieri non solere 38; neque ulla..lege adstricti, nisi in quam populus eorum ~us factus est Gel.16.13.6; legis..~us 19.8.12; ~us..dicitur populus esse rei, quam alienat, hoc est auctor Paul.*Fest*.p.89M.

3 A country estate, farm. **b** *latus ~us* = latifvndivm, a large estate. **c** (leg.) any property consisting in land. **d** (surv., as a measure of land) a square 120′×120′ or half a *iugerum*.

ne per ~um saeptum facias semitam Pl.*Cur*.36; quasi non ~is exornatae multae incedant per uias *Epid*.226; pater familias ubi ad uillam uenit..~um..circumeat Cato *Agr*.2.1; ne uilla ~um quaerat 3.1; numquam..egredior ..quin te in ~o conspicer fodere Ter.*Hau*.68; ~os nostros obire aut res rusticas..inuisere Cic.*de Orat*.1.249; cum aedes ~umue uendiderint *Top*.100; maritimum..~um *Ver*.5.46; seruitute ~o illi imposita *Q.fr*.3.1.3; Hor.*Ep*.2. 2.51; de aqua, situ uillae, ~i modo Col.1.9.9; si apes in eo ~o sint Ulp.*dig*.7.1.9.1. **b** quam partem lati ~i diuites domesticae copiae mandare solent Var.*R*.1.16.4. **c** quoniam usus auctoritas ~i biennium est, sit etiam aedium Cic.*Top*.23; (res) corporales hae sunt, quae tangi possunt, uelut ~us Gaius *Inst*.2.13; ~us est omne quidquid solo tenetur Javol.*dig*.50.16.115. **d** iv actibus conclusum locum primum appellatum dicunt ~um Fron. *agrim*.p.13.

fūnebris ~is ~e, *a*. [<**funesris* (fvnvs)]

1 Of or connected with a funeral, funerary, funereal; (neut. pl. as sb.) the rites and other accompaniments of a funeral.

~em contionem Cic.*de Orat*.2.341; epulum..~e *Vat*.30; cupressos ~is Hor.*Epod*.5.18; ~ibus laudibus Liv.8.40.4; ludi ~es 28.21.10; ~i..lecto V.Max.4.1.12; ~is laudatio Sen.*Suas*.6.21; picea..~i indicio ad fores posita Plin. *Nat*.16.40; in ~em pompam Tac.*Hist*.3.67;—cetera..~ia, quibus luctus augetur Cic.*Leg*.2.60; iusta..~ia Liv.1.20.7; Plin.*Nat*.7.177.

2 Deadly, fatal.

truces inimicitias et ~e bellum Hor.*Ep*.1.19.49; contacturum ~ibus diris signa..hostium Liv.10.28.17; infestum, ~ia munera, ferrum Ov.*Ep*.11.19; malum..populis ~e Plin.*Nat*.26.8; maestam et ~em noctem Tac.*Hist*.3.38; (*of an omen*) bubo, ~is et maxime abominatus Plin.*Nat*.10.34.

fūnerārius ~a ~um, *a*. [fvnvs+-arivs] Of or concerned with a funeral.

priuilegium ~um Scaev.*dig*.11.7.46.2; actio quae ~a dicitur Ulp.*dig*.11.7.14.6; (*fem. as sb.*) si possessor hereditatis funus fecerit..utilem esse ei ~am (*sc.* actionem) Paul.*dig*. 11.7.32.

fūnerāticium ~(i)ī, *n*. [next] Funeral expenses.

conferre ~ia sive mvnera *Inst.Dac*.1(*CIL* 3.p.925); partem dimidiam ~i *CIL* 6.10234.7; 14.2112.1.31.

fūnerāticius ~a ~um, *a*. [fvnero+-icivs²] Concerned with funeral expenses; (fem. as sb.) an action for these.

Pompon.*dig*.11.7.30.

fūnerēpus ~ī, *m*. [fvnis+repo+-vs²] A tight-rope acrobat.

si mimus est, riseris, si ~us, timueris Apul.*Fl*.5; 18.

fūnereus ~a ~um, *a*. [fvnvs+-evs]

1 Of or appropriate to funerals, funerary, mourning.

locum sertis et fronde coronat ~a Verg.*A*.4.507; ~as.. faces 7.337; ~a..tuba Ov.*Ep*.12.140; ~a corpora ueste tegunt *Fast*.3.214; planctus pone ~os Sen.*Her.O*.1497; Luc 2.367; (*cf*.) rate ~a (*i.e. Charon's boat*) *CIL* 9.3337.

2 Deadly, fatal.

~um torrem medios coniecit in ignes Ov.*Met*.8.512; caede ..~a [Sen.]*Oct*.824; galeam..quam modo ~a tenuit Discordia dextra V.Fl.7.468; ~as acies *Ilias* 925; (*of an omen*) ~us bubo Ov.*Met*.10.453.

fūnerō ~āre ~āuī ~ātum, *tr*. [fvnvs+-o³]

1 To carry out the funeral of, bury.

corpus ad ~andum..quaesitum V.Max.1.6.6; Menenius Agrippa..aere conlato ~atus est Sen.*Dial*.12.12.5; defleti corpus amici ~at Aeacides *Ilias* 1005; Suet.*Tib*.51.2; si qvis intestatvs decesserit, is arbitrio qvinq(uennalis) et popvli ~abitvr *CIL* 14.2112.2.2; (*pple. as sb.*) (apes) ~antium..more comitantur exequias Plin.*Nat*.11.63.

2 To bring to the grave, kill.

prope ~atus arboris ictu Hor.*Carm*.3.8.7; (*cf*.) ~ata (*i.e. done for*) est illa pars corporis, qua quondam Achilles eram Petr.129.1.

fūnestō ~āre ~āuī ~ātum, *tr*. [next+-o³] To pollute by murder, stain with blood. **b** to make funereal or mournful.

humanis hostiis eorum aras ac templa ~ant Cic.*Font*. 31; ~ari contionem contagione carnificis ueto *Rab.Perd*. 11; ~et seque suosque Catul.64.201; cuius implacabilis saeuitia totiens ipsa ~auit puluinaria? Sen.*Dial*.11.16.4; Stat.*Theb*.4.510; (*cf*.) emptor..ueneni frangenda miseram ~at imagine gentem Juv.8.18. **b** saxum illud Lemnium clamore Philocteteo ~are Cic.*Fin*.2.94.

fūnestus ~a ~um, *a*. *compar*. ~ior, *superl*. ~issimus. [fvnvs+-tvs²]

1 Of or concerned with death or mourning, funereal; (of persons) mourning.

~a ueste Acc.*trag*.86; ut..~am antennae deponant undique uestem Catul.64.234; ~os reddidit agros Lucr.6.1139; ~a..tuba Prop.2.7.12; ut quidam annales uelut ~i (*i.e. casualty lists*) nihil praeter nomina consulum suggerant Liv. 4.20.9; ~a..taxo Ov.*Met*.4.432; ~ae ex Germania epistulae Vell.2.117.1;—(*of days*) exstiterunt dies illi pro festis paene ~i Cic.*Har*.23; maiores nostri ~iorem diem esse uoluerunt Alliensis pugnae quam urbis captae *Att*.9.5.2;—cum.. Q. Arrius albatus esset, tu..te..~um intulisti *Vat*.31; tot luctibus ~a ciuitate Tac.*Ann*.6.27.

2 Ceremonially unclean through contact with death, polluted.

quem ore ~o alloquar? Acc.*trag*.232; donec in purgando humo est opertum..familia ~a manet Var.*L*.5.23; Cic. *Leg*.2.55; ~a..familia dedicare eum templum non posse Liv.2.8.7; ut..manus ~as arceat aris Ov.*Met*.11.584; ~am ..domum *Epic.Drusi* 474; Gel.4.6.8.

3 Lamentable, grievous (usu. w. some overtone of death).

~um est a forti atque honesto uiro iugulari, ~ius ab eo cuius..Cic.*Quinct*.95; cum bona indemnatorum ciuium ~a illa auctione sua uenderet *Agr*.2.56; omnem ciuilem uictoriam ~am putabat Nep.*Ep*.10.3; ne ~am hanc pugnam morte consulis feceris Liv.22.49.8; ~a scelerum mercede Luc.7.610; nec nato peperi ~a nepotes Stat.*Theb*.10.797.

4 Fatal, deadly, murderous, destructive. **b** (of omens) presaging death, sinister.

~um..ensem Cic.*Arat*.135; illum pestiferum et ~um tribunatum *Dom*.2; ~o latrone *Sest*.81; ~ae..iterum recidiua in Pergama taedae Verg.*A*.7.322; ~am populationem fecit Liv.3.3.7; ~i..ueneni Ov.*Met*.3.49; ~as acies Luc.7.27; in illa ~issima fame [Quint.]*Decl*.12.1; etsi ~a pecunia templo nondum habitat Juv.1.113; (*w. dat*.) o casum illum multis innocentibus calamitosum atque ~um! Cic.*Ver*.5.92; diem illum..~um senatui *Sest*.27; ~am orbi terrarum uictoriam Planc.*Fam*.10.8.3. **b** ~i..ominis auctor Mat.*poet*.2; Cic.*Clu*.14; uolucris ~a Prop.2.20.5; Tac.*Hist*.2.91; (*cf*.) ~as tenebras et..unum iam reliquum diem lamentabantur *Ann*.1.65.

fūnētum ~ī, *n*. [fvnis+-etvm] (See quot.)

cum breuiores palmites sarmento iunguntur inter se funium modo, ex hoc arcus ~a dicuntur Plin.*Nat*.17.174.

fungīnus ~a ~um, *a*. [fvngvs+-invs] Of the nature of a mushroom, fungaceous.

pol hicquidem ~o generist: capite se totum tegit Pl. *Trin*.851.

fungor ~gī ~ctus, *tr., intr*. (cf. Skt. *bhuñkte* 'enjoys') Const.: w. acc.; w. abl., w. *pro*, *uice*, etc.

1 To perform, discharge, execute: **a** (w. acc.). **b** (w. abl.). **c** (in gdve.).

a 〈hono〉res omneis ~ctvs *CIL* 1.2511.3; qui..te.. apsente hic munus ~gatur tuom Pl.*Am*.827; *Men*.223;

tute illorum officia ~gere TER.*Hau*.66; *Ad*.464; PAC.*trag*. 129; LUCIL.8; VAR.*L*.5.179; militare munus ~gens NEP. *Dat*.1.2; hominum officia ~gi TAC.*Ann*.4.38; quaesturam ~cti SUET.*Aug*.36; APUL.*Met*.6.12;—(*w. acc. of neut. pron.*) hoc uobis est statuendum, quid aratorem ipsum arationis nomine muneris in rem publicam ~gi ac sustinere uelitis CIC.*Ver*.3.199; semel..et istud ~ctus est MAUR.2975. **b** tuo officio fueris ~ctus TER.*Ad*.603; ~ctus omni ciuium munere CIC.*Brut*.63; ~gitur officio boni senatoris *Prov*.36; possunt..oculi non ~gi suo munere *Div*.1.71; magnificentissima aedilitate ~ctus est *Off*.2.57; aedilicia ~ctum potestate *B.Afr*.33.2; segni ~gebantur militia LIV.26.21.16; quam tu caede putes ~gi potuisse mariti OV.*Ep*.14.19; omni uirtute..~cta QUINT.*Inst*.6.pr.5; ut filius Blaesi.. legatione ea ~geretur TAC.*Ann*.1.19; uocalibus ut non nisi quinque ~geremur MAUR.124; (*cf*.) missa legatio quae gaudio ~geretur (*i.e. convey*) TAC.*Hist*.2.55; cum eo sumptu res publica ~gatur (*i.e. pay*) *Ann*.14.21. **c** in omni munere candidatorio ~gendo CIC.*Att*.1.1.2; dies ~gendi muneris HIRT.*Gal*.8.12.3; militiae..~gendae LIV.24.21.3.

2 To go through with, experience, suffer, enjoy. **b** to live through, complete; *uita* (also *uitam*) *~gi*, to die; *officio ~gi*, to pay one's debt to nature, die. **c** *fato* (*morte*) *~gi*, to die; so *diem ~gi*.

(*w. acc.*) sine me aliato ~gi fortunas meas PL.*Mos*.47;—(*w. abl.*) (legionem) multis laboribus periculisque ~ctam *B. Alex*.69.1; ~ctum pauperem laboribus HOR.*Carm*.2.18.38; lacrimis oculi ~guntur obortis OV.*Ep*.8.109; simulacra.. ~cta sepulcris *Met*.4.435; epulis ~cti *Fast*.2.327; corpora ~cta cibo 4.332; nouos accenso ~gitur igne focus 4.824; plerumque leuissima quaeque (quaestio) primo loco ~gitur QUINT.*Inst*.3.6.8; filia..collatione dotis non ~getur ULP. *dig*.37.7.3;—(*absol*.) aut faciet quid aut aliis ~gi debebit agentibus ipsum LUCR.1.441. **b** ter aeuo ~ctus HOR. *Carm*.2.9.13; TER DENOS ANNOS..~CTA *CIL* 8.16159; ~CTVS HONORATO SENIO 13.2313;—ibi uita ~ctus est GEL.13.20 (19).12; 17.21.35; QVI PER LVEM VITA ~CTI SVNT *CIL* 3.5567; VITAM ~CTA EST 11.1057;—auunculum tuum ~ctum esse officio uehementissime probo CIC.*Att*.3.20.1; Maculam officio ~ctum esse gaudeo *Fam*.6.19.1; (*cf*.) uirtute ~ctos ..duces..canemus HOR.*Carm*.4.15.29. **c** fato ~cta suo est OV.*Met*.11.559; QUINT.*Inst*.3.7.10; TAC.*Ann*.11.2;—OV. *Met*.11.583; ante initium bellorum ciuilium morte ~cti sunt VELL.2.48.6;—muliere..diem ~cta PAPIN.*dig*.39.6.42; DIEM SVVM ~CTA EST *CIL* 6.19270.

3 To function, act, serve, operate; (w. abl., *pro*, *uice*, etc.) to act (as).

pariter ~gi cum corpore..animum LUCR.3.168; si..nondum ~cto monumento..detracti erunt (lapides) PAUL.*dig*. 6.1.43; pretia rerum non ex affectione..singulorum, sed communiter ~gi 9.2.33; QVI FORTITER..IN MILITIA ~CTI SVNT *CIL* 11.628;—(*w. abl*.) ex se concipiens channe, gemino sibi ~cta parente OV.*Hal*.108;—(*w.* pro) pro fultura et substructione ~gentur (fundamenta) COL.1.5.9; qui possint pro magistratibus ~gi POMPON.*dig*.1.2.2.31;—(*w.* uice, *etc*.) ~gar uice cotis HOR.*Ars* 304; ~gere maternis uicibus, pater PROP.4.11.75; res eadem..perorationis uice ~gitur QUINT.*Inst*.4.3.11; ~gar indicis partibus PLIN.*Ep*. 3.5.2; neque..quis..argenti depositione in uicem satisdationis ~gitur ULP.*dig*.46.5.7.

fungōsus ~a ~um, *a. compar*. ~ior. [next+-OSVS] Resembling a fungus in structure, porous, spongy; (of the tongue) furred.

surculum..solidi..corporis, nec ~ae medullae COL.4.29. 6; ~am carnem (*sc. of a pig*) fieri aesculo PLIN.*Nat*.16.25; arborum, quibus ~ior intus natura 17.152; (scamonium) ~um tenuissimis fistulis 26.60;—lingua ~a ⟨uel⟩ graui 23.49.

fungus ~ī, *m*. [perh. cf. Gk. σπόγγος]

1 A fungus (in practice confined to the larger varieties such as mushroom, toadstool, etc.). **b** a fur or mildew formed on the wick of a lamp. **c** a disease of the olive-tree.

iam nil sapit nec sentit, tantist quantist ~us putidus PL.*Bac*.821; corpora..pluuialibus edita ~is OV.*Met*.7.393; ~orum..numerosa genera PLIN.*Nat*.22.96;—(*edible*) ~os, heluellas, herbas omnis..condiunt CIC.*Fam*.7.26.2; pratensibus optima ~is natura est HOR.*S*.2.4.20; sunt tibi boleti, ~os ego sumo suillos MART.3.60.5; SUET.*Dom*.14.1; uilibus ancipites ~i ponentur amicis JUV.5.146;—(*poisonous*) ~orum naturae contraria est (uini faex) pota PLIN. *Nat*.23.65; uenenis ~orum 31.119; LARG.198;—(*w. ref. to its porousness*) satis esse nobis non magis poti' quam ~o imber PL.*St*.773; (*cf*.) taenea ~o papyri bibula PLIN.*Nat*. 13.81;—(*as tinder*) ignem..concipit adtritu, excipiente materie aridi fomitis, ~i uel foliorum 16.208. **b** scintillare oleum et putris concrescere ~os VERG.*G*.1.392; si in lucernis ~i PLIN.*Nat*.18.357; 28.163. **c** olea..clauum etiam patitur, siue ~um placet dici uel patellam PLIN.*Nat*.17.223.

2 A fool, blockhead.

adeon me fuisse ~um ut qui illi crederem PL.*Bac*.283; stulti, stolidi, fatui, ~i 1088.

fūniculus ~ī, *m*. [next+-CVLVS] A thin rope, cord. **b** (see quot.).

CATO *Agr*.63; ~o, qui a puppi religatus scapham adnexam trahebat CIC.*Inv*.2.154; lineo ~o COL.6.28; ~i quoque fiscellis aptandi sunt COL.12.18.3; adrepto ~o mortem sibi nexu laquei comparabat APUL.*Met*.8.31; (*as a wick or torch*) candelabrum a candela: ex his enim ~i ardentes figebantur VAR.*L*.5.119. **b** nec ueterem placet palmitem in longum emitti, quod..alii ~os uocant PLIN.*Nat*.17.182.

fūnis ~is, *m*., (*f*.). [dub.] GENDER: fem. LUCR. 2.1154, VITR.10.2.4. FORMS: abl. sg. *~i* CATO *Agr*.22.1.

1 A rope, cable. **b** (naut.) A ship's hawser, mooring-rope; a towing-rope; a sheet.

~es sarciri CATO *Agr*.2.3; ~em torculum 135.4; cum.. conarentur..rapere ad se ~ibus (signum) CIC.*Ver*.4.95; haud..mortalia saecla superne aurea de caelo demisit ~is in arua LUCR.2.1154; CAES.*Civ*.3.40.1; demissum lapsi per ~em VERG.*A*.2.262; ~e pendentes PLIN.*Nat*.37.27; incisis tabernaculorum ~ibus TAC.*Hist*.5.22;—(*for whipping*) Hibericis peruste ~ibus latus HOR.*Epod*.4.3. **b** ~is..praecisus LUCIL.1114; utinam ne..perfidus in Creta religasset nauita ~em CATUL.64.174; ab terra..conuellere ~em VERG.*G*. 1.457; ab litore ~em rumpite *A*.3.639; PROP.1.8.11; ut tremulo starent contentae ~e carinae LUC.2.621; ancorarum ~es non extenti fluitabant TAC.*Hist*.2.34;—tardas ~ibus ire ratis PROP.1.14.4; OV.*Fast*.4.297;—uela dare et laxos iam iamque immittere ~is VERG.*A*.8.708.

2 A rope stretched out for acrobatic performances.

ille per extentum ~em mihi posse uidetur ire poeta HOR. *Ep*.2.1.210; tenuissimis et aduersis ~ibus currere SEN.*Dial*. 4.12.4; per intentos ~es ire 4.12.5; illam per ~es ingredientium tarditatem QUINT.*Inst*.2.13.16; qui..solet rectum descendere ~em JUV.14.266; INDE INTRA ~IS I (primum) VICIT CCXXX *A.Epig*.03.161.44.

3 (in fig. and prov. phrs.).

qui iam contento, iam laxo ~e laborat HOR.*S*.2.7.20; ne currente retro ~is eat rota *Carm*.3.10.10; pecunia..tortum digna sequi potius quam ducere ~em *Ep*.1.10.48; ut, quod aiunt Graeci, ex inconprehensibili paruitate harenae ~is effici non possit COL.10.pr.4; quae dederam supra, relego ~emque reduco PERS.5.118.

fūnus ~eris, *n*. [dub.]

1 Funeral rites or ceremonies, obsequies, a funeral; *~us facere*, to celebrate a funeral. **b** a funeral procession. **c** *~ere efferre*, to carry out for burial.

neue lessum ~eris ergo habento *Lex XII*(*Font.iur*.p.36); mercede quae conductae flent alieno in ~ere praeficae LUCIL.954; nondum etiam omnia paterno ~eri iusta soluisset CIC.*S.Rosc*.23; mater exsequias illius ~eris prosecuta *Clu*.201; ut..sine laudationibus, sine ~ere..amburetur *Mil*.86; miscetur ~ere uagor quem pueri tollunt LUCR.2.576; ~era sunt pro cultu Gallorum magnifica et sumptuosa CAES.*Gal*.6.19.4; militari honestoque ~ere NEP. *Eum*.13.4; collegae ~us omni honore..celebrat LIV.10.29.20; pompam qui ~eris irent OV.*Fast*.6.663; ~ere censorio TAC. *Ann*.6.27; (*cf*.) ipse sui spectator adest et nobile dextrae ~us (*i.e. burning*) amat MART.8.30.6;—(*poet. pl. for sg*.) sine ~eribus caput hoc..barbara terra teget OV.*Tr*.3.3.45; 5.1.48;—ossa ne legito, quo post ~us faciat *Lex XII*(*Font. iur*.p.36); ibi de integro ~us iam sepulto filio fecit CIC.*Clu*. 28; ni decemuiri ~us militare ei..facere maturassent LIV. 3.43.7. **b** cum ~us quoddam duceretur CIC.*de Orat*.2.283; ~us..imagines ducant triumphales tuum HOR.*Epod*.8. 11; ~us..censorium Flauio Sabino ductum TAC.*Hist*.4.47; ~us triumphali porta ducendum SUET.*Aug*.100.2; *Tib*.52. **c** si ~ere elatus esset? CIC.*Att*.14.10.1; ut ~ere ampliore efferretur LIV.3.18.11; corpus magnifico extulit ~ere CURT. 4.8.9; (*fig*.) singularem doctrinam hominis pleno inuidiae ~ere efferendo V.MAX.1.8.ext.2.

2 A dead body, corpse. **b** a dead person, shade.

cum..omnes domus repletae essent aegrotis ac ~eribus VAR.*R*.1.4.5; quae..~us lacerum tellus habet? VERG.*A*. 9.491; haecine parua meum ~us harena teget? PROP.1. 17.8; uirginis et uiuae rapitur sine funere ~us MAN.5.548; iam non reum, sed ~us SEN.*Ep*.70.10; dum ~era portant STAT.*Theb*.3.361; super immaturum ~us QUINT.*Inst*.6.pr.3; —(*cf*.) uiuum producitur ~us APUL.*Met*.4.34. **b** cum semel infernas intrarunt ~era leges PROP.4.11.3; ~era mutato reuocabat nomine mater SIL.2.647.

3 Death. **b** (transf.) ruin, destruction.

quod multa Thebano poplo acerba obiecit ~era PL.*Am*. 190; decem ~era facis CATO *orat*.61; familiaris ~eris excusatio CIC.*Rab.Perd*.8; ut uix hominum acerbis ~eribus satietur *Rep*.2.68; nec ~eris expers (natura animae) LUCR. 3.712; dant ~era ferro certantes VERG.*A*.11.646; incertam ..~eris horam quaeritis PROP.2.27.1; plurimorum morbis, perpaucis ~eribus LIV.4.52.4; uulnera et caedem et uagum ~us per artus SEN.*Med*.48; cum..annus ~eribus et cladibus insigniretur TAC.*Ag*.41.3; maiore tumultu planguntur nummi quam ~era JUV.13.131; (*cf. sense 1*) cantator cycnus ~eris ipse sui MART.13.77.2; (*poet. pl. for sg*.) post Tulli ~era OV.*Fast*.6.581. **b** ~era Troiae LUCR.5.326; HOR.*Carm*. 1.8.15; dum..~us..imperio parabat 1.37.8; illum ego non aliter flentem mea ~era uidi OV.*Pont*.1.9.17; pro dira pudoris ~era! LUC.4.232; in ~ere mundi 7.617;—(*applied to persons*) Gabinium et Pisonem, duo rei publicae portenta ac paene ~era CIC.*Prov*.2.

fūr ~ris, *m*., (*f*.). [cf. Gk. φώρ]

1 A thief, robber, burglar.

cultrum, securim..~res uenisse atque apstulisse dicito PL.*Aul*.97; saluete, ~res maritumi, conchitae atque hamiotae *Rud*.310; ~rem, hoc est praedonem et latronem, luce occidi uetant XII tabulae CIC.*Tul*.50; non..~rem sed ereptorem *Ver*.1.9; custos ~rum atque auium (*i.e.* Priapus) VERG.*G*.4.110; LIV.3.58.2; (*fem*.) ~res estis ambae PL.*Poen*. 1237;—(*w. obj. gen. or pron. adj*.) hic ~r est tuo' qui paruom hinc te apstulit *Capt*.1018; ~res priuatorum furtorum in neruo atque in compedibus aetatem agunt, ~res publici in auro atque in purpura CATO *orat*.221; in ~ribus aerari SAL.*Cat*.52.12; ~rem rerum mearum ULP.*dig*.12.5.4.4; (*transf*.) Catonis..uerborum ineruditissimum ~rem SUET. *Gram*.15(p.112 Re);—(*of birds*) caprimulgi..~res nocturni PLIN.*Nat*.10.115.

2 A robber-bee.

~r qui uocabitur, ab aliis fucus, est ater et lato uentre VAR.*R*.3.16.19; ~ribus..ita appellatis quia furtim deuorent mella PLIN.*Nat*.11.57.

fūrācitās ~ātis, *f*. [FVRAX+-TAS] A disposition to steal, thievishness.

cui soli aui ~as argenti aurique praecipue mira est PLIN. *Nat*.10.77; ob nimiam contumaciam et ~atem SUET.*Vit*. 12.1.

fūrāciter, *adv. superl*. ~cissimē. [FVRAX+-TER²] Like a thief ,thievishly.

cum..omnium domos, apothecas, nauis ~cissime scrutarere CIC.*Vat*.12.

fūrātrīna ~ae, *f*. [FVROR¹+-TRINA] Stealing, theft.

~a facili APUL.*Met*.6.13; pulcherrime mihi ~ae procedebat artificium 10.14; (*cf*.) ~ae coniugalis (*i.e. adultery*) 8.3.

fūrax ~ācis, *a. compar*. ~ācior, *superl*. ~ācissimus. [FVR+-AX] Given to stealing, thievish.

edax, ~ax, fugax PL.*Per*.421; leno, rapacem te esse semper credidi, uerum etiam ~acem ⟨aiunt⟩ qui norunt magis *Poen*.1386; ~acissimus ac nequissimus ciuis VAR. *Men*.376; in ~aci seruo CIC.*de Orat*.2.248; tuis ipse ~acissimis manibus detractam e cruentis fascibus lauream.. abiecisti *Pis*.74; ne contemne caput, nihil est ~acius illo MART.8.59.3.

furca ~ae, *f*. [dub.]

1 An instrument with two arms or prongs, a fork.

delapsae (cupae) ab lateribus longuriis ~isque ab opere remouentur CAES.*Civ*.2.11.2; qui erexerant ad murum scalas..~is ad id ipsum factis detrudebantur LIV.28.3.7; ~a leuat..bicorni..terga suis nigro pendentia tigno OV. *Met*.8.648; ~a de carnario rapta PETR.95.8; piscatores circumdant retia ~isque subleuant PLIN.*Nat*.9.31; TAC. *Ann*.3.46; (*prov*.) naturam expelles ~a, tamen usque recurret HOR.*Ep*.1.10.24.

2 A Y-shaped piece of wood used as a support, forked prop. **b** (used for carrying loads). **c** (as a cross or gallows).

~as circum offigito, eo perticas intendito CATO *Agr*.48.2; exacuunt alii uallos ~asque bicornis VERG.*G*.1.264; spectauere ~is duodenos ab terra spectacula alta sustinentibus pedes LIV.1.35.9; nisi subdita ramo longa laboranti ~a tulisset opem *Nux* 14; PLIN.*Nat*.14.32;—(*in primitive building*) ~is erectis et uirgulis interpositis luto parietes texerant VITR.2.1.3; ~ae utrimque suspensae fulciebant casam SEN.*Ep*.90.10;—(*in taming bullocks*) si eorum (*sc*. iuuencorum) colla in ~as destitutas incluserit VAR.*R*.1.20.2. **b** milites in ~a interposita tabella..onera sua portare adsueuerant FEST.p.149M; FRON.*Str*.4.1.7. **c** canes..uiui in ~a sabucea armo fixi PLIN.*Nat*.29.57; latrones..~a figendos CALL.*dig*.48.19.28.15; sacrilegos.. in ~a suspendisse ULP.*dig*.48.13.7(6).

3 A forked frame put on a man's neck as punishment, his arms being fastened to the projecting ends.

ut quidem tu hodie canem et ~am feras PL.*Cas*.389; caesum uirgis sub ~a *Men*.943; seruus per circum..~am ferens ductus est CIC.*Div*.1.55; LIV.1.26.10; hominis ceruicem inseri ~ae SUET.*Nero* 49.2; (*fig*.) ibis sub ~am prudens HOR.*S*.2.7.66.

4 (pl.) The claws or pincers (of a crab).

cancrorum ~as APUL.*Apol*.35.

5 *~ae Caudinae*, The Caudine Forks (see FVRCVLAE).

exercitum nostrum..apud Caudinas ~as sub iugum a Samnitibus missum V.MAX.5.1.ext.5; 7.2.ext.17; LUC.2. 138.

furcifer ~erī, *m*. Also ~**era** ~erae, *f*. [prec.+-FER] One who is punished with the 'fork' (see FVRCA 3), scoundrel, villain, gallows-bird.

nonne ego possum, ~er, te perdere? PL.*Am*.539; *Rud*.717; oh tibi ego ut credam, ~er? TER.*An*.618; id tu tibi, ~er, sumes CIC.*Vat*.15; *Pis*.14; HOR.*S*.2.7.22; PLIN.*Ep*.7.29.3; APUL.*Met*.10.4;—~erae (*sc*. mentulae) mortifero timore lusus ad uerba..fugi PETR.132.8,l.8.

furcilla ~ae, *f*. [FVRCA+-ILLA] FORMS: *~es* given as variant prob. erron. by PAUL.*Fest*. p.88M.

1 A wooden pitchfork; (fig.) *~a* (*extrudere*) (and sim.), to drive out brutally, pitchfork out.

(herbam) ~is uersari VAR.*R*.1.49.1; fistulas ~ae figura VITR.10.7.1;—sed quoniam ~a extrudimur, Brundisium cogito CIC.*Att*.16.2.4; Musae ~is praecipitem eiciunt CATUL. 105.2.

2 A forked prop; a fork for carrying loads; a 'cross'.

sub eam (*sc*. uitem)..subiciuntur circiter bipedales e surculis ~ae VAR.*R*.1.8.6;—~as, quibus religatas sarcinas uiatores gerebant PAUL.*Fest*.p.24M;—~es siue ~a, quibus homines suspendebant p.88M.

furcillātus ~a ~um, *a*. [next] Forked.

extrema bacilla ~a habent figuram litterae V VAR.*L*. 5.117.

furcillō ~āre ~āuī ~ātum, *tr*. [FVRCILLA+-O³] To punish with a 'fork' (see FVRCA 3); (in quot., fig.) to impugn.

uae tibi! tu inuentu's uero meam qui ~es fidem PL.*Ps*. 631.

Furculae ~ārum, *f. pl*. [FVRCA+-VLA] *~ae Caudinae*, The Caudine Forks, a defile near the Samnite town of Caudium, famous for the surrender of a Roman army in 321 B.C.

altera (uia) per ~as Caudinas breuior LIV.9.2.6; FLOR. 1.11(1.16.9).

furens ~ntis, *a*. [pple. of FVRO] FORMS: gen. pl. *~tum* VERG.*A*.11.838. In senses of vb., esp.: Mad, lunatic. **b** (of actions) frenzied, mad.

~ntibus quaedam arma dederimus CIC.*de Orat*.3.55; qui senatum tribuno ~nti constrictum traderent *Dom*.113; muris cerebrum dare..quis possit ~nti? PLIN.*Nat*.30.95; ULP.*dig*.24.3.22.7. **b** illius ~ntis ac uolaticos impetus CIC.*Har*.46; ~nti rabie CATUL.63.4; irae ~ntis impetum PHAED.3.10.25; cursu ~nte SEN.*Med*.864; somni..~ntes LUC.7.764.

furenter, *adv.* [prec.+-TER²] Furiously, madly.
aiunt eum ~ irasci CIC.*Att*.6.1.12; ~ omni a parte bacchatur nemus SAN.*trag*.2; ~ irati APUL.*Met*.6.9

furfur ~uris, *m.*, (*f.*). [dub.] GENDER: fem. CELS.2.332, 5.27.9.

1 The husks of grain, bran: **a** (sg.) **b** (pl.).
a panicum pinsitum et euolutum ~ure COL.2.9.19; ~ure crasso uestitur (triticum) PLIN.*Nat*.18.304; 22.145; *CIL* 4.4000. **b** qui alunt ~uribus sues PL.*Capt*.807; his..uinacea, ~ures, obiciuntur modice VAR.*R*.2.2.19; pessima (urina)..si tamquam ex ~uribus factas nubeculas repraesentat CELS.2.4.8; ~ures in salsa aqua..decoctae 2.33.2; ~ures hordeaceos COL.12.44.3; seruari ea (*sc.* oua)..aestate in ~uribus utilissimum PLIN.*Nat*.10.167; ~uribus siligineis LARG.66; APUL.*Met*.7.15.

2 A scaly infection of the skin.
(*sg.*) foedo cutis ~ure PLIN.*Nat*.26.2;—(*pl.*) ~ures capitis 20.101; ~ures..in facie 22.64.

furfurārius ~a ~um, *a.* [prec.+-ARIVS] *pecunia* ~*a*, Money derived from the sale of bran from public corn.
(AEDICVLAM) ADAMPLIAVIT COLVMNIS PVRPVRITICIS..EX PECVNIA ~A *CIL* 6.222.

furfureus ~a ~um, *a.* [FVRFVR+-EVS] Made of bran.
~um panem GEL.11.7.3.

furfurōsus ~a ~um, *a.* [FVRFVR+-OSVS] Like bran.
deterior (colos) ~us et cano situ obductus PLIN.*Nat*.12.125.

furia ~ae, *f.* [cf. FVRO]

1 (pl.) The goddesses who take vengeance for guilt, the Avengers, Furies; (also sg.).
quemque..suae malae cogitationes conscientiaeque animi terrent; hae sunt impiis adsiduae domesticaeque ~ae CIC.*S.Rosc*.67; ~ae deae sunt, speculatrices..et uindices facinorum et sceleris *N.D*.3.46; LUCR.3.1011; ~as amnemque seuerum Cocyti metuet VERG.*G*.3.37; Alcmaeoniae ~ae PROP.3.5.41; nec..(dea) desinet omnibus eos agitare ~is LIV.29.18.15; Orestes exactus ~is OV.*Tr*.4.4.70; STAT.*Silv*. 5.1.192; (*cf. sense 3*) Lacedaemonia mulier, ~arum una ENN.*scen*.71;—(*w. cause of vengeance indicated*) scelerum ~is agitatus Orestes VERG.*A*.3.331; inuocantibus..parentum furias uiris LIV.1.59.13; SIL.2.296;—(*sg.*) cum fateri ~a iusserit uerum MART.10.5.18.

2 (usu. pl.) The madness of infatuation or obsession, frenzy. **b** avenging rage or fury. **c** passionate desire or lust; (w. gen.) mad craving (for).
~as Aiacis Oilei VERG.*A*.1.41; ubi concepit ~as euicta dolore 4.474; Italiam petiit..Cassandrae impulsus ~is 10.68; his muliebribus instinctus ~is Tarquinius circumire..patres LIV.1.47.7; ~is in scelus isse pudet OV.*Fast*.6.526; his anxia mentem aegrescit ~is STAT.*Theb*.12.194;—(*sg.*) uxor..libidinosae ~ae stimulis efferata APUL.*Met*.10.24; HYG.*Fab*.107.3. **b** frangetis impetum uiui cuius uix sustinetis ~as insepulti? CIC.*Mil*.91; Alcidae ~is exarserat atro felle dolor VERG.*A*.8.219; omnis ~is surrexit Etruria iustis 8.494; ~is..agitata doloris OV.*Met*.6.595; arma iterum ~aeque placent STAT.*Theb*.7.562; (*poet.*) rupes..obuia uentorum ~is expostaque ponto VERG.*A*.10.694; Boreae ~is STAT.*Theb*.9.533;—(*sg.*) cum primum mitigata ~a laxauerint oues animum APUL.*Met*.6.12. **c** omne..genus in terris..pecudes pictaeque uolucres, in ~as ignemque ruunt VERG.*G*.3.244; in ~as agitantur equae OV.*Ars* 2.487; id praecipue armentum..libidinis exstimulatur ~is COL.6.27.3;—~as auri SIL.2.500.

3 (applied to persons) A tormenting spirit, fiend, Fury.
ista..fax ac ~a patriae cum urbem..cepisset CIC.*Dom*. 102; te cum C. Fibulo atrato ceterisque tuis ~is funestum intulisti *Vat*.31; o Poena et ~a sociorum! *Pis*.91; illa ~a muliebrium religionum *Fam*.1.9.15; maledicit utrique uocando hanc ~am HOR.*S*.2.3.141; hunc iuuenem tamquam ~am facemque huius belli odi LIV.21.10.11; illam ~am pestemque..animum suum auertisse 30.13.12.

furiālis ~is ~e, *a.* [prec.+-ALIS]

1 Of or belonging to the Furies; avenging. **b** (of places, sleep) visited or haunted by the Furies; (of prayers) invoking them.
homines consceleratos..terreri ~ibus taedis ardentibus CIC.*Pis*.46; Allecto toruam faciem et ~ia membra exuit VERG.*A*.7.415; qui..mentes uelut ~ibus stimulis ad omne scelus..agerent LIV.39.15.3; ~es faces [QUINT.]*Decl*.4.16;—~ibus..Eumenides, sacris uultus aduertite uestros OV.*Met*.8.481. **b** mensis ~ibus Atrei OV.*Am*.3.12.39; ~es somni et inquies nocturna PLIN.*Nat*.14.142;—dira exsecratio ac ~e carmen LIV.10.41.3; ad spes armorum et ~ia uota reducit (Hannibalem)..Iuno SIL.8.26.

2 Resembling the Furies or their attributes, Fury-like.
tu cum ~is in contionibus uoces mittis CIC.*Har*.30; quamuis ~e centum muniant angues caput eius (*sc.* Cerberi) HOR.*Carm*.3.11.17; facibus ardentibus anguibusque praelatis incessu ~i LIV.7.17.3; ~is Erichtho (*i.e. a witch*) [OV.] *Ep.Sapph*.139; uario ~is cultus amictu induitur LUC.6.654.

3 (of actions) Inspired by frenzy, frenzied, mad.
quod pretium speret pro tam ~ibus ausis OV.*Met*.6.84; ~i caede 6.657; siste ~em impetum SEN.*Med*.157; non te ~ibus armis persequor LUC.1.200; (pueros) ~i dente peremit (leo) MART.2.75.7; tollitur in caelum ~i turbine clamor SIL.16.320; (*neut. as adv.*) aurigae ~e minatur efferus (equus) STAT.*Theb*.6.429; (*cf.*) ~ia..accipit arma (*i.e. of a Bacchante*) OV.*Met*.6.591.

4 Causing madness, maddening.
me inretiuit ueste ~i inscium CIC.*Tusc*.2.20; serpentis ~e malum VERG.*A*.7.375; ~e uenenum OV.*Met*.4.506; aurum ~e V.FL.6.670; 7.254.

furiāliter, *adv.* [prec.+-TER²] Like a Fury.
~ odit OV.*Fast*.3.637.

Fūriānus ~a ~um, *a.* Of or belonging to a Furius; esp. the poet A. Furius Antias; (masc. pl. as sb.) the troops or forces of Furius.
EX FIG(ulis) ~IS *CIL* 15.229;—ex poematis ~is GEL. 18.11.4;—LIV.6.9.11.

furibundus ~a ~um, *a.* [FVRO+-BVNDVS]

1 Out of one's wits, maddened, distraught, frenzied. **b** (of prophets or prophecies).
~i hominis ac perditi CIC.*Sest*.15; 117; ~a simul anhelans uaga uadit CATUL.63.31; conscendit ~a gradus VERG.*A*. 4.646; cum ~a mero mensam propellis PROP.3.8.3; exsiluit gremio ~a OV.*Met*.10.410; ~a Agaue SEN.*Oed*.616; neque te ~ae crimine mentis arguerim STAT.*Theb*.2.423;—(*of actions*) latronis impetus crudelis ac ~os CIC.*Phil*.13.19; unde haec ~a cupido..? STAT.*Theb*.4.318; cursu..~o APUL.*Met*.8.6. **b** quorum ~a mens uidet ante multo quae sint futura CIC.*Div*.1.114; deo ~a recepto OV.*Met*. 14.107;—uatum ~as praedictiones CIC.*Div*.1.4.

2 Beside oneself with rage, infuriated, furious.
Hannibalis ~am mentem a uestris reppulit templis [CIC.] *Exil*.25; SAL.*Cat*.31.9; prosiluit ~us et illum obtritum morti misit *Culex* 187; taurus uacca ~us adempta OV.*Met*.13.871; (*poet.*) ut..ignibus et uentis ~us fluctuet aer LUCR.6.367; africus ~us et recens SEN.*Nat*.5.16.5;—(*neut. as adv.*) ~um intonat (Aiax) *Ag*.544.

Fūrīna, Fūrīnālis: see FVRRIN-.

fūrīnus ~a ~um, *a.* [facet. form. FVR+-INVS on anal. of *coquinus*] Of thieves.
forum coquinum qui uocant stulte uocant, nam non coquinum est, uerum ~um est forum PL.*Ps*.791.

furiō ~āre ~āuī ~ātum, *tr.* [FVRIA+-O³] To madden, infuriate, enrage; (esp. in pf. pple. pass.).
libido, quae solet matres ~are equorum HOR.*Carm*.1.25. 14; cum..armatas ~arent orgia matres STAT.*Theb*.11.488; nec uulgum cessat ~are dolorque pauorque SIL.13.279; (*w.* in+*acc.*) mentes ~abat in iram 17.293;—non tulit hanc speciem ~ata mente Coroebus VERG.*A*.2.407; 2.588; clamorem horrendum luctu ~ata resoluit STAT.*Theb*.7.489; SIL.7.617.

furiōsē, *adv.* *superl.* ~issimē. [next+-E] Like a madman, madly.
cum aliquid ~e fecit CIC.*Att*.8.5.1; Craton ~issime, qui dixit..SEN.*Con*.10.5.21; QUINT.*Inst*.3.8.59.

furiōsus ~a ~um, *a.* *compar.* ~ior, *superl.* ~issimus. [FVRIA¹+-OSVS]

1 (of persons) Out of one's wits, mad, frenzied; (leg.) lunatic, raving mad. **b** (as sb.) a madman (madwoman), raving lunatic.
cum hominem seditiosum ~umque defenderet CIC.*de Orat*.2.124; plura dixi quam dicendum fuit in ~issimum atque egentissimum ganeonem *Sest*.111; ut..~ior quam Clodius uiderere *Phil*.2.1; sibi tunc ~a uidetur (Agaue)? HOR.*S*.2.3.304; puppes ~a refeci OV.*Ep*.2.45; ~os, quos μαινομένους dicunt (Graeci) LARG.99; (*poet.*) ~a..tibia flatur OV.*Fast*.4.341; (*w. abl.*) mulier iam non morbo sed scelere ~a CIC.*Clu*.182; bello ~a Thrace HOR.*Carm*.2.16. 5; —si ~us escit *Lex XII*(*Font.iur*.p.23); CIC.*Tusc*.3.11. **b** praeterquam pro..~o ~a *Ed.pr*.6.3(*Font.iur*.p.215); insanis sani et ~i uidentur esse insani VAR.*Men*.148; ~orum bona CIC.*Rep*.3.45; GAIUS *Inst*.3.106; curatori..~i uel ~ae ULP.*dig*.3.5.3.5.

2 (of actions, etc.) Characteristic of a madman, mad, wild, uncontrolled.
~am uinolentiam CIC.*Phil*.2.101; contiones..~issimae Publi *Att*.4.3.4; si delira haec ~aque cernimus esse LUCR. 2.985; quanto hoc ~ius atque maius peccatum est! HOR.*S*. 1.3.83; ~o incepto LIV.36.34.4; opum ~a cupido OV.*Fast*. 1.211; uides..quam sit ~a res in tenebris impetus SEN. *Ep*.110.7; argenti ~a (*s.v.l.*) sui cum stemmata narrat MART.8.6.3.

Fūrius ~ia ~ium, *a.* FORMS: *Fusius* cited in LIV.3.4.1, QUINT.*Inst*.1.4.13, etc.

1 The name of a Roman gens; esp. M. Furius Camillus (dictator 396 B.C.); A. Furius Antias, a poet (lived c. 100 B.C.).
~i, cui neque seruus est neque arca CATUL.23.1; cur ego non dicam, ~ia, te furiam? OV.*poet*.4(6);—M. ~ius Camillus dictator dictus LIV.5.19.2;—ex eo libro quem..misit ad A. ~ium poetam CIC.*Brut*.132; GEL.18.11.

2 Of the Furii; named after a Furius.
~iae genti LIV.31.48.12;—lex ~ia, qua..plus mille assibus legatorum nomine..capere permissum non est GAIUS *Inst*.2.225; lex ~ia de sponsu 4.22.

Furnācālia ~ium, *n. pl.*: see FORNACALIA.

furnāceus ~a ~um, *a.* [FVRNVS+-ACEVS] (of bread) Baked in an oven without being enclosed in a pan, oven-.
~is (panibus) binas adiciunt libras PLIN.*Nat*.18.88; panis ..genera..ut ~i uel artopticii 18.105.

Furnālia ~ium, *n. pl.*: see FVRRINALIA.

furnāria ~ae, *f.* [next]

1 A bakeress.
VALERIA..~A *CIL* 8.24678; 9.4722.

2 A bakery, bakehouse.
mulionem castrensis ~ae PLIN.*Nat*.7.135.

3 The trade of a baker.
Antiochi cuiusdam ~am exercentis filia SUET.*Vit*.2.1.

furnārius ~(i)ī, *m.* [FVRNVS+-ARIVS] A baker.
IVLIVS CRESCENS..~IVS PIVS *CIL* 8.16921; ULP.*dig*.39.2. 24.7.

furnax ~ācis, *f.*: see FORNAX.

furnus ~ī, *m.* [cf. *fornax*; OIr. *gorn* 'fire', Skt. *ghṛṇáḥ* 'heat'] FORMS: *fornus* PL.*Epid*.119, VAR.*gram*.195.

1 An oven.
una edepol opera in ~um calidum condito atque ibi torreto me pro pane rubido PL.*Cas*.309; coquebant panem primum sub cinere, postea in ~o VAR.*gram*.195; VITR.7.8.2; OV.*Fast*.6.313; PLIN.*Nat*.18.106; (*prov.*) sic calet tanquam ~us PETR.72.3.

2 A bakehouse.
omnis gestiet a ~o redeuntis scire lacuque HOR.*S*.1.4.37; Romae conducere ~os JUV.7.4.

furō ~ere, *intr.* [dub.; cf. perh. Norw. *būre* 'bellow', OSl. *burja* 'tempest']

1 To be out of one's mind, be mad or crazed.
~ere adsimulare..institit *Inc.trag*.57; qui ualitudinis uitio ~erent CIC.*Div*.1.81; cur Cassandra ~ens futura prospiciat 1.85; Alcmaeonem Aiacem Orestem ~ere dicimus CIC.*Tusc*.3.11; HOR.*S*.2.3.41; qui bibit inde, ~it OV.*Fast*. 4.365; hunc tu si sanum credis..~is MART.6.84.2; ut eandem ciuitatem et ~ere crederes et lasciuire TAC.*Hist*. 3.83; uesanos..uoltus et ~entia ora LIV.7.33.17.

2 To behave wildly, rage, rave; (w. acc. and inf.) to allege wildly.
quod eos, quorum altior oratio actioque esset ardentior, ~ere atque bacchari arbitraretur CIC.*Brut*.276; desinant ~ere ac proscriptiones..cogitare *Catil*.2.20; uolitat, ~it; nihil habet certi, multis denuntiat *Att*.2.22.1; notum..~ens quid femina possit VERG.*A*.5.6; ~entis..exhortantur equos 11.609; recepto dulce mihi ~ere est amico HOR. *Carm*.2.7.28; LIV.22.39.6; non priuatim solum, sed publice ~imus SEN.*Ep*.95.30; me..~entem (*i.e. with love*) despolies MART.11.49(50).1; ~it amnis et astris infensus bellare parat STAT.*Theb*.7.320; (*prol.*) ut..donis..~entem incendat reginam VERG.*A*.1.659;—(*w.* animi) ~ens animi dum proram ad saxa suburget 5.202; APUL.*Met*.6.2;—(*w. advl. acc.*) cives infanda ~entem armati circumsistunt VERG.*A*.8.489; inane ~entis Centauros STAT.*Theb*.4.533;—(*w. abl. expr. cause, means, etc.*) quin mihi Telamo iratus ~ere luctu fili uideretur CIC.*de Orat*.2.193; dolore ardere atque iracundia ~ere coepit *Ver*.2.92; uidi ipse ~entem caede Neoptolemum VERG.*A*.2.499; ~it stridoribus *Culex* 179; ita atque inuidia in Romanos ~ere LIV.8.27.2; amore nempe Thesei casto ~is? SEN.*Phaed*.645; ense ~it STAT.*Theb*.9.303; proclamant ~ere discordiis populum Romanum TAC.*Hist*.4.55;—(*w. cogn. acc.*) hunc, oro, sine me ~ere ante furorem VERG.*A*. 12.680; praecipuum tunc caedis opus, Gradiue, ~ebas STAT. *Theb*.9.5;—Empedocles..ut..mihi ~ere uideatur, abstrusa esse omnia, nihil nos sentire CIC.*Luc*.14.

3 To rage with anger, hatred, or similar passions.
immerito..~ens dicit conuicia fumo *Mor*.110; quis indomitas tantus dolor excitat iras? quid ~is..? VERG.*A*. 2.595; ~it Aeneas tectusque tenet se 10.802; agrariae legis tribuniciis stimulis plebs ~ebat LIV.2.54.2; laesa ~it Iuno OV.*Fast*.2.177; ~entes infirmitate retinentis ultro accendebantur TAC.*Hist*.1.9;—(*w.* in+*acc.*, aduersus) oderat omnes matres et in Liuiam maxime ~ebat SEN.*Dial*.6.2.5; qui modo in absentem uoltu dextraque ~ebas LUC.5.319; ~ere aduersus liberos Germanici SUET.*Tib*.61.1;—(*w. dat.*) pugnantibus idem supplicibusque ~it STAT.*Theb*.10.753; cui ~itis? sedate minas 12.444; tu etiam aliis ~is APUL. *Apol*.52;—(*w.* de) Pansa ~ere uidetur de Clodio CIC.*Att*. 14.19.2;—(*w. obj. cl.*) ~ere quod se absente res publica egregie gesta esset LIV.8.31.2; 8.31.4;—(*w. acc. and inf.*) ~ere..mulier sibi nequaquam ut sperasset ea quae cogitasset procedere CIC.*Clu*.177; ~it uinci dominus profundi regna secunda SEN.*Med*.597; Antonius praelatum sibi Octauium ~ens FLOR.*Epit*.2.15(4.4.1).

4 To have a mad passion, be frantic (for).
(*w.* in+*acc.*) Caesar in arma ~ens LUC.2.439; 7.295;—(*w. inf.*) ~it te reperire atrox Tydides HOR.*Carm*.1.15.27; pontum uinclis artare ~entes MAN.5.660;—(*w. abl.*) ex quo destiti Inachia ~ere (*i.e. be madly in love with*) HOR.*Epod*. 11.6; nec copia argenti tantum ~it uita PLIN.*Nat*.33.147; —(*w.* in+*abl.*) filiam, in qua pater ~ebat QUINT.*Decl*.289 (p.157,l.15).

5 To rush furiously about, range wildly, storm. **b** (of things).
late..~entes Barcaei VERG.*A*.4.42; ~it lymphata per urbem 7.377; ut fera..contra tela ~it 9.552; strictis ensibus per ipsam uiam ante pugnam ~it FLOR.*Epit*.1.11(1.16. 12). **b** ex imis..~it ignibus impetus Aetnae LUCR.2.593; Phlegethonta ~entem ardentibus undis *Culex* 272; (aer) omnia circum saxa ~ens LUCR.6.687; ramenta..ferri ~ere intus aenis in scaphiis 6.1045; ~it aestus harenis VERG.*A*. 1.107; amnis..~ens cumulo 2.498; exsuperant flammae, ~it aestus ad auras 2.759; (spiritus) conglobatus illic ~it SEN.*Nat*.6.14.4; (fulmen) in sua templa ~it LUC.1.155; uictor..~it per uiscera Nessus (*i.e. his poison*) STAT.*Theb*. 11.238

6 To be fierce or savage, rage: **a** (of natural forces, etc.). **b** (of activities, passions, etc.).

a tempestas sine more ~it VERG.*A*.5.694; iam Procyon ~it HOR.*Carm*.3.29.18; pelagus..intra terminos suos ~ere coget SEN.*Nat*.3.30.7; ~entis..Aetnaeis iugis uersat caminos *Phaed*.190; (sono)..~ente contra solida PLIN.*Nat*.2.193; cum ~it Lyaeus (*i.e. wine*) MART.10.20(19).19;—(*w. abl.*) ~it mugitibus aether VERG.*G*.3.150; Tisiphones atro si ~it angue caput PROP.3.5.40; aer..~it procellis PLIN.*Nat*.2.155; innumero..silua leone ~it MART.8.53(55).2. **b** ~it undique clamor STAT.*Theb*.6.625; fama ~it uersos hostes SIL.7.504; uox domini ~it instantis JUV.14.63;—~it ardor edendi OV.*Met*.8.828; circa id multorum adfectatio ~it PLIN.*Nat*.34.6.

fūror[1] ~ārī ~ātus, *tr*. [FVR+-O[3]]

1 To steal, purloin, plunder: **a** (w. acc.) **b** (absol.) **c** (pple. in pass. sense).

a pueris..pasceolos ~are CATO *orat*.197; quae rapuit et ~atus est CIC.*Ver*.1.60; si quae bestiae ~antur aliquid *N.D*.2.157; aurum..erutum..Indi ~antur PLIN.*Nat*.11.111; qui pecuniam priuatam ex templo ~atus est QUINT.*Inst*.3.6.41; TAC.*Hist*.1.48; aliena ~atum eunt APUL.*Fl*.11; (*prov.*) uacuo ~ari litore harenas OV.*Am*.2.19.45;—(*of literary plagiarism*) si ego tuum (librum) ante legissem, ~atum me abs te esse diceres CIC.*Att*.2.1.1; qui eorum scripta ~antes pro suis praedicant VITR.7.pr.3; uerba antiqui multum ~ate Catonis, Crispe *in* Quint.*Inst*.8.3.29. **b** quo mox ~atum ueniat speculatur loca PL.*Trin*.864; qui cum isto ~ati sunt CIC.*Ver*.1.97; excogitare genera ~andi 2.134; Asiacae ~ari quid sit ignorant MELA 2.11; ille robore exercitus impar, ~andi melior TAC.*Ann*.3.74; (*w. dat. of person robbed*) nemo ~atur alteri PLIN.*Nat*.12.59. **c** ~atis clanculo partibus APUL.*Met*.10.14.

2 To obtain improperly or by stealth, steal.

non..~atus esse ciuitatem..dicitur CIC.*Balb*.5; si qua data est ~andae copia noctis PROP.3.8.39; speciem ~abor Iacchi 4.2.31; Veneris ~atus gaudia *Lydia* 59; STAT.*Theb*.3.700; ~ari otium GEL.pr.12.

3 To withdraw stealthily, take away secretly; (refl.) to steal away.

fessos..oculos ~are labori VERG.*A*.5.845; iustae poenae debitum spiritum..~ari conabatur V.MAX.4.7.6; te, Oresta, ~abor libens SEN.*Ag*.933; STAT.*Silv*.4.4.29; (*cf.*) uultus ueste ~abor (*i.e. hide*) tuos SEN.*Ag*.914;—Iuno sinu magni semet ~ata mariti STAT.*Theb*.12.292; exigua sese ~atus Himilco carina SIL.14.561; APUL.*Met*.7.7; (*cf.*) tacitos..Antigone ~ata gradus STAT.*Theb*.11.355; in densis ~antem membra maniplis SIL.10.74.

furor[2] ~ōris, *m*. [FVRO+-OR]

1 Violent madness, delirium, brainstorm. **b** possession by a god, prophetic or poetic ecstasy, inspiration. **c** (personified) Madness; also, an avenging deity, a Fury (= FVRIA).

uoltus erat ipsius plenus ~oris CIC.*Mur*.49; Aiax..fortissimus..in ~ore *Tusc*.4.52; ~orem animi proprium LUCR.3.828; uelut captae ~ore eo cursu se ex sacrario proripuerunt ut.. LIV.24.26.12; philtra nocent animis uimque ~oris habent OV.*Ars* 2.106; periculum adfert primum ~oris deinde interitus CELS.2.7.26; LARG.194; quiddam pati ~ori simile QUINT.*Inst*.1.2.31; ~ori proximo amore TAC.*Ann*.11.12;—(*dist. from* insania, dementia) ~orem..esse rati sunt mentis ad omnia caecitatem..eius modi est, ut furor in sapientem cadere possit, non possit insania CIC.*Tusc*.3.11; plerique uel ~orem uel dementiam fingunt ULP.*dig*.27.10.6. **b** poetam bonum neminem..exsistere posse ..sine quodam adflatu quasi ~oris CIC.*de Orat*.2.194; ~or appellatur cum a corpore animus abstractus diuino instinctu concitatur *Div*.1.66; ut primum cessit ~or VERG.*A*.6.102; instinctam sacro mentem testata ~ore LUC.5.150; docti ~or arduus Lucreti STAT.*Silv*.2.7.76; feminae in ~orem turbatae adesse exitium canebant TAC.*Ann*.14.32. **c** ~or impius intus..fremet VERG.*A*.1.294; blanditiae comites tibi erunt Errorque ~orque OV.*Am*.1.2.35; in se semper armatus ~or SEN.*Her.F*.98; PETR.124,l.258; STAT.*Theb*.3.424;—quin, ubi perire iussus exspirauero, nocturnus occurram ~or HOR.*Epod*.5.92; ne..in facinus traherent Athamanta ~ores OV.*Met*.4.471; grandaeua ~orum Poena parens V.FL.1.796.

2 A frenzied or distraught state of mind, frenzy, madness. **b** hostile rage, fury, anger; also, an object of fury.

uide quid intersit..inter amorem ~oremque tuum et illorum consilium atque prudentiam CIC.*Ver*.5.85; inflammatus scelere ~ore crudelitate 5.106; Cethegi..~or in uestra caede bacchantis *Catil*.4.11; quantus sit ~or amoris *Tusc*.4.75; si decima legio ueterana..ad eundem ~orem redierit PLANC.*Fam*.10.11.2; si te..~or..uecors in tantam impulerit..culpam CATUL.15.14; si ~ore atque amentia impulsus bellum intulisset CAES.*Gal*.1.40.4; immemores caecique ~ore VERG.*A*.2.244; consilio id magis quam ~ore lapsos fecisse LIV.7.20.5; eo ~oris uenere ut tres legiones miscere in unam agitauerint TAC.*Ann*.1.18;—(*pl.*) indomitos in corde gerens Ariadna ~ores CATUL.64.54; nec tantos mente ~ores concipit VERG.*A*.4.501; SIL.1.79. **b** ut..omnem..suum uinulentum ~orem in me unum effunderet CIC.*Fam*.12.25.4; iamque faces et saxa uolant, ~or arma ministrat VERG.*A*.1.150; (iudicium) quod tibi ~or inimici denuntiat SEN.*Ep*.24.1; totum ignem ~oris in eam conuerti PETR.132.7; periuria Punici ~oris MART.6.19.6; (*pl.*) postquam uisa satis primos acuisse ~ores VERG.*A*.7.406;—ut tibi sim merito semper ~or PROP.1.18.15.

3 Passionate desire, furious longing. **b** an object of passion.

ardet amans Dido traxitque per ossa ~orem VERG.*A*.4.101; pietas..uicta ~ore HOR.*Carm*.3.27.36; OV.*Met*.9.512; Corinthia, paucorum ~ore pretiosa SEN.*Dial*.10.12.2; alius et in his (*sc.* crystallis) ~or PLIN.*Nat*.37.29;—(*w. obj. gen.*) ~or est insignis equarum VERG.*G*.3.266; mille puellarum, puerorum mille ~ores HOR.*S*.2.3.325; impius lucri ~or SEN.*Phaed*.540; decoris..~orem SIL.2.324; laudum..~ores 3.146;—(*w.* in+*acc.*) is ~or in laudes STAT.*Theb*.6.458;—(~or est+*inf.*) magno ~or est in sanguine mergi 8.595; hic miseris ~or est instare periclo 11.259. **b** siue mihi Phyllis siue esset Amyntas, seu quicumque ~or VERG.*Ecl*.10.38.

4 Conduct resulting from madness or frenzy, violent behaviour.

si istius ~orem ac tela uitamus CIC.*Catil*.1.2; eorum conatus impios et ~orem consceleratum repressi *Sul*.29; tribunicius me terror an consularis ~or mouit? *Planc*.86; hunc, oro, defende ~orem VERG.*A*.10.905; non ~or ciuilis aut uis exiget otium HOR.*Carm*.4.15.17; ciuilis alius ~or in castris ad Sucronem ortus LIV.28.24.5; sopitus ubique armorum ~or VELL.2.89.3; nec timuit Socrates ne consternatae patriae undecimus ~or mors ipsius existeret V.MAX.3.8.ext.3; ignaros scelerum..bellorum primus sparsit ~or LUC.5.36; signum..~oris accensae uiso poscebant hoste cohortes SIL.4.57;—(*pl.*) subsidia rei publicae contra tribunicios ~ores esse CIC.*Red.Sen*.11; quid tibi uis, insane? meos sentire ~ores? PROP.1.5.3; hominum..dolent plus posse ~ores STAT.*Theb*.11.538; (*of Bacchic frenzy*) gratos..deo praestare ~ores *Ach*.1.597;—(*foll. by inf.*) quis ~or est census corpore ferre suos? OV.*Ars* 3.172; quod certus ~or est audere fateri *Pont*.2.1.11; SEN.*Ben*.4.19.1; PLIN.*Nat*.2.3; JUV.1.92.

5 Rage, fury (of storms, etc.).

caeli ~or aequinoctialis CATUL.46.2; ~orem..maris TIB.1.1.49; siue..terrae uentorum rabiem et clausum eiecere ~orem STAT.*Theb*.7.810; ponunt hic lassa ~orem aequora *Silv*.2.2.26;—(*foll. by inf.*) ~or his (*sc.* Cyaneis) medio concurrere ponto V.FL.4.562.

Furrīna ~ae, *f*. **Fūrīna (Fōr-).** FORMS: pl., app. erron., *CIL* 6.422. A goddess anciently worshipped at Rome and elsewhere in Italy.

(flamen) Furinalis a ~a VAR.*L*.5.84; 7.45; quarum (*sc.* Eumenidum) et Athenis fanumst et apud nos ut ego interpretor lucus ~ae CIC.*N.D*.3.46; ab eo ponticulo, qui est ad ~ae *Q.fr*.3.1.4.

Furrīnālia ~ium, *n. pl.* **Fūrīnālia, Furnālia.** The festival of Furina, held on 25 July.

A.Epig.22.87; ~ia a Furrina quod ei deae feriae publicae dies is VAR.*L*.6.19; PAUL.*Fest*.p.88M.

Furrīnālis ~is ~e, *a*. **Fūrīnālis.** Of Furina.

~em (flaminem) ENN.*Ann*.122; feriae ~es VAR.*L*.5.84.

furtificus ~a ~um, *a*. [FVRTVM+-FICVS] Thievish, pilfering.

minu' iam ~us sum quam antehac. — quid ita? — rapio propalam PL.*Epid*.12; *Per*.226; ~as manus *Ps*.887.

furtim, *adv*. [FVRTVM+-IM]

1 With deliberate concealment, secretly, stealthily.

Galli ~ noctu summa arcis adorti moenia ENN.*Ann*.164; Metellus cum prima luce ~ in campum itineribus prope deuiis currebat CIC.*Att*.4.3.4; lagonas..quae ~ essent exsiccatae Q.CIC.*Fam*.16.26.2; famulae..~..cachinnant LUCR.4.1176; ~ aut celeritate uitare proelium SAL.*Hist*.1.104; dicitur ex collo ~ carpsisse coronas HOR.*S*.2.3.256; ~ misero ianua aperta mihi PROP.2.9.42; non ~ sed ui aperta gerebatur res LIV.25.24.3; inprobus hanc Athamas ~ dilexit OV.*Fast*.6.555; ~ digressus TAC.*Hist*.1.33; ~ caesae arbores uidentur, quae ignorante domino celandique eius causa caeduntur ULP.*dig*.47.7.7; (*coupled w.* clam) hic clam, ~ esse uolt, ne quis sciat neue arbiter sit PL.*Poen*.662; 1022; (*attrib.*) concubitus..tuos ~ TIB.2.5.53.

2 Without being noticed, imperceptibly.

ignis, qui ~ pingui primum sub cortice tectus robora comprendit VERG.*G*.2.304; umor et in genas ~ labitur HOR.*Carm*.1.13.7; in Aristippi ~ praecepta relabor *Ep*.1.1.18; unde nos non id agentes ~ decor ille..prosequatur QUINT.*Inst*.1.11.19.

furtīuē, *adv*. [next+-E] Secretly, stealthily, furtively.

data ~ munera OV.*Am*.2.5.6; quidam ~ gratias agunt et in angulo et ad aurem SEN.*Ben*.2.23.2; clam possidere eum dicimus, qui ~ ingressus est possessionem ULP.*dig*.41.2.6.

furtīuus ~a ~um, *a*. [FVRTVM+-IVVS]

1 Obtained by theft, stolen. **b** (of leg. actions) relating to theft.

qui scis mercari ~as (*i.e. kidnapped*) atque ingenuas uirgines PL.*Cur*.620; liberalem uirginem, ~am, abductam ex Arabia penitissuma *Per*.522; qui puer uuam ~a mutat strigili HOR.*S*.2.7.110; cornicula..~is nudata coloribus *Ep*.1.3.20; LIV.45.39.6; rutam ~am tantum prouenire fertilius putant, sicut apes ~as pessime PLIN.*Nat*.19.123; QUINT.*Inst*.5.13.49; cum apud aliquem testibus praesentibus ~a res quaesita et inuenta est GAIUS *Inst*.3.186; ~us seruus JULIAN.*dig*.41.1.39; (*prol.*) quicumque hic uiolam rosamue carpet ~umue holus *Priap*.23.2. **b** in ~am causam AFRIC.*dig*.47.2.62(61).8; POMPON.*dig*.44.7.56.

2 Stealthy, secret, clandestine. **b** (of speech). **c** (applied to illicit births, etc.).

~um iter per Italiam CIC.*Pis*.97; finitima prouinciae Romanae primo ~is excursionibus uastare coepit LIV.24.29.4; ut tempora tandem ~ae placuere fugae LUC.2.688; ~i sacrum commune doloris STAT.*Theb*.12.392; non sperat tragicae ~a piacula ceruae JUV.12.120; ~o scripto GEL.17.9.21;—(*transf. ep.*) ~a cupiens miserum componere terra SIL.9.95; ~um pedem proferens APUL.*Met*.10.35;—(*relating to love-affairs*) ~os..amores CATUL.7.8; VERG.*A*.4.171; per te ~i foedera lecti..quaeso TIB.1.5.7; ~a..oscula PROP.3.13.33; det quoque ~as alta fenestra uias OV.*Ars* 2.246. **b** illam..~a uoce loquentem CATUL.67.41; ~as..preces PROP.1.16.20; ~o modulatus murmure uocem MAN.5.335. **c** quem Rhea sacerdos ~um partu sub luminis edidit oras VERG.*A*.7.660; aegra..~um membra grauabat onus OV.*Ep*.11.38; timeto reges..~um genus (*i.e. Aegisthus*) SEN.*Ag*.732.

furtō, *adv*. [next+-O[2]] Secretly, stealthily.

si adorat ~, quod nec manifestum erit *Lex XII*(*Font.iur*.p.33); neque ego hanc abscondere ~ speraui (ne finge) fugam VERG.*A*.4.337; ut ~ fefellerant, ita propalam..non poterant LIV.44.6.13; ~..latentem naturam eruere MAN.5.523; (hyaenae) parere ~ cupiunt PLIN.*Nat*.8.108.

furtum ~ī, *n*. [cf. FVR]

1 Stealing, robbery, theft; *~i*, in or on a charge of theft. **b** abduction, kidnapping (of persons). **c** literary theft, plagiarism.

si nox ~um faxsit *Lex XII*(*Font.iur*.p.31); hunc..ob ~um ad carnuficem dabo PL.*Capt*.1019; TER.*Ph*.191; fures priuatorum ~orum CATO *orat*.221; hora nulla uacua a ~o, scelere, crudelitate, flagitio reperietur CIC.*Ver*.1.34; *Att*.6.2.5; qui in ~o..sint comprehensi CAES.*Gal*.6.16.5; nona (dies) fugae melior, contraria ~is VERG.*G*.1.286; quidquid placuit iocoso condere ~o HOR.*Carm*.1.10.8; si..idem postea ~um mihi fecerit SEN.*Ben*.6.5.5; qui alienam rem uendidit..~um committit GAIUS *Inst*.2.50;—(*w. gen. of place robbed*) caeli qui ~a luit..Prometheus SEN.*Med*.822; (serpens) quae..~o nemoris Herculeo furit *Phoen*.317; (*of thing stolen*) manifesto ~o grandis pecuniae perturbatus est CIC.*Ver*.2.48; exiguae ~is inbutus ofellae JUV.11.144; (*cf.*) etiam si quod scribas non habebis, scribito tamen, ne ~um cessationis quaesiuisse uidearis Q.CIC.*Fam*.16.26.2; homo ~i sese astringet PL.*Poen*.737; TER.*Eu*.809; cum seruis Habiti ~i egit CIC.*Clu*.163; ~i tenetur ULP.*dig*.25.2.15.1. **b** foedera soluere ~o VERG.*A*.10.91; puellam domi suae natam ~oque inde in domum Vergini translatam LIV.3.44.9; (*poet.*) recipe hunc Oresten ac pium ~um occule SEN.*Ag*.931. **c** hanc sententiam Latro Porcius uirilius dixit, qui non potest de ~o suspectus esse SEN.*Con*.10.4.21.

2 Secret action, concealment, hiding; *~o noctis*, under cover of darkness. esp. **b** secret love, stolen pleasures.

quae quis..~o laetatus inani distulit in seram commissa piacula mortem VERG.*A*.6.568; fallax adsiduo dilabitur alea ~o SEN.*Apoc*.15.1; non patrios ~is accedere saltus V.FL.2.283; timido secreta per auia ~o debile carpit iter STAT.*Theb*.12.143; nocturna parat..~a uiae SIL.7.136;—~o..ereptus opacae noctis 6.70; unam legionem ~o noctis adgressos TAC.*Ag*.34.1. **b** rara..~a feremus erae CATUL.68.136; Martis..dolos et dulcia ~a VERG.*G*.4.346; nolim ~a pudica tori PROP.2.23.22; ~o celetur culpa modesto OV.*Ars* 2.389; puer ~o conceptus *Fast*.2.183; impia diri ~a mariti SEN.*Ag*.675; materna produnt capitibus suis ~a MART.6.39.5; SIL.7.487; (*cf.*) Venerem tutam concessaque ~a canemus OV.*Ars* 1.33.

3 A trick, deception; *~um facere* (w. dat.), to practise deception (on), cheat. **b** (mil.) a stratagem, trick.

officinarum ~a PLIN.*Nat*.13.17; notas..fraudes deprensaque ~a iam tollas MART.1.87.7; quod si ambiguitate sententiae possit eludi, nemo non illi ~o fauet QUINT.*Inst*.9.2.68;—fecisti ~um in aetatem malum quom istaec flagitia me celauisti et patrem PL.*Bac*.166; quam non..~um facere affectibus tuis cogitem SEN.*Dial*.6.1.5; MART.5.50.5; QUINT.*Decl*.248(p.15,l.25). **b** gentis ad ~a belli peridoneae SAL.*Hist*.1.112; haud ~o melior sed fortibus armis VERG.*A*.10.735; ultimam spem ~o insidiarum temptantem LIV.9.31.12; ~is incautum decipit hostem OV.*Met*.13.104; ~o, non proelio opus esse censebat CURT.4.13.4; (Troia) unius noctis peritura ~o SEN.*Ag*.626; noua ~a per aequor exquisita fugae LUC.4.416.

4 (concr.) A stolen article, stolen property.

cogi a magistratu ~um reddere CIC.*Ver*.2.58; puer..dum ~a ligurrit HOR.*S*.2.4.79; quaerendo ubi tantae rei ~um occultaretur LIV.6.14.13; mugitum rauco ~a (*i.e. stolen cattle*) dedere sono OV.*Fast*.1.560; fessus per orbem ~a (*i.e. Europa*) sequi Iouis SEN.*Oed*.716;—(*applied to persons*) huc e latebris procede tuis, flebile matris ~um miserae (*i.e. Astyanax*) *Tro*.706; STAT.*Ach*.2.36;—(*literary theft*) oportere..iudicantes non ~a sed scripta probare VITR.7.pr.7.

fūrunculus ~ī. *m*. [FVR+-VNCVLVS]

1 A petty thief, pilferer.

olim ~us, nunc uero etiam rapax CIC.*Pis*.66; tagax ~us FEST.p.359M.

2 A suppurating tumour, boil, furuncle.

~us..est tuberculum acutum cum inflammatione et dolore CELS.5.28.8; ~os aperit (origanum) cum fico tosta PLIN.*Nat*.20.180; incipientes ~os 28.36; LARG.210.

3 A protuberance left on a vine after pruning, a knob, knurl.

germen..siue longius prosiluerit, in flagellum summittitur..siue admodum exiguum in ~um COL.4.22.4; ne..uerrucae similis ~us relinquatur 4.24.5; (palmes) uerrucae magnitudine, qui ~us appellatur PLIN.*Nat*.17.181.

furuus ~a ~um, *a*. [cf. FVSCVS] Dark-coloured, dusky, sombre, swarthy. **b** *dies ~us*, an ill-omened or unlucky day (= dies ATER).

~is circumdatus alis Somnus TIB.2.1.89; caligine ~a STAT.*Theb*.9.727; belua..~a gente (*i.e. Ethiopians*) petita JUV.12.104;—(*tech. of victims*) uti..hostiae ~ae immolarentur VAR.*gram*.70; V.MAX.2.4.5; hostias nigras, quae antiquitus ~ae dicebantur 2.4.5; PAUL.*Fest*.p.93M;—(*of death, the underworld*) ~ae regna Proserpinae HOR.*Carm*.2.13.21; ~a nigri sceptra..poli SEN.*Her.O*.559; puppis..~a (*i.e. of Charon*) 1964; ~ae miseram circum undique leti uallauere plagae STAT.*Silv*.5.1.155. **b** detestabili parricidio ~um diem SEN.*Con*.1.1.23.

fuscātor ~ōris, *m*. [FVSCO+-TOR] One who makes dark, a darkener.

caeli ~or Eoi..Corus LUC.4.66.

fuscina ~ae, *f*. [dub.] A three-pronged spear used to catch fish, trident, harpoon. **b** (as the weapon of sea-gods). **c** (as the weapon of the *retiarius* in gladiatorial combats).

ibi ut piscabar, ~a ici uidulum PL.*Vid*.fr.7; alius..quaerebat ~a pisces PETR.109.6. **b** Triton ~a euertens specus ACC.*trag*.400; CIC.*N.D*.1.101; in me caeruleo ~a sumpta deo est PROP.3.7.62; fulmen tenens aut ~am..

deorum insignia SUET.*Cal.*52. **c** uicit et hoc monstrum tunicati ~a Gracchi JUV.2.143; unus (retiarius) resumpta ~a omnes uictores interemit SUET.*Cal.*30.3.

fuscitās ~ātis, *f.* [FVSCVS+-TAS] Darkness, cloudiness.
eum ⟨Ὄλυμπον⟩ nominant, quem ab omni ~ate ac perturbatione uident liberum APUL.*Mun.*33.

fuscō ~āre ~āuī ~ātum, *tr.*, (*intr.*). [next+-O[3]]

1 To make dark, darken, blacken.
~entur corpora Campo OV.*Ars* 1.513; ne ~et inertia dentes 3.197; ~abat..diem custos Atlantidos Vrsae *Tr.* 1.11.15; fulmen..quod aut urit aut ~at SEN.*Nat.*2.40.3; uix ulla ~ante tamen lanugine malas LUC.10.135; (opalus), cuius fulgor uini colore ~atur PLIN.*Nat.*37.84; SIL.14.345; (*pass. in middle sense*) pingui..cutem ~atur oliuo STAT. *Theb.*6.576.

2 (intr.) To become dark.
ne..pulchrae ~aret gratia formae STAT.*Silv.*3.4.66.

fuscus ~a ~um, *a.* *compar.* ~ior. [cf. *furuus*; perh. AS. *dox* 'fawn-coloured', Eng. *dusk*]

1 Dark-coloured, sombre, dusky. **b** (of persons) dark-skinned, swarthy.
(pullus) iuba crebra, ~a, subcrispa VAR.*R.*2.7.5; hac purpura plebeia ac paene ~a CIC.*Sest.*19; ~a..cornix *Arat. Progn.*223; ~um cinerem *Dirae* 60; ~a..nubila OV.*Met.* 5.286; ~o..plumbo *Fast.*2.575; alteram (fraxinum) breuem, duriorem, ~ioremque PLIN.*Nat.*16.63; ~a Falerna MART. 2.40.6;—(*poet., of night, sleep, the underworld, etc.*) ~is crinibus Nox *Inc.trag.*132; ~is tristis dea tollitur alis VERG.*A.*7.408; ~ae deus..aulae PROP.4.11.5; cum te ~o Somnus uelauit amictu [TIB.]3.4.55;—(*as a sign of mourning*) matronam flebilem ~a ueste contectam APUL.*Met.*2.23; 7.27;—(*of ill omen*) ~is auibus Larissam accessi 2.21. **b** quid tum, si ~us Amyntas? VERG.*Ecl.*10.38; Afra genus..~a colore *Mor.*33; ~us Hydaspes HOR.*S.*2.8. 14; comites ~i, quos India torret TIB.2.3.55; ~a uocetur, nigrior Illyrica cui pice sanguis erit OV.*Ars* 2.657;—(*of lands inhabited by dark-skinned peoples*) Meroen ~aque regna PROP.4.6.78; ~a Syene MART.9.35.7.

2 Ill-lit, dim, dark.
~ae pensio cellae MART.3.30.3; cornea si non sum, numquid sum ~ior (*sc.* lanterna)? 14.62.1.

3 (of the voice) Husky, hoarse.
uocis genera permulta, canorum ~um.. CIC.*N.D.*2.146; cum (uox) e candida declinat in ~am PLIN.*Nat.*28.58; QUINT.*Inst.*11.3.15; quamquam exiguae uocis et ~ae, prodire in scaenam concupiit SUET.*Nero* 20.1.

4 Lowly, menial, drab.
ut id suis manibus factum uelint, quo sit curae leuioris ~iorisque APUL.*Mun.*25; animas..~iores inpelli cupidine corporum *Pl.*2.14.

5 (as a cognomen).
SEN.*Suas.*4.4; TAC.*Hist.*2.86.

fūsē, *adv.* *compar.* ~ius. [FVSVS[1]+-E]

1 Widely, extensively (in space).
tam ~e lateque imperantem rem publicam CIC.*Rep.*5.1; (manus) ~ius paulo in diuersum resoluitur QUINT.*Inst.* 11.3.97.

2 Widely in scope, at length, fully.
facultatem..~e lateque dicendi CIC.*Orat.*113; potest id quidem ~e et copiose..ornari *Fin.*3.26; haec cum uberius disputantur et ~ius *N.D.*2.20; si totam controuersiam.. ~ius exposuero SEN.*Suas.*4.4; GEL.13.29.3.

3 Without rigid distinctions, loosely, roughly.
quae ~e olim disputabantur ac libere, ea nunc articulatim distincta dicuntur CIC.*Leg.*1.36; populus..~e in tribus conuocatus 3.44.

fūsilis ~is ~e, *a.* [FVNDO[1]+-ILIS[1]] Molten, liquefied; fusible.
~e per rictus aurum fluitare uideres OV.*Met.*11.126;—feruentis ~i ex argilla glandis CAES.*Gal.*5.43.1; signant (saxa) ~is esse notae *Aetna* 534.

fūsiō ~ōnis, *f.* [FVNDO[1]+-TIO]

1 The process of pouring or being poured.
aquae..admixtum esse calorem..ipse liquor aquae declarat et ~o CIC.*N.D.*2.26.

2 That which is poured out, an effusion, outpouring; a sprinkling (of stars).
ipsum..mundum deum dicit esse et eius animi ~onem uniuersam CIC.*N.D.*1.39;—tenuis ~o stellarum, quae graece uocitantur ἀρπεδόναι VITR.9.5.3.

3 (leg.) A contribution in kind due to the treasury.
solent (possessores) et fisco ~ones praestare ULP.*dig.* 7.1.27.3.

Fūsius ~a ~um: old form of FVRIVS.

fūsor ~ōris, *m.* [FVNDO[1]+-TOR] One who pours, pourer; *imbris* ~*or*, the constellation Aquarius.
~OR OLEARIVS *CIL* 6.1885;—siue aries geminique deum.. aut arcu pollens aut imbris ~or habebit GERM.fr.4.28.

fusterna ~ae, *f.* [FVSTIS; for term. cf. perh. *taberna*, etc.] Wood containing many knots and therefore suitable for cudgels, knot-wood.
quae..(pars) est superior..propter nodationis duritiem dicitur esse ~a VITR.2.9.7; abietis quae pars a terra fuit, enodis est. haec..sappinus uocatur, superior pars nodosa duriorque ~a PLIN.*Nat.*16.196.

fusticulus ~ī, *m.* [next+-CVLVS] A small rod, stick.
decidentis sarcinae ~os APUL.*Met.*6.18.

fustis ~is, *m.* [dub.] FORMS: abl. ~*i Lex XII* (*Font.iur.*p.29), PL.*Aul.*454, *Capt.*896, *Cas.* 967, 971, SAL.*Hist.*4.22, VELL.2.78.3, TAC. *Ann.*3.21, 14.8; ~*e* HOR.*S.*1.3.134, 2.3.112, SEN.*Con.*1.5.5, MART.12.57.10, JUV.9.98, GAIUS *Inst.*3.220.

1 A stick, rod. **b** a stick of firewood, (in pl.) faggot.
utuntur (*rushes*) in uinea alligando fasces, incisos ~es VAR.*L.*5.137; suri..sunt ~es FEST.p.286M; CELS.8.20.5; spicae melius ~ibus tunduntur COL.2.20.4; 12.19.4; (*app. applied to a mallet*) palucis malleator..tritum nitenti ~e uerberat saxum MART.12.57.10. **b** recisos portare ~is HOR.*Carm.*3.6.41; grauantis ruinae ~es demere APUL.*Met.* 7.17.

2 A stick as a weapon or instrument of punishment, club, cudgel. **b** (as a mil. punishment) ~*te necare, ferire*, or sim. phr., to beat to death.
manu ~iue si os fregit libero *Lex XII*(*Font.iur.*p.29); si.. ~em cepero aut stimulum in manum PL.*Aul.*48; ~i pectito *Capt.*896; male mulcati clauis ac ~ibus CIC.*Ver.*4.94; non fuerunt armati, cum ~ibus et cum saxis fuerunt *Caec.* 64; quid, si filius meus ~em mihi impingere uolet? CAEL. *Fam.*8.8.9; si quis..uigilet cum longo ~e HOR.*S.*2.3.112; rarus ferri, frequens ~ium usus TAC.*Ger.*45.3; ~e aperire caput JUV.9.98; (*facet., cf. sense 1b*) omnis exegit foras.. onustos ~ibus PL.*Aul.*414. **b** sorte ductos ~i necat SAL.*Hist.*4.22; miles..qui fratrem suum..iugulasset, interceptus est a nostris et ~ibus percussus *B.Hisp.*27.6; VELL.2.78.3; si stationem deseruit, ~e ferietur SEN.*Con.* 1.5.5; TAC.*Ann.*3.21; ex fuso exercitu cum decimus quisque ~i feritur 14.44.

fustitudinus ~a ~um, *a.* [comic form., FVSTIS+*tud*-(TVNDO)+-NVS] Stick-beating, club-drubbing.
apud ~as, ferricrepinas insulas (*i.e.* ergastula) PL.*As.*34.

fustuārium ~(i)ī, *n.* [FVSTIS+-ARIVM] The mil. punishment of being beaten to death (see FVSTIS 2b).
~ium meruerunt legiones quae consulem reliquerunt CIC.*Phil.*3.14; ~ium meretur, qui signa relinquit aut praesidio decedit LIV.5.6.14.

fūsūra ~ae, *f.* [FVNDO[1]+-VRA] The smelting (of metals); also, joining together, fusion; (in quot., transf.).
e plumbi ipsius ~a PLIN.*Nat.*33.106; lapis..~is necessarius 34.100;—per..ipsos fiat nexus manifesta cicatrix (*i.e. the Milky Way*) ~am faciens mundi MAN.1.726.

fūsus[1] ~a ~um, *a.* *compar.* ~ior. [pple. of FVNDO[1]] In sense of vb., esp.:

1 Broad, spreading extensive; wide apart.
non ~ior ulli terra fuit domino LUC.4.670; arborem.. cupresso ~ae similem PLIN.*Nat.*12.78;—dum..~iores ripas ..iungunt FRON.*Str.*1.1.6.

2 Of loose texture, flabby; loosely fitting. **b** (of the bowels) relaxed, loose. **c** (of sounds, rhythm) unrestricted, free.
~a..corpora LIV.38.21.9; (nix) non est tam solida (quam grando), immo..~a est SEN.*Nat.*4b.3.5;—togis neque restrictis neque ~is SUET.*Aug.*73. **b** melior est..in iuuene (aluus) ~ior CELS.1.3.33; 2.7.16. **c** ~iores habet liberioresque numeros QUINT.*Inst.*9.4.130; est (uox)..et contracta et ~a 11.3.15.

3 Wide in scope, large, broad.
materiam esse..uolo uel abundantiorem atque ultra quam oporteat ~am QUINT.*Inst.*2.4.7; quamquam sit ~us locus 11.1.5; 'iactare' multo ~ius largiusque est quam 'iacere' GEL.2.6.5; quin lingua Graeca..prolixior ~iorque sit quam nostra 2.26.7.

4 Diffuse in style, ample, expansive.
genus sermonis..non ~um ac profluens, sed exile, aridum CIC.*de Orat.*2.159; alia est dilatata et ~a oratio *Orat.*187; densus et breuis..Thucydides..candidus et ~us Herodotus QUINT.*Inst.*10.1.73; alios ~a et aequalis..oratio magis delectat TAC.*Dial.*31.5.

fūsus[2] ~ūs, *m.* [FVNDO[1]+-TVS[3]] A pouring.
fistula a qua ~us aquae VAR.*L.*5.123.

fūsus[3] ~ī, *m.* [dub.] A rod, weighted at the lower end, on to which, as it rotated, yarn was twisted into a thread and wound, a spindle. **b** (spec.) the spindle on which the Fates were supposed to spin the thread of a person's life. **c** (applied to bars arranged in the form of a cylinder or drum for winding rope).
nec ratione alia possunt tam leuia gigni insilia ac ~i radii scapique sonantes LUCR.5.1353; dum ~is mollia pensa deuoluunt VERG.*G.*4.348; grauidos penso deuoluere ~os *Ciris* 446; ~us et adposito pollice uersat opus TIB.2.1.64; OV.*Ars* 1.695; torsisti pollice ~os *Eleg.Maec.*73; iunceo ~o PLIN.*Nat.*11.78; 28.28; praegnantem stamine ~um JUV. 2.55. **b** CATUL.64.314; 'talia saecla' suis dixerunt 'currite' ~is..Parcae VERG.*Ecl.*4.64; sorores debuerant ~os euoluisse meos OV.*Ep.*12.4; (Clotho) tres ~os profert; unus erat Augurini, alter Babae, tertius Claudii SEN.*Apoc.* 3.4; quod in ~o perfectum est, praeteriti temporis habet speciem APUL.*Mun.*38. **c** circa lapidem ~os sextantales ab rota ad rotam ad circinum compegit VITR.10.2.14.

fūtilis, fūtilitās, fūtiliter: see FVTTIL-.

fūtis ~is, *f.* [cf. FVNDO[1]] A water-vessel.
uas aquarium uocant ~im, quod in triclinio allatam aquam infundebant VAR.*L.*5.119.

fūtō ~āre: (see quot.).
~are arguere est, unde et confutare. sed Cato hoc pro saepius fuisse posuit PAUL.*Fest.*p.89M.

futtile, *adv.* [next] In vain, to no purpose, uselessly.
ut quod factum est ~, amici, uos feratis fortiter ENN. *scen.*309; opinor prouenisti ~, si neque ille adest neque hic qui uenit quicquam subuenit PL.*St.*398.

futtilis ~is ~e, *a.* **fūtil-.** [app. *fut*- (FVNDO[1], cf. *futis*)+-ILIS] FORMS: gen. pl. ~*um* ENN. *scen.*307.

1 (of vessels) Brittle, fragile.
mortalis mucro glacies ceu ~is ictu dissiluit VERG.*A.* 12.740; (*w. ref. to apparent etym.*) uasa ~ia a fundendo uocata PAUL.*Fest.*p.89M.

2 (of things) Vain, unprofitable, pointless, futile. **b** of no importance, insignificant, trifling.
alacritate ~i gestiens CIC.*Tusc.*4.37; non ~is commenticiasque sententias *N.D.*1.18; ~em deditionem ratus SAL *Hist.*2.87.D; nunc conde ferrum et linguam pariter ~em PHAED.5.2.10; numquam ~ibus excanduit ignibus aether MAN.1.876; haut illi cantus et ~e murmur proderit V.FL. 8.354; nec ~e maestis id uisum Danais STAT.*Theb.*8.297; nec ~is ictus SIL.15.794; quidquid est temporis ~is et caduci PLIN.*Ep.*3.7.14; ~is inanisque loquacitas GEL.1.15; argumentum piscarium ~e et nihil futurum APUL.*Apol.*42. **b** ~i paene de causa PLIN.*Nat.*33.32; quam paruis quamque ~ibus..herbulis APUL.*Met.*3.23; nec putes ~e istud polentacium damnum leue 6.19; frigidi et leues et ~es sensus GEL.11.13.10.

3 (of persons, etc.) Weak, powerless, ineffective. **b** unreliable, worthless.
puer ille et ~is aetas SIL.16.655; cum..competitores ..eius essent inbelles quidam et ~es GEL.4.8.4;—(*w. abl.*) Isalcas umbonem incerto detersit ~is ictu SIL.5.297. **b** saeuiter suspicionem ferre falsam ~um est ENN.*scen.* 307; seruon fortunas meas me commisisse ~i! TER.*An.*609; haruspices uanos, ~es esse dicamus CIC.*Div.*1.36; consiliis habitus non ~is auctor VERG.*A.*11.339; PHAED.4.18(19).33; leues et ~es et inportuni locutores GEL.1.15.1.

futtilitās ~ātis, *f.* **fūtil-.** [prec.+-TAS] Unprofitableness, uselessness, vanity.
haec..plena sunt ~atis summaeque leuitatis CIC.*N.D.*2.70.

futuō ~uere ~uī ~ūtum, *tr.* [dub.] To have sexual relations with (a woman).
hic ~uit multas CATUL.97.9; deprendi ueto te, Lesbia, non ~ui MART.1.34.10; *CIL* 4.1261;—(*absol.*) nam quotiens ~uit, totiens ulciscitur ambos CATUL.71.5; HOR.*S.*1.2.127; quotiens placet ire ~utum MART.11.7.13.

futūrum ~ī, *n.* [next]

1 (sg.) That which is to be, the future. **b** *in* ~*um*, for the future.
ex controuersia facti..ex ~i..ex instantis aut acti CIC. *de Orat.*2.105; (belua) paulum admodum sentiens praeteritum aut ~um *Off.*1.11; sin duram metues hiemem parcesque ~o VERG.*G.*4.239; formica..non incauta ~i HOR. *S.*1.1.35; diuinatio quaedam ~i LIV.26.20.5; ~i ambiguus TAC.*Hist.*3.43. **b** ingenti..et in praesens laetitia et in ~um spe LIV.30.17.1; in praesentia dolorem tollit et in ~um remediat LARG.122.

2 (pl.) Future events, the future.
di immortales nobis ~a praedicunt CIC.*Phil.*4.10; tuas.. expecto nec actorum (litteras) solum sed etiam ~orum *Att.*15.4a(5); aperit..~a VERG.*A.*6.12; incertiora ~a praeteritis sunt LIV.25.12.8; praeterita instantia ~a pari obliuione dimiserat TAC.*Hist.*3.36.

futūrus ~a ~um, *a.* [as fut. pple. of SVM]

1 That is to be, coming, future. **b** *tempus* ~*um*, (gram.) the future tense.
spes utilitatis ~ae CIC.*de Orat.*2.206; praesens caritas et ~a fames *Dom.*12; saeclorum quoddam augurium ~orum *Tusc.*1.33; fore ut pereant aeuo priuata ~o LUCR.3.486; ~i temporis timore CAES.*Civ.*1.52.1; curam..~i nominis OV. *Tr.*5.7.37; ~i principes TAC.*Hist.*1.40. **b** in uerborum genere quae tempora adsignificant, quod ea erant tria, praeteritum, praesens, ~um VAR.*L.*8.20; 8.58.

2 Immediately future, impending, imminent.
longe remotus ab omni suspicione ~i ciuilis tumultus POL.*Fam.*10.33.3; Dido..pallida morte ~a VERG.*A.*4.644; OV.*Met.*13.74; sola ~i Crassus erat belli medius mora LUC. 1.99; suppurationibus..~is aut factis prodest LARG.206; cum iam tumet igne ~o Oceanus STAT.*Theb.*7.471.

futūtiō ~ōnis, *f.* [FVTVO+-TIO] Copulation.
nouem continuas ~ones CATUL.32.8; MART.1.106.6.

futūtor ~ōris, *m.* [FVTVO+-TOR] A man who indulges in sexual intercourse (with).
puella..solet uenire cum suo ~ore *Priap.*63.16; MART. 1.73.4; 7.18.3.

futūtrix ~īcis, *f. adj.* [FVTVO+-TRIX] Copulating (in quots., transf.).
~ici..manu MART.11.22.4; linguam..~icem 11.61.10.

G

G, g. The seventh letter of the Roman alphabet, representing the voiced non-aspirate stop; before a nasal it was pronounced as agma. Originally the symbol C was used for this sound and is frequently found in the abbreviations for *Gaius* and *Gnaeus.*
VAR.in *G.L.*3.30; G porro retrorsum coit et sonum prioris obtusius ipsi prope sufficit palato MAUR.197;—(*in abbrev. for* Gaius) QVOS PONTIFICES QVOSQVE AVGVRES G. CAESAR.. FECERIT *CIL* 1.594.1.4.31; G. PROCVLEIVS 1.1369.

gabalium ~iī, *n.* [unkn.] An aromatic plant.
serichatum et ~ium, quae intra se consumunt Arabes PLIN.*Nat*.12.99.

gabalus ~ī, *m.* [cf. OIr. *gabul*, AS. *gafeluc, gafol*, OHG. *gabala*] A gallows, gibbet.
innocentes in ~um suffigimus homines VAR.*Men*.24.

gabata ~ae, *f.* [unkn.; cf. Gk. γαβαθόν, ζάβατος (Hsch.)] A kind of dish.
transcurrunt ~ae uolantque lances MART.7.48.3; 11.31.18.

Gabba ~ae, *m.* A professional buffoon in the Early Empire.
qui ~am salibus tuis..posses uincere MART.1.41.16; JUV.5.4.

Gabiī ~ōrum, *m. pl.* An ancient city of Latium, later a byword for desolation.
VAR.*L*.5.33; VERG.*A*.6.773; ~is desertior atque Fidenis uicus HOR.*Ep*.1.11.7; LUC.7.392.

Gabīniānus ~a ~um, *a.* Of Gabinius (in quots., A. Gabinius: see next).
~is militibus CAES.*Civ*.3.110.2; V.MAX.4.1.15.

Gabīnius ~a ~um, *a.*

1 The name of a Roman *gens*; esp. A. Gabinius, consul 58 B.C., a supporter of Caesar.
CIC.*Att*.10.8.3; CAES.*Civ*.3.4.4.

2 (of laws, etc.) Of Gabinius; esp. the *lex ~a* of 67 B.C. by which Pompey obtained the command in the Mediterranean.
CIC.*Amic*.41;—in hoc bello quod lege ~a geritur *Man*.58.

Gabīnus ~a ~um, *a.* Of Gabii; (masc. pl. as sb.) its inhabitants.
~a..uicinitas CIC.*Planc*.23; ~ae Iunonis VERG.*A*.7.682; ~o cultu LIV.10.7.3; ex urbe ~a OV.*Fast*.2.709; ~o ritu cinctus V.MAX.1.1.11; aedificia..ipsa..saxo ~o Albanoue solidarentur TAC.*Ann*.15.43;—primores ~orum LIV.1.54.2.

Gādēs ~ium, *f. pl.* Also **~is** (*sg.*). FORMS: *Gad(d)ir*: Punic form acc. SAL.*Hist*.2.5, PLIN. *Nat*.4.119. A town situated on a promontory south of the mouth of the Guadalquivir in Spain, Cadiz.
CIC.*Sen*.69; ad ~is oppugnandas VITR.10.13.1;—(*as the western extreme of the known world*) Septimi, ~is aditure mecum? HOR.*Carm*.2.6.1; LUC.3.279; solis..cubilia ~es STAT.*Silv*.3.1.183; hominum finem ~es SIL.1.141;—(*sg.*) ~is inter insulas dicenda PLIN.*Nat*.3.7; 4.119.

Gādītānus ~a ~um, *a.* Of Gades or its people. **b** (masc. pl. as sb.) the inhabitants of Gades; (also sg.) **c** (fem. pl. as sb.) dancing-girls from Gades; (neut. pl. as sb.) performances by them.
~a ciuitas CIC.*Balb*.35; populus ~us 42; ~o oceano PLIN.*Nat*.2.227; cantica..~a MART.3.63.5. **b** ~orum causa CIC.*Balb*.35; LIV.32.2.5;—CIC.*Balb*.35. **c** at tu apud nescio quem ostrea..~as maluisti PLIN.*Ep*.1.15.3;—ut ~a canoro incipiant prurire choro JUV.11.162.

gaeanis ~idos, *f.* [Gk.] A precious stone.
paeanitides, quas quidam ~idas uocant praegnantes fieri et parere dicuntur PLIN.*Nat*.37.180.

gaesātī ~ōrum, *m. pl.* **(gēs-).** Also **~ēs.** [next] Troops armed with the *gaesum*; (also sg., transf.).
CERTAMEN OPERIS INTER CLASSICOS MILITES ET ~ES DEDI *CIL* 8.2728; C IVLIO..EVOCATO ~ORVM DC RAETORVM CASTELLO IRCAVIO 13.1041;—BALBVS PEDICO VICIT ET ~VS 12.5695.

gaesum ~ī, *n.* **(gēsum).** [Gallic, cf. OIr. *gaë* 'spear', AS. *gār*, OHG. *gēr*] A Gallic javelin.
lapides ~aque in uallum coicere CAES.*Gal*.3.4.1; duo quisque Alpina coruscant ~a manu VERG.*A*.8.662; fundere ~a PROP.4.10.42; leues autem, qui hastam tantum ~aque gererent, uocabantur LIV.8.8.5; falcibus ~isque binis armati LIV.9.36.6; SIL.1.629;—(*poet. applied to sim. weapons*) rigida..~a SEN.*Phaed*.111; pars ~a manu..habet STAT. *Theb*.4.64.

Gaetūlia ~ae, *f.* The country of the *Gaetuli.*
VAR.*R*.2.11.11; PLIN.*Nat*.5.30; (*meton.*) misceri gregibus ~a sueta ferarum SIL.3.288.

Gaetūlicus ~a ~um, *a.*

1 Gaetulian.
~am purpuram PLIN.*Nat*.6.201; 35.45.

2 A cognomen, esp. of Cn. Cornelius Cossus Lentulus (cos. 1 B.C.), who conquered the Gaetuli.
SEN.*Nat*.4a.pr.15; MART.1.pr.; TAC.*Ann*.4.42; SUET.*Cl*. 9.1.

Gaetūlus ~a ~um, *a.* **(Gēt-).** Of the Gaetulians, Gaetulian; (used freq. by poets for African and referring esp. to the wild interior). **b** (masc. pl. as sb.) the Gaetulians, a people of N.W. Africa; (also sg. collect.).
~i..leonis VERG.*A*.5.351; Syrtis..~as HOR.*Carm*.2.20. 15; ~ae catulos leaenae 3.20.2; uestis ~o murice tinctas *Ep*.2.2.181; ~o..Iarbae OV.*Ep*.7.125; sicci ~a mapalia Poeni MART.10.13(20).7; STAT.*Theb*.9.739; SIL.16.176; cum ~a ducem portaret belua luscum JUV.10.158. **b** LIV.23. 18.1; MELA 3.104; PLIN.*Nat*.8.20;—semper..paratus inculto ~us equo LUC.4.678; SIL.2.64.

gaeum ~ī, *n.* **(gēum).** [unkn.] A plant, sts. identified with *Geum urbanum.*
~um radiculas tenues habet nigras, bene olentes PLIN. *Nat*.26.37.

gagātēs ~ae, *m.* [Gk. γαγάτης] (w. *lapis*) A variety of lignite, perh. jet.
~es lapis nomen habet loci et amnis Gagis Lyciae PLIN. *Nat*.36.141; LARG.225; APUL.*Apol*.45.

gagītēs ~is, *m.* [app. Gk.] Another name for AETITES.
PLIN.*Nat*.10.12.

Gāia ~ae, *f.* Archaic fem. form of *Gaius*, surviving in legal and ritual language as a name for any woman concerned.
putarunt omnis mulieres quae coemptionem facerent '~as' uocari CIC.*Mur*.27; nam et 'Gaius' C littera significatur quae inuersa mulierem declarat, quia tam Gaias esse citatas quam ~os etiam ex nuptialibus sacris apparet QUINT.*Inst*.1.7.28; GEL.7(6).7.1.

Gāiānus ~a ~um, *a.* Of or associated with the Emperor Gaius (Caligula).
inter ~as custodias SEN.*Dial*.9.11.12; emptum plus minus asse ~o STAT.*Silv*.4.9.22; ~arum expeditionum ludibrium TAC.*Hist*.4.15; insigni anno ~a nece SUET.*Tit*.1.1.

gāïolus ~ī, *m.* [GAIVS+-OLVS] (app.) A kind of small fancy cake.
molles ~i lucuntulique.. STAT.*Silv*.1.6.17.

Gāipor. [app. gen. of next+-*por* (see PVER)] An ancient slave-name (i.e. Gaius' slave).
FEST.p.257M.

Gāïus ~ii, *m.* FORMS and ORTHOG.: *Cai* (voc.) LARG.151; regularly abbrev. to C. A Roman praenomen; (in ritual use, cf. GAIA). (esp.) **b** the emperor Caligula (Gaius Claudius Caesar Germanicus). **c** (w. *Lucius*) used for any chance person, like 'Tom, Dick, and Harry'.
meus sodalis—Cinna est ~ius CATUL.10.30; MART.11.36. 8; ~ius Iulius Masinissae filius VITR.8.3.25;—QUINT.*Inst*. 1.7.28;—(*abbrev.*) dictatorem dixit C. Claudium Centonem LIV.25.2.3; C. Sallustius, rerum Romanarum florentissimus auctor TAC.*Ann*.3.30. **b** ~io principi PLIN.*Nat*. 11.189; 12.10; SUET.*Cl*.7.1. **c** post ~iumque Luciumque consedit MART.5.14.5.

galactītēs ~ēn (acc.), *m.* [Gk. γαλακτίτης] A name given to various stones.
galaxian aliqui ~en uocant PLIN.*Nat*.37.162; sunt qui smaragdum albis uenis circumligatum ~en uocant 37.162.

galactītis, *f.* [cf. prec.] A kind of stone, possibly chalk.
~is (*s.v.l.*) ex uno colore lactis est. eandem leucogaeam et leucographitim appellant et synechitim PLIN.*Nat*.37.162.

Galaesus ~ī, *m.* A river near Tarentum.
HOR.*Carm*.2.6.10; LIV.25.11.8; MART.4.28.3; 5.37.2.

Galatae ~ārum, *m. pl.* A Celtic people who migrated into Phrygia, the Galatians; (sg.) a Galatian.
CIC.*Att*.6.5.3; PLIN.*Nat*.8.158; TAC.*Ann*.15.6; GAIUS *Inst*. 1.55;—~am Milonis seruum caedes facientem ASC.*Mil*.32.

Galatēa[1] ~ae, *f.* A sea-nymph, loved by Acis and Polyphemus. **b** a conventional girl's name in poetry.
Nerine ~a VERG.*Ecl*.7.37; 9.39; PROP.3.2.7; OV.*Am*.2.11. 34; *Met*.13.738; STAT.*Silv*.2.2.20. **c** malo me ~a petit, lasciua puella VERG.*Ecl*.3.64; HOR.*Carm*.3.27.14.

Galatēa[2] ~ae, *f.*: var. of next.

Galatia ~ae, *f.* Also **-ēa.** The region of Asia Minor occupied by the Galatae or the Roman province comprising this and neighbouring territories, Galatia.
PLIN.*Nat*.5.146; TAC.*Ann*.13.35. **β** STAT.*Silv*.1.4.76.

Galaticus ~a ~um, *a.* Of or belonging to Galatia.
genus hordei..quod..~um nonnulli uocant COL.2.9.16; LEGATO PROVINCIAE ~AE *A.Epig*.20.55; habrotonum..~um PLIN.*Nat*.21.160.

galaxiās ~ān (*acc.*). [Gk. γαλαξίας] An unknown kind of stone.
~an aliqui galactiten uocant, similem proxime dictis, sed intercurrentibus sanguineis aut candidis uenis PLIN. *Nat*.37.162.

Galba[1] ~ae, *m.* A cognomen of the *gens Sulpicia.* (esp.) **b** the Emperor Galba (Servius Sulpicius Galba). **c** a king of the Suessiones.
P. SVLPICIVS SER F P N ~A *Fast.Cos.Cap*.18b(*CIL* 1. p.25); Ser. ~am memoria teneo diuinum hominem in dicendo CIC.*de Orat*.1.40; SUET.*Gal*.3.1. **b** mihi ~a Otho Vitellius nec beneficio nec iniuria cogniti TAC.*Hist*.1.1; JUV. 8.222; SUET.*Nero* 40.3. **c** CAES.*Gal*.2.13.1.

galba[2]: (see quot.).
nonnulli quod praepinguis fuerit uisus, quem ~am Galli uocent SUET.*Gal*.3.1.

galba[3] ~ae, *f.*: (see quot.).
tam exilis quam sunt animalia quae in aesculis nascuntur appellanturque ~ae SUET.*Gal*.3.1.

galbaneus ~a ~um, *a.* [next+-EVS] Of, or characteristic of, galbanum.
~o..agitare grauis nidore chelydros VERG.*G*.3.415; ~os ..incendere odores 4.264.

galbanum ~ī, *n.* [Gk. χαλβάνη, prob. fr. Heb. *ḥelbᵉnāh*] A gum resin obtained from various species of *Ferula*, galbanum.
concoqunt et mouent pus nardum..balsamum, ~um CELS.5.3; lurida..succendere ~a CALP.*Ecl*.5.89; CELS.3. 20.2; peregrina.. ~a sudant LUC.9.916; dat..~um Syria in eodem Amano monte e ferula PLIN.*Nat*.12.126; hi (*sc.* culices) ~o accenso fugantur 19.180; LARG.195; inlitis.. ~o facibus SUET.*Gal*.3.1.

galbeolus ~ī, *m.* (app.) = MEROPS, the bee-eater.
SUET.fr.164(p.257Re).

galbeus ~ī, *m.* **(cal-).** [dub.] (app.) An arm-band worn for ornamental or medical purposes.
~os lineos, pelles, redimicula CATO *hist*.113; quod in diuturna ualitudine ~o, id est remediis lana inuolutis, assidue uteretur SUET.*Gal*.3.1; ~um ornamenti genus PAUL. *Fest*.p.96M.

Galbiānus ~a ~um, *a.* Of (any) Galba; (masc. pl. as sb.) the partisans of Galba.
VILICVS HORREORVM ~ORVM *CIL* 6.30855;—acerrima instigatrix aduersum ~os TAC.*Hist*.1.51.

galbinātus ~a ~um, *a.* [next+-ATVS[2]] Dressed in greenish-yellow.
iacet occupato ~us in lecto MART.3.82.5.

galbinus ~a ~um, *a.* [dub.] Greenish-yellow; (neut. pl. as sb.) greenish-yellow clothes (considered effeminate).
uenit..~o succincta cingillo PETR.67.4; ~a decipitur calamis et retibus ales MART.13.68.1;—caerulea indutus scutulata aut ~a rasa JUV.2.97;—(*transf.*) habeat..licet semper fuscos colores, ~os habet mores MART.1.96.9.

galbulus[1] ~ī, *m.* [dub.] A cypress-cone.
non enim ~i qui nascuntur (in cupresso), id est tamquam pilae paruae corticiae, id semen, sed in iis intus VAR.*R*. 1.40.1.

?**galbulus**[2] ~ī, *m.* [cf. GALBINVS] A yellow bird (cf. GALGVLVS).
~i (*dub., v.l.* galbi) MART.13.68.

?**galbus** ~a ~um, *a.* [dub.] (Adj. describing a kind of nut in PLIN.*Nat*.15.90. CATO *Agr*. 8.2, a parallel passage, has *caluus*.)

galea ~ae, *f.* [cf. perh. Gk. γαλέη] A soldier's helmet.
pro ~a scaphium PL.*Bac*.70; coruus..super ~am tribuni insistit ? QUAD.*hist*.12; ~as..aeneas CIC.*Ver*.4.97; scutum gladium ~am in onere nostri milites non..numerant *Tusc*.2.37; ut..etiam ad ~as induendas..tempus defuerit CAES.*Gal*.2.21.5; ~am uenatoriam NEP.*Dat*.3.2; comantem

..~am VERG.*A*.2.392; terribilem cristis ~am 8.620; ~am Pallas et aegida..parat HOR.*Carm*.1.15.11; TIB.2.6.8; ~ae cristatae LIV.9.40.3; OV.*Pont*.3.4.103; anima ~am fugiente ferire LUC.5.279; STAT.*Theb*.11.24; uulnus per ~am adegit TAC.*Ann*.6.35.

galear ~āris, *n*. [next] (app.) A kind of cap.
cum ~are GRACCH.*orat*.24; clamide interempti et ~ari (*v.l.* galero)..ornatus est FRON.*Str*.3.2.11; ~aria a galearum similitudine dicta PAUL.*Fest*.p.96M.

galeāris ~is, ~e, *a*. [GALEA+-ARIS] Of or for a helmet.
reticula ~ia QUAD.*hist*.32.

galeātus ~a ~um, *a*. [GALEA+-ATVS²] Wearing a helmet, helmeted.
~ae Mineruae CIC.*N.D*.1.100; uigiles..stare ~os LIV. 44.33.9; PETR.59.6; centuriones..~os et discinctos FRON. *Str*.4.1.27; (te) ~um sero duelli paenitet JUV.1.169.

galeicula ~ae, *f*. [GALEA+-CVLA] A small helmet.
parmulis non amplis et ~is (*s.v.l.*) gladiisque FRON.*Str*. 4.7.29.

galēna ~ae, *f*. [unkn.] A mixture of lead and silver ores, occurring naturally. **b** the residue of this after smelting, consisting mainly of crude lead.
PLIN.*Nat*.33.95; est et molybdaena, quam alio loco ~am appellauimus, uena argenti plumbique communis 34.173; *CIL* 15.7916. **b** quod remansit in fornacibus, ~a PLIN. *Nat*.34.159.

galeō ~āre, *tr*. [perh. back-formation from GALEATVS] To equip with a helmet.
miseras audet ~are puellas CINNA *poet*.12; (*pass. in middle sense*) milites in campo iubet ~ari *B.Afr*.12.3.

galeobdolon, *n*. [Gk. γαλεόβδολον] See GALEOPSIS.

galeola ~ae, *f*. [GALEA+-OLA] (app.) A kind of wine-vessel.
ubi erat uinum in mensam positum aut ~am aut sinum VAR.in Non.p.547M.

galēopsis, *f*. [Gk. γαλήοψις] A plant, perh. red dead-nettle, *Lamium purpureum*.
~is aut, ut alii, galeobdolon uel galion caulem et folia habet urticae leuiora..flore purpureo PLIN.*Nat*.27.81.

galeos, *m*. [Gk. γαλεός] A kind of dogfish or small shark.
hanc (*sc*. pastinacam)..persequitur ~os, idem et alios.. pisces, sed pastinacas praecipue PLIN.*Nat*.32.25; 32.148.

Galeōtae ~ārum, *m. pl*. [Gk. Γαλεῶται] (See quot.)
interpretes portentorum qui ~ae tum in Sicilia nominabantur CIC.*Div*.1.39.

galeōtēs ~ēn (*acc*.). [Gk. γαλεώτης] The gecko or spotted lizard.
hunc (stelionem) Graeci coloten uocant et ascalaboten et ~en PLIN.*Nat*.29.90.

galēriculum ~ī, *n*. [GALERVS+-CVLVM] A skin or leather cap; a wig.
MART.14.50;—~o capiti propter raritatem capillorum adaptato et adnexo, ut nemo dinosceret SUET.*Otho* 12.1.

galērītus¹ ~a ~um, *a*. [GALERVS+-ITVS²]
1 Wearing a *galerus*.
prima ~us posuit praetoria Lygmon PROP.4.1.29.
2 *auis* ~*a*, The crested lark.
PLIN.*Nat*.10.137; paruae aui, quae, ab illo ~a appellata quondam..Gallico uocabulo etiam legioni nomen dederat alaudae 11.121; 30.62.

galērītus² ~ī, *m*. [prec.] = *auis galerita*.
sic ~us..quod in capite habet plumam elatam VAR.*L*. 5.76(*s.v.l.*).

galērus ~ī, *m*. Also **~um,** *n*. [app. Gk. loan-word; cf. *galea*]
1 A cap or hat made of skin. **b** the ceremonial cap worn by pontifices, flamines, etc.
galea ab ~o VAR.*L*.5.116; tectus..~o *Mor*.120; fuluos.. lupi de pelle ~os tegmen habent capiti VERG.*A*.7.688; cana..e maele ~i GRAT.340; obnubit..comas et temperat astra ~o STAT.*Theb*.1.305; Arcadii morem tenet ille ~i 4.303; JUV.8.208; (*transf*.) horrentes effingens crine ~os SIL.1.404. **b** VAR.in Gel.10.15.32; SUET.fr.168(p.268 Re); hoc Diogeni..pera et baculum..quod pontificibus ~um APUL.*Apol*.22.
2 A wig.
nigrum flauo crinem abscondente ~o JUV.6.120; (*perh. also*) adrepto pilleo uel ~o popinas inibat SUET.*Nero* 26.1.

galgulus ~ī, *m*. [app. by assimilation from GALBVLVS] A yellow bird, perh. golden oriole.
quae, cum fetum eduxere, abeunt, ut ~i, upupae PLIN. *Nat*.10.73; auis icterus uocatur a colore..hanc puto Latine uocari ~um 30.94.

Galilaea ~ae, *f*. Galilee.
PLIN.*Nat*.5.70.

Galilaeī ~ōrum, *m. pl*. The inhabitants of Galilee.
TAC.*Ann*.12.54.

galion, *n*. [Gk. γάλιον] = GALEOPSIS.

galla¹ ~ae, *f*. [dub.] The gall-nut, oak-apple; (esp. ground and used medicinally and for other purposes). **b** (applied app. to sour wine).
nec pauciora ~ae genera fecimus, solidam perforatam, item albam nigram, maiorem minorem PLIN.*Nat*.24.9; 36.149;—(*in medicine*) proderit..tunsum ~ae admiscere saporem VERG.*G*.4.267; CELS.5.5.2; PLIN.*Nat*.25.175; ~ae Syriacae pondo triens LARG.81;—(*other uses*) ~am hemeris ..coriis perficiendis aptissimam PLIN.*Nat*.16.26; papyro ~a prius macerato 34.112. **b** ~am bibere ac rugas conducere uentris farre aceroso LUCIL.501.

Galla² ~ae, *f*. A Gallic woman.
Gallus et ~a, Graecus et Graeca LIV.22.57.6.

Galla³ ~ae, *f*.: used by Catullus for *Gallus*, an emasculated priest of Cybele.
agite ite ad alta, ~ae, Cybeles nemora simul CATUL.63.12.

Gallaecia, -cus: see CAL-.

gallaica ~ae, *f*. [next] A kind of gem.
~a argyrodamanti similis est PLIN.*Nat*.37.163.

Gallaicus ~a ~um, *a*.: see CALLAECVS.

gallans ~ntis, *pple*. [as from GALLVS⁴+-O³] Behaving like a priest of Cybele, raving.
nam quae uenustas hic adest ~ntibus VAR.*Men*.119; 150; halicacabi radicem bibunt qui uaticinari ~ntesque uere.. aspici se uolunt PLIN.*Nat*.21.182.

Gallia ~ae, *f*. The country inhabited by the Gauls, Gaul: **a** (as orig. applied by the Romans) the northern part of the Italian peninsula; also dist. as ~*a citerior, Cisalpina, togata*. **b** the region and province corresponding to the south-eastern part of France; also ~*a Narbonensis*. **c** a region roughly corresponding to modern France and Belgium; also dist. as ~*a ulterior* (see *a*), *Transalpina*. **d** ~*a comata*, a name given to the parts of Gaul other than *Cisalpina* and *Narbonensis*: see COMATVS. **e** (pl.) two or more of the parts of Gaul.
a ENN.*Ann*.329;—ex Cisalpina ~a CAES.*Gal*.6.1.2; in ~a citeriore atque ulteriore SAL.*Cat*.42.1; Veneti colunt togatam ~am MELA 2.59; (*cf*.) ~a Romanae nomine dicta togae MART.3.1.2. **b** LIV.21.40.1;—TAC.*Ann*.2.63. **c** ~a est omnis diuisa in partis tris CAES.*Gal*.1.1.1; PLIN. *Nat*.12.108;—ille ~ae ulterioris adiunctor CIC.*Att*.8.3.3; (*cf*.) an ~am ultimam et exercitum? *Phil*.12.13;—eae res in ~am Transalpinam celeriter perferuntur CAES.*Gal*.7.1.2. **e** ~ae duae (*i.e. Cisalpine and Transalpine*), quas..uno imperio uidemus esse coniunctas CIC.*Prov*.3; ne..studia.. ~arum adfectaret TAC.*Ann*.13.53; SUET.*Nero* 40.4.

galliambus (~os) ~ī, *m*. [cf. Gk. γαλλιαμβικός] A measure or metre used in the worship of Cybele.
mollem debilitate ~on MART.2.86.5; QUINT.*Inst*.9.4.6 (*dub*.); MAUR.2887; 2890.

gallica ~ae, *f*. [GALLICVS¹] A Gallic type of shoe or sandal.
cum calceis et toga, nullis nec ~is nec lacerna CIC.*Phil*. 2.76; JUV.7.16; ~is calciatos GEL.13.22(21).1.

Gallicānus ~a ~um, *a*. [GALLICVS¹+-ANVS] Of or belonging to the province of Gaul (spec. of *Gallia Cisalpina* or *Narbonensis*); (masc. as sb.) an inhabitant of these regions.
papauer ~us CATO *hist*.35; de..re ~a CIC.*Quinct*.15; prae ~is legionibus *Catil*.2.5; ridentem catuli ore ~i CATUL.42.9; terebram, quam ~am dicimus COL.*Arb*.8.4; aliis iumentis ~is APUL.*Met*.10.18; ULP.*dig*.32.11;—~i quidam VAR.*R*. 1.32.2; prius enim Gallus, dein ~us..haberi CIC.*Pis*.fr.10.

gallicātus ~a ~um, *a*. [GALLICA+-ATVS²] Wearing Gallic shoes.
CIL 6.32391.

Gallicē, *adv*. [GALLICVS¹+-E] In the Gallic language.
a Gallo..et Mauro ~ et Maurice dicimus VAR.in Gel. 2.25.8; quales ~ uocentur padi PLIN.*Nat*.3.122; GEL.11.7.4.

gallicinium ~iī, *n*. [GALLVS¹+CANO+-IVM] Cock-crow, early dawn.
apoculamus nos circa ~ia PETR.62.3; tum autem ~ium frigidulum AUR.*Fro*.1.p.142(31N); noctis ~io uenit quidam iuuenis APUL.*Met*.8.1.

Gallicus¹ ~a ~um, *a*. Of Gaul or the Gauls, Gallic. **b** (in spec. uses) *ager* ~*us*, the public land north of Picenum, taken orig. from the Gauls; *sinus* (*angulus*) ~*us*, the gulf of Lyon; sim., *mare* ~*um*; *oceanus* ~*us*, the Bay of Biscay (and beyond); *canis* ~*us*, a breed of hunting-dog; *alum* ~*um*, comfrey; (also applied to other varieties of plants, products, etc.). **c** (as a cognomen).
BELLVM ~VM CISALPINVM *Fast.Cos.Cap*.18a(*CIL* 1.p.24); uim ~am ACC.*praet*.3; ~um gladium QUAD.*hist*.10b; tumultum ~um CIC.*Phil*.5.53; a ~is armis CAES.*Gal*.1.22.2; ~a ..ora (*i.e. of Gallic horses*) HOR.*Carm*.1.8.6; frigidior hieme ~a PETR.19.3; ~as Alpes FLOR.*Verg*.p.185R. **b** ager ~us CATO *hist*.43; CIC.*Sen*.11;—angulum ~um CATO *orat*. 31; ~um sinum LIV.26.19.11;—Europam a Libya ~um Tyr⟨r⟩henum Egeum..mare diuidit AGEN.*agrim*.p.22;—inter id et Pyrenaeum ~us (oceanus) PLIN.*Nat*.4.109;—canis..~us OV.*Met*.1.533; MART.3.47.11;—symphyti radix, quam..quidam..alum ~um uocant LARG.83;—nardi ~i CELS.5.25.6; caseum ~um COL.12.59.3; mespilis tria genera ..tertium..quod ~um uocant PLIN.*Nat*.15.84; asparagum ~um 21.86. **c** custos ~us urbis JUV.13.157; *CIL* 5.6988.

gallicus² ~ī, *m*. [prec.] A wind blowing from approx. north by east.
circa septentrionem thracias et ~us (flare solet) VITR. 1.6.10.

Gallicus³ ~a ~um, *a*. [GALLVS⁴] Of or belonging to the priests of Cybele; (in quot., applied to the devotees of Isis).
qua tingit laurus ~a turma tuas OV.*Am*.2.13.18.

gallidraga ~ae, *f*. [foreign] (perh.) The hairy teasel, *Dipsacus pilosus*.
~am uocat Xenocrates leucacantho similem, palustrem et spinosam PLIN.*Nat*.27.89.

gallīna ~ae, *f*. [GALLVS+-INA] A hen. **b** ~*a Africana*, ~*a Numidica*, a guinea-fowl.
PL.*Mil*.162; ~a cecinit; interdixit hariolus TER.*Ph*.708; ~as et anseres sic farcito CATO *Agr*.89; leporem et ~am et anserem gustare fas non putant CAES.*Gal*.5.12.6; HOR.*S*. 2.2.24; LIV.22.1.13; ~ae altiles PETR.65.2; ~is oua supponere PLIN.*Nat*.18.231; ut hodieque ea uilla ad ~as uocetur SUET.*Gal*.1; (*sg. collect*.) uilla..abundat porco haedo agno ~a CIC.*Sen*.56; (*prov*.) quia tu ~ae filius albae (*perh. 'fortune's darling'*) JUV.13.141; (*as a term of endearment*) dic me igitur tuom passerculum, ~am, coturnicem PL.*As*. 666. **b** ~ae Africanae sunt grandes, uariae, gibberae, quas meleagrides appellant Graeci VAR.*R*.3.9.18; ~a.. Numidica PUB.*com*.6; (*cf*.) ~ae rusticae sunt in urbe rarae ..similes facie non his ~is uillaticis nostris, sed Africanis VAR.*R*.3.9.16.

gallīnāceus ~a ~um, *a*. [prec.+-ACEVS] FORMS: *-ius* freq. in codd.
1 Of or belonging to the domestic breed of poultry. **b** *lac* ~*um* (as a type of impossibility 'pigeon's milk'. **c** (masc. as sb.) a cockerel.
gallus ~us PL.*Aul*.465; pullos ~os *Capt*.849; ouum ~um CATO *Agr*.106; LUCIL.300; VAR.*R*.3.9.10; gallos ~os..adsidue canere coepisse CIC.*Div*.1.74; ~um fel 2.29; LIV. 32.1.11; CELS.5.27.3.D; ~i generis PLIN.*Nat*.17.69; datur e ~o iure 27.22; fetui ~o (*i.e. eggs*) APUL.*Met*.9.33; (*fig*.) φωνασκία sum uocis suscitabulum cantantiumque gallus ~us VAR.*Men*.348. **b** PETR.38.1; uel lactis ~i sperare.. haustum PLIN.*Nat*.pr.24. **c** ~orum cristae cantusque PLIN.*Nat*.8.52; locutum ~um 10.50; SUET.*Vit*.9.1.
2 a *cunila* ~*a*, (perh.) Wild marjoram, *Origanum uulgare*. **b** *pedes* ~*i*, a kind of fumitory.
a ubi apsinthium fit ac cunila ~a PL.*Trin*.935; PLIN. *Nat*.20.170. **b** capnos trunca, quam pedes ~os uocant 25.155.

gallīnārium ~iī, *n*. [as next] A hen-house.
~ia constitui debent parte uillae, quae hibernum spectat orientem COL.8.3.1; 8.5.20; PLIN.*Nat*.17.51.

gallīnārius¹ ~a ~um, *a*. [GALLINA+-ARIVS] Of, or for, poultry. **b** (in proper names) *silua* ~*a*, a forest in Campania; *insula* ~*a*, an island off the coast of Liguria.
super scalae ~ae gradum CELS.8.15.5; uasa..similia esse debent ~is COL.8.8.5; caueam ~a(m) *P.Mich*.468.16. **b** in silua ~a CIC.*Fam*.9.23; (*cf*.) ~a pinus JUV.3.307;—VAR.*R*.3.9.17; COL.8.2.2.

gallīnārius² ~iī, *m*. [prec.] One who looks after poultry.
inter duas (caueas) ostium sit, qua ~ius, curator earum, ire possit VAR.*R*.3.9.7; CIC.*Luc*.86; PLIN.*Nat*.10.155.

gallīnula ~ae, *f*. [GALLINA+-VLA] A chicken.
xeniola, porcum opimum et quinque ~as APUL.*Met*.2.11

Gallius ~a ~um, *a*. = GALLICVS¹.
duae ~ae mulieres SAL.*Hist*.4.40.

Gallograecia ~ae, *f*. Galatia.
MEM.*orat*.5; CAES.*Civ*.3.4.5; LIV.37.8.4; FLOR.*Epit*.1.27 (2.11.1).

Gallograecus ~a ~um, *a*. Galatian; (also masc. as sb.).
Brogitaro ~o CIC.*Har*.28; hi iam degeneres sunt, mixti, et ~i uere LIV.38.17.9; *CIL* 6.33777.

gallulascō ~ere, *intr*. [GALLVS+-VLVS+-SCO] (vb. denoting the sound of a boy's voice when breaking).
quanto siet melior cuius uox ~it NOV.*com*.21.

gallus¹ ~ī, *m*. [dub.; cf. perh. Gk. κάλλαιον] A farmyard cock; (in full) ~*us* GALLINACEVS.
priu' quam ~i cantent PL.*Mil*.690; LUCR.4.710; CIC.*Mur*. 22; LIV.22.1.13; sub ~i cantum HOR.*S*.1.1.10; pugnatoris ~i PLIN.*Nat*.30.142; cristam..~i JUV.13.233; (*prov*.) intellexit..~um in suo sterquilino plurimum posse SEN. *Apoc*.7.3; (*app. a weathercock*) IN SVMMO (*sc. of the building*) TREMVLAS ~I NON DIXIMVS ALAS *CIL* 8.213.

Gallus² ~ī, *m*.
1 An inhabitant of Gaul, a Gaul. **b** one of a class of gladiators having Gallic armour.
DE ~EIS *Act.Triumph*.21(*CIL* 1.p.47); ENN.*Ann*.164; qui ipsorum lingua Celtae, nostra ~ iappellantur CAES.*Gal*.

1.1.1; delegit ~um ex his 3.18.1; de transitu in Italiam ~orum haec accepimus LIV.5.34.1; MART.8.75.16; (*appos.*) ducenti equites..~i LIV.42.58.13. **b** retiario pugnanti aduersus murmillonem, cantatur: 'non te peto, piscem peto. quid me fugis, Galle?' quia murmillonicum genus armaturae Gallicum est, ipsique murmillones ante ~i appellabantur FEST.p.285M.

2 A Galatian.
LIV.33.18.3.

3 (as a cognomen, esp.) C. Cornelius Gallus, the poet, 69–26 B.C.
VERG.*Ecl.*10.3; OV.*Am.*1.15.29; SUET.*Aug.*66.1.

Gallus[3] ~a ~um, *a.* Gallic; (prob. also) Galatian.
~a credulitate MART.5.1.10;—GRAT.194.

Gallus[4] ~ī, *m.* [cf. perh. Hittite *Iskallis* (name of Attis)] An emasculated priest of Cybele.
iste..sicut ~us e Phrygia.., clamat et delerat *Rhet. Her.*4.62; LUCR.2.614; HOR.*S.*1.2.121; ~i matris magnae LIV.38.18.9; PLIN.*Nat.*11.261; resupinati cessantia tympana ~i JUV.8.176; SUET.*Aug.*68;—(*transf.*) cur igitur ~os, qui se excidere, uocamus? OV.*Fast.*4.364; MART.11.74.2.

Gallus[5] ~ī, *m.* A river in Bithynia, from which ancient writers derived the name of prec.
amnis it insana nomine ~us aqua OV.*Fast.*4.364; PLIN. *Nat.*5.147; PAUL.*Fest.*p.95M.

Gamēliōn ~ōnis, *m.* [Gk. γαμηλιών] The seventh month of the Attic year (corresponding to the end of Jan. and beginning of Feb.).
CIC.*Fin.*2.101.

gamma, *n.* also ~ae, *f.* [Gk. γάμμα] The Greek letter gamma.
(*w. ref. to its rectangular form*) si cursum dirigunt lineare⟨m⟩ aut si ~a faciunt (termini) HYG.*agrim.*p.75; petras.. si perseuerat rigor, notas habentes, in uersuris uero ~as SIC.FL.*agrim.*p.104;—(*as a numeral*) unum sit ut alpha et duo beta et tria ~a MAUR.255.

gammarus: see CAMMARVS.

gānea ~ae, *f.* [dub.] A common eating-house (typically the resort of undesirable characters.) **b** (meton.) gluttonous eating.
in illo ~arum tuarum nidore atque fumo CIC.*Pis.*13; eum in ~a lustrisque ubi iuuentam egerit senectutem acturum LIV.26.2.15; popinas ~asque SUET.*Tib.*34.1; in nemore uicinae ~ae FRO.*Ver.*2.p.148(128N); incolam.. sordentium ~arum GEL.9.2.6. **b** hominem..uino, ~is, lenociniis adulteriisque confectum CIC.*Sest.*20; COL.1.pr.16; portenta..terrarum in ~am uertimus PLIN.*Nat.*19.152; prodigis epulis et sumptu ~aque satiare inexplebilis Vitellii libidines TAC.*Hist.*2.95; PLIN.*Pan.*49.6; libidinum ~arumque locus APUL.*Apol.*74.

gāneō ~ōnis, *m.* [as prec.+-O[1]] A glutton, debauchee.
~o lustro aleo! NAEV.*com.*118; gerro iners fraus helluo ~o's damnosu' TER.*Hau.*1034; ~ones nostros, quibus modulus est uitae culina VAR.*Men.*315; quis ~o, quis nepos, quis adulter..inueniri potest..? CIC.*Catil.*2.7; cincinnatus ~o *Red.Sen.*12; SAL.*Cat.*14.2; non ~o et profligator..sed erudito luxu TAC.*Ann.*16.18; JUV.11.58.

gāneum ~ī, *n.* app. earlier form of GANEA.
illum hodie primum ire adsuetum esse in ~um PL.*As.*887; *Men.*703; abductum in ~um aliquo TER.*Ad.*359; qui se in ~um..coniecit amicae VAR.*Men.*481; APUL.*Apol.*98.

gangaba ~ae, *m.*: (see quot.).
~as Persae uocant humeris onera portantes CURT.3.13.7.

gangadia ~ae, *f.* [unkn.] A kind of soil encountered in mining operations.
terra ex quodam argillae genere glarea mixta—~am uocant PLIN.*Nat.*33.72.

Gangarides ~um, *m. pl.* A people dwelling near the mouth of the Ganges.
VERG.*G.*3.27; PLIN.*Nat.*6.65.

Gangēs ~is, *m.* The river Ganges.
illum ~en tranatare CIC.*Rep.*6.22; pulcher ~es VERG.*G.* 2.137; OV.*Met.*5.47; CURT.8.9.5; LUC.3.230; (*poet.*) ~e totoque oriente subacto OV.*Fast.*3.729.

Gangēticus ~a ~um, *a.* Of the Ganges, Indian.
~a..tigris OV.*Met.*6.636; SEN.*Oed.*458; ~a tellus LUC. 4.64; ~a pubes SIL.3.612; ~us..raptor (*i.e. tiger-hunter*) MART.8.26.1.

Gangētis ~idis, *f. adj.* = prec.
domita..~ide terra OV.*Am.*1.2.47.

ganglion ~iī, *n.* [Gk. γαγγλίον] A kind of tumour.
in hoc (*sc.* capite) multa uariaque tubercula oriuntur; ~ia, meliceridas.. nominant CELS.7.6.1.

gangraena (-rēna) ~ae, *f.* [Gk. γάγγραινα] Gangrene, local necrosis.
serpere uti ~a mala atque herpestica posset LUCIL.53; digitum praecidi oportere, si ob eam rem ~a non sit ad bracchium uentura VAR.*Men.*408; CELS.5.26.31.C; PLIN. *Nat.*20.243; putrescentia..et ~as 27.81; (*fig.*) per omnes articulos populi hanc mali ~am sanguinolentam permeasse VAR.in Non.p.117M.

ganniō ~īre, *intr.* [imitative; cf. Gk. γαγγαίνειν, Skt. *gañjaḥ*]

1 (of dogs, etc.) To whimper, snarl, or sim.
uulpium (est) ~ire SUET.fr.161(p.250Re); nictit canis in odorandis ferarum uestigiis leuiter ~iens FEST.p.177M; (*cf.*) Apula ~it sicut in amplexu subito et miserabile longum JUV. 6.64.

2 (of persons, etc.) To speak in an ill-natured or hostile manner, snarl.
~it odiosus omni totae familiae PL.fr.inc.120; ~ire ad aurem numquam didici dominicam AFRAN.*com.*283; ~it et obloquitur CATUL.83.4;—(*w. internal acc.*) quid ille ~it? quid uolt? TER.*Ad.*556; haec illa uerbosa..auis in auribus Veneris..~iebat APUL.*Met.*5.28.

gannītiō ~ōnis, *f.* [prec.+-TIO] Whimpering.
FEST.p.177M; ~o canum querula murmuratio PAUL.*Fest.* p.99M.

gannītus ~ūs, *m.* [GANNIO+-TVS[3]]

1 Whimpering or snarling.
at catulos..longe alio pacto ~u uocis adulant LUCR.5. 1070.

2 a Ill-tempered utterance, snarling. **b** murmuring; amorous utterance.
a licet..nos..~ibus inprobis lacessas MART.5.60.2. **b** secretis ~ibus APUL.*Met.*4.1; me placidis ~ibus ab impetu reuocatum 6.27;—nocturni ~us 2.15; dulces ~us commorsicantibus oculis iterabat illa 10.22; (*cf.*) currum deae prosequentes ~u constrepenti lasciuiunt passeres 6.6.

ganta ~ae, *f.* [LG. *gante*, AS. *ganot*] A goose.
e Germania laudatissima (anserum pluma). candidi ibi, uerum minores; ~ae uocantur PLIN.*Nat.*10.53.

Ganymēdēs ~is, *m.* FORMS: ~*i* (gen.) CIC. *Tusc.*4.71 (*s.v.l.*). The son (in earlier versions) of Tros, who became Zeus' cupbearer. **b** (transf.).
~en ab dis raptum..propter formam, ut Ioui bibere ministraret CIC.*Tusc.*1.65; VERG.*A.*1.28; OV.*Met.*10.155. **b** PETR.92.3; tu Gaetulum ~em respice, cum sities JUV. 5.59; pruris domini cum ~e tui MART.9.73.6.

Ganymēdēus ~a ~um, *a.* Of or belonging to Ganymede.
~ae repetens conuiuia mensae *Laus Pis.*153; ~a pocula mixta manu MART.8.39.4; ~as..comas 9.16.6; (*transf.*) cum ..~o luceat unda choro 7.50.4.

Garama(n)s ~ntis, *m.* (pl.) A tribe living in the eastern Sahara; (sg.) a member of it; (also collect.).
extremi ~ntes VERG.*Ecl.*8.44; *A.*6.794; MELA 1.45; SIL.3. 313;—proles ~ntis Hiarbae 2.58;—inops..~ns SEN.*Phaed.* 68; quicquid..sparsus ~s tenet *Her.O.*1106.

Garamanticus ~a ~um, *a.* Of the Garamantes, (poet.) African. **b** (of precious stones).
fatidicis ~us accola lucis SIL.1.414; ~a tela 7.628; ~e uates (*i.e.* Ammon) 14.440. **b** horum genera Indici et ~i (carbunculi) PLIN.*Nat.*37.92; cognata est et sandastros.. quam aliqui ~am uocant 37.100.

Garamantis ~idis, *f. adj.*, = prec.
rapta ~ide nympha VERG.*A.*4.198; ~idas attigit undas LUC.9.369; ~ide pinu SIL.14.498; gemma ~ide 15.676.

Garganus[1] ~ī, *m.* A mountainous promontory in Apulia; also, its eponymous hero.
HOR.*Carm.*2.9.7; LUC.9.184;—VERG.*A.*11.247.

Garganus[2] ~a ~um, *a.* Of or situated on Garganus.
~um mugire putes nemus HOR.*Ep.*2.1.202; ~a cacumina SIL.9.34.

Gargara ~ōrum, *n. pl.* A peak in the Ida range of mountains; a town in that region.
VERG.*G.*1.103; OV.*Ars* 1.57; SEN.*Phoen.*608;—MELA 1. 93; PLIN.*Nat.*5.122.

gargaridiō ~āre, *intr.* [var. of GARGARIZO] To utter a gurgling sound.
poemata eius ~ans dices 'o fortuna!' o fors fortuna! VAR.in *Non.*p.117M.

gargarissō: see GARGARIZO.

gargarizātiō ~ōnis, *f.* [next+-TIO] The action of gargling.
~ones..lenes CELS.4.9.3; 5.22.9;—(*w. gen.*) lactis ouilli ~o PLIN.*Nat.*30.32; LARG.57.

gargarizō ~āre ~āuī ~ātum, *intr., tr.* Also **-issō.** [Gk. γαργαρίζω] To gargle: **a** (w. abl. or absol.). **b** (tr.; in quots., pass.).
a ~are iis quae saliuam mouent CELS.4.2.8; ~are..aqua mulsa LARG.66. **β** VAR.*L.*6.96; aqua multa sorbenda usque ad gulam et reiectanda fauces foui, potius quam dicerem ~aui AUR.*Fro.*1.p.180(69N). **b** ~atur quoque faucibus exulceratis (lac asininum) PLIN.*Nat.*28.129; cancri fluuiatiles triti..anginis medentur ~ati 32.90; sinapi ex aceto tritum..~atum LARG.9.

Gargettius ~a ~um, *a.* Of the Attic deme Gargettus (the birthplace of Epicurus).
ille ~us CIC.*Fam.*15.16.1; senior ~us STAT.*Silv.*1.3.94; ~us auctor 2.2.113.

garos ~ī, *m.* [Gk. γάρος] An unknown fish.
hoc (*sc.* garum) olim conficiebatur ex pisce, quem Graeci ~on uocabant PLIN.*Nat.*31.93; 32.148.

garriō ~īre ~iuī, *intr.*, (*tr.*). [imitative]

1 To talk rapidly, chatter, jabber. **b** (in writing). **c** to talk nonsense.
ratio..secretam ~it in aurem PERS.5.96; aurem dum tibi praesto ~ienti MART.11.24.2; APUL.*Met.*9.22;—(*w. internal acc.*) ~ire nugas PL.*Aul.*830; ~iet quoi neque pes umquam neque caput compareat *Capt.*614; CIC.*Att.*12.1.2; ~it anilis..fabellas HOR.*S.*2.6.77; MART.1.89.1; cum matercula mea..multum ~iui AUR.*Fro.*1.p.182(70N). **b** (*w. internal acc.*) cupiebam..plura ~ire CIC.*Att.*6.2.10; potes ..comis ~ire libellos HOR.*S.*1.10.41. **c** quid agi'? iocabar equidem.—~is TER.*Eu.*378; *Ph.*496; ante gymnasia inuenta sunt, quam in eis philosophi ~ire coeperunt CIC.*de Orat.*2.21.

2 (transf., of animals, birds; also, of musical instruments).
cum..melius..ranae ~iant Rauennates MART.3.93.8; (*w. internal acc.*) lusciniae..canticum adulescentiae ~iunt APUL.*Fl.*17;—Maenalio quae ~it dulce sub antro, rustica pastoris fistula *Copa* 9.

garrītus ~ūs, *m.* [prec.+-TVS[3]] Chattering; (in quot., of birds).
augur ab auibus gerendoque dictus..siue ab auium ~u PAUL.*Fest.*p.2M.

garrulitās ~ātis, *f.* [next+-TAS] Talkativeness, loquacity.
~as odiosa MAN.4.574; de uxoris ~ate queri SEN.*Con.* 2.5.2; SEN.*Ep.*105.6; ad uerba ~atemque descendentem PLIN.*Nat.*26.11; MART.5.52.8; extemporalis ~as QUINT.*Inst.* 2.4.15; PLIN.*Ep.*9.10.2; (*transf.*) offendor cunni ~ate tui MART.7.18.8;—(*in birds*) ipsa ales (*sc.* cornix) est inauspicatae ~atis PLIN.*Nat.*10.30.

garrulus ~a ~um, *a.* [GARRIO+-VLVS]

1 Talkative, loquacious, chattering, garrulous. **b** (of activities). **c** that betrays secrets, blabbing.
confidentes ~ique et maliuoli PL.*Cur.*477; homo ~us et acer VAR.*Men.*416; sederat argutas ~us inter auis *Eleg. Maec.*36; HOR.*S.*2.5.90; ~a lingua [TIB.]3.19.20; PROP.2. 23.17; ~a (Echo) OV.*Met.*3.360; alium..omnes fama per urbes ~a laudet SEN.*Her.F.*194; praeconis uox ~a APUL. *Fl.*9; (*transf. ep.*) gaudent..~a securi narrare pericula nautae JUV.12.82;—(*of infants*) *CIL* 11.1118; FILIAE IAM ~E BIMVLE NONDVM 14.2482;—(*of a writer*) ~us atque piger scribendi ferre laborem HOR.*S.*1.4.12. **b** huius infantiae ~am disciplinam *Rhet.Her.*2.16; ineptam et ~am et odiosam scientiam 3.6; uadimonia ~a OV.*Am.*1.12.23; uerbosi ~a bella fori OV.*Tr.*3.12.18. **c** nequid de fratre ~ae illi dicerem TER.*Ad.*624; percontatorem fugito, nam ~us idem est HOR.*Ep.*1.18.69; ~us..Tantalus OV.*Ars* 2.606; MART. 10.5.16.

2 (transf.) **a** (of birds, also other creatures). **b** (of musical instruments, etc.). **c** (of streams).
a ~a..hirundo VERG.*G.*4.307; cornix..~a OV.*Am.*3.5.22; ~a..perdix *Met.*8.237; uolucres..quaerunt..~ae..domus SEN.*Her.O.*1633; noctua in imbre ~a PLIN.*Nat.*18.362; MART.14.75.2; (*cf.*) lusciniis..~us sine intermissu cantus PLIN.*Nat.*10.81;—~am (cicadam) PHAED.3.16.10; ~a rana *Dirae* 74. **b** ~a siluestri fistula sacra deo TIB.2.5.30; ~a..lyra [TIB.]3.4.38; ~a..in modulos..tibia MAN.5.330; ~a sistra MART.14.54.2; ~us in laxo cur anulus orbe uagatur? 14.169.1. **c** ~us in primo limine riuos erat OV.*Fast.* 2.316; platano, quam ~us astrepit humor CALP.*Ecl.*4.2; SEN.*Oed.*493.

garum ~ī, *n.* [Gk. γάρον] A highly esteemed fish sauce, prepared originally from the *garos* but later chiefly from the *scomber* or mackerel.
~um ~a faciunt imperite VAR.*L.*9.66; ~o de sucis piscis Hiberi HOR.*S.*2.8.46; CELS.2.21; alios (mullos) necant in ~o SEN.*Nat.*3.17.2; ~um piperatum PETR.36.3; PLIN.*Nat.* 31.93; MART.7.27.8; ULP.*dig.*33.9.3.1; ~VM SCOMB(ri) *CIL* 15.4709.

Garumna ~ae, *m.* **Garunna.** The river Garonne.
CAES.*Gal.*1.1.1; magnus..~a TIB.1.7.11; ~a MELA 3.21

garyophyllon: see CARYOPHYLLON.

gassinnadē ~ēs, *f.* [foreign] An unknown precious stone.
~en Medi mittunt, coloris orobini, ueluti floribus sparsam PLIN.*Nat.*37.163.

gastra ~ae, *f.* [Gk. γάστρα] A large-bellied jar.
ostrea..e ~is labentia PETR.70.6; ~arum..eminentium fragmenta 79.3.

gau: shortened fr. GAVDIVM (acc. Ausonius 349.3).
laetificum ~ ENN.*Ann.*574.

gaudeō ~dēre gāuīsus, *intr.*, (*tr.*). [Gk. γηθέω, γάνος]

1 To be glad, be pleased, rejoice: **a** (absol.). **b** (w. abl.; also w. gen.). **c** (w. *in*+abl., *de*). **d** (w. acc. and inf.). **e** (w. inf.). **f** (w. acc.).
a nam quia uos tranquillos uideo, ~deo et uolupest mihi PL.*Am.*958; frustra sum igitur ~isus miser TER.*Hau.*857; in communi omnium laetitia si etiam ipse ~deret CIC.*Mil.* 21; tibi gratulor, mihi ~deo *Fam.*6.15; ⟨id⟩ (*sc. the mind*) sibi ~det LUCR.3.145; ~dent scribentes HOR.*Ep.*2.2.107; in tacito ~deat ille sinu [TIB.]3.19.8; hoc si recte facietis, ~debitis semper LIV.25.12.10; ut..tuus ~det miles, quod uicerit hostem OV.*Tr.*2.49; ipsa flagellabant ~dentis colla Medusae LUC.9.633; non adeo ~dens (*i.e. with impunity*) ista, quaecumque est, meos honores usurpabit APUL.*Met.* 4.30;—(*of the body, etc.*) dum taxat gula ~det VAR.*Men.*317; corpus ~dere tam diu, dum praesentem sentiret uoluptatem CIC.*Tusc.*5.96;—(*poet.*) ~dentem..iubam STAT.*Theb.*9.214; CAVDA (*of a dog*) ~DENTE *CIL* 10.659;—(*transf.*) lacrimis ~dentibus STAT.*Theb.*7.493. **b** bene..ei qui hoc ~det PL.*Per.*776[a]; ut malis ~deant TER.*An.*627; ut..domesticis

praeclarissimae uirtutis exemplis ~deatis CIC.*Ver*.4.73; nimium ~dens popularibus auris VERG.*A*.6.816; Castor ~det equis HOR.*S*.2.1.26; quo is magis ~deret ingenio suo LIV.2.60.1; finitis ~de tot mihi morte malis OV.*Tr*.3.3.56; opibus nimiis non ~debat TAC.*Ag*.44.4; Hispulla tragoedo ~det JUV.6.75;—(*of the mind*) laudes, quibus..~dent militum animi LIV.2.60.3; PLIN.*poet*.1.6(*Ep*.7.4.6);—(*of animals, birds, etc.*) neque iam stabulis ~det pecus HOR.*Carm*.1.4.3; nec quae Pygmaeo sanguine ~det auis OV.*Fast*.6.176; ita uadit (nautilos) alto Liburnicarum ~dens imagine PLIN.*Nat*.9.88; (*cf.*) Libra regit clunes, et Scorpios inguine ~det MAN.2.462;—uoti ~deo (*i.e. at its fulfilment*) APUL.*Met*.1.24. **c** tam ~det in se CATUL.22.17; crudeles ~dent in tristi funere fratris LUCR.3.72; PROP.3.2.2;—ad uerum bonum specta et de tuo ~de SEN.*Ep*.23.6; quousque absentes de absente ~debimus? PLIN.*Pan*.59.4. **d** uenire tu me ~des PL.*Bac*.185; bene..nuntias, et ~deo natum TER.*Hec*.642; rex ~dere praetori..gratum illud esse conuiuium CIC.*Ver*.4.63; quos sibi Caesar oblatos ~isus CAES.*Gal*.4.13.6; fore ut..~deant se irae moderatos LIV.4.7.6; ~debat uocem laudari suam PHAED.3.16.16; ~debat oppressam seditionem TAC.*Ann*.1.52. **e** omnes ~dent facere recte, male pigrent ACC.*trag*.31; abs quiuis homine..beneficium accipere ~deas TER.*Ad*.254; ~debam lapsos formare capillos PROP.1.3.23; SEN.*Ep*.6.4; aliquid magnum agere ~det QUINT.*Inst*.1.2.30; duros ~det tractare rudentes JUV.6.102. **f** (*w. neut. pron. or adj.*) sine dolore peperit.—iam istuc ~deo PL.*Am*.1100; uin..facere quod ego ~deam..? TER.*Ph*.1052; uidete quid se ~isum, quid doluisse dicat CIC.*Phil*.13.22; quod ego magis ~derem si.. *Att*.11.20.1; id ipsum incredibiliter ~deo a et eum diligi *ad Brut*.2.4.6(6.3); flebile ~isae STAT.*Theb*.12.426; (*cf.*) ex quo solo sibi ~denda ueniant SEN.*Dial*.2.19.2;—(*cognate acc.*) hunc scio mea solide solum ~isurum gaudia TER.*An*.964; in theatrum..introiit, puto, ut suum gaudium ~deremus CAEL.*Fam*.8.2.1;—(*w. other sbs.*) furit tam ~isos homines suum dolorem 8.14.1; ~dent natorum fata parentes STAT.*Theb*.4.231; (*app. acc. of person*) simul aduenientem ~det, simul periculum reueretur FRO.*Aur*.1.p.222(51N).

2 (poet., of things).
tota domus ~det regali splendida gaza CATUL.64.46; ~debunt siluae, ~debunt mollia prata *Lydia* 16; ~dente sui mundo per carmina uatis MAN.2.142; parum ~det ulmus, quae in corpus nudatur COL.5.6.16; ubi picta..~det humus STAT.*Silv*.1.3.56;—(*w. abl.*) omne..caelum sine mundus, siue quo alio uocabulo ~det CIC.*Tim*.4; ~dete malis, modo prodita, nostris moenia! OV.*Met*.8.126; uites maxime ~dent arboribus COL.*Arb*.4.1; Zmyrna, amne Melete ~dens PLIN.*Nat*.5.118; aquosis montibus ~dent acer, fraxinus, sorbus 16.74; ante se breuibus ~det (*sc.* paean) pyrrichio uel choreo QUINT.*Inst*.9.4.111; postquam oleo ~isa cutis STAT.*Theb*.6.847; de otiosa..re..et quae probitate et modestia ~deat TAC.*Dial*.40.2;—(*w. inf.*) mitis Atax Latias ~det non ferre carinas LUC.1.403; STAT.*Silv*.2.2.64.

gaudiālis ~is ~e, *a*. [GAVDIVM+-ALIS] Marked by happiness, joyous.
hilaro atque ~i ritu APUL.*Met*.2.31; 8.15; ~es instruunt dapes 8.29; animo ~i 11.29.

gaudibundus ~a ~um, *a*. [GAVDIVM+-BVNDVS] Feeling joy or happiness, rejoicing.
saluti praesenti ac futurae suboli nouorum maritorum ~us APUL.*Met*.8.2.

gaudimōnium ~iī, *n*. [next+-MONIVM] Joy.
omne me lucrum transeat, nisi iam dudum ~io dissilio PETR.61.3.

gaudium ~(i)ī, *n*. [GAVDEO+-IVM]

1 Joy, delight, gladness. **b** a source or cause of joy. **c** an expression or manifestation of joy. **d** (personified).
in ~io antiquo ut sies PL.*Mer*.885; celem tam insperatum ~ium TER.*Hau*.414; homini..lacrumae cadunt quasi puero ~io *Ad*.537; cum ratione animus mouetur placide atque constanter, tum illud ~ium dicitur; cum autem inaniter..animus exultat, tum illa laetitia gestiens uel nimia dici potest CIC.*Tusc*.4.13; cumulum..~i CIC.fil.*Fam*.16.21.1; publicum ~ium..celebratum est LIV.10.45.1; duplex inde Hannibali ~ium fuit 22.28.1; totam quia uitam miscet dolor et ~ium PHAED.4.17(18).10; ~ium nisi sapienti non contingere SEN.*Ep*.59.2; et missa legatio quae ~io fungeretur TAC.*Hist*.2.55; natam sibi..filiam Nero ultra mortale ~ium accepit *Ann*.15.23; bonorum..quaedam sui gratia adserit adpetenda, ut beatitudinem, ut bonum ~ium APUL.*Pl*.2.10;—(*pred. dat.*) ~io ero uobeis PL.*Poen*.1217; arx..retenta praeter spem ~io fuit LIV.26.37.3;—(*pl.*) quibus et quantis me donatis ~iis! PL.*Aul*.808; praecipio ~ia suppliciorum uestrorum CIC.*Phil*.13.45; ut supremam falsa inter ~ia noctem egerimus VERG.*A*.6.513; nam neque diuitibus contingunt ~ia solis HOR.*Ep*.1.17.9; OV.*Pont*.2.1.7; LUC.9.946; (*cf.*) sunt tristes quaedam (arbores) quaeque non sentiant ~ia annorum PLIN.*Nat*.16.95. **b** ad me magna nuntiauit Cyamus hodie ~ia PL.*Truc*.702; et, quod omnia superabat ~ia, equitibus reciperatis LIV.9.15.7; id uero inaestimabile ~ium fore 29.32.1; (Damocritus) ob eam ferociam maius uictoribus ~ium traditus fuit 36.24.12. **c** tum uero clamorem omnes inimicaque tollunt ~ia V.FL.8.296; (*cf.*) flos est pleni ueris indicium..flos ~ium arborum PLIN.*Nat*.16.95. **d** quis istic habet?—Amor, Voluptas, Venu', Venustas, ~ium PL.*Bac*.115; lenones ex ~io credo esse procreatos *Rud*.1284; mala mentis ~ia VERG.*A*.6.279; V.FL.6.179.

2 Physical or sensual delight.
in omni parte corporis semper oportere aliquod ~ium delectationemque uersari CIC.*Red.Sen*.14; LUCR.4.1196; cui donet impermissa raptim ~ia HOR.*Carm*.3.6.28; ~ia nec cupidis uestra negate uiris OV.*Ars* 3.88; uni mea ~ia seruo *Met*.7.736; ita nunc libido prauo fruitur ~io PHAED.4.15(16).14.

3 (concr., applied to persons or things) Joy, delight.
cor meum, spes mea..cibus, ~ium PL.*Bac*.18; dum sequeris Clytium infelix, noua ~ia, Cydon VERG.*A*.10.325; iamne putas exisse domo mea ~ia? OV.*Ep*.18.41; si cui forte domi natorum ~ia STAT.*Theb*.10.426;—adamanta, rarum opum ~ium PLIN.*Nat*.20.2.

gauia ~ae, *f*. [app. onomat.; cf. perh. Gk. καύαξ] A sea-bird, possibly a tern.
~ae in petris nidificant PLIN.*Nat*.10.91; 18.362; auis peralba illa ~a APUL.*Met*.5.28.

gāuīsus: see GAVDEO.

gaulus ~ī, *m*. [Gk. γαυλός]

1 A pail or bucket.
sinus, cantharus, epichysis, ~us, cyathus PL.*Rud*.1319.

2 A kind of ship.
~us genus nauigii paene rotundum PAUL.*Fest*.p.96M; GEL.10.25.5.

gaunaca ~ae, *f*. (or **~um,** *n*.). Also **~ēs,** *m*., **caun-.** [Assyrian; Gk. γαυνάκη, καυνάκης] An oriental cloak or sim.
in his multa peregrina ut..~a (*cod.* -acuma) et amphimallum graeca VAR.*L*.5.167; alii dicunt gaunacen, alii caunacen SCAUR.gram.in *G.L*.7.14.

gaunacārius ~iī, *m*. [prec.+-ARIVS] A maker of *gaunacae*.
C PETTIVS CELER ~IVS *CIL* 6.9431.

Gaurānus ~a ~um, *a*. Of Mt. Gaurus.
~os..sinus STAT.*Silv*.4.3.25; ostrea..~a (*i.e. from the Lucrine lake*) JUV.8.86; ~os palmites AUR.*Fro*.1.p.176(67N).

Gaurus ~ī *m*. A mountain-ridge in Campania, noted for wine.
CIC.*Agr*.2.36; PLIN.*Nat*.14.64; SIL.12.160; JUV.9.57.

gausapātus ~a ~um, *a*. [next+-ATVS[2]] Wearing a *gausapa*.
mitto me in mare..~us SEN.*Ep*.53.3; (*cf.*) solebat sic cenare quomodo rex: apros ~os, opera pistoria PETR.38.15.

gausape ~is or **~um** ~ī, *n*. **~ēs** ~is or **~a** ~ae, *f*. [dub.] Cloth of woollen frieze or a piece of it; a cloak made of this material.
purpureo tersit..~e mensas LUCIL.568; Armenii regis spolia ~ae MES.COR.*orat*.23; HOR.*S*.2.8.11; ~es, lodices purpureas et colorias meas AUG.in Char.p.104K; (*facet., applied to a beard*) cum maxillis balanatum ~e pectas PERS.4.37;—~o purpureo salutatus CAS.SEV.in Char.p.104K; ~a si sumit, ~a sumpta proba OV.*Ars* 2.300; myrtea subornatus ~a cinguloque succinctus PETR.21.2; iam lutea ~a captis..locat Caesonia PERS.6.46; ~ae patris mei memoria coepere PLIN.*Nat*.8.193; ~um quadratum MART.14.152.

gausapinus ~a ~um, *a*. [prec.] Made of frieze; (fem. as sb.) a cloak of this material.
paenula ~a MART.14.145;—mense uel Augusto sumere ~as 6.59.8.

gāza ~ae, *f*. [app. Pers.] Treasure, esp. that of an eastern monarch. **b** (applied to natural deposits).
qui ab auro ~aque regia manus, oculos, animum cohibere possit CIC.*Man*.66; domus..regali splendida ~a CATUL.64.46; ~ae custos regiae NEP.*Dat*.5.3; Troia ~a VERG.*A*.1.119; multis..donis ex Hieronis ~a..donatus LIV.25.25.13; CURT.5.1.10; LUC.3.166; Perside ~a STAT.*Silv*.1.3.105; TAC.*Ann*.6.31; SUET.*Aug*.41.1;—(*pl.*) ex..opulentissimis Syriae ~is CIC.*Sest*.93; nil nostro in corpore ~ae proficiunt LUCR.2.37; beatis nunc Arabum inuides ~is HOR.*Carm*.1.29.1; SEN.*Ben*.5.4.3; Eoas..~as LUC.7.742; APUL.*Met*.3.28; (*facet.*) largiris nihil incubasque ~ae ut magnus draco MART.12.53.3; (*cf.*) ~a laetus agresti excipit VERG.*A*.5.40. **b** glaebas inter deprendere ~am MAN.5.525; Tagusue Hibera turbidus ~a fluens SEN.*Her.F*.1325.

Gebbanītae ~ārum, *m. pl*. A people living in the SW. part of Arabia.
PLIN.*Nat*.12.63; 12.68; 12.69; 12.88.

Gela ~ae, *f*., *m*. A city in the south of Sicily; (masc.) a river on which it stood.
VERG.*A*.3.702; SIL.14.218; PLIN.*Nat*.31.73;—OV.*Fast*.4.470.

gelascō ~ere, *intr*. [GELO+-SCO] To freeze.
uini natura non ~it PLIN.*Nat*.14.132.

gelasīnus ~ī, *m*. [Gk. γελασῖνος] A dimple.
nec grata est facies cui ~us abest MART.7.25.6.

gelātiō ~ōnis, *f*. [GELO+-TIO] The process of becoming cold, chilling, freezing.
artuum ~o LARG.179; 180;—(*of weather*) sole et ~one ita soluitur, ut tenuissimas bratteas faciat PLIN.*Nat*.17.46; ~o praecipit materiam FRON.*Aq*.123.

gelicidium ~iī, *n*. [GELV+CADO+-IVM] A frost (usu. pl.).
si ~ia erunt CATO *Agr*.65.2; ramos glubit ac relinquit ad ~ium retectos VAR.*R*.1.55.2; non patietur in se recipere ~ii pruinam VITR.7.1.6; pruinis et ~iis nocturnis COL.11.2.6; *Arb*.25.2; FRON.*Aq*.121.

gelida ~ae, *f*. [GELIDVS] Ice-cold water.
te..uexat foribusque repulsum perfundit ~a HOR.*S*.2.7.91; calidae ~aeque minister JUV.5.63.

gelidē, *adv*. [next+-E] Sluggishly, without enthusiasm.
uel quod res omnis timide ~que ministrat HOR.*Ars* 171.

gelidus ~a ~um, *a*. *compar*. ~ior, *superl*. ~issimus. [GELV+-IDVS]

1 (of atmospheric conditions, etc.; also of places, etc., affected by them) Cold, icy. **b** (transf., of the northern sky or objects in it). **c** (of living creatures) affected by cold. **d** (spec.) affected by frost, frozen. **e** (of other things).
~as..niues ACC.*trag*.567; ~am..pruinam LUCR.2.431; ~us ros VERG.*G*.2.202; sub noctem ~am HOR.*Ep*.2.2.169; [TIB.]3.7.153; insignis annus hieme ~a ac niuosa fuit LIV.5.13.1; noctis ~as lux soluerat umbras LUC.1.261; ~am Phoeben STAT.*Theb*.7.470;—ferarum ~a stabula CATUL.63.53; et ~i fleuerunt saxa Lycaei VERG.*Ecl*.10.15; ~is in nubibus *A*.12.796; ~as..in Alpes [TIB.]3.7.109; ~a montium iuga LIV.21.58.8; ~am Thracen OV.*Pont*.4.5.5. **b** quae ~is ab stellis axis aguntur LUCR.6.720; ~as enauit ad Arctos VERG.*A*.6.16; ~i..sub aetheris axe 8.28; ~i caluere Triones OV.*Met*.2.171; ~issimum septentrionis axem CURT.7.3.7; ~o..sidere LUC.6.393. **c** calido..uapore adliciunt ~as nocturno frigore pestes LUC.9.844;—(*transf.*) errabat ~a sordidus in togula MART.6.50.2; esse queror ~asque mihi tritasque lacernas 7.92.7. **d** nequam materiem doles..nisi siccam neu ~am neu rorulentam CATO *Agr*.37.4; cum uideat ~os tam prope uerna lacus MART.14.1.4. **e** si aquam ~am biberunt CIC.*Catil*.1.31; HOR.*Ep*.1.15.4; TAC.*Hist*.2.49; hi (*sc. grape-skins*)..remedium habent ad..ardores, ~issima, ut ferunt, natura PLIN.*Nat*.14.99; ut tactu ~a (aqua) sit 31.39; eaedem (*sc. true gems*)..in ore ~iores sentiuntur 37.199; ~um..draconem MART.7.87.7.

2 (pregn., of what is normally, or has been, warm): (of dead or dying persons; transf., of death; also, of poisons). **b** (of extinguished fires, etc.). **c** (from fear, etc.; also, transf., of the effects of fear). **d** (from old age).
et ~os artus in leti frigore linquit LUCR.3.401; in ~os uersit amoma sinus OV.*Pont*.1.9.52; ~is infudit murmura labris LUC.6.568; iam ~a ora tacent STAT.*Theb*.11.56;—per artus ire alios tractim ~i uestigia leti LUCR.3.530; ~a..diuos morte carentis HOR.*Carm*.2.8.11;—~is pollens Ophiusa uenenis V.FL.6.85; nil praeter ~as ausae conferre cicutas JUV.7.206. **b** ~as..aras STAT.*Theb*.9.638; ~ae..exanimesque fauillae 12.418; ~is..bustis *Silv*.5.3.242. **c** at sociis subita ~us formidine sanguis deriguit VERG.*A*.3.259; et ~um subito frigore pectus erat OV.*Fast*.1.98; ~us fesso de corpore sudor LUC.4.623;—~us..per ima cucurrit ossa tremor VERG.*A*.2.120; ~um pectora frigus habet OV.*Fast*.2.754. **d** ~us tardante senecta sanguis hebet VERG.*A*.5.395; ~is et inertibus aeuo pectoribus STAT.*Theb*.3.384.

3 Refreshingly cold, ice-cold.
circum latices ~os CIC.*Div*.2.63(transl. Homer); hic ~i fontes VERG.*Ecl*.10.42; de ~is..uallibus OV.*Met*.7.810; Sulmo mihi patria est, ~is uberrimus undis *Tr*.4.10.3; PLIN.*Nat*.12.40; quis timet aut timuit ~a Praeneste ruinam? JUV.3.190.

gelō ~āre ~āuī ~ātum, *tr*., *intr*. [GELV+-O[3]]

1 To turn to ice, freeze; (sts. pass. in middle sense; also intr.). **b** (impers.) to be freezing or frosty. **c** to affect with extreme cold, freeze.
uinum ~at (fulmen) SEN.*Nat*.2.52.2; quas (*sc.* aquas) frigus ob ipsam tenuitatem facillime ~at 3.25.12; ~ando liquorem minui PLIN.*Nat*.2.152; amnes ~atos 8.103; rara..longaeuis niuibus crystalla ~ari STAT.*Silv*.1.2.126; ~atus umor rigore frigoris inhorrescit APUL.*Mun*.9;—(*intr.*) lapsa persidit ~atque (pruina) PLIN.*Nat*.17.222; (genus pauimentorum) fallax ubicumque imbres ~ant 36.186. **b** non ante demetuntur quam ~auerit PLIN.*Nat*.14.39; si nues iaceant ~etue 17.250. **c** ~atis..Pindi iugis SEN.*Phaed*.614; Salone, qui ferrum ~at MART.1.49.12; manus aquilone ~atae 5.9.3; (*absol.*) si ~ent frigora, quarto die premendam (*sc.* oliuam) PLIN.*Nat*.15.21.

2 To make cold, chill (the body or its parts): **a** (of death, disease, poison). **b** (of fear, etc.).
a SEN.*Dial*.1.3.12; gaudet..~atos effodisse orbes LUC.6.541; artus..ipsi ~antur LARG.198; sunt quae (*sc.* uenena) frigore sanguinem ~ent QUINT.*Decl*.350(p.378, l.14). **b** stat corde ~ato attonitus LUC.7.339; sanguis..in corda ~ari STAT.*Theb*.2.544; sic fata ~atis ultibus..quieuit 4.404; ~at ora pauor 4.493; timent pauidoque ~antur pectore JUV.6.95.

3 To solidify, congeal, set. **b** to coagulate, thicken.
(caseus) paulum ~atus in mulctra dum est tepefacta resciditur COL.7.8.7; cum ~auerit se adeps LARG.271; et ficus Libyca ~ata testa MART.4.46.10;—(*intr.*) uoltus..~assent Perseos auersi LUC.9.681. **b** (cucumis) mollior..modo lacte ~ato COL.10.397; cum ~atur (tauri sanguis) LARG.196;—(*intr.*) rorem marinum aqua mulsea decoctum, cum ~auerit COL.9.13.6; (*cf.*) ~ant uenae STAT.*Theb*.4.728.

Gelōnī ~ōrum, *m. pl*. A Scythian people; (also collect. sg.); Scythian dogs.
pictos..~os VERG.*G*.2.115; SEN.*Oed*.478; LUC.3.283; MELA 2.14;—acer..~us VERG.*G*.3.461;—GRAT.157.

gelōsus ~a ~um, *a*. [GELV+-OSVS] Frozen, icy, cold.
non solum in ~as sed etiam in alias meridionalis sedis terras FRO.*Ver*.2.p.206(206N).

gelōtophyllis ~idis, *f*. [Gk. γέλως, φύλλον] A plant yielding a hallucinatory drug.
PLIN.*Nat*.24.164.

Gelōus ~a ~um, *a*. Of Gela.
campi..~i VERG.*A*.3.701.

gelū ~ūs, *n*., **us** ~ūs, *m*. **~um** ~ī, *n*. [Osc. γέλα; cf. Goth. *kalds*, OHG., NHG. *kalt*, Eng. *cold*] FORMS: (nom.) ~*u Nux* 106; ~*us* CATO *Agr*.40.4, ACC.*trag*.390, AFRAN.*com*.106; (acc.) ~*um* (masc.) CATO *hist*.33. 2nd decl. forms:

(nom.) Var.*R.*1.45.2; (acc.) Lucr.6.877; (gen.) 5.205, 6.156, etc.; (abl.) Var.*Men.*467.

1 Frosty weather or conditions, frost. **b** (concr.) a deposit of hoar-frost, ice, snow, etc.; (not always distinguishable from main sense).

stramentis circumdato..ne ~us noceat Cato *Agr.*40.4; uenenum enim ~um radicibus tenellis Var.*R.*1.45.2; rura ~u tunc claudit hiems Verg.*G.*2.317; natos..saeuo..~u duramus et undis *A.*9.604; ut..~u..flumina constiterint acuto Hor.*Carm.*1.9.3; frigida..Eoo me dolet aura ~u Prop.1.16.24; animalia inanimaque omnia rigentia ~u Liv. 21.32.7; unda..uincta ~u Ov.*Pont.*2.2.94; ~u rigentem ..colubram Phaed.4.19(20).2; pigro bruma ~u siccisque Aquilonibus haerens Luc.4.50; Stat.*Ach.*2.108. **b** Andr. *trag.*17; ~um crassum excidunt Cato *hist.*33; cana putri ~o montium saxa Var.*Men.*467; assiduus..~i casus Lucr. 5.205; sed iacet aggeribus niueis informis et alto terra ~u late Verg.*G.*3.355; nox erat, et sparso triste cubile ~u Prop.3.15.26; et nitet inducto candida barba ~u Ov.*Tr.* 3.10.22; inmensum..~u tegitur mare Luc.5.438; aure ad glaciem adposita coniectare crassitudinem ~us Plin.*Nat.* 8.103; umido die et soluto ~u Tac.*Hist.*1.79; ~us praeacuta frusta Apul.*Met.*9.32.

2 Cold, chilliness (caused by old age, death, fear, etc.).

sed mihi tarda ~u saeclisque effeta senectus inuidet imperium Verg.*A.*8.509; reliquit animus membra..torpetque uinctus frigido sanguis ~u Sen.*Tro.*624; cor pepulit horror, membra torpescunt ~u *Med.*926; Luc.4.653; uox.. repressa ~u V.Fl.6.278.

gemebundus ~a ~um, *a.* [gemo+-bvndvs] Groaning.

Ov.*Met.*14.188; excedit pugna ~us Atrides *Ilias* 349.

gemellar ~āris, *n.* [gemellvs+-ar] (app.) A vessel with two compartments.

rotundum labrum..melius est quam..structile ~ar Col. 12.52.10.

gemellipara ~ae, *f. adj.* [next+pario+-a[1]] That is the mother of twins; (in quots., of Latona).

~ae..diuae Ov.*Met.*6.315; *Fast.*5.542.

gemellus ~a ~um, *a.* [as geminvs+-ellvs] Forms: *~abus* (dat. pl. fem.) *CIL* 6.38705.

1 Twin-born, twin. **b** (as sb.).

prolem..~am Ov.*Ep.*6.121; fetu comitante ~o 6.143; fratres..~i 8.77; bina ~orum quaerebam signa deorum (*i.e. the Lares*) *Fast.*5.143. **b** ~e Castor et ~e Castoris Catul. 4.27; uenit ad expositos, mirum, lupa feta ~os Ov.*Fast.* 2.413; si ex ~is uel ex comoedis uel ex symphoniacis unus occisus fuerit Gaius *Inst.*3.212; (*of animals*) modo namque ~os..silice in nuda conixa reliquit Verg.*Ecl.*1.14.

2 Forming a pair, double. **b** double in size, value, etc. **c** (fem. pl.) double letters. **d** (masc. pl. as sb.) a pair of reservoirs near Rome.

modioli fiunt ~i paulum distantes Vitr.10.7.1; ~arum (*sc.* uitium) quibus hoc nomen uuae semper geminae dedere Plin.*Nat.*14.22; niueos, pares, ~os, grandes, non pueros, sed uniones Mart.12.49.12; ~as..pinus 10.92.3; oculorum acies ~as Apul.*Pl.*1.14. **b** ictibus quia fit duobus, non ~o tempore Maur.1343; (*cf., as the title of a legion*) unam.. ueteranam (legionem) quam factam ex duabas ~am appellabat Caes.*Civ.*3.4.1. **c** Maur.623; uel licet ponas ~as, sicut est uerbum iuuo 633. **d** cuius ductus usque ad ~os efficit..passuum sex milia trecentos octoginta Fron.*Aq.*5.

3 Having the characteristics of twins, like.

morbosi pariter, ~i utrique Catul.57.6; par nobile fratrum, nequitia et nugis prauorum et amore ~um Hor.*S.* 2.3.244; hac in re scilicet una multum dissimiles, at cetera paene ~i fraternis animis *Ep.*1.10.3; omnis uda cum ~a rite coniungi queat Maur.881.

geminātiō ~ōnis, *f.* [gemino+-tio] Doubling, repetition.

nam et ~o uerborum habet interdum uim, leporem alias Cic.*de Orat.*3.206; qui ~one (uocalium)..uelut apice utebantur Quint.*Inst.*1.4.10; 8.5.18; ~o criminis (*i.e. a second offence*) afferebat ignominiam *Decl.*310(p.220,l.3); an M. Tullius..inani et inlepida ~one iunxerit 'manubias' et 'praedam' Gel.13.25(24).4; Paul.*dig.*38.10.10.17.

geminitūdō ~inis, *f.* [geminvs+-tvdo] The quality of being a twin, likeness (of a pair).

habeo ego istam qui distinguam inter uos ~inem Pac. *trag.*61.

geminō ~āre ~āuī ~ātum, *tr.*, (*intr.*). [next+-o[3]]

1 To double (in number, amount, etc.); (w. *ter*) to treble. **b** to double (a letter). **c** to arrange in pairs. **d** (intr.) to become double.

quas nunc quia ~atae sunt sex uocant centurias Liv. 1.36.8; iamque decem uitae frater ~auerat annos Ov.*Tr.* 4.10.31; ~auit horas roscidae noctis Sen.*Ag.*815; ~atis arte tenebris Luc.6.624; ~atur is numerus..et quadruplatur is qui ~atus erat Paul.*dig.*38.10.10.17;—haec ter uicenos ~at, tris abstrahit annos Man.3.605. **b** pelliciendus, quod est inducendus, ~at l Lucil.381; Quint.*Inst.*1.4.11; Maur. 1210. **c** foliis..per interualla adsidue ~atis Plin.*Nat.* 27.105. **d** bina.. per totas aedes ~are supellex Lucr. 4.451.

2 To do, make, bring about, etc., again or for a second time, repeat, duplicate. **b** to do, make, etc., repeatedly.

~abit (*sc. the blow*) nisi caues Ter.*Ad.*173; cum..~ata ac duplicata uel etiam saepius iterata ponantur (uerba) Cic.*Part.* 21; ~ata uictoria Liv.1.25.11; postera nox facinus ~at Ov. *Met.*10.471; uulnere..~ato 12.257; uerba sacerdotis referunt ~ata 15.681; Maxime, qui..~as animi nobilitate genus *Pont.*1.2.2; ~abit honorem filius 3.4.99; ~are (*i.e. return or sim.*) pilam iuuat *Laus Pis.*186; dilutas querimur ~et quod fistula guttas Pers.3.14; implentur uno coitu, qui et ~atur Plin.*Nat.*8.205; uictori ~ans cratera parenti V.Fl.4.343; ~atque rotatas multiplicatque manus Stat.*Theb.*6.790; uerba ~antur..ut 'occidi, occidi..' Quint.*Inst.*9.3.28; M. Agrippam..~atis consulatibus extulit Tac.*Ann.*1.3; neque uerba multa ~ata superuacanea inferciet Fro.*Aur.*1.p.40 (211N). **b** ructuosos spiritus ~are Cael.*orat.*15.

3 To increase or augment by the addition of something more or less equal, double the force, intensity, etc., of.

praeda uago iussit ~are pericula ponto Tib.2.3.39; Philippo redintegratus est luctus ~atusque Liv.40.55.8; quid ~as, Erycina, meos sine fine dolores? Ov.*Am.*2.10.11; ingens scelere ~auit nefas [Sen.]*Oct.*605; rursus ~ato uerbere plangunt Luc.9.173; solis uapor ~atus ardore sideris Plin.*Nat.*2.124; ~at..acceptos fama pauores Stat.*Theb.* 3.344; cum ~atum onus succedentis premat Quint.*Inst.* 2.3.2; nec continuatus tantum, sed ~atus est honor Plin. *Pan.*92.1; terrorem..~at dolo Flor.*Epit.*1.4(1.10.5);—(*sounds*) hunc plausus hiantem per cuneos ~atus enim plebisque patrumque corripuit Verg.*G.*2.509; hic magno tonat ore pater ~antque fauentes..uenti *Aetna* 57; excepit.. clamorem..Haemus Peliacisque dedit rursus ~are cauernis Luc.7.481.

4 To make by joining two components, unite. **b** to pair (with). **c** to bring together.

~ata urbe Liv.1.13.5; ~atis manipulis 1.52.6; maior iam ~atis aquis 38.18.8; ut pietas ~ato crescat amore Ov.*Met.* 10.333; Man.2.159; unum dolorem ~ato solacio leua! Sen. *Dial.*6.16.8; ~ari legionum castra prohibuit Suet.*Dom.*7.3; (*cf.*) prope ~ata cacumina eorum montium sunt Liv.36.24.9; (*applied to the crossing of plants*) nec aliud pomum ingeniosius ~atum est Plin.*Nat.*15.42. **b** sed non ut placidis coeant immitia, non ut serpentes auibus ~entur, tigribus agni Hor.*Ars* 13. **c** ~ant Corybantes aera Hor.*Carm.* 1.16.8; (aper) ~at contra uenabula dentem Sil.1.425.

geminus ~a ~um, *a.* [dub.] Forms: humorous superl. *~issumus* Pl.*Per.*830.

1 Twin-born, twin. **b** (poet.) born at the same birth.

hodie illa pariet filios ~os duos Pl.*Am.*480; *Men.*1120; C. et L. Fabricii fratres ~i fuerunt Cic.*Clu.*46; ~ae pestes cognomine Dirae Verg.*A.*12.845; Hor.*Ep.*1.18.41;—(*sg.*) ~us Sosia hic factust tibi Pl.*Am.*615; mea soror ~ast germana uisa *Mil.*383; cum ~um partum edidisset Liv. 1.4.2; ~ae..Dianae Ov.*Fast.*1.387; ~am stirpem editam Tac.*Ann.*2.84; (*facet.*) hic eius ~ust frater.—hicinest? —ac ~issumus Pl.*Per.*830;—(*poet. sg. for pl.*) ~us..Pollux (*i.e. with Castor*) Hor.*Carm.*3.29.64; ~o sub duce (*i.e. Romulus and Remus*) Ov.*Fast.*4.810; ~o..a Castore V.Fl.2.427; ~us Cupido Sen.*Phaed.*275. **b** ~os..fratres pectore ex uno tria monstra natos (*i.e. Geryones*) Sen.*Ag.*837.

2 (as sb.) A twin. **b** (pl.) the constellation Gemini; also *~i fratres*, etc., *~a sidera*.

(*pl.*) saluete, ~i Pac.*trag.*20; ~orum formas esse similis Cic.*Div.*2.90; *Luc.*54; ut ~os Ilia casta daret Mart.9.41.6; (*of animals*) cum ~os ferant (boues) Plin.*Nat.*11.210;—(*sg.*) dicitur ~um alterum..occidisse Naev.*com.*2; huic ~o alteri Pl.*Men.*40; Plin.*Nat.*7.51; (*fig.*) memoriam, quae est ~a litteraturae quodam modo Cic.*Part.*26. **b** et Natos ~os inuisses sub caput Arcti Cic.*Arat.*151; sol in gemin *Fast.Venus.*(*CIL* 1.p.221); Ov.*Fast.*5.694; Man.1. 265; in ~is autem nascuntur bigae et boues Petr.39.7; Plin.*Nat.*16.27;—~i fratres Man.2.568; ~os iuuenis 2.662; ~a Ledae sidera Phaed.4.25(26).9; (*cf.*) (stella) ~i praeuia temporis Sen.*Med.*71.

3 (of persons or things) Like, identical.

par fortitudo, ~a confidentia Pac.*trag.*174; qui proxume accedunt ad id, ut omnia habeant eadem, uocantur ~i, simillimi Var.*L.*10.4; simillima enim et maxime ~a societas hereditatis est Cic.*Q.Rosc.*55; ~o et simillimo nequitia, improbitate, audacia *Ver.*3.155; ecce tibi ~um in scelere par *Phil.*11.2; Sil.4.99; Apul.*Fl.*9.

4 (pl.) Two together, a pair of. **b** the two, his (her, etc.) two; (usu. of objects, e.g. parts of the body, occurring together in natural pairs).

colomen..~is aptum cornibus Acc.*trag.*660; ex unis ~as mihi conficies nuptias Ter.*An.*674; uos, ~ae uoragines scopulique rei publicae Cic.*Pis.*41; ~ae cum forte columbae ..caelo uenere uolantes Verg.*A.*6.190; et faciunt ~os ensis et unda metus Ov.*Tr.*1.11.28; omnibus his ~i motus Germ.fr.2.6; bellantem ~is tenuit te Gallia lustris Luc.1. 283; Stat.*Theb.*11.754; porrectas syllabas ~is..uocalibus scripserunt Quint.*Inst.*1.7.14; (*poet.*) nec profuit hydrae ..~as..resumere uires Ov.*Met.*9.193;—(*pred.*) nec secus mutas uidemus posse ~as currere Maur.883. **b** ~as deorum ad auris Catul.63.75; ~ae nares Verg.*G.*4.300; ~a inter tempora *A.*9.750; ~i..pedes Ov.*Fast.*5.432; ~os ..polos 6.718;—(*of persons*) ~os..Atridas Verg.*A.*2.500; ~os, duo fulmina belli, Scipiadas 6.842; Gratia cum Nymphis ~isque sororibus Hor.*Carm.*4.7.5;—(*w. ref. to the isthmus of Corinth*) et ~is uix fluctibus obstitit Isthmos Stat. *Theb.*1.120; ~os..portus Flor.*Epit.*1.32(2.16.5).

5 (sg.) Consisting of two together, twofold, double; (often the equivalent of 'two' or 'twin' with plural sb.). **b** existing in two kinds. **c** (as the title of a legion).

~o..lucernae lumine declarari dissensionem ac seditionem Cic.*Div.*2.120; cum quaererent alii Numerium, alii Quintium, ~i nominis errore seruatus est *Sest.*82; duplici ~oque..aere Lucr.4.274; solem ~um et duplices..Thebas Verg.*A.*4.470; ~a uictoria Liv.3.63.5; ad ~ae limina prima foris Ov.*Ep.*12.150; paelex ego facta sororis, tu ~us coniunx *Met.*6.538; ~a..cruor ducendus ab aure Grat.471; ante profanam Laomedon ~i satiauit numinis iram (*i.e. of Apollo and Poseidon*) Petr.139.2,l.4; Emporiae, ~um hoc ueterum incolarum et Graecorum Plin.*Nat.*3.22; ~o de cardine mundi Stat.*Theb.*11.114; et, si ~a fiat ('atque') auget incenditque rem Gel.10.29.2; pretium ~ae mortis Apul. *Met.*10.27; proderit nil ergo ~a, sicut 'i' bis profuit Maur. 640; (*cf.*) sectis ~am serpentibus hydram Sil.2.159;—(*w. ref. to the isthmus of Corinth*) speciem..~i portus Liv. 28.6.9; fretum, ~o quod litore pressum.. Ov.*Met.*14.6; ~o mari Sen.*Her.F.*1164; Stat.*Theb.*7.420. **b** una eademque terra habet ~am uim et masculinam..et femininam Var.in August.*C.D.*7.23; qui..uel inparibus numeris, Montane, uel aequis sufficis, et ~o carmine nomen habes Ov.*Pont.*4.16.12; mastiche quoque ~a est Plin.*Nat.*12.72; 17.204;—(*of amphibious existence*) ~us similiter uictus in aquis terraque..testudinum 32.32; Flor.*Epit.*1.41(3.6.6). **c** legionis x ~ae *CIL* 6.3518.

6 (applied to objects having a main or important feature duplicated) Double.

quaedam gallinae omnia ~a (*app. double-yolked*) oua pariunt Plin.*Nat.*10.150; sinuoso specu (*i.e. ventricle*) et in magnis animalibus triplici, in nullo non ~o 11.182; si ~a arbor esset et supra terram iunctura eius emineret Julian. *dig.*47.7.10; (*of Janus*) ad Ianum ~um Var.*L.*5.156; Vell. 2.38.3; Plin.*Nat.*33.45;—(*of a variety of grape or vine*) Aminnium minusculum et ~um eugeneum Cato *Agr.*6.4; Col.3.2.11.

7 (of composite creatures) Having a double nature.

~i..Pyraethi Ov.*Met.*12.449; ~i..sub arcu Centauri Man.2.552; 4.785; tabe consumptus ~i (*i.e. of the Centaur*) cruoris Sen.*Med.*641; ~us..Triton Stat.*Theb.*5.707; ~i Chironis *Silv.*1.4.98.

gemitōrius ~a ~um, *a.* [gemo+-torivs] Of groaning or lamentation.

canem..in gradibus ~is maestos edentem ululatus Plin. *Nat.*8.145 (*cf.* Gemoniae).

gemitus ~ūs, *m.* [gemo+-tvs[3]] Forms: *~i* (gen. sg.) Pl.*Aul.*722.

1 An inarticulate utterance expressing pain, sorrow, etc., groaning, moaning. **b** (applied to similar sounds uttered by animals or birds).

tantum ~i et mali maestitiaeque Pl.*Aul.*722; quantum luctum quantum ~um..factum audiui Cato *orat.*66; fletu et ~u maximo Cic.*Ver.*5.163; huic..tota obuiam ciuitas cum lacrimis ~uque processerat *Sest.*68; et nemora ac montis ~u siluasque replebat Lucr.5.992; dentibus infrendens ~u Verg.*A.*3.664; uita..cum ~u fugit indignata sub umbras 11.831; ingenti..edito ~u Liv.30.15.4; tormenta sine ~u feret malus seruus Quint.*Inst.*2.20.10; macte pio ~u! Stat.*Silv.*3.3.31; ad ~um morientis ingressi liberti Tac.*Hist.*2.49; (*assoc. with articulate utterance*) uix aegra leuauit membra solo talis ~u rumpente querellas Luc.8.87;—(*pl.*) ~us screatus tussis risus abstine Ter.*Hau.* 373; Cic.*Att.*5.16.2; quantos ille uirum magnam Mauortis ad urbem campus aget ~us! Verg.*A.*6.873; ad ~us uolnerum Liv.22.5.4; ~us inmanes ciens Phaed.4.23(24).1; Luc.9.1106. **b** attractus ab alto spiritus, interdum ~u grauis Verg.*G.*3.506; fumans sub uomere taurus concidit.. extremosque ciet ~us 3.517; et ~u uocat (*sc. a dog*) dominum morantem Sen.*Thy.*502; latratus..canum ~usque luporum Luc.6.688; palumbium..exaudi ~us Plin.*Nat.* 18.267; prior Hippodamus fert ora sequentum, fert ~us Stat.*Theb.*6.439.

2 A low or hollow sound emitted by things.

insonuere cauae ~umque dedere cauernae (*i.e. of the wooden horse*) Verg.*A.*2.53; dat ~um tellus 12.713; plaga facit ~us in corpore marmoris icti Ov.*Met.*12.487; quantus Tyrrheni ~us salis Stat.*Theb.*3.594.

gemma ~ae *f.* [perh. <**ĝembh-mā*; cf. Lith. *žembiù, žémba*]

1 A bud or eye, esp. in the bark of vines trees, etc.

alterum librum cum ~a de eo fico..eximito Cato *Agr.*42; antequam ~as agant ac florescere incipiant Var.*R.*1.30; Cic.*Sen.*53; iam lento turgent in palmite ~ae Verg.*Ecl.* 7.48; noua de grauido palmite ~a tumet Ov.*Fast.*1.152; Plin.*Nat.*17.153; (*cf.*) necessitate rustici '~am' in uitibus (quid enim dicerent aliud?) Quint.*Inst.*8.6.6.

2 A precious stone, jewel, gem. **b** *Iouis, solis, ~a*: see Ivppiter, sol.

monile..ex auro et ~is Cic.*Ver.*4.39; qualis ~a micat fuluum quae diuidit aurum Verg.*A.*10.134; non ~is neque purpura uenale neque auro Hor.*Carm.*2.16.7; crines.. Indica quos medio uertice ~a (*i.e. hairpin*) tenet Prop. 2.22.10; amnis ~as aurumque generantis Mela 3.8; ~as multi ex eo (*sc.* obsiano) faciunt Plin.*Nat.*36.196; Tac.*Ann.* 13.13; uirides ~as Juv.6.458; (*poet.*) ~is caudam (*of a peacock*) stellantibus (Saturnia) inplet Ov.*Met.*1.723; (*fig.*) multas in digitis, plures in carmine ~as inuenies Mart. 5.11.3;—(*dist. fr.* lapis, *etc.*) ~as..et margaritas Cic.*Ver.* 5.146; ~as et lapides Hor.*Carm.*3.24.48; rerum..in mari nascentium margaritis; extra tellurem crystallis, intra adamanti, smaragdis, ~is, myrrinis Plin.*Nat.*37.204; Mart. 11.49(50).4; Paul.*dig.*14.2.2.2;—(*w. ref. to pearls*) et legitur Rubris ~a sub aequoribus Prop.1.14.12; 2.16.17; Mart. 8.28.14.

3 The material of expensive drinking-cups, mica or sim., perh. also glass, (sts.) a cup made of this material.

ut ~a bibat Verg.*G.*2.506; in ~a posuere merum Ov. *Met.*8.573; nec bibit e ~a diuite nostra sitis Prop.3.5.4; condita perspicua uiuit uindemia ~a Mart.8.68.5; 14.94.2; —(*cf.*) acinacem..cui ex ~a uagina erat Curt.3.3.18.

4 A seal or signet.

sub ~ane apstrusos habeo tuam matrem et patrem? Pl.*Cur.*606; Cic.*Ver.*4.57; Tib.1.6.25; nec qua signabar, ad os est ante, sed ad madidas ~a relata genas Ov.*Tr.*5.4.6; sis licet oblitus pariter ~aeque manusque *Pont.*2.10.7; nunc ad luciferam signat mea ~a Dianam Mart.10.70.7; dignas digitis contingere ~as Stat.*Silv.*1.3.49; qui se lautum atque beatum exiguis tabulis et ~a fecerit uda Juv. 1.68.

5 A globule of resin, pitch, etc.; (spec.) amber.
adulteratur (tus) apud nos resinae candidae ~a perquam simili PLIN.*Nat.*12.65; 16.40;—fluxit in opstantem sucina ~a feram MART.4.59.2; 9.12(13).6.

6 a A pebble (for marking days). **b** a piece in a board-game.
a hanc lucem lactea ~a notet MART.8.45.2; 11.36.1. **b** ~a uis ludere, uincor MART.12.40.3.

gemmans ~ntis, *a.* [pple. of GEMMO]
1 Adorned with gems or other precious material, jewelled.
~ntia dextra sceptra tenere OV.*Met.*3.264; ~ntes prima fulgent testudine lecti MART.12.66.5; dum nitidis canimus ~ntia saxis balnea STAT.*Silv.*1.5.12; (*poet.*) ~ntia litora MAN.4.656.
2 a (poet.) Decorated, glittering (as though with jewels), jewelled. **b** resembling a gem.
a herbae ~ntes rore recenti LUCR.2.319; tellus ~ntis picta per herbas *Culex* 70; nitidis ~ntem floribus hortum MAN.5.259; ~ntes laudatus expandit colores (pauo) PLIN.*Nat.*10.43; ~ntibus..riuis MART.9.90.2; ~nti gurgite SIL. 4.350. **b** Phrygiae loti ~ntia lumina promunt COL. 10.258; uocatur et Memphites a loco ~ntis naturae PLIN. *Nat.*36.56.

gemmārius ~(i)ī, *m.* [GEMMA+-ARIVS] A jeweller.
OSSA P LICINI PRIMI ~I *CIL* 9.4795.

gemmascō ~ere, *intr.* [GEMMO+-SCO] To form buds.
prima ~it (nux Graeca) COL.*Arb.*22.1; ut ~ere incipiens eligeretur calamus PLIN.*Nat.*17.116.

gemmātus ~a ~um, *a.* [GEMMA+-ATVS²] Set with precious stones, jewelled.
torques ~a *Naev.Cyp.Il.*1(*poet.*p.51); ~os..anulos LIV. 1.11.8; ~a monilia OV.*Met.*10.113; ~ae et aureae (coronae) PLIN.*Nat.*22.6; pocula..~a JUV.10.27; deceris Liburnicas ~is puppibus SUET.*Cal.*37.2; M VLPIVS AVG LIB VRBANVS ADIVTOR AB AVRO ~O *CIL* 6.33764; (*cf.*) ~a..lumina peltae SIL.2.167;—(*transf., of a peacock's tail*) quem non ~a uolucris Iunonia cauda uinceret aspectu STAT.*Silv.*2. 4.26.

gemmescō ~ere *intr.* [GEMMA+-ESCO] To become a gem.
nisi uiuentibus (draconibus) absciso capite non ~it (draconitis) PLIN.*Nat.*37.158.

gemmeus ~a ~um, *a.* [GEMMA+-EVS]
1 Set with precious stones, jewelled. **b** made of precious stone.
~a purpureis cum iuga demet equis (Titan) OV.*Fast.*2.74; ~am supellectilem SEN.*Ep.*110.12; domini ~a tecta subis MART.6.47.2; APUL.*Met.*6.6; auro legato uasa aurea continentur et gemmis ~a uasa ULP.*dig.*34.2.19.20; (*fig.*) quos rumor alba ~us uehit pinna MART.10.3.10. **b** mittit etiam trullam ~am rogatum CIC.*Ver.*4.63; ~us iste tibi miles et hostis erit MART.14.18(20).
2 (poet.) Adorned as though with jewels, jewelled.
(*with flowers*) prata florida et ~a PLIN.*Ep.*5.6.11;—(*of a peacock's tail*) pictis..plumis ~am caudam explicas PHAED.3.18.8; ~i..pauones MART.3.58.13;—(*of sparkling water*) uirides qua ~us undas fons agit CALP.*Ecl.*2.57;—(*perh.*) radix ~ae rotunditatis PLIN.*Nat.*18.71.

gemmifer ~era ~erum, *a.* [GEMMA+-FER]
1 Containing or yielding gems.
freta ~eri..maris PROP.3.4.2; Hydaspes ~er SEN.*Med.* 725; ~eri..Histri *Her.O.*622; ~eri amnes sunt Acesinus et Ganges PLIN.*Nat.*37.200.
2 Adorned or set with gems, jewelled.
~eras..aures SEN.*Her.O.*661; ~erae donum exitiale coronae V.FL.5.447; SIL.15.694.

gemmō ~āre ~āuī ~ātum, *intr.* [GEMMA+-O³] To come into bud, put out buds.
antequam ~are aut florere quid incipit VAR.*R.*1.40.4; nam ~are uitis..laetas segetes etiam rustici dicunt CIC. *de Orat.*3.155; quo sidere..Paesti..rosaria ~ent COL.10. 37; plerique..confodi iubent uineam, alii uetant ~antem PLIN.*Nat.*17.188;—(*transf.*) purpureis ~auit pampinus uuis CORN.SEV.*poet.*8.

gemmōsus ~a ~um, *a.* [GEMMA+-OSVS] Rich in jewels.
auro facto ~isque monilibus onustas APUL.*Met.*5.8.

gemmula ~ae, *f.* [GEMMA+-VLA] A little gem, jewel.
alii autem caelo et marculo ut ~as exculpunt (uerba) FRO.*Aur.*1.p.10(65N); (*transf.*) quod uer..iam ~is floridis cuncta depingeret APUL.*Met.*10.29.

gemō ~ere ~uī ~itum, *intr., tr.* [dub.]
1 To utter a sound expressing sorrow, pain, regret, etc., groan, moan. **b** (indicating exertion).
uxorem tuam neque ~entem neque plorantem nostrum quisquam audiuimus PL.*Am.*1099; me intuetur ~ens *Trin.* 599; occurrit ad me..labiis demissis ~ens TER.*Eu.*336; ~ebant Syracusani, sed tamen patiebantur CIC.*Ver.*2.47; hos pro me lugere, hos ~ere *Planc.*101; cum diu occulte suspirassent, postea iam ~ere, ad extremum uero loqui omnes et clamare coeperunt *Att.*2.21.2; PROP.2.6.31; frendens ~ensque LIV.30.20.1; OV.*Ib.*438; hinc abesto, Liuor, ne frustra ~as PHAED.3.pr.60; conclamationem tot milium sub gladio ~entium SEN.*Cl.*1.12.2; postrema ~entum agmina STAT.*Theb.*12.124; (*cf.*) ~entis stagna Cocyti SEN.*Her.O.*1963;—(*w. abl.*) quidam perditus Tiresia tussi grandaeuus ~ebat LUCIL.1108; nemo..qui non ~eret desiderio mei CIC.*Pis.*25;—(*w. advl. acc.*) multa ~ens VERG. *A.*1.465; 4.395; ululantem et acerba ~entem OV.*Ep.*8.108. **b** quando ad palum ~at uxor Asyli JUV.6.267.
2 (of animals or birds).
(leones) pectora qui fremitu rumpunt plerumque ~entes LUCR.3.297; saucius at quadripes nota intra tecta refugit successitque ~ens stabulis VERG.*A.*7.501; siue in finitimo ~uit stans noctua tigno PROP.4.3.59; pressi..iugo ~uere iuuenci OV.*Met.*1.124; acer equus quondam..ad praesepe ~it 7.544; pectora rauca ~unt LUC.4.756; ~it hinc palumbus, inde cereus turtur MART.3.58.19.
3 (of things) To give out a deep, hollow, or mournful sound: **a** (of the seashore, etc.). **b** (of wooden structures, etc., under strain). **c** (as a result of being struck by a hard or heavy object). **d** (of musical instruments). **e** (of places, with the noise of human activity, animals, etc.).
a uisam ~entis litora Bosphori HOR.*Carm.*2.20.14; litus ac petrae ~unt SEN.*Ag.*468; spumante ruens per saxa ~entia fluctu SIL.15.156; [QUINT.]*Decl.*6.8. **b** ~uit sub pondere cumba sutilis VERG.*A.*6.413; nec plaustris cessant uectare ~entibus ornos 11.138; ut..malus..antennaeque ~ant HOR.*Carm.*1.14.6; ~uit stans noctua tigno PROP.4.3.59; ~it paruo mota fenestra sono OV.*Pont.*3.3.10. **c** cum grauiter tunsis ~it area frugibus VERG.*G.*3.133; ~it impositis incudibus Aetna 4.173; ~it ultima pulsu Thraca pedum *A.*12.334; roboris inpacti crebros ~it agger ad ictus LUC.6.137; arma fragore icta graui raucum ~uere SIL.2.245. **d** surda nihil ~eret graue bucina JUV.7.71; (*cf.*) nullo ~it hic tibicina cornu 2.90. **e** tum silua ~it murmure saeuo SEN.*Phaed.*350; totum..tauris ~uit auratis nemus *Her.O.*785; Oetaeae..~unt rupes LUC.7.483.
4 (w. acc.) To groan or grieve for, lament. **b** (w. acc. and inf., pred. acc.) to grieve, groan (that).
eandem uirtutem istam ueniet tempus cum grauiter ~es *Inc.trag.*116; plagam..quam acceptam ~ere posset CIC.*Sest.* 78; hic status..una uoce omnium ~itur *Att.*2.18.1; Daphni, tuum Poenos etiam ~uisse leones interitum..loquuntur VERG.*Ecl.*5.27; illi..sua uita ~enda est OV.*Met.*13.464; communia damna ~entes *Fast.*2.835; tacite ~entes tristem fortunae uicem PHAED.5.1.6; animas sua membra ~entis STAT.*Theb.*12.285; tum ~imus casus urbis JUV.3.214. **b** quid est..quod ~as hostem Dolabellam iudicatum a senatu? CIC.*Phil.*13.23; sane myrteta relinqui..uicus ~it HOR.*Ep.*1.15.7; liber..paucis ostendi ~is 1.20.4; filia diui Augusti, cuius luxuria noctibus coronatum Marsuam litterae illius dei ~unt PLIN.*Nat.*21.9.

Gemōniae ~ārum, *f. pl.* Steps on the Aventine hill in Rome down which bodies of criminals were dragged to the Tiber; also *~ae scalae.*
truncum corpus Sabini in ~as trahunt TAC.*Hist.*3.74; *Ann.*6.25; SUET.*Tib.*53.2; *Vit.*17.2;—corpus..detestanda ~arum scalarum nota foedauit V.MAX.6.3.3.

gemulus ~a ~um, *a.* [GEMO+-VLVS] Mournful, plaintive.
carmine..bubones ~o APUL.*Fl.*13.

gemursa ~ae, *f.* [unkn.] (See quots.)
ille (morbus) quem ~am appellauere prisci inter digitos pedum nascentem PLIN.*Nat.*26.8; ~a sub minimo digito pedis tuberculum PAUL.*Fest.*p.95M.

gena ~ae, *f.* [Skt. *hánuḥ*, Gk. γένυς, Eng. *chin*]
1 The side of the face, cheek (freq. by growth of beard, wrinkles, etc., indicating age). **b** the analogous part in animals. **c** (dub.) *Veneris ~a*, a precious stone.
mulieres ~as ne radunto *Lex XII*(*Font.iur.*p.36); imprimit..~ae ~am ENN.*scen.*427; nunc primum opacat flora lanugo ~as PAC.*trag.*362; CIC.*N.D.*2.143; fiet uti..lacrimis salsis umectent ora ~asque LUCR.1.920; VERG.*A.*8.160; umor et in ~as furtim labitur HOR.*Carm.*1.13.6; incolumes non redeunt ~ae 4.10.8; si..faceret scissas languida ruga ~as PROP.2.18b.6; carmina nec siccis perlegat ista ~is OV. *Tr.*1.1.28; infra oculos malae homini tantum quas prisci ~as uocabant PLIN.*Nat.*11.157; MART.14.36.2; primo..micantes flore ~ae STAT.*Silv.*2.6.45; QUINT.*Inst.*12.10.8; (*poet.*) ingenuo confusa rubore uirgineas adaperta ~as rosa praestet honores caelitibus COL.10.261. **b** leo..rictu..~as et lumina pressit V.FL.1.758; tigris..bella cupit laxatque ~as et temperat unguis STAT.*Theb.*2.130; 10.290; APUL.*Met.*6.15; (*containing the tusks*) ~is hac illac iactatis 8.4. **c** tales (amethystos) aliqui malunt paederotas uocare alii anterotas, multi Veneris ~am (*v.l.* gemmam) PLIN.*Nat.*37.123.
2 (pl.) The region about the eyes, the eyes.
qua diducta ~as pandebant lumina *Culex* 185; exustae..tuae mox, Polypheme, ~ae PROP.3.12.26; ut..restiterim fixis in tua membra ~is OV.*Ep.*19.206; peruigiles ~as SEN.*Her.F.*531; errantes..~ae V.FL.8.164; deiectae..~ae STAT.*Theb.*10.689; illae perpetua nocte clausae ~ae [QUINT.]*Decl.*1.14; (*cf.*) expellit..~is oculos OV.*Met.*13.562.
3 An eyelid.
non habent ~as (aquatilia) PLIN.*Nat.*10.209; 11.153; inuertunt..~as 32.71; ut ~as et oculorum orbis dignaretur respergere oris excremento TAC.*Hist.*4.81; Q IVN TAVRI FLOGIVM AD ~AS ET CLARITAT(em) *CIL* 13.10021(115); (*sg.*) palpebris, quas solae quadripedum et in inferiore habent ~a (simiae) PLIN.*Nat.*11.246.

geneālogus ~ī, *m.* [Gk. γενεαλόγος] A genealogist.
CIC.*N.D.*3.44.

gener ~rī, *m.* [<*ĝemeros; cf. Gk. γαμβρός, Skt. *jāmātar-*] FORMS: *~ribus* (dat. pl.) Acc. *trag.*65 (acc. NON.p.487M). A son-in-law. **b** (applied to a prospective son-in-law). **c** (extended to remoter generations).
tibi ~rum firmum et filiae inuenies uirum TER.*An.*571; *CIL* 1.583.22; LUCIL.86; nubit ~ro socrus nullis auspicibus CIC.*Clu.*14; Pisonem ~rum meum *Att.*2.24.3; te..sibi ~rum Tethys emat omnibus undis VERG.*G.*1.31; Iunonis ~r (*i.e. Hercules*) OV.*Tr.*3.5.42; LUC.1.290; (*iron., of a daughter's lover*) Villius in Fausta Sullae ~r HOR.*S.*1.2.64. **b** istic..mei uiri habitat ~r PL.*Cist.*753; *Trin.*622; VERG.*A.*12.55; ~ri appellatione sponsum quoque filiae contineri placet GAIUS *dig.*22.5.5; ULP.*dig.*38.10.6.1. **c** Pomponius nurus et ~ri appellatione et soceri et socrus et ulteriores, quibus pro praepositio solet accedere, contineri ait ULP.*dig.*3.1.3.2; 50.16.136.

generābilis ~is ~e, *a.* [GENERO+-BILIS]
1 That can be created.
discordia concors, quae nexus habilis et opus ~e fingit MAN.1.143.
2 Generative, creative.
hic est ille ~is rerum naturae spiritus PLIN.*Nat.*2.116

generālis ~is ~e, *a.* [GENVS+-ALIS]
1 Shared by, or common to, the whole of a class, kind, etc., generic. **b** forming a group or class.
uariae uolucres ut in ordine cunctae ostendant maculas ~is corpore inesse LUCR.1.590; sed cum omnes hi nihil nisi minuti abscessus sint, ~e nomen trahit latius uitium ad suppurationem spectans CELS.5.28.11.A; id quidem ~e est: sub eo uero duae species sunt 6.3.1; QUINT. *Inst.*2.4.22; a ~ibus specialia argumentis tractabo AGEN. *agrim.*p.24; uasorum appellatio ~is est, dicimus uasa uinaria et naualia ULP.*dig.*34.2.19.10; praesidis nomen ~e est..proconsulis appellatio specialis est MACER *dig.*1.18.1. **b** harum (partium) una quaeque in se ~is partis habet minimum nouenas VAR.*R.*2.1.12; de ~ibus uentis haec. nunc de repentinis flatibus PLIN.*Nat.*2.130; non illa ~ia (fulmina)..sed ex proxima atque turbidiore natura 2.138; AMP.5.1
2 Of universal application, general.
nam et ~e quoddam decorum intellegimus, quod in omni honestate uersatur CIC.*Off.*1.96; illud genus 'quod est' ~e, supra se nihil habet SEN.*Ep.*58.12; hae autem (quaestiones) quas infinitas uoco, et ~es appellantur QUINT.*Inst.*3.5.9; quae testator specialiter..scripserit, ea uidetur ~i sermone nominare et confirmare GAIUS *Inst.*2.104; sacramenti actio ~is erat 4.13.
3 Concerned with the nature or character of a thing.
cum uero, qualis res sit, quaeritur..constitutio (quaestionis) ~is uocatur CIC.*Inv.*1.10; 1.14; 2.62; falsa propositio est, cum controuersia alium habeat statum ~em et alio ad litem deducatur AGEN.*agrim.*p.27.

generāliter, *adv.* [prec.+-TER²]
1 In general terms, in a general sense, without particularizing.
tempus..est—id quo nunc utimur, nam ipsum quidem ~ definire difficile est—pars quaedam aeternitatis.. CIC. *Inv.*1.39; quod ~ est..sub oculos non uenit SEN.*Ep.*58.16; uerba nunc ~ accipi uolo QUINT.*Inst.*1.5.2; quattuor uentos ~ ⟨a⟩ totidem mundi cardinibus accepimus flare 12.10.67; accipe nunc, quid de uniuersis (tuis libris) ~ iudicem PLIN.*Ep.*4.20.1; si quis purpuram stipulatus sit ~, deinde Tyriam specialiter petat GAIUS *Inst.*4.53[d]; si..mihi optio serui data esset uel seruus ~ legatus esset JULIAN.*dig.* 33.5.9.1; iura non in singulas personas, sed ~ constituuntur ULP.*dig.*1.3.8.
2 According to class, kind, etc.
ager imperii Romani spatioso fine diffunditur, cuius controuersias ~ exsequi proposuimus AGEN.*agrim.*p.22.

generāmen ~inis, *n.* [GENERO+-MEN] An issue, descendant, product.
Tantaleae ~en prolis Atrides *Culex* 334.

generascō ~ere, *intr.* [GENERO+-SCO] To come to birth.
cur omnia membris ex ineunte aeuo ~unt ingenioque..? LUCR.3.745.

generātim, *adv.* [GENVS+-IM]
1 By or according to classes, kinds, etc.: **a** (w. ref. to race, occupation, etc., of men). **b** (w. ref. to the natural division of animals or plants into genera, species, etc.). **c** (other classifications).
a de iure ciuium ~ in ordines aetatesque discriptorum CIC.*de Orat.*1.58; aut publice ciuitates istos honores habent aut, si homines, ~, ut aratores, ut mercatores, ut nauicularii *Ver.*2.137; Germani suas copias castris eduxerunt ~que constituerunt..Harudes, Marcomanos, Triboces CAES.*Gal.* 1.51.2; *Civ.*2.21.1; PLIN.*Nat.*7.170. **b** non in uolucribus ~ seruatur analogia? non ex aquilis aquilae..? VAR.*L.*9.28; ut cupide ~ saecla propagent LUCR.1.20; 2.347; 2.1089; quare agite o proprios ~ discite cultus, agricolae, fructusque feros mollite colendo VERG.*G.*2.35; ~..arbores disponere utilius COL.*Arb.*18.2. **c** qui illa artificiose digesta ~ componerent CIC.*de Orat.*1.186; exponam igitur ~ argumenta eorum *Luc.*47; de parietibus et apparitione ~ materiae eorum VITR.2.8.20; ex numero plaustrorum ponderibusque auri, argenti ~ ab ipso scriptis LIV.45.40.1; MAN.3.510; FRO.*Aur.*1.p.42(212N); in forma ~ enotari debebit loca culta et inculta, siluae HYG.*agrim.*p.73.
2 In their several kinds, in separate groups or stages.
ab uniuersa prouincia, ~que a singulis eius partibus..ornatur CIC.*Ver.*2.168; SAL.*Rep.*2.12.2; ne omnia ~ sacra

omnesque percenseam deos LIV.5.52.6; nos interualla ~ ponimus conperta in aeuo nostro PLIN.Nat.6.3; priusquam ~ haec persequamur 6.96; 6.72.

3 In general terms, generally.

ut omnia ~ amplectamur CIC.Inv.2.18; nam quid ego de ceteris ciuium Romanorum suppliciis singillatim potius quam ~ atque uniuerse loquar? Ver.5.143; ~ ea quae maxime nota sunt dicam Pis.86; iam ~ neruis prosunt (aquae) pedibusue..aliae luxatis fractisue PLIN.Nat.31.6.

generātiō ~ōnis, *f.* [GENERO+-TIO] The action or process of procreating, generation. **b** (in plants).

nam neque ad ~onem quicquam is (*sc.* testiculus) confert CELS.7.22.5; tauri ~onem (poscuntur) quadrimi PLIN.Nat. 8.176; ~o auium simplex uidetur esse 10.143; habere (insecta) sensum uictus, ~onis, operis 11.7; ~onem inpediri hoc cibo (*sc.* ruta) 20.142. **b** etenim omnium (seminum) definita ~o (*i.e. period of fertility*) est PLIN.Nat. 18.195.

generātor ~ōris, *m.* [GENERO+-TOR] A begetter, father, sire.

nosse autem ~ores suos optime poterant CIC.Tim.38; ~or onagro et asina genitus omnes antecellit PLIN.Nat. 8.174; (*poet., of a place*) Acragas..magnanimum quondam ~or equorum VERG.A.3.704.

generātrix ~īcis, *f.* [next+-TRIX] A producer.

(Aegyptus) hominum aliorumque animalium perfecunda ~ix MELA 1.49.

generō ~āre ~āuī ~ātum, *tr.* [GENVS+-O[3]]

1 To beget, father. **b** (pf. pple., w. father or, poet., birthplace expr. by abl.); (also act., w. abl.) to father (by). **c** (of the male and female together, sts. also the female alone) to produce.

isque pium ex se Anchisen ~at ENN.Ann.31; at Maiam.. idem Atlas ~at VERG.A.8.141; monitos..ut liberos ~arent CURT.7.5.27; ex his radicibus si maiorem edant uiri, mares ~ari dicunt PLIN.Nat.27.65; sibi quos ~atus erat TAC.Ann. 15.23;—(*of animals*) aliam ex alia ~ando suffice prolem VERG.G.3.65; si a coitu in dexteram partem abeant tauri, ~atos mares esse PLIN.Nat.8.176; quam..Cyllarus ignaro ~arat Castore prolem STAT.Theb.4.215; (*poet., of a place*) Catane..~asse pios quondam celeberrima fratres SIL. 14.197;—(*absol.*) hinc ~andi amor TAC.Hist.5.5; hi, qui ~are non possunt, quales sunt spadones, adoptare possunt GAIUS Inst.1.103. **b** qui modo esset Herculi stirpe ~atus CIC.Rep.2.24; Anchisa ~ate VERG.A.6.322; nam fuit Argolico ~atus Alemone quidam Myscelos OV.Met.15.19; ~ata diuo [SEN.]Oct.534; claro ~ata Thoante STAT.Theb. 5.38; (*cf., w.* ab) ab eo deo..a quo populum Romanum ~atum accepimus CIC.Phil.4.5;—Troia ~atus Acestes VERG.A.5.61; Lanuuio ~ate SIL.13.364;—quem ~asse Telon Sebethide nympha fertur VERG.A.7.734. **c** quae ex Medica propter magnitudinem erant allatae quaeque ex iis ~atae (gallinae) VAR.R.3.9.19; mula autem non solum ex equa et asino, sed et asina et equo..~atur COL.6.37.3; quae (*sc.* equa) non primo initu ~are coeperit PLIN.Nat. 8.172;—(*w. ref. to form in which young are produced*) omnibus animal dumtaxat ~antibus 11.136; sub ea (*sc.* uua) minor lingua nulli oua ~antium 11.175.

2 To bring into being, create, produce. **b** (of places). **c** (of signs of the Zodiac).

ipsas bestias hominum gratia ~atas esse CIC.N.D.2.158; nox igitur et dies..ob has ~ata causas Tim.32; indagatio.. initiorum et tamquam seminum, unde essent omnia orta ~ata concreta Tusc.5.69; unde nil maius ~atur ipso HOR. Carm.1.12.17; herbas, quascumque ~at maiestas tua Prec. Ter.25; montium..flexus crebrique uertices..scindentes inaequalitate ideo resultantem aera..sine fine uentos ~ant PLIN.Nat.2.115; sucino a plerisque ita ~ari prodito 8.137; QVAE ME ~AVERAT HORA CIL 10.531. **b** quale portentum ..nec Iubae tellus ~at HOR.Carm.1.22.15; India et has (*sc.* chrysoprasos) ~at et nilion PLIN.Nat.37.114; terra et hoc (*i.e.* rubos) ~at QUINT.Inst.9.4.5. **c** non contenta suo ~abit pectora censu (Aries) MAN.4.507.

3 To produce (substances) from the body.

tantus amor florum et ~andi gloria mellis VERG.G.4.205; item ad bilem atram ~antes..bene facit LARG.104.

4 a To engender, arouse (emotions, qualities, etc.). **b** to produce or originate (by intellectual effort).

a sed eadem ista insolentiam et iracundiam ~ant SEN. Dial.4.21.3; alios Colchi ~atis amores STAT.Theb.5.458; quae uirtutes facillime ~et QUINT.Inst.12.5.2. **b** etenim istius genus (dicendi) est ex ipsius sapientiae stirpe ~atum CIC.Brut.212; docta repercusso ~auit carmina plectro Buc. Eins.1.33; in his..aetatibus, quae nihildum ipsae ~are ex se queunt QUINT.Inst.1.1.36; sicut poema nemo dubitauerit spiritu quodam..esse ~atum 9.4.114; SUET.Nero 52; uitiosus erit sic pentameter ~atus MAUR.1787.

generōsē, *adv.* *compar.* ~ius. [GENEROSVS+-E] With dignity, nobly.

quae ~ius perire quaerens nec muliebriter expauit ensem HOR.Carm.1.37.21; ut uulnera, ut famem..~e feram optabo SEN.Ep.67.4.

generōsitās ~ātis, *f.* [next+-TAS] Good breeding, excellence or nobility of stock: **a** (of men, animals). **b** (of plants, produce).

a tauris in aspectu ~as torua fronte, auribus saetosis PLIN.Nat.8.181; in ipsa oue satis ~as ostenditur breuitate crurum, uentris uestitu 8.198; quorum nihil laudibus Socratis mei admisceo, nullam ~atem, nullam prosapiam, nullos longos natales APUL.Soc.23. **b** eae (uites) ~ate uini magis commendantur COL.3.2.23; (uitis) quae pretio parata disponitur, certam ~atis fidem non habet Arb.1.3; ubi (siseris) ~as praecipua PLIN.Nat.19.90.

generōsus ~a ~um, *a.* *compar.* ~ior, *superl.* ~issimus. [GENVS+-OSVS]

1 Of noble birth, high-born, noble. **b** of or connected with high-born persons.

cum rege ~o ac potente CIC.Off.3.86; in aliqua ~a ac nobili uirgine Parad.20; est ut..hic ~ior descendat in Campum petitor HOR.Carm.3.1.10; nemo ~ior est te S.1.6.2; omnes acerrimi uiri ~ique iam, ut inter plebeios LIV.4.55.3; pater eius Neocles ~us fuit NEP.Them.1.2; a ueteris ~am sanguine Teucri OV.Met.14.698; TARQVINIENSI MATRE, ~A SED INOPI CIL 13.1668.1.13; ~am..ad umbram LUC.9.216; hae sunt ~i principis artes JUV.8.224; (*cf.*) quis est ~us? ad uirtutem bene a natura compositus SEN.Ep.44.5;—(*w. abl.*) Maeonia ~e domo VERG.A.10.141; nominibus cum sis ~us auorum OV.Tr.4.4.1;—(*of descent, blood, etc.*) o ~am, inquit, stirpem CIC.Brut.213; ~am..maiorum famam NEP.Di. 1.2; ~o semine OV.Met.9.280; ~o sanguine 13.457; ~am indolem probate factis SEN.Phoen.334. **b** perlege dispositas ~a per atria ceras OV.Fast.1.591; et tollens apicem ~o uertice flamen LUC.1.604; (*cf.*) et tamen emerui ~os uestis honores PROP.4.11.61.

2 Noble-spirited. **b** (of character, conduct, etc.).

~issimarum gentium LIV.21.44.1; dominum ~a recusat OV.Met.8.848; stillantem..tenens ~o sanguine cultrum Fast.2.839; ad moriendum inconsulta animi inclinatio, quae saepe ~os atque acerrimae indolis uiros corripit SEN.Ep. 24.25; terrori sunt etiam leonibus ferarum ~issimis PLIN. Nat.10.47; coepta ~ior iuuenta..Pharsalica bella detonabis STAT.Silv.2.7.64. **b** rationem dicendi..uoce motu forma etiam magnificam et ~am quodam modo CIC.Brut.261; quaedam ~a uirtus Tusc.2.16; ~a..pectora OV.Met.12. 234; et faciles motus mens ~a capit Tr.3.5.32; ~a mors SEN.Suas.7.8; uir simplicitatis ~issimae VELL.2.125.5; ~a uerba iactare SEN.Ep.9.20; nec quicquam ~ius uoluit PLIN. Nat.30.14; ~i..conatus QUINT.Inst.2.4.4.

3 Of good stock, breeding, etc., choice, superior: **a** (of animals, birds, etc.). **b** (of plants, produce). **c** (applied to precious metals).

a pecoris ~i pullus..altius ingreditur VERG.G.3.75; non omne mare est ~ae fertile testae HOR.S.2.4.31; non aliter quam iubam ~a animalia (quatiunt) SEN.Nat.1.17.7; ~ae.. aues Dial.5.20.4; PLIN.Nat.11.233; 32.61; cur Tuscus aper ~ior Vmbro STAT.Silv.4.6.10; animalia muta quis ~a putet nisi fortia? JUV.8.57; (*cf.*) hic ~us honos et gloria maior equorum OV.Hal.66. **b** (uinum) ~um et lene requiro HOR.Ep.1.15.18; madeant ~o pocula baccho [TIB.]3.6.5; ~ae fertilis uuae uinea OV.Rem.567; pruna..~a Met.13. 818; uitium ~arum COL.11.2.32; ulmus..quam Atiniam uocant rustici, ~issima est Arb.16.1; nusquam ~ior oleae liquor PLIN.Nat.3.60; quod est pomum ~issimum? nonne quod optimum? QUINT.Inst.5.11.4; ~i graminis JUV.12. 40; (*poet.*) Surrentino ~os palmite colles OV.Met.15.710. **c** abdita..~i uena metalli Laus Pis.225; quamuis Callaico rubeam ~a metallo MART.14.95.1; (*cf.*) insula inexhaustis Chalybum ~a metallis VERG.A.10.174.

genesis ~is, *f.* [Gk. γένεσις]

1 Birth, nativity.

ARAM ~IS INVICTI MITHRAE A.Epig.05.25.

2 One's birth considered astrologically, horoscope, nativity, destiny.

ideo iam dudum nihil super illum (*sc.* cancrum) posui, ne ~im meam premerem PETR.39.8; inspecta ~i JUV.6.579; nota mathematicis ~is tua 14.248; quod uolgo crederetur ~im habere imperatorem SUET.Ves.14.1.

genesta: see GENISTA.

genethliacon ~ī, *n.* [as next] A birthday poem.

cludit uolumen ~on Lucani STAT.Silv.2.pr.

genethliacus ~ī, *m.* [Gk. γενεθλιακός] A caster of horoscopes.

~i quidam scripserunt esse in renascendis hominibus quam appellant παλιγγενεσίαν Graeci VAR.hist.4; qui sese Chaldaeos seu ~os appellant GEL.14.1.1.

genethlialogia ~ae, *f.* [Gk. γενεθλιαλογία] The casting of nativities or horoscopes.

VITR.9.6.2.

genetīuus ~a ~um, *a.* [GIGNO+-IVVS]

1 Of or connected with birth; acquired at birth. **b** (as a cult-title).

forma prior rediit ~aque uenit imago OV.Met.3.331; dispersis per pectus atque aluum ~is notis (*i.e. birth-marks*) SUET.Aug.80;—adiecti..~a ad nomina Cottae OV.Pont. 3.2.107. **b** Deli ad Apollinis ~i aram VAR.in Macr.3.6.5.

2 (gram.) Genitive.

si ut 'Maecenas Sufenas Asprenas' dicerentur, ~o casu non e littera, sed tis syllaba terminarentur QUINT. Inst.1.5.62; 1.6.14; domos ~o casu singulari pro domuos (ponit) SUET.Aug.87.2; et 'casum interrogandi' eum dicit (Nigidius), quem nunc nos ~um dicimus GEL.13.26(25).3; (*masc. sg. as sb.*) si non similis est ~i singularis 4.16.3; VEL. gram.in G.L.7.56.

genetrix ~īcis, *f.* [GIGNO+-TRIX]

1 A mother, usu. the mother of a specific person. **b** (applied to Venus as ancestress of the Romans). **c** (poet., of one's native land). **d** (applied to the earth, as the mother of all living creatures).

te sale nata precor, Venus, et ~ix patris nostri ENN.Ann. 52; magna deum ~ix (*i.e. Cybele*) VERG.A.2.788; arma rogo, ~ix nato 8.383; nec..~icem occidis Orestes HOR.S.2.3. 133; pater fratresque et cum ~ice sorores OV.Ep.15.337; tantum non ex ipso ~icis rogo lucem et cunas adsecutus V.MAX.1.8.ext.5; nondum uxor est—iam fiet, et ~ix simul [SEN.]Oct.188; est ~ix Iocasta mihi STAT.Theb.1.681; ~ix Thebana (*i.e. Jocasta*) 12.131; (*used in address to a mother-in-law*) OV.Met.9.326;—(*of birds*) super tremulo ~ix clangore uolabat CIC.poet.22.15(Div.2.63); ciconiae..~icum senectam..educant PLIN.Nat.10.63;—(*cf.*) omnia quando seminibus certis certa ~ice creata conseruare genus crescentia posse uidemus LUCR.2.708. **b** Aeneadum ~ix LUCR.1.1; OV.Tr.2.261; thoracem, quem Veneri ~ici in templo eius dicauit PLIN.Nat.9.116. **c** patria o mei creatrix, patria o mea ~ix CATUL.63.50; non ~ix Europa tibi est, sed inhospita Syrtis Armeniaeque tigres Austroque agitata Charybdis! OV.Met.8.120; nonne haec (tellus) amborum ~ix altrixque uideri digna? STAT.Silv.3.5.108. **d** ~ix atque altrix animantium comium..tellus APUL.Mun. 1; CIL 8.8309; 11.7534.

2 (transf.) An originator, creator; a foundress.

Venus ⟨o⟩ amoris altrix, ~ix cupiditatis LAEV.poet.22.2; ex Aegypto, ~ice talium uitiorum PLIN.Nat.26.4; APUL. Pl.1.9; (*cf.*) Iuppiter omnipotens regum rerumque deumque progenitor ~ixque V.SOR.poet.4.2;—urbe fuit media sacrum ~icis Elissae manibus SIL.1.81; (*cf.*) Miletus.. super LXXXX urbium per cuncta maria ~ix PLIN.Nat.5.112

geniālis ~is ~e, *a.* [GENIVS+-ALIS]

1 Of or belonging to the *genius* (of a person or corporation). **b** (see quot.).

D M ANDRIAE AKTAE SODALES ~ES P CIL 10.8109. **b** ~es deos dixerunt aquam, terram, ignem, aerem: ea enim sunt semina rerum..duodecim quoque signa, lunam et solem inter hos deos computabant PAUL.Fest.p.95M.

2 Of or connected with marriage. **b** *lectus* (*torus*, etc.) ~*is*, the marriage-bed.

~ia foedera Cadmi STAT.Theb.3.300; iura deum ~ia testor 3.689; bellis ~ibus Ach.1.113; ~ia..pacta 2.68; (*cf.*) ducuntur raptae, ~is praeda, puellae OV.Ars 1.125. **b** puluinar uero diuae ~e locatur sedibus in mediis CATUL. 64.47; lectum illum ~em quem..filiae suae nubenti strauerat CIC.Clu.14; lectus ~is in aula est HOR.Ep.1.1.87; quem (*sc.* rogum) uxoria pietas in modum ~is tori..conscendit V.MAX.2.6.14; SEN.Med.1; TAC.Ann.15.37; PLIN. Pan.8.1; APUL.Met.9.26; (*masc. as sb.*) Tyrius..palam ~is in hortis sternitur JUV.10.334.

3 a (of things) Connected with, or accompanying, good cheer, festive; (of places, occasions, etc.) marked by festivities, jollity, or sim. **b** (of persons or their features) festive, jovial, jolly.

a lucent ~ibus altis aurea fulcra toris VERG.A.6.603; duplici ~ia nablia palma uerrere OV.Ars 3.327; ~ia serta Met.13.929; ~i balsamo APUL.Met.11.9;—inuitat ~is hiems VERG.G.1.302; ~ia..arua Canopi OV.Am.2.13.7; Ep. 18.9; platanus ~is Met.10.95; Annae festum ~e Perennae Fast.3.523; ~is agatur iste dies JUV.4.66. **b** inbelles elegi, ~is Musa, ualete OV.Am.3.15.19; ~em canitiem reuellens APUL.Met.2.27; 5.22; uultu ~i 11.14.

geniāliter, *adv.* [prec.+TER[2]] With good cheer, in a convivial manner.

hospitis aduentu festum ~ egit OV.Met.11.95; otiose ac satis ~..calicem uno haustu perduxi APUL.Met.10.16; CIL 6.25531.

genicē ~ēs, *f.* [Gk. γενική] The genitive case.

CIL 4.1364.

geniculātim, *adv.* [next+-IM] At each joint or knot.

uicaperuica..in modum liniae foliis ~ circumdata PLIN. Nat.21.68.

geniculātus[1] ~a ~um, *a.* [GENICVLVM+-ATVS[2]] (of the stems, etc., of plants) Having knots or nodes, knotted.

culmo..~o CIC.Sen.51; caule cubitali ~o PLIN.Nat.12.45; uitium surculis..~i scaporum nodi intersaepiunt medullam 17.152; hippophaes spinis ~um 21.91; sarmenta longis et exilibus internodiis ~a 23.21; cirris..qui sint iunci ~i 26.36.

geniculātus[2] ~ī, *m.* [prec.] A constellation = ENGONASIN.

inter umeros custodis et ~i corona est ordinata VITR. 9.4.5.

geniculum ~ī, *n.* [GENV+-CVLVM]

1 A (small) knee.

qui pueris in ~is alligent serperastra, ut eorum deprauata corrigant crura VAR.L.9.11.

2 A knot or joint in the stem, etc., of a plant.

in omni harundine..efficaciora (sunt) ~a PLIN.Nat.24.86; uerbenaca..medetur, sed in tertianis a tertio ~o incisa quartanis a quarto 26.117; 27.108.

geniculus ~ī, *m.* [var. of prec.] A knee or elbow-joint in a water-pipe.

quodsi non uenter in uallibus factus fuerit..sed ~us erit, erumpet (aqua) et dissoluet fistularum commissuras VITR. 8.6.6.

genista ~ae, *f.* Also **gene-**. [dub.] The name of var. shrubs, incl. prob. Spanish broom, *Spartium junceum* and greenweed, *Genista tinctoria*.

lentae..~ae VERG.G.2.12; salices humilesque ~ae 2.434; salicem et ~am..circa Kal. Martias serito COL.Arb.29.1; Asia e ~a facit lina PLIN.Nat.19.15; ~a..uinculi usum praestat floris apibus gratissimi 24.65; pira quae longa pendent religata ~a MART.1.43.5.

genita[1] ~ae, *f.* [fem. of GENITVS] A daughter.

~am..fratris coniugem pactus sibi [SEN.]Oct.141.

Genita² ~ae, *f.* ~*a Mana*, An early Italian goddess.
PLIN.*Nat*.29.58.

genitābilis ~is ~e, *a.* [GIGNO+-BILIS] Having the power of creation or causing growth.
Lucilius (*cod.* Lucretius)..initium fecit hoc: aetheris et terrae ~e quaerere tempus VAR.*L*.5.17; ~is aura fauoni LUCR.1.11.

genitāle ~is, *n.* [neut. of next]

1 The male or female genital organ(s).
(*sg.*) in feminis super ~e earum sita est (uesica) CELS. 4.1.11; quasdam (feminas) concreto ~i gigni PLIN.*Nat*.7.69; ~e cerui 28.98; uulpis masculae ~e 28.166; ~e..masculi sexus 36.204; quo pacto..mulier tam uastum ~e susciperet APUL.*Met*.10.22; (*cf.*) diphyes duplex, candida ac nigra, mas ac femina, ~e utriusque sexus distinguente linea PLIN. *Nat*.37.157;—(*pl.*) alius ~ia excidit SEN.*Nat*.7.31.3; infunditur..~ium fistulae PLIN.*Nat*.22.112; ~ium inflammationem 26.80; rapta secuit ~ia testa IUV.6.514; QUINT. *Inst*.1.6.36;circumcidere ~ia instituerunt (Iudaei) TAC.*Hist*. 5.5; ea bestia..se praecisione ~ium liberat APUL.*Met*.1.9.

2 Seminal fluid.
(*sg.*) quin et semen (maluae) adalligant bracchio ~e non continentium PLIN.*Nat*.20.227; (*pl.*) resistere..generationi creditur cohibendo ~ia densari 20.147.

genitālis ~is ~e, *a.* [GIGNO+-ALIS]

1 Of or concerned with creation.
(*of gods, perh.*) Romulus in caelo cum dis ~ibus aeuum degit ENN.*Ann*.115; CIC.*de Orat*.3.154;—(*of matter, causes, etc.*) ~ia materiai corpora LUCR.2.62; mundi tempus ~e 2.1105; rerum ~is origo? 5.176; quae possint ~is reddere motus 2.228; quattuor aeternus ~ia corpora mundus continet OV.*Met*.15.239; causas ~es PLIN.*Nat*.9.2; inchoato opere ~is aquae terraeque 9.179.

2 Concerned with procreation or reproduction, reproductive; capable of reproduction. **b** (w. ref. to plants).
~is per Veneris res LUCR.2.437; satum ~em 4.1233; ~ia ..semina 5.851; ~ia membra OV.*Am*.2.3.3; in equae ~em partem V.MAX.7.3.ext.2; profluuium ~e (*i.e. menstrual discharge*) PLIN.*Nat*.7.61; grex perstat equarum et Venerem occultam ~i concipit aura SIL.3.381; suis in terris struere nidum (phoenicen) eique uim ~em adfundere ex qua fetum oriri TAC.*Ann*.6.28; ~i sterilitate GEL.4.2.10; (*poet.*) quae.. uiros acuunt armantque puellis iam Megaris ueniant ~ia semina bulbi COL.10.106;—feminis..uuluae..cicatricibus clauduntur ne sint ~es 7.9.5. **b** uere tument terrae et ~ia semina poscunt VERG.*G*.2.324; nec frugiferum esse ducimus nisi quod in parte ~i fructum attulerit COL. 3.10.8; ~i rore PLIN.*Nat*.2.38; si..aer ~em illum lacteumque sucum transmisit in terras, laeta adulescunt sata 18.282.

3 Of or connected with one's birth or birthday. **b** (as sb.) a name of Lucina.
Mileto, ~i solo VELL.2.14.3; liba..dem proprie ~e notantia tempus OV.*Tr*.3.13.17; haec tibi..~i luce paramus dona STAT.*Silv*.2.3.62; 5.5.70; interrogatur an suam quoque ~em horam comperisset TAC.*Ann*.6.21; dies ~is eius 16.14; in mensibus..~ibus nominandis non praetermisit octauum GEL.3.16.4. **b** lenis, Ilithyia, tuere matres, siue tu Lucina probas uocari seu ~is HOR.*Saec*.16.

4 Hereditary, inborn, native.
mutabilis induit arbos ignotas frondes et non ~ia poma CALP.*Ecl*.2.41; Marsis hominibus..ui quadam ~i datum, ut..serpentium uirulentorum domitores sint GEL.16.11.2; ~IS CIVIS *CIL* 8.22672.

genitāliter, *adv.* [prec.+-TER²] Reproductively.
ut semina possint seminibus commisceri ~ apta LUCR. 4.1258.

genitor ~ōris, *m.* [GIGNO+-TOR]

1 One's father. **b** (pl.) one's parents; (also transf., of races). **c** (applied to an adoptive father).
~orem iniustum adprobas ACC.*trag*.41; RELIQVI FLETVM NATA ~ORI MEO *CIL* 1.1214.18; subiit cari ~oris imago VERG.*A*.2.560; Anchisae ~oris 5.537; Pelopis ~or (*i.e. Tantalus*) HOR.*Carm*.1.28.7; matre Palaestina, dubio ~ore creatus OV. *Met*.5.145; ~or Pompeius LUC.6.814; Pan illi ~or STAT. *Theb*.11.34; (*poet.*) qua serpit leniter..ad ~orem Anio.. Thybrim SIL.12.540. **b** patria, bonis, amicis, ~oribus abero? CATUL.63.59; (*of birds*) hae (*sc.* meropes) ~ores suos recondunt iam senes et alere dicuntur SUET.fr.164(p.257 Re);—Moriseni Sitonique, Orphei uatis ~ores PLIN.*Nat*. 4.41. **c** induit arma tibi ~or patriaeque tuusque OV. *Ars* 1.197.

2 a (applied to Jupiter; also, to Neptune). **b** (phil.) the creator (of the world, universe, etc.). **c** (given as a term of respect to other deities, etc.).
a (*w.* Saturnius) o ~or noster Saturnie, maxime diuum ENN.*Ann*.456; CIC.*poet*.2.18(*Div*.2.64);—(*w.* deum, deorum) deum ~or OV.*Fast*.3.285; *Tr*.2.37; magnorum proles ~orque deorum STAT.*Silv*.1.1.74;—(*absol.*) aliud ~or secum ipse uolutat VERG.*A*.12.843; OV.*Met*.2.836; summe ~or [SEN.]*Oct*.245; qua bonus accubuit ~or cum plebe deorum MART.8.49(50).3;—aequora postquam prospiciens ~or ..flectit equos VERG.*A*.1.155; 5.817; cum..tridentigero tumidi ~ore profundi OV.*Met*.11.202. **b** quo nihil est ab optimo et praestantissimo ~ore melius procreatum CIC. *Tim*.27; rerum naturam, quam primus ille mundi ~or perpetua fecunditate donauit COL.1.pr.2; totius rerum naturae causa et ratio et origo initialis..summus animi ~or APUL.*Apol*.64. **c** o Romule, Romule dic..o pater, o ~or, o sanguen dis oriundum! ENN.*Ann*.113; o Thybri tuo ~or cum flumine sancto VERG.*A*.8.72; tibi Mars ~or uotorum haud surde meorum SIL.10.553.

3 A cause, originator, author.
di..Indigetes ~orque Quirine urbis OV.*Met*.15.862; Graeci, uitiorum omnium ~ores PLIN.*Nat*.15.19; bellorum ~or (*i.e. Mars*) SIL.3.126; o fraudum ~or 13.738; ~orem uirtutum ipsamque uirtutem APUL.*Mun*.31; (*of things*) adsciscet noua (uocabula), quae ~or produxerit usus HOR. *Ep*.2.2.119.

genitrix ~īcis, *f.*: see GENETRIX.

genitūra ~ae, *f.* [GIGNO+-VRA]

1 Reproduction, procreation; reproductive power.
origo atque ~a conchae PLIN.*Nat*.9.107; ut in alitum quadripedumque ~a 18.202; eos, qui biberint eam XII diebus, coitu ~aque priuari 25.75; quod..~ae humanae uim praebeant (κύαμοι) GEL.4.11.10;—cinis (aneti)..oculos et ~am hebetat PLIN.*Nat*.20.196.

2 Seminal fluid, semen.
datur..contra profluuia ~ae uiris PLIN.*Nat*.22.83; si per somnos ~a effundetur 23.49; affluentiam ~ae 26.94.

3 Horoscope, nativity.
non omnis habet ~a trigonis consensum signis MAN. 2.342; 3.81; reticere ipse ~am suam perseuerabat SUET. *Aug*.94.12; *Cal*.57.2; ~am eius praedictam a mathematicis *Vit*.3.2; GEL.14.1.20; in ~is hominum APUL.*Fl*.15.

genitus ~ūs, *m.* [GIGNO+-TVS³] Reproduction, generation.
libros de ~u animalium APUL.*Apol*.36; 38.

genius ~iī, *m.* [GIGNO; cf. OHG. *chunni*, AS. *cynn*]

1 The male spirit of a *gens* existing during his lifetime in the head of the family, and subsequently in the divine or spiritual part of each individual. **b** the personification of one's natural appetites. **c** (applied by a parasite to his patron). **d** (ancient definitions, etc.).
~io suo ubi quando sacruficat PL.*Capt*.290; per tuom te ~ium opsecro 977; TER.*An*.289; HOR.*Ep*.1.7.94; ~ium ludis centumque choreis concelebra TIB.1.7.49; ipse suos ~ius adsit uisurus honores 2.2.5; per..tuos oculos per ~iumque rogo [TIB.]3.11.8; ille (*sc.* Aeneas) patris ~ io sollemnia dona ferebat OV.*Fast*.2.545; funde merum ~io PERS. 2.3; per Fortunas uestrosque ~ios APUL.*Met*.8.20; (*pregn.*) nemo mathematicus ~ium indemnatus habebit IUV.6.562; —(*associated with the* lectus genialis) torus et lecti ~ius ?PETR.fr.39.3; alienum..lectum concutere atque sacri ~ium contemnere fulcri IUV.6.22;—(*colloq.*) ignosceet mihi ~ius tuus, noluisses de manu illius panem accipere PETR. 37.3; Gai nostri ~io male dixerat 53.3; ~ios uestros iratos habeam 62.14; ita ~ium meum propitium habeam 74.14. **b** egomet me defrudaui animumque meum ~iumque meum PL.*Aul*.725; qui cum ~iis suis belligerant parcepromi *Truc*. 183; TER.*Ph*.44; cras ~ium mero curabis HOR.*Carm*.3. 17.14; acceptus ~iis illa (*sc.* Larentalia) December habet OV.*Fast*.3.58; SEN.*Ep*.95.41; indulge ~io, carpamus dulcia PERS.5.151; suum ~ium propitiare TAC.*Dial*.9.5. **c** tuom gnatum et ~ium meum PL.*Capt*.879; Phaedromum ~ium meum *Cur*.301; teneo dextera ~ium meum *Men*.138. **d** scit ~ius, natale comes qui temperat astrum, naturae deus humanae HOR.*Ep*.2.2.187; cum singuli quoque ex semet ipsis totidem deos faciant Iunones ~iosque adoptando sibi PLIN.*Nat*.2.16; ~ium appellabant deum, qui uim optineret rerum omnium gerendarum. Aufustius '~ius' inquit 'est deorum filius, et parens hominum, ex quo homines gignuntur. et propterea ~ius meus nominatur, quia me genuit'. alii ~ium esse putarunt uniuscuiusque loci deum PAUL.*Fest*.p.94M; (*as equivalent of Gk.* δαίμων) eum nostra lingua..poteris ~ium uocare, quod is deus, qui est animus sui cuique..quodam modo cum homine gignitur APUL.*Soc*. 15.

2 (attributed to gods). **b** the *genius* of an emperor, regarded as an object of worship.
QVEI..REM DEIVINAM FECERIT IOVI LIBERO AVT IOVIS ~IO *CIL* 1.756.16; Priapi ~io peruigilium deberi PETR.21.7; iuro potentis per ~ium Famae MART.7.12.10; (locus) quem quisque (deus) sacrarit accubitu ~ioque STAT.*Ach*.1.110; ~IO IOVIS ~IO MARTIS..GEN VICTORIAE *CIL* 2.2407. **b** mille Lares ~iumque ducis..urbs habet OV.*Fast*.5.145; PERS.6.48; VT IS IVRET PER IOVEM ET DIVOM AVG...ET ~IVM IMP CAESARIS DOMITIANI AV DEOSQVE PENATES *CIL* 2. 1963.31; LARIBVS AVG ET ~IS CAESARVM 6.449; mitem ~ium domini praesentis adoras STAT.*Silv*.5.1.74; SUET. *Cal*.27.3.

3 (attributed to places, corporations, and other things); (in writings) talent, inspiration.
~IO OPIDI *CIL* 1.2269.3; incertus ~iumne loci famulumne parentis esse putet VERG.*A*.5.95; ~io maiores hostiae caesae quinque LIV.21.62.10; siue aliquis amnibus ~ius PLIN. *Pan*.32.3; militaris sacramenti ~ium APUL.*Met*.9.41; ~IO TVTELAE HORREORVM A ANNIVS EVCHARISTVS EX VOTO *CIL* 2.2991; ~IO COMMERCI ET NEGOTIANTIVM 3.4288; ~IO SANCTO LEGIONIS 3.6577; ~IO P R 6.397b; SANCTISSIMO DEO ~IO COLONIAE PVTEOLANORVM 10.1563; (*poet.*) nox.. memoranda diu ~iumque habitura perennem STAT.*Silv*. 4.6.19;—uicturus ~ium debet habere liber MART.6.61.10.

genō ~ere, *tr.*: unreduplicated form of GIGNO.
antequam ~at siliquas (ocinum) VAR.*R*.1.31.4; semen, quod est principium ~endi 1.40.1; quod haec loca aliquid ~unt *Men*.35; (cytisum et medica) et pingues facit (oues).. et ~it lacte *R*.2.2.19; si mihi filius ~itur *formula* in Cic. *Inv*.2.122; multa breui spatio simulacra ~untur LUCR. 4.159; ULP.*dig*.30.17.1.

gens ~tis, *f.* [GIGNO] FORMS: ~*um* (gen. pl.) ACC.*trag*.580 (*cj.*).

1 A race, nation, people. **b** (w. *omnes*). **c** (pl., poet.) crowds, hordes.
magnae ~tes opulentae ENN.*Ann*.151; Dardaniis ~tibus ACC.*trag*.523; non ~s ulla, non natio CIC.*Agr*.1.26; tanta cum barbaris ~tibus coniunctio *Att*.11.6.2; prope ad internecionem ~te ac nomine Neruiorum redacto CAES.*Gal*. 2.28.1; quod natura ~s Gallica bellicosa esset SAL.*Cat*.40.1; tantae molis erat Romanam condere ~tem VERG.*A*.1.33; Medum..flumen ~tibus additum uictis HOR.*Carm*.2.9.21; ea..tota ~s in dicionem populi Romani rediit LIV.28.11.15; ualidissimae Indorum ~tes erant CURT.9.4.24; apud seras ~tes LUC.7.207; ~tes uescuntur iis (*sc.* cicadis) ad orientem PLIN.*Nat*.11.92; Nomadum ~tes Cappadocumue MART. 12.29(26).6; Germani, laeta bello ~s TAC.*Hist*.4.16; inmanissimi ~tium Galli atque Germani FLOR.*Epit*.1.45 (3.10.2); (*poet.*) quo ferrea primum desinet ac toto surget ~s aurea mundo VERG.*Ecl*.4.9. **b** terris ~tis omnis peperit ENN.*var*.48; qui ~tis omnis mariaque et terras mouet PL. *Rud*.1; communem hostem ~tium nationumque omnium CIC.*Ver*.5.76; mea salus omnibus est ~tibus commendata *Planc*.78; ut populus Romanus omnes ~tes uirtute superarit NEP.*Han*.1.1; omnes reges ~tesque LIV.23.33.1. **c** hunc circum innumerae ~tes populique uolabant VERG.*A*. 6.706; cunctae quas misit in aequora ~tes V.FL.1.815; cernere nec galeam ~tes potuere minantem 6.519; imbutas sanguine ~tes STAT.*Theb*.3.219.

2 (pl.) The peoples or nations of the world, the whole world; also, the rest of the world apart from the Romans or Italians. **b** the human race, mankind. **c** *ius gentium*, the universally recognized code of behaviour between nations or individuals; also, the law available to aliens as well as citizens; see IVS².
qui apud ~tes solus praestat NAEV.*com*.109; is nos per ~tis alios alia disparat PL.*Rud*.10; ut idem deus (*sc.* Mars) urbem hanc ~tibus, uos huic urbi genuisse uideatur CIC. *Phil*.14.32; auxilio profectum magnis regibus latrones ~tium oppressisse SAL.*Hist*.4.69.22; neque hoc sine nomine letum per ~tis erit VERG.*A*.11.847; terruit ~tis HOR.*Carm*. 1.2.5; hoc uos, fetiales, iuris ~tibus dicitis? LIV.9.11.9; mollia securae peragebant otia ~tes OV.*Met*.1.100; maior pars ~tium hominumque, etiam qui sub imperio nostro degunt PLIN.*Nat*.33.21; ut Bataui et Treuiri ~tibus imperent TAC.*Hist*.4.66; (*cf. sense 2c*) hominem prius quam genito dente cremari mos ~tium non est PLIN.*Nat*.7.72;—(*of non-Roman or non-Italian peoples*) qualem ~tibus me praestiti, similem in ciuium deditione praestabo *B.Hisp*. 17.3; tritici genera plura, quae fecere ~tes. Italico nullum.. comparauerim candore PLIN.*Nat*.18.63. **b** audax Iapeti genus ignem..~tibus intulit HOR.*Carm*.1.3.28; cum.. natura non solum sensibus ornauisset ~tes quemadmodum reliqua animalia VITR.2.1.6; tu..illa uera es ~tium et diuum parens *Prec.Ter*.17.

3 (referring to the geographical region occupied by a nation or people) Country.
multas per ~tes et multa per aequora uectus CATUL.101.1; Eretriam ceperunt omnesque eius ~tis ciues abreptos in Asiam ad regem miserunt NEP.*Milt*.4.2; Tyria..de ~te profecti OV.*Met*.3.35; laeua freti caedunt Hispanas aequora ~tis MAN.4.602; amnium in alias ~tes exeuntium MELA 3.30; utrumque (*sc. pepper and ginger*) siluestre ~tibus suis est PLIN.*Nat*.12.29.

4 (gen. pl., w. adv. where, nowhere, etc.), on earth, in the world. **b** *longe ~tium*, at (from) the ends of the earth. **c** *minime ~tium*, certainly not! not likely!
quis homo te exsuperauit usquam ~tium impudentia? ENN.*scen*.222; face id ut paratum iam sit. — unde ~tium? PL.*As*.90; neque peiiurior neque peior alter usquam est ~tium *Poen*.825; ubi tu es ~tium? *Rud*.469; abeat multo malo quouis ~tium TER.*Hau*.928; ubicumque terrarum et ~tium uiolatum ius ciuium Romanorum sit CIC.*Ver*.5. 143; ubinam ~tium sumus? *Catil*.1.9; perfugium sibi nusquam ~tium esse LIV.40.12.5; quo ~tium capessetur fuga ..? APUL.*Met*.6.26; (*cf.*) superior pars omnium (foliorum) lanuginem quantulamcumque habet, quae in aliis ~tium lana est PLIN.*Nat*.16.88. **b** tu autem abes longe ~tium CIC.*Att*.6.3.1; nostri..tyrannoctoni longe ~tium absunt *Fam*.12.22.2; uomicam, quae ~tium uenit longe LIV.25.12.9. **c** quid si igitur reddatur illi unde empta est? — minime ~tium PL.*Mer*.418; *Poen*.690; TER.*Ad*.342; merito hoc meo uidetur factum? — minime ~tium *Ph*.1033; PAUL. *Fest*.p.123M.

5 a A natural kind. **b** a class, set, race (of persons).
a ut..luat poenas, ~s haec (*sc.* uolpes) Cerialibus ardet OV.*Fast*.4.711; inmitis..suae gonger per uulnera ~tis *Hal*.115; non Hyrcano satis est uehementia ~tis tanta suae GRAT.162; pecudum ~s mitis STAT.*Theb*.8.308. **b** rapax auarus inuidus..hiulca gens PL.*Trin*.286; noui enim ~tem illam CIC.*Fam*.13.1.4; magister eius et tota illa ~s *Fin*.4.51; fecunda in ~te Meneni HOR.*S*.2.3.287; huc ades, o regina deum, ~s casta precamur..turba Ausonidum SIL.7.78; Asiana ~s tumidior alioqui atque iactantior QUINT.*Inst*.12.10.17; (*poet., of winds*) uolucrum ~s turbida fratrum erumpit V.FL.8.323.

6 A Roman clan or group of families sharing the same *nomen* and the same supposed ancestor; orig. patrician, the organization spread later to the plebeians. **b** (dist. as *maiores* and *minores*; also transf.). **c** (app. referring to individual *familiae*). **d** (among non-Romans) clan, family, house. **e** (transf. and poet. of a herd, flock, hive, etc.).
possessio Minuciae ~ti esset data CIC.*Ver*.1.115; ~s ista Clodia *Sest*.81; contaminatis ~tibus *Dom*.35; quem Lesbia malit quam te cum tota ~te, Catulle, tua CATUL.79.2; a Venere Iulii, cuius ~tis familia nostra est CAES.*orat*.28; Claudia nunc a quo diffunditur et tribus et ~s per Latium VERG.*A*.7.709; ~tis Manliae decreto LIV.6.20.14; uos (*sc.* patricios) solos ~tem habere 10.8.9; rigida Fabiorum ~te MART.6.64.1; ad Iuniam Caluinam e ~te Augusti pertinere SUET.*Vesp*.23.4; PAPIN.*dig*.22.3.1. **b** patricii minorum ~tium CIC.*Fam*.9.21.2; minorum..~tium patres LIV.1. 47.7;—Cleanthes qui quasi maiorum est ~tium Stoicus

Cic.*Luc.*126; illi maiorum ~tium dii qui habentur *Tusc.* 1.29. **c** eiusdem ~tis (*sc.* Stolonum) C. Licinius Var. *R.*1.2.9; eximium..tuae ~tis (*sc.* Pisonum) decus *Laus Pis.*212; in Lepidorum ~te Plin.*Nat.*7.51. **d** ~tibus cognationibusque hominum Caes.*Gal.*6.22.2; Dabar, Massugradae filius, ex ~te Massinissae Sal.*Jug.*108.1; Mago ex ~te Barcina Liv.23.41.2; Timotheum Atheniensem e ~te Eumolpidarum Tac.*Hist.*4.83; non propinquum neque Arsacis de ~te *Ann.*12.14. **e** quos (*sc.* equos) in spem statues summittere ~tis Verg.*G.*3.73; fere decimo ad internecionem anno ~s uniuersa totius aluei consumitur Col.9.3.3; stabuli..maritum, quem penes et saltus et adultae gloria ~tis Stat.*Theb.*5.331.

7 Descent, birth; (concr.) a descendant, offspring.

Tarquinium non Romanae modo sed ne Italicae quidem ~tis Liv.4.3.11; uir animo etiam quam ~te nobilior Vell. 2.112.2; sic pignora ~tis Psyllus habet Luc.9.906; Stat. *Theb.*5.447;—uigilasne, deum ~s Aenea? Verg.*A.*10.228; ~s extrema uiri..Eurydamas Sil.2.185; ~s Cadmi, Cleadas 7.637.

gentiāna ~ae, *f.* [app. Illyrian] One or other species of the plant gentian.

~ae radicis Cels.5.23.3.a; ~am inuenit Gentius rex Illyriorum, ubique nascentem Plin.*Nat.*25.71; 26.29; Larg. 170; 176.

genticus ~a ~um, *a.* [gens+-cvs] Of a race or people, national.

quibus more ~o continuum ferri tegimen Tac.*Ann.*3.43; 6.33.

gentīlicius ~a ~um, *a.* [next+-icivs[1]]

1 Of or proper to a particular Roman *gens.*

nomina ~a Var.*L.*9.60; qui sacrificia ~a..stato loco anniuersaria factitarint Cic.*Har.*32; adiectae mortuo notae sunt: publica una..~a altera, quod gentis Manliae decreto cautum est ne quis deinde M. Manlius uocaretur Liv.6.20.14; caput eius..~i..tumuli sepultura honoratum est Vell.2.119.5; Serranorum familia ~um esse feminas lintea ueste non uti Plin.*Nat.*19.8; imagines, quae comitarentur ~a funera 35.6; Passennus Paulus..scribit elegos. ~um hoc illi Plin.*Ep.*6.15.1; ~is hereditatibus multatus Suet.*Jul.*1.2; ~um ius Gaius *Inst.*3.17.

2 Tribal, national.

quos ~o uocabulo 'Chaldaeos' dicere oportet, 'mathematicos' dicit (uulgus) Gel.1.9.6.

gentīlis[1] ~is ~e, *a.* [gens+-ilis]

1 Of or belonging to a Roman *gens*; consisting of one's *gens.* **b** of one's house or family.

sumunt ~es arma professa manus Ov.*Fast.*2.198; eloquentiam, ~e domus nostrae bonum Tac.*Ann.*2.37; nomen ..~e..resumpturum se professus est Suet.*Nero* 41.1;—coloniam..quam ~i copia aduersus Aequiculos tutandam olim depoposcissent *Vit.*1.3. **b** oculi nihil ~e nec patrium micant Sen.*Phaed.*380; poculum infuso cape ~e Baccho *Thy.*983; nomen auo ~e Thoas atque omine dictus Euneos Argoo Stat.*Theb.*6.342; ductorem infestans odiis ~ibus Sil.2.277.

2 Of or belonging to one's tribe or race, national. **b** of one's birthplace, native.

Thessalis..cui ~e nefas hominem renouare canendo Stat.*Theb.*3.141; flauae capiti tergoque leonum exuuiae ~is honos 4.155; ~e sacrum *Silv.*3.1.152; Sil.5.646; Hispani uelocitate ~i..effunduntur Fron.*Str.*2.5.31; qui ~e imperium obtinebat Tac.*Ann.*6.32; ~i quisque religione obstringi 12.34; ~ia tympana secum uexit Juv.3.64; (*advl. acc.*) magnum et ~e tumentes Stat.*Theb.*8.429. **b** te ramus oleae fronde ~i tegat Sen.*Her.F.*913; tergo.. fatiscit..~is aper Stat.*Theb.*8.706; Calpetus Aonios gramen ~e metentis..terrebat equos 10.319; trans ~e fretum *Silv.* 2.2.9; ~is..terras..fugimus 3.2.69; Hammon numen erat Libycae ~e carinae Sil.14.438; ut ne iuuenis quidem.. auspicia saltem ~e apud solum inciperet Tac.*Ann.*3.59; turbare ~is nationes 11.1; (*cf.*) ~em..bibit tellus inuita cruorem Sil.17.412.

3 Of or concerning foreign peoples.

bellorum genera sunt quattuor: ~e quod cum externis geritur Amp.41.

gentīlis[2] ~is, *m.* [prec.]

1 A member of the same *gens.*

si adgnatus nec escit, ~es familiam habento *Lex XII* (*Font.iur.*p.23); vediovei patrei genteiles ivliei *CIL* 1.1439; ~es sunt inter se qui eodem nomine sunt Cic.*Top.* 29; responde..Verres, quem esse hunc tuum paene ~em Verrucium putes *Ver.*2.190; cum ~ibus clientibusque Liv. 3.58.1; Suet.*Tib.*1.2; Gaius *Inst.*3.17.

2 A fellow countryman.

non minus scite, quam si ~is eius esset, locutus est Gel. 17.17.2.

gentīlitās ~ātis, *f.* [as prec.+-tas]

1 The relationship between members of the same *gens.* **b** (concr.) the members of a *gens*, also, of a family.

ut in hominibus quaedam sunt agnationes ac ~ates Var. *L.*8.4; Cic.*de Orat.*1.173; de toto stirpis et ~atis 1.176; bonis, quae sanguine, ~ate..meruissent Plin.*Pan* 37.2; (*facet.*) de pauoni⟨bus⟩..libere licet dicas, quoniam discessit Fircellius (Pauo), qui, secus siquid diceres de iis, ~atis causa fortasse an tecum duceret serram Var.*R.*3.6.1. **b** laceras ~ates colligere Plin.*Pan.*39.3;—~as desoncorvm..et ~as tridiavorvm..hospitivm vetvstvm.. renovavervnt *CIL* 2.2633.4.

2 Connection with a race, nationality.

patriae nomina habent..Amerina Picentina (pira)..Bruttia ~atis Plin.*Nat.*15.55.

3 Relationship (of natural species).

cinnamomo proxima ~as erat (*i.e. with* cardamomum, *etc.*) Plin.*Nat.*12.51; 23.131.

genu ~ūs, *n.* Also **~us, ~um.** [Skt. *jā́nu*, Toch. A *kanwem*, Gk. γόνυ, Eng. *knee*] Forms: (nom.) *~us* Lucil. 162; *~um* Fro.*Aur.* 1.p.246(89N); (acc.) *~us* Cic.*Arat.*261(27), 499(254), etc., Ov.*poet.*1; (gen. pl.) *~uorum* Vitr.9.4.1. Pros.: *genua* as trochee Verg. *A.*5.432, Stat.*Theb.*8.156.

1 The knee of a human being. **b** (as affected by weakness, age, etc.). **c** (as touched or clasped by suppliants).

si hominem fulmen occisit, ne supra ~ua tollito *Lex Reg.* (*Font.iur.*p.8); ~u ad quemq' iecero ad terram dabo Pl. *Capt.*797; prae timore in ~ua in undas concidit *Rud.*174; ~ibus magnis, talis turgidis Nov.*com.*60; impresso..~u nitens terrae applicat ipsum Verg.*A.*12.303; tellurem ~ibus perrepere supplex Tib.1.2.85; legatum..~u perculit Liv. 9.11.11; fine ~u uestem ritu succincta Dianae Ov.*Met.* 10.536; flexo succubuisse ~u *Tr.*4.2.2; posito ~u Petr. 73.4; etiam si cecidit de ~u pugnat Sen.*Dial.*1.2.6; flexus ~u Tac.*Ann.*16.4; ~um mihi..abrasum..est Fro.*Aur.*1. p.246(89N); (*in a constellation*) alia..est stella media ~uorum custodis arcti Vitr.9.4.1. **b** lassitudine inuaserunt..in ~ua flemina Pl.*Epid.*670; ~ua hunc cursorem deserunt *Mer.*123; sed tarda trementi ~ua labant Verg.*A.* 5.432; dum..uirent ~ua Hor.*Epod.*13.4; subito ~ua intremuere timore Ov.*Met.*2.180; fallunt..ruentis ~ua uiros Stat.*Theb.*8.156. **c** utrum ~ua amploctens uirginem oraret Andr.*poet.*17(19); non feres, ni ~ua confricantur Pl.*As.*670; per tua ~ua te opsecro *Cur.*630; omitte ~ua *Poen.*1397; filiam meam..a ~ibus tuis reppulisti Cic.*Red.Sen.*17; ~ua amplexus genibusque uolutans haerebat Verg.*A.*3.607; ad ~ua Marcelli procubuerunt Liv.25. 7.1; ad ~ua se Marcelli..proiecerunt 26.32.8; aduolutus ~ibus 28.34.4; protendo..ad ~ua uestra supinas manus Petr.17.9; prensare circumstantium ~ua Tac.*Ann.*1.21.

2 The corresponding or similar part in other creatures.

cum..elephas (lixam)..sub pede subditum dein ~u innixus pondere suo..premeret *B.Afr.*84.1; oesypum hircorum barbis ~ibusque uillosis inhaerens Plin.*Nat.* 12.74; oua parientibus quadripedum..priora ~ua post curuantur, posteriora in priorem partem 11.249; (*cf.*) positis..in margine ripae procubuit ~ibus (Io) Ov.*Met.*1. 730; (*in a constellation*) ~u flexo Taurus conititur ingens Cic.*Arat.*536(290).

3 (transf.) A knot or joint in the stem of plants.

a ~ibus exeunt folia Plin.*Nat.*13.123; frumenta quaedam in tertio ~u spicam incipiunt concipere 18.56.

genuālia ~ium, *n. pl.* [prec.+-alis] (app.) Ornamental bands worn at the knees.

quae..poplitibus suberant picto~ia limbo Ov.*Met.*10.593.

genuī: see gigno.

genuīnē, *adv.* (dub.). [next+-e] Truly.

ut ad te..nihil tibi indulgens ~ (ingenue *cj.*) fraterneque rescribam Cic.*Q.fr.*2.14.2.

genuīnus[1] ~a ~um, *a.* [perh. formed fr. ingenvvs on anal. of *adulterinus*]

1 Inborn, natural, innate. **b** native.

~is domesticisque uirtutibus (eruditos) Cic.*Rep.*2.29; illa ~a feritas eorum Asiatica amoenitate mollita est Flor. *Epit.*1.27(2.11.4); publicos honores cessare, naturales et ~os exoriri Gel.2.2.9; nec tamen illa (*sc.* bestia) ~i uigoris oblita Apul.*Met.*8.5. **b** ~o sermone nomen augustum Caesaris inuocare temptaui; et 'o' quidem..clamitaui, reliquum..Caesaris nomen enuntiare non potui Apul.*Met.*3.29.

2 Authentic, genuine.

haut quicquam dubitauimus, quin ea (comoedia) Plauti foret, et omnium quidem maxime ~a Gel.3.3.7; quod Homerica quidem Λητῶ gaudium gaudeat ~um et intimum 9.9.15.

genuīnus[2] ~ī, *m.* [gena+-invs] A back tooth, molar; also, a wisdom tooth.

(dentium) intimi..(escas) conficiunt, qui ~i uocantur Cic.*N.D.*2.134; fame..~i crepant Verg.*Cat.*13.36; mucida frustra..quae ~um agitent, non admittentia morsum Juv. 5.69; Gel.3.10.12; Maur.119; ~i dentes, quod a genis dependent Paul.*Fest.*p.94M; (*in fig. phr.*) Lucilius..~um fregit in illis (*i.e. satirized them indignantly*) Pers.1.115;—nouissimi (dentes), qui ~i uocantur, circiter uicensimum annum gignuntur Plin.*Nat.*11.166.

genum: see genv.

genus[1] ~eris, *n.* [gigno; cf. Skt. *jánaḥ*, Gk. γένος]

1 Stock, descent, birth, origin. **b** (w. implication of high or noble descent). **c** (concr.) a family, line. **d** (astrol.) nativity.

mater est Eunomia.—noui ~u' Pl.*Aul.*780; me.. summo ~ere gnatum *Capt.*319; qui sint ~ere proxumi Ter. *Ph.*125; ~era..falsa et ad plebem transitiones Cic.*Brut.*62; nisi qui patricius sit, neminem bono esse ~ere natum *Mur.* 15; pari aetate..sed ~ere dispari Caes.*Gal.*7.39.1; materno ~ere inpar—nam pater eius ex concubina ortus erat Sal. *Jug.*108.1; et mi ~us ab Ioue summo Verg.*A.*6.123; fortuna non mutat ~us Hor.*Epod.*4.6; nobilior uir factis quam ~ere Liv.4.28.3; si ~us adspicitur, Saturnum prima parentem feci Ov.*Fast.*6.29; nunc mixti foedera tangunt te ~eris? Luc.9.1049; quibus ubera mecum obliquumque a patre ~us Stat.*Theb.*5.222; regium illi ~us Tac.*Hist.*4.55; ex hac stirpe Tiberius Caesar ~us trahit Suet.*Tib.*3.1; quod Hercules a Thebis ~us duceret Hyg.*Fab.*69.4; Papin.*dig.* 22.3.1; (*cf.*) non nulla (signa) tibi..loquuntur Neptuno debere ~us (*i.e. Cancer and Pisces*) Man.2.224. **b** neque auro aut ~ere aut multiplici scientia sufflatus Var.*Men.*6; non, Torquate, ~us, non te facundia, non te restituet pietas Hor.*Carm.*4.7.23; exsuperas morum nobilitate ~us Ov. *Tr.*4.4.2; ~us ipse suis permissaque retro nobilitas Stat. *Silv.*1.4.68. **c** stolidum ~us Aeacidarum bellipotentes sunt Enn.*Ann.*180; ~u' nostrum semper siccoculum fuit Pl.*Ps.*77; ne a stirpe ~us nostrum interiret Gracch.*orat.*44; ne..nationis magis suae quam ~eris uti cognomine uideretur Cic.*Clu.*72; ubi Cilnium ~us praepotens diuitiarum inuidia pelli armis coeptum Liv.10.3.2. **d** quod potius (*sc.*, quam Sagittam) dederim Teucro sidusue ~usue..? Man.5.298.

2 Offspring.

(*single persons*) Oniten, nomen Echionium matrisque ~us Peridiae Verg.*A.*12.515; Tantalum atque Tantali ~us (*i.e. Pelops*) Hor.*Carm.*2.18.38; quamuis illa (*i.e. Circe*) foret Solis ~us [Tib.]3.7.62; Ischomache Lapithae ~us heroine Prop.2.2.9; ~us Adrasti (*i.e. Diomedes*) Ov.*Fast.*6.433; ut ~us Arsacis ripam apud Euphratis cerneretur Tac.*Ann.* 6.31;—(*several persons*) liberorum ex te ~us Enn.*scen.*2.99; heroes, saluete, deum ~us Catul.64.23; timete reges.. furtiuum ~us Sen.*Ag.*732; deum nos ~us V.Fl.5.504; Ledae..dissociare ~us (*i.e. Castor and Pollux*) Mart.7.24.6.

3 Nationality, race, nation. **b** a generation, age, race.

uento quem perhibent Graium ~us aera Enn.*Ann.*148; quis ignorat..quin tria Graecorum ~era sint..? Cic.*Flac.* 64; quod ~us hoc hominum? Verg.*A.*1.539; olli serua datur..Cressa ~us, Pholoe 5.285; sonus uocis in ~eribus gentium..uarias habet qualitates Vitr.6.1.5; Sabinorum, quo ~ere nullum quondam incorruptius fuit Liv.1.18.4; uiuaria..siluestrium primus togati ~eris (*i.e. of the Romans*) inuenit Fuluius Lippinus Plin.*Nat.*8.211; proauum eius Afri ~eris fuisse Suet.*Aug.*4.2; Aegyptios, quod ~us hominum constat..sollertes extitisse Gel.11.18.16; roma tibi ~vs est fatvm fvit vt libys esses *CIL* 8.12792;—(*facet.*) quingentos coquos cum senis manibus, ~ere Geryonaceo Pl.*Aul.*554; augebis ruri numerum, ~u' ferratile *Mos.*19. **b** o scelera, o ~era sacrilega, o hominem inpium! Ter.*Ad.*304; tertium sollers ~us nouas ad artes extitit [Sen.]*Oct.*407; ~us hoc uiuo iam decrescebat Homero Juv.15.69.

4 An order of living creatures, kind, race. **b** *~us humanum, hominum*, etc., the human race, mankind; *~us mulierum*, etc., womankind.

~us pennis condecoratum Enn.*Ann.*10; at Romulus.. seruat ~us altiuolantum 81; non modo hominum sed etiam pecudum ~eri Cic.*N.D.*2.131; concharum..~us Lucr. 2.374; aliam..mixtionem habet ~us auium, aliam piscium Vitr.1.4.7; cum sit uniuersum ~us lanigerum ceteris pecudibus mollius Col.7.4.1; gallinaceo ~eri 8.5.10; (*facet.*) pol hicquidem fungino ~erest: capite se totum tegit Pl. *Trin.*851. **b** Iuppiter, qui ~u' colis alisque hominum Pl.*Poen.*1187; quid dulcius hominum ~eri ab natura datum est..? Cic.*Red.Pop.*2; humanum ~us Lucr.2.699; unde hominum ~us et pecudes Verg.*A.*1.743; nullas..terras.. inexsuperabiles humano ~eri esse Liv.21.30.7; timidum ~us mortalium..non facile se ferro..committebat Larg.pr. p.2,l.4; sicuti caelum deis, ita terras ~eri mortalium datas Tac.*Ann.*13.55; ~us uirorum omne quod ibi erat interfecerunt Hyg.*Fab.*15.1; mortale ~vs *CIL* 11.6753; (*cf.*) diuum ~us humanumque Lucr.5.1156;—mulierum ~us auarum est Cic.*Inv.*1.94; muliebre ~us Lucr.5.1355; sola.. Medea reddet feminas dirum ~us Sen.*Phaed.*564.

5 (phil. and tech.) A class containing in itself a number of subordinate kinds or varieties.

~us est quod plures partes amplectitur Cic.*Inv.*1.32; id est ad ultimam sui ~eris formam speciemque redigendum *Orat.*10; ~us uniuersum in species certas..partietur ac diuidet 117; ~era partesque uirtutum *Tusc.*5.71; Sen.*Ep.* 58.12; ~era..in species multas se spargentia Plin.*Nat.* 21.45; si finias equum..~us est animal, species mortale Quint.*Inst.*7.3.3; non animaduerterunt quasdam species actionum inter ~era se rettulisse Gaius *Inst.*4.1; tantum interesse, quantum inter ~us et speciem Ulp.*dig.*13.6.1.1.

6 a A subdivision (of any form of natural life), kind, variety, genus, species, etc. **b** a kind, variety, etc. (of inanimate object, whether naturally or artificially formed). **c** a kind, class, form (of non-material or abstract object).

a (*of animals, etc.*) omne piscati ~us Pompon.*com.*119; multa..~era ferarum Caes.*Gal.*6.25.5; ~us omne natantum Verg.*G.*3.541; omnis ~eris..pecus Liv.24.3.4; (India) uario ~ere hominum aliorumque animalium scatet Mela 3.62; haliaeti suum ~us non habent, sed ex diuerso aquilarum coitu nascuntur Plin.*Nat.*10.11;—(*of plants, fruit, etc.*) quod uis ~us arborum Cato *Agr.*133.3; omnia quando paulatim crescunt..crescentesque ~us seruant Lucr.1. 190; copia..omnis ~eris frugum Liv.22.9.3; tertium ~us tithymalli paralium uocatur Plin.*Nat.*26.68; odontitis inter feni ~era est 27.108. **b** simillimum ~us terrae Cato *Agr.*46.1; tormenta ac tela multaque ~era machinamentorum Sis.*hist.*91; ~us id agrorum Cic.*Agr.*3.3; quattuor nota illa ~era principiorum *Tusc.*1.22; cibi ~ere Caes.*Gal.*4.1.9; omni ~ere armorum 3.14.2; Verg.*A.*2.468; uti sui ~eris proprias uideatur habere qualitates (calx) Vitr.7.3.7; cum praeda omnis ~eris Liv.27.6.14; adscitus ..in ~us omne loci Ov.*Tr.*1.8.34; quartum sextumque ~us discernitur omni e numero Man.5.716; per eiusdem ~eris lanam Larg.41; horum (*sc.* carbunculorum) ~era Indici et Garamantici Plin.*Nat.*37.92; ex eodem ~ere ardentium est lychnis 37.103; cum omne flagrorum ~us inferuntur Apul. *Met.*3.9. **c** adde soloecismon ~era atque uocabula centum Lucil.1100; dicam..de ipso ~ere accusationis Cic. *Scaur.*22; quo senatus consulto huius ~eris *Phil.*10.6; id philosophiae ~us *Att.*13.19.5; ~us..horum beneficiorum definitum lege non erat *Fam.*5.20.7; quod tritas auris haberet notandis ~eribus (*the styles*) poetarum 9.16.4; ut uires ,ut ualetudinem,..ut gloriam, quae ~ere, non numero cernerentur *Tusc.*5.22; ~us hoc erat pugnae, quo se Germani exercuerant CAES.*Gal.*1.48.5; pauca eiusdem ~eris addit *Civ.*1.8.4; (aedes) corinthio ~ere constitutae VITR.1.2.5; sonitus..in unoquoque ~ere sunt x et VIII 5.4.5; fame ac frigore, quae miserrima mortis ~era sint LIV.27.44.8; saepe ..nudas matrona..et Veneris stantis ad ~us omne uidet OV.*Tr.*2.310; oportet uarium habere uitae ~us: modo ruri esse, modo in urbe CELS.1.1.1; hoc ~us suasoriarum SEN.*Suas.*1.5; fecit..nouum ~us togatarum inscripsitque trabeatas SUET.*Gram.*21(p.116Re); turbam..appellatam Labeo ait ex ~ere tumultus ULP.*dig.*47.8.4.2.

7 A type, character, class (of human beings). **b** a professional, occupational, etc., group. **c** a social or political class or group.
id est ~us hominum pessumum in denegando modo quis pudor paullum adest TER.*An.*629; ~us hoc uniuersum amantissimum est oti CIC.*Catil.*4.17; ergastula soluendo omneque ~us hominum abripiendo D.BRUT.*Fam.*11.10.3; a quo ~ere hominum uictoriam sperasset CAES.*Civ.*3.96.4; ut ~eri agresti hominum persuaderetur LIV.40.25.3; duo ~era sunt grati hominis SEN.*Ben.*4.21.1. **b** ~eri lenonio PL.*Per.*582; nihil aliud a consulari rogatione differebat nisi iudicum ~us CIC.*Att.*1.16.2; cursorem eius ~eris, qui hemerodromoe uocantur NEP.*Milt.*4.3; (tibicines) uino, cuius auidum ferme id ~us est, oneratos sopiunt LIV. 9.30.8; o causidici, uenale ~us SEN.*Apoc.*12.3; quantum.. cuiusque ~eris militum TAC.*Ann.*13.38; scholasticus..quo ~ere hominum nihil..melius PLIN.*Ep.*2.3.5. **c** cum Agrigentinorum duo ~era sint, unum ueterum, alterum colonorum CIC.*Ver.*2.123; duo ~era semper in hac ciuitate fuerunt eorum qui uersari in re publica..studuerunt *Sest.*96; omnes boni omnium ~erum atque ordinum *Sul.*29; ut amicorum et multitudo et ~era appareant Q.CIC.*Pet.*3; de his duobus ~eribus alterum est druidum, alterum equitum CAES.*Gal.*6.13.3; plurumos quoiusque ~eris homines SAL.*Cat.*24.3; quem sui ~eris hominem..uolgus extrahere ad consulatum nitebatur LIV.22.34.2; Atilius quidam libertini ~eris TAC.*Ann.*4.62.

8 a Sex; (gram.) gender. **b** (gram.) voice, mood, or other vbl. division.
a adplicuit uirginale ~eri masculo PHAED.4.15(16).12; astrorum uaria est natura notanda carminibus per utrumque ~us MAN.2.151; sin..puella fuerit, feminei ~eris animalia sint LARG.16;—in uirili ~ere est lepus, ex neutro nemus 10.8; QUINT.*Inst.*9.3.6; ut oues ~ere uirili appellentur GEL. 11.1.4; (*cf.*) illis rebus dare ~era quae a natura ~us non habent VAR.in *G.L.*5.318. **b** tempora, personae, ~era, diuisiones VAR.*L.*9.95; QUINT.*Inst.*1.4.27; in eo (*sc.* uerbo) fiunt soloecismi per ~era, tempora, personas, modos 1.5.41.

9 A (particular) kind or sort of thing, situation, etc.
pro deum atque hominum fidem, quod hoc ~us est, quae haec est coniuratio! TER.*Hec.*198; quo in ~ere nunc uehementer laboratur CIC.*Att.*4.2.7; nec satis sciebam quid in hoc ~ere facere possem 5.20.6; an existimas illum in isto ~ere lentulum aut restrictum? 10.11.2; multa eius modi proferre possum, sed ~us ipsum uidetis *N.D.*2.126; qui..se ostenderit de hoc toto ~ere nihil laborare *Tusc.*1.103; arma uias uestis ⟨et⟩ cetera de ~ere horum LUCR.5.1449; cetera de ~ere hoc qua ui facere omnia possint, expediam 6.244; qui in his ~eribus habent exercitationem VITR.10.8.6; quo in ~ere censoria castigatio erat minus arare quam uerrere PLIN.*Nat.*18.32; hoc ~ere maxime in Achaia curant id malum 28.230.

10 A way, method, mode. **b** (abl., in advl. phrs.).
ad imitationem quasi nostri ~eris CIC.*Hort.*fr.22; in quo me torruerit ~ere CATUL.68.62;—(*w. gen. of gd. or gdve.*) ~us philosophandi..quattuor academicis libris ostendimus CIC. *Div.*2.1; tria ~era exquirendi offici esse *Att.*16.11.4; ~us.. quoddam fuisse impediendi *Fam.*3.7.2; detestabilia ~era lugendi: paedores, muliebres lacerationes. genarum *Tusc.* 3.62; sunt..metendi ~era conplura COL.2.203; solandique ~us SIL.4.41. **b** supplicatio..ob conseruationem ciuium nouo et inaudito ~ere decreta est CIC.*Phil.*14.24; neque diuerso ~ere curentur CELS.7.6.1; mouet cerebrum non uno ~ere SEN.*Ep.*36.1; ramos fortes..eodem ~ere deposuit 86.19; quonam ~ere praesentem euitaremus procellam PETR.26.8; nam et hoc (*sc.* collyrium) ~ere quodam ex eadem materia constat LARG.22; deferentur quidem omnia, sed non eodem ~ere mouebuntur APUL.*Mun.*28; ut uxorem pateretur adulterari meretricio quodam ~ere ULP.*dig.* 48.5.30(29).4; VT NI EIVS ABALIENANDI CAVSSA QVOQVO ~ERE COEANT *CIL* 6.15640;—(*pl.*) quemadmodum uariis ~eribus comparentur (organa) VITR.10.4.1; ea duobus ~eribus euertitur QUINT.*Inst.*7.3.23;—(*w. gen.*) caementa.. interlita luto structurae antiquae ~ere LIV.21.11.8; alii irenaceorum ~ere pungentibus pilis PLIN.*Nat.*8.221.

11 Something possessing the characteristics, a kind (of).
ueritus ne ~ere quodam obsidionis clauderetur in regionibus alienis *B.Alex.*61.2; si uita est mortis habenda ~us OV.*Pont.*1.7.10; ~us..lucri diuites habent iram MART. 12.13.1; ~us infirmissimae seruitutis est senex maritus [QUINT.]*Decl.*2.14.

12 a *sui ~eris*, In a class on its own, unique. **b** *in omni ~ere*, in every respect.
a omnia..sui ~eris esse, nihil esse idem quod sit aliud CIC.*Luc.*85; artifices cum fidibus sui ~eris ibant CURT. 5.1.22; praeuertemur ad animalia sui ~eris PLIN.*Nat.*28. 267; quaedam sui ~eris herba 31.28; LARG.206. **b** est haec quidem stultitia, sed ex parte quadam, non ex omni ~ere definita CIC.*Inv.*1.91; inimicum in omni ~ere odiosum ac molestum *Flac.*13; in quibus te cotidie in omni ~ere desiderem *Q.fr.*2.2.4; tam excellens in omni ~ere uirtus *Tusc.*1.2.

13 *id* (*hoc, quod, omne*, etc.) *~us* (used attributively) Of that (this, etc.) kind or sort. **b** *quod ~us*, as, or like, for example.
intubus aut aliquae id ~us herba LUCIL.1076; in id ~us uerbis quae non declinantur VAR.*L.*10.79; Laelios et Antonios et id ~us ualentis dico CAEL.*Fam.*8.4.2; SUET.*Aug.* 75; cum id ~us sis GEL.13.21(20).8; ceteris omnibus id ~us uiris APUL.*Met.*8.2;—quod hoc ~us omnia sunt in suo genere similia proportione VAR.*L.*9.110; hoc ~us saepes *R.*1.14.3; cui concredere nugas hoc ~us HOR.*S.*2.6.44; allocutiones, ethologias atque alia hoc ~us SUET.*Gram.*4(p.104Re); nullas hoc ~us uigilias uigilarunt GEL.pr.19;—duos surculos uitigineos, quod ~us esse uoles CATO *Agr.*41.3; soliti sunt relinquere qualecumque ~us..intacta⟨s⟩ (*sc.* arbores) HYG. *agrim.*p.94; quod ~us homines..κατάγλωσσοι appellantur GEL.1.15.17; quis hostis et quid ~us 9.13.4;—seminaria omne ~us ut serantur VAR.*R.*1.29.1; aucupium omne ~us CATUL.114.3; moles..coorta omne ~us de principiis LUCR.5.438[440]; omne ~us..poma..sint circa cineres meos PETR.71.7; quinque milia omne ~us ferarum SUET. *Tit.*7.3. **b** crebrae ut scintillae, in stricturis quod ~us olim LUCIL.144; quod ~us, si dicam me ex prouincia rediisse, profectum quoque in prouinciam intellegatur *Rhet.Her.*1.14; CIC.*Inv.*1.25; pondere enim fretae partim stant; quod ~us aurum LUCR.6.1058; fit demum caelum modestius, quod ~us Tiburtinum AUR.*Fro.*1.p.142(31N).

genus²: see GENV.

-genus ~a ~um, *adjl. suff.* From *gen-* (GIGNO)+-VS, forms adjs. meaning 'born of' (*caeligenus*); also as masc. sbs. *-gena, -genae* (*Faunigena*).

geōdēs ~is, *m.* [Gk. γεώδης] A kind of precious stone.
~en ex argumento appellant, quoniam complexus est terram PLIN.*Nat.*36.140.

geōgraphia ~ae, *f.* [Gk. γεωγραφία] A geographical work.
de ~a dabo operam ut tibi satis faciam CIC.*Att.*2.4.3; 2.7.1.

geōmetrēs ~ae, *m.* [Gk. γεωμέτρης] FORMS: ~*a* (nom. sg.) *CIL* 3.6041. PROS.: *gĕōm-* or *geŏm-* JUV.3.76. A geometrician.
quod ~ae hexagonon fieri in orbe rutundo ostendunt VAR.*R.*3.16.5; totos se alii ad poetas, alii ad ~as, alii ad musicos contulerunt CIC.*de Orat.*3.58; *Off.*3.33; a ~is VITR. 1.1.16; ad Eucliden ~en V.MAX.8.12.ext.1; metiri me ~es docet latifundia SEN.*Ep.*88.10; id opus ~arum magis esse quam rusticorum COL.5.1.4; PLIN.*Nat.*2.248; QUINT.*Inst.* 1.10.4; AGEN.*agrim.*p.27; figurarum, quae σχήματα ~ae appellant GEL.1.20.1; ULP.*dig.*50.13.1.

geōmetria ~ae, *f.* [Gk. γεωμετρία] Geometry.
ad perfectam ~ae..scientiam CIC.*Brut.*175; ~am Euclide aut Archimede..tractante *de Orat.*3.132; Pythagoras, cum in ~a quiddam noui inuenisset, Musis bouem immolauisse dicitur *N.D.*3.88; ~a..plura praesidia praestat architecturae VITR.1.1.4; SEN.*Ep.*88.39; in ~a partem fatentur esse utilem teneris aetatibus QUINT.*Inst.*1.10.34; TAC.*Dial.* 30; ~a, principio ardua ac difficilis incessu AGEN.*agrim.* p.25; GEL.16.18.1; (*pl., contemptuously*) non didici ~as, critica et alogias menias PETR.58.7.

geōmetrica ~ae, *f.* ~**ē** ~ēs. [next] Geometry.
occupatio, ut philosophiae, poeticae, ~ae CIC.*Inv.*1.36; ~ae scientia nobilis PLIN.*Nat.*2.248;—qui ~en non nouerunt VITR.10.11.2.

geōmetricus ~a ~um, *a.* [Gk. γεωμετρικός] Of geometry, geometrical; (neut. pl. as sb.) geometry.
CIC.*Rep.*1.29; ~a schemata VITR.6.pr.1; una ratio ~ae collectionis PLIN.*Nat.*2.85; subtilitate ~a 2.164; ratione.. ~a GEL.5.3.5; qualis quantus, ~is spectaminibus aperitur AGEN.*agrim.*p.22; multas ~as formas e buxo..factas APUL. *Apol.*61;—si..~a discere maluisset CIC.*Fin.*1.20; *Tusc.*1.57.

Georgī ~ōrum, *m. pl.* [Gk. γεωργός] The name given to agricultural tribes north of the Black Sea.
colunt ~i exercentque agros MELA 2.11; Panticapes amnis, qui Nomadas et ~os disterminat PLIN.*Nat.*4.83.

Georgica ~ōn, *n. pl.* [as next] The title of a literary work on agriculture.
Democritus in eo libro, quem ~on appellauit COL.11.3.2; in primo ~on (*sc. of Virgil*) QUINT.*Inst.*8.3.78; in ~is ita scribsit GEL.1.22.12; 18.5.7.

georgicus ~a ~um, *a.* [Gk. γεωργικός] (of literary works) Dealing with agriculture.
ut poeticis numeris explerem ~i carminis omissas partis COL.10.pr.3; 7.5.10.

-ger -gerī, *m. and* -gera -gerum, *adjl. suff.* From GERO+-VS, w. act. sense to denote carrying or wearing (*armiger*); also occ. *-gerus* (*morigerus*).

geranion ~iī, *n.* [Gk. γεράνιον, -ειον (sense 2)]
1 A kind of truffle.
PLIN.*Nat.*19.36.
2 The name of var. plants: (perh.) a species of *Erodium*; also *Geranium tuberosum*.
PLIN.*Nat.*26.108, 109; 26.158.

geranītis, *f.* [Gk.] An unknown precious stone.
a gruis collo ~is (cognominatur) PLIN.*Nat.*37.187.

gerdius ~iī, *m.* [Gk. γέρδιος] A weaver.
curare domi sint ~ius, ancillae LUCIL.1057.

Gergouia ~ae, *f.* A town of the Arverni in central Gaul.
CAES.*Gal.*7.4.2; 7.34.2; 7.43.5; SUET.*Jul.*25.2.

Germalensis, Germalus: see CERM-.

germāna ~ae, *f.* [fem. of GERMANVS] A sister. **b** (transf., of varieties of vine).
eamus, mea ~a PL.*Poen.*329; neque..matrem nec ~am esse uidebam hanc tibi CATUL.91.5; inueni, ~a, uiam (gratare sorori) VERG.*A.*4.478; Turni..minorem ~am 9. 594; care uale coniunx et tu, ~a, paterque OV.*Met.*9.382; sui ~a mariti (*i.e. Juno*) *Fast.*6.17; si Phario ~a tyranno non inuisa foret LUC.9.1068; STAT.*Theb.*9.650. **b** COL. 3.2.8; quinque earum genera. ex iis ~a minor acino melius deflorescit PLIN.*Nat.*14.21.

Germānī ~ōrum, *m. pl.* The people of Germany, the Germans; (also sg.). **b** German troops.
CIC.*Prov.*33; intellecturum quid inuicti ~i uirtute possent CAES.*Gal.*1.36.7; ipsos ~os indigenas crediderim minimeque aliarum gentium aduentibus et hospitiis mixtos TAC.*Ger.*2.1; —Marcia, non Rhenus, salit hic, ~e MART.11.96.1; caerula quis stupuit ~i lumina..? JUV.13.164. **b** abducta.. militum et ~orum statione SUET.*Nero* 34.1.

Germānia ~ae, *f.* The country of the Germans, Germany; (poet.) the German nation or people. **b** ~*a superior, inferior*, the provinces of upper and lower Germany.
CAES.*Gal.*4.4.1; MELA 2.8; TAC.*Ger.*1.1; 2.5;—aut Ararim Parthus bibet aut ~a Tigrim VERG.*Ecl.*1.62; rebellatrix.. ~a OV.*Tr.*3.12.47; hinc mouet Euphrates, illinc ~a bellum VERG.*G.*1.509. **b** Chauci..inferiorem ~am incursauere TAC.*Ann.*4.18; superioris ~ae legiones 6.30;—(*cf., pl.*) perculsas tot uictoriis ~as 2.73; DVARVM ~AR *CIL* 13.1807.

Germāniciānus ~a ~um, *a.* (of troops) Stationed in Germany; (also masc. pl. as sb.).
~i exercitus in Vitelli uerba iurarant SUET.*Otho* 8;—excepta ~orum uexillatione *Gal.*20.1.

Germānicus ~a ~um, *a.*
1 Of or connected with Germany or the Germans; (of mil. forces) based or serving in Germany. **b** *mare ~um*, the Baltic Sea.
~o bello confecto CAES.*Gal.*4.16.1; silua erat Ciminia magis tum inuia..quam nuper fuere ~i saltus LIV.9.36.1; expeditionis ~ae impetum cepit SUET.*Cal.*43; sermonem ~um addiscere 47; ludos..pro uictoria eius ~a depoposcit *Ves.*2;—~um exercitum TAC.*Hist.*1.19; PRAEF CLASSIS ~AE *CIL* 8.9327. **b** PLIN.*Nat.*4.103.
2 A surname of Nero Claudius Drusus, brother of Tiberius, and his descendants; esp. his son Germanicus Julius Caesar 15 B.C.–A.D. 19; also of later members of the imperial family. **b** as the name of a month.
senatus..decreuit..~i cognomen ipsi posterisque eius SUET.*Cl.*1.3; ex Messalina Octauiam et quem primo ~um, mox Britannicum cognominauit 27.1;—excipe pacato, Caesar ~e, uoltu hoc opus OV.*Fast.*1.3; *Pont.*4.8.65; TAC.*Ann.*1. 35; SUET.*Cl.*1.6;—tu transcendes, ~e (*i.e. Domitian*), facta tuorum SIL.3.607; SUET.*Vit.*8.2; JUV.6.205. **b** ~arum.. Kalendarum MART.9.1.4; in memoriam patris Septembrem mensem ~um appellauit SUET.*Cal.*15.2; *Dom.*13.3.

germānitās ~ātis, *f.* [GERMANVS+-TAS]
1 The relationship between brothers and sisters.
~atis stupris uolutatus CIC.*Har.*42; moueant te horum lacrimae, moueat pietas, moueat ~as *Lig.*33; LIV.40.8.10; in nexu ~atis una coaluimus APUL.*Met.*2.3; nec setius et ipsa fallacie ~atis inducta 5.27.
2 (transf.) Affinity between things deriving from the same source, pairs of things, etc.
Argis et illos, sicut sese, oriundos esse; ab ea ~ate fraternam sibi cum iis caritatem esse LIV.37.56.7; etiam quaedam in dissociatione (terrarum) ~as concors: alitum quippe cantus..inuicem audiuntur PLIN.*Nat.*6.2; ex eodem lacu aliud praestantius altero ~atem praecedere 14.59; cetera (mala) e causis traxere nomen: ~atis cohaerentia gemella 15.51.

germānitus, *adv.* [next+-ITVS¹] In a brotherly manner.
gaudet si cui quid boni euenit, cuii amicus est ~ POMPON. *com.*146.

germānus¹ ~a ~um, *a.* [GERMEN]
1 Having the same father and mother; (of brothers and sisters) full.
HEI FRATRES ~I FVERVNT *Fast.Cos.Cap.*18b(*CIL* 1.p.25); PL.*Men.*1102; si te in ~i fratri' dilexi loco TER.*An.*292; frater ~us Q. Titini CIC.*Ver.*1.128; pro fratre ~o, non patrueli LIV.35.10.8; VELL.2.8.2; (*cf.*) Lucius..Cicero, frater noster cognatione patruelis, amore ~us CIC.*Fin.*5.1;—~a soror ENN.*Ann.*41; ~a mea sororcula PL.*Cist.*451; CIC. *Mil.*73; NEP.pr.4; (*cf.*) duae ~ae meretrices cognomines? PL.*Bac.*39.
2 Of or characteristic of brothers and sisters, brotherly, sisterly.
tu mi amicus es in ~um modum PL.*Cas.*615; ~i complexus indulge fructum APUL.*Met.*5.13.
3 True, real, genuine, honest-to-goodness, proper.
illi quidem Theodoromedes fuit ~o nomine PL.*Capt.*288; tuae blanditiae mihi sunt, quod dici solet, gerrae ~ae *Poen.*137; quid, liberas?—atque eras tuas quidem hercle atque ex ~a Graecia (*opp. to colonies*) *Rud.*737; PATER MEI ET GENETRIX ~A *CIL* 1.1215.b.2; pinguem bonumque piscem, lupum ~um TIT.*orat.*2; haec ~a ironia est CIC. *Brut.*296; ~os se putant esse Thucydidas *Orat.*32; quantum inter hunc et illum Numidicum, uerum ac ~um Metellum, interesset *Ver.*4.147; illi ueteres ~ique Campani *Agr.*2.

97; scio..me asinum ~um fuisse *Att.*4.5.3; insula Arpinas habere potest ~am ἀποθέωσιν 12.12.1; erat quidem (Antiochus) si perpauca mutauisset ~issimus Stoicus *Luc.*132; Gallus ~us SEN.*Apoc.*6.1; fiducia ~ae religionis APUL.*Met.* 11.28.

germānus[2] ~ī, *m.* [prec.] A full brother.
o lux Troiae, ~e Hector ENN.*scen.*72; hi sunt geminei ~ei duo PL.*Men.*1082; nunc tu ~u's pariter animo et corpore TER.*Ad.*957; ut liberi coniuges ~i parentes CIC.*Part.*86; ~um fugiens VERG.*A.*1.341; ut fuso ~um corpore cernit 9.722; quae te, ~e, furentem mens agit in facinus? OV. *Met.*5.13; STAT.*Theb.*7.78; (*of an animal*) deinde eius ~um cornibus conitier, in me arietare ACC.*praet.*23; (*w. pun on* GERMANI) de ~is, non de Gallis duo triumphant consules *Vers.pop.*in Vell.2.67.3(*poet.*p.93).

Germānus[3] ~a ~um, *a.* Of Germany or the Germans, German.
femina canitiem ~is inficit herbis OV.*Ars* 3.163; ob cladem ~ae pubis PERS.6.44; ~as acies STAT.*Silv.*4.2.66.

germen ~inis, *n.* [< *gen-men (GIGNO); cf. carmen (< *can-men)]

1 A shoot, sprout, bud. **b** a flower-bud. **c** sprouting, germination.
huc aliena ex arbore ~en includunt VERG.*G.*2.76; gemmas ..~ine exeuntes *Priap.*61.6; diuitiis..graues et fuluo ~ine rami LUC.9.361; densante se frondium ~ine PLIN.*Nat.* 10.81; haec (*sc.* Cypria ficus) ~en emittit sine ullis foliis 13.58; est inter herbas genus inserendi praecisis ~inibus caulis 19.144; ut..nostrae stupeant tua ~ina pinus STAT. *Silv.*2.3.52;—(*fig.*) quodcumque est, rabies unde illaec ~ina surgunt LUCR.4.1083; qui indolem ingenii tui in ~ine etiam tum et in herba et in flore dilexerim FRO.*Aur.*2.p.124 (102N); (*cf.*) quibus (elementis) auctis uirtutis quasi ~en efficitur CIC.*Fin.*5.43. **b** emissa..lucent ~ina STAT. *Theb.*7.226; obtunso pallentis ~ine flores *Silv.*2.1.205. **c** serotino autem ~ine malus (*sc.* germinat) PLIN.*Nat.*16.98; ucrum promitti de glaebae ~ine APUL.*Met.*9.8.

2 (applied to a resinous exudation).
ubi ~ine primum candida felices sudent opobalsama uirgae STAT.*Silv.*3.2.140; tu largus Eoa ~ina..merge rogis 3.3.34; Coryciae..comae Cinyreaque ~ina 5.1.214; querimur iam Seras auaros angustum spoliare nemus Clymeneaque desse ~ina 1.2.124; cunctos Heliadum ramos lacrimosaque ~ina 5.3.86.

germinascō ~ere, *intr.* [GERMINO+-SCO] To sprout, germinate.
ubi ~ere (*cod.* germen nascere) coeperit (semen) CATO *Agr.*151.5.

germinātiō ~ōnis, *f.* [GERMINO+-TIO]

1 The process of sprouting or germination.
palmes, quem mox in ~one citauerit, imbecillus..erit COL.4.24.18; 11.2.79; abietem circa ~ones decorticatam PLIN.*Nat.*16.221; praegnates (surculi), hoc est ~one turgentes 17.105; prima ~one 23.137.

2 A shoot or sprout.
cum praecoces excurrere ~ones..frigoribus exuruntur PLIN.*Nat.*17.16; ut..adcumuletur..~o terra 17.124.

germinātus ~ūs, *m.* [next+-TVS[3]] The process of shooting or sprouting.
oleam si..capra lingua contigerit depaueritque primo ~u, sterilescere PLIN.*Nat.*15.34; serotino quaedam ~u florent maturantque celeriter 16.102.

germinō ~āre ~āuī ~ātum, *intr.*, *tr.* [GERMEN+-O[3]]

1 To put out shoots, sprout, bud. **b** (of buds, fruit, etc.) to form. **c** (of seeds) to germinate.
~at..numquam fallentis termes oliuae HOR.*Epod.*16.45; si ex singulis gemmis compluribus materiis cum fructu ~at COL.3.6.2; antequam ~are incipiunt arbores *Arb.*20.3; femina (palma) citra florem ~at PLIN.*Nat.*13.31; rursus ~antes ab radice succisae 13.39; ut in futurum laeta ~ent sata APUL.*Met.*9.8; 10.29; (*cf.*) itaque nares..ac pectus eo tempore..tument atque omnia uelut ~ant QUINT.*Inst.* 11.3.29; (*of a garden*) Nomentana securus ~at hortus arbore MART.10.94.3. **b** ~are incipiente calice PLIN.*Nat.*21.21; ~antibus uuis 21.65. **c** tuo nutu..~ant semina APUL. *Met.*11.25.

2 (w. acc., of places) To grow; (also transf., of living bodies).
quod ramis pia ~at Damascos STAT.*Silv.*1.6.14;—capillum ~ante partu PLIN.*Nat.*7.42; uermiculos, ex quibus tabani fiunt, antequam pennas ~ent 30.101.

gerō ~rere ~ssī ~stum, *tr.* [dub.]

1 To bear, carry. **b** to carry, bear, have on (var. kinds of equipment, etc.). **c** to carry (in the womb).
~ritote amicis nostris aurum corbibus PL.*Bac.*712; si non habebis unde iniges, ~rito inditoque leniter (aquam) CATO *Agr.*151.4; bella manu letumque ~ro VERG.*A.*7.455; spolia ducis hostium caesi..ferculo ~rens LIV.1.10.5; trigemina spolia prae se ~rens 1.26.2; saxa in muros munientibus ~runt 28.19.13; ~runt ea (*sc.* onera) morsu (formicae) PLIN.*Nat.*11.108; uxor, paruulum sinu filium ~rens TAC. *Ann.*1.40; deae quam ~rebam APUL.*Met.*9.10; (*poet.*) terram..multos..lacus multasque lacunas in gremio ~rere et rupis deruptaque saxa LUCR.6.539; (*transf.*) siue ista natura disposuit, siue..luna cursu ~rit SEN.*Suas.*3.1. **b** (*arms, armour*) tali dari arma, qualis qui ~ssit fuit *Inc. trag.*50; arcum..manu celerisque sagittas corripuit, fidus quae tela ~rebat Achates VERG.*A.*1.188; 5.412; collo fortiter arma ~rat TIB.2.6.2; uix arma umeris ~rebant LIV.27. 48.16; ipse manu sua pila ~rit LUC.9.587; hic lanceam ille uenabulum alius ~rebat spicula fustem alius APUL. *Met.*8.16; (*cf.*) 'ei mihi!' conclamat medioque in pectore fixa tela ~rit OV.*Met.*6.228; 11.335;—(*clothing*) QVEI APICEM INSIGNE DIAL⟨IS FL⟩AMINIS ~SISTI *CIL* 1.10; niueo ~rens luteum pede soccum CATUL.61.9; et ~rit insigni myrtea serta coma TIB.1.3.66; scilicet ipsa ~ram saturatas murice uestes? OV.*Ep.*13.37; ~rere cothurnos TAC.*Ann.* 11.31;—(*other things*) dextra sceptrum nam forte ~rebat VERG.*A.*12.206; uirga, quam in manu ~rebat LIV.45.12.5; cur uincla ~ras OV.*Met.*4.681; laeua caduceum ~rens APUL.*Met.*11.11. **c** quid in corpore intus ~ratur CELS. 2.10.2; ~runt (oues) partum diebus CL PLIN.*Nat.*8.187; deum nobis praegnatione ista ~rit APUL.*Met.*5.16; (*poet.*) Empedocles..insula quem triquetris terrarum ~ssit in oris LUCR.1.717; (*transf.*) tardius aliqua (sata) et diutius grauida partus ~runt PLIN.*Nat.*16.94.

2 (of a thing) To have in or on it, contain, bear, carry. **b** to carry as produce, crops, etc., have growing on it.
lati campi quos ~rit Africa terra politos ENN.*Sat.*11; terra (*in a picture*) uiros urbesque ~rit siluasque ferasque fluminaque et nymphas OV.*Met.*2.15; pars (*sc.* falcis)..quae rectam ~rit aciem COL.4.25.1; leporum cursus..quod maior nobis charta minorque ~rit MART.1.44.2; unguentum ..quod onyx..parua ~rebat 7.94.1;—(*of abst. things*) o uita fallax, abditos sensus ~ris SEN.*Phaed.*918. **b** (terra) quod ~rit fruges, Ceres ENN.*var.*50; CIC.*N.D.*2.67; quidquid et herbarum Thessala terra ~rit TIB.2.4.56; arboribus caesis, quas ardua ~sserat Oete OV.*Met.*9.230;—(*of plants, etc.*) steriles platani malos ~ssere ualentis VERG.*G.*2.70; spissas..et albidas uuas ac tumidioris acini ~rit COL. 3.2.13; fere coniunctam ~rit ab latere gemmam 4.24.18; (lithospermon) ~rit iuxta folia singulas ueluti barbulas PLIN.*Nat.*27.98.

3 To have as a permanent or temporary feature, carry on or with one. **b** to have (physical or mental qualities, etc.). **c** to bear a (name, reputation).
cerui, quod magna cornua ~runt, gerui VAR.*L.*5.101; uulnera..illa ~rens VERG.*A.*2.278; insectorum..quaedam binas ~runt pinnas PLIN.*Nat.*11.96; cancri..crusta fragili inclusos ~rentes (oculos) 11.152; ursae mammas quaternas ~runt 11.235; Hellusios et Oxionas ora hominum uultusque, corpora atque artus ferarum ~rere TAC.*Ger.*46.6; ut..caput excideres meum, quod istos amatores tuos oculos ~rit APUL.*Met.*5.24;—(*w. pred. adj., etc.*) caput incensum feruore ~rebant LUCR.6.1145; umbrata ~runt ciuili tempora quercu VERG.*A.*6.772; quod..aliena capella ~rat distentius uber HOR.*S.*1.1.110; nec pectora nuda ~rebam OV.*Met.*2.585; tuta..terga ~rens 5.161; qui colla ~rit uincta catenis SEN.*Her.F.*1106; qui libellis praegrauem ~rit laeuam MART.5.51.1; senili tristitie striatam ~rens frontem APUL.*Met.*10.3. **b** satine ego animum mente sincera ~ro? PL.*Bac.*509; qui eos gubernat animus eum infirmum ~runt TER.*Hec.*311; formae figurae nitiditatem..~ris ACC.*trag.*254; ne..is sapientia munitum pectus egregie ~rat *praet.*33; similitudinem quandam ~rebant speciemque sapientium CIC.*Off.*3.16; quod speciem ac formam similem ~rit eius imago LUCR.4.51; quantum decoris corpore et uultu ~ris! PHAED.1.13.7; quoniam pecudes pro regionis caelique statu et habitum corporis et ingenium animi et pili colorem ~runt COL.6.1.1; CVPIDINIS OS HABITVMQVE ~RENS *CIL* 13.6808; (*cf.*) cuncta ~rens, uocemque et corpus et arma Metisci VERG.*A.*12.472. **c** falsum se ~rere cognomen SEN.*Ep.*91.17; hoc nomen dominus ~rit tabernae MART.1.117.14; nec Zanclaea ~runt obscuram moenia famam SIL.14.48.

4 To reveal, show (in one's expression); to wear (an expression); *prae se ~rere*: see PRAE.
amicitiam atque inimicitiam in frontem promptam ~ro ENN.*scen.*12; iram in propromptu ~rere PL.*Ps.*449; habitu atque ore laetitiam ~rens..superbo [SEN.]*Oct.*705; quas ~rit ore minas STAT.*Theb.*1.188;—in aduersis..uoltum secundae fortunae ~rere LIV.42.62.11; crediderim..ipsam Fidem humana negotia speculantem maestum ~ssisse uultum V.MAX.6.6.ext.1; necesse est..uarios..uultus disparilesque sensus ~rat GEL.5.1.4.

5 To cherish, entertain, harbour (feelings, attitudes, etc.).
plumbeas iras ~runt PL.*Poen.*813; uos..iuuenes animum ~ritis muliebrem *Inc.trag.*210; M. Catonem..cum multis grauis inimicitias ~ssisse accepimus CIC.*Div.Caec.*66; ~re.. animum laude dignum *Parad.*37; an hominis figura immanitatem ~rat beluae CIC.*Off.*3.82; sollicitam..~ris cassa formidine mentem LUCR.3.1049; quam pro me curam ~ris VERG.*A.*12.48; minitans patriae hostilesque iam tum spiritus ~rens LIV.2.35.6; cum fortuna mutabilem ~rentes fidem 8.24.6; insitam pertinaciam familiae ~rendo 9.29.8; pro uirtute spes ~rere 10.17.5; si..~rere nolunt odia SEN. *Thy.*329; quem nemo aduersus te animum ~rit *Dial.*11.5.2; odium aduersus equos ~runt naturale (cameli) PLIN.*Nat.* 8.68; nisi..altiores spiritus ~rat TAC.*Hist.*3.66.

6 To play the part, perform the functions of, act as.
~rere quam personam uelimus CIC.*Off.*1.115; L. Quintius Cincinnatus qualem consulem ~ssit! V.MAX.4.1.4; eodem.. animo ciuem ~rens quo patrem egerat 9.1.9; ~re captiuum SEN.*Tro.*715; quisquamne Pelasgus mitis adhuc hominemque ~rit? STAT.*Theb.*9.13; priuato iudicio principem ~ris PLIN.*Pan.*44.2; annonam curamus..et aedilem ~rimus APUL.*Met.*1.24; hinc incinctus balteo militem ~rebat 11.8.

7 (refl. w. advs., advl. phrs., etc.) To conduct one's business or affairs, carry on, act (in a specified manner). **b** (w. *pro*) to carry on, act (as); (also without refl.). **c** (w. pred. adj.).
quem ad modum sese unus quisque nostrum ~rat in retinenda religione CIC.*Ver.*46; sic me..~ram..ut possim tribunum plebis..coercere *Agr.*1.26; ut..πολιτικῶς me ~ram *Att.*4.8a.4; quid agam aut quo me pacto ~ram 7.12.3; quoquo..modo nos ~sserimus *Div.*2.21; quo..dissimiliter se ~rant *B.Afr.*54.3; transfugas..ut sese uictus ~reret exploratum misit SAL.*Jug.*54.2; ita se ~rere ut..accenderent..plebem LIV.6.39.5; sic me..aduersus socios ~sseram 28.27.8; VELL.2.17.2; parum feliciter se..~ssit LARG.pr. p.3,l.23; (*w. abl.*) Pamphilus, si bene se ~sserit rationibus meis, liber esto SCAEV.*dig.*40.5.18;—tanta mobilitate sese Numidae ~runt SAL.*Jug.*56.5; ex naturae uoluntate se ~rere SEN.*Ep.*66.39; pio sanctoque animo quemque secundum ipsius propositum se ~rentem LARG.pr.p.3,l.4;—(*w. non-personal subj.*) quam uiolenter (ira) se in pectore uniuersi populi Romani ~ssit V.MAX.9.3.6; inique enim se natura ~ssit SEN.*Ep.*66.1;—(*w. extended obj.*) ut seque et exercitum more maiorum ~reret SAL.*Jug.*55.1; meque usque in omnibus rebus iuxta ~ram 85.47. **b** immixtos quosdam ..pro colonis se ~rere LIV.32.2.6; nec me pro coniuge ~ssi OV.*Ep.*3.99; si modo se pro liberis ~rant, quamuis serui sint ULP.*dig.*40.12.10;—si pro herede ~rat, id est, si rebus hereditariis tamquam heres utatur GAIUS *Inst.*2.166; POMPON.*dig.*29.2.27; ULP.*dig.*29.2.10. **c** grauiores bello, qui prohibitum uenerant socii, se ~re⟨re⟩ SAL.*Hist.*3.7; dis te minorem quod ~ris, imperas HOR.*Carm.*3.6.5; medium se ~rendo nec plebis uitauit odium nec apud patres gratiam iniit LIV.2.27.3.

8 To carry on, perform, do (an activity). **b** (w. *bellum* or sim.). **c** (w. *negotium*). **d** *morem ~rere alicui*, to regulate one's conduct in accordance with the wishes of another, gratify or oblige him: see MOS. **e** (w. pron. etc.).
qui magna fide societatem ~rerent CIC.*Quinct.*13; quod comitia illa essent armis ~sta seruilibus *Leg.*3.45; quanti uoluminis opera..sub duce Tiberio Caesare ~ssimus! VELL. 2.106.1; nefas inter scientes ~ritur SEN.*Phoen.*454; sic fatur, et omnes iussa ~runt LUC.2.649; tutelae praeterea (quaestio)..cui simile est male ~stae procurationis QUINT. *Inst.*7.4.35; exercitii genus..quod solus ~reret domi MAUR.14; rationis ~stae PAPIN.*dig.*40.5.23; (*poet.*) (Cancer) cognatam..~rit diuerso in cardine legem (*i.e. as Capricorn*) MAN.4.327. **b** annos multos longinque ab domo bellum ~rentes ENN.*scen.*81; Antiochus epistulis bellum ~rit CATO *orat.*60; uiros muliebre bellum ~rentis CIC.*Cael.* 67; CAES.*Gal.*3.9.6; non proeliis neque in acie sed alio more bellum ~rundum SAL.*Jug.*54.5; bella uiri pacemque gerent quis bella ~renda VERG.*A.*7.444; ostentare hoc est..non ~rere bellum LIV.3.2.8; ne quid rei bellicae ~reret 22.25.6; bella ~rit gladiis LUC.8.386;—facili si proelia pauca ~sseris euentu 1.285; 10.532. **c** quam rem agam, quid negoti ~ram PL.*Men.*115; non quo omnes sint..procuratores qui negoti nostri aliquid ~rant CIC.*Caec.*57; in negotiis ~rendis *Luc.*2; SEN.*Ben.*4.27.5; furiosus nullum negotium ~rere potest GAIUS *Inst.*3.106; negotio quodam inter nos ~sto ULP.*dig.*19.5.19;—(*pres. pple., w. gen.*) homines..negoti ~rentis CIC.*Vat.*12; sunt negoti ~rentes, sunt etiam libertini optimates *Sest.*97. **e** quantum est adhibere hominem amicum ubi quid ~ras! PL.*Per.*595; annales libri tantum modo quod factum quoque anno ~stum sit, ea demonstrabant ASEL.*hist.*1; ita me in re publica tractabo ut meminerim semper quae ~sserim CIC. *Catil.*3.29; quae per exercitum atque imperium ~renda sunt *Fam.*1.7.9; dum haec ad Ilerdam ~runtur CAES.*Civ.*1. 56.1; primo mediocria ~rebat SAL.*Jug.*89.2; ea diuersa.. dum parte ~runtur VERG.*A.*9.1; plura consilio quam ui ~rens LIV.21.2.5; pleraque..auspiciis et consiliis quam telis et manibus ~ri TAC.*Ann.*13.6; quae inter uirum et uxorem donationis causa ~runtur ULP.*dig.*24.1.3.10.

9 *rem, res ~rere*, To carry on, transact, deal with a business, work, affairs, etc. **b** *res ~sta*, a (past) action, deed, exploit, achievement. **c** *rem publicam* or sim. *~rere*, to conduct or engage in public, state, etc. affairs.
ego ualeo recte et rem ~ro et facio lucrum PL.*Per.*503; quid tu me curas quid rerum ~ram? *Rud.*1068; parasitu', per quem res ~retur maxume TER.*Ph.*29; rem ~ris, prouinciam administras CIC.*Ver.*3.193; qui fuit in rebus ~rendis..constantior *ad Brut.*1.18.4; quid rerum ~ritis? CATUL.28.4; his rebus ~stis CAES.*Gal.*2.35.1; (*pres. pple., w. gen.*) plerique idem..faciunt rei male ~rentes PL.*Truc.* 145;—(*mil. affairs*) DICT REI ~RVNDAE CAVSSA *Fast.Cos. Cap.*3(*CIL* 1.p.16); nec recedit loco quin statim rem ~rat PL.*Am.*239; quo usque enim dices pacem uelle te? res ~ritur CIC.*Phil.*8.17; re bene ~sta se recipiunt in castra HIRT.*Gal.*8.27.5; re praeclarissime ~sta *B.Alex.*30.1; non Appio duce rem ~ri LIV.3.61.2; quo..res melius ~ri potuerit 8.30.5; (*cf.*) cum res ~ratur inter rusticos litterarumque expertes PLIN.*Nat.*18.205;—(*w. abl.*) qui res magnas manu saepe ~ssit gloriose NAEV.*com.*108; lupina scaeua fusti rem ~rit PL.*Cas.*971; meo remigio rem ~runt *Mil.*747; quas res ~ssisti imperio, exercitu, prouincia consulari? CIC.*Pis.*38; gladio comminus rem ~rit CAES.*Gal.* 5.44.11; ubi ira magis quam uirtute res ~ritur LIV.5.28.13; ut Gnaeus terra, Publius nauibus rem ~reret 23.26.2; rem..saxis stipitibusque ~rit OV.*Fast.*1.570;—(*w. non-personal subjs.*) corporibus caecis igitur natura ~rit res LUCR.1.328; duos uentos rem simul ~rere SEN.*Nat.*6.12.3. **b** columnam quae res tuas ~stas loquatur ENN.*var.*2; historia est ~sta res, ab aetatis nostrae memoria remota CIC.*Inv.*1.27; deinde multa de facto ac de re ~sta tua *Att.* 14.17a.3; tuae res ~stae ita notae sunt, ut..*Fam.*2.15.5; carminibus cum res ~stas coepere poetae tradere LUCR. 5.1444; res ~stas scribere SAL.*Cat.*3.2; NEP.*Lys.*4.3; Romae, ut est perlata fama rei ~stae LIV.22.30.7; QUINT.*Inst.*3.8.50. **c** neque..eius modi partem rei publicae ~ris CIC.*Q.Fr.*1.1.4; num..nulla est reipublicae ~rendae ratio atque prudentia *Div.*1.24; *Rep.*1.12; re publica felicissume ~sta LIV.41.28.9; nec minore animo res Romana domi quam militiae ~rebatur 24.18.1; OB REM PVBL BENE AC FIDELITER ~STAM *CIL* 10. 1795.

10 To carry on, administer (an office).
tu..nobis praeturam ~ris? PL.*Epid.*25[b]; IS MAGISTRATVM INPERIVMVE NEI PETITO NEIVE ~RITO NEIVE HABETO *CIL* 1.582.19; qui..quaesturam ita ~ssisset CIC.*Ver.*1.101; magistratus petere, capere, ~rere *Phil.*5.52; plerosque non isdem artibus imperium..petere et..~rere SAL.*Jug.*85.1; et ~ret in regno regna superba tuo TIB.1.9.80; qui sacerdotia ~runt moribus Aegyptiorum VITR.8.pr.4; tribunatum ~ssit LIV.3.65.4; quia feminis honores non licet ~rere SEN. *Dial.*12.14.2; omissi ~stique honores TAC.*Hist.*1.2; PLIN. *Ep.*7.27.2; SUET.*Cl.*7.1; si quis curator datus non ~sserit curam ULP.*dig.*46.6.4.7.

11 To spend, pass (time).
quod opus est ad uitam ~rendam VAR.*L.*5.141; ut (ea) cum aliquo adulescente..aetatem ~reret SULP.RUF.*Fam.* 4.5.3; a puero uitam Chiam ~ssi PETR.63.3; semiuir impubemque ~rens sterilemque iuuentam V.FL.6.695; pubertatis..tempus tanta inopia..~ssisse fertur SUET.*Dom.*1.1.

gerontīcōs, *adv.* [Gk. γεροντικῶς] In the manner of an old man.
inter cenam lusimus ~ SUET.*Aug.*71.2.

gerra ~ae, *f.* [Gk. γέρρον] A screen, hurdle, or sim., of wicker-work.
congerro a ~a VAR.*L.*7.55; ~ae crates uimineae PAUL.*Fest.*p.94M.

gerrae, *interj.* [unkn.] Nonsense!
cumatile aut plumatile, carinum aut cerinum—~ maxumae! PL.*Epid.*233; ~ germanae *Poen.*137; potin est ab amico alicunde exorari? — potest. — ~! ne tu illud uerbum actutum inueneris.. *Trin.*760; CAECIL.*com.*191.

gerrēs ~is. [unkn.] An inferior kind of fish.
PLIN.*Nat.*32.148 (*codd.* girr-); te..iuuant ~es MART.3.77.7; 12.32.15.

gerricula ~ae, *f.* [app. prec.+-CVLA] A kind of fish.
est autem (draco) ~ae amplae similis, aculeos in branchiis habet ad caudam spectantes PLIN.*Nat.*32.148.

gerrō ~ōnis, *m.* **cer-.** [app. as GERRAE+-O[1]] A term of opprobrium, perh. buffoon.
~o iners fraus helluo ganeo's damnosu' TER.*Hau.*1033. β ~ones leues et inepti, a cratibus dicti PAUL.*Fest.*p.40M.

gerula ~ae, *f.*: fem. of GERVLVS.
ego diuinae formonsitatis ~a APUL.*Met.*6.20; (*of bees*) ~ae secundos flatus captant PLIN.*Nat.*11.24.

gerulifigulus ~ī, *m.* [comic wd., cf. next and FIGVLVS] (app. intended to signify an accessory, perh. a hodman or sim.).
adfinis tuos tua infamia fecisti ~os flagiti PL.*Bac*.381.

gerulus ~ī, *m.* [GERO+-VLVS] A bearer, carrier, porter.
PL.*Bac.*1002; festinat calidus mulis ~isque redemptor HOR.*Ep.*2.2.72; SEN.*Ben.*3.28.5; *Nat.*3.18.2; COL.10.310; cum inferrentur signa, permutasse ~i traduntur PLIN.*Nat.*36.43; exigebatur..ex ~orum diurnis quaestibus pars octaua SUET.*Cal.*40; FORTVNATVS DECVRIALIVM ~ORVM DISPENSATOR *CIL* 6.360; sacrorum ~i APUL.*Met.*11.16;—(*of a donkey*) claudum asinum lignorum ~um 6.18; deae ~o 8.28.

gerūsia ~ae, *f.* [Gk. γερουσία] A public building for the use and accommodation of elders; a council of elders.
domus, quam Sardiani..seniorum collegio ~am dedicauerunt VITR.2.8.10; PLIN.*Nat.*35.172; PLIN.*Ep.Tra.*10.33(42).1; PAUL.*Fest.*p.94M;—IN SORTITION⟨EM⟩ ~AE *CIL* 3.14195.

gerūsiarchēs, *m.* [Gk. γερουσιάρχης] The president of a council of elders.
TI CLAVDIVS PHILIPPVS..~ES *CIL* 10.1893.

geruus: supposed orig. form of CERVVS.
cerui, quod magna cornua gerunt, ≈ VAR.*L.*5.101.

Gēryōn ~onis, *m.* **~onēs** ~onae. Also **~onus** (acc. VAR.*L.*9.90). A mythical three-bodied monster who lived in Erythea, an island in the far west.
α nec unus una ~on uictus manu SEN.*Her.F.*487; cum.. iuxta Patauium adisset ~onis oraculum SUET.*Tib.*14.3. β tergemini nece ~onae VERG.*A.*8.202; SEN.*Her.O.*1900; talem ~onen fuisse credo MART.5.49.11; monstrum ~ones immane tricorporis irae SIL.13.201.

Gēryonāceus ~a ~um, *a.* Of the character of Geryon.
quingentos coquos cum senis manibus, genere ~o PL.*Aul.*554.

Gēryonēus ~a ~um, *a.* Of Geryon.
in uicem ~ae caedis APUL.*Met.*2.32.

geseoreta ~ae, *f.* [unkn.] A kind of small boat.
prosumiae uel ~tae uel oriolae GEL.10.25.5.

gessī: see GERO.

gestāmen ~inis, *n.* [GESTO+-MEN]

1 Something worn or carried on the body. **b** an ornament (for other than personal use).
(*arms, armour*) clipeum, magni ~en Abantis VERG.*A.*3.286; quid..tibi..cum fortibus armis?..ista decent umeros ~ina nostros OV.*Met.*1.457; clipeum, laeuae ~ina nostrae 15.163; proprio tectum ~ine SIL.5.349;—(*ceremonial objects*) VERG.*A.*7.246; sceptra manu ueterum retinet ~en auorum V.FL.3.344; et posito uatum ~ina ferro subdita STAT.*Theb.*10.643; iam ~ina (*i.e. of Isis*) longe diuersa APUL.*Met.*11.4;—(*other characteristic objects*) Palladios oleae, Mopsi ~ina, ramos STAT.*Theb.*5.417; ille tenet speculum, pathici ~en Othonis JUV.2.99; arrepto..flagro, quod semiuiris illis proprium ~en est APUL.*Met.*8.28;—(*personal ornaments*) religiosum id ~en (*sc.* bacas curalii) amoliendis periculis arbitrantur PLIN.*Nat.*32.23; 33.8; cum tibi quas uestes, quae non ~ina mitis festinabat erus? STAT.*Silv.*2.1.128; mulieres..uario laetantes ~ine APUL.*Met.*11.9; ~ina quibus erat conspicatus *Fl.*9. **b** ~ina mensae STAT.*Silv.*4.6.45.

2 A load, burden.
(Aeneas Anchisae) in infantia leue tutumque ~en SEN.*Ben.*3.37.1; ~inum modus numerum gerulorum excedit APUL.*Met.*3.28; 7.21.

3 Means or mode of conveyance (w. defining gen.); also, a conveyance.
ipsa comes..celsi uehitur ~ine conti V.FL.6.72; lecticae ~ine TAC.*Ann.*2.2; Agrippinam..~ine sellae Baias peruectam 14.4; 15.57;—in eodem ~ine sedem poscit adsumiturque 11.33.

gestātiō ~ōnis, *f.* [GESTO+-TIO]

1 The action of riding or being carried on horseback, or in a litter or other vehicle.
frictione ~one, omnique exercitatione corporis CELS.2.9.2; 2.14.1; ~onum suarum..horas SEN.*Dial.*10.12.6; ~o et corpus concutit et studio non officit *Ep.*15.6; in primis uero prodest ambulatio, ~o PLIN.*Nat.*28.54; MART.5.20.8; equum conscendo et..aliquam partem praediorum..pro ~one percurro PLIN.*Ep.*9.15.3; ~oni et inde quieti uacabat SUET.*Ves.*21.1; GEL.6(7).8.4.

2 A place suitable, or specially made, for taking such exercise, a drive, walk.
~onem uidet qua hortus includitur PLIN.*Ep.*2.17.13; ~o in modum circi 5.6.17; recta ~o 9.7.4; ~ones ut deambulationes arboribus..opacas ULP.*dig.*7.1.13.4.

gestātor ~ōris, *m.* [GESTO+-TOR]

1 A carrier.
delphinum ~orem collusoremque puerorum PLIN.*Ep.*9.33.8.

2 One who rides or drives (for exercise).
illinc Flaminiae Salariaeque ~or patet essedo tacente MART.4.64.19.

gestātōrius ~a ~um, *a.* [prec.+-IVS] *sella* ~*a*, A sedan chair.
CIL 13.5708.2.25; ~a sella delatus in theatrum SUET.*Nero* 26.2; *Vit.*16.1.

gestātrix ~īcis, *f.* [GESTO+-TRIX] A (female) carrier.
diua..Gorgonei ~ix innuba monstri V.FL.4.605.

gestātus ~ūs, *m.* [GESTO+-TVS[3]] The action of carrying.
nulli fruticum leuitas maior (*sc. than of* ferula); ob id ~u facilis baculorum usum senectuti praebet PLIN.*Nat.*13.1.23; 15.103.

gesticulāria ~ae, *f.* [GESTICVLOR+-ARIA] A female performer of mimes.
cum..~am Dionysiamque eum notissimae saltatriculae nomine appellaret GEL.1.5.3.

gesticulātiō ~ōnis, *f.* [GESTICVLOR+-TIO] A mimetic performance, miming; gesticulation.
adhibito..tibicinis concentu ~onem tacitus peregit V.MAX.2.4.4; pronuntiatio uultuosa et ~onibus molesta QUINT.*Inst.*11.3.183; APUL.*Met.*10.31;—eo (*sc.* sermone).. tardissimo nec sine molli quadam digitorum ~one SUET.*Tib.*68.3.

gesticulātor ~ōris, *m.* [next+-TOR] An expert in mimic gestures.
quid ita..corporis ~orem scrupulosissime requirant saltationis..studiosi COL.1.pr.3.

gesticulor ~ārī ~ātus, *intr.*, (*tr.*). [dim. of GESTIO[2]] To make mimic gestures, mime. **b** (w. acc.) to perform with mimic gestures.
scissor..ad symphoniam ~atus..lacerauit obsonium PETR.36.6; histrio ~atur APUL.*Fl.*18; alter pudice prand erit, alter labellis ~atus erit FRO.*Aur.*2.p.104(156N); ULP.*dig.*48.19.8.11. **b** iocularia in defectionis duces carmina ..etiam ~atus est SUET.*Nero* 42.2.

gestiō[1] ~ōnis, *f.* [GERO+-TIO] Doing, performance.
in ~one negotii CIC.*Inv.*1.37; 2.39.

gestiō[2] -īre ~iuī or ~iī, *intr.* [GESTVS+-IO[2]]

1 To desire eagerly, long. **b** (of things) to require, want.
(*w. inf.*) iam osculari ~io PL.*Cas.*471; *Trin.*325; quantum haurire animus Musarum e fontibus ~it LUCIL.1008; parietes..huius curiae tibi gratias agere ~iunt CIC.*Marc.*10; senatum..delere ~it *Phil.*4.14; ~io scire ista omnia *Att.*4.11.1; eo tendit ~itque coire LUCR.4.1055; fugere a saxo ~ire uidetur (*sc.* ferrum) 6.1047; HOR.*Carm.*3.16.24; narrare pericula ~it OV.*Met.*4.130; fixisse puellas ~it (Cupido) TIB.2.1.72; VELL.2.7.1; ~iente natura semina accipere PLIN.*Nat.*16.94; STAT.*Silv.*1.2.15; PLIN.*Pan.*35.3; APUL.*Met.*8.29;—(*w. acc. and inf.*) illam moueri ~io PL.*As.*788; ipsum ~io dari mi in conspectum TER.*Ph.*260;—(*ellipt.*) scio quod properas: ~is aliquo PL.*Mos.*878. **b** faba runcari non ~it PLIN.*Nat.*18.185.

2 To be impatient, itch (to be in action).
~iunt pugni mihi PL.*Am.*323; dudum scapulae ~ibant mihi *As.*315; ita dentifrangibula haec meis manibus ~iunt *Bac.*596; (*w.* ad+*gd.*) ephebus plenae maturitatis et annis ad patiendum ~ientibus PETR.87.7; (*w. internal acc.*) nescio quod scelus ~iens APUL.*Met.*8.13.

3 To act without restraint, be elated or triumphant, exult.
inridere ne uideare et ~ire admodum PL.*Mos.*812; quid ~iam aut quid laetu' sim TER.*Eu.*555; qui..uoluptate nimia ~iunt CIC.*Off.*1.102; alacritate futtili ~iens *Tusc.*4.37; otio exsultas nimiumque ~is CATUL.51.14; VERG.*G.*1.387; animo eius ~ienti secundis rebus LIV.45.19.7; uelut ex diutino carcere emissus..~it SEN.*Dial.*11.9.3; cum apricitate diei ~iunt aues COL.8.15.4; abiecta ab indignante quae a ~iente fieri solebant MART.12.pr.18; neque omnino trepido ira et ~io GEL.1.26.8; PAUL.*Fest.*p.96M; (*in writing*) dialogorum libertate ~iendum QUINT.*Inst.*10.5.15;—(*of emotions*) inmoderata laetitia, quae est uoluptas animi elata et ~iens CIC.*Tusc.*3.23; duae perturbationes, laetitia ~iens et libido 4.8; 4.66.

4 To make expressive movements, gesture.
cum homines insigni deformitate ac facie deridicula imitantur histriones et ~iunt GEL.11.13.10; nunc mite coniuentibus, nunc acre comminantibus ~ire pupulis APUL.*Met.*10.32.

gestitō ~āre ~āuī, *tr.* [next+-ITO] To carry or have with one habitually.
pater istum (*sc.* anulum) meu' ~auit PL.*Cur.*602; *Mil.*7; quasi ostreatum tergum ulceribus ~o *Poen.*398; (*facet.*) uox mi ad auris aduolauit..uolucrem uocem ~o *Am.*326; (*in fig. phr.*) ea libertas est, qui pectus purum et firmum ~at ENN.*scen.*302.

gestō ~āre ~āuī ~ātum, *tr.*, (*intr.*). [GERO+-TO]

1 To carry with one, carry about. **b** to wear, carry (insignia, ornaments, etc.). **c** to carry about, spread (information, ideas, etc.).
quaeritant me, in manibus ~ant copulas secum simul PL.*Epid.*617; quid est quod tu..hos multos dies ~as tabellas tecum..? *Ps.*10; caput abscidit idque adfixum ~ari iussit in pilo CIC.*Phil.*11.5; aere decoro inclusit patribusque dedit (sceptrum) ~are Latinis VERG.*A.*12.211; Necessitas, clauos trabalis et cuneos manu ~ans aena HOR.*Carm.*1.35.19; LIV.10.26.11; tibi mollia ~o tympana STAT.*Ach.*1.654; qui fascem lignorum ~abat TAC.*Ann.*13.35;—(*babies in arms, etc.*) quem ego modo puerum tantillum in manibu' ~aui meis TER.*Ad.*563; illo uitulum ~ante per agros TIB.2.3.17; bimum hunc Tiberium Caesarem..~ans sinu VELL.2.75.3; ~ant catulos (simiae) PLIN.*Nat.*8.216;—(*weapons*) uirginibus Tyriis mos est ~are pharetram VERG.*A.*1.336; pars spicula ~at bina manu 7.687; frustra..~asset laeua taurorum tergora septem OV.*Met.*13.347; scuta ~ant TAC.*Ger.*46.2;—(*in fig. phr.*) humeris suis salutem patriae ~antes V.MAX.2.8.5. **b** ea quae olim parua ~auit crepundia PL.*Rud.*1081; electra..quae lucidus amnis..nuribus mittit ~anda Latinis OV.*Met.*2.366; nulli ~anda dabantur signa ducis LUC.2.96; mulierum pedibus aurum ~atum tacuisti PLIN.*Nat.*33.39; ferreum..anulum..sic uinculum ~at TAC.*Ger.*31.3; ius laureae coronae perpetuo ~andae SUET.*Jul.*45.2; (*of a tree*) quercus..exuuias ueteris populi sacrataque ~ans dona ducum LUC.1.137. **c** homines qui ~ant quique auscultant crimina PL.*Ps.*427; pessimum genus horum hominum uidebatur, qui uerba ~arent: sunt quidam, qui uitia ~ant SEN.*Ep.*123.8; satis inclita nomen ~at fama meum SIL.16.608.

2 (of winds, currents, etc.) To carry along, bear.
hanc inoffensam uelocitatem (*i.e. of the universe*)..tantum rerum terra marique ~antem SEN.*Dial.*1.1.2; pondera.. ablata ~ante uento *Nat.*2.6.3; Nilus nobilius Phario ~asset rege cadauer LUC.6.308; frondes..et aperta cacumina ~at STAT.*Theb.*7.626.

3 To take for a ride, carry about (in a litter or other vehicle, or on horseback; usu. pass.). **b** (intr.) to take a ride (in a litter, etc.).
si quis lectica nitidam ~are amet agnam HOR.*S.*2.3.214; numquam ~ari corpus dolens debet CELS.2.15.2; SEN.*Ep.*122.15; tecum..~ari iuuat MART.7.76.4; porticus in qua ~etur dominus quotiens pluit JUV.7.179; non uehiculo, sed..equo ~or PLIN.*Ep.*9.36.5; GAIUS *Inst.*3.196. **b** ne ad ~andum quidem unquam iter ingressus SUET.*Gal.*8.1; simul ~anti, conspecto delatore eius, uis, inquit, hunc..cras audiamus? *Dom.*11.1; GAIUS *dig.*40.2.7.

4 To carry in the womb.
illa me in aluo menses ~auit decem PL.*St.*159; putre ipsa fluidumque corpus..sperasti tam inbecilla materia solida et aeterna ~asse? SEN.*Dial.*6.11.1; diutius ~antur quibus longiora sunt uitae spatia PLIN.*Nat.*10.175; mulier, quam in utero nihil ~are constabat PAPIN.*dig.*29.5.4.

5 a To carry (parts of the body) in a particular manner, condition, etc. **b** to harbour (a particular mental or emotional state); to harbour (thoughts, etc.).
a quasi hermaphroditus fimbriatum frontem ~as TITIN.*com.*113; trunca prae se brachia ~antes V.MAX.2.7.11; neque iam liuida ~at armis bracchia HOR.*Carm.*1.8.10; sanguinis ille globos effusaque uiscera ~at V.FL.6.555. **b** haec sola sanam mentem ~at meorum familiarium PL.*Am.*1083; tu..meum animum ~as: scis quid acturus siem *Mer.*572; non obtunsa adeo ~amus pectora Poeni VERG.*A.*1.567; saucia maiores animos..pectora ~ant LUC.4.285;—egone ut haec conclusa ~em clanculum? PL.*Bac.*375; nocte dieque suum ~are in pectore testem JUV.13.198; in primori fronte animum ~are APUL.*Apol.*40; (*cf.*) hoc ego si patiar.. tum ferrum et scopulos ~are in corde fatebor OV.*Met.*7.33.

gestor ~ōris, *m.* [GERO+-TOR]

1 One who carries (things) about.
homines qui gestant quique auscultant crimina..omnes pendeant, ~ores linguis, auditores auribus PL.*Ps.*429.

2 One who carries on (business).
negotiorum ~or SCAEV.*dig.*49.1.24.

gestum ~ī, *n.* [pple. of GERO] What has been carried out, a business; (pl.) deeds, exploits.
patre..secreto suadente palam dissimulante totum hoc ~um SEN.*Con.*1.6.9; (*w. adv.*) attamen communiter ~o tenetur ULP.*dig.*17.2.33; in eo quod ex ante ~o pendet PAUL.*dig.*17.2.65.9;—populi Romani ~a discribere CATO *hist.*1; CIC.*Mil.*87; huius belli ~a multi memoriae prodiderunt NEP.*Han.*13.3; renatae urbis ~a domi militiaeque exponentur LIV.6.1.3; tolle animos et fortia ~a recense OV.*Ep.*9.105; TAC.*Ann.*15.6.

gestuōsus ~a ~um, *a.* [next+-OSVS] That makes expressive gestures.
quod..manus..eius (*sc.* Hortensii) inter agendum forent argutae..et ~ae GEL.1.5.2; puelli puellaeque..incessu ~i APUL.*Met.*10.29; 11.11.

gestus ~ūs, *m.* [GERO+-TVS³]

1 Movement of the limbs, etc., bodily action. **b** (in dancing). **c** a posture, attitude.
itum ~um amictum qui uidebant eius TITIN.*com.*117; in corporum..motione atque ~u CIC.*N.D.*2.145; indugredi porro pariter simulacra pedemque ponere nobiscum credas ~umque imitari LUCR.4.319; carpe cibos digitis: est quiddam ~us edendi OV.*Ars* 3.755; in hoc haesit signum de marmore ~u *Met.*5.183; iam ~us motusque obsceni TAC. *Ann.*15.37; quod loca..religiosa..augusta dicantur, ab auctu uel ab auium ~u gustuue SUET.*Aug.*7.2; ~u brachiorum APUL.*Met.*11.9; psallentis ~u pulsabulum citharae admouet *Fl.*15. **b** siue aliquis molli diducit candida ~u bracchia PROP.2.22.5; illa placet ~u numerosaque bracchia ducit OV.*Am.*2.4.29; in tenebris numerosos ponere ~us *Pont.*4.2.33; edere lasciuos..~us MART.6.71.1; DOCTA LYRA GRATA ET ~V FORMOSA PVELLA *CIL* 11.6249. **c** nunc ~u' mihi uoltusque est capiundus nouos TER.*Ph.*890; prior hic ~um mutasse uidetur LUCR.4.772.

2 A motion or gesture used to support the spoken word: **a** (in acting). **b** (in oratory).
a numquam agit hunc uersum Roscius eo ~u, quo potest CIC.*de Orat.*3.102; cum iam omisso ~u uerbis poetae ..plauderetur *Sest.*121; qui uoce freti sunt, Epigonos Medumque, qui ~u Melanippam (elegunt) *Off.*1.114; uti.. spectare possint omnium agentium ~us VITR.5.6.2; nisi forte histrionum multa circa uoces easdem uariare ~us potest QUINT.*Inst.*10.5.6; si quis in scaena Roscii..exprimere ~us uelit TAC.*Dial.*20.3; Vrbicus exodio risum mouet Atellanae ~ibus Autonoes JUV.6.72; histrio..qui ~us et uocis claritudine et uenustate ceteris antistabat GEL.6(7). 5.1. **b** pronuntiatio est uocis, uultus, ~us moderatio cum uenustate *Rhet.Her.*1.3; quae (*sc.* actio) motu corporis, quae ~u, quae uultu..moderanda est CIC.*de Orat.*1.18; ~u omni ei imminenti 2.225; uox ~us et omnis actio sine lepore *Brut.*238; ne cui uestrum..meus..iactantior ~us fuisse uideatur CAEL.*orat.*22; gressibus quoque ipsis orationis et ~ibus plauderetis GEL.11.13.10;—(*cf.*) eis luminibus quae Graeci quasi aliquos ~us orationis σχήματα appellant CIC.*Orat.*83; QUINT.*Inst.*9.1.13.

3 A gesture or sign (used to express meaning, without words).
umeris ~um agebant CIC.*Rab.Post.*36; hoc..Zeno ~u conficiebat *Luc.*145; ipsa uidetur protrahere ad ~um pueros infantia linguae LUCR.5.1031; ut..ferat dominae, ~u rogat OV.*Met.*6.579; per ~um res est significanda mihi *Tr.*5.10.36; non potes digitorum ~u errasse, nisi forte.. APUL.*Apol.*89.

4 The performance, carrying out, execution (of a business, duty, etc.).
cum..nec possit, quod alii adquisitum est ipso ~u, hoc tuum negotium uideri ULP.*dig.*3.5.5.13(11); quodsi posteaquam gessit (tutor), tunc se ~u abstinuit 26.7.5.2; an possit suspectus postulari ex eo ~u, quem administrauit 26. 10.3.9.

gēsum ~ī, *n.* = GAESVM.

Getae ~ārum, *m. pl.* FORMS: sg. ~*a* or ~*ēs*. A Thracian tribe on the lower Danube.
hiberni..~ae, pictoque Britannia curru PROP.4.3.9; MELA 2.18; PLIN.*Nat.*4.41; SUET.*Aug.*63.2; (*sg.*) dura pharetrato bella mouente ~a OV.*Pont.*1.8.6; trux..~es armis 1.7.12;—(*as stock figures in comedy*) cum ferit astutos comica moecha ~as PROP.4.5.44.

gēthyum ~ī, *n.* [Gk. γήθυον] A kind of onion = PALLACANA.
PLIN.*Nat.*19.117; 19.181.

Geticē, *adv.* In the Getic language.
didici ~ Sarmaticeque loqui OV.*Pont.*3.2.40.

Geticus ~a ~um, *a.* Of or belonging to the Getae, (poet.) Thracian.
~is..aruis VERG.*A.*3.35; ~as..sagittas SEN.*Oed.*469; ~i ..poli MART.6.58.2; ~i..Diomedis STAT.*Theb.*6.348; plectro ~as mouebis ornos *Silv.*2.7.44; SIL.11.475.

gētīon (~īum) ~iī, *n.* [Gk. γήτειον] = GETHYVM.
PLIN.*Nat.*19.105; 19.107.

gēum ~ī, *n.*: see **gaeum.**

geuma, *n.* [Gk. γεῦμα] FORMS: abl. pl. ~*atis*. A taste, i.e. small amount.
ibi ego te repplebo usque unguentum ~atis (*s.v.l.*) PL. *Poen.*701.

gibba ~ae, *f.* [GIBBVS] A hump.
~am sibi pone ceruicem auream enatam SUET.*Dom.*23.2.

gibber¹ ~era ~erum, *a.* [cf. next]

1 Hump-backed: **a** (of men; also masc. as sb.). **b** (of animals).
a fullo ~er et praeterea et alio foedus aspectu PLIN.*Nat.* 34.11; quamquam breui corpore atque etiam ~er SUET.*Gal.* 3.3;—sigillum ~eri fictile MART.14.182 (title). **b** ut sint (pecudes) bene compositae..ne ~erae, spina leuiter remissa VAR.*R.*2.5.7; Africae hoc est gallinarum genus, ~erum PLIN.*Nat.*10.74.

2 (of things) Deformed by a swelling or protuberance.
item tragici prodeunt cum capite ~ero, cum antiqua lege ad frontem superficies accedebat VAR.*Men.*156; debilem facito manu..tuber adstrue ~erum, lubricos quate dentes MAEC.*poet.*4(3).2.

gibber² ~eris. [cf. Lith. *geibùs, geibstù*] GENDER: app. masc. Char.p.85K; neut. Serv. *G.*1.138. A hump.
~ere magno LUCIL.1179; Syriacis (bubus) non sunt palearia, sed ~er in dorso PLIN.*Nat.*8.179; cum..interscapulum Crates retexisset, quod erat aucto ~ere APUL.*Fl.*14.

gibberōsus ~a ~um, *a.* [prec.+-OSVS] Hump-backed.
~os se de sole in umbram transferre respondit SUET.*Gram.* 9; uel ~i uel curui GAIUS *dig.*21.1.3; (*fig.*) sermones ~os retortos FRO.*Aur.*2.p.70(148N).

gibbus¹ ~a ~um, *a.* [< **gibus*; cf. GIBBER] Bulging, protuberant.
iecur..intrinsecus cauum, extrinsecus ~um CELS.4.1.5; 8.1.1; medius (*sc.* umerus) teres..leniter ~us et in priorem et in exteriorem partem 8.1.18.

gibbus² ~ī, *m.* [prec.] A protuberance or lump on the body.
mediis..in naribus ingens ~us JUV.6.109; cuperet Rutilae Verginia ~um accipere 10.294.

Giga(n)s ~ntis, *m.* (pl.) A mythical race, who fought and were defeated by the Olympian gods, the Giants; (sg.) a Giant.
bicorpores ~ntes..Runcus ac Purpureus, filii Terras NAEV.*poet.*19(20).2; CIC.*Sen.*5; ex ~ntibus illis, quos poetae ferunt bellum dis immortalibus intulisse *Har.*20; saepe ~ntum ora uolare uidentur LUCR.4.138; cecini plectro grauiore ~ntas OV.*Met.*10.150; ausos caelum adfectare ~ntes *Fast.*3.439; MELA 2.36; LUC.4.593; PLIN.*Nat.*33.70; MART. 11.52.17; STAT.*Theb.*4.534; ex Terra et Tartaro ~ntes HYG. *Fab.*4;—flamma, subpositus monti quam uomit ore ~ns OV.*Pont.*2.10.24; galeae..corusca prominet arce ~s STAT. *Theb.*4.176; ~nta crede SEN.*Her.O.*1302; ut malim fraterculus esse ~ntis JUV.4.98; (*transf.*) huc huc ille decreuit ~ns (*i.e. Hercules*) SEN.*Her.O.*1759.

Gigantēus ~a ~um, *a.*

1 Of or connected with the Giants.
Iouis clari ~o triumpho HOR.*Carm.*3.1.6; ~is..tropaeis *Ciris* 30; ~is..membris OV.*Met.*5.346; ~i..proelia belli *Tr.* 2.71; MART.8.49(50).1; STAT.*Theb.*7.731.

2 Like that of the Giants.
uisa..pauentes mole ~i uertebat corporis alas Othrys Marmarides SIL.5.436.

gigantomachia ~ae, *f.* The battle of the Giants (with the gods).
ara marmorea..cum maximis sculpturis; continet..~am AMP.8.14.

gigeria: see GIZERIA.

gignentia ~ium, *n. pl.* [pple. of next] Growing things, vegetation; things coming into being.
per loca aequalia et nuda ~ium SAL.*Jug.*79.6; ilex..aucta in altitudinem, quo cuncta ~ium natura fert 93.4;—pars ~ium, alia adolescentium, cetera occidentium uices sustinent APUL. *Mun.*23; *Pl.*1.6.

gignō ~ere genuī genitum, *tr.* [Gk. γίγνομαι, Skt. *jána-ti*] FORMS: for unreduplicated forms see GENO.

1 (of divine forces, etc.) To bring into being, create (living creatures).
o Romule..qualem te patriae custodem di genuerunt! ENN.*Ann.*112; quom te adiutorem genuerunt mihi (*sc.* di inmortales) PL.*Ps.*907; te natura excelsum quendam uidelicet..et humana despicientem genuit CIC.*Tusc.*2.11; lenem te miseris genuit natura OV.*Pont.*4.6.27; natura nos ad utrumque genuit, et contemplationi rerum et actioni SEN. *Dial.*8.5.1; STAT.*Theb.*8.306; QUINT.*Inst.*12.11.12; e familia summum ad fastigium genita TAC.*Ann.*13.17; (*cf.*) ut idem deus urbem hanc gentibus, uos huic urbi genuisse uideatur CIC.*Phil.*14.32;—(*transf.*) ista secta Tuberones et Fauonios ..genuit TAC.*Ann.*16.22.

2 (spec.) **a** (of a father or male animal). **b** (of a mother). **c** (of both parents). **d** (of eggs).
a Saturno quem Caelus genuit ENN.*Ann.*27; CIC.*N.D.* 3.53; VERG.*A.*10.848; uxore ibi ducta duos filios genuit LIV. 1.34.2; quos suus optaret non genuisse pater OV.*Tr.*3.1.64; STAT.*Silv.*3.3.110; idem Annaeum Lucanum genuerat TAC. *Ann.*16.17; (*absol.*) si postea ~at (rex) PLIN.*Nat.*6.89; (*w. ex indicating mother*) hic ex Alcmena quem Iuppiter genuit CIC.*N.D.*3.42; (*w. ex sese*) is Adherbalem et Hiempsalem ex sese genuit SAL.*Jug.*5.7; (*w. ad+gdve.*) tu..Postumi.. A. Postumium, quem ad generis..successionem propagandam genueras V.MAX.2.7.6;—(*pass., w. abl.*) Hasdrubalem patre eodem Hamilcare genitum LIV.27.44.6; de septem genitis Amphione OV.*Met.*6.221; Curtii Rufi, quem gladiatore genitum quidam prodidere TAC.*Ann.*11.21;— (*w.* de, ex) Epaphus magni genitus de semine tandem creditu resse Iouis OV.*Met.*1.748; ex G. Caesare se genitum ferebat TAC.*Ann.*15.72. **b** Aeneas quem Dardanio Anchisae alma Venus..genuit VERG.*A.*1.618; Troia Criniso conceptum flumine mater quem genuit 5.39; cuius (*sc.* masculi) potestas nulla in ~endo fuit PHAED.3.15.15; quos eadem uariis genuerunt uiscera fatis LUC.3.604; sues ferae semel anno ~unt PLIN.*Nat.*8.212; quaecumque animal pariunt, in capita ~unt 10.183; filium alium me genituram APUL.*Met.*5.29; (*w. eggs as obj.*) pisces..oua cum genuerunt relinquunt CIC.*N.D.*2.129; (*fig.*) Tyros..partu clara urbibus genitis Lepti Vtica et..Carthagine PLIN.*Nat.*5.76;—(*w.* ex, *abl. indicating father or remoter ancestry*) quid me praeclara stirpe deorum..inuisum fatis genuisti? VERG.*G.*4.324; quem ex Cn. Ahenobarbo genuerat TAC.*Ann.*12.3;—(*pass., w. abl.*) o Dionyse..Semela genitus ACC.*trag.*241; Maia genitum VERG.*A.*1.297; quacumque matre genitus LIV. 1.3.3; sorores nocte..genitas OV.*Met.*4.452; minor Antonia, Octauia genita TAC.*Ann.*4.44. **c** quasi uos sibi dedecori genuere parentes CIC.*poet.*15(9); parentibus quod tanta rei publicae praesidia genuerunt *Phil.*14.34; ut nequeant homines armenta feraeque inter sese ullam rem ~ere conueniundo LUCR.2.923; qui tanti talem genuere parentes? VERG.*A.*1.606; sicut hominis ortus ex utroque ~entium confertur QUINT.*Inst.*2.9.3; patricios confarreatis parentibus genitos tres simul nominari TAC.*Ann.*4.16; aetas..eius..an liberis potius ~undis idonea sit GEL.5.19.6. **d** quoniam non ~ant (oua) confusis uitalibus uenis PLIN.*Nat.*10.151; 10.160;—(*cf.*) semina..populos genitura..spargere OV.*Ep.* 12.45.

3 (pass., without ref. to parentage) To be born. **b** (w. ancestry indicated). **c** (of the faculties; of parts of the body) to be produced.
meri bellatores ~untur, quas hic praegnatis fecit PL.*Mil.* 1077; quicumque ~antur in omni terra CIC.*Div.*2.92; ante ipsam genitam naturam animantis LUCR.2.938; sic hominum genitam prolem 2.1082; terra..in qua geniti forent LIV. 21.53.4; ante Iouem genitum OV.*Fast.*2.289; quem si quis caecum genitum putat VELL.1.5.3; qua mitior terra est ingens hominum equorumque multitudo ~itur CURT.7. 4.30; septimo mense genitis PLIN.*Nat.*11.158; te..genitum sibi Curia sensit STAT.*Silv.*5.2.27; (Cicero) dono quodam prouidentiae genitus QUINT.*Inst.*10.1.109; TAC.*Hist.*2.22;— (*w. purpose expr.*) perdendae pecuniae genitus SAL.*Hist.*3.3; adulescentis in omnium uirtutum exempla geniti VELL. 2.116.2; omne potens animal leti genitumque nocere LUC. 6.485; dementia ab his initiis existimantium ad superbiam se genitos! PLIN.*Nat.*7.3; ad laudes genitum SIL.15.88. **b** (*w. abl.*) dis genite et geniture deos VERG.*A.*9.642; sanguine natus eodem, quo genita est..Arctos OV.*Ib.*472; hic genitus proauo M. Catone VELL.2.35.2; Vistilia praetoria familia genita TAC.*Ann.*2.85; Catone auunculo genita 3.76;—(*w.* ex) ex agricolis..uiri fortissimi..~untur CATO *Agr.*pr.4;— (*w. adv.*) honeste genitos LIV.26.2.11. **c** ~i pariter cum corpore..mentem LUCR.3.445; 3.616;—post aurem..qua capillus..non ~itur CELS.8.1.3; dentis homini et in palato geniti PLIN.*Nat.*11.167; dentes..in septem mensibus primis ..~i ait (Varro) GEL.3.10.12.

4 **a** (of a place, esp. one's native land) To give birth to, produce; (also of time). **b** (of drugs, medicaments, etc.) to cause the birth or growth of; (also, of the influence of the stars).
a neque enim hac nos patria lege genuit aut educauit CIC.*Rep.*1.8; cum genuere (Athenae) uirum tali cum corde repertum LUCR.6.5; Vmbria..me genuit PROP.1.22.10; hanc terram quae te genuit atque aluit LIV.2.40.6; quae te genuere Dicarchi moenia STAT.*Silv.*2.2.96; (*poet.*) duris genuit te cautibus horrens Caucasus Hyrcanaeque admorunt ubera tigres VERG.*A.*4.366;—(*pass., w.* ab, *abl.*) non ego te genitum placida reor urbe Quirini..sed scopulis OV.*Tr.*1.8.37; qui geniti Graia creduntur ab urbe 5.10.33; Sparta genitos STAT.*Theb.*2.167;—diem..qui principem abstulit pessimum, dedit optimum, meliorem optimo genuit PLIN.*Pan.*92.4. **b** satyrion..radice gemina, cuius inferior pars..mares ~at, superior..feminas PLIN.*Nat.*26. 97; coclearum saliua..palpebras corrigit ~itque 30.136; Erythris Aleos amnis pilos ~it in corporibus 31.14;—fidum Laertiadae genuere (*sc.* Hyades) syboten MAN.5.126.

5 (of nature or other agent) To bring into being, create, cause to grow or be produced (things). **b** (of a thing) to produce from itself. **c** (of places; also, of times).
ubi tus ~itur PL.*Trin.*934; has rerum formas appellat ἰδέας..easque ~i negat CIC.*Orat.*10; multa..nobis blandimenta natura ipsa genuit *Cael.*41; ut aurum et argentum.. frustra natura diuina genuisset *Div.*1.116; aera deum statuit, eumque ~i esseque inmensum *N.D.*1.26; omnium rerum, quas ad communem hominum usum natura genuit *Off.*1.51; qui principium ~undis aera rebus constituere LUCR.1.707; quo motu genitalia materiai corpora res uarias ~ant genitasque resoluant 2.63; arborum, quae humi arido atque harenoso ~untur SAL.*Jug.*48.3; nemore, in quo crocum ~itur *Hist.*2.81; ~endae..herbae non alius (amnis) est aptior CURT.5.4.7; in nubibus..est..aer spissus ad ~endam aquam praeparatus SEN.*Nat.*2.26.1; mundum et..caelum..numen esse..aeternum immensum, neque genitum neque interiturum umquam PLIN.*Nat.*2.1; ut non ante se genita (*sc.* uina) potet 19.53; cotes in Cypro insula genitae 36.54; non omnia (marmora)..in lapicidinis ~untur 36.55; metallorum primitiae, nullis fornacibus uictae, sed ut ~untur TAC.*Hist.*4.53; neque..aliud umidum ~endis aquis occurrit quam Pomptinae paludes *Ann.*15.42. **b** ea purgamenta..quae colluuies cohortis..cotidie ~it COL.2.14.8; (arbores) quae piper ~unt PLIN.*Nat.*12.26; omnia, quae resinam ~unt 17.238;—(*living creatures*) cum etiam cerae id ~ant quod animalium minimum existimatur 11.115; addunt quidam tritum (ocimum)..scorpionem ~ere 20.119; —(*pass., w.* ex) ea, quae ~untur e terra CIC.*Off.*2.11; quam multa ex terra arboribusque ~untur *Tusc.*5.99; fulmina ~ier e crassis..nubibus LUCR.6.246. **c** quas..insulas.. constabat suopte ingenio alimenta mortalibus ~ere SAL. *Hist.*1.100; mundi pars ima..sterili non quicquam frigore ~it LUC.4.108; in Asphaltite Iudaeae lacu, qui bitumen ~it PLIN.*Nat.*2.226; Trebula nos (*i.e. cheeses*) genuit MART. 13.33.1; nullam Germaniae uenam argentum aurumue ~ere TAC.*Ger.*5.3; ~it et Oceanus margarita *Ag.*12.6;—~it id (*sc.* ericaeum) maxime arcturi exortus PLIN.*Nat.*11.41.

6 To produce, bring about, give rise to (abst. things). **b** (of a place). **c** to produce, cause (diseases or other physical conditions).
in animorum aliqua permotione aut ~enda aut sedanda CIC.*de Orat.*3.118; uirtus amicitiam..~it *Amic.*20; siue quae aliae uoluptates in toto homine ~untur *Tusc.*3.41; ludus enim genuit trepidum certamen et iram, ira truces inimicitias et funebre bellum HOR.*Ep.*1.19.48; primis euentibus metum aut fiduciam ~i TAC.*Ann.*12.31; GEL.13.8.1;—(*pass., w.* ex) quaestio est ea, quae ex conflictione causarum ~itur controuersia CIC.*Inv.*1.18; exercitatio..ex qua consuetudo ~itur *de Orat.*2.358; exempla honesta apud bonos ex delictis aliorum ~i TAC.*Ann.*15.20; (*cf.*) ipsa tractatio et quaestio cotidie ex se ~it aliquid, quod.. CIC.*de Orat.*3.88; —(*w. adv.*) inde omnia scelera ac maleficia ~untur *S.Rosc.* 75; hinc ~ebatur fuga desidiae uoluptatumque contemptio *Ac.*1.23. **b** qui locus propter ubertatem agrorum.. superbiam et crudelitatem genuisse dicitur CIC.*Agr.*1.18; regionibus illis, quae tantum genuere nefas OV.*Met.*10.307. **c** est elephas morbus qui propter flumina Nili ~itur LUCR. 6.1115; uitia quae, uelut diutinis morbis aegra corpora ex sese ~unt, eo enata bello erant LIV.24.18.2; omne (cuminum)

pallorem ~it bibentibus PLIN.*Nat*.20.159; odor (baccaris) somnum ~it 21.132; 29.97.

7 To produce (by intellectual means).
cum parere et ipsi ~ere et proferre debent *Rhet.Her*.4.7; qui..genuit in hac urbe dicendi copiam CIC.*Brut*.255; *de Orat*.3.154; nec, quicquid genui, protinus illud amo OV. *Pont*.3.9.12; alias (*sc.* esse probationes) quas..quodam modo ~eret (orator) QUINT.*Inst*.5.1.1; APUL.*Soc*.9.

8 (phil., pass.) To be coming into being.
quid est, quod semper sit neque ullum habeat ortum, et quod ~atur nec umquam sit? CIC.*Tim*.3; quae..distinctio sit inter ea, quae ~antur, et ea, quae sint semper eadem 27.

giluus ~a ~um, *a*. [app. Celtic, cf. HELVVS] (prob.) Dun-coloured.
equi colore dispares..hic badius, iste ~us, ille murinus VAR.*Men*.358; color deterrimus albis et ~o VERG.*G*.3.83.

gingiber(i) ~eris, *n*.: see ZINGIBERI.

gingidion, *n*. [Gk. γιγγίδιον] A plant similar to a carrot, grown in Syria.
PLIN.*Nat*.20.33.

gingilipho: word of unknown meaning.
conuiuae circa labrum manibus nexis currebant et ~o ingenti clamore exsonabant PETR.73.4.

gingīua ~ae, *f*. [dub.] The fleshy part surrounding the teeth, the gum.
russam defricare ~am CATUL.39.19; haec ulcera a ~is incipiunt CELS.6.11.3; nullis ~is, dente continuo PLIN. *Nat*.8.107; uiperis dentes ~is conduntur 11.164; si sanguine ~ae putrescant 25.165; LARG.61; frangendus misero ~a panis inermi JUV.10.200; FRO.*Amic*.2.p.172(182N); ~as..meas..scalpebat digitis APUL.*Met*.8.23.

gingīuula ~ae, *f*. [prec.+-VLA] Diminutive of prec.
tenuem candificum nobilem puluisculum, complanatorem tumidulae ~ae APUL.*poet*.2.5(*Apol*.6).

? **gingriātor** ~ōris, *m*. [cf. GINGRIO] (See quot.)
~or (*cj*., *codd*. gizer^ia^tor *or sim*.) tibicen PAUL.*Fest*.p.95M.

gingrina ~ae, *f*. [cf. next] (See quot.)
genus quoddam tibiarum exiguarum ~ae PAUL.*Fest*. p.95M.

gingriō ~īre, *intr*. [onomat.] (See quot.)
~ire anserum uocis proprium est PAUL.*Fest*.p.95M.

? **ginnus** ~ī, *m*. [Gk. γίννος; cf. HINNVS] The offspring of a mare and a mule.
cum equa muli coitu natum quod uocauerint ~um (*cj*.), id est paruum mulum PLIN.*Nat*.8.174; non aliter monstratur Atlans cum compare ~o (*cj*.) MART.6.77.7.

-gintā, *indecl. suff*. Forms numerals from 30 to 90, cf. Gk. -κοντα; *quinquaginta, sexaginta, septuaginta, nonaginta* contain analogical enlargements.

git, *n. indecl*. Also **gitti.** [Sem.] Black cummin, *Nigella sativa*.
CELS.4.27.1.C; COL.6.34.1; ~ ex Graecis alii melanthium, alii melaspermon uocant PLIN.*Nat*.20.182; quale ~..amarum, stomacho utile 27.121; ~ fricti p ✱ II LARG.69;—(*form* gitti *perh. as gen. inflexion*) ~ cyathos III s CELS. 5.28.18.B.

gizeria (gig-) ~ōrum, *n. pl*. [app. oriental form of word for 'liver' (*iecur*; cf. NPers. *džigar*)] Giblets.
~a ni sunt siue adeo hepatia LUCIL.309; ~a optime facta PETR.66.2; PAUL.*Fest*.p.95M.

glabellus ~a ~um, *a*. [next+-LVS] Hairless, smooth.
~um feminal rosea palmula..obumbrans APUL.*Met*.2.17; 5.22; Apollo..corpore ~us *Fl*.3.

glaber ~bra ~brum, *a*. *compar*. ~brior. [< *gladh-ros; cf. OHG. *glat*, AS. *glaed*]

1 Destitute of hair (or sim.), hairless, smooth: **a** (of animals). **b** (of persons); (masc. as sb.) an effeminate type of slave.
a (*by nature*) corpus leue ut habeant (caprae), crebro pilo, nisi si ~brae sunt VAR.*R*.2.3.2; COL.1.p.26; quadripedum dorsa pilosa, uentres ~bri PLIN.*Nat*.11.231;—(*through disease, etc.*) oues scabrae sunt, tam ~brae..quam haecst manus PL.*Trin*.541; VAR.*R*.2.2.6; COL.6.14.7; (*facet*.) istum gallum..~briorem reddes mihi quam uolsus ludiust PL. *Aul*.402. **b** tam ~ber quam Socrates VAR.*Men*.490; quod..cutem..ex toto ~bram fecit CELS.6.4.1;—(*through shaving or depilation*) VAR.*R*.1.2.26; uini minister..~ber retritis pilis SEN.*Ep*.47.7; (uir) crure ~ber MART.12.38.4; —diceris male te a tuis..~bris..abstinere CATUL.61.135; SEN.*Dial*.10.12.5; *CIL* 6.33426.

2 (transf., of var. things lacking a usual or natural covering).
~brum tapete (*i.e. napless*) CAECIL.*com*.285; genus..hordei ~brum (*i.e. awnless*) PLIN.*Nat*.18.75; ramus..nec foliis repletus, nec nimis ~ber PAUL.*Fest*.p.367M.

glabrāria ~ae, *f*. [prec.+-ARIA] (perh.) A shorn sheep (in quot., fig.).
uae ~a, uae tibi misella: nudam te statuet tuus Lupercus MART.4.28.7.

glabrescō ~ere, *intr*. [GLABER+-ESCO] To become bare or smooth.
herbae..ungulis atteruntur atque ita ~it et fit idonea frumentis area COL.2.19.2.

? **glabrētum** ~ī, *n*. [GLABER+-ETVM] A bare patch of land.
v.l. in COL.2.9.9.

glabrō ~āre, *tr*. [GLABER+-O³] To denude of hair (bristles, etc.).
sues..ex tenuibus lignis flammula facta ~antur COL. 12.55.4.

glaciālis ~is ~e, *a*. [next+-ALIS] Characterized by ice, icy, frozen; of or proper to ice.
~is hiems VERG.*A*.3.285; Rhodope ~is OV.*Ep*.2.113; polo..~i *Met*.2.173; ~is ursae sidus SEN.*Her.O*.1584; omni ..regione..mundi, nisi..~i COL.3.1.3; ~em Oceanum JUV. 2.1; (*transf*.) aduersa plaga mundi candida atque ~i cute esse gentes PLIN.*Nat*.2.189;—~is rigor APUL.*Mun*.3; (*poet*.) pauet obsessum ~i frigore corpus OV.*Met*.9.582.

glaciēs ~ēī, *f*. [cf. GELV] Ice.
cum gelu cortices..careant ⟨et⟩ ~e VAR.*R*.1.27.3; (sol) ~em dissoluit LUCR.6.963; ne teneras ~es secet aspera plantas! VERG.*Ecl*.10.49; HOR.*Carm*.2.9.5; cum Pater altas ..in ~em frigore nectit aquas PROP.4.3.48; LIV.21.36.6; frigidior ~e..fui OV.*Ep*.10.32; PLIN.*Nat*.36.2; MART.7. 95.11; TAC.*Ann*.13.35; ~em dicimus umorem sereno rigore concretum APUL.*Mun*.9; (*poet*.) ~es aeris flamma deuicta liquescit LUCR.1.493.

glaciescō ~ere, *intr*. [prec.+-SCO] To turn into ice.
mirum aquam radice ea addita..~ere PLIN.*Nat*.20.230.

glaciō ~āre ~āuī ~ātum, *tr*., *intr*. [GLACIES+-O³]

1 (tr.) To turn into ice, freeze. **b** to curdle (cheese).
positas ut ~et niues puro numine Iuppiter HOR.*Carm*. 3.10.7; SEN.*Nat*.4b.5.2; ~ato freto PLIN.*Nat*.4.87; 8.137; (*w*. in+*acc*.) (umoris) ~ati in grandines 2.105; (*transf*.) corda metu ~ante STAT.*Theb*.10.622. **b** fici ramulis ~atus caseus COL.7.8.2.

2 (intr.) To congeal, solidify.
aestate non ~at (adeps) nisi accepta cera PLIN.*Nat*.29.56.

gladiārius ~a ~um, *a*. [GLADIVS+-ARIVS] Of or connected with swords; (masc. as sb.) a maker or seller of swords.
NEGOTIATOR ~VS *CIL* 13.6677;—L ACILIVS ~VS 11.7125.

gladiātor ~ōris, *m*. [GLADIVS+-TOR]

1 One who fought with a sword or other weapon for public entertainment, a gladiator. **b** (pl.) a gladiatorial show; (abl.) at such a show.
quam ~or disciplinosus CATO *Mil*.14(J); LUCIL.152; ars ipsa ludicra armorum et ~ori et militi prodest aliquid CIC.*de Orat*.2.84; *Att*.4.4a.2; crudele ~orum spectaculum.. non nullis uideri solet *Tusc*.2.41; CAES.*Civ*.1.14.4; munera ~orum LIV.41.28.11; ut..uictus repetit ~or harenam OV.*Tr*.2.17; SEN.*Ep*.22.1; ~or est qui in arena populo spectante pugnauit QUINT.*Decl*.302(p.191,l.7); TAC.*Hist*. 2.11. **b** rumor uenit datum iri ~ores TER.*Hec*.40; CIC. *Vat*.37; ludis..aut ~oribus animum occupamus SEN.*Dial*. 12.17.1; MART.3.16.1; edendis ~oribus..Drusus praesedit TAC.*Ann*.1.76;—circum..eam statuam locum ludis ~oribusque liberos posterosque eius..habere CIC.*Phil*.9.16; quaesiui ~oribusne. respondit ante quam inducerentur *Att*.4.11.1.

2 A cutthroat, assassin, ruffian.
homines sicarios atque ~ores CIC.*S.Rosc*.8; illius nefarii ~oris (*i.e. Catiline*) *Mur*.50; cum homine ~ore omnium nequissimo..Antonio bellum gerimus *Fam*.12.22.1; interroga..archipiratam, interroga ~orem SEN.*Con*.1.2.4; interruptionis subitae ~orum APUL.*Met*.4.26; ULP.*dig*.28.2.3.

3 A sword-maker.
TARR.PAT.*dig*.50.6.7(6).

gladiātōrium ~iī, *n*. [next] A gladiator's payment.
uix ~io accepto, decem talentis LIV.44.31.15.

gladiātōrius ~a ~um, *a*. [GLADIATOR+-IVS]

1 Of or belonging to gladiators.
in ipso illo ~o uitae certamine CIC.*de Orat*.2.317; theatrales ~ique consessus *Sest*.115; ~ae familiae CAES.*Civ*. 3.21.4; munus..~um LIV.28.21.1; ludo ~o VELL.2.30.5; ~am saginam TAC.*Hist*.2.88; ~o spectaculo *Ann*.14.17; PLIN.*Ep*.6.34.1.

2 Resembling, or typical of, gladiators.
haec caterua plane ~a CAECIL.*com*.38; ~o animo TER. *Ph*.964; ~am..temeritatem *Rhet.Her*.3.6; ~a..corporis firmitate CIC.*Phil*.2.63; SEN.*Suas*.6.3; QUINT.*Inst*.8.4.16.

gladiātūra ~ae, *f*. [as GLADIATOR+-VRA] The gladiatorial profession.
adduntur e seruitiis ~ae destinati TAC.*Ann*.3.43.

gladiolus ~ī, *m*. [next+-OLVS] FORMS: ~*a* (neut. pl.) MES.COR.*orat*.29(Quint.*Inst*.1.6.42).

1 A small sword.
lingulam ueteres dixisse ~um oblongum in speciem linguae factum GEL.10.25.3; APUL.*Met*.2.18; 3.5; (*as the title of a play*) Liuius in ~o FEST.p.210M.

2 a The name of a plant, prob. *Gladiolus segetum*. **b** (app.) the leaf of the plant *narcissus*.
a ~us comitatus hyacintho PLIN.*Nat*.21.65; LARG.82. **b** mille..semina..flores amicissimos apibus creant..caules acanthini, scapus asphodeli, ~us narcissi COL.9.4.4.

gladius ~(i)ī, *m*. Also **~um,** *n*. [Celtic; cf. OIr. *claideb*, Welsh *cleddyf*, Fr. *glaive*] FORMS: neut. LUCIL.1187, VAR.*L*.5.116, 8.45, 9.81, *R*.1.48.3; see also Quint.*Inst*.1.5.16.

1 A sword. **b** (in fig. phrs.).
succincti ~iis ENN.*Ann*.505; quid opus ~io? — qui hunc occidam PL.*Ps*.349; iaculis..consumptis ad ~ios certationem reuocauerunt SIS.*hist*.70; uagina, ut in qua latet conditum ~ium VAR.*R*.1.48.3; ~ium..e uagina eduxit.. in uaginam recondidit CIC.*Inv*.2.14; ~iis destrictis CAES. *Gal*.7.12.6; SAL.*Cat*.51.36; Lyncea..uibranti ~io..occupat VERG.*A*.9.769; micent ~ii LIV.6.12.9; nudarant ~ios OV. *Fast*.2.693; SEN.*Ep*.76.14; CVM LANCEIS, ~EI⟨S⟩, CVLTRIS *CIL* 13.5708.2.23; QUINT.*Inst*.8.6.20; ~io accinctum TAC. *Ann*.4.21; (*in a constellation*) Orion et ~ius eius PLIN. *Nat*.18.246; (*as a symbol of imperial authority*) nulli umquam citius ~ius conmissus est SEN.*Cl*.1.11.3; imperator est consulatutus circumlatusque..strictum Diui Iuli ~ium tenens SUET.*Vit*.8.1; (*transf*.) latior haec (*sc*. cuspis)..et acutior in mucronem fastigata eodemque ~io scindens solum et acie laterum radices herbarum secans PLIN.*Nat*. 18.172. **b** necessumst uorsis ~iis depugnarier PL.*Cas*. 344; suo sibi ~io hunc iugulo TER.*Ad*.957; aut tuo..~io aut nostro defensio tua conficiatur necesse est CIC.*Caec*.82; adde cruorem stultitiae atque ignem ~io scrutare HOR.*S*. 2.3.276; ponite iam ~ios hebetes: pugnetur acutis OV.*Ars* 3.589; destrictis ~iis fraudium APUL.*Met*.5.19.

2 (transf.) The use of the sword in warfare; the gladiatorial profession; death by the sword; a person using a sword, armed man. **b** *ius* (*potestas*) *~ii*, the right to try and punish capital crimes, delegated by the emperor to individual provincial governors.
cum tanta..~iorum sit impunitas CIC.*Phil*.1.27; cum non minus esset imperatoris consilio superare quam ~io CAES. *Civ*.1.72.2; VELL.2.125.2; ~io permittere mundi discrimen LUC.7.108;—lanista, qui iuuenes cogit ad ~ium SEN.*Con*. exc.10.4; SEN.*Ep*.87.9; (*cf*.) DAMNATVM AD ~IVM *CIL* 2.6278.57;—nec per singulas horas ~ium expectant SEN. *Dial*.11.13.4;—Anagninos..quorum alter ~iorum est princeps CIC.*Phil*.2.106; ut ~iis egeant ciuilia bella coactis LUC.3.323. **b** DATO IVRE ~I *CIL* 8.2582; qui uniuersas prouincias regunt, ius ~ii habent et in metallum dandi potestas eis permissa est ULP.*dig*.1.18.6.8; merum est imperium habere ~ii potestatem ad animaduertendum facinorosos homines 2.1.3.

3 A swordfish.
ei (*sc*. pisci) qui ~ius uocatur PLIN.*Nat*.9.54; 32.15; 32.145.

glaeba, etc.: see GLEB-.

glaesum ~ī, *n*. **(glēs-).** [IE. *ghlēso-, OHG. *glas*, AS. *glaes*, Eng. *glare*] Amber.
PLIN.*Nat*.37.42; sucinum, quod ipsi ~um uocant TAC. *Ger*.45.4.

glamae ~ārum, *f. pl*. [ad. Gk. *γλάμη, *γλήμη (cf. γλάμων, γλημώδης)] Rheum in the eye, = GRAMIAE.
PAUL.*Fest*.p.96M.

glandāris ~is ~e, *a*. [GLANS+-ARIS] That feeds on acorns.
picae ~es PLIN.*Nat*.1.10.59.

glandārius ~a ~um, *a*. [GLANS+-ARIVS] Producing acorns.
~a silua CATO *Agr*.1.7; VAR.*R*.1.7.9.

glandifer ~era ~erum, *a*. [GLANS+-FER] Acorn-bearing.
~era..quercus CIC.*Leg*.1.2; LUCR.5.939; OV.*Met*.12.328; siluestrium..faciunt ~era robora COL.9.4.3; ~eae..arbores PLIN.*Nat*.16.33; siluae ~erae HYG.GR.*agrim*.p.168; (*as sb*.) ~era (*app. parts or region*) Pannoniae PLIN.*Nat*.3.147.

glandiōnida ~ae, *f*.: comic patronymic based on next.
~am suillam PL.*Men*.210.

glandium ~iī, *n*. [GLANS] (app.) A sweetbread.
praetruncauit tribu' tegoribus ~ia PL.*Capt*.915; pernam, abdomen, sumen suis, ~ium *Cur*.323; interdicta..cenis abdomina, ~ia, testiculi, uuluae PLIN.*Nat*.8.209; 16.185.

glandula ~ae, *f*. [GLANS+-VLA]

1 A gland.
ubi aetas paulum processit, ~ae..oriuntur CELS.2.1.19; 4.1.2; et in ceruicibus ~ae oriuntur 8.4.12; tonsillae in homine, in sue ~ae PLIN.*Nat*.11.175.

2 = GLANDIVM.
partitur apri ~as palaestritis MART.3.82.20; 7.20.4.

glandulōsus ~a ~um, *a*. [prec.+-OSVS] Glandulous.
in suillo pecore probandi sunt..amplae et ~ae ceruicis COL.7.9.1.

glanis, *m*. Also **(~us)** ~ī. [Gk. γλάνις] A fish, perh. sheat-fish.
PLIN.*Nat*.9.145; ~i iocur 32.128; 32.148.

glans ~ndis, *f*. [OSl. *želǫdĭ*, Gk. βάλανος, Arm. *kałin*] FORMS: nom. sg. *glas* VAR.*R*. 3.12.12, 3.13.1, CELS.7.5.4.A.

1 (often collect. sg.) The fruit of mast-bearing trees, esp. acorn or beechmast. **b** (in extended sense).

ut bubus ~ndem prandio depromerem PL.*Truc.*646; CATO *Agr.*54.1; quae est..in hominibus tanta peruersitas, ut inuentis frugibus ~nde uescantur? CIC.*Orat.*30; bacae ~ndesque caducae LUCR.5.1363; quernas ~ndes VERG.*G.* 1.305; iligna nutritus ~nde..aper HOR.*S.*2.4.40; ~ndem magis quam castaneam COL.4.33.5; alia fageae ~ndi figura PLIN.*Nat.*16.16; ~ndem, quae proprie intellegitur, ferunt robur, quercus, aesculus, cerrus, ilex, suber 16.19; cassam ~ndem (*i.e. a mere trifle*) PL.*Rud.*1324; (*w. pun on sense 3*) pastas ~nde natis habet Secundus MART.12.75.3; (*transf.*) nec ~ndes, Amarylli, tuae (*i.e. chestnut-coloured clothes*), nec amygdala desunt OV.*Ars* 3.183;—(*in etym. of* iuglans) VAR.*L.*5.102; sunt qui honori nomen interpretentur et Iouis ~ndem esse dicant PLIN.*Nat.*15.91. **b** '~ndis' appellatione omnis fructus continetur..exemplo Graeci sermonis, apud quos omnes arborum species ἀκρόδρυα appellantur GAIUS *dig.*50.16.236.1; ULP.*dig.*43.28.1.

2 A missile discharged from a sling.

plumbea ~ns..uoluenda liquescit LUCR.6.179; feruentis fusili ex argilla ~ndis fundis..iacere coeperunt CAES.*Gal.* 5.43.1; ~ndis fundere *B.Afr.*20.3; VERG.*A.*7.686; LIV.42. 65.10; OV.*Met.*7.777; LUC.3.711; unde eminus ~ndes torquerent TAC.*Ann.*13.39;—(*collect. sg.*) eminus ~nde aut lapidibus pugnare SAL.*Jug.*57.4; LIV.38.20.1.

3 (med.) The *glans penis.*

CELS.6.18.2A; 7.25.1.

glanus: see GLANIS.

glārea ~ae, *f.* [dub.] FORMS: *-ia CIL* 8.2532. Gravel.

de ~a et calce harenato..corium facito CATO *Agr.*18.7; eo loco puluis non ~a iniecta est CIC.*Q.fr.*3.1.4; ieiuna ..cliuosi ~a ruris VERG.*G.*2.212; TIB.1.7.59; VITR.2.4.2; censores uias..~a..substruendas..locauerunt LIV.41.27.5; COL.2.2.10; LUC.4.302; (*cf.*) (aurum) marmoris ~ae inhaerens PLIN.*Nat.*33.68.

glāreōsus ~a ~um, *a.* [prec.+-OSVS] Full of gravel, gravelly; (neut. pl. as sb.) gravelly places.

nonnulla (loca) sunt terrena, alia sabulosa itemque ~a VITR.2.6.5; saxa ~a uoluens (amnis) LIV.21.31.11; COL.2. 10.23; PLIN.*Nat.*17.31;—(sesamoides) nascitur in ~is 22.133.

glās: see GLANS.

glastum ~ī, *n.* [Gall.; cf. GLAESVM] The plant woad, *Isatis tinctoria.*

PLIN.*Nat.*22.2.

glattiō ~ire, *intr.* [onomat.] (See quot.)

catulorum (est) ~ire SUET.fr.161(p.250Re).

glaucina ~ōrum, *n. pl.* An unguent, possibly from a plant *glaucium.*

pallida donabit ~a, Cosme, tibi MART.9.26.2; POMPON. *dig.*34.2.21.1.

glauciscus ~ī, *m.* [Gk. γλαυκίσκος] An unknown fish.

mulieribus lactis copiam facit ~us PLIN.*Nat.*32.129; 32. 148.

glaucium (-ion) ~iī, *n.* Also **~ēum** ~ēī. [Gk. γλαύκιον] The name of two plants, perh.: **a** *Glaucium flavum.* **b** *Glaucium corniculatum.*

a suco..salubri ~ea..spargite COL.10.104; quidam hoc genus ~ion uocant, alii paralium PLIN.*Nat.*20.206. **b** ~ion in Syria et Parthia nascitur PLIN.*Nat.*27.83; ~ei suci LARG.22.

glaucōma ~atis, *n.* [Gk. γλαύκωμα] FORMS and GENDER: *-umam* (acc. sg., fem.) PL.*Mil.* 148. (med.) Cataract.

~ata..iocineris..sanie (sanari) PLIN.*Nat.*28.95; oua perdicum..decocta..ulceribus oculorum et ~atis medentur 29. 126; 32.33; (*in fig. phr.*) ei nos..dolis glaucumam ob oculos obiciemus PL.*Mil.*148.

glaucōpis, *f. adj.* [Gk. γλαυκῶπις] Flashing-eyed.

~I VENERI *CIL* 6.1424.

glaucus[1] ~a ~um *a.* [Gk. γλαυκός] Blue-grey: **a** (the colour of the sea, rivers, etc., and, poet., things connected with them). **b** (the colour of the eyes). **c** (of horses, perh.) blue-eyed. **d** (the colour of vegetation) grey-green or sim.

a ~is..undis LUCR.1.719; (Proteus) ardentis oculos intorsit lumine ~o VERG.*G.*4.451; caput ~o contexit amictu ..et se fluuio dea condidit *A.*12.885; ~o in gurgite *Ciris* 452; ~arum..sororum (*i.e. Nereids*) STAT.*Theb.*9.351; austris spirantibus mare fieri ~um et caeruleum, aquilonibus obscurius atriusque GEL.2.30.11. **b** nigris uel ~is oculis acri lumine radiantibus COL.7.12.4; aliis nigri, aliis raui, aliis ~i coloris orbibus circumdatis PLIN.*Nat.*11.148. **c** honesti (*sc.* equi) spadices ~ique VERG.*G.*3.82; GRAT.503; GEL.2.26.18. **d** pectus ~o pampino..subtegunt ACC.*trag.*257; ~a canentia fronde salicta VERG.*G.*2.13; terra..candicantibus maculis aut tota ~i coloris PLIN.*Nat.*31.47; ~ae..oliuae STAT.*Theb.*2.99.

glaucus[2] ~ī, *m.* [Gk. γλαῦκος] An unknown fish.

ENN.*var.*39; numquam aestiuo conspectus sidere ~us OV.*Hal.*117; PLIN.*Nat.*9.58; 32.153.

Glaucus[3] ~ī, *m.* The name of var. mythological persons: **a** a Boeotian fisherman who became a sea-god. **b** the Lycian commander in the Trojan War. **c** a son of Sisyphus who was eaten by his own horses.

a VERG.*G.*1.437; PROP.2.26.13; OV.*Met.*13.906. **b** VERG.*A.*6.483; HOR.*S.*1.7.17. **c** VERG.*G.*3.267; OV.*Ib.* 554; HYG.*Fab.*250.3.

glaux. [Gk. γλαύξ] An unknown plant.

PLIN.*Nat.*27.82.

glēba ~ae, *f.* **(glaeb-).** [cf. OHG. *klāftra*, AS. *clyppan*, Lith. *glóbiu*; also GLOBVS]

1 A lump of earth, clod. **b** (collect. sg.) cultivated soil; (pl.) land.

~as..comminuito CATO *Agr.*48.2; ~as..proscindere ferro LUCIL.1044; ut frangantur ~ae VAR.*R.*1.32.1; qui ullam agri ~am possiderent CIC.*Ver.*3.28; ante..quam ~a una ematur *Agr.*2.71; CATUL.64.40; ~is terrarum..friatis LUCR. 1.888; nos fecundas uertentes uomere ~as 1.211; Zephyro putris se ~a resoluit VERG.*G.*1.44; nec siccis urantur semina ~is HOR.*Epod.*16.55; ~a terrae LIV.35.17.7; MELA 1.52; QUINT.*Inst.*8.2.5; mollis ornate focos ~amque uirentem JUV.12.85; (*cf.*) ~arum expendimus usum (*i.e. varieties of soil*) *Aetna* 265. **b** terra..potens..ubere ~ae VERG.*A.* 1.531; ~a colenda mihi OV.*Pont.*1.8.50; LUC.3.68; MART. 5.13.7; ~ae Siculae sulcamina APUL.*Met.*6.2;—Hymettos ..Taenaros..~ae felices 1.1.

2 A lump, mass, chunk (of other substances).

foditur..~a quae dicitur, antequam tractationibus ad minium perueniant, uena uti ferrum VITR.7.8.1; omnis e stagnis sal minutus atque non ~a est PLIN.*Nat.*31.73; incana..~is tura STAT.*Theb.*6.60;—(*w. gen.*) e thuris ~is euellere odorem LUCR.3.327; sebi ac picis..~as CAES.*Gal.* 7.25.2; coquet argenti ~as MAN.5.533; sucinorum rapta de manu ~a MART.5.37.11.

glēbārius ~iī, *m.* [prec.+-ARIVS] (See quot.)

e quis (*sc.* bubus) ut dicti 'ualentes ~ii' qui facile proscindunt glebas VAR.*L.*7.74.

glēbōsus ~a ~um, *a.* **(glaeb-).** *compar.* ~ior. [GLEBA+-OSVS] Forming clods, lumpy.

altera (terra Samia) ~ior PLIN.*Nat.*35.191; (*neut. pl. as sb.*) ~a camporum APUL.*Met.*1.2.

glēbula ~ae, *f.* **(glaeb-).** [GLEBA+-VLA]

1 A small clod or lump of earth. **b** (sg., or pl., in depreciatory sense) a piece of cultivated land.

nullam Atticae regionis, quae ossibus eius iniceretur, ~am inuenit V.MAX.5.3.ext.3; COL.1.6.23; ~a ex hirundinum nido PLIN.*Nat.*29.101. **b** saturabat ~a talis patrem ipsum turbamque casae JUV.14.166;—~as emi, lamellulas paraui PETR.57.6; APUL.*Met.*9.35.

2 A small lump (of other substances).

murrae ~ae VITR.8.3.13; niuis ~ae LARG.199; PLIN.*Ep.* *Tra.*10.74(16).3.

glēbulentus ~a ~um, *a.* [GLEBA+-VLENTVS] Of earthy nature.

quin (natura) in eo (*sc.* aere)..aeria animalia gigneret, ut..in unda fluxa, in terra ~a APUL.*Soc.*8.

glēchōnītēs (acc. ~ēn), *m.* [Gk. γληχωνίτης] Wine seasoned with pennyroyal.

uinum..~en sic condire oportet..uocaturque uini nota ~es (*cj.*) COL.12.35.

gleucinus ~a ~um, *a.* [Gk. γλεύκινος] That is made with must as an ingredient; (neut. as sb.) oil of must.

non erat huius temporis olei ~i compositio COL.12.53.1; —~o mustum incoquitur PLIN.*Nat.*15.29; 23.91.

glicciō ~īre, *intr.* [onomat.] (See quot.)

anserum (est) ~ire uel sclingere SUET.fr.161(p.251Re).

glīnos ~ī, *m.* [Gk. γλεῖνος] (app.) A kind of maple.

PLIN.*Nat.*16.67.

glīrārium ~iī, *n.* [next+-ARIVM] A place for keeping dormice.

VAR.*R.*3.15.1.

glīs ~īris, *m.* [perh. Skt. *giriḥ*] A dormouse.

~irium examina PL.fr.inc.152; greges magnos anserum gallinarum..nec non ~irium VAR.*R.*3.2.14; 3.12.2; LABER. *com.*5; PETR.31.10; PLIN.*Nat.*8.223; LARG.39; somniculosos ..~ires MART.3.58.36.

gliscō ~ere, *intr.* Also **~or** ~ī. [dub.]

1 To become distended, fill out, swell. **b** to increase (numerically).

eadem..ipsa, buae crescente luna ~unt, deficiente contra defiunt GEL.20.8.5; paleis..~it (asellus) COL.7.1.1; sanie ~it cutis STAT.*Theb.*1.107; (*cf.*) exilem terram..stercorare conueniet, nam eo quasi pabulo ~it COL.2.5.1. **b** summa ubi perduellum est? quosum aut quibus a partibus ~unt? ACC.*praet.*13; multitudo periclitantium ~ebat TAC. *Ann.*3.25; cum..~erent numero (auxilia) 4.5; ~entibus negotiis 11.22.

2 a (of physical forces) To increase in power or violence. **b** (of abstract conditions, emotions, etc.) to increase in force.

a uento ~ente SAL.*Hist.*3.56; arenti robore ~ens..Vulcanus SIL.5.512; (*in fig. phr.*) ignis..sub pectore ~ens LUCR.1.474. **b** pulchre hoc ~it proelium PL.*As.*912; ~it rabies *Capt.*558; ~it gaudium PAC.*trag.*294; CIC.*Hort.* fr.74; accenso ~it uiolentia Turno VERG.*A.*12.9; ~ente in dies seditione LIV.6.14.1; ira ~ente PLIN.*Nat.*8.181; ~unt aduersa metu SIL.10.598; ~entem in dies famam TAC.*Hist.* 2.8; ~entibus periculis *Ann.*15.10;—(*dep.*) ut maior inuidia Lepido ~eretur ASEL.*hist.*3.

3 To grow in power, importance, or sim.

postquam eo magnificentiae uenerit (res publica), ~ere singulos TAC.*Ann.*2.33; si ~ere et uigere Brutorum aemulos passurus es 16.22.

4 To increase in fervour or passion, be elated, glow.

uana ~unt praecordia lingua V.FL.3.632; (Tydeus) ~it ..lumina torua uidens STAT.*Theb.*8.755; hos ubi..dulci ~ere ferro dux uidet 12.639;—(*dep.*) ~or gaudio TURP.*com.* 191.

glisomarga ~ae, *f.* [Gallic] A kind of marl.

PLIN.*Nat.*17.46.

glittus ~a ~um, *a.* **(glut-).** [cf. GLVTEN] Sticky, cohesive.

locus bipalio subactus siet beneque terra tenera siet beneque ~us siet CATO *Agr.*45.1; PAUL.*Fest.*p.98M.

globō ~āre ~āuī ~ātum, *tr.* [GLOBVS+-O[3]] CONST.: usu. pass. in middle sense.

1 To form into a ball.

guttae paruis ~antur orbibus PLIN.*Nat.*2.163; 2.164; 19. 34;—(*w.* in+*acc.*) formam eius (*sc.* mundi) in speciem orbis ..~atam esse 2.5; (rapa) in rotunditatem ~ari 18.130.

2 To cluster together.

totum examen circaque eum (*sc. queen bee*) ~atur PLIN. *Nat.*11.53; si ante exortum nubes ~abuntur 18.344.

globōsus ~a ~um, *a.* [GLOBVS+-OSVS] Spherical, round. **b** forming a round mass, bunched together; also, convex.

fortunam..saxo..instare in ~o praedicant PAC.*trag.*367; (stellae) ~ae et rotundae CIC.*Rep.*6.15; ~a forma *N.D.*2.49; terra uniuersa cernatur..~a 2.98; LUCR.2.469; LIV.38.29.4; COL.10.383; PLIN.*Nat.*36.150; an..luna ~a an plana an acuta QUINT.*Inst.*7.2.6. **b** ~os turbines ACC.*trag.*397; capillus..~us et congestus APUL.*Apol.*4;—in tumidis..et ~is (speculis) 16.

globulus ~ī, *m.* [next+-VLVS] A little ball, globule; a pill.

(chrysocollam) liquidam ~is sudore resolutis PLIN.*Nat.* 33.89; dare pueris uiciae magnitudinis ~um LARG.13; —~i mirifice purgantes 138; (*fig.*) mellitos uerborum ~os PETR.1.3.

globus ~ī, *m.* [cf. GLEBA; also ON. *klǫpp*, MHG. *klapf*]

1 A compact mass of more or less spherical shape. **b** a round cake.

in fundas uisci indebant..~os PL.*Poen.*481; uidemus.. ~um terrae eminentem e mari CIC.*Tusc.*1.68; cordis ~us aut oculi LUCR.4.119; flammarum..~os liquefactaque uoluere saxa VERG.*G.*1.473; sanguinis..~os..ore uomens OV.*Met.*12.238; ego (*i.e. Janus*), qui fueram ~us et sine imagine moles *Fast.*1.111; LUC.9.801; ~os lapidis PLIN. *Nat.*34.136; prunorum ~us STAT.*Silv.*4.9.28; crinium ~os decoriter impeditos APUL.*Met.*5.22. **b** ~os sic facito CATO *Agr.*79; a ~o farinae dilatato..dicti ~i VAR.*L.*5.107.

2 a The sphere of a heavenly body. **b** (applied to the revolving spheres in which the heavenly bodies were supposed to be set; also, a machine devised to illustrate the movement of the planets).

a stellarum..~i terrae magnitudinem..uincebant CIC. *Rep.*6.16; in eo (*sc.* caelo) animaduersi ~i (*i.e. meteors*) *Div.* 1.97; lunai..~um LUCR.5.69; est..in toto suo ~o tellus medio ambitu praecincta circumfluo mari PLIN.*Nat.*2.166; SIL.1.258. **b** nouem tibi orbibus uel potius ~is conexa sunt omnia CIC.*Rep.*6.17; (errantes stellae) adfixae diuersis ~is APUL.*Mun.*2; (*cf.*) PLIN.*Nat.*2.104;—arte Syracosia suspensus in aere clauso stat ~us OV.*Fast.*6.278.

3 A dense mass (of vapour, etc.).

quis ~us..caligine uoluitur atra? VERG.*A.*9.36; alius solem..fortuitorum ignium ~um..adpellat SEN.*Ben.*7.31.3; ~us..aeris..quem turbinem dicimus *Nat.*7.4.4; inhorruit concussus undarum ~us *Phaed.*1031; (nubes) densos in-uoluere ~os LUC.4.73; SIL.16.326; TAC.*Ann.*2.23; (*poet.*) telorum inmanis in unum it ~us V.FL.6.381.

4 A closely packed throng of soldiers or other persons, or of animals. **b** a close association of men, band, clique. **c** a mass (of abst. things).

siue forte opus sit cuneo aut ~o CATO *Mil.*11(J); ⟨pars⟩ ~is eruptionem temptauere SAL.*Hist.*3.84; qua ~us.. uirum densissimus urget VERG.*A.*10.373; cum repelleretur adsertor uirginis a ~o mulierum circumstantiumque aduocatorum LIV.3.47.8; examen arto nectitur densum ~o SEN. *Oed.*602; densatur..~us LUC.4.780; ut in excipulis..singulorum milium reperiantur ~i (*sc.* anguillarum) PLIN.*Nat.* 9.75; STAT.*Theb.*6.414; saepe ~o densi, saepe..dispersi SIL.7.53; TAC.*Ann.*2.11; GEL.10.9.1. **b** ex illo ~o nobilitatis SAL.*Jug.*85.10; ille consensionis ~us..unius dissensione disiectus est NEP.*Att.*8.4; latronum ~os TAC.*Ann.*2.64. **c** argumentorum ~is AUR.*Fro.*1.p.30(253N).

glocidō ~āre, *intr.* [onomat.] (See quot.)

~are gallinarum proprium est, cum ouis incubiturae sunt PAUL.*Fest.*p.98M.

glomerāmen ~inis, *n.* [GLOMERO+-MEN] An aggregation, mass.

nec retinentur..inter se ~ina (*i.e. poppy-seeds*) LUCR. 2.454; dissimiles..formae ~en in unum conueniunt 2.686; aufert (luna) luciferam partem ~inis atque pilai 5.726; te testem dat, luna, sui ~inis (*cj.*) orbis MAN.1.221; (Taurus) Pleiadum paruo referens ~ine (*cj.*) sidus 4.522.

glomerātim, *adv.* [GLOMERO+-IM] In a mass.
pellitur exustae ~ nimbus harenae *Aetna* 199.

glomerātiō ~ōnis, *f.* [next+-TIO] (app.) The running together (of a series of movements).
asturcones..quibus non uulgaris in cursu gradus, sed mollis alterno crurum explicatu ~o PLIN.*Nat*.8.166.

glomerō ~āre ~āuī ~ātum, *tr.* [GLOMVS+-O³]
1 To form or gather into a ball.
eae (*sc.* offae) maxime ~antur ex ficis et farre mixto VAR.*R*.3.5.4; ~ato pondere tellus MAN.1.159; purpureo surgit (cinara) ~ata corymbo COL.10.237; (*pass. in middle sense*) cum adnotaueris stillicidium omne ~ari SEN.*Nat*.4b.3.3;—(*w.* in+*acc.*) (deus) terram..magni speciem ~auit in orbis OV.*Met*.1.35; lanam ~abat in orbes 6.19.
2 To collect (things) together into a dense mass. **b** to accumulate, concentrate (abst. things).
semina uocis..ore foras ~ata feruntur LUCR.3.497; posse animam ~ari in corpore 3.541; foedam ~ant tempestatem ..nubes VERG.*G*.1.323; liquefacta..saxa sub auras..~at (Aetna) *A*.3.577; (Cacus) ~at..sub antro fumiferam noctem 8.254; grandinem uenti ~atam in terras agunt LIV.1.31.2; frusta mero ~ata OV.*Met*.14.212; tellus ~ata cogitur unda 15.251; (uenae) inter se implicatae ~antur CELS.7.22.1; hic (*sc.* cygnus) nimbo ~atus obit STAT.*Theb*.3.544; ~antur..imbres 6.408; (*poet., cf. sense 3*) ~ata..nubes (*i.e. of horsemen*) LUC.7.530. **b** omnia fixa tuus ~ans determinat annus CIC.*Cons*.fr.2.35; uetusta, saeclis ~ata horridis..clades *Tusc*.2.25 (transl. Aeschylus); hinc barbarici ~antur ouatus, hinc gemitus V.FL.6.187; apes..~ant ad limina murmur SIL.2.221.
3 To collect (persons, animals) into a crowd, mass together (freq. pass. in middle sense).
~are manum bello VERG.*A*.2.315; multae ~antur aues 6.311; quem circum ~ati hostes 9.440; plebes (*i.e. bees*)..~atur circa corpus eius (*sc.* regis) PLIN.*Nat*.11.64; Sindi ~ant..turmas V.FL.6.86; cursu ~antur anhelo Labdacidae STAT.*Theb*.9.222;—(*refl.*) dum se ~ant (Troes) VERG.*A*.9.539; (*cf.*) agmina cerui..fuga ~ant 4.155;—(*w.* in+*acc.*) (grues) ~antur in orbes LUC.5.715; densi ~antur in unum Ogygidae STAT.*Theb*.2.585; legiones in testudinem ~abantur TAC.*Hist*.3.31.
4 To run together (a rapid succession of movements); to cover (a course, etc.) with rapid movement.
equitem docuere..insultare solo et gressus ~are superbos VERG.*G*.3.117; ictus ~are lacertis MAN.5.167; inconcusso ~at (sonipes) uestigia dorso SIL.3.336; instincti ~ant (*sc. troops*) gressus 12.518;—hic ~abit equo gyros MAN.5.636; uiderat Inachias rapidum ~are cohortis..iter STAT.*Theb*.7.145; spumiferos ~ant a pectore cursus, pone natant *Ach*.1.59; rapidum ~ans cursum (equus) SIL.10.461.

glomerōsus ~a ~um, *a.* [next+-OSVS] Having a rounded mass.
~as easdemque nigras et hirsutas apis COL.9.3.1.

glomus ~eris, *n.* [cf. OIr. *glomar*, AS. *clam*, OHG. *klamma*]
1 A ball-shaped mass.
(labyrinthum) si quis introiret sine ~ere lini VAR.in Plin.*Nat*.36.91; in lanae ~ere LUCR.1.360; HOR.*Ep*.1.13.14; ~us staminis albi LARG.142.
2 (See quot.)
~us in sacris crustulum, cymbi figura, ex oleo coctum appellatur PAUL.*Fest*.p.98M.

glōria ~ae, *f.* [dub.]
1 Praise or honour accorded to persons or other recipients by general consent, glory. **b** (personified).
FACILE FACTEIS SVPERASES ~AM MAIORVM *CIL* I.10; uiri nunc ~a claret ENN.*Ann*.372; PL.*Mil*.1245; TER.*Hec*.797; CATO *Agr*.3.2; ~a est frequens de aliquo fama cum laude CIC.*Inv*.2.166; librum tibi..mittam 'de ~a' *Att*.15.27.2; quos cupiditate ~ae adductus in periculum deduxi CAES.*Gal*.7.50.4; fuit Ilium et ingens ~a Teucrorum VERG.*A*.2.326; ~a multorum iudiciis constat, claritas bonorum SEN.*Ep*.102.17; equitibus..Romanis..Atlantem penetrasse in ~a fuit PLIN.*Nat*.5.11; dicere se feminam..indignam eius (*sc.* leonis) ~a praedam 8.48; tantum..~ae habet (uettonica) 25.84; multos..ex eadem causa non mediocrem ~am tulisse LARG.pr.p.1,l.20; Tiberim..accolis fluuiis orbatum minore ~a fluere TAC.*Ann*.1.79; JUV.10.159;—(*pl.*) diuitiae, potestates, ~ae *Rhet.Her*.3.10; SAL.*Jug*.41.7;—(*w. defining gen.*) o scirpe..semper seruas ~am aritudinis PL.*Rud*.524; qui potest dubitari quin..multo plus adferat dignitatis rei militaris quam iuris ciuilis ~a? CIC.*Mur*.22; Metellus..magna ~a concurrentium..uisebatur SAL.*Hist*.2.70.1; insignis ~a facti VERG.*A*.12.322; gens Phoenicum in magna ~a litterarum inuentionis PLIN.*Nat*.5.67;—(*w.* de) illa ~a de eximia uirtute QUINT.*Decl*.278(p.135,l.16);—(*w. adj.*) ~a militaris CIC.*Mur*.29; ~a illa naualis *Ver*.5.97; classicam Acilii ~am V.MAX.3.2.23; a cupiditate..bellicam ~am augendi SUET.*Aug*.21.2. **b** inmensum ~a calcar habet OV.*Pont*.4.2.36; MART.10.50.4.
2 Prospective or potential glory.
lacrimis ego huc, non ~a inductus accessi CIC.*Ver*.5.130; omnes..incenduntur ad studia ~a *Tusc*.1.4; non laudis amor nec ~a cessit VERG.*A*.5.394; ne uos titillet ~a HOR.*S*.2.3.179; ~a uos acuat OV.*Pont*.1.5.57; fax mentis honestae ~a SIL.6.333; TAC.*Ann*.1.43; (*personified*) trahit constrictos ~a curru non minus ignotos generosis HOR.*S*.1.6.230.
3 a An action, etc., that brings glory, distinction. **b** a person or object that brings glory, ornament.
a ~a Caesaris haec est: illa, qua uicit, condidit arma manu PROP.2.16.41; sunt qui nouorum consulum hanc ~am faciant LIV.10.17.12; quae ~a uestra est, si puerum..fallitis? OV.*Met*.3.654; pro ~a habita..scelera sunt SEN.*Dial*.4.9.3;—(*pl.*) ita sunt ~ae meretricum PL.*Truc*.889; memorare ueteres Gallorum ~as TAC.*Ann*.3.45;—(*w. inf. or acc. and inf.*) ~a..diuina Pompei..praedones..redactos esse CIC.*Flac*.30; an ~a magna est insidias homini composuisse deum? TIB.1.6.3; nulla est ~a praeterire asellos MART.12.36.13. **b** Procas, Troianae ~a gentis VERG.*A*.6.767; pecoris..~a taurus [TIB.]3.7.208; ~a uiua Myronis (*i.e. bronze cow*) *Aetna* 598; tunc (opus) fuerit ~a architecti VITR.6.8.9; auium ~a (*i.e. parrot*) OV.*Am*.2.6.20; Fundani ~a, Rufe, soli *Pont*.2.11.28; Germanicum, eximiam Claudiae familiae ~am V.MAX.4.3.3; terrarum ~a Caesar MART.2.91.1; siluarum ~a pinus STAT.*Silv*.5.1.151; ne armentis quidem suus honor aut ~a frontis TAC.*Ger*.5.2.
4 A feeling of pride or glory; (esp.) false pride, vanity, self-esteem. **b** boasting, vainglory.
quis cuique (equo) dolor uicto, quae ~a palmae VERG.*G*.3.102; generandi ~a mellis 4.205;—(Allobroges) ~a elati CAES.*Civ*.3.79.6; ubi ~a honorem..uirtutem opulentia uincit SAL.*Rep*.2.7.6; ~a quem supra uiris et uestit et unguit HOR.*Ep*.1.18.22; (equas) comantes..~a superbire PLIN.*Nat*.10.180; (*w. defining gen.*) non est quod te ~a publicandi ingenii producat in medium SEN.*Ep*.7.9; lautae ~a mensae LUC.4.376. **b** quae singulis diebus efficiat ~a atque ostentatione *Rhet.Her*.4.64; si me..ecferret..ad ~am ..animi quidam dolor CIC.*Har*.17; uentosa ferat cui ~a fraudem VERG.*A*.11.708; mihi nunc..~a fortis abest TIB.1.5.2;—(*pl.*) peiiuriorem hoc hominem si quis uiderit aut ~arum pleniorem quam illic est PL.*Mil*.22; GEL.1.2.6.

glōriābundus ~a ~um, *a.* [GLORIOR+-BVNDVS] Boastful.
(Antiochus) rex contemplatione tanti..exercitus ~us Hannibalem aspicit et..inquit GEL.5.5.4.

glōriātiō ~onis, *f.* [GLORIOR+-TIO] The action of boasting.
ex quo efficitur ~one, ut ita dicam, dignam esse beatam uitam CIC.*Fin*.3.28; 4.50.

glōriātor ~ōris, *m.* [GLORIOR+-TOR] A boaster.
magis sum tantae amicitiae cupitor quam ~or APUL.*Fl*.17.

glōriola ~ae, *f.* [GLORIA+-OLA] Modest glory or distinction.
ut..nosmet ipsi uiui ~a nostra perfruamur CIC.*Fam*.5.12.9; 7.5.3.

glōrior ~ārī ~ātus, *intr.*, (*tr.*). [GLORIA+-O³] To pride or plume oneself, boast. **b** (w. acc.+inf., cls., etc.). **c** (w. acc.) to boast of, glory in.
sunt..multa laboriosa, quae si faciatis, non continuo ~emini *Rhet.Her*.4.6; nec mentitur in ~ando CIC.*Brut*.71; licet..mihi..apud te ~ari *Off*.1.78; nec ~andi tempus aduersus unum LIV.22.39.9; natura nihil habet, quo magis ~etur, aut certe, cui ~etur (*sc. than man*) SEN.*Ben*.6.23.7; peruulgatum esse incestum ~ante matre TAC.*Ann*.14.2;—(*w. internal acc.*) idem..~ari quod Cyrus CIC.*Sen*.32; in eum haec ~antem..impetum facit LIV.1.12.9;—(*w. abl.*) nominibus ueterum ~antur CIC.*Orat*.169; quod sua uictoria tam insolenter ~arentur CAES.*Gal*.1.14.4; ut astu magis quam uera uirtute ~arentur LIV.42.47.5; PHAED.1.3.1; Arabia..ladano ~atur PLIN.*Nat*.12.73; QUINT.*Inst*.5.7.24; (*w. pred.*) Iuppiter alter auus: socero quoque ~or illo OV.*Met*.6.176; Hercule ~amur deo SEN.*Suas*.2.5; (*w. inanim. subj.*) scansoria ratio non arte sed audacia ~atur VITR.10.1.2;—(*w.* in+*abl.*) CIC.*Tusc*.1.48; in facinore ~ari MAT.*Fam*.11.28.3;—(*w.* de) de tuis diuitiis intolerantissime ~aris CIC.*Vat*.29; LIV.38.49.6;—(*w.* super) quod Plautinus miles super clipeo suo ~atur APUL.*Soc*.11. **b** (*w. acc. and inf.*) ~are euenisse ex sententia? TER.*Hau*.765; se similem esse Catilinae ~ari solet CIC.*Phil*.4.15; se..alterum fore Sullam inter suos ~atur CAES.*Civ*.1.4.2; LIV.8.4.3; se..conuiuam ducis esse ~atur STAT.*Silv*.1.6.50; militi cuidam occisum a se Othonem ~anti SUET.*Gal*.19.2;—(*w. inf.*) ~antis quamlibet muliercalam uincere mollitie..Lycisci HOR.*Epod*.11.23; dux mihi Caesar erat, sub quo meruisse tribunus ~or OV.*Fast*.4.382;—(*w.* quod) ~ari solitum esse ..Hortensium, quod numquam bello ciuili interfuisset CIC.*Fam*.2.16.3; LIV.22.60.7; non tam ~or, quod filius sum Miltiadis SEN.*Con*.9.1.4;—(*w. indir. qu.*) ~atus..est..quantum egisset, dum ea meridiaret SUET.*Cal*.38.3. **c** uiderint Athenae utrum Alcibiadem lamententur an ~entur V.MAX.3.1.ext.1.

glōriōsē, *adv. compar.* ~ius, *superl.* ~issimē. [next+-E]
1 In a boasting or vainglorious manner.
amicibor ~e PL.*Per*.307; ~e quicquam proloqui *St*.277; quod solere me dicas de me ipso ~ius praedicare CIC.*Dom*.93; quid..attinet ~e loqui, nisi constanter loquare? *Fin*.2.89; FRO.*Amic*.2.p.192(178N).
2 Gloriously.
res magnas manu saepe gessit ~e NAEV.*com*.108; (armis) uti ~e CIC.*Brut*.8; mentiri ~e *Mil*.72; quod per ipsos confici potuit, ~issime et magnificentissime confecerunt *Att*.14.4.2; SAL.*Hist*.1.88; ~ius se pugnare putant LIV.38.21.10; VELL.2.3.2; (Germania) magis turpiter amissa est quam ~e adquisita FLOR.*Epit*.2.30(4.12.21).

glōriōsus ~a ~um, *a.* *compar.* ~ior, *superl.* ~issimus. [GLORIA+-OSVS]
1 Boastful, vainglorious; (also) proud. **b** (of conduct, utterances, etc.).
mendacem et ~um PL.*Cur*.471; 'Ἀλαζών' Graece huic nomen est comoediae, id nos Latine '~um' *Mil*.87; TER.*Eu*.31; iniuriae dolor facit me..~um CIC.*Phil*.14.13; Aristoteles..ait eos (*sc.* ueteres philosophos) aut stultissimos aut ~issimos fuisse *Tusc*.3.69; LIV.35.49.7; non sum de ~is PETR.75.11; ~um..animal (*sc.* pauo) PLIN.*Nat*.10.44; Plautus in Milite ~o FEST.p.305M;—adultis iam tribus liberis doctrina instructis et uerecundia praeditis uiuebat ~us APUL.*Met*.9.35. **b** ~a ostentatio ciuitatis CIC.*Flac*.52; *Fin*.4.68; nihil..~um ex ore eius exiit NEP.*Timol*.4.2; epistulas..iactantes et ~as PLIN.*Ep*.3.9.13.
2 Glorious, illustrious.
Carthaginiensium ~issimae classes CIC.*Ver*.5.97; familiam gladiatoriam, credo..nobilem, ~am *Sest*.134; litterarum ~issimum contemptorem (*i.e. Marius*) V.MAX.2.2.3; APUL.*Met*.9.24; (*cf.*) ego ~us uolo efferri, ut totus mihi populus bene imprecetur PETR.78.2;—(*of actions, events, etc.*) dies tibi ~issimus CIC.*Lig*.37; quam sit..fama ~um tyrannum occidere *Phil*.2.117; etiam uoluptates faciunt..~as *Fin*.4.51; philosophi non tam ~a quam uera quaerentis 5.72; cuius mors..~a fuit *Div*.1.51; ~a..uictoria LIV.37.54.10; est ~us..conuictus deum PHAED.4.24(25).11; disertum haberi pulchrum et ~um..habebatur TAC.*Dial*.36.8; aestimare debent an quod inchoatur..ipsis ~um..sit *Hist*.2.76.
3 Eager for glory, ambitious.
~us fuisti, uoluisti magnum agri modum censeri CIC.*Flac*.80; gloriae cupidos ~i reprehendunt *Tusc*.3.73; ~us..miles..omnem laborem libens patitur SEN.*Cl*.1.13.1;—(*w. abst. sb.*) ~a uirtus est et anteire priores cupit *Ben*.3.36.1; natura..dedit..nobis ~um et excelsum spiritum *Ep*.104.23; fuisse..creditur non minus ~i quam ciuilis animi SUET.*Cl*.1.4.

glōs, *f.* [cf. Gk. γάλοως, γάλως] A husband's sister.
PL.fr.inc.voc.; PAUL.*Fest*.p.98M.

glōsarium ~iī, *n.* [Gk. γλωσσάριον] (contemptuous dim.) An unusual word requiring explanation.
~ia..colligitis et lexidia, res..inanes et friuolas GEL.18.7.3.

glossa ~ae, *f.* [Gk. γλῶσσα] (pl.) A collection of unfamiliar words, glossary.
aiunt sancta esse (templa) qui ~as scripserunt VAR.*L*.7.10.

glossēma ~atis, *n.* Also **glōsēma.** [Gk. γλώσσημα] FORMS: gen. pl. *~atorum* FEST.pp.166, 181M; dat. and abl. pl. *~atis* advocated by Pliny in Charisius *G.L*.1.131. An unusual word requiring interpretation; (pl.) collections of such words, glossaries.
camillam qui ~ata interpretati dixerunt administram VAR.*L*.7.34; 'persibus' a perite: itaque sub hoc ~a 'callide' subscribunt 7.107; ~ata nobis praecipit (*an ex-boxer*) AS.GAL.*poet*.1; ~ata..id est uoces minus usitatas QUINT.*Inst*.1.8.15;—~atorum..scriptores FEST.p.166M.

glossopetra ~ae, *f.* [Gk.] An alleged kind of precious stone.
~a, linguae similis humanae PLIN.*Nat*.37.164.

glottis ~idis or ~idos, *f.* [Gk. γλωττίς] Some kind of bird.
~is praelongam exerit linguam, unde ei nomen PLIN.*Nat*.10.67.

glubeō ~ēre, *intr.* [cf. next] PROS.: length of first syll. uncertain (more prob. short). (of a tree) To shed its bark.
materies..cum ~ebit, tum tempestiua est CATO *Agr*.17.1; 31.2.

glūbō ~ere (glupsī gluptum), *tr.* [cf. OHG. *klioban* 'split', Gk. γλύφω] To strip the bark from, peel.
salictum..~ito CATO *Agr*.33.5; VAR.*R*.1.48.2; durities (*sc. of gloves*)..ramos ~it ac relinquit ad gelicidium retectos 1.55.2;—(*transf.*) pecus ~i dicitur, cuius pellis detrahitur PAUL.*Fest*.p.98M;—(*obsc.*) (Lesbia) nunc in..angiportis ~it magnanimi Remi nepotes CATUL.58.5.

glucidātus: see CLVCIDATVS.

gluciō: see GLVTTIO².

glūma ~ae, *f.* [prob. GLVBO+-*sma* (for term. cf. *trama*)] FORMS: *cluma* PAUL.*Fest*.p.55M. The husk enclosing a grain of corn.
ENN.*var*.146; (spica) tria habet continentia, granum, ~am, aristam..granum dictum quod est intimum soldum; ~a qui est folliculus eius VAR.*R*.1.48.1; PAUL.*Fest*.p.98M.

glūten ~inis, *n.* [cf. Lith. *glitìs* 'mucus', Gk. γλοιός 'gum', AS. *claeg* 'clay'] Glue, paste, or sim.
~ine..et citro refecit VAR.in *G.L*.1.131; ~ine materies taurino iungitur LUCR.6.1069; glutinant uulnus..oui album ~en, icthyocolla CELS.5.2; id..corpori quasi ~en inhaerescit 8.5.2; PLIN.*Nat*.34.133; LARG.254;—(*applied to a natural gum*) (apes) narcissi lacrimam et lentum de cortice ~en prima fauis ponunt fundamina VERG.*G*.4.160.

glūtināmentum ~ī, *n.* [GLVTINO+-MENTVM] A pasted join (in a papyrus sheet or roll).
inserta mediis ~is taenea fungo papyri bibula PLIN.*Nat*13.81.

glūtinārius ~(i)ī, *m.* [GLVTEN+-ARIVS] A maker of glue or paste.
CIL 6.9443; *A.Epig*.33.146.

glūtinātiō ~ōnis, *f.* [GLVTINO+-TIO] The process of gluing together; (med.) the closing up (of wounds).
magna..~o propter ea, quae sectilibus laminis..operiuntur PLIN.*Nat*.16.226;—neque desperari debet solida ~o uulneris CELS.7.27.7.

glūtinātor ~ōris, *m.* [next+-TOR] A person employed to paste together strips of papyrus to make a sheet, and sheets of papyrus to make a roll.

praeterito (*i.e. rub down*) tepido ~or glutino LUCIL.793; uelim mihi mittas de tuis librariolis duos aliquos quibus Tyrannio utatur ~oribus CIC.*Att.*4.4a.1; *CIL* 10.1735.

glūtinō ~āre ~āuī ~ātum, *tr.* [GLVTEN+-O³] To glue or stick together; also, to make by gluing. **b** (med.) to close (wounds), unite (fractures), etc.; (pass. or refl., also intr., of wounds, etc.) to grow together, knit.

farina, qua chartae ~antur PLIN.*Nat.*22.127; candidum ex iis (*sc. eggs*) admixtum calci uiuae ~at uitri fragmenta 29.51; (*pass. in refl. sense*) (limi) pressa erat et sedens structura, cum partes ~arentur SEN.*Nat.*6.26.1; (*absol.*) (bitumen) contrahit, ~at PLIN.*Nat.*35.180;—ut sardonyches e ternis ~entur gemmis 37.197. **b** ~ant uulnus murra, tus, cummi CELS.5.2; 5.20.1; (ulcus) sanescendo.. quod diduci potuit..~auit 7.7.6.A; inponendum medicamentum, quo foramen ~etur 7.7.8.C; cicatricibus.. ~andis PLIN.*Nat.*33.105; (bitumen) ~at neruos 35.181; (*absol.*) inponendum ~ans medicamentum est CELS.8.6.1; (*neut. of pres. pple. as sb.*) suturam..inlini uel spuma argenti uel alio ~ante 7.11;—fit, ut palpebra cum oculo ~etur 6.6.1.C; inter se tunicae ~antur 7.20.1; orae (plagae) se ~arunt 7.27.8; uicensimo die, quo..os esse debet ~atum 8.9.1.B.

glūtinōsus ~a ~um, *a.* *compar.* ~ior, *superl.* ~issimus. [GLVTEN+-OSVS] Resembling, full of or smeared with glue or sim., viscous, sticky, glutinous. **b** (of food, app.) rich in gelatine.

pus..~ius et sanguine et sanie CELS.5.26.20.A; resina quam ~issima 6.7.9.A; densa et ~a terra COL.1.pr.24; 3.11.10; (heraclium) latioribus foliis, ~um PLIN.*Nat.*20.177; piscis, cui ~um est corium 32.73; 35.191; pituita.. ~ior LARG.23; mollitie cibi ~i faucibus inhaerentis APUL.*Met.*1.4; (*neut. pl. as sb.*) qui difficulter ~a excreant LARG. 94. **b** omnis pinguis caro, omnis ~a, omne iecur CELS. 2.20.2; 3.12.6; lenes et ~i cibi 4.12.5; (*neut. pl. as sb.*) cibus sine pinguibus, sine ~is 3.25.3.

glūtinum ~ī, *n.* [cf. GLVTEN] An adhesive preparation, glue, paste, or sim.

LUCIL.793; ~um Daedalum inuenisse VAR.*gram.*80; (calx) circa id ferramentum uti ~um haerens VITR.7.2.2; si faex uini..contrita cum ~o in opere inducatur 7.10. 4; boum coriis ~um excoquitur PLIN.*Nat.*11.231; ~um uulgare e pollinis flore temperatur feruente aqua..malleo tenuatur (charta) et ~o percurritur 13.82; 28.176;—(*applied to solders*) auro ~um est tale, argilla ferro, cadmea aeris massis, alumen lamnis 33.94; 35.36;—(*of sticky substances occurring in nature*) oua eius (*sc. the cuttlefish*) ~o atramenti ad speciem uuae cohaerentia 9.162; melliginem (faciunt apes) e lacrimis arborum quae ~um pariunt 11.14.

gluttiō¹ ~īre ~iī or ~īuī ~ītum, *tr.* [cf. Russ. *glotát* 'swallow'; prob. cogn. w. *gula, ingluuies*] To swallow, gulp down.

nihili sunt crudae (collyrae) nisi quas madidas ~ias PL. *Per.*94; uulpes marinae..~iunt amplius (hami) usque ad infirma lineae PLIN.*Nat.*9.145; qualis..epulas..~isse putamus induperatorem IUV.4.28; FRO.*Aur.*1.p.242(88N);—(*transf.*) cum (corui) ~iunt uocem uelut strangulati PLIN. *Nat.*10.33.

gluttiō² ~īre, *intr.* [onomat.] (of a broody hen) To cluck.

ut..(oua) supponantur ~ientibus (*vv.ll.* gluc-, gloc-)—sic enim rustici appellant aues eas quae uolunt incubare COL.8.5.4; PAUL.*Fest.*p.98M.

gluttō ~ōnis, *m.* [GLVTTIO¹+-O¹] A glutton, gourmand.

a gula..~o, gulo, gumia PAUL.*Fest.*p.112M.

gluttus¹ ~ūs, *m.* [cf. GLVTTIO] A gulp, swallow.

~u sorbere saliuam PERS.5.112.

gluttus²: see GLITTVS.

glycymaris (glycom-) ~idis or ~idos, *f.* [Gk. γλυκυμαρίς] A kind of shellfish, one of the clams.

ante cenam..sphondylos ~idas MET.PIUS in Macr.3.13. 12; chemae ~ides, quae sunt maiores quam pelorides PLIN. *Nat.*32.147.

glycyrrhiza ~ae, *f.* [Gk. γλυκύρριζα] The plant liquorice (*Glycyrrhiza glabra* and *G. echinata*) or its sweet-tasting root.

quaedam..exiguo gustu famem..sedant..ut butyrum, hippace, ~a PLIN.*Nat.*11.284; quaedam spinosa foliata sunt, ut carduus..~a 21.91; 22.24; ~ae radicis p ✕ XVIII LARG.75; 86.

glycysidē ~ēs (~ae), *f.* [Gk. γλυκυσίδη] A plant, the peony.

Paeonia..quam quidam appellant..~en PLIN.*Nat.*25.29; 27.84; ~ae nigrae seminis LARG.166.

Gnaeus ~ī, *m.* [same as NAEVVS] FORMS: *Gnaiuod* (abl.) *CIL* 1.7; *Gneus* PAUL.*Fest.* p.96M; said to be sts. written *Naeus* (*Naeuus* codd.) or *Cnaeus* (VAR.*gram.*330). A Roman praenomen, usu. written in its abbrev. form Cn. (cf. Quint.*Inst.*1.7.29).

ne praenomina quidem ulla praeterquam ~i et Luci usurparunt SUET.*Nero* 1.2;—(*abbrev.*) Cn. Flauius, Anni filius CALP.*hist.*27; de Cn. Pompei dignitate CIC.*Man.*63; Cn. Cornelius Scipio LIV.21.60.1;—(*cf.*) ~us et corporis insigne et praenomen a generando dicta esse..apparet PAUL. *Fest.*p.96M.

gnaphālium ~iī, *n.* [Gk. γναφάλλιον] An indeterminable plant.

~ium..cuius foliis albis mollibusque pro tomento utuntur PLIN.*Nat.*27.88.

gnārigō ~āre ~āuī ~ātum, *tr.* [GNARVS+-IGO¹] To make known, publish.

~auit apud Liuium (*sc.* Andronicum) significat narrauit PAUL.*Fest.*p.95M.

gnāriō ~īre ~iī or ~īuī ~ītum, *tr.* [GNARVS+-IO²] = prec.

~iuisse narrasse PAUL.*Fest.*p.95M.

gnāritās ~ātis, *f.* [GNARVS+-TAS] (w. gen.) Knowledge, experience (of a thing).

alii fiducia ~atis locorum..fugam..temptauere SAL. *Hist.*3.84.

gnāruris ~is ~e, *a.* [next; suffix obscure] Having knowledge (of something specified or implied).

ad argumentum..uolo remigrare, ut aeque mecum sitis ~es PL.*Poen.*47;—(*w. acc.*) simul ~is uos uolo esse hanc rem mecum *Mos.*100.

gnārus ~a ~um, *a.* Also **nārus.** [cf. *(g)nosco, ignoro*] FORMS: *narus* VAR.*L.*6.51 (explaining *narro*), CIC.*Orat.*158.

1 (in act. sense, esp. w. gen.) Having knowledge or experience (of something specified or implied), acquainted (with).

nec loci ~a sum nec..hic fui PL.*Rud.*210; uir..~us rei publicae CIC.*Brut.*228; numeri eorum Metellus per litteras ~us SAL.*Hist.*1.110; ~os..Oscae linguae LIV.10.20.8; nullius rei ~us SEN.*Ep.*102.26; uinitor ~us..iis (*sc.* partibus falcis) utendi COL.4.25.1; ~os belli ueterescue laborum SIL.4.530; ~us sub Nerone temporum TAC.*Ag.*6.3; ~us Romanae seditionis..hostis *Ann.*1.36; APUL.*Pl.*2.22;—(*w. indir. qu.*) (Periclem) fuisse ~um..quibus orationis modis quaeque animorum partes pellerentur CIC.*Orat.*15; LIV.29.3.9; TAC. *Ann.*12.42;—(*w. acc. and inf.*) satis ~us iam in Thessalia regem esse LIV.33.5.4; CURT.3.1.21; TAC.*Hist.*2.20; APUL. *Met.*6.29;—(*without const.*) ~i monitis exercitus instat auguris STAT.*Theb.*6.84; nauigiis pauca subsidia; neque adpulerit quisquam nisi ~o custode TAC.*Ann.*4.67.

2 (w. pass. force, usu. foll. by dat.) Known, familiar.

aedificia hortosque..quae ~a Vitellianis, incomperta hostibus metum fecerant TAC.*Hist.*3.79; ~um id Caesari *Ann.*1.5; 3.6; (duces) conspicui eoque ~i 6.35; nobis ea pars militiae maxime ~a est 12.45; APUL.*Fl.*16.

gnascor, gnāta: see NASCOR, NATA.

Gnathō ~ōnis, *m.* The name of a parasite in Terence's *Eunuchus*, applied allusively to parasites in general.

dat nataliciam in hortis. cui?..putate tum..~oni, tum etiam Ballioni CIC.*Phil.*2.15; (*cf.*) multi..~onum similes cum sint..horum est adsentatio molesta *Amic.*94.

Gnathōnicī ~ōrum, *m. pl.* 'The disciples of Gnatho' (humorously suggested name for parasites).

parasiti ita ut ~i uocentur TER.*Eu.*264.

Gnātia ~ae, *f.* A town in Apulia between Barium and Brundisium.

HOR.*S.*1.5.97; MELA 2.66; PLIN.*Nat.*2.240.

gnātus: see NATVS.

gnāuiter, gnāuus: see NAV-.

gnēcos: see CNECOS.

gnephōsus ~a ~um, *a.* [*gneph-* (ad. Gk. κνέφας)+-OSVS] (See quot.)

~um obscurum, uidelicet ex Graeco, quod est κνέφας PAUL.*Fest.*p.95M.

Gnēus: see GNAEVS.

Gnidos: see CNIDOS.

gnītor: old form of NITOR¹.

gnōbilis: old form of NOBILIS.

gnōmē ~ēs, *f.* [Gk. γνώμη] A maxim, aphorism.

in illa ~e breuicula FRO.*Aur.*1.p.14(48N).

gnōmōn ~onis, *m.* [Gk. γνώμων] The pointer of a sundial, gnomon.

~on..qui graece σκιοθήρης dicitur VITR.1.6.6; 9.pr.18; meridiano tempore aequinoctii die..in urbe Roma nona pars ~onis deest umbrae PLIN.*Nat.*2.182; 6.212; 36.73; HYG.GR.*agrim.*p.153;—(*of the line representing the gnomon in a diagram*) linea describatur in planitia et e media πρὸς ὀρθὸς erigatur quae dicitur ~on VITR.9.7.2.

gnōmonicē ~ēs, *f.* Also **~a** ~ae. [Gk. γνωμονική] The science of sundials, gnomonics.

partes..architecturae sunt tres: aedificatio, ~e, machinatio VITR.1.3.1; PLIN.*Nat.*2.187; HYG.GR.*agrim.*p.147; geometriam, ~am, musicam..μαθήματα ueteres Graeci appellabant GEL.1.9.6.

gnōmonicus ~a ~um, *a.* [Gk. γνωμονικός] Of or belonging to sundials; (neut. pl. as sb.) the science of sundials; (masc. as sb.) an expert in this science.

res..organicas, ~as VITR.1.1.17; 8.6.15; de ~is rationibus 9.pr.18;—quae ratio diurnae lucis in terris. ~a de ea re PLIN.*Nat.*1.2.74;—ex auctoribus..Serapione ~o, Euclide 1.2.

gnoscō: old form of NOSCO.

Gnōsiacus ~a ~um, *a.* **Cnōsiacus.** Of Cnossos in Crete (poet., used for Cretan).

~as..rates OV.*Met.*7.471; ~i..regis (*i.e. Minos*) 8.52; uulnera dirigit Parthus ~is certior ictibus SEN.*Her.O.*161; ~os arcus STAT.*Theb.*6.725; ~ae facem coronae (*i.e. Ariadne's Crown*) *Silv.*1.6.88.

Gnōsias ~adis, *f. adj.* **Cnōsias.** = next.

~adesque Cydoneaeque iuuencae OV.*Ars* 1.293;—(*as sb.*) Bacchi, ~as (*i.e. Ariadne*), uxor eris 1.556.

Gnōsis ~idis or ~idos, *f. adj.* **Cnōsis.** FORMS: voc. *Gnosi* OV.*Ars* 3.158. = next; (as sb.) a woman of Cnossos (in quots., Ariadne).

Coronam ~ida (*i.e. the constellation, Ariadne's Crown*) OV.*Fast.*3.460;—~is in ignotis amens errabat harenis *Ars* 1.527; STAT.*Theb.*12.676; *Silv.*1.2.133.

Gnōsius ~a ~um, *a.* **Cnōsius.** Of or pertaining to Cnossos (or, poet., to Crete).

~a..litora CATUL.64.172; ~a tellus VERG.*A.*6.23; calami spicula ~i HOR.*Carm.*1.15.17; pharetra..~a PROP.2.12.10; ~a..castra OV.*Met.*8.40; quaesitor..~us (*i.e. Minos*) SEN. *Ag.*24; MART.9.34.7;—(*masc. as sb.*) nec semper ~us arcum destinat *Laus Pis.*142; (*pl.*) bellum aduersus Gortynios ~osque gerebant LIV.37.60.3;—(*fem. as sb.*) ~a (*i.e. Ariadne*), Theseae..periuria linguae fleuisti [TIB.]3.6.39; PROP. 1.3.2.

Gnōsos (~us) ~ī, *f.* Also **Cnōsos, Gnossos.** The ancient capital of Crete, Cnossos.

VITR.1.4.10; MELA 2.113; LUC.3.185; PLIN.*Nat.*4.59.

gōbius (cōbius) ~iī, *m.* **gōbiō (cōbiō)** ~iōnis. [Gk. κωβιός] A small fish of the gudgeon kind.

α thynno capto ~ium (corium *cod.*) excludunt foras LUCIL. 938; spina nocuus non ~ius ulli OV.*Hal.*130; MART.13.88.2. β exiguus..~io COL.8.17.14; PLIN.*Nat.*9.175; 32.146; ne mullum cupias, cum sit tibi ~io tantum in loculis IUV. 11.37.

Golgoe (~ī) ~ōrum, *m. pl.* A town of Cyprus, noted for the worship of Aphrodite.

CATUL.36.14; 64.96; PLIN.*Nat.*5.130.

gomphus ~ī, *m.* [Gk. γόμφος] (prob.) A wedge-shaped stone built into the edge of a kerb to hold it together.

umbonibus hinc et hinc coactis et crebris iter alligare ~is (*v.l.* gonfis) STAT.*Silv.*4.3.48.

gonger: see CONGER.

gongylis ~idis or ~idos, *f.* [Gk. γογγυλίς] A turnip.

seritur..~is, illustri quam mittit Nursia campo COL.10. 421.

gōniaea ~ae, *f.* [Gk. γωνιαῖος (angled)] The name of an unknown gem.

PLIN.*Nat.*37.164.

Gorgiās ~ae, *m.* An orator and sophist of Leontini, *c.* 480–380 B.C.

CIC.*Brut.*30; V.MAX.8.15.ext.2; QUINT.*Inst.*3.1.13;—(*as the title of a Platonic dialogue*) CIC.*Tusc.*5.34.

Gorgō(n) ~onis or ~onos, *f.* FORMS: acc. *Gorgonam* HYG.*Astr.*2.12 (twice). **a** The Gorgon ('Grim One'), i.e. Medusa, daughter of Phorcys, a monstrous snake-haired maiden who turned to stone those she looked on; also, the Gorgon's head on the aegis of Pallas Athene. **b** (as a generic term) any of the three daughters of Phorcys and Ceto (Medusa, Sthenno, and Euryale), a Gorgon.

a ~onis..Perseus superator OV.*Met.*4.699; 5.202; altera si ~o ueniat MAN.5.576; ~on fera SEN.*Her.O.*96; faciem uitabant ~onos angues LUC.9.653; Perseus anguicomam praesecto ~ona collo ales habet STAT.*Theb.*1.544; (*in sculpture*) ~onis os pulcherrimum cinctum anguibus reuellit CIC. *Ver.*4.124;—(*on the aegis of Athene*) Pallas..~one saeua VERG.*A.*2.616; PROP.2.2.8; sic breuiter posita mihi ~one Pallas MART.6.10.11; STAT.*Theb.*11.414; IUV.12.4. **b** ~ones Harpyiaeque VERG.*A.*6.289; ora Medusae ~onis OV. *Tr.*4.7.12; ~onum..domus PLIN.*Nat.*6.200; MART.10.4.9.

Gorgoneus ~a ~um, *a.* Of, belonging to, or typical of the Gorgon; *equus* ~*us*, Pegasus, who sprang from her blood; *lacus* ~*us*, the spring Hippocrene, struck from the ground by Pegasus' hoof.

~is Allecto infecta uenenis (*i.e. having poisonous snakes for hair, like Medusa*) VERG.*A.*7.341; ~as..domos OV.*Met.* 4.779; ~i uictorem..monstri MAN.5.567; furore ~o SEN. *Ag.*530; ~os..crines LUC.7.149; ~o..torquentem lumina uultu SIL.4.234; (*w. ref. to stars*) Perseus..laeua (manu) ..tenet ~um..caput VITR.9.4.2;—unda..ungula ~i quam caua fecit equi OV.*Pont.*4.8.80; STAT.*Theb.*4.61; (*cf.*) ~i ..caballi IUV.3.118;—columbae tingunt ~o..rostra lacu PROP.3.3.32.

GRAND VALLEY
GVSC
STATE COLLEGES
THE LIBRARY

OXFORD
LATIN DICTIONARY

OXFORD LATIN DICTIONARY

FASCICLE IV

Gorgonia—Libero

EDITED BY P. G. W. GLARE

OXFORD
AT THE CLARENDON PRESS
1973

Oxford University Press, Ely House, London W. 1

GLASGOW NEW YORK TORONTO MELBOURNE WELLINGTON
CAPE TOWN IBADAN NAIROBI DAR ES SALAAM LUSAKA ADDIS ABABA
DELHI BOMBAY CALCUTTA MADRAS KARACHI LAHORE DACCA
KUALA LUMPUR SINGAPORE HONG KONG TOKYO

PRINTED IN GREAT BRITAIN
AT THE UNIVERSITY PRESS, OXFORD
BY VIVIAN RIDLER
PRINTER TO THE UNIVERSITY

gorgonia ~ae, *f.* [Gk.] A name for coral.
~a..est..curalium. nominis causa, quod in duritiam lapidis mutatur emollitum in mari PLIN.*Nat.*37.164.

Gorgophona ~ae, *f.* The Gorgon-slayer, a title of Minerva.
[CIC.]*Exil.*24.

Gortȳna ~ae, *f.* FORMS: *Cortyniam* VAR.*R.* 1.7.6; *Gortyna* (acc., as though from *Gortyn*) V.FL.1.708. A city of Crete.
VITR.1.4.10; MELA 2.113; LUC.3.186; SIL.2.101.

Gortȳniacus ~a ~um, *a.* Of or coming from Gortyna (poet., used for Cretan).
~o..arcu OV.*Met.*7.778.

Gortȳnis ~idis or ~idos, *f. adj.* = prec.
Dictaea..manu ~is harundo tenditur in Scaeuam LUC. 6.214.

Gortȳnius ~a ~um, *a.* Also **Cortȳnius.** Of or coming from Gortyna; (poet., often standing for Cretan).
~um..iudicem quis nouit..? CIC.*Phil.*5.13; (*masc. pl. as sb.*) quingenti ~i Cretensium LIV.33.3.10;—canis..~a V.RUF.*poet.*4; stabula..~a VERG.*Ecl.*6.60; spicula..~a *A.* 11.773; alii ~a lentant cornua STAT.*Theb.*3.587; arbiter..~us (*i.e. Minos*) 4.530; SIL.2.148.

gōrȳtos (~us) ~ī, *m.* Also **cōrȳtos.** [Gk. γωρυτός] A case for holding arrows, quiver.
quis tela sagittae ~ique leues umeris et letifer arcus VERG.*A.*10.169; in quibus est nemo, qui non ~on et arcum..gerat OV.*Tr.*5.7.15; telum Scythicis leue ~is missum SEN.*Her.F.*1127; STAT.*Theb* 4.269; SIL.15.773.

gossypinum ~inī, *n.* **gossypion** ~iī. [foreign] The cotton-plant.
arborem uocant ~inum..Iuba circa fruticem lanugines esse tradit linteaque ea Indicis praestantiora PLIN.*Nat.* 12.39. β superior pars Aegypti..gignit fruticem, quem aliqui ~ion uocant, plures xylon PLIN.*Nat.*19.14.

grabātulus (-att-) ~ī, *m.* [next+-VLVS] Dim. of next.
~o..pone cardines supposito APUL.*Met.*1.11; 1.16; accubantem exiguo admodum ~o 1.22; 2.15.

grabātus (-att-) ~ī, *m.* Also **crab-.** [Gk. κράβατ(τ)ος] A low and (usu.) mean or wretched bed or couch, pallet, camp-bed or sim.
tres a Deucalione ~i restibus tenti LUCIL.251; deos..concursare circum omnium mortalium..non modo lectos, uerum etiam ~os CIC.*Div.*2.129; CATUL.10.22; membra leuat uili sensim demissa ~o *Mor.*5; ~us ille uerus sit..et panis durus ac sordidus SEN.*Ep.*18.7; PETR.92.3; MART. 1.92.5; 12.32.11. β ~us argento inaurato tectus SCAEV. *dig.*33.7.20.8.

Gracchānus ~a ~um, *a.* Of, belonging to, or characteristic of the Gracchi.
~i iudices (*i.e. pro-Gracchan*) CIC.*Brut.*128; ~o tumultu V.MAX.1.1.1; cum..mala ~a mouisset (Drusus) SEN.*Dial.* 10.6.1; ~a prima et secunda..seditio FLOR.*Epit.*1.47(3.12. 8); (*masc. pl. as sb.*) lapides..quos ~i aut Syllani posuerunt SIC.FL.*agrim.*p.130.

Gracchus ~ī, *m.* ORTHOG.: orig. written *Graccus*, acc. Quint.*Inst.*1.5.20, and so sts. in editions. A Roman cognomen; esp. Ti. and C. Sempronius Gracchus, the great radical leaders of the late second century B.C.
epistulas Corneliae matris ~orum CIC.*Brut.*211; C. ~i frumentaria..largitio *Off.*2.72; VERG.*A.*6.842; VELL.2.6.1; [SEN.]*Oct.*882; JUV.2.24.

gracilentus ~a ~um, *a.* [GRACILIS+-ENTVS] FORMS: *-lens* app. in LAEV.*poet.*17(Non.p. 116M). Slender, thin.
deducunt habiles gladios filo ~o ENN.*Ann.*253; equum habere ~um aut parum nitidum GEL.4.12.2; 19.7.3.

gracilipēs ~edis, *a.* [next+-PES] Thin-legged.
ciconia..~es PUB.*com.*8.

gracilis ~is ~e, *a.* *compar.* ~ior, *superl.* ~limus. [cogn. w. *cracens*; perh. cf. Skt. *kṛśāḥ* 'gaunt', 'infirm'] FORMS: fem. *gracila*, etc., TER.*Eu.*314, LUCIL.296.

1 (of a person or animal, the limbs, etc.) Slender, slight, slim, thin; (sts. in derogatory sense). **b** (of things) having little thickness, fine, slender.
(*in good or neutral sense*) quas (*sc.* uirgines) matres student demissis umeris esse..ut ~ae sient TER.*Eu.*314; ~is..puer..perfusus liquidis..odoribus HOR.*Carm.*1.5.1; uirginis propter aetatis teneritatem ~ioribus membris figuratae VITR.4.1.8; si paetast, Veneri similis (uocetur)..sit ~is, macie quae male uiua suast OV.*Ars* 2.660; *Rem.*328; ~es..capellae *Met.*1.299; alii ~es, alii obessi sunt CELS.1.3.13; ~es..Indi JUV.6.466;—(*in bad sense*) cui satis una farris libra foret, ~i sic tamque pusillo HOR.*S.*1.5.69; equi hominesque paululi et ~es LIV.35.11.7; ~e hoc (corpus) fecit..cura mei OV.*Pont.*1.4.52; iurisconsulti..~es, uix animam habentes SEN.*Apoc.*12.2; fuit..uentre proiecto, ~limis cruribus SUET.*Nero* 51.1; (*cf.*) si..~is structos effugit umbra rogos OV.*Tr.*4.10.86. **b** ~i fiscellam texit hibisco VERG.*Ecl.*10.71; cum ~es essent (comae)..et lanuginis instar OV.*Am.*1.14.23; tenues crustas et ipsa, qua secantur, lamna ~iores SEN.*Ben.*4.6.2; luna..non ~i surrexit lucida cornu LUC.5.546; caule alto, ~i PLIN.*Nat.*25.172; lyrae ~es..chordas *Ilias* 882; in hoc ~i..libello MART.13.3.1; (*in bad sense*) (uitis) infirma ~isque SEN.*Ep.*112.2.

2 Having little width, narrow.
quam multae ~i..ferre limite formicae grana reperta solent OV.*Tr.*5.6.39; quom..~is..gradu serperet aequo (Achelous) SEN.*Her.O.*589; ~is..Isthmos LUC.1.101; nec LXX implent (Alpes) reliqua sui parte ~es PLIN.*Nat.*3.132; iuncturae rimam, licet ~em, setae circumfluentis densitate saepimus APUL.*Met.*4.15.

3 Having little density or substance; (esp., of the soil) thin, light, or sim. **b** scanty, meagre.
picea..(resinam) pinguem..fundit, larix ~em PLIN.*Nat.* 24.33; lapis..~is et putris PLIN.*Ep.Tra.*10.39(48).2;—(*of soil*) ubi per ~es..Ilisos labitur agros SEN.*Phaed.*13; seminari debet post aequinoctium..si laeto solo, si ~i, maturius COL.2.9.15; 5 6.11; ~is et collinus (situs) 7.2.3; ager..fossus ~is imitatur harenas 10.8; iniecta..~i bibulaque (terra) super umidam ac praepinguem PLIN.*Nat.*17.41; 18.191. **b** uindemias, ~es quidem, uberiores tamen, quam exspectaueram, colligo PLIN.*Ep.*9.20.2; ~es ubi parua coronas accipiunt..simulacra JUV.12.87; quod uiuo ~i lare, quod pauciores habeo APUL.*Apol.*21; (*transf.*) ~i pauperie laborans *Met.*9.5.

4 **a** (of poets, their themes, etc.) Not on the grand scale, modest, unambitious. **b** (w. ref. to style of composition) simple, plain, unadorned.
a lusimus..~i modulante Thalia *Culex* 1; (Amor) me tam ~is uetuit contemnere Musas PROP.2.13.3; materiae ~i sufficit ingenium OV.*Pont.*2.5.26; MAN.4.154; alta tonantis..Troica Macri carmina..chelyn ~is patefecit Horati *Laus Pis.*242. **b** inter ~e (genus dicendi) ualidumque tertium aliquid constitutum est QUINT.*Inst.*12.10.66; praefationes tersae, ~es PLIN.*Ep.*2.3.1; GEL.6(7).14.2;—(*of persons*) non possumus esse tam ~es, simus fortiores; subtilitate uincimur, ualeamus pondere QUINT.*Inst.*12.10.36; FRO.*Aur.*2. p.48(113N).

gracilitās ~ātis, *f.* [prec.+-TAS]

1 Slenderness, thinness.
(*of persons, animals, or their limbs*) erat eo tempore in nobis summa ~as et infirmitas corporis CIC.*Brut.*313; iocatus est..in crurum ~atem SEN.*Dial.*2.16.4; mares (*i.e. scorpions*)..intellegi..~ate et longitudine PLIN.*Nat.*11.87; me uehementius..intendi, quam ~as mea perpeti posset PLIN.*Ep.* 2.11.15; SUET.*Cal.*3.1; APUL.*Met.*2.2; (*pl., in fig. phr.*) (Lysias) habet..certos sui studiosos, qui non tam habitus corporis opimos quam ~ates consectentur CIC.*Brut.*64; (*cf.*) (speciem columnarum) ad muliebrem transtulerunt ~atem VITR.4.1.7;—(*of plants*) ~as uitis COL.4.16.4; rubi..curuati ~ate et simul proceritate nimia PLIN.*Nat.*17.96; 19.89.

2 (rhet.) Plainness of style, elegant simplicity.
Aesopi fabulas..narrare..deinde eandem ~atem stilo exigere condiscant QUINT.*Inst.*1.9.2; 4.3.2; similemne credimus (Periclea) Lysiacae ~ati? 12.10.24; exempla..M. Varro esse dicit ubertatis Pacuuium, ~atis Lucilium, mediocritatis Terentium GEL.6(7).14.6.

3 (of sounds) The quality of not being full.
quae (*i.e.* turrim, securim) sunt..iucundioris ~atis, quam si..per e litteram dicas GEL.13.21(20).6.

graciliter, *adv.* *compar.* ~ius. [GRACILIS+-TER^{2}]

1 Slimly, slenderly.
uasculo (*i.e. a clepsydra*)..in uicem coli ~iter fistulato APUL.*Met.*3.3.

2 (rhet.) In the plain style.
quis dubitat..alia ornatius, alia ~ius esse dicenda? QUINT.*Inst.*9.4.130.

gracilitūdō ~inis, *f.* [GRACILIS+-TVDO] Slenderness, leanness.
ACC.*trag.*88.

grāculus ~ī, *m.* Also **grāgulus.** [onomat.] A jackdaw (and perh. other birds of the crow kind).
ab eo ~i (appellati) quod gregatim (uolitant) VAR.*L.*5.76; *R.*3.16.4; pluuiae ~us auctor aquae OV.*Am.*2.6.34; ~us..raptor *Priap.*61.10; ~us..pinnas, pauoni quae deciderant, sustulit PHAED.1.3.4; PLIN.*Nat.*18.363; (puellam) nigriorem..~o MART.1.115.5; uetus adagium est: nihil cum fidibus ~ost, nihil cum amaracino sui GEL.pr.19; PAUL.*Fest.*p.97M.

gradārius ~a ~um, *a.* [GRADVS+-ARIVS] (of a horse) That moves at an even pace, steady; (transf., of an orator).
ipse ecus..~us LUCIL.476;—Cicero..~us fuit. Romanus sermo magis se circumspicit et aestimat SEN.*Ep.*40.11.

gradātim, *adv.* [GRADVS+-ATVS^{2}+-IM]

1 By steps, not steeply or abruptly; at ascending or descending intervals.
~ (est) substructum ut theatridion auium VAR.*R.*3.5.13; (*in fig. phr.*) pedetemptim et ~ tum accessus a te ad causam facti, tum recessus CIC.*Fam.*9.14.7; (*cf.*) uox..altitudinem ~ scandit VITR.5.3.7;—trauersis ~..perticis adnexis ad speciem cancellorum scenicorum VAR.*R.*3.5.4; (fossae) sternuntur ~ ulice PLIN.*Nat.*33.76; septem (stellae)..totidem orbibus adfixae sunt et ~ sibimet superlatae APUL.*Mun.*2.

2 (transf.) By successive degrees or stages, progressively. **b** in order of precedence.
necesse est humanae uitae a summa memoria ~ descendisse ad hanc aetatem VAR.*R.*2.1.3; ~ ascendere uocem..suaue est CIC.*de Orat.*3.227; honores, quos eramus ~ singulos adsecuti *Red.Pop.*5; uniuersitatem generis humani..~ ad pauciores postremo deducere ad singulos *N.D.*2.164; ex fabricationibus aedificiorum ~ progressi ad ceteras artes VITR.2.1.6; ~ ex ordine totam communitionem dissipauerunt 10.13.1; sumus..solito rariores, quod initium est ~ desinendi PLIN.*Ep.*2.14.14;—(*w. ref. to the rhet. figure* gradatio) augent (orationem)..ea quae ascendunt ~ ab humilioribus ad superiora CIC.*Part.*54. **b** ut prima (officia) diis immortalibus, secunda patriae, tertia parentibus, deinceps ~ reliquis debeantur CIC.*Off.*1.160; uinum..aliud sibi et nobis, aliud minoribus amicis (nam ~ amicos habet) PLIN.*Ep.*2.6.2; 8.2.8; singulos (*sc. senatores*)..debere consuli ~ incipique a consulari gradu GEL.14.7.9; ~..admittuntur cognati ad bonorum possessionem ULP.*dig.*38. 8.1.10.

gradātiō ~ōnis, *f.* [GRADVS+-TIO]

1 (usu. pl.) A series of steps or tiers (esp. in a theatre).
architecti..indagationibus uocis scandentis theatrorum perfecerunt ~ones VITR.5.3.8; tectum porticus, quod futurum est in summa ~one 5.6.4; ~ones scalarum 5.7.2.

2 (rhet.) A series of propositions, etc., in which each rises above the last in force.
~o est, in qua non ante ad consequens uerbum descenditur, quam ad superius escensum est, hoc modo..'Africano uirtutem industria, uirtus gloriam, gloria aemulos comparauit' *Rhet.Her.*4.34; CIC.*de Orat.*3.207; QUINT.*Inst.*9.3.54.

gradātus ~a ~um, *a.* [GRADVS+-ATVS^{2}] Arranged at ascending intervals; cut into steps.
reliquae (palmae)..densis ~isque corticum pollicibus..faciles ad scandendum PLIN.*Nat.*13.29;—hanc (maceriam) ~a buxus operit PLIN.*Ep.*5.6.17.

? **gradilis** ~is ~e, *a.* [next+-ILIS^{1}] Able to tread.
qua uix caprigeno generi ~is (*cj.*; gradibilis *codd.* Priscian) gressio est PAC.*praet.*5.

gradior ~ī gressus, *intr.* [cf. Lith. *gridìju* 'go', OIr. *do-greinn* 'pursues'] FORMS: *gressus*, etc., app. only attested in VERG.*A.* 6.633. To make one's way (usu. on foot), proceed, step, walk (esp. in a stately or deliberate manner). **b** (spec.) to move on foot, walk (in contrast to other forms of locomotion).
si ~erere tantum quantum loquere, iam esses ad forum PL.*Ps.*1236; *Truc.*124; fidenti animo..~ietur ad mortem CIC.*Tusc.*1.110; siue trans altas ~ietur Alpes CATUL.11.9; pariter gressi per opaca uiarum VERG.*A.*6.633; ipse comes Niso ~itur 9.223; ~ere et scitabere ab ipso (*sc.* Sole) OV.*Met.* 1.775; ~iens ingenti litora passu degrauat 13.776; Phaedra praeceps ~itur, impatiens morae SEN.*Phaed.*583; (Marcellus) ~itur comitante triumpho SIL.12.279; APUL.*Met.*2.30;—(*w. internal acc.*) qui iter ~iebatur HYG.*Fab.*38.4;—(*of animals*) quae (*sc. a cow*)..~iens ima uerrit uestigia cauda VERG.*G.*3.59; lente ~ientis aselli OV. *Met.*11.179; plebs (*i.e. hens, etc.*)..superba ~itur PLIN.*Nat.*10.47;—(*poet., of things*) foras ~iens..clamor LUCR.4.529; nebula..omne qua ~itur conturbat 6.1122;—(*in fig. phrs.*) uos mihi amnes estis..uostro ~iar limite PL.*Poen.*632; qui..securo gradu uirtutis uia ~eretur APUL.*Pl.*2.20. **b** alia animalia ~iendo alia serpendo ad pastum accedunt CIC.*N.D.*2.122; *Tusc.*5.38; GEL.10.26.5;—(*cf.*) (pisces) exire ad pabula pinnulis ~ientes PLIN.*Nat.*9.175.

Grādīuicola ~ae, *m.* [next+-COLA] A worshipper of Mars.
~am..Tudertem SIL.4.222.

Grādīuus (~os) ~ī, *m.* PROS.: first syll. shortened in OV.*Met.*6.427, V.FL.5.650, SIL. 15.15, 337. A title of Mars.
uenerabar..~um..patrem, Geticis qui praesidet aruis VERG.*A.*3.35; rex ~e 10.542; Salios..duodecim Marti ~o legit LIV.1.20.4; 2.45.14; hinc..~om bella mouere decet OV.*Fast.*5.556; SEN.*Her.F.*1342; plenus ~o mentem SIL. 10.14; JUV.13.113;—(*of the planet Mars*) bimos ~us perficit orbis GERM.fr.2.16;—(*transf.*) qui..flagret meliore ~o (*i.e. fortune of war*) SIL.15.15.

gradus ~ūs, *m.* [cf. GRADIOR] FORMS: gen. sg. *graduis* VAR.in Non.p.494M; dat. sg. *gradu* LUCIL.965; abl. sg. *grado* *CIL* 6.13267; acc. pl. *grados* PAC.*trag.*171, *CIL* 1.817, VITR.5.6.5.

1 A step, pace (often as collect. sg.). **b** (w. descriptive adjs.). **c** (spec.) a walking pace (opp. to a run, etc.). **d** a unit of length, = $2\frac{1}{2}$ Roman feet.
~um proferam, progrediri properabo PL.*Men.*754; adde (*i.e. quicken*) ~um, adpropera *Trin.*1010; quotienscumque ~um facies CIC.*de Orat.*2.249; uno quoque ~u *Ver.*1.154; *Fin.*3.45; paucis ante ~ibus, quam qui eum sequebantur, in aedem Mineruae..confugit NEP.*Paus.*5.2; siste ~um VERG.*A.*6.465; ~um sensim referentes LIV.30.18.12; ~um acrius intulere Romani 35.1.9; simulat..~u discedere uerso OV.*Met.*4.338; nostros comitate ~us 8.692; sonitus Herculei ~us SEN.*Her.F.*523; manus..congruere debet cum ~u PLIN.*Nat.*18.197; ~um tarde mouet Inacha pubes STAT. *Theb.*8.363; multiplicant..~um (*i.e. in a dance*) *Ach.*1.831; conlato illic ~u certatum (*i.e. at close quarters*) TAC.*Ann.* 2.20; (*poet.*) tarda necessitas leti corripuit ~um HOR.*Carm.* 1.3.33;—(*in fig. phrs.*) P. Clodio ~us ad rem publicam hic primus fuit CIC.*Har.*43; proximus a militaribus institutis ad..theatra ~us faciendus est V.MAX.2.4.1; QUINT.*Inst.*3.6.8. **b** abire..grandi ~u PL.*Truc.*286; suspenso ~u placide ire TER.*Ph.*867; tardo procedens ~u ACC.*trag.*183; infirmo solet huc ~u uenire (*sc.* anus) *Priap.*12.5; aciem..pleno ~u (*i.e. at a quick pace*) in hostem inducit LIV.4.32.10; incertos oculos, ~um errantem SEN.*Ep.*83.21; praecipites agit ille ~us V.FL.8.131;—(*in fig. phr.*) lento..~u ad

uindictam sui diuina procedit ira V.Max.1.1.ext.3;—(*transf.*) quom (Achelous)..~u serperet aequo Sen.*Her.O.* 589; purior..Olenii..~us..astri (*i.e. Capella*) Stat.*Theb.* 3.25. **c** uelocitas..quae..a cursu ad ~um reduci potest Sen.*Dial.*4.35.2; (*in fig. phr.*) non ~u, sed praecipiti cursu a uirtute descitum, ad uitia transcursum Vell.2.1.1. **d** Balb.*grom.*p.95La.

2 Firm position of the feet, footing, stance. **b** the position occupied by an object, site.

(copiae) ~u pulsae premebantur loci iniquitate *B.Alex.* 76.2; ni ~us seruetur, nulli tutus est summus locus Pub. *Sent.*N.55; cum..ille..ingenti pontem obtineret ~u (*i.e. with feet planted wide apart*) Liv.2.10.10; stabili ~u impetum hostium excipere 6.12.8; in..~u stetimus certi non cedere Ov.*Met.*9.43; Sen.*Dial.*2.16.2; composui ad proeliandum ~um Petr.80.2; stant terra fugiente ~us Stat.*Theb.*9.473; 11.554; locus..ad ~um instabilis Tac.*Ann.*1.64; legio ~u immota 14.37; (*cf.*) plus..comminus et in ~u quam eminus et in spatioso cursu facere debent (canes uillatici) Col. 7.12.7;—(*in fig. phrs.*) mihi uidetur στρατύλλαξ ille deiectus de ~u Cic.*Att.*16.15.3; *Off.*1.80; corda uirum mansere ~u Sil.16.21. **b** eos, qui terminos statutos extra suum ~um finesue mouerint Call.*dig.*47.21.3.

3 (esp. pl.) A step, stair (often of steps leading up to and forming the base of a building; pl. sts. = a flight of stairs). **b** a rung (of a ladder). **c** (in fig. context).

paucos aerari ~us ascendere Cic.*Font.*4; qui frequentissimi in ~ibus Concordiae steterunt *Phil.*7.21; *Att.*4.1.5; templum..aerea cui ~ibus surgebant limina Verg.*A.*1.448; Prop.4.1.9; arripit Seruium elatumque e curia..per ~us deiecit Liv.1.48.3; clauos per modica interualla figentes cum uelut ~us fecissent 28.20.4; praeteri istos ~us diuitum et magno adgestu suspensa uestibula Sen.*Ep.*84.12; in ~ibus gemitoriis (*i.e. the Scalae Gemoniae*) Plin.*Nat.*8.145; qua Tarpeia rupes centum ~ibus aditur Tac.*Hist.*3.71; pro ..Palati ~ibus Suet.*Nero* 8; (*collect. sg.*) BASIM ~VM ARAM ..FACIVNDA COER(auerunt) *CIL* 10.5159;—(*of a couch, throne*) cum pedes imum ~um (regiae sellae) non contingerent Curt.5.2.13; ~ibus..adclinis eburnis stat torus Luc.2.356;—(*transf.*) montes montibus..super impositi struxere ~us trucibus monstris (*i.e. the Titans*) Sen.*Ag.*334; Pelion..tertius caelo ~us *Tro.*8.30. **b** quem ad modum scalarum ~us si alios tollas, alios incidas, non nullos male haerentis relinquas Caecin.*Fam.*6.7.3; brachium deligatum super scalae gallinariae ~um Cels.8.15.5; Petr.53.11. **c** ut sibi..sit his ~ibus ascensus etiam ad ciuitatem Cic. *Balb.*40; creati..quinque (tribuni) plebis; ~uque eo iam uia facta ad consulatum uidebatur Liv.6.42.2; quae uictoria futurae eius..potentiae ~us et fundamentum extitit V.Max. 1.6.4; traiciendo..exercitu in Africam opportunum quaerendo ~um 3.6.1; quidquid illi congesseris, non finis erit cupiditatis, sed ~us Sen.*Dial.*12.11.4; *Thy.*747.

4 A tier (of seats in a theatre); a shelf (in a *columbarium*).

Nouius..~u post me sedet uno Hor.*S.*1.6.40; ~us spectaculorum, ubi subsellia componantur Vitr.5.6.3; in ~ibus sedit populus de caespite factis Ov.*Ars* 1.107; sedere primo solitus in ~u Mart.5.14.1; gladiator in quattuordecim ~ibus (*i.e. those reserved for* equites) ne sedeat Quint. *Decl.*302(p.190,l.19); antea subitariis ~ibus et scaena in tempus structa ludos edi solitos Tac.*Ann.*14.20;—VENDIDIT ..PHILAGRO OLLAS DVAS ~V TERTIO AB IMO *CIL* 6.4893.

5 (applied to various things resembling or analogous to steps or tiers): **a** A projecting edge (in a surface). **b** (in coiffure). **c** (agr.) any of the successive levels of earth reached in a trenching operation. **d** (geom., etc.) one of a series of parallel or radial divisions.

a ita fricentur (pauimenta), uti..nulli ~us in scutulis aut trigonis..extent Vitr.7.1.4. **b** uelli et comam in ~us frangere Quint.*Inst.*1.6.44; 12.10.47; Suet.*Nero* 51.1. **c** sulcum paulatim exaltare et ita secundo uel tertio ~u peruenire ad destinatam pastinationis altitudinem Col. 3.13.9; semper in plano effossa et regesta humus tumidior est quam ~us soli crudi 4.1.3; 11.3.10. **d** haec (*sc. the figure of a triangle*) ubi distincta est ~ibus *Nux* 83; (*the Celestial Equator*) quattuor..~ibus (*i.e. 24°*) sua fila reducit ab aestu (*i.e. the Tropic of Cancer*) Man.1.581;—(*in the circle of the 'athla'*) quintus coniugio ~us est per signa dicatus 3.120.

6 A step or stage in a process; *per ~us*, by degrees, gradually. **b** a step in an argument; (also, in a rhetorical figure). **c** a stage in the growth or development of a person, etc., period, phase. **d** (mus.) a degree of the scale, interval.

tertium ~um agendi esse dicunt, ubi quid faciant Var.*L.* 6.77; ~us tuos et quasi processus dicendi studeo cognoscere Cic.*Brut.*232; ratio..is ~ibus ad sapientiam peruenit *Luc.* 30; notitiam primosque ~us uicinia fecit, tempore creuit amor Ov.*Met.*4.59; spem iuuat amplecti..proximus huic ~us est bene desperare salutem *Pont.*3.7.23; quibus ~ibus fracta sit et deminuta eloquentia Tac.*Dial.*26.9; 30.3; hi plerumque ~us (*i.e. in a rake's progress*) Juv.11.46;—per..~us molles emoriatur amor Ov.*Rem.*654; *Met.*2.354; per ~us crescit (Nilus) Sen.*Nat.*4a.2.25; (actor) ad id responsum, quod eliciendum erit, per ~us ducet (testem) Quint.*Inst.*5.7.20. **b** quod bonum sit, id est optabile, quod optabile, id expetendum..deinde reliqui ~us Cic. *Fin.*4.50; *N.D.*1.89; secundo ~u (dicamus), non potuisse donari a uictore ius Quint.*Inst.*5.10.116; mille argumentorum ~us Tac.*Dial.*19.3;—(*rhet.*) et probandorum et culpandorum ex iis confirmatio eosdem ~us habet Quint. *Inst.*5.11.7; (*in* gradatio) si quis eam (*sc.* diuisionem) per ~us augeat 2.4.34; 8.4.3;—(*cf., of pauses in a period*) etiam in his, quae non dubie contexta sunt.., illi sint uel occulti ~us 9.4.67. **c** omnis fere fructus quinto..~u peruenit ad perfectum Var.*R.*1.37.4; tertio..~u (homines) a uita pastorali ad agri culturam descenderunt 2.1.5; cum omnis ~us aetatis recordor tuae Cic.*de Orat.*3.82; ad uitae crescentis ~us perduci Vitr.2.pr.3; aetatem..in robustiorem ~um transeuntem Sen.*Ben.*4.6.6; quae (*sc.* uitia) natos statim excipiunt et per singulos aetatis ~us cumulantur Tac.*Dial.*28.3; Suet.*Aug.*79.1. **d** omnis sonorum tum intendens tum remittens persequetur ~us Cic.*Orat.*59; (uocem) per ~us paulatim ab imo ad summum perducere Sen.*Con.*1.pr.16; Sen.*Ep.*15.7; Quint.*Inst.*12.10.68.

7 a A degree of relationship. **b** a position in order of succession (usu. under a will).

a ille ~u propior sanguinis Ov.*Ep.*3.28; nostri quoque sanguinis auctor Iuppiter est, totidemque ~us distamus ab illo *Met.*13.143; siue per splendidos siue per sordidos ~us.. prima cuiusque origo perducitur Sen.*Ben.*3.28.2; primum cognationis ~um abstulisse uicesimae Plin.*Pan.*39.1; a matre Magnum Pompeium artissimo contingebat ~u Suet. *Aug.*4.1; eas..personas quae ex transuerso ~u cognatione iunguntur (*i.e. collateral relatives*) Gaius *Inst.*1.60; filius ~u praecedit 2.133; quamuis magna amita et matertera quarto ~u sint *dig.*23.2.17.2; (*among animals*) qualemcumque speciem, quae fuerit in bestiis, per nepotum ~us mitigata feritate reddi Col.7.2.5. **b** si liberi non sunt, proximus ~us in possessione fratres, patrui Tac.*Ger.*20.5; Tiberium et Liuiam heredes habuit..in spem secundam nepotes..tertio ~u primores ciuitatis scripserat *Ann.*1.8; Suet.*Aug.*101.2; Gaius *Inst.*2.176 aliqua parte tabularum exheredem scribi non sufficit, sed eo ~u, contra quem petitur bonorum possessio Ulp.*dig.*37.4.8.1; 37.5.10.2; (*cf.*) tutela.. reuertitur ad eum, qui..secundum ~um in ea tutela habuerit Gaius *Inst.*1.170;—(*in succession to a throne*) Philippus qui post Alexandrum septimo ~u Macedoniam regnauit Amp.16.3.

8 A stage or position in the scale of dignity, rank, or fortune.

cuius aetas a senatorio ~u longe abesset Cic.*Man.*61; seruari necesse est ~us; cedat consulari generi praetorium *Planc.*15; obtinere summum atque altissimum ~um ciuitatis *Fam.*1.7.9; diua..praesens..imo tollere de ~u mortale corpus Hor.*Carm.*1.35.2; primoribus equestris ~us lectis Liv.2.1.10; per honorum ~us..tendere ad consulatum 32. 7.10; in illo fortunae ~u positum..uenerari Curt.6.10. 25; Plotio Grypo, maioris ~us iuueni Stat.*Silv.*4.pr.; qui tertius potentiae ~us habetur Tac.*Ann.*15.2; Suet. *Tib.*10.1; (*pregn.*) si humiliore loco sint, bestiis obici solent: si in aliquo ~u id fecerint, capite puniuntur Ulp.*dig.* 47.9.12.1;—(*in the army*) miles ab humili ordine ad eum ~um, in quo tunc erat, promotus Curt.6.11.1; Suet.*Otho* 1.2; manipulus..singulas acceptas accipient, aliqui ~us.. binas Sic.Fl.*agrim.*p.120.

9 A degree of comparative quality, importance, size, intensity, etc., grade.

ubi magnitudo animaduertenda sit in unoquoque ~u.. ut est cista cistula cistella Var.*L.*9.74; ~us singularis est.. ab uno ad nouem, denarius ~us a decem ad nonaginta 9.87; reliquorum oratorum aetates..et ~us persequamur Cic. *Brut.*122; *Opt.Gen.*4; in ipsa..communitate sunt ~us officiorum *Off.*1.160; fateor me ad istum ~um sapientiae non peruenisse Mat.*Fam.*11.28.2; in eum ~um amicitiae regis, ut consiliis..arcanis interesset acceptus erat Liv.35.18.2; Curt.9.1.6; summum bonum..quod supra se ~um non habet Sen.*Ep.*85.20; has (uites) nuper mihi cognitas..non facile adseuerem quo ~u habendae sint Col.3.2.28; ut.. reciperetur..ars ea in primum ~um liberalium Plin.*Nat.* 35.77; (*applied to a person*) Xenophon..proximus a Platone ..facundiae ~us V.Max.5.10.ext.2.

Graecānicus ~a ~um, *a.* Of Greek style or origin, Grecian.

trochileas ~as Cato *Agr.*3.5; alia (uerba) graeca, alia ~a Var.*L.*10.70; colorem..quem ~um uocant Plin.*Nat.*34.98; toga ~a Suet.*Dom.*4.4; fabulam ~am Apul.*Met.*1.1.

Graecātus ~a ~um, *a.* *compar.* ~ior. [GRAECVS+-ATVS[2]] Written in (idiomatic) Greek.

qui epistulam Pudentillae ~iorem legere non potuerat Apul.*Apol.*87.

Graecē, *adv.* [GRAECVS+-E] In the Greek language, in Greek.

Ἀλαζών ~ huic nomen est comoediae Pl.*Mil.*86; *Trin.*18; non optime ~..respondisse Cic.*de Orat.*2.75; qui ~ nesciunt *Flac.*10; *Tusc.*5.116; liber ~ confectus Nep.*Att.*18.6; qui (flos) ~ phlox uocatur Plin.*Nat.*21.59; hominemne Romanum tam ~ loqui? Plin.*Ep.*4.3.5; nec minus ~ quam Latine doctus Suet.*Gram.*7(p.105Re); Gaius *Inst.*2.281.

Graecia ~ae, *f.* The land of the Greeks, Greece. **b** *Magna ~a*, a term given to the Greek cities along the coast of southern Italy; also called *Maior ~a, ~a* alone, or (in a Greek context) *~a Exotica*.

~a Sulpicio sorti data, Gallia Cottae Enn.*Ann.*329; insulas ~ae Cic.*Rep.*2.8; Nep.*Ar.*2.3; ~a capta ferum uictorem cepit Hor.*Ep.*2.1.156; Curt.4.1.11; Plin.*Nat.*4.23; (*in appos.*) in terra ~a Gel.1.1.2;—(*w. ref. to the inhabitants of Greece*) ~a, facundum, sed male forte genus Ov.*Fast.*3. 102; ita ~a antiqua appellante quercum Plin.*Nat.*4.18;—(*applied to the whole Greek world*) nobilissima ~ae ciuitas (*i.e. Syracuse*) Cic.*Tusc.*5.66;—(*restricted to central Greece north of the Isthmus*) cum alteri totam Achaiam, Thessaliam, Boeotiam, ~am, Macedoniam..condonasses *Dom.*60;—(*poet.*) facilis Romano profluit ore ~a *Laus Pis.*90. **b** cum floreret in Italia ~a potentissumis..urbibus, ea quae magna dicta est Cic.*Tusc.*4.2; 5.10; *Amic.*13; a Locris Italiae frons incipit, Magna ~a appellata Plin.*Nat.*3.95;—ora..illa Italiae, quam maiorem ~am uocant Liv.31.7.11; Ov.*Fast.*4.64; Sil.11.21; (*hyperb.*) totum Italiae latus, quod infero mari adluitur, maior ~a fuit Sen.*Dial.*12.7.2;—ab eo ~ae ora, mox Sallentini,..Apuli Plin.*Nat.*3.38;—mare superum omne ~amque exoticam Pl.*Men.*236.

Graeciensis ~is ~e, *a.* Grecian, Greek.

Romani..appellant..(mare) ~e qua Graeciam adluit Plin.*Nat.*4.51; cubantem in scimpodio ~i Gel.19.10.1; ritu ~i Apul.*Met.*3.9; 11.17.

graecissō ~āre, *intr.* [GRAECVS+*-isso* (= Gk. *-ίζω*)] To assume the Greek character or manner; (spec.) to speak Greek.

hoc argumentum ~at, tamen non atticissat Pl.*Men.* 11;—loquitur..Punice et siquid adhuc a matre ~at Apul. *Apol.*98.

graecor ~ārī, *intr.* [GRAECVS+-O[3]] To imitate Greek ways.

si Romana fatigat militia adsuetum ~ari Hor.*S.*2.2.11.

Graecostasis (~is), *f.* [GRAECVS+Gk. *στάσις*] A platform near the Rostra (later moved to the Forum) where foreign (orig. Greek) envoys waited to be received by the Senate.

locus substructus, ubi nationum subsisterent legati qui ad senatum essent missi, is ~is appellatus Var.*L.*5.155; a ~i Cic.*Q.fr.*2.1.3; inter Rostra et ~in Plin.*Nat.*7.212; 33.19.

Graeculiō ~ōnis, *m.* [next+-IO[1]] A worthless or silly Greek.

~o, Serapa nomine, consiliator deorum Petr.76.10.

Graeculus ~a ~um, *a.* [next+-VLVS] Greek (usu. in contemptuous or disparaging sense). **b** (without contemptuous overtones).

~os homines contentionis cupidiores quam ueritatis Cic. *de Orat.*1.47; motum..temerarium ~ae contionis *Flac.* 23; ineptum sane negotium et ~um *Tusc.*1.86; natus infans delegatur ~ae alicui ancillae Tac.*Dial.*29.1; ~a ciuitas Flor.*Epit.*2.13(4.2.24);—(*masc. as sb.*) alicui ~o otioso et loquaci Cic.*de Orat.*1.102; ~i..multa fingunt *Scaur.*4; Sen.*Suas.*1.6; Apelles Phidiasque, ~i delirantes Petr.88. 10; Tra.Plin.*Ep.*10.40(49).2; omnia nouit ~us esuriens; in caelum miseris, ibit Juv.3.78;—(*fem. as sb.*) se non putat ulla formosam nisi quae de Tusca ~a facta est Juv.6.186. **b** (pirum) ~um Cloat.*gram.*10; ~ae uites Col.3.2.24; uernaculae (apes)..meliusculae a Graeculis fient Petr.38.3; iam ~is (*sc.* litteris) calcem impingit, et Latinas coepit non male appetere 46.5; alia (rosa) ~a appellata Plin.*Nat.*21.18; 26.42.

Graecus ~a ~um, *a.*

1 Of or belonging to Greece or the Greeks, Greek. **b** of or composed in the Greek language. **c** (in names of special varieties of plants, animals, etc.); *uinum ~um*, wine made with sea-water or salted water; *nux ~a*, the sweet almond (the tree or its seed); *faenum* (*fenum*) *~um*, the fodder-plant fenugreek; *faba ~a*, the nettle-tree (see FAENVM, FABA).

armariola ~a Pl.*Truc.*55; qui ..~is litteris studuit Cic. *Brut.*78; pubes ~a Catul.68.102; libri..~o sermone confecti Nep.*Han.*13.2; Liv.27.11.5; ~a oppida (*in Scythia*) Mela 2.6; ~a adulatio Tac.*Ann.*6.18; cum aliquos numquam soluturos significare uult, ad K(a)l(endas) ~as soluturos ait Suet.*Aug.*87.1;—(*in prov. phr.*) cetera quae uolumus uti ~a mercamur fide (*on Greek credit, i.e. for ready money*) Pl.*As.*199. **b** Cn. Aufidius..~am scribebat historiam Cic.*Tusc.*5.112; ~is nominibus ~as declinationes ..dare Quint.*Inst.*1.5.63; cum inscriptione ~a Suet.*Nero* 45.2; ~am Pudentillae epistulam Apul.*Apol.*30. **c** salicem ~am Cato *Agr.*6.4; harundines ~ae Vitr.7.3.2; (rosa) quae ~a appellatur a nostris Plin.*Nat.*21.18; (*w. ref. to Magna Graecia*) ~um pecus, quod plerique Tarentinum uocant Col.7.4.1;—uinum ~um hoc modo fieri oportet Cato *Agr.*24; 105.1;—nuces caluas, Abellanas,..~as, haec facito uti serantur 8.2; Var.*R.*1.6.4; nux ~a amygdale Cloat.*gram.*8; nuces ~ae cum tracanto contritae Cels. 4.9.2; Plin.*Nat.*23.146.

2 (as sb.): **a** (masc., esp. pl.) A Greek; also, a Greek scholar, Hellenist. **b** (fem.) a Greek woman; also, the Greek language. **c** (neut.) Greek speech, Greek; (pl.) Greek writings.

a isti ~i palliati, capite operto qui ambulant Pl.*Cur.*288; Cic.*Flac.*16; amatus..amore ~orum (*i.e. homosexually*) Nep. *Alc.*2.2; ~us ignobilis Liv.39.8.3; ~i, uitiorum omnium genitores Plin.*Nat.*15.19; Gel.1.20.7;—rusticus es?..spuma uocor nitri. ~us es? aphronitrum Mart.14.58.2. **b** Graecus et ~a..sub terram uiui demissi sunt Liv.22.57.6; Plin.*Nat.*28.12;—fideicommissa quocumque sermone relinqui possunt, non solum Latina uel ~a Ulp.*dig.*32.11. **c** libro..quem..e ~o in Latinum conuertimus Cic.*Off.* 2.87; Sen.*Con.*7.1.25; ~o melius usuri Quint.*Inst.*5.10.1;—(*pl.*) ~a leguntur in omnibus fere gentibus Cic.*Arch.*23.

grāgulus: see GRACVLVS.

Grāiugena ~ae, *m.* Forms: gen. pl. *~arum* Lucr.1.477, elsewhere *~um*. (poet.) One of Grecian birth, a Greek.

~a: de istoc aperit ipsa oratio Pac.*trag.*364; ~um.. domos Verg.*A.*3.550; optime ~um 8.127; V.Fl.2.557;—(*as adj.*) ~ae reges Stat.*Theb.*6.215.

Grāius ~a ~um, *a.* Forms: gen. pl. masc. *Graiorum* or (esp. in poetry) *Graium*; *Graii, Graiis* also written *Grai, Grais*.

1 (chiefly poet.) Greek. **b** (perh. orig. another word) *Alpes ~ae* (*Mons ~us, Saltus ~us*), the Little St. Bernard Pass and surrounding mountains.

~o patre ~us homo Enn.*Ann.*177; ~ae gentis Lucr.3.3; ~as..urbes Verg.*A.*3.295; Asiae urbes, quae ~i nominis sint Liv.34.58.12; ~o sermone Ov.*Fast.*4.61; Thyle..Grais et nostris celebrata carminibus Mela 3.57; ~a Saguntos Sil.3.178; ~as..artes Juv.11.100. **b** (credunt) ~os fuisse Graiarum Alpium incolas Plin.*Nat.*3.134; Tac.*Hist.* 2.66; *CIL* 6.31032;—per Poeninum ~umue montem Sen. *Ep.*31.9; Tac.*Hist.*4.68;—saltus ~us Nep.*Han.*3.4;—(*cf.*) geminas Alpium fores, ~as atque Poeninas Plin.*Nat.*3.123.

2 (esp. pl.) A Greek.

(*pl.*) Sophiam uocant me Grai, uos Sapientiam Afran. *com.*299; Graeci dicunt omnis aut ~os esse aut barbaros Cic.*Rep.*1.58; ~orum obscura reperta Lucr.1.136; Nep.

pr.3; cur exempla petam ~um? PROP.2.6.19; OV.*Met*.13.281; ~i, qui nunc Massiliam incolunt SEN.*Dial*.12.7.8; QUINT.*Inst*.8.3.84; APUL.*Soc*.11;—(*sg.*) ~us an barbarus CIC.*Inv*.1.35; *N.D*.2.91; OV.*Fast*.4.66.

grallae ~ārum, *f. pl.* [< *gradlae (GRADIOR+-LA)] Stilts.
ut grallatores, *etc.*..sic illi animi nostri sunt ~ae (*codd.* galae, galaea), crura ac pedes nostri, φύσει ἀκίνητοι, sed ab animo mouentur VAR.*Men*.323.

grallātor ~ōris, *m.* **grālātor.** [prec.+-TOR] One who walks on stilts.
uinceretis ceruom cursu uel ~orem gradu PL.*Poen*.530; VAR.*L*.7.69; *Men*.323; ~ores appellabantur pantomimi, qui ..adiectis perticis furculas habentibus atque in his superstantes..gradiebantur PAUL.*Fest*.p.97M.

grāmae: see GRAMIAE.

grāmen ~inis, *n.* [perh. cf. Eng. *grass*]
1 (pl. or collect. sg.) Grass.
(*pl.*) depurgato (locum) ab herba ~inibusque CATO *Agr*. 151.2; ex uno tondentes ~ina campo..pecudes LUCR.2.661; tenuis fugiens per ~ina riuus VERG.*G*.4.19; redeunt iam ~ina campis HOR.*Carm*.4.7.1; iurabis nostra ~ina secta manu PROP.4.2.26; ~ina cultus ager..odit OV.*Pont*. 4.14.13; SEN.*Nat*.3.27.5; STAT.*Theb*.12.284;—(*collect. sg.*) prostrati in ~ine molli LUCR.2.29; uiridissima ~ine ripa VERG.*G*.3.144; fetialis ex arce ~inis herbam puram attulit LIV.1.24.5; OV.*Ars* 3.249; herba optima in prato trifoli, proxima ~inis PLIN.*Nat*.18.259; quocumque uenit de ~ine (equus) JUV.8.60; APUL.*Met*.10.29.
2 (esp. pl. or collect. sg.) A plant, herb. **b** (esp. of magical, healing, or poisonous plants).
non illa feris incognita capris ~ina (*sc.* dictamnum) VERG.*A*.12.415; Arabum de ~ine (*i.e. myrrh*) odores PROP. 2.29.17; terram uario ~ine indutam PETR.127.8; dum fruges, nullum aliud ~en emittit (glisomarga) PLIN.*Nat*. 17.46; (tigres) Indum ~en (*i.e. spices*) olentis STAT.*Theb*. 7.569; *Silv*.2.1.160; Achaea mereri praemia..~ine Lernae (*i.e. the Nemean parsley-crown*) 5.3.142;—(*w. defining gen.*) cerinthae ignobile ~en VERG.*G*.4.63; serpentia ~ina mentae COL.10.119. **b** coluber mala ~ina pastus VERG. *A*.2.471; seu mihi Circaeo pereundum est ~ine PROP.2.1.53; ~ine cum tantum, tantum quoque carmine possim OV.*Met*. 14.34; ~ina..profuerant Glauci manibus illa prius *Fast*. 6.749; sucos atque auxiliantia morbis ~ina STAT.*Ach*.2.159; gustu cuiusdam apud Lotophagos ~inis QUINT.*Inst*.5.8.1.

grāmiae ~ārum, *f. pl.* Also **grāmae, grēmiae.** [cf. ON. *kramr* 'damp'] Rheum in the eye.
gramiae oculorum sunt uitia, quas alii glamas uocant PAUL.*Fest*.p.96M. **β** prospicio parum, gramarum (*cj.*) habeo dentes plenos, lippiunt fauces fame PL.*Cur*.318. **γ** cremnos agrios gremias tollit oculorum PLIN.*Nat*.25.155.

grāmineus ~a ~um, *a.* [GRAMEN+-EVS]
1 Covered with grass, grassy.
~um..campum VERG.*A*.5.287; ~o..caespite 11.566; ~o ..prato OV.*Am*.3.5.5; ~a..humo *Ep*.4.44; ~ae..crepidine ripae STAT.*Theb*.9.492.
2 Consisting or made of grass or turf.
parabant..dis communibus aras ~as VERG.*A*.12.119; ~i luxere foci LUC.4.199; ~os dedit herba toros STAT.*Theb*. 1.583; ~is..sertis 6.57;—(*spec. of the* corona obsidionalis) legiones ~am coronam obsidialem..Decio imponunt LIV. 7.37.2; PLIN.*Nat*.22.6; GEL.5.6.9.

grāminōsus ~a ~um, *a.* [GRAMEN+-OSVS] Abounding in grass, grassy.
(ager) umidus et ~us COL.1.pr.25; 6.pr.1; 7.9.8.

grammateus ~eōs, *m.* [Gk. γραμματεύς] A scribe, secretary.
(*as title of a magistrate in Greek towns*) L CORNELIO.. Q(uaestori) ~I IIVIRO *CIL* 3.6833;—(*in the cult of Isis*) unus, quem cuncti ~ea dicebant..renuntiat sermone ritu-que Graeciensi πλοιαφέσια APUL.*Met*.11.17.

grammatica ~ae, *f.* Also **~ē** ~ēs. [Gk. γραμματική, sc. τέχνη] The study of literature and language, 'grammar' (incl. exegesis, literary criticism, etc., as well as grammar in the modern sense).
secundus (gradus explanandi) quo ~a descendit antiqua VAR.*L*.5.7; libellos quos de ~a edidi PLIN.*Nat*.pr.28; 35.199; ueteres oratores..~a musica geometria imbuebantur TAC. *Dial*.31.7; SUET.*Gram*.1(p.100Re); GEL.13.10.1. **β** et in ~e et in arte medendi SEN.*Ep*.87.15; emendate loquendi regulam, quae ~es prior pars est QUINT.*Inst*.1.5.1; 1.8.12; 2.1.6.

grammaticē[1]: see prec.

grammaticē[2], *adv.* [GRAMMATICVS[1]+-E] With strict observance of grammatical rules.
aliud esse Latine, aliud ~ loqui QUINT.*Inst*.1.6.27.

grammaticus[1] ~a ~um, *a.* [Gk. γραμματικός] FORMS: *~es* (gen. sg. fem.) *CIL* 13.1393. Of or concerning grammar (in a wide or narrow sense, cf. GRAMMATICA) or its exponents; *ars ~a*, the art of grammar or a treatise on it.
~as ambire tribus HOR.*Ep*.1.19.40; ~us..labor JUV. 7.216; ~um professorem SUET.*Gram*.9(p.107Re); ~is commentariis P. Nigidii GEL.12.14.3; secundum ~am legem 13.21(20).22; (*neut. pl. as sb.*) in astrologia caeli conuersio.. in ~is poetarum pertractatio, historiarum cognitio CIC. *de Orat*.1.187;—haec qua ratione uitare possumus, in arte ~a..dicemus *Rhet.Her*.4.17; si quid parum ad regulam artis ~ae fuerit explicatum VITR.1.1.18; PLIN.*Nat*.14.49; QUINT.*Inst*.1.5.54.

grammaticus[2] ~ī, *m.* [prec.] An expert on linguistic and literary questions, scholar, grammarian (see GRAMMATICA).
definitiones ~orum VAR.*L*.10.75; huic studio litterarum, quod profitentur ei, qui ~i uocantur CIC.*de Orat*.1.10; si ~um se professus quispiam barbare loquatur *Tusc*.2.12; oraculorum..sunt..explanatores, ut ~i poetarum *Div*. 1.116; quis..elegos emiserit auctor, ~i certant HOR.*Ars* 78; VITR.1.1.13; SEN.*Ep*.95.65; ~us..si quaestiones explicet, historias exponat, poemata enarret QUINT.*Inst*.1.2.14; JUV. 6.438; ueteres ~i et rhetoricam docebant SUET.*Gram*.4(p. 103Re).

grammatista ~ae, *m.* [Gk. γραμματιστής] One who teaches letters, an elementary schoolmaster.
sunt qui litteratum a litteratore distinguant, ut Graeci grammaticum a ~a, et illum quidem absolute, hunc mediocriter doctum existiment SUET.*Gram*.4(p.103Re); 24(p.118 Re).

grammatophylacium ~iī, *n.* [Gk. γραμματοφυλάκιον] A place for keeping records, registry.
eo loci..quo in publico instrumenta deponuntur, archiuo forte uel ~io ULP.*dig*.48.19.9.6.

grammicus ~a ~um, *a.* [Gk. γραμμικός] Linear, geometric.
uenti..e quibus regionibus singuli spirant, deformationibus ~is (grammaticis *codd.*) ostendi VITR.3.pr.4; duplicatio ~is rationibus..explicata est 9.pr.5.

grammō(n)sus ~a ~um, *a.* [GRAM(I)AE+-OSVS] (of the eyes) Rheumy.
~is oculis ipsa, atratis dentibus CAECIL.*com*.268.

grānārium ~iī, *n.* [GRANVM+-ARIVM] A granary.
magis oppletis tritici opust ~iis PL.*Truc*.523; ~ium totum oblinito crasso luto CATO *Agr*.92; triticum condi oportet in ~ia sublimia VAR.*R*.1.57.1; HOR.*S*.1.1.53; VITR. 1.4.2; (lupinum) repositum in ~io patitur aeuum COL. 2.10.1; ~ia, fas est, emole PERS.6.25; PLIN.*Nat*.15.67;—(*app. pl. in sg. sense*) decem messis ubi una saepiant ~ia VAR.*Men*.184.

grānātim, *adv.* [GRANVM+-IM] Grain by grain.
singulae (formicae) ~ totum digerunt aceruum APUL. *Met*.6.10.

grānātus[1] ~a ~um, *a.* [GRANVM+-ATVS[2]] Containing many seeds; only in phr. *malum (pomum) ~um* (or *~um* alone), a pomegranate; also, the pomegranate tree.
mala dulcia ~a quae Punica uocantur COL.12.42.1; sereno caelo ~a leguntur 12.46.3; circa Carthaginem Punicum malum cognomine sibi uindicat; aliqui ~um appellant PLIN.*Nat*.13.112; 15.114; ~um..pomum 16.84; cum suco ~i 20.149; corticis mali ~i LARG.62; 234;—folia ~is et amygdalis rubentia PLIN.*Nat*.16.86.

grānātus[2] ~ūs, *m.* [GRANVM+-ATVS[1]] (app.) The production of a crop.
~ui uideto uti satis uiciae seras CATO *Agr*.60.

grandaeuitās ~ātis, *f.* [next+-TAS] The quality of being advanced in years, agedness.
~as..Pelei PAC.*trag*.162; ACC.*trag*.68; 245.

grandaeuus (~os) ~a ~um, *a.* [GRANDIS+AEVVM+-VS] Of a great age, aged.
Tiresia..~us LUCIL.1108; ~us Nereus VERG.*G*.4.392; *A*. 1.121; ~i..boues PROP.2.25.6; ~i..patres OV.*Met*.7.160; *Fast*.2.815; ~um..senatum LUC.7.371; alios (deos) esse ~os semper canosque PLIN.*Nat*.2.17; V.FL.1.796; ~os senes TAC. *Hist*.3.33; (*masc. as sb.*) his..precibus ~um (*i.e. Priam*) motus Achilles alleuat a terra *Ilias* 1043; (*transf.*) hoc ~a modo Fabius pater ora resoluit SIL.16.603.

grandescō ~ere, *intr.* [GRANDIS+-ESCO] To increase in size, grow, swell; also, to increase in quantity.
lentiscus triplici solita ~ere fetu CIC.*Arat.Progn*.323 (*Div*.1.15); pabula..quae nunc uix nostro ~unt aucta labore LUCR.2.1160; quae duplici semine sunt..diebus quadraginta florent simulque ~unt COL.2.11.10; *Arb*.28. 4; (pira) colorantur magis sole ~untque PLIN.*Nat*.15.54; 18.308; ~unt (ostrea) sideris..ratione maxime 32.59; ut longiori tempore fetus ex eo (*sc.* Neptuno) ~eret GEL.3. 16.16;—si sub tecto bacca deponatur, oleum in tabulato ~ere COL.12.52.18.

grandiculus ~a ~um, *a.* [GRANDIS+-CVLVS] Fair-sized, biggish; (of persons) almost full-grown, quite big.
in fundas uisci indebant ~os globos PL.*Poen*.481;—arbitror iam aliquem esse amicum..ei; nam fere ~a (*v.l.* grandiuscula) iam profectast illinc TER.*An*.814.

grandifer ~era ~erum, *a.* [GRANDIS+-FER] Yielding large crops.
arationes..~erae et fructuosae CIC.*Phil*.2.101.

grandiloquus ~a ~um, *a.* Also **-locus.** [GRANDIS+LOQVOR+-VS] **a** (of a speaker or writer) Using the grand or lofty style. **b** (in bad sense) speaking in an assured or arrogant tone.
a ~i..fuerunt cum ampla..sententiarum grauitate CIC. *Orat*.20; Aeschylus..sublimis et grauis et ~us QUINT.*Inst*. 10.1.66; APUL.*Apol*.7. **b** qui tandem isti ~i (*sc. the Stoics and Peripatetics*)..melius se habent quam Epicurus? CIC.*Tusc*.5.89.

grandinat ~āre, *intr.* [GRANDO+-O[3]] (impers.) To hail.
quaeritur..quare hieme ningat, non ~et SEN.*Nat*.4b.4.1; APUL.*Mun*.9;—(*transf.*) niuit sagittis, plumbo et saxis ~at PAC.*praet*.4.

grandinōsus ~a ~um, *a.* [GRANDO+-OSVS] Abounding in hailstorms.
qualitatem caeli..~am uentosamque uel placidam COL. 3.1.6.

grandiō ~īre, *tr.*, (*intr.*). [next+-IO[2]] FORMS: *grandibo* (fut.) PL.*Aul*.49. To make large, increase; (pass., also intr.) to become large, grow.
testudineum istum tibi ego ~ibo gradum PL.*Aul*.49; cum..humus semina..recepta non reddat aut edita ~ire nequeat VAR.in Non.p.155M;—nec ~iri frugum fetum posse nec mitiscere PAC.*trag*.142;—uti..tu (*sc. Mars*) fruges.. ~ire beneque euenire siris CATO *Agr*.141.2.

grandis ~is ~e, *a.* *compar.* ~ior, *superl.* ~issimus. [perh. < IE. *g^urendh- 'swell', cf. Gk. βρένθος 'pride', Welsh *brynn* 'hill']
1 (of persons): **a** Grown up, full-grown, mature. **b** (usu. w. *natu* or *aeuo*) advanced in years, elderly, old; (of a person's age) advanced.
a uirginem habeo ~em PL.*Aul*.191; *Trin*.374; TER.*Ad*. 673; tecum ~em praetextatum filium ducebas CIC.*Ver*. 3.159; ~em..et nubilem filiam *Clu*.11; uideras..~is iam puer..repleri quaestu uestram domum *Pis*.87; MART.8. 3.16; JUV.7.210. **b** (*w.* natu) est ~ior natu: media est mulieris aetas PL.*Aul*.159; TER.*Ad*.930; senatores, aetate ~is natu, natura sanctos CIC.*Q.Rosc*.44; *Ver*.5.16; HOR.*Ep*. 1.7.49; cum iam natu ~is artem athleticam desisset (Milo) GEL.15.16.2;—(*w.* aeuo) iam ~e aeuo inpatiensque uiae genitor OV.*Met*.6.322; TAC.*Ann*.16.30;—(*alone*) homo iam ~ior..ruri fere se continebat TER.*Ph*.362; bella gerebat ut adulescens, cum plane ~is esset CIC.*Sen*.10; LUCR.3.952;—(*of a person's age*) aetatem meam scis?—scio esse ~em PL.*Aul*.214; ~iorem aetatem ad consulatum constituebant CIC.*Phil*.5.47; OV.*Met*.6.28.
2 (of living creatures, plants, inanim. objs., etc.) Of considerable size, big, large, tall, etc. **b** (of a speech, book, etc.) lengthy. **c** (of activities) taking place on a large scale.
(*of persons or animals*) gallinae Africanae sunt ~es VAR.*R*. 3.9.18; ~es rhombi HOR.*S*.2.2.95; ~is bestiae onus LIV. 25.9.13; insistens summis digitis—sic enim solebat quo ~ior fieret SEN.*Suas*.2.17; munera quae ~es octo tulere Syri MART.7.53.10; lupos..~es APUL.*Met*.8.15;—(*of the body or its parts*) ~ia..ossa VERG.*G*.1.497; ~e et praegraue caput MELA 3.98; mulieris figura humana ~ior PLIN.*Ep*. 7.27.2; (*cf.*) (Zeuxis) reprehenditur..ceu ~ior in capitibus PLIN.*Nat*.35.64;—(*of plants, their fruit, etc.*) ea (brassica) est ~is, latis foliis, caule magno CATO *Agr*.157.1; agro.. iterato, quo meliores fetus possit et ~iores edere CIC.*de Orat*. 2.131; ~is ilex SAL.*Jug*.93.4; ~ia lilia quassans VERG.*Ecl*. 10.25; ~issimi (cucumeres) Moesiae PLIN.*Nat*.19.65;—(*of inanim. things*) poculum ~e PL.*Cur*.368; abire..~i gradu *Truc*.286; ~e simulacrum..Victoriae CIC.*Ver*.4.110; tumulus terrenus satis ~is CAES.*Gal*.1.43.1; ~ia..flumina OV.*Rem*. 445; si ~e uulnus est CELS.5.26.27.c; ~e armarium PETR. 29.8; ~is columnas SUET.*Ves*.18; (*in fig. phr.*) non sunt apta meae ~ia uela rati PROP.3.9.4; (*internal acc.*) ~ia ingrediens..incedebat QUAD.*hist*.12. **b** abutimur..uerbo ..cum ~em orationem pro longa..dicimus CIC.*de Orat*. 3.169; librum ~em uerbis multis conscripsit NEP.*Lys*.4.2; PLIN.*Ep*.1.20.8; uerbosa et ~is epistula JUV.10.71. **c** ~is ..auctio MART.9.3.3; in cenis ~ibus QUINT.*Inst*.10.1.58; ~e conuiuium 11.2.12.
3 Great in amount or numbers, ample, large; (esp. of sums of money or sim.). **b** (w. words expr. number, dimensions, etc.).
(marmore) ~i inducto et inarescente alterum corium mediocre dirigatur VITR.7.3.6; populorum foliis ~issima lanugo euolat candida PLIN.*Nat*.16.86; pluuia..~is MART. 9.98.2;—(*of groups of men or animals*) pecuarias habui ~es VAR.*R*.2.pr.6; cum equitibus Numidis..peditatuque eiusdem generis satis ~i *B.Afr*.18.1; Vticae ~i praesidio relicto 24.1; 34.2; 76.1;—(*of time*) ~e mortalis aeui spatium TAC. *Ag*.3.2;—(*of sums of money or sim.*) peculium conficio ~e PL.*Mer*.96; qui tibi..~em pecuniam debuit CIC.*Quinct*.38; *Rab.Post*.4; *Fam*.13.61; alienum aes ~e SAL.*Cat*.14.2; uxorem ~i cum dote HOR.*S*.1.4.50; ditissimos, pecunia ~i pactos ut abire inde liceret, dimisit LIV.10.46.10; 27.20.7; ~i aere..piscinas..uenditabat COL.8.16.5; donatiuum ~ius solito SUET.*Gal*.16.1; APUL.*Apol*.76; (*in fig. phr.*) redditur illa (*sc.* gratia)..~i cum faenore nobis OV.*Pont*.3.1.81; (*cf.*) dicam..~em (*i.e. an action for heavy damages*) TER.*Ph*.439. **b** hydriam Boethi manu factam praeclaro opere et ~i pondere CIC.*Ver*.4.32; *N.D*.3.83; cum..Numidis sine frenis peditibusque leuis armaturae ~i numero *B.Afr*.48.1.
4 (of conditions, emotions, actions, etc. Great in degree, intense, extreme, etc. **b** (of sound) having great volume, loud.
inibis a me solidam et ~em gratiam PL.*Cur*.405; gaudium ~e adfero *St*.295; ~i uitio praeditum..exemplum CIC. *Inv*.1.88; ~ior ictus LUCR.2.944; ~e certamen HOR.*Carm*. 3.20.7; ~e periculum LIV.21.50.10; poena..~is OV.*Tr*. 1.5.68; ~e solacium SEN.*Dial*.1.5.8; tam ~e facinus PETR. 108.10; secretum..iubes ~ius esse tibi MART.11.45.4; ~e patientiae documentum TAC.*Ag*.2.3; ~e dedecus APUL. *Met*.10.15;—(*of a physical condition*) lethargo ~i..oppressus HOR.*S*.2.3.145;—(*of natural forces*) ~i tonitru concussa..terra LUCR.5.550; lenis alit flammas, ~ior aura necat OV.*Rem*.808. **b** subsellia ~iorem et pleniorem uocem desiderant CIC.*Brut*.289; QUINT.*Inst*.11.3.15; audieris

cum ~e sophos MART.1.3.7; 6.48.1;—(*advl. acc.*) ~e.. ingemuit STAT.*Theb*.11.237; ~e tuba..Agyrtes insonuit *Ach*.1.875; *Silv*.3.1.50.

5 Of consequence, important, weighty, solemn, etc.; (of persons, their reputation, etc.), distinguished, mighty, illustrious.

res duae ~es..necessitudo et affectio CIC.*Inv*.2.158; exemplis ~ioribus decuit uti *Div*.1.39; nunc me ~ius urget opus OV.*Fast*.4.948; Alexander..uesanus et qui nihil animo nisi ~e conciperet SEN.*Ben*.2.16.1; *Oed*.925; ~e.. armatum castris inducere Achillem STAT.*Ach*.1.548; depositum tam ~e deae 1.914; ~e id (*sc.* auspicium) prosperumque consensu haruspicum TAC.*Hist*.2.78;—(*neut. pl. as sb.*) ~ia si paruis adsimulare licet OV.*Tr*.1.6.28;—(*of persons, reputations, etc.*) ~e..toto nomen ab orbe fero OV.*Tr*.2.118; aut ~is reus aut potens amicus MART.7.72.5; dum..canis arduaque uoce das solatia ~ibus sepulcris (*i.e. buried celebrities*) STAT.*Silv*.2.7.103; reliqua saeculi..~ia aeque FLOR. *Epit*.1.34(2.19.1).

6 (of language): **a** (w. ref. to style) Grand, exalted, lofty; (also, of speakers or writers). **b** (w. ref. to the sentiments expressed) proud, noble.

a quorundam ~is et ornata uox est poetarum CIC.*Orat*. 68; qui iudicat heroum numerum ~iorem quam desideret soluta oratio 192; tam ~e carmen *Tusc*.1.37; unum (genus dicendi) subtile..alterum ~e atque robustum, quod ἁδρὸν dicunt, constituunt QUINT.*Inst*.12.10.58; GEL.13.2.3;—(*neut. pl. as sb.*) hic..locus ~ia requirit CIC.*Part*.57; professus ~ia turget HOR.*Ars* 27;—(*advl. acc.*) ~e sonant tragici OV.*Rem*.375;—(*of persons*) Thucydides..rerum gestarum pronuntiator sincerus et ~is etiam fuit CIC.*Brut*. 287; fiunt..pro ~ibus tumidi QUINT.*Inst*.10.2.16; PLIN. *Ep*.9.26.1. **b** ~ia..morituro uerba Catoni dicere PERS. 3.45; ~ia uerba ubi sunt? MART.2.69.8; 9.32.5;—(*neut. pl. as sb.*) ~ia loquitur et dicit: 'mors nec immatura consulari nec misera sapienti' SEN.*Suas*.6.12; quid disceditis ab ingentibus promissis et ~ia locuti..ad grammaticorum elementa descenditis? SEN.*Ep*.48.11.

grandiscāpius ~a ~um, *a.* [prec.+SCAPVS+-IVS] (of trees) Having a large trunk.

arbores, quae, ut ita dicam, ~ae sunt SEN.*Ep*.86.21.

granditās ~ātis, *f.* [GRANDIS+-TAS]

1 Advanced condition (of a person's age).

neque aetatis ~atem neque ea merita..sibi esse excusationi SIS.*hist*.115.

2 Grandeur, elevation (of style).

id..apparet ex genere et ~ate uerborum CIC.*Brut*.121; non illi uis, non ~as..defuit PLIN.*Ep*.6.21.5; 9.26.10.

grandō ~inis, *f.*, (*m.*). [cf. OSl. *grad*, Arm. *karkut*] GENDER: masc. in VAR.*Men*.557. Hail; (pl.) hailstorms. **b** (transf., applied to volleys of missiles).

metuo neque uentum neque ~inem PL.*Mer*.860; ~o mixta imbri..cadit PAC.*trag*.414; si uredo aut ~o cuipiam nocuit CIC.*N.D*.3.86; LUCR.6.157; in tectis crepitans salit horrida ~o VERG.*G*.1.449; uerberatae ~ine uineae HOR. *Carm*.3.1.29; LIV.26.11.2; saepe..optimorum uirorum segetem ~o percussit SEN.*Ben*.2.28.3; PLIN.*Nat*.17.216; TAC. *Ann*.2.23; (*in fig. phr.*) (ignauia) mihi aduentu suo ~inem imbrem attulit PL.*Mos*.138; (*as a colour*) si color (opalis)..exeat..in crystallum aut ~inem PLIN.*Nat*.37.83;—(*pl.*) tertiam (causam) quae terreret animos fulminibus ..niuibus ~inibus CIC.*N.D*.2.14; carmina..extant contra ~ines PLIN.*Nat*.28.29. **b** saxis et ~ine ferri desuper infestant Tyrii STAT.*Theb*.9.488; resonant saxorum ~ine turres SIL.2.38; 9.578; 14.430;—(*cf.*) qualis..hiems (*i.e. a shower of gifts*)..plebem ~ine contudit serena STAT.*Silv*.1.6.24.

grānea ~ae, *f.* [GRANVM+-EVS] A kind of pap made from pounded corn.

~am triticeam sic facito CATO *Agr*.86.

Grānīcus ~ī, *m.* A river of Mysia, on the banks of which Alexander won a famous victory over the Persians.

SEN.*Suas*.1.10; CURT.9.2.23; PLIN.*Nat*.5.124; AMP.16.2; (*personified*) Alexirhoe, ~o (*cj.*) nata bicorni OV.*Met*.11.763.

grānifer ~era ~erum, *a.* [GRANVM+-FER] (of ants) Grain-carrying.

formica..~ero..uehit ore cibum OV.*Ars* 1.94; ~erum.. agmen *Met*.7.638.

Grannus ~ī, *m.* A cult-title of Apollo (in inscr. from Germany, Dacia, and Scotland).

CIL 3.5871; 7.1082; 13.5315; 13.6462.

grānōsus ~a ~um, *a.* [next+-OSVS] Full of seeds.

(rosa) germinat..inclusa ~o cortice PLIN.*Nat*.21.14; acini..~i 21.177.

grānum ~ī, *n.* [cf. Let. *zir̃nis* 'pea', Eng. *corn*]

1 a The seed of a cereal plant, a grain. **b** the seed of other plants (esp. the pip or stone of a fruit). **c** (applied to the berry or fruit containing the seeds).

a denegauit dare se ~um tritici PL.*St*.558; spica..tria habet continentia, ~um, glumam, aristam VAR.*R*.1.48.1; 1.51.1; frumenti ~um Halaesinos..nullum dedisse CIC. *Ver*.3.171; *Div*.1.78; formicae, subiectis parcite ~is OV. *Fast*.1.685; PHAED.4.24(25).14; ~a..auenae PLIN.*Nat*.6. 188; 18.94;—(*collect. sg.*) si ~um modio diuidet CATO *Agr*. 136; granarium, ubi ~um frumenti condebant VAR.*L*.5.105; si ~o abstinemus, frondis aridae corbis..sufficit COL.6.3.5; mensurarum liquoris atque ~i MAECIAN.*iur*.79. **b** ~a bina aut terna (asparagi) demittito CATO *Agr*.161.1; ~a de fico VAR.*R*.1.41.5; Punica..~a (*i.e. pomegranate seeds*) OV. *Pont*.4.15.8; (Anacreontem) unius ~i (*i.e. a raisin-stone*) ..in..faucibus mora absumpsit V.MAX.9.12.ext.8; ~a (*sc.* fabarum)..sordidissimis putaminibus uestita PETR.135.5; ~a cumini PERS.5.55; uuae passae sine ~is LARG.56; ~a ciceris QUINT.*Inst*.2.20.3; (*collect. sg.*) glaucion..~um habet crocei coloris PLIN.*Nat*.27.83. **c** e myrto..folium ~aque pauca dedit OV.*Ars* 3.54; coccum Galatiae, rubens ~um PLIN.*Nat*.9.141; 22.3;—(*applied to grapes*) ut..uix..merum capiant ~a quod intus habent OV.*Tr*.4.6.10; acida uel uitiosa ~a forficibus amputantur COL.12.45.2.

2 A small roundish particle, grain (of incense or other substance).

ullum turis ~um PL.*Poen*.451; CATO *Agr*.70.1; OV.*Fast*. 4.410; radicem..ex qua guttae editae..in ~a durabantur PLIN.*Nat*.12.94; decem ~a cerae 22.116; addito salis ~o 23.149; VIIII ~a fimi 28.249.

graphiārium ~(i)ī, *n.* [GRAPHIVM+-ARIVM] A case for holding a stylus.

erunt armata suo ~ia ferro MART.14.21.1.

graphiārius ~a ~um, *a.* [GRAPHIVM+-ARIVS] Of or concerned with a stylus.

ne..librario..~ae thecae adimerentur SUET.*Cl*.35.2.

graphicē[1], *adv.* Sts. written **graficē**. [GRAPHICVS+-E]

1 (colloq.) Perfectly, exquisitely, properly, thoroughly, etc.

nunc huic ego ~ facetus fiam PL.*Per*.306; hanc hospitam ..crepidula ut ~ decet! 464; ~ hunc uolo ludificari 843; is homo exornetur ~ in peregrinum modum *Trin*.767.

2 In the manner of a painter; (w. ref. to writing) vividly, graphically.

oculis obunctis ~ APUL.*Met*.8.27; 10.31;—id factum.. uersibus..satis munde atque ~ factis descripsit GEL. 10.17.2; 12.4.1; Chrysippus..~ imaginem Iustitiae modulis coloribusque uerborum depinxit 14.4.

graphicē[2] ~ēs, *f.* [Gk. γραφική, sc. τέχνη] The art of painting.

ut pueri ingenui..~en, hoc est picturam in buxo, docerentur PLIN.*Nat*.35.77.

graphicus ~a ~um, *a. compar.* ~ōteros. [Gk. γραφικός]

1 (of persons, colloq.) As though worthy to be painted, perfect of one's kind, exquisite, first-class.

habes seruom ~um et quantiuis preti PL.*Epid*.410; edepol mortalem ~um, si seruat fidem! *Ps*.519; *St*.570; nimium ~um hunc nugatorem! *Trin*.936; ita me di ament, ~um furem! 1024.

2 Picturesque, artistic.

eminentes expressiones ~oteran efficient in aspectu delectationem VITR.4.4.4.

graphis ~idis or ~idos, *f.* [Gk. γραφίς] An implement for drawing or painting.

(architectum) ~idis scientiam habere (oportet), quo facilius exemplaribus pictis..operis speciem deformare ualeat VITR.1.1.4; ~idos non inperitus 1.1.13; multa ~idis uestigia extant in tabulis ac membranis eius (*sc.* Parrhasii) PLIN.*Nat*.35.68; pingere conlibitum est: ~idem date SEPT. *poet*.21.

graphium ~(i)ī, *n.* [cf. Gk. γραφεῖον] A sharp-pointed instrument for writing on wax tablets, stylus.

digitos..~io lassare tenendo OV.*Am*.1.11.23; Trichonem ..populus ~iis in foro confodit SEN.*Cl*.1.15.1; *Nat*.4b.6.3; PLIN.*Nat*.16.184; Caesar Cascae brachium arreptum ~io traiecit SUET.*Jul*.82.2; *Cl*.15.4.

grassātiō ~ōnis, *f.* [GRASSOR+-TIO] The act of roaming or prowling around.

nocturnis ~onibus conuerberata facie (*sc.* Neronis) PLIN. *Nat*.13.126.

grassātor ~ōris, *m.* Also written **crass-**. [GRASSOR+-TOR]

1 A vagabond.

poeticae artis honos non erat, siquis in ea re studebat.. ~or uocabatur CATO *Mor*.2(J).

2 A highway robber, footpad.

uiator..bene uestitus causa ~ori fuisse dicetur, cur ab eo spoliaretur CIC.*Fat*.34; MAN.5.649; SEN.*Con*.10.1.6; nocturnus ~or PETR.82.2; QUINT.*Inst*.12.1.39; JUV.3.305; ~orum plurimi palam se ferebant succincti ferro SUET.*Aug*.32.1; GEL.20.1.8;—(*w. gen., transf.*) si me a nefario ~ore reipublicae..uindicassem [QUINT.]*Decl*.12.2;—(*as a general term of abuse*) ad ~oris huius uerba..recensenda 3b.4.

grassātūra ~ae, *f.* [next+-VRA] The act of highway robbery.

~as dispositis per opportuna loca stationibus inhibuit SUET.*Aug*.32.1; *Tib*.37.1; SAT.*dig*.48.19.16.6;—(*transf., of racketeering*) (lanistae) PROHIBITI TALIBVS ~IS *CIL* 2.6278.10.

grassor ~ārī ~ātus, *intr.* [GRADIOR+-TO]

1 To press on, march, advance.

non uides, ut (oues) palantes..~entur? PL.*Bac*.1138; nisi cum pedicis condedicistis istoc ~ari gradu *Poen*.514; sicine hic cum uuida ueste ~abimur? *Rud*.251; TITIN.*com*. 141;—(*of a counter in a game*) discolor ut recto ~etur limite miles OV.*Tr*.2.477;—(*of sound*) exilius ~ante (*sc.* sono) in angusto, eodem rauco in recursu PLIN.*Nat*.2.193;—(*in fig. context*) ubi ad gloriam uirtutis uia ~atur SAL.*Jug*.1.3; ~andum ad clara periclis SIL.1.570; si ad incuriam usque corporis ~etur (auaritia) GEL.3.1.13.

2 (of robbers, pirates, or sim.) To roam in search of victims, etc., prowl. **b** (transf., of other predatory people).

se..in iuuentutem ~antem in Subura incidisse. ibi rixam natam esse LIV.3.13.2; cui ~ari et transeuntes percutere quaestus est SEN.*Ben*.4.17.4; Scyllaeis..~atus in undis..Siculus pirata LUC.6.421; PETR.117.3; dum sub alieni belli tumultu..inpune ~antur (latrones) FLOR.*Epit*. 1.41(3.6.2); APUL.*Met*.7.7;—(*of a warship*) bis ternis ratis ordinibus ~ata per undas SIL.14.574;—(*of animals*) silurus ~atur, ubicumque est, omne animal appetens PLIN. *Nat*.9.45; 10.202; lupi..aliorsum ~antes APUL.*Met*.8.16;—(*transf.*) ut ~aturas manus (*i.e. of a vivisector*) totum corpus admitteret [QUINT.]*Decl*.8.19. **b** (*of charlatans*) non sine poena ~arentur inperiti VITR.10.pr.2; PLIN.*Nat*.29.21;—(*of embezzlers*) si forte ~atus in tutela est (tutor) ULP.*dig*. 26.10.3.5.

3 (fig., esp. w. abl. of manner or means) To go to work, proceed, behave (in a specified manner; often w. an idea of violence or lawlessness, cf. 4).

cupidine atque ira, pessumis consultoribus, ~ari SAL.*Jug*. 64.5; obsequio ~are HOR.*S*.2.5.93; se iure ~ari, non ui LIV. 3.44.8; per omnia clandestina ~ari scelera 42.18.1; placuit ueneno ~ari TAC.*Hist*.3.39; superbe et auare in prouincia ~atos SUET.*Aug*.67.2; *Gal*.14.2;—(*w.* aduersus) nec minore..malignitate quam superbia..paene aduersus omnis aeui hominum genus ~atus est *Cal*.34.1;—(*w.* in+*acc.*) trecenti coniurauimus..ut in te hac uia ~aremur LIV.2.12. 15; in senatum caedibus, in plebem uerberibus, in omnis superbia..~atus FLOR.*Epit*.1.1(1.7.4); SUET.*Nero* 36.1.

4 To act violently or without restraint, run riot, rage, etc.; (esp. of diseases, conditions, etc.).

(sagittarii) dum eminus ~abantur crebra..uulnera fecere TAC.*Ann*.4.47; Euboeam et ~antem..Lacedaemona conpescuit FLOR.*Epit*.1.23(2.7.12); (canes) diu..~ati plerosque prosternunt APUL.*Met*.8.17;—(*of things*) crudelitas in capta urbe ~ata est CURT.5.6.6; diuersis de iis (malis) quae totis corporibus ~antur PLIN.*Nat*.26.107; ereptam morbis ~antibus..pubem SIL.14.625; accusatorum maior in dies..uis sine leuamento ~abatur TAC.*Ann*.4.66; ~atus ignis patulis magis urbis locis 15.40; ut..~ante sensim ueneno contabesceret GEL.7(6).4.1.

5 (See quot.)

~ari antiqui ponebant pro adulari PAUL.*Fest*.p.97M.

grātē, *adv. compar.* ~ius, *superl.* ~issimē. [GRATVS+-E]

1 (subjectively): **a** With gratitude, gratefully. **b** with pleasure or delight, gladly.

a quid pie, quid ~e..fecerit CIC.*de Orat*.2.46; *Planc*.98; natalis ~e numeras? HOR.*Ep*.2.2.210; parum se ~e gerere SEN.*Ben*.1.4.4; SUET.*Aug*.66.4. **b** praeterita ~e meminit (sapiens) CIC.*Fin*.1.62; ~ius ex ipso fonte bibuntur aquae OV.*Pont*.3.5.18; oratio..~e accepta TAC.*Hist*.1.85; *Ann*. 16.18; FRO.*Ver*.2 p.204(204*N*).

2 (objectively) Pleasantly, agreeably.

cum semen (*sc. of* git) ~issime panes..condiat PLIN. *Nat*.20.184; quaedam (uerba)..uetera uetustate ipsa ~ius nitent QUINT.*Inst*.8.3.27; ~issime cantilat APUL.*Fl*.3.

grātēs (~ium), *f. pl.* [cf. *gratus*; prob. cogn. w. Skt. *gir* 'hymn of praise', Lith. *giriù* 'extol'] FORMS: usu. acc.; nom. in TAC.*Hist*.2.55, *Ann*. 4.64, etc.; abl. in TAC.*Ann*.12.37. Thanks rendered (esp. to the gods), thanksgivings. **b** (after various vbs. in phrs. expr. the giving or offering of thanks, esp. *~es agere*, *~es habere*).

pro Caesaribus superis decernere ~es OV.*Pont*.4.9.49; additae erga Germanicum exercitum laudes ~esque TAC. *Hist*.2.55; Agrippinam..isdem quibus principem laudibus ~ibusque uenerati sunt *Ann*.12.37; TIBI HASCE ~ES DEDICAMVS MVSICAS (*i.e. verses*) *CIL* 12.103. **b** (*w.* agere, habere) ut..Dianae laeta laudes ~esque agam PL.*Mil*.412; Neptuno ~is habeo et Tempestatibus *St*.403; *Trin*.821; ~es..tibi ago summe Sol..quod.. CIC.*Rep*.6.9; CATUL.44. 16; pro his..uictoriis uerum esse ~es deis immortalibus agi haberique LIV.23.11.12; tibi ~es, candide lector, ago OV.*Tr*.4.10.132; pro se quisque dextram eius amplexi ~es habebant CURT.3.16.17; TAC.*Ann*.1.69;—(*w. other vbs.*) ~es persoluere dignas non opis est nostrae, Dido VERG.*A*.1.600; quas dicere ~es quasue referre parem? 11.508; Sulla ~is Dianae..soluit VELL.2.25.4; possum quas reddere ~es V.FL. 4.557.

grātia ~iae, *f.* [cf. prec. and *gratus*] FORMS: dat. and abl. pl. usu. *gratis* in sense 8, otherwise usu. *gratiis*.

1 Favour shown to another, goodwill, kindness, regard; *mala ~ia*, disfavour, ill will. **b** *~iam facere* (+gen., etc.), to renounce, dispense with (in someone's favour); esp., to grant dispensation from (an obligation or sim.), overlook (an offence); also, to grant leave (to do something). **c** *in ~iam alicuius*, in order to please or oblige someone. **d** (abl. sg.) out of the goodness of one's heart, without asking a fee (cf. sense 8).

cum optumis uiris rem habebis, ~iam cupient tuam PL. *Per*.567; addidit, ~iae scilicet causa, me..sibi magistrum futurum CIC.*de Orat*.2.89; si..talis est deus ut nulla ~ia nulla hominum caritate teneatur *N.D*.1.121; omne militabitur bellum in tuae spem ~iae HOR.*Epod*.1.24; familiae per ~iam Romanorum potentis LIV.33.21.2; Karthaginiensium ~am amplecti V.MAX.6.6.ext.2; omnes heredipetae muneribus ~iam Eumolpi sollicitant PETR.124.4; plerique ad ~iam interfectoris inclinauere TAC.*Hist*.4.49; neque ueteranorum neque possessorum ~iam tenuit Suet.*Aug.* 13.3; tibi ciuitas omnis pro ista ~ia honores..obtulit Apul.*Met.*3.11; (*of a thing*) quo fugis? obstat hiemps. hiemis mihi ~ia prosit! Ov.*Ep.*7.41;—(*pl., of goodwill shown or sought by more than one person*) uides..quam omnis ~ias non modo retinendas uerum etiam acquirendas putemus Cic.*Att.*1.1.4; diffisi propriis uiribus Aquila et Cotys..externas..~ias quaesiuere Tac.*Ann.*12.15;—(*w.* mala) cognatae meae..malam ~iam subire nequeo Apul.*Met.*6.3; *Apol.*64. **b** molestum uerbum est..'rogo'. huius facienda est ~ia amico Sen.*Ben.*2.2.1; (*w.* de) de istac Casina huic nostro uilico ~iam facias Pl.*Cas.*373; de cena facio ~iam (*i.e. I decline it with thanks*) *Mos.*1130; (*w.* ne) quam benigne ~iam fecit ne iratus esset! *Mil.*576;—iuris iurandi uolo ~iam facias *Rud.*1415; qui nihi..nullius umquam delicti ~iam fecissem Sal.*Cat.*52.8; *Jug.*104.5; disciplinae militaris euersae iuuentuti ~iam facere Liv.8.34.3; Sen.*Dial.*11.11.1; Suet.*Tib.*35.1; ~ia Papiae legis per senatum fit Gel.1.12.12; 10.15.18; (*without const.*) fac istam cunctam ~iam (*i.e. make it a general pardon*) Pl.*Mos.*1169; (*cf.*) ueniam ~iamque malae existimationis si quid esset erratum postulauit Gel. 11.8.3;—facta..per Cornelium Valerio dicendi ~ia quae uellet Liv.3.41.4; Suet.*Aug.*38.3. **c** professi se pugnaturos in ~iam ducis Liv.28.21.4; 39.26.12; Vell.2.18.3; Tac.*Hist.*3.78; Suet.*Tib.*49.1. **d** familiae, quae incendia uel mercede uel ~ia extinguerent Paul.*dig.*1.15.1.

2 Goodwill existing between two or more people, friendship, amity; esp. in phrs. *reducere in ~iam*, to reconcile; *redire in ~iam*, to become reconciled. **b** *bona* (*mala*) *~ia*, friendly (unfriendly) relations; *per* (*bonam*) *~iam, bona ~ia, cum* (*bona*) *~ia*, in a friendly manner, amicably.

inter te atque nos adfinitatem ut conciliarem et ~iam Pl.*Trin.*443; neque alio pacto componi potest inter eas ~ia Ter.*Hec.*479; reconciliatio ~iae Cic.*Rab.Post.*32; me cum Caesare..esse in ~ia *Fam.*1.9.4; sibi populoque Romano perpetuam ~iam..futuram Caes.*Gal.*1.35.4; an male sarta ~ia..rescinditur..? Hor.*Ep.*1.3.32; porrigite mutuas in ~iam manus Sen.*Con.*1.1.3; cum aliquid detrahere (*i.e. criticize*) salua ~ia uelis Quint.*Inst.*11.1.71; (*astrol.*) nulla est haerentibus addita signis ~ia Man.2.386;—(*phrs.*) reges ab se in ~iam esse reductos Cic.*Clu.*101; Liv.10.5.13; V.Max.7.2.6;—irae interueniunt, redeunt rusum in ~iam Pl.*Am.*940; cum Lucceio in ~iam redii Cic.*Att.*1.14.7; Nep.*Dat.*8.5; Sen.*Ben.*3.27.2; Suet.*Tib.*61.5; (*transf.*) ut.. in ~iam iam cum uoluptate redeamus Cic.*Sen.*56. **b** uolo tibi malam ~iam cum sponso tuo facere: habet amicam Sen. *Con.*1.5.9;—uin tu illam actutum amouere, a te ut abeat per ~iam? Pl.*Mil.*979; per ~iam bonam abeat aps te 1125; haec potiu' cum bona ut componamu' ~ia quam cum mala Ter.*Ph.*622; Cic.*Fat.*7; nec classe adiutum ab eo praetorem esse..nec cum ~ia ab consule profectum Liv.44.13.12; si bona ~ia finierit matrimonium Ulp.*dig.*40.9.14.4.

3 (in a bad sense) Partiality, favouritism.

quis nescit..esse historiae legem..ne quae suspicio ~iae sit in scribendo? Cic.*de Orat.*2.62; sit summa in iure dicendo seueritas, dum modo ea ne uarietur ~ia *Q.fr.*1.1.20; 1.2.10; ~iam aut inimicitias exercere Sal.*Cat.*51.16; Quint.*Inst.* 5.11.37.

4 Favour shown by word or deed for services rendered, gratitude or thanks. **b** (of things) profit, return. **c** *~ias agere alicui*, to express one's gratitude to a person, thank him; *~iarum actio*, an expression of thanks. **d** *~iam* (*~ias*) *habere* (*alicui*), to be conscious of a person's kindness, feel grateful. **e** *~iam* (*~ias*) *referre* (*reddere, rependere*, etc.) *alicui*, to make return or requital for some service rendered, recompense a person. **f** (in phrs. involving ellipse of vb.). **g** *tam ~ia est* (as a formula of polite refusal), thank you nevertheless.

si quid bene facias, leuior pluma est ~ia Pl.*Poen.*812; est dis ~ia quom ita ut uolo est (*sc.* adulescentulus) Ter. *Ad.*138; qui pro beneficio non ~iam, uerum mercedem postulet Cic.*Inv.*2.115; quanta iis (*sc.* diis) ~ia debeatur *Fin.*3.73; quid..immortalibus..~ia nostra queat largirier emolumenti..? Lucr.5.166; si priuatam ~iam pro priuato beneficio desiderabit Liv.37.36.7; Ov.*Pont.*3.1.80; ex duro et inmemori pectore ~iam extundit Sen.*Ben.*1.3.1; Stat. *Theb.*7.786; quibus..pro..meritorum ~ia cruenta mors persoluta est Suet.*Cal.*26.1; (*pl.*) supplicue ~iis persolutis Apul.*Met.*11.24;—(*cf.*) uinum dominicum ministratoris ~ia est (*i.e. his way of expressing his gratitude*) Petr.31.2. **b** hoc..misere..perit sine bona omni ~ia Pl.*Truc.*565; nec nulla..est inaratae ~ia terrae Verg.*G.*1.83; ~ia sumendae non erat ulla rosae Ov.*Fast.*5.344; exige, si qua meis respondet ab artibus..~ia Grat.74. **c** dis..~ias pro meritis agere Pl.*Am.*181; *Poen.*1254; maximas tibi omnes ~ias agimus, C. Caesar, maiores etiam habemus Cic. *Marc.*33; Catul.49.4; Liv.42.53.4; ipsum..beniuolentiae illorum ~ias agere Curt.3.8.7; Petr.71.4; Plin.*Ep.*3.18.1; (*w.* quod) huic..testi ~ias agam, quod..misericordem se praebuerit Cic.*Caec.*26; (*w. acc. and inf.*) dis ~ias agebat tempu' sibi dari Ter.*Ph.*596;—~iarum actionem a te non desiderabam Cic.*Fam.*10.19.1; Tac.*Ann.*15.21; Plin.*Pan.* 4.2. **d** tu me admonuisti recte et habeo ~iam Pl.*Men.* 1092; Ter.*Eu.*1091; magna dis..habenda est..~ia, quod.. Cic.*Catil.*1.11; Caes.*Civ.*3.73.3; Ov.*Tr.*5.9.12; Quint.*Inst.* 5.10.121; (*pl.*) magnas habebas omnibus dis ~ias Pl.*As.*143; (*w. gen. expr. obj. of gratitude*) tibi habeo magnam ~iam rerum omnium *Mil.*1355; (*w. acc. and inf.*) (te) non neglexisse habeo ~iam Ter.*Ph.*54;—(*dist. from* referre ~iam) nec..tu mihi habuisti modo ~iam, uerum etiam cumulatissime rettulisti Cic.*Fam.*5.11.1; *Off.*2.69. **e** pro beneficio ~iam referat Cato *Agr.*5.2; Caes.*Gal.*1.35.2: Nep.*Them.*8.7; cuius illi pietati plenam populus Romanus ~iam rettulit ipsum.. ciuitate donando Vell.2.16.3; Tac.*Ann.*11.15; (*pl.*) ut.. honores eis habeantur ~iaeque referantur Cic.*Phil.*3.39; (*iron.*) nos rusum lepide referimu' ~iam furibu' nostris Pl. *Truc.*107; Ter.*Eu.*385; Sen.*Cl.*1.7.3;—carmine nostro redditur..~ia caelitibus Tib.2.1.36; Tac.*Hist.*2.48; (*of a thing*) bene positam uineam..cum magno faenore ~iam reddidisse Col.4.3.5;—neu ~ia facto nulla rependatur, nitidam cape praemia uaccam Ov.*Met.*2.694. **f** haud scio anne uxorem ducat: ac Syro nil ~iae! Ter.*Hau.*999; ~ia dis! Ov.*Met.* 7.511; *Fast.*1.701; ~ia, Musa, tibi *Tr.*4.10.117;—(*pl.*) tamen —genio illius ~ias—enataui Petr.57.10. **g** eamus intro, ut prandeamus.—bene uocas: tam ~iast Pl.*Men.*387; *Ps.* 713; *St.*472.

5 (also *bona ~ia*) Favour enjoyed by a person or thing, popularity, esteem, credit; *mala ~ia*, unpopularity, disfavour. **b** (phr.) *~iam inire*, to win favour. **c** one's credit or favour put to practical use, influence.

boni sibi haec expetunt..gloriam et ~iam Pl.*Trin.*273; quae (*sc.* lex) turpitudinem summam habeat, ~iam nullam Cic.*Phil.*1.21; apud Patronem..te in maxima ~ia posui *Att.*5.11.6; erat in Syria nostrum nomen in ~ia 5.20.3; pudor dimissus numquam redit in ~iam Pub.*Sent.*P.10; maiore ~ia quam uenerat classis dimissa est Liv.26.20.11; si nulla est ~ia matris, nata patrem moueat Ov.*Met.*5.515; uicit.. ~iam meriti sceleris atrocitas Curt.8.3.15; ~ia ante omnia est (uino) Clazomenio Plin.*Nat.*14.73; 20.112; neque apud ..Augustum ~ia caruit (Vergilius) Tac.*Dial.*13.1; posthac ..et ~ia et cura artis increuit Suet.*Gram.*3(p.102Re);—(*pred. dat.*) postulare id ~iae adponi sibi Ter.*An.*331; Suet.*Cl.*21.5;—(*w. gen. expr. cause of popularity*) ut..se.. in ~ia reconciliatae pacis ponerent Liv.44.14.7; ut communium..inpensarum solus ~iam caperet Suet.*Jul.*10.1; —(*w.* bona, mala) tantum..abest ut aliquam mihi bonam ~iam quaesisse uidear, ut multas me etiam simultates ..intellegam mihi..suscepisse Cic.*Man.*71; adulescentis.. meis inimicitiis, nulla senatus mala ~ia (*i.e. without making it unpopular*) comitiorum ratione priuaui *Pis.*4. **b** a me magnam iniistis ~iam Pl.*Cist.*7; *St.*514; caue ne falsam ~iam studeas inire Ter.*Hau.*302; qui se summam ab Caesare ~iam inituros putarent Caes.*Gal.*6.43.5; Nep.*Alc.*9.5; quantum eo facto ad plebem inierat ~iam Liv.33.46.7; ueritus, ne ~iam Alexandri..inire non posset Curt.5.12.1; (*pl.*) plures ineuntur ~iae si..dicas pro pluribus Cic.*Brut.* 209. **c** eum ~ia aduersarii perterrebit Cic.*Quinct.*59; *Font.*3; ne causa potius apud te ualuisse uidear quam ~ia *Fam.*13.5.3; mercennarios..imperio aut ~ia comparatos Caes.*Civ.*3.4.6; de rebus per uim aut ~iam iudicatis Liv. 39.47.2; omnis pro nobis ~ia muta fuit Ov.*Pont.*2.7.52; Pompeium ~ia inpunitum habuit Vell.2.1.5; Sen.*Oed.* 273; ducem..pecuniosum et ~ia subnixum Tac.*Ann.*13.6; Amp.40.3.

6 Winning quality, agreeableness, attraction, charm (of material or immaterial things). **b** (of personal appearance). **c** (of speech, writing, or sim.).

~ia currum armorumque Verg.*A.*6.653; perdit uterque (geminus) ~iam suam, nisi cum altero est Sen.*Con.*exc.9.3; sorbi..non minima est ~ia Col.5.10.19; odoris ~ia omnibus (nardis), maior recentibus Plin.*Nat.*12.44; faetore.. temporis uiribus in quandam etiam ~iam mutato 17.53; aquam..nullius ~iae, immo etiam parum salubrem Fron. *Aq.*11; ~iam uillae Plin.*Ep.*2.17.1; est..malarum quoque rerum sua ~ia Calp.*Decl.*2; (*pl.*) cui libentiae ~iaeque omnes conuiuiorum incognitae sint Gel.15.2.7;—(*specified*) (locus) ferramento aperiri debet; cuius haec ~ia est, quod.. parua..postea cicatrix fit Cels.7.2.4; cum amiserint (hi libelli)..~iam celeritatis Stat.*Silv.*1.pr.; ὁμοείδεια quae nulla uarietatis ~ia leuat taedium Quint.*Inst.*8.3.52; 9.4.43. **b** puella..fulgens decore et ~ia Laev.*poet.*18.5; cum forma ~ia mixta fuit Ov.*Ars* 2.570; ad custodiendam mulierum cutis ~iam Plin.*Nat.*21.153; tibi..torua atque uirilis ~a Stat.*Silv.*2.6.41; corporis ~ia conciliatus Suet.*Poet.*fr.11 (p.27Re). **c** linguae ~ia ficta tuae Ov.*Ep.*12.12; carmina, quae tu ita resoluisti, ut..permaneat..~ia Sen.*Dial.* 11.11.5; clausula..non usitata addidit ~iam Quint.*Inst.* 8.3.20; plenus est (Horatius) iucunditatis et ~iae 10.1.96; ~iam sermonis Attici 12.10.35; Plin.*Ep.*4.18.2; Suet.*Aug.* 86.1.

7 (abl. sg. as prep. w. gen., usu. placed after its noun) For the sake of (a person or thing), out of consideration or desire for, for the purpose of, etc. **b** (esp. w. gd. or gdve.). **c** (w. pronominal adj. instead of gen.); *qua ~ia* (or sim.), what for? why?; *ea ~ia*, for that purpose. **d** (w. gen.) to serve as, by way of; *uerbi ~ia, exempli ~ia*, for instance. **e** (w. gen. or pronominal adj.) as a result of, because of.

occepit quaestum hunc fili ~ia inhonestum Pl.*Capt.*98; quod mandasti feci, tui honoris ~ia *Cur.*549; quaesti ~ia Ter.*Hec.*836; uestrae salutis ~ia Cic.*Red.Pop.*1; bestias hominum ~ia generatas *N.D.*2.158; rem..aperit, quoius ~ia mittebantur Sal.*Cat.*45.1; uehiculo..sacrificii ~ia uehi V.Max.9.1.3; sunt qui..incidant (hederam) suci ~ia Plin. *Nat.*24.80; uirginem ingenuam..libidinis ~ia in seruitutem asserere Suet.*Tib.*2.2; bonorum..quaedam sui ~ia adserit adpetenda Apul.*Pl.*2.10;—(*placed before its noun*) id.. faciunt ~ia decoris Quint.*Inst.*8.pr.18; 9.4.144. **b** dicendi..~ia haec (*sc.* lingua) nata est mihi Pl.*Cur.*706; cum obsignandi ~ia uenissem Cic.*Ver.*1.50; *Off.*3.6; legatos.. sui purgandi ~ia mittunt Caes.*Gal.*7.43.2; Liv.22.59.7; iis..habitandi ~ia locum..adsignauit V.Max.6.5.1; 8.7.ext. 7; Col.7.12.2; Quint.*Inst.*5.13.40. **c** audes mea reuorti ~ia? Pl.*Men.*697; tua ego hoc facio ~ia *Per.*537; hoc agamus quoia huc uentumst ~ia *Truc.*9; ~ia sua V.Max. 2.5.4; siue nostra ~ia mandemus siue aliena Gaius *Inst.* 3.155;—scies qua doleat ~ia Pl.*Cist.*496; cincinnos tuos.. ex cerebro exuellam.—quanam ~ia? *Truc.*288; Ter.*Eu.* 159;—redditura est tuam (filiam) tibi, et ea ~ia domo profecta est Pl.*Cist.*764; *Mer.*223; ea ~ia simulaui uos ut pertemptarem Ter.*An.*587; *Hau.*768; *Inc.trag.*168. **d** quem censores senatu probri ~ia mouerant Sal.*Cat.*23.1; unam rem exempli ~ia proferre Nep.*Lys.*2.1; ioci ~ia interrogauit eum num.. V.Max.7.5.2; codicillos missitatos epistularum ~ia Plin.*Nat.*33.12; scutum illud signi ~ia positum Quint.*Inst.*6.3.38;—propter aliam quampiam rem, uerbi ~ia propter uoluptatem Cic.*Fin.*5.30; Plin.*Nat.*37.71; Fron.*Aq.*34;—si exempli ~ia uir bonus.. Cic.*Off.*3.50; Plin.*Nat.*2.77. **e** (*w. gen.*) quem Vticenses quamquam oderant partium ~ia, tamen propter eius singularem integritatem..sepultura adficiunt *B.Afr.*88.5; V.Max.6.1.8;—(*w. pronominal adjs.*) num mea ~ia pertimescit magis? Pl.*Ps.*1289; qui nihilo citius ueniet tamen hac ~ia *St.*645; id ea ~ia eueniebat, quod.. Sal.*Jug.*54.4; 80.4.

8 (abl. pl. as adv., usu. in form *gratis*) For no reward but thanks, without (receiving or giving) payment, for nothing, gratis.

(*form* gratiis) neque patiar te istanc ~iis laudasse, quae placet mi Pl.*Mos.*175; neque triobolum ullum amicae das et ductas ~ieis? *Poen.*868; quae..abiciundast, si non pretio at ~iis Ter.*Ad.*744; Pompon.*com.*110; non ~iis (*v.l.* gratis) id ab eo factum esse Cic.*Clu.*78;—(*form* gratis) ut..uirtutes omnes per se ipsas ~is diligant *Fin.*2.83; habitent ~is in alieno *Off.*2.83; frumentum..sese..~is praebiturum Liv. 21.50.10; 27.9.3; ~is paenitet esse probum Ov.*Pont.*2.3.14; Vell.2.48.4; sportula nulla datur; ~is conuiua recumbis Mart.3.30.1; Plin.*Ep.*5.4.2; Suet.*Gram.*13(p.111Re); LAVATIONEM POPVLO ~IS PER TRIENNIVM..DARI..IVSSIT *CIL* 14.3015.4;—(*transf.*) uincitur haud ~is (*i.e. costs his victor dear*) iugulo qui prouocat hostem Luc.4.275;—(*w. vbs. of costing*) tibi ~iis stare nauem Cic.*Ver.*5.48; non potest ~is constare libertas Sen.*Ep.*104.34; Mart.10.3.12.

9 (pl., personified) Goddesses (usu. regarded as three in number) embodying charm and beauty, the Graces (= Gk. *Χάριτες*).

tecum (*i.e. with Venus*)..~iae..properentque Nymphae Hor.*Carm.*1.30.6; tres Chrysippus ~ias ait Iouis et Eurynomes filias esse Sen.*Ben.*1.3.9; Plin.*Nat.*35.141; indoctos a Musis atque a ~iis abesse Quint.*Inst.*1.10.21; Apul.*Met.* 6.24;—(*sg.*) ~ia nudis iuncta sororibus Hor.*Carm.*3.19.16; 4.7.5; Ov.*Met.*6.429;—(*assoc. w. kindness and gratitude*) Sen.*Ben.*1.3.2.

Grātiāna ~ōrum, *n. pl.* The name of a make of silverware.

Plin.*Nat.*33.139; uera ~a Mart.4.39.6.

grātificātiō ~ōnis, *f.* [next+-tio] The action or fact of being kind or obliging; a favour, kindness.

in inbecillitate ~onem et beniuolentiam ponitis Cic.*N.D.* 1.122; ~onem ipsius reginae Antonio timente nec nisi praegustatos cibos sumente Plin.*Nat.*21.12; Scaev.*dig.* 42. 8.24;—coniungitur impudens ~o cum acerba iniuria Cic. *Agr.*3.6; Sullana ~o (*i.e. his grant of land to veterans*) reprehenditur *Mur.*42.

grātificor ~ārī ~ātus, *intr., tr.* [gratvs+-ficvs+-o[3]] (usu. w. dat.) To show kindness to, oblige, gratify, humour (a person or his feelings). **b** (w. acc.) to make a present of, bestow.

~atur mihi gestu accusator Cic.*Balb.*14; Pompeio se ~ari putant *Fam.*1.1.4; *Leg.*3.39; de..eo, quod ipsis superat, aliis ~ari uolunt (parui) *Fin.*5.42; ~antes ducibus Liv. 3.27.8; 30.3.1; qui pro te irascantur et tibi sanguine alieno ~entur Sen.*Cl.*1.10.4; qui..odiis Seiani per dedecus suum ~abatur Tac.*Ann.*4.19; Suet.*Nero* 7.1;—(*w.* inter se) cum inter se ~antur Tra.Plin.*Ep.*10.38(47).2;—(*absol.*) ~andi liberalis uoluntas Cic.*Off.*2.52;—(*w. cogn. acc.*) adsentando ..peruorsam gratiam ~ans Sal.*Rep.*1.7.5. **b** homo.. nimis in ~ando iure liber Cic.*Corn.*1.fr.37; populo ~ans et aliena et sua *Rep.*1.68; qui ~antur cuipiam, quod obsit illi *Off.*1.42; potentiae paucorum decus atque libertatem suam ~ari Sal.*Jug.*3.4; ut quod populi sit populus iubeat potius quam patres ~entur Liv.10.24.15; quod campum Tiberinum ~ata esset ea populo Plin.*Nat.*34.25.

grātiōsē, *adv.* [next+-e] So as to favour one person unduly, out of partiality.

si praedia comparauerint (tutores) non idonea per sordes aut gratiam. quid ergo si neque sordide neque ~, sed non bonam condicionem elegerint? Ulp.*dig.*26.7.7.2.

grātiōsus ~a ~um, *a.* *compar.* ~ior, *superl.* ~issimus. [gratia+-osvs]

1 Enjoying favour, popularity, or influence. **b** full of charm, pleasing, agreeable.

ut..P. Quinctius, cui..exiguae amicorum copiae sunt, cum aduersario ~issimo contendat Cic.*Quinct.*2; splendidi homines et aliis praetoribus ~i *Ver.*3.37; *Flac.*88; nostra.. commendatione ~issimus in prouincia fuit *Fam.*1.3.1; 2.7.4; plebeii quoque ~i homines petebant (*sc.* consulatum) Liv. 39.32.8; erat agraria lege lata ~us apud populum V.Max. 8.1.damn.3; Plin.*Ep.*3.9.25; Apul.*Met.*10.16; (*masc. as sb.*) nomina ~orum Cic.*Att.*16.11.7;—(*of things*) causas apud te rogantium ~iores esse quam uoltus *Lig.*31; his (*sc.* exemplis) ..aduocatis non tantum tuta est, sed etiam ~a paupertas Sen.*Dial.*12.12.7. **b** adulatio..eo ipso ~a, quo laedit Sen.*Ep.*45.7; cupressus..folio amara, odore uiolenta ac ne umbra quidem ~a Plin.*Nat.*16.139.

2 Showing favour, friendly, kind, obliging.

ut..~i scribae sint in dando et cedendo loco Cic.*Brut.*290; ~us (dici potest) et qui adhibet gratias et qui admittit Gel. 9.12.1;—(*of things*) ut condicionibus ~is et mollibus pax cum eo..fieret 4.18.3; patrocinio ~o Cupidini quamuis absenti blandiebantur Apul.*Met.*5.31; (lucrum) iudici ob ~am sententiam datum Ulp.*dig.*3.6.5;—(*cf.*) quorum ante emerita stipendia ~a (*i.e. procured by influence*) missio sibi uisa esset, eos milites fieri iussuros Liv.43.14.9.

grātīs: see gratia.

grātor ~ārī ~ātus, *intr.* [gratvs+-o[3]] (w. dat.) To rejoice with, congratulate, felicitate.

ut eant ~atum hospiti Pac.*trag.*187; inueni, germana, uiam (~are sorori) Verg.*A.*4.478; peperi: ~are ambobus, Iason! Ov.*Ep.*6.119; flumina..nescia, ~entur consolenturne parentem *Met.*1.578; *Pont.*4.13.21; ~ari amico Sen.*Ag.*920; Tac.*Hist.*2.29;—(*w. refl. pron.*) quid tibi ~aris?..crimina sunt oculis subripienda patris Ov.*Ep.*11.65; *Pont.*3.3.89;—(*w.* inter se) copias inuicem inter se ~antes Liv.9.43.17;—

(*pres. pple. as sb.*) multo ~antum concursu ad capienda imperii primordia..egrediebatur Tac.*Ann.*6.50;—(*w. acc. and inf.*) socias..rates occurrit Acestes..~atur reduces Verg.*A.*5.40; ~are matri liberis auctam domum Sen.*Oed.* 881; Tac.*Ann.*6.21;—(*w.* quod) tribunorum adulatio..prensantium manum ~antiumque quod discrimen..euasisset 14.10.

Grattius ~(i)ī, *m.* The name of a poet contemporary with Ovid, author of a poem on hunting.

cum..apta..uenanti ~ius (Gratius *codd.*) arma daret Ov. *Pont.*4.16.34.

grātuītō, *adv.* [next+-o[2]] Without payment, for nothing, gratis. **b** without cause, for the sheer fun of it.

hominis..multorum causas..~ defendentis Cic.*Off.*2.66; ubi malos praemia secuntur, haud facile quisquam ~ bonus est Sal.*Hist.*1.77.9; Plin.*Nat.*35.59; Tac.*Ann.*11.22; Apul. *Met.*6.18. **b** ne..torpescerent manus..~ potius malus atque crudelis erat Sal.*Cat.*16.3.

grātuītus ~a ~um, *a.* [grates; for term. cf. *fortuitus*] Pros.: *-ītus* Pl.*Cist.*740; *-ĭtus* Stat.*Silv.*1.6.16; cf. also *fortuitus*.

1 Costing nothing, free of charge, gratuitous. **b** practised or performed without hope of reward, disinterested. **c** (of persons) making no charge, acting without remuneration.

illi..mulieri nulla opera ~a est Pl.*Cist.*740; frequentiam (*sc.* ciuium) in isto officio ~am non..defuisse Cic.*Mur.*69; aqua..gratas, quod est ~a, praestat utilitates Vitr.8.pr.3; examina..uel aere parta uel ~a Col.9.8.1; Amphictyones..hospitia ei ~a decreuere Plin.*Nat.*35.59; ~a in circo loca Suet.*Cal.*26.4; lavationem ~am *CIL* 11.6167;—(*transf.*) ira..paucis ~a est..quanto plus (dominus) irascendo quam id erat, propter quod irascebatur, amisit! Sen.*Dial.*5.5.4. **b** liberalitas ~ane est an mercennaria? Cic.*Leg.*1.48; *Fin.* 2.99; *Div.*1.87; haud ~am in tanta superbia comitatem fore Liv.3.35.6; Sen.*Cl.*1.15.6; mandatum ~um esse debet Javol.*dig.*17.1.36.1;—(*cf.*) comitia si ~a fuerint (*i.e. free from bribery*) Cic.*Q.fr.*2.14.4. **c** potestis..mercennarios ~is..anteferre? Cic.*Font.*32; ~os habemus deos Sen.*Ben.* 4.25.2; sac(erdos) ~vs *CIL* 5.776.

2 That yields no profit, unremunerative.

uirtus..quae est fructuosa aliis, ipsi..periculosa aut certe ~a Cic.*de Orat.*2.346; ad aliud spectare mulier scelus..ne ~a praeterita parricidia essent Liv.1.47.1; nihil domum praeter ~as cicatrices relaturi Curt.8.7.11; quamquam paupertas alia suaderet..ad ~a carmina deflexi me Sen. *Nat.*4a.pr.14.

3 (of loans) Free of interest.

pecuniam creditam..cuius usum ~um acceperit Sen. *Dial.*11.10.5; Suet.*Aug.*41.1; ut ~am pecuniam daret Ulp. *dig.*17.1.10.8;—(*in fig. phr.*) falluntur ingrati, quod..beneficiorum..usum esse ~um putant Sen.*Ep.*81.18.

4 Not having sufficient ground or reason, spontaneous, unprovoked.

satis..~i furoris in multitudine credentes esse Liv.2.42.6; odium aut est ex offensa..aut ~um Sen.*Ep.*105.4; Quint. *Decl.*325(p.281,l.11).

grātulābundus ~a ~um, *a.* [gratvlor+-bvndvs] Offering congratulations.

quo se..multitudo ~a effudit Liv.7.33.18; aduenire..ceteros ~os et in omne obsequium paratos Suet.*Gal.*19.2; Gel.3.15.3; laetos..et ~os (*i.e. congratulating each other*) uideres hominem et leonem 5.14.14.

grātulātiō ~ōnis, *f.* [gratvlor+-tio]

1 Thanksgiving (to the gods or sim.).

Diana..in suis antiquis sedibus summa cum ~one ciuium..reponitur Cic.*Ver.*4.74; mihi..conseruata re publica ~onem decreuistis *Catil.*4.20; gratae..nostrae dis immortalibus ~ones erunt *Phil.*14.7; patefacta ~oni omnia ..templa Liv.30.40.4; 34.7.10; V.Max.1.1.1; votvm pro patris incolvmitate svsceptvm cvm ~one libens solvi *CIL* 3.7899.

2 Congratulation, felicitation.

o miserum..illum diem quo consul..renuntiatus est ..o praeposteram ~onem! Cic.*Sul.*91; *Phil.*9.9; ~one litterarum tuarum *Fam.*15.6.1; concursus ad Afranium magnaeque ~ones fiebant Caes.*Civ.*1.53.2; cum ~one ac fauore ingenti populi domum est reductus Liv.4.24.7; 25.18.15; laetitiam et ~onem uultu ferens Tac.*Hist.*2.65; Suet.*Nero* 6.1; (*pred. dat.*) parenti suo..solacio in laboribus, ~oni in uictoria fuit Cic.*Mur.*12.

3 Self-congratulation, satisfaction, joy; a matter for rejoicing, cause of satisfaction.

ne minimam quidem moram interposuisti quin..maximo gaudio et ~one frueremur Cic.*Phil.*10.1; Caes.*Gal.*1.53.6; quibusdam aegris ~o fit, cum ipsi aegros se esse senserunt Sen.*Ep.*6.1; magna ~one excepta res 110.3; uereor, ne post ~onem..in metum redeas Plin.*Ep.*8.11.1; (*w. obj. gen.*) rerum gestarum prospere..communem sibi cum rege ~onem esse Liv.30.17.12;—inter aliam ~onem..societas..adfirmatur 29.23.5; nouae ~ones prioribus subtexantur Sen.*Dial.*7.25.3; magna ~o si non nulla tu..melius Plin.*Ep.* 7.9.3; conuersa est iniquitas in ~onem *Pan.*40.2.

grātulātor ~ōris, *m.* [next+-tor] One who offers congratulations.

parce lasso, Roma, ~ori, lasso clienti Mart.10.74.1.

grātulor ~ārī ~ātus, *intr.* [app. < **gratitulor* (grates+*-tulos*+-o[3]), cf. *opitulor*]

1 (w. dat.) To give thanks (to the gods).

Iuppiter tibi..male re gesta ~or Enn.*scen.*209; Naev. *poet.*24(25).2; desine deos..~ando obtundere tuam esse inuentam gnatam Ter.*Hau.*879; quom saluus uenis..~or dis Afran.*com.*21; Scip.*orat.*3; Cato *Fam.*15.5.2.

2 (w. dat.) To wish (a person) joy, congratulate. **b** *sibi ~ari*, to call oneself happy, congratulate oneself.

~ator meae sorori Pl.*Trin.*579; Cic.*Sul.*89; Hannibali uictori cum ceteri circumfusi ~arentur Liv.22.51.1; Gel. 12.1.2;—(*w.* inter se) inter se impii ciues, quasi uicissent, ~abantur Cic.*Phil.*12.18;—(*ellipt.*) Carthaginienses..legatos ~atum Romam misere Liv.7.38.2; (*pres. pple. as sb.*) dissentire ab animis ~antium uultus Curt.6.1.17;—(*w.* de) ~ans mihi Caesar de supplicatione Cic.*Att.*7.1.7; Liv. 3.57.7; 36.35.12;—(*w.* in+*abl.*) tibi..in hoc ~or Cic.*Planc.* 91;—(*w.* pro) temporibus nostris ~are pro ingenio tali Plin.*Ep.*4.27.5;—(*w. dat. expr. cause of congratulation*) uictoriae tuae..~or *Ep.Tra.*10.14(9);—(*w.* cum *cl.*) patri..~abor quom illam inuenit? Pl.*Rud.*1270; Cic.*Att.*14.17a.3;—(*w.* quod) ~or tibi, quod..saluum te ad tuos recepisti *Fam.* 13.73.1; Liv.30.17.7;—(*w. acc. and inf.*) Hercules, decumam esse adauctam tibi..~or Pl.*St.*386; Liv.21.50.8; Suet.*Cl.* 6.1;—(*w. internal acc.*) eunt obuiam ~anturque eam rem Pl.*Capt.*501; salutant..aduentum ~antur Ter.*Eu.*259; mihi ~atus es illius diei celebritatem Cic.*Att.*5.20.1; ~atus uictoriam est Liv.45.20.1; 45.44.8. **b** epistulam..osculatus etiam ipse mihi ~atus sum Cic.*Fam.*3.11.1; Petr. 79.9;—(*w.* quoniam) ~emur..nobis, quoniam mors..meliorem..adlatura est statum Cic.*Leg.*fr.1;—(*w. acc. and inf.*) mihi..~or, ingenium non latuisse tuum Ov.*Tr.*1.9.54;—(*w. internal acc.*) animus noster habebit, quod ~etur sibi Sen.*Ep.*79.12.

3 (without dat. of person, orig. through ellipse of *sibi* or *deis*) To be glad, rejoice.

coeperam ~ari: ecce, iterum sollicitor Quint.*Decl.*295 (p.168,l.1); ad spem statim futuri partus ~atus est 338(p.333, l.3);—(*w. abl. of cause*) ne ~or quidem hoc matrimonio 301 (p.189,l.29);—(*w. dat.*) tacitus licet serae uindictae ~abar Apul.*Met.*7.26;—(*w.* quod) ~andum..est, quod potissimum ad Octauium..summa rerum redit Flor.*Epit.*2.14 (4.3.5); Suet.*Tib.*60;—(*w. acc. and inf.*) prisca iuuent alios, ego me nunc denique natum ~or Ov.*Ars* 3.122; Apul.*Apol.* 41;—(*w. internal acc.*) laboris libertatem ~abar *Met.*9.22; (*gdve. in pass. sense*) mors ~anda potius est hominibus quam lamentanda Fro.*Aur.*2. p.226(233N);—(*w. inf.*) cui omnes prouinciae..currus ubique..ponere ~antur Apul. *Fl.*16.

grātus ~a ~um, *a. compar.* ~ior, *superl.* ~issimus. [cf. grates; Skt. *gūrtáḥ* 'approved']

1 Grateful, thankful, appreciative.

animum oportet..mihi esse ~um Pl.*Mos.*220; memorem me dices esse et ~um Ter.*Ad.*251; quia perraro ~i homines reperiantur Cic.*Planc.*4; beneficia locata..apud tam ~os Liv.7.20.5; Ov.*Pont.*3.4.81; Vell.2.71.1; habebis me..~issimum debitorem Plin.*Ep.*3.2.6;—(*w. recipient of gratitude expr.*) putarem te ~um in deos Cic.*Ver.*2.116; ut erga..auctores salutis meae satis ~us iudicarer *Red.Sen.*24; Plin.*Nat.*2.43; quod in testamento..~us circa eum fieret Ulp.*dig.*38.2.8.3;—(*w. cause of gratitude expr.*) dico eius pro meritis ~um me..fore Pl.*Mer.*105; saluo ~a puella uiro Prop.4.3.72; ~a erga tantam uirtutem ciuitas fuit Liv. 2.10.11; aduersus felicitatem tuam parum ~us es Sen. *Dial.*11.7.4;—(*of actions, gifts, etc.*) ~a contionis admurmuratio Cic.*Ver.*45; ~a..manu Hor.*Ep.*1.11.23; ~a..dona Ov.*Ep.*1.27; ne Marcum quidem Antonium..sine ~a mentione transmisit Suet.*Cl.*11.3;—(*transf., of land responsive to the labour bestowed on it*) fertiles annos ~asque terras precor Plin.*Pan.*31.1.

2 (of kindnesses, etc.) Received with or deserving of gratitude or appreciation. **b** *~um facere alicui*, to do someone a favour, oblige him. **c** *~um (et acceptum) habere*, to be grateful for, appreciate, prize. **d** *~um (est)*, I'm much obliged, thank you.

si quid bonis boni fit, esse id et graue et ~um solet Pl. *Per.*675; ut ~um mi beneficium factis experiar *Rud.*1221; ut ~a mihi sint quae facio omnia (*i.e. earn me gratitude*) Ter.*Eu.*396; Acc.*trag.*487; quod..aeque promptum est mihi et aduersario meo, id esse ~um nullo pacto potest Cic.*Mur.*28; ista ueritas, etiam si iucunda non est, mihi tamen ~a est *Att.*3.24.2; *Fam.*10.3.1; si ea, quae in me officia..contulisti, uis mihi etiam ~iora efficere 13.50.2; piscinas iuuat maiores habere, ~umque, si non aliquem culinas Plin.*Nat.*18.7;—(*of a person*) (libertus) non sati' liber sibi uidetur..ni ~o (*i.e. his benefactor*) ingratus repertust Pl.*Per.*840. **b** hac re..illi ~um feceris Ter.*Eu.* 723; ~issimum mihi feceris, si ad me..quam primum ueneris Cic.*Fam.*2.19.2; 13.17.3; *Sen.*6; ~um eum senatui..facturum, si..consuli non defuisset Liv.36.4.4; Aur.*Fro.*1. p.58(40N). **c** quidquid est quod dabitur ~um habebo Pl.*Mer.*527; quorum mihi dona accepta et ~a habeo *Truc.* 617; statuis, elogiis, historiis..~issimum id eius factum habuere Cato *hist.*83; Cic.*Tusc.*5.45; Fro.*Aur.*2.p.24(219N). **d** de Tirone ~um Cic.*Att.*10.13.2; quod Ciceroni suppeditas, ~um 14.20.3; 15.7; ille lacrimabundus '~um est' inquit; 'crastina die uestra opera utar' Liv.3.46.8; Stat.*Theb.*12. 338.

3 (usu. foll. by dat. of person, or absol.) That enjoys favour with others, acceptable, welcome, popular, etc.: **a** (of things). **b** (of persons).

a hoc munu' ~um Thaidi arbitrare esse? Ter.*Eu.*275; (lex) ~a erat populo Cic.*Sest.*103; ut..sociis ~issima esset eius integritas *Lig.*2; ludi magnifici et ~i *Att.*4.15.6; pecori iam ~ior umbra est Verg.*G.*4.402; ~ior et pulchro ueniens in corpore uirtus *A.*5.344; ~um multitudini spectaculum fuit Liv.2.7.7; me uera pro ~is loqui..necessitas cogit 3.68.9; ~o calfacit igne focum Ov.*Fast.*4.698; rustica sedulitas ~ior arte fuit 6.534; caedis..~ae regi ministerium Curt. 10.1.2; cnecon..ipsis (*sc.* Aegyptiis)..oleo, non cibo ~am Plin.*Nat.*21.90; ~a erat memoria Capitonis Tac.*Hist.*1.58;—(*w.* in+*acc.*) actionem..non..in uolgus quam optimo cuique ~iorem Liv.9.33.5. **b** ~us conuiua Hor.*S.*2.2.119; olim ~us eram Prop.1.12.7; multitudini..~ior fuit quam patribus Liv.1.15.8; Ov.*Fast.*3.275; Sen.*Con.*9.2.7; Otho..~us Neroni aemulatione luxus Tac.*Hist.*1.13; 4.68; Suet. *Jul.*27.1;—(*w.* in+*acc.*) alii bonis artibus ~i in uulgus Tac. *Ann.*1.28.

4 (objectively, w. ref. to a permanent quality) Pleasant, attractive, charming.

~o..puellas carmine mulces Hor.*Carm.*3.11.23; Phyllis ..sobria ~a parum: cum bibit, omne decet Prop.4.8.30; fuerat..amplissima statura, facie ~a Vitr.2.pr.1; ~us in ore uigor Ov.*Met.*12.397; ~ae capiti deficiunt comae Sen. *Phaed.*769; (radicula) floret aestate, ~a aspectu Plin.*Nat.* 19.48; et sapore ~o et odore 31.68; in charta puriore et uolumine ~iore Aur.*Fro.*1.p.78(61N).

? **grāuastellus** ~ī, *m.* [perh. cf. Gk. γραῦς] (app.) An old man; (but prob. a corruption of *rauistellus*).

quis haec est muliercula et ille ~us (*v.l.* rauistellus) qui uenit? Pl.*Epid.*620; ~us, senior Paul.*Fest.*p.96M.

grauātē, *adv. compar.* ~ius. [*grauatus* (pple. of gravo)+-e] Grudgingly, reluctantly.

ueniam mi quam ~e pater dedit de Chrysalo! Pl.*Bac.*532; *Cas.*1005; cum uobis..non ~e respondero Cic.*de Orat.*1.208; benigne, non ~e *Balb.*36; contendit a Pythio, ut uenderet. ~e ille primo *Off.*3.59; id ~e regi concessum est Liv.32.32.6; 42.43.2; Suet.*Aug.*24.1; ne..manus..ad sauiandum..~ius porrigat Fro.*Aur.*1.p.208(75N); *Ver.*2.p.204(204N).

grauātim, *adv.* [as prec.+-im] = prec.

pappos..qui nimia leuitate cadunt plerumque ~ Lucr. 3.387; (Mezentius) haud ~ socia arma Rutulis iunxit Liv. 1.2.3.

grauēdinōsus ~a ~um, *a.* **grauīd-.** [next+-osvs]

1 (of persons) Subject to catarrh.

dicimus ~os quosdam..non quia iam sint, sed quia saepe sint Cic.*Tusc.*4.27.

2 (of things) Causing catarrh.

(eruum) Martio mense satum noxium esse bobus aiunt, item autumno ~um Plin.*Nat.*18.139.

grauēdō ~inis, *f.* Also **grauīdō.** [gravis+-edo]

1 (med.) A cold in the head, catarrh.

quod illa..simulet quasi ~o profluat Pl.*As.*796; Lucil. 820; quoniam..nouum morbum remouisti sed etiam ~inem Cic.*Att.*10.16.6; Catul.44.13; quae res..~ines destillationesque concitat Cels.1.2.3; ~o..nares claudit, uocem obtundit, tussim siccam mouet 4.5.2; 6.7.8.a; Larg.52; Suet.*Aug.*81.2; Fro.*Aur.*1.p.194(80N).

2 (in general) A heavy, oppressive feeling.

(*in the head*) ~ines capitis inpositis coronis..discutiunt (uiolae) Plin.*Nat.*21.130; 23.147; noxiae uires (mandragorae) ~inem adferunt etiam olfactu 25.149; ~ine somnulenta iam demersus Apul.*Met.*10.26;—(*in the stomach*) pastillus..ad deiectionem, tormina, ~inem Larg.90; 95;—(*in the eyes*) oculi (ursorum)..hebetantur, qua..causa fauos expetunt ut conuulneratum ab apibus os leuet sanguine ~inem illam Plin.*Nat.*8.129.

graueolens ~ntis, *a.* Also as two words. [gravis+*olens* (pple. of oleo)] Having a strong smell; esp. in a bad sense, foul-smelling, rank, fetid.

~ntia centaurea Verg.*G.*4.270;—fauces ~ntis Auerni *A.* 6.201; urinae..~nti Plin.*Nat.*23.165; foliis..~ntibus 27. 54; ~ntibus caenis Apul.*Mun.*35.

graueolentia ~ae, *f.* [prec.+-ia] Offensive smell, fetor.

oris ~am Plin.*Nat.*22.88; alarum..~am 24.187; ~am halitus 28.194; 29.137.

grauescō ~ere, *intr.* [gravis+-esco]

1 To become weighed down, sink under a weight. **b** (spec.) to become pregnant.

fetu (*i.e. fruit*) nemus omne ~it Verg.*G.*2.429; ramo ~ente [Quint.]*Decl.*13.3;—(*cf., of the eyes*) oculi..cum dolore quodam ~unt (*v.l.* graues sunt) Cels.6.6.29. **b** cameli lact habent donec iterum ~ant Plin.*Nat.*11.236.

2 (transf.) To become stronger or more forceful; (of troubles, illness, or sim.) to become grave, worsen.

mobilitas (*sc. of falling bodies*) duplicatur et impetus ille ~it Lucr.6.337;—magis haec (mala) ne in morte ~ant 3.1022; in..dies..aerumna ~it 4.1069; Tac.*Ann.*14.51; ~ere ualetudo Augusti 1.5; 66.4.

grauīdinōsus: see graved-.

grauiditās ~ātis, *f.* [gravidvs+-tas] The state of pregnancy.

ut..(a sole) luna inluminata ~ates et partus adferat Cic.*N.D.*2.119.

grauidō[1] ~āre ~āuī ~ātum, *tr.* [next+-o[3]] To make pregnant.

per mysteria hic inhoneste honestam ~auit Caecil.*com.* 223; terra..quae ~ata seminibus omnia pariat Cic.*N.D.* 2.83;—(*transf.*) aer actus in nubem nubilum denset et ea crassitudo aquarum fetu ~atur Apul.*Mun.*9.

grauīdō[2]**:** see gravedo.

grauidus ~a ~um, *a.* [next+-idvs]

1 Heavy with young, pregnant.

solere elephantum ~am perpetuos decem esse annos Pl.*St.*168; uirgo ex eo compressu ~a factast Ter.*Ad.*475;

Afran.com.337; cum esset ~a Auria..et iam appropinquare partus putaretur Cic.Clu.31; Lucr.4.1275; Arruns..moritur uxore ~a relicta Liv.1.34.2; Cels.2.1.14; boues ~as Plin.Nat.11.210; Hyg.Fab.8.1;—(*of the womb*) onus ~i..uentris Ov.Am.2.13.1; ~um uterum Tac.Ann.1.57;—(*cf.*) Lucina manu..ipsa leui ~os tetigit..labores Stat.Silv.3.3.123;—(*fem. as sb.*) tectum, in quo sit ~a Plin.Nat.28.33;—(*w. father expr.*) haec Andria..~a e Pamphilost Ter.An.216; Hec.392; ~am..de semine magni..Iouis Semelen Ov.Met.3.260; (*cf., w. abl. and internal acc.*) me quod ~ast (*i.e. her child by me*) Pl.Am.879;—(*w. abl. expr. offspring*) non est puero ~a 719; Iulia Augusta..Tib. Caesare ex Nerone ~a Plin.Nat.10.154.

2 (transf., sts. as a conscious metaphor from prec.) Laden, swollen, teeming (with produce, etc.). **b** weighed down, oppressed (with weariness, death); (also, with troubles, guilt). **c** (of produce) rich, abundant.

neu, qui manus attulerit sterilis intro ad nos, ~as foras exportet Pl.Truc.98; uberibus ~is Cic.Cons.fr.2.44; ne ~is procumbat culmus aristis Verg.G.1.111; Ov.Met.1.110; ~ae munera uitis Fast.3.766; nec ~ae lacrimas continuere genae [Ov.]Ep.Sapph.174; ~as nubes Man.2.75; Sen.Tro.394; Plin.Nat.18.356;—(*w. abl.*) ~us armatis equus qui suo partu ardua perdat Pergama Enn.scen.76; fulminibus ~am tempestatem Lucr.6.259; stipitis hic ~i nodis (armatus) Verg.A.7.507; uenenatis ~a sagittis..pharetra Hor.Carm.1.22.3; ~am..Amathunta metallis Ov.Met.10.531; uersicoloribus pomis ~us..autumnus Col.3.21.3; ~a arcanis Cymes anus Sil.13.494; (*of an immaterial thing*) quod bonis bene fit beneficium, gratia ea ~a est bonis Pl.Capt.358;—(*w. gen.*) mellis apes ~ae Sil.2.220. **b** ~um roseo necte caput strophio Copa 32; praecipiti ~um iam sorte parentem V.Fl.5.22; (*cf.*) quam ~a nunc mole iaces, quam segnis inertem flatus habet 8.98;—~um..curis pectus Luc.5.735; noxa ~o et peccasse fatenti..populo Sil.13.542. **c** bis (apes) ~os cogunt fetus, duo tempora messis Verg.G.4.231; uetus..stipes..subito ~is oneratur oliuis Ov.Met.7.281; ~is oneratos messibus agros 8.781.

grauis ~is ~e, *a. compar.* ~ior, *superl.* ~issimus. [cf. Skt. *gurúḥ*, Gk. *βαρύς*]

1 Heavy, weighty, ponderous. **b** (of parts of the body, w. added notion of strength) massive. **c** weighty because of the quantity present, abundant. **d** (of food) substantial, nutritious. **e** (phr.) *aes ~e*, money of the oldest standard, in which an *as* weighed a full pound.

quidquid inest, ~e quidemst; aurum hic ego inesse reor Pl.Rud.926; patera aurea ~is Cic.Div.1.54; ~is..armaturae miles B.Afr.71.2; sterilis..diu palus..~e sentit aratrum Hor.Ars 66; ~ibus..catenis Ov.Met.15.601; argentum ~e rustici patris Sen.Dial.9.1.7; ~i sarcina 10.18.4; folia..~ia, carnosa Plin.Nat.16.19; ~ia saxa Tac.Hist.4.29; lassata ~i..bracchia massa Juv.6.421;—(*of persons, animals*) (Entellus) ipse ~is grauiterque ad terram..concidit Verg.A.5.447; ~is turdos Mart.4.66.6;—(*of land, cf. sense 10*) uomere terras inuertisse ~is Verg.G.3.526; Hor.S.1.1.28;—(*w. advl. force*) limus in imum confluxit ~is Lucr.5.497; ~is..tellus impio capiti incubet Sen.Phaed.1280;—(*neut. pl. as sb.*) quod a ~ioribus leuiora natura repellantur Cic.Tusc.1.40. **b** colla diu ~ibus frustra temptata lacertis Luc.4.618; uincula..soluit dextra ~is V.Fl.4.311; ~is umeros Stat.Ach.1.327. **c** cum ei Samnites tamquam indigenti ~e aurum donarent Gel.1.14. **d** inter domesticas..quadrupedes leuissima suilla est, ~issima bubula..piscium..~issimi sunt, ex quibus salsamenta..fieri possunt Cels.2.18.7. **e** reus..decem milibus aeris ~is damnatur Liv.4.41.10; Sen.Nat.1.17.8; Plin.Nat.33.42; Paul.Fest.p.98M.

2 Weighted, burdened, laden (w. something specified or implied). **b** pregnant. **c** heavily armed or equipped.

compedibus quaeso ut..sit..huic ~ior seruos Pl.Capt.1026; nequis aduentor ~ior abaetat quam adueniat Truc.96; camo collum ~em Acc.trag.302; ~em gemmis auroque..pateram Verg.A.1.728; agmen ~e praeda Liv.21.5.8; classem ~em commeatibus 22.14.13; 27.31.2; maduere ~es adspergine pennae Ov.Met.4.729; nec iaculo ~is est, sed adunca dextera falce 14.628; ceruice ~i portare plagas Sen.Phaed.45; ~es fructu uites Quint.Inst.8.3.8. **b** non insueta ~is temptabunt pabula fetas Verg.Ecl.1.49; fit..~is (Iuturna) geminosque parit Ov.Fast.2.615; 5.257; ~i de sue uolua Mart.13.56.2; (*cf.*) (ballaenae) utero ~es Plin.Nat.9.13; (*poet.*) fatalis equus..armatum peditem ~is attulit aluo Verg.A.6.516;—(*w. abl. expr. father*) regina..Marte ~is 1.274;—(*of the womb*) ~em..uterum Ov.Met.10.495; Sen.Ag.33; Papin.dig.29.7.11. **c** magna parte impedimentorum relicta..et omni ~iore armatu Liv.26.5.3; quod ~issimum exercitus erat 26.17.7; ~i agmine 31.39.2; Curt.8.12.1; Tac.Ann.1.64;—(*transf.*) non ~i nec uno incursu consectandum hostem uagum 4.24.

3 Falling or striking with force; (of a blow, fall, or sim.) heavy.

~is imber et uber Lucr.6.290; ipsa ~es spargunt ora loquentis aquae Ov.Tr.1.2.14; (*w. advl. force*) ~is et certo tendens stridore..uenit hasta V.Fl.3.239;—tormenta telorum eo ~iores emissiones habent, quo sunt contenta..uehementius Cic.Tusc.2.57; ~es ruinas Catul.23.9; celsae ~iore casu decidunt turres Hor.Carm.2.10.10; alapam sibi duxit ~em Phaed.5.3.2.

4 Ponderous in movement, unwieldy; (of a river) sluggish. **b** (of the breathing) laboured.

phalanx Macedonum ~is atque immobilis Liv.33.9.10; Curt.8.14.4; pecuarius canis neque..strigosus aut pernix debet esse..nec..obesus aut ~is Col.7.12.8;—(*of a stream*) Lethe..flexibus multis ~em inuoluit amnem Sen.Her.F.682. **b** cum spiritus ~is est Cels.1.pr.22; 2.2.3; (*w. advl. force*) aegris faucibus exsuperat ~is halitus Pers.3.89.

5 Difficult to shift, clinging; (of soil) tenacious, heavy. **b** (of food) that weighs upon the stomach, indigestible.

(uermes terreni) ~es secundas pellunt in passo poti Plin.Nat.30.125;—uti (loca) quaeque ~issima et aquosissima erunt Cato Agr.131; Plin.Nat.18.175; cetera..tenacia ~i caeno..erant Tac.Ann.1.63. **b** negat..esse ullum cibum tam ~em quin is nocte et die concoquatur Cic.N.D.2.24; Sen.Nat.3.19.3; uettonica..~is stomacho Plin.Nat.26.32.

6 (of heat, etc.) Causing heaviness to the body, oppressive. **b** (of seasons, places, etc.) oppressive to the health, unwholesome. **c** (of darkness or sim.) heavy, brooding. **d** (of sleep or sim.) overpowering, deep.

~is..aestus Catul.68.62; ante ~em..solem Hor.S.2.4.23; iuglandum (umbra) ~is et noxia Plin.Nat.17.89; fumum non ~em..facere Ulp.dig.8.5.8.6. **b** anni tempore ~issimo et caloribus maximis Cic.Q.fr.2.15.1; adspiratio (caeli) ~is et pestilens Div.1.130; ~is autumnus in Apulia Caes.Civ.3.2.3; Minturnae..~es Ov.Met.15.716; ex salubri loco in ~em..transitus Cels.1.3.1; medicis ~is annus in quaestu est Sen.Ben.6.38.3; ablatae causae ~ioris caeli..purior spiritus Fron.Aq.88; Suet.Tib.36. **c** erat..caelum ~e sordidis nubibus Sen.Ep.53.1; non Luna ~is digerit umbras Thy.826; ~es..tenebras V.Fl.2.40;—(*cf.*) cauis ~e rupibus antrum Stat.Theb.10.86. **d** ~i lethargo fertur in altum..soporem Lucr.3.465; sopor ille ~issimus exstat quem..lassus capias 4.956; torpor ~is occupat artus Ov.Met.1.548; si ~ior somnus pressit Cels.2.2.2; emersus ~i crapula Apul.Met.9.41.

7 (of persons, etc., usu. foll. by abl.) Overwhelmed, weighed down, oppressed: **a** (by sleep, intoxication, disease, etc.). **b** (by old age). **c** (by sorrow, anxiety).

a abit in somnum ~is Lucr.3.1066; ubi (equus)..morbo ~is..deficit Verg.G.3.95; ~es somno epulisque incolas Liv.4.37.2; ~is adhuc uolnere erat 21.48.4; 36.20.5; hunc (*sc. the Python*) deus arquitenens..mille ~em telis..perdidit Ov.Met.1.443; nacta ~em uino Cinyram..nutrix 10.438; V.Max.4.3.ext.3; ~es..auide hausto humore non sustinere arma..poterant Curt.7.5.8; iam ~is ac uinolentus Sen.Dial.5.14.2; Tac.Hist.1.80; Ann.4.22;—(*of parts of the body*) processit..uini somni stupri plenus..~ibus oculis Cic.Red.Sen.13; Verg.A.4.688; Prop.2.29.16; cum caput ~ius esse coeperit Cels.1.4.4; stomachum nausea ~em Petr.103.5; facit corpus ~e et displicens Larg.188. **b** Iphitus aeuo iam ~ior Verg.A.2.436; annis ~is..Aletes 9.246; Hor.S.1.1.4; ingressi milites..paucos ~es aetate aut inualidos inueniunt Liv.10.34.12; 41.3.6; Aeneas patrem..~em senio..ferens Sen.Ben.3.37.1; Tac.Ann.12.40;—(*cf.*) senex iam ~is in annis Apul.Met.2.2. **c** horum..hilaritas ficta est aut ~is et subpurata tristitia Sen.Ep.80.6; pectus aerumnis ~e Ag.305; ~is curis carpit dum nocte quietem Sil.17.160.

8 (of a smell or flavour or what produces it) Strong (usu. in a bad sense), rank.

absinthium ut bibam ~em Var.Men.440; castoreo..~i mulier sopita Lucr.6.794; odor caeni ~is Verg.G.4.49; ~is..hircus Hor.Epod.12.5; mas odore ~ior, femina acutior Plin.Nat.21.58; odore iucunde ~i 21.60; (oleum) ~i sapore 23.88; ~es..porri Mart.5.78.4; (*w. advl. force*) ne ~is hesterno fragres..uino 1.87.1.

9 (of a sound) Low in pitch, deep. **b** (pros., of accent) grave; (of a syllable) having a grave accent.

(canes) debent esse..latrato ~i, hiatu magno Var.R.2.9.4; ~is..fragor Ov.Fast.3.368; murmur ~e classicorum Sen.Thy.574; ~ior sonuit..fluctus Sil.2.545; (*neut. sg. as adv.*) tibicen ubi canit Phryx curuo ~e calamo Catul.63.22;—(*in the musical scale*) uoces..acuta ~is Cic.de Orat.3.216; Orat.173; N.D.2.146; chorda..poscenti..~em (sonum) persaepe remittit acutum Hor.Ars 349; (tetrachordon) ~issimum, quod graece dicitur ὕπατον Vitr.5.4.7; Sen.Ep.84.9; Quint.Inst.5.10.125. **b** in priore uerbo ~es prosodiae..manent Var.gram.45; 'pone' ~i sono antiqui utebantur pro loci significatione Fest.p.249M;—(*of a syllable*) 'Atreus', quem..acuta prima (syllaba) dicere solebant, ut necessario secunda ~is esset Quint.Inst.1.5.24; 12.10.33.

10 (esp. of persons) Oppressive, troublesome, obnoxious, etc. **b** (of hardships, etc.) hard to bear, grievous, painful. **c** (of prices, taxes, or sim.) heavy, excessive. **d** (of tasks) arduous; (poet., of a fortress) hard to capture.

si tibi non ~es sumus, refer ad illa te, quae ad ipsius orationis laudem..pertinent Cic.de Orat.3.147; o hominem facilem! o hospitem non ~em! Fam.9.20.1; 13.76.1; minus aliis ~is..uita est otiosorum Off.1.70; cogor et ipse meis auribus esse ~is Prop.1.12.14; libertati Graeciae uideri ~es Macedonum reges Liv.33.12.10; Bastarnas..~iores fieri in dies 41.19.7; ~es cultis..aues Ov.Fast.1.683; Sen.Ben.7.22.2; scarus..probatur: mullus iam ~is est Petr.93.2,l.8; Liuia ~is in rem publicam mater, ~is domui Caesarum nouerca Tac.Ann.1.10; Octauiam..nomine patris et studiis populi ~em 14.59; Juv.10.201; talem efficere rem pigneratam, ut ~is sit debitori ad reciperandum Ulp.dig.13.7.25;—(*astrol., of a planet*) ~e Saturni sidus in omne caput Prop.4.1.84. **b** aerumnam..~em Pl.Epid.557; paupertatem una pertulimus ~em Ter.Ad.496; o diem illum..mihi ad domesticum maerorem ~em..! Cic.Sest.27; erat in dies ~ior atque asperior oppugnatio Caes.Gal.5.45.1; ~ior neu nuntius auris uulneret Verg.A.8.582; ~e seruitium Prop.1.5.19; haec..Aetolis..~ia auditu..fuerunt Liv.33.13.13; uita..morte ~ior Sen.Suas.6.8; o medicina ~is! Mart.11.71.8;—(*cf.*) Cn. Pompeius..~ior remediis quam delicta erant Tac.Ann.3.28.1;—(*pred., w. inf.*) in populum Romanum ~e est non posse uti sociis Cic.Balb.24; quae fuerit mihi forma, ~e est narrare modestae Ov.Fast.5.199; Mart.9.68.10. **c** uides ut annonast ~is Pl.St.635; ~i faenore Cic.Flac.59; ~issimis usuris Fam.15.4.2; Caes.Civ.3.32.5; ~i tributo Liv.23.32.9; pretium tam ~e Mart.11.38.2; ~iora uectigalia..aboleuit Suet.Nero 10.1. **d** ut..sibi quisque..~iores imponeret labores Caes.Civ.3.74.2; ~ibus pensis adfixa puella Tib.1.3.87; ter ~e temptaui carpere..iter Ov.Ep.17.34; ut..boues ~issima opera non recusent Col.6.2.10;—(*poet.*) ille (*sc.* miles) ~es urbes, hic (*sc.* amans) durae limen amicae obsidet Ov.Am.1.9.19.

11 (of persons) Relentless, stern, harsh, unsparing. **b** (of reproof, punishment, etc.).

~is Dardaniis gentibus ultor Acc.trag.523; Galbae ~is atque acer inimicus Cic.de Orat.1.227; Ver.5.183; in paruis rebus neglegens ultor, ~em se ad maiora uindicem seruabat Liv.2.11.4; ~e et implacabile numen Ov.Met.4.452; dictis..acerbis immodicum linguaque ~em V.Fl.5.597; exactor ~issimus disciplinae Suet.Jul.65;—(*of a person's expression*) aspera mea natura..~is uultus, superba responsa Cic.Vat.8; V.Fl.7.292;—(*neut. sg. as adv.*) ~e Tisiphone risit gauisa futuris Stat.Theb.4.213;—(*used w. advl. force*) ~is Entellum dictis castigat Acestes Verg.A.5.387; cum ~is ab tergo instaret hostis Liv.42.59.4; ~is orantem procul arcet Erinys V.Fl.4.74. **b** quasi quicquam in hunc iam ~iu' dici possiet Ter.An.874; ~issimae legum poenae Cic.Pis.50; est incredibilis hominum peruersitas (~iore enim uerbo uti non libet) Fam.1.7.7; Q.fr.3.4.2; ne quid ~ius in fratrem statueret Caes.Gal.1.20.1; habuit ~is in Caesarem contiones Civ.2.18.2; ~ius est uerberari quam necari Sal.Cat.51.22; ~i edicto Liv.7.37.13; (censores) eos..~i nota adfecerunt V.Max.2.9.8; ~ibus decretis Tac.Ann.3.31; excruciata ~issimis tormentis Suet.Cal.16.4;—(*cf.*) (sententias) ~es (*i.e. condemnatory*) habuit xviiii, absolutarias duas et xxx Asc.Mil.49.

12 (of persons, their ideas, etc.) Not given to levity or frivolity, grave, serious, earnest, thoughtful, etc.; (w. ref. to demeanour) solemn, dignified. **b** (of a task, etc.) requiring earnest thought or attention, serious, weighty. **c** (of style or language) grand, impressive, majestic; (also of speakers or writers).

adulescens ~is, senili iudicio Cic.Sest.111; Att.6.6.3; iocerne..?..an ~ius aliquid scribam? Fam.2.4.1; opinio ~is non temere adsentientis Tusc.4.80; haec pueris..esse grata, ~i uero homini..probari posse nullo modo Off.2.57; clarus..magis inter inanis quamde ~is inter Graios Lucr.1.640; ~is animus dubiam non habet sententiam Pub.Sent.G.4; principes ~iores temperantioresque a cupidine imperii Liv.26.22.14; qui ~is es nimium, potes.., lector, abire Mart.11.16.1; consilium canum et ~e Fro.Aur.1.p.62 (41N);—nunc uolo subducto ~ior procedere uultu Prop.2.10.9; Roscius citatior, Aesopus ~ior fuit, quod ille comoedias, hic tragoedias egit Quint.Inst.11.3.111. **b** tot res tam ~is, tam uarias..sustinere Cic.Div.Caec.37; inceptis ~ibus..et magna professis Hor.Ars 14; (Vitellius) impar curis ~ioribus Tac.Hist.2.59; sermones..~iores non nisi scriptos..habebat Suet.Aug.84.2;—(*cf. sense 1*) gustatorium ~iorque cena margini imponitur, leuior..auium figuris innatans circumit Plin.Ep.5.6.37; bellum..renouat, uagis primum populationibus..dein uicos excindere, trahere ~is praedas Tac.Ann.3.20. **c** unam (figuram orationis) ~em, alteram mediocrem, tertiam extenuatam uocamus Rhet.Her.4.11; sin..exsiccatum genus orationis probant nec illo ~iore ornatu oratorio utuntur Cic.Brut.291; orationes subtiles, ut contra Leptinem..~es, ut quaedam Philippicae Orat.111; ~e plenumque carmen Cic.Tusc.1.64; arma ~i numero (*i.e. in hexameters*)..parabam edere Ov.Am.1.1.1; cecini plectro ~iore Gigantas Met.10.150; sancta et ~is oratio Quint.Inst.10.1.115; Plin.Ep.2.3.1; M. Cato..'duritudinem' quam 'duritiam' dicere ~ius putauit Gel.17.2.20;—(*of speakers or writers*) tum ~es sumus, tum subtiles, tum medium quiddam tenemus Cic.de Orat.3.177; Brut.38; ~is Ennius Ov.Tr.2.423; Quint.Inst.10.1.46.

13 Having weight or authority, respected, venerable, august, influential, etc.: **a** (of persons). **b** (of things).

a numquam erit alienis ~i' qui suis se concinnat leuem Pl.Trin.684; uir et oratione ~is et auctoritate Cic.Brut.109; hoc in te ~iores certioresque testes sunt Ver.3.108; Fam.2.2; Xenocratem..~issumum philosophorum Tusc.5.51; tres ~issimi historici Nep.Alc.11.1; uir ~issimus, consul M. Porcius Liv.34.5.2; ~em..senatum Ov.Met.15.590; Fast.4.293; aperte descendisse in causam uidebatur, eoque ~ior militibus erat..socius Tac.Hist.3.3; ~is auctor linguae Latinae Gel.4.16.8;—(*of cities or sim.*) tot tam ~esque prouinciae Cic.Flac.5; Segesticam..~em atque opulentam ciuitatem Liv.34.17.12. **b** ~ius tuom erit unum uerbum ad eam rem quam centum mea Pl.Trin.388; errat..qui imperium credat ~ius esse aut stabilius ui quod fit Ter.Ad.66; ~issima..apud te uoluntas patris esse debuisset Cic.Ver.2.98; Font.32; id nisi ~i de causa non fecisset Att.7.7.3; ~issimum..iudicium de mea fide..fecisti Fam.11.29.2; eorum ~issima caerimonia Caes.Gal.7.2.2; exemplum ~e Prop.4.1.109; (foedus) haud ~ius ei sanctiusque quam uolgo barbaris..ratus fore Liv.28.17.6; quo ~ior criminantis auctoritas esset Curt.10.1.28; ~e argumentum Quint.Inst.5.12.3;—(*of age*) omnis iuuentus, omnes etiam ~ioris aetatis Caes.Gal.3.16.2; Quint.Inst.12.10.8.

14 (in unfavourable sense, of troubles, faults, offences, etc.) Not to be treated lightly, grave, serious. **b** (esp. of illness, wounds, or sim.); (of a patient) seriously ill. **c** (of stars, portents, etc.) ill-omened. **d** (of persons, animals) dangerous, formidable.

~i..flagramus infamia Cic.Ver.43; si quid ~ius acciderit Flac.103; ~e bellum foris, grauior domi seditio exorta Liv.6.11.1; ~issimis criminibus accusati 43.2.10; est mea culpa ~is Ov.Pont.2.2.15; ~is..accepta clades Vell.2.79.4; ~i periculo Plin.Nat.29.6; idem annus ~i igne urbem adficit Tac.Ann.6.45; ~issimas in principem contumelias dixisse 14.49; ~issimam contraxit offensam Suet.Ves.4.4; duo..uitia..~issima Gel.17.19.5;—(*neut. pl. as sb.*) ~iora..consecuta sunt Cic.Fam.11.27.2; peccauimus omnes, alii ~ia, alii leuiora Sen.Cl.1.6.3. **b** eum morbus inuasit ~is Pl.As.55; Cic.Ver.5.111; Fam.16.15.2; ~iore uulnere accepto Caes.Gal.1.48.6; Liv.9.44.15; ~is inflammatio Cels.5.26.27.b; ~es et periculosas ualetudines Suet.Aug.81.1; (*in fig. phr.*) animo ~e uulnus habebam Ov.Met.9.540;—(*of a patient*) ~iores..eos factos, qui se implerant (*sc.* cibo) Cels.1.pr.34; cum ~is extremas Vestinus duceret horas Mart.4.73.1. **c** concursus..~is stellarum Cic.Cons.fr.2.12; dum loquor..stella ~is nobis, Lucifer ortus erat Ov.

*Tr.*1.3.72; portenta..~ia esse, ostenta bona FEST.p.245M; —(*of a battlefield*) (lux) in fastis cui dat ~is Allia nomen Ov.*Ib.*217. **d** Veiens hostis, adsiduus magis quam ~is LIV.2.48.7; 30.28.2; ~is aemulus *Laus Pis.*90; hic ~es feras..prouenire PLIN.*Nat.*2.189; ~is..Scaeuola bello SIL. 10.404; Paridem..occisum ab eo quasi ~em aduersarium SUET.*Nero* 54.

15 a (of strife, passion, etc.) Vehement, fierce, intense. **b** (of storms or sim.) violent, severe.

a ~is impetus Orci ENN.*Ann.*551; tam ~is..inimicitias TER.*Ph.*369; ~i proelio QUAD.*hist.*51; ~iore odio..esse in Antonium CIC.*Phil.*12.8; amore percussum ~i HOR.*Epod.* 11.2; ~es..preces PROP.1.6.6; ira..~ior LIV.6.31.6; Ov. *Pont.*3.3.76; fletus..~es PHAED.1.9.3; timore ~i V.FL.8. 35; moto..~iore iurgio SUET.*Tib.*11.3. **b** tonitru..~i LUCR.6.122; ipse ~issima hieme in nauibus excubans CAES. *Civ.*3.8.4; ~i..quassata procella..nauis Ov.*Tr.*5.5.17; terrarum..~is et perniciosus..motus SEN.*Ep.*91.1; gubernatores..~i Africo..litoribus impacti TAC.*Ann.*15.46.

Grauiscae ~ārum, *f. pl.* Also **~a** ~ae. A town on the coast of Etruria.

CATO *hist.*46; VERG.*A.*10.184; LIV.40.29.1. **β** VELL. 1.15.2.

Grauiscānus ~a ~um, *a.* Of or produced at Graviscae.

(uina) ab infero (mari)..Latiniensia, ~a PLIN.*Nat.*14.67.

grauitās ~ātis, *f.* [GRAVIS+-TAS]

1 Heaviness, weight; (concr.) a heavy mass.

mantica cantheri costas ~ate premebat LUCIL.1207; corpora quaedam solida..ui et ~ate ferri CIC.*N.D.*2.93; *Tusc.*1.40; *Fat.*23; propter ~atem armorum CAES.*Gal.*5. 16.1; inmobilem..~ate hastam LIV.44.41.7; liquidum et ~ate carentem aethera Ov.*Met.*1.67; SEN.*Nat.*7.9.1; PLIN. *Nat.*10.99; (*of a person*) me (*i.e. a wrestler*) mea defendit ~as Ov.*Met.*9.39; (*applied to specific gravity*) non amplitudine ponderis sed genere singularum rerum ~atem esse non est negandum VITR.7.8.3;—hoc cum superueniente ~ate reiectum est illiditur terris SEN.*Nat.*6.20.1; (*of an unborn child*) tendebat ~as uterum mihi Ov.*Met.*9.287.

2 Oppressed or heavy condition (of the body or its parts); (also, of the spirits). **b** dullness, sluggishness (of the senses). **c** laboured quality (of the breathing).

hominem cum uini uis penetrauit..consequitur ~as membrorum LUCR.3.478; tardus ~ate senili Aeacus Ov. *Met.*7.478; capitis ~as maior CELS.1.3.19; totius..pectoris ~as 4.14.1; patrem sopitum et subita corporis ~ate conlapsum SEN.*Con.*9.4.9; uentris..~atem LARG.183;—peregrinatione..non discussisti tristitiam ~atemque mentis SEN.*Ep.*28.1. **b** si..in sensibus ipsius est aliqua forte ~as aut tarditas CIC.*Luc.*53; aurium ~ati sucum raphani instillant PLIN.*Nat.*20.28; oleum amygdalinum..~atem auditus discutit 23.85; (*pl.*) ~ates aurium 34.109. **c** mala (signa) sunt uigilia, spiritus ~as CELS.7.3.1.

3 Oppressiveness (of the atmosphere, etc.); (esp.) unhealthiness (of a climate or season). **b** overpowering quality (of sleep or sim.).

~atem urbis excessi et illum odorem culinarum SEN.*Ep.* 104.6; quorundam (odoramentorum) suauitati ~as inest PLIN.*Nat.*21.37;—corpore uix sustineo ~atem huius caeli CIC.*Att.*11.22.2; aegra parte militum autumni ~ate SAL. *Hist.*3.96A; ut primum uidere ex ~ate loci uolgari morbos LIV.25.26.13; COL.1.7.4; TAC.*Ann.*2.85. **b** patitur mirum ~ate soporem Ov.*Met.*15.321; ebrietas..nimia ~ate defertur in somnum SEN.*Nat.*3.20.5.

4 Rankness, offensiveness (of smell or taste).

(*of smell*) (sesima) animae ~atem facit PLIN.*Nat.*22.132; hoc..~atem odoris..tollit LARG.40; TAC.*Hist.*5.6; SUET. *Vit.*10.3;—(*of taste*) ~ati saporis occurritur tactis naribus unguento PLIN.*Nat.*32.117.

5 Severity in one's treatment of others, sternness, harshness. **b** strictness of life or morals, austerity. **c** grievousness (of punishment, affliction, etc.).

Gabinium et Pisonem..uerborum ~ate esse notandos CIC.*Prov.*2; *Off.*1.136; simili matrem..~ate (*i.e. abuse*) secutus V.FL.5.656; PLIN.*Ep.*9.12.1; cum..Fabricius decem pondo argenti..quasi luxuriam censoria ~ate damnaret FLOR.*Epit.*1.13(1.18.22);—(*of the countenance*) tanta erat ~as in oculo, tanta contractio frontis CIC.*Sest.*19. **b** cuius utinam filii ne degenerassent a ~ate patria! CIC. *Prov.*18; castigatio..censoria et ~ate temporum illorum digna LIV.29.37.16; disciplinae ~ate, prisci moris obseruantia..conspicui V.MAX.2.6.7; si te delectat ~as, Lucretia..sis licet MART.11.104.21. **c** quod..dolor..in ~ate breuis soleat esse CIC.*Fin.*1.40; diuina..ira tarditatem ..supplicii ~ate pensat V.MAX.1.1.ext.3; (bos) ~ate longioris itineris..conuellit armos COL.6.16.1; disserebant de continuatione tributorum, ~ate faenoris TAC.*Ann.*3.40.

6 Seriousness of conduct, speech, temperament, etc., gravity, dignity, solemnity, etc. **b** seriousness of approach (to a task, etc.), earnestness. **c** solemnity, majesty (of a speaker or writer, his language, etc.).

ne quid iocus de ~ate decerperet CIC.*de Orat.*2.229; ~atem in congressu nostro tenui quam debui *Att.*9.19.4; concinnus..et elegans..Aristo, sed..~as in eo non fuit *Fin.*5.13; ~as..constantis aetatis *Sen.*33; qui..asper incolumi ~ate iocum temptauit HOR.*Ars* 222; qua ~ate animi criminantes se ad multitudinem inimicos tulerat LIV.22.26.6; caelestes..augusta ~ate sedent Ov.*Met.*6.73; solam hanc artium Graecarum nondum exercet Romana ~as PLIN.*Nat.*29.17; ut..fictis oblectare legentium animos procul ~ate coepti operis crediderim TAC.*Hist.*2.50. **b** reliqua..maiorem..~atem et laborem desiderant CIC.*Fam.* 5.5.3; tu modo ne dubita de ~ate mea PROP.2.20.14. **c** ~ate princeps Plato CIC.*Orat.*62; Cn. Pompei ~as in dicendo *Balb.*2; dicitur..uincere Caecilius ~ate, Terentius arte HOR.*Ep.*2.1.59; uerborum..in tragoediis ~as QUINT. *Inst.*1.8.8; GEL.1.24.4.

7 Authority, influence, importance (of a person, institution, etc.). **b** weightiness, magnitude (of a task).

tris solum urbis in terris omnibus..statuerunt posse imperi ~atem ac nomen sustinere CIC.*Agr.*2.87; ~ as optimatium cecidit *Leg.*3.17; propter amplitudinem ~atemque ciuitatis CAES.*Gal.*4.3.4; substitit ut clamor pressus ~ate regentis Ov.*Met.*1.207; ut..ferociores (annos) a licentia ~as (docentis) deterreat QUINT.*Inst.*2.2.3. **b** sin.. imbecillitas aetatis non potuerit ~atem rerum sustinere CIC.*ad Brut.*1.10.4; obruit audentem rerum ~asque nitorque Ov.*Pont.*2.5.29.

8 (in unfavourable sense) Serious or alarming nature, gravity, formidableness; (esp. of diseases, wounds).

(res) tantum habet ipsa ~atis ut neque mea..neque cuiusquam..eloquentia requiratur CIC.*Ver.*5.159; illa.. aliena temporum ~ate sententia est *Phil.*11.21; fessi diuturnitate et ~ate belli LIV.31.6.3; ~ate annonae iuxta seditionem uentum TAC.*Ann.*6.13; 11.4; qui ~ate sumptuum iustos reditus antissent 15.18;—~ate ualetudinis.. leuari CIC.*Fam.*6.2.1; ~as morbi 9.3.2; *N.D.*3.76; uix lecticae agitationem prae ~ate uolnerum patiens LIV.27.29.2.

grauiter, *adv. compar.* ~ius, *superl.* ~issimē. [GRAVIS+-TER²]

1 So as to exert much pressure, heavily. **b** (w. vbs. of falling, striking, etc.) with force or impact, heavily, violently. **c** (w. vbs. expr. panting, sighing, or sim.) with ponderous effort, laboriously.

~iter uestigia ponit CIC.*Arat.*89; si (modiolus) ~iter (imprimitur) CELS.8.3.2; me longe ~ius onustum producunt APUL.*Met.*4.4. **b** quisnam..pepulit tam ~iter fores? TER.*Ad.*788; freta..~iter spirantibus incita flabris LUCR. 6.428; ut..tela..missa ab Gallis ~ius acciderent CAES.*Gal.* 3.14.4; (naues) ~iter inter se incitatae conflixerunt *Civ.* 2.6.5; capite ~iter offenso LIV.8.6.2; ipsum..~iter palma percussit PLIN.*Ep.*3.14.7; ~iter prolapsum SUET.*Otho* 7.2; (*transf., of sound*) auris ~iter optundo tuas PL.*Cist.*118;—(*in fig. phrs.*) si haec res ~iter cecidit (*i.e. has been ruined*) stultitia mea PL.*Trin.*507; CIC.*Off.*1.73; Ov.*Pont.*1.7.49; me, potens Fortuna..alte extulisti, ~ius ut ruerem [SEN.] *Oct.*379. **c** (uerba) quasi anhelata ~ius CIC.*de Orat.*3.41; ~iter gemitus imo de pectore ducens VERG.*A.*2.288.

2 With dullness of perception, indistinctly.

ubi..~ius aliquis audire coepit CELS.6.7.7A.

3 (w. vbs. of sleeping) Deeply, profoundly.

arte et ~iter dormire CIC.*Div.*1.59.

4 (w. vbs. of smelling) Strongly, pungently; in bad sense) foully.

~iter spirantis copia thymbrae VERG.*G.*4.31;—(*in bad sense*) exulceratas nares..~iter olentes LARG.42; MART.3. 28.1.

5 In a low or deep tone.

~iter crepuerunt fores TER.*Hau.*613; grundibat ~iter pecus suillum QUAD.*hist.*77; solido ~iter sonat ungula cornu VERG.*G.*3.88; (taurus) ~ius mugire..incipit V.FL. 7.591;—(*in relation to a musical scale*) natura fert (*i.e. in the 'music of the spheres'*) ut extrema ex altera parte ~iter ex altera autem acute sonent CIC.*Rep.*6.18.

6 With reluctance, pain, or displeasure; (esp.) *~iter ferre* (*accipere, habere, tolerare*), to take (something) ill, be grieved or offended at.

adulescentulus saepe eadem et ~iter audiendo uictus est TER.*Hau.*114; hoi ego amantium animum: aduortunt ~iter quae non censeas 570;—omnes qui amant ~iter sibi dari uxorem ferunt *An.*191; CIC.*Balb.*25; *Tusc.*3.36; ~iter mortem eius tulit rex CURT.9.7.26; SUET.*Dom.*23.1;—singuli casus humanarum miseriarum ~iter accipiuntur CIC.*de Orat.*2.211; LIV.9.4.6;—multi eas (*sc.* iniurias) ~ius aequo habuere SAL.*Cat.*51.11;—quae..ipso tributo ~ius tolerabantur TAC.*Ag.*19.4.

7 Sternly, severely, harshly.

ne iniuste aut ~iter mi imperet PL.*Capt.*308; nimi' ~iter cruciat adulescentulum TER.*Hau.*1045; alii errorem appellant..qui durius, spem..qui ~issime, temeritatem CIC. *Lig.*17; ~iter se acturum cum Aquilio *Att.*4.12; Caesar amicissime de uobis et illi ~issime iudicauerunt CAES.*Civ.* 2.32.2; ne ~ius in eum consuleretur SAL.*Jug.*13.8; Locrenses ~iter ob defectionem incusauit LIV.29.8.1; iusto ~ius punire V.MAX.4.1.ext.1; tumultus..~issime coercuit SUET.*Tib.*37.2.

8 With dignity or solemnity, gravely, seriously, earnestly, etc. **b** so as to have weight or influence, effectively.

satis ~iter inimici contumeliis..respondere CIC.*Har.*17; qui sancte ~iterque uixisset *Balb.*12; defertur res ad senatum. ~issime..decernitur *Att.*1.16.5; *Tusc.*5.81; V.MAX. 6.4.intro.; consideres ~ius, cuimodi sint ea GEL.20.1.21;— (*w. ref. to style in speech or writing*) oratione habita ~iter et sententiose..demittitur animus CIC.*Inv.*1.106; Thucydides ..bella narrat..~iter sane et probe *Orat.*30; QUINT.*Inst.* 8.3.40; PLIN.*Ep.*1.10.5. **b** ~issime..me in hac mente impulit..Pompei fides CIC.*Fam.*1.9.12; ei te commendaui.. ut ~issime diligentissimeque potui 7.17.2; sapiens cum petitur si tacet ~iter negat PUB.*Sent.*S.12.

9 To an alarming or intolerable degree, seriously, grievously. **b** (esp. w. *uulnero, aegroto*, and sim. words); *~iter se habere*, to be gravely ill. **c** harmfully.

Sp. Caruilio ~iter claudicanti ex uulnere CIC.*de Orat.* 2.249; quamuis ~iter offendat *Off.*1.86; quod ~iter ab Suebis premerentur CAES.*Gal.*4.16.5; 7.67.4; in Veliternos ..~iter saeuitum LIV.8.14.5; Caudinus Samnis ~ius deuastatus 24.20.4; peccasse..~ius in fratres CURT.7.2.7; theatri licentia..~ius tum erupit TAC.*Ann.*1.77. **b** prostratum terra, ~iter saucium ACC.*praet.*25; ~issime aegrotasti CIC.*Fam.*16.10.1; *Sen.*67; ~iter uolneratus SAL.*Cat.* 61.7; VELL.2.102.2; torminosi, qui ~iter adflicti sunt LARG. 112; (*in fig. phr.*) etsi ~iter ab iis laesi eramus, quod.. ad Antonium ierant LEP.*Fam.*10.34.2;—quamquam uidebatur se non ~iter habere, tamen sum sollicitus CIC.*Att.* 7.2.3; PLANC.*Fam.*10.17.2. **c** (*cf. sense 4*) ~iter spirantibus hydris VERG.*A.*7.753.

10 With depth of feeling, intensely, vehemently, passionately, etc.

quem ego amarem ~iter PL.*Cist.*85; tibi..sum iratus.. ~iter TER.*Hec.*624; o ~iter desiderata..potestas! CIC.*Ver.* 5.163; ~issime dissidentibus ciuibus *Phil.*12.27; questus est ~iter *Fam.*1.9.9; ~iter..metuentes limina leti LUCR. 6.1208; ~ius Saturnia iusto..fertur doluisse Ov.*Met.*3.333; (Othonem) incolumem ~issime detestata SUET.*Otho* 12. 2; haec..inlacrimans ~iter adfectis rusticis adnuntiabat APUL.*Met.*8.15.

grauitūdō ~inis, *f.* [GRAVIS+-TVDO] Heavy or oppressed condition (of the body or its parts).

~o arteriace, tussis, pleuritis VITR.1.6.3.

grauiusculus ~a ~um, *a.* [compar. of GRAVIS+-CVLVS] (of sound) Somewhat low or deep.

qui fistula..~um sonum inspiraret GEL.1.11.13.

grauō ~āre ~āuī ~ātum, *tr.* [GRAVIS+-O³]

1 To make heavy, load, weigh down. **b** to make (the air) oppressive and unwholesome, taint, pollute.

semper uiridis semperque ~ata lentiscus CIC.*Arat.Progn.* 322; (arbores) crescunt..fetuque ~antur LUCR.1.253; ~atis pondere tentoriis *B.Afr.*47.6; nodis..~atum robur VERG.*A.* 8.220; papauera..demisere caput pluuia cum forte ~antur 9.437; lembum..multitudine ~atum LIV.44.45.14; ne.. unda ~et pennas Ov.*Met.*8.205; poma ~antia ramos 13.812; (Hercules) uasta ~atus..claua manum SEN.*Her.O.*413; (uitis) multis palmitibus ~ata deficit COL.4.2.2; aer.. nimbis..~atus deprimitur LUC.5.628; praefectum castrorum..dereptum uehiculo sarcinis ~ant TAC.*Ann.*1.20;— (*cf.*) omnis dies caelum nubilo ~at SEN.*Suas.*3.1;—(*refl.*) pondus illis (*sc.* boys) abest nec se ipsi ~ant QUINT.*Inst.* 1.12.10;—(*in fig. phrs.*) non est ingenii cumba ~anda tui PROP.3.3.22; innocentiam ~et in parricidium causa (*i.e. a good man might commit parricide under provocation*) QUINT. *Decl.*377(p.419,l.12). **b** campum..spirantem tabo et caelum uentosque ~antem STAT.*Theb.*12.567.

2 To oppress or overpower, weigh heavy on (a person, his body or mind): **a** (of sleep, sickness, old age, etc.). **b** (of toil, affliction, or sim.). **c** (leg.) to charge with a crime, accuse, or incriminate.

a me confectum curis somnoque ~atum VERG.*A.*6.520; cum eum cibo uinoque ~atum sopor oppressisset LIV.1.7.5; palustri..caelo ~ante caput 22.2.11; quattuor ~ati uolneribus corruerunt 30.18.11; oculos a morte ~atos Ov. *Met.*4.145; uino ~atum fulciens laeua caput SEN.*Thy.*910; hunc (*sc.* narcissum)..neruis inimicum, caput ~antem PLIN. *Nat.*21.128; uenenum..quo corpus ~atur QUINT.*Decl.*246 (p.7,l.22); ~atus annis, totus in baculum pronus APUL. *Met.*8.19. **b** nec me labor iste ~abit VERG.*A.*2.708; officium quod me ~at HOR.*Ep.*2.1.264; quos..~ari militia senserat LIV.21.23.6; quae domum clades ~at? SEN.*Her.F.* 628; effare..quis ~et mentem dolor *Phaed.*859; ~atus tot malis PETR.22.1. **c** nec ~ari debet dominus qui non iussit ULP.*dig.*43.16.1.15; testibus..subornatis apud praesidem ~atus 48.5.18(17).6; 48.18.1.19.

3 To make (troubles, etc.) more burdensome, aggravate.

iniusto faenore ~atum aes alienum LIV.42.5.9; tu fortunam, cuius uocor exul ab ore, nomine mendaci parce ~are meam Ov.*Tr.*5.11.30; tu mala nostra ~as *Pont.*3.1.10; clades scire qui refugit suas ~at timorem SEN.*Ag.*420; quo ~aret inuidiam matris TAC.*Ann.*14.12; ne petulanti luxurie uulnus ~aret APUL.*Met.*6.11.

4 (pass.) To feel inconvenienced or oppressed, show reluctance or annoyance, refuse, object, etc.: **a** (without const.). **b** (w. acc.). **c** (w. inf.). **d** (w. acc. and inf.).

a hau ~atam patronam exsequontur benignamque multum PL.*Rud.*261; promitte uero, ne ~are *St.*186; TER. *Ad.*942; si dubitabunt aut ~abuntur CIC.*Man.*58; *Amic.*17; LIV.9.3.9; PLIN.*Ep.*3.1.4; ob nimiam contumaciam..~atus SUET.*Vit.*12.1. **b** quod cupiam ne ~etur PL.*Mil.*1230; qur tu operam ~are mihi..? *Rud.*435; si, quae uoce ~aris, mente dares VERG.*A.*10.628; Pegasus terrenum equitem ~atus HOR.*Carm.*4.11.27; maiorem ~antur, minori graues sunt SEN.*Dial.*4.8.2; dominos..~antur LUC.7.284; lucem.. cupit somnumque ~atur STAT.*Ach.*1.818; ~ari belli incommoda FRON.*Str.*3.11.2; matrem Liuiam ~atus SUET. *Tib.*50.2. **c** neque ~abor..quid..sentiam dicere CIC. *de Orat.*1.107; *Mur.*69; LIV.35.6.4; nullum ferre ~aris onus Ov.*Pont.*2.11.24; QUINT.*Inst.*4.2.21; GEL.20.10.9. **d** plebs ~abatur se templa deum exaedificare manibus suis LIV. 1.56.1.

gregālis ~is ~e, *a.* [GREX+-ALIS] FORMS: abl. sg. usu. *gregale* (in sense 3b) in military diplomata, e.g. *A.Epig.*49.73.9.

1 Of or living in a flock or herd.

equas domitas LX diebus equire ante quam ~es PLIN. *Nat.*10.181; ~ia pecua APUL.*Met.*6.22.

2 (as sb.) An animal belonging to the same flock or herd. **b** (as sb., transf.) one belonging to the same company, party, or gang, an associate, comrade, crony.

si (equus) cum ~ibus..contendit in currendo Var.*R.* 2.7.6. **b** cum..~es..eum..requirerent Cic.*de Orat.*2. 253; Catilinae ~es *Dom.*75; neque quisquam de ~ibus eius aut de consiliariis designatur *Har.*53; *Fam.*7.33.1.

3 Common, ordinary. **b** *miles ~is*, one of the rank and file, a common soldier; also *~is* alone. **c** of or belonging to a common soldier.

~ia..poma Sen.*Ben.*1.12.4; balinea..obscura et ~i tectorio inducta *Ep.*86.10; iustum est..redire..e ~i (siligine) sine castratura sextarios v Plin.*Nat.*18.86; ~e sulphur Stat.*Silv.*1.6.74. **b** quendam ex auxiliis ~em militem Fron.*Str.*3.9.3;—occiso quodam ~i 2.4.9; MILITA(uit) ~ES ANN XIIII ET CENTVRIO ANN III *CIL* 5.940; 10.7855. **c** sagulo ~i amictus Liv.7.34.15; ~i habitu Tac.*Ann.*1.69.

gregārius ~a ~um, *a.* [GREX+-ARIVS]

1 Of or belonging to a flock or herd; (masc. as sb.) a herdsman.

pecoris..curam ~orumque pastorum..disciplinam Col. 6.pr.1;—ubi me procul a ciuitate ~us ille perduxerat Apul.*Met.*7.15; 7.20.

2 (of soldiers) Belonging to the rank and file; (masc. as sb.) a common soldier.

id etiam ~i milites faciunt inuiti Cic.*Planc.*72; Sal.*Jug.* 38.6; 93.2; Liv.28.24.13; ducis et saepe etiam ~i militis munia expleuit Curt.7.2.33; ~us eques Tac.*Hist.*3.51;—Volaginium e ~o ad summa militiae prouectum 2.75.

3 (masc. as sb.) An inferior sort of gladiator, prob. one who had not learnt any special technique.

VTI (lanistae) SCIANT INPOSITAM SIBI NECESSITATEM.. MELIORES..TRANSFERRE..PLENDI NVMERI ~ORVM GRATIA *CIL* 2.6278.39.

gregātim, *adv.* [GREX+-IM] In flocks, herds, etc., in a flock. **b** (w. ref. to persons). **c** (w. ref. to things).

a pisces, quos..ad tibicinem ~ uenisse dicebas Var.*R.* 3.17.4; haec facienda, si ~ pecora laborant: illa.., si singula Col.6.5.5; Plin.*Nat.*8.11; 30.122; quadrupedes, quae..~ habentur Gaius *dig.*9.2.2.2. **b** uidetis ciuis Romanos ~ coniectos in lautumias Cic.*Ver.*5.148; Liv.6.36.12; Sen. *Ben.*6.32.1; deorum cultus uiritim ~que Plin.*Nat.*4.89; accidit..ut noua..genera morborum ~ sentirentur (*i.e. as epidemics*) 26.4; retiari..quinque numero ~ dimicantes Suet.*Cal.*30.3. **c** ~ erumpentes..gemitus [Quint.] *Decl.*12.1.

gregō ~āre ~āuī ~ātum, *tr.* [back-formation from *aggrego, congrego*] To collect into a flock; (in quot., pass. in middle sense).

uolucres..iam longum caeloque domoque ~atae Stat. *Ach.*1.373.

grēmiae: see GRAMIAE.

gremiālis: see CREMIALIS.

gremium[1] ~iī, *n.* [perh. cf. OSl. *gromada* 'heap']

1 A person's lap or bosom; (esp. as the place in which a child, etc., is held).

is uomens frustis esculentis..~ium suum..impleuit Cic. *Phil.*2.63; erubui, ~ioque pudor deiecit ocellos Ov.*Ep.* 11.35; Caesar..stetit ante ~ium consulis Plin.*Pan.*64.2;—ut ipsus osculantem in ~io mulierem teneat sedens Pl. *Bac.*478; qui se in sui ~io positurum puerum dicebat patris Ter.*Ad.*333; filios non tam in ~io educatos quam in sermone matris Cic.*Brut.*211; in huius amantissimi sui fratris..~io maerore..consenescebat *Clu.*13; lux mea se nostrum contulit in ~ium Catul.68.132; petiuit coniugis infusus ~io..soporem Verg.*A.*8.406; ~iis abducere pactas 10.79; haerebat ~io turpis amica tuo Ov.*Ep.*5.70; Curt. 4.10.21; genetrix..~io..Palaemona pressit Stat.*Theb.*1. 122; nobis..accrescere puer et exire de ~io..incipiat (*i.e. leave the nursery*) Quint.*Inst.*1.2.1;—(*in fig. phr.*) cum Q. Metellus abstraheretur e sinu ~ioque patriae Cic.*Cael.*59;—(*poet.*) concharum..genus..uidemus pingere telluris ~ium Lucr.2.375; Verg.*A.*3.509; primus labor (*i.e. in building a road*)..summo ~ium parare dorso, ne nutent sola Stat. *Silv.*4.3.44.

2 The lap or bosom as a place in which objects are carried or put for safe keeping. **b** (transf.) a pocket or hollow of ground; a natural basin.

ut..malum procurrit casto uirginis e ~io Catul.65.20; haec ~ium, laxos degrauat (*i.e. with flowers*) illa sinus Ov. *Fast.*4.436; saepe..lauream..in Capitolini Iouis ~io reposuerat Sen.*Dial.*12.10.8; excusso..togae ~io Flor.*Epit.* 1.22(2.6.7); quis ~io Celadi..adfert quantum grammaticus meruit labor? Juv.7.215; Apul.*Met.*11.20;—(*transf.*) quaecumque mihi fortuna..est in uestris pono ~iis Verg. *A.*9.261; ~io deponere tuto Romuleam sedem Fabioque salutis habenas credere Sil.6.610. **b** montes Rhodope, Scopius..dein praeiacente ~io terrarum Arethusii Plin. *Nat.*4.35; in quodam mollissimo harenae ~io lassum corpus porrectus refoueo Apul.*Met.*10.35;—(*fons*) eluctatus.. quem facit gurgitem, lato ~io patescit Plin.*Ep.*8.8.2.

3 (poet. and colloq.) The female genital parts.

egregium narras..parentem, qui ipse sui nati minxerit in ~ium (*app. of his son's wife*) Catul.67.30; immeritae ~ium incestare parentis Stat.*Theb.*1.234;—(*in poet. personifications*) cum (terra) ~io mollito..sparsum semen excepit Cic.*Sen.*51; pereunt imbres, ubi eos pater aether in ~ium matris terrai praecipitauit Lucr.1.251; Verg.*G.*2.326; Plin.*Pan.*32.3.

4 (transf.) The interior, heart, depths (of a country, the earth, sea, etc.). **b** the inner angle, recess (of a bay).

Thessalonicenses positi in ~io imperi nostri Cic.*Prov.*4; Aetoliam, quae..medio fere Graeciae ~io continetur *Pis.*91; terram..multos..lacus..in ~io gerere Lucr.6.539; quae ..tellus..Anchisae ~io complectitur ossa? Verg.*A.*5.31; Padus e ~io Vesuli montis..profluens Plin.*Nat.*3.117; ~io in patriae..raptatur ad aras Sil.4.786; auis..demergit sese ..ad Oceani profundum ~ium Apul.*Met.*5.28; exhalationes ..ad superiora minari ex ~io telluris *Mun.*8. **b** is (*sc.* sinus) primo paruis urbibus aspersus est..~io interiore campus Thebe nomine Mela 1.91; 1.100.

5 (in a hand-mill, prob.) The hopper.

peruerrit cauda silices ~iumque molarum *Mor.*23.

gremium[2]**:** see CREMIVM.

gressiō ~ōnis, *f.* [GRADIOR+-TIO] The action of stepping.

qua uix caprigeno generi gradilis ~o est Pac.*praet.*5.

gressus ~ūs, *m.* [GRADIOR+-TVS[3]] The action or an act of stepping, step, pace, walk. **b** the power of walking. **c** (pl.) the feet (esp. w. emphasis on their use in walking or running). **d** a footprint. **e** (transf.) a metrical foot.

celebri gradu ~um adcelerasse Acc.*trag.*23; MORARE ~VM ET TITVLVM NOSTRVM PERLEGE *CIL* 1.1214.4; ~um..canes comitantur erilem Verg.*A.*8.462; huc derige ~um 11.855; hac ~us ecqua puella tulit? Ov.*Fast.*4.488; ~um citabat Sen.*Her.O.*513; pedes ad ~um compositos Col.3.10.9; messis..equarum ~ibus exteritur Plin.*Nat.*18.298; incerti ..labant..~us Stat.*Theb.*9.531;—(*w. descriptive adjs.*) ~u delicato et languido Phaed.5.1.13; uultu ~uque superbo Stat.*Silv.*2.1.108;—(*in fig. phr.*) tacito..tempora ~u diffugiunt Col.10.160. **b** blando fomento ~um reciperaui Apul.*Fl.*16. **c** Atthide temptantur (*i.e. by disease*) ~us oculique in Achaeis finibus Lucr.6.1116; Sen.*Her.O.*1238; dracones..~us (elephanti)..alligant cauda Plin.*Nat.*8.33; haec..sequentis (*i.e. Pan*) nunc hirtos ~us, nunc improba cornua uitat Stat.*Silv.*2.3.11. **d** fusus humo iuuenis ~us et inania signa ore premit V.Fl.1.710. **e** qui (*sc. elegiac poets*) nobile ~u extremo fraudatis opus Stat.*Silv.*1.2.250; 5.3.99.

grex ~egis, *m.,*(*f.*). [orig. redupl. form of IE. root *gere- found in Gk. ἀγείρω, ἀγέρτας] Gender: fem. in Host.*poet.*2(4), Lucr.2.662, *CIL* 5.2787, 6.10069, 10072.

1 (usu. w. gen. or adj.) An assembly of animals specified or implied, flock, herd, etc. **b** (without qualification, esp. pl.) an assembly of domestic animals, commonly sheep. **c** (applied to a litter or brood). **d** (applied to a group of stars).

ibi uidi ~eges..anserum, gallinarum..nec non glirium, piscium, aprorum, ceterae uenationis Var.*R.*3.2.14; ~eges armentorum reliquique pecoris Cic.*Phil.*3.31; pecudes quae dispulsae sui generis sequuntur ~eges *Att.*7.7.7; coruorum ..~eges Lucr.5.1085; ~ege de intacto septem mactare iuuencos Verg.*A.*6.38; fugientis agitato ~ege ceruos Hor. *Carm.*3.12.11; ex suillo ouillo caprino bouillo ~ege *formula* in Liv.22.10.3; lanigeris ~egibus..corpora tabent Ov.*Met.* 7.540; repletum inmanium beluarum ~egibus fretum Curt. 9.4.18; oppidum..elephantorum..~egibus infestum Plin. *Nat.*5.5; ~ex asinorum agrestium Tac.*Hist.*5.3; ~ex paruus equarum Juv.8.108;—(*humorously*) duo ~eges uirgarum.. ulmearum adegero Pl.*Ps.*333. **b** lupus..~egem uniuorsum uoluit totum auortere Pl.*Trin.*171; quae ~egibus deuota est Ara repertis Prop.4.9.67; dux..~egis (*i.e. a ram*) ..fit Iuppiter Ov.*Met.*5.327; cibus est caro..ferina: nam ~egibus..parcitur Mela 1.42; regios pauit ~eges Sen.*Oed.* 815; ad fontem compelle ~eges Calp.*Ecl.*5.57; tibi..tondet ..innumeros..Parma ~eges Mart.5.13.8;—(*dist. from armentum*) mille ~eges illi totidemque armenta per herbas errabant Ov.*Met.*4.635; ~egis uel armenti uel equitii..usus fructus Ulp.*dig.*7.1.70.3;—(*transf.*) regum..in proprios ~eges..imperium est Hor.*Carm.*3.1.5. **c** sus, quam.. Aeneas..cum ~ege sistit ad aram Verg.*A.*8.85; comitatae ~egibus paruis..fetae Sen.*Phaed.*19; Col.8.5.15. **d** pars Hyadum toto de ~ege nulla latet Ov.*Fast.*5.164; Pleiadum ~eges Sen.*Med.*96; Apul.*Mun.*2.

2 A group of people assembled together, band, troop, company. **b** a dense mass of people, crowd. **c** (contempt.) the undistinguished crowd, the ruck.

~egem uenalium Pl.*Aul.*452; ancillarum ~egem Ter. *Hau.*245; ~eges hominum perditorum Cic.*Sul.*66; ad forum stipati ~egibus amicorum descendimus *Att.*1.18.1; Pentheos in triplices funera grata ~eges (*i.e. of Bacchanals*) Prop. 3.17.24; sequebatur ~ex nobilium Numidarum Liv.30.13.2; hostili ~ege campos repleri Sen.*Phoen.*543; uirgineo stetit in ~ege..Achilles Stat.*Ach.*1.564; spadonum ~eges Suet. *Tit.*7.1. **b** ut ~ege facto cum telis..inrumperent Sal. *Cat.*50.2; *Jug.*58.2; Liv.8.24.13. **c** ego forsitan propter multitudinem patronorum in ~ege adnumerer Cic.*S.Rosc.* 89; pars indocili melior ~ege Hor.*Epod.*16.37; quod e ~ege se imperatorum uelut inaestimabilem secreuisset Liv.35. 14.12; non in ~ege nominando M. Varrone Plin.*Nat.* 18.23;—(*of things*) si quae (*sc. in oratione*) erunt mediocria.. in mediam turbam atque in ~egem coniciantur Cic.*de Orat.* 2.314.

3 A group of persons having common interests, aims, etc., a circle, set, or sim. **b** a troupe (of actors). **c** a faction (in the Circus). **d** a rank or class.

ut me in uostrum ~egem recipiati' Ter.*Eu.*1084; *Ad.*362; in his ~egibus omnes aleatores..uersantur Cic.*Catil.*2.23; uellem te in tuum ueterem ~egem rettulisses *Att.*6.1.10; in nostro ut ita dicam ~ege *Amic.*69; Chrysippi porticus et ~ex Hor.*S.*2.3.44; si me in ~ege discipulorum habuit Sen.*Ben.* 6.16.3; Camenarum de ~ege nona Mart.6.47.4. **b** quae ..uobis res uortat bene ~egique huic et dominis atque conductoribus Pl.*As.*3; *Ps.*1334; si lenis (fabula) est, ad alium defertur ~egem Ter.*Hau.*45; *Ph.*32; ~ex agit in scaena mimum Petr.80.9,l.5; princeps ~egis Suet.*Cal.* 58.1. **c** si tibi purpureo de ~ege currit equus Mart. 14.55.2; ~EX PRASIN(VS) *A.Epig.*03.161.38; Suet.*Nero* 22.2. **d** in ~egem locupletium..tenues coiciebantur *B.Alex.*49.2; lana..neta ministris, quales non primo de ~ege mensa citat Mart.14.158.2.

gricenea ~ae, *f.* [unkn.] (See quot.)

~a funis crassus Paul.*Fest.*p.99M.

grillus: see GRYLLVS.

grīphus ~ī, *m.* [Gk. γρῖφος] A riddle, conundrum.

σωρείτας aliosque id genus ~os neminem posse..dissoluere Gel.1.2.4; Apul.*Fl.*9.

grocciō: see CROCCIO.

grōma ~ae, *f.* [ad. Gk. γνώμων] Forms: *grum-* Scip.min.*orat.*12(cj.), cf. *degrumo*; *crom-* Nips.*grom.*pp.285–6La. (surv.) An instrument for taking bearings to fix lines of orientation.

excelsissimo loco ~am statuere (*cj.*) Scip.min.*orat.*12; posita auspicaliter ~a Hyg.Gr.*agrim.*p.135; in castris ~a ponitur in tetrantem, qua uelut ad forum conueniatur p.144; Paul.*Fest.*p.96M.

gromphaena ~ae, *f.* **gromphēna.** [cf. Gk. γρόμφαινα 'old sow']

1 An unknown bird.

~am auem in Sardinia narratam grui similem Plin.*Nat.* 30.146.

2 An unknown plant.

~a, alternis uiridibus roseisque per caulem foliis Plin. *Nat.*26.40.

grossulus ~ī, *m.* [next+-VLVS] = next.

~os ex melle edebat Post.*hist.*2; si uoles ficum..seram facere, ~os prioremue fructum decutito Col.5.10.10; *Arb.* 21.1.

grossus ~ī, *m.* [dub.] Gender: masc. in Mat.*poet.*15, Cels.5.12; fem. regularly in Pliny the Elder. An immature or abortive fig.

fici ut ~os teneant Cato *Agr.*94; in milibus tot non uidebitis ~um Mat.*poet.*14; fructus quaternos fundit (ficus Cypria)..sed ~us eius non maturescit nisi incisura emisso lacte Plin.*Nat.*13.58; ficos sub folio, ~os uero post folium nasci 16.113; fici serotinae fiunt, si primae ~i.. detrahantur 17.254; 23.127.

gruis: see GRVS.

grūma: see GROMA.

grūmulus ~ī, *m.* [next+-VLVS] A small heap or hummock.

quidam..allium in plano seri uetant, castellatimque ~is inponi Plin.*Nat.*19.112; frumento et hordeo..commixtis.. aceruatim confusis in unum ~um Apul.*Met.*6.10.

grūmus ~ī, *m.* Also **grummus.** [perh. cf. Gk. γρυμέα, γρύτη, Eng. *crumb*] Forms: *grumm-* Acc.*trag.*506. A heap of earth, mound, hillock.

quemcumque institeram ~um aut praecisum iugum Acc. *trag.*506; ~us..excellens natura *B.Hisp.*8.6; exaggerant supra habitationes e terra maximos ~os Vitr.2.1.5; Col. 2.17.4; ~us terrae collectio, minor tumulo Paul.*Fest.* p.97M; (*of a grave-mound*) HOSPES RESISTE ET HOC (= huc) AD ~VM AD LAEVAM ASPICE *CIL* 1.1212.1;—(*applied to other heaps*) liquido..coacto..~os (*sc. of dough*) spargit sale *Mor.* 47.

Grundilis ~is ~e, *a.* [next+-ILIS[1]] An appellation of the Lares (see quot.).

sus parit porcos triginta, cuius rei fanum fecerunt laribus ~ibus Hem.*hist.*11.

grundiō ~īre (~ītum), *intr.* **grunniō.** [onomat.] (esp. of pigs) To grunt.

α ~ibat grauiter pecus suillum Quad.*hist.*77; Var.*Men.*2; Laber.*com.*82; (*of persons*) cruento ita ore ~ibat miser Caecil.*com.*103. **β** piscium maxime mirum esse..porcum..~ire eum, cum capiatur Plin.*Nat.*32.19; percussum uerbere Circes..cum remigibus ~isse Elpenora porcis Juv. 15.22; Suet.fr.161(p.249Re).

grundītus ~ūs, *m.* **grunnītus.** [prec.+-TVS[3]] The act of grunting.

α ~um, cum iugulatur, suis (non audiunt) Cic.*Tusc.*5.116; **β** is (piscis) qui caper uocatur..~um habet Plin.*Nat.* 11.267.

gruō ~ere, *intr.* [cf. next] (of a crane) To utter its natural cry, crunkle.

gruum (est) ~ere Suet.fr.161(p.251Re); Paul.*Fest.*p.97M.

grūs ~uis, *f.,* (*m.*). Also **gruis.** [onomat., cf. OSl. *žerav*, Lith. *gérvė*, Gk. γέρανος] Gender: commonly fem.; masc. in Laber.*com.*47, Hor.*S.*2.8.87. Forms: nom. sg. *grus* Lucil. 168, Cels.2.18.2, *gruis* Phaed.1.8.7.

1 A large bird, the crane.

longior hic quam ~us Lucil.168; ~ues cum..maria transmittant trianguli efficere formam Cic.*N.D.*2.125; ~um..clamor Lucr.4.181; Strymoniae..~ues Verg.*A.*10. 265; Ov.*Met.*6.92; indutias habet gens Pygmaea abscessu ~uum..cum iis dimicantium Plin.*Nat.*10.58; Juv.13.170; Gel.6(7).16.5.

2 A kind of siege-engine.

coruum demolitorem, quem nonnulli ~uem appellant Vitr.10.13.3.

gryllus ~ī, *m.* Also **grillus.** [app. Gk. γρύλλος]

1 A cricket or grasshopper.
arguti ~i caua *Dirae* 74; ~us cum sua terra effossus PLIN.*Nat.*29.138; 30.49.

2 A comic illustration, cartoon.
(Antiphilus) iocosis (*sc.* tabellis) nomine ~um deridiculi habitus pinxit, unde id genus picturae ~i uocantur PLIN. *Nat.*35.114.

Grȳnēus ~a ~um, *a.* Of Grynium, an Aeolic town famous for its sanctuary of Apollo.
~i nemoris..origo VERG.*Ecl.*6.72; ~us Apollo *A.*4.345.

gryps ~ȳpos, *m.* Also **grȳpus** ~ȳpī. [Gk. γρύψ] ORTHOG.: *gripes* APUL.*Met.*11.24. A fabulous beast, the griffin.
iungentur iam ~ypes equis VERG.*Ecl.*8.27; ~ypas aurita aduncitate rostri fabulosos reor PLIN.*Nat.*10.136; ~ipes Hyperborei APUL.*Met.*11.24. **β** ~ypi saeuum..ferarum genus aurum..mire amant MELA 2.1; 3.62; PLIN.*Nat.*33.66.

gubernābilis ~is ~e, *a.* [GVBERNO+-BILIS] Capable of being controlled.
siue animal est mundus siue corpus natura ~e ut arbores SEN.*Nat.*3.29.2.

gubernāculum ~ī, *n.* Also **-āclum.** [GVBERNO+-CVLVM] FORMS: *gubernaclum* regular in poets. A steering-oar of a ship. **b** (in fig. context); (esp.) the helm of the 'ship of state'.
ad ~um accessit et naui, quod potuit, est opitulatus CIC. *Inv.*2.154; *Rep.*1.51; ~um contorquet (nauem) quolibet unum LVCR.4.904; ipse ~o rector subit VERG.*A.*5.176; ansam ~i tenens VITR.10.3.5; nauibus sine ~o uagis LIV. 27.48.11; CVRT.9.4.11; plures (naues) adpositis utrimque ~is, conuerso ut repente remigio hinc uel illinc adpellerent TAC.*Ann.*2.6; SVET.*Nero* 46.1;—(*astron., of part of the constellation Argo*) ~um disperso lumine fulgens CIC.*Arat.*381 (137); VITR.9.5.2;—(*transf.*) aquila..uelificatas alas quo libuit aduertens modico caudae ~o APVL.*Fl.*2. **b** cum eum (*sc.* exercitum) maiorem, quam ut temperari posset, neque habilem ~o cerneret VELL.2.113.2; arteriarum pulsus ..obseruatione crebri aut languidi ictus ~a uitae temperat PLIN.*Nat.*11.219;—una..uoce repelli oratorem a ~is ciuitatum CIC.*de Orat.*1.46; hanc rei publicae nauem, ereptis senatui ~is fluitantem in alto *Sest.*46; ad ~a rei publicae accedere LIV.4.3.17; ~a Romani imperii iustiore principe obtinente V.MAX.9.15.5; FLOR.*Epit.*1.1(1.6.1).

gubernātiō ~ōnis, *f.* [GVBERNO+-TIO] The action or practice of steering, pilotage; (fig.) direction, control.
si in ipsa ~one neglegentia est nauis euersa CIC.*Fin.*4.76; nauigationis ~o..ars est 5.16; SEN.*Ep.*87.17;—(*fig.*) continentia est, per quam cupiditas consilii ~one regitur CIC. *Inv.*2.164; tantarum rerum ~o CIC.*Catil.*3.18; magnam ~onem tui consili..res desiderabit *ad Brut.*1.14.2; ciuitatis ~o *Rep.*1.2.

gubernātor ~ōris, *m.* [GVBERNO+-TOR] A helmsman, pilot. **b** (fig.) one who directs or controls.
sei tu proreta isti naui es, ego ~or ero PL.*Rud.*1014; si ..~or uim tempestatis accuset CIC.*N.D.*3.76; *Div.*1.112; Massilienses et celeritate nauium et scientia ~orum confisi nostros eludebant CAES.*Civ.*1.58.1; qua cursum uentusque ~orque uocabat VERG.*A.*3.269; OV.*Fast.*2.99; CVRT.7.9.6; TAC.*Hist.*5.23; APVL.*Mun.*35;—(*transf.*) cum..~or magna contorsit equos ui ENN.*Ann.*486. **b** custodes ~oresque rei publicae CIC.*Rab.Perd.* 26; rector et ~or ciuitatis *Rep.* 2.51; agit ~ori suo (*i.e. God*) gratias SEN.*Ep.*73.9; ~or poli *Phaed.*903.

gubernātrix ~īcis, *f.* [GVBERNO+-TRIX] Fem. of prec.; (in quots., fig.).
an fortunam conlaudem quae ~ix fuit..? TER.*Eu.*1046; ista praeclara ~ice..ciuitatum eloquentia CIC.*de Orat.*1.38.

gubernius ~iī, *m.* [next+-IVS] = GVBERNATOR.
(Laeuius) ~ium pro gubernatore ..dixit GEL.16.7.10.

gubernō ~āre ~āuī ~ātum, *tr.* [Gk. κυβερνῶ]

1 To guide the course of, steer (a ship); (often absol.). **b** (transf.).
dum clauum rectum teneam nauemque ~em ENN.*Ann.* 483; in minoribus nauigiis rudem esse se confiteri, quinqueremis autem..~are didicisse CIC.*de Orat.*1.174;—(*in fig. phrs.*) qui in maximis turbinibus..rei publicae nauem ~assem *Pis.*20; σκάφος..quod a Pompeio ~abitur *Att.*7.3.5; —ars inaudita quaedam ~andi *Man.*40; quilibet nautarum..tranquillo mari ~are potest LIV.24.8.12; ipse ~abit residens in puppe Cupido [OV.]*Ep.Sapph.*215; (*pres. pple. as sb.*) ~antium artes TAC.*Ann.*12.56; (*fig.*) iam ex sermone hoc ~abunt doctius porro PL.*Mil.*1091; (*in prov. phr.*) si..(quis) otium urbanum militiae laboribus praecipiat, e terra ne ~auerit (*i.e. be an armchair critic*) LIV. 44.22.13. **b** uis animae quae membra ~at LVCR.5.560; ~abant eam (*sc.* machinam) homines *c* VITR.10.15.7; haud aliter..currus ~at (Hippolytus) SEN.*Phaed.*1075; ut.. Massyla meum uirga ~et equum MART.9.22.14; Arionem delphinum ~asse APVL.*Met.*6.29;—(*cf.*) digitis ~antibus uocem (*i.e. by their movements*) PETR.127.1.

2 (fig.) To direct, control, govern, administer.
(*things*) iura omnia praetoris urbani nutu..meretriculae ~ari CIC.*Ver.*5.34; illa tormenta ~at dolor *Sul.*78; tribunatum suum ad salutem meam..~atum *Mil.*68; siquis uera uitam ratione ~et LVCR.5.1117; potentibus..quorum cogitationibus respublica ~atur VITR.1.2.9; magnis ad iutoribus ad ~andam fortunam suam usi sunt VELL.2.127.1; iustitiae..dator (*i.e. Jupiter*), qui cuncta ~as SIL.6.467 femina, quae..larem mariti pudice ~abat APVL.*Met.*9.24; —(*persons*) qui eos (*sc.* pueros) ~at animus eum infirmum gerunt TER.*Hec.*311; Caesarem meis consiliis adhuc ~atum CIC.*ad Brut.*1.10.3.

gubernum ~ī, *n.* [cf. prec.] A steering-oar of a ship.
proras despoliate et detundete (*codd.* -ite) ~a LVCIL.578; LVCR.4.439.

gugga. [unkn.] A word of doubtful meaning (perh. some term of abuse).
facies quidem edepol Punicast. guggast homo PL.*Poen.* 977.

gula ~ae, *f.* [cf. OIr. *gelim* 'devour', Skt. *galaḥ* 'throat']

1 The throat with its passages; (spec.) the oesophagus, gullet.
illi socienno tuo iam interstringam ~am (*i.e. strangle him*) PL.*Aul.*659; obtorta ~a de conuiuio..abripi CIC.*Ver.*4.24; laqueo ~am fregere SAL.*Cat.*55.5; torquis ab incisa decidit unca ~a PROP.4.10.44; sibi ~am praesecuit SEN.*Dial.* 7.19.1; APVL.*Met.*9.38;—(*spec.*) (gallinis) in os indat..ex ~a (*i.e. crop*) consideret, quod satis est CATO *Agr.*89; altera (fistula)..appelletur..~a, qua cibus atque potus deuolant PLIN.*Nat.*11.176; 11.179; 11.201; aqua mulsa sorbenda usque ad ~am..fauces foui AVR.*Fro.*1.p.180(69N).

2a (regarded as the seat of the appetite). **b** (regarded as the seat of taste).
a o ~am insulsam! CIC.*Att.*13.31.4; Numidae..neque salem neque alia irritamenta ~ae quaerebant SAL.*Jug.*89.7; eamus quo ducit ~a, piscemur, uenemur HOR.*Ep.*1.6.57; libidinis et ~ae seruus SEN.*Ben.*3.28.4; profunda et insatiabilis ~a *Ep.*89.22; cum abundent etiam quae ~a humana populatur PLIN.*Nat.*10.37; MART.5.50.6; Vitellius uentre et ~a sibi inhonestus..ducebatur TAC.*Hist.*2.31; quanta est ~a quae sibi totos ponit apros..! IVV.1.140; SVET.*Vit.*13.3. **b** subtiliorem..~am COL.8.16.4; proceres ~ae (*i.e. gastronomes*) PLIN.*Nat.*9.66; non minus ingenua est et mihi..~a MART.6.11.6; cocus domini debet habere ~am 14.220.2.

gullioca ~ae, *f.* [dub.; cf. GVTVLLIOCA] (See quot.)
~ae nucum iuglandium summa et uiridia putamina PAVL. *Fest.*p.98M.

gulō ~ōnis, *m.* [GVLA+-O[1]] A gourmand, epicure.
~ones..qui inpendio a piscatoribus mercantur APVL. *Apol.*32; PAVL.*Fest.*p.112M.

gulōsē, *adv. compar.* ~ius. [next+-E] In the manner of an epicure.
officinas ~ius condiendi cibos COL.1.pr.5.

gulōsus ~a ~um, *a. compar.* ~ior. [GVLA+-OSVS] Fond of choice food.
non sunt ad popinam dentibus..contenti—oculis quoque ~i sunt SEN.*Nat.*3.18.7; nihil est..~ius Santra MART. 7.20.1; 9.9(10).4; (*masc. as sb.*) lingua ~is nostra (*i.e. of flamingos*) sapit 13.71.1;—(*transf. ep.*) quadringentis nummis condire ~um fictile (*i.e. full of dainties*) IVV.11.19;—(*in fig. context*) non opus est nobis nimium lectore ~o MART. 10.59.5; (*w. gen.*) ~os figurarum ducet haec species QVINT. *Decl.*333(p.311,l.8).

gumia ~ae, *m., f.* [ad. Umb. *kumiaf* (= *grauidas*), cf. Gk. γέμειν] A glutton.
illae ~ae uetulae LVCIL.1066; o lapathe..in quo Laelius clamores..solebat edere, compellans ~as ex ordine nostros 1237; APVL.*Apol.*57; PAVL.*Fest.*p.112M.

gumm-: see CVMM-.

gurdus ~ī, *m.* [perh. Iberian] A blockhead, dolt.
LABER.*com.*13; ~os, quos pro stolidis accipit uulgus, ex Hispania duxisse originem audiui QVINT.*Inst.*1.5.57.

gurges ~itis, *m.* [redupl. form of IE. root **guer-* (L. *uoro*, Gk. βάραθρον, etc.).]

1 A swirling mass of water, eddy, whirlpool. **b** (fig., applied to a greedy man).
tam immanem Charybdim..quae tantos exhauriret ~ites CIC.*Har.*59; SAL.*Hist.*4.28; turbidus..caeno uastaque uoragine ~es VERG.*A.*6.296; hauriebantur ~itibus aut.. uada retro aegerrime repetebant LIV.22.6.7; 29.32.9; supra rupes ingentis ~ites facit (Elpeus amnis) 44.8.6; in rapidos ~ites..auferebantur CVRT.4.9.19; TAC.*Ann.*1.70;—(*in fig. phrs.*) Apronius ille qui..immensa aliqua uorago est aut ~es uitiorum turpitudinumque omnium CIC.*Ver.*3.23; si quem.. furor in illum ~item (*i.e. the Bacchanalia*) abripuit LIV. 39.16.5; cum..plerique..pecuniam..suam prandiorum.. ~itibus proluissent GEL.2.24.11. **b** o ~es Galloni, es homo miser LVCIL.1238; tu meo periculo, ~es ac uorago patrimoni, helluabare..? CIC.*Sest.*111; ille ~es atque helluo natus abdomini suo *Pis.*41; *Hort.*fr.81; Apicius..nepotum omnium altissimus ~es PLIN.*Nat.*10.133.

2 (in weakened sense, esp. poet.) The waters of a river, sea, etc., 'flood', 'stream'.
fluctus..e ~ite salso tollere LVCIL.40; Aegaeo defixa in ~ite Chius CIC.*Arat.*674(422); Lethaeo ~ite CATVL.65.5; (Proteus) pascit sub ~ite phocas VERG.*G.*4.395; alterno procurrens ~ite pontus (*i.e. with advancing and retreating waves*) *A.*11.624; qui ~es aut quae flumina..ignara belli? HOR.*Carm.*2.1.33; delapsam in ~ite sacro..zonam OV.*Met.* 5.469; paruus erat ~es curuos sinuatus in arcus, grata quies Scyllae 14.51; ut aduersam superato ~ite ripam attigit LVC.1.223; ~ite septeno..mare summouet amnis (*i.e. the Nile*) 8.445; modo lene uirens et ~ite puro perspicuus.. alueus STAT.*Theb.*4.818;—(*pl. in sim. sense*) cruore suo ~itibus (*sc.* Bagradae fluminis) inbutis V.MAX.1.8.ext.19; ubi..(aquae) stagnant duo cubita non excedente altitudine ~itum PLIN.*Nat.*13.71; Tuscis ~itibus puer innatasti STAT. *Silv.*4.5.40;—(*in fig. phr.*) (Cicero) non..pluuias..aquas colligit, sed uiuo ~ite exundat QVINT.*Inst.*10.1.109.

gurguliō[1] ~ōnis, *m.* [cf. GVRGES] The gullet, throat.
huic..~ost exercitor: is hunc hominem cursuram docet PL.*Trin.*1016; hircus..collo breui, ~one longiore VAR.*R.* 2.3.2; ut eos omnis ~onibus insectis relinquerent CIC.*Tul.* 21; PAVL.*Fest.*p.112M.

gurguliō[2]**:** see CVRCVLIO.

gurgustiolum ~ī, *n.* [next+-OLVM] Dim. of next.
breuitatem ~i nostri ne spernas peto APVL.*Met.*1.23; 4.10.

gurgustium ~(i)ī, *n.* [dub.] A small or wretched dwelling, hovel.
si, ut deus..melius habitaret, antea..in tenebris tamquam in ~io habitauerat CIC.*N.D.*1.22; uixet..in summa pauperie..abditus modico ~io SVET.*Gram.*11; PAVL.*Fest.* p.99M;—(*of a drinking-den*) nescio quo e ~io..prodire inuoluto capite CIC.*Pis.*13.

gūrus: see GYRVS.

gustāticium ~(i)ī, *n.* [GVSTO+-ICIVS[2]] A drink served to rouse the appetite, apéritif.
CIL 4.5589.

gustātiō ~ōnis, *f.* [GVSTO+-TIO] A preliminary dish served as a relish, hors d'œuvre.
~one mirifica initiati PETR.21.6; 31.8.

gustātōrium ~(i)ī, *n.* [GVSTO+-TORIVS] A dish or tray on which hors-d'œuvres were served.
~ia..a choro cantante rapiuntur PETR.34.1; MART.14.88; ~ium grauiorque cena margini (*sc.* fontis) imponitur PLIN. *Ep.*5.6.37.

gustātus ~ūs, *m.* [next+-TVS[3]] **a** The act of tasting. **b** the sense of taste.
a pomorum..iucundus non ~us solum sed odoratus etiam CIC.*N.D.*2.158; (mures) salis ~u fieri praegnantes opinantur PLIN.*Nat.*10.185; in ~u linguae uice carnosum aquatilibus palatum 11.171; 14.116. **b** quaeretur..num quid aliquo sensu perceptum sit..tactu odoratu ~u *Rhet. Her.*2.8; ~us, qui est sensus ex omnibus maxime uoluptarius CIC.*de Orat.*3.99; *Luc.*20; *N.D.*2.141; PLIN.*Nat.*11.7;—(*in fig. phr., w. obj. gen.*) facinerosi uerae laudis ~um non habent CIC.*Phil.*2.115.

gustō ~āre ~āuī ~ātum, *tr.* [< **geus-o* (cf. Gk. γεύομαι, Eng. *choose*)+-TO]

1 To perceive by the sense of taste.
uua..quae..primo est peracerba ~atu CIC.*Sen.*53; ea, quae ~emus olfaciamus tractemus audiamus *Tusc.*5.111; *Div.*2.9; PLIN.*Nat.*15.129.

2 To test the flavour of, taste.
ut quisque quidque conditum ~auerit PL.*Ps.*883; uinum ..postridie mane ~ato CATO *Agr.*108.2; cum..piscem..ille ~asset et expuisset VAR.*R.*3.3.9; fibram rapi ~ato, si receperit salem COL.12.56.2; PLIN.*Ep.*9.20.2.

3 (mostly in neg. or quasi-neg. context) To have a bite or sip of, taste, partake of (food or drink). **b** (absol.) to take food; (spec.) to eat an hors-d'œuvre (see GVSTATIO).
hodie alienum cenabit, nihil ~abit de meo PL.*Per.*473; LVCIL.637; cum..ita ieiunus fuissem ut ne aquam quidem ~arem CIC.*Fam.*7.26.1; anserem ~are fas non putant CAES.*Gal.*5.12.6; auertit equos..prius quam pabula ~assent Troiae VERG.*A.*1.473; cur illis ~entur larda Kalendis.. rogas? OV.*Fast.*6.169; celerius..panis mandendus quam uinum ~andum CELS.4.6.6; nec postea cum illo panem ~are potui PETR.62.13; SVET.*Tib.*53.1;—(*w.* de) frustum de quo cum imprudens..~asset PETR.66.5; PLIN.*Nat.* 24.176;—(*w.* ex) aqua, ex qua qui ~ant, statim concidunt VITR.8.3.17;—(*poet.*) necdum..castos ~auerat (*sc. a sacrificial victim*) ignis honores *Ciris* 146;—(*in fig. phrs.*) ~aras ciuilem sanguinem uel potius exsorbueras CIC.*Phil.* 2.71; *Rep.*1.65; Stoicorum ista magis ~ata quam potata delectant *Tusc.*5.13. **b** Cretes quorum nemo ~auit umquam cubans CIC.*Mur.*74; SEN.*Dial.*6.22.6; lauabatur deinde ~abat dormiebatque PLIN.*Ep.*3.5.11; 6.16.5;—~antibus adhuc nobis repositorium allatum est PETR.33.3.

4 (fig.) To have some knowledge or experience of.
~are ego eius sermonem uolo (*i.e. by eavesdropping*) PL. *Mos.*1063; istorum omnium summatim causas et genera ipsa ~aui CIC.*de Orat.*2.153; qui primoribus labris ~assent genus hoc uitae et extremis, ut dicitur, digitis attigissent *Cael.*28; doleo, quod nullam partem per aetatem sanae.. rei p. ~are potuisti *Fam.*12.23.3; qui numquam..uitae ~auit amorem LVCR.5.179; ut aliquid ~es ex Cynica haeresi LABER.*com.*36; quae si semel uno de sene ~arit..lucellum HOR.*S.*2.5.82; uolo illum..aliquid de iure ~are PETR.46.7.

gustulum ~ī, *n.* [next+-VLVM] A titbit, delicacy.
cogitas..~um nobis praeparare APVL.*Met.*9.33; (*in fig. phr.*) dulce et amarum ~um carpis 2.10.

gustus ~ūs, *m.* [cf. GVSTO; = Goth. *kustus* 'test'] FORMS: gen. sg. *gusti* PETR.76.5; dat. sg. *gusto* FRO.*Aur.*2.p.198(202N).

1 The taking (of food or drink) in one's mouth, tasting. **b** the sense of taste. **c** the testing (of food or drink) for flavour, tasting.
Amor et melle et felle est fecundissumus; ~ui dat dulce, amarum ad satietatem usque oggerit PL.*Cist.*70; quaedam.. uenena..non ~u, sed in uolnere nocent CELS.5.27.3.B;

salutaria quaedam, quae citra ~um tactumque odore proficiunt SEN.*Dial*.9.4.7; aceti ~u..eas (*sc.* murenas) in rabiem agi PLIN.*Nat*.9.77; QUINT.*Inst*.5.8.1; cum ille ad primum ~um concidisset SUET.*Nero* 33.3. **b** sanies (*sc. from tunnies*)..mixto ~um sale temperat oris MAN.5.672; sine offensa ~us COL.12.21.6; nec magis arte traditur (iudicium) quam ~us aut odor QUINT.*Inst*.6.5.1; GEL.6(7).6.1; 19.2.1. **c** ipse panis potionisque probitatem ~u suo explorat COL.1.8.18; 11.2.68; inferre epulas et explorare ~u solitus TAC.*Ann*.12.66; 13.16.

2 A flavour, taste.

donec in ore ~us eius sentiatur CELS.6.8.1.B; uarius singulis (aquis)..~us est SEN.*Nat*.3.1.2; magis aut minus probi ~us uina COL.3.2.7; hippomarathum..~u acriore, procerius PLIN.*Nat*.20.255; dorycnion ~um..habet lactis LARG.191; MART.13.61.2; ~us elementa per omnia quaerunt JUV.11.14;—(*in fig. phr.*) sermonem praeferentem in uerbis ..proprium quendam ~um urbis QUINT.*Inst*.6.3.17.

3 A small portion (of food or drink), taste; (spec.) a preliminary relish, hors-d'œuvre (= *gustatio*). **b** (transf.) a specimen, sample, foretaste.

minimum ueluti ~um hauseram somni PETR.22.2; profer ..ex illa amphora ~um 77.7; (*colloq.*) non..mi haec iactura ~i fuit (*i.e. was a mere flea-bite to me*) 76.5;—coronabunt rutatos oua lacertos..~us in his MART.10.48.13; 11.31.4; 11.52.12; ut primum occursoriam potionem et inchoatum ~um extremis labiis contingebat APUL.*Met*.9.23. **b** animi ..ad summum gloriae cumulum peruenturi certo cum indolis experimento datos ~us referam V.MAX.3.intro.; SEN. *Ep*.11.1; 114.18; tibi..expetenti uersificationis nostrae ~um COL.11.1.2; ad hunc ~um totum librum repromitto PLIN. *Ep*.4.27.5; (*pred. dat.*) hoc quod ~o mittimus FRO.*Aur*.2. p.198(202N).

gutta ~ae, *f.* [dub.]

1 A drop (of liquid). **b** a solidified drop (of gum or sim.). **c** (in neg. context) a drop as the smallest measurable quantity of anything.

cruorem ~is lacrimarum lauit ACC.*trag*.578; in cadentibus ~is CIC.*de Orat*.3.186; ut in speluncis saxa..~is manantibu' stillent LUCR.6.943; it lacrimans ~isque umectat grandibus ora VERG.*A*.11.90; PROP.4.1.144; sanguinis ~ae LIV. 34.45.6; OV.*Met*.15.788; ~a umoris CELS.7.7.13.C; matutinae lucent in gramine ~ae CALP.*Ecl*.5.55; (*collect. sg.*) mens abit..perque meos artus frigida ~a fluit OV.*Am*. 3.14.38; (*in fig. phr.*) Veneris dulcedinis in cor stillauit ~a LUCR.4.1060;—(*dist. from* stilla) ~a imbrium est, stilla olei uel aceti SUET.fr.176(p.292Re). **b** (Myrrhae) lacrimis, quas arbore fundit odora, unguimur, et dominae nomina ~a tenet OV.*Ars* 1.288; ~ae (*sc.* turis) quae..XXVIII denariorum pondus aequent PLIN.*Nat*.12.62; ammoniaci ~ae p ✕ IIII LARG.28; Phaethontide condita ~a (*i.e. amber*)..apis MART.4.32.1; ~is Arabicis obunctus (capillus) APUL.*Met*.2.9. **c** (*of liquids*) di me..infelicent, si ego in os meum hodie uini ~am indidi PL.*Cas*.247; nisi multis blanditiis a me ~a (*sc.* aquae) non ferri potest *Rud*.433; cum..nulla..amari fellis in illis (*sc. epigrams*) ~a sit MART.7.25.4; sanguinis in facie non haeret ~a, morantur pauci..pudorem JUV.11.54;—(*of other things*) quoi neque paratast ~a certi consili neque adeo argenti PL.*Ps*.397.

2 A spot or speck of colour.

(apes) ardentes auro et paribus lita corpora ~is VERG.*G*. 4.99; caeruleis uariari corpora ~is OV.*Met*.4.578; 5.461; Thebaicus lapis interstinctus aureis ~is PLIN.*Nat*.36.63; 37.100.

3 (archit.) A small ornamental cone under a triglyph or mutule in the Doric entablature.

epistyliis ~ae dorico more disponuntur VITR.4.1.2; 4.3.4; 4.3.6.

guttātim, *adv.* [prec.+-IM] In drops, drop by drop.

lacrumae ~ cadunt ENN.*scen*.206; cor..meum quod ~ contabescit quasi in aquam indideris salem PL.*Mer*.205; uasculo (*i.e. a clepsydra*)..~ defluo APUL.*Met*.3.3; 11.9.

guttātus ~a ~um, *a.* [GVTTA+-ATVS²] Spotted, speckled.

picta perdix Numidicaeque (*i.e. guinea-fowl*) ~ae MART.3. 58.15.

guttula ~ae, *f.* [GVTTA+-VLA] A (small) drop; (in quot., in fig. phr.).

~a (*sc. of cold water*) pectus ardens mi aspersisti PL.*Epid*. 554.

guttur ~uris, *n.*, (*m.*). [perh. cf. LG. *koder* 'double chin'] GENDER, FORMS: declined as masc. in NAEV.*com*.135, PL.*Aul*.304, *Mil*.835, *Trin*.1014, LUCIL.1167, VAR.*Men*.237. The throat with its passages (poet., also pl. in sg. sense). **b** (w. ref. to the appetite). **c** (in birds, w. ref. to the crop). **d** (pregn.) a swollen throat, goitre.

nimi' calebat, amburebat ~urem PL.*Mil*.835; fulix.. tremulo fundens e ~ure cantus CIC.*Arat.Progn*.185; (Cerberus) fame rabida tria ~ura pandens VERG.*A*.6.421; Cacum ..corripit..et angit inhaerens elisos oculos et siccum sanguine ~ur 8.261; sonant tenui ~ure carmen aues TIB. 1.3.60; indocili..~ure uernat auis OV.*Tr*.3.12.8; mentum.. ad ~ur adducendum est CELS.8.12.3; stat lassus uacuo ~ure Tantalus SEN.*Thy*.152; plenum querela ~ur (*sc. of a dove*) PLIN.*Nat*.10.104; quis tumidum ~ur (*i.e. goitre*) miratur in Alpibus..? JUV.13.162;—(*pl. in sg. sense*) columbae..~ura secta PROP.4.5.66; laqueo..animosa ligauit ~ura (Arachne) OV.*Met*.6.135; 9.78;—(*humorously*) inferiorem ~urem (*i.e. the rectum*) PL.*Aul*.304. **b** uineam pro aurea statua statuam, quae tuo ~uri sit monumentum PL.*Cur*.140; quem (amnem) quicumque parum moderato ~ure traxit OV.*Met*.15.330; rarum ac memorabile magni ~uris exemplum JUV.2.114. **c** (pulli) tentandi, ne quid hesterni habeant in ~ure COL.8.5.17; PLIN.*Nat*.11.200. **d** immatura morte raptorum manu strumas, parotidas, ~ura tactu sanari adfirmant PLIN.*Nat*.28.45.

gutturōsus ~a ~um, *a.* [prec.+-OSVS] Having a swollen throat, goitred.

si quis natura ~us sit ULP.*dig*.21.1.12.2; PAUL.*Fest*.p. 112M.

guttus: see GVTVS.

gutuater ~trī, *m.* [Gall.] FORMS: *Gutruatum* (HIRT.*Gal*.8.38.3) perh. belongs here. The title of a Gallic priest.

C SVLP..GALLI OMNIBVS HONORIBVS APVD SVOS FVNC(ti).. ~TRI MART(is) VI *CIL* 13.2585; 13.11225.

gutullioca ~ae, *f.* [dub.] (app.) A kind of nut; (but the word may be a corruption of GVLLIOCA).

LUCIL.1184.

gūturnium ~(i)ī, *n.* Also **cūturnium.** [app. ad. Gk. κωθώνιον, via Etr.; cf. next] (See quots.)

~ium uas, ex quo aqua in manus datur PAUL.*Fest*.p.98M. β ~ium uas, quo in sacrificiis uinum fundebatur PAUL. *Fest*.p.51M.

gūtus ~ī, *m.* Sts. written **guttus.** [app. ad. Gk. *κῶθος (cf. κώθων) via Etr.] A narrow-necked vessel, flask.

qui uinum dabant ut minutatim funderent, a guttis ~um appellarunt..in huiusce locum in conuiuiis..successit epichysis VAR.*L*.5.124;—(*for pouring libations*) adstat..cum patera ~us HOR.*S*.1.6.118; PLIN.*Nat*.16.185;—(*for pouring oil, in the baths*) MART.14.52; domus interea secura.. sonat unctis striglibus et pleno componit lintea ~o JUV. 3.263; 11.158;—(*as a cruet*) GEL.17.8.5.

Gyaros (~us) ~ī, *f.* Also **~a** ~ae, *f.*, **~a** ~ōrum, *n.pl.* An island in the Cyclades, under the Empire a common place of exile.

CIC.*Att*.5.12.1; OV.*Met*.7.470; MELA 2.111; censuit..in insulam ~um relegandum (Silanum) TAC.*Ann*.3.68. β ~a.. abest ab Andro LXII PLIN.*Nat*.4.69; 8.104; JUV.10.170. γ aude aliquid breuibus ~is et carcere dignum JUV.1.73.

Gyās, Gyēs: see GYGES².

Gȳgaeus ~a ~um, *a.* Of Gyges of Lydia; *lacus ~us* (*stagnum ~um*), the name of a pool near Sardis.

Lydia ~o tincta puella lacu PROP.3.11.18; ciuitas ipsa (*i.e. Sardis*)..clara stagno ~o PLIN.*Nat*.5.110.

Gȳgēs¹ ~is, *m.* A king of Lydia of the seventh century B.C.

CIC.*Off*.3.38; 3.78; V.MAX.7.1.2; PLIN.*Nat*.7.151.

Gygēs² ~ae, *m.* N.B.: form of name disputed; *Gyas* (found as name of a Trojan in VERG.*A*. 1.222, etc.) or *Gyes* often read by editors, whether or not occurring as an MS. variant. A mythical giant.

HOR.*Carm*.2.17.14; 3.4.69; OV.*Fast*.4.593; *Tr*.4.7.18; SEN. *Her.O*.167; HYG.*Fab*.pr.3.

gymnas ~adis or ~ados, *f.* [Gk. γυμνάς] An athletic contest, esp. a wrestling-match.

Herculea turpatus ~ade uultus amnis STAT.*Theb*.4.106; exercere proteruas ~adas *Ach*.1.358; *Silv*.2.2.8; festa ~as 3.1.44; 4.2.48.

gymnasiarchus ~ī, *m.* [Gk. γυμνασίαρχος] A person in charge of a gymnasium or gymnastic activities.

Demetrius ~us CIC.*Ver*.4.92; V.MAX.9.10.ext.2; ~o claudere iam eum locum (*i.e. a gymnasium*) uolente 9.12.ext.7.

gymnasium ~(i)ī, *n.* [Gk. γυμνάσιον] FORMS: *gyminas*- VAR.*R*.1.55.4, CATUL.63.64.

1 A centre (usu. only in Greek cities) in which various forms of athletic activity were practised. **b** (as a place in which philosophers lectured).

omnis plateas perreptaui, ~ia et myropolia PL.*Am*.1011; LUCIL.641; Leontinis..istius in ~io statua deiecta est CIC. *Ver*.2.160; *Rep*.3.44; abero foro, palaestra, stadio et ~iis? CATUL.63.60; publice a Syracusanis in ~io..sepultus est NEP.*Timol*.5.4; cum pallio crepidisque inambulare in ~o LIV.29.19.11; V.MAX.9.2.ext.5; PETR.85.3; ~ium eo anno dedicatum a Nerone praebitumque oleum..senatui Graeca facilitate TAC.*Ann*.14.47; JUV.3.115; SUET.*Nero* 40.4;—(*transf.*) ~ium flagri, salueto PL.*As*.297; totus doleo..ita me iste habuit senex ~ium *Aul*.410. **b** clamabunt.. omnia ~ia atque omnes philosophorum scholae CIC.*de Orat*. 1.56; 2.21; orationis genus..~iis et palaestrae dicatum, spretum et pulsum foro *Orat*.42; quae uix in ~iis..Stoici probant *Parad*.3; *Ac*.1.17; QUINT.*Inst*.12.2.8; PLIN.*Ep*.1. 22.6.

2 A gymnastic exhibition.

EPVLVM ET GYMNASSIVM CIVIBVS DEDERVNT *CIL* 8.769; LVDOS SCAENICOS ET ~IA ADSIDVE DEDIT 8.26121.

gymnasticus ~a ~um, *a.* [Gk. γυμναστικός] Gymnastic.

arte ~a.. PL.*Mos*.151; exercitu ~o et palaestrico *Rud*. 296.

gymnēs ~ētos, *m.* [Gk. γυμνής] = GYMNOSOPHISTA.

Indos, qui centenos annos excedant, ~etas appellat PLIN. *Nat*.7.28.

gymnicē ~ēs, *f.* [as next] The art of gymnastics.

CIL 4.1364.

gymnicus ~a ~um, *a.* [Gk. γυμνικός]

1 Of or concerned with the gymnasium or its activities, gymnastic.

praecones ludorum ~orum CIC.*Fam*.5.12.8; *Tusc*.2.62; ~o spectaculo V.MAX.8.15.ext.4; cum tot ~is palmis 9.12.ext.9; praeceptorem certaminis ~i SEN.*Dial*.4.14.3; PLIN.*Nat*.35.75; ~us agon PLIN.*Ep*.4.22.1; *CIL* 6.33992;—(*neut. as sb.*) ~o, quod in Saeptis edebat,..barbam primam posuit SUET.*Nero* 12.4.

2 (masc. as sb., app.) An acrobat or gymnast (quots. refer to small children).

HIC SVN POSITI ~I TRES FRATRES *CIL* 6.10158; 6.14400; D M AVGVRIO ~O INCONPARABILI..VIXIT ANIS II M VII AMATORES..F(ecerunt) 10.2132.

gymnosophista ~ae, *m.* [Gk. γυμνοσοφιστής] An Indian ascetic philosopher, gymnosophist.

philosophos..quos ~as uocant PLIN.*Nat*.7.22; APUL.*Fl*. 6; 15.

gynaecanthē ~ēs, *f.* [Gk.] The plant black bryony, *Tamus communis*.

PLIN.*Nat*.23.27.

gynaecēum ~ī, *n.* Also **-īum.** [Gk. γυναικεῖον] PROS.: *-ĕum* PL.*Mos*.759. The women's quarters in a Greek house.

senex ~um aedificare uolt hic in suis PL.*Mos*.755; 908; TER.*Ph*.862; syngrapha..facta in ~o est (*i.e. Fulvia's boudoir*) CIC.*Phil*.2.95; PAUL.*Fest*.p.22M.

gynaecōnītis ~idis or ~idos, *f.* [Gk. γυναικωνῖτις] = prec.

neque sedet (mater familias) nisi in interiore parte aedium, quae ~is appellatur NEP.pr.7; VITR.6.7.2; se..ad Romanos ire quasi in andronitin..ad Persas quasi in ~in GEL.17.21.33.

Gyndēs ~ae, *m.* A river of Mesopotamia which Cyrus the Great, in anger at the drowning of one horse, spent a whole summer diverting.

rapidus, Cyri dementia, ~es [TIB.]3.7.141; SEN.*Dial*.5. 21.1.

gypsātus ~a ~um, *a.* *superl.* ~issimus. [pple. of next] White with gypsum.

manibus (*sc. of an actor*) ~issimis CIC.*Fam*.7.6.1.

gypsō ~āre ~āuī ~ātum, *tr.* [next+-O³] To whiten with gypsum (in quots., the feet of foreign slaves put up for sale); to seal with gypsum, plaster up.

quem saepe coegit..~atos ferre catasta pedes TIB.2.3.60; OV.*Am*.1.8.64;—operculum..impositum ~ato COL.12.10.4; uinum ~abis 12.36; urnas..~atas, ne effluant uinum 71.11; PLIN.*Nat*.15.61; FEST.p.158M.

gypsum ~ī, *n.* [Gk. γύψος] Gypsum (hydrous calcium sulphate) or the plaster prepared from it (plaster of Paris).

eo addito ~um contritum CATO *Agr*.39.2; VITR.7.3.3; SEN.*Nat*.3.25.1; opercula..~o linunt, ne possit spiritus introire COL.12.16.5; 12.44.6; hominis..imaginem ~o..expressit PLIN.*Nat*.35.153; usus ~i in albariis, sigillis aedificiorum..gratissimus 36.183; LARG.182;—(*contemptuously, of plaster busts*) indocti..quamquam plena omnia ~o Chrysippi inuenias JUV.2.4.

gȳrātus ~a ~um, *a.* [GYRVS+-ATVS²] Made in the form of a circle, rounded.

effigiem Macedonicae chlamydis orbe ~o laciniosam PLIN. *Nat*.5.62.

gyrīnus ~ī, *m.* [Gk. γυρῖνος] A tadpole.

(ranae) pariunt minimas carnes nigras, quas ~os (chrinos *codd.*) uocant PLIN.*Nat*.9.159.

gȳrus ~ī, *m.* [Gk. γῦρος] ORTHOG.: *gur*- read in MAN.5.75.

1 A circular course on which horses were trained or raced.

homines secundis rebus ecfrenatos..tamquam in ~um, rationis et doctrinae duci oportere CIC.*Off*.1.90; (puella) ~um pulsat equis PROP.3.14.11; uictorem Castora ~o STAT.*Silv*. 5.3.139;—(*in fig. phrs.*) ex ingenti..oratorem..campo in exiguum sane ~um compellitis CIC.*de Orat*.3.70; ~o curre, poeta, tuo OV.*Rem*.398; nec angustissimo ~o ingeniorum impetus refringendos PLIN.*Ep*.9.26.7.

2 A circle described by a creature or object in motion; *in ~um*, (to move) in a circle. **b** a circling or wheeling movement.

turbo, quem pueri magno in ~o..exercent VERG.*A*.7. 379; Orsilochum..eludit ~o interior sequiturque sequentem 11.695; ducens..per aera ~os miluus OV.*Am*.2.6.33; *Met*.2.718; maiore secat spatia extera ~o (*sc. a hound*) GRAT.225; piscis exultat freto agitatque ~os SEN.*Ag*.452; (grues) ~os..peragunt PLIN.*Nat*.10.59;—(*esp. in horsemanship*) in ~os ire coactus equus OV.*Ars* 3.384; LUC.1.425; nec uariare ~os..docentur (equi) TAC.*Ger*.6.3;—(*in fig. phr.*) ne..in illis dialecticae ~is atque maeandris..consenescas GEL.16.8.17;—(*phr.*) it manus in ~um *Mor*.103; OV.*Met*.7.784. **b** sonipes in ipso concidit ~o SEN.*Oed*. 143; equitem..iubet succedere bello munitumque latus laeuo praeducere ~o LUC.4.45; caligantem longis Ixiona ~is STAT.*Theb*.4.539; ancipiti circumfert cornua ~o (*sc.*

a cow) 9.117; (*in fig. phr.*) simili ~o uenient aliorum uices PHAED.3.epil.25.

3 A circle, ring (independent of movement); *in ~um*, all round.

flexa per ingentis stellarum flumina ~os MAN.1.440; (uineae) in orbiculos ~osque flectuntur COL.5.4.1; inperfecto conplectitur aera ~o arcus (*i.e. a rainbow*) LUC.4.79; pater armenti..cui nondum toto peraguntur cornua ~o STAT. *Ach.*1.314; marmore picto candida purpureo distinguitur area ~o *Silv.*2.2.89;—(*of a circular group of persons*) Nereides..huius (*sc.* ratis) utrumque latus molli praecingite ~o 3.2.25;—(*of a snake's coils*) anguis..septem ingens ~os, septena uolumina traxit VERG.*A.*5.85; ut..serpens erigitur ~o STAT.*Theb.*11.311;—(*of a circular trench*) altis ~is ablaqueabimus eas (*sc.* oleas) COL.5.9.17;—(*of circular ripples*) ubi perrupit stagnantem calculus undam,..format ..~os SIL.13.25;—clatri marginibus (piscinae) infiguntur ..mox praeiaciuntur in ~um moles COL.8.17.10; SUET. *Jul.*39.2.

4 (astron.): **a** The orbit of a heavenly body. **b** one of the imaginary circles in the heavens.

a ut Triuiam..amor ~o (guioclero *codd.*) deuocet aereo CATUL.66.6; seu bruma niualem interiore diem ~o trahit HOR.*S.*2.6.26; (luna) alios superat ~os aliosque relinquit MAN.1.234. **b** a boreae ~o sua fila reducit (alter gyrus) MAN.1.685; medium mundi ~um (*i.e. the equinoctial circle*) 1.695; stellis intra signiferum (*i.e. the Zodiac*) cursus est, hunc premunt ~um SEN.*Nat.*7.12.8.

H

H, h. The eighth letter of the Roman alphabet, respresenting in classical Latin a weak breathing.

QUINT.*Inst.*1.5.19; H litteram siue illam spiritum magis quam litteram dici oportet, inserebant eam ueteres nostri plerisque uocibus uerborum firmandis roborandisque GEL. 2.3.1;—(*in abbrev.*) C BLASSIVS C F CAL H(ic) S(itus) E(st) *CIL* 1.1717; post h(oram) VIII in balneum CIC.*Att.*13.52.1.

habēna ~ae, *f.* [HABEO; for term. cf. *catena*]

1 A rein (usu. in pl.).

cui populus ipse moderandi et regendi sui potestatem quasi quasdam ~as tradidisset CIC.*de Orat.*1.226; neque audit currus ~as VERG.*G.*1.514; manibus.. omnis effundit ~as *A.*5.818; ~is flectit equos 10.576; datis..~is 11.623; hac..celeris detorquet ~as 11.765; uersis..~is OV.*Met.* 8.813; strepitus ~arum CURT.4.15.33; quassat ~as STAT. *Theb.*10.218;—(*sg.*) lentae moderator ~ae V.RUF.*poet.*3; laeua..~a HOR.*Ep.*1.15.12; quasi ~a quadam de caelo uinctum gubernari GEL.14.1.4;—(*meton.*) ubi Sidonicas inter pedes aequat ~as V.FL.6.95;—(*transf.*) nec iam moderator ~is (*i.e. the steering-gear*) utitur OV.*Fast.*3.593; uos laxas canibus tacitis mittite ~as (*i.e. leashes*) SEN. *Phaed.*32.

2 (in var. fig. phrs. referring to control or restraint, or to freedom, release, etc., from these). **b** (fig.) the 'reins' of government, control (of affairs).

exultantem te..repriment ualidae legum ~ae *Inc.trag.* 126; neque irato mihi ~as dedi umquam VAR.*Men.*177; quam laxissimas ~as habere amicitiae CIC.*Amic.*45; crescendi magnum immissis certamen ~is LUCR.5.787; classi.. immittit ~as VERG.*A.*6.1; irarum..omnis effundit ~as 12.499; supprime ~as, Musa OV.*Ars* 3.467; fluminibus uestris totas inmittite ~as! *Met.*1.280; nec..aerii cursus subpressit ~as 6.709; uates rege uatis ~as *Fast.*1.25; omnes fluuium si fundat ~as V.FL.6.391; excussit ~as luctificus Pauor SIL.6.556; ne pugnet uulgus ~is STAT. *Theb.*8.289; totas effundit ~as curriculo JUV.14.239. **b** neque sapientis esse accipere ~as CIC.*Rep.*1.9; rerum.. reliquit ~as VERG.*A.*7.600; accepisse Numam populi Latiaris ~as OV.*Met.*15.481; suscipe..rector ~as SEN.*Tro.*726; solus Iuleas cum iam retineret ~as MART.9.101.15; quo non dignior has subit ~as STAT.*Silv.*4.3.130; deus qui flectit ~as orbis 5.1.37; rerum Hasdrubali traduntur ~ae SIL. 1.144; Fabio..salutis ~as credere ductori 6.611.

3 (transf.) A strap, thong, cord: **a** (used in throwing missiles). **b** (used for fastening or binding). **c** (as a whip-lash). **d** (in other uses). **e** a strip (of skin).

a (*in a sling*) stridentem fundam..ter adducta circum caput egit ~a VERG.*A.*9.587; et est non simplicis ~ae (funda)..sed triplex scutale LIV.38.29.6; Baliaris tortor ~ae LUC.3.710; saxiferae..imber ~ae V.FL.5.608;—(*on a javelin*) cum iaculum parua Libys ammentauit ~a LUC. 6.221. **b** circa uolnus duo membra fascis ~isue deliganda CELS.7.5.4.C; 8.5.2; molles galeae..~as V.FL. 6.365; teretibus ~is uincta sunt (*sc. shoes*) GEL.13.22(21).5. **c** ille (*sc.* turbo) actus ~a curuatis fertur spatiis VERG.*A.* 7.380; metuens pendentis ~ae HOR.*Ep.*2.2.15. **d** deinde is (*sc.* modiolus) ~a quasi terebra conuertitur CELS.8.3.2. **e** loco patefacto..tenuis excidenda ~a est CELS.7.17.1.C.

habentia ~ae, *f.* [*habens* (HABEO)+-IA] (app.) Possession.

animos eorum ~a (hau- *cj.*) inflarat QUAD.*hist.*61.

habēnula ~ae, *f.* [HABENA+-VLA] A small strip of skin.

duabus lineis incidenda cutis est, ut..~a tenuis admodum eiiciatur CELS.7.4.4.D; 7.7.8.G; ab ora..eius uulneris..demenda ~a paulo latior est 7.20.6.

habeō ~ēre ~uī ~itum, *tr.*, (*intr.*). [cf. Osc. *haf(iar)*, Umb. *habia*, etc.; OIr. *gaibim*] FORMS: *~essit* (= *~uerit*) CIC.*Leg.*2.19 (arch.).

1 To have, own, possess (property). **b** (in commands, etc.) to take possession of.

ne tu ~es seruom graphicum et quantiuis preti PL.*Epid.* 410; torcularia bona ~ere oportet (*sc. the master*) CATO *Agr.*3.2; maiores..possessiones ~ent CIC.*Catil.*2.18; illi pecunias ~ebunt, uos agros non ~ebitis *Agr.*2.72; nullas plus ~endi esse necessitates VITR.6.pr.4; simul ~ere res desierint PHAED.4.5.11; assem ~eas, assem ualeas PETR. 77.6; SI PVTAS AES ME NON HABRAE *CIL* 4.1684; qui in aliena potestate sunt, rem peculiarem tenere possunt, ~ere possidere non possunt PAPIN.*dig.*41.2.49.1;—(*absol. or ellipt.*) neque ille aut doluit miserans inopem aut inuidit ~enti VERG.*G.*2.499; sunt qui non ~eant, est qui non curat habere HOR.*Ep.*2.2.182; OV.*Met.*1.131; diuitis auri imperiosa fames et ~endi saeua libido *Laus Pis.*220; SEN. *Ben.*1.11.5; haec parit ~endi cupido! PLIN.*Nat.*33.48;—(*w. source expr.*) minas..decem ~et a me filia TER.*Hau.*835, a te hortos ~ebo CIC.*Att.*13.1.2; unde ~eas quaerit nemo, sed oportet ~ere JUV.14.207. **b** ~e centum minis PL. *Per.*662; adgnatus proximus familiam ~eto *Lex XII*(*Font. iur.*p.23); extremum hoc munus morientis ~eto VERG.*Ecl.* 8.60; equum..uictor ~eto *A.*5.310;—(*w.* sibi, *etc.*) me sibi ~eto, ego me mancupio dabo PL.*Mil.*23; si tuos est (uidulus), ~eas tibi *Rud.*1358; quae tua sunt, tibi ~e MART.10.51.16; —(*in a formula of divorce*) tibi ~eas res tuas, reddas meas PL.*Am.*928; illam suam suas res sibi ~ere iussit CIC.*Phil.* 2.69; maritum..iubes res sibi ~ere suas MART.10.41.2; QUINT.*Decl.*262(p.72,l.30); APUL.*Met.*5.26; GAIUS *Inst.*2. 193.

2 To have with one or in one's keeping; *~es*, there you have. **b** to have on, wear, carry. **c** (w. *secum*, etc.) to have with one or in one's company.

~etin aurum? PL.*Bac.*269; ubi arma sunt Stratippocli? —..hostes ~ent *Epid.*31; (uilica curet) gallinas multas et oua uti ~eat CATO *Agr.*143.2; litteris, quas Philotimus ~ere dicitur CIC.*Fam.*14.24; (*cf.*) euax,~eo! (*i.e.I have found it*) PL. *Cur.*97ᵃ;—(*w.* secum) bulgam..secum ~et ipse LUCIL.244; uenenum, quod semper secum ~ere consuerat NEP.*Han.*12; uidesne ut..secum..lucem ~eat (*sc. the glow-worm*) et nocte? PLIN.*Nat.*18.252;—(*w.* in manibus, *etc.*, *sts. fig.*) an tu nos frustra existimas haec in manibus ~ere? CIC.*Att.*13.20.4; illam (*sc.* illius uiri uirtutem) semper in manibus ~ui *Amic.*102; librum inter manus ~entem TAC.*Dial.*3.1;—(*w. source expr.*) (anulum) rogat unde ~eam PL.*Cur.*596; non quaero unde CCCC amphoras mellis ~ueris CIC.*Ver.*2.183;— ~es epistulam uerbosiorem fortasse quam uelles *Fam.*7.3.6; ~es a patre munus, Marce fili *Off.*3.121. **b** (*clothes, ornaments, etc.*) ~et coronam ENN.*scen.*52; diabathra in pedibus ~ebat NAEV.*trag.*54; (anulum) in digito..me ~ente TER. *Hec.*830; uestis bona quaerit ~eri OV.*Am.*1.8.51; discordia.. aeternos ~et frenos MAN.1.924; suco peruncti, etiam ~entes negant feriri ab his maleficis PLIN.*Nat.*20.133; stellionem aridum in cinctu oportet ~ere LARG.164; (*cf.*) ipsas miserias infularum loco ~et SEN.*Dial.*12.13.6;— (*weapons*) dextimos in dextris scuta iubet ~ere CAES.*hist.*22; simul aptat ~endo ensemque clipeumque et rubrae cornua cristae VERG.*A.*12.88; nec ~endis utilis armis OV.*Fast.* 5.61; an nobis pater iratusque bonusque fulmen ~es? STAT.*Theb.*7.162. **c** multos scriptores rerum suarum.. Alexander secum ~uisse dicitur CIC.*Arch.*24; circum se praesidia..occulte ~ebat SAL.*Cat.*26.4; VELL.1.13.3; LIV. 26.20.3.

3 To have, possess (physical features or faculties, appendages, etc.).

non nostra formam ~et dignam domo PL.*Mer.*395; meos oculos ~eo *Mil.*347; si linguas decem ~eam CAECIL.*com.* 127; quae non peperit, lacte non ~et 220; non modo cor non ~ere sed ne palatum quidem CIC.*Fin.*2.91; si me hercules Appi os ~erem VAT.*Fam.*5.10a.2; ~ere puellam cornua PROP.2.33.9; neque enim uocem uiresque loquendi..~et OV.*Fast.*2.798; Fortunam quae manus et pinnas tantum ~et CURT.7.8.25; ulcera..crustas..~entia LARG.25; 255; ne faciem quidem ~ere liberi hominis QUINT.*Inst.*6.3.32; uultu qualem deprensus ~ebat Rauola JUV.9.3; spiritum uix ~eo, ita sum defessus AUR.*Fro.*1.p.154(37N).

4 To have attached or belonging in a nonmaterial sense (a quality, attribute, function, right, etc.): **a** (of persons). **b** (of things).

a ad loquendum atque ad tacendum tute ~eas portisculum PL.*As.*518; IS MAGISTRATVM INPERIVMVE NEI PETITO NEIVE GERITO NEIVE ~ETO *CIL* 1.582.19; uos ita..in contione ~ituras locum FAN.*orat.*3; ut, si qui me exire domo mea coegisset armis, ~erem actionem CIC.*Caec.*34; praemi tribuendi potestatem nullam ~eremus *Balb.*38; ~etis.. quam petistis facultatem CAES.*Gal.*6.8.4; ut nullum aliud tempus ad conandum ~ituri uiderentur *Civ.*2.6.1; cum prouocationem fratris lege ~eret LIV.2.30.5; si quam occasionem rei gerendae ~uisset 22.27.7; nihildum praeter nomen ex foedere Romano ~entem 24.49.3; an ego in raptorem ius ~erem SEN.*Con.*7.8.8. **b** quid tandem ~et iste currus? CIC.*Pis.*60; meas litteras maximum apud te pondus ~ituras *Fam.*3.1.3; dolores..paruos multa ~ere interualla requietis *Fin.*1.49; aditus..~ebat ad portum CAES.*Civ.*3.112.8; hoc paces ~uere bonae uentique secundi HOR.*Ep.*2.1.102; parhypate..in chroma transmutata ~et hemitonium VITR.5.4.6; argentifodinae cum ~uerunt familias 7.7.1; mitis legatio, ni praeferoces legatos..~uisset LIV.5.36.1; mora semper amantes incitat, exiguum si modo tempus ~et OV.*Ars* 3.474; hoc uia iuris ~et *Nux* 134; catapotia..~ent..usum multiplicem CELS.5.25.4.B; quin et pediculi breuitas proceritasque differentiam ~et PLIN. *Nat.*16.21; donec crocinum ~eat colorem LARG.173; perspicuitas in uerbis praecipuam ~et proprietatem QUINT. *Inst.*8.2.1; ~et hoc sollicitudo, quod omnia necessaria putat PLIN.*Ep.*6.9.1; figurae quaedam numerorum..uocabula in lingua Latina non ~ent GEL.18.14.1; locum ~ere hoc edictum PAUL.*dig.*9.3.6; (*impers.*) ~et summam aequitatem ut..tribuere uelimus POMPON.*dig.*43.26.15.

5 To have (a person acting in a particular capacity). **b** (a relation, husband, etc.).

cum haec leges, ~ebimus consules CIC.*Att.*5.12.2; ~es obtrectatores *Fam.*11.14.2; malo ueterem et clementem dominum ~ere CAS.*Fam.*15.19.4; non ~et unda deos PROP. 3.7.18;—(*w. pred. noun*) amicos domini, eos ~eat sibi amicos CATO *Agr.*5.3; omnes ~erent nunc amatores anus AFRAN. *com.*379; tamenne isti testes ~ebuntur? CIC.*Flac.*21; praetores ~emus amicissimos et acerrimos ciuis *Q.fr.*1.2.16; omnium rerum ~itus est particeps NEP.*Eum.*1.6; consiliis ~itus non futtilis auctor VERG.*A.*11.339; perculsa erat plebes consulem ~itura iratum LIV.3.19.3; uti..~erent imperatorem quem uellent 5.46.10. **b** filiam ex te tu ~es PL.*Aul.*781; neque umquam uxorem ~ui neque ~eo *Men.* 399; filium unicum adulescentulum ~eo TER.*Hau.*94; quem ~ebat e Caesennia filium CIC.*Caec.*10; et siquis male uir quaerit ~ere uirum OV.*Ars* 1.524; MART.12.20.2; communis pronepotes ~uit TAC.*Ann.*5.1; SUET.*Aug.*62.1; qui filium et ex eo nepotem ~ebat ULP.*dig.*26.2.10.2; (*cf.*) quarta (Venus) Cypri et Syriae filia quam Adon ~uit AMP.9.9.

6 To have under one's command or control; (transf.) to have ascendancy over. **b** to have (military encampments, etc.) in a particular place or situation.

uideo..quis ~eat Etruriam CIC.*Catil.*2.6; eo ipso tempore quo tu negas classem ~endam fuisse *Flac.*31; Pompeium exercitum ~ere *Att.*7.25; quod maiorem partem exercitus tironem ~eret *B.Hisp.*28.2; ut Capuam prouinciam ~eret LIV.28.10.15; rex ibi..populos Adrastus ~ebat STAT.*Theb.* 1.391; urbem Romam a principio reges ~uere TAC.*Ann.*1.1; ob Sardiniam prouinciam auare ~itam 13.30; ut..Hispaniam et Syriam..sine consularibus legatis ~uerit SUET. *Tib.*41;—(*w.* in potestate) ut..oppidum in sua potestate posset..~ere CIC.*Sul.*60; si Romanos in potestate ~uissent LIV.26.13.3;—postquam nos Amaryllis ~et VERG.*Ecl.*1.30; habeo..non ~eor a Laide CIC.*Fam.*9.26.2; PLIN.*Ep.*1.16.1. **b** cum castra ~erem in agro Mopsuhestiae CIC.*Fam.*3.8.10; a milibus passuum XX castra ~et posita CAS.*Fam.*12.13.4; omnis Galliae ciuitates..contra se castra ~uisse CAES.*Gal.* 1.44.3; expugnato..oppido..in quo Pompeius praesidium ~ebat *Civ.*3.41.1; statiua in eis locis ~ere iussi LIV.10.26.15; (*cf.*) classis Punica ad Vticam stationem ~ebat 30.25.5.

7 To have on one's side, as a supporter, in one's favour, or sim.

~es Scrofam, ~es Silium CIC.*Att.*7.1.8; si omnis tr. pl. ~emus *Fam.*14.1.2; ~es..omnis publicanos, totum fere equestrem ordinem Q.CIC.*Pet.*3; auctores ~eo..bis rem egregie gestam LIV.8.30.7; celeberrimos auctores ~eo tantam uictoribus..inreuerentiam fuisse ut.. TAC.*Hist.*3.51; —(*things*) si legem curiatam non ~et CIC.*Agr.*2.30; ~emus haec omnia *Fam.*2.6.3; nemo..in eadem re et ~et legem et timet SEN.*Con.*10.2.8; quam legem ~eat ipse qui pulsatus sit QUINT.*Decl.*265(p.82,l.16).

8 To occupy (a place) as owner or regular inhabitant; also, to occupy (a position in a race). **b** to occupy, take up (a space).

quae Corinthum arcem altam ~etis matronae opulentae optimates ENN.*scen.*259; CAES.*Gal.*4.1.4; urbem Romam.. ~uere initio Troiani SAL.*Cat.*6.1; his ~eant terris sine moenia fessi VERG.*A.*5.717; quae loca, quiue ~eant homines 7.131; Ardeam Rutuli ~ebant LIV.1.57.1; alter..orbis ~endus erit OV.*Rem.*630; ante Iouem genitum terras ~uisse feruntur Arcades *Fast.*2.289; (*cf.*) tunc ~et aeterni cursus fastigia summa GERM.*Arat.*478;—et nunc Pristis ~et (*sc.* locum priorem) VERG.*A.*5.156. **b** totum sudor ~et corpus ENN.*Ann.*406; omne papillae pectus ~ent OV.*Rem.* 338; cetera quercus ~et *Fast.*5.382.

9 (absol.) To dwell, live (in a place).

ego hic ~eo PL.*Cas.*749; qui Syracusis ~et *Men.*69; ubi nunc adulescens ~et? *Trin.*193; ubi ~et? urbe agrone? ACC.*trag.*537; ubi aedituus ~ere solet VAR.*L.*5.50; QVAE ABVIT AD NYMFAS *CIL* 6.38274.

10 (of situations, feelings) To possess, beset.

idem omnis simul ardor ~et VERG.*A.*4.581; metu, qui maior absentis ~et HOR.*Epod.*1.18; uolgi pectora terror ~et OV.*Fast.*3.288; hos somnus ~et 6.329; sua iura cruentum Phasin ~ent STAT.*Theb.*5.458; nunc te quis casus ~et? 8.189; Arminium pro libertate bellantem fauor ~ebat TAC. *Ann.*2.44.

11 To have knowledge of, be in possession of (facts, information). **b** (w. indir. deliberative qu.). **c** (w. *certum*, etc.) to know for certain.

~es omnem rem LUCIL.792; ~etis..causam omnem simultatis CIC.*Flac.*49; ~es consilia nostra *Att.*5.21.10; nihil ~eo de illo amplius 11.19.2; siquidem istius regis matrem ~emus, ignoramus patrem *Rep.*2.33; ~es, quae fortissime..dici putem *Tusc.*82;—(*w. indir. qu.*) ~es qui et cuius rei causa fecerim hecatomben Var.*Men.*100; non ~eo..quae maior utilitas quam regnandi esse possit Cic. *Off.*3.84; ~es, qualis, quam probatus carusque sit nobis Plin.*Ep.*2.13.10;—(*w. pred. noun, pple., etc.*) ~etis unius ciuitatis firmum auxilium amissum..cognoscite nunc nouam..rationem..excogitatam Cic.*Ver.*5.60; ~es somnum imaginem mortis *Tusc.*1.92;—(*w. adv.*) sic enim ~eto, numquam me a causis..districtiorem fuisse *Q.fr.*2.15.1;—(*ellipt.*) Ter.*Eu.*401; ~es; deponendae tibi sunt urbanitates Cic. fil.*Fam.*16.21.7. **b** teneo quid erret et quid agam ~eo Ter.*An.*498; quid agat quo modo adgrediatur iudicem, qua denique digitum proferat, non ~et Cic.*Caec.*71; nec quid speraret ~ebat Verg.*Ecl.*2.2; ~eo quid sententiae dicam Liv.23.13.5. **c** si quid ~es certius uelim scire Cic.*Att.* 4.10.1; non ~eo certum quae te res hinc maxime retrahat Lucc.*Fam.*5.14.1; nec quisquam satis certum ~et quid aut speret aut timeat Liv.22.7.10; (*cf.*) nihil ~eo certi quid loquar Pl.*Mil.*407.

12 To have at one's disposal, have available. **b** (w. rel. cl.). **c** (w. inf.) to have the wherewithal, be in a position (to).

ubi nil contra orationem aequam ~uit Acc.*trag.*476; de ceteris rebus ~es Dionysium Cic.*Att.*7.5.3; quicquid ~es ad consolandum conlige 10.14.2; non uerba in funere primo, non lacrimas ~et Stat.*Theb.*5.594; ~ere ut possit aliquid operis residui Phaed.3.epil.5; (*ellipt.*) nisi quid ~es ad haec Cic.*Tusc.*1.55; incipe, si quid ~es Verg.*Ecl.*9.32. **b** quod edit non ~et Pl.*Capt.*463; ut ~eas quicum cantites Ter. *Ad.*750; scribo ad uos, cum ~eo qui ferat Cic.*Fam.*14.16; ~et ignes unde oriantur Lucr.2.591; ut quae bello ceperint quibus uendant ~eant Caes.*Gal.*4.2.1; sic uictum cur se gaudeat, hostis ~et Ov.*Tr.*2.50;—(*w. correl. pron.*) quoi quod respondeam nil ~eo Ter.*Hau.*224; haec ~ui de amicitia quae dicerem Cic.*Amic.*104; ~eo paulum, quod requiram *Tusc.*5.21; nihil se noui ~ere, quod adferrent Liv.31.29.3; quid ~es, quod tam pertinaciter neges? Sen. *Con.*7.8.3. **c** ~eo etiam dicere quem..in Tiberim deicerit Cic.*S.Rosc.*100; an melius quis ~et suadere? Hor. *Epod.*16.23; nec te, si cupiat, laedere rumor ~et Ov.*Pont.* 3.1.82; quid ~ui facere? Sen.*Con.*1.1.19; Gel.14.1.2.

13 To have in it, hold, contain. **b** (of a place) to have (a person, animal, etc.) in it. **c** to have (as its constituents), be made up of. **d** to include (in an account, narrative, etc.). **e** (absol., app.) to be pregnant.

idem campus ~et textrinum nauibus longis Enn.*Ann.*477; loca..res omnes ~ere, quae militibus opus sunt Quad.*hist.* 36; holus alter (calix) ~ebat Ov.*Fast.*5.509; montem ~et (Chios) Pelinnaeum, marmor Chium Plin.*Nat.*5.136; urceis ..acetum ~entibus 18.308; aqua thymum..~ente Larg. 182; Quint.*Inst.*8.6.35; saccum ~entem pecuniam Pompon. *dig.*47.2.78(77);—(*w.* in se) uirtus omnia in sese ~et Pl. *Am.*651; ~et in se suasionem et dissuasionem *Rhet.Her.*1.2; non ~ent in se ueram laudem Cic.*de Orat.*2.342; nullam in se aspritudinem ~et Larg.21; uinum chamaepityn decoctam in se ~ens 188. **b** quae nemora aut qui uos saltus ~uere, puellae Naides Verg.*Ecl.*10.9; nunc me fluctus ~et *A.*6.362; uolucres aer accepit ~endas Ov.*Ars* 2.471; me mea Lemnos ~et *Ep.*6.136. **c** annus naturalis ~et dies CCCLXVI Enn.*inc.*32; sexagenos milites, duos centuriones,uexillarium unum ~ebat uexillum Liv.8.8.8; stadium deinde ~et passus CXXV Col. 5.1.6; ~ET..AGELLVS CONCLVSVS LATITIAE P LXXV LONGITIAE P CXXXVII *CIL* 6.26259; corpus cubita longitudinis ~ens septem Gel.3.10.11. **d** in Siciliensi edicto hoc non ~et Cic.*Ver.*1.117; plus fecit Dolabella Verrem accepisse quam iste in suis tabulis ~uit 1.100; Aulium quidam annales ~ent Liv.8.37.3. **e** matrona ~et. Aethiopem pariet Calp.*Decl.*2.

14 To involve, entail, imply. **b** to admit of, allow. **c** to afford, hold out.

profectio uoluntatem ~uit non turpem Cic.*Lig.*4; auaritia pecuniae studium ~et Sal.*Cat.*11.3; quas amor curas ~et Hor.*Epod.*2.37; quae mora si laborem tantum ac periculum ~eret Liv.34.34.3; tuta frequensque licet sit uia, crimen ~et Ov.*Ars* 1.586; sine ea parte, quae medicamentorum utilium usum ~et Larg.200; tam breues causae, ut propositionem potius ~eant quam narrationem Quint. *Inst.*4.2.4; ~et aliquid ex iniquo omne magnum exemplum Tac.*Ann.*14.44. **b** quod..dubitationem non ~et Cic. *Fin.*5.27; illa..sententia ~et aliquid disputationis, haec uero non est tolerabilis *Fat.*21; quae res nec modum ~et neque consilium Hor.*S.*2.3.266; quamquam nullum scelus rationem ~et Liv.28.28.1. **c** ius aequabile quid utilitatis ~eret Cic.*Inv.*1.2; quatenus sermo delectationem ~eat *Off.*1.135; (historiae) ~ent..nouarum rerum uarias expectationes Vitr.5.pr.1; Sen.*Ben.*4.12.2; nec luxuriosa pabula pinguis soli semper indicium ~ent Plin.*Nat.*17.26.

15 To keep, hold, retain. **b** to keep, hold (in a place or situation). **c** to maintain, keep (in a certain condition); *in animo ~ere*, to have or bear in mind, intend: see ANIMVS.

~eas ut nanctu's Pl.*Trin.*63; hos tu existimas confidere se illa ~ituros stantibus nobis? Cic.*Att.*14.10.2; arma..~e tua Verg.*A.*10.827; liberos fore suaque omnia ~ituros Liv. 25.22.12;—(*w.* sibi, *etc.*) sibi sua ~eant regna reges Pl.*Cur.* 178; sibi ~eant..(adulescentes) arma, sibi equos Cic.*Sen.* 58; aurum..tollere ac sibi ~ere iussit Liv.26.50.12; cocleas tibi ~e Mart.13.53.2; tibi ~e frumentum Juv.5.118. **b** in sole ~eto (muriam) donec concreuerit Cato *Agr.*88.2; ipsos in uinculis ~endos Sal.*Cat.*51.43; seorsus in custodia ~itus Liv.9.42.8; in lumine ~uisse..prodest Cels.3.6.13; bibi debet ex aqua ~erique in ore adsidue sub lingua Plin. *Nat.*26.38; Maroboduus..Rauennae ~itus Tac.*Ann.*2.63; imperitante Tiberio procul uoluptatibus ~iti 4.62. **c** ut eam (*sc.* amicitiam) iunctam bene ~ent inter se Pl.*Cist.*26; haec ~ui in memoria Ter.*Eu.*170; non clam me ~ent quae celasse intellego *Hec.*657; numerus de tauris et uaccis sic ~endus Var.*R.*2.5.18; quod ~ere clausa non potuerit sua consilia Cic.*Ver.*3.63; Italiam tutam ~ebamus *Man.*55; uti iuuentutem in armis ~eat Liv.1.26.1; caput..super haec uelandum et sublimius ~endum est Cels.6.14.1; mentis incertae quam spes inchoatae suspensam ~ent Sen. *Dial.*9.2.10; nihil aeque Tiberium anxium ~ebat Tac.*Ann.* 2.65; negotiis enim se..intentos ~ent Gel.3.1.10; an..ius adcrescendi secum saluum ~eat Ulp.*dig.*7.4.3.1; (*cf.*) tecum ~eto (*i.e. keep it secret*) Pl.*Per.*246.

16 To have, encounter, suffer (external conditions). **b** to have, be suffering from (a morbid condition). **c** (of a period of time, action, etc.) to be marked by, witness. **d** *~et* or *hoc ~et* (of a gladiator receiving a fatal or winning hit) he has got it; (in quots., fig.).

pacem stabilem et aliquam rem publicam ~ere Cic.*Phil.* 13.2; ita magnos et adsiduos imbris ~ebamus *Att.*13.16.1; ~ui noctem plenam timoris *Fam.*16.14.1; qui..illam..securitatem..~ere quisquam potest? *Tusc.*5.42; ut tempestates ad nauigandum idoneas non ~eret *B.Afr.*1.3; Antiopae nusquam succurris ~enti tot mala? Prop.3.15.19; bellum inde haud dubium ~eri Liv.3.4.6; nec..periculi quicquam~ebitis 24.38.5; ea ~enda fortuna erit quam di dederint30.30.22; letum sine crimine ~eret Ov.*Met.*13.57; ~entis carmina somnos Stat.*Silv.*1.3.23; Suetonius..Paulinus biennio prosperas res ~uit Tac.*Agr.*14.4; STERCVS LONGE AVFER NE MALVM ~EAS *CIL* 6.31615; (*cf., w. inf.*) tolli..uicissim pontus ~et V.Fl.1.672;—(*persons*) nos hunc iam pridem in foro non ~eremus Cic.*Rab.Post.*41; hodie in Italia Hannibalem..~eretis Liv.31.7.13. **b** siquis ulcus taetrum uel recens ~ebit Cato *Agr.*157.13; febriculam tum te ~entem Cic.*Att.*6.9.1; si quis a Ioue percussus non leue uulnus ~et Ov.*Pont.*1.7.50; ~ere sudores non per totum corpus aequales Cels.2.4.5; pastillus ad..sanguinem reicientes et stomachum solutum ~entes Larg.92; iocineris duritiam ~entibus diutinam 105; papulas ~entibus 135. **c** multa turpia, multa turbulenta ~uit ille annus Cic.*Sest.* 58; iter Antoniorum quid ~uit nisi depopulationes..rapinas? *Phil.*5.25; censores hic annus ~uit L. Veturium Philonem et P. Licinium Crassum Liv.27.6.17; insequens annus..nullas res Galliae ~et magno opere gestas Hirt. *Gal.*8.48.10; idem annus pluris reos ~uit Tac.*Ann.*13.33; aetas M. Ciceronis et C. Caesaris praestanti facundia paucos ~uit Gel.19.14.1. **d** certe captus est: ~et Ter.*An.*56; ~et.., peractum est Sen.*Ag.*901;—hoc ~et! repperi qui senem ducerem Pl.*Mos.*715; Verg.*A.*12.296.

17 (w. gd. or gdve.) To have (the obligation of). **b** *iustum, necesse ~ere* (+inf.), to have a duty, obligation (to).

de omnibus meis ~eo dicendum 'habui' Sen.*Con.*9.5.1; illud..in perpetuo custodiendum ~ebit (uillica) Col.12.3.7; ne legendos eos ~eres Plin.*Nat.*pr.33; confitendum ~ent 31.35; cum transducendum exercitum ~eret Fron.*Str.*1.4.7; Tac.*Hist.*4.77; caryotas..quae nunc cum ficis..certandum ~ent Plin.*Ep.*1.7.6; eum potissimum imitandum ~es 8. 13.2; Suet.*Jul.*68.3; Cels.*dig.*6.1.38. **b** unus frondator quattuor frondarias fiscinas complere in die iustum ~et Plin.*Nat.*18.314; necesse ~et custodiam praestare Gaius *Inst.*3.206; Ulp.*dig.*6.1.9.

18 To be the object of, undergo, suffer.

ea res..minime firmam ueneni suspicionem ~eret Cic.*Clu.* 174; quae res nullam ~ebat dubitationem Planc.*Fam.* 10.18.3; nec ~et uictoria laudem Verg.*A.*2.584; ~ent..admirationem magnam Vitr.9.1.1; quae difficilem curationem ~eant Cels.5.26.1.c; res ea desperationem ~et 7.4.3.b; inuentiunculis..quae excusae risum ~ent Quint. *Inst.*8.5.22; ut cum uera uaticinaretur, fidem non ~eret Hyg.*Fab.*93; tales sunt seruitutes, ut non ~eant certam ..possessionem Paul.*dig.*8.1.14.

19 (w. vbl. nouns or other nouns expressing an action, feeling, etc., on the part of the subject) To exercise, carry on, display, etc. **b** (w. nouns expr. beginning, or end, outcome, etc.). **c** to pass, live (one's life or part of it). **d** *fidem ~ere*, to trust; *gratiam ~ere*, to be grateful, thank; *honorem ~ere*, to honour; *rationem ~ere*, to take into consideration: see the nouns.

quibu'cum ~eres rem Pl.*Bac.*564; ~e quietum animum *Cas.*381; ad me recta ~et rectam uiam *Ps.*1136; alio cum iter ~eret Lucil.898; pro amore quem ~etis in rem publicam Cic.*Dom.*103; aut impiam cupiditatem contra salutem tuam ~eamus Cael.*Att.*10.9a.2; magnam se ~ere spem..Ariouistum finem iniuriis facturum Caes.*Gal.*1.23.1; magis ..in decoris armis..quam in scortis..lubidinem ~ebant Sal.*Cat.*7.4; si..caput eius propius centrum pressiones ~uerit Vitr.10.3.3; plus inter se irarum quam aduersus hostes animi ~uerunt Liv.5.8.4; sepulturae..curam ~itam 25.31.10; eandem (*sc.* ferociam animi) ad non parendum senatui ~uit 42.9.1; omenti mentionem ~uit Cels.7.14.2; primis diebus ~endum silentium 8.7.6; omnia superiora (fulmina) e caelo decidentia obliquos ~ent ictus Plin.*Nat.* 2.138; condictio rei furtiuae, quia rei ~et persecutionem Ulp.*dig.*13.1.7.2. **b** quem exitum acies ~itura sit Cic. *Fam.*6.3.2; hic dies..hunc ~uit euentum Caes.*Gal.*5.43.5; hunc finem exitumque seditio..~uit Liv.28.29.12; ad conturbationes..oculorum scio multa collyria..magnos. effectus ~ere Larg.19; parotidas initia ~entes discutit 206. **c** te aetatem inpune ~iturum Pl.*Ps.*515; qui demissi in obscuro uitam ~ent Sal.*Cat.*51.12; ubi adulescentiam ~uere, ibi senectutem agant *Jug.*85.41; quintum iam diem ~eo, ex quo in scholam eo Sen.*Ep.*76.1; cum septimum et sexagesimum annum ~eret Gel.17.21.43; SERVATAMQVE DIV VITAM ~ITAMQVE PVDICE *CIL* 6.25427; ANNOS ~VIT XVIII 11.5613; (*cf.*) haec (aedes) nunc D circiter annum ~et Plin.*Nat.*16.235.

20 To hold, conduct (a meeting, inquiry, or other activity). **b** to make (a speech), give (a talk), etc.

DICT COMIT ~END CAVS *Fast.Cos.Cap.*11(*CIL* 1.p.20); Pseudolus mihi centuriata ~uit capitis comitia Pl.*Ps.*1232; dilectum uideo studiose uulgus ~ere Lucil.461; census qui isto praetore sunt ~iti Cic.*Ver.*2.63; tam exitiosam ~eri coniurationem a ciuibus numquam putaui *Catil.*4.6; scholas Graecorum more ~ere *Tusc.*1.7; mercatum eum, qui ~eretur maxumo ludorum apparatu 5.9; neque consilii ~endi..spatio dato Caes.*Gal.*4.14.2; ~etur extra urbem senatus *Civ.*1.6.1; uti..Romae per totam urbem uigiliae ~erentur Sal.*Cat.*30.7; inter hostes..consultationes ~itae Liv.10.27.2; qui cum Fuluio conloquia occulta ~uisse comperti sunt 27.1.14; Plin.*Nat.*8.183; de publica quaestione a familia necatorum ~enda Ulp.*dig.*29.5.1. **b** cum ea tu sermonem nec ioco nec serio tibi ~eas Pl.*Am.*907; Ter. *Hec.*607; in illius orationis suae, quam contra conlegam censor ~uit, principio Cic.*de Orat.*2.45; quos cum Pompeio διαλόγους de re publica ~uerimus *Att.*5.5.2; hac in utramque partem disputatione ~ita Caes.*Gal.*5.30.1; contionem apud milites ~uit *Civ.*3.73.2; dicitur huiusce modi uerba cum Iugurtha ~uisse Sal.*Jug.*9.4; contionem et liberam et moderatam ~uit Liv.24.22.1; mentione nulla comitiorum consularium ~ita 4.57.9; Larg.231; Tac.*Ann.*2.50.

21 (refl. or absol., w. adv. of manner) To be (so) situated, be in (such and such) a way: **a** (of persons). **b** (of things). **c** (impers.).

a male me..~ens Ter.*Eu.*634; quo me ~eam pacto Lucil.181; bene ~emus nos, si in his spes est Cic.*Att.*2.8.1; fratrem meum adsiduis laboribus..confectum grauiter se ~uisse Planc.*Fam.*10.17.2; singulos..ut sese ~eret rogitans Liv.8.36.6; quid ille qui libertini loco iacet, quam bene se ~uit Petr.38.11; ego me bene ~eo Tac.*Ann.*14.51; uapide se ~ere Suet.*Aug.*87.2;—te..febri carere et belle ~ere Cic. *Fam.*16.15.1; Terentia minus belle ~uit Dolab.*Fam.*9.9.1. **b** tuom ut sese ~eat animum Ter.*An.*378; sic ~ent principia sese ut dico *Ph.*479; sic ~ent se tabulae Cic.*Ver.*2.191; quid esset iam Bithynia, quo modo se ~eret Catul.10.7; quoniam ita se mores ~ent Sal.*Cat.* 52.12; quod cum ita se ~eat Liv.10.7.9; cum corpus ita se ~et, ut maior remissio non expectetur Cels.3.5.3; maria..gentesque in tertio Europae sinu ad hunc modum se ~ent Plin.*Nat.*4.52; ordo..naturae annuis ita se ~et 16.93; sic certe collectae editaeque (controuersiae) se ~ent Suet.*Rhet.*25(p.122Re); quae sententia recte se ~et Ulp. *dig.*24.1.9.1; Epicharmium..illud non inscite se ~et Gel. 1.15.15;—(*w.* res) quo modo tibi res se ~et Pl.*Aul.*47; utut meae res sese ~ent Ter.*Ph.*820; Cic.*Lig.*28; aequabilius atque constantius sese res humanae ~erent Sal.*Cat.*2.3; multo aliter ac sperarat rem publicam se ~entem cognouit Nep.*Ham.*2.1;—bene hoc ~et Pl.*Epid.*696; bene ~ent tibi principia Ter.*Ph.*429; uti radices bene ~eant Cato *Agr.* 133.3; exulcerare ea, qua male ~ent Cels.4.2.8; ita ius ~et, ut.. Gaius *dig.*37.4.12.1. **c** si pro numero impositarum amphorarum merces constituta est, contra se ~et Paul.*dig.*14.2.10.2;—'magnum narras, uix credibile.' 'atqui sic ~et' Hor.*S.*1.9.58; Ov.*Tr.*4.1.82;—(*w.* bene) bene ~et; iacta sunt fundamenta defensionis Cic.*Mur.*14; 'bene ~et' inquit Sextius Liv.6.35.8; Sen.*Oed.*998; Stat.*Theb.*11.557; bene ~et, nil plus interrogo Juv.10.72.

22 (w. adv., etc.) To treat (in a particular way). **b** (of circumstances) to affect. **c** (refl.) to conduct oneself.

apsentis uiros perinde ~etis quasi praesentes sient Pl. *St.*100; L. Sulla exercitum..luxuriose nimisque liberaliter ~uerat Sal.*Cat.*11.5; quos male ~et multa callidus arte puer Tib.1.4.76; filium reguli comiter ~endo Liv.34.12.7; ut tepide ~eantur (pulli) Col.8.5.19; uideo, quam molliter tuos ~eas Plin.*Ep.*5.19.1;—(*refl.*) semper parce ac duriter se ~ere Ter.*Ad.*46; duriter me ~ere Nov.*com.*99;—(*w. advl. phr.*) quos praecipuo semper honore Caesar ~uit Caes. *Gal.*5.54.4; externa sine cura ~ebantur Tac.*Hist.*1.79. **b** ea res me male ~et Pl.*As.*844; te aetas male ~et Pac. *trag.*277; in..metu male ~et (animam) Lucr.3.826; his eos suppliciis male ~eri Caesar..malebat Caes.*Civ.*1.81.6; id..adsidue male ~et oculum Cels.7.7.7; male te ~ebit ille consul factus Sen.*Ep.*104.9. **c** quom sedulo munditer nos ~emus Pl.*Poen.*235; cum a seruis eorum tam caste me ~uerim Gracch.*orat.*26.

23 To have in use, employ. **b** to observe (a law, practice, etc.).

ad eam rem ~eo omnem aciem Pl.*Mil.*1028; modus omnibus rebus..optumum est ~itu *Poen.*238; alueos nauium inuorsos pro tuguriis ~uere Sal.*Jug.*18.5; quod natura firmius erat, id in laboribus ~ui *Rep.*2.10.2; eam(legionem).. ~ere in praesidio urbis Liv.27.24.6; eam urbem pro arce ~iturus 33.14.2; oua..pro quibusdam ~ita uasis Plin.*Nat.*10.2; anesum aduersus scorpiones ex uino ~etur 20.185; hanc philosophiae..partem..quae..ipsi doceant in usu ~ere Plin.*Ep.*1.10.10. **b** si ~uisset iste edictum, quod ante istum et postea omnes ~uerunt Cic.*Ver.*1.115; modum statuarum ~eri nullum placet? 2. 144; mos ~ebatur principum liberos cum ceteris..sedentis uesci Tac.*Ann.*13.16.

24 (w. pred.) To regard, look on, treat (as): **a** (w. nouns). **b** (w. adj.). **c** (w. preps.). **d** (w. gen.; w. abl.). **e** (w. pred. dat.). **f** (w. adv.).

a is nunc flos cenae ~etur inter istos Fav.*orat.*1; quis erit ..qui illum ciuem ~endum putet? Cic.*Phil.*6.16; qui sunt ex eis nati eorum ~entur liberi Caes.*Gal.*5.14.5; dena milia grauis aeris, quae tum diuitiae ~ebantur Liv.4.45.2; id..piamen ~ent Ov.*Fast.*2.32; Seianus facinorum omnium repertor ~ebatur Tac.*Ann.*4.11; (*ellipt.*) ~e (*i.e. regard it as*) tuum negotium Cic.*Att.*12.22.3. **b** nos odiosas ~eri Pl. *Aul.*123; potiorem..~ui libertatem multo quam pecuniam Naev.*com.*10; antiquiorem mor⟨t⟩em turpitudine ~erei *Rhet.Her.*3.5; et summus orator est ~itus Cic.*Brut.*95; si parentes carissimos ~ere debemus *Red.Sen.*2; quae regio totius Galliae media ~etur Caes.*Gal.*6.13.10; dies..quem semper acerbum, semper honoratum..~ebo Verg.*A.*5.50; disertus ~eri Hor.*Ep.*1.19.16; ut nubiles ~eantur Mela 1.114; desidiosior in professione grammatica ~ebatur minusque idoneus ad tuendam scholam Suet.*Gram.*8. **c** (*w.* ad) qui in prouincia est..ad similitudinem absentis ~etur Paul.*dig.*4.6.35.8;—(*w.* ex) Syri pisces et columbas ex deorum numero ~entes Hyg.*Fab.*197;—(*w.* in+*abl.*) quod nulla..~eo in spe Cic.*Att.*11.19.1; se in hostium ~iturum loco qui non ex uestigio..nauis traduxisset Caes. *Civ.*2.25.6; ut..pacem an bellum gerens perniciosior esset, in incerto ~eretur Sal.*Jug.*46.8; ius in uiribus ~ent Mela 3.28; bupleuron in sponte nascentium olerum numero Graeci ~ent Plin.*Nat.*22.77; in magno negotio ~uit obligare semper annuos magistratus Suet.*Jul.*23.2;—(*w.* inter) inter maximos quondam ~itus medicos Larg.pr.p.1,l.1;—(*w.* post) post publicam causam priuato dolore ~ito Liv. 2.56.2; ut ceteri post Sabinum ~erentur Tac.*Hist.*3.64;—(*w.* pro) qui bona sua pro stercore ~et Pl.*Truc.*556; istuc iam pro facto ~e Cic.*Att.*13.1.2; ne incognita pro cognitis ~eamus *Off.*1.18; pro absoluto Seruilius ~eri Cael.*Fam.* 8.8.3; quae..consuetudine iam pro nihilo ~entur Sal.*Jug.* 31.25; non ~eri pro sacrosancto aedilem Liv.3.55.9; pro eo debet ~eri, atque si res in iusiurandum admissa non esset

Ulp.dig.12.2.5.4. **d** pluris ~etur quam L. Trebellius.. quam Extitius, adolescens nobilis Cic.Phil.6.10; magnae ~itus auctoritatis Caes.Gal.7.77.3; Rhodii maximi ad omnia momenti ~ebantur Liv.42.45.3; diuersarum partium ~ebatur Suet.Jul.1.2; Apul.Apol.21;—illum..me ~ere eodem loco quo principem ciuium..sentiebam Cic.Prov.41; qui se iudicum numero ~eri uolunt Tusc.1.98; plebes paene seruorum ~etur loco Caes.Gal.6.13.1; ea res prodigii loco ~ita Liv.42.20.1; ubi..eodem numero malus bonusque ~etur Larg.pr.p.4,l.20; Balbus truci eloquentia ~ebatur Tac.Ann.6.48; clarissimarum feminarum nomine senatorum filiae..non ~entur Ulp.dig.1.9.8. **e** ne morae molestiaeque imperium erile ~eat sibi Pl.Aul.588; ludibrio nos uetulos..~et Epid.667; utrum studione id sibi ~et? Ter.Ad.382; istum sibi quaestui praedaeque ~uisse bona.. aratorum Cic.Ver.3.70; paupertas probro ~eri Sal.Cat.12.1; neque errorem eundem illi sine fraude, aliis exitio ~endum Tac.Ann.6.30. **f** quae perdifficilia sunt, perinde ~enda saepe sunt ac si effici non possint Cic.Part.84; hoc..omnes mortales sic ~ent, externas commoditates..a dis se habere N.D.3.86; eas (sc. iniurias) grauius aequo ~uere Sal.Cat.51.11.

25 (w. impers. obj.) To regard (as doubtful, right, necessary, etc.); see also NECESSE, SATIS. **b** (w. advl. phrs.; w. adv.).

ego tamen non ~ui ambiguum D.Brut.Fam.11.11.1;—(w. inf.) haec talia facinora impune suscepisse parum ~uere Sal.Jug.31.9; melius..~ent mercede delinquere, quam gratis recte facere Hist.3.48.5; templum..uiolare parum ~uisse nisi detexisset foede Liv.42.3.6; neque enim succedere tectis fas ~et Ov.Met.2.767; non referre beneficiis gratiam et est turpe et apud omnes ~etur Sen.Ben.3.1.1; phyteuma quale sit, describere superuacuum ~eo Plin.Nat.27.125;—(w. acc. and inf.) nec dubium ~ebat se delectum Tac.Ann.2.43; neque dubium ~etur multa..potuisse tradi 12.61;—(w. other cls.) non ~uit dubium quin..B.Hisp.29.3. **b** pro certo iam ~etur regem Alexandrinum mortuum Cael.Fam.8.4.5; pro explorato ~ebat Ambiorigem proelio non esse concertaturum Caes.Gal.6.5.3; pro certo ~etote uos simul..de omnibus coniuratis decernere Sal.Cat.52.17; debellari eo die..potuisse pro haud dubio ~itum sit Liv.8.36.3; pro delectamento ~ebat os hominis liberi..uerberare Labeo in Gel.20.1.13;—maiores nostri sic ~uerunt..furem dupli condemnari Cato Agr.pr.1; ut tum ~ebatur Cic.Clu.11; illi..sic ~uere, alia omnia uirtuti suae prona esse Sal.Jug.114.2; ita aegre ~uit filium id pro parente ausum Liv.7.5.7; perinde ~endum, ac si..Afric.dig.23.4.23; proinde ~etote..ut si in ipsa curia me audiatis Apul.Fl.18.

26 (w. pred. adj. indicating the condition of the object with respect to the subject) To find, have, etc.

dociles auditores ~ere poterimus Rhet.Her.1.7; ~et inimicissimam Galliam Cic.Phil.10.10; eo die acerbum ~uimus Curionem Fam.1.4.1; neque enim populum semper eundem ~ebitis ad Brut.1.2a.3(6); pauloque ~uit..Caesar quietiorem Galliam Caes.Gal.5.58.7; fere totius ulterioris Hispaniae regio..inopem difficilemque ~et oppugnationem B.Hisp.8.2; non minus immitis ~uit Cornelia Parcas Prop.4.11.13; pars obuios ~uerunt hostis Liv.31.37.2; haudquaquam tam oboedientem in dilectu..plebem ~uere 6.36.3; optastis facilesque deos ~uistis Ov.Met.5.559; hunc ego..notum non ~ui V.Max.9.5.4; mutua conspicuos ~uerunt lumina uultus Luc.4.170; nec surdos uox ~et ista deos Mart.6.58.8; cuncta..socialia prospere composita non ideo laetum Germanicum ~ebant ob superbiam Pisonis Tac.Ann.2.57; ABIAS PROPITIVM CAESAREM CIL 6.632.

27 (w. pf. pple. indicating that the object has been brought into a certain condition from the point of view of the subject, and usu. by the action of the subject). **b** (w. impers. obj.).

illaec omnia missa ~eo quae ante agere occepi Pl.Ps.602; ~eon rem pactam? St.566; nos nostramque adulescentiam ~ent despicatam Ter.Eu.384; hi quos augurum libri scriptos ~ent sic..Var.L.5.58; uerba ad similitudinem ~eamus adcommodata Rhet.Her.4.61; QVEI PVBLICA POPVLI ROMANI VECTIGALIA REDEMPTA ~EBVNT CIL 1.589.2.35; conductum (agrum) ~ebat HS sex milibus Cic.Ver.3.93; Clodi animum perspectum ~eo, cognitum, iudicatum ad Brut.1.1.1; omnia se ~ere explorata Remi dicebant Caes.Gal.2.4.4; nauis..quas paratas ~uerant ad nauigandum B.Alex.10.4; ibi praesidi causa castellum Caesar ~uit constitutum B.Hisp.8.6; neque ea res falsum me ~uit Sal.Jug.10.1; ne super tali scelere suspectum sese ~eret 71.5; geometriam..ceterasque disciplinas penitus ~ere notas Vitr.1.1.17; qui emerita stipendia sub imperatore P. Africano ~ebant Liv.37.4.3; siqua..fuerint..uitiosa..excusata suo tempore..~e Ov.Tr.4.1.2; putationem aequinoctio peractam ~eto Plin.Nat.18.241; auxilia..quae ex usu prodesse eis comperta ~emus Larg.106; hoc (emplastrum) semper ~eo compositum 214; opinionem, qua..inuisum (Senecam)..~ere sum creditus Quint.Inst.10.1.125; cum..multa prouisa ~eas Tra.Plin.Ep.10.62(70). **b** sati' iam dictum ~eo Pl.Per.214; si satis consultum quadam de re ~erem Cic.Att.12.50; ea loca finitimae prouinciae adiungere sibi persuasum ~ebant Caes.Gal.3.2.5; compertum..~eo, milites, uerba uirtutem non addere Sal.Cat.58.1; nisi quemadmodum de ea re supra scriptum ~emus Vitr.9.1.14; et a Germania inmensas insulas non pridem compertas cognitum ~eo Plin.Nat.2.246.

habilis ~is ~e, *a.* *compar.* ~ior, *superl.* ~issimus. [HABEO+-ILIS¹]

1 Easy to handle or wield. **b** easily fitting or adjusted. **c** (of vehicles, etc.) easy to control or manœuvre. **d** (of tasks) easily dealt with.

~es..papillae Ov.Am.1.4.37; ~i corio et mollitie tractabili Apul.Met.4.15;—(of weapons) ~es gladios Enn.Ann.253; arma quae cuique ~ia atque apta essent Cic.Tul.18; gladii..breuitate ~es Liv.22.46.5; Sen.Dial.4.35.1; (cf.) qui arma ~iore pondere et modo fecit Amp.15.16. **b** si mihi calceos Sicyonios attulisses, non uterer, quamuis essent ~es Cic.de Orat.1.231; umeris..~em suspenderat arcum Verg.A.1.318; ensem..quem..~em uagina aptarat eburna 9.305; galeam..~em 9.365. **c** ~i tauros adiungit aratro Tib.1.9.7; ~i..curru Ov.Met.2.531; (nauis) uelis ~es Tac.Ann.2.6; (w. in+acc.) naues..~es in omnia Flor.Epit.2.21 (4.11.6). **d** negotia expedita et ~ia Sen.Dial.5.7.1.

2 Readily applied to a use or performing a function, adaptable, fit.

corpus..~issimum quadratum est Cels.2.1.5; nullum ~e membrum est, si corpori par est Sen.Con.7.pr.2; ut ~es sint, natis statim dextra aduritur mamma Mela 3.34; si..ex..ea re minus ~is uia..fiat Ulp.dig.43.8.2.26; (poet.) ~is membris uenit uigor Verg.G.4.418;—(w. dat.) nec feturae ~is nec fortis aratris 3.62; uicina seni non ~is Lyco Hor.Carm.3.19.24; gentem..equis tantum ~em Liv.24.48.5; his ~is telis quilibet esse potest Ov.Fast.2.14; otio quam labori proeliorum ~ior V.Max.5.7.1; arua..~ia sementi Col.2.4.5; chartis ~es calamos Mart.14.38.1; legionibus quae..parum ~es proelio uidebantur Tac.Ann.15.26;—(w. gd. or gdve.) caro..receptandis tantum cibis ~is Sen.Ep.92.10; locum..pandendis retibus ~em Plin.Nat.9.29; ferrum..rubens non est ~e tundendo 34.149; uirilis toga Neroni maturata quo capessendae rei publicae ~is uideretur Tac.Ann.12.41;—(w. ad) uasa ad uictum ~ia Var.L.8.31; nunquam ingenium idem ad res diuersissimas..~ius fuit Liv.21.4.3; ~es ad aratra Labici Sil.8.366; ut acutior quis atque ~ior sit ad inueniendum Quint.Inst.6.3.12; cum ad generandum nunquam sit ~is (mulus) Ulp.dig.21.1.38.7;—(w. in+abl.) sunt..quidam ita in eisdem rebus ~es..ut non nati, sed..ficti esse uideantur Cic.de Orat.1.115;—(w. inf.) plaudentique ~es Caryae resonare Dianae Stat.Theb.4.225.

habilitās ~ātis, *f.* [prec.+-TAS] Aptitude.

omitto oportunitates ~atesque reliqui corporis Cic.Leg.1.27.

habiliter, *adv.* [HABILIS+-TER²] Aptly, conveniently.

ut elephantis..sicut nos equis facile atque ~ utantur Mela 3.63; ut ~ gemmae geri possint Paul.dig.34.2.20.

habitābilis ~is ~e, *a.* [HABITO+-BILIS] Fit to live in, inhabitable. **b** in which one may live, providing a home (for).

~es regiones Cic.Tusc.1.45; qua sol ~is illustrat oras Hor.Carm.4.14.5; non est ~is aestu Ov.Met.1.49; non ~e frigus Tr.3.4b.51; Sen.Dial.9.10.4; uti singularum (testudinum) superficie ~es casas integant Plin.Nat.9.35. **b** nec nobis caelum est ~e! Ov.Fast.4.611; tectum..uagis ~e nautis Stat.Silv.3.1.4; superis..~e saxum Sil.1.541.

habitāculum ~ī, *n.* [HABITO+-CVLVM] A dwelling-place.

Apul.Soc.4; introgressus..leo..in ~um illud suum Gel.5.14.21.

habitātiō ~ōnis, *f.* [HABITO+-TIO]

1 A place to live in, residence.

haec mihi dedita est ~o Pl.Mos.498; ~onem delutare Cato Agr.128; nulla salubris ~o fieri potest Vitr.1.1.10; Col.8.11.3; Apul.Met.4.5; domum..pro ~one et domicilio nos accipere debere certum est Ulp.dig.11.5.1.2.

2 (The action or fact of) lodging, residence; (leg.) the right of living in a house. **b** the cost of lodging, rent.

sumptus unius generis obiectus est, ~onis Cic.Cael.17; ut ei de ~one accommodes Fam.13.2; mercedes ~onum annuas conductoribus donauit Caes.Civ.3.21.1; quod..nunc in ~ones, in uiatica..impenditis Plin.Ep.4.13.5; quod mercedem pro ~one non soluit Pompon.dig.39.5.9;—per domum, cuius ~o relicta erat Scaev.dig.8.2.41; 33.2.34; Ulp.dig.7.8.10. **b** annuam..~onem Romae usque ad bina milia nummum..remisit Suet.Jul.38.2.

habitātor ~ōris, *m.* [HABITO+-TOR] An inhabitant, occupier: **a** (of a house, etc.). **b** (of districts, countries).

a inesse aliquem..~orem in hac caelesti ac diuina domo Cic.N.D.2.90; tuam in Carinis (domum) mundi ~ores Lamiae conduxerunt Q.fr.2.3.7; Liv.21.62.3; Sen.Ep.45.9; testa cum uidit in illa magnum ~orem Juv.14.312; Plin.Pan.50.3; multum..interest inter ~orem et hospitem Ulp.dig.9.3.1.9. **b** non sunt enim ex terra homines non ut incolae atque ~ores Cic.N.D.2.140; Sen.Dial.3.2.2; rarus et antiquis ~or in urbibus errat Luc.1.27; nemoris..~or amoeni Mart.9.51.5; Pholoes ~or opacae Stat.Theb.3.604.

habitiō ~ōnis, *f.* [HABEO+-TIO] The action or fact of having (in senses of HABEO).

debitio enim gratiae, non ~o, cum pecunia confertur Gel.1.4.7; rati quoque ~o patrono obest in nuptiis libertae Ulp.dig.38.1.13.5.

habitō ~āre ~āuī ~ātum, *tr., intr.* [HABEO+-TO]

1 (tr.) To wear habitually.

utrumque mulieres et epicrocum uiri quoque ~arunt.. antiquos secundis rebus comas ~asse Var.in Non.p.318M.

2 To live in, inhabit. **b** (of inhabited buildings, etc.). **c** (fig. or transf., of inanim. and non-material things).

sordida rura atque humilis ~are casas Verg.Ecl.2.29; siluas ~are 6.2; centum urbes ~ant magnas A.3.106; passim uagi habent potius terras quam ~ant Mela 1.23; Veios..~ante Camillo Luc.5.28;—(pass.) ea pars..~atur frequentissime Cic.Ver.4.119; cuncta malis ~antur moenia Grais Verg.A.3.398; ~anda..fana apris reliquit Hor.Epod.16.19; Alpes quidem ~ari Liv.21.30.7; ~ari tantum tamquam urbem Capuam..placuit 26.16.9; quae sit tellus ~anda, requirit Ov.Met.3.9; uestigia ~ati quondam soli Plin.Nat.5.13; nullas Germanorum populis urbes ~ari Tac.Ger.16.1. **b** (pass.) raris ~ata mapalia tectis Verg.G.3.340; Sen.Tro.826; litora..oppidis ~ata Plin.Nat.5.125; magnis..urbibus ~atos (campos) Tac.Hist.5.7. **c** ~ata..membra ueneno Man.4.664; dispositis ~atur spica.. rugibus 5.285; mentes ~are et pectora gaudet (sc. the goddess) Stat.Theb.12.494; ripas ~are nescientem (Vulturnum) Silv.4.3.74; calido..~ata Gradiuo pectora Sil.15.337.

3 (intr.) To live, dwell (in a place). **b** (fig. or transf., of inanim. and non-material things).

in superiore qui ~o cenaculo Pl.Am.3; hic ~o Mos.498; is ~atum huc commigrauit Trin.1084; in hac ~asse platea dictumst Chrysidem Ter.An.796; ~at Mileti Ad.654; si..ruri et recte ~aueris Cato Agr.4; qui ~arent in Sicilia Cic.Ver.3.95; ~are una? Flac.83; ~abant uallibus imis Verg.A.3.110; centum alii curua haec ~ant ad litora 3.643; Esquiliis ~are salubribus Hor.S.1.8.14; trans Tiberim ~are Liv.8.14.5; in montibus uicatim ~antes 9.13.7; ut..ubi cuique..liceret ~are, ibi ~arent, animaduerteretque in eos qui alibi ~arent 28.46.6; dum prohibet Boreas et nix ~are sub Arcto Ov.Tr.3.10.11; tecum ~a Pers.4.52; quisquis ubique ~at..nusquam ~at Mart.7.73.6; magnas eas copias per plana..~auisse Tac.Ann.4.65; pauperem se et ~are sub tegulis..fatetur Suet.Gram.9(p.107Re); si mulier et maritus..seorsum..~auerint Ulp.dig.24.1.32.13; (poet.) matris ~auimus aluo Ov.Met.15.217;—(impers. pass.) INTRA EA LOCA, VBI CONTINENTI ~ABITVR CIL 1.593.56; ~ari ait Xenophanes in luna Cic.Luc.123;—(pple. as sb.) omnis turba..~antium..Lilybaei Liv.29.26.7; Plin.Nat.6.91. **b** cuius in labris ueteres comici..leporem ~asse dixerunt Cic.de Orat.3.138; semper hic ~abit nominis mei gloria Mil.98; ceteras uoluptates in ipsis ~are sensibus Tusc.5.111; ~et tecum (anima) Verg.A.11.409; in desertis ~abat montibus aurum Man.1.75; flammae..micantes quae mundi fecere oculos ~antque per omne corpus 1.133; mille sub hoc (sc. Aquario) ~ant artes 4.266; funesta pecunia templo nondum ~at Juv.1.114.

4 (w. adv. of manner, gen. or abl. of price) To be housed, lodge.

~are laxe et magnifice uoluit Cic.Dom.115; ut deus ipse melius ~aret N.D.1.22; neque tamen non in primis bene ~auit Nep.Att.13.1; dum sic ergo ~at Cretonius, inminuit rem Juv.14.92;—triginta milibus dixistis ~are Cic.Cael.17; si quis tanti ~et Vell.2.10.1.

5 (hyperb.) To spend all one's time, 'live' (in a place). **b** (in an occupation or study).

is, qui ~aret in subselliis Cic.de Orat.1.264; ~abant in rostris Brut.305; quonam modo ille in bonis haerebit et ~abit suis Orat.49; Corycia semper qui puppe moraris atque ~as Juv.14.268; (transf.) quorum in uoltu ~ant oculi mei Cic.Phil.12.2. **b** ~arunt in hac una ratione tractanda Cic.de Orat.2.160; Theophrastus..~auit..in eo genere rerum Leg.3.14; animum cum his ~antem pernoctantemque curis Tusc.5.69.

habitūdō ~inis, *f.* [HABEO+-TVDO]

1 The condition or physical appearance of one's body. **b** form or condition (of other things).

quae ~ost corporis! Ter.Eu.242; ut corporis bonam ~inem tumos imitatur Rhet.Her.4.15; cui..continuatio..litterati laboris..~inem tenuat Apul.Apol.4; prius..quam diligenter omnem eius explorassem ~inem Met.2.8; (transf.) hic quidem mundus..ualenti ~ine, pubertate iuuenali Mun.22. **b** cibatu..quem itinera..dispertiunt in cruoris ~inem uersum Apul.Pl.1.16.

2 Bearing, carriage.

ut indicabat habitus atque ~o miles e legione Apul.Met.9.39.

habituriō ~īre, *tr.* [HABEO+-VRIO] To be eager to have.

si arationes ~is Pl.Truc.150.

habitus¹ ~a ~um, *a.* *compar.* ~ior, *superl.* ~issimus. [pple. of HABEO] That is in a good physical condition; (w. adv.) in a specified condition.

corpulentior uidere atque ~ior Pl.Epid.10; siquaest ~ior paullo pugilem esse aiunt Ter.Eu.315;—equum nimis strigosum et male ~um, sed equitem eius uberrimum et ~issimum uiderunt Sab.iur.16; quisquis..corpore..est bene ~o ac strenuo Gel.3.1.12.

habitus² ~ūs, *m.* [HABEO+-TVS³]

1 State of being, condition: **a** (of the body). **b** (of other material things). **c** (of non-material or abstract things, circumstances, etc.).

a ~um quendam uitalem corporis esse, harmoniam Grai quam dicunt Lucr.3.99; integerrima aetate, optimo ~u Cic.Cael.59; morbus est ~us cuiusque corporis contra naturam Labeo iur.27; malus corporis ~us Cels.2.10.7; facilius sanescit..integri ~us quam corrupti 5.26.6; non est, quod me ex hoc ~u aestimetis, quod manus habeo Sen.Con.1.4.9; in militibus stupentis animi et a naturali ~u declinatis Gel.10.8.2;—(pregn.) et corpori mediocris ~us accesserat Cic.Brut.316; qui sapientiae studium ~u corporis praeferunt Plin.Ep.1.22.6. **b** ~u extorum et colore Cic.Div.2.30; colorem eius (sc. sanguinis) ~umque oportet attendere Cels.2.10.16; uinum..gelatum cum ad priorem ~um redit Sen.Nat.2.53.1; praesagire eas (sc. cinaedias) ~um maris nubili uel tranquilli Plin.Nat.37.153. **c** uirtus est animi ~us naturae modo atque rationi consentaneus Cic.Inv.2.159; format..natura..nos intus ad omnem fortunarum ~um Hor.Ars 109; nec ignarus huius ~us animorum Quinctius Liv.34.49.1; uestitus comitatusque uix ad priuati modice locupletis ~um 38.14.9; in bono tempestatium ~u Cels.2.1.4; intra priuatum autem ~um Dionysio Syracusano adhuc se continente V.Max.1.7.ext.6; cum omne momentum mors prioris ~us sit Sen.Ep.58.23; cum etiam organis..affici animos in diuersum ~um sentiamus Quint.Inst.1.10.25; quis ~us prouinciarum Tac.Hist.1.4; ~um et modum febrium Gel.18.10.5; donec..in eodem ~u matrimonii permanent Nerat.dig.12.4.8; fundus..qualiter se habens ita, cum in suo ~u possessus est, ius non deperit Cels.dig.8.6.12.

2 Expression, demeanour, manner, bearing. **b** physical attitude, posture.

et erat eius quidam tamquam ~us non inurbanus CIC. *Brut.*227; adde uultum ~umque hominis HOR.*S.*2.4.92; idem ~us oris, eadem contumacia in uoltu LIV.2.61.6; captorum ~u uoltuque 9.7.10; SEN.*Ben.*2.13.2; LUC.8.666; Pompeiani (elephanti)..misericordiam uulgi inenarrabili ~u quaerentes PLIN.*Nat.*8.21; STAT.*Silv.*2.6.21; pauca et modica disseruit, decorus ~u TAC.*Hist.*4.40; quanta in oculis, ~u, gestu, toto denique corpore fides! PLIN.*Pan.*67.1; sumit utrumque inde ~um facies JUV.9.20. **b** qui fere sani quoque iacentis ~us est CELS.2.3.1; corporum nostrorum ~us erigitur et spectat in caelum SEN.*Ep.*92.30; cum se in ~um adulationis, admirationis, metus fingunt QUINT. *Inst.*11.3.83; compositus in ~um studentis PLIN.*Ep.*5.5.5; (*cf.*) prout oris ~u simili aut diuerso pronuntiabuntur QUINT.*Inst.*9.4.34.

3 Style of dress, toilet, etc., 'get-up' (esp. proper to a particular class or occasion).

neque tantum priuato uestitu sed etiam reorum ~u supplex ad Caesarem uenit *B.Alex.*67.1; quam uariae linguis, ~u tam uestis et armis VERG.*A.*8.723; proiectis insignibus, anulo equestri Romanoque ~u HOR.*S.*2.7.54; manipulariurn militum ~u LIV.7.34.15; iere pastorali ~u, agrestibus telis 9.36.6; ut..uident ~um, quae luctus causa, requirunt OV. *Fast.*2.817; ut..ad saga iretur diuque in eo ~u maneretur VELL.2.16.4; capillos in feminae ~um conposuit SEN.*Con. exc.*5.6; sceptri si tanta cupido est, exuo regalis ~us STAT. *Theb.*11.434; nec ~us triumphalis..feminas deceat QUINT. *Inst.*11.1.3; seruorum ~u FRON.*Str.*1.2.1; inde etiam ~us nostri honor et frequens toga TAC.*Ag.*21.3; quae ludia sumpserit umquam hos ~us JUV.6.267; si..non matronali ~u femina fuerit ULP.*dig.*47.10.15.15; (*fig.*) illa..uersicolor quorundam elocutio res ipsas effeminat, quae illo uerborum ~u uestiantur QUINT.*Inst.*8.pr.20.

4 a Physical character. **b** character, constitution (of non-physical things).

a figura uocis est ea, quae suum quendam possidet ~um..industria conparat⟨um⟩ *Rhet.Her.*3.19; patrios cultusque ~usque locorum VERG.*G.*1.52; armorum ~u LIV.22.18.3; dum terrae condicionem, ~um maris..expromit V.MAX. 3.3.ext.4; circa Philippos cultura siccata regio mutauit caeli ~um PLIN.*Nat.*17.30; quod scilicet non ad sonum ..~umque uocis..pertineret GEL.1.15.3. **b** multos homines..naturae ipsius ~u prope diuino per se ipsos et moderatos et grauis exstitisse CIC.*Arch.*15; uirtutis..ipsum ~um per se esse praeclarum *Ac.*1.38; in animo..uitiositas..est ~us..inconstans et a se ipsa dissentiens *Tusc.*4.29; hic plebis nostrae ~us fuit eritque semper LIV.6.26.5; gloria..unde oriatur aut cuius sit ~us V.MAX.8.14; difficile est mutare ~um animi semel constitutum QUINT.*Inst.*4.2.115; ut ipse aequitatis ~us demonstrat GEL.20.1.35; (*cf.*) ~um..animi aut corporis constantem et absolutam aliqua in re perfectionem CIC.*Inv.*1.36.

5 Physical make-up, build, form (with emphasis on visual aspect).

(*of persons, etc.*) aenea duo..signa..uirginali ~u atque uestitu CIC.*Ver.*4.5; uirginis os ~umque gerens VERG.*A.* 1.315; di sunt, suo quisque ~u in modum pugnantium formati LIV.27.16.8; quem C. Cassius..uidit humano ~u augustiorem V.MAX.1.8.8; quis ~us illi corporis uasti fuit! SEN.*Phaed.*1035; ~us (arietis)..maxime probatur, cum est altus atque procerus COL.7.3.3; thoes..~um, non colorem, mutant, per hiemes hirti, aestate nudi PLIN.*Nat.*8.123; seu ..positio caeli corporibus ~um dedit TAC.*Ag.*11.2; Plautus in Poenulo faciem pro totius corporis colorisque ~u dixit GEL. 13.30(29).6; GAIUS *Inst.*1.196;—(*of other things*) hinc imitata nitent cursumque ~umque sagittae sidera MAN.1.342; mille (stellas) in unum licet congreges, numquam hunc ~um solis aequabunt SEN.*Nat.*7.15.1; maiora quoque aut minora sunt folia macularumque ~u distant PLIN.*Nat.*16.150; (caulibus) numquam plantae ~um excedentibus 19.142; est..illi (*i.e.* limitum constitutioni)..formarum pulcher ~us HYG.GR.*agrim.*p.131.

habrodiaetus ~ī, *m.* [Gk. ἁβροδίαιτος 'living delicately'] (See quot.)

cognomina usurpauit (Parrhasius) ~um se appellando PLIN.*Nat.*35.71.

habrotonītēs ~ae, *m.* [Gk. ἁβροτονίτης] Wine seasoned with *habrotonum*.

uinum..~en..sic condire COL.12.35.

(h)abrotonum ~ī, *n.* Also **~us** ~ī, *m.* [Gk. ἀβρότονον] An aromatic plant, perh. a kind of *Artemisia*; (that specified by Pliny as *femina* or *montanum* has been identified as *Saulolena chamaecyparissus*).

HOR.*Ep.*2.1.114; purgant..~um, spuma argenti, galla CELS.5.5.2; PETR.138.2; fumo..grauem serpentibus urunt ~um LUC.9.921; PLIN.*Nat.*21.60; ~um duorum traditur generum, campestre ac montanum. hoc feminam illud marem intellegi uolunt 21.160; (*masc.*) absinthia taetra ~ique graues LUCR.4.125.

habrus ~a ~um, *a.* [Gk. ἁβρός] Delicate, pampered.

coloratum frontem habet, petilus⟨t⟩, ~us (*s.v.l.*) PL.fr. 107.

habund-: see ABVND-.

hāc, *adv.* [abl. sg. fem. of HIC]

1 By this route, this way, in this direction; *hac..hac, hac..illac*, etc., this way..that way. **b** in this manner.

sequere ~ me modo PL.*Am.*674; is ~ abiit *Cist.*702; TER.*An.*978; CIC.*Fam.*5.4.1; porticus integebantur atque ~ agger inter manus proferebatur CAES.*Civ.*2.2.3; ~ iter est VERG.*A.*9.321; ~ ibat Simois OV.*Ep.*1.33; ~ qua recusas, qua doles, ferrum exigam SEN.*Med.*1006; STAT.*Theb.*10.845; —utrum ~ an illac iter institerit PL.*Cist.*679; plenus rimarum sum, ~ atque illac perfluo TER.*Eu.*105; ~ urget lupus, ~ canis, aiunt HOR.*S.*2.2.64; pectus..leue in contraria tendunt ~ amor ~ odium OV.*Am.*3.11.34; iam iam uenturos aut ~ aut suspicor illac *Ep.*10.83; si labat (suffusio), et ~ atque illac mouetur CELS.7.7.14.A. **b** augurium ~ facit PL.*St.*463.

2 On this side; *hac..hac*, etc., on this side..on that.

non semper uestra euertit: nunc Iuppiter ~ stat ENN.*Ann.* 258; VERG.*A.*12.565;—quamuis duplici correptum ardore iuberent ~ Amor ~ Liber PROP.1.3.14; nunc ~ iuueni, nunc circumfunditur illac OV.*Met.*4.360; qui mihi pedem opponerent ~ illac PETR.57.10; MART.14.17.1; exsilit ~ ferrum, uelox ~ pinna remansit STAT.*Theb.*9.762.

hācpropter, *adv.* [as prec.+PROPTER] For this reason.

Tutanus hoc Tutanum Romae nuncupor. ~ omnes qui laborant, inuocant VAR.*Men.*213.

hāctenus, *adv.* Also in tmesis **hāc..tenus.** [as prec.+TENVS²]

1 To this point in space, so far.

~ Euxini pars est Romana Sinistri OV.*Tr.*2.197; ~ in occidentem Germaniam nouimus TAC.*Ger.*35; dispecta est et Thule, quia ~ iussum *Ag.*10.6.

2 To this point in time, up to now.

~, Acca soror, potui: nunc uulnus acerbum conficit VERG.*A.*11.823; ~ quietae utrimque stationes fuere LIV. 7.26.6; OV.*Met.*5.250; ~ armorum discrimina LUC.4.48; ~ populus R. egregius pius sanctus atque magnificus FLOR. *Epit.*1.34(2.19.1).

3 To this extent or degree, so far (freq. with the additional idea of 'no farther').

~ reprehendet, si qui uolet, nihil amplius CIC.*Ver.*4.56; de isto ~ dixerim, me uel plurima uincla tecum..optare *Att.*6.2.1; ~ indulsisse uacat VERG.*A.*10.625; artificia..~ utilia, si praeparant ingenium, non detinent SEN.*Ep.*88. 1; ~ Ogygias satis infestasse cateruas STAT.*Theb.*9.812; quos..~ utiles credo, ne quid per eos iudici sit ignotum QUINT.*Inst.*6.2.3; interficere (*sc.* Agrippinam) constituit, ~ consultans, ueneno an ferro uel qua alia ui TAC.*Ann.*14.3; quae legeris ~, ut rem argumentumque teneas PLIN.*Ep.* 7.9.3; patrem familiae ~ ago, quod aliquam partem praediorum..percurro 9.15.3; ~ tantisper admonuisse sufficit, quemadmodum singulae res nobis adquirantur GAIUS *Inst.* 2.97;—(*tm.*) hac Troiana tenus fuerit fortuna secuta VERG. *A.*6.62; OV.*Tr.*1.10.22; hac saeuisse tenus..sufficiat STAT. *Theb.*4.830; hac itidem tenus oderis, tamquam fortasse post amaturus GEL.1.3.30;—(*w.* quatenus) ~ non uertit, quatenus domino debet ULP.*dig.*15.3.10.7; 23.3.5.8; 24.1.5.18.

4 (in writing) Up to this point, so far (freq. w. ellipsis of vb.); *haec* ~ or sim., enough of this. **b** (after dir. sp.) so much (he said, etc.).

utrum igitur ~ satis est? CIC.*Top.*25; ~ fuit quod caute a me scribi posset *Att.*11.4a(2); ~ Attico uiuo edita a nobis sunt NEP.*Att.*19.1; de herbis..memoria digna ~ accepimus PLIN.*Nat.*27.143;—~ aruorum cultus et sidera caeli; nunc te, Bacche, canam VERG.*G.*2.1; ~ de mundo ipso PLIN.*Nat.* 2.102;—sed de Graecis ~ CIC.*Brut.*52; sed ~, praesertim cum..*Att.*5.13.1; sed haec ~ 5.20.9; HOR.*S.*1.4.63; ~ historiae: nunc ad tua deuehar astra PROP.4.1.119; ~ istud, quia..V.MAX.3.2.3. **b** 'duo nunc moriemur in una.' ~, et pariter uitam cum sanguine fudit OV.*Met.*2.610; *Fast.*5.661; —(*tm.*) hac Arethusa tenus *Met.*5.642.

Hadria ~ae, *f.* **(Adr-).**

1 The Adriatic Sea; also ~*ae mare*.

Durrachium ~ae tabernam CATUL.36.15; Noti, quo non arbiter ~ae maior HOR.*Carm.*1.3.15; OV.*Tr.*1.11.4; ~an (*acc.*) MELA 2.17;—~ae..mare noscere tecum PROP.1.6.1.

2 A town in the south of Picenum.

LIV.24.10.10; PLIN.*Nat.*3.110; SIL.8.438.

Hadriacus ~a ~um, *a.* Of the Adriatic Sea, Adriatic; (neut. sg. as sb.) the Adriatic.

~as..undas VERG.*A.*11.405; ~i..aequoris PROP.3.21.17; ~i..ponti SIL.1.54;—~um..patens late OV.*Fast.*4.501.

Hadriānālis ~is ~e, *a.* Of the cult of the deified emperor Hadrian.

L VARIO PAPIRIANO..FLAM HADR *CIL* 5.545; (sodali) ~I SODALI ANTONIN 10.408; 11.3365; 13.8006.

Hadriānus ~a ~um, *a.* **(Adr-).**

1 a Of the Adriatic Sea, Adriatic. **b** of Hadria in Picenum.

a ~o mari CIC.*Att.*10.7.1; VITR.2.9.14; AUG.*Anc.*5.12; FLOR.*Epit.*2.13(4.2.31); (*of a kind of fowl*) ~is (gallinis) laus maxima PLIN.*Nat.*10.146. **b** (*masc. as sb.*) ~i nuntiauerant..lapidibus pluuisse LIV.34.45.8.

2 (masc. as sb.) *P. Aelius ~us*, emperor A.D. 117–38. **b** of the emperor Hadrian.

auo uestro ~o imperium optinente FRO.*Ant.*2.p.22 (217N); a diuo ~o GEL.13.22(21).1. **b** ~a oratio FRO. *Ver.*2.p.138(124N); BALINEVM ~VM *CIL* 3.6992; LEGIS ~E 8.10570.

Hadriāticus ~a ~um, *a.* **(Adr-).** Adriatic; (also neut. as sb.) the Adriatic Sea.

omne ~um mare CAES.*Civ.*1.25.3; alterum (mare) Hadriaticum ab Hatria, Tuscorum colonia, uocauere Italicae gentes, Graeci eadem Tyrrhenum atque Adriaticum uocant LIV.5.33.8; Atriae, a quo Atriaticum mare..quod nunc Hadriaticum PLIN.*Nat.*3.120; ~um pelagus APUL.*Mun.*6; —minacis ~i..litus CATUL.4.6.

hadrobōlos ~on, *a.* [Gk. ἁδρόβωλος] Formed in large lumps; (of a form of the gum *bdellium*).

PLIN.*Nat.*12.35.

hadrosphaerus ~um, *a.* [Gk. ἁδρόσφαιρος] Formed in large balls; (of a cheap variety of nard).

PLIN.*Nat.*12.44.

haedilia ~ae, *f.* [HAEDVS] (app.) = next.

HOR.*Carm.*1.17.9.

haedilla ~ae, *f.* [fem. of next] A female kid.

CAPRVM GALLVM AEDILLAS DVAS GALLINAM *CIL* 8.27763.

haedillus ~ī, *m.* [HAEDVS+-ILLVS] A kid.

(*as term of endearment*) ~um me tuom dic esse uel uitellum PL.*As.*667.

haedīnus ~a ~um, *a.* [HAEDVS+-INVS] Of a kid, kid's.

melius..~um (coagulum) quam agninum VAR.*R.*2.11.4; pelliculis ~is CIC.*Mur.*75; uentriculo ~o PLIN.*Nat.*25.78; ~us sanguis 28.196; ~a..pelle MART.12.45.1.

Haeduī: = AEDVI.

haedulus ~ī, *m.* [next+-VLVS] (Dim. of next.)

de Tiburtino ueniet pinguissimus agro ~us JUV.11.65.

haedus ~ī, *m.* [Goth. *gaits*, AS. *gāt*, Eng. *goat*] FORMS: early and dialect forms *edus, aedus, fedus, faedus* acc. VAR.*L.*5.97; QUINT. *Inst.*1.4.14, 5.20; PAUL.*Fest.*p.84M; *aedus* also APUL.*Met.*8.15. A young goat, kid. **b** (pl.) two stars in the constellation *Auriga*, 'The Kids'; (also sg.); another star mentioned by Manilius, app. erroneously.

neue esurientes hic quasi ~i obuagiant PL.*Poen.*31; VAR.*R.*2.3.4; teneri tremulis cum uocibus ~i LUCR.2.367; tenellulo..~o CATUL.17.15; inter se aduersis luctantur cornibus ~i VERG.*G.*2.526; HOR.*Carm.*3.13.3; capram sex ~os uno fetu edidisse LIV.35.21.3; certissima fides ~orum fibris TAC.*Hist.*2.3; ~orum (est) bebare SUET.fr.161(p 249Re); (*collect. sg.*) uilla..abundat porco ~o agno CIC. *Sen.*56. **b** Aurigam instantemque Capram, paruos simul ~os CIC.*Arat.*721(468); pluuialibus ~is VERG.*A.*9.668; VITR.9.4.2; nimbosis..ab ~is OV.*Tr.*1.11.13; PLIN.*Nat.* 18.248;—impetus..orientis ~i HOR.*Carm.*3.1.28; OV.*Ars* 1.410;—MAN.5.311.

haemachātēs ~ae, *m.* [Gk. fr. αἷμα, ἀχάτης] An agate with red colouring.

PLIN.*Nat.*37.139.

haematinus ~a ~um, *a.* [Gk. αἱμάτινος] Blood-red; (neut. as sb.) a kind of eyesalve.

totum rubens uitrum atque non tralucens, ~um appellatum PLIN.*Nat.*36.198;—*CIL* 13.10021(149).

haematītēs ~is, *m.* [Gk. αἱματίτης] A red ore (the sesquioxide) of iron, haematite.

ibi et ~es magnes sanguinei coloris PLIN.*Nat.*36.129; ~es inuenitur in metallis, ustus minii colorem imitatur 36.144;—(*w.* lapis) purgant..squama aeris, lapis ~es CELS. 5.5.2; lapidis ~is eloti 6.6.21; LARG.26.

haematītis, *f.* [Gk. αἱματῖτις] A precious stone.

PLIN.*Nat.*37.169.

(h)aemobolium ~iī, *n.* [Gk. αἱμοβόλιον] (app.) Sprinkling of blood as a religious rite.

CRIOBOLIVM ET ~IVM MOVIT DE SVO PETRONIVS MARCELLVS SACERDOS *CIL* 9.3015.

Haemōn ~onis (~onos), *m.* The son of Creon, king of Thebes, and lover of Antigone.

PROP.2.8.21; OV.*Tr.*2.402; HYG.*Fab.*72.3.

Haemonia ~ae, *f.* (poet.) Thessaly.

in campis niualis ~ae HOR.*Carm.*1.37.20; OV.*Met.*1.568; *Fast.*5.381.

Haemonidēs ~ae, *m.*

1 The son of Haemon (of Thebes), Maeon.

STAT.*Theb.*2.693.

2 (pl.) The Argonauts.

V.FL.4.506; 6.371.

Haemonis ~idis or ~idos, *f.* A Thessalian woman.

mittit..salutem ~is Haemonio Laudamia uiro OV.*Ep.* 13.2; LUC.6.590.

Haemonius ~a ~um, *a.*

1 (from the eponym Haemon) Thessalian, Haemonian. **b** (w. ref. to Thessalian magic).

~o..Enipeo PROP.1.13.21; ad ~um..Pelea TIB.1.5.45; ab ~o..Achille OV.*Met.*12.81; ~a..lyra *Tr.*4.1.16; qui neruo tenet ~o pinnata senex spicula Chiron SEN.*Thy.*860; ~o Borea SIL.10.11. **b** non te..anus ~a perfida lauit aqua OV.*Am.*1.14.40; ~um..carmen LUC.6.480; ~is..cantibus V.FL.6.448.

2 (in periphrases for various heroes). **b** of one of these heroes.

(*Achilles*) ~o..uiro PROP.3.1.26; ~us..heros OV.*Am.* 2.9.7;—(*Pyrrhus*) STAT.*Silv.*5.3.79—(*Jason*) OV.*Met.*7.132. **b** (*of Achilles*) raptus et ~is flebilis Hector equis OV.*Am.* 2.1.32;—(*of Jason*) ut semel ~o tabuit hospitio PROP. 1.15.20;—(*of Chiron*) ~os..arcus OV.*Met.*2.81;—(*cf., of the Argonauts*) in ~a puppe *Ars* 1.6.

haemorrhagia ~ae, *f.* [Gk. αἱμορραγία] Violent bleeding, haemorrhage.

stoebe..medetur..~ae PLIN.*Nat.*22.28; 23.162.

haemorr(h)ois ~idos, *f.* [Gk. αἱμορροΐς]

1 A pile, haemorrhoid.
ora uenarum..quae saepe sanguinem fundunt; ~idas Graeci uocant CELS.6.18.9A; ~idas compescit PLIN.*Nat.* 34.154; haec..~idibus inprimuntur LARG.227.

2 A snake whose venom was said to cause bleeding from all parts of the body.
si..~is percussit CELS.5.27.7; LUC.9.806; PLIN.*Nat.*20.210.

Haemus (~os) ~ī, *m.* A mountain-range in northern Thrace.
gelido.. in ~o HOR.*Carm.*1.12.6; opertum nubibus ~um OV.*Pont.*4.5.5; MELA 2.17.

haereō ~rēre ~sī ~sum, *intr.* [cf. Lith. *gaištù, gaišti*] CONST.: w. dat., *in*+abl., absol.; also w. *cum, ad, intra, circa,* etc.

1 To be closely attached, adhere, stick, cling; to cling together, cohere. **b** (esp. of weapons) to remain embedded, stick fast. **c** to be fixed in position.
ubi demisi retem atque hamum, quidquid ~sit extraho PL.*Rud.*984; uix uno filo hosce ~rere putares LUCIL.535; peruenit ad..lapidem caecisque in eo compagibus ~sit LUCR.6.1016; ~rent parietibus scalae VERG.*A.*2.442; ~rentem coronam crinibus HOR.*Carm.*1.17.27; circa id ferramentum uti glutinum ~rens VITR.7.2.2; pastorem.. cui fistula collo ~reat MAN.5.117; (lac) quod in ungue ~ret PLIN.*Nat.*28.124; (emplastrum) ~ret ut fascia non sit opus LARG.214; gladio..intra uaginam suam ~renti QUINT.*Inst.* 8.pr.15; ~rentia corpori tegmina TAC.*Ann.*2.14; cum.. ~reret nigro fuligo Maroni JUV.7.227; tituli..cupido ~suri saxis 10.144; (*facet.*) quin pugnu' continuo in mala ~reat TER.*Ad.*171;—(*by the roots*) cum semel ~serunt aruis (oleae) VERG.*G.*2.422; ipsa (*sc.* quercus) ~ret scopulis *A.*4. 445; nascitur in summa tellure uix ~rens (cuminum) PLIN.*Nat.*19.161;—communibus inter se radicibus ~rent LUCR.3.325; uix ossibus ~rent (agni) VERG.*Ecl.*3.102; prorae inter se iunctae ~rebant LIV.26.39.13. **b** ~rebat mucro gladiumque in pectore totum LUCIL.1187; alte terminus ~rens LUCR.1.77; ~sit..in corpore ferrum VERG.*A.*11.864; ~sura in nostro tela gerit latere TIB. 1.10.14; ~sere omnia tela LIV.27.14.9; OV.*Ib.*530; TAC. *Hist.*4.23; (*cf.*) ~suros numquam uitalibus ictus LUC.6.197; —(*in fig. phr.*) ~rent ea tela in re publica CIC.*Har.*47; ~rent infixi pectore uultus uerbaque VERG.*A.*4.4; ~ret enim nonnunquam telum illud occultum QUINT.*Inst.*9.2.75. **c** id..situm media regione in pectoris ~ret LUCR.3.140; septem sola (sidera) discurrere, cetera ~rere SEN.*Ben.*4.23.4; SIL.14.345.

2 (of persons, etc.) To hold on tightly, cling. **b** (of a beast of prey) to fasten on (to). **c** (of fire) to take a hold; (also, of an infection).
curru..~ret resupinus inani VERG.*A.*1.476; dextram complexus euntis ~ret 8.559; ~ret inuisis foribus (amator) HOR.*S.*2.3.261; ~rentem scopulo OV.*Ep.*10.136; LIV.23.9.9; ~sit in amplexu OV.*Pont.*1.9.19; rector..clauo..immobilis ~rens MAN.5.41; nudum..marito non ~rente latus LUC. 5.808; artius oculis et pectori ~rens TAC.*Ann.*14.4; (*cf.*) ~ret pede pes densusque uiro uir VERG.*A.*10.361;—(*of a rider*) quod ~rere in eo (*sc.* equo) senex posset CIC.*Deiot.*28; nescit equo rudis ~rere ingenuus puer HOR.*Carm.*3.24.55. **b** ~suros terna per ora canes OV.*Ep.*9.38; Oresitrophos (*i.e. a hound*) ~sit in armo *Met.*3.233; (*in fig. phr.*) intestino et ~rente in ipsis uisceribus..bello! LIV.32.21.27; 34.48.6. **c** ut primis casis iniectus ignis ~sit LIV.30.5.7; postibus ~sit adesis (flamma) VERG.*A.*9.537;—oportuniores (partes eas)..uitio iam ~renti CELS.4.9.1.

3 To be contiguous in space, join on (to).
triplicant uires ~rentia signa MAN.3.466; ~rentis.. decem partis Nepa uindicat ipsi 4.356; ripas..et ripis ~rentia MELA 1.116; in eum daphnona, qui ambulationi ~rebat PETR.126.12; (*cf.*) conuiua nec ultimus ~si MART. 9.48.9; (*to each other*) nulla est ~rentibus addita signis gratia MAN.2.385.

4 To attach oneself closely (to a person), cling, hang on. **b** (of pursuers) to keep close on the heels (of), stick (to).
uigeant apud istam mulierem uenustate..~reant, iaceant, deseruiant CIC.*Cael.*67; ~rens ad latus CATUL.21.6; Venerem..et illi semper ~rentem puerum canebat HOR. *Carm.*1.32.10; infelix comitatus eunti ~rebant nati STAT. *Theb.*5.98; ~sisti comes exuli Neronis MART.7.45.11; QUINT. *Inst.*1.2.10; (*cf.*) at quem (*i.e. himself*)..effugere haud potis est, ingratis ~ret et odit LUCR.3.1009. **b** at uiuidus Vmber ~ret hians VERG.*A.*12.754; ~rens in tergo Romanus LIV.1.14.11; se cum exercitu tergis eorum ~surum TAC. *Hist.*4.19.

5 (of abst. things) To be firmly attached. **b** to be inherent (in) or connected (with). **c** (of blame, responsibility, etc.) to attach (to).
tanta uis sceleris in corpore ~ret ENN.*scen.*351; auctoritas ea quae in uobis remanere debet ~rebit CIC.*Ver.*3; ~reret illa..rei publicae turpitudo *Sest.*62; cetera item..stultis ~rentia HOR.*S.*1.3.77; ~sura..fide tempus in omne mihi OV.*Tr.*3.4.36; nomen amicitiae sic, quatenus expedit, ~ret PETR.80.9,l.1; tormentum ingens nubentibus ~ret JUV. 2.137; (*cf.*) Mario noxius ~ret ager (*i.e. remains his property*) MART.1.85.8; (*poet.*) Roma auribus ~ret, Roma oculis SIL. 12.518. **b** de fundi quattuor partibus, quae cum solo ~rent VAR.*R.*1.17.1; alios locos..in eo ipso de quo ambigitur ~rere CIC.*Top.*72; ut in singulis dolus malus ~reat *Tul.*34; quod non proposito conducat et ~reat apte HOR.*Ars* 195; haec..totis ~rentia fastis OV.*Fast.*1.61. **c** in te omnis ~ret culpa sola TER.*Hec.*229; potest hoc homini huic ~rere peccatum? CIC.*Q.Rosc.*17; in quo..crimen non ~rebat *Cael.*15; ut peccatum ~reat..in eo qui non obtemperarit *Div.*1.30; hoc scelus haud umquam fatis ~rere putauit LUC.7.35.

6 a To fasten (on) with the senses. **b** to be tied or glued (to an activity, ideas, etc.).
a haec oculis haec pectore toto ~ret VERG.*A.*1.718; intentis ~rebam fixus ocellis PROP.1.3.19; patriis..in uultibus ~rens OV.*Met.*10.359; oculis paulisper ~sit V.MAX.9.9.2; te totum in illa ~rere tabula PETR.89.1. **b** ualde enim in scribendo ~rebit CIC.*Att.*13.39.2; in libris ~reo 13.40.2; exilis esse uolt nudisque rebus ~rere SEN. *Con.*7.pr.5; ~ret circa damna sua *Suas.*5.1; negotiosis rebus urbis ~renti MART.10.30.27; circa libidines ~sit SUET.*Aug.*71.1.

7 To remain (in a place), stay put, linger. **b** to persist, continue, linger (in a state, activity, etc.). **c** to stick, remain (in the mind or memory).
metui ne ~reret hic TER.*Ad.*403; (uirtus) pulsa loco manet tamen atque ~ret in patria CIC.*Sest.*60; in castris cupiditate praedae ~serunt LIV.38.27.3; diu iam in urbe ~reo PLIN.*Ep.*1.22.1; (*cf.*) ut ~ream in parte aliqua tandem apud Thaidem TER.*Eu.*1055; (*of an activity*) ~suri ad moenia Martis LUC.3.453; ~rebat in uadis pugna FLOR.*Epit.*1.45; (3.10.5). **b** ~rere in iure ac praetorum tribunalibus CIC. *de Orat.*1.173; in uita cunctatur et ~ret LUCR.3.407; ~rete adfixi contionibus LIV.3.68.7; me sextum decimum iam annum ~rentem in possessione Italie 30.30.14; nam primo tunc ~rebamus in aeuo SIL.6.425; (*of abst. things*) ~ret.. per omne id tempus febris CELS.2.7.31; exoletum..morem ac tantum in domo sua ~rentem SUET.*Gal.*4.4. **c** locos.. commeditari oportebit, ut perpetuo nobis ~rere possint *Rhet.Her.*3.31; in omnium gentium sermonibus ac mentibus semper ~rebit CIC.*Catil.*4.22; hoc mihi plane ~sit *Att.* 9.10.4; quoi Romae omnia uenire in animo ~serat SAL.*Jug.* 28.1; pectoribus nostris ~retis OV.*Tr.*3.4b.63; ut memoria nobis meritorum ~reat SEN.*Ben.*2.24.1; non imis ~ret imago uisceribus? LUC.9.71; numquamne priorum ~rebunt documenta nouis? STAT.*Theb.*11.657; TRA.*Plin.Ep.*10.95 (96).

8 To be unable to move, be held up, stick. **b** (of fluids) to cease to flow; (also, poet., of the voice). **c** (of an action, course of events) to come to **a** standstill, make no progress, **d** to be caught (in a situation).
lingua ~ret metu TER.*Eu.*977; recesseris: undique omnes insequentur; manseris: ~rebis CIC.*Phil.*13.25; piscium et summa genus ~sit ulmo HOR.*Carm.*1.2.9; bene ~rentis ad pia saxa ratis PROP.4.1.110; ~rent impediti impedimentis nostris LIV.8.38.14; ibi (dolia) ~rentia inter obnata ripis salicta conspiciuntur 23.19.11; ne scopulis ~rerem semper in isdem OV.*Met.*3.592; uestibus ipsa suis ~rens MAN. 4.751; terrae..~rente carina LUC.9.343; inaequalibus locis ~rebant TAC.*Ag.*36.3; nauem..cum per uada ~sisset *Hist.* 4.27; (*poet.*) dilata..longa ~sit nocte dies LUC.6.462;—(*in fig. phr.*) neque mi haud inperito eueniet tali ut in luto ~ream PL.*Per.*535; fama adulescentis paululum ~sit ad metas CIC.*Cael.*75; primis meus ecce metis ~ret Achilles (*i.e. the Achilleid*) STAT.*Silv.*4.7.24. **b** fons..nigra piger ~ret palude SEN.*Thy.*666; ~sere lacrimae *Her.O.*1686; sanguinis alti uis..~rentis adiuuit aquas LUC.2.217; menstruis ~rentibus PLIN.*Nat.*20.258; (*in fig. phr.*) dicit ille quidem multa.. sed aqua ~ret, ut aiunt CIC.*Off.*3.117;—uox faucibus ~sit VERG.*A.*2.774; 3.48; set ~ret ore prima uox SEN.*Oed.*1009; uox ~sit utrique STAT.*Theb.*10.688. **c** ~ret haec res PL.*Am.*814; occisa est haec res, ~ret hoc negotium *Ps.*423; Hectoris Aeneaeque manu uictoria Graium ~sit VERG.*A.* 11.290; constitit hic bellum, fortunaque Caesaris ~sit LUC. 7.547; inpatiens uirtus ~rere Catonis 9.371; nec circa probationem res ~ret QUINT.*Inst.*5.10.114. **d** in his iniquitatibus unum ~sisse Apollonium CIC.*Ver.*5.23; in dolo malo ..in quo..~rerent ac tenerentur *Tul.*33; in uirgine Nonacrina ~sit OV.*Met.*2.410; uisae..cupidine uirginis ~ret 13.906; nec dubie repetundarum criminibus ~rebant TAC. *Ann.*4.19; siue aias seu neges, ~rebis in captione GEL.16.2.5.

9 To be at a loss, be stuck or in difficulties.
enim ~reo; ni occupo aliquid mihi consilium PL.*Men.*846; nisi mi prospicio, ~reo TER.*Ph.*963; ~rere homo, uersari, rubere CIC.*Ver.*2.187; ~rebat in tabulis publicis reus et accusator *Clu.*86; ~rebat nebulo: quo se uerteret non habebat *Phil.*2.74; inter confessum dubie dubieque negantem ~rebam OV.*Pont.*2.3.88; dubius responsi nuntius ~sit SIL.6.570; TAC.*Ann.*6.21; potuisti non ~rere..circa id TRA.Plin.*Ep.*10.82(86).1; ~res et dubitas alta Chionen deducere sella JUV.3.135; rem..dicturi ~simus GEL.11.16.2; —(*w. indir. qu.*) ~reo quid faciam TER.*Eu.*848; ~ret, an haec sit OV.*Met.*4.132; merito ~sisti..quid a te rescribi oporteret TRA.Plin.*Ep.*10.115(116);—(*w.* ne) hic quoque non mediocriter ~reo ne cuiusquam retro habeatur ratio PLIN.*Ep.Tra.*10.118(119).3.

10 To stop dead, freeze.
paulum aspectu conterritus ~sit VERG.*A.*3.597; solo.. immobilis ~ret 7.250; ille pudore ~sit OV.*Ep.*6.26; fratris aspectu stupefactus ~sit SEN.*Thy.*548; ~rent trepidi (equi) STAT.*Theb.*10.522; quorum aspectu ~sere uictores TAC. *Hist.*3.26; (*of one turned to stone*) quo quaeque in gestu deprensa est, ~sit in illo OV.*Met.*4.560.

haerescō ~ere, *intr.* [prec.+-sco] To stick (to), stick together.
aspera cum magis in terris ~ere possint LUCR.2.477; 4.742.

haeresis ~eōs or ~is, *f.* [Gk. αἵρεσις] A philosophical school or sect.
primus Zenon nouam ~im nouo paxillo suspendisse VAR.*Men.*164; ut aliquid gustes ex Cynica ~i LABER.*com.*36; Cato..in ea est ~i, quae nullum sequitur florem orationis CIC.*Parad.*2; ioca tua plena facetiarum de ~i Vestoriana *Att.* 14.14.1; VITR.5.pr.3.

haesitābundus ~a ~um, *a.* [HAESITO+-BVNDVS] Hesitating, faltering.
expalluit notabiliter..et ~us: 'interrogaui..' PLIN.*Ep.* 1.5.13.

haesitantia ~ae, *f.* [pple. of HAESITO+-IA] Hesitancy.
qui (*sc.* Balbus) propter ~am linguae stuporemque cordis cognomen ex contumelia traxerit CIC.*Phil.*3.16.

haesitātiō ~ōnis, *f.* [HAESITO+-TIO]

1 A hesitating or faltering action.
quae dubitatio, quanta ~o tractusque uerborum! CIC. *de Orat.*2.202; os ~one inpeditum V.MAX.8.7.1; sentio ~onem quandam eius (*sc.* spiritus) et moram SEN.*Ep.*54.6.

2 Mental hesitation, irresolution, doubt.
noli ignoscere ~oni meae CIC.*Fam.*3.12.2; eadem ~one.. animus fluctuatus est V.MAX.8.1.amb.2; SEN.*Dial.*7.8.6; QUINT.*Inst.*12.1.40; ~onem attulit tempus ac locus TAC. *Hist.*1.39; rogo scribas meque ~one liberes PLIN.*Ep.Tra.* 10.45(54);—(*w. indir. qu.*) PLIN.*Nat.*36.28; habebit ~onem, numquid adire (hereditatem) non possit PAUL.*dig.*5.4.5.

haesitātor ~ōris, *m.* [next+-TOR] One who hesitates.
sum et ipse in edendo ~or PLIN.*Ep.*5.10(11).2.

haesitō ~āre ~āuī ~ātum, *intr.* [HAEREO+-TO]

1 To stick, be held fast.
in eodem luto ~as TER.*Ph.*780; sub terris..tremulum iubar ~at ignis LUCR.5.697; parati ut, si eam paludem Romani perrumpere conarentur, ~antis premerent CAES.*Gal.*7.19.2; in uadis ~antes frumenti aceruos sedisse LIV.2.5.3.

2 To move hesitatingly or falteringly. **b** to hesitate or falter in utterance.
Licinium titubantem ~antem cedentem CIC.*Cael.*66; non..multis offensibus in remorando ~at (fulmen) LUCR. 6.334; nec ~at usquam (motus) nec resistit SEN.*Nat.* 7.10.2; non ~abit gressus *Phoen.*29. **b** ut tamen deliberare non ~are uideamur QUINT.*Inst.*10.7.22; Vespasiani nomen ~antes aut leui murmure..transmittebant TAC. *Hist.*4.31; (*w. abl.*) lingua ~antes CIC.*de Orat.*1.115; PLIN. *Ep.*4.7.4;—(*of the voice, etc.*) uerbis ~antibus CIC.*Dom.*134; aliud (uocis genus sibi sumat) metus, demissum et ~ans et abiectum *de Orat.*3.218.

3 a To be undecided (over a course of action), hesitate, be stuck. **b** to be uncertain or in doubt.
a quis enim umquam orator..~auit ob eam causam, quod nesciret, quid esset iracundia..? CIC.*de Orat.*1.220; identidem se ipse reuocans, dubitans, timens, ~ans *Dom.* 140; SAL.*Jug.*107.6; parumper cum ~asset, 'faciam' inquit 'quod censet senatus' LIV.45.12.6;—(*impers. pass.*) id biduum, quo..~atum erat SUET.*Cl.*11.1; multum ac diu ~ato APUL.*Apol.*33;—(*w. indir. qu.*) interdum ~are, an potius in laeuum detorqueret agmen CURT.4.13.16; non quidem existimo diu te ~aturum, an credas SEN.*Nat.*6.8.1. **b** ~antem in maiorum institutis CIC.*de Orat.*1.40; LIV.9.36.5; ratio illa illa certa nascetur non dissidens nec ~ans in opinionibus SEN.*Dial.*7.8.5; SUET.*Aug.*98.4;—(*w. ibdir. qu.*) magnopere me ~are confiteor quid sit ASC.*Pis.*2; nec mediocriter ~aui, sitne aliquod discrimen aetatum PLIN.*Ep.Tra.*10.96(97).2; PAUL.*dig.*45.1.91.3.

hāgētēr ~ēros, *m.*[Doric Gk. ἁγητήρ] A leader.
~era arma sumentem (*i.e. a statue*) PLIN.*Nat.*34.56 (*s.v.l.*).

hahae, hahahae, interj. of joy, amusement, etc.
hahae! nunc demum mi animus in tuto locost PL.*Ps.* 1052; TER.*An.*754;—hahahae! iam teneo quid sit PL.*Poen.* 768; hahahae! requieui, quia intro abit odium meum *Truc.*209; hahahae. — quid risisti? TER.*Hau.*886; *Eu.*426.

Halaesus (Halē-) ~ī, *m.* The name of various mythological heroes, esp. the founder of Falerii.
Agamemnonius..~us VERG.*A.*7.724; OV.*Am.*3.13.32; *Fast.*4.73.

halagora: unkn. word used as term of abuse.
deglupta maena, sarrapis sementium, manstruca, ~a, sampsa PL.*Poen.*1313.

halapanta: see HALOPHANTA.

Halcyōn, -onē, -onidēs: see AL-.

Halēsus: see HALAESVS.

haliāetos (-us, -aeetos)~ī, *m.* [Gk. ἁλιάετος] A kind of eagle, perh. osprey.
fecit.. in terris ~os ales ut esset (*sc.* Nisus) *Ciris* 528; fuluis ~us alis OV.*Met.*8.146; PLIN.*Nat.*10.8; HYG.*Fab.* 198.4.

halica ~ae, *f.*: see ALICA.

halicac(c)abum ~ī, *n.* [Gk. ἁλικάκκαβον] The name of various plants, prob.: **a** winter cherry, *Physalis alkekengi*. **b** sleepy nightshade, *Withania somnifera.*
a CELS.5.20.3; PLIN.*Nat.*21.177. **b** PLIN.*Nat.*21.180.

halicārius: see ALICARIVS.

Halicarnāseus (-āsius, -assius)~ea ~eum, *a.* Of Halicarnassus; (masc. pl. as sb.) the people of Halicarnassus.
Scylax ~ius CIC.*Div.*2.88; ~eus Dionysius QUINT.*Inst.* 3.1.16;—TAC.*Ann.*4.55.

Halicarnassensēs ~ium, *m. pl.* The people of Halicarnassus.
LIV.33.20.12.

Halicarnāsus (-assus, -os) ~ī, *f.* Halicarnassus, a city of Caria.
CIC.*Tusc.*3.75; VITR.2.8.10; MELA 1.84; PLIN.*Nat.*5.107.

halicastrum ~ī, *n.*: see ALI-.

Halieutica ~ōn, *n. pl.* [Gk. Ἁλιευτικά] The title of a poem on fishing by Ovid.
PLIN.*Nat*.32.11.

halimon ~ī, *n.* [Gk. ἅλιμον] (prob.) Sea-purslane, *Atriplex halimus*.
PLIN.*Nat*.17.239; 22.73.

haliphloeos ~ī, *f.* [Gk. ἁλίφλοιος] Sea-bark oak, *Quercus pseudosuber*.
pessima et carboni et materiae ~os dicta PLIN.*Nat*.16.24.

halipleumōn (~onos), *m.* [Gk. ἁλιπλεύμων] A jelly-fish.
PLIN.*Nat*.32.149.

hālitō ~āre, *tr.* [HALO + -ITO] To breathe out.
quadrupedantes flammam ~antes ENN.*scen*.184.

hālitus ~ūs, *m.* [as prec. + -TVS[3]]
1 An exhalation, vapour.
(*from the earth*) nebulas aestumque. .quae uelut ~us. . expressa feruntur LUCR.6.478; cum. .cadens. .inficiatur (pluuia aqua) ~u terrae PLIN.*Nat*.31.32; noxio terrae ~u QUINT.*Inst*.7.2.3; (*cf.*) qui. .~us exit ore niger Stygio Ov. *Met*.3.75;—(*from water, the sea, etc.*) tenuis. .subibit ~us VERG.*G*.2.350; aquarum ~us umidus est SEN.*Nat*.2.12.4; uellera madescunt accepto ~u maris PLIN.*Nat*.31.70; ~u amnium fontiumque APUL.*Mun*.8;—(*from the sun*) solis ~u torretur COL.4.22.5; cum uiuido ~u caloris animatae sunt (apes) 9.13.4;—(*from other sources*) pestilentiae ~us SEN. *Dial*.6.26.6; morbi ~us minor est in exiguo numero COL. 7.5.4; grauem odorem (*sc. of lions*) nec minus ~um PLIN. *Nat*.8.46; uinaceorum ~u 23.12.
2 Breath; the air that one breathes in.
Nemeaeus leo. .efflauit. .extremum ~um CIC.*Tusc*.2.22; extremus si quis super ~us errat, ore legam VERG.*A*.4.684; igneos tauri ~us SEN.*Med*.466; mandentium ~us inodorare COL.11.3.22; graueolentiam ~us PLIN.*Nat*.28.194; tantum artificis ualet ~us oris JUV.10.238;—~u tantum uiuentem et odore PLIN.*Nat*.7.25; in aquas. .penetrare uitalem nunc ~um 9.17.
3 The blowing (of a wind).
obseruare. .~us septentrionales, ut contra uentum gregem pascamus COL.7.3.12.

(h)al(l)ec ~ēcis, *n.* **~ex** ~ēcis, *f.* [dub.] A fish-sauce, app. the sediment of *garum*.
qui mi holera cruda ponunt, ~ec adduint PL.*Aul*.fr.5; ~ecem et acetum dato CATO *Agr*.58; HOR.*S*.2.4.73; e iecore eorum (*sc.* mullorum) ~ecem excogitare PLIN.*Nat*.9. 66; putri cepas ~ece natantis MART.3.77.5; ~EX OPTVMA *CIL* 4.57.7.

(h)al(l)ēcula ~ae, *f.* [prec. + -VLA] An indeterminate small fish.
eandem partem alio tunso et ~a linire COL.6.8.2; tabentis ~as 8.17.12; ~a modo capta, et cammarus. .quisquis denique est incrementi minuti piscis 8.17.14.

hallus: see ALLVS.

halmyrax (~agos) [cf. Gk. ἁλμυρός] A form of *nitrum*, perh. potassium nitrate.
exiguum fit (nitrum) apud Medos canescentibus siccitate conuallibus, quod uocant ~aga PLIN.*Nat*.31.106.

hālō ~āre, *tr., intr.* [cf. ANHELO]
1 (tr.) To emit (vapour, etc.).
nardi florem, nectar qui naribus ~at LUCR.2.848; notae . .grauis ~antis sulpuris auras 6.221; nimios prior hora uapores ~at MART.10.48.4; (*cf.*) halapanta significat omnia mentientem, ab eo, quod ~et omnia PAUL.*Fest*.p.101M.
2 (intr.) To give off a scent, be fragrant.
croceis ~antes floribus horti VERG.*G*.4.109; sertis. . recentibus ~ant (arae) *A*.1.417; Sicanii non mitius ~at aura croci STAT.*Silv*.5.3.41.

halophanta ~ae, *m.* **(halof-, halapanta).** (Unkn. word, perh. humorous formation, indicating a dishonest person of some kind.)
~am an sycophantam magis esse dicam nescio PL.*Cur*. 463; ~am mendacem uelit *Inc.pall*.20; PAUL.*Fest*.p.101M.

halōs (*acc.* ~ō), *f.* [Gk. ἅλως] A halo.
circa solem uisum coloris uarii circulum. .hunc Graeci ~o uocant, nos dicere coronam aptissime possumus SEN.*Nat*. 1.2.1.

halōsis, *f.* [Gk. ἅλωσις] Capture.
Troiae ~in PETR.89.1; ~in Ilii. .decantauit SUET.*Nero* 38.2.

haltēr ~ēris, *m.* [Gk. ἁλτήρ] (app.) A weight held in the hand by athletes to give momentum.
~eras facili rotat lacerto MART.6.67.6; quid pereunt stulto fortes ~ere lacerti? 14.49.1.

hālūcinātiō, hālūcinor: see ALVC-.

Halys ~yos, *m.* A river of Asia Minor, at one time dividing Lydia from the Persian empire.
Croesus ~yn penetrans CIC.*Div*.2.115; MELA 1.105; LUC. 3.272.

(h)ama ~ae, *f.* [Gk. ἄμη] A water-bucket, usu. for fire-fighting.
~a, urnae oleariae, urcei aquarii CATO *Agr*.135.2; dispositis. .~is uigilare cohortem seruorum. .iubet JUV.14.305; nulla ~a, nullum denique instrumentum ad incendia compescenda PLIN.*Ep.Tra*.10.33(42).2; PAUL.*dig*.1.15.3.3.

Hamadryas ~ados, *f.* [Gk. Ἁμαδρυάς] FORMS: ~*asin* (dat. pl.) PROP.1.20.32. A wood-nymph.
~ades deae CATUL.61.23; VERG.*Ecl*.10.62; ~adum. .turba sororum PROP.2.32.37; OV.*Fast*.2.155; STAT.*Silv*.1.3.63.

hāmātilis ~is ~e, *a.* [next + -ILIS[1]; app. nonce-word] Employing hooks.
piscatum ~em et saxatilem adgredimur PL.*Rud*.299.

hāmātus ~a ~um, *a.* [HAMVS + -ATVS[2]]
1 Furnished with hooks; (of arrows) barbed. **b** (applied to thorny or prickly bushes).
asperis et leuibus et ~is uncinatisque corporibus concreta haec esse CIC.*Luc*.121; maioribus est elementis aut magis ~is inter se perque plicatis LUCR.2.394; aspera. .penetrant ~aque fauces 4.662; (*fig.*) uiscatis ~isque muneribus non sua promere. .sed aliena corripere PLIN.*Ep*.9.30.2;—~is manus est armata sagittis PROP.2.12.9; ~a. .tela Ov. *Am*.2.9.13; in. .cor ~a percussit harundine Ditem *Met*. 5.384. **b** candida. .~is crura notare rubis? [TIB.] 3.9.10; ~is. .sentibus OV.*Met*.2.799.
2 Hook-shaped.
~o. .ense OV.*Met*.5.80; ~is. .unguibus 12.563; ~i uolnere ferri LUC.9.678.

(H)amilcar ~aris, *m.* A Carthaginian name, esp. of Hamilcar Barca, the father of Hannibal.
CAEL.*hist*.3; CIC.*Off*.3.99; NEP.*Ham*.1.1; SIL.1.77.

hāmiōta ~ae, *m.* [humorous compound of HAMVS + Gk. -ώτης] A member of the 'fishing fraternity'.
conchitae atque ~ae PL.*Rud*.310; chortis cocorum atque ~arum VAR.*Men*.55.

hammītis, *f.* [Gk.] An unknown precious stone.
~is ouis piscium similis est PLIN.*Nat*.37.167.

hammodytēs ~ae, *m.* [Gk. ἀμμοδύτης] A sand-viper.
indiscretus harenis ~es LUC.9.716.

Hammō(n) ~ōnis, *m.* Also **Ammōn.** An Egyptian god having the form of a ram, who had a famous oracle at Hammonium in Libya; he was identified with Jupiter as *Iuppiter Hammon*. **b** the temple of Ammon at Ammonium; *ultimus ~on Afrorum*, 'darkest Africa'. **c** *~onis cornu*, ammonite.
~onis oraculo CIC.*Div*.1.3; ~onis Iouis *N.D*.1.82; ~one satus (*i.e. Iarbas*) VERG.*A*.4.198; corniger ~on OV.*Ars* 3. 789; dum consulitur ~o CURT.6.10.28; adito ~onis oraculo TAC.*Hist*.5.3; HYG.*Fab*.133. **b** iter ad ~onem VITR.8.3.7; Cambyses ad ~onem misit exercitum SEN.*Nat*. 2.30.2;—ultimus ~on Afrorum excutitur PETR.119, l.14. **c** ~onis cornu inter sacratissimas Aethiopiae (gemmas), aureo colore arietini cornus effigiem reddens PLIN.*Nat*. 37.167.

(h)ammōniacum ~ī, *n.* [next] A gum produced in the region of Hammonium.
~i lacrima PLIN.*Nat*.12.107; quoniam ~i coloris esse debeant circumdati (folliculi) 32.27; ~i guttae p ⅹ IIII LARG.28; si quae reliquiae remanserint ,~o tollendae erunt 131.

(h)ammōniacus ~a ~um, *a.* [Gk. ἀμμωνιακός] Of, or belonging to the region of, Hammonium. **b** *sal ~us* (*~um*), a form of rock-salt.
~i thymiamatis CELS.6.6.25C; laudatur ~a (elate) maxime PLIN.*Nat*.12.134; cypero. .~o 21.117. **b** ~o. . sale OV.*Med*.94; sal Hispanus uel ~us COL.6.177; ~o et ipso, quia sub harenis inueniatur, appellato PLIN.*Nat*.31.79; uuam supprimit diu iacentem sal ~um LARG.71.

(h)ammonitrum ~ī, *n.* [Gk. ἄμμος, νίτρον] A fused mass of sand and nitre occurring as a stage in glass-making.
PLIN.*Nat*.36.194.

hāmotrahō ~ōnis, *m.* [HAMVS + TRAHO + -O[1]] (See quot.)
~ones alii piscatores, alii, qui unco cadauera trahunt PAUL.*Fest*.p.102M.

hamula ~ae, *f.* [HAMA + -VLA] A small bucket.
dabit illa (*sc.* cucurbita). .habilem lymphis ~am COL. 10.387.

hāmulus ~ī, *m.* [next + -VLVS] A small hook.
(*for fishing*) harundinem fert sportulamque et ~um piscarium PL.*St*.289; APUL.*Apol*.32;—(*in surgery*) specillo oriculario protrahendum est, aut ~o retuso CELS.6.7.9A; 7.7.4B.

hāmus ~ī, *m.* [dub.]
1 A hook. **b** a curved or hooked form; an object made in the shape of a hook.
quasi ut anellis ~isque plicata LUCR.6.1087; taleae. . ferreis ~is infixis CAES.*Gal*.7.73.9; loricam consertam ~is VERG.*A*.3.467; tortos. .~os SIL.5.140; duplici in diuersum scinderis ~o PERS.5.154; (*used in surgery*) sic ut ~o summa tunica adprehendatur CELS.6.6.9C. **b** curuos dedit unguibus ~os OV.*Met*.11.342; nec obuncis uindicor ~is (*i.e. thorns*) *Nux* 115; in ~os curuatis (cucumeribus) PLIN.*Nat*. 19.66;—lucunculos, ~os, lacertulos (*i.e. pastries, etc.*) APUL. *Met*.10.13; (*applied to the cross-piece of a sword-handle*) ferrum curuo tenus abdidit ~o OV.*Met*.4.720.
2 A fish-hook.
hisce ~i atque haec harundines sunt nobis quaestu PL. *Rud*.294; cautus enim metuit. .opertum miluus ~um HOR. *Ep*.1.16.51; cum tenues ~os abdidit ante cibus TIB.2.6.24; nunc piscem ducitis ~o OV.*Ep*.18.13; pisces. .quos. .sua credulitas in aduncos egerat ~os *Met*.13.934; deceptos instruit ~os SEN.*Her.F*.156; scit et mugil esse in esca ~um PLIN.*Nat*.32.12; SUET.*Aug*.25.4;—(*fig.*) meus hic est, ~um uorat PL.*Cur*.431; si uafer unus et alter insidiatorem praeroso fugerit ~o HOR.*S*.2.5.25; semper tibi pendeat ~us OV.*Ars* 3.425; captator est et ~um iacit SEN.*Ben*.4.20.3.
3 The barb of an arrow.
pars et pulmonis in ~is eruta OV.*Met*.6.252; ~os inesse telo CURT.9.5.23; calamis spicula addunt inreuocabili ~o noxia PLIN.*Nat*.16.159.

(H)annibal ~alis, *m.* PROS.: ~*ālis* ENN.*var*. 13, VAR.*Men*.213. Hannibal, the Carthaginian leader in the Second Punic War.
CATO *orat*.177; CIC.*Off*.1.108; LIV.21.1.1; glorietur deuicto ~ale Scipio SEN.*Con*.7.2.7; SIL.1.346;—(*transf.*) iste. .~al (*ironically, of Verres*) CIC.*Ver*.5.31; et Romani suum ~alem . .habent LIV.27.16.10; Mithridates. .odio in Romanos ~al VELL.2.18.1; quis nobiscum ~al nauigat? PETR.101.4.

Hannō ~ōnis, *m.* The name of numerous Carthaginians, esp. **a** a navigator who sailed round the coast of West Africa in the early 5th century B.C. **b** Hanno 'the Great', an opponent of Hannibal's war policy.
a CIC.*Tusc*.5.90; PLIN.*Nat*.2.169. **b** LIV.21.3.2; V.MAX.7.2.ext.16.

hānulum ~ī, *n.* (app. dialect form of dim. of FANVM).
~a parua delubra, quasi fanula PAUL.*Fest*.p.103M.

hapalopsis ~idis, *f.* [cf. perh. Gk. ἁπαλός, ὄψον] (app.) A condiment.
terrestris pecudes cicimandro condio aut ~ide (*s.v.l.*) PL. *Ps*.836.

hapalus: see APALVS.

haphē ~ēs, *f.* [Gk. ἁφή] Sand sprinkled on wrestlers.
flauescit ~e MART.7.67.5; (*transf.*) totum athletarum fatum mihi. .perpetiendum fuit, a ceromate nos ~e excepit in crypta Neapolitana SEN.*Ep*.57.1.

hapsis ~idis, *f.*: see APSIS.

hara ~ae, *f.* [cf. COHORS] A small enclosure for domestic animals or poultry; esp., a pigsty.
~as X CATO *Agr*.14.2; singulis (anseribus), ubi pariant, faciendum ~as quadratas VAR.*R*.3.10.3;—erus in ~a, haud aedibus, habitet PL.*As*.430; VAR.*R*.2.4.13; Epicure noster ex ~a producte non ex schola CIC.*Pis*.37; hostia. .e plena rustica porcus ~a TIB.1.10.26; OV.*Ep*.1.104; *Priap*.65.2; COL.7.9.14; (*as a term of abuse*) germana inluuies, rusticus, hircus, ~a suis PL.*Mos*.40.

(h)arēna ~ae, *f.* [dub.] FORMS: old form *asena* acc. VAR.*L*.7.27; Sabine form *fasena* VAR.in *G.L*.7.69.
1 Sand; (pl. collect., also) grains of sand.
est ibi. .strata ~a ingens specus PAC.*trag*.99; lapidem, calcem, ~am CATO *Agr*.14.3; CIC.*Mil*.74; ~ae tollere nimbos LUCR.6.700; taurum. .pedibus qui spargat ~am VERG.*Ecl*.3.87; uiridem Aegyptum nigra fecundat ~a *G*. 4.292; numero. .carentis ~ae HOR.*Carm*.1.28.1; genera autem ~ae fossicae sunt haec: nigra, cana, rubra, carbunculus VITR.2.4.1; plenum flauentis ~ae. .solum OV.*Ib*.45; potio, quae etiam quasi ~am sabulosam detrahit LARG.144; uiam. .miratus sum qua grauissimam ~arum moram exemit STAT.*Silv*.4.pr.; ~am. .sine calce SUET.*Cal*.53.2;—(*used medicinally*) siccus calor est et ~ae calidae CELS.2 17.1; remedio ~arum atque harundinum confirmabatur SUET. *Aug*.80; GEL.19.8.3;—quot litus ~as. .habet OV.*Tr*.4.1.55; quantum ~arum capere poss⟨e⟩t mundus HYG.GR.*agrim*. p. 148.
2 **a** The sand of the sea-shore, the beach. **b** a sandy tract, desert.
a laeti notae aduertuntur ~ae VERG.*A*.5.34; in ignota, Palinure, iacebis ~a 5.871; sicca si posset piscis ~a. .uiuere PROP.2.3.5; inter Formiana saxa ac Literni ~as LIV.22. 16.4; primas linquet cum puppis ~as V.FL.1.181; FLOR. *Epit*.2.17(4.7.6);—(*prov.*) uacuo furari litore ~as OV.*Am*. 2.19.45; quid ~ae semina mandas? non profecturis litora bubus aras *Ep*.5.115. **b** ut. . ~am aliquam aut paludes emat CIC.*Agr*.2.71; ~arum inculta uastitas SEN.*Nat*.1.pr.9; Capsam. .siti anguibus ~isque uallatam FLOR.*Epit*.1.36 (3.1.14).
3 The (sand-covered) arena in an amphitheatre, the scene of gladiatorial combats, etc.; (also applied to a place for athletics). **b** the activities, business, etc., of the arena. **c** (transf.) the scene of any struggle or dispute.
cum. .barbaros in ~a uideris excipientis grauissimas plagas CIC.*Tusc*.2.46; ne populum extrema totiens exoret ~a HOR.*Ep*.1.1.6; matutina ceruus periturus ~a OV.*Met*. 11.26; ut uictus repetit gladiator ~am *Tr*.2.17; ~ae imposui, hospitem occidi PETR.81.3; iuuenes quos. .in ~am luxuria proiecit SEN.*Ep*.99.13; PLIN.*Nat*.34.127; municipalis ~ae perpetui comites JUV.3.34; PLIN.*Pan*.33.4; GAIUS *dig*.6.1.36.1;—bis in Isthmiaca uictor clamatus ~a STAT. *Theb*.6.557. **b** omni apparatu ~ae argenteo usus est PLIN.*Nat*.33.53; ab illis, qui manus ~ae locant SEN.*Ep*. 37.2; ~a alias (feminas) accendit PETR.126.6; uincit Erythraeos tua, Caesar, ~a triumphos MART.8.26.5; ne equites Romani ludo et ~a polluerentur TAC.*Hist*.2.62; JUV.6. 217. **c** aestuat angusta rabies ciuilis ~a LUC.6.63; prima

ciuilis belli ~a Italia fuit Flor.*Epit*.2.13(4.2.18); lenta.. fori pugnamus ~a Juv.16.47; in ~a mea, hoc est apud centumuiros Plin.*Ep*.6.12.2.

4 (med.) Urinary gravel.

bibitur in stranguria reniumque ~is (anthyllium) Plin. *Nat*.21.175; 22.59; 25.168.

harēnāceus ~a ~um, *a.* [prec.+-ACEVS] Sandy, granular.

est enim (marga) alba, rufa,..tofacea, ~a Plin.*Nat*.17. 43; 21.98; inueniuntur in corniculis coclearum ~ae duritiae 30.136.

harēnāria ~ae, *f.* [HARENARIVS] A sand-pit.

neque lapidicinae neque ~ae Var.*R*.1.2.23; Cic.*Clu*.37.

harēnārium ~iī, *n.* [next] = prec.

sin..non erunt ~ia, unde (harena) fodiatur Vitr.2.4.2.

harēnārius[1] ~a ~um, *a.* [HARENA+-ARIVS]

1 Of or for sand.

NAVIS ~A *CIL* 15.7150.

2 Of the arena.

QVI MINISTERIO ~O FVNGVNT *CIL* 12.1590.

harēnārius[2] ~iī, *m.* [prec.] (prob.) An arena attendant or orderly.

~ii uel eius mulieris, quae corpore quaestum fecerit Maecian.*dig*.36.1.5; COLLEG ~IORVM *CIL* 11.862.

harēnātiō ~ōnis, *f.* [HARENA+-TIO] (app.) Application of *harenatum*.

quae autem (tectoria) fundata ~onis et marmoris soliditate sunt crassitudine spissa Vitr.7.3.9.

harēnātum ~ī, *n.* [next] Sand-mortar.

~um et marmor et omne tectorium inducatur Vitr.7.3.11; sine ~o opus (*sc.* putei) surgit, ne uenae obstruantur Plin. *Nat*.31.49; ~um..prius in mortario ligneis uectibus subigunt 36.177.

harēnātus ~a ~um, *a.* [HARENA+-ATVS[2]] Having an admixture of sand.

de glarea et calce ~o primum corium facito Cato *Agr.* 18.7; *CIL* 1.698.2.18.

harēnifodīna ~ae, *f.* [HARENA+FODINA] A sand-pit.

Ulp.*dig*.7.1.13.5.

harēniuagus ~a ~um, *a.* [HARENA+VAGVS] Wandering over sand.

bis..Phoebe..uidit ~um surgens fugiensque Catonem Luc.9.941.

(h)arēnōsus ~a ~um, *a.* *compar.* ~ior [HARENA+-OSVS]

1 (of ground, etc.) Containing or consisting of sand. **b** (neut. as sb.) a sandy place.

terra pulla, materina, rudecta, ~a Cato *Agr*.34.2; ager in medio ~us Sal.*Jug*.79.3; litus ~um Verg.*A*.4.257; ~um ..antrum Prop.4.1.103; non enim (lateres) de ~o..luto.. sunt ducendi Vitr.2.3.1; ~as solitudines Plin.*Nat*.6.46; ~a humo Apul.*Met*.1.19; (*of rivers, the sea*) ~o..ab Hebro Ov.*Fast*.3.737; ~i gurgites planos (pisces pascunt) Col. 8.16.8;—(*of wind*) (Vulturnus) uortice ~o candentes.. torquet in ora globos Sil.9.502. **b** quae humi arido atque ~o gignuntur Sal.*Jug*.48.3; per ~a et squalentia Plin. *Nat*.5.52; 9.160.

2 Sandy in quality or containing a substance resembling sand.

at calculus ~us et ante manifestus est quoniam eo urina quoque redditur ~a Cels.7.26.3.A; (tertium genus mellis) ~o simile Plin.*Nat*.11.41; ~ae urinae 23.73; duo eius (*sc.* stimi) genera..horridior est mas..et ~ior 33.101.

harēnula ~ae, *f.* [HARENA+-VLA] A particle of sand or grit.

~ae, quae inueniuntur in cornibus coclearum Plin.*Nat*. 30.24.

hariola ~ae, *f.*: fem. of HARIOLVS.

praecantrici, coniectrici, ~ae atque haruspicae Pl.*Mil*. 693; *Rud*.1139.

hariolātiō ~ōnis, *f.* [next+-TIO] Prophecy.

missa sum superstitiosis ~onibus Enn.*scen*.57; ea..~o leuis..uisa est et uecors Gel.15.18.3.

(h)ariolor ~ārī ~ātus, *intr.* [next+-O[3]] To speak by divine inspiration or with second sight, prophesy (in comedy often in facet. or pejorative sense); to divine.

dudum scapulae gestibant mihi, ~ari quae occeperunt sibi esse in mundo malum Pl.*As*.316; argenti uiginti minas habesne? — ~are 579; *Rud*.1141; eos qui quaestus causa ~entur Cic.*Div*.1.132; non ~ans ut illa cui nemo credidit sed coniectura prospiciens *Att*.8.11.3; Calchas..longe praestabilis ~ari Apul.*Soc*.18;—(*w. internal acc.*) uae mihi! — uera ~are Pl.*As*.924; ego hoc ~or Ter.*Ad*.202;—quod naribus iam inde ~abar Apul.*Met*.2.7.

hariolus ~ī, *m.* [cf. HARVSPEX] Forms: *fariolus* old form acc. Scaur.gram.in *G.L.*7.13. A soothsayer, prophet, diviner.

~os, haruspices mitte omnis Pl.*Am*.1132; *Truc*.602; gallina cecinit; interdixit ~us Ter.*Ph*.708; haruspicem, augurem, ~um, Chaldaeum nequem consuluisse uelit Cato *Agr*.5.4; *Rhet.Her*.4.62; ad aegros non uates aut ~os sed medicos solemus adducere Cic.*Div*.2.9; ~os et uates consulere desierat Curt.7.7.8; Gel.18.6.5.

harispex ~icis, *m.* var. HARVSPEX.

hariuga: see ARIVGA.

harma, *n.* [Gk. ἅρμα] An eyesalve.

ANDRONI ~A *CIL* 13.10021(10).

Harmodius ~iī, *m.* The Athenian patriot who, along with Aristogiton, slew Hipparchus.

Cic.*Tusc*.1.116; Sen.*Ben*.7.15.2; Gel.17.21.7.

harmogē ~ēs, *f.* [Gk. ἁρμογή] The smooth succession or progression of notes in music; also, of colours in painting.

quam mobilem diuum lyram sol ~e quadam gubernans motibus diis ueget Var.*Men*.351;—commissuras uero colorum (appellarunt) et transitus ~en Plin.*Nat*.35.29.

harmonia[1] ~ae, *f.* [Gk. ἁρμονία]

1 Conjunction, coupling.

multum ~ae Veneris differre uidentur Lucr.4.1248.

2 An orderly progression of notes, melody.

~an..ex interuallis sonorum nosse possumus, quorum uaria compositio etiam ~as efficit pluris Cic.*Tusc*.1.41; *Rep*.2.69; mixtis grauibus et acutis clamoribus unam ~am resonant Apul.*Mun*.29.

3 The order or disposition of notes in the musical scale. **b** (spec.) the enharmonic scale.

ut etiam cum..de re publica disputet, numeros tamen et geometriam et ~am studeat Pythagorae more coniungere Cic.*Rep*.1.16; nisi uero..putamus..ad ~am canere mundum ut Pythagoras existimat *N.D*.3.27; Vitr.6.1.6. **b** est autem ~ae modulatio ab arte concepta, et ea re cantio eius maxime grauem et egregiam habet auctoritatem Vitr. 5.4.3; 5.5.3.

4 A harmony or concord existing between the different parts of the body (an explanation of the nature of the soul).

membrorum uero situs et figura corporis uacans animo quam possit ~am efficere, non uideo Cic.*Tusc*.1.41; habitum quendam uitalem corporis esse, ~am Grai quam dicunt Lucr.3.100; neque ~a corpus sentire 3.118; 3.131.

Harmonia[2] ~ae, *f.* A daughter of Venus and wife of Cadmus.

Ov.*Ars* 3.86; Stat.*Theb*.2.267; ex Venere et Marte, ~a et Formido Hyg.*Fab*.pr.29.

harmonicē ~ēs, *f.* [Gk. ἁρμονική] The theory of music.

Vitr.5.3.7; ~e autem est musica litteratura obscura et difficilis 5.4.1.

harmonicus ~a ~um, *a.* [Gk. ἁρμονικός] Relating to harmony or natural proportion; according with the principles of harmony.

~a ratio, quae cogit rerum naturam sibi ipsam congruere Plin.*Nat*.2.248; Agen.*agrim*.p.25;—quae obseruant in.. signis faciendis ceterisque rebus artifices, e quis uocantur aliae ~ae..aliae.. Var.*L*.10.64.

harpaga ~ae, *f.* [Gk. ἁρπάγη] = HARPAGO[2].

pluteos propius conlocatis ~is deiciunt Sis.*hist*.82.

harpagion ~iī, *n.* [Gk. ἁρπάγιον] An eyesalve.

C IVLI ATILIANI HARPAG AD LIPP *CIL* 13.10021(90).

harpagō[1] ~āre ~āuī ~ātum, *tr.* [as next+-O[3]] To steal, carry off.

aurum mi intus ~atum est Pl.*Aul*.201; *Bac*.656; rape, clepe, tene, ~a, bibe, es, fuge *Ps*.139.

harpagō[2] ~ōnis, *m.* [Gk. ἁρπάγη]

1 (mil.) A pole fitted with a hook used for tearing down roofs or sim. structures, grappling, etc. **b** a similar instrument used for domestic purposes.

Caes.*Gal*.7.81.1; manus ferreas atque ~ones parauerant *Civ*.1.57.2; ~ones ad casas..diruendas *B.Hisp*.16.2; asseres ferreo unco praefixi—~ones uocat miles Liv.30.10.16; Curt.4.2.12; Plin.*Nat*.7.209. **b** canales..et ~ones et amas instrumento contineri constat Ulp.*dig*.33.7.12.21.

2 (transf.) A rapacious person.

blandiloquentulus, ~o, mendax Pl.*Trin*.239.

harpastum (~on) ~ī, *n.* [Gk. ἁρπαστόν] **a** A handball. **b** an eyesalve.

a siue ~a manu puluerulenta rapis Mart.4.19.6; ~o.. ludit 7.67.4. **b** *CIL* 13.10021(153).

harpax ~agis, *a.* [Gk. ἅρπαξ] Grabbing, seizing.

(*applied to electrified amber*) (sucinum) uocari ~aga, quia folia paleasque et uestium fimbrias rapiat Plin.*Nat*.37.37; —(*to an ointment compounded of sulphur and turpentine*) ~ax ita uocatur a celeritate praebendi, auelli enim subinde debet 35.176.

harpē ~ēs, *f.* [Gk. ἅρπη]

1 A sickle; a scimitar.

Hecate..~en intulit et..effodit aristas V.Fl.7.364;—uertit in hunc ~en spectatam caede Medusae Acrisioniades Ov.*Met*.5.69; Cyllenida sustulit ~en Luc.9.662; V.Fl.4.390.

2 An unidentified marine bird of prey.

dissident..aquaticae brenthos et gauia et ~e Plin.*Nat*. 10.204.

(H)arpocratēs ~is, *m.* Graecized form of a title of the Egyptian god Horus, represented as a youth with his finger on his mouth, typical of silence and secrecy.

patruum reddidit ~em Catul.74.4; 102.4; *CIL* 5.2796.

Harpȳia ~ae, *f.* Pros.: scanned as trisyll. A harpy, a supernatural being, represented by Virgil as having a woman's head and a bird's body; they were (acc. Hesiod) three in number.

dira Celaeno ~aeque..aliae Verg.*A*.3.212; ~a Celaeno 3.365; ~is gula digna rapacibus Hor.*S*.2.2.40; Sen.*Med*. 782; Mart.10.4.9.

harum ~ī, *n.*: see ARVM.

harundifer ~era ~erum, *a.* [HARVNDO+-FER] Reed-bearing.

Thybris ~erum..caput extulit Ov.*Fast*.5.637.

harundināceus ~a ~um, *a.* [HARVNDO+-ACEVS] Like that of a reed.

frumentis folium ~um Plin.*Nat*.18.58.

harundinārius ~iī, *m.* [HARVNDO+-ARIVS] A reed-seller.

A AEMILIVS A L NICEPOR ~IVS *CIL* 6.9456.

(h)arundinētum ~ī, *n.* [HARVNDO+-ETVM] A reed-bed.

ibi cacumina populorum serito et ~um Cato *Agr*.6.3; Var.*R*.1.8.3; ~a nunc ponere (oportet) Col.11.2.19; Plin. *Nat*.23.28; 32.75; per ~i semitam Suet.*Nero* 48.3; Ulp. *dig*.7.1.9.7.

(h)arundineus ~a ~um, *a.* [HARVNDO+-EVS]

1 Containing reeds, reedy; consisting of reeds.

~ae recubans super aggere ripae Stat.*Theb*.6.274;—aper..silua pastus ~a Verg.*A*.10.710; (*poet.*) uexit ~am centeno uulnere siluam (*i.e. arrows*) Stat.*Theb*.5.534.

2 Made or adapted from a reed.

mella..~is inferre canalibus Verg.*G*.4.265; (*poet.*) ~o carmine mulcet oues Ov.*Tr*.4.1.12.

3 Resembling (that of) a reed.

(cornua) teneris increscunt ferulis ~as in paniculas Plin.*Nat*.8.117; milium..~um culmo 18.55; radicis ~ae 24.150; (ficus) ~a Cloat.*gram*.9.

harundinōsus ~a ~um, *a.* [next+-OSVS] Full of reeds, reedy.

Cnidum..~am Catul.36.13.

(h)arundō ~inis, *f.* [dub.]

1 A reed. **b** ~*o Indica*, bamboo.

~inem prende tibi uiridem Cato *Agr*.160; adeo ut.. teneris ~inum radicibus contusis equos alerent Caes.*Civ*. 3.58.3; si priores (cannae) transuersariis ~inibus fixae sunt Vitr.7.3.11; longa paruae sub ~ine cannae Ov.*Met*.8.337; ueteres..~ines binas singulis uitibus applicabimus Col. 4.12.1; ~inis genera XXVIII demonstrauimus Plin.*Nat*. 24.85; et mota ad lunam trepidabis ~inis umbra Juv. 10.21;—(*collect. sg.*) in paludem is exsicasque ~inem qui pertegamus uillam Pl.*Rud*.122; ~inem sic serito: ternos pedes oculos disponito Cato *Agr*.47; tenera praetexit ~ine ripas Verg.*G*.3.15; (aper) uluis et ~ine pinguis Hor.*S*. 2.4.42; sin..~inis graecae copia non erit Vitr.7.3.2; alia (tecta) ~ine texta Liv.27.3.3; redimitus ~ine crines Ov. *Met*.9.3; melliginem (faciunt apes) e lacrimis arborum.. ~inis suco Plin.*Nat*.11.14. **b** ~ini..Indicae arborea amplitudo Plin.*Nat*.16.162.

2 (used or adapted for var. spec. purposes): **a** A fishing-rod. **b** (limed for catching birds). **c** (used for domestic and sim. purposes). **d** a reed-pen. **e** (in weaving) a rod for separating the threads of the warp. **f** (split or otherwise adapted to act as a rattle). **g** (sharpened to form a blade). **h** (as a tube for inhaling, or for administering medicine). **i** (as a splint).

a ~inem fert sportulamque et hamulum piscarium Pl.*St*. 289; captat ~ine pisces Tib.2.6.23; moderabar ~ine linum Ov.*Met*.13.923; Plin.*Nat*.32.12. **b** peri, ~o alas uerberat Pl.*Bac*.51; Prop.4.2.33; parati aucupes cum ~inibus fuerunt Petr.40.6; Mart.9.54.3. **c** equitare in ~ine longa Hor.*S*.2.3.248; Socrates..interposita ~ine cruribus suis cum paruulis filiolis ludens V.Max.8.8.ext.1; raptam cauponi ~inem subter lectum mittit Petr.98.1. **d** in.. manus chartae nodosaque uenit ~o Pers.3.11; nomen Acidalia meruit quod ~ine pingi Mart.9.12(13).3; inoffensa curret ~o uia 14.209.2. **e** stamen secernit ~o Ov.*Met*. 6.55. **f** ast importunas uolucres in uertice ~o terret fixa Hor.*S*.1.8.6; nec crepuit fissa me propter ~ine custos Prop.4.7.25. **g** caules..~ine secato Col.12.7.4; (polypum debere) secari ~ine, ferro enim infici Plin.*Nat*.32.121. **h** huius (*sc.* tussilaginis) aridae..fumus per ~inem haustus ..ueterem sanare dicitur tussim Plin.*Nat*.26.30; fimi quoque aridi..fumum ~ine haustum prodesse (phthisicis) tradunt 28.230; XX (milipedas) tritas in aquae mulsae hemina dari per ~inem 30.35. **i** remedio..~inum confirmabatur Suet.*Aug*.80.

3 **a** A shepherd's pipe; (some exx. may be used collect. for pan-pipes). **b** a tube in a pan-pipe.

a agrestem tenui meditabor ~ine Musam Verg.*Ecl*.6.8; Tritoniaca..~ine uictum Ov.*Met*.6.384; Stat.*Theb*.5.582; ~ine canens Suet.*Jul*.32. **b** fistula cui semper decrescit ~inis ordo Tib.2.5.31; tu canis..attritis Daphnin ~inibus Prop.2.34.68; iunctis..~inibus Ov.*Met*.1.684; 13.784.

4 The shaft of an arrow; an arrow.

habet sub ~ine plumbum Ov.*Met*.1.471; si mucroni ~o inhaeret Cels.7.5.2.B;—haeret lateri letalis ~o Verg.*A*. 4.73; destrinxit ~ine pectus Ov.*Met*.10.526; quam segnis Scythicae strideret ~inis aer Luc.9.827; extrahit (alium).. ~ines cum pice Plin.*Nat*.20.55; ~ine..acuta Mart.10.16 (15).1.

(h)aruspex -icis, *m.* Also **(h)ari-, arre-.** [*haru-* (Skt. *hirāḥ*, Gk. χορδή, AS. (*mic*)*gern*)+ -SPEX] A diviner of a class originating in Etruria; acc. Cicero they were interpreters of internal organs, prodigies, and lightning.

C. BAEBIVS L.F. ARRESPEX *CIL* 1.2015; hariolos, ~ices mitte omnis PL.*Am.*1132; ~ex uetuit TER.*Ph.*709; ~icem, augurem, hariolum, Chaldaeum nequem consuluisse uelit CATO *Agr.*5.4; id ex s.c. ad ~ices relatum esse VAR.*L.*5.148; cum ~ices ex tota Etruria conuenissent CIC.*Catil.*3.19; responsum ~icum hoc recens de fremitu in contione recitauit *Har.*9; in ~icum disciplina *Div.*1.3; (annum) quem saepe ex prodigiis ~ices respondissent bello ciuili cruentum fore SAL.*Cat.*47.2; dum sacra secundus ~ex nuntiet VERG. *A.*11.739; hostibus Etruscis, per quos ea (*sc.* prodigia) procurarent ~ices non erant LIV.5.15.1; OV.*Met.*15.577; V.MAX.1.6.3; rettulit..ad senatum super collegio ~icum TAC.*Ann.*11.15; Armenius uel Commagenus ~ex JUV.6.550; ~ices orbem terrarum in duas partes diuiserunt FRON. *agrim.*p.10; (*transf.*) his ego tormentis animi sum uerus ~ex PROP.3.8.17.

haruspica ~ae, *f.*: fem. of prec.

hariolae atque ~ae PL.*Mil.*693.

(h)aruspicīnus ~a ~um, *a.* [HARVSPEX+ -INVS] Of or relating to the art of the *haruspices*; (fem. as sb.) divination according to this discipline.

~i et fulgurales et rituales libri CIC.*Div.*1.72;—cum qui hodie ~am facerent in senatum Romae legerentur *Fam.* 6.18.1; familias..~ae nobilitate praestantes *Div.*1.91.

(h)aruspicium ~iī, *n.* [HARVSPEX+-IVM] The Etruscan method of divination, esp. divination from internal organs.

discat Persicum ~ium CATUL.90.2; adiecit..~(i)a Delphus.. PLIN.*Nat.*7.203; SUET.*Ves.*5.2.

(H)asdrubal ~alis, *m.* A Carthaginian name, esp. the brother of Hannibal.

NEP.*Han.*3.3; occidit spes..fortuna nostri nominis ~ale interempto HOR.*Carm.*4.4.72; LIV.27.18.1; OV.*Fast.*6.770.

hasta ~ae, *f.* [cf. Umb. *hostatu*, MIr. *gas*, *trisgaitim*, Goth. *gazds*, AS. *gierd*] FORMS: *asta* freq. in codd.; cf. also VAR.*L.*5.115, CIC.*Att.* 16.11.1.

1 A spear, javelin (used chiefly for throwing). **b** (in full ~*a donatica*, ~*a pura*) a headless spear presented for valour. **c** = FALARICA.

hastati spargunt ~as ENN.*Ann.*284; ~is insectatus est.. matrem et patrem PL.*Capt.*549; nec eminus ~is aut cominus gladiis uteretur CIC.*Sen.*19; certam quatit improbus ~am VERG.*A.*11.767; leues..qui ~am tantum gaesaque gererent, uocabantur LIV.8.8.5; nec tibi..comat uirgineas ~a recurua comas OV.*Fast.*2.560; semel adhuc iubae effigies mutata in ~am est PLIN.*Nat.*2.90; STAT.*Ach.*1.289; TAC.*Ann.*14.37; populum Romanum misisse ad eos ~am et caduceum, signa duo belli aut pacis GEL.10.27.3; (*applied to the thyrsus of Bacchus*) foliis lentas intexere mollibus ~as VERG.*Ecl.*5.31; (*iron., of a distaff*) si Lydia dura pensa manu mollisque tulit Tirynthius ~as STAT.*Ach.*1.261; (*applied to the membrum virile of Priapus*) *Priap.*43.1,4;—(*in fig. phrs.*) patronis diligentibus..~as ministrant (iuris consulti) CIC.*Top.*65; primas illas ~as ita iactare leniter *de Orat.*2.316; uidesne tu illum tristem, demissum? iacet, diffidit, abiecit ~as (*i.e. has given up the fight*) *Mur.*45. **b** ~as donaticas, aliosque honores CATO *orat.*21; tua sic..pura triumphantis ~a sequatur equos PROP.4.3.68; praeferebantur..~ae XVIII V.MAX.3.2.24; donatus..est..torquibus et ~a TAC.*Ann.* 3.21; *CIL* 3.1193. **c** suetam..mouere excelsas turres immensae cuspidis ~am SIL.6.215.

2 a A spear stuck into the ground at a public auction. **b** the symbol of the centumviral court, which dealt with cases of property and inheritance.

a Rullum..~a posita..auctionantem CIC.*Agr.*2.53; quos ..non illa infinita ~a satiauit *Phil.*4.9; ne ~a Caesaris refrixerit *Fam.*9.10.3; praedae..partem sub ~a dictator uendidit LIV.4.29.4; seruos sub ~a uenditurum 23.32.15; ad triumuiralem ~am pro uectigalibus ciuium Romanorum mortes locantur SEN.*Suas.*6.3; se non damnatum, sed reum perisse, nec sua bona ~ae posse subici V.MAX.9.12.7; quorum in pecuniam atque famam damnationibus et ~a saeuiebat TAC.*Ann.*3.31; et praebere caput domina uenale sub ~a JUV.3.33; (*at an auction of contracts for taxes*) summotis ab ~a qui ludificati priorem locationem erant LIV.39.44.8; OV.*Pont.*4.5.19. **b** quod ad ~ae iudicium adtinuit V.MAX.7.8.4; centum grauis ~a uirorum MART. 7.63.7; in..partibus centumuiralium (*sc.* causarum) quae in duas ~as diuisae sunt QUINT.*Inst.*5.2.1; ut centumuiralem ~am..decemuiri cogerent SUET.*Aug.*36; POMPON.*dig.*1.2. 2.29; C PACCIVS C F XVIR AD ~AM *CIL* 10.8260.

hastārius ~a ~um, *a.* [prec.+-ARIVS] Of spears; connected with the centumviral court.

censio ~a dicebatur, cum militi multae nomine ob delictum militare indicebatur, quod hastas daret PAUL.*Fest.* p.54M;—P SEPTIMIO GETAE..REI PVB ANCONITARVM PRAET ~O *A.Epig.*46.131.

hastātus[1] ~a ~um, *a.* [HASTA+-ATVS[2]] Armed with a spear or spears. **b** (w. ref. to the formation of a legion, see HASTATVS[2]).

~as effudit Hiberia turmas V.FL.6.120; ~a..Bellona STAT.*Theb.*2.718; primam..aciem ~am TAC.*Ann.*2.14. **b** mihi..decumum ordinem ~um adsignauit LIV.42.34.5.

hastātus[2] ~ī, *m.* [prec.]

1 A spearman.

~i spargunt hastas ENN.*Ann.*284; PL.*Cist.*287.

2 a A soldier in one of the units in the front of the Roman legionary battle-formation. **b** (w. *primus*, etc.) a particular unit (? maniple) of the front line. **c** (app.) a centurion in one of these units.

a VAR.*L.*5.89; prima acies ~i erant LIV.8.8.5; instruit deinde primos ~os, post eos principes; triariis postremam aciem clausit 30.32.11; ~i legionis undecimae conglobant sese 30.18.10; (*applied to foreign armies*) Areten, ducem ~orum—sarisophoros uocabant CURT.4.15.13. **b** signifer primi ~i CIC.*Div.*1.77; CAES.*Civ.*1.46.4; secundi ~i signum LIV.26.5.15; cui primum ~um prioris centuriae adsignaret 42.34.7; Romulus ~os instituitque decem OV.*Fast.*3.128. **c** Gaius Numicius quartae legionis ~us FLOR.*Epit.*1.13 (1.18.9); CENTVRIONI ~O PRIMO LEG IIII *CIL* 2.1681; SAL FREBRANVS T F QVIR BACVLVS HAS PRI LEG XX 3.2836.

hastiferī ~ōrum, *m. pl.* [HASTA+-FER] Members of a cult of Bellona; (also, app.) a kind of local militia.

L LAELIVS..HERENNIANVS SCRIBA CERARIVS COLLEGIO HASTIFOR OSTIENSIVM *A.Epig.*48.28; IMP M AVRELIO ANTONINO PLES CORPORIS ASTIFERVM OST 48.29;—~I CIVITATIS MATTIACORVM *CIL* 13.7281.

hastīle ~is, *n.* [HASTA+-ILE]

1 The shaft or handle of a spear.

~i nixus CIC.*Rab.Perd.*21; phalarica erat Saguntinis missile telum ~i abiegno LIV.21.8.10; 32.17.14; bipalme spiculum ~i semicubitali infixum erat 42.65.9; OV.*Met.* 7.676; SEN.*Dial.*3.6.1; lanceam longissimo ~i conspicuam APUL.*Met.*10.1.

2 (poet.) A spear (not always dist. fr. sense 1).

tinnit ~ibus umbo ENN.*Ann.*403; adducto torquens ~e lacerto VERG.*A.*9.402; lenta manu spargens ~ia 11.650; OV.*Met.*8.28; ambo ~e gerunt STAT.*Theb.*5.439; curuatum ~e minatur JUV.7.127.

3 A spear-like stem or rod, cane.

rasae ~ia uirgae fraxineasque aptare sudes VERG.*G.*2.358; densis ~ibus horrida myrtus *A.*3.23; uitibus applicabimus.. de uepribus ~ia COL.4.12.1; PLIN.*Nat.*17.212.

hastīliārius ~iī, *m.* [prec.+-ARIVS] An officer in the *equites singulares*, and perh. in the cavalry of a legion.

EQ SING AVG N ~IVS *CIL* 6.3226; T AVR DOMITVS MISS ONESTA MISSIONE EX ASTILIARIO T AEL VALENTINO 6.31153.

(h)astula ~ae, *f.* [HASTA+-VLA]

1 A small (in quot., stage-property) spear. **b** ~*a regia*, a name for asphodel.

~is histrionis ludere (in orationibus) FRO.*Aur.*2.p.108 (158N). **b** PLIN.*Nat.*21.109.

2 A shoot, stem.

percussarum arborum contra fulmina ~ae surgunt SEN. *Nat.*2.31.2.

haud (haut, hau), *particle.* [dub.] Not; (used predominantly to negative single, esp. adjl. and advl., words and phrases; for *haud scio an* see SCIO). **b** (w. indefinite advs., prons., etc.).

SEPVLCRVM HAV PVLCRVM PVLCRAI FEMINAE *CIL* 1.1211.2; hau male egit gratias PL.*Aul.*558; hau uidi magis *Capt.*561; in neruom, haud ad praetorem *Cur.*723; profecto me, haud uxorem, ulciscitur *Men.*126; fabri architectique..haud inperiti *Mil.*919; haud dubium id quidemst TER.*An.*399; haud faciam; nam quod potero adiutabo senem *Hau.*416; haut sterili in segete ACC.*trag.*115; haut temere *praet.*31; audio, haut ausculto *Inc.pall.*74; ne ipse haud dubitans cessisset patria CIC.*Mil.*68; haud amo uel hos designatos *Att.*14.12.2; haut erat sane quod..requireret *Tusc.*3.2; haut in tempore longo CATUL.66.35; haud possunt..moueri LUCR.3.571; copias hostium haud longe ab sese uisas *B.Afr.* 12.1; haud saepe SAL.*Jug.*17.6; haud animo nequiquam exterrita VERG.*A.*8.370; haud mollia iussa 9.804; haud parauero, quod..terra premam HOR.*Epod.*1.32; haud sine clade LIV.21.35.1; haud multos mouit Hannonis oratio 23.13.6; haud negauerim 30.30.27; haud facile quiuis dixerit LARG.194; imperii..haud flectere molem inscius STAT.*Theb.*3.387; testamentum..haud recitatum, ne.. animos uulgi turbaret TAC.*Ann.*12.69; (*in cls. w. ellipsis of vb.*) magnum nescioquid necessest euenisse..—haud quidem hercle: paruom TER.*Hec.*306; haud mora VERG.*G.* 4.548;—(*pleon.*) neque ⟨id⟩ hau subditiua gloria oppidum arbitror PL.*Bac.*13; neque tu haud dicas tibi non praedictum TER.*An.*205. **b** hau quisquam quaeret PL.*Am.* 130; haud ullo..pacto LUCR.1.789; quod haud secus factum LIV.3.35.10; haut alio uultu, quam si.. OV.*Met.*9.237; haud solito quemquam portare nisi ipsum 12.346; in duris haut umquam defice V.FL.4.35; haud usquam inueniri in carminibus Ennii GEL.20.10.4.

hauddum, *adv.* (also written as two words). [prec.+DVM] Not yet.

cum..patris Agrippae fauor ~ exoleuisset LIV.2.52.4; Samnitem..~ foederis noui paenitebat 10.6.2; hiemps ~ exacta 10.25.10; tria milia ferme aberat, cum ~ quisquam hostium senserat 28.2.1; si..~ astra merui SEN.*Her.O.*80; arma..tantum ~ sumpta uiro? SIL.2.332.

hau(d)quāquam, *adv.* (also written as two words). [HAVD+abl. of QVISQVAM] By no means, in no way.

~ quemquam semper fortuna secuta est ENN.*Ann.*289; ~ etiam cessant TER.*Hau.*175; ~ eloquens CIC.*de Orat.*1.38; ~ boni est ratione uincendum uelle dissoluere *Tim.*40; ~ ratio scruposa LUCR.4.523; ~ pari..animo LIV.3.60.7; collega ~ aduersante 8.12.11; ~ dux defuit 22.42.7; locutus ~ ⟨ut⟩ barbarus stolide incauteue 27.17.10; ~ incruenta uictoria fuit 27.49.7; ~ dictis uiolentia Turni flectitur VERG.*A.* 12.45; ~ regalis honos STAT.*Theb.*12.58; ~ erecto animo TAC. *Hist.*3.65; ~ sui detractor *Ann.*11.11.

hauē: see AVE.

hauriō ~rīre ~sī (~riī) ~stum (~rītum) *tr.* [cf. Gk. αὔω, ἐξαύω, ON. *ausa*, MHG. *ōsen*] FORMS: ~*rierunt* VAR.*L.*fr.30(37[23]); ~*ritu(m)* APUL.*Met.*2.15, 6.13.

1 To draw (water, etc.), scoop up. **b** (in fig. phrs., esp. w. ref. to poetic inspiration). **c** (transf.) to draw, derive (from a source).

ex Tiberi lacte ~rire HEM.*hist.*36; quo minus ex iis fontibus..aquam sumere ~rire iis..liceat *Leg.pub.*(*Font. iur.*p.115)22; is neque limo turbatam ~rit aquam HOR.*S.* 1.1.60; ~rire parat demissis flumina palmis..plena trahens PROP.1.20.43; VITR.10.4.2; in hexere Tyriorum sentinam ~rientem (*i.e. baling*) V.MAX.1.8.ext.11; aqua e fontibus amnibusque ~sta TAC.*Hist.*4.53; lagoena..patescens facilis ~ritu APUL.*Met.*2.15; ~stos..cados imis ab tenebris aquae..trahens MAUR.23; (*cf.*) aut Hyadas seris ~serat Auster aquis OV.*Tr.*1.11.16; (*absol.*) ubi ~seris de mari, in dolium infundito CATO *Agr.*112; si is potare uelit, de dolio sibi ~riendum putet? CIC.*Brut.*288. **b** quantum ~rire animus Musarum e fontibus gestit LUCIL.1008; tu..de faece..~ris CIC.*Brut.*244; ut quicquid inde ~rias purum te liquidumque ~rire sentias *Caec.*78; meos amicos..ad Graecos ire iubeo, ut ex fontibus..~riant *Ac.*1.8; iuuat integros accedere fontis atque ~rire LUCR.4.3; HOR.*S.*2.4.95; fontes, unde posteri possent ~rire disciplinarum rationes VITR.3.3.9. **c** ad naturam deorum, a qua..~stos animos et libatos habemus CIC.*Div.*1.110; illa (*sc.* uirga) suos usus.. natalibus ~sit arbitriis GRAT.135; tantum consanguineo quantum hostili cruore gloriae ~rire potuit V.MAX.8.1. absol.1; animus..diuina origine ~stus SEN.*Suas.*6.6; sic.. uiris ~sit Fortuna nocendi STAT.*Theb.*6.937; e moribus soceri nihil aeque ac libertatem ~sit TAC.*Hist.*4.5; cum a Platone philosopho facundiam ~sisset APUL.*Apol.*15.

2 To draw, shed (blood).

statim me perculso ad meum sanguinem ~riendum.. aduolauerunt CIC.*Sest.*54; ~riendus aut dandus est sanguis LIV.7.24.5; nostrum..~rire cruorem OV.*Met.*13.331; Romanum sanguinem ~sit Aegyptus SEN.*Suas.*6.6; hoc quem ciuiles ~serunt sanguine dextrae LUC.1.14; externum ~rire cruorem ac fudisse suum STAT.*Theb.*9.675; (*cf.*) plus praedae ac sanguinis Caecina ~sit TAC.*Hist.*1.67.

3 To gouge (with a weapon) so as to drain the blood. **b** to wound (a person) in such a way. **c** (poet., of emotions).

ei..Hispanico pectus ~sit QUAD.*hist.*10b; latera ac uentris ~ribant subter equorum cornibus LUCR.5.1324; huic gladio..latus ~rit apertum VERG.*A.*10.314; uno alteroque subinde ictu uentrem atque inguina ~sit LIV. 7.10.10; rostro femur ~sit adunco OV.*Met.*8.371; ~rit trementi semiuir dextra latus SEN.*Ag.*890; iugulus..Caesaris ~stus LUC.10.387; militem impresso gladio iugulum eius ~sisse TAC.*Hist.*1.40; (*w. weapon as subj.*) latus Phegeius ~serit ensis OV.*Met.*9.412; STAT.*Theb.*8.586; (*poet.*) urgensque grauiter pulmonum ~rit spiritus (uestis) CIC. *Tusc.*2.20 (transl. Sophocles). **b** quos omnis..iam flammae tulerint inimicus et ~serit ensis VERG.*A.*2.600; peditem pedes ~rit Amastrin V.FL.6.554; ~surus clausos coniectis undique telis SIL.7.584. **c** exsultantia..~rit corda pauor pulsans VERG.*G.*3.105; *A.*5.137.

4 To dig or scoop up (solids). **b** to hollow or empty out.

alterum ~rire cotidie ex..Syriae gazis innumerabile pondus auri CIC.*Sest.*93; arbusta euoluens radicibus ~rit ab imis LUCR.6.141; ~sto spargit me puluere OV.*Met.*9.35; subinde ~riente medico cumulate medicamentum LARG.227; prior ~rit harenas ungula STAT.*Theb.*2.46; neue..siluas.. radicitus ~rient FRO.*Aur.*2.p.14(228N). **b** humum.. effodit et..terrae..inmurmurat ~stae OV.*Met.*11.187; per ..genas parentis..quas..~sit SEN.*Phoen.*540; montibus ~stis antra gemunt PETR.120,l.91; ~stas aliter replere fossas STAT.*Silv.*4.3.43.

5 To drink, imbibe. **b** to swallow (solid food, etc.). **c** to draw in (breath, etc.). **d** to take in, absorb (other concrete or abstract things).

quos (lacus) quisquis faucibus ~sit OV.*Met.*15.320; dixit dubiumque uenenum ~sit LUC.9.617; lacte ~sto PLIN.*Nat.*8.171; Herculeis ~stae serpentibus undae STAT. *Theb.*9.341; ~sta fontis arcani aqua TAC.*Ann.*2.54; plurimum meri..~sit SUET.*Vit.*10.3;—(*w. vessel as obj.*) ille impiger ~sit spumantem pateram VERG.*A.*1.738; acceptum poculum..impauide ~sit LIV.30.15.8; ~stum cratera OV. *Met.*8.679; (*cf.*) oculos Fotidis meae udos..sorbillantibus sauiis sitienter ~riebam APUL.*Met.*3.14. **b** ardentes ore carbones ~rire V.MAX.4.6.5; SEN.*Thy.*1105; quia dentibus carent, aut lambunt cibos aut integros ~riunt COL.8.17. 11; uiuunt ~sti in stomacho (cucumeres) PLIN.*Nat.*19.65; prius quam ingluuie uoraci me misellam ~riret (bestia) APUL.*Met.*5.26. **c** suspiratibus ~stis OV.*Met.*14.129; exitiali ~sto spiritu VELL.2.22.4; odorem..qui..saepius ~stus alienat SEN.*Nat.*2.53.2; laurigeros..ignis..auidissimus ~ri! STAT.*Ach.*1.509; complexum..rogos ignemque ~rire parantem *Silv.*2.1.24; gentem..spiritu florum naribus ~sto uictitantem GEL.9.4.10; (*cf.*) quotiens..tanti animi spiritus ~rire potuisset CURT.6.2.21;—(*poet.*) cum primae lucem pecudes ~sere VERG.*G.*2.340; ut auras suspiciens ~sit caelum *A.*10.899. **d** simul atque ~sit (*sc.* lapis) flammas *Aetna* 409; ~sto per uolnera fluctu LUC.8.709; semen tritum et ~stum naribus PLIN.*Nat.*20.123; cum rapidum ~riret Borean (nauis) SIL.14.389;—quae simul ac uenis ~sit sitientibus ignem *Ciris* 163; hanc pariter uidit..flammasque latentes ~sit OV.*Met.*8.326; nec latet ~stus amor STAT. *Ach.*1.304.

6 To drink in with the mind or senses, have one's fill of. **b** to experience to the full, imbibe deeply.

quid eum non sorbere animo, quid non ~rire cogitatione ..censetis? CIC.*Phil.*11.10; VERG.*A.*12.26; quod ipsa demens pectore insano ~seram SEN.*Phaed.*1193; SIL.8.135; raptus penatium ~serunt animo TAC.*Hist.*1.51;—(*with the eyes, ears*) ~riat hunc oculis ignem..Dardanus VERG.*A.*4.661; oculis auribusque ~rire tantum gaudium cupientes LIV. 27.51.1; multa auribus ~si OV.*Met.*13.409; gratum..extremi sermonem oris ~rire SEN.*Dial.*6.3.2; uoces aure non timida ~riam *Oed.*385; cinerem..oculis umentibus ~si STAT.*Silv.* 5.3.32. **b** ~rire me unum pro omnibus illam indignissimam calamitatem CIC.*Dom.*30; cum..(populus) nimis meracam libertatem sitiens ~sit *Rep.*1.66; quo..affluentius uoluptates undique ~riat *Tusc.*5.16; animo spem turbidus ~sit inanem VERG.*A.*10.648; unde laboris plus ~rire mali est HOR.*S.*1.2.79; omne gaudium ~rite SEN.*Dial.*6.10.4; ~serit obscaenum titulo pietatis amorem LUC.10.363; ~si..dolorem SIL.6.85; tranquillitatem atque otium penitus ~sit TAC.*Ag.*40.4; quidquid tot proeliis laboris ac periculi ~sissent *Hist.*3.84.

7 a (of fire, also of other destructive agents) To consume, devour. **b** (of water, marshes, etc.) to swallow up, engulf. **c** to use up, consume, absorb (resources, etc.).

a simul aggerem ac uineas..incendium ~sit LIV.5.7.3; multos..semisomnos ~sit flamma 30.5.10; cum..partim ~rirentur incendio CURT.4.3.2; Bononiensi coloniae igni ~stae TAC.*Ann.*12.58;—quos ~sit et peremit et leto dedit odium dolusque SEN.*Phaed.*695; ~sit medullas (malum) SEN.*Her.O.*1227; Inachios ~rit sitis ignea campos STAT. *Theb.*4.699; inexpletis solus qui caedibus ~si quinquaginta animas 8.666; serpere labes Tartarea atque ~stis populari castra maniplis SIL.14.597;—(*transf.*) prouincias immenso faenore ~riri TAC.*Ann.*13.42. **b** multos..imperitos nandi..~sere gurgites LIV.5.38.8; ~sti paene limo 22.2.5; arbores..in profundum ~stae 30.38.8; puppis..~sta perit OV.*Fast.*3.600; palus exulem Marium non ~sit SEN.*Con.*7.2.6; quasdam gentes..mare ~sit SEN.*Dial.* 12.7.3; omnia pontus ~rit saxa uorax LUC.2.664; ~stis prioribus (oppidis) PLIN.*Nat.*4.12; septimum os (Danuuii) paludibus ~ritur TAC.*Ger.*1.3; altitudine et mollitia niuis ~riebantur *Hist.*1.79; (*poet.*) pariter pallorque ruborque purpureas ~sere genas STAT.*Theb.*1.538; caligantia primus ~serat astra dies 7.471. **c** haec habeo, quae edi quaeque exsaturata libido ~sit CIC.*poet.*40(55)(*Tusc.*5.101); ~sisti patrias luxuriosus opes MART.9.82.4; uires refouete tot ~stas casibus SIL.11.538;—(*space, in movement*) medium sol igneus orbem ~serat VERG.*G.*4.427; per nigra silentia uastum ~rit iter STAT.*Theb.*1.369.

haustor ~ōris, *m.* [prec.+-TOR] One who drinks.

ultimus ~or aquae LUC.9.591.

haustrum ~ī, *n.* [HAVRIO+-TRVM] One of the scoops on a water-wheel.

ut fluuios uersare rotas atque ~a uidemus LUCR.5.516.

haustus ~ūs, *m.* [HAVRIO+-TVS³]

1 The drawing (of water); a drawn quantity (of water). **b** the drawing of blood; (concr.) that which is drawn or shed.

aquae ductus, ~us, iter CIC.*Caec.*74; *CIL* 1.594.2.3.2; hac re..inter marinas aquas dulcium ~us est MELA 2.63; putealis (aqua)..quae non sit ~us profundi COL.1.5.1; JUV.3.227; is, qui ~um habet POMPON.*dig.*8.6.17; (*cf.*) papaueris ~us itemst facilis quasi aquarum LUCR.2.453;—~u sparsus aquarum ora foue VERG.*G.*4.229; gleba terrae et ~u aquae eguisse LIV.35.17.7; imbres et fontium ~us SEN. *Ben.*4.28.1;—(*fig.*) usque adeo largos ~us e fontibu' magnis lingua meo suauis diti de pectore fundet LUCR.1.412; Pindarici fontis qui non expalluit ~us HOR.*Ep.*1.3.10; si ueterem digno depleuimus ~u, da fontis mihi, Phoebe, nouos STAT.*Ach.*1.8; hinc mihi ille iustitiae ~us bibat QUINT.*Inst.*12.2.31; non ex isdem ~ibus iram et misericordiam petet 12.10.70. **b** accipe..nostri quoque sanguinis ~us! OV.*Met.*4.118.

2 The scooping out (of solid material).

tibi munera matris contingent fletus peregrinaeque ~us harenae! OV.*Met.*13.526; (dextra) timida..paruo caput libauit ~u SEN.*Phoen.*175; crebro dum lumina pulueris ~u obruit STAT.*Silv.*5.3.223.

3 The act of drinking. **b** a draught, drink.

in lactis ~u PLIN.*Nat.*7.44; a te decurrit ad meos ~us liquor PHAED.1.1.8; uini poculum..continuo perduxit ~u APUL.*Met.*10.5. **b** bacchi tibi sumimus ~us OV.*Met.* 7.450; saepe sed exiguis ~ibus inde bibi *Fast.*3.274; lactis gallinacei..~um PLIN.*Nat.*pr.24; ~um..beati nectaris STAT.*Silv.*3.1.26; sitim ~u gelidae aquae sedauit TAC.*Hist.* 2.49.

4 a The action of gulping or swallowing (non-liquids). **b** the drawing in, inhaling (of air, etc.). **c** absorption (of other things).

a (canes) suspensis teneros imitantur dentibus ~us LUCR.5.1069; SEN.*Dial.*1.6.9; corripit (eum serpens) atque ~u sorbens..condidit aluo SIL.6.198; Catulus se ignis ~u ludibrio hostium exemit FLOR.*Epit.*2.9(3.21.15); (*cf.*) dehisce, terra, et hanc noxiam ciuitatem..~u aliquo ad inferos conde [QUINT.]*Decl.*12.28. **b** esse apibus partem diuinae mentis et ~us aetherios VERG.*G.*4.220; SEN.*Nat.* 4b.13.4; ~usque tutos aetheris puri *Oed.*220; nares..hiulcis ~ibus patulae *Phaed.*1043; PLIN.*Nat.*2.103; (*causing suction*) per bracchia uelut acetabulis dispersis ~u quodam adhaerescunt (polypi) 9.85. **c** ~um omnem lucis auersa (luna) illo regerat PLIN.*Nat.*2.46; flumen Asanam, marino ~u, sed portu spectabile 5.13; ut eius (*sc.* iocineris) redundantiam participatis ~ibus releuet (lien) APUL. *Pl.*1.15.

hebdomas ~ados, *f.* [Gk. ἑβδομάς] FORMS: *~adam* (acc. sg.) GEL.3.10.14, 17.

1 A group of seven.

in primo librorum, qui inscribuntur ~ades GEL.3.10.1; addit (Varro) se..duodecimam annorum ~adam ingressum esse et..septuaginta ~adas librorum conscripsisse 3.10.17.

2 The terminal point of a seven-day period; an attack of fever occurring at seven-day intervals; each seventh day in the moon's cycle.

eos..dies omnium maxime..κρισίμους uideri: primam ~adam et secundam et tertiam GEL.3.10.14;—ne in quartam ~ada incideres CIC.*Fam.*16.9.3;—in conuiuiis iuuenum, quae agitare Athenis ~adibus lunae sollemne nobis fuit GEL.15.2.3.

Hēbē ~ēs, *f.* The daughter of Hera and Zeus, and cup-bearer to the gods.

CATUL.68.116; PROP.1.13.23; OV.*Met.*9.400; [SEN.]*Oct.* 210.

(h)ebenus ~ī, *m.*, *f.* [Gk. ἔβενος] FORMS: *~um* (neut.) AUG.in Macr.2.4.12(cj.) A tree of the genus *Diospyrus* or its wood, ebony.

sola India nigrum fert ~um VERG.*G.*2.117; CELS.5.7; MELA 3.80; ~us Mareotica LUC.10.117; ~um, tus PERS. 5.135; PLIN.*Nat.*12.17.

hebeō ~ēre, *intr.* [as next+-EO]

1 To be blunt. **b** (of light) to be or grow dim. **c** (of feelings, etc.) to grow faint, die down.

ferrum nunc ~et? an dextrae torpent? LIV.23.45.9. **b** Veneris..salubre sidus ~et LUC.1.662; 2.722; V.FL. 5.370; ~et infera caelo taxus (*app. torch*) STAT.*Theb.*11.93. **c** (signorum) consensus ~et, quia uisus ademptus MAN. 2.386; ~ent irae STAT.*Theb.*11.386.

2 To be inactive or sluggish.

si non effetus oborto sanguis ~et luctu STAT.*Theb.*1.463; delegata domus et penatium et agrorum cura feminis..; ipsi ~ent TAC.*Ger.*15.1;—(*as the result of old age*) gelidus tardante senecta sanguis ~et VERG.*A.*5.396; olim annis ille ardor ~et V.FL.1.53; cui..corpus annis ~ere APUL.*Soc.*17.

hebes ~etis, *a.* *compar.* ~etior, *superl.* ~etissimus. [dub.] ORTHOG.: often written *eb-* in codd. FORMS: acc. sg. *hebem* ENN.*Ann.*426, CAECIL.*com.*81; abl. sg. usu. *hebeti*, *hebete* CELS.7.3.2.

1 Having a dull edge or point, blunt. **b** (of angles) obtuse.

ni ~es machaera foret PL.*Mil.*53; ~eti mucrone LUCR. 5.1274; non dubito quin ea tela..leuiora atque ~etiora esse uideantur CIC.*Har.*2; ponite iam gladios ~etes: pugnetur acutis OV.*Ars* 3.589; quo latiora quaque parte sunt (ossa), hoc ~etiora CELS.8.1.16; PLIN.*Nat.*11.100; ~etes..secures JUV.8.137; (*neut. as sb.*) detrahere doctrinam aliquid, ut..cotes ~etibus QUINT.*Inst.*2.12.8;—(*transf.*) ut..~eti pectus ..contudit ictu OV.*Met.*12.85; nudi stipitis ictus ~es MART. 7.32.8. **b** anguli, non tantum recti uerum etiam ~etes aut acuti AGEN.*agrim.*p.31.

2 (of eyes or eyesight) Dim, weak; (of persons, animals) weak-sighted. **b** (of any or all the senses) dull.

~etem aciem ad miserias contemplandas facit CIC.*Tusc.* 3.33; prout cuique acrior acies aut ~etior est SEN.*Nat.* 7.11.3; ~etes oculi COL.6.6.1; omnium horum ~etes interdiu oculi PLIN.*Nat.*10.34; obtutu ~eti APUL.*Soc.*4;—ad ea ipsa quae aliqua ex parte cerni uideantur ~etes et obtunsi (uidemur) CIC.*Ac.*3.fr.5; oculis..~etes PLIN.*Nat.* 11.94; APUL.*Apol.*43. **b** populi Romani auris ~etiores, oculos autem esse acris atque acutos CIC.*Planc.*66; nec est ullus ~etior sensus in uobis *Rep.*6.19; sensus oculorum atque aurium ~etes LIV.5.18.4; os ~es est positaeque mouent fastidia mensae OV.*Pont.*1.10.7.

3 a Dull in colour; (of light) faint. **b** faint (in taste, smell, etc.).

a nec flos est ~eti nec flamma colore OV.*Fast.*5.365; ~es ..color repercussu angulorum excitetur PLIN.*Nat.*37.76; fieri et ~etes ceraunias 37.134;—genitor..lucis adhuc ~etem uicina nocte leuabat..lampada STAT.*Ach.*2.3. **b** quamuis gustu non sit ~es (inerticula) COL.3.2.24; orsini utraque genera, unum ~es, alterum odoratum PLIN.*Nat.* 21.67.

4 (of persons, their reactions, etc.) Lacking in energy, sluggish, inert. **b** (of the body or its parts) lifeless, inert.

in qua (causa)..bonorum..esset aliquis (dolor) sed ~es CIC.*Att.*8.3.4; sensus..omnis ~etes et tardos esse *Ac.*1.31; exercitum..~etem infirmumque SAL.*Jug.*54.3; ignauos ~etesque (deos) sine luce, sine ullo opere destituit SEN.*Ben.* 7.31.3; ~es ad sustinendum laborem miles TAC.*Hist.*2.99; PLIN.*Ep.*6.2.6; pueros..~etiores fieri ad ueterni usque..tarditatem GEL.4.19.1; ~eti pigritia APUL.*Met.*8.23; (*transf.*) quod est (spondeus) e longis duabus, ~etior uidetur et tardior CIC.*Orat.*216. **b** gracile corpus infirmum, obesum ~es est CELS.2.1.5; gingiuarum..ossa, quae ~etia sunt, in perpetuum ustione nudantur 6.15.4; illa..ipsa carne ~ete nec firma 7.3.2.

5 Dull-witted, stupid, dense; lacking (human) intelligence. **b** (of speech, style) dull, insensitive.

ne quem tu esse ~etem deputes aeque ac pecus ACC. *praet.*32; nec ~es in causis CIC.*Brut.*246; ~eti enim ingenio est *Phil.*10.17; non sum ita ~es, ut istud dicam *Tusc.*1.12; non est..~es ut qui quod melius sit intellegendum CAEL. *Fam.*8.13.1; id licet hinc quamuis ~eti cognoscere corde LUCR.5.882; nemo tam ~es..qui ignorare possit LIV.32. 20.6; OV.*Met.*13.135; ~etis atque obtunsi cordis V.MAX. 6.9.1; ob adulescentiam brutam et ~etem SEN.*Ben.*3.37. 4; ~etes..et indociles QUINT.*Inst.*1.1.1; quis adeo ~es inueniretur ut crederet? TAC.*Ann.*14.11; (*transf.*) ~eti..ratione PLIN.*Nat.*2.119;—infandam..~etis iumenti gulam APUL.*Met.*10.15. **b** non nostra illa forensi (rhetorica), quam necesse est..esse interdum paulo ~etiorem CIC.*Fin.* 2.17; quaedam ~es, sordida, ieiuna..oratio est QUINT.*Inst.* 8.3.49.

hebescō ~ere, *intr.* [HEBEO+-SCO]

1 To grow blunt. **b** (transf., of a blow).

(*in fig. phrs.*) patimur ~ere aciem horum auctoritatis CIC.*Catil.*1.4; mentis acies se ipsa intuens..~it *Tusc.*1.73. **b** cogit ~ere eum (*sc.* ictum) crebris offensibus aer LUCR. 4.359.

2 (of light) To grow faint.

fulgor ~ere caeli..coepit SIL.12.653; ~ere sidera TAC. *Ann.*1.30.

3 To become feeble or sluggish. **b** (of the senses, mental faculties, etc.).

in eo (*sc.* otio)..nosmet ipsos ~ere et languere nolumus CIC.*Luc.*6; ~ere dextras SIL.8.20; illi per fastidium et contumacia ~unt TAC.*Hist.*2.77; *Ann.*3.69. **b** ~ere uirtus..coepit SAL.*Cat.*12.1; uigorem mentis ~ere V.MAX.9.12.ext. 10; ~unt sensus, membra torpent PLIN.*Nat.*7.168; ~ebant (oculi) SUET.*Tib.*68.2.

hebetātiō ~ōnis, *f.* [HEBETO+-TIO] The action of making dull or faint.

nascitur ex assiduitate laborum animorum ~o quaedam SEN.*Dial.*9.17.5; medetur (uenus)..oculorum ~oni PLIN. *Nat.*28.58.

hebetātrix ~īcis, *f. adj.* [HEBETO+-TRIX] That makes dull or faint.

umbra..~ix PLIN.*Nat.*2.57.

hebetescō ~ere, *intr.* [HEBES+-ESCO] To become dull, faint, dim, etc.

(pupillae) acies..~it CELS.6.6.37.A; donec ~at..dolor LARG.56.

hebetō ~āre ~āuī ~ātum, *tr.* [HEBES+-O³]

1 To make blunt.

cum..hastas aut praefregissent aut ~assent LIV.8.10. 3; 30.35.8; aciem ferramenti ~at CELS.8.3.3; [SEN.]*Oct.* 525; (ingredi) leones..condito in corporis uaginas unguium mucrone, ne..~entur PLIN.*Nat.*8.41; ne..~etur (*sc.* dens) 8.107; STAT.*Theb.*9.904; gladios..incuria ~ari PLIN.*Pan.*18.3; (*cf.*) explorant caestus ~antque terendo STAT.*Theb.*6.764;—(*in fig. phr.*) ~are aciem inperii SEN.*Cl.* 1.11.2; uox in uagina silentii condita diutino torpore ~atur APUL.*Fl.*17.

2 To make (light, etc.) faint or dim. **b** to blunt the force of, deaden (other things).

ubi alma dies ~arat sidera OV.*Met.*5.444; (natura) formam eius (*sc.* solis) ~ato lumine ostendit SEN.*Nat.*1.17. 2; cum conueniat umbra terrae lunam ~ari PLIN.*Nat.*2. 57; speculi nitorem..~ant 11.170; (aurum) aerosum..~atur 33.93; TAC.*Ger.*45.1; (*cf.*) tu (*i.e. a parrot*)..poteras..pinnis ~are zmaragdos OV.*Am.*2.6.21. **b** mihi taurorum flammas ~astis OV.*Met.*7.210; odor..~atur PLIN.*Nat.*21. 35; (iuglandes) praesumptae uenena ~ant 23.147; uipereum ..herbis ~are..dentem SIL.8.497;—(*w. abst. obj.*) (uino) cura ~atur PLIN.*Nat.*23.38; (*cf.*) (dentes) ~antes uerba 7.70.

3 To make dull, blunt (the senses or faculties).

omnem, quae..~at uisus tibi..nubem VERG.*A.*2.605; ~antem pectora Lethen OV.*Pont.*4.1.17; auster aures ~at..omnis calor..mentem ~at CELS.2.1.11; longo..situ..~ato animo SEN.*Dial.*11.18.9; (alium) oculos ~at PLIN.*Nat.*20. 57; quibus (malis) ingenia nostra..~ata..sunt PLIN.*Ep.* 8.14.9.

4 To make (the body or its parts) dull or torpid. **b** to make (plants, etc.) torpid or inactive.

torpore ~atis artubus V.MAX.3.8.ext.6; ignauia corpus ~at CELS.1.1.1; ~ata..senio aut uulneribus corpora SEN. *Suas.*2.1; inguina torquati tardant ~antque palumbi MART.13.67.1; manus ~atas diutina pigritia APUL.*Met.*7.4; (*in fig. phr.*) patriae neruos..~ari V.MAX.2.6.1. **b** uirus et cariem illam uetustatis, quibus ~ata quasi aliquibus uenenis humus torpeat COL.3.11.2; cum deputatos (ramos) cicatrix ~auit PLIN.*Nat.*16.125; (*absol.*) adustio omnis ~at 17.116.

Hebraeus ~a ~um, *a.* Hebrew, Jewish.

~i..liquores (*sc. balsam*) STAT.*Silv.*5.1.213; ~as..terras TAC.*Hist.*5.2.

Hebrus ~ī, *m.* A river of Thrace.

VERG.*Ecl.*10.65; HOR.*Carm.*3.25.10; LIV.38.41.4; OV.*Ep.* 2.114; MELA 2.17; PLIN.*Nat.*4.40; STAT.*Theb.*7.66.

hebulum: see EBVLVM.

Hecataeus ~a ~um, *a.* Of Hecate.

~a..Gargaphie STAT.*Theb.*7.273.

Hecatē ~ēs, *f.* Also ~a ~ae. A chthonian goddess, commonly worshipped at crossroads and represented with three (occasionally four) faces or bodies; she was confused with Artemis and other deities.

CIC.*N.D.*3.46; tergeminam..~en VERG.*A.*4.511; HOR.*S.* 1.8.33; OV.*Fast.*1.141; ~e triformis SEN.*Med.*7.

Hecatēis ~idos, *f. adj.* Of or belonging to Hecate.

~idos herbae OV.*Met.*6.139; ~idas..idus (*i.e. of August*) STAT.*Silv.*3.1.60.

Hecatēius ~a ~um, *a.* Of Hecate.

~a carmina (*i.e. magical*) OV.*Met.*14.44; ~a..Aulis STAT. *Ach.*1.447.

hecatombē ~ēs, *f.* [Gk. ἑκατόμβη] A sacrifice of a hundred animals.

mea..~e pura ac puta VAR.*Men.*98; habes..cuius rei causa fecerim ~en 100; JUV.12.101.

hecatompylus ~a ~um, *a.* [Gk. ἑκατόμπυλος] Having a hundred gates.

HYG.*Fab.*275.1.

Hector ~oris, *m.* FORMS: acc. sg. *~orem* or *~ora*; nom. acc. pl. *~ores*, *~oras* VAR.*L*.10.69, OV.*Ep*.13.68. PROS.: *-ŏr-* ENN.*scen*.82, 101, 172; see also VAR.*L*.8.72, 10.70. The eldest son of Priam and Hecuba, and the chief Trojan hero.
CIC.*Div*.1.65; VERG.*A*.2.270; homicidam ~orem HOR. *Epod*.17.12; fortem..~ora PROP.2.8.38; MART.14.212.1; (*transf.*) multos illic ~oras esse puta OV.*Ep*.13.68.

Hectoreus ~a ~um, *a.* Of, belonging to, or associated with, Hector.
~o..ense CIC.*poet*.24; ~um ad tumulum VERG.*A*.3.304; ~os amnis, Xanthum et Simoenta 5.634; HOR.*Carm*.3.3.28; Auguste, ~is cognite maior auis PROP.4.6.38; ~us..puer (*i.e. Astyanax*) OV.*Ib*.562; fiducia gentis Regulus ~ae SIL. 2.343; (obsc.) numquam Thebais ~ o nupta resedit equo OV.*Ars*. 3.778.

Hecuba ~ae, *f.* Also **Hecubē (-cab-)** ~ēs. FORMS: *Hecubē* OV.*Met*.13.423; *Hecabēn Ilias* 546; MART.3.76.4; *Hecoba* also cited in Quint. *Inst*.1.4.16; voc. *Hecubā* SEN.*Tro*.859. The wife of Priam; after taking revenge for the murder of Polydorus she was metamorphosed into a dog.
non tu scis..~am quapropter canem Graii esse praedicabant? PL.*Men*.714; CIC.*Tusc*.3.63; VERG.*A*.2.501; OV.*Met*. 13.577; Cynos sema, tumulus ~ae MELA 2.26; (*as title of a play*) Euripidis uersus sunt in ~a GEL.11.4.1; (*as a typical old woman*) cum possis ~en, non potes Andromachen! MART.3.76.4.

Hecyra ~ae, *f.* [Gk. ἑκυρά] The mother-in-law (title of a comedy by Terence).
TER.*Hec*.1; VOLC.*poet*.4.

hedera ~ae, *f.* **(ed-).** [dub.]

1 Ivy. **b** (app. wrongly applied to rock-rose by confusion of Gk. κίσθος and κισσός).
omnia conuestiuit ~a CIC.*Q.Fr*.3.1.5; ut tenax ~a.. arborem implicat CATUL.61.34; CAES.*Civ*.3.961; errantis ~as VERG.*Ecl*.4.19; HOR.*Carm*.1.25.17; SEN.*Nat*.2.22.1;—(*connected with the cult of Bacchus*) sacerdotes Liberi anus ~a coronatae VAR.*L*.6.14; ~as legit in thyrsos PROP. 3.3.35; STAT.*Theb*.12.623; OV.*Fast*.3.767; TAC.*Hist*.5.5; ~ae quoque..arbores non male dicentur ULP.*dig*.47.7.3.1; —(*used in poet's garland*) ~a crescentem ornate poetam VERG.*Ecl*.7.25; HOR.*Carm*.1.1.29; PROP.4.1.62; nunc ~ae sine honore iacent OV.*Ars* 3.411. **b** ~ae flore deroso PLIN.*Nat*.12.74; 16.145.

2 (pl., prob.) Representations of ivy-leaves used to divide words in inscriptions.
LITTERAE N(umero) XXXX AVRO INLVMINATAE ~AE DISTINGVENTES INCOCTILES N(umero) X CIL 8.6982.

hederāceus ~ea ~eum (**~ius** ~ia ~ium, **ed-**), *a.* [prec.+-ACEVS] Of, or belonging to, ivy; resembling ivy; decorated with an ivy pattern.
frondem..~iam CATO *Agr*.54.2; de materia ~ia 111; ~eae baccae COL.8.10.4;—(smilax) folio ~eo PLIN.*Nat*. 16.153; 24.178;—ARCA ~IA *CIL* 6.13756.

hederiger ~era ~erum, *a.* [HEDERA+-GER] Carrying ivy.
Maenades..~erae CATUL.63.23.

hederōsus ~a ~um, *a.* [HEDERA+-OSVS] Covered with ivy.
~o..antro PROP.4.4.3.

hēdycrum ~ī, *n.* [Gk. ἡδύχρουν] A sweet-smelling perfume made in Cos.
demus ~um, ⟨odorum⟩ incendamus scutellam? CIC. *Tusc*.3.46.

hēdyosmon ~ī, *n.* [Gk. ἡδύοσμον] Spearmint, *Mentha spicata*.
PLIN.*Nat*.35.181.

hēdyphagētica, *n. pl.* [cf. Gk. ἡδύς, φαγεῖν] Things relating to delicatessen.
Ennius ~a uorsibus scripsit APUL.*Apol*.39.

hēdypnois ~idos, *f.* [cf. Gk. ἡδύπνοος] A kind of chicory
PLIN.*Nat*.1.20.31; 20.75.

hēdysma ~atos, *n.* [Gk. ἥδυσμα] An aromatic substance.
PLIN.*Nat*.13.7.

hehae, *interj.* app. var. of HAHAE.
~ ipse clipeus cecidit ENN.*scen*.417.

hei: see EI.

hēia, *interj.* Also **ēia.** [Gk. εἶα] (Exclamation expressing var. attitudes, e.g. **a** deprecation. **b** concession. **c** astonishment. **d** urgency.)
a inimicos..osa sum optuerier.—~ autem inimicos? —sic est PL.*Am*.901; ~, bene dicite *As*.744; non sum dignus prae te palum ut figam in parietem. — ~ uero! *Mil*.1141; ~ haud sic decet TER.*Eu*.1065. **b** ~ uero..geram morem uobis et me oblinam sciens CIC.*Rep*.3.8. **c** ~, corpus quoiusmodi PL.*Rud*.421; ~! hoc est melle dulci dulcius *Truc*.371; ~ ut elegans est! TER.*Hau*.1063. **d** ~ machaeras ENN.*Ann*.597; ~ age, rumpe moras VERG.*A*. 4.569; hostis adest, ~ 9.38; HOR.*S*.1.1.18; ~ surge PERS. 5.132; uade ~ STAT.*Theb*.10.210; ~ tu! PLIN.*Ep*.4.29.1.

heic: see HIC.

hēiul-: see EIVL-.

helciārius ~iī, *m.* [next+-ARIVS] One who hauls boats with a tow-rope.
clamor..~iorum MART.4.64.22.

helcium ~iī, *n.* [cf. Gk. ἕλκω] A rope for towing or hauling.
~io sparteo dimoto APUL.*Met*.9.12; ~io..absolutus (*sc.* asinus) 9.22.

helcysma ~atos, *n.* [Gk. ἕλκυσμα] Dross of silver.
scoriam in argento Graeci uocant ~a PLIN.*Nat*.33.105.

Helena ~ae, *f.* **~ē** ~ēs. FORMS: *Belena* mentioned as occurring by Quint. (*Inst*.1.4.15). The daughter of Zeus and Leda and wife of Menelaus, who was carried off to Troy by Paris. **b** a form of St. Elmo's fire.
pro malefactis ~a redeat ENN.*scen*.226; ut ~a Troianis, sic iste huic rei publicae belli causa..fuit CIC.*Phil*.2.55; CATUL.68.87; VERG.*A*.1.650; pastor cum traheret per freta ..~en HOR.*Carm*.1.15.2; ~e non pluribus esset sollicitata procis OV.*Met*.14.669; (*transf.*) iuuenem.. secuta relicto coniuge Penelope uenit abît ~e MART.1.62.6. **b** (stellam) diram illam ac minacem appellatamque ~am PLIN.*Nat*. 2.101.

helenium (~ion) ~iī, *n.* [Gk. ἑλένιον] **a** Elecampane. **b** an unidentified plant.
a CELS.5.11; PLIN.*Nat*.14.108. **b** PLIN.*Nat*.21.59; 21.159.

Helenus (~os) ~ī, *m.* A son of Priam, famous as a soothsayer.
CIC.*Leg*.2.33; *Div*.1.89; VERG.*A*.3.295; OV.*Met*.13.99.

heleoselīnum (helīo-) ~ī, *n.* [Gk. ἑλεο- (or ἑλειο-) σέλινον] Wild celery.
PLIN.*Nat*.19.124; 20.117.

helepolis, *f.* [Gk. ἑλέπολις] A siege-engine, a kind of mobile tower.
VITR.10.16.3; 10.16.7.

? **helia** ~ae, *f.* [dub.] (app.) A kind of cabbage.
alteram (brassicae speciem) ~am (*s.v.l.*), latis foliis e caule exeuntibus, unde caulodem quidam uocauere PLIN. *Nat*.20.79.

Hēliades ~um, *f. pl.* Daughters of Helios and sisters of Phaethon, who were changed into poplars and their tears into amber.
Culex 129; OV.*Met*.2.340; nemus ~um (*i.e. poplars*) 10.91; gemma..~um (*i.e. amber*) MART.9.12(13).6; STAT.*Silv*.5. 3.86; capaces ~um crustas (*i.e. of amber*) JUV.5.38; HYG. *Fab*.154.4.

hēlianthes, *n.* (? or **~is,** *f.*) [Gk. ἥλιος, ἄνθος] An unidentified plant.
~ide siue heliocallide PLIN.*Nat*.1.24.102; ~es uocat in Themiscyrena regione..folio myrti 24.165.

helica ~ae, *f.* (cj.) [Gk. ἑλίκη] A convolution, spiral.
omnis..orbis eorum (*sc.* siderum) quasi ~ae (*cj.*) inflexione uertebat CIC.*Tim*.31.

Helicāōn ~onis, *m.* The son of Antenor, founder of Patavium.
~onis oras MART.10.93.1.

Helicāonius ~a ~um, *a.* Of Helicaon, i.e. Patavian.
~a de regione MART.14.152.2.

Helicē ~ēs, *f.* The constellation Ursa Major; (poet.) the northern regions.
altera (Arctos) apud Graios Cynosura uocatur, altera dicitur esse ~e CIC.*Arat*.38; nec te spectare Booten aut ~en iubeo OV.*Met*.8.207; caput..~es GERM.*Arat*.53; MART.4. 3.6; (*dist. fr. Ursa Minor*) ~e maior MAN.1.296;—flatus ~es GRAT.55; MAN.4.589; ~es niuosae SEN.*Her.O*.1539.

Helicōn ~ōnis, *m.* FORMS: acc. *~ona* VAR.*R*. 3.16.7, etc.; *~onem* PETR.118.1; PLIN.*Nat*.4.8; abl. *~one* LUCR.1.118, etc.; *~oni* LUCR.3.132. A mountain in Boeotia, sacred to Apollo and the Muses, and hence used allusively in ref. to poetic inspiration.
Ennius..qui primus amoeno detulit ex ~one..coronam LUCR.1.118; pandite nunc ~ona, deae VERG.*A*.7.641; HOR. *Carm*.1.12.5; excludit sanos ~one poetas Democritus *Ars* 296; OV.*Met*.8.534; ille..uates (*i.e. Lucan*), ~onis gloria nostri MART.10.64.3.

Helicōniades ~um, *f. pl.* Dwellers on Helicon, i.e. the Muses.
~um comites (*i.e. poets*) LUCR.3.1037.

Helicōnis ~idos, *f. adj.* Of Helicon; (as sb.) a Muse.
~ide nympha STAT.*Theb*.7.756; silua..~ide *Silv*.4.4. 90;—Pipleides, Thespiades, ~ides VAR.*L*.7.20; ~idasque pallidamque Pirenen PERS.pr.4; me..nulla..~ide tristis solantem curas STAT.*Silv*.5.3.30.

Helicōnius ~a ~um, *a.* Of Helicon.
collis o ~i cultor CATUL.61.1; ~a tempe OV.*Am*.1.1.15; ~a plectra STAT.*Theb*.7.631; cohors ~a Phoebi *Silv*.5.3.91.

hēliocallis ~idos, *f.* [Gk.] A plant = HELIANTHES.
PLIN.*Nat*.24.165.

hēliocamīnus ~ī, *m.* [Gk. ἡλιοκάμινος] A sun-room.
PLIN.*Ep*.2.17.20; ~o uel solario ULP.*dig*.8.2.17.

helīochrȳsus (~os) ~ī, *m.* [Gk. ἑλειόχρυσος] A plant, probl a kind of *Helychrysum*.
PLIN.*Nat*.21.65; 21.66; ~um alii chrysanthemon uocant, ramulos habet candidos, folia subalbida 21.168.

? **helīos** [app. Gk. ἔλειος] (perh.) Dwarf elder.
sabucus habet..genus..quod Graeci chamaeacten, alii ~on (*cj.*) uocant PLIN.*Nat*.24.51.

hēlioscopios ~os ~on, *a.* [Gk. ἡλιοσκόπιος] *tithymalus ~os*, = next (b).
PLIN.*Nat*.1.26.42.

hēlioscopium (~ion) ~iī, *n.* [as prec.] **a** A kind of heliotrope. **b** (perh.) sun-spurge, *Euphorbia helioscopia*.
a PLIN.*Nat*.22.58. **b** PLIN.*Nat*.26.69.

helīoselīnum: see HELEO-.

hēliotropium (~ion) ~iī, *n.* [Gk. ἡλιοτρόπιον]

1 (app.) Any of the plants which turn their flowers and leaves towards the sun, esp. species of the genus *Heliotropium*.
VAR.*R*.1.46; CELS.5.27.5.B; PLIN.*Nat*.2.109; 22.57.

2 A precious stone.
~ium nascitur in Aethiopia..porraceo colore, sanguineis uenis distincta PLIN.*Nat*.37.165.

helix ~icis, *f.* [Gk. ἕλιξ]

1 A spiral: (applied) **a** (to a kind of ivy). **b** (to a kind of willow). **c** (to a shellfish). **d** (to a volute).
a est..candida aut nigra hedera tertiaque uocatur ~ix PLIN.*Nat*.16.145. **b** (salicem) tertiam, quae breuissima est, ~icem uocant PLIN.*Nat*.16.177. **c** ~ices (ab aliis actinophorae dicuntur), quibus radii PLIN.*Nat*.32.147. **d** VITR.4.1.12.

2 An orbit.
citimam lunae ~icem APUL.*Soc*.8.

Helladicus ~a ~um, *a.* Hellenic.
diuiso ~o (genere) tria facta sunt, Ionicum, Sicyonium, Atticum PLIN.*Nat*.35.75.

Hellas ~ados or ~adis, *f.* The mainland of Greece, opp. the Peloponnese; the whole of Greece.
~adi Peloponneson adnectit (Isthmos) MELA 2.48; ab Isthmi angustiis ~as incipit, nostris Graecia appellata PLIN.*Nat*.4.23; (*cf.*) sequitur mutatis saepe nominibus Haemonia, eadem Pelasgis,..~as, eadem Thessalia 4.28; —communi consilio totius ~ados VITR.4.1.4.

Hellē ~ēs, *f.* The sister of Phrixus, who fell into the Hellespont from the ram on which they were flying from their stepmother Ino.
PROP.3.22.5; OV.*Met*.11.195; LUC.9.956; HYG.*Fab*.1.

helleborus, etc.: see ELL-.

Hellēn ~ēnos or ~ēnis, *m.* The son (or brother) of Deucalion and eponymous ancestor of the Hellenes.
VITR.4.1.3; PLIN.*Nat*.4.28; 7.203.

Hellespontiacus ~a ~um, *a.* Of the Hellespont; (often w. ref. to Priapus as having been born at Lampsacus).
~is..undis *Culex* 338; ~i..maris OV.*Ep*.17.108; ~is.. fluctibus MAN.4.620;—~i..Priapi VERG.*G*.4.111; ~o..deo OV.*Fast*.1.440; PETR.139.2,l.8.

Hellespontiās -ae, *m.* An ENE. wind.
caecian aliqui uocant ~an PLIN.*Nat*.2.121.

Hellesponticus ~a ~um, *a.* Of the Hellespont.
~um fretum MELA 1.10; AMP.7.5.

Hellespontius ~a ~um, *a.* = prec.; (masc. as sb.)-an inhabitant of that region.
ora ~a CATUL.fr.1.4;—cum aliquo ~o CIC.*Fam*.13.53.2; Mysi..~i appellati PLIN.*Nat*.5.123.

Hellespontus ~ī, *m.* Also **~um,** *n.* The Hellespont (Dardanelles); the district bordering on it.
ENN.*Ann*.378; CIC.*Fin*.2.112; LIV.31.15.11; deus ~i (*i.e. Priapus*) OV.*Fast*.6.341; PLIN*Nat*.4.49; (*written as two words*) ponto ab Helles *Inc.trag*.105; 163; (*neut.*) ex quo ~um pelagus est appellatum HYG.*Fab*.3.2;—oppidum est in ~o Lampsacum CIC.*Ver*.1.63; defecerat Samos, descierat ~us NEP.*Tim*.3.1; LIV.37.31.6.

helluātiō ~ōnis, *f.* [HELLVOR+-TIO] A debauch.
in lustris et ~onibus CIC.*Red.Sen*.13.

helluō ~ōnis, *m.* [dub.] FORMS: *heluo* VAR. *Men*. 113, PAUL.*Fest*.p.99M. One who spends immoderately on eating, etc., a squanderer.

gerro iners fraus ~o ganeo's damnosu' TER.*Hau*.1033; ~oni spurcatissimo CIC.*Dom*.25; argentum, uestem, supellectilem..quae ille ~o dissipauit *Phil*.13.11; GEL.6(7).16.2; APUL.*Apol*.57; (*w. gen.*) ~o patriae! CIC.*Sest*.26.

helluor ~ārī ~ātus, *intr.* Also **ell-.** [as prec.+-o³] To spend immoderately on eating and other luxuries.
quibuscum iam in exostra ~atur CIC.*Prov*.14; ille gurges, ~atus tecum..rei publicae sanguine *Dom*.124; tu meo periculo, gurges ac uorago patrimoni, ~abare *Sest*.111; parum expatrauit an parum ~atus est? CATUL.29.16; GEL. 2.3.3; (*transf.*) quasi ~ari libris, si hoc uerbo in tam clara re utendum est CIC.*Fin*.3.7;—(*pple. in pass. sense*) ~ato.. patrimonio VERG.*Cat*.13.11.

helops ~pis, *m.* Also **el-.** [Gk. ἔλλοψ] A kind of fish regarded as a rare delicacy. **b** (app.) a kind of snake.
Surrenti ~pem fac emas ENN.*var*.39; LUCIL.1276; multunummus piscis..~ps VAR.*Men*.549; OV.*Hal*.96; COL.8.16.9; ~pi palmam saporis inter pisces multi dedere PLIN.*Nat*. 32.153; QUINT.*Inst*.5.10.21. **b** PLIN.*Nat*.32.46.

Helōrius ~a ~um, *a.* Of the river Helorus.
~a tempe OV.*Fast*.4.477.

Helōrus ~ī, *m.* Also **~um,** *n.* A river in Sicily; also, a town at its mouth.
VERG.*A*.3.698; flumen ~um PLIN.*Nat*.3.89; undae clamosus ~us SIL.14.269;—CIC.*Ver*.5.90; LIV.24.35.1; PLIN. *Nat*.32.16.

heluācea [HELVVS] (See quot.)
~a genus ornamenti Lydii, dictum a colore boum, qui est inter rufum et album, appellaturque heluus PAUL.*Fest*. p.99M.

heluella ~ae, *f.* Also **el-.** [HELVVS+-ELLA] A pot-herb.
~a et rapula TITIN.*com*.163; fungos, ~as, herbas omnis ita condiunt CIC.*Fam*.7.26.2; ~a holera minuta PAUL.*Fest*. p.103M.

(h)eluen(n)ācus ~a ~um, *a.* Also **~ius.** [cf. HELVVS] The epithet of a kind of vine.
COL.3.2.25; 5.5.16; PLIN.*Nat*.14.32; omnia ex ~a uite 14.84.

Heluēticus ~a ~um, *a.* Of or connected with the Helvetii.
~o proelio CAES.*Gal*.7.9.6.

Heluētius ~ia ~ium, *a.* (masc. pl. as sb.) A Celtic people who migrated about 200 B.C. from S. Germany to the region of Switzerland; (as adj.) of the Helvetii.
CIC.*Prov*.33; CAES.*Gal*.1.1.4; PLIN.*Nat*.4.106; TAC.*Ger*.28. 2;—agrum ~ium CAES.*Gal*.1.2.

Heluicus ~a ~um, *a.* Of the Helvii.
~o in pago PLIN.*Nat*.23.47.

Heluidius ~a ~um, *a.* The name of a Roman gens, esp. of Helvidius Priscus, a Stoic who was executed under Vespasian.
TAC.*Ag*.2.1; *Hist*.4.53; SUET.*Ves*.15.1.

Helu(i)ī ~ōrum, *m.* A people of Gallia Narbonensis.
CAES.*Gal*.7.7.5; agros..~iorum *Civ*.1.35.4; Alba ~orum PLIN.*Nat*.3.36.

Heluīnus ~a ~um, *a.* Of the Helvii.
~am Cererem JUV.3.320.

heluius ~a ~um, *a.* [HELVVS] = next.
(uinum) ~ium minusculum VAR.*R*.1.25.

heluolus ~a ~um, *a.* [next+-OLVS] The designation of a variety of wine and grape.
(uinum) ~um minusculum CATO *Agr*.6.4; 24; ~ae (uites), quas non nulli uarias appellant, neque purpureae neque nigrae COL.3.2.23; PLIN.*Nat*.14.29.

heluus ~a ~um, *a.* [<**ghelu̯os*, cf. GILVVS, Lith. *želvas*] (app.) Dull yellow, dun.
(boues) colore potissimum nigro, deinde robeo, tertio ~o, quarto albo VAR.*R*.2.5.8; COL.3.2.23; PAUL.*Fest*.p.99M.

helxīnē ~ēs, *f.* [Gk. ἑλξίνη] (prob.) Pine-thistle, *Atractylis gummifera*; (also, perh.) pellitory, *Parietaria officinalis*.
PLIN.*Nat*.21.94; 21.96;—~en aliqui perdicium uocant 22.41.

hem, *interj.*

1 (expr. surprise, concern, etc.) What's that?
~, erumne ego aspicio meum? PL.*Aul*.812; pater hic meus est. — ~, quid? pater? perii oppido! *Per*.741; ~ quid id est? — scies TER.*An*.116; haec coepi cogitare '~ tot mea soli solliciti sunt causa ut..?' *Hau*.128; coepi egomet mecum sic cogitare: '~! nos homunculi indignamur..?' SULP.RUF. *Fam*.4.5.4; '~', inquam, 'mi Socrates, quid istud?' APUL. *Met*.1.6.

2 (expr. unhappiness) Ah! alas!
~ misera occidi..siquidem tu istaec uera praedicas TER. *Eu*.827; *Ad*.326; CIC.*Rab.Post*.45; ~, mea lux..te nunc.. sic uexari *Fam*.14.2.2; ~ condicionem huius temporis! [CIC.] *Exil*.30; APUL.*Met*.9.23.

hēmerēsios ~os ~on, *a.* [Gk. ἡμερήσιος] Lasting or occupying one day.
(Pausias) absoluit uno die tabellam, quae uocata est ~os, puero picto PLIN.*Nat*.35.124.

hēmeris, *f.* [Gk. ἡμερίς] A kind of oak, perh. *Quercus ballota*.
PLIN.*Nat*.16.22; 16.26.

hēmerobion ~iī, *n.* [Gk. ἡμερόβιον] A creature that lives for one day; (applied to a mayfly or sim.).
PLIN.*Nat*.11.120.

hēmerocalles, *n.* [Gk. ἡμεροκαλλές] A kind of lily, perh. *Lilium croceum*.
PLIN.*Nat*.21.59; ~es pallidum e uiridi et molle folium habet, grandi radice odorataque, bulbosa 21.158.

hēmerodromos ~ī, *m.* [Gk. ἡμεροδρόμος] A courier.
cursorem eius generis, qui ~oe uocantur NEP.*Milt*.4.3; ~os..ingens die uno cursu emetientis spatium LIV.31.24.4.

hēmicyclium ~iī, *n.* [Gk. ἡμικύκλιον]

1 A semicircle.
VITR.5.1.8; per centrum perducendum, ut aequa duo ~ia sint diuisa 9.7.3; rectus..hippodromi limes in extrema parte ~io frangitur PLIN.*Ep*.5.6.33; HYG.*Astr*.pr.

2 a A semicircular seat. **b** a semicircular sundial.
a domi in hemicyclio sedentem CIC.*Amic*.2; in inferiore fori parte circa ~ium, in quo fastos..publicarat SUET. *Gram*.17(p.113 Re). **b** VITR.9.8.1.

hēmīna ~ae, *f.* [Gk. ἡμίνα] A liquid or dry measure, one half of a sextarius. **b** a vessel with the capacity of one hemina.
~as octo exprompsi in urceum PL.*Mil*.831; CATO *Agr*.57; VAR.*gram*.423; propinauit illi Caesar ~am SEN.*Dial*.4.33.4; PLIN.*Nat*.21.185;—(*w. gen.*) ~a uini CATO *Agr*.71; tritici.. ~a CELS.4.26.9; expressi suci ternas ~as COL.*Arb*.28.2; eboreae scobis ~a LARG.16; (*as a typical small quantity*) ~a sanguinis in tua potestate est SEN.*Dial*.9.14.3. **b** quod.. fregerit ~as..aedilis iniquas PERS.1.130.

hēmīnārium ~iī, *n.* [prec.+-ARIVM] Facet. word coined on the analogy of *congiarium*.
Fabius Maximus, incusans Augusti congiariorum..exiguitatem, ~ia esse dixit QUINT.*Inst*.6.3.52.

hēmiolios, *a.* [Gk. ἡμιόλιος] Consisting of one-and-a-half times as much.
~o numero GEL.18.14.3; 4.

hēmionion (~ium) ~iī, *n.* [Gk. ἡμιόνιον] A plant = ASPLENOS.
PLIN.*Nat*.25.45; 26.41; 27.34.

hēmisphaerium (~ion) ~iī, *n.* [Gk. ἡμισφαίριον] FORMS: *emisperio‹u›* (gen. sg.) AGEN. *agrim*.p.22.

1 A hemisphere.
ut ait N‹a›euius, '~ium ubi conc‹h›a c‹a›erula septum stat' VAR.*L*.7.7; MELA 1.4; ut inferius ~ium ostendit HYG. *Astr*.4.13;—(*applied to a dome*) VAR.*R*.3.5.17; ad imam curuaturam ~ii VITR.5.10.5.

2 A hemispherical sundial.
scaphen siue ~ium Aristarchus Samius (dicitur inuenisse) VITR.9.8.1.

hēmistichium ~iī, *n.* [Gk. ἡμιστίχιον] A hemistich, a half-line of verse.
~ium Neronis SUET.fr.47(p.51Re).

hēmitonion (~ium) ~iī, *n.* [Gk. ἡμιτόνιον] The interval of a semitone; *foramina ~iorum,* holes through which the ropes of catapults are passed so that they can be stretched to the required tension.
in ~io duae diheses sunt conlocatae VITR.5.4.3;—1.1.8; —(*transf.*) a polo ad Saturni circulum interuallum esse quod Graeci ~ion appellant HYG.GR.*agrim*.p.148.

hēmitriglyphus ~ī, *m.* [Gk. ἡμι-, τρίγλυφος] (archit.) A half-triglyph.
quantum est spatium ~i VITR.4.3.8.

hēmitritaeus ~a ~um, *a.* Also **ēmi-, ~os.** [Gk. ἡμιτριταῖος] (of a fever) Semitertian; (masc. as sb.) a semitertian fever. **b** suffering from a semitertian fever.
id genus tertianae..quod ~on medici appellant CELS. 3.8.1;—uri Tongilius male dicitur ~o MART.2.40.1; cui grauis..~os erat 12.90.2. **b** declamas aeger, declamas ~os MART.4.80.3.

hēmitylium ~iī, *n.* [Gk. ἡμιτύλιον] (app.) A kind of cushion or mattress.
EMITYLIA VI ILLAS IIII *A.Epig*.40.62.20.

hendecasyllabus ~a ~um, *a.* Also **~os.** [Gk. ἑνδεκασύλλαβος] (of a line of verse) Consisting of eleven syllables. **b** (masc. as sb.) a line of eleven syllables; esp. a Phalaecean hendecasyllabic; (pl.) poetry composed in that metre.
forsan longula uisa sit haec diuisio tertia uersus ~i MAUR.2731. **b** 'postquam res Asiae' ueluti, tunc 'primus ab oris', fiet ~os, sed alter MAUR.1945;—~os trecentos exspecta CATUL.12.10; 42.1; ~i, qui sunt commata sotadeorum QUINT.*Inst*.1.8.6; nos istic uehementer aestuamus—habes et ~um ingenuum AUR.*Fro*.1.p.118(30N);—Catullus in ~is uocat illum 'salaputium disertum' SEN.*Con*.7. 4.7; ~os..huic uolumini inserui STAT.*Silv*.4.pr.; PLIN.*Ep*. 4.14.2.

Hēniochus¹ ~ī, *m.* [Gk. ἡνίοχος] The constellation Auriga.
MAN.1.362; 5.20; PLIN.*Nat*.18.312.

Hēniochus² ~a ~um, *a.* Of the Heniochi, a people living on the eastern shore of the Black Sea; (masc. pl. as sb.) this people.
~ae..rates OV.*Pont*.4.10.26; in ~is montibus PLIN.*Nat*. 6.26;—MELA 1.110; LUC.3.270; PLIN.*Nat*.6.12; V.FL.6.42; (*sg.*) quis inhospitalis Caucasi rupem asperam ~us habitans..? SEN.*Thy*.1049.

Henna ~ae, *f.* A town in central Sicily, famous for its connexion with Ceres and Proserpina.
~a mediterranea est maxime CIC.*Ver*.3.192; LIV.24.37.2; OV.*Fast*.4.422; famam habet ob Cereris templum ~a praecipuam MELA 2.118.

Hennaeus ~a ~um, *a.* Also **Hennēus.** Of Henna; (fem. as sb.) Proserpina.
~is..moenibus OV.*Met*.5.385; ~os..lacus *Pont*.2.10.25; ~ae Cereri STAT.*Theb*.4.124; ~a uirgine rapta SIL.7.689;—terrae sub pondere quae te contineant, ~a, dapes LUC.6.740.

Hennensis ~is ~e, *a.* Of Henna; (masc. pl. as sb.) its people.
ager..~is CIC.*Ver*.3.47; Cereris ~is 4.107;—ut..tibi.. frumentum ~es admetiantur 3.192; LIV.24.38.5.

hēpar, *n.* [Gk. ἧπαρ] An unidentified, *n.* fish.
PLIN.*Nat*.32.149.

hēpatia, *n. pl.* [Gk. ἡπάτιον] Liver (as a dish).
LUCIL.310; PETR.66.7; si cocto (pisci)..~a suffoderem APUL.*Apol*.41.

hēpatiārius ~a ~um, *a.* [as next+-ARIVS] Of or concerning the liver.
morbus..~us PL.*Cur*.239.

hēpaticus ~ī, *m.* [Gk. ἡπατικός] One suffering from a liver complaint.
(tripolion) datur ~is PLIN.*Nat*.26.39; 27.130; 28.130.

hēpatītēs, *m.* Also **~is,** *f.* [Gk. ἡπατῖτις] A precious stone.
quarti generis (*sc.* haematitarum) ~en uocari PLIN.*Nat*. 36.147; 37.186.

hēpatizon, *n.* [pple. of Gk. ἡπατίζω] (See quot.)
illud (genus aeris) suo colore pretiosum ad iocineris imaginem uergens, quod ideo ~on appellant PLIN.*Nat*.34.8.

hephaestītis, *f.* [Gk.] An unidentified stone.
PLIN.*Nat*.37.166.

hephthēmimeres, *n.* Also **~is,** *f.* [Gk. ἑφθημιμερής] The first $3\frac{1}{2}$ feet of a hexameter before the caesura.
hanc ~in numeri de parte uocarunt, quia tres pedes et una septem diuidunt MAUR.1681; ~es seruauit carmine utroque 1982.

hepsēma ~atis, *n.* [Gk. ἕψημα] Must boiled down to a third part.
quod alii ~a, nostri sapam appellant PLIN.*Nat*.14.80.

heptagōnon ~ī, *n.* [Gk. ἑπτάγωνος] A heptagon.
amplioribus..formis..nomina ab angulis dantur, ut hexagono ~o BALB.*grom*.p.107La.

heptamerēs ~ēs ~es, *a.* [Gk. ἑπταμερής] Having seven parts.
cum..~es fuerit diuisio uersus MAUR.1957.

heptaphōnos ~os ~on, *a.* [Gk. ἑπτάφωνος] Having seven voices.
porticu, quam ob id ~on appellant, quoniam septiens eadem uox redditur PLIN.*Nat*.36.100.

heptapleuron, *n.* (? or **~os**) [Gk. ἑπτάπλευρος] Greater plantain, *Plantago major*.
PLIN.*Nat*.25.80.

heptapylus ~a ~um, *a.* [Gk. ἑπτάπυλος] FORMS: app. as two-termination adj. in APUL.*Met*.4.9. Having seven gates.
Thebas ~as HYG.*Fab*.275.4; Thebas ~os APUL.*Met*.4.9.

heptēris ~is, *f.* [Gk. ἑπτήρης] A ship perh. having seven rowers to each bank of oars.
tres ~es..habebat (classis) LIV.37.23.5; ~is regia 37.24.3; ~em captam 37.24.9.

hera: see ERA.

Hēraclēa ~ae, *f.* The name of numerous towns, esp. **a** a part of Lucania on the river Siris. **b** in Sicily, between Lilybaeum and Agrigentum.
a VAR.*R*.2.9.6; CIC.*Arch*.6; LIV.1.18.2; PLIN.*Nat*.3.97. **b** CIC.*Ver*.2.125; ~am, quam uocant Minoam LIV.24.35.3; MELA 2.118.

Hēracleensis ~is ~e, *a.* **-iensis.** Belonging to one or other of the towns called Heraclea.

sequitur..~is (nauis) Cic.Ver.5.86; ex agris Metapontino atque ~i Liv.24.20.15;—(*masc. as sb.*) ~ium..incommoda Cic.Ver.3.103; ~em Alexam *Balb*.50.

Hēracleōtēs ~ae, *m. adj.* Of one of the towns called Heraclea; esp. an inhabitant or native of these towns.

~es tractus (*sc. in Aeolis*) Plin.Nat.5.122;—Menandri duo, unus Prieneus, alter ~es Var.R.1.1.8; Dionysius ille ~es Cic.Luc.71; Cherronesum ~arum oppidum Plin.Nat.4.78.

Hēracleōticus ~a ~um, *a.* Of a town called Heraclea or its people: **a** *origanum ~um*: see origanvm. **b** *nux ~a*, a chestnut. **c** a kind of crab. **d** *ostium ~um*, one of the mouths of the Nile (perh. from the town *Heracleopolis Parua*), also called *ostium Canopicum*.

b ~a haec nux, quam quidam castaneam nominant Oppius in Macr.3.18.7. **c** cancrorum genera carabi, astaci..~i Plin.Nat.9.97. **d** ~o ostio Nili Sen.Nat.4a.2.13; Plin.Nat.10.94.

Hēraclēus ~a ~um, *a.* Also **~ius, -os.** Of or named after Heracles: **a** (of var. plants) nymphaea *~ea*, opivm *~eum*, panaces *~eum*, panax *~ea*: see the nouns; *~eon siderion* (prob.) herb Robert, *Geranium Robertianum*; also, the name of a kind of origanvm. **b** a name given to the touchstone; also, to the lodestone. **c** (fem. as sb.) an epic poem on the subject of Heracles.

a ~eon siderion..ab Hercule inuentum est Plin.Nat.25.34; ~ion..siderion (uolneribus prodest) 26.140;—~ium quoque tria genera habet 20.177. **b** alii ~ium (*sc.* lapidem), alii Lydium uocant Plin.Nat.33.126;—sideritim..alio nomine uocant, quidam ~ion 36.127. **c** ~eas aut Diomedeas Juv.1.52.

Hēraclīdēs ~ae, *m.* A descendant of Heracles.

pulsis ~is Vell.1.2.1.

Hēracliensis, Hēraclīus: see Heracle-.

Hēraclītus ~ī, *m.* The famous Greek philosopher who lived about 500 b.c.

~us cognomento qui σκοτεινός perhibetur Cic.Fin.2.15; Lucr.1.638; ~us Ephesius Vitr.2.2.1; Sen.Ep.12.7; Plin.Nat.7.80; Apul.Pl.2.

Hēraea ~ōrum, *n. pl.* The festival of the Greek goddess Hera.

curatione ~orum..ad eum delata Liv.27.30.9.

herba ~ae, *f.* [perh. <*ghe̥r-dhā, cf. AS. *græd* 'grass']

1 A small plant or herb (incl. grass). **b** (considered as undesirable) a weed. **c** (used for food; as medicine; for magical purposes). **d** (offered to an enemy in token of one's defeat; also, used to make a victor's garland); *~a pura* a bunch of herbage which bestowed inviolability on a *fetialis*.

quasi solstitialis ~a paullisper fui Pl.Ps.38; amphoras in sole ponito, ubi ~a non siet Cato Agr.113.2; terra..uestita floribus, ~is, arboribus, frugibus Cic.N.D.2.98; ~arum genera Lucr.1.889; Caes.Civ.3.58.5; quis humum florentibus ~is spargeret..? Verg.Ecl.9.19; palustribus ~is Liv.21.54.1; Ov.Met.2.810; Mart.5.23.1; indomitus ager habet quasdam ~as laetiores Tac.Dial.40.4; (*dist. fr. flowering plant*) saliunca..~a uerius quam flos Plin.Nat.21.43;—(*w. defining gen.*) graminis..~am Verg.Ecl.5.26; ~a lapathi Hor.Epod.2.57; ~a..hyperici Plin.Nat.26.129. **b** terram..depurgato ab ~a graminibusque Cato Agr.151.2; ~ae..eligendae Var.R.1.47; Cic.Orat.48; officiant laetis ne frugibus ~ae Verg.G.1.69; mala desertos occupat ~a deos Prop.2.6.36; Ov.Fast.3.728; piger Apulus arua..inerti tradidit ~ae Luc.5.404; Ulp.dig.19.2.15.2. **c** quas ~as pecudes non edunt homines edunt Pl.Ps.825; fungos, heluellas, ~as omnis..condiunt Cic.Fam.7.26.2; alia serpyllumque ~as contundit olentis Verg.Ecl.2.11; abstemius ~is uiuis Hor.Ep.1.12.7; uictui ~a Tac.Ger.46.3;—Paeoniis reuocatum ~is Verg.A.7.769; cum ~is curaret uolnus Liv.29.32.11; Cels.3.18.9; quae (lues) cederet ~is, edocuit Stat.Ach.2.162;—Marsis quaesitae montibus ~ae Verg.A.7.758; Hor.Epod.5.21; ~is sopire draconem Ov.Met.7.149; Carthaginis portas ~a patefacere Plin.Nat.26.19. **d** ~am det Afran.com.146; summum apud antiquos signum uictoriae erat ~am porrigere uictos Plin.Nat.22.8; Paul.Fest.p.99M;—~am conferunt donant Acc.trag.444; (*cf.*) nullae..~ae fuere certae in hoc honore Plin.Nat.22.14;—fetialis ex arce graminis ~am puram attulit Liv.1.24.5; 30.43.9; Fest.p.321M.

2 (sg. or pl.) Ground covered with grass, etc., the grass.

cum, ceteris se in campo exercentibus, ipse in ~a recubuisset Cic.de Orat.2.287; iacuit prostratus in ~is Lucr.6.785; fusi..per ~am indulgent uino Verg.A.9.164; crescit Albanis in ~is uictima Hor.Carm.3.23.11; hoc..ante..Aenean collis et ~a fuit Prop.4.1.2.

3 (in the names of var. plants; for identification see the adjs.).

~ae Sabinae plantas tres Cato Agr.70.1; ~ae solaris Cels.5.27.5.b; ~a Santonica Col.6.25; uerrucariam ~am Plin.Nat.22.59; Apollinaris ~ae Larg.90.

4 Corn or other plants in the early stages of growth; *in ~a* or *~is*, in blade.

cum (natura) ad spicam perduxerit (fruges) ab ~a Cic.Fin.4.37; mora..segetes, quod fuit ~a, facit Ov.Rem.84; baca asparagi spinosa prosilit ~a Col.10.246; et ~a et radix cotyledonis Plin.Nat.26.80; siue ~a tenus aut flore seu solidam in speciem adoleuere (sata) Tac.Hist.5.7;—in ~is bona frumenta esse Cato orat.214; luxuriem segetum tenera depascit in ~a Verg.G.1.112; Liv.25.15.18; primis segetes moriuntur in ~is Ov.Met.5.482; Pers.6.26; frumenta quae in ~is erant cum uendidisses Labeo dig.18.1.78.3;—(*in fig. phr.*) adhuc tua messis in ~ast Ov.Ep.16.263; qui indolem ingenii tui in germine etiam tum et in ~a et in flore dilexerim Fro.Aur.2.p.124(102N).

herbāceus ~a ~um, *a.* [prec.+-acevs] Resembling herbage (in colour).

(amomum) ~um peius, pessimumque candidum Plin.Nat.12.48; (helix) ~a ac uirens 16.149; folium his (lactucis) paulo maius ~o 19.125; 33.90; (*cf.*) ~ei..coloris foliis 20.134.

herbācium ~iī, *n.* [prec.] A medicinal preparation of herbs.

Selgiticum neruis utile esse diximus sicut ~ium Plin.Nat.23.95; gentiani ~ivm ad clarit *CIL* 13.10021(78).

herbāria ~ae, *f.* [as next]

1 The science of herbs.

uolunt repertam..~am et medicamentariam a Chirone Plin.Nat.7.196.

2 (pl.) Herbivorous beasts (in the classification of animals for the amphitheatre).

p(rae) p(ositus) ~arvm *CIL* 6.10209; 10.7295.

herbārius ~iī, *m.* [herba+-arivs] A herbalist.

Dalion ~ius Plin.Nat.20.191; 22.147.

herbāticus ~a ~um, *a.* [herba+-aticvs] Herbivorous.

venat(ionem)..ferar(um)..herbat(icarum) *CIL* 8.7969 (a.d. 187).

herbescō ~ere, *intr.* [herba+-esco] To grow into blades, spring up.

(terra) elicit ~entem ex eo (*sc.* semine) uiriditatem Cic.Sen.51.

herbeus ~a ~um, *a.* [herba+-evs] Grass-green.

homo cum..oculis ~is? Pl.Cur.231.

herbidus ~a ~um, *a.* [herba+-idvs]

1 Covered with grass or other vegetation, grassy; full of weeds.

~is campis Var.R.2.1.16; loco ~o Liv.1.7.4; ~a..Epirus Ov.Met.8.282; laeta regio est et ~a Sen.Ep.79.3; Sil.16.42; uis locustarum ambederat quidquid ~um aut frondosum Tac.Ann.15.5; (*w. abl.*) insulae ~ae..harundine et iunco Plin.Ep.8.20.5;—ut..segetis ~as reddant Col.1.6.22.

2 Having a grassy quality; like that of grass.

lactis ~os per montium aestiua potus Plin.Nat.24.28;—~i coloris 12.56; 16.88.

herbifer ~era ~erum, *a.* [herba+-fer] Covered with grass, etc.; bearing (magical or medicinal) plants.

praeterit..ripas, ~er Aci, tuas Ov.Fast.4.468;—~eros..colles atque atria..Circes *Met*.14.9; Plin.Nat.25.94.

herbigradus ~a ~um, *a.* [herba+gradior+-vs] That goes on the grass.

terrigenam, ~am, domiportam (*sc.* cocleam) Cic.Div.2.133.

herbilis ~is ~e, *a.* [herba+-ilis[1]] That is fed on grass.

anseris ~is Lucil.1106; Paul.Fest.p.100M.

herbō ~āre, *intr.* [herba+-o[3]] To produce vegetation.

ueris initio pratis ~antibus Apul.Met.7.15.

herbōsus ~a ~um, *a.* *superl.* ~issimus. [herba+-osvs]

1 Covered with grass or other vegetation, grassy. **b** full of greenstuff, herbs, etc.

quae loca..non ~a erunt Cato Agr.34.2; prata..~a Var.R.1.6.5; ~o flumine Verg.G.2.199; Hor.Carm.3.18.9; pascebant ~a Palatia uaccae Tib.2.5.25; Ov.Met.2.689; caespite ~o Plin.Nat.33.77; ~o..theatro Juv.3.173; (*neut. pl. as sb.*) nascitur in montosis asperis, aliquando et ~is Plin.Nat.26.72. **b** cum stramenta condes, quae ~issima erunt..ea pro faeno dato Cato Agr.54.2; ~um..moretum Ov.Fast.4.367.

2 Resembling vegetation.

muscum..innasci aquis et ~a quaedam uidemus summo innatantia Sen.Nat.5.5.2.

herbula ~ae, *f.* [herba+-vla] A small plant.

ceruae..perpurgant se quadam ~a quae seselis dicitur Cic.N.D.2.127; Sen.Dial.7.9.2; Quint.Inst.1.3.5; Apul.Met.2.28; Ulp.dig.32.55.5.

Hercēus (-īus) ~a ~um, *a.* [Gk. ἑρκεῖος] A title of Zeus as a household god.

Sen.Ag.448; in aram Iouis ~i insiluit Hyg.Fab.91.6; Paul.Fest.p.101M; (*cf.*) ~as..non respicis aras? Luc.9.979.

hercīscō: see erc-.

hercle (ercle), hercule, *interj.* [app. voc. fr. Gk. *Ἥρακλος (= Ἡρακλῆς)] (Interjection in the form of an appeal to Hercules used for emphasis, or to express strong feeling; it was used normally by the male sex only, though Plautus gives it to a hetaera in *Cist*.52.)

α non ~ apluda est hodie quam tu nequior Naev.com.117; ne formida: saluom ~ erit Pl.As.463; ~ te uerberibus multum caedi oportere arbitror *Cist*.245; dic mihi, opsecro ~ *Ps*.340; perii ~, nomen perdidi Ter.Ph.386; ipsum ~ Lanuuium..cum Calibus..comparabunt Cic.Agr.2.96; pater ~ tuus..male dixit mihi Phaed.1.1.12; Apul.Apol.16;—(*in combination w. other intensifying particles, etc.*) haec quidem ~, opinor, praefica est Naev.com.129; profecto ~ non fuit quicquam holerum Pl.Cas.912; factum ~ uero et recte factum iudico *Epid*.707; immo ~ dixi quod uolebam *Poen*.1231; certe ~ nunc hic se ipsu' fallit Ter.An.495; sane quidem ~ Cic.Leg.2.8. β non ~ mihi nisi admonito uenisset in mentem Cic.de Orat.2.180; optimis ~ temporibus *Clu*.95; quid agat..scribas ad me uelim et ~ si quid aliud *Att*.14.10.4; *B.Afr*.12.1; unum ~ uirum Liv.2.28.4; at ~ suos honores..sublatos esse 42.12.7; Tac.Ann.14.43; Ant.Fro.1.p.126(163N); Apul.Met.4.2.

herctum: see erc-.

Herculānensis ~is ~e, *a.* Of Herculaneum; (masc. sg. as sb.) the district of Herculaneum; (pl.) its inhabitants.

fundum ~em Cic.Fam.9.25.3; litus..~e Sen.Nat.6.1.1; ~is oppidi 6.1.2;—uillam in ~i..diruit *Dial*.5.21.5;—m nonio..~es *CIL* 10.1426.

Herculāneum ~ī, *n.* A coastal town at the foot of Mt. Vesuvius.

Sis.hist.54; Liv.10.45.9; Mela 2.70; Sen.Nat.6.26.4; Plin.Nat.3.62.

Herculāneus ~a ~um, *a.*

1 Of or connected with Hercules.

mihi detraxi partem—~am Pl.Truc.562; unus tibi nodus sed ~us restat (*i.e. very difficult*) Sen.Ep.87.38; ~o sacrificio Gel.11.6.2;—(*perh. sense* 2) (urtica) ~a Plin.Nat.21.92; inuenio et formicas ~as appellari 30.29.

2 Of Herculaneum.

ficos..~as Cato Agr.8; uia..~a Cic.Agr.2.36.

Herculānus ~a ~um, *a.* **1** Of or connected with Hercules.

mensura ~i pedis Gel.1.1.3; sodales ~i *CIL* 6.31691.

2 Of Herculaneum.

~ae uiae Flor.Epit.2.18(4.8.6).

Herculēs ~eī (~ī) or ~is, *m.* Forms: 5th decl. forms app. regular in Plautus; *~i* (gen. sg.) also in Var.L.8.26, Cic.Luc.108; *~ei* Catul.55.13. *Hercl- (Ercl-) CIL* 1.1500, 7.751, 1114, etc. (see also hercle); *Hercol-* 1.607, 981, etc.; *Hercel-* 1.56. The Greek hero Hercules (Gk. form Heracles), son of Zeus and Alcmena. **b** (interj. in the form of appeal to Hercules; cf. hercle).

polluxi tibi iam publicando epulo ~is decumas Naev.com.28; ~es, ted inuoco Pl.Mos.528; superauit aerumnis suis aerumnas ~i *Per*.2; hoc ~ei est, Veneris fanum quod fuit *Rud*.822; is ~es quem concertauisse cum Apolline de tripode accepimus Cic.N.D.3.42; te..ferre ~ei labos est Catul.55.13; ex fano ~is Caes.Civ.2.18.2; satus ~e pulchro pulcher Auentinus Verg.A.7.657; Hor.Epod.17.31; Liv.1.7.4; a Gadibus columnisque ~is Plin.Nat.2.167; uulnera nodo ~is (*i.e. an amulet*) praeligare 28.63;—em..memorant monstra illa immania hominum ac ferarum uirtute subegisse Apul.Fl.22. **b** et ~es eae quidem (laudationes) exstant Cic.Brut.62; licet ~es undique omnes in me terrores..impendeant *S.Rosc*.31; Cael.Fam.8.4.1; Liv.5.4.10; Vell.2.52.2; Sen.Suas.2.6; Plin.Nat.12.59.

Herculeus ~a ~um, *a.* Of or associated with Hercules, Herculean.

~ae..arbos umbrosa coronae (*i.e. poplar*) Verg.G.2.66; ~us labor Hor.Carm.1.3.36; ~ae..clauae Prop.4.9.39; ~a Trachine Ov.Met.11.627; ~ae..gentis (*i.e. the Fabii*) *Fast*.2.237; ~is..metis (*i.e. pillars of Hercules*) Luc.3.278; ~o..astro (*i.e. the constellation Leo*) Mart.8.53(55).15.

Hercynius ~a ~um, *a.* *silua ~a*, etc., A vaguely defined region of forest-covered mountains extending between the Rhine and the Carpathians.

~am siluam Caes.Gal.6.24.2; Mela 3.29; inter Danuuium et ~um saltum Plin.Nat.4.80; ~um iugum 4.100; Tac.Ger.28.2; 30.1; Flor.Epit.1.12(1.17.3); (*fem. as sb.*) ~ae latebris Tac.Ann.2.45.

here: see heri.

hērēdiolum ~ī, *n.* [heredivm+-olvm] A small inherited estate; (also applied to purchased property).

quattuor iugerum auitum ~um Col.1.pr.13; ~um tenue possidebat Gel.19.7.1; ~um sterile..colunt Apul.Fl.11;—exiguum ~um lx milibus nummum..Pudentillam..emisse *Apol*.101.

hērēdipeta ~ae, *m.* [heredi- (heres, hereditas)+peto+-a] A legacy-hunter.

incidimus in turbam ~arum Petr.124.2.

hērēditārius ~a ~um, *a.* [next+-arivs]

1 Of or connected with inheritance or succession.

te in ~a societate fraudarat Cic.Quinct.76; de controuersia

quam habet..~am Brut.*ad Brut.*1.6.4; ~a..possessione Liv.32.10.4; in ~is litibus Quint.*Inst.*3.10.2; pecuniam ~o nomine datam Julian.*dig.*18.4.18; debitores ~i (*i.e. debtors to the estate*) Gaius *Inst.*2.35; eos..quibus ~o iure communis res est *dig.*17.2.34; Q MINVCIO GLYCE⟨RO⟩ HOC SEPVLCHRVM CONCESSVM EST PER GRADV ~O *CIL* 14.1357; qui partes ~as uel totam a fisco mercatus fuerit Julian.*dig.* 5.3.54.

2 That is inherited, hereditary. **b** (transf.) acquired as though by inheritance, passed down.

in re aduenticia atque ~a Cic.*Ver.*1.126; cognomen.. quod habes..~um *Rep.*6.11; Bithynia..testamento Nicomedis relicta ~a Vell.2.39.2; ~um..imperium Curt.6. 3.12; ~os agros Plin.*Ep.*7.11.1; res ~ae, antequam aliquis heres existat, nullius in bonis sunt Gaius *dig.*1.8.1; seruo ~o Pompon.*dig.*7.4.18. **b** (*between individuals*) ~am quaesturam Cic.*Ver.*3.177; ~um ⟨a⟩ patre relictum bellum Liv.42.11.5; studia, ~um et paternum bonum Sen. *Dial.*6.1.6; (*w.* ab) hoc (*sc.* doctum esse) nec a patre ~um est nec a casu pendulum Apul.*Soc.*23;—(*between generations*) ueterem atque ~am urbis nostrae paupertatem V.Max. 4.3.8.

hērēditās ~ātis, *f.* [HERES+-TAS] Forms: *~ati* (abl. sg.) *CIL* 1.585; Var.*R.*1.12.2; *~atium* (gen. pl.) Suet.*Aug.*66.4; Gaius *Inst.* 3.125; *CIL* 13.1810, etc.; *~atum* Cic.*Ver.* 1.117, *Phil.*2.62, etc.

1 The action or fact of inheriting, hereditary succession.

si istius modi mi fundus ~ati obuenerit Var.*R.*1.12.2; equum aut emeris oportet aut ~ate possideas Cic.*Inv.*1.84; multa ~atibus, multa emptionibus..tenebantur *Off.*2.81; Sal.*Jug.*85.30; domum..ab auunculo ~ate relictam Nep. *Att.*13.2; cum ~atis nomine a patre Syracusanorum.. tyrannidem accepisset V.Max.6.9.ext.6; ne quid inde directo ~atis legatorumue nomine eos posse capere dicamus Gaius *Inst.*1.24.

2 The position of *heres*, inheritance, hereditary possession (not always dist. fr. sense b). **b** that which is inherited, the substance of an inheritance (not always dist. fr. main sense). **c** (transf.). **d** (applied fig. to an unexpected acquisition); *~as sine sacris*, an unencumbered legacy (in quots., fig.).

ne..ab ~ate fraterna excluderetur Cic.*Clu.*31; propinquorum suorum ~ates adsecutus *Balb.*57; quoniam ~as usu capta esset *Att.*1.5.6; ut..~atem propinqui sui..obtineat *Fam.*13.29.5; procurandae ~atis causa Caes.*Civ.*2.18.2; tot ~ates acceptas Liv.38.59.8; ut ~atem suam adirem cerneremque Plin.*Ep.Tra.*10.75(79).2; sacerdotio et uxoris dote et gentilicis ~atibus multatus Suet.*Jul.*1.2; *Aug.*66.4; ne minus quam partem quartam ~atis eo testamento heredes capiant *Leg.pub.*(*Font.iur.*p.111)19; ~ates libertorum libertarumque Gaius *Inst.*1.165; quanta pecunia ex ~ate Titii ad me peruenit Javol.*dig.*32.29; si tota ~as uacat Julian.*dig.*28.6.30; in repudianda ~ate Pompon.*dig.*29.2.23. **b** tuam ~atem inhiat quasi essuriens lupus Pl.*St.*605; Ter.*An.*815; ~as est pecunia quae morte alicuius ad quempiam peruenit iure Cic.*Top.*29; cum eius filio praetore C. Sacerdote ~as a propinquo permagna uenisset *Ver.*1.27; ~as tanti non est *Att.*13.13.4(14.1); quem census in album et equestris ~as misit Sen.*Ben.*3.7.7; multas saepe ~ates.. extorserat Petr.140.1; libertus supra ~ates Larg.162; ~atis spe Quint.*Inst.*7.1.33; lacerare furtis ~atem Flor. *Epit.*2.15(4.4.2); uicesima ~atium Gaius *Inst.*3.125. **c** ad quem et ~as huius gloriae et factorum imitatio pertinet Cic.*Off.*1.78; probo bona fama maxima est ~as Pub.*Sent.* P.49; hanc ego (*sc.* amicitiam) maximam ~atem a patre accepi Liv.37.53.7; Fro.*Aur.*1.p.160(17N); bellum Sertorianum quid amplius quam Syllanae proscriptionis ~as fuit? Flor.*Epit.*2.10(3.22.1). **d** mihi hau saepe ueniunt tales ~ates (*sc. potations*) Pl.*Cur.*125; mi optigit ~as (*i.e. a dinner*) *St.*384; duas sibi ~ates uenisse arbitratus est Cic. *Ver.*1.90;—sine sacris ~atem sum aptus Pl.*Capt.*775; *Trin.*484; Fest.p.290M.

hērēdium ~iī, *n.* [HERES+-IVM] A hereditary estate.

bina iugera..quae heredem sequerentur, ~ium appellarunt Var.*R.*1.10.2; ~ium a patre relictum Nep.*Ca.*1.1; Plin.*Nat.*18.39; Paul.*Fest.*p.99M; (*cf.*) in XII tabulis legum nostrarum nusquam nominatur uilla, semper in significatione ea hortus, in horti uero ~ium *Lex XII* in Plin.*Nat.* 19.50.

Herem (*acc.*) *f.* (app.) An Italian goddess (cf. Heriem).

Nerienem Mauortis et ~ Enn.*Ann.*104; ~ Marteam antiqui accepta hereditate colebant Paul.*Fest.*p.100M.

hērēs ~ēdis, *m.*, (*f.*). [dub.] Forms: *~em* (acc. sg.) Naev.*com.*58; *-edei* (dat. sg.) *CIL* 1.585.62, 68; *~edi* (abl. sg.) 1.585.23; *P.Mich.* 438.6.

1 A successor to the rights and liabilities of a deceased person, heir. **b** *~es necessarius*, a slave of the testator granted freedom and instituted heir without the power of refusing; *~es suus, suus et necessarius*, a person in the *potestas* of a deceased who succeeded automatically and without power of refusing to accept the inheritance in the absence of a valid will; *~es extraneus*, an heir not subject to the *potestas* of the testator, who had the power of refusing. **c** (w. ordinal num. etc., indicating order of succession); (w. *ex asse, ex dodrante*, etc., indicating proportion of inheritance).

eum..~edem fecit quom ipse obiit diem Pl.*Men.*62; eius ~edem sacra non secuntur Cato *hist.*61; qui ~edes testamento patris sumus Cic.*Inv.*2.62; ~edem testamento reliquit hunc P. Quinctium *Quinct.*14; ut filiam bonis suis ~edem institueret *Ver.*1.104; in testamento Ptolomaei patris ~edes erant scripti Caes.*Civ.*3.108.4; ~edes..successoresque sui cuique liberi, et nullum testamentum Tac. *Ger.*20.5; propter me scriberis ~es Juv.9.87; filius..si.. decesserit, tunc in locum partemque eius Titius ~es esto Papin.*dig.*28.6.41.8; si miles unum ex fundo ~edem scripserit Ulp.*dig.*29.1.6; (*w. gen. indicating inheritance*) quartae sit partis Vlixes..~es Hor.*S.*2.5.101; bonorum omnium ~es Liv.1.34.2. **b** necessarius ~es est seruus cum libertate ~es institutus Gaius *Inst.*2.153;—si intestato moritur, cui suus ~es nec escit, adgnatus proximus familiam habeto *Lex XII*(*Font.iur.*p.23); sui..et necessarii ~edes sunt uelut filius filiaue Gaius *Inst.*2.156;—2.161. **c** possessiones hereditatum..a primis ~edibus ad secundos..transtulisse Cic.*Ver.*3.16; *Att.*15.2.4; quod auia secunda ~es non fuit Quint.*Decl.*388(p.441,l.10); ne ~edem quidem nisi inter tertios ac paene extraneos..nuncuparet Suet.*Cl.*4.6; '~edis' appellatio non solum ad proximum ~edem, sed et ad ulteriores refertur Ulp.*dig.*50.16.65;—~es ex parte dimidia et tertia est Capito; in sextante sunt ii quorum.. Cic.*Fam.* 13.29.4; testamento adoptauit eum ~edemque fecit ex dodrante Nep.*Att.*5.2; te..~edem ex asse reliquit Mart. 3.10.5; Quint.*Inst.*7.1.20; quamquam ipse ~es in parte legeretur Tac.*Ann.*2.48; Plin.*Ep.*5.1.9.

2 An heir, successor (to throne, etc.); (w. ordinal num. indicating order in succession). **b** one who succeeds (to other positions, liabilities, etc.).

externus..in regnum quaeritur ~es Verg.*A.*7.424; proximus ~es (*i.e. Caligula*) Stat.*Silv.*3.3.69;—(*w. gen.*) ~es regni *B.Alex.*66.5; Liv.1.40.4; paterni..imperii..certus ~es Sen.*Phaed.*1112; mundi..nouissimus ~es Stat.*Theb.* 11.445; (*cf.*) an ~edem generis sui floribus eligant (apes) Col.9.2.4;—Pelopis..tertius ~es (*i.e. Agamemnon*) Catul. 64.346; Flauia gens, quantum tibi tertius abstulit ~es (*i.e. Domitian*) Mart.*Sp.*33.1. **b** uetus Academia atque eius ~es Aristus Cic.*Brut.*332; humani generis cum solus constitit ~es Deucalion Man.4.832; quasi Pythagorae loqueris successor et ~es Mart.9.47.3;—(*w. gen.*) ⟨belli cum⟩ populo Romano..~edem Liv.41.23.11; auiti nominis ~es Ov.*Met.* 6.239; paterni in principes odii ~edem Tac.*Ann.*16.28; Apul.*Met.*7.5.

3 A son, child considered as an heir.

Ascanium surgentem et spes ~edis Iuli respice Verg.*A.* 4.274; hereditatem absumere quam ~edem maluit tollere V.Max.8.6.1; nec multus intra limen ~es est Sen.*Con.*2.1. 7; senex sine ~ede moriturus Sen.*Dial.*5.33.3; paruos tres habet ~edes Juv.12.95;—(*transf.*) nec ullum..caput est ..recisum, quin gemino ceruix ~ede ualentior esset Ov. *Met.*9.72; licet alni..in aqua satae densius caesaeque innumero ~ede prosint Plin.*Nat.*16.173.

4 One who owns a thing by right of succession.

apstuli hanc (*sc.* pallam), quoiius ~es numquam erit post hunc diem Pl.*Men.*477; Man.5.325; (*cf.*) ~es apud antiquos pro domino ponebatur Paul.*Fest.*p.99M.

heri, *adv.* Also **here.** [< *ghes(i), Skt. *hyáḥ*, Gk. *χθές*, Eng. *yester*] Forms: see Quint.*Inst.* 1.4.8, 1.7.22. Pros.: *herī* Ter.*Eu.*169, 357; *herĭ* Pl.*Am.*514, *Mer.*257, *Ps.*148, *Rud.*940, *St.*152, 516; Ter.*Hec.*329, 466; elsewhere usu. not determined. Yesterday.

heri uel nudiustertius Pl.*Cur.*17; here in uino quam inmodestu' fuisti Ter.*Hau.*568; here dederam ad te litteras Cic.*Att.*15.1a.1; ut heri tibi narraui uel fortasse hodie 16.4.1; sordebant tibi uillicae..hodie atque heri Catul.61.130; Hor.*S.*2.8.2; scis here mi multas pariter placuisse puellas Prop.2.22.1; hodie ueniet, si qua negauit heri 2.14.20; hic here Phrixeae uellera pressit ouis Ov.*Fast.*3.852; Mart. 1.43.2; Plin.*Ep.*2.7.1;—(*w. time of day stated*) heri uenisti media nocte Pl.*Am.*514; heri..uesperi Ter.*An.*768; heri uenit..post horam decimam Cic.*Att.*13.7a.(2).

Heriem (*acc.*) (app.) A deified attribute of Juno.

in his (*sc.* comprecationibus) scriptum est..~em Iunonis Gel.13.23.2.

herifuga, herīlis: see ERI-.

Herma: see Hermes.

Hermaeum ~ī, *n.* A building dedicated to Hermes.

in diaetam, cui nomen est ~um, recesserat Suet.*Cl.*10.1.

Hermagorās ~ae, *m.* A rhetorician of the 2nd century B.C., born in Temnos; another rhetorician, of the 1st century A.D.

Cic.*Inv.*1.8; *Brut.*263; Quint.*Inst.*3.11.18; Tac.*Dial.*19.3; —Sen.*Con.*1.1.25; Quint.*Inst.*3.1.18.

Hermagorēī ~ōrum, *m. pl.* The followers of Hermagoras' method.

Quint.*Inst.*7.4.4.

Hermaphrodītus[1] ~ī, *m.*

1 A bisexual divinity, in mythol. the result of the fusion of a son of Hermes and Aphrodite with the nymph Salmacis.

Ov.*Met.*4.381; Mart.10.4.6; Polycles ~um nobilem fecit Plin.*Nat.*34.80; Hyg.*Fab.*271.2.

2 A hermaphrodite.

quasi ~us fimbriatum frontem gestas Titin.*com.*112; gignuntur et utriusque sexus quos ~os uocamus Plin.*Nat.* 7.34; 11.262.

hermaphrodītus[2] ~a ~um, *a.* Hermaphrodite, combining characteristics of both sexes.

~as..equas Plin.*Nat.*11.262.

Hermathēna ~ae, *f.* A herm with a bust of Athena.

~a tua ualde me delectat Cic.*Att.*1.1.5; 1.4.3.

hermēneuma ~atis, *n.* [Gk. *ἑρμήνευμα*] An interpretation.

qui ~ata docerent Sen.*Con.*9.3.14.

Hermēraclēs, *m.* A herm with a bust of Heracles.

signa nostra et ~as..cum commodissime poteris uelim imponas Cic.*Att.*1.10.3.

Hermerōs (~ōtos), *m.* A herm with a bust of Eros.

~otes Taurisci Plin.*Nat.*36.33.

Hermēs (? or **~a**) ~ae, *m.* A quadrangular pillar, surmounted by a bust of Hermes or, later, of other gods, a herm.

~ae tui Pentelici cum capitibus aeneis Cic.*Att.*1.8.2; *Leg.* 2.65; accidit ut una nocte omnes ~ae..deicerentur Nep. *Alc.*3.2; Juv.8.53; *CIL* 5.2864.

hermēsias: (see quot.).

~as..uocatur ad liberos generandos pulcros bonosque non herba sed conpositio e.. Plin.*Nat.*24.166.

Hermionē ~ēs, *f.* Also **~a** ~ae. The daughter of Menelaus and Helen.

Verg.*A.*3.328; Prop.1.4.6; Ov.*Ars* 1.745; Vell.1.1.3; Sen.*Tro.*1134.

Hermionēus (-aeus) ~ēa ~ēum, *a.* Also **~ius.** Of Hermione, a town on the coast of Argolis.

statio..~ea *Ciris* 472; ~ium agrum Plin.*Nat.*4.56.

Hermogenēs ~is, *m.* A Greek personal name, e.g. Hermogenes Tigellius, a contemporary singer satirized by Horace.

Hor.*S.*1.4.72; 1.9.25.

Hermū aedœon, *n.* [Gk. *Ἑρμοῦ αἰδοῖον*] The name of a precious stone.

Plin.*Nat.*37.166.

Hermū poa, *f.* [Gk. *Ἑρμοῦ πόα*] The plant mercury, *Mercurialis annua*.

Plin.*Nat.*25.38.

hermula ~ae, *f.* [HERMES+-VLA] A small herm.

CANCELLI AENEI CVM ~IS *CIL* 14.2215.

Hermus ~ī, *m.* A gold-bearing river of Aeolis.

auro turbidus ~us Verg.*G.*2.137; Mela 1.89; Sen. *Phoen.* 607; Luc.3.210; Mart.6.86.5.

hernia: see HIRNEA.

Hernicus ~a ~um, *a.* (masc. pl. as sb.) A people of Latium; (as adj.) of this people or their country.

Liv.2.22.3; Paul.*Fest.*p.100M;—~a saxa colunt Verg. *A.*7.684; ~a terra Ov.*Fast.*3.90; agro..~o Plin.*Nat.*3.63; ~us..senex Juv.14.180.

Hērō (*acc.* ~ōn), *f.* (mythol.) A priestess of Aphrodite at Sestos, beloved by Leander.

Ov.*Am.*2.16.31.

Hērōdēs ~is, *m.* A Greek name, esp. used by the ruling family of Judaea.

Hor.*Ep.*2.2.184; Pers.5.180; regnum ab Antonio ~i datum Tac.*Hist.*5.9.

Hērodotus ~ī, *m.* The Greek historian, born at Halicarnassus in 484 B.C.

~um, patrem historiae Cic.*Leg.*1.5; Vitr.8.3.27; Plin. *Nat.*12.17; Quint.*Inst.*10.1.73.

hērōicus ~a ~um, *a.* **~os.** [Gk. *ἡρωικός*]

1 Of or belonging to the (mythical) heroes, heroic; typical of the heroes.

~is temporibus Cic.*N.D.*3.54; Medea..et Atreus..~ae personae 3.71; ~is aetatibus Vlixem et Nestorem accepimus ..fuisse..sapientis *Tusc.*5.7; Quint.*Inst.*1.11.17;—de saxo, in crucem..quid quaeris? ~a Cic.*Att.*14.15.1(2).

2 (of poetry) Describing the deeds of heroes, epic; (also of the metre of this poetry, i.e. the dactylic hexameter).

~i carminis sonum Tac.*Dial.*10.4;—in uersu ~o Gel. 4.17.3; hexametron dicunt sed non ~on omnem Maur.1644; Vel.gram.in *G.L.*7.54.

hērōīnē ~ēs, *f.* **~a** ~ae. [Gk. *ἡρωίνη*] A (mythical) heroine.

Inachiis..~is Prop.1.13.31; 1.19.13; Ischomache..~e 2.2.9.

hērōion (trisyll.), *n.* [Gk. *ἡρῷον*] Asphodel.

Plin.*Nat.*22.67.

hērōis ~idos, *f.* [Gk. *ἡρωίς*] A (mythical) heroine.

aegra sanitatis ~is (*i.e. Ino*) Laev.*poet.*12; ornabant omnes ~ida diui Verg.*Cat.*9.21; Maeonias omnis ~idas inter Prop.2.28.29; mores illis ~isin aequos Ov.*Tr*.5.5.43; Stat.*Silv*.5.1.255; tragoedias..~idum ac dearum Suet. *Nero* 21.3.

hērōs ~ōos, *m*. [Gk. ἥρως]

1 A (mythical) hero. **b** (app. as adj.) heroic. ~oum ueteres casus Cic.*de Orat*.2.194; uestis..uariata figuris ~oum Catul.64.51; altera quae uehat Argo delectos ~oas Verg.*Ecl*.4.34; Aiax, ~os ab Achille secundus Hor.*S*.2.3.193; quem uirum aut ~oa lyra..sumis celebrare..? *Carm*.1.12.1; Laertius..~os (*i.e. Ulysses*) Ov.*Tr*.5.5.3; Tirynthius ~os (*i.e. Hercules*) Stat.*Theb*.6.489; sic segnes ~oes eunt *Ach*.1.709; deorum atque ~oum effigies Quint. *Inst*.12.10.5. **b** ~oas sensus adferre docemus nugari solitos graece Pers.1.69.

2 A man with heroic qualities, hero. ~os ille noster Cato Cic.*Att*.1.17.9; ignari quantum in illo ~oe (*sc*. Milone) esset animi 4.3.5; illorum..~oum (*i.e. Plato and Aristotle*) *Rep*.3.12; *Culex* 359; Apul.*Pl*.2.7.

hērōum ~ī, *n*. [Gk. ἡρῷον] The shrine of a hero. incolae quod uocant ~um in eo loco fecere Plin.*Nat*.10.18; PRAETORIOLVM CVM HORTVLO ET ~O *CIL* 5.4057.

hērōus[1] ~a ~um, *a*. [Gk. ἡρῷος]

1 Of or belonging to a hero or heroes. **b** (of poetry) dealing with heroes, heroic. ~as ducere in arma manus Prop.2.1.18; siue chelyn tollas ~a ad robora Stat.*Silv*.1.3.102. **b** carminis ~i..opus Prop.3.3.16; Quint.*Inst*.1.8.5.

2 (applied to the dactylic hexameter, the metre of heroic verse). **b** (masc. as sb.) a hexameter, verse in this metre; also, a dactyl. ~um numerum grandiorem quam desideret soluta oratio Cic.*Orat*.192; ~is uersibus *Leg*.2.68; iungitur ~us cum breuiore modo Ov.*Am*.2.17.22; quid uolui..elegis inponere tantum ponderis? ~i res erat ista pedis *Fast*.2.126; Plin.*Nat*.7.205; Quint.*Inst*.1.5.28; Maur.507; 1581. **b** Ponticus ~o, Bassus..clarus iambis Ov.*Tr*.4.10.47; Plin.*Ep*.7.4.3; —(*pl*.) lasciuus elegis an seuerus ~is? Mart.3.20.6; lasciuus ..in ~is..Ouidius Quint.*Inst*.10.1.88;—neque uos paean aut ~us ille conturbet Cic.*de Orat*.3.191; ~us, qui est idem dactylus Quint.*Inst*.9.4.88.

Hērōus[2] ~a ~um, *a*. Of Hero. ~as..turres Luc.9.955.

herpēs ~ētis, *m*. [Gk. ἕρπης]

1 One or other variety of herpes. aizoum ~etas (cohibet) Plin.*Nat*.26.145; 27.130.

2 An unidentified animal. ~es..animal..quo praecipue sanantur quaecumque serpunt Plin.*Nat*.30.116.

herpesticus ~a ~um, *a*. [cf. Gk. ἑρπυστικός] (of morbid conditions) Spreading. gangrena..~a Lucil.53.

Hersilia ~ae, *f*. ~ē ~ēs. The wife of Romulus. Liv.1.11.2; Ov.*Met*.14.830; 14.848; ~ae ciuis (*i.e. a Roman*) Mart.10.68.6; Sil.13.812.

herus: see Ervs.

Hēsiodīus ~a ~um, *a*. Of Hesiod, Hesiodic. illud ~um (*i.e. saying*) laudatur a doctis Cic.*Brut*.15.

Hēsiodus ~ī, *m*. The Greek poet Hesiod. Var.*L*.5.20; Cic.*Tusc*.1.3; Vell.1.7.1; Sen.*Ben*.1.3.6; Plin.*Nat*.14.3; Quint.*Inst*.10.1.52.

Hēsiona ~ae, *f*. ~ē ~ēs. A daughter of Laomedon whom Hercules rescued from a sea monster and gave as a prize to Telamon. Verg.*A*.8.157; Ov.*Met*.11.217; ~am nobilem pinxit (Antiphilus) Plin.*Nat*.35.114; Hyg.*Fab*.31.4.

Hesperia ~ae, *f*. The land to the west (referring esp. from the Greek point of view to Italy; also, as seen from Rome, to Spain). Enn.*Ann*.23; est locus, ~am Grai cognomine dicunt Verg.*A*.1.530; Hor.*Carm*.3.6.8; Ov.*Fast*.1.498; in hac ipsa ~a Col.1.3.7; Luc.1.29; decus memorare laborum antiquae ~ae Sil.1.4; Cannas, tumulum ~ae 1.50;—~a sospes ab ultima Hor.*Carm*.1.36.4.

Hesperides ~um, *f. pl*. (mythol.) The guardians of the golden apples which were carried off by Hercules as one of his labours. draconem ~um Var.*Men*.299; Cic.*N.D*.3.44; aurea..~um mala Lucr.5.32; ~as donasse (*sc*. pomum) putes Ov.*Met*.11.114; ~um..hortus Luc.9.358; duae ~um insulae Plin.*Nat*.6.201.

Hesperis[1] ~idos, *f. adj*. [Gk. ἑσπερίς] Western. ~idum fluuius regnator aquarum (*i.e. the Tiber*) Verg.*A*.8.77.

hesperis[2] ~idos, *f*. [prec.] A plant, perh. night-scented stock. ~is noctu magis olet, inde nomine inuento Plin.*Nat*.21.39.

Hesperius ~a ~um, *a*. [Gk. ἑσπέριος]

1 Of the evening star. ante ~os..ortus Sen.*Oed*.742.

2 Of the west (referring variously to Italy, Spain, etc., or the remote or mythical west). **b** the people of the west. terram ~am (*i.e. Italy*) Verg.*A*.2.781; ad ortus solis ab ~o cubili Hor.*Carm*.4.15.16; ~o..dracone Prop.2.24.26; ~os..amnes Rhenum Rhodanumque Padumque Ov.*Met*.2.258; Eoas partes ~asque *Fast*.1.140; nomen..~um (*i.e. Roman*) Luc.2.57; Aethiopas ~os Plin.*Nat*.6.197; ~us (*i.e. Spanish*) scombri..liquor Mart.13.40.2. **b** siue illam ~is, siue illam ostendet Eois Prop.2.3.43; Man.1.226; (*as a spec. people*) deinde ~oe Perorsi et quos in Mauretaniae confinio diximus Plin.*Nat*.6.195.

Hesperus (~os) ~ī, *m*. The evening star. stella lucifer interdiu, noctu ~us Var.*R*.3.5.17; Catul.62.20; Verg.*Ecl*.10.77; Ov.*Met*.5.441; dux noctis ~us Sen.*Med*.878; Stat.*Silv*.2.6.37.

hesternus ~a ~um, *a*. [<*hestrinos (heri)] Of or belonging to yesterday. **b** (w. *dies, nox*); *~o die*, yesterday; *~a nocte*, last night. **c** (neut. sg. as sb.) yesterday. ~as reliquias Pl.*Per*.77; ~o sermone Cic.*de Orat*.2.40; de ~a..iniuria *Phil*.1.11; Verg.*A*.8.543; ~os..componere crinis Prop.1.15.5; pugna ~a Liv.10.35.11; ignes suscitat ~os Ov.*Met*.8.642; cum pane ~o Cels.1.3.24; ~i..Quirites (*i.e. recently emancipated slaves*) Pers.3.106; non ~a sedet lunata lingula (*i.e. brand-new*) planta Mart.2.29.7; (*neut. pl. as sb.*) ~orum inmemores Quint.*Inst*.11.2.6. **b** neque..umquam ante ~um diem Pl.*Ps*.731; disputatione ~i et hodierni diei Cic.*de Orat*.3.81; Liv.44.39.8; nec minus ~ae confundor imagine noctis Ov.*Ep*.18.72;—Cic.*de Orat*.2.15; ~o..die otiosi multum lusimus Catul.50.1; Liv.25.38.9; (*cf*.) ~a..luce Ov.*Am*.2.2.3;—cui tulit ~a gaudia nocte Venus Tib.2.1.12; Prop.2.29.1. **c** usque ad ~um quidquid transit temporis perit Sen.*Ep*.24.20; superest ex ~o mihi cogitatio 83.8; (*abl. as adv*.) te istic ~o quid haesisse oportuerat Aristaee? Sis.*Mil*.5.

hestiātēris ~idos, *f*. [cf. Gk. ἑστιατήριον, etc.] An unidentified plant. Plin.*Nat*.24.165.

hetaeria ~ae, *f*. [Gk. ἑταιρία] A society, guild, fraternity. Plin.*Ep.Tra*.10.96(97).7; Tra.Plin.*Ep*.10.34(43).1.

Hetaericē ~ēs, *f*. [Gk. ἑταιρική] A body of horse-guards in the Macedonian army. praefuit..equitum alae, quae ~e appellabatur Nep.*Eum*.1.6.

heterocrānia ~ae, *f*. [Gk. ἑτεροκρανία] A pain on one side of the head. Plin.*Nat*.31.99.

hetta [dub.] (See quot.) ~ res minimi pretii Paul.*Fest*.p.99M.

hēu, *interj*. Pros.: followed by hiatus Ov.*Am*.3.8.18, etc., Stat.*Theb*.5.478, etc.; preceded by hiatus Stat.*Silv*.5.5.74.

1 (expr. sorrow, regret, etc.) Alas. **b** (followed by exclam. acc.); (also w. gen. or dat.) alas for. **c** (followed by a command). ~ quam crudeli condebat membra sepulcro Enn.*Ann*.139; ~, cor meum..finditur Pl.*Bac*.251; ~, uirginalem me ore ploratum edere Cic.*Tusc*.2.21 (transl. Sophocles); ~ miser indigne frater adempte mihi Catul.101.6; ~, miserande puer Verg.*A*.6.882; cur ~..cur manat rara meas lacrima per genas? Hor.*Carm*.4.1.33; ignibus ~! lentis uretur Ov.*Ars* 3.573; heu qualis pietas ~ quam breuis occidit aetas Mart.6.85.7; ~ celeres Parcae! Stat.*Theb*.8.439; Apul.*Met*.10.12;—(*repeated*) ~ ~!—desine.—doleo Pl.*Ps*.1320; ~, ~, quid uolui misero mihi? Verg.*Ecl*.2.58; ~ nefas! ~! Hor.*Carm*.4.6.17; (*cf*.) EHEV ~ TARACEI VT ACERBO ES DEDITVS FATO *CIL* 1.1603.3. **b** ~ me miserum, misere perii Pl.*Aul*.721; ~ me infelicem! Turp.*com*.117; Cic.*Phil*.7.14; Hippolytus, ~ me, flebili leto occubat Sen.*Phaed*.997; ~ mores, Fabrici nos pudet! Plin.*Nat*.33.153; ~ surdas aures! Sil.16.344; ~ me qui .. Apul.*Met*.10.22;—foederis ~ taciti Prop.4.7.21;—~ misero mihi Pl.*Mer*.661; 701 **c** ~ fuge crudelis terras Verg.*A*.3.44; ~ formae ne crede tuae V.Fl.7.449.

2 (in weakened sense, expressing the equivalent of a sigh). ~ quantum per se candida forma ualet Prop.2.29.30; ~ quantum fati parua tabella tulit! Ov.*Fast*.2.408; Luc.5.354; ~ prodiga ingenia Plin.*Nat*.33.4; redderis—~, quanto fatorum munere!—nobis Mart.7.47.3.

Hēuresis ~is, *f*. [Gk. εὕρεσις] The festival of the finding of Osiris. MENSIS NOVEMBER..IOVIS EPVLVM ~IS *CIL* 6.2305.

hēus, *interj*. **a** (used to attract a person's attention). **b** (drawing attention to a remark). **a** ~, Staphyla, te uoco Pl.*Aul*.269; ~ ubi estis? *Capt*.830; ~ tibi dico Ter.*Hec*.523; '~!' inquit dominus, ille enimuero adsilit Phaed.2.5.21; ~ bone, tu palles Pers.3.94; Stat.*Theb*.2.622;—(*repeated*) Syre, Syre inquam, ~ ~ Syre! Ter.*Hau*.348;—(*followed by imp*.) ~, mane Pl.*Rud*.938; Verg.*A*.1.321; ~ age, responde Pers.2.17;—(*w*. tu, uos) ~ tu, leno, te uolo! Pl.*Cur*.686; ~ uos, ecquis hasce aperit? *Mos*.988; ~ tu,..quid tibi in mentem uenit ita respondere? Cic.*de Orat*.1.240; Hor.*S*.1.3.21;—(*in letters*) et ~ tu!.. Dolabella me sibi legauit Cic.*Att*.15.11.4; Plin.*Ep*.9.12.1. **b** ~ proxumus sum egomet mihi Ter.*An*.635; *Eu*.276; ~, etiam mensas consumimus Verg.*A*.7.116.

hexachordos ~on, *a*. [Gk. ἕξ, χορδή] (of a musical instrument) Having a scale of six notes. Vitr.10.8.2.

hexaclīnon ~ī, *n*. [cf. Gk. ἑξάκλινος] A couch to hold six (diners). testudineum..~on Mart.9.59.9.

hexagōnum (~on) ~ī, *n*. [Gk. ἑξάγωνος] A hexagon. Var.*R*.3.16.5; esto ~um quoquo uersus lineis pedum xxx Col.5.2.10; Balb.*grom*.p.107La.

hexameter ~tra ~trum, *a*. [Gk. ἑξάμετρος] Forms: *~trus* (nom. sg. masc.) Maur.2105; *~tron* (acc.) 1644, 2570. Having six metrical feet (applied esp. to the dactylic hexameter); (masc. as sb.) a hexameter line; (pl. also) verse in this metre. ~tro uersu Lucil.229; Cic.*de Orat*.3.194; Suet.*Aug*.85.2;—quod ille dactylicus numerus ~trorum magniloquentiae sit accommodatior Cic.*Orat*.191; ~tris epigramma facis Mart.6.65.1; Stat.*Silv*.1.pr.; ~tri exordio Quint.*Inst*.9.4.74; Gel.18.15.1; quales ~tron tomas habere..probaui Maur.2570;—de tuis ~tris numquam quicquam impertiuit Fro.*Aur*.1.p.124(24N); Aur.*Fro*.1.p.138(34N).

hexaphorus ~a ~um, *a*. [Gk. ἕξ, φέρω] Carrying a load in a gang of six; (neut. as sb.) a litter carried by six men. feruntur a phalangariis ~is Vitr.10.3.7;—Mart.2.81.1; ingenti..uectus es ~o 4.51.2; 6.77.10.

hexastichus ~a ~um, *a*. [Gk. ἑξάστιχος] Arranged in six rows. ~am (myrtum) densissimo (folio), senis foliorum uersibus Plin.*Nat*.15.122; (*w. ref. to the grains on an ear of barley*) hordei quod rustici ~um..uocant Col.2.9.14.

hexastȳlos ~os ~on, *a*. [Gk. ἕξ, στῦλος] Having six pillars. siue tetrastyli siue ~i (frontis) Vitr.3.3.7; frons aedis.. si ~os (erit) 4.3.3.; 4.3.7.

hexēcontalithos, *m*. [Gk. ἑξήκοντα, λίθος] A precious stone. ~os, in parua magnitudine multicolor Plin.*Nat*.37.167.

hexēris ~is, *f*. [Gk. ἑξήρης] A ship perh. having six rowers to each bank of oars. Scipio..~e aduectus Liv.29.9.8; quattuor ~es habebat (classis) 37.23.5; V.Max.1.8.ext.11.

hexis, *f*. [Gk. ἕξις] (rhet.) Trained habit, skill. non ~is (*cj., codd*. exhis, *etc*.) magna sed phrasis Sen.*Con*.7.pr.2.

Hiarbās: see Iarbas.

hiasco ~ere, *intr*. [hio+-sco] To open out. eae (*sc. pine-cones*) ubi primum incipiunt ~ere Cato *Agr*.17.2.

hiātus ~ūs, *m*. [hio+-tvs[3]]

1 The action of splitting open, gaping, yawning. repentinis terrarum ~ibus Cic.*N.D*.2.14; deuorer..subito telluris ~u Ov.*Ep*.3.63; frequentes terrarum ~us Sen.*Dial*.12.7.4; Plin.*Nat*.36.95; Suet.*Cal*.31.

2 An opening caused by splitting, fissure, crevice. **b** a fissure in the earth, chasm. a terris quantum caeli patet altus ~us Lucr.4.417; caelum findi uelut magno ~u uisum Liv.22.1.11; aspicis ut ..littera (*cut in a tree*)..arenti nondum se laxet ~u Calp.*Ecl*.1.23; quanto descendit uulnus ~u! Stat.*Theb*.12.340; iunctis..~ibus et absorbetur et tollitur (aqua) Plin.*Ep*.5.6.37. **b** Gyges..qui cum terra discessisset..descendit in illum ~um Cic.*Off*.3.38; Lucr.6.584; spelunca..uasto ..immanis ~u Verg.*A*.6.237; abripitur caeco descensus ~u Prop.4.8.5; patentes terrae ~us Liv.7.6.4; fons.. margine gramineo patulos succinctus ~us Ov.*Met*.3.162; caeco foueae deceptus (*sc*. leo) ~u Stat.*Silv*.2.5.10; non.. ingentes inter stetit Apenninus ~us (*i.e. gorges*) Sil.8.649; —(*cf*.) Charybdin..magno ~u..nauigia sorbentem Sen.*Dial*.6.17.2; uasto..desidit ~u abrupta reuolutus aqua (*sc. a ship*) V.Fl.8.329.

3 The holding of the mouth wide open, a wide-opened jaw or its expanse. **b** (applied to personifications of natural forces, etc.). debent esse (canes)..~u magno Var.*R*.2.9.4; magnus ~us ille leonis Lucr.5.24; quinquaginta..immanis ~ibus Hydra Verg.*A*.6.576; miser inuisam traxit ~us aquam Prop.3.7.52; aurae..captantur ~u Ov.*Met*.7.557; alludit patulis arbor ~ibus (*sc*. Tantali) Sen.*Thy*.157; (conchas) redditas mari auido ~u reuiuescentes Plin.*Nat*.9.132; ne immodicus ~us rictum distendat Quint.*Inst*.1.11.9; personae..~um ..formidat..infans Juv.3.175;—(*w*. oris) cibum..oris ~u ..capessunt Cic.*N.D*.2.122; Suet.*Cl*.27.1; (*poet*.) Mors.. auidos oris ~us pandit Sen.*Oed*.164;—(*applied to bombastic utterance*) Hor.*Ars* 138; grande Sophocleo carmen bacchamur ~u Juv.6.636;—(*transf*.) lampyrides, nunc pinnarum ~tu refulgentes, nunc..conpressu obumbratae Plin.*Nat*.11.98. **b** me..hauriet..ignis ~u V.Fl.7.97; imbris, sicco quos..~u praesolidat Boreas Stat.*Theb*.1.352; primi..Aquilonis ~us 7.37; imbrifero pallens Autumnus ~u *Silv*.2.1.217.

4 (w. obj. gen.) A greedy desire (for). libidine sanguinis et ~u praemiorum Tac.*Hist*.4.42.

5 (pros.) Hiatus. ~us earum (uocalium) quae cauo aut patulo maxime ore efferuntur Quint.*Inst*.9.4.33; canoro simul atque iucundo ~u Gel.6(7).20.3; (*cf*.) ille tamquam ~us et concursus uocalium Cic.*Orat*.77.

Hibēr ~ēris, *m*.

1 An inhabitant of Iberia. ~erum..loca, facta, nationes Catul.9.6; me peritus discet ~er Hor.*Carm*.2.20.20; Luc.6.258; Sil.1.656.

2 (pl.) A tribe south of the Caucasus.

per..~eras et Hyrcanos MELA 3.41; (*sg.*) Armeniae praetentus ~er V.FL.5.166; 5.559.

Hibēria ~ae, *f.*

1 The Iberian peninsula.
ferae bellum..~ae HOR.*Carm.*4.5.28; CURT.10.1.18; PLIN.*Nat.*3.21.

2 The country of the Hiberes (HIBER 2).
herbas..quas..~a mittit uenenorum ferax HOR.*Epod.* 5.21; PLIN.*Nat.*6.12; V.FL.5.604.

Hibēriacus ~a ~um, *a.* = next.
~is uicta Karthagine terris SIL.13.510.

Hibēricus ~a ~um, *a.* Iberian, Spanish.
glans ~a VAR.in Gel.6(7).16.5; ~is..funibus (*i.e. made of esparto*) HOR.*Epod.*4.3; ~um mare (*i.e. extreme western Mediterranean*) COL.8.16.9.

hibēris ~idos, *f.* [Gk. ἰβηρίς] (perh.) Pepperwort, *Lepidium graminifolium.*
PLIN.*Nat.*25.87; 25.134.

hīberna ~ōrum, *n. pl.* Also sg. [HIBERNVS]

1 Time spent wintering or in winter quarters.
~a iis meliora, qui colunt campestria VAR.*R.*1.6.5; cum dies ~orum complures transissent CAES.*Gal.*3.2.1; ~is peractis HIRT.*Gal.*8.50.1; dum..terna..transierint Rutulis ~a subactis VERG.*A.*1.266; ibi..~a egerunt LIV.9.28.2; uidebis..tepidissima ~a SEN.*Dial.*6.17.4; una Hannibalem ~a soluerunt *Ep.*51.5; quot ad Troiam flentes ~a Mycenas V.FL.1.552; TAC.*Ann.*1.37.

2 (mil.) A winter encampment, winter quarters or accommodation. **b** (in non-military contexts, for cattle, etc.; also sg.).
ut in castris ab hieme ~a..uocarunt VAR.*L.*5.162; ~is sociorum ciuitates esse deletas CIC.*Man.*38; cohortis in ~a misit *Prov.*5; in Belgis..legionum ~a constituit CAES. *Gal.*4.38.4; milites..ex ~is in expeditionem euocat SAL.*Jug.* 37.3; ibi..~a aedificauit LIV.23.48.2; ~a nauium 37.9.2; Germanica ~a caelo ac laboribus dura TAC.*Hist.*2.80. **b** in ~is habent in uillis mulieres VAR.*R.*2.1.26; 2.9.16; eiusmodi armentum maritima et aprica ~a desiderat COL. 6.22.2;—~um iam tibi Tibur erit MART.5.71.6.

3 Winter apartments; (also sg.).
balnearia..laudat maiora, de minoribus ait ~a effici posse CIC.*Att.*13.29.1(2);—ut in castris ab hieme hiberna, ~um domus uocarunt VAR.*L.*5.162; 6.9; subgrande cubiculum..et ~um alterum ualde probaui CIC.*Q.fr.*3.1.2.

hībernāculum ~ī, *n.* [HIBERNO+-CVLVM] (usu. pl.) Winter quarters or accommodation.
(*domestic*) balneis et ~is VITR.1.2.7; 6.3.2; 7.4.4; COL. 1.6.1; hoc ~um..meorum est PLIN.*Ep.*2.17.7;—(*military*) IN ~A MEILITES DEDVCANTVR *CIL* 1.589.2.12; legionibus in ~a deductis CAES.*Gal.*2.35.3; exercitu in ~is conposito SAL. *Jug.*103.1; ~a..aedificari coepta LIV.5.2.1; legionum aliae ..in ~a remissae TAC.*Ann.*2.23.

Hibernia ~ae, *f.* Ireland.
CAES.*Gal.*5.13.2; PLIN.*Nat.*4.103; TAC.*Ag.*24.1; APUL. *Mun.*7.

hībernō ~āre ~āuī ~ātum, *intr.* Also **~or** ~ārī ~ātus. [HIBERNVS+-O[3]] (esp. of troops) To spend the winter.
quem ad modum milites ~ent CIC.*Man.*39; *Fam.*7.17.3; (Caesar) ~auit..Nemetocennae HIRT.*Gal.*8.46.7; exercitum in agrum Vescinum..~atum duxit LIV.10.46.9; classis Romana..ad Canas ~abat 37.8.6; 40.54.2; FRON.*Str.* 1.9.1; legionum sexagesimum apud lapidem..~antium TAC.*Ann.*1.45; (*poet.*) mihi..~at..meum mare, qua.. multa litus se ualle receptat PERS.6.7;—(*of animals*) mihi greges in Apulia ~abant VAR.*R.*2.2.9; facile sub dio ~at (uacca) COL.6.22.2; (thynni) usque ad aequinoctium ibi ~ant PLIN.*Nat.*9.51;—(*of things*) furcillas reducit ~atum in tecta VAR.*R.*1.8.6; nouas (naues) Panhormi subducit.. ut in sicco ~arent LIV.29.1.14;—(*dep.*) EQVITES..QVI ~ATI SVNT ANTIOCHIAE *A.Epig.*15.42; coh(ortis)..quae ~atur Contrapollonospoli Maiore *BGU* 696.1.3.

hībernum ~ī, *n.*: see HIBERNA.

hībernus ~a ~um, *a.* [<*gheimrinos, Gk. χειμερινός; cf. HIEMS]

1 Of or belonging to winter; ~o, in winter. **b** that occurs or takes place in winter. **c** designed for use in winter.
in hora una.—'~a' addito PL.*Ps.*1304; temporibus ~is CIC.*Ver.*5.26; mensis..~os *Att.*5.14.2; ~a..niue CATUL. 80.2; soles ~i VERG.*A.*1.745; annus ~us (*i.e. winter*) HOR. *Epod.*2.29; ab occidente ~o (*i.e. the south-west*) VITR.1.2.7; ab ~o ortu LIV.38.20.7; ~i frigoris SEN.*Nat.*3.10.5; ~us imber TAC.*Hist.*3.69;—qui ~o habuerit fundum centum VEN.*dig.*42.8.25.6. **b** ficos..~as CATO *Agr.*8; ~a nauigatio CIC.*Att.*15.25; ~o laetissima puluere farra VERG.*G.* 1.101; ~is itineribus LIV.22.9.4; ad ~am magnitudinem redit (Nilus) SEN.*Nat.*4a.1.2; alites..~as PLIN.*Nat.*18.208; ~ae..rosae MART.4.29.4. **c** tunicae..~ae PL.*Mil.*688; praesepis bubus ~as CATO *Agr.*14.1; ~a triclinia VAR.*L.* 8.29; horologia ~a VITR.9.8.8; castra ~a LIV.29.35.13; (coronae) ~ae, cum terra flores negat PLIN.*Nat.*21.5; cubiculum..altitudine aestiuum, munimentis ~um PLIN.*Ep.* 2.17.10.

2 That is in a wintry state or subject to wintry conditions.
~as..Alpes BIB.*poet.*15(16); aqua ~a Tiberis VAR.*L.*5.54; saeuus ubi Orion ~is conditur undis VERG.*A.*7.719; ~i.. Getae PROP.4.3.9; ~o..mari LIV.38.41.15; ~is..fluctibus OV.*Tr.*1.11.33; ~a..Arctos MART.7.7.1; porticus ante medium diem ~a, inclinato die aestiua PLIN.*Ep.*5.6.31; (*internal acc.*) increpui (*sc.* Arcturus) ~um PL.*Rud.*69.

Hibērus[1] ~ī, *m.* A Spanish river, the Ebro.
CATO *hist.*fr.110; CAES.*Civ.*1.60.2; LIV.21.2.7; MELA 2.90; LUC.4.23; PLIN.*Nat.*3.21.

Hibērus[2] ~a ~um, *a.*

1 Iberian, Spanish; *piscis* ~*us*, (prob.) the mackerel. **b** (masc. pl. as sb.) the people of Iberia.
terra..~a LUCIL.405; CATUL.29.19; gurgite..~o (*i.e. the Atlantic*) VERG.*A.*11.913; loricis ~is HOR.*Carm.*1.29.15; pastoris ~i (*i.e. Geryon*) OV.*Met.*9.184; SEN.*Her.F.*1325;—garo de sucis piscis ~i HOR.*S.*2.8.46. **b** impacatos..~os VERG.*G.*3.408; sub occasu positis ~is SEN.*Her.O.*1522.

2 (as sb.) = HIBER 2.
Hyrcani, ~i MELA 1.13; cui uadis ~o..coniunx V.FL. 7.235; TAC.*Ann.*6.33; FLOR.*Epit.*1.40(3.5.21).

(h)ibiscum ~ī, *n.* [perh. Gall.] FORMS: *eb-* LARG.80, 82. (prob.) Marsh mallow.
gregem uiridi compellere ~o VERG.*Ecl.*2.30; gracili fiscellam texit ~o 10.71; PLIN.*Nat.*19.89; 26.21.

hibrida: see HYBR-.

hīc[1] haec hoc, *pron. adj.* [*hi-* (uncertain)+ -CE] FORMS: nom. sg. masc. *hic*, also *hec*, *hicc* (inscr.); fem. *haec*, also *hec*; neut. (also acc.) *hoc*, also *hocc*, *hoce* *CIL* 1.581.26, etc.; acc. masc. *hunc*; fem. *hanc*; gen. *huius*; also *huiius* PL.*Mos.*664, etc., *huiusce* used in all periods, usu. before a vowel and in *huiuscemodi*; *huiusque* *CIL* 6.975; dat. *huic*, also *hoic(e)* *CIL* 1.582, 590; masc. also *hōc* ULP.*dig.*2.2.3.4, etc. (s.vv.ll.); fem. *hae* CATO *Agr.*14.3; abl. masc., neut. *hōc*, also *hōce* *CIL* 1.401, etc.; fem. *hāc*, *hāce* *CIL* 1.582, etc.; pl. nom. masc. *hī*; also *hisce* (usu. before vowels) PL., TER., *CIL* 1.674, etc.; fem. *haec*, also *hae* (occasionally before consonants) PL., TER.; neut. (also acc.) *haec*, also *haice* *CIL* 1.581, *haece* ENN.*Ann.*234; acc. masc. *hōs*, also *hosce* PL., TER., HOR.*S.*1.4.6, COL.11.2.15, etc.; fem. *hās*, also *hasce*; gen. *hōrum*, *hārum*, also *-unc(e)*, PL., TER.; dat., abl. *hīs*, also *hisce*, *hībus* PL.*Cur.*506. Forms ending in *-c(e)* combined with *-ne* usu. insert *i*, e.g. *hicine*; *-cne* also occurs, esp. in later authors. *hei-* freq. for *hī-* in inscr.

PROS.: nom. sg. masc. short PL., TER., etc., also LUCR.2.387, 1066; VERG.*A.*4.22, 6.791; otherwise usu. long; gen. sg. usu. *hūi(i)us* (trochaic); also *hŭius* (or *hŭiŭs*) NAEV.*com.*2; PL., TER., etc.; dat. usu. *hūic*, also *hŭīc* PL. *Am.*702, etc.; *hŭīc* STAT.*Theb.*8.459; *Silv.* 1.1.107; MAUR.793.

A (as adj.).

1 (indicating a particular person or thing that is present in place, time, or thought) This. **b** (referring to the speaker or writer; also to parts of his body, his faculties, etc.). **c** (w. poss. adj.). **d** (referring to a person resident in the place in question, but not actually visible). **e** this kind of.
hanc rem agite atque animum aduortite PL.*Cur.*635; accipe argentum hoc *Epid.*646; quis hic est homo? TER. *Eu.*676; SEIVE ADVORSVS HANC LEGEM FECERIT *CIL* 1.582.8; ut hanc causam..susciperem CIC.*Ver.*2.156; quis non ad hoc tempus innocentissimam..praeturam illius hominis existimat? 3.216; hac grauitate senatus, hoc studio equestris ordinis *Phil.*7.27; missis..ad eos nuntiis, ut ex his locis discederent CAES.*Civ.*3.102.7; hos Helenus scopulos, haec saxa horrenda canebat VERG.*A.*3.559; haecine parua meum funus harena teget? PROP.1.17.8; 'hos tibi complexus, haec dent' ait 'oscula nati' STAT.*Theb.*2.641; praebenda est gladio pulchra haec..ceruix JUV.10.345. **b** huic homini opust quadraginta minis PL.*Epid.*141; haec arma et hunc militem..accipias LIV.2.10.11; haec tibi sub dominost, Pyrrhe, puella suo OV.*Ep.*8.8; in hoc sene et adulescentem esse, cui parcitur SEN.*Ep.*104.2; in iis primis hunc tuum discipulum ponito ANT.*Fro.*2.p.32(94N);—uidin ego te.. ?..—mene?—hisce oculis, ne nega TER.*Hau.*564; quod si haec uox..non nullis aliquando saluti fuit CIC.*Arch.*1; tua ..animam hanc effundere dextra VERG.*A.*1.98; uocem.. his auribus hausi 4.359; estne sub hoc hominis clementia corde? STAT.*Theb.*11.606. **c** haec mea senectus PL.*Trin.* 381; opinionem hanc tuam TER.*An.*510; egone hanc manum plenam perfidiae et hos digitos meos impellere potui? CIC. *Q.Rosc.*1; neque in his corporibus atque in hac imbecillitate nostra *Mil.*84; in hac mea peregrinatione CAS.*Fam.*15.19.1; hanc..Antonius fugam suam..uictoriam uocabat VELL. 2.82.3; (*cf.*) quae haec summa eorum potentia est? TAC.*Dial.* 13.4. **d** haec meretrix quae hic habet PL.*Truc.*77; (*cf.*) nunc Venerem hanc ueneremur bonam *Rud.*305. **e** uos, his ingeniis homines CIC.*de Orat.*2.122; si hoc splendore et hac dignitate hominem defenderem *Planc.*72; sit in uerbis tuis hic stupor *Phil.*2.30; in omnibus regibus haec urbanitas extimescenda est SEN.*Suas.*1.5; haec tibi..rapa quae damus ..Romulus esse solet MART.13.16.1.

2 a Of the present day, contemporary. **b** of this place or region, local. **c** of this (human) world, life, etc.
a flosculus..Iuuentiorum, non horum modo CATUL.24.2; minus aptus acutis naribus horum hominum HOR.*S.*1.3.30; uti..corrigeret hanc amentiam VITR.7.5.7; in his praesertim moribus QUINT.*Inst.*2.6.3; (*cf.*) totiens apud maiores nostros Siculi senatum adierunt, totiens hac memoria CIC.*Ver.*2.146. **b** Italicum hoc nostrum (*sc.* genus leporum) VAR.*R.*3.12.5; inferum hoc, Tuscum et barbarum (*sc.* mare, *opp.* Graecum) CIC.*de Orat.*3.69; uideo cui sit Apulia attributa..quis sibi has urbanas insidias..depoposcerit *Catil.*2.6; relictis his rebus atque hac luce rei publicae in Sipontina siccitate.. Rullo duce conlocari *Agr.*2.71; Punicum cicer uel hoc uernaculum COL.9.1.8. **c** frui uita et hoc communi spiritu CIC.*Catil.*4.7; detrahetur tibi haec circumiecta.. cutis SEN.*Ep.*102.25; ex hac scelerata..pulpa PERS.2.63; in hoc itinere uitae TAC.*Ann.*14.54.

3 a (of time, events, etc., immediately preceding the present) This last, the recent. **b** (of time immediately ensuing) this next.
a ne nocte hac quippiam turbauerint PL.*Capt.*127; his annis paucis ex Asia missus est..homo adulescens GRACCH. *orat.*46; hoc ciuili bello..quam multa luserunt (haruspicum responsa) CIC.*Div.*2.53; huic ipsi Caesari 2.99; his annis quindecim quam ludibrio fueritis SAL.*Jug.*31.2; quemadmodum praesidia Romana..oppressa sint per hos dies LIV. 24.38.1; ante hos sex menses male..dixisti mihi PHAED. 1.1.10; intra hos annos PLIN.*Nat.*9.26. **b** nam neque edes quicquam neque bibes apud me his decem diebus PL.*Mos.*238; sex ego te totos..hos mensis quietum reddam TER.*Eu.*277; me hoc biduo aut triduo exspecta CIC.*Fam.*7.4; paucissimis his diebus regem adfuturum CAES.*orat.*41.

4 (indicating something that has just been mentioned or alluded to) This. **b** concerned with what has just been mentioned. **c** (contrasting something which has just been discussed with a more remote subject). **d** (resumptive after a rel. cl.).
tres uiros capitales populum rogato, hique tresuiri.. sacramenta exigunto *Leg.pub.*(*Font.iur.*p.47)4; communem rem agi putatote et uos huic rei praepositos esse CATO *orat.* 234; quid dicam? consules? hocine ut ego nomine appellem euersores huius imperi..? CIC.*Sest.*17; Pompeius ad legiones Appianas est profectus; Labienum secum habet. ego tuas opiniones de his rebus exspecto *Att.*7.15.3; ..cum omnibus militibus quos secum habuit. hic numerus est hominum milia triginta 9.6.3; uti ea..cognoscant seque de his rebus certiorem faciant CAES.*Gal.*2.2.3; VERG.*A.*3.408–9; HOR. *S.*1.2.109; tunc ab linea..⟨alia⟩ recedat..deinde hac lineae diuidantur VITR.3.5.6; ad Laurentem agrum..Troia et huic loco nomen est LIV.1.1.5; Issos fuit, et hac re sinus Issicus dicitur MELA 1.70; tres uersus sunt..ad hance Ennii sententiam pertinentes GEL.6(7).2.9;—(*w.* tantus) quis is est tam potens cum tanto munere hoc? TER.*Eu.*353; uir fortissimus, multis uariisque perfunctus laboribus, anno acquieuit septuagesimo..atque hic tantus uir.. NEP.*Han.*13.2;—(*w.* idem, *giving more remote reference*) huic eidem Symmacho CIC.*Ver.*3.93; haec eadem mulier *Clu.*184. **b** ut multitudine atque onere non nulli deprimerentur, reliqui hoc timore propius adire tardarentur CAES.*Civ.*2.43.4; Volsci comparauerant auxilia quae mitterent Latinis..hac ira consules in Volscum agrum legiones duxere LIV.2.22.2; ii.. uersus..non otiosas uelim sententias habeant sed honestum aliquid monentes. prosequitur haec memoria in senectutem QUINT.*Inst.*1.1.36. **c** et illud forense dicendi et hoc quietum disputandi genus CIC.*Off.*1.3; quanto..honos hic illo est amplior *Att.*9.2a.1. **d** quam causam suscipere iurati iudices noluerunt, hanc isti xuiri susceperunt CIC. *Agr.*1.12; quae..prima signa conspexit, ad haec constitit CAES.*Gal.*2.21.6; quo Battiades inimicum deuouet Ibin, hoc ego deuoueo te..modo OV.*Ib.*54.

5 (referring to what follows immediately). **b** (foll. by rel.). **c** (foll. by var. substantival or advl. cls.).
compellare pater me uoce uidetur his uerbis: 'o gnata.., ENN.*Ann.*45; hanc rem pergam exquirere, quis fuerit.. PL.*Am.*1015; hoc modo eam curato. capita uitium..ablaqueato CATO *Agr.*33.1; his uerbis ad Caesarem scripsi: 'de Quinto fratre..' CIC.*Att.*11.12.1; ipsorum naues ad hunc modum factae..erant: carinae..planiores quam nostrarum nauium CAES.*Gal.*3.13.1; hunc sumite animum: uinci non possumus SEN.*Suas.*2.2; hoc usa est puellari augurio, ouum in sinu fouendo PLIN.*Nat.*10.154; conpescitur..hoc pastillo: aluminis fissi pondo triens.. LARG.42. **b** da mihi hasce opes, quas peto ANDR.*trag.*20; mostra hosce homines mihi quos ego quaero PL.*Trin.*948; hanc dico suauitatem, quae exit ex ore CIC.*de Orat.*3.42; his pilosis qui duros nequeunt mouere lumbos CATUL.16.10; hicine filius heres qui te..uoluit excludere e domo APUL.*Apol.*100. **c** me..ratio ipsa in hanc..sententiam ducit, ut existimem.. CIC.*Inv.*1.1; hoc iure sunt socii ut iis..liceat *Ver.*2.65; est enim haec condicio liberorum populorum..posse suffragiis uel dare uel detrahere quod uelit cuique *Planc.*11; id hoc consilio, si posset Vergilius..a pertinacia deduci *B.Afr.*86.1; est..hoc commune uitium..ut inuidia gloriae comes sit NEP.*Cha.*3.3; haec omnia..hanc habent utilitatem, quod ex his saxa..faciliter tractantur VITR.2.7.2; procul hanc expellite..femineam..labem, nisi luce serena nescire.. Mauortem agitare SIL.13.16; hiscine te patruus disciplinis erudiuit, ut..non audeas ducere uxorem? APUL.*Apol.*85; hac..fini ames tamquam forte fortuna et osurus GEL.1.3.30; si pietatis gratia fecit non hoc animo quasi recepturus sumptum quem fecit ULP.*dig.*11.7.14.7.

6 a (used to introduce a word or words which are under discussion and grammatically isolated from the context). **b** (used to specify the case of a following inflexional form).
a ut in his 'seruus' et 'uulgus' QUINT.*Inst.*1.4.8; ut in hoc 'Camillus' 1.5.22. **b** alii dicunt in singulari hac oui et aui, alii hac oue et aue VAR.*L.*8.66; 'hac domu' dicendum sit an 'hac domo' QUINT.*Inst.*1.6.5.

7 (w. *ille*, etc., or repeated, in contrasting phrs., enumerations, etc.) This..that, one.. another.
cum idem uerbum ponitur modo in hac, modo in altera re *Rhet.Her.*4.21; hocine an illo uerbo usus sit CIC.*Orat.*27; non dicam illinc hoc signum ablatum esse et illud *Ver.*1.53; quae sciet hos illos uendere lena toros MART.9.29.10; cum.. dubitasset diu hac parte an illa caderet SEN.*Thy.*725;—hic uersus Plauti non est, hic est CIC.*Fam.*9.16.4; hos aditus

iamque hos aditus omnemque pererrat undique circuitum VERG.*A*.11.766; aequoris aspiciens huius et huius aquas OV.*Ib*.408; hac arat infelix hac tenet arma manu *Tr*.5.10.24; comitiorum..triplex ratio est: haec curiata haec tributa haec centuriata dicuntur AMP.48.2.

B (as pron.).

8 A person or thing present in fact or thought, (neut. also) an action or event occurring at the present time. **b** (neut., w. gen.; often w. depreciatory force) this amount, this much (of). **c** (neut. sg., w. gen.) the present point (in time, in one's age, etc.). **d** (impers.).

templo..hanc deducitis ANDR.*trag*.14; hanc..filius meu' deperibat fidicinam.—haec non est ea PL.*Epid*.482; em, hoccine uolebas?—perii! qur me uerberas? *Mos*.9; sed eccas uideo ipsas.—haecin meae sunt filiae? *Poen*.1166; hoccin agis an non? TER.*An*.186; moritur cognatus senex horunc *Hec*.172; hoc est illud quod fore occulte Oeax praedixit PAC.*trag*.138; huncin uos,..auctorem habetis et magistrum publicae religionis? CIC.*Dom*.104; hoc (*i.e. this letter*) igitur habebis, noui nihil *Att*.12.1.2; extremum fato quod te adloquor hoc est VERG.*A*.6.466; hoc erat, hoc, uotis..quod saepe petiui 12.259; arripite hunc..hic erat, hunc mulier nobis irata locauit PROP.2.29.9; huncine..quem modo..incedentem uidistis..? LIV.1.26.10; hicine est..ruptor foederis humani? 4.19.3; hine mei uultus? haec torui lumina patris? hi crines undantis aui? STAT.*Theb*.9.381; Argolicas hine ausi obsidere portas, hi seruare uiros? 10.270; accusator erit qui uerbum dixerit 'hic est' JUV.1.161; (*adol. acc.*) quid si igitur abeamus hinc nos?—non hoc longe PL.*Mos*.393;—(*w. quidem*) quinam homo hic ante aedis nostras..conqueritur atque hicquidem Euclio est, ut opinor *Aul*.728; sed quis hic est qui huc pergit? attat hicquidem est parasitus Gnatho militis TER.*Eu*.228;—(*referring to one's client in court*) quid hic pro se dici uelit CIC.*S.Rosc*.129; hic se lacrimis defendi uetat *Mil*.105; neque illis huius salute..quicquam est optatius *Planc*.69. **b** ubi bibisti?—nusquam equidem bibi.—quid hoc sit hominis? PL.*Am*.576; hoccin preti redditur? *As*.128; quidnam hoc est rei? TER.*An*.457; quid hoc est tumulti? POMPON.*com*.121; cur sibi hoc oneris imposueris CIC.*Planc*.46; cum hoc ad te litterarum dedi *Fam*.2.8.3; hoc uos, fetiales, iuris gentibus dicitis? LIV.9.11.9; OV.*Ep*.3.142; hoc argenti tota Carthago habuit PLIN.*Nat*.33.141. **c** hoc noctis PL.*Am*.164; usque ab aurora ad hoc quod diei est *Poen*.217; me hoc aetatis ludificari *Bac*.1100; ita ad hoc aetatis a pueritia fui SAL.*Jug*.85.7; secreta..ad hoc aeui populis ignota profanis LUC.10.195; plures quam tres simul uisi ad hoc aeui numquam produntur PLIN.*Nat*.2.99; nulli deo ad hoc aeui supplicauit APUL.*Apol*.56; puer hoc aeui 98. **d** lucescit hoc iam PL.*Am*.543; hoc quidem edepol hau multo post luce lucebit *Cur*.182; TER.*Hau*.410.

9 (masc. pl.) The people in this place; also, of this age; (neut. pl.) present conditions, conditions in this place, etc.

hic tua..tueor apud hos CIC.*Att*.11.4.1; Caesar Gallicos Crassus Syriacos exercitus habebat Pompeius horum uiribus fretus in senatu dominabatur AMP.43;—si potius ad anticorum diligentiam quam ad horum luxuriam derigas aedificationem VAR.*R*.1.13.6;—qui neget haec omnia quae uidemus..deorum..nutu ac potestate administrari CIC. *Catil*.3.21; neque enim est quisquam qui arbitretur..diutius haec stare potuisse *Sul*.76; spem non nullam habere haec aliquando futura meliora *Fam*.5.13.3.

10 (referring to a person, thing, event, etc., which has just been mentioned). **b** (resumptive after rel., etc.). **c** *hoc est* (explaining or elaborating preceding word or phr.) that is; (sim. *hic* after personal name introducing further identification). **d** a person or thing of the kind just mentioned.

heri uenisti media nocte, nunc abis. hoccin placet? PL. *Am*.514; edepol lenones meo animo nouisti, lusce, lepide.—eodem hercle uos pono et paro: parissumi estis hibus *Cur*.506; plus..in eo ludo uidi pueris uirginibusque quingentis, in his unum..puerum bullatum..cum crotalis saltare SCIP.min.*orat*.20; docuerunt..me periti homines, in his..C. Camillus CIC.*Fam*.5.20.3; eques Romanus..iuratus dicit pecuniam datam..dicent hoc multi Siculi *Ver*.2.80; aduersariorum rationes et genera cognoscito. haec tria sunt Q.CIC.*Pet*.40; eo signa legionis inlata speculatores..renuntiarunt. hoc idem uisum ex..castellis confirmauerunt CAES.*Civ*.3.67.1; ex fuga paucis atque his uulneratis receptis HIRT.*Gal*.8.20.2; eo conuenere senatorii ordinis..praeterea ex equestri ordine..ad hoc multi ex coloniis SAL. *Cat*.17.4; haec Damon: uos, quae responderit Alphesiboeus, dicite, Pierides VERG.*Ecl*.8.62; hoc cauerat mens prouida Reguli HOR.*Carm*.3.5.13; stillae..quae..in..solidis locis subsidunt; haec habent optimum saporem VITR.8.1.2; in Albano monte tacta de caelo erant signum Iouis arborque..et Sinuessae murus portaque. haec de caelo tacta LIV. 27.11.3; hi duo cum aediles plebis essent, praetores creati sunt 29.38.5; bellissimam..rem Dellius dixit..hic est Dellius cuius epistulae ad Cleopatram lasciuae feruntur SEN.*Suas*.1.7; post hoc non dubitabo porrigere ceruicem SEN.*Ep*.82.9; corpus inualidum fit; praeter hoc torpet LARG.187; sed tu litus amas. hoc quoque fratris habes MART.12.44.8; his Venus; et contra genitor..profatur SIL. 3.570; hanc (*sc.* coloniam Treuirorum) esse Classici, hanc Tutoris patriam TAC.*Hist*.4.72; Pasiphae..sacra..per aliquot annos non fecerat..in hoc (*i.e. meanwhile*) Daedalus exsul cum uenisset, petiit ab ea auxilium HYG.*Fab*.40.2;—(*attracted into gender of pred.*) ita enim re, etsi aliis uerbis, tulit. hoc plebei scitum est? haec lex, haec rogatio est? CIC. *Dom*.44; ostentare..hastas uexillum phaleras alia militaria dona, praeterea cicatrices aduorso corpore. hae sunt meae imagines, haec nobilitas SAL.*Jug*.85.30; reuocare gradum superasque euadere ad auras, hoc opus, hic labor est VERG. *A*.6.129; haec opera atque hae sunt generosi principis artes JUV.8.224;—(*not attracted*) si hoc profectio et non fuga est LIV.2.38.5. **b** si falso insimulas Philocomasium, hoc perieris PL.*Mil*.297; qui omnia parat contra me..hic iam mihi hostis est CATO *orat*.185; quis oportuit amissa restituere, hisce etiam reliquias auerrerunt MACER *hist*.26; quorum..opera cognouerat Tasgetium interfectum, hos comprehensos ad se mittere CAES.*Gal*.5.25.4; si quis uult fama tabulas anteire uetustas, hic dominam exemplo ponat in arte meam PROP.2.3.42;—(*abl. sg. w. compar.*) ita, siue dissipantur (animi)..siue permanent..hoc etiam magis necesse est ferantur ad caelum CIC.*Tusc*.1.42; quo maius crimen sit id..hoc maiorem..iniuriam fieri *Font*.20; sed quo difficilius, hoc praeclarius *Off*.1.64; omnis aer quo propior est terris, hoc crassior SEN.*Nat*.4b.10. **c** utra lex ad maiores, hoc est ad utiliores..res pertineat CIC.*Inv*.2.145; cum consilio, hoc est cum sua cohorte *Ver*.2.30; receptus est in exsilium, hoc est in aliam ciuitatem *Caec*.100; uos autem, hoc est populus Romanus SAL.*Jug*.31.20; mapalia sua, hoc est domos, plaustris circumferentes PLIN.*Nat*.5.22; ad interdictum, hoc est iure ordinario FRON.*agrim*.p.6;—Q. Caepio hic Brutus CIC.*Att*.2.24.2; P. Africanus hic Pauli filius *Rep*. 1.14. **d** hi igitur his maioribus ab alienis..consilium peterent? CIC.*Phil*.2.26; huic cedamus, huius condiciones audiamus, cum hoc pacem fieri posse credamus? 13.16; mancipiis locuples eget aeris Cappadocum rex: ne fueris hic tu HOR.*Ep*.1.6.40; nimirum hic ego sum 1.15.42; PROP.2. 24.51.

11 (referring to the nearer of two persons or things, the one with whom the context is primarily concerned, etc., opp. *ille*).

malo hunc a Pontidia quam illum a Seruilia CIC.*Att*.6.1.10; huius (*sc.* Catonis)..facta, illius (*sc.* Socratis) dicta laudantur *Amic*.10; melior tutiorque est certa pax quam sperata uictoria; haec in tua, illa in deorum manu est LIV.30.30.19; ut posset credi Latonia, si non corneus huic arcus, si non foret aureus illi OV.*Met*.1.697.

12 (pointing to a statement, fact, etc., which is to follow). **b** (explained by following subordinate cl., etc.).

sed mihi hoc responde.—roga.—quid erat nomen nostrae matri? PL.*Men*.1130; haec erunt uilici officia. disciplina bona utatur. feriae seruentur CATO *Agr*.5.1; noster..status est hic. apud bonos iidem sumus quos reliquisti CIC.*Att*.1.16.11; haec esse quae ab eo postularet: primum, ne..traduceret; deinde.. CAES.*Gal*.1.35.2; eius belli haec fuit causa 3.7.2; rex aduocata contione haec edidit: 'quantae putatis esse uos dementiae..? PHAED.1.14.13; hic ardor solusque labor, quid corpore Magni proiecto rapiat LUC.6.587. **b** (*w.* quod) quoniam hoc reprehendis, quod solere me dicas de me ipso gloriosius praedicare CIC.*Dom*.93; quin hoc ipso minuis dolorem meum, quod..tam ualde laboras *Att*.11.7.3; haec..est illa pernicies, quod alios bonos alios sapientes existumant *Off*.3.62; ex castrorum exiguitate..quae hoc erant etiam angustiora quod sine impedimentis..legiones transportauerat CAES. *Gal*.4.30.1; hoc quoque fortunam sensi, quod amicus abesses OV.*Pont*.1.6.13; hoc hostibus unum, quod uincas, ignosce tuis LUC.4.355;—(*w.* quia) hoc adeo hoc commemini magi' quia illo die inpransus fui PL.*Am*.254;—(*w.* ut, ne) hoccine fieri, ut inmodestis hic te modsere moribus? *Cur*.200; hoc a te postulo, ne cum meo gnato posthac limassis caput CAECIL.*com*.139; hoc modo te obsecro, ut ne credas TER.*An*.899; mihi hoc dederunt ut esses in Sicilia CIC.*Fam*.6.8.1; consanguinitati..hoc dabimus ut condiciones pacis feramus aequas utrisque LIV.8.5.4; ob hoc profice, ut amare discas SEN.*Ep*.35.1; non hoc ciuilia bella, ut uiuamus, agunt LUC.4.221; qui hoc agit ut prior sit QUINT.*Inst*.10.2.10; PAUL.*dig*.31.82.2;—(*w. inf., or acc. and inf.*) quid hoc sit negoti neminem meum dictum magni facere? PL.*As*.407; an paullum hoc esse tibi uidetur, uirginem uitiare ciuem? TER.*Eu*.857; conaris hoc dicere, neminem exstitisse qui..defenderet? CIC.*Quinct*.62; haec dignitas, hae uires, magno..iuuenum globo circumdari TAC. *Ger*.13.4.

13 (w. *ille* or other pronouns, also repeated, in contrasting phrs., enumerations, etc.) The one..the other, this..that (this).

hos pestis necuit, pars occidit illa duellis ENN.*Ann*.559; huius illic, hic illius hodie fert imaginem PL.*Capt*.39; haec (*sc.* aduersaria) sunt menstrua, illae (*sc.* tabulae) sunt aeternae CIC.*Q.Rosc*.7; et haec perdita sunt et illa non salutaria *Att*.9.11.4; expers consilii, inquies, haec atque illa temptans SAL.*Hist*.1.77.11; ne multum quidem..hi aut illi praestabant LIV.23.29.6; nihil est nisi pontus et aer, fluctibus hic tumidus, nubibus ille minax OV.*Tr*.1.2.24; sunt..fons quem Solis adpellant, et rupes quaedam austro sacra. haec cum hominum manu attingitur ille inmodicus exurgit MELA 1.39; sic Corinthea (*sc.* aera) nata sunt, ex omnibus in unum, nec hoc nec illud PETR.50.6; homines et accipitres societate quadam aucupantur. hi..excitant aues, illi superuolantes deprimunt rursus PLIN.*Nat*.10.23; hoc..proprium est medicinae et illud exsecratissimi pharmacopolae LARG.199; causa omnis..aut unius rei controuersia constat aut plurium: haec 'simplex' dicitur, illa 'coniuncta' QUINT.*Inst*.3.10.1; nec his aut illis proelium temptantibus, fortuna partium alibi transacta TAC.*Hist*.3.5;—cum hic nobilitatem ducis, decorem alius, plurimi patientiam..laudibus ferrent *Ann*.2.13; non hic in illo sibi, in hoc alius indulget? PLIN.*Ep*.9.12.1;—haec tu mecum saepe his absentibus, sed isdem audientibus haec ego tecum, Milo CIC.*Mil*.99; ut hoc deus hoc natura fecerit *Div*.2.127; hunc decus egregium..mouet..hunc ataui reges, hunc claris dextera factis VERG.*A*.7.473; hic gladio fidens, hic acer et arduus hasta 12.789; hos ignis egentis fert humus, hos pelago patrius iam detulit amnis; hi quaerunt artus, illi anxia uulnera curant STAT.*Theb*.11.277; quid responsuri sint aduersarii his et his QUINT.*Inst*.6.1.3; hic Treuir, hic Lingonus TAC.*Hist*.4.55; hic alta Sicyone, ast hic Amydone relicta, hic Andro, ille Samo, hic Trallibus aut Alabandis Esquilias..petunt JUV.3.69.

hīc², *adv.* [prec.] FORMS and ORTHOG.: *heic* PL.*Men*.375, etc., *CIL* 1.638, etc.; *hec* 8.21113; *eic* 8.21145, etc.; *ic* 2.660, etc.; *hi* 2.3244; *heice* 1.1295; *heicei* 1.1861; combined w. *-ne* usu. forms *hicine*; *hicin* PL.*Truc*.719; TER. *Ad*.183; *hicne* CIC.*S.Rosc*.141.

1 In this place (in which the speaker, etc., is or imagines himself), here. **b** (used in pointing out, offering, etc.). **c** (contrasted with other advs. of place).

utrubi cenaturi estis, ~ine an in triclinio? NAEV.*com*.81; qur heic astamus? quin abimus? PL.*Mer*.773; heus heus, ecquis ~? TER.*Eu*.530; copias illius quas ~ uideo CIC.*Mur*. 79; mihi est in animo proficisci XI Kal. ~ enim nihil habeo quod agam *Att*.13.10.3; ~ gelidi fontes, ~ mollia prata..~ nemus VERG.*Ecl*.10.42; quod petis ~ est HOR.*Ep*. 1.11.29; sunt mala plura quae legis ~ MART.1.16.2; hunc ego nuntium patri laeta omnia aliis e prouinciis audienti feram?..~ tantum interfici centuriones TAC.*Ann*.1.42;—(*in epitaphs*) ~ iacet..Tibullus TIB.1.3.55; ~ siti sunt Acarnanes LIV.26.25.14;—(*w. place further defined*) ubi ea est..?—~ in proxumo PL.*Cist*.752; et in Latio..et ~ Romae CIC.*Arch*.5; ~ in Scythicis gentibus OV.*Tr*.5.10.48; iam in media quaestione ~ ibidem pro tribunali oculos trucis in te inuertisset APUL.*Apol*.44;—(*w. part. gen.*) ~ proxumae uiciniae PL.*Mil*.273; TER.*Ph*.95. **b** ~ sunt numerati aurei trecenti nummi PL.*Poen*.713; ubi Clitipho hic est?..—eccum ~ tibi TER.*Hau*.829;—(*in or on the person of the speaker*) ~ pone ~ istam colloca cruminam in collo PL.*As*.657; hoc (*sc.* cor) ~ dolet *Cist*.67; me, me sternite ~ ferro prius SEN.*Tro*.680; LUC.5.321. **c** te istic prodesse, ~ ne uerbo quidem leuare me posse CIC.*Att*.3.12.3; quid possit ibi flatus manifesta docet res, ~..in terra cum tamen..arbusta euoluens radicibus haurit ab imis LUCR. 6.140; SEN.*Con*.1.6.3; hoc (nomen) aliubi lapidis, ~ gemmae uocabulum est PLIN.*Nat*.37.90; ~ dux, ~ exercitus: ibi tributa et mettalla TAC.*Agr*.32.4; et quod alibi tibi gratias agi non sinis, et quod ~ sinis PLIN.*Pan*.4.3.

2 In this world or life, on earth.

ubi ego sum? ~ine an apud mortuos? PL.*Mer*.602; ~ Acherusia fit stultorum..uita LUCR.3.1023; serus in caelum redeas..~ ames dici pater HOR.*Carm*.1.2.50; corpus ~..relinquam, ipse me diis reddam SEN.*Ep*.102.22.

3 **a** In the place just mentioned, here. **b** (foll. by rel. adv.) in the place (where).

a exaduorsum ilico tonstrina erat quaedam: ~ solebamus fere plerumque eam opperiri TER.*Ph*.89; urbem Syracusas elegerat..~ ita uiuebat..ut.. CIC.*Ver*.5.26; inde Forum Appi..~ ego..uentri indico bellum HOR.*S*.1.5.7; ut is exercitus..Arimini adesset in castris. ~ in prouincia consulatum inire consilium erat LIV.21.63.2; fuit..sacra Ioui quercus..~ nos..adspeximus..formicas OV.*Met*.7.624; matris lege potius testamentum: si quid quasi insana scripsit, ~ reperies APUL.*Apol*.100. **b** ~ ubi uir non est ut sit adulterium MART.1.90.10.

4 (repeated, or w. other advs. of place) In one place..in another (the other), here..there.

~ portus alii effodiunt; ~ alta theatris fundamenta locant alii VERG.*A*.1.427; STAT.*Theb*.3.170;—~ fauonius serenust, istic auster imbricus PL.*Mer*.876; datur faenus mi?—faenus illic, faenus ~! *Mos*.605; nunc ~ nunc illic superant uitalia rerum LUCR.2.575; ~ segetes, illic ueniunt felicius uuae, arborei fetus alibi VERG.*G*.1.54; hostes nec ~ nec illic inuenti LIV.8.37.6; ~ illic, ubi mors deprenderat, exhalantes OV.*Met*.7.581.

5 In the present case or circumstances, in the circumstances just indicated. **b** (contrasted w. other advs.).

ludificas nunc tu me ~ PL.*Mer*.307; ~ me magnifice ecfero TER.*Hau*.709; de sanitate..stipulationes fiunt eaedem, quae in pecore, nisi quod ~ utiliter exceptum est VAR.*R*.2.9.7; ~ uehementer errat Timarchides CIC.*Ver*.3. 156; ~ quantum in bello fortuna possit..cognosci potuit CAES.*Gal*.6.35.2; VERG.*A*.10.73; fecitne uiriliter? atqui ~ est nusquam quod quaerimus HOR.*Ep*.1.17.39; ~ine eum..tacere oporteret? QUINT.*Decl*.333(p.314,l.8); ~ nullus uerbis pudor aut reuerentia mensae JUV.2.110. **b** et illic et ~ peruorsus es PL.*Truc*.153; ~ plus malist quam illic boni TER.*An*.720; ~ (*i.e. in inveterate cases*)..ut alibi CELS. 6.6.8.E; SEN.*Dial*.4.32.1; ~ occasio solitudinis, ibi ipsa frequentia..animum extimulauerant TAC.*Ann*.15.50.

6 At this point (in action, speech, or thought), here.

Iuppiter ~ risit tempestatesque serenae riserunt omnes risu Iouis ENN.*Ann*.457; TER.*Eu*.239; quae quoniam in superioribus libris..satis demonstraui, ~ ammonendum esse modo putaui VAR.*L*.5.6; ~ ego si finem faciam dicendi CIC.*Q.Rosc*.14; orationem..plenam ueneni..legi. hic me..tussis quassauit CATUL.44.13; ~ Priamus..non..abstinuit VERG.*A*.2.533; LUC.10.144; ad legitimum tutela redit, quia ~ senatus consultum cessat ULP.*dig*.26.2.11.3;—(*introducing a speaker*) neque tamen possum statuere, utrum magis mirer te..an..posse isto modo dicere.' ~ Crassus 'hoc tibi' inquit.. CIC.*de Orat*.3.83; VERG.*A*.2.386; HOR.*S*.1.9.7;—(*w. var. temporal advs.*) ~ nunc de miseria Siculorum..audite CIC.*Ver*.2.62; ~ tum..Pacilius..accedit 2.94; ~ iam plura non dicam *Man*.24.

Hicetāonius ~a ~um, *a.* Of or descended from Hicetaon, son of Laomedon.

~us..Thymoetes VERG.*A*.10.123.

hidrōs (dub.) [app. Gk. ἱδρώς] A form of purulent discharge.

sanies, quae..~os..nominatur CELS.5.26.20.B.

hiemālis ~is ~e, *a.* [HIEMS+-ALIS]

1 Of or belonging to winter.

Caucasi niues ~emque uim perferunt sine dolore CIC. *Tusc*.5.77; ~i tempore *Div*.2.33; planities limosa ~ibus aquis paludem fecerat SAL.*Jug*.37.4; LIV.31.47.1; OV.*Met*. 9.105; ~em sartionem COL.2.11.3; (terra) ante ~em (fabam) ne cesset PLIN.*Nat*.18.191.

2 Wintry, stormy.

si ante quartam non apparuerit (luna)..~is toto mense erit VAR.in Plin.*Nat*.18.349; nauigationis longae et ~is et minime portuosae periculum CIC.*Fam*.6.20.1; ~ibus prouinciis PLIN.*Nat*.18.69.

hiemātiō ~ōnis, *f.* [next+-TIO] The action of passing the winter.

reliquum (mellis) ut ~oni relinquatur VAR.*R*.3.16.34.

hiemō ~āre ~āuī ~ātum, *intr.*, *tr.* [next+-o[3]]

1 To pass the winter; (esp. of mil. forces). spero te istic iucunde ~are CIC.*Att.*5.21.1; mediis ~et mercator in undis HOR.*Ep.*1.16.71; SUET.*Aug.*72.1;—quem in locum classes hostium saepe accesserint, ubi piratae fere quotannis ~are soleant CIC.*Ver.*4.104; (legiones) quae circum Aquileiam ~abant CAES.*Gal.*1.10.3; sub pellibus ~are *Civ.*3.13.5; Metello Cordubae ~ante SAL.*Hist.*2.28; ~ando continuare bellum LIV.5.2.1; TAC.*Ann.*1.39.

2 To be wintry or stormy. atrum..~at mare HOR.*S.*2.2.17; dixit Sallustius 'aquis ~antibus'. Arruntius..ait 'repente ~auit tempestas'. et alio loco..ait 'totus ~auit annus'. et alio loco '..hiemante aquilone..' SEN.*Ep.*114.19; continui dies ~ant PLIN.*Nat.*18.235;—(*impers.*) VAR.in Plin.*Nat.*18.348; Id. Febr...uehementer ~at COL.11.2.20.

3 (tr.) To make rough or stormy; to bring to a winter temperature. autumnali sidere..~ato lacu PLIN.*Nat.*9.75;—decocunt ..aquas, mox et illas ~ant 19.55.

hiem(p)s ~mis, *f.* [Av. *zyå*, Gk. χιών, OIr. *gaim*] FORMS: *-mis* (nom. sg.) CATO *Agr.*30.

1 Winter; winter weather. **b** (used with ref. to the climate of northern regions). **c** (transf.) extreme cold. aestatem autumnus sequitur, post acer ~mps it ENN. *Ann.*424; ne algeas hac ~me PL.*Mil.*689; pabulum aridum quod condideris in ~mem CATO *Agr.*30; cum aut ~me aut referto praedonum mari nauigaret CIC.*Man.*31; ~mi senescenti *N.D.*2.49; inita ~me CAES.*Gal.*3.7.1; niues ~mis ..aquosae VERG.*Ecl.*10.66; informis ~mes reducit Iuppiter HOR.*Carm.*2.10.15; LIV.21.21.8; autumno ~mps instat SEN.*Ep.*24.26; (acopum) ~me non patitur perfrigescere artus LARG.268; TAC.*Ann.*1.17; (*w.* anni) in ~me anni VITR.6.6.5; APUL.*Apol.*72; (*personified*) glacialis ~ms canos hirsuta capillos OV.*Met.*2.30;—(*fig.*) simul atque ~mem fortunae uiderunt, deuolant (falsi amici) *Rhet.Her.*4.61; pessima mutati coepit amoris ~mps OV.*Ep.*5.34;—aduenas..uolucres a. d. VI Kal. Febr. spem ueris adtulisse mox saeuissima ~me conflictatas PLIN.*Nat.*18.209. **b** intus paene sempiternae ~mes VAR.*R.*1.2.4; semper ~ms (*i.e. in Scythia*) VERG.*G.*3.356; perpetua illos (*sc.* Germanos) ~mps..premit SEN.*Dial.*1.4.14; apud quos (*sc.* Germanos) plurimum ~ms occupat TAC.*Ger.*22.1,. **c** sic letalis ~ms paulatim in pectora uenit OV.*Met.*2.827; pallor ~msque tenent late loca (*i.e. the underworld*) 4.436; tu spectas ~mem succincti lentus amici MART.2.46.7.

2 A winter as marking a year. sedem, in qua..nouem ~mes..pertuli Acc.*trag.*557; seu pluris ~mes seu tribuit Iuppiter ultimam HOR.*Carm.*1.11. 4; 1.15.35; multas ~mes atque octogensima uidit solstitia JUV.4.92.

3 Rough weather, a storm. ut tristis turbinum toleraret ~mes Acc.*trag.*412; gubernator..qui nauem ex ~me marique scopuloso seruat NEP. *Att.*10.6; ita turbine nigro ferret ~ms culmum..leuem VERG. *G.*1.320; Eois intonata fluctibus ~ms HOR.*Epod.*2. 52; OV. *Ep.*7.41; nunc fortior Austri, nunc Aquilonis ~ms STAT. *Theb.*8.426; ~mesque Notosque 7.721; SIL.3.197; (*personified*) mactauit..nigram ~mi pecudem, Zephyris felicibus albam VERG.*A.*3.120;—(*fig.*) suae senectuti is acriorem ~mem parat, quom illam inportunam tempestatem conciet PL.*Trin.*398;—(*poet.*) uixdum ignea montem (*i.e. Vesuvius*) torsit ~ms V.FL.4.509; instamus iactu telorum, et ferrea nimbis certat ~ms STAT.*Theb.*5.386; *Silv.*1.6.23.

Hiempsal ~lis, *m.* The name of several African kings, esp. **a** a grandson of Massinissa and cousin of Jugurtha, by whom he was killed. **b** another Numidian king, the father of Juba. **a** SAL.*Jug.*5.7; 11.3; FLOR.*Epit.*1.36(3.1.4). **b** SAL.*Jug.* 17.7; SUET.*Jul.*71.

hierācion (~um), *n.* [Gk. ἱεράκιον]

1 A plant, treated by Pliny as a kind of wild lettuce. PLIN.*Nat.*20.60.

2 The name of an eyesalve. PLIN.*Nat.*34.114.

hierācītis, *f.* [Gk. ἱερακίτης] The name of a precious stone. PLIN.*Nat.*37.167; 37.187.

hierāticus ~a ~um, *a.* [Gk. ἱερατικός] Used for religious purposes (in quots., the name of a quality of papyrus). ~a (*sc.* charta) appellabatur antiquitus religiosis tantum uoluminibus dicata PLIN.*Nat.*13.74; 13.78.

hieromnēmōn ~onis, *m.* [Gk. ἱερομνήμων]

1 A representative sent by each Amphictyonic state to the Delphic Council (in quot., pl.). ~ONVM DETERMINATIONE *CIL* 3.567.

2 The name of a precious stone. PLIN.*Nat.*37.160.

Hierō(n) ~ōnis, *m.* A Greek name, esp. of two rulers of Syracuse in the 5th and 3rd centuries B.C. VAR.*R.*1.1.8; CIC.*N.D.*1.60; COL.1.1.8; PLIN.*Nat.*18.22; —PL.*Men.*411; CIC.*Ver.*4.29; LIV.21.49.3; SIL.14.80.

hieronīca ~ae, *m.* [Gk. ἱερονίκης] FORMS: ~*o* (dat.) *CIL* 10.3716 (? erron.). A winner in the games (associated with a religious festival). ne cuius alterius ~arum memoria..extaret SUET.*Nero* 24.1; L AVRELIVS..PYLADES ~A *CIL* 5.7753; 6.10117.

Hierōnicus ~a ~um, *a.* Of or connected with Hiero. lege frumentaria, quam ~am appellant CIC.*Ver.*2.32; 2.34.

hierophylax (? ~acus), *m.* [Gk. ἱεροφύλαξ] A temple guardian. sacerdoti et ~aco SCAEV.*dig.*33.1.20.1.

hieros ~a ~on, *a.* [Gk. ἱερός]

1 (fem. as sb.) A drawn contest (the prize being assigned to a god). quod..cursoribus euenit, ~an (*sc.* νίκην) fecimus SEN. *Ep.*83.5.

2 a *antidotos* ~*a*, The name of a remedy. **b** ~*a botane*, vervain. **a** LARG.99; ad lumborum dolorem..antidotos ~a Pacci Antiochi melius omni medicamento facit 156. **b** ~a botane. aliqui aristereon, nostri uerbenacam uocant PLIN. *Nat.*25.105; LARG.163.

Hierosolyma ~ōrum, *n. pl.* Also ~**a** ~ae, *f.* Jerusalem. PLIN.*Nat.*5.70; TAC.*Hist.*5.2; nouissima ~orum oppugnatione SUET.*Tit.*5.2;—cum aurum..ex Italia..~am exportari soleret CIC.*Flac.*67; FLOR.*Epit.*1.40(3.5.30).

Hierosolymārius ~a ~um, *a.* Of or belonging to Jerusalem. hic noster ~us traductor ad plebem CIC.*Att.*2.9.1.

hieta: see HETTA.

hietō ~āre, *intr.* Also ~**or** ~ārī. [HIO+-ITO] To open the mouth wide, gape; (also, transf., of a door). ubi ego dum ~o, Menaechmus se supterduxit mihi PL. *Men.*449; fr.inc.156; quid..oscitans ~ansque restas? CAECIL.*com.*273; MAT.*poet.*6;—(*dep.*) ~antur fores LABER. *com.*89.

hīla: see HILLA.

hilarē, *adv.* *compar.* ~ius. [HILARVS+-E] Cheerfully, gaily, light-heartedly. decumbo acceptus ~e atque ampliter PL.*Mer.*99; 'comiter' ~e ac lubenter VAR.*L.*7.89; quis umquam res praeter hunc tragicas paene comice..seueras ~e..tractauit ..? CIC.*de Orat.*3.30; Pompeius erat apud me..~e et libenter *Fam.*16.10.2; ~e epulatus..uenas exoluit TAC.*Ann.* 11.3; quae ~ius et quasi exsultantius scripsi PLIN.*Ep.* 3.18.10; (*transf.*) quo laetius atque ~ius pullulent (uineae) COL.4.27.1.

hilarescō (-iscō) ~ere, *intr.* [HILARVS+-ESCO] To be or become cheerful. cum amicorum domus fumat, ~o VAR.in Non.p.121M.

hilaria ~ae, *f.* [Gk. ἱλαρία] Cheerfulness, gaiety. ebriulati mentem ~a arripuit LABER.*com.*52.

hilariculus ~a ~um, *a.* [HILARVS+-CVLVS] (Affected dim. of HILARVS). soluto uultu et, ut isti delicati locuntur, ~o mortem contemnere SEN.*Ep.*23.4.

hilaris: see HILARVS.

hilaritās ~ātis, *f.* [HILARVS+-TAS] Cheerfulness, light-heartedness, gaiety. **b** (of features, expression, etc.). **c** (applied to a person as a term of affection). hoc (*sc.* uinum) ~atis dulce seminarium VAR.*Men.*111; defensio tota redundauit ~ate quadam et ioco CIC.*de Orat.* 2.221; animos..in ~atem a seueritate traduxit *Brut.*197; Atticae ~atem libenter audio *Att.*12.11; neque quicquam solati..aduertebant, nisi in ipsius imperatoris..uigore mirabilique ~ate *B.Afr.*10.3; risus omnium cum ~ate coortus est NEP.*Ep.*8.5; ~as iuuenalis LIV.40.7.2; feriatis.. et in ~ates dicatis diebus SEN.*Con.*10.4.8; epularum ~ate.. prouecti V.MAX.2.2.9; ~ate..et nitore sanitas (*sc. of bees*) aestimatur PLIN.*Nat.*11.64; mira illis (*sc.* lyricis) dulcedo.. mira ~as PLIN.*Ep.*3.1.7; SUET.*Aug.*98.3; ~AS P R *BMCI* 3.p.446,no.1370 (Hadrian);—(*attributed to natural objects or phenomena*) cum diei permittit ~as COL.9.14.18; nitidissima in parte quaque praecipua cernatur ~as (*sc. of trees*) PLIN. *Nat.*17.118. **b** ~ate tristitia..uultus *Rhet.Her.*3.26; oculi sunt, quorum..~ate motus animorum significemus CIC.*de Orat.*3.222; oris conuiualis ~atem deposuit V.MAX. 6.9.ext.1; PETR.49.8; QUINT.*Inst.*11.3.75. **c** uale mi gaudium, mea securitas, ~as, gloria FRO.*Aur.*1.p.124(24N).

hilaritūdō ~inis, *f.* [HILARVS+-TVDO] = prec. quid..tam abhorret ~o? PL.*Cist.*54; onera te ~ine *Mil.* 677; in ocellis ~o est *Rud.*421; tanta ~ine..gestire mihi cuncta uidebantur APUL.*Met.*11.7.

hilarō ~āre ~āuī ~ātum, *tr.* [HILARVS+-o[3]] To cheer, gladden. **b** to give a cheerful appearance to. huius (*sc.* Periclis) suauitate maxime ~atae Athenae sunt CIC.*Brut.*44; iucundum motum, quo sensus ~etur..uoluptatem uocant *Fin.*2.8; ~ate erae citatis erroribus animum CATUL.63.18; *B.Afr.*34.6; hos ubi facundo tua uox ~auerit ore OV.*Pont.*4.4.37; (picas) mirum in modum ~ari PLIN. *Nat.*10.118; cuius aspectu lucernae..lumen ~atum increbruit APUL.*Met.*5.22;—(*w. abst. obj.*) aliud (genus uocis).. ~atum ac remissum CIC.*de Orat.*3.219; multo..~ans conuiuia Baccho VERG.*Ecl.*5.69; domus infortunium nouarum nuptiarum gaudiis..~are APUL.*Met.*1.6. **b** ut cum caelo (terra) ~ata uideatur CIC.*N.D.*2.102; festa..pallentis ~ent altaria lucos STAT.*Silv.*3.3.24.

hilarōdos ~ī, *m.* [Gk. ἱλαρῳδός] (See quot.) ~os lasciui et delicati carminis cantator PAUL.*Fest.* p.101M.

hilarulus ~a ~um, *a.* (dim. of next). quoniam, quod optimum in pueris est, ~a est (Attica) CIC.*Att.*16.11.8; LAEV.*poet.*22.4.

hilarus ~a ~um, *a.* ~**is** ~is ~e, *a.* *compar.* ~ior, *superl.* ~issimus. [Gk. ἱλαρός] α = ~*us*, etc., β = ~*is*. N.B. exx. of compar. and superl. are for convenience placed under the form normally or most often used by the author concerned.

1 Cheerful, light-hearted, buoyant, gay. **b** (of features, expression, etc.). **c** (of animals) lively, sprightly. α (seruus) ~us sit, si gaudeant (eri) PL.*Am.*961; ~issumum conuiuam *Mil.*666; ~um ac lubentem fac te gnati in nuptiis TER.*Ad.*755; animaduerti paulo te ~iorem CIC. *Brut.*18; *Att.*16.3.1. β nos ~i ingenio..accipie⟨n⟩t PL.*Mos.*318; oderunt ~em tristes HOR.*Ep.*1.18.89; pueri.. ~esque puellae OV.*Tr.*3.12.5; cum accipiendum iudicauerimus, ~es accipiamus profitentes gaudium SEN.*Ben.*2.22; ~is..sub umbras uita fugit STAT.*Theb.*10.316; ad lituos ~em intrepidumque tubarum prospiciebat equum 11.325; emeritis ~is tuba..armis 12.522; si gestus ac uultus ab oratione dissentiat, tristia dicamus ~es QUINT.*Inst.*11.3.67; TAC.*Dial.*13.6 **b** α filius..incedit..~a schema CAECIL. *com.*76; fronte ~o 79; te..~ioribus oculis..intuente CIC. *Pis.*11; columbae..~is incessibus picta colla torquentes APUL.*Met.*6.6. β uoltu ~i atque laeto CIC.*Tusc.*1.100; uultus ~es OV.*Tr.*5.1.40; laetis in rebus..ipsa (uox) quodam modo ~is fluit QUINT.*Inst.*11.3.63; (grues) ~i clangore sonant STAT.*Theb.*12.517; equorum ~is hinnitus APUL.*Fl.*17; (*cf.*) cum et illarum (*sc.* diuitiarum) frons ~is multis intus amaritudinibus sit referta V.MAX.4.4.pr. **c** nitidum..et ~e et corpulentum pecus faciunt (uinacea) COL. 6.3.5; PLIN. *Nat.*16.25.

2 (of activities, events, writings, etc.) Marked by cheerfulness. α ~a..Saturnalia militibus..quibus..praedam concessimus CIC.*Att.*5.10.5; litteras ~iores 7.25; omnia mihi erunt, si tu ueneris, ~iora *Fam.*7.33.2; ~iores illae (perturbationes) *Tusc.*4.36; ~a uita *Fin.*5.92; quaecumque uides ~o grandescere adauctu LUCR.2.1122; innocato ~o atque prospero Euentu APUL.*Met.*4.2. β excitus..~i die, nuptialia concinens..carmina CATUL.61.11; ~i pietate OV.*Pont.*2.1.9; ~e..conuiuium PHAED.4.25(26). 20; ad haec ~iora studia SEN.*Dial.*11.8.3; Sirenas ~em nauigantium poenam MART.3.64.1; ~is probitas et frons tranquilla STAT.*Silv.*5.2.73; id..quod dicitur, aut est lasciuum et ~e.. QUINT.*Inst.*6.3.27; (*neut. pl. as sb.*) interdiu seuera, nunc ~ia PETR.64.13; in conuictibus..~ia omnibus conuenient QUINT.*Inst.*6.3.28.

3 (of things) Cheerful in appearance or outward aspect. α ~o..Canopo COL.10.171. β uidi..in uilla ~i.. maestos SEN.*Ep.*55.8; nitidis ~es conlucent fetibus horti COL.10.292; abies..arbore rotundior..atque ~ior in totum PLIN.*Nat.*16.48; ~is..hederas STAT.*Silv.*5.5.30; cutem in facie corrigit coloremque ~iorem facit PLIN.*Nat.*23.144; cauaedium ~e PLIN.*Ep.*2.17.5; (*cf.*) ~is matutini solis tepor [QUINT.]*Decl.*13.4.

hilla ~ae, *f.* [HIRA+-LA] FORMS: *hila* VAR. *L.*5.111. A small intestine; a length of intestine stuffed with meat, etc., sausage, or sim. **b** (perh.) a kind of cushion or bolster. LABER.*com.*22; 145; ab hoc uentriculo lactes in oue et homine per quas labitur cibus, in ceteris ~ae PLIN.*Nat.* 11.200; PAUL.*Fest.*p.101M;—~is flagitat immorsus refici (*sc.* stomachus) HOR.*S.*2.4.60. **b** EMITYLIA VI ILLAS IIII *A.Epig.*40.62.20.

Hilluricus: see ILLYRICVS.

(H)īlōtae ~ārum, *m. pl.* The Helots (a serf class under the Spartans). NEP.*Paus.*3.6; LIV.34.27.9.

hīlum ~ī, *n.* [dub.] (usu. after neg.) A minimal quantity, the least bit. **b** (advl.). terra..corpus..capit neque dispendi facit ~um ENN. *Ann.*14; neque..umquam ~o minu' propere quam pote peribit PL.*Truc.*560; filum, quod minimum est ~um; id enim minimum est in uestimento VAR.*L.*5.113; eum quem putamus esse non ~i dicimus nihili 10.81; aliquid.. de summa detrahere ~um LUCR.3.514; nec..demimus ~um tempore de mortis 3.1087; neque ~o maiorem..capiunt dulcedini' fructum 5.1409. **b** non proficis ~um LUCIL. 1021; neque inter se contendant uiribus ~um LUCR.3.783; libella aliqua si ex parti claudicat ~um 4.515; 5.358.

Hilur-: see ILLYR-.

himantopūs ~podos, *m.* [Gk. ἱμαντόπους]

1 A waterfowl, prob. the black-winged stilt. PLIN.*Nat.*10.130.

2 (pl.) An Ethiopian tribe. MELA 3.103; PLIN.*Nat.*5.46.

Hīmera[1] **(~ās)** ~ae, *m.* The name of two rivers in Sicily, one flowing to the north and the other to the south coast. LIV.24.6.7; in Sicilia flumen est ~as VITR.8.3.7; MELA 2.119; SIL.14.233.

Hīmera[2] ~ae, *f.* Also ~**a** ~ōrum, *n. pl.* A town on the north coast of Sicily at the mouth of the river Himera. CIC.*Ver.*2.86; 4.73; MELA 2.118; PLIN.*Nat.*3.90; (*neut. pl.* OV.*Fast.*4.475.

hinc, *adv.* [<*him-ce (HIC); cf. *illim, illinc*] FORMS: *hince CIL* 1.638.3.

1 From this place, hence, from here. **b** from this life or world.
abduce me ~ ab hac PL.*Bac.*1031; quidue ~ abitio? *Rud.* 503; quisnam ~ ab Thaide exit? TER.*Eu.*545; ego ~ uolo pr. Kal. CIC.*Att.*15.25; sub montem..succedunt. ~ se recipere cum uellent.. CAES.*Civ.*1.45.3; nulla ~ exire potestas VERG.*A.*9.739; alium ~..exsilio quaerant locum LIV.2.15.5; recto ~ itinere 28.41.8; uir meus ~ ieras, uir non meus inde redisti OV.*Ep.*6.111; rursus..inundantes (aquae), ~..se resorbentes PLIN.*Nat.*2.212. **b** ipsi illi maiorum gentium dii qui habentur ~ nobis profecti in caelum reperientur CIC.*Tusc.*1.29; 1.74; JUV.2.156.

2 (indicating distance or absence) From here; (also transf.).
ille ~ abest quem ego amo PL.*Am.*640; ut illum ~ prohibeam 1008; ~..arce hostes LIV.1.12.5;—(*w. other advs.*) longe ~ afuit PL.*Am.*322; sermonem..procul ~ stans accepi TER.*Hec.*607; VERG.*A.*1.469; TIB.1.9.51; OV.*Am.*2.1. 3;—(*w. adj.*) aedis emit has ~ proxumas PL.*Mos.*977; SIL.15.288;—et ~ abero et illim CIC.*Att.*10.1.2; ~ quoque exclusis excusatio superest QUINT.*Inst.*7.4.14.

3 (indicating the point from which a topographical feature, space, etc., extends) From here. **b** (w. vbs. expr. hanging, attachment). **c** (indicating the temporal, logical, etc., point at which a process, narrative, argument, or sim. commences).
~E SVNT NOVCERIAM MEILIA LI *CIL* 1.638.3; quam longe est ~ in saltum..Gallicanum? CIC.*Quinct.*79; ~ se flectit sinistrorsus (silua) CAES.*Gal.*6.25.3; Daphnis.. ~ usque ad sidera notus VERG.*Ecl.*5.43; ~ late patet omne fretum LUC. 2.622. **b** sistere..socios iubet atque ~ prima ligari uincula V.FL.5.190;—(*transf.*) ~ (*i.e. from Old Comedy*) omnis pendet Lucilius HOR.*S.*1.4.6; OV.*Med.*50; pars magna controuersi iuris ~ pendet QUINT.*Inst.*7.6.1. **c** a primum est, ~ incipiam LUCIL.351; ~ ad uergiliarum exortum dies XLIV VAR.*R.*1.28.2; ~..est ordiendum CIC. *Fin.*3.16; principium..~ nobis exordia sumet nullam rem e nilo gigni diuinitus umquam LUCR.1.149; amissos ~ iam obliuiscere Graios VERG.*A.*2.148; HOR.*S.*1.9.44; liberi iam ~ populi Romani res..gestas..peragam LIV.2.1.1; uinci Hercules cum potuit, ~ coepit mori SEN.*Her.O.*894; QUINT.*Inst.*3.1.1.

4 Following on this, next (in temporal, topographical, or other sequence).
qui te di deaeque—scis quid ~ porro dicturus fuerim, ni linguae moderari queam PL.*Per.*296; olea ab elaea..~ ad pecudis carnem peruentum est VAR.*L.*5.109; Graiugenum ..domos..linquimus..~ sinus..Tarenti cernitur VERG.*A.* 3.551; ~ nos Coccei recipit..uilla HOR.*S.*1.5.50; instrui deinde utrimque acies coeptae..proelia ~ parua..fiebant LIV.23.16.4; post ~ militiae locus est MAN.3.102; Sinuessa, extremum in adiecto Latio..~ felix illa Campania PLIN. *Nat.*3.60; ~ uolucrum naturae dicentur 9.186; primus equum..tulit; tulit ~ uirtute secundus..duo pocula SIL. 16.448; TAC.*Ag.*14.4.

5 (indicating the point at or from which an action is performed involving a more or less distant object, e.g. looking, throwing, etc.). **b** (indicating the point from which sound, etc., proceeds).
~ auscultabo quam rem agant Pl.*Bac.*404; uides ~ aetheris ignis LUCR.5.585; ~ (*i.e. from a tower*)..propugnabant CAES.*Civ.*2.8.2; ego iam ~ praedico..me exercitu eo..rem publicam administraturum LIV.40.35.14; ~ ego uela tuae cognoui..carinae OV.*Ep.*5.63; ~ solet hasta manu..mitti *Fast.*6.207; tu..~ spectator ab alta turre sede STAT.*Theb.* 11.291. **b** ~..mihi dextra uox auris..uerberat PL.*Am.* 333; ex istoc loco spurcatur nasum odore..—olfacta igitur ~ *Men.*169; ~ exaudiri uoces VERG.*A.*4.460; OV.*Ep.*7.101.

6 (repeated, or with other advs. or phrs., indicating direction or position in reference to a centrally placed person or thing) From or on this side..from (on) that. **b** (w. only one side or direction explicitly mentioned).
(*repeated*) alter ~, ~ alter appellemus PL.*As.*618; ~ Tusco claudimur amni, ~ Rutulus premit VERG.*A.*8.473; uos turba..~ et hinc saxis petens HOR.*Epod.*5.97; effodiat auidus ~ et ~ uultur fibras SEN.*Her.O.*947;—(*w.* illinc, illim) ~ stas, illim caussam dicis PL.*Men.*799; circumcursans ~ illinc..Cupido CATUL.68.133; impetus ~ atque illinc facti LIV.3.5.1; urbes, quas illinc a Pergamo Eumenes, ~ a Phocaea..Romani sollicitabant 37.8.5; porci..uentrem ~ atque illinc timida manu secuit PETR.49.9;—(*w.* istinc) alter istinc, alter ~ adsistite PL.*Rud.*808; cum istinc Bituricae fructibus opimis ~ paribus Heluolae respondeant COL.3.21.3;—(*w.* inde) suspensis ~ et inde montibus SEN. *Nat.*3.16.4; irae ~ atque inde calent STAT.*Theb.*7.616; ~ iustitiae proposita imagine, inde pietatis QUINT.*Inst.* 12.1.40; fulgentibus ~ inde Gallorum uexillis TAC.*Hist.*4.62; neque sinceras esse uirtutes nec uitia tamen mera et intemperata, sed ~ atque inde permixta esse APUL.*Pl.*2.3;—(*w. other advs., phrs., etc.*) nequis aut ~ aut ab laeua aut a dextera..adsit PL.*Mil.*607; ~ Augustus agens Italos..parte alia..Agrippa..agmen agens VERG.*A.*8.678; diuersi Volsci ~ consulem..sustinere, altera fronte instare Tempanio LIV.4.39.4; obstrepebat ~ metus, praeter hunc inuicem luctantium mutuus clamor CURT.4.9.20. **b** ego adsistam ~ altrinsecus PL.*Mer.*977; urbs erat ~ contra gemino circumflua ponto V.FL.5.442; si numerus militum potius quam legionum putetur, plus ~ roboris TAC.*Hist.*3.2.

7 (indicating source or origin) From here, from this. **b** (indicating the substance of which a thing is made; also, the origin of a word or name).
sume ~ quid lubet PL.*Poen.*1352; petam ~ aquam *Rud.* 412; illam ~ ciuem esse aiunt TER.*An.*833; ~ (*i.e. from Arcesilas*) haec recentior Academia manauit CIC.*de Orat.* 3.68; ~ primum exoritur crimen illud *Rab.Post.*6; boni..~ quod exspectes nihil est *Att.*7.21.1; ~ Dardanus ortus VERG.*A.*3.167; ~ (*i.e. from Mantua*)..quingentos in se Mezentius armat 10.204; dis te minorem quod geris, imperas: ~ omne principium, huc refer exitum HOR.*Carm.* 3.6.6; tuo..numine instinctus pergo ad delendam urbem Veios, tibique ~ decimam partem praedae uoueo LIV.5.21.2; id mutuum est et ibi declamationis fortuna. ~ tumor et uana de se persuasio QUINT.*Inst.*2.2.12; piget referre plurima ~ orta uitia 8.6.74; TAC.*Dial.*36.3. **b** siluae..dant alios aliae fetus..hinc radios triuere rotis, ~ tympana plaustris agricolae VERG.*G.*2.444; ~ (*i.e. from reeds*) erant armamenta ad inclutos cantus PLIN.*Nat.*16.170; licet ~ catapotia fieri LARG.155;—~ (*i.e. from* pulmentum) pulmentarium dictum VAR.*L.*5.108; Capys: ~ nomen Campanae ducitur urbi VERG.*A.*10.145; redduntur..uina Ioui. dicta dies ~ est Vinalia OV.*Fast.*4.899; ~ cognomina Simorum PLIN.*Nat.* 11.158.

8 a (expr. cause) From this fact or circumstance, hence. **b** (expr. inference) from these data, from this fact.
a ~..fit..potissumus nostrae domi ut sit PL.*Men.*359; sororem esse aiunt Chrysidis. percussit ilico animum. attat hoc illud est, ~ illae lacrumae TER.*An.*126; satis..nobis.. persuasum esse debet..nihil..auare..esse faciendum. ~ ille Gyges inducitur a Platone CIC.*Off.*3.38; ~ agitur furiis Athamas OV.*Fast.*6.489; ~ genera distinguntur, ut sint aliqui obscuri..alii densi PLIN.*Nat.*37.68; nos prauum.. uulgus scrutari penitus superos: ~ pallor et irae STAT. *Theb.*3.564. **b** cape has tabellas, tute ~ narrato tibi quae me..cura contabefacit PL.*Ps.*20; quanto peiorem ciuem existimarint feneratorem..~ licet existimare CATO *Agr.*pr.1; quam sis audax..~ omnes intellegere potuerunt quod.. CIC.*S.Rosc.*87; ~ tempestates..praediscere..possumus VERG.*G.*1.252; comparando ~ quam intestina corporis seditio similis esset irae plebis in patres LIV.2.32.12; dominae..potentia quae sit ~..disce OV.*Met.*14.319.

9 (part.) Of this (these).
aut dimidium aut plus etiam faxo ~ feres PL.*Ps.*1328; non enim amplius pedum milibus duobus ab castris castra distabant. ~ duas partis acies occupabant duae CAES.*Civ.* 1.82.4; quantum ~ imminuet (Fortuna)? HOR.*S.*2.2.127; in amplexum sex ~ (*sc.* Pleiadum) uenere deorum OV.*Fast.* 4.171; incoquere rutam quam plurimam et ~ caldam heminam adicere priori aquae LARG.118.

hinnībundus ~a ~um, *a.* [next+-BVNDVS] Neighing.
equae ~ae inter se QUAD.*hist.*78.

hinnio ~īre ~iī, *intr.* [onomat.] PROS.: *hinnĭentium* (quadrisyll.) LAEV.*poet.*27.6. To neigh, whinny.
oui' balat, equi ~iunt VAR.*Men.*3; LUCR.5.1077; cuius equus..primus ~isset V.MAX.7.3.ext.2; SUET.fr.161(p.249 Re);—(*pple. as sb.*) ~ientium dulcedines LAEV.*poet.*27.6; ~ientium..greges APUL.*Soc.*5.

hinnītus ~ūs, *m.* [prec.+-TVS[3]] The action of neighing.
exaudiuit ~um CIC.*Div.*1.73; LUCR.5.1073; VERG.*G.*3. 94; tibi tollit ~um..equa HOR.*Carm.*2.16.34; LIV.2.64.11; ~ibus auras..inplent OV.*Met.*2.154; STAT.*Theb.*8.394; TAC. *Ger.*10.4; ~us edere canoros SUET.*Nero* 46.1; (*cf.*) belua hippopotamius..equi et iuba et ~u PLIN.*Nat.*8.95; (*applied to noises made by human beings*) quantum ~um atque equitatum LUCIL.1275.

hinnuleus ~ī, *m.* **īnuleus.** [app. ad. Gk. ἔνελος; lengthening of *i* is perh. due to metrical reasons, but form perh. influenced by *hinnus*] The young of the deer, a fawn.
uitas ~o me similis HOR.*Carm.*1.23.1; ex coagulo ~i matris in utero occisi PLIN.*Nat.*8.118; 28.150; (*w.* ceruus) ~i cerui coagulum LARG.13.

hinnulus ~ī, m. [next+-VLVS] ORTHOG.: nom. pl. ~*ei* VAR.*L.*9.28.

1 A young hinny.
equo et asina genitos mares ~os antiqui uocabant PLIN. *Nat.*8.172.

2 = HINNVLEVS.
dixit ad rem pertinere occidi ~um cultro, quo gladiator iugulatus sit LARG.13; 188.

hinnus ~ī, *m.* [Gk. ἴννος, cf. GINNVS] A hinny.
ex equa..et asino fit mulus, contra ex equo et asina ~us VAR.*R.*2.8.1; 2.8.6; COL.6.37.5.

hiō ~āre ~āuī, *intr.*, (*tr.*). [<*ĝhiā-i̯ō, Lith. *žió-ju*; cf. Gk. χαίνω]

1 To be wide open, gape. **b** (of the mouth).
oculis..~antibus PL.*Mer.*183; Pan..calamos percurrit ~antis LUCR.4.588; ~auit humus multa uasta et profunda SAL.*Hist.*4.17; VERG.*G.*1.91; HOR.*Epod.*8.5; nec flos ullus ~at pratis PROP.4.2.45; si..in carne uulnus est ~atque CELS.5.26.23.B; scissa tellus faucibus ruptis ~at SEN. *Phoen.*70; prius quam semina ~ent aestibus COL.2.9.18; tumentes..~ant undae LUC.5.641; ampullis..quibus non ~ans..exitus PLIN.*Ep.*4.30.6; caua intus uentris ac stomachi uacua et ~antia GEL.16.3.3; (*fig.*) patent artes tuae.. fraudes ~ant APUL.*Apol.*83. **b** saeua canum rabies morsus auertit ~antis PROP.3.16.17; hominem..~ante ore uaporem excipere CELS.6.9.7; aquam ~anti ore captantes CURT.4.16.12; osculis ~antibus filium..sauiata APUL.*Met.* 4.31.

2 To have the mouth wide open.
~antis uideo, ridentis non audio VAR.*Men.*277; inceptus clamor frustratur ~antis VERG.*A.*6.493; (leo) ~ans immane 10.726; lupus (*i.e. a fish*)..Tiberinus an alto captus ~et HOR.*S.*2.2.32; sitis..et calor ~antes caedendos..praebebat LIV.27.48.17; semper ad spem uenturi ~at (canis) SEN.*Ep.*72.8; (crocodilis) ~antibus..ad morsum PLIN.*Nat.* 8.93; uolucrum..turba recentum..e margine nidi exstat ~ans STAT.*Theb.*10.461; coruus..toto rictu ~auit APUL. *Soc.*pr.4; (*poet.*) fame ~ante SEN.*Thy.*6; (*in fig. phr.*) linguam..exercete conuicio, ~ate, conmordete *Dial.*7.20.6;—(*cf., of a bivalve*) cum pisciculi..in concham ~antem innataerant CIC.*N.D.*2.123; PLIN.*Nat.*32.154.

3 (fig.) **a** To gape (after), be greedy (for). **b** to be open-mouthed (with astonishment, admiration, etc.). **c** to yawn (with languor).
a sitis aequa tenet uitai semper ~antis LUCR.3.1084; ille ..quem tollit ~antem cretata Ambitio PERS.5.176;—(*of abst. things*) auaritia..~ante CIC.*Ver.*2.134; quemadmodum inmensae hominum cupiditates ~ent semper SEN.*Ben.*7. 26.3. **b** hunc plausus ~antem..corripuit VERG.*G.*2.508; HOR.*S.*1.2.88. **c** ~antem desidia populum SIL.11.35.

4 a (gram.) To form, or be in, hiatus. **b** (of style) to be disjointed, disconnected.
a concursus..diiunctos atque ~antis CIC.*Part.*21; neque ..~are..uocalibus..uolunt sermo atque epistola QUINT. *Inst.*9.4.20; ~antes sonitus..facit (Homerus) GEL.6(7).20.5; duae uocales in concursu ~abant VEL.gram.in *G.L.*7.66; (*of a writer*) qui, ut uersum facerent, saepe ~abant CIC. *Orat.*152. **b** mutila quaedam et ~antia locuti sunt CIC. *Orat.*32; ~ans oratio QUINT.*Inst.*8.6.62; commissuris.. ~antibus 12.9.17.

5 (w. acc.) To make the motions of uttering (with the mouth); to utter with extravagant articulation.
uisus mihi..marmoreus tacita carmen ~are lyra PROP. 2.31.6;—fabula..maesto..~anda tragoedo PERS.5.3.

hippacē ~ēs, *f.* [Gk. ἱππάκη]

1 a Cheese made of mare's milk. **b** horse's rennet.
a PLIN.*Nat.*11.284; hunc (*sc.* equinum caseum) uocant ~en 28.131. **b** equi coagulum, quod aliqui ~en appellant PLIN.*Nat.*28.205.

2 An unknown plant.
PLIN.*Nat.*25.83.

hippacō ~āre, *intr.* [dub.] (See quot.)
~are est celeriter animam ducere PAUL.*Fest.*p.101M.

hippāgō ~inis, *f.* [Gk. ἱππηγός (*Dor. -αγός)] A ship for transporting horses.
GEL.10.25.5; PAUL.*Fest.*p.101M; ~o ΙΠΠΑΓΩΓΟΣ *CIL* 8.27790.

hippagōgos, *f.* [Gk. ἱππαγωγός] = prec.
naues, quas ~us uocant LIV.44.28.7.

hippalus ~ī, *m.* [Gk. ἵππαλος] The summer monsoon.
PLIN.*Nat.*6.100; 6.103.

Hipparchēus ~a ~um, *a.* Of Hipparchus.
(*neut. pl. as sb.*) ~a de sideribus agnoscendis (*i.e. theories of Hipparchus*) PLIN.*Nat.*1.2.24.

Hipparchus ~ī, *m.* A Greek personal name, esp. a famous astronomer of Nicaea in the 2nd century B.C.
CIC.*Att.*2.6.1; VITR.9.6.3; PETR.40.1; PLIN.*Nat.*2.95.

hippēgus ~ī, *m.* [Gk. ἱππηγός] = HIPPAGO.
PLIN.*Nat.*7.209.

hippeūs, *m.* [Gk.] A kind of comet.
~eus equinas iubas (imitatur) PLIN.*Nat.*2.90.

hippius ~a ~um, *a.* [Gk. ἵππιος (or ἵππειος)] (See quot.)
~us, id est equester, Neptunus dictus est PAUL.*Fest.* p. 101M.

Hippō ~ōnis, *m.* The name of var. cities, e.g. Hippo Regius, in Numidia; Hippo Diarrytus, in Zeugitana.
*B.Afr.*96.1; LIV.29.3.7; MELA 1.33;—1.34; PLIN.*Nat.*9.26.

hippocampus (~os) ~ī, *m.* [Gk. ἱππόκαμπος] A sea-horse, hippocampus. **b** a fabulous creature associated with sea-gods.
PLIN.*Nat.*32.58; 32.67; 32.109; 32.149. **b** delphino cinctis uehiculis ~isque asperis LAEV.*poet.*21; Nereides supra..~os sedentes PLIN.*Nat.*36.26.

hippocentaurus ~ī, *m.* [Gk. ἱπποκένταυρος] A centaur.
quis..~um fuisse aut Chimaeram putat? CIC.*N.D.*2.5; *Tusc.*1.90; PLIN.*Nat.*7.35; QUINT.*Inst.*6.3.90; GAIUS *Inst.* 3.97[a].

Hippocōus ~a ~um, *a.*: (see quot.).
~um uinum ex insula Coo dictum ab agro generoso, cui nomen est Hippo PAUL.*Fest.*p.101M.

Hippocratēs ~is, *m.* FORMS: ~*ae* (nom. pl.) GEL.14.6.3. The fifth-century B.C. Greek physician of Cos.
ille ~es medicus VAR.*R.*1.4.5; CIC.*de Orat.*3.132; CELS. 1.pr.8; LARG.pr.p.2,l.27; (*pl.*) quot fuerint Pythagorae nobiles, quot ~ae GEL.14.6.3.

Hippocraticus ~a ~um, *a.* Of or connected with Hippocrates.
Dioxippum ~um (*i.e. pupil of H.*) GEL.17.11.6.

Hippocrēnē ~ēs, *f.* A spring on Mt. Helicon, made by Pegasus with a blow of his hoof.
OV.*Fast.*5.7; GERM.*Arat.*221.

Hippodamantius ~a ~um, *a.* The name of a kind of wine.
PLIN.*Nat.*14.75.

Hippodamīa (~ēa) ~īae, *f.* Also ~ē ~ēs. **a** The daugher of Oenomaus and wife of Pelops. **b** the wife of Pirithous.
a α ENN.*scen*.358; PROP.1.8.35; OV.*Am*.3.2.16. β VERG.*G*.3.7. **b** α OV.*Ep*.16.248. β OV.*Met*.12.210.

hippodromus (~os) ~ī, *m.* [Gk. ἱππόδρομος] A course for chariot races, etc., hippodrome; a track in private grounds.
de ~o et palaestra ubi reuenisses domum PL.*Bac*.431; *Cist*.549;—MART.12.50.5; PLIN.*Ep*.5.6.19.

hippolapathum ~ī, *n.* [Gk. ἱππολάπαθον] (prob.) A kind of dock.
PLIN.*Nat*.20.231.

Hippolyta ~ae, *f.* ~ē ~ēs. **a** The queen of the Amazons and wife of Theseus. **b** the wife of Acastus, king of Magnesia.
a ab ~a subcingulum..Hercules..apstulit PL.*Men*.200; VERG.*A*.11.661; PROP.4.3.43; OV.*Ep*.20.120; SEN.*Ag*.848. **b** Magnessam ~en dum fugit abstinens (Peleus) HOR.*Carm*. 3.7.18.

Hippolytus ~ī, *m.* Also **Ipp-.** The son of Theseus and Hippolyta.
CIC.*Tusc*.4.27; VERG.*A*.7.761; HOR.*Carm*.4.7.26; OV. *Met*. 15.497;—(*as a type of chastity*) illic ~um pone, Priapus erit *Am*.2.4.32; MART.8.46.2.

hippomanes ~is, *n.* [Gk. ἱππομανές]

1 A mucous secretion discharged by mares in heat; (N.B. as used in philtres not always distinguishable from sense 2).
VERG.*G*.3.280; quod..~es cupidae stillat ab inguine equae TIB.2.4.58; PROP.4.5.18; PLIN.*Nat*.28.181; JUV.6.133.

2 A small black fleshy substance on the forehead of a new-born foal.
PLIN.*Nat*.8.165.

hippomarathum ~ī, *n.* [Gk. ἱππομάραθον] The name of one or more unidentified umbelliferous plants.
PLIN.*Nat*.20.255; 21.54.

Hippomenēs ~is, *m.* The victor over Atalanta in a foot-race.
VERG.*Cat*.9.26; OV.*Met*.10.587; ab ~e Megarei et Meropes filio uicta est (Atalanta) HYG.*Fab*.185.3.

Hippōnactēus ~a ~um, *a.* Appropriate to, or characteristic of, Hipponax; (masc. as sb.) a scazon.
~o praeconio CIC.*Fam*.7.24.1;—senarios..et ~os effugere uix possumus *Orat*.189.

Hippōnax ~actis, *m.* A Greek writer of satirical verse (*c.* 540 B.C.), the inventor of the scazon.
quem ~actis iambus laeserat CIC.*N.D*.3.91; PLIN.*Nat*. 36.12; MAUR.2372.

Hippōn(i)ensis ~is ~e, *a.* Of Hippo (in quots., Hippo Diarrytus).
MELA 1.34; ~is colonia PLIN.*Ep*.9.33.2; DIOECESEOS ~IS *CIL* 9.1592.

Hippōnius ~a ~um, *a.* Of Hipponium (= Vibo), a town in the territory of the Bruttii.
~as..pices GRAT.416.

hippopērae ~ārum, *f. pl.* [Gk. ἵππος, πήρα] Saddle-bags.
cantherio uehebatur et ~is quidem impositis, ut secum utilia portaret SEN.*Ep*.87.9.

hippophaes ~is, *n.* [Gk. ἱπποφαές] (perh.) A kind of spurge.
PLIN.*Nat*.21.91 (*cj.*); 22.29 (*cj.*); (*also app. confused w. next*) 22.29.

hippophaeston ~ī, *n.* [Gk. ἱππόφαιστον] The name of a plant (perh. a centaury).
PLIN.*Nat*.16.244 (*cj.*); 27.92.

hippopheōs, *m.* [Gk. ἱππόφεως] = EPITHYMVM (acc. Pliny).
PLIN.*Nat*.26.55.

hippophlomos ~ī, *f.* [Gk. ἵππος, φλόμος] FORMS: ~*on* (neut.) PLIN.*Nat*.1.25.94 (s.v.l.). White mandrake.
PLIN.*Nat*.25.148.

hippophobas ~ados, *f.* [Gk. ἵππος, φόβος] A fabulous plant (= ACHAEMENIS).
PLIN.*Nat*.24.161.

Hippopodes, *m. pl.* [Gk. ἱππόποδες] 'Horse-hoofed', a fabulous race in the far north.
in his (insulis) esse..equinis pedibus ~as MELA 3.56; PLIN.*Nat*.4.95.

hippopotamus ~ī, *m.* Also **~ius** ~iī. [Gk. ἱπποπόταμος, ἵππος ποτάμιος] A hippopotamus.
VITR.8.2.7; MELA 1.52; flumen Bambotum, crocodilis et ~is refertum PLIN.*Nat*.5.10; in eodem Nilo belua ~ius editur 8.95.

hippos ~ī, *m.* [Gk. ἵππος] A kind of crab.
in Phoenice ~oe uocantur (carabi) PLIN.*Nat*.9.97; 32.149.

hipposelīnum ~ī, *n.* [Gk. ἱπποσέλινον] A plant resembling parsley.
PLIN.*Nat*.19.124; 20.117.

Hippotadēs ~ae, *m.* A descendant of Hippotes, usu. = Aeolus.
OV.*Ep*.17.46; *Met*.4.663; ~ae regnum (*i.e. the Aeolian islands*)14.86; V.FL.1.610.

hippotoxota ~ae, *m.* [Gk. ἱπποτοξότης] A mounted archer.
CAES.*Civ*.3.4.5; *B.Afr*.19.4.

hippūris ~is, *f.* [Gk. ἵππουρις] FORMS: acc. ~*in* or ~*im*. A plant (= EQVISAETVM).
PLIN.*Nat*.26.132; 26.133; 26.134; 26.158.

hippūrus (~os) ~ī, *m.* [Gk. ἵππουρος] An unidentified fish.
OV.*Hal*.95; PLIN.*Nat*.9.57; 32.149.

hīra ~ae, *f.* [cf. HARVSPEX] An intestine.
~ae (*cj.*) omnes dolent PL.*Cur*.238; APUL.*Pl*.1.15; ~a..quam Graeci dicunt νῆστιν, intestinum est, quod ieiunum uocant PAUL.*Fest*.p.101M.

hircīnus ~a ~um, *a.* Also **-quīnus.** [HIRCVS+-INVS]

1 Of a (he-) goat. **b** made of goatskin.
sebi uel taurini uel ~i CELS.5.19.15; iocineris maxime ~i, si minus, caprini 6.6.38; COL.6.12.2; sanguine ~o PLIN. *Nat*.20.2. **b** ~is follibus HOR.*S*.1.4.19; PLIN.*Nat*.12.81.

2 Like (that of) a goat, goatish.
uolucres tibi erunt tuae ~ae PL.*Poen*.873; ~a barba *Ps*.967; APUL.*Met*.11.8.

hircōsus ~a ~um, *a.* [HIRCVS+-OSVS] Smelling like a goat (from uncleanliness).
senex ~us PL.*Mer*.575; de gente ~a centurionum PERS. 3.77; ~o..osculo MART.12.59.5;—(*masc. as sb.*) ~is..et turpe pilosis 9.47.5; SEN.in Gel.12.2.11.

hirculus ~ī, *m.* [HIRCVS+-VLVS]

1 A young he-goat.
barbatus..~us *Priap*.86.16.

2 An unidentified plant.
herba quae ~us uocatur a grauitate odoris PLIN.*Nat*. 12.46.

hircuōsus ~a ~um, *a.* [var. HIRCOSVS] Goat-like.
~us deus (*i.e. Pan*) APUL.*Met*.5.25.

hircus ~ī, *m.* Also **-quus.** [cf. perh. Sam. *hirpus* 'wolf'] FORMS: archaic form *ircus*, (also Sabine *fircus*) VAR.*L*.5.97; QUINT.*Inst*. 1.5.20.

1 A he-goat. **b** (applied to persons as a term of abuse, implying lack of refinement, etc.).
~um castrari uolo PL.*Mer*.272; VAR.*R*.2.3.2; VERG.*Ecl*. 3.8; *G*.2.395; carmine qui tragico uilem certauit ob ~um HOR.*Ars* 220; PHAED.4.9.5; COL.7.6.4; ~orum (est) miccire SUET.fr.161(p.249Re);—(*w. ref. to its smell*) pastillos Rufillus olet, Gargonius ~um HOR.*S*.1.2.27; an grauis hirsutis cubet ~us in alis *Epod*.12.5;—(*prov.*) quid..stupes tanquam ~us in eruilia? PETR.57.11. **b** illius ~i inprobi edentuli PL.*Cas*.550; *Mos*.40; putare ceteros ~os? CATUL.37.5.

2 (See quot.)
~i..sunt oculorum anguli secundum Suetonium Tranquillum Serv.*Ecl*.3.8.

3 (dub.) A kind of comet.
fiunt et ~i (*v.l.* hirti), uillorum specie et nube aliqua circumdati PLIN.*Nat*.2.90.

hirnea[1] ~ae, *f.* [cf. HARVSPEX] A rupture or hernia, esp. scrotal hernia.
VERG.*Cat*.12.8; enterocelen et epiplocelen Graeci uocant; apud nos indecorum sed commune his ~ae nomen est CELS.7.18.3; MART.3.24.9; 12.83.1; JUV.6.326.

(h)irnea[2] ~ae, *f.* [dub.] A kind of jug.
cadus erat uini, inde impleui ~am PL.*Am*.277; ~am fictilem CATO *Agr*.81.

hirneacus (erni-) ~a ~um, *a.* [HIRNEA[1]; term. perh. as *coeliacus*] (app.) Having an enlarged scrotum (as a result of rupture).
~AS QVI DVCET..CHOREAS *CIL* 12.5695(3).

hirneōsus ~a ~um, *a.* [HIRNEA[1]+-OSVS] = prec.
~i patrui VERG.*Cat*.13.39.

Hirpīnus ~a ~um, *a.* Also **Irp-.** Of the Hirpini, a people to the south of Samnium, or their territory; (masc. pl. as sb.) the people or territory.
fundus ~us..siue ager ~us CIC.*Agr*.3.8; ~is montibus PLIN.*Nat*.3.102; ~a..pubes SIL.8.569; (*as the name of a horse*) ~i..qui bene nouit auos MART.3.63.12;—in ~is CIC. *Div*.1.79; ex ~is in Samnium transit LIV.22.13.1; PAUL. *Fest*.p.106M.

hirquīnus: see HIRCINVS.

hirquitallus ~ī, *m.* **irq-.** [HIRCVS; for termination cf. Gk. τᾶλις] (See quot.)
~i pueri primum ad uirilitatem accedentes PAUL.*Fest*. p.101M; p. 105M; VEL.gram.in *G.L*.7.60.

hirquus: see HIRCVS.

hirriō ~īre, *intr.* [onomat.] To snarl.
~ire garrire, quod genus uocis est canis rabiosae PAUL. *Fest*.p.101M.

hirsūtus ~a ~um, *a.* *compar.* ~ior. [**hirsus*+-VTVS; cf. HIRTVS]

1 That is covered with hair, bristles, spines, etc., hairy, shaggy, rough; (in the case of human beings usu. implying lack of civilization). **b** (of hair, etc.) shaggy, rough.
aliae (*sc. creatures*) spinis ~ae CIC.*N.D*.2.121; (Mezentius) crista..~us equina VERG.*A*.10.869; an grauis ~is cubet hircus in alis HOR.*Epod*.12.5; ~as..feras PROP.1.1.13; ~as..leas OV.*Fast*.5.176; ~os..Getas *Pont*.1.5.74; feminas..toto corpore ~as MELA 3.93; ~a..campe COL.10.324; concham..~am echinorum modo PLIN.*Nat*.9.115; ~is..cruribus genisque MART.10.65.9; ~os cum sperneret olim gens uicina procos SIL.13.812; (*cf.*) quidquid..~is squalet imaginibus MART.9.47.2; (*of a book*) ~us sparsis ut uideare comis OV.*Tr*.1.1.12; (*poet.*) Hiems canos ~a capillos *Met*.2.30;—(*transf.*) nihil est ~us illis (*sc. the Annals of Ennius*) *Tr*.2.259. **b** ~um..supercilium VERG.*Ecl*. 8.34; ~a..iuba PROP.4.10.20; ~os..capillos OV.*Ep*.9.63; ~am..barbam *Met*.13.766; comae ~ae et intonsae sunt CURT.9.10.9.

2 (of plants, leaves) Rough, hairy, etc.; (of trees) thick with foliage. **b** (of a place) thickly wooded.
frondibus ~is..pastus VERG.*G*.3.231; ~is..rubis PROP. 4.4.28; nisi ~ior ramis ac foliis esset (acinos) PLIN.*Nat*. 21.174; folia..leniter ~a 27.9; (*cf.*) Ennius ~a cingat sua dicta corona (*i.e. of rough leaves, dist. fr. ivy*) PROP.4.1.61;—castaneae ~ae VERG.*Ecl*.7.53; ~a..uertice pinus OV.*Met*. 10.103; ~a..sub ilice MART.6.64.3. **b** ~i..Ascli SIL. 8.438.

hirtipilus ~a ~um, *a.* [next+-PILVS[1]] (See quot.)
~i durorum pilorum homines PAUL.*Fest*.p.101M.

Hirtius ~a ~um, *a.* The name of a Roman gens, esp. of A. Hirtius, cos. 43 B.C., who added the eighth book of Caesar's Gallic War.
CIC.*Att*.7.4.2; *Fam*.6.12.2; VELL.2.61.3.

hirtus ~a ~um, *a.* [cf. HIRSVTVS, HISPIDVS, etc.]

1 That is covered with hair, wool, etc., hairy, shaggy. **b** (of hair, etc.) rough, shaggy.
pecore..~o LUCIL.1246; oues ~ae VAR.*R*.2.2.20; ~ae sub cornibus aures VERG.*G*.3.55; ~us aper OV.*Ars* 1.762; ~a illis (*sc.* Scythis) ora CURT.4.13.5; frons ~a SEN.*Phaed*. 803; (Chelonophagi) toto corpore ~i PLIN.*Nat*.6.109; (thoes) per hiemes ~i, aestate nudi 8.123; (*cf.*) taxi frons (*sc. of a bull*) ~a comis V.FL.1.777; (*implying lack of refinement*) C. Marius..~us atque horridus VELL.2.11.1;—(*of fabrics*) ~a..tunica NEP.*Dat*.3.2; ~am..togam LUC.2.386; (*in fig. phr.*) melius est orationem..~a toga induere quam..meretriciis uestibus insignire TAC.*Dial*.26.1. **b** ~us..crinis OV.*Met*.8.801; uiros ~ae..decent in corpore saetae! 13. 850; comae..~ae CURT.5.618; est et ~ae (lanae)..gratia PLIN.*Nat*.8.191; pili e cute exeunt crassa ~i 11.229.

2 (of plants or their parts) Rough, hairy; also, growing thickly, thickset. **b** (of places) covered with thick growth.
cucumis..~us COL.10.390; si frigus retorridas ~asque (gemmas) fecerit PLIN.*Nat*.17.246;—humus..saepibus ~is claudatur COL.10.27. **b** ~a..dumis saxa STAT.*Silv*.3. 1.13.

3 (fig.) Rough, unpolished.
non incultum est et turpiter ~um (ingenium) HOR.*Ep*. 1.3.22.

4 (transf., of sounds).
imum superis dentibus adprimens labellum, spiramine leni, uelut ~a graia uites, hanc ore sonabis, modo quae locata prima est (*sc.* '*f*') MAUR.228; 949.

hirūdō ~inis, *f.* [dub.; for term. cf. *testudo*] A leech.
me conuortam in ~inem atque eorum exsugebo sanguinem PL.*Epid*.188; HOR.*Ars* 476; COL.6.18.1; PLIN.*Nat*.8. 29; ~inem, quam quidam sanguisugam uocant LARG.199; (*fig.*) illa contionalis ~o aerarii..ieiuna plebecula CIC.*Att*. 1.16.11.

hirundinīnus ~a ~um, *a.* [next+-INVS] Of or belonging to a swallow.
~um nidum PL.*Rud*.598; pullum ~um CELS.4.7.5; PLIN. *Nat*.30.134; MART.11.18.20.

hirundō ~inis, *f.* Also **ir-.** [onomat.]

1 A bird name, embracing swallows and various kinds of martin.
~ines ex nido..eripere PL.*Rud*.772; quid enim contendat ~o cycnis? LUCR.3.6; arguta lacus circumuolitauit ~o VERG.*G*.1.377; PLIN.*Nat*.10.93; 30.33; LARG.70; JUV.10. 231; ~inum (est) fintinnire uel minurrire SUET.fr.161 (p.253Re);—(*as a sign of spring*) uer..uiget aruis, et adest hospes ~o VAR.*Men*.579; VERG.*G*.4.307; cum Zephyris..et ~ine prima HOR.*Ep*.1.7.13; ueris praenuntia..~o OV.*Fast*. 2.853; (*as a term of endearment*) PL.*As*.694.

2 A flying fish.
PLIN.*Nat*.9.82; 11.228; 32.149.

hiscō ~ere, *intr.*, (*tr.*). [HIO+-SCO]

1 To (begin to) open, gape, split open. **b** (transf.) to form a hiatus.
st! tace, aedes ~unt PL.*Ps*.952; ut uitio uenae tabularum

..~ant LUCR.6.1070; ~ere..tibi terra roganda fuit! OV. *Ep.*6.144; ne ~at nimium rima PLIN.*Nat.*17.108; STAT. *Theb.*9.22; (*of the jaws*) si..Leo..scandat malis ~entibus orbem MAN.4.536. **b** syllaba uocali quando est finita secunda, tertia uocalem si subiicit, ~ere credas MAUR.1183.

2 To open the mouth to speak (esp. as the first or minimal action in speaking). **b** (w. internal acc., indir. qu.) to utter; (also w. dir. obj.).
uereor plus quam fas est captiuam ~ere ACC.*trag.*157; respondebisne ad haec, aut omnino ~ere audebis? CIC. *Phil.*2.111; raris turbatus uocibus ~o VERG.*A.*3.314; cum.. nec consules aut pro foedere..aut contra foedus..~ere possent LIV.9.4.7; non ~ere quemquam prae metu potuisse 9.6.12; quotiens sinit ~ere fluctus, nominat Alcyonen OV. *Met.*11.566; CURT.6.9.32; quis enim aduersus ueritatem ~ere potest? LARG.84; PLIN.*Pan.*76.3. **b** nec..~ere quicquam audet OV.*Met.*13.231; si quid temptaueris umquam ~ere JUV.5.127; nihil quicquam sinit neglegenter ac de summo pectore ~ere APUL.*Fl.*9;—cur illa cadant.. ~endist nulla potestas LUCR.4.66;—regum facta..neruis ~ere posse meis PROP.3.3.4.

Hispalensis ~is ~e, *a.* Of Hispalis.
~is conuentus PLIN.*Nat.*3.11;—(*masc. as sb.*) ~ibus.. familiarum adiectiones..dedit TAC.*Hist.*1.78; C MARCIVS CLARVS ~IS *CIL* 2.825.

Hispalis ~lis, *f.* Also **~l,** *n.* A Spanish city on the site of the modern Seville.
POL.*Fam.*10.32.3; CAES.*Civ.*2.18.1; sese..~lim recepit 2.20.4; MELA 2.88; PLIN.*Nat.*3.11; celebre..alternis aestibus ~l SIL.3.392.

Hispānē, *adv.* In the Spanish manner.
~, non Romane, memoretis loqui me ENN.*Ann.*503.

Hispānia ~ae, *f.* The Spanish peninsula, divided into two Roman provinces, *~a citerior* (later *Tarraconensis*) and *~a ulterior* (later *Lusitania* and *Baetica*); (pl.) the provinces of Spain.
CIC.*Man.*9; CAES.*Gal.*1.1.7; LIV.38.58.5; LUC.5.265; affusis oppressa ~a Poenis SIL.13.695;—in ~a citeriore VAR.*R.*1.52.1; ulterioris ~ae cohortes CAES.*Civ.*1.39; SAL. *Cat.*19.1; PLIN.*Nat.*3.6;—uidetur..Graeciam spectare potius quam ~as CIC.*Att.*9.15.1; MELA 3.15.

Hispānicus ~a ~um, *a.* Of Spain, Spanish.
gladio ~o QUAD.*hist.*10b; sparto ~o VITR.7.3.2; freto.. ~o SUET.*Vit.*13.2; Varro..'lanceam'..dixit..~um uerbum esse GEL.15.30.7.

Hispāniensis ~is ~e, *a.* Of or concerning Spain or its people. **b** of Spanish nationality; of Spanish manufacture; *mola ~is* (prob.) a kind of rotary hand-mill.
~e..bellum CIC.*Man.*28; iter ~e *Vat.*12; ~i triumpho PLIN.*Nat.*14.97; ~is exercitus (*i.e. Roman armies in Spain*) TAC.*Ann.*1.3. **b** non ~is natus, sed Hispanus (*i.e. of Spanish blood*) VELL.2.51.3; (*cf.*) ne..non ~em librum mittamus, sed Hispanum MART.12.pr.; (*as sb.*) Atilius ~is VAR.*R.* 2.4.11;—gladio ~i LIV.31.34.4;—molas..~is CATO *Agr.* 10.4.

Hispānus ~a ~um, *a.* That is of Spanish origin, manufacture, descent, etc. **b** of the Spaniards; (masc. as sb.) a Spaniard.
~o..gladio LIV.7.10.5; VELL.2.51.3; ~um..spartum PLIN.*Nat.*24.65; MART.12.pr.; ~o ore (*sc. with a Spanish accent*) GEL.19.9.2; (*fem. as sb.*) donasti..Luperco ~as (*sc.* lacernas) MART.4.28.2; (*neut. as sb.*) excellente ~um PETR. 66.3. **b** ~is equitibus CAES.*Gal.*5.26.3; ~as acies LUC. 3.454;—nec numero ~os..superauimus CIC.*Har.*19; LIV. 21.27.5; (*as a cognomen*) Q. Varius ~us SCAUR.*orat.*10.

hispidus ~a ~um, *a.* [cf. HIRSVTVS, etc.]

1 That is covered with hair, etc., rough, shaggy. **b** (of hair, etc.) shaggy.
~a..frons VERG.*A.*10.210; obiectus ~i pugnae suis PHAED.5.10.4; uagientem matris ~ae (*i.e. goat*) fetum MART.3.58.37; ~a membra JUV.2.11; (*transf. ep.*) ~a.. proelia uillosis ineunt complexibus ursi STAT.*Theb.*6.868;—(*w. abl.*) squamis..~o corpore (*sc.* Nereidum) PLIN.*Nat.*9.9; Portunus caerulis barbis ~us APUL.*Met.*4.31; (*poet.*) crinem ..procellis ~us..Eurus V.FL.1.613;—(*cf., of a comet*) cometas..comarum modo in uertice ~as PLIN.*Nat.*2.89. **b** barba ~a (*sc. of Pan*) SIL.13.333.

2 a (of plants, etc.) Rough, bristly, hairy. **b** (of terrain) rough, rugged; unkempt, tangled.
a ~a..cinara COL.10.235; illum (*sc.* palmam marem) erectis (comis) ~um PLIN.*Nat.*13.35; continent (*acorns*) ~o calyce 16.19; aliquas (herbas) aspectu ~as, tactu truces 22.17. **b** ~a..iuga STAT.*Theb.*6.256; ~a tellus miserunt Calabri SIL.12.395;—imbres..~os manant in garos HOR. *Carm.*2.9.1.

3 (of sounds) Rough.
~um ῥῶ MAUR.262; 955.

4 (fig.) Coarse, uncultured.
si quis est tam agresti aure ac tam ~a, quem lux ista.. orationis..parum delectat GEL.10.3.15.

hister[1]**:** see HISTRIO.

Hister[2] ~trī, *m.* Also **Ister.** The lower course of the Danube (applied also to the whole river); (meton.) the people living on its banks.
~trum fluuium NAEV.*trag.*62; VERG.*G.*3.350; LIV.40.21.3; binominis ~tri OV.*Pont.*1.8.11; CURT.7.7.4; MELA 2.8;—bis adactum legibus ~trum STAT.*Theb.*1.18.

histōn ~ōnos, *m.* [Gk. ἱστ(ε)ών] A room or building for weaving.
si habet..textores atque institutos ~onas VAR.*R.*1.2.21.

historia ~ae, *f.* [Gk. ἱστορία]

1 Investigation, inquiry, research. **b** a record of investigations, account, description; *~a naturalis* or sim., an account of natural phenomena. **c** (pl.) points (of subject-matter) for inquiry.
permulta alia colligit Chrysippus, ut est in omni ~a curiosus CIC.*Tusc.*1.108; qui Praxitelem, quid fuerit, et ex libris et ex ~a cognouerit GEL.13.17(16).4; ~ae gratia, ut naturam Aetnae..intellegeret..est profectus APUL.*Pl.*1.4. **b** quin..hinc domum redimus nisi si ~am scripturi sumus PL.*Men.*248; de Tiberis nomine anceps ~a VAR. *L.*5.30; si quid in ea epistula..fuit ~a dignum CIC.*Att.* 2.8.1; *Fin.*2.107; SEN.*Nat.*1.2.10; libri..quibus omnium ..quae mirifica in Aegypto uisuntur..~a comprehenditur GEL.5.14.2;—libros Naturalis ~ae PLIN.*Nat.*pr.1; naturae ~arum triginta septem PLIN.*Ep.*3.5.6; GEL.pr.8. **c** in grammaticis..~arum cognitio, uerborum interpretatio CIC. *de Orat.*1.187; SEN.*Ep.*88.3; (grammaticus) si quaestiones explicet, ~as exponat QUINT.*Inst.*1.2.14; nec ~as sciat omnes (matrona) JUV.6.450.

2 A written account of past events, a history. **b** historical composition, the writing of history. **c** historical narrative (as a rhetorical device).
statuis, elogiis, ~is..gratissimum id eius factum habuere CATO *hist.*83; ego me interea cum libellis; ac moleste fero Vennoni me ~am non habere CIC.*Att.*12.3.1; Cn. Aufidius.. Graecam scribebat ~am *Tusc.*5.112; pedestribus dices ~is proelia Caesaris HOR.*Carm.*2.12.10; nec offuit illi (*sc.* Sisennae) ~ae turpis inseruisse iocos OV.*Tr.*2.444; GEL.5.18.1;—(*w. gen. expr. subject of the work*) Italici belli et ciuilis ~am CIC.*Fam.*5.12.2; NEP.*Att.*16.3;—(*w. ref. to particular books of a history*) Sallustius in ~a prima GEL.9.12.14; Sallustius ~arum I FEST.p.221(193M). **b** primam esse ~ae legem, ne quid falsi dicere audeat CIC.*de Orat.*2.62; ego me do ~ae *Att.*2.8.1; Herodotum, patrem ~ae *Leg.*1.5; primus Romana Crispus in ~a MART.14.191.2. **c** *Rhet.Her.*1.13; concessum est rhetoribus ementiri in ~is CIC.*Brut.*42; narrationum..tris accipimus species, fabulam ..argumentum.. ~am QUINT.*Inst.*2.4.2; 9.4.129.

3 The recorded knowledge of past events, history.
~a..testis temporum, lux ueritatis, uita memoriae, magistra uitae, nuntia uetustatis CIC.*de Orat.*2.36; Cyrus ille a Xenophonte non ad ~ae fidem scriptus *Q.fr.*1.1.23; ite et Romanae consulite ~ae! PROP.3.4.10; domesticae peregrinaeque ~ae seriem V.MAX.1.pr.; (opalus) insignis etiam apud nos ~a PLIN.*Nat.*37.81; quidquid Graecia mendax audet in ~a JUV.10.175; notitiam ~ae fabularis (*i.e. mythology*) SUET.*Tib.*70.3; (*cf.*) quacumque..ingredimur, in aliqua ~a uestigium ponimus (*i.e. historical monument*) CIC.*Fin.*5.5; (*as a nickname*) Cornelium Alexandrum..quem propter antiquitatis notitiam Polyhistorem multi, quidam ~am uocabant SUET.*Gram.*20(p.115Re);—(*pl.*) quid uero ~ae de nobis ad annos DC praedicabunt? CIC.*Att.*2.5.1; nostras ..~as (*i.e. Roman history*) TAC.*Dial.*3.4.

4 A story, narrative.
satis ~arumst PL.*Bac.*158; ~am ueterem atque antiquam haec mea senectus sustinet *Trin.*381; quas..~as de Ἀμαλθείᾳ habes CIC.*Att.*1.16.18; HOR.*Carm.*3.7.20; uti fieres nobilis ~a PROP.1.15.20; aliae eiusdem generis ~ae VITR.1.1.6; omnibus ~is se meus aptat amor OV.*Am.*2.4.44; QUINT.*Inst.*1.8.20; librum multae uariaeque ~ae refertum GEL.1.8.1; ~a super libris Sibyllinis ac de Tarquinio Superbo rege 1.19; descriptum..est a Quinto Ennio..sub ~a Gemini Seruili 12.4.1.

historicē[1] ~ēs, *f.* [Gk. ἱστορικός] Exegesis.
ratio loquendi et enarratio auctorum, quarum illam methodicen, hanc ~en uocant QUINT.*Inst.*1.9.1.

historicē[2]**,** *adv.* [as next] In the manner of historical, etc., inquiry.
descriptiones locorum..non ~ tantum sed prope poetice prosequi PLIN.*Ep.*2.5.5.

historicōs, *adv.* [Gk. ἱστορικῶς] = prec.
Merula..~ quae sequi melliturgoe soleant demonstrabit VAR.*R.*3.16.3.

historicus[1] **(~os)** ~a ~um, *a.* [Gk. ἱστορικός]

1 Based on inquiry or investigation into records; (neut. pl. as sb.) recorded instances.
dicam..quod est ~on..de origine et dignitate VAR.*R.* 2.1.2;—de caelestibus prodigiis per exempla ~a PLIN.*Nat.* 1.2.25; ~a circa dentes 1.7.15; de ficis ~a 1.15.20.

2 Proper to historical or other writing.
historiam..non tam ~o quam oratorio genere perscripsit CIC.*Brut.*286; (licentia uatum) obligat ~a nec sua uerba fide OV.*Am.*3.12.42; utar..~a lingua SEN.*Nat.*1.13.3; in digressionibus uti..~o..nitore QUINT.*Inst.*10.1.33; PLIN.*Ep.* 7.9.8.

historicus[2] ~ī, *m.* [prec.] One who is occupied in historical or other research.
Apollinem..cuius in tutela Athenas antiqui ~i esse uoluerunt CIC.*N.D.*3.55; Philistum ~um NEP.*Di.*3.2; VELL. 1.17.2; Popillium pauci ex ~is tradiderunt interfectorem Ciceronis SEN.*Con.*7.2.8; PETR.118.6; QUINT.*Inst.*1.6.2; JUV. 7.104.

Histrī ~ōrum, *m. pl.* The people of Histria.
PL.*Men.*235; LIV.10.2.4; 41.11.1; FLOR.*Epit.*1.26(2.10.1).

Histria ~ae, *f.* A peninsula at the head of the Adriatic.
LIV.39.55.4; MELA 2.56; PLIN.*Nat.*3.129.

Histricus ~a ~um, *a.* Of Histria or the Histrians.
~um bellum LIV.39.55.4; Cyzicena (ostrea)..teneriora ~is MUC.*hist.*29;—(*w. pun on* histrio, *app. w. ref. to current mil. operations*) audire iubet uos imperator—~us PL.*Poen.*4; imperio ~o 44.

histriō ~ōnis, *f.* [Etr., cf. LIV.7.2.6; V.MAX. 2.4.4.] An actor. **b** a performer in pantomime.
~onem cogis mendicarier PL.*Capt.*13; dum ~o in scaena siet *Poen.*20; eunt in ludum ~onum SCIP.min.*orat.*20; CIC. *Q.Rosc.*17; tamquam inexercitati ~ones in extremo actu corruisse *Sen.*64; SAL.*Jug.*85.39; LIV.7.2.10; Clodii Aesopi, tragici ~onis PLIN.*Nat.*10.141;—(*in appos.*) oculi hominis ~onis CIC.*de Orat.*2.193;—(*w. gen.*) comoediarum ~o PLIN. *Nat.*7.185; Atellanarum ~o SUET.*Nero* 39;—(*transf.*) ~onis est paruam rem adtollere, quo plus praestitisse uideatur CELS.5.26.1.D. **b** erectis..manibus Syrum ~onem exhibebat PETR.52.9; TAC.*Ann.*4.14; JUV.7.90; SUET.*Cal.* 54.1; mimus halucinatur, comoedus sermocinatur, tragoedus uociferatur..~o gesticulatur APUL.*Fl.*18; *Apol.*13.

histriōnālis ~is ~e, *a.* [prec.+-ALIS] Of or belonging to the theatre, theatrical.
ut lasciuia uerborum..~is modos exprimant (oratores) TAC.*Dial.*26.2; ~is fauor 29.3; miscere coetus ~i studio doctus *Ann.*1.16.

histriōnicus ~a ~um, *a.* [HISTRIO+-CVS] Of or connected with the theatre.
gestum..in agendo ~um GEL.1.5; operas locabat uel pistorias uel ~as ULP.*dig.*32.1.73.3.

histriōnius ~a ~um, *a.* [HISTRIO+-IVS] Of or connected with the theatre; (fem. as sb.) the actor's art, acting.
⟨haut⟩ aliter ~um (*codd.* -onum) est atque ut magistratus ..cum auspicant CAECIL.*com.*181;—Iouem facere ~am PL. *Am.*90; SEN.*Con.*9.2.1.

histrix: see HYSTRIX.

Histrus ~a ~um, *a.* Of Histria, Histrian.
~a..testa MART.12.63.2.

hiulcē, *adv.* [HIVLCVS+-E] Disconnectedly, disjointedly.
non ~, sed presse et aequabiliter et leniter (*sc.* locutum esse) CIC.*de Orat.*3.45.

hiulcō ~āre, *tr.* [next+-O[3]] To cause to gape, crack open.
exustos aestus ~at agros CATUL.68.62.

hiulcus ~a ~um, *a.* [**hiulus* (HIO); for term. cf. *petulcus*]

1 a Having the mouth wide open; (transf.) greedy, insatiable. **b** *nares, naribus ~us,* having distended nostrils.
a rapax, auarus, inuidus..publicum priuatum habent, ~a gens PL.*Trin.*286. **b** oculis hebes, naribus ~us APUL.*Apol.*43; cantherii..nares..pulsu tussedinis ~i *Met.* 9.13; (*transf. ep.*) nares..~is haustibus patulae SEN. *Phaed.*1043.

2 (of land, etc.) Gaping cracked, (esp. from heat).
~a siti findit Canis aestifer arua VERG.*G.*2.353; ~a Aegyptos STAT.*Theb.*4.708; (Asopos) ~is flumina uenis suggerit 9.450; (*cf.*) plaga..caeli..~i fulminis expers 1.26.

3 a (of words, etc.) Forming a hiatus. **b** (of speech, argument) disconnected.
a ut neue asper eorum (*sc.* uerborum) concursus neue ~us sit CIC.*de Orat.*3.171; *Orat.*150; SCAUR.gram.in *G.L.*7.30; (*neut. pl. as sb.*) nonnunquam ~a..decent QUINT.*Inst.* 9.4.36. **b** ne quid inconcinnum et ~um relinquatur FRO.*Aur.*1.p.40(211N); 2.p.74(150N).

hōc, *adv.* [prob. instrumental form of HIC[1]] (N.B. freq. confused in codd. with HVC which is identical in meaning).

1 To this place, hither. **b** (w. vbs. of placing, etc.). **c** (transf.) to this matter or subject.
adduce ~ tu istas PL.*Truc.*531. ~ intro ire nolo TER. *Hec.*348; si medicos suos ~ mittet CATO *Fil.*1(J); ~ adferam meum corium VAR.*R.*2.5.1; ut quam primum..~ uenias POMP.*Att.*8.12C.2; ~ tunc ignipotens caelo descendit ab alto VERG.*A.*8.423; adferat aliquis ~ imaginem fratris SEN.*Con.*9.6.11; VENIMVS ~ CVPIDI *CIL* 4.6697; SCAEV.*dig.* 44.7.61.1. **b** ~ quicquid insternebant..stragulum appellabant VAR.*L.*5.167. **c** ~ pertinet oraculum illud PLIN.*Nat.*18.200.

2 (w. vbs. of addition, etc.) To this total or amount.
~ accessit manus Ventidi BRUT.*Fam.*11.10.3; et istas ego receperim causas..et illam..~ quoque transferendam puto SEN.*Nat.*3.29.2.

3 (coupled w. *illo*(*c*)) This way and (or) that.
terra..cuius positiones ~ aut illo uersae magna.. momenta sunt SEN.*Nat.*2.11.2; cancer et ~ et illoc quadrat PETR.39.8; (*cf.*) quia nec ~ nec illo impetum capiat SEN. *Nat.*5.1.1;—(*transf.*) inuicem ~ et illo commeandum est et alterum altero temperandum *Ep.*84.2.

hōcusque, *adv.* (also as two words) [prec.+ VSQVE] To this degree or pitch.
~ peruenies, ut magis diligas integrum..quam debilem SEN.*Ep.*66.25; ~..istum puerum deprauatum APUL. *Apol.*85.

hodiē, *adv.* [<*hō (= hoc) diē]

1 Today. **b** (in indefinite sense).
ut hunc ~ diem luculente habeamus PL.*Epid*.157; ego ~ toto non uidi die TER.*Ad*.527; Septembris heri Kalendae, ~ ater est dies AFRAN.*com*.163; Nonae sunt ~ Sextiles CIC.*Ver*.31; ~ mane *Att*.13.9.1; aut ~ aut cras te exspectare 13.31.1; LIV.40.15.10; ubi est ~, quae Lyra fulsit heri OV.*Fast*.2.76; TAC.*Ann*.11.24. **b** qui dedit hoc ~ cras.. auferet HOR.*Ep*.1.16.33; sic ~ ueniet, si qua negauit heri PROP.2.14.20; obserua, an eadem ~ uelis, quae heri SEN.*Ep*.35.4; quod ~ non est, cras erit PETR.45.2; sera nimis uita est crastina: uiue ~ MART.1.15.12; si iniusta appellatio eius uisa sit, ~ notari puto, non retro notatur ULP.*dig*.3.2.6.1.

2 At the present time, in these days, now. **b** yet, still. **c** (w. *-que*) to this day, even now.
nec mutam..repertam nullam esse ⟨aut⟩ ~ dicunt mulierem ⟨aut⟩ ullo in saeclo PL.*Aul*.126; de his..oratoribus qui ~ sunt CIC.*Brut*.248; sordebant tibi uilicae.. ~ atque heri: nunc tuum cinerarius tondet os CATUL.61.130; HOR.*Carm*.4.10.7; LIV.30.30.11; portas, quae sunt ~ numero XXXVII PLIN.*Nat*.3.66. **b** si non mecum aetatem egisset, ~ stulta uiueret PL.*Mil*.1320; hanc fiduciam commissam tibi dicis; tenes ~ ac possides CIC.*Flac*.51; manserunt ~que manent HOR.*Ep*.2.1.160; LIV.22.60.8; OV.*Pont*.3.2.49; sunt..summa ~ quibus inlustratur forum ingenia QUINT.*Inst*.10.1.122. **c** porticus, quae ~que celebres sunt VELL.2.8.3; eo loci..qui ~que senaculum appellatur V.MAX.2.2.6; SEN.*Ep*.90.25; PLIN.*Nat*.36.189; TAC.*Ger*.3.3.

3 (with little or no temporal significance, used to give immediacy or other emphasis; usu. in negative or virtually negative cls.).
numquam ~ effugies NAEV.*trag*.13; ego tibi istam ~.. comprimam linguam PL.*Am*.348; date ergo, daturae si umquam estis ~ uxorem *Cas*.831; tu istunc ~ non feres *Rud*.1004; numquam te facere ~ quiui ut is quis esset diceres *Truc*.816; diminuam ego caput tuum ~ TER.*Eu*.803; ecqui' me ~ uiuit fortunatior? 1031; quo euadet ~? *Ph*.626; numquam omnes ~ moriemur inulti VERG.*A*.2.670; non dices ~..? HOR.*S*.2.7.21; morieris ~ — dummodo hac moriar manu SEN.*Ag*.971.

hodiernus ~a ~um, *a.* [prec.; cf. *hesternus*, etc.]

1 Of or belonging to this day, today's; *~us dies*, this day. **b** (neut. or ? masc. as sb.) this day, today.
te ~is comitiis esse absolutum CIC.*Ver*.19; ~a epistula *Att*.12.30.2; ex ~o lumine qui finem uitai fecit LUCR.3.1092; an adiciant ~ae crastina summae tempora di HOR.*Carm*.4.7.6; sic uenias ~e (*i.e. today*) TIB.1.7.53; ~a luce PROP.3.10.7; ne prius hesternae fugae quam ~ae uictoriae fama.. perueniat LIV.27.13.12; OV.*Met*.15.197; nihil de ~a nocte promittitur SEN.*Dial*.6.10.4;—diem esse ~um quo Hannibalem..uici SCIP.*orat*.3; ad ~um diem CIC.*Brut*.39; ~i diei res gestas *Q.fr*.2.11.4; ~o et crastino die LIV.10.25.2; TAC.*Ag*.30.1. **b** expectatio, quae pendet ex crastino, perdit ~um SEN.*Dial*.10.9.1; ut minus ex crastino pendeas, si ~o manum inieceris *Ep*.1.2; seruatum..in ~um est PLIN.*Nat*.33.30; APUL.*Met*.3.3; cum..usque in ~um per Titium non stet SCAEV.*dig*.45.1.135.2.

2 Present, existing now.
[QUINT.]*Decl*.15.1; retinuit consuetudo ~a ut diceremus quare VEL.gram.in *G.L*.7.71.

hodoedocos ~ī, *m.* [Gk. ὁδοιδόκος] A highway robber.
~os latro atque obsessor uiarum PAUL.*Fest*.p.103M.

Holcōnia: see HORC-.

holcus ~ī, *m.* [app. Gk. ὁλκός] An unidentified kind of grass.
~us in saxis nascitur siccis PLIN.*Nat*.27.90.

(h)olerāceus ~a ~um, *a.* [HOLVS+-ACEVS] Having the character of a vegetable.
~o frutice PLIN.*Nat*.26.85.

(h)olerō ~āre, *tr.* [HOLVS+-O³] To plant with vegetables.
meos hortulos plus stercoro..quam ~o MAT.*poet*.16.

(h)olitor ~ōris, *m.* [HOLVS; for term. cf. *ianitor*, etc.] A vegetable-grower.
ut illum di perdant, qui primus ~or caepam protulit! NAEV.*com*.19; PL.*Mil*.193; VAR.*L*.6.20; CIC.*Fam*.16.18.2; HOR.*Ep*.1.18.36; primitiis plantae..praebeat imbres..inrorans ~or COL.10.148; PLIN.*Nat*.19.64; APUL.*Apol*.24.

(h)olitōrius ~a ~um, *a.* [prec.+-IVS] Of or concerned with vegetables; of or for vegetable gardens.
forum ~um VAR.*L*.5.146; LIV.21.62.2; TAC.*Ann*.2.49; hortos ~os ULP.*dig*.7.1.13.4;—ostiola ~a PLIN.*Nat*.19.125.

holochrȳsos ~ī, *m.* [Gk. ὁλόχρυσος] A kind of houseleek.
PLIN.*Nat*.21.47; 21.148.

holoclēros ~os ~on, *a.* [Gk. ὁλόκληρος] Sound in all respects.
si est artius, ut ita dicam, ~os AUG.in Suet.*Cl*.4.1.

holoporphyros ~on, *a.* [Gk. ὁλοπόρφυρος] All purple.
cum stola ~o VAR.*Men*.229(Non.p.539M).

holoschoenus ~ī, *m.* [Gk. ὁλόσχοινος] A large kind of rush.
PLIN.*Nat*.21.113

holosphȳrātos ~on, *a.* [Gk. ὁλοσφύρατος] Made of solid beaten metal.
aurea statua..quam uocant ~on PLIN.*Nat*.33.82.

holosteon ~ī, *n.* [Gk. ὁλόστεον] A kind of plantain.
PLIN.*Nat*.27.91.

holothūrion ~iī, *n.* [Gk. ὁλοθούριον] An unidentified marine creature.
PLIN.*Nat*.9.154.

(h)olus ~eris, *n.* [cf. HELVVS] FORMS: *helus* (pl. *helusa*) old forms acc. PAUL.*Fest*.p.100M; *~erorum* (gen. pl.) LUCIL.510; *~eris* (abl. pl.) CATO *Agr*.149.

1 (pl. or collect. sg.) Vegetables, pot-herbs. **b** (sg.) a (particular) vegetable. **c** (applied particularly to green vegetables).
qui mi ~era cruda ponunt, hallec adduint PL.*Aul*.fr.5; brassica est quae omnibus ~eribus antistat CATO *Agr*.156.1; TER.*An*.369; VAR.*L*.5.146; ipsa ~era olla legit CATUL.94.2; COL.*Arb*.28.3; strabones, qui ~era spectant, lardum tollunt PETR.39.11; APUL.*Met*.4.3;—rarum..in dumis ~us VERG.*G*.4.130; HOR.*S*.1.1.74; OV.*Met*.8.647; ei tempori aptissima sunt et caro et ~us CELS.1.3.36; PLIN.*Nat*.26.124; MART.3.58.50. **b** lactuca a lacte, quod ~us id habet lact VAR.*L*.5.104; hiberna cibaria..id ~us (*sc.* rapum) praebet COL.2.10.22; (halimon) alii ~us maritimum esse dixere PLIN.*Nat*.22.74; Niliacum..~us (*sc.* colocasia) MART.13.57.1. **c** quae ⟨c⟩ibi sunt maioris, ut ~us, triticum, siligo VAR.*R*.1.23.2; hic ~us, hic late fundentes bracchia betae *Mor*.72; PLIN.*Nat*.19.79; (*cf.*) ~us.. siluestre est (lapsana) 19.144.

2 *~us atrum* (also written as one word), Alexander(s), *Smyrnium olusatrum*; *~us marinum*, a seashore plant resembling cabbage.
indunt..feniculum, alium, atrum ~us PL.*Ps*.814; atrum ~us, quod Graecorum quidam uocant πετροσέλινον, nonnulli σμυρναῖον COL.11.3.36; holusatrum..cum legeris 12.7.4; PLIN.*Nat*.20.117; semen olusatri LARG.126;—efficacius coci cum ~ere marino PLIN.*Nat*.29.80; ~us marinum simile satiuo 32.94.

holusculum ~ī, *n.* [prec.+-CVLVM] (pl.) Vegetables (usu. in a depreciatory sense).
in felicatis lancibus..~is nos soles pascere CIC.*Att*.6.1.13; HOR.*S*.2.6.64; paruo quae legerat horto ipse focis breuibus ponebat ~a JUV.11.79; GEL.19.7.1; APUL.*Met*.8.29.

homeltium [unkn.] (See quot.)
~ pillei genus PAUL.*Fest*.p.103M.

Homērēus ~ēa ~ēum, *a.* Also **~īus.** Of or belonging to Homer.
~eo non minor ore VERG.*Cat*.14ª.2; scyphos..quos ~ios a caelatura carminum Homeri uocabat SUET.*Nero* 47.1.

Homēricus ~a ~um, *a.* Of Homer or his poems, Homeric.
~o Melanthio VAR.*R*.2.3.1; ~us Vlixes CIC.*Leg*.1.2; ~um ..uersum *Div*.1.52; more ~o QUINT.*Inst*.7.10.11; ~i senis (*i.e. Nestor*) PLIN.*Ep*.4.3.3; hiatus..~i suauitatem (*i.e. where two similar vowels are unelided*) GEL.6(7).20.6; (*neut. pl. as sb.*) ~a, de quibus supra dixi 1.15.4.

Homērista ~ae, *m.* [Gk. Ὁμηριστής] A reciter of Homer, rhapsode.
PETR.59.2.

Homēromastix ~īgos, *m.* A nickname of Zoilus, 'scourge of Homer'; (transf.) a severe critic.
VITR.7.pr.8;—ut..caueam istos ~igas PLIN.*Nat*.pr.28.

Homērus (~os) ~ī, *m.* Homer; (meton.) the poems of Homer.
~us..poeta ENN.*Ann*.6; CIC.*Arch*.19; HOR.*Ars* 74; quis nosset ~um, Ilias aeternum si latuisset opus? OV.*Ars* 3.413; PLIN.*Nat*.25.11;—(*transf.*) quem (*sc.* Platonem) ~um philosophorum appellat CIC.*Tusc*.1.79; QUINT.*Inst*.12.11.27;—cum haberet ~um totum in uno uolumine ULP.*dig*.32.52.1.

homicīda ~ae, *m.* [HOMO+CAEDO+-A]

1 A homicide, murderer.
utrum illi..~aene sint an uindices libertatis? CIC.*Phil*.2.30; LIV.45.5.4; SEN.*Ben*.3.1.3; PLIN.*Nat*.10.62; an qui se interficit ~a sit? QUINT.*Inst*.7.3.7; JUV.2.26; GAIUS *Inst*.3.194.

2 (applied to epic heroes) A killer of men.
~am Hectorem HOR.*Epod*.17.12; ut ego te prostratis hostibus..non ~am nunc, sed utricidam amplecterer APUL.*Met*.3.18.

homicīdium ~(i)ī, *n.* [As prec.+-IVM] Homicide.
(dextram) inprudentis ~ii sanguine uiolatam V.MAX.1.7.ext.4; in ~i accusata innocentiam (esse) SEN.*Con*.1.2.17; ~ia compescimus et singulas caedes SEN.*Ep*.95.30; si ~ium fecissem PETR.137.6; PLIN.*Nat*.18.12; QUINT.*Inst*.3.10.1; TAC.*Ger*.21.1.

homō ~inis, *m.* [Osc. *humuns*, Umb. *homonus*; cf. Goth., AS. *guma*, Lith. *žmuō*] FORMS: *~onem* ENN.*Ann*.138; *hemonem* PAUL.*Fest*.p.100M; *~inus* (gen. sg.) *CIL* 1.585.63. PROS.: usu. *~ŏ*; *~ ō* ENN.*Ann*. 99, 245, etc., HOR *S*. 1.2.31.

1 A human being (of either sex); (pl.) the world of men, the living; *post ~ines natos*, since the human race began; *post ~inum memoriam*, since the beginning of history. **b** (in contrasts or distinctions from the non-human).
~o sum: humani nil a me alienum puto TER.*Hau*.77; nisi si non est ~o ex anima quod est ex corpore et anima VAR.*L*.9.3; si ~o est, animal est mortale rationis particeps CIC.*Luc*.21; ~inem (*i.e. human characteristics*) ex ~ine exuens *Fin*.5.35; animus per se non quit sine corpore et ipso esse ~ine LUCR.3.555; pedem sextam partem esse altitudinis in ~ine VITR.4.1.6; sceleris quod ~o in ~ines edere potest LIV.29.18.20; de machina illam sustuli, ~inem inter ~ines (*i.e. free*) feci PETR.74.13; dentem suffiri dente ~inis sui sexus PLIN.*Nat*.28.45; istud quod digitis, Pontice, perdis, ~o est MART.9.41.10; turbam ~inum eius aetatis, quae sit ad uitia maxime prona QUINT.*Inst*.1.2.2; ~ines utriusque sexus GEL.14.1.27; (*cf.*) uisum in Gaditano oceano marinum ~inem toto corpore absoluta similitudine PLIN.*Nat*.9.10;—nisi, cum inter ~ines esset, eam sibi uiam muniuisset (Hercules) CIC.*Tusc*.1.32; non ante..quam agere inter ~ines desierit TAC.*Ann*.15.74; posteaquam Socrates ~ines reliquit APUL.*Pl*.1.3; ab ~inibus ereptus est GAIUS *dig*.31.56;—optimus multo post ~ines natos gladiator LUCIL.152; CIC.*Dom*.23;—in hoc..uno post ~inum memoriam maximo crudelissimoque bello *Catil*.3.25; NEP.*Reg*.1.3. **b** (*dist. fr. gods*) diuum pater atque ~inum **rex** ENN.*Ann*.175; per deos atque ~ines TER.*Ph*.764; quae mihi uidentur ex ~inum uita ad deorum religionem.. demigrasse CIC.*Rab.Perd*.30; haud tibi uultus mortalis, nec uox ~inem sonat VERG.*A*.1.328; diis ~inibusque inuisus LARG.199;—(*dist. fr. animals*) lupus est ~o ~ini, non ~o, quom qualis sit non nouit PL.*As*.495; si non ad ~ines uerum ad bestias..haec conqueri ac deplorare uellem CIC.*Ver*.5.171; cum bos ex ~inest, ex boue facta dea OV.*Ep*.14.86; abiecto ~ine in siluestre animal transire SEN.*Cl*.1.25.1; quod praecipue indulsisse ~ini uidetur (rerum natura), quoque nos a ceteris animalibus separasse QUINT.*Inst*.12.1.2; (*cf.*) non hic Centauros, non Gorgonas..inuenies: ~inem pagina nostra sapit MART.10.4.10;—(*dist. fr. other things*) simul insidiis ~inum pelagique laboro OV.*Tr*.1.11.27.

2 A human being (as having the characteristics, limitations, powers, etc., natural to that condition). **b** (as having the proper moral attitudes).
quid censes? ~ost: uolt fieri liber PL.*Trin*.563; SEI QVID AMOR VALEAT NOSTEI, SEI TE ~INEM SCIS, COMMISERESCE MEI *CIL* 1.2540.c.1; possum falli ut ~o CIC.*Att*.13.21a.2(5); et tulit dolorem ut uir et ut ~o maiorem ferre..noluit *Tusc*.2.53; ~inis posse naturam tantum numerum doctrinarum perdiscere VITR.1.1.12; ~o fuit, parum feliciter se in hoc negotio gessit LARG.pr.p.3,l.22; summi enim sunt (*sc. Demosthenes and Homer*), ~ines tamen QUINT.*Inst*.10.1.25; clames licet et mare caelo confundas, ~o sum JUV.6.284. **b** ~o ego sum, ~o tu es..neque te derisum aduenio neque dignum puto PL.*Trin*.447; nunc quid dicis? 'caue ignoscas.' haec nec ~inis nec ad ~inem uox est CIC.*Lig*.16; si uis ~o esse, recipe te ad nos ad quod tempus confirmasti *Att*.4.15.2; quod se in his malis ~inem praebuit *Fam*.15.17.3; in hoc legato uestro..nec ~inis quicquam est..praeter figuram et speciem LIV.29.17.11; illa est uoluptas et ~ine et uiro digna SEN.*Ben*.7.2.3; (*iron.*) uenerat obses, hic fiunt ~ines JUV.2.167; (*poet.*) bello cogendus et armis in mores ~inemque Creon STAT.*Theb*.12.166.

3 A person, individual, man; (pl. also) people, the public. **b** the person or individual concerned, the man in question (freq. with derogatory force). **c** (in a familiar form of address).
~o si fulmine occisus est *Lex Reg*.(*Font.iur*.p.8); quis hic est ~o? PL.*Am*.292; hic is ~o est qui libertatem malitia inuenit sua *Epid*.732; qui ~o eum norit, norit *Poen*.874; quot ~ines tot sententiae TER.*Ph*.454; decem ~inibus uitam eripis CATO *orat*.61; neque..~o quisquam umquam excogitabit CIC.*Ver*.3.118; nuper is ~o fuit in ciuitate P. Sulla ut nemo ei se..anteferret *Sul*.89; neminem umquam ~inem ~ini cariorem fuisse quam te sibi *Mil*.68; plurimum inter eos Bellouacos..~inum numero ualere CAES.*Gal*.2.4.5; Maecenas quomodo tecum?..'paucorum ~inum' (*i.e. with few and selected intimates*) HOR.*S*.1.9.44; ne penes unum ~inem iudicium..fuerit LIV.23.23.4; nemo unus ~o uni ~ini tam carus umquam fuit SEN.*Cl*.1.1.5; (*collect. sg.*) 'multum ~inem uenisse Romam'..dicimus CELS.*dig*.50.16.158;—si scirent ~ines statuam eius..esse deiectam CIC.*Ver*.2.160; quod nondum uident ~ines quale futurum sit *Att*.9.10.2; absens ~inum sermones facilius sustinebis *Fam*.15.14.4; auersae curae ~inum sunt a bello Etrusco LIV.6.6.4. **b** rogas me? ~inis inpudentem audaciam! PL.*Men*.713; qui inuenit ~inem noui *Rud*.965; ~o locum ornat, non ~inem locus *Inc.pall*.93; uidistis ~inem et uerba eius audistis CIC.*Ver*.4.92; in ~inem dicendum est..cum oratio argumentationem non habet *Flac*.23; et ~inem cum ~ine et tempus cum tempore..comparate *Dom*.130; hanc, quae..mihi magno dolori est (dilexi enim ~inem), procura..hereditatem *Att*.6.9.2; qui et causam et ~inem probant CAES.*Gal*.6.23.7; ut ordo ordini, non ~o ~ini praelatus uideretur LIV.23.23.4; agnoscit ~inem Caesar PHAED.2.5.19; qui abortionis aut amatorium poculum dant..si eo mulier aut ~o perierit, summo supplicio adficiuntur PAUL.*dig*.48.19.38.5. **c** mi ~o et mea mulier, uos saluto PL.*Cist*.723; au, mi ~o! AFRAN.*com*.103.

4 (w. adj., gen., etc.) A person of a particular description. **b** one belonging to a particular race, sect, class, etc., of men.
tun, trium litterarum ~o, me uituperas? fur PL.*Aul*.325; ne ego sum ~o fortunatu' TER.*Hau*.825; o festu' dies ~inis! *Eu*.560; taces? monstrum ~ini', non dicturu's? 696; interdictum esse de ~inibus armatis CIC.*Caec*.62; L. Flaccus, qui ~o, qui ciuis! *Planc*.27; ~ines rusticos, sed fortissimos uiros ciuisque optimos *Fam*.11.7.2; simplices ac religiosi ~ines LIV.24.10.6; ede quid illum esse putes, quemuis ~inem secum attulit ad nos JUV.3.75;—(*appos.*) neu me perdas ~inem amantem PL.*Ps*.322; Aeserninus fuit..quidam Samnis, spurcus ~o LUCIL.150; Lucterium Cadurcum, summae ~inem audaciae CAES.*Gal*.7.5.1; Germanos..pedites, summae uelocitatis ~ines HIRT.*Gal*.8.36.3; Milonis Brocchi praetorii, ~inis optimi LARG.146. **b** quos ~ines quondam Laurentis terra recepit ENN.*Ann*.34; siluicolae ~ines NAEV.*poet*.21(23); quod genus hoc ~inum? BIB.*poet*.

11(12); Graecis ~inibus Cic.Ver.1.53; populum Romanum ~inibus nouis industriis libenter honores mandare 4.81; ~inibus Pythagoreis Rep.1.16; QVOD AD ~INEM LIBERVM LIBERAMVE PERTINERE DEICATVR CIL 1.600.2; quorum ~inum essent scire se ipsi negabant Liv.23.31.11; stoici ~inis Gel.1.2.5.

5 A member of a military force, crew, or other body.
summa uini in ~ines singulos Cato Agr.57; pauculos ~ines, mediocriculum exercitum obuium duci orat.45; ~inem P. Quincti deprehendis Cic.Quinct.61; capti ~ines equique producebantur Caes.Civ.2.39.5; quod illic natum dicitur esse, comparasti ad lecticam ~inis Catul.10.16; non nullas (naues) cum ~inibus capiunt Caes.Civ.1.58.4; nauigium..eius multitudine depressum militum una cum ~inibus interiit B.Alex.21.3.

homoeomerīa, *f.* [Gk. ὁμοιομέρεια] Similarity of composition, homogeneousness.
Anaxagorae scrutemur ~an quam Grai memorant Lucr.1.830.

homoeoptōton ~ī, *n.* [Gk. ὁμοιόπτωτον] An instance of similar inflexional endings.
Rut.Lup.2.12.

homoeoteleuton ~ī, *n.* [Gk. ὁμοιοτέλευτον] = prec.
Rut.Lup.2.12.

Homolōides, *f. pl.* One of the gates of Thebes.
quam celsus..per ingentis ~as exeat Haemon Stat.Theb.7.252.

homōnymus ~a ~um, *a.* [Gk. ὁμώνυμος] Having the same name.
quae ~a uocantur, ut 'taurus' animal sit an mons an signum in caelo..nisi distinctum non intelligetur Quint.Inst.8.2.13.

homotonus ~a ~um, *a.* [Gk. ὁμότονος] Having the same tension.
quodsi (bracchia) non ~a fuerint, inpedient directam telorum missionem Vitr.1.1.8.

homullus ~ī, *m.* [HOMO+-LVS] A human being, mere man (opposed to superior beings or forces; also collect. sg.). **b** a worthless or puny person.
mundus domus est maxima ~i Var.Men.92; haec..docuit tunicare..~um 242; breuis hic est fructus ~is Lucr.3.914. **b** quid cessat hic ~us, ex argilla et luto fictus Epicurus, dare haec praeclara praecepta? Cic.Pis.59.

homunciō ~ōnis, *m.* [*homuncus (HOMO)+-IO¹] = prec.
ego ~o hoc non facerem? Ter.Eu.591; deus ille (*i.e. Zeno*) qui nihil censuit deesse uirtuti, ~o hic (*i.e. Antiochus*) qui multa putat praeter uirtutem homini..cara esse Cic.Luc.134; nos ~ones sumus, omnia nobis negare non possumus Sen.Ep.116.7; quam totus ~o nil est Petr.34.10; quadringenta tibi si quis deus aut similis dis..donaret ~o Juv.5.133. **b** quin tu, quicumque es, ~o, lucernam..expedis..? Apul.Met.9.7.

homunculus ~ī, *m.* [HOMO+-CVLVS] = HOMVLLVS.
~i quanti sunt, quom recogito! Pl.Capt.51; Rud.154; di diuites sunt..uerum nos ~i Trin.491; ut ~i similem deum fingeret Cic.N.D.1.123; humilem ~um..Archimedem Tusc.5.64; nos ~i indignamur, si quis nostrum..occisus est? Sulp.Ruf.Fam.4.5.4. **b** si..huiusmodi ~um nomines Met.Num.orat.3; eam (*sc.* urbem) patimini..ab ~is deterrimis proteri? Rhet.Her.4.66; Apul.Met.9.12; (*colloq. in good sense*) omnibus suis numeris absolutum est (conuiuium) si belli ~i conlecti sunt, si.. Var.Men.335.

honestāmentum ~ī, *n.* [HONESTO+-MENTVM] An embellishment, ornament.
omnia ~a pacis et praemia belli Sal.Rep.2.13.2; non..ullo ~o eget (uirtus) Sen.Ep.66.2; appetitas..translationes habitasque esse pro ~is orationis Gel.10.26.9; qui gratiam corporis morum ~is ornauerint Apul.Apol.4.

honestās ~ātis, *f.* [as HONESTVS+-TAS]

1 Title to respect, honourableness, honour.
neque aetatis granditatem..neque ordinis ~atem aut dignitatem sibi esse excusationi Sis.hist.115; laudationis finis ~as Cic.Top.91; dum existimatio est integra, facile consolatur ~as egestatem Quinct.49; dum ~as, dum dignitas, dum decus aderit Tusc.2.31; Alf.dig.38.1.26; quae omnia apud nos..humilia atque ab ~ate remota ponuntur Nep.pr.5; Liv.1.47.11; rependitur..leue damnum delibatae ~atis maiore alia..~ate Gel.1.3.23; cum..nec pauperies ~atem uel turpitudinem diuitiae adlaturae sint Apul.Pl.2.11;—(*pl.*) nolite..hac eum cum re..ceteris ante partis ~atibus..priuare Cic.Mur.87; si quid necesse est..id est reliquis et ~atibus in ciuili ratione et commodis anteponendum Part.83;—(*meton.*) omnes ~ates ciuitatis, omnes aetates, omnes ordines Sest.109.

2 Moral rectitude, integrity.
certatur, utrum ~ati potius an utilitati consulendum sit Cic.de Orat.2.335; nemo est..inuentus..tam perditus, tam ab omni non modo ~ate sed etiam simulatione ~atis relictus Rab.Perd.23; ubi est..dignitas nisi ubi ~as? Att.7.11.1; Callipho adiunxit ad ~atem uoluptatem Fin.2.19; nisi omne bonum in una ~ate consisteret Tusc.5.41; nam et in laude iustitia utilitasque tractatur et in consiliis ~as Quint.Inst.3.4.16; nam fas, iustum, pium, aecum..subici possunt ~ati 3.8.26; cum in rebus..paribus..utilitas amici aut ~as nostra consistit, ~as procul dubio praeponderat Gel.1.3.25.

3 Decency, seemliness.
quemadmodum telorum..conexus..non modo corpora tegendo tueatur, sed etiam ornatus adiciat ~atem Vitr.10.1.5.

honestē, *adv. compar.* ~ius, *superl.* ~issimē. [HONESTVS+-E]

1 Honourably, with propriety, creditably. **b** ~*e genitus, natus*, well-born.
~e fieri ferme non potest, ut eam perpetiar ire in matrimonium sine dote Pl.Trin.731; sese inhoneste optauit parere hic ditias potius quam ~e in patria pauper uiueret Ter.An.798; ~ius eum (*sc.* agrum) uos uniuersi quam singuli possideretis Cic.Agr.2.85; ut tamquam fortis in pugna uir acceptis..uulneribus aduersis ~e cadere uideatur Har.40; sunt quaedam quae ~e non possum dicere Phil.2.47; quam ~issime se intra munitiones reciperent B.Afr.31.2; diuitiae..quas ~e habere licebat Sal.Cat.13.2; unde mundior exiret uix libertinus ~e Hor.S.2.7.12; fugeris etiam ~ius tergumque ciui dederis quam pugnaueris contra patriam Liv.7.40.13; ~ius in seruitutem casura quam itura Sen.Ep.95.70; ~e uixit, ~e obiit Petr.43.1; si ita ferret, ~ius in acie perituros Tac.Hist.2.44. **b** Quiritium Romanorum exercitum, ~e genitos, liberaliter educatos Liv.26.2.11; adulescentulum Lycium ~e natum Suet.Aug.43.3.

2 With moral rectitude or integrity, fairly, honestly.
uobis si facultatem uere atque ~e iudicandi fide et diligentia mea fecero Cic.Ver.2.179; potuisse ~e ab eo reum condemnari qui non perpetuo sedisset Clu.104; uitae..sanctissime ~issimeque actae Phil.9.15; e uirtute, id est ~e, uiuere Fin.2.34; quaerebant, si ~e essent educati Vitr.6.pr.6; alterum..consulatum, qui neque petitus ~e ab iis..est Vell.2.46.1; non ideo laudantur (bona) quod habuerit quis ea sed quod iis ~e sit usus Quint.3.7.13; si recte ~eque factum est, tum honestum fit Gel.17.20.9.

3 In accordance with good taste, decently, becomingly.
em sic uolo te ferre (*sc.* aquam) ~e ut ego fero, ut placeas mihi Pl.Rud.464; uestiri in foro ~e mos erat Cato Mor.2(J); quam saltationem impudicus seruulus ~e saltare non posset Scip.min.orat.20; tectum..nunc ~e uergit in tectum inferioris porticus Cic.Q.fr.3.1.14; ne non procumbat ~e, respicit Ov.Fast.2.833; facere ac dicere ~e Quint.Inst.11.1.14; sinum ad ima crura deduxit, quo ~ius caderet Suet.Jul.82.2;—(*of literary style*) Sallustium antithetis ~e compositis usum Fro.Aur.2 p.158(107N); nec enim cludit choriambus ~e Maur.1882.

honestitūdō ~inis, *f.* [HONESTVS+-TVDO] = HONESTAS (acc. Non.p.120M).
tua ~o Danaos decepit diu Acc.trag.16; horrida ~o Europae principium primo ex loco 501.

honestō ~āre ~āuī ~ātum, *tr.* [HONESTVS+-O³]

1 To give honour to, honour (with). **b** to cause to be honoured.
haec famigeratio te ~et Pl.Trin.693; quasi..non diuini hominis Africani mors ~aretur Cic.Mur.75;—(*w. abl.*) ne me secus honore ~es quam quom seruibas mihi Pl.Capt.247; aduocationem hominis improbissimi sella curuli..~auit Cic.Sul.81; si uno basilicae spatio ~amur Mur.70; quem tu lacrimis primum..mox templis ~asti Plin.Pan.11.1; quod..multo tanta pluribus beneficiis ~arer Apul.Met.7.15. **b** quem ad modum calamitatem meam non modo leuaret sed etiam ~aret Cic.Red.Sen.24; non modo non imminuit calamitas clarissimi nominis gloriam, sed etiam ~auit Dom.86; mors ista uitam ~abit Sen.Ep.13.14; alium toga, sed non et arma ~arunt Plin.Pan.4.5;—(*w. abl.*) triumphis, quibus..auxit nomen populi Romani imperiumque ~auit Cic.Dom.19; quod Neapolim nostram numero liberorum ~auerit Stat.Silv.4.pr.

2 To put a good face on, give a respectable appearance to.
~a dicta factis Pl.St.280; uera an falsa quadam exornatione ~entur (*sc.* beneficia) Cic.Inv.2.112; malam rem cum uelis ~are improbes Pub.Sent.M.53.

3 To grace, adorn.
Paulus ille cuius currum rex potentissimus..~auit Cic.Catil.4.21; ingens corpus erat et arma ~abant Liv.26.5.16; cultus opulentiae barbarae non alios magis ~abat Curt.3.3.13; caput..plumeo apice ~ante Plin.Nat.10.3;—(*speech, writing*) exornatio est qua utimur rei ~andae et locupletandae causa Rhet.Her.2.28; ⟨oratio nisi grauitate⟩ uerborum ~atur Fro.Aur.1.p.52(40N).

honestum ~ī, *n.* [next] That which is (morally) honourable, virtue, rectitude (transl. Gk. τὸ καλόν).
qui non ipso ~o mouemur, ut boni uiri simus, sed utilitate aliqua Cic.Leg.1.41; nescio quam illam umbram, quod appellant ~um Fin.1.61; 2.45; Off.1.79; quibus rebus supra bonum aut ~um perculsus Sal.Jug.82.2; qui turpi secernis ~um Hor.S.1.6.63; Carm.4.9.41; Liv.42.47.9; Ov.Tr.2.91; ~um propter nullam aliam causam quam propter ipsum sequimur Sen.Ben.4.9.3; incoctum generoso pectus ~o Pers.2.74; rigidi seruator ~i Luc.2.389; Quint.Inst.2.2.5; Tac.Ann.14.53;—(*pl.*) Stoicos qui ~a a commodis..diiungerent Cic.N.D.1.16; Hor.Ep.1.9.4; cum ~a utilibus cedunt Liv.23.14.3; ~a primum est uelle Sen.Phaed.140; peritus obsequii eruditusque utilia ~is miscere Tac.Ag.8.1.

honestus ~a ~um, *a. compar.* ~ior, *superl.* ~issimus. [*honos (-eris, n.; = HONOR cf. decus, decor)+-TVS²]

1 Regarded with honour or respect, of good repute. **b** (of things) bringing honour to the possessor or person, etc., concerned, honourable.
mulier in domu ~issimae feminae pariat Ed.pr.21.2(Font. iur.) p.222; nec sati' liber sibi uidetur nec sati' frugi nec sat ~us Pl.Per.839; fuit is..uir egregius et eques Romanus cum primis ~us Cic.Brut.205; in aedis T. Anni, hominis ~issimi Clu.78; hominem ~issimum prouinciae Galliae Caes.Gal.1.53.6; factiosi domi..clari magis quam ~i Sal.Jug.8.1; Liv.8.27.6; dum potui Phyllis ~a mori Ov.Ep.2.60; seruus libitinarii illius, qui inter hos ~issimus erat Petr.78.6; quandam ~am matronam Larg.16; ut quisque ~us, humilis, inuidiosus, fauorabilis erit Quint.Inst.11.1.42; Tac.Hist.2.71;—(*of towns, societies, etc.*) Siciliae ciuitates multae sunt..ornatae atque ~ae Cic.Ver.3.170; prosint ~issimorum municipiorum coloniarumque laudationes Flac.101; ut ~is decuriis potius dignus uideatur Phil.1.20; ~issimae et maximae societates Q.fr.1.1.36;—(*of situations, activities, etc.*) item fenerari, si tam ~um sit Cato Agr.pr.1; uitam..hanc rusticam..et ~issimam et suauissimam esse arbitrantur Cic.S.Rosc.48; qui uerrunt, qui spargunt, non ~issimum locum seruitutis tenent Parad.37; si non intendes animum studiis et rebus ~is Hor.Ep.1.2.36; huic et genus et fortuna ~a erant Liv.24.24.3; ut..neque ~am paupertatem pateretur dignitate destitui Vell.2.129.3; et quam ~am negotiationem exercuit..libitinarius fuit Petr.38.14; ~arum amore artium conpun⟨g⟩ere animum Agen.agrim.p.21. **b** scis..quam illam clientelam ~am iudicem Cic.Att.14.12.1; solus atque omnium ~arum rerum egens Sal.Jug.14.17; donis ornatur ~is Hor.Ep.2.2.32; erit illa mihi mortis ~a dies Prop.3.21.34; spolia..ea ~iora uictori hosti quam ipsis arma fuisse Liv.10.39.13; nec moram, si modo aequa et ~a condicione liceat, paci facturum 28.7.16; VETERANIS..~AM MISSIONEM..DEDIT CIL 10.770; omnes in infinitum parentes dicit, quod et ~ius est et merito optinuit Ulp.dig.2.4.4.2; (*cf.*) neque ~ae neque inhonestae donationes sunt prohibitae, honestae erga bene merentes amicos..inhonestae circa meretrices 39.5.5;—(*of titles, names, etc.*) est huic finitimum dissimulationi, cum ~o uerbo uitiosa res appellatur Cic.de Orat.2.272; ut iam uideamur..~a nomina turpissimis rebus imponere Ver.2.142; ut ~a praescriptione rem turpissimam tegerent Caes.Civ.3.32.4; isti errori nomen uirtus posuisset ~um Hor.S.1.3.42; quatenus uerba ~a moribus perdidimus Quint.Inst.8.3.45; ~um pacis nomen segni otio imposuit Tac.Ann.14.39.

2 Well-born, of high rank; (sim.) ~*o loco natus*.
nec Laconicas mihi trahunt ~ae purpuras clientae Hor.Carm.2.18.8; ut ~os habeas liberos, adulterandum est? Sen.Con.7.6.2; ~ior auriga, clientes propugnant Tac.Ag.12.1; uirginis ~ae uaticinatione Suet.Gal.9.2;—(*masc. as sb.*) milites..inter se per tribunum militum..atque ~issimos sui generis colloquuntur Caes.Civ.1.20.1; et ~i ex iuuentute et cuiusque aetatis amplissimi nominatim euocati 2.5.5; ne uiderer numquam inter ~os cenasse Petr.41.5; semper..honos ei (*sc.* graphicae) fuit, ut ingenui eam exercerent, mox ~i Plin.Nat.35.77; rei..humilioris quidem fortunae summo supplicio adficiuntur, ~iores in insulam deportantur Paul.dig.47.12.11;—adulescens bonus, ~o loco natus, disertus Cic.Flac.18; hunc..in ea ciuitate in qua sit natus ~issimo loco natum esse concedis Balb.6; Caes.Gal.5.45.2; Gel.1.12.12.

3 Morally worthy of respect, honourable. **b** (rhet., of a class of *causa*).
me ~iust quam te palam hanc rem facere, ne illa existumet amoris caussa percitum id fecisse te Pl.As.820; ~a oratiost Ter.An.141; mors ~a saepe uitam..turpem exornat Cic.Quinct.49; uidete ne utilius uobis et ~ius sit illis ducibus errare quam hoc magistro erudiri Balb.64; ~ior declinatio haec periculi Att.2.19.5; ualeant recta, uera, ~a consilia 4.5.1; causas abeundi quaerat ~as Lucr.4.1181; omnia cum pretio ~a uidentur Sal.Jug.86.3; seu quia deus auctor culpae ~ior erat Liv.1.4.2; nec..plebi ~um esse..arma pro patria non cepisse 2.24.5; nec liber indicium est animi, sed ~a uoluntas Ov.Tr.2.357; alterum ~ius dixerim uitium, alterum tutius Sen.Ep.3.4; tunc ora rigantur ~is imbribus Stat.Theb.2.234; uulgus euntem auctorem pacis..conclamat..atque ignibus implet ~is 10.685; ~o transfugio rediere Tac.Hist.4.70; si pectoribus impiis ~a uulnera accepissent Ann.1.49; ~os atque alios mores quam quos habet Juv.6.239; in conuiuio..loqui solum unum neque ~um est..neque commodum Gel.2.22.26;—(*of a person*) utentior sane sit, ~ior uero quomodo? Cic.Off.2.71; cum tabulis animum censoris sumet ~i Hor.Ep.2.2.110. **b** ~um causae genus putatur, cum..id defendimus, quod ab omnibus defendendum uidetur Rhet.Her.1.5; ~um causae genus est, cui statim sine oratione nostra fauet auditoris animus Cic.Inv.1.20; genera..causarum..quinque fecerunt: ~um, humile, dubium uel..admirabile, obscurum Quint.Inst.4.1.40.

4 Having a fine appearance, handsome. **b** (of style) decorous, becoming.
(*of persons, parts of the body, etc.*) ubi esse hanc forma uidet ~a uirginem Ter.Eu.132; facie ~a! 230; ita me di ament, ~ust 474; plantas..~as Lucil.129; (asinos) firmos, omnibus partibus ~os Var.R.2.6.2; quocumque deus circum caput egit ~um Verg.G.2.392; manu pectus percussit ~um A.12.155; non ego sum formae tantum mirator ~ae Prop.2.13.9; ~us modus formae Gel.18.1.5; puella uultu ~a Apul.Met.10.30;—(*of other things*) pedibus..Sicyonia demit ~a Lucil.1161; QVO ID TEMPLVM MELIVS ~IVS SEIT CIL 1.756.11; quae faciunt cultura ~iorem agrum Var.R.1.4.2; armamentis indiensis ad usum et ~is ad contemplationem Apul.Fl.23; CETEROQ ~ISSIM APPARATV CIL 10.3704. **b** hic ipse ~us ornatus materiae genere deciens uariatur Quint.Inst.8.3.11; compositio..debet esse ~a, iocunda, uaria 9.4.146.

honor¹ (~ōs) ~ōris, *m.* [dub.]

1 High esteem or respect accorded to superior worth or rank, honour. **b** (as enjoyed by the recipient).
ne me secus ~ore honestes quam quom seruibas mihi Pl.Capt.247; magnus ~os populi Romani rebus adiungitur Cic.Arch.22; Quintum meum..quem ad modum tractat ~ore, dignitate, gratia! Att.4.19.2(18.3); ~os alit artes Tusc.1.4; praeter Aeduos et Remos, quos praecipuo semper ~ore Caesar habuit Caes.Gal.5.54.4; neque enim sceleri dedit hostis ~orem Prop.4.4.89; quando quidem..est apud te uirtuti ~os Liv.2.12.15; Brutum et Cassium..quorum res gestas..nemo sine ~ore memorauit Tac.Ann.4.34; (*cf.*) siccat ~os laudatas (ficus), seruat in capsis Plin.Nat.15.82;—(*w. gen. of person, thing, etc., to which honour is given*) poeticae artis ~os non erat Cato Mor.2(J); Furrinalia a Furrina..; cuius deae ~os apud antiquos Var.L.6.19; nisi iam tum esset ~os eloquentiae Cic.Brut.40; in ~ore deum

medio stans hostia ad aram Verg.*G.*3.486; mortalia facta peribunt, nedum sermonum stet ~os Hor.*Ars* 69; quod.. non intermissus ~os deum immortalium esset Liv.5.50.3; gloriam..ipsam a farris ~ore adoriam appellabant Plin.*Nat.*18.14; et nobis est lucis ~os Sil.3.147; ciuitatibus legari potest etiam quod ad ~orem ornatumque ciuitatis pertinet Paul.*dig.*30.122;—(*pred. dat.*) erit illi illa res ~ori Pl.*Epid.*33; beatos esse quibus ea res ~ori fuerit a suis ciuibus Cic.*Mil.*97; postquam diuitiae ~ori esse coepere Sal.*Cat.*12.1; carmen ~ori eius (*sc.* Apis) canentium Plin.*Nat.*8.185; hic tibi crinis ~ori debitus Stat.*Theb.*6.633. **b** priuabit bonis, luce, ~ore atque amicis Pl.*Truc.*574; iure, lege, libertate..communiter uti oportet: gloria atque ~ore, quomodo sibi quisque struxit Cato *orat.*249; quasi sua res aut ~os agatur Cic.*Quinct.*9; nec..clarorum uirorum post mortem ~ores permanerent *Sen.*80; qui aliquo sunt numero atque ~ore Caes.*Gal.*6.13.1; inrisam sine ~ore ratem Sergestus agebat Verg.*A.*5.272; apud patres plebemque longe maximo ~ore Ser. Tullius erat Liv.1.40.1; effugiunt structos nomen ~orque rogos Ov.*Pont.*3.2.32; ~ori et meritis dedicans illum (*sc.* librum) tuis Phaed.3.pr.30; sit aliquis et his (*sc.* caulibus) ~os Plin.*Nat.*19.59; anticus mensis restituatur ~or Mart.11.11.4.

2 A particular mark of esteem, an honour. **b** (paid to the gods). **c** (given as a reward, etc.; spec., referring to a triumph or *supplicatio*). **d** (concr.) a thing which confers honour or distinction.

quam ego scio esse ~ore quouis dignam Ter.*Hau.*687; Syracusana ciuitas..dedit ipsi statuam—est ~os Cic.*Ver.*2.145; hic ~os ueteri amicitiae tribuendus *Amic.*78; qui ab populo Romano ~ores accepisset *B.Afr.*57.3; rapti Ganymedis ~ores Verg.*A.*1.28; ast ego non alium prius hoc dignarer ~ore: est aliquis nostrum si modo carmen ~or Ov.*Pont.*4.12.3; Ulp.*dig.*17.1.6;—(*w. defining gen.*) quem pater ipse deum sceptri donauit ~ore *Ciris* 269; ingenium cui sit..des nominis huius (*i.e. of poet*) ~orem Hor.*S.*1.4.44; nec ~ore mensae indignum iudicauit V.Max.5.1.8; nec.. alterius exilii ~orem expectandum Tac.*Hist.*1.21; plerosque senatorii ordinis ~ore percoluit 2.82;—(*w.* uerborum) nihil praetermisi in te ornando, quod positum esset aut in praemio uirtutis aut in ~ore uerborum Cic.*Fam.*10.13.1; Liv.28.4.2; Vergilio..confesso, quam sit difficile uerborum ~orem tam paruis perhibere Plin.*Nat.*19.59; Tac.*Hist.*4.4;—(*w. defining adj.*) di maris exceptum socio dignantur ~ore Ov.*Met.*13.949. **b** atque ille..minu'..me impertire ~oribus Pl.*Aul.*19; Graeci homines deorum ~ores tribuunt eis uiris qui tyrannos necauerunt Cic.*Mil.*80; ex illo celebratus ~os Verg.*A.*8.268; quam cito uenerunt Fortunae Fortis ~ores! Ov.*Fast.*6.773; dies priscum Tyriis sollemnis ~orem rettulerat Sil.15.416; nihil deorum ~oribus relictum Tac.*Ann.*1.10;—(*concr.*) quisquam..supplex aris imponet ~orem? Verg.*A.*1.49; qua penetrat..ieiuni serpentis ~os Prop.4.8.7; primum Vestae detersit ~orem Sil.7.184. **c** maiores..pretium parauere bonis atque strenuis, decurionatus ..hastas donaticas, aliosque ~ores Cato *orat.*21; ut nec laudationes iustae sint nec uituperationes nec ~ores nec supplicia Cic.*Fat.*40; huic pro tantis meritis ~oris corona a populo data est Nep.*Thr.*4.1; unius ob iram prodimur.. hic pietatis ~os? Verg.*A.*1.253; si primi Salio reddentur ~ores 5.347; praemia atque ~ores qui remanserint..proposuit Liv.23.15.4; ad palmae per se cursurus ~ores.. equus Ov.*Pont.*2.11.21; quaecumque (herbae) fuerant in periculi sede..~orem nobilem (*sc.* coronam obsidionalem) faciebant Plin.*Nat.*22.14; hic durae tempore noctis partus ~os Stat.*Theb.*2.172;—cur ~orem Caesaris tua lege datum deseri patimur? Cic.*Phil.*2.110; de ~ore nostro..cetera uidentur esse tranquilla *Att.*7.7.4; eum ~orem, qui a senatu tribui rebus bellicis solet *Fam.*15.4.13; ut rebus feliciter gestis aut cum ~ore aliquo aut certe sine ignominia domum reuertantur Caes.*Civ.*1.85.10; cui de triumpho agenti negatus ~os Liv.10.36.19; decretus..triumphalis ~os Tac.*Ann.*12.28. **d** en etiam hunc ipsum uitae mortalis ~orem..relinquo Verg.*G.*4.326; quid multa? pudicum, qui primus uirtutis ~os Hor.*S.*1.6.83; sator unus et idem stirpis ~os V.Fl.2.562; glaucae..innexus oliuae uittarum prouenit ~os Stat.*Theb.*2.100.

3 (in var. phrs.): **a** *~orem habere,* To pay honour; *~orem auribus habere,* to spare a person's ears. **b** *~orem praefari, dicere,* to apologize for one's language, etc. **c** *in ~orem* (+gen.) out of consideration or regard (for). **d** *in ~ore esse,* to be esteemed or honoured; (also w. other vbs.). **e** *~oris causa, gratia,* in order to show one's esteem or regard (for), out of respect.

a ecqui maiorem filius mihi ~orem haberet quam eius habuisset pater Pl.*Aul.*17; amice benigneque ~orem.. nostrum habes *Rud.*288; ~orem me deum immortalium uelim habuisse Cato *orat.*91; eis quibus..neque propter infidelitatem ~orem habere debetis Cic.*Font.*15; ut..dis immortalibus haberetur ~os Liv.28.9.7; QVI MIHI STATVARVM ~OREM HABVERVNT Aug.*Anc.*4.54; ut mirum sit ullum ~orem habitum ei (*sc.* hederae) Plin.*Nat.*16.144; deum ~or principi non ante habetur quam agere inter homines desierit Tac.*Ann.*15.74; ~oris, quem liberti patronis habere debent Ulp.*dig.*38.2.1;—~orem habitum auribus maiestatique uestrae uelim Sen.*Con.*1.2.4; [Quint.] *Decl.*3.1. **b** si dicimus 'ille patrem strangulauit', honorem non praefamur; sin de Aurelia aliquid aut Lollia, ~os praefandus est Cic.*Fam.*9.22.4; *Fin.*2.29; pleraque ..non nisi ~ore dicto (referenda) Plin.*Nat.*28.87; (*cf.*) uocabulis..cum ~oris praefatione ponendis pr.13. **c** orationes Sallustii in ~orem historiarum leguntur Sen.*Con.*3.8; spiritus in ~orem suorum..retinendus est Sen.*Ep.*104.3; de stipendiario Thrace miles..deinde in ~orem uirium gladiator Flor.*Epit.*2.8(3.20.8); uirginibus Vestalibus, quas ..ueteres in ~orem sacerdotii liberas esse uoluerunt Gaius *Inst.*1.145. **d** Chrysogonum..sectantur; apud eum sunt in ~ore et in pretio Cic.*S.Rosc.*77; in summo apud illos ~ore geometria fuit *Tusc.*1.5; apud Caesarem in ~ore erant Caes.*Civ.*3.59.3; Aetolos eo in maiore futuros ~ore quod.. Liv.26.24.4; nec citharae nec sunt in ~ore sagittae Ov.*Met.*10.170; radix eius in ~ore est Plin.*Nat.*23.165;—prauas turpisque uidemus esse in deliciis summoque in ~ore uigere Lucr.4.1156; quos ille..magno in ~ore habuit Caes.*Civ.*1.77.2; nomina et uirtutes nobilium..in ~ore habere Tac.*Ann.*13.18. **e** quod mandasti feci, tui ~oris gratia Pl.*Cur.*549; ~oris caussa quidquid est quod dabitur gratum habebo *Mer.*527; quom ego uostri ~ori' causa repudium alterae remiserim Ter.*Ph.*928; hunc..uirum bonum esse dixisti et ~oris causa appellasti Cic.*Q.Rosc.*18; si ~oris causa statuam dederunt *Ver.*2.150; quos omnis ~oris causa nomino *Man.*58; si hoc ~oris mei causa susceperis *Att.*15.14.3; Caesar, ~oris Diuiciaci atque Aeduorum causa sese eos..conseruaturum dixit Caes.*Gal.*2.15.1; Brutus, quem ego ~oris causa nomino Ant.*orat.*11; se alia..Masinissae ~oris causa ..fecisse Liv.42.24.7; tenue nescio quid ~oris gratia legatum Apul.*Apol.*100; modico ~oris gratia possessori dato Ulp.*dig.*6.1.15.2.

4 A special honour, privilege.

deinde est ~os additus Liv.1.43.10; pro lumine adempto scire futura dedit poenamque leuauit ~ore Ov.*Met.*3.338; iam distinctio ~osque ciuitatis ipsius non aliunde erat, rusticae tribus laudatissimae eorum, qui rura haberent Plin.*Nat.*18.13; saeuus ~os fluuio: Stygias lustrare seueris Eumenidas perhibetur aquis Stat.*Theb.*4.53; reuocato ad lucis ~orem Sil.7.737.

5 A (high) public or political office. **b** the holding of office.

IN HOC..~ORE VENOX APPELLATVS EST *Fast.Cos.Cap.*10b (*CIL* 1.p.21); olim populi prius ~orem capiebat suffragio quam magistro desinebat esse dicto oboediens Pl.*Bac.*438; cum mihi ob eos mores..~os detur Cato *orat.*107; is processisset ~oribus longius Cic.*Brut.*180; homines clarissimos ciuitatis amplissimis usos ~oribus *Flac.*45; qui nondum ad ~ores accesserunt 105; ~orum gradus summis hominibus et infimis sunt pares, gloriae dispares *Planc.*60; docet se nullum extraordinarium ~orem appetisse Caes.*Civ.*1.32.2; qui regnum Italiae et primos sibi poscat ~ores Verg.*A.*11.219; hunc, si..turba Quiritium certat tergeminis tollere ~oribus (*prob. quaestor, praetor, and consul*) Hor.*Carm.*1.1.8; uita..plena ~orum saepe gestorum, saepius meritorum Liv.3.69.3; tertio mense quam inierunt..~ore abiere 4.7.3; purpura Pompeium summi uelabit ~oris (*i.e. the consulship*) Ov.*Pont.*4.4.25; COMMVNICATOS POSTREMO CVM PLEBE ~ORES *CIL* 13.1668.1.36; Italo quod ~ore supinus fregerit heminas Arreti aedilis iniquas Pers.1.129; iam sorte carebat dilatus Polynicis ~os Stat.*Theb.*1.165; Titus Vinius..cursu ~orum inoffenso legioni post praeturam praepositus Tac.*Hist.*1.48; eum ~orem Germanicus iniit apud urbem..Nicopolim *Ann.*2.53; castrorum imperiis et dictatoris ~ore functus Juv.11.87; seniorem iuniori et amplioris ~oris inferiori..praeferemus Ulp.*dig.*22.4.6;—(*of military command*) iam uero concors miles signisque relatis indiuisus ~os Sil.8.9; militiae multis largitur ~orem Juv.7.88;—(*meton.*) omnis ~os, cuncti ueniunt ad limina fasces Stat.*Silv.*1.2.233. **b** trientem sacrum..quem..ex eo aut ~orem aut deminutionem familiae significari Mes.Ruf.*hist.*2; tabulas nouas et turpissimorum ~ores Cic.*Att.*10.8.2; ~or municipalis est administratio rei publicae cum dignitatis gradu Call.*dig.*50.4.14;—(*of prospective office*) qui ordo quanto adiumento sit in ~ore quis nescit? Cic.*Planc.*23; tuos familiaris..aduersarios ~ori nostro fore *Att.*1.2.2; militiae decus hoc gratique erit omen ~oris Mart.14.32.1.

6 A quality of appearance that inspires esteem, dignity, grace. **b** (concr.) that which gives grace or dignity to a person or thing.

laetos oculis adflarat ~ores Verg.*A.*1.591; tunc mens et sonus relapsus atque notus in uultus ~or Hor.*Epod.*17.18; non semper idem floribus est ~or uernis *Carm.*2.11.9; Omphale in tantum formae processit ~orem..ut.. Prop.3.11.17; quem sparsit ~orem aurea lunatae, cum stetit, umbra iubae! Mart.8.53(55).9; picturae uarios superaddit ~ores V.Fl.1.129; tum nouus impleuit uultus ~or 8.237; leo Caspius..nudus adhuc nulloque iubae flauentis ~ore Stat.*Theb.*8.573; cum uacuae nubes et ~or non omnibus astris 10.327; non frontis parcit ~ori Sil.4.755; est laus et operum: in quibus ~or, utilitas, pulchritudo, auctor spectari solet Quint.*Inst.*3.7.27; ~or capitis et dignitas oris Plin.*Pan.*4.7. **b** hic tertius December..siluis ~orem decutit Hor.*Epod.*11.6; quoscumque feret cultus tibi fundus ~ores *S.*2.5.13; nauali..gener cinctus ~ore caput Ov.*Ars* 3.392; hi ueris ~ore solutos accumulant artus Stat.*Theb.*10.788; eum..digitum tali ~ore decorandum Gel.10.10.2; STAT SVBLIMIS ~OR VICINAQVE NVBILA PVLSAT *CIL* 8.212;—(*w. defining gen.*) oris ~os..et multis optata labella *Ciris* 496; comae..~orem praemetet Stat.*Silv.*3.4.10;—(*w. defining adj.*) sparsit croceum plumis fugientis ~orem Sil.8.422.

Honor[2] (~ōs) ~ōris, *m.* Forms: *~orus* (gen.) *CIL* 1.698.2.11. The honour due to military prowess or sim. virtues, personified as a god.

AEDEM ~ORI ET VIRTVTI VICTOR FECIT *Elog.*18(*CIL* 1.p.195); Verres qui non ~ori neque Virtuti..sed Veneri et Cupidini uota deberet Cic.*Ver.*4.123; templum..~oris a M. Marcello renouatum *N.D.*2.61; Fides et Pax et ~os Pudorque priscus Hor.*Saec.*57; Vitr.3.2.5; Ov.*Fast.*5.23; Aug.*Anc.*2.29; Plin.*Nat.*2.14.

honōrābilis ~is ~e, *a.* [honoro+-bilis] Conferring honour, honorific.

haec enim ipsa sunt ~ia..salutari adpeti decedi adsurgi deduci reduci consuli Cic.*Sen.*63.

honōrārium ~iī, *n.* [next] **a** A voluntary contribution to the treasury (cf. next 1 c). **b** a fee paid for professional services.

a ~ium decurionatus omnes, qui in quaque ciuitate Bithyniae decuriones fiunt, inferre debeant necne Tra. Plin.*Ep.*10.113(114); QVOD DECVRIONEM EVM REMISSO ~IO ..FECERINT *CIL* 2.5232. **b** crediderunt ueteres..id quod datur ei (*sc.* mensori agrorum) ad remunerandum dari et inde ~ium appellari Ulp.*dig.*11.6.1; in ~iis aduocatorum 50.13.1.10; Paul.*dig.*19.2.38.1.

honōrārius ~ia ~ium, *a.* [honor+-arivs]

1 Supplied or offered voluntarily, complimentary. **b** (of games provided optionally by magistrates, etc., from their own resources). **c** *summa* (*pecunia*) *~ia,* a voluntary contribution to the treasury, esp. by magistrates on entering office; (also fem. as sb.).

quamplures ad praetores et consules uinum ~ium dabant Cato *orat.*73; docere debitum est, delectare ~ium, permouere necessarium Cic.*Opt.Gen.*3; perinde ac si in hanc formulam omnia iudicia legitima, omnia arbitria ~ia, omnia officia domestica conclusa et comprehensa sint *Q.Rosc.*15; quod..non ~iam operam amici, sed seueritatem iudicis ac uim requirit *Caec.*6; qui modus tui fuit frumenti aestimandi, qui honorarii? si quidem potest ui et metu extortum ~ium nominari *Pis.*86; exercitus ~ium ei tumulum (*i.e. a cenotaph*) excitauit Suet.*Cl.*1.3; (*of sacrificial offerings*) VACCAM DEAE DIAE ~IAM IMMOLAVIT *CIL* 6.2065; *A.Epig.*47.59.9. **b** triginta..dies, qui ~is ludis occupabantur Suet.*Aug.*32.2; Paul.*Fest.*p.102M. **c** EX PECVNIA HONORAR *CIL* 5.558; MVLTIPLICATIS SVMMIS ~IS AEDILITATIS SVAE 8.769; PROPTER SVMMAM ~IAM PRO SEVIRATV 10.7267; Ulp.*dig.*50.13.1.12;—PER ~IAE NVMERATIONEM *CIL* 5.532.2.14; STATVAM QVAM ⟨PR⟩O HONORE AEDIL ⟨AMPLI⟩VS AD LEGITIMAM ⟨PRO⟩MISERAT INLATA ⟨AMPLI⟩VS ~IA FECIT *A.Epig.*17–18,15.

2 (applied to persons): *arbiter ~ius,* An arbitrator appointed informally by the two parties; *tutor ~ius,* any one out of a number of tutors, who does not actively administer, but only exercises general supervision.

quorum (*sc.* philosophorum) controuersiam solebat tamquam ~ius arbiter iudicare Carneades Cic.*Tusc.*5.120; *Fat.*39;—ceteri..tutores non administrabunt, sed erunt hi, quos uulgo ~ios appellamus Ulp.*dig.*26.7.3.2; 46.3.14.1.

3 Of or derived from public office; (applied to actions, etc., based on the praetors' edicts and those of other magistrates).

ius praetorium..quod et ~ium dicitur ad honorem praetorum sic nominatum Papin.*dig.*1.1.7.1; quae edicta praetorum ius ~ium constituerunt Pompon.*dig.*1.2.2.10;—famosa actio..si sit ciuilis uel ~ia Ulp.*dig.*4.3.1.4; haec iudicia quamuis ~ia sunt, tamen perpetua sunt 4.9.7.6; haec actio et heredi et ~iis successoribus competit 6.2.7.9; ~iam obligationem 14.1.1.24; quia ciuilis mihi datur actio pro ~ia 30.28.

honōrātē, *adv. compar.* ~ius; *superl.* ~issimē. [next+-e] With honour, in an honourable fashion, honourably.

quam illum ut ~e, ⟨sic⟩ nec secure continet! Vell.2.129.3; filium eius..~issime excepit V.Max.2.10.2; Bruti corpus..quo..~ius cremaretur, inici et suum paludamentum iussit 5.1.11.

honōrātus ~a ~um, *a. compar.* ~ior, *superl.* ~issimus. [pple. of honoro]

1 Honoured, respected. **b** involving honour to the recipient, etc., honourable.

quod genus illi est unum pollens atque ~issumum Pl.*Capt.*278; apud me ~ior fuit (Dionysius) quam apud Scipionem Panaetius Cic.*Att.*9.12.2; beati, qui ~i sunt, uidentur *Leg.*1.32; huius si uirtuti par data esset fortuna.. multo illustrior atque etiam ~ior Nep.*Eum.*1.1; sapiens.. diues, liber, ~us (est) Hor.*Ep.*1.1.107; uirum ~issimae imaginis futurum ad posteros Liv.3.58.2; apud plebem.. nihilo se ~iorem fore 4.35.8; ~a sceptra tenere manu Ov.*Pont.*1.8.22;—(*of things*) hic est e praefectura Atinati non tam prisca, non tam ~a Cic.*Planc.*19; nusquam est senectus ~ior *Sen.*63; dies..quem semper acerbum, semper ~um..habebo Verg.*A.*5.50; ad spem ~ioris militiae Liv.32.23.9; C. Velleius, ~issimo inter illos CCCLX iudices loco a Cn. Pompeio lectus Vell.2.76.1; ad magna et ~a ministeria illius maxime suffragatione producti Curt.7.1.11; Tac.*Hist.*1.87. **b** senatus quam poterat ~issimo decreto adlocutus eos Liv.27.10.6; ruris ~i tantum tibi..dedere Ov.*Met.*15.617; te..~a memoria prosequar V.Max.3.8.6; minus ~o loco positus irasci coepisti conuiuatori Sen.*Dial.*5.37.4; Bassus ~a custodia..Atriam peruectus Tac.*Hist.*3.12; tutam ei ~amque sedem in Italia fore *Ann.*2.63.

2 (of a magistrate or ex-magistrate) Honoured or distinguished by public office; (also of an office-holder in a guild).

qui eum (*sc.* honorem) sententiis, qui suffragiis adeptus est, is mihi et honestus et ~us u*t*dietur Cic.*Brut.*281; hominis nobilissimi et ~issimi coniunctio *Fam.*3.10.9; Metellus ille ~is quattuor filiis *Tusc.*1.85; missi confestim ~issimus quisque ex patribus Liv.2.15.1; uerba..~us libera praetor habet Ov.*Fast.*1.52; cum summum ei..deferretur imperium, ~iori parere maluit Vell.2.54.3; Cassius plebeii Romae generis, uerum antiqui ~ique Tac.*Ann.*6.15;—(*masc. as sb.*) hic senes ~osque iuuenis in eo certamine uicit Liv.25.5.4; adeo imparem libertatem..diti ac pauperi, ~o atque inhonorato esse 26.2.16;—L PACATIO TYRANNO ~O COLLEGI FABRVM TIGNARIORVM *CIL* 11.3936; CENTONARIVS ~VS ET SAGARIVS CORPORATVS 12.1898.

honōrificē, *adv. compar.* ~entius, *superl.* ~entissimē. [next+-e] With honour or respect, honourably, respectfully.

tractati ~e sunt Cic.*Ver.*3.166; in curiam uenimus. ~e sane consurgitur 4.138; quod..non ~entissime de mea salute decreuisset *Sest.*32; ut nemini sit triumphus ~entius quam mihi salus restitutioque perscripta *Pis.*35; praesertim cum abs te ~entissime inuitarer *Fam.*13.15.1; numquam nisi ~entissime Pompeium appellat 6.6.10; ~e ciuitates appellando Hirt.*Gal.*8.49.3; cum praetore eo die ~e est epulatus Liv.44.31.14; omnia..~e a senatu in Caesarem ..decreta sunt Vell.2.62.1; sanitatem praemio dari ~e arbitratis maioribus Plin.*Nat.*27.45; imperatore Antonio ~e salutato Suet.*Aug.*13.2; omnes nostri ordinis uiros..~e adfaris Fro.*Ver.*1.p.298(117N).

honōrificus ~a ~um, *a. compar.* ~entior, *superl.* ~entissimus. [honor+-ficvs] Conferring or showing honour, honorific. **b** (of persons).

quae consurrectio iudicum facta sit..quae mihi res multo

~entior uisa est quam..illa CIC.*Att.*1.16.4; meis..~entissimis erga se officiis uictus 7.3.8; nihil ~entius potuit facere senatus *ad Brut.*1.5.1; arbitror malle te quietam senectutem et ~am potius agere quam sollicitam ANT.*Att.*14.13a.3; dum habeat..quae uelit..seruitutem, ~am modo, non aspernatur BRUT.*ad Brut.*1.17.4; eum habuit ad manum scribae loco, quod multo apud Graios ~entius est quam apud Romanos NEP.*Eum.*1.5; LIV.6.34.9; uerba contumeliosa, motus corporum parum ~os SEN.*Dial.*5.34.1; iri in castra placuit: ~um id militibus fore TAC.*Hist.*1.17;—(*of decrees, writings, etc.*) ~o senatus consulto CIC.*Ver.*2.122; numquam ab eo mentio de me nisi ~a *Phil.*2.39; cum is ~entissimam in me sententiam dixisset *Att.*7.1.8; senatus ~a in se decreta LIV.33.20.8; si quid ~um pagina blanda sonat MART.10.45.2. **b** et ~us in me cos. fuit et suauis amicus CIC.*Fam.*2.13.2.

honōripeta ~ae, *m.* [HONOR+PETO+-A[1]] A place-hunter, careerist.
culpabilium..uirorum quattuor formae sunt, quarum prima ~arum est APUL.*Pl.*2.15.

honōrō ~āre ~āuī ~ātum, *tr.* Also (**~or** ~ārī) ~ātus. [HONOR+-O[3]]

1 To confer honour on, show respect to, honour. **b** to honour (actions, conduct). **c** to celebrate, honour (an occasion).
in uiris fortibus ~andis CIC.*Phil.*5.35; Amphiaraum..sic ~auit fama Graeciae deus ut haberetur *Div.*1.88; plebei scitum, quo oneratus ⟨sum⟩ magis quam ~atus LIV.22.30.4; tumulum..sui genitoris ~at OV.*Met.*14.84; similiter ~atus animus erga poetam Accium D. Bruti..extitit V.MAX.8.14.2; ~andus sum, quia tyrannum occidi QUINT.*Inst.*3.6.74; (*w. pred.*) propter quod uir fortis ~atus sum *Decl.*369(p.405,l.19);—(*w. abl.*) meque regnumque meum gloria ~auisti SAL.*Jug.*10.2; mentior..nisi..nuper ~atas summo..caelo uideritis stellas OV.*Met.*2.515; ~atum equestri statua VELL.2.61.2; cocus potione ~atus est et argentea corona PETR.50.1; sacratissimis..epulis ~atus STAT.*Silv.*4.pr.; matrem complexus Augustae nomine ~auit TAC.*Hist.*2.89; duobus liberis ~atae ingenuae patronae GAIUS *Inst.*3.50; relegatus statuis..~ari non prohibetur POMPON.*dig.*48.22.17;—(*dep.*) leonem..caelesti dignitate est ~ata AMP.2.5; *CIL* 6.10215. **b** ita ~ata uirtute LIV.2.13.6; ~antur recta, praua puniuntur VELL.2.126.3; nec illis aut ~are eam caedem ius hominum aut ulcisci ratio belli permittebat TAC.*Hist.*3.51. **c** triumphus ..omnem consuetum ~andi diei illius modum aliquantum excessit LIV.5.23.4; felicitatem diei..Sulla perpetua ludorum circensium ~auit memoria VELL.2.27.6.

2 (spec.) To honour (with a magistracy, etc.).
pontificatus..sacerdotio puerum ~auit VELL.2.59.3; quem..sacerdotio, praetura, consulatu, prouinciis ~atum 2.100.4; quae familia..ipsa admodum floruit octo consulatibus..~ata SUET.*Tib.*3.1.

honōrus ~a ~um, *a.* [HONOR+-VS]

1 Conferring honour, honorific.
laetus ouat nunc laude uirum nunc uatis ~o carmine V.FL.4.342; uos..cur infitiatus ~a arcuerim fama? STAT.*Theb.*2.629; exutus ~o uittarum nexu 6.30; ~a oratione TAC.*Ann.*1.10; (*neut. pl. as sb.*) ~a de Germanico, Agrippinam miserans, disserebat 4.68.

2 Worthy of honour.
mortis ~ae dulce sacrum STAT.*Theb.*4.230; maiorque et a uideri parque operi tanto 5.40.

honōs: see HONOR.

hoplītēs, *m.* [Gk. ὁπλίτης] A Greek heavy-armed soldier.
PLIN.*Nat.*35.71.

(h)oplomachus ~ī, *m.* [Gk. ὁπλομάχος] A heavy-armed gladiator.
quidam cum ~is, quidam cum Thraecibus optime pugnant SEN.*Con.*3.pr.10; MART.8.74.1.2; Thr⟨a⟩eci et mox ~o comparauit SUET.*Cal.*35.2; *CIL* 6.631; DOCTOR OPLOMACHOR 6.10181.

hōra[1] ~ae, *f.* [Gk. ὥρα] FORMS: *~abus* (abl. pl.) *CIL* 8.12794, 11.2611.

1 A twelfth part of the day between sunrise and sunset (varying with the season and latitude), sim. a twelfth part of the night, an hour. **b** *in ~as*, from hour to hour, hourly; *omnibus ~is*, at all times; *omnium ~arum*, of or suited to all times or occasions. **c** *~a lunaris*, a similar division in the lunar day.
ut illum di perdant primus qui ~as repperit quique a deo primus statuit hic solarium PL.*fr.*21; Libra die somnique pares ubi fecerit ~as VERG.*G.*1.208; sol..certis temporibus auget aut minuit dierum et ~arum spatia VITR.9.3.3; aqua temperate salienti praestat aequinoctiales ~as 9.8.14; brumales porrigis ~as OV.*Met.*4.199; si dies est tempus uiginti et quattuor ~arum SEN.*Ep.*12.7; LUC.8.467; prima salutantes atque altera conterit ~a MART.4.8.1. **b** ut omnes in dies ~asque parati essent *B.Afr.*1.2; cuius amor tantum mihi crescit in ~as VERG.*Ecl.*10.73; quid quisque uitet numquam homini satis cautum est in ~as HOR.*Carm.*2.13.14;—cum omnibus ~is aliquid atrociter fieri uidemus aut audimus CIC.*S.Rosc.*154; quem..certatim amamus omnibusque ~is..complexu tenemus *Phil.*3.18;—ut de Pollione Asinio..dictum est, esse eum omnium ~arum QUINT.*Inst.*6.3.111. **c** in mari..motus..in XXIIII ~is lunaribus cotidie quater se mutant VAR.*L.*9.26.

2 (pl.) The indication of the hours on a clock. **b** the time (by the clock); (concr.) a clock.
in his..aut in columna aut parastatica ~ae describuntur VITR.9.8.6; 9.8.8. **b** uidet oscitantem iudicem, loquentem cum altero..mittentem ad ~as CIC.*Brut.*200; quisquis ~as inspiciet PETR.71.11; cum a puero quaesisset ~as PLIN.*Nat.*7.182; quot nuntiet ~as JUV.10.216;—cum machinatione quadam moueri aliquid uidemus, ut sphaeram ut ~as CIC.*N.D.*2.97.

3 A particular hour of the day or night; (also, in general) a definite time. **b** the proper or appointed hour; (astrol.) the ascendant; *ad ~am*, at the appointed time, punctually; (also leg., app.) at the hour for preliminary proceedings.
ea enim ipsa ~a acceperam tuas litteras CIC.*Fam.*7.23.4; enuntiare..qua noctis ~a..egressurus hostis foret LIV.9.16.7; rediit ~a dicta PHAED.4.25(26).19; uides quid ~ae tibi rescribam AUR.*Fro.*2.p.96(39N); ULP.*dig.*49.4.1.8;—(*w. numerals*) ubi ~ae decem sunt TIT.*orat.*2; post ~am primam noctis CIC.*S.Rosc.*19; litteras scripsi ~a decima Cerialibus *Att.*2.12.4; ~a noctis quarta se..ad Mutinam recepit GALBA *Fam.*10.30.4; cum ab ~a septima ad uesperum pugnatum sit CAES.*Gal.*1.26.2; ~a circiter undecima diei 5.46.1; ubi quarta sitim caeli collegerit ~a VERG.*G.*3.327; iam nona ferme diei ~a erat LIV.21.59.5; tunc erit ~a sexta, cum minima umbra contra medium fiet hominem PLIN.*Nat.*18.327; ~as quinque puer nondum tibi nuntiat MART.8.67.1; TAC.*Hist.*3.16;—diuos..extrema moriens..adloquor ~a VERG.*Ecl.*8.20; hae latebrae dulces..incolumem tibi me praestant Septembribus ~is HOR.*Ep.*1.16.16; me cum fatalis leto damnauerit ~a LUC.9.87; cuncta in cineres grauis intulit ~a hostilisque dies STAT.*Silv.*2.1.54. **b** uenit tempus..ita maturum ut differri iam ~a non possit CIC.*Phil.*6.19; detur nobis locus, ~a HOR.*S.*1.4.15; fors et in ~a hoc ipso eiecto carior alter erit PROP.2.9.1; ad siderum motus..cibos dando ~asque obseruando PLIN.*Nat.*29.9;—non est mirum si errant (mathematici) et ~am eius nemo nouit SEN.*Apoc.*3.2;—quemadmodum quartana ad ~am uenit *Nat.*3.16.2; ad ~am ac diem subeunt ampliores minoresque (*sc. the tides*) *Dial.*1.1.4;—si ad ~am forte constiterit (orator) QUINT.*Inst.*12.3.5.

4 The direction of the sun at a specified hour.
inter sextam ~am primamque brumalem PLIN.*Nat.*3.45; contra laeuam Mauretaniae in VIII ~am solis 6.202; quas in ~as (uineae) debeant spectare 17.19; id (*i.e. a lopped branch*)..in ~am diei quintam uel octauam spectare maluerim 17.85; quibus kardo in ~am sextam non conuenerit HYG.GR.*agrim.*p.135.

5 The duration of an hour; *una ~a*, a single hour (as a short period of time). **b** (w. ref. to the passing or transient nature of time); *in ~am uiuere*, to live for the present.
dum haec dicit abiit ~a TER.*Eu.*341; circiter ~as duas graui proelio urserunt QUAD.*hist.*51; locutus esse dicitur homo copiosus aliquot ~as CIC.*de Orat.*2.75; ne quam ego ~am de meis legitimis horis remittam *Ver.*1.25; uitandi..caloris causa Lanuui tris ~as acquieueram *Att.*13.34; nec diuum corpora..exiguum possent ~ai sistere tempus LUCR.1.1016; tribus ~is Aduatucam uenire potestis CAES.*Gal.*6.35.9; difficile est..dicere quam..candida iudiciis illa sit ~a meis OV.*Pont.*3.5.52; LIV.25.19.15; binis eadem ~a captis simul incensisque castris 30.30.14; momentum ut ~ae pereat officiis meis PHAED.3.pr.5;—Massici montis uberrimos quattuor fructus ebibere in ~a una.—'hiberna' addito PL.*Ps.*1304; unam..~am ne oppertus sies TER.*Ph.*514; unius usuram ~ae gladiatori isti ad uiuendum non dedissem CIC.*Catil.*1.29; momento..unius ~ae caesus Samnis, Satricanus captus LIV.9.16.9; (*cf.*) neque enim ulla ~a tui mihi est operis ignota CIC.*Att.*12.5a. **b** quod fugiens semel ~a uexit HOR.*Carm.*3.29.48; nos flendo ducimus ~as VERG.*A.*6.539; uolat ambiguis mobilis alis ~a SEN.*Phaed.*1142; ima permutat leuis ~a summis *Thy.*598; fortuita casusque et quae noua omnis ~a excogitat PLIN.*Nat.*25.23;—hi, qui in ~am uiuerent CIC.*Phil.*5.25.

6 A season of the year.
qui mare et terras uariisque mundum temperat ~is HOR.*Carm.*1.12.16; has ubi genitalis anni stimularit ~a PLIN.*Nat.*9.107; arbor ipsa omnibus ~is pomifera est 12.15; est et alia ~a (*sc.* serendi) circa canis ortus, paucioribus nota 17.132.

7 The duration of human life.
quo tam dubiae seruetur spiritus ~ae? PROP.2.13.45; breuitas..uetat mutabilis ~ae prolatare diem SIL.3.141; DECVIT TALEM LONGIOR ~A VIRVM *CIL* 2.1413.

Hora[2] ~ae, *f.* PROS.: 1st syll. long ENN.*Ann.*117. *~a Quirini*, An ancient Italian goddess, identified by Ovid with the deified Hersilie, wife of Romulus.
Quirine pater ueneror ~amque Quirini ENN.*Ann.*117; OV.*Met.*14.851; GEL.13.23.2.

Hōrae ~ārum, *f. pl.* The personified hours or seasons.
necdum orbem medium nox ~is acta subibat VERG.*A.*3.512; cum mitibus ~is OV.*Fast.*1.125; SEN.*Ben.*1.3.9.

hōraeus ~a ~um, *a.* Also **~os** ~on. [Gk. ὡραῖος] Seasonable.
alterum genus est mellis aestiui, quod ideo uocatur ~on a tempestiuitate praecipua PLIN.*Nat.*11.36; (*applied to fish salted in season*) ~um, scombrum et trygonum et cetum PL.*Capt.*851.

Horātiānus ~a ~um, *a.* Of a Horatius, (in quots.) of the poet Horace.
~us..ille atabulus GEL.2.22.25; (*neut. as sb.*) cum illo ~o: 'molle atque facetum..' QUINT.*Inst.*6.3.20.

Horātius (Or-) ~a ~um, *a.*

1 The name of a Roman gens, esp.: **a** three legendary brothers who fought the three Alban *Curiatii*; (also fem.) their sister. **b** *Horatius Cocles*, who held the Etruscans at bay at the *Pons Sublicius*. **c** *Q. Horatius Flaccus*, the poet Horace.
a Oratius inclutus ENN.*Ann.*129; ~os Curiatiosque LIV.1.24.1; ~ae sepulchrum 26.14; MART.3.47.3. **b** LIV.2.10.2. **c** certemus..melior sit ~us an res HOR.*Ep.*1.14.5; SEN.*Apoc.*13.3; MAUR.2486.

2 Horatian.
hic est et ~a uirtus *Culex* 361; eo loco qui nunc Pila ~a appellatur LIV.1.26.10; genti ~ae 1.26.13; ~a facta MAN.5.107.

Horcōnia (? **Holc-**) ~ae, *f.* The name of a kind of vine grown in Campania.
COL.3.2.27; PLIN.*Nat.*14.35.

horctus: see FORCTIS.

horda: see FORDA.

hordeāceus ~a ~um, *a.* Also **ord-**, **hordi-**, **-cius.** [HORDEVM+-ACEVS] Of or made from barley.
paleas triticeas et ~as CATO *Agr.*52.4; furfures triticios et farinam ~am VAR.*R.*2.5.17; turundis ~is 3.9.20; aluum mouent panis fermentatus magisque si cibarius uel ~us est CELS.2.29.1; SEN.*Ep.*18.10; COL.11.2.75; stipula ~a PLIN.*Nat.*17.260; messem ~am 18.295; spicas ~as APUL.*Met.*7.8.

hordeārius ~a ~um, *a.* Also **hordi-.** [HORDEVM+-ARIVS] Of or connected with barley. **b** (applied to varieties of fruit: see quots.). **c** (used as a term of contempt w. ref. to oratory, cf. Gk. κρίθινος).
eam pecuniam ex qua hordeum equis erat conparandum; quae pecunia dicebatur aes ~um GAIUS *Inst.*4.27; ~um aes PAUL.*Fest.*p.102M; (*cf., as sb.*) antiquissimum in cibis hordeum sicut..apparet..gladiatorum cognomine, qui ~i uocabantur PLIN.*Nat.*18.72. **b** ingens..turba prunorum ..~a appellata a comitatu frugis eius PLIN.*Nat.*15.41; ab odore myrapia (nomina habent)..tempore ~a 15.55. **c** ~um eum rhetorem appellat, deridens ut inflatum ac leuem et sordidum SUET.*Rhet.*26(p.123Re).

hordeia ~ae, *f.* [unkn.] A kind of fish.
emito sepiolas, lepadas, lolligunculas, ~as..—immo triticeias, si sapis PL.*Cas.*494.

hordeum ~ī, *n.* Also **ord-.** [cf. Gk. κρῖ, Albanian *drið*] FORMS: *fordeum* cited as archaic in Quint.*Inst.*1.4.14; collect. pl. use censured in Quint.*Inst.*1.5.16.

1 Barley (the plant or the grain obtained from it).
demam hercle iam de ~o, tolutim ni badizas PL.*As.*706; ~um, qui locus nouus erit..serito CATO *Agr.*35.2; ubi ~um demessuit *hist.*57; pro decumis ~i alia pecunia cogitur CIC.*Ver.*3.73; trecenta milia modium tritici, ducenta ~i LIV.22.37.6; tumentis multo saccos ~o PHAED.2.7.3; COL.2.7.1; dracunculus..~o maturescente effoditur PLIN.*Nat.*24.149; TAC.*Ger.*23.1;—(*regarded as inferior to wheat*) non illis ~um cum daretur, non legumina recusabant CAES.*Civ.*3.47.6; cohortibus quae signa amiserant ~um dari iussit LIV.27.13.9; SUET.*Aug.*24.2;—(*pl.*) serite ~a campis VERG.*G.*1.210; ~a..exue de palea tegminibusque suis OV.*Med.*53; PLIN.*Nat.*18.56;—(*w. variety specified*) alterum..genus ~i est, quod alii distichum, Galaticum nonnulli uocant COL.2.9.16; ~i, quod rustici hexastichum, quidam etiam cantherinum appellant 2.9.14; holcus..aristas habet in cacumine tenui culmo, quale ~um restibile PLIN.*Nat.*27.90.

2 A barley-corn.
in..palpebra..tuberculum paruulum nascitur quod a similitudine ~i a Graecis crithe nominatur CELS.7.7.2.

hordicīdia: see FORD-.

hōria (-eia) ~ae, *f.* [dub.] FORMS: *-eia CIL* 6.27790; codd. in PL.*Rud.*910, 1020; *or-* GEL.10.25.5(cj.) A fishing-boat.
pluruma praeda onustum, salute ~ae PL.*Rud.*910; mea opera, labore et rete et ~a? 1020; malo hunc adligari ad ~am, ut semper piscetur *Vid.fr.*13(17).

hōriola ~ae, *f.* Also **ōr-.** [prec.+-OLA] A (small) fishing-boat.
immo ~a aduecti sumus PL.*Trin.*942; GEL.10.25.5.

horior ~ī. [cf. Skt. *háryati*, Gk. χαίρω, OIr. *gor*] To encourage, urge.
prandere iubet ~iturque ENN.*Ann.*432.

horitor: see HORTOR.

horizōn ~ontos, *m.* [Gk. ὁρίζων] The horizon. **b** a line in a diagram of the celestial sphere corresponding to the horizon.
meridianus circulus, qui ~onta rectis angulis secat SEN.*Nat.*5.17.3; ~on appellatur is, qui terminat ea quae perspici aut non uideri possunt HYG.*Astr.*1.4. **b** haec..linea a mathematicis dicitur ~on VITR.9.7.3.

hormīnum ~ī, *n.* Also **~os** ~ī, *m.* **orm-.** [Gk. ὅρμινον, -ος] **a** Clary, *Salvia horminum*. **b** a name given to wild asparagus.
a aestiua (frumenti genera) quae aestate..seruntur, ut milium, panicum, sesama, ~um PLIN.*Nat.*18.49; 18.96; 22.159; (*masc.*) ~os agrios cum polenta contritus 26.94. **b** siluestrem asparagum aliqui Libycum uocant, Attici ~um PLIN.*Nat.*20.110.

hormiscion ~iī, *n.* [Gk.] A precious stone.
~ion inter gratissimas (*sc.* gemmas) aspicitur ex igneo colore radians auro PLIN.*Nat.*37.168.

hormus ~ī, *m.* [Gk. ὅρμος] An anchorage, harbour.
ad ~os confodiendo⟨s⟩ *P.Gen.*1.II.B.3(*CPL* 106).

hornō, *adv.* [HORNVS+-O²] This year.
~ messis magna fuit Pl.*Mos.*159; nunc, praetor, tuus est: meus, si discesserit ~ Gentius Lucil.273; ut scribit Scantius, '~ per Dionysia' Var.*Men.*142.

hornōtinus ~a ~um, *a.* [next+-TINVS] Of this (the current) year's growth or output.
~ae nuces uirides sunt Cato *Agr.*17.2; frumenti ~i Cic. *Ver.*3.45.

hornus ~a ~um, *a.* [perh. < **hōįorinos* (**hō įōrō*,) cf. *hodie*, **hō die*); Goth. *jēr*, Eng. *year*] Grown, born, produced, etc., in this (the current) year.
palea porrectus in ~a Hor.*S.*2.6.88; ~a dulci uina promens dolio *Epod.*2.47; si ture placaris et ~a fruge Lares *Carm.*3.23.3; ~is..agnis Prop.4.3.61; spumabit pateris ~us liquor Petr.133.3,l.16.

hōrologiārius ~a ~um, *a.* [next+-ARIVS] (of a building) Designed for or provided with a sundial or water-clock.
M VLP MVCIANVS..HOROLOGIAR TEMPLVM A SOLO DE SVO EX VOTO FECIT *CIL* 3.1070.

hōrologium ~iī, *n.* [Gk. ὡρολόγιον] An instrument for showing the time (sundial or water-clock).
~IVM MACELVM BASILICAM..FECIT *CIL* 1.1529.7; ut Athenis in ~io, quod fecit Cyrrestes Var.*R.*3.5.17; Cic.*Fam.* 16.18.3; longe aliter distant descriptiones ~iorum locorum mutationibus Vitr.9.1.1; facilius inter philosophos quam inter ~ia conueniet Sen.*Apoc.*2.2; ~ium in triclinio..habet Petr.26.9; princeps solarium ~ium statuisse..L. Papirius Cursor..proditur Plin.*Nat.*7.213; Scipio Nasica..primus aqua diuisit horas..idque ~ium sub tecto dicauit anno urbis DXCV 7.215.

hōroscopō ~āre, *intr.* [Gk. ὡροσκοπέω] (astrol., of a constellation) To be in the ascendant.
iam facile est tibi, quod quandoque ~et astrum, noscere Man.3.296.

hōroscopus¹ **(~os)** ~ī, *m.* [ὡροσκόπος]

1 (astrol.) The eastern horizon (as the part where constellations rise).
tertius (cardo)..qui tenet exortum, qua primum sidera surgunt..hinc inter Graias ~us editur urbes Man.2.829; ortiuo..de cardine..quem bene partitis memorant ~on astris 3.190.

2 The constellation or sign which determines a person's fortune, nativity, horoscope.
qua ratione queas, natalis tempore, nati exprimere inmerso surgentem ~on orbe Man.3.205; geminos, ~e, uaro producis genio Pers.6.18.

?**hōroscopus²** ~a ~um, *a.* [prec.] Designed for showing the time.
uasa..~a (*s.v.l.*) non ubique eadem sunt usui Plin.*Nat.* 2.182.

horrea ~ae, *f.*: see HORREVM.

horreārius ~(i)ī, *m.* [HORREVM+-ARIVS] One who has charge of or manages a warehouse.
GENIO HORREORVM SATVRNINVS ET SVCCESSVS ~I DONVM DEDERVNT *CIL* 6.235; PROTOGENES ~IVS HIPPARCHI VICARIVS 6.6293; 6.33747.12; Ulp.*dig.*9.3.5.3; rerum custodiam, quam ~ius conductoribus praestare deberet, locatorem totorum horreorum ~io praestare non debere puto Labeo *dig.*19.2.60.8.

horrendus ~a ~um, *a.* [gdve. of HORREO] Such as to inspire terror or awe, terrible, fearful. **b** (of persons, esp. divine).
monstrum ~um, informe, ingens Verg.*A.*3.658; clamores ..~os ad sidera tollit 2.222; cum saeuit ~amque cultis diluuiem meditatur agris (Aufidus) Hor.*Carm.*4.14.27; ~a..Syrtis [Tib.]3.4.91; silua erat Ciminia..inuia atque ~a Liv.9.36.1; inter ~os fragores micare ignes 21.58.5; serpens ~a..sibila misit Ov.*Met.*3.38; fuso..~a supinant (*sc.* tigres) ora mero Stat.*Theb.*7.575; clamorem ~um ..resoluit 7.489; caeso..publice homine celebrant barbari ritus ~a primordia Tac.*Ger.*39.2;—(*w. abl. of cause*) Maenala..latebris ~a ferarum Ov.*Met.*1.216; arcu..~a fugaci Armenia Stat.*Silv.*1.4.78;—(*w. sup.*) pallor utrasque fecerat ~as aspectu Hor.*S.*1.8.26; nam (res ~a relatu) uis fera uentorum..extentam tumefecit humum Ov.*Met.* 15.298; (*cf.*) foeda..dictu memoriaque ~a..tempestas Vell.2.100.2;—(*neut. pl. as sb.*) cum multa ~a moneret Verg.*A.*3.712; ob reditum trepidantis adhuc ~aque passi.. amici Juv.12.15;—(*advl. acc.*) belua Lernae ~um stridens Verg.*A.*6.288; ~um..intonat armis 12.700; sonuit (*sc.* Sphinx) ~um insuper Sen.*Oed.*98;—(*parenth.*) iuuenem saeuis, ~um, concitus armis inuadit globus Sil.11.231. **b** ~ae..procul secreta Sibyllae Verg.*A.*6.10; terras ~a petiuit (*sc. Juno*) 7.323; oculos ~a in uirgine fixus 11.507.

horrens ~ntis, *a. compar.* ~ntior. [pple. of next] (in senses of vb., also) Dreadful, awful.
sed illud ~ntius, quod..humanum repertum est caput Flor.*Epit.*1.1(1.7.9).

horreō ~ēre ~uī, *intr.*, *tr.* [cf. Skt. *hārṣaṭē*, *hṛ́ṣyati*]

1 (of weapons, hair, or other projections) To be stiffly erect, stand up, bristle. **b** to be stiff, rigid (with cold).
~entia tela uirorum Enn.*Ann.*285; in corpore pili, ut arista in spica hordei, ~ent Var.*L.*6.45; ~entibus hastis Verg.*A.*10.178; et saetae similes rigidis hastilibus ~ent Ov.*Met.*8.285; ~uerunt..comae *Fast.* 2.502; ~ebit (capillus) in leonum ceruice formonsior Sen.*Ep.*124.22; saeptum..~entibus armis Stat.*Theb.*2.385;—(*from fear*) saepe ~ere sacros doluit Latona capillos Tib.2.3.23; tunc ~ere comae sanguisque in corda gelari Stat.*Theb.*2.544. **b** immota..silua comanti ~et acerna iugo V.Fl.3.403; tertius ~entem Zephyris laxauerat annum Phoebus Stat. *Theb.*4.1; ~ente sub Arcto 4.384.

2 To be covered with protruding points or sim., bristle.
sparsis hastis longis campus splendet et ~et Enn.*var.*14; mare cum ~eret fluctibus Acc.*trag.*413; ~ens Arcadius sus Lucr.5.25; ut..segnis..~eret in aruis carduus Verg.*G.* 1.151; campum ~entem fractis inuertere glaebis 3.161; ~ere uidens iam colla colubris *A.*6.419; Romuleo..recens ~ebat regia culmo 8.654; ~entia pilis agmina Hor.*S.*2.1.13; ~et capillis ut marinus asperis echinus aut currens aper *Epod.* 5.27; intentis ~entis hastis (phalangis) Liv.44.41.6; uigil squamis crepitantibus ~ens Ov.*Ep.*12.101; ~ens..saetis uellus *Fast.*5.395; per ~entes rubos Sen.*Phoen.*20; inanem impexis..iubis ~ere leonem Stat.*Theb.*1.484; ni deus ~entem (*sc.* Cerberum)..tergemino domuisset lumina somno 2.30; pubes ~ebat telis Sil.8.570; (*poet.*) classibus.. ~ens fretum Sen.*Ag.*221.

3 To have a rough, unkempt, unsightly, or sim. appearance. **b** to have a dreadful, gloomy, etc., aspect or character.
latus ~eat flagello Maec.*poet.*6(5); tristia per uacuos ~ent absinthia campos Ov.*Pont.*3.1.23; habitus ~ens Sen. *Phaed.*916; siluis ~entia saxa fragosis Ov.*Met.*4.778; locorum ~entium squalore Sen.*Dial.*9.2.13; hos. Algidus..~ens aut Tuscula protegit umbra Stat.*Silv.*4.4.16. **b** ~enti ..atrum nemus imminet umbra Verg.*A.*1.165; ~ebant saeuis omnia uerba minis Ov.*Rem.*664; nec fera tempestas toto tamen ~et in anno *Fast.*1.495; non perpetuae hiemis saeuitia, non hominum ingenia ad similitudinem caeli sui ~entia..obstiterunt Sen.*Dial.*12.7.1; sunt quaedam loca, quae..frigoribus hiemis intolerabiliter ~ent Col. 1.4.9; ~uit..famulum clamore supremo maesta domus V.Fl.1.752; ~uit imbre dies 2.52; litora..poenis ~entia Phinei 4.425; semper locus ~et egenis coetibus Stat.*Theb.* 12.495; tergis ferarum et ingentibus telis ~entes Tac.*Hist.* 2.88.

4 To shudder, shiver (esp. with cold). **b** to shudder, tremble (with fear or sim.). **c** (fig.) to be affected with dread.
dominae, quamuis ~ebis et ipse, algenti manus est calfacienda manu Ov.*Ars* 2.213; Arctois si quis de solibus ~et Stat.*Theb.*1.685; ~enti tunicam non reddere seruo Juv.1.93;—(*poet.*) ~uit algenti pergula curua foco Prop. 4.5.70;—primi percussus nube soporis ~uit (*sc.* draco) et dulces excussit..somnos V.Fl.8.82. **b** iam ~et corpus, cor salit Pl.*Cist.*551; totus..tremo ~eoque, postquam aspexi hanc Ter.*Eu.*84; corpus, ut inpulsae segetes aquilonibus, ~et Ov.*Ep.*10.139; ~ueram tacitoque animum pallore fatebar *Fast.*6.19; ~uit irarum stimulis Stat.*Theb.* 10.75; aut unam dare synthesin (quid ~es?) alborum calicum *Silv.*4.9.44; (*w. acc. of part affected*) quis non totos ~uit artus? Sen.*Med.*353;—(*poet.*) ~et ager, trepidaeque exspectant proelia ualles Stat.*Theb.*11.256; at illis ~uerant lacrimae 12.167. **c** quae..cum a te tractantur in causis, ~ere soleo Cic.*de Orat.*2.188; non ~eret animo cum diuinum numen scelere uiolatum placare precibus cogeretur *Dom.*140; subito me turbine mundi (~et adhuc animus) mediis e milibus hausit nox tua Stat.*Theb.*8.108; ~et animus tanti flagitii imagine Tac.*Hist.*4.58; scilicet ~eres maioraque monstra putares Juv.2.122.

5 (tr.) To shudder or tremble at. **b** (w. obj. cls., etc.).
minas quas ante ~ebamus neglegere coepimus Cic. *Quinct.*92; hunc quaesitorem ac iudicem fugiebant atque ~ebant *S.Rosc.*85; primas eius actiones ~eo *Att.*9.15.2; ita crudeles ut ipsam uictoriam ~erem *Fam.*7.3.2; quod.. absentis..Ariouisti crudelitatem..~erent Caes.*Gal.*1.32.4; numquam custodibus illis nocturnum stabulis furem.. ~ebis Verg.*G.*3.408; nec mortem ~emus *A.*10.880; ut non testis inultus ~uerim uoces Furiarum..duarum Hor.*S.* 1.8.45; neque ~et iratum mare *Epod.*2.6; nutum diuitis ~et *Ep.*1.18.11; ut regium nomen..~erent Liv.2.9.7; uelut fatalem eum ducem in exitium suum natum ~ebant 30.28.11; Hannibal..Flaminini..aduentum uelut fatalem sibi ~uerat 39.51.4; ~ent Aeneadas et primus et ultimus orbis Ov.*Fast.*1.717; ~ent admotas uulnera cruda manus *Pont.*1.3.16; cruditatem maxime ~ebant Cels.3.4.2; qui mente concepit (aeternitatem), nullos ~et exercitus Sen. *Ep.*102.29; te, quem Romana regentem ~uit auditu Luc. 8.342; Peliden Thetis ~uit cadentem Stat.*Silv.*2.7.97; non tamen ita nomen ipsum accusatoris ~ebit Quint.*Inst.* 12.7.1; ~ere incendia Juv.3.7. **b** (*w. inf.*) quod..sacrificium..nemo uir aspicere non ~uit Cic.*Har.*37; quamquam animus meminisse ~et luctuque refugit Verg.*A.*2.12; si..forte..manus..uestras non ~ebitis admouere nobis Catul.14ᵇ.3; quando ipsum ~ebat adire Verg.*A.*11.636; alterum responsum salutem..alterum—ominari ~eo quae ferat Liv.7.30.23; ut neque in hos meos..milites ⟨sim⟩ mitior quam in uos—~eo dicere—hostes 7.40.9; nec petere offensi numinis ~et opem Ov.*Pont.*2.2.28;—(*w. acc. and inf.*) non tam quia imminui agrum quam quia accolas sibi quisque adiungere..~ebat Liv.10.10.11;—(*w. indir. qu.*) quem ad modum accepturi..sitis, ~eo Cic.*Phil.*7.8; ut quorsus eruptura sit (*sc.* dominatio) ~eamus *Att.*2.21.1;—(*w.* ne) ne quid mihi prorogetur..~eo 5.21.3; ~et animus, ne quid inconsulte ac temere fiat Liv.2.37.6.

6 To regard (gods, etc.) with awe or dread.
P. Clodius uestra sacra curat, uestrum numen ~et Cic. *Dom.*104; quis enim potest..non et dies et noctes diuinum numen ~ere..? *Luc.*121; hinc foederum..testes deos, hinc iuris iurandi..exsecrationes ~ens Liv.10.39.17.

horreolum ~ī, *n.* [HORREVM+-OLVM] A small storehouse.
magis se probare..usus necessarii ~um..quam thesauros V.Max.7.1.2.

horrescō ~ere, *intr.*, *tr.* [HORREO+-SCO] (for pf. see HORREO).

1 (of points, projections, etc.) To stand up stiffly, bristle. **b** to bristle (with points, projections, etc.).
arma arrigunt, ~unt tela Enn.*scen.*140; stetere uittae, mollis ~it coma Sen.*Ag.*712. **b** ~it telis exercitus asper utrimque Enn.*Ann.*393; ~it strictis seges ensibus Verg.*A.* 7.526; bracchia coeperunt nigris ~ere uillis Ov.*Met.*2.478.

2 (of a storm) To begin to rage, grow rough.
heu quaenam subitis ~it turbida nimbis tempestas! Sil. 1.134.

3 To become agitated, shudder. **b** to shake with fear, shudder, tremble.
cum subito mare coepit ~ere Cic.*Rep.*1.63; tum segetes altae campique natantes lenibus ~unt flabris Verg.*G.*3.199; iamque recessurae paulatim ~ere terrae..grauiorque efferuere puluis coeperat Stat.*Theb.*7.794. **b** ~et faxo lena Pl.*As.*749; ~o misera, mentio quotiens fit partionis *Truc.*195; ~o semper ubi pultare hasce occipio miser Ter. *Ad.*633; Lucr.6.261; ~o referens Verg.*A.*2.204; miseris, heu, praescia longe ~unt corda agricolis 12.453; uti.. hostes ~erent timore Vitr.1.1.6; ~it..tuens Stat.*Theb.* 7.41; malum..quo numina terrificantur fluminaque ~unt Apul.*Met.*4.32.

4 (tr.) To shudder or tremble at.
nec tu mensarum morsus ~e futuros Verg.*A.*3.394; dum procellas cautus ~is Hor.*Carm.*2.10.3; nullum mente nefas, nullos ~ere uisus V.Fl.6.453; pectora..extremam nihil ~entia mortem Stat.*Theb.*3.70; cuius totae prouinciae nomen ~unt Apul.*Met.*7.5.

horreum ~ī, *n.* Also **~a** ~ae, *f.* [unkn.] GENDER: fem. Calid.*orat.*7 (acc. Non.p.208M)

1 A storehouse for grain, barn, granary. **b** (applied to a town where grain is stored; also, to a corn-producing region).
nunc argumentum uobis demensum dabo, non modio neque trimodio, uerum ipso ~o Pl.*Men.*15; neque in segetibus neque in areis neque in ~is Cic.*Ver.*3.20; Caes.*Civ.* 3.42.3; illius immensae ruperunt ~a messes Verg.*G.*1.49; si proprio condidit ~o quidquid de Libycis uerritur areis Hor.*Carm.*1.1.9; distendet spicis ~a plena Ceres Tib.2.5.84; Vitr.6.6.5; ~a publica Liv.24.21.11; ~a formicae tendunt ad inania numquam Ov.*Tr.*1.9.9; Luc.3.67; Plin.*Nat.* 18.298; leuauit..apertis ~is pretia frugum Tac.*Ann.*2.59; —(*transf.*) saepe exiguus mus sub terris posuitque domos atque ~a fecit Verg.*G.*1.182; quam multae..terrena sub ~a ferre..formicae grana..solent Ov.*Tr.*5.6.39. **b** Capuam receptaculum aratorum..cellam atque ~um Campani agri esse Cic.*Agr.*2.89; urbem pulcherrimam..~um atque aerarium quondam populi Romani (*i.e. Syracuse*) Liv. 26.32.3; 26.43.8;—subsidium annonae, ~um belli (*sc.* agrum Campanum Cic.*Agr.*1.21; fundamentum uectigalium ~um legionum 2.80; uberrimus ager..ad uarietates annonae ~um populi Romani fore uidebatur Liv.7.31.1.

2 A room or building for storing other commodities, etc.
parcis deripere ~o cessantem Bibuli consulis amphoram Hor.*Carm.*3.28.7; nardi paruus onyx eliciet cadum, qui nunc Sulpiciis accubat ~is 4.12.18; quoscumque (libros) habeo, mittere paratus sum et totum ~um excutere Sen. *Ep.*45.2; ~um quo conferatur omne rusticum instrumentum Col.1.6.7; apotheca et ~um Plin.*Ep.*2.17.13; ~um uinarium Scaev.*dig.*33.7.7; si quis merces..in ~o posuit Ulp.*dig.*10.4.5.

horribilis ~is ~e, *a. compar.* ~ior. [HORREO+-BILIS]

1 Inspiring fear or horror, terrifying, dreadful. **b** monstrous.
o uim toruam aspecti atque ~em! Acc.*trag.*80ᵃ; stragem ~em caedemque uereri Cic.*Cons.*fr.2.53; ~e est causam capitis dicere, ~ius priore loco dicere *Quinct.*95; hunc locum..quem illi ~em A. Cluentio..fore putauerunt *Clu.*7; strepitus quidam reconditus et ~is fremitus armorum *Har.* 20; barbara..~i stridebat tibia cantu Catul.64.264; ~i super aspectu mortalibus instans (*sc.* religio) Lucr.1.65; omnibus eius iugi collibus occupatis..~em speciem praebebat Caes.*Gal.*7.36.2; spectaculum ~e Sal.*Jug.*101.11; ~is exercuit iras Verg.*G.*3.152; ~i..Medo nectis catenas Hor.*Carm.*1.29.4; spiritus..magis quam ut progredi quisquam ausit ~e Mela 1.74; si quid excessit feras immane dirum ~e Sen.*Her.O.*261;—(*w. sup.*) quam truces fuerint.. ~e dictu est Flor.*Epit.*2.26(4.12.13). **b** ~is oratio; sed eam usus, uita..respuit Cic.*Mur.*74; sed hoc τέρας ~i uigilantia, celeritate, diligentia est *Att.*8.9.4; L. Antoni ~is contio, Dolabellae praeclara 14.20.2; di magni, ~em et sacrum libellum! Catul.14.12.

2 Rough, uncouth.
sunt chartae mihi..quas ~es legant Sabinae Mart.11. 15.2.

horribiliter, *adv.* [prec.+-TER²] (colloq.) Terribly well.
~ scripsisti hanc orationem Aur.*Fro.*1 p.130(29 N).

horricomis ~is ~e, *a.* [HORREO+COMA+-IS] Shaggy-haired, shaggy.
canes..uenaticos auritos illos et ~es Apul.*Met.*4.19; grandem hircum annosum et ~em 7.11.

horridē, *adv. compar.* ~ius. [HORRIDVS+-E]

1 Roughly, crudely, without polish.
uixit..semper inculte atque ~e, natura tristi ac recondita fuit Cic.*Quint.*59;—(*of speaking, writing*) qui ~e inculteque dicat *Orat.*28; isdem ornamentis utetur ~ius 86; qui ~e atque incomposite quidibet illud frigidum..extulerunt, antiquis se pares credunt Quint.*Inst.*10.2.17.

2 Harshly, severely.
manipulatim adlocuti sunt Licinius Proculus et Plotius Firmus praefecti, ex suo quisque ingenio mitius aut ~ius Tac.*Hist.*1.82.

horridulus ~a ~um, *a.* [next+-VLVS]

1 Upstanding, protruding.
papillarum ~arum oppressiunculae PL.*Ps.*68.

2 Unkempt, untidy, frowzy.
quos diuitiae producunt et caput ungunt ~um LUCIL.524; praesta de grege sordidaque uilla tonsos, ~os..hircosi mihi filios subulci MART.10.98.9.

3 Shivering with cold.
scis comitem ~um trita donare lacerna PERS. 1.54.

4 (of writings) Rather uncouth, not very polished.
orationes illae ipsae ~ae Catonis CIC.*Orat.*152; quamquam tua illa..~a mihi atque incompta uisa sunt *Att.*2.1.1.

horridus ~a ~um, *a.* *compar.* ~ior. [HORREO+-IDVS]

1 Having a rough, bristly, prickly, etc., surface. **b** (of hair, etc.) bristling, rough. **c** (of the sea) rough, choppy. **d** harsh or rough to the senses.
si..aliae pecudis iecur nitidum atque plenum est, aliae ~um et exile CIC.*Div.*2.30; arbutus ~a VERG.*G.*2.69; Acestes, ~us in iaculis et pelle..ursae *A.*5.37; cum..iumenta proxime ignem stabulantur, ~a fiunt VITR.6.6.4; neque uetustatibus fiunt ~a (*sc.* tectoria) 7.3.8; riget ~a ceruix OV.*Met.*8.284; ille morbus..qui ~as contractasque (*sc.* apes) carpit COL.9.13.7; duo eius (*sc.* stimi) genera..~ior est mas PLIN.*Nat.*33.101; frutices ~os APUL.*Met.*8.21; (*cf.*) tam multa in tectis crepitans salit ~a grando VERG.*G.* 1.449;—(*w. abl.*) densis hastilibus ~a myrtus *A.*3.23; folia..angulis ~a PLIN.*Nat.*19.82. **b** coma prolixa impexa..atque ~a PAC.*trag.*20[b]; non hac barbula qua ista delectatur sed illa ~a quam in statuis antiquis..uidemus CIC.*Cael.*33; minores (apes) quidem sed aeque rutundas..~ique pili COL.9.3.1; et coma uipereis substringitur ~a sertis LUC. 6.656; cirrata loris ~is Scythae pellis MART.10.62.8; caudae ..setas incuria lauacri congestas et ~as APUL.*Met.*6.28. **c** quo motu tellus atque ~a contremuerunt aequora CATUL. 64.205; ~a callidi uincunt aequora nauitae HOR.*Carm.* 3.24.40; STAT.*Silv.*3.3.160; praeter periculum ~i et ignoti maris TAC.*Ger.*2.2. **d** haec..si tangatur lingua, saporem ~um (praestat) PLIN.*Nat.*34.129; tristes et ~ae (*sc.* litterae), quibus Graecia caret QUINT.*Inst.*12.10.28.

2 (of countries, terrain) Rough, wild, rugged.
Africa terribili tremit ~a terra tumultu ENN.*Ann.*310; ~am..Thraciam CATUL.4.8; cum..Poenus..per ~as siluas hibernaturus esset LIV.22.16.4; OV.*Pont.*1.3.84; tam ~i montes SEN.*Suas.*1.2; ne siluae quidem ~iorque naturae facies medicinis carent PLIN.*Nat.*24.1; ~a Dirces pascua STAT.*Theb.*2.433; (*cf. sense 3*) ~a uitanda est Hispania JUV. 8.116; (*w. abl.*) terra..aut siluis ~a aut paludibus foeda TAC.*Ger.*5.1; (*neut. pl. as sb.*) qui argumenta uelut ~a et confragosa uitantes amoenioribus locis desident QUINT.*Inst.* 5.8.1;—(*from neglect*) Aetnensis..ager, qui solebat esse cultissimus..sic erat deformis atque ~us CIC.*Ver.*3.47; omnia discessu meo deserta, ~a, muta, plena luctus et maeroris fuerunt *Sest.*128.

3 Rough or uncouth in appearance or dress, unkempt, dishevelled.
huncine hominem te amplexari tam ~um ac tam squalidum? PL.*Truc.*933; corpore inculto et ~o CIC.*Agr.*2.13; docti..a ducibus erant ~um militem esse debere LIV. 9.40.4; C. Marius..hirtus atque ~us uitaque sanctus VELL. 2.11.1; ante signa pedes ire, ~us, incomptus TAC.*Hist.*2.11; ~ior glandem ructante marito JUV.6.10; (*cf.*) qui nunc iacet ~a puluis PROP.2.13.35; (*w. abl.*) nam duo sunt genera (*sc. of queen bees*)..ille ~us alter desidia VERG.*G.*4.93;—(*from grief*) capillu' passu', nudu' pes, ipsa ~a TER.*Ph.*106; quamuis erat ~a cultu OV.*Am.*3.6.47; si magna Asturici cecidit domus, ~a mater, pullati proceres JUV.3.212;—(*of clothes*) dura atque ~a ueste SEN.*Ep.*18.5; anus alia pannis ~is obsita APUL.*Met.*3.8.

4 Rough in manner, rude, uncouth. **b** (of speech, writing; also of speakers or authors). **c** (of works of art).
spernitur orator bonus, ~us miles amatur ENN.*Ann.*269; sibi..uitam..semper ~am atque aridam cordi fuisse CIC. *Quinct.*93; in hac ~a incultaque uita istius modi maleficia gigni non solere *S.Rosc.*75; multa..⟨res⟩ subita et paupertas ~a suasit LUCR.6.1282; Lycoris..alium per..~a castra secuta est VERG.*Ecl.*10.23; ~ae uirtutis V.MAX.2.2.5; sunt..Bactriani inter illas gentes promptissimi ~is ingeniis CURT.4.6.3; sic ~a pectora tractat nequiquam mulcens STAT.*Ach.*1.274; apud ~as gentis TAC.*Ann.*1.17. **b** non ualde nitens, non plane ~a oratio CIC.*Brut.*238; sic ~us ille defluxit numerus Saturnius HOR.*Ep.*2.1.157; prisco illo dicendi et ~o modo LIV.2.32.8; uerbis..~ioribus abstinendum SEN.*Con.*7.4.6; quidam illam (*sc.* compositionem) uolunt esse ex ~o comptum SEN.*Ep.*100.6; illum ~um sermonem, ut forte fluxerit QUINT.*Inst.*9.4.3;—multo..uetustior et ~ior ille (*sc.* Laelius) quam Scipio CIC.*Brut.*83; fient..~i atque ieiuni QUINT.*Inst.*2.5.21; (*w. abl.*) truces corpore, ~i sermone TAC.*Hist.*2.74. **c** (*neut. as sb.*) cum..in antiquis tabulis illo ipso ~o obsoletoque teneamur CIC.*de Orat.*3.98; in picturis alios ~a inculta, abdita et opaca, contra alios nitida laeta conlustrata delectant *Orat.*36.

5 Harsh, grim, severe.
~iores euadunt (Stoici), asperiores, duriores et oratione et moribus CIC.*Fin.*4.78; non ille..te negleget ~us HOR. *Carm.*3.21.10; multis..~a et atrox uidebatur Appi sententia LIV.2.30.1; Tarentinis quid ex Spartana dura illa et ~a disciplina mansit? 38.17.12; quo ~iorem patrem habuit V.MAX.5.4.3; quibusdam nimis ~i animi uidetur et tetrici SEN.*Ep.*36.3; TAC.*Ann.*4.7; uir est emendatus et grauis, paulo etiam ~ior et durior PLIN.*Ep.*3.3.5.

6 Causing horror, dreadful, horrible. **b** (of war and things connected with it).
cum nihil ~ius umquam lex ulla iuberet ENN.*Ann.*170; se..uitro inficiunt..atque hoc ~iores sunt in pugna aspectu CAES.*Gal.*5.14.3; ~a iussa VERG.*A.*4.378; ~a tempestas caelum contraxit HOR.*Epod.*13.1; negotium nomine ~um..mores in suo statu continuit V.MAX.7.2.1; dixisse..uisu et auditu ~a SEN.*Oed.*223; aquarum..~os fontes *Nat.*5.15.4; haec ab ~is sideribus exeunt PLIN.*Nat.*18.278; tantum sitis ~a torret STAT.*Theb.*4.725; saeui..uox ~a Sullae *Silv.* 4.6.107;—(*w. inf.*) immensam animalium turbam, ~am aspici SEN.*Nat.*3.19.1; ~a cerni..maculato attingere morsu LUC.3.347. **b** si minus offendit uitam uis ~a teli..intus adacta LUCR.3.170; bella, ~a bella VERG.*A.*6.86; eadem ~a belli fata 11.96; ad ~a promptior arma OV.*Met.* 1.126; illos..~a suspensis ad proelia misit aratris STAT. *Theb.*12.628; cum clipeis nascuntur et ~a bella capessunt continuo JUV.14.242.

7 Shivering with cold. **b** shaking with fear or disease, quaking, trembling.
si premerem uentosas ~us Alpes OV.*Am.*2.16.19; senilis hiems tremulo uenit ~a passu *Met.*15.212; ~us ut primo semper te mane salutem MART.3.36.3;—(*transf., of weather*) ~a Sarmaticum cur mare duret hiems OV.*Pont.*4.10.38; (auster) rigore uicini septentrionis ~ior TAC.*Ann.*2.23. **b** omnia cum belli trepido concussa tumultu ~a contremuere LUCR.3.835; ~us Morbi tremor SEN.*Oed.*1059; illa (*i.e. the mother-bird*)..stupet impendens aduectosque ~a maesto excutit ore cibos STAT.*Theb.*5.602.

horrifer ~era ~erum, *a.* [HORREO+-FER] FORMS: ~*erum* (gen. pl.) PAC.*trag.*82.

1 Frightening, dreadful.
prodigium ~erum, portentum pauos PAC.*trag.*82; Tartarus ~eros eructans faucibus aestus LUCR.3.1012; genus ~erum..ferarum 5.218; ~eris accibant uocibus Orcum 5. 996; aegida..~eram VERG.*A.*8.435; ~eram..Erinyn OV. *Met.*1.725.

2 Causing or bringing cold, freezing, chilling.
~er aquiloni' stridor ACC.*trag.*566; ~erum contra Boorean ouis arma ministret OV.*Met.*15.471; licet..~era celsi regna transieris poli SEN.*Phaed.*934; ~eram..niuem V.FL. 5.306; quem te ~ero sortitus in axe Caucasus (sit) 5.517.

horrificābilis ~is ~e, *a.* [HORRIFICO+-BILIS] Causing horror, frightful.
etsi opertus squalitate est luctuque ~i ACC.*trag.*617.

horrificē, *adv.* [HORRIFICVS+-E] In an awe-inspiring or frightening manner.
per..terras ~ fertur diuinae matris imago LUCR.2.609; simulacra..luce carentum, quae nos ~ languentis saepe sopore excierunt 4.36.

horrificō ~āre ~āuī, *tr.* [as next+-O[3]]

1 To ruffle the surface of.
flatu placidum mare matutino ~ans Zephyrus CATUL. 64.270.

2 To frighten, terrify.
multa..uatum praedicta priorum terribili monitu ~ant (*sc.* Didonem) VERG.*A.*4.465.

3 To make terrible (in appearance).
ore ferarum et rictu ~ant galeas SIL.3.389; si quidem carcer catenae, fuga exilium ~auerant dignitatem FLOR. *Epit.*2.9(3.21.10).

horrificus ~a ~um, *a.* [HORREO+-FICVS]

1 Inspiring awe or horror, dreadful, frightening.
~o cinefactum..busto LUCR.3.906; at subitae ~o lapsu de montibus adsunt Harpyiae VERG.*A.*3.225; ~is..tonat Aetna ruinis 3.571; si quando letum ~um..deum rex molitur 12.851; ~i..fulminis V.FL.2.97; ~is lymphare incursibus urbes STAT.*Theb.*7.113; ritu ~os ac more ferarum uiuentes rapto populos SIL.2.501; PERFIDVS INFELIX ~VSQVE DIES *CIL* 10.2483.

2 Rough, shaggy.
ille nec ~am sancto dimouit ab ore caesariem LUC.2.372.

horripilō ~āre, *intr.* [HORREO+PILO[3]] To become bristly or hairy.
aures inmodicis ~ant auctibus APUL.*Met.*3.24.

horrisonus ~a ~um, *a.* [HORREO+SONO+-VS] Making a dreadful or frightening noise.
~o freto CIC.*Tusc.*2.23 (transl. Aeschylus); ~o stridentes cardine sacrae panduntur portae VERG.*A.*6.573; cum mare possidet Auster flatibus ~is LUC.2.455; ~ae..buxo V.FL. 2.583; ipsum ~i quatit ira flagelli 7.149;—(*of sounds*) ~o.. fragore LUCR.5.109; clamorem excipiunt..fremituque sequuntur ~o VERG.*A.*9.55; ~is ululatibus SIL.4.278.

horror ~ōris, *m.* [HORREO+-OR]

1 The action or quality (in hair) of rising or standing stiffly, bristling. **b** the ruffling (of the surface of water).
nullo..~ore comarum excussae laurus LUC.5.154; non ullo ~ore comarum terribilis V.FL.1.229; simplex..~ore decoro crinis STAT.*Silv.*2.6.43; capillos a fronte..retro agere ut sit ~or ille terribilis QUINT.*Inst.*11.3.160; ardorem luminum, ~orem capillorum [QUINT.]*Decl.*3.7. **b** pontus ..non ~ore tremit, non solis imagine uibrat LUC.5.446; niger inficit ~or terga maris 5.564; occidit ~or aequoris STAT.*Silv.*5.4.5.

2 Stiffness, rigidity (arising from cold, etc.).
ualidi ferri natura et frigidus ~or LUCR.6.1011; subito ~ore artus rigere coeperunt CURT.3.5.3; miti..~ore quieuit (humus) PETR.123,l.186.

3 Roughness or uncouthness of appearance; (also transf., of literary style). **b** discordant sound.
cui rusticus ~or in armis STAT.*Theb.*11.32; nullus ~or in cultu, nulla tristitia PLIN.*Ep.*1.10.6; capillus..~ore implexus atque impeditus APUL.*Apol.*4;—ueterem illum ~orem dicendi QUINT.*Inst.*8.5.34. **b** serrae stridentis acerbum ~orem LUCR.2.411; clarescunt sonitus armorumque ingruit ~or VERG.*A.*2.301; nec tota classicus ~or nocte dieque gemit *Laus Pis.*141.

4 Grimness, severity (of manner).
nec frons triste rigens nimiusque in moribus ~or STAT. *Silv.*5.1.64.

5 Shivering, trembling (resulting from cold or other physical causes). **b** trembling (from fear, apprehension, etc.).
tremulus maestis orietur fletibus ~or PROP.1.5.15; (frigus) summam cutem facit pallidam, aridam, duram, nigram; ex hoc ~ores tremoresque nascuntur CELS.1.9.4; nocturnum frigus..~ore corpora adfecit CURT.8.10.7; quos externa causa in ~orem agit SEN.*Nat.*6.24.4;—(*from illness*) quoniam iam sine ~ore est, spero esse ut uolumus CIC.*Att.* 12.6.4; incipiunt (*sc.* quartanae) fere ab ~ore CELS.3.3.1; nonnumquam manus quoque dextra torquetur, ~or calidus est 4.15.1; aliarum (febrium) cum ~ore et multa membrorum quassatione uenientium SEN.*Ep.*95.17; ~ores frigidos PLIN.*Nat.*20.136; ~ores febrem praecedentes LARG.95. **b** mihi ~or membra misero percipit dictis tuis PL.*Am.*1118; frigida multa comes formidinis aura quae ciet ~orem membris et concitat artus LUCR.3.291; perculit ~or membra ducis LUC.1.193; ecce repens superis animum lymphantibus ~or Thiodamanta subit STAT.*Theb.*10.160; (*poet.*) galeae.. tremunt ~ore comarum 8.389.

6 Dread, horror, consternation. **b** fear of the supernatural, awe, dread.
iam ea res me ~ore adficit PL.*Am.*1068; di immortales, qui me ~or perfudit! CIC.*Att.*8.6.3; me tum primum saeuus circumstetit ~or VERG.*A.*2.559; ~or ingens spectantes perstringit LIV.1.25.4; praesentis periculi species omnium simul corda animosque ~ore perstrinxerat CURT.5.9.1; in uiscera saeuus ~or iit STAT.*Theb.*5.239; iam non ira subit, sed leti nuntius ~or 9.863; ~or animum subit quotiens recordor feralem introitum TAC.*Hist.*1.37; impietatis reum postulat. ~or omnium PLIN.*Ep.*7.33.8; (*pl.*) insanis lymphatam ~oribus urbem STAT.*Theb.*10.557;—(*personified*) tum torua Erinys sonuit et caecus Furor ~orque SEN.*Oed.* 591. **b** unde etiam nunc est mortalibus insitus ~or qui delubra deum noua toto suscitat orbi terrarum LUCR. 5.1165; silere omnia haut alio quam solitudinum ~ore PLIN.*Nat.*5.7; hic numinis ingens ~or V.FL.2.433; uacuus ..silentia seruat ~or STAT.*Theb.*4.424; non sine quodam sacrilegii metu et ~ore FLOR.*Epit.*1.33(2.17.12);—(*cf.*) his ibi me rebus quaedam diuina uoluptas percipit atque ~or LUCR.3.29; laetus..per artus ~or iit STAT.*Theb.*1.494.

7 A quality or condition inspiring horror; a source or cause of horror. **b** a thing which brings terror; a person, etc., causing terror to a particular place.
diri tum plena ~oris imago LUC.3.9; STAT.*Theb.*3.75; abiit ~orque uigorque ex oculis 10.641; medio noctis ~ore stricto mucrone prosiluit [QUINT.]*Decl.*7.3;—quod spectare facientes in eadem harena feras quoque ~or est PLIN.*Nat.* 28.4; at patulas saltu transmittere fossas ~or equis STAT. *Theb.*10.522. **b** ubi multifidus ruptis e nubibus ~or (*i.e. lightning*) effugit V.FL.4.661; patrias saeuus uenit ~or ad aures fata domus..ferens 8.134;—Scipiadas, belli fulmen, Carthaginis ~or LUCR.3.1034; Acron..Roma, tuis quondam finibus ~or erat PROP.4.10.10; SEN.*Ep.*86.5; orbis Hiberi ~or LUC.5.343; nemoris sacer ~or Achaei, terrigena ..serpens STAT.*Theb.*5.505.

horsum, *adv.* [*ho*-(HIC)+VORSVM] Hither.
quam mox ~ ad stabulum..recipiat se PL.*Mil.*304; ~ se capessit *Rud.*172; noctu te adiget ~ insomnia TER. *Eu.*219; *Hec.*450.

hortāmen ~inis, *n.* [HORTOR+-MEN] An encouragement, exhortation; an incentive, spur.
non est ~ine longo..utendum OV.*Met.*1.277; LUC.7.736; cornipedes nullo..truces ~ine parent STAT.*Theb.*8.157; cibos..et ~ina pugnantibus gestant (*sc.* feminae) TAC. *Ger.*7.4;—ibi auditur P. Deci euentus, ingens ~en ad omnia pro re publica audenda LIV.10.29.5; prisca suorum facta canunt ueterumque uiris ~ina laudes V.FL.6.94.

hortāmentum ~ī, *n.* [HORTOR+-MENTVM] = prec.
illum..spero immutari potis blandimentis, ~is PL.*Truc.* 318; minas..decem..quas ~is esse nunc duco datas TER. *Hau.*836; ea cuncta Romanis..magno..~o erant SAL.*Jug.* 98.7; aspera quisque ~a sibi referat SIL.5.154;—magna etiam absentibus ~a animi LIV.7.11.6; matrem suam sororesque..consistere a tergo iubet, ~a uictoriae TAC. *Hist.*4.18; (ea epistula) curae diligentiaeque in liberorum disciplinas ~um est GEL.9.3.4.

hortātiō ~ōnis, *f.* [HORTOR+-TIO] The action of encouraging, exhortation.
~o non est necessaria CIC.*Fam.*9.14.7; nec adhibetur ulla sine anapaestis pedibus ~o *Tusc.*2.37; *B.Alex.*10.5; clamor permixtus ~one laetitia gemitu SAL.*Jug.*60.2; Poris quidem ad ~onem remigum..intentus erat LIV. 40.4.12; FRON.*Str.*1.12.1; (*w.* ad) aderat..eorum ~o..ad requiescendum et uitae suae consulendum CIC.*Phil.*9.6; (*w.* ne) triumphus et stipendium et omnibus decretis ~o ne eius pudeat concupiscere fortunam BRUT.*ad Brut.*1.17.2;—(*written*) interponuntur..contiones et ~ones CIC.*Orat.*66.

hortātor ~ōris, *m.* [HORTOR+-TOR] One who rouses to action, an inciter, encourager. **b** (in special contexts). **c** (app.) one whose function was to urge on horses in a chariot-race by various visual or auditory means.
non enim supplex ut ad iudicem uenit orator, sed ~or atque actor CIC.*Part.*97; accessit consul ~or *Phil.*12.2; tu bonus ~or, tu duxque comesque fuisti OV.*Pont.*4.12.23; adiuuat etiam currentem ~or SEN.*Ep.*109.6; rapuerunt uincula uentis ~or postquam..impulit Oenides V.FL.4.32; —(*w. gen. indicating action*) quorum consiliorum Caesari me auctorem et ~orem..esse CIC.*Phil.*3.19; permultos ~ores esse caedis *Att.*10.4.8; ~or scelerum Aeolides VERG.*A.* 6.529; OV.*Met.*13.45; ~ores insaniae SEN.*Ep.*94.69; ~or

scrutandi..euentus Luc.9.549; (*of a place*) mihi certe εὐδαίμων hic magis quam studiorum ~or uidetur esse secessus Quint.*Inst.*10.3.23;—(*w.* ad) adiutores auctores ~oresque ad me restituendum..multi fuerunt Cic.*Red. Pop.*9. **b** (*in battle*) in eo cornu..Sulpicius etiam ~or adfuerat Liv.9.27.11; ipse Hannibal..~or aderat 21.11.7; ~or pugnae consiliumque fuit Ov.*Tr.*4.2.32; egregius lituo dextri Mauortis Enyeus ~or Stat.*Theb.*11.51; (*cf.*) Veneris ~or et armiger Liber Apul.*Met.*2.11;—(*in rowing*) quasi in mari solet ~or remiges hortarier Pl.*Mer.*696; qui requiemque modumque uoce dabat remis, animorum ~or, Epopeus Ov.*Met.*3.619. **c** CARICVS ~OR FACTIONIS VENETI *CIL* 6.10074.

hortātrix ~īcis, *f.* [HORTOR+-TRIX] fem. of prec.

~ix scelerum Stat.*Theb.*5.103;—(*of things*) blandam ~icem adiugat uoluptatem Pac.*trag.*195; est et illa caua et rara et supra umeri altitudinem elata cum quodam motu uelut ~ix manus Quint.*Inst.*11.3.103; ~ix animosi gloria leti Stat.*Theb.*9.717.

hortātus ~ūs, *m.* [HORTOR+-TVS³] The action of encouraging, exhortation.

id fecisse aliorum consilio, ~u, auctoritate Cic.*Fam.* 13.29.7; suorum omnium ~u statuerat proelio decertare Caes.*Civ.*3.86.1; ille monendo laudat et ~u comprobat acta suo Ov.*Tr.*5.14.46; pauidos (equos)..notae uocis ~u ciet Sen.*Phaed.*1056; Plin.*Nat.*33.17; omnis..per exercitus ostentatur, non obscuris, ut antea, matris artibus, sed palam ~u Tac.*Ann.*1.3; ~V NVMINIS PROSPERE GESTA *CIL* 13.1773; (*cf.*) negas efficacem esse iram, cuius ~u miles summo imperio praelatus est? V.Max.9.3.6; (*foll. by subj.*) ~u, patrias sedes..peteret Luc.6.318;—(*pl.*) solitis ~ibus agmen..instigant Ov.*Met.*3.242; ~us Eteoclis et arma secuti Stat.*Theb.*9.86; incipe et Herculeis fidens ~ibus aude *Silv.*3.1.114; ~ibus infit laudum agitare suos Sil.12.67.

Hortensiānus ~a ~um, *a.* Of or concerning Hortensius.

~ae eloquentiae V.Max.8.3.3; (*neut. pl. as sb.*) quod me admones ut scribam illa ~a Cic.*Att.*4.6.3.

hortensis ~is ~e, *a.* [HORTVS+-ENSIS]. FORMS: *-esia* (neut. pl.) Cic. acc. Vel.gram.in *G.L.*7.79. = next.

in ~i lira consita nitent candida lilia Col.9.4.4.

hortensius¹ ~a ~um, *a.* [cf. prec.] Of or grown in gardens; (neut. pl. as sb.) garden herbs or vegetables.

batim ~am Plin.*Nat.*21.86; tertium genus (trychni) licet..praeferatur ~is saporibus 21.181; 26.82;—dici neque inter fruges neque inter ~a potest linum 19.2; condendis ~orum seminibus 19.74; ~is omnibus fere singulae radices 19.98.

Hortensius² ~a ~um, *a.*

1 The name of a Roman gens, esp. Q. Hortensius Hortalus (114–50 B.C.), the orator. **b** the title of a philosophical work by Cicero.

Q. Hortensi admodum adulescentis ingenium..simul aspectum et probatum est Cic.*Brut.*228; non quaero, quanta memoria Simonides fuisse dicatur..quanta noster ~us *Tusc.*1.59; Sen.*Con.*1.pr.19. **b** uniuersae philosophiae uituperatoribus respondimus in ~o Cic.*Tusc.*2.4; 3.6.

2 Of or named after a Hortensius.

lex ~a..qua cautum est, ut plebiscita uniuersum populum tenerent Gaius *Inst.*1.3; Pompon.*dig.*1.2.2.8.

hortor ~ārī ~ātus, *tr.* [HORIOR+-TO]

1 To incite to action, urge on, encourage. **b** *currentem ~ari*, 'to spur a willing horse'. **c** (in pass. sense).

senex in culina clamat, ~atur coquos: 'quin agitis hodie?' Pl.*Cas.*764; solet hortator remiges ~arier *Mer.*696; qui populum Romanum pro me..~atus sit Cic.*Red.Sen.*29; his ego praeceptis milites ~abor Sal.*Jug.*85.34; quos ad ..usum formabis agrestem iam uitulos ~are uiamque insiste domandi Verg.*G.*3.164; ab reuocando..ad incitandos ~andosque uersus milites Liv.25.14.8; ni prouida signo Deidamea dato cunctas ~ata sorores liquisset mensas Stat.*Ach.*1.803;—(*w. internal acc.*) de Aufidiano nomine nihil te ~or Cic.*Fam.*16.19; ~are idem per litteras Cassium *ad Brut.*1.10.5;—(*ellipt. or absol.*) ~ari pudet, non prodesse id piget Acc.*trag.*104; illum reliqua per se acturum ~antibus ipsis Caes.*Civ.*3.16.5; ad L. Manlium inter prima signa ~antem Liv.29.2.10; si tamen ~eris, fortius ibit equus Ov.*Pont.*2.11.22; respicit ~antis socios Stat.*Theb.*8.713. **b** me quidem certe multum ~ante, sed currentem Cic.*Att.* 6.7.1; quod me ~aris ut..consumam..currentem tu quidem 13.45.2; te..~amur omnes, currentem quidem..ut eos..imitari..uelis *Fin.*5.6. **c** ab amicis ~aretur Var. in *G.L.*3.387; 'utor' et 'uereor' et '~or' et 'consolor' communia uerba sunt ac dici utroqueuersus possunt..'~or te' et '~or abs te', id est 'tu me ~aris' Gel.15.13.1.

2 (with or without acc. of personal obj.) To urge, incite (to a specified action, policy, etc.).

(*w.* ut, ne) ~emur ut properent Pl.*Cas.*422; ~atus sum ut ea quae sciret sine timore indicaret Cic.*Catil.*3.8; quod me ut scribam aliquid ~aris *Att.*2.12.3; eos..~ari ut suum officium Pompeio praestarent neue eius fortunam despicerent Caes.*Civ.*3.103.4; cum ad Achillam nuntios mitteret ~areturque ne negotio desisteret 3.112.12; Q. Nauium.. ~atur ut cohortem hostium..inuadant Liv.26.5.12;—(*w. subj. alone*) ~atur socii Cretam..petamus Verg.*A.* 3.129; parent lora ad exitium mulieris ~antur Apul.*Met.* 2.27;—(*w. inf.*) ~atur pater ire mari Verg.*A.*3.144; ~ando doctos potius esse Vitr.6.pr.2; quod..suam..gentem..ad ..successoris sui dexteram confugere ~atus esset V.Max. 9.6.3;—(*w.* ad) hi subito ~ari ad pacem Cic.*Phil.*12.2; quod me ~aris ad scribendum *Att.*16.11.3; cum Boeotos ad societatem uestram ~aretur Liv.37.53.10; ipsum Caecinam non obscure ad transitionem ~abantur Tac.*Hist.*3.9;—(*w.* in+*acc.*) e summis moenibus urbis..~ari in proelia matres Luc.7.370; ~atus est in tyrannicidium filium Quint.*Decl.* 374(p.413,l.4);—(*w. acc.*) pacem amicitiamque ~atus est Nep.*Dat.*8.5.

3 (transf., of inanim. things). **b** (w. action, etc., specified).

animus aetas uirtus uostra me ~antur Sal.*Cat.*58.19; scelera te ~entur tua Sen.*Med.*129; iuuenum fidos..nunc pretio, nunc ille ~antibus ardens sollicitat dictis Stat.*Theb.*2.484; sic mitis uultus..~atur mensas *Silv.*4.6.56;—(*ellipt. or absol.*) ~ante libidine, cogente mercede Cic.*Phil.* 2.45. **b** (*w.* ut) bene facta tua me ~antur tuo ut imperio paream Pl.*Per.*841; Afran.*com.*140; amor ut ualentem uideamus ~atur Cic.*Fam.*16.1.3;—(*w. inf.*) metus periculi ~abatur eum interimere *Rhet.Her.*2.28; haec me tibi scribere..~atur..amor in te D.Brut.*Fam.*11.20.4; res ipsa ~ari uidetur..supra repetere Sal.*Cat.*5.9; aliena quoque bene facta referre Romanae urbis candor ~atur V.Max.4.7.ext.1; LAPIS ECCE FORATVS..~ATVR CVRRERE BLANDAS INTVS APES *CIL* 8.212;—(*w.* in+*acc.*) contra omnia praemia in scelus ~antia Sen.*Ben.*4.15.1;—(*w.* quo) ubi..haruspicis dicta eodem intendere uidet, quo cupido animi ~abatur Sal.*Jug.*64.1;—(*w.* quare) multae res eum ~abantur quare sibi eam rem cogitandam et suscipiendam putaret Caes.*Gal.*1.33.2;—(*w. acc.*) primos..~antia somnos ..exspirant lumina Stat.*Theb.*10.116;—(*w. internal acc.*) quod eum natura ~abatur, lex nulla prohibebat, fecit ut filiam..heredem institueret Cic.*Ver.*1.104.

hortulānus ~ī, *m.* [next+-ANVS] A gardener.

Apul.*Met.*4.3; pauperculus quidam ~us 9.31.

hortulus ~ī, *m.* [next+-VLVS]

1 A (small) garden. **b** a sub-division of vineyard, a plot.

meos ~os plus stercoro..quam holero Mat.*poet.*16; talis in uario solet diuitis domini ~o stare flos hyacinthinus Catul.61.88; eri..uillulam ~umque pauperis *Priap.*85.4; erat tunc Protogenes in suburbano suo ~o Plin.*Nat.*35.105; ~us hic puteusque breuis Juv.3.226; in pomariis ~isque Fro.*Aur.*1.p.88(7N); ~um..fidenter inuado Apul.*Met.*4.1. **b** ipsa ~orum descriptio..fatigationem ueluti minuit Col. 4.18.2.

2 (pl.) Pleasure-grounds, gardens.

in ~is quiescet suis Cic.*de Orat.*3.63; *Att.*9.9.4; se ~os aliquos emere uelle..ubi se oblectare sine interpellatoribus posset *Off.*3.58; domum politam et delicatos ~os Phaed. 4.5.26.

3 (sg. or pl.) A garden used by a philosopher as a place for teaching. **b** (fig., w. ref. to the province or system of a particular philosopher).

cuius (*sc.* Platonis)..illi ~i propinqui..ipsum uidentur in conspectu meo ponere Cic.*Fin.*5.2; Cecropius suauis exspirans ~us auras *Ciris* 3; Sen.*Ep.*21.10; Apul.*Pl.*1.4. **b** Democritus..cuius fontibus Epicurus ~os suos inrigauit Cic.*N.D.*1.120; et hoc quoque ex alienis ~is sumptum est Sen.*Ep.*4.10.

hortus ~ī, *m.* [cf. COHORS]

1 A garden, esp. a fruit or vegetable garden. **b** (applied to a movable frame). **c** a division of a vineyard, plot. **d** (see quots.).

~um confodere Pl.*Aul.*243; per ~um transibo, non prodibo in puplicum *St.*614; sed is clam patrem..per ~um transiluit ad nos *Truc.*248; hanc in ~o maceriam iube dirui Ter.*Ad.*908; ~us irriguus Cato *Agr.*1.7; sub urbe colere ~os late expedit Var.*R.*1.16.3; Parhedrum excita ut ~um ipse conducat; sic holitorem..commouebis Cic.*Fam.*16. 18.1; croceis halantes floribus ~i Verg.*G.*4.109; est in ~o..nectendis apium coronis Hor.*Carm.*4.11.2; ~orum.. dona Prop.4.2.42; in ~um aedium transit Liv.1.54.6; Ov.*Met.*14.624; Tac.*Ger.*26.2; si plurimum ~i in reditu sunt, uinearii forte uel etiam holitorii Ulp.*dig.*50.16.198. **b** pensiles eorum (*sc.* cucumerum) ~os promouentibus in solem rotis olitoribus Plin.*Nat.*19.64. **c** quin..uites disponendae..sint in proprios ~os, semitis ac decumanis distinguendae Col.3.20.4; 4.18.1. **d** in XII tabulis.. nusquam nominatur uilla, semper in significatione ea ~us Plin.*Nat.*19.50; Paul.*Fest.*p.102M.

2 (usu. pl.) Pleasure-grounds or gardens.

discedimus..in ~os ad Vitulum Var.*R.*2.11.12; aedilitatem duobus in locis, partim in arca, partim in ~is suis conlocauit Cic.*Dom.*112; Kalendis cogito in ~is Crassipedis quasi in deuersorio cenare *Att.*4.12; locum ubi ~os aedificaret 9.13.8; nullos habuit ~os, nullam suburbanam.. uillam Nep.*Att.*14.3; prope Caesaris ~os Hor.*S.*1.9.18; non haec in nostris, ut quondam, scripsimus ~is Ov.*Tr.*1.11.37; in ~is Pompeianis Petr.53.5; Mart.11.34.3; cum plerique adepti consulatum..~orum potius amoenitati inseruirent Tac.*Ann.*16.27; magnos Senecae praediuitis ~os Juv.10.16; (*cf.*) Hesperidum ~os Plin.*Nat.*19.49.

3 A garden (in quots., that of Epicurus) used as a place for teaching; (fig.) a philosophical system.

qui eo tempore nobilis Epicureus fuerit Athenisque praefuerit ~is Cic.*Att.*12.23.2; stadiis animum emendare Platonis incipiam aut ~is, docte Epicure, tuis Prop.3.21.26;—tantum Epicuri ~us habuit licentiae Cic.*N.D.*1.93.

4 (obsc.) The fundament, posterior.

Priap.5.4.

hospes¹ ~itis, *m.*, (*f.*). [Paelignian *hospus*, cf. OBulg. *gospod*] GENDER: fem. Acc.*trag.*51.

1 A guest, visitor. **b** an official receiving public hospitality; a soldier in billets. **c** (transf., of other creatures).

qui parentem aut ~item necasset Enn.*scen.*211; aurum ..ei ademit ~iti eumque hic defodit ~item ibidem in aedibus Pl.*Mos.*482; deuertebantur pro ~itibus ad amicos suos Cato *orat.*58; hominem multorum ~itum, A. Biuium quendam, coponem de uia Latina Cic.*Clu.*163; edacem.. ~item amisisti *Flac.*41; ~itibus loca quae complerant aedituentes Lucr.6.1275; ~item uiolare fas non putant Caes.*Gal.*6.23.9; ~es in hospitium Menelao uenit adulter Prop.2.34.7; qui..~itum numero captiuos habuit Liv. 22.59.14; ~itis igne duas incaluisse deas Ov.*Tr.*2.380; ~itibus superis dignissima sedes Stat.*Silv.*3.1.33; Scaev. *dig.*8.6.20; (*cf.*) anne profanatum totiens Chaos ~ite uiuo perpetiar? Stat.*Theb.*8.52; (*fig.*) hic (*i.e. the anapaest*) aduena sumptus et ~es de foedere temporis aequi Maur. 1835. **b** cum suae partes essent ~itum recipiendorum Cic.*Ver.*1.65; mirifica exspectatio Asiae..quae sex mensibus imperi mei..numquam ~item uiderat *Att.*5.21.7; cum.. domus ~item non expilatorem recepisse uideatur *Q.fr.*1.1.9; —Tyrio maculatas ~ite sedes Sil.13.305; Plin.*Pan.*15.4; munus ~itis in domo recipiendi Ulp.*dig.*50.4.3.14. **c** uer blandum uiget aruis, et adest ~es hirundo Var.*Men.*579; muraena..quouis ~es freto peregrinum mare sustinet Col. 8.16.10; TVI..LVCI SVAVEOLENTIS ~ITES *CIL* 12.103.

2 A host, entertainer. **b** one who provides hospitality for a visiting official; one who billets soldiers.

~es necauit hospitem captum manu Pl.*Mos.*479; cum Hannibal..inuitatus esset ab ~itibus suis, ut eum..audiret Cic.*de Orat.*2.75; ne ego multo libentius emerim deuersorium Tarracinae, ne semper ~iti molestus sim *Fam.*7.23.3; sed non infido manserunt ~ite Caco incolumes Prop.4.9.7; spectaculum comitate..~itum..aduenis gratius fuit Liv. 4.35.4; centensimum annum excedentem eum diuus Augustus ~es interrogauit, quanam..ratione uigorem illum..custodisset Plin.*Nat.*22.114; Oceano ueniebat ab ~ite, mensis laetus Stat.*Ach.*1.52; hic est leo ~es hominis Gel.5.14.30; (*cf.*) testem..tam sanctam quam fuit ~es numinis Idaei Juv.3.137. **b** deducitur iste ad Ianitorem quendam ~item, comitesque eius item apud ceteros ~ites conlocantur Cic.*Ver.*1.63; nihil accipitur lege Iulia, nihil ab ~ite *Att.*5.10.2; quid sperarent de Cn. Pompeio, cum uiderent ~ites iugulari *B.Hisp.*22.1;—Petr.85.1; dum opificem quendam..legionarius ut ~item tuetur Tac.*Hist.*2.66; Fron.*Str.*1.9.1.

3 A person bound to one of another town, country, etc., by personal or inherited ties of hospitality.

antiquom ~item nostrum sibi Mnesilochus aduocauit Pl. *Bac.*261; hic deuortitur apud suom paternum ~item, lepidum senem *Mil.*13; is illi Poeno huius patruo ~es fuit *Poen.* 120; Callidemidem ~item Myconium..conueni Ter.*Hec.*432; Aristus ~es et familiaris meus Cic.*Brut.*332; ab ~itibus clientibusque suis *Div.Caec.*66; quid ego ~item nostrum.. Deiotarum regem commemorem? *Div.*1.26; hominem honestissimum prouinciae Galliae, suum familiarem et ~item Caes.*Gal.*1.53.6; amicum alii, pars ~item aut cognatum reperiebant Sal.*Cat.*61.8; publice Saguntinis amicus atque ~es Liv.21.12.6; qui per ~ites eorum principes Gallorum omnia explorata referrent 27.36.3; ~itis ille ciet nomen, uocat ille propinquum Luc.4.177.

4 A stranger, visitor (usu. with some implication of guest as in sense 1).

nolite, ~ites, ad me adire Enn.*scen.*349; ubi nunc illest ~es qui hasce huc attulit? Pl.*Per.*529; dic, ~es, Spartae nos te hic uidisse iacentes Cic.*poet.*39(54); tulisse eum moleste se non effugere ~itis speciem cum aetatem ageret Athenis *Brut.*172; est enim quiddam aduenientem non esse peregrinum atque ~item *Att.*6.3.4; Cacus..non leue finitimis ~itibusque malum Ov.*Fast.*1.552; ~itum legatis aurum..adferentibus Plin.*Nat.*19.87; errore longo ~ites, egeni, hostes in alieno Tac.*Ann.*13.56;—(*contrasted w.* hostis) ~item..se Galliae non hostem aduenisse Liv.21.24.4; hostes pro ~itibus comiter accepit 23.33.7.

hospes² ~itis, *a.* [prec.]

1 Of or connected with the relationship of guest and host; involving a guest or host.

~ita sacra dissiciat Stat.*Ach.*1.310; mensas..atque ~ita iura Sil.17.68; pacta ~ita seruet 17.78;—arma uidebis ~ita V.Fl.2.662; spolia ~ita portans..temerarius arbiter Idae Stat.*Ach.*1.66.

2 a That acts as a host. **b** that is entertained as a guest.

a quo tutior ~ita lustres aequora Verg.*A.*3.377; et non ~ita Grais saxa Prop.3.22.37; 4.9.34; fessis..libens iterum ~ita pandas flumina Stat.*Theb.*4.843; ast illam.. ~es iam tunc Aurora colebat 6.279; merentis..manis placidus locat ~ite cumba *Silv.*5.1.252;—(*w. obj. gen.*) portus ..et litora mundi ~ita 3.5.76;—(*transf.*) nunc molles urbi ritus atque ~ita Musis otia Sil.12.31. **b** anser..quem dis ~itibus..mactare parabant Ov.*Met.*8.685.

3 Foreign, alien, extraneous.

~ita feminea pellere castra manu Ov.*Ep.*6.52; quas.. petam sedes ~es in urbe liber *Tr.*3.1.20; ~ita sacra ferens Man.1.6; secreta..rerum ~es in externis audiuit curia tectis Luc.5.11; quis enim accessus ferus ~itis umbrae pelleret? Stat.*Theb.*12.438;—(*transf.*) ~itibus atque aduenis fluctibus Apul.*Mun.*34.

hospita¹ ~ae, *f.* [as prec.]

1 A female guest.

Pl.*Mil.*488; expectata aduenis: salue, ~a! Pac.*trag.*232; cum Campana matrona apud illam ~a ornamenta sua.. ostenderet V.Max.4.4.intro.; nulli grauis ~a turbae Luc. 8.157; quo..ab excelso ueniat soror ~a templo Stat. *Silv.*3.1.109; (*transf.*) ciconia etiam grata peregrina ~a Pub.*com.*7.

2 A hostess (or the wife of a host); a landlady. **b** (transf., of a place).

eum multo magis figura et liniamenta ~ae delectabant Cic.*Ver.*2.89; 'ego ipsa sum' inquit 'hic ~a' *Att.*1.5.3; pastor cum traheret..Helenen perfidus ~am Hor.*Carm.* 1.15.2; quem leto fallax ~a paene dedit Ov.*Tr.*2.398; offerentis ~ae sedile Apul.*Met.*6.20;—ex Arsute Luci fi-l(ia) ~ae suae *FIRA* 3.5.4(*BGU* 7.1690); SEVERINAE ~AE SANCTISSIMAE *CIL* 11.6349. **b** Tomis..quae..tempus ad hoc nobis ~a fida manet Ov.*Pont.*4.14.60; Ausonii pridem laris ~a Cyme Stat.*Silv.*5.3.168.

3 A woman with whom one has traditional ties of hospitality.

ex socru tua..Seruilia, uetere Dionis ~a CIC.*Ver*.2.24; litteras..eis dat ad Praxo ~am LIV.42.15.3.

4 A stranger, alien.
hanc ~am..crepidula ut graphice decet! PL.*Per*.464; TER.*An*.439; huc ~a ueni OV.*Met*.5.493; per..feros Manes ~a semper erit (*sc.* Romana umbra) *Tr*.3.3.64; ~a Colchis (*i.e. Medea*) LUC.6.441; (*cf.*) '~a tu terris erras, ego' dixit (Delos) 'in undis' OV.*Met*.6.190.

hospita² ~ae, *f. adj.* [prec.]

1 (of places, etc.) Affording hospitality (to persons or things), harbouring, hospitable.
puppibus illa (*sc.* unda) prius, patulis nunc ~a plaustris VERG.*G*.3.362; iam uocat errantes ~a terra Lares TIB. 2.5.42; uobis erit ~a tellus OV.*Met*.3.637; tunc obtulit ~a tellus puppibus accessus faciles LUC.3.43; Ioniis et fluctibus ~a portu Chalcis STAT.*Theb*.4.105; stupet ~a belli unda uiros 9.228; caelicolas, tellus quibus ~a semper Athenae 12.500;—(*of other things*) quos suco nobilis arbor et dulci pascit lotos nimis ~a baca SIL.3.311.

2 That is received as a guest.
~a Lagei litoris umbra iaces MART.10.26.4;—(*of things*) nondum pertulerat lacrimatas cortice murras acta per aequoreas ~a nauis aquas OV.*Fast*.1.340; ~a..in Ponti litore puppis erit *Tr*.3.12.32.

3 Foreign, alien.
causa mali tanti coniunx iterum ~a Teucris VERG.*A*.6.93; et gentes patriis sedibus ~as SEN.*Her.F*.534; quod iam compositum uiolat manus ~a bustum LUC.8.748; nos ~a pubes aduehimur V.FL.5.385.

hospitālis ~is ~e, *a. compar.* ~ior. [HOSPES + -ALIS] FORMS: *~iorum* (gen. pl.) VITR.5.6.3.

1 Of or belonging to a guest; also, of one with whom one has special ties of hospitality.
ne ~i caede dextram uiolet LIV.25.18.7; SEN.*Her.F*.483; —emit ~em is filium inprudens senex puerum illum PL. *Poen*.75.

2 Of or connected with (the practice, obligations, etc., of) hospitality. **b** (of gods protecting the ties of hospitality).
haec mi ~is tessera cum illo fuit PL.*Poen*.1052; QVO QVIS..HOSPES ATOPTETVR, HOSPITIVM TESSERAVE ~IS CVM QVO FIAT *CIL* 1.594.4.3.4; TESSERAM ~EM FECIT CVM CIVITATE PALANTINA SIBI ET FILIIS SVIS POSTERISQVE 2.5763; iustis omnibus ~ibus..fungitur officiis LIV.9.6.7; ab ~i mensa surgis..ut eam ipsam mensam cruentares hospitis sanguine? 23.9.4; nullum ~e ius in iis esse seruandum censuerunt 45.20.6; ubi ~es inuicem dexterae? SEN.*Con.* exc.3.8; PATRONVM..SE COOPTARI (DIGNETVR) TABVLA ~I INCISA HOC DECRETO *CIL* 6.1492; simul ~e donum, coronam auream, tradebant TAC.*Ann*.14.24; caliculum, quem.. sorori..~e munus optulit APUL.*Met*.9.10; (*cf.*) ait (Caecina) esse..~ia (*sc.* fulgura), ⟨iuxta⟩ quae sacrificiis ad nos Iouem arcessunt SEN.*Nat*.2.49.3; (*fig., of rivers passing through lakes*) multorum milium transitu ~i suas tantum.. aquas euehentes PLIN.*Nat*.2.224;—(*neut. pl. as sb.*) munera ex instituto data utrisque aliaque ~ia comiter conseruata LIV.42.24.10. **b** inplorat fidem Iouis ~is *Inc.trag*.41; Iouis illius ~is numen numquam celare potuisset CIC.*Deiot*. 18; ~es deos uiolatae..fidei testes inuocans LIV.39.51. 12; PLIN.*Nat*.36.33; si sacra mensae diique ~es caede.. cruentarentur TAC.*Ann*.15.52; laribus ~ibus HYG.*Fab*.15.2; APUL.*Mun*.37; (*w. pun on sense 3*) huic facinori tanto..tua ..~is illa Venus adiutrix esse non debuit CIC.*Cael*.52.

3 Ready to offer hospitality, hospitable; (masc. pl. as sb.) persons offering hospitality. **b** (of conduct, etc.). **c** (transf., of the sea coast, etc.).
(*of persons*) homo, qui semper ~issimus amicissimusque nostrorum hominum existimatus esset CIC.*Ver*.1.65; Cimonem..etiam in suos curiales Laciadas ~em fuisse *Off*.2.64; tibi ~e pectus et purae manus HOR.*Epod*.17.49; domicilii custos ~is, humanus SEN.*Ep*.21.10; (*cf.*) terram.. quae uelut ~i atque etiam materno sinu recipiat incrementa uirentium COL.4.1.4;—(*of a place*) huius domus est.. nostris hominibus apertissima maximeque ~is CIC.*Ver*.4.3; *Agr*.2.46; ~is tibi illa qualiscumque sedes erit SEN.*Ep*.28.4; hunc..non ~is exulem tellus ferat *Oed*.259; ut nomen etiam (*sc.* lotos) genti terraeque dederit nimis ~i aduenarum obliuione patriae PLIN.*Nat*.13.105; (*poet.*) quo pinus ingens albaque populus umbram ~em consociare amant ramis? HOR.*Carm*.2.3.10; (*transf.*) sit ergo (seminarium) siccum.. aduenis ~e PLIN.*Nat*.17.69;—iniuriae potestatum in ~es ad uisendum uenientium 9.26. **b** nec ~e quicquam pacatumue satis prius auditum quam Massiliam uenere LIV. 21.20.7; inuitatio benigna et ~is fuit 33.39.3; grata memoria..~em humanitatem testatur V.MAX.1.1.10; ~i regis clementia PLIN.*Nat*.6.84. **c** aperto, quodcumque est, mari ~ique litorum omnium adpulsu PLIN.*Nat*.2.118; nihil ~ius mari FLOR.*Epit*.1.11(1.16.3).

4 Used or provided for the entertainment of guests; (neut. pl. as sb.) guest accommodation.
te praesertim, quoius aues ~es etiam nunc ructor VAR.*R*. 3.2.3; ~i diui Augusti cena PLIN.*Nat*.33.83;—(*of accommodation*) cum post cenam in ~e cubiculum deductus esset LIV.1.58.2; in deuersorio ~i..praetextam sumpturum 21. 63.10; ab Archelai..regis cena..domum ~em repetens V.MAX.9.12.ext.4; SEN.*Ep*.102.24;—et qui (anguli) erunt dextra sinistra, ~iorum designabunt compositionem VITR. 5.6.3; uti hospites aduenientes..in ea ~ia recipiantur 6.7.4.

hospitālitās ~ātis, *f.* [prec. + -TAS] The entertainment of guests; hospitableness.
recte..a Theophrasto est laudata ~as. est enim..ualde decorum patere domos hominum inlustrium hospitibus inlustribus CIC.*Off*.2.64;—(domus) tam comi patet ~ate MART.4.64.28.

hospitāliter, *adv.* [HOSPITALIS + -TER²] In a hospitable manner.
inuitati ~ per domos LIV.1.9.9; tum dextrae interiunctae militesque..ab notis ignotisque benigne atque ~ inuitati 22.30.6; cum summa omnium laetitia ~ excipiuntur 27.46.5; nec sibi..quidquam ~ aut benigne factum 42.25.13; commeatus..large et ~ aduexerant CURT.4.2.2.

hospitātor ~ōris, *m.* [HOSPITOR + -TOR] A lodger, guest.
at uobis fortissimi..mei ~ores (*v.l.* sosp-) iuuenes adfatim cuncta..pulmenta praesto sunt APUL.*Met*.4.7.

hospitiolum ~ī, *n.* [next + -OLVM] A small guest-room.
si quis gratuitas habitationes dederit libertis..idem erit dicendum et si quis amicis suis modica ~a distribuerit ULP. *dig*.9.3.5.1.

hospitium ~(i)ī, *n.* [HOSPES + -IVM]

1 The entertainment and accommodation of guests, hospitality. **b** (poet.) welcome, reception.
~ium et cenam pollicere, ut conuenit peregre aduenienti PL.*Bac*.186; is ad hos nauclerus ~io deuortitur *Mil*.1110; sed quid ego ~i iura in hac immani belua commemoro? CIC.*Ver*.5.109; ad Murenam de ~io scripseram *Att*.13.50.4; cum..ab eo magnificentissimo ~io acceptus esset *Div*.2.79; ut domum ad se quisque ~io cupidissime reciperet CAES. *Civ*.2.20.5; per patris ~ium et mensas, quas aduena adisti, te precor VERG.*A*.10.460; hospes in ~ium Menelao uenit adulter PROP.2.34.7; ~io acceptum LIV.9.36.8; Beneuentani ..complecti milites, gratulari, uocare in ~ium 24.16.16; hic epulis leges ~ioque dedit OV.*Tr*.2.488; (uia militaris) adsiduis deuertentium ~iis infestat rem familiarem COL. 1.5.7; per sacra fidemque ~ii STAT.*Ach*.1.911; (*facet.*) certe aduenientem hic me ~o pugneo accepturus est PL.*Am*.296; (*poet.*) ~io peregrinos, Brute, libellos excipe OV.*Pont*.1.1.3; (*fig.*) haec..ut habere possint liberum ~ium, superuacua ex animo tollenda sunt SEN.*Ep*.88.35. **b** ~io prohibemur harenae VERG.*A*.1.540; haud illi stabunt Aeneia paruo ~ia 10.495; et bona litora nautis praebeat ~io saeua Malea suo PROP.3.19.8; nobis quoque tale paratum litoris ~ium LUC. 9.1083.

2 The permanent relationship existing between host and guest, the ties of hospitality. **b** a similar relationship existing between states, or between municipalities or sim., and an influential private person.
si ~ia clientelas cognationes adfinitates caste colenda esse dicemus *Rhet.Her*.3.4; pro ~io quod sibi cum eo esset CIC.*Ver*.2.23; cum Lysone Patrensi est mihi..~ium uetus *Fam*.13.19.1; M. Mettium, qui ~io Ariouisti utebatur CAES.*Gal*.1.47.4; huic..paternum ~ium cum Pompeio.. intercedebat *Civ*.2.25.4; iungimus ~io dextras et tecta subimus VERG.*A*.3.83; gens antiquior originibus urbis huius, ~io deorum immortalium sancta LIV.9.34.19; ~io regis confisa uetusto OV.*Fast*.3.569; germanum..Argolicis..tumentem ~iis STAT.*Theb*.1.300; miserat ciuitas Lingonum ..dona legionibus dextras, ~ii insigne TAC.*Hist*.1.54;—(*w.* priuatus, *etc.*) in finitimas ciuitates aut priuatis ~iis confisi aut societate consiliorum confugerant HIRT.*Gal*.8.3.3; si.. ~ium..priuatim regi cum Scipionibus esset LIV.37.34.7. **b** concorditatem ~io adiunctam perpetem probitate conseruetis PAC.*trag*.188; qui..populi Romani ~io atque amicitia plurimum ante in Gallia potuissent CAES.*Gal*.1.31.7; quod ~io Lacedaemoniorum utebatur NEP.*Cim*.3.3; rex nostra reliquit ~ia VERG.*A*.11.114; CIVITAS THERMETRA ..~IVM FECIT CVM C SILIO..EVM LIBEROS POSTEROSQVE EIVS SIBI LIBERIS POSTERISQVE SVIS PATRONVM COOPTAVERVNT *CIL* 5.4919; ~IVM FECERVNT CVM L FVLCINIO TRIONE *A.Epig*.53.88.7; Germanos..minime..aliarum gentium aduentibus et ~iis mixtos TAC.*Ger*.2.1; (*cf.*) uelut ~io mundi commercia iungunt MAN.4.296;—(*w.* publicus, *etc.*) ut cum Lucio fratre ~ium publice fieret CIC.*Ver*.4.145; uicinitatis aut clientelae aut ~i publici *Sest*.10; cum quibus publice priuatimque ~ia amicitiasque de industria iunxerat LIV.1.45.2; Eumene..cum quo..et priuatim singulis et.. publicum ciuitati nostrae ~ium est 37.54.5.

3 A place in which to stay, guest accommodation. **b** hired quarters, lodgings. **c** one's house, home.
ex uita ita discedo tamquam ex ~io, non tamquam domo CIC.*Sen*.84; ibi benigne excepti diuisique in ~ia LIV.2.14.9; pergit ire sequentibus paucis in ~ium Metelli 22.53.9; si quis in ~io ciuis Romani..nomen inscripsisset, eum se pro hoste habiturum 25.10.9; di facite ut Caesar non hic penetrale domumque, ~ium poenae sed uelit esse meae OV. *Tr*.3.12.54; ~ium hospites capit PETR.77.4; praetorianae cohortes uagae ante id tempus et per ~ia dispersae SUET. *Tib*.37.1; (*cf.*) it..pecus longa in deserta sine ullis ~iis VERG.*G*.3.343; iter est iis (*sc.* coturnicibus) per ~ia certa PLIN.*Nat*.10.65; (*w.* publicus) adductos..in publicum ~ium legatos LIV.5.28.4; 45.22.1;—(*transf., of a country*) terra.. Mauortia..~ium antiquum Troiae VERG.*A*.3.15. **b** magno ~ium miserabile JUV.3.166; si Vergilio puer et tolerabile deesset ~ium 7.70; ad ~ium..fatigatum aegerrime sustinens perduco APUL.*Met*.1.7; si conducere ~ium nemo uelit GAIUS *dig*.39.2.29. **c** maritus ignarus rerum..inprouisus ~ium repetit APUL.*Met*.9.5; rem, quam ego mulier et intra ~ium contenta..uendidi 9.6.

4 (fig. or transf., of other things regarded as temporary stopping-places). **b** (applied to the grave, death, or sim.).
nec confidentiae usquam ~ium est nec deuorticulum dolis PL.*Capt*.523; nisi diuersos emittat terra canales ~ium fluuiis *Aetna* 129; cito cessuri loco uenienti in pactum hoc prospicimus ~ium SEN.*Dial*.6.21.1; ut quae (*sc.* Persicae) in Rhodo nihil ferant, quod primum ab Aegypto earum fuerat ~ium PLIN.*Nat*.15.45; ut totius mundi opes et commeatus illo uelut maritimo urbis ~io reciperentur FLOR. *Epit*.1.1(1.4.2); animo hominis extrinsecus in ~ium corporis immigranti APUL.*Apol*.24; TEMPORIS ~IVM NON SOLET ESSE DIV *CIL* 5.2411; AEDIS AEDIFICAT DIVES SAPIENS MONVMENTVM ~IVM EST ILLVD CORPORIS HIC DOMVS EST 6.27788; QVI ~IO LVCIS FRVITVS EST ANNIS XXXVIII M IIII 10.4728. **b** exstruitur rogus, ~ium commune peremptis SIL.13.278; IPSE SEPVLCRI ARBITER ~IVM MEMBRIS FATOQVE PARAVI *CIL* 3.8001; ~IVM HOC POPVLO SEMPER VBIQVE PATET 12. 5026.

hospitor ~ārī ~ātus, *intr.* [HOSPES + -O³] To put up as a guest or lodger. **b** (fig. and transf.).
Scaurus cum huc uenit, nusquam mauoluit ~ari PETR. 77.5; apud quem diues fuerat ~atus QUINT.*Decl*.351(p. 380,l.5); paruolae nostrae nunc apud Matidiam..~antur AUR.*Fro*.1.p.300(104N); hospes..non ibi habitat, sed tantisper ~atur ULP.*dig*.9.3.1.9. **b** idem magnas opes.. non repudiabit nec excludet..ueniant, ~entur SEN.*Dial*. 7.23.3; quid aliud uoces hunc (*sc.* animum) quam deum in corpore humano ~antem? *Ep*.31.11; si in quo cognatus aliqui spiritus ~aretur 108.19; deiectum..per scopulosa et abrupta..in quodam lacu ~ari, inde lenem fluere (Gangen) PLIN.*Nat*.6.65; (castanea) tralata nescit ~ari pauetque nouitatem biennio fere 17.149.

hostia ~ae, *f.* [dub.] FORMS: *fostia* archaic form acc. PAUL.*Fest*.p.84M. A sacrificial animal; *~a maior*, a full-grown victim. **b** (transf. and fig.).
ut Iouis supremi multis ~is pacem expetam PL.*Am*.1127; exsacrificabat ~is balantibus ENN.*scen*.39; eo omnes ~ae, uituli uiginti et septem coniecti VAL.ANT.*hist*.61; nondum cum sanguine sacro ~a caelestis pacificasset eros CATUL. 68.76; C. Mario per ~as dis supplicanti SAL.*Jug*.63.1; uittae..deum, quas ~a gessi VERG.*A*.2.156; cum..~a ..caesa pacem deum adorasset LIV.6.12.7; bubus Ioui trecentis, multis aliis diuis bubus albis atque ceteris ~is 22.10.7; ~a pro damnis concidat icta meis? OV.*Ep*.6.78; Mercurium colunt, cui certis diebus humanis quoque ~is litare fas habent TAC.*Ger*.9.1; ulterius nil aut grauius cultro timet ~a JUV.15.119; ~ae erant phoenicopteri, pauones, tetraones, numidicae, meleagrides, phasianae SUET.*Cal*. 22.3; TAVROPOLIVM FECIT HOSTIS SVIS *CIL* 13.506; multis ..gentibus equum ~arum numero haberi FEST.p.181M; nullas ~as nisi gallinas nominastis APUL.*Apol*.47;—erant ~ae maiores in foro constitutae, quae..ad praeconem et ad tibicinem immolabantur CIC.*Agr*.2.93; ut ea prodigia partim maioribus ~is, partim lactentibus procurarentur LIV.22. 1.15; non facit ad nostras ~a maior opes OV.*Tr*.1.10.44; (*cf.*) maximam ~am ouilli pecoris appellabant, non ab amplitudine corporis, sed ab animo placidiore PAUL.*Fest*. p.126M. **b** quod exspectatione omnium fortissimo et clarissimo uiro, T. Annio, deuota et constituta ista ~a esse uidetur CIC.*Har*.6; at tu, pudet, ~a regni, hostia, nate, iaces, ceu mutus et e grege sanguis STAT.*Theb*.11.283; Argolici, quibus haec datur ~a, manes 12.771.

hostiātus ~a ~um, *a.* [prec. + -ATVS²] Provided with a sacrificial victim.
aequius uos erat candidatas uenire ~asque PL.*Rud*.270.

hosticapas: (see quot.).
hosticapas hostium captor PAUL.*Fest*.p.102M.

hosticolum ~ī, *n.* [next + -OLVM] = next.
qui in ~o (*s.v.l.*) suprema iudicia sua..ordinassent ULP. *dig*.37.13.1.

hosticum ~ī, *n.* [next] Enemy territory.
cum..sine commeatu uagi milites in pacato, in ~o errent LIV.8.34.9; 28.24.6; 33.29.5; ut ex ~o raptae..messes PLIN.*Pan*.29.3; si in ~o deprehendantur ULP.*dig*.29.1.44.

hosticus ~a ~um, *a.* [HOSTIS + -CVS]

1 Situated abroad, foreign.
~um hoc mihi domicilium est, Athenis domus est atque erus PL.*Mil*.450.

2 Of or belonging to the enemy.
conseruitium commune, quod ~a euenit manu PL.*Capt*. 246; qui ~as trium nummum caussa subeunt sub falas *Mos*.357; aceruos alta in amni corpore expleui ~o ACC. *trag*.323; ~a acies VAR.*Men*.332; hunc neque dira uenena nec ~us auferet ensis HOR.*S*.1.9.31; ex moenibus ~is *Carm*. 3.2.6; Pontus et ~a tellus OV.*Pont*.1.3.65; ~a muros populante flamma SEN.*Ag*.603; ~is incursionibus COL. 1.pr.19; ~a tela SIL.10.62; plena erant tumultu ~o litora FLOR.*Epit*.1.45(3.10.17).

hostificē, *adv.* [next + -E] In a hostile manner.
cum patre paruos patrium ~ sanguine sanguen miscere suo ACC.*trag*.82.

hostificus ~a ~um, *a.* [HOSTIS + -FICVS] Hostile, bitter.
o dirumque ~umque diem! ACC.*trag*.80; qui columnis ac postibus meis ~um quoddam et nefarium..bellum intulistis CIC.*Dom*.60.

hostīlis ~is ~e, *a.* [HOSTIS + -ILIS²]

1 Of or belonging to an enemy, enemy (attrib.). **b** performed or produced by an enemy; involving an enemy. **c** (relig., of the part of the *exta* of a sacrificial animal concerned with the enemy).
priusquam oppeto malam pestem mandatam ~i manu ENN.*scen*.162; monumentum..~i nomine..inustum CIC. *Fam*.1.9.15; ~ia cadauera SAL.*Cat*.61.8; ne qua inter sanctos ignis in honore deorum ~is facies occurrat VERG.*A*. 3.407; ~es..opes OV.*Fast*.6.568; Vari corpus semiustum ~is lacerauerat feritas VELL.2.119.5; si ~em libidinem effugerunt TAC.*Ag*.31.1; (*of animals*) lepori, qui..~ia cernit ora canum OV.*Met*.5.628; infestis taurus mox confodit cornibus ~e corpus PHAED.1.21.8;—(*of arms, equipment, etc.*) indutos ..truncos ~ibus armis VERG.*A*.11.83; ut domus ~es praeferat exuuias TIB.1.1.54; proponere sibimet ipsi ante oculos iugum ~e et ludibria uictoris LIV.9.5.8; detrahere cultus uxor ~es iubet SEN.*Ag*.881; ~es..rapinae LUC.1.162; ~i.. parma STAT.*Theb*.2.584;—(*of forces*) inter ~es ceciderat turmas LIV.9.22.9; per agmen..~e OV.*Met*.8.39; ~es.. cateruae LUC.2.308; infesta ~is exercitus itinera TAC.*Ag*. 25.1;—(*of places, positions, etc.*) amator similest oppidi ~is

PL.*Truc.*170; ~i in terra CIC.*Inv.*1.108; inclusus muris ~ique aggere saeptus VERG.*A.*11.398; in ~is domos HOR. *Epod.*5.53; in omnem partem agri ~is LIV.8.24.4; ~es.. muros LUC.3.474; arua..ut ~e solum uastabantur TAC. *Hist.*2.87. **b** insidiis ~ibus PL.*Ps.*1047; domus ~i flagrabit incendio *Rhet.Her.*4.51; ipsorum aduentus..non multum ab ~i expugnatione differant CIC.*Man.*13; ~i aduentu *B.Alex.*58.4; in rebus ~ibus SAL.*Jug.*45.1; cauendum a fraude ~i et ab insidiis praedixit LIV.27.16.15; fortuitum non ~em ac bellicum ignem rati esse 30.5.8; omnia.. ~is plena timore soni OV.*Tr.*5.12.56; quem ipse circumuentum ~i custodia liberet SEN.*Ep.*9.8;~em seruare fugam STAT.*Theb.*10.16; ~em..audaciam externo sanguine ultus est TAC.*Ann.*14.23;—ciuilem coniurationem ab ~ibus externisque bellis seiungeres CIC.*Fam.*5.12.2; condiciones pactionesque bellicas et ~es *Off.*3.108; ab ~i proelio LIV. 40.9.11. **c** ~e ualido robore insurgit latus SEN.*Oed.*363; uenas..minaces ~i de parte uidet LUC.1.622.

2 Characteristic of an enemy.

~i odio et crudelitate CIC.*Clu.*12; illa ~ia uerba *Phil.*8.6; se non~i animo..arma cepisse SAL.*Jug.* 102.12; Actia pugna.. per pueros ~i more refertur HOR.*Ep.*1.18.62; ~em in modum praedas agere LIV.1.5.4; ~i populatione 3.25.6; militem in militem rabie ~i uertit 29.8.11; si nihil ~e aduersus uos fecerunt 37.53.28; ~em prope tumultum agmini elephanti praebebant 44.5.2; nihil cetero in itinere ~e ausi TAC.*Hist.* 4.20; minae..~es in ipsos uertebant *Ann.*13.57; (*advl. acc.*) ~e tuens fratrem STAT.*Theb.*11.396;—(*neut. pl. as sb.*) quom..omnes rerum mutationes caedem, fugam aliaque ~ia portendant SAL.*Jug.*3.2; quoniam ~ia faceret 107.2; auctor..arma capiendi aduersus ~ia ausos LIV.1.59.4; uictoribus permixtae ~ia loquebantur TAC.*Hist.*2.66; quia Zorsines..~ia resumpserat *Ann.*12.15.

3 Hostile in attitude.

oculis ~ibus ardens OV.*Tr.*4.2.31; ciuitates..quae non fuerant ~es PLIN.*Nat.*3.138; ~ibus circum litoribus TAC. *Ann.*2.24; ad externas aut ~is gentis 3.53; (*poet.*) cuncta in cineres grauis intulit hora ~isque dies STAT.*Silv.*2.1.55.

hostīliter, *adv.* [prec.+-TER²] In an unfriendly or hostile way, in the manner of an enemy.

quid ille fecit ~ quod hic non aut fecerit aut faciat? CIC. *Phil.*5.25; pleraque loca ~..adcedit SAL.*Jug.*20.3; ~ in fines Romanos incursionem facit LIV.1.11.1; multa alia castella..deleta ~ 9.38.1; ~ classi occursum est 28.37.6; ~ peragrasse fines suos 43.5.4; omne uulnerat armentum sternitque ~ omne OV.*Met.*11.372; proturbatis qui de Othone nuntiabant..~ egerant TAC.*Hist.*2.85; neque coniugem et filium eius ~ haberi *Ann.*2.10.

Hostīlius ~a ~um, *a.*

1 The name of a Roman gens, esp. of Tullus Hostilius, the traditional third king of Rome.

curia ~a, quod primus aedificauit ~us rex VAR.*L.*5.155; CIC.*N.D.*2.9;—principes utrimque pugnam ciebant..ab Romanis Hostius ~us LIV.1.12.2; (*fem.*) necatus a Quarta ~a uxore 40.37.5.

2 Named after (Tullus) Hostilius.

curiam nostram—~am dico CIC.*Fin.*5.2; LIV.1.30.2; GEL.14.7.7; ~is Laribus PAUL.*Fest.*p.102M.

hostīmentum ~ī, *n.* [next+-MENTVM] A recompense, requital.

audi atque auditis ~um adiungito ENN.*scen.*133; par pari datum ~umst, opera pro pecunia PL.*As.*172; beneficiis ~um gratum peperisti ACC.*trag.*194; PAUL.*Fest.*p.102M.

hostiō ~īre, *tr.* [cf. perh. HOSTIA]

1 To recompense, requite.

quae mea comminus machaera atque hasta ~ibitis (*cj.* manu ENN.*scen.*178; quin promitto..~ire contra ut merueris PL.*As.*377; (*cf.*) ~ire pro aequare posuerunt FEST.p. 270M.

2 (perh.) To clash with, offend against.

numquid meum admissum nocens ~it uoluntatem tuam? LAEV.*poet.*1.

hostis ~is, *m.*, (*f.*). [cf. Goth. *gasts*, Eng. *guest*] FORMS: *fostis*, old form acc. PAUL.*Fest.* p.84M. GENDER: fem. LIV.30.14.2; QUINT. *Inst.*2.2.10.

1 A foreigner, stranger.

aduersus ~em aeterna auctoritas ⟨esto⟩ *Lex XII*(*Font. iur.*p.21); si status condictus cum ~e intercedit dies PL. *Cur.*5; VAR.*L.*5.3; ~is enim apud maiores nostros is dicebatur, quem nunc peregrinum dicimus CIC.*Off.*1.37; FEST. p.314M.

2 One engaged in hostile (military) activities against a country, etc., an enemy; (also collect. sg.). **b** an individual citizen regarded as, or declared officially to be, an enemy of the state.

DVCE ~IVM VIRDVMARO AD CLASTID⟨IVM INTERFECTO⟩ *Act.Triumph.*21(*CIL* 1.p.47); fames acer augescit ~ibus NAEV.*poet.*33(54); illa (*sc.* arma) ad ~is transfugerunt PL. *Epid.*30; ~ium copiae magnae contra me sedebant CATO *orat.*34; homines bonorum inimicos, ~is patriae, latrones Italiae CIC.*Catil.*1.33; eosdem ~is se habituros quos senatus populusque R. LENT.*Fam.*12.15.2; CAES.*Gal.*1.15.5; *Civ.* 3.92.5; undique in unum ~em tela coniciunt LIV.2.10.9; exiguum tempus e manibus ~ium euadendi 22.49.9; ut conspectu tropaeorum animi militum accenderentur, ~ium frangerentur SEN.*Suas.*5.6; quod desertor et praedo ~ium more ageret TAC.*Ann.*3.73; ~es sunt, quibus bellum publice populus Romanus decreuit ULP.*dig.*49.15.24; (*in fig. phr.*) priuata gerunt secretis ~ibus arma (*sc.* astra) MAN.2.540;—(*contrasted w.* ciuis) impransus non qui ciuem dinosceret ~e HOR.*Ep.*1.15.29;—(*transf., of animals*) (apes) omnes ~is in ora uolant STAT.*Theb.*10.577; ne nuntiet ~is (*sc.* lupos) cura canum *Ach.*1.707;—(*of pieces in a game*) fac pereat uitreo miles ab ~e tuus OV.*Ars* 2.208; calculus hac gemino discolor ~e perit MART.14.7.2;—CAES.*Gal.*1.49.3; 6.17.4; si ~em.. frumento prohibere potuissent *Civ.*1.68.3; VERG.*A.*2.290; LIV.1.14.7; CURT.3.2.10; bellum..sine hoste est LUC.1.682; TAC.*Ag.*26.1. **b** Q. Rubrius Varro, qui a senatu ~is cum C. Mario iudicatus est CIC.*Brut.*168; exire ex urbe iubet consul ~em *Catil.*1.13; L. Saturninum, ~em populi Romani *Rab.Perd.*18; non modo non consul sed etiam ~is Antonius *Phil.*3.14; senatus Catilinam et Manlium ~is iudicat SAL.*Cat.*36.2; uterque..~es iudicati erant VELL.2.66.1; V.MAX.1.5.5.

3 A personal or private enemy. **b** (applied to beasts of prey or animals with natural antipathies).

estne hic ~is quem aspicio meus? PL.*Bac.*534; Cn. Pompeius, auctor et dux mei reditus, illius ~is CIC.*Mil.*39; tuos ueteres ~is, nouos amicos *Fam.*5.7.1; ~is omnium bonorum SAL.*Hist.*1.77.15; ~em supplex adfare superbum VERG.*A.*4.424; alter alteri quam uterque contrariis castris certior ~is proficiscitur V.MAX.7.2.6; ~em quaerit implicitus suum SEN.*Ag.*896; ego eum qui te non amabit ~is numero habebo FRO.*Ant.*1.p.256(166N);—(*applied to females*) ~is est uxor inuita quae ad uirum nuptum datur PL.*St.*140; nupta meretrici ~is est TER.*Hec.*789; ~is parentis (*sc.* Electra) SEN.*Ag.*953; ~em (*sc.* Gorgen) occupat amplexu STAT.*Theb.*5.212;—(*of gods*) di me terrent et Iuppiter ~is VERG.*A.*12.895; quis deus in uestra constitit ~is aqua? PROP.3.18.8. **b** pecoris ~em (*i.e. a lion*) CATUL.63.77; in crocodilo maior erat pestis quam ut uno esset eius ~e natura contenta PLIN.*Nat.*8.91; ubi..stabuli.. maritum..Massylo frangi stupuere sub ~e iuuencae STAT. *Theb.*5.332; (*w. ref. to wild-beast fights in the arena*) alter hic genitus (rhinoceros) ~is elephanto PLIN.*Nat.*8.71.

4 (transf.) One who opposes, or acts in a prejudicial manner towards, a thing.

(*w. gen.*) uirtutis ~is CIC.*Flac.*2; istum oti et pacis ~em *Dom.*12; iste impurus atque impius ~is omnium religionum 139; Marcius Coriolanus, ~is tribuniciae potestatis LIV. 2.34.8; (femina) ~is pudicitiae APUL.*Met.*9.14; (*of abst. things*) illa uero uitiosissima, quae iam humanitas uocatur, inuicem qualiacumque laudandi..studiorum perniciosissima ~is QUINT.*Inst.*2.2.10;—(*w. dat.*) quasi tu Gauio tum fueris infestus ac non nomini generi iuri ciuium ~is CIC.*Ver.*5.169.

hostus ~ī, *m.* [cf. HOSTIA] The yield of olive from a single pressing.

si in loco crasso aut calido seueris (oleam Licinianam) ~us nequam erit CATO *Agr.*6.2; ~um dicunt quod ex uno facto olei reficitur VAR.*R.*1.24.3.

hūc, *adv.* [<**hoi-ce*, cf. HIC¹]: FORMS: with *-ne* forms *hucine*; see also HOC.

1 To this place, hither. **b** (w. vbs., etc., of looking, listening; sim., of mental activity). **c** (w. vbs. of placing, etc.). **d** to the person speaking; to the person indicated by the speaker.

id tibi iam ~ adferam PL.*Men.*1037; ~ uenito *Mil.*1184; eccum ipsum uideo..~ se recipere TER.*Ph.*464; cur tu ipsa uenire non uis ~? LUCIL.986; ~ omnia undique deferebantur CIC.*Ver.*4.23; ~ postero die..conuenirent CAES. *Gal.*4.11.5; locum fecerunt sub terra..~ ex ephoris quidam descenderunt NEP.*Paus.*4.4; ~ pater Aeneas et bello lecta iuuentus succedunt VERG.*A.*8.606; ~ dirigite naues LIV. 29.27.12; (*w. ellipsis of vb.*) ~ aliquis propere sceptrum STAT. *Theb.*11.559;—(*joined w. preps., etc.*) redibo ~ ad senem ad cenam asperam PL.*Capt.*497; conducere aliquam fidicinam sibi ~ domum *Epid.*315; ~ deductast ad meretricem TER.*Eu.*352;—(*w. part. gen.*) ex Andro commigrauit ~ uiciniae *An.*70. **b** ostende ~ manum dexteram PL. *Aul.*649; ~ adhibete auris quae ego loquor *Ps.*153; respice ~ *Truc.*116; caput..~..uertas OV.*Fast.*3.789;—totam ~ conuerte mentem SEN.*Ep.*53.11; (*cf.*) ~ oculis, ~ mente trahor STAT.*Silv.*1.3.38. **c** ~ opesque spesque nostrum cognoscendum condidi PL.*Rud.*1145; ~ consul..praesidium inposuit SAL.*Jug.*47.2; angustus in ipso fit nodo sinus; ~ aliena ex arbore germen includunt VERG.*G.*2.76. **d** quin tradis ~ cruminam..? PL.*As.*661; ~ arido argentost opus *Rud.*726; renumeret dotem ~ TER.*Hec.*502; erigite ~ artus et ad oscula nostra uenite OV.*Met.*9.386; ~ ferrum.. conuerte SIL.2.643;—~ transtulit amorem TER.*Hec.*169; hinc omne principium, ~ refer exitum HOR.*Carm.*3.6.6.

2 a To this point (in an argument, etc.), to this topic or subject. **b** to this degree or extent. **c** to this end or purpose.

a eius generis praecepta licebit ~ pari ratione transferre CIC.*Inv.*2.74; ut eo reuocetur, unde ~ declinauit oratio *de Orat.*2.157; imprudens ~ incidi, iudices *Ver.*4.43; mihi.. uidentur ~ omnia esse referenda *Q.fr.*1.1.24; omnes..res ~ uocat..utei dicant SAL.*Rep.*1.1.9; ~ pertinet praeclara nostri poetae sententia COL.1.3.8. **b** ~ ~ ille decreuit gigans! SEN.*Her.O.*1759;—(*foll. by* ut) rem ~ deduxi ut tum palam pugnare possetis CIC.*Catil.*2.4; ~ iam reduxerat rem ut equites..possent..flumen transire CAES.*Civ.*1.6.21; ~ cecidisse Germanici exercitus gloriam ut sine proelio.. traderent arma? TAC.*Hist.*3.13; (*w. part. gen.*) ~ deductum necessitatis, ut abicere se tam suppliciter..cogeretur V.MAX. 8.1.6; ~..malorum uentum est, ut uerba mea..excusem CURT.7.1.35; ~ adrogantiae uenerat ut legatos ad Tiberium mitteret *Ann.*3.73;—(*w.* -ne) ~ine..beneficia tua euasere, ut..is potissumum stirpis tuae extinctor sit? SAL.*Jug.*14.9; ~ine rerum uenimus? PERS.3.15. **c** summa iudici mei spectat ~ ut meorum iniurias ferre possim ANT.in CIC.*Phil.* 13.46; rubrum..emplastrum, quod Ephesium uocatur, ~ (*sc.* aduersus morsus) aptum est CELS.5.19.21.

3 (w. vbs. of adding) To this amount or total.

~ decem accedant minae PL.*Per.*669; ~ accedit summus timor CIC.*S.Rosc.*9; adde ~ quod perferri litterae nulla condicione potuerunt POL.*Fam.*10.31.4; adde ~ plumipedas uolatilesque CATUL.58b.5; ~ accedebant XVIII onerariae naues CAES.*Gal.*4.22.4; ~ Iole Pyrrhique parens, ~ Herculis uxor, ~ accedat Hylas OV.*Tr.*2.405-6; ~ quidquid fetu genuit natura sinistro miscetur LUC.6.670.

4 *huc illuc* (and sim. phrs.), This way and that, to and fro; also, *huc et huc* (and sim.). **b** (transf., of mental activities). **c** to this side (party) and that.

et ~ et illuc poteram..arbitrarier PL.*Aul.*607; ne..cursem ~ illuc uia deterrima CIC.*Att.*9.9.2; ut tum ~ tum illuc uolent alites *Div.*1.120; uolucris ~ et illuc passim uagantes 2.80; nunc ~ nunc illuc LUCR.2.131; ut legiones..~ atque illuc rapsaret *B.Afr.*73.3; ~ illuc uoluens oculos VERG.*A.* 4.363; ~ et illuc cursitant HOR.*Carm.*4.11.9; ~ illuc impia turba fugit TIB.1.3.70; dum ~ illuc signa uertunt LIV. 7.34.9; quae ~ atque illuc discurreret PETR.37.1; spiritus ~ illuc..uagus PLIN.*Nat.*2.116; ~ iam fessus et illuc mutabat turnas STAT.*Theb.*9.849; ~ illuc ferens arma TAC.*Ann.* 1.56; (*cf.*) ~ine an illuc manum porrexerit CIC.*Orat.*27;—hedera ~ et ~..errans CATUL.61.34; et nunc ~, inde ~ incertos implicat orbis VERG.*A.*12.743; ut ora uertat ~ et ~ euntium liberrima indignatio HOR.*Epod.*4.9; ~ et ~ dubius ruit SEN.*Oed.*343. **b** fluctuat ~ et illuc *Rhet. Her.*4.16; quod eae (*sc.* translationes)..transferunt animos et referunt ac mouent ~ et illuc CIC.*Orat.*134; rationes eas.. quae disputationibus ~ et illuc trahuntur *Luc.*116; animum nunc ~ celerem nunc diuidit illuc VERG.*A.*4.285; feror ~ illuc OV.*trag.*2; ~ illuc diuisa mente uolutat STAT.*Ach.*1. 200; metu ac necessitate ~ illuc mutabantur TAC.*Hist.*1.76. **c** neque enim iam licebit quod Caesaris bello licuit neque ~ neque illuc CIC.*Att.*14.13.2; ut..~ atque illuc, unde spes maior adfulsisset potentiae, sese exercitumque deflecteret VELL.2.21.2.

hūcusque, *adv.* [prec.+VSQVE] To this point, thus far. **b** (transf.) to this pitch or extent.

~ Sesostris exercitum duxit PLIN.*Nat.*6.174; ~ Hadria.. pertinet MELA 2.67; (*in a book*) si priores libri..lectorem ~ cum attentione perduxerunt FRON.*Str.*3.pr. **b** ~ in lacrimas..profusus, ut..causam sibi mortis arcesseret V. MAX.4.7.4; ~ prouectam credulitatem antiquorum PLIN. *Nat.*26.20; tune meos hostis ~ exosus..? STAT.*Theb.*9. 75; haec simulatio..~ procedit, ut..calcemus QUINT.*Inst.* 5.13.22; difficile est ~ intendere animum in dolore PLIN. *Ep.*3.10.6.

hui, *interj.* [onomat.] (exclamation of surprise or other strong emotion).

~, babae! basilice te intulisti et facete PL.*Per.*806; ~! homunculi quanti estis! *Rud.*153; ~ tam cito? ridiculum TER.*An.*474; ~ quantam fenestram ad nequitiem patefeceris *Hau.*480; saluos sit! spero, est similis maiorum suom. —~! *Ad.*411; ~, totiensne me litteras dedisse Romam, cum ad te nullas darem? CIC.*Att.*5.11.1; septimo quadragesimo die Roma celeriter (~ tam longe!)..tuas litteras reddidit 5.19.1; ~, quam uelim scire CAS.*Fam.*15.19.4.

hūiusmodī: see MODVS.

hūmānē, *adv. compar.* ~ius, *superl.* ~issimē. [HVMANVS+-E]

1 In a manner becoming a man, reasonably. **b** with the forbearance befitting a man, with moderation.

quom placo, aduorsor sedulo et deterreo; tamen uix ~e patitur TER.*Ad.*145; eos..putare aliquid moderate aut ~e esse facturos CIC.*Phil.*13.36; non ~e de prouincia loquitur CAEL.*Fam.*8.10.3; interualla uides ~e commoda HOR.*Ep.* 2.2.70; saepius poetice quam ~e locutus es PETR.90.3. **b** morbos toleranter atque ~e ferunt CIC.*Tusc.*2.65; humana ~e ferenda intellegit 3.34; nisi illius peruersitatem..quam ~issime ferremus *Q.fr.*2.4.1.

2 In a kindly or friendly manner.

~issime Quintus 'Pomponia' inquit 'tu inuita mulieres, ego uiros acciuero' CIC.*Att.*5.1.3; tu..~issime fecisti qui me certiorem feceris 13.43; alia sunt..quae defendam a te pie fieri et ~e *Fam.*11.27.7; sublata..seueritate philosophiae ~issime nobiscum iocatur CIC.fil.*Fam.*16.21.3; ille me parum ~e salutauit SEN.*Dial.*4.24.1; quam ~e nobiscum hiemps egerit *Ep.*23.1; PLIN.*Nat.*16.78; (anus) me nimis quam ~e tractare adorta APUL.*Met.*1.7; haec ~ius interpretari solemus POMPON.*dig.*35.1.112.2; in maribus incesti crimina..~ius quam adulterii tractari solent PAPIN. *dig.*48.5.39(38).3.

hūmānitās ~ātis, *f.* [HVMANVS+-TAS]

1 Human nature or character.

nisi qui naturas hominum uimque omnem ~atis..perspexerit CIC.*de Orat.*1.53; haec..uiri boni faciunt et hominum existimationis et communis ~atis causa *Quinct.*51; tam amans tuorum ac tui quam communis ~as postulat *Dom.*98; esse (homines) solos eos qui essent politi propriis ~atis artibus *Rep.*1.28; quaedam (perturbationes)..~atis quoque habent primam speciem, ut misericordia aegritudo metus *Tusc.*4.32; uariarum..artium, quibus ~as erudita est GEL.19.14.1; (*cf.*) ipsa..~as, ad quam homo effingitur SEN.*Ep.*65.7.

2 The quality distinguishing civilized man from savages or beasts, civilization, culture.

germanorum Lupercorum, quorum coitio illa siluestris ante est instituta quam ~as atque leges CIC.*Cael.*26; qui modo cum Musis, id est cum ~ate et cum doctrina, habeat aliquod commercium *Tusc.*5.66; a cultu atque ~ate prouinciae longissime absunt CAES.*Gal.*1.1.3; antiquitates rerum naturae et initia ~atis et inuentiones perquisitas VITR.2.pr.5; instituunt ciuitatibus ~atis mores 9.pr.2; (Italia) numine deum electa quae..~atem homini daret PLIN.*Nat.*3.39; cum chartae usu maxime ~as uitae constet 13.68; porticus et balinea et conuiuiorum elegantiam. idque apud imperitos ~as uocabatur TAC.*Ag.*21.3; studia ~atis professus PLIN.*Pan.*47.3; GEL.13.17.1.

3 Humane character, kindness, human feeling.

si de clementia, ~ate, misericordia nostra..aperiemus *Rhet.Her.*2.50; honestius te inimicitiarum modum statuere potuisse quam me ~atis CIC.*Sul.*48; iam ad ista obduruimus et ~atem omnem exuimus *Att.*13.2(1); utilitate..officium dirigit magis quam ~ate *Off.*3.89; summa uirtute et ~ate adulescentem CAES.*Gal.*1.47.4; crudelissimum nomen tyranni sua ~ate leniebat NEP.*Di.*1.4; supercilium graue et contumeliosam etiam ~atem pati SEN.*Ep.*4.10; longe praeformans animos discentium ad ~atem LARG.pr.p.2,l.31; illa uero uitiosissima, quae iam ~as uocatur, inuicem qualiacumque laudandi QUINT.*Inst.*2.2.10; proximam domum non inuitati adeunt. nec interest: pari ~ate accipiuntur TAC.*Ger.*21.3; ipse in appellandis uenerandisque ..singulis..prope excesserat ~atis modum SUET.*Tib.*29; pro tua singulari ~ate FRO.*Ver.*1.p.298(117N); si infirmitate impeditus continuare iter non potuit, habebitur ratio ~atis ULP.*dig.*4.6.38.1.

hūmāniter, *adv.* [HVMANVS+-TER²]

1 In a manner becoming a man, reasonably, moderately.
sin aliter acciderit, ~ feremus CIC.*Att.*1.2.1; te ipsum.. docebo..quid sit ~ uiuere *Fam.*7.1.5.

2 In a kindly or friendly manner.
quid pie, quid grate, quid ~..aut fecerit aut tulerit CIC. *de Orat.*2.46; cum ad me..suauiter, diligenter, officiose, ~ scripseris *Att.*1.20.1; persalse et ~ etiam gratias mihi agit *Q.fr.*2.13.3.

hūmānitus, *adv.* [next+-ITVS¹]

1 In the manner of human beings. **b** (in euphemistic references to death).
ursi (coeunt)..~ strati PLIN.*Nat.*10.174. **b** si quid me fuerit ~ ENN.*Ann.*125; si quid mihi ~ accidisset CIC.*Phil.* 1.10; SI CVI QVID VESTRVM ~ ACCIDERIT *CIL* 6.10242; SCAEV.*dig.*34.4.30.4; siquid ei ~ attigisset APUL.*Apol.*100.

2 In a manner becoming to man, in a kindly way; reasonably, moderately.
ubi rem resciui, coepi non ~..tractare TER.*Hau.*99; TURP.*com.*165; commotus ~ precibus deprecanti quod petebat dedi RUT.LUP.2.4;—ferre humana ~ AFRAN.*com.*290.

hūmānus ~a ~um, *a.* *compar.* ~ior, *superl.* ~issimus. [cf. HOMO] FORMS: *hemon-* old form acc. PAUL.*Fest.*p.100M.

1 Of, belonging to, or involving, a human being or beings, human; (neut. pl. as sb.) human affairs. **b** *res ~ae*, the human scene, life; also, the human race, the (inhabited) world. **c** (masc. as sb.) a human being.
~as querimonias PL.*Mer.*6; ubi remissa ~a uita corpus requiescat malis ENN.*scen.*365; ~i nil a me alienum puto TER.*Hau.*77; partem quandam..uniuersi generis ~i CIC. *Ac.*1.21; res ~ae fragiles caducaeque sunt *Amic.*102; ~um longe praesentit odorem..anser LUCR.4.682; aequabilius.. sese res ~ae haberent SAL.*Cat.*2.3; ~is quae sit fiducia rebus admonet VERG.*A.*10.152; gentes ~ae LIV.pr.7; caput ~um 1.55.5; congestis omnibus ~is ab natura fortunaque bonis 30.1.4; corpore ~am supra formam PHAED.4.25(26).24; ~um purget ut ignis onus OV.*Fast.*4.554; ad conseruandam uitam ~am LARG.84; fidem, libertatem, amicitiam, praecipua ~i animi bona TAC.*Hist.*1.15; maiore quam ~a specie iuuenem 4.83; ~is maiora bonis creduntur JUV.10.137; id, quod ~i iuris esse desiit, seruitutem non recipit JAVOL.*dig.* 8.4.4;—fortuna ~a fingit artatque ut lubet PL.*Capt.*304; ut sunt ~a, nihil est perpetuom datum *Cist.*194. **b** abire e rebus ~is SEN.*Ben.*4.22.1; inuidia deum ereptum esse rebus ~is CURT.10.5.10; si talis fuerit is qui in utero est, ut, si in rebus ~is esset..petere posset ULP.*dig.*37.9.7; nec.. creditur in rebus ~is fuisse, cum in ea causa decedat 28.3.6.1;—~arum rerum terminos se uidere credentem CURT. 5.6.13; illo rebus ~is praesidente SEN.*Dial.*11.12.3; possessionem rerum ~arum Transalpinis gentibus portendi TAC.*Hist.*4.54; Iouem patrem..quom res ~as a primordio conderet FRO.*Aur.*2.p.12(228N). **c** uitae percipit ~os odium LUCR.3.80.

2 a Human (opp. divine). **b** of human beings (opp. animals).
a ~a matre natus PL.*Am.*28; id non ~o consilio sed prope diuinitus datum CIC.*Ver.*1; ut is qui ~os sensus amiserit diuinos adsecutus sit *Div.*2.110; Thetis ~os non despexit hymenaeos CATUL.64.20; LUCR.2.169; seu intemperie caeli seu ~a fraude fuit LIV.8.18.1; plus ualet ~is uiribus ira dei OV.*Tr.*5.12.14; audita maior ~a uox excedere deos TAC. *Hist.*5.13; nam aliae sunt diuini iuris, aliae ~i GAIUS *dig.* 1.8.1;—(*neut. as sb.*) neque diuini neque..~i..quicquam PL.*As.*854; ibi de diuinis atque ~is cernitur *Trin.*479; an superna agentes ~a neglegant SIS.*hist.*123; ~a despicimus CIC.*Luc.*127; quod omnia diuina ~aque turbentur LIV.4.2.7; cum uictor Orientis animos supra ~a tolleret SEN.*Ben.*1.13.1. **b** ~a nos uoce appellant oues PL.*Bac.*1141; auium congestu non ~o satu CIC.*Div.*2.68; sin animas hominum dicent in corpora semper ire ~a LUCR.3.761; qua nulla ~o sit uia trita pede [TIB.]3.19.10; hostiis ~is LIV.22.57.6; ~a qui dape pauit equas OV.*Ep.*9.68; tum pecudum faciles ~a ad murmura linguae LUC.1.561; TAC.*Ger.*9.1.

3 (of conditions, etc.) That affect human beings, proper to man.
communis..legis et ~ae condicionis recordatio CIC.*Fam.* 6.6.12; ~a esse quae acciderint *Tusc.*3.57; se memorem ~arum rerum..incolumis omnis sub iugum missurum SAL. *Jug.*38.9; LIV.37.35.5; necessitatibus magis ~is quam armis uicti sunt 22.60.23; ~ae..memor sortis OV.*Tr.*3.11.67; SCAEV.*dig.*34.2.38.2; (*pregn.*) si aliquid mihi ~um contigerit, filio meo (*sc.* restitues) PAUL.*dig.*16.3.26;—(*neut. as sb.*) adducor ferre ~a humanitus AFRAN.*com.*290; fingebat haec Homerus et ~a ad deos transferebat CIC.*Tusc.*1.65; num.. ~a contemnentem potes dicere..Philoctetam illum? 2.33; tumidos et supra ~a elatos SEN.*Ben.*6.3.2; (*sg.*) si in Pompeio quid ~i euenisset SAL.*Hist.*5.24.

4 (of behaviour, attitudes, etc.) Characteristic of human beings, human.
~um amarest, humanum autem ignoscere est PL.*Mer.* 319; persuasit nox amor uinum adulescentia: ~umst TER. *Ad.*471; si ~o modo, si usitato more..peccasset CIC.*Ver.*2.9; non ~ae et tolerandae audaciae *Catil.*2.10; ~um id quidem ..non enim silice nati sumus *Tusc.*3.12; ne secutis quidem diebus odii gaudii..ullius denique ~i adfectus signa dedit TAC.*Ann.*11.38.

5 Civilized. **b** cultured, cultivated.
gentem..nullam uideo neque tam ~am..quae non significari futura..praedicique posse censeat CIC.*Div.*1.2; longe sunt ~issimi qui Cantium incolunt CAES.*Gal.*5.14.1; in.. ~o contigit esse loco OV.*Pont.*1.3.48; barbaris..~ioribus SEN.*Dial.*11.18.9; uita ~ior sine sale non quit degere PLIN. *Nat.*31.88; homo Thracus..cum in terras cultiores ~ioris uitae cupidine conmigrasset GEL.19.12.7. **b** ex ~issimo homine patruo nostro CIC.*de Orat.*2.3; alterum (genus hominum) ~um et politum *Part.*90; ex ipsius..gratissimis et ~issimis moribus *Fam.*13.22.2; ~issima conpletur animus uoluptate *Luc.*127; huc a simulacris deorum hominumque deuocauerat ~issimam artem PLIN.*Nat.*34.89; ~is salibus PLIN.*Ep.*7.4.6.

6 Morally worthy of humanity, kindly, considerate. **b** befitting the dignity of man. **c** merciful, indulgent.
esse existumo ~i ingeni PL.*Mos.*814; haec ego putabam esse omnia ~i ingeni..officia TER.*An.*113; nonne ea dissimulare nos magis ~umst..? *Hec.*553; erat..tum mos..in hoc ipso ~ior, ut faciles essent in suum cuique tribuendo CIC. *Brut.*85; qui de me ad te ~issimas litteras scripsit *Att.*6.1.7; Cyrum..comem erga Lysandrum atque ~um fuisse *Sen.*59; non a misericordia aut ~o consilio LIV.24.31.12; hospitia sua, quemadmodum aduenientibus ~a sunt V.MAX.2.6.9; nullum in hoc habeo huius officii debitorem in publicum ~us SEN.*Ben.*5.20.5; cum sit nulla (uirtus) ~ior (*sc.* clementia) *Cl.*1.3.2; ciuili et ~o ingressu QUINT.*Inst.*3.8.59; uale, mi magister, Vero tuo carissime et ~issime VER.*Fro.* 1.p.296(116N); ~issimo uultu APUL.*Apol.*55. **b** ~ius est deridere uitam quam deplorare SEN.*Dial.*9.15.2. **c** ~VM ESSE DILATIONEM PROBATIONI DARI *CIL* 10.7852.15; magistratus ~iorem sententiam secuti sunt CALP.*Decl.*51; sententia Neratii tunc habet locum, quae est ~a, quando emptor aliquam partem pretii dedit ULP.*dig.*18.3.4.1; Antoninus Caesar..dixit: causa praesens admittere uidetur ~iorem interpretationem MARCEL.*dig.*28.4.3.

humātiō ~ōnis, *f.* [HVMO+-TIO] Burial.
de ~one et sepultura CIC.*Tusc.*1.102; PLIN.*Nat.*22.8; quia sepulchri sit non solum is locus, qui recipiat ~onem VEN.*dig.*43.24.22.4.

humātor ~ōris, *m.* [HVMO+-TOR] One who buries.
Poenus ~or consulis LUC.7.799.

hūme-, hūme-, hūmid-, hūmif-: see VM-.

humilis ~is ~e, *a.* *compar.* ~ior, *superl.* ~limus. [HVMVS+-ILIS]

1 Rising only a short distance from the ground or other surface, low. **b** (of human beings, animals) low in stature, short; (also, of legs). **c** (of plants, shrubs) low, stunted. **d** (of water, depressions) shallow.
~em caementis instructum oppidi murum sciebat SIS. *hist.*79; ad celeritatem onerandi subductionesque paulo facit ~iores (naues) CAES.*Gal.*5.1.2; quam (*sc.* turrim) primo ..~em paruamque fecerunt *Civ.*2.8.1; porta ibi ~is et angusta erat LIV.24.46.3; neque transilire..ex ~ioribus in altiorem nauem 30.25.6; ~es contemnere muros coepit OV. *Fast.*4.841; calciamentis..~ioribus primo tempore utendum CELS.8.22.2; ~e candelabrum QUINT.*Inst.*6.3.99;—(*of natural features*) obscuros collis ~emque uidemus Italiam VERG.*A.*3.522; non ~em Sasona uadis LUC.5.650; superfusus amnis palustrem ~emque insulam..oppleuit TAC.*Hist.*5.23; (*neut. as sb.*) uasta uis ignium..altissimos uertices..ad ~e deduxit SEN.*Ep.*91.11. **b** esse oportet (oues) cruribus ~ibus VAR.*R.*2.2.3; statura fuit ~i et corpore exiguo NEP. *Ag.*8.1; alii ~es paruique alii ita proceri et corpore ingentes ut.. MELA 3.63; breui atque ~i corpore homines GEL. 19.13.3;—(genus leporum) unum..pedibus primis ~ibus, posterioribus altis VAR.*R.*3.12.5. **c** et arbores et uites et ea, quae sunt ~iora CIC.*Tusc.*5.37; non ~is curuis purgatur uinea rastris CATUL.64.39; salices ~esque genistae VERG.*G.* 2.434; apud quos ~i statu uitis plerumque iuxta terram coercetur COL.4.1.5; salice omnia alligas, ~lima arborum PLIN.*Nat.*18.267. **d** ex ~i conualle *B.Hisp.*25.2; ~i designat moenia fossa VERG.*A.*7.157; est ~is unda, scrupeis mendax uadis SEN.*Ag.*558; scrobem..ut ~em et angustam increpans TAC.*Ann.*15.67; (*cf.*) in speciem carinae ~i radice descendunt (*sc. floating islands*) PLIN.*Ep.*8.20.5.

2 Occupying a relatively low position, low down; (neut. as sb.) a low position, (pl.) low-lying parts. **b** (referring to the posture, field of movement, etc., of living creatures).
ex ~i sede sublima euolat ACC.*trag.*576; aruum pingue.. ~is Forenti HOR.*Carm.*3.4.16; resupinus is collocandus est sic, ut caput ~e sit CELS.7.26.5B; luna ~iore currens uia SEN.*Ben.*5.6.4; frangebat radios ~i iam pronus Olympo Phoebus STAT.*Ach.*1.689;—~ius et depressius iter PLIN.*Ep.* 9.26.2;—minus habet uirium flatus ex ~i SEN.*Ep.*77.2; etiamsi uertices isti comprehendere terrena..et ex ~i in altum exprimere possent *Nat.*7.8.4; ne tantum ad plana ciuitatis et ~ia perueniat (aqua) PLIN.*Ep.Tra.*10.37(46).2. **b** quadrupes tardigrada agrestis ~is (*i.e. tortoise*) PAC. *trag.*2; aui similis, quae circum litora..~is uolat aequora iuxta VERG.*A.*4.255; siue ~es..iactabimus alas OV.*Ars* 2.61; nunc ~is genua amplectens STAT.*Theb.*10.625; (*poet.*) murmurque ~esque susurros tollere de templis PERS.2.6.

3 (of persons, rank, status) Humble, lowly. **b** (of peoples) humble, insignificant; (also, of man compared with other creatures). **c** (masc. as sb.) a humble or low-born person; (neut.) a low estate.
omnibus nobis ut res dant sese ita magni atque ~es sumus TER.*Hec.*380; SI ~i genere, ipsum in suis..uirtutibus habuisse praesidium *Rhet.Her.*3.13; ~i atque obscuro loco natus CIC.*Ver.*5.181; non esse insectandos inimicorum amicos, praesertim ~iores *Att.*14.13b.3; quem Caesar.. ex ~i loco ad summam dignitatem perduxerat CAES.*Gal.* 7.39.1; ~limus quisque SAL.*Rep.*2.5.3; inuidens priuata deduci superbo non ~is mulier triumpho HOR.*Carm.*1.37.32; me non ~em..poetam PROP.1.7.21; obscuram atque ~em.. multitudinem LIV.1.8.5; quis est hodie..tam ~is cui non uia ad consulatum facilior..? 6.41.3; iunge tuis ~es (*i.e. of servants*) ambitiose manus OV.*Ars* 2.254; plebes..~is aut media PLIN.*Nat.*26.3; ~em..experta maritum STAT.*Ach.* 1.268; ut quisque honestus, ~is, inuidiosus..erit QUINT. *Inst.*11.1.42; ut cuique ~limus cliens TAC.*Hist.*1.81; praestabat castas ~is fortuna Latinas JUV.6.287; rei..~ioris quidem fortunae summo supplicio adficiuntur, honestiores in insulam deportantur PAUL.*dig.*47.12.11; (*poet.*) seu lapsus ab astris (te) non ~is fecundat amor STAT.*Theb.*4.752; (*w. abl.*) dignitate pari, fortuna ~iores NEP.*Att.*19.2. **b** hos..uectigalis sibi fecerunt ac multo ~iores infirmioresque redegerunt CAES.*Gal.*4.3.4; ciuitatem ignobilem atque ~em 5.28.1; nunc ~is ueteres..Troia ruinas..ostendit OV.*Met.*15.424; (*cf.*) ouandi..causa est, cum..hostium nomen ~e et non idoneum est, ut seruorum piratarumque GEL.5.6.21;—homines, cum multis rebus ~iores et infirmiores sint, hac re maxime bestiis praestare, quod loqui possunt CIC.*Inv.*1.5. **c** indignum est a pari uinci aut superiore, indignius ab inferiore atque ~iore CIC.*Quinct.*95; ne..potentiores..~iores possessionibus expellant CAES. *Gal.*6.22.3; ex ~i potens HOR.*Carm.*3.30.12; ne ~limorum in manu comitia essent LIV.9.46.14; ~es laborant ubi potentes dissident PHAED.1.30.1;—an ex ~i in sublime Iupiter tulerit SEN.*Suas.*4.2; (*transf.*) oratorum laus ita ducta ab ~i uenit ad summum CIC.*Tusc.*2.5.

4 (of objects, activities, etc.) Suitable to humble persons or situations, lowly. **b** (rhet., of a type of case) petty, unimportant. **c** (of actions) weak, insignificant.
multis..aut nulla aut ~i aliqua arte praeditis CIC.*Arch.* 10; nec dispersis bustis ~i sepultura crematos *Phil.*14.34; uestitu ~i atque obsoleto NEP.*Ag.*8.2; ~is habitare casas VERG.*Ecl.*2.29; nos ~em feriemus agnam HOR.*Carm.*2.17.32; dos tibi non ~is prodita Roma uenit PROP.4.4.56; ~i nomine accepto MELA 2.26; non ~is labor est LUC.6.602; cui tua non ~is dedit indulgentia mores STAT.*Silv.*3.3.150; (*neut. pl. as sb.*) ~ia..secutus humilitatis tamen summam adeptus est gloriam PLIN.*Nat.*35.112. **b** ~e genus (*sc.* causae) est, cum contempta res adfertur *Rhet.Her.*1.5; CIC.*Inv.*1.20; QUINT.*Inst.*4.1.40. **c** auxilia ~ia firma consensus facit PUB.*Sent.*A.4.

5 Humiliated, humbled.
decisis ~em pennis HOR.*Ep.*2.2.50; in tenuis ~em te colligis umbras PROP.3.9.29; deiectum fatis ~em fractumque LUC.8.344; generi..iacentis aspice res ~is STAT.*Theb.* 3.697; mens ~is luctu 10.363; (*poet.*) mortalia corda per gentis ~is strauit pauor VERG.*G.*1.331.

6 Submissive, humble, abject. **b** (of speech, actions, etc.).
sic erat ~is atque demissus ut..sibi ipse condemnatus uideretur CIC.*Ver.*17; quis umquam apparitor tam ~is, tam abiectus? *Phil.*2.82; nunc, o Bacche, tuis ~es aduoluimur aris PROP.3.17.1; si quis nulla se amica fecit insignem.. hunc matronae ~em..uocant SEN.*Ben.*1.9.4;—(*w.* animus, *etc.*) ut..prosternerent se et populo Romano fracto animo atque ~i supplicarent CIC.*Planc.*50; succumbere doloribus eosque ~i animo inbecilloque ferre miserum est *Fin.*1.49; faciunt animos ~is formidine diuum LUCR.6.52; PLIN. *Nat.*22.110; pectore non ~i passus utrumque deum MART. 7.40.2. **b** orantur..illi, qui audiunt, ~i et supplici oratione, ut misereantur CIC.*Inv.*1.109; conueniens oratio tam ~i adulationi fuit LIV.30.16.5; eo ore..~ia in adulationem uerba summittes? SEN.*Suas.*6.3; SEN.*Ben.*3.5.2.

7 (of persons, conduct, etc.) Lacking moral elevation, ignoble, mean. **b** (of speech, style) not measuring up to its subject, unelevated, mean; (sim., of speakers, writers).
rerum ~ium contemptio *Rhet.Her.*3.3; nihil..umquam in te sordidum, nihil ~e cognoui CIC.*Phil.*1.33; nescio quid istuc fractum, ~e, demissum, sordidum *Pis.*62; unde..despicere atque ~is possem contemnere curas *Ciris* 17; miget in obscuras ~i sermone tabernas HOR.*Ars* 229; SEN.*Ep.*92.8; cui mens ~i laesisse ueneno summa STAT.*Theb.*1.171; apud seueros ~is TAC.*Hist.*1.52; PLIN.*Ep.*1.3.3; nec umquam persuadeatur ~e esse principi nisi odisse *Pan.*85.7; (*neut. pl. as sb.*) cum periculo potius summa quam tuto ~ia proposuit sequi VELL.2.60.2. **b** nec..ullum (uerbum) aut durum aut insolens aut ~e CIC.*Brut.*274; quae..sunt ~iora quam illa, quae a nobis expectari puto *Leg.*1.14; nil paruum aut ~i modo, nil mortale loquar HOR.*Carm.*3.25.17; quae ~ia circa res magnas, apta circa minores uidentur QUINT. *Inst.*8.3.18; ~e atque cotidianum sermonis genus 11.1.6; nihil ~e, nihil abiectum eloqui poterat TAC.*Dial.*36.1;—summissus est et ~is, consuetudinem imitans CIC.*Orat.*76; Macer et Lucretius legendi..sed alter ~is, alter difficilis QUINT.*Inst.*10.1.87.

humilitās ~ātis, *f.* [prec.+-TAS]

1 Lowness of stature, shortness, lack of height.
aliorum (animalium) east ~as ut cibum terrestrem rostris facile contingant CIC.*N.D.*2.122; has omnis actuarias imperat fieri, quam ad rem multum ~as adiuuat CAES.*Gal.* 5.1.3; neque plane occultati ~ate arborum SAL.*Jug.*49.5; SEN.*Nat.*4b.11.2; pumileas aues, nisi quem ~as earum delectat..(non) probo COL.8.2.14.

2 Lowness of position.
septem alia (sidera)..multum inter se aut altitudine aut ~ate distantia CIC.*Tusc.*5.69; quanta ~ate luna feratur terram paene contingens *Div.*2.91.

3 Lowness of rank or status, humbleness. **b** humble condition, insignificance, unimportance.
numquam ulla ~as ingenium infirmat bonum ACC.*trag.*99; num igitur ignobilitas aut ~as..sapientem beatum esse prohibebit? CIC.*Tusc.*5.103; illi alteri generis ~as fauorem addiderat SAL.*Jug.*73.4; id ut fit propter auctoris ~atem spretum LIV.5.32.7; si militaria signa ~atem spernere perseuerarent V.MAX.2.3.1; infima natalium ~ate PLIN. *Nat.*18.37; ob ~atem generis ac nominis SUET.*Ves.*4.5; APUL.*Apol.*16. **b** id se facile ex ~ate sua probare posse CAES.*Gal.*5.27.4; Thysdritanos propter ~atem ciuitatis

certo numero frumenti multat *B.Afr.*97.4; multis rebus non ex natura sua sed ex ~ate nostra magnitudo est Sen. *Nat.*3.pr.10; nos oblitterata quoque scrutabimur nec deterrebit quarundam rerum ~as Plin.*Nat.*14.7; quoniam humilia quidem secutus ~atis tamen summam adeptus est gloriam 35.112; Apul.*Pl.*1.2.

4 Degradation, debasement, humiliation.
neque nunc se illorum ~ate..postulare quibus rebus opes augeantur suae Caes.*Civ.*1.85.5; quantum ~atis putamus eloquentiae attulisse paenulas istas Tac.*Dial.*39.1.

5 Unambitiousness, commonplaceness (of style).
ne me putes improbasse schedium Lucilianae ~atis quod sentio et ipse carmine effingam Petr.4.5; uim rebus aliquando uerborum ipsa ~as adfert Quint.*Inst.*8.3.21.

6 Submissiveness, subservience, humility.
uirtus et magnificentia..plus proficit..quam ~as et obsecratio Cic.*Inv.*1.109; huic ~ati dicebat uel exsilium fuisse uel mortem anteponendam *de Orat.*1.228; habet ardorem libido..~atem metus *Tusc.*3.27; summittere se in ~atem causam dicentium Liv.38.52.2; non sine quadam ~ate animi Sen.*Dial.*2.10.3; equarum iubas tondere..ut asinorum coitum patiantur ~ate Plin.*Nat.*10.180; Quint. *Inst.*9.4.35; Plin.*Ep.*8.6.15.

humiliter, *adv.* *compar.* ~ius, *superl.* ~limē. [HVMILIS+-TER[2]]

1 At a low elevation, low.
(nubes) umectiores ~ius meant Apul.*Soc.*10; (*fig.*) eadem ..facta claritate uel obscuritate facientium aut tolluntur altissime aut ~lime deprimuntur Plin.*Ep.*6.24.1.

2 In a submissive manner, abjectly.
audaciter territas, ~iter placas *Rhet.Her.*4.28; non est ausus elate et ample loqui, cum ~iter demisseque sentiret Cic.*Tusc.*5.24; aut seruit ~iter aut superbe dominatur Liv. 24.25.8; ~ius de origine sua sentire V.Max.3.7.ext.7; hunc uidimus..animose paupertatem ferentem, ~iter infamiam Sen.*Ep.*120.9.

humō ~āre ~āuī ~ātum, *tr.* [HVMVS+-O[3]]

1 To bury, inter.
is ~atus mortuus, qui terra obrutus Var.*L.*5.23; quos cum ~are uellent sui Cic.*de Orat.*2.353; non qui uratur, sepeliri, sed qui ~etur *Leg.*2.58; NE QVIS..HOMINEM MORTVOM INFERTO NEVEIBI ~ATO NEVE VRITO *CIL* 1.594.2.2.4; quod corpus ~andum diceret Verg.*A.*6.161; Hor.*S.*2.3.187; aut ~er ignotae cumulis uallatus harenae Prop.3.16.29; ut ..eos uno tumulo contegerent, adicerentque ~atis titulum Liv.26.25.13; Tac.*Ann.*4.73; Apul.*Fl.*15.

2 To dispose of the body of (by any means).
quod nunc communiter in omnibus sepultis uenit usu, ut ~ati dicantur, id erat proprium tum in iis, quos humus iniecta contexerat Cic.*Leg.*2.57; mos..sepulturae..quo prius hic populus semper consuerat ~ari Lucr.6.1279; (*app. by cremation*) hi (Eumenem mortuum) militari honestoque funere..~auerunt ossaque eius in Cappadociam ad matrem ..deportanda curarunt Nep.*Eum.*13.4.

hūmor: see VMOR.

humus ~ī, *f.* (**~um,** *n.*). [cf. Skt. *kṣáḥ-*, Gk. *χθών*, *χαμαί*, Lith. *žẽmė*, OIr. *dū*.] Gender: neut. Laev.*poet.*6, Gracch.*trag.*3 (acc.Priscian in *G.L.*2.269). Form: abl. *~u* Var.*Men.*422, 531.

1 The earth (as the surface on which things rest or move, and that which extends below this surface), the ground. **b** *~i*, on the ground (often as a position indicative of supplication, defeat, etc.); also, in the ground.
cubitis pinsibant ~um Enn.*scen.*411; Pl.*St.*354; coma tractate per aspera saxa et ~um Pac.*trag.*351; in ~u calces facis elixos Var.*Men.*531; omnis ~o fumat Neptunia Troia Verg.*A.*3.3; cum..pede candido in morem Salium ter quatient ~um Hor.*Carm.*4.1.28; cuius Iliacam celeri uir pede pressit ~um Ov.*Tr.*5.14.40; ut ~o se adleuare non possit Sen.*Con.*10.4.2; maesta..ciuili caede maderet ~us Mart.9.70.4; ~um per ipsam..dulce uagientem Stat.*Silv.* 2.7.36; ipsam..~um pilis et lanceis rimabantur Tac.*Hist.* 2.29;—(*as the place of burial*) Theodori..nihil, interest, ~ine an sublime (*sc.* in cruce) putescat Cic.*Tusc.*1.102; dum pretium uitae grata rependit ~us Prop.4.11.100. **b** hunc..ante nostram ianuam adpone.—obsecro, ~ine? Ter.*An.*726; quousque ~i defixa tua mens erit? Cic.*Rep.* 6.17; mero libans carchesia Baccho fundit ~i Verg.*A.*5.78; fertur..uirilem toruus ~i posuisse uultum Hor.*Carm.*3.5.44; legati cum senatum ~i strati mouissent Liv.9.20.1; uinearum..genera..tria sunt, iugata, ~i proiecta et deinde tertia Col.*Arb.*4.1; Stat.*Theb.*2.525; Tac.*Hist.*3.10; infantes..adflictos ~i Flor.*Epit.*2.22(4.12.5); Apul.*Met.*1.11;—(*in fig. phrs.*) si hoc..uidetur esse altius, quam ut id nos ~i strati suspicere possimus Cic.*de Orat.*3.22; sint sane illa genera bonorum, dum corporis et externa iaceant ~i *Tusc.* 5.76; stetit una integra..uirtus populi Romani; haec omnia strata ~i erexit ac sustulit Liv.26.41.12;—locus..circiter duodecim pedes ~i depressus Sal.*Cat.*55.3; tribus hastis iugum fit, ~i fixis duabus Liv.3.28.11.

2 a Dry ground. **b** (opp. the sky or heaven, esp. as the symbol of the low or commonplace).
a nec caelo nec ~o nec aquis dea uestra recepta est Ov. *Met.*6.188; nec magis ~o quam stagno consuerunt (*sc.* aues) Col.8.13.1; Stat.*Theb.*11.277. **b** ultima de superis illa (*sc.* Iustitia) reliquit ~um Ov.*Fast.*1.250;—Virtus..coetus ..uulgaris et udam spernit ~um fugiente penna Hor.*Carm.* 3.2.24; sermones..repentis per ~um *Ep.*2.1.251; ne..dum uitat ~um, nubes et inania captet *Ars* 230.

3 An area or stretch of ground.
qualemcumque Parim uix sua nosset ~us Prop.3.1.30; petiit herbae fertilioris ~um Ov.*Am.*3.5.30; nondum.. latam diues habebat ~um *Fast.*5.280; hanc messem satis est si mea reddit ~us *Pont.*1.5.56; uix hac inuenies..quae minus Augusta pace fruatur ~us 2.5.18; nulla immunis ~us Stat.*Ach.*1.423.

4 Earth, soil. **b** (as the material for pottery).
mersit sequentis umidum plantas ~um Gracch.*trag.*3; (ratem) pontis in modum ~o iniecta constrauerunt Liv. 21.28.7; obruentes..ora superiecta ~o 22.51.8; Curt.4.3.9; intra id spatium quod Ebusitana ~o circumsignauerunt Mela 2.126; densa cretosaque et uliginosa ~us Col.2.9.3; —(*placed over bodies in burial*) corpus ~o patiare tegi Verg. *A.*10.904; sic bene sub tenera parua quiescat ~o Tib.2.6.30; corpus..ecquod sub nulla positum cernere possit ~o Ov.*Tr.* 1.6.12; alienas reliquias an suorum ~o tegeret Tac.*Ann.* 1.62. **b** discipuli magistrique certamine, uter tenuiorem ~um duceret Plin.*Nat.*35.161; argentea uasa..non in alia uilitate quam quae ~o finguntur Tac.*Ger.*5.4.

Hyacinthia ~ōrum, *n. pl.* A Spartan festival in honour of Hyacinthus.
Ov.*Met.*10.219.

hyacinthinus ~a ~um, *a.* [Gk. ὑακίνθινος] Of hyacinth; hyacinth-coloured (perh. a kind of blue or purple, but whether it is derived from the plant or the stone is uncertain).
talis in uario solet..hortulo stare flos ~us Catul.61.89; —aliquis cui circum umeros ~a laena est Pers.1.32.

hyacinthizōn ~ontos, *pple.* [Gk. ὑακινθίζω; cf. next] Resembling the hyacinth.
quarto loco numerantur ~ontes (*sc.* berulli) Plin.*Nat.* 37.77.

Hyacinthus[1] **(~os)** ~ī, *m.* ORTHOG.: *Hyacinto* (dat.) Lucil.276. (mythol.) A Spartan youth, loved and accidentally killed by Apollo.
at illum (*sc.* orbem) dura repercussum subiecit in aera tellus in uultus, ~e, tuos Ov.*Met.*10.185; Hyg.*Fab.*271; (*as a type of male beauty*) sed gladiator erat. facit hoc illos ~os Juv.6.110.

hyacinthus[2] **(~os)** ~ī, *m.* [Gk. ὑάκινθος]

1 A flower, variously conjectured to be Martagon lily, iris, etc.
suaue rubens ~us Verg.*Ecl.*3.63; florem..languentis ~i *A.*11.69; hic est et Spartica myrtus atque ~os *Culex* 401; Prop.4.7.33; Ov.*Fast.*4.439; ferrugineis..~is Col.10.305; unum (*sc.* genus pothi), cui flos ~i est, alter candidus Plin.*Nat.*21.67; ~us in Gallia maxime prouenit 21.170.

2 A precious stone, prob. sapphire.
ille emicans in amethysto fulgor uiolaceus diluitur ~o Plin.*Nat.*37.125; GEMMA ~VS *CIL* 2.3386; Antoniae Tertullae lego..unionem cum ~is Marcel.*dig.*34.2.6.

Hyades ~dum, *f. pl.* Also sg. **~s.** A group of five stars in the constellation Taurus, whose morning rising and setting were associated with rainy weather.
has Graeci stellas ~das uocitare suerunt Cic.*Arat.*178; Pleiadas, ~das claramque Lycaonis Arcton Verg.*G.*1.138; pluuias..~das *A.*1.744; nec tristis ~das nec rabiem Noti Hor.*Carm.*1.3.14; nauita quas ~das Graius ab imbre uocat Ov.*Fast.*5.166; pluuias ~das Sen.*Med.*312; Amp.3.2; Hyg. *Fab.*192.2;—(*sg.*) non tantis ~s inserena nimbis terras obruit aut soluta Plias Stat.*Silv.*1.6.21.

hyaena ~ae, *f.* [Gk. ὕαινα]

1 The striped hyena.
Ov.*Met.*15.410; pelle ~ae satoriam trimodiam uestiunt Col.2.9.9; Luc.6.672; ~is..alternis annis mares alternis feminas fieri Plin.*Nat.*8.105; 11.177; ~ae fellis Larg.38.

2 An unknown sea-fish.
~am piscem uidi in Aenaria insula captum Plin.*Nat.* 32.154.

hyaenia ~ae, *f.* [cf. Gk. ὑαίνειος] A precious stone.
~ae, ex oculis hyaenae lapides,..inueniri dicuntur Plin. *Nat.*37.168.

hyaloīdēs ~ēs ~es, *a.* [Gk. ὑαλοειδής] Vitreous.
eo..cauo continet quiddam, quod a uitri similitudine ~es Graeci uocant Cels.7.7.13.c.

hyalus ~ī, ?*m.* [Gk. ὕαλος] Glass.
Milesia uellera Nymphae carpebant ~i saturo fucata colore (*i.e. green*) Verg.*G.*4.335.

Hyantes ~um, *m. pl.* An ancient name for the Boeotians.
Boeotos ~as antiquitus dixere Plin.*Nat.*4.26.

Hyantēus ~a ~um, *a.* Of the Hyantes, Boeotian.
~a Aganippe Ov.*Met.*5.312; Cadmus exsul ~os inuenit regna per agros Stat.*Theb.*1.183; (*w. ref. to Helicon*) clarus ~ae Stella sititor aquae Mart.12.2(3).12.

Hyantius ~a ~um, *a.* = prec.; *~ae sorores*, The Muses.
et Paean et ~ae sorores Stat.*Silv.*2.7.8.

Hyās[1] ~ntis, *m.* A son of Atlas; *sidus ~ntis*, the Hyades.
forma conspiciendus ~s Ov.*Fast.*5.170; Hyg.*Fab.*192.1; —Ov.*Fast.*5.734.

Hyas[2] ~ados, *f.*: see HYADES.

Hybla ~ae, *f.* The name of several towns in Sicily, esp. one on the southern slopes of Mt. Etna, famous for its honey.
thymo mihi dulcior ~ae Verg.*Ecl.*7.37; quot apes pascuntur in ~a Ov.*Ars* 2.517; Plin.*Nat.*11.32; pascat et ~a meas, pascat Hymettos apes Mart.7.88.8.

Hyblaeus ~a ~um, *a.* Of Hybla. **b** *~us liquor*, etc., honey.
gaudet in ~o securus gramine pastor Luc.9.291; ~is apibus Corsica mella dabit Mart.9.26.4; mella..~a 11.42.3; (*poet.*) ~is uox mixta fauis Stat.*Silv.*2.1.48; (*as a poetic epithet of bees in general*) saepes ~is apibus florem depasta salicti Verg.*Ecl.*1.54. **b** ~um refugit satur liquorem Petr.fr. 29.5; ubi belliger urbis conditor ~o perfusus nectare durat Stat.*Silv.*3.2.118; (*cf.*) ~is madidas thymis placentas Mart. 5.39.3.

Hyblensis ~is ~e, *a.* Of Hybla; (masc. pl. as sb.) the people of Hybla.
VENERI VICTRICI ~I *CIL* 10.7013;—ex ~ium pactionibus Cic.*Ver.*3.102; Plin.*Nat.*3.91.

hybrida ~ae, *m.* Also **(h)ib-.** [unkn.] A half-bred or cross-bred person or animal. **b** (as a cognomen).
in nullo genere (*other than pigs*) aeque facilis mixtura cum fero, qualiter natos antiqui ~as uocabant Plin.*Nat.* 8.213;—(*of the offspring of Romans and slaves or foreigners*) ex ~is, libertinis seruisque *B.Afr.*19.3; ~a..Persius Hor. *S.*1.7.2; inuitas ad aprum, ponis mihi..porcum. ~a sum, si das..uerba mihi Mart.8.22.2; (coniurationem) Asini Epicadi ex gente Parthina ~ae Suet.*Aug.*19.1. **b** Q. ..Varius propter obscurum ius ciuitatis ~a cognominatus V.Max.8.6.4.

Hydaspēs ~is, *m.* A tributary of the river Indus, the Jhelum.
quae loca fabulosus lambit ~es Hor.*Carm.*1.22.8; Mela 3.69; ~es gemmifer Sen.*Med.*725; uastis Indus aquis mixtum non sentit ~en Luc.3.236; Plin.*Nat.*6.71;—(*as a typical eastern river*) regem non sic Aegyptus..nec populi Parthorum aut Medus ~es obseruant Verg.*G.*4.211; saeui ..repertor ~is (*sc.* Pompeius) Petr.123,l.239.

hydra ~ae, *f.* [Gk. ὕδρα]

1 Any of var. mythical snakes or sim. creatures: **a** the Lernean Hydra, killed by Hercules. **b** Echidna, the mother of Cerberus. **c** a monster guarding the entrance to Hades.
a quem ad modum pellem aut ~am fingeret Cic.*de Orat.* 2.70; Lucr.5.27; clipeo..insigne paternum centum anguis cinctamque gerit serpentibus ~am Verg.*A.*7.658; ~a secto corpore firmior Hor.*Carm.*4.4.61; Prop.2.24.25; nec profuit ~ae crescere per damnum geminasque resumere uires Ov.*Met.*9.192; Sen.*Ep.*113.9. **b** tricipitem..~a generatum canem Cic.*Tusc.*2.22. **c** quinquaginta atris immanis hiatibus ~a saeuior intus habet sedem Verg.*A.*6.576; ~ae ..greges Stat.*Silv.*5.3.280.

2 A snake.
grauiter spirantibus ~is Verg.*A.*7.753; guttura elidens manu prolusit ~ae Sen.*Her.F.*222; Mart.14.177.2; (*forming the hair of the Furies*) tot Erinys sibilat ~is Verg.*A.*7.447; Stat.*Silv.*2.1.185.

3 The name of a constellation.
hic sese..erigit ~a Cic.*Arat.*458(214); Man.1.612.

hydraeum ~ī, *n.* [cf. Gk. ὑδραῖος] (app.) A kind of water-vessel.
~VM CEMMIS EXORNATVM ET AVRATVM *CIL* 14.3941.

hydragōgia ~ae, *f.* [Gk. ὑδραγωγία] An aqueduct.
sensus portae, uenae ~ae, clouaca intestini Var.*Men.*290.

hydraletēs ~ae, *m.* [Gk. ὑδραλέτης] A water-mill.
eadem ratione..uersantur ~ae Vitr.10.5.2.

hydrargyrus ~ī, *m.* [Gk. ὑδράργυρος] Mercury obtained from cinnabar and regarded as different from natural mercury.
aes inaurari argento uiuo aut certe ~o legitimum erat Plin.*Nat.*33.64; ex secundario (minio) inuenit uita et ~um in uicem argenti uiui 33.123.

hydraula (~ēs) ~ae, *m.* [Gk. ὑδραύλης] A player on the water-organ.
ut putares essedarium ~e cantante pugnare Petr.36.6; uouerat..proditurum se..ludis etiam ~am Suet.*Nero* 54.1.

hydraulārius ~iī, *m.* [HYDRAVLVS+-ARIVS] (app.) = prec.
T AEL IVSTVS ~IVS SALARIARIVS LEG II AD *CIL* 3.10501.

hydraulicus ~a ~um, *a.* [Gk. ὑδραυλικός] (of machines, etc.) Operated by the flow of water through pipes.
~as..machinas Vitr.1.1.9; 9.8.4; Plin.*Nat.*7.125; quosdam..per organa ~a noui et ignoti generis circumduxit Suet.*Nero* 41.2.

hydraulus ~ī, *m.* [Gk. ὕδραυλος] Forms: *~a* (neut. pl.) *CIL* 3.10501. A water-organ.
~i hortabere ut audiat uoces potius quam Platonis? Cic.*Tusc.*3.43; de ~is..quas habeant ratiocinationes..non praetermittam Vitr.10.8.1; (delphinus) mulcetur..praecipue ~i sono Plin.*Nat.*9.24.

hydreuma ~atis, *n.* [Gk. ὕδρευμα] A watering-place, tank; (in quots., as proper name).
aquationum ratione mansionibus dispositis: prima appellatur ~a XXXII, secunda..tertia in altero ~ate Plin.*Nat.* 6.102.

hydria ~ae, *f.* [Gk. ὑδρία] A water-pot, esp. ornamental and used for temple offerings, etc.

~as argenteas pretiosas Cic.*Ver.*2.47; ~am Boethi manu factam praeclaro opere et grandi pondere 4.32; in hoc fano.. ~as..grandis..idem ille Scipio..posuerat 4.97; cum ~a aqua ad templum..refertur Vitr.8.pr.4; DIS M M LOLLIO.. HAEC ~A POSITA EST *CIL* 6.21445; (*used to hold lots*) ut, quot essent renuntiati, tot in ~am sortes conicerentur Cic.*Ver.* 2.127.

hydrocēlē ~ēs, *f.* [Gk. ὑδροκήλη] A serous swelling in the scrotum.
Cels.7.18.7; dicentem tumidas in ~as quantum nec duo dicerent Catulli Mart.12.83.3.

hydrocēlicus ~ī, *m.* [Gk. ὑδροκηλικός] A sufferer from hydrocele.
~is stelionis mire prodesse tradunt..corpus inassatum Plin.*Nat.*30.74.

Hydrochoos ~ī, *m.* The constellation Aquarius.
proximus ~i fulgeret Oarion! Catul.66.94.

hydrolapathum ~ī, *n.* [Gk.] (app.) A kind of sorrel.
sunt qui et ~um tradant, in aqua natum Plin.*Nat.*20.231.

hydromantīa ~ae, *f.* [Gk.] Water-divination.
anancitide in ~a dicunt euocari imagines deorum Plin. *Nat.*37.192.

hydromeli ~itis, *n.* [Gk. ὑδρόμελι] A drink made from honey and water, hydromel.
fit uinum et ex aqua ac melle tantum..hoc uocatur ~i Plin.*Nat.*14.113; auribus cum ~ite..infunditur 26.48; ~i..ex imbre puro cum melle temperabatur 31.69; Ulp. *dig.*33.6.9.

hydrophobās, *m.* [Gk. ὑδροφόβας] = next.
solet..ex eo uulnere..aquae timor nasci (~as Graeci appellant), miserrimum genus morbi Cels.5.27.2.c.

hydrophobus ~ī, *m.* [Gk. ὑδροφόβος] A sufferer from hydrophobia.
est limus saliuae..qui datus in potu ~os fieri non patitur Plin.*Nat.*29.99.

hydrōpicus ~a ~um, *a.* [Gk. ὑδρωπικός] Suffering from dropsy, dropsical.
si noles sanus, curres ~us Hor.*Ep.*1.2.34; aquam is, qui ~i sunt, emitti oportere Cels.7.15.1; ueternosum ~um intellegi uoluit Paul.*Fest.*p.369M;—(*masc. as sb.*) illa cum ~is communia sunt Cels.4.2.9; inflat totum corpus in speciem ~i Larg.190; ~os sanat panaces Plin.*Nat.*26.119.

hydropisis ~is, *f.* [cf. Gk. ὑδροπίασις] = next.
sucum (cepae)..contra incipientes ~es (*cj., codd.* hyppocrisis) mire proficere Plin.*Nat.*20.43.

hydrops ~ōpis (~ōpos), *m.* [Gk. ὕδρωψ] Dropsy.
crescit indulgens sibi dirus ~ops Hor.*Carm.*2.2.13; ~opa Graeci uocant Cels.3.21.1; medetur..iocineri renibus, ~opi Plin.*Nat.*24.86.

hydrus (~os) ~ī, *m.* [Gk. ὕδρος] A water-snake (also applied to snakes of any kind). **b** (applied to the dragon of Cadmus). **c** the constellation Hydra.
attoniti squamis astantibus ~i Verg.*G.*3.545; premeret cum iam impiger infans ~os ingentis *Eleg.Maec.*82; (coruos) nigris longum rapit unguibus ~um Ov.*Fast.*2.257; Phaed. 1.2.24; ~i marini uicenum cubitorum adnatantes terruere classem Plin.*Nat.*6.98; pulcherrimum anguium genus est quod et in aqua uiuit; ~i uocantur 29.72; (*meton.*) ~o imbutas..sagittas contendit neruo Sil.1.322;—(*forming the hair of the Furies or Gorgons*) Gorgoneum crinem turpes mutauit (Minerua) in ~os Ov.*Met.*4.801; pudibunda.. ora..premit astridentibus ~is Stat.*Theb.*11.494; (*cf.*) nam si Vergilio..tolerabile desset hospitium, caderent omnes a crinibus ~i Juv.7.70. **b** satis immanis dentibus ~i Verg.*G.*2.141; Echionii ferro sata persequar ~i V.Fl.8.343. **c** nec procul hunc ~os trahitur Germ.*Arat.*426; 432.

Hygīa (~eia) ~īae, *f.* The goddess of health, daughter of Aesculapius; (used as the name of a female doctor).
Pyrrhus ~iam et Mineruam (fecit) Plin.*Nat.*34.80; DONVM DEDIT COLLEGIO AESCVLAPI ET ~IAE LOCVM AEDICVLAE *CIL* 6.10234.3; ASCLEPIO ET ~EIAE DONV POSVERVNT 10.1546;—ulcus habet (Phlogis)..quod sanare Criton, non quod ~ia potest Mart.11.60.6.

hygīnon ~ī, *n.* [Gk. ὑγιεινός] A kind of salve.
L GAVI EPAPHRODIT ~ON AD EPIP(HORAS) *CIL* 12.6032(2a); 13.10021(77).

hygra ~ae, *f.* [Gk. ὑγρά] A liquid eyesalve.
~am appellant, quia est liquidum medicamentum Larg. 37.

hygremplastrum ~ī, *n.* [Gk. ὑγρός, ἔμπλαστρον] A wet plaster.
praecipua..commendatio eius (*sc.* squamae ferri) in ~o ad purganda uulnera Plin.*Nat.*34.155.

Hȳlaeus[1] ~ī, *m.* A Centaur who wounded Milanion, the lover of Atalanta.
Verg.*A.*8.294; sensit (Milanion) et ~i contentum saucius arcum Ov.*Ars* 2.191.

Hȳlaeus[2] ~a ~um, *a.* Of Hylaeus.
~i percussus uulnere rami Prop.1.1.13; ~a..gente V. Fl.6.74.

Hylās ~ae, *m.* The son of Therodamas, and favourite of Hercules, from whom he was taken by the nymphs at Cios.
ut litus '~a, ~a' omne sonaret Verg.*Ecl.*6.44; Prop. 1.20.6; Naiadum..tener crimine raptus ~as Ov.*Ars* 2.110; Hyg.*Fab.*14.11; (*cf.*) tam multi pariter ne rapiantur ~ae Mart.7.50.8.

Hyllus ~ī, *m.* The son of Hercules and Deianira, husband of Iole.
Ov.*Ep.*9.44; Stat.*Theb.*8.507.

Hymēn, *m.* PROS.: *Hȳm-* Ov.*Ep.*12.137.

1 A refrain chanted at Greek weddings, and personified as a god of marriage.
~ hymenaee o ~! Pl.*Cas.*800; Catul.61.4; ut subito nostras ~ cantatus ad aures uenit Ov.*Ep.*12.137; '~' clamant 'Hymenaee' frequenter 12.143; ex quo primus ~ mouitque infausta sinistram Iuno facem Stat.*Theb.*3.691.

2 Marriage.
turpia famosus corpora iunget ~ Ov.*Ep.*9.134; haec ~ sparsit tuus Sen.*Tro.*895; hicne est liber ~? Stat.*Ach.*1.938.

Hymenaeus (~os) ~ī, *m.*

1 The (Greek) wedding-refrain; (voc.) the word occurring as an exclamation in the refrain. **b** (personified as a god).
suaui cantu concelebra omnem hanc plateam ~o mi Pl.*Cas.*799; ~um qui cantent Ter.*Ad.*905; ~um fremunt aequales Pac.*trag.*113; iam dicetur ~us Catul.62.4; aures pepulit ~us meas Sen.*Med.*116; uestros ~on ante postis ..ipsa personabo Stat.*Silv.*2.7.87; Apul.*Met.*4.26;—o ~e Hymen, Hymen o ~e Catul.61.4; adde ~e modos, tubicen fera murmura conde Prop.4.4.61. **b** tolle procul decepte faces, ~e, maritas Ov.*Ep.*11.101; uocat precari festus ~o dies Sen.*Med.*300; macte esto taedis, o ~e, tuis Mart. 4.13.2; Hyg.*Fab.*273.1.

2 (usu. pl.) A wedding, match, marriage.
Thetis humanos non despexit ~os Catul.64.20; sed conubia laeta, sed optatos ~os 64.141; multae steriles ~is ante fuerunt pluribus Lucr.4.1251; infectos linquens..~os Verg.*A.*10.720; 11.217; tuis ne fieret ~is potens [Sen.]*Oct.* 146; primisque ~is egregiam Argian..iugari Stat.*Theb.* 2.202;—(*sg.*) rex..nouo auctus ~o Catul.66.11; Verg.*A.* 4.127; promissus socios ubi nunc ~us in annos..? Ov.*Ep.* 2.33; uesano dedere ponto Andromedan..hic ~us erat Man. 5.545; (*poet., w. ref. to cattle*) aetas Lucinam iustosque pati ~os desinit ante decem..annos Verg.*G.*3.60.

Hymettius ~a ~um, *a.* Of or obtained from Mt. Hymettus. **b** (of Hymettian marble).
alterius (ingenium) sic acre, ut mel ~um, dicimus Cic. *Hort.*fr.89; ~a mella Ov.*Ars* 2.423; thymum serpyllumque ~um Fro.*Aur.*1.p.304(106N); mella iubes Hyblaea tibi uel ~a nasci Mart.11.42.3; (*as a poetic epithet of wax*) ut ~a sole cera remollescit Ov.*Met.*10.284. **b** mea..in domo ..non trabes ~ae premunt columnas Hor.*Carm.*2.18.3; columnas ~as V.Max.9.1.4; Plin.*Nat.*36.7.

Hymettus (~os) ~ī, *m.* A mountain near Athens, famous for its honey and marble.
si..mel se auferre ex ~o uoluisse diceret Cic.*Fin.*2.112; ad ~um montem Vitr.2.8.9; purpureos collis florentis ~i Ov.*Ars* 3.687; rupem dulcis ~i Sen.*Phaed.*23; Plin.*Nat.* 11.32; Mart.7.88.8.

hymnētria ~ae, *f.* [Gk. ὑμνήτρια] (app.) A leader of singing in religious worship.
NICARIN..ZOSIMAE FILIA ~A A S(acris) *CIL* 10.7426.

hymnologus ~ī, *m.* [Gk. ὑμνολόγος] A singer in religious worship.
TI CLAVDIO GLYPTO ~O DE CAMPO CAELEMONTANO *CIL* 6.9475; 6.32444.

hyoscyaminus ~a ~um, *a.* [Gk. ὑοσκυάμινος] Of henbane.
(oleum) ~um emolliendo utile est Plin.*Nat.*23.94.

hyoscyamus ~ī, *m.* Also **~os** ~ū. [Gk. ὑοσκύαμος] = ALTERCVM, henbane.
simul reprimunt et refrigerant..folia ~u Cels.2.33.2; 3.18.12; ~o et lupinis Plin.*Nat.*15.30; 20.50; sucus ~i 26.27.

hyoseris (~idos), *f.* [Gk. ὗς, σέρις] A kind of chicory.
~is intubo similis, sed minor et tactu asperior Plin. *Nat.*27.90.

Hypaepa ~ōrum, *n. pl.* A town in Lydia.
paruis habitabat ~is Ov.*Met.*6.12; 11.152; Petr.133. 3.l.5.

Hypaepēnī ~ōrum, *m. pl.* The people of Hypaepa.
Plin.*Nat.*5.120; Tac.*Ann.*4.55.

hypaethros ~os ~on, *a.* [Gk. ὕπαιθρος] Open to the sky, uncovered, unroofed; (neut. as sb.) a temple open to the sky.
cum..aedificia sub diuo ~aque constituentur Vitr.1.2.5; ~os (*sc.* aedes)..decastylos est in pronao et postico 3.2.8; ~oe ambulationes habent magnam salubritatem 5.9.5; nostri..~us ambulationes xysta appellant 6.7.5;—Javol. *dig.*50.16.242.2; uelis, quae in ~is extenduntur Ulp.*dig.* 33.7.12.20.

hypallagē ~ēs, *f.* [Gk. ὑπαλλαγή] (See quot.)
metonymia, quae est nominis pro nomine positio..sed, ut ait Cicero, ~en rhetores dicunt Quint.*Inst.*8.6.23.

hypampelus ~ī, *m.* [Gk. ὑπάμπελος] (app.) A small vineyard.

~VS HVIC CEDAT IN RIGORE MACERIAE ET FVRCARVM *CIL* 14.3857.

Hypanis ~is, *m.* The name of two rivers flowing into the Black Sea (now Yuzhnyy Bug and Kuban; quots. app. refer to the former).
apud ~im fluuium, qui ab Europae parte in Pontum influit Cic.*Tusc.*1.94; quantum ~is Veneto dissidet Eridano Prop.1.12.4; Vitr.8.3.11; Ov.*Met.*15.285; Plin.*Nat.*11.120.

hypatē ~ēs, *f.* [Gk. ὑπάτη] (mus.) The lowest note of a tetrachord; (pl.) the notes of the lowest tetrachord.
stantes (sonitus)..appellantur..~e ~on, ~e meson Vitr.5.4.5; nationes..spiritus uocis habentes umore repulsos ad ~as et proslambanomenon 6.1.7.

hypēcoon ~ī, *n.* [Gk. ὑπήκοον] Horned cummin, *Hypecoum procumbens.*
~on in segetibus nascitur, foliis rutae Plin.*Nat.*27.93.

hypelatē ~ēs, *f.* [Gk.] = LAVRVS *Alexandrina.*
Plin.*Nat.*15.131.

hypēnemius ~a ~um, *a.* [Gk. ὑπηνέμιος] *ouum ~um*, A wind-egg.
gallinae..quarum oua ~a appellant Var.*R.*2.1.19; oua inrita (columbarum)..quae ~a Graeci uocant Plin.*Nat.* 10.160.

hyperbaton ~ī, *n.* [Gk. ὑπέρβατον] Transposition of words or clauses.
~on quoque, id est uerbi transgressionem..inter uirtutes habemus Quint.*Inst.*8.6.62; in ~o commutatio est ordinis 9.1.6; num potui longius ~on facere..? Plin.*Ep.*8.7.2.

hyperbolaeos ~ī, *f.* [Gk. ὑπερβολαῖος] (mus.) Any of the strings or notes in the highest (pitch) tetrachord.
nete ~on Vitr.5.4.5.

hyperbolē ~ēs, *f.* [Gk. ὑπερβολή] Overstatement, exaggeration, hyperbole.
~e..incredibilia adfirmat, ut ad credibilia perueniat Sen.*Ben.*7.23.2; Quint.*Inst.*8.4.29; ~en audacioris ornatus summo loco posui. est haec decens ueri superiectio 8.6.67.

Hyperboreī ~ōrum, *m. pl.* A legendary people inhabiting the far north.
tertius (Apollo)..quem ex ~is Delphos ferunt aduenisse Cic.*N.D.*3.57; usque ad ~os et mare ad Oceanum Catul. 115.6; ultra..aquilonis initia ~os aliqui posuere Plin.*Nat.* 6.34.

Hyperboreus ~a ~um, *a.* Of the Hyperboreans; of the far north, polar.
~is Aquilo cum densus ab oris incubuit Verg.*G.*3.196; uisam gementis litora Bosphori..canorus ales ~osque campos Hor.*Carm.*2.20.16; ~a Pallene Ov.*Met.*15.356;—~o septem subiecta trioni Verg.*G.*3.381; ~as glacies 4.517; ~ae plaustrum glaciale sub Vrsae Luc.5.23; ~i celebrator Stella triumphi Mart.8.78.3; ~as..pruinas V.Fl.8.210; exul ~um si dimittatur ad axem Juv.6.470.

hypēreticus ~a ~um, *a.* [Gk. ὑπηρετικός] *celes ~us*, (app.) A dispatch-boat or sim.
~OSQVE CELETAS *CIL* 8.27790.

hyperīcum (~on) ~ī, *n.* [Gk. ὑπέρεικον] The name of var. species of St. John's wort.
casiae, croci..~i pares portiones Cels.5.20.6; ~on—alii chamaepitys, alii corissum appellant..est aliud ~on. quod aliqui caron appellant, folio tamaricis..sed pinguioribus foliis Plin.*Nat.*26.85; bibitur et semen ~i utriusque in quartanis et horroribus 26.117.

Hyperīōn ~onis (~onos), *m.* **a** A Titan, father of the sun. **b** the sun itself; *~onis urbs*, Heliopolis.
a Soles ipsi quam multi..proferuntur! unus eorum Ioue natus..alter ~one Cic.*N.D.*3.54; ~one nate Ov.*Met.*4.192; ex ~one et Aethra, Sol Luna Aurora Hyg.*Fab.*pr.12(15). **b** fugit albus iubar ~onis cursum Enn.*Ann.*557; cum luna.. ~onis officit orbi Cic.*Arat.Progn.*132; placat equo Persis radiis ~ona cinctum Ov.*Fast.*1.385;—*Met.*15.406.

Hyperīonidēs ~ae, *m.* A descendant of Hyperion (in quot., Aeetes).
rex ~e V.Fl.5.471.

Hyperīonis ~idis, *f.* A female descendant of Hyperion (in quot., Aurora).
postera cum roseam pulsis ~is astris..lampada tollet Ov. *Fast.*5.159.

Hyperīonius ~a ~um, *a.* Of or belonging to the sun; descended from the sun.
~us..currus V.Fl.2.34; ~a..lampade Sil.15.214;— ~um..Phaethonta Stat.*Theb.*12.413.

Hypermestra (~ā) ~ae, *f.* Also **~ē** ~ēs. The youngest daughter of Danaus, who disobeyed her father's command to kill her husband.
Andromede..et ~e sine fraude maritae Prop.4.7.63; Ov.*Ep.*14.1; Hyg.*Fab.*168.5.

hyperthyrum ~ī, *n.* [Gk. ὑπέρθυρον] A frieze over the lintel of a door.
supra cymatium..conlocandum est ~um crassitudine supercilii Vitr.4.6.2; 4.6.4.

hyphear ~aris, *n.* [Gk. ὕφεαρ] Mistletoe.
plurima..(ferunt) ilices, nam et semen suum et granum.. et a septentrione uiscum, a meridie ~ar PLIN.*Nat.*16.120; 16.245.

hypobasis ~is, *f.* [Gk. ὑπόβασις] A pedestal.
CRATERAM..CVM BASI SVA ET ~I MARMOREA..DEDERVNT *CIL* 6.327; 14.4293.

hypobolimaeus ~a ~um, *a.* [Gk. ὑποβολιμαῖος] Supposititious; (in quots., as title of plays).
apud Menandrum in ~o senex QUINT.*Inst.*1.10.18; Caecilius..eadem figura in ~o Aeschino usus uidetur GEL. 15.14.5.

hypocausis ~is, *f.* [Gk. ὑπόκαυσις] The furnace for heating a hypocaust.
sic enim efficietur, ut uasaria et ~is communis sit eorum utrisque. aenea supra ~im tria sunt componenda VITR. 5.10.1.

hypocauston ~ī, *n.* [next] A system of hot-air channels for heating baths or other rooms.
CIL 2.5181.21; adplicitum est cubiculo ~on perexiguum PLIN.*Ep.*2.17.23; cohaeret ~on 5.6.25; tenuem uoluunt ~a uaporem STAT.*Silv.*1.5.59; ULP.*dig.*17.1.16.

hypocaustus ~a ~um, *a.* [Gk. ὑπόκαυστος] Heated by a hypocaust.
siue ad balnei calefactionem siue diaetarum ~arum ULP. *dig.*32.1.55.3.

hypochœris ~idos, *f.* [Gk. ὑποχοιρίς] A plant similar to chicory, found in Egypt.
PLIN.*Nat.*21.89.

hypochysis ~is, *f.* [Gk. ὑπόχυσις] Cataract of the eye.
suffusio..quam Graeci ~in nominant CELS.6.6.35; ad ~is et caliginem cyclamini pastillos diluunt PLIN.*Nat.*25.143.

hypocist(h)is ~idis, *f.* [Gk. ὑποκιστίς or -θίς] Hypocist, *Citinus hypocisthis.*
exedunt corpus acaciae sucus..~is CELS.5.7; ~idis suci 5.23.3.B; drachmas senas croci, ~idis, turis PLIN.*Nat.*20.208; ~is, orobethron quibusdam dicta, malo granato inmaturo similis 26.49; LARG.85.

hypocoristicōs, *adv.* [Gk. ὑποκοριστικῶς] Diminutively.
suri..sunt fustes, et ~ surculi FEST.p.286M.

hypocritēs (~a) ~ae, *m.* [Gk. ὑποκριτής] An actor.
Demaden remigem et Aeschinen ~en oratores fuisse QUINT.*Inst.*2.17.12; adiurante ~a non animaduersum id SUET.*Nero* 24.1.

hypodidascalus ~ī, *m.* [Gk. ὑποδιδάσκαλος] An assistant teacher.
sella tibi erit in ludo tamquam ~o proxima CIC.*Fam.* 9.18.4.

hypogaeum: see HYPOGEVM.

? **hypogēson** ~ī, *n.* [Gk. ὑπό, γεῖσον] A name for houseleek.
maius (aizoum)..quod..appellant..alii ~on (*cj.*) PLIN. *Nat.*25.160.

hypogēum ~ī, *n.* Also **-aeum.** [next] An underground room or chamber.
α sin..~a concamarationesque instituentur VITR.6.8.1. β (*for burial*) positum..in ~o Graeco more corpus PETR. 111.2; *A.Epig.*46.126.

hypogēus ~a ~um, *a.* [Gk. ὑπόγειος (-γαιος)] Underground.
CVBICVLVM ~VM *CIL* 14.4768.

hypoglossa ~ae, *f.* [Gk. ὑπόγλωσσον] Horse tongue, *Ruscus hypoglossum.*
~a folia habet figura siluestris myrti PLIN.*Nat.*27.93.

hypoglottion, *n.* [Gk. ὑπογλώττιος] = LAVRVS *Alexandrina.*
(est et) Alexandrina (laurus), quam aliqui Idaeam, alii ~on, alii..alii hypelat⟨e⟩n uocant PLIN.*Nat.*15.131.

hypographa ~ae, *f.* [Gk. ὑπογραφή] An outline, scheme.
de Aeneide..uel prima carminis ~a AUG.in [Suet.]*Poet.* (p.61Re).

hypomnēma ~atis, *n.* [Gk. ὑπόμνημα] A note or reminder.
cui ~a compositum, si quid noui CIC.*Att.*15.23; multum ..mihi eripitur operae in exscribendis ~atis CIC.fil.*Fam.* 16.21.8.

hypomochlion ~iī, *n.* [Gk. ὑπομόχλιον] The fulcrum of a lever.
si plus lingula uectis supra ~on posita sub onus subierit VITR.10.3.3.

hypotēnūsa ~ae, *f.* [Gk. ὑποτείνουσα] The hypotenuse.
eiciamus ~as ex C in A et ex D in A HYG.GR.*agrim.*p.153; NIPS.*grom.*p.300La.

hypothēca ~ae, *f.* [Gk. ὑποθήκη] Security for a loan or debt.
ut aut de ~is decedat easque procuratoribus Cluui tradat aut pecuniam soluat CIC.*Fam.*13.56.2; quae nondum sunt, futura tamen sunt, ~ae dari possunt, ut fructus pendentes GAIUS *dig.*20.1.15; in his creditoribus, qui ~as non habent ULP.*dig.*2.14.10.

hypothēcārius ~a ~um, *a.* [prec. + -ARIVS] Concerning security; *actio ~a,* a mortgagee's action in support of his claim to property pledged.
an omnia..creditor ~a actione petere possit SCAEV.*dig.* 20.1.34; GAIUS *dig.*16.1.13.1; ULP.*dig.*10.4.3.3.

hypothesis ~is, *f.* [Gk. ὑπόθεσις] The subject (for a speech).
sed..uenit..qualem ~im scribis! nimirum ἐπιδεικτικήν FRO.*Aur.*1.p.204(54N).

hypotrachēlion ~iī, *n.* [Gk. ὑποτραχήλιον] One or more grooves below the necking of a Doric capital; (also used to include the necking as well).
in summis columnarum ~iis VITR.3.3.12; crassitudo capituli diuidatur in partes tres, e quibus una plinthus.. fiat..tertia ~ion 4.3.4.

Hypsipylē ~ēs, *f.* The daughter of Thoas and queen of Lemnos at the time of the Argonautic expedition; she entertained Jason and bore him two sons.
Aesoniden rapientibus anxia uentis ~e PROP.1.15.18; OV.*Met.*13.399; *Ib.*481; (*pl.*) hic aliquis..Phyllidas ~as, uatum et plorabile siquid, eliquat PERS.1.34.

Hypsipylēus (-aeus) ~a ~um, *a.* Of Hypsipyle.
tellus ~a (*i.e. Lemnos*) OV.*Fast.*3.82.

Hyrcānia ~ae, *f.* A country at the south-east side of the Caspian Sea.
CIC.*Tusc.*1.108; uastis..~a siluis LUC.3.268; PLIN.*Nat.* 12.34.

Hyrcānius ~a ~um, *a.* Of Hyrcania; *~us sinus,* the south-east part of the Caspian Sea; *mare ~um,* the Caspian Sea.
lucis..~is SEN.*Med.*713;—MELA 3.38;—inter duo maria Persicum et ~um PLIN.*Nat.*6.41.

Hyrcānus ~a ~um, *a.* Of Hyrcania; *mare ~um,* the Caspian Sea; (masc. pl. as sb.) the Hyrcanians.
effugeret canis ~o de semine saepe cornigeri incursum cerui LUCR.3.750; ~ae..tigres VERG.*A.*4.367; GRAT.161; ~i..saltus SEN.*Phaed.*70; ~a tellus *Thy.*631; ~ae..leae STAT.*Theb.*5.204; ab ~is hoc Odrysiisue tulissem regibus 7.524;—~i litora..maris PROP.2.30.20;—siue in ~os (penetrabit) Arabesque molles CATUL.11.5.

Hyriēus ~a ~um, *a.* Of Hyrieus, a Boeotian farmer.
proles ~a (*i.e. Orion*) OV.*Fast.*6.719.

Hyrtacidēs ~ae, *m.* Son of Hyrtacus, esp. Nisus.
~ae..locus Hippocoontis VERG.*A.*5.492; 9.234; ~ae Nisi OV.*Tr.*1.5.24; impiger ~es ~aeque comes *Ib.*630.

hysginum ~ī, *n.* [Gk. ὕσγινον] A bright red or crimson vegetable dye, perh. kermes.
fiunt etiam purpurei colores infecta creta rubiae radice et ~o VITR.7.14.1; quin et terrena miscere coccoque tinctum Tyrio tinguere, ut fieret ~um PLIN.*Nat.*9.140; PAUL.*dig.* 32.78.5.

hys(s)ōpītēs ~is, *m.* [ὑσσωπίτης] A wine made with an admixture of *hyssopum.*
uinum..~en..sic condire oportet COL.12.35; similiter ~es..hyssopo unciis tribus in duos congios musti coiectis aut tusis in uinum PLIN.*Nat.*14.109; ~e admixto 20.65.

hys(s)ōpum ~ī, *n.* **~us** ~ī, *f.* Also written **his-.** [Gk. ὕσσωπον, -ος] An aromatic herb, perh. covering var. species of origanum.
bibere mulsum uel ~um..debet CELS.1.3.22; uel ~us cocta uel contrita capparis radix 4.8(4.2).3; duae librae ~i COL.6.10.1; ~um in oleo contritum phthiriasi resistit PLIN. *Nat.*25.136; ~i bacae cum aqua potae 26.124; ~i pondo sextans LARG.70.

hystericus ~a ~um, *a.* [Gk. ὑστερικός] Suffering from discomfort in the womb.
~am se..altera moecha in Sinuessano uelle sedere lacu MART.11.7.11; ~am uetulo se dixerat esse marito 11.71.1.

hystrix ~icis, *f.* [Gk. ὕστριξ] A porcupine.
hirsuta spinosior ~ice barbam CALP.*Ecl.*6.13; ~ices generat India et Africa spinea contectas cute irenaceorum genere PLIN.*Nat.*8.125; 30.27.

I

i, I. The ninth letter of the Roman alphabet. It functions as an open short or close long vowel, or a palatal semivowel; in some unaccented short syllables the spelling of words varied between *i* and *u,* with a sound value lying in between the two (ü); cf. *optimus optumus, libido lubido,* etc. **b** as a numeral, originally a simple stroke and not the letter, it represents a unit.
i porrigit ictum genuinos prope ad ipsos, minimumque renidet supero tenus labello MAUR.119; an magis cuii nos oportet per duas i scribere? 772; tenues i: 'pilam' in qua lusimus, 'pilum' quo piso, tenues LUCIL.359; 'hoc illi factum est uni' tenue hoc facies i 369;—si quis putat praeire ..i in his (uerbis): 'iampridem', 'iecur'..errabit, quod hae litterae (*sc.* i *and* u), cum praeeunt, ne uocales quidem sunt NIGID.in Gel.19.14.6; atqui littera i sibi insidit ('coniicit' enim est ab illo 'iacit') QUINT.*Inst.*1.4.11;—medius est quidam u et i litterae sonus (non enim sic 'optumum' dicimus uel 'optimum') 1.4.8;—(*as abbrev.*) AB EO QVEI IBEI I(ure) D(icundo) POSTVLAVERIT *CIL* 1.592.1.9; I(oui) O(ptimo) M(axima) ET SOLI DIVINO 6.398. **b** IN FRONTE P XIII IN AGRVM P XXIIII *CIL* 1.1319; labellum I, infidibula II, spongeas II CATO *Agr.*13.3; data VI Kal. Decembr. Dyrrachi CIC.*Att.*3.22.4.

-ia -iae, *f. suff.* Forms sbs. denoting abstracts from adjs. (*audacia, peritia*); also other types (*inedia, militia*); enlargement *-itia* (*duritia*).

Ĭacchus ~ī, *m.* A god, prob. the personification of the ritual cry (ἴακχε) of the Eleusinian mysteries, identified with Bacchus.
CIC.*Leg.*2.35; florens uolitabat ~us..te quaerens, Ariadna CATUL.64.251; VERG.*Ecl.*7.61; mystica uannus ~i *G.*1.166; OV.*Met.*4.15;—(*identified with wine*) inflatum hesterno uenas..~o VERG.*Ecl.*6.15; posito formose saltat ~o PROP.2.3.17; multo madefactus ~o COL.10.309; V.FL. 1.140.

iaceō ~ēre ~uī ~itum, *intr.* [next; cf. *pendeo*: *pendo*]

1 To be in a recumbent position, lie. **b** to assume or be in a horizontal position.
ut ~ui, exsurgo PL.*Am.*1067; pulsus e rostris in comitio ~uit, seque..libertorum corporibus obtexit CIC.*Sest.*76; cum te male foderint ~entem (*sc.* Priapi) *Priap.*52.8; his (*sc.* apodibus) quies nisi in nido nulla: aut pendent aut ~ent PLIN.*Nat.*10.114; canes..alios stantibus inhaerere, quosdam ~entes inscendere APUL.*Met.*8.17. **b** quae (signa).. ~ent MAN.2.253; proiecta ~ent animalia cuncta 4.897; iuglandes nuces porrectae seruntur commissuris ~entibus PLIN.*Nat.*17.64.

2 To lie in a position of rest, recline. **b** to lie down (for the purpose of sleep), lie in bed; (w. *cum*) to have sexual intercourse (with). **c** to lie ill. **d** to lie, recline (at meals).
tu autem in neruo iam ~ebis PL.*Cur.*718; ~eo in tecto umido ACC.*trag.*549; tametsi in acta cum mulierculis ~ebat ebrius CIC.*Ver.*5.63; litoreis ingens inuenta sub ilicibus sus.. ~ebit VERG.*A.*8.44; SEN.*Ep.*71.21; post cibum..~ebat in sole PLIN.*Ep.*3.5.10. **b** senator populi Romani..in uestro oppido ~uit et pernoctauit in publico CIC.*Ver.*4.25; te non uiduas ~ere noctes CATUL.6.6; cum..in summa corpus ~et omne quiete LUCR.4.454; placida cum nocte ~eres VERG.*A.* 7.427; ad quartam ~eo HOR.*S.*1.6.122; uirga..mouente soporem uirginis os tangit. tactu ~et illa potenti OV.*Met.* 11.308; qui alto sole semisomnus ~et SEN.*Ep.*122.1;—~entem cum iuuene Haemonio..Coronida OV.*Met.*2.598; quod nudo cum Ganymede ~es MART.11.22.2; ~entem cum adultero uxorem meam QUINT.*Decl.*347(p.367,l.27). **c** cura ..ut ualeas, ne ego te ~ente bona tua comedim CIC.*Fam.*9. 20.3; deficiens animo maesto cum corde ~ebat LUCR.6. 1233; inbecillitati ~entis cibo uinoque succurrere CELS.3. 19.3; tenuata ~endo et macie..ora SIL.14.635; Verania Pisonis grauiter ~ebat PLIN.*Ep.*2.20.2; AUR.*Fro.*1.p.170 (56N); uulnere lucernae dolens in ipso thalamo matris ~ens ingemebat APUL.*Met.*5.28; (*cf.*) mens..aegra ~et OV.*Tr.*5. 2.7; (*in fig. phr.*) mortuis duobus consulibus, ~ente aegra ciuitate LIV.3.9.8. **d** ~ere in conuiuio SEN.*Ep.*71.21; summa..in sede ~entem LUC.10.174; ~et occupato galbi-

natus in lecto Mart.3.82.5; rex horum uacuis..toris tantum ipse ~ebit Juv.1.136.

3 To lie prostrate or helpless. **b** to lie (in a position of supplication).

ut..plerique ut fusi sine mente ac sine ullo sensu ~erent Cic.*Ver*.5.28; ad ipsum Longinum..inuolat ~entemque..sauciat *B.Alex*.52.4; ~entem lenis in hostem Hor.*Saec*.51; inter iumenta et ipsa ~entia passim morientes Liv.22.2.7; si diutius aut ~et aut alioqui ~ere consueuit Cels.4.27.1.B; etiam in acie ~ens praeteritur, cum stante pugnatur Sen.*Ep*.105.2; ille ingens in terga ~et Stat.*Theb*.8.470;—(*in fig. phrs.; cf. sense 5*) qui me ciuem..non modo stantem non defenderunt sed ne ~entem quidem protexerunt Cic.*Sest*.64; humana ante oculos foede cum uita ~eret in terris oppressa graui sub religione Lucr.1.62; calcasti qui me..~entem Ov.*Ib*.29; fortis et animosa ciuitas Spartana ~et armis nostris abiecta V.Max.3.2.ext.5; tune hoc uix prima ad limina uitae hoste ~es? Stat.*Theb*.5.536. **b** quorum saepe et diu ad pedes ~uit stratus Cic.*Quinct*.96; si ~ens uobiscum aliquid ageret, audirem fortasse *Phil*.12.4; referre..piget..desideratas humi ~entium adulationes Liv.9.18.4; ~et ante tuos Graecia maesta pedes Ov.*Ep*.3.83; illo tempore quo ad genua ~ebas Quint.*Decl*.251(p.28,l.28)

4 (of buildings or other structures, trees, etc.) To lie on the ground, lie in ruins.

arae patriae..fractae et disiectae ~ent Enn.*scen*.89; non crederem hoc de statuis nisi ~entis reuulsasque uidissem Cic.*Ver*.2.158; uelut alnus in fossa Liguri ~et suppernata securi Catul.17.19; per ruinas ~entis muri Liv.36.24.4; Troia ~et Ov.*Ep*.1.3; procubuit maiorque ~ens apparuit agger Luc.3.508; fagus..toto ~et succisa trunco Sen.*Her.O*.1619; uetus Thebe centum ~et obruta portis Juv.15.6; Gaius *dig*.39.2.6;—(*fig.*) quod priora tempora in ruinis rei p. nostrisque ~uerunt Cic.*Fam*.5.17.1; cetera qua rerum ~eant perculsa ruina Verg.*A*.11.310.

5 (fig.) To be prostrate, overthrown, brought low, etc. **b** to be in a mean or lowly situation. **c** to be depressed in spirits, be prostrated. **d** (of rhythm, style, etc.) to fall flat.

in hoc..casu in quo adflictus ~et Cic.*Sul*.61; omnia..quae ~ere sentis belli ipsius impetu..perculsa atque prostrata *Marc*.23; sed nos, nisi me fallit, ~ebimus *Att*.14.12.2; non igitur erat illa tum ciuitas..cum iudicia ~ebant *Parad*.27; neue hac despectus parte ~eres (*sc. Terence*) Caes.*poet*.2.5; quos..neges umquam posse ~ere, cadunt Ov.*Am*.1.9.30; regnum..orbis sortita ~ebat (Roma) Man.4.36; regna Peliae scelere Medeae ~ent Phaed.4.7.13; quem dies uidit ueniens superbum, hunc dies uidit fugiens ~entem Sen.*Thy*.614; solacia fati Carthago Mariusque tulit, pariterque ~entes ignouere deis Luc.2.92;—(*of arguments, disputants, etc.*) ~ent suis testibus qui Clodium negant eo die Romam..fuisse rediturum Cic.*Mil*.47; ut..~ere necesse sit tot tam nobiles disciplinas *Luc*.147; ~et..tota conclusio *Div*.2.106; ~et omnis ratio Peripateticorum *Fin*.5.86. **b** quem semper uoluit fortuna ~ere Prop.1.6.25; probitas cum paupertate ~ebit *Laus Pis*.121; indigne fers subolem eius ~ere Sen.*Ben*.4.31.5; felix qui potuit mundi nutante ruina quo ~eat iam scire loco Luc.4.394; si fas est aequare ~entia summis Stat.*Silv*.3.3.56; (*poet.*) nunc ~et aes, aurum in summum successit honorem Lucr.5.1275. **c** ut amici ~entem animum excitet Cic.*Amic*.59; adflictus..et ~ens *Tusc*.2.32; cum bene firmarunt animum praecepta ~entem Ov.*Pont*.1.3.27; 1.9.19; adsiduus (timor)..in audaciam ~entes excitat Sen.*Cl*.1.12.4; non est res animi ~entis Quint.*Inst*.6.4.11. **d** aut e longa est et tribus breuibus (*sc.* paeon), qui numerus in primo uiget, ~et in extremo Cic.*Orat*.215; nisi commendetur (expositio) hac uenustate, ~eat necesse est Quint.*Inst*.4.2.118; dum timent ne aliquando cadant, semper ~ent 8.5.32; ut..demissam ~entemque orationem eius erigeret Gel.1.11.15.

6 To lie dead; (pregn.) to be killed, die. **b** to lie (after death).

quisque ut steterat ~et Pl.*Am*.241; ut, cum primi eorum cecidissent, proximi ~entibus insisterent Caes.*Gal*.2.27.3; neminem ~entem ueste spoliauit Nep.*Thr*.2.6; quinquaginta milia..circa uos eo ipso die caesa ~ent Liv.22.60.14; o quotiens ~et Python in hydra! Sen.*Her.O*.93; cum tua subter equos ~uit conuulsa cruentis ictibus..ceruix! Stat.*Theb*.7.357; ~et in campis Latium Sil.11.566; ubi corpus Flauii Sabini ~uerat Tac.*Hist*.3.85;—tu nisi caues, ~ebis Quad.*hist*.41; cetera nuptarum crimine turba ~et Ov.*Ep*.14.2; dum uult ualidius inflare sese, rupto ~uit corpore Phaed.1.24.10; ante ~es quam dira duces Pharsalia confert Luc.4.803; quicumque timeri dux bello poterat, fratri ~et Sil.15.647; locum in quo Galba ~uisset Tac.*Hist*.2.88;—(*w. abl. of instr.*) saeuus ubi Aeacidae telo ~et Hector Verg.*A*.1.99; his (*i.e. Hercules' bow*) ~ent Stymphalides Sen.*Her.O*.1650. **b** dic, hospes, Spartae nos te hic uidisse ~entes Cic.*poet*.39(54); nudus in ignota..~ebis harena Verg.*A*.5.871; hic ~et immiti consumptus morte Tibullus Tib.1.3.55; in..Tomitana ~eam tumulatus harena Ov.*Pont*.1.6.49; pessima eius..istic ~ent, ossa cineresque Sen.*Dial*.6.25.1; sepulchrum quo corpus pueri depositum ~ebat Apul.*Met*.10.12.

7 To rest, or come to rest, on the ground or other more or less horizontal surface. **b** to hang down so as to rest on something; (transf., of the eyes, face, etc.) to be downcast.

ille nunc ~et atque huius casu suspenditur ille Man.5.441; in praeceps deiecta pondera, quibus eundi finis est ~uisse Sen.*Ep*.94.63; quae limo..lita sunt..conchyliis magis et ~entibus apta sunt animalibus Col.8.17.9; omnis..~ens piscis..naribus escam..uestigat 8.17.14; quaedam ~ent crescuntque, ut cucurbitae Plin.*Nat*.19.61; (lithospermon) ~ere atque humi serpere auctores tradunt 27.99. **b** praeuerrunt latas ueste ~ente uias Ov.*Am*.3.13.24; ~ent deserta uento uela Sen.*Ag*.465;—(*of parts of the body*) Afra genus..torta comam labroque tumens et fusca colore, pectore lata, ~ens mammis *Mor*.34; huic decet inflatos laxe ~uisse capillos Ov.*Ars* 3.145; quibus aspera mento barba ~et Calp.*Ecl*.7.63; si ~eat uua, uerticem morsu alterius suspendi (prodest) Plin.*Nat*.28.60; ~ent aures hinnuleorum primis temporibus Larg.13; pendent lacerti, papillae ~ent Plin.*Ep*.3.6.3;—~entes uix oculos tollens Ov.*Met*.11.618; uultus..attolle ~entes! 4.144; ferat ~entis in terram oculos Sen.*Con*.2.7.3; sed quid..~ens..uultu languido optutus stupet? Sen.*Ag*.238.

8 To remain motionless, lie still; (of the sea) to be or become calm.

spiritus..~et innoxius nec circumiectis molestus est Sen.*Nat*.6.18.1; palustres et ~entes aquas 6.20.7; nubes..numquam immotae ~ent 7.22.1; immota tellus pondus ignauum ~es? *Thy*.1020; alimenta..ducere suspenso per stagna ~entia lino Sil.5.583;—tunc ~et unda maris Ov.*Met*.11.747; hic (*sc.* spiritus) mare per se languidum et ~ens incitat Sen.*Nat*.2.6.4; aequora lenta ~ent Luc.5.434; postquam ~uit planum mare Juv.12.62.

9 To be inactive or idle, do nothing. **b** (of actions, etc.) to be at a standstill, be in abeyance. **c** (of material or non-material things) to lie idle or in disuse, be neglected.

in pace ~ere quam in bello uigere maluit Cic.*Phil*.10.14; Memmius..mirum in modum ~et *Q.fr*.3.2.3; cum..iam septimum annum post praeturam ~eret *Off*.3.79; postero die Cn. Manlium..nam Messalla ~uit—collegam dixit Liv.37.47.7; paci fauetur, omnium ferrum ~et Sen.*Phoen*.438; scilicet ut..thalamis potiare ~ens Stat.*Theb*.3.653;—(*of faculties, etc.*) meminisse ~et languetque sopore Lucr.4.765; ne tam magna uirtus ~eat Sen.*Ep*.9.8; si modo ita explorata aure homo sit, non surda nec ~enti Gel.1.7.20. **b** tota Capua et omnis hic dilectus ~et Cic.*Att*.7.23.3; philosophia ~uit usque ad hanc aetatem *Tusc*.1.5; dici non potest quo modo hic omnia ~eant Cael.*Fam*.8.6.4; pudere se..si ea res aeque suo biennio ~eret ac toto superiore lustro ~uisset Liv.3.31.2; ~ere tam diu inritas actiones 4.51.4; ~ebit opera fabrilis Sen.*Ben*.6.38.3; bellum ~et Stat.*Theb*.10.214. **c** in eodem silentio multa alia oratorum officia ~uerunt Cic.*de Orat*.2.64; ~ent beneficia Nuculae *Phil*.6.14; improba nauigii ratio tum caeca ~ebat Lucr.5.1006; neu segnes ~eant terrae Verg.*G*.2.37; quam ~et, infirmae uenere ubi fata senectae..equus Tib.1.4.31; agri ~ent Petr.44.18; quae (pecuniae) uereor ne otiosae ~eant Plin.*Ep.Tra*.10.54(62).1; nonne iustius..erit..proximo cuique possessionem dari, ne bona ~eant? Papin.*dig*.37.3.1; hominum hereditas post mortem ~et Fro.in Aur.*Fro*.1.p.162(17N); ne bona hereditaria uacua sine domino diutius ~erent Ulp.*dig*.38.9.1.

10 To stay, lie about, remain (in a place). **b** to remain engrossed or passive (in a condition).

ubi in lustra ~uisti? Pl.*Cas*.242; dies continuos compluris in litore conuiuiisque ~uisti Cic.*Ver*.5.137; Brundisi ~ere in omnis partis est molestum *Att*.11.6.2; ecquis in extremo positus ~et orbe tuorum Ov.*Pont*.1.7.5; ille, qui intra ~et, felix..est Sen.*Dial*.5.37.3; humillimis et in angulo ~entibus 11.6.4; ista credis excelsa, quia longe ab illis ~es *Ep*.118.6. **b** mea uxor propter illam tota in fermento ~et Pl.*Mer*.959; deformes..umbras in imo gurgite turpitudinis suae ~ere patiar V.Max.3.6; Sen.*Ep*.59.9; in otio inconcusso ~ere non est tranquillitas: malacia est 67.14.

11 (of things) To lie or be deposited (in a place). **b** (of places, peoples) to lie, be situated.

sed quid hoc est, haec quod cistella hic ~et Pl.*Cist*.655; pernam, callum..facito in aqua ~eant *Ps*.166; inter saxa quae ~ebant in itinere *B.Alex*.53.3; glaebas..~entis..coquat..aestas Verg.*G*.1.65; inter lora rotasque uiros, simul arma ~ere, uina simul *A*.9.318; saxa erant et temere ~entia..et de industria..congesta Liv.9.24.6; dies..per quos raro unquam nix minus quattuor pedes alta ~uit 21.61.10; illic frena ~ent, illic..axis Ov.*Met*.2.316; non fit..niue ~ente ecnephias Plin.*Nat*.2.133; ~ente humi gladio Tac.*Ann*.3.15; qui alienum quid ~ens lucri faciendi causa sustulit Ulp.*dig*.47.2.43.4;—(*of non-material things*) sed ea (*sc.* uerba) nos cum ~entia sustulimus e medio..ad nostrum arbitrium formamus Cic.*de Orat*.3.177; cur tam diu ~et hoc nomen in aduersariis? *Q.Rosc*.8; quantum disertissimorum uersuum inter mimos ~et! Sen.*Ep*.8.8. **b** inter solis stationem et sidera septem exporrecta ~et tellus Var.At.*poet*.15(13); (locus) ~et inter Appenninum et Alpis D.Brut.*Fam*.11.13.2; quae gens ~et supra Ciliciam Nep.*Dat*.4.1; Sicanio praetenta sinu ~et insula contra Plemyrium undosum Verg.*A*.3.692; castra..Romana ~entia in campo..hostes inuasere Liv.6.30.5; in parte Italiae quae ~et ad Alpes 30.19.6; litora..sub utroque ~entia Phoebo Ov.*Met*.1.338; quod ~et insula ponto Luc.8.118; Britannia insula..inter septentrionem et occidentem ~et Plin.*Nat*.4.102; Tac.*Hist*.3.60.

12 (esp. of topog. features) To lie (in a particular direction, plane, etc.), extend.

tantum campi ~et Verg.*G*.3.343; dispiciens mare ueliuolum terrasque ~entis *A*.1.224; Ceos, Sicinos..Delos, Andros quia in orbem ~ent Cyclades dictae Mela 2.111; Cyclades et Sporades..per DCC in longitudinem et per CC in latitudinem ~ent Plin.*Nat*.4.71; tum ~et in spatium sine corpore pigra uorago Sil.13.562;—VENAS QVAE AD PVTEOS PROLATAE ~EBVNT AB ORTV SOLIS IN OCCASVM *Lex Vip*.25(*Font.iur*.p.294); ab ea parte, in quam nasus ~et Cels.8.5.2; nihil curuati habent (uirgae): in rectum ~ent Sen.*Nat*.1.9.1; foliis si quae guttae adhaeserunt, in rotundum ~ent 4b.3.3.

13 To lie, be placed (in a specified state or condition, usu. obscure or subordinate).

quae ~erent in tenebris omnia, nisi litterarum lumen accederet Cic.*Arch*.14; omnis..longe nostris ab sensibus infra primorum natura ~et Lucr.2.313; Pontica finitimo terra sub hoste ~et Ov.*Pont*.2.7.68; cognata ~ent generis sub legibus astra Man.2.384; istud, quod suspicis..sub nomine sordido ~et Sen.*Ben*.6.3.4; omnia quae uentura sunt in incerto ~ent *Dial*.10.9.1; cum inter Carthaginem et Romam ingentis belli pretium ~uit *Nat*.4a.pr.21; si tu stirpe..famaque obscura ~eres Stat.*Silv*.5.3.109; infra Pallantis laudes ~ebunt (Marii, Sullae, Pompei) Plin.*Ep*.8.6.2.

14 To lie below the surrounding level, be low-lying. **b** (of prices, etc.) to be low.

Thapsum..~entem Verg.*A*.3.689; Alsietina, quae..maxime ~entibus locis seruit Fron.*Aq*.18; ~entia et plana urbis loca Tac.*Hist*.1.86; quadam ~entis soli uoragine Fron.*agrim*.p.16; (*of the eyes*) lumina..unca nare ~ent Sil.14.604. **b** temporibus eis cum ~erent pretia praediorum Cic.*Q.Rosc*.33; nunc omnia ista ~ere puto propter nummorum caritatem *Att*.9.9.4.

iaciō ~ere iēcī ~tum, *tr*. [cf. Gk. ἵημι]

1 To propel through the air, throw, cast. **b** (refl.) to precipitate oneself, leap; also, to rush, burst.

~ite thyrsos leuis! Acc.*trag*.239; quam (*sc.* stellam) ~it ex se Pistricis spina Cic.*Arat*.397(153); panis..uulgo in eos ~iebant Caes.*Civ*.3.48.2; fer cineres, Amarylli, foras riuoque fluenti transque caput ~e Verg.*Ecl*.8.102; raptum..suis libamen ab armis quisque ~it Stat.*Theb*.6.224; coniugem in praeceps iecit Tac.*Ann*.4.22; (*cf.*) ~ere oscula et omnia seruiliter pro dominatione *Hist*.1.36; (*w. abst. subj.*) extulit illum saltus et in medias iecit super arma cateruas Luc.6.182;—(*weapons or sim. missiles*) si telum manu fugit magis quam iecit *Lex XII*(*Font.iur*.p.34); pila quae ~imus Lucil.361; non fuisse armatos eos qui saxa ~erent Cic.*Caec*.60; quo modo id (*sc.* fulmen) Iuppiter totiens ~eret *Div*.2.44; diui..~iunt ignem Lucr.6.389; undique in murum lapides ~i coepti sunt Caes.*Gal*.2.6.2; qui ex uallo turribusque tela ~erent 2.33.4; magnam corripit hastam et ~it Verg.*A*.10.336; quis tardamue sudem melius celeremue sagittam iecerit [Tib.]3.7.90; Stat.*Theb*.8.726; Tac.*Hist*.1.55; (*in fig. phr.*) montis tu quidem mali in me ardentis iam dudum ~is Pl.*Mer*.617; in me uno consulares faces ~tae manibus tribuniciis..adhaeserunt Cic.*Dom*.63. **b** iecissem ipse me potius in profundum Cic.*Sest*.45; se..ipse per ignem praecipiti iecit saltu Verg.*A*.8.257; cum se medio Latonia campo iecit Stat.*Theb*.9.807; (*cf.*) irritata leae ~iebant corpora saltu Lucr.5.1318;—taurus..Emathios praeceps se iecit in agros Luc.7.166.

2 To throw, toss, fling (one's limbs, head, etc.).

si caluitur pedemue struit, manum endo ~ito *Lex XII* (*Font.iur*.p.18); genu ad quemque iecero ad terram dabo Pl.*Capt*.797; capita Maenades ui ~iunt Catul.63.23; ~tae colla perfundant comae Sen.*Phaed*.394; hi super hostiles iecerunt bracchia remos Luc.3.705; ante se pedes ~iunt, ut ciconiae Plin.*Nat*.10.111; gerere cothurnos, ~ere caput Tac.*Ann*.11.31.

3 To throw down or on to the ground. **b** to sow (seed). **c** to throw or cast (dice). **d** to cast (anchor); also (of an angler) to cast (a hook).

armorum magna multitudine de muro in fossam..~ta Caes.*Gal*.2.32.4; lapides Pyrrhae ~tos Verg.*Ecl*.6.41; purpureos..~it flores *A*.5.79; ~turas poma myricas speret Ov.*Ars* 1.747; nix iacet, et ~tam ne sol pluuiaeque resoluant, indurat Boreas *Tr*.3.10.13; spatium..quo terram limum lapidem harenam calcem ~ere possim Pompon.*dig*.8.4.11.1; (*offerings*) dis donum posuimus et stipem iecimus Sen.*Ben*.7.4.6. **b** quae seminibus ~tis se sustulit arbos Verg.*G*.2.57; Liv.40.16.3; seminibus ~tis est ubi fetus ager Ov.*Fast*.1.662; ingruente hieme frumenta ~imus Col.2.9.2; semen ne ~ito Plin.*Nat*.18.334; 19.130; (*absol.*) ut locis frigidis nouissime..~iamus Col.2.7.2;—(*in fig. phr.*) ~ta..sunt semina cladis futurae Sen.*Phoen*.279; semina..odiorum ~ienda Tac.*Ann*.12.48. **c** ~e, pater, talos, ut porro nos ~iamus Pl.*As*.904; ut Venerium ~i posse casu quattuor talis ~tis Cic.*Div*.2.48; tesserae, quas in alueo ludentes ~iunt Vitr.5.pr.4; seu ludet numerosque manu iactabit eburnos, tu male iactato, tu male ~ta dato Ov.*Ars* 2.204; ~ta alea est, inquit Suet.*Jul*.33; (*ellipt.*) cum ~iat, 'te' ne dicat: nomen nominet Pl.*As*.780. **d** ~itur anchora Afran.*com*.139; ancoris ~tis Caes.*Gal*.4.28.3; ancora de prora ~itur; stant litore puppes Verg.*A*.6.901; ante os ipsum portus ancoras ~it Liv.25.11.19; (*in fig. phr.*) traiectae Syrtes, ancora ~ta mihi est Prop.3.24.16;—possis..hamum..de cubiculo..ut e naucula ~ere Plin.*Ep*.9.7.4; (*in fig. phr.*) si animo eius obuersatur spes lucri, captatio est et hamum ~it Sen.*Ben*.4.20.3;—(*cf.*) capiuntur..purpurae paruulis..ueluti nassis in alto ~tis Plin.*Nat*.9.132.

4 To throw away, jettison. **b** to throw off (from a surface); to cast (from the body).

scuta ~ere fugereque hostis more habent licentiam Pl.*Trin*.1034; pauidas ~it illa pharetras uirgineo turbata metu V.Fl.5.426; idem iuris esse existimo in his rebus, quae ~tae sunt Javol.*dig*.41.2.21.2; si quis sponte rem iecit uel iactauit, non quasi pro derelicto habiturus Ulp.*dig*.47.2.43.10; (*neut. pple. as sb.*) utrum propter ~ta nudatis rebus damnum secutum est Call.*dig*.14.2.4.2. **b** multa minuta, ~i quae possint ordine eodem quo fuerint et formai seruare figuram Lucr.4.68; 4.240; ~ere umorem collectum in corpora quaeque 4.1065;—nec faciunt ceruos cornua ~ta senes Ov.*Ars* 3.78; prius quam dentes quos pullinos appellant ~iat Plin.*Nat*.8.172.

5 To send forth, give off, emit (light, heat, etc.); to cast (shadow).

Haedi exiguum ~iunt mortalibus ignem Cic.*Arat*.171; quantos radios ~imus de lumine nostro 559(313); aestifer ignis uti lumen ~it atque uaporem Lucr.1.663; nec ~iunt ullum proprium de corpore odorem 2.846; qua (Hyperion) ~it Oceanum flammas in utrumque rapacis *Culex* 103; ceu nubibus arcus mille ~it uarios aduerso sole colores Verg.*A*.5.89; ~it igneus hastae dirum lumen apex Sil.1.466; (*fig.*) non nullos interdum ~it igniculos uirilis Cic.*Att*.15.26.2;—cum..constet..umbram columnae effigie ~i Plin.*Nat*.2.51; constat..per eos XC dies in meridiem umbras ~i 2.183.

6 To throw or pile up (structures). **b** to lay (foundations).

aggere in ~iendo Lucil.633; ab utroque portus cornu moles ~imus Cic.*Att*.9.14.1; moles atque aggerem ab utraque parte litoris ~iebat Caes.*Civ*.1.25.5; quis prohibet muros ~ere et dare ciuibus urbem? Verg.*A*.5.631; ~ta..Lauinis moenia litoribus Prop.2.34.64; ducere fossam et ~ere uallum Liv.3.28.2; Sen.*Ep*.18.6; hoc interuallum pedestri continuare transitu pontibus ~tis Plin.*Nat*.3.101; qui..molem in mare ~it Ulp.*dig*.43.8.2.8. **b** ut me totius nostrae defensionis quasi quaedam fundamenta ~ere patiamini Cic.*Scaur*.21; hic in Palatio prima urbi fundamenta ieci Liv.1.12.4; augurio laeti ~iunt fundamina ciues Ov.*Fast*.4.835; noua urbium fundamenta ~iuntur Sen.*Dial*.12.7.5; Col.3.10.11; Tac.*Hist*.3.72;—(*in fig. phr.*) uideor mihi iecisse fundamenta defensionis meae Cic.*Cael*.5;

eci fundamenta pacis *Phil.*1.1; acies nostra aperit sibi inuestigandi uiam et fundamenta uero ~it SEN.*Dial.*8.5.5; quae (*sc.* grammatice) nisi oratoris futuri fundamenta fideliter iecit QUINT.*Inst.*1.4.5;—(*fig.*) omnis in hac certam regio ~it arte salutem VERG.*G.*4.294.

7 To hurl, direct (a charge, insult, etc.). adsiduas ~it ore querellas CIC.*Arat.Progn.*221; quin tu hoc crimen..~ere noli ubi non oportet *Q.Rosc.*25; non mediocris terrores ~it *Att.*2.23.3; ~tam et inmissam a te nefariam in me iniuriam *Parad.*28; unde petitum hoc in me ~is? HOR.*S.*1.4.80; in nostrum ~ies uerba superba caput? PROP.2.8.16; iubent Etruscos probra ~ere LIV.2.45.15; uera an uana ~eret 6.14.11; conuicia uictae cum ~erent OV.*Met.*5.665; ad nautas ebria uerba ~it *Fast.*6.408; edicta in populum..probrosa aduersus Vitellium iecerat TAC. *Hist.*3.73; cum contumeliis ac probris, quae in senatum uniuersum ~erentur 4.45.

8 To throw off (remarks, etc.), utter. ~iuntur..uoces quae perueniunt ad auris meas CIC. *Catil.*4.14; longe alias alio ~iunt in tempore uoces LUCR. 5.1081; ~it ante fores uerba minora deo PROP.4.9.32; non, sicut ante, Fescennino uersu similem incompositum temere ac rudem alternis ~iebant LIV.7.2.7; ~it in medio talia uerba choro OV.*Fast.*2.590; audaciter et temere ~tis uotis V.MAX.8.1.5.absol.; sententias a disertissimis ~tas SEN. *Con.*1.pr.10; uocem Claudii, quam temulentus iecerat TAC. *Ann.*12.64; qui sermonem ieceras priorem APUL.*Met.*1.3; —(*w. acc. and inf.*) iecit quodam loco uita illam mulierem spoliari quam pudicitia maluisse CIC.*Scaur.*5; Iugurtha inter alias res ~it oportere quinquenni consulta et decreta omnia rescindi SAL.*Jug.*11.5; dum scelera principis et finem adesse imperio..inter se aut inter amicos ~iunt TAC. *Ann.*15.50;—(*w.* de) quisnam is esset qui per ambages de lacu Albano ~eret LIV.5.15.5.

iactābundus ~a ~um, *a.* [IACTO+-BVNDVS]

1 (of the sea) Tossing, turbulent. mare Ionium uiolentum et uastum et ~um GEL.19.1.1.

2 Given to boasting, boastful. in Graecae facundiae gloria ~us GEL.15.2.2.

iactans ~ntis, *a.* *compar.* ~ntior. [pple. of IACTO] Boastful, arrogant. **b** exultant, proud. insolens, adrogans, ~ns CIC.*Ep.*fr.5(4).21; quem iuxta sequitur ~ntior Ancus VERG.*A.*6.815; ineptus et ~ntior hic paulo est HOR.*S.*1.3.50; neque..uereor, ne ~ntior uidear PLIN.*Ep.*9.23.6; STAT.*Theb.*9.559; Asiana gens tumidior alioqui atque ~ntior QUINT.*Inst.*12.10.17; GEL.4.1; (*w. obj. gen.*) quem tumidum ac sui ~ntem..uideat QUINT.*Inst.*11.1. 50;—(*of actions*) ne cui uestrum..meus..~ntior gestus fuisse uideatur CAEL.*orat.*22; QUINT.*Inst.*12.7.6. **b** septemgemino ~ntior aethera pulset Roma iugo STAT.*Silv.*4.1.6.

iactanter, *adv.* *compar.* ~ius. [prec.+-TER²] Arrogantly; ostentatiously. litteras ad Vespasianum composuit ~ius quam ad principem TAC.*Hist.*3.53;—perisse Germanicum nulli ~ius maerent quam qui maxime laetantur *Ann.*2.77.

iactantia ~ae, *f.* [IACTANS+-IA]

1 The act of boasting, boastfulness. cum..hinc terra et hostis, hinc uictus Oceanus militari ~a compararentur TAC.*Ag.*25.1; quod non ~a refero *Ann.* 11.11; quod non inseruissem ueritus opinionem ~ae QUINT. *Inst.*9.2.74; (*w. obj. gen.*) neque Maroboduus ~a sui..abstinebat TAC.*Ann.*2.46.

2 Showing off, ostentation, parade. aut nimiae miseriae aut inanis ~ae est QUINT.*Inst.*1.8.18; uerborum ~a TAC.*Ag.*39.1; tertio gradu primores ciuitatis scripserat, plerosque inuisos sibi sed ~a gloriaque ad posteros *Ann.*1.8; PLIN.*Pan.*38.4; maiore in litteris erat ~a..quam opera GEL.18.6.1; (*w. obj. gen.*) ~a ingenii, ut res cito accepisse uideantur QUINT.*Inst.*12.8.3.

iactātiō ~ōnis, *f.* [IACTO+-TIO]

1 a The action of flinging about (the body or limbs). **b** the action of shaking or jolting. **c** the action (of the sea) of tossing; (also, of the wind.)
a non multa ~o corporis, non inclinatio uocis CIC.*Brut.* 158; modica ~one corporis, uultu tamen multa conficiens *Orat.*86; uelut mente capta, cum ~one fanatica corporis LIV. 39.13.12; cum clamore et tumultu et totius corporis ~one SEN.*Dial.*3.19.1; multo discursu, anhelitu, ~one gestus.. furentes QUINT.*Inst.*2.12.9; ~one manus, pedis supplosione 10.7.26;—(*in illness*) si diu frigus est et torpor et ~o corporis CELS.3.9.2; 3.11.3. **b** pati..posse uisus ~onem LIV.29.32.12; siue cum frigus subit siue aliqua ~o nisi bene iam confirmatis intestinis reuertitur (malum) CELS.4.20.4; ut nauiges et uiscera molli ~one concutias SEN.*Ep.*78.5; (*w. obj. gen.*) leniorem in nauigatione quam in uia ~onem uolneris fore LIV.30.19.5; CURT.6.1.5. **c** necdum satis refectis ab ~one maritima militibus LIV.21.26.5; cum.. ~onem nauis..pati non posset SEN.*Suas.*6.17;—(*in fig. phr.*) me..ex magna ~one terram uidentem CIC.*Mur.*4; si ex illa ~one cursuque populari bene gesta re publica referunt aspectum in curiam *Prov.*38;—arborum fructus quos ad maturitatem..adducit ipsa ~o SEN.*Nat.*5.18.13; niuem.. colligi ~one densarum nubium constat APUL.*Mun.*9;—(*fig.*) motus turbulenti ~onesque animorum..incitatae CIC.*Tusc.* 5.15.

2 Frequent changing (of one's mind or attitude). uidere licet alios (philosophos) tanta leuitate et..~one CIC.*Tusc.*2.12; hanc leuitatem ac ~onem animi neque mirabantur in iuuene furioso LIV.24.6.9; SEN.*Ep.*95.58; inter simulationem uirtutum amoremque uitiorum adsidua ~o ista 120.20.

3 The action of boasting, boastfulness; also, *~io uerborum.* **b** ground for boasting. (eloquentia) ornata uerbis atque sententiis ~onem habuit in populo CIC.*Orat.*13; ~o est uoluptas gestiens et se efferens insolentius *Tusc.*4.20; non nullorum hominum insolentiam et ~onem ferre non potes CAEL.*Fam.*8.16.5; detrahenda est inanis ~o; res loquentur nobis tacentibus SEN.*Ben.*2.11.6; nihil adpetere in ~onem, nihil ob formidinem recusare TAC.*Ag.*5.2; inperitiae morbum ex gloriosa ~one contingere APUL.*Pl.*1.18;—(*w. obj. gen.*) QVAESISSE ~ONEM GLORIAE PROLATI IMPERI VLTRA OCEANVM *CIL* 13.1668.1.39; omnis sui uitiosa ~o est QUINT.*Inst.*11.1.15;—excutient tibi istam uerborum ~onem CIC.*Sul.*24; ~one uerborum et denuntiatione periculi D.BRUT.*Fam.*11.20.2. **b** quae ~o est soluisse, quod debeas? SEN.*Ben.*4.17.1.

4 The action of flaunting, display, parade, showing off. se non ~one populari sed dignitate atque innocentia tuebantur CIC.*Clu.*95; P. Clodio..hic primus fuit..aditus ad popularem ~onem *Har.*43; nihil ex cuiusquam dignitate ..nihil etiam ex ~one decerpseris! PLIN.*Ep.*8.24.3;—(*w. obj. gen.*) intempestiua ~one seueritatis inflatus LIV.29.37.9; illa dicendi uitiosa ~o QUINT.*Inst.*12.9.4; nulla cultus ~o TAC.*Ger.*6.2.

iactātor ~oris, *m.* [IACTO+-TOR] One who boasts or makes a display (of). (*w. gen.*) Cleonaeae stirpis ~or Agylleus STAT.*Theb.*6.837; rerum a se gestarum..~or QUINT.*Inst.*11.1.17; SUET.*Cl.* 35.1;—(*w. inf.*) ille sub hiberno somnos educere caelo ~or SIL.11.404.

iactātus ~ūs, *m.* [IACTO+-TVS³] The action of moving about, shaking, tossing etc. Boreas..excussit pennas, quarum ~ibus omnis adflata est tellus OV.*Met.*6.703; quid est homo? quibet quassu uas et quolibet fragile ~u SEN.*Dial.*6.11.3; si tibi ~u pelagi.. tristior iste rogus LUC.8.761; suspendendo lectulos, quorum ~u..somnos adliceret PLIN.*Nat.*26.14; adsiduo linteorum ~u 31.49; ceteras..sordes expuens crebro ~u fictilibus in uasis 33.99; (*fig.*) tota illi aetas aut in armis est exacta ciuilibus aut in ~u concipiente iam ciuile bellum SEN.*Ep.* 104.29.

iactitō ~āre, *tr.* [next+-ITO]

1 To throw, fling (in quot., remarks or sim.). iuuentus..ipsa inter se more antiquo ridicula intexta uersibus ~are coepit LIV.7.2.11.

2 To boast of, brag of. adulescentis, quos ille ~at CIC.*Fam.*2.9.1.

iactō ~āre ~āuī ~ātum, *tr.* [IACIO+-TO]

1 To propel through the air, throw, hurl. **b** to throw, cast (a net or line); to throw (dice). Hectoris natum de Troiano muro ~ari ENN.*scen.*82; ardentis faces in uicinorum tecta ~as CIC.*Har.*39; ignem multum telorumque multitudinem ~ando *B.Hisp.*12.4; Deucalion uacuum lapides ~auit in orbem VERG.*G.*1.62; tela manu miseri ~abant inrita Teucri *A.*2.459; in consulis domum plebes quadrantes..~asse fertur LIV.3.18.11; dat ossa dominus; frusta ~ant familia PHAED.3.7.22; (murenas) ~ato fusti non interemi PLIN.*Nat.*32.14; umero ~antem funus onusto STAT.*Theb.*4.571; qui missilia ~at in uulgus GAIUS *dig.*41.1.9.7; (*cf.*) siue puer..hunc iaculatur seu mulier toto ~ans e corpore amorem LUCR.4.1054;—(*kisses*) ~at basia raedae JUV.4.118;—(*in fig. phr.*) postea..peruolgata atque in manibus ~ata et excussa..sunt CIC.*Mur.*26. **b** a cubili..~atam spectatus alte lineam trahit piscis MART. 10.30.17; si iactum retis emero et ~are retem piscator noluit CELS.*dig.*19.1.12;—talis ~andis tuae sunt consuetae manus PL.*Vid.*33; seu ludet numerosque manu ~abit eburnos OV. *Ars* 2.203; talis..~atis, ut quisque canem aut senionem miserat SUET.*Aug.*71.2; (*absol.*) nemo est quin saepe ~ans Venerium iaciat aliquando CIC.*Div.*2.121.

2 To throw at random, toss. finita per omne corpora ~ari unius genitalia rei LUCR. 2.548; non ore solutos immundi meminere sues ~are maniplos VERG.*G.*1.400; surgentem ad Zephyrum paleae ~antur inanes 3.134; ut tuus in scamno ~etur saepe libellus PROP.3.3.19; undique ~ato flore tegente uias OV.*Tr.*4.2.50; illa flammatus latex querente aeno ~at SEN.*Thy.*767; cum semen ~atur PLIN.*Nat.*18.157; quotiens (arbores) inclinatae in alterutram partem fructum ~auerunt FRON.*agrim.*p.10; (*poet.*) quae nunc Eurusque Notusque ~at odoratos uota per Armenios TIB.1.5.36.

3 To throw away; to throw overboard, jettison. **b** to throw off. **c** (fig.) to throw aside, reject. ~are passim arma inermesque..se hosti offerre LIV. 6.3.9; se suaque ~andi quocumque desideraiut inperantis salus SEN.*Cl.*1.3.4; ~atur rerum utilium pars maxima JUV. 12.52;—si quae inprobae sunt merces, ~at omnis PL.*Rud.* 373; ut testamenta cum leguminibus ~entur FRO.*Aur. Fro.*1.p.160(16N); si quis merces ex naue ~atas inuenisset JULIAN.*dig.*41.7.7. **b** onerosa..pallia ~at JUV.6.236;— (*in fig. phr.*) nec ~are iugum uita didicere magistra 13.22; noua saeuit in armis libertas ~atque iugum SIL.14.107. **c** QVOD FVGIS QVOD ~AS TIBEI QVOD DATVR SPERNERE NOLI *CIL* 1.2188; te..quam omni ratione ~aturus (sit) CIC.*Div. Caec.*45; si recipior ab his..quid agam..non reperio; sin ~or, eo minus *Att.*11.16.3.

4 To throw out (light, etc.). Gemini clarum ~antes lucibus ignem CIC.*Arat.*577(331); 711(458); ex albis album pinnis ~are colorem LUCR.2.823; suam proprio ~at de corpore lucem 5.576; si non alium late ~aret odorem VERG.*G.*2.132; lucem sub nubila ~ant *A.*7.527.

5 To throw or pile up. uallum a uolatu, quod cum id ~ant uolant inde leuia VAR.*L.*5.138; si pilas in mare ~auerim POMPON.*dig.*41.1.30.4.

6 To wave, brandish, flourish. **b** to wield (a tool or instrument). ferrum insuper ~ato CATO *Agr.*160; radices palmarum agrestium..~abant CIC.*Ver.*5.99; supplices ramosque oleae ~antes LIV.45.25.1; date ~atis undique signa togis OV.*Am.* 3.2.74; ut limine cogat abire ~antem Pharia tinnula sistra manu? *Pont.*1.1.38; instant sorores squalidae, sanguinea ~ant uerbera SEN.*Ag.*760. **b** duros ~are bidentis VERG. *G.*2.355; cum bene ~ati pulsarant arua ligones OV.*Am.* 3.10.31; fossores..liberius et aptius ~ant bidentes COL. 4.17.8; ne Pompeiani..languida ~atis conprendant carbasa remis LUC.5.421; CALP.*Ecl.*4.117.

7 To move vigorously, fling, toss, etc. (the body or its parts). **b** (of illness) to make restless, cause to toss. ~ari caput atque comas LUCIL.288; pugiles..in ~andis caestibus ingemescunt CIC.*Tusc.*2.56; bracchia..in numerum ~are et cetera membra LUCR.4.769; multi ut diu ~ato bracchio praeoptarent scutum manu emittere CAES. *Gal.*1.25.4; sonipes ictu furit arduus altaque ~at..crura VERG.*A.*11.638; ~abat truncas ad caua buxa manus PROP. 4.8.42; ~andis grauius in conitendo ungulis LIV.21.36.8; alter in alterius ~antes lumina uultum OV.*Ep.*3.11; pectora ~antem sanguinulenta 3.50; quamuis Boreas ~atis insonet alis *Tr.*3.10.45; ~are bracchia et crura CELS.2.4.3; si caudam saepius ~ant COL.6.30.9; non iuuat in toto corpus ~are cubili LUC.5.812; ~are manus, laudare paratus JUV. 3.106; (*cf.*) exsultare eam (*sc.* partem animi) in somno inmoderateque ~ari CIC.*Div.*1.60; (*w. abst. subj.*) artus.. uarie ~at incertus dolor SEN.*Phaed.*366; (*refl.*) nisi se suo more ~auisset CIC.*Brut.*217. **b** ~ans me ut febris querquera LUCIL.1194; cum aestu febrique ~antur CIC. *Catil.*1.31; LUCR.2.36; (*fig.*) maxima pars hominum morbo ~atur eodem HOR.*S.*2.3.121.

8 (of the sea, storms, etc.) To drive to and fro, toss (ships, sailors). **b** (fig., of troubles, etc.) to toss about, harass, torment. **c** to cause to fluctuate, subject to rapid changes. nos uentisque fluctibusque ~atae PL.*Rud.*370; ipsos quoque tempestas uehementius ~are coepit CIC.*Inv.*2.154; uela in altum dederunt ac diu multumque ~ati..ad Caesarem peruenuint *B.Afr.*53; qui maritimis (fluctibus) ~arentur NEP.*Att.*6.1; dispersi ~amur gurgite uasto VERG.*A.*3.197; nauem ~antibus Austris HOR.*S.*1.1.6; lupus..pontis.. inter ~atus 2.2.32; me mare, me uenti, me fera ~at hiems OV.*Tr.*1.1.42; non secus aequoreo ~at Teumesius amnis Hippomedonta salo STAT.*Theb.*9.462; (*cf.*) ipsa uelut nauis ~or OV.*Ep.*20.41;—(*in fig. phrs.*) qui in hac tempestate populi ~emur CIC.*Planc.*11; M. Cato..in his undis et tempestatibus ad summam senectutem maluit ~ari *Rep.* 1.1; qualibus incensam ~astis..mente puellam fluctibus CATUL.64.97;—(*cf. b*) terris ~atus et alto VERG.*A.*1.3; ~ati.. cum uariis casibus tum saeuitia maris VELL.1.2.3. **b** ~or, crucior, agitor PL.*Cist.*206; egestate..~ati CAECIL. *com.*45; multis uexatus contumeliis, plurimis ~atus iniuriis CIC.*Quinct.*98; grauius etiam ~abitur et in suis moribus simillimas figuras pecudum et ferarum transferetur *Tim.*45; quantis ~atum, nate, periclis! VERG.*A.*6.693; inter serpentes aprosque auidosque leones ~or OV.*Ep.*9.38; siue casus res humanas sine ordine impellit et ~at SEN.*Ep.*16.5; his ac talibus inter spem metumque ~atum spes uicit TAC. *Hist.*2.2; nisi..alius quidem nos error ~at FRO.*Aur.*2.p.224 (233N); Hortensius..maledictis compellationibusque probris ~atus est GEL.1.5.2. **c** ~antibus se opinionibus CIC. *Tusc.*4.24; (*in value*) ~abatur enim temporibus illis nummus sic, ut nemo posset scire, quid haberet *Off.*3.80.

9 To knock about, jostle, shake (persons, etc.). **b** to shake up (things), cause to quiver. inter seruos Rubri atque hospitis ~atur..homo honestissimus CIC.*Ver.*1.67; si quando..~or in turba *Planc.*17; se inique a tuis ~atum 55; nec uexationem uolneris in uia ~ati ultra patiens LIV.21.48.7; annua peregrinatione esse ~andos CELS.3.18.23. **b** nisi umor destitit in dubio fluctu ~arier LUCR.6.556; terra ~atur SEN.*Nat.*6.14.4; laxi ~antur ubique rudentes STAT.*Theb.*7.141.

10 To utter with force, abandon, etc., hurl (remarks, etc.). **b** to mention or discuss freely, bandy about, ventilate. uerba ~are et labris inter se uelitari AFRAN.*com.*266; minae ~entur CIC.*Quinct.*47; talia ~anti..procella uelum aduersa ferit VERG.*A.*1.102; uoces ~are per umbram 2.768; inconditi uersus militari licentia ~ati LIV.4.53.11; querimoniae ultro citroque ~atae 7.9.2; hoe disticho..~ato SUET.*Jul.*51; si..infaustas uoces aduersus eum ~auerit ULP.*dig.*34.9.9.1. **b** accusatores..libidines, amores, adulteria..~ant CIC.*Cael.*35; uidentur ea mihi esse refutanda quae..in senatu ab inimicis saepe ~ata sunt *Mil.*7; quod pluribus praesentibus eas res ~ari nolebat CAES.*Gal.* 1.18.1; nec palam nec secreto ~are consilia sua (*sc.* debere) LIV.44.34.2; fabula, nec sentis, tota ~aris in urbe OV.*Am.* 3.1.21; cum in omni fere medicorum uolumine atque sermone ~entur (*sc.* uocabula) CELS.6.18.1; hoc sophisma, per omnes dialecticorum scholas ~atum SEN.*Ep.*87.38; illa non ab oratore ficta, sed passim esse ~ata QUINT.*Inst.*6.3.4; se priora et toties ~ata super optinenda Armenia nunc omittere TAC.*Ann.*15.24; (*poet.*) illum talis ~antem pectore curas VERG.*A.*1.227; (*impers. pass.*) ~atum in condicionibus nequiquam de Tarquiniis in regnum restituendis LIV.2.13.3; —(*w. acc. and inf.*) ~antibus non obscure Gallis haud magna mercede se adduci posse 5.48.7; hostem omnino non uidisse inimici ~abant 38.47.5; unde causas turpium factorum saepe exstitisse uitam falso ~aretur QUINT.*Inst.* 1.2.2; sibi quoque in fatis esse ~auit omnia impudica, sed non impunita matrimonia SUET.*Cl.*43.1.

11 To speak boastingly of, brag about. **b** (refl.) to brag, boast. cum..Domitius urbanam gratiam dignitatemque ~aret CAES.*Civ.*3.83.1; quamuis..~es et genus et nomen inutile HOR.*Carm.*1.14.13; si qua illustris femina ~at auos PROP. 2.13.10; ab indoctis et inperitis tantae disciplinae magnitudinem ~ari VITR.6.pr.6; proelia atque acies ~ando LIV. 22.39.7; genus et proauos et regia nomina ~as OV.*Ep.* 16.51; uirtutis expers, uerbis ~ans gloriam PHAED.1.11.1; quae gesserunt fortia ~ant LUC.4.202; ~ent, ut uolent, sanguinis coniunctionem QUINT.*Decl.*264(p.78,l.18); ut pulchrum et memorabile facinus ~abant TAC.*Hist.*1.44; (*w.* prae se) nil me fatalia terrent, si qua Phryges prae se ~ant, responsa deorum VERG.*A.*9.134;—(*w. acc. and inf.*) ~ando tres duces Romanos ab se uno proelio fusos LIV. 4.31.6; quo te ~as, Alcmena nate, creatum OV.*Met.*9.23; cum se ~aret eodem modo dicere Senecam infamabat QUINT.*Inst.*10.1.127; plerique ~ant cantari saltarique commentarios TAC.*Dial.*26.3;—(*w. inf.*) hic robore ~at non cessisse patri STAT.*Theb.*10.250;—(*w.* quod) ~auit..quod non laqueo strangulata..foret TAC.*Ann.*6.25. **b** intolerantius se ~ant Cic.*de Orat.*2.209; ~asse se aliquos ut fuisse in ea societate uiderentur *Phil.*2.25; ~at..tuo se in gurgite maior Hippomedon Stat.*Theb.*9.393;—(*w.* de) ~at se iam dudum de Calidio Cic.*Ver.*4.46; ne de istis quidem piscinarum Tritonibus poterit se ~are *Att.*2.9.1;—(*w.* in+*abl.*)cum ..noctu se introisse dixisset in eoque se in contione ~asset 2.1.5.

12 To display, parade, show off. **b** (refl.) to flaunt oneself, show off.

qui diuitias suas ~at, sicut..hariolus quispiam depressus et oneratus auro clamat et delerat *Rhet.Her.*4.62; nec si quid honesti est, ~at habetque palam Hor.*S.*1.2.85; aliis aliae spes ac metus ~antur Liv.30.33.10; regna Iouis coniunx, uirtutem filia ~at Ov.*Ep.*15.81; in quo nomen honesti ~atur, id colite Sen.*Ben.*5.14.5; Tac.*Ann.*13.11. **b** qui se magnifice ~at atque ostentat *Rhet.Her.*4.29; illa se ~et in aula Aeolus Verg.*A.*1.140; lora tenebat ipse, lacernatae cum se ~aret amicae Juv.1.62;—(*w. pred. acc.*) Iliae dum se nimium querenti ~at ultorem Hor.*Carm.* 1.2.18;—(*w. abl.*) tribuniciis se ~are actionibus principem.. querentes Liv.3.1.3; ~are sese insectatione et conuiciis dominorum 39.26.8;—(*w.* in+*abl.*) in Sex. Rosci..bonis ~antem se ac dominantem T. Roscium Cic.*S.Rosc.*24;—(*w. abst. subj.*) quem ad finem sese effrenata ~abit audacia? *Catil.*1.1; in quo..maxime consueuit ~are uestra se oratio *Fin.*1.36.

13 (refl., w. abl.) To glory (in), pride oneself (on).

ne quis huius supplicio leuando se ~are..possit Cic.*Catil.* 4.10; ne quis sit lucus quo se plus ~et Apollo Verg.*Ecl.* 6.73; exactis Calamis se mihi ~at equis Prop.3.9.10; te ~are solebas coniuge Ov.*Tr.*4.3.53; ipsa uarietate se ~at Sen.*Nat.*7.27.5.

iactūra ~ae, *f.* [iacio+-vra]

1 The action of throwing overboard, jettison; also, a thing cast away, jetsam.

si in mari iactura facienda sit, equine pretiosi potius ~am faciant an seruuli uilis Cic.*Off.*3.89; de illeis potissimum ~a fit, quia pretii minimi sunt Sal.*Rep.*2.9.4; gubernator, ubi naufragium timet, ~a, quidquid seruari potest, redimit Curt.5.9.3; tempestate graui orta necessario ~a facta erat Paul.*dig.*14.2.2.2;—adiacuit (Marius) Libycis compar ~a ruinis Man.4.47.

2 A loss entailed for the sake of something else, a sacrifice.

tantam ~am criminum facere Cic.*Ver.*1.33; qua cupiditate homines in prouincias, quibus ~is quibusque condicionibus proficiscantur *Man.*67; qui..gloriae ~am ne minimam quidem facere uellent *Off.*1.84; rei familiaris ~a perpetuum imperium libertatemque..consequi Caes.*Gal.* 7.64.3; facilis ~a sepulcri Verg.*A.*2.646; qui..unius ~a ciuis finiat intestinum bellum Liv.6.19.2; sarcinarum potius quam disciplinae fecisse ~am Curt.6.6.17; cum ~a pudoris et libertatis et temporis Sen.*Ep.*42.7; nusquam minor est ~a clientis Juv.3.125.

3 The act of squandering or wasting.

~is..rei familiaris Cic.*Mil.*72; in his immanibus ~is infinitisque sumptibus *Off.*2.56; temporis ~am facere Liv. 39.4.4; demus ipsis, apud quos facta ~a est Sen.*Ben.* 7.31.5; inter turpes ~as malum munus est *Dial.*7.23.5; ad Vrsum..iuuenem..sine ~a desidiae doctissimum Stat. *Silv.*2.pr.

4 Deprivation, loss; also, a thing lost.

socium ~am fleuit Vlixes Prop.3.7.41; nomine quemque suo (nullast ~a) saluta Ov.*Ars* 2.253; rapti ~a laesus amici *Pont.*4.11.5; diuites sunt aliorum ~is, locupletes calamitatibus V.Max.4.7.ext.2; frondium ~a facilis est Sen.*Ep.* 104.11; ~am grauissimam feci, si ~a dicenda est tanti uiri amissio Plin.*Ep.*1.12.1; ut sine ~a tua pecces Gel. 13.21.8; Paul.*dig.*1.18.21;—M. Crassus, inter grauissimas Romani imperii ~as numerandus V.Max.1.6.11; frater suus, maritimarum uirium nostrarum praecipua ~a 8.1. damn.4; scite..~ae lineamenta secuta totam illi formam suam reddidit Petr.110.2.

5 (mil.) The losing of men by death, wounds, or capture.

nec..sine aliqua ~a cohortium praetoriarum nostrarum et legionis Martiae fieri potuit Galba *Fam.*10.30.5; id..non magna ~a suorum sese effecturos sperabant Caes.*Gal.* 7.26.2; cum maiore sua quam hostium ~a dimicauit Liv. 10.45.10; nauis tantum ~a facta incolumes ipsi euaserunt 30.25.8; uictoria non sine ~a militum fuit 40.40.12.

6 Expense, outlay, cost.

M. Aurium non magna ~a facta tollendum interficiendumque curauit Cic.*Clu.*23; exhaustam esse sumptibus et ~is prouinciam *Att.*6.1.2; eos..ad se magnis ~is pollicitationibusque perduxerant Caes.*Gal.*6.12.2; magnis..~is sibi quisque eorum animos conciliabat *Civ.*3.112.11.

iactus ~ūs, *m.* [iacio+-tvs[3]]

1 The action of hurling or throwing. **b** the range of a missile.

ubi aera uincere summum arboris haud ullae ~u potuere sagittae Verg.*G.*2.124; parcius iunctas quatiunt fenestras ~ibus crebris iuuenes proterui Hor.*Carm.*1.25.2; supino ~u tela in locum superiorem mittebant Liv.30.10.13; de femineo reparata est femina ~u Ov.*Met.*1.413; controuersiam illi facere de gloria debuit et reuocare ~um Sen. *Dial.*5.14.3; librans uni sibi missile telum direxit ~us Stat. *Theb.*8.524; postquam in propius suggressos hostis certo ~u tela exhauserat Tac.*Ann.*14.37; iuuenis dexterum bracchium longo ~u petierat Apul.*Met.*9.37;—(*w. obj. gen.*) quibus ignis ~us et lapides defendi possent Caes.*Civ.*2.2.4; pulueris exigui ~u compressa quiescent Verg.*G.*4.87; ~us.. pilarum Ov.*Tr.*2.485; glaebarum testarumque ~us non habet nomen Quint.*Inst.*8.2.5; ~u disci Tac.*Dial.*10.5; ~u uel minimi lapilli Ulp.*dig.*43.24.1.6; (*of thunderbolts*) tonitrua ~usque fulminum Cic.*Div.*2.42; elisorum fulminum ~us Sen.*Dial.*1.1.3; Plin.*Nat.*2.104; Tac.*Hist.*5.7. **b** extra omnem teli ~um surrexit Sen.*Dial.*2.1.1; nec Grais flectere ~um..facilis labor est Luc.3.478; hastae longius permeabant quam ut contrario sagittarum ~u adaequarentur Tac.*Ann.*15.9;—(*as an indication of distance*) intra ~um teli progressus uterque substiterat Verg.*A.* 11.608; ut uix teli ~u ab statione proxima abesset Liv.8.7.1.

2 The action of throwing or precipitating (from a raised position).

carcer et horribilis de saxo ~us deorsum Lucr.3.1016; haec Proteus, et se ~u dedit aequor in altum Verg.4.528; numquam ueniemus ad enses aut laqueos aut praecipites per inania ~us Luc.9.107; alii contra nitentes dedere facultatem lenioris in mare ~us Tac.*Ann.*14.5.

3 *~us retis* or sim., also absol., The fish taken by one cast of a net.

a piscatoribus in Milesia regione euerriculum trahentibus quidam ~um emerat V.Max.4.1.ext.7; fortunam ~us eius (*sc.* euerriculi) emisse Apul.*Apol.*31; si ~um retis emero Cels.*dig.*19.1.12; ueluti cum futurum ~um retis a piscatore emimus Ulp.*dig.*19.1.11.18.

4 A throw or cast of dice.

plaudite et mi ob ~um cantharo mulsum date Pl.*As.*906; quid est tam incertum quam talorum ~us? Cic.*Div.*2.121; sit sors et nobis talorum interprete ~u Prop.3.10.27; minimus labor est sapienter ~ibus uti Ov.*Ars* 3.369; in tesserarum prospero ~u V.Max.9.9.3; ut..extremo ac nouissimo ~u de libertate ac de corpore contendant Tac.*Ger.*24.3.

5 The action of throwing overboard, jettison. **b** the action of throwing down or discarding; (meton.) things thrown down.

necessitas est quae nauigia ~u exonerat Sen.*Con.*exc.4.4; nullam prudentia cani rectoris cum ferret opem, decidere ~u coepit cum uentis Juv.12.33; Fro.in Aur.*Fro.*1.p.160 (16N); si ~um ex naue factum alius tulerit Ulp.*dig.*47. 2.43.11; si leuandae nauis gratia ~us mercium factus est Paul.*dig.*14.2.1; (*cf.*) cum gregis ductor..fratrem simul ac sororem sustulit tergo medioque ~um fecit in ponto Sen. *Tro.*1037. **b** inter purgamenta et ~us cenantium Sen. *Con.*9.2.4.

6 A quick movement, toss, or sim. (of part of the body).

miramur..taurorum..colla et truces in sublime ~us Plin.*Nat.*11.4; aliis ad incursum robusta (cornua), aliis ad ~um pluribus modis 11.125; inclinant..contraria ~u bracchia Stat.*Theb.*6.763; tenuis arentium ~us oculorum [Quint.]*Decl.*5.9.

7 a The emission (of rays of light); (transf.) the outward projection (of the mind). **b** an utterance (of the voice).

a ut noscas..primum ~um fulgoris quemque perire Lucr.5.291; radiorum..multiformi ~u flagellatus aer Plin. *Nat.*2.116; cur..a luminis ~u non sua sponte..oculos declinet Gel.12.5.11;—animi ~us liber quo peruolet ipse Lucr.2.1047. **b** consentaneo uocis ~u V.Max.1.5.8; fortuitum ~um uocis leto suo confirmauit 1.5.9.

iaculābilis ~is ~e, *a.* [iacvlor+-bilis] Capable of being thrown; (of weapons) missile.

illud cui non ~e dextrae pondus? Stat.*Theb.*6.658;—non formosius isto uiderunt oculi telum ~e nostri Ov.*Met.* 7.680.

iaculātiō ~ōnis, *f.* [iacvlor+-tio] The action of throwing or hurling. **b** javelin-throwing.

ista (*sc.* fulminatio est) ~o cum ictu Sen.*Nat.*2.12.1; in hac ueluti ~one dictorum Quint.*Inst.*6.3.43; saxorum ~onibus Apul.*Met.*1.10. **b** in libro de ~one equestri condito Plin.*Nat.*8.162; vt loricati ~onem peragereτis *CIL* 8.2532; pentathlum..ex his quinque artibus constat, iactu disci, cursu, saltu, ~one, luctatione Paul.*Fest.*p.211M.

iaculātor ~ōris, *m.* [iacvlor+-tor]

1 One who throws or hurls; (also perh.) one who casts nets (or lines).

quid Rhoetus euulsisque truncis Enceladus ~or audax.. possunt? Hor.*Carm.*3.4.56; fulminis iniusti ~or Stat.*Theb.* 12.562;—probus..antea ~or eras Pl.fr.inc.175.

2 A javelin-thrower; (spec.) a light-armed soldier equipped with a javelin.

~orem..Lycopen sternit Ov.*Met.*12.350; felix orator quoque maximus et ~or Juv.7.193;—Scipio cum equitatu ~oribusque expeditis profectus Liv.21.46.3; ~ores ex ceteris leuium armorum auxiliis prima acies facta 22.45.7; nec Numida Hispano eques par fuit nec ~or Maurus caetrato 23.26.11.

iaculātōrius ~a ~um, *a.* [iacvlor+-torivs] Used for javelin-throwing.

per campum ~um Ulp.*dig.*9.2.9.4.

iaculātrix ~īcis, *f.* [next+-trix] A female spear-thrower (in quots., Diana).

~ix..Phoebe Ov.*Ep.*10.229; *Met.*5.375; inter hamadryadas ~icemque Dianam *Fast.*2.155.

iaculor ~ārī ~ātus, *intr., tr.* [next+-o[3]]

1 (intr.) To throw a javelin. **b** (fig.) to fire or snipe (at, with abuse, etc.).

equitando, ~ando, omni militari labore tolerando Cic. *Off.*2.45; Sal.*Jug.*6.1; praepilatis..missilibus ~ati sunt Liv.26.51.4; ut..~antium ictus deerraturos negent Plin. *Nat.*28.100; intermissa ~antum nube potestas reddere tela fuit Stat.*Theb.*9.120; qui iaculum emittit ~ari dicitur Quint.*Inst.*8.2.5; Tac.*Hist.*3.23; cum alii in campo ~arentur Ulp.*dig.*9.2.9.4;—(*w.* in+*acc.*) ~ando..in stationes elicere ad pugnam hostem Liv.21.54.4; 21.55.9; qui..data opera in eum ~atus est Ulp.*dig.*9.2.9.4;—(*fig., w. internal acc.*) quid breui fortes ~amur aeuo multa? Hor.*Carm.*2. 16.17. **b** probris..in ipsum Macedonasque procacibus ~ati sunt Liv.42.54.1; si..~aretur in uxorem obliquis sententiis Quint.*Inst.*9.2.79.

2 (tr.) To shoot at, strike (with a javelin or other missile).

Pater..dextera sacras ~atus arces Hor.*Carm.*1.2.3; ceruos ~ari 3.12.11; Iuppiter igne suo lucos ~atur et arces Ov.*Am.*3.3.35; sic ego te nondum ferro ~abor acuto *Ib.*47; aera si misso uacuum ~abere disco 585; (*fig.*) siue puer membris muliebribus hunc ~atur Lucr.4.1053;—(*transf.*) saepe uiri naris acer ~atur apertas spiritus *Mor.*107.

3 To throw, shoot, hurl. **b** to shoot out, emit (light, etc.). **c** (in pass. sense).

semina quae magnum ~ando contulit omne Lucr.2.1108; ipsa Iouis rapidum ~ata e nubibus ignem Verg.*A.*1.42; silicem ~atus in hostes Ov.*Met.*7.139; tuli aues..pinnas quasi tela ~atas Mela 2.98; ballista..multifidas ~ata faces Luc.2.687; ideo..dictum Iouem fulmina ~ari Plin.*Nat.* 2.82; paulum ultra digitos in esca ~atus hamum 9.181; uulgi..faces et saxa ~antis Quint.*Inst.*12.1.27; missilem ignem in obsessos ~antur Tac.*Hist.*2.21; quantas ~etur Monychus ornos Juv.1.11; (*absol.*) effigias..debent mittere.. res quaeque, ex summo quoniam ~antur utraque Lucr.4.86; —(*poet.*) pigra Sagittipotens ~atur frigora terris Q.Cic.*poet.* 11; saepe ferus duros ~atur Iuppiter imbres Col.10.329; —(*fig.*) aduersus mortem tu tam minuta ~aris? Sen.*Ep.* 82.24. **b** summum quicquid de rebus abundat quod ~entur Lucr.4.146; et tenuem longis ~antur (cometae) crinibus ignem Man.1.849; caprae lupoque splendent (oculi) lucemque ~antur Plin.*Nat.*11.151; alias enormiter ~ante apice (*sc.* umbram) 36.72; dum Nemea tremulas campis ~abitur umbras Stat.*Theb.*5.749; se ~atur apex emicare et scintillare flammae..uidentur Apul.*Mun.*3. **c** nec longinqua cadunt ~ato uolnera ferro Luc.3.568; horum pleraque ~ari credas, alia labi, stare alia Apul.*Mun.*16.

4 (refl.) To throw oneself, leap; (also, pple. in middle sense).

Perseus..semet caelo ~atur in hostem Man.5.593; Luc. 2.155; in quas partes (cometes) sese ~etur Plin.*Nat.*2.92; 8.100;—quantum illa (*sc.* belua) subit, semper, ~ata profundo Man.5.598.

5 To utter rapidly, ejaculate.

quod in ambiguo uerbum ~ata reliquit Lucr.4.1137; abrupta quaedam, ut forte ad manum uenere, ~antur Quint.*Inst.*2.11.6; sententias uibrantis ~antur 11.3.120.

iaculum ~ī, *n.* [iacio+-vlvm]

1 A throwing-spear, javelin.

~is celeriter consumptis ad gladios certationem reuocauerunt Sis.*hist.*70; gladio succinctus, tenens ~um *Rhet. Her.*4.65; Caes.*Gal.*5.45.4; plerosque ~a tormentis aut manu emissa uolnerabant Sal.*Jug.*57.6; horridus in ~is et pelle Libystidis ursae Verg.*A.*5.37; non eget Mauris ~is neque arcu Hor.*Carm.*1.22.2; eis parmae breuiores quam equestres et septena ~a quaternos longa pedes data Liv. 26.4.4; in iuuenem torsit ~um Ov.*Met.*12.323; acontiae ~i modo uibrantur Plin.*Nat.*2.89; ~um excusso rotat in sublime lacerto Stat.*Theb.*10.745; Tac.*Dial.*10.5.

2 A missile of any other description. **b** (app.) a casting-net.

(*w. defining gen.*) ~is floris serti et soluti deam suam propitiantes Apul.*Met.*10.32; telis fulminum et missilium caelestium ~is ignescit (aer) *Mun.*3. **b** hic ~o pisces, illic capiuntur ab hamis Ov.*Ars* 1.763; *CIL* 2.2335.

iaculus[1] ~a ~um, *a.* [iacio+-vlvs] (of a net) Used for throwing, casting.

uenari..rete ~o in medio mari Pl.*As.*100; *Truc.*35.

iaculus[2] ~ī, *m.* [prec.] A kind of snake that darts onto its prey from trees.

natrix uiolator aquae, ~ique uolucres Luc.9.720; 9.823; ~um ex arborum ramis uibrari Plin.*Nat.*8.85.

iāientāculum: see ientacvlvm.

iāiūnitās, iāiūnus: see iei-.

Īālysius ~a ~um, *a.* Of or belonging to Ialysos, a town in Rhodes.

~os Telchinas Ov.*Met.*7.365.

Īālysus ~ī, *m.* A son of the god Helios, and eponym of the town Ialysos; a famous picture of him by Protogenes.

Cic.*N.D.*3.54;—~i..pulchritudinem imitari *Orat.*5; *Ver.* 4.135; Plin.*Nat.*35.102; Gel.15.31.3.

iam, *adv.* [formed on the base of is, as *tam*, *quam*, etc.] For *iam diu*, *iam dudum*, *iam pridem* see div, dvdvm, pridem.

1 At this point in the passage of time, now (as opp. to any other time). **b** (marking the beginning of an action extending into the future). **c** (w. negs.) not now (as was the case before). **d** *iam..iam*, *iam..iamque*, now.. now, first..then. **e** (colloq.) *quid iam?* what (is the matter) now?

mentire nunc.—at ~ faciam ut uerum dicas dicere Pl.*Am.*345; plus ~ uideo quam prius *Mer.*299; ~ne erumpere hoc licet mi gaudium? Ter.*Eu.*550; ab ignis ~ maiore ui ac uiolentia Volcanus dictus Var.*L.*5.70; ego uero esse ~ iudico et tum iudicaui Cic.*de Orat.*3.229; sed ~ surgamus 3.230; fuisti..tum..superior, sed ~..sis inferior necesse est *Dom.*4; ~que cateruatim dat stragem Verg.*G.*3. 556; accipe ~ tabulas Hor.*S.*1.4.15; reddere qui uoces ~ scit puer *Ars* 158; non cum senatu modo sed ~ cum dis..bellum gerere Liv.21.63.6; ~ hoc signum..intra uallum hostium erit 25.14.7; ~que tibi formae, ~que est tibi cura placendi Ov.*Met.*13.764; ~ pede, ~ cornu melior (taurus) Stat. *Theb.*2.329; 'plenum uino', non 'uini'..~ dicitur Quint. *Inst.*9.3.1; aduentare..Paetus audiebatur. ~que aderat Tac.*Ann.*15.6;—(*doubled for emphasis or emotive effect*) de colore non queo nouisse. ~ ~ noui: leno est Cappadox Pl.*Cur.*233; ~, ~..intellego Cic.*de Orat.*3.90; iam iam nulla mora est Verg.*A.*2.701;—(*w.* nunc) nunc mulier facta est ~ ex uiro Pl.*Truc.*134; quod iam tum recens suspiciosum ceteris..nunc uero apertum ~ omnibus..uidetur Cic.

*Clu.*189;—(*w.* tandem) ut ~ tandem illi..uos..plurimum uidisse fateantur *Agr.*2.103. **b** nunc dehinc latine ~ loquar PL.*Poen.*1029; ad te breuior ~ in scribendo incipio fieri CIC.*Att.*5.6.2; tu uelim desinas ~ nostris litteris uti *Fam.*1.10; toto ~ liber in orbe solus Caesar erit LUC.2.280; ~ nunc memento non defuturam mihi constantiam PLIN.*Ep.*5.1.4; (*cf.*) metuebant omnes ~ me TER.*Eu.*433. **c** uxorem tibi non dat ~ Chremes TER.*An.*352; nil pol ~ istaec mihi res uoluptatis ferunt *Hec.*593; nulla denique ~ existimantur esse iudicia CIC.*Ver.*43; quibus..subueniatis necesse est, etsi ~ multis non potestis *Prov.*11; numquam ~..quisquam improbus..se oppugnare rem publicam dicet *Sest.*52; Tiro negat ~ tibi placere Brundisium *Att.*15.21.3; cum ~ defenderet nemo CAES.*Gal.*2.33.6; neque eos ~ frena..retardant VERG.*G.*3.252; nec ~ poterat bellum differri LIV.2.30.8; caedes inde, non ~ pugna erat 25.14.10; ~..oculis numquam templa uidenda meis OV.*Tr.*1.3.32; non ~ imperator sed tantum belli causa erat TAC.*Hist.*3.70; (*doubled for emphasis*) ~ ~ non domus accipiet te laeta LUCR.3.894. **d** ~que humiles, ~que elati sublime uidentur (currus) aera per uacuum ferri VERG.*G.*3.108; ~ ualidam Ilionei nauem, ~ fortis Achatae..uicit hiems *A.*1.120; ~ uino quaerens, ~ somno fallere curam HOR.*S.*2.7.114; *Carm.*2.1.17; ~ equites, ~ elephantos fuderat, ~ prima acie pulsa in secundam pugnabat LIV.30.34.13; pactum..matrimonium ~ fama, ~ amore inlicito firmabatur TAC.*Ann.*12.5; PLIN.*Ep.*7.27.8. **e** ut ego interii basilice! — quid ~? PL.*Epid.*56; mirumst lolio uictitare te.. — quid ~? — quia luscitiosu's *Mil.*322; *Mos.*460; *Ps.*1142; num tibi nostri milites..malis orbiculatis esse pasti uidentur? 'quid ~?' inquis CAEL.*Fam.*8.15.1.

2 (w. *inde ab* and sim.) All this time (from a point in the past up to and including the present), i.e. continuously from.

~ inde ab adulescentia PL.*Bac.*1207; se..ad ludos ~ inde abhinc exerceant PAC.*trag.*21; mihi cum eo ~ inde usque a pueritia fuit semper familiaritas TER.*Hau.*183; ~ a principio CATO *orat.*69; philosophorum greges ~ ab illo fonte et capite Socrate CIC.*de Orat.*1.42; ac tibi ~ inde praescribo ne tuas sordis cum clarissimorum uirorum splendore permisceas *Vat.*13; ~ inde a principio huius imperi *Prov.*33; ~ ab initio copias..despiciens CAES.*Civ.*2.23.1; ciuitatis minime in captiuos ~ inde antiquitus indulgentis LIV.22.61.1; ~ a prima pugna 27.20.11; TAC.*Hist.*1.11; affirmante Ateio..et esse illud Latinum, et si non esset, futurum certe ~ inde SUET.*Gram.*22(p.116Re).

3 (to denote the completion of the action or the existence of the fact prior to the time indicated) By this time, by now, by then, already. **b** (w. temporal adv. indicating point in time) *iam nunc*, already now; *iam tum*, already then; *iam ante*, *iam antea*, even before that. **c** (w. exprs. denoting extent of time or number of repetitions). **d** (in neg. or interr. cls.) yet.

ibo intro.. — ~ te sequor PL.*Aul.*802; sati' sumpsimu' supplici ~ *Per.*854; si graderere tantum quantum loquere, ~ esses ad forum *Ps.*1236; hic ~ mihi hostis est, tametsi nondum armis agat CATO *orat.*185; taedet ~ audire eadem miliens TER.*Ph.*487; hoc..~ uetus est et..usitatum CIC.*Caec.*45; nec dubito quin legente te has litteras confecta ~ res futura sit *Fam.*6.12.3; ~que frumenta maturescere incipiebant CAES.*Civ.*3.49.1; ~ redierant legati LIV.3.32.6; ~ ad decem milia hominum erant 22.54.5; Othoni nondum auctoritas inerat ad prohibendum scelus: iubere ~ poterat TAC.*Hist.*1.45;—(*in temporal cls.*) ubi ~ passa erit (murta) CATO *Agr.*125; cum ~ non longe..abesset *B.Afr.*25.4; cum ~ in semine est (herba) LARG.60;—(*w. single words*) quem ego audiui ~ senem CIC.*Brut.*131; Euphrates ibat ~ mollior undis VERG.*A.*8.726; uix regredi Capuam ~ duplici fossa..cinctam potuerunt LIV.25.22.16; in omnem disputationem paratos ~ locos TAC.*Dial.*31.5;—(*reptd. for emphasis:* iam iam, iam iamque) ~ ~ sat, amabo, est PL.*Mil.*1084; eadem cotidie quae ~ iamque ipsa contrita sunt CIC.*Att.*12.27.2; ~ ~que magis cunctantem flectere sermo coeperat VERG.*A.*12.940. **b** Hermae..~ nunc me admodum delectant CIC.*Att.*1.8.2; clipeum..excipiam sorti, ~ nunc tua praemia, Nise VERG.*A.*9.271; ~ nunc est patria gratior illa mea OV.*Ep.*4.108;—~ tum occeperat turba inter eos TER.*Eu.*725; nisi ~ tunc omnia negotia..confecissem CIC.*Fam.*3.12.3; Philippus ~ tum ualens NEP.*Timoth.*3.1; VERG.*A.*8.350; ~ tunc Emporiae duo oppida erant LIV.34.9.1; TAC.*Ag.*45.1;—res, quae esset ~ antea non obscura CIC.*Ver.*4.100; cum..idem omnes boni ~ ante fecissent *Red.Sen.*12; CAES.*Gal.*5.9.4; SAL.*Jug.*80.6. **c** sex menses ~ hic nemo habitat PL.*Mos.*954; is Lilybaei multos ~ annos habitat CIC.*Ver.*4.38; qui uiginti ~ annos bellum geram *Phil.*6.17; quartum ~ diem sine pabulo retentis iumentis CAES.*Civ.*1.84.1; nam te ~ septima portat..aestas VERG.*A.*1.755; cum centesimus ~ annus sit ab Mam. Aemilio dictatore LIV.9.34.6;—iterum ~ adgreditur me ACC.*trag.*199; quod saepe ~ dixi CIC.*de Orat.*2.310; sextum ~ illum consulatum gerentem *Sest.*37; iterum ~ tibi rescribo *Att.*6.1.21; LUCR.3.85; LIV.23.45.8. **d** non omnino ~ perii, est relicuom quo peream magis PL.*As.*233; non ⟨erat⟩..~ refertus pecunia CIC.*Ver.*4.41; si tibi non annis corpus ~ marcet LUCR.3.946; quod non exercitum ~ in Africam traiecisset LIV.29.4.8; uitulus..qui nondum gerit in tenera ~ cornua fronte OV.*Hal.*3; JUV.11.157;—ne oculos specie laetauisti optabili? ANDR.*trag.*7; ~ mater rure rediit? PL.*Mer.*810; uise redieritne ~ an nondum domum TER.*Ph.*445; Seruilia ~ne uenit? CIC.*Att.*13.16.2.

4 (emphasizing the lapse of time, lateness of the hour, etc.). Even now (then), already.

eho, an ~ manu emisisti mulierem? PL.*Per.*483; at maturate propera, nam propero: uides ~ diem multum esse *Ps.*1158; an haec ~ obliti sunt Phryges? ACC.*trag.*665; senatus hodie fuerat futurus, id est Kal. Octobribus; ~ enim luciscit CIC.*Att.*4.17.4; ~ tempus equum fumantia soluere colla VERG.*G.*2.542; ~ e memoria excessit..? LIV.26.13.5; ~ne uacat saeuire, Creon? STAT.*Theb.*11.677; cuius proauum..collegam in eo magistratu fuisse pauci ~ senum meminerant TAC.*Ann.*13.34.

5 *iam iam, iam iamque* (expr. the imminence of an action) At any time now, now all but—.

~ ~ faciam ut iusseris PL.*Cur.*707; tu..quae..argentum mihi ~ ~que semper numeras *Ps.*225; ~ ~ desino TER.*Ad.*853; illum ruere nuntiant et ~ ~que adesse CIC.*Att.*7.20.1; cum..cogitandum sit ~ ~que esse moriendum *Tusc.*1.14; (uitis) ~ ~ contingit summum radice flagellum CATUL.62.52; CAES.*Civ.*1.14.1; illum..insequitur, ~ ~que manu tenet VERG.*A.*2.530; (canis) ~ ~que tenere sperat OV.*Met.*1.535; ~ ~ tacturos sidera summa putes *Tr.*1.2.20; ut ~ ~que iturus legit comites TAC.*Ann.*1.47.

6 (emphasizing the reason for a change of situation) Now (after what has happened).

postquam recitasti quod erat cerae creditum, ~ mihi credis? PL.*Per.*529; numquam abducet mulierem ~, nec potest, a me *Ps.*1088; id muta..et..ipsa uerba compone et quasi coagmenta..~ neminem antepones Catoni CIC.*Brut.*68; ~ omnis prouincias, ~ omnia regna, ~ omnis liberas ciuitates..ista defensione praecluseris *Ver.*5.168; iudicauit senatus..legibus..populum non teneri. ~ intellegis..te tribunum plebis non fuisse *Dom.*42; si lucem opperiantur, ~ pacem, ~ preces..laturos TAC.*Hist.*3.19;—(*doubled*) ~ ~..quamquam tibi..uita erepta est, tamen laetandum..puto casum tuom SAL.*Jug.*14.22;—(*w. negs.*) nescio quid credam egomet mihi ~ PL.*Mil.*402; uenio nunc non ~ ad furtum, non ad auaritiam..sed ad eius modi facinus in quo..CIC.*Ver.*4.60; sic eram adflictus, ut me ~ nulla fortuna posset efficere felicem QUINT.*Inst.*6.pr.5.

7 At this stage or point (in a development). **b** (used to introduce the latest term of a series). **c** (implying that the latest stage is in some way contrary to expectation). **d** (w. a conditional or concessive clause) to proceed to the next stage.

'sero est,'..'~ resciuere' CATO *hist.*87; quaedam (res) sunt, quae..ad corpus pertinent ciuitatis..aliae..quae ~ quiddam magis amplum..conficiunt CIC.*Inv.*2.168; metuunt homines imperiti ne ~ haec populus..concedat *Ver.*5.126; quid tu autem possis? aut quid homo quisquam? uix ~ deus *Att.*9.6.5; ~ne uides igitur..permagni referre..? LUCR.1.907; cum prope ~ ad desperationem peruenissent NEP.*Ham.*2.3; res est..immensi operis, ut..quae..eo creuerit ut ~ magnitudine laboret sua LIV.pr.4; oscula cum poteris ~ dare, sanus eris OV.*Rem.*794; hic, ubi ~ Zephyri fines LUC.4.72; id si constiterit, multa ~ uideo posse euenire QUINT.*Inst.*12.1.39;—(*doubled*) ~ ~ nec maxima Iuno nec Saturnius haec oculis pater aspicit aequis VERG.*A.*4.371; ~ ~..nec amicis..parcitis APUL.*Met.*1.25. **b** assiduo uindex assiduus esto; proletario ~ cui quis uolet uindex est *Lex XII* (*Font.iur.*p.18); primus semisse, secundus nummo, tertius ~ pluris quam totus medimnus LUCIL.500; 1338. **c** uel amare possum uel ~ scortum ducere PL.*Truc.*678; ut ~ non sine causa Demosthenes tribuerit et primas et secundas et tertias actioni CIC.*Orat.*56; ut ~ uideamur non a pecuniis capiendis homines absterrere, sed..*Ver.*2.142; sed te ~ ferre Herculei labos est CATUL.55.13; ingemuistis modo..~ si suffragium detur, hunc..praeferetis LIV.4.49.16; uerum id ~ indicis est non actoris QUINT.*Inst.*11.1.81; cetera ~ fabulosa TAC.*Ger.*46.6. **d** ~ si argentum acceperit, ducendast uxor, ut ais, concedo tibi TER.*Ph.*699; mallem..si ~ te crassi agri delectabant, hic alicubi..parauisses CIC.*Flac.*71; nunc si ~ res placeat, agendi tamen uiam non uideo *Att.*5.4.1; ut ~ sit in iis culpa, qui me non defenderunt, non minor est in iis, qui reliquerunt *Fam.*1.9.13; nec tali ratione potest denserier aer, nec, si ~ posset, sine inani posset..ipse in se trahere LUCR.1.396; sed tamen esto ~ posse haec aeterna manere 2.907; et ~ si pecces, deus exorabilis ille est PROP.2.30.11; ut ~ seruaris bene corpus, adultera mens est OV.*Am.*3.4.5.

8 (In a transition to a new topic) Further, now, besides; (freq. strengthened by *uero*). **b** *iam primum* (also *primum iam*), to begin with, first of all.

~ id porro utrum libentes an inuiti dabant? CIC.*Ver.*3.118; quod qui faciunt, plurimum gratiae consequuntur..~ illud non sunt admonendi *Off.*2.68; ~ in opere quis par Romano miles? LIV.9.19.9; montium..flexus..uentos generant. ~ quidem et specus PLIN.*Nat.*2.115;—~ uero in bonis..uendendis quas iste praedas..fecerit, longum est dicere CIC.*Ver.*1.156; legati Centuripini, Halaesini..dixerunt, multarum praeterea ciuitatum, ~ uero priuatim plurimi 2.120; *Phil.*7.25; QUINT.*Inst.*9.1.21; TAC.*Dial.*6.4. **b** haec primum adfertur ~ mi ab hoc fallacia TER.*An.*471; ~ primum illum alieno animo a nobis esse res ipsa indicat *Ad.*338; primum ~ semina aquai multa simul uincam consurgere LUCR.6.497; ~ primum..Catilina multa nefanda stupra fecerat SAL.*Cat.*15.1; VERG.*A.*8.190; ~ primum omnium..in Volscos..legiones ducere in animo est LIV.3.19.12; TAC.*Ann.*4.6.

ĭambēus ~a ~um, *a.* [Gk. ἰαμβεῖος] = next.

trimetris accrescere iussit nomen ~is HOR.*Ars* 253.

ĭambicus ~a ~um, *a.* [Gk. ἰαμβικός] Composed of iambi, iambic; (masc. as sb.) a writer of iambic (i.e. satiric) verse.

~um (numerum) CIC.*Orat.*191; hexametros..duo..: herous ille est, hunc uocant ~um MAUR.1581;—C. Lucilium, quamquam sit ~us, tamen improbarim APUL.*Apol.*10.

ĭambus ~ī, *m.* Also **~os.** [Gk. ἴαμβος]

1 A metrical foot of one short followed by one long syllable, an iambus.

~um et trochaeum frequentem segregat ab oratore Aristoteles CIC.*de Orat.*3.182; magnam..partem ex ~is nostra constat oratio *Orat.*189; HOR.*Ars* 251; ῥυθμὸς..duplex, ut ~os QUINT.*Inst.*9.4.47; MAUR.1383.

2 An iambic trimeter; (esp. as used in invective). **b** (pl.) invective written in iambic metre.

quod sequens epodus cum parte ~i tres habet trochaeos MAUR.2924;—quem Hipponactis ~us laeserat CIC.*N.D.*3.91; Archilochum proprio rabies armauit ~o HOR.*Ars* 79; pugnacis ~i OV.*Ib.*519; siue minax ultorem stringit ~on STAT.*Silv.*2.2.115; ~us non sane a Romanis celebratus est ut proprium opus QUINT.*Inst.*10.1.96. **b** at non effugies meos ~os CATUL.54.4; me..feruor..in celeris ~os misit furentem HOR.*Carm.*1.16.24; carmine tu gaudes, hic delectatur ~is *Ep.*2.2.59; Ponticus heroo, Bassus quoque clarus ~is OV.*Tr.*4.10.47; elegorum lasciuias et ~orum amaritudinem TAC.*Dial.*10.4.

iamdiū: see DIV.

iamiam, iamiamque, *adv.*: strengthened forms of IAM.

iamprīdem: see PRIDEM.

Iāna ~ae, *f.* The moon-goddess (app. popular form of DIANA; cf. NIGID.*gram.*42).

octauo ~am lunam..crescentem VAR.*R.*1.37.3.

Iānālis ~is ~e, *a.* Of or belonging to Janus.

uirga..~is de spina ponitur alba OV.*Fast.*6.165.

iāneus ~ī, *m.* [IANVS] (See quot.)

~us, ianitor PAUL.*Fest.*p.103M.

Iāniculum, ī, *n.* A long ridge on the west bank of the Tiber at Rome, traditionally connected with Janus.

CIC.*Agr.*2.74; *Mil.*74; VERG.*A.*8.358; OV.*Fast.*1.246 PAUL.*Fest.*p.104M.

Iānigena ~ae, *a.* Born of Janus.

dum mihi ~am seruabunt fata Canentem OV.*Met.*14.381.

iānitor ~ōris, *m.* [IANVS+-TOR] FORMS: old form ~*os* acc. VAR.*L.*7.27. A door- or gatekeeper, porter. **b** (applied to Cerberus as door-keeper of the underworld).

ecquis hic est ~or? aperite atque Erotium aliquis euocate ante ostium PL.*Men.*673; ~or carceris CIC.*Ver.*5.118; neminem a congressu meo..~or meus..absterruit *Planc.*66; HOR.*S.*2.7.45; LIV.7.5.3; ~or egressus introitusque uidet OV.*Fast.*1.138; o ~ores uilicique felices! MART.10.30.28; deductus..ab ~oribus ad libertum Neronis Epaphroditum TAC.*Ann.*15.55; APUL.*Mun.*26. **b** ~or Orci VERG.*A.*8.296; ~or aulae, Cerberus HOR.*Carm.*3.11.16; Lethes..triformis ~or STAT.*Theb.*2.54; Stygius, saeuis terrens latratibus umbras, ~or SIL.3.36.

iānitrix ~īcis, *f.* [As prec.+-TRIX] A female door-keeper, portress.

anus hic solet cubare custos ~ix PL.*Cur.*76; (*cf.*) laurus..gratissima domibus..~ix Caesarum PLIN.*Nat.*15.127.

iantāculum: see IENTACVLVM.

ĭanthinus ~a ~um, *a.* [Gk. ἰάνθινος] Violet-coloured, violet. **b** (neut. as sb.: sg.) the colour violet; (pl.) violet clothes.

~a lilia OV.*Ars* 2.115; ~a uestis PLIN.*Nat.*21.27; quem (colorem)..~um appellauimus 21.45. **b** purpurae..appellatione..fucinum et ~um continebitur ULP.*dig.*32.70.13;—coccina famosae donas et ~a moechae MART.2.39.1.

iantō: see IENTO.

iānua ~ae, *f.* [IANVS]

1 The door of a house or other building, doorway. **b** ~*a leti*, etc., the gateway of death, of the underworld.

ab ~a hoc stercus hinc auferri PL.*As.*424; ante ostium et ~am *Per.*758; pultabo ~am *Poen.*740; hunc..ante nostram ~am adpone TER.*An.*725; CATO *Agr.*14.2; ut ~am clauderent et ipsi ad foris adsisterent CIC.*Ver.*1.66; fores..in liminibus profanarum aedium ~ae nominantur *N.D.*2.67; claustra pandite ~ae CATUL.61.76; Cethegus Ciceronis ~am obsideret SAL.*Cat.*43.2; ne..~a frangatur HOR.*S.*1.2.128; ~ae interiores VITR.6.7.1; apertis ~is in propatulo epulati sunt LIV.25.12.15; tumuli..~a clausa est *Epic.Drusi* 69; propylaea Mineruae, quae sunt ~ae arcis V.MAX.3.ext.1; ~am intrauit PHAED.3.10.20; ~a ac limine tenus domum cludit TAC.*Hist.*1.33; simul..primum sonum ~ae matrona percepit APUL.*Met.*7.7;—(*poet.*) pluribus ut caeli tereretur ~a diuis CATUL.68.115. **b** haud igitur leti praeclusa est ~a caelo LUCR.5.373; patet isti ~a leto VERG.*A.*2.661; inferni ~a regis 6.106; panditur ad nullas ~a nigra preces PROP.4.11.2; nigri..Ditis ~a fertur et finem uitae retinet MAN.2.951; nec leti tibi ~a tristis STAT.*Silv.*5.3.257; (*facet.*) aperite propere ~am hanc Orci PL.*Bac.*368.

2 a The means of access (to a place), 'gateway'; (applied also to the mouth, features, as the means of communication with the mind, etc.). **b** a way of approach, initial stage (in achievement, learning, etc.).

a cum..eam..urbem sibi Mithridates Asiae ~am fore putasset CIC.*Mur.*33; hic locus est gemini ~a uasta maris OV.*Tr.*1.10.32; ~a Baiarum est JUV.3.4;—fronte, quae est animi ~a Q.CIC.*Pet.*44; ~a..oris LUCR.4.532; os quod esset..orationis ~a APUL.*Apol.*7. **b** ad ea, quae cupitis, perueunturos, ab hoc aditu ~aque patefacta CIC.*de Orat.*1.204; qua nolui ~a sum ingressus in causam *Planc.*8; est artis tristissima ~a nostrae OV.*Rem.*233; uirtutibus ~am claudit V.MAX.6.3.9; claudenda est ~a belli SIL.17.356; ~am famae patefecit PLIN.*Ep.*1.18.4.

Iānual ~ālis, *n.*: (see quot.).

~al libi genus, quod Iano tantummodo delibatur PAUL.*Fest.*p.104M.

Iānuālis ~is ~e, *a.* Of Janus; *porta ~is*, a gate of Rome situated at the end of the Argiletum.

VAR.*L.*5.165.

Iānuārius ~a ~um, *a.*

1 Of or named after Janus; *mensis ~us*, the first month (after 153 B.C.) of the Roman year, January. **b** (masc. as sb.) the month of January.
qui (*sc.* menses) additi, prior a principe deo ~us appellatus VAR.*L.*6.28; audistis auctionem..constitutam in mensem ~um CIC.*Agr.*1.4; *Sest.*74; *Att.*1.3.2. **b** ~o, Februario prouinciam non habebit CIC.*Prov.*37; *Att.*1.1.2.

2 Of January.
IDIBVS IANVAR *Act.Triumph.*10(*CIL* 1.p.43); kalendae ~ae VAR.*L.*6.28; CAES.*Civ.*3.6.1; ULP.*dig.*45.1.41.

Iānulus ~a ~um, *a.* Of or connected with Janus.
in deos singulos uersus ficti a nominibus eorum appellabantur, ut ~i PAUL.*Fest.*p.3M.

iānus (Iānus) ~ī, *m.* [Skt. *yānaḥ*, OIr. *āth*, Lith. *jóju*] FORMS: *~ui* (dat.) FEST.p.189M.

1 An archway, gateway, covered passage.
transitiones peruiae ~i..nominantur CIC.*N.D.*2.67; dextro ~o portae Carmentalis profecti LIV.2.49.8; cum tot sint ~i OV.*Fast.*1.257; Pompei..statuam..marmoreo ~o superposuit SUET.*Aug.*31.5.

2 The god of gates and doorways and subsequently of beginnings in general, freq. represented with a two-faced head. **b** (regarded as representing or presiding over the month of January); *~i dies*, 1 January.
PL.*Cist.*520; LUCIL.22; principem in sacrificando ~um esse uoluerunt, quod ab eundo nomen est ductum CIC.*N.D.*2.67; ~i..bifrontis imago VERG.*A.*7.180; Matutine pater, seu '~e' libentius audis HOR.*S.*2.6.20; OV.*Fast.*2.48; fastorum genitor parensque ~us MART.8.2.1; ~ui Quirino agnum marem caedito FEST.p.189M. **b** ~us habet finem, cum carmine crescat et annus OV.*Fast.*2.1; MART.7.8.5; ~i uos reuocabimus Kalendis STAT.*Silv.*1.6.3;—imperium ~i suscipit ille die OV.*Pont.*4.9.60.

3 *~us geminus, Quirinus* or *Quirini*, A shrine of Janus in the Forum, consisting of an archway or arched passage, with doors at each end which were closed in time of peace.
pacis argumentum ~us geminus clausus dedit VELL.2.38.3; FLOR.*Epit.*2.34(4.12.64); ~um geminum clausit SUET.*Nero* 13.2; (*on a coin*) nota aeris eius fuit ex altera parte ~us geminus PLIN.*Nat.*33.45;—uacuum duellis ~um Quirini HOR.*Carm.*4.15.9; ~um Quirinum..ter clusit SUET.*Aug.*22.

4 *~us imus, ~us medius, ~us summus*, Three archways on the east side of the Forum, which were the resort of usurers and merchants.
iam ~us medius in L. Antoni clientela est? CIC.*Phil.*6.15; omnis res mea ~um ad medium fracta est HOR.*S.*2.3.18; ~us summus ab imo *Ep.*1.1.54; (*cf.*) qui Puteal ~umque timet celeresque Kalendas OV.*Rem.*561.

-iānus ~a ~um, *adjl. suff.* Enlargement of -ANVS, formed esp. from proper names (*Catullianus*).

Iānuspater: = IANVS PATER.
'Neptunuspater' coniuncte dictus est et..'~' GEL.5.12.5.

Ĭapetīonidēs ~ae, *m.* A descendant of Iapetus.
~es Atlas OV.*Met.*4.632.

Ĭapetus ~ī, *m.* A Titan, the father of Atlas, Prometheus, Epimetheus, and Menoetius.
partu Terra nefando Coeumque ~umque creat VERG.*G.*1.279; audax ~i genus (*i.e. Prometheus*) ignem..gentibus intulit HOR.*Carm.*1.3.27; OV.*Met.*1.82; SIL.12.149; HYG.*Fab.*pr.4.

Ĭāpydes ~um, *m.* **Ĭāpu-.** The people of Iapydia.
CIC.*Balb.*32; LIV.43.5.3; PLIN.*Nat.*3.127.

Ĭāpydia ~ae, *f.* **Ĭāpu-.** A country in the north part of Illyria.
uictae fortis ~ae miles [TIB.]3.7.108; PLIN.*Nat.*3.140.

Ĭāpygia ~ae, *f.* A Gk. name for part of SE. Italy, including some or all of Calabria and Apulia.
OV.*Met.*15.703.

Ĭāpygius ~a ~um, *a.* Iapygian.
promunturium quod Acran ~am uocant PLIN.*Nat.*3.100; SIL.8.223.

Ĭāpys ~ydis, *a.* Of Iapydia.
~ydis arua Timaui VERG.*G.*3.475.

Ĭāpyx[1] ~ygis or ~ygos, *m.*

1 A son of Daedalus, who gave his name to Iapygia.
~ygis arua OV.*Met.*15.52.

2 A river of Apulia.
Poediculorum..amnes ~yx a Daedali filio rege..PLIN.*Nat.*3.102.

3 The WNW. wind, which favours the crossing from Italy to Greece.
undis et ~yge ferri VERG.*A.*8.710; obstrictis aliis (uentis) praeter ~yga HOR.*Carm.*1.3.4; Calabriam ~yx (infestat) SEN.*Nat.*5.17.5; AMP.5.2; GEL.2.22.21.

Ĭāpyx[2] ~ygis or ~ygos, *a.* Iapygian.
equo..~yge fertur VERG.*A.*11.678; sub ~yge..Dauno OV.*Met.*14.458; SIL.1.51; inuade Aetoli ductoris ~yga campum 3.707.

Ĭarba(s) ~ae, *m.* A king of the Gaetulians in N. Africa, whom Dido rejected as a suitor.
despectus ~as VERG.*A.*4.36; OV.*Fast.*3.552; SIL.8.54; JUV.5.45.

Ĭarbīta ~ae, *m.* A Mauretanian, Moor.
rupit ~am Timagenis aemula lingua HOR.*Ep.*1.19.15.

Ĭardanis ~idis, *f.* The daughter of Iardanus, king of Lydia, Omphale.
OV.*Ep.*9.103.

Ĭasidēs ~ae, *m.*

1 A descendant of Iasius, Trojan.
~e Palinure VERG.*A.*5.843; 12.392.

2 A descendant of Iasius of Argos; (esp.) Adrastus.
STAT.*Theb.*8.438;—1.541; dux uetat ~es 6.914.

Ĭasinē ~ēs, *f.* [cf. Gk. ἰασιώνη] The plant convolvulus, bindweed.
~e (*codd.* lasin-) unum folium habet, sed ita implicatum, ut plura uideantur PLIN.*Nat.*21.105; ~e (*codd.* lasin-) olus siluestre habetur, in terra repens 22.82.

Ĭasiōn: see IASIVS[1].

Ĭasis ~idos, *f.* A child or descendant of Iasius, esp., Atalanta; (pl.) Argive women.
PROP.1.1.10;—STAT.*Theb.*2.254.

Ĭasius[1] ~(i)ī, *m.* Also **~iōn** ~iōnis (~iōnos).

1 The son of Jupiter and Electra, brother of Dardanus, and father of Plutus by Ceres.
hinc Dardanus ortus ~iusque pater, genus a quo principe nostrum VERG.*A.*3.168; OV.*Am.*3.10.25; *Met.*9.423; ~ion..quem Ceres dicitur amasse HYG.*Fab.*270.1.

2 A king of Argos, father of Atalanta.
HYG.*Fab.*70.

Ĭasius[2] ~a ~um, *a.* Of Iasius, Argive.
uirginis ~iae (*i.e. Io*)..ignes V.FL.4.353.

Ĭāsius[3] ~a ~um, *a.* Of the town of Iasus; *sinus ~us*, the Iasian Bay.
MELA 1.85; PLIN.*Nat.*5.107.

Ĭāsō(n) ~onis, *m.*

1 The son of Aeson, leader of the Argonauts, and husband of Medea.
Phasida, iam matrem, fallax dimisit ~o OV.*Ars* 3.33; primae..ratis molitor ~on *Met.*8.302; V.FL.4.222; TAC.*Ann.*6.34; (*as the hero of an epic poem*) haec quoque perfecto ludebat ~one Varro PROP.2.34.85.

2 The tyrant (*c.* 380–370 B.C.) of Pherae in Thessaly.
me..ut praedicet lenone ex Ballione regem ~onem PL.*Ps.*193; CIC.*N.D.*3.70; NEP.*Timoth.*4.2.

Ĭāsonidēs ~ae, *m.* A son of Jason.
~ae iuuenes STAT.*Theb.*6.340.

Ĭāsonius ~a ~um, *a.* Of or belonging to Jason.
~a..carina (*i.e. Argo*) PROP.2.24.45; ~o..remige OV.*Pont.*3.1.1; ~a..rapina STAT.*Ach.*1.65.

iaspachātēs ~ae, *m.* [Gk. ἰασπαχάτης] A jasper-like variety of agate.
PLIN.*Nat.*37.139.

iaspis ~idis or ~idos, *f.* [Gk. ἴασπις] The name of various kinds of chalcedony, jasper.
stellatus ~ide fulua ensis erat VERG.*A.*4.261; uale mi ebenum Medulliae..~i Iguuinorum AUG.in Macr.2.12.4; LUC.10.122; PLIN.*Nat.*37.75; uiret et saepe tralucet ~is 37.115; pretium magnis fecit ~idibus MART.9.59.20; corytos..~ide clarus Eoa STAT.*Theb.*4.270; praeclara illi laudatur ~is JUV.5.42.

?**iaspius** ~a ~um, *a.* [prec.] Consisting of jasper.
nec ~os (*s.v.l.*) lapillos (quaero) MAEC.*poet.*2(1).5.

iasponyx ~ychis, *f.* [Gk. ἴασπις, ὄνυξ] (app.) A variety of jasper.
est et (iaspis) onychi iuncta quae ~yx uocatur PLIN.*Nat.*37.118.

Ĭastius ~a ~um, *a.* (mus.) Ionic.
~a concinente tibia APUL.*Met.*10.31.

Ĭāsus ~ī, *f.* A town on the coast of Caria.
LIV.32.33.6; 37.17.3; PLIN.*Nat.*5.107; 9.27.

ĭātraliptēs ~ae, *m.* [Gk. ἰατραλείπτης] FORMS: *iatro-* CELS.1.1.1. A masseur.
neque medico neque ~a egere CELS.1.1.1; PETR.28.3; grauissima ualetudine..uexatus ~en assumpsi PLIN.*Ep.Tra.*10.5(4).1; ciuitatem Romanam Harpocrati, ~ae meo..indulsisti 10.6(22).1.

ĭātralipticē ~ēs, *f.* [Gk. ἰατραλειπτική] Medical treatment by means of massage.
Prodicus..instituit quam uocant ~en PLIN.*Nat.*29.4.

ĭātronīcēs ~ae, *m.* [Gk. ἰατρονίκης] A conqueror of doctors.
cum monumento suo..~en se inscripserit PLIN.*Nat.*29.9.

Ĭāzyges ~ygum, *m.pl.* **(Ĭāzu-).** A Sarmatian people dwelling near the Danube; (sg.) a member of this people.
PLIN.*Nat.*4.80; eques e Sarmatis ~ugibus erat TAC.*Ann.*12.29;—ut ducat ~yx per medias Histri plaustra bubulcus aquas OV.*Pont.*4.7.9.

ibex ~icis, *m.* [foreign loan-word] An ibex.
~ices pernicitatis mirandae PLIN.*Nat.*8.214.

ibĭ, *adv.* Also **ibei** (usu. in arch. inscr.). [*i-dha*, cf. IS, also Skt. *ihá*, Umb. *ife*, Gk. ἴθα(γενής)]

1 In that place, there. **b** (as correl. to *ubi*, etc.). **c** in the company of that person; in that substance, material, etc. **d** to, into that place.
~ manens sedeto donicum uidebis me..domum uenisse ANDR.*poet.*18(20).1; te satiust rus aliquo abire, ~ esse, ibi uiuere PL.*Mer.*656; ecquid meministi in uidulo..quid ~ infuerit? *Rud.*1310; SEI QVID IBEI SACRI EST *CIL* 1.581.28; Delum uenit. ~ ex fano..sustulit signa pulcherrima CIC.*Ver.*1.46; eo die cogitabam in Anagnino, postero autem in Tusculano, ~ unum diem *Att.*12.1.1; reliqui se in flumen praecipitauerunt atque ~..perierunt CAES.*Gal.*4.15.2; hasta uolans..uenit auersi in tergum Sulmonis ~que frangitur VERG.*A.*9.412; dum..~ perluitur..Titania..ecce nepos Cadmi..peruenit in lucum OV.*Met.*3.173; elephantis..~ maximis MELA 3.63; sic inanimis..paene ~ non eram APUL.*Met.*2.25; (*w. part. gen.*) ~ loci terrarum orbe portis discluso PLIN.*Nat.*6.30; (*w. adjl. force*) trierarchum Liburnicarum ~ nauium TAC.*Hist.*2.16;—(*in a book, etc.*) ex..ieis libris quae ibei scripta erunt..referunda curato *CIL* 1.593.155; VITR.2.1.8; regem..uoluentem commentarios Numae cum ~ quaedam..sacrificia..inuenisset LIV.1.31.8; PLIN.*Ep.*4.3.4;—(*dist. from* hic) ~..zmaragdos cingit (*sc. the maker of the necklace*)..hic..aurum STAT.*Theb.*2.276; aurum..in tunicis, ~ inflexum, hic intextum APUL.*Met.*2.2. **b** ubi sum, ~ non sum, ubi non sum, ~ est animus PL.*Cist.*211–12; ubi quisque locus frigidissimus..erit, ~ primum serito CATO *Agr.*34.1; ~ esse terrarum imperium ubi ille esset CIC.*Mur.*75; PROP.2.19.13; (Sparta) ~ muros habet ubi uiros SEN.*Suas.*2.3; (*pleon.*) illic ~ demumst locus ubi labore lassitudost exigunda ex corpore PL.*Capt.*1000;—ubicunque dulce est, ~ et acidum inuenies PETR.56.6; quo..spiritus non peruenit, ~ non oritur curculio VAR.*R.*1.57.2; quo in oppido ipse esset aut quo ueniret, ~ publicanum..esse uetuit CIC.*Prov.*10; ~ flaua seres..farra, unde prius..legumen..sustuleris VERG.*G.*1.73. **c** duxi uxorem: quam ~ miseriam uidi! TER.*Ad.*867; illum (*sc.* Othonem) animo..magnificum; ~ se (*sc.* Poppaeam) summa fortuna digna uisere TAC.*Ann.*13.46;—datur (sesamoides) in uino dulci..miscent ~ et ellebori albi..obolum PLIN.*Nat.*22.133; LARG.75. **d** si ~ auri scripulum inponatur VITR.7.8.3; si..propius eum locum (*sc.* sepulchri), antequam mortuus ~ inferatur, aedificatum a uenditore fuerit POMPON.*dig.*19.1.6.3; cum ~ uenisset ULP.*dig.*33.7.12.32.

2 (of time) Thereupon, there and then. **b** (as correl. to *ubi*, etc.).
haec ecfatus ~que latrones dicta facessunt ENN.*Ann.*59; 'quisnam is est?' inquit altera illi. ~ illa nominat Stratippoclem PL.*Epid.*245; ~ leno sceleratum caput suom..adligabit 369; SAL.*Jug.*58.3; uictus..animi respexit. ~ omnis effusus labor VERG.*G.*4.491; haec dicta legatis renuntiataque in concilium. ibi Mandonius ceterique principes..traditi ad supplicium LIV.29.3.4; non compositum domi sed ~ atque ex re natum (exordium) QUINT.*Inst.*4.1.54; ~..omnis iudices tanto poetae adsurrexisse APUL.*Apol.*37. **b** ubi me fugiet memoria, ~ tu facito ut subuenias PL.*Bac.*36; ubi te non inuenio ~ escendo in quendam excelsum locum TER.*An.*356; ubi ad pecuniae mentionem uentum erat, ~ haesitabat LIV.44.25.9;—postquam uidet paratas (*sc.* nuptias)..~ demum ita aegre tulit TER.*Hec.*128; cum uidit hic..intellegit ~ LUCR.6.17; meridianae nationes..simul ut ad fortitudinem ingrediuntur, ~ succumbunt VITR.6.1.10.

3 In that activity, context, situation, or sim., therein. **b** (as correl. to *ubi*). **c** (w. hypothetical force) in that case.
numquid ego ~, pater, peccaui? PL.*Epid.*593; credas animum ~ esse (*i.e. in choosing a wife*) TER.*Hau.*1063; nolite ~ nimiam spem habere CATO *orat.*214; si quid est quod ad testis reseruet, ~ quoque nos..paratiores reperiet CIC.*S.Rosc.*82; huic ab adulescentia bella intestina..grata fuere, ~que iuuentutem suam exercuit SAL.*Cat.*5.2; cum ~ quoque religio obstaret LIV.4.31.4; quid..est felicius quam ~ cedere? SEN.*Ben.*3.38.3; non poterat ~ esse quaestio QUINT.*Inst.*7.1.6; ibi omne uirus..effudere, ~ maxime angebantur APUL.*Apol.*67; (*cf.*) i in malam rem!—~ sum equidem PL.*Poen.*295. **b** haec ubi conceduntur esse facta, ~ uis facta negabitur? CIC.*Caec.*44; facillimum est ~ alienam culpam incusare ubi fateris tuam QUINT.*Inst.*11.1.81; ut ubi dubitatione clauderet ~ diuinatione consisteret APUL.*Soc.*17. **c** quae (testa) non fuerit ex creta bona..cocta ~ se ostendet esse uitiosam..pruina tacta VITR.2.8.19; serere..necessarium (uites) distantes inter sese arboremque singulis pedibus. nihil ~ malleoli atque pastinationis PLIN.*Nat.*17.203; PAUL.*dig.*2.6.1;—(*dist. from* hic) hic dux, hic exercitus: ~ tributa et..ceterae seruientium poenae TAC.*Ag.*32.5; *Ann.*15.50.

ibīdem, *adv.* [prec.+-*dem*, cf. IDEM]

1 In that very place (in which one already is, or to which one's attention is already drawn), just there. **b** in the place already mentioned, therein, thereon.
sese..perire mauolunt ~ quam cum stupro redire NAEV.*poet.*42(39).1; ubinam ea fuit cistellula?—~ in naui PL.*Rud.*391; ubi res diuina facta erit, statim ~ consumito CATO *Agr.*83; confestim surgit ut ~ candidato suo gratularetur VAR.*R.*3.17.1; ut certo tempore anni, ut ~ in Sicilia..uenderent CIC.*Ver.*3.14; latendum tantisper ~ *Fam.*9.2.4; uersamur ~ atque insumus usque LUCR.3.1080; uel praemissis uel ~ relictis Mauris SAL.*Jug.*107.5; illam (*sc.* nauem)

ter fluctus ~ torquet agens circum VERG.*A*.1.116; tremebundus ~ sternitur SIL.11.330; ne in sacrificio quidem umquam..temperauit quin inter altaria ~ statim uiscus..manderet SUET.*Vit*.13.3; nec tibi dubito ~ in foro diu tinnisse auriculas AUR.*Fro*.1.p.114(28N); mense decimo ~ attentus nummatior reuortor APUL.*Met*.1.7; (*transf., w. part. gen.*) si redierit illa ad hunc, ~ loci res erit (*i.e. things will be back where they were*) PL.*Cist*.529;—(*w.* hic) eum..hic defodit hospitem ~ in aedibus *Mos*.482; ne hic ~ ante oculos uestros trucidetur CIC.*S.Rosc*.13; hasce tabulas..hic ~ pro pedibus tuis abicio APUL.*Apol*.101. **b** ~ (*i.e. on a pine*) sunt nuces bimae CATO *Agr*.17.2; dato panem purum ~ madefaciat 157.9; subus haec (spurcities) iucunda uidetur..ut uoluantur ~ LUCR.6.978; demissae aures, incertus ~ sudor VERG.*G*.3.500; nec..dubitabitis si..proximam ciuitatem perueneritis, quod ~ passim..sermo iactetur APUL. *Met*.1.5; ULP.*dig*.43.14.1.4.

2 In the same place (as someone, something else). **b** (as correl. to *ubi*).

filiam tuam iam cognosces intus. ~ uxor tua est PL.*Cist*. 780; ~ una aderit mulier lepida *Ps*.948; ut cum dominis famuli epulentur ~ ACC.*poet*.3.6; cenati discubuerunt ~ CIC.*Inv*.2.14; cum occiditur Sex. Roscius ~ fuerunt *S.Rosc*. 120; si quando datur (aurum), custos adfixus ~ JUV.5.40; exhibuit..(munus) iustum..in Saeptis; ~ extraordinarium et breue SUET.*Cl*.21.4; mulierem..~ gradientem adcelerato uestigio comprehendo APUL.*Met*.2.2; semper illis uictus omnis in terra, ~ pabulum, ~ cubile *Soc*.8;—(*in a book*) rursus clausulae ~ statim QUINT.*Inst*.9.3.45; POMPON.*dig*. 21.1.64.2;—(*in a ledger, in quots., fig.*) me..cum illis (*sc.* scurris) una ~ traho PL.*Trin*.203; quid quod dedisti scortis? — ~ una traho 412. **b** facite..~ ubi nunc sunt lecti strati potetis PL.*Bac*.756; ubi tu hunc hominem nouisti? — ~ ubi hic me iam diu *Men*.379; ubi amici, ~ opes *Truc*. 885.

3 At that very instant, at once, there and then.

ego ~ has (*sc. letters*) inter cenam exaraui CIC.*Ep*.fr. 8(7).12; ubi se quisque uidebat implicitum morbo..funera respectans animam amittebat ~ LUCR.6.1234; cum quaerere nos quid dicamus fingimus..et cum ~ inuenire QUINT.*Inst*. 9.2.60; adlatos uel ~ repertos uersus conectere TAC.*Ann*. 14.16; absurde facit qui tacere se dicit, quod ~ dicendo tacere sese non tacet APUL.*Apol*.80; *CIL* 2.6278.17.

4 In the same action, matter, or context.

do tibi ego operam. — tibi ~ das, ubi tu tuom amicum adiuuas PL.*Per*.614; laesit in eo Caecinam, subleuat ~ CIC. *Caec*.23; blandimenta..fugies nouitatis: ~ exiguo nimioue nocent GRAT.114.

ībis ~is or ~idis (~idos), *f*. [Gk. ἶβις] The ibis, a bird regarded as sacred in Egypt.

auxilium sacrae ueniunt cultoribus ~es MACER *poet*.6; quamuis carnificinam prius subierint quam ~im aut aspidem..uiolent CIC.*Tusc*.5.78; ~is accipitres..in deorum numerum reponemus *N.D*.3.47; pisce Venus latuit, Cyllenius ~idis alis OV.*Met*.5.331; ab auibus quas ~idas appellant MELA 3.82; ~ide sine pennis cremata PLIN.*Nat*.30.61; pauet saturam serpentibus ~in JUV.15.3; (*as a pseudonym*) Battiades inimicum deuouet ~in OV.*Ib*.53.

Ībycus ~ī, *m*. A Greek lyric poet of Rhegium, of the 6th century B.C., whose murder was witnessed and revealed by cranes.

CIC.*Tusc*.4.71; uolucrum..precator ~us STAT.*Silv*.5.3. 153.

Īcadius ~(i)ī, *m*. Also **~iōn.** The name of a pirate.

LUCIL.1292; ne hercule ~ii quidem praedonis uideo fatum ullum CIC.*Fat*.5; FEST.p.270M; ~ion nomen saeuissimi pyratae PAUL.*Fest*.p.106M.

Īcariōtis ~idis, *f*. The daughter of Icarius, Penelope; (as adj.) belonging to Penelope.

Ithaci coniunx semper decus, ~is *Culex* 265; PROP. 3.13.10;—nihil opus est..~ide tela OV.*Pont*.3.1.113.

Īcarium ~(i)ī, *n*. The Icarian Sea, part of the Aegean named after Icarus.

OV.*Fast*.4.283; VELL.1.4.3; SEN.*Ag*.506; Myrtoum et ~ium, quae adhaerent Aegaeo mari AMP.7.4.

Īcar(i)us[1] ~(i)ī, *m*.

1 (mythol.) An Athenian who introduced his neighbours to wine, and being then murdered for alleged poisoning, became the constellation Boötes.

PROP.2.33.29; Bacchi ob munera caesus ~us GERM.*Arat*. 92; AMP.2.6; ~ius plaustro onerato cum Erigone filia et cane Maera HYG.*Fab*.130.2; (*as a constellation*) nox caret igne suo; primus tegis, ~e, uultus OV.*Met*.10.450; ~ius Arcturus in sideribus est dictus HYG.*Fab*.130.5.

2 A Lacedaemonian, the father of Penelope.

OV.*Ep*.1.81; ~ii..gener (*i.e. Ulysses*) *Ib*.566.

Īcarius[2] ~a ~um, *a*.

1 Of Icarus, son of Daedalus; of the Icarian Sea.

mare quod ex eo (*sc.* Icaro) ~um pelagus est appellatum HYG.*Fab*.40.4; ~o in mari APUL.*Fl*.15;—luctantem ~is fluctibus Africum mercator metuens HOR.*Carm*.1.1.15; ~ae numerum dicere coner aquae OV.*Tr*.5.2.28;

2 Of Icarius the Athenian. **b** *canis ~us, astrum ~um*, the dog-star (once Icarius' dog Maera).

cum..flectant ~i sidera tarda boues (*i.e. of Boötes*) PROP. 2.33.24; ~a Rhodopen assueuerat umbra (*i.e. of the vine*) STAT.*Theb*.4.655; ~o nemorosus palmite Gaurus *Silv*. 3.1.147. **b** ~i stella proterua canis OV.*Am*.2.16.4; finditur ~o cum cane terra *Nux* 118; ~i quamuis iuba fulguret astri STAT.*Theb*.4.778; (*cf.*) ~is caelum latratibus urit *Silv*.4.4.13.

Īcarus ~ī, *m*.

1 The son of Daedalus, who fell into the Icarian Sea while escaping from Crete with wings made by his father.

Daedaleo notior ~o HOR.*Carm*.2.20.13; puer ~us una stabat et..captabat plumas OV.*Met*.8.195; ~us altius uolans, a sole cera calefacta, decidit in mare HYG.*Fab*.40.4.

2 (see ICARIVS[1]).

īcas ~ados, *f*. [Gk. εἰκάς] The twentieth day of each month.

ferias..omni mense uicesima luna custodiunt (*sc. followers of Epicurus*), quas ~adas uocant PLIN.*Nat*.35.5.

Icelus ~ī, *m*. *Marcianus ~us*, a freedman and favourite of Galba.

ciuitas..inter Vinios Fabios ~os Asiaticos uaria et pudenda sorte agebat TAC.*Hist*.2.95; SUET.*Gal*.14.2.

Icenī ~ōrum, *m. pl.* A British tribe inhabiting E. Anglia.

TAC.*Ann*.12.31.

ichneumōn ~ōnis, *m*. [Gk. ἰχνεύμων]

1 The ichneumon, *Herpestes ichneumon*.

de ~onum utilitate..dicere CIC.*N.D*.1.101; VITR.8.2.7; PLIN.*Nat*.8.87; ad ~onum morsus remedio 37.138; perniciosus ~on MART.7.87.5.

2 The ichneumon fly.

PLIN.*Nat*.10.204; uespae quae ~ones uocantur 11.72.

ichnographia ~ae, *f*. [Gk. ἰχνογραφία] (archit.) The drawing of a ground-plan.

VITR.1.2.2.

Ichnūsa ~ae, *f*. The Greek name for Sardinia.

SAL.*Hist*.2.3; Sardiniam..Myrsilus ~am (appellauit) a similitudine uestigii PLIN.*Nat*.3.85; SIL.12.358.

ichthyocolla ~ae, *f*. [Gk. ἰχθυόκολλα] Fish-glue; (perh. erron.) the fish from which it is derived.

glutinant uulnus ~a CELS.5.2; glutinum, ~am PLIN.*Nat*. 7.198; 32.73; ~a erugat cutem 32.84;—~a appellatur piscis, cui glutinosum est corium 32.73.

Ichthyophagī ~ōrum or ~ōn, *m. pl.* The Fish-eaters, various tribes of Arabia and India.

insulae..~on multae PLIN.*Nat*.6.151; ~os Oritas 6.95; 15.28.

īciō (or **īcō**) ~ere ~ī ~tum, *tr*. [cf. Gk. αἰχμή, Lith. (*j*)*iẽšmas*, OPrussian *aysmis*]

1 To strike with a weapon, missile, etc.; (also w. weapon, etc., as subj.). **b** (of venomous snakes, etc.) to strike.

quae quondam fulmine ~it Iuppiter NAEV.*trag*.10; pectus mi ~it non cubito, uerum ariete PL.*Cas*.849; colapho me ~it *Per*.846; canis..non tam illum adpetit, qui sese ~it, quam ..lapidem, qui ipsa icta est, petit PAC.*trag*.39; nam si ~eris me TURP.*com*.26; equam in ~iendo ruperat SCAEV.*dig*. 9.2.39; infesto ad muros uolitantis agmine turmas ~ere *Ciris* 118;—quem catapulta aut balista ~erit CAECIL.*com*. 27;—(*pass.*) corruit quasi ~tus secena ANDR.*com*.2; grauiter cernimus ~tum (Vlixen) PAC.*trag*.260; Ptolomaeus..telo uenenato ~tus CIC.*Div*.2.135; emicat in partem sanguis unde ~imur ictu LUCR.4.1050; lapide ~tus ex muro periit CAES.*Civ*.3.22.2; lapide ~tus interiit NEP.*Reg*.2.2; Alexandrum mortifero uolnere ~tum dixisse ferunt LIV.9.19.11; qui Iouis ignibus ~tus uiuit OV.*Tr*.1.3.11; fulmine saepissime ~itur (haliphloeos) PLIN.*Nat*.16.24; ~tae dapes mensaque disiecta erat TAC.*Ann*.14.22; (*of sacrificial victims*) cadat ante meos ~ta iuuenca focos PROP.4.6.2; uitulus iam ~tus e manibus sacrificantium sese cum proripuisset LIV.21.63.13. **b** a scorpione ~tis nihil aliud quam ex bracchio sanguinem miserunt CELS.5.27.5.B; curatio..quae..a serpente ~tis adhibetur 7.5.5; quid.. Philoctetes ~tus ab angue gemat OV.*Tr*.5.4.12.

2 (of natural forces, etc.) To smite, impinge upon (in quots., pass.): **a** (of wind, waves, etc.). **b** (of light, smell, sound, etc.).

a globosos turbines existere ~tos undis concursantibus ACC.*trag*.398; dat ingentem fluctu..~ta fragorem OV.*Met*. 11.507; quamuis ~ta nouo, uentum tenuere priorem aequora LUC.2.458; V.FL.4.48; (*fig.*) uides ut ~ta uerba raptet impetus MAUR.2188. **b** exin candida se radiis dedit ~ta foras lux ENN.*Ann*.90; nubila..dissoluuntur, solis super ~ta calore LUCR.6.514; terra..intempestiuis pluuiisque et solibus ~ta 6.1102; Memnonis saxea effigies, ubi radiis solis ~ta est TAC.*Ann*.2.61;—~tus..nidore prandii SUET.*Cl*.33.1;—clamore..montes ~ti reiectant uoces ad sidera LUCR.2.328; uario strepit ~ta tumultu regia STAT. *Theb*.1.516; (*cf.*) uocem Stoici corpus esse contendunt eamque esse dicunt ~tum aera GEL.5.15.6; uox aduersis collibus ~ta redit *Epic.Drusi* 220.

3 *foedus ~ere*, To make a covenant, conclude a treaty.

qui cum is ita foedus ~istis CAEL.*hist*.6; tum est cum Gaditanis foedus uel renouatum uel ~tum CIC.*Balb*.34; id.. foedus meo sanguine ~tum sanciri posse dicebant *Sest*.24; foedus ~tum inter Romanos et Albanos est LIV.1.24.3; foedus quod nobis insciis ~it 21.18.11; per..~tum sanguine Magni foedus LUC.10.371; a foedere, quod nobiscum ~erant TAC.*Ann*.12.62; cum regibus foedus in foro ~it SUET.*Cl*. 25.5.

4 (of feelings, circumstances, etc.) To affect strongly, smite; (in quots., pass.).

uulneris ardenti..(serpens) ~ta dolore LUCR.3.663; ~ta ..luctu conticuit Latiae tristis facundia linguae CORN. SEV.*poet*.13.10; desideriis ~ta fidelibus quaerit patria Caesarem HOR.*Carm*.4.5.15; Romana pubes..uelut orbitatis metu ~ta LIV.1.16.2; quod duabus tantis deinceps cladibus ~ti prouinciam obtinuissent 26.20.1; consul..rebellione Bergistanorum ~tus 34.17.5; requirunt, cui paret exequias quoque sit ~ta malo OV.*Fast*.2.818; motus populus..quo mens ~ta iubet, deserta ducitur urbe PETR.123,l.223; tanta ~tus specie SIL.8.388; Agricola domestico uulnere ~tus TAC.*Ag*.29.1; (*poet.*) ~tae limen adire domus OV.*Tr*.5.4.34; —(*of supernatural influences, etc.*) saltat Milonius, ut semel ~to accessit feruor capiti HOR.*S*.2.1.24; seu sequitur medias, Maenas ut ~ta, uias PROP.3.8.14; pestifero sidere ~ti LIV. 8.9.12.

-icius[1] ~a ~um, *adjl. suff.* Enlargement of -IVS used to form adjs. from sbs. denoting offices, relationships, and the like (*aedilicius, tribunicius; patricius, natalicius, sodalicius*).

-īcius[2] ~a ~um, *adjl. suff.* Enlargement of -IVS used to form adjs. from past pples. (*commendaticius, expositicius, translaticius*) or from sbs. denoting materials (*caementicius, latericius*); also *nouicius*.

-icō -icāre -icāuī, *vbl. suff.* Mainly denominative (*claudico, praeuaricor*); also from vbs. (*fodico*).

īconicus ~a ~um, *a*. [Gk. εἰκονικός] (of a work of art) Giving an exact image.

statuas dicari..ex membris ipsorum similitudine expressa, quas ~as uocant PLIN.*Nat*.34.16; adeo..ars perfecta erat, ut in eo proelio ~os duces pinxisse tradatur 35.57; simulacrum..aureum ~um SUET.*Cal*.23.3.

īconismus ~ī, *m*. [Gk. εἰκονισμός] The specification of distinguishing marks, etc., on the person.

descriptiones has et, ut publicanorum utar uerbo, ~os ex usu esse confiteor SEN.*Ep*.95.66; nomina eorum et ~os huic epistulae subieci *P.Oxy*.1022.

icterias ~adis, *f*. [Gk. ἰκτερίας] A precious stone.

~as cuti mali luridae similis PLIN.*Nat*.37.170.

ictericus ~a ~um, *a*. [Gk. ἰκτερικός] Suffering from jaundice, jaundiced.

consulit ~ae lento de funere matris JUV.6.565; (*masc. pl. as sb.*) ~is nec non et phreneticis PLIN.*Nat*.20.87.

icterus ~ī, *m*. [Gk. ἴκτερος] A yellow bird the sight of which was said to cure jaundice; (acc. Pliny = GALGVLVS).

auis ~us uocatur a colore PLIN.*Nat*.30.94.

ictīnus ~ī, *m*. [Gk. ἰκτῖνος] An unknown kind of fish.

peculiares..maris..hepar, ~us PLIN.*Nat*.32.149.

ictis ~idos, *f*. [Gk. ἴκτις] (app.) A kind of marten.

mustelarum duo genera: alterum siluestre, distans magnitudine, Graeci uocant ~idas PLIN.*Nat*.29.60.

ictus ~ūs, *m*. [ICIO+-TVS[3]] FORMS: *~i* (gen. sg.) QUAD.*hist*.10b.

1 A stroke, thrust, blow (from a weapon, missile, fist, etc.). **b** (in prep. phrs. indicating a person's position in regard to the range of a missile).

eos ego hodie omnis contruncabo duobus solis ~ibus PL.*Bac*.975; ubi tu quingentos simul..uno ~u occideras *Mil*.53; neque ~u comminus neque coniectione telorum CIC.*Caec*.43; quamuis ~u ploratus turpissimos edere *Tusc*.2.38; ut essent ab ~u telorum remiges tuti CAES.*Civ*. 2.4.2; grauiter..primo ~u gladio caput percussit HIRT.*Gal*. 8.23.5; telum..imbelle sine ~u coniecit VERG.*A*.2.544; ille ~um uenientem a uertice uelox praeuidit 5.444; nisi Faunus ~um dextra leuasset HOR.*Carm*.2.17.28; LIV.8.7.10; cuspidis ~u OV.*Met*.12.74; ut ad ~um serui sui Dolabella non segniter ceruicem daret VELL.2.69.2; ira, trepidatio, pondus, ~us (*i.e. boxing*), cursus inimica sunt CELS.4.15.4; ad pectoris..dolores..ex ~u, casu LARG.101; STAT.*Theb*.2.9; aduersi roboris ~u tela repulsa 6.943; lapidis ~u cruentus TAC.*Ann*.1.27; cum uix duobus ~ibus caput amputauisset 15.67; (*obsc.*) resupina iacens multorum absorbuit ~us JUV. 6.126;—(*from a thunderbolt or lightning*) is (*sc.* Phaethon).. ~u fulminis deflagrauit CIC.*Off*.3.94; quid..nocere queat de caelo fulminis ~u LUCR.6.386; ~u fulminis deustis armamentis (*sc.* nauis) JULIAN.*dig*.14.2.6;—(*fig.*) cohortibus.. cohortatur ut uno ~u contenderent *B.Afr*.18.3; decest illis oratorius uigor stimulique..et subiti ~us sententiarum SEN.*Ep*.100.8. **b** ut extra ~um teli essent LIV.34.28.6; ubi primum sub ~u teli fuerunt 43.10.5; ut ita dicam, sub ~u SEN.*Ep*.72.10; refugos habitura sub ~u SIL.5.46; si amnem Araxen..transgrederentur, sub ~um dabantur (legiones) TAC.*Ann*.13.39; (*in fig. phr.*) tua innocentia sub ~u est SEN.*Dial*.6.9.5.

2 a A blow (from the hoof, horn, etc., of an animal). **b** the sting or bite (of an insect, snake, etc.).

a in me arietare, eoque ~u me ad casum dari ACC.*praet*.24; hic (*sc.* Lepus) fugit ~us horrificos metuens rostri tremebundus acuti CIC.*Arat*.365(121); a bestiis ~us, morsus, impetus *Off*.2.19; uerris obliquum meditantis ~um sanguine HOR.*Carm*.3.22.7; dixerunt..uolucres cum aduenis pugnasse pinnarum ~u PLIN.*Nat*.6.32; ab equo eius ~ibus morsuve confectum 8.156; saeui..rostro ~us 10.104; nec sufficientibus irae ~ibus extrema lambit uenabula lingua SIL.10.297. **b** ad scorpionis..et aranei ~um CELS.5.27.6; pietate ad sidera ductam Erigonen ~uque Nepam MAN.2.32; est.. mortiferus serpentis ~us COL.6.17.1; aculeum apibus dedit natura, uentri consertum ad unum ~um PLIN.*Nat.*11.59; ~us eorum (*sc.* crabronum) haut temere sine febri est 11.73; ferit et obliquo ~u et inflexo 11.87; ~us earum (*sc.* apium) uesparumque et similium, sicut araneorum, item scorpionum 21.149; ad ~us uenenatos salutaris 31.65; ad serpentum morsus atque ~us medicamenta LARG.163.

3 The wound caused by a blow, thrust, etc.
neque id, quia non habebit altiores ~us, contemnendum erit CELS.5.26.35B; exiguo graues maculantur ~us imbre (*i.e. blood*) SEN.*Oed.*349.

4 A stroke, blow (delivered without hostile intent). **b** the pulse (of the arteries). **c** a musical or metrical beat.
~us..fit et uulnus arteriae acuta..adclamatione *Rhet. Her.*3.21; leuiter quamuis quod crebro tunditur ~u, uincitur in longo spatio LUCR.4.1284; sine remigis ~u OV. *Am.*3.6.3; nec motus nemorum nec litoris ~us LUC.5.551; sua pectora pulsant ~ibus incertis 7.129; cum concaluerint ~u pili LARG.75; raucos ad litoris ~us V.FL.1.330; qui uoce alternos nautarum temperet ~us et remis dictet sonitum SIL.6.361. **b** obseruatione..crebri aut languidi ~us (arteriarum) PLIN.*Nat.*11.219. **c** Lesbium seruate pedem meique pollicis ~um HOR.*Carm.*4.6.36; trimetris accrescere iussit nomen iambeis, cum senos redderet ~us *Ars* 253; ad ~us modulantium pedum mouentur PLIN.*Nat.*2.209; tempora..manu mota metiuntur et pedum et digitorum ~u QUINT.*Inst.*9.4.51; MAUR.1343.

5 The impact (of light and heat, or sound).
eum..aduersus ~us solis oppositum continebant TUB. *hist.*9; qui (*sc.* colores)..quodam gignuntur luminis ~u LUCR.2.808; aestifer ut tantum radiorum exaugeat ~um 5.613; spissa ramis laurea feruidos excludet ~us HOR. *Carm.*2.15.10; suis..frondibus ut uelo Phoebeos submouet ~us OV.*Met.*5.389; SEN.*Nat.*1.5.9; PLIN.*Nat.*2.80; (*cf.*) tantus..ruentis impetus attentos oculorum transfugit ~us *Aetna* 350;—(apibus) inimica et echo est resultanti sono, qui pauidas alterno pulset ~u PLIN.*Nat.*11.65.

6 *foederis ~us*, The conclusion of a pact, making of a treaty.
tam diri foederis ~u parta quies LUC.5.372; se foederis ~u maculauerat V.MAX.2.7.1.

7 (fig.) **a** An adverse occurrence, blow. **b** a blow, shock (affecting the intellect or emotions).
a nec causas nec apertos cernimus ~us PROP.2.4.9; si..uno..sub ~u stat genus humanum LUC.6.613; ut..~u simili ferirer QUINT.*Inst.*6.pr.3;—(*w. gen.*) sublata erat..fides non ~u aliquo nouae calamitatis CIC.*Agr.*2.8; Fortunae uulneror ~u OV.*Pont.*2.7.41; ut effugiamus ~us rerum SEN.*Nat.* 2.59.2; stare fratres..uideo duos sceleris sub ~u *Phoen.*530; (*cf.*) quod..omnes..eodem genere mortis eodemque ~u temporis uniuersi simul interirent GEL.14.1.27. **b** nec ullum habet ~um, quo pellat animum, status hic non dolendi CIC.*Fin.*2.32; uti furoris ~u reditum in nemora ferat CATUL.63.79; impulsus, quorum ~ibus hominum mentes concussae V.MAX.9.8.intro.; sub ~u paenitentiae SEN.*Dial.*7.12.1; feriunt animum (sententiae) et uno ~u frequenter impellunt QUINT.*Inst.*12.10.48.

-icus -ĭcī, *m.*, and -ĭca -ĭcum, *adjl. suff.* From sbs. (*umbilicus*) or vbs. (*amicus, pudicus*); also forms fem. sbs. (*lectica, uesica*).

id: neut. sg. nom. acc. of IS.

Īda ~ae, *f.* Also **~ē** ~ēs.

1 A mountain range in Phrygia, a centre of Cybele worship, and the scene of the judgement of Paris and of the carrying off of Ganymede.
PAC.*trag.*94; CATUL.63.30; VERG.*A.*2.801; aquosa raptus ab ~a HOR.*Carm.*3.20.16; uiuet Maeonides, Tenedos dum stabit et ~e OV.*Am.*1.15.9; MELA 1.91; PLIN.*Nat.*5.122.

2 A mountain in Crete, where Jupiter was said to have been brought up.
Cretaea..ab ~a VERG.*A.*12.412; OV.*Fast.*5.115; STAT. *Theb.*4.104; TAC.*Hist.*5.2.

Īdaeus ~a ~um, *a.*

1 Of or belonging to the Phrygian Mt. Ida. **b** (applied to the Trojans, their possessions, etc.; also, to the Romans). **c** (of var. persons and things specially connected with Mt. Ida): *~us puer*, etc., Ganymede; *~us iudex*, Paris; *laurus ~a* (= *laurus Alexandrina*), prob. a kind of butcher's broom; *herba ~a*, elecampane; *rubus ~us*, (perh.) raspberry.
~is..e montibus altis LUCR.5.663; pastoris amores Daphnidis ~i OV.*Met.*4.277; in ~o..iugo *Fast.*4.264; Xanthus..niuibus ~is tumens SEN.*Phoen.*609; STAT.*Silv.*5.1.224. **b** pastor cum traheret per freta nauibus ~is Helenen perfidus HOR.*Carm.*1.15.2; ab ~o Laumedonte genus OV.*Am.*3.6.54; facibus ~is SEN.*Tro.*445; Thetis ~os..expauit..remos STAT.*Ach.*1.25;—te (*sc.* Hannibalem)..magnae..ruinae ~i generis..secuntur SIL.3.207. **c** puer ~us media tenus eminet aluo OV.*Fast.*2.145; ~o..cinaedo MART.10.98.2; ~os..ministros STAT.*Silv.*1.6.34;—forma..~o iudice uicta mea est OV.*Fast.*6.44;—laurus Alexandrina siue ~a PLIN.*Nat.*23.158; (*cf. perh.*) ~ae herbae folia sunt quae oxymyrsines 27.93;—herba quam alii Helenion..alii ~am uocant 14.108;—24.123.

2 *~a mater, parens*, etc., Cybele. **b** (applied to things connected with Cybele or her worship).
sanctissima mater ~a CIC.*Ver.*5.186; LUCR.2.611; matrem ~am..ex Phrygia uenientem LIV.34.3.8; ~ae festa parentis OV.*Fast.*4.182; genetrix ~a STAT.*Theb.*10.170; numinis ~i JUV.3.138. **b** sacris ~is Magnae Matris acceptis CIC.*Sen.*45; ~i..chori VERG.*A.*9.112; dum stupet (Bacche) ~is exululata modis OV.*Tr.*4.1.42; ~is ululatibus STAT.*Theb.*4.292; ~um sollemne colunt JUV.11.194.

3 Of Mt. Ida in Crete. **b** *dactylus ~us*, (perh.) belemnite.
VERG.*A.*3.105; precatur..~um..Iouem 7.139; SEN.*Her. F.*460; Iuppiter ~i risit mendacia busti MART.9.34.1; accolas ~os TAC.*Hist.*5.2. **b** ~i dactyli in Creta ferreo colore pollicem humanum exprimunt PLIN.*Nat.*37.170.

Īdalia: see IDALIVM.

Īdaliē ~ēs, *f.* The Idalian goddess, Aphrodite.
OV.*Met.*14.694.

Īdalium ~(i)ī, *n.* Also **~ia** ~iae. A town in Cyprus sacred to Aphrodite.
in altos ~iae lucos VERG.*A.*1.693; hunc..super ~ium sacrata sede recondam 1.681; CATUL.36.12; PLIN.*Nat.*5.130; V.FL.8.229.

Īdalius ~a ~um, *a.* Of Idalium, Idalian. **b** (applied to things connected with Aphrodite); *~ae uolucres*, doves.
Veneri ~ae VERG.*A.*5.760; ~o uertice PROP.2.13.54; ~ae..deae OV.*Ars* 3.106; Venus ~is unxit fastigia sucis STAT. *Silv.*1.3.10. **b** pater ~o miratur Caesar ab astro PROP. 4.6.59; ~a..incaluisse sagitta SIL.5.19; ~us..puer (*i.e. Eros*) STAT.*Theb.*2.287;—~ae uolucres 12.16; *Ach.*1.372.

Īdās ~ae, *m.* One of the Argonauts, a son of Aphareus and brother of Lynceus, who fought with Apollo for the love of Marpessa, the daughter of Evenus.
PROP.1.2.17; OV.*Met.*8.305; *Fast.*5.701; HYG.*Fab.*14.12.

idcircō, *adv.* [IS+CIRCVM+-O², cf. QVOCIRCA] FORMS: *itc- CIL* 1.594.2.3.37, 3.1933.8; *icc-* APUL.*Apol.*2, 13, 53, *Fl.*16.

1 For that reason, because of that, therefore. **b** (as antecedent to causal cl.). **c** (as antecedent to final cl.).
uidelicet ille..tardiusculust; ~ huic nostro traditast prouincia TER.*Hau.*516; uxor renuntiat uiro..balneas..parum lautas fuisse. ~..eo..adductus..M. Marius..uirgis caesus est GRACCH.*orat.*45; CIC.*Rab.Perd.*23; Afranius Petreiusque..proelio lacessunt, neque ~ Caesar opus intermittit CAES.*Civ.*1.42.2; turpis ouis temptat scabies..dulcibus ~ fluuiis pecus omne magistri perfundunt VERG.*G.* 3.445; nec possum et cupio..ducere uersus: ponitur ~ noster in igne labor OV.*Tr.*5.12.64; nouerca..dedit uenenum ut filia sola heres esset; ~ adhibuit et consciam SEN.*Con.*exc. 9.6; nisi (in medicis) plenus misericordiae..animus est..omnibus diis..inuisi esse debent. ~ ne hostibus quidem malum medicamentum dabit LARG.pr.p.2,l.19; SUET.*Jul.* 9.2; APUL.*Pl.*1.8. **b** (*w.* quia) PL.*Mer.*34; quod..abs te ~ quia aequum est postulo CIC.*Tul.*6; illud (*i.e. the good*)..quia per se nobis placet..~ illos in quibus eas uirtutes esse remur..diligere cogimur *Off.*2.32; ~ne magus habear quia hoc scripsit Pudentilla? APUL.*Apol.*79;—(*w.* quod) ~ accersor nuptias quod mi adparari sensit TER.*An.*690; quod in uobis..praeclaram indolem ad dicendum esse cognoui, ~ haec exposui omnia CIC.*de Orat.*1.131; ~..quaesiuere, quod..uis nec uerbis nec rebus inest HOR.*S.*1.4.45; MAN.2.178; GEL.5.12.6;—(*w.* quoniam) PROP.2.33.14; quoniam hunc sexum..diligentiae assignauerat (deus), ~ timidiorem reddidit COL.12.pr.5. **c** SIS.*hist.*127; ~ amicitiae comparantur ut commune commodum mutuis officiis gubernetur CIC. *S.Rosc.*111; ~ uidelicet ne condemnaretur Q.*Rosc.*26; quorum ne quid accideret..~ singularem deus hunc mundum..procreauit *Tim.*12; cum tribunos militum ~..creari placuisset ut et plebeiis pateret summus honos LIV.6.37.5; OV.*Met.*13.288; Dionysium ~ petere custodes salutis suae ut..tyrannidem occupet QUINT.*Inst.*5.11.8; TAC.*Ann.*1.12; APUL.*Apol.*51;—(*w.* quo) quo facilius illas (*sc.* historias) probaret Romani hominis esse ~ barbara quaedam..dispersisse CIC.*Att.*1.19.10; CAES.*Gal.*5.3.6;—(*w.* qui) me ~ haec..promittere, qui uos oblectem PL.*Ps.*563.

2 (w. conditional cl. in neg. or interr. sentences) On those grounds, for that reason; (also, w. adversative particle) in those conditions.
neue ~ nobis uitio uortas, si quippiamst minus quod bene esse lautum tu arbitrare PL.*Rud.*700; non si Opimium defendisti..~ te isti bonum ciuem putabunt CRAS.*orat.*17; neque..si de rusticis rebus agricola..diserte..dixerit, ~ illius artis putanda est eloquentia CIC.*de Orat.*2.38; *Att.* 8.11D.5; nec si te..iactauerit Auster in alto, ~ nauem trans..mare uendas HOR.*Ep.*1.11.16; non tibi si facies nimium dat in omnia regni..~..me contemnere debes OV.*Am.* 2.17.13;—si ex lege subsortitus non erat Iunius..~ illius damnatione aliquid de Cluentio iudicabatur? CIC.*Clu.*92; si omnes..delectarentur tyrannicis legibus, num ~ eae leges iustae haberentur? *Leg.*1.42; PROP.2.18.32;—SIVE QVIS HOSTIA SACRVM FAXIT, QVI MAGMENTVM NEC PROTOLLAT, ~ TAMEN PROBE FACTVM ESTO *CIL* 12.4333.2.16.

Īdē ~ēs, *f.*: see IDA.

idea ~ae, *f.* [Gk. ἰδέα] (Platonic phil.) An idea, eternal prototype.
~a est eorum quae natura fiunt exemplar aeternum SEN. *Ep.*58.19; figuris..quas Plato ~as appellat, inmortales, inmutabiles, infatigabiles 65.7.

īdem eadem idem, *pron.* and *a.* [neut. *id-em* = Skt. *idám*; *-d-* retained in other forms by misdivision] FORMS and ORTHOG.: (sg. nom. masc.) *eidem CIL* 1.638.9; *eisdem* 1.698.2.9; *eisdim* 1.610; (neut.) *eidem* 1.589. 2.20; (dat.) *eidem*; also *eodem* PAUL.*dig.*38. 2.42 (*s.v.l.*); (pl. nom. masc.) usu. *idem*, also *eidem* PL.*Mil.*758; *iidem, isdem, eisdem*; (dat., abl.) *isdem*, also *eisdem, iisdem*. PROS.: synizesis usu. occurs in the first two syllables; *eidem* (dat.) trisyll. SIL.7.664; JUV.14.122; and (nom. pl.) PL.*Mil.*758; *eisdem* trisyll. MAN.2.707; JUV.14.30.

A (as adj.).

1 The same, identical with that previously mentioned or under discussion. **b** the same number of.
tuam uolt sororem ducere uxorem; et mihi sententia eademst PL.*Trin.*445; olim..eodem die..accidit TER. *An.*885; populi Romani perspiciunt eandem mentem et uoluntatem CIC.*Flac.*96; ut, quoniam me ipsum semper amasti, ut eodem amore sis *Att.*3.5.1; postridie..hora IIII Brundisium uenimus, eodemque tempore simul nobiscum in oppidum introiit Terentia *Fam.*16.9.2; CAES.*Gal.*2.34; VERG.*A.*10.596; earum non aliae sed eaedem sunt proportiones VITR.4.8.4; praebet errorem quod eiusdem nominis urbs inter Caere atque Veios fuit LIV.4.61.11; OV. *Met.*3.65; item prodest eodem modo ruta LARG.2; neque Philippum potentia sed ex uero statuisse: idem regis Antigoni..iudicium TAC.*Ann.*4.43. **b** quem circulum luna terdecies in XII mensibus percurrit, eum sol eisdem mensibus semel permetitur VITR.9.1.6.

2 Identical with something stated in the context: **a** (w. rel. cl.). **b** (followed by *ut*; *quasi*; *tamquam*; *et*; *atque*; *quemadmodum*; *cum*). **c** (w. dat.).
a utinam lex esset eadem quae uxori est uiro PL.*Mer.*823; quin eiusdem hominis sit probos improbare qui improbos probet GRACCH.*orat.*23; serui..eius, qui et moribus isdem essent quibus dominus et eodem genere ac loco nati CIC.*Ver.*3.62; non idem erunt necessitudinum gradus qui temporum *Off.*1.59; non eadem alacritate ac studio quo in pedestribus uti proeliis consuerant utebantur CAES.*Gal.* 4.24.4; eosdem habuit secum quibus est elata capillos PROP.4.7.7; eadem qua apud soceros..uerecundia LIV. 26.50.6; Agrippinam..isdem quibus principem laudibus..uenerati sunt TAC.*Ann.*12.37;—(*rel. cl. preceding*) qua nocte ad me uenisti, eadem abis PL.*Am.*532; QVAE LEGES QVODQVE IOVS..FVIT, EAEDEM LEGES EIDEM IOVS..ESTO *CIL* 1.589. 2.20,21; CIC.*Red.Sen.*24; VERG.*A.*3.95;—(*w. rel. advs.*) eodem tempore periit, cum..uobis..maxime uiuo opus est LAEL.*orat.*13; eodem..loco, ubi erat pugnatum GALBA *Fam.*10.30.4. **b** eodem pacto ut comici serui solent PL. *Capt.*778; inuenietur eadem latitudo uti altitudo VITR.3.1.3;—in eadem causa fuit, quasi esset in aliquo manifesto scelere deprehensus CIC.*Ver.*5.111;—alligato..ad eundem modum tamquam oleas CATO *Agr.*41.4;—alii eryngen falso eandem putauere esse et glycyrrhizam PLIN.*Nat.*22.24;—pomarium seminarium ad eundem modum atque oleagineum facito CATO *Agr.*48.1;—non est eadem cura quemadmodum de his VITR.6.8.8;—hunc ego eodem mecum patre genitum TAC.*Ann.*15.2. **c** nempe eadem facit..omnia turpi LUCR.4.1174; non..atria minora maioribus easdem possunt habere symmetriarum rationes VITR.6.3.5; uir tuus est epulas nobis aditurus easdem OV.*Am.*1.4.1.

3 (referring to a person or thing previously mentioned or specified in the context) This or that same: **a** (w. proper names, etc.). **b** (w. other pronominal adjs. or prons.).
a idem Cn. Flauius..dicitur ad collegam uenisse uisere aegrotum CALP.*hist.*27; cum a Leucopetra profectus..stadia circiter CCC processissem, reiectus sum austro uehementi ad eandem Leucopetram CIC.*Att.*16.7.1; cum iam nostris remissiore uento appropinquassent, idem Auster increbruit CAES.*Civ.*3.26.2; Cato, censor cum eodem Flacco factus NEP.*Ca.*2.3; Sempronius cui di sortem legendi dedissent ei ius liberum eosdem dedisse deos (aiebat) LIV.27.11.11; TAC.*Hist.*1.6;—(*w. rel.*) Maiam..Atlas, idem Atlas generat caeli qui sidera tollit VERG.*A.*8.141. **b** (*w.* hic) idem hoc tu, Thai'? TER.*Eu.*810; ab hac eadem ciuitate CIC.*Ver.*3.89; haec eadem centurionibus..mandabant CAES. *Gal.*7.17.8; pertulit hic idem nobis..rumor OV.*Pont.*2.1.49; si forte hunc eundem occiderit ULP.*dig.*47.1.2.4;—(*w.* ille) postquam filium sensit suom eandem illam amare PL.*Cas.* 61; quae idem ille gladiator scelera Anagniae fecerat CIC. *Dom.*81; aliter iidem illi Carthaginienses Hispaniam defenderunt LIV.28.42.11;—(*w.* iste) aliae multae idem istuc cupiunt PL.*Mil.*1040; idem iste Mithridates CIC.*Man.*46; marito ista non eadem licent CATUL.61.141;—(*w.* ipse) apud eosdem ipsos censores CIC.*Clu.*131; uineas mergis propagare..idem ipse Atticus praecipit COL.4.2.2;—(*w.* ego, tu, *etc.*) et si ego obdormiuero, tute idem ubi eris experrectus? CAECIL.*com.*97; ego sum, qui nullius uim plus ualere uolui quam honestum otium idemque, cum illa ipsa arma..plus posse sensi quam illum consensum bonorum, quem ego idem effeceram..pacem accipere malui CIC.*Fam.*5.21.2;—(*w.* qui) eis iudicibus editis qui idem testes esse possent *Planc.*42; scripsit..Sicca..se..ad te rem detulisse; quod tu idem scribis *Att.*12.25.1;—(*foll. by rel. cl.*) eadem haec quae tibi dixi dicam idem illi TER.*An.*599; ista eadem ratione qua Sex. Roscius occisus est CIC.*S.Rosc.*94; Pompeius eadem illa quae per Scipionem ostenderat agit CAES.*Civ.*1.6.1; Simonides idem ille, de quo rettuli PHAED.4.25(26).4.

4 The same (as before or at the start, or under other circumstances). **b** (continuously) the same, unchanged.
in eodem luto haesitas TER.*Ph.*780; eodem..modo obruito et conponito CATO *Agr.*162.2; nos premet eadem fortuna CIC.*Fam.*14.1.5; ALF.*dig.*5.1.76; non eadem est aetas, non mens HOR.*Ep.*1.1.4; nec corporis nec animi uigorem remanere eundem LIV.10.13.6; manere eodem loco 10.34.9; thelyphonon omnem quadripedem necat..intra eundem diem PLIN.*Nat.*25.122; iam nec Cecropiis idem ductoribus ardor STAT.*Theb.*12.726; idem audaciae per tenebras inrumpentibus et maiorem rapiendi licentiam TAC.*Hist.*3.19. **b** eos uoluntatem semper eandem, libertatem non eandem semper habuisse CIC.*Sest.*69; neque enim populum semper eundem habebitis *ad Brut.*1.2a.3(6); commutatur officium et non semper est idem *Off.*1.31; nunc quoque mens eadem perstat mihi VERG.*A.*5.812; ausos aut libertas sequetur aut uicti idem erimus TAC.*Hist.*4.32.

5 The same (in each case, with respect to each subject, etc.). **b** *unus idemque* and sim., one and the same.
homo idem duobus locis ut simul sit Pl.*Am.*568; idem est ambobus nomen geminis fratribus *Men.*48; non enim ad omnis praetorum filios idem aditus sunt Cic.*Ver.*3.159; est enim reus uterque ob eandem causam et eodem crimine *Vat.*41; eos qui uoluntate eadem sunt *Fam.*13.29.1; si lupi canibus similes eosdem dices ad extremum? *Luc.*50; qui eodem iure et isdem legibus utantur Caes.*Gal.*2.3.5; erat difficile eodem tempore rapidissimo flumine opera perficere et tela uitare *Civ.*1.50.3; speluncam Dido dux et Troianus eandem deueniunt Verg.*A.*4.165; nihil sentire idem Liv. 4.46.2; si eundem et uincendi et uiuendi finem habuisset Vell.2.27.5; furor omnibus idem Stat.*Theb.*5.148; prolato dextro (pede) stare et eandem manum ac pedem proferre deforme est Quint.*Inst.*11.3.124. **b** uni se atque eidem studio omnes dedere et arti Lucil.1231; neque uno sed duobus pretiis unum et idem frumentum uendidisti Cic. *Ver.*3.179; uno eodemque tempore domus mea diripiebatur, ardebat, bona ad..consulem..deferebantur *Red.Sen.*18; quasi uero non idem unumque bellum sit contra hoc iugum impiorum nefarium *Phil.*11.6; cum..paupertatis una eademque sit uis *Tusc.*3.56; quas..uno eodemque tulit partu Verg.*A.*12.847; Liv.25.8.12; Stat.*Theb.*10.565.

B (as pron.).

6 The same person or thing as previously mentioned or under consideration. **b** (w. part. gen.) the same (quantity, etc., of).
deos teque spero.—eosdem ego Pl.*Cist.*596; quid est tam dissimile quam Demosthenes et Lysias? quam idem et Hyperides? Cic.*Brut.*285; si cui..ille promisit, id erit fixum quod idem facere non potuit? *Phil.*1.17;—(*neut.*) di bene uortant.—idem ego spero Pl.*Aul.*175; unum sentitis omnes, unum studetis..idem uolunt omnes ordines Cic. *Phil.*6.18; non dubito quin tu idem existimaturus sis *Att.* 14.17.4; iurauit se nisi uictorem..non reuersurum reliquosque ut idem facerent hortatus est Caes.*Civ.*3.87.5; di quoque cultores in idem uenere Lyaei Ov.*Fast.*1.395; eadem in Voculam parabantur Tac.*Hist.*4.36. **b** cum idem operis faciant Var.*R.*1.20.5; idem negotii P. Cornelio datum Liv. 25.22.4; ut..uidet comites somno..solutos, spem capit in dominis esse soporis idem Ov.*Fast.*2.334; eodem loci (animalia) bisulca (habent mammas) Plin.*Nat.*11.233; psimithi p ✕ III, opii idem, piperis albi idem Larg.32; storacis, opii singulorum idem ponderis 88; nam idem iuris responsuris datur Quint.*Inst.*12.9.11; idem iuris est uuis subreptis Julian.*dig.*13.1.14.3; (*advl.*) idem temporis capti tabellarii *B.Hisp.*12.3; cum ceteris idem aetatis nobilibus Tac.*Ann.* 13.16.

7 (in weakened sense, indicating that the same subj., etc., is involved) He, it, etc., too, he likewise.
⟨te⟩ quoque ⟨ei⟩ dono dedi..idem ego te liberabo Pl. *Mil.*1207; quoi seruitutem di danunt lenoniam puero, atque eidem si addunt turpitudinem *Ps.*768; Veneri..habeo gratiam, eandemque..oro *Mil.*1228; omnia animat format alit..omniumque idem est pater Pac.*trag.*91; tibi M. Bibulus..respondit, idemque in contione dixit Cic.*Dom.*40; cum laetissimus ille..dies inluxisset idemque casu Bruti natalis esset *ad Brut.*1.15.8; Caes.*Civ.*3.10.2; Corcyram sub imperium Atheniensium redegit sociosque idem adiunxit Epirotas Nep.*Timoth.*2.1; Hor.*Carm.*3.12.10; sed patrii seruate Lares: aluistis et idem Tib.1.10.15; ea primum moderatio tribuni metum patribus dempsit, eademque auxit consulum inuidiam Liv.3.59.4; habebat quidam filiam turpissimam, idemque insignem pulchra facie filium Phaed.3.8.3; omnia..prona uictoribus atque eadem uictis aduersa Tac.*Ag.*33.

8 (introd. a sb. or adj. as a further attribute of the same subj., transl. 'at the same time', 'also').
(*w. asyndeton*) mater tu, eadem era es Pl.*As.*147; M. Marcellus ille quinquiens consul..idem augur optimus Cic.*Div.* 2.77; C. Toranium tutorem suum, eundem collegam patris Suet.*Aug.*27.1;—(*w. conjs.*) diuom atque hominum quae speratrix atque era eadem es hominibus Pl.*Mer.*842; uir fortis idemque philosophus Cic.*Fam.*9.17.2; res obscuras.. easdemque non necessarias *Off.*1.19; desine quaeso leno esse atque idem saeuus Catul.103.4; homines sceleratissumi ..nocentissumi et idem superbissumi Sal.*Jug.*31.12; Verg. *A.*10.607; Q. Pompei consulis filium eundemque Sullae generum Vell.2.18.6; uxor Arminii eademque filia Segestis Tac.*Ann.*1.57; Juv.10.331; filio patroni in libertam paternam eandemque uxorem idem iuris Clem.*dig.*23.2.48.

9 The same person or thing as indicated in the context: **a** (preceding rel. cl.). **b** (following rel. cl., sts. w. weakened resumptive sense). **c** (w. dat.).
a (*masc. and fem.*) equidem certo idem sum qui semper fui Pl.*Am.*447; Diceam.—nempe eandem quae dudum constitutast *Mil.*808; cum eidem sint irati cui tu te inimicum esse dicis Cic.*Div.Caec.*28; eosdem esse, qui Bibulum exire domo prohibuissent *Fam.*1.9.7; ut penes eosdem pericula belli, penes quos praemia, essent Liv.2.24.2;—(*neut.*) tu fac idem quod rogas me Pl.*Per.*43; scito idem agrum quod hominem Cato *Agr.*1.6; quod idem defendam quod lege punierim Cic.*Mur.*67; res eodem est loci quo reliquisti *Att.*1.13.5; idem habere iuris quod aduersus imperantes Sen.*Ep.*91.15; Gaius *dig.*23.5.4. **b** (*masc. and fem.*) quae te uolt, eandem tu uis Pl.*Mil.*1071; quorum uirtuti belli fortuna pepercit, eorundem libertati me parcere certum est Enn.*Ann.*200; ut, cuius diuitiae me de fide deducere non potuissent, ne eiusdem pecunia de honore deiceret Cic.*Ver.* 25; quemcumque alium generum delegisset, eundem regni heredem facturus Liv.1.40.4; tibi quae coniunx, eadem mihi filia paene est Ov.*Pont.*4.8.11;—(*neut.*) uilici officia quae sunt, quae dominus praecepit, ea omnia quae in fundo fieri oportet..eadem uti curet..moneo Cato *Agr.*142; quae modo de scripto..praecepimus, eadem huc omnia transferemus Cic.*Part.*138; quod in Bruttiis prouincia idem in Etruria ac Liguribus decretum Liv.30.1.6. **c** interpretationi tuae..idem existimo Tra.Plin.*Ep.*10.80(84).

10 (to emphasize an inconsistency between two propositions) At the same time he, etc., yet this same person; (also w. *sed, tamen,* etc.). **b** (after a rel. cl.) he, etc., who..nevertheless.
quid..hoc turpius quam quod idem nullam censet gratuitam esse uirtutem? Cic.*Div.*1.87; Sisenna..disputat somniis credi non oportere..idem contra ostenta nihil disputat 1.99; laudas..mores antiquae plebis, et idem si quis ad illa deus subito te agat, usque recuses Hor.*S.* 2.7.23; Liv.26.41.17;—splendet saepe, ast idem nimbis interdum nigret Acc.*trag.*260; me memorderunt epistulae tuae de Attica nostra; eaedem tamen sanauerunt Cic.*Att.* 13.12.1; immensus labor est, sed fertilis idem *Aetna* 222; celerem..paenitentiam, sed eandem seram atque inutilem sequi Liv.31.32.2. **b** uix..ueri simile est, qui iudicauerint hostem Dolabellam ob rectissimum facinus, eosdem nobis parcere posse Cic.*Phil.*13.36; idem ego qui exspecto tuum aduentum morabor te *Att.*13.31.1; quod qui tranquillo mari gubernare se negent posse..iidem ad gubernacula se accessuros profiteantur excitatis maximis fluctibus *Rep.* 1.11; quem esse negas, eundem esse dicis *Tusc.*1.12; Catul.22.14; qui se in aequo loco..pares esse confidebant, idem perterriti fuga suorum..in aedificiis consistere ausi non sunt *B.Alex.*18.3.

11 (after a rel. cl., indicating a necessary consequence or concomitant).
ut non omnes, qui Attice, idem bene, sed ut omnes, qui bene, idem etiam Attice dicant Cic.*Brut.*291; quod ciuile, non idem continuo gentium, quod autem gentium, idem ciuile esse debet *Off.*3.69; quem (numerum) qui scire uelit, Libyci uelit aequoris idem discere quam multae Zephyro turbentur harenae Verg.*G.*2.105; ut qui fortis erit, sit felicissimus idem Juv.16.59.

12 The same person or thing (as before).
adeon homines inmutarier ex amore ut non cognoscas eundem esse! Ter.*Eu.*226; cum..illa senior auctoritas grauius quiddam requireret, remanebat idem nec decebat idem Cic.*Brut.*327; (*w. part. gen.*) Larg.pr.p.4,l.21; nec bonis artibus idem uirium erat altero uelut duce amoto Tac.*Ann.*14.52.

13 The same person or thing (in each case, circumstance, etc.).
eiusdem esse, qui in illa re peccarit, et hoc quoque admisisse et non esse eiusdem Cic.*Inv.*2.50; nisi eundem et aduersarium et testem habuerit *Q.Rosc.*9; quod adulescens idem seni Sullae fuit iucundissimus, senex adulescenti M. Bruto Nep.*Att.*16.1; rex idem hominum Phoebique sacerdos Verg.*A.*3.80; sed non ab iisdem omnes timere nec eosdem odisse Liv.24.32.2; teneri nutrix eadem et matertera Bacchi Ov.*Ib.*495; terra omnium terrarum alumna eadem et parens Plin.*Nat.*3.39; bellus homo et magnus uis idem.. uideri Mart.1.9.1; non eiusdem ait mactare diuo Augusto uictimas et posteros eius insectari Tac.*Ann.*4.52; (*cf.*) uerus amicus numquam reperietur; est enim is qui est tamquam alter idem Cic.*Amic.*80; (*rptd.*) idem coquus, idem atriensis *Pis.*67;—(*neut.*) duo quom idem faciunt Ter.*Ad.*823; omnes idem uolunt, idem defendunt, idem sentiunt Cic. *Phil.*8.8; non enim est idem ferre..et probare *Fam.*9.6.2; eadem caelum mare terras..constituunt Lucr.1.820; non eadem omnibus esse honesta Nep.pr.3; non omnes eadem mirantur amantque Hor.*Ep.*2.2.58; Liv.24.28.5; idem esse dicebat Socrates ueritatem et uirtutem Sen.*Ep.*71.16; finitionem esse de eodem et de altero Quint.*Inst.*7.3.8; Tac.*Ann.*14.24.

identidem, adv. [< *idem et idem*] Repeatedly, again and again, continually.
ne te uxor sequatur respectas ~ Pl.*Men.*161; *Trin.*147; fiscellam..quassato suppletoque ~ Cato *Agr.*88.1; reuoluor ~ in Tusculanum Cic.*Att.*13.26.1; *N.D.*3.76; qui sedens aduersus ~ te spectat Catul.51.3; Caes.*Gal.*2.19.5; Camillus ~ omnibus locis contionabatur Liv.5.25.4; 26.44.4; Curt.4.15.33; Col.*Arb.*3.5; Plin.*Nat.*17.3; inspectis ~ extis Tac.*Hist.*2.78; Plin.*Ep.*1.13.4.

ideō, *adv.* [*id,* neut. acc., +*eo,* abl. of is]

1 (w. causal cl.) For the reason (that). **b** (w. rel. cl. or sim., in which the reason is implicit). **c** (in neg. or interr. sentences, picking up a supposed reason expressed by a conditional or concessive cl.). **d** (w. the reason expr. in the form of a purpose).
(*w.* quia) (patronum) nullum perdidi, ~ quia numquam ullum habui Pl.*As.*622; *Mer.*543; ~ bene olere quia nihil olebant uidebantur Cic.*Att.*2.1.1; quaecumque manent aeterna necessest..~ durare..posse..plagarum quia sunt expertia Lucr.3.811; pontifex quia exacto anno mortuus erat, ~ nominatio in locum eius non est facta Liv.26.23.8; Tac.*Ann.*16.12; an ~ magus, quia poeta? Apul.*Apol.*9;—(*w.* quod) quod terra sit humus, ~ is humatus mortuus qui terra obrutus Var.*L.*5.23; Minucio ~ te non tradidisse quod iam addixisses Apronio Cic.*Ver.*3.151; Lucr.1.1054; Acrius Hermionen ~ dilexit..esse quod alterius coeperat illa uiri Ov.*Rem.*771; Quint.*Inst.*10.1.131; Suet.*Cl.*40.2;—(*w.* quoniam) quae omnia ~ noscenda sunt quoniam aliud alii.. ualetudini conuenit Cels.2.19.2; Sen.*Ep.*76.5; quoniam.. multa..iura..praetor inseruit, ~..titulum praemisit Ulp. *dig.*12.1.1.1;—(*w.* cum) ~ in secundis rebus nihil in quemquam superbe..consulere decet..cum quid uesper ferat incertum sit Liv.45.8.6; cum..aliquatenus culpae reus est.. ~ quasi ex maleficio teneri uidetur Gaius *dig.*44.7.5.6. **b** iam illa quae leuiora uidebuntur ~ praeteribo Cic.*Ver.* 4.131; ~..ad aures transeundum est, quarum usum proximum a luminibus natura nobis dedit Cels.6.7.1; non ~ per se non est expetendum, cui aliquid extra quoque emolumenti adhaeret Sen.*Ben.*4.22.4; 6.21.2; (*w. pres. pple.*) (Socrates) ~ dictus εἴρων, agens imperitum Quint.*Inst.*9.2.46. **c** (*w.* si) nec si bis tanto ampliorem fundum..colas, ~ duo uilici.. habendi Var.*R.*1.18.3; nec, si hoc Crassus non committit, ~ non multi et saepe committunt Cic.*de Orat.*2.302; Ov.*Tr.* 2.329; ita si iste parricidium fecit, ~ et ego feci? Sen. *Con.*7.1(16).22; non ~ non sunt ista natura bona, si uitio male utentium nocent Sen.*Nat.*5.18.5; si..tempestate fuerit abreptus, non ~ minus erit gubernator Quint.*Inst.*2.17.24; (*w. ellipsis of conditional cl.*) abditos principis sensus.. exquirere inlicitum..nec ~ adsequare (*i.e.* even if you did) Tac.*Ann.*6.8;—(*w. concessive cl.*) Julian.*dig.*34.5.13(14).3; licet alterius persona non recte adiciatur, non ~ minus in nostra persona utiliter procedere stipulationem Gaius *dig.* 45.1.141.9;—(*w. abl. absol.*) his atque talibus recitatis.. non ~..Thrasea decessit sententia Tac.*Ann.*14.49. **d** ~ ..camaras marmorato..faciunt, quo frigidius sit Var.*R.* 1.59.2; hoc (*sc. slaughter*) ~ in secluso clam, ne reliqui (turdi) ..despondeant animum 3.5.6; ~ne ego..uiam muniui ut eam tu alienis uiris comitata celebrares? Cic.*Cael.*34; ~ continuato..itinere..ad Pompeium contendit, ut adesse Caesarem nuntiaret Caes.*Civ.*3.11.1; non quin breuiter reddi responsum potuerit..~..delectos patrum ad eum missos..sed in perpetuum mentio eius rei finiretur Liv. 2.15.2; an ~ tantum ueneras ut exires? Mart.1.pr.,l.4; illa (*sc. rhetorical tricks*) paene communia non tamen omittenda, uel ~ ne occupentur Quint.*Inst.*4.1.33; (*cf.*) quos non ~ excuso quia non probem, sed ut sint magis admirabiles 10.7.31.

2 (absol.) For that reason, therefore.
te uelle uxorem aiebat tuo nato dare, ~ aedificare hic uelle aiebat in tuis Pl.*Mos.*1028; in partu..uinum non.. quaerit aquam, sed solem. itaque ~..in arbores escendit uitis Var.*R.*1.8.7; quod publica religione sanciri potuit, id abest..neque ~ est Gaditanorum causa deterior Cic.*Balb.* 35; hic..uentis..omnia plena sunt; ~ passim fremitus.. fiunt Lucr.6.270; Verg.*G.*3.212; nescis..quem fugias, ~que fugis Ov.*Met.*1.515; nihil laboras? ~, cum opus est, nil habes Phaed.4.24(25).17; montium..uertices..scindentes inaequalitate ~ resultantem aera Plin.*Nat.*2.115; V.Fl.3.454; Quint.*Inst.*9.1.25; Tac.*Ann.*1.12; haec omnia meus Socrates habuit et ~ cetera habere contempsit Apul. *Soc.*23.

idiographus ~a ~um, *a.* [Gk. ἰδιόγραφος] Written with one's own hand, autograph.
scripserunt ~um librum Vergilii se inspexisse Gel. 9.14.7.

idiologus ~ī, *m.* [Gk. ἴδιος λόγος] The controller of a special imperial account into which certain revenues were paid in Egypt.
~o ad aegyptvm *CIL* 10.4862.

idiōma ~atis, *n.* [Gk. ἰδίωμα] A special term or phrase used by an individual or group.
scire debemus ~a regionis Agen.*agrim.*p.34.

idiōta ~ae, *m.* [Gk. ἰδιώτης]

1 An ordinary person, a layman as distinct from an expert, amateur.
inlitteratum me atque ~am diceres Lucil.649; et a fabris et ab ~is Vitr.6.8.10; permitte,..philosophorum amplissime,..nos..quos uocas ~as Gel.1.2.6;—(*as a derogatory term*) ea contemnis quae illi '~ae'..praeclara duxerunt Cic.*Pis.*62; ludos nobis '~is' relinquet 65.

2 A person who holds no public office, a private individual.
~am gerit Sen.*Suas.*6.12.

idiōtismos ~ī, *m.* [Gk. ἰδιωτισμός] Everyday or homely speech.
~o usus est Sen.*Con.*2.3.21; ~os est inter oratorias uirtutes res quae raro procedit 7.pr.5.

Idmōn ~onis, *m.* **a** A seer of Argos, son of Apollo, who accompanied the Argonauts. **b** the father of Arachne.
a Sen.*Med.*652; Hyg.*Fab.*14.11. **b** Ov.*Met.*6.8.

Idmonius ~a ~um, *a.* Of Idmon.
~ae..Arachnes Ov.*Met.*6.133.

-īdō -īdinis, *f. suff.*
Formed orig. from vbs. in *-io* (*cupido*), but extended to other words (*formido, libido, liuido*).

īdōlon ~ī, *n.* Also **eidōlon.** [Gk. εἴδωλον] An apparition, ghost; (in Epicurean philosophy) an 'image'.
mox apparebat ~on, senex macie et squalore confectus Plin.*Ep.*7.27.5;—~a atque atomus uincere Epicuri uolam Lucil.753.

Īdomenĕus, *m.* Forms: ~ĕa (acc.) Verg.*A.* 3.122. A king of Crete who led the Cretans against Troy.
Verg.*A.*3.401; Ov.*Met.*13.358; Hyg.*Fab.*270.3.

idōneē, *adv.* [next+-e] In a satisfactory manner, suitably, adequately.
oratio animum auditoris ~ comparans Cic.*Inv.*1.20; (filiae) maiores..natu..~ celebrari posse laudibus humanis credebantur Apul.*Met.*4.28; qui magis ~ reficere parietem uelit Pompon.*dig.*39.2.41; qui satis ~ habet Gaius *dig.* 50.16.234.1; ne minus ~ defendatur Ulp.*dig.*37.10.1.11; (*w.* ad) gressum reciperaui, nondum quidem ad innitendum ~ Apul.*Fl.*16.

idōneus ~a ~um, *a.* [dub.] Forms: compar. *-neior* Ulp.*dig.*43.29.3.12; Paul.*dig.*47.23.2; *-nior* Call.*dig.*26.2.18, 50.6.6(5).11; *-neor* Ulp.*dig.*18.2.4.6.

1 Having the right qualities, suitable, appropriate, adequate. **b** (w. *ad, in*+acc.) qualified, fitted (for); (also w. dat., abl., gen.). **c** (w. inf., final rel. cl.) fit, able (to do, be, etc.).
nequeo..inuenire ullum inuenire ~um unde exordiar Ter.*Hec.*361; si..fluuii..non sunt aut ~i non sunt Var.*R.* 1.16.1; qui colonias sic ~is in locis..conlocarunt Cic.*Agr.* 2.73; comes est ~us *Att.*12.8; nactus..tempus hoc magis ~um quam umquam antea *Fam.*1.2.3; minus ~is equis

utebantur CAES.*Gal.*7.65.5; oppidum..nullius ~ae rei egens SAL.*Jug.*57.1; haec ego procurare et ~us imperor et non inuitus HOR.*Ep.*1.5.21; Aeneas, pietatis ~us auctor Ov.*Fast.*2.543; ~is medicamentis CELS.6.6.27A; inscriptio ..si haec satis ~a tibi uidetur PETR.71.12; sors deerrabat ad parum ~os TAC.*Ann.*13.29; nullus ~us testis in re sua intellegitur POMPON.*dig.*22.5.10; nec quicquam ~i lucri exinde cepimus APUL.*Met.*6.26; (*cf.*) per hominum ~orum ignominiam (*i.e. men who deserve the disgrace*) CIC.*Clu.*130; (*neut. pl. as sb., w. part. gen.*) apud ~a prouinciarum TAC. *Ann.*4.5. **b** non potuisti adducere homines magis ad hanc rem ~os PL.*Poen.*583; quod illa aetas (*i.e. youth*) magis ad haec utenda ~ast TER.*Hau.*133; (porci) ad sacrificium ~i VAR.*R.*2.4.16; seruos ad caedem ~os CIC. *Sest.*95; ~orum ad agendum temporum *Off.*1.142; qui essent ad maiorum nauium multitudinem ~i portus CAES.*Gal.* 4.20.4; ~os uiros ad curules magistratus LIV.6.37.8; haec oliua..ad eas conditura..~a maxime est COL.12.49.5; loci peditibus..ad pugnam ~i TAC.*Ann.*12.55; canes.. ursis ac leonibus ad conpugnandum ~os APUL.*Met.*4.3;—Athenienses maxime in eam rem ~i LIV.35.32.7; materias in hoc ~as QUINT.*Inst.*6.3.15;—cum reus parum esset ~us inceptis rebus VAR.*L.*6.74; eius Falernum (*i.e. his villa*) mihi semper ~um uisum est deuorsorio CIC.*Fam.*6.19.1; res.. ~a flammis (*i.e. inflammable*) LUCR.6.318; castris ~um locum CAES.*Gal.*6.10.2; uixi puellis nuper ~us HOR.*Carm.* 3.26.1; neque senile..corpus..huic medicinae ~um est CELS.7.9.2; materia..~a eliciendis ignibus SEN.*Nat.*2.22.1; miserum corium nec cribris iam ~um APUL.*Met.*3.29; ut idoniores praediis..habeantur (coloni) CALL.*dig.*50.6.6(5).11; —nec ~as (res) dignitate sua *Rhet.Her.*3.5; ut patria (*v.l.* patriae) sit ~us JUV.14.71;—si possim..itineris ~us esse FRO.*Aur.*1.p.172 (56N). **c** fons..riuo dare nomen ~us HOR.*Ep.*1.16.12; in quem (locum) uidemur emitti iam ~i spiritum trahere SEN.*Ep.*102.23; inferiora (*sc.* caeli)..si sunt ~a accendi *Nat.*1.15.1; pagina..dare pondus ~a fumo (*i.e. to vaporous ideas*) PERS.5.20;—te me arbitrari.. hominem ~um, quem..ludos facias PL.*Aul.*252; ne ~um quidem, cui a probis maledicatur MET.NUM.*orat.*3; rem ~am de qua quaeratur CIC.*Luc.*18; hunc..Caesar ~um iudicauerat quem cum mandatis..mitteret CAES.*Civ.*3.10.2; mater ~a cuius exemplo flecti me quoque posse putes Ov. *Ep.*16(17).43; non haec parum ~a res uisa est, quae deduceretur ad iudicem SEN.*Ben.*3.8.1; an omnis caeli regio ~a in qua creentur (cometae) *Nat.*7.30.2; utrumque ~um non est propter quod adiures APUL.*Soc.*5.

2 (leg.) Having the money to meet obligations, solvent, substantial. **b** (of an action or sim.) backed by financial resources or leg. sanctions, valid, 'good'.

cum quingentos denarios cuidam mutuos promisisset et ipse illum parum ~um conperisset SEN.*Ben.*4.39.1; cum.. personam mulieris ut ~ae sequuntur PAPIN.*dig.*16.1.27.1; tutoris ~um heredem 26.7.39.16; eligendus est a praetore ..is qui ~ior est ULP.*dig.*43.29.3.12; PAUL.*dig.*47.23.2; (*transf.*) hunc rogo semestri tribunatu splendidiorem.. facias. obligabis me..obligabis ipsum, non minus ~um debitorem PLIN.*Ep.*4.4.2; (*w.* ad) si non ad damnum resarciendum ~us est (tutor) PAUL.*dig.*26.7.49; (*w.* in+*acc.*) si in aliquid ~us esset debitor POMPON.*dig.*45.1.112.1; (*w. abl. of respect*) ipsi si ~i facultatibus sunt ULP.*dig.*25.3.5.26. **b** ~a cautela a debitore..praestanda POMPON.*dig.*13.7.6; quae (*sc.* nomina) post pubertatem adulescentis ~a fuerunt PAPIN.*dig.*26.7.39; omne..licitum iusiurandum..~um est ULP.*dig.*12.2.5.

īdos, *n.* [Gk. εἶδος] The visible aspect of a thing, form.

~os in opere est, idea extra opus SEN.*Ep.*58.21; forma quae uni cuique operi inponitur tamquam statuae: nam hanc Aristoteles ~os uocat 65.4.

Īdūlis ~is ~e, *a.* Of or relating to the Ides.

~ium sacrorum conficiendorum causa FEST.p.290M; ~is ouis dicebatur, quae omnibus idibus Ioui mactabatur PAUL. *Fest.*p.104M.

Idūmaea ~ae, *f.* = IDVME.

PLIN.*Nat.*5.70.

Idūmaeus ~a ~um, *a.* **Idȳ-.** Of or relating to Idumaea; also, of the Jews or Judaea.

primus ~as referam tibi, Mantua, palmas VERG.*G.*3.12; MART.10.50.1;—~os meruit..triumphos (*i.e. won over the Jews*) 2.2.5; ~ae Syrophoenix incola portae JUV.8.160.

Idūmē ~ēs, *f.* **Idȳ-.** The country to the south of Judaea, Idumaea; (also used loosely for Judaea or Palestine).

palmarum diues ~e LUC.3.216;—iugis ~es STAT.*Silv.* 1.6.13; palmiferam..bello domitabit ~en SIL.3.600; V.FL. 1.12.

Īdūs ~uum, *f. pl.* Also **Eidūs.** [Osc. *eiduis*; further etym. dub.] In the Roman calendar the 15th day of March, May, July, and October, and the 13th day of the other months. **b** (as settling day for the payment of interest, fees, etc.).

L TARQVITIVS..PRISCVS REX III DE SABINEIS IDIB SEXT *Act.Triumph.*2(*CIL* 1.p.43); EIDIB DECEMB *CIL* 1.584.4; ANTE EIDVS MARTIAS PRIMAS 1.585.17; VAR.*L.*6.28; cum a. d. VII ~us Aprilis mane mihi tuas litteras M. Varisidius reddidisset CIC.*Fam.*10.12.2; EID. MAR. *BMCR* 2.p.480, no. 68 (*c.* 43 B.C.); consules..~ibus Decembribus magistratum occepere LIV.4.37.3; MART.12.67.1; viii ~us domitiani (= *October*) *P.Gen.*1.v(*CPL* 106); septimo ~us (Decembris) TAC.*Dial.*17.2; APUL.*Met.*11.26. **b** ~ibus soluito CATO *Agr.*146.2; praetermitto ruinas fortunarum tuarum quas omnis proximis ~ibus tibi impendere senties CIC.*Catil.*1.14; diem pecuniae ~us Nouembres esse *Att.*10.5.3; (pueri) ibant octonos referentes ~ibus aera HOR.*S.*1.6.75.

-idus -ida -idum, *adjl. suff.* Formed largely from intr. vbs. in *-ēre* (*auidus, calidus, frigidus, liuidus, timidus*); also from sbs. (*gelidus, herbidus, morbidus*); enlargement *-cidus* in *roscidus* (perh. after *sucidus*).

īdyllium ~(i)ī, *n.* [Gk. εἰδύλλιον] FORMS: *ēd-* *CIL* 8.5530. A pastoral poem, idyll.

siue epigrammata siue ~ia siue eclogas PLIN.*Ep.*4.14.9.

Idȳmaeus, Idȳmē: see IDV-.

iecunānum: (see quot.).

~um uictimarium PAUL.*Fest.*p.114M.

iecur ~oris and ~inoris, *n.* **iocur** ~ineris and ~inoris. [Skt. *yákṛt*, Av. *yākarə*, Gk. ἧπαρ] α = *iec-*, β = *ioc-*.

1 The liver. **b** (as used in divination).

α cruciatur ~ur PL.*Cur.*237; si cor dolet et si ~ur aut pulmones CATO *Agr.*157.7; luna..muribus fibras et ~ur addit LUCIL.1202; incontinentis nec Tityi ~ur reliquit ales HOR.*Carm.*3.4.77; ~ur a dextra parte..ab ipso saepto orsum CELS.4.1.5; equo non..in ~ore (fel) esse PLIN.*Nat.* 11.192; ad ~inoris..duritiam LARG.265; rumpe miser tensum ~ur JUV.7.117; (*in a waxen image*) simulacra.. cerea figit et miserum tenuis in ~ur urget acus Ov.*Ep.*6.92. β PECTVS ~INERA COR PVLMONES *CIL* 1.2520.29; callum ~ineribus obducere SEN.*Ep.*96.25; asarum ~inerum uitiis salutare esse PLIN.*Nat.*21.134; ~ur ranae geminum esse dicunt 32.50; ~ineris duritiam habentibus LARG.105; APUL.*Pl.*1.15. **b** α plus..ex alieno ~ore sapiunt quam ex suo PAC.*trag.*84; non placet Stoicis singulis ~orum fissis ..interesse deum CIC.*Div.*1.118; FRON.*Str.*1.11.14. β inspiciebant ~inera VITR.1.4.9; prima hostia caesa ~ur sine capite inuentum LIV.27.26.13; hostiae, quam immolauerat, adeso ~inore V.MAX.1.6.8; hariolis licet ~inera rimari APUL.*Apol.*41.

2 a (as food). **b** (as a medicine, drug, etc.).

a α pinguibus et ficis pastum ~ur anseris albae HOR.*S.* 2.8.88; adhibetur et ars ~ori feminarum (suum) sicut anserum PLIN.*Nat.*8.209; anseris ante ipsum magni ~ur JUV.5.114. β scarorum ~inera, phasianarum et pauonum cerebella SUET.*Vit.*13.2. **b** α uti..aridum ~ur amoris esset poculum HOR.*Epod.*5.37; utilia in hoc morbo sunt.. columbae ~ur.. CELS.4.15.3; (sunt qui) ex ~inore gladiatoris iugulati particulam aliquam..consumant LARG.17. β sic laborantes inungui oportet sanie ~ineris maxime hirquini CELS.6.6.38.

3 (as the seat of the feelings).

α en cor Zenodoti, en ~ur Cratetis! BIB.*poet.*27; feruens difficili bile tumet ~ur HOR.*Carm.*1.13.4; non ancilla tuum ~ur ulceret ulla puerue *Ep.*1.18.72; o durum ~ur! SEN. *Her.O.*1732; quanta siccum ~ur ardeat ira JUV.1.45; (*cf.*) nisi..quae semel intus innata est rupto ~ore exierit caprificus PERS.1.25.

iecusculum ~ī, *n.* **ioc-.** [prec.+-CVLVM] Dim. of prec.

α musculorum ~a bruma dicuntur augeri CIC.*Div.*2.33. β murium ~is fibrae ad numerum lunae in mense congruere dicuntur PLIN.*Nat.*11.196.

ieientō: see IENTO.

īēios ~a ~on, *a.* [Gk. ἰήιος] (of Apollo) Invoked with the cry ἰή.

nymphae hortantes 'o Phoebe' et '~e' conclamarunt VAR.*At.poet.*5.

iēiūnē, *adv.* *compar.* ~ius. [IEIVNVS+-E] Meagrely, scantily.

quae saepe cadunt in causas et ~ius aguntur CIC.*Orat.*118; haec dicuntur fortasse ~ius *Fin.*3.19; mihi uideor nimis.. agere ~e *Luc.*112; audis frequenter ut illud 'immodice et redundanter', ita hoc '~e et infirme' PLIN.*Ep.*1.20.21; qui infecunde atque ~e laudat GEL.19.3.2.

iēiūnidicus ~a ~um, *a.* [IEIVNVS+DICO²+-VS] Having a meagre or starved style of speaking.

(oratores) squalentes et ~i (fallunt) pro gracilibus GEL. 6(7).14.5.

iēiūniōsus ~a ~um, *a.* *compar.* ~ior. [Humorous comp. of IEIVNVS+-OSVS] Abounding in hunger.

neque ~iorem (diem) neque magis ecfertum fame uidi PL.*Capt.*466.

iēiūnitās ~ātis, *f.* Also **iāi-.** [IEIVNVS+-TAS] FORMS: *iai-* PL.*Cas.*803; *Mer.*574.

1 Emptiness of the stomach, fasting.

mihi ~ate iam dudum intestina murmurant PL.*Cas.*803; ~atis plenus, anima foetida, senex *Mer.*574.

2 (transf.) Dry or empty condition. **b** lack, want (of non-material things).

calx..~ate coacta corripit in se quae res forte contigerunt VITR.7.3.7; 7.4.3; (*w. gen.*) calida umoris ~as aqua repente satiata 2.6.4. **b** (*w. gen.*) propter eorum, qui de dicendi ratione disputarunt, ~atem bonarum artium CIC.*de Orat.* 2.10.

3 A starved or meagre quality of style.

~atem et siccitatem et inopiam..in Attico genere ponit CIC.*Brut.*285; ~atem et famem..malle quam ubertatem et copiam *Tusc.*2.3.

iēiūnium ~(i)ī, *n.* [next+-IVM]

1 Abstinence from food, fasting. **b** *-ia soluere, finire, ponere*, to break one's fast.

~ia Phinei PROP.3.5.41; conprimi conchas ac pro ~ii modo minui PLIN.*Nat.*9.108; (castaneae) praestant ~io feminarum quandam imaginem panis 15.92; STAT.*Theb.* 8.255;—(*med.*) utilis in ~io potio est apsinthi CELS.4.12.2; neque..lippientibus longum ~ium necessarium est 6.6.1G; —(*fig.*) adeo..inculti (*sc. orators*) illam..sanitatem non firmitate, sed ~io consequuntur TAC.*Dial.*23.3. **b** neque enim ~ia curat caede boum..finire Ov.*Met.*11.370; principio posuit ~ia noctis *Fast.*4.535; tribus..soluit ~ia granis (Proserpina) 4.607; Sarmatici soluens ~ia belli LUC.3.282.

2 A fast-day, fast.

illo mane die, quo tu indicis ~ia HOR.*S.*2.3.291; ~ium instituendum Cereri esse LIV.36.37.4; ~IVM CERERIS *Fast. Amit.*(*CIL* 1.p.245); nemo ~ium seruat, nemo Iouem pili facit PETR.44.17; quod ~ia sabbatariarum (redolent) MART. 4.4.7; ne Iudaeus quidem..tam diligenter sabbatis ~ium seruat SUET.*Aug.*76.2.

3 Lack of food, starvation. **b** (transf.) starvation, poverty (of soil).

numquam edepol ~ium ieiunumst aeque atque ego te ruri reddibo PL.*Cas.*128; VAR.*Men.*161; ne..inualidi.. patrum referant ~ia nati VERG.*G.*3.128; illos longa domant inopi ~ia uictu Ov.*Met.*1.312; elisa ~io uoce SEN.*Con.*1.1.8; hiemis ~ium COL.7.3.11; spiritus ~io marcens PETR.128.1; rabidi ~ia uentris insolitis adigunt uesci SIL.2.472; (*cf.*) undae ~ia LUC.4.332. **b** non ulla forent ~ia terris MAN. 5.277; teneum (terram) ~io laborare COL.3.21.3.

iēiūnus ~a ~um, *a.* *compar.* ~ior. [unkn.] FORMS: *iāi-* FEST.p.347M.

1 Having consumed no food or drink, fasting, hungry, empty. **b** (transf., of actions, feelings). **c** of a fasting person. **d** *~um intestinum, ~a cauea*, the jejunum.

~us ~o boui dato CATO *Agr.*71; tam eminentibus canibus..tamque ~is CIC.*Har.*59; cum..ita ~us fuissem ut ne aquam quidem gustarem *Fam.*7.26.1; ~a fessaque corpora LIV.21.55.8; nescit plebes ~a timere LUC.3.58; si quis..~us salem contineat sub lingua PLIN.*Nat.*31.101; (*w. abl. of separation*) si numquam haec carmina fibris humanis ~a cano LUC.6.708; (*poet.*) quam ~a pium desideret ara cruorem CATUL.68.79; (*hyperb.*) matutino..prius quam.. ~um egerant (scorpiones) uenenum PLIN.*Nat.*11.86;—(*of parts of the body*) ~us..stomachus HOR.*S.*2.2.38; ~is dentibus acer *Ep.*2.2.29; ueluti..quaterent..truces ~a leones ora V.FL.8.456; (*cf.*) summa..~a sanie infuscatur harena VERG. *G.*3.493;—(*of plants*) ~ae herbae [QUINT.]*Decl.*12.4;—(*fig.*) quosdam nimis ~o animo et angusto CIC.*Phil.* 14.17; illud.. pusilli animi et ipsa maleuolentia ~i atque inanis *Fam.*2.17.7; nec de laude ~i hominis delibare quicquam PLANC.*Fam.* 10.21.2. **b** sentiat umbra sitim;..et Cerberus..~o terreat ossa sono! PROP.4.5.4; eadem ~ae semper auiditatio PLIN.*Nat.*10.8; tigridis Hyrcanae ~um murmur STAT.*Theb.* 12.170; tam ~a fames JUV.5.10; ~um odium 15.51;—(*cf.*) non ~a sabbata lege premet? PETR.fr.37.6. **c** ~a saliua CELS.5.28.18B. **d** ~um intestinum incipit CELS.4.1.7; disposuit ~am caueam uti aluum PLIN.*Nat.*11.3; PAUL. *Fest.*p.101M.

2 (transf.) Deficient in goodness, meagre; (w. abl.) devoid, starved (of). **b** (of land) barren, unproductive, poor. **c** (of style) meagre, barren, uninteresting, jejune.

illa opima ad exigendas pecunias (legatio)..haec ~a tabellari legatio CIC.*Att.*2.7.3; soliuaga cognitio et ~a *Off.*1.157; qui hanc artem (*sc.* grammaticen) ut tenuem atque ~am cauillantur QUINT.*Inst.*1.4.5;—corpora prima..suco ~a LUCR.2.845; pecunia..~os penates V.MAX.4.4.9; nec fuit nox una..uisu deae monituque ~a APUL.*Met.*11.19. **b** quo propius accedit ut non sit macra, quam ut sit ~a (terra) VAR.*R.*1.9.6; agri..miseri atque ~i CIC.*Ver.*3.84; ~a..glarea VERG.*G.*2.212; quid ad copias respicienti ~ius? SEN.*Dial.*12.6.5; COL.2.4.7. **c** quoniam dicendi facultas non debeat esse ~a atque nuda CIC.*de Orat.*1.218; sunt eius orationes ~ae *Brut.*114; post annalis pontificum..quibus nihil potest esse ~ius *Leg.*1.6; SEN.*Ep.*75.3; aridum atque ~um (*sc. speaker*) non alemus et quasi uestiemus? QUINT. *Inst.*2.8.9; PLIN.*Pan.*66.1.

-iens, *advl. suff.* Also **-iēs.** From numerals and adjs. of number to denote a number of times (*centiens, totiens*).

-iensis ~is ~e, *adjl. suff.*

Enlargement of -ENSIS, used to form ethnic adjs. from place-names (*Atheniensis, Carthaginiensis*).

ientāculum ~ī, *n.* Also **iāient-, iant-.** [next+-CVLVM] A light early-morning refreshment, breakfast.

α surgite: iam uendit pueris ~a pistor MART.14.223.1; prandicula antiqui dicebant, quae nunc ~a FEST.p.250M; ~um ambulatorium APUL.*Met.*1.2. β me inferre Veneri uoui ~um PL.*Cur.*72. γ ista linunt dentes ~a MART.1.87.3; ~a et prandia SUET.*Vit.*13.1; FEST.p.347M.

ientō ~āre ~āuī, *intr.* Also **iēient-, iant-.** [cf. IEIVNVS] To have breakfast.

α ut eat ac rem publicam administret, quod pulli ~ent VAR.*Men.*278. β AFRAN.*com.*43; ~are nulla inuitat POMPON.*com.*26¹. γ MART.8.67.10; ut mane singulos iamne ~assent sciscitaretur SUET.*Vit.*7.3.

-iēs -iēī, *f. suff.* Forms sbs. chiefly denoting abstracts or qualities (*facies, glacies, macies, pauperies*), sts. w. collat. forms in -IA (*materies*); enlargement *-ities* (*durities*, cf. -IA).

igitur, *conj.* [app. weakened form of *agitur* (AGO), orig. in phr. *quid igitur* and sim.] POSITION: see quots.; discussed QUINT.*Inst.* 1.5.39.

1 (See quot.)

igitur..apud antiquos ponebatur pro inde et postea et tum PAUL.*Fest.*p.105M.

2 In that case, then. **a** (as first wd.). **b** (as

second wd.); *quid* ~? What then? well? **c** (postponed further).

a si in ius uocat, ito. ni it, antestamino: ~ em capito *Lex XII*(*Font.iur.*p.17); erroris ambo ego illos. .complebo. . adeo usque satietatem dum capiet pater illius quam amat. ~ demum omnes scient quae facta PL.*Am.*473; mox magis quom otium. .erit, ~ tecum loquar *Cas.*216; quando habebo, ~ rationem mearum fabricarum dabo *Mil.*772; *Mos.*132; *Ps.*1326; ego uero nusquam esse illos puto. ~ ne esse quidem? CIC.*Tusc.*1.11. **b** sin aliter sient animati. .sese ~. .oppidum oppugnassere PL.*Am.* 210; nihil molestumst mihi quidem. — tum ~ mane *Ps.*715; uide, Parmeno, quid agas. .nam hoc putant quidquid factumst ex te esse ortum. — quid ~ faciam miser? TER.*Eu.*966; dicet aliquis: 'haec ~ est tua disciplina'? CIC.*Cael.*39; LIV.23.13.2;—commerui malum. — quid ~ eanest? PL.*Mil.*532; *Per.*852; *Rud.*1041; num meam saeuitiam ueritus es? — non. — quid ~? TER.*Eu.*854; postulant. .non uti ne cogantur statuere; quid ~? ut ipsis ne liceat CIC.*Ver.*2.148; quid ~? non sic oportet? *Fam.*16.18.1. **c** haecine tua domust? — ita inquam. — quis erus est ~ tibi? PL.*Am.*362; quid tibi negotist meae domi ~? *Epid.*499; quid illi tam diu quaeso ~ commorabare? TER.*Ph.*573; quis est ~ is? CIC.*Orat.*100; hic quoque sunt ~ Graiae. .urbes. .? OV.*Tr.*3.9.1;—(*combined w.* ergo) ergo intro eo ~ sine perductore PL. *Mos.*848; *Trin.*756; PAC.*trag.*365[3].

3 (expr. inference or result) Consequently, therefore, then, so: **a** (as first wd.). **b** (as second wd.). **c** (postponed further).

a non cadunt. .haec in uirum fortem: ~ ne aegritudo quidem CIC.*Tusc.*3.14; ~ primo pecuniae, deinde imperi cupido creuit SAL.*Cat.*10.3; explorant. .latius. .~ non fefellere. .hostes LIV.10.14.6; argentum. .omne legauit, ~ et pecuniam. .legauit QUINT.*Inst.*5.14.26; etiam perfidiam suspectabat. ~ nuntio adlato. .partem Batauorum ire in subsidium iubet TAC.*Hist.*2.28. **b** tergus ~ sagus pinguis opertat ENN.*Ann.*508; est. .pecunia signata argentum. legata ~ est CIC.*Top.*53; fac me multis debere. .utrum ~ me conturbare oportet, an ceteris. .hoc nomen. .dissoluere? *Planc.*68; quis. .hoc timeret. .? omnia ~ metuenda *Att.*13.10.1; C. Gracchi . .magna largitio, exhauriebat ~ aerarium *Off.*2.72; LUCR.1.237; LIV.24.29.8; qualemcumque ~ uenia dignare libellum OV.*Tr.*3.14.51; hoc ~ dico, sapientem nulli esse iniuriae obnoxium SEN.*Dial.*2.3.5; hoc rescriptum ad rationem ponendam pertinet actus quem seruus administrauit. arbitror igitur et hic posse hanc actionem competere ULP.*dig.*47.4.1.7. **c** tuo ego istaec ~ dicam illi periculo PL.*Bac.*599; num fundos ~ factos populos Latinos arbitramur. .? CIC.*Balb.*54; hi autem non sunt; ne Nymphae quidem ~ *N.D.*3.43; cetera consimili mentis ratione peragrans inuenies ~ multarum semina rerum. . celare LUCR.2.678; non differimus ~ bellum LIV.5.5.3; grata tua est ~ pietas OV.*Pont.*3.2.7; QUINT.*Inst.*11.3.11; JUV.10.265.

4 (in introducing a topic which has been previously promised or hinted at) So then, accordingly.

(*as first wd.*) ~ cum tria genera sint. .agrorum VAR.*R.* 1.6.2; de Marcello fecisti diligenter. ~ senatus consultum si erit factum, scribes ad me CIC.*Att.*5.4.2; nunc iuris principia uideamus. ~ doctissimis uiris proficisci placuit a lege *Leg.*1.18; quos. .silentio praeterire non fuit consilium. .~ iis genus aetas eloquentia prope aequalia fuere SAL.*Cat.*54.1; canes currentes bibere in Nilo flumine. . traditum est. ~ cum currens bibere coepisset canis . . PHAED.1.25.5; QUINT.*Inst.*5.14.1; TAC.*Ann.*15.72;—(*as second wd.*) reliquus est comparationis locus. .comparantur ~ ea quae aut maiora aut minora aut paria dicuntur CIC.*Top.*68; primum ~ illud est *Clu.*10;—(*postponed further*) duae sunt ~ res quae permulceant auris *Orat.* 163.

5 (resuming after a parenthesis or digression) Well then, then.

(*as first wd.*) ~ Sulla, uti supra dictum est. .sollertissumus. .factus est SAL.*Jug.*96.1; QUINT.*Inst.*7.10.3;—(*as second wd.*) is ~ ut dico, Timarchides. .censores dimisit CIC.*Ver.*2.136; tu uero sapienter (nunc demum enim rescribo iis litteris. .) sapienter ~ quod manus dedisti *Att.*16.3.1; NEP.*Thr.*4.3;—(*postponed further*) quae cum ita sint, pro imperio. .pro triumpho ceterisque laudis insignibus. .pro his ~ omnibus rebus. .memoriam postulo CIC.*Catil.*4.23.

ignārus ~a ~um, *a.* *superl.* ~issimus. [IN-[2] +GNARVS]

1 Having no knowledge, ignorant, unaware (of).

(*w. gen.*) audi ne te ~um fuisse dicas meorum morum: leno ego sum TER.*Ad.*160; tumultum appellare malebant, ~i non modo rerum sed etiam uerborum CIC.*Phil.*8.2; Crassum non ~um eius consili fuisse SAL.*Cat.*17.7; haud ~a ac non incauta futuri HOR.*S.*1.1.35; ~i ludificationis minime inuiti domos reuisebant LIV.7.39.4; ueri uetustatisque ~us est VELL.2.23.4;—(*w. acc. and inf.*) ~i omnis controuersias ad uniuersi generis uim et naturam referri CIC.*de Orat.*2.133; Veientes ~i se iam a suis uatibus. .proditos LIV.5.21.5; ~us fixas iam numine rupes stare V.FL.8.195; Fabius Maximus non ~us, Gallos. .primo impetu praeualere FRON.*Str.*2.1.8; non ~us instandum famae TAC.*Ag.*18.4;—(*w. indir. qu.*) ~o populo Romano quid ageretur CIC.*Red. Sen.*18; ~i quid queat esse, quid nequeat LUCR.5.88; incerti ~ique, quid potissumum facerent SAL.*Jug.*67.1; haud ~us eram quantum noua gloria in armis. .posset VERG.*A.*11.154; ~us, utrum debeat mirari an timere SEN.*Nat.*7.1.5; ubi quaeque (*sc.* fera) nasci aut morari soleat ~us QUINT.*Inst.* 5.10.21;—(*absol. or ellipt.*) ~ an nescis quae sit haec res? — iuxta cum ~issimis PL.*Ps.*1161; 'Aeneas ignarus abest': ~us et absit VERG.*A.*10.85; in naues ~is custodibus interemptis impetus factus LIV.10.2.10; (*in abl. absol.*) ~is omnibus parare quae mox usui forent SAL.*Jug.*91.1; tonat ~o caelum Ioue LUC.6.467; repente agmen Romanum circumfundit, non ~o duce nostro TAC.*Ann.*13.40;—(*poet.*) quid ego ~is nequiquam conquerar auris. .? CATUL.64.164; quem (*sc.* amorem) non fors ~a dedit, sed saeua Cupidinis ira OV.*Met.*1.453.

2 Having no experience (of), unacquainted (with). **b** ignorant (of a skill, etc.), unpractised.

(*w. gen.*) ait se peregrinum esse, huius ~um oppidi PL. *Poen.*656; ~um censes tuarum lacrumarum esse me. .? TER.*Hec.*675; ceteros sui tanti mali ~os esse cupiebat CIC. *Clu.*13; humanitatis expers et uitae communis ~us *Phil.*2.7; ~i scelerum tantorum artisque Pelasgae VERG.*A.*2.106; ~i. .uiae Cyclopum adlabimur oris 3.569; nauem agere ~us nauis timet HOR.*Ep.*2.1.114; et fraudis intestinae et hostium insidiarum ~us LIV.25.15.11; Lycaoniae proles ~a parentis OV.*Met.*2.496; ~a uiri uacuoque assueta cubili SIL.2.68; ~us militarium animorum TAC.*Hist.*1.26;—(*poet.*) cum. .rara per ~os errent animalia montis VERG.*Ecl.*6.40; uana superstitio ueterumque ~a deorum *A.*8.187; quae flumina lugubris ~a belli? HOR.*Carm.*2.1.34; casta ~aque culpae mens domini STAT.*Silv.*4.6.91;—(*w. inf.*) serpens. . ~a uinci SEN.*Her.O.*260; placito. .~a moueri Atropos STAT.*Theb.*3.67; ~ae plebis lugere potentis *Silv.*1.4.40;—(*absol. or ellipt.*) nouus sacerdos. .~us, inuitus, sine conlegis CIC.*Dom.*139; uicinos. ., ~e, paras inuadere portus VERG. *A.*3.382; unde ego bella tibi Thebasque ~a timerem? STAT. *Theb.*6.142; si mali forent, usque ad culpam ~us TAC.*Hist.* 1.49. **b** (*w. gen.*) habet bene et pudice eductam, ~am artis meretriciae TER.*Hau.*226; ~us. .faciundae ac poliendae orationis CIC.*de Orat.*1.63; ~us negotiorum ac litium *Caec.* 32; belli haud ~us SAL.*Jug.*28.5; dextra discedens impulit altam haud ~a modi puppim VERG.*A.*10.247; rationis plasticae non ~us VITR.1.1.13; haud ~us linguae eiusdem LIV.9.36.4; (*ellipt.*) periti nandi cum ~is in mutuam perniciem implicabantur TAC.*Hist.*5.15.

3 Unknown, unfamiliar.

mare magnum et ~a lingua commercio prohibebant SAL. *Jug.*18.6; regio hostibus ~a 52.4; ~um Laurens habet ora Mimanta VERG.*A.*10.706; egressus augurali per occulta et uigilibus ~a TAC.*Ann.*2.13; eadem. .sunt aliis omnino ~issima GEL.14.1.13; per obliquam ~amque me ducebat uiam APUL.*Met.*7.25.

ignāuē, *adv.* *compar.* ~ius. [IGNAVVS+-E] In a spiritless manner, feebly.

aliud inmodeste, aliud ~e, aliud stulte, factum praedicemus *Rhet.Her.*3.15; ne quid abiecte, ne quid timide, ne quid ~e. .faciamus CIC.*Tusc.*2.55; quam (*sc.* ouem). .uideris . .summas carpentem ~ius herbas VERG.*G.*3.465; VELL. 2.125.4; si muliebriter et ~e perierunt SEN.*Dial.*9.16.2; *Ep.* 74.32; (*of literary style*) si pleraque dure dicere credit eos, ~e multa fatetur HOR.*Ep.*2.1.67.

ignāuia ~ae, *f.* [IGNAVVS+-IA]

1 Neglect of one's proper business, idleness, sloth.

ad uirtutem ut redeatis, abeatis ab ~a NAEV.*com.*92; molae, lassitudo, fames, frigus durum, haec pretia sunt ~ae PL.*Men.*976; *Trin.*132; si inertiam ~am, desidiam luxuriam aduersariorum proferemus *Rhet.Her.*1.8; nec tua ~a etiam mihi inertiam adferet CIC.*Fam.*12.20; si quidem ~a corpus hebetat, labor firmat CELS.1.1; ~a earum (*sc.* apium) excitatur ad opera PLIN.*Nat.*11.45; cum fetum. .non eduxere morbo aut ~a 11.50; ne. .dies totos ~a continuaret TAC.*Ann.*14.20; PAPIN.*dig.*31.78.2;—(*personified*) mea ~a, tu nunc me inrides? PL.*Per.*850; numquam uigili torpens ~a uultu STAT.*Theb.*10.90.

2 Faint-heartedness, lack of spirit.

quae his contraria sunt, ut fortitudini ~a CIC.*Inv.*2.165; cum ~ae ratio te in fugam atque in latebras impelleret *Rab. Perd.*22; qui propter metum praesidium reliquit, quod est ~ae *Tusc.*3.17; non illi uestram ~am contempsere nec suae uirtuti confisi sunt LIV.3.67.5; cum sibi timorem ~amque seruitutis ignominiosae causam esse sciant 22.60.21; plura de extremis loqui pars ~ae est TAC.*Hist.*2.47;—(*transf.*) odoris ~a PLIN.*Nat.*12.119.

3 Weakness (in quot. transl. Gk. ἀσθένεια).

hominum. .quibus propter ~am adpositum est pluribus indigere APUL.*Mun.*27.

ignāuiter, *adv.* [IGNAVVS+-TER[2]] = IGNAVE.

non ~ potando eum diem pro meliore habeuerunt QUAD. *hist.*37; an ego, cum omnes caleant, ~ aliquid faciam? HIRT.*Att.*15.6.2; castra non ~ munire *B.Afr.*81.1; quibus uerbis ~ et abiecte Vergilius usus esse dicatur GEL.2.6; mariti tui caperratum supercilium ~ perhorrescit APUL. *Met.*9.16.

?**ignāuō** ~āre ~āuī ~ātum, *tr.* [next+-O[3]] To dispirit.

saepe ~auit (*codd.* ignauit, ignabat) fortem in spe expectatio ACC.*praet.*9.

ignāuus ~a ~um, *a.* *compar.* ~ior, *superl.* ~issimus. [IN-[2]+GNAVVS]

1 Lazy, indolent, slothful. **b** (of conditions, conduct, etc.).

qui in uilla uiuunt ~iores quam qui in agro uersantur VAR.*R.*2.pr.1; ~um fucos pecus a praesepibus arcent VERG. *G.*4.168; hoc iter ~i diuisimus HOR.*S.*1.5.5; ~am sacrificate suem! OV.*Fast.*4.414; cernis ut ~um corrumpant otia corpus *Pont.*1.5.5; ut si adesset imperator et strenuis uel ~is spem metumue adderet TAC.*Hist.*1.62; genus ~um, quod lecto gaudet et umbra JUV.7.105; (*w. gen.*) legiones operum et laboris ~as TAC.*Ann.*11.18; (*w.* ad) ab ~issimo ad opera ac muniendum hoste LIV.9.4.8; (*w.* in+*abl.*) in disciplinis philosophiae non ~us GEL.12.5.4;—(*cf.*) nec nos impediet illa ~a ratio quae dicitur; appellatur enim quidam a philosophis ἀργὸς λόγος CIC.*Fat.*28; 29. **b** nusquamst disciplina ~ior PL.*Mer.*133; hiems ~a colono VERG.*G.*1.299; ~us defluxit corpore somnus [TIB.]3.4.81; ~a Veneris cessamus in umbra OV.*Am.*2.18.3; utrum uita tua otiosa sit an ~a SEN.*Ep.*55.4; Vitellii ~ae uoluptates TAC.*Hist.*2.31; septima quaeque fuit lux ~a JUV.14.106.

2 Lacking physical energy, sluggish, torpid. **b** (of inanim. things).

(apes) ~ae. .fame et contracto frigore pigrae VERG.*G.* 4.259; tenuis ~o pollice chordas pulso STAT.*Silv.*4.4.53; nec tamen~o stupuerunt uerba palato OV.*Am.*2.6.47;—(*of conditions, etc.*) domus. .tristis et ~i plenissima frigoris *Met.*2.763; caelum. .~os inclusit nubibus aestus 7.529; maeret plebes ~o dolore, non cibos conuehens, non procedens PLIN.*Nat.* 11.64;—(*fig.*) ne illa quidem. .repetitio ~a et frigida uideri debet GEL.13.25(24).20. **b** in ~a luridus Orcus aqua [TIB.]3.3.38; si quid ~i aeris erat, extenuatum moueri SEN. *Nat.*5.14.4; immota tellus pondus ~um iaces? *Thy.*1020; maesto. .~a profundo stagna iacentis aquae LUC.5.442; ne conuolutus aer eandem in partem. .~o globo torpeat PLIN. *Nat.*2.33; ~i fluminis APUL.*Met.*4.6; (*cf.*) sucus meconium uocatur, multum opio ~ior PLIN.*Nat.*20.202.

3 Faint-hearted, cowardly, spiritless.

captus est? — ita. — non igitur nos soli ~i fuimus PL. *Capt.*262; quid ~e? peniculon pugnare, qui istum huc portes, cogitas? TER.*Eu.*777; quam ~us ac sine animo miles! CIC.*Att.*1.18.5; nihil est quod dicta retractent ~i Aeneadae VERG.*A.*12.12; PROP.3.11.3; fusos esse ab ~issimo ac fugacissimo hoste LIV.5.28.8; ~issima. .animalia timeri ob malum uirus SEN.*Ben.*1.13.3; tradite nostra uiris ~i signa Quirites LUC.5.358; cedendum. .~i specie prudentium admonebant TAC.*Ag.*25.3; (*w.* ad) Tiridates ~us ad pericula erat *Ann.*6.44; (*w.* aduersum) canis ~us aduersum lupos HOR.*Epod.*6.2;—(*of conduct, etc.*) quod. .~o cadat et sine sanguine leto OV.*Met.*8.518; ~a fortes fata consument uiros? SEN.*Ag.*518; ~um scelus est tantum fuga LUC.9.283; non obstare hiemem neque ~ae pacis moras TAC.*Hist.*1.62

4 Ignoble, mean.

tu me locustam censes esse, homo ~issume? PL.*Men.*924; ipsus hercle ~iorem potis est facere Ignauiam *Poen.*846; TER.*Hec.*853; homines ~a opera et philosopha sententia PAC.*trag.*348; imperium bonus et ~os aeque sibi exoptant SAL.*Cat.*11.2; inopes uictus ~aque fata timentes OV.*Fast.* 6.373; inquinari nolo ~o sanguine PHAED.1.29.11; insignis notis bellator in armis ~o rapitur leto SIL.14.607.

5 (of things) Performing no useful function, useless.

nemora euertit multos ~a per annos VERG.*G.*2.208; cornicula ante oculos praetenduntur ~a PLIN.*Nat.*11.100; flos tantum iucundus, reliquae partes ~ae 21.37; ~um summo traxit super aequore remum SIL.14.538; prosequi defunctum ~o questu TAC.*Ann.*2.71.

ignescō ~ere, *intr.* Also **ignisco.** [IGNIS+ -ESCO] FORMS: *-isco* LUCR.6.301; dep. LABER.*com.*26(*CIL* 6.37635).

1 To catch fire.

ut ad extremum omnis mundus ~eret CIC.*N.D.*2.118; ut interdum uenti uis missa sine igni ~at LUCR.6.301; (animam Caesaris) lumen capere atque ~ere sensit OV. *Met.*15.847; SIL.9.607; missilium caelestium iaculis ~it (aer) APUL.*Mun.*3.

2 (fig.) To become inflamed (with passion); (of passions) to burst into flame.

furiis ~it opertis V.FL.5.520; Virgo, ~ens penitus SIL. 9.460; (*w. inf.*) ardore pari nisuque incurrere muris ~unt animi 13.180;—haud aliter Rutulo muros et castra tuenti ~unt irae VERG.*A.*9.66; amor ~it menti saeuitque medullis COL.10.211; ~entia cernunt per galeas odia STAT.*Theb.* 11.525.

3 To become flame-coloured or red.

auri. .experimentum ignis est, ut simili colore rubeat ~atque et ipsum PLIN.*Nat.*33.59; 34.94; ~ente ueluti per transitum coloris purpura 37.21; tristes ~unt sanguine uultus STAT.*Theb.*3.78.

igneus ~a ~um, *a.* [IGNIS+-EVS]

1 Of or derived from the element of fire.

ut uel terrena sit (natura animantis) uel ~a uel animalis uel umida CIC.*N.D.*3.34; reliquae duae partes (naturae), una ~a altera animalis *Tusc.*1.40; scire licet non esse haec ~a corpora rerum LUCR.1.679; ~us est ollis uigor et caelestis origo VERG.*A.*6.730.

2 Consisting of or containing fire, burning. **b** (of heavenly bodies).

~um fulmen CIC.*Top.*61; LUCR.6.297; Chimaerae spiritus ~ae HOR.*Carm.*2.17.13; ~us aether [TIB.]3.7.22; ~a cum pura Vesta nitebit humo OV.*Fast.*6.234; nec. .Aetne ~a semper erit *Met.*15.341; reuoluat animus ~os tauri halitus SEN.*Med.*466; Phlegethon nocentes ~o cingens uado *Phaed.*1227; sanguis. .~is exarsit facibus *Thy.*170; super ~us antris mons tonat STAT.*Theb.*3.595; GEL.17.10.13. **b** ~us aetherias iam Sol penetrarat in arces *Culex* 42; quotiens astra ~a surgunt VERG.*A.*4.352; donec pater ~us orbem impleat STAT.*Theb.*2.139; soror ~a Phoebi 8.271; (*cf.*) qua Sol uagus ~as habenas immittit LAEV.*poet.*32.

3 Having characteristics of fire, fiery: **a** (w. ref. to colour or general appearance). **b** (to heat). **c** (to sensation). **d** (to speed of movement; cf. also sense 4).

a caeruleus (*sc.* color) pluuiam denuntiat, ~us Euros VERG.*G.*1.453; in illa (*sc.* nube) umor. .lineas. .luteas aut ~as ducit SEN.*Nat.*1.3.12; pars auro plumata nitet, pars ~a cocco LUC.10.125; lyncurium. .fuluum et ~um PLIN.*Nat.* 37.34; ~a gemmis cingula STAT.*Theb.*12.527; (*cf. sense 4*) pauefactus infans ~o uultu patris SEN.*Her.F.*1022;—(*of eyes*) ~os serpentium oculos. .intuens 218; SIL.2.586. **b** ~am defendit aestatem capellis HOR.*Carm.*1.17.2; dicet damnatas ~a testa manus PROP.4.7.38; cernis. .ut. .uentus . .raras ~us nubes ferat? SEN.*Thy.*109; suppuratio melius ~a lammina quam frigido ferramento reseratur COL.6.34.1; ~a. .in uoltus. .pestis abit LUC.6.96; per anhela ~us efflatur sitientum spiritus ora SIL.14.602. **c** ~a uenis omnibus acta sitis VERG.*G.*3.482; acerrimum sapore ~ique effectus. .sinapi PLIN.*Nat.*19.170; postquam omnem patientiam uicerat ~a fames [QUINT.]*Decl.*12.8. **d** uirgo . .pernicibus ~a plantis transit equum cursu VERG.*A.* 11.718; uolat ~us aequore Tarchon 11.746; ~a tollunt crura breuemque fugam necopino fine reponunt STAT.*Theb.* 6.591; tollit sese aequore Theron ~us SIL.16.511.

4 (of persons, passions, etc.) Fiery, ardent.

quamuis intus erat furor ~us OV.*Met.*9.541; quos ~a uirtus innocuos uita patientes aetheris imi fecit LUC.9.7; illi tacito sub pectore dudum ~a corda fremunt STAT.*Theb.*

2.411; ire per ora nomen in aeternum paucis mens ~a donat Sil.3.136; (*w.* in+*acc.*) erat in..proelia et hostem ~us 6.209.

ignia, *n. pl.* [app. Gk. loan-word, perh. ἴκνυον] (See quot.)

~ uitia uasorum fictilium Paul.*Fest*.p.105M.

igniārium ~(i)ī, *n.* [IGNIS+-ARIVM] A stick for making fire by friction, fire-stick.

laurus, hederae et omnia, e quibus ~ia fiunt Plin.*Nat.* 16.207.

ignicolōrius ~a ~um, *a.* [IGNIS+COLOR+-IVS] Flame-coloured.

marmoreus..caput, ~us alas..stabit Amor Verg.*Cat.* 14.9.

igniculus ~ī, *m.* [IGNIS+-CVLVS]

1 A small fire. **b** (fig., of affection or passion).

quod scribis '~um matutinum γεροντικόν' Cic.*Att.*12.1.2; ~um brumae si tempore poscas Juv.3.102; (*cf.*) quasi uirtutum ~i et semina Cic.*Fin*.5.18; (*applied to remote or obscure comets*) miramur, si quos ~os (*sc.* cometas) parum nouimus Sen.*Nat*.7.30.4. **b** quo tolerabilius feramus ~um desideri tui Cic.*Fam*.15.20.2; si te uel modice meus ~us afflauerit Apul.*Met*.2.7.

2 A small flame or light; a sparkle, glitter.

die non esse contentum, nisi aliquis ~us adluxerit Sen. *Ep*.92.5; ut quaedam exigua animalia ~i uidentur in tenebris Quint.*Inst*.12.10.76; Apul.*Met*.2.12;—quod Indica (onyx) ~os habeat albis cingentibus zonis Plin.*Nat*.37.90; 37.93.

3 A flash, spark (of some quality).

non nullos interdum iacit ~os uirilis Cic.*Att*.15.26.2; paruulos nobis dedit (natura) ~os *Tusc*.3.2; quos ingenii ~os..ostenderit Quint.*Inst*.6.pr.7.

ignifer ~era ~erum, *a.* [IGNIS+-FER]

1 Bearing or containing fire.

~erum mulcens tremebundis aethera pinnis Cic.*Arat.* 329(88); lampadas ~eras manibus retinentia dextris Lucr. 2.25; ~eri poli Sen.*Her.O.*1362; Titan..in undas..~eri tantum demerserat orbis Luc.3.41; ~eros..sine Colchide iungere tauros Mart.*Sp*.27.7; ~era fessus respirat ab Aetna Mulciber Stat.*Theb*.5.50; ~eram dum uentilat aere pinum Sil.14.432; silices pro sua natura ponuntur ~erique lapides Hyg.*agrim*.p.75; (Pegasus) formidans..~erae morsum Chimaerae Apul.*Met*.8.16.

2 (fig.) Inflammatory, fiery.

~ero..hortatu Sil.17.293.

ignigena ~ae, *m.* [IGNIS+-GENVS] One born from fire.

Bacchum..uocant Bromiumque Lyaeumque ~amque Ov.*Met*.4.12.

ignīnus ~a ~um, *a.* [IGNIS+-INVS] Fond of the fire.

quo usque ergo frustra pascemus asinum ~um istum? Apul.*Met*.7.20.

ignipēs ~edis, *a.* [IGNIS+PES] Fiery-footed.

~edum frenator equorum Stat.*Theb*.1.27.

ignipotens ~ntis, *a.* [next+POTENS] Having power over fire; (masc. as sb.) the god of fire, Vulcan.

ensem quem Dauno ~ns deus ipse..fecerat Verg.*A.* 12.90;—haud secus ~ns..opera ad fabrilia surgit 8.414; 10.243; illic ~ns mundi caelauerat arcem *Ilias* 862.

ignis ~is, *m.* [Skt. *agniḥ*, Lith. *ugnìs*, OSl. *ogn*] Forms: abl. sg. ***~i*** or ***~e***.

1 The process of combustion, fire, or a particular manifestation of this. **b** fire as an element or elemental substance.

argumentum quod..certum..declaret, ut fumus ~em Cic.*Part*.34; ut ~is in aquam coniectus continuo restinguitur *Q.Rosc*.17; primus se sustulit aether ignifer et multos secum leuis abstulit ~is Lucr.5.459; quamuis ~is eris, quamuis aqua, semper amabo *Dirae* 102; centum cui bracchia dicunt..quinquaginta oribus ~em pectoribusque arsisse Verg.*A*.10.566; audax Iapeti genus ~em fraude mala gentibus intulit Hor.*Carm*.1.3.28; uelut materiam ~i praebentes Liv.21.10.4; uiuo ~i deuorato Vell.2.88.3; negat..restingui ~em ab iis (*sc.* salamandris) Plin.*Nat.* 29.76; animam..flammei uigoris impetum..non ex nostro ~e sumentem [Quint.]*Decl*.10.17; (*prov.*) Venus in uinis ~is in ~e fuit Ov.*Ars* 1.244;—(*fig.*) ita inritatis militum animis subdere ~em ac materiam seditioni non esse..prudentiae eius Liv.8.32.16; ~em cuius scintillas ipse dedisti Juv. 14.244. **b** cui par imber et ~is, spiritus et grauis terra Enn.*Ann*.522; siue, ut Zenon Citieus, animalium semen ~is is qui anima ac mens Var.*L*.5.59; itaque aer..et ~is et aqua et terra prima sunt Cic.*Ac*.1.26; Zenoni Stoico animus ~is uidetur *Tusc*.1.19; qui materiem rerum esse putarunt ~em atque ex ~i summam consistere solo Lucr.1.636; semina terrarumque animaeque marisque..et liquidi..~is Verg.*Ecl*.6.33; Thales..aquam putauit omnium uerum esse principium; Heraclitus Ephesius..~em Vitr.2.2.1.

2 A fire intentionally lit and used to provide warmth or light; (coupled w. *aqua* as the basic necessities of life: see AQVA). **b** (used in religious ceremonial). **c** (used as an agency in various preparations and manufactures). **d** (for giving light). **e** (used for signalling).

nullum habemus ~em, ficis uictitamus aridis Pl.*Rud*.764; dum pristinum uinum apud ~em per sudorem corpore exhauserunt Sis.*hist*.116; (me delectant) et refrigeratio aestate et uicissim aut sol aut ~is hibernus Cic.*Sen*.46; quae castra, ut fumo atque ~ibus significabatur, amplius.. patebant Caes.*Gal*.2.7.3; ut..quamuis ~i exiguo properata maderent (semina) Verg.*G*.1.196; Priamus..Thessalosque ~is et iniqua Troiae castra fefellit Hor.*Carm*.1.10.15; crebri relicti in castris ~es Liv.22.41.9; cum contectus ~is e se fauillam discutit Plin.*Nat*.18.358; noctes, quibus tanta luce ~ium nihil inlicitum occultari queat Tac.*Ann*.14.21;—(*passed on from one person, etc., to another*) quod quispiam ~em quaerat, exstingui uolo Pl.*Aul*.91; testam, qui sibi petat ~em, non reliquit *Rhet.Her*.4.67; Phaed.3.19.3. **b** inde ~em in aram Pl.*Mil*.411; stabant..sine ~ibus arae Ov.*Met*.1.374; hoc ~es fibraeque uolunt Stat.*Theb*.10.667; (*in the worship of Vesta*) illum ~em Vestae sempiternum Cic.*Catil*.4.18; hic locus est Vestae, qui Pallada seruat et ~em Ov.*Tr*.3.1.29; Man.4.67;—(*coupled w.* aqua) NVNC DATA SVM DITI..DEDVCTA ET FATALI ~E ET AQVA STYGIA *CIL* 1.1732.8; quos faciet iustos ~is et unda uiros Ov.*Ars* 2.598; (*at a wedding*) priusquam..aqua et ~i acciperetur (uirgo) Scaev.*dig*.24.1.66.1. **c** amurcam..~i leni coquito Cato *Agr*.95.1; ferrum accensum ~i..corrumpitur Plin. *Nat*.34.149; amiantus..nihil ~i deperdit 36.139; rursus patella super ~em inponitur Larg.173; soluuntur ~e et oleo 263;—(*in fig. phr.*) Hercules..qui uideret ferrum suum in ~e esse (*i.e. that it was his concern*) Sen.*Apoc*.9.6;—(*as a means of testing purity or quality*) ut bene de me meritis referam gratiam, amicitias ~i perspectas tuear Cic.*Red. Sen*.23; ut quasi aurum ~i sic beneuolentia fidelis periculo aliquo perspici possit *Fam*.9.16.2; hunc ~i spectatum arbitrantur *Off*.2.38. **d** inlatis ~ibus acta patent Ov. *Fast*.2.352; hic tibi nocturnos praestabit cereus ~is Mart. 14.42.1;—(*of the marriage torch*) Venus et Iuno sociosque Hymenaeus ad ~es conueniunt Ov.*Met*.9.796; ille ego, qui duxi uestros Hymenaeon ad ~es *Pont*.1.2.131. **e** ille olim habuit ~em qui signum daret Pl.*Bac*.939; praedonum aduentum significabat ~is e specula sublatus Cic. *Ver*.5.93; Philippum..~es ab Oreo editi monuerant Liv. 28.7.7; 40.47.9; Pharos..e turri nocturnis ~ibus cursum nauium regens Plin.*Nat*.5.128.

3 Fire regarded as a destroying agency. **b** (in the form of a firebrand). **c** (as a means of torture or execution; also, in cautery). **d** (used for the cremation of dead bodies).

ligna subdidit..~em admouit Quad.*hist*.81; in qua ciuitate..legatus populi Romani..~i, ferro, manu, copiis oppugnatus Cic.*Ver*.1.79; hae (*sc.* casae) celeriter ~em comprehenderunt Caes.*Gal*.5.43.2; ne quid emineret ubi ~is hostium adhaeresceret *Civ*.2.9.1; cum..~is magnitudine uenti latius serperet 3.101.5; plura (oppida)..~i corrumpit Sal.*Jug*.92.3; quae tantum accenderit ~em causa latet Verg.*A*.5.4; per mare pauperiem fugiens, per saxa, per ~is Hor.*Ep*.1.1.46; ~em in obiectam saepem coici iussit Liv. 6.2.10; obrui Aetnae ~ibus aut mergi freto satius illi insulae esse 26.29.4; quae uitiosa putaui, emendaturis ~ibus ipse dedi Ov.*Tr*.4.10.62; Pompei munera absumpta ~i restituit Vell.2.130.1; ut cum timemus ~em Sen.*Nat*.2.39.3; cum omnia sacra profanaque in ~e considerent Tac.*Hist*.3.33; statuam uim ~ium bis elapsam *Ann*.4.64;—(*in fig. phrs.*) uritur cor mi.— da illi cantharum, exstingue ~em Pl.*Per.* 801b; huic ordini ~em nouum subici non siuistis Cic.*Rab. Post*.13; summa libido ardentem medios animum iubet ire per ~es Man.4.578;—(*coupled w.* ferrum) patria cui ~i ferroque minitatur Cic.*Phil*.13.47; Liv.4.9.8; ferro et ~e res geritur Sen.*Ep*.7.4; (*cf.*) ~i magis quem praeda ager uastabatur Sal.*Jug*.55.5. **b** cum..mea domus ardebat non casu aliquo sed ~ibus iniectis Cic.*Pis*.26; uelut immissi diuersis partibus ~es arentem in siluam Verg.*A.* 12.521; ~ibus armata..multitudo facibusque ardentibus tota conlucens Liv.4.33.2; pro se quisque ~es coniecerunt 45.33.2; (*w.* missilis) dum faces et glandis et missilem ~em in obsessos iaculantur Tac.*Hist*.2.21. **c** iam iubebo ~em et sarmenta..circumdari Pl.*Mos*.1114; homines defoderunt in terram dimidiatos ~emque circumposuerunt: ita interfecerunt Cato *orat*.183; cum ~es ardentesque laminae..admouebantur Cic.*Ver*.5.163; maiore commisso delicto ~e atque omnibus tormentis necat Caes.*Gal*.7.4. 10; Liv.9.12.8; Tac.*Ann*.14.33;—Ov.*Rem*.229; si nerui iuxta sunt, ~is alienus est Cels.7.2.4. **d** ad sepulcrum uenimus; in ~em inpositast Ter.*An*.129; corpora Graiorum maerebat mandier ~i Mat.*poet*.1; Man.4.54; nullae illum uolucres.. nec ipse, si demus, pius ~is edat Stat.*Theb*.9.103; sua cuique arma, quorundam ~i et equus adicitur Tac.*Ger*.27.2; (*poet.*) quod numquam post Hectoreos uidimus ~es Sen. *Ag*.648;—(*w.* supremus, ultimus) inpositos supremis ~ibus artus Ov.*Met*.13.583; laetus adeone ultimos inuasit ~es? Sen.*Her.O*.1610;—(*symbolizing human mortality*) nigrorum .. memor, dum licet, ~ium Hor.*Carm*.4.12.26; has omnis ~is auarus habet Prop.2.28.56.

4 The fire of the sun or of other heavenly bodies. **b** the fire of lightning or thunderbolts.

qua parte debacchentur ~es Hor.*Carm*.3.3.55; positos.. sub ~ibus Indos sidereis Ov.*Met*.1.778; ne..si celsior (ibis), ~is adurat 8.205; pelago medios Titan demissus ad ~es Luc.8.159; spes imber erat nimios metuentibus ~es 9.375; —Haedi exiguum iaciunt mortalibus ~em Cic.*Arat*.171; astrorum ~is *N.D*.2.118; Oetaeos ostendit noctifer ~es Catul.62.7; Pleiadum spisso cur coit ~e chorus Prop. 3.5.36; quos Delphinus iaculatur quattuor ~es Man.5.713; tum prima suos puppis consurgit in ~is 5.38; Luna.. dimissos dum plena recolliget ~es Sen.*Oed*.506; totidem Lunae praeuenerat ~is..nocturnus Stat.*Theb*.6.239. **b** cur..plurima..eius montibus in summis uestigia cernimus ~is? Lucr.6.422; domitos Iouis ~e Gigantas Ov.*Tr.* 2.333; ~es, qui grauidas habitant fabricantes fulmina nubes et penetrant terras Man.1.852; corpora quae caelestis exanimauit ~is [Quint.]*Decl*.19.6; Tac.*Hist*.5.13.

5 Any luminous object in the sky (used of stars, comets, meteors, etc.). **b** lightning, a lightning flash.

huic (*sc.* caelo) innumerabiles et immortales ~es Var.*L.* 5.59; ex illis sempiternis ~ibus quae sidera et stellas uocatis Cic.*Rep*.6.15; Hespere, quis caelo fertur crudelior ~is? Catul.62.20; ut..uiuant labentes aetheris ~es Lucr.1.1034; uelut inter ~is luna minores Hor.*Carm*.1.12.47; Anagniae sparsi primum ~es in caelo, dein fax ingens arsit Liv. 30.2.12; postera nocturnos aurora remouerat ~es Ov.*Met.* 4.81; bella canunt ~es Man.1.896; audi, quid de ~ibus sentiam, quos aer transuersos agit Sen.*Nat*.1.1.1; madidis rorantes crinibus ~es V.Fl.5.415. **b** pater altitonans.. Capitolinis iniecit sedibus ~is Cic.*Cons*.fr.2.38; crebris micat ~ibus aether Verg.*A*.1.90; ualidos tum Iuppiter ~is increpat *Aetna* 63; inter horrendos fragores micare ~es Liv. 21.58.5; Sen.*Cl*.1.7.2; subitus..antemnas inpulit ~is Juv. 12.19.

6 Gleam, radiance, glow.

dat radios ~emque suum (*sc.* Venus) Stat.*Silv*.3.4.56;—(*of jewels*) quo Carchedonios optas ~es lapideos? Pub.*com.* 15; gemmatum Scythicis ut luceat ~ibus (*i.e. emeralds*) aurum aspice Mart.14.190.1; imaginem igneam in iis esse, non ~em, placet Plin.*Nat*.37.47;—(*of the eyes; cf. sense 10*) oculis micat acribus ~is Verg.*A*.12.102; uidet ~e micantes sideribus similes oculos Ov.*Met*.1.498; erumpit oculis ~is Sen.*Phaed*.364; blandi..seuero ~e oculi Stat.*Silv*.2.6.42.

7 Fiery colour of the face, complexion, etc. **b** (med.) *~is sacer*, a name for various diseases affecting the skin, incl. in human beings erysipelas and herpes, and in animals anthrax.

cui plurimus ~em subiecit rubor Verg.*A*.12.65; ~e suffuso genae Sen.*Her.O*.1405; rutilae manifestus Arion ~e iubae Stat.*Theb*.6.302; niueo natat ~is in ore purpureus *Ach*.1.161. **b** contactos artus sacer ~is edebat Verg.*G.* 3.566; Timaeus..ad ~em sacrum..his utebatur Cels. 5.22.7; est etiam insanabilis sacer ~is, quam pusulam uocant pastores Col.7.5.16; ~is sacri plura sunt genera, inter quae medium hominem ambiens, qui zoster uocatur Plin.*Nat*.26.121; facit hoc medicamentum..et ad ~em sacrum et ad zonam Larg.63; (*pl.*) faciem..inuadunt ~es sacri Plin.*Nat*.13.124; 33.110.

8 High temperature, fever. **b** burning quality.

~i aspera lingua tumet Ov.*Met*.7.555; aestiuos uibrans accensis febribus ~es Grat.389; at mihi..summam aegritudinem..et ~em flagrantissimum litteris his tuis misisti Aur.*Fro*.1.p.194(79N). **b** sicci..nocens furit ~e ueneni Stat.*Theb*.5.521; sacri facies rubet ~e ueneni 9.748.

9 (fig.) The fire of love. **b** one who inspires love.

ex eo misellae ~es interiorem edunt medullam Catul. 35.15; si concessus amor noto te macerat ~e *Ciris* 244; donis..furentem incendat reginam atque ossibus implicet ~em Verg.*A*.1.660; quam lentis penitus macerer ~ibus Hor.*Carm*.1.13.8; si tibi de nobis mutuus ~is adest [Tib.] 3.11.6; oculos oculis spectare fatentibus ~em (licet) Ov. *Ars* 1.573; concipit..ualidos Aeetias ~es *Met*.7.9; haud tepidos sub pectore senserat ~es 11.225; laesus..exaestuat acrius ~is 13.867; tuos..castissimos ~es, Porcia M. Catonis filia, cuncta saecula debita admiratione prosequentur V.Max.4.6.5; nunquam finies hunc ~em, nisi sanguine extinxeris Petr.139.4; Cytherea..miseros perituro adflauerat ~i Stat.*Theb*.5.194; nam me ~is et ~is (*i.e. two loves*) torreat ut uult Apul.*poet*.3.3(*Apol*.9);—(*w.* amoris, Veneris) contra hunc ~em Veneris Aed.*poet*.2.5; Tyndaridis forma conflatus amoris ~is Lucr.1.474;—(*w. gen. of person inspiring the affection*) si quos aut Phyllidis ~is aut Alconis habes laudes Verg.*Ecl*.5.10; arserat Aeneae Dido miserabilis ~e Ov.*Fast*.3.545; quo calet ~e deus? 'pueri' Mart.5.55. 3; dilectae uirginis ~em..dissimulas Stat.*Ach*.1.636;—(*w. pron. adj.*) Chloen..miseram tuis dicens ~ibus uri Hor. *Carm*.3.7.11; e nostro saucius ~e fuit Ov.*Ep*.5.152. **b** at mihi sese offert ultro, meus ~is, Amyntas Verg.*Ecl*.3.66; uixisti, dum tuus ~is eram Ov.*Am*.3.9.56.

10 a Angry passion, rage. **b** mettle, fire, spirit; an incentive.

a exarsere ~es animo Verg.*A*.2.575; totum ~em furoris in eam conuerti Petr.132.7; praeda..quae duros Menelai mulceat ~es *Ilias* 639; ~e tremunt oculi Stat.*Theb*.11.532. **b** collectum..premens uoluit sub naribus ~em Verg.*G.* 3.85; patulis agitatos naribus ~es spirent (*sc.* canes) Grat. 270; uigorem celeritatemque (animi) quodam ~e uolucrem Plin.*Nat*.7.91; sanguinei mixtum ceu fontibus ~em hausissent belli Stat.*Theb*.5.5; felices..si nostrum illum ~em iudex conceperit Quint.*Inst*.11.3.3;—ira pudorque dabant et coniux, tertius ~is, immanes animos Sil.17.112.

ignisco: see IGNESCO.

ignispicium ~(i)ī, *n.* [IGNIS+SPECIO+-IVM] Divination by fire.

auguria ex auibus Car..adiecit ex ceteris animalibus Orpheus..~ia Amphiaraus Plin.*Nat*.7.203.

ignītābulum ~ī, *n.* [IGNITVS+-BVLVM] (See quot.)

~um ignis receptaculum Paul.*Fest*.p.105M.

ignītus ~a ~um, *a.* *compar.* ~ior. [IGNIS+-ITVS^2] Containing fire.

quod..(uinum) esset..natura ~ius Gel.17.8.10; aether uocatur non..quod ~us sit et incensus Apul.*Mun*.1; inter se pugnantibus elementis..glacialibus et ~is 19; (*fig.*) Martis ~a (potestas) *Fl*.10.

ignōbilis ~is ~e, *a.* *compar.* ~ior, *superl.* ~issimus. [IN-^{2}+NOBILIS]

1 Not known, unknown.

quis hic est qui oculis meis obuiam ~is obicitur? Pl.*Ps.* 591; peregrina facies uidetur hominis atque ~is 964; Verg. *A*.7.776; dictu mirum atque alias ~e monstrum Grat.443.

2 Not well known, undistinguished, obscure, unimportant.

apud Demetrium Syrum..non ~em dicendi magistrum Cic.*Brut*.315; argentariam non ~em fecit *Caec*.10; quod inglorius sit atque ~is ad supremum diem peruenturus *Tusc*.3.57; ciuitatem ~em atque humilem Eburonum sua sponte populo Romano bellum facere ausam Caes.*Gal.* 5.28.1; neque est ~e carmen Verg.*Ecl*.9.38; uno oppido ~i expugnato Liv.22.9.6; non te ~is tumulus abscondet Sen. *Suas*.6.5; ~issimos alioqui Glaucionem filiumque eius Aristippum Plin.*Nat*.35.28; quis..ferat puerum aut adulescentulum aut etiam ~em, si iudicet Quint.*Inst*.8.5.8; omnis sexus, omnis aetas, inlustres ~es Tac.*Ann*.6.19; 'arboreta' ~ius uerbum, 'arbusta' celebratius Gel.17.2.25.

3 Of low birth or humble station.
cum opulenti loquuntur pariter atque ~es Enn.scen.200; ille indotatam uirginem atque ~em daret illi? Ter.Ph.120; hominum ~ium uirtutem persaepe nobilitatis inertiae praetulerunt Cic.Balb.51; bona fama..nobilis ~em anteibat Sal.Rep.2.5.3; ~e uulgus Verg.A.1.149; fuit haud ~is Argis Hor.Ep.2.2.128; per ~es tres legatos Liv.45.4.2; M. Agrippam, ~em loco..geminatis consulatibus extulit Tac.Ann.1.3; ~is et modo Romae municipalis eques Juv.8.237; Suet.Vit.3.1; *(transf.)* laeuae..~e ferrum exuit Stat.Silv.3.3.144.

4 Inglorious, base, mean.
multa dixi in ~em regem quibus totus est explosus Cic.Q.fr.2.10.3; cerinthae ~e gramen Verg.G.4.63; ~is oti 4.564; curam urbis ut ingratam ~emque aspernari Liv.4.45.7; surdum atque ~e muros firmat opus Stat.Theb.4.359.

ignōbilitās ~ātis, *f.* [prec.+-tas]

1 The condition of being unknown, obscurity.
quos nemo propter ~atem nominat Cic.S.Rosc.90; primo per ~atem, deinde per inuidiam scriptorum incelebrata sunt Sal.Hist.1.88; res obscura quidem est ~ate uirorum Ov.Met.6.319; Plin.Nat.34.68; gregarius miles..~ate tutior perstabat Tac.Hist.3.31; Apul.Apol.16.

2 Obscurity of birth, humble origin.
~as his mirum ac monstrificabile Lucil.608; uiris fortibus ne ~as generis obiceretur Cic.Mur.17; ~atem Iugurthae, quia materno genere inpar erat, despiciens Sal.Jug.11.3; propter ~atem paternam Liv.44.30.3; Sen.Con.2.4.13; Suet.Cal.23.1; *(transf.)* neque..post annos quindecim..deprehendi potest ~as..in gustu Col.3.21.10.

ignōminia ~ae, *f.* [in-²+nomen+-ia]

1 Disqualification or degradation by a censor. **b** military disgrace, involving dismissal or degradation, or loss of rights. **c** (in later legal contexts not clearly distinguishable from infamia).
ut..hominibus ~a notatis neque ad honorem aditus neque in curiam reditus esset Cic.Clu.119; ut omnis ea (*sc.* censoris) iudicatio uersatur tantummodo in nomine, animaduersio illa ~a dicta est Rep.4.6; eos..a censoribus omnibus ~is notatos Off.3.115; proximis censoribus adeo omnibus notis ~isque confectos esse Liv.22.61.9; neque ullius, quem alter (*sc.* censor) notarat ⟨ab⟩ altero leuata ~a 45.15.8; (*cf.*) noxiae poena par esto, ut ..auaritia multa, honoris cupiditas ~a sanciatur Cic.Leg.3.46. **b** non nullos signiferos ~a notauit ac loco mouit Caes.Civ.3.74.1; ob eas res ~ae causa ab exercitu meo te remoueo B.Afr.54.4; QVOI..APVT EXERCITVM ~AE CAVSSA ORDO ADEMPTVS EST ERIT CIL 1.593.120; additum..utrorumque ~ae est ne in oppidis hibernarent Liv.26.1.10; ~ae causa uti semestre stipendium in eum annum esset ei legioni, decretum 40.41.11; centurio per ~am a Galba dimissus Tac.Hist.3.57; legatos, qui auxilia serius ex diuersis locis adduxerant, cum ~a dimisit Suet.Cal.44.1; Gel.10.8. **c** ideo..~am adiunctam quod uiderentur rem fecisse lenonis Quint.Decl.275 (p.124,l.28); in actione depositi et denique in ceteris omnibus, ex quibus damnatus unusquisque ~a notatur Gaius Inst.4.60; pudor potius oneratur quam ~a uidetur irrogari Papin.dig.3.2.20; ad tempus ordine motos ex crimine quod ~am importat in perpetuum moueri placuit 50.2.5.

2 Loss of good name, ignominy, disgrace. **b** a particular occasion of disgrace.
deliciis maculam atque ~am inponere Lucil.896; classes ..cum magna ~a populi Romani amissae Cic.Ver.13; ut cum dignitate potius cadamus quam cum ~a seruiamus Phil.3.35; utrosque et laudis cupiditas et timor ~ae ad uirtutem excitabat Caes.Gal.7.80.5; (taurus) multa gemens ~am plagasque superbi uictoris Verg.G.3.226; plus..~ae quam cladis est acceptum Liv.4.31.4; ut expiaret consulum ~am 9.15.8; tribus..urbanae..in quas transferri ~a esset Plin.Nat.18.13; remissam sibi a Galba quartam tributorum partem..in ~am exercitus iactabant Tac.Hist.1.51; stimulante ~a, ne feminae imperio subderentur Ann.12.40; ~a ad Orientem legionibus in Armenia sub iugum missis Suet.Nero 39.1;—*(w. defining gen.)* sine ~a calumniae relinquere accusationem Cic.Clu.86; ad priuatam ~am uitiorum suorum Catil.1.14; ~a amissarum nauium Caes.Civ.3.100.3; ob Sempronianae cladis leuatam ~am Liv.4.43.2. **b** quo modo ego illam labem ~am calamitatemque totius ordinis conquerar Cic.Ver.40; iram accenderat ~a recens in animo ad contumeliam inexperto Liv.6.18.4; ~am meam in eas incidisti Sen.Con.10.2.19; abolere labem prioris ~ae Tac.Hist.3.24;—*(w. defining adj.)* L. Paulum qui morte luit collegae in Cannensi ~a temeritatem Cic.Sen.75; Corfiniensem ~am, Italiae fugam..sequimini! Caes.Civ.2.32.13;—*(pl.)* furta rapinas iniquitates ~asque perpessa Cic.Ver.3.64; castigationibus reprehensionibus ~is adfici Tusc.4.45.

ignōminiō ~āre ~āuī ~ātum, *tr.* [prec.+-o³]
To disgrace, discredit.
quibus modis ~atus tractatusque sit a C. Caesare Laberius preta Gel.8.15.

ignōminiōsē, *adv.* [next+-e] With ignominy or dishonour.
occidi est pulchrum, ~ ubi seruias Pub.Sent.O.7.

ignōminiōsus ~a ~um, *a.* [ignominia+-osvs]

1 Suffering from ignominia (1, 1b, 1c). **b** involving *ignominia.*
'exul enim eras' aut '~us' Quint.Inst.7.1.8; qui pecuniam ob adulterium acceperit, ~us sit Decl.275(p.124,l.26); nec aut sacris adesse aut concilium inire ~o fas Tac.Ger.6.6; ~is notas..damnatis supplicia dempsit Suet.Vit.8.1; quibusdam iudiciis damnati ~i fiunt Gaius Inst.4.182; integrae famae quis sit arbiter an ~us Ulp.dig.4.8.7. **b** relegatos prope in exsilium ~am pati militiam Liv.26.2.16; finire se militiam ~am posse 29.24.11; ~a causa (missionum) est, cum quis propter delictum sacramento soluitur Macer dig.49.16.13.3.

2 Covered with ignominy, disgraced.
qui huic ~o agmini fuere obuii Liv.2.38.4; decumum quemque ~ae cohortis sorte ductos fusti necat Tac.Ann.3.21.

3 Involving shame, disgraceful, discreditable.
non modo crudelem superbamque dominationem nobis sed ~am etiam et flagitiosam ferendam esse Cic.Phil.3.34; ne..immunda crepent ~aque dicta Hor.Ars 247; infelix bellum ~ae paci praeferebant Liv.4.1.4; 9.4.14; illum diem aut gloriosissimum inter maiores aut ~um apud posteros fore Tac.Hist.5.17.

ignōrābilis ~is ~e, *a. compar.* ~ior. [ignoro+-bilis] Of which one is ignorant, unknown; of which one is unaware.
alterum autem illud (*sc.* uerbum) ~ius obscuriusque est Gel.9.12.3; profert quosdam libros litteris ~ibus praenotatos Apul.Met.11.22;—quod non ~e, non fortuitum, non necessarium fuerit Cic.Inv.2.99.

ignōrābiliter, *adv.* [prec.+-ter²] Unintelligibly, obscurely.
~ lamminis litteratis Apul.Met.3.17.

ignōrantia ~ae, *f.* [pple. of ignoro+-ia] Lack of knowledge, ignorance.
~am et opinationem et suspicionem..a uirtute sapientiaque remouebat Cic.Ac.1.42; medebor cum satietati tum ~ae lectorum Nep.Pel.1.1; praeteritae ueniam dabit ~a culpae Ov.Ep.19.187; Hispo Romanus ~a illum excusauit Sen.Con.10.5.19; qui quod in prima parte animi positum esse debuit..ita seposuit et abiecit ut in ~am uerteret Sen.Ben.3.2.1; quos uarii tacet ~a uulgi Stat.Theb.6.560; ~a praetendi non potest Quint.Inst.7.1.34; si ciuis Romanus Latinam aut peregrinam uxorem duxerit per ~am Gaius Inst.1.67;—*(w. obj. gen.)* ~a causarum conferre deorum cogit ad imperium res Lucr.6.54; cohortes ~a loci sunt secutae Caes.Civ.3.68.2; nec me ~a ueri decipiet Ov.Met.7.92; faciliorem ueniam facit ignorati sucini tanta ~a orbis Plin.Nat.37.32;—*(w. indir. qu.)* hinc..sancta..~a, quid sit illud quod tantum perituri uident Tac.Ger.40.5; iustam habent causam ~ae, ad id quod peteretur deberetur Gaius dig.50.17.42.

ignōrātiō ~ōnis, *f.* [ignoro+-tio] Lack of knowledge, ignorance.
~one potius et falso..metu quam cupiditate..bellum esse susceptum Cic.Marc.13; non idcirco..dissolutam ~onem emptoris excusari oportebit Papin.dig.21.1.55;—*(w. obj. gen.)* quae superbia, quanta ~o sui Cic.Clu.109; ~onem non solum aduersari sed etiam suarum copiarum Att.7.21.1; ~onem numquam antea uisi regis excusans Curt.3.12.17; Sen.Dial.6.26.2; Tac.Ann.4.51; facti non potest ~onem praetendere Papin.dig.16.1.7;—*(w. de)* eius ~o de aliquo purgatio debet uideri Cic.Sul.39.

ignōrātus ~a ~um, *a.* [pple. of next] (of actions) Done in ignorance.
ea quae fiunt partim sunt ~a partim uoluntaria Cic.Top.63; ut ea quae uoluntaria sunt aut necessaria interdum aut certe ~a uideantur 64.

ignōrō ~āre ~āuī ~ātum, *tr.*, *(intr.).* [cf. ignotvs, ignarvs, etc.]

1 To have no knowledge, be ignorant or unaware of. **b** (w. acc. and inf.). **c** (w. *quod*; after neg. or virtual neg., w. *quin*). **d** (w. indir. qu.). **e** (intr., w. *de*).
quia egens relictast misera, ~atur parens Ter.Ph.357; naufragia, labes generis ~as, senex? Inc.trag.84; istius cupiditates et insanias quis ~at? Cic.Ver.2.35; cum Pansae mortem ~ares Fam.12.30.6; ut deum noris, etsi eius ~es et locum et faciem Tusc.1.70; Pompeius..primo ~ans eius consilium..discessisse existimabat Caes.Civ.3.41.4; quod ne ~aret collega, extemplo nuntium mittit Liv.10.40.6; Locrensium clades, quae ~atae ad eam diem fuerant 29.16.4; neque est, ut putemus ~ari ea ab animalibus Plin.Nat.18.3; conpositio mirifica, non ~ata quidem ab antiquioribus Larg.97; et (coniugia) sobrinarum diu ~ata tempore addito percrebuisse Tac.Ann.12.6; cum..uiuo testatore omnia, quae in testamento scripta sint, ~entur Gaius Inst.2.181;—*(absol. or ellipt.)* nunc ~ans suo sibi seruit patri Pl.Capt.50; si quid ..fuit historia dignum, scribe quam primum, ne ~emus Cic.Att.2.8.1; fouit ea uulnus lympha longaeuus Iapyx ~ans Verg.A.12.421; hic es, et ~as, et ades celeberrimus absens Ov.Pont.2.10.49; qui sciens quid aut ~ans uendidit Ulp.dig.19.1.13; *(pple. as sb.)* sedum, si inuolutum panno nigro ~antis puluino subiciatur Plin.Nat.26.111. **b** an uero ~atis portum Caietae celeberrimum..a praedonibus esse direptum Cic.Man.33; epistularum genera multa esse non ~as Fam.2.4.1; non ~o..abunde illis facundam et compositam orationem fore Sal.Jug.85.26; ~ans nurum uentrem ferre Liv.1.34.3; ~ant..datos, ne quisquam seruiat, enses Luc.4.579; neque ~o toto illo..tempore uix tantum effici Quint.Inst.1.1.17;—*(w. neut. pron.)* id mirabamur te ~are, de tutela legitima..nihil usu capi posse Cic.Att.1.5.6; illud..non oportet ~are sanari hoc uitium Larg.18. **c** ~antes, quod incitatur sanguinis eruptio musculorum conpressione Larg.84;—quis ~at..quin tria Graecorum genera sint uere? Cic.Flac.64; Quint.Inst.12.7.8. **d** cum ~aret qui ferretur Gracch.orat.46; incertus (ager) is, qui de his quattuor qui sit ~atur Var.L.5.33; is qui albus aterne fuerit ~as Cic.Phil.2.41; facta necne facta largitio, ~ari potest? Fam.3.11.2; quamuis rerum ~em primordia quae sint Lucr.2.177; nec tamen ~at quid distent aera lupinis Hor.Ep.1.7.23; quid actum esset..~abatur Liv.44.24.11; petat hunc ~at an illum Ov.Met.5.31; ~atur, quanti emptus sit Ulp.dig.18.1.7.1. **e** ~at etiam de filio Cic.Att.8.14.3; de iure suo ~at Pompon.dig.22.6.3.

2 To know nothing about, be unfamilar with.
erras, si id credis, et me ~as, Clinia Ter.Hau.105; etiamnunc credis te ~arier aut tua facta adeo? Ph.931; haec futura satis scio: te enim non ~o Rhet.Her.2.50; explanandum est..eorum causa qui locum ~ant Cic.Ver.5.96; leges ~ans pronuntiauit quid singuli ordines iudicassent Cael.Fam.8.8.3; illud, quod mecum ~at, solus uult scire uideri Hor.Ep.2.1.87; Enni..uersus..~atae premit artis crimine turpi Ars 262; hostem an me an uos ~atis? Liv.6.7.3; armandi ornandique et instruendi eos artem ~are 24.48.7; facinus quod tale ~ent manus Sen.Med.128; ~ans Latiae commercia linguae Luc.8.348; antiquos auctores..quidam ~ant Larg.pr.p.4,l.17;—*(w. inf.)* ~at meritis dare munera Mart.1.111.3;—*(poet.)* quidquid puluere sicco separat ardentem tepida Berenicida Lepti ~at frondes Luc.9.525; haec tecta sonoros ~ant fluctus Stat.Silv.2.2.51.

3 To fail to recognize.
nisi etiam is quoque me ~abit Pl.Am.461; eadem (*sc.* palla) ~abitur, ne uxor cognoscat te habere, si in uia conspexerit Men.428; quod..suam fugam aut occultari aut omnino ~ari posse existimarent Caes.Gal.1.27.4; nocturnis et auiis itineribus ~atus Romanos palantis repente aggreditur Sal.Jug.54.9; ne ~ando regem semet ipse aperiret quis esset Liv.2.12.7; Thebas haud ~anda subibo Stat.Theb.12.202; arreptis e strage scutis ~ati..Tac.Hist.3.23; nisi seruili habitu per tenebras ~atus euasisset 4.36; sciscitantes, quis esset—nam ~abatur—..mendacio elusit Suet.Vit.17.1; *(poet.)* mutatam ~ent subito ne semina matrem Verg.G.2.268.

4 To act as if in ignorance of, take no notice of, ignore.
illi iniqui ius ~ant neque tenent Pl.Am.37; quem omnes mortales ~ant et ludificant 1047; mille modis, Amor, ~andust Trin.264; cur..Lysias et Hyperides amatur, cum penitus ~etur Cato? Cic.Brut.68; si pleraque somnia aut ~antur aut negleguntur Div.2.125; mene salis placidi uultum fluctusque quietos ~are iubes? Verg.A.5.849; illud ~ari non oportet Cels.5.27.10; ephelis..a plerisque ~atur 6.5.1; omnibus, qui eadem composuere, ~ata est contermina illi gens Omanadum Plin.Nat.5.94.

ignoscens ~ntis, *a. compar.* ~ntior. [ignosco] Of a forgiving habit, indulgent.
quanto tuos est animus natu grauior, ~ntior Ter.Hau.645.

ignoscentia ~ae, *f.* [prec.+-ia] The act of forgiving, forgiveness.
~as utiles esse rebus humanis docet Gel.6(7).3.47.

ignoscibilis ~is ~e, *a.* [next+-bilis] That may be pardoned, pardonable.
si hic uester huiuscemodi uestitus de multo iam usu ~is est Gel.13.22.1.

ignoscō ~oscere ~ōuī ~ōtum, *tr.* [in-²+(g)nosco] Forms: fut. pple. *~oturus* Cato hist.98; *~osciturus* Calp.hist.18.

1 (w. acc. of offence and/or dat. of offender) To forgive (a person an offence). **b** (w. dat. of offence). **c** (ellipt. or absol.). **d** (w. cl. indicating offence).
ut eis delicta ~oscas Pl.Bac.1185; nemo quisquam quicquam mihi ~oturus est Cato hist.98; hoc ~oscant di immortales uelim..populo Romano Cic.Phil.1.13; pulsis perterritisque et concessam uitam et ~ota peccata B.Afr.31.5; hoc tibi..poterit coniunx ~oscere Iuno Prop.2.28.33; omnia sibi ~oscere, nihil aliis remittere Vell.2.30.3; cuncta iacenti infelix ~oscit amor Stat.Theb.12.121; quis..uestrum mihi unum soloecismum ~ouerit? Apul.Fl.9;—*(w. acc. only)* et cognoscendi et ~oscendi dabitur peccati locus Ter.Hau.218; quodcumque deliquisset, ~osciturum adfirmabat Calp.hist.18; hoc primum ~oscere est humanitatis tuae Cic.Att.16.16c.10;—*(w. dat. only)* ut animo aequo ~oscas mihi Pl.Aul.739; posses ab eo ueniam petere, posses ut tibi ~osceret postulare? Cic.Ver.5.138; ~oscendum est eis qui postea nihil audierunt Sul.81; cum legati ad eum uenissent oratum ut sibi ~osceret Caes.Gal.7.12.2; ~ouisse putato me tibi Hor.Ep.1.7.69; etiam hostibus eum ~ouisse cum quibus ferro dimicasset Liv.28.25.13; quo magis ~oscat sapientia uestra dolenti Ov.Pont.1.3.85; ut uictus posses ~oscere diuis Luc.9.1103; ille..qui collegam et generum adsciuerat sibi ~oscit Tac.Ann.5.6; *(impers. pass.)* ubi pudet cui ~oscitur Pub.Sent.I.29; responsum ~osci adulescentibus posse Liv.2.18.10; ad noxam an ~oscitur seruo, qui obtemperauit tutori..? Ulp.dig.43.24.11.7. **b** inscitiae meae et stultitiae ~oscas Pl.Mil.543; numquam cuiusquam delicto ~oscere Cic.Mur.61; quorum silentio ~osco Phil.1.15; ut..~oscas..breuitati litterarum mearum Fam.9.11.2; quis ~oscas uitiis teneor Hor.S.1.4.131; di nemorum, factis ~oscite nostris Ov.Fast.3.309; facinus cui plerique etiam hominum ~oscebant Tac.Ann.13.17; *(impers. pass.)* nocte latent mendae, uitioque ~oscitur omni Ov.Ars 1.249. **c** humanum amarest, humanum autem ~oscere est Pl.Mer.319; ~oscite, iudices; errauit, lapsus est, non putauit Cic.Lig.30; accepta iniuria ~oscere quam persequi malebant Sal.Cat.9.5; dementia..ignoscenda quidem, scirent si ~oscere manes Verg.G.4.489; ~osces: alias loquar Hor.S.1.9.72; ~oscere..est quem iudices puniendum non punire Sen.Cl.2.7.3; dis ~oscentibus ipsis Juv.3.146;—*(impers. pass.)* nihil petit nisi ut ~oscatur Cic.Mil.81; pauciores illa castra deseruere quam ea in quibus ~oscebatur Tac.Ann.13.35. **d** (*w.* quod) quod non fecisti, ~osco Cic.Phil.2.34; Caesar mihi ~oscit per litteras quod non uenerim Att.10.3a.2; tu quod me incognitum tentasti..non miror tibique ~osco Nep.Ep.4.3; facilius Porsenna Mucio ~ouit quod uoluerat occidere, quam sibi Mucius, quod non occiderat Sen.Ep.24.5; *(impers. pass.)* petisse ut sibi, quod eae res abessent, ~osceretur Cic.Ver.4.140; (*cf.*) ~oscetis mihi, quid dixero Petr.50.7;—*(w. si)* mihi ut ~oscas siquid inprudens culpa peccaui mea Pl.Epid.729; aequom est uos..~oscere quae ueteres factitarunt si faciunt noui Ter.Eu.42; Metello..non possum ~oscere si quid stulte facit Cic.Ver.2.162; ~osces..si paucae uisae tibi fuerint conpositiones Larg.pr.p.6,l.3; fiduciae amoris ~oscito, si piguit consilia me..perscribere Ver.Fro.2.p.116 (130N); *(impers. pass.)* ut, si quid parum ad regulam artis grammaticae fuerit explicatum, ~oscatur Vitr.1.1.18.

2 (in weakened sense) To make allowances, grant indulgence.
(w. dat. of person) poetae non ~oscit, nobis concedit Cic.

*de Orat.*3.198; Atratino..~osco, qui habet excusationem.. pietatis *Cael.*2; nec turpi ~osce senectae VERG.*G.*3.96; non nisi omnibus aliis curis uacantes studendum existimarimus, semper erit propter quod nobis ~oscamus QUINT.*Inst.* 10.3.29; laudat Vergilium, periturae ~oscit Elissae JUV. 6.435;—(*ellipt.*) age, iam mitto, ~osco: aetate non quis optuerier PL.*Mos.*840; debuit a me..diligentius dici, sed amicus ~ouit STAT.*Silv.*2.pr.;—(*w. dat. of thing*) didicere iam barbari quoque ~oscere uitiis blandientibus TAC.*Ag.* 16.4.

ignōtitia ~ae, *f.* Also **innōtitia.** [next+ *-itia* (-IA)] The state of being unknown, obscurity.
nec..est admirandum, si propter ~am artis uirtutes obscurantur VITR.3.pr.3; municipiorum iura, quibus uti iam per ~am non queunt GEL.16.13.9.

ignōtus ~a ~um, *a. compar.* ~ior, *superl.* ~issimus. [*in-*+(*g*)NOTVS, cf. IGNARVS, Gk. ἄγνωστος]

1 Lying outside one's knowledge or experience, unknown, unfamiliar, strange. **b** unfamiliar (in a particular milieu).
illam in ~um abducet locum TER.*Ph.*548; neque enim esse possunt rebus ~is nota nomina CIC.*Orat.*211; ~o et horribili sonitu SAL.*Jug.*99.2; haud ~a loquor VERG.*A.*2.91; per ~as ea tempestate terras, ~iora maria LIV.1.56.6; ~as umeris accommodat alas OV.*Met.*8.209; ~as..aliis gentibus beluas CURT.8.9.9; tot flumina ex ~o cadentia SEN.*Ep.* 83.23; ~a..animum contingere cura V.FL.7.173; ~a..numina STAT.*Theb.*3.497; obscurioribus et ~ioribus uerbis QUINT.*Inst.*7.3.13; senatus ~a sibi esse mandata..respondit TAC.*Ann.*14.18; (*w.* in+*acc.*) alter religiosus etiam nunc dies, alter in uulgus ~us CIC.*Att.*9.5.2;—(*poet.*) oceani..~ae fluctibus arctoe GERM.*Arat.*63;—(*neut. sg. as pred.*) de subus nemini ~um VAR.*R.*2.1.5; nec ~um quid Glyconi..acciderit QUINT.*Inst.*6.1.41; faenus..in usuras extendere ~um TAC. *Ger.*26.1. **b** tum blandi soles, ~aque prodit hirundo OV.*Fast.*1.157; uidit in undis..Thetis ~as..feras MART.*Sp.* 28.4.

2 (of persons) Having no place in one's acquaintance, unknown. **b** (masc., fem., as sb.) a stranger.
haec mulier..ebria est..quae hominem ~um compellet me tam familiariter PL.*Men.*374; si adhibebit fidem (arbiter), etsi ~ust, notus: si non, notus ~issumust (*i.e. behaving like an utter stranger*) *Rud.*1044; eques Romanus..uobis..non ~us CIC.*Ver.*2.69; rem..~is alienisque seruis non esse credendam *Cael.*53; nos..plurimis ~issimi gentibus *Rep.*1.26; ~i noua forma uiri VERG.*A.*3.591; exercitu..~o adhuc duci suo ignorantique ducem LIV. 21.43.14; ad ~os..Indos STAT.*Silv.*3.2.91; ~i inter se..sine adfectibus mutuis TAC.*Ann.*14.27; ~ae mihi feminae APUL. *Met.*2.2; (*w. noun cl.*) uiderint isti, antehac mihi ~i, quo nomine sint TAC.*Ann.*16.31;—(*w.* ad) ~is..ad commercium gentibus SEN.*Ben.*7.9.5. **b** si ~am capiam, quid agam nesciam PL.*Trin.*64; efflagitatu meo producere ad ~os..eum quem archipiratam esse diceres CIC.*Ver.*5.75; ~i, faciem eius cum intuerentur, contemnebant NEP.*Ag.*8.1; milites..ab notis ~isque benigne..inuitati LIV.22.30.6; OV.*Tr.*1.8.21; odia aspera surgunt ~is prius V.FL.4.255; flebunt Germanicum etiam ~i TAC.*Ann.*2.71; uel ~orum miserationе uel amicorum beniuolentia APUL.*Met.*2.14.

3 Lacking fame or honour, inconspicuous, obscure.
quae essem anus deserta egens ~a TER.*Ph.*751; dubitabitis..quin ab hoc ~issimo Phryge nobilissimum ciuem uindicetis? CIC.*Flac.*40; lapsa est lubido in muliere ~a *Parad.*20; ~is perierunt mortibus illi HOR.*S.*1.3.108; C. Marium ~ae originis VELL.2.128.3; aliquot non ~os sanauimus LARG.122.

4 Lacking knowledge, ignorant.
quoniam non apud ~os laudemus, nos..pauca dicturos *Rhet.Her.*3.12; CIC.*Fam.*5.12.7; uirtutis expers, uerbis iactans gloriam, ~os fallit, notis est derisui PHAED.1.11.2; (*w. gen.*) ~ae..iteris sumus NAEV.*trag.*33; ~us iuris sui CALL.*dig.*49.14.2.7.

-igō[1] -igāre -igāuī -igātum, *vbl. suff.* Enlargement of -o[3] based on *remigo* (REMEX+-O[3]), forms denominatives (*nauigo, litigo, fumigo*).

-īgō[2] -iginis, *f. suff.* Formed from nouns (*robigo*) or vbs. (*scaturigo*); often denotes diseased condition (*impetigo, intertrigo*).

Īguīnī: see IGVVINI.

Īguuīnātēs ~ium, *m. pl.* The inhabitants of Iguvium.
CIC.*Balb.*47.

Īgu(u)īnī ~ōrum, *m. pl.* = prec.
CAES.*Civ.*1.12.1; PLIN.*Nat.*3.113; 23.95.

Īguuium ~(i)ī, *n.* A town in central Umbria.
CIC.*Att.*7.13a.3; CAES.*Civ.*1.12.3; LIV.45.43.9; SIL.8.459.

īle: see ILIA[1].

-īle -īlis, *n. suff.* Forms sbs. denoting a place where animals are kept (*ouile, bouile, equile*); also other types (*cubile, sedile*).

īleos: see ILEVS.

Ilerda ~ae, *f.* A town in Hispania Tarraconensis.
CAES.*Civ.*1.41.2; HOR.*Ep.*1.20.13; LUC.4.144; SIL.3.359.

Ilergētēs ~um, *m. pl.* A people north of the Ebro in Spain.
LIV.21.23.2; 21.61.7; 34.11.2; PLIN.*Nat.*3.21.

īleus (~os) ~ī, *m.* [Gk. εἰλεός] A painful affection due to intestinal obstruction, esp. in the ileum.
tenuioris intestini morbus quem (Graeci) ~on nominant CELS.2.1.8; et ~o medetur et tussi ueteri PLIN.*Nat.*30.55; 32.101.

īlex ~icis, *f.* [unkn.] The holm-oak, ilex; (also applied to the kermes oak). **b** the wood of the ilex; its fruit, acorns.
percellunt magnas quercus, exciditur ~ex ENN.*Ann.*188; in eo loco grandis ~ex coaluerat inter saxa SAL.*Jug.*93.4; forte sub arguta consederat ~ice Daphnis VERG.*Ecl.*7.1; HOR.*Carm.*3.23.10; OV.*Ep.*12.67; COL.5.8.7; in prouinciis aquifoliae sunt ~ices PLIN.*Nat.*16.19; APUL.*Met.*7.24;—omnes tamen has eius dotes ~ex solo prouocat cocco PLIN. *Nat.*16.32. **b** taedis atque ~ice secta VERG.*A.*4.505;—porcus..~ice pastus MART.14.71(70).2.

īlia[1] ~ium, *n. pl.* [cf. Gk. ἴλια] FORMS: ~*e* (acc. sg.). STAT.*Theb.*9.766 (*cj.*); ~*i* (gen. sg.) CATUL.63.5 (*cj.*); ~*iis* (dat., abl. pl.) CELS. 4.1.12; SEN.*Dial.*7.7.1 (*cj.*). (in men or animals) The side part of the body extending from the hips down to the groin; ~*ia ducere, trahere*, to heave (for breath). **b** (med., in limited but not clearly defined sense). **c** (referring particularly to the groin or private parts). **d** (as a cut or joint). **e** guts, inwards.
ima..longo ~ia singultu tendunt VERG.*G.*3.507; egregium Antoren latus inter et ~ia figit *A.*10.778; equorum..nunc succidere crura rumpiis, nunc ~ia suffodere LIV.42.59.3; quo..erat accinctus, demisit in ~ia ferrum OV.*Met.*4.119; ab utroque latere temere incurrentium ~ia suffodiebant CURT.4.15.15; aurato religans ~ia balteo SEN.*Her.F.*543; peculiariter ~ibus inponitur (absinthium) cum Cypria cera PLIN.*Nat.*27.51; longi suspendunt ~ia flatus STAT.*Theb.* 6.473; uexantem..~ia nuda calce ferocis equi *Silv.*5.2. 115; decentior equus, cuius adstricta ~ia QUINT.*Inst.*8.3. 10; assiduis singultibus ~ia quatiens APUL.*Met.*4.24;—ne (equus) peccet ad extremum ridendus et ~ia ducat HOR.*Ep.* 1.1.9; defecta grauis longe trahit ~ia pulsus LUC.4.757; ut iumentis..~ia..trahentibus auxilietur PLIN.*Nat.*26.29. **b** CELS.4.1.12; ipsa autem ~ia inter coxas et pubem imo uentre posita sunt 4.1.13; inter eam (*sc.* uesicam) et aluum arteriae ad pubem tendentes, quae ~ia appellantur PLIN. *Nat.*11.208. **c** nullum amans uere, sed identidem omnium ~ia rumpens CATUL.11.20; deuolsit ~i acuto sibi pondera silice 63.5; Victoris rupta miselli ~ia 80.8; inuidia rumpantur ut ~ia Codro VERG.*Ecl.*7.26. **d** ingustata mihi porrexerat ~ia rhombi HOR.*S.*2.8.30; ~ia Laurentis cum tibi demus apri MART.10.45.4; uis, frater, ab ipsis ~ibus? JUV.5.136. **e** o dura messorum ~ia! HOR.*Epod.*3.4.

Īlia[2] ~ae, *f.* The mother, according to one account, of Romulus and Remus.
ENN.*Ann.*55; donec regina sacerdos Marte grauis geminam partu dabit ~a prolem VERG.*A.*1.274; HOR.*Carm.* 4.8.22; TIB.2.5.52; STAT.*Silv.*1.2.243; SIL.12.543.

Īliacus ~a ~um, *a.*

1 Of Ilium, Trojan; concerning Troy. **b** (used w. ref. to var. persons, etc., connected with Troy). **c** (of the fire of Vesta, traditionally brought from Troy). **d** Trojan in style.
muros..ad ~os CATUL.68.86; ~is..campis VERG.*A.*1.97; Dardanus, ~ae primus pater urbis et auctor 8.134; ab ~is..flammis attulit Aeneas in loca nostra deos OV.*Fast.*4. 77; ~a..tempora VELL.1.3.2; ~a..maria SEN.*Ag.*41; PLIN. *Nat.*3.92;—~um carmen HOR.*Ars* 129; (*of a writer*) ~us..Macer OV.*Pont.*4.16.6. **b** (*Ganymede*) huc accedat Hylas ~usque puer OV.*Tr.*2.406; ~o..cinaedo MART.2.43.13; ~o similem puerum..ministro..Lycoris amat 3.39.1; ~a porrectum sumere dextra immortale merum STAT.*Silv.*4.2.11;—(*Helen*) ~ae longe nimbosa sororis astra fugate 3.2.11;—(*Priam, Tithonus*) florens animi morumque iuuenta ~os aequare senes 2.3.73; eat oro per annos ~os Pyliosque simul 3.4.104;—(*Misenus*) ~o..iugum memorabile remo 3.5.98. **c** Vesta, ~ae felix tutela fauillae PROP.4.4.69; turpis et ~is infitianda focis OV.*Am.*3.6.76; uidimus ~ae transferri pignora Vestae sede *Fast.*6.365. **d** ridet et ~os audit Menelaus amores MART.12.52.9.

2 (transf.) Roman.
Thybridis arces ~ae STAT.*Silv.*1.2.145; SIL.3.151; cerno . aduerso pulchrum sub pectore uulnus cuspidis ~ae 5. 595; accipe muros ~os 10.386.

Īliadēs[1] ~ae, *m.* A Trojan, (in quot.) Ganymede.
abripit ~en, qui nunc quoque pocula miscet OV.*Met.*10.160.

Īliadēs[2] ~ae, *m.* A son of Ilia; (spec.) Romulus.
Romulus Iliades ~esque Remus OV.*Am.*3.4.40; ~ae fratres *Fast.*3.62;—uidet ~en humeris ducis arma ferentem 5.565; *Met.*14.781.

Īlias ~adis (~ados), *f.*

1 A Trojan woman.
ad templum non aequae Palladis ibant crinibus ~ades passis VERG.*A.*1.480; ~adum..labor uestes 7.248; OV.*Ep.* 15.338; inter ~adum lacrimas JUV.10.261; (*as adj.*) stant circum ~ades matres *Ilias* 1052.

2 The Iliad of Homer. **b** a story on the scale of the Iliad.
LUCIL.342; nisi ~as illa exstitisset CIC.*Arch.*24; totam ex Helena non probat ~ada PROP.2.1.50; nescio quid maius nascitur ~ade 2.34.66; OV.*Ars* 3.414; contra ~adem et Odyssean VITR.7.pr.8; ~as et Priami regnis inimicus Vlixes MART.14.184.1; (*in translation*) hoc ridere meum, tam nil, nulla tibi uendo ~ade PERS.1.123;—(*transf., cf. Gk.* Ἰλιὰς κακῶν) odiorum ~as PL.*Mil.*743. **b** longas condimus ~adas PROP.2.1.14; ~as est fati longa futura mei OV.*Pont.* 2.7.34.

īlicet, *adv.* [*ire* or perh. *i* (EO[1])+LICET, cf. SCILICET]

1 (as exclam. of dismissal; acc. Varro in Serv.*A.*6.216 a ritual word of dismissal) You may go, off with you; (w. dat.) ~ *malam crucem*, to hell with (so-and-so).
intro eo igitur sine perductore. — ~ PL.*Mos.*848; ~. ne te admisce TER.*Hau.*974;—~ parasiticae arti maxumam malam crucem PL.*Capt.*469.

2 (as exclam. of dismay) That's the end, it's all up.
~: mandata eri perierunt PL.*Am.*338; actum est, ~ me infelicem et scelestam! *Cist.*685; comites secuti scilicet sunt uirginem? — uerum: parasitus cum ancilla. — ipsast: ~ TER.*Eu.*347; hoc nil est, Phaedria: ~ *Ph.*208; ~; paratae lites *Ad.*791.

3 At once, straight away.
~ obruimur numero VERG.*A.*2.424; 7.583; fugit ~ ocior euro 8.223; ~..nox..condidit alta domos V.FL.3.730; ruit ~ exsul STAT.*Theb.*6.504; 8.298.

īlicētum ~ī, *n.* [ILEX+-ETVM] A grove of holm-oaks.
focus..uicini strue cultus ~i MART.12.18.20; tifata ~a PAUL.*Fest.*p.366M.

īliceus ~a ~um, *a.* [ILEX+-EVS] Of holm-oak.
~ae..trabes STAT.*Theb.*6.101; palos pro terminis obseruant, alii ~os, alii oleaginos SIC.FL.*agrim.*p.102.

īlicīnus ~a ~um, *a.* [ILEX+-INVS] Of the holm-oak kind.
QVOD RAMVS EX ARBORE ~A OB ⟨V⟩ETVSTATEM DECIDERIT *CIL* 6.2065.

īlicō, *adv.* **ill-.** [<**in-sloco* (IN, LOCVS)]

1 On the spot, just here (there).
septimum decimum annum ~ sedent NAEV.*poet.*48(44); qui ~ errat intra muros PL.*Bac.*24; mane tu atque adsiste ~ *Mos.*885; TER.*Ph.*195; quo irent nesciebant, ~ manserunt HEM.*hist.*9; uicinus perfidus, qui nos ~ occultari nuntiaret APUL.*Met.*9.41;—(*emph. w.* hic, illic) illic astato ~ PL.*Rud.* 836; ubi actumst? — ~ hic ante ostium *Trin.*608; nunciam ~ hic consiste TER.*Ad.*156; (*cf.*) ~ hinc imus, hau longule ex hoc loco PL.*Rud.*266; (*in correl. cl.*) in quo haec (*sc.* puellula) discebat ludo, exaduorsum ~ tonstrina erat TER.*Ph.*88.

2 At that moment, at once, there and then; (w. temporal conj.) the moment (that). **b** (in logical development) immediately, there and then.
ain heri nos aduenisse huc? — aio, aduenienѕque ~ me salutauisti PL.*Am.*799; si..Bacchidem hic relinquis, senex resciscet ~ esse amicam hanc Clitiphonis TER.*Hau.*697; ~ ad praetorem ire conuenit? CIC.*Quinct.*48; ibidem ~ puer abs te cum epistulis *Att.*2.12.2; SAL.*Jug.*108.2; (cor) laesum ..mortem ~ adfert PLIN.*Nat.*11.182; poscebat..tempus euocandorum testium; reus ~ defendi postulabat TAC.*Ann.* 13.52; (matronam) detractam..~ non ueste modo sed et bonis exuit SUET.*Nero* 32.3; APUL.*Met.*5.21; si mater..eam (*sc.* dotem) uel ~ stipulata sit uel etiam postea ULP.*dig.* 17.1.10.6;—postquam audiui ~..illam esse captam, continuo argentum dedi ut emeretur PL.*Epid.*563; qur haec, tu ubi resciuisti ~, celata me sunt? *Ps.*490; simul atque increpuit suspicio tumultus, artes ~ nostrae conticiscunt CIC.*Mur.*22; V.MAX.4.4.6; cum in cauo mucro est (*i.e. the surgeon's blade in the wound*), ~ digiti subiecti..extrahunt..telum CELS.7.5.3.B; APUL.*Apol.*2. **b** nec..sequitur ~ esse causas inmutabilis CIC.*Fat.*28.

Īliensis ~is ~e, *a.* Of Ilium (Troy); (masc. pl. as sb.) the people of Ilium.
qui matre ~i est ULP.*dig.*50.1.1.2;—id flumen ~es Xanthum appellauisse dicuntur VITR.8.3.14; SUET.*Cl.*25.3.

Īliēnus ~a ~um, *a.* = prec.
a Pergama, ab Ilio similiter (dicemus) Pergamenus ~us VAR.*L.*8.56.

īligneus ~a ~um, *a.* [as next+-EVS] Of the holm-oak; made from its wood.
frondem ~am CATO *Agr.*5.7; ~i querneique frutices COL. 7.6.1;—subscudes ~as adindito CATO *Agr.*18.9; uectes ~os ..facito uti sient parati 31.1; (spartum) euellitur..osseis ~isue conamentis PLIN.*Nat.*19.27.

īlignus ~a ~um, *a.* [ILEX+-NVS] Of the holm-oak; made from the tree (i.e. its foliage) or its wood.
~a nutritus glande..aper HOR.*S.*2.4.40; dentatas ~o robore clausit uenator pedicas GRAT.92; PLIN.*Nat.*24.7;—ciuica (corona) ~a primo fuit 16.11;—lectulos..~is pedibus faciundos dedit TER.*Ad.*585; currentem ~is potare canalibus undam VERG.*G.*3.330.

Īliona ~ae, *f.* Also **~ē** ~ēs. The eldest daughter of Priam and Hecuba, and wife of Polymnestor, a king of Thrace.
CIC.*Luc.*88; sceptrum, ~ae quod gesserat olim, maxima natarum Priami VERG.*A.*1.653; HOR.*S.*2.3.61; HYG.*Fab.* 109.1; 240.2.

īliōsus ~a ~um, *a.* [app. ILEVS+-OSVS] Suffering from intestinal obstruction.
Praxagoras et ~is dandos censet (raphanos satiuos) PLIN.*Nat.*20.26.

-īlis[1] -ilis -ile, *adjl. suff.* Mainly from pf. pples. pass. of vbs. (*fictilis, sutilis*); also other formations (*facilis, utilis; supellectilis*); enlargement (-ATILIS).

-ilis² -īlis -īle, *adjl. suff.* Formed from sbs. (*ciuilis, fabrilis, hostilis, uirilis*); often used as sbs. (*aedilis*).

Īlīthyia ~ae, *f.* The Greek goddess of childbirth.
rite maturos aperire partus lenis, ~a HOR.*Saec.*14; OV.*Am.*2.13.21; *Met.*9.283.

Īlium (~iī), *n.* Also **~ion,** *n.*, or **~ios,** *f.* The city of Ilium or Troy.
cecidit..superbum ~ium VERG.*A.*3.3; sub ~io alto 5.261; LIV.35.43.3; MM.D p. remotum a portu ~ium immune PLIN.*Nat.*5.124; (*transf.*) quo pacto hoc ~ium appelli uelis, id fero ad te consilium PL.*Mil.*1025. β PROP.3.1.31; ~ion ardebat OV.*Met.*13.408. γ obsessam ~ion HOR.*Epod.*14.14; non semel ~ios uexata *Carm.*4.9.18; OV.*Ars* 1.363; GERM.*Epig.*1.5.

Īlius ~a ~um, *a.* Of Ilium, Trojan; (m. pl. as sb.) the Trojans.
Hector ~us PL.*Cas.*994; pastor..~us ACC.*trag.*610; ~a tellus VERG.*A.*9.285; matres ~ae HOR.*Epod.*17.11; ~a.. Maenas (*i.e. Cassandra*) PROP.3.13.61;—dum ibi (Vlixes) exquirit fata ~orum PL.*Bac.*951.

illā, *adv.* [abl. fem. sg. of ILLE] By that way; (also) there; ~ *atque* ~, by one way or another.
ut te hodie..~ praeterducerem PL.*Mil.*67; qua illum uena pabuli sui duxit, ~ repit (cometes) SEN.*Nat.*7.21.2; LARG.173; ipsum quin etiam Oceanum ~ temptauimus TAC.*Ger.*34.2; *Hist.*3.8;—hic instabat noua pugna; ~ nihil remiserat prior LIV.3.28.8; qui locum ~ non habuit, Aquilo SEN.*Nat.*5.16.2;—ascendet ~ basiator atque ~ MART.11.98.19.

-illa ~ae, *f. suff.* Fem. to -ILLVS (*mamilla*).

illabefactus ~a ~um, *a.* **inl-.** [IN-²+LABEFACIO] Unshaken, unimpaired.
adfinia uincula..quae semper maneant ~a precor OV.*Pont.*4.8.10; uiridi concordia coepta iuuenta uenit ad albentis ~a comas 4.12.30.

illābor ~bī ~psus, *intr.* **inl-.** [IN-¹+LABOR¹]
1 To move smoothly, glide (into). **b** (of rivers) to flow (into). **c** (of non-material things).
(*w. dat.*) mediae..minans ~bitur (*sc. the wooden horse*) urbi VERG.*A.*2.240; aera per liquidum regnisque ~psus opacis STAT.*Theb.*1.294; 1.602;—(*w. acc.*) medium rapido Borean ~bere saltu 7.6;—(*w. adv.*) stomachus, quo primum ~buntur ea quae accepta sunt ore CIC.*N.D.*2.135;—(*hyperb.*) potest huius tibi fides patere, qui per fores maligne apertas non intrat, sed ~bitur? SEN.*Ben.*6.34.3. **b** (*w. dat.*) ~psum terris flumen *Dial.*6.17.3; qua Nar Tiberino ~bitur amni LUC.1.475; PLIN.*Nat.*5.113; TAC.*Hist.*5.7;—(*w. acc.*) pater ingenti medios ~bitur amne Albula SIL.8.454. **c** uoluptas..quae..ad eos (*sc.* sensus) cum suauitate afflueret et ~beretur CIC.*Fin.*1.39; da, pater, augurium atque animis ~bere nostris VERG.*A.*3.89.
2 To fall or sink (on to).
(*w. dat.*) me truncus ~psus cerebro sustulerat HOR.*Carm.*2.17.27; coniugis ~bi lacrimis LUC.5.281; hunc sero remissis gressibus ~psum clipeo STAT.*Theb.*10.278; tristibus ~bens famulis iterumque resurgens 12.112;—(*absol. or ellipt.*) si fractus ~batur orbis, impauidum ferient ruinae HOR.*Carm.*3.3.7; tepet ~bentibus astris Pontus STAT.*Ach.*1.138.

illabōrātus ~a ~um, *a.* **inl-.** [IN-²+*laboratus* (LABORO)]
1 (of the soil) Unworked upon, untilled; (also transf., of literary style).
terra ipsa fertilior erat ~a SEN.*Ep.*90.40;—sermo..~us et facilis 75.1; (debet esse oratio) saepe simplici atque ~ae similis QUINT.*Inst.*4.1.60.
2 (fig. and transf.) Produced without labour.
fructus ~i offerunt sese QUINT.*Inst.*12.10.79;—haec omnia, quae uix singula quisquam intentissima cura consequi posset, fluunt ~a 10.1.111; ut..uirtutem uero..obuiam ~am..habeamus 12.2.2.

illabōrō ~āre, *intr.* **inl-.** [IN-¹+LABORO] (w. dat.) To work (at).
beatius arbitrantur quam ingemere agris, ~are domibus TAC.*Ger.*46.5.

illāc, *adv.* [ILLA+-CE] By that way; *hac* ~, this way and that; (transf.) along that line.
abii ~ per angiportum PL.*Mos.*1044; nam fluere hac species ~ calor ire uidetur LUCR.6.993; LIV.10.27.9; ibimus ~! OV.*Met.*8.186; APUL.*Met.*6.29;—hac ~ circumcursa TER.*Hau.*512; habebam in domo, qui mihi pedem opponerent hac ~ PETR.57.10; genis (*i.e. tusks*) hac ~ iactatis APUL.*Met.*8.4;—haec uideo..omnis damnatione..dignos facere CIC.*Att.*7.3.5.

illacerābilis ~is ~e, *a.* **inl-.** [IN-²+LACERO+-BILIS] That cannot be torn.
spolium (*i.e. helmet*), quod..capiti ~e uictor aptarat SIL.5.138.

illacessītus ~a ~um, *a.* **inl-.** [IN-²+*lacessitus* (LACESSO)] Unattacked, free from invasion.
Cherusci nimiam ac marcentem diu pacem ~i nutrierunt TAC.*Ger.*36.1; *Ag.*20.3.

illacrimābilis ~is ~e, *a.* **inl-.** [IN-²+LACRIMABILIS]
1 That cannot be moved to tears, pitiless, relentless.
non si trecenis..places ~em Plutona tauris HOR.*Carm.*2.14.6.
2 Unwept, unmourned.
omnes ~es urgentur ignotique longa nocte HOR.*Carm.*4.9.26.

illacrimō ~āre ~āuī ~ātum, *intr.* Also **~or** ~ārī. **inl-.** [IN-¹+LACRIMO] FORMS: dep. HOR.*S.*2.5.103. To shed tears, weep (at or over). **b** (of the eyes) to water; (also poet., of a spring).
(*w. dat.*) quid dicam de Socrate, cuius morti ~are soleo..? CIC.*N.D.*3.82; PROP.2.1.77; LIV.40.56.6; mala.. quibus possint ~are ferae OV.*Tr.*5.8.6; facto sceleri ~ant SIL.2.619; morti parentis ~ans TAC.*Ann.*14.10; iustis suppliciis ~auit etiam SUET.*Ves.*15;—(*w. acc. and inf.*) ~abunt quondam florentem et tot bellorum superstitem muliebri fraude cecidisse TAC.*Ann.*2.71;—(*absol. or ellipt.*) aspexisse lacertos suos dicitur (Milo) ~ansque dixisse CIC.*Sen.*27; maestum ~at templis ebur (*i.e. statues*) VERG.*G.*1.480; sic ait ~ans *A.*9.303; HOR.*S.*2.5.103; ~asse dicitur.. gaudio tantae perpetratae rei LIV.25.24.11; maeret, ~at, gemit SEN.*Tro.*615; ~auit et uicem suam conquestus est SUET.*Aug.*66.2; APUL.*Met.*8.15. **b** si..oculi quoque lumen refugiunt et ~ant CELS.2.6.3;—fons ~et putei non sede profunda COL.10.25.

illāctenus, *adv.* [ILLAC+TENVS²] To that point, so far.
nauitas precum eius harum commiseritum esse ~, ut.. GEL.16.19.11.

illaesus ~a ~um, *a.* **inl-.** [IN-²+*laesus* (LAEDO)]
1 Physically unharmed, uninjured. **b** unimpaired (by ill health, etc.). **c** undiminished in quantity, intact.
~us abibit..aper [TIB.]3.9.17; ut satis ~os miranti praebuit artus OV.*Met.*12.489; Deucalion..~o corpore pressit aquas [OV.]*Ep.Sapph.*168; ut magis diligas integrum omnibus membris et ~um SEN.*Ep.*66.25; gallinam..aquila ex alto abiecit in gremium ~am PLIN.*Nat.*15.136; ~as si reddis coniugis umbras STAT.*Theb.*12.257; corpus (*i.e. corpse*) inuentum integrum, ~um PLIN.*Ep.*6.16.20; eo..~um corpus ueste deposita ostentante SUET.*Cl.*16.3;—(*of things*) rupes..partim ~ae..partim exesae SEN.*Nat.*2.26.5; pars ratium maior..torpentem Tritonos adit ~a paludem LUC.9.347; brumae..~a cupressus STAT.*Theb.*6.99. **b** ut.. malum..solet inmedicabile cancer..~as uitiatis addere partes OV.*Met.*2.826; ~a tutabor utramque senecta STAT.*Silv.*2.3.50; Cocceius Nerua..integro statu, corpore ~o TAC.*Ann.*6.26; (*cf.*) ualitudine..usus est..prope ~a SUET.*Tib.*68.4. **c** uersus sibi parte restituta ~um reuocabit hexametrum MAUR.2830.
2 Unharmed (in any way), untouched.
uir qui per ferrum et ruinas et ignes ~us et indemnis euasit SEN.*Ep.*9.19; ad moenia Romae ~us contendat iter? SIL.5.125; Scipio restituit terras ~us Hiberas 16.657; consulari matrimonio subnixa et apud Galbam Othonem Vitellium ~a TAC.*Hist.*1.73; ~is potioribus (rebus) quae ad ipsam attinent animam APUL.*Pl.*2.17;—(*morally*) Cereris iustissima turba..fraudum ~a ueneno SIL.13.536; si qua ~i sibi corporis adstat conscia 17.31.
3 (of abst. things) Unimpaired, inviolate.
non fert ullum ictum ~a felicitas SEN.*Dial.*1.2.6; ut ad senectutem ~um perferret formae decus 6.22.2; uestra fides famaque ~a ad hunc diem mansit TAC.*Hist.*1.30; uix praesenti custodia manere ~a coniugia *Ann.*3.34; existimatio est dignitatis ~ae status CALL.*dig.*50.13.5.1.

illaetābilis ~is ~e, *a.* [IN-²+LAETABILIS] Dismal, joyless.
hinc Drepani me portus et ~is ora accipit VERG.*A.*3.707; confusae sonus urbis et ~e murmur 12.619; hymen funestus, ~is SEN.*Tro.*861; graue et ~e munus STAT.*Theb.*3.706; 5.633.

illapsus ~ūs, *m.* **inl-.** [ILLABOR+-TVS] The process of flowing in.
ne praecludatur umoris ~us atque exitus COL.2.2.11; (*poet.*) gregis (*i.e. elephants*) ~u fremebundo territus..Rhodanus SIL.3.463.

illaqueātus ~a ~um, *a.* **inl-.** [IN-²+LAQVEATVS and next] (See quot.)
~um alii pro uincto utuntur, alii pro soluto PAUL.*Fest.* p.113M.

illaqueō ~āre ~āuī ~ātum, *tr.* **inl-.** [IN-¹+LAQVEO] To take in a snare, enmesh, entangle.
cur ~etur hic? PAC.*trag.*210;—(*fig.*) ~atus..omnium legum periculis CIC.*Har.*7; munera nauium saeuos ~ant duces HOR.*Carm.*3.16.16.

illargiō ~īre, *tr.* **inl-.** [IN-¹+LARGIO(R)] To give generously, lavish.
pecuniam ~ibo tibi CATO *orat.*140.

illātābilis ~is ~e, *a.* **inl-.** [IN-²+LATVS¹+-BILIS] Without breadth.
ἀπλατές, quod exprimere uno Latine uerbo non queas, nisi audeas dicere '~e' GEL.1.20.9.

illatebrō ~āre, *tr.* **inl-.** [IN-¹+LATEBRA+-O³] To hide away.
arma plerique abiciunt atque inermi ~ant sese QUAD.*hist.*22.

illātenus, *adv.* Also as two words. [ILLA+TENVS²] Up to that point, so far.
~ dolueris..si me compotem uoti di boni faciunt AUR.*Fro.*2.p.18(231N); litteras ~ qua dixi legendas praebebat APUL.*Apol.*82.

illātiō ~ōnis, *f.* **inl-.** [INFERO+-TIO] The action of bringing into a place; (in quots., bodies for burial).
de ea..~one praetor sensit, quae sepulturae causa fit ULP.*dig.*11.7.2.3; *CIL* 6.10562.6.

illātrō ~āre, *intr.* **inl-.** [IN-¹+LATRO¹] To bark (at).
~at ieiunis faucibus Orthrus SIL.13.845; (*of a witch*) manibus ~at regnique silentia rumpit (Erictho) LUC.6.729.

illaudābilis ~is ~e, *a.* **inl-.** [IN-²+LAVDABILIS] Not worthy of praise.
iuuat ~e carmen fundere STAT.*Silv.*5.5.33; ~is, qui neque mentione aut memoria ulla dignus..est GEL.2.6.17.

illaudātus ~a ~um, *a.* **inl-.** [IN-²+*laudatus* (LAVDO)] Unpraised.
quis..~i nescit Busiridis aras? VERG.*G.*3.5; memoranda ..facta relinquens gentibus atque ipsi non ~a Tonanti STAT.*Theb.*11.11; SIL.14.633; admirante nullo ~us, inglorius subit portum (gubernator) PLIN.*Ep.*9.26.4; qui omni in re atque omni tempore laude omni uacat, is '~us' est GEL.2.6.10.

ille ~a ~ud, *pron. adj.* [app. altered form of OLLE] FORMS: nom. acc. sg. neut. *illum* PL.*Poen.*695; *illut* VAR.*R.*1.2.11; *CIL* 2.6278.8; gen. sg. masc. *illi* (*modi*) CATO *orat.* 128; gen. sg. fem. *illae* (dub.) APUL.*Met.*11.23; dat. sg. masc. *illei* PL.*Cist.*447; *illo* APUL.*Apol.*99; dat. sg. fem. *ilai CIL* 1.2541.1.4; *illae CIL* 1.2135.6; 4.1824; loc. sg. fem. *illae* (s.v.l.) PL.*Mil.*323; nom. pl. masc. *illei* LUCIL.370; SAL.*Rep.*1.1.5; see also OLLE. PROS.: gen. sg. *illius* in early verse sts. disyll. (e.g. PL.*Mil.*1170); in class. verse either *illīus* (e.g. LUCR.3.520; VERG.*A.*1.683; HOR.*S.*1.10.57; OV.*Met.*4.155) or *illĭus* (e.g. LUCIL.158; LUCR.4.1062; VERG.*A.*1.16; HOR.*S.*2.5.29; OV.*Am.*1.4.34).

A (as adj.).
1 (denoting a person or thing in a place indicated by a speaker) That.
crucior lapidem non habere me ut ~i mastigiae cerebrum excutiam PL.*Capt.*600; agedum pulta ~as fores *Cist.*637; cum ~um consessum considero CIC.*Quinct.*47; aut in solem ~um aut in hunc mundum *N.D.*1.95; quisnam cinaedus ~e in conspectu meo audet ceuere? PHAED.5.1.15; unde hic cruor? quid ~a puerili madens harundo leto? SEN.*Her.F.* 1194.
2 (indicating a person or thing which has just been mentioned or implied) The aforementioned, that. **b** (in weakened sense, indicating that the person or thing referred to is the same one that has been mentioned previously) this.
lectis sternendis studuimus munditiisque apparandis. inter ~ud tamen negotium..curaui.. PL.*St.*679; hinc ~ae lacrumae, haec ~ast misericordia TER.*An.*126; cogit.. Scandilium quinque ~a milia nummum dare CIC.*Ver.*3.140; gaudia Caesareae mentis pro parte uirili sunt mea: priuati nil habet ~a domus OV.*Pont.*2.1.18; interim tamen, si feret flatus danda sunt uela dum nos indulgentia ~a non fallat QUINT.*Inst.*10.3.7; nil habuit..et tamen ~ud perdidit.. nihil JUV.3.208; cum..praeter spem uicisset et laetissime gauderet, inter ~ud gaudium repente mortuus est GEL.3.15.2. **b** ni subuenisset coruos, periissem miser. nimis hercle ego ~um coruom ad me ueniat uelim PL.*Aul.*670; fiscos..a quodam senatore ad equitem Romanum esse translatos; ex his quasi x fiscos ad senatorem ~um relictos esse CIC.*Ver.*22; a quantum de me Panthi tibi pagina finxit, tantum ~i Pantho ne sit amica Venus PROP.2.21.2; sic infans qui stare meditatur..itaque infans ~e quid sit constitutio non nouit SEN.*Ep.*121.11; puer..mihi praefectus imponitur..nec quicquam uidebatur aliud excogitare puer ~e nequissimus APUL.*Met.*7.19.
3 (defined by var. cls., etc.) The particular, that: **a** (w. rel. cl.). **b** (w. other cls.). **c** (w. dir. statement) the following.
a ego sum Sosia ~e quem tu dudum esse aiebas mihi PL.*Am.*387; sic tu ~os fructus quaeras..quis uti possis LUCIL.561; ~e unus dies, quo die me populus Romanus..honestauit CIC.*Dom.*76; tune ~e Aeneas quem..Venus.. genuit..? VERG.*A.*1.617; nec iam ~e senatus sumus qui.. delatores..puniendos flagitabat TAC.*Hist.*4.42;—(*repeated*) en ~a, ~a quam saepe optastis libertas SAL.*Cat.*20.14; ~e aper, in nostris errat qui maximus agris, ~e mihi feriendus aper OV.*Met.*3.714;—(*w. rel. cl. preceding*) quae manus ..depinxit..tabellas..~a..corrupit ocellos PROP.2.6.29; quo..loco primum tibi sum..cognitus..~o temptasses ultimus esse mihi OV.*Tr.*3.13.8;—(*w.* cum) nunc est ~e dies cum gloria maxima sese nobis ostendat ENN.*Ann.*391; utinam ~um diem uideam cum tibi agam gratias CIC.*Att.*3.3.1; VERG.*Ecl.*8.8. **b** (*w.* quod) ~o..facto, quod ~os milites subduxit CATO *hist.*83; me..~a res consolatur, quod ego.. sum, cui.. CIC.*Fam.*1.8.3; CAES.*Civ.*1.61.3;—(*w. acc. and inf.*) hoc quam habet uim nisi ~am, nihil expedire quod non deceat..? CIC.*Off.*3.77; cautius ~ud erat consilium exspectare me ad Isaram PLANC.*Fam.*10.18.2;—(*w. indir. qu.*) ~a dubitatio erat singulaene cohortes an uniuersi..irent LIV.28.25.15;—(*w.* ut, ne) ~a uero..aliena consulum dignitate..sententia est ut consules..Asiam et Syriam sortiantur CIC.*Phil.*11.21; unum ~ud orat ut timori suo concedatur HIRT.*Gal.*8.48.9;—(*w.* si) ~a longa oratio..sit,

si..gloriam eius eludere..uelim Liv.28.44.17. **c** an ∼o modo: si numerata pecunia non est legata, non est numerata pecunia argentum Cic.*Top*.53; summa ∼a est: quicquid offici..in Genucilium contuleris, id te existimabo in me ipsum..contulisse *Fam*.13.53.2.

4 (indicating that the person or thing referred to is assumed to be known or known to be such) That which you know; (often with pron. adjs.) that of mine (yours, etc.). **b** (w. a commendatory connotation) that famous, the well-known; (spec., in prayers, applied to Jupiter). **c** (w. a contemptuous or derogatory connotation) that vaunted, the so-called, the infamous.

ego ∼e doctus leno paene in foueam decidi Pl.*Per*.594; ego pol tibi dabo ∼am lepidam..filiam Phanocratae nostri Ter.*Hau*.1060; ut ∼e apud Homerum Phoenix Cic.*de Orat*.3.57; decurritur ad ∼ud extremum atque ultimum senatus consultum Caes.*Civ*.1.5.3; abisse ∼am uim uigoremque Liv.23.45.3; exigunt..a principis sui liberalitate ∼um bellatorem equum Tac.*Ger*.14.4; non ∼a nota et..sueta iam senatus maestitia *Ann*.16.29;—has regiones demonstrauit mihi ∼e conductor meus Pl.*Trin*.866; ∼e summus poeta noster Cic.*Balb*.51; amore ∼o tuo singulari *Fam*.15.20.3; ∼e tuus pennas tam cito uertit amor? Prop.2.24.22; ubi ∼e miles meus est..? Liv.23.45.8. **b** ego sum ∼e rex Philippus Pl.*Aul*.704; Socratem ∼um Cic.*de Orat*.1.204; Seruius ∼e Galba 2.263; est etiam ibi Decius, ab ∼is, ut opinor, Muribus Deciis *Phil*.13.27; ∼e..Achilles Prop.2.8.29;—quod ∼e faxit Iuppiter Pl.*Am*.461; *Mos*.398; *Ps*.923; ne ∼e sirit Iupiter te ea perseuerare Cornelia Nep.fr.2. **c** sacer ∼e tocoglyphos Lucil.497; sentient..breui tempore manere libertatem ∼am Cic.*Sest*.60; ∼ud suum regnum iudiciale opposuit *Att*.1.1.1; (Aristides) a Themistocle collabefactus testula ∼a exilio decem annorum multatus est Nep.*Ar*.1.2; superbos ∼os consules Liv.5.2.8.

5 (used to express generally what would be indicated by a name in a particular instance) Such and such; *hic..an ∼e* or sim., this..or that.

'ego uos testor populum ∼um'—quicumque est, nominat —'iniustum esse' Liv.1.32.10; sub pignore ∼o et ∼o Paul.*dig*.17.1.59.5;—huius an ∼ius ciuitatis sit Cic.*Inv*.2.29; non dicam..hoc signum ablatum esse et ∼ud *Ver*.1.53; si duas res promiserit ∼am aut ∼am Ulp.*dig*.4.4.7.7.

6 (in contrasts, esp. w. *hic*) The other (more remote); *hic..∼e*, the latter..the former.

hos pestis necuit, pars occidit ∼a duellis Enn.*Ann*.559; haec properans..percurro, ut aliquando ad ∼a maiora ueniamus Cic.*de Orat*.2.178; nolo esse uerbum angustius id, quod translatum sit, quam fuisset ∼ud proprium ac suum 3.164; o terram ∼am beatam quae hunc uirum exceperit, hanc ingratam si eiecerit, miseram si amiserit! *Mil*.105; nunc hoc, nunc ∼o in sanguine feruet Stat.*Theb*.7.751;—hunc (pontem) fuga Pharitae reliquerant; artiorem ∼um..Alexandrini tuebantur *B.Alex*.19.2; binae..falces..∼a ut, quidquid ab latere obiceretur, abscideret, haec ut prolapsos..contingeret Liv.37.41.7; Mela 1.34.

7 (w. ref. to time) Of that period; (also in reported speech in past time, replacing *hic* used by the original speaker).

nonne..eloquentia tanta fuit, quantam ∼a tempora..ferre maximam potuit..? Cic.*de Orat*.1.171; Pompeium..scis temporibus ∼is non saepe in senatu fuisse *Fam*.1.7.3;—ad animum occurrit unum esse ∼ud tempus quo maxime contendi conueniat Caes.*Gal*.7.85.2; cum..nunc ∼ud tempus esse dicerent stabiliendae libertatis Liv.5.12.8; ∼um diem, ∼am aciem testabatur..reciperandae libertatis..initium fore Tac.*Ann*.12.34.

8 Of that kind or degree, such, so great, so small.

uita ∼a dignus Enn.*Ann*.622; quod is cum ∼o animo atque ingenio hac e ciuitate potissimum natus est Lael.*orat*.13; M. Scaurum, ∼a grauitate, ∼o consilio, ∼a prudentia Cic.*Rab.Perd*.26; nec..ego sum ∼e ferreus qui..non mouear *Catil*.4.3; cum ceterae ∼a dignitate discesserint *Att*.7.14.3; non ∼a quisquam me nocte per altum ire..moneat Verg.*G*.1.456; ossa..legisti non ∼a aetate legenda Prop.4.1.127; cessisset Papirius Cursor ∼o corporis robore, ∼o animi! Liv.9.17.14; hostium potius exercitibus ∼um furorem..inicerent orabat Tac.*Hist*.3.10.

9 *∼e quidem*, That at least, that admittedly; also *∼e* alone.

lippitudo non ∼a quidem perodiosa sed tamen quae impediat scriptionem meam Cic.*Att*.10.17.2; a tuis familiaribus, optimis ∼is quidem uiris sed in re publica rudibus *ad Brut*.1.15.9; ∼a quidem prima statim scribit Aristoteles consecuta *Div*.1.53; in iis..ipsum ∼ud quidem perfectum honestum nullo modo, similitudines honesti esse possunt *Off*.3.13;—ut iam securus liberque moriturus, multa ∼a uitae, sed minora retinacula abrupit Plin.*Ep*.1.12.8.

B (as pron.).

10 That (pointed out by the speaker) person or thing.

ne exspectetis, spectatores, dum ∼i huc ad uos exeant Pl.*Cist*.782; ∼ud est album, hoc dulce, canorum ∼ud, hoc bene olens, hoc asperum Cic.*Luc*.21; ∼e triumphata Capitolia ad alta Corintho uictor aget currum..eruet ∼e Argos Verg.*A*.6.836; hic..dux fuerat belli, proximus ∼e duci Ov.*Tr*.4.2.28.

11 (indicating a person or thing as already mentioned or implied) The person or thing mentioned, he, she, it, etc. **a** (masc. or fem.). **b** (neut.); *ex ∼o*, from that time on, thenceforth; *∼o loci*, in that situation. **c** (when accompanied by pred. *∼e* is usu. attracted into the same gender). **d** (used in indir. sp. in place of the normal *se*).

a sed eccum Amphitruonem, aduenit; iam ∼e hic deludetur probe Pl.*Am*.1005; in adulterio uxorem..impune necares; ∼a te..digito non auderet contingere Cato *orat*.219; patrem tuum plurimi feci meque ∼e mirifice..coluit Cic.*Att*.16.16d.14; fit in hostis impetus eorum..∼i sub murum se recipiunt Caes.*Civ*.2.14.4; absentem qua possum mente uidebo: aspiciet uultus consulis ∼a sui Ov.*Pont*.4.4.46; insolentiam eius (*sc*. Alexandri) coarguit; orbis ∼um suus non capit Sen.*Suas*.1.5; firmati..excipiunt Vitellianos..atque ∼i consternantur Tac.*Hist*.3.17;—(*repeated*) Mithridatem dominum, ∼um patrem, ∼um conseruatorem Asiae..nominabant Cic.*Flac*.60; ∼a (*sc*. tenera terra) temperatae ubertatis, ∼a mollis facilisque culturae, ∼a post uomerem nitescens.., Plin.*Nat*.17.37. **b** cui auro dentes iuncti escunt. ast im cum ∼o sepeliet..se fraude esto *Lex XII* (*Font.iur*.p.37); etiamne id lex coegit? — ∼ud durum Ter.*Ph*.238; duo ∼a relinquamus Cic.*de Orat*.1.68; nec sopor ∼ud erat Verg.*A*.3.173; hoc ∼ud, germana, fuit? 4.675; non est ∼ud liberalitas, censura est Sen.*Ben*.2.8.2; siue cura ∼ud siue inquisitio erat Tac.*Ag*.43.2;—ex ∼o fluere ac retro sublapsa referri spes Danaum Verg.*A*.2.169; Prop.2.29.42; Stat.*Silv*.1.2.81;—ipsum Marium ∼o loci statuisses V.Max.3.1.2; potest..fieri, ut ad scalpelli adcurationem etiam ∼o loci ueniendum sit Cels.7.4.4.c. **c** em ∼ae sunt aedes Pl.*Trin*.3; totam ∼am..proscriptionem non legem putauit Cic.*Red.Sen*.8; cum ∼ae uere partes uocabantur *Phil*.13.47; ∼um finem Romani imperii fore Liv.23.28.8; ∼am patriam, illos penatis Tac.*Hist*.3.84. **d** scripsit ut ∼i..semen boletorum mitteretur Petr.38.4; cum timeret ne creditores ∼um conturbare existimarent 38.16.

12 (defined by var. cls., etc.) The particular person or thing, he, she, that, etc.: **a** (masc. and fem.). **b** (neut.).

a ubi ∼a est quam tu adduxisti tecum? Pl.*Epid*.156; ∼i, unde petitur, ei potius credundum esse Cato *orat*.198; tune es ∼e..quo senatus carere non potuit..? Cic.*Dom*.4; ∼e erit ille nocens, qui me tibi fecerit hostem Luc.1.203; prodest et ∼is, qui sine horrore circuitibus febrium uexantur Larg.95;—(*w. defining cl. preceding*) quibus unda pepercit, ∼os..domant..ieiunia Ov.*Met*.1.312; *Pont*.4.8.12. **b** uerum ∼ud credo fore: in os prius accipiam ipse, quam..Lucil.154; ∼ud est praeclarum. Syracusani..reddebant..rationem Cic.*Ver*.2.47;—(*w. rel. cl.*) si ∼ud quod maxume opus est iactu non cadit Ter.*Ad*.740; non dico id quod graue est, dico ∼ud quod..adsumam..pudori meo Cic.*Sul*.85; eadem ∼a existumans quae supra diximus Catilinam agitare Sal.*Cat*.57.2;—(*w. inf. or acc. and inf.*) quamquam ∼ud est dulce, esse et bibere Pl.*Trin*.259; unum ∼ud credo omnis animum aduertere, te adhuc a nullis..potuisse cognosci Cic.*Div.Caec*.28; ∼ud quidem etiam hic notum, auium uoces..interrogare Tac.*Ger*.10.3;—(*w. indir. qu.*) cum et ∼ud incertum sit uelintne ei sese nominari Cic.*S.Rosc*.47; ne..exhorrescatis, sed ∼a potius cogitetis, quam multa in hac ciuitate nouata sint *CIL* 13.1668.1.4;—(*w. other cls.*) nunc ∼ud est quom me fuisse quam esse nimio mauelim Pl.*Capt*.516; ∼ud est capitale..quod iste..in iudicibus sit necesse est Cic.*Ver*.2.77; quid praeterea? an ∼ud, ubi caues..Siculis..? 3.26; ∼ud..uereor, ne forte rearis..Lucr.1.80; hoc ∼ud esse dictitantes quod aera militibus sint constituta Liv.5.2.3; ∼ud te mihi ignoscere..aequum erit..ne tuam quidem gloriam bono publico praeponam 28.41.1; ocius ∼ud extorquebis, ut haec oculo contenta sit uno Juv.6.53.

13 (neut., introducing a dir. quot.) The following words, this. **b** (used in citing a word or phrase) the word(s) '——'.

unum ∼ud dico: 'si propter partium studium potens erat Alfenus..' Cic.*Quinct*.70; ∼ud in talem uirum non audeo dicere: 'si diceret, non crederetur' *S.Rosc*.103; ∼ud extremum est, 'ope omnium rerum' *Att*.9.9.3; Sen.*Suas*.1.16. **b** ∼ud 'summum ius summa iniuria' factum est iam tritum sermone prouerbium Cic.*Off*.1.33; 'coniicit'..est ab ∼o 'iacit' Quint.*Inst*.1.4.11; 'hereditas est'..pro ∼o 'felicitas est' 6.3.97; audis frequenter ut ∼ud 'immodice et redundanter' ita hoc 'ieiune et infirme' Plin.*Ep*.1.20.21.

14 (w. attrib. phrs., referring to persons or things assumed to be known). **b** (neut., w. gen. of person or pers. adj.) the saying (of).

nempe ∼um dicis cum armis aureis Pl.*Mil*.16; ∼e..ante Canem Cic.*Arat*.465(221); ut ait ∼e in Trinummo *de Orat*.2.39; nonne ibidem incitato furore 'unde haec flamma oritur' et ∼a deinceps 'incede, incede, adsunt me expetunt' *Luc*.89; ut ∼i paulo ante dicebant quibus animal placet esse terram Sen.*Nat*.6.14.2; rapiatur ex parentibus ∼a infirmior, ∼a peritura [Quint.]*Decl*.2.10; quales (*sc*. boletos) Claudius edit ante ∼um uxoris Juv.5.148; dicam tibi..cur ∼ud de aurium tinnitu quaesierim Apul.*Apol*.48. **b** uenio nunc ad ∼ud tuum: non deieci Cic.*Caec*.64; falsum..∼ud Acci *Tusc*.2.13; ∼ud Sallustianum: 'nam de Carthagine tacere satius puto quam parum dicere'? Quint.*Inst*.2.13.14; 11.1.57.

15 (as a substitute for a name) So-and-so, such-and-such.

tum mihi ∼e sit heres *in* Cic.*de Orat*.2.141; quaesisse num ∼e aut ∼e defensurus esset *S.Rosc*.59; Caesar dictator ∼i tribui. commendo uobis ∼um et ∼um Suet.*Jul*.41.2; ∼e ∼i salutem Scaev.*dig*.39.5.32; seruos ∼um et ∼um Titio lego Julian.*dig*.30.81.4.

16 (in contrasts, esp. w. *hic*) The other, more remote, person or thing; *hic..∼e*, the latter..the former; *nec hoc nec ∼ud*, neither one thing nor the other, betwixt and between. **b** (in enumerations, esp. w. *hic*) another.

hic huius frater est, haec autem ∼ius soror Pl.*Cur*.716; ego..uitam urbanam atque otium secutus sum..∼e contra haec omnia Ter.*Ad*.44; ne quis ∼orum exire posset, utique hi omnes inuiti uiderent sese Calp.*hist*.27; reliquum est iam ut ∼ud quaeramus, cum hoc constet Cic.*Div.Caec*.17; amor ut ualentem uideamus hortatur, desiderium ut quam primum; ∼ud igitur potius *Fam*.16.1.3; si ∼ud, hoc; non autem hoc; igitur ne ∼ud quidem *Fin*.4.55; nec hi aut ∼is proelium temptantibus Tac.*Hist*.3.5;—cum sint duo genera decertandi, unum per disceptationem, alterum per uim, cumque ∼ud proprium sit hominis, hoc beluarum Cic.*Off*.1.34; neci Sthenelumque dedit Thamyrumque Pholumque, hunc congressus et hunc, ∼um eminus Verg.*A*.12.342; consules..profecti, Valerius in Campaniam, Cornelius in Samnium, ∼e ad montem Gaurum, hic ad Saticulam castra ponunt Liv.7.32.2; Tac.*Hist*.2.78;—sic Corinthea nata sunt, ex omnibus in unum, nec hoc nec ∼ud Petr.50.6. **b** his erat in ore Bromius, his Bacchus pater, ∼is Lyaeus Enn.*scen*.124; malim moriri meos quam mendicarier: boni miserantur ∼um, hunc inrident mali Pl.*Vid*.fr.15; hi zonas, ∼i res pretiosas colligunt Phaed.4.22(23).11;—(*repeated*) ∼e quod obscenas..partes uiderat..haesit amor, ∼e quod..uidit.. Ov.*Rem*.429; nunc ∼a nimis properant, nunc ∼a morantur Man.3.556; cum ∼ud (*sc*. sidus) exiguo tempore ascendat, ∼ud diu proferatur Sen.*Nat*.7.27.3; unde..(gaudium) consequantur ignorant: ∼e ex conuiuiis et luxuria, ∼e ex ambitione..∼e ex amica, alius ex studiorum..ostentatione *Ep*.59.15; hoc puta non iustum est, ∼ud male, rectius ∼ud Pers.4.9.

17 Emphatic uses: **a** *∼e quidem*, he at least, he certainly; (also idiomatically, usu. followed by *sed*) admittedly, certainly. **b** (after asseverative *ne*; see ne[2]). **c** (used alone to emphasize the particular application of an attribute, fact, etc., to the person or thing under discussion). **d** *∼e uero* (answering a question in the affirmative), yes, he did.

a nudiusquintus natus ∼e quidem est Pl.*Truc*.509; ∼e quidem hinc abiit 884; ∼ud quidem nemo non fateatur necesse est Quint.*Inst*.10.1.67;—cuius sermo est ∼e quidem melle dulcior, sed a forensi strepitu remotissimus Cic.*Orat*.32; cum C. Caesari meritos ∼i quidem honores..sed tamen singularis..decreuistis *Phil*.7.10; Curtius Mithres est ∼e quidem..libertus Postumi..sed me colit *Fam*.13.69.1; ea uitia..habent aliquid excusationis non ∼ius quidem iustae, sed quae probari posse uideatur *Sen*.65; carpit..uiris..femina, nec nemorum patitur meminisse..dulcibus ∼a quidem inlecebris Verg.*G*.3.217; dux tumultuarius quidem ∼e L. Marcius..ceterum.. Liv.28.42.5; muta quidem ∼a et anima carentia sentire tamen et laetari uidentur Plin.*Pan*.50.4. **c** quem neque fides neque iusiurandum neque ∼um misericordia repressit Ter.*Ad*.306; di uostram fidem, hominem perditum miserumque et ∼um sacrilegum! *Eu*.419; salices humilesque genistae aut ∼ae pecori frondem aut pastoribus umbram sufficiunt Verg.*G*.2.435; unda..puppibus ∼a prius, patulis nunc hospita plaustris 3.362; patres uestros asperrimos ∼os ad condiciones pacis Liv.22.59.7. **d** quaero..num id iniuste..fecerit? '∼e uero' inquit Antipater Cic.*Off*.3.54.

illecebra ∼ae, *f.* **inl-.** [illicio+-*bra* (-bvla)]

1 A means of attraction, allurement, enticement. **b** (w. gen.) an incitement (to). **c** (applied to persons).

munditia ∼a animost amantium Pl.*Men*.354; cur ∼is cognitis non..refugisti..? Caecil.*com*.235; suis te oportet ∼is ipsa uirtus trahat ad uerum decus Cic.*Rep*.2.8; Sal.*Cat*.14.4; nec nemorum patitur meminisse nec herbae dulcibus illa (*sc. a cow*) quidem ∼is Verg.*G*.3.217; Hor.*Ars* 223; ad ∼as propulsa pecora praecipitauere in insidias Liv.2.51.5; est..dulcis (illa uita) et habet ∼as suas Sen.*Dial*.8.6.1; pons Muluius..celebris nocturnis ∼is erat Tac.*Ann*.13.47; cum..oculos ludibundos atque ∼ae uoluptatisque plenos uideret Gel.3.5.2;—(*w. defining or subj. gen.*) adulescentulo quem corruptelarum ∼is inretisses Cic.*Catil*.1.13; conuiuium..omnibus uoluptatium ∼is instructum Liv.23.8.6; nullas omisere uitae ∼as Plin.*Nat*.29.23; procul urbis ∼is Tac.*Ann*.4.2; de istiusmodi admirationum fallaci ∼a Gel.10.12.4; nouae nuptae ∼is obfrenatum Apul.*Apol*.77;—(*w. obj. gen.*) quae tanta..in ullo iuuentutis ∼a fuit quanta in illo? Cic.*Catil*.2.8. **b** ∼am stupri principio eam sauium posco Pl.*Cas*.887; erant apud illum ∼ae libidinum multae Cic.*Cael*.12; quis ignorat maximam ∼am esse peccandi impunitatis spem? *Mil*.43; in Graeciam Asiamque..omnibus libidinum ∼is repletas Liv.34.4.3; cum audiendi quadam ∼a Gel.2.29.1. **c** eccam ∼a exit tandem Pl.*As*.151; mali damnique ∼a, salue *Cist*.321; mala es atque eadem quae soles ∼a *Truc*.184.

2 Enticement by magic.

ad exercendas ∼as magiae Apul.*Met*.3.16; ad ∼as magicas *Apol*.34; res..propter incredundas frugum ∼as interdicta 47.

3 A species of stonecrop.

huic (*sc*. aizoo) similis est quam Graeci andrachnen agrian uocant, Italia ∼am Plin.*Nat*.25.162; 26.127; calculosis ⟨prodest⟩ ∼ae quantum manus capit Larg.153.

illecebrōsus ∼a ∼um, *a.* **inl-.** *compar.* ∼ior. [prec.+-osvs] Enticing, seductive.

istoc ∼ius fieri nil potest: nox, mulier, uinum homini adulescentulo Pl.*Bac*.87.

illectāmentum ∼ī, *n.* **inl-.** [illecto+-mentvm] A means of enticement or seduction; a charm.

puellae meretricis blandimentis et lenonis patris ∼is captus Apul.*Apol*.98;—Apuleium dicitis animum Pudentillae magicis ∼is adortum 102.

illectātiō ∼ōnis, *f.* **inl-.** [next+-tio] An enticement, allurement.

demulcentes eum (*sc*. animum) paulum..iucundis..sermonum ∼onibus Gel.18.2.1.

illectō ∼āre, *tr.* **inl-.** [illicio+-to] To allure.

Paul.*Fest*.p.117M.

illectus[1] ∼a ∼um, *a.* **inl-.** [in-[2]+*lectus* (lego[2])]

1 Unread.

si non accipiet scriptum ∼umque remittet Ov.*Ars* 1.469; (*of an author*) nec uoce inauditus nec libris ∼us Apul.*Fl*.18.

2 Not collected, ungathered.
stipula ~a est spicae in messe deiectae necdum lectae GAIUS *dig.*50.16.30.1.

illectus² ~ūs, *m.* **inl-.** [ILLICIO+-TVS³] The act of enticing, allurement.
magis ~um tuom quam lectum metuo PL.*Bac.*55.

illēgitimē, *adv.* **inl-.** [IN-²+LEGITIME] Not according to law, illegitimately.
qui ~ concipiuntur, statum sumunt ex eo tempore quo nascuntur GAIUS *Inst.*1.89.

illentescō ~ere, *intr.* **inl-.** [IN-¹+LENTESCO] To become soft or pliant.
cicera..paulum aqua maceratur, dum ~at COL.2.10.35.

illepidē, *adv.* **inl-.** [next+-E] Without grace or wit.
qui istoc pacto tam lepidam ~ appelles PL.*Bac.*1169; quicquam..crasse compositum ~ue HOR.*Ep.*2.1.76; animam..ei (*sc.* sui) pro sale datam non ~ existimabatur PLIN.*Nat.*8.207; non minus ~ ita diceretur quam si interpretari uoce una uelis πολυφιλίαν GEL.11.16.5; Latina oratione non satis scite ac paene etiam ~ exponuntur 18.13.5.

illepidus ~a ~um, *a.* **inl-.** [IN-²+LEPIDVS] Lacking grace or refinement.
inamabilis, ~us uiuo PL.*Bac.*615; CAECIL.*com.*200; scortillum..non sane ~um neque inuenustum CATUL.10.4; si non ~um neque inuenustum est (uotum) 36.17; dictum Baeticorum..non ~um PLIN.*Ep.*3.9.3; uerbis uti..nouitatis..durae et ~ae GEL.11.7.1; an M. Tullius..inani et ~a geminatione iunxerit 'manubias' et 'praedam' 13.25(24).4.

illex¹ ~icis, *m., f.* **inl-.** [ILLICIO] One who entices or allures. **b** (spec., in fowling) a decoy.
esca est meretrix, lectus ~ex est, amatores aues PL.*As.*221; ne temere hanc te emisse dicas me impulsore aut ~ice *Per.*597; qui illi malae rei tantae fuimus ~ices *Poen.*745; ~ex animi Venus APUL.*Apol.*31;—(*as adj.*) cum in puella uideret..~ices oculos 76; (*in magic*) saurae ~ices bicodulae LAEV.*poet.*27.5. **b** contra aucupis ~icem exeunte in proelium duce totius gregis PLIN.*Nat.*10.101.

illex² ~ēgis, *a.* **inl-.** [IN-²+LEX] Obeying no laws, lawless.
inpure, inhoneste, iniure, ~ex, labes popli PL.*Per.*408; barbare indomitis cum moribus, inlitterate ~ex? CAECIL.*com.*60; PAUL.*Fest.*p.113M.

illī, *adv.* [loc. sg. masc. of ILLE] At that place, there (= ILLIC²).
quis..narrauit mi ~ ut fuerit proelium? PL.*Am.*744; iube domum ire. iam ego ~ ero *Mil.*1279; *Mos.*327; TER.*Hec.*802; Domitium quendam, nobilem ~, Caesaris hospitem CAEL.*Fam.*8.15.2; GEL.5.1.1.

illībātus ~a ~um, *a.* **inl-.** [IN-²+LIBO]

1 Kept or left entire, undiminished, intact.
ueteres ~asque diuitias CIC.*Sest.*93; si corpus ~um tibi, integrum fortuna praestiterit SEN.*Ep.*66.23; ex proximo terrae integro atque ~o suco aluntur COL.3.10.3; oua, quae..~am seruant integritatem 8.11.9; Polycratis gemma..intacta ~aque est PLIN.*Nat.*37.8; ualeat semper integro ~o incolumi corpore AUR.*Fro.*1.p.82(5N); ecce..saluae aures, ~ae labiae APUL.*Met.*2.24.

2 (transf., of abst. things) Undiminished, unimpaired.
ut..libertatem sibi ~am..praestarent LIV.38.32.8; ut non solum uirginitatem ~am, sed etiam oscula ad uirum sincera perferret V.MAX.6.1.4; quam apud superos habuerat magnitudinem, ~am detulisset ad inferos VELL.2.48.2; ~um otium SEN.*Dial.*8.3.4; ~um robur COL.12.1.1; da foedera prisci ~a tori LUC.2.342; se..duce Tiberio ~am Germanorum gloriam seruauisse TAC.*Ann.*2.46; PLIN.*Pan.*25.1; cuius salus meam salutem ~am et incolumem facit AUR.*Fro.*1.p.196(79N).

illīberālis ~is ~e, *a.* **inl-.** [IN-²+LIBERALIS]

1 Unworthy of or unsuited to a free man, ignoble, ill-bred.
ex illan familia tam ~e facinus esse ortum! TER.*Ad.*449; acuta exclamatio..habet..quiddam ~e et ad muliebrem potius uociferationem..adcommodatum *Rhet.Her.*3.22; non..illum ab industria, sed ab ~i labore deterret CIC.*Fin.*1.3; ~es..et sordidi quaestus mercennariorum omnium, quorum operae, non quorum artes emuntur *Off.*1.150; cibus ~is PLIN.*Nat.*19.79.

2 Not having the qualities or attributes of a free man.
seruom haud ~em praebes te TER.*Ad.*886; ~i et ingrato animo LIV.10.18.10; si cui tam est mens ~is, ut obiurgatione non corrigatur QUINT.*Inst.*1.3.14; non inscito puellam ministerio et facie haut ~i GEL.2.23.8.

3 Ungenerous, niggardly, mean.
non te in me ~em sed me in se neglegentem putabit CIC.*Fam.*13.1.5; paulatim ~i adiectione..ad centum talenta est perductus LIV.38.14.14; sequitur, ut ~es sint (dei) SEN.*Ben.*4.3.3.

illīberālitās ~ātis, *f.* **inl-.** [prec.+-TAS] Want of generosity, meanness.
malo Tironis uerecundiam in culpa esse quam ~atem Curi CIC.*Att.*8.6.5; ut ~atis auaritiaeque absit suspicio *Off.*2.64.

illīberāliter, *adv.* **inl-.** [ILLIBERALIS+-TER²]

1 In a manner unworthy of a free man, ungenerously.
quam is aspernatur nunc tam ~ TER.*Ph.*371; factum a uobis duriter inmisericorditerque atque etiam..~ *Ad.*664; patris diligentia non ~ institutum CIC.*Rep.*1.36.

2 Meanly, stingily.
superficiem aedium consules de consili sententia aestimarunt sestertio uiciens, cetera ualde ~ CIC.*Att.*4.2.5; 16.3.2.

illic¹ ~aec ~uc, *pron. adj.* [ILLE+-CE] FORMS: sg. acc. *~unc* (m.) *~anc* (f.), gen. *~iusce*, dat. *~īc*, abl. *~ōc* (m.) *~āc* (f.) also *~āce* CATO *Agr.*132.1; the foll. pl. forms are found, nom. *~isce* (m.) *~aec* (f.) *~aec* (neut.), PL.*Men.*852 also *~ace* CATO *Agr.*141.1, acc. *~osce* (m.) *~asce* (f.), dat., abl. *~isce*. Before the suff. *-ne* an *i* is inserted, e.g. *~icine*. Strengthened form of ILLE.

A (as adj.).

1 That (pointed to, or otherwise indicated by the speaker). **b** that (previous).
in ~isce habitat aedibus PL.*Am.*97; quid ~aec..duae secreto consultant? *Bac.*1154; quid ~isce homines ad me currunt? *Men.*997; CATO *Agr.*141.1; VAR.*R.*2.2.6; ~osce boues sanos esse 2.5.10. **b** quod tibi ~oc porco neque satisfactum est, te hoc porco piaculo CATO *Agr.*141.4.

2 That referred to in the context or assumed to be known. **b** (introducing a cl.) that, the following. **c** (indicating quality) such a, a — like that.
ut ego illic uini hirneam ebiberim meri. mira sunt nisi latuit intus illic in ~ac hirnea PL.*Am.*432; ~uc..uerbum uetus *Cas.*972; hinc ~aec..dulcedinis in cor stillauit gutta LUCR.4.1059; tu praeparare corpus ~uc ad ictus potes [QUINT.]*Decl.*1.14. **b** ~aec res est magnae diuidiae mihi, supterfugisse..Chrysalum PL.*Bac.*770. **c** ~ancin mulierem alere cum illa familia! TER.*Hau.*751.

3 *hic..illic,* One..another, this..that.
ludebat numero modo hoc modo ~oc CATUL.50.5.

B (as pron.).

4 That person or thing (indicated by the speaker).
quis ~aec est? ENN.*scen.*386; ~ic uocatur Philocrates, hic Tyndareus PL.*Capt.*38; quid ~uc clamoris..in nostrast domo? *Cas.*620; iamne abiit ~aec? 794; noui hominem nihili. ~icinest?—~ic est *Truc.*599.

5 The person or thing already mentioned or implied in the context, that same man, etc. **b** (neut., introducing a cl.) this, the following; (determining the application of a cl.) that (is why, what, etc.). **c** a person or thing of that sort.
quom ~aec sic facit PL.*Cist.*290; ~uc aetatis qui sit *Mil.*659; nunc non aequomst abduci, pater, ~isce apsentibus *St.*131; QVI ~VNC PEDICAT *CIL* 4.1691; aspiciens quempiam..rogabam..et, cum ~ic..respondisset.. GEL.16.10.4. **b** ~uc primum, faenus, reddundum est mihi PL.*Mos.*600; ~uc..metuei..ne cognosceret eas aliquis *Poen.*1378;—ne ~ic pulchram praedam agat si quis illam inuenerit aulam..*Aul.*610; ~uc est, ~uc, quod hic hunc fecit uilicum *Cas.*460; quid ~uc est quod med hisce homines insanire praedicant? *Men.*958. **c** sumne ego mulier misera quae ~aec audio? PL.*Men.*852.

illīc², *adv.* [ILLI+-CE]

1 At that place, over there.
quid illaec ~ in consilio duae secreto consultant? PL.*Bac.*1154; i, ambula, actutum redi.—~ sum atque hic sum *Trin.*1109; em ~ ego habito. intro abi et cenam coque *Ps.*890.

2 In the place stated or implied in the context, there.
credo edepol ego ~ inesse argenti..largiter PL.*Rud.*1188; pabulum, quod bubus satis siet, qui ~ sient CATO *Agr.*137; utinam te ~! CIC.*Att.*16.5.4; ~ clausa tenent stabulis armenta VERG.*G.*3.352; sternuntur flumina..uiris; ~ luctantur corpora leto STAT.*Theb.*9.264; ciuile bellum a Vitellio coepit, et ut de principatu certaremus armis initium ~ fuit TAC.*Hist.*2.47; memoria prosperarum ~ rerum 5.14; APUL.*Met.*2.15; (*emph. w.* ilico) ~ astato ilico PL.*Rud.*836;—(*opp.* hic) faenus ~, faenus hic! *Mos.*605; ~, in superiore, adiunctio est haec..hoc inferius non item CIC.*Inv.*2.171; Hannibale hic uicto, ~ Carthaginem expugna LIV.28.41.10;—(*correl.*) equitem..~ fuisse utilem quo sint profecti CAES.*Gal.*7.20.4; uiuendum est ~ ubi nulla incendia JUV.3.197;—(*in a book, etc.*) ea quae in priore libro sunt dicta et ea quae..~ praeterii VAR.*L.*9.7; qui illum (*sc.* recitatorem) obmutescere ~ cupiunt SEN.*Ep.*95.2; QUINT.*Inst.*6.1.12.

3 In that situation, in circumstances of that kind.
quot ~ (*i.e. in love*) blanditiae, quot ~ iracundiae sunt..! PL.*Truc.*28; res publica et milite ~ et pecunia uacet LIV.2.48.9; maior..~ licentia est ubi tempora etiam manu mota metiuntur QUINT.*Inst.*9.4.51;—(*with more or less temporal force*) ~ (*i.e. in olden times*) laudabatur uilla, si habebat culinam..bonam VAR.*R.*1.13.6; tunc neque marmoreo pendebant uela theatro..~..frondes..scaena..fuit OV.*Ars* 1.105; ipsam ~ matrem spreuisset Achilles STAT.*Ach.*1.916;—(*correl.*) ubi illud malum uerum est? ~ scilicet si ista animum detrahunt SEN.*Ep.*71.29; ubicumque ab intestato admittitur quis, ~ et uenter admittitur ULP.*dig.*37.9.7;—(*opp.* hic, *etc.*) casus inest ~, hic erit artis opus OV.*Ars* 2.14; ~ uiam, qua redeat (*i.e. from the wound*), ipsum sibi fecit (telum), hic a scalpello accipit CELS.7.5.1.

illices (inl-): (see quot.).
~ canales, in quos aqua confluit in uiis lapide stratis, ab inliciendo strati PAUL.*Fest.*p.113M.

illiciō ~icere ~exī ~ectum, *tr.* **inl-.** [IN-¹+LACIO] FORMS: *~exe* (= *~exisse*) PL.*Mer.*53; ACC.*trag.*205.

1 To entice, attract (to a place).
quom ~iciebas me ad te blande ac benedice PL.*As.*206; *Aul.*737; possumus nos hos intro ~icere huc *Bac.*11.51; quo modo ~iceret populum in eum locum VAR.*L.*6.90; 6.94.

2 To lure, entice (usu. into a course of action to which one is normally or naturally disinclined). **b** (w. cl., etc.).
ab eisdem ~ecti sumus CIC.*Att.*9.13.3; iuuentutem, quam, ut supra diximus, ~exerat SAL.*Cat.*16.1; inuexisse in Galliam uinum ~iciendae gentis causa LIV.5.33.3; additae uoluptates..uini et epularum, quo plurium animi ~icerentur 39.8.5; inescandae ~iciendaeque multitudinis causa VELL.2.13.2; hoc condimento ~ectae pecudes COL.5.6.4; ut est utilis (*sc.* dialectice)..~iciendo, implicando QUINT.*Inst.* 12.2.13; Caecina..studia militum ~exerat TAC.*Hist.*1.53; corruptissimum quemque adulescentium pretio ~icere 2.62; nihil omissum quo ambiguos ~iceret *Ann.*6.44;—(*w.* ad) quos ad bellum spes rapinarum..~exerat SAL.*Cat.*57.1; per quem ~ectus ad transitionem Moericus erat LIV.26.21.13; haec (*sc. words*)..ad cauta ~exere patres SIL.4.804; testis ~exit ad proferenda quae uelut reicere uoluerat TAC.*Ann.*3.22; primores Armeniorum ad res nouas ~icit 12.44;—(*w.* in+*acc.*) amorem multos ~exe in dispendium PL.*Mer.*53; *Mil.*1435; inperitos rerum..in fraudem ~icis? TER.*An.*911; coniugem ~exe in stuprum ACC.*trag.*205. **b** (*w.* ut+*subj.*) ~icere ut cuperent uitam mutare priorem LUCR.5.169; ~icite lucro mercatorem ut sequatur agmen LIV.10.17.6; singulos ~icere pretio ut illud extraherent malum PHAED.1.8.6; ~iciens Germanos ad discordias utque..Maroboduo usque in exitium insisteretur TAC.*Ann.*2.62; si..ipsa eum ~exerat ut crederet ULP.*dig.*25.4.1.8;—(*w. subj. alone*) ~iciente Vitellio desererent regem TAC.*Ann.*6.36;—(*w. inf.*) proximi ~iciebantur prauis sermonibus tumidos spiritus perstimulare 4.12.

illicitātor ~ōris, *m.* **inl-.** [prec.+-ITO+-TOR] A person engaged to bid at an auction in order to raise the price.
~orem potius ponam quam illud minoris ueneat CIC.*Fam.*7.2.1; non ~orem uenditor, non qui contra se liceatur emptor apponet *Off.*3.61.

illicitē, *adv.* **inl-.** [next+-E] Unlawfully.
id quod ~ extortum est ULP.*dig.*3.6.8; 32.11.14; ne ~ nubat 38.16.3.5.

illicitus ~a ~um, *a.* **inl-.** [IN-²+LICITVS

1 Not allowed by morals or religion, forbidden, illicit.
stupra et ~os toros..quaerit SEN.*Phaed.*97; LUC.6.454; nec Venerem ~am..ausi intramus Lethen STAT.*Theb.*8.96; alienarum concubitu abstinent; inter se nihil ~um TAC.*Hist.*5.5; pactum inter Claudium et Agrippinam matrimonium..amore ~o firmabatur *Ann.*12.5; ad ~ae libidinis extrema flagitia APUL.*Met.*8.29;—(*neut. as sb.*) ~a amantur, excidit quicquid licet SEN.*Her.O.*357; ire per ~um pelago..dedisti STAT.*Theb.*1.223; per licita atque ~a foedatus TAC.*Ann.*15.37.

2 Not permitted by law, unlawful, illegal.
fistulas intra urbem ~as deprehendimus FRON.*Aq.*65; oportet quidem, quae sunt inhonesta, non quasi ~a, sed quasi pudenda uitare PLIN.*Ep.*5.13(14).9; si facinus istud omnium ~arum rerum consumpsit inuidiam [QUINT.]*Decl.*7.4; apiscendi ~os honores TAC.*Ann.*3.27; ~A VECTIGALIA *CIL* 2.6278.3; ULP.*dig.*19.5.15;—(*neut. as sb.*) quibus moris est ~a mirari TAC.*Ag.*42.5; licitum ab ~o discernentes ULP.*dig.*1.1.1.1.

illicium ~(i)ī, *n.* **inl-.** [ILLICIO+-IVM]

1 A thing that entices or attracts, a lure.
VAR.*R.*3.7.6; ~ium hoc (*sc.* apiastrum) illis (*sc.* apibus) 3.16.22; ubi consederunt (apes), adferunt aluum eisdem ~iis litam 3.16.31.

2 (used in old formula for summoning a *contio*).
omnes Quirites..uoca ~ium huc ad me *formula* in VAR.*L.*6.86; non est dubium, quin hoc ~ium sit, cum circum muros itur, ut populus inliciatur ad magistratus conspectum VAR.*L.*6.94; ~ium uocare antiqui dicebant ad contionem uocare PAUL.*Fest.*p.113M; p.114M.

illīdō ~dere ~sī ~sum, *tr.* **inl-.** [IN-¹+LAEDO]

1 To injure by crushing.
relincunt (*the young birds*) in nido ~sis cruribus VAR.*R.*3.7.10; serpens..compressa atque ~sa morietur CIC.*Har.*55; corpus ~sum trahens, Zethi iuuencus SEN.*Phoen.*19; conditum (*sc.* natum) ~det statim immane busti pondus *Tro.*688.

2 To dash, beat, etc. (on or against). **b** to drive (the teeth into). **c** (med.) to interrupt (the breath) by causing it to strike against an obstruction.
~sa..prora pependit VERG.*A.*5.206; pectora ~so sonent contusa planctu SEN.*Thy.*1045; calices crystallinos..fregit ~sos PLIN.*Nat.*37.29; diuisa..caerula pulsu ~sum accipiunt irata sub aequora montem SIL.4.209; in litore in quo se maximo cum sono fluctus ~deret QUINT.*Inst.*10.3.30; imagines..cum..aliquid..solidum offenderunt, ~sae reflectantur APUL.*Apol.*15;—(*w. dat.*) scopulis ~sa reclamant aequora VERG.*G.*3.261; (naues) perfregerant proras litori ~sas LIV.22.20.2; quod..ex ea (*sc.* potione) superfuerat..~sum humo V.MAX.3.2.ext.6; cum multorum frustra liminibus ~sus nomenculatores persalutauit SEN.*Dial.*9.12.6; audio crepitum ~sae manus umeris *Ep.*56.1; eadem (*sc.* glaeba)..~sa humo non dissipator COL.2.2.18; ubi torrentem crepitanti grandine nimbum ~dit terris..Iupiter SIL.5.385; tela..arbustis sine hostium noxa ~sa TAC.*Hist.*3.23; ut..caput interdum foribus ~deret SUET.*Aug.*23.2; ULP.*dig.*9.2.7.7; (*poet.*) quos..rex suus ~sit pelago V.FL.7.53;—(*w.* in+*acc.*) ~so capite in postem lapideum VELL.2.7.2; motum ex profundo mare ~sit in molem CURT.4.3.6; alter

in alterum ~dimur SEN.*Dial.*11.9.6; auidos ~dit in aegrum cornipedem cursus STAT.*Theb.*11.517;—(*w.* ad) Aiax..quem fluctus ad saxa ~serunt HYG.*Fab.*116.2;—(*w.* super) ut scopulum super altis ab astris duram ~dat corticem PHAED. 2.6.12. **b** dentis ~dunt saepe labellis LUCR.4.1080; inuidia..fragili quaerens ~dere dentem offendet solido HOR.*S.*2.1.77; siccis ~dunt ora lupatis STAT.*Theb.*4.731. **c** quorum faucibus in febre ~ditur spiritus CELS.2.7.27.

illigō ~āre ~āuī ~ātum, *tr.* **inl-.** [IN-[1]+LIGO[1]]

1 To bind or tie up. **b** to encumber, obstruct, hamper.

ipse (*sc.* Hercules) ~atus peste interimor textili CIC. *Tusc.*2.20 (transl. Sophocles); tanta erat operis firmitudo..ut..artius ~ata (tigna) tenerentur CAES.*Gal.*4.17.7; cum fascibus secures ~atas praeferebant LIV.3.36.4; quaedam in oblectamentum..sic ~antur, ut eorum solutio inperito difficilis sit SEN.*Ben.*5.12.2; COL.4.14.1; (*pass. w. ret. acc.*) Canidia, breuibus ~ata uiperis crinis HOR.*Epod.*5.15; (*w.* inter se) funibus uelut uno inter se uinculo ~atis LIV. 30.10.5; (*fig.*) si fatorum series ~atos trahit SEN.*Ep.*16.6;—(*transf.*) cum Archimedes lunae solis quinque errantium motus in sphaeram ~auit CIC.*Tusc.*1.63. **b** pedem referens et inutilis inque ligatus cedebat VERG.*A.*10.794; dexteram..tanto torpore ~auit V.MAX.6.8.4; ne..impeditis locis seque et equestris copias ~aret TAC.*Ann.*13.40; (*cf.*) ut Abdum..lento ueneno ~aret 6.32.

2 To attach or enclose by tying. **b** to fix (onto).

iuuencis ~ata pluribus aratra HOR.*Epod.*1.25; 3.11; ferrea manus firmae catenae ~ata LIV.24.34.10; dentes..~atos pellibus caprearum ceruinis neruis PLIN.*Nat.*29.67;—(*w.* in+*acc.*) in currus..distentum ~at Mettium LIV. 1.28.10;—(*w.* in+*abl.*) Regulus quem Carthaginienses..~atum in machina..necaeurunt CIC.*Pis.*43; has (*sc.* litteras)..in iaculo ~atas effert CAES.*Gal.*5.45.4. **b** illa (*sc.* emblemata)..in aureis poculis ~abat CIC.*Ver.*4.54; (uolucres) uiscatis ~atae uiminibus PETR.109.7; dolia..si ita ~ata sint aedibus, ut ibi perpetuo posita sint JAVOL.*dig.* 33.7.26; PAUL.*dig.*34.2.32.1.

3 (transf.) To involve, tie up. **b** to place under obligation, bind.

sunt angustis..disputationibus ~ati (philosophi) CIC. *de Orat.*2.61; orationis..genus, in quo..omnes sententiarum ~antur lepores *Orat.*96; paean..syllaba longior, quam commodissime putatur in solutam orationem ~ari 215; qui sermonibus eius modi nolint personas tam graues ~ari *Luc.*6; se grauioris fortunae condicioni ~antem LIV.36.11.2; tribuni bello alieno se ~antis 36.40.14; ambiguam significationem uerbis ~amus SEN.*Ep.*45.5. **b** multis pignoribus M. Lepidum res publica ~atum tenet CIC.*Phil.*13. 8; familiari..amicitia plerique ~ati Philippo erant LIV. 32.22.11; ~atus praeda statiuis castris adhaerebat TAC. *Ann.*3.21; periculo se depositi ~asse ULP.*dig.*16.3.1.35.

illim, *adv.* [ILLE+-IM]

1 From that place, thence.

hinc stas, ~ caussam dicis PL.*Men.*799; ~ unde huc aduecta sum *Mer.*511; dum cognatus huc ~ ueniret TER. *Ad.*674; fugit ~ CIC.*Har.*42.

2 From that source or quarter, thence.

omnem se amorem abiecisse ~ atque in hanc transfudisse CIC.*Phil.*2.77; si ~ beneficium non sit *Att.*9.7.4; neque..se diuidit ~ LUCR.3.881.

illīmis ~is ~e, *a.* [IN-[2]+LIMVS[1]+-IS] Free from slime.

fons erat ~is, nitidis argenteus undis OV.*Met.*3.407.

illīmō ~āre ~āuī ~ātum, *tr.* **inl-.** [IN-[1]+LIMVS[1]+-O[3]] To cover with mud, smear.

(conuenit) luto Punico frondibus ~atis (aluearia) adumbrari COL.9.7.4.

illinc, *adv.* [ILLIM+-CE]

1 From that place, thence. **b** from that source or quarter, thence. **c** from that time.

ubi foras..~ exibant NAEV.*poet.*5.3; num istaec mulier ~ uenit..? PL.*Men.*413; ~ procul nos istuc inspectabimus *Poen.*682; TER.*Ad.*731; posteaquam ~ decessi CIC.*Ver.* 2.161; quicquid ~ nuntiatum sit *Fam.*5.21.3; nequeunt ~ simulacra reuerti LUCR.4.321; LIV.7.30.21; ~ uentus est unde finduntur SEN.*Nat.*1.2.8; uehatur pensilibus plumis atque ~ despiciat nos? JUV.1.159; APUL.*Met.*8.18. **b** est mos traditus ~ ACC.*poet.*3.5; audiebamus Alexandream..~ omnes praestigiae..omnia..ab eis mimorum argumenta nata sunt CIC.*Rab.Post.*35; ecquis ad haec ~ (*i.e. from my previous poetry*) crederet esse uiam? OV.*Fast.*2.8; SEN.*Nat.* 3.20.3. **c** an..~ nosse se incipiat unde corpori abductus in sublime secessit SEN.*Ep.*88.34.

2 *hinc* (*ex hac parte*, and sim.)..~, On one side..on the other.

ex hac..parte pudor pugnat, ~ petulantia CIC.*Catil.*2.25; circumcursans hinc ~ CATUL.68.133; nunc hinc nunc ~ fremitus per nubila mittunt LUCR.6.199; quercum..Boreae nunc hinc nunc flatibus ~ eruere inter se certant VERG.*A.*4.442; dextra laeuaque, hinc a porta Collina, ~ ab Naeuia, redditus clamor LIV.2.11.9; hinc remiges firmissimi, ~ inopia adfectissimi VELL.2.84.1; cocus..porci..uentrem hinc atque ~..secuit PETR.49.9; MART.4.64.18.

illinō ~inere ~ēuī ~itum, *tr.* **inl-.** [IN-[1]+LINO] FORMS: *~inire* (inf.) COL.12.46.5 and freq. in codd.; *~inienda* (gdve.) VITR.8.6.8.

1 To apply by smearing, smear (on or over). **b** (in hyperb. or contemptuous sense).

~ino cretam cerussam NOV.*com.*83; quaedam quasi cataplasmata in dentem ipsum ~inuntur CELS.6.9.3; cardiacis ~inuntur super sinistram mammam PLIN.*Nat.*20.77; in panno ~itum medicamentum inponitur LARG.131;—(*w. dat.*) oculis ego nigra meis collyria lippus ~inere HOR.*S.* 1.5.31; aues uiscum..plumis omnibus ~inunt SEN.*Dial.* 5.16.1; quae (*sc.* farina) cum est aqua consparsa, ~initur..nauticis ueteribus funibus COL.11.3.5; (*poet.*) bruma niues Albanis ~inet agris HOR.*Ep.*1.7.10;—(*in fig. phr.*) his tribus figuris insidere quidam uenustatis non fuco ~itus, sed sanguine diffusus debet color CIC.*de Orat.*3.199. **b** quodcumque semel chartis ~euerit, omnis gestiet..scire HOR.*S.* 1.4.36; aurum uestibus ~itum *Carm.*4.9.14; multum auri tecto..eius ~initur SEN.*Ep.*119.11.

2 To besmear, daub, anoint, coat (with). **b** (hyperb. or contemptuous).

uespae..unum genus ex araneis peremunt..deinde ~inunt PLIN.*Nat.*11.72; ita frons et tempora ~inuntur LARG.5;—(*w. abl.*) coagmenta..calce uiua ex oleo subacta sunt ~inienda VITR.8.6.8; in uadis haesitantes frumenti aceruos sedisse ~itos limo LIV.2.5.3; ~ita Nesseo misi tibi texta ueneno OV.*Ep.*9.163; satis..est..papyrum intortum ..eo (*sc.* medicamento) ~ini CELS.5.28.12.K; idem auctor est creta figulari bene subacta recentia mala crasse ~inire COL.12.46.5; opera atramento ~inebat PLIN.*Nat.*35.97; ~itum palatum eius noxio medicamine adseuerabant TAC. *Ann.*14.51; ~itis..galbano facibus SUET.*Gal.*3.1;—(*fig.*) id donum inimicorum ueneno ~itum fore LIV.5.2.3; quicquid est illud obsoleti ~itique eluunt SEN.*Dial.*6.23.1; nulla macula non ~ita uita SIL.11.43. **b** remouete.. purpura atque auro ~itas uestes SEN.*Phaed.*387; ~ita porticus auro CALP.*Ecl.*7.47; spolia purpura auroque ~ita FLOR.*Epit.*2.21(4.11.7); nonne..Caesarum munera ~itos cibis hamos..aemulabantur? PLIN.*Pan.*43.5.

illiquefactus ~a ~um, *a.* **inl-.** [IN-[1]+LIQVEFACIO] Made liquid, melted.

crebris quasi cuneolis ~is unum efficiebant ex omnibus corpus CIC.*Tim.*47; quae sunt omnes unius generis ad perfundendum animum tamquam ~ae uoluptates *Tusc.*4.20.

illīsus ~ūs, *m.* **inl-.** [ILLIDO+-TVS[3]] The action or process of striking against a thing, impact.

idem (*sc.* uertex) ~u ipso repercussus correpta secum in caelum refert PLIN.*Nat.*2.132; aequora surgunt spumea, et ~u scopulus tremit omnis aquarum SIL.17.245; occursantis linguae ~u nectareo APUL.*Met.*2.10.

illit(t)erātus ~a ~um, *a.* **inl-.** *superl.* ~issimus. [IN-[2]+LITTERATVS]

1 Uneducated, ignorant, illiterate. **b** lacking scholarship, unlearned.

quid narras..~e inlex? CAECIL.*com.*60; ~i mendacesque sunt et uera minus meminere CATO *hist.*31; multi impudentes, ~i, leues CIC.*Flac.*9; COL.1.8.4; litigator rusticus ~usque QUINT.*Inst.*2.21.16; est libertus mihi non ~us PLIN.*Ep.*7.27.12. **b** Laelium Decumum..quem cognouimus uirum bonum et non ~um CIC.*de Orat.*2.25; ~um (dicimus) non ex toto rudem, sed ad litteras altiores non perductum SEN.*Ben.*5.13.3;—(*transf.*) multa, quae fortasse..nec ~a nec insulsa esse uideantur CIC.*Fam.*9.16.4; ~um plausum nec desidero PHAED.4.pr.20; scribo..~issimas litteras PLIN.*Ep.*1.10.9; ~um, iners ac paene etiam turpe 2.3.8.

2 Not written down, unwritten.

leges..tacito ~oque Atheniensium consensu oblitteratae sunt GEL.11.18.4; ~a pax est, quae litteris conprehensa non est PAUL.*Fest.*p.113M.

illitus ~ūs, *m.* **inl-.** [ILLINO+-TVS[3]] The action or process of smearing on.

ictibus medetur (alium) potu uel cibo uel ~u PLIN.*Nat.* 20.50; buselinum..praeualere contra serpentes potu et ~u 20.118; 26.151; ieiunae (saliuae) ~u adsiduo 28.37.

illō, *adv.* [abl. masc. sg. of ILLE]

1 To that place, thither; *hoc*..~, to one place or another, hither and thither.

~ te ducam, ubi non despuas NAEV.*com.*98; quom ~ aduenero PL.*Am.*197; *Mer.*462; hinc ~ profectus POMPON. *com.*90; ~ non saxum, non materies ulla aduecta est CIC. *Ver.*1.147; *Fam.*1.10; CAES.*Gal.*4.20.3; nec inde huc nec hinc ~ peruio tractu PLIN.*Nat.*2.170;—ista sidera hoc et ~ diducet uelocitas sua SEN.*Ben.*5.6.5; quia nec hoc nec ~ impetum capiat (mare) *Nat.*5.1.1.

2 (transf.) To that point or quarter; *huc*..~, to one side or the other.

deinde ~ (*to that stage in the argument*) transit SEN.*Suas.* 2.11; ubicumque nomen inlustre defecit, ~ deum infulciunt SEN.*Ben.*3.28.2; hinc te ~ furor rapiet, illinc alio *Dial.* 5.28.1; paulatim fastidium tuum ~ usque procedet *Ep.* 66.25; quoniam euasisti mortem, nunc ~ redi APUL.*Met.* 1.14;—prout fuerit iudex aut huc aut ~ inclinatus animo SEN.*Ben.*3.12.2.

3 ~ *loci*, In that situation: see ILLE.

illōc, *adv.* [perh. an old instrumental from ILLIC[1]] To that place, thither; *hoc*..~, this way and that. **b** (transf.) to the topic mentioned.

post ~ quam ueni PL.*Truc.*647; TER.*Eu.*572;—et in mari et in terra multa possideo; nam cancer et hoc et ~ quadrat PETR.39.8. **b** SI NARREM BELLA..VEREOR NE NIMIO INSOLENTIOR ESSE VIDEAR..SED ~ POTIVS REVERTAR.. *CIL* 13.1668.1.40.

illocābilis ~is ~e, *a.* **inl-.** [IN-[2]+LOCO+-BILIS] (of a girl) That cannot be contracted out in marriage.

uirginem habeo grandem, dote cassam atque ~em PL. *Aul.*191.

illorsum, *adv.* [<**illouorsum*; ILLO+VERSVS[2]] Towards that place.

PAUL.*Fest.*p.27M.

illōtus ~a ~um, *a.* Also **illautus, illūtus. inl-.** [IN-[2]+LAVO]

1 Unwashed, unclean, dirty. **b** (fig., w. ref. to ceremonial washing) *pedibus* or *manibus* *~is*, without due preparation.

ut quidem tu huius oculos inlutis manibus tractes..? PL.*Poen.*316; uinaceos inlutos et faecem relinquito CATO *Agr.*147; inauratae atque inlautae mulieris TITIN.*com.*1; incoquere illotos..echinos HOR.*S.*2.8.52; (faex) ~a miscetur medicamentis PLIN.*Nat.*23.63; leporis marini gustus non absimilis ~is piscibus aut etiam putentibus LARG.186; ~os reuoca, Calliste, ministros MART.8.67.5; QUINT.*Inst.*1.4.13; (*fig.*) neque, qui tam ~o sermone utitur, uita honestiore est [CIC.]*Sal.*1. **b** qui repente pedibus ~is ad philosophos deuertunt GEL.1.9.8; ~is, quod aiunt, pedibus et uerbis reprehendit doctissimi uiri orationem 17.5.14; ~is ut ita dixerim manibus protinus materiam interpretationis tractare GAIUS *dig.*1.2.1.

2 Not washed off.

~us adhaesit sudor VERG.*G.*3.443; spodos ~a est PLIN. *Nat.*34.128.

illūbricō ~āre, *tr.* **inl-.** [IN-[1]+LVBRICO] To give a smooth or sinuous motion to.

membra sua leniter ~ans (Fotis) APUL.*Met.*2.7.

illūc, *adv.* [perh. <**illoic*, old loc. of direction from ILLIC[1] (cf. Gk. ποῖ); see also ILLOC]

1 To that place, thither. **b** *huc*..*illuc*, in one direction or another, hither and thither, to and fro; also *illuc*..*illuc*.

imus huc, hinc ~ ENN.*scen.*240; age tu ~ procede PL. *Capt.*954; TER.*Ad.*225; cum ~ irent CIC.*Ver.*4.108; *Att.* 3.4; cum ~ (*i.e. to the next life*) ex his uinclis emissi feremur *Tusc.*1.75; LUCR.4.382; TAC.*Hist.*2.28. **b** hinc ego et huc et ~ potero quid agant arbitrarier PL.*Aul.*607; ut tum huc tum ~ uolent alites CIC.*Div.*1.120; huc ora ferebat et ~ VERG.*A.*8.229; fluctuantem turbam trepidantium huc atque ~ LIV.3.60.10; huc ~..errat OV.*Fast.*2.335; PETR.37.1; huc ~ cursantem TAC.*Hist.*5.20;—gradibus tardis ~ errabat et illuc OV.*Met.*11.357.

2 (transf.) To that point or quarter, thither; (also app.) in that passage, there. **b** *huc*..*illuc*, this way and that.

neque tu scilicet ~ confugies: 'quid mea? num mihi datumst?' TER.*Hau.*793; sed ~ redeo CIC.*de Orat.*2.62; summa ~ pertinet, ut sciatis..*Ver.*5.25; si perducta mens ~ usque cogitet, quid et quo petatur PLIN.*Nat.*6.88; ~ cuncta uergere TAC.*Ann.*1.3; 11.9;—haec lex uidetur ex lege Solonis tralata esse. nam ~ ita est GAIUS *dig.*47.22.4. **b** Fannium inuitum et huc atque ~ tergiuersantem CIC. *Q.Rosc.*37; animum nunc huc celerem nunc diuidit ~ VERG. *A.*4.285.

illūceō ~ēre, *intr.* **inl-.** [IN-[1]+LVCEO] N.B. exx. of the pf. tense are treated under ILLVCESCO. To shine (on).

(*w. dat.*) te..pix atra agitet apud carnuficem tuoque capiti ~eat PL.*Capt.*597; quid cum capillis color gratus et nitor splendidus ~est..? APUL.*Met.*2.9.

illūcescō ~cescere ~xī, *intr.*, *tr.* [IN-[1]+LVCESCO]

1 (tr.) To shine on.

ut mortalis ~cescat luce clara (dies) PL.*Am.*547; Volcanus, Luna, Sol, Dies, di quattuor, scelestiorem nullum ~xere alterum *Bac.*256.

2 (intr.) (of day) To begin to grow light, dawn, break; (of the sun) to begin to shine. **b** (impers.) it dawns, grows light.

hic tibi dies ~xit lucrificabilis PL.*Per.*712; 780; hic..dies uobis, patres conscripti, ~xit CIC.*Phil.*5.2; *Luc.*69; VERG.*G.* 2.337; LIV.38.52.1; OV.*Met.*7.431; en ~xit..fama totiens iactata dies [SEN.]*Oct.*669; ~xerat primus consulatus tui dies PLIN.*Pan.*66.2; ea uero nocte, cui ~xit dies caedis SUET.*Jul.*81.3; eo die..qui proximus eam noctem ~cescit GEL.3.2.9; APUL.*Met.*11.5;—cum..tertio die sol ~xisset CIC.*N.D.*2.96; (sol) ad euiscerata corpora ~xit [QUINT.] *Decl.*12.26. **b** postquam ~xit nec quisquam hostium in conspectu erat LIV.2.7.3; ubi ~xit postero die 3.2.10; ubi ~xit, successit uallo Romana acies 27.42.11; gratulor uobis, uirgines, quod citius ~xit SEN.*Con.*1.5.9.

3 (fig.) To shine out.

cum populo Romano uox et auctoritas consulis repente in tantis tenebris ~xerit CIC.*Agr.*1.24; clarissimum deinde Homeri ~xit ingenium VELL.1.5.1.

illuctor ~ārī, *intr.* **inl-.** [IN-[1]+LVCTOR] (w. dat.) To struggle (against), wrestle (with).

(*poet.*) teneris meditans uerba ~antia labris STAT.*Theb.* 4.791.

illūculascō ~ere, *intr.* **inl-.** [*illucula-* (ILLVCEO)+-SCO; cf. DILVCVLO] (of day) To dawn, break.

quom serenus dies ~it lumine inchoato FRO.*Aur.*2.p.126 (103N).

illūdiō ~āre, *intr.* **inl-.** [cf. next, ALL-, OBLVDIO] (w. dat.) To mock (at).

mendae suae ~abant GEL.1.7.3.

illūdō ~dere ~sī ~sum, *tr.*, *intr.* **inl-.** [IN-[1]+LVDO]

1 To make game of, speak mockingly of. **b** (poet.) to trick out.

(*w. acc.*) satis superbe ~ditis me TER.*Ph.*915; dignam me putas quam ~das? *Hau.*741; cum..illud nimium acumen ~deres CIC.*de Orat.*1.243; contemni se putant (senes), despici, ~di *Sen.*65; uerbis uirtutem ~de superbis! VERG.*A.* 9.634; risit et ~dens nostras Tirynthius artes OV.*Met.*9.66; quia probrosis sermonibus diuum Augustum ac Tiberium et matrem eius ~sisset TAC.*Ann.*2.50; 14.57; GEL.17.1.11;—

(*w. dat.*) uirorum talium dignitati ~dere CIC.*S.Rosc.*54; certant..~dere capto VERG.*A.*2.64; HOR.*S.*2.8.62; ~dit nobis illa..fama SEN.*Ep.*13.8; fatuos rudesque quaeris ~das quibus MART.12.53.9; ~sit..Neroni fortuna TAC.*Ann.*16.1; (*poet.*) (frons) cui..siluestres uri adsidue capreaeque sequaces ~dunt VERG.*G.*2.375; ima uidebatur talis ~dere palla [TIB.] 3.4.35; ubi quid datur oti ~do chartis HOR.*S.*1.4.139;—(*w. in*+*acc.*) ut ne impune in nos ~seris TER.*Eu.*942;—(*w. in*+*abl.*) adeon uidemur uobis esse idonei in quibus sic ~datis? *An.*758;—(*absol. or ellipt.*) ducitur sic, ut si quis hominem prodigum et luxuriosum ~dens parcum..appellet *Rhet. Her.*4.46; quae cum dixisset in Albucium ~dens CIC. *de Orat.*3.171; ~seras heri inter scyphos, quod dixeram controuersiam esse, possetne heres..furti recte agere *Fam.* 7.22; plaudit ~dens eques PHAED.5.7.33; amica ~dens APUL.*Fl.*16. **b** (*tr.*) inhiant..~sas..auro uestis Ephyreiaque aera VERG.*G.*2.464.

2 To practise upon, fool, dupe.
(*tr.*) me ~di ab eo aut etiam ipsum errare arbitrabar CIC. *de Orat.*1.91; Poenus ~sis Cretensibus omnibus ad Prusiam in Pontum peruenit NEP.*Han.*10.1; ~si..pedes uitiosum ferre recusant corpus HOR.*S.*2.7.108; ~sit aetatulam meam APUL.*Met.*1.12; (*ellipt.*) saeuitiam Neronis per eius modi imagines ~sisse TAC.*Hist.*4.8.

3 To fool or trifle away.
(*tr.*) dum studeo obsequi tibi, paene ~si uitam filiae TER.*An.*822;—(*w. dat.*) in summa abundantia pecuniae ~dere TAC.*Hist.*2.94; uiribus principis ~dere *Ann.*15.42.

4 To use for sexual pleasure.
(*tr.*) ~sa..tauro Pasiphae SIL.8.470;—(*w. dat.*) tradunt.. ~sum isse pueritiae Britannici Neronem TAC.*Ann.*13.17; siue C. Caesar, scortorum quoque cupiens, etiam matri eius ~sit 15.72.

-illum ~ī, *n. suff.*: neut. to -ILLVS (*scabillum*).

illūminātē, *adv.* **inl-.** [pple. of ILLVMINO+-E] In a manner illuminated (by).
qui distincte, qui explicate, qui abundanter, qui ~ et rebus et uerbis dicunt CIC.*de Orat.*3.53.

illūminātiō ~ōnis, *f.* **inl-.** [next+-TIO] Illustriousness, glory.
non deriuatur a proauis ~o filiorum [QUINT.]*Decl.*3ª.7.

illūminō ~āre ~āuī ~ātum, *tr.* **inl-.** [IN-¹ +LVMINO]

1 To give light to, illuminate. **b** to light up, brighten (with jewels, colours, etc.).
ab eo (*sc.* sole)..luna ~ata CIC.*N.D.*2.119; VITR.9.2.3; paruis ab oriente singulis ~ari fenestellis COL.8.3.3; PLIN. *Nat.*2.183; Enceladus rupto..uias ~at igni STAT.*Theb.* 12.275; ex qua parte caeli terra ~atur HYG.GR.*agrim.*p.134; APUL.*Met.*3.28; (*poet.*) patrias..~at umbras (*i.e. blindness*) STAT.*Theb.*10.603. **b** cum corona aurea, magnis fulgentibus gemmis ~ata *Rhet.Her.*4.60; (purpureus color) omnem ..uestem ~at PLIN.*Nat.*9.127; 35.48; GEL.2.26.8; CAPITA COLVMNARVM DVA AEREA AVRO ~ATA *CIL* 3.138; circulus.. signis XII ~atus APUL.*Mun.*2.

2 To brighten (with rhetorical or other literary embellishments).
illa..quibus orationem ornari atque ~ari putem CIC.*de Orat.*3.25; tamquam stellis quibusdam notat et ~at orationem 3.170; locorum splendidis nominibus ~atus est uersus *Orat.*163; (ueterum auctorum placita) Vergilius poeticis floribus ~auit COL.9.2.1; QUINT.*Inst.*2.4.12; oratio translationum nitore ~anda 12.10.36.

3 (fig.) To light up, make conspicuous. **b** to throw light on, reveal.
quo magis id, quod erit ~atum, exstare atque eminere uideatur CIC.*de Orat.*3.101; nisi Thebas unum os Pindari ~aret VELL.1.18.3; 2.18.3; Philoctetes alumnus Meliboean ~at MELA 2.35; pulchritudinem rerum claritas orationis ~at QUINT.*Inst.*2.16.10. **b** σχήματα..non tam in uerbis pingendis habent pondus quam in ~andis sententiis CIC. *Brut.*141; ~at..rectam uiam docentis magisterium COL. 1.1.16; debet enim quod illustrandae alterius rei gratia adsumitur, ipsum esse clarius eo quod ~at QUINT.*Inst.* 8.3.73; quin..tuae mortis ~as arcana? APUL.*Met.*2.29.

illūminus ~a ~um, *a.* **inl-.** [IN-²+LVMEN+-VS] Unlighted, dark.
per..~arum Proserpinae nubtiarum demeacula APUL. *Met.*6.2.

illūnis ~is ~e, *a.* **inl-.** [IN-²+LVNA+-IS] Moonless.
~em nacti..noctem SIL.15.616; nox..~is aut nubila PLIN.*Ep.*6.20.14.

illūnius ~a ~um, *a.* **inl-.** [IN-²+LVNA+-IVS] = prec.
seruato noctis ~o tempore APUL.*Met.*4.18; tenebris ~ae caliginis impeditus 9.33.

-illus ~ī, *m.*, *and* ~a ~um, *adjl. suff.* Enlargement of -LVS, orig. due to contact with *-n-* (*pugillus*, *bouillus*, *modicillus*).

illūsiō ~ōnis, *f.* **inl-.** [ILLVDO+-TIO] **a** The action of making game (of), ridicule. **b** the saying of the opposite of what is meant, irony.
a significatio et distincte concisa breuitas et extenuatio et huic adiuncta ~o CIC.*de Orat.*3.202. **b** in eo uero genere, quo contraria ostenduntur, εἰρωνεία est: ~onem uocant QUINT.*Inst.*8.6.54.

illuster: see ILLVSTRIS.

illustrāmentum ~ī, *n.* **inl-.** [ILLVSTRO+-MENTVM] An adornment, embellishment.
haec sunt uel ~a pronuntiationis uel uitia QUINT.*Inst.* 11.3.149.

illustrātiō ~ōnis, *f.* **inl-.** [ILLVSTRO+-TIO] The action of making vivid.
insequitur ἐνάργεια, quae a Cicerone ~o et euidentia nominatur, quae non tam dicere uidetur quam ostendere QUINT.*Inst.*6.2.32.

illustricenāris ~is ~e, *a.* [cf. next; second part dub.] Word of unknown meaning.
SALVE MILLE ANIMARVM ~E OPVS SALVE *CIL* 10.3692 (in dedication to Venus).

illustris ~is ~e, *a.* **inl-.** *compar.* ~ior, *superl.* ~issimus. [perh. back-formation from ILLVSTRO] FORMS: nom. sg. masc. *illuster* V.MAX.4.1.5, 4.3.11.

1 Bright, shining. **b** (of places, day, etc.) pervaded with light. **c** (fig., of abst. things) brilliant, shining.
exoritur pandens ~ia lumina Virgo CIC.*Arat.*626(380); solis calor et candor ~ior est quam ullius ignis *N.D.*2.40; cum oriente radii non ~es eminebunt PLIN.*Nat.*18.344; dum..chelyn lauro textumque ~e coronae subligat STAT. *Theb.*6.366; APUL.*Mun.*15;—(*in fig. phrs.*) illa sententiarum lumina adsumet, quae non erunt uehementer ~ia CIC.*Orat.* 85; beneficia uestra..nunc renouata ~iora uidentur quam si obscurata non essent *Red.Pop.*4. **b** omnis de tecto deturbauit tegulas; ~iores fecit fenstrasque indidit PL. *Rud.*88; neque a capite aegri debet residere (medicus) sed ~i loco aduersus CELS.3.6.8; die iam ~i signum e tabernaculo regis bucina dabatur CURT.3.3.8; ut sint (balnearia) usque in uesperum ~ia COL.1.6.2; ~ibus (noctibus) aeque quam die cernunt (pisces) PLIN.*Nat.*9.56; (ut luna) suis.. ~em et conspicuum praeberet hostem FRON.*Str.*2.1.12; nox sideribus ~is TAC.*Ann.*1.50; (*in fig. phrs.*) ne auaritiae.. uiam patefaciatis ~em atque latam CIC.*Ver.*3.219; negas te usque ad obscura progredi; ⟨in⟩ ~ibus igitur rebus insistis *Luc.*94. **c** uerba..omnia, quae sunt cuiusque generis maxime ~ia CIC.*de Orat.*1.151; dignitate motus fit speciosum et ~e quod dicit *Brut.*250; quod in iuuentute habemus ~ius exemplum ueteris sanctitatis? *Phil.*3.15; licet adsumere ea quibus ~em fieri orationem putat QUINT.*Inst.* 8.3.43.

2 (of speech, writing, etc.) Clear, lucid, perspicuous.
in quo genere uerborum aut casu erit ~ius unde uideri possit origo VAR.*L.*5.4; ~em et perspicuam totam efficit orationem CIC.*Inv.*1.31; explicationem magis ~em perpolitamque desiderant *de Orat.*2.120; nihil est..in historia pura et ~i breuitate dulcius *Brut.*262; ~is explanatio QUINT.*Inst.*9.2.2; (*of a person*) fuit..in altero genere mitior, in altero ~ior CIC.*Fin.*4.79.

3 Illustrious, distinguished, famous: **a** (of persons). **b** (of things).
a de antiquis ~issimus quisque pastor erat VAR.*R.*2.1.6; nullo ~i neque certo duce CIC.*Inv.*2.111; ex familia uetere et ~i *Mur.*17; in negotio conficiendo tanto ~ior erit CAEL. *Fam.*8.6.2; Conuictolitauem, florentem et ~em adulescentem CAES.*Gal.*7.32.4; ceciderunt eo proelio splendidi atque ~es uiri *B.Alex.*40.5; si qua ~is femina iactat auos PROP.2.13.10; ~i magis quam nobili ortus familia VELL.2.117.2; non quod uirtutibus filii diffideret, erat enim inluster V.MAX.4.1.5; scribit exitus ~ium uirorum PLIN.*Ep.*8.12.4; claras..abstulit urbi ~esque animas JUV.4.152;—(*w. abl.*) fore ~em fama fatisque canebant ipsam VERG.*A.*7.79; et diuitiis..et genere ~es LIV.29.34.17; Marsus..uetustis honoribus et ~is studiis erat TAC.*Ann.*6.47. **b** ex tam ~i prouincia CIC. *Ver.*1.10; quamuis..Themistocles iure laudetur et sit eius nomen quam Solonis ~ius *Off.*1.75; cum pater familiae ~iore loco natus decessit CAES.*Gal.*6.19.3; cuicumque in sua ciuitate amplior ~iorque locus quam aliis est SAL.*Rep.* 2.10.4; huius ~issimum est proelium apud Plataeas NEP. *Paus.*1.2; multa huius sunt praeclare facta, sed haec maxime ~ia *Timoth.*1.2; documenta in ~i posita monumento LIV.pr.10; SEN.*Ep.*66.33; liber tam ~is..quam Medea Ouidii TAC.*Dial.*12.6; addam..claras et ~es (causas) PLIN.*Ep.*6.29.3; (*w. abl.*) Dodonaei Iouis templum oraculo ~e PLIN.*Nat.*4.2;—(*in bad sense*) ut ad maiora istius et ~iora in hoc genere furta et scelera ueniamus CIC.*Ver.*4.97; maxime ~e atque insigne periurium *Har.*36.

illustrius, *compar. adv.* **inl-.** *superl.* ~issimē. [prec.] With greater clarity.
semper equidem (*sc. I have seen that you love me*) sed numquam ~ius CIC.*Fam.*10.19.1; auditores..Vlixi labores suos ~issime narrantis GEL.5.1.6; quae omnia..luce ~ius apparent APUL.*Apol.*83.

illustrō ~āre ~āuī ~ātum, *tr.* **inl-.** [IN-¹ +LVSTRO]

1 To shine upon, light up, illuminate.
cuius fulgore conlucere atque ~ari Iouis Optimi Maximi templum oportebat CIC.*Ver.*4.71; qua sol habitabilis ~at oras HOR.*Carm.*4.14.6; MELA 3.57; ut loca sordida repercussu solis ~antur SEN.*Ben.*4.30.4; sit..id (*sc.* ergastulum) angustis ~atum fenestris COL.1.6.3; hic (*sc.* sol) reliqua sidera occultat, ~at PLIN.*Nat.*2.13; GEL.4.5.3;—(*in fig. phr.*) luminibus distinctis ~abimus orationem *Rhet.Her.*4.32; res splendore ~ata uerborum CIC.*de Orat.*2.34.

2 (fig.) To throw light on; to make clear, elucidate.
Catilinae profectione omnia patefacta, ~ata CIC.*Catil.* 1.32; ab eis signis quibus ueritas ~ari solet *Cael.*66; illud patefecit et ~auit quod occultum tamen non erat *Scaur.*30; —ut..rem ~aret disserendo (orator) *Brut.*276; ut..nullum philosophiae locum esse pateremur qui non Latinis litteris ~atus pateret *Div.*2.4; Graiorum obscura reperta difficile ~are Latinis uersibus esse LUCR.1.137; debet..quod ~andae alterius rei gratia adsumitur, ipsum esse clarius eo, quod illuminat QUINT.*Inst.*8.3.73; cum ea, quae dubia aut obscura sunt, per ea, quae ambigua non sunt, ~antur GEL. 17.5.5.

3 To give glory or lustre to. **b** to embellish.
quos aut fortuna extulit aut ipsorum ~auit labor CIC. *Balb.*18; libri..populi Romani nomen ~ant *Arch.*21; quo factum est ut breui tempore ~aretur (Themistocles) NEP. *Them.*1.4; Phoenicen ~auere Phoenices MELA 1.65; animus est, qui parua extollit, sordida ~at SEN.*Ben.*1.6.2; ~ata est uirtus mea per ea ipsa, per quae petebatur *Dial.*7.27.2; ~at quos sola fides LUC.3.342; ~auerunt hoc opus (*i.e. tragedy*) Sophocles atque Euripides QUINT.*Inst.*10.1.67; nobilitas non obscuratur, sed ~atur a principe PLIN.*Pan.*69.5; familiam ~auit Seruius Galba consularis SUET.*Gal.*3.2;—(*w. abl.*) nomen ut nostrum scriptis ~etur et celebretur tuis CIC.*Fam.*5.12.1; quid prius ~em satiris musaque pedestri? HOR.*S.*2.6.17; LIV.23.20.3; Padus..poena Phaethontis ~atus PLIN.*Nat.*3.117. **b** Capitolium illud templis tribus ~atum CIC.*Scaur.*47; Cyzicum..portu turribusque marmoreis Asiaticae plagae litora ~at FLOR.*Epit.*1.40 (3.5.15);—(*with rhet. ornaments*) oratio..~atur maxime raro inducendis locis communibus CIC.*Inv.*2.49; *de Orat.*3.91; QUINT.*Inst.*4.3.4.

4 To enlighten.
magni dei..Osiris necdum sacris ~atum APUL.*Met.*11.27 principalis dei nocturnis orgiis ~atus 11.28.

5 To extend one's course (into).
deus..principia et fines et media rerum omnium penetrat, quae ~ans curru uolucri superfertur APUL.*Mun.*38.

illūtibarbus ~a ~um, *a.* **inl-.** [ILLVTVS+BARBA] Having the beard unwashed.
Marsyas..trux, hispidus, ~us APUL.*Fl.*3.

illūtilis ~is ~e, *a.* **inl-.** [as next+-ILIS¹] That cannot be washed out.
ex istoc loco spurcatur nasum odore ~i (*cj.*) PL.*Men.*168.

illūtus: see ILLOTVS.

illuuiēs ~ēī, *f.* **inl-.** [IN-²+LAVO+-IES]

1 The state of being unwashed, filthy condition, dirtiness. **b** (fig.).
ancillula..pannis obsita, neglecta, inmunda ~e TER. *Hau.*295; harum uidere ~em sordes inopiam *Eu.*937; hic cruciatur fame, frigore, ~e, inbalnitie LUCIL.600; corporis ~e LUCR.6.1270; dira ~es immissaque barba VERG.*A.*3.593; cultus ex ~e tabeque squalida LIV.21.39.2; SIL.6.373; neque insignibus fulgentes, sed ~e deformi TAC.*Ann.*1.24; squaloris ~es GEL.2.6.4; ait..hoc..ex ~e oris accidere solere ULP.*dig.*21.1.12.4. **b** (*in a moral sense*) plebem faenoris ~es ususque exederat aeris PETR.119,l.52; (*aesthetically*) uerborum sordes et ~es FRO.*Aur.*2.p.106(158N).

2 Dirt, filth. **b** mud, muck. **c** (as a term of abuse) filth, scum.
ne tondere quidem morbo ~eque peresa uellera..possunt VERG.*G.*3.561; ablue corpus ~e terrenisque sordibus squalidum CURT.4.1.22; ~e..ac squalore obsitus TAC.*Ann.* 4.28. **b** graues..currus ~e ac uoraginibus haerebant CURT.8.14.4. **c** germana ~es, rusticus, hircus, hara suis PL.*Mos.*40.

Illyria ~ae, *f.* = ILLYRICVM.
PROP.1.8.2; (*pl.*) dic alias iterum nauiget ~as! 2.16.10.

Illyricī ~ōrum, *m. pl.* The inhabitants of Illyria.
PLIN.*Nat.*2.228; AMP.6.4.

Illyriciānus ~a ~um, *a.* Of or composed of Illyrians.
VEXILLATIONIBVS ~IS *A.Epig.*26.79.

Illyricum ~ī, *n.* Also **Hil-.** The territory of the Illyrians east of the Adriatic, Illyria; its precise extent varied at different periods.
VAR.*R.*2.10.9; CIC.*Att.*10.6.3; LIV.43.9.6; CIVITATES SVPERIORIS PROVINCIAE ~I *CIL* 3.1741; MELA 2.57; PLIN. *Nat.*3.139.

Illyricus ~a ~um, *a.* Also **Hil(l)ur-.** Of Illyria, Illyrian.
BELLVM HILLVRICVM *Fast.Ven.*(*CIL* 1.p.66); Hilurica facies uidetur hominis PL.*Trin.*852; ~i maris CIC.*Man.*35; VERG.*A.*1.243; LIV.45.43.5; ~a si iam pice nigrior essem OV.*Pont.*4.14.45; CELS.5.23.1.B; STAT.*Theb.*3.290.

Illyriī ~ōrum, *m. pl.* Also **Hiluriī.** The inhabitants of Illyria, Illyrians.
ENN.*Ann.*504; Hilurios PL.*Men.*235; LIV.42.26.2; MELA 2.16.

Illyris¹ ~idis, *f. adj.* Of Illyria, Illyrian.
OV.*Tr.*2.225; ~is..Epidamnos LUC.2.624; SIL.8.290.

Illyris² ~idis, *f.* = ILLYRICVM.
OV.*Pont.*2.2.77; MAN.4.691; Hadriatici latus ~is occupat MELA 1.18.

Illyrius ~a ~um, *a.* Of Illyria, Illyrian.
pro agro ~o CATO *hist.*96; CIC.*Off.*2.40.

Ilōtae: see HILOTAE.

Ilua ~ae, *f.* An island off the coast of Etruria, famous for its iron mines, Elba.
VERG.*A.*10.173; LIV.30.39.2; MELA 2.122; PLIN.*Nat.*3.81; SIL.8.615.

Īlus ~ī, *m.* **a** A son of Tros and father of Laomedon, the founder of Ilium. **b** a name of Ascanius.
a ACC.*trag.*653²; VERG.*A.*6.650; OV.*Met.*11.756; *Fast.* 6.419. **b** VERG.*A.*1.268.

im: see IS.

-im, *adv. suff.*
Orig. acc. sg. of a noun (*partim*); later extended and often formed from pf. pples. pass. (*certatim*).

imāginābundus ~a ~um, *a.* [IMAGINOR + -BVNDVS] CONST.: w. acc. Picturing to oneself, seeing in one's mind's eye.
iam forum et iudicia, iam sententiam, ipsum denique carnificem ~us Apul.*Met.*3.1.

imāginārius ~a ~um, *a.* [IMAGO + -ARIVS]
1 Of or involving a lay figure.
EI (*sc.* seruo) FVNVS ~VM FIET *CIL* 14.2112.2.4.
2 Consisting of a mere semblance, unreal. **b** (leg.) fictitious, pretended.
sapientem non ~o honore uerborum exornare constitui Sen.*Dial.*2.3.3; *Ep.*20.13; ab illo ~o et scaenico rege superatus est Flor.*Epit.*1.30(2.14.4); ne ~a quidem belli indictione 2.20(4.10.2); ~ae militiae genus Suet.*Cl.*25.1; Pontianus ei..nuptiarum titulum falsum et ~um donauit Apul.*Apol.*76;—(*of Platonic images*) ista (*sc.* quae sensibus seruiunt) ~a sunt Sen.*Ep.*58.27. **b** per quandam ~am uenditionem Gaius *Inst.*1.113; ut ~a fieret emptio Ulp.*dig.*40.1.4.2; ~a uenditio non est pretio accedente 50.17.16; cum emancipari nemo possit nisi in ~am seruilem causam deductus Paul.*dig.*4.5.3.1; (*cf.*, *perh.*) neque se ~is fascibus eorum cessuros esse Liv.3.41.1.

imāginātiō ~ōnis, *f.* [IMAGINOR + -TIO] The action of picturing mentally, fantasy, imagining.
mutua feminae (*sc. birds*) inter se libidinis ~one concipiunt Plin.*Nat.*10.166; libidinum ~ones in somno conpesci 20.68; qua pota in uino noxii per cruciatus confiteantur omnia per uarias numinum ~ones 24.161; prouincias Orientis, maxime Aegyptum, secretis ~onibus agitans Tac.*Ann.*15.36.

imāginifer ~erī, *m.* [IMAGO + -FER] A soldier who carried a standard bearing the image of the emperor.
~ER CHOR I PANNONIORVM *A.Epig.*26.110; SOLEMNIO FIDO MILIT LEG I MINERVIAE IMMAGINIFERO *CIL* 13.1895.

imāginor ~ārī ~ātus, *tr.* Also **~ō** ~āre. [IMAGO + -O³]
1 To form a mental picture of, imagine.
~abar mihi culleum, serpentes, profundum Sen.*Con.*exc.5.4; tabellas, quibus auaritia..diuitias ~atur Sen.*Dial.*2.6.7; Plin.*Nat.*9.118; pauorem eorum..et ~atus et inridens Nero Tac.*Ann.*15.69; (infirmus) balinea ~atur et fontes Plin.*Ep.*7.26.2; diuinos tuos uultus numenque sanctissimum..~abor Apul.*Met.*11.25;—(*w. indir. qu.*) ~are tecum quantus ille sit fulgor Sen.*Ep.*102.28; etiam quae futura sint aut futura fuerint, ~amur Quint.*Inst.*9.2.41; ~or..qui concursus, quae admiratio te..maneat Plin.*Ep.*2.10.7;—(*in dreams*) uenerem..per somnia ~antibus Plin.*Nat.*20.143;—(*w. acc. and inf.*) ~atus est uenisse Neronem, in toro resedisse Plin.*Ep.*5.5.5; Calpurnia uxor ~ata est conlabi fastigium domus Suet.*Jul.*81.3.
2 (of a mirror, etc.) To give an image.
an..radii nostri..quod extra tangant ac uisant, id intra speculum ~entur Apul.*Apol.*15; (*act.*) ut speculum in loco certo positum nihil ~et Gel.16.18.3.

imāginōsus ~a ~um, *a.* [next + -OSVS] Full of pictures or images.
non est sana puella, nec rogare qualis sit solet aes ~um (*i.e. mirror*) Catul.41.8.

imāgō ~inis, *f.* [*ima-* (cf. IMITOR) + -GO]
1 A representation in art of a person or thing, picture, likeness, image.
expressam in cera ex anulo suam ~inem Pl.*Ps.*56; eri ~ine opsignatam epistulam 1202; statuas et ~ines, non animorum simulacra, sed corporum Cic.*Arch.*30; sub ~ine Aristotelis sedere *Att.*4.10.1; neque pictam neque fictam ~inem suam passus est esse *Fam.*5.12.7; Lucr.6.420; tumidi..maris..~o aurea Verg.*A.*8.671; clipeum..cum ~ine..Hasdrubalis Liv.25.39.13; effigies Poppaeae proruunt, Octauiae ~ines gestant umeris Tac.*Ann.*14.61; depictam in tabula fugae praesentis ~inem Apul.*Met.*6.29.
2 A death-mask of an ancestor who has held public office, kept in the *atrium* and carried in funeral processions. **b** (usu. pl., as representing noble ancestry).
domus erit..exornata, aperientur maiorum ~ines Cic.*Sul.*88; cadauer..spoliatum ~inibus, exsequiis, pompa, laudatione *Mil.*33; funus..~ines ducant triumphales tuum Hor.*Epod.*8.11; Ancum..nobilem..una ~ine Numae esse Liv.1.34.6; expressi cera uultus singulis disponebantur armariis, ut essent ~ines, quae comitarentur gentilicia funera Plin.*Nat.*35.6; atria..inmodicis artat ~inibus Mart.2.90.6; egregiis maioribus et fraterna ~ine fulgentem Tac.*Hist.*4.39. **b** nullae sunt ~ines quae me a uobis deprecentur Cic.*Agr.*2.100; hominem ueteris prosapiae ac multarum ~inum Sal.*Jug.*85.10; nescit Amor priscis cedere ~inibus Prop.1.5.24; generosissimarum ~inum fetus V.Max.3.3.ext.7; Sen.*Dial.*12.12.7;—(*sg. collect.*) hic ad te magna descendit ~ine mensis Ov.*Fast.*4.21.
3 A reflection in a mirror or sim. **b** a reflection of sound, echo.
quamuis subito..rem contra speculum ponas, apparet ~o Lucr.4.156; si numquam fallit ~o Verg.*Ecl.*2.27; Vitr.7.3.9; unda repercussae radiabat ~ine lunae Ov.*Ep.*17.77; natura mira ~ines reddendi Plin.*Nat.*33.128; resplendet ~ine flammae aequor Sil.2.663. **b** ubi non resonent ~ines Var.*R.*3.16.12; ea (*sc.* gloria) uirtuti resonat tamquam ~o Cic.*Tusc.*3.3; pars..reiecta sonorem reddit et interdum frustratur ~ine uerbi Lucr.4.571; cuius recinet iocosa nomen ~o Hor.*Carm.*1.12.4; Vitr.5.8.2; Ov.*Met.*3.385; V.Fl.3.597.
4 (in Epicurean philosophy, as transl. of Gk. εἴδωλον) An image emitted by an object and apprehended by the eyes.
~ines extrinsecus in animos nostros per corpus inrumpere Cic.*Luc.*125; *Fin.*1.21; Democritus simulacra et Epicurus ~ines inducens *N.D.*2.76; quam tenui natura constet ~o percipe Lucr.4.110; 4.741; Apul.*Apol.*15.
5 An illusory apparition, ghost, phantom; (med.) a hallucination.
occurrunt..~ines mortuorum Cic.*Div.*1.63; in somnis inhumati uenit ~o coniugis Verg.*A.*1.353; illic quidquid ero, semper tua dicar ~o Prop.1.19.11; per quietem uisa ~ine praemonitus erat V.Max.1.7.ext.2; Tac.*Ann.*16.1; tua sacra et maior ~o humana Juv.13.221; Bruto per noctem..atra quaedam ~o se optulit Flor.*Epit.*2.17(4.7.8);—cum aeger..quasdam uanas ~ines accipit Cels.3.18.3; Plin.*Nat.*21.178.
6 A representation to the imagination, mental picture.
fingite..cogitatione ~inem huius condicionis meae Cic.*Mil.*79; iste chorus uirtutum..~ines constituit ante oculos *Tusc.*5.13; simul ac uolumus nobis occurrit ~o Lucr.4.782; subiit cari genitoris ~o, ut regem..uidi Verg.*A.*2.560; poenae..in ~ine tota est Ov.*Met.*6.586; coniugis ante oculos, sicut praesentis, ~o est *Tr.*3.4b.59; hanc..~inem animo tuo propone Sen.*Ep.*74.7; an quisquam tam procul a concipiendis ~inibus rerum abest ut..? (*i.e. is so devoid of imagination*) Quint.*Inst.*8.3.64; Tac.*Hist.*4.58;—(*rhet., as part of the* artificiosa memoria) ~ines sunt formae quaedam ..et simulacra eius rei quam meminisse uolumus *Rhet.Her.*3.29; Cic.*Part.*26; Quint.*Inst.*11.2.20.
7 A representation in words, description, sketch. **b** (rhet.) a comparison, simile.
quam multas nobis ~ines..fortissimorum uirorum expressas scriptores..reliquerunt! Cic.*Arch.*14; Nep.*Ep.*1.3; haec a te non multum abludit ~o Hor.*S.*2.3.320; haec erit in chartis maior ~o meis Mart.9.76.10; Quint.*Inst.*10.1.69; **b** ~o est formae cum forma cum quadam similitudine conlatio *Rhet.Her.*4.62; ualde..ridentur etiam ~ines, quae fere..in aliquod uitium corporis ducuntur cum similitudine turpioris Cic.*de Orat.*2.266; Sen.*Ben.*4.12.1; Quint.*Inst.*5.11.24; quom ~ine utriculi ad exemplum accommodandum usus esses Fro.*Ant.*2.p.38(97N).
8 That which resembles, but is not, a thing; a semblance, show, imitation.
~inem rei publicae nullam reliquissent Cic.*Agr.*2.88; uenio..ad testis, in quibus docebo..ne speciem quidem esse aut ~inem testium *Scaur.*38; nos ueri iuris..solidam et expressam effigiem nullam tenemus, umbra et ~inibus utimur *Off.*3.69; uanam ~inem belli Liv.3.16.5; falsa ~ine castrorum 22.41.9; siue latrocinii sub ~ine calculus ibit Ov.*Ars* 2.207; in fenestris suis plebs urbana ~ine hortorum cotidiana oculis rura praebebant Plin.*Nat.*19.59; ~inem quandam exercitus habet Tac.*Hist.*1.84.
9 A duplicate, copy, reflection, likeness, image.
(Iuppiter) in Amphitruonis uortit sese ~inem Pl.*Am.*121; tuast ~o (*he's the image of you*). tam consimilest quam potest *Men.*1063; ~inem M. Antoni crudelitatis in Dolabella cernitis Cic.*Phil.*11.6; tuum filium, ~inem tuam *Q.fr.*1.3.3; somnum ~inem mortis *Tusc.*1.92; gremio Ascanium genitoris ~ine capta detinet Verg.*A.*4.84; illa loquax humanae uocis ~o psittacus Ov.*Am.*2.6.37; captae..erat urbis ~o *Met.*12.225; Sicilia..graecae litterae ~inem quae delta dicitur efficit Mela 2.115; non in effigies mutas diuinum spiritum (*sc.* Augusti) transfusum: se ~inem ueram..intellegere discrimen Tac.*Ann.*4.52.
10 A similar thing serving as an illustration, parallel, model, example.
haec conficta arbitror esse a poetis ut..expressam..~inem uitae cotidianae uideremus Cic.*S.Rosc.*47; cuius..rei simulacrum et ~o ante oculos..uersatur Lucr.2.112; cladis..~inem Furculas Caudinas memorabant Liv.9.38.4; 21.43.2; ex circulis..compositis ad ~inem earum uertebrarum, quae in spina sunt Cels.4.1.3.
11 That which indicates or makes visible, an example, manifestation, personification.
amici, anne inimici sis ~o Pl.*Cas.*515; ut ~o est animi uultus, sic indices oculi Cic.*Orat.*60; unum aliquem te ex barbatis illis, exemplum imperi ueteris, ~inem antiquitatis ..diceres intueri *Sest.*19; si te nulla mouet tantae pietatis ~o Verg.*A.*6.405; bulla in horologiis..~ines efficit horarum et dierum Vitr.9.8.10; repetita..mortis (*sc.* Adonidis) ~o Ov.*Met.*10.726; o patriae per te florentis ~o *Tr.*5.2.49; Cato ille, uirtutium uiua ~o Sen.*Dial.*9.16.1; magna..illic ~o tristium laetorumque Tac.*Ann.*2.53.
12 Visible form, shape, appearance.
haec duarum..mulier feret ~inem Pl.*Mil.*151; lumen..sole repercussum aut radiantis ~ine lunae Verg.*A.*8.23; duas statuas fecit..alteram suae ~inis Vitr.2.8.15; adspicias utinam, quae sit scribentis ~o Ov.*Ep.*7.183; Satyri celatus ~ine..Iuppiter *Met.*6.110; nitidissima solis ~o 14.768; ego, qui fueram globus et sine ~ine moles (*sc.* Chaos) *Fast.*1.111; deus humana..sub ~ine *Met.*1.213; lunae descendit ~o Petr.134.12,l.8; figuras fortunasque hominum in alias ~ines conuersas Apul.*Met.*1.1.
13 Shape, form, species.
plurima mortis ~o Verg.*A.*2.369; institor aequoreae uaria sub ~ine mercis Man.5.408; melior belli respexit ~o V.Fl.6.514; nec me ulla feri Mauortis ~o praeteriit Stat.*Ach.*2.130; Poenarum..omnis ~o Sil.13.604; uaria pereuntium forma et omni ~ine mortium Tac.*Hist.*3.28.

imāguncula ~ae, *f.* [prec. + -VNCVLA] A small image, statuette.
quinque ~ae matronarum Cic.*Att.*6.1.25; puerilem ~am eius aeream Suet.*Aug.*7.1; ~am puellarem *Nero* 56.1.

imbalnitiēs ~ēī, *f.* **inb-**. [IN-² + BALNEVM + -IES] The state of not having bathed.
hic cruciatur fame, frigore, inluuie, ~e Lucil.600.

imbarbescō ~ere, *intr.* **inb-**. [IN-¹ + BARBA + -ESCO] To become bearded.
~ere barbatum fieri Paul.*Fest.*p.109M.

(**imbēcillē**), *adv.* **inb-**. *compar.* ~ius. [IMBECILLVS + -E] In a weak-minded manner, weakly.
iis..quae uidentur ~ius adsentiuntur Cic.*Luc.*52; ~ius horrent dolorem et reformidant *Tusc.*5.85.

imbēcillitās ~ātis, *f.* **inb-**. [next + -TAS]
1 Physical or muscular weakness. **b** weakness resulting from illness, or constitutional weakness. **c** weakness (of physical faculties).
*Rhet.Her.*2.7; ad uirium ~atem dicendi accommodabat genus Cic.*Brut.*202; ~atem muliebris manus Sen.*Con.*2.7.4; summae inter cuncta animalia ~atis indicium Plin.*Nat.*7.4. **b** qua ~ate, qua macie! Cic.*Phil.*7.12; appellant..aegrotationem morbum cum ~ate *Tusc.*4.28; utilissime et bibitur (lac) ab ~ate uires recolligentibus Plin.*Nat.*28.129; reficientibus se ab ~ate utilissima 26.109; excusante Tiberio ~atem eius Suet.*Cl.*6.2;—(*w. gen.*) A. Hirtius, cuius ~atem ualetudinis animi uirtus..confirmauit Cic.*Phil.*14.4; Tulliae meae morbus et ~as corporis *Att.*11.6.4; capitis ~as Cels.1.5.1; ~as oculorum 6.6.38; (*pl.*) stomachi ~ates Larg.121;—(*of plants*) ~ate eorum quae transferantur Plin.*Nat.*16.134; ~as seminis 18.149. **c** uisus noster solita ~ate deceptus Sen.*Nat.*1.2.3.
2 Weakness (of materials, structures), fragility.
propter aphractorum Rhodiorum ~atem Cic.*Att.*5.13.1; ubi aut spatium inter muros aut ~as materiae postulare uideretur Caes.*Civ.*2.15.2; Col.4.17.1; (*cf.*) nec splendorem politionibus propter ~atem crassitudinis proprium obtinebit Vitr.7.3.8.
3 Moral or intellectual weakness.
quae..te tanta mentis ~as tenuit..? Cic.*Dom.*105; de ~ate multorum et de uariis disciplinis philosophorum loquar *Tusc.*2.15; humani generis ~atem fragilitatemque extimescere 5.3; omne peccatum ~atis et inconstantiae est *Fin.*4.77; animi ~ate Caes.*Gal.*7.77.9; ut excusem tibi ~atem, inprimis uas fragile est memoria Sen.*Ben.*7.28.2; effigiem dei..quaerere ~atis humanae reor Plin.*Nat.*2.14; Quint.*Inst.*6.4.11; accidit hoc primum ~ate ingenii mei Plin.*Ep.*4.18.1; ignauiam animae dicit ~ati esse finitimam Apul.*Pl.*2.21.
4 Inability to protect oneself, one's interests, etc., impotence, powerlessness. **b** (characteristic of women, or minors, etc.).
de municipiorum ~ate Cic.*Att.*9.2a.2; hac..~ate magistratuum *Fam.*1.4.3; si qui putant (amicitiam) ab ~ate proficisci *Amic.*29; ut ~ate aliorum, non nostra uirtute ualeamus *Off.*2.75; concordiam, qua ~as nostra fulcitur Sen.*Ben.*7.27.3; (*cf.*) aut rei familiaris exiguitas aut ~as fortunae Vitr.3.pr.2; (*of mil. forces*) Labienum secum habet non dubitantem de ~ate Caesaris copiarum Cic.*Att.*7.16.2. **b** sin..~as aetatis non potuerit grauitatem rerum sustinere Cic.*ad Brut.*1.10.4; opem tulit mulieribus propter sexus ~atem Ulp.*dig.*16.1.2.2; Marcel.*dig.*46.3.68.

imbēcillus ~a ~um, *a.* Also **~is** ~is ~e. **inb-**. *compar.* ~ior, *superl.* ~issimus. [dub.]
FORMS: ~is, etc. (*s.vv.ll.*) Sen.*Dial.*4.34.1; 5.28.3; Col.4.24.18; [Quint.]*Decl.*10.10.
1 Physically weak, feeble. **b** weak or feeble through ill health; constitutionally weak. **c** (of plants) weak, delicate.
puer est uescis ~us uiribus Afran.*com.*315; ne in opere firmior (bos) ~iorem conficiat Var.*R.*1.20.1; ne..ualentes ~um, alacres perterritum superare non possent? Cic.*Cael.*66; negat se umquam sensisse senectutem suam ~iorem factam quam adulescentia fuisset *Sen.*30; ~orum esse aequum misererier omnis Lucr.5.1023; firmior ~iorem Iuba Petreium facile ferro consumpsit *B.Afr.*94.1; nihil tam ~e natum est, ut sine elidentis periculo pereat Sen.*Dial.*5.28.3; credibilius est..occisos..a firmioribus ~iores Quint.*Inst.*5.10.49; ut quod ~um aetate ac sexu statim captum aut trucidatum sit Tac.*Ann.*1.56; non ~um tantum et imparem laboribus sexum 3.33; quamquam et ~us et senior, quasi iuuenis et ualidus conspiciebatur Plin.*Ep.*4.17.6; (*transf.*) seu..tractari mollius aetas ~a uolet Hor.*S.*2.2.86; (*fig.*) anus terra, et ideo infecunda ad omnia atque ~a Plin.*Nat.*17.35. **b** malo te paulo post ualentem quam statim ~um uidere Cic.*Fam.*16.5.2; nemo..~us fuit, cuius salus ac ualetudo non..sustentaretur Caesaris cura Vell.2.114.1; cum plus semper ~o amico debeamus Sen.*Ben.*7.16.6; ualentibus tota datur conpositio, ~ioribus autem dimidia Larg.154; Ulp.*dig.*39.2.24.5;—et ualetudine est et natura ~ior Cic.*Q.fr.*2.8.3; ~is quo in numero magna pars urbanorum..sunt Cels.1.2.1;—(*of bodily organs*) secunda mensa bono stomacho nihil nocet, in ~o coacescit 1.2.9; Sen.*Cl.*2.6.4; (pastilli) dantur ad stomachum ~um habentes Larg.92. **c** palmes..~us ac minus fructuosus erit Col.4.24.18; locis..humidis praecoques uites serito..~as *Arb.*3.1.
2 (of material substances) Fragile, weak. **b** (of physical forces) weak, feeble. **c** (of food, medicines, etc.) ineffective, lacking potency.
~a nimis primordia fingit Lucr.1.847; quin extra prodita corpus (anima) ~a..minimum quoduis nequeat consistere tempus? 3.604; ex ~a..nos materia deus orsus est Sen.*Suas.*2.2; hominem ~a cutis cingit Sen.*Ben.*4.18.2; ut uultus hominum, ita simulacra uultus ~a ac mortalia sunt Tac.*Ag.*46.3. **b** (minium) efficitur tenera natura et uiribus ~is Vitr.7.9.1; alia (aura)..⟨alia⟩ ~ior ac breuior est Sen.*Nat.*5.8.3. **c** ~issimam uero materiam esse omnem caulem holeris Cels.2.18.3; aqua..madens panis ~issimis adnumerari potest 2.18.10; ~a uina demissis in terram doliis seruanda Plin.*Nat.*14.134; (*fig.*) nescio quo modo ~ior est medicina quam morbus Cic.*Att.*10.14.2.
3 Deficient in power, authority, resources, etc., weak, ineffective. **b** (of mil. forces). **c** (of abst. or inanim. things).
at tum ~us plus..ualuit quam tota res publica Cic.*Att.*

7.9.3; neque ab ~is accusatoribus mihi placuit accusari *Q.fr.*2.4.6; ne homines quidem censetis, nisi ~i essent, futuros beneficos et benignos fuisse? *N.D.*1.122; ut..si propinquos habeant ~iore uel animo uel fortuna, eorum augeant opes *Amic.*70; uobis regnum trado firmum, si boni eritis, sin mali, ~um SAL.*Jug.*10.6; haec felicitas terrae ~is cultoribus fatigatur PLIN.*Ep.*3.19.6; (*cf.*) ~iorem agrum quam agricolam esse debere COL.1.3.9. **b** sociorum auxilia..ita ~a sunt CIC.*Fam.*15.1.5; me exercitu ~o contra metum maximi belli firmissimum praesidium habuisse aequitatem et continentiam 15.4.14; sibi ~um equitem pabuli inopia TAC.*Ann.*15.5; (*cf.*) dum circumit muros et ~issima moenium quaerit SEN.*Ep.*59.12. **c** imagines..~ae et infirmae *Rhet.Her.*3.35; dormientium..uisa ~iora esse dicebas quam uigilantium CIC.*Luc.*88; beniuolentiae uim esse magnam, metus ~am *Off.*2.29; haec (*sc.* argumenta) ~a natura QUINT.*Inst.*5.12.4; neque suspiciones ~as aut inania famae pertimescenda TAC.*Ann.*2.76.

4 Lacking intellectual or moral strength, feeble.

sapientia (fatigat)..animi uitiosas ~asque partes, ut libidines CIC.*Rep.*3.37; in infirma aetate ~aque mente *Fin.*5.43; inter tanta uitia ~a aetas ambitione corrupta tenebatur SAL.*Cat.*3.4; ~us, iners, si quid uis, adde, popino HOR.*S.*2.7.39; muliebris dolor, quo est maestior ~o animo LIV.3.48.8; ~is..ingeniis..sic obsequendum sit QUINT.*Inst.*2.8.12; quamlibet ~a frons magna conscientia sustinetur 12.5.4; magis ~um tali super casu feminarum animum TAC.*Ann.*6.49; doleo autem (licet me ~um putes) meo nomine PLIN.*Ep.*1.12.12;—(*w.* ad) ~a..est natura ad contemnendam potentiam CIC.*Amic.*63; haec, ad quae omnes ~i sumus, dura atque intoleranda credimus SEN.*Ep.* 71.23;—(*transf.*) CIC.*Phil.*1.33; sin erit ille gemitus elamentabilis, si ~us, si abiectus *Tusc.*2.57.

5 (app.) Simple.

carchesiorum et eorum, quorum rationes sunt inbecilliores VITR.10.16.1.

imbellia ~ae, *f.* **inb-.** [next+-IA] (app.) Unfitness for war.

Poenus eludens ignauiam ~amque militum GEL.5.5.5; ~am belli inscientiam PAUL.*Fest.*p.114M.

imbellis ~is ~e, *a.* **inb-.** [IN-²+BELLVM+-IS]

1 Not suited to warfare. **b** not trained or ready for war. **c** not involving war.

illi quibus aetas ~ior SAL.*Hist.*2.87.D; ad quattuor milia militum praeter multitudinem ~em sese dedidere LIV. 7.27.7; turbam feminarum puerorumque ~em inermem 28.23.2; tres sumus ~es numero, sine uiribus uxor Laertesque senex Telemachusque puer OV.*Ep.*1.97; sunt quos (*sc.* equos) ~ia fallant corpora GRAT.499; ~em multitudinem sub corona uenire V.MAX.9.10.1; ~es iam dudum annos praeuertere fato SIL.3.329; TAC.*Ann.*13.56; eunuchi ~es JUV.6.366;—(*of inanim. things*) ~ia lina GRAT.40; numquam has ~is galea uiolabere uittas STAT.*Ach.*1.511; rubet ~is Tyrio subtemine thorax *Theb.*7.656; QUINT.*Inst.*10.1.30. **b** num grauis ~is atterit hasta manus? PROP.4.3.24; sex milia armatorum habebant, peditem ~em, equitatus plus poterant LIV.23.46.11; onerosa grauisque Pelias hasta potest ~ibus esse lacertis OV.*Met.*13.109; cum ~i et pastorali manu VELL.1.8.5; caesorum eo die in partibus nostris maior numerus et ~ior, e Germanis ipsa robora TAC. *Hist.*4.33; cum..competitores..eius essent ~es quidam et futtiles GEL.4.8.4;—(*transf.*) sic fatus senior telumque ~e sine ictu coniecit VERG.*A.*2.544; digitis ~e solutis abiecit iaculum STAT.*Theb.*8.584. **c** ~i..sitis aspera fato submittit..animos STAT.*Theb.*4.755.

2 (freq. in a derogatory sense) Not disposed to war or fighting, unwarlike. **b** (of animals). **c** (transf. and poet.).

numquam omnino periculi fuga committendum est, ut ~es timidique uideamur CIC.*Off.*1.83; ~is, placido ingenio, opportunus iniuriae SAL.*Jug.*20.2; ~em auertis Romanis arcibus Indum VERG.*G.*2.172; ~is ac firmus parum HOR.*Epod.*1.16; nec (mors) parcit ~is iuuentae poplitibus timidoue tergo *Carm.*3.2.15; nec rem Romanam tam desidem unquam fuisse atque ~em LIV.21.16.3; ut feroces et inquieti inter socios, ignaui et ~es inter hostes essent 26.2.11; OV.*Met.*13.98; detegit ~es animas nil fortiter ausa seditio LUC.5.322; pro rustico contra disertum, pro uiro forti contra ~em QUINT.*Inst.*7.1.43; ignauis et ~ibus manet squalor TAC.*Ger.*31.2; ~is Rhodios JUV.8.113. **b** quid quae ~es dant proelia cerui? VERG.*G.*3.265; neque ~em feroces progenerant aquilae columbam HOR.*Carm.* 4.4.31; ~es capreae OV.*Fast.*5.372; ~es dammae MART. 13.94.2; ~e pecus SIL.2.685; (*transf. ep.*) Idaliae uolucres..~is..citant ad proelia pinnas STAT.*Theb.*12.18. **c** itaque uideas rebus iniustis iustos..dolere, ~ibus fortes CIC.*Amic.* 47; ~is..lyrae Musa potens HOR.*Carm.*1.6.10; ~es elegi OV.*Am.*3.15.19; plectrum..~e *Met.*5.114; quas (*sc.* sedis) ~e fretum torpentibus alluit undis STAT.*Silv.*3.5.84; ~i recubant ubi litora somno *Theb.*3.256; (*cf.*) deseris ~es thalamos mollemque maritum MART.7.58.5.

3 (of a period of time) Free from war.

~e triennium LIV.4.20.9; ut qui..permultos annos ~es egissent 9.45.10; 10.1.4.

imber ~bris, *m.* [perh. <**m̥bhrós*, cf. Skt. *abhrá-*] FORMS: abl. sg. ~*bre* or ~*bri*.

1 Rain. **b** a shower or storm of rain; also, a snow- or hailstorm. **c** rain-water.

~brem perpetiar, laborem sufferam, solem, sitim PL.*Mer.* 861; quae opera per ~brem fieri potuerint CATO *Agr.*2.3; cum esset uinctus nudus in aere, in ~bri, in frigore CIC.*Ver.* 4.87; tectum quo ~bris uitandi causa succederet *Dom.*116; LUCR.2.388; VERG.*G.*1.23; tum mihi caeruleus supra caput astitit ~ber *A.*3.194; ~bre lutoque aspersus HOR.*Ep.*1. 11.11; STAT.*Theb.*9.482; TAC.*Dial.*22.4. **b** circumstabant nauem turbines uenti, ~bres fluctusque atque procellae PL.*Trin.*836; uentorum et ~brium signa CIC.*Div.*1.16; uti sine certis ~bribus anni laetificos nequeat fetus summittere tellus LUCR.1.192; magno coorto ~bre CAES.*Gal.*7.27.1; triste lupus stabulis, maturis frugibus ~bres VERG.*Ecl.*3.80; non semper ~bres nubibus hispidos manant in agros HOR. *Carm.*2.9.1; ~ber ingens grandine mixtus ita utramque aciem turbauit LIV.26.11.2; multa aranea ~brium signa sunt PLIN.*Nat.*11.84; hibernus ~ber repente fusus oculos aurisque impediebat TAC.*Hist.*3.69; cum impedita esset ~bri recitatio APUL.*Fl.*16; ~bres..a quibus hoc differunt nimbi *Mun.*9; (*fig.*) amoris ~ber grandibus guttis non uestem modo permanauit, sed in medullam ultro fluit PL.fr. dub.1(4);—cohibere niues gelidas et grandinis ~bris LUCR. 6.107; ipse gelu magnoque incanuit ~bre Caucasus V.FL. 6.612. **c** collectosne bibant ~bris HOR.*Ep.*1.15.15; cisternae..seruandis ~bribus TAC.*Hist.*5.12.

2 (applied **a** to artificial showers. **b** to supernatural downpours).

a me (*sc.* anulum) gere, cum calidis perfunderis ~bribus artus OV.*Am.*2.15.23; plantae modicos tum praebeat ~bres sedulus inrorans holitor COL.10.147. **b** Iouem quo pacto Danaae misisse aiunt quondam in gremium ~brem aureum TER.*Eu.*585; ut Danaae pretiosus fluxerit ~ber (Iuppiter) *Aetna* 90;—(*prodigies*) lapideus aut sanguineus ~ber CIC. *Div.*2.60; carne pluit, quem ~brem ingens numerus auium interuolitando rapuisse fertur LIV.3.10.6; pluit lapideo ~bri 30.38.8; saxeus ~ber STAT.*Theb.*7.408; (*cf.*) tamquam lapides effuderit ~ber JUV.13.67.

3 a A shower or stream of other liquids. **b** a hail or shower of missiles.

a (*of tears*) tristi..~bre madere CATUL.68.56; indigno teneras ~bre rigante genas OV.*Ars* 1.532; SEN.*Oed.*953; PETR.17.3; indignum..oculis liquentibus ~brem STAT.*Theb.* 5.270;—(*of blood*) rigat ora foedus ~ber SEN.*Oed.*978; stetit ~bre cruento informis facies LUC.6.224; STAT.*Theb.*1.438;—(*of sweat*) gelidus cadit ~ber anhelo pectore 2.672;—(*of other things*) quondam..lactis ~ber defluxit CIC.*Div.*1.98; non spumeus ~ber manat equum STAT.*Theb.*4.730. **b** hastati spargunt hastas, fit ferreus ~ber ENN.*Ann.*284; VERG.*A.* 12.284; telorum..uolant cunctis e partibus ~bres *Ilias* 359; saxiferae surgat quibus ~ber habenae V.FL.5.608; saxeus ~ber ingruit SIL.13.181; STAT.*Theb.*10.542; lapidum congestus cessauit ~ber APUL.*Met.*8.18.

4 Water in general.

non pluris refert quam si ~brim in cribrum geras PL.*Ps.* 102; ut..candens ferrum..stridit ubi in gelidum..demersimus ~brem LUCR.6.149; puerum prohibes diuitis ~bre lacus MART.11.96.2;—(*sea-water*) ratibus..fremebat ~ber Neptuni ENN.*Ann.*498; laxis laterum compagibus omnes (*sc.* naues) accipiunt inimicum ~brem VERG.*A.*1.123; OV. *Pont.*4.1.30;—(*as an element*) ~brem et ignis, spiritus et grauis terra ENN.*Ann.*522; quattuor ex rebus posse omnia rentur ex igni terra atque anima procrescere et ~bri LUCR. 1.715.

imberbis ~is ~e, *a.* Also **~us** ~a ~um. **inb-.** [IN-²+BARBA+-IS (-VS)] Beardless. **b** (as an indication of age).

α quos..~is aut bene barbatos uidetis CIC.*Catil.*2.22; dicere licebit Iouem semper barbatum, Apollinem semper ~em *N.D.*1.83. **β** ~i androgyni LUCIL.1058; VAR. *gram.*83; ~a iuuentute CIC.*Agr.*1.fr.1; ~um adulescentulum *Dom.*37; HOR.*Ars* 161. **b α** erat..is etiam tum ~is V.MAX.6.8.1; Lupercalibus uetuit currere ~es SUET.*Aug.* 31.4. **β** quae ~i didicere, senes perdenda fateri HOR.*Ep.* 2.1.85.

imbibō ~ere ~ī ~itum, *tr.* **inb-.** [IN-¹+BIBO]

1 To drink in, absorb.

(*poet.*) ~erit (*app.* linum ignes) GRAT.60.

2 To absorb into one's mind, imbibe (notions, attitudes, etc.). **b** (purposes).

nisi de uobis malam opinionem animo ~isset CIC.*Ver.*42; ~it illis legibus spem non nullam *Agr.*3.6; tantum certamen animis ~erant LIV.2.58.6; deponendam esse opinionem uanam, quam..~erat GEL.13.4.3. **b** neque immemor eius quod initio consulatus ~erat, reconciliandi animos plebis LIV.2.47.12;—(*w. inf.*) si..~erit..illum ad suas condiciones perducere CIC.*Quinct.*27; petere a populo fascis saeuasque securis ~it LUCR.3.997; ut ex ira poenas petere ~at acris 6.72.

imbītō ~ere, *tr.* **inb-.** [IN-¹+BITO] To go into, enter.

meam domum ne ~as PL.*Epid.*145.

imbrex ~icis, *f.*, *m.* [IMBER] GENDER: fem. PL.*Mil.*504; CATO *Agr.*21.3; masc. PLIN.*Nat.* 17.114.

1 A semi-cylindrical tile, placed over the joints between the roof-tiles (*tegulae*).

meas confregisti ~icis et tegulas PL.*Mil.*504; *Mos.*109; VERG.*G.*4.296; decliues (fossas)..~icibus supinis similes facere COL.2.2.9; rorem marinum..~icibus infusum praebent libandum 9.13.6; PLIN.*Nat.*17.114; Butadis..primus..personas tegularum extremis ~icibus inposuit 35.152.

2 a (app.) A curved plate (used to form part of a bearing). **b** (perh.) a fillet (of meat). **c** (applied to a method of applauding with cupped hands).

a cupa qua fini in modiolos erit, utrimque secus ~icibus ferreis quattuor de suo sibi utrimque secus facito qui figas. ~ices medias clauulis figito CATO *Agr.*21.3. **b** uerris mammas suminis ~icemque porci MART.2.37.2. **c** qui ..plausuum genera condiscerent—bombos et ~ices et testas uocabant SUET.*Nero* 20.3.

imbricātim, *adv.* [next+-IM] After the manner of a tiled roof; (see prec.).

(concha) ~ undata PLIN.*Nat.*9.103.

imbricātus ~a ~um, *a.* [IMBREX+-ATVS²] **a** With overlapping of the joints (as with roof-tiles). **b** shaped like an *imbrex*. **c** corrugated (as *tegulae* overlaid with *imbrices*).

a incerta..caementa alia super alia sedentia inter seque ~a VITR.2.8.1; ~is..uertebris PLIN.*Nat.*11.1. **b** simiae (ungues) ~i, hominibus lati PLIN.*Nat.*11.247. **c** linguae ..leonibus pardis..~ae asperitatis ac limae similis PLIN. *Nat.*11.172; folio breui..nigro, per margines ~o 15.127.

imbricitor ~ōris, *m.* [IMBER+CIEO+-TOR] One who causes rain.

spiritus austri ~or ENN.*Ann.*444; ~or et item dicitur serenator (Iuppiter) APUL.*Mun.*37.

imbricus ~a ~um, *a.* [IMBER+-CVS] Full of rain, rainy.

hic fauonius serenust, istic auster ~us PL.*Mer.*876; ~a tempestate pluuiam uidetur significare PAUL.*Fest.*p.108M.

imbrifer ~era ~erum, *a.* [IMBER+-FER] Rain-bearing, rainy.

cum ruit ~erum uer VERG.*G.*1.313; ~eros..Austros OV. *Met.*13.725; ~era..Iris SEN.*Oed.*315; ubi..caeli status ~er (est) COL.5.5.4; ~era..sub Pliade LUC.8.852; non ~eram.. nubem..agit 9.455; ~er arcus STAT.*Theb.*7.427; ~eram.. hiemem SIL.3.197; (*cf.*) ~er Nilus MART.1.61.5.

imbūbinō ~āre, *tr.* **inb-.** [IN-¹+BVBINO] To defile with menstrual blood.

LUCIL.1186.

imbulbitō ~āre, *tr.* [IN-¹+Gk. βόλβιτον] To defile with excrement.

haec inbubinat, at contra te ~at ⟨ille⟩ LUCIL.1186; ~are est puerili stercore inquinare PAUL.*Fest.*p.32M.

imbuō ~uere ~uī ~ūtum, *tr.* [dub.] ORTHOG.: *inb-* sts. found, as if compounded from *in-*. CONST.: w. acc. and abl., also *ad*.

1 To drench (with a liquid), steep, imbrue, wet. **b** (so as to impart a colour, flavour, etc.). **c** to stain with one's blood.

ENN.*Ann.*535; e uiperino morsu uenae uiscerum ueneno ~utae ACC.*trag.*553; concha purpura ~uens (tapetas) MAT. *poet.*13; postea quam latronis..sanguine ~uta est (*sc.* uia Appia) CIC.*Mil.*18; tabo munus ~utum HOR.*Epod.*5.65; in locum saxo consaeptum, iam ante hostiis humanis..~utum, LIV.22.57.6; manibus..~utae Phrygia quae nece semper erant OV.*Ars* 2.714; ~utum caelesti nectare corpus *Met.*4.252; quibus liquoribus mundam lanam ~uere oportebit COL.9.14.15; pueri..ora ~uit amne sacro..Apollo STAT.*Silv.*5.3.123; temulentus..tribuni sanguine manus ~uet TAC.*Hist.*1.83; (*transf., of fire*) multa..prius..eminus ardescunt quam comminus ~uat ignis LUCR.6.904; (*fig.*) cum..semel gladium scelere ~uisset CIC.*Phil.*5.20. **b** pauonum ridenti ~uta lepore saecla LUCR.2.502; (*pass., w. retained acc.*) alium quemuis quae sunt ~uta colorem 2.734;—dolia olearia noua sic ~uito. amurca inpleto CATO *Agr.*69.1; oscula quae Venus quinta parte sui nectaris ~uit HOR.*Carm.*1.13.16; illis (*sc.* herbis) ~ui lactis primos uolunt sucos PLIN.*Nat.*8.112; ~ue..Clusinis pultibus ollas MART. 13.8.1; sapor quo noua (uasa) ~uas QUINT.*Inst.*1.1.5; farinam fermento ~utam GEL.10.15.19; (*fig.*) uerba..suo suco ~uta FRO.*Aur.*2.p.112(161N). **c** illius aram saepe.. ~uet agnus VERG.*Ecl.*1.8; ~uero Scythicas si non prius ipse sagittas OV.*Pont.*2.1.65; tepidos tunc hostia cultros ~uat CALP.*Ecl.*5.28.

2 (of abst. things) To permeate, imbue; (also, of persons) to imbue (with).

nulla gens tam fera..cuius mentem non ~uerit deorum opinio CIC.*Tusc.*1.30; Etrusci..religione ~uti..crebrius hostias immolabant *Div.*1.93; hunc solem..sunt qui formidine nulla ~uti spectent HOR.*Ep.*1.6.5; haec animos aerugo et cura peculi cum semel ~uerit *Ars* 331; deorum adsidua insidens cura..pietate omnium pectora ~uerat LIV.1.21.1; barbaris regibus..quos..nullus litterarum cultus ~uerat SEN.*Dial.*5.17.1; (legiones) ~utae fauore Othonis TAC.*Hist.* 2.85; quod nullis discordiis ~utus pari in omnis studio ageret *Ann.*11.16; haec prima paruulorum ciuium uox aures tuas ~uit PLIN.*Pan.*26.7; his te consiliis..libri et litterarum disciplina ~uebant FRO.*Ver.*2.p.146(128N);—hisce ego de artibu' gratiam facio, ne colas neue ~uas ingenium PL. *Trin.*294; quibus ille studiis ab ineunte aetate se ~uerat CIC.*Deiot.*28; *Att.*14.13b.4.

3 To dip or wet for the first time; (transf.) to inaugurate.

~uisse palmulas (*i.e. oars*) in aequore CATUL.4.17; guttura ..~erunt infantia (*i.e. gave the child its first drink*) lacte canino OV.*Ib.*227; feros..quin protinus ~uis ensis? STAT. *Theb.*11.685;—~uis exemplum primae..palmae huius PROP. 4.10.5; infelix ~uit auctor opus (*i.e. an instrument of torture of which he was the first victim*) OV.*Ars* 1.654; (*cf.*) ubi sanguine bellum ~uit VERG.*A.*7.542.

4 To give (a person, etc.) initial instruction, experience, etc., (in). **b** (w. *ad*) to introduce (to).

uirginis..auris ueneriis uocabulis ~ui noluerunt VAR. *Men.*11; an tu dialecticis ne ~utus quidem es? CIC.*Tusc.* 1.14; sic..animos..ad sapientiam concipiendam ~ui et praeparari decet *Hort.*fr.23; illa rudis animos per noctes conscia primas ~uit PROP.3.15.6; non uti summus philosophus..sed ut architectus his litteris ~utus haec nisus sum scribere VITR.1.1.18; inter..nouitatem..successoris quae noscendis prius quam agendis rebus ~uenda sit LIV.41.15.8; utinam..uoluisset te praeceptis sapientiae erudiri potius quam ~ui SEN.*Dial.*12.17.4; optime cum domito (boue) iuuencus ~uitur PLIN.*Nat.*8.180; iuuenem..primo..Hymenaeo ~uerat coniux SIL.3.65; paedagogus..quibusdam eum uitiis ~uit QUINT.*Inst.*1.1.9; ut specie parandarum copiarum ciuili praeda miles ~ueretur TAC.*Hist.*3.15; sic ~ui rectorem generis humani *Ann.*3.59; non perfectum litteris, sed ~utum SUET.*Gram.*4(p.103Re); non ante.. manum cum hostibus conseruisti quam leuibus proeliis.. militem ~ueres FRO.*Ver.*2.p.150(129N); APUL.*Met.*11.27; (*pass., w. retained acc.*) nec quicquam prius ~uuntur (Iudaei) quam contemnere deos TAC.*Hist.*5.5;—(*poet.*) illa (*i.e. ship*) rudem cursu prima ~uit Amphitriten CATUL.64.11; ignaras Cereris qui uomere terras ~uit V.FL.1.70. **b** ~uendis sociis ad officia legum TAC.*Ann.*12.32; ut..uelint..eos (*sc.* pueros) ad id prorsus ~uere ut regere et regi discant APUL. *Pl.*2.3.

imitābilis ~is ~e, *a. compar.* ~ior. [IMITOR+-BILIS]

1 Capable of being imitated, that can be copied or reproduced. orationis subtilitas ~is illa quidem uidetur esse CIC.*Orat.* 76; qui nimbos et non ~e fulmen..simularet VERG.*A.* 6.590; HOR.*Ep.*1.19.17; OV.*Pont.*4.10.77; quam nulli mortalium ~is illa aranei textura SEN.*Ep.*121.22; neque est ~ior alia (gemma) mendacio uitri PLIN.*Nat.*37.112; Horatius eum (*sc.* Pindarum) merito credidit nemini ~em QUINT.*Inst.*10.1.61; TAC.*Hist.*5.5; maxime ~is, maxime imitandus uidebaris PLIN.*Ep.*7.20.4.

2 Inclined to imitate, imitative. cum essent..homines ~i docilique natura VITR.2.1.3.

imitāmen ~inis, *n.* [IMITOR+-MEN] An imitation, copy, reproduction. pars aliquas artes, antiquae ~ina uitae, exercent OV.*Met.*4.445; 15.200; res latuit, priscique manent ~ina facti *Fast.*4.211.

imitāmentum ~ī, *n.* [IMITOR+-MENTVM] = prec. lacrimas uel doloris ~a? TAC.*Ann.*3.5; peractis tristitiae ~is 13.4; ueterum Romanorum ~a praeferre 14.57; non simulacris neque ~is, sed luctu atque lamentis ueris et spirantibus GEL.6(7).5.7.

imitātiō ~ōnis, *f.* [IMITOR+-TIO]

1 The action of imitating an example. ~o est, qua inpellimur..ut aliquorum similes in dicendo ualeamus esse *Rhet.Her.*1.3; si in eius modi genere orationis nihil esset nisi falsum atque ~one simulatum CIC.*de Orat.* 2.189; uti excellentium ciuium uirtutem ~one dignam.. putarent *Phil.*14.17; SEN.*Ben.*1.2.4; frequens ~o transit in mores QUINT.*Inst.*1.11.2; quin artis pars magna contineatur ~one 10.2.1; TAC.*Ger.*38.2;—(*w. obj. gen.*) morum ac uitae ~o CIC.*de Orat.*3.204; uos..ad maiorum uestrorum ~onem excitabo *Sest.*136; omnis ars naturae ~o est SEN.*Ep.*65.3; uitiorum ~one TAC.*Ann.*16.18.

2 The action of producing a copy or imitation, mimicking. ridiculum, quod ex quadam deprauata ~one sumi solet CIC.*de Orat.*2.242; sono ipso uocis ita recto et simplici est, ut nihil ostentationis aut ~onis adferre uideatur 3.45; comicae (scaenae)..habent..prospectus..fenestris dispositos ~one VITR.5.6.9;—(*w. obj. gen.*) quid aliud fuit, in quo contio rideret, nisi illa uultus et uocis ~o? CIC.*de Orat.* 2.242; *Brut.*225; difficillima est ~onis ~o PLIN.*Ep.*4.28.3.

3 The result of imitating, a copy, counterfeit, imitation. **b** (w. gen.) *~onem habere*, to imitate, represent. in omni re uincit ~onem ueritas CIC.*de Orat.*3.215; non est uirtus sed fallax ~o simulatioque uirtutis *Luc.*140; VITR.7.14.2; simiarum genera perfectam hominis ~onem continent facie PLIN.*Nat.*11.246. **b** uirginalis habet gracilitatis ~onem VITR.4.1.8; 4.2.5.

imitātor ~ōris, *m.* [IMITOR+-TOR]

1 One who imitates or emulates (a person, pattern of conduct, etc.). quorum se isti ~ores esse dicunt CIC.*Orat.*171; ueterum facinorum..~or *Vat.*22; memorem sui nominis ~oremque maiorum *Phil.*3.8; nostri laudator, amator, ~or *Att.*1.14. 6; moris..maiorum summus ~or fuit NEP.*Att.*18.1.

2 One who copies or reproduces. ~ores..ueritatis, histriones CIC.*de Orat.*3.214; nec uerbo uerbum curabis reddere fidus interpres, nec desilies ~or in artum HOR.*Ars* 134; ~ores, seruum pecus *Ep.*1.19.19; fulmineo periit, ~or fulminis, ictu OV.*Met.*14.618; Brutus erat stulti sapiens ~or *Fast.*2.717; humanae sollers ~or psittace linguae STAT.*Silv.*2.4.2.

imitātrix ~īcis, *f.* [next+-TRIX] (fem. of prec.). psittacus, Eois ~ix ales ab Indis OV.*Am.*2.6.1; otus..~ix alias auis ac parasita PLIN.*Nat.*10.68;—(*of abst. qualities*) commoditas quaedam, praua uirtutis ~ix CIC.*Inv.*1.3; ~ix boni, uoluptas *Leg.*1.47; harum (*sc.* disciplinarum) ~ices esse artem sophisticam professionemque APUL.*Pl.*2.9.

imitor ~ārī ~ātus, *tr.* Also ~**o** ~āre. [dub.; perh. *imo (cf. IMAGO)+-ITO] FORMS: act. ANDR.*trag.*1; VAR.in Non.p.473M; pf. pple. in pass. sense CIC.*Tim.*8; OV.*Met.*9.481; QUINT.*Inst.*11.3.61.

1 To copy the conduct, action, practice, etc., of, imitate. **b** to follow, imitate (actions, conduct, etc.). hau nos id deceat, fugitiuos ~ari PL.*Capt.*209; recessim dabo me ad parietem, ~abor nepam *Cas.*443; in ipso genere mortis ~atus est P. Decium filius CIC.*Rab.Post.*2; an ~ari agros fertiles (debemus), qui multo plus efferunt, quam acceperunt? *Off.*1.48; CAES.*Att.*9.7c.1; at tu conclusas hircinis follibus auras..ut mauis ~are HOR.*S.*1.4.21; si tu Graias es tuque ~ata Latinas PROP.2.32.61; ~amini, patres conscripti, turbam inconsultam LIV.3.21.6; ~ari dum non possit, obtrectet licet PHAED.4.pr.16; TAC.*Hist.*1.33;—(*literary, etc., models*) maxime..Thucydidem est..~atus CIC.*de Orat.*2.57; Lucanus..magis oratoribus quam poetis ~andus QUINT.*Inst.*10.1.90; quos utinam nulla parte ~atus esset..Cicero TAC.*Dial.*18.1;—(*w. abl.*) mecum una in siluis ~abere Pana canendo VERG.*Ecl.*2.31; cum..habitu..et comitatu Liberum ~aretur SEN.*Suas.*1.6; qui te laxis ~antur, Sarmata, bracis LUC.1.430. **b** ~atur malarum malam disciplinam PL.*Cas.*657; hanc uirtutem Agrigentinorum ~ati sunt Assorini CIC.*Ver.*4.96; exemplum ad ~andum *Mur.*66; consuetudo ~anda medicorum est *Off.* 1.83; neque eam quam prodesse aliis uim..uiderant ~ari potuerant CAES.*Gal.*6.40.6; Graeciae morem ~ati SAL.*Cat.* 51.39; LIV.29.2.6; stagna modesta iacent dominique ~antia mores STAT.*Silv.*2.2.29; TAC.*Ann.*3.55; licet per omnia haec usum fructum non ~antur ULP.*dig.*7.9.5.3.

2 To make an imitation or reproduction of, copy. **b** to have the appearance of, resemble. ~ari scriptura..uoces *Rhet.Her.*3.27; qui actor ~anda quam orator suscipienda ueritate iucundior? CIC.*de Orat.* 2.34; cocus meus praeter ius feruens nihil non potuit ~ari *Fam.*9.20.2; putre solum (namque hoc ~amur arando) VERG.*G.*2.204; scribere si fas est ~antes turpia mimos OV.*Tr.*2.515; argento uersos ~antia muros *Pont.*2.1.37; uelari pictura iubetur quaecumque alterius sexus ~ata figuras JUV.6.341. **b** umor adlapsus extrinsecus..sudorem uidetur ~ari CIC.*Div.*2.58; uitulus..fronte curuatos ~atus ignis..lunae HOR.*Carm.*4.2.57; hic (color) undas ~atur, habet quoque nomen ab undis OV.*Ars* 3.177; mea cycneas ~antur tempora plumas *Tr.*4.8.1; Tyrias ~ata papauera luces MAN.5.258; pallida (*sc.* cinara) nonnumquam tortos ~atur acanthos COL.10.241; lampadias ardentes ~atur faces PLIN.*Nat.*2.90; sollicitas ~atur ianua portas JUV.7.42; (*w. abl.*) folio et stipula triticum ~atur PLIN. *Nat.*22.161.

3 To assume or produce falsely the features or effect of, simulate. **b** to produce by simulation. pugno malam si tibi percussero, mox quom Sauream ~abor PL.*As.*372; calliditas, peruerse ~ata prudentiam CIC.*Off.*3.113; uox auditur fractos sonitus ~ata tubarum VERG.*G.*4.72; Iouis Elei caelum ~ata domus PROP.3.2.20; sine carmine ullo, sine ~andorum carminum actu LIV. 7.2.4; insiterant ramis ~antes omnia picae OV.*Met.*5.299; somnia me terrent ueros ~antia casus *Pont.*1.2.43; multarum quidem rerum obliuionem sentiunt, sed multarum et ~antur SEN.*Dial.*10.12.8; PLIN.*Nat.*10.83; concaua saxa armorum sonitus flatusque ~antur (*i.e. echo*) equorum SIL. 5.433; (*pple. as sb.*) faciles ~antibus este, puellae OV.*Ars* 1.617;—(*w. abl.*) pocula laeti..acidis ~antur uitea sorbis VERG.*G.*3.380; lana Tarentino uiolas ~ata ueneno HOR.*Ep.* 2.1.207; est tibi agendus amans ~andaque uulnera uerbis OV.*Ars* 1.611. **b** suspensis teneros ~antur dentibus haustus LUCR.5.1069; difficile est ~ari gaudia falsa [TIB.] 3.6.33; falsos ~atus artus SEN.*Oed.*419;—(*pple. in pass. sense*) cum..ingressa est (oratio) ~ata et efficta simulacra CIC.*Tim.*8; nec abest ~ata uoluptas OV.*Met.*9.481; cum sint alii ueri adfectus, alii ficti et ~ati QUINT.*Inst.*11.3.61.

īmitus, *adv.* [IMVS+-ITVS[1]] From a great depth, from the bottom; also, from deep down inside. undas..faciunt (uenti)..non prorsus inpulsas, sed ~ commotas GEL.2.30.4; fontes ~ ignis eructari 17.10.13; terra dehiscens ~ APUL.*Met.*9.34;—riuos sanguinis uomens ~ 4.12.

immaculātus ~a ~um, *a.* **inm-.** [IN-[2] +MACVLO] Unstained. Romana..tellus ~a sui seruetur sanguine Magni LUC. 2.736.

immadescō ~escere ~uī, *intr.* **inm-.** [IN-[1] +MADESCO] To become wet or moist. perfusam..natorum sanguine Terram ~uisse ferunt OV. *Met.*1.158; lacrimis ~uisse genas *Tr.*1.9.34; cum a siccitate continua (terra) ~uit imbre PLIN.*Nat.*17.39; 20.240; STAT. *Silv.*3.1.73.

immānis ~is ~e, *a.* **inm-.** *compar.* ~ior, *superl.* ~issimus. [IN-[2]+*manis*; cf. MANES, *manus*[2]]

1 Savage, brutal. **b** (of character, feelings, actions, etc.). te (*sc.* Neptunum) omnes..commemorant spurcificum, ~em, intolerandum PL.*Trin.*826; numquam erit tam ~is.. quin fragescat ACC.*trag.*337; ciuem optimum dedi inimicissimis atque ~issimis nationibus CIC.*Font.*41; quis tam barbarus umquam, tam ~is, tam ferus? *Phil.*13.21; quod.. nemo omnium tam sit ~is, cuius mentem non imbuerit deorum opinio *Tusc.*1.30; scimus ut impios Titanas ~emque turbam fulmine sustulerit caduco HOR.*Carm.*3.4.43; feritas ~ium barbarorum LIV.38.37.3; gentes..~es MELA 3.18; LUC.1.480; passus..tyrannum ~em..suis STAT.*Silv.* 3.3.73; Punica passis proelia uel Pyrrhum ~em JUV.14.162; (*poet.*) quae uis (te) ~ibus applicat oris? VERG.*A.*1.616; (*w. abl.*) Pygmalion, scelere ante alios ~ior omnis 1.347; Tauri.. ~es sunt moribus MELA 2.11;—(*of animals, monsters, etc.*) (demonstramus) id a feris..hominibus..et ~ibus bestiis esse remotum CIC.*Inv.*1.103; ne bestiis..quae tantum scelus attigissent, ~ioribus uteremur *S.Rosc.*71; quam denique tam ~em Charybdim poetae fingendo exprimere potuerunt..? *Har.*59; qui..regem..incluserit urbi, ~em ueluti pecora inter inertia tigrim VERG.*A.*9.730; moribus ritibusque efferatioribus..quam ~es beluae uiuunt LIV.34.24.4; quid membra ~ia (*sc. of the Centaurs*) prosunt? OV.*Met.*12.50; ~ibus equis mandendos..obiectare aduenas MELA 2.29; (*cf.*) sed quid ego hospiti iura in hac ~i belua commemoro? CIC.*Ver.*5.109; (*in fig. phr.*) auaritia belua fera ~is intoleranda est SAL.*Rep.*2.8.4. **b** ostendere..mores feros ~emque naturam CIC.*S.Rosc.*38; Syriam..~i Parthorum impetu liberauit *Phil.*11.35; haec (*sc.* eloquendi uis) a uita ~i et fera (nos) segregauit *N.D.*2.148; non luctus gemitus uirorum mulierum ~em eorum animum inflexit SAL.*Rep.* 2.4.2; pendere eos poenas ~i pro scelere omnis LUCR.5.118; ausi omnes ~e nefas VERG.*A.*6.624; ~e est uitium dare milia terna macello HOR.*S.*2.4.76; ~e noui ac resurrecturi belli ciuilis restinxit initium VELL.2.88.3; bellum..~e deorum LUC.9.657; ~ia uulnera..integrare iubes STAT. *Theb.*5.29; ~em animum subdola modestia tegens TAC. *Ann.*6.20; ~issima facta augebat atrocitate uerborum SUET. *Cal.*29.1;—(*neut. pl. as sb.*) quamuis fabulosa et ~ia credebantur TAC.*Ann.*4.11; urbibus..dira atque ~ia passis JUV. 15.104;—(*advl. acc.*) quamquam plerique se..prope exesa mansuetudine generis sui ~e efferarint APUL.*Soc.*3.

2 Frightful in aspect or appearance; (N.B. the notion of exceptional size is often present). **b** (of actions, conditions, etc.). uidimus ~i specie tortuque draconem terribilem CIC.*poet.* 22.11(*Div.*2.63); ~is uario maculatus corpore serpens *Culex* 164; metuet..~em..rotam et non exsuperabile saxum VERG.*G.*3.39; Phoebi nondum patiens ~is in antro bacchatur uates *A.*6.77; sacer totusque dei..Mopsus ~is uisu uittamque comamque..laurusque rotat V.FL.1.208; Asiam ..prementem effugit abruptis Europa ~ior oris 2.615; constitit ~is cerni ~isque timeri Argolicus Capaneus STAT.*Theb.* 6.731; ~i forma tantae bestiae APUL.*Met.*4.18. **b** suscipere ~is morbos durumque dolorem LUCR.3.460; praecipitem..~i turbine adegit VERG.*A.*6.594; ~i per proxima motu euolat SIL.12.456; inpulsae praeceps ~e ruinae JUV. 10.107;—(*advl. acc.*) (leo) gaudet hians ~e comasque arrexit VERG.*A.*10.726; ille ruenti Hyllo animisque ~e frementi occurrit 12.535.

3 Of enormous size, vast, tremendous. **b** very great (in number, amount, value, etc.). **c** (of physical conditions, etc.) of extreme force or intensity. **d** (of abst. things) immense, tremendous. **e** *~e quantum* (cf. Gk. θαυμαστὸν ὅσον, etc.), a tremendous amount or degree; *~e quantus*, a tremendous degree of. quamlibet ~i proiectu corporis exstet LUCR.3.987; 4.1163; ~is..columnas rupibus excidunt VERG.*A.*1.428; arboribus circa ~ibus deiectis LIV.21.37.2; marinae beluae ossa ~ia ostentant MELA 1.64; in ora loquentis telum ~e rotat STAT.*Theb.*9.802; non paterer ~is illos et ad pugnam natos lacertos..iactu disci uanescere TAC.*Dial.* 10.5; ~em in foro excitant rogum FLOR.*Epit.*1.22(2.6.6); (*advl. acc.*) extra ~e patens tellus Mauortia campi STAT. *Theb.*4.434. **b** ~i numero annorum urbanos agricolae praestant VAR.*R.*3.1.3; illa fuit pecunia ~is, haec paruola CIC.*Q.Rosc.*23; ~es diuitiae *Agr.*2.62; in ipsis tuis ~ibus illis poculis *Phil.*2.63; propter ~e rei publicae damnum V.MAX.2.7.15;—(*w. nouns of size, etc.*) ne quaedam cogas ~i maximitate LUCR.2.498; ~i corporum magnitudine homines efficit CAES.*Gal.*4.1.9; in medium geminos ~i pondere caestus proiecit VERG.*A.*5.401; arx intra moenia in ~em altitudinem edita LIV.45.28.2; VELL.1.12.4. **c** turbinis ~em uim prouomit atque procellae LUCR.6.447; et calores feruidos et spiritus ~es refrigerationesque VITR.8.2.3; fremunt ~i murmure uenti OV.*Tr.*1.2.25; mons parturibat, gemitus ~es ciens PHAED.4.23(24).1; sic profatus accusator ..~em uocem repressit APUL.*Met.*3.4;—(*internal acc.*) Thraecis tum Boreae spirent ~ia uires *Dirae* 37; uocat agmina Tyrrhus..spirans ~e VERG.*A.*7.510; pila, ~e sonans, impingitur ardua ponto SIL.4.297. **d** ambitus redit ~is; numquam fuit par CIC.*Q.fr.*2.14.4; ~i concitus ira VERG.*A.* 9.694; studium..~e loquendi OV.*Met.*5.678; diuitis ingenii est ~ia Caesaris acta condere *Tr.*2.335; ~e regnum est posse sine regno pati SEN.*Thy.*470; uotum ~e procis spesque augustissima gentis STAT.*Theb.*12.281; tam ~em soloecismum GEL.15.9.3; nec tam ~ibus contenta mendacis APUL. *Met.*10.5;—(*internal acc.*) cernimus Aeacidas murisque ~e minantem Ancaeum STAT.*Theb.*5.398; 10.522. **e** ~e quantum animi exarsere SAL.*Hist.*2.44; uino et lucernis Medus acinaces ~e quantum discrepat HOR.*Carm.*1.27.6; ~e quantum aucto animo TAC.*Hist.*3.62; (*w. gen.*) ~e quantum suis pauoris et hostibus alacritatis indidit 4.34; —matrimonium nostrum Aemiliano huic ~e quanto angori quantaeque diuidiae fuit APUL.*Apol.*28.

immānitās ~ātis, *f.* **inm-.** [prec.+-TAS]

1 Savage character, brutality, frightfulness. **b** (applied to persons) a monster. nemo audebat (prodire) propter magnitudinem atque ~atem facies QUAD.*hist.*10b; temperantiam ~as in uoluptatibus aspernandis..imitatur CIC.*Part.*81; ut..domestica.. ~ate nostrae ciuitatis humanitatem inquinares *Deiot.*32; cum omni ~ate barbariae bellum inferre nobis *Phil.*5.37; est potius ~atis omnem humanitatem repellentis *Off.*1.62; de ~ate gentis Gallorum LIV.38.47.9; haec (*sc.* ora terrae).. ob ~atem habitantium inculta MELA 3.50; nemo..de ~ate animi tui dubitaret SEN.*Ben.*6.35.5; Nero, cuius ~as omnium questus antibat TAC.*Ann.*14.11; PLIN.*Pan.*47.1; aut stupore animi aut ~ate GEL.12.5.13;—(*of wild animals*) ~atem.. beluae CIC.*Off.*3.82; quae ferarum ~as, quae Scylla..? SEN. *Med.*407; elephanti..~ati gentium pares FLOR.*Epit.*1.37 (3.2.5); leonum..~as admirationi fuit GEL.5.14.8;—(*of terrain*) Insanorum..~as montium FLOR.*Epit.*1.22(2.6.35). **b** quae pestis, quae ~as uestra antiquissima fidelissima proximaque prouincia uersata sit? CIC.*Ver.*3.64.

2 Frightfulness, enormity, barbarity (of an action). tanti facinoris ~as CIC.*Catil.*1.14; quamquam es omni diritate atque ~ate taeterrimus *Vat.*9; per sceleris ~atem SAL.*Hist.*1.55.6; ~atem parricidii..ui orationis exaggerat QUINT.*Inst.*9.2.53; seu concepit animo tantum ~atis AgrippinaTAC.*Ann.*14.2.

3 Vast size, hugeness. multis..locis adsignationi agrorum ~as superfuit FRON. *agrim.*p.9; cum coloniis ~as agri uicit adsignationem HYG.GR.*agrim.*p.164; (*of a task*) ~ate praecepti consternata silens obstupescit APUL.*Met.*6.10.

immāniter, *adv.* **inm-.** [IMMANIS+-TER[2]] Monstrously. in Gallum tam ~ adrogantem pugnare QUAD.*hist.*12.

immansuētus ~a ~um, *a.* **inm-.** *compar.* ~ior, *superl.* ~issimus. [IN-[2]+MANSVETVS] Untamed, wild, savage. (*of animals*) nec ullum tam ~um animal est SEN.*Ben.* 1.2.5;—(*of men, etc.*) tu, de rapidis ~issime uentis OV. *Ep.*17.37; ille ferox ~usque *Met.*4.237; quid ad homines ~ius (quam hoc saxum, *i.e. Corsica*)? SEN.*Dial.*12.6.5; Ogygias leges ~umque Creonta..fremunt STAT.*Theb.*12.477; —(*of disposition*) quibus ingenium est ~umque ferumque OV.*Met.*15.85; in frigora septemtrionemque uergentibus ~a ingenia sunt SEN.*Dial.*4.15.5;—(*of actions, neut. pl. as sb.*) mansuete ~a tractanda sunt 5.27.3.

immarceō ~ēre, *intr.* [IN-[1]+MARCEO] To waste away. IPSO ~EBAM FLORENTI CARO MARITO *A.Epig.*16.122.

immātūrē, *adv.* **inm-.** *compar.* ~ius. [IMMATVRVS+-E] Prematurely, too soon, too early. ME HEICE SITVM ~E *CIL* 1.1295.7; nemo ~e moritur, qui moritur miser PUB.*Sent.*N.44; CELS.6.18.3.c; SEN.*Suas.*1.14; sed haud ~ius (*i.e. in good time*) redito APUL.*Met.*6.16.

immātūritās ~ātis, *f.* **inm-.** [next+-TAS]

1 The state of being immature, immaturity.
~ate sponsarum SUET.*Aug.*34.2.

2 Prematureness, untimeliness.
quid haec amentia, quid haec festinatio, quid haec ~as tanta significat? CIC.*Quinct.*82; ne..~ate nuptiarum..manes acerbos mariti ad exitium salutis tuae suscitemus APUL.*Met.*8.9.

immātūrus ~a ~um, *a.* **inm-.** [IN-² +MATVRVS]

1 (of fruit, plants) Unripe, immature. **b** (of other things) not fully matured or developed.
pira ~a CELS.2.30.3; (oliuae) fiunt et praecoques feruenti aqua perfusae quamlibeat ~ae PLIN.*Nat.*15.16; ex ~is (moris) sucus sistit aluum 23.135; si ~am siluam caeduam cecidit quis CELS.*dig.*43.24.18;—(*pred.*) ~a cadant ramis pendentia mala *Dirae* 17; PLIN.*Nat.*15.60. **b** metuo ne ~am (uomicam) secem PL.*Per.*315; cauendum, ne (fimum) in feruore solis admoueatur, ne ~um PLIN.*Nat.*17.258; ~ae fornacis argumentum est 34.130; (*w.* ad) ~ae ad id uires erant LIV.39.35.2.

2 (of persons, animals) Not physically mature.
quamquam tibi ~o et unde minume decuit uita erepta est SAL.*Jug.*14.22; ~a focis uictima concidit SEN.*Thy.*146; (agni) ~i fere mactantur COL.7.4.3; suos pullos diligere desinunt et ~os relinquunt 8.11.16; ~ae puellae, quia more tradito nefas esset uirgines strangulari, uitiatae prius SUET.*Tib.*61.5; si uirginem ~am stuprauerit ULP.*dig.*47.10.25; 24.1.32.27;—(*transf. ep.*) fauete saeculo..cum ingentia scelera ferat, ne etiam ~a tulerit SEN.*Con.*9.6.19; tuis licentiosis et ~is..amplexibus APUL.*Met.*5.29.

3 Done, occurring, acting, etc., before the proper time, premature, untimely. **b** (of or w. ref. to death).
redditur responsum ~am rem agi LIV.2.45.8; patefacta ~a proditio est 28.30.4; ~am aduersus Romanos ingressum militiam V.MAX.5.1.7; ne membra libertas ~a detorqueat SEN.*Ben.*6.24.1; in morbis..nihil est perniciosius quam ~a medicina *Dial.*12.1.2; infans qui conceptus erat, ~us est editus SUET.*Aug.*63.1; quando ea, quae praeter sui temporis modum properata sunt, '~a' uerius dicantur GEL.10.11.4; ut solent parentes ~is liberorum desideriis modificari APUL.*Met.*11.21. **b** damnum..illius ~o interitu res Romanae Latinaeque litterae fecerunt CIC.*Brut.*125; neque turpis mors forti uiro potest accidere neque ~a consulari *Catil.*4.3; CATUL.96.5; VERG.*A.*11.166; LIV.2.40.9; uitam..~a morte finuit VELL.2.3.2; LUC.5.117; PLIN.*Nat.*28.45; QUINT.*Inst.*10.1.89;—si filius ~us obisset HOR.*S.*2.8.59; per ~a tuae precor ossa sororis TIB.2.6.29.

4 Done at an inappropriate time, unseasonable, ill-timed.
abi hinc cum ~o amore ad sponsum LIV.1.26.4; ~um uirginis amorem seuere..punitum existimabat V.MAX.8.1.1; FLOR.*Epit.*1.1(1.3.5).

immedicābilis ~is ~e, *a.* **inm-.** [IN-² +MEDICABILIS]

1 That cannot be cured or healed.
~e cancer OV.*Met.*2.825; ~e uulnus 10.189; (*poet., of a weapon*) armatam (sagittam) saeui Parthus quam felle ueneni..telum ~e, torsit VERG.*A.*12.858.

2 Not admitting of remedy or correction.
~is ira SIL.1.147; postquam ~e uisa seditio 14.292.

immedicātus ~a ~um, *a.* **inm-.** [IN-¹ +MEDICO] Treated with cosmetics, painted.
cum in puella uideret ~um os APUL.*Apol.*76.

immeditātē, *adv.* **inm-.** [next+-E] Without premeditation.
nos uero, ut captus noster est, incuriose et ~ ..Atticas noctes inscripsimus GEL.pr.10.

immeditātus ~a ~um, *a.* **inm-.** [IN-² +MEDITATVS] Unstudied, unaffected, natural.
speciosus et ~us incessus APUL.*Met.*2.2; animalium ~os sonores *Fl.*17.

immēiō ~ere, *intr.* **inm-.** [IN-¹+MEIO] To urinate (into); (in quot., applied colloq. to the sexual act).
ut..nepos..cum morosa uago singultiet inguine uena, patriciae inmeiat uuluae PERS.6.73.

immemor ~ris, *a.* **inm-.** [IN-²+MEMOR] FORMS: ~*ris* (nom. sg. masc.) CAECIL.*com.*31.

1 Not remembering, forgetful. **b** forgetful by nature; lacking or deprived of memory.
memorem ~rem facit qui monet quod memor meminit PL.*Ps.*940; TER.*An.*477; Eurydicen..~r heu!..respexit VERG.*G.*4.491; quod sufficit aeuum ~r ut donet belli tibi damna uetustas? LUC.7.850;—(*w. gen.*) exprobratiost ~ris benefici TER.*An.*44; nec..erat indoctus..nec Romanarum rerum ~r CIC.*Brut.*174; ~res dignitatis suae *Phil.*3.20; tam oblitus benefici uestri, tam ~r patriae 6.18; ne me ~rem mandati tui putares *Att.*5.16.1; omnium commodorum..~res *B.Hisp.*42.3; ~r herbarum..iuuenca VERG.*Ecl.*8.2; ueterum non ~r ille parentum *A.*5.39; uenator tenerae coniugis ~r HOR.*Carm.*1.1.26; sepulcri ~r struis domos 2.18.19; cum, ignorans nurum uentrem ferre, ~r in testando nepotis decessisset LIV.1.34.3; ut maleficii quam beneficii potius ~res essent 7.20.8; parce, pater patriae, nec nominis ~r huius olim placandi spem mihi tolle tui OV.*Tr.*2.181; me non Lethaea, coniunx, obliuia ripae ~rem fecere tui LUC.3.29; rectos..tenent in moenia uultus ~res leti STAT.*Theb.*10.543; ~r amorum TAC.*Hist.*1.78; ~r illa domus et coniugis atque sororis JUV.6.85; (*w. non-personal noun*) si qua mei ueniet non ~r hora PROP.1.6.35; his in uicem sermonibus qua cibi qua quietis ~r nox traducta est LIV.9.3.4;—(*w. inf.*) qui officium facere ~r est nisi est admonitus PL.*Ps.*1104;—(*w. acc. and inf.*) ~r Chaeream Cassium nominari SUET.*Cal.*57.3. **b** satis fuit indoctae, ~ri, insipienti dicere totiens PL.*Per.*168; itanest ~ris, itanest madida memoria? CAECIL.*com.*31; magna haec ~ris ingeni signa CIC.*Brut.*218;—has omnis..Lethaeum ad fluuium deus euocat agmine magno, scilicet ~res supera ut conuexa reuisant VERG.*A.*6.750; stabo ante ripas ~r, Lethe, tuas SEN.*Her.O.*936; (*poet.*) ~rem..tuis..dare manibus amnem STAT.*Silv.*5.2.96; Theron potator aquae, sub nomine Lethes quae fluit, ~ri perstringens gurgite ripas SIL.16.477.

2 **a** Not remembering one's obligations, etc. **b** not thinking of the consequences, heedless.
a quae..tam ~r posteritas, quae tam ingratae litterae reperientur..? CIC.*Phil.*2.33; Alfene ~r atque unanimis false sodalibus CATUL.30.1; ut eam..liquerit ~ri discedens pectore coniunx 64.123; ~r est..qui potuit curui dempto modo pondere aratri ruricolam mactare suum OV.*Met.*15.122. **b** instamus..~res VERG.*A.*2.244; galea Euryalum sublustri noctis in umbra prodidit ~rem 9.374.

immemorābilis ~is ~e, *a.* **inm-.** [IN-² +MEMORABILIS]

1 Not fit to be repeated.
neque spurcidici insunt uorsus ~es PL.*Capt.*56.

2 That cannot be expressed, indescribable.
~e per spatium transcurrere LUCR.4.192; 6.488.

3 Unable to recollect.
quot modis moderatrix ⟨linguae⟩ fuit atque ~is PL.*Cist.*538.

immemorātus ~a ~um, *a.* **inm-.** [IN-² +MEMORATVS¹] Unmentioned, hitherto untold.
iuuat ~a ferentem ingenuis oculis..legi HOR.*Ep.*1.19.33.

immemoria ~ae, *f.* **inm-** (dub.). [IN-² +MEMORIA] Forgetfulness.
cum reuersus locum thensauri ~a non repeteret PAPIN.*dig.*41.2.44.

immensitās ~ātis, *f.* **inm-.** [IMMENSVS+ -TAS] Vastness of extent, immensity.
in hac..~ate latitudinum longitudinum altitudinum infinita uis innumerabilium uolitat atomorum CIC.*N.D.*1.54; omnem hanc terrenam ~atem Atlantici maris ambitu coerceri APUL.*Mun.*4; (*pl.*) montium altitudines ~atesque camporum CIC.*N.D.*2.98.

immensum¹ ~ī, *n.* **inm-.** [IMMENSVS]

1 Infinite space; (w. gen.) a measureless expanse (of). **b** *in ~um*, to a measureless size, extent, etc.
omne ~um peragrauit mente animoque LUCR.1.74; quis regere ~i summam..potis est..? 2.1095; (*transf.*) quam naturale sit in ~um mentem suam extendere SEN.*Ep.*102.21; Clota et Bodotria diuersi maris aestibus per ~um reuectae TAC.*Ag.*23.2;—longe ac late fuso agmine ~um obtinentes loci LIV.5.37.5; post triumphos ~umque terrarum adiectum imperio PLIN.*Nat.*18.18. **b** mons saxeus ..in ~um editus SAL.*Jug.*92.5; in aeternum urbe condita, in ~um crescente LIV.4.4.4; ardet in ~um geminatis ignibus Aetna OV.*Met.*2.220; effusus in ~um agitur oceanus PLIN.*Nat.*16.2; dilatatur in ~um magnitudo imaginum 33.128; impactos..fluctus in ~um elidit PLIN.*Ep.*6.31.17; (*w. gen.*) multos..turba..in ~um altitudinis deiecit LIV.21.33.7.

2 An infinite or immense degree; esp. *in* (*ad*) *~um*.
erraticae (brassicae) ~o plus effectus laudat Cato PLIN.*Nat.*20.92;—Coelius ut abstinet numero, ita ad ~um multitudinis speciem auget LIV.29.25.3; exit in ~um fecunda licentia uatum OV.*Am.*3.12.41; necesse est in ~um exeat cupiditas SEN.*Ep.*39.5; cedit in ~um cassus labor LUC.2.663; ne arrepta occasione in ~um iuretur ULP.*dig.*12.3.4.2; (*w. gen.*) uideo in ~um damni procedentem querellam APUL.*Met.*10.14.

immensum², *adv.* **inm-.** [prec.] To an enormous extent or degree.
~um aucto mari SAL.*Hist.*3.56; creuerat (Orion) ~um OV.*Fast.*5.537; opum..quis domus illa ~um uiguit TAC.*Ann.*3.30; ob multitudinem familiarum quae gliscebat ~um 4.27; quae..nec ~um augeri per auaritiam..sinit APUL.*Pl.*2.26.

immensūrābilis ~is ~e, *a.* [IN-²+*mensuro* (MENSVRA)+-BILIS)] Immeasurable, boundless.
OB ~EM PIETATEM EIVS *CIL* 13.6279.

immensus ~a ~um, *a.* **inm-.** [IN-²+METIOR] N.B. in most of the exx. there is present some degree of hyperbole and the positive idea of bigness usually predominates.

1 Immeasurable in extent, boundless. **b** of immense size, huge. **c** (of abst. things) endless, limitless. **d** (w. nouns of extent or size).
an ~um pateat uasteque profundum LUCR.1.957; an deus ~i uenias maris VERG.*G.*1.29; ~um spatiis confecimus aequor 2.541; qualis in ~o desederit aere tellus [TIB.]3.7.19; iter ~um Alpesque..metuebat LIV.21.29.7; qua Persarum prope ~o spatio imperium fuerat 45.9.5; ~i copia caeli OV.*Met.*2.157; ~a terrarum late patentium spatia negas esse beneficium? SEN.*Ben.*4.6.1; ~ae..Alpes SIL.2.312. **b** hanc..~am Calchas attollere molem..iussit VERG.*A.*2.185; iuuentus infinita numero, ~a corporibus VELL.2.106.1; ~is coxit fornacibus aera LUC.6.405; ~is..iugis MART.8.65.10; ~us Briareus stetit aethera contra STAT.*Theb.*2.596; ~a barbarorum scuta TAC.*Ann.*2.14. **c** tanta hac in re tamque ~a CIC.*de Orat.*2.84; unde queat uis ~i procrescere morbi LUCR.6.664; ut quibus ab ~o prope errore nihil praeter arma et naues superesset LIV.1.1.5; uia eunti aliquid extremum est: error ~us est SEN.*Ep.*16.9; profitendi pene ~am scientiam COL.11.1.10;—(~um est *w. inf.*) ~um est erratas dicere terras OV.*Fast.*4.573; quas habeat (laser) utilitates admixtum aliis, ~um est referre PLIN.*Nat.*22.106; (*w.* si) ~um erit, si percurrere coepero SEN.*Ben.*5.17.1; (*cf., of persons*) *Epic.Drusi* 404. **d** ad magnitudinem quaestus ~um CIC.*Ver.*5.22; tam ~a magnitudo *Tusc.*1.61; forum medium..conlapsum in ~am altitudinem dicitur LIV.7.6.1.

2 Immeasurable (in other dimensions): **a** (time). **b** (weight, value, etc.). **c** (number) consisting of a boundless multitude; also, innumerable.
a obseruata sunt haec tempore ~o CIC.*Div.*1.12; permanens ad longinquum et ~um paene tempus *N.D.*2.85; ~i temporis omne praeteritum spatium LUCR.3.854; nox ~a uidetur OV.*Tr.*4.3.25; uita arborum quarundam ~a credi potest PLIN.*Nat.*16.234; ad naturam saeculorum ac respectum ~i huius aeui TAC.*Dial.*16.6. **b** ~um atque infinitum lucrum CIC.*Ver.*3.149; ~ae..messes VERG.*G.*1.49; ~um..argenti pondus et auri HOR.*S.*1.1.41; ~o terrae sub pondere LUC.6.739; qui ista mercantur ~o PLIN.*Nat.*9.138; ~ae opulentiae templum TAC.*Hist.*5.8; an tam ~a onera..libenter ferret *Ann.*1.20; ~is..muneribus PLIN.*Pan.*12.2. **c** loca, quae prope ~is agminibus impleuerat CURT.4.1.1; ~is Germanorum copiis VELL.2.120.4; ~i greges pecorum SEN.*Ben.*7.10.5; ~um exercitum PLIN.*Ep.*3.7.13;—~is urnam quatit Aeacus umbris STAT.*Silv.*2.1.219; ex ~is, quibus cumulabatur, honoribus SUET.*Nero* 8.

3 (of abst. things) Infinitely great, immense. **b** (noise). **c** *~um quantum* (in advl. sense) to an immense degree.
morbi sunt cupiditates ~ae CIC.*Fin.*1.59; deum..~a potestas LUCR.5.1209; uincet amor patriae laudumque ~a cupido VERG.*A.*6.823; ~us labor est *Aetna* 222; res est..~i operis LIV.pr.4; ~um gloria calcar habet OV.*Pont.*4.2.36; scilicet ~o superest ex nomine multum LUC.7.717; Aristoteles, uir ~ae subtilitatis PLIN.*Nat.*18.335; durat ~o exemplo Deciorum patris filiique quo se deuouere carmen 28.12; propter ~am et repentinam famem SUET.*Tib.*52.2. **b** ~us surgens ferit aurea clamor sidera VERG.*A.*11.832; ~o fragore PLIN.*Nat.*5.54. **c** ~um quantum hinc oceano, illinc Hiberico mari comprimentibus PLIN.*Nat.*4.110; ~um quantum praelatis (harundinibus) quae ipse Cephisus abluisset 16.172.

immeō ~āre, *intr.* **inm-.** [IN-¹+MEO] To make one's way or pass in.
saetas suum obstare tenuitati ~antis spiritus PLIN.*Nat.*11.226; intus ~ante spiritu 11.266; (*w. dat.*) delphini ~antes Nilo 8.91.

immerens ~ntis, *a.* **inm-.** [IN-²+MERENS] Undeserving (of punishment or ill-treatment), unoffending, blameless. **b** undeserving (of a benefit).
male mereri de ~nte inscitia est PL.*Cur.*185; irascere ..meis iambis ~ntibus CATUL.54.8; ~ntes ut sceleratos occidunt NEP.*Di.*10.1; triste lignum..caducum in domini caput ~ntis HOR.*Carm.*2.13.12; si priuignum ~ntem non oppressit SEN.*Con.*7.1.15; conquestus eripi sibi uitam ~nti SUET.*Tit.*10.1; (*tm.*) praeterit exanimatque indignos inque merentis LUCR.2.1104. **b** merentibus promptius, ~ntibus audacius opem tuli FRO.*Ant.*2.p.230(235N).

immerenter, *adv.* **inm-.** [prec.+-TER²] Undeservedly.
mulier..a Philippo rege temulento ~ (*s.v.l.*) damnata V.MAX.6.2.ext.1.

immergō ~gere ~sī ~sum, *tr.*, (*intr.*). **inm-.** FORMS: ~*sti* (= ~*sisti*) PL.*Bac.*677.

1 To dip or plunge into (a liquid, etc.) to immerse, sink. **b** (refl., or pass. in middle sense; also intr.).
(*w.* in+*acc.*) illi (*sc.* animi) in flumen ~si CIC.*Tim.*48; in undas..igniferos..~gere currus *Ilias* 617;—(*w. dat. or abl.*) uirum spumosa ~serat unda VERG.*A.*6.174; pelago..~gere nautas OV.*Met.*4.423; undae..~gite pontem LUC.2.484; ~gere (pinnam) aceto acri LARG.47; Romanos ignaros locorum ~sosque limo cecidit FRON.*Str.*2.5.7;—(*w. acc. alone*) auide manus ~si APUL.*Met.*3.24. **b** hausti paene limo ~gentesque se, tamen signa sequebantur LIV.22.2.5; in aquam progressi, quoad capitibus exstare possunt, sese ~gunt 22.6.6; dum se publicae aquae cupidius ~git V.MAX.9.1.1;—alter nocte dies esset, caelumque rediret ~sum MAN.1.830; spumantis..freti praeceps ~gitur undis SIL.2.591; (*of a river discharging into the sea*) a Pontico litore incipiens, ubi Hister amnis ~gitur PLIN.*Nat.*4.44;—credo aliquem ~sisse atque eum excepisse PL.*Rud.*397.

2 To plunge, bury, sink (in other things). **b** (pass. in middle sense); (also intr.) to dip in (with the hands).
(Saturnus)..prolem deuorat ~sam uisceribusque tenet OV.*Fast.*4.200; partem aliquam eius (*sc.* arboris) deflexam terrae ~gere COL.5.6.30; ~git..manus oculis gaudetque gelatos effodisse orbes LUC.6.541; illis ~gere curae fundamenta solo STAT.*Silv.*3.1.119; ~sit cineri iuuenem 5.5.19; Sidoniam..aciem..Tartareis ~ge uadis SIL.9.541; uisceribus suis ferrum ~sit QUINT.*Decl.*326(p.285,l.4); ferrum non recusanti puellae ~sit [QUINT.]*Decl.*3.11; (*fig.*) non legabit opes, censumque ~get in ipso MAN.4.533. **b** Luna..noctis..~sa tenebris MAN.4.842;—tute errasti, quom parum ~sti ampliter PL.*Bac.*677.

3 (refl.) To immerse oneself (in a place

implying some activity); to plunge (into an activity, situation, etc.).

in contionem mediam me ~si miser PL.*Men.*448; ~sit aliquo sese, credo, in ganeum 703;—se blanditiis et adsentationibus in Asuui consuetudinem penitus ~sit CIC. *Clu.*36; se Pythagorae praeceptis Metaponti penitus ~git V.MAX.4.1.ext.1; te studiis tuis ~ge altius SEN.*Dial.*11.18.1; an oneribus se ~serit hereditariis ULP.*dig.*29.2.20.2.

immeritō, *adv.* **inm-.** [next+-o[2]] FORMS: superl. *~issimo* (humorous nonce-use in TER. *Ph.*290). Unjustly, wrongly, without cause.

qui tantas apsentibus nostris facit iniurias ~o PL.*St.*16; iamdudum te omnis nos accusare audio ~ et me omnium horunc inmeritissimo TER.*Ph.*290; CIC.*de Orat.*2.322; Quinctius consules ~ increpari ait LIV.4.13.11; arguor ~ OV.*Tr.*2.327;—(*in litotes*) tanta nunc suspicio de me incidit neque ea ~ TER.*Ad.*615; pendet Cretaea tracta puella rate. non tamen ~! PROP.3.19.27; id accidere haud ~ LIV.5.2.9; OV.*Pont.*4.9.134; SEN.*Dial.*2.1.1; PLIN.*Nat.*36.21; QUINT. *Inst.*2.8.1; id plerisque placuit, nec ~ GAIUS *Inst.*3.75; GEL.10.27.2.

immeritus ~a ~um, *a.* **inm-.** [IN-[2]+MERITVS]

1 Undeserving: **a** (of harm). **b** (of benefits, etc.). **c** *~o meo* etc., without (my) deserving it.

a quid ~i crimen habent cyathi? VERG.*Cat.*11.4; Priami.. euertere gentem ~am *A.*3.2; Aiax ~os cum occidit desipit agnos HOR.*S.*2.3.211; delicta maiorum ~us lues *Carm.* 3.6.1; ~o iuueni parce nocere, dea [TIB.]3.5.6; oportet.. saepe ~os corrumpas dentibus unguis PROP.2.4.3; protegit haec sontes, ~osque premit OV.*Tr.*2.274; petet ignibus Oeten ~aeque nemus Rhodopes LUC.7.450; ~as cineri dabit impius urbes STAT.*Theb.*7.23; QUINT.*Inst.*6.pr.4; (*w. inf.*) Virtus, recludens ~is mori caelum HOR.*Carm.*3.2.21. **b** multa neque ~is donauit praemia alumnis VERG.*Cat.*9.39; ~i uindex ultorque parentis OV.*Met.*5.237; (*w. inf.*) saeuus ego ~usque coli STAT.*Theb.*9.657. **c** qur tu, opsecro, ~o meo me morti dedere optas? PL.*As.*608; nimis tu quidem hercle ~o meo mi haec facis *Cas.*919; te unum ex omnibus Venus me uoluit magnuficare neque id haud ~o tuo *Men.*371.

2 Undeserved, unmerited.

haud ~am et gratiam et gloriam tulit LIV.4.12.8; cum exercitus testis meriti atque ~i triumphi abesset 26.21.4; STAT.*Silv.*5.2.100; sua manu sera magis quam ~a supplicia persoluit TAC.*Ann.*6.26.

immersābilis ~is ~e, *a.* **inm-.** [IN-[2]+MERSO+-BILIS] That cannot be sunk or engulfed.

(*in fig. phr.*) (Vlixes) aduersis rerum ~is undis HOR.*Ep.* 1.2.22.

immētātus ~a ~um, *a.* **inm-.** [IN-[2]+METO[1]] That has not been delimited, unmeasured.

Getae, ~a quibus iugera liberas fruges et Cererem ferunt HOR.*Carm.*3.24.12.

immetuens ~ntis, *a.* **inm-.** [IN-[2]+METVO] Unafraid.

FATORVM ~NS *CIL* 6.30120.

immigrō ~āre ~āuī ~ātum, *intr.* **inm-.** [IN-[1]+MIGRO] To go and take up residence (in), move (into).

Chamauos et Angriuarios ~asse narratur TAC.*Ger.*33.1; —(*w.* in+*acc.*) di immortales..ex suis templis in eius aedis ~are nolebant CIC.*Dom.*141; paucis diebus et in domum et in hortos paternos ~abit *Phil.*13.34; in uestigia sedesque nobilium ~ant pares domini PLIN.*Pan.*50.3;—(*w. adv.*) ubi illo ~at nequam homo PL.*Mos.*105; ut aliquam partem aedium uacuam faceret, quo Hispala ~aret LIV.39.14.2;—(*transf. and fig.*) quom ~aui ingenium in meum PL.*Mos.*135; ut ea (*sc.* uerba) non inruisse in alienum locum sed ~asse in suum diceres CIC.*Brut.*274; in quam (*sc.* rem publicam) tam serae auaritia luxuriaque ~auerint LIV.pr.11; animo hominis extrinsecus in hospitium corporis ~anti APUL. *Apol.*24.

immineō ~ēre, *intr.* [IN-[1]+-*mineo*; cf. EMINEO]

1 (of natural features, buildings, etc.) To rise up, project so as to overhang or overlook. **b** (of the sky, aerial objects, etc.) to be poised (over), be overhead.

horrenti..atrum nemus ~et umbra VERG.*A.*1.165; turris ingens ~ebat LIV.21.7.7; apparuerunt ~entes tumulos insidentes montani 21.32.8; ex hac (parte)..qua mons ~et HYG.GR.*agrim.*p.147; ~entia iuga TAC.*Ann.*12.35;—(*w.* super, insuper) ~et Ida super VERG.*A.*10.158; altae insuper ~ebant rupes LIV.37.16.7; (Meliboea) sita est in radicibus Ossae montis..opportune ~ens super Demetriadem 44.13.2;—(*w. dat.*) collem, qui plurimus urbi ~et VERG.*A.* 1.420; ~ens uillae..pinus HOR.*Carm.*3.22.5; carcer..media urbe ~ens foro aedificatur LIV.1.33.8; colles ~ebant nudi sinistro lateri Carthaginiensium 23.41.4; arx Crotonis, una parte ~ens mari 24.3.8; collis apex medii subiectis ~et aruis OV.*Met.*7.779; iugum..opportune itineri ~ens CURT. 3.4.4; ~ens mari mons excelsus aeternis ardet ignibus PLIN. *Nat.*6.197; ~entia foro templa TAC.*Hist.*3.71; si plurium sint aedes, quae damnosae ~ent ULP.*dig.*39.2.40.3. **b** iam Cytherea choros ducit Venus ~ente Luna HOR.*Carm.*1.4.5; SEN.*Nat.* 7.14.3;—(*w.* super) quo super atra silex iam iam lapsura cadentique ~et adsimilis VERG.*A.*6.602;—(*w. dat.*) caelum..quod ~et orbi OV.*Met.*2.7; qui campis ~et aer LUC.7.516; nec segnius..occurrit, niueo quam flammiger ales olori ~et STAT.*Theb.*8.676; Aoniis longe grauis ~et aruis (Somnus) 10.140.

2 (of persons, etc.) To bend or lean (over), look down (on). **b** to bend, pore (over a book, etc.).

ipsa tecti parte praecipiti ~et SEN.*Med.*995; ~et e celsis audentius improba muris uirgo V.FL.6.681; (*fig.*) ipsum Verrem tantum auaritia semper hiante atque ~ente fuisse CIC.*Ver.*2.134;—(*w.* in+*acc.*) illa (*sc.* capella) ~et in riui prostantis imaginis umbram *Culex* 57;—(*w.* in+*abl.*) caterua tota..in ore impuri hominis ~ens contionata est CIC.*Sest.* 118;—(*w. dat.*) coniectis oculis, gestu omni ei ~enti *de Orat.* 2.225; aspice unus ut accubans uir tuus Tyrio in toro, totus ~eat tibi CATUL.61.166; Tantalus..parens, non qui fallentibus undis ~et STAT.*Theb.*6.281; praedae leuis ~et *Silv.*2.3.20; non enim..spectator adnotatorque conuiuis tuis ~es PLIN. *Pan.*49.6. **b** neque ego te iubeo semper ~ere libro aut pugillaribus SEN.*Ep.*15.6.

3 To be intent (on a subject, task, etc.); also, to be on the alert (for). **b** to have designs (on), be bent (on getting). **c** to be bent (on a result).

(*w.* in+*acc.*) animum in futura ~entem uelut sub uinculis habere SEN.*Dial.*9.9.2;—(*w. dat.*) iam diu nequiquam ~entes spei maioris honoris LIV.4.25.9; omnibus aliis renuntiauit officiis huic uni ~ens SEN.*Ben.*7.14.6; animus..(uoluptatibus) futuris..iam ~eat *Dial.*7.6.1;—fama..erat defectioni Campanorum ~entes admoturos castra LIV.8.22.10; gens semper infestissima Macedoniae temporibusque iniquis regum ~ens 40.57.6. **b** (*w.* in+*acc.*) eos..qui ~ere iam cupiditate uidentur in tribuniciam potestatem CIC.*Dom.*47; huius mendicitas auiditate coniuncta in fortunas nostras ~ebat *Phil.*5.20; ipse. eo die in Paeti nostri tyrotarichum ~ebam *Att.*14.16.1; in alterius ducis exercitusque opprimendi occasionem ~ebat LIV.25.20.5; quo magis in propinquam eam (*sc.* uictoriam) ~ebant animis 30.28.9;—(*w. dat.*) Gallico triumpho ~ens 31.47.6; donis regis ~ere credebant..uirum 33.11.7; tenet obstinatum Phaedra consilium necis..ac morti ~et SEN.*Phaed.*855; si alieno ~et *Ep.*2.6; inimica uictrix ~et thalamis meis [SEN.]*Oct.*131; stat..cupidus superstes ~ens leti spoliis STAT.*Silv.*4.7.39; ditissimarum..nationum regno ~ebat TAC.*Hist.*4.18; (*also w. inf.*) spoliis..potentis ~et Argiae raptoque excellere cultu STAT.*Theb.*4.195. **c** (*w.* ad) homo ad caedem ~ens CIC.*Dom.*14;—(*w. dat.*) ~et exitio uir coniugis OV.*Met.*1.146; excidio Tarracinae ~ebat TAC.*Hist.*3.76; ~ere emptioni publicanos uidebat SUET.*Aug.*24.1.

4 (of pursuers, attackers, etc.) To press closely (on); be almost on. **b** (of soldiers in ambush, etc.) to be ready to fall (on); (of other mil. forces) to be in a threatening position. **c** (topog.) to be situated close (to).

uidet ~ere hostis CAES.*Gal.*6.38.2; instabat agmen Caesaris atque uniuersum ~ebat *Civ.*1.80.5; quod..neque illis ~entibus atque insequentibus ullus in nauis receptus daretur *B.Alex.*7.1; qua globus ~et ingens VERG.*A.*9.515;—(*w. dat.*) tergo..fugacis (Apollo) ~et OV.*Met.*1.542; CURT. 3.1.10; illis celer ~et Alcon STAT.*Theb.*6.606;—(*fig.*) aliud uis, contentum, uehemens, ~ens quadam incitatione grauitatis CIC.*de Orat.*3.219. **b** (*w. dat.*) litoreis populator harenis ~et LUC.9.442; decem milia Boiorum excipiendo ibi Romanorum agmini ~ere FRON.*Str.*1.2.7;—Parthos..Ciliciae..~ere CIC.*Att.*5.20.2; muris iterum ~et hostis nascentis Troiae VERG.*A.*10.26; uictorem iam se ~ere hostium castris LIV.3.70.11; exercitum..iam suis finibus ~ere 7.19.6; haud procul Pandosia urbe, ~ente Lucanis..finibus 8.24.5; ne mare quidem securum ~ente nobis classe Romana TAC.*Ag.* 30.1. **c** circa Siciliam insulasque Italiae ~entes LIV.21.49.1; ~et (insula) urbi Phocaeensium 37.21.7.

5 To be a threat or menace (to).

~ebant..Seleucus, Lysimachus, Ptolemaeus..cum quibus ei..erat dimicandum NEP.*Eum.*10.3;—(*w. dat.*) ~ent duo reges toti Asiae CIC.*Man.*12; ~ebat tuus furor omnium fortunis et bonis *Dom.*25; cum praepotens terra marique Carthago..huic imperio ~eret *Balb.*34; templis deorum immortalium ~et hominum egentium..spes *ad Brut.*2. 5(7).5; Parthos Latio ~entis HOR.*Carm.*1.12.53; ~eat uiro infesta coniunx SEN.*Thy.*42; LUC.8.285; nimis..~ebat propter propinquitatem Aegina Piraeo CIC.*Off.*3.46.

6 (of dangers, unpleasant events or conditions, etc.) To impend, threaten, be imminent. **b** (w. little or no idea of menace) to be close at hand.

qui..ea quae ~ent non uideant CIC.*Catil.*1.30; mors, quae..cotidie ~et *Tusc.*1.91; imbrium diuina auis ~entum HOR.*Carm.*3.27.10; bellum ab Tarquiniis ~ere LIV.2.3.1; uelut magno inde tumultu ~ente 4.23.5; ~entes regis inferni minas SEN.*Phaed.*952; nube grauida candicante..grando ~ebit PLIN.*Nat.*18.356; significat circa articulos..dolorem ~ere 28.68; TAC.*Ann.*16.26; consentire..uel sua sponte debent uel iudice ~ente JULIAN.*dig.*30.84.13;—(*w. dat.*) si quid aduersi populo Romano ~eret PAUL.*orat.*2; ~enti Italiae..periculo LENT.*Fam.*12.15.4; ad dilationem ~entis Romanis belli LIV.23.39.4; nullas ~ere mortuis tenebras nec carcerem..nec tribunalia SEN.*Dial.*6.19.4; quibus infaustae amicitiae grauis exitus ~ebat TAC.*Ann.*4.74; ~ere ambobus periculum SUET.*Tit.*9.2;—(*neut. pple. as sb.*) REPENTINIS NVNTIIS AD PRAESENTIA ET ~ENTIA VITANDA EXCITATVS *CIL* 6.1527.2.15; dum ~entium oblitus incerta pauet TAC.*Ann.*5.4. **b** licet cauere uenturum (dolorem) et obsistere ~enti remediis SEN.*Ep.*78.12; nec me tamen instanter..manducantem uel somnus ~ens impedire potuit APUL.*Met.*4.22; finge..condicionale debitum ~ere ULP.*dig.* 14.4.7; si aes alienum ~eat 27.9.5.14;—(*of periods of time*) in noctem ~entem aciem instruitis LIV.3.2.9; nec..in salo stare (naues) poterant aspero mari et nocte ~ente 37.16.5; ~ens nox..fugientes texit 44.42.9;—(*neut. pple. as sb.*) quam (*sc.* uitam) ubi elegeris, certum ~entium ordinem TAC.*Ann.*6.22.

imminuō ~uere ~uī ~ūtum, *tr.* **inm-.** [IN-[1]+MINVO]

1 To reduce in amount or size, make smaller. **b** (gram.) to form as a diminutive.

si istas exiguas copias, quas habuisti, quam minime ~ueris CIC.*Fam.*3.3.2; quamquam..aestiuorum tempus comitiorum mora ~uerat SAL.*Jug.*44.3; ~uit et corporibus umores VITR.5.3.2; patrum numero ~uto LIV.1.49.6; exercitum eius cum transitionibus tum aduerso proelio ~utum 27.20.7; hoc (*sc.* ulcer)..~uit (hoc medicamentum) LARG.240; ~uit rem, fregit opes JUV.14.92; aes..alienum patrimonium totum ~uere constitit ULP.*dig.*5.1.50.1; diuitias..tutor ~uit APUL.*Apol.*21; (*w. reduction specified*) excocto liquore circiter tertia parte ponderis ~uta esse (saxa) inueniuntur VITR. 2.5.3. **b** a sacro ~utum (sacellum) GEL.7.12.

2 To reduce in degree, diminish (abst. things). **b** (w. neut. pron.) to make a (certain) reduction (from).

nec pudicitiam ~uit meam mihi quisquam alius PL.*Cist.*88; numquam istam ~uam curam infitiando tibi ACC.*trag.*234; per te imperi ius in una ciuitate ~utum est CIC.*Ver.*4.20; non ~uit calamitas clarissimi nominis gloriam *Dom.*86; libertatis recuperandae cupiditatem non ~utam ac debilitatam putatis..? *Phil.*12.7; uirtus non est ~uta *Att.* 1.16.9; Venus ~uit uiris LUCR.5.1017; ne reges quidem maiestatem summi ordinis ~uisse LIV.3.63.10; nihil ea res animum militaris uiri et multos experti casus ~uit 35.26.10; ille, quem tu minus beatum uocas, non est beatus: non potest hoc nomen ~ui SEN.*Ep.*85.23; inponitur non in ipsa inflammatione sed ~uta PLIN.*Nat.*25.88; consenuit..multum ~uta claritate ob nimiam uiuendi cupidinem TAC. *Ann.*2.63; nullius auctoritas ~uta est PLIN.*Pan.*77.4; nec eo setius quicquam ex consuetudine luxus..omisit uel ~uit SUET.*Nero* 42.2. **b** cum..nihil ~uat doloris CIC.*Tusc.* 2.57;—(*w.* de) ~uitur aliquid de uoluptate *de Orat.*1.259; ne..aliquid de nostra coniunctione ~utum esse ostenderem *Fam.*5.5.1; de aspectu..nihil ~uit VITR.3.3.8;—(*w.* hinc) saeuiat atque nouos moueat Fortuna tumultus, quantum hinc ~uet? HOR.*S.*2.2.127.

3 To impair, spoil.

ciuitatem..fractam malis, ~utam ac debilitatam CIC. *Dom.*25; melius esse deleri omnino rem p. quam ~utam et debilitatam manere *Fam.*15.15.1; partis corporis..~utas aut detortas habere *Fin.*3.17; si quae in membris praua aut debilitata aut ~uta sint 5.46; morbis confectus et ob eam causam mente paulum ~uta SAL.*Jug.*65.1; ~uto corpore et amputato SEN.*Ep.*9.4; TAC.*Ann.*6.46; (*cf.*) coram..uirginem ~uisset APUL.*Fl.*14.

4 To reduce in honour, dignity, etc.

quamquam Augusta se uiolari et ~ui quereretur TAC.*Ann.* 2.34; Agrippa discidio domum ~uerat 2.86; perculso Seneca promptum fuit Rufum Faenium ~uere 14.57.

imminūtiō ~ōnis, *f.* **inm-.** [prec.+-TIO]

1 The act of lessening, diminution.

circa..malorum euitationem, liberationem, ~onem QUINT.*Inst.*5.10.33; aut defensio est criminis aut ~o aut excusatio 7.4.3.

2 (rhet.) Disparagement; meiosis.

declinatio et reprehensio et exclamatio et ~o CIC.*de Orat.* 3.207; a mensura ducta ~one rerum QUINT.*Inst.*6.3.52;— 9.3.90.

3 The act of impairing.

si prauitatem ~onemque corporis propter se fugiendam putamus CIC.*Fin.*5.47; sine ulla ~one dignitatis tuae *Fam.* 3.8.2.

imminūtus ~a ~um, *a.* **inm-.** [IN-[2]+MINVTVS] (leg.) Unimpaired, inviolate.

ut..unusquisque suum ius habeat ~um JULIAN.*dig.* 24.2.6; PAUL.*dig.*38.2.44.

immisceō ~scēre ~scuī ~xtum, *tr.* **inm-.** [IN-[1]+MISCEO]

1 To mix (one thing with another), mix in. **b** (w. abst. obj.). **c** (refl.) to merge oneself (in).

(*w. dat.*) ut omnibus omnis res putet ~xtas rebus latitare LUCR.1.877; sin maculae incipient rutilo ~scerier igni VERG.*G.*1.454; niues..caelo prope ~xtae LIV.21.32.7; summis..~scuit ima OV.*Met.*7.278; ne sint ~xta Latinis.. Pontica uerba *Tr.*3.14.49; minutis ossibus pili ~xti CELS. 7.13.1; si..aliis uillae purgamentis ~sceatur (stercus) COL. 2.14.2; omnibus ~xtas cono super aspice laurus STAT. *Theb.*7.351; (*poet.*) ~scent..manus manibus pugnamque lacessunt VERG.*A.*5.429;—(*w.* in+*acc.*) neue quis in aurum argentum aes publicum quid indat neue ~sceat ULP.*dig.* 48.13.1;—ut ~xto firmaret robore partis LUC.2.527; nitrum decoctum tritum pari mensura, ~xto oleo LARG.243. **b** (*w. dat.*) non fugienda petendis ~scere HOR.*S.*1.2.76; Graeciae res ~xtae Romanis LIV.35.40.2; nec casum fortuna meis ~scuit actis OV.*Am.*2.12.15; admouit..preces et ius ~scuit illis *Epic.Drusi* 421; lucrum istud non est adpositum sceleri, sed ~xtum SEN.*Ep.*87.27; falsa ueris ~xta sunt 90.29;—admonet ~scetque preces VERG.*A.*10.153; si actus eorum communiter gestus ita ~xtus fuerit, ut separari non possit JULIAN.*dig.*40.7.13.2. **c** sic fatus nocti se ~scuit atrae VERG.*A.*4.570; nubi se ~scuit atrae 10.662.

2 To mingle (among a group of people, etc.). **b** (refl., or pass. in middle sense).

(*w. dat.*) iuuenum series teneris ~xta puellis TIB.1.3.63; feminas..metus ac necessitas in foro turbae uirorum ~scuerat LIV.22.60.2; auctorem peditum equiti ~scendorum centurionem Q. Nauium ferunt 26.4.10; ut..ueteribus militibus tirones ~sceantur 40.35.11; feminis plerosque ex militibus suis muliebri ornatu ~scuit FRON.*Str.*3.2.7; quibus..necessitudinibus ~scere te mihi parem TAC.*Ann.* 4.40;—pedites his plurium gentium non ~xtos, sed suae cuiusque nationis iunxerat copias CURT.4.12.7; posse me gregem uindicare, quamuis aries tuus sit ~xtus PAUL.*dig.* 6.1.23.5. **b** asper crabro imparibus se ~scuit armis VERG. *G.*4.245; proripuit iuuenis seseque ~scuit armis *A.*10.796; qui se tam audaci simulatione hostibus ~scuerit LIV.9.36.4; desilientes ~scentesque se peditibus pugnabant 31.35.5; illuc se rapuit (uacca) gregibusque ~scuit illis OV.*Am.* 3.5.29; (gragulus) ~scet se ut pauonum formoso gregi PHAED.1.3.7; alienae se familiae uenali ~scuisse QUINT. *Inst.*7.2.26;—uadimus ~xti Danais haud numine nostro VERG.*A.*2.396; liberam contionem non ~xtis Lacedaemoniis declaraturam, quid Argiui uellent LIV.32.40.2; ~xtus.. castris hostium..interemptus est VELL.1.2.1; ruit primis ~xtus STAT.*Theb.*8.562; turbae seruientium ~xtus est TAC.*Ag.*40.3.

3 To involve or implicate (in); (esp. refl., or pass. in middle sense).

quos (*sc.* Minyas)..deductos inde legibus commodisque suis ~scuit V.MAX.4.6.ext.3;—Fidenati bello se iam antea ~scuerant LIV.5.8.6; cum se ~scuissent conloquiis montanorum 21.32.10; si non ~scuerit se hereditati JULIAN.*dig.* 36.1.28(27).3; culpa est ~scere se rei ad se non pertinenti POMPON.*dig.*50.17.36; ULP.*dig.*29.2.38;—Carthaginienses Romanique pariter uariis casibus ~xti LIV.26.37.1; populi..cladibus ~xtum ciuile absoluere bellum LUC.2.250; Galeria imperatoris uxor non ~xta tristibus TAC.*Hist.*2.64; ULP.*dig.*38.17.2.10.

4 To mix together, confuse.
seditiosos..~scendi res tumultu Aetolico spes mouit LIV.35.34.8; incondita multitudo turba ~xta seruili 43.10.5; turis polline cum eo qui profluit sanguine ~xto armi linantur COL.6.30.6; funditur ~xtus gemitu precibusque..ad caelum..plangor SIL.12.597; sanies..~xta cruore 14.604.

immiserābilis ~is ~e, *a.* **inm-.** [IN-² +MISERABILIS] Not to be pitied.
si non periret ~is captiua pubes HOR.*Carm.*3.5.17.

immisericorditer, *adv.* **inm-.** [next+-TER²] Without feelings of pity.
factum a uobis duriter ~que TER.*Ad.*663.

immisericors ~rdis, *a.* **inm-.** [IN-²+MISERICORS] Pitiless, merciless.
flucti ~rdes iacere, taetra ad saxa adlidere ACC.*trag.*34; ipsum ~rdem, superbum fuisse CIC.*Inv.*2.108; (*w.* contra) oportere esse..contra..improbos nocentesque ~rdem GEL. 14.4.3.

immissārium ~(i)ī, *n.* **inm-.** [IMMITTO+-ARIVM] A storage tank, cistern.
ad recipiendam aquam triplex ~ium VITR.8.6.1.

immissiō ~ōnis, *f.* **inm-.** [IMMITTO+-TIO] The action of putting in, insertion, engrafting; also (leg.), the action of allowing (things) to enter, flow into, etc., a property.
sarmentorum..aliorum amputatio, aliorum ~o CIC.*Sen.* 53; ianuae..clauis suae crebra ~one patefiunt APUL.*Met.* 1.14;—fumi..sicut aquae esse ~onem ULP.*dig.*8.5.8.5.

immītis ~is ~e, *a.* **inm-.** *compar.* ~ior, *superl.* ~issimus. [IN-²+MITIS]

1 (of fruit, wine) Harsh, bitter, sour.
tolle cupidinem ~is uuae HOR.*Carm.*2.5.10; maxime spectantur caules, ~ium enim (raphanorum) rotundiores PLIN.*Nat.*19.82; ferunt (palmae) in maritimis Hispaniae fructum, uerum ~em 13.26; quos (misit) spumans ~i Signia musto SIL.8.378; in pomis 'matura' dicuntur, quae neque cruda et ~ia sunt neque caduca et decocta GEL.10.11.3.

2 Lacking pity, harsh, merciless. **b** (of inanim. or non-material things). **c** (of actions, conduct, etc.).
erit ~issimus Seruius, qui filium misit ad effligendum Cn. Pompeium CIC.*Att.*9.19.2; exagitans ~i corde furores CATUL.64.94; reliquias Danaum atque ~is Achilli VERG.*A.* 1.30; ne doleas plus nimio memor ~is Glycerae HOR.*Carm.* 1.33.2; Ap. Claudius..natura ~is LIV.2.29.9; ~is animus 8.33.6; fatis..~ibus Ennomon actum OV.*Met.*13.260; ~es..diui LUC.2.304; ~is scis nulla reuoluere Parcas stamina STAT.*Theb.*7.774; eo ~ior quia tolerauerat TAC.*Ann.*1.20; ~is iis qui latebras insederant 14.23;—(*of animals, birds*) ore ferunt dulcem nidis ~ibus escam VERG.*G.*4.17; lupus, quamuis ~is et acer OV.*Hal.*23;—(*neut.pl. as sb.*) non ut placidis coeant ~ia, non ut serpentes auibus geminentur HOR.*Ars* 12. **b** quam iuuat ~es uentos audire cubantem TIB.1.1.45; ~ia claustra relaxa! OV.*Am.*1.6.17; uincit ~is dolor consilia nostra [SEN.]*Oct.*52; ~ibus..et desertis locis PLIN.*Nat.*17.120; ~is quotiens iterabitur ensis! STAT.*Ach.*2.235; insulam Gyarum ~em et sine cultu hominum esse TAC. *Ann.*3.69; ~e et turbidum caelum PLIN.*Ep.*8.17.1; (*advl. acc.*) stridor..~e rudentum sibilat SIL.17.256. **c** nec ensem ~i saeuus duxerat arte faber TIB.1.3.48; ~is..caedes pariter fugientium ac resistentium LIV.4.59.6; factis..~ibus addit uerba superba OV.*Met.*14.714; adiungit iis centuriones cum mandatis non ~ibus TAC.*Ann.*15.27;—(*neut. pl. as sb.*) OV.*Fast.*1.625; trepido Tydeus ~ia mandat STAT.*Theb.*2.696.

immittō ~ittere ~īsī ~issum, *tr.* **inm-.** [IN-¹+MITTO] FORMS: *~isse* (= *~isisse*) *Rhet. Her.*4.57, LUC.8.643; *~isti* (= *~isisti*) SIL.17. 353. CONST.: destination usu. indicated by dat. or *in*+acc.; also by other preps. or advs.; two accs. PL.*Capt.*548.

1 To cause to go, send (to a place). **b** (of a rider, driver, steersman, etc.). **c** to involve (in a condition). **d** (refl., or pass. in middle sense) to betake onself (into).
inimicum orco ~ittere VAR.*Men.*423; Segestam..ad immunem ciuitatem..decumanus ~ittitur CIC.*Ver.*3.92; Theomnastus Syracusanus in agrum Mutycensem cur abs te ~issus est? 3.101; finxisse bellum et Arabas in prouinciam ~isisse CAEL.*Fam.*8.10.2; completas onerarias nauis taeda et pice..in Pomponianam classem ~isit CAES.*Civ.*3.101.2; sarmenta in cornibus iuuencorum deligata incendit eiusque generis multitudinem magnam dispalatam ~isit NEP.*Han.* 5.2; ubi frigidus annus trans pontum (aues) fugat et terris ~ittit apricis VERG.*A.*6.312; LIV.2.5.3; miles..non temere ~issus campis LUC.7.216; genitum quem..mater..siluis..~isit alendum STAT.*Ach.*1.651; (quis) solidae..pios telluris alumnos..pelago..~isit hianti *Silv.*3.2.63; neue in eum (locum) quid ~ittito *Leg.pub.*(*Font.iur.*p.114)22. **b** repente equum ~isi ad eam legionem tironum GALBA *Fam.*10.30.3; equitibus Hispanorum uiam ~ittendi equos clauserunt LIV.29.2.12; concitatam..remis..in terram cum ~isissent (nauem) 30.25.8; Cypro..citatas ~isere rates LUC.8.457; Luna, ~issis per caerula bigis, fertque refertque fretum SIL.3.59; si magister nauis..in flumen nauem ~iserit ULP.*dig.*19.2.13.2. **c** si modo nihil..accidit, quod corpus eius in aliquam ualetudinem ~itteret ULP.*dig.* 21.1.14.2. **d** offirmastin occultare quo te ~ittas? PL. *Per.*222; antro se ~isit aperto VERG.*A.*6.262; me..triclinio..incunctanter ~itto APUL.*Met.*9.1; si quis..in taberna proxima se ~isisset PAUL.*dig.*9.1.2.1; (*in fig. phr.*) nolo in ingentem me locum ~ittere SEN.*Ep.*47.11;—uis ingens equitum in flumen ~issa LIV.21.5.13; toto..corpore in amplexum eius ~issus PETR.131.11.

2 To send (against or into) with hostile purpose. **b** (refl.). **c** to set (against a person). **d** to send to make a seizure (of property).
ut uelites..Gallis non dubitatim ~ittantur CAEL.*hist.*30; gladiatores tu nouicios..ante lucem ~ittas? CIC.*Sest.*78; tu illos impetus perditorum hominum..in nostras domos ~isisti *Phil.*2.91; hunc tertium iam esse a iudicibus in rem publicam ~issum *Att.*1.16.9; agmen Aeduorum conspicatus ~isso equitatu iter eorum moratur CAES.*Gal.*7.40.4; eos in equitatum Labieni ~issos *B.Afr.*75.4; equitatu ~isso mediam turbauerat hostium aciem LIV.2.31.2; ab equite in abeuntes ~isso interfectos 23.19.17; quid in me deos ~ittis? SEN.*Ben.*6.40.2; plebem ~isso milite contrucidatam *Dial.* 3.2.3; saeuas..manus ~ittit in hostem LUC.7.509; quisquis, in istud a superis ~isse caput 8.643; iuuenem..ferocem ~isti Latio SIL.17.353; ~ittere latronum globos, excindere castella TAC.*Ann.*2.64; (*of a rider*) si effrenatos in eos equos ~ittitis LIV.40.40.5;—(*animals*) hos non ~issis canibus, non cassibus ullis..agitant VERG.*G.*3.371; canibus a quodam aemulo ~issis dilaceratus est GEL.15.20.9; quaecumque ad exitium mulieris bestia fuisset ~issa APUL.*Met.*10.34. **b** Decius..qui se deuouisse dicitur et..in hostis ~isse medios *Rhet.Her.*4.57; qui se armatus saepe in hostium manum..~iserit CIC.*Font.*48; nec teli conspicit usquam auctorem nec quo se ardens ~ittere possit VERG.*A.*9.421; concitato equo se in cohortem Romanam ~isit LIV.27.49.4; (*cf.*) saepe..densos ~ittere corpus in hostis VERG.*Cat.*9.49. **c** alii Tarquinium a Cicerone ~issum aiebant, ne Crassus..rem publicam conturbaret SAL.*Cat.*48.8; Suillium accusandis utrisque ~ittit TAC.*Ann.*11.1; ab dissimillimis delator ~issus PLIN.*Ep.*6.31.3; Petilii quidam tribuni plebis a M..Catone, inimico Scipionis, comparati in eum atque ~issi GEL.4.18.7. **d** tu, praetor, in mea bona quos uoles ~ittes CIC.*Ver.*1.142; (*cf.*) cum in eius regnum bona fortunas patrocinium huius imperi ~isisses *Dom.*20; (*refl.*) ut in eos se potius ~itteret quam in uestras possessiones *Mil.*76.

3 To throw, discharge, let fly (at or into). **b** (refl., or pass. in middle sense) to throw oneself, leap (on or into).
sunt gallorum in corpore quaedam semina, quae cum sunt oculis ~issa leonum LUCR.4.715; artificem mediis ~ittam Terea flammis OV.*Met.*6.615; ubi ter fruges medios ~isit in ignis *Fast.*2.651; pedes..Fortunatae correptos super lectum ~isit PETR.67.12; calicem in faciem Fortunatae ~isit 74.10; hanc iubet ~isso siluam procumbere ferro LUC.3.426; quas (*sc.* puppes) ~issi traxerunt uincula ferri 3.574;—(*missile weapons*) Pullo pilum in hostis ~ittit CAES.*Gal.*5.44.6; mediam orationem interrumpunt subito undique tela ~issa *Civ.*3.19.7; adducto contortum hastile lacerto ~ittit VERG.*A.*11.562; ~issos..refert ignes (aquila Ioui) MAN.5.501; excipere ~issos scutato umbone molaris STAT.*Ach.*2.141; si quis ex manu telum aut aliud quid ~isisset ALF.*dig.*9.2.52.2; (*poet.*) pestem..per omnes ~ittit (Apollo) populos *Ilias* 46; (*fig.*) exceptis iis telis quae ex illius actionibus in meum corpus ~issa sunt CIC.*Dom.*39; huic ~ittit atrox uiolentas Appius iras SIL.5.292;—(*firebrands*) ac uelut..dispersa ~ittit siluis incendia pastor VERG.*A.*10. 406; quisquis ~issas faces..abigis SEN.*Thy.*79. **b** equo..insidentem, armatum se in specum ~isisse LIV.7.6.5; ~isit se barbatus PHAED.4.9.10; medios..~ittere in ignes se cupit *Ilias* 1058; iussit signum..pyra facta comburi, quo se Laodamia..~isit HYG.*Fab.*104.3; quod subito et inexpectata se ~ittat (uolucris) PAUL.*Fest.*p.113M; (*cf.*) suppositas ~ittere corpus in undas OV.*Ep.*2.133; (*of inanim. things*) ille (*sc.* turbo) in aquam subito totum se ~ittit LUCR.6.441; (*fig.*) nisi si..se in illam..futuram sollicitudinem ~iserit SEN.*Ep.*74.34;—udae..~ittor harenae OV. *Met.*3.599; mediis ~ittitur undis 4.357; uultur et fere grauiores nisi..altiore cumulo ~issae non euolant PLIN.*Nat.* 10.113.

4 To send (death or other ills against), loose (on).
a deo ~issum dolorem non conceptum a se ipso CIC.*N.D.* 3.91; iactam et ~issam a te nefariam in me iniuriam *Parad.* 28; aliis (*sc.* mentibus) duras ~ittere curas VERG.*A.*4. 488; Mars armipotens animum uirisque Latinis addidit..~isitque Fugam Teucris atrumque Timorem 9.719; Aoniis ~ittitur altera Thebis pestis OV.*Met.*7.763; exangues ~issa morte cateruas LUC.2.202; (*cf.*) (perturbationes) quas in uitam hominum stultitia quasi quasdam Furias ~ittit atque incitat CIC.*Tusc.*3.25.

5 To direct the flow of (water, air, etc., into or against). **b** to cause (linear objects, structures, etc.) to extend (into or to); (esp. topog., usu. refl., or pass. in middle sense). **c** to cast, direct (the eyes).
ne canalibus aqua ~issa lateres diluere posset CAES.*Civ.* 2.10.6; ~issis..ratem sua per freta prouehat euris (Io) V.FL.4.421; si rursus tellus..tumidis ~ittat fluctibus Eurum LUC.2.457; tibi..~ittam ruptis Titana cauernis 6.743; quoue minus in urbe Roma..(aqua)..in castella lacus ~ittatur *Leg.pub.*(*Font.iur.*p.113)22; ut mihi liceat ex aedibus meis in aedes tuas stillicidium ~ittere JULIAN. *dig.*8.5.16; non putare se ex taberna casiaria fumum in superiora aedificia iure ~itti posse ULP.*dig.*8.5.8.5; ne quid ad cloacam ~ittas 43.23.1.16. **b** SEI QVAS VIAS FOSSAS CLOACAS IIII VIR..PVBLICE FACERE ~ITTERE COMMVTARE..VOLET *CIL* 1.590.40; alias duas (lineas) lunatas et ad plagas conuersas ~ittere CELS.7.9.3; utraque (cupressus)..~ittitur in perticas..amputatione ramorum PLIN.*Nat.*16.141; qui priuatam cloacam in publicam ~ittere uelit ULP.*dig.* 43.23.1.9;—Crete ad orientem promunturium Samonium ad occidentem Criu metopon ~ittit MELA 2.112;—in sinu quem maximum Asia recepit prope media Cypros, ad ortum occasumque recto iugo se ~ittens 2.102;—quod inter ambas (*sc.* Europen et Africam) pelagus ~issum est 1.9; ab hoc litore penitus ~issa (*sc.* Asia) donec Aethiopiam dorso contingat ad meridiem refugit 1.49; his Thracia proxima est..a Pontici lateris fronte usque in Illyrios penitus ~issa 2.16. **c** qui..trans Pontum..summota Lynceus lumine ~isso uidet SEN.*Med.*232; ~ittere oculos in hanc inmensam multitudinem *Cl.*1.1.1.

6 To put in, insert, introduce. **b** (in building) to let (a beam, etc., into an adjacent structure for the purpose of support).
enodes trunci resecantur..deinde feraces plantae ~ittuntur VERG.*G.*2.80; prae densitate arborum ~issorumque aliorum in alios ramorum LIV.40.22.3; lentum filis ~ittitur aurum OV.*Met.*6.68; iam tristis hirundo argutis..cibos ~ittere nidis incipit MONT.*poet.*1.3; tum ~ittenda in aluum est..pura aqua CELS.2.12.2.D; inter digitos scalpellus ~ittendus est 7.19.8; caseus recens uaccinus ~ittitur ad utrumque uitium PLIN.*Nat.*28.205; fistulis ~ittitur fel tauri 28.241; Artaxatis ignis ~issus TAC.*Ann.*13.41; si quis in stipulam suam..comburendae eius causa ignem ~iserit PAUL.*dig.*9.2.30.3;—(*non-physical things*) templis nostros ~ittere mores PERS.2.62; qua ratione uerbis quibusdam..ueteres ~iserint h litterae spiritum GEL.2.3; 'ue'..particula, quae..tum per has duas litteras, tum 'a' littera media ~issa dicitur 5.12.9; ne graecum ~ittam uersum, mutabo latinum MAUR.2128. **b** (ius) ~ittendi tigna in parietem uicini GAIUS *dig.*8.2.2; ULP.*dig.*10.3.12;—(*absol.*) si in aedes nostras quis ~ittit 39.1.5.8; sine de seruitute ~ittendi proiciendique quaeratur PAUL.*dig.*11.6.6; (*impers. pass.*) si..aedificato pariete alter in eum ~itti non patiatur ULP. *dig.*17.2.52.13.

7 To grant entry to, let in. **b** to admit (to one's ears).
nec ullo pedem referente ne in relictum a se locum hostem ~itteret LIV.21.8.8; liquidis ~isi fontibus apros VERG.*Ecl.* 2.59; Lemnius..ualuas patefecit eburnas, ~isitque deos OV.*Met.*4.186;—(*inanim. things*) ~isso fenestris nouis aquilone VAR.*R.*1.4.5; ad eum locum, quo oporteat ~ittere (*sc.* lumen) VITR.6.6.6; ne..~issus..dies trepidantes terreat umbras OV.*Met.*5.358; opibus..~ittere lucem STAT.*Silv.* 2.3.71; ius luminis ~ittendi PAPIN.*dig.*8.2.40; (*into writings*) hic corrector in eo ipso loco quo reprehendit..~ittit imprudens ipse senarium CIC.*Orat.*190; (*cf.*) uix..(mundus) soluta suis ~ittit uerba figuris MAN.1.24. **b** quipp' tu mi aliquid..blatis quod nusquamst, neque ego id ~itto in auris meas PL.*Epid.*335; (*w. two accs.*) ne tu quod istic fabuletur auris ~ittas tuas *Capt.*548.

8 a To allow (the hair or beard) to grow long; also, to allow to hang loose or flow. **b** to put out (roots, branches, etc.).
a neque barbam ~iseris istam LUCIL.1007; barba ~issa et intonso capillo SIS.*hist.*47; VERG.*A.*3.593; OV.*Met.*12.351; ~issa barba capilloque deformi SEN.*Con.*1.1.8; Phlias ~issus..de uertice crines V.FL.1.412; QUINT.*Inst.*12.3.12;—fluitare capronas, altas, frontibus ~issas LUCIL.289; mouens..~issos umerum per utrumque capillos OV.*Met.*6. 168; ~issis hirta per ora comis *Tr.*1.3.90. **b** quo⟨d⟩ ea uitis ~ittitur ad uuas pariendas VAR.*R.*1.31.3; uiti nouellae pampinarium ~itti non oportet COL.5.6.31; de arbore, quae in alienum agrum translata coaluit et radices ~isit ULP.*dig.*6.1.5.3; (*in fig. phr.*) non subest uera uis nec penitus ~issis radicibus nititur QUINT.*Inst.*1.3.5.

9 To let go slack, let loose; *habenas ~ittere*, to slacken the reins, give rein; (chiefly transf. and fig.). **b** to give rein to, set in motion.
uela uentorum animae ~ittere ACC.*trag.*11; ipsa uidebatur..regina..uela dare et laxos iam iamque ~ittere funis VERG.*A.*8.708; uelis ~itte rudentis 10.229; artus..nostros durus ~ittat Sinis SEN.*Her.O.*1393;—classi..~ittit habenas VERG.*A.*6.1; fluminibus uestris totas ~ittite habenas! OV.*Met.*1.280; arboribus..datumst..crescendi magnum ~issis certamen habenis LUCR.5.787; illos ut stimulis ire in discrimen apertis audiit..aduolat et medias ~ittit Adrastus habenas STAT.*Theb.*11.426; lucos..effusus in altos ~issis crepitat uictor Vulcanus habenis SIL.4.681; (*cf.*) ~issis pars caeca et concita frenis arietat in portas VERG.*A.*11.889. **b** nec sic ~issis aurigae undantia lora concussere iugis VERG.*A.*5.146; Mauors..furentis..~ittit equos 12.333; dextera..~issis da mihi signa rotis PROP.3.9.58; (*fig.*) quis se regere potuit ~issum? SEN.*Dial.*5.6.2.

immixtus ~a ~um, *a.* **inm-.** [IN-²+MIXTVS] Unmixed.
uinum..~um APUL.*Met.*7.12.

immō, *particle.* [dub.] ORTHOG.: *imo CIL* 11.4485.2. PROS.: app. as pyrrhic PL.*Am.*726, *Cist.*565, etc., TER.*Hec.*437. (used to introduce the correction of a preceding statement, etc., or of an idea contained in it) Rather, more correctly, precisely, or sim.: **a** (implying a complete denial of the preceding remark). **b** (giving a correction of an idea already denied in the previous statement). **c** (correcting by the alteration of one or more elements of the original statement). **d** (correcting a statement, suggestion, etc., by substituting a more precise, full, or extreme version). **e** (correcting a question, etc., by substituting new points of reference; also substituting a more pertinent question). **f** (correcting a notion implied, but not expressly stated in the context). **g** (introducing a command or exhortation to do something different). **h** (w. *si scias, audias*, etc., implying that the preceding statement was made in ignorance of the circumstances: usu. ellipt.). **i** *quin ~*, see QVIN.
a fecisti ut tibi..numquam referre gratiam possim satis..—~potes PL.*Capt.*933; egebat? ~ locuples erat CIC. *Q.Rosc.*22; at hercule..nullum deae numen apparuit. ~ ibi praesens maxime fuit LIV.29.18.12; urbem petebat Bassus? ~ rus ibat MART.3.47.15; 'quin igitur', inquit, 'soror, hunc primum..discerpimus?'..'~', ait, 'supersit hic' APUL.

*Met.*1.13;—(*w. reinforcing particle or oath*) num quae caussa est hodie quin faciamus? — ~ edepol optuma PL.*Aul.*262; ita uero, et mihi. — non. — ~ hercle *Cas.*403; scin quid est quod ego ad te uenio? — scio, ut tibi ex me sit uolup. — ~ edepol pallam..mihi eam redde *Men.*678; mala es. — ~ ecastor stulta multum quae uobiscum fabuler *Mil.*443; ei dicunt..'~ uinum uilius sit'. his respondit: '~ uero caro' CALP.*hist.*8; non igitur patria praestat omnibus officiis? ~ uero, sed ipsi patriae conducit pios habere ciues in parentes CIC.*Off.*3.90; quid habent quod morte sua seruent? tecta urbis, dicat aliquis..~ hercule produntur ea omnia LIV.9.4.12; opportuni propinquitate ipsa Macedoniae sumus?..~ contra ea..regionis interuallo tuti 41.24.8; cur non semper..ad partes uiginti perueniunt? ~ uero (*i.e. they do*) sed ratio canonicos fallit PLIN.*Nat.*2.73; fateantur se in puero et muliere caducis..calumnias intendisse. ~ enim..tu potius caducus APUL.*Apol.*52; nihil interest quomodo leges..'fundum instructum' — ~ contra: nam.. hoc interest PAUL.*dig.*33.7.5. **b** non cenabis? — ~ ibo domum PL.*Vid.*53; ei nihil in Gabinium dixerunt; ~ ei Gabinium laudauerunt CIC.*Rab.Post.*31; quid si cessare libeat et in oti portum confugere? nequiquam; ~ etiam in bellum et in castra *Att.*4.6.2; non tamen belli consilia omisit; ~..iam inchoauit bellum LIV.41.23.13; non succumbet (puella), ~..pudicitiam uindicabit SEN.*Con.*1.2.20; nil debet, fenerat ~ magis MART.1.85.4; QUINT.*Inst.*5.10.109; FLOR.*Epit.*1.18(2.2.25); (*cf.*) procul id a praesenti modestia. statueretur ~ documentum quo uxorem imperator acciperet TAC.*Ann.*12.6;—(*reinforced by other particles*) neminem pecunia diuitem fecit, ~ contra nulli non maiorem sui cupidinem incussit SEN.*Ep.*119.9; haud negatura si qua (consuetudo) omnino fuisset, ~ etiam gloriatura SUET.*Tit.* 10.2. **c** tene hanc lampadem — ~ ego hanc (*i.e. girl*) tenebo PL.*Cas.*840; in insidias deueni. — ~ in praesidium, ne time *Men.*136; tun meo patre es prognatus? — ~ equidem..meo 1079; filium unicum..habeo. ah quid dixi habere me? ~ habui TER.*Hau.*94; dic me orare ut ueniat. — ad te? — ~ ad Philumenam *Hec.*809; uenio ad Brutum tuum, ~ nostrum CIC.*Att.*6.2.7; liberi atque incolumes desiderate patriam; ~ desiderate, dum patria est LIV. 22.60.15; Titius, ~ Seius heres esto AFRIC.*dig.*28.5.48(47); (*w. reinforcing adv.*) medici illum perdiderunt, ~ magis malus fatus PETR.42.5. **d** ecquidnam meminit Mnesilochi? — rogas? ~ unice unum plurumi pendit PL.*Bac.*207; fixe me Ops opulenta, illius auia..— ~ mater quidem *Cist.*515; quodsi iste suos hospites rogasset, ~ innuisset modo *Rhet.Her.*4.36; sic prorsus, inquit, existimo atque istum..paene solum lego. ~ plane, inquam, Brute, legas censeo CIC.*Brut.*125; multa nobiscum decora adferimus, ~ omnia eadem quae uos superbos fecerunt LIV.10.8.7; a culpa facinus scitis abesse mea. ~ ita si scitis..ita parcite diui OV.*Tr.*1.2.99; quale quidque uiuo homine est, tale..esse moriente, ~ iam mortuo CELS.pr.42; mus, ~ terrae tuber PETR.58.4; hi leniores (adfectus)..in causis..pluribus uersantur, ~..in omnibus QUINT.*Inst.*6.2.10; cum..neque negari res neque defendi posset..'~', inquit, 'nisi lagona defecisset, occidissemus te' 6.3.10; plura saepe peccantur, dum demeremur quam dum offendimus. quaedam ~ uirtutes odio sunt TAC.*Ann.*15.21; te..ad delubra..praecedit, trahere ~ ultro..paratus JUV.13.108; permissa, ~ exacta iocandi licentia SUET.*Aug.*98.3; mirus..homo, ~ semideus uel certe deus APUL.*Met.*5.1;—(*w. reinforcing particle, etc.*) ualetne? — ~ edepol melius iam fore spero, ubi te uidebit PL.*Truc.*189; is..fit mi obuiam. — incommode hercle. — ~ enimuero infeliciter TER.*Eu.*329; poscet omne quantum exarauero. quid omne? plus ~ etiam, inquit, si uolet CIC.*Ver.*3.25; quae postea sunt in eum congesta.. ut sustinuit, di immortales! sustinuit? ~ uero ut contempsit! *Mil.*64; tota..familia..lamentatione triclinium impleuit. — iam coeperam etiam ego plorare PETR.72.2; Cadurci, Caleti..~ uero Galliae uniuersae uela texunt PLIN.*Nat.* 19.8; neque enim oratorius iste, ~ hercule ne uirilis quidem cultus est TAC.*Dial.*26.2; nondum poenae, iam iniuriae sufficit—iniuriae dico? ~ enim sceleri APUL.*Apol.*85;—(*w. compar. adv.*) officinarum haec, ~ uerius auaritiae commenta sunt PLIN.*Nat.*22.117. **e** quid apud hasce aedis negoti est tibi? — ~ quid tibi est? PL.*Am.*350; cum ille.. dixisset: 'quid agis, Grani?' respondit: '~ uero tu, Druse, quid agis?' CIC.*Planc.*33; 'quid ergo mihi opus est amicitia tua?'..'~ quid mihi tua?' V.MAX.6.4.4;—'sed casto quid forma nocet?' quid profuit ~ Hippolyto graue propositum? JUV.10.324. **f** credidi gratum fore beneficium meum apud te. — ~ equidem gratiam tibi..habeo PL.*Per.*719; quid si hoc..uoluit deus? — equidem pol in eam partem accipioque et uolo. — ~ ita quaeso TER.*Eu.*877; 'at in altero illo,' inquit, 'haeres'..~ me hercule habeo tibi gratiam; haererem enim nisi tu me expedisses CIC.*Pis.*74; 'gratia dis! felix ..tempus.' '~ ita sit!' OV.*Met.*7.512; quid igitur superest ..ad laudis meae cumulum? ~ enimuero quid superest? APUL.*Fl.*16. **g** di me..infelicent, si ego in os meum hodie uini guttam indidi. — ~ age ut lubet bibe PL.*Cas.* 248; ah metuo qualem tu me esse hominem existumes. — ~ hoc cogitato TER.*Eu.*759; 'cur hoc?' inquis. ~ reliqua exspectate CAEL.*Fam.*8.17.2; ~..pacem laudate sedentes; illi armis in regna ruunt VERG.*A.*11.459; ~ Arreti ante moenia sedeamus..hic enim patria et penates sunt LIV.22.3.10; talia conquestos cum excedere ex templo.. Laeuinus iussisset, 'maneant ~' inquit Marcellus 26.30.12; PETR.101.8; ~ agite et positis..minis succedite tecto STAT. *Theb.*1.468; cum uellet exsurgere, '~..', Byrrhena inquit 'et subsiste paulisper et..fabulam..renarra etiam' APUL.*Met.* 2.20. **h** ~ si audias quae dicta dixit PL.*Bac.*698; probus homo est, ut praedicare te audio — ~ si scias *Ps.*749; pessuma haec est meretrix. — ita uidetur. — ~ si scias TER.*Hau.*599; *Eu.*355; ~, si actionem..audisses CAEL.*Fam.* 8.8.2; 'sic tu,' inquis, 'Hirrum tractasti?' '~, si scias quam facile..pudeat te..' 8.9.1; ~ si scias, non cotidie lauabatur SEN.*Ep.*86.12.

immōbilis ~is ~e, *a.* **inm-.** *compar.* ~ior. [IN-[2] + MOBILIS]

1 Immovable, fixed. **b** (leg., of property).
Capitoli ~e saxum VERG.*A.*9.448; ab eo, quod uix et aegre mouebatur, processimus ad ~e SEN.*Ep.*118.17; ~ibus super has (*sc.* piscinas) transtris dependent restes PLIN. *Nat.*34.123; (mundi) cardinem..robustum et ~em APUL. *Mun.*1; (*cf.*) stupere ~i rigore QUINT.*Inst.*9.3.101;—(*w. dat.*) pondus ~e aurae PLIN.*Nat.*19.70; nisu iacuit, uix sic ~is Austro LUC.9.484;—(*of parts of the body*) in eo membro, quod per se ~e non nisi cum toto corpore mouetur CELS.5.28.12.G; aures homini tantum ~es PLIN.*Nat.*11.136. **b** possessores ~ium rerum MACER *dig.*2.8.15; JAVOL.*dig.* 41.3.23.

2 Unmoving, motionless.
terra nona ~is manens una sede semper haeret CIC.*Rep.* 6.18; defixa Latinus obtutu tenet ora soloque ~is haeret VERG.*A.*7.250; diu ~es silent LIV.9.2.11; brachium ~e tenuit V.MAX.3.3.1; CURT.8.4.8; ales..in tantum aucta, ut in terra quoque ~is prehendatur PLIN.*Nat.*10.56; ut quasi haerentibus membris ~e corpus uulneribus praeberent TAC. *Ann.*14.30.

3 Unwieldy, cumbrous. **b** slow to take action.
illa phalanx ~is et unius generis LIV.9.19.8; ~es naues 10.2.12; Dardanos oneratos ~ibus armis uexabant 31.43.2; circumagere ~em longitudine et grauitate hastam 44.41.7; leuatum..corpus ~i onere PLIN.*Nat.*11.213;—(*of living creatures*) tardum et paene ~e animal (*i.e. elephant*) CURT.8.14.18; illae (*sc.* balaenae) ad flexum ~es PLIN.*Nat.* 9.13; (*cf.*) ad ~em magnitudinem beluae adolescunt 9.6. **b** ut corpore, ita animo ~ior VELL.2.117.2; cum ceteris animantibus ~es sint animi PLIN.*Nat.*7.52.

4 Unalterable, fixed; unchanging.
cuius (*sc.* fati) lege ~is rerum humanarum ordo seritur LIV.25.6.6; currit dum ~e filum SIL.7.479;—putei crescente aestu minuuntur, augescunt decedente, mediis temporum ~es PLIN.*Nat.*2.219; certa et ~ia congruere sibi debent FRON.*Aq.*34.

5 Emotionally unmoved, imperturbable, steadfast.
ardet inexcita Ausonia atque ~is ante VERG.*A.*7.623; in hac ruina rerum stetit una integra atque ~is uirtus populi Romani LIV.26.41.12; Galatea..his ~ior scopulis OV.*Met.*13.801; forti et ~i constantia SEN.*Dial.*12.2.3; per ~es ante uultus fletus cucurrit [QUINT.]*Decl.*6.6; pietatis ~is erga principem SUET.*Vit.*3.1; uideri se esse tranquillos et intrepidos et ~es uolunt GEL.19.12.10; (*w. dat.*) princeps ~em se precibus et inuidiae iuxta ostendit TAC.*Ann.*16.10; (*w.* aduersum) aduersum plausus ac lasciuiam insultantis uulgi ~es *Hist.*4.2.

immoderātē, *adv.* **inm-.** *compar.* ~ius. [IMMODERATVS + -E]

1 In an unregulated manner, out of control.
ea (*sc.* lingua) uocem ~e profusam fingit CIC.*N.D.*2.149; ~e et fortuito *Tim.*48; modo se intra portas recipere, modo inconstanter ~eque prodire *B.Afr.*82.1.

2 Without restraint, intemperately, immoderately.
productiora alia et quasi ~ius excurrentia CIC.*Orat.*178; ~e quidam et ingrate nostra facilitate abutuntur *Fam.* 12.1.2; an temperantia sinet te ~e facere quicquam? *Tusc.* 2.31; qui..~e et intemperate uixerit *Tim.*45; praemiis.. ~e sunt abusi MAT.*Fam.*11.28.2; ~e peccandi impunitatis spe *B.Afr.*85.8; ~e cupisse aut petisse LIV.37.52.7; V.MAX. 6.3.9; SEN.*Dial.*6.11.1; TAC.*Hist.*2.55; pastores cum ~ius biberent ebrii facti conciderunt HYG.*Fab.*130.2; ~ius perseueranti necem comminata est SUET.*Jul.*14.2; (lasciuia) ~ius fundendo patrimonia prodigit facultates APUL.*Pl.*2.4.

immoderātiō ~ōnis, *f.* **inm-.** [IN-[2] + MODERATIO] Lack of moderation or restraint.
cum..interdum efferatur ~one uerborum CIC.*Sul.*30.

immoderātus ~a ~um, *a.* **inm-.** *compar.* ~ior. [IN-[2] + MODERATVS]

1 Unlimited in degree, immoderate, excessive. **b** measureless, boundless.
uentis uehementioribus aut ~is tempestatibus CIC.*S. Rosc.*131; ~a pati iam sidera, iamque calores? VERG.*Cat.* 9.45. **b** uides sublime fusum ~um aethera CIC.*N.D.*2.65 (transl. Euripides); LUCR.1.1013.

2 (of actions, appetites, etc.) Unrestrained, immoderate.
inmensae porro cupiditates infinitae, ~ae sunt *Rhet.Her.* 2.34; ut ne ~a aut angusta aut dissoluta aut fluens sit oratio CIC.*Orat.*198; tam ~a inhumanitas? *Deiot.*32; adulescens ~ae fortitudinis morte poenas dedit SAL.*Cat.*52.31; incendium..crudele, ~um ac sibi maxume calamitosum putabat 48.2; ~a, infinita potestate LIV.3.9.4; de ~a ciuium suorum licentia NEP.*Alc.*4.4; res ~a cupido est OV. *Pont.*4.15.31; Philemonem..uis risus ~i abstulit V.MAX. 9.12.ext.6; animis..quos ~a felicitas rumpit SEN.*Ep.*39. 4; uerbis ~is FRO.*Ant.*1.p.256(166N); praesentia ~arum cupidinum APUL.*Pl.*2.21; (*neut. pl. as sb.*) uastus animus ~a incredibilia..semper cupiebat SAL.*Cat.*5.5.

3 (of persons) Intemperate, unrestrained.
o ~a mulier CIC.*Cael.*53; ~i..hominis et turbulenti *Phil.* 10.23; quorum unquam in uictoria animus tam praeceps tamque ~us fuit? SAL.*Rep.*2.3.7; neu desis operae neue ~us abundes HOR.*S.*2.5.89; licet aliquis nimium ~umque.. me iudicet SEN.*Ep.*121.4; cupidinibus ~us TAC.*Hist.*1.66; turpem et damnosum et contemptorem deorum et ~um APUL.*Pl.*2.16.

immodestē, *adv.* **inm-.** [IMMODESTVS + -E]

1 Immoderately, without self-control.
qui amant stulte atque ~ atque inprobe PL.*Cist.*280; amo ~ *Poen.*153; *Rud.*194; faciendo ex industria multa ~ atque intemperanter QUINT.*Inst.*5.7.32.

2 Without modesty, boastfully, impudently.
facere ~ *Rhet.Her.*4.4; immodice ~que..gloriari LIV. 22.27.2; ~ proponunt, sine pudore affirmant QUINT.*Inst.* 12.1.12; ~ missionem postulantes SUET.*Aug.*24.2.

immodestia ~ae, *f.* **inm-.** [next + -IA] Lack of self-control or restraint; lack of discipline, licentiousness.
haec eri ~a coegit me PL.*Am.*163; amori accedunt.. incogitantia excors, ~a *Mer.*27; spectantium ~am exilio multandi potestas TAC.*Ann.*1.77; ~am publicanorum arguentis 13.50;—NEP.*Lys.*1.2; ne ~a militum uestrorum occasio detur Lysandro uestri opprimendi exercitus *Alc.* 8.5;—Caesar de ~a histrionum rettulit TAC.*Ann.*4.14.

immodestus ~a ~um, *a.* **inm-.** [IN-[2] + MODESTVS] Lacking in restraint; licentious.
ut ~is hic te moderes moribus PL.*Cur.*200; genus iocandi non profusum nec ~um CIC.*Off.*1.103; quidquid.. ~a largitione effudimus SEN.*Con.*1.1.1; quod ~os fautores histrionum..tribunus omitti iussisset TAC.*Ann.*13.28;— in uino quam ~us fuisti TER.*Hau.*568.

immodicē, *adv.* **inm-.** [next + -E] Immoderately, excessively, unrestrainedly.
~ immodesteque..gloriari LIV.22.27.2; ~ abuti Thessalos indulgentia populi Romani 39.26.7; si Valerio qui credat omnium rerum ~ numerum augenti 33.10.8; Annaeum Serenum..tam ~ fleui SEN.*Ep.*63.14; si ~ depressa sunt (nauigia) *Nat.*6.6.2; ~ formam fucata nocentem..Cleopatra LUC.10.137; si..ex uulnere ~ fluat (sanguis) PLIN.*Nat.* 30.112; iteram ~ uenientem eludit STAT.*Theb.*6.802; ipsius intemperantia, ~ iactantis TAC.*Ann.*4.18; uerbum..semel ac saepius ~ clamitaui APUL.*Met.*7.3.

immodicus ~a ~um, *a.* **inm-.** [IN-[2] + MODICVS]

1 Not exercising restraint, immoderate.
nactus inter aduersarios superbum ingenium ~amque linguam LIV.4.49.12; ~is breuis est aetas et rara senectus MART.6.29.7; sermocinatrix ~a APUL.*Met.*9.17;—(*w. defining gen.*) ~us libidinis COL.7.6.3; STAT.*Theb.*1.41; ut laetitiae, ita maeroris ~us TAC.*Ann.*15.23; ut est rei modicus spei ~us APUL.*Apol.*77; (*w.* animi) animi ~us SAL.*Hist.*1.150;—(*w.* in + *abl.*) in appetendis honoribus ~us VELL.2.33.3; ~us in numero augendo LIV.38.23.8; QUINT. *Inst.*9.3.74; SUET.*Gal.*9.1;—(*w. abl.*) uidi ego laetantis.. Drusos legibus ~os LUC.6.796; rapidus..consiliis ac lingua ~us LIV.22.12.11; Iaxarten dictis stupet hospes acerbis ~um V.FL.5.597;—(*w. adv.*) ut est uulgus utroque ~um TAC.*Hist.*2.29.

2 Immoderate in size or amount. **b** (of weather conditions) immoderately severe.
non haec ~o contraxi damna Lyaeo OV.*Pont.*1.10.29; ~as possedit opes LUC.9.197; ne..uitium contrarium per ~as inflationes oriatur CELS.4.23.2; si ~us superfluxit (Nilus) SEN.*Ben.*6.7.3; ~i cadunt imbres *Nat.*3.27.4; ne ~o uolumine lector fatigetur COL.8.17.16; contra sudores ~os..proficit PLIN.*Nat.*20.260; aureus ~is turtur te cluniibus implet MART.3.60.7; uererer, ne ~am orationem putares PLIN.*Ep.*9.4.1; si uir uxori munus ~um..natali die dedisset POMPON.*dig.*24.1.31.8. **b** scilicet ~o frigore laesit hiems OV.*Tr.*5.13.6; cuncta..~um tempora frigus habet *Pont.* 3.1.14; ob aestus ~os CELS.5.26.31.A; corpora ab ~o seruans nigrantia Phoebo SIL.9.225; (uilla) accipit..auras.. non..acres et ~as PLIN.*Ep.*5.6.14; continuae et ~ae tempestates SUET.*Aug.*47.

3 (of abst. things) Excessive in degree, immoderate, extravagant.
~ae mero rixae HOR.*Carm.*1.13.10; ~a cupido LIV.6.35.6; Iuppiter ~o Iuturnae uictus amore OV.*Fast.*2.585; ~os castigat uoce dolores LUC.8.71; tam ~a prodentium discordia est PLIN.*Nat.*4.98; ~os..fletus corde foues STAT. *Silv.*5.1.247; per ~as inimicitias TAC.*Ann.*4.21; quantum petere uoto ~um erat PLIN.*Ep.*4.17.9; de tam ~o supplicio GEL.20.1.10.

4 Very great in size or number, vast, countless.
MART. 2.43.11; qui..atria..~is artat imaginibus 2.90.6; ~i dent bona musta lacus 7.28.4; saeua cupido ~i census JUV.14.176.

immodulātus ~a ~um, *a.* **inm-.** [IN-[2] + MODVLATVS] Defective in metre or rhythm.
~a poemata HOR.*Ars* 263.

immoenis: see IMMVNIS.

immolātiō ~ōnis, *f.* **inm-.** [IMMOLO + -TIO] The action of offering or making sacrifice.
in ipso ~onis tempore eas partes (uictumae) quae absint, interisse CIC.*Div.*1.119; NATALIS CAESARIS ~O CAESARI *CIL* 10.8375; sacra hinc et ~ones nefandas ipsius atque Plancinae TAC.*Ann.*3.13;—(*w. obj. gen.*) in uituli ~one CIC. *Inv.*2.124; PLIN.*Nat.*35.126; cum in Iphigeniae ~one pinxisset (Timanthes) tristem Calchantem QUINT.*Inst.*2. 13.13.

immolātor ~ōris, *m.* **inm-.** [IMMOLO + -TOR] One who makes a sacrifice.
CIC.*Div.*2.36.

immōlītus ~a ~um, *a.* **inm-.** [IN-[1] + MOLIOR] Built, erected.
NEI QVIS IN IEIS LOCEIS INVE IEIS PORTICIBVS QVID IN AEDIFICATVM ~VMVE HABETO *CIL* 1.593.70; 1.594.3.5.14; quae in loca publica inaedificata ~aue priuati habebant.. demoliti sunt LIV.39.44.4.

immolō ~āre ~āuī ~ātum, *tr.* **inm-.** [IN-[1] + MOLA + -O[3]]

1 To sprinkle (a victim) with meal in preparation for sacrifice.
Lauini boues ~atos, prius quam caederentur, profugisse in siluam CATO *hist.*55; ~ari dicitur bostia, cum mola salsa in caput adiecta est SUET.fr.176(p.275Re); PAUL.*Fest.*p. 110M.

2 To offer (a victim) in sacrifice. **b** (absol.) to offer a sacrificial victim. **c** to offer (a libation).
~abat auream uictimam pulchram NAEV.*poet.*3.3; priusquam porcum feminam ~abis CATO *Agr.*134.1; lustrum condidit et taurum ~auit CIC.*de Orat.*2.268; retinere..

barbaram consuetudinem hominum ~andorum? *Font.*31; Agamemnon. .~auit Iphigeniam *Off.*3.95; animalia capta ~ant CAES.*Gal.*6.17.3; ara. .auet ~ato spargier agno HOR. *Carm.*4.11.7; maiores. .pecoribus ~atis. .inspiciebant iocinera VITR.1.4.9; ut. .uictimae. .maiores ~arentur centum uiginti LIV.30.21.10; OV.*Fast.*3.805; senatusconsultum factum est, ne homo ~aretur PLIN.*Nat.*30.12; in sacrificiis, quibus grauidas hostias ~are mos est TAC.*Ann.*15.47; JUV.15.118; GEL.14.7.9;—(*w. dat.*) ut deo mi hic ~as bouem PL.*As.*713; duces mare ingredientes ~are hostiam fluctibus consuerunt CIC.*N.D.*3.51; Ioui optimo maximo hostias ~auit NEP.*Han.*2.3; quattuor hic iuuenes. .uiuentis rapit, inferias quos ~et umbris VERG.*A.*10.519; ut ingenuus puer Saturno ~aretur CURT.4.3.23; bouem album Marti ~auit PLIN.*Nat.*22.9; (*cf. sense 3*) innumeram ferro plebem . .~at umbris ipse suis STAT.*Theb.*7.710. **b** qui totos dies precabantur et ~abant CIC.*N.D.*2.72; qui adierint ad aram ~antes aut sacrificia facientes VITR.4.5.1; Romani consules, priusquam educerent in aciem, ~auerunt LIV. 8.9.1; ~asse ad tibicinem PLIN.*Nat.*22.11; numquam pro salute principis. .~auisse TAC.*Ann.*16.22;—(*w. abl. of victim*) Fauno decet ~are. .seu poscat agna siue malit haedo HOR.*Carm.*1.4.11; cum circa omnia fana. .maioribus hostiis ~assent LIV.42.30.8;—(*impers. pass.*) quibus hostiis ~andum quoique deo CIC.*Leg.*2.29; ad aedem Saturni Romae ~atum est LIV.22.1.19; Ioui tauro, uerre, ariete ~ari non licet CAP.*iur.*14. **c** inferis manu sinistra ~amus pocula SEPT.*poet.*6.2.

3 To kill or dispatch in the manner of a sacrificial victim.

lapsum. .superstans ~at ingentique umbra tegit VERG. *A.*10.541; Pallas te hoc uulnere, Pallas ~at 12.949; quos (*sc.* duces murium) ~atos uictor. .alui mersit. .specu PHAED.4.6.9; ut. .Iulius Caesar et Marcius Philippus consules inter sacra et aras ~arentur FLOR.*Epit.*2.6(3.18.8).

immordeō ~dēre ~sum, *tr.* [IN-[1]+MORDEO] To bite into; (fig.) to stimulate.

labitur ~saque cadens obmutuit hasta STAT.*Theb.*2.628; —perna magis et magis hillis (stomachus) flagitat ~sus refici HOR.*S.*2.4.61.

immorior ~ī ~tuus, *intr.* **inm-.** [IN-[1]+MORIOR]

1 To die (in a particular place, position, etc.).

(*w. dat.*) illa sorori ~itur OV.*Met.*6.296; fortiter Euxinis ~iemur aquis *Pont.*3.7.40; ut. .manibus ~iar tuis SEN. *Phaed.*712; huic decet ferro ~i *Her.O.*869; cum (stelio) ~tuus est uino PLIN.*Nat.*29.73; bracchia. .stricto. .~tua caestu V.FL.4.182; Nestoris hastae ~itur primaeuus Helix 6.570; STAT.*Theb.*9.19; haec (*sc.* apis) primo statim flosculo ~itur [QUINT.]*Decl.*13.6; SIL.14.484;—(*w.* in+*abl.*) mel utilissimum oculis, in quo apes sint ~tuae PLIN.*Nat.* 29.128;—(*w.* super+*acc.*) ~itur. .super fluctus et saxa Capherei *Culex* 354;—(*w. adv.*) aqua uinumque interemit salamandra ibi ~tua PLIN.*Nat.*11.280;—(*w. place unspecified*) (manus) deriguit. .tenens strictis ~tua neruis LUC.3.613; STAT.*Theb.*3.545;—(*poet.*) laxatis. .diu tamen aura superstes ~itur uelis 1.481.

2 To die (amid or during).

(*w. dat.*) ultima membrorum tabe tormentis ~itur SEN. *Con.*10.5.6; accipiendis ~ientem rationibus diu tractus risit heres SEN.*Dial.*10.20.2; supremo somnio eius, cui ~tuus quodammodo est PLIN.*Nat.*7.138; se legationi ~iturum dixerat QUINT.*Inst.*9.3.73; (*hyperb.*) ~itur studiis et amore senescit habendi HOR.*Ep.*1.7.84.

immoror ~ārī ~ātus, *intr.* **inm-.** [IN-[1]+MOROR]

1 To stay, remain, linger (in a place).

remedia non prosunt nisi ~antur SEN.*Ep.*40.4; ex ea (*sc.* trimodia), cum paulum ~ata sunt semina, iaciunt COL.2.9.9; planities. .non patitur diutius imbres aut influentis riuos ~ari 2.16.5; cum meridiano ~ans. .adlexisset (*the dolphin*) PLIN.*Nat.*9.25; QUINT.*Inst.*9.3.73; quod. .emisso in possessionem et aliquamdiu ~ato nemo caueat ULP.*dig.* 39.2.15.21; qua soliditate necessario offensa acies ~etur APUL.*Soc.*11;—(*w. dat.*) quo (intestina) repulsa inguinibus ~entur CELS.7.20.4; ut saturae studiosius nidis ~entur (gallinae) COL.8.5.14.

2 To delay, linger (over a topic, activity, etc.).

(*w. dat.*) quis his ~or. .? V.MAX.9.11.ext.4; istis (*sc.* artificiis) ~andum est SEN.*Ep.*88.1; ne terrenis ~er QUINT.*Inst.* 2.16.6; ut honestis cogitationibus ~aremur PLIN.*Ep.*1.8.8; si materiae ~atur, non esse longum 5.6.42;—(*w.* in+*abl.*) non arbitror autem mihi in hoc ~andum, quid sit quod memoriam facit QUINT.*Inst.*11.2.4.

immortālis ~is ~e, *a.* **inm-.** [IN-[2]+MORTALIS]

1 Not subject to death, immortal. **b** (masc. as sb.) an immortal, god.

(*of gods, etc.*) di ~es, opsecro uostram fidem PL.*Am.*455; uita deum ~ium CATO *orat.*244; CIC.*Ver.*2.126; ut fortuna nonnumquam tamquam ipsa mortalis cum ~i natura pugnare uideatur *Off.*1.120; CAES.*Gal.*4.7.5; rostro. .immanis uultur obunco ~e iecur tondens VERG.*A.*6.598; HOR.*Ars* 464; LIV.9.9.10; TAC.*Ann.*3.16; SUET.*Aug.*31.5; sciebat eum (*i.e. Aeneas*), cum hominum uita discessisset, ~em atque indigetem futurum GEL.2.16.9;—(*of the mind, soul, etc.*) qui animos hominum ~es esse credam CIC.*Sen.*85; si ~is nostra foret mens LUCR.3.612; an ~is anima? QUINT.*Inst.*7.4.1;—(*as not normally applicable to human beings*) quid habetis qui mage ~is uos credam esse quam ego siem. .? PL.*Poen.*276; quem ~em, si fieri posset, omnes esse cuperent CIC.*Mil.*16; quodsi non sumus ~es futuri *Sen.*85; nemo ignauia ~is factus est SAL.*Jug.*85.49; VERG.*A.*12.882;—(*facet. or hyperb.*) ~is est, uiuit uicturaque est PL.*Trin.*55; ~is ero, si altera (nox) talis erit PROP.2.14.10; diuites sunt aliorum iacturis. . ~es funeribus V.MAX.4.7.ext.2. **b** ~is mortales si foret fas flere NAEV.*poet.*64.1; quid ergo nos ab ~ibus. .expectemus. .? CAEL.*orat.*9; VAR.*L.*5.75; LUCR.5.165.

2 Imperishable, everlasting, eternal. **b** unending, perpetual. **c** living on in men's minds, never to be forgotten.

nisi tu ~e rere esse argentum tibi PL.*Trin.*415; cum uobis ~e monumentum. .senatus populusque Romanus exstruxerit CIC.*Phil.*14.33; dis Italis uotum ~e sacrabat VERG.*A.* 8.715; ciuitatis quam ~em esse deceat pati consenescere uires LIV.6.23.7; (lignum) inuentum pictorum tabellis ~e PLIN.*Nat.*16.187; (*poet.*) Aeacii flores ~esque amaranti COL.10.175; addere quid cessas, puer, ~e Falernum? MART. 9.93.1;—(*of attitudes, feelings*) amicitias ~es, mortales inimicitias debere esse LIV.40.46.12; ~e odium spirans STAT.*Theb.*4.609; JUV.15.34;—(*of fame, honour, etc.*) te ~i adficiet gloria PL.*Am.*1140; quorum uiuit ~is memoria et gloria CIC.*Balb.*40; de hac. .diuina atque ~i laude Bruti silebo *Phil.*10.7; si huius aeterni beneficii ~em memoriam deleuisses *Parad.*29; VELL.2.88.3; TAC.*Ag.*46.2. **b** in beatorum insulis ~e aeuum. .degere CIC.*Hort.*fr.50; mortalem uitam mors cum ~is ademit LUCR.3.869; genus ~e manet VERG.*G.*4.208; ~i memoria percepta retinebat beneficia NEP.*Att.*11.5; flagrat. .mons Chimaera. .~i diebus ac noctibus flamma PLIN.*Nat.*2.236; (senatum) a regibus usque ad principes continuum et ~em TAC.*Hist.*1.84; EMIT LOCVM ~EM *CIL* 11.1464; (*advl. acc.*) (flos) ~e uirens V.FL.7.362; ~e tumens STAT.*Theb.*4.834; (*neut. pl. as sb.*) ~ia ne speres, monet annus HOR.*Carm.*4.7.7. **c** qui solus facio facinora ~ia PL.*Mos.*777; de rebus tam claris, tam ~ibus CIC.*Sul.*27; pro uestris ~ibus in me. .meritis *Red. Sen.*1; pro meis ~ibus beneficiis *Fam.*4.14.3; his ~ibus editis operibus LIV.1.16.1.

3 Of or proper to the gods, immortal, divine.

mortaline manu factae ~e carinae fas habeant? VERG. *A.*9.95; praeclara quaedam et ~is. .diuinitas perhibetur Anaximandro PLIN.*Nat.*2.191; ~e merum STAT.*Silv.*4.2.12; —(*hyperb.*) putabat ~em. .quaestum, si uterque cecidisset CIC.*Pis.*27; illam ~em Sallusti uelocitatem. .(Liuius) consecutus est QUINT.*Inst.*10.1.102; ~is ingenii (*sc. of Cicero*) beatissima ubertas 10.1.109.

immortālitās ~ātis, *f.* **inm-.** [prec.+-TAS]

1 Immunity from death, immortality.

ut Ithacam illam. .sapientissimus uir ~ati anteponeret CIC.*de Orat.*1.196; ille dies mihi quidem ~atis instar fuit quo in patriam redii *Pis.*52; non censet lugendam esse mortem quam ~as consequatur *Sen.*73; nemo umquam sine magna spe ~atis se pro patria offerret ad mortem *Tusc.* 1.32; LIV.1.16.8; CURT.10.6.7; Platonis libro qui ~atem animae docet FLOR.*Epit.*2.13(4.2.71); TAC.*Ann.*16.19; nec quicquam nos animarum ~as consolatur FRO.*Aur.*2.p.226 (233N); APUL.*Pl.*2.20.

2 (of abst. or concrete things) Indestructibility, permanence. **b** the state of living on in men's minds, lasting remembrance.

urbem. .et populum nostrum seruandum ad ~atem. . putabam CIC.*Att.*9.10.3; referens. .quandam. .~atem materiae PLIN.*Nat.*13.101. **b** uarios. .sermones ~ati scriptis suis Plato tradidit CIC.*de Orat.*3.60; cuius corpore ambusto uitam eius (*sc.* Herculis) et uirtutem ~as excepisse dicatur *Sest.*143; sunt. .facta eius ~atis, nomen aetatis *Phil.*4.3; ~atem sibi. .prorogari arbitrantes PLIN.*Nat.*14.4; (*cf.*) emit morte ~atem QUINT.*Inst.*9.3.71;—(*of fame, etc.*) ad ~atem gloriae plus adfert desideratum esse a suis ciuibus CIC.*Dom.* 86; satis facere ~ati laudum tuarum *Fam.*13.16.4; regi suo . .~atem famae daturos CURT.9.4.21.

3 The state of being a god, divinity.

prope ad ~atis et religionem et memoriam consecrantur CIC.*Mil.*80; cum. .concilium caelestium in sedibus ~atis eum dedicauisset VITR.1.pr.2; si Olympias mater ~ati consecretur CURT.9.6.26; (*pl.*) ne uirtutibus hominum isti honores habeantur non ~atibus CIC.*N.D.*3.46;—(*hyperb.*) saluos sum, ~as mihi data est PL.*Mer.*603; mi ~as partast TER.*An.*960.

immortāliter, *adv.* **inm-.** [IMMORTALIS+-TER[2]] (colloq.) Infinitely, 'eternally'.

quod scribis te a Caesare cotidie plus diligi, ~ gaudeo CIC.*Q.fr.*3.1.9.

immortālitus, *adv.* **inm-.** [IMMORTALIS+-ITVS[1]] From a divine source.

~us se optulit mi haec facultas TURP.*com.*88.

immōtus ~a ~um, *a.* **inm-.** [IN-[2]+*motus* (MOVEO)]

1 Not moved or (in quasi-middle sense) motionless.

illa (*sc.* folia) manent ~a locis neque ab ordine cedunt VERG.*A.*3.447; ille (*sc.* Latinus) uelut pelagi rupes ~a resistit 7.586; arbores ita inciderunt ut ~ae starent LIV.23.24.7; agros in quibus non aeque bene translata semina quam ~a respondeant COL.5.5.7; cardines in foribus diutius ~i PLIN. *Nat.*16.230; ut ~um pugionem extolleret TAC.*Ann.*16.15;— (*of human beings, animals, etc.*) stat grauis Entellus nisuque ~us VERG.*A.*5.437; stetit ~a Samnitium acies LIV.10.14.16; uultu. .~us eodem haeret ut e Pario formatum marmore signum OV.*Met.*3.418; ~i terra surgente tenentur LUC. 9.489; sese ~i (cycni) gyro. .tenent STAT.*Theb.*3.529; primum legio gradu ~a TAC.*Ann.*14.37;—(*of parts of the body*) ~os. .oculos in se sine fine tenentem. .extimuit OV. *Met.*2.502; praebenti. .~am ceruicem caput praecisum est SEN.*Suas.*6.17; ~as obuersa genas STAT.*Silv.*5.1.174.

2 Undisturbed, unshaken, tranquil. **b** (of non-physical things).

portus ab accessu uentorum ~us VERG.*A.*3.570; ~a. . attollitur unda 5.127; ~us. .nouos pontus subduxerat orbes MAN.1.76; ne. .~i (*i.e. not dug*) et neclecti soli duritia laborent (arbusta) SEN.*Ben.*4.14.2; donec. .in planitiem ~arum aquarum soluatur (impetus) *Nat.*1.2.2; sereno et ~o die TAC.*Hist.*1.86. **b** nihil ~um, nihil tranquillum, nihil quietum. .relinquebat VELL.2.6.3; felicis animi ~a tranquillitas SEN.*Dial.*4.12.6; Oriens adhuc ~us TAC.*Hist.*1.10; ~a. .aut modice lacessita pax *Ann.*4.32.

3 (of abst. things) Unaltered, unchanged, fixed.

manent ~a tuorum fata tibi VERG.*A.*1.257; si mihi non animo fixum ~umque sederet ne cui me uinclo uellem sociare iugali 4.15; ~a manet fatis Lauinia coniunx 7.314; ~is per signa modis MAN.1.632; fatorum ~o diuisit limite mundum LUC.2.11; duri ~a Catonis secta 2.380; fixum matri ~umque manebat hac altrice nefas STAT.*Theb.*6.160; ~um aduersus eos sermones fixumque Tiberio fuit non omittere caput rerum TAC.*Ann.*1.47; ~us manet ultimus (locus): namque hic semper iambus est MAUR.2638.

4 Emotionally unmoved, unrelenting, inflexible.

~as praebet mugitibus aures OV.*Met.*15.465; (nympha) caelicolis ~a procis V.FL.5.111; ~o deducimur orbe fatorum STAT.*Theb.*7.197; non ipse ~us Achilles *Ach.*1.956; supplices uoces ad Tiberium tendens ~o eius uultu excipitur TAC. *Ann.*2.29.

immoueō (dub.) ~mouēre ~mōuī ~mōtum, *tr.* **inm-.** [IN-[1]+MOVEO] To move in.

damnosiorem meo. .~mouit loco PL.*Truc.*82 (*s.v.l.*).

immūgiō ~īre ~īuī or ~iī, *intr.* **inm-.** [IN-[1]+MVGIO]

1 (absol. or w. dat., of animals) To bellow, roar (in or upon). **b** (of the sea, earth, natural forces, etc.).

~it leo SEN.*Her.O.*1643; nec rauco taurus cessauit flebile ad aras ~ire sono SIL.5.64; (*cf.*) suo moriens ~it (*sc. Phalaris*) flebile tauro 14.217;—(*of a man*) iacet ~itque cruentis uulneribus STAT.*Theb.*11.601. **b** curuis. .~iit Aetna cauernis VERG.*A.*3.674; totum en mare ~it SEN. *Phaed.*1026; ~it aris ignis *Oed.*383; ~it tellus SIL.1.95; ~it Nereus 4.298; procella antemnae ~it 17.256.

2 (of places) To resound.

maesto. .~it regia luctu VERG.*A.*11.38; ~it specus uocem deo soluente SEN.*Thy.*681.

immulgeō ~ēre, *tr.* **inm-.** [IN-[1]+MVLGEO] To milk (into); to expel (milk into).

hic natam. .nutribat teneris ~ens ubera labris VERG.*A.* 11.572; ubera eas (*sc.* striges) infantium labris ~ere PLIN. *Nat.*11.232;—quem. .aluit lacteam ~ens opem ANDR.*trag.*38; oculo. .cruore suffuso. .si (lac) ~eatur, plurimum prodest PLIN.*Nat.*28.72.

immunditia ~ae, *f.* **inm-.** [next+-IA] Dirtiness or untidiness (of personal appearance); (pl.) dirty conditions.

mulier meretrix repperit odium. .sua ~a PL.*St.*747;— a. .stercilino reliquisque ~is taetrum odorem spirantibus COL.1.6.11; ualetudinaria. .~is liberare 12.3.8; caelum pestilens et ruinas minantur ~ae cloacarum ULP.*dig.*43.23.1.2.

immundus ~a ~um, *a.* **inm-.** *compar.* ~ior, *superl.* ~issimus. [IN-[2]+MVNDVS]

1 Unclean or untidy in appearance, slovenly, squalid.

(*of persons, parts of the body*) sicine ~a, opsecro, ibis? PL.*Cist.*113; alienant ~ae, insulsae, indecorae CIC.*Att.* 9.10.2; nilo mundius hoc, niloque ~ius illud CATUL.97.3; nigra melichrus est, ~a et fetida acosmos LUCR.4.1160; ~ae. .Sabinae OV.*Am.*1.8.39; longa. .in ~o puluere tracta coma est *Fast.*4.238; in tantum ornata quantum ne ~a sit SEN.*Con.*2.7.3; gaudet pressis ~us uinitor uuis *Ilias* 887; —(*of other living creatures*) canis ~us uel amica luto sus HOR.*Ep.*1.2.26; ~o decerptae uolture plumae GRAT.75; —(*of inanim. things, conditions, etc.*) humus erat ~a CIC. *Gal.*fr.1; cinerem ~um iactare per agros VERG.*G.*1.81; pauperies ~a domus procul absit HOR.*Ep.*2.2.199; ~a saepe latere casa PROP.2.23.10; ~is. .tenebris 3.15.17; ~issimis se excolere munditiis SEN.*Con.*1.pr.8; cum ab uxore Xanthippe ~a aqua perfunderetur SEN.*Dial.*2.18.5;—(*of actions, occupations*) multo opere ~o rustico se exercitum PL.*Mer.*65; contactu. .omnia foedant ~o VERG.*A.*3.228; ~issimo me basio conspuit PETR.23.3; superne deciduo ~iore lapsu aliquo polluta (uina) PLIN.*Nat.*14.119.

2 Morally unclean, foul.

ne. .~a crepent ignominiosaque dicta HOR.*Ars* 247.

immūniō ~īre ~īuī ~ītum, *tr.* **inm-.** [IN-[1]+MVNIO] To strengthen (a garrison or sim.).

praesidium ~iuit TAC.*Ann.*11.19.

immūnis ~is ~e, *a.* **inm-.** Also **immoenis.** [IN-[2]+*munis* (COMMVNIS)]

1 (of people or states) Exempt from tribute or taxation. **b** (of holdings of land) free from tax.

in Centuripinos et Halaesinos, ~is populos CIC.*Ver.*4.20; qui piratas ~es, socios uectigales habemus *Off.*3.49; ciuitatem. .~em esse iusserat CAES.*Gal.*7.76.1; SAL.*Jug.*89.4; senatus Romanus. .liberos, ~es, suis legibus esse iubet Corinthios LIV.33.32.5; OV.*Pont.*4.9.102; coloniae ~es PLIN.*Nat.*3.12; PLIN.*Pan.*38.2; IS A SIGILLIS EIVS TEMPORIS, QVO QVINQVENNALIS ERIT, ~IS ESSE DEBEBIT *CIL* 14.2112. 2.18. **b** qui agros ~is liberosque arant CIC.*Ver.*2.166; duo milia iugerum campi Leontini Sex. Clodio rhetori adsignasti et quidem ~ia *Phil.*2.43; eam (*sc.* possessionem) liberam et ~em habere *Fam.*13.76.2; agrum sese daturum esse. .~em ipsi qui accepisset LIV.21.45.5; HYG.GR.*agrim.* p.168.

2 Exempt (from duties, obligations, etc.). **b** (poet., of things) free of cost.

ob uacationem pretium datum, cum ~is nemo fuerit CIC. *Font.*17; ipse (*i.e. the queen bee*) opera intus circumit, similis exhortanti, solus ~is PLIN.*Nat.*11.53; LVDI MAGISTROS A PRO(curatore) METALLORVM ~ES ES⟨SE PLACET⟩ *CIL* 2.5181.57; CVRANTE Q DOMITIO PHILVMEN ~AE *A. Epig.*40.71; hi. .omnes inter ~es habentur TARR.PAT.*dig.*

50.6.7(6); M. AVREL CRESCENTINVS IMMV LEG XIII G. *CIL* 3.1038; IMVNES VEN(atores) IVLIVS LONGINVS ET FL. VALERIVS 3.7449; ~ES RECEPTI IN COLLEG FABRVM 5.4048; —(*w. gen.*) omnium rerum ~es CIC.*Ver.*5.58; ~es. .operum militarium erant LIV.7.7.5; ~es. .operum famulas. .pectora pelle tegi. .iusserat OV.*Met.*4.5; ceterorum ~es nisi propulsandi hostis TAC.*Ann.*1.36;—(*w. abl.*) una centuria facta est, ~is militia LIV.1.43.8;—(*w.* ab) Ilienses ab omni onere ~es SUET.*Cl.*25.3; (*transf.*) nox ~is est ab expeditione redeuntium SEN.*Dial.*9.17.7;—(*poet.*) ipsa quoque ~is rastroque intacta. .per se dabat omnia tellus OV.*Met.*1.101; ~ia rictu patulo tenere labra MAUR.112. **b** pro pretio labor est nec sunt ~ia tanta MAN.4.393.

3 Not performing one's proper part or duty, not paying a share; (transf., of actions) not paying their way, thankless.
ciui ~i scin quid cantari solet? PL.*Trin.*350; is est ~is quoi nihil est qui munus fungatur suom 354; non enim est inhumana uirtus neque ~is neque superba CIC.*Amic.*50; ~is. .sedens aliena ad pabula fucus VERG.*G.*4.244; ~is aram si tetigit manus HOR.*Carm.*3.23.17; non ego te meis ~em meditor tingere poculis 4.12.23; quem scis ~em Cinarae placuisse rapaci *Ep.*1.14.33; ~es et asymboli GEL.7(6).13.2; (*poet.*) nulla ~is humus STAT.*Ach.*1.423;—amicum castigare ob meritam noxiam ~e est facinus PL. *Trin.*24.

4 Having no part or share (in), free (from).
(*w. gen.*) aspicit urbem ~em tanti belli atque impune quietam VERG.*A.*12.559; ~es caedis habere manus OV.*Ep.* 14.8; ~is. .delictorum paternorum VELL.2.7.2; te (*sc.* Gloriam) uiridem uidet (Iason) ~emque senectae V.FL.1.77; ~is scelerum STAT.*Theb.*5.123; reliqui, qui ~es imperii erant FLOR.*Epit.*2.34(4.12.61); (*poet.*) liquidi. .~ia ponti. .signa (*i.e. not setting*) OV.*Fast.*4.575;—(*w. abl.*) omnibus humanis uitiis ~is VELL.2.35.2; alicuius animum ~em esse tristitia SEN.*Ep.*85.3; LUC.2.257; ne ipsis quidem feminis malo suo inter se ~ibus PLIN.*Nat.*28.80; ~is fatis STAT.*Silv.*2.1.222; —(*w.* ab) liber a conspectu ~isque ab omnibus arbitris VELL.2.14.3; ~es erant ab istis malis SEN.*Ep.*95.18; dentes . .~es a dolore fiant PLIN.*Nat.*32.37; hic sese Argolicis ~em seruat ab armis STAT.*Theb.*5.643; post rem iudicatam tempus a fructibus dependendis ~e est PAPIN.*dig.*22.1.3.2; —(*w. inf.*) quid sub hoc mundo Hercules ~e uinci liquit . .? SEN.*Her.O.*1612;—(*ellipt.*) ne deos quidem fabulae ~es reliquerunt *Dial.*6.12.4; nihil ~e esse et innoxium sinit *Nat.*6.1.13; PLIN.*Nat.*26.2; Karthago ~is nostros secura labores audiet SIL.16.693.

immūnitās ~ātis, *f.* **inm-.** [prec.+-TAS]

1 Exemption from tax or tribute.
quam hic ~atem, quam ciuitatem, quod praemium non. .uendidit? CIC.*Phil.*3.10; Daorsis. .~atem dare LIV. 45.26.14; C IVLIVS VEPO DONATVS CIVITATE ROMANA VIRITIM ET ~ATE AB DIVO AVG *CIL* 3.5232; SEN.*Ben.*6.19.2; de ~ate Cois tribuenda TAC.*Ann.*12.61; eandem ~atem in paternis bonis filio tribuit PLIN.*Pan.*37.7; ciuitatem negauit, ~atem optulit SUET.*Aug.*40.3;—(*pl.*) ~atium, uectigalium flagitiosissimae nundinae CIC.*Phil.*2.35; his tributa dimittere, alios ~atibus iuuare TAC.*Hist.*3.55; SUET.*Gal.*15.2;—(*fig.*) omnia. .quae expauescimus, tributa uitae sunt: horum. . nec speraueris ~atem nec petieris SEN.*Ep.*96.2.

2 Exemption, immunity (from an obligation, duty, etc.).
(*w. gen.*) militiae uacationem omniumque rerum habent ~atem CAES.*Gal.*6.14.1; parentibus. .~atem omnium rerum dare *Ed.*69(*Font.iur.*p.239); uiae sternendae ~atem ueteranos non habere ULP.*dig.*49.18.4; (*transf.*) qui det isti deo ~atem—magni. .muneris CIC.*Luc.*121;—(*w.* ab) qui pueros primas litteras docent, ~atem a ciuilibus muneribus non habent ULP.*dig.*50.5.2.8; ab exactione tributorum habent ~atem PAUL.*dig.*49.18.5.1.

immūnītus ~a ~um, *a.* **inm-.** [IN-[2] +MVNITVS]

1 Unfortified, lacking defences.
quibus oppida castellaque ~a essent LIV.22.11.4; eos. . tendere extra uallum iussit, ut ~i adsuescerent periculis FRON.*Str.*4.1.19; nos. .inermes atque ~i APUL.*Met.*8.5.

2 (of a road) Not properly made, unpaved.
si uia sit ~a CIC.*Caec.*54.

immurmurō ~āre, *intr.*, *tr.* **inm-.** [IN-[1] +MVRMVRO]

1 (intr.) To murmur, mutter (at or to).
(*w. dat.*) ipsa (*sc.* lingua) iacet terraeque tremens ~at atrae OV.*Met.*6.558; (Medea) manibus. .~at uncis V.FL. 7.312; admorsae ~at hastae SIL.5.332; (*poet.*) frigidus ut quondam siluis ~at Auster VERG.*G.*4.261;—(*w.* secum) secum. .~at intus MAN.5.382; dolore furens ita secum ~at irae SIL.7.146;—(*in a hostile manner*) increpor a cunctis, totumque ~at agmen OV.*Met.*3.646.

2 (tr.) To utter in a murmur (to).
(*w. dat.*) nominat Alcyonen ipsisque ~at undis OV.*Met.* 11.567; terrae. .~at absens nomen STAT.*Theb.*11.63.

immusulus ~ī, *m.* **inm-.** [unkn.] An unidentified bird of prey, of significance in augury.
alites quae alis ac uolatu (faciant auspicium), ut buteo sanqualis aquila ~us uulturius AP.CLAUD.PULCH.*gram.* 2; PLIN.*Nat.*10.20; Masurius sanqualem ossifragum esse dicit, ~um autem pullum aquilae SAB.*iur.*23; FEST.p.197M; PAUL.*Fest.*p.112M; p.113M.

immūtābilis[1] ~is ~e, *a.* **inm-.** [IN-[2] +MVTABILIS] Unchangeable, unalterable.
id (*sc.* argumentum) qualecumque est, maneat ~e necesse est CIC.*Scaur.*16; omnium (astrorum) ortus et occasus atque in omni aeternitate ratos ~esque cursus *N.D.*2.95; concordi populo. .nihil esse ~ius *Rep.*1.49; ~e . .quiddam superare necessest, ne res ad nilum redigantur funditus omnes LUCR.1.790; ea caeli regio. .est certa ~is die perpetuo VITR.1.2.7; eadem ratio, quae fuit futuraque donec res eaedem manebunt, ~is est LIV.22.39.10; optio. . ~is est, simul emissa est SEN.*Con.*7.8.7; hae (*sc.* ideae) inmortales, ~es, inuiolabiles sunt SEN.*Ep.*58.18; nexu. . causarum. .multo ante destinatarum suum quemque ordinem ~i lege percurrere CURT.5.11.10; septimo (anno) omnes (dentes) habet (equus) et renatos et ~es PLIN.*Nat.*11.168; graue et ~e sanctis pondus adest uerbis STAT.*Theb.*1.212; ~e est. .quod factum est QUINT.*Inst.*7.4.27; TAC.*Ann.*6.22; GAIUS *Inst.*4.11.

immūtābilis[2] ~is ~e, *a.* **inm-.** [IMMVTO+ -BILIS] (app.) Liable to be changed.
scio quid erres: quia uestitum atque ornatum ~em habet haec (*foll. by lacuna*) PL.*Epid.*577.

immūtābilitās ~ātis, *f.* **inm-.** [IMMVTABILIS[1]+-TAS] The state of being unchangeable, immutability.
in factis ~atem apparere CIC.*Fat.*17.

immūtābiliter, *adv.* **inm-.** [IMMVTABILIS[1]+ -TER[2]] Without the possibility of change, immutably.
si ~ uerum fuit te Capitolium non ascendisse CELS.*dig.* 45.1.99.1; speculatur ad omnia rector eius (mundi) atque ~ incumbit APUL.*Mun.*36.

immūtātiō ~ōnis, *f.* **inm-.** [IMMVTO+-TIO]

1 The process of changing, alteration, change.
genus. .quod habet paruam uerbi ~onem. .ut 'nobiliorem mobiliorem' Cato CIC.*de Orat.*2.256; de ~one, ut, si disputetur, num interire uirtus in homine aut num in uitium possit conuertere 3.114; cum (uox) flectitur ~one VITR. 5.4.2; quidquid. .apud Macedonas noua ~one corruptum erat CURT.9.7.15.

2 Substitution, replacement, change. **b** (rhet.) the change which substitutes one term, usu. a part or attribute for another, metonymy; also, the substitution of one set of verbal images for another.
ne quis ~onem uirorum ipsorum esse quae nominum est putet LIV.3.4.1; haec. .ipsa uocis ~o desultoriae scientiae stilo quem accessimus respondet APUL.*Met.*1.1; PAUL.*dig.* 38.10.10.17. **b** ne illa quidem traductio atque ~o in uerbo quandam fabricationem habet CIC.*de Orat.*3.167; ornari orationem Graeci putant, si uerborum ~onibus utantur *Brut.*69; ~o sine controuersia est, cum aliud pro alio ponitur QUINT.*Inst.*1.5.41;—CIC.*de Orat.*2.261.

immūtātus ~a ~um, *a.* **inm-.** [IN-[2]+*mutatus* (MVTO)] Without alteration, unchanged.
ueritas, per quam ~a ea, quae sunt aut fuerunt aut futura sunt, dicuntur CIC.*Inv.*2.162; orbis illius generis alterius ~us et rectus *Tim.*28; curam nauium Moschus libertus retinebat. .~us TAC.*Hist.*1.87; (*in mind or attitude*) id mutauit quia me ~um uidet? TER.*An.*242.

immūtescō ~escere ~uī, *intr.* **inm-.** [IN-[1] +MVTVS+-ESCO] To become speechless, fall silent.
~escamus alioqui si nihil dicendum uideatur QUINT.*Inst.* 10.3.16; abruptis. .~uit ore querelis STAT.*Theb.*6.185; (*of a sound*) uagitus. .ruptis ~uit ore querelis 5.542.

immutilātus ~a ~um, *a.* **inm-.** [IN-[2] +pple. of MVTILO] Unmutilated.
~o corpore improbe patibulo eminens affigebatur SAL. *Hist.*3.9.

immūtō ~āre ~āuī ~ātum, *tr.*, (*intr.*). **inm-.** [IN-[1]+MVTO]

1 To make different, alter, modify. **b** to change in attitude or frame of mind. **c** to change the form of, metamorphose.
ita nunc homines ~antur, postquam peregre aduenimus PL.*Am.*846; te uideo ~atis moribus esse *Cur.*146; adeon homines ~arier ex amore ut non cognoscas eundem esse! TER.*Eu.*225; uoltum earum sensi ~ari omnium *Hec.* 369; auram aduersam segetem ~asse LUCIL.292; uersus. . paululum ~atus CIC.*de Orat.*2.257; ~o uoluntatem meam *S.Rosc.*95; isti color ~atus est *Ver.*1.141; eos qui antea commodis fuerint moribus, imperio potestate prosperis rebus ~ari *Amic.*54; posterior. .res. .~at sensus ad pristina quaeque LUCR.5.1415; fortuna simul cum moribus ~atur SAL.*Cat.*2.5; LIV.4.4.11; OV.*Met.*15.455; tuum. .promissum ~asse non debet TAC.*Dial.*24; *Ann.*6.2; (uinum) malum medicamentum esse quod mentes ~aret HYG.*Fab.*132.1; palam ~atos datorum officiorum codicillos SUET.*Cl.*29.1; cursum fluminis. .~auit ULP.*dig.*43.13.1.7. **b** uobis. . quos leuiter ~atos esse sentio CIC.*Agr.*3.2; si quibusdam in sententiis paulum me ~assem *Fam.*1.9.11; te non numquam a me alienarunt et me aliquando ~arunt tibi 5.8.2. **c** ubi ~atus sum? ubi ego formam perdidi? PL.*Am.*456; *Mil.*432; —(*w.* ab, in+*acc.*) Achelous fluuius in omnis figuras se ~abat HYG.*Fab.*31.7; ab humana specie est ~atus in lapidem 64.4; 125.8.

2 To change by substitution. **b** (rhet.) to change (one word for another) by metonymy; also, to substitute (expressions) in metaphor or allegory.
uestitum ~o meum PL.*Am.*866; hic sunt quadraginta minae. si quid erit dubium ~abo *Epid.*647; ~at nomen auos huic gemino alteri *Men.*40; id (*sc.* linamentum) ~andum est rosaque et uino madefaciendum id quod inponitur CELS. 7.19.9; cum dico 'ultus hominis' pro ultu. .nomen ~o QUINT.*Inst.*8.6.28; elisis aut ~atis quibusdam litteris GEL. 5.12.5. **b** ea (*sc.* uocabula) quae transfeuntur aut ~antur CIC.*Part.*17; ~ata (uerba) in quibus pro uerbo proprio subicitur aliud quod idem significet sumptum ex re aliqua consequenti *Orat.*92;—quae (*sc.* uerba). .ex ~ata oratione ducuntur *de Orat.*2.261.

3 (intr.) To become changed, change.
omne qua graditur conturbat et ~are coactat LUCR. 6.1122; (nubes) paululum ~antes proximitate et longinquitate APUL.*Soc.*10.

impācātus ~a ~um, *a.* **inp-.** [IN-[2]+*pacatus* (PACO)]

1 Not subdued or pacified.
numquam. .~os a tergo horrebis Hiberos VERG.*G.*3.408; quisnam ~a consanguinitate ligauit Fortunam Inuidiamque deus? STAT.*Silv.*5.1.137; Zeusis, Amyclaei stirps ~a Phalanti SIL.7.665.

2 (transf.) Not made peaceful, restless.
uides quam ~am tibi denunties uitam? SEN.*Dial.*5.27.4; ~is regum aduigilantia somnis pila STAT.*Theb.*1.147.

impaenitendus ~a ~um, *a.* **inp-.** [IN-[2] +*paenitendus* (PAENITET)] Not to be repented of, that one will not regret.
auscultatu ~o APUL.*Met.*6.13; ~ae te pauperiei cunctaris committere? 11.28.

impāgēs ~is, *f.* **inp-.** [IMPINGO; cf. *compages*] A cross-piece, batten (on a door, etc.).
~ibus distributiones ita fient VITR.4.6.5; super medium medii ~es conlocentur 4.6.5; ~es dicuntur, quae a fabris in tabulis figuntur quo firmius cohaereant PAUL.*Fest.*p.108M.

impallescō ~escere ~uī, *intr.* **inp-.** [IN-[1] +PALLESCO] To turn or grow pale (at or over).
(*w. dat.*) at te nocturnis iuuat ~escere chartis PERS.5.62; euentu. .~uit ipse secundo STAT.*Theb.*6.805.

impancrō ~āre ~āuī ~ātum, *intr.* **inp-.** (= *inuado*, acc. Non.p.59M).
oculis iam in regiam arcam ~arunt VAR.*Men.*587.

impār ~ris, *a.* **inp-.** [IN-[2]+PAR]

1 Unequal in size, length, etc.
trapetos bonos priuos ~res esse oportet, si orbes contriti sient, ut conmutare possis CATO *Agr.*3.5; si quem lectum de tribus !unum ~rem posuerunt VAR.*L.*9.9; quibus. .partibus, pluribusne an singulis, ~ribus an aequalibus CIC.*Orat.* 205; sol. .~ribus currens anfractibus LUCR.5.683; duo sunt sinus. .~res magnitudine, pari natura SAL.*Jug.*78.2; si umor occupauit corporum uenas ~resque eas fecit VITR.1.4. 6; Atho mons excurrit. .duobus ~ribus promunturiis LIV. 44.11.3; mensae sed erat pes tertius ~r OV.*Met.*8.661; ~ri tauros calamo uocauit SEN.*Phaed.*298; fons. .exprimitur pluribus uenis sed ~ribus PLIN.*Ep.*8.8.2;—(*w. ref. to the unequal lines of an elegiac couplet*) ~ribus tamen es numeris dignata moueri OV.*Am.*3.1.37; ~ribus legeres carmina facta modis? *Tr.*2.220; qui. . uel ~ribus numeris. .uel aequis sufficis *Pont.*4.16.11.

2 Unequal, different in quality, degree, etc., not matching up (to). **b** unequal in rank or esteem; (esp.) not equal, i.e. inferior (to another).
pari. .periculo sed fama ~ri boni atque ignaui erant SAL. *Jug.*57.6; uris ~ribus ductos alta ad donaria currus VERG.*G.* 3.533; sic uisum Veneri, cui placet ~ris formas. .sub iuga aenea saeuo mittere cum ioco HOR.*Carm.*1.33.10; se rectius uiduam et illum caelibem futurum fuisse contendere, quam cum ~ri iungi LIV.1.46.7; adeo ~rem libertatem Romae diti ac pauperi. .esse 26.2.16; uidebam quam ~r esset sors, cum ille uobis bellum ⟨pararet⟩, uos ei securam pacem praestaretis 42.13.5; est opus exiguum uestrisque paratibus ~r OV.*Pont.*3.4.5; ut fateantur ipsos liberorum beneficiis ~res SEN.*Ben.*3.36.2; ad exhortationem. .praecipue ualent ~ria QUINT.*Inst.*5.11.9; ceteros ut ~ris inridebant TAC. *Hist.*2.74; culpam in militem conferens, cuius nimio ardori ~rem esse modestiam suam 3.70; QVAMVIS PRO MENSVRA BENEFICIORVM EIVS ~RES IN REFERENDA GRATIA SIMVS *CIL* 5.532; CONIVGI. .CVIVS OBSEQVIIS ~REM ME SEMPER PROFITEOR 11.6424; (*w. abl.*) nec facies ~r nobilitate fuit OV. *Fast.*4.300; ut sustineas tibi habitu esse similes qui sunt uirtute ~res PHAED.4.16(17).8. **b** ~res nascimur, pares morimur SEN.*Ep.*91.16; (*cf.*) ~res nuptiae APUL.*Met.*6.9;—ignobilitatem Iugurthae, quia materno genere ~r erat, despiciens SAL.*Jug.*11.3; 108.1; nunc ~r tibi, nate, genus STAT.*Ach.*1.256; apud ceteros ~res libertini libertatis argumentum sunt TAC.*Ger.*25.3; origo illi e municipio Ferentio, pater consularis. .maternum genus ~r *Hist.*2.50.

3 (esp. of troops, etc.) Unequal in number, resources, etc. (usu. denoting the inferiority of the side referred to). **b** (of a battle or other contest) occurring between unequal parties, unequal, uneven.
iniquo loco atque ~ri congressi numero CAES.*Civ.*1.47.3; parat instruitque quibus haud ~r adoriatur hostes LIV. 5.48.5; cum ~ribus manus conserturos 6.12.8; primo haud ~res stetere acies 26.44.4; obsessi et ~es et aqua ciboque defecti QUINT.*Inst.*3.8.23;—(*w. abl.*) ~rem copiis exercitum temere pugnae commisit LIV.3.4.7; in proelium rediit, omni parte uirium ~r 22.15.9; non. .quod ~r uiribus aut numero nauium esset 25.27.8; uiribus ~r tradidit Hesperiam LUC.2.607; ut Batauos numero ~ris circumfundant TAC.*Hist.*4.20; classem, numero ~rem 5.23. **b** quos. .ab hoc ~ri certamine atque iniusta contentione auocabat CIC.*Balb.*59; qui. .eminus ex ripis proelium ~r inirent *B.Alex.*29.2; aut asper crabro ~ribus se immiscuit armis VERG.*G.*4.245; Rutulis ~r ea pugna uideri iamdudum *A.*12.216; cum iam ~r certamen esset LIV.27.32.6; STAT. *Theb.*9.469; TAC.*Ann.*2.20.

4 (of a contestant) Not the equal (of), not a match (for).
si uim adferre conaretur, ibi quoque haud ~res fore LIV. 3.49.3; aduersarium haud ~rem nacti sunt Ap. Claudium 5.2.13; facile in hostem ~rem ex aequo pugnabant 10.43.6; fremitus uterque nec ~r uoce sonans CALP.*Ecl.*2.3; reuectus est, ipso quoque Oceano tranquillo. .quasi ~rem se fateretur FLOR.*Epit.*1.45(3.10.19); (*cf.*) ~ribus mecum concurrere

telis *Ilias* 558;—(*w. dat.*) infelix puer atque ~r congressus Achilli Verg.*A*.1.475; ceteris maior, tibi miles ~r Hor. *Carm*.4.6.5; ~r duabus Phaed.2.6.17; si nos infirmos, imparatos, ~res agentium contra ingeniis dixerimus Quint. *Inst*.4.1.8; non adhuc unus locus, in quo..boni malis ~res essent Plin.*Pan*.36.1; ~r hosti Juv.13.169;—(*w. epexegetic inf.*) ciuis..multum maioribus ~r nosse modum iuris Luc. 9.190.

5 Unequal (to a situation, task, etc.).
~r erat imperio Liv.22.12.11; ~res oneri uaccillamus Sen.*Dial*.5.6.6; tuum nulli ~rem animum malo resume *Her.F.*1275; ratis trepidum uentis ac fluctibus ~r..euexit in altum Luc.8.35; mollis primisque caloribus ~r 9.507; monstro et uariis terroribus ~r Stat.*Theb*.4.406; temperandae uictoriae ~res Tac.*Hist*.4.1; plerumque innocentis recenti inuidiae ~ris *Ann*.2.77; ~rem laboribus sexum 3.33; ~r optimatium conspirationi Suet.*Jul*.15; lyrae ~r appellatur Fro.*Ver*.2.p.140(124N); insulam, quam dominus quasi ~r sumptui dereliquerit Ulp.*dig*.3.5.9; (*ellipt.*) ~rem si recepisset imperium Tac.*Hist*.1.52; (*cf., w. inf.*) magnum opus et tangi, nisi cura uincitur, ~r Grat.61.

6 Uneven, not uniform, unsteady.
nil fuit umquam sic ~r sibi Hor.*S*.1.3.19; si toga dissidet ~r, rides *Ep*.1.1.96; inter inuitos..segnis pugna clamore incerto atque ~ri coepit Liv.10.36.3; carminis hoc ipsum genus ~r (*i.e. elegiacs*) Ov.*Am*.2.17.21; acer..coloribus ~r *Met*.10.95; et, quo turpius nihil iudico, ~r sibi est Sen.*Ep*.120.22; non ~re uoltu aspicis Emathiam Luc.7.682; ne quod temporis momentum ~ri clamore aut silentio segni praeteriret Tac.*Ann*.16.5.

7 (of numbers) Uneven, odd. **b** uneven in number; numbered by an odd number. **c** *par ~r ludere*, to play the guessing game of 'odd or even'.
si quaesitum ex eo sit stellarum numerus par an ~r sit Cic.*Luc*.110; numero deus ~re gaudet Verg.*Ecl*.8.75; Liv. 10.6.7; numerum deorum ~rem aequasti Sen.*Ag*.812; numerus pedum ~r nulli est Plin.*Nat*.11.259; parium numerorum et ~rium Trog.in *G.L.*1.137. **b** qui Musas amat ~ris Hor.*Carm*.3.19.13; gradus..constituendi ita sunt, uti sint semper ~res Vitr.3.4.4; ut dierum ~rium accessiones expectarent Cels.3.4.12;—quos iste pes ex se creat admiscuerunt, ~ri tamen loco, pedemque primum, tertium, quintum quoque iuuere paulum syllabis maioribus Maur.2202; 2344. **c** Hor.*S*.2.3.248; Suet.*Aug*.71.4.

imparātus ~a ~um, *a.* **inp-.** *superl.* ~issimus. [IN-[2]+PARATVS[1]]

1 (of enterprises, equipment, etc.) Not prepared, unready.
qui ex parata re ~am omnem facis Pl.*Capt*.538; facies tun hanc rem mi ex parata ~am? *Cas*.827; cum genus belli uiderem, ~a et infirma omnia contra paratissimos Cic.*Att*. 11.9.1; qui omnibus rebus ~issimis non necessarium bellum suscepisset Caes.*Civ*.1.30.5; uenenum adfero in domum tuam ~um [Quint.]*Decl*.17.15.

2 (of persons, etc.) Unready, unprepared.
hicin me si ~um..adortus esset Ter.*An*.478; ita nunc ~um subito tanta te inpendent mala *Ph*.180; ~us semper aggredi ad dicendum uidebatur Cic.*Brut*.139; ~um tribunum alii gladiis adoriuntur *Sest*.79; ut in ipsum incautum..atque ~um incideret Caes.*Gal*.6.30.2; quod ~i a Carteia profecti sine aqua fuissent *B.Hisp*.37.3; ~am rem publicam Sal. *Cat*.17.1; Liv.21.49.11; ~us etiam leuissima expauit Sen. *Ep*.107.4; non ~um pectus aerumnis fero *Phaed*.994; Quint.*Inst*.4.1.8.

impārens, ~ntis, *a.* **inp-.** [IN-[2]+*parens* (PAREO)] Disobedient.
~ntem, non parentem, hoc est oboedientem Paul.*Fest*. p.109M.

imparilitās ~ātis, *f.* **inp-.** [IN-[2]+PARILITAS] Unevenness, inequality (of language or style).
'soloecismus' Latino uocabulo a Sinnio Capitone..'~as' appellatus uetustioribus Latinis 'stribiligo' dicebatur Gel. 5.20.1; ~as haec turbat obseruationem 14.1.22.

impariter, *adv.* **inp-.** [IMPAR+-TER[2]] Unequally, unevenly.
uersibus ~ iunctis querimonia primum..inclusa est Hor. *Ars* 75.

impartiō: see IMPERTIO.

impascor ~ī, *intr.* **inp-.** [IN-[1]+PASCO] To feed or graze (on).
(*w. abl.*) in ea loca..quibus nullum ~itur pecus Col.6.5.2; (*ellipt.*) neque suem uelimus ~i 2.17.1.

impastus ~a ~um, *a.* **inp-.** [IN-[2]+*pastus* (PASCO)] That has not fed, hungry, famished.
~us ceu plena leo per ouilia turbans Verg.*A*.9.339; pisces ..~i uulnera lambent 10.560; Luc.6.628; ~i fremitum accepere leonis Stat.*Theb*.6.599; ~a truces ululatus turba luporum exercet Sil.7.129.

impatiens ~ntis, *a.* **inp-.** *superl.* ~ntissimus [IN-[2]+PATIENS]

1 (of persons or things) That does not endure or tolerate, impatient (of).
(*w. gen.*) sonipes..uulneris ~ns Verg.*A*.11.639; grandior aeuo ~nsque uiae Ov.*Met*.6.322; unco ~ns oneris collum pressistis aratro 7.211; in otio ciuibus infestissimus quietisque ~ntissimus Vell.2.23.1; quicquid ex satis frigoris ~ns est aegre..alit Mela 3.17; iniquitatis ~ns Sen.*Dial*.2. 1.3; nobile ingenium et furibundi regis ~ns *Nat*.6.23.2; id pecus..frigoris..~ntissimum est Col.7.3.8; ~ntem maris fratrem tuum..esse Petr.101.8; ~ns..morae Luc.6.424; ~ns..solum Cereris 9.857; ~ntissimum est (lepidium) frigorum Plin.*Nat*.19.166; calcis ~ns (lomentum) 33. 162; solus..~ns somni ductor manet V.Fl.1.296; (terra) frugiferarum arborum ~ns Tac.*Ger*.5.1; ~ns solis pulueris tempestatum *Hist*.2.99; Iazuges obsidionis ~ntes *Ann*. 12.30; omnis acerbi ~ns Juv.7.58; maeroris ~ns Suet.*Cal*. 24.2;—(*w. inf.*) equus freno..teneri ~ns Sil.6.232; ~ns dare terga 6.254;—(*of abst. things*) (adfectus) ~ns imperii rationisque est Sen.*Dial*.3.10.4; iuris..secundi ambitus ~ns Stat.*Theb*.1.129; habet..mens nostra natura sublime quiddam et erectum et ~ns superioris Quint.*Inst*.11.1.16.

2 (absol.) Not tolerating the situation, impatient.
non tulit ~ns longi tormenta doloris Ov.*Met*.14.716; hunc ueneri dedit ~ns natura furorem Grat.285; Sen. *Dial*.9.6.2; V.Fl.2.125; adeo ~ns erat ut ad arcessendos eos..solus ire temptauerit Flor.*Epit*.2.13(4.2.37); omnis.. ~ntissimae sollicitudinis strepitus consilescit Gel.12.1.22; Maur.1285.

3 (transl. Gk. ἀπαθής) Not moved to action by feeling, impassible.
hoc obicitur Stilboni..et is quibus summum bonum uisum est animus ~ns Sen.*Ep*.9.1.

4 (app. in pass. sense) Unbearable.
~ntissima res est perdere filium cui uidearis irasci [Quint.]*Decl*.5.19; nullum ~ntius malum est quam inuidia cum calamitate Calp.*Decl*.10.

impatienter, *adv.* **inp-.** *compar.* ~tius, *superl.* ~tissimē. [prec.+-TER[2]] Without being able to endure (the situation).
te..~tius hic luctus exanimat [Quint.]*Decl*.1.17; quam (*sc.* captiuitatem) longe ~tius feminarum suarum nomine timent Tac.*Ger*.8.1; aequari adulescentes senectae suae ~ter indoluit *Ann*.4.17; quo propius accesseris ad spem fruendi, hoc ~tius careas Plin.*Ep*.6.1.1; dolet ut qui ~tissime 9. 22.2.

impatientia ~ae, *f.* **inp-.** [IMPATIENS+-IA]

1 Inability or unwillingness to endure (a situation).
qui non uerba ~a caritatis aliquando incauta..obiciant Tac.*Ann*.13.21; ~am ueneris Fotidi meae monstrans Apul.*Met*.2.16; ne dolore suo animum uxoris infringeret atque ipse uisendo eius tormenta ad ~am delaberetur Tac. *Ann*.15.63; alii tanta sunt ~a, ut quoduis mentiri quam pati tormenta uelint Ulp.*dig*.48.18.1.23;—(*w. obj. gen.*) frigorum ~a Plin.*Nat*.11.77; obnoxia morbis corpora fluminis auiditas et aestus ~a labefecit Tac.*Hist*.2.93; fessa mente retinet silentii ~am *Ann*.4.52.

2 Freedom from emotion, impassivity.
si exprimere ἀπάθειαν uno uerbo cito uoluerimus et ~am dicere Sen.*Ep*.9.2.

impauidē, *adv.* **inp-.** [next+-E] Fearlessly.
poculum nullo trepidationis signo dato ~ hausit Liv. 30.15.8; 39.50.8.

impauidus ~a ~um, *a.* **inp-.** [IN-[2]+PAVIDVS] Fearless, dauntless.
Verg.*A*.12.8; si fractus illabatur orbis, ~um ferient ruinae Hor.*Carm*.3.3.8; quinam pectora semper ~a repens terror inuaserit Liv.21.30.2; consul..satis ut in re trepida ~us 22.5.1; lepus ~us mediis errauit in aruis Ov.*Met*.15.100; pellis asini iniecta ~os infantes facit Plin.*Nat*.28.258; Segestes..ingens uisu et memoria bonae societatis ~us Tac.*Ann*.1.57;—(*w. obj. gen.*) pastor..~us somni seruat pecus Sil.7.128;—(*transf. ep.*) edidit ~os ore minante sonos Ov.*Fast*.2.840; ferre iter ~um Stat.*Theb*.1.326.

impeccābilis ~is ~e, *a.* **inp-.** [IN-[2]+PECCO+-BILIS] Faultless.
is erit pleraque ~is uitamque uiuet tranquillissimam Gel.17.19.6.

impedātiō ~ōnis, *f.* **inp-.** [IMPEDO+-TIO] The process of propping or supporting.
~onem (*sc. of vines*) deinde sequitur alligator Col.4.13.1.

impedīmentum ~ī, *n.* **inp-.** [next+-MENTVM] Forms: *impelim-* Paul.*Fest*.p. 108M.

1 An obstacle, hindrance, impediment. **b** (pred. dat.).
ut..(Demosthenes) ~a naturae diligentia industriaque superaret Cic.*de Orat*.1.260; excipitur hac lege non adulescentia, non legitimum aliquod ~um *Agr*.2.26; Sal.*Jug*.40. 2; ~um maius quam auxilium traheret Liv.9.19.5; ne id ipsum ~um incepto foret 26.15.6; ~o publicae humanitatis uictus est Quint.*Decl*.254(p.41,l.14); ne..aemulatio inter pares et ex eo ~um oreretur Tac.*Ann*.2.47; si eas (*sc.* cogitationes) uidendi inlecebris et oculorum ~is liberasset Gel.10.17.1; Ulp.*dig*.26.1.3.1;—(*w. obj. gen.*) ut periculum non ~um grauitatis eius esset, sed experimentum V.Max. 6.4.4; ut frequens ac mobilis transitus maximum perfecti operis ~um sit Vell.1.17.7; ne religio quidem..ullum ~um est ruentium in praedam Sen.*Ben*.7.27.1;—(*w.* ne) si aliquod ~um interueniat, ne sit omnino matrimonium Ulp.*dig*. 24.1.3.1. **b** filium sensit suom eandem illam amare et esse ~o sibi Pl.*Cas*.61; nos..arbitramur non modo nullo adiumento esse, sed potius maximo ~o *Rhet.Her*.2.16; tranquillitates..maiori ~o fuerunt quam custodiae Cic.*Att*. 10.18.1; quem..~o futurum putas? Brut.Cas.*Fam*.11.2.3; neque hanc rem illi esse ~o Caes.*Civ*.3.17.4; rati noctem.. uictis sibi munimento fore et, si uicissent, nullo ~o Sal.*Jug*. 97.3; consulibus Italiam Macedoniamque sortiri parantibus ..tribuni plebis ~o erant Liv.32.28.3; nihil ~o erit nuptiis Gaius *Inst*.1.61;—(*w.* ad) ad dicendum ~o est aetas et pudor Cic.*S.Rosc*.149; confertos milites sibi ipsos ad pugnam esse ~o Caes.*Gal*.2.25.1;—(*w.* quo setius, quominus) (Caepio) ~o est quo setius feratur (lex) *Rhet.Her*.1.21; timorem multitudini fore ~o quo minus se dederent *B.Alex*.23.2; non aetas aut acti honores ~o, quo minus Graeci Latiniue histrionis artem exercerent Tac.*Ann*.14.15; ipse sibi ~o est, quo minus reficiat Ven.*dig*.43.19.4.1;—(*w.* ne) quod ne nostro arbitratu componeretur, quis fuerit ~o Cic.*Fam*. 10.22.1.

2 A physical obstruction or obstacle.
~um conlocant omne Sis.*hist*.61; ~um omne de cunctis itineribus amoliuntur 74; per ossa carnesque et tot ~a effluentis (animi) Sen.*Dial*.4.36.2; modo excaecatur (uena) aliquo ~o *Nat*.3.15.6; anguis, hiberno situ membrana corporis obducta, feniculi suco ~um illud exuit Plin.*Nat*. 8.99;—(*pred. dat.*) (arma) ~o fugientibus per siluestres semitas erant Liv.39.20.7; si nudum os eminet, ~o semper futurum est Cels.8.25.5.

3 (pl.) Travelling equipment, baggage, impedimenta. **b** (app.) baggage-animals.
obuiam fit ei Clodius, expeditus, in equo, nulla raeda, nullis ~is Cic.*Mil*.28; iter expediti latronis cum Milonis ~is comparate 55; *Att*.5.9.1;—(*mil.*) eis ~is quae secum agere ac portare non poterant..depositis Caes.*Gal*.2.29.4; cum iam pecus atque extrema ~a ab nostris tenerentur 3.29.2; hos continuo in itinere adorti omnibus ~is exuunt 7.42.6; in urbem armis ~isque amissis refugerunt Nep.*Thr*. 2.5; ne ~is grauibus agmen oneraret Liv.10.17.4; sarcinis omnibus ~isque Beneuenti relictis 25.13.12; duas legiones cum omnibus ~is tormentisque..amisit Vell.2.82.2; Tac. *Ann*.1.47;—(*fig.*) tot maximi uiri relictis omnibus ~is..hoc unum..egerunt, ut uiuere scirent Sen.*Dial*.10.7.4;—(*transf.*) tintinnire ianitoris ~a audio Afran.*com*.392; compeditos primo aegre ferre onera et ~a crurum Sen.*Dial*.9.10.1. **b** magnum numerum ~orum ex castris mulorumque produci..iubet Caes.*Gal*.7.45.2; cum..(exercitus) interfectis omnibus ~is ad pugnam descendisset Fron.*Str*.2.1.11.

impediō ~īre ~īuī or ~iī ~ītum, *tr.*, (*intr.*). **inp-.** [IN-[1]+PES+-IO[2] (cf. *expedio*)] Forms: tm. Lucr.3.484, 4.562.

1 To restrict the movement of (by hobbling, binding, entangling, etc.). **b** (fig.) to entangle, involve, trammel.
ipsus illic sese iam ~iuit in plagas Pl.*Mil*.1388; *Truc*.38; ut quisque insanus nigris medium ~iit crus pellibus Hor. *S*.1.6.27; ~iant geminas uincula firma manus Ov.*Fast*.1. 370; frenis ~iuntur equi 2.736; aut ~itam cassibus refert dammam Mart.3.58.28; ~ient lepores umida lina meos 10.37.16; Tiberius casu an manibus eius ~itus prociderat Tac.*Ann*.1.13; (*in fig. phr.*) te nulla uincula ~iunt ullius certae disciplinae Cic.*Tusc*.5.82;—(*the hair*) nunc decet.. uiridi nitidum caput ~ire myrto Hor.*Carm*.1.4.9; flore nouo madidas ~iente comas Ov.*Ep*.14.30; crinium globos decoriter ~itos Apul.*Met*.5.22;—(*transf.*) usque adeo confusa uenit uox inque pedita Lucr.4.562; uestigia cursu ~iunt Verg.*A*.5.593. **b** qui domi uxorem meam impudicitia ~iuit Pl.*Am*.fr.16(10); neque ego nunc quo modo me expeditum ex ~ito faciam, consilium placet *Epid*.86; uiden me consiliis tuis miserum ~itum esse? Ter.*An*.617; uix..~itum in ea (*sc.* re) expediui animum meum *Hec*.297; cum stultitia sua ~itus sit Cic.*Rab.Post*.24; omnium ~itis animis Dumnorix..domum discedere coepit Caes.*Gal*.5.7.5; Syphace ~ito finitimis bellis Liv.29.4.8; ut..adfirmes te adsiduis occupationibus ~iri Plin.*Ep*.7.2.1;—(*refl.*) dum alios seruat se ~iuit interim Pl.*Rud*.37; qui me et se hisce ~iuit nuptiis! Ter.*Ph*.442; sin illud dicis..ipse te ~ies Cic.*Ver*.2.44; tu uelim, nisi te ~iuisti, apud nos pr. Kal. *Att*. 13.47a(2).

2 To obstruct the progress or other physical action of, hinder, impede. **b** (of illness, disability, etc.).
me cum multa tum etiam lictores ~iunt Cic.*Att*.7.12.4; quaecumque queunt conturbari inque pediri Lucr.3.484; ne maiorem aestatis partem flumine ~iretur Caes.*Gal*. 7.35.2; equitatu praemisso qui nouissimum agmen carperet atque ~iret *Civ*.1.78.4; fragmina remorum quos et fluitantia transtra ~iunt Verg.*A*.10.307; haerent ~iti impedimentis nostris Liv.8.38.14; ipsa festinatione et certamine alii alios ~iunt 26.44.11; nihil aliud quam uia ~iti 27.18.11; sic.. auxiliis ~iare tuis Ov.*Ib*.624; multum interest, utrum aliquid obstet tantum, an ~iat Sen.*Ep*.92.17; impia arma matris oppositu ~i *Phoen*.402; cedentem Acheloius heros ~it Stat.*Theb*.8.523; dum omissis telis praeda manus ~iunt Tac.*Hist*.5.17; *Ann*.14.5;—(*fig.*) est breuitate opus, ut currat sententia, neu se ~iat uerbis lassas onerantibus auris Hor.*S*.1.10.10. **b** illum somno ~itum non respondere existimauit Cic.*Inv*.2.15; aetate et morbo ~itus.. uenire non potuit *Ver*.3.63; *B.Afr*.77.3; neque aut memoriam eius quisquam tardiorem..aut os haesitatione ~itum animaduertit V.Max.8.7.1; morbo leui ~itus Plin.*Nat*. 7.122; caligine ~itos Larg.6; malam ualetudinem qua ~ior Fro.*Ant*.1.p.238(169N); si nihil ~itur numero eorum (*sc.* digitorum) Ulp.*dig*.21.1.10.2.

3 **a** To impede (physical progress or activities). **b** to obstruct (light, vision, etc.). **c** to make impassable, obstruct (ground).
a lippitudo..quae ~iat scriptionem meam Cic.*Att*. 10.17.2; exitus administrationesque Brundisini portus ~ire instituit Caes.*Civ*.1.25.4; ne castris quidem suis fugam ~ire ausi Liv.9.13.4; Tac.*Hist*.3.17. **b** cum..saepibus..densissimis..interiectis prospectus ~iretur Caes.*Gal*.2.22.1; prospectu ~ito Sal.*Jug*.79.6; hibernus imber repente fusus oculos aurisque ~iebat Tac.*Hist*.3.69; (*cf.*) quo tempore primas ~it..iam lux extrema tenebras Luc.4.447; (*ellipt.*) in urbe..angustiae loci ~iundo faciunt obscuritates Vitr. 6.6.6. **c** cum animaduertisset perpetuam esse paludem quae..illum omnem locum magnopere ~iret Caes.*Gal*.7.57. 4; turba locum artum ~iturus Liv.29.7.4; terra ipsa multis ~ita fluminibus Mela 3.29; uacua (pascua)..magis quam stirpibus ~ita Col.6.27.2; per XXVIII p. angustias ~it corriuatus salis Plin.*Nat*.6.43; Stat.*Theb*.11.596.

4 To obstruct in the performance of some action, hinder, impede. **b** (w. *ne*; *quin*; *quominus*; *quo setius*). **c** (w. inf.). **d** (w. *ab*; w. abl. alone). **e** (ellipt.).
qui non tam me ~iunt quod nobiles sunt, quam adiuuant quod noti sunt Cic.*Ver*.15; consules modesti..~iebantur lege *Red.Sen*.4; me..metus de fratre in scribendo ~it *Att*. 3.8.4; sin..aliqua res eum uel ~iet uel morabitur *Fam*. 6.20.2; non oportere sese a populo Romano in suo iure ~iri Caes.*Gal*.1.36.2; alium mala fama et timor ~iebat Sal.*Jug*. 35.4; dilectum habentem Valerium consulem M. Mene-

nius tribunus plebis..cum ~iret Liv.4.53.2; dum consules primum religiones, deinde alterum alterius mors et comitia ..~iunt 41.16.7; teneros pudor ~it annos Man.4.200; pudore..aliquo ~irere Apul.*Apol.*86;—(*w. action indicated by* ad+*gd. or gdve.*) ut nullius amicitia ad pericula propulsanda ~iremur Cic.*Sul.*49; quibus ad sequendum ~itis Caes.*Civ.*3.76.4; quae res ad resistendum eos et ad capessendam pugnam ~iit Liv.40.33.6; (*by* circa) huiusmodi condiciones..~ient heredem circa adeundam hereditatem Julian.*dig.*35.1.21. **b** iam ~ior..dolore animi ne.. plura dicam Cic.*Sul.*92; ~iti ne triumpharent calumnia paucorum Sal.*Cat.*30.4; (*w. ellipsis of personal obj.*) Liv. 7.17.7; ne extemplo gereretur (bellum), hiems ~iit 38.32.1; —ne quid ~iare quin..progredi possis *Rhet.Her.*3.1; quamuis nulla lege ~iretur quin..haberet Fron.*Str.*4.1.11;—qui nullo suo peccato ~iuntur quo minus alterius peccata demonstrare possint Cic.*Div.Caec.*34; nec foedere ~iatur quo minus..ciuis Gaditanus possit esse *Balb.*27; ne ~iant diuitiae quominus iuuetur *Off.*2.71; ne quis ~iretur, quominus eius rebus quibus quisque uellet frueretur Nep.*Cim.* 4.1;—cur, quo setius omnia scribant, ~iuntur modestia? *Rhet.Her.*4.4. **c** me enim..~it pudor ab homine omnium grauissimo..haec..exquirere Cic.*de Orat.*1.163; sensus hic in nobis, quem cum sopor ~it esse Lucr.4.921; id..postea ⟨tollere⟩ Rhodii religione ~it Vitr.2.8.15;—(*w. ellipsis of personal obj.*) Agen.*agrim.*p.35; quicumque aquam ducere ~iat Ulp.*dig.*8.5.10.1. **d** qui..ab delectatione communi negotiis ~imur Cic.*Mur.*39; maxume eos potentia Scauri ..a uero bonoque ~iebat Sal.*Jug.*30.1;—quem dignitas fuga ~iuerat Tac.*Ann.*1.39; missi..legatarii ~ient etiam eum, qui satisdedit, rei administratione Ulp.*dig.*36.4.5.11. **e** siue hunc oratorem..philosophum appellare malet, non ~iam Cic.*de Orat.*3.142; quem uideo, nisi rei publicae tempora ~ient, εὐπόριστον *Att.*7.1.7; de Fausto ~it Philippus, tribunus plebis Caes.*Civ.*1.6.4; ~ientibus qui..consilia turbabant Tac.*Ann.*14.32.

5 To obstruct, impede (an action, process, etc.).
cum is publicanorum causam stultissimis interrogationibus ~iret Cic.*Har.*1; cum omni mora, ludificatione, calumnia senatus auctoritas ~iretur *Sest.*75; qui..~irent clementiam tuam *Lig.*15; ut ne minima quidem re ulla Bruti commodum ~iamus *Att.*13.25.2; quod Caurus uentus nauigationem ~iebat Caes.*Gal.*5.7.3; terrendi causa atque operis ~iendi *Civ.*1.42.2; somno et metu insolito ~ita fuga Sal.*Jug.*99.3; inuidia ~ire uirtutem alienam uoluisse Liv. 8.31.3; dedicatio eius (*sc.* aedis) a pontificibus ~iebatur 27.25.7; tribunos plebei..~ientes Q.Fabii Labeonis triumphum 38.47.5; sacra..Oresteae gemitu questuque Dianae ~it Ov.*Met.*15.490; (lectio) ~ita tussi Cels.4.10.1; cum orationis cursus audientis iudicium ~iat Sen.*Con.*1.pr.21; saeui..domini crudelitatem suam ~iunt, si quando paenitentia fugitiuos reduxit Petr.107.4; pars remigum e Batauis..officia nautarum..~iebant Tac.*Hist.*4.16; nam etsi iustum dolorem pudor ~iebat *Ann.*11.35; uenditionem ~ire Javol.*dig.*17.1.36.1; utinam tu..supremum eius iudicium non ~isses Apul.*Apol.*96; si qua ratio iuris uenditionem ~iat Ulp.*dig.*20.6.4.2;—(*ellipt.*) cum ad Gereonium iam hieme ~iente constitisset bellum Liv.22.32.4.

6 (intr., w. dat.) To constitute a hindrance (to).
ad usum in uestimentis..nouitati non ~it uetus consuetudo Var.*L.*9.20; nisi consenserint, uter eorum prior utatur, inuicem sibi ~ient Julian.*dig.*7.1.34.

impedītiō ~ōnis, *f.* **inp-.** [prec.+-tio] The action of hindering, hindrance; (pl.) cases of hindrance or obstruction.
(*w. subj. gen.*) uiget animus in somnis liber ab sensibus omnique ~one curarum Cic.*Div.*1.115; sine ~one loci Vitr.6.3.11; Veneris (stella)..cum est liberata ab ~one radiorum solis 9.1.9;—(*w. obj. gen.*) emendata et sine ~one usus locorum dispositio 1.3.2;—habebit..aditus usum sine ~onibus 3.3.6.

impedītō ~āre, *tr.* **inp-.** [impedio+-ito] To hinder, obstruct.
~ant numero seque ipsa uicissim arma premunt Stat. *Theb.*2.590.

impedītus ~a ~um, *a.* **inp-.** *compar.* ~ior, *superl.* ~issimus. [pple. of impedio] In senses of vb., esp.:

1 Hindered from moving freely, obstructed. **b** encumbered with baggage, etc. **c** (fig.) hampered by difficulties, etc., embarrassed.
in Samnio alter consul superior uiribus, locis ~ior erat Liv.9.43.7; (*w.* ad) ad receptum, si durior accidisset casus, ~iores fore uidebantur *B.Alex.*14.5. **b** adeo ~ae sunt: ancillarum gregem ducunt secum Ter.*Hau.*245; inermos armati, ~os expediti sine ullo suorum uulnere cunctos interficiunt Sis.*hist.*73; eos ~os et inopinantis aggressus magnam partem eorum concidit Caes.*Gal.*1.12.3; hostem.. grauem praeda eoque ~iore agmine incedentem adgressus Liv.3.3.7; conspicit unum..collem..aditu arduum ~o agmini, expeditis haud difficilem 7.34.3;—(*fig., of style*) fit longa et ~a (oratio) Quint.*Inst.*8.6.42; perferebat prior ille populus..~issimarum orationum spatia Tac.*Dial.*19.2. **c** turpe est rem ~am iacere Cic.*Att.*12.12.1; neque ~o animo res tanta suscipi potest *Leg.*1.8; consules nos fecistis Quirites domi bellique ~issima re publica Sal.*Hist.*2.47.6.

2 (of terrain) Blocked by obstacles, etc., not easily passable. **b** (of other things) constituting an encumbrance.
hostem ~o atque iniquo loco tenetis Caes.*Gal.*6.8.4; palus ~a 6.34.2; ut ~is locis dispersi pabulatores circumuenirentur Hirt.*Gal.*8.10.3; inerti hoste..qui tam ~um saltum nullo praesidio..insedisset Liv.36.30.5; ~i uel eminentes loci Tac.*Ann.*12.17; (*w.* ad+*gdve.*) (locus) ~issimus ad iter faciendum Brut.*Fam.*11.13.2; (*w. dat.*) in loca altiora collesque ~iores equiti castra mouet Liv. 21.48.4;—(*neut. pl. as sb.*) iussit suos equites, simulatque ad ~a uentum esset, equis desilire Fron.*Str.*2.3.23; egressos ..rursum per umida et ~a circumuenirent Tac.*Ann.*1.68. **b** quid horum non ~issimum? uestitus an uehiculum an comes? Cic.*Mil.*54; uidet eum cum illo genere oneris tam ~o..expedite incedentem Gel.5.3.4.

3 (of actions, etc.) Hampered, impeded, difficult.
~um se ipsum laudare, ne uitium adrogantiae subsequatur Caecin.*Fam.*6.7.3; cum uictoribus nihil ~um, uictis nihil tutum arbitrarentur Caes.*Gal.*2.28.1; nauigationem ~am propter inscientiam locorum paucitatemque portuum sciebant 3.9.4; ut..eo transfugia ~iora leuibus ingeniis essent Liv.22.43.5; multa, quae ~a natura sunt, consilio expediuntur 25.11.16; orbis situm dicere aggredior, ~um opus Mela 1.1; bellum..~um arduum cruentum minitabantur Tac.*Ann.*4.46; nullum..tam ueriloquum oraculum est, quin aliquid ancipitis in se uel obliqui uel ~i habeat Aur.*Fro.*1.p.16(49N).

impedō ~āre, *tr.* **inp-.** [in-[1]+pedo[1]] To prop, support (climbing or rambling plants).
uehementioribus statuminibus statim ~anda est (uinea) Col.4.16.2.

impelīmentum: see impedimentum.

impellō ~ellere ~ulī ~ulsum, *tr.* **inp-.** [in-[1]+pello] Forms: *in⟨pe⟩pulerim* Ter.*Hau.* 165.

1 To strike or beat against, apply force to. **b** to stir by applying force, set in motion. **c** (of sound) to strike the ears. **d** (of physical conditions) to assail.
adueniens digito ~ellam ianuam Trab.*com.*2; cum ego ad Fabianum fornicem ~ellor Cic.*Planc.*17; extrinsecus ~ulsam atomum loco moueri *Fat.*47; ~ellens nutantibus aera pennis Catul.66.53; quae..corporea constare necessest natura, quoniam sensus ~ellere possunt Lucr.1.303; (amica) si ~ulit (ostium), grata est; gratior, si effregit Sen. *Nat.*4a.pr.6; ubi ~ellit Rhodanus profundum *Med.*587; quis..studium (est) iaculis ~ellere uentos Sil.16.298; non uentis acta, non saxis ~ulsa nauis Tac.*Ann.*14.6. **b** quando infidum remis ~ellere marmor conueniat Verg. *G.*1.254; ut..acris concussit equos utque ~ulit arma *A.*8.3; iam..~ellunt animae lintea Thraciae Hor.*Carm.*4.12.2; nunc te uocales ~ellere pollice chordas..precor Tib.2.5.3; leuis ~ulsos retro dabat aura capillos Ov.*Met.*1.529; maria pigro fixa languore ~ulit Sen.*Ag.*161; nec extrinsecus incurrere quod illam (*sc.* terram) ~ellat *Nat.*6.10.1; cum subitus campos tremor altaque tecta ~ulit Stat.*Theb.* 12.448; lacus (*i.e. the Dead Sea*)..neque uento ~ellitur neque piscis..patitur Tac.*Hist.*5.6. **c** maternas ~ulit auris luctus Aristaei Verg.*G.*4.349; Pers.2.21; Argolicas ululatus flebilis auris ~ulit Stat.*Theb.*5.555; (*cf.*) ut forte legentem aut tacitum ~ellat quouis sermone molestus Hor. *S.*1.3.65. **d** neque enim..febris alias partes moderatius ~ellit Sen.*Nat.*6.14.2; simul ingens ~ulit ora rubor Stat.*Ach.*2.85.

2 To impart onward motion to, drive, push, etc., forward. **b** to push or thrust in. **c** to discharge (a missile). **d** (of medicines) to stimulate the movement of.
manu magna Romanos ~ulit amnis Enn.*Ann.*569; id quo saxum ~ulerit fors Pac.*trag.*368; ut cum ~ulsi procedimus ictu uiribus alterius Lucr.2.272; aestus non ualet e lapide hoc alias ~ellere item res 6.1057; IIII biremis subiectis scutulis ~ulsas uectibus in interiorem portum traduxit Caes.*Civ.*3.40.2; ~ellite remos! Verg.*A.*4.594; remi..cum manibus ~elluntur et reducuntur Vitr.10.3.6; ~ellere remige classem Ov.*Ep.*3.153; ~ulerat leuis aura ratem *Met.*15.697; ita lectus huc et illuc manu ~ellendus Cels.2.15.4; superuacuum est.., in quod imus, ~elli Sen. *Ben.*4.17.2; fonte cadit modico paruisque ~ellitur undis puniceus Rubicon Luc.1.213; nec flexu multiplici, ut reliquae (serpentes), corpus ~ellit Plin.*Nat.*8.78; in croco.. flos ~ellitur caule 21.106; omnia haec pariterque eodem ~ellentia unus..pisciculus, echenais appellatus, in se tenet 32.2; non augurio Parcarum ~ellere metas concessum cuiquam Sil.5.406; qua..ille (*sc.* oceanus) ratione aut ~ellitur aut resorbetur Plin.*Ep.*4.30.7;—(*fig.*) pupillum.. quem proximus heres ~ello Pers.2.13; (*w. movement as obj.*) fatorum ~ellite cursum Luc.5.41. **b** at rudis enituit ~ulso uomere campus Verg.*G.*2.211; quod conspirante ueneno ~ellat mortis Stat.*Ach.*1.434; Tisiphone..pressit ouans capulum cunctantemque ~ulit ensem Sil.2.615. **c** neruo per nubem ~ulsa sagitta Verg.*A.*12.856; Ov.*Met.* 11.325; in..meos ferrum flammamque penatis ~ulit 12.552; V.Fl.3.95; (*cf.*) eodem more iacet, donec radios Thaumantias omnis ~ulit Stat.*Theb.*10.124. **d** (hyacinthus) urinam ~ellit Plin.*Nat.*21.170; 24.180.

3 To compel to go, drive.
terram cariosam caue ne ares, neue plostrum neue pecus ~ellas Cato *Agr.*5.6; ⟨PRO EO PECORE, QVOD EIVS IN CALLI⟩BVS VIEISVE PVBLICEIS PASTVM ~VLSVM ITINERIS CAVSA ERIT *CIL* 1.585.26; seruitium acre te nihil ~ellit Pers.5.128; hi (*sc.* galli) fasces Romanos ~ellunt aut retinent Plin.*Nat.*10.49; nemorosa per auia sanas ~ulerat matres Baccho meliore Cithaeron Stat.*Theb.*2.80; ~ellite raptam, ferte citi comites 5.657; unum ~ellamur in ignem 6.176; me..haec ad limina uisus cuspide sublata totoque ~ellere curru 10.212; (Vitellius) cum Fabium Valentem.. ad bellum ~ulisset Tac.*Hist.*3.36; (*refl.*) ~ellens se in uulnus uno ictu transfixus exspirauit protenus Vell.2.70.5; (*fig.*) in uoluptates descenditur, in aspera et dura subeundum est: hic ~ellamus corpora, illic refrenemus Sen.*Ep.*123.14.

4 (mil.) To drive back, drive in (opposing formations). **b** to push back (other things); (of the sea) to drive back (a coastline). **c** (transf.) to drive back, vanquish.
~ulsa frons prima Liv.6.13.3; ~ulere hostium cuneum nimis tenuem 22.47.5; primo antesignani Poenorum, dein signa perturbata, postremo tota ~ulsa acies 24.16.2; uno (proelio)..quo grauiter ~ulsi sunt Caesaris milites Vell. 2.51.3; si numina nostras ~ulerint acies Luc.5.757; ~ulit.. Vitellianos modica caede Tac.*Hist.*3.16; (*poet.*) non ferae excutient mihi, non arma gemitus, nil quod ~elli potest Sen.*Her.O.*1395; ausum classi praecludere portus ~ulit.. Phycunta Luc.9.40. **b** ~ulsis surgunt ad proelia mensis Stat.*Theb.*5.264; ~ulsa mensa protenus Apul.*Met.*9.25;— Aegaeum..pelagus uaste longum litus ~ellit Mela 2.27; primo recedentes oras aequabiliter ~ellit (mare Rubrum) 3.72. **c** sperare eos te pertimefacto, adulescente ~ulso, posse magna consequi praemia D.Brut.*Fam.*11.20.2; dedit ille minas ~ellere belli Luc.5.108; aurum uasa Numae Saturniaque ~ulit aera Pers.2.59.

5 To push (so as to knock down), overthrow. **b** (fig., or in fig. phrs.).
turrim..conuellimus altis sedibus ~ulimusque Verg.*A.* 2.465; arbores ita inciderunt ut..momento leui ~ulsae occiderent Liv.23.24.7; elephanti leonesque transeunt quae ~ulerunt Sen.*Cl.*1.5.5; urbis ~ulsae fragor *Ep.*56.13; nodosa ~ellitur ilex Luc.3.440; extruitur quod non aries ~ellere saeuus..queat 6.36; Argum ferus ~ulit Hypseus Stat. *Theb.*8.445; uisit cubiculum, in quo reluctantis et ~ulsae (*sc.* uxoris) uestigia cernebantur Tac.*Ann.*4.22; unde altior esset casus et ~ulsae praeceps inmane ruinae Juv.10.107. **b** praecipitantem igitur ~ellamus..et perditum prosternamus Cic.*Clu.*70; at simul ~ulsa est (domus), omnes timuere ruinam Ov.*Tr.*1.9.19; omnem operam dedisse, ut mores puellae in uitia non tantum labi pateretur sed ipse ~elleret Sen.*Con.*9.1.15; (me) ~ulsum a fortuna et cadentem sustinuit Sen.*Dial.*11.13.2; priuatarum..domuum, quas leuis casus ~ellit *Nat.*3.pr.9; immenso..Achaicae uictoriae momento ad ~ellendos mores Plin.*Nat.*33.149; fracta ~ulsaque fatis consilia Stat.*Theb.*4.3; Sabinus..in alieno discrimine sibi pauens..~ulit ruentem Tac.*Hist.*2.63; ~ulsas Vitellii res 3.2.

6 To impel along a particular line of thought or action. **b** to push forward, urge on (an action).
eis locis uti..quibus animorum impetus eorum, qui audiant, aut ~ellantur aut reflectantur Cic.*de Orat.*2.312; sed tantum ~elli iudicem primo leuiter (oportebit) 2.324; ut eos, qui audiant, quocumque incubuerit, possit ~ellere 3.55; ad ~ellendos animos duae (orationis partes ualent), principium et peroratio *Part.*4; si auctores..desiderarentur ..Brutos ego ~ellerem *Phil.*2.26; grauissime..me in hac mente ~ulit..Pompei fides *Fam.*1.9.12; solus hic inflexit sensus animumque labantem ~ulit Verg.*A.*4.23; facilius uniuersos ~elli quam singulos uitari Tac.*Hist.*2.75; (*poet.*) nec solitam fas est ~ellere Cirrham te sine Stat.*Silv.*5.3.4. **b** Argolicum..~elle nefas Stat.*Theb.*11.110; cum simul terra, simul mari bellum ~elleretur Tac.*Ag.*25.1.

7 To constrain, impel (to an action, state of mind, etc.). **b** (w. *ad*). **c** (w. *in*+acc.). **d** (w. adv.). **e** (w. inf.). **f** (w. *ut*+subj.).
hac fama ~ulsus Chremes ultro ad me uenit Ter.*An.*99; quid si reddet?—tu ~ulisti.—sic opinor *Ph.*320; neque pretio..neque ui ~elli..quitus sum Acc.*trag.*661; aliis mortem parentum non modo ~ellendo uerum etiam adiuuando pollicebatur Cic.*Catil.*2.8; adfuit is..quem tu ~ulisti, soror rogauit, mater coegit *Dom.*118; haec ~ulsus beneuolentia scripsi paulo seuerius *Fam.*10.6.3; ~ulsos ab suis principibus..ab Aeduis defecisse Caes.*Gal.*2.14.2; Scipionem eadem spes prouinciae..~ellit *Civ.*1.4.3; eius.. auctoritate ~ulsi Athenienses copias..eduxerunt Nep. *Milt.*5.2; Italiam petiit..Cassandrae ~ulsus furiis Verg.*A.* 10.68; nemo..resistit sibi, cum coepit ~elli (*sc. by fear*) Sen.*Ep.*13.13; quos nemo retinet populus ~ellit 41.8; Tac. *Ann.*15.51; quis modo casus ~ulit hos? Juv.15.120; (*w. internal acc.*) hoc non uoluntas me ~ulit Pl.*Mer.*321. **b** qui illum ad laborem in⟨pe⟩pulerim Ter.*Hau.*165; auaritia..hominem ad quod uis maleficium ~ellit *Rhet.Her.* 2.34; hominem..indomitae animi cupiditates ad hoc scelus ~ulerunt Cic.*S.Rosc.*39; saepe homines..imperitos falsis rumoribus terreri et ad facinus ~elli Caes.*Gal.*6.20.2; ne me ad talis ~ellite pugnas Verg.*A.*11.278; Ilergetum populo..ad defectionem ~ulso Liv.21.61.5; ista canit, maiore deo quem Delphica laurus ~ulit ad rerum causas Col.10.218; cum..per turbas et raptus facilius ad ciuile bellum ~ellerentur Tac.*Hist.*1.83;—(+*gd. or gdve.*) causam ..quae eum ad peccandum ~ulisset Cic.*Inv.*2.129; cum ..utilitas..ad adsentiendum ~ellit animos *Part.*94; qui.. aui seruum corruptum praemiis ad accusandum dominum ~ulerit *Deiot.*2; ne is multitudinis studio ad dimicandum ~elleretur Caes.*Gal.*7.20.5; Liv.8.27.5. **c** nisi eum di immortales in eam mentem ~ulissent Cic.*Mil.*89; etsi boni nullo emolumento ~elluntur in fraudem 32; quod si te mala mens furorque uecors in tantam ~ulerit, sceleste, culpam Catul.15.15; in magnum mehercule uos periculum ~ulit *B.Afr.*16.1; parua momenta in spem metumque ~ellere animos Liv.27.45.5; quem in contemptum mortis temeritas ~ulit Sen.*Ben.*2.34.3; harum uolatus in reputationem ceterarum quoque uolucrum ~ellit Plin.*Nat.*10. 111; igitur Lugdunenses..singulos militum..in euersionem Viennensium ~ellere Tac.*Hist.*1.65. **d** hoc serui esse officium reor, (erum) retinere ad salutem, non enim quo incumbat eo ~ellere Pl.*Aul.*594; paullo momento huc uel illuc ~ellitur Ter.*An.*266; quam timeo aduentus huius quo ~ellat patrem *Ph.*608; si se dant et..sua sponte, quo ~ellimus, inclinant Cic.*de Orat.*2.187; multitudinem ueteranorum facilius ~elli ab aliis quolibet quam a te retineri posse Brut.Cas.*Fam.*11.2.3; Liv.27.15.10; illo, unde nobis cadendum est, hora nos omnis ~ellit Sen.*Ep.*120.17. **e** ~ulerat ferro Argolicas foedare latebras Verg.*A.*2.55; quae mens tam dira, miserrime coniunx, ~ulit his cingi telis? 2.520; fuere quos..pauor nando etiam capessere fugam ~ulerit Liv.22.6.6; ~ellunt credere Parcae Stat. *Theb.*10.737; Tac.*Hist.*3.4; *CIL* 10.5798. **f** non ~ulit me haec nunc omnino ut crederem Ter.*An.*524; quod ut facerem egestas me ~ulit *Ph.*733; Gracch.*orat.*52; imitatio est, qua ~ellimur..ut aliquorum similes..ualeamus esse *Rhet.Her.*1.3; an..~elli non poterit ut falsum iudicet? Cic.*Agr.*2.40; nec me solum ratio..~ulit ut ita crederem *Sen.*77; Caes.*Gal.*4.16.1; Sal.*Jug.*65.4; Liv.2.35.8; Sen. *Dial.*12.1.1; (*impers. pass.*) nunc maximo temporum nostrorum auctore prope ~ulsum, ut..paene innumerabilia (genera causarum esse) uideantur Quint.*Inst.*3.4.2.

impendeō ~dēre ~sum, *intr., tr.* **inp-.** [in-[1]+pendeo] Const.: act. Ter.*Ph.*180; Lucil. 1227; Lucr.1.326; pf. pple. pass. Lucr.6.491; Sen.*Her.O.*1592(*codd.*).

1 To be suspended or hang above (usu. with

the added notion of threatening). **b** (of mountains, etc.) to tower (over). **c** to be on the point of approaching, entering, or sim.

nec miser ~dens magnum timet aere saxum Tantalus LUCR.3.980; 6.564; dextra laeuaque ambustis similes ~dent scopuli PLIN.*Nat*.6.43; si arborem ~dentem habeat uicinus ULP.*dig*.8.5.4.5; (*of a hovering bird*) stupet ~dens STAT. *Theb*.5.602;—(*w. acc.*) mare quae ~dent, uesco sale saxa peresa LUCR.1.326;—(*w. dat.*) ut (gladius) ~deret illius beati ceruicibus CIC.*Tusc*.5.62; si arbor aedibus alienis ~deat ULP.*dig*.43.27.1.2;—(*w.* in+*acc.*) quae arbor ex aedibus tuis in aedes illius ~det *Ed.pr*.43.15(*Font.iur*. p.234);—(*w.* super) molluscam nucem super eius dixit ~dere tegulas PL.fr.46;—(*fig.*) tantae in te ~dent ruinae *Epid*.83. **b** ~dentium montium altitudines CIC.*N.D*.2.98; Tempe, quae siluae cingunt super ~dentes CATUL.64.286; mons.. altissimus ~debat CAES.*Gal*.1.6.1. **c** (*w. dat.*) (Medea) foribus..~det apertis V.FL.7.114.

2 (of storms, etc.) To lour, impend.

quae tempestas ~deat, uates melius coniciet quam gubernator CIC.*Div*.2.12; ~dent atrae formidinis ora superne LUCR.4.173; si..tempestas atque tenebrae cooperiant maria ac terras ~sa superne 6.491; stellas uento ~dente uidebis praecipitis caelo labi VERG.*G*.1.365; (ignes) non uidemus emicare nisi ~dente caelo SEN.*Nat*.2.26.7; ~dentibus pluuiis COL.2.10.31; ~dente pluuia PLIN.*Nat*. 18.341;—(*in fig. phr.*) quanta ~deret procella mihi, quanta tempestas ciuitati CIC.*Cael*.59; aliis ~dentibus tempestatibus non cessi *Pis*.21; ~dentem euitare tempestatem NEP. *Alc*.4.

3 (of abst. things) To hang over, impend, threaten.

~debat fames, incendia, caedes, direptio CIC.*Dom*.25; Parthicum bellum ~det *Att*.6.1.14; uideo magnas ~dere discordias CAEL.*Fam*.8.14.4; ut..inuidiam quae ex continuato eo ~deret leuatam putem LIV.3.21.7; ~dentis mali nescius PLIN.*Ep*.8.23.8;—(*w. acc.*) inparatum subito tanta te ~dent mala TER.*Ph*.180; quae res me ~det LUCIL.1227;—(*w. dat.*) nunc iam alia cura ~det pectori PL.*Epid*.135; quid sibi ~deret coepit suspicari CIC.*Clu*.66; haec ita multa quasi fata ~dere amicitiis *Amic*.35; in Bithynia ac Ponto plus oneris uidebat sibi ~dere *B.Alex*. 65.2; quantum periculum consuli ~deat SAL.*Cat*.28.2;—(*cf., of persons*) dum ~dere Parthi uidebantur CIC.*Att*.6.6.3; tanta uis creditorum ~debat SAL.*Rep*.1.2.6.

impendiō, *adv*. **inp-**. [IMPENDIVM] Greatly, very much.

ille uero minus minusque ~ curare PL.*Aul*.18; ~ magis animus gaudebat mihi TER.*Eu*.587; in dies ~ ex desiderio magis magisque maceror AFRAN.*com*.351; ille ~ nunc magis odit senatum CIC.*Att*.10.4.9; illud ~ probabilius est GEL. 18.6.8; ~ commoueantur et obirascantur APUL.*Apol*.3; ~ mirari formam daemonis Socrati uisitatam *Soc*.20.

impendiōsus ~a ~um, *a*. **inp-**. [next+-OSVS] Spendthrift, extravagant.

nimio ~um praestat te quam ingratum dicier PL.*Bac*.396.

impendium ~(i)ī, *n*. **inp-**. [next+-IVM]

1 Expense, expenditure, payment.

pecunia quae in faenore sors est, ~ium quod inter se iungit VAR.*L*.6.65; qui ab adulescentulo quaestum sibi instituisset sine ~io CIC.*Quinct*.12; faenus et ~ium recusare *Att*.6.1.4; ~io magis publico quam iactura LIV.7.21.7; fidem..publicam ~io priuato exsoluit 22.23.8; qui meminit, sine ~io gratus est SEN.*Ben*.3.2.2; dibapha tunc dicebatur quae bis tincta esset, ueluti magnifico ~io PLIN.*Nat*.9. 137; subdialibus maritimas urbes pingere instituit, blandissimo aspectu minimoque ~io 35.117; ~ium exoneratur uectigalium reditu FRON.*Aq*.118; quantum ~io diligentiaque poterat TAC.*Ann*.4.6; cum ~io excusarem, negauit ueniam APUL.*Met*.2.18;—(*pl.*) longius uehi ~ia prohibent PLIN.*Nat*.19.30; partae..per omnis diuitiae populos magnique ~ia mundi STAT.*Silv*.3.3.88; reposcenti filium patri uelut rationem ~iorum QUINT.*Inst*.1.10.18; ad hunc ~iorum furorem SUET.*Nero* 31.4; ~ia, quae pro eius curatione fecerit ULP.*dig*.9.2.7.

2 (fig.) Cost, outlay.

tantulo ~io ingens uictoria stetit CURT.3.11.27; nihil dignum tanto ~io redditurus SEN.*Dial*.9.1.11; quod ~io solebat, id incremento accidit *Nat*.3.26.2; (*pl.*) ut ~iis etiam augere possimus largitatem tui muneris CIC.*Brut*.16;—(*w. gen.*) ut ali⟨i⟩ ⟨e⟩a salutis suae ~io testati sint V.MAX. 5.6.intro.; dignum..~io sanguinis mei tuebor SEN.*Ben*. 1.10.5; nimium enim risus pretium est, si probitatis ~io constat QUINT.*Inst*.6.3.35.

impendō ~dere ~dī ~sum, *tr*. **inp-**. [IN-[1]+PENDO]

1 To pay out (in respect of a transaction), disburse, spend.

non hoc ~det publicum? PL.*St*.717; nescio quid ~dit et in commune contulit CIC.*Quinct*.12; certus sumptus ~ditur *Ver*.3.227; cum ego emerim, aedificarim, tuear, ~dam *Off*.2.83; ingentibus ipsam sollicitare datis totumque ~dere regnum OV.*Met*.6.463; uide, ut mihi uiaticum reddas, quod ~di PLIN.*Ep*.7.12.6; uniuersum patrimonium ~dere APUL. *Apol*.23;—(*w.* de) quod tu de tua pecunia dicis ~sum CIC.*Ver*.5.47; quid ego uos de uestro ~datis hortor? LIV. 6.15.10;—(*w.* in+*acc.*) QVAM IN REM SESTERTIVM Q⟨VATER M⟩ILLIENS CIR⟨CITE⟩R ~DI AUG.*Anc*.3.33; pecuniam quam in bellum ~derant, reddidit CURT.4.8.13; hoc in tus et unguenta et odores ~deretur PLIN.*Ep*.5.16.7; quidquid utiliter in rem eius ~derit GAIUS *dig*.3.5.2; qui sciens in rem alienam ~dit PAUL.*dig*.5.3.38; (*impers. pass.*) in ceteras necessarias impensas debet ~di 37.10.6.5;—(*w.* in+*abl.*) si..in cibariis familiae donatam sibi pecuniam ~derit (mulier) POMPON.*dig*.24.1.31.9; quae tantundem in re mortua ~dit ULP.*dig*.24.1.7.1;—(*w.* pro) sestertium octogies pro introitu noui sacerdotii..~dere SUET.*Cl*.9.2;—(*fig.*) qui gratiam refert, aliquid debet ~dere SEN.*Ben*. 5.11.1; ea gratuita uocamus, pro quibus nos ipsos ~dimus *Ep*.42.7.

2 (transf.) To expend, devote (to a particular purpose): **a** (care, labour, etc.). **b** (time). **c** (other resources, etc.).

a ut opera..~sa consilium adiuuem meum LIV.22.22.14; ut quam minimam operam uillicus intra tectum ~dat COL. 12.1.3; qui facundiam ~so studio restaurare (uellet) FRO. *Ver*.2.p.218(110N);—(*w. dat.*) scilicet omnibus est labor ~dendus VERG.*G*.2.61; ~das curam quam rei domesticae PHAED.3.pr.11; uerba apertae rei ~do SEN.*Ep*.117.18; ut tot generibus ficorum..~deret curam COL.1.pr.27; quae (*sc.* studia) per uiginti annos erudiendis iuuenibus ~deram QUINT.*Inst*.1.pr.1;—(*w.* in+*acc.*) ut operam curam pecuniam ~dant in eas res CIC.*Ver*.4.68; ut ulla in hoc uerba ~denda sint SEN.*Ben*.6.7.2; quamquam tota uolumina in hanc disputationem ~disse multos sciam QUINT.*Inst*.3.6.21; si in rem istam conseruandam ~sum est quod sequens (creditor) credidit ULP.*dig*.20.4.5;—(*w.* in+*abl.*) quid censetis in hoc foedere faciendo uoluisse Mamertinos ~dere laboris, operae, pecuniae CIC.*Ver*.5.51; cum satis in audiendo patientiae ~derit QUINT.*Inst*.12.8.10;—(*w. adv.*) eo ~di laborem et periculum unde emolumentum atque honos speretur LIV.4.35.7;—(*w. inf.*) omnis ~dunt curas denso distendere pingui quem legere ducem VERG.*G*.3.124. **b** (*w. dat.*) ubi nulli bonae rei ~ditur (uita) SEN.*Dial*.10.1. 3; aetas..~sa labori LUC.2.569; tempora sua ~surus uni QUINT.*Inst*.1.2.2; PLIN.*Ep*.3.5.16; FRO.*Aur*.1.p.120(22N); —(*w.* in+*acc.*) omne aeui sui spatium ~surum in id solum opus scriptorem VELL.2.89.6; in cuius (*sc.* Herculis) ortus mundus ~dit diem SEN.*Her.F*.24; PLIN.*Ep*.6.17.3. **c** armis non amissis, sed bene ~sis V.MAX.3.2.23;—(*persons*) in id, quod unum ex cadauere artifex petere poterat, ~sum SEN.*Con*.10.5.18; mancipium suum operi suo ~dit 10.5.19; nec..transtris ~ditur Orpheus aut pontum remo subigit V.FL.1.470; quem occisuri..hostes fuerant, exemplo potius ~dit FRON.*Str*.4.1.33.

3 To pay out, expend (w. emphasis on the sacrifice involved). **b** to spend to no purpose, waste.

scilicet filius ~sus est [QUINT.]*Decl*.19.13;—(*w. dat. expr. recipient, or purpose of sacrifice*) ut spiritum poenae ~derent V.MAX.2.7.ext.2; caput..iusto ~dere supplicio coegit 9.15. ext.2; ~disse spiritum fidei SEN.*Ben*.3.19.3; uxor ~des animam marito *Med*.663; perpetuis ~das aera nimbis LUC.4. 112; ~sus patriae paulo ante Menoeceus conciliat populo STAT.*Theb*.11.653; TAC.*Ann*.12.65; JUV.12.96; (*refl.*) ~disset se puella uiro SEN.*Con*.10.3.2; aliorum commodis..~dere se SEN.*Dial*.3.5.2;—(*w.* in+*acc.*) nil ~dit per tot Telamonius annos sanguinis in socios OV.*Met*.13.266; (*refl.*) in quod (*sc.* funus) me ipsum ~deram SEN.*Con*.9.1.6; me in hanc pulcherrimam uirtutem ultro etiam ~dere iuuet SEN.*Ep*. 113.31;—(*w.* pro) hunc oculum pro uobis ~di PETR.1.1. **b** ne uanas ~de preces V.FL.4.581;—(*w. dat.*) ~disse pudet lacrimas in funere mundi mortibus innumeris LUC.7.617; gemitum patriis ~dere damnis STAT.*Silv*.5.3.206;—(*w.* in+*acc.*) in uentos ~do uota fretumque LUC.5.491.

impenetrābilis ~is ~e, *a*. **inp-**. [IN-[2]+PENETRABILIS]

1 That cannot be penetrated, impenetrable. **b** (of places) impenetrable (to persons, etc.).

~es caetras PLIN.*Nat*.11.227;—(*w. dat. or abl.*) silex paene ~is ferro LIV.36.25.4; (terga) tactu mollia et ~ia uentis SEN.*Ep*.90.16; nec tamen ille meis..~is armis STAT.*Theb*. 3.15; (*w. dat. of gdve.*) inferendis ictibus inhabilis, accipiendis ~is TAC.*Ann*.3.43;—(*w.* aduersus) tegimen, ferreis lamminis aut praeduro corio consertum..aduersus ictus ~e *Hist*.1.79. **b** septemgemini caput ~e Nili STAT.*Silv*.3.5.21; circumspectis quae ~ia quaeque peruia TAC.*Ann*.12.35.

2 Impervious (to emotion or other influences).

ut scias non posse te consequi ut sis ~is SEN.*Nat*.4a.pr.5; pudicitia Agrippinae ~i TAC.*Ann*.4.12;—(*w. dat.*) patet ~is ille luctibus SIL.6.413; mens..~is irae 7.561.

impenetrālis ~is ~e, *a*. **inp-**. [IN-[2]+PENETRALIS] (See quot.)

~e, cuius ultimum penetrale intrare non licet PAUL.*Fest*. p.109M.

impennātus ~a ~um, *a*. **inp-**. [IN-[2]+PENNATVS] (of an ear of corn) Without awn, beardless.

pennatas ~asque agnas in Sal⟨i⟩ari carmine spicas significat cum aristis, et alias sine aristis PAUL.*Fest*.p. 211M.

impensa ~ae, *f*. **inp-**. [IMPENDO]

1 Cost, expenditure, outlay. **b** *~am facere*, to incur an expense. **c** a cause of expense.

sine labore, sine molestia, sine ~a CIC.*Ver*.1.119; id ille sine ulla publica ~a populo restituit NEP.*Timoth*.1.2; cum in id opus ~am esset pollicitus VITR.7.pr.15; re publica ~as adiuuante LIV.6.4.6; nec ~a grauis est 26.36.3; cum ~is res p. non sufficeret PLIN.*Nat*.33.44; modum ~is postulauerant TAC.*Hist*.4.9; quibus ~arum ratio constaret SUET.*Nero* 30.1; nimia est ~a JUV.12.97; ~arum quaedam sunt necessariae, quaedam utiles ULP.*dig*.25.1.1; (*pred. dat.*) ~ae negauerat rei publicae futuram classem LIV.28.45.14;—(*abl.*) eas (*sc.* arationes)..magna ~a magnoque instrumento tuereris CIC.*Ver*.3.53; complentur equitum III milia maximisque ornantur ~is *B.Alex*.50.3; nolo meis ~is illorum ali augeique luxuriam NEP.*Phoc*.1.4; uiae per agros publica ~a factae LIV.9.43.25; EXERCITVM PRIVATO CONSILIO ET PRIVATA ~A COMPARAVI AUG.*Anc*.1.1; instruis ~a nostra sepulcra breui OV.*Ep*.7.188; ut domus ei..publica ~a restitueretur SUET.*Cl*.6.2;—(*w. gen. indicating thing paid for*) curam ~amque sationis me praestaturum LIV.32.34.10; qui circumcidis omnem ~am funeris PHAED.4.20(21).25; cum.. ad ~am ludorum pecunias acciperet SEN.*Ben*.2.21.5; ~am funeris praestare ULP.*dig*.18.4.2.17; de ~is ualetudinis aut fugae GAIUS *dig*.13.6.18.2; (*indicating price paid*) funeratus est ~a ducentorum milium SUET.*Nero* 50. **b** quod ~ae sine dolo malo fecerit *Ed.pr*.39.2(*Font.iur*.p.229); ~am fecimus in macrocolla CIC.*Att*.13.25.3; quia ~a pecuniae facienda erat LIV.44.23.1; ~am, quae in bellum facta esset 37.35.8; ~as in aedificium..factas GAIUS *Inst*.2.76; quas ~as..emptor fecit PAUL.*dig*.21.1.30.1. **c** illae ~ae meliores, muri, naualia, portus CIC.*Off*.2.60.

2 (transf.) Expenditure, outlay (of non-material resources).

nihil omnibus actum tantorum ~is operum VERG.*A*. 11.228; meritis..et ~is officiorum ut superare possem LIV. 37.53.12; melius sine..~a..sui poterit superare cruoris OV. *Met*.8.63; leui temporis ~a SEN.*Dial*.9.16.4.

3 Materials, esp. building materials.

Proselenos cum ~a sacrificii uenit PETR.137.5;—omne plumbum et omnes ~ae ad ductus et castella et lacus pertinentes FRON.*Aq*.118; 124; accurrit qui marmora donet, conferat ~as JUV.3.216; POST DIES XXV PRAEPARATIONI ~ARVM DATAS *Lex Vip*.9(*Font.iur*.p.294); ULP.*dig*.43.19.5.1.

impensē, *adv*. **inp-**. *compar*. ~ius, *superl*. ~issimē. [next+-E] To an immoderate degree, without stint, lavishly.

illi inuidere misere; uerum unus tamen ~e TER.*Eu*.413; magis ~e cupitis, consulitis parum *Ad*.993; eo facio id ~ius, quod eius causam Nero suscepit CIC.*Fam*.13.64.1; ~ius uror CATUL.72.5; Iugurtha ~ius modo rebus suis diffidens SAL.*Jug*.75.1; tanto me ~ius aequum est consulere VERG.*A*. 12.20; ~ius iis indignitas crescere LIV.1.40.2; ueniam mihi dari sponsam ~ius amanti 26.50.5; delectant ~ius ea COL. 3.21.2; ~ius ungue, ungue, puer, caules PERS.6.68; ~ius instant OV.*Met*.7.323; ~ius stipem rogasti quam sacerdotium rogas SEN.*Con*.1.2.3; colit ~e femina uirque numen geminum SEN.*Ag*.398; dictis ~ius aggerat omne promissum Inachius pater STAT.*Theb*.2.198; quanto summae spei propior, tanto ~ius pro Tiberio niti TAC.*Ann*.1.34; quod tam ~e et rogas et exigis PLIN.*Ep*.7.14.1; quanquam bibliothecas incendio absumptas ~issime reparare curasset SUET.*Dom*.20; ~ius cetero corpore os colendum APUL. *Apol*.7; ~ISSIME PETO *CIL* 12.4393;—(*w. adjs.*) ad alias res est ~e inprobus PL.*Epid*.566; homo ~e..doctus GEL.10. 24.10; 13.10.4.

impensus ~a ~um, *a*. **inp-**. *compar*. ~ior, *superl*. ~issimus. [IN-[2]+PENSVS; sense 2 perh. to be taken as pple. of IMPENDO]

1 a Not paid. **b** (perh.) valueless, worthless.

a ~am stipem, aes sacrum, quod nondum erat pensum PAUL.*Fest*.p.108M. **b** ingrato homine nihil ~iust PL.*Bac*. 394.

2 Immoderate, excessive: **a** (of price). **b** (of conduct, feelings, etc.).

a me..uillam..Quinto traditurum uel ~o pretio CIC.*Att*. 14.13.5; ~o..pretio CAES.*Gal*.4.2.2; ~o pretio uenibat LIV. 2.9.6; (*ellipt.*) luscinias soliti ~o prandere coemptas HOR. *S*.2.3.245. **b** qui ab hac tam ~a uoluntate bonorum palam dissideret CIC.*Sest*.130; uiolenta uiri uis atque ~a libido LUCR.5.964; ~o animum flammauit amore VERG.*A*.4. 54; Arcadiae tamen est ~ior illi cura suae OV.*Met*.2.405; cum ..formam ~ioribus uerbis laudasset V.MAX.4.3.ext.1; SEN. *Apoc*.12.1; Carthago, ~o naturae adiuta fauore SIL.15. 220; TAC.*Hist*.1.31; ~am huic scientiae operam dederunt QUINT.*Inst*.1.10.35; ~issimis precibus reditum expostulare SUET.*Tib*.13.2; studio ~o FRO.*Aur*.1.p.110(25N).

imperābiliter, *adv*. **inp-**. [IMPERO+-BILIS+-TER[2]] In an authoritative manner, authoritatively.

~ Cato senex, ubi Maximus: pro nimis imperiose, dure CATO in Char.p.202K.

imperātor ~ōris, *m*. **inp-**. [IMPERO+-TOR] ORTHOG.: *inpeir- CIL* 1.614.

1 One who gives orders, a person in charge. **b** the ruler of a country or people.

~or familiae PL.*Capt*.307; redi et respice ad me, Leaena. —~or quis est? *Cur*.113ª; dicto me emit audientem, haud ~orem sibi *Men*.444; illi ~or tu, ille ceteris mediastrinus CATO *Fil*.7(J); me non tamquam amicum uidet, sed tamquam ~orem SEN.*Ben*.6.16.2. **b** ex Macedoniae ~ore Darei satrapen factum CURT.6.6.10; idem hic ~or edixit ne quis ipsum alius quam Apelles pingeret PLIN.*Nat*.7.125; regias ~oribus futuris in ima parte alui exstruunt (*sc. bees*) 11.29; in uno die ~ori (*i.e. the Persian king*) significabant, quod erat scitu opus APUL.*Mun*.26; (*of the gods*) summus ~or diuom atque hominum Iuppiter PL.*Am*.1121;—(*cf.*) ille (*sc.* Romanus) populus est dominus regum, uictor atque ~or omnium gentium CIC.*Dom*.90; populus Romanus, inuicti ab hostibus ~ores omnium gentium SAL.*Jug*.31.20.

2 A commanding officer, general. **b** (as a cult-title of Jupiter).

ubi summus ~or non adest ad exercitum PL.*Am*.504; L. AIMILIVS L.F. ~OR DECREIVIT *CIL* 1.614; haud conuenit una ire cum amica ~orem in uia TER.*Eu*.495; ~or laudem capit, exercitum meliorem industrii orem facit CATO *orat*.176; quo tu ~ore, Labiene, meruisti CIC.*Rab.Perd*.21; uim, arma, exercitus, ~ores, castra denuntiabat *Sest*.40; utrum de ~ore populi Romani an de Hannibale loquimur? *Att*.7.11.1; ~or unice CATUL.29.11; cohortandis..militibus ~oris et in pugna militis officia praestabat CAES.*Gal*.5.33.2; uel ~ore uel milite me utimini SAL.*Cat*.20.16; figientium strages est facta, inter quos et ipse ~or cecidit LIV.8.39.9; Hannibal Poenus ~or 22.39.18; Parthi ~ores cum pugnam pararent TAC.*Ann*.11.9; (*cf.*) duas..acies contrarias duosque ~ores instruunt (apes) PLIN.*Nat*.11.58;—(*in fig. phrs.*) uetat.. Pythagoras iniussu ~oris, id est dei, de praesidio et statione uitae decedere CIC.*Sen*.73; dux atque ~or uitae mortalium animus est SAL.*Jug*.1.3; ~orem..uitae nostrae necisque fieri PLIN.*Nat*.29.11. **b** simulacrum Iouis ~oris CIC. *Ver*.4.128; triumphans..signum Praeneste deuectum Iouis ~oris in Capitolium tulit LIV.6.29.8.

3 A title of honour conferred on a victorious general by acclamation of his troops or by a vote of the senate.

L. Torquatus, magnis rebus gestis me referente ab senatu ~or est appellatus CIC.*Pis*.44; ~ores appellati sumus *Att*.5.20.3; Curio..uniuersi exercitus conclamatione ~o appellatur CAES.*Civ*.2.26.1; Pompeius eo proelio ~or es appellatus 3.71.3; oppido potitus ~or est appellatus *B.Hisp.*19.6; Scipio..sibi maximum nomen ~oris esse dixit quo se milites sui appellassent Liv.27.19.4; nomen.. ~oris auctore Tiberio accepit Tac.*Ann.*1.58; TI. CLAVDIVS TI. F. NERO PONTIFEX COS. ITERVM IMP. ITERVM *CIL* 6.385; IVDEX QVAESTIONVM PR. PRO COS. ~OR APPELLATVS 6.1311; L. PASSIENO RVFO ~ORE AFRICAM OBTINENTE 8.16456; (*conferred on a provincial governor*) Tiberius.. Blaeso tribuit ut ~or a legionibus salutaretur Tac.*Ann.*3.74.

4 (as a title of Roman emperors).
TI. CAESAR DIVI AVG. F. AVG. DIVI IVLI NE...COS. V IMP. VIII *CIL* 2.4904; IMP. CAESAR. TI. AVG. SACRVM 3.10918; IMP. NERONI CLAVDIO DIVI CLAVDI F. 11.1331; a Vespasiano ~ore eodem munere donatum Icosium Plin.*Nat.*5.20; EQVO PVBLICO DONATO AB IMP. NERVA AVG. *CIL* 2.6095; praenomen ~oris (recepit) Suet.*Jul.*76.1.

5 The Roman emperor.
in adfinitatem peruenit ~oris diui fili Nep.*Att.*19.2; ~or, in primo uolumine tibi de arte..exposui Vitr.3.pr.4; non est hic dominus sed ~or Mart.10.72.8; priorum facinorum neque ~orem neque se meminisse Tac.*Hist.*4.72; *Ann.*4.66; denuntiato ad nouum ~orem itinere Suet.*Cl.*13; ab hoc sunt ~oris Galbae auus ac pater *Gal.*3; Otho ~or IIII. Kal. Mai. natus est *Otho* 2.1; Fro.*Amic.*2.p.92(186N); constitutio principis est, quod ~or decreto uel edicto uel epistula constituit Gaius *Inst.*1.5.

imperātōrius ~a ~um, *a.* **inp-.** [prec.+-IVS]

1 Of or belonging to a commanding officer.
ne obteri laudem ~am criminibus auaritiae uelitis Cic. *Ver.*5.2; ius ~um, quod semper omnibus imperatoribus est conseruatum *Agr.*2.60; praeclarae mortes sunt ~ae *Fin.* 2.97; consilium illud ~um fuit, quod Graeci στρατήγημα appellant *N.D.*3.15; ne ~as sibi partis sumpsisse uideretur Caes.*Civ.*3.51.5; tamquam eaedem militares et ~ae artes essent Liv.25.19.12; animo magno et corpore ~aque forma Nep.*Iph.*3.1; se..omnibus ~is partibus functum V.Max. 2.8.2; Miltiadis maiestate ~a refulsit Sen.*Con.*9.1.8; laus ~a etiam uicto duci redditur Sen.*Ben.*7.14.3; intra tertium diem ~a obit munia *Dial.*6.14.3; hoc (*sc.* uelum purpureum) fuit ~ae nauis insigne Plin.*Nat.*19.22; ~a uirtus Quint. *Inst.*7.10.13; praecepta ~a memoriae tradidit Fron.*Str.* 2.6.10; Caesar nisi pontibus praesidiisque inpositis dare in discrimen legiones haud ~um ratus Tac.*Ann.*2.11.

2 Of the title 'imperator'.
clarissimis ducibus supplicationum honorem tribuemus, ~um nomen adimemus? Cic.*Phil.*14.12; nomen ~um captans D.Brut.*Fam.*11.4.1; ornamenta triumphalia cum appellatione ~a meruit Vell.2.125.5; quibus (ducibus) ~um nomen addebant Plin.*Pan.*12.1.

3 Of the Roman emperor, imperial.
tu cuius ~a est mens Plin.*Nat.*7.44; ducis boni ~am uirtutem esse Tac.*Ag.*39.3; quod fraude unius senatoris ~a maiestas elusa publice foret *Ann.*5.5; spectaret populus hunc decore ~o, illum puerili habitu 12.41; rectores ~ae iuuentae 13.2; si singulis manipularibus praecipua seruati ciuis corona ~a manu tribueretur 15.12; quod uolgo crederetur genesim habere ~am Suet.*Ves.*14.1; Caesari quidem facultatem dicendi uideo ~am fuisse Fro.*Ver.*2.p.136 (123N).

imperātrix ~icis, *m.* **inp-.** [IMPERO+-TRIX] A female general (in quot., iron.).
fortis uiros ab ~ice in insidiis atque in praesidio balnearum conlocatos Cic.*Cael.*67.

imperātum ~ī, *n.* **inp-.** [pple. of IMPERO] A command, instruction; (usu. pl.).
hominem astutum..qui ~a ecfecta reddat Pl.*Ps.*386; eam coniecturam fieri posse ex aliarum rerum ~is Var.*R.* 1.17.3; paratos..esse et obsides dare et ~a facere Caes. *Gal.*2.3.3; 5.20.4; Iugurtham ~a facturum Sal.*Jug.*62.3; ~a..auide executi Liv.27.12.6; oboedienter ~a fecerunt Curt.4.1.5; uotum ~a faciendi Plin.*Pan.*12.1; quanquam nec ~a detrectarent Suet.*Jul.*54.1;—(*sg.*) Senones ad ~um non uenire Caes.*Gal.*6.2.3; EX ~O DOMINI SATVRNI *CIL* 8.6353.

imperceptus ~a ~um, *a.* **inp-.** *compar.* ~ior. [IN-²+pple. of PERCIPIO] Not grasped by the mind, uncomprehended.
an uidelicet magna sciunt, parua nesciunt, et minora maioribus ~iora sunt? Gel.14.1.24.

impercō ~ere, *intr.* **inp-.** [IN-¹+PARCO] (w. dat.) To spare, deal gently with.
integrae atque imperitae huic ~ito Pl.*Cas.*833; (*absol. or ellipt.*) cura rem communem, quod facis; atque ~e quaeso *Am.*500.

impercussus ~a ~um, *a.* **inp-.** [IN-²+pple. of PERCVTIO] Not struck (against anything).
~os nocte mouere pedes Ov.*Am.*3.1.52.

imperditus ~a ~um, *a.* **inp-.** [IN-²+PERDITVS¹] Not killed or destroyed.
Grais ~a corpora Verg.*A.*10.430; Stat.*Theb.*3.84; Sidoniis ~us Sil.9.161; 10.416.

imperfectē, *adv.* **inp-.** [next+-E] Faultily.
~ atque praepostere atque inscite synlogismo esse usum Epicurum Gel.2.8.1.

imperfectus ~a ~um, *a.* **inp-.** [IN-²+PERFECTVS] (of concr. or abst. things) Not complete in every respect, unfinished, imperfect. **b** legally imperfect. **c** (of actions, processes) not completed. **d** (of food) undigested.
reliquum corpus ~um ac rude reliquerunt Cic.*Fam.* 1.9.15; nouissimum (commentarium)..~um ab rebus gestis Alexandreae confeci Hirt.*Gal.*8.pr.2; Verg.*A.*8.428; ~us adhuc infans genetricis ab aluo eripitur Ov.*Met.*3.310; lusus ipse ~us est, qui consummatur uicibus mittendi ac remittendi (*sc.* pilam) Sen.*Ben.*2.32.3; semper illis ~a uita est *Ep.*23.10; hinc ~o conplectitur aera gyro Luc.4.79; suprema opera artificum ~asque tabulas..in maiore admiratione esse quam perfecta Plin.*Nat.*35.145; coniunx miseranda Caico linquitur et primo domus ~a cubili V.Fl. 6.689; uerba ligatis ~a sonis Stat.*Theb.*5.614; habet.. rationem et propositionem, non habet conclusionem: ita est ille ~us syllogismus Quint.*Inst.*5.14.1; tam rarum est etiam ~ae liberalitatis exemplar Plin.*Ep.*9.30.4; conclusio..illa..~a est refutarique ac dilui sic potest Gel.2. 7.14; Apul.*Apol.*97;—(*neut. pl. as sb.*) ~a necesse est labent Sen.*Ep.*71.35; ~a locutus effugit Stat.*Theb.*10.734. **b** illud constat ~um esse negotium Gaius *dig.*18.1.35.1; emptio ~a est Ulp.*dig.*18.1.9; remouetur donatio ut ~a 39.6.7; ~a erit stipulatio Papin.*dig.*45.1.115. **c** ad senatum profectus ~a re redierat Caes.*Gal.*6.12.5; nuntius fessus, ut re ~a, redit Gabios Liv.1.54.7; ~is tot rogationibus Sen.*Dial.*6.16.4; ~us..deorum cessat honos Sil.15.437; si..~o tempore locationis usus fructus interierit Paul.*dig.* 7.1.26; (*poet.*) saeuo..in limine profert mortem ~am Stat. *Theb.*11.582. **d** quicquid adsumptum est, ~um protinus reddunt Cels.4.23.1; languorem peperit cibus ~us et haerens ardenti stomacho Juv.3.233.

imperfossus ~a ~um, *a.* **inp-.** [IN-²+pple. of PERFODIO] Not pierced.
tela retusa cadunt, manet ~us ab omni Ov.*Met.*12.496.

imperfunditiēs ~ēī, *f.* **inp-.** [IN-²+PERFVNDO+-TIES] The state of being unwashed, filthiness.
cruciatur fame, frigore, inluuie, inbalnitie, ~e (*codd.* imperfundie) Lucil.600.

imperiālis ~is ~e, *a.* **inp-.** [IMPERIVM+-ALIS] Of the Roman emperor, imperial.
oportet ~ia statuta..in omni loco ualere Ulp.*dig.*47. 12.3.5; ~i beneficio opus est Paul.*dig.*27.9.2.

imperiōsē, *adv.* **inp-.** *compar.* ~ius. [next+-E] In an authoritarian manner.
Mettum Fufetium propter perfidiam interemit paene ~ius quam humanius Var.in Non.p.287M; quae utilia monitu suasuque erant non seuere neque ~e praecipit et censuit (Aesopus) Gel.2.29.1.

imperiōsus ~a ~um, *a.* **inp-.** *compar.* ~ior, *superl.* ~issimus. [IMPERIVM+-OSVS]

1 Exercising authority, masterful, commanding.
urbes magnas atque ~as Enn.*Ann.*579; ~orum populorum et regum inlustrium Cic.*Orat.*120; sapiens sibi qui ~us, quem neque pauperies neque mors neque uincula terrent Hor.*S.*2.7.83; qui sponte sibique ~us erat Stat.*Silv.*2.6.17; (*w. gen. of refl. pron.*) ~us sui inter initia principatus Plin. *Nat.*34.62;—(*of inanim. things*) quos praetexta uerendos uirgaque cum uerbis ~a facit Ov.*Tr.*5.6.32; ~issimi XII fasces V.Max.2.7.7;—(*of abst. things*) diuitis auri ~a fames et habendi saeua libido *Laus Pis.*220; res est ~a timor Mart.11.58.8; habet (risus) uim nescio an ~issimam Quint.*Inst.*6.3.8; uerecundia officii, quam sit res ~a Aur. *Fro.*2.p.18(231N); (*of spells*) habent haec carmina certum ~a deum..? Luc.6.498.

2 Domineering, dictatorial, imperious. **b** a surname given to Titus Manlius Torquatus.
uae misero illi, quoius cibo iste factust ~ior! Pl.*Capt.*806; ita erus meus est ~us *Ps.*996; equitem Romanum..consul ~us exire ex urbe iussit Cic.*Red.Sen.*12; me ~a trahit Proserpina; uiue ualeque Hor.*S.*2.5.110; a familia ~issima Liv.9.34.15; ~um ducem et malignum..ulcisceretur 45.35.9; ipsa meos scindas licet ~a capillos Ov.*Ep.*19.81; in leone cataphagae nascuntur et ~i Petr.39.9; Mart. 9.53.2; Stat.*Ach.*2.72; ~i atque interim saeuientes stultitiam suam perdocent Quint.*Inst.*1.1.8;—(*of inanim. or abst. things*) ut..uix durare carinae possint ~ius aequor Hor. *Carm.*1.14.8; ~a inedia Plin.*Nat.*29.23. **b** ⟨T.⟩ MANLIVS L F A N ~VS TORQVAT *Act.Triumph.*10(*CIL* 1.p.44); Cic. *Fin.*2.60; Liv.4.29.6; Fron.*Str.*4.1.40.

imperītē, *adv.* **inp-.** *compar.* ~ius, *superl.* ~issimē. [IMPERITVS+-E] In an ignorant or unskilful manner.
qui reprehendunt, quod non dicatur ut unguentum unguenta..sic acetum aceta..faciunt ~e Var.*L.*9.66; dicebat ..L. Scipio non ~e Cic.*Brut.*175; cur tam ~e facit ut nec Roscium stipulatione adliget neque a Fannio iudicio se absoluat? *Q.Rosc.*36; est illud ~issime dictum de populis fundis *Balb.*27; neque..id ~e fecit Nep.*Timol.*3.5; in officina ~e multa disserenti silentium comiter suadebat Plin.*Nat.*35.85; Tac.*Hist.*2.39; Gel.2.8.8.

imperītia ~ae, *f.* **inp-.** [IMPERITVS+-IA] Lack of skill or experience, ignorance.
Iugurtha cognita uanitate atque ~a legati subdole eius augere amentiam Sal.*Jug.*38.1; Plin.*Nat.*17.94; et ~a et rusticitas et rigor et deformitas afferunt interim frigus Quint.*Inst.*6.1.37; quotiens ~a praepositi ad i⟨ll⟩orum decurrit usum Fron.*Aq.*2; pars remigum..tamquam ~a officia nautarum propugnatorumque impediebant Tac. *Hist.*4.16; pugnam..~a poscebant *Ann.*13.36; Apul.*Pl.* 1.18; ~a culpae adnumeratur Gaius *dig.*50.17.132; per ~am uel rusticitatem ignarus edicti Ulp.*dig.*29.5.3.22; (*pl.*) sermo habitus cum grammatico insolentiarum et ~arum pleno Gel.6(7).17;—(*w. gen.*) quid ergo est bonum? rerum scientia. quid malum est? rerum ~a Sen.*Ep.*31.6; loquendi ~am Gel.18.10.5.

imperitō ~āre ~āuī ~ātum, *intr., tr.* **inp-.** [IMPERO+-ITO]

1 (tr.) To go on ordering or commanding.
quod antehac pro iure ~abam meo, nunc te per precem Pl.*Capt.*244; aequam rem ~o Hor.*S.*2.3.189; exaudi, bone dictator, quid Martia plebes ~et Sil.8.270; manebat metus ne quis principum eadem ~aret Tac.*Ann.* 12.54.

2 (intr.) To be in command, exercise authority (over); to exercise control (over animals). esp. **b** (as a king, magistrate, governor, general, etc.).
(*w. dat.*) te ego, qui ~as Pseudolo, quaero Pl.*Ps.*703; (*absol.*) quidam (*sc.* uilici)..~andi parum prudentes Col. 11.1.6;—siue opus est ~are equis, non auriga piger Hor. *Carm.*1.15.25; flagellum..~ans equo Plin.*Nat.*28.93;—(*of natural or supernatural powers*) naturam ipsam ceteris ~antem industria uicerat Sal.*Jug.*76.1; Capricornus utrisque ~at genibus Man.2.464; si his ualidior ipso corpore animus ~et Plin.*Pan.*82.6; ideo (animam) et ~are et..regere ea, quorum curam fuerit..sortita Apul.*Pl.*1.9; (Venerem uulgariam) pecuinis et ferinis (animis) ad libidinem ~are *Apol.*12. **b** (*w. dat.*) magnis qui gentibus ~arunt Lucr.3.1028; Mauris omnibus rex Bocchus ~abat Sal.*Jug.*19.7; quod auus tibi maternus fuit atque paternus olim qui magnis legionibus ~arent Hor.*S.*1.6.4; Caere opulento tum oppido ~ans Liv.1.2.3; Iuba Ptolemaei pater, qui primus utrique Mauretaniae ~auit Plin.*Nat.*5.16; Cartimandua Brigantibus ~abat Tac.*Hist.*3.45; nobis Romulus ut libitum ~auerat *Ann.*3.26; ut pars optima..~et multitudini Apul.*Pl.*2.24; (*impers. pass.*) Aegyptii olim Persarum opibus infensi—quippe auare et superbe ~atum sibi esse credebant Curt.4.7.1; quod superbe auareque crederent ~atum uictis esse Liv.21.1.3;—(*absol.*) Carthaginienses pleraque Africa ~abant Sal.*Jug.*79.2; decem ~abant Liv. 1.17.6; si..in uicem annuis magistratibus parere atque ~are licet 4.5.5; uicissim ~ando seruiendoque Plin.*Nat.*6.182; est apud illos et opibus honos, eoque unus ~at Tac.*Ger.* 44.3; (*as emperor*) Agrippina, quae filio dare imperium, tolerare ~antem nequibat *Ann.*12.64; Christus Tiberio ~ante per procuratorem Pontium Pilatum supplicio adfectus erat 15.44;—(*of animals*) mussant..iuuencae quis nemori ~et Verg.*A.*12.719; animalis omnium generosissimi (*sc.* leonis) ceterisque ~antis Plin.*Nat.*8.48; mares in eo genere singuli feminarum gregibus ~ant 8.108.

imperītus ~a ~um, *a.* **inp-.** *compar.* ~ior, *superl.* ~issimus. [IN-²+PERITVS] Lacking experience, knowledge, skill, etc., ignorant, untutored. **b** (w. gen.) unskilled (in), ignorant (of); (also w. *ad, in*+abl.). **c** (of speech, conduct, etc.).
amabo, integrae atque ~ae huic impercito Pl.*Cas.*832; neque mi haud ~o eueniet tali ut in luto haeream *Per.*535; neque ita ~a ut quid amor ualeat nesciam Ter.*Eu.*881; ~um concitat uulgum Sis.*hist.*48; per homines honestissimos uirosque fortissimos, non ~os adulescentulos Cic.*Div. Caec.*68; tu me consiliario fortasse non ~issimo..usus esses *Fam.*1.9.2; saepe homines temerarios atque ~os falsis rumoribus terreri Caes.*Gal.*6.20.2; nulla est ciuitas, quae non et inprobos ciues aliquando et ~am multitudinem semper habeat Liv.45.23.8; ~issimae gentes Cels.1.pr.1; ~a ingenia Sen.*Dial.*12.11.5; saepius apud omnino ~os atque illarum certe ignaros litterarum loquendum est Quint.*Inst.* 5.14.29; sermo et doctis probabilis et planus ~is 8.2.22; prior ille populus, ut ~us et rudis Tac.*Dial.*19.2; ~iores 'dei' legunt ab insolentia scilicet uocis istius abhorrentes Gel.9.14.8. **b** ~us rerum et morum mulierum Pl.*St.*104; tune hic homines adulescentulos ~os rerum..in fraudem inlicis? Ter.*An.*911; ab homine eloquenti iuris ~o Cic. *de Orat.*1.238; homo ~issime solidae laudis ac uerae dignitatis *Vat.*8; belli ~us Nep.*Ep.*7.1; graphidos non ~us Vitr.1.1.13; ~os nandi aut inualidos..hausere gurgites Liv. 5.38.8; dubitatum..est ab ~is antiquitatis, an Latinum foret Gel.17.2.5;—ad eam (*sc.* nauem) haud ~i Pl.*Mil.*919; rudis et ~as auris ad male audiendum habens Apul.*Apol.*3; —nec in ceteris doctrinis singulariter excellens, sed in is non ~us Vitr.1.1.13; in uerbis..quis est adeo ~us ut ignoret genera..? Quint.1.4.27. **c** monendi sunt ei quorum sermo ~us increbruit Cic.*Orat.*23; cetera iuris dictio nec ~a nec clemens *Att.*6.2.5; quid..tam ~um est quam credere fulmina e nubibus Iouem mittere..? Sen.*Nat.*2.42.1.

imperium ~(i)ī, *n.* **inp-.** [IMPERO+-IVM]

1 The supreme administrative power, in Rome exercised at first by the kings, and subsequently by certain magistrates and provincial governors. **b** (w. defining adj.). **c** the power exercised by the Roman emperors.
Tarquinio dedit ~ium simul et sola regni Enn.*Ann.*150; quid istuc est prouinciae?—utrum Fontine an Libero ~ium te inhibere mauis? Pl.*St.*700; ~ium quod plebes per saturam dederat, id abrogatum est Annius *orat.*5; quid tam praeter consuetudinem quam homini peradulescenti.. ~ium atque exercitum dari? Cic.*Man.*61; qui prouincias cum ~io obtinerent *Sest.*128; rectissimum uidebatur fratrem cum ~io relinquere *Att.*6.4.1; se..lege Cornelia ~ium habiturum, quoad in urbem introisset *Fam.*1.9.25; regere ~io res..et regna tenere Lucr.5.1130; qui..omnia permisceri mallent quam ~ium exercitusque dimittere Caes.*Civ.* 1.32.5; Euander tum ea..auctoritate magis quam ~io regebat loca Liv.1.7.8; aequo omnium decemuirorum ~io 3.41.10; uos solos gentem habere, uos solos iustum ~ium et auspicium domi militiaeque 10.8.9; praetoribus prioris anni ..cum binis legionibus quas habuerant prorogatum est ~ium 26.1.5; ut nemo audeat in Hispaniam ~ium accipere 26.18.6; SENATVS DECRETIS HONORIF⟨I⟩CIS..IVM MIHI DEDIT Aug.*Anc.*1.5; Octauio..collegae pro bono publico stanti ~ium abrogauit Vell.2.2.3; Suet.*Nero* 3.2; si ~io continenti iudicio egerim Gaius *Inst.*3.181; ~ium aut merum aut mixtum est. merum est ~ium habere gladii potestatem ad animaduertendum facinerosos homines.. mixtum est imperium, cui etiam iurisdictio inest Ulp. *dig.*2.1.3; (praeses prouinciae) habet interdum ~ium et aduersus extraneos homines Paul.*dig.*1.18.3;—(*in non-Roman contexts*) ut gesserit rem publicam ductu, ~io, auspicio suo Pl.*Am.*196; legatus quo hinc cum publico ~io fui *Truc.*92; chiliarchum, qui secundum gradum ~ii tenebat Nep.*Con.*3.2; pro aedilitatis ~io Apul.*Met.*1.25. **b** cum penes te praetorium ~ium ac nomen esset Cic.*Ver.*5.40; uincebatur..consulare ~ium tribunicio auxilio Liv.3.30.4; qui priuati fasces et regium ~ium habeant 3.39.8; ab Q. Fabi opibus et dictatorio ~io concusso 22.34.2; quarto.. anno post consularia ~ia V.Max.8.13.2;—M. Antoni infinitum (*i.e. not confined to one province*) illud ~ium senserant Cic.*Ver.*2.8; nec plus extraordinarium ~ium ad id

bellum quaesitum quam duobus antea maximis Punicis bellis *Phil*.11.17; quod maius ~ium a minore rogari non sit ius *Att*.9.9.3; ~ium summum Romae habebit qui uestrum primus..osculum matri tulerit LIV.1.56.10; pro iure maioris ~ii consulem in Italiam reuocauit 30.24.3. **c** tibi lucem atque ~ium nomenque dedi Caesaris amens [SEN.] *Oct*.337; omnium consensu capax ~ii nisi imperasset TAC. *Hist*.1.49; post Iulios Claudios Seruios se primum in familiam nouam ~ium intulisse 2.48; L. Domitius adoptione mox in ~ium et cognomentum Neronis adscitus *Ann*.11.11; haud ambiguum summae ~ii signum SUET.*Gal*.8.2; SVPPLICATIO ~IO CAESARIS AVGVSTI *CIL* 10.8375; (*cf*.) ut titulum ~ii (*i.e*. imperator)..Augusto iuueni prospera bella darent OV.*Fast*.4.675.

2 a The authority exercised by the head of a household, a father, mother, husband, etc. **b** supreme military power, command. **c** supreme authority in any sphere.

a an ita tu es animata ut qui expers matris ~io sies? PL.*As*.505; patiundum est, siquidem me uiuo mea uxor ~ium exhibet *Cas*.409; reuocemus hominem. — sta ilico. — hem satis pro ~io, quisquis es TER.*Ph*.196; itane tandem uxorem duxit Antipho iniussu meo? nec meum ~ium—ac mitto ~ium—, non simultatem meam reuereri saltem! 232; ~ium, quod uidetur, habet (uir), si quid peruerse taetreque factum est a muliere CATO *orat*.218; denique ~ium domesticum nullum erit, si seruolis hoc nostris concesserimus CIC.*Caec*.52; si adulescens patre suo imperatore non meruisset, aut hostem aut patris ~ium timuisse.. uideretur *Mur*.11; blandus et ~io numquam pater STAT. *Silv*.3.3.152;—(*w*. in+*acc*.) iubeo hercle, si quid ~i est in te mihi PL.*Men*.1030; meum..~iumst in te, non in me tibi *Per*.343; tenebat non modo auctoritatem, sed etiam ~ium in suos CIC.*Sen*.37. **b** totius..belli ~ium sibi postulare CAES. *Gal*.2.4.5; interfecto Indutiomaro..ad eius propinquos a Treueris ~ium defertur 6.2.1; se suo nomine atque arbitrio..bellum gesturos dicebant, neque cuiusquam ~io obtemperaturos 7.75.5; pari..eum atque illos ~io esse iussit NEP.*Dat*.3.5; medius Hasdrubal inter patrem ac filium octo ferme annos ~ium obtinuit LIV.21.2.3; Paulus consul, cuius eo die—nam alternis imperitabant—~ium erat 22.41.3; Otho..dum et ipse non nisi militibus credit, ~ia ducum in incerto reliquerat TAC.*Hist*.2.33; (*poet*.) quis positum agminibus caput ~iumque Nealces SIL.9.226;—(*w*. in+*acc*.) neque ego maxima ~ia in uos desidero LIV. 6.7.5. **c** nihil porro tam aptum est ad ius condicionemque naturae..quam ~ium CIC.*Leg*.3.3.

3 An office, magistracy, or command involving supreme power. **b** a particular tenure of such an office.

IS MAGISTRATVM ~IVMVE NEI PETITO NEIVE GERITO NEIVE HABETO *CIL* 1.582.19; Galliae duae, quas hoc tempore uno ~io uidemus esse coniunctas CIC.*Prov*.3; qui iam ~ia ac bella gesserunt *Balb*.45; LUCR.3.998; neque ab uno omnia ~ia administrari poterant CAES.*Gal*.2.22.1; interfectores eius in prouincias et ~ia dimisit SEN.*Ben*.5.16.6; prouincias.. quas annuis magistratuum ~iis regi nec facile nec tutum erat, ipse suscepit SUET.*Aug*.47;—(*in non-Roman connections*) classem..Miltiadi dederunt, ut insulas..bello persequeretur. quo ~io plerasque ad officium redire coegit NEP.*Milt*.7.1; quod fere omnes in magnis ~iis concupiscunt *Eum*.2.3. **b** cuius adulescentia ad scientiam rei militaris non alienis praeceptis sed suis ~iis..est erudita CIC.*Man*.28; spero toto anno ~i nostri terruncium sumptus in prouincia nullum fore *Att*.5.20.6; 6.2.4;—(*of the principate*) Nero Caesar claritatem ei dedit, initio ~i PLIN.*Nat*.13.126; principatum diui Neruae et ~ium Traiani TAC.*Hist*.1.1;—(*in non-Roman connections*) Dareum in principio ~ii uaginam acinacis Persicam iussisse mutari CURT.3.3.6; hoc longa sub umbra ~ia! STAT.*Theb*.11.550.

4 The exercise of authority, rule, discipline.

milites..laxiore ~io quam antea habere SAL.*Jug*.64.5; ~ia saeua multa antea perpessos *Cat*.19.5; facilius cum adsuetis ~io rem gesturum ratus LIV.28.46.3; ut..non repetat..quae seueritate ~ii uictoriae partae (sint) 45.37.12; Suedius Clemens ambitioso ~io regebat TAC.*Hist*.2.12.

5 Dominion (exercised by a ruler or people), government, sway.

ne sub solo ~io nostro in seruitute nostra essent CATO *hist*.95b; nedum illi ~ium orbis terrae..ad se transferre.. conarentur *Rhet.Her*.4.13; Hannibali, qui tot annis de ~io cum populo Romano..certasset CIC.*de Orat*.2.76; sociorum auxilia propter acerbitatem..~i nostri..imbecilla sunt *Fam*.15.1.5; perfacile esse..totius Galliae ~io potiri CAES. *Gal*.1.2.2; Diuiciacum..qui..Britanniae ~ium obtinuerit 2.4.7; inimici ~ium..deprecor SAL.*Jug*.24.10; regere ~io populos VERG.*A*.6.851; ius ~iumque Phraates Caesaris accepit genibus minor HOR.*Ep*.1.12.27; cum diuina tua mens et numen..~io potiretur orbis terrarum VITR.1.pr.1; Tuscorum ante Romanum ~ium late..opes patuere LIV. 5.33.7; quo decreto paene totius terrarum orbis ~ium uni uiro deferebatur VELL.2.31.3; aetheriam seruate deam ..~ium secum transferet illa loci OV.*Fast*.6.428; ~ium Asiaticum ab Assyriis..translatum est ad Medos VELL. 1.6.1; qui (*sc*. miluus) regnum adeptus coepit uesci singulas (columbas), et exercere ~ium saeuis unguibus PHAED. 1.31.12; frequens magnis ~iis gloria SEN.*Cl*.1.1.3; qui secum inuidia, quo totum ceperat orbem, abstulit ~ium LUC.10.44; mox crescit in illos ~ium superis STAT.*Silv*. 3.3.53; inde Bithynum, hinc Lycium ad mare ~io tenuisse TAC.*Ann*.2.60; litora, in quae populus Romanus ~ium habet CELS.*dig*.43.8.3.

6 A particular instance of dominion, an empire.

duos terrores huius ~i, Carthaginem Numantiamque CIC.*Mur*.58; tu, Iuppiter..quem Statorem huius urbis atque ~i uere nominamus *Catil*.1.33; ~i nostri magnitudo *Mil*.83; duabus onerariis nauibus quinquaginta annorum ~ium..facile perculit NEP.*Di*.5.3; di quibus ~ium hoc steterat VERG.*A*.2.352; finibus ~ii pellebatur V.MAX.2.10.2; ingentium ~iorum magna fastigia..conlapsa sunt SEN. *Suas*.2.3; hic dies ~ium..aut constituet aut finiet CURT. 4.14.9; uetera ~ia in ipso flore ciciderunt SEN.*Nat*.3.pr.9; Palmyra..inter duo ~ia summa Romanorum Parthorumque est PLIN.*Nat*.5.88; nullo anno minus HS. |D| ~ii nostri exhauriente India 6.101; in eas sedes transgressus, in quibus pars Romani ~ii fierent TAC.*Ger*.29.1.

7 (in transf. and fig. contexts) Authority, dominion.

omnia legum ~io et praescripto fieri uidebitis CIC.*Clu*. 147; animi ~io, corporis seruitio magis utimur SAL.*Cat*.1.2; dura exerce ~ia et ramos compesce fluentis VERG.*G*.2.370; tune mihi dominus, rerum ~iis hominumque tot tantisque minor? HOR.*S*.2.7.75; acrius pauor consternatam agit (beluam) quam insidentis magistri ~io regitur LIV.27.14.10; nulla sub ~io terra colentis erat OV.*Fast*.2.296; grauissimum est ~ium consuetudinis PUB.*Sent*.G.8; quicquid facimus, aut malitiae aut uirtutis gerimus ~io SEN.*Ep*. 106.10; magnus animo, maior ~io sui PLIN.*Nat*.35.86; expers ~ii, Fortuna, tui STAT.*Silv*.5.5.60; naturae ~io gemimus, cum funus adultae uirginis occurrit JUV.15.138;—(*w*. in+*acc*.) animi..in membra uigentis ~ium STAT.*Silv*. 1.4.55.

8 Command, bidding, (pl.) commands, orders.

petebant pellem inauratam..~io regis Peliae ENN.*scen*. 252; si quid opus est, impera, ~ium exsequar PL.*Am*.956; opsequens oboediensque est mori atque ~iis patris *Bac*.459; ~ium regis paene inminuimus LUCIL.607; si plebs nostra fremere ~ia coepisset HEM.*hist*.22; simulacrum Aristaei non tuo ~io palam ablatum est? CIC.*Ver*.4.128; te consule, tuis edictis et ~iis senatui..non est licitum..rei publicae subuenire? *Red.Sen*.16; praestare..Gallorum quam Romanorum ~ia perferre CAES.*Gal*.1.17.3; qui contra ~ium in hostem pugnauerant SAL.*Cat*.9.4; ~io Iouis huc uenio VERG.*A*.5.726; adsuetum ~iis (ceruum) 7.487; si melius quid habes, arcesse uel ~ium fer HOR.*Ep*.1.5.6; ut sine mora ~ia exsequerentur LIV.1.28.3; prae strepitu..nec consilium nec ~ium accipi poterat 22.5.3; cum sistrum aliquis concutiens ex ~io mentitur SEN.*Dial*.7.26.8; aegri.. neglecto medentium ~io ad conspectum tui..prorepere PLIN.*Pan*.22.3; Narcissi..cuius paruit (Claudius) ~iis uxorem occidere iussus JUV.14.331.

imperiūrātus ~a ~um, *a*. **inp-**. [IN-²+pple. of PERIVRO] Not falsely sworn by (with impunity).

qui.. per infernas..ualles ~ae laberis amnis aquae OV. *Ib*.76.

impermissus ~a ~um, *a*. **inp-**. [IN-²+pple. of PERMITTO] Not permitted, illicit.

neque eligit cui donet ~a raptim gaudia luminibus remotis HOR.*Carm*.3.6.27.

impermixtus ~a ~um, *a*. **inp-**. [IN-²+pple. of PERMISCEO] Unmixed.

~um limporem LUCIL.1196.

imperō ~āre ~āuī ~ātum, *intr*., *tr*. **inp-**. [IN-¹+PARO]

1 To demand the production or payment of, order, levy.

tributus quom ~atus est negant pendi potis PL.*Epid*. 227; ~abitur aliquid muneris CIC.*Agr*.2.46; nondum commemoro rapinas, non exactas pecunias..non ~atas *Pis*.38; numerum obsidum quem ante ~auerat duplicauit CAES. *Gal*.4.36.2; trium mensum frumento ~ato LIV.9.43.21; togae quingentae ~atae erant 38.9.2;—(*w*. *dat*.) ea pecunia, quae populo ~ata erat VAR.*L*.5.181; eum numerum frumenti..quem ei ciuitati ~as CIC.*Ver*.3.173; pecunias municipiis ~are *Att*.16.8.2; equites..~at ciuitatibus CAES. *Gal*.6.4.6; (classem) magnam ~atam Asiae *Civ*.3.3.1; acceptio frumenti, quod Calpurnius palam legatis ~auerat SAL.*Jug*.29.4; decem milia peditum..sociis nominis Latini ~ata LIV.41.5.4; dotis nomine ~are se illis mille talenta SEN.*Suas*.1.6; neque enim ut alia subiectis, ita amor ~atur PLIN.*Pan*.85.3;—(*w*. in+*acc*.) cum frumentum sibi in cellam ~auisset CIC.*Div.Caec*.30; in ultima..loca frumentum ~are *Ver*.3.189; Faliscis in stipendium militum eius anni..pecunia ~ata LIV.5.27.15;—(*transf*.) sola terrae seges ~atur TAC.*Ger*.26.2.

2 To enjoin, order, prescribe. **b** *exercitum ~are*, to mobilize an army.

est enim lex nihil aliud nisi recta..ratio, ~ans honesta, prohibens contraria CIC.*Phil*.11.28; neque tum peccaui cum ~atam iam Capuam..accipere nolui *Att*.8.12.2; in feriis ~andis *Div*.1.102; ex libidine leges ~antur SAL.*Hist*.1.77.17; ut..~et hoc natura potens HOR.*S*.2.1.51; ad aedem Saturni Romae immolatum est, lectisterniumque ~atum..et conuiuium publicum LIV.22.1.19; in hoc genere morborum.. ~asse famem, sitim, uigiliam prodest CELS.3.6.13; (Xerxes) nouam rerum naturae faciem ~at SEN.*Suas*.2.17; placet cibus..non ante multos ~atus dies SEN.*Dial*.9.1.6; morbo et non insanabili correptus sed longo et molesto et multa ~ante *Ep*.77.5; lumen id est capacitate⟨m⟩ quanta ~ata fuerit FRON.*Aq*.30;—(*w*. *indir*. *obj*.) hanc tibi ego ~o prouinciam PL.*Mil*.1159; arma his ~ata galea, clipeum, ocreae, lorica, omnia ex aere LIV.1.43.2; non idem ~assem omnibus per diuersa aegrotantibus SEN.*Dial*.3.16.4; et alii multa sibi ~ auere PLIN.*Nat*.7.78; triennio Maecenatem Melissum accepimus silentium sibi ~auisse 28.62. **b** qui posset tibi remissum quem dixti ~are exercitum PL.*Capt*.155; in commentariis consularibus scriptum sic inueni: 'qui exercitum ~aturus erit, accenso dicit hoc..' VAR.*L*.6.88; quia exercitum extra urbem ~ari oporteat, intra urbem ~ari ius non sit LAEL.FEL.*iur*.3;—(*fig*.) noli, opsecro, lacrumis tuis mi exercitum ~are PL.*Cist*.58.

3 To give orders (to), command. **b** (transf.) to make demands (on).

(*w*. *dat*.) audi, em tibi ~atum est PL.*Mos*.314; ibo huc quo mi ~atumst *Trin*.600; quo modo eae (*sc*. uilicae) ~ari oportet CATO *Agr*.142.1; anniuersarios habent uicinos, quibus ~ent, medicos, fullones, fabros VAR.*R*.1.16.4; num, ut gladiatoribus ~ari solet, ferrum non recepit? CIC.*Sest*.80; neque Caesari ~ari potest D.BRUT.*Fam*.11.10.4; quod iussus sum..ita feci ut appareret inuito ~atum esse POL.*Fam*. 10.31.3; castra quibus ~atum est incendant LIV.9.23.13; —(*w*. *internal acc*.) quid ⟨iam⟩ ~as? NAEV.*com*.68; nec aequom anne iniquom ~et cogitabit PL.*Am*.173; quod ~abit facito TER.*Hau*.828; quae dominus ~auerit fiant CATO *Agr*.5.2; se quod ~atum esset esse facturos CIC.*Att*. 14.9.3; post..maiora alia ~abat SAL.*Cat*.16.2; haec equites dimissi passim ~abant LIV.22.19.9;—(*absol*. *or ellipt*.) tuast, utere atque ~a, si quid uis PL.*Aul*.143; gaude. — quid ego gaudeam? — quia ego ~o, age gaude modo *Capt*.839; iubesne? — iubeam? cogo atque ~o TER.*Eu*.389; num dubitas id me ~ante facere quod iam tua sponte faciebas? CIC.*Catil*.1.13; uidelicet aliquid atrocius de me ~atum est *Att*.10.13.2; se..in castra, ut erat ~atum, receperunt CAES.*Gal*.2.11.6; nunquam ingenium idem ad res diuersissimas, parendum atque ~andum, habilius fuit LIV.21.4.3; fecerat sibi morem..nunc in dextrum cornu ad suos adequitandi, mox inde uelut ~ato..recipiendi se ad tyrannum 35.35.14. **b** (*w*. *dat*.) sic ~ant uitibus..ut posteritati non consulant COL.3.3.6; post largos fructus parcendum est uitibus..post exiguos, ~andum 4.24.21; dum per continuos dies nimis ~at uoci PLIN.*Ep*.5.19.6;—(*absol*.) ut usque in quartum annum parcius ~etur COL.4.29.12.

4 (w. obj. cls.) To give orders, command (that): **a** (w. *ut*, *ne*+subj.). **b** (w. dependent jussive subj.). **c** (w. acc. and inf., also pass., w. nom. and inf.). **d** (w. inf.). **e** (w. indir. qu.).

a mihi classem ~at..in altum ut properiter deducerem PAC.*trag*.331; his ut absentem Heraclium condemnent ~at CIC.*Ver*.2.42; Pompeium..eis..ita ~auisse, ut..perquirerent *B.Hisp*.20.2; ~at Tullus uti iuuentutem in armis habeat LIV.1.26.1; CURT.6.8.17; JUV.8.81; repente ut conchas legerent galeasque et sinus replerent ~auit SUET.*Cal*.46;— mihi ne abscedam ~at TER.*Eu*.578; ~aui Philotimo ne impediret CIC.*Att*.2.4.7; CAES.*Gal*.1.46.2; non potes ~are apibus tuis intra priuatum uolent? ne hortorum meorum floribus insidant? [QUINT.]*Decl*.13.4. **b** huic ~at quas possit adeat ciuitates CAES.*Gal*.4.21.8; SAL.*Jug*.75.5; LIV. 29.2.8; OV.*Met*.13.659; SUET.*Nero* 1.1; ~ant quicquid pareret necaret HYG.*Fab*.91.2. **c** fistulas..praecidi ~arat CIC.*Rab.Perd*.31; ad eum locum fluminis..pontem ~ant fieri CAES.*Civ*.1.61.6; Irin ad Hersilien descendere..~at OV.*Met*.14.831; e conuiuio rapi homines ~as..? SEN.*Dial*. 5.40.4; circa ea duci equos noctu clam ~auit FRON.*Str*. 1.11.9; Pinarium..coram confodi ~auit SUET.*Aug*.27.3; (*w*. *ellipsis of acc*.) ille intra tecta uocari ~at VERG.*A*.7.169; —in his lautumiis..deduci ~antur CIC.*Ver*.5.68. **d** animo nunciam otioso esse ~o TER.*An*.842; signa extemplo canere..~at ACC.*trag*.385; ~auit frumentum..conportare SAL.*Jug*.47.2; cum..~auisset municipiis praestare commeatus VITR.2.9.15; praetoribus ~auit..septingentarum carinas nauium ponere CURT.10.1.19; sociis..resumere pontum ~at STAT.*Ach*.1.694; quibus..portare..cibaria ~abat FRON.*Str*.4.1.1; (*poet*.) ~at extructos frangere nona (*sc*. hora) toros MART.4.8.6. **e** quin tu quid faciam ~a TER. *Ph*.223; quid fieri uellet ~abat CAES.*Gal*.7.16.2; legatis ~at ubi quisque curaret SAL.*Jug*.57.2; quantum quisque daret pro facultatibus ~abat NEP.*Ep*.3.6.

5 (gram.) To express a command.

similitudines, quibus utimur in ~ando, quibus in optando VAR.*L*.9.32; cum aut praesenti aut absenti ~amus fiunt terna, ut lege legito legat: perfectum enim ~at nemo 9.101; cum..percontamur aut ~amus aut optamus CIC.*Part*.47.

6 To hold political power, rule (over). **b** (spec., of the Roman emperor).

(*w*. *dat*.) en ~o Argis *Inc.trag*.104; in hac ciuitate, quae propter uirtutem omnibus nationibus ~at CIC.*Ver*.4.81; qui..ciuitatem..non modo liberam, sed etiam gentibus ~antem seruire sibi coegisset *Off*.3.84; ut qui uicissent eis quos uicissent quem ad modum uellent ~arent CAES.*Gal*. 1.36.1; omni Numidiae ~are parat SAL.*Jug*.13.2; NEP.*Con*. 3.4; LIV.6.18.11; uter ~et orbi LUC.2.61; quot nationibus ~abat QUINT.*Inst*.11.2.50;—(*absol*.) illo ~ante exhaustam esse sumptibus..prouinciam CIC.*Att*.6.1.2; dis te minorem quod geris, ~as HOR.*Carm*.3.6.5; haudquaquam cum imperii iure artem ~andi aequatam LIV.22.26.7; fatum urbis ~aturae FLOR.*Epit*.1.22(2.6.20);—(*impers*. *pass*.) quam.. nec in uicem pareatur atque ~etur LIV.7.18.7; male ~atur, cum regit uulgus ducem [SEN.]*Oct*.579. **b** an ~are noluisset dubium TAC.*Hist*.1.8; omnium consensu capax imperii nisi ~asset 1.49; eam condicionem esse ~andi *Ann*.1.6.

7 a (of a general, etc.) To be in command (over). **b** (of heads of households, etc.) to be in authority, rule (over).

a (*w*. *dat*.) classi..Cleomenem..praeesse iubet atque ~are CIC.*Ver*.5.82; uolebant sibi ab illo ~ari *Phil*.11.20; NEP. *Eum*.8.2;—(*absol*.) nec ades ad ~andum uel ad parendum potius CIC.*Fam*.9.25.2; sic se (*sc*. legiones) compluris annos illo ~ante meruisse ut..CAES.*Gal*.7.17.5; quom ipse ad ~andum Tisidium uocaretur SAL.*Jug*.62.8; si quid illo ~ante aduersi in Aegypto accidisset NEP.*Dat*.5.3; melius in Volscis ~atum est LIV.2.63.6; 22.34.11;—(*fig*.) paremus externis, et una artium (*i.e*. *in medicine*) imperatoribus quoque ~auerunt PLIN.*Nat*.24.5; hic regnat, hic ~at, hic sola uincit (eloquentia) QUINT.*Inst*.7.4.24; (orator) locuples circumfluentibus undique eloquentiae copiis ~at 12.10.78. **b** alienos manu emittitis alienisque ~atis PL.*Cur*.497; te opsecro, ne minus ~es mihi quam quom tuos seruos fui *Men*.1033; *Trin*.1061; fateatur nescire ~are liberis TER. *Ad*.77; OV.*Am*.3.8.62; seruis ~are moderate laus est SEN. *Cl*.1.18.1; ~at ergo uiro JUV.6.224; (*cf*.) ~ant iis (*sc*. fucis apes) PLIN.*Nat*.11.27;—(*absol*.) non solum enim debere ~are (*sc*. *overseers*) sed etiam facere VAR.*R*.1.17.4; MART.11.40.2.

8 (transf.) To exercise authority or control (over). **b** (over oneself, one's impulses, appetites, etc.).

(*w*. *dat*.) si huic ~abo, probe tectum habebo PL.*Mos*.870; in sorte, cui ~are non potuerat, exspectabant homines quidnam acturus esset CIC.*Ver*.2.127; exercet..frequens tellurem atque ~at aruis VERG.*G*.1.99; PETR.58.2; JUV. 6.64;—(*w*. *inanim*. *subj*.) ~at aut seruit collecta pecunia cuique HOR.*Ep*.1.10.47; uobis ~at ista (*sc*. libido) magis PROP.3.19.2; locus ~at astris MAN.2.857; ~are naturae sacra PLIN.*Nat*.2.141; regnator quibus ~at fritillus MART. 11.6.2; quam rarus terris hic ~et ignis STAT.*Theb*.7.202; et oculos formant aliquatenus (supercilia) et fronti ~ant QUINT.*Inst*.11.3.78; (*absol*.) apud quos uoluptas ~at SEN.*Ep*.92.26; uictus aret uictusque metat, metus ~et illi

*Eleg.Maec.*95; aut inertes aut insani aut quibus egestas ~at Enn.*scen.*320. **b** uincam animum mihique ~abo Cic. *Phil.*12.21; cum..praecipitur, ut nobismet ipsis ~emus, hoc praecipitur, ut ratio coerceat temeritatem *Tusc.*2.47; Sen.*Ben.*5.7.5; ~aui mihi..et studui paucissimis diebus Mart.12.pr.20;—haec (*sc.* ratio) ut ~et illi parti animi, quae oboedire debet Cic.*Tusc.*2.47; ~are animo nequiui, quin..scirem Liv.34.31.2; accensae non fortiter ~at irae Ov.*Met.*9.28; ~abo pudori meo Sen.*Ben.*5.20.7; quis diros urbis casus..~et euoluens lacrimis? Sil.2.652; quantum ille (*i.e. Ovid*) praestare potuerit, si ingenio suo ~are quam indulgere maluisset Quint.*Inst.*10.1.98.

imperpetuus ~a ~um, *a.* **inp-.** [in-²+perpetvvs] Not perpetual, transitory.
cui aliquid abscedere potest, id ~um est Sen.*Ep.*72.7.

imperspicuus ~a ~um, *a.* **inp-.** [in-²+perspicvvs] Impenetrable, hard to fathom.
neque..minus ~a, incerta, fallacia sunt iudicum ingenia quam tempestatum Plin.*Ep.*1.20.17.

imperterritus ~a ~um, *a.* **inp-.** [in-² +pple. of perterreo] Undaunted, fearless.
manet ~us ille hostem magnanimum opperiens Verg.*A.* 10.770; et maior Capua mens ~a mole inuicta stabat Sil.11.207; Quint.*Inst.*1.5.65; (*w. acc. of part affected*) frontem ~us Sil.14.187.

impertiō ~īre ~iuī or ~iī ~ītum, *tr.* **inp-.** Also ~**ior** ~īrī. [in-¹+partio] Forms: ~*ibis* (fut.) Nov.*com.*11; ~*ibant* (impf.) Fro.*Aur.*2. p.14(228N).

1 To give a share of, impart. **b** to communicate, confide (feelings, etc.). **c** to devote or bestow a share of (one's time, effort, etc.). **d** to communicate (a greeting). **e** (w. *cum*) to share (with a person).
(*w. dat. of recipient*) spiritum..quem ducimus ab eo nobis dari atque ~iri uidemus Cic.*S.Rosc.*131; oneris mei partem nemini ~io, gloriae bonis omnibus *Sul.*9; cogitationes quae mihi nullam partem neque diurnae neque nocturnae quietis ~iunt *Agr.*2.5; aliquid ~iut tibi sui consili *Fam.*5.2.9; pedes ei (*sc.* magneti) ~iuit et mores Plin.*Nat.*36.127; ne gratiae potentium nimium ~ire uideantur Plin.*Ep.*9.5.2; Apul.*Fl.*16; (*refl.*) talem te et nobis et rei publicae hoc tempore ~ias Cic.*S.Rosc.*11; (*w.* de) saepe idoneis hominibus indigentibus de re familiari ~iendum *Off.*2.54;—(*w. recipient not expr.*) uos, cum putatis eos ab his rebus remotos esse, ~itis bonam existimationem Gracch.*orat.*41; si quid nouisti rectius istis, candidus ~i Hor.*Ep.*1.6.68; pridie praeparant eos (*sc.* equos), potum exiguum ~ientes Plin. *Nat.*8.162; nulla ~ita mora Apul.*Apol.*84;—(*w. ellipsis of obj.*) quaesso ut m⟨ih⟩i ~ias Pl.*Vid.*39; si ignotis ~ibis Nov.*com.*11;—(*dep.; w. dat.*) ~ire nobis unctulum indidem Apul.*Met.*3.22. **b** (*w. dat.*) dolorem..suum ~ire nobis Cic.*Att.*2.23.2; ut coniugibus liberisque tam laetum nuntium ~irent Liv.27.51.4; gaudium..id populo ~ire 30.40.3. **c** (*w. dat.*) ut meum laborem hominum periculis subleuandis ~iam Cic.*Mur.*8; tantum potuit ~ire huic studio temporis *Balb.*3; ut aliquid suorum studiorum philosophiae..~iat *Fin.*5.6; sapientiae doctoribus tempus ~iebat Tac.*Ann.* 14.16; auris studiis honestis et uoluptatibus concessis ~ire 14.21; prima uitae tempora et media patriae, extrema nobis ~ire debemus Plin.*Ep.*4.23.2; horam otio nullam ~ibant Fro.*Aur.*2.p.14(228N); (*cf., refl.*) ~ire te nec uoluptati nec dolori..potes Sen.*Dial.*11.7.3;—(*w.* ad) nihil ~isti tuae prudentiae ad salutem meam Cic.*Att.*3.15.7;—(*dep.*) cum..alia..studia ad id opus multoque potiora ~iar Verg.in Macr.1.24.11. **d** (*w. dat.*) amatori suo..salutem ~it Pl.*Ps.*43; Terentia delectata est tuis litteris; ~it tibi multam salutem Cic.*Att.*2.12.4. **e** quocum bene saepe libenter mensam sermonesque suos..comiter ~it Enn.*Ann.* 236.

2 To make a sharer (in), present (with a share of).
(*w. abl. of thing communicated*) minus..me ~ire honoribus Pl.*Aul.*19; se ut nuntio hoc ~iam *St.*299; plurima salute Parmenonem summum suom ~it Gnatho Ter.*Eu.*271; quod molestiis senectutis suae uestras familias ~ire posset Cic.*Rep.*5.10; omnibus doctrinis, quibus puerilis aetas ~iri debet, filium erudiuit Nep.*Att.*1.2; nullo praeter auguralis sacerdotii honore ~itum Suet.*Cl.*4.7; filiam..ne honesto quidem legato ~iuit Apul.*Apol.*97; (*ellipt.*) erum saluto primum, ut aequomst; postea si quid superfit uicinos ~io Pl.*Ps.*456;—(*dep.*) sed cesso eram hoc malo ~iri propere? Ter.*Ad.*320.

imperturbātus ~a ~um, *a.* **inp-.** [in-² +pple. of pertvrbo] Undisturbed, untroubled, serene.
doctissimus olim ~o quod bibit ore reus Ov.*Ib.*558; qui constans est, ~us est; qui ~us est, sine tristitia est Sen. *Ep.*85.2; uenarum..~a mobilitas modum seruat *Nat.* 6.14.2; inde purum liquidumque et ~ae lucis aera Plin. *Nat.*2.85; ~a..mente Sil.15.58; audio ~us, interritus Plin.*Ep.*9.13.8; (*w. abl.*) ~a publicis occupationibus quies Sen.*Ep.*73.10.

imperuius ~a ~um, *a.* **inp-.** [in-²+peruivs] Not affording a way through itself, impassable.
uerticibus..frequens erat atque ~us amnis Ov.*Met.* 9.106; non..adeo semota neque ardua tellus longaque iam populis ~ia lucis eoae V.Fl.2.642; 4.711; itinera fraude mancipum et incuria magistratuum interrupta et ~ia Tac. *Ann.*3.31; is lapis ignibus ~ius est (*i.e. fireproof*) *Ann.* 15.43; (*in fig. phr.*) ut ipsum iter neque ~um neque saltem durum putent Quint.*Inst.*12.11.11.

impescō ~ere, *tr.* [cf. perh. compesco] (See quot.)
~ere in laetam segetem pascendi gratia inmittere Paul. *Fest.*p.108.

impete, *abl. sg. m.* [cf. impetvs; decl. on anal. of *praepes*] Forms: gen. sg. ~*is* Lucr. 6.327. (Used for cases of *impetus* for metrical reasons; see also Gel.19.7.8).

1 Onset, assault.
equites..ualido quatientes ~e campos Lucr.2.330; manus una regit quantouis ~e euntem (nauem) 4.903; ut interdum ualidi uis incita uenti perscindat nubem perfringens ~e recto 6.138; inde ubi non potuit nubes capere ~is auctum 6.327; in iuuenes certo sic ~e uulnificus sus fertur Ov.*Met.*8.359; transiliunt campos aurigamque ~e uasto..corripiunt Stat.*Theb.*7.585; corruit ulterior procursus ~e truncus Sil.13.248.

2 Extent, stretch, sweep.
collectus aquae..despectum praebet sub terras ~e tanto Lucr.4.416; hominem tanto membrorum esse ~e natum 5.913.

impetibilis ~is ~e, *a.* **inp-.** [in-²+patibilis] Unbearable, intolerable.
pertolerarem uitam cladesque exanclarem ~is Acc.*trag.* 91; quem (*sc.* dolorem)..cum improbis poenam proponitis, ~em facitis Cic.*Fin.*2.57; cum ualetudo ~is odium uitae fecisset Plin.*Nat.*20.199; ~es..cruciatus 25.59; Apul. *Apol.*85.

impetīginōsus ~a ~um, *a.* **inp-.** [next+ -osvs] Suffering from *impetigo.*
(*masc. as sb.*) Trebatius ait ~um morbosum non esse, si eo membro, ubi impetigo esset, aeque recte utatur Ulp. *dig.*21.1.6.1.

impetīgō ~inis, *f.* **inp-.** [cf. depetigo] A name given to various kinds of scaly skin eruption. **b** (applied to a disease on the bark of fig-trees).
~inis..species sunt quattuor Cels.5.28.17.a; illo lapide tangitur ~o Plin.*Nat.*27.100; Larg.249; callis..plurifariam concretis ad ~inis formam Suet.*Aug.*80;—(*pl.*) ~ines et quicquid scabiei est aceto et alumine defricantur Col.6.31.2; tenesmon..tostum (eruum)..corrigit; item ~ines ex aceto coctum Plin.*Nat.*22.152; ad ~ines uua taminia, quae sic dicitur, bene facit Larg.249. **b** ~o et.. cocleae peculiaria ficorum uitia Plin.*Nat.*17.223.

impetix: (see quot.).
~, impetigo Paul.*Fest.*p.109M.

impetō ~ere, *tr.* **inp-.** [in-¹+peto] To attack, assail.
ursa..se rotat in uolnus telumque irata receptum ~it Luc.6.223; 6.394; (lupus) improbus erigitur contra, nec cura uetantis ~ere Stat.*Theb.*8.694; ~it os hasta Sil.5.273.

impetrābilis ~is ~e, *a.* **inp-.** *compar.* ~ior. [impetro+-bilis]

1 Easy to achieve or obtain.
quo ~ior pax esset Liv.30.16.15; 37.34.2; utrum, quae pro se, an, quae contra fratrem petiturus esset, ab senatu magis ~ia forent 45.19.6; ut abstinerent armis, ~i uenia et paratis deprecatoribus, si paeniteret Tac.*Hist.*4.69.

2 Effective in obtaining one's request, etc.
~ior qui uiuat nullus est Pl.*Mer.*605; non potuit uenire orator magis ad me ~is quam tu *Mos.*1162; Iunonis facito uotum ~e Prop.4.1.101; hercvli invicto inpetrabi⟨li⟩ *CIL* 5.5769; (*transf.*) pro di inmortales, mihi hunc diem dedistis luculentum! ut facilem atque ~em! Pl.*Epid.*343.

impetrātiō ~ōnis, *f.* **inp-.** [impetro+-tio] The action of obtaining one's request.
illud molestius, istas ~ones nostras nihil ualere Cic.*Att.* 11.22.1.

impetriō ~īre ~ītum, *tr.* **inp-.** [cf. impetro] To seek a favourable omen for.
~itum, inauguratumst: quouis admittunt aues Pl.*As.* 259; cum..magna uis uideretur esse in ~iendis consulendisque rebus Cic.*Div.*1.3; auibus magnae res ~iri solebant 1.28; 2.35; (*cf.*) ~itum, inpetratum Paul.*Fest.*p.108M.

impetrītum ~ī, *n.* **inp-.** [prec.] A favourable omen or auspice, granted in response to prayer, etc.
rebus diuinis opera datur..cum inquirendum uel extis uel sortibus, ~o V.Max.1.1.1; alia sunt uerba ~is, alia depulsoriis, alia commendationis Plin.*Nat.*28.11.

impetrō ~āre ~āuī ~ātum, *tr.* **inp-.** [in-¹ +patro] Forms: ~*assere* (inf.) Pl.*Aul.*687, *Cas.*271, *Mil.*1128, *St.*71.

1 To obtain by request or entreaty. **b** (w. *ut, ne,* subj.) to succeed in one's request (that); (also w. acc. and inf., or inf. alone). **c** (absol. or ellipt.) to have one's request granted, succeed in one's application.
quod me orabis ~abis Pl.*Capt.*942; quod me miseras, adfero omne ~atum *Mos.*786; res falsas qui ~ant apud iudicem *Rud.*18; id ne ~emus pugnabis Cic.*Lig.*13; re ~ata Caes.*Gal.*7.63.5; ut..auxilia ab Romanis petierint eaque ~arint Nep.*Ham.*2.3; poscit opem chorus..~at et pacem Hor.*Ep.*2.1.137; ut..ueniam ~etis quam petitis Liv.27. 13.8; ut ipsa illa quae exorquet, ~are eum credas Quint.*Inst.*10.1.110; ~ato Tigellini exitio Tac.*Hist.*1.72; —(*w.* ab) istuc confido ⟨a⟩ fratre me ~assere Pl.*Aul.*687; ego ~are nequeo hoc abs te Ter.*Eu.*181; quam rem facile a praetore ~assent Cic.*Quinct.*33; ei Dolabella..ciuitatem a Caesare ~auit *Fam.*13.36.1; aues..quarum aduentum ab Ioue precibus ~ant..incolae Plin.*Nat.*10.75. **b** ~em facile ab animo ut cernat uitalem habitum Enn.*scen.*346; ~aui ut ne quid ei suscenseat Pl.*Bac.*533; tandem ~aui egomet me ut corrumperem *Mer.*544; sinite ~are me.. ne eum circumuentum..iniqui irrideant Ter.*Hec.*52; ~at a senatu ut dies sibi prorogaretur Cic.*Ver.*1.98; precibus a seruo suo ~auit ut se interficeret *B.Afr.*94.2; Liv.43.2.12; —(*impers. pass.*) ~atum est a consuetudine ut peccare suauitatis causa liceret Cic.*Orat.*157; Caes.*Civ.*1.1.1; ab senatu ~atum..ne res ab iis repeterentur Liv.4.58.2; aegre..~ato ut de ea re consuli senatum..sineret 9.16.5; Vell.2.107.2; Plin.*Ep.*6.32.2;—(*w. subj.*) tandem ~aui abiret Pl.*Trin.*591;—Agrippina in oppidum..ueteranos coloniamque deduci ~at Tac.*Ann.*12.27;—si ipse quoque se tibi ~auerit excusare Fro.*Ant.*1.p.264(171N). **c** opto annum hunc perpetuom mihi huius operas. — ~asti Pl.*As.* 721; nolo ames. — non potes ~are *Cas.*233; ~are oportet qui aequom postulat *St.*726; utrum ille qui postulat.. idoneus non est qui ~et..? Cic.*Man.*57; censeo..ab eo hoc petas. non dubito quin ~aturus sis *Att.*10.10.2; Tac.*Hist.* 2.45;—(*w.* ab) haud ⟨scio⟩ an lubentibus a uobis ~assem Gracch.*orat.*44; Caes.*Gal.*1.9.2; Gaius *Inst.*2.135[a];—(*w. de*) nisi de redimendis is, qui capti erant, ~assent Cic.*Off.*1.40;— (*impers. pass.*) si uoltis deprecari huic seni ne uapulet, remur ~ari posse Pl.*As.*947.

2 (transf., of things) To succeed in gaining, obtain.
(*w. acc.*) ~et ratio quod dies ~atura est Cic.*Att.*12.10; nec Sirenes ~auerint fidem, adfirmet licet Dinon Plin.*Nat.* 10.136; Quint.*Decl.*377(p.418,l.19);—(*w.* ne) somnium.. propter nimiam..euidentiam ne omittatur ~at V.Max. 1.7.ext.10.

impetus ~ūs, *m.* **inp-.** [impeto] Forms: dat. sg. ~*u* Planc.*Fam.*10.24.3 (~*ui* app. not found); see also impete.

1 Violent onward movement or force, impetus, impulse. **b** an instance of this, thrust, impulse.
labitur uncta carina, uolat super ~us undas Enn.*Ann.* 386; ne Gallus ~um icti haberet Quad.*hist.*10b; ipse (gladius) ~u suo nemini noceat Cic.*Sest.*24; neque ullius natantis ~um trabis nequisse praeterire Catul.4.3; ex imis..furit ignibus ~us Aetnae Lucr.2.593; contra eum atque ~um fluminis Caes.*Gal.*4.17.5; sub ~u solis Vitr. 6.1.2; quo rapit ~us undae Ov.*Tr.*1.4.15; immoderato uocis ~u V.Max.9.3.8; ~um uentris prohibere Cels.4.26.2; quia nec hoc nec illo ~um capiat (mare) Sen.*Nat.*5.1.1; nec iam prior ~us alno Stat.*Theb.*5.370; ~u peruagatum incendium plana primum Tac.*Ann.*15.38. **b** trudunt res ante ruuntque ~ibus crebris Lucr.1.293; aer..~us et undas crescentes facit uentorum Vitr.8.2.2; multos..uersus uno ~u spiritus conplectebatur V.Max.8.7.ext.1; tot..torrentium ~us Sen.*Nat.*6.7.2; tribus congiis..epotis uno ~u Plin.*Nat.*14.144.

2 A hostile movement, onset, thrust, attack. **b** (mil.) a charge, assault. **c** ~*um facere,* to make an attack, charge.
draconis saeui sopiui ~um Enn.*scen.*274; lupino..~u *Sat.*16; fit ad domum eius cum clamore concursus atque ~us Cic.*Ver.*5.93; cum totius ~us belli ad Cyzicenorum moenia constitisset *Mur.*33; quo gemitu conuersi animi compressus et omnis ~us Verg.*A.*2.74; ab ira et ~u multitudinis Liv. 3.53.1; canum ~us Plin.*Nat.*32.52; (*fig.*) contra ~um istorum impetu ego nostro concurram atque confligam Cic. *Scaur.*20; (*poet.*) nocturno ~u (*app. 'at the onset of night'*) Acc.*praet.*17. **b** cum clamore inuolant ~u alacri Pl.*Am.* 245; Romanos ~u suo protelant Sis.*hist.*27; cum sustinere nostrorum ~us non possent Caes.*Gal.*1.26.1; ~um excipere hostium docuit Nep.*Cha.*1.2; dedit ~um in siluas Tac.*Ann.* 2.20;—(*personified*) ~us haut longe..restat Enn.*Ann.*481; primis salit ~us amens e foribus Stat.*Theb.*7.47. **c** ubi.. uidit Attin..facit ~um (leo) Catul.63.89; aper, cum uellet facere generosum ~um, repressit iram Phaed.1.29.9;—(*w.* in+*acc.*) facit recta in anguis ~um Pl.*Am.*1115; fit in eos ~us Cic.*Catil.*3.6; ~u..facto in Cassianam classem Caes. *Civ.*3.101.6; in aedes C. Manli nocte ~um factum Liv.7.42.4; ~um in proximas (aluos) faciunt (*sc. bees*) Plin.*Nat.*11.58; —(*obsc.*) puer, ~us in quem continuo fiat Hor.*S.*1.2.117;— (*fig.*) in arcam faciet ~um Pl.*Bac.*943; in reliquas omnis fortunas iste..~um facit Cic.*S.Rosc.*21; ut ~us fiat in uacuam rem publicam Sal.*Cat.*52.23.

3 (transf.) Hostile action, blow, attack, violence. **b** (med.) an attack (of a disease).
me grauis ~us Orci percutit in latus Enn.*Ann.*551; omnis ~us fortunae se putant fugisse *Rhet.Her.*4.24; decumanorum hos ~us Cic.*Ver.*3.58; caedem uideo..et ~um in priuatorum pecunias *Att.*10.8.2; fortunae ~um superare *Q.fr.*1.1.5; nemo..ferre ~um uitiorum..potest Sen.*Ep.*7.6; si ~us offensionis languerat Tac.*Ann.*4.21;— (*cf.*) in eadem uerba ~us et concursio Cic.*de Orat.*3.206. **b** in ipso acuti morbi ~u Cels.2.4.1; eo..~um materiae ..euocat 4.14.4; tertianae..~um Petr.17.7; lenit ~us podagrae Plin.*Nat.*32.111; post impet(um) lippit(udinis) *CIL* 13.10021(106);—(*w. obj. gen.*) oculorum..~us Plin. *Nat.*20.16.

4 Vigorous effort or action. **b** vigour, ardour (of a speaker or writer); (pl.) efforts.
ut..nec ~u potius bella quam perseuerantia gerat Liv. 5.6.8; ne eum quidem..reuocari ab ~u belli placebat 8.23.13; si ex hoc ~u rerum nihil prolatando remittitur 37.19.5; non paulatim, sed magno ~u recta cogitatio pectus iuuenis occupauit V.Max.5.9.4; alios continuatio extundit, in aliis plus ~us facit Quint.*Inst.*1.3.6; magna corpora et tantum ad ~um ualida Tac.*Ger.*4.2; multa bella ~u ualida per taedia et moras euanuisse *Hist.*2.32. **b** magno..ui ~u saepe aduersarios de statu omni deiecimus Cic.*Orat.*129; quae.. sunt..ad omnem ~um dicendi contentionemque leuiora *Deiot.*5; quae ~u placent, minus praestant ad manum relata Sen.*Ep.*100.3; ~u magis quam cura uigebat Tac.*Ann.*4.61; recalescere ex integro et resumere ~um fractum omissumque Plin.*Ep.*7.9.6;—secundos ~us auget placendi cupido Quint.*Inst.*10.7.17.

5 A violent mental impulse, urge, effort (often unpremeditated): **a** (w. *animi* and sim.). **b** (alone); *omni ~u* (and sim.) with all one's might.
a ut..~u quodam animi potius quam cogitatione fecerit Cic.*Inv.*2.17; quibus animorum ~us eorum..impellantur *de Orat.*2.312; ut tota mente omnique animi ~u

in rem p. incumbas *Fam.*10.5.2; ut iam resederat ~us animorum ardorque Liv.26.18.10; ~us ille flagrantis animi, qui consilium fugat Sen.*Ben.*2.14.1; pectoris sani parum ..compesce..~um *Her.F.*975; nec..ingeniorum ~us refringendos Plin.*Ep.*9.26.7. **b** quos illorum animos, quos ~us, quam ferociam fore putatis? Cic.*Agr.*2.96; animalia, quae habent suos ~us et rerum appetitus *Off.*2.11; suo magis..~u quam consilio ducis conuolsis signis Liv.7.39.16; omni ~u cogitationis in superiore opere absumpto V.Max. 8.11.ext.5; quod nunc ratiost, ~us ante fuit Ov.*Rem.*10; alii nihil nisi ~u peccant, alii etiam artes adhibent Cels. 3.18.3; siste furialem ~um Sen.*Med.*157; da..moram, male cuncta ministrat ~us Stat.*Theb.*10.705; occidere solent, non disciplina et seueritate, sed ~u et ira Tac.*Ger.* 25.2;—ad eam (*sc.* uoluptatem)..feruntur omni ~u Cic. *Off.*1.105; V.Max.8.15; toto ~u Sen.*Ep.*22.3.

6 (w. gen., inf., *ad*) An impulse (to do something).

(*w. gen. of gd. or gdve.*) neque..delendi huius imperi tam consceleratus ~us exstitisset Cic.*Cael.*14; subiit animum ~us..Romam petendi Liv.26.7.3; Ov.*Fast.*4.222; ~um cepi abrumpendae uitae Sen.*Ep.*78.2; Tac.*Ann.*15.50;—(*w. gen. of sb.*) quo quemque fugae tulit ~us Luc.1.491;—(*w. inf.*) fuit in teneras ~us ire genas Ov.*Am.*2.5.46; regios luxus procul est ~us fugisse Sen.*Phaed.*518; Stat.*Theb.* 4.350;—(*w. ad*) omnis..tuos ad laudem ~us noui Cic.*Fam.* 10.26.2; adulescens ~us ad bella maximi Vell.2.55.2; conuenit..esse quosdam ad conceptum ~us et terrae Plin. *Nat.*18.202.

7 (w. gen.) A sudden accession, fit, burst (of passion, anger, etc.).

⟨in⟩ ~u studiorum et motu temeritatis Cic.*Planc.*15; est..prudentis sustinere ut cursum sic ~um beniuolentiae *Amic.* 63; ut..illo ~u irae concitari potuerint ad bellum Liv.36.29.1; concitatae temulentiae ~u euectus V.Max. 5.1.ext.2; irae furentis ~um non sustinens Phaed.3.10.25; donec ~us famae..languesceret Tac.*Ag.*39.4; (*ellipt.*) si quando..resederit praesens ~us Quint.*Inst.*6.pr.14; finis Neronis..laetus primo gaudentium ~u fuerat Tac.*Hist.*1.4.

8 A wide extent of space, reach, sweep.

in magno ~u maris atque aperto Caes.*Gal.*3.8.1; quantum caeli tegit ~us ingens Lucr.5.200; uti..aut maiores ~us (*i.e. fronts*) aut minores habeant singuli uenti Vitr.1.6.12; ex his, quod est leuissimum..aer auocans dissipat in ~um caeli 8.1.7; mare..submotas..terras magno ~u inflectit Mela 1.27; 3.6; Plin.*Nat.*6.24; effusae..~us aulae Stat. *Silv.*4.2.23.

impexus ~a ~um, *a.* **inp-.** [in-² + pple. of pecto] (of the hair, etc.) Uncombed, matted, tangled. **b** having the hair tangled, unkempt.

coma prolixa ~a Pac.*trag.*20^b; stiria..~is induruit horrida barbis Verg.*G.*3.366; Luc.6.518; Stat.*Theb.*1.484; canitiem ~am 3.138; (*cf.*) caput..~a foedum porrigine Hor.*S.* 2.3.126. **b** tegimen..leonis..terribili ~um saeta Verg. *A.*7.667; Tisiphone..~a feros pro crinibus angues saeuit Tib.1.3.69; uidua ~a luctu continuo Tac.*Ann.*16.10; (*transf.*) tristem et ~am antiquitatem *Dial.*20.3.

impicō ~āre, *tr.* **inp-.** [in-¹ + pico] To cover with pitch.

addito mustum in amphoram nouam, eamque..~ato Col.12.29.1; pediculos (uuarum)..~ato dura pice 12.44.1.

impiē, *adv.* **inp-.** [impivs + -e] In a manner displaying *impietas.*

qui aliquid ~ scelerateque commiserint Cic.*S.Rosc.*67; multa..et in deos et in homines ~ nefarieque commisit *Ver.*1.6; sacrum commissum, quod neque expiari poterit, ~ commissum esto *Leg.*2.22; si ego iniuste ~que illos homines..dedier mihi exposco *formula* in Liv.1.32.7; si quid ~ in te, pater, si quid scelerate in fratrem admisi 40.15.9; V.Max.4.1.ext.2; Quint.*Inst.*7.1.53; Suet.*Dom.*10.1.

impietās ~ātis, *f.* **inp-.** [impivs + -tas] Failure in a sense of obligation, duty, respect, etc.: **a** (in family relationships). **b** (towards the gods, the state, the emperor). **c** (in general).

a qui ducat..generibus (*sons-in-law*) tantam esse ~atem? Acc.*trag.*65; ~ate fera uecordem Colchida matrem *Culex* 249; ~ate pia est Ov.*Met.*8.477; V.Max.3.2.ext.8; parentes suos non amare ~as est Sen.*Ben.*3.1.5; Plin.*Pan.*43.1. **b** Pl.*Rud.*198; scelerum in homines atque in deos ~atum nulla expiatio est Cic.*Leg.*1.40; *N.D.*3.84; socias..sorores ~atis habet Ov.*Met.*4.4;—~atis duces Cic.*Amic.*42; parum habes publica ~ate furere, nisi etiam priuata lapsus fueris? V.Max.5.1.3;—Albucilla..defertur ~atis in principem Tac.*Ann.*6.47; Senecionem..~atis reum postulat Plin.*Ep.* 7.33.7; nemini ~as, ut solebat, obiecta, quod odisset gladiatorem *Pan.*33.3. **c** si nihil est, quod tam miseros faciat quam ~as et scelus Cic.*Fin.*4.66; saeuit ~as furens [Sen.]*Oct.*432; (*personified*) Sen.*Her.F.*97.

impiger ~gra ~grum, *a.* **inp-.** [in-² + piger] Not slothful, active, energetic, brisk. **b** (used predicatively in quasi-advl. sense). **c** (poet., of inanim. or non-physical things; also transf., of activities).

nam ego nunc mihi, qui ~ger fui, repperi ut piger si uelim siem Pl.*Rud.*924; principio circum tribus actis ~ger annis floret equus, puer haudquaquam Lucr.5.883; Aemilius Scaurus, homo nobilis ~ger factiosus, auidus potentiae honoris diuitiarum Sal.*Jug.*15.4; fuit..disertus, ~ger, laboriosus Nep.*Timoth.*1.1; quidquid arat ~ger Apulus Hor.*Carm.*3.16.26; ~ger Aenea Tib.2.5.39; cum..mors..tyranni duces magis ~gros dedisset Syracusanis Liv. 24.21.1; Bucar..uir acer et ~ger, ad id delectus 29.32. 1; Ov.*Ep.*3.86; ~ger..graculus *Priap.*83.12; Luc.4.8;—(*of the mind, faculties*) usus et ~grae simul experientia mentis paulatim docuit pedetemptim progredientis Lucr.5.1452; ut erat ~gro atque acri ingenio Sal.*Jug.*7.4; amittendum morem hunc..~grae linguae, animi ignaui *Hist.*3.48.14;—(*w. activity specified by* ad) uirum ad labores belli ~grum Cic.*Font.*43; (*cf.*) cecidit..in strage suorum ~ger ad letum Luc.4.798; (*by* in + *abl.*) in quibus (*sc.* itineribus).. se praebebat patientem atque ~grum Cic.*Ver.*5.10; quis est tam in scribendo ~ger quam ego? *Fam.*2.1.1; (*w. gen.*) urbanae militiae ~ger, bellorum insolens Tac.*Hist.*1.87; *Ann.* 3.48; (*w. abl.*) quare ~ger alis portantis praecede Notos, Cyllenia proles Stat.*Theb.*1.292; praeerat castello Decrius ~ger manu, exercitus militia Tac.*Ann.*3.20; (*w. inf.*) ~ger hostium uexare turmas Hor.*Carm.*4.14.22. **b** ille ~ger hausit spumantem pateram Verg.*A.*1.738; ~ger extremos curris mercator ad Indos Hor.*Ep.*1.1.45; patrios..adit ~ger ortus Ov.*Met.*1.779; nulla parendi mora est: adsum ~ger Sen.*Ep.*107.11. **c** ~ger..Cephisos Luc.3.174; cumulos frugum et quidquid nouat ~ger annus Stat.*Theb.* 8.301; ~ger fluminum Rhodanus Flor.*Epit.*1.37(3.2.4);—ob ~gram militiam Liv.3.5.15.

impigrē, *adv.* **inp-.** [prec. + -e] Energetically, actively, smartly.

nam ut de nocte multa ~que exsurrexi Pl.*Rud.*915; satis ~ occiso pedite Sal.*Jug.*101.6; nuntiantibus Hernicis in fines suos transcendisse hostes ~ promissum auxilium Liv.3.8.4; ita ~ rem agente ut ducem abesse nec ciues nec hostes sentirent 21.12.1; imperata non ~ solum sed etiam auide exsecuti 27.12.6; Curt.3.11.3; uulneratur..~ ..pugnam ciens Tac.*Hist.*2.25; simul cetera iuuentus dabat ~ nomina 2.97; quia..mandata sibi pleraque ~et strenue fecisset Gel.15.4.3.

impigritās ~ātis, *f.* **inp-.** [impiger + -tas] Energy, briskness.

uiri fortissimi fortitudinis ~atis patientiae Cic.*Rep.*3.40.

impīlia ~ōrum, *n. pl.* **inp-.** [*Gk.* ἐμπίλιον] (app.) Felt slippers or sim.

inter summum corticem..esse laneam naturam, ex qua ~a..conficiantur Plin.*Nat.*19.32; fasciae crurales pedulesque et ~a uestis loco sunt Ulp.*dig.*34.2.25.4.

impīliārius ~(i)ī, *m.* **inp-.** [prec. + -arivs] A maker or seller of *impilia.*

l cornel(ius) eros ~(ius) *CIL* 6.33862.

impingō ~ingere ~ēgī ~actum, *tr.*, (*intr.*). **inp-.** [in-¹ + pango]

1 To fix, fasten (on to).

(*w. dat.*) iubete huic crassas compedis ~ingier Pl.*Capt.* 734; *Per.*269; uncus ~actus est fugitiuo illi Cic.*Phil.*1.5; eum qui illi ~egerat titulum Sen.*Ep.*47.9;—(*in fig. phr.*) tibi..fortuna..laqueum ~egit *Dial.*9.10.1.

2 To bring into violent contact, cause to collide (with), dash (against). **b** to cause (a weapon, etc.) to strike violently (on or against); (also, w. abl.) to strike (with). **c** to drive (a ship on the rocks, ashore, etc.).

(*w. dat.*) accensa ligna et pleraque ratibus ~acta..pontem incendunt Liv.1.37.1; ~actus imo ita est saxo ut sopiretur 8.6.2; ignis ~actus nubibus frigidis sonat Sen. *Nat.*2.19; facit mare..ut omne immundum stercorosumque litoribus ~ingat 3.26.7; subinde insulis ~actus (Nilus) Plin.*Nat.*5.54; homines, quibus ~actus est, piscem olent 32.9; aduersis..~egit pectora frenis Stat.*Theb.*4.317; pila ..~ingitur ardua ponto Sil.4.297; si commotum uentis mare..undas litoribus ~ingat Apul.*Mun.*12; (*cf.*) stupentibus spississima basia ~egit Petr.31.1; (*hyperb.*) tempestas..cum..trepidis ~ingit Oriona nautis Stat.*Theb.*9. 461;—(*w.* in + *acc.*) ne in radicem..uomis ~actus colla (boum) conmoueat Col.2.2.26;—non auditur fluctus, nisi impactus est Sen.*Nat.*2.55.1; ut nullum non pondus ~actum respuat (fons) Plin.*Nat.*31.18; ~actos..fluctus in immensum elidit (saxeum dorsum) Plin.*Ep.*6.31.17;—(*fig.*) haec (*sc.* egestas) Catilinam patriae suae ~egit Flor.*Epit.*1.47 (3.12.13). **b** (*w. dat.*) si filius meus fustem mihi ~ingere uolet Cael.*Fam.*8.8.9; Aesopo quidam..lapidem egerat Phaed.3.5.2; ~actos arbori (dentes) frangunt (elephanti) Plin.*Nat.*8.8; Agrippae a temulento scyphum ~actum 14.147; ~ingit Tyriis Danaa agmina muris Stat.*Theb.*7.28;—(*w.* in + *acc.*) pugnum in os ~inge Pl.*Rud.*710; compressas fili manus in os meum ~egi Sen.*Con.*9.4.3; (*in fig. phr.*) at ego dum bonatus ago..ipse mihi asciam in crus ~egi Petr.74.16;—~inge pugnum, si muttiuerit Pl.*Bac.* 800; roboris ~acti crebros gemit agger ad ictus Luc.6.137; rotas..~acta securis caedit Juv.10.59;—scapulas alius cubitis ~ingere Apul.*Met.*2.26. **c** (*w. dat.*) Cumanis litoribus ~acti Tac.*Ann.*15.46;—(*w.* in + *acc.*) si nauis tua ~acta in meam scapham damnum mihi dedit Ulp.*dig.*9.2.29.2; (*cf.*) quae (nos) in aliena litora ~ingunt Sen.*Ep.*4.11; (*fig.*) commeatum publicum in scopulos annonae ~ingis? [Quint.]*Decl.*12.22;—pessimus..gubernator, qui nauem.. ~egit Quint.*Inst.*4.1.61.

3 To drive, force, dash (persons or other living creatures on to, or against). **b** (refl., or pass. in middle sense).

(*w. dat.*) cum Troia Achilles..~ingeret agmina muris Verg.*A.*5.805; te nostris ~egit harenis (Fortuna) Luc. 5.697; captae..~ingite Lernae reliquias turpis (belli) Stat. *Theb.*10.765;—(*w.* in + *acc.*) hostem..expulerunt loco et..in aciem altiore superstantem tumulo ~egere Liv.27.18.14; feras catulorum amor in uenabula ~ingit Sen.*Ep.*74.21; quo minus in uallum ~ingeretur Tac.*Hist.*2.41. **b** (*w. dat.*) V.Fl.3.149; tertia ferme noctis hora paratis iam.. Flauianis ~ingitur Tac.*Hist.*3.22;—(*w.* in + *acc.*) quid (*sc.* opus est) se in columnas ~ingere? Sen.*Dial.*3.19.4;—(*fig.*) quocumque uisum est libido se ~ingit 4.9.1; quo se caecus ~egit furor? *Her.F.*991; cum se..magistris ~ingit pecorique fauor V.Fl.7.401.

4 To force, thrust (on a person). **b** (a charge or sim.).

(*w. dat.*) hoc tempore ipso ~ingit mihi epistulam Cic.*Att.* 6.1.6; tibi quod debeo ~ingam Sen.*Ep.*29.10; quare non.. illi Ouidium suum ~ingo? *Nat.*4a.2.2; uinum..illis..non cessat ~ingere Apul.*Met.*7.12;—(*w.* in + *acc.*) haec (*sc.* liberalitas) aput sapientem nec umquam in turpes indignosque ~ingitur Sen.*Dial.*7.24.3;—qui beneficium aut superbe abiecit aut iratus ~egit *Ben.*1.1.7;—(*a medicine, drug, etc.*) huic calix mulsi ~ingendus est Cic.*Tusc.*3.44; quia propter illas (diuitias) nulli uenenum filius..~egit..? Sen.*Ep.* 119.6; si ephemerum ~actum sit Plin.*Nat.*28.160; Larg. 187. **b** dicam tibi ~ingam grandem Ter.*Ph.*439; per ~acti reatus inuidiam [Quint.]*Decl.*3^b.2; ad probationem ~acti facinoris in tribunum unius accusatio linguae non sufficit 3^b.5.

5 To drive (into a situation, course of action, etc.).

(*w.* in + *acc.*) in seruilem Serapionis appellationem uulgi sermone ~actus est V.Max.9.14.3; neminem tam maturum, cuius non grauitatem in aliquod feruidius factum casus ~ingat Sen.*Dial.*5.24.4; in magnam me litem ac molestiam ~inges *Ep.*117.1; quod populos scelerata ~egit in arma Luc.6.406; (*cf.*) ardor ille qui me modo ~egit in filium [Quint.]*Decl.*19.1;—irasci dicit incitari, ~ingi Sen.*Dial.* 3.3.5; non consilio adductus illo, sed impetu ~actus est *Ep.*37.5.

impiō ~āre ~āuī ~ātum, *tr.* **inp-.** [next + -o³] To stain by an act of impiety.

coniugis thalamos petam tanto ~atos facinore? Sen. *Phaed.*1186; Fro.*Ver.*2.p.204(205N); me..cruore humano aspersum atque ~atum Apul.*Met.*1.18; ~atus, sceleratus Paul.*Fest.*p.109M;—(*refl.*) ~as, ere, te: oratorem uerberas Pl.*Poen.*384; si erga parentem aut deos me ~aui *Rud.*192.

impius ~a ~um, *a.* **inp-.** [in-² + pivs]

1 Showing no regard for the divinely imposed moral duties governing men's relationships with the gods and between themselves. **b** (of actions, conduct, etc.).

uni satis populo ~o merui mali Pl.*Mil.*584; hominem ego hic quaero malum, legerupam, ~um, peiiurum atque inprobum *Ps.*975; Ter.*Ad.*304; si (praetor) prudens dixit ('do dico addico')..aiebat eum expiari ut ~um non posse Var.*L.*6.30; tuam..a me alienationem commendationem tibi ad ~os ciuis fore putauisti Cic.*Phil.*2.1; ille Tarquinius ..non crudelis, non ~us, sed superbus est habitus 3.9; hoc omne genus pestiferum atque ~um (*i.e. of tyrants*)..exterminandum est *Off.*3.32; ~a pectora uulgi conterrere metu.. numini' diuae Lucr.2.622; in hominibus ~is sceleris eorum obliti de poena disserunt Sal.*Cat.*51.15; ~us haec tam culta noualia miles habebit Verg.*Ecl.*1.70; ~a Fama furenti detulit armari classem *A.*4.298; cohors Gigantum..~a Hor. *Carm.*2.19.22; destrictus ensis cui super ~a ceruice pendet 3.1.17; ~ae sponsos potuere duro perdere ferro 3.11.31; num..mea nunc poenas ~a lingua luit? Tib.1.2.80; dii prohibeant..a nobis ~as mentes Curt.9.3.5; ad mercedem pii sumus, ad mercedem ~i Sen.*Ep.*115.10; et nobis meritas dabis, ~a, poenas et superis, quos fingis Luc.5.158; si pectoribus ~is honesta uulnera accepissent Tac.*Ann.*1.49; uidit illud grande ~ae gentis (*i.e. of the Jews*) arcanum patens Flor.*Epit.*1.40(3.5.30); dvm nimia pia fvit facta est ~a (*i.e. by dying before her parents*) *CIL* 13.2279; (*cf.*) ante ~a quam caesis gens est epulata iuuencis Verg.*G.* 2.537;—(*of the mind*) si illi sunt uestri (*sc.* libri) quos tu ~a mente conquiris, uiolatis oculis legis Cic.*Har.*26; ~a mens caeco flagrabat amore Catul.67.25;—(*poet., of things*) prosternet patrios ~a flamma lares Mart.5.42.2; hos iam ignorantis terit ~us axis Stat.*Theb.*7.763; cum cresceret ~a tellus despectura deos 10.850;—(*masc. as sb.*) ne ~orum potior sit pollentia quam innocentum Pl.*Rud.*618; ubi ego illum scelerosum..atque ~um inueniam? Ter.*Eu.*643; apud inferos..quaedam illi antiqui supplicia ~is constituta esse uoluerunt Cic.*Cat.*4.8; hi numero ~orum ac sceleratorum habentur Caes.*Gal.*6.13.7; nec frustra aduersus ~os hebescere sidera Tac.*Ann.*1.30. **b** ceteros ..deos deasque omnis..quorum templis et religionibus iste ..bellum sacrilegum semper ~umque habuit indictum Cic.*Ver.*5.188; infer patriae bellum, exsulta ~o latrocinio *Catil.*1.23; cum ~is sententiis damnatus esset *Div.*1.124; ut omne bellum quod denuntiatum indictumque non esset, id iniustum esse atque ~um iudicaretur *Rep.*2.31; si uera est Persarum ~a religio Catul.90.4; quoius ~o facinore in has miserias proiectus sum Sal.*Jug.*14.21; infelix Dido, nunc te facta ~a tangunt? Verg.*A.*4.596; ~um lenite clamorem, sodales Hor.*Carm.*1.27.6; quis non Latino sanguine pinguior campus sepulcris ~a proelia testatur..? 2.1.30; a patrum crudelibus atque ~is suppliciis tegere liberos Liv.1.53.8; ~o bello et contra foedus suscepto 8.39.10; Campanum senatum ~i decreti auctorem V.Max.3.8.1; quo uos pauor..adegit ~us? Luc.6.151; neque hanc ~am uiuacitatem nouis insuper curis fatigare Quint.*Inst.*6.pr.3.

2 (applied to objects, etc., associated with impious persons, or acts of impiety); *herba ~a:* (see quot.)

~a est habitatio Pl.*Mos.*504; nouercae nomen..~um Afran.*com.*57; quorum ~um ferrum..meus ille consulatus e manibus extorserat Cic.*Planc.*98; qui..arma secuti ~a Verg.*A.*6.613; si tamen ~ae non tangenda rates transiliunt uada Hor.*Carm.*1.3.23; ~a sub dulci melle uenena latent Ov.*Am.*1.8.104; ~a..ad antra (*i.e. of Cacus*) *Fast.*1.562; aras ~as Sen.*Her.O.*1702; nullos..~os deos, nullas deuotiones..inuocaui Tac.*Ann.*16.31;—(*of Tartarus*) non me ~a namque Tartara habent Verg.*A.*5.733; 6.543;—(*w. ref. to the Titans*) ~a..fabula *Aetna* 42; aut feta tellus ~o partu effudit arma Sen.*Oed.*731;—herba ~a uocatur incana, roris marini aspectu, thyrsi modo uestita atque capitata Plin. *Nat.*24.173.

implācābilis ~is ~e, *a.* **inp-.** [in-² + placabilis] That cannot be placated, relentless, irreconcilable. **b** (of feelings, etc.).

si semper aspernaretur amicitiam meam seque mihi ~em inexpiabilemque praeberet Cic.*Pis.*81; quid erat autem cur ego in te tam ~is essem..? *Fam.*3.10.8; ultro ~is ardet (*sc.* Turnus) Verg.*A.*12.3; is magis ~is erat et nihil opus esse reconciliatione aiebat Liv.27.35.8; ipse nulli ~is sit Sen. *Ben.*6.29.1; donec ~em Neronem timuerit Tac.*Ann.*15.64; Plin.*Ep.*8.22.3;—(*of deities, etc.*) adiuro Stygii caput ~e fontis Verg.*A.*12.816; graue et ~e numen Ov.*Met.*4.452; (*cf.*) Ditis petit ~e regnum Petr.124,l.251;—(*poet.*) in classem ruere ~e caelum Sil.17.252. **b** si ~es iracundiae sunt, summa est acerbitas Cic.*Q.fr.*1.1.39; ~e odium in Datamen susceperat Nep.*Dat.*9.1; nec ~es (inimicitiae) durant Tac.*Ger.*21.1; indicium magni atque ~is motus *Ann.* 1.32.

implācābiliter, *adv.* **inp-.** *compar.* ~ius. [prec.+-TER[2]] Implacably.

Tac.*Hist.*3.53; Scaurum, cui ~ius irascebatur, silentio tramisit *Ann.*1.13.

implācātus ~a ~um, *a.* **inp-.** [IN-[2]+pple. of PLACO] Not appeased, insatiable.

~a Charybdis Verg.*A.*3.420; ~ae..uigebat flamma gulae Ov.*Met.*8.845.

implacidus ~a ~um, *a.* **inp-.** [IN-[2]+PLACIDVS] Restless, unquiet.

Tiberis ~us Bas.*poet.*6; Genaunos, ~um genus Hor. *Carm.*4.14.10; diuum ~issime (*i.e. Mars*) Stat.*Theb.*9.4;—(*of conditions, etc.*) furis..~as diruit ira fores Prop.4.9.14; ~am..perferre quietem Stat.*Theb.*8.45; ~o letalis Sirius igni *Silv.*2.1.216.

implectō ~ctere ~xī ~xum, *tr.* **inp-.** [IN-[1]+PLECTO] (usu. in pf. pple.) To interlace, intertwine. **b** (fig.).

~xos..arborum ramos Curt.5.13.4; manibus ~xis Sen. *Ben.*1.3.2; ~xis colocasiae foliis in uariam speciem uasorum Plin.*Nat.*21.87; capillus..horrore ~xus atque impeditus Apul.*Apol.*4; (*w.* inter se) ~xis ita principiis ab origine prima inter se fiunt Lucr.3.331; narrant (elephantos).. inter se cratium modo ~xos..uehi fluctibus Plin.*Nat.*8.35; digitis pectinatim inter se ~xis 28.59;—(*w. dat.*) caeruleos ~xae crinibus angues Eumenides Verg.*G.*4.482; tres.. circuli supra dictis zonis ~xi Plin.*Nat.*2.177; collo..meo ambabus manibus ~xa Apul.*Met.*3.15; multae hirudines dentibus ~ctuntur *Apol.*8; adhuc manus uolumini ~xa *Fl.*16;—(*w. abl.*) salice ~xum muscoque..crinem *Epic. Drusi* 223;—(*abl. or dat.*) uirorum crinibus aurum ~xum Plin.*Nat.*33.13. **b** series ~xa causarum Sen.*Ben.*4.7.2; nodosa sortis uerba et ~xos dolos..alitis solui *Oed.*101; —(*w. dat.*) uidebimus an..alia aliis ita ~xa sint *Nat.*1.1.4.

impleō ~ēre ~ēuī ~ētum, *tr.* **inp-.** [IN-[1]+PLEO]

1 To fill (a space, container, etc.). **b** (with people or other living creatures). **c** (with noise or other conditions).

cadus erat uini, inde ~eui hirneam Pl.*Am.*429; nulla est ..amphora quam non ~eant Tit.*orat.*2; quamuis..possis.. sinus ~ere secundos Verg.*A.*3.455; ad uallum proruendum fossasque ~endas Liv.9.37.8; quippe cum se frequenter ~eant (*sc.* Nomentanae uites) Col.3.2.14; (*pregn.*) ~et et illa manum, sed parcius Juv.6.546;—(*w. gen.*) amphoram.. puram ~eto aquae purae Cato *Agr.*88.1; ollam denariorum ~ere Cic.*Fam.*9.18.4;—(*w. abl.*) eum qualum..terra ~eto Cato *Agr.*52.1; ~euit..mero pateram Verg.*A.*1.729; Neptunus uentis ~euit uela secundis 7.23; proclinatio ea ~eatur harena Vitr.5.12.4; ducentis nauibus omnem oram Italiae ..~eturos Liv.27.22.8; arua uenenatis pro semine dentibus ~es Ov.*Ep.*12.95; fossas..~ete ruina Luc.7.326; (*poet.*) quid prodest caelum uotis ~esse? [Tib.]3.3.1;—(*w. filling as subj.*) uentus cercius, cum loquare, buccam ~et Cato *hist.*93; ora..nostra..~erunt fluctus Ov.*Met.*11.666; si.. aqua medium corpus ~euit Cels.2.8.26. **b** alios..penates ~etura datur (Marcia) Luc.2.332;—(*w. gen.*) mihi omnis angulos furum ~euisti in aedibus Pl.*Aul.*552;—(*w. abl.*) ubi..carcerem ~eueritis principibus Liv.3.68.1; cum summa urbis Romano milite ~esset 8.26.3; breui..Punicum nomen maria terrasque foeda fuga ~eturum 26.41.19; utinam..ueris hanc amicis ~eam (domum) Phaed.3.9.7; nec muros ~ere uiris..possumus Luc.7.401;—(*w. people, etc., as subj.*) centum uiginti lictores forum ~euerant Liv. 3.36.4; pedes arua ~et ouans Stat.*Theb.*5.4; tunc aethera latius ~ent (grues) 12.516; tam inmensum terrarum spatium non tenent tantum Chauci sed et ~ent Tac.*Ger.*35.2; siluae ..quas tum Arminius ~euit *Ann.*1.63; (*of a single person, usu. hyperb.*) Horatius Cocles solus ~euit pontis angustias Sen.*Ep.*120.7; ille penatis ~et Stat.*Silv.*4.2.26; Plin.*Pan.* 15.4. **c** urbs..~etur (*i.e. with diseases*) Liv.4.30.8;—(*w. abl.*) clamore supremos ~erunt montis Verg.*G.*4.461; ~eui clamore uias *A.*2.769; ut..~eturae urbem tumultu fuerint Liv.24.26.12; omnibus illum (*sc.* locum) deliciis ~e Ov.*Am.* 3.14.18; torua Mimalloneis ~erunt cornua bombis Pers. 1.99.

2 To fill the surface of, cover. **b** to make full (the circle of the moon; also, similar figures). **c** to fill, cover (with writing).

~et colles uinearum modo Plin.*Nat.*12.112; horrea.. iubent..superne ~eri 18.301;—(*w. gen.*) postquam ~euisti fusti fissorum caput Pl.*Aul.*454;—(*w. abl.*) ego te ~ebo flagris *Cas.*123; uomens frustis esculentis..gremium suum et totum tribunal ~euit Cic.*Phil.*2.63; ⟨si⟩..suco expresso caput ~etur Cels.3.28.9; postquam se lumine uero ~euit (*Pompey's ghost*) Luc.9.12; manus non ~eatur anulis Quint. *Inst.*11.3.142; (*hyperb.*) oppidum..Suessam..militum sanguine ~euit Cic.*Phil.*13.18;—(*w. covering, etc., as subj.*) discolor..chlamys..~et equum V.Fl.6.5.27; Teumesius ~et terga leo Stat.*Theb.*4.85; campum..lux cuspidis ~et 12.732; inundatione Tiberis, qui..non modo..plana urbis loca, sed secura eius modi casuum ~euit Tac.*Hist.* 1.86. **b** luna quater iunctis ~erat cornibus orbem Ov. *Met.*2.344; medio cum luna ~ebitur orbe Man.1.469; (sol) lunam numquam ~et nisi aduersam sibi Sen.*Nat.*7.1.3; in quadrato solis diuidua est (luna)..~etur autem in aduerso Plin.*Nat.*2.80; cum aut incohatur luna aut ~etur Tac.*Ger.* 11.2;—quae arcus non ~et orbem Sen.*Nat.*1.8.1; siluestria ..nondum tela procax arcumque ~ere ualebas Stat.*Theb.* 9.721. **c** res..de quibus uolumina ~eta sunt..a Chrysippo Cic.*Luc.*87;—(*w. gen.*) multos codices ~euit earum rerum *Ver.*1.119;—(*w. abl.*) ~eantur elegeorum meae fores carbonibus Pl.*Mer.*409; tuis..oraculis Chrysippus totum uolumen ~euit Cic.*Div.*2.115; notum est cur solo tabulas ~euerit Hister liberto Juv.2.58;—(*w. written matter as subj.*) mox decolor heres ~eret tabulas 6.601.

3 To fill (with food or drink). **b** to fill out, fatten (the body, etc.); also, to fill (the depression caused by a wound, etc.). **c** to fill, sate (the eyes or ears).

sic sine labore uenter ~etur meus Phaed.3.7.24; illa est uoluptas..non ~ere corpus nec saginare Sen.*Ben.*7. 2.3; sitim et quadriduo tolerant ~enturque, cum bibendi occasio est Plin.*Nat.*8.68; (*refl.*) grauiores..eos factos, qui se ~erant Cels.1.pr.35;—(*w. gen.*) ~entur ueteris Bacchi pinguisque ferinae Verg.*A.*1.215;—(*w. abl.*) neque..tutum est aegrum cibo ~eri Cels.3.6.12; consuetis..canistris ~eri Juv.5.75;—(*w. food, etc., as subj.*) tot membra franguntur, ut unum uentrem ~eant Sen.*Con.*10.4.3; Col.2.10.22; aquae amarae et quae sorbentem statim ~ent Plin.*Nat.*31.36; aureus inmodicis turtur te clunibus ~et Mart.3.60.7; (*cf.*) stomacho..inutile esse (polium) caputque eo ~eri.. puto Plin.*Nat.*21.146; (*absol.*) cibi..ii qui ~ent Cels.6.6. 29;—(*fig.*) cum se sociorum..sanguine ~erint Cic.*Agr.*2. 47; lectorem..frequens lassat et ~et opus Mart.4.29.2. **b** luna alit ostrea et ~et echinos Lucil.1201; Hor.*S.*2.4.30; cum infirmus aliquis ~endus est Cels.2.14.7; cibis corpus ~entibus 7.4.4.E; etsi..superfluentibus bonis saginatum corpus ~eueram Petr.125.2; (*cf.*) (fructum) crebris fossionibus ~ere Col.4.28.1; (*fig.*) ut..~eat se declamator aliquando Quint.*Inst.*2.10.6;—ad ulcera purganda et ~enda Cels.5.24.3; 5.26.30.A; 6.15.4. **c** non semper ~et auris meas (Demosthenes) Cic.*Orat.*104; ut et auris ~eat et neque breuior sit quam satis sit neque longior *Orat.*221; postquam oculos uaria ~euit uirtutis imago Sil.3.45; genus ..orandi..ad ~endas populi auris latum et sonans Tac. *Hist.*1.90.

4 To make pregnant.

quinquennis (caper) parum idoneus habetur feminis ~endis Col.7.6.3; cui fas ~ere parentem, quid rear esse nefas? Luc.8.409; feminas (asinas) a partu optime septimo die ~eri Plin.*Nat.*8.172;—(*w. abl.*) ut..pulchram Iuppiter ~erit gemino Nycteida fetu Ov.*Met.*6.111; illam..thalamo ..receperat Hyllus ~eratque uterum generoso semine 9. 280; pandentes se quadam oscitatione ~eri roscido conceptu tradunt Plin.*Nat.*9.107.

5 To provide in full measure (with qualities, conditions, or other things). **b** (with news, fame, topics of conversation, etc.). **c** (with emotions, thoughts, etc.).

(*w. gen.*) ne..omnia tribuni potestatis suae ~erent Liv. 3.63.10; fortunam noctemque omnia erroris mutui implesse 4.41.7; (*poet.*) uolucres..~ere futuri Stat.*Theb.*3.472;—(*w. abl.*) ~endus sibi quisque bonis est artibus *Aetna* 274; militem..praeda ~euit Liv.7.16.3; hanc ~e meritis Ov. *Am.*2.3.11; muneribus..deos ~et *Met.*7.428; (Taurus mons) plurimis se gentium nominibus..~et Plin.*Nat.*5.99; assensu..furentem ~et Achaea manus Stat.*Theb.*3.619; dum ..laetis..suos complexibus ~ent 10.464; ut iis artibus pectus ~erent Tac.*Dial.*31.1; te Trifolinus ager fecundis uitibus ~et Juv.9.56. **b** (*w. gen.*) ut..totam Siciliam ~eret nominis sui Liv.25.40.7;—(*w. abl.*) ~erunt orbem terrarum nominis sui gloria Cic.*Mil.*72; alius ab alio ~eti rumoribus Liv.22.7.8; ~euit populares laudibus..Scipionis 26.50.13; eundem litteris falsis urbem ~esse bellum in Sicilia esse 26.26.8; ~euerant omnium aures..copias commemorando 35.32.3; cum meritis ~eueris omnia, Caesar Ov.*Tr.*2.323; uoce deos et questibus ~ent V.Fl.2.167; hortatibus ~et Labdacidas Stat.*Theb.*10.35; attollit..animos hortando et talibus ~et Sil.1.105; multitudo..~ere ceterorum rudes animos: uenisse tempus Tac.*Ann.*1.31;—(*w. news, etc., as subj.*) Turnum in siluis saeuissimus ~et nuntius Verg.*A.* 11.896; nomen Arionium Siculas ~euerat undas Ov.*Fast.*2. 93; Athenas rumor ~et Phaed.4.5.13; Atalantaeas ~erat nuntius auris ire ducem bello..natum Stat.*Theb.*4.309; mihi sexta quaque die miserum dirus caput Hannibal ~et Juv.7.161. **c** (*w. gen.*) adulescentem suae temeritatis ~et Liv.1.46.9; multitudinem..religionis iustae ~euit 5.28.4; hunc eximium florem iuuentutis..spei animorumque ~euere 7.7.5; error..fugae formidinisque Samnites ~euit 10.14.20; —(*w. abl.*) suspicione ~euit me indignissume Pl.*Mer.*795; animum si ueris ~et Apollo Verg.*A.*3.434; dum Turnus Rutulos animis audacibus ~et 7.475; meum qui pectus ..falsis terroribus ~et Hor.*Ep.*2.1.212; ipsius regis.. pectus..anxiis ~euit curis Liv.1.56.4; ~euit expectatione uana multitudinem 36.29.3; trepidantia corda ~et amore sui Stat.*Theb.*3.424; postquam inanem animum spe et cupidine ~euerat Tac.*Hist.*4.39; (*poet.*) subitus..nuntius ~erat lacrimis ipsumque domumque Stat.*Theb.*5.639;—(*w. feelings, etc., as subj.*) maior..~esset praecordia nostra uoluptas Ov.*Pont.*3.5.25; (*cf.*) uix nouus ista furor ueniensque ~esset Apollo Stat.*Theb.*12.808.

6 To fill out (a theme, argument, etc.).

eam quaestionem esse, quae ~eri argumentis possit Sen. *Con.*1.5.9; Sen.*Ep.*108.20; quaedam..in peroratione ~enda sunt magis Quint.*Inst.*6.1.12; rem alioqui leuem sententiarum pondere ~euit (Cicero) 9.3.74; cum nullis extrinsecus argumentis accusatio ~eatur Call.*dig.*48.18.15.1; Apul.*Apol.*1; (*cf.*) ~esti lacrimis talia uerba tuis Ov.*Ep.* 6.58.

7 To fill up, occupy, take up (an interval of time); also, to complete (a period). **b** (as a method of expressing age or duration).

cum multa dixisset adsignatumque tempus ~esset Plin. *Ep.*7.6.11; longinquitatem uiae inputabant—quadriennium ~euerant Flor.*Epit.*2.34(4.12.62);—(*w. abl.*) talibus..longum sermonibus..~euere diem Ov.*Met.*7.662; talibus.. postquam conuiuia dictis ~erunt 13.676; noctes..beatas dulcibus alloquiis et uiuis uultibus ~e Stat.*Silv.*2.1.232; —(*w. process, etc., as subj.*) aliae (febres) diem noctemque accessione et decessione ~ent Cels.3.3.4;—non..posse ~eri trinoctium Gel.3.2.13; ~eto tempore conductionis Ulp.*dig.*19.2.13.11. **b** me quater undenos sciat ~euisse Decembris Hor.*Ep.*1.20.27; sic omnes Peleus pater ~eat annos Ov.*Ep.*3.135; puerum, qui nondum ~euerat annum *Met.*9.338; pridie quam uiginti annos ~eret Vell.2.65.2; annum unum atque octogensimum ~euit Sen.*Ep.*58.31; ut..~eat innumeras Burrus Olympiadas Mart.4.45.4; Quint.*Inst.*3.1.14; BIS MIHI IAM SENOS AETAS ~EVERAT ANNOS *CIL* 9.1817;—cum ceterae (stellae)..quaternos menses non ~eant Plin.*Nat.*2.60; alternis..mensibus XXX ~ebit numeros (luna) 18.325.

8 To make up, amount to (a size, weight, length, or other measurement); to make up together with other components. **b** to attain to the full (a moral or other standard).

his additi Boeoti Thessalique..~eta ut essent sex milia armatorum Liv.33.14.5; mensura..roboris ulnas quinque ter ~ebat Ov.*Met.*8.749; in piscibus..media aetas, quae non summam magnitudinem ~euit Cels.2.18.8; id quod Aegyptiae fabae magnitudinem ~eat 5.23.2; id tale esse debet, ut fere tertiam digiti partem latitudo mucronis ~eat 7.15.1; latitudine maxima $\overline{\text{LXXV}}$ ~et Plin.*Nat.*5.72; quippe ubi locustae quaterna cubita ~eant 9.4; nec ulla ales..maius corpore ~ens pondus 10.56; patrui magni filius quattuor (personas) ~et Paul.*dig.*38.10.10.16;—si numerum, si tres ~euero Juv.9.90. **b** Maxime, qui tanti mensuram nominis ~es Ov.*Pont.*1.2.1; uera bona, quae in uirtutibus sita sunt, ~euerat Tac.*Ag.*44.3; uterque mensuram ~euimus *Ann.*14.54; ut summum fastigium priuati hominis ~eret Plin.*Ep.*2.1.2; uides..cuius debeas ~ere uestigia 8.13.1.

9 To perform, deal with, carry out, etc., completely; *uicem ~ere,* to fulfil the function of. **b** to carry out the terms of, implement (an agreement, promise, arrangement, etc.).

dicta Iouis pars uoce probant..alii partes adsensibus ~ent Ov.*Met.*1.245; laetitiam illius diei..uix in illo iusto opere abunde persequi poterimus, nedum hic ~ere temptemus Vell.2.103.4; ubi..~erunt..suos certa statione labores bina..signa Man.4.858; si uis Pythoclea senem facere et ~ere uitam Sen.*Ep.*21.8; miraris si nondum sapientia omne opus suum ~erit? *Nat.*7.32.1; ego laudes tuas carminibus ~ebo Petr.94.2; non..ante..~euit magni quam Ciceronis opus Mart.7.63.6; certamina..uix ~enda uiris Stat.*Silv.*5.3.135; decem annis exilium ~ere debuit Quint. *Decl.*248(p.16,l.27); cum..ardor et uis militum ultro ducis munia ~ebat Tac.*Hist.*1.62; finem uitae sponte an fato ~euit *Ann.*2.42; alius excessisse materiam, alius dicitur non ~esse Plin.*Ep.*1.20.21; ut..~eretur publicum officium *Ep.Tra.*10.43(52).2; omnes ~et numeros Juv.6.249; Apul. *Pl.*2.6; tutorem..non esse cogendum accusationem ~ere Ulp.*dig.*48.16.14; PIETATEM ~EVIMVS AMBO *CIL* 8.1523; (*cf.*) cum..Paulus uix posset ~ere censorem Vell.2.95.3;— cocleis oculorum uicem cornicula bina praetemptatu ~ent Plin.*Nat.*11.140; panis..simul et opsonii uicem siccatae ~ent (fici) 15.82; (fratris) nuper amissi ego suscipere partes, ego uicem debeo ~ere Plin.*Ep.*6.6.6. **b** ~ebit leges spiritus iste (*i.e. of tragedy*) meas (*i.e. of elegiac verse*) Ov. *Am.*3.1.30; iam uidebar promissum meum ~esse Sen.*Con.*9. pr.1; Sen.*Ep.*75.4; sentit..iuuenis crimen..nec nomine nec effectu scriptionem legis ~ere [Quint.]*Decl.*15.5; ~etum est omne consilium si te bene elegi Tac.*Hist.*1.16; cetera, quae in emancipatione ~enda solent exigi, consummauit Plin. *Ep.Tra.*10.4(3).3; hora sexta noctis pridie kalendas Ianuarias ~et usucapionem Gaius *dig.*41.3.7; quatenus mea interest ~esse eum mandatum *Inst.*3.161; nec coeptam 'possessionem' poterit ~ere Ulp.*dig.*4.6.23.1; fidem ~euit et debitorem liberauit 17.1.29.6; ~enda est..uoluntas (*sc.* testatoris), si potest 28.7.8.7; post ~etam condicionem Julian.*dig.*28.7.13.

10 To fulfil, satisfy (wishes, appetites, hopes, etc.). **b** (prophecies).

magnum falsi ~euit genitoris amorem Verg.*A.*1.726; cum dederit lacrimas animumque ~euerit aegrum Ov.*Rem.* 129; quod spes ~erunt maternaque uota Nerones *Epic. Drusi* 383; cupit hic gazis ~ere famem Sen.*Her.O.*621; non ~euit cupientis omnia mentes Luc.7.754; tantam..uerendi mentem ~ere ducis Stat.*Silv.*5.2.45; cum osculis, cum lacrimis dolorem meum ~euero Tac.*Ann.*1.22; satisfacere dicimur ei, cuius desiderium ~emus Gaius *dig.*2.8.1; (*cf.*) acta..magni Herculis ~erant terras odiumque nouercae Ov.*Met.*9.135. **b** accipere se omen ~eturumque fata ara condita..ait Liv.1.7.11; nec multo post ~euit prodigium Plin.*Nat.*10.41; (*pregn.*) alter uter consulum fata ~eret Liv.8.6.12.

implexus ~ūs, *m.* **inp-.** [IMPLECTO+-TVS[3]] The action of interlocking.

ut..mutuo ~u iungerentur (terra arida et umor) Plin. *Nat.*2.166.

implicātiō ~ōnis, *f.* **inp-.** [IMPLICO+-TIO]

1 The action of weaving in; (in quot., transf.). **b** (quasi-concr.) an intertwined system, network.

per locorum communium ~onem redarguentem Cic.*Inv.* 2.100. **b** huc adde neruos..eorumque ~onem corpore toto pertinentem Cic.*N.D.*2.139.

2 Encumbered or embarrassed condition (of one's finances).

qui propter ~onem rei familiaris communi incendio malint quam suo deflagrare Cic.*Sest.*99.

3 A perplexing difficulty, intricacy.

ne ~one aliqua et iudicem inpediamus et controuersiam faciamus obscuriorem Agen.*agrim.*p.24.

implicātus ~a ~um, *a.* **implicitus, inp-.** *superl.* ~issimus. [pple. of IMPLICO] Involved, obscure, intricate.

α nec enim in Torquati sermone quicquam ~um aut tortuosum fuit Cic.*Fin.*3.3; explicatio..operosa et ~a Sen.*Con.*2.pr.1; cum quaestionem istam diceret obscurissimam esse et ~issimam (M. Cicero) Gel.7(6).2.15; Laeuius ~a et Hortensius inuenusta (carmina)..fecerunt 19.9.7. β fratres sibi ipse genuit—~um malum Sen.*Oed.*640.

impliciscō ~ere, *tr.* **inp-.** [IMPLICO+-SCO] (of an illness) To seize, get a hold of; (in quots., pass.).

atra bili percita est (Alcumena)..—ubi primum tibi sensisti, mulier, ~ier? Pl.*Am.*729; ne quid ibi ex frigore ~are Fro.*Aur.*1.p.222(51N).

implicitē, *adv.* **inp-.** [pple. of IMPLICO+-E] In a complicated or confused manner.

(pars) quae..non..~ et abscondite, sed patentius.. recti et non recti quaestionem continet Cic.*Inv.*2.69.

implicitus: see IMPLICATVS.

implicō ~āre ~āuī or ~uī ~ātum or ~itum, *tr.* **inp-.** [IN-[1]+PLICO] FORMS: *implicta* SEN.*Ep*.109.18.

1 To fold or twine (a single object) about itself.
inuoluolum, quae in pampini folio intorta ~at se PL.*Cist.* 729; iuba crebra, fusca..~ata in dexteriorem partem ceruicis VAR.*R*.2.7.5; ~atas..flexibus uallium uias LIV. 32.4.4; in longitudinem ~ata linamenta CELS.8.5.1; incerta fugae uestigia turbat ~itasque errore uias LUC.8.5; cauda praelonga..~ans se uiperinis orbibus PLIN.*Nat*.8.121; ~itos comebat pectine crines CALP.*Ecl*.4.69; delphinus.. uarios..orbes ~at expeditque PLIN.*Ep*.9.33.5; sempiterna quaedam..catena uoluens semetipsa sese et ~ans GEL. 7(6).2.1;—(*in fig. phr.*) ut quod male ~uisti soluas potius quam abrumpas SEN.*Ep*.22.3.

2 (foll. by abl.) To entwine, enfold, or enwrap (one thing with another). **b** (w. the actual bond as subject).
fluentem fronde premit crinem fingens atque ~at auro VERG.*A*.4.148; frondenti tempora ramo ~at 7.136; sertis ~uisse comas [TIB.]3.6.64; colla..laqueis ~uisse iuuat OV.*Ep*.2.142; arborum rami alius alio ~ati et cohaerentes CURT.5.4.24; ~itum..me bracchiis..deduxit in terram PETR.127.8; latus et firmo celer ~at ilia nexu STAT.*Theb.* 6.889;—(*poet.*) imber..multus grandine ~atus albo VAR. *Men*.557; (*of a winding river*) hos Salamin populos..misit.. et quos Callirhoe nouiens errantibus undis ~at STAT.*Theb.* 12.630;—(*in fig. phr.*) cum praedictam materiam carminis legibus ~arem COL.11.1.1;—(*transf.*) quibus (*sc.* interuallis longis et breuibus) ~ata atque permixta oratio..stabilis est CIC.*Orat*.187. **b** ut tenax hedera..arborem ~at CATUL. 61.35; parua duorum corpora natorum serpens amplexus uterque ~at VERG.*A*.2.215; serta..caelestes ~itura comas OV.*Fast*.5.220;—(*of persons*) longaeuum ~ui regem (*i.e. Laius*) secuique trementis ora senis STAT.*Theb*.1.65; tenet ecce senilis leniter ~itos uultus *Silv*.3.3.18;—(*in fig. phr.*) nimio artius haec (uitia) animum ~uerunt SEN.*Ep*.75.11.

3 To entwine or enfold (one thing about another). **b** (refl. or pass.) to twine oneself round, embrace (a person). **c** to wrap up inside.
(*w. dat.*) huic (*sc.* telo) natam (*sc.* Camillam)..siluestri subere clausam ~at VERG.*A*.11.555; cum fulua draconem fert aquila ~uitque pedes atque unguibus haesit 11.752; ~uit materno bracchia collo OV.*Met*.1.762; ubi ~itum Tirynthius ossibus ignem sensit STAT.*Theb*.11.234; eam (*sc.* epistulam)..epistulae ad te scriptae ~ui FRO.*Aur*.1.p.124 (24N); (*transf.*) (di) uim..suam..hominum naturis ~ant CIC.*Div*.1.79;—(*w.* circum) ~uit..suos circum mea colla lacertos OV.*Am*.2.18.9;—(*w. simple acc.*) dea..manum..~at et rapidis mirantem passibus aufert V.FL.6.489. **b** dextrae se paruus Iulus ~uit VERG.*A*.2.724; collo se ~uisse uelit TIB.1.4.56; ferus occupat Actor ~itum fratri Thamyrin STAT.*Theb*.10.314; quando, mulier, seni tuo blandius ~ita iacuisti? [QUINT.]*Decl*.2.18; (*of a combatant*) hic hosti ~itus pariter ruit STAT.*Theb*.3.542;—(*ellipt.*) sic colla manusque tenebat ~itus 10.719;—(*cf., w.* in+*acc.*) ~abitur in tuum complexum CATUL.61.104. **c** ~itus conchae limax COL. 10.324.

4 To fold or twine together (two or more things), interlace, intertwine, or sim. **b** to form by intertwining.
floribus..~itis..multiplicem conficere uestem VAR.in Serv.*A*.1.649; quini erant ordines (stipitum) coniuncti inter se atque ~ati CAES.*Gal*.7.73.4; quidam..cum torquentur, pedes inter se..~ant CELS.2.7.15; conplectitur hostem hostis, et ~itis gaudent subsidere membris LUC.3.695; maculas (*i.e. meshes*)..indissolubili nodo ~at (araneus) PLIN. *Nat*.11.81; ~are dextras pollicesque inter se uincire TAC. *Ann*.12.47; (*cf.*) congressi in proelia totas ~uere inter se acies legitque uirum uir VERG.*A*.11.632;—(*poet.*) imbrifera qualis ~at uarios sibi Iris colores SEN.*Oed*.315;—(*transf.*) laudes..et uituperationes..in ipsis argumentationibus.. ~atas CIC.*Inv*.1.97; (*w.* cum) si genera ipsa rerum ponuntur neque permixtim cum partibus ~antur 1.32. **b** sirpea quae uirgis sirpatur, id est colligando ~atur VAR.*L*.5.139;—(*poet.*) ubi fagus..ramis errantibus ~at umbras CALP.*Ecl.* 1.12;—(*transf.*) quod soni tres ~entur e tribus uocalibus MAUR.527.

5 To involve in a net or other physical obstacle, entangle. **b** (pass., of the ground, a territory) to be a tangle or maze (with intertwined growth or other obstructions). **c** (in wider sense) to hem in, enclose.
(*with or without abl.*) aduorsis equis concurrere, ~are ac perturbare aciem SAL.*Jug*.59.3; quadripes..effusum.. equitem super ipse secutus ~at eiectoque incumbit cernuus armo VERG.*A*.10.894; cum forte duae naues in arto ostio ~itos remos fregissent LIV.37.28.10; ne..suis properantem (*sc. hunter*) linea pennis ~et GRAT.84; necesse est alia (corpora) aliis incidant..~enturque SEN.*Nat*.5.2; ne (iuuenci) pauidi aut arboribus aut obiacenti cuilibet rei se ~ent COL.6.2.2; sic maxime (araneus)..~at (*sc. its prey*) PLIN.*Nat*.11.83; animalia..quae ~ata umore (*i.e. resin*) mox durescente materia clauduntur TAC.*Ger*.45.6; (*w. abst. subj.*) quod euenit in labyrintho properantibus: ipsa illos uelocitas ~at SEN.*Ep*.44.7; (*poet., w. abst. obj.*) ~itam uisco perdidit ille (*sc.* ursus) fugam MART.*Sp*.11.2; (*in fig. phrs.*) ipse te impedies, ipse tua defensione ~abere CIC.*Ver*.2.44; eo maleficio..erant ~ati ut ex nullius legis laqueis eximendi uiderentur *Cael*.71;—(*w.* cum) periti nandi cum ignaris in mutuam perniciem ~abantur TAC.*Hist*.5.15;—(*w. dat.*) trepide..leuantem membra afflicta solo pressa uiolentibus hasta ~uit terrae SIL.7.614. **b** radices quibus ager arbusto consitus ~atur COL.2.2.28; Liguras imis Alpium iugis adhaerentis..~itosque dumis siluestribus FLOR.*Epit.* 1.19(2.3.4); quaedam quasi claustra..abruptis torrentibus ~ata 2.23(4.12.6). **c** quod ueritus sum factum est ut Domitius ~aretur et neque ipse satis firmus esset ad castra facienda.. POMP.*Att*.8.12A.1; 8.12C.2; 8.12D.1; quisquis.. dira Furiarum agmina ~itus horres SEN.*Thy*.79; uos intus ~itae..animae..a ferali uentre prorumpite [QUINT.]*Decl.* 12.11.

6 (pass.) To be intimately associated, connected, or bound up. **b** (by friendship or sim.).
(*w. abl.*) ita diu uixit ut multarum aetatum oratoribus ~aretur CIC.*Brut*.174; auaritiae, quae criminibus infinitis ~ata est, summam *Pis*.86; ~ata inscientia impudentia est *Phil*.2.81; Dion..nobili genere natus, utraque ~atus tyrannide Dionysiorum NEP.*Di*.1.1; ni priuato..periculo publicum ~itum esset LIV.6.21.7; sensus istos motusque animi..innexos ~atosque esse uigoribus quibusdam mentium GEL.19.12.4;—(*w.* cum) haec ratio pecuniarum quae Romae..uersatur, ~ata est cum illis pecuniis Asiaticis et cohaeret CIC.*Man*.19; sententias..quae nihil habent cum ipsa controuersia ~itum SEN.*Con*.1.pr.23;—(*w.* in+*abl.*) aptas inter se omnes (causas) et aliam in alia ~atam uidebit CIC.*Inv*.2.110;—(*w.* inter se) ~itas medicinae partes inter se et..conexas esse LARG.200;—(*w. dat.*) quid..in his, quae non ~antur rebus soli, sed mobilia permanent..? POMPON. *dig*.41.3.30.1. **b** qui nostris familiaritatibus ~antur CIC. *Balb*.60; omnis Caesaris familiaris satis opportune habeo ~atos consuetudine et beneuolentia *Fam*.6.12.2; *Amic*.85; Tironem..priuatis mihi et publicis necessitudinibus ~itum PLIN.*Ep*.7.16.1;—(*cf., refl.*) ut (homo)..se ~et..omnium mortalium societate CIC.*Fin*.2.45.

7 To involve (a person, etc.) in circumstances from which it is hard to withdraw, engage, entangle, embroil (usu. in pass.): **a** (in trouble, difficulties, or sim.). **b** (in activities, duties, etc.). **c** (with a lover).
a bene adhibita ratio cernit, quid optumum sit, neglecta multis ~atur erroribus CIC.*Tusc*.4.58; quod si..(se) tantis ..~atum rebus subleuasset, magno ei praemio futurum NEP.*Paus*.4.6; quaenam uos tanto fortuna indigna..~uit bello..? VERG.*A*.11.109; eripere atris litibus ~itum HOR. *Ars* 424; intolerabilibus..oneribus ciuitatem eorum ~anti ..mortem se praelaturos responderunt V.MAX.6.4.ext.4; quae (*sc. habits*)..Volsiniensium urbem grauibus..cladibus ~auerunt 9.1.ext.2; quae..~ita suspicionibus..non satis conuinci..uisa est PLIN.*Ep*.3.9.19; ne desiderio hereditariis ~aretur ULP.*dig*.44.4.4.11. **b** nos pacificatoria legatione ~atos putant CIC.*Phil*.12.3; dum me ambitio..multis officiis ~atum et constrictum tenebat *Ac*.1.11; alienis (rebus) nimis ~ari molestum esse *Amic*.45; alii iudiciis publicis, alii priuatis..negotiis ~ati SAL.*Rep*.2.11.6; LIV.23.7.3; Philippum..satis ~atum bello finitimo ratus 26.24.16; me ipse reuocabo, ne..aliqua inutili relatione ~er V.MAX. 3.6.intro.; ~atur obsidione urbis ualidae TAC.*Ann*.11.8; Vitellius..quo gratiam Agrippinae pararet, consiliis eius ~ari 12.4;—(*refl.*) ut non putares deos satis posse placari nisi etiam muliebribus religionibus te ~uisses CIC.*Dom*.105; nullo se ~ari negotio passus est *Lig*.3; SEN.*Dial*.12.17.2; SUET.*Tib*.28. **c** sed ea ut sim ~itus dicam PL.*Mer*.14; redierunt plerique scortis ~iti LIV.23.18.15.

8 (of a disease or sim.) To take hold of, catch in its toils (usu. in pass.); (also, of a source or cause of infection). **b** (of a feeling or state of mind).
grauiore morbo ex frigore ac labore ~itus CAES.*Civ.* 3.18.1; longinquo morbo est ~itus LIV.1.31.5; 8.40.2; 41.21.5; uno tantum modo die..febri ~abatur V.MAX. 1.8.ext.16; tremor ~at artus SIL.3.124;—(*pass., w.* in+*acc.*) in morbum ~itus in oppido Citio est mortuus NEP.*Cim*.3.4; LIV.23.34.11; (*w.* in+*abl.*) qui in his sunt ~iti morbis VITR. 1.6.3;—(*of a cause of infection*) is (fons)..putatur uenerio morbo ~are eos, qui ex eo biberint 2.8.12; idem..tempus.. quosdam longissimis (morbis) ~at CELS.2.1.9; ~uit..graui Danaorum corpora morbo (Apollo) *Ilias* 12; (*cf.*) phrenitis morbus quibus ~itus est FRO.*Ver*.2.p.138(124N). **b** subita tristitia ~atis militum animis V.MAX.1.6.12; 2.7.10; ~itas magno Caesar torpore cohortes ut uidit LUC.3.432.

9 To make (words, a situation, etc.) confused, involve, complicate.
difficilioribus ad cognoscendum negotiis causa est ~ata CIC.*Inv*.1.20; ut rem tantam, tot controuersiis ~atam, possem cognoscere *Quinct*.3; 'ueritatis simplex oratio est' ideoque illam ~ari non oportet SEN.*Ep*.49.12; ceteri ad nauis ruebant, ubi cuncta pari formidine ~abantur TAC. *Hist*.3.77; nitenti ut sensus suos penitus abderet, (uerba) in incertum et ambiguum magis ~abantur *Ann*.1.11.

10 To involve (a person) in uncertainty, perplex.
eum..incertis ~antes responsis LIV.27.43.3; quando ipsos error ~uisset criminis PHAED.3.10.41; ut est utilis (*sc.* dialectice)..illiciendo, ~ando QUINT.*Inst*.12.2.13.

implictus: see prec.

implōrābilis ~is ~e, *a.* **inp-.** [IMPLORO+-BILIS] That may be supplicated for.
lumen..miseris..~e nautis (*i.e. St. Elmo's fire*) V.FL. 1.573.

implōrātiō ~ōnis, *f.* **inp-.** [next+-TIO] Earnest appeal or entreaty, supplication.
omnium..deorum et hominum..~o CIC.*de Orat*.2.196; illa ..~o, 'ciuis Romanus sum', quae saepe multis..opem inter barbaros..tulit *Ver*.5.147; nec..~one deum sed ui ac uirtute euadendum esse LIV.22.5.2; siue ad inuocationem aliquam conuertimur..siue ad inuidiosam ~onem: 'o leges Porciae..!' QUINT.*Inst*.9.2.38.

implōrō ~āre ~āuī ~ātum, *tr.* **inp-.** [IN-[1]+PLORO]

1 To ask for (help, protection, favours, etc.) with earnest entreaty, make supplication for.
uostram ego ~o fidem, agricolae PL.*Rud*.615; TER.*Ad.* 489; *Inc.trag*.40; neque..auxilium suum..frustra ~ari patietur CIC.*de Orat*.2.144; *Rab.Perd*.9; nihil esse quod praesidium consulum ~arem *Pis*.12; aura secunda..iam prece Pollucis, iam Castoris ~ata CATUL.68.65; chorus ..caelestis ~at aquas HOR.*Ep*.2.1.135; ego praesentium Quiritium pro sponsa..omnes deorum hominumque ~abimus fidem LIV.3.45.9; 8.32.11; opem regis per nuntios ~abant 33.7.8; OV.*Met*.8.269; Prienensibus auxilium aduersus Caras ~antibus V.MAX.1.5.ext.1; libellum, per quem indulgentiam pro statu filiae suae ~at PLIN.*Ep*. 10.106(107); in integrum restitutionem poterit ~are ULP. *dig*.16.1.8.15;—(*w.* ab) auxilium a populo Romano ~aturos CAES.*Gal*.1.31.7; an a Veiis exercitum Camillumque ducem ~abunt? LIV.9.4.14; ASC.*Mil*.35;—(*defined*) ~are..est cum fletu rogare, quod est proprie uapulantis PAUL.*Fest*.p.77M.

2 To call on (a person, deity, etc.) for aid, appeal to, invoke, implore. **b** (a person's name, memory, qualities, etc.). **c** (laws, rights).
quo confugient socii? quem ~abunt? CIC.*Ver*.5.126; *Flac*.4; uos..iam, Albani tumuli atque luci..~o atque testor *Mil*.85; Iouem..~abit *Tusc*.2.40; SAL.*Jug*.14.16; ~ans nomine Turnum VERG.*A*.12.652; OV.*Met*.13.65; ~are patrios deos CURT.4.14.23; STAT.*Ach*.1.877; diu cunctatus an proximas legiones ~aret SUET.*Aug*.8.2;—(*w.* quod+*subj.*) omnis mortalis ~are (*i.e. call to witness*) posses..quod inermi armati iudicarentur CIC.*Caec*.62;— (*w.* ut, ne) mulieres..in proelium proficiscentis..flentes ~abant ne se in seruitutem Romanis traderent CAES.*Gal.* 1.51.3; deos..uotis ~o, ut mihi omne iter tua praesentia comitatum sit AUR.*Fro*.1.p.50(47N). **b** excitarem negotiatores, uestram etiam scientiam ~arem CIC.*Flac*.38; Heracliti memoriam ~ans *Luc*.11; tribuniciam potestatem aduersus se ~ari LIV.4.57.3; quotiens absentis uiri nomen ~auit? SEN.*Con*.2.7.5; ~ato Ciceronis testimonio SUET.*Jul.* 17.2. **c** quos..~antis iura libertatis et ciuitatis in crucem sustulit CIC.*Ver*.1.7; se prouocare ad populum, ~are leges de prouocatione LIV.3.56.12; SUET.*Gal*.9.1; legem Falcidiam ~at PAUL.*dig*.31.87.4.

implumbō ~āre ~āuī ~ātum, *tr.* [IN-[1]+PLVMBO] To fasten in with lead.
et ferreos cnodacas uti subscudes in capitibus scaporum ~auit VITR.10.2.11.

implūmis ~is ~e, *a.* **inp-.** [IN-[2]+PLVMA+-IS]

1 (of a bird) Having no feathers, unfledged; (of an animal) having no fur.
fetus, quos durus arator..nido ~is detraxit VERG.*G.* 4.513; adsidens ~ibus pullis auis HOR.*Epod*.1.19; LUC. 9.903; PLIN.*Nat*.10.10; (*cf.*) ~es Calaisque puer Zetesque fuerunt (*i.e. they had not yet sprouted wings*) OV.*Met*.6.716;— lepus..aliud in utero pilis uestitum, aliud ~e..gerens PLIN. *Nat*.8.219.

2 (of a helmet) Having no plume.
coni..~es SIL.8.419.

impluō ~uere ~ūuī or ~uī, *intr.* **inp-.** [IN-[1]+PLVO] (usu. impers.) To rain (upon or into something expressed or implied).
id (*sc.* scabies) ex fame et si ~uit fieri solet CATO *Agr*.5.7; deorsum quo ~uebat dictum impluuium VAR.*L*.5.161; prius quam ~uerit, ab auibus..sata non infestari COL. 2.8.5; fanum..in cuius quandam aream non ~uit PLIN.*Nat.* 2.210;—(*w. dat., in fig. phr.*) probe tectum habebo, malum quom ~uit ceteris, ne impluat mi PL.*Mos*.871; (*transf.*) Peneus..nubila conducit summisque aspergine siluis ~uit OV.*Met*.1.573.

impluuiātus ~a ~um, *a.* **inp-.** [next+-ATVS[2]] (app.) Resembling an *impluuium* in some way; (in quot., as the name, prob. facet., of a woman's garment).
quid erat induta? an regillam induculam an mendiculam? — ~am, ut istaec faciunt uestimentis nomina PL.*Epid*.224.

impluuium ~(i)ī, *n.* **inp-.** [IMPLVO+-IVM]

1 The quadrangular basin in the floor of an atrium which receives the rain-water from the roof (perh. sts. applied to the whole uncovered central area in an atrium).
deuolant angues iubatae deorsum in ~ium duo PL.*Am.* 1108; VAR.*L*.5.161; signa pulcherrima quae nunc ad ~ium tuum stant CIC.*Ver*.1.61; 1.147; palmam enatam in ~io suo LIV.43.13.6; PAUL.*Fest*.p.108M.

2 The aperture in a roof through which the rain falls, = COMPLVVIVM.
de tegulis..nescioquis inspectauit..per nostrum ~ium intus apud nos Philocomasium atque hospitem osculantis PL.*Mil*.175; 553; in alienas tegulas uenisse clanculum per ~ium TER.*Eu*.589; *Ph*.707; GEL.10.15.8.

impoene: archaic form of IMPVNE.

impolītē, *adv.* **inp-.** [IMPOLITVS+-E] Without elegance or refinement.
cum..tibi senatus breuiter ~que dicenti maximis sit de rebus adsensus CIC.*de Orat*.1.214.

impolītia ~ae, *f.* **inp-.** [next+-IA] Want of smartness, slovenliness in turn-out.
quis eques Romanus equum habere..parum nitidum uisus erat, '~ae' notabatur GEL.4.12.2; ~as censores facere dicebantur, cum equiti eas abnegabant ob equum male curatum PAUL.*Fest*.p.108M.

impolītus ~a ~um, *a.* **inp-.** [IN-[2]+POLITVS]

1 (of materials) In a natural or crude state, rough, undressed.
in structuris lapidum ~orum QUINT.*Inst*.8.6.63; si superior pars tantum dolata est et inferior..~a derelicta HYG.*agrim*.p.75; linum ~um FEST.p.317M;—(*in fig. phrs.*) ~ae uero res et acerbae si erunt relictae CIC.*Prov*.34; ~as sententias et inchoatas..hic (*sc.* Plato)..ratione limando.. perfectas..fecit APUL.*Pl*.1.3.

2 (of a person) Lacking in culture or refinement, uncultivated; (of a speaker or writer, his language, etc.) rude, unpolished.

hebes atque ~um (genus magistrorum) CIC.*de Orat.*2.133; QUINT.*Inst.*1.5.7; an..contemnam stultis et ~is ad haec respondere? APUL.*Apol.*91;—Timaeus..ipsa compositione uerborum non ~us CIC.*de Orat.*2.58; si rudis et ~a putanda est illa sine interuallis loquacitas 3.185; in eodem..genere alii callidi, sed ~i et consulto rudium similes et imperitorum *Orat.*20; uir Homerico quam rudi atque ~o praeconio dignior V.MAX.8.14.1; (antiqui) sunt..horridi et ~i TAC.*Dial.*18.1.

impollūtus ~a ~um, *a.* **inp-.** [IN-²+POLLVTVS] **a** (of laws, oaths, or sim.) Not violated or transgressed. **b** (of persons) not stained by guilt or dishonour; (spec.) not debauched sexually.

a quid ultra? quaeue humana superant aut diuina ~a sunt? SAL.*Hist.*1.55.11; pro barbara numquam ~a fides! SIL.13.679. **b** intemeratus, ~us..peteret finem (Thrasea) TAC.*Ann.*16.26;—eo prouectas Romanorum cupidines ut..ne senectam quidem aut uirginitatem ~am relinquant 14.35.

impōmenta ~ōrum, *n. pl.* **inp-.** [app. < **imposimentum* (next+-MENTVM)] (See quot.)

~a, quasi inponimenta, quae post cenam mensis inponebant PAUL.*Fest.*p.108M.

impōnō ~ōnere ~osuī ~ositum, *tr.*, (*intr.*). **inp-.** [IN-¹+PONO] FORMS: pf. *~osiui*, etc., PL.*Rud.*357, CATO *orat.*171, *~osisse* PL.*Mos.* 434, *~osierint* VAR.*L.*9.34; pple. *~ostus* in poets, e.g. LUCR.5.543, VERG.*A.*9.716, SIL. 15.228. CONST.: w. acc. and (commonly) dat., also *in*+acc., abl., *in*+abl., *super*+acc., or advs.; also intr., w. dat. (16).

1 To place, put, or lay on, in, or over. **b** (offerings on an altar). **c** (burdens on a person or animal).

sub cratim ut iubeas se supponi atque eo lapides ~oni multos PL.*Poen.*1026; operculum in dolium ~onito CATO *Agr.*104.2; necesse est lancem in libram ponderibus ~ositis deprimi CIC.*Luc.*38; Metellum..multi filii..in rogum ~osuerunt *Tusc.*1.85; ~onere Pelio Ossam VERG.*G.*1.281; ~ositis auro dapibus *A.*3.355; lanificam pensis ~osuisse manum TIB.2.1.10; uirgines sacraque in plaustrum ~osuit LIV.5.40.10; nati..membra tui..socio..~one sepulcro OV.*Ep.*11.123; cum..lacertos ~onit collo rusticus ille tuo 15.220; Mucius ignibus manum ~osuit SEN.*Ep.*24.5; rursus patella super ignem ~onitur LARG.173; (Caesarem) lecticae ~ositum..tres serui domum rettulerunt SUET.*Jul.*82.3;—(*cf.*) uerba..codicillis talia ~osui PETR.129.12;—(*in fig. phrs.*) extremam Saturnia bello ~onit regina manum VERG.*A.*7.573; urbs oritur..uictorem terris ~ositura pedem OV.*Fast.*4.858. **b** haec ~onentur in foco nostro Lari PL.*Aul.*386; ~ositis ardent altaria fibris VERG.*G.*3.490; quisquam numen Iunonis adorat..aut supplex aris ~onet honorem? *A.*1.49; 4.453; Ianus, cui cum Ceriale sacerdos ~onit libum.. OV.*Fast.*1.128. **c** quin tu labore liberas te atque istam (*sc.* cruminam) ~onis in me? PL.*As.*659; nos onera quibusdam bestiis nos iuga ~onimus CIC.*N.D.* 2.151; corbis..~osito pondere messor eram PROP.4.2.28; lectica formonsis ~osita calonibus SEN.*Ep.*110.17; JUV. 3.252; (*pass. in refl. sense*) age, care, pater ceruici ~onere nostra VERG.*A.*2.707;—(*in fig. phrs.*) L. Papirius Cursor..depulsum ab Romanis ceruicibus iugum superbo Samniti ~osuit LIV.22.14.12; OV.*Ep.*9.6.

2 a To build, locate (cities, houses, etc.) on a specified site; (pf. pple.) situated (on). **b** to post, station (soldiers) in a named position.

a super aggerem ~ositis turribus opus..tutari SAL.*Jug.* 76.3; hi Collatinas ~onent montibus arces VERG.*A.*6.774; tutandi..pontis causa castellum insuper ~onunt LIV. 21.45.1; saxum, cui ~osita muri fundamenta sunt 24. 34.14; pons lapideus flumini ~ositus CURT.5.1.29; castella et munitiones idoneis locis ~onens TAC.*Ann.*3.74; neue amphitheatrum ~oneretur nisi solo firmitatis spectatae 4.63; (*in fig. phr.*) eam arcem (*i.e. Pergamum*) supra capita finitimarum ciuitatium ~ositam LIV.42.42.6;—cauis ~ositam ilicem saxis HOR.*Carm.*3.13.14; una tantum in eam regionem porta ~osita LIV.34.9.5; ciuitates Achaiae Ponticis ~ositas litoribus SEN.*Dial.*12.7.1; ~ositum arce sublimi oppidum PETR.116.1; faucibus utrimque ~ositi montes PLIN.*Nat.*3.4; Toletani Tago flumini ~ositi 3.25; sublimis..urbs ~osta iugo SIL.15.228. **b** centurionibus ad portas oppidi..~ositis *B.Afr.*7.2; Romanus se in praesidio ~ositum esse dicere ab imperatore suo LIV.24.37.8; quingentos tumulo urbis in orientem uerso ~onit 26.44.2; arci praesidium militum ~osuit CURT.3.7.2; TAC.*Ann.*15.10.

3 To attach or build on (fittings, parts of a structure).

ANTEPAGMENTA ABIEGNEA..CVMATIVMQVE ~ONITO *CIL* 1.698.2.5; quoniam operi inchoato..tamquam fastigium ~onimus CIC.*Off.*3.33; nauibus actuariis..rostra ~osuit *B.Alex.*44.3; sub ~osito marmore terra latet OV.*Med.*8; foramen nouum castello ~onunt (aquarii) FRON.*Aq.*114; habitator in aliena aedificia fenestras et ostia ~osuit JULIAN. *dig.*6.1.59; (*cf.*) armatae classes ~onunt sibi (*i.e. have built on them*) turrium propugnacula PLIN.*Nat.*32.3;—(*absol.*) ei ius est in infinito supra suum aedificium ~onere PAUL.*dig.* 8.2.24.

4 a (usu. w. *naui*, *in nauem*, or sim.) To put on board, embark (passengers or cargo). **b** to mount (a person on an animal).

a mercis emit, parata naui ~onit PL.*Mer.*88; si Lentuli nauis non erit, quo tibi placebit ~onito (*sc. statues*) CIC. *Att.*1.8.2; magnum numerum leuis armaturae..noctu in scaphas et nauis actuarias ~onit CAES.*Civ.*3.62.2; NEP.*Di.* 4.2; delecto milite ad naues ~osito LIV.22.19.4; coniuratis in quinqueremem ~ositis 28.30.5; 30.2.3; non semper eodem ~ositos uento panda carina uehit OV.*Ars* 2.430; Stygiae parentem natus ~osuit rati [SEN.]*Oct.*127; TAC.*Ann.*1.60; PAUL.*dig.*14.2.2.2;—(*ellipt.*) per istos quae uolebat clam ~onenda, occulte exportanda curabat CIC.*Ver.*4.23; *Att.* 1.10.3; cum M. Crassus exercitum Brundisii ~oneret *Div.* 2.84; exul..uenerat ~ositos attuleratque deos OV.*Fast.*5.92. **b** omnibus equis Gallis equitibus detractis, eo legionarios milites legionis decimae..~onere CAES.*Gal.*1.42.5; cornicines..in equos ~ositos canere..iubet LIV.2.64.10; 35.36. 8; Iuppiter..secat ~osita uirgine taurus aquas OV.*Am.* 3.12.34; (delphinus) adludens nantibus ~ositosque portans PLIN.*Nat.*9.26; ipse..iumento ~onitur GEL.20.1.11.

5 To lay on (a rod, etc.); to inflict (wounds, blows, or sim.).

ter uindicta quaterque ~osita (*i.e. in manumission*) HOR.*S.*2.7.77; ita dicebat: 'hunc ego hominem..meum esse aio..' et simul homini festucam ~onebat GAIUS *Inst.*4.16; (*perh.*) iuuenca ferro semet ~osito (*v.l.* opposito) induit SEN.*Oed.*341;—cui saepe mille ~osui plagarum in diem LUCIL.768; (statuam) ciuitati stigmata ~onentem VITR. 2.8.15; PETR.105.4;—(*in fig. phrs.*) tanto ~osito rei publicae uulnere CIC.*Att.*1.16.7; *Fin.*4.66.

6 To put (garments, ornaments, etc., on a person). **b** (chains or other means of restraint).

torquem detraxit eamque..sibi in collum ~onit QUAD. *hist.*10b; Antonio diadema Caesari ~onente CIC.*Phil.*5.38; 13.17; cum ceteris coronas ~osuerint uictoribus *Fam.*5.12.8; cuilibet apicem Dialem, dummodo homo sit, ~onamus LIV. 6.41.9; 7.37.2; ipsa..marito ~onet galeam OV.*Ep.*13.140; quae amissis filis ~osita lugubria numquam exuerunt SEN. *Dial.*12.16.2; puer..pilleum..capiti..suo ~osuit PETR.41. 7; pretioso puero..bullam et praetextam togam ~osuerunt SUET.*Rhet.*25(p.122 Re);—(*cf.*) puppibus et laeti nautae ~osuere coronas VERG.*A.*4.418. **b** ni..prudens monitio uelut frenos animo eius gestienti..~osuisset LIV. 45.19.7; matres..saeuus catena miles ~osita trahet? SEN. *Phoen.*574; (*poet.*) ~onere uincula sacro Eridano SIL.12. 696; (*in fig. phr.*) neque cupiditati non ~osui frenos VAR. *Men.*177.

7 To apply (remedies) externally. **b** to cover with medicinal applications.

ad omnia uulnera tumores eam (*sc.* brassicam) contritam ~onito CATO *Agr.*157.3; prodest (malagma) ~ositum..abscessibus, item..pedibus dolentibus CELS.5.18.7A; ad articulos fici..aridi partem..recte aliquis ~onit 5.18.32; si quis panem ex uino subactum super oculum ~onit 6.6.31C; (mulae) suffraginosae hordeacia farina ~onitur COL.6.38.2; pampinos..edendos censent ~onendosque PLIN. *Nat.*23.14; dolorem..tollit..torpedo nigra uiua ~osita eo loco, qui in dolore est LARG.11; medicamentum..~ositum in uentrem 120; (*in fig. phr.*) perdidit..caecitas illum senem cuius oscula..~onebat uulneribus oculorum [QUINT.]*Decl.* 2.6. **b** spongeis nouis totum uentrem ex aceto..~onere LARG.133.

8 To put (a male to a female animal).

iam patientiori (*sc.* equae) generosior equus ~onitur COL. 6.27.10; 6.36.4; 7.2.5.

9 (fig.) To place, involve (a person) in specified circumstances.

C. Curio, quoius amicitia me paulatim in hanc perditam causam ~osuit CAEL.*Fam.*8.17.1; si quis deus manibus meis..Gitona ~oneret PETR.100.4; quid enim attinet innocentem alieno periculo ~onere? 102.2.

10 To place in command or control (of persons or things), appoint as ruler, commander, manager, or sim. **b** to place (a garrison, etc.) in surveillance (over).

numquam ego praefectos per sociorum..oppida ~osiui, qui eorum bona..diriperent CATO *orat.*171; si ipse seruire poterat, nobis dominum cur ~onebat? CIC.*Phil.*13.17; consul quasi nullo ~osito omnia prouidere SAL.*Jug.*100.3; praeerat huic arci Philodemus Argiuus, ab Epicyde ~ositus LIV.25.25.3; (se) Masinissam..in Syphacis..regnum ~osuisse 37.25.9; hanc (*sc.* Romam) terris ~osituras eras? OV.*Fast.*6.360; Hesperii fortuna ducis, quae sustulit illum ~osuitque orbi LUC.10.377; Germanicum..octo apud Rhenum legionibus ~osuit TAC.*Ann.*1.3; nemin em gentis Arsacidarum summae rei ~onere poterant 6.31; 14.51; Lysander..uictis Atheniensibus XXX tyrannos ~osuit AMP.14.8; magistri..~onuntur locandis nauibus ULP. *dig.*14.1.1.3;—(*w. pred.*) sin..emimus quem uilicum ~oneremus CIC.*Planc.*62; LIV.45.36.8; Cappadociae..consularem..rectorem ~osuit SUET.*Ves.*8.4. **b** dilectus aduersus uos habiti..praesidia deducta atque ~osita SAL. *Hist.*1.77.17; praesidio..ualido ~osito arma Satricanis ademit LIV.9.16.10; colonism aegre patientes uelut arcem suis finibus ~ositam 10.1.7; 28.24.5; ~osito tenerae custode puellae OV.*Am.*3.4.1.

11 To lay on as something to be borne, impose, force (on a person): **a** (laws, terms, authority, etc.). **b** (responsibilities, obligations, etc.).

a ut tibi lubebit, nobis legem ~onito PL.*As.*239; lex..incisa per uim, ~osita per latrocinium CIC.*Pis.*30; *Fam.* 16.12.4; reges..receptos in fidem condicionibus ~ositis..dimittit *B.Alex.*65.4; regere imperio populos..pacisque ~onere morem VERG.*A.*6.852; ut..tribuniciam potestatem et omnia inuitis iura ~osita patres demerent sibi LIV. 2.34.12; 9.3.11; nullam recusandam fortunam quae ~osita a uobis fuerit 25.29.4; sociis pariter atque hostibus seruitutem ~osuerant TAC.*Hist.*4.73; senatum, magistratus, leges ~osuit *Ann.*11.19; JUV.7.229; caerimoniae ~ositae flamini Diali GEL.10.15.1;—(*poet.*) animalia cepit ~osuitque uiam ponto (*sc.* homo) MAN.4.905. **b** concastiga hominem probe..in te ego hoc onus omne ~ono PL.*Bac.*499; TER. *An.*897; non suscipiam oratione mea plus quam mihi ~onitur CIC.*de Orat.*3.24; multa sunt ~osita huic ordini munera, multi labores, multa pericula *Ver.*3.98; est mihi considerandum quantum illi..sollicitudinis atque oneris ~onam *Pis.*82; partis mihi Caesar has ~osuit ne quem omnino discedere..paterer *Att.*10.10.2; (persona) quam casus aliqui aut tempus ~onit *Off.*1.115; huic quidam..uadimonium cum uellet ~onere NEP.*Timol.*5.2; dilectus cura C. Licinio consuli ~osita LIV.44.21.5; recte faciendi omnibus aut incussa uoluntas aut ~osita necessitas VELL. 2.126.2; senatus..Magno fatum patriae..~osuit LUC.5.49; SUET.*Jul.*60; ULP.*dig.*22.3.18.2; (*cf.*) seruitute fundo illi ~osita CIC.*Q.fr.*3.1.3;—(*impers. pass., w. inf.*) femina.. cui tolerare colo uitam tenuique Minerua ~ositum VERG.*A.* 8.410; SIL.10.656.

12 a To impose, levy (a tax, fine, or sim.). **b** to inflict (punishment, injury, etc.); to lay (blame on someone).

a ut..eorum agris uectigal nouum nullum ~onerent CIC.*Ver.*3.14; *Agr.*1.10; singulis rebus quaecumque uenirent certo portorio ~osito *Pis.*87; multa praesens quingentum milium aeris in singulas ciuitates ~osita LIV.10.37.5; Sardiniam..fraude Romanorum, stipendio etiam insuper ~osito, interceptam 21.1.5; CURT.9.1.14; ~osita genti tributa SUET.*Dom.*12.2. **b** nequaquam iniuriose nobis contumeliam ~oni sinatis GRACCH.*orat.*18; mihi ~one istam uim ut.. CIC.*Ver.*2.148; quibus tu priuatim iniurias plurimas contumeliasque ~osuisti 4.20; *Rep.*1.4; qui..labem secundae dictaturae suae ~osuerint LIV.4.32.7; sic ego poenas ~ono OV.*Met.*2.522; PHAED.4.18(19).29; cui ~osuit notam..censor AUR.*Fro.*1.p.214(83N);—culpam omnem in me ~onito PL.*Mil.*928; uti..tribunus plebis..belli..grauissumi inuidiam optumo consuli ~oneret SAL.*Cat.*43.1.

13 To put authoritatively, fix, impose: **a** (a limit, conclusion, or sim.). **b** (a price or value).

a (*w.* finem) eripe, nate, fugam finemque ~one labori VERG.*A.*2.619; quem..ad ~onendum Punico bello finem (ciuitas) creauerit consulem LIV.29.20.2; 30.40.2; OV.*Met.* 6.240; finem ~onere..uolumini festino QUINT.*Inst.*9.4.146; —(*w.* modum) modum ~onere secundis rebus LIV.42.62.4; SEN.*Suas.*1.9; diuortiis modum ~osuit SUET.*Aug.*34.2; —(*w.* exitum) rumor..allatus..ut nullus exitus ~oneretur sermonibus, effecit LIV.33.41.1;—(*w.* clausulam) hoc..bonum, quod beatae uitae clausulam ~osuit SEN.*Ep.*66.48; —(*cf.*) transigite cum expeditionibus, ~onite quinquaginta annis magnum diem TAC.*Ag.*34.4. **b** se ipsos a te pretio ~osito redemerunt CIC.*Ver.*3.85; animus..ex natura pretia rebus ~onens SEN.*Ep.*66.6; QUINT.*Inst.*12.7.11.

14 To bestow more or less arbitrarily, assign, or confer (an appearance, character, quality, etc.). **b** (a name).

qui rei quam facit ~onit faciem VAR.*L.*6.78; nobis..personam ~osuit ipsa natura magna cum excellentia praestantiaque animantium reliquarum CIC.*Off.*1.97; semper aliquam fraudi speciem iuris ~onitis LIV.9.11.7; 26.51.12; separatim..uiuenti populo..ciuitatis formam..~osuit V.MAX.5.3.ext.3; exercitationibus ordinem ~onere SEN. *Dial.*3.6.2; qui captus clamabat 'non seruiam'..et uerbis fidem ~osuit *Ep.*77.14; ~onite lusibus artem *Buc.Eins.*1.4; Vitellio tris patris consulatus..~onere iam pridem imperatoris dignationem TAC.*Hist.*1.52; HVNC..FLEVIT..TVRBA ET HONOREM SVPREMVM DIGNE FVNERIS ~OSVIT *CIL* 6.6314.6; —(*perh. cf. sense 5*) an..constitutio diui Marci ~onat ei (*sc.* seruo) libertatem ULP.*dig.*24.1.7.8. **b** P. Cornelius, cui primum cognomen Sullae ~ositum SULLA *hist.*2; in qua re uocabulum sit ~ositum VAR.*L.*5.2; honesta nomina turpissimis rebus ~onere CIC.*Ver.*2.142; *Rab.Post.*28; quod..leuius huic leuitati nomen ~onam? *Tusc.*1.95; LUCR.6.741; Mercuriale ~osuere mihi cognomen compita HOR.*S.*2.3.26; SEN.*Suas.*2.17; oppidum..Apamea, cui nomen Antiochus matris suae ~osuit PLIN.*Nat.*6.132; Scipionem, Afranium..nusquam latrones et parricidas, quae nunc uocabula ~onuntur, saepe ut insignis uiros nominat TAC.*Ann.*4.34; SUET.*Rhet.*25(p.120Re);—(*of the source of the name*) ~osuit templo nomina celsus Eryx OV.*Rem.*550; PLIN.*Nat.*4.82; qua (mons Atlas) uergat ad litora oceani, cui cognomen ~osuit 5.6.

15 To produce (a feeling, etc.) by constraint.

ipsa indignitas perseuerantiam ~onere debuit LIV.5.4.10; illis uiolandi supplices uerecundiam se ~osituros 36.27.8; ut filiis metum ~onerem SEN.*Con.*exc.5.3; pigritiam..recedendi ~osuerat hilaritas longior PETR.85.4; hoc si..clamitaris, ~ones plagiario pudorem MART.1.52.9; suscepit eas partes atque ita impleuit ut Planco silentium ~oneret SUET.*Rhet.*30(p.125Re).

16 (intr., w. dat.) To deceive, trick, impose upon.

legibus perniciosissimis obsistitur, maxime Catonis, cui tamen egregie ~osuit Milo noster CIC.*Q.fr.*2.4.5; populo..~osuimus et oratores uisi sumus *Ep.*fr.8(7).10; simulata deditione..praefectis Antigoni ~osuit seque ac suos omnis extraxit incolumes NEP.*Eum.*5.7; si mortem..non cogitauit, sibi ~osuit SEN.*Ep.*99.8; oculis nostris ~onimus 115.9; effugi iudicium, harenae ~osui PETR.81.3; permutato colore ~onemus inimicis 102.13; forsitan ~osuit pecori lupus? *Buc.Eins.*2.5; callidus ~osuit nuper mihi copo Rauennae MART.3.57.1; JUV.4.103;—(*of things*) multis conposito belle sonantis sententiae ~osuit SEN.*Con.*7.4.10; ne tibi..quorundam..luxuria specie frugalitatis ~onat PLIN.*Ep.* 2.6.6; 3.15.3.

imporciō ~īre ~iuī or ~iī ~ītum, *tr.* **inp-.** [IN-¹+PORCA²+-IO²] To form into ridges by ploughing.

cum semen crudo solo ingesserimus, inarabimus ~itumque occabimus COL.2.10.6.

imporcītor ~ōris, *m.* **inp-.** [prec.+-TOR] (See quot.)

~or, qui porcas in agro facit arando PAUL.*Fest.*p.108M; —(*as the name of an agricultural deity*) FAB.PICT.*iur.*6.

importātīcius ~a ~um, *a.* [IMPORTO+-ICIVS²] Brought in from overseas, imported.

frumento se in Africa nisi ~o uti non posse *B.Afr.*20.4.

importātor ~ōris, *m.* **inp-.** [next+-TOR] One who brings in goods from abroad, an importer.

CIL 13.8568; IN TEMPLO FORI VINARI ~ORVM NEGOTIANTIVM *A.Epig.*40.64.

importō ~āre ~āuī ~ātum, *tr.* **inp-.** [IN-¹+PORTO]

1 To bring or carry in; (esp.) to bring or

cause to be brought in (supplies, merchandise) from an external or foreign source, introduce, import, etc.

horreum, quo ~entur fructus COL.12.52.3; priores (principes)..~ari solebant..umeris hominum PLIN.*Pan.*22.1; —ego hinc migrare cesso, ut ~em in coloniam hunc.. commeatum PL.*Epid.*343; quae opus sunt in fundum..si longe sint ~anda VAR.*R.*1.16.3; uinum ad se omnino ~ari non sinunt CAES.*Gal.*4.2.6; in maritimis ferrum, sed eius exigua est copia; aere utuntur ~ato 5.12.4; *Civ.*3.42.5; pugnandum..esse, si palam frumentum ~aret LIV.23.19.7; Africanas (pantheras)..circensium gratia ~are PLIN.*Nat.* 8.64; ut Arabiae..merces ~et (Aegyptus) 19.7; CORPORIS SPLENDIDISSIMI ~ANTIVM..VINARIORVM *A.Epig.*55.165;— (*of natural agencies*) regio..cui marina cuncta fructuoso alueo ~at (Padus) PLIN.*Nat.*3.123; ea, quae ui fluminum ~ata sunt, condici possunt ULP.*dig.*12.1.4.2;—(*transf.*) modo..huc (*i.e. to Rome*) ista (*sc. rhetorical embellishments*) sunt ~ata CIC.*de Orat.*2.53; non..transmarinis nec ~atis artibus eruditos *Rep.*2.29; quodam Perusino equite..contagionem eius (*sc. a plague*) ~ante PLIN.*Nat.*26.3.

2 (often foll. by dat.) To bring about, cause; (esp.) to inflict (trouble, damage, or sim. upon).

sententiam tuam aut..miserrimam pestem ~aturam esse regibus aut incolumem famam CIC.*Deiot.*43; ne mea nimia σπουδὴ suspicionem ei aliquam ~aret CIC.fil.*Fam.*16.21.6; grandines septentrio ~at et corus PLIN.*Nat.*2.126; (uinum) quod fecunditatem feminis ~et, uiris rabiem 14.116;— quantam..ex discorditate cladem ~em familiae PAC. *trag.*178; detrimenta publicis rebus..per homines eloquentissimos ~ata CIC.*de Orat.*1.38; plus Verres..prouinciae Siciliae calamitatis ~auit quam..Hasdrubal *Ver.*3.125; eas ..ipsas sollicitudines..a diis..supplicii causa ~ari putant *Fin.*1.51; si quid ~etur nobis incommodi *Off.*2.18; ne studio nostri pecces odiumque libellis..~es HOR.*Ep.*1.13.5; discordia ciuilis quas ~et clades LIV.24.22.2; ne quid eae coniurationes..fraudis occultae aut periculi ~arent 39.14.4; clientelae..quibus uix suffeceris, etiam si non nouum tibi ipse negotium ~asses TAC.*Dial.*3.4; ne tantum miserae luctum ~aret sibi PHAED.1.28.6; ictus fustium infamiam non ~at MARCEL.*dig.*3.2.22.

3 (leg.) To bring (an action), prefer (a charge).

qui eam actionem..~et ULP.*dig.*24.2.11.2; qui crimen leuius ~auit 38.2.14.4.

importūnē, *adv.* **inp-.** *superl.* ~issimē. [IMPORTVNVS+-E]

1 In an unfitting manner, inappropriately; at an unsuitable time, unseasonably. **b** inconveniently, awkwardly.

potest..medius eximi uersus qui de Pyrro ~e inmissus est HYG.*gram.*9; in quo perquam ~e fortuitum hoc..fuit, duorum simul consulum in scaena imagines cerni PLIN. *Nat.*7.54;—iste curiosus dum ~e irrumpit APUL.*Met.*1.17; si pugillares mihi commodasti..non recte facies ~e repetendo PAUL.*dig.*13.6.17.3. **b** (insulae) quae contra Tauri promunturium ~e nauigantibus obiacent MELA 2.100.

2 Perversely, misguidedly.

~issime..fecerunt, qui in plerisque Sallusti exemplaribus scripturam istam..corruperunt GEL.20.6.14.

importūnitās ~ātis, *f.* **inp-.** [next+-TAS]

1 Unfavourableness (of a situation).

ostendit exitium de loci ~ate et hostium circumstantia maturum GEL.3.7.5.

2 Persistent lack of consideration for others, unreasonableness in one's demands, relentlessness, oppressiveness, disobligingness, etc.

tanta ~as tantaque iniuria orta in nos est..ab nostro ero PL.*Rud.*669; ~atem spectate aniculae TER.*An.*231; ante oculos..uestros..aratorum direptiones, huius ~atem, Apronii regnum proponite CIC.*Ver.*3.58; huius ~atem matris a fili capite depellite *Clu.*195; Metram et..Athenaeum, ~ate Athenaidis exsilio multatos *Fam.*15.4.6; moderati.. senes tolerabilem senectutem agunt, ~as autem et inhumanitas omni aetati molesta est *Sen.*7; *B.Afr.*87.7; illis, quantum ~atis habent, parum est impune male fecisse SAL.*Jug.*31.22; SEN.*Dial.*5.31.1; FLOR.*Epit.*1.1(1.7.10);—(*of a thing*) repente ista tanta ~as inauditi sceleris exarsit CIC.*Sul.*75; deformitatem rei (*i.e. drunkenness*) et ~atem ostende SEN.*Ep.*83.27.

importūnus ~a ~um, *a.* **inp-.** [app. formed as antonym of OPPORTVNVS (cf. *innoxius*: *obnoxius*) and orig. a naut. metaphor]

1 Not suited to one's purpose, unfavourable, inconvenient; (of weather, app.) adverse (in quot., in fig. phr.). **b** unsuitable to the occasion, out of place. **c** (prob.) coming at an unseasonable time.

num..aut locus hic non idoneus uidetur..? aut num ~um tempus in tanto otio..? CIC.*de Orat.*2.20; est in eo loco sedes huic nostro non ~a sermoni 3.18; aggeribus turribusque..locus ~us SAL.*Jug.*92.7; nec ~a quidem parte (*sc.* uitis) deficit (sarmentum) COL.3.10.4; Armeniam petiuit, id temporis ~am, quia hiems occipiebat TAC.*Ann.*12.12; ut aditus abscessus, cuncta nobis ~a et suis in melius essent 12.33; (*n. pl. w. gen.*) ~a locorum SIL.3.540;—suae senectuti is acriorem hiemem parat, quom illam ~am tempestatem conciet PL.*Trin.*399. **b** abicite..~as lacrimas, abicite luctum meis uirtutibus alienum APUL.*Met.*8.13. **c** obscenaeque canes ~aeque (*i.e. in the night*) uolucres signa dabant VERG.*G.*1.470; o ~a sanitas, ideone redisti, ut mihi adulterium matris ostenderis? CALP.*Decl.*31.

2 (of persons) Regardless of others in the pursuit of one's objectives, unaccommodating, troublesome, oppressive, relentless, demanding, etc. **b** (of behaviour, etc.). **c** (of troubles, evils, or sim.). **d** (ref. to appearance) grim, threatening. **e** (of an argument, perh.) that presses home its point, cogent.

fateor eam esse ~am atque incommodam PL.*As.*62; leno ~us..ui summa ut quidque poterat rapiebat domum *Mer.*44; TER.*Hau.*197; homo ~issime, cur tantam iniuriam P. Annio mortuo fecisti? CIC.*Ver.*1.113; crudelis atque ~a mulier *Clu.*177; ~issimum hostem *Catil.*2.12; mihi (uidetur) ..~us ac ferreus qui non..suum dolorem lenierit 4.12; cur ..diues et ~us ad umbram lucis ab ortu siluestrem flammis et ferro mitiget agrum HOR.*Ep.*2.2.185; ~os decemuiros LIV. 5.2.8; ~issimi tyranni scelera 29.17.20; omne sacrum mors ~a profanat OV.*Am.*3.9.19; fata ~a *Met.*10.634; tertium.. superioribus ~iorem..rectorem V.MAX.6.2.ext.2; tempus.. luxu corda ~a domandi SIL.11.387; leues et futtiles et ~i locutores GEL 1.15.1;—(*of animals*) nec..de illo sicut de homine aliquo debemus, sed ut de ~issima belua cogitare CIC.*Phil.*6.7; ~as uolucres in uertice (*sc. of Priapus*) harundo terret fixa HOR.*S.*1.8.6;—(*used advl.*) ~us amat laudari 2.5.96; eripiet..curule cui uolet ~us ebur *Ep.*1.6.54; OV.*Met.*4.482. **b** ~as istius libidines CIC.*Ver.*4.111; ~am auaritiam *Agr.*2.63; illud scelus tam ~um..adulescentis furentis *Har.*4; ~AM CRVDELITATEM *CIL* 6.1527. 2.21; Superbi illius ~a dominatio FLOR.*Epit.*1.2(1.8.7); quidam de latronibus ~ae persecutionis indignatione permotus..iuuenem..percussum interemit APUL.*Met.*4.27; (*impers., w. inf.*) ui..regere patriam..~um est SAL.*Jug.*3.2. **c** ~am exigere ex utero famem PL.*St.*387; cursum ingeni tui..premit haec ~a clades ciuitatis CIC.*Brut.*332; ~a.. pauperies HOR.*Carm.*3.16.37; argenti sitis ~a *Ep.*1.18.23; ~ior acutiorque morbus CELS.4.6.1; scorpiones terrestres.. pestis ~a PLIN.*Nat.*11.86; ~a lues SIL.14.582. **d** ut omnis suas libidines..latere posse arbitraretur, si modo uultum ~um in forum detulisset CIC.*Red.Sen.*15; (*of a crag*) campi..latis..iacent spatiis. contra ~a crepido, Oedipodioniae domus alitis STAT.*Theb.*2.504. **e** sed fac ista esse non ~a; quid ad utilitatem tantae pecuniae? CIC.*Fin.*2.85.

3 Perverse, misguided.

quisquis primus inuenit (marmora) secare..~i ingenii fuit PLIN.*Nat.*36.51; nulla..tam sit ~a et insciens lanifica, quae herili togae..nodosum, seruili autem subtile..subtemen neuerit FRO.*Aur.*2.p.224(233N); numquam..tam ~a.. argutia fuit..ut Sallustium..periphrasis poetarum facere diceret GEL.3.1.6; 17.19.3.

importuōsus ~a ~um, *a.* **inp-.** *superl.* ~issimus. [IN-[2]+PORTVS+-OSVS] Having no harbours.

mare saeuom, ~um SAL.*Jug.*17.5; ~a Italiae litora LIV. 10.2.4; Syrtis sinus..~us et atrox MELA 1.35; SEN.*Ep.*53.2; (insula) uel ~issima omnium PLIN.*Nat.*4.73; TAC.*Ann.*4.67; PLIN.*Ep.*6.31.17.

impos ~otis, *a.* **inp-.** [IN-[2]+**pos* (POTIS)] FORMS: superl. ~*otissimus* [QUINT.]*Decl.*8.21 (dub.). (w. gen.) Not having control or possession (of); esp. **b** ~*os animi* (*mentis*), ~*os sui*, out of one's mind, demented, not responsible for one's actions; also ~*os* alone.

erumpit se, ~os consili ACC.*trag.*287; uerborum suorum ~os et minus consideratus FRO.*Ant.*1.p.254(165N); philosophiae turba inperitorum..inops religionis, ~os ueritatis APUL.*Soc.*3. **b** eripite isti gladium, quae suist ~os animi PL.*Cas.*629; ni stulta sies, ni indomita ~osque animi *Men.*110; *Truc.*828; ~os animi stupebam APUL.*Met.* 3.12; 5.22;—deprehensus est cultro..cinctus, ~osne mentis an simulata dementia incertum SUET.*Aug.*19.2;—aliquis uino grauis est et ~os sui SEN.*Ep.*83.10; *Ag.*117;—mater.. odibilis, natura ~os, excors, ecfera ACC.*poet.*9; est..melius talem (*i.e. a vicious man*)..~otem ipsum aliorum addici potestati APUL.*Pl.*2.18; ~os est, qui animi sui potens non est PAUL.*Fest.*p.109M.

impositīcius ~a ~um, *a.* **inp-.** [IMPONO+-ICIVS[2]]

1 (of fittings) Merely attached to a structure (and removable).

CIL 4.3340.23.9; canthari, per quos aquae saliunt, poterunt legari, maxime si ~i sint ULP.*dig.*30.41.11.

2 (gram., of the names of objects and their forms) Arbitrarily bestowed (i.e. basic and not inflected).

~a nomina esse uoluerunt quam paucissima VAR.*L.*8.5; si quis principium analogiae potius posuerit in naturalibus (*i.e. inflected*) casibus quam in ~is 10.61.

3 (leg.) Relating to agreed conditions (see quot.).

esse causam operis noui nuntiationis..~am, cum quis.. postea, quam seruitutem aedibus suis imposuit, contra seruitutem fecit ULP.*dig.*39.1.5.9.

impositiō ~ōnis, *f.* **inp-.** [IMPONO+-TIO]

1 The placing on or application (of remedies).

(dentium) dolor..sedandus est..~one aliquorum LARG. 53.

2 (gram.) The arbitrary bestowing of names on objects (as opp. to the subsequent inflexion of such names); also, the name bestowed.

duo..omnino uerborum principia, ~o et declinatio, alterum ut fons, alterum ut riuus VAR.*L.*8.5;—neque omnis ~o uerborum exstat 5.3; ~o unius debuit esse canis, plurium canes 7.32; qui initia faciet analogiae ~ones, ab his obliquas figuras declinare debebit 10.53.

impositīuus ~a ~um, *a.* **inp-.** [IMPONO+-IVVS] (of a name) Arbitrarily bestowed.

~orum nominum inparem uocalium numerum clauditates oculiue orbitatem..dextris adsignare partibus PLIN.*Nat.* 28.33.

impositor ~ōris, *m.* **inp-.** [IMPONO+-TOR] One who assigns (a name to an object).

ad eruendam uoluntatem ~oris VAR.*L.*7.2.

impossibilis ~is ~e, *a.* **inp-.** [IN-[2]+POSSIBILIS] Impossible.

non..longum tantum, sed etiam ~e..est QUINT.*Inst.* 5.10.18; legatum sub ~i condicione relictum GAIUS *Inst.* 3.98; 'tu..accedis huic fabulae?' 'ego..nihil ~e arbitror' APUL.*Met.*1.20;—(*w. pass. inf.*) ea, quae dari ~ia sunt ULP. *dig.*50.17.135;—(*impers., w. inf.*) ~e est scire, quis deiecisset GAIUS *dig.*9.3.2; (*w.* ut) ~e est ut alueus fluminis publici non sit publicus ULP.*dig.*43.12.1.7;—(*neut. pl. as sb.*) illa accidunt parum cautis, ut..~ia aggrediantur, pro effectis relinquant uixdum incohata QUINT.*Inst.*5.13.34; CELS.*dig.* 50.17.185.

impossibilitās ~ātis, *f.* **inp-.** [prec.+-TAS] Impossibility.

~ate (*i.e. of her task*)..mutata in lapidem Psyche APUL. *Met.*6.14.

impostor ~ōris, *m.* **inp-.** [= IMPOSITOR] A charlatan, impostor.

uinarios non contineri edicto..nec gulosos nec ~ores ULP.*dig.*21.1.4.2; non..si incantauit..si, ut uulgari uerbo ~orum utar, si exorcizauit: non sunt ista medicinae genera 50.13.1.3.

impostūra ~ae, *f.* **inp-.** [IMPONO+-VRA] The making of fraudulent claims.

si quis ~am fecerit..stellionatus poterit postulari ULP. *dig.*47.20.3.1.

impotens ~ntis, *a.* **inp-.** *compar.* ~ntior, *superl.* ~ntissimus. [IN-[2]+POTENS]

1 Powerless, impotent.

ualeant haec omnia ad salutem innocentium, ad opem ~ntium CIC.*Mur.*59; neque homini infanti aut ~nti iniuste facta conducunt *Fin.*1.52; neque me praeterit, quantas opes nobilitatis solus ~ns..pellere dominatione incipiam SAL.*Hist.*3.48.3; Iuno et deorum quisquis amicior Afris inulta cesserat ~ns tellure HOR.*Carm.*2.1.26.

2 (w. gen.) Having no control (over); also, incapable (of). **b** ~*ns sui*, ~*ns animi*, out of one's mind, deranged.

Galli..flagrantes ira cuius ~ns est gens LIV.5.37.4; gens ..suarum ~ns rerum prae domesticis seditionibus 9.14.5; ~ntes laetitiae insanire 30.42.17; morte..uxoris audita doloris ~ns V.MAX.4.6.2; ~ns amoris TAC.*Hist.*4.44;—quos ~ntis regendi equi inuitos efferrent LIV.35.11.10; consilii ~ns SEN.*Ag.*126. **b** ob sitim ~ntes sui ore..hianti captare (imbrem) coeperunt CURT.4.7.14; SEN.*Nat.*6.1.3; (*cf.*) iram dixerunt breuem insaniam; aeque enim ~ns sui est *Dial.*3.1.2;—~ns animi procurrit in regiae uestibulum CURT.8.1.49.

3 (ellipt.) Lacking in self-control, headstrong, wild, violent, intemperate, etc. **b** (of qualities, emotions, actions, etc.). **c** (poet., of natural forces).

adeo ~nti esse animo ut praeter ciuium morem..hanc habere studeat..! TER.*An.*879; nihil feci iratus, nihil ~nti animo CIC.*Har.*3; homo ~ntissimus, ardens odio..Antonius *Phil.*5.42; ipsa uictoria..eos..ferociores ~ntioresque reddit *Fam.*4.9.3; tantum ab iniuria se abesse rati quantum a coetu ..~ntium dominorum se amouissent LIV.3.38.11; 6.11.6; inmodicus gloriae, insatiabilis, ~ns, semperque inquietus VELL.2.11.1; uicinus ~ns et aliquid ex meo abradens SEN. *Ep.*88.11; ~ntis procella Fortunae *Ag.*593; TAC.*Ann.*5.1; SUET.*Cl.*15.4; adesto, iambe..ultor ~ns tui MAUR.2187;— (*w. abl.*) culpa est Creontis tota, qui sceptro ~ns coniugia soluit SEN.*Med.*143;—(*w. inf.*) regina..quidlibet ~ns sperare HOR.*Carm.*1.37.10;—(*masc. as sb.*) sic distrahuntur in contrarias partis ~ntium cupiditates CIC.*Tusc.*5.60. **b** ista tam ~ns, tam crudelis..inhumanitas CIC.*Deiot.*32; qui..nulla ~nti laetitia ecferantur *Tusc.*5.17; illum deperit ~nte amore CATUL.35.12; ut Atheniensium ~ntem dominationem refringerent NEP.*Lys.*1.4; ~ns postulatum LIV. 7.41.8; ~nti ac prope regia ira 39.4.5; superbae ~ntisque arrogantiae SEN.*Dial.*11.1.3; peruicacibus magis et ~ntibus mulierum iussis TAC.*Ann.*3.33;—(*cf., of movement*) non est illis perturbatus et ~ns cursus SEN.*Nat.*7.8.3. **c** tot per ~ntia freta CATUL.4.18; quod non imber edax, non Aquilo ~ns possit diruere HOR.*Carm.*3.30.3; bruma ~ns MART. 1.49.19.

impotenter, *adv.* **inp-.** *compar.* ~ius, *superl.* ~issimē. [prec.+-TER[2]]

1 Feebly, ineffectually.

(elephanti) crescente certamine et clamore ~ius iam regi LIV.27.48.11.

2 Without self-control, lawlessly, intemperately, etc.

diu regnasse ~er Ganymeden docuimus *B.Alex.*33.2; hoc ~ius..Galli dominarentur LIV.38.48.1; V.MAX.9.3.7; qui..ipsis, quae ~issime fecit, speciem aliquam induat recti SEN.*Ben.*4.17.2; qui..magna potentia ~er utuntur *Ep.*42.3; ne quid ~er faciat, monendus est puer QUINT.*Inst.*1.3.13.

impotentia ~ae, *f.* **inp-.** [IMPOTENS+-IA]

1 Weakness, helplessness.

omnes, quibu' res sunt minu' secundae..propter suam ~am se semper credunt claudier TER.*Ad.*607.

2 Lack of self-restraint, immoderate behaviour, violence, lawlessness, etc.

ob scelera animique ~am et superbiloquentiam *Inc.trag.* 110; SIS.*hist.*50; ~am quandam animi a temperantia et moderatione plurimum dissidentem CIC.*Tusc.*4.34; domi uicta libertas nostra ~a muliebri LIV.34.2.2; potentia sua.. raro ad ~am usus VELL.2.29.3; uitia mentis humanae..ut auaritia, ut crudelitas, ut ~a SEN.*Ep.*85.10; 100.10; ubi nunc est..iracundia tua, ubi ~a tua? PETR.115.12; sine cupiditate, sine ~a, quieti secretique nulla prouocant bella TAC.*Ger*.35.3; fouentibus ~am ueteranorum militibus..spe eiusdem licentiae *Ann*.14.31; SUET.*Jul*.77; APUL.*Apol*.18; (*poet.*) nullius astri gregem aestuosa torret ~a HOR.*Epod*. 16.62;—(*of actions, emotions, etc.*) ~a dictorum et factorum CIC.*Tusc*.4.52; anulos aureos..abiecerunt, doloris ~am.. testati V.MAX.9.3.3.

impraesentiārum, *adv.* **inp-.** (sts. written as two words). [prob. contr. from *in praesentia rerum*]

1 At the present moment or at the time in question, as things are or were.

siquem socium ~ dixerit CATO *Agr*.144.4; multa, quae ~ bona uidentur, post mala inuenta FAN.*hist*.1; ~ hoc intercedere non alienum fuit *Rhet.Her*.2.16; cupiuit ~ bellum componere, quo ualentior postea congrederetur NEP.*Han*. 6.2; quid ~ conduceret oblitum TAC.*Ann*.4.59; AUR.*Fro*. 1.p.184(71N); id ego cum alias, tum etiam nunc ~ usu experior APUL.*Fl* 18; de nomine ut ~ satis dixi *Apol*.65; *Soc*.11; ULP.*dig*.43.8.2.31.

2 ~ *esse*, To be present or on the spot.

ipse pupillus, si fari potest et ~ est ULP.*dig*.27.8.1.15.

impransus ~a ~um, *a.* **inp-.** [IN-[2]+pple. of PRANDEO] Not having had one's morning meal.

nimia est stultitia sessum ~um incedere PL.*Poen*.10; *Rud*.144; quam mox coctast cena? ~us ego sum *St*.533; HOR.*S*.2.2.7; scurra uagus..~us non qui ciuem dinosceret hoste *Ep*.1.15.29; APUL.*Fl*.6.

imprecātiō ~ōnis, *f.* **inp-.** [next+-TIO] The calling down of curses.

horum ~o falsos nobis metus inserit SEN.*Ep*.94.53; solem..dira ~one contuentur PLIN.*Nat*.5.45.

imprecor ~ārī ~ātus, *tr.*, (*intr.*). **inp-.** [IN-[1] +PRECOR]

1 (usu. w. dat.) To pray for, invoke from heaven, call down (upon): **a** (evils, calamities); (absol.) to utter curses. **b** (benefits); also, *bene ~ari* (w. dat.), to bless.

a litora litoribus contraria, fluctibus undas ~or VERG.*A*. 4.629; si aliter sentiret, infelicia sibi ~atus est maria SEN. *Con*.7.1.5; mortem liberis, egestatem sibi, ruinam domui ~antur SEN.*Dial*.4.36.5; quid ~abor..liuenti? MART.8.61.8; primo..quasi per dementiam funesta Tiberio, mox.. meditatas compositasque diras ~abatur TAC.*Ann*.6.24; (populo) tales filias talesque coniuges..~atus SUET.*Aug*. 65.3; quas ego condignas Fotidi diras deuotiones ~er APUL.*Met*.7.14; (*cf., foll. by* ut) (Minerua) tibias abiecit et ~ata est ut quisquis eas sustulisset, graui afficeretur supplicio HYG.*Fab*.165.2;—si incantauit, si ~atus est, si.. exorcizauit: non sunt ista medicinae genera ULP.*dig*. 50.13.1.3. **b** salutem ei fuerat ~atus (*i.e. after a sneeze*) APUL.*Met*.9.25;—gloriosus uolo efferri, ut totus mihi populus bene ~etur PETR.78.2.

2 To call on (the gods) in prayer.

deos ~ari HYG.*Fab*.31.2; orientem obuersus incrementa solis augusti tacitus ~atus APUL.*Met*.2.28.

imprensibilis ~is ~e, *a.* **inp-.** [IN-[2]+PRE(HE)NDO+-BILIS] That cannot be grasped, elusive (in quot., fig.).

ueritatem..mixtis..signis ueri atque falsi..~em (*codd.* impress-, impens-) uideri aiunt GEL.11.5.4.

impressiō ~ōnis, *f.* **inp-.** [IMPRIMO+-TIO]

1 A push, thrust; (esp., usu. mil.) an assault, onslaught.

potest terram mouere ~o spiritus SEN.*Nat*.6.20.6;—non ..~o, non uis, non occasio..ad iniuriam faciendam Flacci animum impulerunt CIC.*Flac*.85; me..non iudicio neque disceptatione sed ui atque ~one euertere *Fam*.5.2.8;—(*mil.*) hostes..~onem facere coeperunt in castra VAR.*R*.2.4.1; HIRT.*Gal*.8.6.2; ~one una totum equitatum fudere LIV. 3.70.7; non ferentes ~onem Latinorum se ad principes recepere 8.9.3; ualida ~one pulsi terga uertunt 25.37.13; 40.40.2; GEL.15.18.2.

2 The action of squashing or squeezing.

metui ego inualido adhuc corpore turbae et ~oni me committere FRO.*Aur*.1.p.230(84N).

3 The making of marks by pressure, stamping; also, an impressed mark (in quot. transf., of a sense-impression).

gignentium omnium ad instar cerae formas..ex illa exemplorum ~one signari APUL.*Pl*.1.6;—cum uisa in animos inprimantur..inter ipsas ~ones nihil interesse CIC. *Luc*.58.

4 Emphatic pronunciation (of words); also, an emphasized syllable, 'beat'.

praestantiam aliquam partium singularum, ut..claritatem in uoce, in lingua etiam explanatam uocum ~onem CIC.*Ac*.1.19;—si numerosum est in omnibus sonis atque uocibus, quod habet quasdam ~ones et quod metiri possumus interuallis aequalibus *de Orat*.3.185.

imprīmīs, *adv.* **inp-,** very often as two words. [orig. a prep. phr., IN+abl. pl. of PRIMVS]

1 More than any other person or thing, especially, above all. **b** (introducing the leading member of a group).

quod te ~ cupere apisci intellego LUCIL.628; eques Romanus ~ splendidus CIC.*Ver*.2.69; eam ciuitatem..quam meus frater ~ colit *Flac*.52; definitiones..Sphaeri, hominis ~ bene definientis *Tusc*.4.53; quod adest praesto..~ placet LUCR.5.1413; patre usus est..diti ~que studioso litterarum NEP.*Att*.1.2; hoc metuens caeli mensis..serua..~ uenerare deos VERG.*G*.1.338; quod (Philippus)..distinendo copias causa ~ fuisset serius in Africam traiciendi LIV.31.11.10; (Ptolemaeus) liberalis ~ adituque facili CURT.9.8.23; ~.. cauendum, ne ex remediis uitia fiant PLIN.*Nat*.17.257; JUV.8.121;—(*w. a superl.*) quod difficillumum ~ est SAL. *Jug*.7.5. **b** perscribe ad me omnia, sed diligentissime ~que ecquid iudiciorum status..laboret CIC.*Att*.5.13.3; (epistulae) me delectarunt, ~ Sexti nostri 15.7; defigitur arbos, aesculus ~ VERG.*G*.2.291; inimicorum..et ~ Ciceronis urbanitatem SEN.*Dial*.2.17.3; FRON.*Aq*.89; SUET.*Aug*. 86.2.

2 As the first item in a series, the first stage in a process, etc., to begin with, firstly; also (cf. sense 1), first in order of importance.

aut..temporum seruandus ordo est aut ~ recentissimum quidque dicendum CIC.*Part*.75; ~ nobis sermo..de te fuit. ex quo ego ueni ad ea quae fueramus..de sorore..locuti *Att*.5.1.3; Iugurtha ~ Adherbalem..necat, deinde omnis puberes Numidas..interficit SAL.*Jug*.26.3; HOR.*S*.2.8.6; LIV.6.1.10; a compagine corporis ad uiscera transeundum est, et ~ ad pulmonem ueniendum CELS.4.14.1; aes cruciatur ~..postea exharenatur PLIN.*Nat*.33.65; 34.97; QUINT *Inst*.1.1.33;—suci nobilia unguenta faciunt: ~ malobathrum, postea iris Illyrica PLIN.*Nat*.13.14.

imprimō ~imere ~essī ~essum, *tr.* **inp-.** [IN-[1]+PREMO] CONST.: w. acc. and dat. (in sense 4, abl.); other consts. noted as they occur.

1 To apply with pressure, press (one thing on or against another). **b** to plant (the feet). **c** to imprint (kisses).

~imit..genae genam ENN.*scen*.427; caesariem..corripit hostis ~essoque genu nitens terrae applicat ipsum VERG.*A*. 12.303; umida..~essa siccabat lumina lana PROP.3.6.17; stamina..~esso fatalia pollice nentes OV.*Met*.8.453; os eius (*sc.* cucurbitulae) corpori aptatur ~imiturque, donec inhaereat CELS.2.11.1; iis (litteris) quas in Asiam scriberet, Darei anulus ~imebatur CURT.6.6.6; alumen fissum linteolo spisso circumdatum..dolenti ~essum LARG.55; gratantur superi..ceu..Encelado fumantem ~esserit Aetnam STAT. *Theb*.11.8;—(*w. retained acc.*) os ~essa toro 'moriemur inultae, sed moriamur' ait VERG.*A*.4.659; APUL.*Fl*.16. **b** nisi ex eo loco ubi uestigium ~esserit deici neminem posse CIC.*Caec*.76; *Phil*.13.30; laude inclitus reducem..litori ~essit pedem SEN.*Ag*.401; aduerso gressus..~ime dorso V.FL.8.111; (*in fig. phr.*) curricula..sermonum, in quibus Platonis primum sunt ~essa uestigia CIC.*Orat*.12. **c** tam uafre Telluri ~essum osculum V.MAX.7.3.2; fortius ~essi quotiens tibi basia MART.10.42.5; APUL.*Met*.5.6.

2 To insert with pressure, thrust or drive in; (esp. weapons). **b** to insert in the surface of a wall, let in. **c** to cause (a wound) by penetration; (fig.) to inflict (sorrow). **d** to sink (a cavity).

LUCIL.72; liuor..quem facit ~esso mutua dente uenus TIB.1.6.13; (acus) uehementius ~imi (debet) CELS.7.7.14.E; ~essit dentes haemorrhois aspera Tullo LUC.9.806; ipsi.. medullae calamum (*i.e. a graft*) ~imebant PLIN.*Nat*.17.102; ~esso tellurem uertere aratro SIL.3.351; (*in fig. phr.*) necessitatis truculenta manus illi consulto (*sc.* senatus) stilum suum ~essit V.MAX.7.6.4;—paene iam ~essum iugulo mucronem reuocauit 5.4.ext.6; cruentum gladium ..tyranno ~essi SEN.*Con*.1.7.4; TAC.*Hist*.1.41; (*cf.*) ut.. corpori ferrum, sic oratio animo non ictu magis quam mora ~imitur PLIN.*Ep*.1.20.3. **b** ~essis parietibus tubos, per quos circumfunderetur calor SEN.*Ep*.90.25; duas tabulas ~essit parieti PLIN.*Nat*.35.27. **c** ~essit..morti-ferum corpori uulnus SEN.*Ep*.24.8; *Her.O*.1626; uipera.. saepe cum in pascuo bos improuide supercubuit, lacessita onere morsum ~imit COL.6.17.1; 6.37.1; ut uidet ~essum coniecta cuspide uulnus SIL.1.550;—(*fig.*) eum dolorem illi, quem..accipere maximum poterat, ~essisti SEN.*Dial*. 11.2.2. **d** cum..sulcus altius esset ~essus CIC.*Div*.2.50; canaliculi ad normae cacumen ~imantur VITR.4.3.5.

3 To exert pressure on, press, crush, squeeze, etc.

hanc ego..molliter ~esso conor adire toro PROP.1.3.12; oscula..~essis nixa dedi gradibus 1.16.42; missus..~essis (*i.e. in sucking*) haedus ab uberibus 2.34.70; ~essis despumant musta racemis MAN.3.663; haec ~esso gemuit miseranda cubili V.FL.8.9;—(*of things*) ne iam pastinatum solum iacentibus molibus ~imatur COL.3.13.6; nunc non cinis ille poetae felix? non leuior cippus nunc ~imit ossa? PERS.1.37.

4 To mark by the application of pressure, stamp or imprint (with).

an ~imi quasi ceram animum putamus..? CIC.*Tusc*.1.61; cratera ~essum signis VERG.*A*.5.536; signo..suo ~essas tabellas misit LIV.37.10.7; ecquid ab ~essae cognoscis imagine cerae haec..Nasonem scribere uerba..? OV.*Pont*. 2.10.1; ~essas (*i.e. embossed*) auro, quas gesserat olim, exuuias LUC.9.176;—(*in fig. phrs.*) horum flagitiorum iste uestigiis..totam..Italiam ~essit CIC.*Phil*.2.58; *Fam*.5.20.5; —(*cf.*) (deus) cetera..~essa ab illis, quae imitabatur, effinxerat *Tim*.34.

5 To put on by the application of pressure, stamp, or imprint (marks, patterns, inscriptions, etc.). **b** (seals). **c** (stains, brands); (fig., dishonour). **d** (transf. or fig.) to impose, 'stamp' (a form, character, etc.).

opus (*i.e. dough*)..notat ~essis aequo discrimine quadris *Mor*.48; rapiens immania pondera baltei ~essumque nefas VERG.*A*.10.497; siue puer furens ~essit memorem dente labris notam HOR.*Carm*.1.13.12; si quis scriptis nostris alios superne ~imit uersus SEN.*Ben*.6.6.3; ~essurus oui tua nomina CALP.*Ecl*.5.84; Bucephalan eum (*sc.* equum) uocarunt ..ab insigni taurini capitis armo ~essi PLIN.*Nat*.8.154; ebur ~essis..animare figuris STAT.*Silv*.5.1.2; ea antiquissima monimenta memoriae humanae~essa saxis cernuntur TAC. *Ann*.11.14; anulo effigiem (Augusti) ~essam SUET.*Tib*.58; (*w. loc.*) sus rostro si humi A litteram ~esserit CIC.*Div*. 1.23;—(*in fig. phr.*) qui (est) locus in quo non exstent huius ..cum animi tum consili ~essa uestigia? *Balb*.13;—(*transf.*) hoc..igneum dicimus, quod manifesta ardoris uestigia ~imit SEN.*Nat*.2.40.3. **b** (epistulam) ignoti anuli sigillo ~esso Sisini dari iusserat CURT.3.7.14; linum consideret, signa quae ~essa sunt recognoscat APUL.*Apol*.89; (*w.* in+*abl.*) si in eius modi cera centum sigilla hoc anulo ~essero CIC.*Luc*.86;—(*in fig. phr.*) quare septimus quisque annus aetati signum ~imat SEN.*Ben*.7.1.5. **c** stigmata.. captiuorum frontibus ~essa PETR.105.11; (*in fig. phr.*) maculae pares utrisque..~essae resident nec eluentur CATUL.57.5;—(*fig.*) illud os..fuisse ut hos iudices legere auderet! quorum lectione duplex ~imeretur rei publicae dedecus CIC.*Phil*.5.16; (*cf. sense 2c*) magnum..illud saeculo dedecus, magnum rei publicae uulnus ~essum est PLIN.*Pan*. 6.1. **d** neque..statua ista doryphoros..uocaretur, nisi haec illi esset ~essa facies SEN.*Ep*.65.5; uitia, quae alicui ~essit imitatio 114.20; ultima..adiectio..nouam illis.. condicionem ~imit 118.16; formae crassis..spississque corporibus ~imi solent SEN.*Nat*.1.2.4.

6 To impress on the mind or memory (ideas, etc.).

ea maxime animis effingi nostris, quae essent a sensu tradita atque ~essa CIC.*de Orat*.2.357; quo e genere nobis notitiae rerum ~imuntur *Luc*.21; illum ita definisse (uisum): ex eo quod esset sicut esset ~essum et signatum et effictum 77; 112; nec periculum est ne excidant memoriae quae gaudium publicum ~esserit SEN.*Apoc*.5.1; altius praecepta descendunt, quae teneris ~imuntur aetatibus *Dial*.12.18.8; haec memoria..~essa animo rudi usque ad mores proficiet QUINT.*Inst*.1.1.36;—(*w.* in+*abl.*) principium..unde..notiones rerum in animis ~imerentur CIC.*Ac*.1.42;—(*w.* in +*acc.*) cum uisa in animos ~imantur LUC.58;—(*impers. pass., w. inf.*) ni sacra seni uis ~essumque fuisset, sistere Fortunam cunctando SIL.7.9.

improbābilis ~is ~e, *a.* **inp-.** [IN-[2]+PROBABILIS]

1 Undeserving of approval, culpable.

motus animi ~es, subiti et concitati SEN.*Ep*.75.12; factum per se ~e QUINT.*Inst*.7.4.7; utiles non adeo ~i more se exhibent ULP.*dig*.50.14.3.

2 Not plausible, unconvincing.

rationes..non ~es CELS.1.pr.29; haut ~i argumento PLIN.*Nat*.4.93.

improbātiō ~ōnis, *f.* **inp-.** [IMPROBO+-TIO] Rejection (of something as unsound); discrediting (of witnesses).

ista omnis ~o (*sc.* frumenti) CIC.*Ver*.3.172; domus facienda locata erat ita, ut probatio aut ~o locatoris..esset LABEO *dig*.19.2.60.3;—~onem et..interrogationem testium *Rhet.Her*.2.9; accusatoris erit ~one hominis uti CIC.*Inv*.2.32.

improbātor ~ōris, *m.* **inp-.** [IMPROBO+-TOR] One who censures or condemns.

malorum ~or, bonorum probator APUL.*Soc*.16.

improbātus[1] ~a ~um, *a.* **inp-.** *superl.* ~issimus. [pple. of IMPROBO] Subject to general disapproval.

sententia probatissima, quam ~issimus homo dixisset GEL.18.3; si prostituit ancillam uel aliud ~um facere coegit ULP.*dig*.13.7.24.3; si ~o more uersatus sit in celanda seruitute 19.1.1.1.

improbātus[2] ~a ~um, **inp-.** *a.* [IN-[2]+pple. of PROBO] (perh.) Not tested or approved.

sum uobis..nec secta incognitus nec uoce inauditus nec libris inlectus ~usue APUL.*Fl*.18.

improbē, *adv.* **inp-.** *compar.* ~ius, *superl.* ~issimē. [IMPROBVS+-E]

1 With a lack of moral principle, wrongfully, dishonestly. **b** without soundness in one's political attitude.

si quid scis me fecisse inscite aut ~e PL.*Trin*.95; summa est subducta ~e LUCIL.886; ut homo popularis fraudaret ~issime populum CIC.*Har*.42; *Fam*.3.11.2; praeda..~e parta *Fin*.1.51; calliditatem..qua perpauci bene utuntur.. innumerabiles autem ~e utuntur *N.D*.3.75; Valeria lex.. si quis aduersus ea fecisset, nihil ultra quam '~e factum' adiecit LIV.10.9.5; ~e facit qui in alieno libro ingeniosus est MART.1.pr.; QUINT.*Inst*.12.7.5. **b** sunt..insignes aliquot qui ~issime sentiunt CIC.*ad Brut*.2.2.3.

2 Presumptuously, shamelessly, insolently, unreasonably, etc. **b** immodestly, wantonly. **c** in an extravagant or far-fetched style. **d** to an unconscionable degree or extent.

tu nos cum ~issime respondendo, tum turpissime ructando eiecisti CIC.*Pis*.13; ~e Neptunum accusat, qui iterum naufragium facit PUB.*Sent*.I.63; neque..ulli magis abiciunt animos, quam qui ~e tollunt SEN.*Ben*.3.28.6; *Ep*.122.8; uereor, ne ~e dicam PLIN.*Ep*.1.2.3; 6.28.1; amicorum meorum fecit modestia ne quid ~e peterem FRO. *Ant*.1.p.262(170N). **b** ~ius oscula..decerpere CATUL.68. 126;—(*cf.* improbus *sense 6a*) de quodam procerae staturae ~iusque nato SUET.*Ves*.23.1. **c** uerba tam ~e structa.. tam contra consuetudinem omnium posita SEN.*Ep*.114.7. **d** paulum demere aut adicere, dum id ne nimium ~e fiat.., non erit alienum VITR.5.6.7; admone istum, ne postea tam ~e oscitet SEN.*Dial*.12.13.7.

3 (in non-moral sense) Improperly, amiss.

nec..usque in aequinoctium uernum..~e seretur (cannabis) COL.2.10.21; (sus) annicula non ~e concipit 7.9.3; (arbores) quae fructu aut aliqua dote..humanius iuuant, non ~e dicantur urbanae PLIN.*Nat*.16.78; 'frontem' ~e indocteque non uirili genere dicimus GEL.15.9.4.

improbitās ~ātis, *f.* **inp-.** [IMPROBVS+-TAS]

1 Want of principle, unscrupulousness, dishonesty, or sim.

saepe multorum ~ate depressa ueritas emergit CIC.*Clu*.

183; sin..amicorum neglectio ~atem coarguit *Mur.*9; militum ~as (*i.e. disaffection*) *Att.*6.4.1; ~ate eorum, qui epistulas accipiant, fieri scribis ne ad nos perferantur *Fam.* 4.4.1; 13.1.4; *Fin.*1.53; felix ~as optimorum est calamitas PUB.*Sent.*F.10; sic totam praedam sola ~as abstulit PHAED.1.5.11; ULP.*dig.*47.2.12.1;—(*of actions, etc.*) mirantur omnes ~atem calumniae CIC.*Ver.*2.37; tegere..~atem et legis et actionis tuae *Dom.*23.

2 Outrageous or immoderate behaviour, shamelessness, audacity, presumption, or sim.

id quod..curiosos oculos excludit..quo non modo ~as sed ne imprudentia quidem possit intrare CIC.*Har.*37; si..bonis accesserit impetus ausis, ~as fiet uirtus MAN.5.498; nihil est tam arduum, quod non ~as extorqueat PETR.87.3; quos..propulsare oportebit..ipsorum ~atem retundendo QUINT.*Inst.*6.4.11; corruptoris ~as ipsos audet temptare parentes JUV.10.305; postulantium..~ati ceditur ULP. *dig.*1.16.9.4;—(*of animals*) simiae..~atem CIC.*Div.*2.69; ~atem alitum depascentium semina PLIN.*Nat.*19.116;—(*of things*) quid..mirabilius (*sc. than the magnet*) aut qua in parte naturae maior ~as? 36.126.

improbitō ~āre ~āuī ~ātum, *tr.* **inp-.** [next+-ITO] To condemn, repudiate.

(populus Romanus) illud..inhumaniter scriptum ~auit (*v.l.* improbauit) GEL.20.1.11.

improbō ~āre ~āuī ~ātum, *tr.* **inp-.** [IMPROBVS+-O³] To express disapproval of (officially or otherwise) by word or action, object to, condemn, reject, repudiate: **a** (things). **b** (persons).

a satinest, si tibi meum opus ita dabo expolitum ut ~are non queas? PL.*Mil.*1174; *CIL* 1.698.3.12; eme illud quod placet, missos fac eos quorum frumentum ~asti CIC.*Ver.* 3.172; in eo foedere (*sc.* Numantino) ~ando senatus seueritas *Har.*43; audio..eum ea senatus consulta ~are quae post discessum tribunorum facta sunt *Att.*11.7.1; ~antur ii quaestus, qui in odia hominum incurrunt *Off.*1.150; haud quoquam ~ante..in carcerem est coniectus LIV.3.57.6; Laelius..non dissimulauit ~are se factum 30.12.21; quis munifici mores ~at Alcinoi? OV.*Pont.*2.9.42; ~atis..eorum (*sc.* Siculorum) querellis V.MAX.4.1.7; laudatur candor ..niger colos ~atur PLIN.*Nat.*12.127; (uites) protinus a uindemia putari..~atur 17.210; in dicendo curam et artem..ut adfectata..~are QUINT.*Inst.*11.3.10; testamentum..postea ~atum sibi PLIN.*Ep.*8.18.5; ~ante diuortium populo nec parcente conuiciis SUET.*Nero* 35.2; illicitum iusiurandum..~atae publice religionis ULP.*dig.*12.2.5.3; Neratius..cuius opinionem Pomponius non ~at 24.1.5.5. **b** multi qui domi aetatem agerent propterea sunt ~ati ENN.*scen.*261; GRACCH.*orat.*23; cum..sui fratris esset testamento et iudicio ~atus CIC.*Dom.*49; ~amus gulae..addictos SEN.*Ep.*124.3; (Agrippinam) ~atam (*disqualified, i.e. from becoming Claudius' wife*) longo discidio TAC.*Ann.*12.2; SUET.*Ves.*6.3;—(*w. gen.*) morum..~atus repulsae contumelia fuerat aspersus APUL.*Met.*8.2.

improbulus ~a ~um, *a.* **inp-.** [next+-VLVS] Somewhat audacious or impudent.

dextram cohibere memento..finge tamen te ~um, superest illic qui (panem) ponere cogat JUV.5.73.

improbus ~a ~um, *a.* **inp-.** *compar.* ~ior, *superl.* ~issimus. [IN-²+PROBVS]

1 (of persons or things) Not satisfying official standards in some way; (in vaguer sense) of poor quality, inferior. **b** formally incorrect or improper.

qui se sierit testarier..ni testimonium fatiatur, ~us intestabilisque esto *Lex XII* (*Font.iur.*p.33); ante solem exorientem nisi in palaestram ueneras, gymnasi praefecto.. poenas penderes..et discipulus et magister perhibebantur ~i PL.*Bac.*427; quae (mers) ~ast, (agoranomus) pro mercis uitio dominum pretio pauperet *Mil.*729; ~iores sunt (postes) quam a primo crediti *Mos.*824; QVOD (*i.e. work done by a building contractor*) EORVM VIGINTI IVRATI PROBAVERINT, PROBVM ESTO; QVOD IEIS IMPROBARINT, ~VM ESTO *CIL* 1.698.3.12;—~ior coquos PL.*Ps.*802; Graecorum ~am quaestionem satis erit..semel aut iterum adnotasse SEN.*Con.* 1.7.12; cum..eandem operam custodis postulent bonae (apes) atque ~ae COL.9.8.5; nulla (aloe) magis ~a est PLIN. *Nat.*27.15; caninas panis ~i buccas MART.10.5.5. **b** abstinuisse eo (*sc.* uerbo)..uidetur (Cicero), quoniam..L. Aelius Stilo ut nouo et ~o uerbo uti uitauerat GEL.10. 21.2.

2 Morally unsound, unprincipled, rascally. **b** (of conduct, etc.).

rogasne, ~e, etiam qui ludos facis me? PL.*Am.*571; ut.. frugi seruo detur potius quam seruo ~o *Cas.*268; *Mos.*873; siquis magistrum cepit ad eam rem ~um, ipsum animum aegrotum ad deteriorem partem..adplicat TER.*An.*192; praetor ~us, cui nemo intercedere possit CIC.*Ver.*2.30; ~i ..hominis est mendacio fallere *Mur.*62; ~orum facta.. suspicio insequitur *Fin.*1.51; (Tarpeia) ~a uirgineo lecta ministra foco PROP.4.4.44; tamquam artifices ~i, opus quaerunt..ut sit ad cuius curationem a uobis adhibeantur LIV.5.3.6; ~us uulgi adsentator 45.18.6; ~iores ad tertiarium additis partibus aequis albi argentariam uocant PLIN.*Nat.*34.161; ~issimo cuique pleraque fingendi licentia est QUINT.*Inst.*1.8.21. **b** petere honorem pro flagitio more fit.—morem ~um! PL.*Trin.*1035; haec ~issima lucra CIC.*Ver.*3.177; non lex ~a, non perniciosa largitio.. quaeritur *Mur.*80; a domesticis hostibus rumoribus ~issimis dissipatis *Phil.*14.10; hos seditiosa atque ~a oratione multitudinem deterrere CAES.*Gal.*1.17.2; siue deum prudens.. fefelli, abstulerint celeres ~a uerba noti OV.*Fast.*5.686; reputationes tutoris non ~as admittere ULP.*dig.*27.2.2;—(*cf., poet.*) ~a Massiliae..fumaria (*where wine was artificially matured*) MART.10.36.1.

3 Unsound in one's opinions or attitudes (politically or sim.), disloyal, ill-disposed.

statuerunt..illo iudicio ~um ciuem esse et non retinendum in ciuitate CIC.*Rab.Perd.*24; *Phil.*6.16; *Att.*8.11d.7; nobilitate inimica, non aequo senatu, iuuentute ~a *Q.fr.* 2.3.4; LIV.45.23.8;—(*masc. pl. as sb.*) spem ~is ostendistis, timorem bonis iniecistis CIC.*Agr.*1.23; *Dom.*87; *Mil.*5; neque aliud iam quicquam πολιτεύομαι nisi odisse ~os *Att.* 2.6.2; 10.1.4;—(*of troops*) neque prudentis suspicari oportet sibi parum credi neque ~os scire sese timeri CAES.*Civ.* 2.31.4;—(*of provincials, in their attitude to Rome*) omnibus qui arma tulerant manus praecidit uitamque concessit, quo testatior esset poena ~orum HIRT.*Gal.*8.44.2.

4 Persistently and without regard for others claiming more than one's due, unconscionable, shameless, greedy, presumptuous, relentless, etc. **b** (of animals). **c** (poet., of things). **d** (w. depreciatory terms, as an intensive) arrant, flagrant.

cum ipse ~issimis dominis, dedecori ac turpitudini, parere desierit CIC.*Parad.*33; ~e Amor, quid non mortalia pectora cogis! VERG.*A.*4.412; certam quatit ~us hastam 11.767; 'neget ille mihi?' negat ~us et te neglegit HOR. *Ep.*1.7.63; si quis es, insultes qui casibus, ~e, nostris OV. *Tr.*3.11.1; 5.8.3; spem ~orum uitabis..si nihil insigne possederis SEN.*Ep.*105.3; esse nihil dicis quidquid petis, ~e Cinna MART.3.61.1; optare utrumque pariter ~i uotum est 11.80.6; quod tibi praerepti..solamen alumni ~us..adhuc uiuente fauilla ordiar? STAT.*Silv.*2.1.2; ~us annis atque mero feruens JUV.3.282; plorantes..~a natos..reliquit 6.86;—(*transf. ep.*) opifice natura..per undas fluctusque ..~as exercente uires PLIN.*Nat.*31.1; ulterius isset, nisi ~am classem naufragio castigasset Oceanus FLOR.*Epit.*1.45 (3.10.17). **b** nec..nihil ~us anser Strymoniaeque grues ..officiunt VERG.*G.*1.119; cornix..pluuiam uocat ~a 1.388; (lupus) ~us ira saeuit in absentis (agnos) *A.*9.62; ~ae alites uomerem comitantes PLIN.*Nat.*17.37; scorpios ~us MART. 3.44.8;—(*poet.*) lauit ~a taeter ora (*i.e. of a lion*) cruor VERG.*A.*10.727; capras..destillantem..sucum ~o barbarum uillo abstergere PLIN.*Nat.*12.73. **c** labor omnia uicit ~us VERG.*G.*1.146; mons ~us (*i.e. an avalanche*) *A.* 12.687; tu..~o iracundior Hadria HOR.*Carm.*3.9.22; ~ae crescunt diuitiae 3.24.62; lapis ~us (*i.e. of Sisyphus*) SEN. *Her.O.*1081; proles fulminis ~i *Med.*84; sol ~us STAT.*Silv.* 1.5.46; primos exspiraturus ad austros..flos ~us exstat 2.1.107. **d** recte dictum est eum (*sc.* qui ui rapit) ~um furem esse GAIUS *Inst.*3.209; ULP.*dig.*4.2.14.12.

5 (of actions, desires, plans, etc.) Marked by presumption, greed, unfairness, or sim.; unreasonable, immoderate, etc. **b** (of language) offensively rude, insolent. **c** extravagant (in taste), pretentious.

ea petebat quae uidebantur ~a..sed tamen aliquo modo posse concedi CIC.*Phil.*12.11; spe et cupiditate ~a LIV. 40.8.17; numquam..~ae spei, quod datur, satis est SEN. *Ben.*2.27.3; conatus magnos et ~os *Dial.*10.20.1; ~a uota LUC.5.277; ausus rem etiam deo ~am, adnumerare posteris stellas PLIN.*Nat.*2.95; tenero..unde ~a pectore uirtus? STAT.*Theb.*4.319; odia ~a 12.441; ~am..Vatinii potentiam fregi TAC.*Dial.*11.2; audax haec, non tamen ~a, quia secreta contentio PLIN.*Ep.*7.9.4. **b** in..defensionibus non solum uerbis uti ~issimis..uerum etiam pugnis et calcibus CIC.*Sul.*71; OV.*Tr.*5.6.26; uoces ~as et sputa et omnis alias..contumelias SEN.*Dial.*2.1.3. **c** ut uerba prisca aut ficta captemus et translationes ~as figurasque dicendi SEN.*Ep.*108.35; qui lacernas coloris ~i sumunt..qui nolunt facere quicquam, quod hominum oculis transire liceat 114.21; inebriatur (color amethystinus) Tyrio, ut sit ex utroque nomen ~um PLIN.*Nat.*9.139.

6 a Immoderate in size or extent. **b** immoderate in degree.

a non ~a legi diuitis arua plagae V.FL.1.510; ~a barbaricae procurrunt tegmina plantae 6.702; grandibus alte insurgens umeris hominem super ~us exit STAT.*Theb.*6.839; seu..spatia ~a campi transiret..saltu SIL.14.508; chilones.. ~ioribus labris homines (uocari uoluerunt) VEL.gram.in *G.L.*7.74. **b** non est..quod protinus inbecillam aciem (*i.e. eyesight*) committas ~o lumini SEN.*Ep.*94.20; austro (flante) imber ~ior est et guttae pleniores *Nat.*4b.4.3; peculiare ~ae iis (*sc. apples*) acerbitatis conuicium PLIN.*Nat.* 15.52; ingenti fruor ~oque somno MART.12.18.13.

7 Shameless in one's sexual desires or behaviour, immodest, wanton.

(Clytaemnestra) casta fuit; uitiost ~a facta uiri OV.*Ars* 2.400; Naides ~ae, formonsos solitae claudere fontibus SEN.*Phaed.*780; PETR.83.3; ~a iuuenum circumspectatrix APUL.*Apol.*76; (*cf., w. gen.*) puerum Lapithaona nymphe.. ante diem cupido uiolauit amore ~a conubii STAT.*Theb.* 7.300; (*transf.*) si hunc..tractauero ~a manu PETR.86.1;—(*of words, behaviour, etc.*) ~a..oscula OV.*Am.*2.5.23; nec sunt minus ~a Serui carmina *Tr.*2.441; memor quam ~is facibus (*i.e. incestuous love*) arderet V.MAX.5.7.ext.1; non sunt haec mimis ~iora—lege MART.3.86.4; susurros ~os inurguere APUL.*Met.*8.10;—(*poet., of an aphrodisiac*) ~a.. satureia MART.3.75.4.

imprōcērus ~a ~um, *a.* **inp-.** [IN-²+PROCERVS] Undersized, stunted.

terra..pecorum fecunda, sed plerumque (sunt) ~a TAC. *Ger.*5.1; corpora..~a fieri minusque adolescere GEL.4.19.1.

imprōcreābilis ~is ~e, *a.* **inp-.** [IN-²+PROCREO+-BILIS] Not capable of reproduction.

materiam..~em incorruptamque APUL.*Pl.*1.5.

imprōdictus ~a ~um, *a.* **inp-.** [IN-²+pple. of PRODICO] Of which prior notice has not been given.

ne ~a die quis accusetur CIC.*Dom.*45.

improfessus ~a ~um, *a.* **inp-.** [IN-²+pple. of PROFITEOR] **a** (w. deponent force, of persons) That has not registered his name. **b** (w. pass. force, of property) not acknowledged or declared.

a Iudaicus fiscus acerbissime actus est; ad quem deferebantur, qui..~i Iudaicam uiuerent uitam SUET.*Dom.*12.2. **b** res furtiua ~a QUINT.*Decl.*341(p.345,l.16).

imprōlis ~is ~e, *a.* ~**us** ~a ~um. **inp-.** [IN-²+PROLES+-IS, -VS] (See quot.)

~us uel ~is, qui nondum esset adscriptus in ciuitate PAUL.*Fest.*.p.108M.

imprōmiscus ~a ~um, *a.* **inp-.** [IN-²+PROMISC(V)VS] Free from admixture.

uerbum..neque numeris neque generibus praeseruiens, set liberum..et ~um GEL.1.7.6; in his uersibus..suauitas tam ~a tamque a fuco omni remota est 12.4.3.

impromptus ~a ~um, *a.* **inp-.** [IN-²+PROMPTVS¹] Hesitating, slow, unready.

quia infacundior sit et lingua ~us LIV.7.4.6; ~o iam Arminio ob continua pericula TAC.*Ann.*2.21.

improperātus ~a ~um, *a.* **inp-.** [IN-²+pple. of PROPERO] Unhurried, slow.

dubius uestigia Turnus ~a refert VERG.*A.*9.798.

improperō ~āre ~āuī, *intr.* **inp-.** [app. corruption of **improbo* (IN-¹+PROBRVM+-O³, cf. *opprobro*)] (w. dat.) To blame (a person).

ille qui libertini loco iacet, quam bene se habuit. non ~o illi. sestertium suum uidit decies PETR.38.11.

improperus ~a ~um, *a.* **inp-.** [IN-²+PROPERVS] Not hastening.

tua iustior aetas, ultra me ~ae ducant cui fila sorores SIL.3.96.

impropriē, *adv.* **inp-.** [IMPROPRIVS+-E] Incorrectly or inappropriately, improperly; (esp. ref. to linguistic usage).

(elephanti) spirant..haut ~ appellata manu PLIN.*Nat.* 8.29; sani..partus multiplici constant cute, non ~ callum ut existimari corporis possit 9.108;—in his Vergilii uersibus reprehendit Iulius Hyginus 'pennis praepetibus' quasi ~ et inscite dictum GEL.7(6).6.2; 17.1.1; 17.10.18.

improprietās ~ātis, *f.* **inp-.** [next+-TAS] Incorrect use (of a word).

cauenda..est non ~as sola uerbi, sed etiam prauitas ominis GEL.1.22.21.

improprius ~a ~um, *a.* **inp-.** [IN-²+PROPRIVS] (gram., of words, etc.) Improperly used, incorrect.

corrupta oratio in uerbis..~is, redundantibus..consistit QUINT.*Inst.*8.3.57; nec ~um nec inusitatum nomen 8.4.16; 10.3.20;—(*neut. sg. as sb.*) uitium quod fit per quantitatem, ut 'magnum peculiolum', erunt qui soloecismum putent..ego dubito an id ~um potius appellem 1.5.46; 8.2.3.

imprōpugnātus ~a ~um, *a.* **inp-.** [IN-²+pple. of PROPVGNO] Undefended.

turpe esse ait rhetori, si quid in mala causa destitutum atque ~um relinquat GEL.1.6.4.

improsperē, *adv.* **inp-.** [next+-E] With unfortunate results.

ubi quid..cessit ~ COL.1.1.16; diem illum..libertatis ~ repetitae TAC.*Ann.*1.8; 2.55; nihil quicquam tam ~ Vergilium ex Homero uertisse GEL.9.9.12.

improsperus ~a ~um, *a.* **inp-.** [IN-²+PROSPERVS] Not enjoying good fortune, ill-starred. **b** (of fortune) unpropitious; (of a reputation) unfavourable.

obiit..L. Antonius, multa claritudine generis sed ~a TAC.*Ann.*4.44; orta insidiarum in Neronem magna moles et ~a 14.65; 'Agrippas' a partus aegri et ~i uitio appellatos GEL.16.16; curiositatis ~ae sinistrum praemium reportasti APUL.*Met.*11.15. **b** Augusto..fortuna..domi ~a fuit ob impudicitiam filiae TAC.*Ann.*3.24;—~a Valentis fama apud exercitum Caecinae erat *Hist.*2.30.

imprōtectus ~a ~um, *a.* **inp-.** [IN-²+pple. of PROTEGO] Unprotected, exposed.

Cato non nudam nec..~am hanc ἐπαγωγὴν facit, sed.. aliis argumentis conuelat GEL.6(7).3.44; ne..repentina incursio inparatis ~isque nobis oboriatur 13.28(27).4.

imprōuidē, *adv.* **inp-.** [next+-E] Without forethought, unwarily.

Hannibal..uix ullam spem habebat temere atque ~ quicquam consules acturos LIV.21.53.7; 27.27.11; CURT. 4.16.17; uipera..cum in pascuo bos ~ supercubuit..morsum imprimit COL.6.17.1; ~ secutos conuersi equites circumuenerunt TAC.*Hist.*2.15; APUL.*Met.*3.6.

imprōuidus ~a ~um, *a.* **inp-.** [IN-²+PROVIDVS] Not looking or seeing into the future, improvident, thoughtless, unwary. **b** (of actions, policies, etc.).

fatalis quaedam calamitas..uidetur..~as hominum mentis occupauisse CIC.*Lig.*17; ~i et neglegentes duces *Att.* 7.20.2; illud miror, adduci potuisse te..ut existimares.. me tam ~um, qui ab excitata fortuna ad inclinatam..desciscerem *Fam.*2.16.1; ut puerorum aetas ~a ludificetur LUCR.1.939; aliud..~a pectora turbat VERG.*A.*2.200; pauor..quosdam in hostem ipsum ~os tulit LIV.5.45.3; latebras..~a praeterlata acies est 21.55.9; CURT.8.1.4; semper caueat, ne ~us ab opere uincatur COL.11.1.29; FLOR.*Epit.*2.30(4.12.34);—(*transf.*) is..se adulescens ~a aetate inretierat erratis CIC.*Tusc.*5.62; ~ae noctis deceptus caligine APUL.*Met.*3.18;—(*w. gen. of respect*) ~us consilii TAC.*Hist.*3.56;—(*w. obj. gen.*) ~us futuri certaminis Romanus ueniebat LIV.26.39.7; rudi et huius mali ~ae ciuitati PLIN.*Nat.*39.7; TAC.*Hist.*1.88; JUV.3.273;—(*poet., w. inf.*) (*a spear*) nimio iactu seruasse ~a campi distantis spatium SIL.4.284. **b** pauor..sternit..ruentes equos uirosque ~a fuga LIV.10.28.10; inconsultam atque ~am pugnam 22.44.7; ~a concitatae multitudinis temeritas V.MAX.9.7.2; consulta ~a SIL.16.640; ibi memet ~o saltu totum abicio APUL.*Met*.7.20.

imprŏuīsō, *adv.* **inp-.** [next+-o²] Unexpectedly, without warning.
tantum adest boni ~ PL.*As*.310; ACC.*praet*.31; homini praeter opinionem ~ incidi CIC.*Ver*.2.182; cum hominem temperantem summum medicum tantus ~ morbus oppresserit *Att*.15.1.1; collem ~ occupat CAES.*Civ*.1.54.3; ~ uibratus ab aethere fulgor cum sonitu uenit VERG.*A*.8.524; 12.576; tum Postumius..aciem hostium ~ inuadit LIV. 9.44.11; 25.30.10; 40.38.1; si..homo ~ concidit CELS. 2.8.29; FRON.*Str*.3.17.2.

imprŏuīsus ~a ~um, *a.* **inp-.** [IN-²+pple. of PROVIDEO]

1 Occurring, appearing, etc., without warning, unforeseen, unexpected. **b** (neut. as sb.) an unforeseen contingency, emergency; (in a speech) an unexpected turn, surprise.
~i exitus habent aliquam in audiendo uoluptatem CIC. *Part*.73; ~a pupilli calamitas *Ver*.1.135; tantis tamque ~is periculis *Mur*.55; castella..~o aduentu capta *Fam*.2.10.3; ~um aspris..qui sentibus anguem pressit humi nitens trepidusque..refugit VERG.*A*.2.379; ~a leti uis HOR.*Carm*. 2.13.19; Samnites desperato ~o tumultu..acie iusta maluerunt concurrere LIV.10.14.8; ~a res pauorem incutit Poenis 25.37.12; ~us..imber GRAT.54; ~o metu territi CURT.9.4.16; perculsus ~a interrogatione..reticuit TAC.*Ann*. 1.12; quo ~ior grauiorque pestis fuit 2.47; APUL.*Mun*.9;—(*w. advl. force*) cum tot bella..subito atque ~a nascantur CIC.*Font*.42; pelago..remenso ~i aderunt VERG.*A*.2. 182; 7.506; ~us hosti superuenit CURT.6.6.21; GEL.9.11.7. **b** dux sibi delectos retinuerat ad ~a TAC.*Hist*.5.16;—quarum (*sc.* figurarum) pars est, quae sententiarum potius quam uerborum sit, ut inminutio, ~a (*edd.* ~um), imago QUINT.*Inst*.9.3.90.

2 (phrs.) *ex ~o, de ~o,* Unexpectedly, suddenly, without warning.
ex ~o filiam inueni meam PL.*Rud*.1192; ex ~o si quae res nata esset CIC.*Ver*.1.112; LUCR.2.1034; Romani ex ~o pulueris uim magnam animaduortunt SAL.*Jug*.53.1; ex ~o adortus sopitos uigiles LIV.25.9.11; 34.14.11; TAC.*Ann*. 4.45; SUET.*Aug*.94.7;—quasi de ~o respice ad eum TER. *An*.417; tantam fortunam de ~o esse his datam! *Ph*.884; eo cum de ~o celeriusque omni opinione uenisset CAES.*Gal*. 2.3.1; 5.22.1; SAL.*Cat*.28.1.

imprūdens ~ntis, *a.* **inp-.** *compar.* ~ntior, *superl.* ~ntissimus. [IN-²+PRVDENS]

1 (esp. w. obj. gen.) Having no knowledge of a thing, ignorant.
(*w. gen.*) emit eam dono mihi ~ns harum rerum ignaru'que omnium TER.*Eu*.136; (nautae) ~ntes legis, cum exissent uitulum immolauerunt CIC.*Inv*.2.95; dum frons (pecoris) tenera ~nsque laborum VERG.*G*.2.372; duo iuuenes..non initiati templum Cereris ~ntes religionis..ingressi sunt LIV.31.14.7; commercio eorum Hispani, ~ntes maris, gaudebant 34.9.9; antiquitatis ~ns consuetudo COL.3.18.1; nec sum adeo aetatium ~ns, ut instandum protinus teneris acerbe putem QUINT.*Inst*.1.1.20;—(*without gen.*) ~ns timuit adulescens TER.*Ph*.294; (*pred.*) emit hospitalem is filium ~ns senex puerum illum PL.*Poen*.75; regem Masinissam ~ntem accepisse (dentis eburneos), re cognita reportandos..curasse CIC.*Ver*.4.103; (Narcissus) se cupit ~ns OV.*Met*.3.425; (*masc. pl. as sb.*) diffugiunt ~ntes: at quibus altior intellectus, resistunt..Neronem intuentes TAC.*Ann*. 13.16; illud..quod..ab ~ntibus..dici solet, eum esse fugitiuum, qui..sine uoluntate domini emansisset, non esse uerum ULP.*dig*.21.1.17.4.

2 (usu. pred.) Unaware of what one is about, not acting deliberately. **b** (of actions) performed involuntarily, unintentional.
te optestor..si quid ego erga te ~ns peccaui..ut mi ignoscas PL.*Aul*.792; *Epid*.729; tibi non ~ns adsurabar *Men*.419; praeterii ~ns uillam TER.*Eu*.633; plus hodie boni feci ~ns quam sciens ante hunc diem umquam *Hec*.880; hic corrector in eo ipso loco quo reprehendit..immittit ~ns ipse senarium CIC.*Orat*.190; si quis quem ~ns occiderit *Tul*. 51; sacra quae uiri oculis ne ~ntis quidem aspici fas est *Har*.8; LUCR.5.1009; addubitat, utrum Tiribazo sciente an ~nte sit factum NEP.*Con*.5.4; TIB.1.2.37; non metuam..ne quis tua pectora..uulneret ~ns OV.*Met*.8.65; V.MAX.9.9.2; (uerba) quae, si ~ntibus excidant, stulta sunt QUINT.*Inst*. 6.3.23; HYG.*Fab*.241;—(*of inanim. things*) nos..~ns arena componet PETR.114.11. **b** (dextram) ~ntis homicidii sanguine uiolatam V.MAX.1.7.ext.4; ~ntis caedis damnatus SEN.*Con*.exc.4.3; QUINT.*Decl*.248(p.18,l.22).

3 (usu. pred.) Unaware of what will happen, not foreseeing.
ne mi ex insidiis uerba ~nti duit PL.*Aul*.62; hic opsistam, ne ~nti huc ea se subrepsit mihi *Mil*.333; TER.*An*.227; ab amicis ~ntes..prodimur CIC.*Clu*.143; ~ntibus nostris atque occupatis in munitione castrorum, subito se ex siluis eiecerunt CAES.*Gal*.5.15.3; *Civ*.2.38.4; existimans..facilius se ~ntem parua manu oppressurum quam paratum quamuis magno exercitu NEP.*Dat*.4.3; saepe ~nti fortuna occurrit amanti PROP.1.20.3; panthera ~ns olim in foueam decidit PHAED.3.2.2; nullum..oraculum est, quin aliquid ancipitis in se..habeat, quo ~ntior inretiatur AUR.*Fro*.1.p.16(49N); damna quae ~ntibus accidunt, hoc est damna fatalia ULP. *dig*.17.2.52.3;—(*w. gen.*) ignarus..et ~ns impendentium tantorum scelerum et malorum CIC.*Sest*.16; ~ns tantae pestis gradiebar SIL.6.166;—(*w. acc. and inf.*) non ~ns..usurum eum rabie, qua conpulsus est, ut me..uellet occidere CURT.8.8.2;—(*w. indir. qu.*) non inscius neque ~ns sum..quae..tempestates hominum nobilium futurae sint SAL. *Rep*.2.6.1.

4 Lacking in judgement or discretion, foolish, incautious, etc. **b** lacking in forethought, unthinking.
dolet dictum ~nti adulescenti et libero TER.*Eu*.430; protinus ~ns actusque cupidine lusus tollere Taenarides orbem properabat OV.*Met*.10.182; ~ntis..uulgi errorem V.MAX.5.2.4; multa..facit (sapiens) quae ab ~ntissimis aut aeque fieri uidimus aut peritius SEN.*Ep*.90.33; prouidendum ..ne timidus..ne ~ns testis sit QUINT.*Inst*.5.7.10; 12.7.8; GEL.9.10.5;—(*of policies, etc.*) non ~ns..consilium PETR. 102.3; uana et ~ns diligentia PLIN.*Nat*.7.132. **b** iam.. ~ns euaserat hostis..ut stetit et frustra absentem respexit amicum VERG.*A*.9.386; (asellus) ~ntis custodis..neglegentiam..fortissime sustinet COL.7.1.2.

imprūdenter, *adv.* **inp-.** *compar.* ~ius. [prec.+-TER²]

1 Without design, unintentionally.
nihil ~er, sed omnia ex crudelitate et malitia facta dicet CIC.*Inv*.2.108; *Part*.131.

2 Not sensibly, unwisely, rashly, etc.; carelessly, unmindfully.
ad flammam accessit ~ius, sati' cum periclo TER.*An*.130; nec..utetur ~er hac copia, sed omnia expendet et seliget CIC.*Orat*.47; omnia quo diligentius cogitata eo facta sunt ~ius *Att*.10.12a.1; non ~er feceris, si me celaris NEP.*Han*. 2.6; bellum..gestum temere atque ~er LIV.38.47.8; hunc sensum non ~er Silo Pompeius improbabat SEN.*Con*.2.3. 21; ULP.*dig*.29.4.10.1;—pueri..me..~ius ad ostium balnei feruens adfixerunt FRO.*Aur*.1.p.246(89N).

imprūdentia ~ae, *f.* **inp-.** [IMPRVDENS+-IA]

1 Lack of knowledge or awareness, ignorance.
tantum quisque habet in Sicilia quantum hominis auarissimi..~am subterfugit aut satietati superfuit CIC.*Ver*. 13; in his rebus omnibus ~a laberis *Rab.Perd*.25; quae ..naues ~a aut tempestate..suo cursu decesserunt CAES. *Civ*.3.112.3; siue illa ignorans..heu tamen infelix: quid enim ~a prodest? *Ciris* 190; (Hannibal) excusata ~a (*i.e. of civilian procedure*) de pace multis uerbis disseruit LIV. 30.37.10; PHAED.4.5.48; ut detegant ~am suam LARG.pr. p.2,l.10;—(*w. obj. gen.*) tantus..ab ~a euentus utraque castra tenuit pauor LIV.4.39.6; ~a locorum PETR.79.2.

2 Absence of intention, inadvertency; *per ~am,* by accident.
si id est peccatum, peccatum ~ast poetae TER.*Eu*.27; 'si telum manu fugit': ~a teli missi breuius..exponi non potuit CIC.*de Orat*.3.158; facta..aut consili sunt aut ~ae *Part*.38; quod erat ~a praetermissum *Ver*.3.51; sacrificium ..quo ne ~am quidem oculorum adici fas fuit *Leg*.2.36; oro ut ~ae des primum ueniam PHAED.4.20(21).5; PAUL. *dig*.50.17.108;—uersus saepe in oratione per ~am dicimus CIC.*Orat*.189; *Fam*.3.10.9; ut..quaedam eorum (*sc. animals*) etiam per ~am interemisse capitale sit MELA 1.58; GEL. 20.1.16.

3 Lack of judgement or foresight, imprudence, thoughtlessness.
factum ~a Biturigum et nimia obsequentia reliquorum uti hoc incommodum acciperetur CAES.*Gal*.7.29.4; *B.Afr*. 3.4; totum exercitum propter praetorum ~am inscitiamque belli periturum NEP.*Ep*.7.4; tantam hominum ~am esse.. ut quidam timore mortis cogantur ad mortem SEN.*Ep*.24.23; intenti..Caecina ac Valens, quando hostis ~a rueret.. alienam stultitiam opperiebantur TAC.*Hist*.2.34; 3.37; Acerronia, ~a dum se Agrippinam esse..clamitat, contis et remis..conficitur *Ann*.14.5; 16.30; PLIN.*Ep*.6.20.5.

impūbēs (~is) ~ēs (~is) ~e, *a.* **inp-.** [IN-² +PVBES] FORMS: abl. sg. *~e* PLIN.*Nat*. 29.131; in oblique cases an alternative declension *~erem, ~eris,* etc., occurs. That has not attained to manhood, below the age of puberty. **b** (as sb.) one who has not reached the age of puberty. **c** *anni ~es,* childhood years. **d** (of the cheeks, etc.) beardless.
comitem..~is Iuli Epytiden VERG.*A*.5.546; stupet.. ~es..manus mirata uolubile buxum (*a top*) 7.382; ~em.. Troilon HOR.*Carm*.2.9.15; puer ~es et adhuc non utilis armis OV.*Fast*.2.239; Lacon ille..~is adhuc SEN.*Ep*.77.14; PLIN.*Nat*.23.130; ~es et forma conspicui..ad stuprum trahebantur TAC.*Hist*.4.14; SUET.*Cl*.43.1; de moderando uictu puerorum ~ium GEL.4.19. β filium..eius ~erem legatum a patre missum CIC.*Catil*.4.13; qui diutissime ~eres permanserunt, maximam..ferunt laudem CAES.*Gal*. 6.21.4; urina ~eris pueri CELS.5.22.4; SUET.*Dom*.10.1. **b** imperat aetas..~em molli pubescere ueste LUCR.5.673; seruos liberos, puberes ~es LIV.9.14.11; 42.63.10; ne contractentur..cibi nisi..ab ~i COL.12.4.3; PLIN.*Nat*.28.41. β qui de seruis..ad ~eres supplicium sumit CAES.*Civ*. 3.14.3;—(*as a legal status*) testimonium dicere ne liceto.. qui..~es erit *Leg.pub*.(*Font.iur*.p.111) 20. β diligentius.. causam cognoscit de ~eribus absentibusque GAIUS *Inst*.1.93; ULP.*dig*.26.10.7. **c** Iuppiter..faciet..uiros (natos) ~ibus annis OV.*Met*.9.417. **d** frontem diuidit ~isque immani uulnere malas VERG.*A*.9.751; puer, ~e corpus HOR.*Epod*. 5.13; OV.*Met*.3.422; (*a eunuch*) ~em..gerens sterilemque iuuentam V.FL.6.695;—(*cf.*) ~em malas..Lixum SIL.2.112.

impudens ~ntis, *a.* **inp-.** *compar.* ~ntior, *superl.* ~ntissimus. [IN-²+PVDENS]

1 Shameless, impudent, brazen: **a** (of persons). **b** (of words, actions, etc.). **c** (of the countenance or sim.).
a cum istacin te oratione huc ad me adire ausum, ~ns! PL.*Aul*.746; *Mil*.1402; *Per*.412; sycophanta..~ns TER. *Hau*.38; hos ignotos atque ~ntis procos repudiemus CIC. *Brut*.330; ab homine ad excogitandum acutissimo, ad audendum ~ntissimo *Clu*.67; clamare omnes..nihil ~ntius Scaptio, qui centesimis cum anatocismo contentus non esset *Att*.5.21.12; *Tusc*.3.27; ludis..et bibis ~ns HOR. *Carm*.4.13.4; ~ntem..imperatorem esse qui..postulet sibi aliorum capita ac fortunas committi LIV.26.22.6; PHAED. 1.3.8; PLIN.*Ep*.4.9.9; AUR.*Fro*.1.p.154(13N). **b** inde a principio iam ~ns epistula est PL.*Bac*.1006; hominis ~ntem audaciam! *Men*.713; eorum ~ntissuma oratiost TER.*An*.634; ~ntissimum furtum CIC.*Ver*.1.35; ~ntem calumniam 2.25; si est haec (lex)..~ntior *Agr*.3.6; stolida ~nsque postulatio LIV.21.20.4; temerarium atque ~ns.. consilium 30.12.19; ea mensura honorum..quae quondam eius fuit ~ns uotum SEN.*Ben*.2.27.4; ~ns mendacium PLIN. *Nat*.8.82; ~ntibus ausis TAC.*Ann*.3.66; SUET.*Nero* 35.2. **c** istuc os tuom ~ns TER.*Eu*.597; 838; in..possessiones.. ~ntissimos oculos..defigere CIC.*Phil*.11.10.

2 Having no regard for decency, immodest.
totus est sermo uerbis tectus, re ~ntior CIC.*Fam*.9.22.1.

impudenter, *adv.* **inp-.** *compar.* ~ius, *superl.* ~issimē. [prec.+-TER²] Without sense of shame, brazenly, impudently. **b** immodestly, indelicately.
~er inpudens PL.*Rud*.977; mirum uero ~er mulier si facit meretrix! TER.*An*.755; homines ~issime mentiuntur CIC.*Clu*.174; ~er respondere *Catil*.3.12; agri..qui a paucis hominibus ~issime possidentur *Agr*.3.12; dedi ueniam homini ~er petenti *Att*.5.21.12; 7.17.2; res..~er ficta LIV. 30.19.11; V.MAX.2.9.5; MART.1.49.41. **b** '"batuit," inquit, ~er, "depsit" multo ~ius.' atqui neutrum (uerbum) est obscenum CIC.*Fam*.9.22.4.

impudentia ~ae, *f.* **inp-.** [IMPVDENS+-IA] Shamelessness, effrontery, impudence. **b** shamelessness in sexual conduct, immodesty.
qur dare ausu's? — quia mi lubitum est. — quae haec, malum, ~ast? PL.*Epid*.710; *Men*.793; tu sola exorere quae perturbes haec tua ~a TER.*Hec*.213; effrenata ~a ACC. *trag*.133; ne..id profiteri uidear quod non possim, quod est ~ae CIC.*Clu*.51; P. Clodi impudicam ~am *Har*.1; primum tibi ago gratias..deinde ~a prosequor..Quintum..eo numero cura ut habeas quo me *Fam*.13.62; quoius ~a contra ius..munitus foret SAL.*Jug*.33.2; ad cetera scelera ~am in defendendo se adicere LIV.3.56.3; neque modestia Philippi neque ~a Romanorum 32.21.6; SEN.*Ben*.2.29.2; exheredatus a patre singulari ~a alieni patris bona uindicabat PLIN.*Ep*.6.33.6; FRO.*Aur*.1.p.124(24N);—(*of words, actions, etc.*) uel legis uel orationis ~a CIC.*Agr*.3.10; ~am aemulationis TAC.*Hist*.2.91;—(*of the eyes*) animi duritiam habere aut oculorum ~am CIC.*Dom*.101;—(*of inanim. things*) peculiaris ~a est nucibus insitorum, quae faciem parentis sucumque adoptionis exhibent PLIN.*Nat*.15.41;—(*personified*) Athenis..Cylonio scelere expiato..fecerunt Contumeliae fanum et ~ae CIC.*Leg*.2.28. **b** ~ae signum, libidinoso tenta pyramis neruo *Priap*.63.13.

impudīcātus ~a ~um. **inp-.** [IMPVDICVS+ -ATVS²] (See quot.)
~us stupratus, inpudicus factus PAUL.*Fest*.p.109M.

impudīcē, *adv.* **inp-.** [IMPVDICVS+-E] In an unchaste manner.
pro pudicitia ~ rogasti SEN.*Con*.1.2.12.

impudīcitia ~ae, *f.* **inp-.** [next+-IA] Sexual impurity, unchastity; (often used of homosexual vice).
ego hunc..qui domi uxorem meam ~a impediuit, teneo, thensaurum stupri PL.*Am*.fr.16; VAR.*Men*.495; mulierem ~ae sestertio nummo..damnauit V.MAX.8.2.3; SEN.*Dial*. 12.16.3; crimen ~ae, adulterum Furnium..obiectabat (Claudiae Pulchrae) TAC.*Ann*.4.52; ~am uxoris tolerans aut declinans 6.51; 13.45;—~am pueritiae, libidines adulescentiae CIC.*Dom*.126; *Cael*.15; exoletos suos, ut ad longiorem patientiam ~ae idonei sint, amputant SEN.*Con*. 10.4.17; TAC.*Ann*.5.3; (Caesarem) et ~ae et adulteriorum flagrasse infamia SUET.*Jul*.52.3; GEL.18.3.1.

impudīcus ~a ~um, *a.* **inp-.** *compar.* ~ior, *superl.* ~issimus. [IN-²+PVDICVS]

1 Flouting the accepted sexual code, unchaste, immoral. **b** (of men, often as sub., w. spec. ref. to homosexuality). **c** (of actions, words, etc.). **d** *digitus ~us,* the middle finger (held up as an obscene and insulting gesture).
mi..nemo corpus corpore contigit, quo me ~am faceret PL.*Am*.834; pudica est..nisi si est osculando quippiam ~ior *Cur*.52; ~issimae mulieris..lacrimas CIC.*Ver*.5.112; cum omnis impuritates ~a in domo cotidie susciperes *Phil*.2. 6; ~a Colchis HOR.*Epod*.16.58; SEN.*Ep*.88.8; QUINT.*Inst*. 8.4.2; APUL.*Met*.10.2;—(*fem. as sb.*) nec ulla deinde ~a Lucretiae exemplo uiuet LIV.1.58.10; satis poenarum aduersum ~as in ipsa professione flagitii credebant TAC.*Ann*. 2.85;—(*transf. ep.*) ~um crine contorto caput laeua reflexi SEN.*Phaed*.707. **b** 'adulter, ~us, sequester' conuicium est CIC.*Cael*.30; SAL.*Cat*.14.2; si fur ueneris, ~us exis *Priap*.59.2; ~um..incessus ostendit SEN.*Ep*.52.12; seu composuerat quaedam in Gaium Caesarem ut ~um TAC. *Ann*.6.9; SUET.*Dom*.10.5;—(*transf.*) ~o morbi uitio VITR. 2.8.12. **c** factis..~is PL.*Am*.926; P. Clodi ~am impudentiam CIC.*Har*.1; ~a uerba *Priap*.8.2; ~os corpore a casto amoue tactus SEN.*Phaed*.704; ~a..matrimonia SUET. *Cl*.43;—(*of music*) (musice) nunc in scaenis effeminata et ~is modis fracta QUINT.*Inst*.1.10.31. **d** derides..et ~um ostendis digitum mihi minanti? *Priap*.56.1; MART.6.70.5.

2 (in wider sense) Having no sense of shame, behaving outrageously.
age, ~e, sceleste, non audes mihi scelesto subuenire? PL.*As*.475; ~um et inpudentem hominem addecet molestum ultro aduenire ad alienam domum, quoi debeatur nihil *Rud*.115;—(*of actions*) o facinus ~um, quam liberam esse oportet seruire postulare! 393.

3 (of a smell) Foul, disgusting.
odor ~us urcei..qualis marinae uix sit aura piscinae MART.12.32.16.

impugnātiō ~ōnis, *f.* **inp-.** [next+-TIO] An armed assault.
ipse domum P. Sullae pro castris sibi ad eam ~onem sumpserat CIC.*Att*.4.3.3.

impugnō ~āre ~āuī ~ātum, *tr.* **inp-.** [IN-[1] +PVGNO]

1 To make an armed assault on, attack, assail (an army, position, etc.).

magistratuum tecta ~ata, deorum templa inflammata CIC.*Red.Sen.*7; id se sui muniendi, non Galliae ~andae causa facere CAES.*Gal.*1.44.6; reuocant ab ~andis operibus armatos HIRT.*Gal.*8.43.2; Scaurus..a principio..acerrume regem ~auerat SAL.*Jug.*29.2; terga ~are hostium satius uisum est LIV.3.70.4; si non patriam meam ~at, sed suae grauis est SEN.*Ben.*7.19.9; cum Germani..e saltibus et obscuris latebris..~arent nostros FRON.*Str.*1.3.10;—(*of animals*) ~ant eas (*sc.* apes)..uespae atque crabrones PLIN.*Nat.*11.61;—(*ellipt.*) nostri redintegratis uiribus.. acrius ~are coeperunt CAES.*Gal.*3.26.4; neque quisquam est uulneratus nisi qui prior ~are uoluit NEP.*Thr.*2.6;—(*in fig. phr.*) tres..partes animae tribus dicit uitiis urgueri: prudentiam indocilitas ~at.. APUL.*Pl.*2.4.

2 (transf.) To oppose by word or action (a person or his interests, an opinion, law, etc.), attack, impugn; (also impers. pass., w. dat.). **b** (w. acc. and inf.) to assert in opposition (that).

Marcellus..cum ~aret Caesaris dignitatem..rettulerat ante tempus ad senatum de Caesaris prouinciis HIRT.*Gal.* 8.53.1; Pompeius, tamquam Caesarem non ~et..ait Curionem quaerere discordias CAEL.*Fam.*8.11.3; ingeniis non ille fauet plauditque sepultis, nostra sed ~at HOR.*Ep.*2.1. 89; utrum..defenditis an ~atis plebem? LIV.5.3.7; haec (familia), quae agrarias (leges) semper ~auit 9.34.4; noxiis, dum eos acrius ~at, profuit V.MAX.8.1.absol.11; commoda plebis acerrime ~auerat 9.3.5; aduersarii..persona..e contrario ductis ~ari solet QUINT.*Inst.*4.1.14; uterque finitionem alterius ~at 7.3.23; Marcellus non suam sententiam ~ari..dicebat TAC.*Hist.*4.8; prius..quam ueneficiis..et deuotionibus ~ari se comperisset SUET.*Cal.*3.3; ~andi ueteris iuris..gratia GAIUS *Inst.*3.34;—(*w. abst. subj.*) pugnant..pro causa meritum ~ante fidemque OV.*Met.* 5.151; quae sententia..~at..utilitatem pupilli ULP.*dig.* 29.2.42;—CVM COMMODIS EORVM ~ARETVR *CIL* 6.971. **b** calumnia resistit et ~at iustum esse repudium quod maritus iure aliquo fecerit QUINT.*Decl.*251(p.27,l.21).

impulsiō ~ōnis, *f.* **inp-.** [IMPELLO+-TIO]

1 A push, thrust.

(sensus) iunctos esse censuit (Zeno) e quadam quasi ~one oblata extrinsecus, quam..uisum appellemus licet CIC.*Ac.* 1.40; aliam..uim motus habebant (atomi) a Democrito ~onis, quam plagam ille appellat *Fat.*46; omnis..coagmentatio corporis uel caloris uel frigoris ui uel aliqua ~one uehementi labefactatur *Tim.*17.

2 (transf.): **a** The stirring (of persons) to some emotion. **b** a sudden prompting of the mind, impulse.

a consolationes, miserationes omnisque ad omnem animi motum..~o CIC.*de Orat.*3.118; erroris inductio, ad hilaritatem ~o, anteoccupatio 3.205; QUINT.*Inst.*9.2.3. **b** ~o est, quae sine cogitatione per quandam affectionem animi facere aliquid hortatur, ut amor, iracundia CIC.*Inv.*2.17; cum..non ~one, uerum ratiocinatione aliquem commisisse quid dicet 2.20.

impulsor ~ōris, *m.* **inp-.** [IMPELLO+-TOR] One who incites to action, an instigator.

deu' mihi ~or fuit, is me ad illam inlexit PL.*Aul.*737; me..~ore id factum audacter dicito *Mos.*916; Syrum ~orem, uah, quibus illum lacerarem modis! TER.*Ad.* 315; 560; omnem illam tempestatem..Caesare ~ore atque adiutore esse excitatam CIC.*Prov.*18; ne ferocia aetatis et prauis ~oribus..paci belloque male consuleret TAC.*Hist.* 4.68; multum..de ~oribus suis..questus est PLIN.*Ep.* 2.11.22; SUET.*Cl.*25.4; APUL.*Apol.*67;—(*w. obj. gen.*) suasor et ~or profectionis meae CIC.*Att.*16.7.2;—(*as a title of Jupiter*) VAR.*gram.*137.

impulsus ~ūs, *m.* **inp-.** [IMPELLO+-TVS[3]]

1 (in physical sense) A shock, thrust, blow, impact, etc.

non solum ~u scutorum..sed saepe clamore ipso.. magnas copias pulsas esse CIC.*Caec.*43; inde repente impulit (silicem); ~u quo maximus intonat aether VERG.*A.* 8.239; dimotis ~u pectoris undis OV.*Met.*4.708; quid miser expauescis ad..tinnitum aeris aut ianuae ~um? SEN.*Dial.* 5.35.3; haec omnia (*i.e. fish*) flexuoso corporum ~u ita mari utuntur ut serpentes terra PLIN.*Nat.*9.73; agebatur huc illuc Galba uario turbae fluctuantis ~u TAC.*Hist.*1.40; alterum femur subdebile ~u olim quadrigae SUET.*Vit.*17.2; —(*of natural forces*) imbres, quorum modo cuncta natabant ~u LUC.4.331; uentos..posse et solis ~u agi PLIN.*Nat.* 2.114; mox ~u aquilonis..rapi agique agmen TAC.*Ann.* 1.70; ~ibus mutuis..mouentur..omnia (*i.e. the parts of the universe*) APUL.*Mun.*28; ~u fluminis ruit aedificium ULP. *dig.*39.2.24.11;—(*in fig. phrs.*) etiam si uniuersa (*sc.* mala) circumueniant (sapientem), non mergunt, nedum ut ad singulorum ~us maereat SEN.*Dial.*2.8.3; sic oratio, quae astu caret, pondere modo et ~u proeliatur QUINT.*Inst.* 9.1.20.

2 (transf.) Incitement to action, prompting, impulse: **a** (of persons). **b** (of the mind, emotions, etc.).

a ea huc quid introierit ~u meo PL.*Trin.*10; ubi duxere (uxores) ~u uostro, uostro ~u easdem exigunt TER.*Hec.*242; nunc de oratore uestro ~u loquor CIC.*de Orat.*3.84; si sua sponte (uenerint), si non alicuius ~u *Scaur.*41; cum esset annonae summa caritas et homines..~u Clodi mea opera frumenti inopiam esse clamarent *Att.*4.1.6; CAES.*Gal.*5.25.4; arcem oppidi..occupauit ~u paucorum Thebanorum NEP. *Pel.*1.2; SEN.*Con.*exc.8.3; miles urbanus..ad destituendum Neronem arte magis et ~u quam suo ingenio traductus TAC. *Hist.*1.5;—(*of deities*) homines consceleratos ~u deorum terreri furialibus taedis ardentibus CIC.*Pis.*46; num..Veneris id ~u fieri malumus quam casu dicere? *Diu.*2.121; HYG.*Fab.* 15.1. **b** ego me iniuriam fecisse filiae fateor tuae..per uinum atque ~u adulescentiae PL.*Aul.*795; exemplorum commemoratione qui simili ~u aliquid commiserint CIC. *Inv.*2.19; ira..cuius ~u existit..tale iurgium *Tusc.*4.77; consternationis ~u ad pedes se Memmii supplex prostrauit V.MAX.8.1.absol.3; temeritatis..subiti et uehementes sunt ~us 9.8.intro.; muta animalia humanis affectibus carent, habent autem similes illis quosdam ~us SEN.*Dial.*3.3.6; nos animorum ~u et caeca..cupidine ducti coniugium petimus JUV.10.351.

impuluereus ~a ~um, *a.* **inp-.** [IN-[2] +PVLVEREVS] (of a victory) Won without the dust of conflict, effortless (cf. Gk. ἀκονιτί, ἀκόνιτος).

deditione repente facta ~a, ut dici solet, incruentaque uictoria obuenit GEL.5.6.21.

impunctus ~a ~um, *a.* **inp-.** [IN-[2]+pple. of PVNGO] (of crystal) Having no specks, flawless.

hic uitrum fabre sigillatum, ibi crustallum ~um APUL. *Met.*2.19.

impūne, *adv.* **inp-.** *compar.* ~ius, *superl.* ~issimē. [IN-[2]+POENA, after Gk. νηποινεί; for term. cf. *bene, superne*] FORMS: *impoene* CATO *orat.*171.

1 Without punishment or retribution, with impunity. **b** (in wider sense) without adverse consequences, safely, without harm.

si ebrio atque amanti ~e facere quod lubeat licet PL.*Aul.* 751; sine te exorem.—age abi, abi ~e *Mos.*1180; te pro istis dictis..ulciscar, ut ne ~e in nos inluseris TER.*Eu.*942; peccare ~e LUCIL.258; homines ~e occidebantur CIC. *S.Rosc.*93; ille, ciuis Romanus quod erat, ~ius id se facturum putauit *Ver.*4.48; ille M. Antoni uoluntatem asperioribus facetiis saepe perstrinxit ~e *Planc.*33; de te contionatur, nec ~e; nam sentiet quos lacessierit *Fam.*12.22.1; ~e..nullis sacra retecta uiris PROP.4.9.26; si illi ~e spretum imperium fuisset LIV.8.30.11; 25.18.11; nec sinit hunc ~e..cecidisse Lycormas (*i.e. die unavenged*) OV.*Met.*5.119; PHAED.4.4.13; non ~e cessatur..praetor multam dixit etiam senatori! PLIN.*Ep.*4.29.2; JUV.4.152; GAIUS *Inst.*3.40;—(*w. adj.*) coepit..iocus..per honestas ire domos ~e minax HOR. *Ep.*2.1.150; Thersites..haud ~e proterus OV.*Met.*13.233. **b** ~issume tibi..uendere hasce aedis licet PL.*Poen.*411; licet..~e oratori omnem hanc partem iuris non controuersi ignorare CIC.*de Orat.*1.241; eorum labore est factum uti ~e in otio esse possemus *Agr.*2.9; saepe alterius ramos ~e uidemus uertere in alterius VERG.*G.*2.32; ~e tutum per nemus arbutos quaerunt (*sc. she-goats*) HOR.*Carm.*1.17.5; agmen..Romanum ~e incursatum ab equitibus hostium fuerat LIV.24.41.4; (Cyclops) uisus ab hospite nullo ~e OV.*Met.*13.761; dabimus fidem (te) ~e uenturum CURT. 4.1.14; ~e..iacet (lupinum) uel derelictum etiam PLIN. *Nat.*18.135; semine (raphani) infectis manibus ~e tractaueris (scorpiones) 20.25; in quibus (*sc.* scholis) omnia libere fingimus et ~e QUINT.*Inst.*6.1.43.

2 *~e ferre* (*auferre*), *~e habere,* To escape punishment for (a misdeed); (ellipt.) to get off scot-free.

tam diu se ~e iniurias tulisse CAES.*Gal.*1.14.4; liuor edax tibi cuncta negat, gentesque subactas uix ~e feres LUC. 1.289; (*foll. by* quod) ~e non tulit quod..tegulas marmoreas ex Iunonis Laciniae templo..transtulit V.MAX.1.1.20; —(*ellipt.*) cum multos libros surripuisset nec se ~e laturum putaret, aufugit CIC.*Fam.*13.77.3; non ~e feres PROP.1.4.17; OV.*Met.*8.494; HYG.*Fab.*8.3;—scio ego quid sim aetatis, eo istuc maledictum ~e auferes PL.*Per.*276;—siquidem istuc ~e habueris TER.*Eu.*1019; non..tantum maleficium ~e habendum TAC.*Ann.*3.70; (*ellipt.*) fatetur (raptor)..se ~e habere maluisse quam ducere uxorem SEN.*Con.*7.8.6; APUL. *Pl.*2.17.

3 (used pred.) *~e esse,* (of offences) To go unpunished; (esp. impers.).

id nobis ~e est CATO *orat.*166; non ~e..scelus hoc sinit esse Lyaeus OV.*Met.*11.67; facta arguebantur, dicta ~e erant TAC.*Ann.*1.72; 3.28;—(*impers.*) si uir scortum duxit clam uxorem suam, id si resciuit uxor, ~est uiro PL.*Mer.*820; si (uilicus) passus erit (male facere), dominus ~e ne sinat esse CATO *Agr.*5.2; ut qui nummos in tribu pronuntiarit, si non dederit, ~e sit CIC.*Att.*1.16.13; date dexteras fidemque haud ~e adultero fore LIV.1.58.7; TAC.*Hist.*1.75; SUET. *Nero* 32.2; (*w. inf.*) sceptra Thebano fuit ~e nulli gerere SEN.*Phoen.*649; (*w.* quod) Rhodiensibus..~e esse debere, quod hostes..esse populi Romani uoluissent GEL.6(7).3.39; (*ellipt.*) emicat hic ~e putans..Turnus VERG.*A.*12.728.

impūnis ~is ~e, *a.* [back-formation from prec.] Unpunished.

non tam ~em me uerum etiam laudabilem..credebam fore APUL.*Met.*3.6.

impūnitās ~ātis, *f.* **inp-.** [IMPVNE+-TAS] Freedom or exemption from punishment, impunity.

quorum..furor alitur ~ate diuturna CIC.*Sest.*82; ceteris.. si errorem suum deposuerint..ueniam et ~atem dandam puto *Phil.*8.32; ~ate..proposita abstinere..iniuria *Off.* 3.72; CAES.*Gal.*1.14.5; de ceterorum indicum ~ate praemiisque consulibus permissum est LIV.39.19.7; hoc initium in urbe Roma ciuilis sanguinis gladiorumque ~atis fuit VELL. 2.3.3; SEN.*Cl.*1.22.1; frequens recognitio nec ~atis spem nec peccandi locum praebet COL.11.1.21; frementibus auxiliis tantum ~atis atque adrogantiae legionariis accessisse TAC.*Hist.*2.69; 4.44; poenas innocentium ~ates noxiorum SUET.*Gal.*15.2; APUL.*Pl.*2.17;—(*w. gen. of offence*) ut..nos.. supra fluentis iuuenili quadam dicendi ~ate et licentia reprimeret CIC.*Brut.*316; scelerum ~as *Dom.*17; seruo libertatem..libero ~atem eius rei..decreuere SAL.*Cat.*30.6; SEN.*Con.*10.4.18; TAC.*Ann.*3.60;—(*as pred. of inf.*) medico.. tantum hominem occidisse ~as summa est PLIN.*Nat.*29.18.

impūnītē, *adv.* **inp-.** *compar.* ~ius. [next+ -E] Without punishment or fear of punishment, with impunity.

~e in me quidlibet statuite *Rhet.Her.*4.39; CIC.*Fin.*2.59; o superbiam inauditam, alios in facinore gloriari, aliis ne dolere quidem ~e licere! MAT.*Fam.*11.28.3; quod simularet dormientem, quo ~ius uxor eius moecharetur FEST.p.173M.

impūnītus ~a ~um, *a.* **inp-.** *compar.* ~ior. [IN-[2]+pple. of PVNIO] Not receiving punishment or retribution, unpunished. **b** (more vaguely) not attended by painful consequences.

(*of persons*) si istum ~um dimiseritis *Rhet.Her.*4.5; SAL. *Cat.*51.5; qui tu ~ior illa quae paruo sumi nequeunt obsonia captas? HOR.*S.*2.7.105; Pompeium gratia ~um habuit VELL.2.1.5; ~us erit ingratus? SEN.*Ben.*3.17.1; uenient legiones quae neque me inultum neque uos ~os patiantur TAC.*Hist.*4.77; Aemilia Lepida..~a agebat, dum superfuit pater Lepidus *Ann.*6.40;—(*of offences, etc.*) ut ceterorum quoque iniuriae sint ~ae atque inultae CIC.*Div.Caec.*53; ~a mentiendi licentia *Scaur.*15; nisi..multorum ~a scelera tulissemus *Off.*2.28; quo ~ior sit eo effrenatiorem fore (libidinem) LIV.3.50.7; nec diu proditoribus ~a res fuit 9.26.1; hoc..uitium an ~um esse debeat, quaeritur SEN. *Ben.*3.6.1; legissetis ducem, qui meam quidem mortem ~am sineret TAC.*Ann.*1.43; APUL.*Met.*3.3; (*w. noun cl.*) Spartano..respondit Pythia uates haut ~um quondam fore quod dubitaret depositum retinere JUV.13.200; APUL. *Apol.*60. **b** neque (Romani) ~a temeritate inde recepissent sese, ni.. LIV.32.12.4; raris forma uiris (saecula perspice) ~a fuit SEN.*Phaed.*821.

impūnō (inp-): var. of IMPVNE in LUCIL.66 (*s.v.l.*).

impūrātus ~a ~um, *a.* **inp-.** *superl.* ~issimus. [IMPVRVS+-ATVS[2]] Filthy, polluted (usu. as a term of abuse).

quid, ~e? PL.*Aul.*359; iam postulabas te, ~a belua, totam Siciliam deuoraturum insulam? *Rud.*543; scio probiorem hanc esse quam te, ~issume 751; ~us me ille ut etiam inrideat? TER.*Ph.*669; 962; homo ~us LUCIL.66; quin abis, ~a bestia (*i.e. a weasel*)? APUL.*Met.*2.25; ~issima illa capita 9.10.

impūrē, *adv.* **inp-.** *superl.* ~issimē. [IMPVRVS+-E] Foully, vilely, infamously.

quam (*sc.* religionem) tu..~issime taeterrimeque uiolasti CIC.*Dom.*104; *Phil.*2.50; a quo ~issime haec nostra fortuna despecta est *Att.*9.12.2; ~e ac flagitiose..uiuere *Fin.*3.38.

impūritās ~ātis, *f.* **inp-.** [IMPVRVS+-TAS] Foulness, impurity.

cum omnis ~ates impudica in domo cotidie susciperes CIC.*Phil.*2.6; sed illud os, illam ~atem caeni fuisse ut hos iudices legere auderet! 5.16.

impūritia ~ae, *f.* **inp-.** [next+-IA] = prec.

procax, rapax, trahax—trecentis uersibus tuas ~as traloqui nemo potest PL.*Per.*411.

impūrus ~a ~um, *a.* **inp-.** *compar.* ~ior, *superl.* ~issimus. [IN-[2]+PVRVS]

1 Dirty, muddy.

ipsa (Cynthia) sedens primo temone pependit ausa per ~os frena mouere locos PROP.4.8.22.

2 (of persons, their actions, etc.) Morally foul; (esp. in regard to sexual conduct). **b** (as a vague ep. of abuse) abominable, vile, infamous, etc.

cum contra fas deum..medicaminibus ~is (*i.e. by poisoning the enemy's water-supply*)..Romana arma uiolasset FLOR.*Epit.*1.35(2.20.7);—unus puer petulans atque ~us inquinat gregem puerorum VAR.in Non.p.168M; homo.. ignauior, magis uir inter mulieres, ~a inter uiros muliercula proferri non potest CIC.*Ver.*2.192; quid te ~ius, qui religiones omnis pollueris aut ementiundo aut stuprando? *Dom.* 125; reiecta mater amicam ~i fili tamquam nurum sequebatur *Phil.*2.58; animus ~us, dis hominibusque infestus. SAL.*Cat.*15.4; non erat ille ab uno tantummodo sexu ~us SEN.*Nat.*1.16.2; rege sub ~o Nilotica rura tenente LUC. 9.130; adulescens omni libidine ~us PETR.81.4;—(*of a part of the body*) Natalis tam improbae linguae quam ~ae SEN. *Ep.*87.16;—(*of words, actions, etc.*) nihil (audiet) ex illa ~a adulescentia sua CIC.*Ver.*1.32; Metellum..sermone ~o atque improbo..corrumpere 3.158; tua cana senectus spurcata ~is moribus CATUL.108.2; Eubius, ~ae conditor historiae OV.*Tr.*2.416; quid ~ius quam retinuisse talem (uxorem)? QUINT.*Inst.* 9.2.80. **b** quid nunc, ~e? numquid debetur tibi? PL.*Bac.*884; uide ut ingurgitat ~a in se merum auariter, faucibu' plenis *Cur.*126; iube obicere argentum ob os ~ae beluae *Mos.*619; manesne ilico, ~e parasite? 887a; erat hic Corinthia anus haud ~a (*i.e. respectable*) TER.*Hau.*629. *Eu.*235; pergin ero absenti male loqui, ~issime? *Ph.*372; illum male sanum semper putaui, nunc etiam ~um et sceleratum puto CIC.*Att.*9.15.5; 12.38.2; quorum alter inconstantior, alter ~ior, uterque pacem metuens *ad Brut.* 1.15.4; dux..audax, ~us,..populo gratificans et aliena et sua *Rep.*1.68; APUL.*Apol.*82;—(*transf.*) in me absentem orationem ex ore ~issimo euomuit CIC.*Phil.*5.20; furentis introitum Dolabellae, uocem ~am 11.7; crebris ictibus ~am elidit diuitis animam APUL.*Met.*9.38.

imputātiō ~ōnis, *f.* **inp-.** [IMPVTO+-TIO] An entry in an account.

ut explorari possit, ~ones probe an improbe referantur, accepta recte relata an non recte CALL.*dig.*35.1.82.

imputātor ~ōris, *m.* **inp-.** [IMPVTO+-TOR] One who makes a merit of his services.

multi sunt tam prauae naturae, ut malint perdere, quae praestiterunt, quam uideri recepisse, superbi et ~ores SEN. *Ben.*2.17.6.

imputātus ~a ~um, *a.* **inp-.** [IN-[2]+pple. of PVTO] Unpruned, untrimmed.

ubi..~a floret usque uinea Hor.*Epod*.16.44; Plin.*Nat*.14.88; 14.119; ut (surculi) defringerentur ex ~ata buxo 17.163; ~um nondum purgatum Paul.*Fest*.p.108M.

imputō ~āre ~āuī ~ātum, *tr.* **inp-.** [IN-[1]+PVTO] Consts.: w. acc., commonly also w. dat. or (sense 1b) *in*+acc. or abl.

1 (in commerce) To enter as a debt, charge (against a person); also, to enter as a credit. **b** to reckon as part of a sum, take into account (expenses, etc.); (also, time).

pro filiis tibi debeo..~a quantum uis pro alumentis Sen.*Con*.9.3.2; Sen.*Dial*.5.33.3; plus ~ant seminis iacti, quam quod seuerint Col.1.7.6; eidem ciuitati ~ata sunt terna milia, quae uiatici nomine annua dabantur Plin.*Ep.Tra*.10.43(52).3; si matrem aluit pupilli tutor, putat Labeo ~are eum posse Ulp.*dig*.27.3.1.4; quaesitum est, an in ratione legis Falcidiae ~andum sit marito, quod ad eum ex eadem hereditate per filium peruenit Scaev.*dig*.35.2.25;—(*in fig. phrs.*) incorrupta fides rerum (*i.e. Cremutius Cordus' history*) auctori suo magno ~ata (*i.e. which cost him dear*) Sen.*Dial*.6.1.3; soles..qui nobis pereunt et ~antur Mart.5.20.13;—(*credits*) quadrans, ex quo institutus erat patronus, totus ipsi ~ari debebit Julian.*dig*.38.2.20.2. **b** totum, quidquid percepit, debito eum ~are Papinianus confitetur Ulp.*dig*.13.7.22;—(*w.* in+*acc.*) id quod datum est ~abitur prius in legatum.., superfluum in alimentariam causam 2.15.8.21; in peculium hoc non ~abitur 15.1.9; 17.2.42; (*in fig. phr.*) hoc non ~o solutum: de tuo tibi Sen.*Ep*.8.10;—(*w.* in+*abl.*) id autem quod condicionis implendae causa..a statulibero datur, in Falcidia (*sc.* portione) non ~atur Gaius *dig*.35.2.76;—(*time*) et hi (dies) anno ~andi sunt Paul.*dig*.40.7.4.5.

2 (transf.) To lay (to the charge of a person or thing), impute, ascribe (faults or sim.). **b** (less often in good or neutral sense) to lay (to the credit of).

iniquus es, qui quod aequaliter omnibus putes ignoscendum, uni ~as Rut.Lup.2.3; Phoebus..natum (*i.e. his son's death*) obiectat et ~at illis (*sc.* equis) Ov.*Met*.2.400; bos aret aut mortem senioribus ~et annis 15.470; uerborum licentiam, quae uino poterat ~ari, nefanda caede ultus Curt.8.2.2; ignari ueritatis illis (*sc.* dis immortalibus) ~ant saeuitiam maris Sen.*Dial*.4.27.2; oportet Platoni ~es, non mihi, hanc rerum difficultatem *Ep*.58.20; qui ~ant suam culpam medicamentis quasi nihil proficientibus Larg.84; casum Cremonae bello ~andum Tac.*Hist*.3.53; hunc ego fatis ~o, qui uultu morbum incessuque fatetur Juv.2.17;—(*ellipt.*) habes epistulam..libris, quos legisti, non minorem; sed ~abis tibi, qui contentus libris non fuisti Plin.*Ep*.9.13.26;—(*w.* quod) ~at tibi quod sterilis est Sen.*Con*.2.5.7;—(*w.* cur) domini persona spectatur, qui sibi debebit ~are, cur minori rem commisit Ulp.*dig*.4.4.3.11; 27.2.2.3. **b** per quem sis clarus illi quod sis ~es Pub.*Sent*.P.54; atque aliquis..acta (*sc. of Jason*) uenenis ~at Ov.*Ep*.6.102; quidam motum terrarum aquae ~auerunt Sen.*Nat*.6.7.1; habebo..quod caelo ~em, si nos fata coniunxerint Petr.127.6; Genethliacon Lucani, quod Polla Argentaria, rarissima uxorum..~ari sibi uoluit Stat.*Silv*.2.pr.; 4.pr.; ut est autem necessaria uerborum explanatio, ita omnis ~are et uelut adnumerare litteras molestum Quint.*Inst*.11.3.33;—(*w.* quod) quod dissimulare eum (*sc.* amorem) ad mortem usque paratus esset, ipsius pudori ~ans V.Max.5.7.ext.1.

3 To make (a favour) a cause of obligation (to), claim credit or recompense for, make a merit of. **b** (w. emph. on the favour done rather than on the obligation).

noli ~are uanum beneficium mihi Phaed.1.22.8; qui, quod dedit, ~at, gratiam destruit Sen.*Ben*.2.15.2; si seruum tuum sanauero, tibi ~abo 5.18; gratiam referre et nihil in uicem ~are Plin.*Nat*.8.60; Baetica,..Lucanum potes ~are terris Stat.*Silv*.2.7.30; posse ~ari Vespasiano quae apud Vitellium excusanda erant Tac.*Hist*.2.85; 3.86; 4.14; adfectata aliis castitas, tibi..innata interque ea, quae ~are non possis Plin.*Pan*.20.2; 68.5; quae tanti grauitas, quae forma, ut se tibi semper ~et (uxor)? Juv.6.179; cum quidam ultro crimen faterentur, nonnulli etiam ~arent Suet.*Nero* 36.2;—(*absol.*) sibi eripere tot beneficiorum occasiones, tam numerosam obligandi ~andique materiam Plin.*Pan*.39.3;—(*w. acc. and inf.*) potuisse tunc opprimi legiones et uoluisse Germanos, sed dolo a se flexos ~auit Ciuilis Tac.*Hist*.5.24;—(*w.* quod) alii transeunt quaedam ~antque, quod transeant Plin.*Ep*.8.21.4; Suet.*Tib*.53.2. **b** ~et..nobis otia parua roga Mart.4.82.2; quot Formianos ~at dies annus negotiosis rebus urbis haerenti? 10.30.26; ~et ipse deus nectar mihi, fiet acetum 12.48.13.

imputrescō ~escere ~uī, *intr.* **inp-.** [IN-[1]+PVTRESCO] To putrefy (in a substance).

animal ipsum (*sc.* mus) oleo mersum necatur, et cum ~uit, conteritur Col.6.17.5.

īmulus ~a ~um, *a.* [next+-VLVS] Dim. of next (in quot., in sense 1c).

cinaede Thalle, mollior..~a oricilla Catul.25.2.

īmus ~a ~um, *a.* [dub.; often regarded as a contr. superl. of INFERVS]

1 Lowest in position, bottommost (of a number of things). **b** (of something considered by itself) occupying a very low position. **c** the lowest part of, the base or bottom of. **d** (neut. sg. as sb., usu. in prep. phrs.) the lowest part, bottom, foot, etc.; (also pl. in sim. sense, often foll. by gen.).

quae (pernae) tum summae fuerint, ~as facito Cato *Agr*.162.2; ~as capiebant omnia sedis Lucr.5.451; subit oras hasta per ~as..clipei Verg.*A*.10.588; cum..in ~a troclea duo orbiculi, in superiore tres uersantur Vitr.10.2.3; pars umeri..~a Ov.*Ars* 3.307; ~a corporum uelamenta Curt.5.1.38; si gradibus trepidatur ab ~is Juv.3.200; (*pleon.*) mare..~o consurgit ad aethera fundo Verg.*A*.7.530; (*pred.*) feretrum texitur: ~a uirent agresti stramina cultu; proxima gramineis operosior area sertis.. Stat.*Theb*.6.56; (*w. part. gen.*) (ficus) diffunditur ramis, quorum ~i in terram..curuantur Plin.*Nat*.12.22;—(*masc. pl. as sb., of rowers*) fama mali nondum tanti penetrarat ad ~os Sil.14.426; (*of spectators in a theatre*) (undae) sine resonantia perueniunt ad ~orum et ad summorum aures Vitr.5.3.7. **b** ut caput in magnis ubi non est tangere signis, ponitur haec ~os ante corona pedes Prop.2.10.22; si..tumulus ~o totus aequetur solo Sen.*Tro*.639. **c** labrum culleare..~um pertundito Cato *Agr*.154; ab ~is unguibus usque ad uerticem summum Cic.*Q.Rosc*.20; ~is (silicem) auulsam soluit radicibus Verg.*A*.8.237; uti schema subscriptum est in ~a pagina Vitr.9.pr.5; summos dentes ~a labella tegant Ov.*Ars* 3.284; ~us nasus Cels.5.26.23.A; (herbam) ramosam..foliis rutae circa ~um caulem Plin.*Nat*.27.28; apud ~as Esquilias Tac.*Ann*.15.40; foramen in ~o pariete conclauis Paul.*dig*.8.2.28;—(*in fig. phr.*) mille doli restant: cliuo sudamus in ~o Ov.*Ep*.19.41. **d** (*sg.*) omnis mundi quasi limus in ~um confluxit grauis Lucr.5.496; locus..paulatim ab ~o accliuis Caes.*Gal*.3.19.1; forma erat scuti: summum latius..ad ~um cuneatior Liv.9.40.2; Afros..ad subruendum ab ~o murum mittit 21.11.8; num uada subnatis ~o uiridentur ab herbis Ov.*Hal*.90; statim..ab ~o uestietur (*a tree-trunk*) Sen.*Ep*.86.18; uertite ex ~o domum *Med*.981; quod (*sc.* oleum) in ~o subsidit Larg.264; (*w. gen.*) mediam plantam ~umque eius uinciri necesse est Cels.8.23;—(*pl.*) nebulae magis ~a petunt Verg.*G*.1.401; fossa fit ad solidum, fruges iaciuntur in ~a Ov.*Fast*.4.821; (*in fig. phr.*) summa ~is miscuit et in..anceps periculum adduxit rem publicam Vell.2.2.3;—(*w. gen.*) ~a urbis plana sunt Liv.33.17.8; cuius (*sc.* metae) ~a spatiosiora sunt, altiora in artius coeunt Curt.8.11.6; amnem ~a Pangaei montis ambientem Plin.*Nat*.4.40; rusticanum..~is uentris (*i.e. reproductive organs*) bene praeparatum Apul.*Met*.8.29.

2 (in various special applications): **a** (w. ref. to the underworld, its inhabitants, etc.). **b** (w. ref. to the southern hemisphere of earth or sky). **c** *lectus ~us*, in a *triclinium*, the couch on the right of the *lectus medius*. **d** (applied to a diner occupying the right-hand position on a couch).

a timendum est, regna ne summa occupet qui uicit ~a Sen.*Her.F*.65; ~i..regia mundi Stat.*Theb*.4.476;—(*of deities*) ~i tecta tyranni (*i.e. Pluto*) Ov.*Met*.4.444; superis diuisque potentior ~is..uirgo V.Fl.7.498; (*w. part. gen.*) superis deorum gratus et ~is Hor.*Carm*.1.10.20;—(*masc. pl. as sb.*) Tartara et manes peto. hanc tamen ad ~os perferam laudem.. Sen.*Her.O*.1515;—(*neut. pl. as sb.*) qui regit ~a (*i.e. Pluto*) Ov.*Met*.10.47; deus ~a colentum Sil.5.241. **b** spatius proximum ~o cardini Vitr.6.1.6; ultima, quae mundo semper uoluntur in ~o,.. sublimis (*i.e. northern*) speciem mundi..referunt Man.1.447; mundi pars ~a..quam..perpetuae..premunt hiemes Luc.4.106;—(*of a nation*) quaecumque notum gens ~a iacentem..colit Calp.*Ecl*.1.74;—(*neut. as sb.*) Scorpios e summo cum fulget, Taurus in ~o est Man.2.407; (*w. gen.*) ad caeli ~a et meridiano contraria accedente (mundo) Plin.*Nat*.2.212;—(*cf.*) uastant ~as (zonas) hiemes mediamque calores Var.At.*poet*.16(14). **c** ~i conuiuae lecti Hor.*S*.2.8.40; *Ep*.1.1.10; sermonem meum..superbe auersatus est..non in medio me lecto sed in ~o collocauit Sen.*Dial*.2.10.2; Suet.*Aug*.64.3; (*ellipt.*) scriba Maecanas in ~o medius inter Tarquitium et dominum Perpernam Sal.*Hist*.3.83; Sen.*Suas*.7.13. **d** medio recumbit ~us ille qui lecto (*i.e. in the place of honour*) Mart.6.74.1;—(*transf.*) a septemtrionali latere summus est aquilo, medius septemtrio, ~us θρακίας Sen.*Nat*.5.16.6.

3 Farthest below or from the surface, deepest or innermost. **b** the depths or recesses of; (often w. parts of the body, esp. the breast or sim. as the seat of thoughts or emotions).

terra caducas concepit lacrimas ac uenis perbibit ~is Ov.*Met*.6.398; (ramus) diu fuerat penetralibus abditus ~is 8.458; procurrit aestus ex ~o recessu maris Sen.*Nat*.3.28.3; *Thy*.650;—(*neut. pl. as sb.*) ~a fremunt, fluctuque coacto..scopulos super effluit aequor V.Fl.4.687; (*w. gen.*) mater, quae gurgitis huius ~a tenes Verg.*G*.4.322; Ov.*Met*.5.421;—(*neut. sg. as sb.*) suspiret ab ~o femina *Ars* 3.675. **b** ~a exaestuat unda Verg.*G*.3.240; stetit ~o uulnere sanguis *A*.12.422; siue..~is uenti cohibentur in antris Ov.*Met*.15.346; ~o..a gurgite pontus uertitur *Fast*.3.591; telum..~a quod tellus creat Sen.*Med*.691; conditus ~o eruitur templo..Romani census populi Luc.3.155; ex ~o mari Plin.*Nat*.2.128; ex ~is auditus..tenebris..ille senex Stat.*Theb*.2.441; (*in fig. phr.*) acumen..in ~am penetrans ueritatem Sen.*Ben*.1.3.8;—anhelans ex ~is pulmonibus *Rhet.Her*.4.45; (Ariadne) ~is exarsit tota medullis Catul.64.93; 76.21; sensibus haec ~is (res est non parua) reponas Verg.*Ecl*.3.54; magnum..sub ~o corde premit gemitum *A*.10.464; calor..iam ad uiuum ad ~aque cornua ueniens Liv.22.17.2; suspirat ab ~is pectoribus Ov.*Met*.2.655; dolor..pectore ~o condita arcana eruet Sen.*Tro*.580; non ~is haeret imago uisceribus? Luc.9.71; (*transf.*) ~o cum gemitu populum sic adorat Apul.*Met*.2.29.

4 (of voice, sound) Lowest in pitch.

citaret, 'io Bacche!' modo summa uoce, modo hac resonat quae chordis quattuor ~a Hor.*S*.1.3.8; (sonus) creber, extentus,..summus, medius, ~us Plin.*Nat*.10.82; Quint.*Inst*.11.3.42; (*neut. as sb.*) (uocem) per gradus paulatim ab ~o ad summum perducere Sen.*Con*.1.pr.16.

5 Last in order or succession, final.

~a parte formulae ita est Gaius *Inst*.4.50; soluit et spondeus ~am (syllabam), cum propagat dactylum Maur.1448; Scaev.*dig*.33.2.34.1; (*cf. sense 2a*) primus enim Iani mensis..qui sacer est ~is manibus (*i.e. February*), imus erat Ov.*Fast*.2.52;—(*neut. sg. or pl. as sb.*) scorto postponet honestum officium. nummos alienos pascet, ad ~um Thraex erit Hor.*Ep*.1.18.35 seruetur (persona) ad ~um qualis ab incepto processerit *Ars* 126; sic ueris falsa remiscet, primo ne medium, medio ne discrepet ~um 152; dum (uersus) iungit ~is consequens exordium Maur.1639.

6 Lowest in the social scale.

~a plebe Quiritem facundum inuenies Juv.8.47; appellationes, quae recto ad principem factae sunt omissis his, ad quos debuerunt fieri ex ~o ordine, ad praesides remitti Pap.Just.*dig*.49.1.21;—(*masc. pl. as sb.*) aequa lege necessitas sortitur insignis et ~os Hor.*Carm*.3.1.15; Sen.*Cl*.1.1.9;—(*neut. sg. as sb.*) iste ex ~o per adoptionem nobilitati inseritur Sen.*Con*.2.4.13.

in, *prep.* [Gk. ἐν, Goth. and OIr. *in*, OSl. *on-*] Forms: *en* in early inscrs., e.g. *CIL* 1.4, 1.25, 1.584.13; final consonant sts. assimilated before labials in inscrs., as IM BALNEVM *CIL* 4.2410; see also the strengthened forms ENDO, INDV. Consts.: w. acc. (1–23), orig. after words expr. motion or change of position; w. abl. (24–44), orig. after words denoting rest. Position: app. placed after its sb. or sim. in Lucil.182, Cic.*Inv*.1.28, Man.1.245; in poetry sts. separated by one or more words from sb. or ep. e.g. Ov.*Am*.1.7.26, *Met*.2.524.

A. WITH ACC. (1–23).

1 Into (a defined space); (also sts. where motion is not implied, cf. Gel.1.7.16 seq.). **b** (an area defined by the range of the senses). **c** (lists, writings, documents, etc.). **d** (the mind, consciousness). **e** (w. vbs. of looking or, transf., examining). **f** (w. vbs. of extending, projecting).

si..fustem cepero..~ manum Pl.*Aul*.48; aquam..~ sacrarium inferre Cato *orat*.92; ~ atras..tenebras eum claudebant Tub.*hist*.9; gladium..~ uaginam recondidit Cic.*Inv*.2.14; meus..introitus ~ urbem qui fuit? *Dom*.75; demissae ~ pocula sertae Prop.2.33.37; omnia (scripta) pone..~ ignes Ov.*Rem*.719; panthera..~ foueam decidit Phaed.3.2.2; (amnis) ~ Atlanticum oceanum effunditur Plin.*Nat*.3.6; ut..palos..~ terram defigerent Fron.*Str*.2.3.17; (*w.* usque) ~ imum usque receptis aquis fundamenta desidunt Sen.*Nat*.3.27.6; (*w. place represented by the activity going on there*) nunc ~ tumultum ibo Pl.*Mil*.1392; ~ insidias temere inlati Liv.22.31.4;—(*where motion is not implied*) QVEI AGER POPLICVS POPVLI ROMANEI ~ TERRAM ITALIAM..FVIT *CIL* 1.585.1; uidebo te ~ publicum Petr.58.4; Paul.*dig*.33.2.26. **b** quicquid erat quod ~ cernendi sensum caderet Cic.*Tim*.9; postea..quam equitatus noster ~ conspectum uenit Caes.*Gal*.4.37.4; Liv.3.69.9;—(*where motion is not implied*) quod ~ conspectum plurium perpetrauit, audi Apul.*Met*.1.8. **c** quanti omne instrumentum fundi Sabini ~ censum dedicauisti Scip.min.*orat*.11; cur..~ illud cotidianum interdictum..additur 'cum ego possiderem'? Cic.*Caec*.91; quorum scripta..~ mea etiam scripta transtuli *Att*.12.21.5; quem..~ proscriptorum numerum..relatum expediuit Nep.*Att*.12.4; quattuor milia et DCC..iugulatos ~ tabulas publicas retulit V.Max.9.2.1; pretium ~ acceptum referre Paul.*dig*.46.3.101.1. **d** mihi istuc non ~ mentem uenerat Ter.*Eu*.451; quod ~ buccam uenerit scribes Cic.*Att*.14.7.2; ~ animum induxerat laborare Sal.*Cat*.54.4; haec..uir sapiens..non admittere omnino ~ sensum sui non potest Gel.12.5.10;—(*after* esse) ego dicam quod mi ~ mentemst Ter.*Hau*.986; *Ad*.528. **e** inspicere, tamquam ~ speculum, in uitas omnium Ter.*Ad*.415; inquirere ~ competitores, testis quaerere Cic.*Mur*.45; *Off*.2.44; suspicere ~ caeli..templa Lucr.2.1039. **f** uiae..ferenti ~ agros Liv.25.25.2; Hispania..paulatim se ~ Nostrum..mare extendit Mela 2.86; haec..pars Sueborum ~ secretiora Germaniae porrigitur Tac.*Ger*.41.1.

2 Into, to (a state or condition). **b** (an occupation, action). **c** (indicating terminal point of something conceived of as going through several stages, esp. in space).

qui Alcesimarcho filiam suam despondit ~ diuitias maxumas Pl.*Cist*.601; ~ timorem dabo militarem aduenam *Ps*.928; era in crimen ueniet, ego uero ~ magnum malum Ter.*Hec*.335; quae ~..controuersiam cadere possint Cic.*de Orat*.2.113; uitam..~ discrimen adducere *Phil*.7.12; hominem..~ custodiam Ephesi tradidit *Q.fr*.1.2.14; ~ miseriam nascimur sempiternam *Tusc*.1.9; ei..filiam suam ~ matrimonium dat Caes.*Gal*.1.3.5; ciuitatem Biturigum se ~ potestatem redacturum confidebat 7.13.3; neque umquam soluitur ~ somnos Verg.*A*.4.530; Allecto..exarsit ~ iras 7.445; exercitum..degenerantem..iam ~ Persarum mores Liv.9.18.3; praetorum prouinciae ~ sortem coniectae 30.1.9; ~ locum eius suffectus A. Postumius Albinus 42.10.6; quem senatus..~ paterna bona restituerat Vell.2.73.2; donec (asparagus) ~ semen eat Plin.*Nat*.19.149; tunc (uerba Tiberii)..~ incertum et ambiguum magis implicabantur Tac.*Ann*.1.11; neque uicta ~ lacrimas neque uoce supplex 1.57; Aristobolum..~ catenas dedit Flor.*Epit*.1.40(3.5.30); hanc praedones..~ seruitutem uendiderunt Hyg.*Fab*.15.5; ~ stuporem attonitus Apul.*Met*.1.8;—(*w. vbs. which do not imply motion*) ab exteris nationibus, quae ~ amicitiam populi Romani..essent, iniurias propulsare Cic.*Div.Caec*.66; quom talem uirum ~ potestatem habuisset Sal.*Jug*.112.3; ~ dubium Veneris palma futura fuit! Ov.*Ep*.15.140. **b** partem exerciti ~ expeditionem ducit Naev.*poet*.32(35).2; coniugem inlexe ~ stuprum Acc.*trag*.205; socios ~ arma..conuocasse Scaur.*orat*.10; preces descendere ~ omnis Verg.*A*.5.782; matronae..~ preces obtestationesque uersae..suppliciis..fatigare deos Liv.27.50.5; furiis ~ scelus isse pudet Ov.*Fast*.6.526; partem Batauorum ire ~ subsidium iubet Tac.*Hist*.2.28; ~ iocos effusus est Suet.*Aug*.98.4. **c** illaec licentia..euadit ~ aliquod magnum malum Ter.*Ad*.509; ut..desinat ~ piscem mulier formosa superne Hor.*Ars* 4; iugum montis ~ angustum dorsum cuneatum Liv.44.4.4; celsum ~ cornua ceruum Ov.*Met*.10.538; hoc mare..urguetur ~ minimum Sen.*Suas*.2.1; acutior (cuspis) ~ mucronem fastigata Plin.*Nat*.18.172; colore ~ luteum languescente 27.133; ceterae ciuitates ~ quas Germania patescit Tac.*Ger*.30.1.

3 (expr. inclusion, admission to membership) Into, to (a group); (also w. ref. to abstract categories). **b** (after words expr. suitability, applicability, or sim.) to.

ut me ~ uostrum gregem recipiatis TER.*Eu*.1084; NEIVE EVM CENSOR ~ SENATVM LEGITO *CIL* 1.582.20; atqui ceterae ciuitates. . non dubitarent nostros homines recipere ~ suas ciuitates CIC.*Balb*.29; aurum ex hostibus captum ~ paucorum praedam cessisse LIV.6.14.12; Corinthum contributuros ~ anticum gentis concilium 32.19.4; Liuia ~ familiam Iuliam nomenque Augusti adsumebatur TAC.*Ann*.1.8; a praetoribus lectus ~ iudices GEL.14.2.1; (*cf.*) refertur ~ Musam Antonium (*a particular remedy*) LARG.110;—quam rem alii ~ superbiam uortebant SAL.*Jug*.82.3; non placuit reticere, ne quis modestiam ~ conscientiam duceret 85.26; nec. . sustinet fratris iocos, accipiens. . cuncta ~ contumeliam PHAED.3.8.8; muliebre fastigium ~ deminutionem sui accipiens TAC.*Ann*.1.14; 12.43; hoc. . ~ tuam gloriam cedet 14.54. **b** ceterae uites. . ~ quemuis agrum conueniunt CATO *Agr*.6.4; erat. . nemo ~ quem ea suspicio conueniret CIC.*S.Rosc*.64; non cadunt haec ~ Antonium *Phil*.5.6; una (definitio) ~ omnis ualet *Leg*.1.29; *Fat*.42; non putauit. . ~ rem pertinere, ubi. . SEN.*Con*.9.2.20; haec ~ eos fabula competit, qui. . FRO.*Aur*.2.p.74(150N).

4 (w. vbs. of distributing, etc.) Among. **b** *in se*, (w. vbs. of multiplying) together; (also in other contexts).

diuidere argenti dixit nummos ~ uiros PL.*Aul*.108; duodena discribit ~ singulos homines iugera CIC.*Agr*.2.85; iura ~ tetrarchas, reges, ciuitates distribuit *B.Alex*.78.1; corpora (*i.e. dead stags*). . socios partitur ~ omnis VERG.*A*.1.194; in aciem procedunt equitibus ~ cornua diuisis LIV.9.27.7; semel ortus ~ omnis it timor LUC.7.543; Thracia ~ Rhoemetalcen filium. . inque liberos Cotyis diuiditur TAC. *Ann*.2.67; dedit hanc contagio labem et dabit ~ plures JUV.2.79; ~ multos eam (*sc.* naturam) enuntiari non posse APUL.*Pl*.1.5;—(*cf.*) spes incesserat dissidere hostem ~ Arminium ac Segestem TAC.*Ann*.1.55. **b** utraeque summae ~ se multiplicatae COL.5.1.6;—LAPIDE TIBVRT AMBOS ~ SE CIRCVMDARE ET TITVLVM INSCRIBERE *CIL* 6.3428 (A.D. 214).

5 (expr. rate or proportion) For or in each, per. **b** (esp. expr. a rate of increase or decrease). **c** (expr. a continual process) *in dies* (*diem*), *horas*, etc., from day to day, from hour to hour.

id. . argentum ab danista. . sumpsit faenore ~ dies minasque argenti singulas nummis PL.*Epid*.53; addat salis selibram ~ modium olearum CATO *Agr*.117; cui saepe mille inposui plagarum ~ diem LUCIL.768; pretium. . constitutum decumano ~ modios singulos HS III CIC.*Ver*.3.163; quid ~ annos singulos uectigalis. . Britannia penderet constituit CAES.*Gal*.5.22.4; ~ singulos conuentus singulasque ciuitates certae pecuniae imperabantur *Civ*.3.32.6; pauimentum. . fastigium habens ~ pedes denos digitos binos VITR.7.1.6; extulit eum (*i.e. for burial*) plebs sextantibus conlatis ~ capita LIV.2.33.11; lacrimas cernens ~ singula uerba cadentes OV.*Tr*.3.5.13; pretium plumae eorum ~ libras denarii quini PLIN.*Nat*.10.54; dum ne (abesset). . saepius quam bis eundem ~ annum TAC.*Ann*.3.71; centena sestertia ~ annum accepit SUET.*Gram*.17(p.113Re);—(*cf.*) hoc genus oleae ~ XXV. . pedes (*i.e. at 25-foot intervals*) conserito CATO *Agr*.6.1; VAR.*R*.1.43. **b** maceria. . quae ~ noctes singulas latere fit minor PL.*Truc*.303; AFRAN.*com*.351; incommoda ~ dies augebantur CAES.*Civ*.1.52.2; subiectior ~ diem et horam inuidiae HOR.*S*.2.6.47; de Arretinis. . fama ~ dies grauior LIV.27.24.1; TAC.*Hist*.4.84. **c** consilia temporum sunt quae ~ horas commutari uides CIC. *Att*.14.20.4; ut omnes ~ dies horasque parati essent *B.Afr*.1.2; natura. . non mutabilibus ~ diem causis hostes sunt LIV.31.29.15; ut expectarem lanium ~ horas singulas PHAED.3.15.14; PLIN.*Nat*.7.32.

6 As one gets on into (a period), with the advance of (in exprs. denoting increase or decrease).

solis radiis iactatur aquai umor et ~ lucem. . rarescit LUCR.6.875; aspirant aurae ~ noctem VERG.*A*.7.8; ~ uetustatem parietes efficiunt ruinosos VITR.2.8.2; Nilus. . tumescens ~ Cancrum MAN.4.752; cecidit ~ lucem furor SEN.*Ag*.576; V.FL.2.59.

7 To a point on the surface of, on to; (also sts. w. vbs. which do not imply motion). **b** (expr. the part on which a person or thing rests, falls, or sim.).

sagittas sumpsero, cassidem ~ caput PL.*Trin*.726; VTEI HOCE ~ TABOLAM AHENAM INCEIDERETIS *CIL* 1.581.26; torquem. . sibi ~ collum inponit QUAD.*hist*.10b; onera extollere ~ iumenta VAR.*R*.2.10.3; saxum ~ crura eius incidisse CIC.*Fat*.6; ~ rostra escendit LIV.23.23.1; si ~ terram egrediaris 32.32.13; tempestate ~ Cretam insulam reiectus VELL.1.1.2; medicamentum. . extra inpositum ~ uentrem totum LARG.120; fractae. . ~ pectora quercus STAT.*Theb*.2.327;—(*in fig. phrs.*) ~ mutum culpam confers PL.*Truc*.829; egomet ~ multos iam Phormiones incidi CIC. *de Orat*.2.77;—ingentem nixus ~ hastam VERG.*A*.12.398. **b** retro reccidit ~ natem supinus ENN.*var*.29; inuoluitur aris ~ caput inque umeros VERG.*A*.12.293; prolapsa. . ~ uolnus moribunda cecidit LIV.1.58.11; prostratum. . corpus ~ uentrem CELS.2.7.25; dolio. . ~ latus deposito COL.12.18.6; ille ingens ~ terga iacet STAT.*Theb*.8.470; statura breues ~ digitos eriguntur QUINT.*Inst*.2.3.8.

8 (w. vbs. of sending, journeying, etc., expr. destination, usu. w. a hint of penetration) To (a country, city, etc.). **b** (indicating the object of one's gaze; also, transf., of one's attention, etc.). **c** (expr. point in time) at (a given moment).

priu' quam hinc abiit ~ exercitum PL.*Am*.102; senex ~ Ephesum hinc ibit aurum arcessere *Bac*.354; M. Fuluio consuli legatus sum ~ Aetoliam CATO *orat*.71; iter ad te ~ Apuliam facere CIC.*Att*.8.11d.1; praefectos. . ~ finitimas ciuitates frumenti causa dimisit CAES.*Gal*.3.7.3; Thalam peruenit, ~ oppidum magnum atque opulentum SAL.*Jug*.75.1; cum. . ~ carcerem duceretur V.MAX.2.10.7; ne ~ monumentum meum populus cacatum currat PETR.71.8; ~ domum priuatam conueniunt TAC.*Hist*.4.55; ~ urbem mandabat, nullum proeliorum finem expectarent *Ann*.14.38; tres consulares secunda uigilia ~ Palatium accitos SUET. *Cal*.54.2. **b** quicumque intueatur ~ aliquod maius malum CIC.*Tusc*.3.28; demissis ~ terram oculis LIV.9.38.13; illos (*sc.* oculos) ~ Caesarem derige SEN.*Dial*.11.12.3; (Psyche) prona ~ eum (*i.e. Cupid*) efflictim inhians APUL. *Met*.5.23; (*in fig. phr.*) prospiciendum. . ~ senectam nunc ab adulescentia est LUCIL.743;—ipse edito loco spectator intentus ~ euentum. . constitit LIV.6.23.12; 22.15.1; dum ipse auersis omnibus ~ eum tumultum ab tergo urbem incautam adgrederetur 29.7.3; ~ aureos refulgentes. . attonitus APUL.*Met*.2.26. **c** cum ex Hispania forte ~ idem tempus Scipio atque Hasdrubal conuenerunt LIV. 29.23.3; substitit ~ medios praescia lingua sonos OV.*Fast*. 1.538; ubi me. . sensit. . ~ uerba media somnolentum desinere APUL.*Met*.1.26.

9 (expr. target of assault, hostile movement) Against, at, on, etc.

iamne. . ~ hominem inuolo? PL.*Mil*.1400; uim ~ corpus liberum non aecum censuere adferri CATO *orat*.205; ut pugnatum esset ~ Gallos QUAD.*hist*.1; serui ~ dominos armabantur CIC.*Planc*.86; equites. . lapides telaque ~ nostros coicere CAES.*Gal*.1.46.1; ~ nostros impetum fecerunt 3.28.3; iis. . praecipit, omnes ut ~ unam Eumenis regis concurrant nauem NEP.*Han*.10.5; ~ Volscos. . legiones ducere LIV.3.19.12; ~ se hunc gladium strictum esse sciat 22.53.12; cum ~ captiuos saeuiretur VELL. 2.120.6; ~ ora loquentis telum immane rotat STAT.*Theb*. 9.801; inmissis. . ~ eum percussoribus FLOR.*Epit*.1.1(1.7.2);—(*in fig. phrs.*) poenam illam, a te ~ alium institutam ~ te ipsum esse conuersam CIC.*Dom*.126; totius inuidiam rei a tribunis ~ consulem auerterant LIV.3.1.3; saepe ~ magistrum scelera redierunt sua SEN.*Thy*.311.

10 (w. vbs. of spending or sim.) Upon (an object).

sumptus quos fecisti ~ eam quam animo aequo tuli! TER.*Hec*.685; VTEI ~ PORTICVM. . REFICIENDAM PEQVNIAM CONSVMERENT *CIL* 1.682; haec denarium XXXVIIII milia palam. . contulerunt ~ statuam CIC.*Ver*.2.137; anxia ~ assiduos absumens lumina fletus CATUL.64.242; nouem. . Puellae exercent teneras ~ sua dona manus PROP.3.3.34; numquam dederis spatiosum tempus ~ iram OV.*Am*.1.8.81; nil impendit. . sanguinis ~ socios *Met*.13.267; qui plus ~ hoc studii dederunt QUINT.*Inst*.12.2.19.

11 (indicating person towards whom behaviour, feelings, etc., are directed) Towards, to, for. **b** (w. words expr. power, control, or sim.) over, affecting. **c** (indicating recipient of an impression, opinion, etc.).

parentem. . ~ liberos difficilem CAECIL.*com*.200; animo. . benigno ~ illam et clementi fui TER.*Hec*.472; ~ deos immortalis. . impius CIC.*Ver*.1.47; tantum ~ rem publicam studium *Flac*.105; ne quis me putet ingratum ~ eum *Att*. 9.19.2; ut ~ alios liberales sint *Off*.1.42; ~ dominum ueterem deseruisse fidem CATUL.67.8; sua ~ illos merita proponit CAES.*Gal*.7.71.3; iacentem lenis ~ hostem HOR.*Saec*.52; uoltu ac sermone ~ omnes placato LIV.28.32.1; surdos ~ tua uota deos OV.*Pont*.2.8.28; nec ~ cunctos seruat fortuna tenorem MAN.3.527; omnia. . honorifice a senatu ~ Caesarem. . decreta sunt VELL.2.62.1; urimur ~ Crocalen CALP. *Ecl*.2.56; in quo (*sc.* loco) tantum ~ principem honorem di ostenderint TAC.*Ann*.4.64; paucis. . interfectis, ~ reliquos data uenia 12.32; fuit. . naturae acerbae. . etiam ~ discipulos SUET.*Gram*.9(p.107Re). **b** eon es ferox quia habes imperium ~ beluas? TER.*Eu*.415; si qui quaereret sedissentne iudices ~ C. Fabricium CIC.*Clu*.105; fortunae potestatem ~ nos prorogatam *Q.fr*.1.1.4; *Tusc*. 4.77; uiri ~ uxores. . uitae necisque habent potestatem CAES.*Gal*.6.19.3; cui rex deorum regnum ~ auis uagas permisit HOR.*Carm*.4.4.2; animal. . deerat. . quod dominari ~ cetera posset OV.*Met*.1.77; permittunt ~ me quae tibi multa MART.11.58.4; noua nobis ~ fratrum filias coniugia TAC.*Ann*.12.6; GAIUS *Inst*.1.52. **c** ~ populum Romanum graue est non posse uti sociis CIC. *Balb*.24; ut ~ uulgus insipientium opinio ualeat honestatis *Tusc*.2.63; Pentheos ~ triplices funera grata greges PROP. 3.17.24; apud paucos ea ducis ratio probata, ~ uulgus aduerso rumore fuit TAC.*Hist*.2.26.

12 (w. words expr. opposition or hostility) Against.

~ quem exempla fient? TER.*Eu*.948; nihil. . ~ societatem fraudis fecisse CIC.*Q.Rosc*.25; eam legem pro plebe, non ~ plebem tulit *Clu*.151; idem hoc decretum est ~ L. Cassium *Catil*.3.14; mediocris quidam est risus consecutus. . ~ errorem meum *Fam*.5.2.2; Campanum ~ morbum. . permulta iocatus HOR.*S*.1.5.62; ~ publica commoda peccem, si. . *Ep*.2.1.3; dicta ~ sanctos impia uerba deos TIB.1.3.52; tribunus populum ~ consules incitabat LIV.4.2.1; ~ eos qui. . fugerant more militari animaduertit 5.19.4; sermones pleni criminum ~ patres 6.14.11; posuisse. . iras ~ genus Electrae OV.*Fast*.6.42; Graiorum. . ~ Troiam coniurantium MELA 2.45; testis ~ Bareanı TAC.*Hist*.4.10; Drusum ueneni ~ patrem arguens *Ann*.4.10; cum tu. . perores ~ Proculas JUV.2.68;—(*cf.*) parce. . ~ feminam diuinam APUL.*Met*.1.8.

13 As far as, up to (a point in space); also *usque in*. **b** until, up to (a point in time).

INDE SVRSVM IVGO RECTO ~ MONTEM IOVENTIONEM *CIL* 1.584.17; quam longe est hinc ~ saltum. . Gallicanum? CIC.*Quinct*.79; (Roma) nomen ~ ultimas extendat oras HOR. *Carm*.3.3.45; postremum (segmentum) Scythicum a Ripaeis iugis ~ Thylen PLIN.*Nat*.6.219; FLOR.*Epit*.1.22(2.6.38); in silua Panis symphonia ~ oppidum auditur AMP.8.1;—(caluaria) duplex usque ~ uerticem a fronte CELS.8.1.1; PLIN.*Nat*.26.3; FEST.p.293M. **b** (*w. vbs. of postponing, prolonging, or sim.*) res serias omnis extollo ex hoc die ~ alium diem PL.*Poen*.500; spe. . conficiendi negoti prope ~ noctem rem deduxerant CAES.*Civ*.3.51.6; ut actiones tribuniciae ~ aduentum consulum differrentur LIV.3.24.2; exit et ~ Maias sacrum Florale Kalendas OV.*Fast*.4.947; Metelli lentitudinem, trahentis iam ~ tertium annum bellum VELL.2.11.2; spectaculum. . ~ serum protrahebatur SUET.*Nero* 22.2;—(*in other contexts*) numquam. . me uiuom quisquam ~ crastinum inspiciet diem PL.*St*.638; non solum de die sed etiam ~ diem (*i.e. till morning*) bibere CIC.*Phil*. 2.87; ~ horam x commoratus *B.Afr*.78.9; ~ medios dormire dies HOR.*Ep*.1.2.30; 1.17.6; nec nostros mansit ~ annos rusticitas OV.*Ars* 3.127; exercitum fudit, ~ illam diem. . uictorem FRON.*Str*.2.2.11; AUR.*Fro*.1.p.152(37N); (*w. usque*) a mane ~ noctem usque. . adesse V.MAX.2.7.9;—(*cf.*) pleraque (uaccae) pariunt ~ decem annos, quaedam etiam plures VAR.*R*.2.5.13; a rege Romulo ~ Caesarem Augustum FLOR. *Epit*.1.1(1.pr.1).

14 (expr. limit reached in degree or amount) To (a given length, quantity, or sim.). **b** (transf., expr. extent of a condition, action, etc.).

partem ultimam pontis. . ~ longitudinem pedum ducentorum rescindit CAES.*Gal*.6.29.2; ~ altitudinem pedum XV effectis operibus *Civ*.3.54.1; pedes temo protentus ~ octo VERG.*G*.1.171; locus. . recenti lapsu terrae ~ pedum mille admodum altitudinem abruptus erat LIV.21.36.2; stipendium. . iis coloniis ~ milia aeris asses singulos imperari 29.15.9; (circulus aestiuus) quinque ~ partes aquilonis distat ab orbe MAN.1.574; mergitur ~ totos umeros ophiuchus GERM.*Arat*.592; cum ~ duos pedes et semissem conuertitur humus COL.3.5.3; creditores ~ solidum appellabant TAC.*Ann*.6.17; noctem esse ~ dimidium ipsius terrae obumbrationem HYG.GR.*agrim*.p.149;—(*expr. the amount of a stake*) id ni fit, mecum pignus si quis uolt dato ~ urnam mulsi PL.*Cas*.76; *Poen*.1242. **b** erit id mihi naiorem ~ modum gratum CIC.*Fam*.13.16.4; nec puer. . quisquam. . ~ tantum spe tollet auos VERG.*A*.6.876; ~ uitium (*i.e. to a fault*) credula turba sumus OV.*Fast*.4.312; nihil ~ totum seruit sibi MAN.2.688; quid, non ~ quantum admissum foret, aestimabant VELL.2.8.1; ~ id furoris processerat, ut. . 2.80.2; desperata uictoria ~ mortem dimicabatur 2.85.4; Augustus. . ut exilium eius senatus consulto sanciretur perfecerat: ceterum ~ nullius umquam suorum necem durauit TAC.*Ann*.1.6; ~ hoc tantum habet testamenti factionem, ut patronum heredem instituat GAIUS *Inst*.3.72;—(*cf., w.* usque) usque ~ delicias (*i.e. to the point of indulgence*) amamur SEN.*Ben*.4.5.1; neque enim meus audeat istas ciuis ~ usque manus STAT.*Theb*.1.440.

15 (where motion is expressed or implied) In the direction of, towards. **b** (expr. simple position) on (a given side). **c** (in senatorial procedure, ref. to the side of the house on which one votes at the division). **d** (in various transf. exprs., denoting direction of policy or events, side taken in a dispute, etc.).

filius. . incedit ~ me sat hilara schema CAECIL.*com*.76; qui (ager) ~ uentum fauonium spectabit CATO *Agr*.6.2; ~ omnis partes prospectum aucupo PAC.*trag*.96; nec manum porrigebat ~ mensam CIC.*Tusc*.5.62; uallum ~ oppidi circuitum ducere instituit HIRT.*Gal*.8.33.2; cum ~ latus dextrum. . Numidae iacularentur LIV.22.50.11; fleximus ~ laeuum cursus OV.*Tr*.1.10.17; ut ~ neutram partem inclinatum sit (membrum) CELS.5.26.28.c; ~ latera. . caput moueri sinit 8.1.12; frigidum et calidum semper ~ contraria abeunt SEN.*Nat*.6.13.2; Bruttium. . quo longissime ~ meridiem. . excurrit Italia PLIN.*Nat*.3.38; cancri ~ oblicum aspiciunt 11.152; ceruix reflexa. . ~ posteriorem partem LARG.255; (*in fig. phr.*) ~ te unum. . se tota conuertet ciuitas, te. . Latini intuebuntur CIC.*Rep*.6.12. **b** interuallum facit o inter areas semipedem latum ~ omnes partes CATO *Agr*.161; CAES.*Civ*.3.46.1; LIV.10.38.5; ~ dextrum quae iacet ora latus OV.*Fast*.4.564; ab iis (*sc.* insulis) CCL (abesse) Fortunatas. . ~ VIII horam solis PLIN. *Nat*.6.202; Ponticae gentes a septemtrione ~ sinistrum iacent FLOR.*Epit*.1.40(3.5.1). **c** ibatur ~ eam sententiam CIC.*Q.Fr*.2.1.3; ~ hanc sententiam ut discederetur iuniores patrum euincebant LIV.3.41.1; GEL.3.18.6. **d** ~ istam partem potius peccato TER.*Ad*.174; qui de omni re proposita ~ utramque partem solent copiosissime dicere CIC.*de Orat*.1.263; *Att*.14.13.4; quid accidere possit ~ utramque partem *Off*.1.81; ~ medium quaerebant VERG. *G*.1.127; Romam. . rediit, siue ipse sponte sua. . siue. . accitus; nam ~ utrumque auctores sunt LIV.10.25.12; dum nihil ~ commune consulitur CURT.9.1.21; nunc ~ priuatum sibi singuli consulunt QUINT.*Decl*.255(p.46,l.8).

16 (expr. tendency of activity, feeling, disposition, etc.) Towards. **b** (pregn., nearly always in phr. *in rem* (*suam*) *esse*) conducive(ly) to (one's interests, etc.). **c** (expr. intention of a promise or sim.) to.

cessas ~ uota precesque. . ? VERG.*A*.6.51; ardet ~ arma magis 12.71; alter ~ obsequium plus aequo pronus HOR.*Ep*. 1.18.10; inquieta auidaque ~ nouas res. . ingenia LIV. 22.21.2; est genus Numidarum ~ uenerem praeceps 30.12.18; nitimur ~ uetitum OV.*Am*.3.4.17; ~ gladios caedisque ciuium furente ambitu VELL.2.47.3; natura quosdam procliues ~ iram facit SEN.*Dial*.4.20.1; calonum. . amplior numerus et ~ libidinem ac saeuitiam corruptior TAC.*Hist*.3.33; promptus ~ pauorem *Ann*.15.25; qui. . ~ mortem eius coniurauit AMP.19.5. **b** utrum. . magis ~ uentris rem uidebitur PL.*Per*.342; *Rud*.220; ego quae ~ rem tuam sint ea uelim facias TER.*Ph*.449; *Hec*.834; cetera quae cognosse ~ rem erat LIV.22.3.2; 26.44.7; neminem docere ~ auctoritatem scientiae est PLIN.*Nat*.25.2; coloniam. . auferre Vitellio ~ rem famamque uidebatur TAC.*Hist*.3.8. **c** ipsi. . nihil nocitum iri, ~que eam rem se suam fidem interponere CAES.*Gal*.5.36.2; ~ id fides data consuli est, ut in acie. . quiescerent LIV.32.30.8; ~ haec obsides accepti 33.30.10; se ~ uerecundiam pigneret SEN.*Con*.2.7.3.

17 In reference to, respecting, with regard to. **b** (esp. expr. the subject of speech or writing). **c** (expr. dimension for which a measurement is given). **d** in proportion to, considering (some condition). **e** (after words expr. similarity or the reverse) in comparison with.

senex bradys ~ regimen ENN.*Ann*.423; hoc. . ~ speciem uarietatemque opus deforme non est CAES.*Gal*.7.23.5; exempla. . ~ eam rem se habere LIV.27.6.8; meliore ~ omnia ingenio. . quam fortuna usus VELL.2.13.1; brutis, quamuis ~ cetera torpeant, ad uiuendum sollertia est SEN. *Ep*.121.24; tu parum felix ~ amicos es PETR.77.1; ueniam ~ praeteritum petens TAC.*Ann*.11.30; uir. . ~ mores atque litteras spectatus GEL.13.22(21).1; fluuius. . uitro aemulus ~ colorem APUL.*Met*.1.19. **b** si quid tu ~ illum bene uoles loqui PL.*Mos*.239; audite. . ~ eas res. . hominum honestorum testimonium Cic.*Tul.*23; Lacedaemonii..~ quos Simonides: 'dic, hospes, Spartae' *Tusc.*1.101; *Off.* 1.28; hoc dici apte ~ copias regis..posse Liv.35.49.7; iam legis ~ Drusum miserabile, Liuia, carmen *Epic.Drusi* 3; quis..ferat hominem..dicentem..~ cultum uiridarium 'caelatas siluas'..? Sen.*Con.*10.pr.9; litteras Tiberii et mandata ~ Germanicum contineri Tac.*Ann.*3.16; nonne ~ condicionem mentitur? Scaev.*dig.*21.2.69.3.~ **c** fossas pedum xxx ~ latitudinem facere Caes.*Civ.*1.61.1; Liv. 26.42.7; pluuiam..quae terram ultra decem ~ altitudinem pedes madefaciat Sen.*Nat.*3.7.1; Timosthenes totum sinum quadridui nauigatione ~ longitudinem taxauit Plin.*Nat.* 6.163.~ **d** fecisti furtum ~ aetatem malum Pl.*Bac.*166. **e** aetate et forma haud dissimili ~ dominum erat Tac.*Ann.* 2.39; puella..~ deae Iunonis speciem similis Apul.*Met.* 10.30.

18 (expr. manner) In accordance with, after, in: **a** (a mode, style, or sim.; often used w. neut. sg. of various adjs. to make advl. phrs.) **b** (a manner of speaking or writing, a form of words, etc.). **c** (a form, shape, arrangement, etc.). **d** (conditions, terms). **e** *iurare in*, to swear allegiance to (laws, etc.).

a ornatum..lepide ~ peregrinum modum Pl.*Per.*158; cum uerbum potest ~ duas..sententias accipi *Rhet.Her.*4. 67; urbem Byzantiorum..hostilem ~ modum esse uexatam Cic.*Prov.*5; bracchia tollunt ~ numerum Verg.*G.*4.175; equites ~ uicem insequentes refugientesque Liv.31.35.3; qui..~ patrias artes erudiendus erat Ov.*Ep.*1.112; lasciuit amores ~ uarios Man.5.322; decem cohortibus ~ morem Romanorum armatis Fron.*Str.*2.5.31;—Mari uirtutem ~ maius celebrare Sal.*Jug.*73.5; si multa ~ inritum data sunt Sen.*Ben.*7.31.5; ratio..~ peruersum sollers *Dial.*7.5.2; quae ad cuncta arborum genera pertinent ~ commune Plin. *Nat.*17.9; et uocatos..adloquitur, magnifice uictores, uictos clementer, de Cremona ~ neutrum Tac.*Hist.*3.32; is terror milites hostisque ~ diuersum adfecit *Ann.*11.19; putant (stipulationem) ~ uniuersum ualere Gaius *Inst.*3.103. **b** si ~ hanc formulam omnia iudicia legitima..comprehensa sint Cic.*Q.Rosc.*15; sponsio quae ~ uerba facta est? *Quinct.* 84; *Ver.*3.69; factum est senatus consultum ~ meam sententiam *Att.*4.1.6; nullius addictus iurare ~ uerba magistri (*i.e. at his dictation*) Hor.*Ep.*1.1.14; ~ hanc sententiam litterae conscriptae Liv.26.12.15; 30.31.1; uerba eius in hunc modum fuere Tac.*Ann.*1.58; secuta sunt Claudii uerba ~ eandem clementiam 11.3; admisit subscriptionem..~ uerba infra scripta Scaev.*dig.*44.7.61. **c** si (arbusta) sata sunt ~ quincuncem Var.*R.*1.7.2; seu sit opus quadratum acies consistat ~ agmen [Tib.]3.7.101; cum iam ~ orbem pugnarent Liv.21.56.2; ~..tori formam..sternentur harenae Ov.*Am.*2.11.47; membra laceri corporis ~ ordinem dispone Sen.*Phaed.*1257; foliis ~ rotunditatem longis Plin.*Nat.*22.74; superposuit..turrem ~ exemplum Alexandrini Phari Suet.*Cl.*20.3. **d** ~ leges meas dabo..perpetuom annum hunc mihi uti seruiat Pl.*As.*234; Ter. *Hau.*998; ~ eas condiciones cum pax conueniret Liv. 29.12.14; 41.8.10;—(*cf.*) ~ (*i.e. in return for*) haec munera uxor accipitur Tac.*Ger.*18.2; ~ pecuniam ludere Paul.*dig.*11.5.2.1. **e** cum..~ eam legem quam non iure rogatam iudicarat iurare unus noluisset Cic.*Sest.*101; Liv. 29.37.12; certae iurant ~ uota Sorores Stat.*Silv.*5.1.262; cum ~ acta principum iurarent magistratus Tac.*Ann.*13.11; armatos..iurare ~ nomen suum passus est Suet.*Cl.*10.4.

19 (indicating form or substance into which something changes, grows, is made, etc.) So as to become, to, into. **b** (after vbs. of breaking, dividing).

tu pauca ~ uerba confer: qui datur, tanti indica Pl.*Per.* 661; codicillos..~ acerum conpone Cato *Agr.*37.5; illam clementiam..nostri imperi ~ tantam crudelitatem..esse conuersam Cic.*Ver.*5.115; *Fat.*14; omnis..color..mutatur ~ omnis Lucr.2.749; falces conflantur ~ ensem Verg.*G.* 1.508; longas ~ fletum ducere uoces *A.*4.463; ~ nubem cogitur aer 5.20; dilapsam ~ cineres facem Hor.*Carm.* 4.13.28; montem formaui ~ statuae uirilis figuram Vitr. 2.pr.2; Veiens bellum ~ priuatam curam..uersum Liv. 2.49.1; is ex duobus exercitibus ~ unam legionem conscriberet Romanos milites 30.41.5; ~ ramos bracchia crescunt Ov.*Met.*1.550; nec ante ~ oratorem conroborantur quam..Sen.*Con.*9.pr.5; uina..iam ~ speciem redacta mellis asperi Plin.*Nat.*14.55; (olearum) tarde putrescentium ~ amurcam 15.14; haec omnia ~ unum tunduntur Larg. 72; ~ uallum elatae rupes Stat.*Theb.*7.448; cutis tenella duratur ~ corium Apul.*Met.*3.24;—(*cf. sense 14*) (pix) ~ dimidiam partem decoquenda Col.12.24.1; aluta..~ tantum spatium circumsecta Larg.229. **b** totam causae meae dictionem certas ~ partis diuidam Cic.*Quinct.*35; totam Academiam..ex duobus libris contuli ~ quattuor *Att.*13.13,14.1; quod scinditur et partis discedit ~ ullas Lucr.3.640; ex uno quondam ~ duos populos diuisa Albana res est Liv.1.28.7; ~ duas partes discessit ciuitas 9.46.13; Germ.*Arat.*473; haec concisa ~ minima frusta coquuntur Larg.207; secta..~ tenues..ligna tabellas Mart.14.3.1.

20 (expr. consequence) So as to produce or result in (a given condition, etc.).

~ familiae luctum atque in priuignorum funus nupsit Cic.*Clu.*188; multitudo ciuium dissipata ~ nullam spem reditus Liv.26.16.11; ~..meas poenas ingeniosus eram Ov.*Tr.*2.342; mater..me concepit ~ laudes Iouis Sen. *Her.O.*1505; si ~ nullius mercedem negotia agantur Tac. *Ann.*11.6; pacem..~ exitium suum abrumpunt 15.2; Suet. *Aug.*32.1.

21 (expr. purpose) In order to cause, promote, produce, obtain, etc., with a view to, for the sake of. **b** (foll. by neut. pronouns). **c** in order to serve or function as, by way of. **d** in order to make up (a total).

parant sedulo (liberos) ~ firmitatem Pl.*Mos.*122; urit..nocturna ~ lumina cedrum Verg.*A.*7.13; stantia..~ plausum tota theatra Prop.3.18.18; pullarium ~ auspicium mittit Liv.10.40.2; ut me ~ securitatem suam occidas postulat 40.15.16; strictas ~ mea fata manus Ov.*Am.*1.6.14; pro salute alter, ~ ruinam alter terrarum orbis dimicauere Vell.2.85.1; uulnera infelicis ~ crimen scrutantur Sen.*Con.* exc.8.4; tum optime seritur (uicia) ~ semen Plin.*Nat.* 18.137; equites ~ necem Pisonis mittit Tac.*Hist.*4.50; tamquam (sontes) non utilitate publica sed ~ saeuitiam unius absumerentur *Ann.*15.44; cum..te et ~ memoriam eius et ~ honorem tuum unice diligam Plin.*Ep.*3.3.1; condemnatam..Lepidam ~ gratiam Quirini Suet.*Tib.*49.1; mater (*i.e. a bird*) ~ pabulum uolat Gel.2.29.10; cur..ista omnia (*sc.* uerba) numquam ~ culpam, sed ~ laudem dicuntur..? 4.9.12;—(*w. gdve.*) ~ quem locum..protegendum..cum..concurrerent Liv.32.23.7; 35.36.5. **b** uita ducenda est ~ hoc, nouis ut usque suppetas laboribus Hor. *Epod.*17.63; Ov.*Tr.*2.285; ~ quid desideras liberos? Sen. *Con.*2.5.5; cum ~ hoc moueantur (sol et luna), ut uniuersa conseruent Sen.*Ben.*6.20.1; *Dial.*11.14.5; ne quis..iure concesso ~ aliud utatur Plin.*Ep.*10.33.3. **c** petatur hereditas ea..~ praedam praetoris? Cic.*Ver.*2.43; mille milites..eodem ~ praesidium..missi Liv.27.3.9; centeni equites ~ supplementum..decreti 34.56.8; hos..populos ~ dotem..accipe Ov.*Ep.*7.149; segnitia ducis ~ occasionem sceleris usus est Vell.2.118.2; cum (gens ea) ceram ~ tributa Romanis praestet Plin.*Nat.*21.77; iis, quae ~ exemplum adsumimus, subest natura Quint.*Inst.*10.2.11; quem ob flagitia uinctum..exoluit Nero ~ praemium accusationis Tac.*Ann.*16.10; hanc habuit ~ coniugem Neleus Hyg. *Fab.*10.1. **d** ~ numerum pars magna perit Luc.2.111; Petronio Prisco, Iulio Altino uelut ~ agmen et numerum, Aegaei maris insulae permittuntur Tac.*Ann.*15.71; ~ eam multam duplicatum amorem tuum defero Fro.*Aur.*p.124 (103N).

22 For the needs or purposes of. **b** for use against, for dealing with (an adversary, obstacle). **c** in anticipation or expectation of (a contingency, etc.); also *in spem*+gen.

mea uxor uocabit huc eam ad se ~ nuptias Pl.*Cas.*481; me..ad te adferre..anellum aureolum ~ digitum *Epid.*640; dedit praeterea ~ sumptum dimidium minae Ter.*Ad.*370; ~ cellam oleariam haec opus sunt Cato *Agr.*13.2; frumentum ~ cellam imperauit Cic.*Ver.*3.214; nullam pecuniam Gabinio nisi ~ rem militarem datam *Rab.Post.*34; cingitur..~ proelia Turnus 11.486; meliorem..militem..~ futura proelia id certamen fecit Liv.2.51.3; Rusellani abietem (polliciti) ~ fabricandas naues 28.45.18; te mihi materiem felicem ~ carmina praebe Ov.*Am.*1.3.19; qui..cibo..~ uitam, non ~uoluptatem uteretur Vell.2.41.2; placet ~ uulnus maxima ceruix Sen.*Ag.*100; (medicamentum) datur..~ noctem secundum cenam Larg.121; nox aliis ~ audaciam, aliis ad formidinem opportuna Tac.*Ann.*4. 51; si ~ rem pupilli pecuniam accipiat Paul.*dig.*13.7.16. **b** aratra ~ terram ualidam Romanica bona erunt Cato *Agr.* 135.2; scalas ~ moenia poscit Verg.*A.*9.524; o utinam noua incude diffingas retusum ~ Massagetas..ferrum! Hor.*Carm.* 1.35.39; lanceam, quam ~ aduersarios acceperat, totam iugulo suo mersit Sen.*Ep.*70.26; nec remedium ~ ceteros fuit Tac.*Hist.*1.20. **c** cuius ~ aduentum praesidi causa Caesar complura castella occupasset *B.Hisp.*6.3; huius ~ aduentum..responsis horrent diuum Verg.*A.*6.798; pascitur ~ uestrum reditum uotiua iuuenca Hor.*Ep.*1.13.36; leuis..armaturae statio..instructa..~ subitos tumultus Liv. 22.12.9; grana ~ hiemem cum studiose congero Phaed. 4.24(25).14; Quint.*Inst.*2.16.16;—cum ~ spem magis futurae multitudinis..munirent Liv.1.8.4; certa praemia pronuntiat ~ quorum spem pugnarent 21.45.4; Curt.4. 1.38.

23 (w. vbs. of appointing, etc., expr. future time): **a** (espr. date) For (a named occasion). **b** (expr. expected duration) for (a given period).

a res parata est mala ~ uesperum huic seni Pl.*Mos.*700; quid ea nocte egisset..quid ~ proximam constituisset Cic. *Catil.*2.13; inimicitias ~ aliud tempus reseruare *Prov.*47; M. Curtio tribunatum..petiui..sed ~ alterum annum *Q.Fr.*2.13.3; uelut dis non accipientibus ~ eum annum censuram Liv.6.27.5; dictator et fecit ludos et ~ insequens lustrum uouit 27.33.8; comitia ~ ante diem tertium nonas Sextiles..edixit 41.16.5; asperam ~ proximum diem tempestatem significabunt Plin.*Nat.*18.343. **b** serua tibi ~ perpetuom amicum me Pl.*Capt.*441; ~ hoc biduom..uale Ter.*Eu.*190; nauem imperare..debuisti; remisisti ~ triennium Cic.*Ver.*4.21; uictoria nuntiata ~ multa saecula uidebamus rem p. liberatam *Fam.*11.14.3; finis disputandi ~ eum diem factus est *Rep.*2.7; monet ut ~ reliquum tempus omnis suspiciones uitet Caes.*Gal.*1.20.6; ~ omne uirgo nobilis aeuum Hor.*Carm.*3.11.35; sit bona..prouisae frugis ~ annum copia *Ep.*1.18.109; ut..pleraque..praesens ~ tempus omittat *Ars* 44; indutias..~ centum annos factas Liv.7.20.8; supplicationem ~ unum diem decreuit 27.7.4; nulli natura ~ aeternum spiritum dedit Sen.*Suas.*2.2; urbe..~ decem annos prohibita est Tac.*Ann.*6.49; scaena ~ tempus structa ludos edi solitos 14.20; qui uoluptatibus dediti quasi ~ diem uiuunt, uiuendi causas cottidie finiunt Plin.*Ep.*5.5.4.

B. with abl. (24–44).

24 In (a defined space). **b** (an area defined by the range of the senses). **c** (the mind, feelings, etc.). **d** (before names of cities, app. used in place of locative). **e** (after vbs. implying motion). **f** (ellipt., after vbs. of drinking).

~ fano supplicare Pl.*Cur.*527; tristis seueritas inest ~ uoltu Ter.*An.*857; si multus erat ~ calceis puluis Cic. *Inv.*1.47; negotia..quae habet ~ Asia *Fam.*13.45; duas (legiones) ~ Lingonibus..collocauit Caes.*Gal.*6.44.3; latet anguis ~ herba Verg.*Ecl.*3.93; ~ curru..uictore ueheris Ov.*Tr.*4.2.47; poculum..quod habebat ~ manu Curt. 7.4.9; aliorum fructus ~ terra est, aliorum et extra Plin. *Nat.*19.61; fontibus ~ liquidis quotiens me conspicit Calp. *Ecl.*2.88; Apin ~ femine uulnerauit Amp.30.1;—(*directly dependent on sb.*) tuus fundus ~ Rosia Var.*R.*3.2.10; Vell.1.1.1; ad ulcera ~ naribus Larg.48. **b** satisne uobis uideor..~ uestris auribus commentatus? Cic. *Fin.*5.75; nauem ~ conspectu nullam..prospicit Verg.*A.* 1.184; cum ~ oculis res gereretur Liv.35.36.2; si ~ ore parentium liberos iugulat Sen.*Ben.*7.19.8;—(*cf.*) tu es..unus..~ nostra memoria..Romanae..rei peritissimus Gel.20.1.20. **c** non haec ~ corde uersantur tibi? Caecil.*com.*41; ~ memoria habeo Ter.*An.*40; Heluetiis esse ~ animo..iter in Santonum finis facere Caes.*Gal.*1.10.1; mutos uoluunt ~ pectore questus Luc.1.247. **d** qui mi ~ Epidauro uirgini..pudicitiam perpulit Pl.*Epid.*541*; ~ Epheso *Mil.*778; ~ Seleucia *Trin.*901. **e** anulum..~ mari abiecerat Cic.*Fin.*5.92; Anguitenens..cum uenit ~ regione tuae, Capricorne, figurae Man.5.390; cum..populum ~ hortis suis admisisset V.Max.9.15.1; oleum minutatim ~ mortario adiciatur Larg.220. **f** merum..~ auro ueteris Assaraci trahunt Sen.*Ag.*878; primus ~ his (*sc.* poculis) Mentor..bibit Mart.14.93.2; Flor.*Epit.*1.39(3.4.2).

25 In (books, documents, writings, etc.). **b** (a writer).

neque scriptum (est) ~ poematis ubi lena bene agat cum quiquam amante Pl.*As.*174; nihil est..aliud ~ foedere nisi ut 'pia et aeterna pax' sit Cic.*Balb.*35; quod ~ Eunucho parasitus suaderet militi *Fam.*1.9.19; (Plato) et ~ Timaeo dicit et ~ Legibus..mundum deum esse *N.D.*1.30; epistula..~ qua omnia de profectione eorum perscripta erant Nep. *Pel.*3.2; omnes illos ~ testamento meo manu mitto Petr. 71.1; quo modo..agi causam oporteret, ~ libro..septimo dixi Quint.*Inst.*11.1.59; subices Ennius ~ Achille pro subiectis posuit Fest.p.305M; Gel.17.13.4;—(*cf.*) cum litterae sequerentur, quae primae sunt ~ 'sapiente' atque 'felice' 2.17.1. **b** ~ Herodoto..omnia..leniter fluunt Quint.*Inst.*9.4.18; multae ~ eo (*i.e. Seneca*) claraeque sententiae 10.1.129; sic illa ~ Vergilio dicta sunt Gel. 15.13.10.

26 (expr. abstract location) In. **b** in the power or capacity of. **c** *quantum* (*quod*) *in me est*, as far as is in my power; also, as far as I am concerned.

caue ~ te sit mora mihi Pl.*Cur.*461; quoius..spes opesque sunt ~ te uno omnes sitae Ter.*Ph.*470; cum tibi salus esse ~ otio nulla posset Cic.*Dom.*13; nec ~ iis rebus crimen est ullum *Balb.*6; ~ Labieno parum est dignitatis *Att.*8.2.3; scire licet nobis nil esse ~ morte timendum Lucr.3.866; maxumam gloriam ~ maxumo imperio putare Sal.*Cat.*2.2; ~ Miltiade erat cum summa humanitas tum mira communitas Nep.*Milt.*8.4; ~ nullo quaeris amore moram Prop. 1.13.6; qui plus ~ eo ne posset decipi quam ~ fide Siculorum reponeret Liv.24.37.3; non ~ uerbis rem uerti ait 32.34.2; plus erat ~ gladio quam curuo laudis aratro Ov. *Fast.*2.517; si quid artis ~ medicis est Curt.3.5.13; causa ~ ipsius terrae figura est Plin.*Nat.*2.177; Vitelliani, quibus minor peditum uis, ~ equite robur Tac.*Hist.*2.14. **b** fortem fac animum habeas et magnum, quod est ~ uno te Cic.*Fam.*6.10.6; ciuitas..in qua ~ populo sunt omnia *Rep.* 1.42; fatemur, acuti hebetesne..simus, non esse id ~ nobis *Fat.*9; regimen omnium rerum..~ uiro uno esse Liv.6.6.6; exitus ~ dis est Ov.*Ep.*19.44; *Met.*7.24. **c** prodidisti..gnatum, quod quidem ~ te fuit Ter.*Ad.*692; Cato *orat.*90; qui laedit (fidem),..quantum ~ ipso est, disturbat uitae societatem Cic.*S.Rosc.*111; Liv.5.27.8; Sen.*Ben.*6.11.2;—quantum ~ illis est, capere Veios licet Liv.5.5.9; quantum ~ te, Theseu, uolucres Ariadna marinas pauit Ov.*Ars* 3.35.

27 (expr. nature of surroundings rather than location) In (a given situation).

suspendito (pernas) ~ fumo biduum Cato *Agr.*162.3; ~ puluere uolutari Var.*R.*3.9.7; paleis ~ aceto maceratis Vitr.10.14.3; latuit..~ nubibus aether Ov.*Met.*13.582; (ambulatio) melior (est)..~ sole quam ~ umbra Cels. 1.2.6; papaueris cortices ~ uino coquendi..sunt 4.31.5; non durante Attico thymo nisi ~ adflatu maris Plin.*Nat.*21.57; ut ~ aliquo ramorum nexu contegantur (infantes) Tac. *Ger.*46.4.

28 (where place also implies condition or circumstances) In (prison, school, etc.).

~ iure caussam dicito Pl.*Rud.*866; sicut ~ foro non bonos oratores, item ~ theatro actores malos perpeti Cic.*de Orat.*1.118; fratris..filiam..~ carcere conlocatam..uidere *Vat.*28; erat ~ classe Chabrias priuatus Nep.*Cha.*4.1; cur id aetatis ~ castris fuisset Liv.27.19.9; non eodem modo ~ libera ciuitate dicendam sententiam quo apud reges Sen. *Suas.*1.5; ut ~ rhetorum scholis declamarent Tac.*Dial.*31.1; censuit ~ senatu..Carthaginem non esse delendam Amp. 19.11.

29 Amidst, among: **a** (physical surroundings). **b** (groups of persons or things).

a ~ tumulis Teucrum commemorans suum Pac.*trag.*423; hic natam ~ dumis interque horrentia lustra..nutribat Verg.*A.*11.570; ~ uestris ossibus arua metunt Prop.4.10.30; Eleaticum (helleborum), quod ~ uitibus nasci ferunt Plin. *Nat.*25.49. **b** quem..credo ~ pompa uectitatum ire Cato *orat.*126; uidet..~ turba Verrem Cic.*Ver.*19; me sidus ~ antiquis diua nouum posuit Catul.66.64; ~ dextro cornu Rhodias (nauis) collocat *B.Alex.*13.1; ~ agmine ~ primis modo, modo ~ postremis..adesse Sal.*Jug.*45.2; quo fugis? ~ populo tutior esse potes Ov.*Rem.*580.

30 (indicating a group sharing an attitude, activity, etc.) Among. **b** (indicating the group in which a person or thing has pre-eminence).

Graeca leguntur ~ omnibus fere gentibus Cic.*Arch.*23; (illa philosophia) quae..~ Peripateticis adhuc permansit *Tusc.*4.6; Caesaris..erat ~ barbaris nomen obscurius Caes.*Civ.*1.61.3; propter Archidami magnam ~ ea gente gratiam Liv.43.22.11; nutus..~ mutis pro sermone sunt Quint.*Inst.*11.3.66. **b** Thales, qui sapientissimus ~ septem fuit Cic.*Leg.*2.26; iustissimus unus qui fuit ~ Teucris Verg.*A.*2.427; uix quidquam ~ Sullae operibus clarius duxerim, quam..Vell.2.24.4; nemo..~ domo mea me plus amat Petr.64.8.

31 (expr. classification) In the number or category of, among; (see also imprimis).

id deputabo esse ~ lucro Ter.*Ph.*251; uti nemo posset uere dicere assem..~ muneribus me accepisse Gracch. *orat.*26; ut ille me..coleret, haberet ~ suis Cic.*Fam.* 11.27.2; hoc sit primum ~ praeceptis meis *de Orat.*2.90; neque eas..uoluptates ~ bonis rebus..esse duxi *Parad.*6; cum Caesar..xii nauis longas..duxisset, ~ quibus erant constratae iiii Caes.*Civ.*3.7.2; in diuisione orbis terrae plerique ~ parte tertia Africam posuere Sal.*Jug.*17.3; dona omnia ~ benignitate habebantur 103.6; cratera..quem..Anchisae..~ magno munere Cisseus ferre..dederat Verg.*A.*5.537; res hostium ~ praeda captas Liv.9.1.5;

mille et septingenti fuere ~ nauibus captis milites nautaeque, ~ his tres nobiles Carthaginiensium 21.50.5; 22.49.15; Byblis ~ exemplo est ut ament concessa puellae Ov.*Met.* 9.454; homini quoque ~ cibo est (lupinum) Plin.*Nat.*18.136; scandix..~ olere siluestri a Graecis ponitur 22.80; aditio hereditatis non est ~ opera seruili Julian.*dig.*29.2.45; comoedos..~ deliciis..habebat Gel.20.4.1.

32 (expr. rate) In the space of (a unit of measurement). **b** (of smaller units of measurement) included in (some larger unit).

ego ecfodiebam ~ die denos scrobes Pl.*Aul.*fr.3; deciens ~ die mutat locum *St.*501; ~ iugero Leontini agri medimnum fere tritici seritur Cic.*Ver.*3.112; uel ternas (*sc.* litteras) ~ hora darem *Fam.*15.16.1; institutum..seruarat cotidie, bis ~ die foederis icti cum Romanis perlegendi Liv.44.16.5; pretium optimo (paraetonio) ~ pondo VI ✱ L Plin.*Nat.*35.36; hoc medicamento si quis ter ~ mense dentes fricuerit Larg.58;—(*cf.*) leniter rigatur a solis occasu ~ trinis diebus (*i.e. every three days*) Plin.*Nat.*17.74; quidam punicas..densiores seri iusserunt, ~ pedibus tamen nouenis 17.88. **b** sex decemque librari ~ modio sient *Leg. pub.*(*Font.iur.*p.46)3; ~ denario denos aeris constituerunt Vitr.3.1.8.

33 (w. vbs. of resting, etc.) On, upon. **b** (w. vbs. of wearing, etc.) on (the body or its parts). **c** (w. vbs. of writing or sim.) on (a surface). **d** (w. ref. to position of bridges, towns) on (a river).

quemque..uideritis hominem ~ nostris tegulis Pl.*Mil.* 160; iam ~ litore est *Rud.*175; si ~ terra..olea nimium diu erit Cato *Agr.*3.4; sedere non potest ~ equo trepidante *orat.*98; tormenta ~ muris disponit Caes.*Civ.*1.17.3; ~ salo in ancoris ea nocte commoratus *B.Afr.*63.5; equitare ~ harundine longa Hor.*S.*2.3.248; (oleae) nigrae, quae ~ arbore bene permaturuerunt Cels.2.24.3; quis nolet ~ isto ense mori..? Luc.2.264; medicamentum..facit..ad offensionem ~ stirpe Larg.213; cum ~..pulpito stans diceret Quint.*Inst.*11.3.130. **b** quot digiti tibi sunt ~ manu Pl.*St.*706; eripuit..~ digito quem habuit..anulum Ter. *Hec.*574; coronam habebat unam ~ capite, alteram ~ collo Cic.*Ver.*5.27; haec ~ nitido corpore uestis erat [Tib.] 3.4.36; ~ gemino cui pede pinna fuit Ov.*Ars* 2.644; habeat ~ brachio uerua eborea Larg.16. **c** tabulam pictam ~ pariete Pl.*Men.*143; Var.*R.*1.2.1; ~ columella horae.. describantur Vitr.9.8.7; sic necatorum maculae ~ corporibus apparent Plin.*Nat.*25.152. **d** ~ eo flumine pons erat Caes.*Gal.*2.5.6; ~ Sicore flumine pontis effecerat duos *Civ.* 1.40.1; Liv.37.7.13; initium Delmatiae Scardona ~ amne eo Plin.*Nat.*3.141; Flor.*Epit.*1.22(2.6.18).

34 At (a point in space).

aeneum uas non ~ summis labris plenum Vitr.8.3.3; ea (*sc.* regula) habet ancones ~ capitibus extremis 8.5.1; ea (*sc.* tigna)..~ imo diuaricata eriguntur 10.2.1; si (calculus) ~ primo, quod est angustius, inhaeret Cels.7.26.4; folia.. subcandida, ~ cacumine capitula purpurea Plin.*Nat.*27.61.

35 (temporal): **a** Some time within the limits of (a period), during. **b** at (a given stage in a period). **c** (indicating time-limit) before the end of, within (a period). **d** (app.) for the length of, over (a period).

a egomet quod factitaui ~ adulescentia Pl.*Epid.*432; at quem uirum! quem ego uiderim ~ uita optumum Ter.*Ph.* 367; Lucil.1239; ea iura constituisti ~ praeclaro tribunatu tuo Cic.*Dom.*125; *Vat.*38; te..defensorem pacis..~ consulatu tuo..fuisse *Fam.*4.1.1; nec magis post proelium quam ~ proelio caedibus temperatum est Liv.2.16.9; idem hoc ante biennium ~ M. Antoni praetura decretum erat Vell. 2.31.3; ~ decimo labor est, Calchas quem dixerat, anno *Ilias* 152. **b** qui ~ morte regnum Hieroni tradidit Pl. *Men.*411; ueni ~ tempore (*i.e. at the right moment*) Ter.*An.* 758; ~ eodem tempore periit, cum..omnibus..maxime uiuo opus est Lael.*orat.*13; nec..saxa..quid quoque amittant ~ tempore cernere possis Lucr.1.327; hoc ~ tempore nulla ciuitas Atheniensibus auxilio fuit praeter Plataeenses Nep. *Milt.*5.1; capientem cibi ~ prandio aut alio tempore exiguum Larg.122; bene facit ad hydropicos..et maxime ~ initiis 134; (hoc quasi acopo) utebatur..~ nocte 161; uti nomen eius..ne quis ullo ~ tempore nominaret Gel. 2.6.18. **c** illum confido domum ~ his diebus me reconciliassere Pl.*Capt.*168; VTEI EA BACANALIA..~ DIEBVS X QVIBVS VOBEIS TABELAI DATAI ERVNT FACIATIS VTEI DISMOTA SIENT *CIL* 1.581.29; talenta..Pompeio ~ sex mensibus promissa cc Cic.*Att.*6.3.5; sollertissumus omnium ~ paucis tempestatibus factus est Sal.*Jug.*96.1; ~.. breui spatio..saxa..faciem traxere uirorum Ov.*Met.*1.411; quinam flaturi sint uenti ~ triduo, praedicere incolae traduntur Plin.*Nat.*3.94; Suet.*Tib.*60. **d** CAESAR DICT(ator) ~ PERPETVO *BMCR* 1.p.551,No.4186(*c.* 44 B.C.); saepe usu capiuntur loca quae ~ biennio possessa fuerint Hyg.*agrim.* p.93; ROSA..GRATA EST ~ TEMPORE PARVO *CIL* 11.6080.

36 Clothed or arrayed in, wearing (garments or sim.). **b** bearing (weapons). **c** having (a given character, name, appearance, etc.). **d** in the character or guise of.

fures priuatorum furtorum ~ neruo atque ~ compedibus aetatem agunt, fures publici ~ auro atque ~ purpura Cato *orat.*221; cum est ~ sagis ciuitas Cic.*Phil.*8.32; caput ~ uerna semper habere rosa Prop.3.5.22; homines..~ catenis Romam miserunt Liv.29.21.12; siue (puella) erit ~ Cois Ov.*Ars* 2.298; uiridem..~ gramine collem Man.5.260; Persae..~ lugubri ueste..regem uero desiderio lugebant Curt.10.5.17; ne pulchrior ille ~ longa fuerit quam breuiore coma Mart.9.17.8; patibulo adfixus ~ isdem anulis quos acceptos a Vitellio gestabat Tac.*Hist.*4.3; modo ~..coturnis, modo ~ speculatoria caliga (processit) Suet.*Cal.* 52;—(*poet.*) uultus ~ ira semper Sil.14.530. **b** leues.. secuntur ~ hastis Enn.*Ann.*506; omnem esse ~ armis Galliam Caes.*Gal.*5.41.3; paribus..resistit ~ armis Verg.*A.* 11.710; qui Cretaeo fulget Centaurus ~ arcu Man.2.241; subitus trifida Neptunus ~ hasta..caput extulit V.Fl. 1.641; cum me uiderent ~ ferro, tamen audaciter resistunt Apul.*Met.*3.5. **c** ~ eius modi persona..uti prope nouo quodam et inusitato genere dicendi Cic.*Arch.*3; *Amic.*93; quoniam illud..munus ~ tuo nomine apparuit *Parad.*5; haud umquam acie conspectus ~ illa Stat.*Theb.*7.153; ~ omni Protea forma traxit (chelys) Sil.11.447. **d** peccat, ~ Andromache Thaida quisquis agat Ov.*Rem.*384; (Agamemnon) diuis..irascitur ipsis atque ~ rege tamen pater est *Met.*13.187.

37 In (a specified state or condition). **b** (an opinion, attitude, etc.). **c** (an emotional state). **d** (a condition affecting some other person than the subject). **e** established in (property or sim.).

dic, quo ~ periclo est meu'..filius? Pl.*Bac.*830; ~ libertate est ad patrem in patria *Capt.*699; ~ summa infamia sum Ter.*Hau.*259; ~ perpetua pace esse Cic.*Catil.*3.29; quod.. exercitum..~ senatus potestate retineat *Phil.*3.38; simili.. sunt ~ culpa, qui officia deserunt mollitia animi *Fin.*1.33; manus..cum ~ tumore est *Tusc.*3.19; qui..M. Bibulum ~ obsidione habuerant Caes.*Civ.*3.31.3; eo anno ~ summo magistratu erat Timasitheus Liv.5.28.3; comprehensi omnes qui ~ noxa erant 27.3.5; messis ~ herbast Ov.*Ep.*16.263; cum esset ~ fine bellum piraticum Vell.2.33.1; torpedo.. inposita eo loco, qui ~ dolore est Larg.11. **b** libertatis suae causa ~ ea sententia fuisse arbitror Cato *orat.*163; perstat ~ impudentia Cic.*Q.Rosc.*26; ~ eadem opinione fui qua reliqui omnes *Att.*8.11d.3; Cotta se ad armatum hostem iturum negat atque ~ eo perseuerat Caes.*Gal.*5.36.3; 6.40.6; alias colonias ~ fide atque officio pristino fore Liv.27.10.1; qui unus..~ Eumenis manserat amicitia 38.18.1; ~ qua sententia fuisse Aristotelem uideo Plin.*Nat.*9.16; ~ proposito mansit Suet.*Gram.*24(p.118Re). **c** ~ metu sum maxumo triplici modo Pl.*Ps.*1024; *Rud.*668; misera ~ maerorest Ter.*An.*693; erat..~ luctu senatus Cic.*Sest.*32; eramus ~ magna spe te..facturum id *Fam.*13.19.1; nisi et ipse fores ~ amore puellae Tib.1.9.39; ~ exspectatione ciuitas erat Liv.7.6.8; ~ eodem terrore erimus 28.42.14;—(*cf.*) occurrit atratus quidam maestus ~ lacrimis Apul. *Met.*2.27. **d** ne ~ quaestione mihi sit, si quid eum uelim Pl.*Cist.*593; i nunciam intro, ne ~ mora, quom opu' sit, sies Ter.*An.*424; (orationem) sine uarietate..non posse ~ delectatione esse diuturna Cic.*de Orat.*3.100; res erat ~ ea opinione ut putarent.. *Att.*2.24.3; actor causarum mediocris ..~ pretio est Hor.*Ars* 372; cum Tarentinorum defectio iam diu et ~ spe Hannibali et ~ suspicione Romanis esset Liv.25.7.10; ~ maxima..admiratione pinus est Plin.*Nat.* 16.107. **e** ne sit inuito Milone ~ bonis Cic.*Att.*5.8.3; *Fam.*13.30.1; ut malint regis esse uectigales quam..in patria ~ suis fortunis esse incolumes *B.Afr.*8.5; nisi imperio communicato numquam plebem ~ parte pari rei publicae fore Liv.6.37.4.

38 (often in pred. phrs. containing the neut. sg. of an adj.).

~ ambiguo est etiam nunc quid ea re fuat Pl.*Trin.*594; ut sitis ~ tuto Cic.*Fam.*12.2.3; diu ~ incerto habuere, quidnam consili caperent Sal.*Cat.*41.1; dum ~ integro res sit Liv.3.10.13; moderatio tuendae libertatis..~ difficili est 3.65.11; etiam dictaturam iam ~ promiscuo esse 7.17.7; exitus ~ dubio est Ov.*Fast.*2.781; ~ aperto deinde curatio est Cels.8.10.7.L; habitus..animi non erit ~ optimo Sen. *Ep.*95.57; opes sibi ~ facili, cum uellet, fore Plin.*Nat.* 18.274; dum modo ~ confesso sit eminentiorem illorum temporum eloquentiam fuisse Tac.*Dial.*25.2; uis nationum, uirtus ducum ~ aequo *Ann.*2.44.

39 Engaged or occupied in (an activity, practice).

mihi..magnae curae est..ne quid ~ consulendo aduorsi eueniat Cato *orat.*162; ~ prouinciis decernendis..pacis habere..rationem Cic.*Prov.*30; erige adflictos et ~ eo nos iuua *Att.*3.15.7; ut si qui..~ itinere aut ~ ambulatione secum ipse meditetur *Off.*1.144; paucis..~ resistendo interfectis Hirt.*Gal.*8.13.2; ~ recensendis captiuis decem milia peditum..inuenit Liv.27.19.2; non tam longas ~ exitu uobis quam intrantibus moras posui Sen.*Dial.*1.6.7; Nymphidius ..~ ipso conatu oppressus Tac.*Hist.*1.5;—(*in pred. phrs.*) ~ adulterio uxorem tuam si prehendisses Cato *orat.*219; ~ fuga omnes sunt Cic.*Att.*7.23.3; Aduatucorum copias.. esse ~ itinere Caes.*Gal.*2.16.3; ~ maxumo scelere tantis ciuibus deprehensis Sal.*Cat.*46.2; metus hostilis ~ bonis artibus ciuitatem retinebat *Jug.*41.2; dum ~ conloquio legati essent Liv.30.4.2; ~ cura nominis huius eram Ov. *Fast.*6.12; ut..Alcimeden etiamnum ~ murmure truncos ferre patris uultus..conspexi Stat.*Theb.*5.236; nihil.. decernunt.., sed ~ quaerendo semper considerandoque sunt Gel.11.5.3; cum diutule tacitus ~ cogitando fuissem 11.16.6.

40 (expr. conditions under which an action or situation occurs) In, amid (given circumstances). **b** (where circumstances explain or support the action, etc.). **c** (where the action is surprising in the light of circumstances mentioned).

hac nocte ~ somnis mea soror geminast..uisa uenisse Athenis Pl.*Mil.*383; here ~ uino quam inmodestu' fuisti Ter.*Hau.*568; re ~ secunda tollere animos, ~ mala demittere Lucil.699; ~ uastatione omnium tuas possessiones sacrosanctas futuras putes? Cic.*Catil.*2.18; ~ maximis meis doloribus excruciat me ualetudo Tulliae nostrae *Fam.*14.19; sunt..alii, quos ~ luctu cum ipsa solitudine loqui..delectat *Tusc.*3.63; priusquam ~ tanto pauore reciperent animos Liv.21.5.16; quanti aestimas..~ imbre tectum, ~ frigore.. ignem? Sen.*Ben.*6.15.7; quod neglegentes ~ ancipiti casu hominum essent Larg.84; exercitus, quod periculosissimum ~ tantis uiribus, solliciti et irati Tac.*Hist.*1.8; ~ osculis atque ~ manibus filiorum animam efflauit Gel.3.15.3. **b** qui..periculo carere possumus ~ tanta hominum cupiditate et audacia? Cic.*Phil.*3.25; ~ eius scientia..omnia sibi procliuia omnes fore sperabant *B.Afr.*10.4; urbi..ingens praebitus terror, magis ~ re subita quam quod ad arcendam uim parum uirium esset Liv.3.8.7; Agrippam..~ tanta uiri diligentia..errasse quis credat? Plin.*Nat.*3.17; iam ~ sarcina praegnationis obsepto utero Apul.*Met.*1.9; senex iam grauis ~ annis 2.2; uini cadum ~ aetate pretiosi 2.11; me..~ tantis exanclatis laboribus defessam..metu libera 6.4. **c** in ipsa turba atque ~ peccato maxumo..potatis Ter.*Ad.*773; Scaeuolae multa ~ seueritate non deerat tamen comitas Cic.*Brut.*148; elephanta premet dorso.. turpiter ~ tanto cedentem pondere punctis Man.5.706; cui uita recens et adhuc ~ uulnere uires Stat.*Theb.*2.640.

41 (denoting point of reference) In respect of. **b** (w. vbs. of spending). **c** (w. vbs. of ruling or sim.). **d** (w. words expr. behaviour). **e** (w. words expr. praise, blame, or the like). **f** (w. words expr. emotional reaction). **g** (indicating centre of a person's thoughts).

seu tibi morigera fuit ~ rebus omnibus Ter.*An.*294; ~ eo me oblecto, solum id est carum mihi *Ad.*49; siquis ~ ea re studebat Cato *Mor.*2(J); quibus ego ~ rebus interfui Cic. *Ver.*1.103; ipse ~ scribendo sum saepe longior *Q.Fr.*1.1.45; ~ uirtute recte gloriamur *N.D.*3.87; animus..ardens ~ cupiditatibus Sal.*Cat.*5.4; uir egregius ~ aliis artibus *Jug.* 82.2; siue ~ amore rudis siue peritus erit Prop.2.34b.82; sin..locus erit amplior ~ longitudine Vitr.5.1.4; occupatis Romanis ~ Macedonico bello Liv.42.29.6; Penelope iuuenum uires temptabat ~ arcu Ov.*Am.*1.8.47; tardus ~ occasu.. Bootes Germ.*Arat.*139; (Aristides) durior paulum ~ coloribus Plin.*Nat.*35.98; suspectus et ~ morte matris fuit Suet. *Vit.*14.5; HERES ~ PARTE SEXTA *CIL* 6.37824. **b** ~ bono hospite..quaestus est quod sumitur Pl.*Mil.*674; si tu ~.. scorto..pecuniam absumpsisti Scip.min.*orat.*11; consumptam esse istam..pecuniam ~ statuis Cic.*Ver.*2.141; diebus ..~ ea re consumptis VIIII Caes.*Civ.*1.27.1; 1.82.1; famem consumit ~ agna Stat.*Theb.*8.576. **c** facilest imperium ~ bonis Pl.*Mil.*611; ut ~ te..uitae necisque potestatem haberet, ut ~ filio Cic.*Dom.*77; fortuna ~ omni re dominatur Sal.*Cat.*8.1; quis ~ Aeolio maneat te uellere custos V.Fl. 7.517; qui nudum ius Quiritium ~ seruo habet Gaius *Inst.* 1.54. **d** sint misericordes ~ furibus aerari Sal.*Cat.*52.12; uictor erat quamuis, aequus ~ hoste fuit Prop.3.19.28; foede..~ captis exercuere uictoriam Liv.6.22.4; uindex ~ matre patris..Orestes Ov.*Am.*1.7.9; Apelles et ~ aemulis benignus Plin.*Nat.*35.87; D. Silanus ~ nepti Augusti adulter Tac.*Ann.*3.24. **e** ~ eo me reprehendisti quod nimium multos defenderem Cic.*Planc.*84; ~ quo ei Pompeius gratias egerat *Att.*2.24.2; Pompeius noster ~ amicitia P. Lentuli uituperatur *Q.Fr.*2.4.5; scriptores..iamborum..etiam ~ illis (*i.e. obsc. words*)..laudantur Quint.*Inst.*10.1.9; Gel. 11.15.4. **f** ~ hac commotu' sum Ter.*Eu.*567; ~ quo igitur homines exhorrescunt?..~ quo exclamant? Cic. *de Orat.*3.53; ~ is linguis quas non intellegimus..surdi.. sumus *Tusc.*5.116; puellam..~ flauo saepe hospite suspirantem Catul.64.98; frangitur ~ tacito femina saepe uiro Prop.2.18.2; ardet ~ abducta Briseide..Achilles Ov.*Am.* 1.9.33; nomine ~ Hectoreo pallida semper eram *Ep.*1.14; corpus, ~ quo deperibat Curt.8.6.8. **g** nauigia conligebat; erat animus ~ cursu Cic.*Att.*15.12.1; nescio quid meditans nugarum, totus ~ illis Hor.*S.*1.9.2; quid ~ hospite solo mens mihi? V.Fl.7.13; magnam noctium partem ~ imagine tua uigil exigo Plin.*Ep.*7.5.1.

42 In the matter of (a person or thing), when dealing with, etc.

quae..~ homine dicuntur bona Ter.*Hau.*193; quod nullo ~ homine antea fecerant Cic.*Ver.*2.155; nec solum ~ Papinio fuit hac abstinentia 4.46; proscriptionem..~ ullo ciui comprobauissent? *Dom.*58; sensi ego ~ optimo filio.. mortem omni aetati esse communem *Sen.*68; uarietas.. proprie quidem ~ disparibus coloribus dicitur *Fin.*2.10; *Tusc.*4.16; superius..institutum ~ equitibus..seruabat Caes.*Civ.*3.84.3; ~ te (*i.e. for your sake*) ego et aeratas rumpam, mea uita, catenas Prop.2.20.11; quod nisi ~ uetere exercitu..haud facile est Liv.27.42.3; caeca..~ hoc uno non fuit illa (*sc.* Fortuna) uiro Ov.*Fast.*6.576; odium.. ne ~ uictis quidem deponitur Vell.1.12.7; ~ quibusdam.. serpentibus quaedam auxilia certa satis nota sunt Cels. 5.27.5.A; solitum hoc mihi et iam ~ pluribus adulescentibus factitatum Plin.*Ep.*6.23.2; *Ep.Tra.*10.105(106); Gel. 10.26.7.

43 (expr. identity) As represented by or embodied in (a person or thing), in the person or shape of.

Oppianicus inuentus est qui ~ uno corpore pluris necaret Cic.*Clu.*32; ~ corona aurea quindecim talenta adferebant Liv.38.14.5; nostrum laceratur ~ arbore corpus Ov.*Met.* 2.362; scopulo..orbem possedit ~ uno (Deucalion) Man. 4.833; aquilam sentientem, quid rapiat ~ Ganymede Plin. *Nat.*34.79; multum ~ Valerio Flacco nuper amisimus Quint.*Inst.*10.1.90; ~ Antiocho uicimus Xerxen, ~ Aemilio Alcibiaden aequauimus Flor.*Epit.*1.24(2.8.13); Amp. 18.11.

44 (modal) In (a given arrangement, form, etc.). **b** (a material).

manibus duella praedicare soleo, haud ~ sermonibus Pl.*Truc.*483; faenisiciae conduntur melius sub tecto quam ~ aceruis Var.*R.*1.56; cum..continenter unum uerbum non ~ eadem sententia ponitur Cic.*Orat.*135; scripsi..tris libros ~ disputatione ac dialogo 'de oratore' *Fam.*1.9.23; hos (uersus) Corydon, illos referebat ~ ordine Thyrsis Verg.*Ecl.*7.20; disci pondus ~ orbe rotat Prop.3.14.10; Graeci ~ quadrato..fora constituunt Vitr.5.1.1; (serpentes) ~ magno examine uolantes Mela 3.82; crimina rasis librat ~ antithetis Pers.1.86; refecta..~ imagine prisca..Io V.Fl.4.391; non ~ ioco exprobranda est (obscaenitas) Quint.*Inst.*6.3.29; ~ frumento potius quam ~ pecunia soluere pensionis exceptam portionem Ulp.*dig.*19.2.19.3. **b** caelata..~ auro fortia facta patrum Verg.*A.*1.640; cuius coniugem Praxiteles ~ marmore..in templo Cnidiorum collocauit V.Max.8.11.ext.4; Sil.1.98; ut ~ aere stet imago tua Apul.*Met.*3.11.

in-[1], *prefix.* [prec.] Forms: *n* assimilated to following *l*, *m*, and *r*; becomes *m* before *b* and *p*; disappears before *gn*. The extended forms INDV- (*indo-*) and ENDO- are occasionally found.

Combines, usually with verbs, in the local or transferred senses of the prep.; also with intensive force (*increpo*, *insono*).

in-[2], *prefix.* [IE. *n̥-*; cf. Skt. *a(n)-*, Gk. *ἀ(ν)-*, Goth., Eng. *un-*, etc.] Forms: *n* assimilated to following *l*, *m*, and *r*; becomes *m* before *b* and *p*; disappears before *gn*.

Negative or privative prefix.

īna ~ae, *f.* [ad. Gk. ἴς (ἰνός, var. ἴνη) prop. 'sinew, tendon', hence 'fibre' or 'strip' (of papyrus)] A papyrus fibre.
ilia a tenuitate ~arum, quas Graeci in chartis ita appellant, uidentur esse dicta PAUL.*Fest.*p.81M; ~a, quae pars chartae est tenuissima p.104M.

-īna ~īnae, *f. suff.* Fem. to -INVS (*concubina, farina, medicina*).

inabruptus ~a ~um, *a.* [IN-[2]+pple. of ABRVMPO] Unbroken.
uos..iunxit ~a Concordia longa catena STAT.*Silv.*5.1.44.

inabsolūtus ~a ~um, *a.* [IN-[2]+ABSOLVTVS] (app.) Unfinished, imperfect.
APUL.*Pl.*1.5.

inaccensus ~a ~um, *a.* [IN-[2]+pple. of ACCENDO] (of fire) Not kindled (i.e. spontaneous).
~i flagrant altaribus ignes SIL.1.96.

inaccessus ~a ~um, *a.* [IN-[2]+pple. of ACCEDO] That cannot or may not be approached, inaccessible. **b** (transf.) not approached by any rival.
~os..lucos VERG.*A.*7.11; (speluncam) solis ~am radiis 8.195; SEN.*Her.F.*606; montibus ~is PLIN.*Nat.*6.144; mari scopulis ~o 12.52; ~um..uiris edicitur antrum STAT.*Ach.* 1.599; Raeticarum Alpium ~o ac praecipiti uertice TAC. *Ger.*1.2; APUL.*Met.*4.6;—(*neut. pl. as sb.*) per ~a mapalium TAC.*Hist.*4.50. **b** ~ae formonsitatis admiratione stupidi APUL.*Met.*4.28.

inacescō ~escere ~uī, *intr.* [IN-[1]+ACESCO] To turn sour; (transf.) to become distasteful.
quibus frequenter ~escit cibus LARG.104;—(*transf.*) haec tibi per totos ~escant omnia sensus OV.*Rem.*307; si tibi etiam..~uit nostra contumelia APUL.*Met.*5.10.

Īnachidēs ~ae, *m.* A descendant of Inachus.
(*of Epaphus*) OV.*Met.*1.753;—(*of Perseus*) 4.720;—(*pl., of the Argives*) superos..in uota fatigant ~ae STAT.*Theb.* 2.245; 4.648; 5.734.

Īnachis ~idos, *f. adj.*
1 Of the river or river-god Inachus.
(Io) uenit et ad ripas..~idas OV.*Met.*1.640.
2 (as sb.) A female descendant of Inachus. **b** (often applied to Io; sts. identified with Isis).
~is Acrisione VERG.*Cat.*9.33;—(*of the Danaids*) OV.*Ep.* 14.23;—(*of any Argive women*) orbae uiduaeque ruebant ~ides STAT.*Theb.*12.107. **b** Argus ut ignotis cornibus ~idos PROP.1.3.20; ~i, quo properas? OV.*Ep.*14.105;—Nilo quae sacra..misit matronis ~is Ausoniis PROP.2.33.4; OV.*Ars* 3.464; ~is..pompa comitata sacrorum *Met.*9.687; MART.11.47.4.

Īnachius ~a ~um, *a.* Of Inachus (river or king); *~a iuuenca* or *bos*, the metamorphosed Io. **b** (poet., often used for Argive, Greek).
~is..ab Argis VERG.*A.*7.206; ~as..undas V.FL.4.397; —~ae Iuno pestem meditata iuuencae VERG.*G.*3.153; SIL. 10.347; (*applied to Isis*) pars (Annam Perennam) Themin, ~am pars putat esse bouem OV.*Fast.*3.658. **b** ~as.. urbes VERG.*A.*11.286; ~is..blandior heroinis PROP.1.13.31; ~ae..rates OV.*Ep.*13.134; innuba..stirps ~a SEN.*Ag.*315; quis locus ~as inter tibi, barbara, natas? V.FL.8.148; ~o ..regi (*i.e. Adrastus*) STAT.*Theb.*2.145; ~as acies 7.15; ~a ..saucius..cuspide 10.728.

Īnachus[1] ~ī, *m.* An Argive river and river-god, father of Io (often portrayed as the first of the Argive kings).
Io.., iam bos..et custos uirginis Argus, caelataque amnem fundens pater ~us urna VERG.*A.*7.792; diues.. prisco natus ab ~o HOR.*Carm.*2.3.21; OV.*Met.*1.583; HYG. *Fab.*143.1;—(*in purely geog. context*) in Argolico sunt noti amnes Erasinus atque ~us MELA 2.51; PLIN.*Nat.*4.17.

Īnachus[2] ~a ~um, *a.* = INACHIVS.
~a pubes STAT.*Theb.*1.619; ~a tecta 3.249; 8.363.

inacidātus ~a ~um, *a.* [IN-[1]+ACIDVS+ -ATVS[2]] Steeped in vinegar.
spongeis ~is tumores comprimere APUL.*Met.*8.18.

inadūlābilis ~is ~e, *a.* [IN-[2]+ADVLOR+ -BILIS] That cannot be influenced by flattery.
iudicem..oportere esse..seuerum, incorruptum, ~em GEL.14.4.3.

inadustus ~a ~um, *a.* [IN-[2]+pple. of ADVRO] Not scorched or singed.
iungis et aeripedes ~o corpore tauros OV.*Ep.*12.93.

inaedificō ~āre ~āuī ~ātum, *tr.* [IN-[1] +AEDIFICO]
1 To build or construct (in a place, on a site)
de domo tua..in qua..est ~atum sacellum CIC.*Har.*31; loriculam pro ratione eius altitudinis ~ari HIRT.*Gal.*8.9.3; *CIL* 1.594.2.2.8; ut libera..area esset..Iouis templique eius quod ~aretur LIV.1.55.2; quae in loca publica ~ata.. priuati habebant 39.44.4; duos parietes aduerso cliuolo ~atos COL.6.37.10; (*ellipt.*) si pilas in mare iactauerim et supra eas ~auerim POMPON.*dig.*41.1.30.4;—(*transf.*) nisi ~ata superne multa forent multis..nubila LUCR.6.264;—(*cf.*) Marcellum..quantumcumque inponere illi auunculus et, ut ita dicam, ~are uoluisset, laturum SEN.*Dial.*6.2.3.
2 To incorporate (materials) in a structure, build in.
quinto aquilarum generi ~atur nido lapis aetites PLIN. *Nat.*10.12; lapides ~ati postquam remoti sunt PAUL.*dig.* 6.1.43.
3 To occupy (a site) with a building, build upon.
area..si ~ata..fuerit CELS.*dig.*32.79.2; SCAEV.*dig.*13.7. 43.
4 To enclose or block with walls, wall up.
sanctissima sacella suffossa, ~ata, oppressa CIC.*Har.*32; portas obstruit, uicos plateasque ~at CAES.*Civ.*1.27.3; nec clausae modo portae, sed etiam ~atae erant LIV.44. 45.6.

inaequābilis ~is ~e, *a.* [IN-[2]+AEQVABILIS]
1 (of ground) Uneven, broken.
siquis est ~is (locus) VAR.*R.*1.6.6; tabernacula statuere in..~i solo LIV.35.28.9.
2 Unequal or varying in amount, rate, etc.
greges ~es habent VAR.*R.*2.4.22; haec ~i uarietate distinguimus, cum parua magnis..inteximus CIC.*Part.*12; ~es et uarios cursus *Rep.*1.22; nullum est animal altero doctius..incertum est et ~e quicquid ars tradit SEN.*Ep.* 121.23; uenarum ~i aut formicante percussu PLIN.*Nat.* 7.171.

inaequābilitās ~ātis, *f.* [prec.+-TAS] Lack of uniformity, irregularity.
in uestitu cum dissimillima sit uirilis toga tunicae.. tamen ~atem hanc sequimur VAR.*L.*8.28; Chrysippus de ~ate cum scribit sermonis 9.1.

inaequābiliter, *adv.* [INAEQVABILIS+-TER] Without regularity or uniformity, unevenly.
oua aut ~ maturescunt aut consenescunt VAR.*R.*3.9.8; gessit et censuram..sed hanc quoque ~ SUET.*Cl.*16.1; uarie et ~ prouinciam rexit *Gal.*9.1.

inaequālis ~is ~e, *a. compar.* ~ior, *superl.* ~issimus. [IN-[2]+AEQVALIS]
1 (of surfaces) Not smooth, or level, uneven.
~is..agros *Aetna* 493; in semirutae solo urbis et natura ~i LIV.5.49.4; tactu ~ia sunt (ossa fracta) CELS.8.9.2.B; ~ibus locis haerebant TAC.*Ag.*36.3; ~es berullo..phialas JUV.5.38;—(*poet.*) mare..uexant ~es procellae (*i.e. that ruffle its surface*) HOR.*Carm.*2.9.3;—(*transf., of rhetorical style*) ~ia tantum et uelut confragosa nec admirationem consequuntur eminentium et planorum gratiam perdunt QUINT.*Inst.*8.5.29.
2 Of irregular shape or outline; also, having an irregular course. **b** irregularly distributed, patchy; of irregular thickness. **c** (of authors or their works) varying in merit, uneven.
fronte ~i concursum est LIV.10.19.16; lenticula rubicundior et ~ior CELS.6.5.1; parietes..rimosos, ~es SEN. *Dial.*5.35.5; ~i globo, ut si sit figura pineae nucis PLIN. *Nat.*2.161; omnium agrorum extremitas flexuosa et ~i cluditur finitione FRON.*agrim.*p.15; (*poet.*) curatus ~i tonsore capillos HOR.*Ep.*1.1.94;—sol..medio fertur inter duas partes flexuoso draconum meatu ~is PLIN.*Nat.*2.67. **b** si sudor..~is sit CELS.3.6.7;—~i cute, alibi crassa, alibi tenui, dura PLIN.*Nat.*26.7. **c** declamationes eius ~es erant SEN.*Con.*3.pr.18; ~is poeta *Suas.*6.27; iactat ~em Matho me fecisse libellum MART.7.90.1.
3 Unequal or varying in size, strength, importance, etc. **b** (of distribution or sim.) unequally proportioned.
prout cuique libido est siccat ~is calices conuiua solutus HOR.*S.*2.6.68; murum per ~es ductum colles, pleraque alta et difficilia aditu, summissa quaedam LIV.24.34.3; ~i modulatur harundine carmen OV.*Rem.*181; inter ~es posuerunt moenia portus *Met.*5.408; si aequaliter irascetur delictis ~ibus SEN.*Dial.*4.6.4; quare (tonitrua) ~ia sunt? quia et ipse ictus ~is est *Nat.*2.18; noctes..~es PLIN.*Nat.* 2.180; fetus (uesparum) ipse ~is (*i.e. at different stages of growth*)..alius auolat, alius in nympha est 11.71; cum ~i crassitudine structa sunt coria 36.171; triangula ipsa plus (complectentur) aequis lateribus quam ~ibus QUINT.*Inst.* 1.10.41; solebat..~issimarum rerum sortes..in conuiuio uenditare SUET.*Aug.*75;—(*of animals*) male ~es (*i.e. ill-matched*) ueniunt ad aratra iuuenci OV.*Ep.*9.29. **b** largitionem nouam prodigam ~em inconsultam arguens LIV.5.20.5; (rex) munificentia ~i sese aliosque ludificari: quibusdam honoratis..puerilia..munera dare, alios nihil expectantes ditare 41.20.3.
4 (of person) Inconsistent, variable.
uixit ~is, clauum ut mutaret in horas HOR.*S.*2.7.10; illi.. stulti et ~es et sub ictu paenitentiae positi SEN.*Dial.*7.12.1; nihil..tam ~e erat; nam modo Fortunatam uerebatur, modo ad naturam suam reuertebatur PETR.52.11.

inaequālitās ~ātis, *f.* [prec.+-TAS]
1 Irregularity of shape or outline. **b** irregularity of distribution, patchiness. **c** unevenness of style.
propter ~atem figurae (*sc.* dolii) COL.12.4.5; concaui uallium sinus, scindentes ~ate ideo resultantem aera PLIN. *Nat.*2.115; ut illam cliuorum ~atem planam esse cogamus FRON.*agrim.*p.18. **b** aliae partes in nubibus tumidiores sunt aliae summissiores quaedam crassiores..haec ~as alternis lucem umbramque permiscet SEN.*Nat.*1.3.1; (*transf.*) non cohaeret (oratio) nec commissuris modo..hiantibus sed ipsa coloris ~ate detegitur QUINT.*Inst.*12.9.17. **c** summa ~as orationis, quae modo exilis erat, modo..uaga et effusa SEN.*Con.*2.pr.1; nolunt sine salebra esse iuncturam: uirilem putant..quae aurem ~ate percutiat SEN.*Ep.*114.15.
2 Inequality in size, weight, duration, etc. **b** unequal treatment of others, inequity.
aliquid oportet alteri accedat, ut quae libramento stant, ~as turbet SEN.*Nat.*3.29.5; ~as arborum COL.*Arb.*5.6; tres..circuli..~ates temporum distingunt PLIN.*Nat.*2.177; neque..separatim uescuntur (apes) ne ~as operis et cibi fiat et temporis 11.22; ~atem maxillarum oculorum brachiorum ULP.*dig.*21.1.12.1. **b** cum ex duobus captiuis languet alter, una est ~as patris eligere sanum (*i.e. for ransom*) [QUINT.]*Decl.*5.15.
3 Unlikeness in quality, variation, dissimilarity.
opus est..inter has tam diuersas ~ates (*i.e. of soil*) magno temperamento COL.3.12.3; ἀνωμαλία est ~as declinationum consuetudinem sequens GEL.2.25.3.
4 (of persons) Inconsistency, changeableness.
nec hilariorem quisquam nec tristiorem Socraten uidit: aequalis fuit in tanta ~ate fortunae SEN.*Ep.*104.28.

inaequāliter, *adv.* [INAEQVALIS+-TER]
1 With an irregular outline, unevenly.
qua per ~ eminentia rupis poterant scandunt LIV.28.20.3; curabis ut..plagam emendes, sicubi ~ findi uidebitur COL. *Arb.*7.5; ut ripae fluminis cedunt aut prominentia montium resistunt, ~ sinuatur TAC.*Ann.*2.16.
2 With an irregular distribution, more in one place or direction than another.
brachia..nudat et ~ dispergit CELS.2.6.5; cutis ~ crassa 3.25.1; alterum (*sc.* ulcus)..latum, subliuidum, ~ tamen 5.28.4.B; in naui onera..~ conuoluta citius eam partem, in quam incubuere, demergunt SEN.*Ep.*28.3; capillus..stuppeo tomento adsimilis et ~ hirtus APUL.*Apol.*4.
3 Unequally (in respect of number, size, etc.); also, with disparity of treatment.
nec multum refert, aequaliter id (*i.e. a division*) factum est an ~ CELS.*dig.*8.6.6.1a;—neue..~ alios nimium deprimatis ex sociis uestris, alios praeter modum extollatis LIV. 37.53.6.

inaequō ~āre ~āuī ~ātum, *tr.* [IN-[1]+AEQVO] To make level; to make equal.
haec leuibus cratibus terraque ~at CAES.*Civ.*1.27.4;—~um si quando onus urget utrimque, instabilis natat (libra) [TIB.]3.7.43.

inaequus: see INIQVVS.

inaestimābilis ~is ~e, *a.* [IN-[2]+AESTIMABILIS]
1 Impossible to estimate or appraise. **b** not to be reckoned in terms of money.
nihil tam incertum nec tam ~e est quam animi multitudinis LIV.31.34.3. **b** libertas ~is res est PAUL.*dig.*50. 17.106.
2 Incalculably great or precious.
id uero ~e gaudium fore LIV.29.32.1; quod e grege se imperatorum uelut ~em secreuisset 35.14.12; ~e..beneficium SEN.*Ben.*3.32.2; illud..~e bonum, quies mentis *Dial.*7.4.5; *Ep.*75.18.
3 (phil.) Undeserving of valuation.
aestimabile esse dicunt..id..quod aliquod pondus habeat dignum aestimatione, quam illi ἀξίαν uocant, contraque ~e, quod sit superiori contrarium CIC.*Fin.*3.20.

inaestimātus ~a ~um, *a.* [IN-[2]+pple. of AESTIMO] Having no value assigned, unvalued.
praedia ~a SCAEV.*dig.*23.4.29.

inaestuō ~āre, *intr.* [IN-[1]+AESTVO] To seethe (in).
quodsi meis ~et praecordiis..bilis HOR.*Epod.*11.15.

inaffectātus ~a ~um, *a.* **inadf-.** [IN-[2]+AFFECTATVS] Unaffected, natural.
ipsa illa ἀφέλεια simplex et ~a QUINT.*Inst.*8.3.87; Xenophontis illam iocunditatem ~am 10.1.82; 11.1.93; quam ~a ueritas uerborum..! PLIN.*Pan.*67.1; APUL.*Met.*10.31; —(*of arrangement of hair*) flauum et ~um capillitium 2.2.

inagitābilis ~is ~e, *a.* [IN-[2]+AGITABILIS] Incapable of being moved.
nobis quidem datas uires, quibus nos moueremus, aera autem relictum inertem et ~em esse SEN.*Nat.*5.5.2.

inagitātus ~a ~um, *a.* [IN-[2]+pple. of AGITO] Not stirred up; (fig.) unperturbed.
~a remigio uastitas (*i.e.* Oceanus) SEN.*Suas.*1.2; tellus.. ~a (*i.e. by the plough*) SEN.*Nat.*3.11.5;—(*fig.*) ~i terroribus.. nec mortem horrebimus nec deos *Ep.*75.17.

inalbeō ~ēre, *intr.* [IN-[1]+ALBEO] To be or become white.
ut primum tenebris abiectis dies ~ebat APUL.*Met.*7.1.

inalbescō ~ere, *intr.* [IN-[1]+ALBESCO] To become white.
uenae sub lingua ~unt CELS.2.7.35; totum corpus cum pallore quodam ~it 3.24.2; 5.28.1.B.

inalbō ~āre ~āuī ~ātum, *tr.* [IN-[1]+ALBVS+ -O[3]] FORMS: ? *indalbo* ENN.*Ann.*212 (*cj.*). To make white, bleach; to illuminate.
cauea, quae..lacinias..suffusa candido fumo sulpuris ~abat APUL.*Met.*9.24;—cerei..nocturnas nobis tenebras ~abant 10.20.

inalgescō ~ere, *intr.* [IN-[1]+ALGESCO] To become cold.
ubi extremae partes membrorum ~unt CELS.3.3.3.

inaliēnātus ~a ~um, *a.* [IN-[2]+pple. of ALIENO] Unadulterated, pure.
adicitur propolis ~ae et bonae..pondo selibra LARG.214.

Inalpīnus ~a ~um, *a.* [IN-[1]+ALPES+-INVS] Living or situated in the Alps; (masc. pl. as sb.) the natives of the Alps.
ab ~o fine PLIN.*Nat.*3.43; gentes ~as SUET.*Aug.*21.1;—(*as sb.*) D.BRUT.*Fam.*11.4.1; PLIN.*Nat.*3.37.

inamābilis ~is ~e, *a.* [IN-[2]+AMABILIS] That cannot be loved, disagreeable, unattractive.
incredibilis inposque animi, ~is, inlepidus uiuo PL.*Bac.* 615; palus ~is VERG.*G.*4.479; *A.*6.438; illa sonat raucum quiddam atque ~e OV.*Ars* 3.289; ~e regnum (*i.e. of Pluto*) *Met.*4.477; feritas ~is *Pont.*1.6.5; MART.5.37.13; id genus operis ~e, inamoenum PLIN.*Ep.*9.10.3.

inamārescō ~ere, *intr.* [IN-[1]+AMARVS+-ESCO] To become bitter or distasteful.
~unt epulae sine fine petitae HOR.*S.*2.7.107.

inamātus ~a ~um, *a.* [IN-[2]+pple. of AMO] Not loved.
Allifanus Iaccho haud ~us ager SIL.12.527.

inambitiōsus ~a ~um, *a.* [IN-[2]+AMBITIOSVS] Unaspiring, lowly.
secretos montes et ~a colebat rura OV.*Met.*11.765.

inambulātiō ~ōnis, *f.* [next+-TIO]

1 The action of walking up and down, pacing.
porrectione perceleri brachi, ~one..uti oportet *Rhet.Her.* 3.27; non inclinatio uocis, nulla ~o, non crebra supplosio pedis CIC.*Brut.*158;—(*transf.*) tremuli..quassa lecti argutatio ~oque CATUL.6.11.

2 A place to walk in, a walk, promenade.
una uitis..subdiales ~ones umbrosis pergulis opacat PLIN.*Nat.*14.11.

inambulō ~āre ~āuī, *intr.* [IN-[1]+AMBVLO] To walk to and fro, pace up and down.
~andum est: nunc mihi uicissim supplicabunt PL.*As.*682; neque is consistens in loco, sed ~ans CIC.*de Orat.*1.261; ante lucem ~abam domi *Att.*6.2.5; Peripatetici dicti sunt, quia disputabant ~antes in Lycio *Ac.*1.17; per muros ~are senatores Nolanos iussit LIV.23.43.8; 29.19.12; OV.*Rem.*337; in xysto maternorum hortorum..~ans SEN.*Dial.*5.18.4; AUR.*Fro.*1.p.178(68 N).

inamoenus ~a ~um, *a.* [IN-[2]+AMOENVS] Unpleasant, disagreeable, unlovely.
~a..regna tenentem umbrarum dominum OV.*Met.*10.15; ~um..Cocyton STAT.*Theb.*1.89; feritas ~a uiae *Silv.*2.2.33; PLIN.*Ep.*9.10.3.

ināne ~is, *n.* [neut. of INANIS]

1 An empty space, void: **a** an empty expanse; (often poet., of the heavens). **b** an empty part in a structure. **c** (in Epicurean phil.) a space devoid of matter.
a uittas..per ~ia templi ancipiti ceruice rotat (*sc. a prophetess*) LUC.5.171; soluite..loca muta et ~e seuerae Persephones STAT.*Theb.*4.477;—(*of the heavens*) lapis..uacuum per ~e uolutus VERG.*A.*12.906; audito sonitu per ~e pharetrae OV.*Met.*6.230; et per ~e suis parentia finibus astra MAN.1.33; STAT.*Theb.*12.249; (*pl.*) rapior per ~ia uentis *Culex* 212; OV.*Met.*2.506; puluereum uoluens Acragas ad ~ia nubem SIL.14.210. **b** aperiunt..in cuniculum uiam..ad ~e..peruenerunt LIV.38.7.9; terra..aliubi habet ~ia sine umore SEN.*Nat.*5.14.1. **c** atomos..censet (Epicurus) in infinito ~i, in quo nihil nec summum nec infimum..sit,..ferri CIC.*Fin.*1.17; *Fat.*24; nec..undique corporea stipata tenentur omnia natura; namque est in rebus ~e LUCR.1.330; cetera, quae porro magnum per ~e uagantur 2.105; VERG.*Ecl.*6.31; SEN.*Dial.*8.4.2.

2 (pl.) Worthless or illusory things, vanities.
proponit ~ia mihi nobilitatis CIC.*Ver.*15; ne..dum uitat humum, nubes et ~ia captet HOR.*Ars* 230; Gallorum auxilia, ingens numerus..inter ~ia belli adsumptus TAC.*Hist.*2.69; sublatis..~ibus ueram potentiam augeri *Ann.* 4.41; 15.31.

ināniae ~ārum, *f. pl.* [comic formation from INANIS on anal. of *araneae*] (comic word) Emptiness, nothingness.
~is (inanis *codd.*) sunt oppletae atque araneis PL.*Aul.*84.

inānilogista ~ae, *m.* [INANIS+Gk. λογιστής] One who talks nonsense, a babbler.
Ballio, audi. — surdus sum profecto ~ae PL.*Ps.*255.

inanimālia ~ium, *n. pl.* [IN-[2]+ANIMALIS] Inanimate things.
homines, quos in numerum pecorum et ~ium (*cj.*) redegit hebes natura et ignoratio sui SEN.*Dial.*7.5.2.

inanimantia ~ium, *n. pl.* [IN-[2]+ANIMANS] = prec.
animalium et ~ium corpora APUL.*Pl.*1.8.

inānīmentum ~ī, *n.* [INANIS+-MENTVM] (comic word) Emptiness, inanition.
uenalis ego sum cum ornamentis omnibus; ~is explementum quaerito PL.*St.*173.

inanimis[1]: see INANIMVS.

inanimis[2] ~is ~e, *a.* [IN-[1]+ANIMA+-IS] (app.) Filled with life (= Gk. ἔμψυχος).
MEMNONIS..CLARVM..SONOR⟨EM⟩ EXANIMI INANINEM (*sic*) MI⟨SSVM⟩ DE TEGMINE BRVTO AVRIBVS IPSE MEIS CEPI *CIL* 3.55.

inanimus ~a ~um, *a.* Also **~is** ~is ~e. [IN-[2]+ANIMA+-VS, -IS] FORMS: *inanimis,* etc. BAS.*poet.*9, APUL.*Met.*1.3, 1.14, 2.25.

1 Deprived of breath, lifeless.
quadrupes tardigrada..euiscerata ~a PAC.*trag.*4;—(*hyperb.*) humi proiectus, ~is, nudus et frigidus APUL.*Met.* 1.14; sic ~is et indigens alio custode paene ibi non eram 2.25;—(*transf.*) magico susurramine amnes agiles reuerti..uentos ~es exspirare, solem inhiberi 1.3.

2 Not endowed with breath, inanimate.
omnia muta atque ~a tanta..rerum acerbitate commouerentur CIC.*Ver.*5.171; ~um est omne quod pulsu agitatur externo *Rep.*6.28; ~a natura *N.D.*2.76; quae ergo ad uitam hominum tuendam pertinent, partim sunt ~a, ut aurum, argentum, ut ea, quae gignuntur e terra *Off.*2.11; animalia ~aque omnia rigentia gelu LIV.21.32.7; 41.18.4; caro informis, ~a PLIN.*Nat.*7.63;—(*neut. as sb.*) cum inter ~um et animal hoc..intersit CIC.*Luc.*37; QUINT.*Inst.*5.11.23;—(*of vegetable food as opposed to meat*) decem..diebus ~is contentus cibis APUL.*Met.*11.28; (*cf.*) ~ae protinus castimoniae iugum subeo 11.30.

ināniō ~īre ~īuī or ~iī ~ītum, *tr.* [next+-IO[2]] To make empty; (med.) to drain or evacuate (an organ of the body).
hoc ubi ~itur spatium LUCR.6.1005; 6.1025; hoc (*sc.* sidus lunae) esse quod terras saturet accedensque corpora impleat, abscedens ~iat PLIN.*Nat.*2.221;—(*med.*) (colocynthis) ~it aluum 20.14; uesicas ~it (polium) 21.146; (sphagnos) hydropicos ~it 24.27.

inānis ~is ~e, *a.* *compar.* ~ior, *superl.* ~issimus. [dub.]

1 Containing nothing, empty. **b** (of the stomach; sim., of persons).
uidi eam (*sc.* aulam) plenam atque ~em fieri PL.*Mil.*855; zonas, quas plenas argenti extuli, eas ex prouincia ~es retuli GRACCH.*orat.*27; cum uas ~e dicimus non ita loquimur ut physici..sed ita ut uerbi causa sine aqua sine uino sine oleo uas esse dicamus CIC.*Fat.*24; egomet tumulum Rhoeteo litore ~em constitui (*i.e. a cenotaph*) VERG.*A.*6.505; (arca) ~is inuenta, sine uestigio ullo corporis humani LIV.40.29.5; horrea formicae tendunt ad ~ia numquam OV.*Tr.*1.9.9; Epicureum illud chaos..~e, sine termino SEN.*Ep.*72.9; uentus..spatio diffusus ~i LUC.3.363; redit sporta piscator ~i MART.10.37.17; (*cf., of helmets*) galeas pars tundit ~es OV.*Fast.*4.209; (*of sails*) ~ia nullos inueniunt uentos..carbasa SIL.3.536;—(*w. gen.*) ~e lymphae dolium HOR.*Carm.*3.11.26;—(*transf.*) aures ipsae quid plenum, quid ~e sit iudicant et spiritu quasi necessitate aliqua uerborum comprehensio terminatur CIC.*Brut.*34; (aestus) duobus aequinoctiis maxime tumentes..~es uero bruma et magis solstitio PLIN.*Nat.*2.215. **b** ~i uentre diem durare HOR.*S.*1.6.127; neque..tam facile haec ~i corpore quam repleto nocent CELS.1.2.10; quod ~i sufficit aluo JUV.5.7;—parasitum ~em quo recondas reliquias PL.*St.*231; siccus, ~is sperne cibum uilem HOR.*S.*2.2.14; si medicamentis purgatum et adhuc ~em neruorum distentio oppressit CELS.2.8.42.

2 Having a cavity inside or below, hollow. **b** made hollow, emptied, gaping; (of the face, poet.) eyeless; *oculi ~es* (or sim.), the eye-sockets; *leo, tigris ~is,* (poet.) a lion's, tiger's skin. **c** (of the body, limbs) shrunken, wasted. **d** of loose texture, not compact, spongy.
(apes) in arbore claudit ~i Liber OV.*Fast.*3.743; ~ia tympana tundent 4.183; malum uulnus est, quodcumque in alis..uel ~ibus locis (*i.e. cavities in the body*)..est CELS. 5.26.3.B; 7.7.14.D; pulmo..spongeosus ac fistulis ~ibus cauus PLIN.*Nat.*11.188; hippophaeston, cauliculis ~ibus, foliis paruis 16.244; pulsat ~e solum STAT.*Theb.*1.55;—(*cf.*) si..longe radios per nubes porriget (sol) et medius erit ~is, pluuiam significabit PLIN.*Nat.*18.346. **b** uolnus ~e patet OV.*Fast.*2.849; Tityos..lacerum gerens et ~e pectus SEN.*Her.F.*978;—~es manibus infestis petit foditque uultus *Phoen.*42; STAT.*Theb.*10.697;—fleuit..per ~ia lumina Phoenix OV.*Ars* 1.337; oculos attollit ~es V.FL.4.435;—tergo uidet huius ~em impexis utrimque iubis horrere leonem STAT.*Theb.*1.483; uictori tigrin ~em ire iubet 6.722. **c** (anus) ~ia nudans ubera OV.*Met.*10.391; somnus non alit officio corpus ~e suo *Pont.*1.10.22; respice canos inualidasque manus et ~is cerne lacertos LUC.5.275; taurus..iam laxa ceruice et ~ibus armis, dux tamen STAT.*Theb.* 4.70. **d** siccescendo propter raritatem fiunt ~es et euanidae (eae arbores) VITR.2.10.1.

3 (of places, buildings, etc.) Having no occupants, deserted, empty. **b** (of ships) unmanned; (of a horse, chariot) having no rider (driver).
quam ~es domus eorum omnium qui de iure ciuili consuli solent CIC.*Ver.*1.120; ager Agyrinensis CLXX aratoribus ~ior cum sit 3.121; consulares..simul atque adsedisti, partem istam subselliorum nudam atque ~em reliquerunt *Catil.* 1.16; Apulia..~issima pars Italiae *Att.*8.3.4; tu mihi da ciues et ~ia moenia supple! OV.*Met.*7.628; nullos esse deos, ~e caelum adfirmat Segius MART.4.21.1;—(*cf.*) uana..percussit pontum Symplegas ~em (*i.e. unvisited by ships*) LUC. 2.718. **b** cum..nomine classis esset in Sicilia, re quidem uera naues ~es CIC.*Ver.*5.63; CAES.*Civ.*3.40.3; NEP.*Alc.*8.6; XII triremes cum suo milite ac remige, praeter eas XXX ~es CURT.4.5.18;—(statuam) deiecerunt in foro et..equum ~em reliquerunt CIC.*Ver.*2.160; Oeclides..ardet adhuc cupiens uel ~em uincere currum STAT.*Theb.*6.520.

4 Devoid of furnishings, ornaments, etc., empty, bare; (of a plinth) bearing no statue; (of a hand) wearing no rings; (of a surface) blank.
mensa ~is nunc si apponatur mihi PL.*Per.*354; domum eius exornatam et instructam fere iam iste reddiderat nudam atque ~em CIC.*Ver.*2.84; cum domi suae..in locis ~issimis tantum nummorum positum uideret *Clu.*70;—quod scriptum est ~i in basi declarat quid fuerit (*sc.* signum) *Ver.*4.127;—saepe notatus cum tribus anellis, modo laeua Priscus ~i HOR.*S.*2.7.9;—(tabulam) inter egregia multorum opera ~i similem PLIN.*Nat.*35.83.

5 (of persons) Carrying no load; (sim., of ships, vehicles). **b** (of letters) devoid of news.
uix incedo ~is, ne ire posse cum onere existumes PL.*Am.* 330; ego baiiolabo, tu, ut decet dominum, ante me ito ~is *As.* 660;—Bibulus..sperans alicui se parti onustarum nauium occurrere posse ~ibus occurrit CAES.*Civ.*3.8.3; PLOSTRA ~IA *CIL* 1.593.66; nauigia ~ia et..similia redeuntibus PLIN.*Pan.*31.4. **b** accepi VI Idus litteras tuas ~is. quid enim habebas quod scriberes? CIC.*Att.*12.42.1; 15.1a.2; *Fam.*6. 22.1.

6 Having no wealth or resources, poor, penniless; (pred., w. vbs. of motion) empty-handed.
mi ~i atque inopi subblandibitur PL.*Bac.*517; misera in ciuitate atque ~i CIC.*Ver.*2.160; Cappadocia est ~is, reliqui reges..neque opibus satis firmi nec uoluntate sunt *Fam.* 15.1.6; Pisonis comites, cohors ~is CATUL.28.1; (*masc.as sb.*) ianitor ad dantis uigilet: si pulset ~is..somniet PROP. 4.5.47; *Nux* 44;—(*pred.*) ~is cedis, dicta non sonant PL.*Ps.* 308; ecfugias ex urbe ~is *Trin.*701; duo tamen sigilla perparuula tollunt, ne omnino ~es ad istum praedonem religionum reuertantur CIC.*Ver.*4.95; *Fam.*15.17.1; nec uenit ~is rusticus salutator MART.3.58.33; APUL.*Apol.*75; (*transf.*) uenti ingruunt ~es iidemque cum rapina remeant PLIN.*Nat.*2.103.

7 Devoid of breath, lifeless, dead.
ebur ex ~i corpore extractum CIC.*Leg.*2.45; Tibullus ardet in extructo, corpus ~e, rogo OV.*Am.*3.9.6; artus amplector ~is *Epic.Drusi* 133; MART.8.75.12.

8 (of time) Unoccupied, idle; (rhet.) *tempus ~e,* an element of rhythmical time not occupied by a syllable, a 'rest'.
tempus ~e peto, requiem spatiumque furori VERG.*A.* 4.433; si..has tolerare moras et ~ia tempora possem V.FL. 3.657;—~ia quoque tempora rhythmi facilius accipient, quamquam haec et in metris accidunt QUINT.*Inst.*9.4.51; (*cf.*) hic est illud ~e, quod dixi: paulum enim morae damus inter ultimum atque proximum uerbum 9.4.108.

9 (in general, w. gen. or abl.) Devoid (of).
(*w. gen.*) omnium me exilem atque ~em fecit aegritudinum PL.*St.*526; omnia..plena consiliorum, ~ia uerborum CIC. *de Orat.*1.37; ~issima prudentiae reperta sunt (uerba) *Mur.* 26; ~em luminis orbem (*i.e. the Cyclops' eye*) OV.*Met.*14.200; ~es omnium bonorum sumus SEN.*Ep.*22.17; ~em mentis Oresten STAT.*Theb.*1.476;—(*w. abl.*) nulla..epistula ~is aliqua re utili et suaui uenerat CIC.*Att.*2.8.1; linquis ~is pube domos V.FL.2.290.

10 Unsubstantial, thin; (often of the underworld, its inhabitants, etc.). **b** (of persons, their ideas, etc.) empty-headed, foolish. **c** having little importance, trifling.
sese per ~ia nubila librant (apes) VERG.*G.*4.196; auras..~is *A.*7.593; uentos..~is 10.82; litus ad Inachium puluis ~is eam OV.*Fast.*5.656; ~is spuma PETR.109.7; in speciem serpentis ~em ancipiti gyro..frangi..ruborem (*i.e. a red flame*) STAT.*Theb.*10.601; (*w. ref. to a quality of the voice*) (uox) raua, praepinguis, aut tenuis, ~is QUINT.*Inst.*11.3.32;—arma procul currusque uirum miratur ~is VERG.*A.*6.651; ad ~ia magni regna redit Ditis OV.*Met.*4.510; ~ia Tartara 11.670; deformes animas, uolgus ~e *Fast.*2.554; (*cf.*) non sum ego quod fueram. quid ~em proteris umbram? *Tr.* 3.11.25. **b** noster cito deiectus est de illo ~i sermone CIC.*Att.*15.11.2; illud..pusilli animi et ipsa maleuolentia ieiuni atque ~is *Fam.*2.17.7; clarus..magis inter ~is quamde grauis inter Graios LUCR.1.639; totam Asiae regionem ~iora parere ingenia, et nostrorum (*sc.* Rhodiorum) tumidiorem sermonem esse LIV.45.23.16; tumens ~i gragulus superbia PHAED.1.3.4; luxus ~i ambitione furens LUC. 10.156; postquam ~em animum spe et cupidine impleuerat TAC.*Hist.*4.39; (*masc. pl. as sb.*) ~is hoc iuuat HOR.*S.*1.4.76. **c** quod ~e esset etiam si uerum esset, non uerum esse CIC.*Att.*11.17a.3; ~em..sermonem litterarum tibi iniucundum esse audiebam *Fam.*11.25.1; decora facies, demissus capillus..licet fortuita et ~ia putentur PLIN.*Ep.*1.10.6.

11 Having appearance without reality or substance, false, illusory, empty, hollow. **b** (of a promise, etc.) that is not or will not be fulfilled. **c** (of language) lacking real significance; (also of orators). **d** (of documents) fraudulent.
pecunias..erogatas in operum locationes falsas atque ~is CIC.*Ver.*5.48; ~ia sunt ista..delectamenta paene puerorum, captare plausus, uehi per urbem *Pis.*60; quod etsi casu, non diuinatione mea factum est, tamen in hac ~i prudentiae laude delector *Fam.*6.4.4; ~issimis splendoris insignibus 10.12.5; duo genera cupiditatum, naturales et ~es (*i.e. based on false concepts of what is good*) *Fin.*2.26; cuius..irridebat ~em ostentationem *B.Alex.*74.4; utrum..appellatio prouocatioque aduersus iniuriam magistratuum ostentata tantum ~ibus litteris an uere data sit LIV.3.56.13; huic, uerae ut lateant causae, finguntur ~es OV.*Am.*2.2.31; ad ~es sonos pauidus SEN.*Ben.*4.27.1; adumbrati faciem..honoris..et ~e tribunal CALP.*Ecl.*1.70; ~ia legionum nomina ne pauescerent TAC.*Hist.*4.14; finium..~i commota quaestione terram totam sibi uindicabat APUL.*Met.*9.35;—(*of things seen in dreams*) simulacra..~ia somni OV.*Ep.*9.39; sub imagine somni..exercet..cibo desuetum guttur ~i *Met.* 8.826. **b** reditus..sibi promittit ~es OV.*Met.*11.576; illa deum promisso ludit ~i *Fast.*3.685; quos..~i stipulatione captauerat V.MAX.8.2.2; Aesopi fabula de amicorum..leui..et ~i fiducia GEL.2.29.17; uoluntates nudas ~esque neque legibus neque poenis fieri obnoxias 6(7).3.47. **c** uerborum uel optimorum..sonitus ~is, nulla subiecta sententia CIC.*de Orat.*1.51; ~em sermonis elegantiam 3.141; nihil esse omnino animum, et hoc esse nomen totum ~e *Tusc.*1.21; uoces ~is fundere 3.42; qui horride atque incomposite quidlibet illud frigidum et ~e extulerunt QUINT. *Inst.*10.2.17; se ~i uerborum torrenti dare 10.7.23; id sacramentum ~e uisum TAC.*Hist.*1.56;—cum hi (*sc.* Attici) pressi et integri, contra inflati illi (*sc.* Asiani) et ~es habe-

rentur QUINT.*Inst*.12.10.16. **d** cum iste..Cibyram cum ~ibus syngraphis uenerat CIC.*Ver*.4.30.

12 (of reports, fears, hopes, etc.) Having no basis in fact, unjustified, groundless.
~i et tenui spe te consolaris CIC.*Q.Rosc*.43; crimen.. nisi litteris confirmetur ~e esse dicet? *Ver*.2.177; ~em.. rumorem *Pis*.57; ~es sollicitudines detrahit (philosophia) *Tusc*.2.11; diuum metus..~is LUCR.3.982; laetitia tumefactum..~i PROP.3.6.3; falsas et ~es suspiciones V.MAX. 9.8.3; qui principatus ~em ei famam circumdarent TAC. *Hist*.4.11.

13 Serving no purpose, vain, futile, unprofitable. **b** having no legal force, null and void.
laborem ~em ipsus capit TER.*Hec*.344; ~is nostras contentiones CIC.*de Orat*.3.7; infractus furor tuus ~is faciebat impetus *Dom*.64; quod ~is sit (aegritudo), quod frustra suscipiatur *Tusc*.3.82; di..iram miserantur ~em amborum VERG.*A*.10.758; fremitu..~i PROP.2.16.37; ad rigidas canto carmen ~e fores OV.*Am*.3.8.24; lugent et, ~ia morti munera, dant lacrimas *Met*.2.340; frange, puer, calamos et ~es desere Musas CALP.*Ecl*.4.23; ~is uoluntas desurgendi PLIN. *Nat*.28.211; ~e uictis uentorum remorumue subsidium TAC.*Ann*.2.15;—(*proleptically*) ut..precando tempora cum blandis absumpsit ~ia uerbis OV.*Met*.2.575; morsus..~es temptat SEN.*Tro*.1096;—(*pred.*) (formicae) in summum cacumen et inde in imum ~es aguntur *Dial*.9.12.3; remi.. cadunt in pectus ~es STAT.*Theb*.5.375;—(*internal acc.*) ~e furentis Centauros 4.533. **b** respondi ~em fuisse eam stipulationem JULIAN.*dig*.24.1.39; euenit, ut ~is obligatio aditione hereditatis confirmetur PAPIN.*dig*.46.3.95.2; solutione chirographo ~i facto et pignoribus liberatis ULP.*dig*. 10.4.18.

inānitās ~ātis, *f*. [prec.+-TAS]

1 Absence of contents, emptiness; an empty space.
quae (*sc.* caua uentris) ubi aut cibo conplentur aut ~ate diutina contrahuntur GEL.16.3.3;—quantum illa sub terris uacantis loci ~as pateat SEN.*Nat*.6.25.4; sanguine alopeciarum ~as et porrigo..curantur PLIN.*Nat*.32.35; andron.. omnem sonum media ~ate consumit PLIN.*Ep*.2.17.22; (*of the 'void' in Epicurean phil.*) cum duo indiuidua per ~atem ferantur CIC.*Fat*.18.

2 Lack of solidity, hollowness; a hollow, cavity.
(balsamum) adulteratur..hyperico, quod coarguitur magnitudine, ~ate PLIN.*Nat*.12.119; (panis) aqua trahitur ad tenuem et spongiosam ~atem 18.105; nec uerba.. patietur..oris ~ate resonare QUINT.*Inst*.1.11.6;—sub arteria..~as adnexa spinae PLIN.*Nat*.11.179; 11.250; quaedam (arbores)..~atem (habent) ut harundines 13.122; aurea statua..nulla ~ate 33.82.

3 Lack of true worth, substance, or meaning, emptiness, futility.
ut sapiens..circumcisa..~ate omni et errore..sine aegritudine possit..uiuere CIC.*Fin*.1.44; in summa ~ate uersatur, consectaturque nullam eminentem effigiem uirtutis *Tusc*.3.3; (oratio) multum..habet ~atis et uani, plus sonat quam ualet SEN.*Ep*.40.5; quasdam ~ates uerborum et imaginum GEL.13.8.2.

ināniter, *adv*. [INANIS+-TER[2]]

1 In a false or illusory manner. **b** without meaning anything, pointlessly. **c** without good reason, groundlessly.
cum sit incertum uere ~ue moueatur (*sc.* animus) CIC. *Luc*.34; 47; siquis ~ adiurarit CATUL.66.41; poeta, meum qui pectus ~ angit,..falsis terroribus implet HOR.*Ep*.2.1. 211. **b** haec Tiro..non nimis frigide neque sane ~ (scripsit) GEL.6(7).3.43; 17.10.16. **c** cum..~ et effuse animus exultat CIC.*Tusc*.4.13.

2 Ineffectually, unprofitably.
medicas exercet ~ artes OV.*Met*.2.618; ~ OPES SVAS POLLICERETVR *CIL* 6.1527.2.12.

inapertus ~a ~um, *a*. [IN-[2]+APERTVS] Not open or accessible.
fraudi..~a senectus SIL.7.26.

inapparātiō ~ōnis, *f*. [IN-[2]+pple. of APPARO+-TIO] Lack of preparation, unreadiness.
inopia stultitia inprudentia ~o *Rhet.Her*.2.7.

inaptābilis ~is ~e, *a*. [IN-[2]+APTO+-BILIS] (app.) Incomparable, peerless.
~I FEM(inae) ET INCOMPAR(abili) COIVG(i) *CIL* 10.8209.

inarātus ~a ~um, *a*. [IN-[2]+pple. of ARO] Unploughed, untilled.
nec nulla..est ~ae gratia terrae VERG.*G*.1.83; reddit ubi Cererem tellus ~a HOR.*Epod*.16.43; OV.*Met*.1.109; horrida ..dumis multosque ~a per annos Hesperia est LUC.1.28; STAT.*Theb*.10.512.

inarculum ~ī, *n*. [IN-[1]+ARCVLVS] (See quot.)
~um uirgula erat ex malo Punico incuruata, quam regina sacrificans in capite gestabat PAUL.*Fest*.p.113M.

inardescō ~descere ~sī, *intr*. [IN-[1]+ARDESCO]

1 To take fire, kindle.
nec munus (*i.e. Nessus' shirt*) umeris..Herculis ~sit aestuosius HOR.*Epod*.3.18; hic (*sc.* Capaneus) excelsa petens subita face solis ~sit STAT.*Theb*.3.539.

2 To become glowing or incandescent.
cum caerula nubes solis ~descit radiis longeque refulget VERG.*A*.8.623; ~descunt genae SEN.*Her.O*.251; arbusculas ..in igni..ut ferrum ~descentes PLIN.*Nat*.13.140.

3 (of persons or their passions) To be roused, glow, burn.
sic iam lenis amor..specie (iuuenis) praesentis ~sit OV. *Met*.7.83; adfectus omnes languescant necesse est nisi uoce, uultu..~descunt QUINT.*Inst*.11.3.2; interea..Artabanus.. cupidine uindictae ~descere TAC.*Ann*.6.32.

inārescō ~escere ~uī, *intr*. [IN-[1]+ARESCO] To become dry, dry up; (w. dat.) to dry in or on.
cum ~uerunt (fici) VAR.*R*.1.41.5; calx..non potest sine rimis ~escere VITR.2.4.3; ut (spongia) ~escat non est committendum CELS.5.26.23.E; ignorant quam celeriter lacrimae ~escant CURT.5.5.11; cariosas..uitis partes incipientesque ~escere PLIN.*Nat*.17.213; in totum ~escunt fontes 31.51; ubi uapore terrae, ui solis ~uerint (*sc.* moles bituminis) TAC.*Hist*.5.6; GEL.20.8.7; (*in fig. phr.*) (liberalitas) ita temperanda est, ne nimia profusione ~escat PLIN.*Ep*. 2.4.4;—(*w. dat.*) ut a balineis ~escant (diapasmata) corpori PLIN.*Nat*.21.125; siccus ~escit ripis cruor SIL.4.687.

inargentātus ~a ~um, *a*. [IN-[1]+ARGENTVM+-ATVS[2]] Overlaid with silver.
(coronae) e lamina tenui aerea inaurata aut ~a dabantur PLIN.*Nat*.21.5; lecti..~i PAUL.*dig*.33.10.3.

inargūtē, *adv*. [next+-E] Not sagaciously.
non..~..nec incallide opposuisti hoc Tullianum GEL. 12.13.19.

inargūtus ~a ~um, *a*. [IN-[2]+ARGVTVS] Lacking in shrewdness.
quae (sententia) mihi non ~a uidetur ULP.*dig*.7.5.5.1.

Inarimē ~ēs, *f*. A poet. name for Aenaria or Pithecusa, a volcanic island off the Campanian coast, now Ischia.
~e Iouis imperiis imposta Typhoeo VERG.*A*.9.716; OV. *Met*.14.89; Tyrrhenam..~en SEN.*Her.O*.1156; conditus ~es aeterna mole Typhoeus LUC.5.101; SIL.12.148.

inarō ~āre ~āuī ~ātum, *tr*. [IN-[1]+ARO] To plough in.
sarmenta sua concidito minute et ibidem ~ato aut infodito CATO *Agr*.37.3; lupinum..pro stercore ~are VAR.*R*. 1.23.3; COL.2.9.9; 2.10.6; PLIN.*Nat*.18.182.

inartificiālis ~is ~e, *a*. [IN-[2]+ARTIFICIALIS] (rhet., of proofs, transl. Gk. ἄτεχνος) Not contrived by the speaker.
probationes, quas extra dicendi rationem acciperet orator,..ἀτέχνους, id est ~es,..uocauerunt. ex illo..genere sunt..rumores, tormenta,..testes QUINT.*Inst*.5.1.1; 5.9.1; 5.11.43.

inartificiāliter, *adv*. [prec.+-TER[2]] Without trained skill, unscientifically.
qua in re alius se ~, alius artificialiter gerat, in ea esse artem QUINT.*Inst*.2.17.42.

inascensus ~a ~um. *a*. [IN-[2]+pple. of ASCENDO] Not mounted, unclimbed.
totiens procedere in rostra ~umque illum superbiae principum locum terere PLIN.*Pan*.65.3.

inaspectus ~a ~um, *a*. [IN-[2]+pple. of ASPICIO] Not looked upon, unseen.
~os caelo radiisque penatis seruantem STAT.*Theb*.1.50; huius ~ae luco stridere sagittae 4.428; 8.241.

inassātus ~a ~um, *pple*. [IN-[1]+pple. of ASSO] Well-roasted.
iocineris recentis ~i sanie PLIN.*Nat*.28.95; uiuerra porcelli modo ~a 30.47; 30.72.

inasserō ~āre ~āuī ~ātum, *tr*. [IN-[1]+ASSER+-O[3]] To cover with rafters, roof in.
TRABICVLAS..~ATO ASSERIBVS ABIEGNIEIS *CIL* 1.698.2.1.

inassignātus ~a ~um, *a*. **-ads-**. [IN-[2]+pple. of ASSIGNO] Not allocated, unassigned.
nec..agrorum modus diuisione uinci potuit, sed superfuit ~us AGEN.*agrim*.p.44.

inassuētus ~a ~um, *a*. **-ads-**. [IN-[2]+ASSVETVS] Not habituated, unaccustomed; not usual or familiar.
prata..fertur ~a subsecuisse manu OV.*Ars* 1.300; diurnum lumen ~i uix patiuntur equi *Fast*.4.450; *Ib*.10; —NOVO TVM OPERE ET ~O GALLIS *CIL* 13.1668.2.37; (*w. inf.*) rudis his tum parma..uestigia nuda, sinusque cingere ~um SIL.3.236.

inattenuātus ~a ~um, *a*. [IN-[2]+pple. of ATTENVO] Not reduced, undiminished.
fame patrias..attenuarat opes (Erysichthon), sed ~a manebat..dira fames OV.*Met*.8.844.

inaudax ~ācis, *a*. [IN-[2]+AVDAX] Not daring, timid.
dura post paulo fugies ~ax proelia raptor HOR.*Carm*. 3.20.3.

inaudiō ~īre ~iuī or ~iī ~ītum, *tr*. Also **indaudiō.** [IN-[1](INDV-)+AVDIO] FORMS: *indaudio*, etc., regular in PL. (sts. restored *metri gratia*); cj. in AFRAN.*com*.68, NOV.*com*.56.

1 To catch the sound of, hear.
unde hoc tam repente iucundum ~iui melum? NOV.*com*. 56.

2 To learn by hearing, hear of, get wind of.
metuo ne de hac re quippiam ~ierit PL.*Mos*.542; atque ego quoque ~iui illam fabulam TER.*Ph*.877; quod ego ~iui PAC.*trag*.35; consilia..quae te uideo ~isse CIC.*Fam*.9.24.1; illa uox, de qua ego ex te primum quiddam ~ieram *Ep*.fr. 6(5).2;—(*w. acc. and inf.*) heri ~iuit de summo loco..captum esse equitem Aleum PL.*Capt*.30; *St*.77; ~iui L. Pisonem uelle exire legatum CIC.*Att*.15.26.1;—(*w. indir. qu.*) rogito quis eam uexerit, quis habeat si ibi ~ierit PL.*Mer*.941.

inaudītiuncula ~ae, *f*. [**inauditio* (prec.+-TIO)+-CVLA] A scrap of hearsay information.
habebat..nonnullas disciplinae grammaticae ~as..easque quasi puluerem ob oculos, cum adortus quemque fuerat, adspergebat GEL.5.21.4.

inaudītus ~a ~um, *a*. [IN-[2]+pple. of AVDIO]

1 Not listened to, unheard; (esp. of accused persons).
nos ~a criminatione accusatorum priore loco causam dicere CIC.*Quinct*.33; temerarium existimo diuinare, quam spatiosa sit causa ~a PLIN.*Ep*.6.2.8;—qui statuit aliquid parte ~a altera SEN.*Med*.199; ~i atque indefensi tamquam innocentes perierant TAC.*Hist*.1.6; *Ann*.4.11; quosdam claros..uiros suspicione minima ~os condemnauit SUET. *Gal*.14.3; *Vit*.14.4; APUL.*Met*.10.6.

2 Unheard of (by reason of its novelty, outstanding quality, etc.).
illa Platonis uera et tibi..certe non ~a uox CIC.*de Orat*. 3.21; ~um facinus *Quinct*.79; ~ae crudelitatis *Ver*.5.153; diuina quaedam et ~a auctoritas atque uirtus *Red.Pop*.7; ista sors ~a Graecis est *Div*.2.116; nomina gentium ~arum, Dahas et Medos LIV.35.49.8; quid tam ~um quam nocturnum supplicium? SEN.*Dial*.5.19.2; ~o etiam postea genere luxuriae PLIN.*Nat*.36.114; ~as uolucris TAC.*Ann*.2.24; ~um atque insolens uerbum GEL.1.10.4.

inaugurātō, *adv*. [pple. of next+-O[2]] With the taking of omens by augury.
id quia ~ Romulus fecerat LIV.1.36.3; urbem auspicato ~que conditam habemus 5.52.2.

inaugurō ~āre ~āuī ~ātum, *tr*., *intr*. [IN-[1]+AVGVRO]

1 (intr.) To take omens by watching the flight of birds, practise augury.
per quam (uiam) augures ex arce profecti solent ~are VAR.*L*.5.47; Palatium Romulus, Remus Auentinum ad ~andum templa capiunt LIV.1.6.4; (*impers. pass.*) impetritum, ~atumst: quouis admittunt aues PL.*As*.259;—(*w. indir. qu.*) diuine tu, ~a fierine possit quod nunc ego mente concipio LIV.1.36.4.

2 (tr.) To consecrate by augury (a person chosen for a priesthood or other office, a place, etc.).
(*a person*) cooptatum me ab eo in conlegium (*sc.* augurum) recordabar..et ~atum ab eodem CIC.*Brut*.1; est ergo flamen..diuo Iulio M. Antonius?..cur non ~aris? sume diem, uide qui te ~et *Phil*.2.110; Ti. Veturius Philo flamen Martialis..creatus ~atusque LIV.29.38.6; 40.42.8; PLIN. *Nat*.16.237; Scipio Nasica..non rite ~atus consul AMP. 19.11; GEL.15.27.1; (*transf.*) cena poculisque magnis ~atur (*sc. a robber chief*) APUL.*Met*.7.9;—(*a place*) simulacrum Concordiae dedicare..in templo ~ato prohibuerunt CIC. *Dom*.137; fama exierat locum..~ari ubi auspicato cum populo agi posset LIV.3.20.6; quod (*sc.* templum) cum ~aretur FLOR.*Epit*.1.1(1.7.8); FEST.p.351M;—(*a tribe*) sex ..alias centurias..sub iisdem quibus ~atae erant nominibus fecit LIV.1.43.9;—(*a festival*) pontifici maximo feriae praecidaneae in atrum diem ~atae sunt CAP.*iur*.8.

inaurātor ~ōris, *m*. [INAVRO+-TOR] A gilder.
CIL 2.6107.

inaurātūra ~ae, *f*. [INAVRO+-VRA] Gold overlay, gilding.
opera tectoria, ~as..et his similia BALB.*grom*.p.97La.

inaurātus[1] ~a ~um, *a*. [pple. of INAVRO] Overlaid with gold, gilded. **b** (of cloth) gold-embroidered. **c** *pellis ~a*, the Golden Fleece. **d** (app.) alloyed with gold.
non ~a statua, sed aurea CIC.*de Orat*.3.129; CATUL.81.4; ~i..currus PROP.1.16.3; clipea ~a LIV.35.10.12; ~ae..fila lyrae OV.*Am*.1.8.60; PLIN.*Nat*.21.5; JUV.13.151; malum bracteis ~um dextra gerens APUL.*Met*.10.30. **b** equorum ~a tapeta ANDR.*poet*.44(45); palla ~a *Rhet.Her*.4.60; OV. *Med*.18. **c** petebant pellem ~am arietis ENN.*scen*.251; HYG.*Fab*.3.2; (*cf.*) arietem ~um 3.1. **d** ULP.*dig*.18.1.14.

inaurātus[2] ~a ~um, *a*. [IN-[2]+AVRATVS] Not adorned with gold.
~ae atque inlautae mulieris TITIN.*com*.1.

inaurēs ~ium, *f*. *pl*. [IN-[1]+AVRIS] Ornaments worn on the ears, ear-rings.
~is da mihi faciendas pondo duom nummum PL.*Men*.541; Antonia..murenae, quam diligebat, ~es addidit PLIN.*Nat*. 9.172; 33.12; FEST.p.165M; ornamenta muliebria..ueluti ~es ULP.*dig*.34.2.25.10.

inaurītus ~a ~um, *a*. [IN-[2]+AVRITVS] Devoid of hearing.
quaedam animalia..caeca natura gignuntur aut inodora ~aue GEL.6(7).6.1.

inaurō ~āre ~āuī ~ātum, *tr*. [IN-[1]+AVRVM+-O[3]] To overlay with gold, gild; (also, transf.) to make rich.
caluariae..ossum expurgarunt ~aueruntque GEL.*hist*.26; Hannibalem..cum columnam auream..auferre uellet dubitaretque utrum ea solida esset an extrinsecus ~ata pertere-brauisse CIC.*Div*.1.48; neque..argentum neque aes sine eo potest recte ~ari VITR.7.8.4; parietes, qui iam et ipsi tam quam uasa ~antur PLIN.*Nat*.33.57; *CIL* 9.3146; (*poet.*) ut

te confestim liquidus Fortunae riuus ~et HOR.*Ep*.1.12.9; —(*transf.*) moriar ni, quae tua gloria est, puto te malle a Caesare consuli quam ~ari CIC.*Fam*.7.13.1.

inauspicātō, *adv*. [next+-O²] Without the sanctions of the auspices.
~ pomerium transgressus CIC.*Div*.1.33; consulem..~ factum LIV.21.63.7; V.MAX.1.6.6; GEL.6(7).19.5.

inauspicātus ~a ~um, *a*. *superl*. ~issimus. [IN-²+AVSPICATVS]

1 Not sanctioned by auspices.
num etiam in deos immortales ~am legem ualuisse? LIV. 7.6.11.

2 Inauspicious, unlucky, ill-omened.
per ~um sanguinis pignus mei SEN.*Oed*.1022; locum ~um timebam PETR.131.1; Epidamnum colonia, propter ~um nomen a Romanis Dyrrachium appellata PLIN.*Nat*.3.145; (cornix) ~issima fetus tempore 10.30; bibente conuiua mensam..tolli ~issimum iudicatur 28.26; ~um metiens iter [QUINT.]*Decl*.6.5.

inausus ~a ~um, *a*. [IN-²+pple. of AVDEO] Not ventured on, undared.
nil linquere ~um VERG.*A*.7.308; ne quid ~um aut intractatum scelerisue doliue fuisset 8.205; SEN.*Dial*.11.16.5; V.FL.1.807;—(*w. dat.*) sciat nihil ~um esse fortunae SEN. *Ep*.91.15; quid..per hos dies ~um intemeratumue uobis? TAC.*Ann*.1.42;—(*neut. pl. as sb.*) ~a audeat SEN.*Thy*.20.

inb-: see IMB-.

incaeduus ~a ~um, *a*. [IN-²+CAEDVVS] (of woods) Not cut down, unfelled.
multos ~a silua per annos OV.*Am*.3.1.1; *Fast*.1.243; multis ~os annis..lucus 2.435; STAT.*Theb*.6.90.

incalātiō ~ōnis, *f*. [INCALO+-TIO] An invocation, summons.
~ones inuocationes PAVL.*Fest*.p.107M.

incalātīuus ~a ~um, *a*. [INCALO+-IVVS] Invocatory.
~ae uocatiuae PAVL.*Fest*.p.114M.

incalcō: see INCVLCO.

incalescō ~escere ~uī, *intr*. [IN-¹+CALESCO]

1 To become warm, grow hot.
lacrimis ~uisse togam PROP.4.7.28; ~escente sole LIV. 44.36.1; dicitur..Roma suburbanis ~uisse rogis OV.*Fast*. 2.550; ne nimis ~escat (terebra) CELS.8.3.7.; statim futurum ut ~escerent (balineae) TAC.*Hist*.3.32;—(*with fever*) cum.. aliquis inhorruit, et ex horrore ~uit CELS.3.12.3;—(*with vital heat*) feruidus haec iterum circa praecordia sanguis ~uit LVC.2.558; cuius iners audito nomine tellus ~uit floremque dedit CALP.*Ecl*.4.110;—(*of a season*) aestas suo tempore ~uit SEN.*Nat*.3.16.3.

2 (of persons, their passions, etc.) To become excited or roused. **b** to become heated (with wine or sim.).
ubi uaticinos concepit mente furores ~uitque deo OV. *Met*.2.641; Narcissum..uidit et ~uit 3.371; plausibus ex ipsis populi..ingenium quoduis ~uisse potest *Pont*.3.4.30; ~uit uirtus LVC.6.240; non ignarus..suorum..infatigabiles spiritus inter moras..etiam ~escere FRON.*Str*.2.1.8; tarde commouetur, raro ~escit (Cicero) TAC.*Dial*.22.3; (*w.* ad) tamquam nullo magis tempore aut ad simplicis cogitationes pateat animus aut ad magnas ~escat *Ger*.22.3. **b** ~uerant uino; 'age sane' omnes; citatis equis auolant Romam LIV.1.57.8; 39.42.10; CVRT.8.1.22; cum id temporis Nero per uinum et epulas ~esceret TAC.*Ann*.14.2.

incalfaciō ~facere ~fēcī ~factum, *tr*. [IN-¹+CAL(E)FACIO] To make hot, heat.
icta..coniectos ~facit hostia cultros OV.*Met*.15.735; si culmos Titan ~facit udos *Fast*.4.919.

incallidē, *adv*. [next+-E] Without shrewdness, unskilfully.
non ~ tergiuersantur CIC.*Off*.3.118; ea non ~ conquisiuit GEL.6(7).3.45; 12.13.19.

incallidus ~a ~um, *a*. [IN-²+CALLIDVS] Not shrewd, simple.
alios fuisse non ~os homines, qui ad paruas controuersias ..accederent CIC.*Inv*.1.4; *Clu*.47; cum ~us alioqui et facilis iuuenta senilibus tum artibus uteretur TAC.*Ann*.3.8.

incalō ~āre ~āuī ~ātum, *tr*. [IN-¹+CALO¹] To summon, invoke.
~anto inuocanto PAVL.*Fest*.p.114M.

incandescō ~escere ~uī, *intr*. [IN-¹+CANDESCO] To become red-hot, glow with heat; (also, in wider sense) to become intensely hot.
(plumbum) ~escit eundo et..sub nubibus inuenit ignes OV.*Met*.2.728; ut uetus accensis ~uit ignibus ara 12.12; cadmiae botryitidos ustae super testam, donec ~escat LARG.24;—miseranda coorta est tempestas totoque autumni ~uit aestu VERG.*G*.3.479; cum (scorpiones) ~uere solis ardoribus PLIN.*Nat*.11.88; eam partem aestatis quae nimiis caloribus ~escit FRON.*Aq*.123; pars magna terrarum..alto puluere ~uit PLIN.*Pan*.30.3.

incānescō ~escere ~uī, *intr*. [IN-¹+CANESCO] To become white or hoary.
torta..remigio spumis ~uit (incanduit *codd.*) unda CATVL. 64.13; ornus..~uit albo flore piri VERG.*G*.2.71; ubi ipse gelu..~uit..Caucasus V.FL.6.611; cum pigra ~uit aetas SIL.3.328; APVL.*Mun*.9.

incanō: see INCINO.

incantāmentum ~ī, *n*. [next+-MENTVM] An incantation, spell.
polleantne aliquid uerba et ~a carminum PLIN.*Nat*.28.10; 28.19.

incantō ~āre ~āuī ~ātum, *tr*., *intr*. [IN-¹+CANTO] FORMS: ~*assit* (= ~*auerit*) *Lex XII* (*Font.iur*.p.28).

1 (tr.) To put a spell on, bewitch, enchant; (absol., also w. internal acc.) to utter magic spells. **b** to endow with supernatural properties by means of spells.
ille adhibito mago ~auit sepulcrum [QVINT.]*Decl*.10. intro.; puerum..ubi ~atus sit corruisse APVL.*Apol*.42; 48; —num etiam puer aliqui ~auit? 45; VLP.*dig*.50.13.1.3; (*w. internal acc.*) qui malum carmen ~assit *Lex XII*(*Font. iur*.p.28). **b** excidere..herbas atque ~ata lacertis uincula..uideres HOR.*S*.1.8.49.

2 (intr., w. dat.) To sing in or on.
passerem ~antem saepiculae consectatur arripere APVL. *Met*.8.20.

incānus ~a ~um, *a*. [IN-¹+CANVS] (esp. of hair) Quite grey, hoary.
hominem crispum, ~um PL.*Rud*.125; barbas ~aque menta Cinyphii tondent hirci VERG.*G*.3.311; *A*. 6 809; labra (*i.e. of personified Famine*) ~a situ OV.*Met*.8.802; (herba) ~a, roris marini aspectu PLIN.*Nat*.24.173; ~a..tura STAT. *Theb*.6.60; caput uarietate capilli subrutilum et ~um SVET. *Dom*.20.

incapistrō ~āre ~āuī ~ātum, *tr*. [IN-¹+CAPISTRVM+-O³] To put a halter on, bridle; (in quot., used half-figuratively).
cum me Fotis malis ~asset erroribus (*i.e. by turning me into an ass*) APVL.*Met*.11.20.

incassum, *adv*. Often written as two words. [IN+CASSVS¹] Without effect, to no purpose.
bene promittis multa ex multis: omnia ~ cadunt PL. *Poen*.360; semina rerum multimodis temere ~ frustraque coacta tandem coluerunt LVCR.2.1060; si quando ad proelia uentum est..~ furit VERG.*G*.3.100; ~ missae preces LIV.2.49.8; uana ~ iactare tela 10.29.2; quam ~ omnis ceciderit labor, cogitant SEN.*Dial*.10.11.1; ne tanta ~ uirtus eat LVC.2.263; pauci bona libertatis ~ disserere TAC.*Ann*. 1.4; APVL.*Apol*.97.

incastīgātus ~a ~um, *a*. [IN-²+pple. of CASTIGO] Not chided, unreproved.
nec me dimittes ~um, ubi plura cogere quam satis est ac non cessare uidebor HOR.*Ep*.1.10.45.

incauillātiō ~ōnis, *f*. [next+-TIO] Mockery, ridicule.
~o per despectum inrisio PAVL.*Fest*.p.107M.

incauillor ~ārī ~ātus, *tr*. [IN-¹+CAVILLOR] To make fun of, mock.
cuiusmodi ioco ~atus sit Antiochum regem Poenus Hannibal GEL.5.5.

incauō ~āre ~āuī ~ātum, *tr*. [IN-¹+CAVO] To hollow out.
cum..desecare quid debet, cultro utitur (uinitor)..cum ~are, rostro COL.4.25.2.

incausō: see INCVSO.

incautē, *adv*. *compar*. ~ius. [next+-E] Without taking precautions, incautiously, unwarily, carelessly. **b** without having to watch one's behaviour, in a free-and-easy manner.
unum (caput) de reditu meo scriptum ~e CIC.*Att*.3.23.2; ego uero et ~e, ut scribis, et celerius quam oportuit feci 11.9.1; quod paulo ~ius custodias in muro dispositas uidebat CAES.*Gal*.7.27.1; proelio, quod..~e inconsulteque commissum est LIV.4.37.8; dum ~ius subit muros 39.21.3; cauendum ne ~e respondeas QVINT.*Inst*.5.11.27; GEL. 9.10.6. **b** potes apparatius cenare apud multos, nusquam hilarius, simplicius, ~ius PLIN.*Ep*.1.15.4.

incautus ~a ~um, *a*. *compar*. ~ior. [IN-²+CAVTVS]

1 Incautious, unwary, unsuspecting. **b** (pred.) off one's guard.
hominem ~um et rusticum CIC.*S.Rosc*.20; quod ego non suspicans ~ior fuissem, nisi a te admonitus essem *Fam*. 9.24.1; fallacis coniunx ~e puellae TIB.1.6.15; redeuntes agmine ~o LIV.9.38.3; ~ior fidei aestimator fuit 34.25.7; puer, ~is nimium temerarius annis OV.*Ars* 2.83; CVRT. 9.8.21; Otho..amore ~us laudare formam..uxoris apud principem TAC.*Ann*.13.46;—(*of thoughts, words*) consilia.. pro temporibus non ~a CIC.*Att*.8.9.3; uerba impatientia caritatis..~a TAC.*Ann*.13.21;—(*w. gen.*) formica..haud ignara ac non ~a futuri HOR.*S*.1.1.35; SEN.*Con*.9.6.19; nocendi prodigus ~usque sui STAT.*Theb*.6.767;—(*w. dat.*) Claudium, ut insidiis ~um, ita irae properum TAC.*Ann*. 11.26;—(*w.* ad) ~us ad credendum ceteris pauor LIV.9.12.8; —(*w.* ab) exitum ~i a fraude fraterna iuuenis 40.5.5. **b** oppressus Trebonius..~us CIC.*Phil*.11.5; CAES.*Gal*. 6.30.2; cum subita ~um dementia cepit amantem VERG.*G*. 4.488; Romanos..~os inuadit LIV.9.31.8; ne quam occultam in fraudem ~us rueret 10.34.6; VELL.2.57.1; nec solis ortum ~is patiuntur (galli) obrepere PLIN.*Nat*.10.46.

2 (w. pass. force): **a** Not guarded against, unforeseen. **b** not guarded, unprotected.
a quibus ~um scelus auersabile cumquest LVCR.6.390; sic est ~um, quidquid habetur amor PROP.2.4.14; sponte per ~as audet temptare tenebras..fretum LVC.5.500; rueret..iniquis sub ictu..fera ~o SIL.2.99. **b** quia quod neglexeris ~um atque apertum habeas LIV.25.38.14; (iter) inpeditius et intemptatum eoque hostibus ~um TAC.*Ann*. 1.50.

incēdō ~dere ~ssī, *intr*., (*tr*.). [IN¹+CEDO¹] N.B.: most exx. of sense 6 could formally belong to INCESSO.

1 To arrive on the scene, step up.
Megadorus..eccum ~dit a foro PL.*Aul*.473; *Cas*.562; unde ~dis, quid festinas, gnate mi? *Mer*.367; estne hic meu' sodalis qui huc ~dit cum amica sua? *Mos*.310; nimia est stultitia sessum inpransum ~dere *Poen*.10; TER.*Eu*.918; undique nuntii ~dunt TAC.*Ann*.11.32; primus accusator ~dit. tunc demum..inducitur etiam reus APVL.*Met*.10.7.

2 To proceed on foot, step, walk (esp. in a slow or stately manner). **b** (w. manner indicated). **c** (w. emphasis on bearing rather than on progress).
ut tu (*i.e. a horse*) ~dis? demam hercle iam de hordeo, tolutim ni badizas PL.*As*.705; is deridiculost quaqua ~dit omnibus *Mil*.92; uisam beluam..quacunque ~deret, omnia arbusta..peruertere CIC.*Div*.1.49; at media socios ~dens naue per ipsos hortatur Mnestheus VERG.*A*.5.188; cur uagus ~dit tota tibicen in Vrbe? OV.*Fast*.6.653; per sceleratos illi (*sc.* sapienti)..~dendum erit SEN.*Dial*.4.7.2; dum..in hortis ~do PETR.6.1; omnia animalia a dextris partibus ~dunt (*step off with the right foot*) PLIN.*Nat*.11.253; ubi est animus ille modicis contentus? talis hortos extruit et per haec suburbana ~dit..? TAC.*Ann*.14.53; (*in a sedan chair*) saepe adoperta sella per publicum ~ssit SVET.*Aug*.53.2; (*of the foot*) totus..pes ~dit (*i.e. touches the ground in walking*) CELS.8.20.3; (*contrasted w.* ambulo) tenero et molli ingressu suspendimus gradum (non ambulamus sed ~dimus) SEN.*Nat*.7.31.2;—(*cf.*) Ripaeos montes transcendat animus extraque litore oceani ~dat PLIN.*Nat*.6.33. **b** ~ssi ludibundus PL.*Ps*.1275ᵃ; alter, o di boni, quam taeter ~debat, quam truculentus..! CIC.*Sest*.19; illa, quam uidetis turpe ~dere CATVL.42.8; ~dunt..magnifici, sacerdotia et consulatus..ostentantes SAL.*Jug*.31.10; Faune..per meos finis..lenis ~das HOR.*Carm*.3.18.3; uno equo per urbem uerum triumphum uehi, Neronemque etiamsi pedes ~dat.. memorabilem fore LIV.28.9.15; durius ~dit OV.*Rem*.337; qui togati purpuratique ~dunt SEN.*Dial*.2.13.2; ille superbus ~det uictis riualibus IVV.12.126;—(*in fig. phrs.*) ista, quae tam dissimilia sunt, pariter ~dunt: spem metus sequitur SEN.*Ep*.5.7; uirtus..quae inter hanc fortunam et illam superba ~dit cum magno utriusque contemptu 76.21. **c** ego, quae diuum ~do regina Iouisque..coniunx VERG.*A*. 1.46; qui uiribus audax aut iaculo ~dit melior 5.68; hic qui retorto crine Maurus ~dit MART.6.39.6.

3 (of soldiers) To march forwards, advance.
cohortis paulatim ~dere iubet SAL.*Cat*.60.1; quadrato agmine ~dere *Jug*.100.1; Sabini usque ad portas urbis populantes ~ssere LIV.2.63.7; infestior tamen in erumpentes ~ssit 9.21.5; prima..luce..agmen reliquum ~dere coepit 21.33.1; CVRT.4.7.15; propius ~dentes eruptione subita turbati sunt TAC.*Ann*.4.47; 15.13;—(*in fig. phr.*) praesidio Veneris malitiae lenonis contra ~dam PL.*Rud*.693.

4 (of linear objects) To extend, advance.
diu sicut illud (*sc.* pelagus) ~dit ita sua litora porrigit (Asia) MELA 1.10; medio ambitu signiferi orbis ~dens aequinoctialis (circulus) PLIN.*Nat*.2.177; ~dit (Italia) per maria..ad meridiem 3.45; 5.98.

5 (w. *in*+acc., also tr.) To go into or on to, enter.
~dunt (columbae) in locum unum.., in quo..quinque milia sunt inclusae VAR.*R*.3.7.2; (*in fig. phrs.*) in uitam suam ~dere alios sinunt, immo uero ipsi..possessores eius futuros inducunt SEN.*Dial*.10.3.1; cum rerum natura in consortium omnis aeui patiatur ~dere 10.14.2;—~dunt maestos locos TAC.*Ann*.1.61; ipse scaenam ~dit 14.15; fontem aquae Marciae..nando ~sserat 14.22.

6 (of conditions, events, etc.) To arise, come on; (tr.) to befall, come over (a person). **b** (esp. of mental states, feelings).
ubi percaluit uenti uis et grauis ignis impetus ~ssit LVCR. 6.282; quoniam is ~ssit mos, ut.. SAL.*Rep*.1.5.5; tanta.. commeatus penuria ~ssit, uti.. V.MAX.7.6.6; si subitaneus imber ~sserit COL.1.6.24; si tale uer ~ssit, ut..prata.. floribus abundent 9.13.14; ~debat noctis..tenebras dolet SIL.8.337; postquam..pro modestia ac pudore ambitio et uis ~debat TAC.*Ann*.3.26; foedum anni principium ~ssit 4.68; fama ~ssit ereptum ius legatis ducendi in hostem 13.54; 15.15;—(*w. dat.*) ~debat..deterrimo cuique licentia 3.36;—(*w.* in+*acc.*) pestilentia ~sserat pari clade in Romanos Poenosque LIV.28.46.15; 29.10.3;—inopia rursus ambos ~ssit SAL.*Hist*.4.69.15; quotiens ualetudo aduersa flaminem Dialem ~ssisset TAC.*Ann*.3.71. **b** magnus.. ~sserat timor sagittarum CAES.*Civ*.3.44.6; tanta cupido gloriae ~sserat SAL.*Cat*.7.3; ubi illa formido mentibus decessit..lasciuia atque superbia ~ssere *Jug*.41.3; admiratio ~ssit quod.. LIV.7.34.12; religio deinde ~ssit uitio eos creatos 8.17.4; spes ~sserat dissidere hostem TAC.*Ann*.1.55; —(*w. dat.*) exercitui..omni tantus ~ssit ex incommodo dolor CAES.*Civ*.3.74.2; duobus regibus ~ssit magno discordia motu VERG.*G*.4.68; grauior cura patribus ~ssit LIV. 4.57.10; V.MAX.1.pr.;—(*w.* in+*acc.*) noua nunc religio in te istaec ~ssit TER.*An*.730; LIV.29.24.4;—(*tr.*) cupido ~ssit animos iuuenum sciscitandi 1.56.10; indignatio Aequos et Volscos ~ssit 3.60.8; tacita cura animum ~ssit 22. 12.5; illum cupido ~ssit adeundi..templum TAC.*Hist*.2.2; Pannonicas legiones seditio ~ssit *Ann*.1.16; FRO.*Aur*.2.p.4 (224N).

inceleber ~bris ~bre, *a*. [IN-²+CELEBER] (usu. in litotes) Unknown to fame, undistinguished.
aduocatum non ~brem GEL.1.22.6; 2.18.8; eius libri non ~bres feruntur 5.14.2; grammaticum haud ~bri nomine 19.10.7.

incelebrātus ~a ~um, *a*. [IN-²+pple. of CELEBRO] Not made known, unrecorded.
multa..tum ductu eius peracta..per inuidiam scriptorum ~a (celebrata *codd.*) sunt SAL.*Hist*.1.88; nobis pleraque

digna cognitu obuenere, quamquam ab aliis ~a TAC.*Ann.* 6.7.

incēnātus ~a ~um, *a.* [IN-[2]+CENATVS] Not having dined, dinnerless.
superi ~i sunt et cenati inferi PL.*Aul.*368; senem cupiunt extrudere ~um ex aedibus *Cas.*776; *Trin.*473; cubet ~us CATO *Agr.*156.3; LARG.140.

incendiārius ~a ~um, *a.* [INCENDIVM+-ARIVS]

1 (masc. as sb.) A fire-raiser, incendiary.
impunitis sacrilegis percussoribus ~is (*cj.*) SEN.*Nat.*2.42.1; odisse (te, *i.e. Nero*) coepi, postquam..auriga et histrio et ~us extitisti TAC.*Ann.*15.67; SUET.*Vit.*17.2; ULP.*dig.*48.8.10.

2 ~*a auis*, An unidentified bird (see quot.).
inauspicata est et incendiaria auis..quidam ita interpretantur, ~am esse quaecumque apparuerit carbonem ferens ex aris PLIN.*Nat.*10.36.

incendium ~(i)ī, *n.* [next+-IVM]

1 A destructive fire, conflagration (accidental or deliberate). **b** (in vaguer sense) fire, flames (poet.), usu. pl.). **c** an incendiary missile, meteor, etc.
classis..praedonum ~io conflagrabat CIC.*Ver.*5.92; domus ardebat..non fortuito, sed oblato ~io *Dom.*62; urbem..relictam direptioni et ~iis *Fam.*4.1.2; semina..ardoris..creant ~ia siluis LUCR.1.903; ut..tantum in agris uastandis ~iisque faciendis hostibus noceretur CAES.*Gal.*5.19.3; fumi ~iorum procul uidebantur 5.48.10; Sinon ~ia miscet VERG.*A.*2.329; pluribus simul locis circa forum ~ium ortum LIV.26.27.1; SEN.*Dial.*2.6.5; Neronis principis ~ia PLIN.*Nat.*17.5; TAC.*Ann.*14.26;—(*w. obj. gen.*) ~iis..uillarum ac frugum uastati fines LIV.5.12.5; ~ium Capitolii TAC.*Hist.*4.54. **b** fax obuoluta sanguine atque ~io ENN.*scen.*63; Cacum..~ia uana uomentem VERG.*A.*8.259; non ~ia (*i.e. breathed by the bulls*) Colchis adspirare (*sc.* Iasoni) sinit V.FL.7.584;—(*of volcanic fires*) haec causae spectanda ferunt ~ia montis *Aetna* 212; 460; cum Aetna..effudisset ~ium SEN.*Ben.*3.37.2; maximo..ardet ~io Theon ochema dictum Aethiopum iugum PLIN.*Nat.*2.238. **c** reicientur plagae ballistarum et impetus ~iorum VITR.10.14.3; inrita sacrilega iactas ~ia dextra OV.*Met.*14.539; nec plura alias ~ia (*i.e. meteors*) mundus sustinuit MAN.1.907; PLIN.*Nat.*2.97.

2 (transf.) Fiery heat (of the body, atmosphere, etc.).
uaporis corpora, quae stomacho praebent ~ia nostro, dissipat..liquor LUCR.4.872; Canicula..geminat..~ia solis MAN.5.208; propter ~ium siderum PLIN.*Nat.*2.172; Africae..~ia cum serenitate adfert (Notus) 18.329; ubi feruenti concepta ~ia pastu gurgite mulcebat rapido (serpens) SIL.6.162.

3 (in fig. context): **a** (of outbreaks of hostility, violence, or sim.). **b** (of violent emotions, esp. love). **c** *annonae ~ium*, high prices of corn.
a ad illud inuidiae praesens ~ium restinguendum CIC.*Clu.*137; qui uos in complexu liberorum..trucidatos ~io patriae sepelire conatus *Flac.*95; oriens ~ium belli Punici secundi *Rep.*1.1; hic amor Medeae quanta miseriarum excitauit ~ia! *Tusc.*4.69; ne..~io alieni iudicii..conflagraret LIV.39.6.4; Drusus, qui a patre in id ipsum..~ium militaris tumultus missus erat VELL.2.125.4; ibat et in medii praeceps ~ia belli V.FL.6.739. **b** cupiditatum ~iis inflammatum CIC.*Fin.*5.70; luctus nostraeque ~ia mentis CATUL.64.226; pectus eius flagrauit ~io, quod ex nuru..erubescere coactus est VELL.2.130.4; ~io feritatis ardescens APUL.*Met.*8.5;—(*of love*) ita mi in pectore atque in corde facit amor ~ium PL.*Mer.*590; adstiterit tunicata: 'moues ~ia' clama OV.*Ars* 2.301; aliae Satyris ~ia mitia praebent *Fast.*1.411; crescente..amoris in Cleopatram ~io VELL.2.82.4. **c** grauia annonae speculantem ~ia MAN.4.168; si quid residui erat, ut carius quidam uenderent, ad annonae ~ium suppressum est [QUINT.]*Decl.*12.4.

incendō ~dere ~dī ~sum, *tr.* [IN-[1]+**cand-* (cf. *candeo, candidus*)] FORMS: *incensit* (= *incenderit*) in PAUL.*Fest.*p.107M.

1 To set on fire, kindle (combustible materials). **b** (esp. buildings, etc., intended for destruction). **c** to cause a flame to burn in or on. **d** to kindle (a fire); also, to keep (a fire) burning.
pulchre hoc ~di rogum, ardet, tenetur AFRAN.*com.*114; tu..illas faces ~disti..quibus semiustilatus ille est CIC.*Phil.*2.91; cupas taeda ac pice refertas ~dunt CAES.*Civ.*2.11.2; NEP.*Han.*5.2; fragilis ~de bitumine lauros VERG.*Ecl.*8.82; spiritus dum secat aera ~det SEN.*Nat.*2.20.2; Aiax fulmine ~sus PLIN.*Nat.*35.50;—(*poet., hyperb.*) clamore ~dunt caelum VERG.*A.*10.895; STAT.*Theb.*5.553;—(*in fig. phr.*) si istuc, ut conare, facis..tuom ~des genus PL.*Trin.*675. **b** me..tuan caussa aedis ~surum censes? PL.*Capt.*845; conuenit harundinetum cum corruda, eo quia foditur et ~ditur CATO *Agr.*6.4; classis..piratarum manibus ~sa est CIC.*Ver.*3.186; uoluit ille senatum interficere, uos sustulistis; leges ~dere, uos abrogastis *Pis.*15; priuata aedificia ~dunt; frumentum omne..comburunt CAES.*Gal.*1.5.2; 6.6.1; uti..duodecim simul opportuna loca urbis ~derent SAL.*Cat.*43.2; saepe etiam steriles ~dere profuit agros VERG.*G.*1.84; VELL.2.74.4; TAC.*Ag.*5.3; JUV.3.222. **c** dependent lychni laquearibus aureis ~si VERG.*A.*1.727; uotis..~dimus aras 3.279; ~sa altaria 8.285; leni..primum igne..fornacem ~demus COL.12.19.3. **d** attritu aeris ignis ~sus SEN.*Nat.*1.14.5; (*cf.*) sternite lectos, ~dite odores PL.*Men.*353; (*transf.*) cum furit..febris, profuit ~sos aestus auertere VERG.*G.*3.459;—ignis subicitur, et tamdiu ~ditur, donec ad fundum calor..perueniat COL.12.18.6.

2 To make fiery hot, scorch; (esp. of fever, thirst, or sim.).
sol omnia ~derat CURT.4.7.13; ~dere diem nubes oriente remotae LUC.4.68; acer anhelantis ~dit Sirius agros STAT.*Silv.*3.1.54; (*hyperb.*) Hippodamus fert ora sequentum (*i.e. in a race*)..multaque umeros ~ditur aura *Theb.*6.439;—(*of fever, thirst, etc.*) caput ~sum feruore gerebant LUCR.6.1145; potio quam dilutissima, ut et sitim tollat nec corpus ~dat CELS.1.3.36; flagrat ~sum siti cor SEN.*Thy.*98; carpit..medullas ignis edax (*sc. from a snake-bite*) calidaque ~dit uiscera tabe LUC.9.742.

3 To light up, cause to glow.
hanc lustrationem eiusdem (*sc.* solis) ~sa radiis..luna complet CIC.*N.D.*1.87; anguis..caeruleae cui terga notae maculosus et auro squamam ~debat fulgor VERG.*A.*5.88; cupit (ira)..exilire et ~dere oculos et mutare faciem SEN.*Dial.*5.13.2; uariis ubi plurima floret purpura picta modis mixtoque ~ditur auro STAT.*Theb.*10.60; digitos ~dere gemmis gaudebat *Silv.*2.1.134; GEL.2.26.8.

4 (esp. in pass.) To inspire with strong feeling, fire, excite (a person or his mind). **b** (w. emotion as subj.).
qui semper me ira ~dit PL.*As.*420; ~dor ira esse ausam facere haec te TER.*Hec.*562; turpissima libidine ~sus CIC.*Prov.*24; narrabat ~sam esse iuuentutem neque ferre haec posse *Att.*2.8.1; philosophiam cognitionis cupidine ~sam *Tusc.*1.45; illa studia..quibus etiam te ~di *Fat.*3; Thetidis Peleus ~sus..amore CATUL.64.19; ~sum calcaribus equum HIRT.*Gal.*8.48.5; ut..donis..furentem ~dat reginam VERG.*A.*1.660; ~dit..animum dictis atque aggerat iras 4.197; ~sus Tarquinius non dolore solum tantae ad inritum cadentis spei sed etiam odio iraque LIV.2.6.1; non dicam pudicam, quae amatorem ut ~deret reppulit SEN.*Ben.*4.14.1; ille pauentis ~dit uirtute animos LUC.9.407; ferocia uerborum militem ~debat TAC.*Hist.*4.71; num..populum per contiones ~do? *Ann.*4.35; FRO.*Aur.*2.p.4(224N); (*cf., language*) principia uerecunda, nondum elatis ~sa uerbis CIC.*Orat.*124;—(*to a specified course of action*) imperatorem ~sum ad rem publicam bene gerendam reuocare *Prov.*35; omnes..~duntur ad studia gloria *Tusc.*1.4; haec iuuentutem..ad facinora ~debant SAL.*Cat.*13.4. **b** fortitudo dimicare iubet, iustum odium ~dit CIC.*Phil.*13.6; nos cupiditas ~dit..festinationis *Fam.*5.12.9; Sabinum..falsae stirpis gloria ~debat TAC.*Hist.*4.55; rabie iecur ~dente JUV.6.648.

5 To stir up, inflame, provoke (a passion, conflict, etc.).
quo mage lubido frustra ~datur tua TER.*An.*308; odia..quae iam exstincta erant ~damus CIC.*Att.*9.1.3; cum ~disses cupiditatem meam consuetudinis augendae nostrae *Fam.*15.21.1; ut auditoris iram oratoris ~dat actio *Tusc.*4.43; corpora quae plagis ~dunt mobilitatem LUCR.6.347; talibus ~sa est iuuenum sententia dictis VERG.*A.*12.238; proelia..rauco..~dere cornu V.FL.6.92; ~debat..studia hominum omni genere popularitatis SUET.*Cal.*15.1.

6 To heighten the effect of, intensify; to aggravate (something bad).
pudor ~dit uiris VERG.*A.*5.455; ~debat haec fletu TAC.*Ann.*1.23; hos uulgi sermones audita mors adeo ~dit ut..desererentur fora 2.82; si gemina fiat ('atque'), auget ~ditque rem GEL.10.29.2;—erat ipse..acerba..natura Oppianicus; ~debat eius amentiam infesta..filio mater Habiti CIC.*Clu.*44; inimicitiis ~sa contentio *Opt.Gen.*22; illam ~dentem luctus Idaeus et Actor..corripiunt VERG.*A.*9.500; quid aliud est uitia nostra ~dere quam auctores illis inscribere deos..? SEN.*Dial.*10.16.5.

incēnō ~āre, *intr.* [IN-[1]+CENO] (dub.) To dine (in a place).
in praetorio, cui Speluncae nomen est, ~ante (*s.v.l.*) eo complura..saxa..dilapsa sunt SUET.*Tib.*39.

incensiō ~ōnis, *f.* [INCENDO+-TIO] The act of setting on fire.
post Capitoli..~onem CIC.*Catil.*3.9; ~one urbem..liberaui *Sul.*33.

incensor ~ōris, *m.* [INCENDO+-TOR] One who kindles or sets fire to.
messium ~ores SAT.*dig.*48.19.16.9; specularum (*i.e. beacons*) ~ores adsidui APUL.*Mun.*26.

incensus[1] ~a ~um, *a.* *superl.* ~issimus. [pple. of INCENDO]

1 Radiant, glowing.
~issimam (*cj.*) rubore faciem PETR.67.13.

2 Impassioned, ardent.
acrem..oratorem, et ~um et agentem et canorum concursus hominum..desiderat CIC.*Brut.*317; hoc (*sc.* genus dicendi) uehemens ~um incitatum *Orat.*128.

incensus[2] ~a ~um, *a.* [IN-[2]+pple. of CENSEO] Not registered or enrolled at a census.
cum (populus)..~um uendit, hoc iudicat..eum qui, cum liber esset, censeri noluerit, ipsum sibi libertatem abiudicauisse CIC.*Caec.*99; LIV.1.44.1; in populo per multos annos ~o 4.8.3; maxima est kapitis diminutio, cum aliquis simul et ciuitatem et libertatem amittit; quae accidit ~is GAIUS *Inst.*1.160.

incentiō ~ōnis, *f.* [INCINO+-TIO] The playing of music.
docet plurimis hominum morbidis medicinae fuisse ~ones tibiarum GEL.4.13.3; ut (Marsi) et serpentium..domitores sint, et ~onibus herbarumque sucis faciant medelarum miracula 16.11.2.

incentiuus ~a ~um, *a.* [INCINO+-IVVS] (of the right-hand tube in a pair of pipes) Playing the tune (which the other tube modulates); (in quot., also fig.).
est altera (tibia) eiusdem carminis ~a, altera succentiua. et quidem licet adicias..pastorum uitam esse ~am, agricolarum succentiuam VAR.*R.*1.2.15.

inceps, *adv.* [IN-[1]+*-ceps* (CAPIO); cf. *deinceps*] Subsequently, thereafter.
*Rhet.Her.*3.31 (*v.l.* deinceps); ~, deinceps PAUL.*Fest.*p.107M.

inceptiō ~ōnis, *f.* [INCIPIO+-TIO]

1 A beginning, start.
neque..ortum esse umquam mundum, quod nulla fuerit..tam praeclari operis ~o CIC.*Luc.*119; neque ~o patrociniorum..seni congruisset APUL.*Apol.*66;—(*in a speech*) prout..sententiarum natura aut depositio aut ~o aut transitus postulabit QUINT.*Inst.*11.3.46.

2 An undertaking, enterprise.
audire..eorumst operae pretium audaciam (nam ~ost amentium, haud amantium) TER.*An.*218.

inceptō ~āre ~āuī ~ātum, *tr.* [INCIPIO+-TO] To begin, start, undertake. **b** (ellipt., w. *cum*) to try conclusions (with someone).
quas..incepistis res quasque ~abitis PL.*Am.*7; dic quo iter ~as *Truc.*130; fabulam ~at TER.*An.*925; uide quod ~et facinu' *Hau.*600;—(*w. inf.*) numquid..facis aut ~as facinus facere..? PL.*Cur.*24; *Trin.*1030; (artes) quas iam discere..~auerant GEL.1.9.6; fama uirtutis..Romanae..enitescere ~abat 17.21.33. **b** heia sudabis satis si cum illo ~as homine: ea eloquentiast TER.*Ph.*629.

inceptor ~ōris, *m.* [INCIPIO+-TOR] One who starts or initiates.
o mearum uoluptatum omnium inuentor ~or perfector TER.*Eu.*1035.

inceptum ~ī, *n.* [pple. of INCIPIO]

1 A thing undertaken or started, an undertaking, enterprise, attempt. **b** the theme or subject of a book or sim.
hoc est ~a efficere pulchre PL.*Bac.*1068; illud ~um..animist pudenti' signum TER.*Hau.*119; cuius ego non modo factum sed uel ~um ullum conatumue contra patriam deprehendero CIC.*Catil.*2.27; ne permaneas in ~o LUCC.*Fam.*5.14.3; quo magis ~um peragat VERG.*A.*4.452; di nostra ~a secundent 7.259; deserit ~um 9.694; primo ~o repulsi LIV.5.11.2; si successisset ~um 8.25.12; nec piget ~i OV.*Fast.*3.175; VELL.2.68.3; ciuitas talibus ~is abhorrebat TAC.*Hist.*4.55. **b** memorare possum, quibus in locis maxumas hostium copias populus Romanus parua manu fuderit,..ni ea res longius nos ab ~o traheret SAL.*Cat.*7.7; ad ~um redeo *Jug.*42.5; ne nunc ~o longius abierim TAC.*Ann.*6.22.

2 (app.) A beginning, start.
id foedum consilium cum ~o (*s.v.l.*) tum etiam exitu fuit LIV.26.38.4.

inceptus ~ūs, *m.* [INCIPIO+-TVS[3]] The act of beginning or undertaking; an attempt, effort.
inde (capias) foedum ~u foedum exitu quod uites LIV.pr.10;—~us iam lancea temnit erilis V.FL.6.124.

incerniculum ~ī, *n.* [next+-CVLVM] (perh.) A receptacle into which corn, etc., is sifted.
in torcularium in usu quod opus est..cribrum 1, ~um 1 CATO *Agr.*13.1; LUCIL.681; decretum fecere (Athenienses) ne frumentarii negotiatores ab ~is eum (*sc.* mulum) arcerent PLIN.*Nat.*8.175.

incernō ~ere increuī incrētum, *tr.* [IN-[1]+CERNO] To sprinkle on with a sieve, sift on; also, to besprinkle.
semen serito crebrum..eo terram cribro ~ito altam digitum transuersum CATO *Agr.*48.2; 151.3; piper album cum sale nigro incretum HOR.*S.*2.4.75; super fricaturam..~atur marmor VITR.7.1.4; COL.5.6.6;—in eorum..sacris liba cum sunt facta, ~i solere farris semine VAR.*gram.*197.

incērō ~āre ~āuī ~ātum, *tr.* [IN-[1]+CERA+-O[3]] To smear or cover with wax.
eas (*sc. prob.* tabulas) ~aui et conscribillaui Herculis athlis VAR.*Men.*76; ex ferula facto canaliculo eodemque intus ~ato CELS.8.8.1.c; genua ~are deorum (*i.e. by laying waxed tablets containing prayers on them*) JUV.10.55.

incertē, *adv.* [INCERTVS+-E] Uncertainly, doubtfully.
ubi habitet dicere admodum ~ (*v.l.* incerto) scio PL.*Epid.*505; sin east quam ~ (*v.l.* incerto) autumo 545; ~ errat animus ENN.*scen.*241; PAC.*trag.*302.

incertō[1], *adv.* [INCERTVS+-O[2]] = prec.
id ego admodum ~ (*v.l.* incerte) scio PL.*Ps.*962.

incertō[2] ~āre ~āuī ~ātum, *tr.* [next+-O[3]] To make uncertain or doubtful; to make indistinct, obscure.
longa dies meum ~at animum PL.*Epid.* 544; med ~at dictio: quare expedi! PAC.*trag.*150;—singultu lacrimoso sermonem ~ans APUL.*Met.*5.13; quae (*sc.* nauis)..cursus spatio prospectum sui nobis ~at 11.16.

incertus ~a ~um, *a.* *compar.* ~ior, *superl.* ~issimus. [IN-[2]+CERTVS] FORMS: gen. pl. masc. *incertum* PAC.*trag.*43. CONST.: w. indir. qu. (6b, 6c, 8a, 8g, 9, 10b); w. acc. and inf. (6b); w. gen. (9, 10, 11); w. *de* (6b, 9); w. *inter* (12c).

1 Not fixed, ordained, or predetermined; (of fevers) not having a fixed cycle. **b** that cannot be known beforehand, subject to chance, unpredictable; also *in ~o*. **c** (neut. as sb., esp. pl.) a hazard, uncertainty.

quae nunc sunt certa consilia, ~a ut sient TER.*An.*390; corpora..~o tempore ferme ~isque locis spatio depellere paulum LUCR.2.218; quantum ratione prouideri poterat ab nostris occurrebatur, ut ~is temporibus diuersisque itineribus iretur CAES.*Gal.*7.16.3; uenerem ~am rapientis more ferarum HOR.*S.*1.3.109; in unum annum uouebant (ludos) dieque ~a faciebant LIV.27.23.5; OV.*Fast.*1.661; homo toto anno et ~o gignitur spatio, alius septimo mense, alius octauo PLIN.*Nat.*7.38;—oriuntur..febres ~ae CELS. 2.1.8. **b** res ~issimae, uenti tempestatesque CIC.*Ver.* 3.227; nihil est ~ius uolgo, nihil obscurius uoluntate hominum *Mur.*36; semper ~i exitus proeliorum sunt *Fam.* 6.4.1; ~am..funeris horam quaeritis PROP.2.27.1; quod ad ~os belli euentus subsidium rei publicae esset LIV.7.23.4; erret..exul..~i laris SEN.*Med.*21; Id. Nou. dies ~us, saepius tamen placidus COL.11.2.88; cuncta mortalium ~a TAC.*Ann.*1.72; ~o..casu spem mercantium uel frustrari uel explere SUET.*Aug.*75; (*poet.*) dum blanda uagus alea December ~is sonat hinc et hinc fritillis MART.4.14.8; (*cf.*) praemissa classe, quae pluribus locis praedata magnum et ~um terrorem faceret TAC.*Ag.*29.2;—quia pauidis consilia in ~o sunt *Ann.*3.9. **c** certa mittimus dum ~a petimus PL.*Ps.*685; ~a pro certis, bellum quam pacem malebant SAL.*Cat.*17.6; *Jug.*83.1; per miserias et ~a humani generis orare *Hist.*1.24; ad ~a belli LIV.30.2.6; ni ~a noctis.. timuissent TAC.*Hist.*1.26; ~a Oceani *Ann.*11.20; si iactum retis emero et iactare retem piscator noluit, ~um eius rei aestimandum est CELS.*dig.*19.1.12.

2 Not specified or defined; *in ~um*, for an indefinite period.

iudicium est pecuniae certae, arbitrium ~ae CIC.*Q.Rosc.* 10; multos..~is commeatibus (*i.e. furloughs*) per ambitionem imperatorum ab exercitu abesse LIV.43.14.7; potest accusari sola mulier ~i adulterii (*i.e. with an unspecified man*) QUINT.*Inst.*7.2.52; ~ae personae legatum inutiliter relinquitur GAIUS *Inst.*2.238; siue ex certo contractu petatur ex ~o (*i.e. not in specific terms*) ULP.*dig.*12.1.9;—(*neut. as sb.*) esse alterum legatum uelut certi, alterum ~i PAPIN.*dig.* 7.5.8; ~i actio ULP.*dig.*30.75.4;—L. Minucius praefectus annonae seu refectus seu, quoad res posceret, in ~um creatus LIV.4.13.7.

3 (of battles, disputes, or their results) Not yet decided, hanging in the balance; also, *in ~o*.

tum cum esset ~us exitus et anceps fortuna belli CIC. *Marc.*15; an..eum magis communem censemus in uictoria futurum fuisse, quam ~is in rebus fuisset? *Fam.*4.9.2; uos autem ~a uictoria Caesarem secuti diiudicata iam belli fortuna uictum sequamini..? CAES.*Civ.*2.32.6; priusquam populus suffragium ineat, in ~um comitiorum euentum patres auctores fiunt LIV.1.17.9; dum ferrum, ~aque fata,.. ibitis ad dominum..? LUC.4.215; maximae quaestionis et semper ~ae est, polleantne aliquid..incantamenta carminum PLIN.*Nat.*28.10;—omnia..uictoribus erant futura in ~o *B.Alex.*16.1; etiam tum euentus in ~o erat SAL.*Jug.* 51.2.

4 Not certain to happen or be realized, not inevitable; (of hopes) not certain of fulfilment; also *in ~o*.

praemium ~um petis, certum scelus SEN.*Phoen.*632; a nulla mors est ~a sagitta LUC.8.297; caecae festinationis temeritate ac metu ~ae insecutionis spreta salubri monitione APUL.*Met.*8.16;—spe ~a certum mihi laborem sustuli TER. *Hec.*17; erat non nulla spes comitiorum sed ~a CIC.*Q.Fr.* 2.13.5; LIV.2.17.4;—dum tenebit uota in ~o deus SEN. *Phaed.*630.

5 About which one cannot be confident, not dependable, unsure, unsafe; (neut. sg. as sb.) a precarious state. **b** (of persons in specified capacities). **c** (of ground in respect of footing).

restitue certas mi ex ~is nunc opes PL.*Poen.*1164; filiam ut darem..in ~as nuptias TER.*An.*830; propter rei publicae calamitates omnium possessiones erant ~ae CIC.*Q.Rosc.*33; ut aetati maxime lubricae atque ~ae exempla nequitiae parentis uita praeberet *Ver.*5.137; habet (agros) ~os ac nullo iure possessos; confirmabuntur optimo iure *Agr.*3.14; neque coniectura..quicquam sit ~ius *Div.*2.147; ~is.. mensibus (*i.e. spring and autumn*) amnis abundans VERG. *G.*1.115; ne rem publicam in ~o relinqueret statu LIV. 5.49.9; unde nunc nobis ~issima pax est 8.20.12; frequens cogitatio breuis aeui et huius ~i SEN.*Ep.*114.27; nec..bella geret..~o debilis arcu LUC.8.373; reditus propter condicionem agellorum nescio minor an ~ior PLIN. *Ep.*2.4.3; si quid..amari et ~i (*i.e. of questionable fertility*) soli est, id assignatione non datur SIC.FL.*agrim.*p.120; societatem..~am reconciliationibusque uariis male focilatam SUET.*Aug.*17.1; (*w. inf.*) persequi ~um fuit, cum.. gliscerent numero et aliquando minuerentur TAC.*Ann.*4.5; —quid negabo aut quid fatebor? res omnis in ~o sita est PL.*Capt.*536; cui non perspicuum est ad ~um reuocari bona, fortunas CIC.*Caec.*38. **b** neque testis ~us auditur CIC. *S.Rosc.*62; index..neque obscurus neque ~us *Clu.*21; nouos hostes..consilia cum ueteribus iungere, haud ~is auctoribus Romam est allatum LIV.4.45.3; 33.10.10. **c** quem (*sc.* amnem) cum ~o uado transiret agmen LIV.8.24.11; pediti quoque ~a uia est 21.31.11; cetera limosa, tenacia graui caeno aut riuis ~a erant TAC.*Ann.*1.63; (*neut. pl. as sb.*) neque discerni poterant ~a ab solidis 1.70.

6 Not clearly ascertained or identified, doubtful, uncertain. **b** (w. cls., inf.). **c** *in ~o*, in doubt, conjectural.

eccum qui ex ~o faciet mihi quod quaero certius PL.*Ps.* 965; cuius (*sc.* Homeri) etsi ~a sunt tempora, tamen annis multis fuit ante Romulum CIC.*Brut.*40; cum esset ~um iter Caesaris, quod uel ad Capuam uel ad Luceriam iturus putabatur *Att.*8.3.7; Lucerum nominis et originis causa ~a est LIV.1.13.8; prima palmae pars ex multis..ossibus constat, quorum numerus ~us est CELS.8.1.21; diu nemo, quid sentiret, ausus est dicere ~a regis uoluntate CURT. 4.11.10; Nilus ~is ortus fontibus PLIN.*Nat.*5.51; carmina ~is auctoribus uulgata TAC.*Ann.*1.72; SUET.*Jul.*56.1; hi patrem habere non intelleguntur, cum is etiam ~us sit GAIUS *Inst.*1.64;—(*neut. as sb.*) propter ~um successionis SCAEV.*dig.*2.15.14. **b** (*w. indir. qu.*) si ~um fuisset quisnam exitus illius iudici futurus esset CIC.*Clu.*63; *Att.*15.9.2; consules ambo profecti sint..an alter..substiterit, ~um diuersi auctores faciunt LIV.4.55.8; ~um est..quando febris uentura sit CELS.3.12.1; quem egestate cibi peremptum haud dubium, sponte uel necessitate ~um habebatur TAC.*Ann.*6.23; relinqueret ~um quid uiso..reo decreturi patres fuerint 16.26;—(*w.* de) cum ~um sit de iniuria CIC. *Div.Caec.*60; SUET.*Nero* 1.1;—(*w. acc. and inf.*) redhibitionem procedere nequaquam ~um est ULP.*dig.*21.1.49;— (*ellipt.*) clauserant portas, ~um ui an uoluntate LIV.31.41.2; 37.11.2; mors, ~um facilis an per poenam SEN.*Dial.*6. 18.8; PLIN.*Nat.*36.107; adfertur rumor rapi in castra ~um quem senatorem TAC.*Hist.*1.29; stetit domus utraque, sub Othone ~um an metu 1.75; M. Saluius Otho, patre equite R., matre humili ~um an ingenua SUET.*Otho* 1.1; inuenit.. ~um quem adulterum capite uelato CALP.*Decl.*49. **c** sit inter cetera uetustate cooperta hoc quoque in ~o positum LIV.4.23.3; auctor in ~o, res est Romana OV.*Fast.*6.435; PLIN.*Nat.*2.173; imperia ducum in ~o reliquerat TAC.*Hist.* 2.33; ne rerum dominia diutius in ~o essent GAIUS *Inst.* 2.44;—(*w. indir. qu.*) ut in ~o fuerit..uicissent uictine essent LIV.5.28.5; VELL.2.97.2; quos (honores) omiserit receperitue in ~o fuit TAC.*Ann.*6.45.

7 About whom or which nothing certain is known. **b** (in respect of birth, parentage).

med..in ~as regiones timidam eiectam PL.*Rud.*188; pauci ex proelio elapsi ~is itineribus per siluas..in hiberna perueniunt CAES.*Gal.*5.37.7; dant..arma, non uolgo, tantum ut ~o hoste praesidium satis fidum ad omnia esset LIV. 3.15.8; ~iora futura praeteritis sunt 25.12.8; dedita sacris ~i Iudaea dei LUC.2.593; plurimi..ut cuique humillimus cliens, ~as latebras petiuere TAC.*Hist.*1.81; euenit ut post paucissimas noctis horas exturbatus inde subita ui et ~a paene semianimis..ante fores inueniretur SUET.*Aug.*6;— (*neut. as sb.*) licet..uela..in ~um frigidus Auster agat PROP.2.26.36; dixit ~a peti, certa deseri (*i.e. if Alexander sailed the Ocean*) SEN.*Suas.*1.10. **b** genus huic materna superbum nobilitas dabat, ~um de patre ferebat VERG.*A.* 11.341; Martem ~ae stirpis patrem nuncupat LIV.1.4.2; ideo..decemuiros conubium diremisse ne ~a prole auspicia turbarentur 4.6.2; ecquando didicisti fallere nuptas, et facere ~um per mea iussa genus? OV.*Pont.*3.3.54; SEN.*Thy.* 327.

8 About which one cannot make up one's mind: **a** *~um (in ~o) est mihi* (w. indir. qu.), I cannot make up my mind; (abl. absol.) *~o* (w. indir. qu.), it being impossible to decide. **b** (of language, signs, etc.) not admitting of certain interpretation, vague or ambiguous. **c** (of sounds) not clearly distinguishable, confused. **d** (of something visible) dimly perceived, obscure, shadowy; also, unrecognizable. **e** (of fighting, etc.) showing no clear result, inconclusive. **f** of uncertain character or status, neither the one thing nor the other; (of writings) of disputed authorship. **g** (w. indir. qu.) giving rise to uncertainty (in some specified respect).

a nunc mi ~umst abeam an maneam PL.*Aul.*729; ~umst quid agam TER.*An.*264; *Hau.*95;—fugere an manere tutius foret, in ~o erat SAL.*Jug.*38.5; SEN.*Nat.*5.18.4; (*cf.*) Allobroges diu in ~o habuere, quidnam consili caperent SAL. *Cat.*41.1;—multi adnantes nauibus, ~o prae tenebris quid aut peterent aut uitarent, foede interierunt LIV.28.36.12; 44.7.11. **b** qua in lege est: 'qui coierit', quod quam late pateat uidetis. 'conuenerit'; aeque ~um et infinitum est CIC.*Clu.*157; erant omnia quae istim adferebantur ~a *Fam.* 10.20.1; cum ~is rumoribus seruiant CAES.*Gal.*4.5.3; locus, in quo..uox..repulsa resiliens ~as auribus referat significationes VITR.5.8.1; interrogo, cum me ~is auspiciis profectum ab domo scirem..an auspicia repetenda (sint) ne quid dubiis dis agerem LIV.8.32.4; eum..~is implicantes responsis 27.43.3; (superi) signa..luctus dant haud ~a futuri OV.*Met.*15.782; cum difficilis esset ~ae rei (*i.e. ingratitude*) aestimatio, tantum odio damnauimus SEN.*Ben.* 3.6.2; ubi ~a fugae uestigia TAC.*Ag.*38.3; tumidi (stili) fallunt pro uberibus..~i et ambigui pro mediocribus GEL.6(7).14.5; (*prol.*) ~a fugae uestigia turbat LUC.8.4;— (*neut. sg. as sb.*) Tiberio..suspensa semper et obscura uerba: tunc uero nitenti ut sensus suos penitus abderet, in ~um et ambiguum magis implicabantur TAC.*Ann.*1.11. **c** segnis pugna clamore ~o atque impari coepit LIV. 10.36.3; 21.31.12; defluit ~o lapidosus murmure riuos OV. *Fast.*3.273; (oleum amygdalinum) grauitatem auris discutit, sonos ~os et tinnitus PLIN.*Nat.*23.85; (*internal acc.*) nec.. auribus ~um feralis strideat umbra LUC.6.623. **d** cuius umbra dispersis uenit ~a membris? SEN.*Med.*964; nescio quid uisu dubium ~umque moueri..uidet STAT.*Theb.*10. 391; (*neut. as sb.*) ceteris fuga tuta fuit ~o noctis et metu insidiarum SAL.*Hist.*2.87.B; (*cf.*) tris adeo ~os caeca caligine soles erramus pelago VERG.*A.*3.203;—~os geris, Deiphobe, uultus, coniugis munus nouae SEN.*Ag.*748. **e** aliquamdiu ibi Marte ~o, uaria uictoria pugnatum est LIV.1.33.4; TAC.*Hist.*4.35; cui, dubia etiam tum causa et ~is quaestionibus atque tormentis de semet professo, exilium indulsit SUET.*Dom.*8.4; (*cf., pred.*) animi decem in pectore ~i certant PL.*Mer.*345. **f** Oceanum..uocans ~i stagna profundi (*i.e. neither sea nor land*) LUC.2.571; Calchedonii (smaragdi)..coloris ~i et..ad inclinationem magis aut minus lucidi PLIN.*Nat.*37.72; pupillum..cuius..ora puellares faciunt ~a capilli JUV.15.137;—(*internal acc.*) ~um uigilans OV.*Ep.*10.9; STAT.*Theb.*5.212;—Neruulariam Plauti..quae inter ~as (fabulas) habita est GEL.3.3.6. **g** inter uirgulta..consederant, neque plane occultati..et tamen ~i, quidnam esset SAL.*Jug.*49.5; Italicos ~os socii an hostes essent in postremam aciem summotos LIV.30.35.9; ~us infans natus, masculus an femina esset 31.12.6; cum ~a bellum an pax cum Celtiberis esset 34.19.8; (animus) in qua sede latitet ~us SEN.*Cl.*1.3.5; nemo adire praeter paucas feminas, amore an odio ~as TAC.*Ann.*13.19.

9 Having no certain knowledge, uninformed, in the dark.

caue praeterbitas ullas aedis quin roges, senex hic ubi habitat Periphanes Platenius. ~us tuom caue ad me rettuleris pedem PL.*Epid.*439; nolo suspensam et ~am plebem Romanam obscura spe..pendere CIC.*Agr.*2.66; nihil est miserius quam ~um inter uitam mortemque destitui SEN.*Con.*exc.3.5;—(*w. indir. qu.*) quid sit negoti falsus ~usque sum PL.*Truc.*785; cum ~us essem ubi esses CIC.*Att.*1.9.1; classem..molimur..~i quo fata ferant VERG.*A.*3.7; nox ~os uicti uictoresne essent diremit LIV. 9.23.4; 10.14.4;—(*w. gen.*) naues..~ae locorum *B.Afr.*7.3; Tubero ~us ueri est LIV.4.23.3; ~i rerum omnium 9.43.4; an latera circa serpit (ignis) ~us uiae..? SEN.*Oed.*312; flatus ..~a futuri turbida..aequora LUC.5.566; ~us futuri TAC. *Dial.*13.6;—(*w.* de) ~i de fide sociorum LIV.9.6.4; PLIN.*Ep.* 6.20.10.

10 Not certain what to think or do, hesitant, irresolute; also, *in ~o*. **b** (w. indir. qu.). **c** (of appearance, actions, etc.). **d** having no fixed direction or purpose, aimless.

animo..perturbato atque ~o prae aegritudine TER.*Hau.* 123; cum uariis uoluntatibus ~a ciuitas trepidaret SIS.*hist.* 78; exsurgendi ~a uoluntas LUCR.3.174; scinditur ~um studia in contraria uulgus VERG.*A.*2.39; quae (*sc.* uestigia) ubi omnia foras uersa uidit.., confusus atque ~us animi ex loco infesto agere..armentum occepit LIV.1.7.6; facit ~am pomi color: haeret, an haec sit OV.*Met.*4.132; oculos ~a tenet (Medea) V.FL.7.214;—(*w. gen.*) unde sibi populi et reges consilium expetunt suarum rerum ~i ENN. *scen.*142; ita nunc hac an illac eam ~a sum consili PL.*Rud.* 213; TER.*Ph.*578; ~us sententiae LIV.4.57.3; cum..diu ~os consilii fuisset 36.42.6; APUL.*Met.*5.21;—rector in ~o est nec quid fugiatue petatue inuenit OV.*Tr.*1.2.31; stupet.. seque in ~o tenet SEN.*Thy.*422. **b** quam insistam uiam ~u' sum TER.*Eu.*295; *Hec.*614; SAL.*Jug.*101.2; faber, ~us scamnum faceretne Priapum HOR.*S.*1.8.2; pars stare ~i utrum progredi an regredi in castra tutius foret LIV.10.20.10; (*poet.*) stetit ~us, flueret quo uolnere, sanguis LUC.3.589;— Vitellium in ~o fore quam partem Italiae protegeret TAC. *Hist.*2.83; mihi haec..audienti in ~o iudicium est fatone res mortalium..an forte uoluantur *Ann.*6.22; 15.36. **c** timor eius,..suspensus ~usque uultus, crebra coloris mutatio CIC.*Clu.*54; muliebris fletus et concursatio ~a nunc hos, nunc illos sequentium LIV.5.40.3; ~o lustrat uagus atria cursu LUC.10.460. **d** ~a qualis entheos gressus tulit.. maenas SEN.*Med.*382; ~i solutique et magis sine domino quam in libertate TAC.*Ann.*2.4; (*pred.*) cum ~a uolant caeloque examina ludunt VERG.*G.*4.103; (*of movement*) haec uelut procella..ita consternauit equos, ut repente..passim ~o cursu ferrentur LIV.37.41.10.

11 Lacking in assurance, faltering; (w. gen.) not confident (of a result), having no faith (in a person). **b** (of light) feeble, uncertain.

~i trepidant applicantque se turbae LIV.4.37.10; cum cursu paene in aduersum subissent, primo ~i restitere; dein ..impulsi retro ruere 7.23.9; uirtus ~a uirorum LUC.3.484; (*transf. ep.*) ~am digitis errantibus..tendo chelyn STAT. *Silv.*5.5.32;—(*w. gen.*) te propter totiens ~a salutis OV. *Ep.*20.31; *Tr.*3.3.4; ~a ultionis TAC.*Ann.*2.75;—sollicitus est et~us sui, quem spes aliqua proritat SEN.*Ep.*23.2. **b** lumine etiamtum ~o SAL.*Hist.*4.40; quale per ~am lunam sub luce maligna est iter in siluis VERG.*A.*6.270.

12 Not constantly in the same place, shifting, restless, etc. **b** not constantly present or active, fitful. **c** variable, fluctuating.

(amantes) errantes ~i corpore toto LUCR.4.1104; sub ~as Zephyris motantibus umbras VERG.*Ecl.*5.5; non sic ~o mutantur flamine Syrtes PROP.2.9.33; ~arum uada Syrtium SEN.*Dial.*6.25.3; artus..uarie iactat ~us dolor *Phaed.*366; ascendens..uicissim pressit (cohors) nutantes ~o pondere ramos SIL.5.493; ~um simulacrum errabis inter Orcum et solem APUL.*Met.*8.12;—(*of the eyes*) migrauit ab aure uoluptas..ad ~os oculos et gaudia uana HOR.*Ep.* 2.1.188. **b** labitur..equus..demissae aures, ~us ibidem sudor VERG.*G.*3.500; glacies ~o saucia sole OV.*Met.*2.808; si somnus ~us est CELS.3.2.3; flammam ~am, modo intereuntem, modo resurgentem SEN.*Nat.*2.56.1; ~ae..faces et iam male peruigil ignis STAT.*Theb.*8.266. **c** stagnum.. ~ae altitudinis utcumque exaestuat aut deficit mare LIV. 26.42.8;—(*cf., w.* inter) in ciuitate discordi et..inter libertatem ac licentiam ~a TAC.*Hist.*2.10.

13 Not firm or steady, shaking, wobbling, etc. **b** (of a weapon) not firmly held; (of a blow, etc.) marked by unsteadiness.

onere turrium ~is nauibus SAL.*Hist.*3.34; fastigia concidunt et tam diu..~a sunt, donec in solido resederunt SEN.*Nat.*6.9.3; comarum anulus, ~a non bene fixus acu MART.2.66.2; ~i..labant undarum e frigore gressus STAT. *Theb.*9.531; frena ~o fluitant discordia curru SIL.8.283; certa manus uno telo potest esse contenta, ~a plura spargenda sunt QUINT.*Inst.*4.5.14; cum plenus fluctu..foret alueus (*i.e. boat*) et iam..arboris (*i.e. mast*) ~ae JUV.12.32; —(*of the gaze*) adice illam ignorationem sui..~os oculos, gradum errantem SEN.*Ep.*83.21; ~a nutant lumina *Ag.*714. **b** fugit cum saucius aram taurus et ~am excussit ceruice securim VERG.*A.*2.224; (sagitta) qua nec acutior ulla nec minus ~a est OV.*Met.*5.382;—si qua ~o fallet te littera tractu PROP.4.3.5; ceruice taurus uulnus ~um gerens SEN. *Ag.*777; STAT.*Theb.*11.310.

14 Not in proper order, disarranged, broken; (archit., of masonry) consisting of stones of irregular shape.

reliquos ~is ordinibus perturbauerant CAES.*Gal.*4.32.5; colligere ~os et in ordine ponere crines docta OV.*Am.*1.11.1; TAC.*Ann.*1.65;—structurarum genera sunt haec: reticulatum, quo nunc omnes utuntur, et antiquum, quod ~um dicitur..~a uero caementa alia super alia sedentia inter seque imbricata non speciosam..praestant structuram VITR. 2.8.1.

incessō ~ere ~ī, ~īuī or ~uī, *tr.* [app. backformation from pf. of INCEDO] FORMS: pf. *~i* SUET.*Nero* 35.3; *~iui* PLIN.*Nat.*33.53; *~ui* GEL.1.2.6. N.B.: for other possible exx. see under INCEDO.

1 To attack, assail (esp. with missiles).

ut..prospicit..~i muros, ignis ad tecta uolare VERG.*A.*

12.596; saxis..~ebant hostem Liv.31.39.13; uitare impetum beluae et ex transuerso..pilis ~ere 37.42.5; V.Max. 2.3.3; pugnate contra liberos! aras, focos, penates armis ~ite! Sen.Ben.5.15.5; altiora murorum sagittis aut saxis ~ere Tac.Hist.2.22; ut infestis digitis ora et oculos simul ludentium infantium ~eret Suet.Cal.25.4; tractus est in forum..quibusdam stercore et caeno ~entibus Vit.17.2; (ellipt.) (Polyclitus) fecit..nudum telo ~entem Plin.Nat. 34.55;—(of missiles) cuncta e muris unum ~entia tela Sil. 1.473;—(in fig. phr.) non paupertatis metu..non libidinis.. stimulis ~itur (sc. your dead son) Sen.Dial.6.19.6;—(transf.) hanc etiam poenis ~ere gentem decretum Stat.Theb.1.245.

2 (transf.) To assail (a person) with criticisms, taunts, or sim., reproach, abuse. **b** (offences, shortcomings).

L. Furius Purpureo..latius rogandum censebat..Cn. Manlium inimicum ~ens Liv.38.54.7; ausus erat reges ~ere dictis Thersites Ov.Met.13.232; Tr.3.11.31; ~e nunc (sc. me) et cuncta flagitia ingere Sen.Med.236; non ultra gemitus tacitos ~ere fatum permisere sibi Luc.8.64; nec minus noto Sallustius epigrammate ~itur Quint.Inst.8.3.29; Oroden.. Pharasmanes uocare ad pugnam et detrectantem ~ere Tac.Ann.6.34; ipsam (sc. Poppaeam)..occidit, quod se.. sero reuersum..conuiciis ~erat Suet.Nero 35.3;—(w. tamquam, ut) fuere qui uxorem L. Vitellii..~erent, tamquam ..inter luctum..superbe saeueque egisset Tac.Hist.3.77; quem ut impium erga parentes ~ebat Suet.Rhet.30(p. 126Re);—(w. internal acc.) ne falsa ~ere gaude Stat.Theb. 3.301;—(cf.) Poenus fundentem uela carinam ~ens dextra (i.e. shaking his fist at) Sil.2.26. **b** ne ~e moras, grauis arma tenebat mater Stat.Theb.11.390; si humiles producet, uilitatem, si potentes, gratiam oportebit ~ere Quint.Inst. 5.7.23; (w. ut) nomen Polynicis ut argumentum morum frater ~it 5.10.31.

incessus ~ūs, *m.* [INCEDO+-TVS[3]]

1 The action or an act of walking; pacing about (by an orator). **b** (esp. ref. to manner or rate of walking). **c** power of walking.

index suis inualidae..caput obliquum in ~u Plin.Nat. 8.207; ut..fatigationem sedentariam ~us uegetatione discuterem Apul.Met.1.2;—supplosio pedis status ~us omnisque motus Cic.Brut.141; in gestu status (erit)..celsus; rarus ~us nec ita longus Orat.59; Quint.Inst.11.3.126. **b** uiden tu Phrugis ~um? quam est confidens! Turp.com.102; iam designatus..alio ~u esse meditabatur, uestitu obsoletiore Cic.Agr.2.13; si..ita sese gerat non ~u solum sed ornatu atque comitatu..ut..proterua meretrix..uideatur Cael.49; si ~um fingeres, quo grauior uiderere Fin.2.77; colos ei exanguis..citus modo modo tardus ~us Sal.Cat.15.5; uera ~u patuit dea Verg.A.1.405; sacerdotes..~u furiali militem..insueta turbauerunt specie Liv.7.17.3; est et in ~u pars non contempta decoris Ov.Ars 3.299; sapienti uiro ~us modestior conuenit Sen.Ep.40.14; inpudicum..~us ostendit 52.12; omnibus animalibus reliquis certus et unius modi et in suo cuique genere ~us est Plin.Nat.10.111; scito sermone, erecto ~u, studia militum inlexerat Tac. Hist.1.53; alius..~u perfluo feminam mentiebatur Apul. Met.11.8;—(pl.) non illo (i.e. Morpheus) quisquam sollertius alter exprimit ~us uultumque sonumque loquendi Ov.Met. 11.636; columbae..hilaris ~ibus..iugum gemmeum subeunt Apul.Met.6.6;—(transf., of heavenly bodies) tardos siderum ~us Sen.Ep.94.56; sidera, quae ab ~u uocamus errantia Plin.Nat.2.12. **c** hebescunt sensus..praemoritur uisus, auditus, ~us Plin.Nat.7.168.

2 Forward movement (of an army), advance; also, a line of attack.

puluis uelut ingentis agminis ~u motus apparuit Liv. 10.41.5; ut uero tot hominum iumentorumque ~u dilapsa est 21.36.6; 21.46.4; ~u Parthorum sine acie pulsi Hiberi Tac. Ann.12.50;—quia ille..pluris per globos incursaret.., tres ~us, totidem agmina parantur 3.74.

3 Appearance on the scene, arrival or approach; also, a means of access.

Cn. Piso..ciuitatem..turbido ~u exterritam oratione saeua increpat Tac.Ann.2.55; primo sui ~u soluit obsidium 4.24; (in fig. phr.) geometria, principio ardua ac difficilis ~u Agen.agrim.p.25;—facile arcebantur, cum alios ~us hostis clausisset, unum reliquum..aestas impediret Tac.Ann.6.33.

4 A procession, train.

inesse mulierum comitatui quae..Romanum agmen ad similitudinem barbari ~us conuertant Tac.Ann.3.33.

5 (geom.) Linear extension.

circum ferens (linea), cuius ~us a conspectu signorum suorum distabit Balb.grom.p.99La; quotiens..per ~um definitionis loca quaedam alteri fundo adquirit Agen.agrim. p.29.

incestē, *adv.* [INCESTVS[1]+-E]

1 In an unholy or (religiously) unclean manner.

ut..casta ~ nubendi tempore in ipso hostia concideret (sc. Iphigenia) Lucr.1.98; quidnam tu, hospes, paras?..~ sacrificium Dianae facere? quin tu ante uiuo perfunderis flumine? Liv.1.45.6.

2 Unchastely; (spec.) incestuously.

ideo aquam adduxi ut ea tu ~ uterere Cic.Cael.34; quae sacris Bacchanalium ~ usae fuerant V.Max.6.3.7;—quotiens lectica cum matre ueheretur, libidinatum ~..affirmant Suet.Nero 28.2.

incestificus ~a ~um, *a.* [INCESTVM+-FICVS] Guilty of committing incest.

ego (sc. Oedipus) castam manum nefandus ~us exsecrabilis attrecto? Sen.Phoen.223.

incestō ~āre ~āuī ~ātum, *tr.* [INCESTVS[1]+-O[3]]

1 To make ceremonially impure, pollute, defile.

iacet exanimum tibi corpus amici..totamque ~at funere classem Verg.A.6.150; quae uestra, sorores, orgia, Pieriae, quas ~auimus aras? Stat.Silv.5.5.4;—(cf.) illas (sc. Furias) ut..uidit pater altus Olympo ~are diem Theb.11.120.

2 To pollute by improper sexual relations (incestuous or otherwise).

earum hic alteram ecflictim perit neque eam ~auit umquam Pl.Poen.1096; thalamos ausum ~are nouercae Verg.A.10.389; gremium ~are parentis Stat.Theb.1.234; defertur ~asse filiam Tac.Ann.6.19; Suet.Tib.43.1.

incestum ~ī, *n.* [next]

1 Profanation of religious rites.

P. Clodius..actus ~i reus ob initum inter religiosissima populi Romani sacra adulterium Vell.2.45.1; Quint.Inst. 4.2.88.

2 Sexual impurity or an instance of it, unchastity. **b** (spec.) incest.

concubuit..cum uiro..fecit igitur ~um Cic.Inv.1.73;—(of Vestal virgins, cf. sense 1) ut Oppia uirgo Vestalis damnata ~i poenas dederit Liv.2.42.11; 8.15.8; Sen.Con.exc.6.8; extat Tucciae Vestalis ~i deprecatio Plin.Nat.28.12; (pl.) ~a Vestalium uirginum..seuere coercuit Suet.Dom.8.3. **b** si rapuisti fratris tui sponsam,..non est haec uulgaris libido, sed ~um Quint.Decl.286(p.152,l.19); ut (Agrippina) ..offerret se (sc. Neroni)..~o paratam Tac.Ann.14.2; ~i.. cum sorore..reus Suet.Nero 5.2; Ulp.dig.23.2.56;—(pl.) stupra..et corruptelas et adulteria, ~a denique Cic.Tusc 4.75; ~a matrum Tac.Dial.35.5.

incestus[1] ~a ~um, *a.* [IN-[2]+CASTVS[1]]

1 Unclean (in a religious sense), unholy, profane.

illum (sc. Clodium)..muliebri ornatu ex ~o stupro atque ex domo pontificis maximi emissum Cic.Har.4; an triste bidental mouerit ~us Hor.Ars 472; num feror ~us sedes adiisse deorum..? Tib.1.2.81; qui ~as manus intulisse intra terminos sacratos templi dicantur Liv.45.5.7; concessa apud illos quae nobis ~a Tac.Hist.5.4; corruptor et idem ~us, cum quo nuper uittata iacebat..sacerdos (i.e. of Vesta) Juv. 4.9;—(poet.) cateruae ~arum auium (i.e. that feed on carrion) Stat.Theb.9.28.

2 Unrighteous, sinful.

saepe Diespiter neglectus ~o addidit integrum Hor.Carm. 3.2.30.

3 Sexually impure, unchaste.

~os amores de tenero meditatur ungui Hor.Carm.3.6.23; (L. Papirius) perlicere adulescentem sermone ~o est conatus Liv.8.28.3; Ov.Tr.2.503; tu ex ~is (penatibus, i.e. a brothel) uenis Sen.Con.1.2.15; Tyndaris, ~a nimium laudata rapina Stat.Ach.1.946.

4 Guilty of incest, incestuous. **b** (of unions, etc.) involving incest

at scelus ~o Smyrnae (i.e. Myrrha) crescebat in aluo Cinna poet.7(9); ~um..Nealcen germanae thalamo Sil. 15.448; ~i principis (i.e. Domitian, who cohabited with his niece) Plin.Pan.52.3; Apul.Met.10.6;—(w. ref. to the marriage of brother and sister in the Egyptian royal house) ~i meretrix regina Canopi Prop.3.11.39; ~a..Aegyptus [Sen.]Oct.521. **b** ~i..patrum thalami Stat.Theb.2.464; ut..ardesceret in nuptias ~as Tac.Ann.11.25; Plin.Pan.63.7; ueniam talium coniugiorum, quae ad id tempus ~a habebantur Suet.Cl.26.3; Gaius Inst.1.59.

incestus[2] ~ūs, *m.* [as prec.+-TVS[3]] N.B.: exx. of acc. *incestum* have been referred to INCESTVM. Sexual impurity (sts. spec. = incest).

cum in dominos de seruis quaeri noluissent, tamen de ~u et de coniuratione..quaerendum putauerunt Cic.Part.118; Brut.122; N.D.3.74; uirgo Vestalis de ~u causam dixit Liv. 4.44.11; Gel.13.21.19.

inchoō: see INCOHO.

?**incicur** ~oris, *a.* [IN-[2]+CICVR[1]] Not gentle, savage.

reprime ~orem iracundiam Pac.trag.386; Paul.Fest.p. 108M.

incidō[1] ~ere ~ī incāsum, *intr.*, (*tr.*). [IN-[1]+CADO] Const.: w. *in*+acc. (usual in 5–8, also in 1, 2, 2b, 2c, 3, 4, 9, 9b, 9c, 11b, 12a); w. *ad* (2, 6); w. *super*+acc. (2); w. *inter* (4); w. dat. (1, 1b, 1c, 2, 2b, 2c, 2d, 3, 3b, 4, 9, 9c, 12a, 12b); w. advs. (2b, 4b); also tr. (2, 2b, 3b, 4, 4c, 5).

1 To fall or drop (into). **b** (of persons) to throw oneself, rush (into). **c** (of rivers) to flow (into); (also tr.).

(w. in+acc.) belua quae..in foueam ~it Cic.Phil.4. 12; si ~erit (semen) in concipientem conprendentemque naturam N.D.2.81; si..rotae maiore nisu in salebras ~erunt Sen.Nat.6.22.1;—(w. dat.) multi praecipites lymphis putealibus alte ~erunt Lucr.6.1175; cruor Baccho ~et Sen.Ag.886; cum quid oculo ~erit Plin.Nat.28.60; (poet.) (sol) modo surgis Eoo temperius caelo, modo serius ~is undis Ov.Met.4.198. **b** (w. dat.) effuso..cursu paene agmine uno fugientes sequentesque castris ~ere Liv.2.65.6; plenum..pauoris ~entem portis exercitum 5.11.14; 5.26.8; 26.39.22; (in fig. phr.) ab illa (sc. ratione) disces, quid.. adgredi debeas: non ~es rebus Sen.Ep.37.4. **c** (w. dat.) duo amnes confluentes ~unt Oriundi flumini Liv.44.31.4; —fluuius Singilis, eodem Baetis latere ~ens Plin.Nat.3.10; —(tr.) (fontes) proxumam conuallem latenter ~ebant Apul. Met.6.14.

2 To fall, settle, or impinge (on); (also tr.). **b** (of physical forces, etc.). **c** (of the gaze). **d** to fall over, stumble against. **e** (of persons) to throw oneself, rush (upon); (esp. w. hostile intent).

(w. in+acc.) ex spelunca saxum in crura eius ~isse Cic. Fat.6; ut..quae pondere suo prouoluta essent, grauiter in hostem ~erent Liv.24.34.14; (in fig. phr.) multa saepe ab iuuentute inconsulte dicta factaque in unius Caesonis suspectum ~unt ingenium 3.11.11;—(w. super+acc.) Danaum super agmina late ~it (turris) Verg.A.2.467;—(w. ad) ~it..ad terram duplicato poplite Turnus 12.926;—(w. dat.) grauiora potesse corpora..~ere ex supero leuioribus Lucr.2.227; decutit ense caput, quod protinus ~it arae Ov.Met.5.104; iam nauibus cinis ~ebat Plin.Ep.6.16.11; (cf.) quotiens aut cassidi tuae aut clipeo grauior ictus ~eret Pan.13.1; (in fig. phr.) Sagunti ruinae..nostris capitibus ~ent Liv.21.10.10; —(absol.) ictum firmitas materiae sustinet et quidquid ~it fastigio musculi elabitur Caes.Civ.2.11.1; illa (sc. hasta) uolans umeri surgunt qua tegmina summa ~it Verg. A.10.477; Tac.Ann.4.59;—(tr.) ballistam..quae..obruit.. quos ~erat Hist.3.29. **b** (w. in+acc.) omnium in me ~ere imagines, Homeri Archilochi Cic.N.D.1.107; siue utrumque Iuppiter simul secundus ~isset in pedem Catul. 4.21; in segetem..cum flamma..~it Verg.A.2.305; aer.. immotus et ob hoc custodiens ~entem in se rotundi lineam luminis Sen.Nat.1.2.7; uenti..ex altiore caeli parte in mare ~entes Gel.2.30.4;—(w. dat.) ubi nauigiis uiolentior ~it Eurus Verg.G.2.107;—(w. adv.) ignis non refert quam magnus, sed quo ~at Sen.Ep.18.15;—(absol.) pupilla, cuius angustiae non sinunt uagari..aciem..obiterque ~entia facile declinant Plin.Nat.11.148;—(tr.) quae pars uocum non auris ~it ipsas Lucr.4.568. **c** (w. in+acc.) Philotas circumlatis oculis, ut ~ere in Calan quendam.., proprius eum iussit accedere Curt.6.11.36;—(w. adv.) haec noui iudici noua forma terret oculos qui, quocumque ~erunt, ueterem consuetudinem fori..requirunt Cic.Mil.1; Scaur.46; Plin. Ep.5.6.13. **d** (w. in+acc.) concursatio in obscuro ~entium aliorum in alios Liv.41.2.6; Sen.Nat.5.2; dicitur caecus sine rectore..ad lectulum accessisse leuiter, non in torum ~isse [Quint.]Decl.1.3;—(w. dat.) uiui mortuis ~entes Liv.24.39.5. **e** munimentis suis trepido agmine ~erunt Liv.7.17.3; illa iacenti ~it undantemque sinu conlapsa cruorem excipit Stat.Theb.5.234;—(hostilely, w. dat.) acrius ultimis ~ebat Romanus Liv. 28.13.9;—(w. in+acc.) triarii..iam nulla spe post relicta in hostem ~ebant 8.8.13; Vell.2.112.5.

3 To come by chance (into a place, situation). **b** to fall into the possession or power of; so *in manus* (also *manibus, manus*) *alicuius ~ere*.

(w. in+acc.) ipsa (luna) ~ens in umbram terrae Cic.N.D. 2.103; ne in angustias ~erent..se in fossas praecipitant Caes.Civ.3.69.3; si (nauis) in contrarium tractum ~isset maris Liv.28.30.9; aues..si in illum (uaporem) ~erunt.. in ipso uolatu cadunt Sen.Nat.8.26.1; ~isse uidentur in nauem, non uenisse Petr.107.12; sol..in centrum ~ens terrae Plin.Nat.2.81; Actaeon..in conspectum deae ~it Hyg.Fab.181.1; retia piscatorum, in quae nauis..~erat Ulp.dig.9.2.29.3;—(w. dat.) sors melior classi quae fluctibus ~it altis Luc.9.330. **b** (w. in+acc.) qui nisi captus a piratis esset in hunc praedonem sociorum ~isset Cic.Ver. 5.122; si modo erunt eius modi litterae quas in alienum ~ere nolim Att.2.20.5; uidesne in quem hominem ~erit res publica..? 8.13.1; Off.2.3; qui..fugauit..pecus, ut in fures ~eret Ulp.dig.47.2.50.4; (in fig. phr.) nihil te effugiet atque omne, quod erit in re, occurret atque ~et Cic.de Orat.2.147; —numquam..in manus ~erunt (libri) Brut.133; captus apud Asculum in Q. Sergi senatoris..manus ~it Clu.21; Att.10.12a.1; (cf.) non..nudus in seruorum ferrum et manus ~isset Tusc.1.86; (w. dat.) non simplici illum modo periturum si Antonii manibus ~isset Sen.Suas.6.10; (tr.) bene, quod meas potissimum manus ~isti Apul.Met.6.8.

4 To chance to meet or find, happen on (a person or thing); (also tr.). **b** (a topic, etc., in conversation). **c** to come across an instance of; (also tr.).

(w. in+acc.) milites..in quos si qui ex acie fugerint de improuiso ~ant Cic.S.Rosc.151; si..in creditorum conuentum ~isset Sest.28; cum omnia obsignaret, in Vedianas res ~it Att.6.1.25; forte ~it in nauem, in qua erant duo Titii B.Afr.28.2; ~at in saeuas diripienda feras [Tib.] 3.9.22; Ov.Met.2.500; quos barbari effuse sequentes in alios..~unt Curt.9.8.19; si qui in hunc librum ~erint Mart.2.pr.14; Gel.6(7).20.6; (in fig. phr.) multa temptando ~unt repente inprudentes in ueritatem 14.1.33;—(w. inter) ~unt inermes inter cateruas armatorum Liv.25.39.4;—(w. dat.) recedens uesperi Numantinis ~it Quad.hist.75; homini praeter opinionem improuiso ~i Cic.Ver.2.182; Verg.A. 11.699;—(tr.) latrones ~i: uiuere me miror Quint.Decl.335 (p.318,l.24). **b** (w. in+acc.) quotienscumque in causa in nomen huius ~isti Cic.Q.Rosc.18; cum..alias res quaererem de philologis e Nicia, ~imus in Thalnam Att.13.28.4(29.1); memini..in eum sermonem illum ~ere qui..multis erat in ore Amic.2; dum in externis moror, ~i in rem domesticam Vell.1.7.2; semel in mentionem ~i Fusci Sen.Suas.2.10; Tac.Hist.4.5;—(w. huc) imprudens huc ~i, iudices; emit enim, non abstulit; nollem dixisse Cic.Ver.4.43; quod haud scio an de ambitu.., quoniam huc ~i, similiter respondendum putem Cael.16. **c** (w. in+acc.) dicit..Callisthenem ~isse in hominem..summa potentia Cic.Tusc.3.21; ego ~i in competitorem nobilem Cael.Fam.8.2.2; amicorum libertorumque, ubi in bonos ~isset, sine reprehensione patiens Tac.Hist.1.49;—(tr.) ego misella molae etiam sonum.. timentem familiarem ~i Apul.Met.9.22.

5 To pass (esp. suddenly or unexpectedly) into specified circumstances, usu. unpleasant; (also tr.). **b** (into sickness). **c** (into an emotional state).

(w. in+acc.) ui Veneris uinctus..in fraudem ~i Pl.Trin. 658; ego in eum ~i infelix locum ut neque mihi sit amittendi nec retinendi copia Ter.Ph.175; in tantum aes alienum ~erunt Cic.Catil.2.20; in suspicionem ~it regni appetendi Mil.72; ~it in ea ipsa mala, quae summo studio uitauerat Fam.9.13.1; quod in tam crudelem necessitatem ~issemus Tusc.3.60; si quis..in amicitiam eius ~erat Sal.Cat.14.4; ~it in eandem inuidiam quam pater suus Nep.Cim.3.1; patruus in egestatem ~it Sen.Con.1.1; si..ipse in aliquod negotium ~erit Tac.Dial.9.3; cum non affectione societatis ~imus in communionem Ulp.dig.17.2.31;—(of things) si.. morbus..~it..in uetustatem Cels.3.14.3; ubi id..in controuersiam ~it Sen.Ben.3.7.7; in uitium aedes ~erunt Ulp. dig.39.2.13.6;—(tr.) fortunam scaeuam..miser ~it Apul. Met.2.13; omnes inimici nostri tam diram..peregrinationem ~ant 2.14. **b** (w. in+acc.) in morbum ~it ac satis uehementer..aegrotauit CIC.*Clu.*175; *Fam.*13.29.4; Asturae in languorem ~it SUET.*Tib.*72.2; ut..in aduersam ualitudinem ~dit *Cal.*14.2;—(*ellipt.*) cum nouo genere morbi adfligerentur non solum recreare quisquam posset, qui semel ~isset CIC.*Pis.*85; LIV.41.21.5; quod (*sc. remedy*) ego adhuc non sum expertus..quia non ~it ex eo quisquam LARG.172. **c** (*w.* in+*acc.*) nemo potest uno aspectu neque praeteriens in amorem ~ere CURIO av.*orat.*4; bestiae..in perturbationes non ~unt CIC.*Tusc.*4.31; in maximos luctus ~it (Theseus) *Off.*1.32; in amorem filiae istius ~i SEN.*Con.*exc.3.5; HYG. *Fab.*190.4; (matrona) in admirabilem mei cupidinem ~it APUL.*Met.*10.19.

6 To enter inadvertently into (an activity, subject, opinion, etc.); to slip into the intellectual position of (a person). **b** to fall or lapse into (a fault, error, or sim.).

(*w.* in+*acc.*) quod me admones ut scribam illa Hortensiana, in alia ~i CIC.*Att.*4.6.3; tantum ingenium..in tam ineptas sententias ~isse *N.D.*1.59; in eam cogitationem..nos saepe ~imus SULP.RUF.*Fam.*4.5.3; (*w.* ad) non me repentina aliqua uoluntate aut fortuito ad tuam amplitudinem meis officiis amplectendam ~isse CIC.*Fam.*5.8.3; (*absol.*) ille intuendus est, uoluerit an ~erit, coactus sit an deceptus SEN. *Dial.*5.12.1;—(Stoici) cum ea uolunt retinere, quae superiori sententiae conueniunt, in Aristonem ~unt CIC.*Fin.*4.78; *Fat.*15. **b** (*w.* in+*acc.*) ne plane in uersum..~amus, CIC.*de Orat.*3.182; hoc uerens in hanc tarditatem ~i *Att.* 10.8.5; cum in imperiorum..cupiditatem ~erunt *Off.*1.26; (Hesiodus) uitauit, ne in id quod Homerus ~eret VELL.1.7.1; dare operam, ne ~amus in iram SEN.*Dial.*3.8.1; in ambiguitatem ~endum est *Ep.*9.2; plerique..in maximum errorem ~erunt QUINT.*Inst.*2.15.24.

7 To come within the scope of (an authority, law, etc.); to fall into (a category), come under (a heading). **b** to be appropriate or applicable to (a case).

(*w.* in+*acc.*) nostra..causa..~it in tribuniciam potestatem CIC.*Leg.*3.25; haec quoque species ~it in cognitionem meam PLIN.*Ep.Tra.*10.56(64).4; id quod poenae causa adcreuit (*sc.* legato) in legem Falcidiam non ~it JAVOL.*dig.* 35.2.60.1; haec poena aduersus omnem statuitur, qui in edictum ~it ULP.*dig.*2.2.3.2;—desinunt esse beneficia, in aliud quodlibet ~ent nomen SEN.*Ben.*1.2.1; 5.13.2; cetera species in haec tria ~ent genera QUINT.*Inst.*3.4.15; argentum..fractum..non ~ere in eam definitionem ULP. *dig.*34.2.27.3. **b** harum (constitutionum) aliquam in omne causae genus ~ere necesse est CIC.*Inv.*1.10; 2.50; nec fere omnis locos ~ere in omnem quaestionem *Top.*79;—(*absol.*) si rationem nostrae sententiae rectam ess edicemus et omnes partes recti ~ent *Rhet.Her.*3.8.

8 (of events, occasions, etc.) To fall within (a period) or on (a date); (said also of persons whose arrival, activity, etc., coincides with a given date).

(*w.* in+*acc.*) quintus annus cum in te praetorem ~isset CIC.*Ver.*2.139; omnia (bella ciuilia) in nostram aetatem ~erunt *Phil.*8.8; in quem diem Romana ~ant mysteria *Att.*6.1.26; cum aetas eius ~isset in ea tempora, quibus Macedones florerent NEP.*Eum.*1.2; si menses in astrum laetius ~erit MAN.3.551; uix quicquam ex his (morbis) in autumnum non ~it CELS.2.1.8; si in hoc quadriduum ~erit plenilunium PLIN.*Nat.*18.286; (mensis intercalarius) ex consuetudine in eum annum ~erat SUET.*Jul.*40.2;—(*of persons*) si enim recte ambulauit is qui hanc epistulam tulit, in ipsum tuum diem ~it CIC.*Att.*9.4.3; petebas ut eos quam primum, ne in hiemem ~erent, ad facultatem aedificandi liberarem *Fam.*3.7.2; nec (Cato) in ea tempora ~it quibus credi posset caelum umeris unius inniti SEN.*Dial.*2.2.2; PLIN.*Ep.*8.6.17; (*cf.*) in ipsum discessum senatus ~isse credo meas litteras CIC.*Fam.*3.9.4.

9 (esp. of evils) To happen to, come on, befall. **b** to fall to one's lot. **c** (of feelings) to descend on, overcome.

(*w. dat.*) ei..tantus morbus ~it PL.*Men.*874; ut numquam ulla amori uostro ~ere possit calamitas TER.*Hau.*395; ut nihil ~isset postea ciuitati mali CIC.*de Orat.*1.26; praetoriis (comitiis) morae quaedam ~erunt CAEL.*Fam.*8.4.3; donec manibus tremor ~at unctis HOR.*Ep.*1.16.23; certamen consulibus ~erat, uter dedicaret Mercuri aedem LIV. 2.27.5; Genucio Cipo..portam egredienti noui..generis prodigium ~it V.MAX.5.6.3; humana maior species erat.. nil posthac oculis simile ~it SIL.6.430;—(*w.* in+*acc.*) pestilentia grauis ~it in urbem LIV.27.23.6; CELS.2.1.20; hoc.. negotium, quod in te ~it GEL.15.5.4. **b** (*absol.*) prouincia quod mala ~isset CATUL.10.19; meliorem fortasse potuisse ~ere agri modum HYG.*agrim.*p.73. **c** (*w. dat.*) tantus.. terror ~it eius exercitui CAES.*Civ.*3.13.2; Lycii, cum his luctus ~it, muliebrem uestem induunt V.MAX.2.6.13; iam stabulis..pauor strepitusque sepulcris ~erat V.FL.7.393; (*cf.*) bellator..animo deus ~it VERG.*A.*9.721; sontis.. euoluere Thebas, Pierius menti calor ~it STAT.*Theb.*1.3;— (*w.* in+*acc.*) ~it (ira) et in uiros SEN.*Dial.*3.20.3;—(*absol.*) anus..quasi ruina ~entis inopinati gaudii oppressa GEL. 3.15.4.

10 (without dat., etc., of a situation, etc.) To present itself in the course of events, arise, occur. **b** (impers., usu. w. *ut* or *ne*).

dicam, uerum ut aliud ex alio ~it TER.*Hau.*598; duo.. tempora ~erunt quibus aliquid contra Caesarem Pompeio suaserim CIC.*Phil.*2.24; si quid ~erit, quod ad meam dignitatem pertineat *Fam.*3.9.1; eorum..ipsorum, quae honesta sunt, potest ~ere..comparatio *Off.*1.152; si qua bella ~erint CAES.*Gal.*2.14.5; obtrectatio..quantam fuit ~ere necesse inter Caesarem atque Antonium NEP.*Att.*20.5; rem atrocem ~isse LIV.1.58.5; si qua clades ~isset 10.19.2; noua ~ere genera morborum CELS.1.pr.17; haec (*sc.* portenta) ideo facta quia incasura erant illa (*sc.* mala) PLIN.*Nat.*2.97; si ..interlunium ~at 18.283; ~unt..causae,..quibus iuris notitia desideratur TAC.*Dial.*31.8; accusatores, si facultas ~eret, poenis adficiebantur *Ann.*6.30;—(*w. pred.*) obiurgationes..nonnumquam ~unt necessariae CIC.*Off.*1.136; curam ..annonae, quae artior ~erat SUET.*Tib.*8. **b** audiebam (Fabianum) quotiens ~erat, non quotiens uolueram SEN.*Con.*2.pr.5;—(*w.* ut, ne) cum ~erit, ut id apte fieri possit CIC.*Fin.*1.7; *B.Afr.*1.3; forte ita ~erat ne duo uiolenta ingenia matrimonio iungerentur LIV.1.46.5; forte ita ~it ut comitiis perfectis nuntiaretur T. Otacilium..mortuum..esse 26.23.2; V.MAX.1.7.8.

11 (of persons, things) To be met with, appear, occur. **b** (in a book, speech, or sim.).

nemo est, qui intellegere te possit. aliquis fortasse, unus aut alter ~et SEN.*Ep.*7.9; prout potens uel inops reus ~erat TAC.*Hist.*2.10; per id spatium, per quod fossa facienda est, ~unt riui PLIN.*Ep.Tra.*10.61(69).3; ~it Adriaci spatium admirabile rhombi ante domum Veneris JUV.4.39; quod genus agrorum..etiam nunc in adsignationibus quibusdam ~ere potest HYG.*agrim.*p.80; saepe ~unt (uiae) in finibus SIC.FL.*agrim.*p.109; quicumque minus cogniti generis piscis ~erit APUL.*Apol.*33. **b** si quod (uerbum) minus usitatum ~at QUINT.*Inst.*2.5.4; in magnis quoque auctoribus ~unt aliqua uitiosa 10.2.15; ~it epigramma Ciceronis PLIN.*Ep.* 7.4.4;—(*w.* in+*acc.*) cum in disputationem ~erit causa efficiens aliquid necessario CIC.*Top.*60; cum (exempla, *sc.* uitiorum) in uersus ~erunt QUINT.*Inst.*1.5.17.

12 a (of an idea or sim.) To present itself to thought, occur to a person. **b** (of a topic) to present itself in conversation, crop up.

a (*w. dat.*) ex ipsa re mi ~it suspicio TER.*An.*359; HYG *Fab.*7.2;—(*w.* in+*acc.*) quod quoique quomque ~erit in mentem uolet TER.*Hau.*484; quod utinam ne Phormioni id suadere in mentem ~isset..! *Ph.*157;—(*absol.*) tanta nunc suspicio de me ~it *Ad.*615; quae cogitatio si non ~isset CIC.*Att.*13.32.1. **b** cum illi in dicendo ~erint loci..ut de dis immortalibus..sit dicendum CIC.*de Orat.*1.56; is orator erit..qui, quaecumque res ~erit, quae sit dictione explicanda, prudenter et composite..dicet 1.64; *Rep.*1.17; cum de Philippo et Romanis mentio ~it LIV.32.20.3; mille res ~erunt, cum forte de Platone loqueremur SEN.*Ep.*58.1; cum forte de bonis iuuenibus..sermo ~isset PLIN.*Ep.*4. 17.8;—(*w. dat.*) ~ere nobis sermones uarii CATUL.10.5.

incīdō² ~dere ~dī ~sum, *tr.* [IN-¹+CAEDO]

1 To make an incision in, cut open, slit, gash, etc. **b** (esp. parts of the body, etc., in surgery); *uenas ~dere*, to open the veins. **c** (of things) to make recesses in, indent (usu. in pf. pple. pass.).

qualum ~dito ex ima parte perpetuum CATO *Agr.*52.2; Hispanico (gladio)..humerum dextrum..~dit QUAD.*hist.* 10b; mala uitis ~dere falce nouellas VERG.*Ecl.*3.11; torquis ab ~sa decidit unca gula PROP.4.10.44; post annum propago ~ditur ad medullam PLIN.*Nat.*17.205; radix..~sa sucum dat 23.140; 25.78; 27.15;—(*of things*) ne uinculum ~dat et truncum strangulet COL.4.26.2. **b** qui nocentes homines ..ex carcere acceptos uiuos ~derint CELS.1.pr.23; tumores ~dere 3.21.12; cucurbitula..~so uertice recte adcommodatur 6.16.B; cum ~disset insanabilia ulcera PLIN.*Nat.* 30.117; allece scabies pecoris sanatur infusa per cutem ~sam 31.96;—(*absol.*) ultimum est ~dere satis altis plagis sub ipsis maxillis CELS.4.7.3; 5.27.3.A; (*impers. pass.*) ubi ..satis ~sum est, telum eximendum est 7.5.1.C;—medicum intromisit suum qui legato socio..crudelissime uenas ~deret CIC.*Har.*35; VELL.2.22.2; TAC.*Ann.*16.19; ut quidam..bonis exuti uenas sibi ~derent SUET.*Cal.*38.4. **c** (sphaera) quae ..nihil asperitatis habere..potest, nihil ~sum angulis nihil anfractibus CIC.*N.D.*2.47; cur pulmo ~sus etiam in bonis extis dirimat tempus *Div.*1.85; Rhion..maris id nomen est ..latus orae sequentis ~dens..usque ad Isthmon inrumpit MELA 2.52; Atlas..~sis undique rupibus praeceps 3.101; foliis..per extremitates ~sis PLIN.*Nat.*25.65; ~sa noualia fossis STAT.*Theb.*12.234.

2 To form by incisions.

ferro..~dit acuto perpetuos dentes et serrae repperit usum OV.*Met.*8.245; scalpello transuersam lineam ~dere CELS.7.7.1.B;—(*torches*) nouas ~de faces: tibi ducitur uxor VERG.*Ecl.*8.29; COL.2.21.3; PLIN.*Nat.*18.233.

3 To engrave, inscribe (words, characters, etc.). **b** (spec.) to enrol on the list of citizens eligible for corn-doles, etc.; also, (*in*) *aere ~idere*. **c** to put an inscription on, inscribe.

basis P. Scipionis restituatur, nomen inuicti imperatoris ~datur CIC.*Ver.*4.82; si quae essent ~sae aut inscriptae litterae *Dom.*137;—(*w.* in+*abl.*) generis antiquitas, quam.. in monumentis rerum gestarum ~sam ac notatam uidemus *Font.*41; exemplum in pila lapidea ~sum NEP.*Alc.*4.5; tabulis aereis, in quibus publicae constitutiones ~duntur PLIN.*Nat.*34.99;—(*w.* in+*acc.*) VTEI HOCE IN TABOLAM AHENAM INCEIDERETIS *CIL* 1.581.26; an in commentariolis ..acta Caesaris firma erunt: quae ille in aes ~dit..pro nihilo habebuntur? CIC.*Phil.*1.16; 3.30; LIV.3.57.10; (*impers. pass.*) aenea tabula..in qua publice erat de huius beneficiis scriptum et ~sum CIC.*Ver.*2.112;—(*w. dat. or abl.*) leges ~dere ligno HOR.*Ars* 399; ~sa adamante perenni fata tui generis OV.*Met.*15.813; arbore sacra..~dere carmina CALP.*Ecl.* 1.35; aliquid da, quod possim titulis ~dere JUV.8.69; fastos ..marmoreo parieti ~sos SUET.*Gram.*17(p.114Re); GEL. 1.24.1;—(*transf.*) quis Idomenea nosset, nisi Epicurus illum litteris suis ~disset? SEN.*Ep.*21.4. **b** frumentum publicum..accipiunt..sine dilectu morum, quisquis ~sus est SEN.*Ben.*4.28.2; omnes..recipi, ~di iussisti PLIN.*Pan.*26.3; 28.6;]~SVS INGENV⟨V⟩S QVI ACCEPIT CONGIARIVM ✱ C *CIL* 6.10228; —L ARRIO..IN AERE ~SO AB DIVO VESPASIANO 5.889; 13.1041. **c** ~sa notis marmora publicis HOR. *Carm.*4.8.13; tabula..his ferme ~sa litteris fuit LIV.6.29.9; ~sae seruant a te mea nomina fagi OV.*Ep.*5.21.

4 To cut through, sever. **b** to cut the strings of, unseal (a will). **c** to remove by cutting, cut off. **d** to cut up (into pieces).

Lacedaemo neruos iussit..in Timothei fidibus ~di CIC. *Leg.*2.39; scalarum gradus si alios tollas, alios ~das CAECIN. *Fam.*6.7.3; ~dere funem VERG.*A.*3.667; arbores ita ~derunt ut immotae starent, momento leui impulsae occiderent LIV. 23.24.7; si quam (hastam) ~dissent aut praefregissent 32.17.14; gladio neruos (beluae) ~dere (*i.e. hamstring*) 37.42.5; uincula, quis conserta erant (uehicula), iussit ~di CURT.9.1.17; ~sa ceruice et uix cohaerente PLIN.*Nat.*7.178; inuidit de tribus una soror et..~dit stamina MART.9.76.7; —(*in fig. phrs.*) cum..~dant neruos populi Romani CIC.*Agr.* 2.47; iidem..qui mihi pinnas ~derant (*i.e. who clipped my wings*) nolunt easdem renasci *Att.*4.2.5; si quid est, quo teneris, aut expedi aut ~de SEN.*Ep.*17.1;—(*poet.*) glandibus et torta Zephyros ~dere funda STAT.*Theb.*7.338;—(*transf.*) quacumque ~ditur orbis (*a circle*) per medium (*i.e. along its diameter*) MAN.1.545; ostendimus (tabellas) Cethego..linum ~dimus; legimus CIC.*Catil.*3.10; Hellas..media ferme prope ~ditur MELA 2.37. **b** cum..binas tabulas testamentorum suorum in comitio ~sas..recitasset V.MAX.7.8.4; ausi sunt..codicillos, quos iam pridem Matidia ~derat, obsignare FRO.*Amic.*2.p.98(183N); si cancellauerit testamentum suum uel ~derit ULP.*dig.*29.1.15.1. **c** ergo ego, ne scribam, digitos ~dere cunctor..? OV.*Pont.*4.14.19; crinem ~dere..atque auro gemmisque locant STAT.*Silv.*3.4.90; qui patrem pulsauerit, manus ei ~dantur QUINT.*Decl.*362 (p.394,l.8). **d** aer,..si in atomos ~ditur, sparsus est SEN.*Nat.*2.6.2.

5 To break the continuity of: **a** to interrupt (a path, stream). **b** to break up (speech) by pauses; to produce (clauses) by such means.

a squamis (*i.e. a dragon's coils*)..~sus adaestuat amnis STAT.*Theb.*5.517; si rectum limitem rupti torrentibus pontes ~derint QUINT.*Inst.*2.13.16; si eas uenas ~deris et..desierit ad me aqua peruenire POMPON.*dig.*39.3.21. **b** ~dit has (*sc.* inconditas uoces) et distinxit in partes CIC.*Rep.* 3.3; haec singultu uerba ~dente profatur STAT.*Theb.* 9.884; (*absol.*) aliud..uocis genus iracundia sibi sumat, acutum, incitatum, crebro ~dens CIC.*de Orat.*3.217;—in omnibusne numeris aequaliter particulas deceat ~dere an facere alias breuiores alias longiores *Orat.*205; 226.

6 To break off, cut short (activities, etc.); to put an end to (hopes).

~ditur..omnis deliberatio, si intellegitur non posse fieri CIC.*de Orat.*2.336; ~damus..media ne nimis sero ad extrema ueniamus *Phil.*2.47; nouas ~dere lites VERG.*Ecl.*9.14; nec lusisse pudet, sed non ~dere ludum HOR.*Ep.*1.14.36; breuis interrogatio..sermonem ~dit LIV.32.37.5; non omnia dixit: ~ditque pudor, quae prope dixit amor *Eleg.Maec.*152; potest illa (*sc.* bona) casus aliquis ~dere SEN.*Ben.*3.4.2; si spatium eius (*sc.* uitae) ~ditur *Ep.*93.6; si quis forte deum tantos ~derit actus SIL.3.78;—sin autem optatae spes est ~sa salutis *Ciris* 276; spe omni reditus ~sa LIV.2.15.7; 35.31.7; 44.6.13.

inciens ~ntis, *f. adj.* [cf. Gk. ἔγκυος, Skt. *śvayati* 'swell'] (of female animals) Big with young; (also transf., of vine-shoots).

(oues) ~ntes (*inicientes codd.*) secludere VAR.*R.*2.2.8; partus..~ntis (*incipientis codd.*) pecoris COL.7.3.16; 8.11.8; PLIN.*Nat.*11.211; grauida est, quae iam grauatur conceptu; praegnans uelut occupata in generando, quod conceperit; ~ns propinqua partui PAUL.*Fest.*p.97M;—(*transf.*) palmis ~ntibus (*cj.*) progemmantibusque COL.4.27.1.

incīle ~is, *n.* [next] A channel dug for the bringing or removal of water, a ditch, drain.

cum pluere incipiet, familiam..oportet ~ia aperire, aquam diducere in uias CATO *Agr.*155.1; sane tamquam in quodam ~i iam (in cilicia *codd.*) omnia adhaeserunt CAEL. *Fam.*8.5.3; ut..~ia excitentur, quae ad codicem deducant aquam COL.5.9.13; PLIN.*Nat.*18.230; (uiam) lacunosis ~ibus uoraginosam APUL.*Met.*9.9; ~e est..locus depressus ad latus fluminis..unde primum aqua ex flumine agi possit ULP.*dig.*43.21.1.5; PAUL.*Fest.*p.107M.

incīlis ~is ~e, *a.* [INCIDO²+-*lis*, cf. *ancile fossa* ~*is* = prec.

in monte fossas ~es puras habere oportet CATO *Agr.*155.1.

incīlō ~āre ~āuī ~ātum, *tr.* [dub.] To revile, abuse.

si quis hac me oratione ~et PAC.*trag.*130; quoniam ~ans nos laedis uicissim LUCIL.1035; matrem ob iure factum ~as ACC.*trag.*41; me spernens, ~ans probris 458; (natura rerum) iure (nos) increpet ~etque LUCR.3.963.

incinctus ~a ~um, *a.* [pple. of next]

1 Wrapped (tightly) round, girt (with clothes, ornaments, or sim.). **b** (w. no abl.) having the tunic pulled well up.

(*w. abl.*) caerulea ~ae angui incedunt (Furiae) ENN.*scen.* 30; ~am toga AFRAN.*com.*182; pictis ~ae pellibus ambae VERG.*G.*4.342; ~us cinctu Gabino LIV.8.9.9; ~us tunica mercator OV.*Fast.*5.675; statua..~a praetexta V.MAX. 3.1.1; ~a quadrato pallio PETR.135.4; auro monetali zonis refertis ~a (uxor) APUL.*Met.*7.6; ~us balteo 11.8;—(*w. ret. acc.*) ~us iuuenis flexis noua cornua cannis OV.*Met.*13.894. **b** ~ae studia exercere Dianae OV.*Ep.*4.87; ~os..Lares *Fast.*2.634.

2 Surrounded, enclosed (by natural barriers).

(*w. abl.*) ~am spumanti litore Cythnum *Ciris* 475; sinus est continuo Apulo litore ~us MELA 2.66;—(*app. w. dat.*) gentem Marcomannorum, quae..in interiora refugiens ~os Hercyniae siluae (Hercynia silua *Heinsius*) campos incolebat VELL.2.108.1.

incingō ~ngere ~nxī ~nctum, *tr.* [IN-²+CINGO]

1 (usu. refl. or pass.) To wrap (tightly) round (with clothes, ornaments, or sim.); to gird (with a weapon).

pars sese tortis serpentibus ~ngebant CATUL.64.258; nec te Maeonia..~ngi zona dedecuisse putes? OV.*Ep.*9.66; Paeana uoca nitidaque ~ngere lauru! *Met.*14.720; laeuam inuoluere toga et ~ngi paene furiosum est QUINT.*Inst.* 11.3.146; (*cf.*) has (*sc.* aras) ubi uerbenis siluaque ~nxit agresti OV.*Met.*7.242; (*of clothing*) uestis candida purpurea talos ~nxerat ora CATUL.64.308;—(*with a weapon*) arrepto ..gladio, quo se Tlepolemus solebat ~ngere APUL.*Met.*8.13.

2 To surround, encompass (with walls, etc.). **b** (of natural barriers) to extend round, enclose.

turritis ~ngere moenibus urbes Ov.*Am*.3.8.47. **b** quacunque..se terrae porrigit orbis extremique maris curuis ~ngitur undis *Aetna* 95; Corycos oppidum portu saloque ~ngitur Mela 1.71; flexus Megybernaeus..Toronen et Myscellam..~ngit 2.34; Arcadiam Peloponnesiacae gentes undique ~ngunt 2.43; 3.13.

incinō ~ere ~uī, *intr., tr.* [IN-[1]+CANO] FORMS: *incanere CIL* 6.7496. To play (on a musical instrument); (w. acc.) to play (tunes, etc., on an instrument).

si modulis lenibus tibicen ~at Gel.4.13.1; *CIL* 6.7946;—cum..lictores mutarunt uestem et signa ~uerunt Var.*L.* 7.37; seu uarios ~it ore modos Prop.2.22.6; si..numeros et modos..tibicen ~eret Gel.1.11.12.

incipiens ~ntis, *a.* [pple. of next] In senses of vb., esp.: Coming into being; (of diseases) incipient.

nox erat ~ns Ov.*Ep*.17.55; barba erat ~ns *Met*.12.395;—~ntes suffusiones discutit Plin.*Nat*.32.70; Larg.20; (*transf. to sufferers from a disease*) (trixago) ~ntibus hydropicis efficax Plin.*Nat*.24.131.

incipiō ~ipere ~ēpī ~eptum, *tr., intr.* [IN-[1]+CAPIO] FORMS: *incepsit* (= *inceperit*) in Paul. *Fest*.p.107M.

1 (tr.) To take in hand, start, embark on (an enterprise).

sospes iter ~ipe hoc Pl.*Cas*.817; sed quis hic est qui huc in plateam cursuram ~ipit? *Trin*.1006; amicitiam..quae ~epta a paruis cum aetate adcreuit simul Ter.*An*.539; qui multa simul ~ipit neque perficit Cato *orat*.72; supplosio pedis in contentionibus aut ~ipiendis aut finiendis Cic. *de Orat*.3.220; si ~eptam oppugnationem reliquissent Caes. *Gal*.7.17.6; ~eptus clamor frustratur hiantis (*i.e. opening their mouths to shout*) Verg.*A*.6.493; uelut illo tempore primum bellum ~iperent Liv.26.37.9; desinit in lacrimas ~eptaque fila remisit Ov.*Fast*.2.755; ut se ab ~epto proposito abstineret V.Max.1.6.ext.1; antequam arma ~iperent, misere legatos Tac.*Ann*.4.46; ~ipit orationem Caesar de fastigio Romano 12.11; fabulam Graecanicam ~ipimus Apul.*Met*.1.1;—(*sup.*) hoccinest humanum factu aut ~eptu? Ter.*An*.236; turpe ~eptust *Ph*.456;—(*w. starting-point expr.*) ne ab obsidione Capuae bellum..Romani ~iperent Liv.24.12.1; non tibi ab ancillast ~ipienda Venus Ov.*Ars* 1.386.

2 (in ellipt. use): **a** To begin an action, set to work, etc. **b** to begin speaking or writing; (with acc.) to begin to utter or recite (words, etc.). **c** to embark on a study or profession.

a ~ipere multost quam impetrare facilius Pl.*Poen*.974; Ter.*Eu*.51; ~ipe, si qua animo uirtus, et consere dextram Verg.*A*.9.741; quo..segnius ~ipiunt, eo cum coeperint uereor ne perseuerantius saeuiant Liv.21.10.7; quid stupes? tandem ~ipe animosque sume Sen.*Thy*.241; (*impers. pass.*) neque ante aequinoctium ~ipi oportere putant, quod..putescere semina soleant Var.*R*.1.34.1; (*w. cogn. acc.*) neque quod principium ~ipiam ad placandum scio Ter. *Hau*.1044;—(*cf.*) dea..concita cursu fertur et e campis ~ipit (*i.e. sets out*), Henna, tuis Ov.*Fast*.4.462. **b** Cic. *Att*.4.6.3; si tantus amor casus cognoscere nostros..~ipiam Verg.*A*.2.13; cum bonis potius ominibus..libentius ~iperemus Liv.pr.13; '~ipe!' ait Marti; protinus ille refert.. Ov.*Fast*.6.354; ~ipiebat..sedens et, si quando illum produxerat calor, exsurgere audebat Sen.*Con*.7.pr.1;—(*foll. by dir. sp.*) accessi; uos semotae: nos soli: ~ipit 'mi Pamphile..' Ter.*An*.285; statim sic rex ~ipit: 'numquam ego ratus sum..' Sal.*Jug*.109.4; Verg.*A*.2.348; magno simul ~ipit ore: 'parcite iam, Rutuli..' 12.692; Stat.*Theb*. 12.245; (*w. dat. of indir. obj.*) ~ipit huic Lycabas: 'in quae miracula' dixit 'uerteris?' Ov.*Met*.3.673;—(*w.* de) primum..~ipiam de ruderatione Vitr.7.1.1; Apul.*Apol*.95;—(*w. acc.*) duobus ~eptis uerbis omnem impetum gladiatoris..compressi Cic.*Har*.1; consilio uersare dolos ingressus et astu ~ipit haec Verg.*A*.11.705; legati..senatum ingrediuntur mandataque in hunc modum ~ipiunt Tac.*Ann*. 12.10. **c** ~ipientibus atque adhuc teneris condiscipulorum..facilior imitatio est Quint.*Inst*.1.2.26; 2.5.18; nunc primum se in uetere comoedia, sed non tamquam ~iperet, ostendit Plin.*Ep*.6.21.5.

3 (intr., with *ab*, advs., etc.) To begin an activity, speech, etc. (from a particular point).

(*w.* ab) ~ipiam de locis ab ipsius loci origine Var.*L*.5.14; Aratum, qui..a Ioue ~ipiendum putat Cic.*Rep*.1.56; ab antiquissimis (causis) ~ipiam Sen.*Nat*.4a.2.17; qui non est pius ~ipiat a me *Phoen*.411; ut ab illorum ~iperent direptione Fron.*Str*.4.5.1; quis custodiat ipsos custodes..?..ab illis ~ipit uxor Juv.6.O34; singulos..debere consuli gradatim ~ipique a consulari gradu Gel.14.7.9;—(*w. advs.*) A primum est, hinc ~ipiam Lucil.351; unde..potius ~ipiam quam ab ea ciuitate..? Cic.*Ver*.4.3; paucae (insulae) sunt in Maeotide, inde enim uidetur commodissimum ~ipere Mela 2.97;—(*w. abl.*) iuuenem..~ipere quam maxime facili..causa uelim Quint.*Inst*.12.6.6.

4 (with inf., of persons or things) To begin, start (to).

nequam sum, utpote qui hodie amare ~eperim Pl.*Rud*. 462; ubi (nuces) primum ~ipiunt hiascere Cato *Agr*.17.2; ~ipit res melius ire Cic.*Att*.14.15.2(3); consilia clam de bello inire ~ipiunt Caes.*Gal*.7.43.3; luxuria..quae iam tum ~ipiebat pullulare Nep.*Ca*.2.3; ~ipit effari Verg.*A*.4.76; Vell.1.11.2; Calp.*Ecl*.5.17; Tac.*Hist*.5.25;—(*w. point of commencement indicated*) a bima..fructum ferre ~ipit (*sc.* pecus) Var.*R*.2.1.13; omnia mentiris, neque enim tua fallere lingua ~ipit a nobis Ov.*Ep*.7.82;—(*w. pass. inf.*) magno misceri murmure caelum ~ipit Verg.*A*.4.161; Juv.6.468; (*pass. w. pass. inf.*) antequam duci ~ipiantur (fontes) Vitr.8.4.1;—(*impers.*) cum pluere ~ipiet Cato *Agr*.155.1; ~ipiet dominae quemque pudere suae Ov. *Rem*.710; prius..quam resisti his ~iperet, scutati erumpunt Fron.*Str*.2.5.31.

5 (intr. or ellipt.): **a** (of periods, conditions, etc.) To begin, commence; (also pass.). **b** (of persons or things) to commence one's period of activity, begin to function (in a capacity implied by the context). **c** to begin to move.

a hic annus ~ipit uicensumus Pl.*Capt*.980; cum rosam uiderat tum ~ipere uer arbitrabatur Cic.*Ver*.5.27; ex epistula..quam ~ipiente febricula scripseras *Att*.7.8.2; tempus erat quo prima quies mortalibus aegris ~ipit Verg.*A*. 2.269; id..circumfuso undique equitatu—ut uallum peteretur opusque ~iperet—fieri non poterat Liv.8.38.7; saepe..hoc malum per se ~ipit Cels.3.21.2; ~ipiente aut inclinato die Sen.*Nat*.1.8.6; ~ipiens adhuc et necdum adulta seditio Tac.*Hist*.1.31; ~ipiente nocte 1.80; (*cf., pleon.*) ut principium anni ~iperet mense Decembri *Ann*.13.10;—(*w. point of commencement indicated*) istinc clamor prius ~ipiet Liv.7.40.10; instructos..armatosque, cum ab neutris proelium ~iperet, nox oppressit 9.39.2;—(*pass.*) ~epto tegeret cum lumina somno Verg.*G*.4.414; illic..nulla ~epto perlabitur unda liquore, sed durata riget [Tib.]3.7.155; (*cf.*) frigoribus quare nouos ~ipit annus qui melius per uer ~ipiendus erat? Ov.*Fast*.1.149. **b** (*of rulers*) cometes..qui ~ipiente eo (*sc.* Augusto) apparuit Plin.*Nat*.2.93; iunxisti..securitatem olim imperantis et ~ipientis pudorem Plin.*Pan*.24.1;—(*of plants or parts of them*) hoc fit uel ~ipiente culmo, cum iam se ad bina..emiserit folia Plin. *Nat*.18.182; interpositum etiam (lilium) maxime rosas decet, medio prouentu earum ~ipiens 21.22; semine..differens, quod est ~ipientis oliuae 27.125;—(*of legal requirements*) ex die ~ipit obligatio Paul.*dig*.44.7.44.1. **c** cum (sol)..~ipit a feminibus sagittarii Vitr.9.3.3; ut manus cum sensu et ~iperet et deponeretur Quint.*Inst*. 11.3.106.

6 (intr., with *ab*, etc., usu. of things) To lead off (from an initial stage or component), i.e. begin (with).

(*w.* ab) ab uno uerbo omnes sententiae ~ipiunt Rut.Lup. 1.9; cibus a salsamentis..melius ~ipit Cels.1.2.8; nec posset a longa syllaba ~ipere (uersus) Vel.gram.in *G.L.* 7.54; (*of an orator*) Latronem Porcium..usque eo esse confusum, ut a soloecismo ~iperet Sen.*Con*.9.pr.3;—(*w. abl.*) nobilis hinc nata nempe ~ipit Ilias ira *Priap*.68.17; ut ab Homero atque Vergilio lectio ~iperet Quint.*Inst*.1.8.5.

7 (intr., with *ab*, etc.) To begin spatially, start to extend; (sim. with inf.).

Ostracine Arabia finitur..mox Idumaea ~ipit..Plin.*Nat*. 5.68;—(*w.* ab) silua..~ipit a plano deuexaque prospicit arua Ov.*Met*.8.330;—(*w. abl.*) non caeca tenebris ~ipit primo uia Sen.*Her.F*.668; tertius Europae sinus Acroceraunis ~ipit montibus, finitur Hellesponto Plin.*Nat*.4.1;—(*w. adv.*) post utramque cryptoporticum, unde triclinium desinit, ~ipit porticus Plin.*Ep*.5.6.31; (*of a species of animal*) Zamnes, unde elephanti ~ipiant Plin.*Nat*.6.180;—(*w. inf.*) qua se subducere colles ~ipiunt Verg.*Ecl*.9.8; ictus erat, qua crus esse ~ipit Ov.*Met*.6.255; ab Alpibus ~ipit (Italia) in altum excedere Mela 2.58; (*cf.*) unde concitatur, a celeritate Tigris ~ipit uocari Plin.*Nat*.6.127.

8 (intr., with *ab*, etc.) To originate, take rise (from).

(*w.* ab) etiam si (uis animi) a recta uoluntate ~epit Sen. *Ben*.1.15.3; denuntiatio a marito non ~ipit sed a muliere Ulp.*dig*.25.3.1.5;—(*w. abl.*) quaerimus..ira utrum iudicio an impetu ~ipiat Sen.*Dial*.4.1.1;—(*cf., pass.*) a tantis principes ~ipiendus erat Ov.*Fast*.5.570.

9 (intr., of persons) To be the first to do something, open, lead; (of things) to come first in a series.

(*of persons*) ~ipe, Damoeta; tu deinde sequere, Menalca Verg.*Ecl*.3.58; mox ~ipientibus qui conscii aderant, ceteros..in uerba Vespasiani adigit Tac.*Hist*.3.13; (*w. abl. of instrument*) processere Melas et Idasmenus; ~ipit hasta ante Melas V.Fl.6.196;—(*of things*) superest ea pars, quae ad ossa pertinet..caluaria ~ipit Cels.8.1.1.

incipissō ~ere, *tr.* [prec.+-ESSO] To undertake, set on foot, begin (an enterprise).

breuem orationem ~e Pl.*Capt*.214; magnam illic homo rem ~it *Mil*.228; 237;—(*w. inf.*) quid hic homo tantum ~it facere cum tantis minis? *Capt*.802; *Trin*.884.

incircum, *prep.* and *adv.* [IN-[1]+CIRCVM] Round about, around: **a** (as prep.). **b** (as adv.).

a a puteis..Puteoli, quod ~ eum locum aquae frigidae et caldae Var.*L*.5.25. **b** si amplum quid aedificari testator iusserit, ueluti ~ porticationes Macer *dig*.11.7.37.1.

incīsē, *adv.* [pple. of INCIDO[2]+-E] In short phrases.

quo..pacto deceat ~ membratimue dici iam uidebimus Cic.*Orat*.212.

incīsim, *adv.* [as prec.+-IM] = prec.

o Marce Druse, patrem appello—haec quidem duo binis pedibus ~; dein membratim Cic.*Orat*.213; 223.

incīsiō ~ōnis, *f.* [INCIDO[2]+-TIO]

1 The action of cutting into, incision.

punctus neruorum..sine ~one aut diuisione sanat Larg.206.

2 (rhet.) = INCISVM.

dicendum..quantos circuitus facere deceat deque eorum particulis et tamquam ~onibus disserendum est Cic.*Orat*. 206; 216.

incīsum ~ī, *n.* [pple. of INCIDO[2]] (rhet.) A short phrase or member of a sentence.

illa duo, quae κόμματα Graeci uocant, nos ~a dicimus; deinde tertium κῶλον illi, nos membrum Cic.*Orat*.223; Quint.*Inst*.9.4.22; ~um..erit sensus non expleto numero conclusus, plerisque pars membri 9.4.122.

incīsūra ~ae, *f.* [INCIDO[2]+-VRA]

1 An incision, cut.

salem inter ~as raporum..aspergito Col.12.56.1; grossus ..non maturescit nisi ~a emisso lacte Plin.*Nat*.13.58; cornus in uenabulis nitet ~is nodata propter decorem 16.186; 17.251; infirmitates et ~as iuuat (poterion) 27.123.

2 (applied to anything in nature resembling a cut): **a** (in relation to the edge) A deep notch, indentation. **b** (in relation to the surface) a long groove.

a iure omnia insecta appellata ab ~is Plin.*Nat*.11.1; ~ae folio (loti) crebriores; alioqui ilicis uiderentur 13.104; dryopteris felici similis..tenui foliorum subdulcium ~a, radice hirsuta 27.72. **b** uitae breuis signa ponit..plures ..in manu ~as nec perpetuas Plin.*Nat*.11.274; (folia) neruos callumque..in superiore habent parte, ~as uero subter, ut manus humana 16.88; (genus porri) herbaceum folio, ~is eius euidentibus 19.110.

3 (in painting) A line dividing regions of light and shade.

ratio (lomenti) in pictura ad ~as, hoc est umbras diuidendas ab lumine Plin.*Nat*.33.163

incīsus ~ūs, *m.* [INCIDO[2]+-TVS[3]] The act of making a cut in something, incision.

fructum (*i.e. pitch*) quaedam (arbores) proximo anno ab ~u largiuntur Plin.*Nat*.16.60.

incita: see INCITAE.

incitābulum ~ī, *n.* [INCITO+-BVLVM] A stimulus, incentive.

~um ingenii uirtutisque Gel.15.2.3.

incitae ~ārum, *f. pl.* Also **~a** ~ōrum, *n. pl.* [IN-[2]+*citae* (pple. of CIEO), sc. *calces*] (in a game) A state in which a player's pieces are incapable of being moved, 'checkmate' (cf. Isid. *Orig*. 18.67); (in quots. fig., in phr. *ad ~as redigere* or sim.).

profecto ad ~as lenonem rediget, si eas abduxerit.—quin priu' disperibit faxo quam unum calcem ciuerit Pl.*Poen*.907; *Trin*.537; opulentiae nimiae nimio ad extremas ~as deducti Apul.*Met*.3.28. **β** illud ad ~a cum redit atque internecionem Lucil.101; uilicum Aristocraten ..conrupit, ad ~a adegit 513.

incitāmentum ~ī, *n.* [INCITO+-MENTVM] That which urges on or incites, a stimulus, incentive. **b** (applied to persons). **c** (in physical sense) a spur or goad.

Herculis simulacrum agmini peditum praeferebatur: id maximum erat bellantibus ~um Curt.8.14.11; quid ni ego magnorum uirorum..imagines habeam ~a animi..? Sen. *Ep*.64.9; magna illa..eloquentia..effrenati populi ~um Tac.*Dial*.40.2; adstrepebat uulgus, diuersis ~is *Ann*.1.18; euulgatus pudor non satietatem..sed ~um attulit 14.14; omnia animorum placamenta uel ~a Apul.*Soc*.13;—(*w. gen. of action, etc.*) hoc maximum et periculorum ~um est et laborum Cic.*Arch*.23; praecipuum fortitudinis ~um Tac.*Ger*.7.3; omnia uictoriae ~a *Ag*.32.2; magnum..est educandi ~um tollere liberos in spem alimentorum Plin. *Pan*.27.1;—(*w.* ad) desperatio, magnum ad honeste moriendum ~um Curt.9.5.6;—(*w. sub. cl.*) inclinatio senatus ~um Tiberio fuit quo promptius aduersaretur Tac.*Ann*.2.38. **b** Dareus..hostibus ad incessendum ingens ~um Curt. 3.11.7; acerrima seditionum ac discordiae ~a, interfectores Galbae..miscere cuncta Tac.*Hist*.2.23; hortante Sextia uxore, quae ~um mortis et particeps fuit *Ann*.6.29. **c** incremento (iracundiae) terga (leonis) ceu quodam ~o flagellantur (*sc.* cauda) Plin.*Nat*.8.49.

incitātē, *adv.* *compar.* ~ius. [INCITATVS+-E] Rapidly, impetuously.

uisum esse..Platonis et Democriti locutionem..quod ~ius feratur..potius poema putandum Cic.*Orat*.67; fluit..numerus..tum ~ius breuitate pedum, tum proceritate tardius 212.

incitātiō ~ōnis, *f.* [INCITO+-TIO]

1 The act of inciting or rousing.

languentis populi ~o Cic.*de Orat*.2.35; potest inflammari animus iudicis acri et uehementi quadam ~one 2.183; querellae ~ones miserationesque flebiles *Top*.86.

2 An excited state of mind, excitement, ardour.

(Cassandram diuinantem) mentis ~one et permotione diuina Cic.*Div*.1.89; 2.111; est quaedam animi ~o atque alacritas naturaliter innata omnibus Caes.*Civ*.3.92.4; (*w.* ad) motus..animi (est) ~o aut ad uoluptatem aut ad molestiam aut ad cupiditatem aut ad metum Cic.*Part*.9.

3 (in physical sense): **a** Violent motion, impetuosity. **b** impetus, impulse.

a sol, qui tanta ~one fertur ut celeritas eius quanta sit ne cogitari quidem possit Cic.*Luc*.82;—(*of a speech*) sic euolauit oratio, ut eius uim et ~onem aspexerim, uestigia ingressumque uix uiderim *de Orat*.1.161. **b** utrem si quis medium laqueo constrinxerit..et si superforatus casu fuerit, ~one eiaculabitur quod in eo erit Larg.84.

incitātor ~ōris, *m.* [INCITO+-TOR] One who excites or inspires.

Fauni uaticinantium ~ores Fro.*Aur*.2.p.66(146N).

incitātus ~a ~um, *a.* *compar.* ~ior, *superl.* ~issimus. [pple. of INCITO] In senses of vb., esp.:

1 Fast-moving, rapid, rushing.

(cometes) eo..esset ardentior, quo ille (*sc.* uentus) ~ior Sen.*Nat*.7.7.1;—(*of speech or writing, authors, etc.*) alter (*sc.* Herodotus)..sine ullis salebris quasi sedatus amnis fluit, alter (*sc.* Thucydides) ~ior fertur Cic.*Orat*.39; circuitus ille ..~ior numero ipso fertur et labitur 187; alteram nimis ~am alteram nimis tardam orationem 191;—(*of movements*) totius mundi ~issima conuersione *Rep.*6.19; haec ~is membra turbinibus ferat..rota (*i.e. of Ixion*) SEN.*Phaed.* 1236;—(*as the name of a horse*) ~o equo..consulatum.. traditur destinasse SUET.*Cal.*55.3.

2 (of persons) In a state of excitement, aroused; also, excitable, passionate.
(legionem) ~issimam retinui aegre me hercules POL.*Fam.* 10.32.4; irarum pleni et ~i domos inde digressi sunt LIV. 2.38.6;—ingenia..diuersa miscenda esse, ut..sedato homini ~ior mulier adplicetur APUL.*Pl.*2.26.

3 (of emotions, pain, etc.) Violent, intense. **b** (of language, actions, etc.) marked by violence or excitement.
motus turbulenti iactationesque animorum ~ae CIC. *Tusc.*5.15; sit necesse est..ad inuestigandam ueritatem studio ~o 5.68; odio ~issimo V.MAX.1.8.6; si (dolor) ~ior est SEN.*Ep.*78.9; inritare cupiditates hominum per se ~as 110.15. **b** nihil..grande, nihil ~um, nihil ornatum.. uerborum grauitate CIC.*Brut.*35; sic te iis (*sc.* litteris) euocabam ut nihil acrius neque ~ius fieri posset *Att.*2.24.1; ~issimis minis conpulsus V.MAX.3.8.ext.3; ~am et asperam seueritatem 5.9.intro.; si uultus infestus, si uox ~ior QUINT. *Decl.*333(p.314,l.27); hoc fuit tempus uiris armis ~issimum FLOR.*Epit.*1.1(1.pr.6).

incitēga ~ae, *f.* [ad. Gk. ἐγγυθήκη] A stand for holding a wine-jar, rack.
~a machinula, in qua constituebatur in conuiuio uini amphora PAUL.*Fest.*p.107M.

incitō ~āre ~āuī ~ātum, *tr.* [IN-[1]+CITO[2]]

1 To cause to move faster, speed up, urge on; (prov.) *currentem ~are*, to spur a willing horse (see CVRRO).
cum..id frater..animaduertisset, ~ato equo se hostibus obtulit CAES.*Gal.*4.12.6; (amnis) aestate exiguus, hibernis idem ~atus pluuiis LIV.44.8.6; amnem..quem non faciunt imbres sed ~ant SEN.*Nat.*3.11.6; (*pass. in middle sense*) quarum (*sc.* stellarum uagarum) motus tum ~antur tum retardantur CIC.*N.D.*2.103;—(*in fig. phr.*) adulescentes refrenandi potius a gloria quam ~andi fuerunt *Cael.*76.

2 To set in rapid motion, impel, drive; to set (a movement) going. **b** (refl. or pass.) to hurl oneself, rush (forwards or onwards).
caelo..uolubili et in orbem ~ato CIC.*Tim.*20; Zephyrus ..~at undas CATUL.64.270; nauis longas..remis ~ari.. iussit CAES.*Gal.*4.25.1; 7.60.4; saxa..per pronum ~abantur SAL.*Hist.*3.36; ut..leues puer ~et hastas V.FL. 1.409; (*w. direction indicated*) nubes..in nubes ~atae SEN. *Nat.*2.23.1; (*in fig. phr.*) sunt (uitia) in lubrico ~ataque semel procliui labuntur CIC.*Tusc.*4.42;—(sonus) inpulsu.. orbium efficitur..nec enim silentio tanti motus ~ari possunt *Rep.*6.18. **b** (*of persons, etc.*) alii ex castris sese ~ant CAES.*Civ.*2.14.3; ut..~ati fuga montis altissimos peterent 3.93.6; aduersus ~atas turmas stetit immota Samnitium acies LIV.10.14.16; equites..parumper restiterunt; dein rursum ~ati desertum a suis contrucidarunt SUET.*Gal.*19.2; —(*w. direction indicated*) triremes duae..sese in eam (*sc.* nauem) ~auerant CAES.*Civ.*2.6.4; acrius contra armatos ~ati HIRT.*Gal.*8.35.5;—(*of natural forces*) cum ex alto se aestus ~auisset CAES.*Gal.*3.12.1; quo maior uis aquae se ~auisset 4.17.7.

3 To stimulate, rouse (an organ of the body); (pass., of a female) to begin to feel the pains of childbirth (in quot., in fig. phr.). **b** to provoke (a physical response). **c** (agr.) to promote the growth of; (refl., of buds) to shoot.
si sunt (uersiculi)..parum pudici, et quod pruriat ~are possunt CATUL.16.9; catulos adportat et ~at unguis STAT. *Ach.*1.170; cum tibia lumbos ~at JUV.6.315; caldor.. mouet plerumque aluum et ~at GEL.19.4.5;—spumam nitri..fieri..cum ros cecidisset praegnantibus nitrariis, sed nondum parientibus; itaque non fieri ~atis, etiamsi (ros) caderet PLIN.*Nat.*31.112. **b** passer..cui..digitum dare adpetenti et acris solet ~are morsus CATUL.2.4; ~at unda sitim OV.*Rem.*632; canum latratus aspectu picti canis ~atus V.MAX.8.11.ext.4; ~atur sanguinis eruptio musculorum conpressione LARG.84. **c** interest..prolixisne flagellis ~et an angusta putatione uitem coerceat (uinitor) COL.3.21.7; 4.22.3; (*cf.*) ut ~etur eius (*sc.* castaneae) proceritas 4.33.5;—~antibus se gemmis PLIN.*Nat.*17.113.

4 To make more severe or intense, intensify, increase.
intemperantia omnem animi statum inflammat conturbat ~at CIC.*Tusc.*4.22; (uoluptates) corporales morbus inhibet, non tamen tollit: immo..~at SEN.*Ep.*78.22; quam (*sc.* legem)..Augustus..~andis caelibum poenis et augendo aerario sanxerat TAC.*Ann.*3.25;—(*colour, sound*) naturale est (uocem) paulatim ~ari SEN.*Ep.*15.7; possunt ista (genera colorum) ~ari aut relanguescere *Nat.*1.3.13;—(*speed, cf. sense 1*) quod consuetudo..eloquendi celeritatem ~aret CIC.*de Orat.*1.90; 1.149; eo modo..Caesar..militum celeritatem ~at ut timeam ne citius ad Brundisium quam opus sit accesserit *Att.*8.14.1; CAES.*Gal.*2.26.3; (*cf.*) ilico dirigit citatum gradum, quem defectum..adsiduis laboribus spes ~abat APUL.*Met.*6.1.

5 To arouse, evoke (feelings, actions).
ut..Antoni..furorem crudelissimis consiliis ~atum a pernicie rei publicae auerteret CIC.*Phil.*4.3; odia..quae erant in me ~ata..mitigata sunt comitate quadam mea *Att.*1.19.8; cuius uoluptatis auidae libidines temere et effrenate ad potiundum ~arentur *Sen.*39; meum scribendi studium uehementius in dies ~atur *Div.*2.5; ne abrogata (lex) ~aret (libidinem muliebrem) LIV.34.6.10; ~abat uirtutem..ignominiae demendae cupido CURT.7.2.38; pugnas mota pater ~at hasta V.FL.4.609; euantes exsiliunt ~ante tibiae cantu lymphaticum tripudium APUL.*Met.*8.27.

6 To arouse the passions or enthusiasm of, encourage, stir up, rouse (a person, his mind, etc.). **b** (w. a specified feeling or passion; also w. passion as subj.).
populum ardentem studio uehementius ~ari CIC.*Att.* 15.11.2; segniores castigat atque ~at CAES.*Civ.*1.3.1; falsa eos suspicione ~atos memorantes LIV.25.30.1; quorum fuga ~ati Alexandrini plures ex nauibus egrediebantur *B.Alex.* 20.4; his uocibus ~atus Syphax Masinissae bellum infert LIV.29.31.7; mora semper amantes ~at OV.*Ars* 3.474; terruisset alios, quod illos ~auit CURT.9.5.19; bonos laude, segnis exemplo ~are TAC.*Hist.*2.82;—(*w.* ex) ingenium diligentia etiam ex tarditate ~at CIC.*de Orat.*2.147;—quae res ..stultas cogitationes ~abat barbarorum HIRT.*Gal.*8.10.4; oculos (*i.e. of Narcissus*) idem, qui decipit ~at error OV.*Met.* 3.431. **b** ~atus iracundia aut inuidia CIC.*Dom.*88; cum.. alii uetere odio bonorum ~arentur *Sest.*46; auguria..me ~ant quadam spe *Att.*10.8.6; eo ~ati studio inconsultius processerant CAES.*Civ.*1.45.6; SAL.*Jug.*66.4;—illi beati, quos ..nullae libidines ~ant CIC.*Tusc.*5.16; uos qui dolor, quae ira ~auit? LIV.28.29.1.

7 (w. *ad*, etc.) To incite, rouse (to a course of action, state of mind).
in hominum mentibus..ad iram aut ad odium aut ad dolorem ~andis CIC.*de Orat.*1.53; eos..ad luendas rei publicae poenas Furiae quaedam ~auerunt *Sul.*76; qui.. uos mei semper cupidissimos..ad meam salutem ~auit *Prov.*43; multa Caesarem..ad id bellum ~abant CAES.*Gal.* 3.10.1; cum..ad rebellandum primores Gabinorum ~aret LIV.1.54.2; CURT.5.1.18; confusum eum somnio..coiectores ad amplissimam spem ~auerunt SUET.*Jul.*7.2;—(*w.* in+*acc.*) feriatum..ab iis studiis in quae tua cohortatione ~atur TREBON.*Fam.*12.16.2;—(*w. subj., repr. indir. command*) laudibus ~aui (iuuenem), pergeret, qua coepisset PLIN.*Ep.* 5.17.4;—(*w.* ut, ne) qui hesterna etiam contione ~ati sunt ut uobis uoce praeirent quid iudicaretis CIC.*Mil.*3; LIV. 6.21.8; Illyrii lacessebant..deo quodam ~ante adsidue, ne robiginem..arma sentirent FLOR.*Epit.*1.19(2.3.2);—(*w. inf.*) inuitum cum retineas, exire ~es PUB.*Sent.*I.13.

8 (in various pregn. uses): **a** To stir to anger, provoke. **b** to incite to revolt or mutiny. **c** to arouse to religious frenzy. **d** to incite to lust.
a ut..res esset ea quae sua sponte multitudinis animos ~aret CIC.*Dom.*12; sic sum ~atus ut..te..uexatum potius quam despectum uellem dimittere *Vat.*1; iratus senatui exiit, his intercessionibus plane ~atus est CAEL.*Fam.*8.16.1; milites nostri pristini diei perfidia ~ati in castra irruperunt CAES.*Gal.*4.14.3; o quid me ~as? VERG.*Cat.*13.8;—(*w.* in+*acc.*) causam..quae leuissimi hominis animum in Flaccum ~auit CIC.*Flac.*46; ut in me ueterani ~entur *Fam.*12.2.1; tribunus populum in consules ~abat LIV.4.2.1; 8.33.1; QUINT.*Inst.*6.4.10; (*cf.*) hic ipse puer quem Caesaris nomen ~are uidetur in Caesaris interfectores BRUT.*ad Brut.*1.16.5; —(*w.* aduersus) senatum..~are aduersus legem haud desistebat LIV.5.30.1. **b** reges barbaros ~are, gentis feras armatas in Italiam adducere CIC.*Att.*8.11.2; legiones non destitit litteris atque infinitis pollicitationibus ~are POL.*Fam.*10.32.4; horum fuga nauium onerariarum magistros ~abat CAES.*Civ.*2.43.3. **c** terrae uis Pythiam Delphis ~abat, naturae Sibyllam CIC.*Div.*1.79; 2.117; quos Cybeleia mater ~at OV.*Ib.*452. **d** ~at me pectus et mammae putres HOR.*Epod.*8.7; ipse..dormiat solus libidinosis ~atus erucis *Priap.*47.6.

incitus ~a ~um, *a.* [pple. of *incieo (IN[1]+CIEO)]

1 Set in rapid or violent motion; rushing, headlong, etc.
freta..feruescunt grauiter spirantibus ~a flabris LUCR. 6.428; fulminis haec (*sc.* falarica) ritu summis e moenibus arcis ~a SIL.1.357; prono..silex ruit ~us ictu 1.491;— uenti uis uerberat ~a pontum LUCR.1.271; apicem tamen ~a summum hasta tulit VERG.*A.*12.492; hunc..ungula.. ~a..proculcat equorum 12.534; ~a cristas aura quatit V.FL.5.563; (*pred.*) (Varro) portis arma ~us effert SIL. 8.278; (*of movement*) hunc (*sc.* locum) petam cursu ~o SEN. *Phoen.*28.

2 Stirred to feeling, roused, excited.
talibus Oenides urget; simul ~a dictis heroum manus V.FL.3.690; (serpens) ~us ira SIL.6.234; (matres) ostentant paruos uagituque ~a pulsant corda uirum 12.591.

inciuīlis ~is ~e, *a.* [IN-[2]+CIVILIS]

1 Unbecoming a citizen, undemocratic, tyrannical.
ob haec mulieris uerba tam inproba ac tam ~ia..aediles plebei multam dixerunt ei GEL.10.6.3.

2 (leg.) Contrary to principles of law or justice, inequitable.
sunt..hae poenae..~es ULP.*dig.*48.19.9.10;—(*w. inf.*) ~e est nisi tota lege perspecta una aliqua particula eius proposita iudicare uel respondere CELS.*dig.*1.3.24.; inscium.. procuratorem teneri satis ~e est ULP.*dig.*3.3.15; 34.1.14.1.

inciuīliter, *adv. compar.* ~ius. [prec.+-TER[2]] In a manner unbecoming a citizen, tyrannically; unjustly, inequitably.
Manlium..altius se et ~ius efferentem FLOR.*Epit.*1.17 (1.26.8); praefecturam..praetori suscepit..egitque..~ius et uiolentius SUET.*Tit.*6.1;—ain, te nos tractamus ~iter, qui nostrum asinum furatus abducis? APUL.*Met.*7.25; iudex ~iter extorta restitui..iubeat ULP.*dig.*4.2.23.3.

inclāmitō ~āre ~āuī ~ātum, *tr.* [next+-ITO] To revile, abuse.
etiam ~or quasi seruos? PL.*Epid.*711.

inclāmō ~āre ~āuī ~ātum, *tr., intr.* [IN-[1]+CLAMO]

1 (tr.) To call out to (a person). **b** to call upon, invoke (a person's name, etc.). **c** to call for, demand.
ibi me ~at Alcumena PL.*Am.*1068; comitem illum suum ~auit semel et saepius CIC.*Inv.*2.14; in hac trepidatione Decius..M. Valerium..~at. 'deorum' inquit 'ope, M. Valeri, opus est' LIV.8.9.4; ~at comites et lumina poscit OV.*Fast.*2.351; seruos ~auit V.MAX.1.7.7; ~atus a puero.. ex imo aduolabat (delphinus) PLIN.*Nat.*9.25; APUL.*Met.* 8.21;—(*w. indir. qu.*) pastorum unus..~at alios..quid cessarent LIV.10.4.8;—(*w.* ut+*subj.*) puerum ut illum (*sc.* asellum) abigeret ~auit V.MAX.9.12.ext.6. **b** excitare Antonium conabantur, nomen ~abant CAEL.*orat.*15; ~abat deum atque hominum fidem GEL.17.19.3. **c** ut arma bello, ut aqua incendio ~ari publice solent [QUINT.]*Decl.*12.6.

2 (intr. or ellipt.) To shout out, cry aloud.
ita te para ut, si ~aro, aduoles CIC.*Att.*2.18.4; 2.20.5; uolui ~are, sed hosti prodere me timui OV.*Met.*14.179;— (*w. dir. sp.*) 'quo tu turpissime?' magna ~at uoce HOR.*S.* 1.9.76;—(*w.* ut) ut descenderet ex equo ~auit LIV.24.44.10; 38.33.10; (*w. dat.*) dum Albanus exercitus ~at Curiatiis uti opem ferant fratri 1.25.9;—(*w. acc. and inf.*) praetorem accensum solitum esse iubere..~are horam tertiam esse VAR.*L.*6.89; (*w.* in+*acc.*) repente in eum, qui id faciebat, uidere sese, quid faceret, magnum ~auit GEL.5.9.6.

3 (tr., in bad sense) To shout at, abuse, revile; (also intr., w. dat.).
(*tr.*) ubi hospitem ~auit, quod..mihi fidem habere noluisset PL.*As.*582; nolito acriter eum ~are *Cist.*109; tuos ~a, tui delinquont *St.*328; *Truc.*672; grandior hic..si iam seniorque queratur.., non merito ~et (natura) magis et uoce increpet acri? LUCR.3.954;—nonne satis fuerat timidae ~asse puellae..? OV.*Am.*1.7.45.

4 (tr., app.) To cry aloud over or upon.
mihi (*i.e. the dying Cynthia*) non oculos quisquam ~auit (*v.l.* inclinauit) PROP.4.7.23.

inclārescō ~escere ~uī, *intr.* [IN-[1]+CLARESCO] To become famous, win celebrity.
uos..siquidem..humiles..nati..specioso exitu uitae ~uistis V.MAX.5.4.ext.3; maxime..~uit Aea PLIN.*Nat.*6.13; mirum auro caelando neminem ~uisse, argento multos 33.154; neque mea fortuna neque tua gloria ~uisset TAC. *Ann.*12.37; PLIN.*Pan.*82.7; commentario Zmyrnae edito.. ~uit (L. Crassicius) SUET.*Gram.*18(p.114Re).

inclaudicō ~āre ~āuī, *intr.* [IN-[1]+CLAVDICO] To be lame, limp.
coxendice et femore et crure sinistro non perinde ualebat, ut saepe etiam ~aret SUET.*Aug.*80.

inclēmens ~ntis, *a. compar.* ~ntior. [IN-[2]+CLEMENS] (of persons, their language, etc.) Not gentle, harsh, severe; (of movement) violent, impetuous.
non senatus in ea causa cognoscenda..diligentior aut ~ntior fuit quam uos uniuersi CIC.*Rab.Perd.*32; extrema contio et circa Fabium globus increpabant ~ntem dictatorem LIV.8.32.13; SIL.8.438; (*of language*) non modo manu uiolatum sed ne uerbo quidem ~ntiori a me appellatum LIV.9.34.23;—nec..~nti me cursu proripui..sed placido.. gradu..paulatim..inrepo APUL.*Met.*11.12.

inclēmenter, *adv. compar.* ~ius. [prec.+-TER[2]]

1 Rudely, uncivilly, discourteously.
quid tibi lubidost..loqui ~er nostro cognato et patri? PL.*Poen.*1323; tun, trifurcifer, mihi audes ~er dicere? *Rud.* 734; *Truc.*605; TER.*Eu.*4; si quo ~ius in tesum inuectus LIV.3.48.4; murmur..aliorum ~er adsentientes increpantium 32.22.1; TAC.*Hist.*3.4; GEL.13.21.9.

2 Harshly, rigorously.
domum uendendam ~er atque non ex utilitate publici status Mago censuit PLIN.*Nat.*18.35; tamquam ius hastae aduersus inopes ~er augeret TAC.*Ann.*13.28.

inclēmentia ~ae, *f.* [INCLEMENS+-IA] Harshness, severity, fierceness.
(*of persons*) diuum ~ia, diuum, has euertit opes VERG.*A.* 2.602; haut tales decet ~ia uultus V.FL.7.416; obiectam.. sibi aduersus reos ~iam TAC.*Ann.*4.42; FRO.*Aur.*1.p.102 (53N);—(*of Fate, etc.*) subeunt morbi.., et durae rapit ~ia mortis VERG.*G.*3.68; saeuo tanta ~ia caelo est STAT.*Theb.* 1.650; ~ia fati *Silv.*1.4.50;—(*of the elements*) medii ~ia ponti *Theb.*5.173.

inclīnābilis ~is ~e, *a.* [INCLINO+-BILIS] (w. *in*+acc.) Easily persuaded, prone (to).
nulla res magis..in prauum ~es (animos) reuocat ad rectum SEN.*Ep.*94.40.

inclīnābiliter, *adv.* [prec.+-TER[2]] (Comic adv. based on obsc. use of INCLINO 5.)
CIL 4.3034c.

inclīnāmentum ~ī, *n.* [INCLINO+-MENTVM]

1 A derived form (of a word).
hoc ~um semper huiuscemodi uerborum, ut uinosus.. religiosus, significat copiam quandam inmodicam rei, super qua dicitur NIGID.*gram.*4(GEL.4.9.2).

2 = *inclinatio caeli* (see INCLINATIO 2b).
~orum condicio cognoscetur, intra quae ager imperii Romani spatioso fine diffunditur AGEN.*agrim.*p.22.

inclīnātiō ~ōnis, *f.* [INCLINO+-TIO]

1 The action or an act of leaning or causing to lean to one side, a bend, tilt, inclination, etc. **b** deviation from a course, a swerve. **c** an unsteady motion, rocking. **d** a downward movement, descent (in quot., transf.).
porrectiones (*sc. of a battering-ram*)..in imum ~one demittebantur VITR.10.15.7; altera succussio est,..altera ~o, qua in latera nutat (terra) alternis nauigii more SEN.*Nat.* 6.21.2; ex plagis ponderis ~one crescentibus tomacula cum botulis effusa sunt PETR.49.10; merso..nauigio ~one lateris unius PLIN.*Nat.*8.208; alterna ~one (*i.e. of the teeth of a saw*) egerunt scobem 16.227; erythallis, cum sit candida, ad ~ones rubescere uidetur 37.160; quorum (*sc. earthquakes*)

pauitatione illa quae trepidant sine ~onis periculo nutabunt Apul.*Mun.*18;—(*of the body or its parts*) ingressus cursus accubitio ~o sessio Cic.*N.D.*1.94; uertebrarum..aliquae ~ones..oriuntur Cels.2.1.19; si leuis ~o (palpebrae) est 7.7.8.G; plumas (*i.e. on a bird's neck*), quarum omnis ~o in colores nouos transit Sen.*Nat.*1.5.6. **b** quod..de ~one atomorum dixi Cic.*N.D.*1.73; si..uentus uagando ~onibus et recessionibus uarietates mutatione flatus faciat Vitr. 1.6.9. **c** nondum erat tempestas, sed iam ~o maris ac.. crebrior fluctus Sen.*Ep.*53.2; undantis (*sc.* motus terrae) ~o et fluctus more quaedam uolutatio infesta est Plin. *Nat.*2.198; uenti fiunt ex aeris motu et ~one Amp.5.1. **d** ~onem quandam ab adulescentia ad senectutem Sen. *Ep.*49.3.

2 The fact or state of being aslant, obliquity, slope. **b** ~*o caeli* or *mundi*, the supposed sloping away of the sky from the equatorial plane and the corresponding slope of the earth, or a zone (of earth or heavens) occupying a particular elevation on this slope. **c** leaning posture (of the body).

uti constitutio mundi ad terrae spatium ~one signiferi circuli..est conlocata Vitr.6.1.1; meridianum cardinem, qui est propter ~onem mundi subiectus terrae 9.5.4; erectio ..eius (*sc.* cocleae) ad ~onem sic erit conlocanda, uti.. 10.6.4; quosdam (uentos)..~o terrarum excludit Sen.*Nat.* 5.17.1;—(*cf., geom.*) qui (angulus) si..rectam lineam secundum suam ~onem emiserit Balb.*grom.*p.101La. **b** propter ~onem caeli, quae Graeci κλίματα dicunt Vitr. 1.1.10; quibus regionibus aut quibus ~onibus mundi constituantur 6.1.1; Hyg.*Astr.*4.2; procedat..haec sane disciplina (*i.e. astrology*)..sub ea modo ~one caeli, sub qua tunc Chaldaei fuerunt Gel.14.1.8. **c** aliquid ipsa ~o corporis intuentem monet Sen.*Ep.*22.1; ne caput oculique ab alia corporis ~one dissideant Quint.*Inst.*1.11.16; 11.3.90.

3 The adaptation or modification (of a rule, etc.) to suit some purpose.

omne priuilegium contra reliqua iura esse; uiris fortibus non posse praemia persolui nisi cum aliqua ~one legis alicuius Quint.*Decl.*315(p.238,l.14).

4 A tendency, inclination: **a** (of the feelings, will, etc., to a particular object); (pregn.) favourable inclination (towards a person), liking, bias. **b** (of events). **c** (of the character, disposition).

a ut is..~one uoluntatis propendeat in nos Cic.*de Orat.* 2.129; urbes regionis eius idem faciebant, adiuuante ~onem animorum clementia..praetoris Romani Liv.44.31.1; animi sui potius ~one prouecta quam ullis..iniuriis..conmota V.Max.7.8.2; (*w.* ad) cum haec ~o animorum plebis ad sustinendam inopiam aerarii fieret Liv.24.18.13; ~onem animorum ad libertatem 24.23.4; (*w.* in+*acc.*) epilogus deinde ~onem animi in se praestare debet Quint.*Decl.*338 (p.331,l.4);—~o senatus incitamentum Tiberio fuit Tac. *Ann.*2.38; illi recentem gloria et ~one quadam etiam hostium Corbulonem praetulere 13.9; (*w.* ad) ~o..iudicum ad nos petitur initio parcius Quint.*Inst.*6.1.10; (*w.* in+*acc.*) quaedam in Vespasianum ~o numinum Tac.*Hist.*4.81; principum ~o in hos, offensio in illos *Ann.*4.20. **b** in re publica permagni momenti est ratio atque ~o temporum Cic.*Ver.*5.177; sententias..quascumque rei publicae status, ~o temporum, ratio concordiae postularet *Planc.*94; *Fin.* 5.11. **c** (*w.* ad) mentis ad tranquilliorem habitum ~o V.Max.4.2.2; ut sit crudelitas ~o animi ad asperiora Sen. *Cl.*2.4.3; est..etiam ad moriendum inconsulta animi ~o *Ep.*24.25; (*w.* in+*acc.*) quo modo in quaedam uitia ~o ingeniorum facta sit 114.1.

5 A change, alteration, turn (in events, conditions, etc.). **b** a change for the worse, deterioration. **c** the influencing (of a situation) one way or the other.

magna est..comitiis consularibus repentina uoluntatum ~o Cic.*Mur.*53; fieri quaedam ad meliorem spem ~o uisa est *Sest.*68; minimis momentis..maximae ~ones temporum fiunt *Phil.*5.26; *Fam.*6.10.5; fortuita ~o animorum quae Hispaniam omnem auerterat ad Romanum a Punico imperio Liv.27.17.2; cum uer coepit, maior ~o temporis sequitur Sen.*Nat.*4b.4.2; non fefellit Ciuilem ea ~o et praeuenire statuit Tac.*Hist.*5.26. **b** cui nihil oberat praeter conuersionem status et ~onem communium temporum Cic.*Dom.*46; *Balb.*58. **c** alii (loci communes) ad comparationem singulorum argumentorum faciunt,..alii ad totius causae ~onem Quint.*Inst.*5.13.57.

6 (gram.) The modification (of a word) by inflexion or derivation.

uerborum similitudinem quandam in ~one sequi iubet Var.*L.*9.1; cum in ~onibus uerborum numerus sit magnus a dissimilibus uerbis ortus 9.114.

7 The lowering (of the voice) in pitch.

non multa iactatio corporis, non ~o uocis Cic.*Brut.*158; explicationes Fusci, quas nemo nostrum non alius alia ~one uocis..cantabat Sen.*Suas.*2.10; Quint.*Inst.*11.3.168.

inclīnātus[1] ~a ~um, *a. compar.* ~ior. [pple. of inclino] In senses of vb., esp.:

1 Inclined, sloping; bent forwards, stooping.

mutuli ~is scalpturis deformantur Vitr.4.2.3; os medium in exteriorem partem ~um positum est Cels.8.1.4; (Zodiacus) quod..~ior aliis (circulis) uidetur, λοξός a Graecis est dictus Hyg.*Astr.*1.6;—aspicis ut..baculum premat ~a senectus? Calp.*Ecl.*5.13.

2 Turned, facing (in a specified direction).

Aries..flamen ad Austri ~ior Cic.*Arat.*245(11); (Crater) inter Leonem et Virginem constitutus uidetur, ~ior ad caput Hydrae Hyg.*Astr.*3.39.

3 Favourably disposed or inclined (to a particular party, policy, etc.).

(*w.* ad) eunt ~is quidem ad credendum animis Liv.1.51.7; (plebs) ~ior ad Poenos fuerat 23.46.3; imperatoris animus ad pacem ~ior erat 34.33.9; ad bellum extemplo capessendum ~ae sententiae erant 35.25.5.

4 (w. ref. to character) Having a natural tendency or inclination (towards); (of colours) shading off (into).

~a in scelus leuitas Curt.5.12.4; ~us ad mitiora (*sc.* princeps)..a tota ciuitate amatur Sen.*Cl.*1.13.4;—colore ad aurum ~o Plin.*Nat.*15.37; coloris..in luteum ~i 24.136.

5 (of the voice) Low in pitch, deep.

in conquestione utemur uoce depressa, ~o sono *Rhet. Her.*3.25; cum..~a ululantique uoce..canere coepisset Cic.*Orat.*27; contenta uoce atrociter dicere et summissa leniter et ~a uideri grauis et inflexa miserabilis 56; ~am quandam lenitatem Quint.*Inst.*11.3.170.

inclīnātus[2] ~ūs, *m.* [inclino+-tvs[3]] (gram.) = inclinatio 6.

'bibosum' dictum nondum..repperi nisi apud Laberium, neque aliud est, quod simili ~u dicatur Gel.3.12.2.

inclīnis ~is ~e, *a.* [next+-is] Sloping, inclined; (of the head) bowed.

his (*sc.* circulis) eadem est uia quae mundo, pariterque rotantur ~es Man.1.598;—sonat omni uulnere uertex (*i.e. of a worsted boxer*) ~is ceditque malis V.Fl.4.308.

inclīnō ~āre ~āuī ~ātum, *tr., intr.* [in-[1]+ *-clino*, cf. acclino] Const.: refl., pass. in middle sense, freq. in most senses.

1 To move out of the vertical or horizontal, cause to lean or slope, bend, tilt, incline, etc.; (pass., refl., or intr.) to lean to one side. **b** (the body or its parts). **c** to empty out (the contents of a vessel) by tilting it (cf. *uergo*).

rota una in altiorem orbitam depressa..turrim ~auit Liv.32.17.17; (uncus) in utrumque latus ~andus est (*i.e. in an operation*) Cels.7.26.2.K; per litora reptans..Ortygiae (*i.e. Delos*) latus ~abat Apollo (*i.e. as an infant*) Stat.*Theb.* 4.796; si arbor ex uicini fundo uento ~ata in tuum fundum sit Pompon.*dig.*43.27.2;—(*pass.*) supera terram quae sunt exstructa domorum..~ata minent Lucr.6.563; ~atur (terra)..retroque recellit 6.573; si ~ata sunt (nauigia) et abierunt in latus Sen.*Nat.*6.6.2; quotiens (arbores) ~atae in alterutram partem fructum iactauerunt Fron.*agrim.*p.10;—(*refl.*) si paries communis..in aedes meas se ~auerit Pompon.*dig.*8.5.14.1. **b** pars..boum fuluis genua ~arat harenis Ov.*Met.*11.355; ne postea suspensum (bracchium) aliter atque cum deligabatur, umerum ~et Cels.8.10.2.C; caput super puluinum ~aui Petr.134.5; ~ant tantum contraria iactu bracchia et explorant caestus Stat.*Theb.*6.763; —(*pass.*) in uulnus ~ari iuuat Cels.5.26.9; si in posteriorem partem excidit (manus), porrigi digiti non possunt; si in priorem, non ~antur 8.17.1; ne ~ata (sit) utrolibet ceruix Quint.*Inst.*1.11.9; ~ato in umerum dextrum capite 11. 3.119;—(*refl.*) huc et illuc se ~ans (processus) maxillae facultatem motus praestat Cels.8.1.8; ~auit se in lectulum Petr.135.2; dolor humeri grauis..ita me adflixit, ut..uix ~are me uel erigere..possim Fro.*Ant.*1.p.228(167N);—(*intr.*) in quam partem fractura ~at Cels.8.10.1.K. **c** largos nouiens tellure cauata ~at Bacchi latices Stat.*Theb.*4.452.

2 To make (structures, etc.) sloping or slanting. **b** (refl., of ground) to slope down, fall away.

quem ramum insiturus eris, praecidito, ~ato aliquantum, ut aqua defluat Cato *Agr.*40.2; membra omnia, quae supra capitula columnarum sunt futura, ..~anda sunt in fronte Vitr.3.5.13; Democritus..inuenisse dicitur fornicem, ut lapidum curuatura paulatim ~atorum medio saxo alligaretur Sen.*Ep.*90.32; 118.16. **b** qua Rhodus Carpathium in pelagus se ~at apertum Lucil.1291;—(*cf.*) qua..Cithaeron porrigitur lassumque ~at ad aequora montem Stat.*Theb.* 1.331.

3 To bend downwards, bow (the head, etc.); (pass. or intr.) to droop.

Pallados arbor ~at uarias pondere nigra comas Mart. 1.76.8; ueluti..cupressus..urgenti ceruicem ~at in Austro Stat.*Theb.*6.855;—~atae..mammae (*i.e. of an old woman*) Prop.2.15.21; ~atum ac deficiens caput clipeo..excepit Curt.6.1.15;—summi..in margine campi effultum gemina latera ~antia parma ponunt Stat.*Theb.*8.731.

4 To bring to a lower position, lower; (pass. or intr.) to sink, descend. **b** (refl., pass., or intr., of the sun) to descend in the sky, sink; (also transf., of the day or sim.). **c** (refl., pass., or intr., of disease or sim.) to fall off in intensity, abate.

uela contrahit malosque ~at Liv.36.44.2; adhuc ostendere nautae ~ata solent cum moenibus oppida mersis Ov.*Met.* 15.295; lustrant..sinistro orbe rogum et stantis ~ant puluere flammas Stat.*Theb.*6.216; astriferos ~at Iuppiter axis 8.83; (*poet.*) nondum cuncta polo uigil ~auerat astra ortus 12.1; (*in fig. phrs.*) tantam uim habet illa..oratio, ut..inclinantem excipere aut stantem ~are..possit Cic.*de Orat.* 2.187; 2.324;—(*pass., w. ret. acc.*) (sonipes) ~atus colla et submissus in armos..praebebat scandere terga Sil.10.464; —(*intr., in fig. phr.*) amicus..cum mea compenset uitiis bona, pluribus hisce..~et (*i.e. like a pair of scales*) Hor.*S.* 1.3.71. **b** (*refl.*) prius sol meridie se ~auit quam telum.. emissum est Liv.9.32.6; (*cf.*) pronus erat Titan ~atoque tenebat Hesperium temone fretum Ov.*Met.*11.257;—(*intr.*) sed..sol ~at, eundum est Juv.3.316;—(*of the day, pass.*) ~ato iam in posmeridianum tempus die Cic.*de Orat.*3.17; aut incipiente aut ~ato die Sen.*Nat.*1.8.6; Fron.*Str.*2.1.5; (*intr.*) ~are meridiem sentis Hor.*Carm.*3.28.5; iam die ad occasum ~ante Liv.28.14.2; in uesperam ~abat dies Curt.6.11.9; effugere hostes..quia ~abat dies Tac.*Ann.* 12.39. **c** (*refl.*) si se ~auerat (febris), cibum dabat Cels. 3.4.6;—(*pass.*) ualetudo longa et iam a primo impetu ~ata 2.14.5; ~ata quidem febre sed etiamnum tamen inhaerente 3.4.16; ~ato morbo Plin.*Nat.*23.82;—(*intr.*) ~aturum calorem frigus insequitur Sen.*Dial.*4.19.3.

5 To lay flat on the ground, prostrate, etc.; (pass.) to fall or lie down.

celsum crebri arietis ictibus urbis ~are latus Stat.*Theb.* 2.493; tremor (*i.e. an earthquake*) arma uirosque mirantisque ~at equos 7.799; marcent gramina, terrarumque ~at spiritus herbas 10.99;—(*obsc.*) solebas..ipsos etiam ~are maritos Juv.9.26; 10.224; (*refl.*) iam ~abo me cum liberta tua Pl.*Per.*737;—(Thallus) plerumque morbo (*i.e. epilepsy*) ..uergens ~atur Apul.*Apol.*43.

6 To cause (troops) to waver in battle, drive back; (usu. pass., often in middle sense). **b** (intr., of troops) to give ground.

terror..Romanam ~auit aciem Liv.6.24.3;—(*pass.*) fortuna Hectoris nostram acrem aciem ~atam Enn.*scen.* 172; iam ~atae erant tyrannorum copiae Nep.*Pel.*5.4; ut Hostius cecidit, confestim Romana ~atur acies fusaque est Liv.1.12.3; ~atur etiam Sabinis cornu 3.63.1; ut primum C. Caesar ~atam uidit Pompeianorum aciem Vell.2.52.4; Tac.*Ger.*8.1; Amp.46.6. **b** Danais ~antibus *Inc.trag.*64; perculsa..~auit acies Liv.2.20.11; Sil.15.735; quotiens pars altera ~asset Tac.*Hist.*3.83.

7 To change the direction of, turn: **a** (a person or his movements); (usu. refl., pass., or intr.) to move off, proceed (in a given direction); (also, without idea of motion) to face (in a given direction). **b** (natural forces); (refl., pass., or intr.) to change course, turn. **c** (intr.) to swerve, deviate.

a super Actaeas..Cyllenius (*i.e. Mercury*) arces ~at cursus Ov.*Met.*2.721;—(*refl.*) omissa pugna, quam in omnes partes parem intenderant, in unum locum se omnes ~ant Liv.2.50.9;—(*pass.*) eodem omnis acies ~atur 4.29.2;— (*intr.*) ut aliquamdiu in neutram partem ~arent acies 7.33.7; atrox pugna in unum ~auerat locum 38.6.4; fuga ad castra ~auit 38.27.2; quoquo ~arent, pars aliqua militis Romani in ore, in latere et saepe a tergo erat Tac.*Ann.*3.74;—(*pass., without idea of motion*) ~ari ad iudicem, cum doceas..decet Quint.*Inst.*11.3.132. **b** rector maris..omnes ~auit aquas ad auarae litora Troiae Ov.*Met.*11.208; eum (*i.e. the Ganges*) obiectae rupes ~ant ad orientem Curt.8.9.5; temperet haec (*sc.* Nereis) aestus pelagusque ~et ad ortus Stat.*Silv.*3.2.33;—(*refl.*) uis pestifera huc (*i.e. to the hips*) se ~at Cels.4.29.1;—(*pass.*) cum primum aestu fretum ~atum est Liv.29.7.2; ~ata ad praecordia et ad uiscera materia Cels.6.18.9.A; cum leuiter commouetur (mare) nec in unam partem ~atur Sen.*Nat.*5.1.1;—(*intr.*) uenti..aera in alias quoque partes, quam in quas ipsi ~auere dispergunt 5.13.4; 6.20.3. **c** paulum ~are necessest corpora; nec plus quam minimum, ne fingere motus obliquos uideamur Lucr.2.243.

8 To turn or cause to be turned (a person's energies, attention, etc.) in a given direction; (intr., of interest, etc.) to be turned. **b** to transfer, divert (power, responsibility, etc., to a person). **c** to adapt, modify (an argument, rule) to suit a particular purpose. **d** to interpret (in a given direction).

consilium erat qua fortuna rem daret, ea ~are uires Liv. 1.27.6; sidera ut ~ant uires Man.3.126; uictoria..illa Pompei primum ad margaritas gemmasque mores ~auit Plin.*Nat.*37.12;—(*intr.*) ~auit deinde pars maior curae in Etruscum bellum Liv.7.19.8; dum..omnis..Romana uis in Etruscum bellum magis ~at 10.20.1; siue ad rem militarem siue ad iuris scientiam siue ad eloquentiae studium ~asset Tac.*Dial.*28.7. **b** ari opes ad Sabinos rege inde sumpto uidebantur Liv.1.18.5; haec omnia in dites a pauperibus ~ata onera 1.43.9; cum omnem culpam in collegam ~aret 5.8.12; omni belli mole in unum exercitum ducemque ~ata 30.21.2. **c** (partitio) debet illud, quod conuenit, ~are ad suae causae commodum Cic.*Inv.*1.31; oportet..si quid ex lege ~andum sit, spectare, ut quam minimum ex eadem pereat Quint.*Decl.*276(p.127,l.14); quis..uobis permittit ~are leges et iura transferre? 345(p.361,l.24). **d** semper quicquid dubium est, humanitas ~at in melius Sen. *Ep.*81.26.

9 (of feelings, circumstances, etc.) To influence favourably, incline, dispose (a person or his mind); (of a person) to bend (one's mind, sympathies) in a given direction. **b** (pass. or refl., of a person, his sympathies, etc.) to incline (to a given party or cause, policy, point of view, etc.). **c** (intr., in same sense). **d** (intr., of circumstances, etc.) to be in favour (of some assertion). **e** (impers. pass., w. acc. and inf.) to incline to the view (that).

(*of things*) ubi obstinatam (Lucretiam) uidebat et ne mortis quidem metu ~ari Liv.1.58.4; haec animum ~ant ut cum modico..praesidio..uenisse Masinissam credam 29.33.10; cum desiderium..patriae..ad credendum ~aret animos 31.45.8; nam sola rectum quoque iudicem ~at miseratio Quint.*Inst.*4.1.14;—apparebat..plebem ad suos studia ~aturam Liv.4.25.14; in hanc sententiam maxime consul ipse ~auit animos 8.21.8; urbs..recepta ~atura rursus animos uidebatur ad ueteris imperii respectum 26.1.4. **b** (*refl.*) quam uellem..te ad Stoicos ~auisses! Cic.*Fin.*3.10; in hunc..maxime..fauor populi se ~abat Liv.37.57.11;— (*pass., w.* ad) per se ~ata magis plebe ad id consilium 5.49.8; ~atos ad Romanam societatem omnium Hispaniae populorum anomos 22.22.5;—(*w.* in+*acc.*) ~ata in partem alteram ciuitas Liv.23.8.3; cum..fauorem populi magis magisque in eum ~ari cerneret 39.39.10; hos (*sc.* legatos) tamquam medios ne in alterius fauorem ~atos miserat rex 40.20.4; ~ato in Vespasianum animo Tac.*Hist.*4.13;—(*w. advs.*) haud cuiquam dubium esse coeperat, ad quem regis animo ita ~ato hereditas regni pertineret Liv.40.21.10; omnibus quonam eius sententia ~aret expectantibus V.Max.6.4.2; prout fuerit iudex aut huc aut illo ~atus animo Sen.*Ben.* 3.12.2; (*w.* ab) quia senatum iamiam ~atum a Pyrrhi pace reuocauerit Cic.*Brut.*55. **c** (*w.* ad) intelleges ecquid ~ent ad hoc meum consilium adiuuandum Cic.*Att.*12.29.2; cum sententia senatus ~aret ad pacem cum Pyrrho foedusque faciendum *Sen.*16; dubii quoque ~ant ad nomina danda Liv.4.26.12; ad bellum pacemne ~ent animi 9.45.3; nisi Locrensium multitudo..ad Romanos ~asset 29.6.17; cum alii ad Caesarem ~arent, alii ad Pompeium SEN.*Ep*.104.30; suopte ingenio ad mitiora ~antes TAC.*Hist*.4.68; Nero ad deteriores ~abat *Ann*.14.52;—(*w.* in+*acc.*) in quos praerogatiuae fauor ~auit LIV.24.8.9; in hoc consilium maxime ~ant 30.9.7; parentium amor magis in ea quorum miseretur ~at SEN.*Ep*.66.27; studia..militum in Caecinam ~abant TAC.*Hist*.2.30; omnium animi in Vitellium ~auere 2.53; in hanc sententiam Pomponius ~at ULP.*dig*.15.1.7.2;—(*w. advs.*) quocumque uestrae mentes ~ant atque sententiae CIC.*Catil*.4.6; magna hominum pars eo ut legatio supplex Romam mitteretur ~abat LIV.6.21.6; multorum eo ~ant sententiae ut..tempus pugnandi differretur 27.46.7; quo causa melior..trahit ~at animus SEN.*Phoen*.385; Batauorum cohortes,..prout ~assent, grande momentum sociae aut aduersae TAC.*Hist*.1.59; huc ~auit Antonius cingique uallum corona iussit 3.27;—(*w.* ut) hos ut sequar ~at animus LIV.1.24.1; 7.9.5;—(*absol.*) dubitatio erat..~auit sententia, quod tutius censebant, uniuersos ire 28.25.15; 32.13.5. **d** huc potius eius uita famaque ~at, ut conscius sceleris fuerit cuius causa erat TAC.*Hist*.1.42; eadem ceteri quoque auctores prodidere, et fama huc ~at *Ann*.14.2. **e** ~andum est non perdere patrem sibi datum, si secundum testamentum pronuntiatum fuisset TRYPH.*dig*.5.2.22.1.

10 To affect, influence (the course of events) in a given direction; (refl., pass., or intr., of circumstances, events, etc.) to take a turn (in a particular direction); (intr., of persons) to modify one's conduct, etc. **b** (pregn.) to give a decisive turn to, settle (events, etc.) one way or the other; (pass. or intr., of events) to take a definite turn. **c** (pass. or intr., w. ref. to a permanent quality of mind, actions, etc.) to have a tendency (in a given direction); (of colours) to shade off (into).

dictator rem in causam plebis ~auit C. Licinio..magistro equitum de plebe dicto LIV.6.39.3; uel ad bellum..uel ad pacem..rem ~are 32.32.8;—(*refl.*) ~ante..se fortuna ad causam plebis 4.55.4;—(*pass.*) ~ari rem in fugam apparuit 7.33.15; tribuni quoque ~atam rem in preces subsecuti orare dictatorem insistunt 8.35.2; ~atae..in deterius principia ualetudinis senserat VELL.2.123.1; uer..iam ~atum in aestatem..intepuit SEN.*Ep*.67.1; in causa prorsus ad finem ~ata APUL.*Apol*.95;—(*intr.*) clamor indicium primum fuit qua res ~atura esset LIV.4.37.9; Nabidis milites in fugam ~arunt 34.28.11; morbi..tunc ad sanitatem ~ant SEN.*Ep*.56.10; (uini) in uitium ~antis PLIN.*Nat*.14.130;—paulum aliquid ~are ad uoluptatem audientium debemus QUINT.*Inst*.2.10.10. **b** quin illi congrederentur acie ~andamque semel fortunae rem darent? LIV.3.61.14; nullodum certamine ~atis uiribus 9.12.3; eos ipsos quantumcumque uirium momentum addiderint rem omnem ~aturos 27.45.3;—(*pass.*) praecipue nunc iam ~ata uictoria DOLAB.*Fam*.9.9.1; neutro ~ata spe LIV.1.25.4; quattuor horis neutro ~ata est pugna 24.15.3; ubi ~atam sensere rem uictores 28.15.7;—(*intr.*) ut semel ~auit pugna 6.32.8; ~ant iam fata ducum, nec iam amplius anceps belli casus erat LUC.3.752; neutro ~auerat fortuna TAC.*Hist*.3.23. **c** (*pass.*) omnia maiora..praesidia hostium..metu interprete semper in deteriora ~ato, ducebant LIV.27.44.10; alius in luxuriam, alius in petulantiam ~atur SEN.*Ben*.4.27.1; (*intr.*) Fabius ~at ad laudes Senecae, cuius amicitia floruit TAC.*Ann*.13.20;—alius (color) in malua ad purpuram ~ans PLIN.*Nat*.21.46; 27.128.

11 To alter for the worse, cause (a situation, etc.) to go downhill; (pass., refl., or intr.) to take a turn for the worse, deteriorate.

omnia simul ~ante fortuna, Rhodii quoque ad uindicandam a Philippo continentis regionem..Pausistratum..miserunt LIV.33.18.1; is primus ~asse eloquentiam dicitur QUINT.*Inst*.10.1.80;—(*pass.*) laboratur uehementer; ~ata res est CIC.*Fam*.1.1.3; ferre praesidium labenti et ~atae paene rei publicae *ad Brut*.1.18.2; in te omnis domus ~ata recumbit VERG.*A*.12.59; ni consul alter..citato equo aduectus..rem ~atam sustinuisset LIV.2.47.3; 6.9.8; Philippi quondam milites, ad postremum ~ata fortuna eius transfugas 34.23.6; ubi semel res ~ata est, amici de medio PETR.38.13; ~atis iam scilicet moribus PLIN.*Nat*.35.162; ~atos..penatis erigis STAT.*Silv*.3.3.166; (*neut. pl. of pple. w. gen.*) rerum ~ata feramus SIL.6.119;—(*refl.*) tam paucis diebus..se fortuna ~auerat ut nostri..conflictarentur CAES.*Civ*.1.52.3;—(*intr.*) si fortuna belli ~et LIV.3.61.4; postquam..uiderat..magna pugnam ~are ruina SIL.6.29; initia magistratuum nostrorum meliora ferme et finis ~at TAC.*Ann*.15.21.

12 To cast down, crush, deject (a person, his spirits, etc.).

ut me paulum ~ari timore uiderunt CIC.*Att*.3.13.2; cum omni genere tormentorum..ad muros accessit, ad primum terrorem ratus ~ari animos posse LIV.33.17.3; nec luctu suorum ~andus erat SEN.*Dial*.6.4.2; quom in hac (*sc.* paupertate) unum genus uirtutis sit non ~ari nec deprimi 7.22.1; haec omnia Liberalis nostri adfectum ~ant *Ep*.91.3; fractis militum animis et ~ata..spe QUINT.*Decl*.317(p.249, l.7).

13 (gram.) To change (a word) by inflexion, decline, or conjugate; (absol.) to make inflected forms (from a word). **b** (pass., of a word) to be formed or derived (from).

ab..uocabulis quae ~antur in tempora aut in casus VAR.*L*.9.34; 10.13; quaedam uerba contra usum ueterem ~ata 10.78; uocabula, quae in singulos tantum casus..~entur GEL.1.16.14; 'partim'..aduerbium est neque in casus ~atur 10.13.1;—neque ut dicimus ab Terentius Terentium, sic postulandum ut ~emus ab A et B VAR.*L*.9.38. **b** 'taxare'..crebrius..est quam 'tangere', unde id..~atum est GEL.2.6.5; 'ingeniosus' et 'formosus'..quae..ab ingenio et forma..~ata sunt 4.9.12; 18.5.9.

inclitus: see INCLVTVS.

inclūdō ~dere ~sī ~sum, *tr.* [IN-¹+CLAVDO]

1 To insert or place in a sealed receptacle, case, etc., enclose. **b** (of natural cases or receptacles, esp. in pass.). **c** to insert (gems or sim.) in a setting.

~sum capulo tenus..ensem STAT.*Theb*.2.534;—(*w.* in+*abl.*) in eo (tympano) autem minus tympanum ~datur VITR.9.8.11; in nuce ~sam Iliadem..tradit Cicero PLIN.*Nat*.7.85;—(*w.* in+*acc.*) epistyliorum capita in medias rotas ~sit VITR.10.2.12;—(*w. dat. or abl.*) huc delecta uirum sortiti corpora furtim ~dunt caeco lateri VERG.*A*.2.19; suras ~serat auro 12.430; chelonii replum..securiculae ~ditur κ VITR.10.11.8; ~sa..tela pharetra OV.*Met*.5.620; ossa..aurea ~sa urna V.MAX.5.1.ext.4; uermiculus, qui..cauis dentium cera ~ditur PLIN.*Nat*.25.171; CELS.*dig*.19.1.38;—(*w. advs.*) huc aliena ex arbore germen ~dunt VERG.*G*.2.77. **b** omne..quod uiuit..id uiuit propter ~sum in eo calorem CIC.*N.D*.2.24; animum ~sit (deus) in corpore *Tim*.10; ~si rapidi sunt aetheris aestus LUCR.5.519; ~so plena sit uua mero OV.*Tr*.5.3.36; (tubercula) tunica sua ~duntur CELS.7.6.2; (pinea nux) intus exiles nucleos lacunatis ~dit toris PLIN.*Nat*.15.35; fructus..~ditur siliquis 18.53;—(*abstract things*) corporum adiumenta adhibentur extrinsecus, animorum salus ~sa in is ipsis est CIC.*Tusc*.4.58; diuersi adfectus isdem..medullis ~si, summa cupiditas et maxima uerecundia V.MAX.5.7.ext.1. **c** (*w.* in+*abl.*) illa, ex patellis et turibulis quae euellerat..apte in scaphiis aureis ~debat CIC.*Ver*.4.54; typos..quos in tectorio atrioli possim ~dere *Att*.1.10.3; Phidias sui similem speciem ~sit in clupeo Mineruae *Tusc*.1.34;—(*w. dat. or abl.*) zmaragdi auro ~duntur LUCR.4.1127; olim arbos, nunc artificis manus aere decoro ~sit VERG.*A*.12.211; capitis effigies aerea portae..~sa est V.MAX.5.6.3; marmoribus ~serat paruas tabellas PLIN.*Nat*.35.26; (serpentis exuuias) aureae armillae..~sas SUET.*Nero* 6.4; mensas..argenteas uel argento ~sas PAPIN.*dig*.33.10.9.1.

2 To shut up (persons, animals, etc.) so as to prevent their escape, confine, imprison, etc. **b** (of hostile forces) to hem in, blockade, etc. **c** to stifle, choke (breath, utterance, etc.); to keep under restraint, bottle up (feelings or sim.).

primus..~sit pisces (*i.e. made fish-ponds*) CIC.*Hort*.fr.76; ~sam Danaen turris aenea robustaeque fores..munierant HOR.*Carm*.3.16.1; cur obicis Magno tumulum manesque uagantis ~dis? LUC.8.797; hic tantum interfici centuriones ..~di legatos TAC.*Ann*.1.42; (Polyphemus) Vlixem cum sociis ~sit HYG.*Fab*.125.4; si quis alienum hominem aut pecudem ~serit GAIUS *Inst*.3.219; (*in fig. phr.*) illum (*sc.* iudicem) formula ~dit et certos, quos non excedat, terminos ponit SEN.*Ben*.3.7.5;—(*w.* in+*abl.*) (auis) ~sa in cauea CIC.*Div*.2.73; ibi in carcere ~si sunt LIV.24.19.11; (*transf.*) ne ~derentur uento (*i.e. be weather-bound*) in hostium ora 37.24.9;—(*w.* in+*acc.*) ~duntur in carcerem condemnati CIC.*Ver*.5.117; fabris..in publicam officinam ~sis LIV.26.51.7;—(*w. dat. or abl.*) qui Rutulum..regem..ultro..~serit urbi VERG.*A*.9.729; ~sae..gelu stabunt in marmore puppes OV.*Tr*.3.10.47; publicae custodiae ~si V.MAX.4.6.ext.3; seruate sontem saxeo ~sum specu SEN.*Oed*.707; (*in fig. phr.*) ut ne ab hoc quidem carcere, cui ~sa est, teneri queat (mens) *Ben*.3.20.1. **b** militibus ~sis opem fertis CIC.*Phil*.13.35; undique..densa Teucri (Turnum) ~sere corona VERG.*A*.12.744; ne simul terra marique ~sus urbe hostium urgeretur LIV.25.27.9; legionibus Romanis apud furcas Caudinas ~sis V.MAX.7.2.ext.17;—(*of natural barriers*) exercitus..~sus siluis, paludibus, insidiis ab eo hoste ad internecionem trucidatus est VELL.2.119.2. **c** consuli primo..admiratio ~serat uocem LIV.2.2.8; cum iam spiritum ~deret (uentus) 21.58.4; anhela corda murmure ~so fremunt SEN.*Ag*.713; ~sit..dolor lacrimas STAT.*Theb*.12.318; (*cf.*) uulnus..udae uocis iter tenuemque ~sit sanguine uitam VERG.*A*.7.534;—(uoluptates) cum ~sae diutius et prima aetate compressae..fuerunt, subito se..profundunt CIC.*Cael*.75; ~sum illud odium..quod ego effudisse me omne arbitrabar *Fam*.1.9.20; strangulat ~sus dolor OV.*Tr*.5.1.63; ~sus quoque, quamuis tegatur, proditur uultu furor SEN.*Phaed*.362.

3 To shut out of reach, lock away; also, to conceal, bury. **b** (refl. or pass.) to shut oneself up or away. **c** to lay up, store away (in the mind or memory).

nosse futura rogant. tenet ille (*sc.* Tiresias) ~sa premitque fata deum STAT.*Theb*.10.591; hesternum solitus..seruare minutal..filaque sectiui numerata ~dere porri JUV.14.133; qui..res ~sas subtraxit PAPIN.*dig*.17.1.55; (*w. dat. or abl.*) quam picturam amauit Tiberius princeps atque..cubiculo suo ~sit PLIN.*Nat*.35.70; (*in fig. phr.*) si cum hac exceptione detur sapientia, ut illam ~sam teneam nec enuntiem, reiciam SEN.*Ep*.6.4;—ille licet ferro..se condat.., mors tamen ~sum protrahit inde caput PROP.3.18.26; poculum, in quo uenenum latebat ~sum APUL.*Met*.10.5. **b** CIC.*Ver*.5.92; ut sese ~sit..fultosque emuniit obice postis VERG.*A*.8.225; ille Tarentum se abdidit, ille Neapoli ~sus est SEN.*Ep*.68.5; scribimus ~si PERS.1.13;—(*w.* in+*acc.*) in arcem se ~dere LIV.29.7.4;—(*w. dat.*) rex..qui se munitae urbi cum magna manu popularium ~serat CURT.9.8.11;—(*w. acc. of place*) Aetolorum utraeque manus Heracleam sese ~serunt LIV.36.16.5. **c** de hac..laude Bruti silebo quae gratissima memoria omnium ciuium ~sa nondum publica auctoritate testata est CIC.*Phil*.10.7; quae mihi sunt ~sa medullis *Att*.15.4.3; animo haec ~sa habebam *Ac*.1.11;—(*w.* intra) uestigium..meritorum intra malam conscientiam ~sorum SEN.*Ben*.3.1.4.

4 To surround (an area) with a fence or other boundary. **b** (of boundaries) to bound on one or more sides, enclose, cut off, etc. (often in pass.).

T. Pompeius (habet) tantum saeptum uenationis, ut circiter ∞ ∞ ∞ passum locum ~sum habeat VAR.*R*.3.12.2; ratio postulat uacerris ~di (uiuarium) COL.9.1.3; fons, ~sus ad putei modum PLIN.*Nat*.2.219; positas ~sa per aequora moles JUV.12.75;—(*cf.*) extrema (*i.e. outlines*) corporum facere et desinentis picturae modum ~dere PLIN.*Nat*.35.67. **b** castellum quod erat ~sum maioribus castris CAES.*Civ*.3.67.6; undique colles ~sere caui (lucum) VERG.*A*.8.599; angustiae saltibus crebris..~sae LIV.28.1.6; grandis litoris flexus grandem insulam ~dit MELA 3.93; sterilis et saeuis fretis ~sa tellus SEN.*Tro*.992; Aniene, qui..Latium ~dit a tergo PLIN.*Nat*.3.54; Sabota LX templa muris ~dens 6.155; parietes..quibus cubiculum ~ditur GEL.12.13.28;—(*in fig. phr.*) nec angustioribus terminis famam Euripidis..quam Lysiae..~di TAC.*Dial*.12.5.

5 To close up, stop (an opening, wound, etc.); to clench (the teeth).

nullis ~sit limina portis OV.*Met*.12.45; labra (uolneris) sequi tenuique ~dere filo GRAT.358; plaga ~denda CELS.7.16.5; os inserta spongea ~di SEN.*Dial*.5.19.3;—ora..comprimit ~sisque famem dentibus alligat *Thy*.161.

6 To bring to an end, round off; (of things) to mark the end of.

nobis..forsitan ~det crastina fata dies PROP.2.15.54; si, quicquid adsumpsit, potione aquae frigidae ~dit CELS.1.2.10; 1.8.3; iam debeo epistulam ~dere SEN.*Ep*.12.10; pastinatio.., quae mense Decembri..coepta est, iam nunc ~denda..est COL.11.2.17; laude ~simus aeuum SIL.13.686; huius actionem uespera ~sit, non tamen sic, ut abrumperet PLIN.*Ep*.2.11.18;—tertius aequoreis ~sum Piscibus annum finierat Titan OV.*Met*.10.78; ut ea, quae ~dere solent cenam, prima ponantur SEN.*Ep*.114.9; haec (*sc.* quadriga marmorea) adiecta CXXXX pedum altitudine totum opus ~dit PLIN.*Nat*.36.31.

7 To restrict or circumscribe (a person, his activities, etc.); to limit (an amount or sum). **b** to confine (words, ideas) within a certain literary framework. **c** (pass.) to fall (within limits of time).

imperatorem..nullis neque temporis nec iuris ~sum angustiis quo minus ita omnia gerat..ut tempora postulabunt belli LIV.24.8.7; habeant nostrae..litterae aliquid non humile nec sordidum nec priuatis rebus ~sum PLIN.*Ep*.3.20.11; ~dor angustiis commeatus 5.14(15).9;—lege Stolonis Licini ~so modo quingentorum iugerum PLIN.*Nat*.18.17; dierum omnium..sumptum ~sit intra aeris alias tricenos, alias denos GEL.2.24.6. **b** (*w. dat. or abl.*) uerba uersu ~dere CIC.*de Orat*.3.184; uersibus impariter iunctis ..~sa est uoti sententia compos HOR.*Ars* 76; angusto uersus ~dere torno PROP.2.34.43; mox ~sa modis haec reddere uerba memento STAT.*Silv*.4.4.11;—(*w.* in+*acc.*) circumstantiae..necessitates, quas ~dere in praecepta difficilest GEL.1.3.28; pleraque id genus..~sit..in numeros senarios 6(7).16.2. **c** Maio mense ~ditur haec uindemia PLIN.*Nat*.11.35; haec..mellatio fine uindemiae et uergiliarum occasu..~ditur 11.42.

8 To incorporate, embody (in a document, speech, writing, etc.). **b** to include (in a category).

~sum (*i.e. in an edict*), ut omnia, quae aduersus Pisistratidas decreta quondam erant, eadem in Philippo seruarentur LIV.31.44.8; ut breuiter ~dam quod sentio SEN.*Ep*.98.8; (*w.* in+*abl.*) quod..in iuris consultorum ~ditur formulis CIC.*Brut*.275; VTEI EA NOMINA..IN EO IVDICIO..~DANTVR *CIL* 1.592.1.43,44; (*cf. sense 3*) habemus..senatus consultum, uerum ~sum in tabulis, tamquam in uagina reconditum CIC.*Catil*.1.4;—(*w.* in+*acc.*) constitueram neminem ~dere in dialogos eorum qui uiuerent *Att*.13.19.3; opinationem..quam in omnis definitiones superiores ~simus *Tusc*.4.15; NOMEN MEVM..~SVM EST IN SALIARE CARMEN AVG.*Anc*.2.21;—(*w. dat. or abl.*) agri..eodem capite ~si continentur CIC.*Agr*.2.40; τοποθεσίαν..Puteolorum ~dam orationi meae *Att*.1.13.5; (Catonis) oratio scripta extat, Originum quinto libro ~sa LIV.45.25.3; PLIN.*Nat*.pr.17. **b** uoluimus aetatem eius in disparem oratorum aetatem ~dere CIC.*Brut*.229; eos quibus aliquid aut plura deerant in eam formam non poterat ~dere *Orat*.19; in eorum (*sc.* modorum) aliquem id quod arguas dolo malo factum ~dere *Top*.40; de salute populi Romani extimescebat in qua etiam suam esse ~sam uidebat *Deiot*.11.

inclūsiō ~ōnis, *f.* [prec.+-TIO] Imprisonment, confinement.

M. Bibulum, cuius ~one contentus non eras, interficere uolueras CIC.*Vat*.24.

inclūsus ~a ~um, *a.* [pple. of INCLVDO] In senses of vb., esp.:

1 Contained within walls; shut away from view, private, secret.

nullum externum periculum est..~um malum, intestinum ac domesticum est CIC.*Agr*.1.26;—uincla, carcer, ~um supplicium atque a conspectu parentium..seclusum *Ver*.5.23; ~as eius libidines..intuebantur *Sest*.22.

2 (of places) Shut in on all sides, enclosed.

uocem..~a uolutant litora VERG.*A*.5.149; ~a sua membra refrigerat unda (Scylla) OV.*Met*.13.903; conclaue calidum et ~um CELS.4.11.8; (*neut. pl. as sb.*) est animosior ignis semper in ~is *Aetna* 147.

inclutus ~a ~um, *a.* **inclitus, inclytus.** *superl.* ~issimus. [IN-¹+*clutus*; cf. Gk. κλυτός, Skt. *śruta-*] Famous, renowned, celebrated. **b** (w. cause of fame expressed).

~us arquitenens..Apollo NAEV.*poet*.30(32).1; ut tu ~u's apud mulieres! PL.*Mil*.1227; gratiam praecipuam claritudinis ~issimae CATO *hist*.83; deus ille fuit, deus, ~e Memmi LUCR.5.8; dux ~e Teucrum VERG.*A*.6.562; HOR.*S*.2.3.197; tum erat ~um Dianae Ephesiae fanum LIV.1.45.2; ~am..per gentes disciplinam Lycurgi 39.36.4; post duos ~os consulatus V.MAX.4.3.13; primo iam Punico bello dux ~issimus COL.1.4.2; acta uiri multa ~a cantu Maeonio STAT.*Ach*.1.3; ~us fama et potior TAC.*Hist*.4.61; facie ~a mulierem GEL.7(6).8.2. **b** (*w. abl.*) Saguntini fide atque aerumnis ~i prae mortalibus SAL.*Hist*.2.64; ~a bello moenia VERG.*A*.2.241; promunturium..~um foedere antiquo LIV.33.20.2; Athenae eloquentia ~ae sunt, Thebae sacris SEN.*Suas*.2.5; sinus Actiaca uictoria ~os TAC.*Ann*.2.53;—(*w.* ab) Muniam et Flauiam, cum a patre tum a uiro utramque ~am V.MAX.9.1.8;—(*w. gen.*) ~a leti..Lucretia SIL.13.821.

inclytus: see prec.

incoactus ~a ~um, *a.* [IN-²+pple. of COGO] Not compelled or forced.

omne honestum iniussum ~umque est SEN.*Ep*.6617.

incoctilis ~is ~e, *a.* [INCOQVO+-ILIS[1]] Overlaid with metal, plated.
album (plumbum) incoquitur aereis operibus..eaque ~ia appellant PLIN.*Nat.*34.162; *CIL* 8.6982.

incoctus ~a ~um, *a.* [IN-[2]+pple. of COQVO] Uncooked, raw.
collyrae facite ut madeant et colyphia, ne mihi ~a detis PL.*Per.*93; carnem ~am GEL.10.15.12; (*in fig. phr.*) quidquid est (*i.e. a plan*), ~um non expromet, bene coctum dabit PL.*Mil.*208.

incoeptus ~a ~um, *a.* [IN-[2]+pple. of COEPI] Having no beginning.
Saturnum..illi Κρόνον quasi χρόνον quendam, ~um ab origine, interminum ad finem tempus, appellant APUL.*Mun.* 37.

incōgitābilis ~is ~e, *a.* [IN-[2]+COGITABILIS] Unthinking, thoughtless.
nunc demum scio me fuisse excordem, caecum, ~em PL.*Mil.*544.

incōgitans ~ntis, *a.* [IN-[2]+pres. pple. of COGITO] = prec.
quod ni fuissem ~ns, ita eum exspectarem ut par fuit TER.*Ph.*155; 499.

incōgitantia ~ae, *f.* [prec.+-IA] Want of reflection, thoughtlessness.
amori accedunt..ineptia..~a excors, inmodestia PL.*Mer.*27.

incōgitātus ~a ~um, *a.* [IN-[2]+pf. pple. of COGITO]

1 (app. w. act. force) Thoughtless, unreflecting.
iracundo animo, indomito, ~o, sine modo et modestia sum PL.*Bac.*613.

2 (w. pass. force): **a** Not thought out beforehand. **b** not thought about, unexpected. **c** never imagined, undreamed-of.
a scies non esse hominem tumultuarium et ~um opus SEN.*Ben.*6.23.6; (*neut. pl. as sb.*) dicturus ~a APUL.*Soc.*pr.1. **b** alacritas rediit ~a et iniussa SEN.*Ep.*57.6. **c** quaere supplicia horrida, ~a, infanda SEN.*Her.O.*297.

incōgitō ~āre ~āuī ~ātum, *tr.* [IN-[1]+COGITO] To plan, devise.
non fraudem socio pueroue ~at ullam pupillo HOR.*Ep.* 2.1.122.

incognitus ~a ~um, *a.* [IN-[2]+pple. of COGNOSCO] CONST.: often foll. by dat. of disadvantage.

1 (of a case) Not investigated, unheard, untried.
causa cognita possunt multi absolui, ~a quidem condemnari nemo potest CIC.*Ver.*1.25; 2.105; *Dom.*20; ne quid de absente ~a causa statuatis SAL.*Jug.*14.20; SEN.*Oed.*695.

2 (of facts, etc.) Not found out or ascertained.
cum aut falsa aut ~a res approbaretur CIC.*Ac.*1.45; quae omnia fere Gallis erant ~a CAES.*Gal.*4.20.2; NEP.*Ca.*3.2; ubi causa (morbi) ~a est CELS.4.2.7; illius (zonae) ob ardorem intercedentis plagae ~us (est) MELA 1.4; TAC.*Ann.* 2.20;—(*neut. as sb.*) ~o nimirum adsentiar id est opinabor CIC.*Luc.*113; ne ~a pro cognitis habeamus *Off.*1.18;—(*cf.*) sagitta..~a (*i.e. of unknown source*) transilit umbras VERG. *A.*12.859.

3 Not known by experience, unfamiliar, strange, etc. **b** (to places). **c** of a degree not met with before, unprecedented.
nec mihi ipsi ille animus idem meus uobis non ~us defuit CIC.*Red.Sen.*33; fatidicorum..ecfata ~a *Leg.*2.20; ferarum ~a antea plura genera SAL.*Hist.*2.70.4; non illa feris ~a capris gramina VERG.*A.*12.414; qui..~um famae aperuerint armis orbem terrarum LIV.42.52.14; populis..nouis, ~e serpens, terror eras OV.*Met.*1.439; palus oculis (*sc.* Solis) ~a (*sc. the Styx*) 2.46; gentes paene nominibus ~ae VELL.2.106.1; litus ~i maris SEN.*Ben.*5.6.1; magis..~a uerba LUC.6.577; nomen ~um PLIN.*Nat.*26.9; ~as ad id tempus insulas TAC.*Ag.*10.5; duos iuuenes ~a ueste uenisse HYG.*Fab.*69.3; uidet sub lectulo soleas ~as APUL.*Met.*9.21;—(*of persons*) Augustum cum ~um alias haberet SUET.*Aug.* 94.8; (*foll. by indir. qu.*) illi mihi fratrem ~um qualis futurus esset dederunt CIC.*Red.Pop.*5;—(*w. acc. and inf.*) fructus.. solere in Falcidiam imputari non est ~um ULP.*dig.*5.2.8.11. **b** elops, nostris ~us undis *Hal.*96; Aethiopes gens, haud ~a Nilo SIL.3.265; ~a illi caelo siccitate TAC.*Hist.*4.26. **c** ~um istud facinus ac dirum nefas SEN.*Med.*931; flagitium ~um TAC.*Hist.*4.57; Messalina facilitate adulteriorum in fastidium uersa ad ~as libidines profluebat *Ann.*11.26; mensura ~a nerui JUV.9.34; VXORI ~AE CASTITATIS FEMINAE *CIL* 10.4885.

4 Of uncertain reliability, untested.
gentibus aut inimicis huic imperio aut infidis aut ~is CIC.*Prov.*33; duriorem esse condicionem spectatae uirtutis quam ~ae BRUT.*ad Brut.*1.16.10; nouos ~osque et aliorum casibus perculsos milites SAL.*Hist.*3.96.D; quinquaginta annis feliciter expertam amicitiam nunc ~ae, quondam infideli praeferendam LIV.24.28.6; ne rudis et ~us quam exploratus probatusque..peritior fuisse uidearis PLIN.*Ep.* 8.24.9.

5 Not detected, undiscerned.
iamque inerat populo mediaeque ~us urbi (Iason) V.FL. 5.402.

6 Not identified or recognized.
biduum ad recognoscendas res datum dominis; tertio ~a ..sub hasta ueniere LIV.5.16.7.

incognoscō ~oscere ~ōuī ~itum, *tr.* [IN-[1]+COGNOSCO] To become acquainted with, get to know.
ex iis (uineis), quas ipse ~oui, maxime probantur uelut arbusculae breui crure..stantes COL.5.4.1; omnibus interfui proeliis neque temere ~itam rem pronuntio CAES.*Civ.*3.87.2.

incohātus ~a ~um, *a.* **inchoātus, incoātus.** [pple. of INCOHO] In senses of vb., esp.

1 Only begun, unfinished, imperfect, incomplete. **b** (of structures) temporary, provisional.
ne hanc ~am transigam comoediam PL.*Am.*868; neque ~am argumentationem relinquamus *Rhet.Her.*2.27; quae pueris..nobis..~a ac rudia exciderunt CIC.*de Orat.*1.5; Apelles..reliquam partem corporis ~am reliquit *Fam.* 1.9.15; homines inconditis uocibus ~um quiddam et confusum sonantes *Rep.*3.3; ~a uestra gloria, nondum perfecta est LIV.24.22.17; superiora omnia perfectos edunt partus, haec ~os PLIN.*Nat.*10.176;—(*neut. as sb.*) comparantur.. perfecta ~is CIC.*Top.*69; QUINT.*Inst.*5.13.34. **b** ~um (*sc.* opus) excitatur ad libram deficientis (ductus), alueus uero..rursus continuatur FRON.*Aq.*124.

2 *ab* ~*o*, From the foundations, from the very beginning.
quidam..ab ~o domos exstruunt COL.4.3.1; SCHOLA.. AB ~O EXSTRVCTA *CIL* 9.5568; 10.1462.

incohibilis ~is ~e, *a.* [IN-[2]+COHIBILIS] Difficult to hold together.
uidet eum cum illo genere oneris tam impedito ac tam ~i facile atque expedite incedentem GEL.5.3.4.

incohō ~āre ~āuī ~ātum, *tr.*, (*intr.*). **inchoō.** [IN-[1]+COHVM+-O[3]] ORTHOG.: form *inchoo* common, often dependent on editorial preference, but *incoho* in early inscrs. (e.g. AUG. *Anc.*4.16) and preferred by early grammarians (e.g. VER.FL.*gram.*7); *inchuo* occ. in inscrs. (*CIL* 6.2099, etc.).

1 To start making or forming, start work on, begin (a building or other structure). **b** to make a first draft or sketch of (a picture, literary work, etc.); to outline (a subject). **c** to bring into being (a living organism). **d** to establish, found (an institution, practice, or sim.).
nauis ~andi exordium ENN.*scen.*248; nouum delubrum cum..inaudito instituto ~ares CIC.*Dom.*132; quae munimenta ~auerat permunit LIV.30.16.1; BASILICAM..~AVI AUG.*Anc.*4.16; Antiochus Epiphanes, qui Athenis Olympieum ~auit VELL.1.10.1; fossa Neronis, quam a Baiano lacu Ostiam usque nauigabilem ~auerat PLIN.*Nat.*14.61; ~ato ponte transitum Padi simulantes TAC.*Hist.*2.34; SUET.*Jul.*26.2; VIAM..EX GLAREA SILICE STERNENDAM.. ~AVIT *CIL* 10.6824; (*in fig. phr.*) dare te in manus argentum amanti homini..qui exaedificaret suam ~atam ignauiam PL.*Trin.*132;—(*cf., w.* in+*acc.*) lactem uel adhuc liquidum uel in caseum recentem ~atum APUL.*Met.*8.19. **b** libros meos quos exspectas ~aui sed conficere non possum his diebus CIC.*Q.Fr.*3.1.11; CATUL.35.13; in senatu..agitata sunt summa consiliorum, ut ~ata omnia legati ab domo ferre ad imperatores possent LIV.45.17.7; Apelles ~auerat et aliam Venerem Coi PLIN.*Nat.*35.92; Vergilii uersus, quos ~asse eum uerius dicerim, quam fecisse GEL.17.10.10;— referamus nos igitur ad eum (oratorem) quem uolumus ~andum CIC.*Orat.*33; philosophiam..multis locis ~asti, ad impellendum satis, ad edocendum parum *Ac.*1.9. **c** fastidium in cibis, redundatio stomachi indices sunt hominis ~ati PLIN.*Nat.*7.41; quia (oua) prius ~ata non proueniant 10.152; reges (*i.e. queen bees*) plures ~antur, ne desint 11.50;—(*cf.*) silua pullat et aestiuas reparabilis ~at umbras CALP.*Ecl.*5.20. **d** ita a principio ~atum esse mundum ut..certis rebus certa signa praecurrerent CIC.*Div.*1.118; Lupercalium..mos a Romulo et Remo ~atus est tunc V.MAX.2.2.9; dignitatem nostram a Vespasiano ~atam, a Tito auctam TAC.*Hist.*1.1; nouum imperium ~antibus utilis clementiae fama 4.63; iura amicitiae a commilitio studiorum..honeste ~ata APUL.*Fl.*16.

2 To set on foot, start, initiate (undertaking, activities, proceedings, etc.). **b** to begin to deal with (a topic, etc.). **c** (ellipt.) to begin to speak.
ut, si idem extrema persequitur qui ~auit, iam omnia perfecta uideamus CIC.*Prov.*19; te sine nil altum mens ~at VERG.*G.*3.42; census, res priore anno ~ata, perficitur LIV. 3.24.10; mentio..~ata adfinitatis ut rex duceret filiam Hasdrubalis 29.23.3; qui..~ata iudicia non peregerint *BGU* 2.611.2.6; ille ~atum sermonem cito abrupit SEN. *Dial.*4.24.1; prima pampinatio recte ~atur, dum.. COL. 11.2.38; uiam..~at STAT.*Theb.*10.364; ~are haec studia QUINT.*Inst.*1.12.12; cum citarem iudices..conuentum ~aturus PLIN.*Ep.Tra.*10.58(66).1; ~anti..Neroniana cantica primus..plausit SUET.*Vit.*11.2; (*w. starting-point expr.*) ab illo capite coniuratos pulcherrimum facinus ~aturos CURT.6.7.10;—(*w. inf.*) longis Caesar producere noctem ~at adloquiis LUC.10.174; PLIN.*Nat.*34.148; ab uxorisne tuae causa praue iudicare ~abis? FRO.*Aur.*2.p.96(38N);—(*ellipt.*) senatus ~antibus primoribus ius iurandum concepit TAC. *Hist.*4.41;—(*w. internal or cogn. acc.*) ubi prima initia ~astis libertatis uestrae LIV.3.54.9; 39.23.5; ad hunc modum prioribus ~atis sic ad reliqua fallaciae pergimus APUL. *Met.*4.15. **b** quod mihi nuper in Tusculano ~auisti de oratoribus CIC.*Brut.*20; quas res nos..gessimus, attigit hic uersibus atque ~auit *Arch.*28; hinc..nobis ~anda est ea pars artis, ex qua capere initium solent qui priora omiserunt QUINT.*Inst.*2.11.1; initio, quo primum hanc materiam ~aui 4.pr.5;—(*of things*) hoc..quod hic liber ~at, opus 3.1.2; 7.10.17; exspectandus erit qui lites ~et annus JUV.16.42. **c** (*foll. by dir. sp.*) post..longa silentia..~at Ismene: 'quisnam hic mortalibus error?' STAT.*Theb.*8.622; 11.121; *Ach.* 2.95;—(*w.* de) ~ante Caesare de abolendo dolore TAC. *Hist.*4.44.

3 To enter upon (a period, office, or sim.), begin.
C...Valerius Flaccus..luxu perditam adulescentiam ~auit V.MAX.6.9.3; interest quibus auspiciis ~etur (uita) et quo fine claudatur 9.12.intro.; aestate, qua sextum officii annum ~abat TAC.*Ag.*25.1; consules ~auere annum sibi ultimum, rei publicae prope supremum *Hist.*1.11; in ~andis (honoribus) deductor et comes PLIN.*Ep.*4.17.6; quae culpam ~ati matrimonii in gloriam perseuerantia uerterat 8.18.10; magistratus..maturius ~auit SUET.*Tib.* 9.3.

4 (of things) To mark or form the beginning of. **b** (pass.) to have its beginning, start; (also intr.).
(*in time*) hiemem hic (Piscis) claudit, uer ~at alter MAN.2.193; uergiliarum occasus hiemem ~at PLIN.*Nat.* 2.125; 18.271; ueterem religionem kalendarum Ianuariarum ~ando anno retinuit TAC.*Ann.*13.10;—(*in space*) Ionia.. primum a Posideo promunturio flexum ~ans MELA 1.86; Chatti initium sedis ab Hercynio saltu ~ant TAC.*Ger.*30.1; —(*in order*) ~at atque eadem finit oliua dapes MART.13.36.2; 'esse uideatur'..octonarium ~at QUINT.*Inst.*9.4.73; MAUR. 942. **b** (*in time*) i..morbi..tum maxime..~antur CELS. 2.1.6; (oliua) nondum ~atae maturitatis PLIN.*Nat.*15.5; cum aut ~atur luna aut impletur TAC.*Ger.*11.2; quom serenus dies inluculascit lumine ~ato FRO.*Aur.*2.p.126 (103N); APUL.*Met.*11.20; (*in space*) (nares) primum a superciliis..osse ~antur ad tertiam fere partem CELS.8.1.5; (*in order*) octo..ab eodem isto uerbo sententiae ~antur FRO.*Aur.*2.p.160(108N);—qui nascentis dei Solis ~antibus inlustrantur radiis Aethiopes APUL.*Met.*11.5.

5 (of a word, app.) To have at the beginning, start with (a letter).
nominibus quae cum a sequente hanc litteram (*sc.* k) ~ant VEL.gram.in *G.L.*7.53.

incola ~ae, *m.*, *f.* [INCOLO+-A]

1 One who lives in a place, an inhabitant.
ciues, populares, ~ae, accolae, aduenae omnes PL.*Aul.* 406; *Inc.trag.*98; totius..mundi se ~am et ciuem arbitrabatur (Socrates) CIC.*Tusc.*5.108; ab ~is eius prouinciae *B.Afr.*1.4; omnibus..eius oppidi ~is ad unum interfectis 74.2; quacumque iter fecit, cum omnibus ~is conflixit NEP. *Han.*3.3; fretum quod Naupactum et Patras interfluit— Rhion ~ae uocant LIV.27.29.9; 29.11.7; Naso Tomitanae iam non nouus ~a terrae OV.*Pont.*1.1.1; ~ae nemoris CURT.4.7.20; PLIN.*Nat.*18.27; Idymaeae Syrophoenix ~a portae JUV.8.160;—(*attrib.*) ager, Cameren ~a turba uocat OV.*Fast.*3.582; ~ae Alpium multi populi PLIN.*Nat.*3.133; —(*of a deity*) te primum, Volcane, loci..precamur, ~a sancte GRAT.438;—(*of animals, plants*) alias bestias nantis aquarum ~as esse uoluit (natura) CIC.*Tusc.*5.38; gula.. nouum ~am (*sc.* scarum) mari dedit PLIN.*Nat.*9.63; quae (arbores)..~arum numero esse coepere 12.14; tu pauidi ferus ~a luci (*sc.* serpens) STAT.*Theb.*5.567;—(*poet.*, *of a wind*) extremum Tanain si biberes, Lyce,..me..obicere ~is plorares Aquilonibus HOR.*Carm.*3.10.3;—(*of a tributary of a river*) omnes (amnes) ~as Padi PLIN.*Nat.*3.131.

2 A resident alien, denizen (as opp. to citizen).
Halicyenses, quorum ~ae decumas dant, ipsi agros immunis habent CIC.*Ver.*3.91; quod ciues atque ~ae colere.. solebant 4.130; peregrini..atque ~ae officium est nihil praeter suum negotium agere *Off.*1.125; L..Tarquinium.. ne Italicae quidem gentis, Demarati Corinthii filium, ~am LIV.4.3.11; 26.16.8; '~a' est, qui aliqua regione domicilium suum contulit: quem Graeci πάροικον appellant POMPON. *dig.*50.16.239.2.

incolātus ~ūs, *m.* [prec.+-ATVS[1]] Residence (in a town) without citizenship, the status of resident alien.
ADLECTO IN CVRIAM LVGVDVNENSIVM NOMINE ~VS *CIL* 12.1585.

incolō ~ere ~uī, *tr.*, *intr.* [IN-[1]+COLO[1]]

1 (tr.) To inhabit, dwell in, reside in.
ii qui Delum ~ebant CIC.*Ver.*1.46; *Tusc.*1.11; montis.. supra Massiliam ~ebant CAES.*Civ.*1.34.4; partem Ciliciae.. quam ~unt Leucosyri NEP.*Dat.*1.1; prata recentia riuis ~imus VERG.*A.*6.675; duas..urbes communi re publica ~i a populo Romano posse LIV.5.24.8; 28.7.12; quantum ~itur eximie fertilis (Africa) MELA 1.21; omnes gentes quae Romanum imperium ~unt SEN.*Cl.*2.1.3; TAC.*Ag.*25.3; AMP.1.4; —(*of deities*) deae, quae illos Hennensis lacus lucosque ~itis CIC.*Ver.*5.188; di deaeque, qui Capitolium arcemque ~itis LIV.6.16.2;—(*of animals*) auibus ferisque quae ~unt terras iis fuat esca caro tua 25.12.6; animalia, quibus aquam terramque ~endi gemina natura est FLOR. *Epit.*1.41(3.6.6).

2 (intr.) To dwell or reside, live.
Neptuno..qui salsis locis ~it pisculentis PL.*Rud.*907; qui trans Rhenum ~unt CAES.*Gal.*1.1.3; Vbii qui proximi Rhenum ~unt 1.54.1; oppidum..ubi..~ere..consueuerant Italici generis multi mortales SAL.*Jug.*47.1; qui inter mare Alpesque ~ebant LIV.1.1.3; 26.51.11; FRO.*Ar.*1.p.56(237N).

incolomis: see INCOLVMIS.

incolōrātē, *adv.* [IN[2]+COLORATVS+-E] Without alleging a reason.
Glabrionem..non audierunt ~ restitui desiderantem ULP.*dig.*4.4.18.1.

incolumis ~is ~e, *a.* [IN-[2]+*columis*; cf. CALAMITAS] ORTHOG.: *incolom-* QUAD.*hist.*9. FORMS: abl. ~*e* POMPON.*com.*167[1], CIC.*Glor.* fr.10; compar. ~*ior* QUAD.*hist.*9.

1 Unharmed (physically), uninjured, safe

and sound. **b** in unimpaired health. **c** still living.

(*of living creatures*) posthac ~em sat scio me, nunc si deuito hoc malum TER.*An.*611; LUCIL.122; ~is uel inter hostium tela uersari CIC.*de Orat.*1.202; se..praedonum duces uiuos atque ~is domi suae..retinuisse *Ver.*1.12; hostibus..perturbatis ~em exercitum traduxit CAES.*Gal.* 7.56.4; NEP.*Ep.*7.2; rege ~i mens omnibus una est VERG.*G.* 4.212; [TIB.]3.9.4; ceteram multitudinem ~em praesidio imposito Sorae relinquunt LIV.9.24.14; nauis tantum iactura facta ~es ipsi euaserunt 30.25.8; munus ob ~es ille ferebat oues OV.*Fast.*2.278; quoad humanum genus ~e manserit SEN.*Suas.*7.8; TAC.*Ann.*12.37;—(*of things*) omne argentum tibi hoc actutum ~e redigam PL.*Per.*324; nauis in portum ~is delata est *Rhet.Her.*1.19; lacerato oculo circum si pupula mansit ~is LUCR.3.409; imago non conuertitur ~is 4.295; nulla ~i relicta re cui ferro aut igni noceri posset LIV.5.14.7; eum..ceram derasisse litterasque ~es ligno incisas legisse GEL.17.9.17. **b** ~i Rhodos..facit quod paenula solstitio HOR.*Ep.*1.11.17; hae latebrae..~em tibi me praestant Septembribus horis 1.16.16. **c** egregium (tempus) uita famaque quoad priuatus..fuit (Tiberius).. idem inter bona malaque mixtus ~i matre TAC.*Ann.*6.51; magna pars hominum (Othonem) ~em..detestata mortuum laudibus tulit SUET.*Otho* 12.2; numerus quinque~ ium liberorum ULP.*dig.*50.4.3.12.

2 Undamaged in power, wealth, position, or sim.: **a** (of persons). **b** (of states, cities, peoples, and other corporate bodies).

a rapere otiose oportuit, diu ut essem ~is uobis PL.*Truc.* 169; nulla esse iudicia; qui pecuniosum inimicum haberet, ~em esse neminem posse CIC.*Clu.*77; omnes qui se ~is uolent sequentur auctoritatem consulis soluti a cupiditatibus *Agr.*1.27; (lictores) mihi ~i adimi non possunt *Att.* 11.6.2; dum stabat regno ~is VERG.*A.*2.88; OV.*Tr.*4.4.24; noxiorum multitudo..quos obstrictos patrocinio ~es.. habebat (Cicero) SEN.*Suas.*6.24; ~i adhuc Galba partis Othonis secutum TAC.*Hist.*1.46; 2.1. **b** patriam ~em TER.*Hau.*194; urbem pulcherrimam Syracusas..~em passus est esse CIC.*Ver.*2.4; cui rem publicam cupio tradere ~em *Mur.*80; id decreuit senatus et quidem ~is, nondum tot luminibus exstinctis *Phil.*2.51; dum Carthaginienses ~es fuere SAL.*Jug.*14.10; id imperium ei ad puberem aetatem ~e mansit LIV.1.3.1; cuius agri ius nunquam usurpauerint ~i Coriolana re 3.71.7; ~i Troia JUV.10.258.

3 (w. abst. nouns) Unimpaired, intact.

cum sibi non ~em fortunam, sed exsilium et fugam deprecaretur CIC.*de Orat.*3.9; ~is numerus manebat dominorum *Ver.*3.125; cum tot sceleratos ~i dignitate esse uoluisses *Lig.*19; ~i grauitate iocum temptauit HOR.*Ars* 222; ardentia saxa..~i feruore cadunt *Aetna* 507; ~is..ut maneat ..ordo MAN.3.168; prioris semper ut astri ~em seruent summam 3.412;—(*w.* ab) equestrem..splendorem ~em a calamitate iudicii retinere CIC.*Planc.*12.

incolumitās ~ātis, *f.* [prec.+-TAS] Freedom from physical or other injury, safety. **b** (of states, cities, etc.).

ego ~ati ciuium primum, ut postea dignitati possemus, ille praesenti dignitati potius consulebat CIC.*Phil.*2.38; ut.. regis salutem et ~atem regnumque defenderem *Fam.*15.2.4; ~atem deditis pollicebatur CAES.*Civ.*3.28.2; nihil petentes aliud quam ~atem sibi liberisque suis LIV.25.31.2; quem.. non tantum ~ate donauerat, sed sacerdotio VELL.2.100.4; concessa Plancinae ~ate ob preces Augustae TAC.*Ann.*3.17; cum pro ~ate principis uota susciperent 4.17; 12.68; quem et dignitatis et patrimonii simul et ~atis ipsius Fortuna damnauit APUL.*Met.*4.31;—(*pl.*) multa sunt monumenta clementiae tuae, sed maxime eorum ~ates quibus salutem dedisti CIC.*Deiot.*40. **b** quibus rebus ~atem ac libertatem retinent ciuitates CIC.*Inv.*2.168; ~as regni *Fam.* 15.2.4; quaesita..lenitatis species ~ate urbis nobilissimae opulentissimaeque LIV.26.16.12; SEN.*Ep.*66.37; cum uestra salus ~ate senatus firmatur TAC.*Hist.*1.84.

incomes ~itis, *a.* [IN-²+COMES] (See quot.)

~item sine comite PAUL.*Fest.*p.107M.

incomitātus ~a ~um, *a.* [IN-²+pple. of COMITO] Unaccompanied, unescorted.

~is ut uagari liceret (uirginibus) VAR.*R.*2.10.9; ~a.. funera LUCR.6.1225; Andromache..~a VERG.*A.*2.455; OV. *Met.*7.185; ~a lectica, atrium uacuum SEN.*Ep.*22.9; tune ~us, inermis regna petes? STAT.*Theb.*2.343; APUL.*Met.* 10.24; (*poet.*) externis uirtus ~a bonis OV.*Pont.*2.3.36; (*transf.*) ~a uidet uestigia ferre per umbras SIL.9.101.

incōmiter, *adv.* [IN-²+COMIS+-TER²] Not wittily.

'hae sunt', inquit, 'Carinae meae': haud ~, quod.. FLOR.*Epit.*2.18(4.8.4).

incomitiō ~āre ~āuī ~ātum, *tr.* [IN-¹+COMITIVM+-O³] (app.) To revile, abuse.

adulescens, ob rem publicam hoc..mihi quod insigne habeo, quaeso ne me ~es PL.*Cur.*400; ~are significat tale conuicium facere, pro quo necesse sit in comitium, hoc est in conuentum uenire PAUL.*Fest.*p.107M.

incommendātus ~a ~um, *a.* [IN-²+pple. of COMMENDO] (app.) Not given into safe keeping, unprotected.

nil illis (*sc.* uentis) uetitum est, ~aque tellus omnis et omne fretum est OV.*Met.*11.434.

incommōbilitās ~ātis, *f.* [IN-²+COMMOVEO +-BILIS+-TAS] Dispassionateness, imperturbability.

~as—*δοργησίαν* sic interim dixerim—quae non extinguit incitamenta irarum, sed ea stupore defigit inmobili APUL. *Pl.*2.4.

incommodē, *adv.* *compar.* ~ius, *superl.* ~issimē. [INCOMMODVS+-E]

1 So as to cause inconvenience, tiresomely, annoyingly; so as to suffer inconvenience or discomfort.

fores hae sonitu suo mihi moram obiciunt ~e PL.*Trin.* 1124; quia tam ~e illic fors obtulerat aduentum meum TER. *Hec.*370; ne in paruis quoque rebus ~e aduersarentur LIV.4.8.6; onera..~e obiecta..impedimento sunt 38.40.13; (*compar.*) cum illo..actum optime est, mecum ~ius CIC. *Amic.*15;—posse..te non ~e ad me..uenire III Nonas Ianuar. *Att.*7.8.2; ut in iis (praediis) pro re nata non ~e possint esse 7.14.3; *Fam.*14.5.1; paucos (elephantos) aegre et ~e regunt CURT.9.2.20; (*superl.*) Actio maluimus iter facere pedibus qui ~issime nauigassemus CIC.*Att.*5.9.1.

2 Inappropriately, unsuitably; (ref. to personal behaviour) unbecomingly, improperly.

de eo non ~e Cato uidetur dicere, cum scribit.. VAR.*R.* 1.7.1; SEN.*Con.*10.pr.10; quod genus..non nimis ~e 'inexplicabile' dici potest GEL.9.15.6;—ut rusticos, qui modo non ~e se gessissent, saepius quam urbanos familiarius adloquerer COL.1.8.15.

3 Disadvantageously, unfortunately.

quod consilium..~e accidit CAES.*Gal.*5.33.4; hos uersus Q. Ennius..non sane ~e aemulatus est GEL.11.4.3.

incommodesticus ~a ~um, *a.*: comic enlargement of INCOMMODVS.

prolatis rebus parasiti uenatici sumus, quando res redierunt, Molossici odiossicique et multum ~i PL.*Capt.*87.

incommoditās ~ātis, *f.* [INCOMMODVS+-TAS]

1 Unsuitable quality, inconvenience. **b** (of persons) tiresomeness, importunity.

~ate temporis tristis nuntius fuit LIV.10.11.3; qui propter ~atem riui..per..uicini agrum iter fecerit ULP.*dig.* 43.19.1.6. **b** ~ate apstinere me apud conuiuas commodo commemini et meam orationis iustam partem persequi PL. *Mil.*644.

2 A disadvantage, misfortune.

haec sunt atque aliae multae in magnis dotibus ~ates PL.*Aul.*533; quot ~ates in hac re capies, nisi caues! TER. *Hau.*932; hanc quoque ~atem fugimus *Rhet.Her.*4.10; in ista ~ate alienati illius animi..illud inest tamen commodi, quod.. CIC.*Att.*1.17.7; GEL.7(6).1.11.

incommodō ~āre ~āuī ~ātum, *intr., tr.* [INCOMMODVS+-O³]

1 (intr.) To be inconvenient or troublesome, cause difficulty.

(*w. dat.*) magis..mihi ut ~et quam ut obsequatur gnato TER.*An.*162; cum ipsi nihil alteri scientes ~arint CIC. *Quinct.*51; APUL.*Apol.*68;—(*absol.*) quod..ipsa scientia, etiamsi ~atura sit, gaudeant CIC.*Fin.*5.50;—(*impers. pass.*) pactum indutiarum eiusmodi est, ut..non pugnetur nihilque ~etur GEL.1.25.15; 6(7).17.3.

2 (tr.) To inconvenience, obstruct, hinder.

si ~atur ad usum manus ULP.*dig.*21.1.14.6; si quid aliud fiat quod nauigationem ~et 43.12.1.15.

incommodum ~ī, *n.* [next]

1 Detriment, harm, disadvantage. **b** inconvenience, discomfort.

~i si quid tibi euenit, id non est culpa mea PL.*Mer.*773; TER.*Hec.*400; ut plus habeat adiumenti quam ~i CIC.*de Orat.*2.102; te commoueri ~o ualetudinis tuae nolo *Att.*7.7.3; non esse..alicui ciuitati sortem ~i recusandam HIRT.*Gal.* 8.1.3; nihil eo biennio intestini externiue ~i fuit LIV.4.52.8; postquam sine magno ~o progredi non poterat 8.38.7; paratus est mihi cum ~o aut etiam periculo suo prodesse SEN.*Ben.*2.21.3; quod ut fieri..minore ~o possit QUINT. *Inst.*12.3.2. **b** tu igitur, ut scripsisti, nec id ~o tuo CIC. *Att.*12.46.2(47.1); Veiosne haec (*sc.* comitia) transferemus? an comitiorum causa populus tanto ~o in desertam hanc.. urbem conueniet? LIV.5.52.17.

2 (esp. in pl.) An unfavourable circumstance, a disadvantage, misfortune, trouble. **b** (in mil. context) a set-back, reverse.

quom eius ~um tam aegre feras PL.*Capt.*146; meditata mihi sunt omnia mea ~a eru' si redierit. molendum esse in pistrino, uapulandum TER.*Ph.*248; ACC.*trag.*350; illud.. nobis accedit ~um, quod M. Iunius..hoc tempore abest CIC.*Quinct.*3; audietis..de magnis ~is iniuriisque sociorum *Ver.*5.111; hanc ceteri calamitatem uocant, ego ne ~um quidem *Att.*14.9.1; uitae humanae enumerat ~a *Tusc.*1.84; militum uires inopia frumenti deminuerat atque ~a in dies augebantur CAES.*Civ.*1.52.2; multa senem circumueniunt ~a HOR.*Ars* 169; neque..publica..studia prae priuatis ~is plebs ad animum admittebat LIV.7.19.5; Scythici..~a caeli OV.*Pont.*4.9.81; CURT.8.13.22; eaedem (uites)..plus quam ceterae faecis adferunt. id tamen ~um repensant uuarum multitudine COL.3.2.15; JUV.13.21; propulsabamus ~a caloris lucorum umbra GEL.1.2.2;—(*in Stoic phil.*) ~a..et commoda—ita enim *εὐχρηστήματα* et *δυσχρηστήματα* appello CIC.*Fin.*3.69; 5.78;—(*applied to persons*) saecli ~a, pessimi poetae CATUL.14.23. **b** reminisceretur (Caesar) et ueteris ~i populi Romani et pristinae uirtutis Heluetiorum CAES. *Gal.*1.13.4; uirtute eorum expiato ~o 5.52.6; 7.29.1; satis esse magna utrimque ~a accepta *Civ.*3.10.4; *B.Alex.*42.1.

3 (med.) An ailment, affliction.

post quae uix fieri potest ut idem ~um (*sc.* grauedo) maneat CELS.4.5.9; hanc (*sc.* herbam)..bibi contra omnia corporum ~a PLIN.*Nat.*24.162; uesicae ~a 27.126; pulmonum..~a lacte mulieris sanantur 28.75; inemendabilia oris ~a QUINT.*Inst.*11.3.12.

incommodus ~a ~um, *a.* *compar.* ~ior, *superl.* ~issimus. [IN-²+COMMODVS]

1 Causing inconvenience, troublesome, tiresome, annoying.

aliquid huic responde..commode, ne ~us nobeis sit PL. *Poen.*401; ain tu tibi hoc ~um euenisse iter? TER.*Hec.*415; onus..graue et ~um iudicare CIC.*Ver.*1.22; excide radicem hanc..~am ambulantibus LIV.9.16.18; propugnatoribus quoque ~ae erant (speculatoriae naues) 30.10.15; ne alieno tempore ~us obuersaretur, Pergamum concessit 35.15.6; CURT.9.4.28; omnia..genera (*sc.* bituminis) ~os oculorum pilos replicant PLIN.*Nat.*35.180;—(*compar.*) per quod ~ior is sit usus fructus POMPON.*dig.*7.1.19.1; ULP.*dig.*10.4.11.1; —(*w. inf.*) primo..decipi ~um est, iterum, stultum CIC. *Inv.*1.71; de rationibus referendis non erat ~um te nullas referre *Fam.*2.17.2; NEP.*Reg.*3.5; (*ellipt.*) nisi tibi est ~um PL.*Mos.*807.

2 Disadvantageous, unfavourable; (esp. of health).

aestimatio quae aratori non modo ~a non est sed etiam grata est CIC.*Ver.*3.214; conscientiam rectae uoluntatis maximam consolationem esse rerum ~arum *Fam.*6.4.2; qui dies boni quique ~i essent PETR.30.4; (*superl.*) huius illum opes in rebus eius ~issimis subleuarunt CIC.*Clu.*161;—(*of health*) sermone eleganti, ualetudine ~a *Brut.*130; *Att.*5.8.1; etiamsi cui eorum ~a ualetudo fuisset LIV.5.31.9.

3 Unpleasant, disagreeable. **b** (of persons, app.) unpleasantly situated, uncomfortable.

illum probe ~is dictis angam PL.*Cas.*157; non tute ~am rem..in animum induces pati? TER.*Hec.*603; exsulem esse non ~iore loco quam si Rhodum..me contulissem CIC.*Fam.* 7.3.5; non ~am aestate stationem CAES.*Civ.*2.23.2; ne uoce quidem ~a, nedum ut ulla uis fieret..permulcendo..mansuefecerant plebem LIV.3.14.6; non negamus rem ~am esse uerberari SEN.*Dial.*2.16.2. **b** carcinus..Herculis pedes et crura lanians ~iorem faciebat eum quam ipsa excetra AMP.2.4.

4 (of persons or their actions) Not complaisant, disobliging.

fateor eam esse inportunam atque ~am PL.*As.*62; ne dominus..munere te paruo beet aut ~us angat HOR.*Ep.* 1.18.75; periculosum..erat moram ~a seueritate libidini regiae fecisse LIV.27.31.7.

incommūtābilis ~is ~e, *a.* [IN-²+COMMVTABILIS] Unchangeable, immutable.

omnia uerbi principia ~ia uiderentur VAR.*L.*9.99; non posse hunc ~em rei publicae conseruari statum CIC.*Rep.* 2.57.

incomparābilis ~is ~e, *a.* **-conp-.** *superl.* ~issimus. [IN-²+COMPARABILIS] Beyond comparison, unequalled, matchless.

~is inuicti animi sublimitas PLIN.*Nat.*7.94; tanta est natura rerum, ut prope ex umbra minima animalis (*i.e.* a *bee*) ~e effecerit quiddam 11.12; doctissimum atque ~em magistrum QUINT.*Inst.*1.2.11; SORORI PIENTISSIMAE ET ~ISSIMAE *CIL* 2.6115; 6.15947; 14.4022.

incompertus ~a ~um, *a.* **-conp-.** [IN-² +pple. of COMPERIO] About which one has no reliable information, not ascertained or known.

~a uia est *Aetna* 142; quicquam ~um dicere LIV.9.26.15; inhabitabilia utrimque ~a esse PLIN.*Nat.*2.245; (insula) ~ae magnitudinis 4.96; inter aedificia hortosque..quae gnara Vitellianis, ~a hostibus metum fecerant TAC.*Hist.* 3.79; ~am et uulgariam traditionem rei non exploratae secuti GEL.16.5.1;—(*pred., w. indir. qu.*) utrum..dolus aliquis suspectus fuerit ~um est LIV.28.3.12; PLIN.*Nat.* 10.61; qualis sit ea (arbor) ~um habeo 12.32.

incompositē, *adv.* **-conp-.** [next+-E] In a disorderly manner.

in hostem neglegenter atque ~ uenientem incurrunt LIV. 25.37.11; CURT.8.11.22; qui horride atque ~ quidlibet illud frigidum et inane extulerunt QUINT.*Inst.*10.2.17.

incompositus ~a ~um, *a.* **-conp-.** [IN-²+ COMPOSITVS]

1 Not well put together, badly arranged, irregular; (esp. of speech or writing). **b** (of movements, actions) clumsy, awkward. **c** (in good sense) unaffected, natural.

~um..et sparsum est (gymnasium) PLIN.*Ep.Tra.*10.39 (48).4; cum ~ae et inaequales inter se erunt (partes animae) APUL.*Pl.*1.18;—(*of speech or writings*) qui non, sicut ante, Fescennino uersu similem ~um temere ac rudem alternis iaciebant LIV.7.2.7; fortius..qui ~um potest esse quam uinctum et bene collocatum? QUINT.*Inst.*9.4.6; (ordo) si uitiosus est, licet..sit apte cadens oratio, tamen merito ~a dicatur 9.4.32; (*of an author*) Aeschylus..sublimis et grauis ..sed rudis in plerisque et ~us 10.1.66. **b** quam Cereri torta redimitus tempora quercu det motus ~os VERG.*G.* 1.350; rudi atque ~o motu corporum V.MAX.2.4.4; (*poet., cf. prec. sense*) ~o dixi pede currere uersus Lucili HOR.*S.* 1.10.1;—(*of a person*) ipsis etiam quibus utitur armis ~us.. non pugnat, sed rixatur TAC.*Dial.*26.5. **c** quae ueritati operam dat oratio, ~a esse debet et simplex SEN.*Ep.*40.4; coepisti mirari comitatem (Gallionis) et ~am suauitatem *Nat.*4a.pr.11.

2 (of troops) Not in proper formation, disorganized.

eum ~o agmine neglegentius ab re bene gesta euntem LIV.5.28.7; ordinibus ~is effuse uenire 10.36.10; qui inordinati atque ~i obstrepunt portis 22.50.8; 28.7.7; SEN. *Dial.*5.2.6; hostem uictoriae fiducia ~um adgressus FRON. *Str.*2.10.2; TAC.*Hist.*4.34.

incomprehensibilis ~is ~e, *a.* **incomprens-.** [IN-²+COMPREHENSIBILIS]

1 That cannot be grasped or seized (in quots., in fig. phrs.).

nonne ex hoc..intellegimus ~is uitae condicionem et sortem temporis semper alieni..? SEN.*Nat.*6.32.11; tam exigua sunt, ut..ex ~i paruitate harenae funis effici non possit COL.10.pr.4; ut est in disputando ~is et lubricus, ita eludit PLIN.*Ep.*1.20.6.

2 That cannot be comprehended by measurement, immeasurable, limitless.
uitiosam consuetudinem cuius inmensum et ~e arbitrium est SEN.*Dial*.12.10.11; si praecepta singulis damus, ~e opus est *Ep*.94.14.

3 That cannot be grasped by the mind, unintelligible, incomprehensible.
cum illa (*sc.* causa) incerta, ~is sit CELS.1.pr.31; ~ia partis huius praecepta existimauit QUINT.*Inst*.9.1.12.

incomptē, *adv.* [next+-E] Without neatness of arrangement, in a disorderly way.
inlaudabile carmen fundere et ~ miserum nudare dolorem STAT.*Silv*.5.5.34.

incomptus ~a ~um, *a. compar.* ~ior. [IN-²+pple. of COMO]

1 (of hair) Not properly arranged, dishevelled; (of persons) untidy in appearance (esp. w. ref. to the hair); (in good sense, of appearance) simple, unstudied. **b** having no ornaments.
breuibus illigata uiperis crinis et ~um caput HOR.*Epod*. 5.16; ~is maesta capillis sederat PROP.1.15.13; ~iore capillo SUET.*Aug*.69.1;—numquid indecens sum? numquid ~a? PETR.128.3; ante signa pedes ire, horridus, ~us TAC. *Hist*.2.11; (*w. acc. of respect*) longos ~a capillos..Neaera [TIB.]3.2.11;—in te magis refulget ~us decor SEN.*Phaed*. 657. **b** centurionum..umeris cineres portabantur; praecedebant ~a signa, uersi fasces TAC.*Ann*.3.2.

2 (transf.) Unpolished, rough, unrefined; (esp. of speech or writing).
quippe qui..philosophiam ante eum ~am Latinam sua conformarit oratione NEP.fr.3; ~os..agrestis GRAT.131; potest esse non ~a frugalitas SEN.*Ep*.5.5; quamquam ~i, largi tamen apparatus TAC.*Ger*.14.4; militaris uiri sensus ~os et ualidos *Ann*.15.67; amorem..non amoenum et lasciuum, sed..~um et serium APUL.*Apol*.12;—ut mulieres esse dicuntur non nullae inornatae, quas id ipsum deceat, sic haec subtilis oratio etiam ~a delectat CIC.*Orat*.78; tua illa..horridula mihi atque ~a uisa sunt *Att*.2.1.1; uersibus ~is VERG.*G*.2.386; oratio ~a fuisse dicitur, ceterum militariter grauis LIV.4.41.1; QUINT.*Inst*.8.6.65; simplici..et ~a orationis antiquae suauitate GEL.9.13.4.

inconcessus ~a ~um, *a.* [IN-²+pple. of CONCEDO] Not permitted, forbidden.
Pergama cum peteret ~osque hymenaeos VERG.*A*.1.651; ~a uoluptas OV.*Am*.3.4.31; *Met*.10.153; ~am uenerem V. MAX.2.1.5; 7.3.10; ~a maleficia et artis nefandas APUL. *Apol*.25;—(*w. inf.*) cum totum exprimere..paene sit homini ~um QUINT.*Inst*.10.2.26.

inconciliō ~āre ~āuī ~ātum, *tr.* [IN-¹+CONCILIO] (app.) To acquire for oneself by dishonest means, 'wangle'; to get (a person) into one's power by trickery, mislead, dupe, or sim.
accuratum habuit quod posset mali faceret in me, ~aret copias omnis meas PL.*Bac*.551; *Per*.834;—is tibi (*i.e. a money-lender*)..faenus..dabit, ne ~are quid nos porro postules *Mos*.613; ~astin eum qui mandatust tibi, ill' qui mandauit, eum exturbasti ex aedibus? edepol mandatum.. curatum probe! *Trin*.136;—(*cf*.) ~asti, comparasti, commendasti, uel, ut antiqui, per dolum decepisti PAUL.*Fest*. p.307M.

inconcinnē, *adv.* [INCONCINNVS+-E] Inelegantly, clumsily.
blaterantem atque ~ causificantem APUL.*Met*.10.9.

inconcinnitās ~ātis, *f.* [INCONCINNVS+-TAS] Lack of elegance or order, awkwardness, clumsiness.
quae (*sc.* malitia)..non solum disparilitatem sed etiam ~atem prae se gerat APUL.*Pl*.2.4;—(*pl*.) ut alias eorum ~ates omittamus GEL.2.26.4.

inconcinniter, *adv.* [next+-TER²] = INCONCINNE.
causam..uertit..in eam rem, quam tum agebat, non ~ GEL.10.17.2.

inconcinnus ~a ~um, *a.* [IN-²+CONCINNVS]

1 Lacking the social graces, awkward, gauche.
qui aut tempus quid postulet non uidet..aut ~us aut multus est, is ineptus esse dicitur CIC.*de Orat*.2.17; asperitas agrestis et ~a grauisque HOR.*Ep*.1.18.6.

2 Not neat, inelegant, clumsy.
personam..feret non ~us utramque HOR.*Ep*.1.17.29; ne quid ~um et hiulcum relinquatur (*i.e. in a speech*) FRO. *Aur*.1.p.40(211N); non abhorrens neque ~a..significatio GEL.7(6).12.4; 16.5.4.

inconcussus ~a ~um, *a.* [IN-²+pple. of CONCVTIO]

1 (of physical objects) Unshaken, firm, steady.
terrae..~ae manent SEN.*Nat*.6.14.2; caelestia semper ~a suo uoluuntur sidera lapsu LUC.2.268; ~o glomerat (sonipes) uestigia dorso SIL.3.336;—(*in fig. phrs*.) pacemne tueris ~a tenens dubio uestigia mundo..? LUC.2.247; ipse deus Romanae pondera molis fortibus excipiet..~a lacertis CALP.*Ecl*.1.85.

2 (of peace, health, etc.) Unbroken, untroubled; (of a house) not afflicted, secure.
solida et ~a securitas SEN.*Ben*.6.28.2; ~a ualitudo *Ep*. 66.40; in otio ~o iacere 67.14; proximo ciuili bello turbatis aliis ~a ibi pax TAC.*Hist*.2.6;—florebant hilares ~ique penates STAT.*Silv*.5.1.142.

3 (of persons) Not shaken in resolution, steadfast, unwavering; (also, of a feeling, purpose, belief, etc.).
qui non irascitur, ~us iniuria perstitit SEN.*Dial*.5.25.3; certus iudicii, ~us, intrepidus *Ep*.45.9; 59.14; fratres egregie concordes et proximorum certaminibus ~i TAC.*Ann*. 2.43; (*cf., of expression*) super ardentes rogos tenetis ~am rigidamque faciem [QUINT.]*Decl*.8.7;—(*of a feeling, purpose, etc.*) gaudium..~um et aequale SEN.*Dial*.7.3.4; ~a fiducia *Ep*.44.7; ~as opiniones 71.27.

incondemnātus ~a ~um, *a.* [IN-²+pple. of CONDEMNO] Uncondemned, unconvicted.
decem hominibus uitam eripis indicta causa, iniudicatis, ~is (indemnatis *most codd.*) CATO *orat*.61.

inconditē, *adv.* [next+-E]

1 Without skilful workmanship, crudely, clumsily (esp. ref. to composition). **b** without refinement of manners, barbarously.
hos (*sc. cakes*) quidam qui magis ~ faciebant uocabant lixulas VAR.*L*.5.107; si ~ positis uerbis efferuntur (sententiae), offendent auris CIC.*Orat*.150; fabulas fictas..~ *Rep*.2.19; *Off*.3.82; historiam..scripsere Sallustius structe Pictor ~ FRO.*Aur*.2.p.48(114N). **b** cum antiqui illi uiri ~ uiuerent SEN.*Nat*.1.17.7.

2 Without regular arrangement, confusedly.
nihil tam praepostere, tam ~..cogitari potest, quod non possimus somniare CIC.*Div*.2.146; in his epistulis..inueniuntur litterae singulariae sine coagmentis syllabarum, quas tu putes positas ~ GEL.17.9.2; estur ac potatur ~ APUL.*Met*. 4.8.

inconditus ~a ~um, *a.* [IN-²+pple. of CONDO]

1 Not finely or elaborately wrought, unpolished, rough, crude. **b** (of persons, their disposition, etc.) unrefined, barbarous, uncivilized, etc. **c** (of movements) clumsy, ungainly. **d** (of the face, prob.) coarse, uneven.
(*of speech, writing, arts, etc.*) incredibile est enim, quam sit omne ius ciuile praeter hoc nostrum ~um ac paene ridiculum CIC.*de Orat*.1.197; ~am antiquorum dicendi consuetudinem 3.173; nihil ~um, nihil curtum, nihil claudicans *Orat*.173; milites carmina ~a..canere LIV.4.20.2; iocos militares quos ~os iaciunt 5.49.7; 7.38.3; agreste atque ~um carmen SEN.*Ben*.4.6.5; uel ~a ac rudi uoce memoriam prioris seruitutis..composuisse TAC.*Ag*.3.3; GEL.14.1.32; (*of an orator*) si alicuius ~i arripias dissipatam aliquam sententiam CIC.*Orat*.233; (*neut. pl. as sb.*) homines rusticos in uindemia ~a cantare VAR.*Men*.363; VERG.*Ecl*.2.4;—(*of artefacts*) ~as rates FLOR.*Epit*.1.43(3.8.3); e uiminibus pecudumque tegumentis ~os sibi clipeos..fecerunt 2.8(3.20.6). **b** ~ae..uitae mos, ut omne ius in uiribus esset SAL.*Hist*. 1.18; Syphace ~ae barbariae rege LIV.30.28.3; dein minus feri, uerum et hi ~is moribus, Macrocephali MELA 1.107; cultores eius (*sc.* Iuuernae) ~i sunt et omnium uirtutum ignari 3.53; Senones, gens natura ferox, moribus ~a FLOR. *Epit*.1.7(1.13.4); non fugit me, si aliquis sit tam ~us, sic posse defendi 'cor' Caeselli masculinum GEL.6(7).2.12;—(*of an animal*) subit..(uermiculum dixere) mala atque ~a pestis GRAT.387. **c** (elephanti) ~os meatus edidere saltantium modo PLIN.*Nat*.8.4; blanditiae..~ae 8.14. **d** baronum..squarrosa, ~a rostra LUCIL.1121.

2 Not in regular arrangement, disordered, confused. **b** (of troops) not organized or disciplined. **c** muddle-headed, inconsistent.
quae certo sidera currant ordine quaeue suos seruent ~a motus *Aetna* 234; ne sparsi et ~i sine ordine..excurrerent LIV.29.34.11; uix ab ~o agmine captiuorum expedierant sese 42.66.8; aliis (arboribus) ~us (ramorum ordo), ut..piro PLIN.*Nat*.16.122; inmensi..et ~i agminis murmur TAC. *Ann*.2.12; nec Psyche manus admolitur ~ae illi et inextricabili moli (*i.e. of mixed seeds*) APUL.*Met*.6.10;—(*of sounds*) Persae ~um et trucem sustulere clamorem CURT. 3.10.1; populum salutant ~o fremitu PLIN.*Nat*.9.41; PLIN.*Ep*.9.13.4;—(*of abstract things*) dum turbata omnia noua atque ~a libertate essent LIV.24.24.2; noua pace ~as componere res 26.40.1; non consilia, sed..motus animorum ~i SEN.*Dial*.2.9.1. **b** trepida omnia et ~am turbam tironum esse LIV.29.1.21; exercitu..omni prope nouo atque ~o 30.11.5; dilectum agere..et ~os homines fatigare militiae muneribus TAC.*Hist*.2.16; castellum quod magna uis armata aut ~a tuebatur *Ann*.4.47. **c** ~um est subuenire sexui mulieris, quae suo nomine periclitetur PAPIN. *dig*.46.3.95.2.

3 a Not entombed, unburied. **b** not stored.
a iura per patris cineres, qui ~i sunt SEN.*Con*.7.pr.7; mixta iacent ~a uiuis corpora LUC.6.101. **b** situs..~os conditosque fructus corrumpit COL.1.5.6; 3.2.1.

4 (perh.) Not started or initiated.
si quod inausum arcanumque nefas et adhuc ~a (incognita *edd.*) leti sors superest V.FL.1.808.

inconfūsus ~a ~um, *a.* [IN-²+pple. of CONFVNDO] Not disconcerted, undismayed.
officia sua uir bonus exsequetur ~us, intrepidus SEN. *Dial*.3.12.2; *Nat*.3.pr.13.

incongelābilis ~is ~e, *a.* [IN-²+CONGELO+-BILIS] That cannot be frozen.
cur..mare omne ~e sit GEL.17.8.16.

incongruens ~ntis, *a.* [IN-²+CONGRVENS] Inconsistent, not in accord.
illam alteram (sententiam) dissolutam atque etiam ~ntem uocant PLIN.*Ep*.4.9.19; est..pleraque et sibi et nobis ~ns (disciplina Stoica) GEL.12.5.5; (annuum) ~ns est et contra sexus naturam ULP.*dig*.24.1.33.1.

incōnīuens ~ntis, *a.* [IN-²+pple. of CONIVEO] = next.
stare solitus Socrates dicitur..perdius atque pernox.. ~ns GEL.2.1.2.

incōnīuus ~a ~um, *a.* [IN-²+CONIVEO+-VS] Not closing the eyes, unsleeping; (of the eyes) not shutting.
dracones ~ae uigiliae luminibus addictis APUL.*Met*.6.14; —uigilandum est exertis et ~is oculis 2.22.

inconsequens: see PERINCONSEQVENS.

inconsequentia ~ae, *f.* [IN-²+CONSEQVENS+-IA] Lack of consistency, incongruity.
multi..cum initium (*i.e. of a metaphor*) tempestatem sumpserunt, incendio aut ruina finiunt, quae est ~a rerum foedissima QUINT.*Inst*.8.6.50.

inconsīderanter, *adv.* [IN-²+pple. of CONSIDERO+-TER²] Through lack of care or forethought.
tutor, qui ~ pupillum uel dolo abstinuit hereditate ULP. *dig*.26.10.3.17.

inconsīderantia ~ae, *f.* [as prec.+-IA]

1 Lack of forethought, recklessness.
cuius in hoc uno ~am (considerantiam *codd.*)..sustinebo ut potero CIC.*Q.Fr*.3.9.2.

2 Inattentiveness, absent-mindedness.
in eo mirati sunt homines et obliuionem et ~am..occisa Messalina, paulo post quam..decubuit, cur domina non ueniret requisiit SUET.*Cl*.39.1.

inconsīderātē, *adv. compar.* ~ius. [next+-E] Without due care or consideration, thoughtlessly, injudiciously.
eiusmodi res..inuidiam contrahunt..si ~e tractes *Rhet. Her*.4.50; libri..scripti ~e CIC.*Tusc*.1.6; ne quid temere ac fortuito, ~e neglegenterque agamus *Off*.1.103; ~ius proeliando V.MAX.1.5.9; GEL.17.1.1.

inconsīderātus ~a ~um, *a. compar.* ~ior, *superl.* (in cj.) ~issimus. [IN-²+CONSIDERATVS]

1 (of actions, words, etc.) Not well pondered, ill-advised.
nihil potest dici ~ius CIC.*Luc*.132; tecum, fili ~ae pietatis, queror SEN.*Con*.9.4.2; testamento cetera honesto, quod ad uerba adtinet ~o FRO.*Aur*.1.p.260(167N).

2 (of persons) Lacking in forethought, hasty, injudicious; (also, of qualities, etc.).
~i fuit, ne dicam audacis, rem ullam ex illis attingere CIC.*Phil*.13.12; eam quam..facit..natura mulieris ~am *Rhet.Her*.4.23; ut ~ior in secunda quam in aduersa esset fortuna NEP.*Con*.5.1; SEN.*Con*.7.7.13; Polus iuuenili calore ~ior QUINT.*Inst*.2.15.28;—temeritas est cum ~a dolorum perpessione gladiatoria periculorum susceptio *Rhet.Her*. 4.35; o cupiditatem ~am! CIC.*Quinct*.80; plenus..~issimae (inconsiderantissimae *codd.*) ac dementissimae temeritatis *Har*.55.

inconsōlābilis ~is ~e, *a.* [IN-²+CONSOLABILIS] (of a hurt) That cannot be soothed or allayed.
maerens ~e uulnus mente gerit tacita OV.*Met*.5.426.

inconspectus ~a ~um, *a.* [IN-²+pple. of CONSPICIO] (app.) Not sufficiently examined.
ne..~um aliquid super..uita clariorum hominum temere diceremus GEL.17.21.1.

inconspicuus ~a ~um, *a.* [IN-²+CONSPICVVS] Undistinguished, inglorious.
non ~a tamen mors omnium FLOR.*Epit*.2.13(4.2.67).

inconsprētus ~a ~um, *a.* [IN-²+CON-+pple. of SPERNO] Not despised.
~um, non inprobatum PAUL.*Fest*.p.107M.

inconstans ~ntis, *a. compar.* ~ntior, *superl.* ~ntissimus. [IN-²+CONSTANS]

1 (of things) Not settled, unstable, changeable. **b** (of speech, expression) not steady, agitated.
(aer) ima sui parte maxime uarius et ~ns ac mutabilis est SEN.*Nat*.2.11.1; ~ntes uentos PLIN.*Nat*.18.352; nullam artium ~ntiorem fuisse aut etiamnunc saepius mutari 29.2; ~nti sunt disciplina APUL.*Pl*.1.6; (*neut. pl. as sb.*) quae causae uacantes prudentia ~ntia perturbataque efficiunt CIC.*Tim*.51. **b** titubatio permutatio coloris, oratio ~ns, CIC.*Part*.39; accipit (librum)..~ntissimo uoltu et maestissimo GEL.13.31.7.

2 (of persons) Not steadfast in one's conduct or attitudes, fickle, changeable, etc.; (also, of words or actions). **b** inconsistent in speech, self-contradictory.
ridicule es usus esse ~ns qui eundem et laederes et laudares CIC.*Q.Rosc*.19; neque esse ~ntis puto sententiam.. ex rei publicae tempestate moderari *Balb*.61; nemo nec stultior est quam L. Domitius nec ~ntior quam Ap. Claudius *Att*.8.1.3; nam si ea (*sc.* somnia falsa) quoque diuina, quid ~ntius deo? *Div*.2.127; populo..in hac re..~ntissimo SEN. *Ep*.99.17; PLIN.*Nat*.35.69; malum et ~ns in eligendo genere dicendi ingenium SUET.*Aug*.86.2;—(*of actions, words, etc.*) quid..~ntius quam quem modo hostem..iudicaritis, cum hoc subito pacem uelle coniungi? CIC.*Phil*.7.9; frigidas sane et ~ntis..litteras *Fam*.10.16.1; adfectio in tota uita ~ns et a se ipsa dissentiens *Tusc*.4.29. **b** ~ns (genus argumentationis) est quod ab eodem de eadem re diuerse dicitur

Cic.*Inv.*1.93; prouidendum..ne timidus, ne ~ns..testis sit Quint.*Inst.*5.7.10.

inconstanter, *adv.* *compar.* ~ius, *superl.* ~issimē. [prec.+-ter[2]]

1 Not steadily or evenly, irregularly.
anhelat ~er Lucr.3.491; animaduertit hostis..modo se intra portas recipere, modo ~er immoderateque prodire *B.Afr.*82.1.

2 Without steadfastness of opinion, attitude, purpose, etc., inconsistently, capriciously, irresolutely, or sim.
si temere, si cupide, si ~er nomen suum misit in hoc iudicium (Asia) Cic.*Flac.*5; haec dicuntur ~issime *Fin.*2.88; iactantibus se opinionibus ~er et turbide *Tusc.*4.24; (Xychus) ita negare ~er, ut paruo metu admoto paratum indicem esse appareret Liv.40.55.5; qui minus amici sunt malunt te inspectare ~ius agentem Aur.*Fro.*1.p.60(40N).

inconstantia ~ae, *f.* [inconstans+-ia]

1 (of things) Unsettled quality, changeableness, uncertainty; also, wobbling or flickering nature, unsteadiness.
uulgi opiniones, quae in maxima ~a ueritatis ignoratione uersantur Cic.*N.D.*1.43; tanta homines rerum ~a uersat Ov.*Met.*13.646; ex hoc omnis ~a eius (*sc.* aeris) tumultusque est Sen.*Nat.*2.6.1; nubiferi..~a ueris Luc.5.415; maxime..in Italia propter ~am caeli Col.1.6.24; hiberno par ~a ponto Stat.*Theb.*6.306;—ficticiis (gemmis)..fulgoris ~a Plin.*Nat.*37.199; frontis ac luminum ~a Quint.*Inst.*9.3.101.

2 (of persons) Changeableness in mood, attitude, etc., fickleness, inconstancy, or sim. **b** inconsistency in statement or opinion; (of statements, etc.) mutual incompatibility, contradictoriness.
uituperationem..~ae suscipiam Cic.*Ver.*5.105; uarietas et ~a et crebra tamquam tempestatum sic sententiarum commutatio *Dom.*4; *Phil.*7.9; fortuna..quam nemo ab ~a et temeritate seiunget *N.D.*3.61; diuersi..~a uulgi [Tib.] 3.7.45; Liv.29.37.16; Gaius furiosa ~a modo barbam ..summittens modo tondens Sen.*Dial.*11.17.5.; uasa ex argento mire ~a humani ingenii uariat Plin.*Nat.*33.139; Tac.*Hist.*1.19; (*personified*) Metamelos ~ae filius Var.*Men.*239. **b** ut mirari satis istorum (*sc.* philosophorum) ~am non possim Cic.*Fin.*4.39; *N.D.*1.30; nec in alia parte maior auctorum ~a Plin.*Nat.*6.51; Fest.p.326M;— testimoniorum ~am *Rhet.Her.*2.9; quis tantam ~am rerum iudicatarum, quis tantam libidinem iudicum ferre potuisset? Cic. *Clu.*61; ~am mensurae diuersitas auctorum facit Plin. *Nat.*6.124.

inconsuētus ~a ~um, *a.* [in-[2]+consvetvs]

1 Not customary, unusual.
~a salsitudine necantur (bestiae) Vitr.1.4.11; uocabula ex artis propria necessitate concepta ~o sermone obiciunt sensibus obscuritatem 5.pr.2; omnia in cibis acria, aspera, ~a Plin.*Nat.*11.282.

2 (w. gen., cf. *insuetus*) Unaccustomed, unused (to).
~us opimae..mensae miles Sil.11.280.

inconsultē, *adv.* *compar.* ~ius. [inconsvltvs+-e] Without due care and consideration, inadvisedly, incautiously.
ea qui consideret quam ~e ac temere dicantur Cic.*N.D.*1.43; multi..patrimonia effuderunt, ~e largiendo *Off.*2.54; incitati studio ~ius processerant Caes.*Civ.*1.45.6; Sal.*Jug.*35.6; incaute atque ~e aduersus Tarquinienses pugnauit Liv.7.15.9; 25.18.2; illo pleraque sapienter quaedam ~ius respondente Tac.*Ann.*3.16; Fro.*Aur.*1.p.62(41N).

inconsultō, *adv.* [next+-o[2]] = prec.; also, without design, inadvertently.
qui se ~ in periculum mittant *Rhet.Her.*3.9;—cuius nomen ~..deletum sit Paul.*dig.*37.2.1.

inconsultus[1] ~a ~um, *a.* *compar.* ~ior. [in-[2]+pple. of consvlo]

1 (w. act. force) Not having taken counsel, thoughtless, rash, ill-advised, injudicious, or sim.: **a** (of persons). **b** (of actions, words, passions, etc.); (neut. as sb., w. play on *consultum*) an unwise decision. **c** (poet.) not having received advice (at a consultation).
a homo ~us et temerarius Cic.*Deiot.*16; potare et spargere flores incipiam, patiarque uel ~us haberi Hor.*Ep.*1.5.15; turbam ~am Liv.3.21.6; quondam ~is mater dabit Vmbrica Gallis (canibus) sensum agilem Grat.194; mouere..turbam et ~as aures impetu rapere Sen.*Ep.*40.4; ne penderet.. erroris poenas patria ~a Sil.7.518; modo circumspectus et sagax, interdum ~us ac praeceps Suet.*Cl.*15.1;—(*poet., foll. by inf.*) Capua, heu rebus seruare serenis ~a modum Sil.8.545;—(*transf. ep.*) hoc saeuior ille..agit ~a per auras ..bracchia V.Fl.4.302. **b** nam bene consultum ~umst, si id inimicis usuist Pl.*Mil.*600; inanem spem siue ~am rationem Cic.*Rab.Post.*2; largitionem..~am Liv.5.20.5; ~am atque improuidam pugnam 22.44.7; irae..~ae 42.54.5; ne sub specie benignitatis ~a facilitas placeat Sen. *Ben.*1.4.2; ~a temeritas *Ep.*85.28; omnia ~i impetus coepta initiis ualida spatio languescunt Tac.*Hist.*3.58; uoces.. contumaces et ~ae *Ann.*4.60; (*compar.*) si quod uerbum absurdius aut ~ior sensus..istic erit Aur.*Fro.*1.p.78(61N); —(*neut. as sb.*) bellum atque arma senatus ex ~o posuit Tirynthius heros Sil.8.217. **c** ~i abeunt sedemque odere Sibyllae Verg.*A.*3.452.

2 (w. pass. force) Not applied to, unconsulted.
quos ludos ~o senatu ex sua unius sententia uouisset Liv. 36.36.2; quod..Alexandream..~o se adisset Suet.*Tib.*52.2; Ulp.*dig.*27.9.5.4.

inconsultus[2] ~ūs, *m.* [in-[2]+consvlo+-tvs[3]] Lack of consultation; ~*u meo*, without consulting me.
me apsente atque insciente, ~u meo, aedis uenalis hasce inscribit litteris Pl.*Trin.*167.

inconsumptus ~a ~um, *a.* [in-[2]+pple. of consvmo] Not destroyed, unconsumed.
turis pars ~a (*i.e. not burnt*) Ov.*Met.*7.592; hic ~o uiscere pascet auis *Ib.*192; *Pont.*1.2.39; (*poet.*) haec (*sc.* cena) imos animi perlapsa recessus ~a (*i.e. as being a feast for the mind*) manet Stat.*Silv.*4.6.5; (*of immaterial things*) tibi..~a iuuenta est, tu puer aeternus Ov.*Met.*4.17.

incontāminātus ~a ~um, *a.* [in-[2]+pple. of contamino] Not tainted by any admixture, pure, uncorrupted.
formis uocabulorum ~is uti Var.*L.*9.21; (gallinae rusticae) aspectu ac facie ~ae (*i.e. true-bred*) *R.*3.9.17; (C. Canuleium) conluuionem gentium, perturbationem auspiciorum..adferre, ne quid sinceri, ne quid ~i sit Liv.4.2.5.

incontentus ~a ~um, *a.* [in-[2]+pple. of contendo] (of the strings of a lyre) Not properly stretched, i.e. out of tune.
ut..in fidibus pluribus, nisi nulla earum non ita contenta neruis sit, ut concentum seruare possit, omnes aeque ~ae sint Cic.*Fin.*4.75.

incontinens ~ntis, *a.* [in-[2]+pple. of contineo]

1 Not holding or retaining.
~ns uterus urina genitale reddit Plin.*Nat.*8.168.

2 Incapable of controlling one's appetites, unrestrained, intemperate.
minimi mortalem preti,..~ntem atque osorem uxoris suae Pl.*As.*859; ne..~ntis iniciat manus Hor.*Carm.*1.17.26; ~ntis nec Tityi iecur reliquit ales 3.4.77; eos..qui duabus istis beluinis uoluptatibus sese dediderunt..nos.. uel '~ntes' dicimus uel 'intemperantes' Gel.19.2.2;—(*w. gen.*) (mulier) inprudens animal est et..cupiditatium ~ns Sen.*Dial.*2.14.1; (*cf., of natural forces*) nihil est tam uiolentum, tam ~ns sui..quam magna uis undae *Nat.*3.30.6.

incontinenter, *adv.* [prec.+-ter[2]] Immoderately, intemperately.
nihil libidinose, nihil ~ esse faciendum Cic.*Off.*3.38; qui bis die cibum ~..assumit Cels.1.3.2.

incontinentia ~ae, *f.* [incontinens+-ia]

1 (med.) Incontinence (of urine).
Africano (cumino)..urinae ~am cohiberi putant Plin. *Nat.*20.161; 28.215; 32.109.

2 Lack of self-restraint, self-indulgence.
si uim, si potentiam, diuitias, ~am..aduersariorum proferemus *Rhet.Her.*1.8; obiurgauit M. Caelium..multa de ~a intemperantiaque disserit Cic.*Cael.*25; Gel.17.19.5.

inconueniens ~ntis, *a.* [in-[2]+pple. of convenio]

1 Not matching or harmonizing, discordant.
impar atque ~ns compositura partium orationis Sinn. *gram.*2; non ~ns corpus et par est colos (*i.e. of drones and worker bees*) Phaed.3.13.6; est..soloecismus in oratione comprehensionis unius sequentium ac priorum inter se ~ns positio Quint.*Inst.*1.5.51; (*neut. pl. as sb.*) ~ntia iungere et uirtuti uoluptatem inplicare Sen.*Dial.*7.12.3.

2 Not appropriate, unfitting, unbecoming.
si liberta..ad eam dignitatem perueniat, ut ~ns sit praestare patrono operas Pompon.*dig.*38.1.34; si cui uiro.. indecorum est per semetipsum procurare omnia,..multo magis deo ~ns erit Apul.*Mun.*27.

incoō: see incoho.

incoquō ~quere ~xī ~ctum, *tr.* [in-[1]+coqvo]

1 (esp. w. abl.) To boil or stew (in a liquid, etc.). **b** (fig.) to steep, imbue (with some quality or feeling).
huius odorato radices ~que Baccho Verg.*G.*4.279; illic (*i.e. in a pot*)..sucos ~quit atros Ov.*Met.*7.265; nisi (animal) uiuum feruenti aqua ~quatur Plin.*Nat.*9.95; ~qui melle 15.60; radice herbae quinquefoliae ~ctae in uino Larg.53; 114; ~cta cerastis (*i.e. their venom*) spicula Sil.15.681. **b** ~ctum..pectus honesto Pers.2.74.

2 (w. dat.) To add (an ingredient, taste, colour, etc.) by cooking or boiling, boil in.
inulas ego primus amaras monstraui ~quere Hor.*S.*2.8.52; uiperinus his cruor ~ctus herbis *Epod.*3.7; diros..rores, quos calor adiuuit putrique ~xit harenae Luc.9.699; sic mari..saporem ~qui salis Plin.*Nat.*2.222; (alium) fractae ~ctum fabae 20.56;—(*pass., w. retained acc.*) uellera.. Tyrios ~cta rubores Verg.*G.*3.307.

3 (tech., w. abl.) To immerse (objects) in molten metal, plate; (w. dat.) to apply a coating of (molten metal) in plating.
inprobiores (*i.e. dishonest craftsmen*)..eo (*sc.* plumbo argentario) quae uolunt ~quunt Plin.*Nat.*34.161;—album (plumbum) ~quitur aereis operibus Galliarum inuento.. deinde et argentum ~quere simili modo coepere equorum.. ornamentis 34.162.

4 To boil down, make a decoction of.
mulsum, quo plus mellis habet, defrutum, quo magis ~ctum est..eo ualentius est Cels.2.18.12; farina..cum sebo ouillo..mixta, deinde ~cta pro medicamento est 3.22.11; 4.16.2; cunila bubula et sulpur conteruntur admixtaque amurga cum oleo atque aceto ~quuntur Col.6.13.1.

5 (transf., of the sun, etc.) To bake, roast, scorch.
tertia (Furia) fumantes ~quet igne genas Ov.*Ib.*184; ~cta..sidera flammis Man.1.732; ~ctas admisso sole medullas Luc.6.546; hunc (*sc.* sucum) glomerari puluere, ~qui sole (Plin.*Nat.*12.73; (*w. ret. acc.*) ~cti corpora Mauri Sil.17.632;—(*cf.*) ~ctae dicebantur mulieres plus aequo calamistris usae Paul.*Fest.*p.107M.

incōram, *prep.* and *adv.* [in-[1]+coram]

1 (prep., w. gen.) In the presence of, in front of, before.
mulierem..~ omnium gestiebat inscendere Apul.*Met.* 7.21; 9.10; iubebat ~ sui plagas mihi..irrogari 9.15; 10.5.

2 (adv.) Publicly, openly.
cunctos testatur ~ Apul.*Met.*9.42.

incorōnātus ~a ~um, *a.* [in-[2]+pple. of corono] Not adorned with garlands.
~a simulacra et arae uiduae frigido cinere foedatae Apul. *Met.*4.29.

incorporālis ~is ~e, *a.* [in-[2]+corporalis] Not possessing body or substance, immaterial, intangible, incorporeal.
illud (*i.e. the act of giving*) ~e est..materia uero eius huc et illuc iactatur Sen.*Ben.*6.2.1; ~is ratio ingentium operum artifex *Dial.*12.8.3; alius (animum dicet esse) ~em potentiam *Nat.*7.25.2; Quint.*Inst.*5.10.116; (res) ~es sunt, quae tangi non possunt, qualia sunt ea, quae in iure consistunt, sicut hereditas, ususfructus Gaius *Inst.*2.14; Apul.*Pl.*1.5; —(*neut. as sb.*) naturalis pars philosophiae in duo scinditur, corporalia et ~ia Sen.*Ep.*89.16; 90.29.

incorporeus ~a ~um, *a.* [in-[2]+corporevs] = prec.
quaestio..agitata est, corpusne sit uox an ~um Gel. 5.15.1; quod sit ~us is unus (*sc.* deus) Apul.*Pl.*1.5; 1.11.

incorrectus ~a ~um, *a.* [in-[2]+pple. of corrigo] Uncorrected, unemended.
nunc (opus) ~um populi peruenit in ora Ov.*Tr.*3.14.23.

incorruptē, *adv.* *compar.* ~ius. [next+-e]

1 Without being influenced by bribes or sim., honestly, uprightly.
qui multis post saeculis de te iudicabunt et quidem haud scio an ~ius quam nos Cic.*Marc.*29; ipsa natura ~e atque integre iudicante *Fin.*1.30.

2 Faultlessly, correctly.
qui ~e locuti sunt Gel.2.20.8; 13.22(21).4.

incorruptus ~a ~um, *a.* *compar.* ~ior, *superl.* ~issimus. [in-[2]+pple. of corrvmpo]

1 Not damaged or decayed, intact, unspoilt; (often of immaterial things). **b** proof against damage or decay, imperishable.
quamuis caelum terramque reantur ~a fore Lucr.6.602; Nicephorium Venerisque templum..pro ~is restitui (postulabat) Liv.32.33.5; seruabuntur (mala) ~a etiam toto anno Col.5.10.16; uites, quae et magnum et ~um fructum ad maturitatem perduxerunt *Arb.*2.1; helenium..cutem mulierum..nutrire ~am Plin.*Nat.*21.159; plures captiuos, ~am praedam fore Tac.*Ann.*1.68; cremati (Germanici).. cor inter ossa ~um repertum est Suet.*Cal.*1.2; (*w. abl.*) (parietes) aeuis durant, ~i imbribus, uentis Plin.*Nat.* 35.169;—(*of immaterial things*) contentane sit (natura nostra) suis integris ~isque sensibus Cic.*Luc.*19; ut ~a (opinio) maneret laborabam Mat.*Fam.*11.28.1; ~a mei conserua foedera lecti! Prop.4.3.69; opus omne uirtutis ~um manet Sen.*Ep.*74.24; in agmine gregario militi mixtus, ~o ducis honore Tac.*Hist.*5.1; Labeo ~a libertate et ob id fama celebratior *Ann.*3.75; manet..obligatio ~a Ulp.*dig.*12.6.26.4. **b** animus ~us, aeternus Sal.*Jug.*2.3; materiae in tectis contra uitia omnia ~ae Plin.*Nat.*13.101; fortius lignum quercus habet et ~ius 16.22.

2 Not contaminated, pure, untainted; (transf.) not altered for the worse, not corrupted or debased. **b** (of documents, information, or sim.) not falsified or tampered with, authentic.
(Cydnus) ~us idemque frigidissimus..ubique fontibus suis similis Curt.3.4.9; fons ~as praestat aquas Plin.*Nat.* 2.230; uirus trahit (aurum) rebus una crematis..ipsum purum et ~um 33.84; (*in fig. phr.*) si uobis non fuit cordi me duce haec castra ~a et intemerata seruari, at certe pollui.. a Tutore et Classico ne sinatis Tac.*Hist.*4.58;—(*transf.*) facilius..mulieres ~am antiquitatem conseruant Cic.*de Orat.*3.45; illos (oratores)..qui ~a sanitate sunt *Opt.Gen.* 8; ne quid ex antiquo praeter sonum linguae nec eum ~um retinerent Liv.5.33.11; quintum genus..uerum solumque ~ae originis Plin.*Nat.*10.8; uulsis leuatisque..plus esse formae putant quam possit tribuere ~a natura Quint.*Inst.* 2.5.12; sermo ~ior Gel.pr.16. **b** fuerint ~ae litterae domi Cic.*Flac.*21; testibus..aequis, tabulis ~is tenebantur *Scaur.*40; quae..poeticis magis decora fabulis quam ~is rerum gestarum monumentis traduntur Liv.pr.6; quae, utcumque sunt tradita, ~a proferemus Curt.7.8.11; explorandos militum animos ratus, quonam id modo ~um foret secum agitabat Tac.*Ann.*2.12.

3 Untouched by moral contamination, morally sound, uncorrupted; (spec.) chaste.
ut eos (*sc.* deos) semper pura integra ~a et mente et uoce ueneremur Cic.*N.D.*2.71; disciplina..ueterum Sabinorum, quo genere nullum quondam ~ius fuit Liv.1.18.4; primi mortalium..naturam ~i sequebantur Sen.*Ep.*90.4; vitae ~ae *CIL* 3.2868; (*w. advl. force*) ut..miles theatrali licentiae non permixtus ~ior ageret Tac.*Ann.*13.24; (*w. abl.*) ~i

uoluptatibus Sen.Ep.75.17;—(oratio) casta, uerecunda, uirgo ~a quodam modo Cic.Orat.64.

4 (of persons) Not improperly influenced, not bribed or suborned; also, not open to improper influences, incorruptible. **b** (of verdicts or decisions, allegiances, etc.).

creditur aliquando, si integri uenerint, si ~i, si sua sponte, si non alicuius impulsu Cic.Scaur.41; ~is atque integris testibus Fin.1.71; ex..Philippi amicis unus ~us permanserat Liv.40.54.6; (*w. acc. of respect*) ~e fidem nullosque experte tumultus Stat.Silv.2.3.68;—minantibus intrepidus aduersus blandientis ~us Tac.Hist.1.35; iudicem..oportere esse..seuerum, ~um, inadulabilem Gel.14.4.3; (*superl.*) custos ~issimus Hor.S.1.6.81; (*poet.*) nequiquam flumina Lethes ~a rogat Stat.Silv.5.1.162. **b** quid hac quaestione dici potest integrius, quid ~ius? Cic.Mil.60; cum..nihil tam ~um esse debeat in re publica quam suffragium Rep.5.11; ~a uox bene iudicantium Tusc.3.3; cum promptum hoc ius..~um pariter ab iis summi infimique ferrent Liv.3.34.1; ~o iudicio esse 4.6.11; sancta ~a iura reddebat fide Phaed.4.13.8; Porcius Septiminus..~ae erga Vitellium fidei Tac.Hist.3.5; Ann.12.41.

incoxō ~āre ~āuī, *intr.* [in-¹+coxa+-o³] To squat on the haunches.

neque interim cacandi causa umquam ~aui nate Pompon.com.97.

incrēbrescō ~escere ~uī, *intr.* Also **incrēbescō.** [in-¹+crebresco]

1 To increase in degree, become stronger or more intense.

(*of winds*) uentus ~escit Cic.Fam.7.20.3; idem Auster ~uit Caes.Civ.3.26.2; Hor.S.2.5.93; Liv.37.13.2; Sen.Ep.77.2;—(*of the sea*) uento crescente magis magis ~escunt (undae) Catul.64.274; saeuis maria ~escere uentis Germ.fr.4.108;—(*of breathing*) ut eum..rubore perfundi et spiritu ~escere..animaduertit V.Max.5.7.ext.1;—(*of sound, light*) nemorum ~escere murmur Verg.G.1.359; lucernae..lumen hilaratum ~uit Apul.Met.5.22;—(*of conditions*) ait rursus ..~uisse eam funerum..magnificentiam, quae nunc fere Romae est Cic.Leg.2.66; ut aduersam uidet ~escere pugnam Sil.10.1.

2 (of a custom, reputation, etc.) To increase in frequency or prevalence, spread. **b** (esp., of rumours, etc.).

ubi mores deteriores ~escunt in dies Pl.Mer.838; nunc apud oratores iam ipse numerus ~uit Cic.Orat.66; hanc (disciplinam) quae nunc ~uit Ver.2.7; late Latio ~escere nomen Verg.A.8.14; adeo iam colorum usus ~uerat Plin.Nat.35.57; Plin.Ep.6.2.5. **b** cum hoc..apud eos ~uisset, me in causis maioribus sicuti te solere uersari Cic.de Orat.1.82; cum sermo ~uisset ad Brut.2.5(7).4; Gallici..belli fama ~escebat Liv.7.12.7; cum ~esceret rumor bellum in Sicilia esse 24.11.6; occultae uulgo ~escere uoces Stat.Theb.5.490; Tac.Hist.3.43; Suet.Aug.11.

incrēbrō ~āre ~āuī ~ātum, *tr.* [in-¹+creber+-o³] To make frequent, multiply.

si (amator) raras noctes ducit, ab animo perit; si (sin *Camerarius*) ~auit, ipsus gaudet, res perit Pl.Truc.50.

incrēdibilis ~is ~e, *a.* *compar.* ~ior. [in-²+credibilis]

1 Impossible or difficult to credit, incredible, unbelievable. **b** unbelievable in degree, amount, extent, or sim.

miro..modo atque ~i hic piscatus mihi..euenit Pl.Rud.912; ~ia Parmeno modo quae narrauit Ter.Eu.1049; quia praeter spem atque ~e hoc mi optigit Ph.239; nouum ac singulare atque ~e genus iniuriarum Cic.Ver.3.64; quid tam ~e quam ut..eques..triumpharet? Man.62; neque aliud est quicquam cur ~is is animorum uideatur aeternitas Tusc.1.50; ~is rerum fama occupat auris Verg.A.3.294; classi..pugnatum..quidam in annales rettulere, rem aeque difficilem atque ~em Liv.4.34.6; quanto ~iora sunt opera luxuriae..? Sen.Nat.3.17.2; neque..tam ~em casum prouidebant Tac.Ann.4.58;—(*w. sup.*) ~e dictu est..sed et factum et tota Sicilia peruagatum Cic.Ver.3.129; Caesaris exercitui res accidit ~is auditu B.Afr.47.1; is pedes, ~e dictu, per d stadia uectum regem comitatus est Curt.8.2.36; Plin.Nat.5.73;—(*neut. pl. as sb.*) ~ia probabilibus intexímus Cic.Part.12; Sen.Ben.7.23.2;—(*pred., w. indir. qu.*) ~e quantum erum ante eo sapientia Ter.Ph.247; est ~e quam me negoti taedeat Cic.Att.5.15.1; 13.23.3; Q.Fr.3.5& 6.4; plebes ~e memoratu est quam intenta fuerit Sal.Jug.40.3; Quint.Inst.1.1.32;—(*foll. by acc. and inf.*) si forte..~e est id actum esse 5.5.2; ~e uidebatur..uoluisse legis latorem..ius concedere Gaius Inst.3.75. **b** rei quandam ~em magnitudinem ac difficultatem Cic.de Orat.1.16; illa ~is multitudo Red.Sen.25; est ~is hominum peruersitas Fam.1.7.7; ardeo cupiditate ~i 5.12.1; Tusc.5.77; ~i lenitate Caes.Gal.1.12.1; ~i celeritate..Pellam peruenit Liv.37.7.11; ~i laetitia patriam repleuerat Vell.2.103.1; annonae uilitas ~is erat Plin.Nat.18.15; ~is memoria (*i.e. of Isaeus*) Plin.Ep.2.3.3.

2 (of a person, perh.) Not deserving to be believed, unreliable (according to others, = 'disbelieving, suspicious').

sine modo et modestia sum, sine bono iure atque honore, ~is inposque animi Pl.Bac.615.

incrēdibilitās ~ātis, *f.* [prec.+-tas] The quality of being beyond belief, incredibility.

non potest..adumbrare patientiam (*i.e. of his wife's adultery*) praetextu ~atis Ulp.dig.48.5.30(29).

incrēdibiliter, *adv.* [incredibilis+-ter] In a manner that invites disbelief. **b** to an incredible degree, extraordinarily.

si..aut inconstanter aut ~ dicta sunt Cic.Part.51; augurum praedictis multa ~ uera cecidisse Leg.2.33; suasoriae..quam ~ compositae! Tac.Dial.35.4; nonnumquam ~ peccare, ratio peccandi est Calp.Decl.2. **b** ~ consentientem populi Romani uniuersi uoluntatem Cic.Phil.1.36; ~ pertimuit Att.8.7.1; ad Brut.2.4.6; Sen.51; ~..milites diffugere B.Afr.52.5.

incrēditus ~a ~um, *a.* [in-²+pple. of credo] Unbelieved, discredited.

~a uaticinia Cassandrae Apul.Soc.18.

incrēdulitās ~ātis, *f.* [next+-tas] Incredulity, disbelief.

obstinata ~ate sermonem eius respuebat Apul.Met.1.20.

incrēdulus ~a ~um, *a.* [in-²+credvlvs]

1 (w. act. force) Disbelieving, doubting; also, having no faith in oneself, diffident.

quodcumque ostendis mihi sic, ~us odi Hor.Ars 188; misera mens ~a est Sen.Her.O.1979; patronus ~us Quint.Inst.12.8.11;—omnia mutare..uelint, ~i quidam et de ingenio suo pessime meriti 10.3.11.

2 (w. pass. force) Unbelievable, incredible.

res inauditae, ~ae Gel.9.4.3.

incrēdundus ~a ~um, *a.* [in-²+gdve. of credo] Not to be believed, incredible.

~am fabulam Apul.Met.2.12; caerimoniarum ~as potentias..didicisse Fl.15; Apol.47.

incrēmentulum ~ī, *n.* [next+-vlvm] (Dim. of next.)

miratur de breui punctulo tantum ~um locupletis uteri Apul.Met.5.12.

incrēmentum ~ī, *n.* [incresco+-mentvm]

1 The action or process of becoming greater, growth, increase, development. **b** (applied to organic growth). **c** (of the mind, character, or sim.). **d** (poet., w. gen.) that which grows (into something), 'the germ (of)'.

negat..summo bono afferre ~um diem Cic.Fin.2.88; ad ~um urbis natum unice locum Liv.5.54.4; quod adulescens in ~o rerum, nondum alteram fortunam expertus, decessit 9.17.5; quarum (*sc.* iniuriarum) in dies ~o bellum exarsit 40.58.2; cum..in summo ~o morbus est Cels.3.7.2.c; structura latior ab imo paulatim ~o operis in artius cogitur Curt.7.3.9; primum ~um Nili circa insulam..Philas uisitur Sen.Nat.4a.2.7; cum ~o eius (*sc.* lunae) augeri conchylia Plin.Nat.2.221; habent..omnia initium, ~um, summam Quint.Inst.5.10.71;—(*pl.*) ad ~a gloriae celebratus Liv.29.26.5; fluuii..ferocis ~a timens Luc.4.139; per ~a aetatis exorta e seminibus suis ratiost Gel.12.5.7; lunae uel nascentis ~a uel senescentis dispendia Apul.Fl.18; (*cf.*) orientem obuersus ~a solis (*i.e. the rising sun*)..tacitus imprecatus Met.2.28. **b** in longitudinem cauda foedum capit ~um Col.7.12.14; incipiente ~o (*i.e. of the radish*) confert alterna folia circumobruere Plin.Nat.19.83; opacitas cohibet ~um 32.60;—(*pl.*) quid ego uitium ortus satus ~a commemorem? Cic.Sen.51; Sen.Dial.6.16.7. **c** magnorum..praefectorum et ducum haec (*i.e. menial tasks*) ~a sunt et rudimenta Curt.5.1.42; non conuertis te ad conuictus filii tui occursusque iucundos,..non ad ~a studiorum Sen.Dial.6.5.4; adulescentis interceptam inter prima ~a indolem 11.3.1. **d** uipereos dentes, populi ~a futuri Ov.Met.3.103.

2 That which is added, an increase, addition. **b** an increase to a person's family, offspring or descendant. **c** a growth, offshoot.

cum ~um accessit Var.L.9.66; ingenti ~o rebus auctis Liv.1.33.8; 27.17.4; (exercitus) quo minus damnum sentiret, identidem ~o renouabatur Curt.5.1.39; mirabile ~um trahunt (flumina) Sen.Ben.4.5.3; legata..cum ~o restituere Suet.Aug.66.4; ~a ex rebus peculiaribus Ulp.dig.33.8.8.8;—(*of natural endowments*) Pericles..felicissimis naturae ~is..summo studio perpolitis instructus V.Max.8.9.ext.2;—(*applied to a person*) uirium Romanarum et ~um laetissimum et tutela certissima, Furius Camillus 5.3.2a. **b** adgredere o magnos..honores, cara deum suboles, magnum Iouis ~um! Verg.Ecl.4.49; Ciris 398; (*cf., in a disparaging context*) nimirum illud ~um (*i.e. Cupid*) lenam me (*sc. Venus*) putauit, cuius monstratu puellam illam cognosceret Apul.Met.5.28. **c** terram..quae uelut hospitali..sinu recipiat ~a uirentium Col.4.1.4; uitiosa ~a linguae, quae ranas ueterinarii uocant 6.8.1.

3 Manner or amount of growth.

ualidioris..~i herbas Col.2.17.1; ~i parui..animalia 8.15.6; 9.1.8; ~um ei (plantae) maius futurum quam ceteris senties Arb.20.1; nec alius amnium..maioris ~i est Plin.Nat.3.119; id..fructu tardum, praeterea..nodosum pumilionum ~o 17.176.

4 (in various special uses): **a** Advancement in rank or station, promotion. **b** increase in quality, improvement. **c** (rhet.) a figure of speech in which successively stronger expressions are used.

a Balbus Cornelius..illis ~is fecit uiam, quibus non Hispaniensis natus, sed Hispanus..fieret..ex priuato consularis Vell.2.51.3; cvm annis promotvri dignitatis svae ~a CIL 13.1668.2.14; cum omnia ~a sua diuo Augusto deberet Sen.Ben.2.27.2; existimatus..causa ~orum patri fuisse Suet.Vit.3.2; per ~a gradvs militiae svae CIL 11.5694; Pompeianis (uinis) summum decem annorum ~um est, nihil senecta conferente Plin.Nat.14.70. **b** nec alia res maius ~um sentit (*sc. than wine*) ad uicensimum annum Plin.Nat.14.57. **c** quattuor..generibus uideo constare amplificationem, ~o, comparatione, ratiocinatione, congerie Quint.Inst.8.4.3; 8.4.28.

increpitō ~āre ~āuī ~ātum, *tr.*, *intr.* [increpo+-ito]

1 (tr.) To utter (noisy) reproaches at, chide, scold (persons, etc., esp. for their slowness); (also intr., w. dat.). **b** (w. acc. and dat.) to bring forward (against a person) as a ground of reproach.

numquid ~auit filium? Pl.Mos.750; ~are atque incusare reliquos Belgas, qui se populo Romano dedidissent Caes.Gal.2.15.5; Lausum ~at Lausoque minatur Verg.A.10.810; dominum..uocando ~ant (canes) Ov.Hal.80; caecum..audentius hostem ~ans Stat.Theb.11.669; Ach.1.493;—(*animals*) terga lacessit habenis ~ans Caerumque leuem Cygnumque niualem Theb.6.524;—(*things*) aestatem ~ans seram Zephyrosque morantis Verg.G.4.138; sortem suam ~ans Flor.Epit.2.18(4.8.4);—(*w. gen. of charge*) alacer Fabiumque morae ~are professus Sil.8.263; 9.6;—(*ellipt.*) quamuis ~ent socii et ui cursus in altum uela uocet Verg.A.3.454; cum uerbis quoque ~ans adiecisset Liv.1.7.2;—(*poet.*) ~ans languentia pectora dextra Stat.Theb.10.132; (*cf.*) ~ato, ferito Paul.Fest.p.114M;—(*intr.*) tibi ob inuidiam Nereides ~arent Prop.2.26.15. **b** speculo rugas ~ante tibi Prop.3.25.14; ~ans..Agrigentinis ignauiam ac timiditatem V.Max.3.3.ext.2.

2 (intr.) To make a loud noise, roar, etc.

regis tentoria..lugubre ~ans late circumuolat ardor Sil.17.106.

increpitus ~ūs, *m.* [next+-tvs³] A scolding, reproof.

~u indignatum (increpitum inclinatum *codd.*) Amorem Apul.Soc.19.

increpō ~āre ~uī ~itum, *tr.*, *intr.* [in-¹+crepo]

1 (intr.) To make a sharp loud noise, snap, rattle, clash, roar, twang, etc. **b** (fig., of dangers, alarms).

simul ut ~uit (discus) Cic.de Orat.2.21; circumspectantem omnia, quicquid ~uisset pertimescentem Pis.99; coruorum ~uit densis exercitus alis Verg.G.1.382; iterum atque iterum fragor ~at ingens A.8.527; 12.332; ~at arcus Prop.4.3.66; illi (*i.e. Cynthia's ghost*) pollicibus fragiles ~uere manus 4.7.12; ut primo statim concursu ~uere arma Liv.1.25.4; Sen.Ep.90.43; ~uere ictu prorae Sil.17.276;—(*of sounds*) sonus ~at aeris Luc.9.288;—(*w. internal acc.*) ~ui hibernum et fluctus moui maritumos Pl.Rud.69; age tu hymenaeum ~a! Turp.com.166; aspice, quam saeuas ~at aura minas Prop.1.17.6; ~uere..feralia classica signum Sil.5.186. **b** simul atque ~uit suspicio tumultus, artes ilico nostrae conticiscunt Cic.Mur.22; unde si quid ~et terroris Liv.4.43.10; 44.41.7; sin proprium periculum ~uit Tac.Dial.5.5; Fro.Ant.1.p.256(165N).

2 (tr.) To make to sound, cause to ring, roar, rattle, etc.

tum Iuppiter ignis ~at Aetna 64; digitis ~uisse lyram Ov.Am.2.11.32; cum Iuppiter atras ~uit nubes Met.12.52; ter..~uere manus Ib.226; simul argutae nemus ~uere cicadae Calp.Ecl.5.56.

3 (tr.) To strike or fall upon noisily; (also intr., w. dat.).

totus timeo, ita med ~uit Iuppiter (*i.e. with thunder*) Pl.Am.1077; ~uit quantis uiribus unda latus! Ov.Tr.1.4.24;—(*of sounds*) sonitus auris meas pedum pulsu ~at Enn.scen.341; ut credam..Sabella pectus ~are carmina caputque Marsa dissilire nenia Hor.Epod.17.28;—(*intr.*) saxa (*i.e. the Symplegades*)..extremis..~uere corymbis V.Fl.4.691.

4 (tr.) To utter noisy or violent reproaches at (persons, esp. laggards), chide, reprove, upbraid.

ferociter legatos nostros ~ant Pl.Am.213; qui C. Caesarem..saepe ~uit, saepe accusauit Cic.Sest.132; alii alios ~antes timidos uocant Sal.Cat.53.1; ~at ultro cunctantis socios Verg.A.10.830; uanis minis ~at hostem Liv.22.28.9; ~itis auctoribus belli 29.3.1; 45.23.19; ~or a cunctis, totumque inmurmurat agmen Ov.Met.3.646; Phaed.3.6.1; detecta fraude a furente ~itus Antonio est Plin.Nat.7.56; ~ita..per edictum plebe Tac.Ann.5.5; 14.45; Gel.8.3; (*ellipt.*) consul..laudare fortes, ~are sicubi segnior pugna esset Liv.3.63.3; (*w. inanim. subj.*) morantis Martius ille aeris rauci canor ~at Verg.G.4.71;—(*w. pred.*) desertorem proditoremque ~ant (Vedium Aquilam) Tac.Hist.2.44; nihil..aeque doluit, quam ut malum se citharoedum ~itum Suet.Nero 41.1; (*things*) ocimum..Chrysippus grauiter ~uit inutile stomacho Plin.Nat.20.119;—(*w. gen. of charge*) saeuitiae populum edicto ~uit Suet.Gal.15.2; Apul.Apol.77;—(*poet.*) stimulo tardos ~uisse boues Tib.1.1.30; terga comamque deae Scythica pater (*i.e. Mars*) ~at hasta Stat.Theb.3.431; cadat (*a crowd of nestlings*), ni pectore toto obstet aperta parens et amantibus ~et alis 10.462.

5 (tr.) To complain loudly about, inveigh against, protest at (actions, faults, etc.).

orationem..conuerti in ~andam Caepionis fugam Cic.de Orat.2.199; cum illius in me perfidiam ~aret Q.Fr.2.3.3; ~et absumptum nec sua mater Ityn Prop.3.10.10; ~ans nomen abominandum fluminis Liv.8.24.11; cuius cum..risum ~aret in publico fletu 30.44.5; pater..~ans usque moras Ov.Ep.1.82; intemperantiam eius ~ans V.Max.4.3.ext.1; sermones..auaritiam Galbae ~antium Tac.Hist.1.5; 2.40; Suet.Cal.44.1;—(*w.* quod) ~abat ultro quod..imperium ad Othonem uertissent Tac.Hist.1.74; Ann.2.59;—(*w. acc. and inf.*) grauiter ~uit tanti censorem habitare Plin.Nat.17.3.

6 To say by way of reproach, remark indignantly or scornfully.

(*w. internal acc.*) si..hoc alicui nostrum sic ~et ipsa (natura) Lucr.3.932; illa, quae..in Cn. Pompeium..~abantur Sal.Rep.1.4.1; haec Aricinus in regem Romanum ~ans Liv.1.51.1; haec contemptim duces ~abant 25.36.10; Sil.8.278;—(*w. acc. and inf.*) defensa et gemitu Caesaris ossa mea. ille (me) sua nata dignam uixisse sororem ~at Prop.4.11.60; uictos timeri ~ans hostes Liv.3.3.5; Curt.9.7.16;—(*w. indir. qu.*) cum..duces uictisne cessuri essent ~arent, restituitur pugna Liv.3.60.11;—(*w. dir. sp.*)

cum ad iniqua pondera addito..gladio superbe 'uae uictis' ~arent FLOR.*Epit.*1.7(1.13.17).

increscō ~escere ~ēuī, *intr.* [IN-¹+CRESCO]

1 (of organic things) To develop, grow. **b** (w. dat. or prep., indicating place of growth). **c** (in general) to increase in size or amount; (of rivers or sim.) to rise, swell.

maxime..eo (*sc.* cibo) eget, qui ~escit CELS.1.3.32; ~euit Tityi iecur SEN.*Her.O.*1070; ad quam mensuram cum ~euerint (uites) COL.4.6.4; ~escens uitis 4.13.2; ~escente pullo PLIN.*Nat.*10.148; murium iocusculis fibrae..dicuntur ..bruma ~escere 11.196; (*poet.*) hic confixum ferrea texit telorum seges et iaculis ~euit acutis VERG.*A.*3.46. **b** (*w. dat.*) duratae..cuti squamas ~escere sentit OV.*Met.*4.577; uidet capiti fibrarum ~escere molem alterius capitis LUC. 1.627; passus erat..genis ~escere barbam 2.376; cum caro unguibus ~euit PLIN.*Nat.*24.182; 28.163; (*cf.*) uidere rigescere puppim..Alcinoi saxumque ~escere ligno OV. *Met.*14.565;—(*w.* in+*abl.*) si quando..in articulis callus ~euit CELS.5.18.36;—(*w.* super+*acc.*) ubi..gingiua..super extremum molarem ~euit LARG.61. **c** ~escendi aut decrescendi inter ipsas horas alternam esse mutationem HYG.GR.*agrim.*p.150; uersus..qui per singula uocabula singulis syllabis ~escat GEL.14.6.4; 'faenus'..dictum ait ..a fetura quadam pecuniae parientis atque ~escentis 16.12.7;—lacrimis quoque flumina dicunt ~euisse suis OV. *Met.*11.48; insula..quam..adtolli aquis ~escentibus..existimant MELA 3.22; (fons) ~escens ad medium noctis exuberat PLIN.*Nat.*2.228; HYG.*Fab.*257.6.

2 To increase in degree, become stronger or more intense; (esp. of feelings, conditions). **b** (of a practice, opinion, etc.) to become established, gain ground. **c** (impers., foll. by sb. clause) there is the aggravating circumstance (that).

(*of the sea*) quantis ~escunt aequora uentis OV.*Tr.*1.4.5; (*of heat*) quantum ~esceret aestus (*i.e. of the sun*) LIV. 44.36.5; (*of breathing*) respiratio ~escat oportet QUINT.*Inst.* 11.3.49; (*of sounds*) ~escunt matrum gemitus V.FL.1.315; —~escunt animis discordibus irae VERG.*A.*9.688; carcer ad terrorem ~escentis audaciae..aedificatur LIV.1.33.8; ~escente certamine 10.5.2; ut dolor ~euit OV.*Met.*9.704; cibi..fastidium ~escit CELS.8.4.12; ut contemptus eorum ~esceret PLIN.*Nat.*8.17; cum..illis fiduciam..uideret ~escere FRON.*Str.*2.5.37;—(*of diseases*) neque in acutis morbis neque ~escentibus CELS.2.14.4; neue tum febris ~escat 2.17.4; PLIN.*Nat.*2.110; tussis ~escit PLIN.*Ep.* 7.19.3;—(*cf., of a figure of speech*) hoc genus (amplificationis) ~escit ac fit manifestius, si.. QUINT.*Inst.*8.4.2. **b** per hos quidem maxime uiros salutaris ista nobis professio ~euit CELS.1.pr.11; 7.pr.3; ~euit deinde Mendesium (unguentum) PLIN.*Nat.*13.8; quam sententiam cottidie ~escere..uidemus ULP.*dig.*33.7.12.27. **c** super impatientiam tristissimae orbitatis ~escit quod intellexit illum non sine sanitate fuisse languorem [QUINT.]*Decl.*8.1.

incrētō ~āre ~āuī ~ātum, *tr.* [IN-¹+CRETA+-O³] To smear with chalk, whiten.

circumcide nos, ut Iudaei uideamur..et ~a facies, ut suos Gallia ciues putet PETR.102.14.

incrētus ~a ~um, *a.* [IN-²+pple. of CERNO] Not sifted.

furfures..~os ac sordidos APUL.*Met.*7.15.

incrībrō ~āre ~āuī ~ātum, *tr.* [IN-¹+CRIBRO] To sprinkle on with a sieve.

ulmorum..samara..serenda densa..terra super minuta ~ata PLIN.*Nat.*17.76.

incruentātus ~a ~um, *a.* [IN-²+pple. of CRVENTO] Not stained with blood.

(*tm.*) manet inperfossus ab omni inque ~us Caeneus Elateius ictu OV.*Met.*12.497.

incruentus ~a ~um, *a.* [IN-²+CRVENTVS] Not stained with blood; esp. **b** not attended with bloodshed or slaughter; (esp. of victories). **c** (of armies or sim.) not affected by loss of life, suffering no casualties; (also, of cities).

~ae..humano sanguine manus SEN.*Ep.*90.41; QUINT.*Decl.* 305(p.197,l.18);—(*poet.*) (porticus) securo ruit ~a damno (*sc. without crushing its owner*) MART.1.82.8. **b** haud ~o proelio LIV.2.56.15; haud ~is utrimque certaminibus editis VELL.2.21.6; quisquis..~um mitis imperium regit SEN. *Her.F.*741; manet pax ~a (*i.e. between bees*) COL.9.9.7; ne dubia tentare armis quam ~as condiciones mallet TAC.*Ann.* 12.46; ~a fuga FLOR.*Epit.*2.11(3.23.7); ~a regressio FRO. *Ver.*2.p.202(204N);—(*of victory*) ibi satis praedae et uictoria ~a fuit LIV.2.31.6; nec ~a uictoria fuit; nam ex P. Deci exercitu caesa septem milia 10.29.17; 27.49.7; CURT.4.6.30; TAC.*Hist.*2.15; GEL.5.6.21. **c** multis locis potitus ac plerisque exercitu ~o SAL.*Jug.*92.4; ne duces quidem Romani ~i pugnant LIV.4.28.7; haudquaquam..~o milite suo 8.29.12; non ~is centurionibus, qui etiam primi ordinis cecidere VELL.2.112.6; TAC.*Ann.*12.17;—(*of cities*) praestitisti, Caesar, ciuitatem ~am SEN.*Cl.*1.11.3; ~am urbem et res sine discordia translatas TAC.*Hist.*1.29; 3.66.

incrustātiō ~ōnis, *f.* [next+-TIO] An act of covering (walls, etc.) with ornamental layers, incrustation.

uoluptariae (impensae)..ut sunt..~ones, loricationes, picturae PAUL.*dig.*50.16.79.2; CVM ⟨COLV⟩MNIS..ET ~ONE MARM(orea) *CIL* 3.6671.

incrustō ~āre ~āuī ~ātum, *tr.* [IN-¹+CRVSTO] To cover with a layer of something, coat, line, daub. **b** to give an ornamental layer to, encrust.

ut ollam..~ent sapa et farri, ubi pascantur VAR.*R.* 3.14.5; calices..eis (*i.e. ingredients*) ~entur LARG.135;—(*with plaster, varnish, etc., to cover up cracks or flaws*) tota (maceria)..tectorio intrinsecus ~atur, ne ex ea erepere possit (glis) VAR.*R.*3.15.1; nos uirtutes ipsas inuertimus atque sincerum cupimus uas ~are HOR.*S.*1.3.56; (*prob.*) ~atus calix LUCIL.135. **b** λιθόστρωτα pauimenta et parietes ~atos VAR.*Men.*533; parietem communem ~are licet..sicut licet mihi pretiosissimas picturas habere in pariete communi PROC.*dig.*8.2.13.1.

incubātiō ~ōnis, *f.* [INCVBO+-TIO] The sitting (of birds) on eggs.

~oni datur initium post nouam lunam PLIN.*Nat.*10.152; 10.166.

incubitō ~āre ~āuī ~ātum, *tr.*, *intr.* [INCVBO+-ITO] (tr.) To lie on (in quot., obsc.); (intr., of birds) to sit (on eggs).

uideo ego te: iam ~atus es. — ita sum..at non sum, ita ut tu, gratiis PL.*Per.*284;—cellas in quibus ~ant (anseres) siccissimas esse oportet COL.8.14.9.

incubitus ~ūs, *m.* [next+-TVS³] The action of lying or reclining (upon); (spec.) incubation.

Theophrastus celerius concoqui dextri lateris ~u (tradit) PLIN.*Nat.*28.54;—si ~u tonuit, oua pereunt 10.152; iidem gallinarum ~us, pecorum fetus abortu uitiant 28.32.

incubō¹ ~āre (~uī) ~itum, *intr.*, (*tr.*). [IN-¹+CVBO] FORMS: pf. *incubaui* PLIN.*Nat.*11.45; all exx. of *incubui* referred to INCVMBO, of which the pf. is formally indistinguishable; past pple. perh. only in PLIN.*Nat.*29.45.

1 To lie or recline (on). **b** (spec., of birds, etc.) to sit (on eggs); (also tr., or absol.). **c** (of things, esp. burdens) to rest or be placed (upon). **d** (of darkness, vapour, etc.) to brood (over).

(*w. dat.*) ~et ut Tyriis V.RUF.*poet.*2; ~ans cortici secundo Tiberi ad urbem defertur LIV.5.46.8; pro..toro terrae..~at OV.*Met.*1.634; epistulam..puluino cui ~abat subicit CURT. 3.6.7; leo..uictor armento ~at (*i.e. lies stretched on its victims*) SEN.*Thy.*733; alicui loco pectore ~ans rana PLIN. *Nat.*31.44; STAT.*Theb.*11.698;—(*w.* super) si super Circense tomentum..~abo SEN.*Dial.*7.25.2;—(*tr.*) (Somnus) soporifero stipatos flore tapetas ~at STAT.*Theb.*10.108; FRO. *Ver.*2.p.210(207N);—(*absol.*) ut semper..culmis stabula constrata sint, quo..mollius ~ent fetae (oues) COL.7.3.8. **b** (*w. dat.*) ~at Alcyone pendentibus aequore nidis OV.*Met.* 11.746; ut Rhodiacae aues pauoninis (ouis) ~ent COL. 8.11.11;—(*w. acc.*) negant (gallinam) plus xxv oportere oua ~are VAR.*R.*3.9.8; PETR.33.3; PLIN.*Nat.*10.106; phalangia ..~ant magnum numerum 11.85; (oua) triduo ~ita 29.45; —(*absol.*) perniciosissimae sunt (serpentes) cum ~ant CELS. 5.27.10; feminae pauones, quae non ~ant COL.8.11.10; PLIN.*Nat.*18.267. **c** (*w. dat.*) umero leuis ~at hasta OV. *Met.*6.593; grauis..tellus impio capiti ~et SEN.*Phaed.*1280; (*tr.*) omnia (fulmine icta) contrarias ~ant partes PLIN.*Nat.* 2.145; (*ellipt.*) reclinis hasta est, arma defixa ~ant SEN. *Phoen.*499;—(*in fig. context*) cetera..dominis suis ~ant grauia *Ep.*76.30; 94.74; maior alius ~at maestae dolor *Phaed.*99; si tam proteruus ~at menti furor 268. **d** (*w. dat.*) ponto nox ~at atra VERG.*A.*1.89; CURT.9.4.18; ater ~at terris uapor SEN.*Oed.*47; caelum..quod ~at urbi V.FL.2.494.

2 To have one's abode or lair (in a place); (also tr.). **b** to sleep (in a temple in the hope of having inspired dreams, or of divine healing).

(*w. dat.*) ruri ~abo usque in praefectura mea PL.*Cas.*110; ut Phegeus aper cupressifero Erymantho ~et OV.*Ep.*9.88; —(*tr.*) hoc genus bestiae lucos..et fontes..semper ~are APUL.*Met.*4.17; tabernulam quandam litori..proximam uitatis maris fluctibus ~abant 7.7. **b** (*w. dat.*) ~are satius te fuerat Ioui PL.*Cur.*266; (*w.* in+*abl.*) hic qui aegrotus ~at in Aesculapi fano 61.

3 To lean or hang (over).

(*w. dat.*) iugum ~ans mari PLIN.*Nat.*6.53; stagnis obliquo pendula trunco ~at (arbor) STAT.*Silv.*2.3.55; uultus (*i.e. a portrait-mask*) qui..stratis praenitet ~atque somno securae 2.7.130;—(*absol.*) hinc illinc grauidis frondibus ~at..arbor SEN.*Thy.*155; ~at amens miraturque malum LUC.2.27.

4 To fall or throw oneself (upon).

(*w. dat.*) ramosis Anio qua pomifer ~at aruis (*i.e. at Tibur*) PROP.4.7.81; rapidus ponto tunc ~at auster GERM.*Arat.*293; —(*on a sword*) eligere nescis, anime, cui telo ~es SEN.*Her.O.* 867; laqueone uitam finiam an ferro ~em? *Phaed.*259.

5 To keep a jealous watch (over possessions); (also tr.). **b** (w. ref. to abstract things).

(*w. dat.*) qui illi pecuniae..spe iam atque animo ~aret CIC.*Clu.*72; condit opes alius defossoque ~at auro VERG.*G.* 2.507; istos ~antes publicis thesauris LIV.6.15.5; nostro sanguini intestinus hostis ~at SEN.*Suas.*6.5; largiris nihil ~asque gazae ut magnus draco MART.12.53.3; ut inhaerentem atque ~antem Italiae extorqueret Hannibalem FLOR. *Epit.*1.22(2.6.57); cum..castra cepissent opimaeque praedae ~arent 1.26(2.10.2); bonis alienis ~are, fructus diripere AUR.*Fro.*1.p.158(16N);—(*w.* in+*abl.*) QVISQVIS IN ALTERIVS FORTVNIS ~AS *CIL* 4.5087;—(*tr.*) aureos folles ~abat APUL. *Met.*4.9. **b** (*w. dat.*) non auderem obuiam ire dolori tuo, cui uiri quoque libenter haerent et ~ant SEN.*Dial.*6.1.1; animus..in angulos se retrahens et poenae ~ans suae 9.2.11; haec inspicere, haec discere, his ~are *Nat.*1.pr.17.

incubō² ~ōnis, *m.* [prec.+-O¹]

1 A spirit that watches over buried treasure.

quomodo dicunt..quom ~oni pilleum rapuisset, thesaurum inuenit PETR.38.8.

2 A spirit supposed to settle on people in their sleep and suffocate them by its weight.

facit bene haec conpositio..ad eos, qui saepius existimantur ab ~one deludi LARG.100.

incūdō ~ūdere ~ūdī ~ūsum (~ussum), *tr.* [IN-¹+CVDO¹] N.B.: in quots. only in pf. pple.

1 To indent or hollow out by hammering.

lapidem (*i.e. a millstone*)..~usum VERG.*G.*1.275;—(*of a sculptor, app.*) quod..uel aere infusum uel lapide ~ussum (*s.v.l.*) uel cera inustum..est APUL.*Apol.*14.

2 To decorate by hammering something in or on.

si tibi crateras argenti ~usaque (*i.e. embossed*) pingui auro dona feram PERS.2.52.

inculcō ~āre ~āuī ~ātum, *tr.* [IN-¹+CALCO] FORMS: *incalco* COL.12.45.3.

1 To trample or press down.

pauimenta testacea..magna ui pauiculis ~antur atque expoliuntur COL.1.6.13; ne lutosa humus ~ata maiorem fossori laborem praebeat 4.27.1; 11.3.34.

2 To tread or stuff in; (transf.) to insert, esp. unnecessarily or by deceit. **b** to make insertions in, add to.

(famex) pannis aceto et sale et oleo madentibus ~atis.. ad sanitatem perducitur COL.6.12.2; doliis exstruuntur ollae et spisse ~antur 12.45.3; lana..canis rabiosi morsibus ~ata PLIN.*Nat.*29.32; (*in fig. phr.*) districtus animus nihil altius recipit, sed omnia uelut ~ata respuit SEN.*Dial.*10.7.3;—de firmissimis (argumentis) alia prima ponet alia postrema ~abitque leuiora CIC.*Orat.*50; ~ata reperias inania quaedam uerba quasi complementa numerorum 230; tertium caput (*sc. of a law*)..a quo sit ~atum uide *Att.*3.23.2; quid.. adtinet ~are fatum, cum sine fato ratio omnium rerum ad naturam..referatur? *Fat.*6; ne..Graeca uerba ~antes iure optimo rideamur *Off.*1.111; ea Caecilius..praetermisit et alia nescio qua mimica ~auit GEL.2.23.12. **b** misi.. ἀρχέτυπον ipsum crebris locis ~atum et refectum CIC.*Att.* 16.3.1.

3 To force or obtrude (services, etc., on an unwilling recipient).

id, quod tradatur uel etiam ~etur, si qui forte sit tardior posse percipere animo et memoria custodire CIC.*de Orat.* 1.127; non..quidlibet (*i.e. any method of treatment*) antiquiores uiros aegris ~asse CELS.1.pr.17; quibusdam offeram, quibusdam etiam ~abo (*sc.* dona) SEN.*Dial.*7.24.1; quibusdam remedia monstranda, quibusdam ~anda sunt *Ep.* 27.9; (*refl.*) qui se ~ant auribus nostris CIC.*de Orat.*2.19.

4 To impress (an idea, etc., upon a person's mind), din in, drive home.

ualuit..plus quod erat illi non nullorum artificiis ~atum quam aut officium aut necessitudo CIC.*Att.*1.17.2; ciuitatem ..quae ne traditam quidem atque ~atam libertatem recipere possit BRUT.*ad Brut.*1.16.6; liberalia studia ~ant (parentes) SEN.*Ben.*6.24.1; uoce Catonis ~ata uiris iusti patientia Martis LUC.9.293; nec facile ~atas pueris persuasiones mutaueris QUINT.*Inst.*3.1.6; firmissima quaeque memoriae iudicis ~anda sunt 6.4.5; praeuaricatio est.. cursim..attingere, quae sint ~anda, infigenda PLIN.*Ep.* 1.20.2; GEL.13.25.19; (*cf.*) non modo oculis imagines sed etiam animis ~atis CIC.*N.D.*1.108; (*refl.*) deus..se..ipsum ~at et offert, ut bene cognosci possit MAN.4.917;—(*w. acc. and inf.*) ~atum est Metello..te aratores euertisse CIC. *Ver.*3.156; exercitus sui auribus ~ando a militibus imperatorem..metui debere V.MAX.27.ext.2;—(*w.* ut) ~arisne (*sc.* Vettio) ut C. Pisonem, generum meum, nominaret..? CIC.*Vat.*26.

inculpātus ~a ~um, *a.* *superl.* ~issimus. [IN-²+pple. of CVLPO] (of persons, their actions, etc.) Free from fault, blameless.

data sum comes ~a Mineruae OV.*Met.*2.588; uita fidesque ~a fuit 9.673; omnis culpae priuatio '~um' facit GEL.2.6.10; uirum..uitae ~issimae 14.2.5; eius temporis ~am esse moram constitit PAPIN.*dig.*22.1.9.1; (*of diction*) cogitato, an ..medium illud ~um sit, 'cum omnibus communicare quod habebat' FRO.*Aur.*2.p.160(108N).

incultē, *adv.* *compar.* ~ius. [next+-E] Without refinement of manners or style, coarsely, uncouthly.

qui horride ~eque dicat CIC.*Orat.*28; uixit..semper ~e atque horride *Quinct.*59; Gaetulos..partim in tuguriis, alios ~ius uagos agitare SAL.*Jug.*19.5; 89.7; MELA 1.42.

incultus¹ ~a ~um, *a.* *compar.* ~ior. [IN-²+pple. of COLO¹]

1 (of land) Not cultivated, untilled. **b** (of tracks) overgrown, untended. **c** (of plants) not fostered or cultivated.

seremus..aliquid tamquam in ~o et derelicto solo CIC. *Brut.*16; maxumas regiones inhabitabilis atque ~as uidemus *N.D.*1.24; LUCR.1.208; ~a rubent auiaria bacis VERG.*G.* 2.430; ~ae pacantur uomere siluae HOR.*Ep.*1.2.45; caritas ..annonae ex ~is per secessionem plebis agris LIV.2.34.2; ~ior regio MELA 2.12; QUINT.*Inst.*5.10.37; HYG.*agrim.*p.92; (*in fig. phrs.*) fundum alienum arat, ~um familiarem deserit PL.*As.*874; non tibi paruum ingenium, non ~um est et turpiter hirtum HOR.*Ep.*1.3.22; (*poet.*) sic uirgo dum intacta manet, dum ~a senescit CATUL.62.56;—(*neut. as sb.*) ut uiseret agros cultaque ab ~is notaret LIV.27.8.18; ~a itinerum PLIN.*Nat.*25.87; ~a montium TAC.*Ann.*1.17; QVI SVPERFICIES EX ~O EXCOLVIT *CIL* 8.25902.4.10. **b** quasi ~a et siluestri uia ad eandem laudem peruenerat CIC. *Brut.*259; ~o tramite PROP.1.18.28. **c** ~is..rubens pendebit sentibus uua VERG.*Ecl.*4.29.

2 (of personal appearance, hair, etc.) Not kept smart or cared for, squalid, unkempt, or sim. **b** not elaborately got up, unadorned.

quem..cum ~um horridum maestumque uidisses CIC. *Red.Sen.*13; cui plurima mento canities ~a iacet VERG.*A.* 6.300; ingenium ingens ~o latet hoc sub corpore HOR.*S.* 1.3.34; ument ~ae fonte perenne genae OV.*Ep.*8.64; uade (*sc.* liber), sed ~us, qualem decet exulis esse *Tr.*1.1.3; ni.. staret..recta squalor ~us coma SEN.*Phaed.*833; mulier quaedam haud ~a PETR.139.3; ~os aris aduerrere crinis STAT.*Theb.*4.203. **b** rara feres ~o tura sacello PROP. 2.19.13; placet minister ~us., argentum graue rustici patris SEN.*Dial.*9.1.6; semper..paratus ~o Gaetulus equo LUC.4.678.

3 (of persons, their disposition, etc.) Lacking in culture or refinement, rough, uncouth. **b** (of speech, writing, or sim.) unpolished, crude. **c** (of a plant) coarse.

rusticana illa atque ~a parsimonia CIC.*Quinct.*92; Libyes asperi ~ique SAL.*Jug.*18.1; sordidum me et ~is moribus aiunt 85.39; Alpes feris ~isque nationibus celebres VELL. 2.90.1; quibus ~us mos agrestisque uita est SEN.*Dial.*5.2.1; gelidi..~a iuuentus Taygeti LUC.5.51; quos ~a pauperies sine delectu ciborum tenuato uentri cogit sordentia supplementa APUL.*Met.*4.14. **b** ne ~a sit uestra oratio, ne uulgaris, ne obsoleta CIC.*de Orat.*3.97; quod inciderint in ~a quaedam et horrida, de malis Graecis Latine scripta deterius *Fin.*1.8; ~is..uersibus et male natis HOR.*Ep.*2.1.233; dicebat..arte ~a SEN.*Con.*2.6.12; (*of orators*) adeo maesti et ~i illam ipsam, quam iactant, sanitatem..ieiunio consequuntur TAC.*Dial.*23.3. **c** est et aliud genus ~ius asparago, mitius corruda PLIN.*Nat.*19.145.

4 Not cultivated by friends or acquaintances, uncourted.

ecquis ~ior, religiosior, desertior, publicis negotis repulsior? CATO *orat.*194; ut..uita ~a et deserta ab amicis non possit esse iucunda CIC.*Amic.*55.

incultus[2] ~ūs, *m.* [IN-[2]+CVLTVS[2]] **a** Uncultivated or unadorned condition. **b** want of refinement or sophistication, uncouthness. **c** disregard, neglect (of a person or his claims).

a ~u tenebris odore foeda atque terribilis eius (*i.e. a prison*) facies est SAL.*Cat.*55.4; ingenium..~u atque socordia torpescere sinunt *Jug.*2.4; ut..laudem ab ~u ferat (*sc. diction*) MAUR.304. **b** qui montium editis ~u atque eo ferocius agitabant TAC.*Ann.*4.46. **c** suos honores.. desertos per ~um ac neglegentiam..esse LIV.42.12.7.

incumba ~ae, ?*f.* [next] (archit.) The upper course of a pillar (on which the foot of an arch rests), an impost.

cum cunei ab oneribus parietum pressi..extruderent ~as VITR.6.8.4.

incumbō ~umbere ~ubuī, *intr.*, (*tr.*). [IN-[1]+ **cumbo* (cf. CVBO)] N.B.: all exx. of *incubui* which could formally also come from *incubo*[1]) referred here; for exx. of *incumbo* preceded by *super* see SVPERINCVMBO. CONST.: freq. w. *in*+acc. (less commonly *super, ad*) or w. dat. (regarded by Quintilian, *Inst.*9.3.1, as a modernism); rarely tr. (2, 3, 5b, 6).

1 To bend forwards or lean (over). **b** (of things).

(*w.* ad) mihi fas ad uos ~umbere non est OV.*Met.*9.385;—(*w. dat.*) calcem..terit iam calce Diores ~umbens umero (*i.e. in a race*) VERG.*A.*5.325; formosis ~umbens nescius undis PROP.1.20.41; Cynthia..meo uisa est ~umbere fulcro 4.7.3; OV.*Met.*11.657; ~umbere aduocato aduersis subselliis sedenti iam contumeliosum QUINT.*Inst.*11.3.132;—(*w. adv., in quot. in fig. phr.*) hoc serui esse officium reor, retinere (erum) ad salutem, non enim quo ~umbat eo impellere PL.*Aul.*594;—(*absol.*) ~ubuit uoluitque manu conuellere ferrum Dardanides VERG.*A.*12.774; qui in arduum (eunt), ~umbunt SEN.*Ep.*123.14; rimatur positos et corpora prona supinat ~umbens (Argia) STAT.*Theb.*12.290. **b** (*w.* in+*acc.*) in naui onera..conuoluta citius eam partem, in quam ~ubuere, demergunt SEN.*Ep.*28.3;—(*w.* ad) prona iugo laeuum ~umbebat (silex) ad amnem VERG.*A.*8.236;—(*w. dat.*) laurus ~umbens arae 2.514; si (nubes)..~umbent (soli) PLIN.*Nat.*18.345; ~umbens Messana freto SIL.14.194;—(*w. advs.*) ~umbit tellus quo uenti prona premit uis LUCR. 6.560;—(*absol.*) pinus et ~umbens lentas circumdabat umbras PROP.3.13.37; aera onerari oneratumque ~umbere et uentum propulsu suo concitare SEN.*Nat.*5.14.3.

2 To throw oneself down, lie down (on); (of things) to sink or settle (on).

(*w. dat.*) (Niobe) corporibus gelidis ~umbit et ordine nullo oscula dispensat OV.*Met.*6.277; Eumenides strauere torum, tectoque profanus ~ubuit bubo 6.432; in homine nihil..pertinet..quam pretioso ~umbat lecto SEN.*Ep.* 76.15; tu mollibus..nunc ~umbe toris et pinguis exige somnos LUC.10.354; (*w.* super+*acc., in quot. fig.*) non frueris ..hac praeda, super quam solus ~umbis PETR.80.1; (*w. adv.*) cumulatis in aqua sarcinis insuper ~umbebant LIV.22.2.8; (*absol.*) sicut nos sedemus, ~umbimus, respicimus QUINT. *Inst.*9.1.11;—(*tr. cf. sense 4b*) gladium faciam culcitam eumque ~umbam PL.*Cas.*308;—(*of things, w.* in+*acc.*) quam in partem ~ubuit (cybus) VITR.5.pr.4; (*w. dat.*) Pergamum ~umbere sibi SEN.*Tro.*14; poterat..cruor per regia fundi pocula Caesareus mensaeque ~umbere ceruix LUC.10.424.

3 To support oneself, lean (on); (also tr.). **b** (of things).

(*w.* in+*acc.*) in scuta ~umbentes sustinebant impetus Romanorum LIV.35.5.7; linquente animo in eum, a quo tenebatur, ~ubuit CURT.6.9.33;—(*w.* super+*acc.*) cum.. super..bracchium tanquam laesum ~ubuisset PETR.54.2;—(*w. dat.*) ~umbens tereti Damon sic coepit oliuae VERG.*Ecl.* 8.16; quidam ~umbentes scutis nixique pilis stabant LIV. 44.36.5; deus ~umbens baculo OV.*Fast.*1.177; duo manipulares..~umbentes regis tabernaculo SEN.*Dial.*5.22.2; (*in fig. context*) Marcellum, cui et auunculus et socer ~umbere coeperat, in quem onus imperii reclinare 6.2.3; Agrippa abdicato..certum erat, uni (Tiberio) spem successionis ~umbere SUET.*Tib.*15.2;—(*tr.*) ut..arma sua quisque stans ~umberet SAL.*Hist.*3.40. **b** (*w.* in+*acc.*) in eos (*sc.* asseres) transuerso ~umbente tigno LIV.44.5.4; onerum.. gratia, quae in parietem ~umbunt ULP.*dig.*39.2.28; (*transf., in geom.*) alter (circulus)..summum..~umbit in axem MAN. 1.618; —(*w. dat.*) lapides..quos interposuere, ut duriori materia fragilis ~umberet CURT.8.10.25; tua centenis ~umbunt tecta columnis MART.5.13.5; STAT.*Theb.*7.44; (*in fig. phr.*) miserum est aliorum ~umbere famae, ne conlapsa ruant subductis tecta columnis JUV.8.76.

4 To apply force (to) by leaning, press (on). **b** to fall (on a sword); (also tr.). **c** (of things, esp. burdens) to press or weigh (upon). **d** (of duties or responsibilities) to fall (on a person).

(*w.* in+*acc.*) pugna Romana stabilis et suo et armorum pondere ~umbentium in hostem LIV.30.34.2; luctator, qui totius corporis nisu in id, quod semel inuasit, ~umbit QUINT.*Inst.*2.12.2;—(*w.* super+*acc.*) super umeros eius (*sc. a patient*) suis pectoribus ~umbunt CELS.7.26.2D; (*w. dat.*) papauer tempus humo tegere et iamdudum ~umbere aratris VERG.*G.*1.213; colligere arma iubet ualidisque ~umbere remis *A.*5.15; 8.108; CURT.9.9.4; JUV.15.128; (*in fig. phrs.*) oportebit..impelli iudicem primo leuiter, ut iam inclinato reliqua ~umbat oratio CIC.*de Orat.*2.324; ne uertere secum cuncta pater fatoque urgenti ~umbere uellet VERG.*A.*2.653; —(*absol.*) ~umbunt sociae dextrae SIL.5.501. **b** (*w.* in+*acc.*) suspendatne se an in gladium ~umbat LUCIL.601; CIC.*Inv.*2.154; VELL.2.70.3; in ferrum pectore ~ubuit TAC. *Hist.*2.49; (*cf., humorously*) quaerentibus..amicis, quidnam Aiax ageret, respondit Aiacem suum (*sc. his tragedy called 'Ajax'*) in spongiam ~ubuisse SUET.*Aug.*85.2;—(*w. dat.*) Aiax..gladio ~ubuit *Rhet.Her.*1.18; ~ubuit ferro OV.*Met.* 4.163; SEN.*Dial.*4.36.5; LUC.4.500. **c** (*w.* in+*acc.*) uentis pulsa..aestuat in ramos ~umbens arboris arbor LUCR. 5.1097; (*in fig. phr.*) unum in locum totam periculi molem, omne onus ~ubuisse LIV.27.40.6;—(*w. dat.*) Pindus ~umbat mihi atque Haemus SEN.*Her.O.*1382; ut..tibi barbara tellus ~umbat LUC.8.393; quamuis..madidis ~umbant prela racemis CALP.*Ecl.*1.2; (*in fig. context*) corpus adtenuatum.. ~umbit animo SEN.*Dial.*5.9.4; grauis anxietas laetis ~umbere gaudet *Buc.Eins.*2.3; quae (*sc.* inuidia)..infra tuam magnitudinem iacet, sed mihi ~umbit TAC.*Ann.*14.54; —(*absol.*) uectis sub onere subiectus, si per medium premitur, durior est neque ~umbit VITR.10.3.6. **d** (*w. dat.*) ~umbebat eis necessitas prouocandi ULP.*dig.*17.1.8.8; heredi defensio mortis ~umbit 29.5.5.3; ei ~umbit probatio qui dicit, non qui negat PAUL.*dig.*22.3.2;—(*w. inf. as subj.*) officio tutoris ~umbit..rationes..conficere ULP.*dig.*27.3.1.3.

5 (w. notion of hostility, of troops, etc.) To bear down, press one's attack (on). **b** (of natural forces); (also tr.). **c** (of diseases and other strokes of misfortune).

(*w.* in+*acc.*) totis uiribus nostris in Macedoniam ~ubuimus LIV.31.31.20; Latias Eous in oras nunc furor ~ubuit LUC. 3.94; (*with accusations*) in Classicum tota prouincia ~ubuit PLIN.*Ep.*3.9.4;—(*w. dat.*) uersis ~umbere turmis V.FL. 6.722; ~ubuerat..sagittariis TAC.*Ann.*2.17; (*poet.*) haud ulli uehementior umquam ~ubui (*sc. Cupid*) STAT.*Silv.* 1.2.84;—(*w. advs.*) dux Antonius cum delectis auxiliaribus eodem ~ubuerat TAC.*Hist.*3.29; auxilia foeda fuga dispersa totis campis palantur: illuc ~ubuere Germani 4.18;—(*absol.*) Turnus paulatim excedere pugna..acrius hoc Teucri clamore ~umbere magno VERG.*A.*9.791; egressu (*i.e. the exit from a burrow*)..reperto ~ubuit (canis) GRAT.227; alarius eques immissus: satis ualidi si simul ~ubuissent TAC.*Ann.* 4.73; (*of an accuser*) discors Suillio Silius acriter ~ubuit 11.6. **b** (*w.* in+*acc.*) a septentrione ingens in litus mare ~umbit CURT.6.4.19; nec uentus in illas ~ubuit siluas LUC. 3.409; QUINT.*Inst.*5.9.5;—(*w. dat.*) si tempestas a uertice siluis ~ubuit VERG.*G.*2.311; Maeotis undis Pontico ~umbens mari SEN.*Phaed.*716; nec puppibus ignis ~ubuit solis LUC.10.498; tempus erat caeli cum torrentissimus axis ~umbit terris STAT.*Silv.*3.1.53;—(*absol.*) qua uenti ~ubuere, fugam dant nubila VERG.*A.*12.367; imbribus ~umbit caelum solemque recondit GERM.fr.3.21; ~ubuere maria tam longo aeuo, alibi processere litora PLIN.*Nat.*3.16;—(*tr.*) impetum ..sumit Hellespontus, et mare ~umbit 5.141. **c** (*w.* in+*acc.*) ut..in pedites fatum miserabile belli ~ubuit LUC.4.770; in quam (regionem) necessitas ~ubuerit FRON.*Aq.*117; ira militum in Tampium Elauianum ~ubuit TAC.*Hist.*3.10; —(*w. dat.*) mortifer aestus..~ubuit..populo Pandionis omni LUCR.6.1143; (bellum ciuile) Africae ~ubuit FLOR. *Epit.*2.13(4.2.6);—(*w. advs.*) ibi si tristior ~ubuisset causa LUCR.5.346; dolore inguinis sum arreptus, quo omnis dolor dorso..~ubuit FRO.*Aur.*1.p.224(81N).

6 To apply oneself vigorously, devote one's energies (to an activity, task, or sim.); (also tr.). **b** (w. inf.). **c** (w. *ut*). **d** (absol.) to exert oneself, buckle to.

(*w.* in+*acc.*) in id studium..~umbite CIC.*de Orat.*1.34; ut in rem p. omni cogitatione curaque ~umberes *Fam.*10.1.2; CAES.*Gal.*7.76.2; LIV.37.15.7; ~umbe in iras teque languentem excita SEN.*Med.*902;—(*w.* ad) omni studio ad id bellum ~umbere CIC.*Man.*19; ~umbite ad salutem rei publicae *Catil.*4.4; exercitus..ad excidium Cremonensium ~ubuit TAC.*Hist.*3.32; (*of things*) an..omnia uno agmine ad exitium humani generis ~umbant SEN.*Nat.*3.27.1; (*w.* ad+*gd., gdve.*) quo omnes acrius..~umberent ad ulciscendas rei publicae iniurias CIC.*Phil.*6.2; V.MAX.8.15.ext.3; FRON.*Str.* 2.8.2;—(*w. dat.*) nihil honeste fit, nisi cui totus animus ~ubuit SEN.*Ep.*82.18; cuicumque ~umbere iusso SIL.13. 21; rursus..ceris et stilo ~umbit PLIN.*Ep.*7.27.9; eidem ~umbere sectae JUV.14.122; (*w. dat. of gdve.*) (Apuleius) rogandis Gracchorum legibus..uehementer ~ubuit FLOR. *Epit.*2.4(3.16.2);—(*w. advs.*) facis tu id quidem et eo maxime ~umbis CIC.*Phil.*11.23; huc..~umbat orator QUINT.*Inst.* 6.2.7;—(*tr.*) si..spes prima fefellit, rusum opus ~ubuit GRAT.244; STAT.*Theb.*6.576. **b** omnes ~umbent generis lapsi sarcire ruinas VERG.*G.*4.249; TAC.*Hist.*2.10. **c** totius nobilitatis uiribus ~ubuit ut se cum Q. Fabio consulem dicerent LIV.10.15.8; V.MAX.2.9.9. **d** cum..me uniuersa res publica duce senatu, comitante Italia..cunctis ordinibus hominibus ~umbentibus..reciperauisset CIC.*Fam.*1.9.16; Teucri ~umbunt et litore celsas deducunt toto nauis VERG. *A.*4.397; nunc, nunc ~umbere tempus, Hippomene, propera! OV.*Met.*10.657.

7 To have a bias (towards), incline (to a particular opinion, quality, condition, etc.).

(*w.* in+*acc.*) in quam (causam) adhuc ~ubuisse..Pompeius uidetur ut Caesar Id. Nou. decedat CAEL.*Fam.*8.11.3; —(*w.* ad) Pompeius..ad uoluntatem perferendae legis ~ubuerat CIC.*Att.*1.19.4; cum hi mores..ad nimiam lenitatem et ad ambitionem ~ubuerint *Q.fr.*1.1.11;—(*w. advs.*) idem uolunt omnes ordines; eodem ~umbunt municipia *Phil.*6.18; aliquo magis ~umbunt ingenia SEN.*Dial.*4.19.1.

8 To take possession (of), lay hands (on).

uelut praedonem bonis alienis ~umbere ULP.*dig.*26.10. 3.15; cum creditor rem sibi pigneratam aufert, non uidetur contrectare, sed pignori suo ~umbere 47.2.56(55).

incūnābula ~ōrum, *n. pl.* [IN-[1]+CVNABVLA]

1 The apparatus of a cradle, incl. the bands or straps used to hold the baby in; esp. **b** this apparatus regarded as the symbol of infancy, one's earliest years; (often transf.).

puer ille..ut magnust et multum ualet! neque eum quisquam conligare quiuit ~is PL.*Am.*1104; fasciis opus est, puluinis, cunis, ~is *Truc.*905. **b** quae (proscriptio)..ad infantium puerorum ~a pertinet CIC.*S.Rosc.*153; philosophi ..ad ~a accedunt, quod in pueritia..se arbitrantur naturae uoluntatem posse cognoscere *Fin.*5.55; inde ab ~is imbutum odio tribunorum plebisque LIV.4.36.5; tuta..bis geniti sunt ~a Bacchi OV.*Met.*3.317; prima ~a magni fouerunt Iouis (*sc.* Corybantes) GERM.*Arat.*34; ~a Tulli Hostili agreste tugurium cepit V.MAX.3.4.1; Cimonis..~a opinione stultitiae fuerunt referta 6.9.ext.3; ut..quasi ab ~is uitis exiguo assuescat humori COL.*Arb.*1.4; locum ~orum assidue frequentauit SUET.*Ves.*2.1;—(*transf.*) repetam..non ab ~is nostrae..doctrinae quendam ordinem praeceptorum CIC. *de Orat.*1.23; imperii nostri ~a V.MAX.7.4.1; facile est mihi ab ~is nosse rem post me natam SEN.*Con.*1.pr.12; sex uolumina..quibus oratorem ab ~is instituit PLIN.*Ep.*3.5.5; primi tui sensus et ~a studiorum tuorum FRO.*Aur.*2.p.74 (150N).

2 One's earliest home, a birthplace.

in montis patrios et ad ~a nostra pergam CIC.*Mar.*fr.4.1; Iouis ~a, Creten OV.*Met.*8.99;—(*cf.*) quod horum in his locis uestigia ac prope ~a reperiuntur deorum CIC.*Ver.*4.107; gaudeo..me ~a paene mea tibi ostendisse *Leg.*2.4.

incunctanter, *adv.* [IN-[2]+CVNCTANTER] Without hesitation.

alii, quos ~ adaeque latrones arbitrarere APUL.*Met.*4.8; me..triclinio..~ immitto 9.1; unus..~ et paulo liberius respondit 9.36; 11.6; ~ debet ei permitti ULP.*dig.*40.2.20.

incunctātus ~a ~um, *a.* [IN-[2]+pple. of CVNCTOR] Not delaying or hesitating.

illae ~ae statim conferto uestigio domum penetrant APUL.*Met.*5.14.

incunō: see INQVINO.

incūrātus ~a ~um, *a.* [IN[2]+pple. of CVRO] (of sores) Not treated.

stultorum ~a pudor malus ulcera celat HOR.*Ep.*1.16.24.

incūria ~ae, *f.* [IN-[2]+CVRA+-IA] Want of care or attention, neglect, carelessness, indifference, or sim.

hic cruciatur fame, frigore, inluuie,..~a LUCIL.600; milites..~a fame morbo uastitate consumpti CIC.*Prov.*5; LUCR.6.1242; cum aedis Iouis..uetustate atque ~a detecta prolaberetur NEP.*Att.*20.3; non ego paucis offendar maculis (*i.e. in a poem*), quas..~a fudit HOR.*Ars* 352; (pax) uel ~a uel intolerantia priorum (*i.e. previous governors*) haud minus quam bellum timebatur TAC.*Ag.*20.1; hostes ~a eorum comperta duo agmina parant *Ann.*4.48; gladios..~a hebetari PLIN.*Pan.*18.3; equi ~a horridi FRO.*Ver.*2.p.148(128N); —(*w. obj. gen.*) magna cura cibi, magna uirtutis ~a CATO *orat.*149; rei maxime necessariae tanta ~a CIC.*Amic.*86; obiecta publice Cyzicenis ~a caerimoniarum diui Augusti TAC.*Ann.*4.36; si ad ~am usque corporis grassetur (auaritia) GEL.3.1.13.

incūriōsē, *adv. compar.* ~ius. [next+-E] Negligently, carelessly.

castra in hostico ~e..posita LIV.8.38.2; palatos ~eque agentes improuiso adortus 29.32.2; natura facile nascenti.. surculo ~ius semen dedit PLIN.*Nat.*16.110; Otho pueritiam ~e, adulescentiam petulanter egerat TAC.*Hist.*1.13; si quis non ~e legat (uersus) GEL.2.30.6; 17.2.11; liber..non ~e factus 20.11.1; pudor, ueluti uestis, quanto obsoletior est, tanto ~ius habetur APUL.*Apol.*3.

incūriōsus ~a ~um, *a.* [IN-[2]+CVRIOSVS] Paying no attention: **a** (usu. w. obj. gen.) not interested or concerned, indifferent. **b** careless, negligent; (of things) not done with care. **c** off one's guard, unsuspecting.

a (*w. obj. gen.*) ~a suorum aetas TAC.*Ag.*1.1; princeps proferendi imperi ~us erat *Ann.*4.32; Vologesen..repperit non ~um fratris 15.31; ut proximorum ~i longinqua sectemur PLIN.*Ep.*8.20.1; Alfenus..Serui Sulpicii discipulus rerumque antiquarum non ~us GEL.7(6).5.1; (*w. dat.*) longa pax ad omne seruitium fregerat facilis occupantibus et melioribus ~os TAC.*Hist.*2.17. **b** ne me pro ~o reprehendat, qui praeteritum aliquod a nobis reppererit exemplum FRON.*Str.*1.pr.; (*w. dat.*) fames adfligebat serendis frugibus ~os TAC.*Ann.*14.38; (*w.* in+*abl.*) in capite comendo ..~us SUET.*Aug.*79.1;—(*of things*) acribus..initiis, ~o fine TAC.*Ann.*6.17; multiplicem nec ~am historiam edidit SUET. *Gal.*3.3. **c** uagos et ~os tertia legio..repente inuasit TAC.*Hist.*1.79; ~os milites..quidam spoliauere 2.88; 3.6; (aquila) quaerit..unde unguibus inuncet..agnum ~um APUL.*Fl.*2; (*w. obj. gen.*) tu..sedes ~a periculi tui *Met.*5.17; (*w.* ab) infrequentem stationem nostram ~amque tum ab armis SAL.*Hist.*4.36.

incurrō ~rere ~rī or incucurrī ~sum, *intr.,* (*tr.*). [IN-[1]+CVRRO] FORMS: pf. *incurri* CIC. *Scaur.*45(*m*)(*Orat.*224), D.BRUT.*Fam.*11.10.4, LIV.1.37.3, 9.21.3, SEN.*Con.*10.5.19, SEN.*Nat.* 5.13.1, TAC.*Ann.*1.51, etc.; *incucurri* CIC. *Sest.*14, LIV.27.18.19, 28.15.3, CURT.9.2.19, SEN.*Ep.*67.9, 96.1, *Her.O.*48.

1 (esp. mil.) To rush or charge (at), make an attack (on); (also tr.). **b** to make an incursion or inroad (into territory); (transf.) to extend or run (into) spatially. **c** (of natural forces) to make an onslaught (on); (also fig., of circumstances, feelings, etc.). **d** to throw oneself (on one's sword).

(*w.* in+*acc.*) Galli..in Romanos ~runt Liv.5.49.5; in stationes hostium ~rerunt 9.21.3; 27.32.4; elephanti in suos uehementius quam in nos incucurrerunt Curt.9.2.19; (*in fig. phr.*) cum..in hanc rei publicae nauem..armatae tot classes..~surae uiderentur Cic.*Sest.*46; (*transf.*) in quos tanta libertate uerborum ~reret Trebon.*Fam.*12.16.3; ne in totos ordines..petulantia ~reret Quint.*Inst.*11.1.86;—(*w. dat.*) Sulla..ab latere Mauris ~rit Sal.*Jug.*101.8; peditum signa cornibus ~rerunt Liv.28.15.3; nec armentis ~rere fortibus ursi (meminere) Ov.*Met.*7.546; ~rere muris ignescunt animi Sil.13.179; (*transf.*) seruis ~ritur (*i.e. by a nymphomaniac*) Juv.6.331;—(*absol.*) suos..iam ~rentes tuba reuocauit Nep.*Cha.*1.2; cum duo conuersis inimica in proelia tauri frontibus ~runt Verg.*A.*12.717; Ov.*Met.*5.196;—(*tr.*) eos a tergo ~runt Sal.*Hist.*2.30; tota ui nouissimos ~rere Tac.*Ann.*1.51; quod..canes..neque latrarent eum neque ~rerent Gel.6(7).1.6; Apul.*Met.*9.2.; (*transf.*) oppido uerebatur ne quo casu, caloris iuuenalis impetu lapsus, nescius nesciam sororem ~reret 10.23. **b** (*w.* in+*acc.*) ut..uastet ea loca in quae ~rerit D.Brut.*Fam.* 11.10.4; infestos utrimque exercitus in agrum suum ~suros Liv.29.5.6; in proximas..prouincias..~rere Flor.*Epit.* 1.39(3.4.1); (*w. dat.*) que ne per uacuum Romano (*sc.* agro) ~reret hostis Hor.*S.*2.1.37; (*absol., poet.*) ~rant amnes passim rimantibus undis *Dirae* 69; (*tr.*) Maedos..proxima Macedoniae ~suros Liv.28.5.7;—cum..in ea loca missus esset ut priuatos agros qui in publicum Campanum ~rebant pecunia publica coemeret Cic.*Agr.*2.82; meridianus circulus, qui in horizonta ~rit Sen.*Nat.*5.17.4. **c** (*w.* in+*acc.*) non uides, ut fluctus in litora..~rat? Sen.*Nat.*3.30.2; (ignis) in obuia ~rit exitum quaerens 6.9.1; (*w. dat.*) molibus (*i.e. of a bridge*) ~rit ualidis cum uiribus amnis Lucr.1.287; desistunt tremulis ~rere frondibus euri Calp.*Ecl.*2.16;—(*fig., w.* in+*acc.*) ne illa exceptio in aliquem ~rat bene de nobis meritum Cic.*Att.*5.4.3; casus..qui in sapientem potest ~rere *Tusc.*5.29; inuidiam..in ducem ~rere Liv.8.31.7; (*w. dat.*) totum miseris ~rere bellum Sil.12.45; (*absol.*) dolores..si qui ~runt Cic.*Fin.*1.62; damna, uulnera, labores, metus incucurrerunt Sen.*Ep.*96.1; (*tr.*) ingratos quoque memoria cum ipso munere ~rit *Ben.*1.12.1; amores non semper inprobi..eorum animos ~runt Apul.*Pl.*2.19. **d** pectore nec nudo strictos ~ris in enses Mart.1.8.3.

2 To run or rush in; also, to rush in officiously, intrude (in quots., transf.).

(*w.* in+*acc.*) quasi desultorius in quadrigarum curriculum ~rere Cic.*Mur.*57; (*fig.*) omnes illum accusauerunt; in eosdem sensus ~rerunt Sen.*Con.*10.5.19;—(*absol.*) ~rit, errat, sistit (Deianira) Sen.*Her.O.*247; (*of streams*) leni tractu e fontibus labens (Cydnus) puro solo excipitur, nec torrentes ~runt Curt.3.4.8;—inseruit..prope se cum Pelion astris sideribusque uias ~rens abstulit Ossa Luc. 6.412; haec..uitiant ~rentes anapaesti post dactylum Maur.1618; 1768.

3 (of persons or things) To strike (against an obstacle) when moving, run (into). **b** (in milder sense, also tr.) to encounter or meet with; (also, mentally). **c** to impinge (on the senses or sim.).

(*w.* in+*acc.*) si..iactor in turba..accuso..eum qui in me ipsum ~rit atque incidit Cic.*Planc.*17; non magis illi se suscensere quam si quis obligatis oculis in se ~risset Sen. *Dial.*5.11.4; praecipitatio eius (*sc.* mundi) aeterna est, nihil habens nouissimum, in quod ~rat *Nat.*7.14.3; (*in fig. phrs.*) hic est mucro defensionis tuae; in eum ipsum causa tua ~rat necesse est Cic.*Caec.*84; neque quemquam offendet oratio mea nisi qui se ita obtulerit ut in eum non inuasisse sed incucurrisse uideamur *Sest.*14;—(*w. dat.*) subita confusione rerum sidera sideribus ~rant Sen.*Ben.*6.22;—(*absol.*) ut..aselli denique liberi sic ~rant ut iis de uia decedendum sit Cic.*Rep.*1.67; (*in fig. phr.*) quis est tam Lynceus qui in tantis tenebris nihil offendat, nusquam ~rat? *Fam.*9.2.2. **b** (*w.* in+*acc.*) in me ~rit Roma ueniens Curio meus Cic. *Att.*2.12.2; cum possent in parentis animam inscii ~rere et ferro..uiolare Sen.*Ep.*108.19; cum..medius..inter Latium atque Tuscos..conlocatus omnibus portis in hostem ~reret (populus Romanus) Flor.*Epit.*1.3(1.9.7); (*w. dat.*) leui quoque armaturae hostium ~rere Liv.22.17.6;—sed ordinem sequens in memoriam notam..necessario ~ro Cic.*Brut.*244; si..neminem..praetermitteres..tu in multos Autronios et Staienos ~reres 251. **c** (*w.* in+*acc.*) in oculos ~rentibus iis quos animo aequo uidere non possum Cic. *Att.*12.21.5; uisus ~rit in ipsos sponte sua (*sc. the Milky Way*) Man.1.701; Sen.*Dial.*4.24.2; (*cf.*) ut in animum eius oratio, ut sol in oculos,..~rat Quint.*Inst.*8.2.23;—(*w. dat.*) inperiti ..id, quod oculis ~rit..solum notant Sen.*Ben.*1.5.2.

4 (usu. w. *in*+acc.) To meet (with consequences, esp. unpleasant), run (into danger, difficulties, etc.); (also tr.).

(*w.* in+*acc.*) nonne desino ~rere in crimen hominis nimium..grati? Cic.*Planc.*91; nihil..constitui potest, quod non ~rat in magnam aliquam difficultatem *Fam.*4.2.4; tum in damna, tum in dedecora ~runt *Fin.*1.47; spe dubiae salutis in apertam perniciem ~rere *N.D.*3.69; qui altero genere iniustitiae uacant, in alterum ~runt *Off.*1.29; in quaestus, qui in odia hominum ~runt 1.150; ~rere in pericula iuuat Sen.*Cl.*1.12.5; cum in eosdem casus aut tempora ..continuo quis..~rit Quint.*Inst.*9.1.11;—(*tr.*) quamquam ..prudens crimen Corneliae legis ~ram Apul.*Met.*8.24.

5 (of a thing) To present itself, occur, turn up (in). **b** (of events, occasions, etc.) to fall (within a period, on a date).

(*w.* in+*acc.*) numeri plures..qui natura tamen ~runt ipsi in orationem sermonemque nostrum Cic.*de Orat.*3.182; quod haec non tamquam particulas ~rentes in quaestionem tractasset Sen.*Con.*1.3.8; 2.3.15; artem grammaticam..cum in ordinem ~reret,..transire noluimus Quint.*Inst.* 1.5.54;—(*w.* in+*abl.*) nec ullam esse disputationem in qua non aliquis locus ~rat Cic.*Top.*79;—(*w. adv.*) accusatur maiestatis. ~rit huc definitio *Inv.*2.72;—etsi ~runt tempora et personae, tamen intellegendum est, non ex eis..pendere causas *de Orat.*2.139; subsiciua quaedam tempora ~runt *Leg.*1.9; incipit..pertrita quaestio ~rere, an uenenum habere in mortem suam liceat Sen.*Con.*7.3.7; si..quaedam deuitanda ~runt, ualles, loca confragosa Fron. *agrim.*p.17; si nulla fraudis ~rat suspicio Papin.*dig.*42.6.2; (*w. pred.*) Nestoris si forte nomen diuidendum ~rerit Maur. 925. **b** (*w.* in+*acc.*) tua λῆψις quem in diem ~rat nescio Cic.*Att.*7.7.3; nauigatio..quae ~rebat in ipsos etesias *Fam.* 15.11.2; mensis, quem Thoti uocant, die XXVIII fere in Augustum mensem ~rente Plin.*Nat.*27.105;—(*w.* in+*abl.*) ut in ipsa exercitatione (*v.l.* ipsam exercitationem) febris tempus ~rat Cels.3.15.5;—(*w. dat.*) natalem suum plebeis ~rentem circensibus Suet.*Tib.*26.1.

6 (of units of measurement) To be contained (in), go (into).

in libram ж octaginta quattuor apud nos, quot drachmae apud Graecos ~runt Larg.pr.p.6,l.17.

incursim, *adv.* [prec.+-im] With a rush, precipitately.

meam rem iam omnem propero ~ perdere Caecil.*com.*46; sanguinem..~ detrahendum, postea pedetemptim esse reparandum Fro.*Ver.*2.p.86(133N).

incursiō ~ōnis, *f.* [incvrro+-tio]

1 (esp. mil.) An attack, assault. **b** an incursion, inroad, raid.

~onem atque impetum armatorum Cic.*Caec.*44; ut ~onem potius seditionis uim multitudinis..quam iudicium appellandum putem *Clu.*103; ~one ab oppidanis in palatos facta Liv.5.45.3; subitis latronum ~onibus Sen.*Ben.*6.15.8; Suet.*Jul.*55.4;—(*fig., of Fortune, etc.*) hoc uno instructior uita contraque ~ones subitas munitior est, beneficiorum commercio Sen.*Ben.*4.18.1; uitam securam et sine ullis fortunae ~onibus *Ep.*67.14; Gel.13.28(27).4. **b** partem prouinciae ~onibus uastari Caes.*Gal.*5.1.5; exercitus..in fines Romanos ~onem facit Liv.1.11.1; copias..quantae ad ~ones agrorum satis sint 29.4.3; molientes ~onem Parthos Plin.*Nat.*6.146; Flor.*Epit.*2.33(4.12.47); Suet.*Aug.*21.1;—(*by animals*) arbusta maceriis..includunt et ab ~onibus bestiarum defendunt Sic.Fl.*agrim.*p.114.

2 Impingement, collision.

εἴδωλα..quorum ~one non solum uideamus, sed etiam cogitemus Cic.*Fin.*1.21.

incursitō ~āre, *intr.* [next+-ito]

1 To make frequent attacks (on).

in omnes amicos et inimicos..~ans (*v.l.* incursans) *Rhet. Her.*4.51; si uobis exercere taetram istam licentiam placet, alter in alterum ~ate Sen.*Dial.*7.27.1; (*absol.*) talem nobis iram figuremus,..~antem, uastantem fugantemque 4.35.5.

2 To keep on bumping (into).

(*w.* in+*acc.*) per frequentia urbis loca properanti in multos ~andum est Sen.*Dial.*5.6.4; (*absol.*) tota uita ~amus nec ob hoc resistimus aut circumspectius pedem ponimus *Ep.*110.7.

incursō ~āre ~āuī ~ātum, *tr., intr.* [incvrro+-to]

1 (tr., esp. mil.) To charge at, attack, assault; (also intr., w. *in*+acc.). **b** to make raids upon or incursions into (territory).

ubi uiuos homines mortui ~ant boues (*i.e. ox-hide whips*) Pl.*As.*35; te..pendentem ~abo pugnis, peiiurissume *Rud.* 722; agmen..Romanum impune ~atum ab equitibus hostium fuerat Liv.24.41.4; nutantem aciem uictor equitatus ~at Tac.*Hist.*3.18; morsibus suos ~antes musculos Apul.*Met.*8.27;—arietes truces nos erimus, iam in uos ~abimus Pl.*Bac.*1148; in auersam ~ando aciem Liv.3.70.4; ducem Gallorum..in ipsa signa Etruscorum ~antem 5.36.7; Fron.*Str.*2.2.10; (*fig.*) ~abit in te dolor meus Cic.*Att.* 12.41.2; tot metus, quos..in te ~antis pertulisti Sen.*Dial.* 12.2.5; (*transf., of natural forces*) non est arbor solida nec fortis nisi in quam frequens uentus ~at 1.4.16;—(*absol.*) impetus ~antium Numidarum arcebant Liv.25.36.3; fortius ~ant Tyrii Stat.*Theb.*8.159; (*transf., of sickness*) si febris.. nondum ~at Cels.3.22.10. **b** ubi abductas senserant legiones, agros ~abant Liv.2.48.6; 28.11.10; Chauci.. inferiorem Germaniam ~auere Tac.*Ann.*11.18; 15.1; (*cf.*) uicini..~abat pauperiem pecua trucidando, boues abigendo Apul.*Met.*9.35;—(*intr., w.* in+*acc.*) quorum in fines ~atum erat Liv.6.21.9.

2 a (tr.) To rush into (a place). **b** (intr., w. dat.) to rush in (upon) officiously, intrude (on); (in quot., transf.).

a nos..uario tecta ~are tumultu..fugientum more uolucrum Stat.*Theb.*5.348. **b** lana ouis nigrae, cui nullus alius colos ~auerit Plin.*Nat.*28.111.

3 (intr., w. dat.) To knock (against obstacles) when moving, run (into); (also tr.). **b** to impinge (upon the senses).

siluas..tenent delphines et altis ~ant ramis Ov.*Met.* 1.303; 2.205; luminis orbus rupibus ~at 14.190;—saxeas.. sudes ~ando contribam ungulas Apul.*Met.*7.17;—(oculos) lubricos propter ~antia et mobiles Plin.*Nat.*11.147. **b** nihil eorum quae oculis uel auribus ~ant ad animum perueniet Quint.*Inst.*10.3.28.

incursus ~ūs, *m.* [incvrro+-tvs[3]]

1 (esp. mil.) A hostile onrush, attack, assault, onslaught; (also transf., of wind, waves, etc.). **b** a destructive incursion, inroad, raid. **c** (without implication of hostility) a run forward, advance.

impetum armati Antiochi ceterorumque tela atque ~um refugit Cic.*Caec.*22; ne..milites repentino hostium ~u exterrerentur Caes.*Civ.*1.41.4; 1.71.3; adeo concitato impetu se intulerant Etrusci ut funderent ipso ~u Aricinos Liv.2.14.6; hostes..ad primum ~um coniectumque telorum auersos 28.36.9; Luc.7.522; neque tamen Arminius quamquam libero ~u statim prorupit Tac.*Ann.*1.65;—(*of animals*) effugeret canis..cornigeri ~um cerui Lucr.3.751; cum..~u beluarum obtererentur Liv.37.43.9; Ov.*Met.*8. 340; (cornua) ad ~um robusta Plin.*Nat.*11.125;—(*in fig. context*) moderationem, quae mentes nostras..temeritatis ~u transuersas ferri non patitur V.Max.4.1.intro.; absumpto illo subiti casus ~u 8.15.9; ad plurimarum ~us ualitudinum remedium est [Quint.]*Decl.*13.19;—frangitur ~u nimbosi turbinis arbor Ov.*Met.*11.551; nauis..ad ferendum ~um maris solida Sen.*Ep.*76.13; contrario ~u tantorum aequorum..exesis utrimque lateribus (*i.e. of an isthmus*) Plin.*Nat.*4.9; ad ~us tempestatium Quint. *Inst.*10.7.3; FLVVIVM QVOQVE CVIVS ~V CIVITAS VEXABATVR AVERTIT *CIL* 8.23880. **b** frigus et ~us omni de parte timendos..queror Ov.*Pont.*4.14.27; subitos hostium ~us prohibet Oceanus Tac.*Ger.*44.4; propter adsiduos barbarorum ~us Suet.*Ves.*8.4;—(*of animals*) numquam..nocturnum stabulis furem ~usque luporum..horrebis Verg.*G.* 3.407; cadauer ab ~u auium ferarumque..corona custodit [Quint.]*Decl.*6.3. **c** unde equis tolutim carpere ~um traditur arte Plin.*Nat.*8.166.

2 An inrush (of liquid), influx; also, a point at which water flows in, an intake.

hic (amnis) ~u aliorum grandior Mela 3.42; turbatos ~u sanguinis amnes Luc.7.700;—~ibus..et circumitionibus (*i.e. in an artificial watercourse*)..spiritus naturales..fiunt Vitr.1.1.7.

3 The action of striking against while in motion, collision, impact.

sonant..stridore rudentes, undarum ~u grauis unda Ov. *Met.*11.496; ne praetereuntium ~u laedantur (palmites) Col.4.20.5; maiore..inlati (flatus) pondere ~uque si late siccam rupere nubem Plin.*Nat.*2.131;—(*of the sun's rays*) rubicunda fit nubes solis ~u Sen.*Nat.*7.12.6; nec arescere solis ~u (fimum) patiuntur Col.1.6.22.

incuruātiō ~ōnis, *f.* [incvrvo+-tio] The action of bending (something) down; the state of being bent or curved.

flagello (*i.e. a vine-shoot*)..nasci coacto ~one materiae Plin.*Nat.*17.207;—Delphinus..~one caudae nouissimae tangit aequinoctialis circuli circumductionem Hyg.*Astr.* 3.16.

incuruescō ~ere, *intr.* [incvrvvs+-esco] To become curved or bent down.

rami bacarum ubertate ~ere Enn.*scen.*153.

incuruiceruīcus ~a ~um, *a.* [incvrvvs+cervix+-vs] Having the neck arched or humped (= Gk. κυρταύχην).

Nerei repandirostrum ~um pecus (*i.e. dolphins*) Pac.*trag.* 408.

incuruō ~āre ~āuī ~ātum, *tr.* [next+-o[3]]

1 To make bent or crooked (what is normally straight). **b** (refl. or pass., esp. of topog. features) to extend in a curve, bend round. **c** (fig.) to incline the mind of, influence.

bacillum..inflexum et ~atum de industria Cic.*Fin.*2.33; lentos ~ans gurgite remos Catul.64.183; robur, olea (*i.e. timbers*) ~antur ceduntque ponderi Plin.*Nat.*16.222;—(*a bow*) tum ualidis flexos ~ant uiribus arcus Verg.*A.*5.500; (*cf., obsc.*) ~abat Hylan posito Tirynthius (*i.e. Hercules*) arcu Mart.11.43.5. **b** (*refl.*) se ingenti ambitu ~at (Asia) Mela 1.10; (*cf.*) sinus alter..non longe ab Ilio litora ~at 1.93;—(*pass.*) cum plurimum porrigitur ~aturque (arcus caeli) Sen.*Nat.*1.8.1; cauda radicis ~atur paulum Plin.*Nat.* 27.9. **c** uerum, nec nocte paratum, plorabit, qui me uolet ~asse querela Pers.1.91.

2 To cause to bend down or stoop, bow (what is normally erect); (esp. a person or his limbs). **b** (fig., of misfortunes, etc.) to bow down in spirit, crush. **c** (transf., prob.) to cause to droop, enfeeble.

cum..hiems..~are uelit nemus Calp.*Ecl.*5.109; summa seges..~ata nitescit Sil.9.361; (*pass. in middle sense, w. dat.*) arbor..quae robore ab imo ~ata uadis redit inde cacumine recto Stat.*Silv.*2.3.3; (*in fig. phr.*) tortores istos, qui te ut abietem..~ant..ualido cacumine tuo excute Fro.*Aur.*2.p.70(148N);—~ata dolore membra Ov.*Met.*6. 245; corpore ~ato et in intimo humum spectante Sen. *Ep.*90.13; quae tanta necessitas hominem ad sidera erectum ~auit..? *Nat.*5.15.3; (*pass. in middle sense*) simulans..sese ..genua eius uelle contingere, summissus atque ~atus Apul.*Met.*9.40; (*poet.*) ~atae siquast tutela podagrae Grat.478. **b** non est magnus animus, quem ~at iniuria Sen.*Dial.*5.5.8; ille quem paupertas non summittit nec ~at *Ep.*82.11; 104.24; (*pass. in refl. sense*) succidere mentem et ~ari et subcumbere 71.26. **c** haec..signa suo pariter cum sidere (*i.e. the moon at its eclipse*) languent ~ata simul solitoque exempta uigori Man.4.846.

incuruus (~os) ~a ~um, *a.* [in-[1]+cvrvvs]

1 Curved, crooked, bent.

~um bacillum Var.*R.*1.50.2; Cic.*Div.*1.30; litoris ~i.. harenam Lucr.2.376; aedificia..oblonga, ~is lateribus Sal.*Jug.*18.8; ~o..aratro Verg.*G.*1.494; ~a falce Ov. *Am.*1.15.12; pergit (Africa) ~a ad occasum Mela 1.20; collibus ~is..obsessa..uallis Stat.*Theb.*6.255; nasus ~us Apul.*Met.*3.21.

2 (esp. of persons) Bent downwards, stooping, bowed.

~os tremulus labiis demissis gemens Ter.*Eu.*336; statua senilis ~a Cic.*Ver.*2.87; glaeba..~a resedit (anus) Ov.*Met.* 14.659; longae esse uitae ~os umeris Plin.*Nat.*11.274; ~us labore Apul.*Met.*9.32; (*cf.*) illi praegracilis et ~a proceritas Tac.*Ann.*4.57; (*poet.*) silua capax aeui ualidaque ~a senecta Stat.*Theb.*4.419; (*of gait*) si..de iumenti quadripedis ~o gradu rursum erectus in hominem..resurgerem Apul.*Met.*

4.1;—(*of plants*) altera (chamaepitys) breuior et ∼a PLIN. *Nat.*24.29.

incūs ∼ūdis, *f.* [IN-[1]+*cud-* (see CVDO)] An anvil.
quasi ∼udem me miserum homines octo ualidi caedant PL.*Am.*160; eae rerum..figurae, quas uos effici posse sine follibus et ∼udibus non putatis CIC.*N.D.*1.54; impositos duris crepitare ∼udibus ensis VERG.*G.*2.540; ∼udibus hi (*sc.* adamantes) deprehenduntur..respuentes ictus PLIN. *Nat.*37.57; Cyclopum operosa fatiscunt bracchia et Aeoliis desunt ∼udibus ignes STAT.*Theb.*1.218; JUV.10.132; PAUL. *dig.*14.2.2.1; (*poet.*) o utinam noua ∼ude diffingas retusum in Massagetas..ferrum! HOR.*Carm.*1.35.39;—(*in fig. phrs.*) haec mihi ∼us est: procudam ego hodie hinc multos dolos PL.*Ps.*614; male tornatos ∼udi reddere uersus HOR.*Ars* 441; iuuenes et in ipsa studiorum ∼ude positi TAC.*Dial.*20.4; crescunt patrimonia..maioraque fiunt ∼ude adsidua semperque ardente camino JUV.14.118.

incūsātiō ∼ōnis, *f.* [next+-TIO] Criticism, condemnation (of faults).
uitiorum et peccatorum acrem..∼onem CIC.*de Orat.*3.106.

incūsō ∼āre ∼āuī ∼ātum, *tr.*, (*intr.*). [IN-[1]+CAVSA+-O[3]] FORMS: *incauso* [QUINT.]*Decl.* 4.19.

1 To make answerable for an action, lay the blame on.
at me ∼ato: te fecisse sedulo PL.*Mer.*464; nil erit quod deorum nullum accusites; te ipse..∼es licet *Mos.*713; ubi non est scripturam unde dent, ∼ant publicanos *Truc.*146; pacem petebat excusabatque sese..Philippum ∼abat LIV. 38.3.2; V.FL.8.158.

2 To find fault with, reproach, criticize (persons); (also intr., w. *in*+acc., in quot. w. internal acc.). **b** to lodge a formal complaint against, accuse.
si aequom facias, aduentores meos non ∼es, quorum dona accepta..habeo PL.*Truc.*616; talibus (*sc.* uerbis) ∼at (matrem) VERG.*A.*1.410; geminis ∼at fata querelis STAT. *Ach.*1.439; TAC.*Hist.*2.29;—(*w. gen. of charge*) qui alterum ∼at probri, sumpse enitere oportet PL.*Truc.*160; TAC.*Ann.* 2.78;—(*w.* ob) Locrenses grauiter ob defectionem ∼auit LIV.29.8.1;—(*w. internal acc.*) eadem omnia quae tute dudum coram me ∼aueras TER.*Ph.*914;—(*w. pred.*) Munatium Plancum..auctorem senatus consulti ∼ant TAC.*Ann.* 1.39; missi a Pisone ∼abantur ut ualetudinis aduersa rimantes 2.69;—(*w.* quod) uehementer eos ∼auit: primum, quod..quo consilio ducerentur sibi quaerendum..putarent CAES.*Gal.*1.40.1; ∼ati grauiter ab senatu aediles..quod non prohiberent LIV.25.1.10; TAC.*Hist.*4.16;—(*w. causal relative*) te absentem ∼amu' qui abieris TER.*Ph.*471; CAES.*Gal.* 2.15.5; (*w. internal acc.*) multa..se ∼at qui non acceperit ultro..Aenean VERG.*A.*11.471;—cum in Blaesum multa foedaque ∼auisset TAC.*Ann.*5.7. **b** in foro, in conuiuio, quaqua de re locuti ∼abantur, ut quis praeuenire et reum destinare properat TAC.*Ann.*6.7; ne feminae quidem exsortes periculi..ob lacrimas ∼abantur 6.10.

3 To complain of, condemn, criticize (faults, offences, etc.). **b** (w. acc. and inf.).
temporis ∼at momen caelumque fatigat LUCR.2.1169; ∼antes uiolati hospitii foedus LIV.1.9.13; ultro ∼abant iniurias Romanorum 8.23.4; iniquitatem deum atque exsecrabilem fortunam suam ∼abant 26.34.13; totiens petita insidiis uita (*i.e. of Augustus*), ∼atae liberorum mortes PLIN.*Nat.*7.149; ∼ata patris saeuitia FRON.*Str.*3.3.3. **b** Capuam..traditam in manum hostibus..∼abant LIV. 26.12.11; tribunus plebis..∼auerat bella ex bellis seri 31.6.4; litterae, quis ∼abat egregium quemque..abnuere id munus TAC.*Ann.*6.27;—(*pass., w. nom. and inf.*) perfugae et proditores ferre arma ad suum patriaeque seruitium ∼abantur 4.48.

incussus ∼ūs, *m.* [INCVTIO+-TVS[3]] Impact, shock.
munimenta ∼u arietis labefieri SEN.*Dial.*2.6.4; gladiis et armorum ∼u praecipitati TAC.*Hist.*4.23.

incustōdītus ∼a ∼um, *a.* [IN-[2]+pple. of CVSTODIO]

1 Not watched over with protective vigilance, unguarded. **b** (of times) not marked by vigilance.
uagantur ∼ae lata per arua boues OV.*Fast.*1.546; ∼um captat ouile lupus *Tr.*1.6.10; ∼ae diripiuntur opes 3.10.58; ∼is et apertis..liminibus peccas MART.1.34.1; aediculas ∼as PAUL.*dig.*48.13.11(9).1;—(*of persons*) cepisse impetum.. ferebatur..Neronem adgrediendi..cum..huc illuc cursaret ∼us TAC.*Ann.*15.50;—(*of military positions*) ∼os decurrit miles ad amnes LUC.4.366; ∼am sine milite liquerat urbem SIL.15.245; mons asperrimus..ideoque ∼us FRON.*Str.*1.5.21; 3.2.6;—(*of occupations*) oues..∼o pastu uagantur APUL. *Met.*6.11. **b** Fabius..∼a penetrauit moenia nocte SIL. 15.333; TAC.*Ann.*2.40.

2 (of persons, their activities) Not kept under observation, unsupervised.
onera commerciorum resoluimus: sint transitus ∼i sed diurni et inermes TAC.*Hist.*4.65; penitus noscendas mentes, cum secreti et ∼i inter militaris cibos spem aut metum proferrent *Ann.*2.12.

3 Not carefully noted or marked.
tabulas testamenti saepius a se et ∼a dierum obseruatione signatas TAC.*Ann.*15.55.

4 (of persons, their actions, etc.) Not prudent or circumspect, unguarded.
fratrum..non incestum, sed ∼um amorem ad infamiam traxit TAC.*Ann.*12.4; tuitus sum Iulium Bassum ut ∼um nimis et incautum PLIN.*Ep.*6.29.10.

incūsus: see INCVDO.

incutiō ∼tere ∼ssī ∼ssum, *tr.* [IN-[1]+QVATIO]

1 To strike, knock, dash, or sim. (one thing on or against another). **b** to shoot, hurl (missiles). **c** to hit, strike; also, to injure by striking. **d** to strike or inflict (blows).
umbonibus ∼ssaque ala (*i.e. thrusts of the shoulder*) sternuntur hostes LIV.9.41.19; muri..pars ariete ∼sso subruta..prociderat 31.46.15; uiperea saeuae uerbera ∼tiant manus SEN.*Her.F.*88; socios..in caespite fusos ∼ssa reuocat castrorum ad munera planta SIL.7.304;—(*w.* in+*acc.*) scipione eburneo in caput ∼sso LIV.5.41.9; ∼ssis in eam.. calcibus APUL.*Met.*6.27;—(*w. dat.*) ∼sso pollice limini cubiculi PLIN.*Nat.*7.181; cum..∼terent puppi chalybem SIL.14.327; terrae pedem ∼tere QUINT.*Inst.*2.12.10; JUV. 3.246; (*pass. in middle sense*) saxa..deuoluunt, quae ∼ssa ..subiacentibus petris maiore ui incidebant CURT.5.3.18; (grando) ∼ssa tectis SEN.*Ep.*45.9;—(*w.* inter) Asbyten.. occupat, ∼ssa gemina inter tempora claua SIL.2.198. **b** alii tela saxaque ∼tiebant TAC.*Hist.*3.31; *Ann.*13.39; (*cf.*) imber grandinem ∼tiens torrentis modo effunditur CURT. 8.4.5;—(*w.* in+*acc.*) (oppidani) in arietes..libramenta plumbi..∼tiebant LIV.38.5.4;—(*w. dat., hyperb.*) Nuceriae ..∼ssit sese (Hannibal) SIL.12.425. **c** canes..robustioribus bracchiis (*sc.* polypi) clauarum modo ∼ssos PLIN.*Nat.* 9.92; (*fig.*) crebrior ∼ssit mentem pauor V.FL.5.550;—∼ssos articulos aranei telae commodissime curant PLIN. *Nat.*30.78; (*neut. pl. as sb.*) (lanam) sucidam inponunt.. percussis, liuidis, ∼ssis, conlisis 29.33. **d** intumescens corpus ulceribus flagellorum ictus nudis ossibus ∼ssos ferre non poterat CURT.6.11.17; haec plaga cum sono ∼titur SEN.*Nat.*2.12.5; APUL.*Met.*7.17.

2 a To shake on. **b** to shake menacingly or with hostile intent.
a neque pulueris..sentimus adhaesum corpore nec membris ∼ssam sidere cretam..sentimus LUCR.3.382. **b** currus urgebat ad arces, fulmine cristatum galeae iubar.. ∼tiens STAT.*Theb.*3.225; ipse furentem risit et ∼ssa sanctarum mole comarum..'tune etiam feriendus?' ait 10.908; 12.607;—(*fig.*) quo ne per uacuum Romano incurreret hostis, siue quod Apula gens seu quod Lucania bellum ∼teret uiolenta HOR.*S.*2.1.39.

3 To produce or occasion forcefully, instil: **a** (emotions); (esp.) to strike (fear or anxiety into). **b** (physical conditions or sim.). **c** (external conditions).
a Romanis ∼tit iram ENN.*Ann.*512; laudis spes..∼ssit suauem mi in pectus amorem musarum LUCR.1.924; fornix tibi et..popina ∼tiunt urbis desiderium HOR.*Ep.*1.14.22; ne mox ∼tiant aliena tibi peccata pudorem 1.18.77; tanta.. admiratio singularum..rerum ∼ssa ut.. LIV.29.22.4; si nomen hoc..ruborem ∼tere..possit 45.37.14; recte faciendi omnibus aut ∼ssa uoluntas aut imposita necessitas VELL. 2.126.2;—(*fear or sim.*) timor ∼titur..ex ipsorum periculis CIC.*de Orat.*2.209; quis..temporibus..rursus..emersi (dei) terrorem ∼tiant rationis expertibus *Tim.*37; *B.Afr.*80.5; naualis clades religionem animo ∼ssit LIV.22.42.9; 29.18.17; ingentem animo sollicitudinem litterae ∼sserant CURT.3.6.5; FLOR.*Epit.*1.45(3.10.14); GEL.2.6.24;—(*cf., w. the source of alarm as obj.*) consuli foedum inter precationem deum nuntium ∼tiunt LIV.2.8.7; tum grandes galli et..lusca sacerdos ∼ssere deos inflantis corpora PERS.5.187. **b** nil equidem paueo.—nisi unum: palla pallorem ∼tit PL.*Men.*610; omnibus amicis morbum tu ∼ties grauem *Trin.*75; uis uent per crebra foramina terrae dispertitur..et ∼tit inde tremorem LUCR.6.593; ∼te uim uentis VERG.*A.*1.69; uinum ..quod..alacrem uigorem libidinis ∼tiat APUL.*Met.*2.11; capitis acrem dolorem, quem mihi lacrimarum adsiduitas ∼sserat 3.13. **c** ne forte negoti ∼tiat quid sanctarum inscitia legum HOR.*S.*2.1.81; aliud quod errorem maximum ∼tiat peritis natalium SEN.*Nat.*2.32.7; SIC.FL.*agrim.*p.106.

indāgābilis ∼is ∼e, *a.* [INDAGO[1]+-BILIS] Liable to investigation (in law).
qui populum candidatus circum it, ambit, et qui aliter (*i.e. improperly*) facit, ∼i ex ambitu causam dicit VAR.*L.*5.28.

indāgātiō ∼ōnis, *f.* [INDAGO[1]+-TIO] The action of tracking down or searching out.
∼o ipsa rerum..occultissimarum habet oblectationem CIC.*Luc.*127; ∼o atque inuentio ueri *Off.*1.15; architecti.. ∼onibus uocis scandentis theatrorum perfecerunt gradationes VITR.5.3.7; uerborum ∼o FRO.*Aur.*2.p.82(154N); GEL.18.2.6.

indāgātor ∼ōris, *m.* [INDAGO[1]+-TOR] One who hunts out or tracks down, a tracker, searcher.
Amor..hominum corruptor blandus,..celatum (= celatorum) ∼or PL.*Trin.*241; rubi, pruni siluestres et alia.. etiam ∼oribus aquarum nota COL.2.2.20; ∼orem (*i.e. of a swarm*) conueniet matutina tempora uestigandi eligere 9. 8.12.

indāgātrix ∼īcis, *f.* [INDAGO[1]+-TRIX] Fem. of prec.
o uitae philosophia dux, o uirtutis ∼ix expultrixque uitiorum! CIC.*Tusc.*5.5; auaritia, latentium ∼ix lucrorum V.MAX.9.4.intr.; APUL.*Mun.*pr.

indāgātus ∼ūs, *m.* [next+-TVS[3]] The action of hunting or tracking down.
tota factione (*i.e. a robber band*) militarium uexillationum ∼u confecta APUL.*Met.*7.7.

indāgō[1] ∼āre ∼āuī ∼ātum, *tr.* Also **∼or ∼ārī**. [next+-O[3]] FORMS.: as dep. VAR.*L.*5.94.

1 To track down, hunt out (animals).
in magna silua boni uenatoris est ∼antem feras quamplurimas capere COL.5.1.2; APUL.*Met.*8.4; (*dep.*) uestigator a uestigiis ferarum quas ∼atur VAR.*L.*5.94; (*cf.*) qui bestiarum cubilia ∼at SEN.*Dial.*7.14.3; (*absol.*) ad ∼andum canem..esse natum CIC.*Fin.*2.40.

2 (transf.) To (strive to) find or procure by seeking, search out (persons or things). **b** to (strive to) ascertain (facts) by investigation.
quin percontatu 's hominis quae facies foret qui illam emisset: eo si pacto posset ∼arier mulier? PL.*Mer.*623; saeptum undique..dumetis ∼aui sepulcrum CIC.*Tusc.*5.64; cum ∼ati undique cibi coierint SEN.*Dial.*12.10.6; reos apud iudices defendenti et clementiam misericordiamque undique ∼anti GEL.6(7).3.18; quin..pergimus..socios ∼aturi? APUL.*Met.* 7.10. **b** sonitum ne ille exaudiat neu rem ipsam ∼et PL.*Trin.*755; si quid est quod ∼aris, inueneris, ex tenebris erueris CIC.*Agr.*1.3; cum illa indicia communis exiti ∼aui, patefeci, protuli, exstinxi *Mil.*103; quicquid ∼aris de re publica..facito ut sciam *Att.*2.4.4; consideratio..rerum.. earum, quas a natura occultatas..∼are ratio potest *Fin.* 5.58; sensus..ad ea discernenda, quae tactu, quaeque naribus auribusque et oculis ∼antur COL.3.10.9; interualla ..siderum a terra multi ∼are temptarunt PLIN.*Nat.*2.83; nobis non tractus alicuius rationem uerum naturae totius ∼antibus 17.132; barbaros etiam ritus ∼abimus 28.2; obscuram..rem quaeris multaque prorsus uigilia ∼andam GEL.6(7).17.2;—(*w. indir. qu.*) accuratissime tota prouincia quid cuique accidisset..∼are et odorari solebat CIC.*Ver.* 2.135.

indāgō[2] ∼inis, *f.* [INDV-+AGO, cf. *ambages*]

1 A ring of huntsmen or nets thrown round a wood, etc., to prevent the escape of game; (transf.) a ring of troops, fortifications, etc. **b** the game caught on any given occasion by this method.
saltus..∼ine cingunt VERG.*A.*4.121; densos ∼ine colles claudentem [TIB.]3.9.7; OV.*Met.*7.766; ut clausas ∼ine profert in medium uox prima feras STAT.*Theb.*2.553; sic curua feras ∼o latentis claudit et admotis paulatim cassibus artat *Ach.*1.459; ∼inis principes dehortabar APUL.*Met.*4.20;—(*in comparisons*) hostes..uelut ∼ine hunc (*sc.* campum) insidiis circumdederunt HIRT.*Gal.*8.18.1; cum praemissus eques uelut ∼ine dissipatos Samnites ageret LIV.7.37. 14; Romae testamenta et orbos uelut ∼ine eius capi TAC.*Ann.*13.42;—(*in fig. phrs.*) rerum gestarum scriptores ∼ine operis sui hanc quoque partem esse complexos FRON.*Str.*1.pr.; (delatores) repressisti mille poenarum ∼ine inclusos PLIN.*Pan.*35.2;—(*transf.*) (Caesar) pandit fossas turritaque summis disponit castella iugis..et siluas uastaque feras ∼ine claudit LUC.6.42; omnem prospectum lustrans armata ∼ine miles STAT.*Theb.*12.451; nauali claudens umentem ∼ine campum SIL.14.268. **b** cum futurum iactum retis a piscatore emimus aut ∼inem plagis positis a uenatore ULP.*dig.*19.1.11.18.

2 The act of tracking down or searching out (= *indagatio*).
hanc..peragrantis gulae..industriam atque has undiqueuorsum ∼ines cuppediarum maiore detestatione dignas censebimus GEL.6(7).16.6.

indāgor: see INDAGO[1].

?**indalbō:** see INALBO.

indamnātus: see INDEMNATVS.

indaudiō: see INAVDIO.

inde, *adv.* [*im* (IS, cf. *illim, interim*)+-*de* (cf. *quamde*)]

1 From that place, thence, from there.
ille in balineas iturust, ∼ huc ueniet postea PL.*As.*358; lanios ∼ accersam *Ps.*332; redeo ∼ iratus TER.*An.*137; hoc perfugium est ita sanctum omnibus ut ∼ abripi neminem fas sit CIC.*Dom.*109; ∼ pedem sospes..reflexit CATUL.64.112; legionem in Nantuates, ∼ in Allobroges perduxit CAES.*Gal.* 3.6.5; ∼ expulsus NEP.*Alc.*11.3; haud facili ∼ receptu LIV. 29.7.2; ramos abrumpit; at ∼ sanguineae manant..guttae OV.*Met.*2.360; ∼ (*i.e. from the kidneys*) urinam mouere CELS. 4.17.1; SUET.*Jul.*34.2;—(*ellipt.*) mare..in Orientem nauigantibus secundum, ∼ aduersum erat TAC.*Hist.*2.98;—(*as correlative*) nec enim ∼ uenit unde mallem CIC.*Att.*13.39.2; si..legiones Caesaris sese recepissent ∼ quo temere essent progressae CAES.*Civ.*3.45.6;—(*transf.*) quae (mala) neque uti deuitem scio neque quo modo me ∼ extraham TER.*Ph.* 181; neque..∼ huc exemplum transferendum est CELS. 7.21.1.c.

2 (indicating separation, absence, or sim.) Away from there. **b** (indicating distance in time).
qui puer in forum uenerim neque ∼ umquam..afuerim CIC.*de Orat.*2.365; exclusi ∼..Cumas se contulerunt LIV. 23.15.6; (Gracchus) rostra conscendit, nec deerat obuia manu tota ∼ nobilitas FLOR.*Epit.*2.2(3.14.4);—(*w. exprs. of distance, or other advs.*) Etruriae..omnem iuuentutem haud procul ∼ abesse LIV.5.18.10; Syphax octo milium ferme ∼ spatio loco munito consedit 30.7.3; Dareum XXX ∼ stadia abesse CURT.3.8.24; V.FL.6.529;—(*correlative to cls.*) Palaepolis fuit haud procul ∼ ubi nunc Neapolis sita est LIV. 8.22.5; quam longissime sanguinem ∼, ubi laedit, esse mittendum CELS.2.10.13;—(*w. adjs.*) proxima ∼ prouincia LIV.40.25.9;—(*transf.*) facile aerumnam ferre possum, si ∼ abest iniuria CAECIL.*com.*47. **b** intra paucos ∼ dies Agrigentum recepit LIV.24.35.6; tertio ∼ die ad Casum amnem peruentum 38.14.1; 45.41.3.

3 (indicating point from which a topographical feature, space, etc., extends) From that point, from there. **b** (w. vbs. expr. hanging, attachment). **c** (indicating point at which a narrative or argument begins).
∼ FLOVIO LEMVRI SVSVM VSQVE AD RIVOM COMBERANE(AM) *CIL* 1.584.8; V milia passuum..intercedere itineris campestris, ∼ excipere loca..montuosa CAES.*Civ.*1.66.4; in Tricastinos uenit. Alpes ∼ oppositae erant LIV.5.34.6; ∼ (Ceres) puellaris nacta est uestigia plantae OV.*Fast.*4.463;

(uolua) contra mediam aluum orsa, ~..ad dexteriorem coxam conuertitur Cels.4.1.12; ~ nauigabili Pado Plin. *Nat*.3.123; ~ ad murum supra dictum CL (passuum) 4.45. **b** (*transf.*) pendet ~ libertas Sen.*Dial*.5.15.4. **c** Achillem Aristarchi mihi commentari lubet: ~ mihi principium capiam Pl.*Poen*.2; duplex ~ fama est Liv.8.20.6; Siluia Vestalis—quid enim uetat ~ moueri?—.. Ov.*Fast*.3.11; infidi..exsequar astus Soligenae.., ~ canens: Scythica.. V.Fl.5.224;—(*as correlative*) si ~ incipiemus narrare, unde necesse erit *Rhet.Her*.1.14.

4 (indicating starting-point of a period of time) From that time, from then (on), thenceforwards (often prec. by *iam*). **b** (*iam*) ~ (*ab*), ever since (a given time); (also foll. by temporal cl.).

iubebo iam apparari prandium..~ usque ad diurnam stellam crastinam potabimus Pl.*Men*.175; Ter.*Hau*.54; ab hoc (*sc.* uergiliarum occasu) ad brumam dies LVII, ~ ad fauonium dies XLV Var.*R*.1.28.2; lumina..bonus Ancus reliquit..~ alii multi reges..occiderunt Lucr.3.1027; ~ usque ad nostram memoriam Romani sic habuere Sal.*Jug*. 114.2; incolunt prope Allobroges, gens iam ~ nulla Gallica gente..inferior Liv.21.31.5; caedes ~ magis quam pugna fuit 23.40.11; ~ latet siluis (Echo) nulloque in monte uidetur Ov.*Met*.3.400; 15.545; Vell.2.3.3; ~ perit primum.. potestas (*i.e. of the consuls*) Luc.5.397; Quint.*Inst*.1.5.21; et esse illud Latinum, et si non esset, futurum certe iam ~ Suet.*Gram*.22(p.116Re);—(*as correlative*) ~ uelle uitam inchoare, quo pauci perduxerunt Sen.*Dial*.10.3.5; ~ annum numerabimus..ex quo uulneratus est Ulp.*dig*.9.2.21.1. **b** qui homo cum animo ~ ab ineunte aetate depugnat suo Pl.*Trin*.305; homo amicu' nobis iam ~ a puero Ter.*Ad*. 440; meorum omnium consiliorum..iam ~ a consulatu meo testis, conscius Cic.*Phil*.14.16; iam ~ ab incunabilis imbutum odio tribunorum Liv.4.36.5; Mela 2.45; Suet. *Cal*.60;—(*foll. by cl., cf. sense 6b*) nauita quos iam ~ ut Stygia prospexit ab unda..adgreditur dictis Verg.*A*.6.385.

5 (indicating a fresh stage in a temporal, topographical, or other sequence) Following on that, next, then; (also ~ *loci*).

consecutust clanculum me usque ad fores. ~ in amicitiam insinuauit cum matre Pl.*Cist*.92; permisceto rutro bene: ~ tutum..addito Cato *Agr*.37.2; ille..apud Philippum ad h. VII nec quemquam admisit..~ ambulauit in litore Cic.*Att*. 13.52.1; *Fam*.9.20.3; post eas (legiones)..impedimenta collocarat; ~ duae legiones..totum agmen claudebant Caes.*Gal*.2.19.3; et nunc huc, ~ huc incertos implicat orbis Verg.*A*.12.743; tribunos plebis creauerunt, omnium primum L. Verginium, ~ L. Icilium Liv.3.54.11; ne mora in concursu pilis emittendis stringendisque ~ gladiis esset 9.13.2; (Carthaginienses) fracti Sicilia..cessere, ~ uectigales..fieri se passi sunt 22.54.11; Ov.*Met*.2.578; Volscum postea litus et Campaniae, Picentinum ~ ac Lucanum Plin.*Nat*.3.38; Plin.*Ep*.2.17.11; exin Raeticum..bellum, ~ Pannonicum, ~ Germanicum gessit Suet.*Tib*.9.1;—(*w.* tum, postea) unus..Epicyden nominauit, tum ~ alius Hippocratem Liv.24.27.1; prius ad Amphipolim cum Chimaro.., ~ postea ad Demetriadem..cum Menecrate..conlocutus fuerat 44.24.9;—constitit ~ loci propter sos dia dearum Enn. *Ann*.22; umidus ~ loci conlucet Aquarius orbe Cic.*Arat*. 573(327); it uer..~ loci sequitur calor aridus Lucr.5.741; 5.791.

6 (indicating point at or from which an action is performed involving a more or less distant object, e.g. looking, shouting) From there; (also, indicating source from which a sound proceeds).

inscendam aliquam in arborem ~que opseruabo aurum ubi apstrudat senex Pl.*Aul*.679; mansi Calibus. ~ has litteras postridie..dedi Cic.*Att*.7.21.1; 9.6.1; populatur ~ agrum Romanum Liv.2.39.5; es procul a nobis, et tamen ~ noces Ov.*Ep*.20.208; ut hostium agmen ~ prospicerent Curt.3.8.26; matres conscendunt muros, ~ arma nitentia natis..monstrant Stat.*Theb*.7.241; ~ (*i.e. from the roof*) contentissima uoce clamitans Apul.*Met*.4.10;—~..strepitus loca proxima terret Ov.*Met*.11.365.

7 *hinc*..~, From (on) one side..from (on) the other side (also w. omission of first term); *hinc* (*et, atque*) ~, from either direction, on either side: **a** (local). **b** (transf., w. ref. to opposing sides in a contest).

a hinc Dacus, premat ~ Getes Luc.2.54; hinc Triuiam prospicis, ~ Thetin Mart.5.1.2;—ut, ab utra parte cedere Romanus exercitus coepisset, ~ se consul deuoueret Liv. 8.6.13; utrimque oppugnari coepta est; grauior a mari oppugnatio erat quia..Romani ~ oppugnabant 26.26.3; desinit (sanguis)..fluere qua nolumus, ~ obiectis quae prohibeant Cels.2.10.14; ad septentriones Pannonia uergit. finitur ~ Danuuio Plin.*Nat*.3.147;—spatia suspensis hinc et ~ montibus laxa Sen.*Nat*.3.16.4; duos coruos hinc et ~ infestantis Suet.*Aug*.96.1; crinibus..hinc ~ dimotis Apul. *Met*.2.23. **b** ~ recta fere..est actio: hinc mille..artes desiderantur Quint.*Inst*.5.13.2; 12.1.40; sic fit ut hinc res publica, ~ hostes rei publicae constiterint Tac.*Hist*.1.84; 5.24; acta causa hinc a Polyaeno, ~ a Magno Plin.*Ep*. 7.10.1;(*cf.*) [frigidus ~ (*i.e. on Pompey's side*) stat gladius, calet omne nocens a Caesare ferrum Luc.7.502;—numquam ..alacrior exercitus Caesaris fuit; ~ classica prius, ~ tela Flor.*Epit*.2.13(4.2.46);—(hinc et ~) irae hinc atque ~ calent Stat.*Theb*.7.616; pugna diuisa in duas acies, quingenis peditibus..hinc et ~ commissis Suet.*Jul*.39.3.

8 (w. vbs. of taking, seeking, etc.) From that source of supply (whether place, person, or thing), thence. **b** (indicating source of payment). **c** (quasi-partitive) from among or out of that group or total.

cadus erat uini, ~ impleui hirneam Pl.*Am*.429; duos.. arietes ~ (*i.e. from a flock*) eligi Acc.*praet*.21; singulas ciuitates circumsederunt: ~ sibi commeatus capiunt *B. Hisp*.26.4; consulatus ~ ac triumphos..sperare Liv.2. 49.6; qui bibit ~, furit Ov.*Fast*.4.365; (ingenium) illi (*sc.* animo) paret, ~ legem petit Sen.*Ep*.114.3; qui, cum pedes lauent, aqua ~ ter oculos tangant Plin.*Nat*.28.44; ~ satur Mart.9.59.7; qui ~ etiam pecora pascerent Fron.*Str*.3.15.5; —(*as correlative*) iustissimum uisum est (pecuniam) ~ repeti ubi inopiae causa erat Tac.*Hist*.1.20; non..decorum fuerit unde amico infamiam paret ~ gloriam sibi recipere *Ann*.14.56;—(*w. ref. to persons*) quem ego..mage amo quam me, dum—id quod cupio ~ aufero Pl.*Truc*.887; uicinus prope diues est..~ sumite *Priap*.86.21; sub te.. creuit et ~ sacrum didicit puer Stat.*Silv*.5.3.180. **b** amici quod polliciti sunt dabunt: ~ iste reddet Ter.*Ph*.704; ~ si quid emptum paratumque..uiduis foret Liv.24.18.14; Julian.*dig*.39.5.2.7. **c** sacruficant: dant ~ partem mihi maiorem Pl.*Mil*.711; nati filii duo; ~ ego hunc maiorem adoptaui mihi Ter.*Ad*.47; quod a Flauio abstulero, partem dimidiam ~ Roscio me soluturum spondeo *formula* in Cic. *Q.Rosc*.37; ceteram multitudinem..pari defunctam esse caede: interfecta ~ quattuor milia Liv.3.5.13; 23.41.9; stant calices: minor ~ fabas, holus alter habebat Ov.*Fast*. 5.509; hora..erit tantis ultima nulla malis. ~ ego pauca canam *Ib*.195; te laedi, cum quis laeditur ~ (*i.e. of that family*), putas *Pont*.2.2.22; fugit hora, hoc quod loquor ~ est Pers.5.153; facere catapotia..~ terna..in noctem dare Larg.89; 117; 160; Quint.*Inst*.7.9.8.

9 (w. words expr. birth, derivation, or sim.) From that origin, thence. **b** (in etymologies of words, names). **c** (indicating material).

Philumenam compressam esse ab eo et filium ~ hunc natum Ter.*Hec*.832; ex auaritia erumpat audacia, ~ omnia scelera..gignuntur Cic.*S.Rosc*.75; purast sanis magis ~ uoluptas quam miseris Lucr.4.1075; urbs..adeo coniuncta ..Poenis ut uxor ~ Hannibali esset Liv.24.41.7; uolucres, non quae Phineia..guttura fraudabant, sed genus ~ trahunt Ov.*Fast*.6.132; acto in pectus gladio, dextra ~ cruorem excipit Sil.14.460; ad hoc se Romanus..induperator erexit, causas..laboris ~ habuit Juv.10.140. **b** a cogitatione concilium (~ consilium) Var.*L*.6.43; 7. 89; ~ nomen ei iugo Alpium inditum Liv.21.38.6; fit a 'lauando' 'lautus' et ~ rursus 'illotus' Quint.*Inst*.1.4.13. **c** caseum cum alica..misceto. ~ quantos (globos) uoles facere facito Cato *Agr*.79; terra lini ferax: ~ plerisque sunt uestes Curt.8.9.14; Plin.*Nat*.37.118;—(*as correlative*) licet delere omne Latium, uastas ~ solitudines facere, unde..egregio exercitu..usi estis Liv.8.13.15.

10 a (expr. cause) In consequence of that, therefore, then; ~ *est quod* (*ut*), that is why. **b** (in deductions) from that fact or circumstance.

a animos..per se ipsos uiuentis non poterant mente complecti..~ Homeri tota νέκυια Cic.*Tusc*.1.37; ~ fit ut raro qui se uixisse beatum dicat..reperire queamus Hor.*S*. 1.1.117; fauorem apud plebem alterumque ~ consulatum peperit Liv.21.63.4; duplex ~ Hannibali gaudium fuit 22.28.1; immodici cadunt imbres..~ uitium satis est Sen. *Nat*.3.27.4; 5.3.1; nec fefellere ea Mucianum; ~ graues simultates Tac.*Hist*.3.53; Juv.1.168; si obstetrix medicamentum dederit et ~ mulier perierit Ulp.*dig*.9.2.9; (*after a conditional cl.*) si aditum armatis in urbem patefecisset, fugam ~ caedemque hostium fore Liv.32.17.5;—(*as correlative*) ~ Tomis dictus locus hic, quia fertur in illo membra soror fratris consecuisse sui Ov.*Tr*.3.9.33; ~..uobis..insania est, quod exigua magno aestumatis Sen.*Dial*.5.34.2; Quint.*Inst*.3.2.2;—conuersata es..humano sanguine delibutis: ~ est profecto, quod potes hominem occidere Sen. *Con*.1.2.9; Plin.*Ep*.7.5.1; Juv.6.612;—nemo non benignus est sui iudex; ~ est, ut omnia meruisse se existimet Sen. *Ben*.2.26.2. **b** cedunt de caelo ter quattuor corpora sancta auium..conspicit ~ sibi data Romulus esse priora Enn.*Ann*.95; cum a seruis eorum tam caste me habuerim, ~ poteritis considerare, quomodo me putetis cum liberis uestris uixisse Gracch.*orat*.26; Lucr.6.79; paucitatem ~ hostium colligentes Liv.7.37.8; Mela 3.97;—(*as correlative*) multos eum inuidos..habere ~ existimatu facile esse quod .. Liv.23.15.11; consuetudinem..ex Graecia translatam ~ existimo, quod illam etiam in insula Cea seruari animaduerti V.Max.2.6.8;—(*cf.*) recluso pectore extraxit..iecur et ~ mihi futura praedixit Petr.137.11.

11 In accordance with that.

cum ex lege duodecim tabularum quis habet hereditatem, hinc non petit, sed ~ 'tum quem ei heredem esse oportet' Ulp.*dig*.38.14.1.2.

indēbitē, *adv.* [next+-e] Without incurring a debt.

cautio ~ exposita Paul.*dig*.22.3.25.4(interp.?).

indēbitus ~a ~um, *a.* [in-²+pple. of debeo] That is not owed, not due: **a** (leg., of sums of money, etc.). **b** (transf., of rewards, favours, etc.).

a ~am pecuniam ab amico peto Quint.*Decl*.269(p.100, l.1); si non sortem quis, sed usuras ~as soluit Ulp.*dig*. 12.6.26; si seruum ~um tibi dedi Paul.*dig*.12.6.65.8;—(*neut. as sb.*) ~i actionem Julian.*dig*.19.1.24; ~um est non tantum, quod omnino non debetur, sed et quod alii debetur, si alii soluatur Paul.*dig*.12.6.65.9. **b** da (non ~a posco regna meis fatis) Latio considere Teucros Verg.*A*.6.66; praemia..non ~a posco Ov.*Ep*.15.19; quamuis est..meritis ~a nostris, ..spes est in bonitate dei *Pont*.1.6.45; non aliena peto terrisue ~a nostris V.Fl.5.508; iste..Argolicis haud olim ~us armis luctus adest Stat.*Theb*.5.735.

indecens ~ntis, *a. compar.* ~ntior. [in-²+decens]

1 Not seemly, unfitting.

~ns inter locorum proprietates status signorum Vitr. 7.5.6; nihil est ~ntius quam ubi scholasticus forum quod non nouit imitatur Sen.*Con*.10.pr.12;—(*in oratory*) nihil est enim tam ~ns quam cum mollia dure fiunt Quint.*Inst*. 10.2.19; sunt quaedam non ~ntes..morae 11.3.158.

2 Having an unpleasing appearance, unsightly, unattractive.

numquam..tumescentem uterum abscondisti quasi ~ns onus Sen.*Dial*.12.16.3; dic..uerum: numquid ~ns sum? Petr.128.3; nasus ~ns Mart.2.11.4; (puella) cui conparatus ~ns erat pauo 5.37.12; risus ~ns, ira turpior spumante rictu, umentibus naribus Suet.*Cl*.30.1.

indecenter, *adv. compar.* ~ius, *superl.* ~issimē. [prec.+-ter²]

1 In an unseemly manner, unbecomingly.

numquam uidi hominem beatum ~ius Sen.*Ep*.27.5; Giton..risum iam diu compressum etiam ~er effudit Petr. 58.1; quae (*sc. nouns*) poterunt utroque modo non ~er efferri (*i.e. be inflected*) Quint.*Inst*.1.5.64; ultima prioris syllabae littera..intersistere nos ~issime cogit 8.3.45.

2 In an ugly or unsightly manner.

catellam..~er pinguem Petr.64.6; quam sit lusca Philaenis ~er Mart.12.22.1.

indecentia ~ae, *f.* [indecens+-ia] Want of propriety.

propter..uitium ~ae insipientes eos esse iudicatos (*sc. by placing their statues in unsuitable sites*) Vitr.7.5.6.

indeceō¹ ~ēre, *tr.* [back-formation from indecens] To be unbecoming to.

iuuenes confusa adhuc quaedam et quasi turbata non ~ent Plin.*Ep*.3.1.2.

indeceō² ~ēre, *intr.* [in-¹+deceo] (w. dat., dub.) To be (thoroughly) appropriate (to).

feminis..solis uestem longe lateque diffusam ~ere (*s.v.l.*) existimauerunt Gel.6(7).12.2.

indēcerptus ~a ~um, *a.* [in-²+pple. of decerpo] (dub.) Not snatched away, unremoved.

~us (*cj.*; interceptus *codd.*) in ore (*i.e. of the dead Amphiaraus*) augurii perdurat honos Stat.*Theb*.8.87.

indēclīnābilis ~is ~e, *a.* [in-²+declino+-bilis] That cannot be turned from its purpose, inflexible, inexorable.

animum rectum et ~em Sen.*Ep*.66.13; ~is iustitiae 74.29; fatum est..~is series rerum Gel.7(6).2.1.

indēclīnātus ~a ~um, *a.* [in-²+pple. of declino] (of loyalty, etc.) Unswerving, constant.

~ae munus amicitiae Ov.*Tr*.4.5.24; tibi, qui praestas (amorem) ~us amico *Pont*.4.10.83.

indecor ~oris, *a.* **~oris** ~oris ~ore. [in-²+decvs¹; cf. *decor²*, *dedecor*] Forms: only extant ex. of nom. sg. is fem. *indecoris* (Acc. *trag.* 193). Inglorious, shameful.

uita ~oris Acc.*trag*.193; stat, quidquid acerbi est, morte pati, neque me ~orem..uidebis amplius Verg.*A*.12.679; pudibunda senectae exitia ~oresque obitus V.Fl.1.810; Stat.*Ach*.2.45;—(*w. dat.*) non erimus regno ~ores Verg.*A*. 7.231; Stat.*Theb*.10.650;—(*w. acc. of respect*) sunt aliae innuptae..Laurentibus agris, nec genus ~ores Verg.*A*. 12.25;—(*pred.*) cur ~ores in limine primo deficimus? 11.423; ibimus ~ores frustraque tot aequora uectae? V.Fl.5.669.

indecorābiliter, *adv.* [indecoro+-bilis+-ter²] Shamefully, disgracefully.

~ alienos alunt Acc.*trag*.258.

indecōrē, *adv. compar.* ~ius. [indecorvs+-e]

1 In an unsightly manner.

commune..est umbilicum ~e prominere Cels.7.14.1; 7.22.5; captae luntres sagulis uersicoloribus haud ~e pro uelis iuuabantur Tac.*Hist*.5.23.

2 In an unseemly manner, unbecomingly.

hoc mi ~e, inique, immodeste datis, di Pl.*Rud*.194; ne quid ~e effeminateue faciat Cic.*Off*.1.14; 1.114; insignibus ..imperii..~e abiectis Curt.3.11.11; Quint.*Inst*.9.4.24; laborandum est ne..illae sententiae..male sint amictae neue ~ius cinctae Fro.*Aur*.2.p.38(96N); Apul.*Mun*.25.

indecoris: see indecor.

indecorō ~āre ~āuī ~ātum, *tr.* [indecor+-o³] To disgrace, dishonour.

me spernens,..sermone ~ans turpi Acc.*trag*.459; ~ant bene nata culpae Hor.*Carm*.4.4.36.

indecōrus ~a ~um, *a.* [in-²+decorvs]

1 Having an unpleasing appearance, ugly, ungraceful.

saltantes haud ~os motus..dabant Liv.7.2.4; breuius membrum et ~um fit Cels.8.10.7.N; digitorum..~o gestu Quint.*Inst*.1.10.35; soror Germanici, formae initio aetatis ~ae, mox pulchritudine praecellebat Tac.*Ann*.4.3;—(*transf., of words*) apud nos ~um sed commune his hirneae nomen est Cels.7.18.3.

2 Unbecoming, unseemly, improper.

si Aeacus aut Minos diceret 'oderint dum metuant'.. ~um uideretur, quod eos fuisse iustos accepimus Cic.*Off*. 1.97; quaedam remedia..,uelut foeda et ~a, adhiberi aliis (partibus corporis) nequeunt Sen.*Ep*.99.29; pecora..~a lasciuia ludentia Plin.*Nat*.18.364; ~as adulationes repressit Suet.*Aug*.53.1;—(*w. dat.*) quaestus omnis patribus ~us uisus Liv.21.63.4; ~a saeculo studia Plin.*Pan*.46.4;—(*impers., w. inf.*) ~um est, de stillicidiis cum apud unum iudicem dicas, amplissimis uerbis..uti Cic.*Orat*.72; nec Macedonibus Persas imitari ~um Curt.10.3.14; Tac.*Ann*. 3.52; Apul.*Mun*.27.

3 Not worthy of honour, inglorious.

duces non ~o puluere sordidos Hor.*Carm*.2.1.22; Trebellius, fuga..uitata exercitus ira, ~us atque humilis Tac. *Ag*.16.5; maternum genus impar nec tamen ~um *Hist*.2.50

indēfatīgābilis ~is ~e, *a.* [IN-[2]+DEFATIGO+-BILIS] That cannot be wearied, indefatigable.
contentus breui somno uigiliam ~em extendit SEN.*Dial.* 4.12.4.

indēfatīgātus ~a ~um, *a.* [IN-[2]+pple. of DEFATIGO] Unwearied, tireless.
urbem..~a caelestium officia uoluentem SEN.*Dial.*6.18.1.

indēfectus ~a ~um, *a.* [IN-[2]+pple. of DEFICIO] Inexhaustible, unfailing.
cum..uiuacitas illic (*i.e. among the gods*) aeterna et ~a sit, hic caduca APUL.*Soc.*4.

indēfensus ~a ~um, *a.* [IN-[2]+pple. of DEFENDO]

1 Not protected against armed attack, defenceless.
hic praebituri..uos telis hostium estis ~i, inulti? LIV. 4.28.4; ut Capuam..desertam ~amque populo Romano tradat 25.15.2; SIL.6.652; ~um portum..inuectus FRON. *Str.*3.10.8; TAC.*Hist.*3.71; (*neut. as sb.*) ne ad unam concurrendo partem aliquid ~i relinquerent LIV.26.5.7;—(*cf.*) milium..paruis auibus expositum est; ~um quippe membranis continetur PLIN.*Nat.*18.53.

2 (leg.) Not defended (against an accusation or claim).
inauditi atque ~i tamquam innocentes perierant TAC. *Hist.*1.6; *Ann.*11.34; nec..debet possessor..~um ius suum relinquere PAUL.*dig.*5.3.40; (*in fig. phr.*) non..inauditum et ~um saeculum nostrum patiar..damnari TAC.*Dial.*16.4.

indēfessus ~a ~um, *a.* [IN-[2]+pple. of DEFETISCOR] Unwearied, tireless.
pharetrata Camilla..ualidam dextra rapit ~a bipennem VERG.*A.*11.651; ego sum ~us agendo OV.*Met.*9.199; unanimi comes ~us amici STAT.*Silv.*5.2.155; Germani ob prospera ~i, ne tum quidem sumpta quiete.. TAC.*Ann.* 1.64; 16.22; PLIN.*Pan.*14.5;—(*poet., of inanim. things*) cetera..sidera..~a trahit..caelum GERM.*Arat.*18;—(*of action*) ~o luctu APUL.*Met.*5.4; ~i sermonis aeterna series 11.25;—(*cf.*) senectam mille ~os uiridem duxisse per annos SIL.13.127.

indēfīnītē, *adv.* [next+-E] Without precise specification.
(lex Licinia) cum et carnis aridae et salsamenti certa pondera..constituisset, quidquid esset natum e terra.. promisce atque ~ largita est GEL.2.24.7.

indēfīnītus ~a ~um, *a.* [IN-[2]+DEFINITVS]

1 Unlimited, endless.
~us..sermo fiet, nisi interrogationibus responsionibusque simplicibus fuerit determinatus GEL.16.2.3.

2 (gram.) Belonging to the infinitive mood (Gk. ἀπαρέμφατος).
'hanc sibi rem praesidio sperant futurum'..'futurum'.. non..pro participio positum est, set uerbum est ~um,.. neque numeris neque generibus praeseruiens GEL.1.7.6; ~o modo 1.7.13.

indēflētus ~a ~um, *a.* [IN-[2]+pple. of DEFLEO] Not wept for.
qui lacriment, desunt, ~aeque uagantur natorumque uirumque animae OV.*Met.*7.611.

indēflexus ~a ~um, *a.* [IN-[2]+pple. of DEFLECTO]

1 (of age) That has not suffered a decline.
aetatis ~a maturitas (*i.e. of Trajan at the age of 47*) PLIN. *Pan.*4.7.

2 Not deviating, straight.
~o et certo et stato cursu meatus..efficiunt (*sc. the planets*) APUL.*Soc.*2.

indēiectus ~a ~um, *a.* [IN-[2]+pple. of DEICIO] Not overthrown.
signa domus mansit potuitque resistere tanto ~a malo OV.*Met.*1.289.

indēlassātus ~a ~um, *a.* [IN-[2]+pple. of DELASSO] Unwearied, tireless.
curas..per omnis ~o properantia corda uigore MAN.5.63.

indēlēbilis ~is ~e, *a.* [IN-[2]+DELEBILIS] That cannot be blotted out, imperishable.
nomen..erit ~e nostrum OV.*Met.*15.876; saecli decus ~e nostri *Pont.*2.8.25.

indēlectātus ~a ~um, *a.* [IN-[2]+pple. of DELECTO] Not delighted, displeased.
non ~us nequitia mea PETR.87.4.

indēlībātus ~a ~um, *a.* [IN-[2]+pple. of DELIBO] Unimpaired, intact; (of a woman) not deflowered.
~as cuncta secuntur opes OV.*Tr.*1.5.28;—~a..uirgine SIL.15.271.

indēlictus ~a ~um, *a.* [IN-[2]+pple. of DELINQVO] (of sins, app.) Not committed.
qui, nisi probrum, omnia alia ~a aestimant ACC.*trag.*384.

indemnātus ~a ~um, *a.* Also **-damn-.** [IN-[2]+pple. of DAMNO] Not found guilty in a court of law, uncondemned.
hocine pacto ~um atque intestatum me abripi? PL.*Cur.* 695; neque ~am (matrem) poenas pendere oportuit *Rhet. Her.*1.26; L. Sulla cum bona ~orum ciuium..uenderet CIC. *Agr.*2.56; non modo ~i sed ne accusati quidem *Dom.*26; SAL.*Cat.*51.29; ne insontem ~um consenescere in exilio sinerent LIV.35.34.7; SEN.*Con.*9.2.21; JUV.6.562; (*humorously*) ibo ut pro praefectura mea ius dicam larido, et quae pendent ~ae pernae, is auxilium ut feram PL.*Capt.*908; (*transf.*) quid proderit..si antequam fata poscant, ~um spiritum effuderis? PETR.111.11.

indemnis ~is ~e, *a.* [IN-[2]+DAMNVM+-IS] Suffering no damage or loss; (esp.) suffering no loss of wealth or property.
motus (terrae)..qui Campaniam, numquam securam huius mali, ~em tamen..uastauit SEN.*Nat.*6.1.2; ut.. paene ~em recipere posset intra munimenta exercitum FRON.*Str.*2.3.9;—se urbe capta non inuictum tantum sed ~em esse testatus est SEN.*Dial.*2.5.7; *Ep.*9.19; quidquid hereditario nomine condemnatus fuisset.., eo nomine ~is esset GAIUS *Inst.*2.252; ~is..emptor debet discedere ULP.*dig.*21.1.27; 23.3.29.

indemnitās ~ātis, *f.* [prec.+-TAS] (leg.) Security from financial loss.
idonea cautela a debitore pro ~ate ei praestanda POMPON.*dig.*13.7.6; ULP.*dig.*27.4.1.6; 36.1.15.6; INTERPELLATO RECTORE PROVINCIAE AD ~ATEM SVI CONSERVANDAM CONTR⟨A⟩ EOS QVI FRA⟨V⟩DEM COMMISERINT *CIL* 3.13569;—(*w. defining gen.*) ~as debiti frumentariae pecuniae ULP. *dig.*50.8.2.5.

indēnuntiātus ~a ~um, *a.* [IN-[2]+pple. of DENVNTIO] About which no warning is given.
minimis succidunt corpora. ~a sorte rapimur SEN.*Suas.* 2.2; (Xerses) arma ~a mouerat 5.2.

indepiscor: see INDIPISCOR.

indēplōrātus ~a ~um, *a.* [IN-[2]+pple. of DEPLORO] Not bewailed, unlamented.
nec me ~um sub inania Tartara mitte OV.*Met.*11.670; sine funeribus caput hoc..~um barbara terra teget *Tr.* 3.3.46; *Ib.*162.

indēprāuātus ~a ~um, *a.* [IN-[2]+pple. of DEPRAVO] Not perverted or corrupted.
si una ~a uirtus est et sola permanet tenoris sui SEN.*Ep.* 76.19.

indēprecābilis ~is ~e, *a.* [IN-[2]+DEPRECOR+-BILIS] That cannot be averted by entreaty.
ne..poena ~is subeunda esset GEL.1.13.3.

indēprehensibilis ~is ~e, *a.* [IN-[2]+DEPREHENDO+-BILIS]

1 (perh.) That cannot be taken by surprise; (in quot., of Mithras, app. as a variant on his usual cult-title of *inuictus*).
SIG(num) IMDEPREHENSIVILIS DEI *CIL* 14.64.

2 (fig.) That cannot be grasped with the mind, baffling, insoluble.
non confudit..responsum, nec per uarias ambages ~em sparsit errorem [QUINT.]*Decl.*4.15; inenarrabile, ~e est quicquid nos elementorum uaria compago formauit 8.11.

indēprensus ~a ~um, *a.* [IN-[2]+pple. of DEPR(EH)ENDO]

1 = prec. (sense 2).
Labyrinthus..qua signa sequendi frangeret ~us et inremeabilis error VERG.*A.*5.591.

2 That is not or cannot be overtaken.
quis Maenaliae Atalantes nesciat..uestigia cunctis ~a procis? STAT.*Theb.*6.565.

indeptō ~āre, *tr.* [INDIPISCOR+-TO] (See quot.)
~are, consequi PAUL.*Fest.*p.106M.

indēscriptus ~a ~um, *a.* [IN-[2]+pple. of DESCRIBO] Not separated into varieties.
~is..uitibus COL.3.21.4.

indēsertus ~a ~um, *a.* [IN-[2]+pple. of DESERO] Not given up or abandoned.
Cupido, ~a meo pectore regna gere OV.*Am.*2.9.52.

indēses ~idis, *a.* [IN-[2]+DESES] Free from indolence.
non omnino..~idem uisum esse, cuius corpus in tam inmodicum modum luxuriasset GEL.6(7).22.4.

indēsinenter, *adv.* [IN-[2]+pple. of DESINO+-TER[2]] Incessantly, ceaselessly.
mortuum..male dicaci dente crudelissimus miles ~ rodit [QUINT.]*Decl.*3b.4.

indespectus ~a ~um, *a.* [IN-[2]+pple. of DESPICIO] That cannot be looked down on (because too far beneath).
~a..uobis..Tartara LUC.6.748.

indestrictus ~a ~um, *a.* [IN-[2]+pple. of DESTRINGO] Not grazed or scratched.
remouebitur huius tegminis officium, tamen ~us abibo OV.*Met.*12.92.

indētonsus ~a ~um, *a.* [IN-[2]+pple. of DETONDEO] Unshorn, long-haired.
~us..Thyoneus (*i.e. Bacchus*) OV.*Met.*4.13.

indēuītātus ~a ~um, *a.* [IN-[2]+pple. of DEVITO] That cannot be avoided.
~o traiecit pectora telo OV.*Met.*2.605.

indēuius ~a ~um, *a.* [IN-[2]+DEVIVS] (w. gen.) Not swerving (from).
fer, Paule, ~a recti pectora SIL.8.316.

indēuōtiō ~ōnis, *f.* [IN-[2]+DEVOTIO] Lack of respect (for the law), disobedience, contumacy.
ut tota summa ilico, postquam cessauerit heres dare penum uxori, praestetur, heredis ~one coercenda ULP.*dig.* 33.9.1(interp.?).

index ~icis, *m.*, (*f.*). [INDICO[1]; for term. cf. *iudex*] GENDER: fem. in OV.*Pont.*3.9.49, V. MAX.2.5.5, etc.

1 One who reveals or points out. **b** (spec.) one who betrays a secret, an informer, talebearer, or sim. **c** a look-out man.
interim uenit ~ex ad Dinaeam..qui nuntiaret ei filium eius..uiuere CIC.*Clu.*21; quo..ab ~ice doctus conposuit casus iste poeta meos? OV.*Am.*2.1.9; semiuiuus, cui ad intellegendos corporis sui habitus ~ice opus est SEN.*Dial.* 10.12.9; TAC.*Hist.*4.34;—(*w. gen.*) ut uobis ego magis necessitatis uestrae ~ex quam consilii auctor sim LIV.7.35.7; Musa mea est ~ex nimium..uera malorum OV.*Pont.*3.9.49;—(*attrib.*) scribam tibi tres libros ~ices, ad quos reuertare, siqua in re quaeres, quem ad modum..te..oporteat facere VAR.*R.*1.1.4. **b** medicum ~icem subornauit; finget uidelicet aliquod crimen ueneni CIC.*Deiot.*17; Sestius ab ~ice Cn. Nerio Pupinia de ambitu est postulatus *Q.fr.*2.3.5; qua de re Caesar per ~icem certior factus *B.Afr.*65.2; ~ici data libertas et aeris grauis uiginti milia LIV.22.33.2; 26.15.4; tollitur ~ex cum semel in partem criminis ipsa uenit OV.*Ars* 1.389; CURT.6.8.11; alii ab ~ice nominati esse se Christianos dixerunt PLIN.*Ep.Tra.*10.96(97).6; SUET.*Tib.*73.1;—(*w. gen.*) cuius rei neque ~ex neque uestigium aliquod neque suspicio cuiquam esset ulla CIC.*Ver.*5.161; criminis ..ficti temerarius ~ex OV.*Met.*7.824; ne ~ex arcani existeret TAC.*Ann.*6.21;—(*poet.*) illa..turgentem..uterum..occuluit..,donec..partus ~ex Lucina resoluit STAT.*Ach.*1.674. **c** Catilinam..uallatum ~icibus atque sicariis CIC.*Mur.*49; *Sest.*95; (*transf.*) hoc tempus (*i.e. when food approaches*) speculatus ~ex (*i.e. a symbiotic animal*) morsu leui significat PLIN.*Nat.*9.142.

2 (usu. w. gen.) Something that shows or reveals, an (incidental) indication, sign, token. **b** something intended to show, a marker, indicator, or sim. **c** *digitus ~ex*, the forefinger, index finger.
auroram, radiorum ardentum ~icem ACC.*trag.*493; ut imago est animi uultus, sic ~ices oculi CIC.*Orat.*60; si.. basim (*i.e. of a statue*) tamquam ~icem sui sceleris sustulisset *Ver.*4.79; complexus summae beneuolentiae..~ices *Phil.* 11.5; clamor, ~ex capti oppidi LIV.36.24.6; cumulus..terrae eminens ~ex operis (*i.e. an excavation*) oppidanis fuit 38.7.7; laesi..pectoris ~ex et color et macies OV.*Met.*9.535; simplicitas antiquorum in cibo..continentiae certissima ~ex V.MAX.2.5.5; somnus innoxiae securitatis..~ex 8.1.absol. 13; leonum animi ~ex cauda PLIN.*Nat.*8.49; 11.138; ut (feminae) filios, uelut ~ices aetatis suae, abominentur QUINT.*Decl.*277(p.132,l.5). **b** porticum Persicam..uirtutis ciuium ~icem..constituerunt VITR.1.1.6; uti..supra ..imaginem flantis uenti ~icem uirgam teneret 1.6.4; Ianum ad infimum Argiletum ~icem pacis bellique fecit LIV.1.19.2; clauos ~ices numeri annorum fixos in templo 7.3.7; binis ~icibus..muniantur (taleae). hi sunt de qualibet arbore breui spatio iuxta eas positi COL.5.9.4; codicillos libidinum ~ices tradidit TAC.*Ann.*11.34; SUET.*Jul.*81.4;—(*cf.*) periura..pectora uertit in durum silicem, qui nunc quoque dicitur ~ex (*i.e. the touchstone*) OV.*Met.*2.706. **c** qui si quid forte lateret ~ice monstraret digito HOR.*S.* 2.8.26; sinistrae manus digitus ~ex CELS.7.19.2; PLIN.*Nat.* 28.28;—(*cf., in a pun*) Pollex..mihi..praesto fuit, sed plane pollex, non ~ex CIC.*Att.*13.46.1.

3 The title (of a book), or the papyrus label bearing this title. **b** the inscription or legend (on a monument, under a portrait, etc.).
in philosophos..si quando incidi, deceptus ~icibus librorum, qui sunt fere inscripti de rebus notis..de uirtute, de iustitia CIC.*de Orat.*2.61; membranulam ex qua ~ices fiant, quos uos Graeci, ut opinor, σιλλύβους appellatis *Att.* 4.4a.1; neque alienis ~icibus mutatis interposito nomine meo id profero corpus VITR.7.pr.10; ~ex orationis P. Scipionis nomen M. Naeuii..habet, ipsa oratio sine nomine est accusatoris LIV.38.56.6; OV.*Pont.*1.1.15; cocco rubeat superbus ~ex MART.3.2.11; duo libelli diuerso titulo, alteri 'gladius', alteri 'pugio' ~ex erat SUET.*Cal.*49.3; *Cl.*38.3; cum..eius libri ~icem legissemus GEL.11.16.2. **b** non tua maiorum contenta est gloria fama, nec quaeris quid quaque ~ex sub imagine dicat [TIB.]3.7.30; tabula in aede matris Matutae cum ~ice hoc posita est LIV.41.28.8.

4 A summary, digest; *quasi per ~icem,* summarily.
ei locus primus in ~ice et in praescriptione legis concessus est CIC.*Agr.*2.22; hic..est legis ~ex ut ei res in tertia decuria iudicent qui libere iudicare non audeant *Phil.*1.20; qui.. uiciens c milia uersuum a Zoroastre condita ~icibus quoque uoluminum eius positis explanauit PLIN.*Nat.*30.4; altero (uolumine) ~icem rerum a se gestarum SUET.*Aug.*101.4; quicumque a fisco conuenitur, non ex ~ice et exemplo alicuius scripturae, sed ex authentico conueniendus est PAUL.*dig.*22.4.2;—hactenus omnia iura quasi per ~icem tetigisse satis est GAIUS *Inst.*3.54; 4.15.

5 A list, catalogue (esp. of books or authors).
~icem tragicorum CIC.*Hort.*fr.48; sume in manus ~icem philosophorum SEN.*Ep.*39.2; ~icem..ex bibliotheca sumptum QUINT.*Inst.*10.1.57; fungar ~icis partibus atque etiam, quo sint ordine scripti (libri), notum tibi faciam PLIN.*Ep.*3.5.2; GEL.3.3.1.

India ~ae, *f.* An ill-defined region of Asia, extending from the present subcontinent of India to the borders of China; popularly confused with Ethiopia, Arabia, etc.

quae barbaria ~a uastior aut agrestior? Cic.*Tusc.*5.77; Catul.45.6; Vitr.8.3.8; ~a..hinc Tauri iugis, ab occidente Indo finita Mela 3.61; tunc..~a tigres decolor horret Sen.*Phaed.*344; Plin.*Nat.*12.35;—*(confused w. southern Egypt or Ethiopia)* Iouis in ~a Thebas (condidit) Hyg.*Fab.*275.1.

Indiānus ~a ~um, *a. ala ~a*, A Gallic cavalry unit, prob. one raised by Iulius Indus Trevir in A.D. 21 (see Tac.*Ann.*3.42) and named after him.

c hedio..praef(ecto) eqvit(um) alae ~ae *CIL* 11.6123; 13.6495; 13.7028.

indicātiō ~ōnis, *f.* [indico¹+-tio]

1 The setting of a price on a thing, valuation.

indica, fac pretium.—tua mers est, tua ~ost Pl.*Per.* 586.

2 A statement, declaration.

quid..si ignorauit quidem furem esse, adseuerauit autem ..fidum et caro uendidit?..non debuit facilis esse ad temerariam ~onem Ulp.*dig.*19.1.13.3.

indicātūra ~ae, *f.* [indico¹+-vra] The setting of a price on a thing, valuation; value, worth.

ne auaritiam quidem (*i.e. of doctors*) arguam..et dolorum ~am ac mortis arram Plin.*Nat.*29.21;—haec fiducia operis, haec est ~a (*i.e. the fact that it is dedicated to the Emperor*) pr.19; neque est hodie myrrhini alterius praestantior ~a 37.18.

indīcens ~ntis, *pple.* [in-²+pple. of dico²] (only in abl. absol.) *me ~nte*, Without my speaking.

non me ~nte haec fiunt: utinam hic sit modo defunctum! Ter.*Ad.*507; duo boni consules, etiam me ~nte (indigentes *codd.*), omnia e re publica fide uestra faceretis Liv.22.39.2.

indicīua ~ae, *f.* [indico¹+-*iua* (-ivvs), sc. *merx?*] A reward for information given.

accepturus ~ae nomine ab ipsa Venere septem sauia suauia Apul.*Met.*6.8; solutum et solitarium (asinum) ob ~ae praemium occupasse 7.25.

indicium ~(i)ī, *n.* [index+-ivm]

1 (in general) Disclosure (of a fact), information, intelligence. **b** (spec.) disclosure of something intended to be secret; (esp., usu. leg.) information or evidence given against a person. **c** a reward for giving information.

unde nisi ~io magni sciremus Homeri hospitis igne duas incaluisse deas? Ov.*Tr.*2.379; spe quadam..immensarum.. opum impulsus est ex ~io equitis R. pro comperto pollicentis thesauros Suet.*Nero* 31.4;—(*w. obj. gen.*) itane et salutis publicae ~ium obrues? Sen.*Oed.*516; fuere quos.. uenumdatos et in nostram usque ripam mutatione ementium adductos ~ium tanti casus inlustrauit Tac.*Ag.*28.5. **b** ea res est Heluetiis per ~ium enuntiata Caes.*Gal.*1.4.1; in Pompei castra discessit et ~ium glande scriptum misit, per quod certior fieret Caesar *B.Hisp.*18.4; (*pl.*) haec comperta perfugarum ~iis Liv.10.40.1;—egomet meo ~io miser quasi sorex hodie perii Ter.*Eu.*1024; nullus umquam de Sulla nuntius ad me, nullum ~ium, nullae litterae peruenerunt Cic.*Sul.*14; filium eodem ~io et crimine ad patris interitum adgregare uoluisti *Vat.*25; serui ~io omnis in custodiam esse coniectos *B.Hisp.*26.2; Verg.*A.*2.84; ut.. ne ex compreso ~ium emanaret, occiderint comitem Liv. 42.16.1; ~io solis..cognita Vulcano coniugis acta suae Ov. *Ars* 2.573; qui..cum torqueretur,..linguam unamque spem ~ii in tyranni os expuit Plin.*Nat.*7.87; Tac.*Ann.*2.68; Suet.*Aug.*19.1;—(*pl.*) iam quaestiones, iam ~ia, iam occulta singulorum supplicia Liv.7.39.5; Antonii Natalis et Ceruarii Proculi festinata ~ia impunitate remuneratur Tac.*Ann.*15.71;—(*w. obj. gen.*) coniurationis ~ium suppressurus Curt.6.8.10;—(*transf.*) uteri manifesta tumore proditur ~io ponderis ipsa suo Ov.*Fast.*2.172. **c** promulgarisne..quaestionem de tot amplissimis..uiris, ~ium Vettio, praemia amplissima? Cic.*Vat.*26; si tibi ~ium dedero, ut fugitiuum meum indices Ulp.*dig.*12.5.4.4.

2 a *~ium facere*, To give away a secret, lay information; so *~ium afferre, deferre*. **b** *~ium postulare*, to seek pardon by turning informer; *~ijm profiteri, offerre*, to offer information, 'turn Queen's evidence'. **c** *~io* (pred. dat.) *esse* (or sim.), to give evidence.

a anus hercle huic ~ium fecit de auro Pl.*Aul.*188; ~io facto omnes ab tyrannis interfectos Liv.26.30.3; (*w. gen.*) quid..uulneris huius ~ium feci? Ov.*Met.*9.586; scripsit senatui, se facturum ~ium tyrannidis Quint.*Decl.*351 (p.380,l.6); (*w. internal acc.*) id anus mi ~ium fecit Ter.*Ad.* 616–7; (*w. indir. qu.*) facite ~ium, si quis uidit, quis eam apstulerit Pl.*Cist.*678; Cic.*Ver.*1.150; (*w. acc and inf.*)~ium est factum dempto auro tantundem argenti..admixtum esse Vitr.9.pr.10;—uiderat..Murenam..ad me consulem..communis exiti ~ia adferre Cic.*Dom.*134;—~ium ad praetores defert Liv.24.24.3; Curt.6.7.25. **b** cum esset damnatus, erat ~ium postulaturus Cic.*Att.*2.24.4; (*cf.*) si tibi ~ium postulas dari quod tecum una fecerit *Div.Caec.*34;—ipse deprehensus multis hortantibus..~ium profitetur Sal.*Jug.* 35.6; quos (*sc.* philosophos) si audias..perorantes, ~ium professos putes: adeo redundant ad ipsos maledicta in publicum missa Sen.fr.(Haase p.422); Plin.*Ep.*2.16.9;—Titium Proculum..~ium offerentem, Vettium Valentem confessum ..tradi ad supplicium iubet Tac.*Ann.*11.35. **c** poeta.. ~io de se ipse erit Ter.*Ad.*4; multi..per somnum..~io.. sui facti..fuere Lucr.4.1019; ne..~io pareas apud filiam, quasi uero ego te quam illam magis diligam Fro.*Aur.*1.p. 208(75N).

3 (usu. w. obj. gen.) Something designed to show or indicate, a token, symbol, memorial, etc. **b** a sign given by the gods, omen, portent.

quod ornamentum pueritiae (*sc.* bullam) pater dederat, ~ium atque insigne fortunae Cic.*Ver.*1.152; hanc..in Palatio..porticum esse patiemini, furoris tribunici..defixum ~ium..? *Dom.*103; qui..non luctum patribus conscriptis sed ~ia luctus ademerint *Planc.*87; separat ~io qui deus arua suo (*i.e. Terminus*) Ov.*Fast.*2.640; artifices scaenici..hoc ~io imitantur uerecundiam: deiciunt enim uultum, uerba summittunt Sen.*Ep.*11.7; picea..funebri ~io ad fores posita Plin.*Nat.*16.40; ~ium specimenque sui iubet igne supremo arceri Danaos Stat.*Theb.*11.662; in ~ium uictoriae altissimam turrem excitauit Suet.*Cal.*46; (*pred. dat.*) ceteri incolumes Praeneste cum praetore suo.. redierunt. statua eius ~io fuit, Praeneste in foro statuta Liv.23.19.18;—(*cf.*) si forte necesse est ~iis (*i.e. words*) monstrare recentibus abdita rerum Hor.*Ars* 49. **b** ~ia occultae diuum perquirere mentis Lucr.6.382; cum.. plurima ei praesagia atque ~ia dii inmortales futuri obtulissent periculi Vell.2.57.1; nec..umquam..magis.. iustis ~iis adprobatum est non esse curae deis securitatem nostram, esse ultionem Tac.*Hist.*1.3; uitae fortunarumque ..~ia..non eadem stellarum facie denotantur Gel.14.1.21.

4 (usu. w. obj. gen.) Something that happens to show or indicate (a fact, quality, etc.), an (incidental) sign, trace, indication, evidence, or sim. **b** *~io* (pred. dat.) *esse*, to be an indication or proof (that something is the case); also *~ium esse*. **c** *~ium facere* (*edere*), to give an indication or warning.

erepta mihi esse istius ~ia ac monumenta furtorum (*i.e. a letter*) Cic.*Ver.*2.177; quae uetustas tollet operum circum Mutinam taetra monumenta, sceleris ~ia latrocinique uestigia? *Phil.*12.12; multa in omni parte Athenarum sunt..~ia summorum uirorum *Fin.*5.4; tauros..cauda in speluncam tractos uersisque uiarum ~iis..occultabat Verg.*A.*8.211; altae ~ium mores (*sc.* tui) nobilitatis habent Ov.*Pont.*3.2.104; ut minimo ~io maximam uim eius (*sc.* uerecundiae) significem V.Max.2.1.7; in equis..~ia animi praeferunt (aures), marcidae fessis, micantes pauidis Plin. *Nat.*11.137; flos est pleni ueris ~ium 16.95; paulum reluxit, quod..aduentantis ignis ~ium uidebatur Plin.*Ep.*6.20.16; ab infima plebe appellatus Nero nullum ~ium recusantis dedit Suet.*Otho* 7.1;—(*med., of symptoms*) flammae.. latentis ~ium rubor est Ov.*Met.*7.555; sternumentum.. inter bona ~ia est Cels.2.3.3; si mala ~ia subsecuta sunt 8.4.6;—(*of distinguishing features*) fac..~ia, qui possit agnosci (Psyche), manifeste designes Apul.*Met.*6.7. **b** maxima in India gignuntur animalia. ~io sunt canes grandiores ceteris Plin.*Nat.*7.21; (*w. dat.*) ei rei sunt ~io..xvi uolumina epistularum Nep.*Att.*16.3; (*w. indir. qu.*) mihi quale ingenium haberes fuit ~io oratio Ter.*Hau.*384; Nep.*Ar.*3.2; Fro.*Aur.*1.p.208(74N); (*w. acc. and inf.*) calidos ignis gelidamque pruinam..compungere sensus corporis, ~io nobis est tactus uterque Lucr.2.433; Plin.*Nat.*21.53; —quod..maius ~ium exspectatis nihil inter uos et Catilinam interfuisse quam quod..? Cic.*Pis.*16; clamor ~ium primum fuit qua res inclinatura esset Liv.4.37.9; (se) oppidum..aedificare coepisse, quod ~ium esset nec agro nec urbi ulli uim adlaturos uenisse 39.54.6. **c** disiectare solet mare..fluitantia aplustra ut..~ium mortalibus edant Lucr.2.556; at sapor ~ium faciet manifestus et ora.. torquebit amaror Verg.*G.*2.246;—(*w. indir. qu.*) sapienti ornatus quid uelim ~ium facit Pl.*Rud.*428; Ter.*Her.*546.

indicō¹ ~āre ~āuī ~ātum, *tr.* [in-¹+dico¹] Forms: fut. pf. *indicasso* Pl.*Poen.*888; pf. subj. *indicassis* Pl.*Aul.*608, *Rud.*1028.

1 (in general) To make known, point out, reveal, declare. **b** to give the essential information about.

quis est iste, Astaphium, ~a, qui perit? Pl.*Truc.*719; qvos legerit (*sc.* praetor), eos patrem tribvm cognomenqve ~et *CIL* 1.583.14; uerba reperta sunt, non quae impedirent sed quae ~arent uoluntatem Cic.*Caec.*53; ut lacrimis ..dolorem ~aret Nep.*Att.*4.5; mouisse numen ad ~andam tanti imperii molem traditur deos Liv.1.55.3; prius positus figurasque eorum (*sc. the bones*) ~abo Cels.8.1.1; illi (*sc.* canes), nisi quod certum conpererunt, non ~ant Col.7.12.5; alia genera nominibus Graecis ~anda Plin.*Nat.*21.52; me adleuant nuntii de Domnula mea, commodiora..~antes Aur.*Fro.*1.p.212(83N);—(*refl.*) me uobis, iudices, ~abo et de meo quodam amore gloriae..confitebor Cic.*Arch.*28; si esses Orestes, Pyladem refelleres, te ~ares *Fin.*2.79;—(*of writings, inscriptions*) honeste..uiuere..uetus Academia censuit, ut ~ant scripta Polemonis *Luc.*131; ut manibus abscisis.., praecedente titulo qui causam poenae ~aret,.. circumduceretur Suet.*Cal.*32.2;—(*w.* in+*acc.*) illum..parentem huius uniuersitatis..~are in uulgus nefas Cic.*Tim.*6; —(*w. indir. qu.*) litterae tuae..etiam quid futurum esset ~abant *Att.*2.11.1; Liv.23.27.10; quod quemadmodum fiat, mox ~abo Cels.7.4.3.a;—(*w. acc. and inf.*) ~auit mihi Pansa meus Epicureum te esse factum Cic.*Fam.*7.12.1; (scriptum) seruatos ciuis ~at huius ope Ov.*Tr.*3.1.48; Sen. *Dial.*12.4.3;—(*ellipt.*) dixit..et cogitasse se tyrannicidium et uxori ~asse Sen.*Con.*2.5.18;—(*absol.*) is (digitus) in exprobrando et ~ando (unde ei nomen est) ualet Quint.*Inst.* 11.3.94. **b** ille perfectus, quem iam dudum nostra ~at oratio Cic.*Orat.*55; singulos dies tibi meos..~ari iubes Sen. *Ep.*83.1; marrubium..notius quam ut ~andum sit Plin. *Nat.*20.241; cum totum crimen uno uerbo..satis ~etur Quint.*Inst.*4.2.30.

2 To disclose (something secret or confidential, esp. of an incriminating nature), divulge, betray. **b** to give away (a person), inform on, etc. **c** (ellipt. or absol.) to lay information; (also w. *de*).

ut..adulescenti thensaurum ~em Pl.*Trin.*750; bene dissimulatum amorem et celatum ~at Ter.*An.*132; non me hanc rem patri, utut erat gesta, ~asse *Ad.*630; puer ille conscius pertimuit, rem omnem dominae ~auit Cic.*Clu.*180; ut ~em stultitiam meam *Q.Fr.*1.3.6; cum coniuratio in tyranni caput facta ~atur per Callonem quendam Liv. 24.5.9; ad deferenda de Perseo crimina ~andosque apparatus belli 42.11.1; adulterium..parenti ~at Ov.*Met.*4.237; quod uiderit..affirmauit se non ~aturum Sen.*Apoc.*1.3; Plin.*Nat.*2.144; Quint.*Decl.*254(p.39,l.15);—(*w. indir. qu.*) ~a, quis tibi uendiderit (uenenum) Sen.*Con.*7.3.4;—(*w. acc. and inf.*) caue quoquam ~assis aurum meum esse istic Pl. *Aul.*608; Dyrrachini profugisse noctu..imperatorem ~auerunt Cic.*Pis.*93; Liv.26.12.16; Tac.*Ann.*2.25; (*pass.*) scutorum, gladiorum..multitudo deprehendi posse ~abatur Cic.*Mil.*64. **b** ni miserum insuper etiam patri ~ares Ter.*Eu.*1014; is..a puero conscio est ~atus Cic.*Clu.*183; *Mil.*57; ~atis deprehensisque internuntiis Caes.*Civ.*3. 112.12; Liv.42.47.6; participes sceleris ~are Curt.6.8.15; Plin.*Nat.*7.87; Ulp.*dig.*47.2.48.1;—(*refl.*) hic prius se ~arit quam ego argentum effecero Ter.*Hau.*584; sic furtim..inter sese aspiciebant ut non iam ab aliis ~ari sed ~are se ipsi uiderentur Cic.*Catil.*3.13; Nep.*Paus.*4.3;—(*w. personal obj. anticipatory of an indir. qu.*) quaeso..ni me ~etis qua platea hinc aufugerim Pl.*Men.*881; (*pass.*) quem ad modum Pompeium oppugnarent, a me ~ati sunt Cic.*Aug.*1.5; Plin.*Ep.* 6.5.6. **c** accusat C. Corneli filius et id aeque ualere debet ac si pater ~aret Cic.*Sul.*51; *Att.*2.24.3; cum ~amus, inuisi et, cum tacemus, suspecti sumus Curt.6.10.35;—quis tibi, Laeli, de epistulis istis ~auit? Cic.*Flac.*92; si quis ~auisset de coniuratione Sal.*Cat.*30.6; Apul.*Apol.*58.

3 (of things) To be an indication of, reveal, disclose, show.

hoc quod fecit, res ipsa ~at Ter.*Eu.*658; uultus..qui sensus animi plerumque ~ant Cic.*de Orat.*2.148; nobis ne si cupiamus quidem distrahere uoces conceditur. ~ant orationes illae ipsae horridulae Catonis *Orat.*152; pudicitiam suae matris ~et (*a baby*) ore Catul.61.218; ne mea contempto lapis ~et ossa sepulcro Prop.3.1.37; numerus.. calculorum..diurni itineris miliariorum numerum ~abit Vitr.10.9.4; urbis..magnitudinem suam uel ultima clade ~antis, quod decem aestates hiemesque continuas circumsessa..est Liv.5.22.8; o grata cardo, regium egressum ~ans! Gracch.*trag.*1; stomachum..infirmum ~ant pallor, macies Cels.1.8.2;—(*w. indir. qu.*) ~at tot hominum fletus quam sis carus tuis Cic.*Rab.Post.*48;—(*w. acc. and inf.*) res..~at nihil ipsos habuisse cogniti *Clu.*131; ne sermo uitium aliquod ~et inesse in moribus *Off.*1.134; Sal.*Jug.*58.4; Plin.*Nat.* 34.33;—(*w. pred.*) quem caduceum et uirgula Mercurium ~abant Apul.*Met.*10.30.

4 To fix the selling-price of (a commodity), price.

uenio ad macellum, rogito piscis: ~ant caros Pl.*Aul.*373; modo uti sciam quanti ~et (*sc. a girl*) *Per.*575; cum postulasset, ut sibi fundus, cuius emptor erat, semel ~aretur Cic.*Off.*3.62; ~ato in Cypro sex aureis smaragdo Plin.*Nat.* 37.6; Apul.*Met.*1.24.

indīcō² ~cere ~xī ~ctum, *tr.* [in-¹+dico²] Orthog.: *indeixsit CIL* 1.825. Forms: *indixti* (=*indixisti*) Fro.*Aur.*2.p.10(227N); imp. *indice* Pl.*Ps.*546 (form *indic* app. not attested).

1 To give formal notice of, proclaim (a public meeting, festival, etc.). **b** *exercitum ~cere*, to announce the assembling of an army (at a given place).

~ce ludos nunciam, quando lubet Pl.*Ps.*546; tanto mercatu praetoris ~cto Cic.*Ver.*2.133; totius Galliae concilium Bibracte ~citur Caes.*Gal.*7.63.5; ~cit..forum et patribus dat iura uocatis Verg.*A.*5.758; comitia decemuiris creandis in trinum nundinum ~cta sunt Liv.3.35.1; senatus conterritus iustitium ~ci, dilectum..haberi iussit 10.21.3; concilio..ei et locus et dies certa ~cta 27.30.6; curio.. Fornacalia..maximus ~cit nec stata sacra facit Ov.*Fast.* 2.528; ~cit festum diem Sen.*Con.*7.6.10; funere ~cto rogus extructus est in Martio campo Suet.*Jul.*84.1;—(*neut. of pple. as sb.*) contio frequens uelut ex ante ~cto ad uoce praeconis conuocata in theatro erat Liv.33.28.4;—(*in fig. phr.*) dixit..casum illum meum funus esse rei publicae, sed funus iustum et ~ctum Cic.*Prov.*45;—(*poet.*) ubi curua choros ~xit tibia Bacchi Verg.*A.*11.737; (*of a portent*) (cometes) ~xit miseris fatalia ciuibus arma Calp.*Ecl.*1.83. **b** in agrum Pomptinum, quo a Volscis exercitum ~ctum audierat, pergit Liv.6.12.1; exercitu ~cto ad portam Esquilinam in posteram diem 6.22.8; prius quam..consules uenirent ad exercitum, qui Pisas ~ctus erat 40.41.7.

2 *bellum* (and sim. words) *~cere* (usu. w. dat.), To declare war (on).

Appius ~xit Karthaginiensibus bellum Enn.*Ann.*223; cum bellum toti Graeciae, dis hominibusque, ~xissent Cic.*Ver.*1.48; Nep.*Alc.*3.1; Romani et res repetiuerant priores et neganti Albano bellum in tricesimum diem ~xerant Liv.1.22.5; Sen.*Ben.*6.31.1; Flor.*Epit.*1.24(2.8.8);—(*transf.*) ne omnino bellum ~xisse uidear uoluptati Cic. *Sen.*46; hic ego propter aquam, quod erat deterrima, uentri ~co bellum Hor.*S.*1.5.8;—tacitae magis et occultae inimicitiae timendae sunt quam ~ctae atque apertae Cic. *Ver.*5.182; de ipsius Macedoniae possessione certamen fortunam ~xisse Liv.42.52.15; ~xisti pecuniae odium Sen. *Ben.*2.17.2; Poenis ~cta more parentum..pugna Sil.6.660; ut..multis..uel amicitiam suam optulerit uel simultatem ~xerit Suet.*Nero* 25.3.

3 (usu. w. dat.) To impose or inflict (on) by one's pronouncement: **a** (a task or obligation). **b** (a punishment). **c** to impose the obligation of providing (tribute, services, etc.).

a iter ad regem..~cit primis iuuenum Verg.*A.*7.468; obsecratio in unum diem populo ~cta Liv.26.23.6; longiorem ..inediam ~ci necessarium est Cels.6.6.8.g; hoc esse munus credis ~ctum uiris ut dura tolerent..? Sen.*Phaed.* 463; ubi (animus) se praeparauit et ~xit sibi patientiam *Ep.*123.5; uigilias, stationes, et si qua alia praesens usus ~xerat, ipsi partiebantur Tac.*Ann.*1.32; feminam non agnoscentem filium suum..ad confessionem compulit ~cto matrimonio iuuenis Suet.*Cl.*15.2; ~cebat et familiaribus cenas *Nero* 27.3; matri devm tavrobolivm ~ctvm ivssv ipsivs..celebrarvnt *CIL* 12.4321;—(*impers. pass., w.* ut) ~ctum..iunioribus Latinorum ut..die certa ad lucum Ferentinae armati frequentes adessent Liv.1.52.5. **b** Tarquinio clausae portae exsiliumque ~ctum Liv.1.60.2; uoluntarium..sibimet ~xit exilium V.Max.5.6.3; qui ~ceret multam Plin.*Nat.*18.11; sententia..Haterii Agrippae.. ~ctum reo ultimum supplicium Tac.*Ann.*3.49; ut uictis seruitium ~ceretur 4.46;—(*fig.*) debilitatem nobis ~xere deliciae SEN.*Ep.*55.1;—(*cf.*) rura quibus diras ~ximus, impia uota *Dirae* 3; multis..locis uetere appellatione detracta nouam ~xit (Nero) SUET.*Nero* 55. **c** tributo populo ~cto LIV.4.60.4; seruorum numerum et pondus argenti senatoribus ~cit TAC.*Hist.*3.58; seruos..uiris feminisque pecuniosioribus ~ctos SUET.*Aug.*25.2; uectigalibus ~ctis neque propositis *Cal.*41; libertus, cui patronus operas ~cere uellet GAIUS *Inst.*4.162.

indictiō ~ōnis, *f.* [prec.+-TIO]

1 A declaration (of war).
(Crassus) ne imaginaria quidem belli ~one..repente..in Parthos impetum facit FLOR.*Epit.*2.20(4.10.2).

2 The imposition (of duties); a duty or tax imposed, impost.
nec nouis ~onibus pressi ad uetera tributa deficiunt PLIN.*Pan.*29.4; libertus, qui post ~onem operarum ualetudine impeditur ULP.*dig.*38.1.15;—si qua tributorum aut uectigalis ~onisque quid nomine..praestare oportet 19.1.13.6; si..fundo ~ones temporariae indictae sint PAUL. *dig.*33.2.28.

indictīuus ~a ~um, *a.* [INDICO²+-IVVS] (of funerals) Publicly proclaimed.
ex aedibus efferri ~o funere praeco etiam eos dicit qui ex tabernis efferuntur VAR.*L.*5.160; 7.42; ~um funus, ad quod per praeconem euocabantur PAUL.*Fest.*p.106M; (*cf.*) ~a sunt (funera), quibus adhibentur non ludi modo, sed etiam desultores, quae sunt amplissima FEST.p.334M.

indictus ~a ~um, *a.* [IN-²+pple. of DICO²]

1 Not said or mentioned; also, not previously said. **b** (leg.) *~a causa*, without the case's having been pleaded, without a hearing.
nolo uolo..quod dictum ~umst; quod modo erat ratum inritumst TER.*Ph.*951; quae tum cecinerit..ea se nec ut ~a sint reuocare posse, et tacendo..nefas contrahi LIV. 5.15.10; nec tu carminibus nostris ~us abibis VERG.*A.*7.733; dicam insigne recens adhuc ~um ore alio HOR.*Carm.*3.25.8; —nescio quid aliud ~um inscitumque dicit GEL.1.22.12; (*neut. pl. as sb.*) si proferres ignota ~aque primus HOR.*Ars* 130. **b** decem hominibus uitam eripis, ~a causa, iniudicatis CATO *orat.*61; absentes rei facti ~a causa damnati et eiecti CIC.*Ver.*13; *Rab.Perd.*12; CAES.*Gal.*7.38.2; LIV. 38.33.2; CURT.3.12.19.

2 That cannot be spoken of, ineffable.
quem (*sc.* deum)..caelestem pronuntiat (Plato), ~um, innominabilem APUL.*Pl.*1.5.

Indicum ~ī, *n.* [next]

1 (= *caeruleum Indicum*) A blue pigment from India, indigo.
armenium et ~um nominibus ipsis indicatur, quibus in locis procreatur VITR.7.9.6; non pridem adportari et ~um coeptum est..ratio in pictura ad..umbras diuidendas ab lumine PLIN.*Nat.*33.163; 35.46.

2 (app.) A kind, or kinds, of black pigment (= *atramentum Indicum*).
~um..fit etiam aput infectores ex flore nigro, qui adhaerescit aereis cortinis PLIN.*Nat.*35.43.

Indicus ~a ~um, *a.* Of India (in a broad sense) or its inhabitants, Indian. **b** *mare ~um*, the Indian Ocean; *~a gemma, ~us lapillus*, a pearl; *~a pecus*, an elephant; *~um cornu, ~us dens*, ivory; *~us color*, indigo.
ebur ~um HOR.*Carm.*1.31.6; ~arum Arabicarumque mercium PLIN.*Nat.*22.118;—(*of varieties of plants or animals*) elephantis quem ~is praefecerat TER.*Eu.*413; LIV. 37.39.13; ~a..harundo VAR.AT.*poet.*20; nardi ~i CELS. 6.6.6; ~ae formicae cornua PLIN.*Nat.*11.111;—(*of wars, expeditions, etc.*) Liber..~um..deducens triumphum V. MAX.3.6.6; ~a nauigatio PLIN.*Nat.*6.104; ~a laurus STAT. *Silv.*4.1.41; Alexander bello ~o..facinora faciens fortia GEL.5.2.4. **b** spectant..meridiem Indi, oramque ~i maris MELA 1.11; SEN.*Phaed.*392; (*cf.*) (Oceanus) ab oriente Eous, a meridie ~us uocatur PLIN.*Nat.*6.33;—uagi crines..~a quos medio uertice gemma tenet PROP. 2.22.10; carior ~is lapillis MART.1.109.4;—politum pecudis ~ae dentem 5.37.5;—dentata..Aegle emptis ossibus ~oque cornu 1.72.4; citrum uetus ~osque dentes 10.98.6;—cretam selinusiam..uitro, quod Graeci ὑάτιν appellant inficientes imitationem faciunt ~i coloris VITR.7.14.2.

indidem, *adv.* [INDE+-*dem* (cf. *idem, ibidem*)] N.B.: usu w. backward reference, and often pleon.; in Apuleius sts. hardly more than an ornamental variation on *inde.*

1 From the or that same place; also, from that same direction or quarter.
omne genus tormentorum..ex Sicilia arcessierat; et naues ~ accitae erant LIV.27.25.11; in montes proximos abire et ~..ostentare se pugnantibus FRON.*Str.*2.4.5; oritur..sol non ~ semper, sed aut 'aequinoctialis' oriens dicitur,..aut 'solstitialis' GEL.2.22.5; pergit ad..turrim praealtam, ~ sese datura praecipitem APUL.*Met.*6.17; nec..me sinebat animus..~ digredi 11.17;—thrascias et argestes sunt ~ flantes *Mun.*11.

2 (after vbs. of taking, etc.) From the or that same source of supply; (expr. instrument) by those same means.
ecquid is homo habet aceti in pectore?—atque acidissumi.—quid, si opu' sit ut dulce promat ~, ecquid habet? PL.*Ps.*740; omnia decoquito usque ad sextarios III iuris.. ~ sume tibi sextarium unum CATO *Agr.*158.2; quibus (uaporibus)..renouatae..stellae..effundunt eadem et rursum trahunt ~ CIC.*N.D.*2.118; de stagneo uasculo multo sese perungit oleo..meque ~ largissime perfricat APUL. *Met.*10.21; ~ de potione gustauit ampliter 10.26; (*cf.*) ~ (*i.e. from those same books*) mihi praedicat quae forent.. praeparanda 11.22;—(*expr. instrument*) exsoluit suam sibi fasciam pedesque meos..inligans ~ constringit 7.28; arrepto ..flagro..~ sese multinodis commulcat ictibus 8.28.

3 (w. words expr. birth, derivation, or sim.) From the or that same origin; (often w. exact source specified afterwards).
omnia animat format (aether)..~ eadem aeque oriuntur de integro atque eodem occidunt PAC.*trag.*92; non decet tam uetus sine liberis nomen esse, sed ~ semper ingenerari CATUL.61.207; (Cerrinus Vibellius) ciuis ~ (*i.e. of Capua*) erat LIV.23.46.12; falsa signa testamentaque..ex eadem officina exibant: uenena ~ intestinaeque caedes 39.8.8; ea quae magis utile esset..discere, non allata extrinsecus..sed ~ nata GEL.4.1.19; ut et lapides, quos offenderem, de homine duratos et aues, quas audirem, ~ plumatas..crederem APUL.*Met.*2.1; (*as correlative*) unde..simile duci potest, ..~ uerbum unum, quod similitudinem continet, translatum lumen adferet orationi CIC.*de Orat.*3.161;—(*w. source specified afterwards*) quos homines? ~ne Ameria an hosce ex urbe sicarios? *S.Rosc.*74; habuit (Epaminondas) obtrectatorem Menecliden quendam, ~ Thebis NEP.*Ep.*5.2; (Thurini) ~ ex Achaia oriundi LIV.25.15.7; 39.12.1; GEL.7(6).10.4; (*in etymologies of words*) ab legendo ligna..~ ab legendo legio VAR.*L.*6.66.

indifferens ~ntis, *a.* [IN-¹+pple. of DIFFERO]

1 (phil., of things) Neither good nor bad, indifferent.
quod..illi (*sc.* Graeci) ἀδιάφορον dicunt, id mihi ita occurrit, ut ~ns dicerem CIC.*Fin.*3.53; desinunt esse per sese haec media atque ~ntia GEL.2.7.20;—(*neut. as sb.*) mortem inter ~ntia ponimus SEN.*Ep.*82.10; *Dial.*7.22.4; Zeno censuit uoluptatem esse ~ns, id est neutrum, neque bonum neque malum GEL.9.5.5.

2 Making no difference, unimportant; (gram., of the quantity of a syllable).
rhythmo ~ns (est), dactylicusne ille priores habeat breues an sequentes QUINT.*Inst.*9.4.48;—quamuis habeatur ~ns ultima (syllaba) 9.4.93.

3 (of persons) Not fussy or particular, indifferent.
(Caesarem) circa uictum..adeo ~ntem docet, ut..conditum oleum pro uiridi adpositum..etiam largius appetisse scribat SUET.*Jul.*53.

indifferenter, *adv.* [prec.+-TER²]

1 Without distinction, indifferently, interchangeably; also, without regard for distinctions, in an undiscriminating manner.
~ haec (*sc.* 'Albanus', 'Albensis') inueniuntur PLIN.in *G.L.*5.144; utraque appellatione ~ uti licet QUINT.*Inst.* 11.3.1; GEL.10.24.8;—oportet..non ~ remediatos in futurum uiuere LARG.122; VEN.*dig.*48.3.10.

2 With unconcern, with indifference.
occisum eum populus ~, miles grauissime tulit SUET.*Dom.* 23.1.

indifferentia ~ae, *f.* [INDIFFERENS+-IA]

1 Lack of difference, indistinguishableness; (of words) synonymity.
hanc ipsam ~am (geminorum) quam..stupent ciuitatis oculi [QUINT.]*Decl.*8.12;—hoc ego scripsi de utriusque uocabuli (*sc.* 'necessitudo', 'necessitas') ~a GEL.13.3.6.

2 Variableness (of the quantity of a syllable).
cuius (syllabae) sonitus quanta aput ueteres ~a sit GEL. 13.23(22).17.

indigena ~ae, *m.* [INDV-+-GENVS]

1 (usu. pl.) One born in a place, a native. **b** one of the original inhabitants of a place (= Gk. αὐτόχθων).
quaerenti sic e senioribus unus rettulit ~is OV.*Met.*15.11; iter..ignotum nisi ~is CURT.8.2.21; quaedam animalia ~is innoxia aduenas interemunt PLIN.*Nat.*8.229; insula..perdidit una omnis..~as STAT.*Theb.*5.309; amnis os dicatum Herculi, quem ~ae ortum apud se..perhibent TAC.*Ann.* 2.60; 6.28;—(*w. gen.*) non Amphipolites..sed ~a soli Attici COL.1.1.8; (*in fig. phr.*) eram cultor adsiduus, fani quidem aduena, religionis autem ~a APUL.*Met.*11.26. **b** uix.. inuenies ullam terram, quam etiamnunc ~ae colant SEN. *Dial.*12.7.10; ipsos Germanos ~as crediderim TAC.*Ger.*2.1; *Ag.*11.1; quondam hoc ~ae uiuebant more JUV.13.38;—(*cf.*) (Cecrops) quia ~a (= *Gk.* γηγενής) fuit inguinibus serpens fuisse narratur AMP.15.1.

2 (used attrib., usu. w. masc. sbs.) Born or produced in, or belonging to, a particular place (and not of external origin), native, indigenous; (spec.) Italian. **b** (in relation to the subject of the sentence) of one's native land; (of land) one's native.
(*of persons*) ne uetus ~as nomen mutare Latinos neu Troas fieri iubeas VERG.*A.*12.823; felicissimum fundum esse, qui colonos ~as haberet COL.1.7.3; hostis ~a STAT. *Theb.*7.384; (*w. gen.*) Poenus hostis ne Africae quidem ~am ..militem trahit LIV.23.5.11; ~as Latii populos LUC.2.432; —(*of deities*) haec nemora ~ae Fauni Nymphaeque tenebant VERG.*A.*8.314; OV.*Met.*6.330;—(*of animals*) ~as..apros 14. 343; bos ~a melior est quam peregrinus COL.6.2.12; equo ~a peralbo uehens APUL.*Met.*1.2;—(*of produce*) de ~a uino PLIN.*Nat.*14.72; sic uocant (Numantini) ~am ex frumento potionem FLOR.*Epit.*1.34(2.18.12);—(*of other things*) aduena studiorum Quiritium ~am sermonem..excolui APUL.*Met.*1.1;—arenosi gurgites..pelagios (pisces) melius pascunt, ut..Punicas..et ~as umbras COL.8.16.8. **b** ~as ..duces et prisca suorum facta canunt V.FL.6.93; ~is sacratus aquis..sacerdos 6.294;—Milichus ~is late regnabat in oris SIL.3.104.

indigens¹ ~ntis, *a.* [pple. of INDIGEO] In senses of vb., esp.: **a** needy, indigent. **b** not self-sufficient.
a cum opem ~ntibus salutemque ferres CIC.*Fin.*2.118; hominibus ~ntibus de re familiari impertiendum *Off.*2.54; (*masc. as sb.*) aut opera benigne fit ~ntibus aut pecunia 2.52. **b** utrumque (*sc.* uis corporis et uirtus animi) per se ~ns alterum alterius auxilio eget SAL.*Cat.*1.7.

Indigens²: see INDIGES.

indigentia ~ae, *f.* [INDIGENS¹+-IA] A condition marked by the lack of some necessary thing, need; also, a sense of need.
a natura mihi uidetur potius quam ab ~a orta amicitia CIC.*Amic.*27; 100; ex hac..~a (*sc.* temporis) timor nascitur et cupiditas futuri exedens animum SEN.*Ep.*101.8; GEL. 9.8.1;—lubidini (subiecta sunt) ira,..discordia, ~a CIC. *Tusc.*4.16; ~a (est) libido inexplebilis 4.21.

indigeō ~ēre ~uī, *intr.* [INDV-+EGEO]

1 To stand in need of, need, require: **a** (w. gen.). **b** (w. abl.). **c** (w. inf.).
duae innocentes intus hic sunt, tui ~entes auxili PL.*Rud.* 642; cognitio enodationis ~ens CIC.*Top.*31; quid est in hac causa quod defensionis ~eat? *S.Rosc.*34; ~eo tui consili *Att.*12.35.(2); cum patria pulsus esset et alienarum opum ~eret NEP.*Han.*1.3; aliquid.., quorum ~et usus..detexere iunco VERG.*Ecl.*2.71; SEN.*Dial.*6.11.3; opera, quae multi luminis ~ent COL.12.2.2; TAC.*Ann.*3.54; SUET.*Tib.*10.1. **b** qui ciuilem scientiam eloquentia non putant ~ere CIC. *Inv.*1.6; precibus nostris et cohortatione non ~es *Att.*2.22.5; ut annis triginta medicina non ~uisset NEP.*Att.*21.1; longinquis..~ere auxiliis LIV.2.34.3; uoluptas..qua uirtus saepe caret, numquam ~et SEN.*Dial.*7.7.2; maxima ~ens cura..quaestio PLIN.*Nat.*18.201; TAC.*Hist.*4.1; SUET.*Gal.* 7.2; GEL.14.2.13; (*w. pred.*) interitu consulum rem p. nudatam tali ciue praetore in urbanis officiis ~ere existimabam PLANC.*Fam.*10.17.2; (*impers. pass.*) cum praesidio earum (*sc.* Seleucidum auium) ~etur PLIN.*Nat.*10.75. **c** hoc plane ~eo discere, quid sit 'penus' GEL.4.1.6.

2 To be without, lack: **a** (w. gen.). **b** (w. abl.). **c** (w. internal acc.). **d** (absol.) to be poor or needy.
a principem..qui..non modo imperii sed libertatis etiam ~eret TAC.*Ann.*14.1. **b** manualis lapides dispertit, propterea quod is ager omnis eius modi telis ~ebat SIS.*hist.* 23; milites eis rebus ~ebant quae ad oppugnationem castrorum erant usui CAES.*Civ.*2.35.4; Vitellianus miles neque astu neque constantia inter dubia ~ebat TAC.*Hist.*3.73. **c** ne quid ex his (artibus) ~eat (architectus) VITR.1.1.14. **d** quos praecipue scias ~ere, sustentantem..orbe quodam socialitatis ambire PLIN.*Ep.*9.30.3.

3 To feel the need of, lack: **a** (w. gen.). **b** (w. abl.).
a quid 'mi pater'? quasi tu huius ~eas patris TER.*An.* 890; contemnere omnis libidines, non auri, non argenti.. ~ere CIC.*Sul.*25. **b** se ipso esse contentum et propter hoc amico non ~ere SEN.*Ep.*9.1.

Indiges ~etis (~itis), *m. adj.* [perh. INDV-+AGO] FORMS: *Indigens* (prob. erron.) *Elog.*1 (*CIL* 1.p.189). An obscure title applied to certain deities (according to some authorities, local gods as opp. to foreign gods (*dei nouensides*); *Iuppiter ~es* (also *~es* alone), a title under which Aeneas was worshipped. **b** (as a title of the Sun).
(*pl.*) di patrii, ~etes, et Romule Vestaque mater VERG. *G.*1.498; LIV.8.9.6; OV.*Met.*15.862; ~etes fleuisse deos, urbisque laborem testatos sudore Lares LUC.1.556; SIL. 9.294;—(*sg., usu. in connection w. Aeneas*) AENEAS..APPELATUSQ(ue) EST INDIGENS PATER ET IN DEORVM NVMERO RELATVS *Elog.*1(*CIL* 1.p.189); ~etem Aenean scis ipsa et scire fateris deberi caelo VERG.*A.*12.794; cum te (*i.e. Aeneas*) ..Numici unda deum caelo miserit ~etem TIB.2.5.44; OV.*Met.*14.608; GEL.2.16.9; PAUL.*Fest.*p.106M;—situs est (Aeneas)..super Numicum flumen; Iouem ~etem appellant LIV.1.2.6; PLIN.*Nat.*3.56.; (*without* Iuppiter) diua ~etis castis contermina lucis SIL.8.39. **b** SOL(is) ~ITIS IN COLLE QVIRINALE SACRIFICIVM PVBLICVM *Fast.Vall.*(*CIL* 1.p.240); *Fast.Amit.*(*CIL* 1.p.244).

indīgestē, *adv.* [next+-E] Without proper arrangement, unmethodically.
in illis annotationibus pristinis, quae breuiter et ~.. feceramus GEL.pr.3.

indīgestus ~a ~um, *a.* [IN-²+pple. of DIGERO] Not properly arranged, disorderly, confused.
Chaos, rudis ~aque moles OV.*Met.*1.7; illam..multitudinem ~am (*i.e. Xerxes' army*)..non..uires habere, sed pondus SEN.*Ben.*6.31.4; materiae sudra et ~a simplicitas PLIN.*Nat.*13.98; turba ~a (*sc. of suckers*) 17.65; ~a..copia STAT.*Theb.*7.619.

(indigis) ~is, *a.* [INDIGEO] (w. gen.) Bereft or destitute (of).
(patrem) aetate exacta ~em liberum lacerasti orbasti PAC.*trag.*328.

indigitāmenta ~ōrum, *n. pl.* [next+-MENTVM] Certain religious formulas used in invoking deities.
~a incantamenta uel indicia PAUL.*Fest.*p.114M.

indigitō ~āre ~āuī ~ātum, *tr.* [INDIGES+-O³] To invoke (a deity) by certain formulas.
precabantur Numeriem, quam deam solent ~are etiam pontifices VAR.in NON.p.352M; ~anto inprecanto PAUL. *Fest.*p.114M.

indignābundus ~a ~um, *a.* [INDIGNOR+-BVNDVS] Indignant, furious.
~us et clamitans SUET.*Aug.*40.5; *Cal.*35.3; pro lingua

patria tamquam pro aris et focis animo inritato ~us Gel. 19.9.8;—(*w. acc. and inf.*) illa muliebriter ~a nihil de communi filia secum consultatum Liv.38.57.7.

indignans ~ntis, *a.* *superl.* ~ntissimus. [pple. of indignor] Full of righteous anger, indignant; (w. gen.) resentful (of).
talibus..modis ora ~ntia soluit Ov.*Met.*1.181; uerba.. quaerenti satis ~ntia linguae defuerunt 6.584;—(*w. gen.*) cum sit mollissimum genus (piscium) et seruitutis ~ntissimum Col.8.17.7.

indignātiō ~ōnis, *f.* [indignor+-tio]
1 Anger aroused by a sense of wrong, indignation, resentment. **b** (poet.) a cause for indignation, annoyance. **c** (transf.) fury, rage (of the elements).
hoc genere exornationis uel ~o uel misericordia potest commoueri *Rhet.Her.*4.51; *B.Alex.*63.6; ~o Aequos et Volscos incessit, si uictores exercitus uallum potius quam uirtus et arma tegerent Liv.3.60.8; uicit..strepitum uox et ~o Fabi senis increpantis superbiam crudelitatemque Papiri 8.33.11; ~one accensus 36.44.8; erumpens animo ac pectore ~o Vell.2.66.3; quo facto tanta ~o exarsit, ut.. Plin.*Nat.*33.18; si..prima ~o elanguescat Tac.*Hist.*1.33; si natura negat, facit ~o uersum Juv.1.79; Suet.*Aug.*14; ad iustam ~onem arrecti Apul.*Met.*3.9;—(*w. obj. gen.*) magno eiulatu expromens ~onem casus tanti uiri Vell. 2.19.3;—(*w. acc. and inf.*) ~o oborta, se ut consceleratos.. coetu..hominum..abactos esse Liv.2.37.9; Plin.*Ep.*6.10.3; —(*w.* quod) dein ceteri (*sc. spoke*) composita ~one, quod consul rem publicam..prodidisset Tac.*Hist.*3.37. **b** structorem interea, nequa ~o desit, saltantem spectes Juv. 5.120. **c** grandinare..dicitur, cum aqua..~one uehementi humum uerberat Apul.*Mun.*9.

2 An expression of indignation, angry outburst; (rhet.) a speech or part of a speech designed to arouse indignation.
uirorum..uox tota tribuniciae potestatis ac prouocationis ad populum ereptae publicarumque ~onum erat Liv.3.48.9; primo secretae bonorum ~ones exaudiebantur 25.1.9;—(*rhet.*) ~o est oratio, per quam conficitur, ut in aliquem hominem magnum odium..concitetur Cic.*Inv.*1.100; 2.36; 2.85; omnis quaestio..habebat..suos excessus, suas ~ones Sen.*Con.*7.pr.2; exstat Messalae oratoris ~o Plin.*Nat.*35.8; Quint.*Inst.*4.3.15.

indignātiuncula ~ae, *f.* [prec.+-cvla] A slight feeling of resentment.
~am..non possum mihi temperare, quominus apud te.. effundam Plin.*Ep.*6.17.1.

indignē, *adv.* *compar.* ~ius, *superl.* ~issimē. [indignvs+-e]
1 Contrary to one's deserts, undeservedly.
~e exigor patria innocens Naev.*trag.*9; Turp.*com.*90; praeclare uir de re publica meritus..~issime concidit Cic. *Sest.*140; persequamur eorum mortem qui ~issime interierunt Caes.*Gal.*7.38.8; nihil censoria animaduersio effecit, quo minus regimen rerum ex notata ~e domo peteretur Liv.4.31.5; illum immatura morte ~issime raptum Plin. *Ep.*6.6.7.

2 In an unworthy manner, unbecomingly, shamefully, outrageously, etc.
meretricem ~e deperit Pl.*Bac.*470; sacerdos Veneria ~e adflictatur Pl.*Rud.*645; clamant omnes ~issume factum esse Ter.*Ad.*91; quo ~ius rem honestissimam..uiolabat ..improborum temeritas Cic.*Inv.*1.5; ceruices in carcere frangebantur ~issime ciuium Romanorum *Ver.*5.147; ~e.. oppidum captum et bellum confectum relinquere sum coactus Vat.*Fam.*5.106; Fro.*Aur.*2.p.228(234N).

3 *~e ferre, pati*, To be indignant at, take ill, resent.
qvoivs fatvm acerbvm popvlvs ~e tvlit *CIL* 1.1924.5; neque..hoc ~e fero, quod uerear ne quid possit Cic.*S.Rosc.* 141; Suet.*Rhet.*30(p.125Re); (*w. acc. and inf.*) ~e ferunt (Siculi) illam clementiam..in tantam crudelitatem..esse conuersam Cic.*Ver.*5.115; eum sibi..anteponi ~e ferebant Nep.*Eum.*1.3; Phaed.1.21.10; quem Catullus..in sella curuli uisum ~e tulit Plin.*Nat.*37.81; Suet.*Tib.*4.3; (*w.* quod) pauo..~e ferens, cantus luscinii quod sibi non tribuerit (Iuno) Phaed.3.18.1; Sen.*Dial.*2.1.3;—(Horatius) ~e passus uirginem (*i.e. his sister*) occidit Cic.*Inv.*2.78; (*w. acc. and inf.*) cum ~e pateretur uxor..in conuentum suum mimi Isidori filiam uenisse *Ver.*5.31; Liv.43.15.5.

indignitās ~ātis, *f.* [indignvs+-tas]
1 The quality of not being worthy: **a** (of actions, etc.) shamefulness, outrageousness, or sim. **b** (of persons) want of merit, baseness, unfitness, etc.
a nequeo uerbis consequi..~atem rei *Rhet.Her.*4.12; si ~as iniuriae tuae non commouebat Cic.*Ver.*1.144; uersatur mihi ante oculos ~as calamitatis 5.123; cum prae ~ate rerum stupor..ceteros..defixisset.. Liv.6.40.1; 8.28.6; 23. 10.10; si tantum irasci uis sapientem, quantum scelerum ~as exigit Sen.*Dial.*4.9.4; reus de ~ate calumniae..queritur Quint.*Inst.*6.1.9; Suet.*Cl.*36.1; Gel.13.25.20. **b** si quid adfert..hominis aut dignitas aut ~as Cic.*de Orat.*2.138; qui ~ate seruos, temeritate fugitiuos..uicerit *Ver.*4.112; ne qua ex tua summa ~ate labes illius dignitati adspersa uideatur *Vat.*15; qui..~ate sua uim ac ius magistratui quem gerebat dempsisset Liv.26.12.8; 27.8.7.

2 Unworthy treatment or an instance of it, indignity, humiliation. **b** a sense of indignity.
cum..omnem adeundi et conueniendi illius ~atem et molestiam pertulissem Cic.*Fam.*6.14.2; omnis ~ates contumeliasque perferre Caes.*Gal.*2.14.2; magno audacique aliquo facinore eam ~atem uindicandam ratus Liv.2.12.3; illum omnibus ~atibus conpulsum ad rebellandum 42.52.7; quae maior ~as illius saeculi esse potuit quam aut Pulcher accusator aut reus Cato? Sen.*Con.*10.1.8; Plin.*Ep.*2.14.14. **b** tacita esse poterit ~as nostra? Cic.*Att.*10.8.3; hoc.. faciam..doloris atque ~atis causa Cael.*Fam.*8.17.2; primum miseratio sui, deinde ~as atque ex ea ira animos cepit Liv.5.45.6; 7.7.2; praetorianos etiam metu et ~ate commouit Suet.*Gal.*16.1.

indigniter, *adv.* [indignvs+-ter[2]] Undeservedly, unjustly.
qvoi fatvm..parcae..statvervnt ⟨vix qvom ess⟩et bis decem anneis nata ~ *CIL* 1.1215.4.

indignor ~ārī ~ātus, *tr.* (*intr.*). [next+-o[3]]
1 To regard with indignation, take offence at, resent, disdain, etc.: **a** (w. direct obj.). **b** (w. inf.). **c** (w. acc. and inf.). **d** (w. *quod*).
a oportet..dicere ea, quae ~entur aduersarii, tibi quoque indigna uideri Cic.*Inv.*1.24; id cum factum multi ~arentur Nep.*Di.*4.2; casum insontis mecum ~abar amici Verg.*A.* 2.93; uti L. Sextium atque hunc C. Licinium consules, quod ~aris..uideas Liv.6.40.11; Sen.*Ep.*91.15; longam..~antia pacem corda Stat.*Theb.*3.599; abducit genitor (Antigonen) saeuumque minatur ~ans ueniam 11.741; (*a horse*) ~atus habenas Sil.16.352; quidam imperia ~antur Quint.*Inst.* 1.3.6; (*w. pred.*) Antonius..successorem Caesaris ~atur Octauium Flor.*Epit.*2.14(4.3.4);—(*poet., of things*) pontem ~atus Araxes Verg.*A.*8.728; uestis..lecto non ~anda saligno Ov.*Met.*8.659; nigros non ~antia fumos tecta Mart. 2.90.7. **b** tu uero dubitabis et ~abere obire? Lucr. 3.1045; ~abantur nouum hominem censorem uidere Liv. 39.41.2; Sen.*Dial.*11.11.1; Luc.10.444; Quint.*Inst.*1.11.17; —(*poet., of things*) ~atur..priuatis..carminibus narrari cena Thyestae Hor.*Ars* 90. **c** eum quem dilexi perisse ~or Mat.*Fam.*11.28.2; ~atur se mortalem esse creatum Lucr.3.884; ~ati se obsideri Liv.31.31.12; 34.6.1; Sen. *Nat.*5.18.10; Apul.*Met.*5.31. **d** ~antis milites..quod conspectum suum hostes perferre possent..et signum proeli exposcentis Caes.*Gal.*7.19.4; Liv.21.30.3; ~or quod sim tibi causa doloris Ov.*Tr.*4.3.33; Phaed.4.16(17).2; Plin. *Pan.*73.6;—(*poet., of things*) improba pugnat hiems ~aturque quod ausim scribere Ov.*Tr.*1.11.41.

2 (ellipt. or absol.) To be indignant or aggrieved, complain, protest, etc. **b** (w. *de*). **c** (w. *pro*). **d** (w. dat.).
nos homunculi ~amur, si quis nostrum interiit..? Sulp. Ruf.*Fam.*4.5.4; ~or quandoque bonus dormitat Homerus Hor.*Ars* 359; primores eorum excipiens querendo ~andoque Liv.2.38.1; 23.22.7; ursos ferre domum uiuos ~antesque solebat Ov.*Met.*12.354; ex nepote dolere, ~ari, erubescere coactus est Vell.2.130.4; dubium est, utrum ridere audientes an ~ari debuerint Quint.*Inst.*6.3.83; Hyg.*Fab.*80.3; (*gdve.*) maxime ~andum, cum..eblandiatur gratia..falsam probationem Vitr.3.pr.3; (*w. internal acc.*) (Varronem) plura ~antem telis proprioribus hostes egere Sil.9.656;—(*poet., of things*) uenti..magno ~antur murmure clausi nubibus Lucr.6.197; ~atum magnis stridoribus aequor Verg.*G.*2.162; Ov.*Met.*11.491; clausus ubi exusto liquor ~atur aeno Sil.5.606. **b** nimium cito ait me ~ari de tabulis Cic.*Q.Rosc.*5; *B.Hisp.*18.9. **c** ubi ~antium pro se acerrimus erat clamor Liv.2.55.6; Suet.*Aug.*66.2; uiro..pro salute sociorum grauiter..~anti Gel.6(7).3.18. **d** quae res cum ei sequius ac rata fuerat proueniret, ~ata (uxor) numinibus Apul.*Met.*9.29; ~atus silentio eius ut conuicio 9.39; 10.7; qui patitur uxorem suam delinquere.. quique contaminationi non ~atur Ulp.*dig.*48.5.2.3.

indignus ~a ~um, *a.* *compar.* ~ior, *superl.* ~issimus. [in-[2]+dignvs]
1 (esp. of persons) Not deserving some honour, favour, or sim. specified or implied, unworthy. **b** (w. abl.); (also w. gen.). **c** (w. rel. cl.). **d** (w. *ut*); (also app. w. *quo*). **e** (w. inf.).
mihi supplicandum seruolo uideo meo.— tandem ~us uideor? Pl.*Mer.*172; quicumque senator uoluerit fieri, quamuis puer, quamuis ~us Cic.*Ver.*2.121; uirtus, ~o non committenda poetae Hor.*Ep.*2.1.231; turbam ~orum candidatorum Liv.4.56.3; quamuis ~us..urbanae militiae adscribebatur Tac.*Hist.*2.94; (*masc. as sb.*) populo, qui stultus honores saepe dat ~is Hor.*S.*1.6.16; (*poet.*) (ianua) pulsata ~is..manibus Prop.1.16.6. **b** accusatoris interpretatio ~a responsione Cic.*Balb.*36; te omni honore ~issimum iudicat *Vat.*39; ~us consulatu putari Q.Cic.*Pet.*2; partem ciuitatis uelut contaminatam ~am conubio haberi Liv.4.4.5; ingrati atque omni ope diuina humanaque ~i 7.30.3; hunc..Augustus ~um uindicta iudicauit, cum.. occisus esset Sen.*Nat.*1.16.1; Rabirius ac Pedo (*i.e. as poets*) non ~i cognitione Quint.*Inst.*10.1.90; (*w. sup. in* -u) digna atque ~a relatu uociferans Verg.*A.*9.595; Plin.*Nat.*32.154; —si qvis qvem decvrion(vm) ~vm loci avt ordinis decvrionatvs esse dicet *CIL* 1.594.3.5.20. **c** nequior nemost neque ~ior quoi di bene faciant Pl.*Bac.*616[a]; Met. Num.*orat.*3; eine qui postulabant ~i erant qui impetrarent ..? Cic.*S.Rosc.*119; Lucr.2.616; segnis ego, ~us qui tantum possideam Hor.*S.*2.3.236; Liv.4.3.2; Sen.*Ben.*7.16.4; illud..non ~um (est) quod adnotetur Quint.*Inst.*7.1.58. **d** Lucil.916; cum ~i ut redimeremur a uobis uisi simus Liv.22.59.17;—ut ~i sint, quo libertatem consequantur Afric.*dig.*40.4.20. **e** in..deum numero quae sint ~a uideri Lucr.5.123; Ov.*Ars* 1.681.

2 (of persons) Not deserving some misfortune, punishment, or sim. specified or implied, guiltless, etc. **b** (w. abl.). **c** (w. rel. cl.). **d** (w. inf.).
cur eget ~us quisquam, te diuite? Hor.*S.*2.2.103; primores patrum..nec probare quae fierent, et credere haud ~is accidere Liv.3.37.2; qui semet in ortus uertit et ~ae regerit sua pignora matri Stat.*Theb.*4.632;—(*masc. as sb.*) ~is si male dicitur, male dictum id esse dico Pl.*Cur.*513; telum quod saepe nocentis praeterit exanimatque ~os inque merentis Lucr.2.1104;—(*poet.*) ~o circumdat uincula collo Ov.*Met.*1.631; nunc ora ~a cruento ungue secat Stat.*Theb.* 6.624. **b** te esse ~um iniuria hac Ter.*Ad.*166; ne..ceteri omnes simili periculo ~issimi iudicentur Cic.*Ver.*5.171; uir ~us ea calamitate Liv.23.10.4; Curt.7.5.37; Quint.*Inst.* 3.8.57. **c** illam sanctissimam animam ~amque quae ferro contaminaretur Sen.*Dial.*1.2.11; Juv.4.95. **d** ne.. ~a..laedi crura notent sentes Ov.*Met.*1.508; Sil.2.111.

3 (of persons, w. rel. and subj.) Whom it does not befit (to do something); (also w. inf.).
si ego digna hac contumelia sum maxume, at tu ~u' qui faceres tamen Ter.*Eu.*866; quando sese esse ~am deputat matri meae quae concedat *Hec.*477;—~i fraternum rumpere foedus Hor.*Ep.*1.3.35; effutire leuis ~a Tragoedia uersus *Ars* 231; Sil.11.12.

4 (of suffering or sim.) Not deserved, unmerited; (also, of rewards).
Sex. Roscius horum nihil ~um putat, neminem accusat Cic.*S.Rosc.*143; quaenam uos tanto fortuna ~a..implicuit bello..? Verg.*A.*11.108; damnatio iniusta, miserum et ~um exsilium Liv.28.29.1; ~am..necem pretium patietur amoris? Ov.*Met.*10.627; Curt.4.2.15; ~issimum casum sapienter tolerans Tac.*Ann.*16.9; (*poet.*) ~is percussit pectora palmis Ov.*Met.*10.723;—cum Ptolemaeorum manes seriemque pudendam..claudant ~a..Mausolea Luc.8.697.

5 (w. abl., of persons, their conduct, etc.) Beneath the character or dignity (of), unbecoming or unworthy (of); (also w. gen.). **b** beyond the character or dignity (of), too good (for).
(*w. abl.*) aiebant Calliclem ~um ciuitate hac esse et uiuere Pl.*Trin.*213; te ~as seque dignas contumelias Ter.*Ph.*376; harum..rerum..mentio ipsa..~a ciue Romano Cic.*Rab. Perd.*16; consuetudinem scribendi..philosopho ualde ~am *Pis.*71; ~a theatris scripta Hor.*Ep.*1.19.41; aure uerba ~a materna Sen.*Ag.*982; constantia mortis haud ~us Sempronio nomine Tac.*Ann.*1.53;—magnorum haud umquam ~us auorum Verg.*A.*12.649; ~o gloriae suae (*v.l.* gloria sua) decreto V.Max.9.2.ext.8. **b** L. Flaccus, uir tua legatione ~issimus atque..ad conseruandam rem publicam dignior Cic.*Pis.*54; ad ~issimam uita sua potentiam peruenerat Vell.2.80.4; o maxime coniunx, o thalamis ~e meis Luc. 8.95.

6 (of actions, etc.) Not seemly, shameful, scandalous, shocking, etc.
~a digna habenda sunt, erus quae facit Pl.*Capt.*200; o facinus ~um et malum, Epidamnii ciues..! *Men.*1004; *Mil.*498; etiam non credes ~is nos esse inrisas modis? Ter. *Eu.*710; caedes ~issimae maximaeque Cic.*S.Rosc.*11; o miseram atque ~am praeturam tuam! *Ver.*1.137; facinus ~um! epistulam..neminem reddidisse! *Att.*2.13.1; ~o scelere..ciuem optimum amisimus Brut.*ad Brut.*2.3.1; quae causa ~a serenos foedauit uultus? Verg.*A.*2.285; patienda in obsidione multa grauia ~aque proponere animo Liv. 23.14.7; id imperium..superbum et ~um Lacedaemoniis uisum est 38.31.3; (populus Romanus) continetur ~o foedere Sen.*Con.*9.2.15; Coniunx..furit et captae ~o famulatur amore V.Fl.2.146; id..quo ~ius foret, mulier imperauit Flor.*Epit.*1.21(2.5.3); si ~um moribus uel turpem sponsum ..pater eligat Ulp.*dig.*23.1.12;—(*w. inf. or acc. and inf.*) non ~um uidetur egregium..facinus..memorare Sal.*Jug.* 79.1; nec fuit ~um superis bis sanguine nostro..Haemi pinguescere campos Verg.*G.*1.491; Liv.36.20.3; (*parenth.*) ianitor, ~um, dura religate catena Ov.*Am.*1.6.1.

indigus ~a ~um, *a.* [indigeo+-vs] (w. gen.) Having need or desire (of). **b** (also w. abl.) devoid (of). **c** needy, indigent.
(diuum natura) ipsa suis pollens opibus, nil ~a nostri Lucr.2.650; poma..opis..haud ~a nostrae Verg.*G.*2.428; terra suis contenta bonis, non ~a mercis Luc.8.446; ~a.. laticis (*i.e. thirsty*)..iuuentus 9.592; libera haec ciuitas nec ~a ullius praeconii amplius Plin.*Nat.*4.24; agmina uastabat claua, nihil ~us ensis Sil.2.155; Tac.*Hist.*3.48; Apul.*Soc.*1. **b** raperis, genitor, non ~us aeui, non nimius Stat.*Silv.* 5.3.252; exercitus..~us rectoris, inops consilii Tac.*Hist.* 3.22; iuuenis..meretricem..deperibat, nummorum ~us *Arg.2.Pl.Ps.*2.2;—puer..nudus humi iacet, infans, ~us omni uitali auxilio Lucr.5.223. **c** uix opera (*i.e. Pollius' benefactions*) enumerem; mihi (*i.e. Hercules*) pauper et ~us uni Pollius? Stat.*Silv.*3.1.102.

indiguus ~a ~um, *a.* [as prec.+-vvs] (w. abl.) Having need (of).
refectione uirium uehementer ~us Apul.*Met.*9.12.

indīligens ~ntis, *a.* *compar.* ~ntior. [in-[2]+diligens]
1 Careless, inattentive, negligent.
uide quaeso ne quis tractet illam ~ns Pl.*Bac.*201; nequam homo, ~ns cum pigra familia *Mos.*105; Ter.*Ad.*684; si ~ntiores fuerint, milia hominum delecta lxxx..interitura demonstrat Caes.*Gal.*7.71.3; non ~ns..pater familias Nep. *Att.*4.3; (*masc. as sb.*) quid..similius potest uideri ~nti quam duo uerba haec..? Var.*L.*10.7;—(*w. gen.*) ne histrionum quidem..~ntem principem Fro.*Ver.*2.p.216(210N); Gel.15.28.1.

2 (app.) Not cared for, neglected.
nequam esse in domo matrem familias..ubi ~ns esset hortus Plin.*Nat.*19.57.

indīligenter, *adv.* *compar.* ~ius. [prec.+ -ter[2]] Carelessly, negligently.
uae illi qui tam ~er opseruauit ianuam Pl.*As.*273; Ter. *Ph.*788; domus a redemptoribus tractatur non ~er Cic. *Q.fr.*3.2.3; nostros praesidia..~ius seruaturos crediderant Caes.*Gal.*2.33.2; Gel.4.12.1.

indīligentia ~ae, *f.* [indiligens+-ia] Want of care, negligence; (w. gen.) want of concern (for).
peculatus ex urbe et auaritia si exsulant,..~a..iniuria, ..scelus Pl.*Per.*557; Var.*R.*1.18.2; raro litterarum missarum ~am reprehensam Cic.*Q.fr.*1.2.7; difficultate rei frumentariae adfecto exercitu tenuitate Boiorum, ~a Aeduorum Caes.*Gal.*7.17.3; usu atteri (uniones) non dubium est coloremque ~a mutare Plin.*Nat.*9.112; Fro.*Aur.*1.p.104(54N); —gaudio clamoribusque cuncta miscebant, ~a ueri et adulandi libidine Tac.*Hist.*4.49.

indipiscor (-dep-) ~ī indeptus, *tr.* Also **indipiscō** ~ere. [INDV-+APISCOR] FORMS: act. in PL.*As.*279, *Aul.*775.

1 To overtake, come up with. **b** (transf.) to attain to; (w. *animo*) to grasp mentally, remember.
quam quis indeptus nauem erat ferrea iniecta manu LIV. 26.39.12; 28.30.12; Psyche perterrita nec ~i iam maritum uolatilem quiens APUL.*Met.*6.5; 8.5; certus solearum indicio uestigium adulteri posse se perfacile ~i 9.21; lubrico uolumine (dracones) indepti reuinciunt (elephantos) *Fl.*6; indepisci adsequi PAUL.*Fest.*p.106M; (*act.*) si occasioni huic tempus sese supterduxerit, numquam..quadrigis albis ~et postea PL.*As.*279;—(*poet.*) simul atque hominem leti secura quies est indepta LUCR.3.212. **b** copias ubertatesque uerborum Latina omnis facundia uix quadam ~i potuerit GEL.12.1.24;—conabamur..~i animo ac recensere, quae in eo libro scripta essent 17.2.1.

2 To win, acquire; (w. *de*) to gain one's point (about).
quem..memorant..arte duellica diuitias magnas indeptum PL.*Epid.*451; largiter mercedis ~ar *Rud.*1315; (*act.*) neque partem tibi ab eo quoiumst ~es neque furem excipies? *Aul.*775; (*transf.*) multum in cogitando dolorem ~or *Trin.*224;—senex quidem uoluit, si posset, ~i de cibo; quia nequit, qua lege licuit uelle dixit fieri *St.*563.

3 To enter upon, begin (a process, enterprise, etc.).
uocant (fulmina)..familiaria..quae prima fiunt familiam suam cuique indepto PLIN.*Nat.*2.139; Achaeos..pugnam ~i..non..tibiarum.., sed mentium animorumque concentu ..nitibundos GEL.1.11.8.

indīreptus ~a ~um, *a.* [IN-²+pple. of DIRIPIO] Not sacked or looted.
Capitolium clausis foribus..~um conflagrauit TAC.*Hist.* 3.71.

indiscrētē, *adv.* [next+-E] Without giving details, indeterminately.
sin..cautio..~ loquitur PAUL.*dig.*22.3.25.4(interp.?).

indiscrētus ~a ~um, *a.* [IN-²+pple. of DISCERNO]

1 Not separated or divided (into parts, from each other, etc.). **b** not separable.
agri culturam primo..~am habebant, quod..in eodem agro et serebant et pascebant VAR.*R.*3.1.7; tamdiu populo Romano ~a lux fuit (*i.e. into hours*) PLIN.*Nat.*7.215; quibusdam ~um caput, ut cancris 11.129; ite diu fratres ~ique supremis ignibus STAT.*Theb.*3.167; equitum..locos sedilibus plebis anteposuit apud circum; namque ad eam diem ~i inibant TAC.*Ann.*15.32. **b** si ista (*i.e. virtue and pleasure*) ~a essent, non uideremus quaedam iucunda sed non honesta SEN.*Dial.*7.7.1; QUINT.*Inst.*1.2.3; 10.1.2; amicos tempore..desinere: suum cuique sanguinem ~um TAC. *Hist.*4.52; APUL.*Mun.*6.

2 Treated without distinction, used indiscriminately. **b** indistinguishable. **c** *~um est*, it makes no difference.
quidam ~is his nominibus utuntur CELS.4.6.1; multos.. occidere et ~os SEN.*Cl.*1.26.5; Parthorum populis haec (*i.e. bad breath*) praecipue..propter ~os cibos PLIN.*Nat.* 11.278. **b** gemini..simillima proles, ~a suis gratusque parentibus error VERG.*A.*10.392; ~i filius et priuignus SEN. *Con.*exc.4.6; concolor exustis atque ~us harenis hammodytes LUC.9.715; nullas duas in tot milibus hominum ~as effigies existere PLIN.*Nat.*7.8; ut auium..uocis ~a edatur imitatio 11.174; nullos (*sc. gems*) magis fraus ~a similitudine uitro adulterat 37.83. **c** (naues) pari utrimque prora et mutabili remigio, quando hinc uel illinc adpellere ~um et innoxium est TAC.*Hist.*3.47.

indiscrīminātim, *adv.* [IN-²+pple. of DISCRIMINO+-IM] Without distinction, indiscriminately.
quibus nos..proinde ut nihil intersit utemur ~, promisce VAR.in Non.p.127M.

indiscriptus ~a ~um, *a.* [IN-²+pple. of DISCRIBO] edd. for *indescriptus* in COL.3.21.4.

indisertē, *adv.* [next+-E] Without dexterity of speech.
orationem meam conlaudauit satis multis uerbis non me hercule ~ Vetus Antistius CIC.*Q.fr.*2.1.3.

indisertus ~a ~um, *a.* [IN-²+DISERTVS] Having no command of language.
Lentulus..nec umquam ~us et in consulatu pereloquens uisus est CIC.*Brut.*247; *Fam.*2.18.2; nec..exprimi uerbum e uerbo necesse erit, ut interpretes ~i solent *Fin.*3.15; GEL. 15.8.1; (*cf.*) malim equidem ~am prudentiam quam stultitiam loquacem CIC.*de Orat.*3.142.

indispensātus ~a ~um, *a.* [IN-²+pple. of DISPENSO] Unevenly distributed, ill-regulated.
~o lassantem corpora nisu (*i.e. in a chariot-race*) SIL.16. 341.

indispositē, *adv.* [next+-E] Without system, irregularly.
dicerem illa (*sc.* animalia) perturbate et ~ moueri si natura illorum ordinem caperet SEN.*Ep.*124.19.

indispositus ~a ~um, *a.* [IN-²+pple. of DISPONO] Having no arrangement, disordered.
apud Vitellium omnia ~a, temulenta TAC.*Hist.*2.68.

indissimulābilis ~is ~e, *a.* [IN-²+DISSIMVLO+-BILIS] That one cannot shut one's eyes to or ignore.
haec Plato..cum quadam ~i ueritate disseruit GEL. 10.22.24.

indissolūbilis ~is ~e, *a.* [IN-²+DISSOLVBILIS] Indestructible, imperishable; (of a knot) that cannot be untied.
inmortales uos quidem esse et ~es non potestis CIC.*Tim.* 40;—(araneus) maculas..~i nodo inplicat PLIN.*Nat.*11.81.

indissolūtus ~a ~um, *a.* [IN-²+pple. of DISSOLVO] = prec.
quorum operum ego parens effectorque sum, haec sunt ~a me inuito CIC.*Tim.*40.

indistinctē, *adv.* [next+-E]

1 Without distinction, indiscriminately.
~ atque promisce annotabam GEL.pr.2; hoc iure ~ utimur ULP.*dig.*47.10.11.9.

2 Without further specification.
post annos ~ liber esse iussus post biennium liber erit JULIAN.*dig.*40.4.17.2; nummis ~ legatis ULP.*dig.*32.75.

indistinctus ~a ~um, *a.* [IN-²+pple. of DISTINGVO]

1 Not properly arranged or grouped, disordered.
hos (*sc.* flores) ~is plexos tulit ipse corollis CATUL.64.283; si neque pauciora quam oportet neque plura neque inordinata aut ~a dixerimus, erunt dilucida QUINT.*Inst.*8.2.23; ~a (*i.e. badly punctuated*)..et confusa fient, quae legero GEL.13.31(30).5.

2 Applied without distinction.
~a haec defensio et promisca dabitur? TAC.*Ann.*6.8; eadem..omnia confuso et ~o uocabulo 'rogationes' dixerunt GEL.10.20.9.

3 Not specified.
quod infinitum est, ~am magnitudinis habet finem APUL. *Pl.*1.5.

indīuiduus ~a ~um, *a.* [IN-²+DIVIDVVS]

1 Incapable of being divided, indivisible. **b** *~um corpus* (*principium*), an atom (in the atomic theory of Democritus); also *~um* alone.
ex ea materia, quae ~a est et quae semper unius modi CIC.*Tim.*21; ~a sint, per quae struitur omne quod natum futurumque est, an continua eorum materia sit SEN. *Dial.*8.5.6; ~o nexu corona..constructa APUL.*Met.*11.4;—(*transf.*) mors ~a est, noxia corpori nec parcens animae SEN.*Tro.*401; unum atque eo modo ~um uiae ius est CELS. *dig.*8.6.6.1a. **b** atomos..id est corpora ~a propter soliditatem CIC.*Fin.*1.17; ~orum corporum concretionem *N.D.*1.71; VITR.2.2.1; GEL.5.15.8;—siue ~is..principiis natura manet MAN.1.128;—ex illis ~is, unde omnia Democritus gigni adfirmat CIC.*Luc.*55; ipsius ~i hanc esse naturam, ut pondere et grauitate moueatur *Fat.*25.

2 That cannot be parted, inseparable.
quaedam separari a quibusdam non possunt, cohaerent, ~a sunt SEN.*Dial.*1.5.9; *Ep.*73.8; eas (uirtutes)..~as sibi et inter se conexas esse APUL.*Pl.*2.6;—(*of friends, companions*) Vescularius Flaccus ac Iulius Marinus..e uetustissimis familiarium (*sc. of Tiberius*)..apud Capreas ~i TAC. *Ann.*6.10; (daemon) ~us arbiter, inseparabilis testis APUL. *Soc.*16;—(*of friendship, companionship*) qui ~o contubernio mecum uixit *Apol.*53; OB ~VM MVTVI AMORIS AFFECTVM *CIL* 8.22672.

3 Not divided or forked; not shared. **b** equal, impartial.
principatum dedit superiori (coniunctioni), quam solam ~am reliquit CIC.*Tim.*25; quaedam (arbores) diuiduae nec ramosae..quaedam ~ae, ramosae PLIN.*Nat.*16.122;—illae (*sc. vine-shoots*) fertiles ac firmae, quia..quidquid..ad eas alimenti peruenit, ~um est COL.3.10.3. **b** quid profuit ~a pietas? erat..manifestum, utrius (filii) magis..laetarer aspectu [QUINT.]*Decl.*5.3.

indīuīsus ~a ~um, *a.* [IN-²+pple. of DIVIDO]

1 Not split or cloven; also, indivisible.
aetas..equorum et fere omnium qui ungulas ~as habent VAR.*R.*2.7.2; PLIN.*Nat.*11.248;—uerbum dico orationis partem, quae sit ~a et minima VAR.*L.*10.77; sin..naturaliter ~ae sint (res) POMPON.*dig.*30.26.2.

2 Not shared out or divided, held in common. **b** *pro ~o* (*pro ~a parte*), jointly, in common (usu. ref. to ownership); (also, app.) in equal proportions; to an equal extent.
o rerum media (*sc.* Tellus) ~aque magna fratribus! STAT. *Theb.*8.312; hic tibi longus honos, hic ~a potestas 12.335; SIL.8.9; iudex familiae erciscundae nihil debet ~um relinquere PAUL.*dig.*10.2.25.20; qui ~am cum fratre suo rem habebat SCAEV.*dig.*31.89.1. **b** partiario faenum et pabulum..cetera omnia pro ~o CATO *Agr.*137; ea conpascua.. in Italia communia appellantur, quibusdam prouinciis pro ~o FRON.*agrim.*p.6; *CIL* 11.1147; usus fructus..pro parte ~a uel diuisa constitui..potest PAPIN.*dig.*7.1.5; opus.. quod a pluribus pro ~o factum est, singulos in solidum obligare ULP.*dig.*43.24.15.2; (*in fig. phr.*) illud fidelissimum tibi pectus, in quod omnes curae tuae pro ~o transferuntur SEN.*Dial.*12.19.1; (*transf.*) quae retulimus paenuria pro ~o possessa feris, depugnante cum his homine circa caducos fructus PLIN.*Nat.*17.1;—ius temperatur aqua et pro ~o humani potus excremento 9.138;—illud proxime mirum, mutari naturam in iisdem (*app. trees*) atque pro ~o ualere 16.137.

indō ~ere ~idī ~itum, *tr.* [IN-¹+*do (see ABDO)]

1 To put or place in or on, insert, introduce, apply, etc. **b** (ingredients in a mixture). **c** (garments, fetters, etc., on a person). **d** (w. abl., app.) to inlay (with).
(*w.* in+*acc.*) di me..infelicent, si ego in os meum hodie uini guttam ~idi PL.*Cas.*247; ~e ignem in aram *Mil.*411; nucleos in segetem ne ~ideris CATO *Agr.*37.1; festus dies cum erit, coronam in focum ~at 143.2; dum facile in uenas cibus omnis ~itur LUCR.2.1125; si..in os digitum quis ~idit CELS.5.27.3.c;—(*w.* in+*abl.*) alia in statua amputato capite Augusti effigiem Tiberii ~itam TAC.*Ann.*1.74;—(*w. dat.*) scintillam leuem ignis ~itam plumae..accenderunt LIV.38.7.12; ferrum ~itum uisceribus istis SEN.*Tro.*584; ferunt..marmoreo leoni fuisse ~itos oculos e smaragdis PLIN.*Nat.*37.66; faustis uocibus exceptus ~itur lecticae TAC.*Ann.*12.69; saxeo ~itam monti Muluccham urbem FLOR.*Epit.*1.36(3.1.14);—(*w. adv.*) ~e huc aquam PL.*St.*761; eo capitulum robustum ~ito, uti siet stipites ubi stent CATO *Agr.*18.4;—ferreas aedis commutes, limina ~as ferrea PL. *Per.*571; quodcumque ~itum est, si..inflammatio est CELS. 7.19.11; altius effossi specus, et..gladiatorum spectaculum editur, ~itis pontibus pedestrem ad pugnam TAC.*Ann.* 12.57;—(*humorously*) qui saepe ante in nostras scaplas cicatrices ~iderunt PL.*As.*553;—(*transf.*) Augustus..dedit ..iura quis..uteremur..acriora ex eo uincla, ~iti custodes TAC.*Ann.*3.28; Catonis uerba huic prorsus commentario ~idissem, si libri copia fuisset GEL.1.23.2; semiuocales.. quas..uersus ~i non sinit MAUR.823. **b** (*w.* in+*acc.*) quasi in aquam ~ideris salem PL.*Mer.*205; neue quis in aurum..quid ~at neue immisceat ULP.*dig.*48.13.1;—(*w.* in+*abl.*) IN TERRA CALCIS RESTINCTAI PARTEM QVARTAM ~ITO *CIL* 1.698.2.20;—(*w. dat.*) hoc (*sc.* uirus)..ab eo supremae regis potioni ~itum CURT.10.10.17; nonnullos ..singulis amphoris quadrantem medicaminis ~idisse COL. 12.20.7;—coquendum..id, donec omnia quae ~ita sunt.. coeant CELS.4.26.6. **c** (*w.* in+*acc.*) ligneae soleae in pedes ~itae sunt CIC.*Inv.*2.149;—(*w. dat.*) qui fugitiuis seruis ~unt compedis PL.*Men.*80; CATO *hist.*72; ~itum imperatori flammeum TAC.*Ann.*15.37; illis, qui anulos detraxerant, catenae ~itae sunt FRO.*Aur.*2.p.28(221N);— ~ita..sunt uincla, ut quis reperiebatur TAC.*Ann.*11.32; 15.56. **d** auro ~itum (*s.v.l.*)..speculum SEN.*Nat.*1.17.8.

2 To bestow, attach (a name or title).
(*w. dat.*) nisi cotidiano sesqueopus confeceris, 'Sescentoplago' nomen ~etur tibi PL.*Capt.*726; *St.*174; puero..in nullam sortem bonorum nato ab inopia Egerio ~itum nomen LIV.1.34.3; L. Tarquinius..cui Superbo cognomen facta ~iderunt 1.49.1; VELL.2.10.2; PLIN.*Nat.*2.154; Mariccus quidam..adsertor Galliarum et deus (nam id sibi ~iderat) TAC.*Hist.*2.61; ceteri..regem Artaxiam consalutauere, quod illi uocabulum ~iderant ex nomine urbis *Ann.*2.56; SUET. *Dom.*10.3; GEL.9.2.10.

3 To implant, instil (qualities, feelings, etc.). **b** to introduce (customs).
(*qualities, characteristics*) haec (*sc.* natura) nobis amorem ~idit mutuum SEN.*Ep.*95.52; nullus ~itur (*v.l.* uidetur) color speculo *Nat.*1.7.2; quodsi ita haec uerba contra dixisset..~ita obscenitas uerbis appareret FRO.*Aur.*2.p.82 (153N); adfectiones istas primitus penitusque ~itas GEL. 12.5.8;—(*feelings or sim.*) nec terrorem unius militis uincula ~iderant TAC.*Hist.*4.25; Ciuilis lapsu equi prostratus..immane quantum suis pauoris..~idit 4.34; cui non iudicium, non odium erat nisi ~ita et iussa *Ann.*12.3. **b** Moyses.. nouos ritus contrariosque ceteris mortalibus ~idit TAC. *Hist.*5.4.

indocilis ~is ~e, *a.* [IN-²+DOCILIS]

1 Hard to instruct, stubborn, unteachable. **b** (of a subject) impossible to teach (by precept).
nequissimum et ~e..genus CATO *Fil.*1(J); quia nimis ~es quidam tardique sunt admonendi uidentur saepius CIC.*N.D.*1.12; ne matrem ~is natorum turba fatiget GRAT. 288; noui ego ingenium uiri ~e: flecti non potest SEN.*Thy.* 200; PLIN.*Nat.*10.128; ~em quae mens detraxit Achillem? STAT.*Ach.*1.284; QUINT.*Inst.*1.1.2; senex (psittacus)..captus et ~is est et obliuiosus APUL.*Fl.*12; (*transf. ep.*) tigres ~i iugum collo trahentes HOR.*Carm.*3.3.15;—(*w. gen.*) sic affata uirum ~em pacisque modique..abstrahit SIL.12.726; barbaro et rationis ~i milite FRON.*Str.*1.11.13;—(*w. dat.*) gens..uana ~isque quieti SIL.11.11;—(*w. inf.*) (mercator) ~is pauperiem pati HOR.*Carm.*1.1.18; STAT.*Theb.*6.313; (*of plants*) externae arbores ~esque nasci alibi quam ubi coepere PLIN.*Nat.*14.1. **b** incredibilis quaedam ingenii magnitudo (*i.e. of Lucullus*) non desiderauit ~em usus disciplinam CIC.*Luc.*2.

2 Uninstructed, untrained, ignorant.
is genus ~e..composuit legesque dedit VERG.*A.*8.321; animi ~es et adhuc ratione carentes OV.*Fast.*3.119; sententia quamuis ~i probabilis turbae PLIN.*Nat.*2.161; (*poet.*) ut..sciat ~is currere lympha uias PROP.1.2.12; (*of words, etc.*) fossor, ~i numero cum graue mollit opus OV.*Tr.*4.1.6; (*transf. ep.*) ~i..loquax gutture uernat auis 3.12.8;—(*w. gen.*) ille ~is caeli agricola PLIN.*Nat.*18.226;—(*w. inf.*) non ~es lugere sumus SEN.*Tro.*82; LUC.5.539; ~em..ere seruire Neroni Armeniam STAT.*Silv.*5.2.33.

indocilitās ~ātis, *f.* [prec.+-TAS] Unteachableness.
prudentiam ~as inpugnat APUL.*Pl.*2.4.

indoctē, *adv.* *compar.* ~ius. [next+-E] Ignorantly, uncouthly.
uerba quidem haud ~e fecit PL.*Per.*563; non ~e solum uerum etiam impie faciat si deos esse neget CIC.*N.D.*2.44; rusticus ~e si quid dixisse uidebar *Priap.*68.1; dicam ego ~ius, ut aiunt, et apertius GEL.12.5.6; APUL.*Apol.*5.

indoctus ~a ~um, *a.* *compar.* ~ior, *superl.* ~issimus. [IN-²+DOCTVS]

1 Unlearned, ignorant, uninformed.
is me scelus auro usque attondit dolis doctis ~um PL. *Bac.*1095; nimium stultus, nimium fui ~us *Ps.*205b; hominum esse duo genera, alterum ~um et agreste..alterum humanum et politum CIC.*Part.*90; nec..eram tam ~us

ignarusque rerum ut frangerer animo *Phil.*2.37; cum in epulis recusaret lyram, est habitus ~ior *Tusc.*1.4; multi mortales, dediti uentri atque somno, ~i incultique Sal.*Cat.*2.8; ~i semita uulgi Prop.2.23.1; Ov.*Met.*5.308; Crates, cum ~um puerum uidisset, paedagogum eius percussit Quint.*Inst.*1.9.5; Juv.3.87; Suet.*Cl.*40.3;—(*of conduct, etc.*) ne ~ae (sint)..manus, ne status indecorus Quint.*Inst.*1.11.16; non inornata debet esse breuitas, alioqui sit ~a 4.2.46;—(*masc. as sb.*) dicere solebat ea, quae scriberet neque se ab ~issimis neque a doctissimis legi uelle Cic. *de Orat.*2.25; constat inter omnis non philosophos solum sed etiam ~os *N.D.*1.44; Quint.*Inst.*1.10.21.

2 Not instructed in a particular skill, untrained.

auriga ~us e curru trahitur Cic.*Rep.*2.68; scribimus ~i doctique poemata passim Hor.*Ep.*2.1.117; Tiphys..liquit ~o regimen (*i.e. rudder*) magistro Sen.*Med.*618; solet hic defendere causas nobilis ~i Juv.8.49;—(*w. gen.*) ~us..pilae discive Hor.*Ars* 380; Gel.6(7).3.8;—(*w.* in+*acc.*) artificem ..neque consummatae scientiae..neque rursum ~um..in artificium Ulp.*dig.*21.1.19.4;—(*w. internal acc.*) homo sane pleraque alia non ~us neque inprudens Gel.9.10.5;—(*w. inf.*) Cantabrum ~um iuga ferre nostra Hor.*Carm.*2.6.2;—(*poet.*) ~o primum se exercuit arcu Tib.2.1.69; colus quas ~ae neuere manus Sen.*Her.O.*669; non rudis ~a fecit me falce colonus Mart.6.73.1;—(*neut. sg. as adv.*) canet ~um sed dulce bibenti Hor.*Ep.*2.2.9.

indolentia ~ae, *f.* [IN-[2]+pple. of DOLEO+-IA]

1 Freedom from pain.

num propterea idem uoluptas est, quod, ut ita dicam, ~a? Cic.*Fin.*2.11; *Tusc.*5.85; *Off.*3.12; dolore corpus caret: quid ad hanc accedere ~am potest? Sen.*Ep.*66.45; Apul.*Pl.*2.12.

2 Insensibility to pain.

minime..adsentior is qui istam nescio quam ~am..laudant..ne aegrotus sim; si..fuero, sensus adsit Cic.*Tusc.*3.12.

indolēs ~is, *f.* [INDV-+-*ales* (see ALO; cf. *proles, suboles*)]

1 (usu. of persons) Innate character, nature, disposition. **b** a particular quality in a person; (w. gen., etc.) a natural tendency (towards) or capacity (for).

inest in hoc emussitata sua sibi ingenua ~es Pl.*Mil.*632; fac..fuisse in eo..M. Catonis materiem atque ~em Cic. *Ver.*3.160; Caesarem..praeclara..~e admirabilique constantia *ad Brut.*1.10.3; adulescentibus bona ~e praeditis *Sen.*26; minime seruilem ~em Liv.1.5.6; cum ~e animi tum spe uictoriae ferocior erat 1.23.10; generosam ~em probate factis Sen.*Phoen.*334; quibus modo recta ~es est et bona spes sui Tac.*Dial.*7.3; neque..segnem ei fuisse ~em ferunt *Ann.*12.26; (*w. ref. to physical qualities*) pleraeque ~em gratiamque suam probaturae lacinias omnes exuunt Apul. *Met.*2.8;—(*of animals*) cum..natus est pullus, confestim licet ~em aestimare Col.6.29.1;—(*of plants*) in..frugibus maior..potestas est ad earum ~em..augendam aquarum atque terrarum, quae alunt Gel.12.1.16;—(*app. of an abst. thing*) ex quo in plures libros mendae istius ~es (*i.e. mistakes of this sort*) manauit 20.6.14. **b** Hasdrubal..flore aetatis ..primo Hamilcari conciliatus, gener inde ob aliam ~em profecto animi adscitus Liv.21.2.4; (*pl.*) ne..bonas quoque et utiles animi ~es amittamus Gel.19.12.5;—(*w. gen.*) qui ipsus se contemnit, in eost ~es industriae Pl.*Trin.*322; si quis..hoc robore animi atque hac ~e uirtutis ac continentiae fuit ut respueret omnis uoluptates Cic.*Cael.*39; fulgebat..iam in adulescentulo ~es uirtutis Nep.*Eum.*1.4; Liv.3.12.3;—(*w.* ad) quod in uobis egregiam quandam ac praeclaram ~em ad dicendum esse cognoui Cic.*de Orat.*1.131; ad uirtutem maior ~es *Orat.*41.

2 (pregn., usu. of persons) Natural excellence, innate good qualities. **b** (quasi-concr.) the choicest part, flower (of a class); the rising hope (of a family).

uidi statim ~em..et eum sum cohortatus, ut forum sibi ludum putaret esse Cic.*de Orat.*2.89; uidetur..esse ~es, sed flexibilis aetas *ad Brut.*1.18.4; tantisper tutela muliebri—tanta ~es in Lauinia erat—res Latina et regnum auitum..puero stetit Liv.1.3.1; bubulco quamuis necessaria non tamen satis est ~es mentis Col.1.9.2; si qua sunt dicta iuueniliter, pro ~e accipiuntur Quint.*Inst.*12.6.3;—(*of things*) quae ~es in sauiost (*i.e. in her lips*)! Pl.*Rud.*423. **b** cum a rege Tarquinio..omnem nobilitatis ~em excerpi (*i.e. for slaughter*)..animaduerteret V.Max.7.3.2;—Megaram ..strauit..atque natorum ~em Sen.*Her.O.*904; *Phaed.*869; et ipsum et una generis inuisi ~em iunctam parenti cerno *Thy.*492.

indolescō ~escere ~uī, *intr.* [IN-[1]+DOLEO+-SCO]

1 (of parts of the body) To feel painful, hurt, ache.

tactu..is locus leniter ~escit Cels.8.9.1.A; tanta oculorum intentione opus est, ut ~escant Plin.*Nat.*31.46.

2 To feel pain of mind, grieve, be distressed.

quae..ut uidit, quamuis irata.., ~uit Ov.*Met.*3.495; mihi uidetur ueternosi et infelicis animi..saepe ~escere Sen.*Dial.*3.20.3; extinguitur (Germanicus) ingenti luctu prouinciae..~uere exterae nationes Tac.*Ann.*2.72;—(*w. abl. of cause*) Rhea..~uit fertilitate sua Ov.*Fast.*4.202; ~uit uisu Stat.*Theb.*12.297; non alias magis sua populique Romani contumelia ~uisse Caesarem ferunt Tac.*Ann.*3.73;—(*w.* ad) AD MATRIS CASVM FILIVS ~VIT *CIL* 12.2301;—(*w. internal acc.*) id..~uit Iuno Ov.*Met.*2.469; (*w.* quod) ~uit, quod non meliora petisset 11.105; *Tr.*1.9.32;—(*w. acc. and inf.*) quis (fuit) qui non ~uerit tam sero se quam nequam hominem secutus esset cognoscere? Cic.*Phil.*2.61; Ov.*Fest.*2.377; aequari adulescentes senectae suae impatienter ~uit Tac.*Ann.*4.17.

indolōria ~ae, *f.*: quoted by Sidonius Apollinaris (*Carm.*14.pr.4) as a Ciceronian coinage, prob. in error for INDOLENTIA.

indomābilis ~is ~e, *a.* [IN-[2]+DOMABILIS] Impossible to tame.

si equos esses, esses ~is Pl.*Cas.*811.

indomitus ~a ~um, *a.* [IN-[2]+pple. of DOMO]

1 (of animals) Not broken in, untamed. **b** (of persons, etc., ref. to permanent disposition) wild, fierce, untameable. **c** (transf., of inanim. objs.).

equos iunctos iubes capere me ~os, ferocis Pl.*Men.*863; de ~is quadripedibus ac pecore faciendum Var.*R.*1.21.1; *Rhet.Her.*4.59; pubi (*i.e. calves*) ~ae..frumenta manu carpes sata Verg.*G.*3.174; (boues) domitos ~osque inter ceteram agrestem praedam agebat Liv.22.16.7; saeuior ~is..Galatea iuuencis Ov.*Met.*13.798; Col.6.2.9; (*in fig. phr.*) quid sit uir Romanus, quid subactis iam ceruicibus omnium et ad Seianianum iugum adactis ~us Sen.*Dial.*6.1.3. **b** quid narras, barbare ~is cum moribus Caecil.*com.*59; adeo ferocia atque ~a ingenia esse Liv.21.20.8; Naso..mittit ab ~is hanc, Messaline, salutem..Getis Ov.*Pont.*2.2.3; Valli, Suani, ~ae gentes, auri tamen metalla fodiunt Plin.*Nat.*6.30; Tac.*Ann.*15.27;—(*of animals*) tigres et..leaenas uicit et ~is mollia corda dedit [Tib.]3.6.16; saecula uestra artibus ~is tradam scelerique cruento Germ.*Arat.*130. **c** ~as..qualis undas exercet Auster Hor.*Carm.*4.14.20; claudit et ~um moles mare Tib.2.3.45; ~o (*i.e. undigested*) male sana cibo..aluus Col.10.232; ~um..Falernum Pers.3.3; ~us..silex curua fornace liquescit Stat.*Silv.*3.1.122; ~us ager (*i.e. not brought under cultivation*) Tac.*Dial.*40.4.

2 (of persons, etc.) That is not (or cannot be) overcome, unconquered (or unconquerable). **b** that is not (or cannot be) conquered in spirit, undaunted, indomitable.

~ae deberi praemia dextrae Ov.*Met.*13.355; regionem..non modo ~am, sed quae ne subigi quidem possit Curt.8.1.35; ~um regem (*i.e. Mithridates*) Romanaque fata morantem ad mortem..ire coegi Luc.2.581; nos integri et ~i et in libertatem, non in paenitentiam bellaturi Tac.*Ag.*31.5; (*poet.*) nec pietas moram..senectae adferet ~aeque morti Hor.*Carm.*2.14.4; (*w. dat. or abl.*) (Hannibalem) inuictum Alpibus, ~um armis Campani..soles..subegerunt Flor.*Epit.*1.22(2.6.22);—(*transf., of inanim. things, w. dat. or abl.*) ~a ponderibus inmensis prela Plin.*Nat.*17.72; (aurum) prunae..ligni ~um palea citissime ardescere 33.60;—(*of abst. things*) mula..effrenis et tarditatis ~ae 8.171; hominum..uita non tam iniquis neque tam ~is necessitatibus conscripta est, ut.. Gel.6(7).3.32. **b** concurrunt..~i agricolae Verg.*A.*7.521; (sapientis pars rationalis) intrepida est et ~a Sen.*Ep.*71.27; ~os memoresque paterni iuris habete animos Luc.9.95; (*w. dat. or abl.*) argumenta alacris animi ~ique terroribus Sen.*Ep.*78.21.

3 (of persons) That is not (or cannot be) held in control, unrestrained, violent, unbridled. **b** (of passions). **c** (of natural forces).

ni stulta sies, ni ~a inposque animi Pl.*Men.*110; adulescenti..~o, pleno amoris ac lasciuiae *Trin.*751; negant oportere ~i populi uitio genus hoc totum liberi populi repudiari Cic.*Rep.*1.49; Catul.103.2; quia suorum animos ~os ac mutabiles nouerant Liv.38.9.1; uult praemia Martis amari; militis ~i tantum mens sana timetur Luc.5.309; ~ae bellum ciet ira nouercae Stat.*Theb.*4.672; cui forte quidem sed ~um (ingenium) Quint.*Inst.*10.2.19;—(*transf. ep.*) ego animo cupido atque oculis ~is fui Pl.*Bac.*1015;—(*of words, conduct, etc.*) ~a..uirginis uerba impiae Sen.*Ag.*964; placida ~os accepit regia mores Sil.14.87. **b** ~ae animi cupiditates Cic.*S.Rosc.*39; o libidinem effrenatam et ~am! *Clu.*15; ~os in corde gerens Ariadna furores Catul.64.54; quis ~as tantus dolor excitat iras? Verg.*A.*2.594; ~am..refrenare licentiam Hor.*Carm.*3.24.28; ~os amoris impetus Sen.*Ep.*104.13; Tac.*Hist.*4.68; (*cf.*) ut..toto ~us furore lecto uersarer Catul.50.11. **c** ~us turbo contorquens flamine robur Catul.64.107; non..flamma atque incendia uiris ~as posuere Verg.*A.*5.681; ~is..Euris [Ov.]*Ep.Sapph.*9;—(*cf.*) non (timet)..populos cadentes..~umue bellum Sen.*Ag.*604.

indormiō ~īre ~iuī or ~iī, *intr.* [IN-[1]+DORMIO]

1 (w. dat.) To sleep (in or on top of).

congestis undique saccis ~is inhians Hor.*S.*1.1.71; ~it unctis omnium cubilibus obliuione paelicum *Epod.*5.69; ~iuit alienis amplexibus Petr.79.9;—(*cf., in fig. phr.*) quod me longae desidiae ~ientem excitauit Plin.*Ep.*1.2.3.

2 (usu. w. dat.) To sleep (over, i.e. in forgetfulness or unconsciousness of); (esp. in fig. context).

graui sopore adquiescebam, cum me malis ~ientem mei inimici uinciendo excitauerunt Curt.6.10.13; (*in fig. context*) an faces admouendae sunt quae excitent tantae causae ~ientem? Cic.*Phil.*2.30; si ~ierimus huic tempori,..crudelem..dominationem nobis..ferendam esse 3.34; desidiam ..segnis animi, ~ientis sibi Sen.*Dial.*7.10.2;—(*w.* in+*abl.*) in isto homine colendo tam ~iui diu te me hercule saepe excitante Cic.*Q.fr.*2.13.2.

indostruus ~a ~um, *a.*: arch. var. of INDVSTRIVS.

industrium antiqui dicebant ~um Paul.*Fest.*p.106M.

indōtātus ~a ~um, *a.* [IN-[2]+pple. of DOTO] (of women) Not provided with a dowry. **b** (of marriages) in which the wife brings no dowry.

si idem faciant ceteri opulentiores, pauperiorum filias ut ~as ducant uxores domum Pl.*Aul.*480; *Per.*391; *Trin.*378; ille ~am uirginem atque ignobilem daret illi? Ter.*Ph.*120; ~a mihi soror est, paupercula mater Hor.*Ep.*1.17.46; Quint. *Decl.*383(p.428,l.4); Afric.*dig.*21.2.24; (*cf.*) protinus Andromedan et tanti praemia facti ~a rapit Ov.*Met.*4.758; (*fem. as sb.*) uos me ~is modo patrocinari fortasse arbitramini Ter.*Ph.*938; Sen.*Ep.*94.15; (*in fig. phr.*) cuius artem cum ~am esse et incomptam uideres, uerborum eam dote locupletasti et ornasti Cic.*de Orat.*1.234;—(*transf.*) (corpora) aut inhumata premunt terras aut dantur in altos ~a rogos Ov.*Met.*7.609. **b** senatus..Scipionis..filias ab ~is nuptiis liberalitate sua uindicauit V.Max.4.4.10; rapta raptoris aut mortem aut ~as nuptias optet Sen.*Con.*1.5; Calp.*Decl.*34.

indōtiae: see INDVTIAE.

indotueor ~ērī, ?*tr.* [INDV-+TVEOR=INTVEOR]

~etur ibi lupus femina, conspicit omnis Enn.*Ann.*70.

indu, *prep.*, (*adv.*). [= ENDO; cf. Hittite *anda(n)* 'in', Gk. ἔνδινα 'entrails'] (as prep.) Archaic equivalent of IN (in quots., w. abl.). **b** (as adv.; in quot. *iacio indu* = INICIO).

~ foro lato Enn.*Ann.*238; multis ~ locis Lucil.970; 1230; habere..~ manu..habenas Lucr.2.1096. **b** iacere ~ manus Lucr.5.102.

indu-, *pref.* Also **endo-, indo-.** [prec.] Used as archaic var. of IN-[1], e.g. in *indupedio, induperator, indotueor, endoploro.*

indubitābilis ~is ~e, *a.* [IN-[2]+DVBITABILIS] Not admitting of doubt, indubitable.

signum ~e Stat.*Theb.*11.64; ut in genere causae etiam ~i fiducia se..nimium exserere non debeat Quint.*Inst.*4.1.55; 4.5.13; qui arcem..~i numine propitius tegit Apul.*Fl.*18.

indubitanter, *adv.* [IN-[2]+pple. of DVBITO+-TER[2]] = next.

~ probatur Ulp.*dig.*37.11.2.7.

indubitātē, *adv.* [next+-E] Beyond all doubt, indisputably; (usu. qualifying whole sentence or clause).

illud certe ~ dicitur Ulp.*dig.*32.1.9;—~ pater hic timet, ne et ille tyrannus fiat Quint.*Decl.*288(p.154,l.26); quorum proprietas ~ ad eos pertinet Agen.*agrim.*p.40; Ulp.*dig.*21.1.31.3.

indubitātus ~a ~um, *a.* *compar.* ~ior. [IN-[2]+pple. of DVBITO]

1 That cannot be doubted, certain, unquestionable.

~us populi Romani princeps excesserat Sen.*Dial.*6.20.4; siderum..ipsorum terrestria signa..~a Plin.*Nat.*18.24; ~um exemplum 30.15; accedunt iuxta, et magis ~a magisque Scyros erat Stat.*Ach.*1.695; in his ero, quae ~a sunt, breuior Quint.*Inst.*9.4.2; ubi ~ae mensurae sunt Fron.*Aq.*72; (*compar.*) quia illius aestatis fluxus ~ior est Ulp.*dig.*43.13.1.8;—(*w. acc. and inf.*) aluo citae Signinum (uinum) maxime conducere ~um est Plin.*Nat.*23.36.

2 (of an action) Not hesitated over, confident.

inoffensa atque ~a litterarum inter se coniunctio (*i.e. in reading*) Quint.*Inst.*1.1.31.

indubitō ~āre, *intr.* [IN-[1]+DVBITO] (w. dat.) To have misgivings (about).

absiste precando uiribus ~are tuis Verg.*A.*8.404; sed ingratus qui plura adnecto tuisque moribus ~o Stat.*Silv.*3.5.110.

indubius ~a ~um, *a.* [IN-[2]+DVBIVS] Not doubtful, certain, sure.

si uetera erunt (exempla), fabulosa dicere licebit, si ~a, maxime quidem dissimilia Quint.*Inst.*5.13.24; uoces..plurimorum ~am innocentiam miserantium Tac.*Ann.*14.45; (*neut. pl. as sb.*) nuntiaturus ~a, manifesta [Quint.]*Decl.*7.1.

indūciae: see INDVTIAE.

indūcō ~cere ~xī ~ctum, *tr.* [IN-[1]+DVCO] Orthog.: *indouc- CIL* 1.586.6. Forms: imp. usu. *induc*, e.g. Q.Cic.*Pet.*42, Stat.*Theb.*12.326, but *induce* Pompon.*com.*95, Var.*R.*3.2.18. Consts.: w. acc., commonly also w. *in*+acc., less often dat., *in*+abl., etc.

1 To lead or bring (into a place). **b** to admit (to someone's presence); (spec.) to bring in (as defendant or witness). **c** to bring (workmen) in (to do a task).

quae ~cantur in rura, ut oues et armenta Var.*R.*1.2.12; QVAE PLOSTRA NOCTV IN VRBEM ~CTA ERVNT *CIL* 1.593.66; conuenerat..ut Philemenus portula adsueta uenationem inferens armatos ~ceret Liv.25.9.9; iurat..se..uera fide in nauigium comites ~xisse Petr.101.3; Heluidium et Demetrium in cubiculum ~cit Tac.*Ann.*16.35; quae in praedia urbana ~cta illata sunt Nerat.*dig.*20.2.4; si diuortii tempore fures in domum mariti ~xerit Upl.*dig.*25.2.19; (*in fig. phr.*) dum in regionem astutiarum mearum te ~co Pl.*Mil.*233;—(*w. dat.*) age, moenibus ~c et patrios ostende lares Stat.*Theb.*12.326; armatum castris ~cere Achillem *Ach.*1.548; ciuis Romanos templo Aesculapii ~xerant, cum..apud cunctas Asiae..urbes trucidarentur Tac.*Ann.*4.14. **b** prouinciam..patrocinio suscepto multis legationibus ab se in senatum ~ctis..defendisse *B.Hisp.*42.2; tu (*i.e. an adulterer*)..metuens ~ceris atque altercante libidinibus tremis ossa pauore Hor.*S.*2.7.56; legati rursus ~cti iterum me..aduocatum postulauerunt Plin.*Ep.*3.4.4; mors eius celata est..~cti per simulationem comoedi, qui uelut desiderantem oblectarent Suet.*Cl.*45;—~cti protinus uocabulo indicum qui in Lepidam..incestum cum fratris filio..confingerent Tac.*Ann.*16.8; Honoratum cognitioni senatus mors opportuna subtraxit, Marcianus ~ctus est absente Prisco Plin.*Ep.*2.11.9; (*w. pred.*) pro hospitis salute reus capitis ~cor Apul.*Met.*3.7; (*w. gen. of charge, app.*) rapiamus in ius. — ..iniuriarum multo ~ci satius est Pl.*Poen.*1337. **c** cum flauis messorem ~ceret aruis agricola

VERG.*G.*1.316; decuria hominum ~cta ligneis uectibus pisant materiam VITR.7.3.10; (fossor) protinus adhuc silentibus uineis ~cendus est COL.4.27.1.

2 To lead (troops) onwards or forwards, esp. to the attack. **b** to induce to advance, lead or draw on, entice.

equites..dextera ~cere PL.*Am.*243; cohortem praetoriam in medios hostis ~cit SAL.*Cat.*60.5; princeps turmas ~cit Asilas VERG.*A.*11.620; pergit..in agrum Sabinum exercitum ~cere LIV.1.37.5; consul exercitum incaute in saltum..circa..insessum ab hoste ~xit 7.34.1; L. Manlium ..subsidia quibus res postulabat locis ~centem 29.2.10; principes triariosque in cornua ~cit 30.34.11; quantalibet uis omnium gentium conspiret in nos,..inuisitatas beluas ~cat CURT.9.6.7; minabatur..omnes turmas cum elephantis ~cturum se in recusantes 10.9.16; hos in testudinem conglobatos subruendo uallo ~cit TAC.*Ann.*13.39;—(*w. dat., in fig. phr.*) agmen tu mihi ~cas Sardorum et cateruas..? CIC.*Scaur.*17. **b** ita (pecus) capta lepore te (*i.e. Venus*) sequitur cupide quo quamque ~cere pergis LUCR.1.16; (Hannibal) Gracchum..in insidias ~ctum sustulit NEP.*Han.*5.3;—(*in fig. context, cf. sense 11*) ~cuntur (testes) in laqueos QUINT.*Inst.*5.7.11; (*of things*) satis pol proterue me Syri promissa huc ~xerunt TER.*Hau.*723; ancillae..omnes familiari sono ~ctae ad uapulantem decurrunt PETR.105.6.

3 To bring (performers) into the arena, on to the stage, etc.; to put on (a play). **b** (transf.) to exhibit to the mind's eye, present (a character, scene, etc., in a narrative); (esp. w. pred., etc.). **c** to put forward, advance (a theory, argument).

homo flagrans cupiditate gloriae tenere se non potuit quin eos gladiatores ~ceret CIC.*Sest.*134; Daphnis thiasos ~cere Bacchi (instituit) VERG.*Ecl.*5.30; sexageni ferme iuuenes, interdum plures apparatioribus ludis, armati ~cebantur LIV.44.9.5; belli naualis imagine Caesar Persidas ~xit Cecropiasque rates OV.*Ars* 1.172; centum paria ob res egregie gestas ~co PERS.6.49; cum lector aut lyristes aut comoedus ~ctus est PLIN.*Ep.*9.17.3; equitem R. obiectum feris..abscisa..lingua rursus ~xit SUET.*Cal.*27.4; *Cl.*34.2; —~cta Afrani togata, quae Incendium inscribitur *Nero* 11.2. **b** illa subtiliter ad criminandum ~cta oratio CIC.*Cael.*25; sed quid ego, iudices, ita grauem personam (*i.e. Appius Claudius*) ~xi..? 35; hinc ille Gyges ~citur a Platone *Off.*3.38; pro dialogo, in quo boleti et ficedulae..certamen ~xerat SUET.*Tib.*42.2;—(*w. pred.*) sin ei tanta consuetudo quanta a uobis ~citur non erat, quae cum seruis eius potuit familiaritas esse tanta? CIC.*Cael.*58; puero me hic sermo ~citur *Att.*13.19.4; (poetae) lamentantis ~cunt fortissimos uiros *Tusc.*2.27; (Plato) eum (*sc.* Alcibiadem) ~xit commemorantem se pernoctasse cum Socrate NEP.*Alc.*2.2; SEN.*Suas.*2.12; SEN.*Dial.*7.26.6;—(*w. acc. and inf.*) pater ille, Terenti fabula quem miserum gnato uixisse fugato ~cit HOR.*S.*1.2.22; cum..lauari calida frequenter ~ceret (Homerus) PLIN.*Nat.*31.59. **c** etsi minus ueram causam habebis, tamen uel probabilem aliquam poteris ~cere CIC. *Fam.*11.22.2; tripertita ab his ~citur ratio bonorum *Ac.* 1.22; quod et Democritus simulacra et Epicurus imagines ~cens quodam pacto negat *N.D.*2.76; si aliquem magis beatum ~xeris, ~ces et multo magis SEN.*Ep.*85.20; Peripateticum, tria bonorum genera ~centem 88.5;—(*w. pred.*) sic..ab Epicuro sapiens semper beatus ~citur CIC.*Fin.*1.62; (dei) perturbatis animis ~cuntur *N.D.*2.70.

4 To put or place in from without, insert, introduce. **b** to convey (a supply of water into a place). **c** to introduce (immaterial things, esp. parts of a speech, argument, etc.). **d** to enter (an item in an account); (w. dat.) to charge to the account (of), debit (against).

~cuntur uti centra axiculi in orbiculos VITR.10.3.2; 10.6.3; medicum..dum tumentem mammam..fouet, scalpellum spongea tectum ~xisse SEN.*Dial.*5.39.4. **b** specus ..quibus aqua in priuatas domos ~citur *B.Alex.*5.1; *CIL* 3.12046; sit..uel intra uillam uel extrinsecus ~ctus fons perennis COL.1.5.1; postquam (Ti. Claudius) Anionem nouum et Claudiam ~xit FRON.*Aq.*105; POMPON. *dig.*1.2.2.36;—(*w. dat.*) satis fluuium ~cit VERG.*G.*1.106; fossa mare ueteri urbi ~cere SUET.*Nero* 16.1. **c** ut inexpiabiles religiones in rem publicam ~cerentur, ut decernerentur supplicationes mortuo CIC.*Phil.*1.13; MAN.2.42; ubi inter sacra et uota,..uincla et laqueos ~cantur TAC. *Ann.*4.70; speciem libertatis quandam ~xit conseruatis.. magistratibus et maiestate pristina et potestate SUET.*Tib.* 30;—(*in a speech, argument, etc.*) illud quod ~cimus per similitudinem CIC.*Inv.*1.53; nunc ipsum reum causam afferre, quare deliquerit, deinde hanc ~cere partitionem.. 2.130; homo facetus ~cis etiam sermonem urbanum ac uenustum *Dom.*92; Othonem Iunium patrem memini colorem stultum ~cere SEN.*Con.*1.3.11; ~xisse..eum (*sc.* Catonem)..quam dialectici ἐπαγωγήν appellant GEL.6(7). 3.35; (*w. dat.*) qui iuiuriam aduersus liberos suos testamento ~cunt GAIUS *dig.*5.2.4. **d** tutores pecuniam praetori si pupillae nomine dedissent..quem ad modum in rationem ~cerent..non uidebant CIC.*Ver.*1.106; (*w. pred.*) rationes ciuitatum, in quibus, quantum quaeque uoluit, legatis tuis datum ~xit *Fam.*3.10.6;—(*w. dat.*) hic ager omnis..ingenti pecunia nobis ~cetur *Agr.*2.70; 2.98;—(*fig.*) peccata.. hominum..non suscensenda neque ~cenda sunt ipsis GEL. 7(6).2.5.

5 To bring into general use or practice, import, introduce (a custom, law, precedent, or sim.). **b** (mostly poet.) to usher in, inaugurate (a period of time). **c** to set on foot, start (some activity).

magna pars morem hunc ~xerunt: si quid nummo sarciri potest, usque mantant PL.*Mos.*115; Caesar nonne..dicendi genus ~xit prope singulare? CIC.*de Orat.*3.30; ~catur sane etiam consuetudo huius generis iudiciorum noua *Rab.Post.*8; nondum hac effusione ~cta bestiis..circum conplendi LIV. 44.9.4; uetus disciplina deserta, noua ~cta VELL.2.1.1; an hoc ~cimus, ut non demus beneficia sine teste? SEN.*Ben.* 3.10.2; modulus..~ctus, ut quidam putant, ab Agrippa FRON.*Aq.*25; ~ctum pessimum exemplum PLIN.*Pan.*6.2; dicauit caelo Tiberius Augustum, sed ut maiestatis crimen ~ceret 11.1; 'peculatus'..~ctum est a pecore FEST.p. 213M; Tullium Hostilium primum in rem publicam ~xisse quaestores ULP.*dig.*1.13.1;—(*w. inf.*) ita ~ctum est male facere impoene, bene facere non impoene licere CATO *orat.* 171;—(*w.* ut) quare non ~xere, ut..(nepos) non rumperet (testamentum)? SCAEV.*dig.*28.2.29.6. **b** ubi nona suos Aurora ~xerat ortus VERG.*G.*4.552; mihi cum noctes ~xit uesper amaras PROP.4.3.29; simul ~cent obscura crepuscula noctem OV.*Fast.*5.163; cum primum..Aurora..~xit rubicunda diem SEN.*Apoc.*4.1; scimus..quae causa ~cat noctem, quae reducat diem *Ep.*93.9. **c** controuersia de musica ~cta disputatione in sapientiae rationem..consumitur *Rhet.Her.*2.43; tertio die ~cta cognitio est multis sermonibus..iactata PLIN.*Ep.*6.31.7; mihi..suscensebam, quod ultro ~cta serie inoportunarum fabularum partem bonam uesperae..amitterem APUL.*Met.*2.15.

6 (of things) To lead to, bring on, induce (a condition, state of affairs). **b** (leg.) to give ground for, sanction (some legal action).

non odium facit hoc, sed spes ~cta rapinae *Nux* 39; emutant (tropica signa)..mundum ~cuntque nouas operum rerumque figuras MAN.3.624; cum obliuio unius eorum cuiuslibet aut deformem haesitationem aut etiam silentium ~cat QUINT.*Inst.*11.2.48; priorum temporum seruitus.. iuris senatorii obliuionem..~xit PLIN.*Ep.*8.14.2; ex diuersitate rerum uel personarum quibusdam emergentibus, quae uarietatem ~cunt ULP.*dig.*12.2.34.8;—(*w. dat.*) donec (Nilus) Phariis alimenta rogatus donet agris magnumque ~cat messibus annum STAT.*Theb.*4.710; suppressi longa siti flores ~xerunt ieiunam miseris (apibus) famem [QUINT.] *Decl.*13.5. **b** pactio..non..~cit condictionem PAPIN. *dig.*12.6.56; haec uerba senatus consulti etiam aduersus eum qui non possidet iusiurandum ~cunt ULP.*dig.*5.3.25.10; cum ex hac parte iusiurandum et actionem et exceptionem ~cat PAUL.*dig.*12.2.28.10;—(*w.* ut) quo senatus consulto ~ctum uidetur, ut earum rerum..possit usus fructus legari ULP.*dig.*7.5.1.

7 To bring to bear, apply (a rule, treatment, etc.).

una ~citur humanis uirtutibus regula: una enim est ratio recta simplexque SEN.*Ep.*66.11; ille Falcidiae rationem ~ceret quasi plane sub condicione primis tabulis heres institutus PAPIN.*dig.*28.6.41.6; si latitet, exempla senatus consultorum..debere ~ci oportet ULP.*dig.*5.1.67; ut eis, qui poenam..eludunt, coercitionem extraordinariam ~cant (praesides) 48.19.1.3; per edictum praetoris ~citur potestas legis PAUL.*dig.*35.2.1.2.

8 To install or place (a person) in a given position, station, or capacity. **b** to introduce (a person) to a subject, initiate.

non ille hostis ~xit in curiam CIC.*Marc.*13;—(*in a household*) pater ~xit caeco nouercam [QUINT.]*Decl.*2.3; genitos Agrippa Gaium ac Lucium in familiam Caesarum ~xerat TAC.*Ann.*1.3; Octauiam..improbatam (*i.e. as candidate for the Emperor's hand*)..longeque rectius Lolliam ~ci 12.2; PLIN.*Ep.*6.33.2;—(*in ownership or possession*) ut ipse (*sc.* populus Romanus)..in agrum iniuria possessum a potentibus ~catur LIV.6.39.10; cum illum ~ci in bona, quae petebat iussit SEN.*Ben.*4.37.3; (*w. dat.*) patriis spondet reduces ~cere regnis STAT.*Theb.*2.200; malle populum Romanum tibicinis Aegyptii subolem imperatorio fastigio ~ci? TAC. *Ann.*14.61; (*in fig. phr.*) hunc (*sc.* animum) in possessionem rerum naturae ~cere SEN.*Ep.*92.32;—(*cf.*) dedicatio est illa, quae deum ~cit, quae sede destinata locat QUINT.*Decl.* 323(p.273,l.2). **b** eos in unam quamque rem ~cens utilem atque honestam..mites reddidit CIC.*Inv.*1.2; cum in disciplinas dialecticas ~ci atque imbui uellemus GEL. 16.8.1; male prima pueritia ~ctus es..et maiores tuos irreuerenter pulsasti APUL.*Met.*5.30.

9 To bring (a person) into a specified situation, state of mind, etc.

ne suarum se miseriarum in memoriam ~cas PL.*Per.*643; si multos ~xit in peccatum pecuniae spes *Rhet.Her.*2.29; imperitos..in errorem ~cere CIC.*Brut.*293; eum casus in hanc consuetudinem scribendi ~xit *Pis.*71; magno in metu meo subito ~cor in spem *Planc.*104; cum eum, quem interrogatis, scientes in fraudem ~citis SEN.*Ep.*48.10; ab his adfectibus, in quos ~cendus est iudex, recedere QUINT.*Inst.* 11.3.58; confessa est sese mea magia in amorem ~ctam dementire APUL.*Apol.*78.

10 To lead (to a course of action, belief, etc.) by persuasion, argument, or sim. **b** (w. *ut*). **c** (w. inf.). **d** (w. acc. and inf.). **e** (w. *ad*).

(*of motives*) illos suapte ~xit uirtus ACC.*trag.*492; ueterem historiam ~ctus studio scribis LUCIL.612; SIS.*hist.*98; lacrimis ego huc, non gloria ~ctus accessi CIC.*Ver.*5.130; partim odio ~cti me excludunt *Fam.*5.6.2; ~cti terrae bonitate uolebant pandere agros pinguis LUCR.5.1247; regni cupiditate ~ctus coniurationem nobilitatis fecit CAES.*Gal.*1.2.1; neque praemio~ctus coniurationem patefecerat..quaquam SAL.*Cat.*36.5; occasione bene gerendae rei ~ctus LIV.8.30.4; 21.26.9; SEN.*Ben.*4.19.4; ferreus Hercules, quem fecit Alcon laborum dei patientia ~ctus PLIN.*Nat.*34.141; APUL.*Met.* 3.26;—(*of persons*) si P. Lentulus suum nomen ~ctus a uatibus fatale..fore putauit CIC.*Catil.*4.2; pater filium et nouercam ~cente altero filio..occidit QUINT.*Inst.*9.2.42. **b** me numquam hodie ~ces ut tibi credam hoc argentum ignoto PL.*As.*494; *Mer.*350; quem ego ut mentiatur ~cere possum CIC.*Q.Rosc.*46; difficile est..eum..non..~ci odio ut dicat *Font.*3; quae te causa ut prouincia tua excederes ~xit? LIV.10.18.11; PLIN.*Ep.*8.16.3; GAIUS *Inst.*4.117. **c** tua me uirtus..~cit noctes uigilare serenas LUCR.1.142; HOR.*S.*1.3.2; designatum consulem..ingentibus promissis ~cunt sententiam expromere TAC.*Ann.*12.9. **d** nobilitas coloniae ~xerat eum, magnum se excidio eius urbis terrorem ceteris ratum iniecturum LIV.27.39.12;—(*cf.*) ~cor magis librariorum hoc loco esse mendam quam ut Ciceronem parum proprio uerbo usum esse credam ASC.*Corn.*68. **e** (multitudo) ad misericordiam ~citur, ad pudendum CIC. *Brut.*188; Karthaginienses ad bellum..~cere NEP.*Han.*8.1; ~xi te ad legendum? PHAED.3.pr.62; quos fraude ad signandum uel errore ~ctos constitisset SUET.*Aug.*33.2.

11 (in bad sense) To lead (a person) on (into a false or undesirable situation).

adulescentulus corruptus et ab hominibus nequam ~ctus CIC.*S.Rosc.*39; senseram noram ~ctus, relictus, proiectus ab iis *Att.*4.5.1; ubi equos mercantur opertos inspiciunt, ne si facies..decora molli fulta pede est emptorem ~cat hiantem HOR.*S.*1.2.88; semper ut ~car blandos offers mihi uultus TIB.1.6.1; ~cta uafris aquila monitis paruit PHAED. 2.6.14; hac opportuna fallacia..~ctus, immo sublatus et ad credulitatem delapsus APUL.*Met.*9.21; blandissimos adfatus ..et cetera, quis mulieres alios ~cunt 10.21.

12 *~cere animum*: **a** (w. inf., etc.) To bring or prevail on oneself or find it in one (to do something). **b** (w. acc. and inf.) to bring oneself to believe, convince oneself (that). **c** (w. *ad*, app.) to turn one's mind (to).

a (*w. inf.*) id ut..patiar, facere ~cam animum PL.*Bac.* 1191; TER.*Hec.*99; si..ire in exsilium animum ~xeris CIC. *Catil.*1.22; FRO.*Aur.*2.p.10(226N);—(*w.* ut, ne) possum.. ~cere animum ne aegre patiar quia tecum accubat PL. *As.*832; animum ~cam facile ut tibi istuc credam *Poen.*877; CIC.*S.Rosc.*53;—(*w. adv.*) mea sic est ratio et sic animum ~co meum TER.*Ad.*68;—(*w. internal acc.*) numquam istuc dixis neque animum ~xis tuom PL.*Capt.*149; id quod animum ~xerat paulisper non tenuit CIC.*Att.*7.3.8. **b** animus ~ci potest eum esse ciuem..bonum PL.*Per.*66; ita animum ~xerunt socrus omnis esse iniquas TER.*Hec.*277; non poteram animum ~cere, ea liberos suos homines nobiles docere SCIP.min.*orat.*20; *CIL* 1.586.6; CIC.*Att.*14. 13.6. **c** nunc animum rursum ad meretricem ~xti tuom TER.*Hec.*689.

13 *~cere in animum*, To receive (an idea) into the mind, admit to consideration. **b** (w. inf., etc.) to resolve or determine (to do something). **c** (w. acc. and inf.) to make up one's mind (that).

atque hoc scelesti in animum ~cunt suom, Iouem se placare posse donis PL.*Rud.*22; TER.*Hau.*1028; ~cite in animum quod non ~xerunt patres..uestri LIV.7.40.11; QUINT.*Decl.*259(p.56,l.20). **b** (*w. inf.*) non tute incommodam rem..in animum ~ces pati? TER.*Hec.*603; neque.. legare quicquam eius modi matri poterat in animum ~cere CIC.*Clu.*45; SAL.*Cat.*54.4; ita ~xisse in animum, hostibus portas potius quam regibus patefacere LIV.2.15.3; V.MAX. 5.3.ext.1; SUET.*Cal.*3.3;—(*w.* ut, ne) ~xi in animum ne oderim item ut alias PL.*Mil.*1269; quoniam uos regno impotenti finem ut imponatis non ~citis in animum LIV.8.5.4; GEL.14.2.25;—(*w.* quin, quominus) non potuisse se..~cere in animum quin..agrum..uindicaret LIV.3.71.8; non sustinui ~cere in animum, quominus illi..facturum me indicarem PLIN.*Ep.*9.13.6. **c** si..eum esse quaestum in animum ~xi maxumum..seruire uestris commodis TER. *Hec.*50; id quod natura non habes ~c in animum ita simulandum esse ut natura facere uideare Q.CIC.*Pet.*42; ita in animum ~cant consulatum captum..ab tribunicia potestate esse LIV.2.54.5; 27.12.7; FRO.*Aur.*1.p.218(84N).

14 To darw or pull (over a surface, etc.); (esp. a vehicle or sim.).

si..coles intumuit, reducique summa cutis aut rursus ~ci non potest CELS.6.18.2.A; frons ossis..leuandus est, supraque ~cenda cutis 7.33.2;—(Tullia) pressit..~ctis membra paterna rotis OV.*Ib.*362; glaebas..~cta crate coaequabimus COL.2.17.4; (*w. dat.*) aratrum uetustis urbibus ~cere SEN.*Cl.*1.26.4.

15 To put (things to wear, esp. shoes) on (oneself or another); (transf.) to assume (a likeness or disguise). **b** (w. abl.) to dress (in), equip (with).

laeuum sibi calceum praepostere ~ctum PLIN.*Nat.*2.24; SUET.*Aug.*92.1; (*w.* in+*acc.*) paenulam in caput ~ce ne te noscat POMPON.*com.*95; cum uix manicatam tunicam in lacertos ~ceres CIC.*Clod.*fr.24; (*w.* in+*abl.*) ei..soleae ligneae in pedibus ~ctae sunt *Rhet.Her.*1.23; (*w.* super+ *acc.*) hirtam membra super..~xisse togam LUC.2.387; (*w. dat.*) manibus..~cere caestus VERG.*A.*5.379; (Daedalus) ei (*sc.* Pasiphae) uaccam ligneam fecit et uerae uaccae corium ~xit HYG.*Fab.*40.2; (*transf.*) nec fructum nec laetam frondem olea ~cet COL.5.9.15;—(*a likeness, disguise*) humanam membris ~cere formam OV.*Met.*7.642; postea cognitum est ad introspiciendas etiam procerum uoluntates ~ctam dubitationem TAC.*Ann.*1.7; (*cf. perh.*) nec ille deerat, qui.. philosophum fingeret, nec qui diuersis harundinibus alter aucupem..alter piscatorem..~ceret APUL.*Met.*11.8. **b** albenti..umeros ~xit amictu STAT.*Silv.*5.2.67; si..Bellipotens..~ceret ora casside 5.2.179; indumenta, quibus indutus, et calciamenta, quibus erat ~ctus APUL.*Fl.*9; (*cf.*) quis humum florentibus herbis spargeret aut uiridi fontis ~ceret umbra? VERG.*Ecl.*9.20;—(*w. rel. acc.*) tunica..~citur artus *A.*8.457; iuuenem..pedes..palmeis baxeis ~ctum APUL.*Met.*2.28.

16 To lay, spread or smear on, apply (a substance to a surface). **b** (w. abl.) to cover, spread, daub, etc. (with).

eum (*sc.* laterculum) conterito idque ~cito CATO *Agr.*39.2; (columnam) ex qua..tectorium uetus deiectum sit et nouum ~ctum CIC.*Ver.*1.145; picta neque ~cto fulgebat parma pyropo PROP.4.10.21; ~cta candorem quaerere creta OV.*Ars* 3.199; super uitliginem inspergunt farinam.., tum haec (*sc.* medicamenta) ~cunt CELS.5.28.19.D; hiatus ..occultat (quae sorbuit)..ita ~cto solo, ut nulla uestigia exstent PLIN.*Nat.*2.194; sublinunt..harenosam (chrysocollam), priusquam ~cant, atramento et paraetonio 33.90; si tectorium..quod ~xeris..corradere uelis CELS.*dig.*6.1.38; —(*w.* in+*abl.*) si faex uini..contrita cum glutino in opere ~cetur VITR.7.10.4;—(*w.* super+*acc.*) super lateres coria ~cuntur CAES.*Civ.*2.10.6;—(*w. dat.*) colores..udo tectorio cum diligenter sunt ~cti VITR.7.3.7; alii..amomum..fronti ~cunt CELS.3.18.12; huic picturae quater colorem ~xit PLIN.*Nat.*35.102. **b** (postes) sati' boni sunt, si sunt ~cti pice PL.*Mos.*827; scutis..quae..pellibus ~xerant CAES. *Gal.*2.33.2; parietes omnes ~xit minio VITR.7.9.2; balinea.. gregali tectorio ~cta SEN.*Ep.*86.10; parietes tenui marmore ~ctos 115.9; quae mutatis ~citur..tot medicaminibus ..facies JUV.6.471;—(*w. ret. acc.*) ~cta..cornibus aurum uictima OV.*Met.*7.161.

17 To cause to extend (over), diffuse (over). **b** to cause (scars) to form on (wounds or sim.).
dum tarda senectus ~cat rugas inficiatque comas TIB. 2.2.20; puluis..ortus uelut nube ~cta omnia impleuerat LIV.1.29.4; e corpore sanguis ~cto pallore fugit OV.*Met.* 14.755; flumen..quod potum saxea reddit uiscera, quod tactis ~cit marmora rebus 15.314; quod..paulatim frigore ~cto uenarum uigor constitit SEN.*Dial.*1.3.12;—(*w. dat.*) iam nox ~cere terris umbras..parabat HOR.*S.*1.5.9; summis ~ctum est aequor harenis OV.*Met.*11.231; umbra.. telluris tenebras ~xerat orbi 15.652; crederes..atrum rebus ~ci chaos SEN.*Ag.*487; umor in folliculis..nascens cuti nitorem ~cit PLIN.*Nat.*24.49; (*in fig. phr.*) diuus Augustus..omnibus..uiris magnitudine sua ~cturus caliginem VELL.2.36.1. **b** articulorum..uitia..si iuuenes temptarunt neque callum ~xerunt CELS.2.8.10;—(*w. dat.*) ubi ~ctae uulneribus cicatrices sunt 3.21.12; eadem..crustas ulceribus..~cunt 5.9; 5.26.31; (*in fig. phr.*) ingenio adhuc alendo callum ~cere QUINT.*Inst.*12.6.6.

18 To erase (writing, by smoothing over the furrow made by it); to cancel, annul (a transaction).
uel ~ci uel mutari possunt (nomina) CIC.*Att.*13.14.1(2); multa et deleta et ~cta et superscripta inerant (*i.e. in Nero's notebooks*) SUET.*Nero* 52.1; cancellauerat quis testamentum uel ~xerat ULP.*dig.*28.4.2; 37.11.2.7;—coeptum est referri de ~cendo senatus consulto CIC.*Dom.*10; *Att.*1.20.4; bona.. eorum se uendituram, ita tamen, qui eorum ipse sua bona redemisset, se bonorum uenditionem ~cturum et pecuniam multae nomine relaturum *B.Afr.*90.1; quas locationes cum senatus..~ci et de integro locari iussisset LIV.39.44.8; senatus..in integrum restituit (Caesarem) ~cto priori decreto SUET.*Jul.*16.2.

inductiō ~ōnis, *f.* [prec.+-TIO]

1 The action of leading or bringing in; (esp., of performers on to a stage, etc.).
aquarum ~onibus terris fecunditatem damus CIC.*N.D.* 2.152;—(*of performers*) horum (*sc.* iuuenum) ~o..simulacrum decurrentis exercitus erat LIV.44.9.5; (*transf., in a speech*) personarum ficta ~o CIC.*de Orat.*3.205.

2 Introduction to an art, initiation.
artificiosa sit ea (*sc.* memoria) quam confirmat ~o quaedam et ratio praeceptionis *Rhet.Her.*3.28.

3 Inducement or prompting to a course of action. **b** *animi ~o,* the focusing of the mind on an object, application.
tantum..animi ~o et..amor erga Pompeium apud me ualet, ut.. CIC.*Fam.*1.8.2. **b** non est..positum in labore aliquo sed in quadam ~one animi et uoluntate *Q.fr.*1.1.32; cedet..uirtuti dolor et animi ~one languescet *Tusc.*2.31.

4 (rhet., transl. Gk. ἐπαγωγή) A system of argument which proceeds by analogy.
~o est oratio quae rebus non dubiis captat assensionem eius quicum instituta est; quibus assensionibus facit ut illi dubia quaedam res propter similitudinem earum rerum, quibus assensit, probetur CIC.*Inv.*1.51; *Top.*42; QUINT.*Inst.* 5.11.2.

5 The action of drawing or spreading over.
uelorum..~ones VITR.10.pr.3.

6 The erasure (of writing in a document).
etsi..testamento fuerit adscriptum: 'lituras ~ones superductiones ipse feci' ULP.*dig.*28.4.1.1; 28.4.2.

inductor ~ōris, *m.* [INDVCO+-TOR] (app.) One who paints or daubs; (in quot. humorously, of a flogger).
~ores (indoctores *codd.*)..acerrumos gnarosque nostri tergi, qui saepe ante in nostras scaplas cicatrices indiderunt PL.*As.*551.

inductrix ~īcis, *f.* [INDVCO+-TRIX] One who lures on or entices.
(coruus) praedae, quam ore gestabat, ~icem (*sc.* uulpem) conpotiuit APUL.*Soc.*pr.4.

inductus[1] ~a ~um, *a.* [pple. of INDVCO] Alien, adventitious.
cum..ea potius, quae pressius..quam illa, quae hilarius ..scripsi, possint uideri accersita et ~a PLIN.*Ep.*3.18.10; neque..coniectura eget, quid sermone patrio exprimere possis, cum hoc insiticio et ~o tam praeclara opera perfeceris 4.3.5; si nihil ~um et quasi deuium loquimur 5.6.44.

inductus[2] ~ūs, *m.* [INDVCO+-TVS[3]]

1 Inducement, prompting (to some course of action).
quod alieno ~u fecerit (reus) *Rhet.Her.*2.26; optio uobis datur, utrum uelitis casu illo itinere Varenum usum esse an huius persuasu et ~u CIC.*Var.*fr.14(Quint.*Inst.*5.10.69).

2 The bringing on (of participants in a show).
at tu, Caesar, quam pulchrum spectaculum..reddidisti! uidimus delatorum ~um quasi..latronum PLIN.*Pan.*34.1.

indūcula ~ae, *f.* [INDVO+-CVLA, cf. *subucula*] A woman's garment.
quid erat induta? an regillam ~am an mendiculam? PL. *Epid.*223.

indugredior ~ī, *intr., tr.* [INDV-+GRADIOR] = INGREDIOR.
(*intr.*) ~i porro pariter simulacra..credas LUCR.4.318; 4.367;—(*tr.*) uiam..~i sceleris 1.82.

indulgens ~ntis, *a. compar.* ~ntior, *superl.* ~ntissimus. [pple. of INDVLGEO]

1 Not strict, mild, indulgent, complaisant, or sim.
pater..nimis ~ns, quicquid ego adstrinxi relaxat CIC. *Att.*10.6.2; irarum ~ntes ministri LIV.24.25.9; ~ntem amatorem 39.43.3; dic, uter (filius) obsequentior sit, uter ~ntior SEN.*Con.*9.3.4; APUL.*Fl.*16;—(*w.* in+*acc.*) exemplum ciuitatis minime in captiuos iam inde antiquitus ~ntis LIV.22.61.1.

2 (in more positive sense) Bestowing favours, kind, gracious.
auonculum ~ntissimum..amisisti SEN.*Dial.*12.2.4; ~ntissime imperator PLIN.*Ep.Tra.*10.10(5).2; SUET.*Ves.*21;—(*w.* erga) AVGVSTI, DILIGENTISSIMI ET ~NTISSIMI ERGA QVARTANOS SVOS PRINCIPIS, EPISTVLA *CIL* 9.5420.21;—(*w. dat.*) facilem me ~ntemque praebebo rebus, ad quas tendis SEN.*Ep.*116.1;—(*w. inf.*) Nox..~ns reparare animum STAT.*Theb.*1.500.

3 (w. dat.) Addicted or partial (to some occupation).
pretiosae supellectilis..praecupidus et aleae ~ns SUET. *Aug.*70.2.

indulgenter, *adv. compar.* ~ius, *superl.* ~issimē. [prec.+-TER[2]]

1 Indulgently, leniently.
ne nimis ~er et ut cum grauitate potius loquar CIC.*Att.* 9.9.2; captiuis ~er habitis LIV.36.14.7; nimium ~er nutritus est SEN.*Con.*2.3.3; FLOR.*Epit.*1.13(1.18.15).

2 So as to show favour, kindly, graciously.
bestiae multa faciunt..~er uel cum labore, ut in gignendo in educando CIC.*Fin.*2.109; omnia illa, quae in me ~issime conferebat (fortuna) SEN.*Dial.*12.5.4; PLIN.*Nat.*7.130.

indulgentia ~ae, *f.* [INDVLGENS+-IA]

1 Want of strictness, leniency, mildness, indulgence.
consilium mihi non deesset nec ad seueritatem nec ad ~am CIC.*Att.*10.4.6; quod..ambitione atque ~a tribunorum militum..multa contra morem consuetudinemque militarem fierent *B.Alex.*65.1; cum ambitio alterius suam.. praua ~a maiestatem soluisset LIV.22.42.12; eum ~a corrumpis APUL.*Apol.*98;—(*w.* in+*acc.*) hunc ea fuisse in suos ~a ut, quos amare deberet, irasci eis nefas duceret NEP. *Att.*17.2; LIV.23.43.11;—(*w.* erga) dominorum erga seruos nimia ~a GAIUS *dig.*40.16.1;—(*transf.*) fetus..nocentis detrahe: frondosas grauat ~a siluas GRAT.141; (*w. obj. gen.*) quom animus..a corporis obsequio ~aque discesserit CIC. *Leg.*1.60.

2 Kindness, esp. on the part of a superior, favour, bounty, or sim.
omnes inter se naturali quadam ~a et beniuolentia.. contineri CIC.*Leg.*1.35; materiam ingentis..decoris (*i.e. a boy*) omni ~a nostra nutriamus LIV.1.39.3; ille..~am tibi tanquam fratri praestitit SEN.*Dial.*11.5.2; tua nos alit ~a farre CALP.*Ecl.*4.33; in huius (*sc.* matris) sinu ~aque educatus TAC.*Ag.*4.2; (*w.* in+*acc.*) si ferae partus suos diligunt, qua nos in liberos nostros ~a esse debemus? CIC.*de Orat.* 2.168; (*w. obj. gen.*) qui simili sensu atque ~a filiarum commouemini *Ver.*1.112;—(*of the Emperor*) me, domine, ~a uestra promouit ad praefecturam PLIN.*Ep.Tra.*10.3a(20).1; 10.13(8); 10.21(32).1; si senatori ~a principis fuerit permissum libertinam iustam uxorem habere ULP.*dig.*23.2.31; (*personified*) *BMCI* 3.p.305,No.518 (Hadrian);—(*of deities, Fortune, etc.*) Capuam..luxuriantem longa felicitate atque ~a fortunae LIV.23.2.1; VELL.2.121.3; quidquid..multa deum ~a struxit SEN.*Ep.*91.6; ~a numinum illo in amne.. salem prouenire TAC.*Ann.*13.57; (*pl.*) ~arum dei..beneficia APUL.*Mun.*25;—(*transf.*) si non..exciperet caeli ~a terras VERG.*G.*2.345; PLIN.*Nat.*17.16; pulchrior haud ulli..uultus et egregiae tanta ~a formae STAT.*Theb.*4.252; ~A MEDICINARVM EIVS INFIRMITATI GRAVI LIBERATAM *CIL* 11.1297.

3 The action of giving way to or indulging (a feeling).
infinito dolore, cum aliquem ex carissimis amiseris, adfici stulta ~a est SEN.*Dial.*12.16.1; animus ille qui luctus suos sequitur, incipit ~am sentire lacrimarum [QUINT.]*Decl.* 10.10.

indulgeō ~gēre ~sī ~tum, *intr., tr.* [dub.]

1 (w. dat.) To be indulgent or lenient (to), allow (a person) to have his way; (also tr.). **b** to have regard (to some consideration); to make allowance (for a fault).
nimium illi, Menedeme, ~ges TER.*Hau.*861; ciuis Romanos coluit, iis ~sit, eorum uoluntati..deditus fuit CIC. *Ver.*3.59; quod matri nunc ~geat cui antea bene merenti fuerit inimicus *Att.*14.10.4; (Caesar) semper Aeduorum ciuitati praecipue ~serat CAES.*Gal.*7.40.1; Atticus..nihil.. iis ~sit ad Antonium uiolandum NEP.*Att.*9.3; uterque.. consul, ut certatim, plebi ~gere LIV.2.41.7; ~ge dominae uultusque seueros exue OV.*Am.*3.4.43; necesse est..magis aegris in potione quam in cibo ~gere CELS.3.6.2; Tiberius hactenus ~gere matri ciuile ratus TAC.*Ann.*2.34; (*to animals*) uetus ~get senibus clementia porcis (*i.e. spares their lives*) JUV.6.160; (*poet.*) ~gens animo pes mihi tardus erat OV.*Tr.* 1.3.56; (*absol.*) id (*sc. your good nature*) non fieri ex uera uita..sed ex adsentando ~gendo et largiendo TER.*Ad.* 988;—dum istis fuisti solus,..te ~gebant, tibi dabant *Hau.*988; AFRAN.*com.*389. **b** ~ge ualetudini tuae CIC. *Fam.*16.18.1; in altero adsumendo duce aliorum ~gere timori LIV.10.26.1; ut tanto clarior eius (*sc.* iudicis) futura sit fides..quanto minus..utilitati suae ~serit QUINT.*Inst.* 11.1.75; nil patriae ~sit, plorantesque improba natos..reliquit JUV.6.86;—obsequium..peccatis ~gens CIC.*Amic.*89.

2 (w. dat., of patrons, deities, etc.) To look favourably (on), show kindness (to a person, his enterprises, etc.); to accede (to a request or sim.).
cuius et annis et generi fata ~gent VERG.*A.*8.512; non diutius fortuna Aequis ~sit LIV.4.42.10; licet hic (*sc.* casus) ~geat ausis OV.*Ars* 1.379; uelut in hoc saltem tantummodo ~gente nobis fortuna VELL.2.117.1; nulla lex amare parentes, ~gere liberis iubet SEN.*Ben.*4.17.2; sic..iuri nostro libentius ~gebit (iudex) QUINT.*Inst.*7.5.3; uos humili adseculae..~gebitis..? JUV.9.48; (*of weather*) dum tepida ~get terris clementia mundi GRAT.295; (*poet.*) fructus.. feros mansuescere terra..~gendo blandeque colendo LUCR. 5.1369; (*transf.*) consuetudini auribus ~genti libenter obsequor CIC.*Orat.*157;—(*a request or sim.*) ~ge precibus meis PLIN.*Ep.*4.15.11; 9.24; possumus desiderio eorum ~gere TRA.Plin.*Ep.*10.24(35); CVIVS VOTIS ~GERE (*app.* = indulsere) DEI *CIL* 6.29265.

3 (w. dat.) To allow free play (to one's own or another's feelings, desires, etc.); (also tr.). **b** *sibi (se) ~gere,* to give free course to one's inclinations, indulge oneself. **c** (poet.) to allow room for free movement, growth, etc. (to).
ardor..ille idem..manet non me hercule ~gente me sed tamen repugnante CIC.*Att.*12.13.1; tantum ~sit dolori, ut eum pietas uinceret NEP.*Reg.*1.4; VERG.*A.*2.776; ~gere licentiae militum LIV.29.19.4; crescente..Philippi odio in Romanos, cui Perseus ~geret, Demetrius..aduersaretur 40.5.5; omnibus certis prohibebar amori ~gere meo OV.*Met.* 9.596; hic..non habet uires; ~sit uitiis SEN.*Ep.*112.3; ~ge genio, carpamus dulcia PERS.5.151; inuidia naturae sine ulla fine ~gentis auiditati maris PLIN.*Nat.*6.1; absistite ferro,.. neue ~gete furori STAT.*Theb.*5.670; si ingenio suo imperare quam ~gere maluisset QUINT.*Inst.*10.1.98;—(*tr.*) tu, qui iram ~ges nimis LUCIL.900; quando animus eaorum interstitione ..negotiorum data laxari ~gerique potuisset GEL.pr.1. **b** ipsa..sibi imbecillitas ~get CIC.*Tusc.*4.42; uiuebat laute et ~gebat sibi liberalius NEP.*Cha.*3.2; qui inlustres uiri in cultu ceteroque uitae ritu..nouando sibi ~serint V.MAX. 3.6.intro.; non largius usquam ~sit natura sibi STAT.*Silv.* 1.3.17; JUV.6.283;—(*tr.*) eiciunda hercle haec est mollities animi; nimi' me ~geo TER.*Eu.*222. **c** si pinguis agros metabere campi, densa sere..sin tumulis accliue solum.., ~ge ordinibus VERG.*G.*2.277; emissae..~gens Inachus urnae STAT.*Theb.*6.275; totis..exsul habenis ~get 11.517.

4 (w. dat.) To take pleasure or indulge (in), gratify oneself (with), devote oneself (to an activity, etc.).
sperni ab iis ueteres amicitias, ~geri nouis CIC.*Amic.* 54; omissis..corporis gaudiis animo ~gens SAL.*Rep.*1.7.5; (apes) neque concubitu ~gent nec corpora..in Venerem soluunt VERG.*G.*4.198; insano iuuat ~gere labori *A.*6.135; fusi..per herbam ~gent uino 9.165; ~gere theatris OV. *Rem.*751; a negotiis abstinendum est..somno ~gendum CELS.3.22.9; si frumentum non inseritur..si segetibus ~getur.. COL.5.7.3; hic campo ~get, hunc alea decoquit PERS.5.57; conuictibus et hospitiis non alia gens effusius ~get TAC.*Ger.*21.2; famam..cui saepe etiam boni ~gent *Ag.*9.5; luxuriae ita ~sit ut saepius in die lauaret SUET.*Gram.*23 (p.117Re).

5 (tr.) To grant as a favour, concede, bestow, etc.
qui..sanguinem meum sibi ~geri aequum censet LIV. 40.15.16; aetatis illam (*sc.* naturam) animalibus tantum ~sisse, ut quina..saecula educerent SEN.*Dial.*10.1.2; uim coeptis ~gent astra STAT.*Theb.*4.691; rector genero..~get agendum (equum) 6.316; qui malis moribus nomen oratoris ~gent QUINT.*Inst.*2.17.32; siue ~serint largitionem siue abnuerint TAC.*Ann.*2.38; ciuitatem Romanam Harpocrati.. ~sisti PLIN.*Ep.Tra.*10.6(22).1; quae sunt ab aliis instituta, sint licet sapienter ~ta, breuia..sunt 10.108(109).2; ~get basia plectro JUV.6.384; ~ge ueniam pueris 8.167; usum eius (*sc.* pecuniae) gratuitum iis..ad certum tempus ~sit SUET.*Aug.*41.1; (arbiter) sero..petentibus non ~getur GAIUS *Inst.*4.164; (*refl.*) Armenius Zalaces..narratur.. ardenti sese ~sisse tribuno JUV.2.165; (*poet.*) tigres ~gent patientiam flagello MART.1.104.3;—(*w. inf.*) tu..qui funere tanto ~ges mihi, Phoebe, mori STAT.*Theb.*10.763; 11.738; ~gens templa uetustis incolere atque habitare deis SIL. 14.672;—(*w.* ut) quibusdam..praesidibus, ut multis prouinciis interdicere possint, ~tum est ULP.*dig.*48.22.7.14.

indulgitās ~ātis, *f.* [INDVLGEO+-TAS] = INDVLGENTIA.
consuetudine uxoris, ~ate liberum CAEL.*hist.*48; SIS.*hist.* 46.

indūmentum ~ī, *n.* [next+-MENTVM] Something put on, a garment, robe, or sim.
~um illud oris (*i.e. a mask*)..resonare uocem facit BAS. *gram.*8(Gel.5.7.2); orauit, ut..induere permitterent sua sibi omnia ~a GEL.16.19.2; confecerat..~a quibus indutus.. erat APUL.*Fl.*9;—(*transf.*) ardentes boletos et raptim ~o suo (*i.e. a sauce*) mersatos demittunt paene fumantes SEN. *Nat.*4b.13.10.

induō ~uere ~uī ~ūtum, *tr.* [INDV-+*uo (see EXVO)]

1 (w. dat.) To put (a garment, arms, or sim.) on (a person); *arma alicui ~uere,* to cause someone to go to war.
cui (*sc.* Herculi) cum Deianira..tunicam ~uisset CIC. *Tusc.*2.20; harum (uestium) unam iuueni..~uit VERG.*A.* 11.77; uestes umeris ~uit ipsa meis OV.*Ep.*20.90; non deponam has sordes, nisi inuenero, cui ~uam SEN.*Con.*10.1.4; regina..serta patri..~uit V.FL.2.266; (*cf.*) quasi pueri qui nare discunt scirpea ~uitur ratis PL.*Aul.*595; (*transf.*) caeloque cauam nox ~uit umbram STAT.*Theb.*5.753;— et tunc Mamertinorum sociorum periculum et nunc Sagunti excidium nobis pia ac iusta ~uerunt arma LIV.30.31.4; quae sponte diu non sumpserit, hostem ~uere aram sibi SIL.14.297.

2 (also w. *sibi*) To put (a garment, etc.) on oneself, don; *arma ~uere,* to resort to arms, go to war. **b** (pass. in middle sense, w. acc. of thing put on; usu. only in past pple., exc. in the poets).
loricam ~uam mi optumum esse opinor PL.*Cas.*695; meam (uestem) ipse ~uit TER.*Eu.*702; quem (*sc.* anulum) ut detraxit, ipse ~uit CIC.*Off.*3.38; ut..ad galeas ~uendas.. tempus defuerit CAES.*Gal.*2.21.5; fulgentia..~uit arma VERG.*A.*11.6; (Vertumnus) ~uerat scalas (*i.e. to carry them*): lecturum poma putares OV.*Met.*14.650; deposita ueste regia

pastoralem cultum ~uit VELL.1.2.1; cum Claudius Caesar smaragdos ~uebat uel sardonyches PLIN.Nat.37.85;—(w. dat. of part of body) in manibus laurus, sacris ~uta capillis laurus erat OV.Ars 2.495; qui primus ~uit (anulum) digitis PLIN.Nat.33.8;—(transf.) stipes..frondes ~uit OV.Met.7.281; CALP.Ecl.2.40;—quis iustius ~uit arma scire nefas LUC.1.126; (in fig. phr.) ~uet infelix arma coacta dolor OV.Tr.4.9.8. **b** quid erat ~uta? an regillam induculam an mendiculam? PL.Epid.223; TER.Eu.1016; uirginem..in capite ostrinam ~utam riculam TURP.com.74; redit exuuias ~utus Achilli VERG.A.2.275; loricam ~uitur fidoque accingitur ense 7.640; uirgines longam ~utae uestem LIV.27.37.13; Tisiphone..~uitur pallam OV.Met.4.483; uestem fratris..~uitur CURT.10.7.13; egreditur famulo raptos ~utus amictus LUC.8.240; PLIN.Ep.2.20.11; SUET.Cal.52;—(w. dat. of part of body) nigrantia plumbo tegmina cruda boum..lacertis ~uitur STAT.Theb.6.734.

3 (also w. sibi) To assume, adopt, put on (an appearance, likeness, expression, or sim.); (also pass. in middle sense). **b** (a part, character, title, frame of mind, etc.).

habes somnum imaginem mortis eamque cotidie ~uis CIC.Tusc.1.92; notos pueri puer ~ue uultus VERG.A.1.684; ~uit albos cum uitta crinis 7.417; tellus..~uit ignotas hominum conuersa figuras OV.Met.1.88; Vrbs gemit et uoltum miserabilis ~uit unum Epic.Drusi 181; ~ue dissimilem animo tuo uultum SEN.Dial.11.5.5; uirgineos si Iuppiter ~uit artus STAT.Ach.1.263; senatus populusque habitum ac uoces dolentum simulatione magis quam libens ~uebat TAC.Ann.4.12; (in brachylogy) mures, immo uero etiam muscas ~uunt (uersipelles) APUL.Met.2.22;—ille pater..deum..~uitur faciem tauri OV.Met.2.850; 11.203; nunc meis uocata sacris (sc. Hecate),..ueni pessimos ~uta uultus SEN.Med.751; STAT.Theb.2.97. **b** qui tantum modo ~uit personam philosophi CIC.Tusc.5.73; ponit..personam amici, cum ~uit iudicis Off.3.43; adeo..nouum sibi ingenium ~uerat ut plebicola repente..euaderet LIV.3.33.7; curia..cuius limen intrantes abiecta priuata caritate publicam ~uebant V.MAX.2.2.1; regum nobis ~uimus animos SEN.Ep.47.20; ceu (cornipedes)..iras..sedentum ~uerint STAT.Theb.8.393; qui..falsam sibi scientiae persuasionem ~uerunt QUINT.Inst.1.1.8; femina..munia ducis per eos dies ~uit TAC.Ann.1.69; exercitus..qui ne bellum tolerarent, seditionem ~uerint 2.15; Sarmatas, quorum sceptuchi utrimque donis acceptis..diuersa ~uere 6.33; plurimum adulationis Seleucenses ~uere 6.42; ipsam (matrem) heredem..fieri uel aliud nomen successionis ~uere ULP.dig.38.17.2.47; (in brachylogy) nisi..proditorem palam et hostem Thrasea ~uisset TAC.Ann.16.28; (cf. sense 2) (Manlius) ex eius spoliis sibi et torquem et cognomen (i.e. Torquatus) ~uit CIC.Fin.2.73.

4 (usu. w. abl.) To clothe, dress (in); (esp. pass.). **b** (w. in+acc.).

~ue me (sc. Vertumnum) Cois, fiam..puella PROP.4.2.23; cum trepida ante boues dictatorem ~uit uxor PERS.1.74; Cimon..milites suos captiuis armis ~uit FRON.Str.2.9.10; (refl.) ille lorica se ~uit APUL.Mun.30; (cf.) Anchises magnum cratera corona ~uit VERG.A.3.526; (transf.) iamque eoas cinis ~uit urbes V.FL.4.509; nunc retegit bibulas, nunc ~uit aestus harenas STAT.Theb.11.44; (fig.) animum bonis artibus non ~uerat TAC.Ann.15.45;—(pass.) puella non sum, supparo si ~uta sum? AFRAN.com.123; soccos, quibus ~utus esset CIC.de Orat.3.127; tune hinc spoliis ~ute meorum eripiare mihi? VERG.A.12.946; nulla ~utus tunica V.MAX.3.6.7; PLIN.Nat.33.63; eo tegmine pedum ~uebatur TAC.Ann.1.41; quod multa munditia et circumspecte..~utus et amictus esset GEL.1.5.2; (w. acc. of respect) pedes luteis ~uti calceis APUL.Met.8.27;—(in fig. phr.) eandem sententiam milliens alio atque alio amictu ~utam referunt FRO.Aur.2.p.104(157 N);—(transf.) ferae forma hominum ~utae CIC.Sul.76; (dei) ~uti specie humana N.D.2.63; quot..in flore nouo pomis se fertilis arbos ~uerat VERG.G.4.143; ita se ~uunt (flagella) uuis, ut..COL.4.24.12; (olea) cum se non ~uit (sc. fructu), uix ullam impensam poscit 5.8.2; ~uitur tota Africa flammis SIL.17.195; tantis segetibus ~uebatur (Aegyptus) PLIN.Pan.30.1; (w. acc. of respect) flore iuuentae ~uimur uultus CALP.Ecl.2.90. **b** proin tu te in laqueum ~uas PL.Cas.113; (cf.) quos (sc. lupos) hominum ex facie..~uerat Circe in uultus ac terga ferarum VERG.A.7.20; (transf.) cum se nux plurima siluis ~uet in florem G.1.188.

5 **a** (w. dat. or in+acc.) To bury, sink, plunge (a weapon in the body, etc.); (of the weapon itself) to bury itself in; (in fig. context, refl. or pass.) to get stuck or caught (in difficulties or perplexities). **b** (refl., w. dat. or abl.) to fall or be impaled (upon a weapon, etc.), 'wrap oneself (round)'.

a manum cerebro ~ue SEN.Phoen.180; lingulas dolatas..quae transuersis foratis perticis ~uantur (v.l. inducantur) COL.8.11.4; (refl.) cum..se in nubem ~uerint (anhelitus terrae) CIC.Div.2.44; (in fig. phr.) ita se ~uit rei publicae Caesar ut seduci alterum non posset sine utriusque pernicie SEN.Cl.1.4.3;—~uit a tergo Mycalesia cuspis Agyrten STAT.Theb.9.281;—uidete in quot se laqueos ~uerit CIC.Ver.2.101; uidete ut, dum expedire sese uult, ~uat 2.106; Mur.51; in id ipsum se ~uit quod timebat Luc.18; cur..uos ~uitis in eas captiones quas numquam explicetis? Div.2.41; nos in fraudem ~uimus LUCR.4.817; (pass.) sua confessione ~uatur ac iuguletur necesse est CIC.Ver.5.166; cum in grauissimas..poenas a semet ipsis improuiso rerum exitu ~uantur QUINT.Inst.12.1.3. **b** se ipsi acutissimis uallis ~uebant CAES.Gal.7.73.4; 7.82.1; an sese mucrone..~uat et crudum per costas exigat ensem VERG.A.10.682; ~uissent se hastis LIV.44.41.9; iuuenca ferro semet imposito ~uit SEN.Oed.341;—(cf., w. part of body as obj.) ~uit ille toris a laeua parte lacertos OV.Met.9.82; sua..~uit ilia fractae (orno) 12.340; ferro pectus impresso ~uam SEN.Her.F.1312; (w. in+acc.) pectus in tela ~ue 1028.

6 (w. dat.) To implant (a quality, feeling, etc., in), impart (to); (also w. in+acc.).

dicendi assiduitas ~uit (v.l. aluit) audaciam CIC.Inv.1.4 ego me patronum profiteor plebis, quod mihi cura mea et fides nomen ~uit LIV.6.18.14; Martia Romanis urbis pater ~uit ora MAN.4.718; quis est,..qui non ipsis, quae inpotentissime fecit, speciem aliquam ~uat recti SEN.Ben.4.17.2; nulla res magis animis honesta ~uit..quam bonorum uirorum conuersatio Ep.94.40; eloquentiam..pueris ~uunt adhuc nascentibus PETR.4.2; nos..fumi amaritudine uetustatem ~ui (uino) persuasum habemus PLIN.Nat.23.40; detersa rubigine saeuus ~uitur ferro splendor SIL.4.13; cunctis..pauorem Gallorum ~uerat pauor 15.736; Galbam et infracta tributa hostilis spiritus ~uisse TAC.Hist.4.57; natura..~uit nobis..amorem nostri GEL.12.5.7;—(w. in+acc.) Aesopus..res salubriter ac prospicienter animaduersas in mentes..hominum cum audiendi quadam inlecebra ~uit 2.29.1.

indupediō ~īre ~īuī ~ītum, tr. [INDV-+*pedio (see IMPEDIO)] = IMPEDIO.

materies..inter se nexu minus aut magis ~ita LUCR.1.240; 2.102; 2.459; quanto minus ~iri pauca (corpora) queunt 4.70; 5.876.

induperātor ~ōris, m. [next+-TOR] = IMPERATOR.

omnibus cura uiris uter (i.e. Romulus or Remus) esset ~or ENN.Ann.83; Romanorum ~or quod quisque in bello gessit 326; 347; ~ores pugnare LUCR.4.967; 5.1227; qualis tunc epulas ipsum gluttisse putamus ~orem (i.e. Domitian)..? JUV.4.29; 10.138.

induperō ~āre ~āuī, intr. [INDV-+PARO] = IMPERO.

nauare imperium seruare est ~antum ENN.Ann.427; Solon 'nequid nimis' ~auit Inc.poet.p.138(Hyg.Fab.221).

indūrātus ~a ~um, a. compar. ~ior. [pple. of INDVRO] (in senses of vb., esp.) Made hardy, toughened.

quid ~ius ad omnem patientiam (sc. Germanis)? SEN.Dial.3.11.3.

indūrescō ~escere ~uī, intr. [IN-[1]+DVRVS+-ESCO]

1 To become hard, harden, set. **b** (of a person, his body, etc.) to become tough or robust.

stiria..~uit horrida barbis VERG.G.3.366; uirga recens..tactu..~uit huius (i.e. Medusa's head) OV.Met.4.745; donec extracta inde gutta ~escat CELS.5.25.17; cum ~uit ager COL.2.4.7; lutea ouorum cocta, ut ~escant PLIN.Nat.29.42; (w. in+acc.) limo concrescente, qui interdum in crustam ~escit FRON.Aq.122;—(of grain, etc., ripening) cum..spica eius (sc. herbae) ~uit SEN.Ep.121.15; COL.2.20.2; siliquae..uirides prius, quam ~escant,..contritae PLIN.Nat.22.153;—(of parts of the body, as a morbid condition) cum..molliendum (sit corpus) quod ~uit CELS.2.14.2; praecordia..~escunt 5.26.12;—(hyperb.) ut..pudor cessit sanguisque ~uit oris (i.e. as they lost the power to blush) OV.Met.10.241. **b** corpus.., quod ante laborum impatiens nobis..fuit,..ipso uexatum ~uit usu OV.Tr.5.2.5; ubi iam ~uit, melius bimus quam anniculus castratur (uitulus) COL.6.26.2; (w. acc. of respect) intumuere tori, totosque ~uit artus LUC.4.631.

2 (fig.): **a** (of habits, etc.) To become firmly established; (of a person) to become set in one's ways. **b** (of a person) to become inflexible in one's attitude or purpose.

a ante..quam ~escat prauitas eius (sc. animi) SEN.Ep.50.5; frangas..citius quam corrigas quae in prauum ~uerunt QUINT.Inst.1.3.12;—(of a person, cf. sense 1) (hic) simul et emarcuit et ~uit: non potest recipere rationem, non potest nutrire SEN.Ep.112.3. **b** gregarius miles ~uerat pro Vitellio TAC.Hist.3.61; nihil..me..impetraturum, tam obstinate magis et magis ~uisse (Corellium) PLIN.Ep.1.12.10.

indūrō ~āre ~āuī ~ātum, tr. [IN-[1]+DVRVS+-O[3]]

1 To make hard, harden.

ora..cornu ~ata rigent OV.Met.14.503; iactam (niuem)..~at Boreas perpetuamque facit Tr.3.10.14; (sues) ~antes attritu arborum costas PLIN.Nat.8.212; ut ferramentorum subtilitas non aliter acrius ~etur 28.148; robora flammis ~ata diu STAT.Theb.4.65; quod (sc. litus)..frequens et contrarius fluctus ~at PLIN.Ep.2.17.27;—(food for preservation) Punica (mala) aqua marina feruente ~ari PLIN.Nat.15.60; carnes..~atas sale 28.264;—(parts of the body) articulos ~atos hoc molliebat CELS.5.18.35; ~atam uuluam PLIN.Nat.28.252; (absol.) liquidi aluminis uis adstringere ~are, rodere 35.185.

2 To make robust, toughen (in body or character).

ubi aetas ~auit (iuuenes) CELS.5.28.9; Eurotas amnis..qui pueritiam ~at ad futurae militiae patientiam SEN.Suas.2.5;—(deus) bonum uirum in deliciis non habet, experitur, ~at SEN.Dial.1.1.6; 2.5.4; infelicitas..quos semper uexat, nouissime ~at 1.2.3.

3 To make (a person or his mind) stubborn or inflexible; to make (vices, etc.) inveterate. **b** uultum ~are, to set one's face, look grim; frontem alicui ~are, to make a person unblushing or brazen.

aduersus haec..adhortare te et ~a SEN.Ep.4.6; animum ~are et aduersus minas erigere 104.22; (cf.) ~atur..hostium timor, ac ne uertat in audaciam periculum est LIV.30.18.3;—sed nec ~ata (prauitate) despero: nihil est, quod non expugnet pertinax opera SEN.Ep.50.6; ~ata uitia et in statum inemendabilem adducta 106.6. **b** ut flexerat uultum aut ~auerat Otho, clamor et gemitus TAC.Hist.2.46;—non est, quod frontem eius ~es; sine, si quid est pudoris residui, seruet SEN.Ben.7.28.3.

Indus[1] ~ī, m. An inhabitant of India (see INDIA), an Indian. **b** (applied to an elephant-driver or mahout).

uri se patiuntur ~i CIC.Tusc.2.40; subiectos Orientis orae Seras et ~os HOR.Carm.1.12.56; MELA 1.11; PLIN.Nat.12.29; FLOR.Epit.2.34(4.12.62);—(appos.) Callanus ~us..in radicibus Caucasi natus CIC.Tusc.2.52; V.MAX.1.8.ext.10;—(collect. sg.) lapillis, quos legit in uiridi decolor ~us aqua OV.Ars 3.130; SEN.Thy.602. **b** flumini Indo..cui fecerat nomen ~us ab elephanto deiectus LIV.38.14.2.

Indus[2] ~a ~um, a. Of or belonging to India, Indian; dens ~us, Indian ivory. **b** (poet.) of Indian ivory.

~is..conchis (i.e. pearls) PROP.1.8b.39; ~a..belua (i.e. an elephant) OV.Tr.4.6.7; ~o..a litore LUC.8.343; illas..~um gramen olentis STAT.Theb.7.569;—puluinar..~o..dente politum CATUL.64.48; MART.2.43.9; ~i dentis honos STAT.Silv.3.3.94. **b** ~is..innixa columnis robora Maurorum STAT.Silv.4.2.38.

Indus[3] ~ī, m. The river Indus.

~us..qui est omnium fluminum maximus CIC.N.D.2.130 VITR.8.2.6; CURT.8.9.4; LUC.3.236.

indusiārius ~(i)ī, m. [INDVSIVM+-ARIVS] A maker or seller of tunics (see INDVSIVM).

stat fullo,..aurufex, lanarius; caupones patagiarii, ~ii PL.Aul.509.

indusiātus ~a ~um, a. int-. [next+-ATVS[2]]

1 The name of a kind of tunic.

quid istae quae uestei quotannis nomina inueniunt noua? tunicam rallam, tunicam spissam..~am, patagiatam PL.Epid.231; VAR.L.5.131.

2 (of persons) Wearing an indusium (of a given sort).

pueri calamistrati pulchre ~i APUL.Met.2.19; uariis coloribus ~i..prodeunt (cinaedi) 8.27; 10.30.

indusium ~(i)ī, n. int-. [dub.; form intusium (VAR.L.5.131) due to popular etym. from intus] (prob.) An outer tunic.

postea quam binas tunicas habere coeperunt, instituerunt uocare subuculam et ~ium VAR.in Non.p.542M.

industria ~ae, f. [INDVSTRIVS, ? sc. opera]

1 Diligent activity directed to some purpose, application, industry, etc. **b** a particular example of diligence, a purposeful activity, etc. **c** de ~a, ex ~a, diligently, assiduously.

era..educauit (puellam) magna ~a PL.Cas.45; Truc.57; facite aequanimitas poetae ad scribendum augeat ~am TER.Ad.25; ut primum impedimenta naturae diligentia ~aque superaret CIC.de Orat.1.260; uirtutes imperatoriae..fortitudo in periculis, ~a in agendo Man.29; ab ~a plebem ad desidiam auocari putabant Sest.103; CAES.Civ.3.73.4; magna ~a bellum apparauit NEP.Ag.3.2; si adhortator operis adesset, omnes..remittere ~am LIV.2.58.8; 23.14.1; praetura..mirabili uirtute atque ~a obita in Hispania VELL.2.43.4; PLIN.Nat.18.37; subuerti leges, quae sua spatia exercendae candidatorum ~ae..statuerint TAC.Ann.2.36; 6.15; hominem pudore amisso, inportuna ~a GEL.17.19.3; (iron., of officiousness) ne me nequiquam serues, ob eam ~am hodie ducam scortum ad cenam PL.Men.123. **b** Iuppiter..summis opibus atque ~is me periisse et Philolachetem cupit PL.Mos.348; honestis haec exercitationibus et ~is dicemus conparata Rhet.Her.3.14; non ulla magis uiris (sc. of animals) ~a firmat quam..stimulos auertere amoris VERG.G.3.209; Ptolemaeus..non minoribus ~is..contenderat Alexandriae comparare (bybliothecam) VITR.7.pr.4; intermissam historias scribendi ~am noua laude reparauit QUINT.Inst.10.1.75; quanam uerborum ~a causa infirmior fieret fortior GEL.5.3.7. **c** quod nolebam ac uotueram, de ~a fugiebatis PL.As.212;—ex ~a ambae numquam concessamus lauari aut fricari Poen.219.

2 Purposefulness; usu. only in phrs. de ~a, ex ~a, ob ~am, ~a, by design, deliberately.

haec, quae Graeci ἀντίθετα nominant,..numerum oratorium necessitate ipsa efficiunt etiam sine ~a CIC.Orat.166;—homo nullust..quoi ego de ~a amplius male plus lubens faxim PL.Aul.420; paullum interesse censes ex animo omnia, ut fert natura, facias an de ~a? TER.An.795; uitium, quod non nulli de ~a consectantur CIC.de Orat.3.42; Off.1.108; cessatum a milite ac de ~a..impedita uictoria est LIV.8.36.4; 25.15.9; montes..quasi de ~a in ordinem expositi MELA 1.29; QUINT.Inst.9.4.144; APUL.Met.2.17; (cf.) haec..colantur per..ex iunco factum de ~a (i.e. made for the purpose) colum LARG.271;—ex ~a factus ad imitationem stultitiae LIV.1.56.8; ut etiam quae mollius casus explicuit, ex ~a dissipent SEN.Ep.100.6; QUINT.Inst.1.5.8; SUET.Cal.50.1;—ego discrucior miser amore, illa autem quasi ob ~am mi aduorsatur PL.Cas.276; quasi ob ~am, quanto ego plus propero, procedit minus 805;—si non fortuna, sed ~a factum uidebitur CIC.Inv.2.112; (castra) artiora solito ~a fecerat FRON.Str.3.17.6.

industriē, adv. compar. ~ius. [INDVSTRIVS+-E] Diligently, assiduously.

rem publicam curare ~ie CATO orat.23; quis apud populum Romanum..~ius (codd.; inlustrius edd.), quis in senatu saepius dixit? CIC.Dom.27; castra..~ie defendebantur CAES.Civ.3.93.3; V.MAX.8.15.intro.; Hyginus ueterum auctorum placita..~ie colligit COL.9.2.1; FRON.Str.1.2.2 CIL 14.2112.1.15.

industriōsē, adv. compar. ~ius, superl. ~issimē. [INDVSTRIA+-OSVS+-E] = prec.

pleraque Gallia duas res ~issime persequitur, rem militarem et argute loqui CATO hist.34; periculum uerba ~ius quaerendi FRO.Aur.1 p.4(62N).

industrius ~a ~um, a. compar. ~(i)ior. [arch. indostruus (PAUL.Fest.p.106M); app. INDV-+STRVO+-IVS; cf. instruo] FORMS: compar. industrior PL.Mos.150; industriior

Cato *orat.*176, Gracch.*orat.*52. Diligent, active, zealous, assiduous, or sim.

(*of a person or his mind*) quo neque ~ior de iuuentute erat Pl.*Mos.*150; exercitum meliorem ~iiorem facit Cato *orat.* 176; homo gnauus et ~ius Cic.*Ver.*3.53; *Q.fr.*1.1.46; in rebus..gerundis uirum acrem et ~ium *Tusc.*5.57; primo ~ios..esse, dein per ignauiam..aetatem agere Sal.*Jug.* 85.1; animus..qui..~ius (esse non potest) nisi cupit, quietus nisi timet Sen.*Dial.*3.10.2; pampinator ~ius Col.4.27.5; Plin.*Ep.Tra.*10.85(17); Suet.*Vit.*2.4; (*w. abl.*) hic petit.. aquilas armis ~ius Juv.8.52; (*masc. as sb.*) quosdam turpissimos nobilitas ~iis..praetulit Sen.*Ben.*4.30.1;—(*of activity*) malo..unius agilem atque ~iam quam decem hominum neglegentem et tardam operam Col.11.1.15.

indūtiae ~ārum, *f. pl.* Also **indūciae, indōtiae.** [dub.] Forms: an archaic sg. cited in Gel.19.8.13; *indotiae* Cic.*Leg.*2.21 (in archaizing passage).

1 A cessation of hostilities, armistice, truce.

alium potius misero hinc, ubi erunt ~ae Pl.*Capt.*342; cum triginta dierum essent cum hoste ~ae factae Cic.*Off.* 1.33; eos neque colloqui neque ~arum iura seruasse Caes. *Civ.*1.85.3; 3.15.7; Tissaphernes..~as a Lacone petiuit Nep.*Ag.*2.3; ~as annorum octo impetrauerunt Liv.4.30.1; Faliscis pacem petentibus annuas ~as dedit 10.46.12; diem ~is tacitis sepeliendo utrimque caesos in acie consumpserunt 23.46.5; 34.19.8; 42.43.2; Sen.*Phoen.*485; Tac.*Ann.*15.28; Suet.*Cal.*5;—(*transf.*) opsecro ut per pacem liceat te adloqui, ut ne uapulem. — immo ~ae parumper fiant, si quid uis loqui Pl.*Am.*389; in amore haec omnia insunt uitia: iniuriae, suspiciones, inimicitiae, ~ae, bellum, pax rursum Ter.*Eu.*60; facio..~as uobiscum, et a constituta lite dimitto Petr.18.5; infesta uariis casibus uita est, a quibus nulli longa pax, uix ~ae sunt Sen.*Dial.*6.16.5.

2 (in general) A period of grace, respite.

Medea unius dieculae a Creone impetratis ~is totam eius domum..deusserat Apul.*Met.*1.10.

indūtilis ~is ~e, *a.* [INDVO+-ILIS[1]] (of a ploughshare) That can be put on, detachable.

uomeris ~is optimus erit Cato *Agr.*135.2.

indūtus ~ūs, *m.* [INDVO+-TVS[3]] The putting on (of garments); (in quots., only in dat. sg.).

prius..~ui, tum amictui quae sunt, tangam Var.*L.*5.131; quo (genere tunicae) ~ui mulieres ut uterentur 10.27; ne sudorem nisi ea quam ~ui gerebat ueste detergeret Tac.*Ann.*16.4; habebat ~ui ad corpus tunicam Apul.*Fl.*9; *Apol.*56.

induuiae ~ārum, *f. pl.* Also **induuiēs** (~ērum). [from INDVO on anal. of EXVVIAE] Something put on, a garment, etc.

quid hoc est? — ~ae tuae atque uxoris exuuiae Pl.*Men.* 191. β causam cognomenti (*sc.* Torquati) fuisse accepimus torquis ex auro ~es, quam ex hoste, quem occiderat detractam induit Gel.9.13.3.

induuolō ~āre, ? *intr.* [INDV-+VOLO] = INVOLO.

~ans secum abstulit hasta insigne Enn.*Ann.*416.

? **ineber** ~bra ~brum, *a.* [= ENVBER] Restraining, prohibitive (esp. in augury, see quot.).

inebrae aues, quae in auguriis aliquid fieri prohibent; et prorsus omnia ~bra appellantur, quae tardant uel morantur agentem Paul.*Fest.*p.109M.

inēbriō ~āre ~āuī ~ātum, *tr.* [IN-[1]+EBRIVS+-O[3]] To make drunk, intoxicate. **b** (transf.) to saturate, drench (with any liquid).

aquam proprietatem uini, qua homines ~entur, possidere uoluerit V.Max.1.8.ext.18; sapientem multo uino non ~ari Sen.*Ep.*83.27; (aron) serpentes nidore..~at ita, ut torpentes inueniantur Plin.*Nat.*24.148; 31.16; Vlixes..uino.. eum (*sc.* Cyclopem) ~auit Hyg.*Fab.*125.4; (*absol.*) (uinum) dulce minus ~at Plin.*Nat.*23.38;—(*poet.*) nec derit qui te.. quaerat nolentem et miseram uinosus ~et aurem (*i.e. with drunken stories*) Juv.9.113. **b** rigua..prosunt, ac ne tum quidem nimia, quoniam ~atis radicibus nocent Plin.*Nat.* 17.249; (purpurissum) feruente aheno rudibus medicamentis ~atum 35.44;—(*cf. lit. sense*) conduntur et musto uuae ipsaeque uino suo ~antur 14.17.

inedia ~ae, *f.* [IN-[2]+EDO[1]+-IA] The condition of having no food, starvation. **b** abstinence from food (voluntary or imposed), fasting. **c** (med.) inability to retain food.

genua ~a succidunt Pl.*Cur.*309; C. Marium..fessum ~a fluctibusque recrearunt Cic.*Planc.*26; corpus patiens ~ae algoris uigiliae Sal.*Cat.*5.3; Phaed.2.4.23; homini non utique septimo (die) letalis ~a Plin.*Nat.*11.283; hostes ~a, siti..fatigati Fron.*Str.*2.1.1; Plin.*Pan.*13.1. **b** a uita.. per ~am discedens reuocatur ab amicis Cic.*Tusc.*1.84; abstinentia finire uitam et ~a potius quam ueneno mori Sen.*Ep.*70.9; Petr.111.3; tamquam ~am destinauisset Tac.*Ann.*6.48; Suet.*Aug.*53.3; Gel.3.10.15;—(*for med. reasons*) aluus..sine ullo acri ducenda est, diutiusque ~a pugnandum Cels.8.9.1.D; quamuis ad tuendam eam (*sc.* ualetudinem) nihil amplius quam..~am..unius diei per singulos dies interponeret Suet.*Ves.*20.1. **c** ut neque uigilia praecesserit neque uentris resolutio neque ~a Cels. 2.6.2; medicamentum..ad stomachi inflationem et dolorem et ~am Larg.110.

inēditus ~a ~um, *a.* [IN-[2]+pple. of EDO[2]] (of literary work) Not published.

iuuenes, quorum..~a cura est Ov.*Pont.*4.16.39.

ineffābilis ~is ~e, *a.* [IN-[2]+EFFOR+-BILIS]

1 (of words, etc.) That cannot be said, unpronounceable.

populorum..nomina uel maxime sunt ~ia praeterquam ipsorum linguis Plin.*Nat.*5.1; 28.20.

2 That must not be spoken of or described; that cannot be described, ineffable.

tacita pectoris sui secreta fraudesque ~es detegere Apul. *Met.*8.8; altioris..religionis argumentum ~e 11.11;—hunc (*sc.* deum)..maiestatis incredibili quadam nimietate et ~i non posse..quauis oratione..conprehendi *Soc.*3.

inefficāciter, *adv.* [next+-TER[2]] So as to have no legal force, invalidly.

respondit eum..~ condemnatum uideri Paul.*dig.*49.8.2.

inefficax ~ācis, *a.* *compar.* ~ācior. [IN-[2]+EFFICAX] Achieving nothing, ineffectual, useless, unavailing. **b** (of remedies) not potent or efficacious. **c** (leg.) invalid, inoperative.

surda numina et ~aces deos Sen.*Ben.*4.4.2; quaedam inutilia et ~acia ipsa subtilitas reddit *Ep.*82.24; consolationes..per se ~aces sunt 95.34; ~aci celeritate fatigatus Apul.*Met.*1.5; lacrimis ~acibus 4.34;—(*w. dat.*) nec ideo (philosophia) inutilis et formandis animis ~ax est Sen.*Ep.*94.39;—(*w. gen.*) uox est quidem (animalibus), sed ..perturbata et uerborum ~ax *Dial.*3.3.7. **b** tertium genus..~acius quam superiora Plin.*Nat.*27.115; 34.109. **c** dicetur ~ax hoc legatum esse Afric.*dig.*34.2.2; ne sit ~ax (arbitri sententia) deficiente condicione Ulp.*dig.*4.8.11.5.

ineffigiātus ~a ~um, *a.* [IN-[2]+EFFIGIES+-ATVS[2]] Not properly formed, shapeless.

ut illa bestia (*sc.* ursa) fetum ederet ~um informemque Gel.17.10.3.

ineffugibilis ~is ~e, *a.* [IN-[2]+EFFVGIO+-BILIS] Inescapable, unavoidable.

Ἀδράστεια..est ~is necessitas ultionis Apul.*Mun.*38.

inēlabōrātus ~a ~um, *a.* [IN-[2]+pple. of ELABORO] Not carefully contrived, unstudied.

uerba rebus permittere, ut qua duxerint, hac ~a sequatur oratio Sen.*Dial.*9.1.13.

inēlegans ~ntis, *a.* [IN-[2]+ELEGANS] **a** (of language, ideas, etc.) Not graceful, clumsy, infelicitous. **b** (of a quality affecting the senses) not attractive, disagreeable. **c** (of a person) wanting in taste, unrefined. **d** (leg.) having no regard for the nicety of the law.

a orationis non ~ns copia Cic.*Brut.*282; physica ratio non ~ns *N.D.*2.64; carmen..non ~ns Plin.*Nat.*37.178; sermonis..nec ~ntis (erat) Suet.*Dom.*20. **b** (heliochrysus) uestes tuetur odore non ~nti Plin.*Nat.*21.169. **c** ni sint illepidae atque ~ntes (deliciae tuae) Catul.6.2. **d** ~ns uisum est ab heredis persona incipere obligationem Gaius *Inst.*3.100.

inēleganter, *adv.* [prec.+-TER[2]] Without neatness of style, thought, etc., clumsily, infelicitously. **b** without attention to legal nicety.

historia ipsius non ~ scripta Cic.*Brut.*101; (Epicurus) diuisit (cupiditates) ~; duo enim genera quae erant, fecit tria *Fin.*2.26; composuit et de uita sua octo uolumina, magis inepte quam ~ Suet.*Cl.*41.3; Gel.17.2.26. **b** illud non ~ Celsus..tractat Ulp.*dig.*4.4.3.1; Paul.*dig.*46.3.8.

inēlegantia ~ae, *f.* [INELEGANS+-IA] Want of attention to legal nicety.

Hadrianus iniquitate rei et ~a iuris motus restituit iuris gentium regulam Gaius *Inst.*1.84.

inēluctābilis ~is ~e, *a.* [IN-[2]+ELVCTABILIS] That one cannot struggle out of, from which there is no escape; (esp. fig.).

~es nauigio paludes Sen.*Nat.*6.7.2; Nemea..obtenta comis et ~is umbra Stat.*Theb.*5.45; ~e..barathrum 9.502; —(*fig.*) ~e tempus Dardaniae Verg.*A.*2.324; ~e fatum 8.334; ~is fatorum uis Vell.2.57.2; haec (seruitus) est assidua et ~is Sen.*Nat.*3.pr.16.

inēmendābilis ~is ~e, *a.* [IN-[2]+EMENDABILIS] That cannot be cured or corrected, incorrigible.

~is..error V.Max.7.2.2; (adfectus) ~is, cum ex ira in odium obcalluit Sen.*Dial.*5.41.3; indurata uitia et in statum ~em adducta *Ep.*106.6; ~ia oris incommoda Quint.*Inst.* 11.3.12;—(*of persons*) quod plerosque ~es facit..uitae peccata delectant Sen.*Ep.*97.10.

inēmorior ~ī, *intr.* [IN-[1]+EMORIOR] (w. dat.) To die amid or in contemplation of.

quo posset infossus puer longo die bis terque mutatae dapis ~i spectaculo Hor.*Epod.*5.34.

? **inemptiō** ~ōnis, *f.* [IN-[1]+EMO+-TIO] The action of buying (in a place).

DEDUCTIS..PRETIS MANCIPIORVM QUAE IN ~ONE (EMPTIONE *edd.*) EIS CESSERVNT *CIL* 11.1147.6.76.

? **inemptor** ~ōris, *m.* [IN-[1]+EMO+-TOR] (app.) One who buys (in quot., a burial-plot).

HEI AGE QVISQVE VOLES MORITVRVS INEMPT⟨O⟩R AMICE AC⟨C⟩IPI (= *accipe*)..LOCVM *CIL* 5.3635.

inemptus ~a ~um, *a.* [IN-[2]+pple. of EMO]

1 Not bought, i.e. obtained for nothing.

dapibus mensas onerabat ~is Verg.*G.*4.133; Hor.*Epod.* 2.48; campus leporem tibi misit ~um Mart.4.66.5; dedit ..consulatum Simplici innoxium et ~um Tac.*Hist.*2.60; (*prol.*) genetrici corpus ~um reddite (*i.e. without ransom*) Ov.*Met.*13.471; (*humorously, of things stolen*) quicumque hic uiolam..carpet furtiuumue holus aut ~a poma *Priap.*23.2.

2 (leg., of things returned after purchase Regarded as never bought.

si hominem emisti, ut, si aliqua condicio extitisset, ~us fieret Javol.*dig.*41.3.19; si res ita distracta sit, ut si displicuisset ~a esset Ulp.*dig.*18.1.3; 43.24.11.13.

inēnarrābilis ~is ~e, *a.* [IN-[2]+ENARRO+-BILIS] That defies description, indescribable, inexpressible.

iecur omne ~i tabe absumptum Liv.41.15.2; mira quadam et incredibili atque ~i pietate Vell.2.99.2; flumina.. quorum ~is natura est Sen.*Nat.*3.22; ~i celeritate Plin. *Nat.*2.6; (elephanti) misericordiam uulgi ~i habitu quaerentes Plin.*Nat.*8.21; Indi discolores..et ~es ferunt aues 10.3; 37.57; maius adhuc et ~e munus Mart.2.10.3; est ..latens quaedam in hoc ratio..~is Quint.*Inst.*11.3.177; Gel.17.10.17.

inēnarrātus ~a ~um, *a.* [IN-[2]+pple. of ENARRO] Not interpreted or expounded.

aenigma, quod reliquimus ~um Gel.12.6.1; 19.14.5.

inēnōdābilis ~is ~e, *a.* [IN-[2]+ENODO+-BILIS] That cannot be disentangled; (fig.) insoluble, inexplicable.

capillus..prorsum ~is diutina incuria..comendi Apul. *Apol.*4;—(*fig.*) quid tam obscuridicum est tamue ~e? Acc. *trag.*75; cur Epicurus..suscipiat res duas ~es Cic.*Fat.*18.

inēnormis ~is ~e, *a.* [IN-[2]+ENORMIS] Not disproportionate or excessive.

~is proceritas (*sc.* corporis), suculenta gracilitas, rubor temperatus Apul.*Met.*2.2.

ineō ~īre ~iī (~īuī) ~itum, *tr.*, (*intr.*). [IN-[1]+EO[1]] Forms: pf. *ini* (= *inii*) Stat.*Theb.*1.69, 8.107; *init* prob. = *iniit* in Lucr.4.339, Stat. *Theb.*7.439, 11.124.

1 To go into, enter (a place). **b** (ellipt. or intr., w. *in*+acc., etc.).

huius..hic cubile ~ire est ausus *Inc.trag.*130; ne quis suorum ciuium castra imperatorum populi Romani ~iret Cic.*Balb.*25; tu illius domum ~ire..uoluisti *Deiot.*8; illum ego lucidas ~ire sedes..patiar deorum Hor.*Carm.*3.3.34; Veientes agrum quoque Romanorum populantes ~ierunt Liv.2.43.1; ubi triumphantes uictore cum exercitu urbem ~ierunt 3.24.8; errores, quos..temere ~itae ualles..faciebant 21.35.4; tempore quo nobis ~itast Cerealis Eleusin Ov.*Ep.*4.67; *Met.*7.723; hostis ut hospes ~it penetralia Collatini *Fast.*2.787; caecos aditus ~ire (*i.e. of Tartarus*) Sen.*Her.F.*834; iam puluere quarto campum ~eunt (equi) Stat.*Theb.*6.470; post crepusculum..popinas ~ibat Suet. *Nero* 26.1; (*cf.*) nec Tityon uolucres (*i.e. vultures*) ~eunt Acherunte iacentem Lucr.3.984; (*in fig. phr.*) cum gignimur et uitae cum limen ~imus 3.681;—(*of things*) cum..aer ater ~it oculos 4.339; ueteres ~eunt proscaenia ludi Verg.*G.* 2.381; in trigono..quod is (*sc.* sol) ~ierit Vitr.9.1.11;—(*fig., of an emotion*) nisi magnanimae nimius te laudis ~isset ardor Stat.*Theb.*12.72. **b** quamquam patres censuissent ob receptum Maroboduum..ut ouans ~iret, prolato honore urbem intrauit Tac.*Ann.*3.11; (*of things*) nam ubi amor condimentum ~ierit Pl.*Cas.*221; (*topog.*) (Arabicus sinus) ~it penitus introrsusque, dum Aegyptum paene..adtingat Mela 3.74;—(*w.* in+*acc.*) quia in urbem non ~ierat Liv. 24.9.2; (*of things*) per potiones cum in corpus ~iit (faex) Vitr.8.3.5; (sol) ~it in sagittarium 9.3.3;—(*w.* ad) cum hostes inter sese..alteri ad alteros inpune..~eunt Aur. Op.*gram.*2;—(*w. dat.*) ludis (*s.v.l.*) ~eunti semper adsurgi etiam ab senatu in more est Plin.*Nat.*16.13.

2 To enter and take part in (a social function or other joint activity); (also intr.).

conuiuia cum patre non ~ibat Cic.*S.Rosc.*52; *Pis.*65; epulae, quas ~ibant propinqui coronati *Leg.*2.63; sanctos dignus ~ire choros Verg.*Cat.*9.8; cur non sancitis ne uicinus patricio sit plebeius..ne idem conuiuium ~eat Liv. 4.4.11; Ov.*Fast.*4.353; qui triumphantis magis quam dimicantis more curru sublimis ~ierat proelium Curt.4.1.1; sacris adesse aut concilium ~ire Tac.*Ger.*6.6; (Octauio) ~eunti Romae spectacula Suet.*Aug.*58.1;—(*intr.*) ~ibat in proelium, corpore tauri ualidissimi,..simili *Rhet.Her.*4.62.

3 (of the male animal) To cover, mount; (also applied to human copulation).

ut (asinus) ~eat equas..curamus Var.*R.*2.8.4; quas.. creauit, ~it pecudes caper Ov.*Met.*10.327; minores bimis (uaccae) ~iri non oportet Col.6.21.1; ceteros (gallos) infestat, et non patitur ~ire feminas 8.2.14; Plin.*Nat.*8.171; (*cf.*) prodigia..nuntiata:..uaccam aeneam Syracusis ab agresti tauro..~itam ac semine aspersam Liv.41.13.2; (*of the wind*) qui mares concipi uoles, in hunc (uentum) pascito, ut sic ~euntem ~eat Plin.*Nat.*18.336; (*absol.*) tauri non saepius quam bis die ~eunt 8.177;—quid te mutauit? quod reginam ~eo? uxor mea est Ant.in Suet.*Aug.*69.2; Ov.*Rem.* 402; peruersum commentae genus inpudicitiae, uiros ~eunt (feminae) Sen.*Ep.*95.21.

4 To take the first steps on (a path).

praesto aderat sapiens ille qui ~ire uiam doceret Cic.*Mur.* 26; deos..qui..uias..ante nunquam ~itas humano uestigio aperirent Liv.26.45.9; Ov.*Rem.*578;—(*in fig. phrs.*) quod ..uia fraudis ~ita erat Liv.35.7.2; Stoici..non ut (uia) amoena ~euntibus uideatur curae habent Sen.*Dial.*2.1.1.

5 To enter upon, commence (office); to be admitted to (possession). **b** to take on (a function or responsibility); to be submitted to (dangers, hardships, etc.).

IN DIEBVS V PROXSVMEIS, QVIBVS QVISQVE EORVM MAG(istratum) INPERIVMVE ~IERIT *CIL* 1.582.16; ~eunt tandem magistratus tribuni plebis Cic.*Agr.*2.13; *Sest.*72; *Att.*2.22.5; P. Valerius Publicola tertio die quam interregnum ~ierat consules creat Liv.3.8.2; Q. Fabius Maximus quartum

M. Claudius Marcellus tertium consulatum ~euntes 24.9. 7; 28.38.12; Naeuius..~iit tribunatum Ap. Claudio M. Sempronio consulibus 39.52.4; hinc etiam ueteres ~iti memorantur honores Ov.*Fast*.3.147; ad sacerdotium ~eundum VELL.2.43.1; quin prima iuuenta consulatum et dictaturas ~irent TAC.*Ann*.11.22;—nil ipsa paterni iuris ~ire peto LUC.10.97. **b** ipse ego paulisper pro te tua munera ~ibo VERG.*A*.5.846; TAC.*Ann*.11.25; cum officium sponte..~iuerint (curatores) PAPIN.*dig*.26.7.39.9;—cum pericula proeliorum ~iret audacius CIC.*Div*.1.51; domini.. fremit (equus) captiuus ~ire imperia STAT.*Ach*.1.281; fuisse in eo exercitu ueteranos qui non stationem, non uigilias ~issent TAC.*Ann*.13.35; nunc quanta, di boni, ludibria sunt ~eunda? [QUINT.]*Decl*.1.17.

6 To enter into (a relationship); to become a party to (an agreement). **b** *gratiam ~ire*, to win favour in a person's eyes (see also GRATIA).

omnium facinorum sibi cum Dolabella societatem ~itam CIC.*Phil*.13.36; *B.Afr*.97.3; obruebantur inopes nexumque ~ibant LIV.7.19.5; Demetrium nullo alio crimine quam Romanae amicitiae ~itae occidit 41.23.11; Veneris famulae conubia..~ire Ov.*Am*.2.7.21; ~ita potentiae societas VELL. 2.65.2; COL.12.pr.1; STAT.*Theb*.1.69; si inter fratres uoluntarium consortium ~itum fuerit ULP.*dig*.17.2.52.8; societas cum contrahitur, tam lucri quam damni communio ~itur PAUL.*dig*.17.2.67;—uos..foedus ~ite PROP.4.4.60; cum Pompeio..pax ~ita VELL.2.77.1; ne indutias quidem nisi aequis condicionibus ~ibant PLIN.*Pan*.11.5. **b** a me magnam ~iistis gratiam PL.*Cist*.7; TER.*Hau*.303; plures ~euntur gratiae si uno tempore dicas pro pluribus CIC.*Brut*. 209; LIV.24.23.8; SEN.*Ben*.2.1.2.

7 To embark on, begin (an activity, undertaking). **b** *consilium ~ire*, to form a plan or plot (to do something); also *animum ~ire*. **c** *rationem ~ire*, to devise a method or scheme.

tum pariter euhan..euhium..iuuenum coetus alterna uice ~ibat ENN.*scen*.127; abs te postulo ut beneficium uerbis ~itum dudum nunc re comprobes TER.*An*.824; bellum ~itum quo consule et quo confectum sit ASEL.*hist*.2; pedites ad id flumen misit qui..eminus ex ripis proelium impar ~irent *B.Alex*.29.2; somnum..~ire VERG.*Ecl*.1.55; inde alios ~eunt cursus aliosque recursus *A*.5.583; iussos.. suo consilio bellum ~itum suis uiribus exsequi LIV.4.24.2; ubi tribus ad suffragium ~eundum citari..uiderunt 6.35.7; cum uelocitatis uiriumque inter se aequales certamina ~eunt 7.33.2; temptata uerius pugna quam ~ita in fugam auerterunt classem 22.19.11; actus incesti reus ob ~itum inter religiosissima..sacra adulterium VELL.2.45.1; ut comparationem duorum reorum ~irent SEN.*Con*.7.5.7; si certis sub legibus militia ~iretur TAC.*Ann*.1.17; formam uitae ~iit, quam postea celebrem miseriae temporum..fecerunt 1.74; cum pueri nobiles equis ludicrum Troiae ~irent 11.11; accusatio iurgiis ~ita, uerbis aucta APUL.*Apol*.25;—(*w. inf.*) qua ratione uitam uiuere ~ierit 24. **b** qui consilium ~iere, quo nos uictu et uita prohibeant PL.*Capt*.493; si nullum iam ante consilium de morte ac de bonis eius ~ieras CIC.*S.Rosc*.96; ut ea consilia quae clam essent ~ita contra salutem urbis *Catil*.3.20; ~iit consilia reges Lacedaemoniorum tollere NEP.*Lys*.3.1; consilium multae calliditatis ~it Ov.*Fast*.3.380; interficiendi..Caesaris consilia ~ierat VELL. 2.88.1; cum diuortii consilium ~isset (mulier) ULP.*dig*. 25.2.17.1;—si hi..animum ~ierint societatis in ea hereditate POMPON.*dig*.17.2.37. **c** quid comminiscar? ratio de integro ~eundast mihi TER.*Hau*.674; ~irent..rationem de commodis militum ueteranorum augendis CIC.*Phil*.5.53; ut multa tam grauis..T. Mario depelleretur, a me ~ita ratio est *Fam*.5.20.4; ad hunc interficiundum talem ~iit rationem NEP.*Han*.10.3; nec unde duo consulares exercitus ..efficerentur ~ibatur ratio LIV.23.25.6; communi consilio rationem opprimendi noxios ~eunt CURT.10.9.11.

8 (esp. in phr. *rationem ~ire*) To go into (a calculation, assessment); to arrive at, determine (a figure, quantity, etc., by calculation).

haec quom rationem ~eas quam sint suauia et quam cara sint TER.*Ph*.344; rationem ~ire oportet operarum, dierum CATO *Agr*.2.2; ratione ~ita exigue dierum se habere XXX frumentum CAES.*Gal*.7.71.4; uix rationem ~iri posse utrum a se audacius an fugacius ab hostibus geratur bellum LIV.28.8.3; 29.17.19; horum quomodo iudex ~ibit aestimationem SEN.*Ben*.3.8.4; *Ep*.76.32; computationem ita ~iri oportet AFRIC.*dig*.35.2.88.3;—haec in Aeduorum finibus recensebantur numerusque ~ibatur CAES.*Gal*.7.76.3; numerus interfectorum haud facile ~iri potuit LIV.38.23. 6; SEN.*Apoc*.11.5; modus..earum (*sc.* aquarum) mensuris ibidem positis ~itur FRON.*Aq*.19; arbiter dari solet ad ~eundam quantitatem bonorum ULP.*dig*.35.3.1.6; non tantum magnitudo patrimoniorum ~eunda est CALL.*dig*.27. 1.17.

9 (intr., of a period of time) To begin (usu. in pres. pple.); (also pass.). **b** (tr.) to form the beginning of (a period).

semper ego usque ad hanc aetatem ab ~eunte adulescentia tuis seruiui..imperiis PL.*Trin*.301; qui ab ~eunte aetate incensus essem studio CIC.*de Orat*.1.97; *Ver*.3.3; bellum..extrema hieme apparauit, ~eunte uere suscepit *Man*.35; ab ~eunte pueritia tua *Fam*.10.3.2; ex ~eunte aeuo LUCR.2.743; 3.344; huius uitia ~euntis adulescentiae NEP. *Them*.1.1; TAC.*Dial*.8.4; animaduersum in quosdam ~eunte anno nouo SUET.*Tib*.61.2; ab ~eunte uita GEL.14.1.15; (*cf.*) te..decus hoc aeui, te consule, ~ibit VERG.*Ecl*.4.11;—legationes Caesar..~ita proxima aestate ad se reuerti iussit CAES.*Gal*.2.35.2; ~ita hieme 3.7.1; secunda ~ita..uigilia 5. 23.6; *Civ*.3.54.2; *B.Afr*.26.3. **b** primis et pubem ~euntibus annis STAT.*Theb*.1.571.

ineptē, *adv.* *superl.* ~issimē. [INEPTVS+-E] Without showing a sense of what is fitting, foolishly, absurdly, etc.

haud etiam quicquam ~e feci amantes ut solent PL.*Mer* 381; ~e stultus *Mos*.495; ~e quisquis Mineruam docet CIC. *Ac*.1.18; quod Stoici ueritatem non perspicientes ~issime reppulerunt *N.D*.3.65; quis tam Lucili fautor ~e est ut non hoc fateatur? HOR.*S*.1.10.2; SEN.*Con*.10.1.12; composuit.. octo uolumina, magis ~e quam inelegante SUET.*Cl*.41.3; RAEDARVM CVSTOS NVMQVAM LATRAVIT ~E *CIL* 9.5785.

ineptia ~ae, *f.* [INEPTVS+-IA] Want of judgement, stupidity; esp. **b** (pl.) instances of folly (in behaviour, word, thought, etc.), absurdities, frivolities, etc.

~a, stultitiaque adeo et temeritast PL.*Mer*.26; illius ferre possum ~am et magnifica uerba, uerba dum sint TER. *Eu*.741; *Ad*.749; Tarentinum (genus, *sc. of sheep*)..nullam domini aut magistrorum ~am sustinet COL.7.4.1; ULP.*dig*. 26.10.3.18. **b** ut..mittam illius ~as TER.*Ph*.648; nisi forte ~is ac fabulis ducimur CIC.*Clu*.171; dolor..est malum, ut tu disputas; existimatio, dedecus, infamia, turpitudo uerba atque ~ae *Pis*.65; ut eos partim scelerum suorum, partim etiam ~arum paeniteret *Fam*.2.9.3; tu modo ~as istas et desideria urbis..depone 7.6.1; histrionum nonnulli gestus ~is non uacant *Off*.1.130; totum librum suum his ~is replet SEN.*Ben*.1.3.8; ~as poetarum *Dial*. 7.26.6; non decere grauitatem eius tam humiles ~as PETR. 52.10; genus eloquendi secutus est..temperatum uitatis sententiarum ~is SUET.*Aug*.86.1; ne quid aliarum ~arum uacantem..animum occuparet GEL.10.25.1;—(*of amours*) non tam latera ecfututa pandas, ni tu quid facias ~arum CATUL.6.14;—(*applied disparagingly by authors to their works*) si qui forte mearum ~arum lectores eritis 14b.1; MART.11.1.14; lusus et ~as nostras legis PLIN.*Ep*.9.25.1.

ineptiō ~īre, *intr.* [INEPTVS+-IO²] To play the fool, be silly.

immo haud desinam donec perfecero hoc. — ~is TER.*Ph*. 420; *Ad*.934; miser Catulle, desinas ~ire CATUL.8.1; FRO. *Aur*.1.p.204(73N); APUL.*Pl*.2.11.

ineptitūdō ~inis, *f.* [next+-TVDO] = INEPTIA.

homo ~inis cumulatus CAECIL.*com*.61.

ineptus ~a ~um, *a.* *compar.* ~ior, *superl.* ~issimus. [IN-²+APTVS]

1 (of persons) Having no sense of what is fitting, lacking in judgement, foolish, silly. **b** (of words, actions, etc.).

quid ego ~us, dum sermonem uereor interrumpere, solus sto nec quod conatus sum agere ago? PL.*Trin*.1149; eho ~a, nescis quid sit actum? TER.*An*.791; Cottam..summum ipsum oratorem minimeque ~um CIC.*Brut*.207; habet.. magistros non ex istis ~is qui dies totos de officio ac de uirtute disserunt *Red.Sen*.14; ego ~us qui scripserim *Att*. 4.15.6; CATUL.12.4; populo, qui stultus honores saepe dat indignis et famae seruit ~us HOR.*S*.1.6.16; Ov.*Rem*.472; nos circa tabulas et statuas insanimus carius ~i SEN.*Ep*.115.8; homo..seuerus,..non ~us PLIN.*Ep*.7.4.1; GEL.15.30.1;—(*w. ref. to lack of social finesse*) me uelle esse ~um, id erat, petere blandius, quod, nisi inepte fieret, bene non posset fieri CIC.*de Orat*.1.112; qui aut tempus quid postulet non uidet aut plura loquitur aut se ostentat aut eorum, quibuscum est, uel dignitatis uel commodi rationem non habet aut denique in aliquo genere aut inconcinnus aut multus est, is ~us esse dicitur 2.17; ~us et iactantior hic paulo est: concinnus amicis postulat ut uideatur HOR.*S*.1.3.49. **b** ~a atque odiosa eius amatiost PL.*Rud*.1204; ~a lenitas patris TER.*Ad*.390; diligentiam..~am CIC.*Att*.3.23.1; ~as sententias *N.D*.1.59; risu inepto res ~ior nulla est CATUL. 39.16; chartis..~is HOR.*Ep*.2.1.270; ne forte ~a spe tibi blandiaris SEN.*Dial*.9.14.4; ~issimas esse (figuras), cum immodice petantur QUINT.*Inst*.9.3.100;—(*impers.*) ~um est de tam perspicua eius impudentia pluribus uerbis disputare CIC.*Ver*.1.148; ~issimum est luctari cum materia SEN.*Con*. 7.5.13; PLIN.*Ep*.3.21.3.

2 (app., after the primary meaning of *aptus*) Not well joined, loose.

o Colonia, quae cupis ponte ludere longo..sed uereris ~a crura ponticuli axulis stantis in rediuiuis CATUL.17.2.

inequitābilis ~is ~e, *a.* [IN-²+EQVITO+-BILIS] (of ground) Unfit for riding over.

imber..campos lubricos et ~es fecerat CURT.8.14.3.

inequitō ~āre, *tr.*, *intr.* [IN-¹+EQVITO]

a To ride over. **b** to ride into.

a (*intr., w. dat.*) Sarmatae patentibus campis ~ant FLOR.*Epit*.2.29(4.12.20). **b** (*tr.*) Aurora roseum quatiens lacertum caelum ~abat APUL.*Met*.3.1; (*ellipt. or intr.*) Aurora commodum ~ante..Psychae Venus infit talia 6.11.

inerctus ~a ~um, *a.* [IN-²+**erctus* (cf. ERCISCOR)] (See quot.)

~a indiuisa PAUL.*Fest*.p.110M.

inermis ~is ~e, *a.* Also **~us** ~a ~um. [IN-²+ARMA+-IS, -VS]

1 (of persons) Having no weapons (esp. for defence), unarmed. **b** (of parts of the body). **c** (in fig. context]. **d** (transf.).

α ~em atque imparatum tribunum..gladiis adoriuntur CIC.*Sest*.79; ne quis ~ibus imprudentibusque militibus ab latere impetus fieri posset CAES.*Gal*.3.29.1; *Civ*.3.93.7; me silua lupus in Sabina..fugit ~em HOR.*Carm*.1.22.12; pactus ut ~es cum singulis abirent uestimentis LIV.23.15.3; 30.6.3; si, quotiens peccant homines, sua fulmina mittat Iuppiter, exiguo tempore ~is erit Ov.*Tr*.2.34; VELL.2.80.3; SEN. *Her.F*.1173; imperatorem suum ~em et senem trucidare TAC.*Hist*.1.40; (*poet.*) omnia..temporibus diris tractanda putabat ~i iustitia JUV.4.80; (*cf.*) tametsi ~is, iudices, (cum illis) sensi (*i.e. I sided with them though I did not fight*) CIC.*S.Rosc*.142. **β** cum magnufico milite, urbis uerbis qui ~us capit, conflixi PL.*Bac*.966; plerique ~i in castra perfugiunt SIS.*hist*.37; QUAD.*hist*.22; quod ~i armati iudicarentur CIC.*Caec*.62; LEP.*Fam*.10.34.1; ollis omnia cedebant armatis nuda et ~a LUCR.5.1292; CAES.*Gal*.1.40.6; SAL.*Jug*. 94.2; uulgus ~um VERG.*A*.12.131; TAC.*Hist*.3.6. **b** **α** tendentem..manus Priamum conspexit ~is VERG.*A*.1.487; dextram labenti tendit ~em 11.672. **β** Arcadio infelix telo dat pectus ~um 10.425; (*cf.*) nec quemquam decere, qui manus armauerit, ab ~is pedibus auxilium petere SAL. *Jug*.107.1. **c** **α** ad rem publicam gerendam nudi ueniunt atque ~es, nulla cognitione rerum..ornati CIC.*de Orat*. 3.136; *Fin*.1.22; (iram) calcar ait esse uirtutis, hac erepta ~em animum..fieri SEN.*Dial*.5.3.1. **d** **α** inprouisus ades: deprendes (puellam) tutus ~em (*i.e. without her make-up*) Ov.*Rem*.347; uitulus..~i fronte prurit in pugnam MART. 3.58.11; frangendus misero gingiua panis ~i JUV.10.200.

2 (of countries, etc.) Lacking military power or protection.

α Laelium praedas ingentes ex agro ~i ac nudo praesidiis agentem LIV.29.4.7; cum (Carthaginem) ~em iam ac nudam destitui inter tot armatas gentes Africae cerneretis 30.44.10; ~es legati regebant, nondum additis Cappadociae legionibus TAC.*Hist*.2.81; ne ~es prouinciae barbaris nationibus exponerentur 3.5; lacera et paene ~i naui fugiebat FLOR.*Epit*.2.13(4.2.20); (*transf.*) tibi nos, Rulle, et istis tuis harum omnium rerum machinatoribus totam Italiam ~em tradituros existimasti..? CIC.*Agr*.1.16.

3 (of activities or sim.) Not practised with the use of arms or associated with it, peaceful.

α carmen ~e lyrae PROP.4.6.32; Ov.*Ib*.2; Nilus..fama.. tantum ~i quaesitus sine bellis, quae ceteras omnes terras inuenere PLIN.*Nat*.5.51; auidum pugnas uisendi uulgus ~is (*i.e. sporting contests*) STAT.*Theb*.6.249; auditorium et ficta causa res ~is, innoxia est PLIN.*Ep*.2.3.6.

inermō ~āre ~āuī ~ātum, *tr.* [next+-O³] To strip of arms.

~at armis spoliat PAUL.*Fest*.p.110M.

inermus: see INERMIS.

inerrābilis ~is ~e, *a.* [IN-²+ERRO¹+-BILIS] (of stars, opp. to planets) Not liable to wander, having a constant motion.

septem (stellae)..conplexu illius orbis qui ~is dicitur continentur APUL.*Mun*.2; (*cf.*) globorum..caelestium.. supremum esse eum, qui ~i meatu censetur *Pl*.1.11.

inerrans ~ntis, *a.* [IN-²+pple. of ERRO¹] Not wandering, fixed; usu. *stella ~ns* (also *~ns* alone), a 'fixed star' (opp. to a planet).

cum caelum..~nti cursu feratur APUL.*Mun*.29;—stellae quae ~ntes uocantur CIC.*N.D*.2.54; uagas stellas et ~ntes 2.80; (*without* stella) Lucifer ceteraeque errantes numerum deorum optinebunt; igitur etiam ~ntes 3.51.

inerrō ~āre ~āuī, *intr.*, (*tr.*). [IN-¹+ERRO¹] (intr., w. dat.) To wander or roam in, on, or among; (also tr.).

nemori..uitae multum securus ~at STAT.*Theb*.4.794; augur ~at caedibus Aoniis 10.292; languidus ignis ~at aedibus *Silv*.1.5.58; experieris non Dianam magis montibus quam Mineruam ~are PLIN.*Ep*.1.6.3; 9.17.1;—(*w. cogn. acc.*) puelli puellaeque..Graecanicam saltaturi pyrricam.. decoros ambitus ~abant APUL.*Met*.10.29;—(*transf.*) tibi si uersus noster..uel bene sit notus, summo uel ~et in ore [TIB.]3.7.202; solum hoc gelidis iam nomen ~at faucibus STAT.*Theb*.8.643; interdiu quoque, quamquam abscesserat imago, memoria imaginis oculis ~abat PLIN.*Ep*.7.27.6;—(*tr.*) Proserpina..lucos diuersos ~ans APUL.*Met*.11.2.

iners ~rtis, *a.* *compar.* ~rtior, *superl.* ~rtissimus. [IN-²+ARS] FORMS: abl. sg. usu. *inerti*; *inerte* Ov.*Pont*.1.5.8, 1.10.14.

1 Lacking skill, clumsy, crude.

superstitiosi uates inpudentesque harioli, aut ~rtes aut insani ENN.*scen*.320; perhibetur ~rs, ars in quo non erit ulla LUCIL.452; quibus (artibus) qui carebant ~rtes a maioribus nominabantur CIC.*Fin*.2.115; (*w. gen.*) siluicolae homines bellique ~rtes NAEV.*poet*21(23);—(*prob.*) scriptor delirus ~rsque HOR.*Ep*.2.2.126; tendis ~rs docto retia nota mihi PROP.2.32.20; placuit tibi torrida Mopsi uox et carmen ~rs et acerbae stridor auenae? CALP.*Ecl*.3.60.

2 (of persons, animals) Inactive, lazy, slothful. **b** (of behaviour, etc.) marked by inactivity or sloth. **c** (of things) not put to any use, idle; (esp. of time). **d** serving no useful purpose, useless.

quos quom censeas esse amicos, reperiuntur..lingua factiosi, ~rtes opera PL.*Bac*.542; hoc confiteor iure mi obtigisse, quandoquidem tam ~rs, tam nulli consili sum TER.*An*.608; non inuenustus actor, sed ~rs et inimicus fori CIC.*Brut*.237; cum praetoris ~rtissimi..oculos praedonum remi respergerent *Ver*.5.100; crudeles somni, quid me tenuistis ~rtem? Ov.*Ep*.10.111; facilius sanescit..exercitatus quam ~rs CELS.5.26.6; ~rtis est agricolae expectare diei breuitatem COL.11.2.91; ~rs asellus APUL.*Met*.9.39; (*w.* ad) canes..ad pecus sequendum ~rtes VAR.*R*.2.9.5; COL.8.2.12; (*w.* in+*acc.*) si admissarius ~rs in uenerem est 6.27.10; (*w.* aduersum) num aduersum patriam ~rs sum?..bella fugio? QUINT.*Decl*.380(p.407,l.25);—(*transf., of the eyes of a sleeper*) oculos stupor urget ~rtis VERG.*G*.3.523; STAT.*Theb*.10.124. **b** iam subrepet ~rs aetas (*i.e. old age*) TIB.1.1.71; passu.. incedit ~rti Ov.*Met*.2.772; uultus..boni (*i.e. of Baucis and Philemon*) nec ~rs..uoluntas 8.678; ~rtissimum uitium, uoluptas SEN.*Ben*.4.11.5; ~rti luxu TAC.*Hist*.1.62;—(*of sleep, idleness*) ~rtissimum ac desidiosissimum otium CIC. *Agr*.2.91; ~rtissimae segnitiae *Fin*.1.5; somnos..~rtes Ov.*Am*.2.10.19. **c** Pana..qui primus calamos non passus ~rtis VERG.*Ecl*.8.24; materia iacet ~rs, res ad omnia parata, cessura, si nemo moueat SEN.*Ep*.65.2; (*cf.*) stellas quae noctem..minime uacuam et ~rtem esse patiuntur *Nat*.7.24.3;—sic nullum uobis tempus abibit ~rs Ov.*Ars* 3.60; quo breuius spatium..dabatur, hoc magis est cautum, ne foret illud ~rs *Ep*.17.110; *Fast*.1.168; ductor numerabat ~rtes atque actos sine Marte dies SIL.12.104. **d** non tamen arbor ~rs cecidit Ov.*Met*.12.361; quae piger Apulus arua deseruit rastris et ~rti tradidit herbae LUC.5.404; nec ~rtibus albet (messis) auenis CALP.*Ecl*.4.116; aquarum.. necessariis molibus pyramidas..otiosas compares aut.. ~rtia sed fama celebrata opera Graecorum FRON.*Aq*.16.

3 Having no spirit, unadventurous, unmanly, or sim.

~rtis homines fortissimis uiris insidiari CIC.*Catil*.2.10;

Teucrum mirantur ~rtia corda, non aequo dare se campo ..uiros VERG.*A*.9.55; LIV.44.38.10; quid nunc dubitatis ~rtes? OV.*Met*.7.332; qui uelut timidum atque ~rs animal metu oblituit SEN.*Ep*.55.5; tremuit saeua sub uoce minantis uolgus ~rs LUC.5.365; hunc..si (conuicia) inulta pateretur, ~rtem, si ulcisceretur, insolentem uideri PLIN.*Ep*.1.23.2;—(*masc. as sb.*) (ebrietas) ad proelia trudit ~rtem HOR.*Ep*. 1.5.17; OV.*Met*.5.225; ~rtis est nescire quid liceat sibi [SEN.]*Oct*.453;—(*of actions, etc.*) castigator lacrimarum atque ~rtium querellarum LIV.1.59.4; acer equus quondam..ad praesepe gemit leto moriturus ~rti OV.*Met*.7.544; nil..opus est..~rtibus telis quae procul ingerit Parthus SEN.*Thy*.382; ~rtia facta SIL.13.314; (*impers.*) neque..turpius quicquam aut ~rtius habetur quam ephippiis uti CAES.*Gal*.4.2.5.

4 (of a physical body or substance) Incapable of or averse to movement, sluggish, ponderous, torpid, etc.
rastris glaebas qui frangit ~rtis VERG.*G*.1.94; seu stabit ~rs seu profluet umor 4.25; qui terram ~rtem, qui mare temperat uentosum HOR.*Carm*.3.4.45; truncus ~rs iacui OV.*Am*.3.7.15; Styx..~rs *Met*.4.434; prouoluitur ursus.. pondus ~rs *Hal*.59; conceptus aquarum ~rtium uastos SEN.*Nat*.5.15.1; palus ~rtis foeda Cocyti *Her.F*.686; classes ..~rtia tonsis aequora moturae LUC.5.448; non Taenariis sic faucibus aer sedit ~rs 6.649; ~rtes discedunt nebulae STAT.*Theb*.4.584; lucus ~rs 10.86; ~rtes undae (*i.e. of the Dead Sea*) TAC.*Hist*.5.6; quidam..furcis ~rtem molem (*i.e. of mail-clad warriors*) prosternere *Ann*.3.46; (*of something frozen*) stat ~rs Scythicas astringens Bosporos undas LUC 5.436;—(*poet., of seasons*) bruma recurrit ~rs HOR.*Carm*. 4.7.12; MAN.3.637; abacto flamine nubes mulcet ~rs aestas STAT.*Theb*.3.258;—(*transf., of literary style*) nulli sensus tarda et ~rti structura in morem annalium componantur TAC.*Dial*.22.5.

5 Having no strength or force, powerless, feeble, ineffectual, etc. **b** (of medicines or sim.) having no effect, not potent. **c** (of food) tasteless, insipid. **d** having no sexual capacity, impotent.
uoces dum iactat ~rtis VERG.*A*.10.322; frater tendebat ~rtis infelix palmas 10.595; stabit et in stomacho pondus ~rte diu OV.*Pont*.1.10.14; ne cessaret ~rs in uolnere massa ferino GRAT.113; lunae ~rtior uis est SEN.*Nat*.1.2.10; aliena ~rti tela mittis dextera *Ag*.551; alii pugnant, sed ~rtia motu (*i.e. the tossing of the ship*) corpora STAT.*Theb*.5.383; dum labor ~rs, quanti..transabiere duces 7.368; stipula crepitabat inani ignis ~rs SIL.5.572; ~rti spicula ferro 14.542. **b** potentissimae (cantharides)..uariae luteis lineis..multum ~rtiores minutae PLIN.*Nat*.29.94; 35.187; (*fig.*) ~rs malorum remedium ignorantia est SEN.*Oed*.515. **c** Vmber..curuat aper lances carnem uitantis ~rtem HOR. *S*.2.4.41; blitum ~rs uidetur ac sine sapore aut acrimonia ulla PLIN.*Nat*.20.252; salem..~rtem 31.82. **d** quod ~rs sterili semine natus erat CATUL.67.26; pereat male, quae te Lesbia (*i.e. a procuress*) quaerenti (mihi) taurum (*i.e. a virile partner*) monstrauit ~rtem HOR.*Epod*.12.17; OV.*Rem*.780.

inertia ~ae, *f*. [prec.+-IA]

1 Want of skill or an instance of it.
quem ad modum adfecti sint, uirtutibus uitiis, artibus ~is CIC.*Part*.35; ita noui mores coegerunt, uti ~ae mali iudices conuincerent artium uirtutes VITR.7.5.4.

2 Abstention from or disinclination for activity, idleness, sloth, indolence, etc. **b** want of spirit or enterprise (esp. in a military sphere).
si nihil exerceas (homines), ~a atque torpedo plus detrimenti facit quam exercitio CATO *Mor*.3(J); in portum confugere..non ~ae neque desidiae, sed oti..honesti CIC. *Brut*.8; hominem singulari luxuria atque ~a *Ver*.1.34; statueram non me hercule ~a, sed desiderio pristinae dignitatis in perpetuum tacere *Fam*.4.4.4; NEP.*Att*.15.3; rem ~a flaminum oblitteratam LIV.27.8.10; non ego cessaui, nec fecit ~a serum OV.*Pont*.3.4.57; VELL.2.42.3; nostra scilicet ~a minus benigne nobis arua respondent COL.2.1.7; attilus..~a pinguescens ad mille..libras PLIN.*Nat*.9.44; TAC.*Hist*.5.4; (*in oxymoron*) strenua nos exercet ~a: nauibus atque quadrigis petimus bene uiuere HOR.*Ep*.1.11.28;—(*of the torpor of sleep*) territus exsurgis; fugit omnis ~a somni OV.*Ep*.14.75; (*cf.*) hunc ubi sollicitum dimisit ~a uitae (*i.e. sleep*) *Culex* 285;—(*of abstention from political activity*) (Agricola) tribunatus annum quiete..transit, gnarus sub Nerone temporum, quibus ~a pro sapientia fuit TAC.*Ag*.6.3. **b** hortatio quae neque uirtutem posset notare neque ~am *B.Alex*.10.5; paulum sepultae distat ~ae celata uirtus HOR. *Carm*.4.9.29; non fuga delatos nec ~a relictos hic uos circumuenit hostis LIV.7.35.3; QUINT.*Decl*.377(p.419,l.17).

inerticulus ~a ~um, *a*. [INERS+-CVLVS] The designation of a variety of vine and grape.
(uitis) ~a..nigra, quam quidam Graeci amethyston appellant COL.3.2.24; PLIN.*Nat*.14.31.

inērudītē, *adv*. [next+-E] Without learning, crudely, ignorantly.
non ~ ad declamandum ficta materia QUINT.*Inst*.1.10.33; quod Cato ~..principio nimis insolenti nimisque acri.. usus sit GEL.6(7).3.12.

inērudītus ~a ~um, *a*. *superl*. ~issimus. [IN-²+ERVDITVS] Uninformed, uneducated, ignorant.
non tam insolens sum..quam ~us, quod Mineruam sororem Iouis esse existimo CIC.*Dom*.92; *Fin*.1.72; QUINT. *Inst*.8.pr.26; priscorum..uerborum ~issimum furem SUET. *Gram*.15(p.112Re); grammatico..hautquaquam ~o GEL. 18.11.1; (*of utterances*) ne quis illud tam ~um absurdumque respondeat CIC.*Luc*.132; (*masc. as sb.*) (hyperbole) est..in usu..et inter ~os et apud rusticos QUINT.*Inst*.8.6.75.

inescō ~āre ~āuī ~ātum, *tr*. [IN-¹+ESCA+-O³]

1 To entice (animals) with bait; (usu. in fig. context).
muta animalia cibo ~antur PETR.140.15;—nescis ~are homines TER.*Ad*.220; cum ferae bestiae cibum ad fraudem suam positum..refugiant, nos caeci specie parui beneficii ~amur LIV.41.23.8; ~andae inliciendaeque multitudinis causa VELL.2.13.2; nec..libido..nec opes nec quicquam ex his hominem ~antibus SEN.*Ep*.74.14;—(*cf.*) Hannibal id damnum haud aegerrime pati; quin potius credere uelut ~atam temeritatem ferocioris consulis..esse LIV.22.41.4; rex Asia et Europa quodam modo ~atus FLOR.*Epit*.1.40 (3.5.13).

2 To fill with food, gorge.
largissimae cenae reliquiis rapinisque canes omnes ~atos atque distentos APUL.*Met*.7.14; 10.15;—(*transf.*) acerrimo grauique odore sulpuris iuuenis ~atus atque obnubilatus 9.24.

inēuectus ~a ~um, *pple*. [IN-¹+pple. of EVEHO] Borne upwards (into a place).
tendit ~us radios Hyperionis ardor *Culex* 101; ne quisquam propriae fortunae munere diues iret ~us caelum super 341.

inēuītābilis ~is ~e, *a*. [IN-²+EVITABILIS] That cannot be avoided or dodged; (esp. fig., of death, misfortunes, etc.). **b** that one cannot avoid using, indispensable.
~e fulmen OV.*Met*.3.301; iaculum ~e HYG.*Fab*.189.9; quibus..tenebris abscondita..Veneris ~es oculos effugiam? APUL.*Met*.6.5;—(*fig.*) rigidum ius est et ~e Mortis *Epic. Drusi* 443; fatum cuius ~is sors est CURT.10.1.30; omnes.. motus, qui non uoluntate nostra fiunt, inuicti et ~es sunt SEN.*Dial*.4.2.1; cum aduentat hora illa ~is *Ep*.30.4; ~ia mala *Nat*.2.50.2; Marcellum insimulabat sinistros de Tiberio sermones habuisse, ~e crimen TAC.*Ann*.1.74; perniciem caecam et ~em APUL.*Apol*.26; (*neut. pl. as sb.*) da aequanimitatem aduersus ~ia SEN.*Ep*.49.10. **b** ad coercendos imperitorum animos sapientissimi uiri iudicauerunt ~em metum SEN.*Nat*.2.42.3.

inēuolūtus ~a ~um, *a*. [IN-²+pple. of EVOLVO] (of a papyrus roll) Not rolled out (and hence unread).
liber..~us MART.11.1.4.

ineuschēmē, *adv*. [IN-²+Gk. εὐσχημος+-E] Unbecomingly.
haud ~ (in eusce mea *codd.*) astiterunt PL.*Trin*.625.

inexcitābilis ~is ~e, *a*. [IN-²+EXCITO+-BILIS] That cannot be awoken (in quot. transf., of sleep).
obpressus ~i somno SEN.*Ep*.83.15.

inexcītus ~a ~um, *a*. [IN-²+pple. of EXCIO]

1 Not stirred to action, unroused.
ardet ~a Ausonia atque immobilis ante VERG.*A*.7.623.

2 Not summoned, i.e. acting on one's own initiative.
undique ~i sibi quisque et sponte coimus ultores STAT. *Ach*.2.67.

inexcōgitātus ~a ~um, *a*. [IN-²+pple. of EXCOGITO] Not thought out, undevised.
nouum, ~um ante posteaque remedium inuenit ille rex PLIN.*Nat*.36.107.

inexcultus ~a ~um, *a*. [IN-²+pple. of EXCOLO] Not decorated, unadorned.
M. Cato..uillas |suas ~as et rudes..fuisse dicit GEL.13. 24.1.

inexcūsābilis ~is ~e, *a*. [IN-²+EXCVSABILIS]

1 (of a person) That cannot be excused.
ne te retrahas et ~is abis HOR.*Ep*.1.18.58.

2 (of things) That may not be pleaded in excuse.
felix et ~e tempus OV.*Met*.7.511.

3 (of liabilities) From which one may not be excused or exempted.
uel tributis uel quibusdam aliis ~ibus oneribus ULP.*dig*. 5.1.50.1.

inexercitātus ~a ~um, *a*. [IN-²+pple. of EXERCITO]

1 Not trained, unpractised.
homini non hebeti neque ~o CIC.*de Orat*.2.72; pugiles ~i ..solem..saepe ferre non possunt *Brut*.243; ~um militem *Tusc*.2.37; ~ae et non multo ante erant contractae (copiae) NEP.*Eum*.3.3; ~am et eius modi certaminum rudem Heluidii sapientiam elusit TAC.*Dial*.5.6; (*w.* ad) non ille quidem in patronis, sed et in promptis tamen et non ~is ad dicendum fuit CIC.*Brut*.136; (*of the mind*) quaedam..iacent sparsa, quae contrahere ~a mens non potest SEN.*Ep*.94.29; (*masc. as sb.*) (nouitas rei) ~os, etiamsi non concutit, mouet 11.5.

2 Unexercised, inactive, inert.
famem..facilius ~us quam exercitatus homo sustinet CELS.1.pr.72; corpora (*sc.* piscium)..~a et tenebris saginata SEN.*Nat*.3.19.2; (*transf.*) sub terra..quicquid est..idem semper est, umbra perpetua, frigus aeternum, ~a densitas 3.9.2.

inexhaustus ~a ~um, *a*. [IN-²+pple. of EXHAVRIO]

1 Not exhausted or depleted.
si..~as pax nostra relinqueret urbes SIL.14.685; (*a runner*) ~as effundit turbine uires non expectato 16.498; sera iuuenum uenus, eoque ~a pubertas TAC.*Ger*.20.3.

2 Inexhaustible, limitless.
Ilua..insula ~is Chalybum generosa metallis VERG.*A*. 10.174; uoluptas caedis ~ae STAT.*Theb*.10.267; modicum id litus et egerentibus ~um TAC.*Hist*.5.7.

inexōrābilis ~is ~e, *a*. [IN-²+EXORABILIS]

1 Inexorable, relentless.
ingenio esse duro..atque ~i TER.*Ph*.497; PAC.*trag*.122; eos quos ~is, quos inhumanos..existimes CIC.*Planc*.40; ~es iudices, Minos et Rhadamanthus *Tusc*.1.10; HOR.*Ars* 121; qui..~em animum in deuictos ostenderent CURT.7.6.17; (*w.* in+*acc.*) ~is in ceteros esse uisus sum CIC.*Sul*.87; (*w.* contra) contra..improbos nocentesque inmisericordem atque ~em GEL.14.4.3; (*w. dat. of offence*) magnis delictis ~em TAC.*Ann*.11.18;—(*of personal qualities*) ~e durus exerces odium OV.*Met*.5.244; siquod..numen ~i me saeuitia premit APUL.*Met*.11.2;—(*of fate, laws, or sim.*) ~e fatum VERG.*G*.2.491; leges rem surdam, ~em esse LIV.2.3.4; ~is fatorum necessitas SEN.*Ep*.101.7; ~e pactum legis Agenoreae STAT.*Theb*.1.5; quam (*sc.* seueritatem disciplinae) in pace ~em discordiae ciuium resoluunt TAC.*Hist*.1.51;—(*poet., of material objects*) arcas ~ibus claustris obseratas V.MAX.4.8.ext.2; ~e limen (*i.e. of Hades*) SIL.13.578.

2 That cannot be obtained by entreaty.
adnuet ipse (tyrannus), reor, neque ~e certe quod petimus V.FL.5.320.

inexpectātus: see INEXSPECTATVS.

inexperrectus ~a ~um, *a*. [IN-²+pple. of EXPERGISCOR] Not awakened.
cunctis..iacebat sopitus uenis et ~us Aphidas OV.*Met*. 12.317.

inexpertus ~a ~um, *a*. [IN-²+pple. of EXPERIOR]

1 (in act. sense) Lacking experience of a thing.
aut experta iuras aut ~a peieras SEN.*Con*.exc.6.8; ne quis ~is hebetet mea tela lacertis STAT.*Theb*.9.904;—(*w.* ad) animo ad contumeliam ~o LIV.6.18.4;—(*w. abl.*) exercitum..bonis ~um atque insuetum 23.18.10; suas legiones ciuili bello ~as, Vitellii uictricis TAC.*Hist*.2.75;—(*masc. as sb.*) dulcis ~is cultura potentis amici HOR.*Ep*.1.18.86; iter immensum Alpesque, rem fama utique ~is horrendam LIV. 21.29.7; SEN.*Dial*.1.4.7.

2 (in pass. sense) Not tested, untried. **b** not known from previous experience, unfamiliar.
ne quid ~um frustra moritura relinquat (Dido) VERG.*A*. 4.415; ~ae commisit semina terrae TIB.1.7.31; commisisse sese..in fidem ~am LIV.28.18.10; ardor ~um nil sinet esse meus OV.*Ep*.19.42; CURT.3.6.14; cum dubiae sint uires ~ae SEN.*Dial*.2.3.4; numquid ~o tua credimus arma profundo..? LUC.5.486; PLIN.*Nat*.25.1. **b** grauius nocet, quodcumque ~um accidit PUB.*Sent*.G.6; lenis dissolutio non ~a nobis, quos aliquando liquit animus SEN.*Ep*.77.9; cernis ~o rorantis sanguine uentos, et plumis stillare diem? STAT. *Theb*.3.536; aliis gentibus ignorantia imperi Romani ~a esse supplicia, nescia tributa TAC.*Ann*.1.59; (*impers.*) haut tibi ~um curuos deprendere mores PERS.3.52; (*neut. pl. as sb.*) inbecillae mentis..est, formidare ~a SEN.*Ep*.50.9.

inexpiābilis ~is ~e, *a*. [IN-²+EXPIO+-BILIS]

1 (of offences) That cannot be atoned for, inexpiable.
inaudita sacra ~i scelere peruertit CIC.*Har*.57; ut ~es religiones in rem publicam inducerentur *Phil*.1.13; qui..re publica uiolanda fraudes ~es concepissent *Tusc*.1.72; ne ~e in populares facinus admitterent CURT.7.6.15; PETR.17.6; nihil adhuc ~e admissum TAC.*Ann*.2.76.

2 (of punishments or sim.) That cannot be evaded by expiatory rites.
clamant ~is poenas impendere iis a quibus uiolatum sit animal CIC.*Rep*.3.19; nec uiolatas (caerimonias) tam ~i religione sanxissent, nisi..*Tusc*.1.27; seruos..~i..litterarum nota per summam oris contumeliam inustus V.MAX. 6.8.7.

3 (of a person, feeling) That cannot be appeased, implacable; (transf., of war).
si semper aspernaretur amicitiam meam seque mihi implacabilem ~emque praeberet (Caesar) CIC.*Pis*.81; Hannibal ..Romanorum ~e odium in se cernens LIV.39.51.4; nominis sui memoriam ~i detestatione perfudit V.MAX.6.4.5;—(*of war*) cum his..paene huius imperi pestibus bellum mihi ~e dico esse susceptum CIC.*Har*.4; *Phil*.13.2; LIV.33.47. 9; eloquentiam..cuius fraude..bella etiam ~ia excitentur QUINT.*Inst*.2.16.2; FLOR.*Epit*.2.15(4.4.1).

inexplānātus ~a ~um, *a*. [IN-²+pple. of EXPLANO] (of words) Not clearly pronounced, indistinct.
Metellum pontificem adeo ~ae (linguae) fuisse accipimus ut multis mensibus tortus credatur, dum meditatur in dedicanda aede Opi opiferae dicere PLIN.*Nat*.11.174.

inexplēbilis ~is ~e, *a*. [IN-²+EXPLEO+-BILIS]

1 (of persons, animals, etc.) That cannot be filled or sated, insatiable.
ista congerantur licet, numquam explebunt ~em animum SEN.*Dial*.12.11.3; quantulum..per istum stomachum ~em labitur? *Ep*.89.22; ~e animal (*i.e. the pelican*) PLIN.*Nat*. 10.131;—(*w. gen.*) ~is uirtutis ueraeque laudis LIV.28.17.2; ubi conloquia, quorum ~is fui? SEN.*Dial*.12.15.1;—(*w.* ad) si est..ad omne lucrum ~is, nec montibus auri satiabitur APUL.*Apol*.20;—(*of an activity*) cum sitiunt (scorpiones), ~es potus PLIN.*Nat*.11.88.

2 (of passions, appetites, or sim.) Impossible to satisfy. **b** (of things, app.) of which one cannot have enough.
indigentia (est) libido ~is CIC.*Tusc*.4.21; illum..omnia rabide adpetentem cum ~i cupiditate 5.16; ~is feritatis indicium V.MAX.9.2.1; spes ~es SEN.*Dial*.5.30.4; ~em istam habendi cupidinem PLIN.*Nat*.33.134; TAC.*Hist*.4. 38; AMP.42.1; ~i admiratione capiuntur APUL.*Mun*.pr. **b** Athenis bibi..uniuersae philosophiae (creterram) ~em scilicet et nectaream APUL.*Fl*.20.

inexplētus ~a ~um, *a.* [IN-²+pple. of EXPLEO]

1 Not filled or sated.
latuere doli (*i.e. of the Sphinx*), donec..simili deprensa uiro (*i.e. Oedipus*)..~am scopulis adfligeret aluum STAT. *Theb.*2.518.

2 Never satisfied, insatiable.
(Narcissus) spectat ~o mendacem lumine formam Ov. *Met.*3.439; pendit ~o non fanda piacula busto LUC.2.176; (Medea) semper ~is adgnoscit Iasona curis V.FL.6.759; regnum mortis ~ae STAT.*Theb.*4.474; ardet ~o..Mauortis amore 7.703; ~is solus qui caedibus hausi quinquaginta animas 8.666;—(*quasi-advl.*) liceat..uolucres..cernere ~as studio certare lauandi VAR.AT.*poet.*22.2; ~us lacrimans VERG.*A.*8.559.

inexplicābilis ~is ~e, *a.* [IN-+EXPLICABILIS]

1 (of a knot, etc.) That cannot be unravelled, inextricable. **b** (of places) from which one cannot find a way out, labyrinthine, or sim. **c** (of roads) impassable.
editam esse oraculo sortem, Asiae potiturum, qui ~e uinculum soluisset CURT.3.1.16; (*in fig. phr.*) quae..(oratores) Graeci..in catenas ligant et ~i serie conectunt QUINT.*Inst.*5.14.32. **b** (deum) insaeptum ingenti quidem et ~i muro diuisumque a contactu..mortalium SEN. *Ben.*4.19.2; portionem (labyrinthi)..quae itinerum ambages occursusque ac recursus ~es continet PLIN.*Nat.*36.85; (*in fig. phr.*) cum in hos ~es laqueos inciderunt QUINT.*Inst.* 5.10.101;—(*app. cf.*) Nili fluminis ~es ripas uastissimosque campos V.MAX.8.7.ext.3. **c** quia..profectos domo ~es continuis imbribus uiae..tenebant LIV.40.33.2; ad Garamantas iter ~e adhuc fuit, latronibus..puteos..harenis operientibus PLIN.*Nat.*5.38.

2 (of a problem, difficulty) That cannot be solved, baffling; (of an awkward situation) that cannot be settled finally; (of a disease) incurable. **b** (in general) involved, complex.
'o rem' inquis 'difficilem et ~em!' atqui explicanda est CIC.*Att.*8.3.6; 10.2.2; sorites..~is subit, cui difficile est modum inponere SEN.*Ben.*5.19.9; difficultas..~is GEL.20. 1.15; (*impers.*) de generibus singulis disserere immensum et ~e est PLIN.*Nat.*23.32;—cum..in uicem non magis mutua quam ~i facilitate certatum esset (*i.e. in an exchange of courtesies*) LIV.37.52.9; ille transferendo quaestionem, hi differendo..~em cunctationem uitabant V.MAX.8.1.amb.2; ~is..grammaticis inter ipsos..pugna est QUINT.*Inst.*8.6.1; bellum ~e TAC.*Ann.*3.73;—(*of diseases*) cuius interest quam maturissime ~i morbo liberari PLIN.*Ep.*5.21(9).2. **b** non singulares morbi nascuntur, sed ~es, diuersi, multiformes SEN.*Ep.*95.29.

3 That cannot be made known in words, inexpressible; impossible to expound or explain.
~i multitudine PLIN.*Nat.*34.37; ~i uoluptate simulacri diuini perfruebar APUL.*Met.*11.24;—omnium dierum..anni solisque motus prope ~is ratio est PLIN.*Nat.*18.207.

inexplicitus ~a ~um, *a.* [IN-²+pple. of EXPLICO]

1 (of books) Not opened, unread.
Democritos..~osque Platonas quidquid et hirsutis squalet imaginibus MART.9.47.1.

2 (of words) That cannot be interpreted, riddling, obscure.
(Sphinx) conlustrat campos, si quis concurrere dictis hospes ~is..audeat STAT.*Theb.*2.511.

inexplōrātē, *adv.* [INEXPLORATVS+-E] Without previous investigation.
adrogationes non temere nec ~ committuntur GEL.5.19.5.

inexplōrātō, *adv.* [next+-O²] Without a previous reconnaissance.
~ pabulatum cohortes misere LIV.6.30.4; ibi ~ profectus in insidias praecipitat 21.25.9; 27.26.6.

inexplōrātus ~a ~um, *a.* [IN-²+pple. of EXPLORO] (of places) Not spied out, unexplored; (of matters) not investigated.
~a stagni uada LIV.26.48.4; tum..uicina etiam ~a erant 43.4.6; ~is locorum insidiis SEN.*Con.*7.7.14: qui se in profundum ~um et inmensum..inmitteret SEN.*Ben.*7.2.6; (*cf.*) ~a fronte, per quam produntur animi, incertum est SEN.fr. (Haase p.435);—graue imperium regum nihil ~um, quod uestigari uolunt, efficit LIV.39.51.6; Indicum (atramentum) ..~ae adhuc inuentionis mihi PLIN.*Nat.*35.43; reus ~i pudoris [QUINT.]*Decl.*17.8; (*neut. pl. as sb.*) dum uindicant ~a pro certis SEN.*Ben.*6.30.6.

inexpugnābilis ~is ~e, *a.* [IN-²+EXPVGNABILIS]

1 (of towns, fortifications, etc.) That cannot be stormed, impregnable. **b** (of troops, etc.) holding an impregnable position, unassailable.
quem esse iam uirtuti Romanae ~em locum? LIV.9.31.13; ~em terrestri ac maritimo situ urbem 25.23.3; uiam..obiectis per omnes transitus operibus] ~em fecit 31.39.9; urbem ~ibus muris cinctam V.MAX.9.6.ext.2; oppidum..~e FRON.*Str.*3.6.4;—(*poet.*) molle Cupidineis nec ~e telis cor mihi Ov.*Tr.*4.10.65;—(*in fig. phrs.*) nullus contra fortunam ~is murus est SEN.*Ep.*74.19; haec (*sc.* innocentia) arx inaccessa, hoc ~e munimentum PLIN.*Pan.*49.3;—(*cf.*) quam urbs..opportuna oppugnantibus erat, tam ~es hostium animi LIV.33.17.9. **b** Perustae et Desitiates Delmatae, situ locorum ac montium..paene ~es VELL. 2.115.4; manet ille ruentis angustus telis et ~is obstat STAT. *Theb.*2.594;—(*in fig. phr.*) uolumus..eum, qui beatus sit, tutum esse, ~em, saeptum atque munitum CIC.*Tusc.*5.41.

2 (transf., of physical objects) Proof against the forces of nature, etc., indestructible.
lolium tribulique fatigant triticeas messes et ~e gramen Ov.*Met.*5.486; quorundam lapidum ~is ferro duritia est SEN.*Dial.*2.3.5; mersum..fieri lapidem unum ~em undis et fortiorem cotidie PLIN.*Nat.*35.166; durant tamen (cloacae) a Tarquinio Prisco annis DCC prope ~es 36.106.

3 (fig., of a disposition, desire, argument, etc.) That cannot be overthrown or overcome. **b** (of a person) proof against all persuasion.
~em Caesaris constantiam V.MAX.9.15.ext.1; ~is paene dormiendi necessitas CELS.3.20.1; certam tibi..atque ~em possessionem para SEN.*Ben.*6.3.3; naturalis affectio ~is rationi *Ep.*57.4; probationes ~es QUINT.*Inst.*5.10.44; ~i magicae disciplinae potestate APUL.*Met.*3.18. **b** ut ne ~is esset (femina), sed aegras frangeret uires timor uel poena [SEN.]*Oct.*870.

inexputābilis ~is ~e, *a.* [IN-²+EXPVTO+-BILIS] Incapable of being calculated.
~is erat numerus COL.9.4.6.

inexsatiābilis ~is ~e, *a.* [IN-²+EXSATIO+-BILIS] Insatiable.
pecus ~e..dulcedinem pabuli consectantur COL.7.10.8.

inexspectātus ~a ~um, *a.* **-exp-.** [IN-²+pple. of EXSPECTO] Not expected, unforeseen.
quae fuit illa, quanta uis! quam ~ata! quam repentina! CIC.*de Orat.*2.225; neque ~us in armis hostis adest Ov.*Met.* 12.65; nihil mihi..~um aut nouum nuntias V.MAX.5.10. ext.3; tam ~o ictus sono PETR.100.5; classe ~a portum cepit FRON.*Str.*3.9.7; (*neut. pl. as sb.*) ~a plus adgrauant SEN.*Ep.*91.3.

inexstinctus ~a ~um, *a.* **-ext-.** [IN-²+pple. of EXSTINGVO] (of a fire) That is never extinguished; (transf., of appetites, etc.).
ignis ~us templo celatur in illo Ov.*Fast.*6.297;—(*transf., of appetites*) te quoque, ~ae Silene libidinis, urunt (Naides) 1.413; plenus ~a conficiare fame *Ib.*424;—(*of fame*) aspicis ut..teneat..nomen ~um Penekioea fides? *Tr.*5.14.36; (*cf.*) uiuite ~i, flammaque duxque, precor *Fast.*3.428.

inexstinguibilis ~is ~e, *a.* **-ext-.** [IN-²+EXSTINGVO+-BILIS] Inextinguishable, unquenchable.
mala..consuetudo, diu inroborata, est ~is VAR.in Non. p.131M; stomachi uitium, quod..~i siti consistit LARG.105.

inexstirpābilis ~is ~e, *a.* [IN-²+EXSTIRPO+-BILIS] That cannot be pulled up, ineradicable.
radices (mespili) multae atque altae et ideo ~es PLIN. *Nat.*15.84.

inex(s)uperābilis ~is ~e, *a.* *compar.* ~ior. [IN-²+EXSVPERABILIS]

1 (of physical obstacles) That one cannot get over or across, insurmountable, impassable, etc.
nullas profecto terras caelum contingere nec ~es humano generi esse LIV.21.30.7; ~ior saltus 36.17.3; natura..~is ripa 44.35.8; paludes ~is altitudinis 44.46.5; Alpibus coercitas ut..~i munimento Gallias PLIN.*Nat.*12.5; (*neut. pl. as sb.*) non pugnare cum iniquitate locorum neque ~ibus uim adferre LIV.38.20.8.

2 Impossible to overcome, invincible; (transf.) unconquerable in spirit, indomitable.
breui ~i manu terrarum orbem liberauit (Pompeius) VELL.2.32.4; uis hostium..~is 2.120.4; (*of supernatural forces*) ~is uis fati LIV.8.7.8;—tuum..Scaeui, ~em spiritum V.MAX.3.2.23; ingens fit animo, plenus fiduciae, ~is et maior adeunti SEN.*Ep.*111.2.

3 Unsurpassable, having no equal.
huius (*sc.* patris mei) ego uestigia ingressus uoluntati quidem et studio in colendis uobis adicere—etenim ~ia haec erant—nihil potui LIV.37.53.11; beata uita bonum in se perfectum habet, ~e SEN.*Ep.*85.19; solus..~i imperio orbis auctus (Alexander) APUL.*Fl.*7.

inextrīcābilis ~is ~e, *a.* [IN-²+EXTRICO+-BILIS]

1 Impossible to disentangle or sort out; (of places) from which one cannot find a way out, pathless. **b** (of circumstances) that one cannot escape or get free from. **c** (of problems) insoluble. **d** (in good sense, of workmanship) intricate, unanalysable.
nec Psyche manus admolitur inconditae illi et ~i moli (*sc. of seeds*) APUL.*Met.*6.10;—labyrinthum ~e VAR.in Plin. *Nat.*36.91; hic labor ille domus (*i.e. the Labyrinth*) et ~is error VERG.*A.*6.27; qui ipsos in illud iter et ~e lutum deduxisset SEN.*Dial.*5.22.3; ~e litus SIL.4.582; (*cf.*) Daedalus..labyrinthum ~i exitu fecit HYG.*Fab.*40.3. **b** me ad istud ~e pondus non adligo SEN.*Ben.*7.9.1; semen (lapathi) stomachi ~ia uitia sanat PLIN.*Nat.*20.232; morbi ~is ueterno..implicitus APUL.*Met.*10.9; ~is periculi mole prorsus obruta 6.14. **c** Thebarum lues (*sc. the Sphinx*).. quid simile posuit? quid tam ~e? SEN.*Phoen.*133; inconperta haec (*sc. calculations*) et ~ia PLIN.*Nat.*2.85. **d** in his (*sc. insects*) tam paruis..quam ~is perfectio! PLIN.*Nat.* 11.2.

2 Impossible to strip off or detach.
caedi tempestiuum quae decorticentur (arbores)..cum germinant, alias cortice ~i PLIN.*Nat.*16.188.

inextrīcābiliter, *adv.* [prec.+-TER²] Inextricably.
dexteram, qua fatorum etiam ~ contorta retractas licia APUL.*Met.*11.25.

inexuperābilis: see INEXSVPERABILIS.

infabrē, *adv.* [IN-²+FABRE] Without art, unskilfully, crudely.
barbaricam pestem..noua figura factam, commissam ~ PAC.*trag.*271; quid sculptum ~..esset HOR.*S.*2.3.22; in Gallicis uasis, non ~ suo more factis LIV.36.40.12.

infabricātus ~a ~um, *a.* [IN-²+pple. of FABRICO] Unfashioned, unwrought.
frondentis..ferunt remos et robora siluis ~a fugae studio VERG.*A.*4.400.

infacētē, infacētiae, infacētus: see INFIC-.

infācundia ~ae, *f.* [next+-IA] Inability to express oneself fluently.
tui erroris culpam esse intellego in mea scilicet ~a GEL. 11.16.9.

infācundus ~a ~um, *a.* *compar.* ~ior. [IN-²+FACVNDVS] Unable to express oneself fluently.
quia ~ior sit et lingua impromptus LIV.7.4.6; ne ~us quidem aduersus eximiam eloquentiam collegae uisus esset 10.19.6; SUET.*Cl.*40.3; GEL.18.3.6.

infāmātus ~a ~um, *a.* [pple. of INFAMO] Ill-famed, notorious.
procul insidias ~aeque relinquunt tecta deae (*i.e. of Circe*) Ov.*Met.*14.446; praesumptum est quosdam seruos bonos esse quia natione sunt non ~a ULP.*dig.*21.1.31.21.

infāmia ~ae, *f.* [next+-IA]

1 Bad reputation, ill-fame, notoriety. **b** defamation, reproach. **c** (w. gen.) the reproach or stigma (of).
quantam auditorum multitudinem ~a C. Verris concitatura..sit CIC.*Div.Caec.*42; cum de ~a iudiciorum disputarem *Clu.*138; uidebare ex communi ~a iuuentutis aliquam inuidiam Caelio uelle conflare *Cael.*29; potius tenuitatem cum bona fama quam abundantiam cum ~a sequendam probaui VITR.6.pr.5; in..nihil merito uetus est ~a saxo Ov. *Met.*2.707; SEN.*Dial.*5.41.3; ~ae..apud prodigos nouissima uoluptas est TAC.*Ann.*11.26. **b** omnia uetera praetermittam, duo sola recentia sine cuiusquam ~a ponam CIC. *Ver.*5.34; ne probrum castis,..~am bonis inferat (iuuentus) *Cael.*42; aspergebatur..~a, quod in domo sua facere mysteria dicebatur NEP.*Alc.*3.6; mendax ~a HOR.*Ep.* 1.16.39; contigerat nostras ~a temporis aures Ov.*Met.*1.211; si (accusator) reum caedis inpudicum..uocet, laedat quidem ~a QUINT.*Inst.*7.2.28; qui libellos..ad ~am cuiuspiam sub alieno nomine edant SUET.*Aug.*55. **c** crudelitatis ~am effugerunt CIC.*Agr.*2.91; *Q.fr.*1.3.9; cum Pompeius Lucullo ~am pecuniae..obiceret VELL.2.33.2; mihi ~a parricidii..subeunda est TAC.*Ann.*13.21; detraheret..senatui..~am tanti flagitii 16.26; ~am impudicitiae facillime refutauit SUET.*Aug.*71.1; GEL.12.2.9.

2 Discredit, disgrace. **b** official disgrace (involving loss of certain rights).
adfinis tuos tua ~a fecisti gerulifigulos flagiti PL.*Bac.*381; Antiphila..propter quam in summa ~a sum TER.*Hau.*259; Pompeium..monere, ut magnam ~am fugiat, non desistimus CIC.*Fam.*1.1.2; studium ~ae sarciendae CAES.*Civ.* 3.74.2; uiatores..aedilicii..damnati sunt, non sine ~a Luculli aedilis LIV.30.39.7; hic turpibus et aliquam passis ~am tristis SEN.*Ep.*74.2; multi..superstites bellorum ~am laqueo finierunt TAC.*Ger.*6.6; mortem mihimet uolens consciscere, priusquam..~a publici spectaculi depudescerem APUL.*Met.*10.29; (*pred. dat.*) ne umquam ~ae ea res sibi esset TER.*An.*444; (*pl.*) ad paupertatem si admigrant ~ae, grauior paupertas fit PL.*Per.*347; (*personified*) tertia Poenarum ~a..sordida uestitu, ore seuero VAR.*Men.*123. **b** in minimis priuatisque rebus etiam neglegentia in crimen mandati iudiciumque ~ae uocatur CIC.*S.Rosc.*113; quid enim saluis ~a nummis? JUV.1.48; ~a notatur qui ab exercitu ignominiae causa..dimissus erit: qui..in scaenam prodierit: qui lenocinium fecerit.. *Ed.pr.*in Julian.*dig.*3.2.1; PAPIN.*dig.*46.3.97; non poterit praeses prouinciae efficere, ut furti damnatum non sequatur ~a MACER *dig.*47.2.64; (*pl.*) multorum qui Tiberio regente poenam uel ~as subiere posteri manent TAC.*Ann.*4.33.

3 A scandalous action, quality, or circumstance, disgrace, dishonour, etc. **b** (as a term of abuse).
sunt homines quos libidinis ~aeque suae neque pudeat neque taedeat CIC.*Ver.*35; rem esse insigni ~a *Att.*1.12.3; ut delerent prorsus ex animis hominum ~am iudicii LIV. 4.11.3; nullam in uxore suspicatus ~am SEN.*Con.*2.7.7; grauissima ~a est medici opus quaerere SEN.*Ben.*6.36.2; iudicium..repetundarum, quo ipse per ~am (*i.e. collusion*) liberatus est Catilina ASC.*Tog.*80; (testis) si quid in eius uitam dici poterit, ~a criminum destruendus QUINT.*Inst.* 5.7.26; (cladem) maioris ~ae quam detrimenti SUET.*Aug.* 23.1. **b** di te submoueant, o nostri ~a saecli, orbe suo Ov.*Met.*8.97; Cacus, Auentinae timor atque ~a siluae *Fast.* 1.551; *Ilias* 258.

infāmis ~is ~e, *a.* [IN-²+FAMA+-IS]

1 (of persons, their actions, etc.) Having a bad name, of ill repute; (w. abl., etc.) notorious (for). **b** (of things, esp. places). **c** *~is digitus*, the middle finger, used in obscene and insulting gestures and hence as a defence against the evil eye (= *digitus impudicus*).
ut..~is ne sim, ne mi hanc famam differant, me..meam sororem in concubinatum tibi..dedisse PL.*Trin.*689; flagitiis tuis me ~em fieri TER.*Hau.*1037; multas familias.. ~is tuis stupris flagitiisque fecisti CIC.*Ver.*4.20; Danai genus ~e HOR.*Carm.*2.14.19; M. Caecilius Metellus..~is auctor deserendae Italiae post Cannensem cladem LIV.27.11.12;

ex ~i ganeone..philosophus euasit V.MAX.6.9.ext.1; Valens ob lucra et quaestus ~is TAC.*Hist.*2.56; poteretur Radamistus male partis, dum inuisus ~is *Ann.*12.48; (*transf. ep.*) addit..strigis ~es ipsis cum carnibus alas Ov.*Met.*7.269;—(*of actions, etc.*) non hanc suspicionem nunc primum in Capitonem conferri; multas esse ~is eius palmas CIC.*S.Rosc.* 100; iam et Romae sua ~is clades erat LIV.9.7.6; scit non in castris modo suis sed iam etiam Romae ~em suam cunctationem esse 22.15.1; res..magis ~is..quam mala SEN.*Ep.*13.6;—(*w. abl.*) homines..ceteris uitiis atque omni dedecore ~is CIC.*Clu.*130; caeso genitore ~is Agyrtes Ov.*Met.*5.148; ~is..sororis stupro (Clodius) VELL.2.45.1; TAC.*Ann.*15.49; SUET.*Gram.*23(p.117Re); (*w. gen.*) extremae auaritiae et sordis infimae ~is homo APUL.*Met.*1.21. **b** ~is scopulos, Acroceraunia HOR.*Carm.*1.3.20; magis ~is mors Pisonis coepit esse LIV.40.37.6; ~em..locum sceleris quae nomine fecit Ov.*Ib.*361; ne salutis quidem cura ~ibus Vaticani locis magna pars tetendit TAC.*Hist.*2.93; erat Athenis spatiosa et capax domus, sed ~is et pestilens PLIN.*Ep.*7.27.5;—(*w. abl.*) ~em annum pestilentia LIV.8.18.2; ~es frigoribus Alpes 21.31.8; oppidum ualetudine habitantium ~e MELA 1.83; dies..tristi omine ~es GEL.4.9.5. **c** metuens diuum matertera cunis exemit puerum, frontemque..~i digito..expiat PERS.2.33.

2 Given a bad name, defamed, disgraced. **b** officially disgraced (with loss of rights). **c** smirched by suspicion, 'under a cloud'; (w. *in*+acc. or abl.) suspected of misconduct (with).

non ut redire..nobilis imperator sed ut mortuus ~is referri (*v.l.* efferri) uideretur CIC.*Pis.*53; morbos magis esse timendos ~emque ferunt uitam quam Tartara leti LUCR. 3.42; ~is Helenae Castor offensus uice (*i.e. on behalf of Helen, traduced by the poet Stesichorus*) HOR.*Epod.*17.42; non ~is exercet..ludos inter luctantis nuda puella uiros PROP. 3.14.3; nouos hostes quaeri; coloniam fidam propinquam ~em fieri LIV.3.10.11; uniuerso nomine Romano ~i rex..duci capto aurum in os infudit PLIN.*Nat.*33.48; (Iuliam) extorrem, ~em et post interfectum Postumum Agrippam omnis spei egenam..peremit TAC.*Ann.*1.53;—(*w. ref. to loss of reputation through unchastity*) quis adulter, quae mulier ~is, quis corruptor iuuentutis..? CIC.*Catil.*2.7; QUINT.*Inst.* 6.3.51; (Germani) ignauos et imbelles et corpore ~es caeno ac palude..mergunt TAC.*Ger.*12.1. **b** ueniam..postulo, quod gladiator ~is in iudicio loquor CALP.*Decl.*52; si is..praeuaricator in causa iudicii publici pronuntiatus sit, ~is erit MACER *dig.*47.15.4; (*masc. as sb.*) si eum exauctorauerit, id est insignia militaria detraxerit, inter ~es efficit ULP.*dig.* 3.2.2.2. **c** (*w. abl.*) Decimius..captarum..pecuniarum ab regibus Illyriorum suspicione ~is Romam rediit LIV. 42.45.8; (*w.* tamquam) filium, ~em, tamquam incestum cum matre committeret, pater..torsit [QUINT.]*Decl.*18.intro.; (*w. inf.*) ita..iudicio absolutus est Catilina ut Clodius ~is fuerit praeuaricatus esse ASC.*Tog.*78;—(*w.* in+*acc.*) ~is in nouercam cum patre peregre profectus est QUINT.*Decl.*335 (p.317,l.10); CALP.*Decl.*44; (*w.* in+*abl.*) pater, qui ~em in matre filium secreto occidisset QUINT.*Inst.*9.2.79.

3 Deserving of ill repute, of shameful badness, infamous, discreditable, etc.

(*of persons*) cum reprehenderetur quod liberos non relinqueret, a Pelopida, qui filium habebat ~em NEP.*Ep.*10.1; transfugam sine magnae rei proditione uenientem..uile atque ~e corpus esse ratus LIV.22.22.7; eques Romanus ut aiebant ~is..domum abduxit (iuuenem) PETR.92.10; Quirinius..adhuc infensus (Lepidae) quamuis ~i ac nocenti miserationem addiderat TAC.*Ann.*3.22; (*transf.*) ab ~i gentem deducis asylo (*i.e. where slaves, etc., took refuge*) JUV. 8.273;—(*of actions, etc.*) quo breuiter..laudato aut, si erit ~e, praetermisso CIC.*Part.*74; hunc (*sc.* Antonium) ~is amor uersis dare terga carinis iussit PROP.2.16.39; nos sub iugum missos..sponsione ~i obligatos LIV.9.8.9; ~es nuptias 36.15.1; ille Scaurus, quem proauum suum..Mamercus ~i opera dehonestabat TAC.*Ann.*3.66; ~es materias..quas Graeci ἀδόξους ὑποθέσεις appellant GEL.17.12.1;—(*w. inf. or acc. and inf.*) sibi..~e esse..regna sociorum..ab externo rege occupari *B.Alex.*34.2; est conditoribus urbium ~e contraxisse aliquam perniciosam ceteris gentem QUINT. *Inst.*3.7.21.

infāmō ~āre ~āuī ~ātum, *tr.* [prec.+-O³]

1 To give a bad name to, bring into disrepute. **b** (leg.) to disgrace (with loss of rights).

Iuppiter ~at seque suamque domum PROP.3.11.28; desine..animum uano ~are timore Ov.*Pont.*3.6.43; male..istis effeminatis eueniat, qui rem tam bellam (*i.e. perfume*) ~auerunt SEN.*Ben.*7.25.1; ita fit ut et actor et familia peccent et ager saepius ~etur COL.1.7.7; M. Lollius ~atus regum muneribus in toto oriente PLIN.*Nat.*9.118; ferrum ~are ueneno SIL.3.273; cum se (quisque) iactaret eodem modo (*i.e. like Seneca*) dicere, Senecam ~abat QUINT.*Inst.* 10.1.127; cotidianis eum fabulis ob adulteria cunctasque corruptelas ~atum APUL.*Met.*6.23;—(*of things*) ut tua moderatio et grauitas aliorum ~et iniuriam CIC.*Fam.*9.12.2; haec ~antia bellum funera STAT.*Theb.*9.96; non intellego quemadmodum ~ent ista sententiam meam CALP.*Decl.*6. **b** si tutor..pupillam suam..ducat uxorem..~atur et pro dignitate pupillae extra ordinem coercetur PAUL.*dig.*23.2.66.

2 To attack the reputation or character of, blacken, defame. **b** (w. ref. to some specific allegation) to smear with suspicion (esp. falsely or groundlessly); *~ari in* (+acc.), to be suspected of misconduct (with).

hunc ~atum a plerisque tres grauissimi historici summis laudibus extulerunt NEP.*Alc.*11.1; ~are uirtutes et maignis sermonibus sancta uiolare SEN.*Dial.*7.27.1; desinant..~are nos tamquam incredibilia iactantes *Ep.*81.13; dum..iuuenes sententias rident ordinemque totius dictionis ~ant PETR.6.2; si reprehensionem non capit ipsa persona, ~are signatores licet QUINT.*Inst.*5.7.1; legatus legionis et fouit Verginium et ~auit TAC.*Hist.*3.62; SUET.*Nero* 23.2. **b** omnes ~auerunt raptae patrem quasi cum raptore colludentem SEN.*Con.*2.3.17; minus uerecundum esse..~are nouercam quam accusare 7.1.20; ~ata (*i.e. falsely charged with adultery*) uirum puella uicit? MART.10.87.13; cum rumor utrumque ~aret, tu reus factus es QUINT.*Decl* 325(p.282, l.11); Glitio Gallo atque Annio Pollion ;~atis magis quam conuictis data exilia TAC.*Ann.*15.71; qui..testamentum quod uerum sciebat pro falso ~arit APUL.*Apol.*2; (*w. gen. of charge*) ~ant praecepta nostra duritiae SEN.*Ep.*99.26; [QUINT.]*Decl.*2.3; (*w. abl.*) dignus sum morte: ~aui te adulterio QUINT.*Decl.*335(p.321,l.5); (*w. internal obj.*) calumniam magiae, quae facilius ~atur quam probatur APUL. *Apol.*2;—~ari coepit socer in nurum SEN.*Con.*exc.8.3; CALP.*Decl.*44.

infandus ~a ~um, *a. superl.* ~issimus. [IN-²+FANDVS] FORMS: superl. perh. only in V.RUF.*trag.*1. Too horrible or shocking to speak of, unspeakable, monstrous, accursed, etc.

tam ~um facinu'..ne audiui quidem TER.*Eu.*664; uix homines odium suum a corpore eius impuro atque ~o represserunt CIC.*Sest.*117; ~um, regina, iubes renouare dolorem VERG.*A.*2.3; ~um..amorem (*i.e. of Dido for Aeneas*) 4.85; ~um accendere bellum 12.804; de stupro ~o Lucretiae LIV.1.59.8; ruptores indutiarum, cruentos legatorum ~a caede 4.32.12; ~is..epulis (*i.e. of human flesh*) 23.5.13; ~um domini per uiscera ferrum exegit famulus LUC.2.148; uocis ~ae sonum SEN.*Ag.*981; ~o polluts sanguine Nilus LUC.6.397; liber..~o titulo Ciceromastix GEL.17.1.1; (*w. sup.*) ~am memoratu hebetis iumenti gulam APUL.*Met.* 10.15;—(*of persons*) ~o homine ACC.*trag.*131; ~i Cyclopes VERG.*A.*3.644; non Cornelia letum ~o sub rege timet LUC. 8.397; SIL.4.160;—(*neut. as sb.*) audeantur ~a, si non perniciem nobis cum scelere ferunt LIV.23.9.5; ~a timeo: ne mea genitor manu perimatur SEN.*Oed.*15; (*parenth.*) nauibus (~um!) amissis unius ob iram prodimur VERG.*A.*1.251;—(*internal acc.*) ~a furentem armati circumsistunt 8.489.

infans¹ ~ntis, *a. compar.* ~ntior, *superl.* ~ntissimus. [IN-²+pple. of FOR]

1 Not having the power of speech; (esp. of a new-born child). **b** unable to express oneself, tongue-tied, inarticulate.

maestitiam mutam ~ntum quadrupedum ACC.*trag.*315; scribit Herodotus Croesi filium, cum esset ~ns, locutum CIC.*Div.*1.121; seu rubra Canicula findet ~ntis statuas HOR.*S.*2.5.40; GEL.5.9.1;—tum porro puer..nudus humi iacet, ~ns, indigus omni uitali auxilio LUCR.5.223; (*cf.*) ut ~nti uagiat ore puer Ov.*Fast.*4.208. **b** ~ntiorem (Amphionem) quam meus est mulio VAR.*Men.*367; dum caute..loqui uolunt ~ntissimi reperiuntur *Rhet.Her.*2.16; Scipionem accepimus non ~ntem fuisse CIC.*Brut.*77; 305; nihil accusatore Lentulo..~ntius *Q.fr.*3.4.1; *Fin.*1.52; si..disertus imperitum (se) plane et ~ntem uocet QUINT.*Inst.* 11.1.21; APUL.*Fl.*7; (*cf.*) ut ueni coram, singultim pauca locutus, ~ns namque pudor prohibebat plura profari HOR. *S.*1.6.57;—(*of writing*) historia ipsius (*sc.* Fanni)..quae neque nimis est ~ns neque perfecte diserta CIC.*Brut.*101.

2 Newly born, infant, young. **b** of or belonging to a baby.

nutrices pueros ~ntis minutulos domi ut procurent PL. *Poen.*28; LUCIL.486; omnia minima mansa ut nutrices ~ntibus pueris in os inserant CIC.*de Orat.*2.162; iste ~nti pupillae fortunas patrias ademit *Ver.*1.153; sub nutrice puella uelut si luderet ~ns HOR.*Ep.*2.1.99; simulacra ~ntium conditorum urbis sub uberibus lupae posuerunt LIV.10.23.12; si limen obsideretur..quid ~ntibus liberis eueniturum? TAC.*Ann.*2.70;—(*of animals*) ne durus sit (nidus) ~ntibus pullis PLIN.*Nat.*10.92; ~ntibus catulis 29. 100;—(*of plants*) nec tunicae minor gratia in cibo ~ntis boleti 22.93; (*as sb.*) praedoctus esto: alia robustis prosunt, alia ~ntibus 18.334;—(*poet.*) chaos enixum terras orbemque sub illo ~ntem MAN.2.14. **b** hydros ~ntem caudis inuoluisse manum (*i.e. of Hercules*) Ov.*Ep.*9.86; ~ntia saxo discutit ora ferox (Athamas) *Met.*4.518; guttura..inbuerunt ~ntia lacte canino *Ib.*227.

3 (app.) Unspeakable, infamous.

prius quam ~ns facinus oculi uescuntur tui ACC.*trag.*189.

infans² ~ntis, *m., f.* [prec.] An infant, little child (strictly, one not yet able to talk).

nec..ut uoluptatem expetat, natura mouet ~ntem CIC. *Fin.*2.33; fierent iuuenes subito ex ~ntibu' paruis LUCR. 1.186; non mulieribus, non ~ntibus pepercerunt CAES.*Gal.* 7.28.4; auditae uoces uagitus et ingens ~ntumque animae flentes VERG.*A.*6.427; animosus ~ns HOR.*Carm.*3.4.20; usque ad ~ntium caedem ira crudelis peruenit LIV.28.20.6; editus in lucem iacuit sine uiribus ~ns Ov.*Met.*15.221; auctoritatem habemus senum, uitia puerorum, nec puerorum tantum sed ~ntum SEN.*Ep.*4.2; eligendus est rusticis operibus ab ~nte duratus COL.1.8.2; angor ~ntium sorte, quae sunt parentibus statim..orbatae PLIN.*Ep.*4.21.2;—(*applied to an unborn child*) (uncus) ~ntem educit CELS. 7.29.4;—(*used expressly of older children*) PASTORINO ~NTI DVLCISSIMO QVI VIX ANN XVII MENS X *CIL* 10.4802; FL ROMVLIANVS INFAS Q VIXIT AN VI ET M VII 11.1700;—(*of a young animal*) (uespertilio) uolitat amplexa ~ntes secumque portat PLIN.*Nat.*10.168.

infantāria ~ae, *f.* [prec.+-ARIA] (prob.) A woman who looks after babies.

infantem secum semper..Bassa..conlocat..deliciasque uocat, et, quo mireris magis, ~a non est MART.4.87.3.

infantārius ~(i)ī, *m.* [as prec.+-ARIVS] A man who looks after babies.

CIL 11.5623.

infantia ~ae, *f.* [INFANS+-IA]

1 Inability to speak, muteness. **b** inability to express oneself, inarticulateness.

uidetur protrahere ad gestum pueros ~a linguae LUCR. 5.1031. **b** ~am eius, qui rem norit, sed eam explicare dicendo non queat CIC.*de Orat.*3.142; accusatorum incredibilis ~a *Att.*4.18.1; actoris ~a, qui mutam illam effigiem magis quam orationem pro se putet locuturam QUINT.*Inst.* 6.1.32; SUET.*Gram.*4(p.104Re); longe..eloquentiam ~ae praeferas FRO.*Aur.*2.p.62(143N); APUL.*Apol.*33.

2 The state or period of infancy, childhood (strictly, before one is able to talk). **b** childish or childlike quality. **c** (collect.) young children, the young.

patres, quorum uobis exemplo ab ~a surgit ingenium SEN.*Suas.*2.1; fructuosior est adulescentia liberorum sed ~a dulcior SEN.*Ep.*9.7; ~ae anni, qui sensu carent PLIN. *Nat.*7.167; liberos Cotyis, quis ob ~am tutor erat Trebellenus Rufus TAC.*Ann.*3.38; ~am pueritiamque habuit laboriosam SUET.*Tib.*6.1; quo studio me a prima ~a deuinctum fuisse..audiui FRO.*Amic.*2.p.172(182N); (*personified*) te..ponere purpureos ~a legit amictus stirpis honore datos STAT.*Silv.*5.3.119;—(*abst. for concr., in periphrases*) non uides, quemadmodum teneram liberorum ~am parentes ad salubrium rerum patientiam cogant? SEN. *Ben.*6.24.1; arborem..quae..Remi Romulique ~am texerat TAC.*Ann.*13.58; nihil est quod nostra ~a caelum hausit Auentini..? JUV.3.84;—(*of animals*) in ~a scabunt aures posterioribus pedibus (solidipedes) PLIN.*Nat.*11.260;—(*transf.*) est sua etiam studiis ~a QUINT.*Inst.*1.1.21. **b** exprobratur senibus ~a SEN.*Ep.*22.14; iam leue caput (*i.e. of an old man*) madidique ~a nasi JUV.10.199;—(*app.*) quanta tua est probitas tanta est ~a formae MART.8.46.1. **c** surculi (curalii) ~ae adalligati tutelam habere creduntur PLIN. *Nat.*32.24; irritandae ad discendum ~ae gratia QUINT.*Inst.* 1.1.26.

infantīlis ~is ~e, *a.* [INFANS²+(prob.)-ILIS², after *puerilis*] Of or suitable to a young child.

hic adhoc ~is uterus gestat nobis infantem alium APUL. *Met.*5.11; muliebri ueste legata et ~em contineri et puellarum et uirginum Pomponius..scribit ULP.*dig.*34.2.25.9.

infantula ~ae, *f.* [INFANS²+-VLA] A baby girl.

huic ~ae quod leges..patris successionem deferrent APUL. *Met.*10.28.

infantulus ~ī, *m.* [as prec.+-VLVS] A baby boy.

gerebamus ~os et mulieres APUL.*Met.*8.15; 8.22.

infarciō: see INFERCIO.

infatīgābilis ~is ~e, *a.* [IN-²+FATIGO+-BILIS] Indefatigable, tireless.

hostium agmen..~i pugna sustinuit V.MAX.3.2.1; pietatis constantia.., quam..~em patriae praestitit 3.8.2; (Mithridatem) fugientem animo pariter et corpore ~i secuta est (coniunx) 4.6.ext.2; altum quiddam est uirtus..inuictum, ~e SEN.*Dial.*7.7.3; dentes (luporum)..equis adalligati ~em cursum praestare dicuntur PLIN.*Nat.*28.257; suorum..~es spiritus inter moras decertandi etiam incalescere FRON.*Str.*2.1.8; APUL.*Mun.*24.

infatuō ~āre ~āuī ~ātum, *tr.* [IN-¹+FATVVS+-O³] To make into a fool, make a fool of.

neminem..adeo ~are potuit ut ei nummum ullum crederet CIC.*Flac.*47; *Phil.*3.22; uos quoque iste uerbis ~auit? *B.Afr.*16.1; SEN.*Suas.*2.23; pro sua quemque portione adulatio ~at SEN.*Ep.*59.13.

infauōrābilis ~is ~e, *a.* [IN-²+FAVORABILIS] (leg.) Not generous in one's interpretation of the law, inequitable, or sim.

nec ~is sententia est, ut hoc saltem habeat (filius exheredatus) ex paternis, quod propter illum datum est CELS.*dig.* 37.6.6.

infauōrābiliter, *adv.* [prec.+-TER²] (leg.) Without making concessions in interpreting the law.

non ~ quis medium tempus illi (*sc.* filio) prodesse ueluti iam nato respondebit ULP.*dig.*50.2.2.6.

infaustus ~a ~um, *a.* [IN-²+FAVSTVS]

1 Not blessed with good fortune, luckless, ill-starred.

mecum ~as exurite puppis VERG.*A.*5.635; sanguinis ~i subolem LUC.5.474; quolibet ~am potius deflecte carinam 5.789; quod notatum apud Chaeroniam ~o Atheniensium proelio est PLIN.*Nat.*16.169; concilium ~um dictis mulcebat Aletes STAT.*Theb.*3.178; ~a..Cadmi moenia 12.115; Marcellum..breuis et ~os populi Romani amores TAC.*Ann.*2.41;—(*w. abl.*) dum..bellis ~us ignauiam saeuitia tegat 12.10.

2 Bringing ill fortune, inauspicious, accursed, etc. **b** (of omens or sim.) of evil presage; (also applied to the underworld).

~as age dimitte pugnas SEN.*Phoen.*641; ~a Lachesis cunabula dextra attigit STAT.*Silv.*2.1.120; non aliud malorum leuamentum, quam si linquerent castra ~a TAC.*Ann.* 1.30; scaeui ominis mulier et ~i coniugii APUL.*Apol.*92; si..testatori maledixerit et ~as uoces aduersus eum iactauerit ULP.*dig.*34.9.9.1. **b** ~um..Alia nomen VERG.*A.* 7.717; tristis ab ~o committitur omine pugna 11.589; omen ~ae strigis SEN.*Her.F.*688; ~a..sacra terrores cient *Oed.* 351; nefandos..fetus ~is urere flammis LUC.1.591; (smilax) ~a omnibus sacris et coronis PLIN.*Nat.*16.154; introitus in urbem trucidatis tot milibus inermium militum ~us omine TAC.*Hist.*1.6; quia duo iam Torquati ob scelera interfecti ~um nomen Iunium fecissent *Ann.*16.12;—quis inferorum sede ab ~a extrahit (*sc.* me)..? SEN.*Thy.*1.

infectīuus ~a ~um, *a.* [INFICIO+-IVVS] Of dyers, used for dyeing.

herba, quae lutum appellatur, caeruleum inficiunt, et utuntur uiridissimum colorem; haec autem ~a appellatur VITR.7.14.2.

infector ~ōris, *m.* [INFICIO+-TOR] A dyer.

~ores corcotarii PL.*Aul.*521; si illis lana opus fuit pulla, paratus gratuitus ~or est SEN.*Nat.*3.25.4; ~ores lanarum PLIN.*Nat.*20.59; *CIL* 2.5519; (*in fig. phr.*) Curtius noster dibaphum cogitat, sed eum ~or moratur CIC.*Fam.*2.16.7;

(*used attrib.*) ut..purpurarum generi (sanguinis uires optineat) ~or ille sucus Plin.*Nat.*11.8.

infectus[1] ~a ~um, *a.* [IN-[2]+pple. of FACIO]

1 (of metals, etc.) Not fashioned, crude, unwrought.

in aestimatione censoria aes ~um rudus appellatur Cinc. *gram.*3; sunt auri pondera facti ~ique mihi Verg.*A.*10.528; argenti ~i (*i.e. not made into coins*) signatique decem et octo milia et trecenta pondo Liv.26.47.7; 37.46.3; rudis atque ~a materies Petr.114.13; uersicoloria facta ~aque omnia Paul.*dig.*34.2.32.6;—(*transf., of a person*) bene cum lauta est, terta, ornata, ficta est, ~a est tamen (*sc.* mulier) Pl.*St.* 745.

2 (of actions, etc.) Not done or performed. **b** (leg.) *damnum ~um,* apprehended loss or damage. **c** (of a word) not coined.

~a dona facio Pl.*Mos.*184; stultus es qui facta ~a facere uerbis postules *Truc.*730; ubi cognouit..opera..quae facta ~aque sient Cato *Agr.*2.1; id quod iudicatum non sit, pro ~o habere oportere Cic.*Inv.*2.80; nunc arma uolunt foedusque precantur ~um Verg.*A.*12.243; Hor.*Ep.*1.2.60; omnia pro ~o sint; recipiant arma quae per pactionem tradiderunt Liv.9.11.4; Iulia..nihil..libidine ~um reliquit Vell. 2.100.3; Apul.*Apol.*52;—(*neut. pl. as sb.*) pariter facta atque ~a canebat Verg.*A.*4.190; Stat.*Theb.*3.430. **b** qui in pariete communi demoliendo damni ~i promiserit Cic. *Top.*22; *Ver.*1.146; damnum ~um est damnum nondum factum, quod futurum ueremur Gaius *dig.*39.2.2. **c** nomina..in hodiernum quod sciam ~a Apul.*Apol.*38.

3 (of a purpose) Not effected or achieved; usu. in phr. *re ~a* (*rebus ~is*). **b** *pace ~a, foedere ~o,* etc., without concluding peace, a treaty, etc. **c** that cannot be effected, impossible.

Marius..~o quo intenderat negotio Cirtam..redit Sal. *Jug.*104.1;—re ~a in oppidum reuerterunt Caes.*Gal.*7.82.4; *Civ.*3.57.5; abducere ~a re a Veiis exercitum noluerunt Liv.5.4.1; 42.16.4; Quint.*Inst.*9.3.73;—ita ~is rebus illi domum discedunt Sal.*Jug.*28.3. **b** ~a pace ultro ad eam uenies indicans te amare Ter.*Eu.*53; fugit..Latinus pulsatos referens ~o foedere diuos Verg.*A.*12.286; legati.. pace ~a redierunt Liv.9.1.3; ~a pace concilium dimisit 27.30.15; 37.1.6. **c** rex, nihil iam ~um Metello credens, quippe qui omnia..industria uicerat..profugit Sal.*Jug.* 76.1; mihi..multa usu uenire mira et paene ~a Apul. *Met.*1.20.

4 Not brought to completion, unfinished. **b** (gram., of a tense denoting an uncompleted action) imperfective.

an quisquam..prius ~o deposcit praemia cursu..? Prop. 2.25.25; bello ~o repente omisso Liv.8.12.9; castra..in quae ~a uictoria sicut pristino die uos recipiatis 9.23.11; sacra ~a relinquunt Ov.*Met.*6.202; faciet..te asperum paenitentia operis ~i Sen.*Dial.*5.7.2; V.Fl.3.117. **b** cum imperamus, natura quod ~a uerba solum habent,..fiunt terna, ut lege legito legat Var.*L.*9.101 ab (specie) ~i et perfecti, emo edo, emi edi 10.33.

infectus[2] ~ūs, *m.* [INFICIO+-TVS[3]] The action of dyeing.

de reliquarum (lanarum) ~u suis locis dicemus Plin.*Nat.* 8.193.

infēcundē, *adv.* [INFECVNDVS+-E] Sparingly, ungenerously.

qui ~ atque ieiune laudat Gel.19.3.2.

infēcunditās ~ātis, *f.* [next+-TAS] Lack of fertility, barrenness: **a** (of plants and animals). **b** (of land); also, a barren period.

a cum (apes) fetum..non eduxere morbo aut..~ate naturali Plin.*Nat.*11.50; quae infelicia propter ~atem uocamus Apul.*Mun.*36. **b** agrorum ~atem Col.1.pr.1; nec nunc ~ate laboratur (Italia) Tac.*Ann.*12.43;—cum per omnem prouinciam ~ate bienni proximi graue pretium fructibus esset Sal.*Hist.*3.46.

infēcundus ~a ~um, *a. compar.* ~ior. [IN-[2]+FECVNDVS] Infertile, unfruitful: **a** (of plants). **b** (of animals; also transf., of places). **c** (of land, soil, or sim.).

a sponte sua quae se tollunt in luminis oras, ~a..surgunt Verg.*G.*2.48; potest..etiam naturaliter ~a uitis semel exuberare Col.3.6.4; arbor ~a et infelix Apul.*Apol.*23; (*neut. pl. as. sb.*) ~a firmiora fertilibus (*sc. trees*) Plin.*Nat.*16.211. **b** pinnatorum..~a sunt quae aduncos habent ungues Plin.*Nat.*10.143; (*cf.*) (oua) uetera..~a 10.151; (*transf.*) uiduo..sola cubili otia tam pulchrae terit ~a iuuentae Stat. *Silv.*3.5.61;—(*of places*) ne litora quidem ~a sunt, purpura et murice..clarissima Mela 3.104; non fortibus illa (*sc.* Tiryns) ~a uiris Stat.*Theb.*4.148. **c** ager frugum fertilis, bonus pecori, arbori ~us Sal.*Jug.*17.5; ~ior materia mixta pinguiori Col.2.4.7; sabulum album in Ticiniensi..~um est Plin.*Nat.*17.25; (*cf.*) qui..~ae..pudenda naturae deserta domas Stat.*Silv.*3.1.167;—(*in fig. phr.*) ingenium fregere meum mala, cuius et ante fons ~us..fuit Ov.*Tr.*3.14.34.

infēlīcitās ~ātis, *f.* [INFELIX+-TAS]

1 Misfortune, ill luck; also, an instance of this.

quid hoc, malum, ~atis? Ter.*Ad.*544; mitto de amissa maxima parte exercitus; sit hoc ~atis tuae Cic.*Pis.*47; *B.Alex.*43.4; siue culpa siue ~ate imperatorum..clades accepta esset Liv.5.9.1; mori uolui taedio abdicationum et ~atis adsiduae Sen.*Con.*7.3.7; Flor.*Epit.*1.22(2.6.53);—summam ~atum suarum Sen.*Con.*exc.8.4; si cui utrumque defuerit..sed haec rara ~as erit Quint.*Inst.*11.2.49.

2 Unhappy condition, wretchedness.

aliquando me referre gratiam non patitur mea ~as Sen. *Ben.*4.40.1; ille ipsa ~ate distorti corporis placet Quint. *Decl.*298(p.178,l.24); sin..in saeuissimo furore muliere constituta maritus..spernit..~atem uxoris Ulp.*dig.*24.3.22.8.

3 Lack of success; (of style) infelicity.

neque..tanta est ~as haruspicum ut ne casu quidem umquam fiat quod futurum illi esse dixerint Cic.*Div.*2.62; beneficii tui tibi etiam ~as placeat; semper illum (*sc.* ingratum) paenitebit Sen.*Ben.*7.26.2; qui..homines fugit, quem cupiditatum suarum ~as relegauit *Ep.*55.5;—abominanda..haec ~as erat, quae..cursum dicendi refrenat Quint.*Inst.*8.pr.27.

infēlīciter, *adv. compar.* ~ius. [INFELIX+-TER[2]]

1 Without good luck, unfortunately.

fit mi obuiam.—incommode hercle.—immo enimuero ~iter Ter.*Eu.*329; ~iter incidit, ut talem ciuem amitteremus Liv.38.49.9; ita non ~ius supersunt (*sc. maimed children*) quam perituri fuerant? Sen.*Con.*10.4.3; ~iter nupsi Quint.*Decl.*306(p.200,l.18).

2 Without success.

ob rem totiens ~iter temptatam Liv.1.45.3; proelio per diem totum ~iter tolerato 27.13.1; (beneficio) ~iter dato Sen.*Ben.*4.15.4; (bellum) diu praue simul et ~iter administratum est Asc.*Corn.*60.

infēlīcō ~āre, *tr.* [next+-O[3]] To bring bad luck on, make unfortunate (used only in imprecations).

di inmortales te ~ent, ut tu es gradibus grandibus! Pl. *Epid.*12; *Mer.*436; *Poen.*449; Hercules istum ~et cum sua licentia! *Rud.*1225; ut te di omnes ~ent (infelicitent *codd.*) cum male monita memoria! Caecil.*com.*114.

infēlix ~īcis, *a. compar.* ~īcior, *superl.* ~īcissimus. [IN-[2]+FELIX] Forms: abl. sg. *infelice* Catul.68.99.

1 (of plants, soil) Yielding nothing useful, unproductive.

~ix lolium et steriles nascuntur auenae Verg.*Ecl.*5.37; *G.*1.154; ~is superat foliis oleaster amaris 2.314; ~icis soli uitia Sen.*Dial.*12.7.4; *Ep.*81.1; Plin.*Nat.*22.160; quae (*sc. trees*) ~icia propter infecunditatem uocamus tamen utilia sunt alio pacto Apul.*Mun.*36; (*w. dat.*) frugibus ~ix ea (*sc.* salsa tellus) nec mansuescit arando Verg.*G.*2.239.

2 (often w. dat. of disadvantage) That is a cause of misfortune, disastrous, unlucky, or sim. **b** announcing or portending misfortune, inauspicious. **c** *arbor ~ix,* an unlucky tree, i.e. one consecrated to the gods of the underworld (Macr.3.20.3), on which in primitive law condemned criminals were hung (cf. sense 1); *lignum ~ix,* the wood of such a tree.

segetem ne defrudet (uilicus): nam id ~ix est Cato *Agr.* 5.4; Scipiadae..obiciebat Asellus lustrum illo censore malum ~ixque fuisse Lucil.395; fama adulescentis paululum haesit ad metas notitia noua eius mulieris et ~ici uicinitate Cic.*Cael.*75; te imperatore ~icissimo et taeterrimo..ciuitas libera..spoliata..est *Prov.*7; ad illam curiam furiis potius suis quam rei publicae ~icem congregabant *Phil.*14.15; Inuidia ~ix Verg.*G.*3.37; ~ix Aquilo..quae spolia ex illo tanta fuere tibi? Prop.3.7.13; scelus Appi, puellae ~icem formam..deplorant Liv.3.48.7; temeritatem, praeterquam quod stulta sit, ~icem..fuisse 22.38.12; quid mihi uobiscum est, ~ix cura, libelli..? Ov *Tr.*2.1; ~icem linguam bonorum exercete conuicio Sen. *Dial.*7.20.6; mater ~ix meis [Sen.]*Oct.*645; duo de tenera puerilia corpora turba,..saeuos et ~ix..peremit (leo) Mart.2.75.7;—(*as a term of abuse*) itan es paratu' facere me aduorsum omnia, ~ix? Ter.*Ph.*428; ecquid, ~ix, recordaris quid responderis? Cic.*Pis.*78; Sil.11.550. **b** ~ix littera theta Enn.*Ann.*625; monstrum ~ix (*i.e. the Trojan Horse*) sacrata sistimus arce Verg.*A.*2.245; hinc totam ~ix uulgatur fama per urbem 12.608; ~ix urgeat ossa lapis Tib. 1.4.60; ~ici uia, dextro iano portae Carmentalis, profecti Liv.2.49.8; ~ix regio (*sc.* caeli) rebusque inimica futuris Man.2.865; ~ix..nauigaturis omen Sen.*Con.*7.1.4;—(*of a person*) Celaeno, ~ix uates Verg.*A.*3.246. **c** caput obnubito, arbori ~ici suspendito *law* in Cic.*Rab.Perd.*13; Liv.1.26.6; (arbores) ~ices autem existimantur damnataeque religione, quae neque seruntur..neque fructum ferunt Plin.*Nat.*16.108; 24.68; (*cf.*) adactus ad illud ~ix lignum (*i.e. the cross*) Sen.*Ep.*101.14;—Clodi cruentum cadauer ..~icissimis lignis semiustilatum..reliquisti Cic.*Mil.*33; Catul.36.8.

3 Ill-fated, unfortunate, unlucky, unhappy. **b** (applied pityingly to a foolish or misguided person).

ut illum di inmortales..perduint, quem propter hodie auri tantum perdidi ~ix, miser Pl.*Aul.*786; homo sum ~ix: primum fratrem nusquam inuenio gentium; praeterea.. Ter.*Ad.*540; cuius..sic fortuna cum improbitate certauit ut nemo posset utrum proteruior an ~icior iudicare Cic. *Prov.*8; Troilus..~ix puer atque impar congressus Achilli Verg.*A.*1.475; finem aduentabant, leui cum sanguine Nisus labitur ~ix 5.329; o gens ~ix, cui te exitio Fortuna reseruat? 5.625; Verginio deprecante ne ~icior domi quam militiae esset Liv.5.12.1; natus es ~ix, ita di uoluere Ov.*Ib.* 207; Phaed.4.1.1; stetit ordine certo ~ix acies Luc.7.217; mansit..Celso uelut fataliter etiam pro Othone fides integra et ~ix Tac.*Hist.*1.71; (Cremona) bellis externis intacta, ciuilibus ~ix 3.34; quin cuncta ~icis domus mala patefierent *Ann.*13.14; (*transf.*) ubi ~ici dextera et suo ictu mortem inuenerit 1.61; o ~ix uterum tuum, Pudentilla,..! Apul. *Apol.*85; (*as sb.*) infantia..qualem plerumque ~ices (*i.e. those who die young*) sortiuntur Stat.*Silv.*2.pr.;—(*w. gen.*) fumabat..incensa Petilia..~ix fidei Sil.12.432. **b** sed ego—sumne ~ix qui non curro curriculo domum? Pl.*Mos.* 362; *Rud.*585; o genus ~ix humanum, talia diuis cum tribuit facta..! Lucr.5.1194; ~ix, quae tanta animum dementia cepit? Verg.*A.*5.465; Phaed.2.8.6; ~ices, ecquid intellegitis maiorem uos famem habere quam uentrem? Sen.*Ep.*89.22.

4 (without ref. to past events) That is in an unhappy state, wretched, miserable. **b** (of conditions, activities, etc.) attended by, or associated with, misery, wretched.

(*of persons*) torqueor ~ix, ut iam illum Mucianum exitum exoptem Cic.*Att.*9.12.1; ~ix simulacrum atque ipsius umbra Creusae uisa mihi ante oculos Verg.*A.*2.772; ~ix animi Phoenissa 4.529; hac arat ~ix, hac tenet arma manu Ov.*Tr.*5.10.24; mihi uidetur ueternosi et ~icis animi.. saepe indolescere Sen.*Dial.*3.20.3; nec iam ~ix miserandaque (Ide), uerum terror inest lacrimis Stat.*Theb.*3.136; (*w. gen.*) ~ix culpae grandique pudore turbatus consul Sil. 10.630;—(*of things*) aeger et ~icis ualetudinis Sen.*Dial.* 4.25.1. **b** uictum ~icem, bacas lapidosaque corna, dant rami Verg.*A.*3.649; ~ix senecta Liv.2.40.6; quid solus agam, quaque ~icia perdam otia materia..? Ov.*Pont.*4.2. 39; ~ix status Sen.*Her.O.*356; funereas..pyras..texunt, officium ~ix Sil.10.536; ~ix illa uerborum cauillatio Quint. *Inst.*10.7.14; ~ix paupertas Juv.3.152; (*of a place*) spelunca ..~ix domus et sonitu tremibunda profundi V.Fl.4.180;—(*cf.*) uile cadauer, accipit ~ix (*i.e. a pauper's*) qualia mille rogus Mart.8.75.10.

5 Unfortunate in respect of a particular activity, unsuccessful; (of actions, policies, etc.) having an unhappy issue, unprosperous. **b** (w. ref. to artistic or literary style) infelicitous.

si..arma felix teneat ~ix paret, nihil relinquent bella Sen.*Her.F.*364; (*w. gen.*) labitur ~ix studiorum..uictor equus Verg.*G.*3.498; extulerat..comminus ensem Mincius, ~ix ausi Sil.9.627;—(*of actions, etc.*) o prima ~ix fingenti terra Prometheo! Prop.3.5.7; animos inde Samnitibus non ~ix audacia auxit Liv.10.33.7; exiguas..~icis expeditionis reliquias ad castra uenientes cernunt 27.27.10; ~ici proelio suorum animos territos esse cognouerat Curt.4.1.32; inuenit aemulos etiam ~ix nequitia: quid si floreat..? Tac. *Hist.*4.42. **b** faber..mollis imitabitur aere capillos, ~ix operis summa Hor.*Ars* 34; placuit sibi in hac explicatione una et ~ici (Cestius) Sen.*Con.*7.1.27; Tuscus.., homo ..~icis ingenii, cum hanc suasoriam declamaret, dixit.. *Suas.*2.22.

infensē, *adv. compar.* ~ius. [INFENSVS+-E] In a violently hostile manner, savagely, aggressively.

quis..Isocrati est aduersatus ~ius (*sc. than Aristotle*)? Cic.*Orat.*172; ~ius hostes pro uallo pugnabant Liv.34.15.5; Tiberius etsi ~e inuectus cetera ambigua reliquerat Tac. *Ann.*5.3; 11.16.

infensō ~āre ~āuī ~ātum, *tr.* [next+-O[3]] To act in a hostile manner towards, assail, molest, or sim.

Pharasmanes..adequitare castris, ~are pabula Tac.*Ann.* 6.34; non furtim iam sed palam bello ~are Armeniam 13.37; (*ellipt.*) ut quasi ~antibus deis exitio tradi crederetur (*sc. Artaxata*) 13.41.

infensus ~a ~um, *a. compar.* ~ior. [IN-[1]+pple. of **fendo* 'strike' (see DEFENDO); orig. sense app. 'rushing against']

1 (of troops) Acting in an aggressive manner, ready for the attack (often used advl.). **b** (of weapons) hostile, threatening.

Numidae..~i adesse atque instare Sal.*Jug.*50.4; 57.3. nunc terga fuga nudant, nunc spicula uertunt ~i Verg.*A.*5. 587; Threissa sagittam deprompsit pharetra cornuque ~a tetendit 11.859; illuc pergit, non ~o exercitu ne spem ueniae auferret Tac.*Ann.*14.23; 15.9; (*cf., w. dat.*) statuerat..ex Syria petere Africam, Carthagini ~us Curt.10.1.17;—(*of natural forces*) procellae ~ae frangere malum, ruere antemnas, scindere uela Pl.*Trin.*836;—(*transf.*) ne rursus conglobarentur ~aque et infida pax non..requiem permitteret Tac.*Ann.*12.31. **b** fraxinus fixa ferox ~a infunditur ossis Acc.*poet.*4; ceu..turba leonem cum telis premit ~is Verg.*A.*9.793; Mago procul ~am contenderat hastam (Aeneas) 10.521; ~os utero mihi contuor ensis Stat.*Ach.* 1.131; (*cf.*) ~um ui corripit ignem sublataque procul dextra conixa coruscat Verg.*A.*5.641.

2 Relentless in one's enmity, bitterly hostile. **b** (of things) opposed to a person's interests, harmful, adverse, etc.

me ~us seruat nequam faciam..fallaciam Ter.*An.*212; quod eos ~o animo atque inimico uenisse dicatis Cic.*Ver.* 2.149; mentes improborum mihi uni maxime sunt ~ae et aduersae *Sul.*29; cui..ipsi Dardanidae ~i poenas cum sanguine poscunt Verg.*A.*2.72; defendente ipso (*sc.* Fabio) quos ceperat armis, aliis ~is Liv.27.25.1; quid tantum ~a repente numina? V.Fl.5.37;—(*w. dat.*) nec tam fuit hominum generi ~a atque inimica natura Cic.*Tusc.*4.58; ~a Etruria Turno Verg.*A.*12.232; Aegyptii olim Persarum opibus ~i Curt.4.7.1; ~us uirtutibus princeps Tac.*Ag.*41.1; Suet.*Tib.*52.1;—(*w.* in+*acc.*) ~ioribus in se quam in illum iudicibus Liv.39.6.5;—(*of activities*) inter Agrippinam et Domitiam ~a aemulatio exercebatur Tac.*Ann.*13.19;—(*masc. as sb.*) infecta sanguine castra, flumina, meque precariam animam inter ~os trahere 1.42; amicos ex ~is reddidisse Apul.*Fl.*6. **b** quanto..maiore libertatis imagine tegebantur, tanto eruptura ad ~ius seruitium Tac.*Ann.* 1.81; nisi prauitas tam ~a docentium arceatur, eruptura in publicam perniciem 12.41; quasi ualetudine ~a..domi attineretur 14.56; ne memoria tantum ~i nominis ad discordias uteretur (Cassius) 16.7; (*w. dat.*) munitiones idoneis locis imponens, dux ipse arta et ~a hostibus cuncta fecerat 3.74.

3 Savagely angry, furious.

rex simul ira ~us periculoque conterritus Liv.2.12.12; repente strepitus ante curiam..auditur et ipse ~us aderat 8.33.4; Romanis merito tunc propter defectionem ~is 36.14.9; dictis ~us amaris prosequitur uictos Stat.*Theb.* 2.660; ~us miles..se quisque ultione et sanguine explebant Tac.*Ann.*4.25; aliquando sexum egressa uoce ~a clamitabat 16.10;—(*w. dat.*) huic ~i milites erant, quod semper aduersatus nouis consiliis fuisset Liv.7.41.6; 8.15.5; ~us.. morae dilata ob proelia ductor Sil.9.24; ipse diuersa simulatione maestus et quasi incolumitati suae ~us Tac.*Ann.* 14.10.

infer: see INFERVS.

inferā: see INFRA.

inferciō ~cīre ~sī ~ctum, *tr.* Also **infarciō.** [IN-[1]+FARCIO] To insert by cramming, stuff in. **b** (w. abl.) to stuff or cram (with).

ranarum..cinerem, si per nares fluat (sanguis), ~ciendum PLIN.*Nat.*32.122; parietes, quos appellant formaceos, quoniam in forma circumdatis II utrimque tabulis ~ciuntur uerius quam struuntur 35.169;—(*w.* in+*acc.*) in eas partes quibus ossa relicta sunt largum salem infarcito COL.12.55.2; tertium genus (polygoni)..densis geniculis et in se infarctis PLIN.*Nat.*27.115;—(*transf.*) ut..~ciens uerba quasi rimas expleat CIC.*Orat.*231; FRO.*Aur.*1.p.40(211N). **b** bratteas ~cire leuiore materia PLIN.*Nat.*33.25.

inferī ~ōrum, *m. pl.* [INFERVS] ORTHOG.: *eimferis CIL* 15.6265. FORMS: gen. pl. often also *inferum*. The inhabitants of the underworld (both the dead and the infernal deities). **b** (meton.) the regions of the dead, the underworld.

di quibus est potestas motus superum atque ~um ENN.*scen.*342; coniugem macto ~is PAC.*trag.*289; ut existimemus illum ad ~os impiorum supplicia perferre CIC.*Clu.*171; ~orum animas elicere *Vat.*14; si qui etiam ~is sensus est *Fam.*4.5.6; caelestium ~orum iras LIV.10.28.16; si exsistat hodie ab ~is Lycurgus 39.37.3; ut..dicam uanos esse ~orum metus SEN.*Ep.*24.18; Augilae ~os tantum colunt PLIN.*Nat.*5.45; dicunt..synochitide teneri umbras ~um euocatas 37.192; QUINT.*Inst.*9.2.31; Phlegethontis amnis, quem poetae ciunt in fabulis ~orum APUL.*Mun.*17; ET SVPEROS ET ~OS IRATOS HABEAT *CIL* 6.36537;—(*humorously, of people at the bottom of a well*) si..deorsum comedent si quid coxerint, superi incenati sunt et cenati ~i PL.*Aul.*368. **b** ~um uastos specus ENN.*scen.*193; ubi rigida constat crassa caligo ~um *Inc.trag.*75; quod terra genuit, pontus aer ~i SEN.*Her.O.*15; ~um claustra APUL.*Met.*11.21.

inferiae ~ārum, *f. pl.* [INFERIVS[2], but influenced by association w. prec.] Offerings (of wine, honey, flowers, etc.) made to a dead person's *manes*, or to the dead collectively. **b** rites in honour of the dead. **c** (app.) a tomb, sepulchre.

tertius (Hercules) est ex Idaeis Digitis, cui ~as adferunt CIC.*N.D.*3.42; nigras mactant pecudes et manibus diuis ~as mittunt LUCR.3.52; sit qui..absenti ferat ~as decoretque sepulcro VERG.*A.*9.215; ~as tacitis manibus illa dabunt (Lemuria) OV.*Fast.*5.422; datae gemitu et fletu maximo uiro ~ae SEN.*Suas.*6.21; ut destinata morte in proelium ruerent, cum se prius epulis quasi ~is impleuissent FLOR.*Epit.*1.34(2.18.12); SUET.*Vit.*11.2;—(*as pred.*) ~as Orphei Lethaea papauera mittes VERG.*G.*4.545; quattuor hic iuuenes ..iuuentis rapit, ~as quos immolet umbris *A.*10.519; nisi..diu debitas ~as Gallicis bustis duces Romanos persolueri (hostis) SEN.*Ben.*5.16.1; SIL.4.232;—(*poet.*) cruor (*i.e. of Phaedra*)..sancto soluit ~as uiro (*i.e. Hippolytus*) SEN.*Phaed.*1198; quas fati certus sibi morte canora ~as praemittit olor STAT.*Silv.*5.3.81. **b** aduenio has miseras, frater, ad ~as CATUL.101.2; cuius ab ~is culter abesse solet OV.*Ib.*450; quod extructis..aris ~as Neroni fecisset TAC.*Hist.*2.95; ~as..annua religione publice instituit SUET.*Cal.*15.1. **c** TV QVI SECVRA SPATIARVS (= spatiaris) MENTE VIATOR ET NOSTRI VOLTVS DERIGIS (= dirigis) ~EIS *CIL* 1.1732.2; FLEBILIS ET MISERE RAPTVS AD ~AS 6.14786.4.

inferiālis ~is ~e, *a.* [prec.+-ALIS] Pertaining to the rites of the dead.

officiis ~ibus statim exactis APUL.*Met.*8.7.

inferior ~ior ~ius, *compar. a.* [INFERVS+-IOR]

1 Lower in position. **b** further downstream; (of a district) nearer the sea or ocean, further from the interior. **c** further below the surface. **d** (of heavenly bodies) more southerly or nearer the sun. **e** (of position at table) further to the right (from the point of view of those eating). **f** of lesser upward extent, shorter. **g** (of sounds) lower in pitch.

replicato in ~iorem partem cupae omnis quattuor lamminas CATO *Agr.*21.2; in ~iorem locum de superiore motus CIC.*Caec.*50; ~iorem aedium partem *Dom.*116; CAES.*Gal.*7.35.5; ex ~iore loco ad tribunal accessit LIV.8.32.2; suberat et altera ~ior summissa fastigio planities 27.18.6; ut..uites arboribus adplicitae ~iores prius adprendendo ramos in cacumina euadunt QUINT.*Inst.*1.2.26; pars togae, quae postea inponitur, sit ~ior 11.3.140; (*cf.*) mirabar cur templa mihi tremuisse Dianae nuper et ~ior uultu dea uisa STAT.*Theb.*4.332;—(*neut. as sb.*) ~iora uallis apricos quosdam colles habent LIV.21.37.5; corpora..duo..suo..pondere in ~ius, tellus ad..., feruntur OV.*Met.*15.241; (flammae) cum in summo haesissent, ad ~iora nondum penetrauerant CURT.4.10.12. **b** pertinent (Belgae) ad ~iorem partem fluminis Rheni CAES.*Gal.*1.1.6; 4.17.5; ~iorem..ripam CURT.8.13.23; (aqua) quo ~ior excipitur, minus salubris FRON.*Aq.*92; (*cf.*) duo apud ripam Rheni exercitus erant..~iorem A. Caecina curabat TAC.*Ann.*1.31; ut procederet insula contra frontes uicinorum superioris atque ~ioris PROC.*dig.*41.1.56;—(*of a district*) ~iorem partem insulae (*sc.* Britanniae), quae est propius solis occasum CAES.*Gal.*4.28.2; Africae pars ~ior pleraque ab Numidis possessa est SAL.*Jug.*18.12; Cilbiani ~iores et Superiores PLIN.*Nat.*5.120; ~ioris Germaniae legatus TAC.*Ann.*3.41; SUET.*Vit.*7.1; praesidem prouinciae Mysiae ~ioris ULP.*dig.*49.15.9; (*neut. pl. as sb.*) Aegypti ~iora, quae Chora uocatur PLIN.*Nat.*6.212. **c** siquid et ~ius quam Styga mundus habet OV.*Pont.*4.14.12; cutis..~iori carni quasi adfixa est CELS.5.28.1.A; Africa..conuersa uomeribus et ~iori solo..permixta COL.2.1.6; quibusdam..fontibus summas aquas dulces esse.., ~iores nitrosas PLIN.*Nat.*31.110; (*neut. as sb.*) sub terra uacat locus, omnis autem natura umor ad ~ius et ad inane defertur SEN.*Nat.*3.26.3. **d** uoluitur ~ior Capricorno uersus ad Austrum (Piscis) CIC.*Arat.*412(168); (Phoebus) ~iora petens deiecto sidera cursu MAN.3.371; proximum illi (*sc. Venus*) Mercurii sidus..~iore circulo fertur PLIN.*Nat.*2.39. **e** qui in conuiuiis adulescentulus cum amatore..~ior accubuerit SCIP.min.*orat.*10; discubuere: Sertorius ~ior in medio super eum L. Fabius SAL.*Hist.*3.83. **f** monte nec ~ior prorae..insilit..unda OV.*Tr.*1.4.7;—(*in fig. phrs.*) quotiens steteris (Roma) domito sublimis in orbe, omnia sint humeris ~iora tuis! *Fast.*4.862; nec corpore magno mens erat ~ior SIL.13.221. **g** utendi uoce multiplex ratio..tum elatis tum ~ioribus modis opus est QUINT.*Inst.*11.3.17.

2 (w. ref. to a pair or two sets of things) The lower, the bottom.

~iorem gutturem (*i.e. the anus*) PL.*Aul.*304; orbiculis superioribus octonis, ~ioribus senis citius duces CATO *Agr.*3.6; tantundem abest ~ior (polus) ab eo (circulo) quem ἀνταρκτικὸν uocant astrologi VAR.*L.*9.24; si..~iores..dentes longius quam superiores excedunt CELS.8.12.1; (mugiles) barba..insigniuntur ~iori labro PLIN.*Nat.*9.64; panis etiam crustis ~ioribus subditum (anesum) 20.185.

3 (of a period) Later, more recent; (of persons or things) occurring at a later date. **b** following in order or succession, subsequent.

ab iis ~iore gradu aetatis susceptam agri culturam VAR.*R.*1.2.16; ~ioris autem aetatis erat proximus L. Sisenna CIC.*Brut.*227; *Luc.*73; initium..sumpsit historiae post caedem Caesaris.., sed et transiit ad ~iora tempora coepitque a pace ciuili SUET.*Cl.*41.2;—erant ~iores quam illorum aetas qui loquebantur CIC.*Q.fr.*3.5&6.2; in prioribus tabulis cauemus, ne ~iores tabulae..aperiantur GAIUS *Inst.*2.181; nec superius (testamentum) per ~ius rumpetur ULP.*dig.*29.1.19; (*cf.*) qui temporibus illis aetate ~iores fuerunt CIC.*Brut.*333. **b** cum intercalatur ~iores quinque dies duodecimo demuntur mense (*i.e. February*) VAR.*L.*6.13; illic, in superiore, adiunctio est haec..hoc ~ius non item CIC.*Inv.*2.171; ipsa..ratio conexi cum concesseris superius (*sc. proposition*) cogit ~ius concedere *Luc.*96; par erat ~ior uersus OV.*Am.*1.1.3; Verrius putat..deinde oblitus ~iore capite..ait FEST.p.329M;—(*cf. sense 4*) gradus cognationis alii superioris ordinis sunt, alii ~ioris GAIUS *dig.*38.10.1.

4 Lower in degree: **a** (of rank or condition) inferior; (of persons) lower in rank or status. **b** (of things) less grand or important, more petty; also, not grand enough, too mean, unworthy, degrading.

a noli..eripere hunc ~iori generi hominum fructum offici CIC.*Mur.*71; deteriore..statu ut simus, unus est ~ior gradus aut interitus aut seruitutis *Har.*61; qui propter eximiam uirtutem ex ~ioribus ordinibus in eum locum perueneratt CAES.*Civ.*1.46.4; quae (pactio)..iniussu suo ab ~ioris iuris magistratu facta esset LIV.5.49.2; deum, non quidem ordinarium, sed hunc ~ioris notae SEN.*Ep.*110.1; ad tris iudicum decurias quartam addidit ex ~iore censu SUET.*Aug.*32.3;—id habet hanc uim, ut sit ille in foedere ~ior CIC.*Balb.*35; (*masc. as sb.*) in superiores contumax, in aequos..fastidiosus, in ~iores crudelis *Rhet.Her.*4.52; inuident..homines maxime paribus aut ~ioribus CIC.*de Orat.*2.209; contumacia ~iorum lenitatem imperitantis deminui TAC.*Ann.*16.28; ~iores superiorum se fidei committebant AMP.49.3; (*transf.*) ne astutius uidear posuisse duo genera esse..sola, cum utriusque ~iores species sint plures VAR.*L.*10.13. **b** ut..humanos..casus uirtute ~iores putes CIC.*Amic.*7; (Cicero) uno gradu increuerat, ponendo etiam id esse facinus, quod erat ~ius QUINT.*Inst.*8.4.4; (*neut. pl. as sb.*) haec Boreas aut his non ~iora locutus OV.*Met.*6.702; effugiunt curas ~iora tuas *Tr.*2.218; quia (praeceptores) fastidiant praestare hanc ~ioribus curam QUINT.*Inst.*2.3.4;—istuc fractum, humile,..~ius etiam est quam ut Mediolanensi praecone, auo tuo, dignum esse uideatur CIC.*Pis.*62; tantus orator ~ius id opus ingenio suo duxit SEN.*Con.*4.pr.2; Tiberius atque Augusta publico abstinuere, ~ius maiestate sua rati si palam lamentarentur TAC.*Ann.*3.3; id (*i.e. a slight*)..ille (*sc.* Tiberius) credebatur ut ~ius maiestate principis..abdidisse (*i.e. in his memory*) 3.64.

5 (of persons or things) Of lower quality, less good, strong, able, etc. **b** (w. abl. or *in*+abl.) inferior, worse (in some given respect). **c** proved inferior, worsted. **d** not good enough, inadequate.

(Catulus) erat talis ut, cum quosdam audires qui tum erat praestantes, uideretur esse ~ior CIC.*Brut.*134; hic (*sc.* Empedocles)..et supra quos diximus ~iores LUCR.1.734; ubi (hostis) nostros non esse ~iores intellexit CAES.*Gal.*2.8.2; PROP.1.4.10; ignominiam iudicat gladiator cum ~iore componi SEN.*Dial.*1.3.4; (*cf.*) C. Marius..multa fortiterque molitus neque usquam ~ior..titulis VELL.2.26.1;—quem ad modum causa ~ior—ita enim loquebantur—dicendo fieri superior posset CIC.*Brut.*30; sunt igitur domesticae fortitudines non ~iores militaribus *Off.*1.78; incolumis copias Caesar ~iore militum numero continebat CAES.*Civ.*3.47.3; forsitan ~ius non Hectore nomen haberet OV.*Met.*11.760; nec gloria leti ~ior..admoto occurrere fato LUC.4.480; tertius (annus) et quartus multo ~iora (munera) tulerunt MART.8.71.5; quamuis mea carmina surgant ~iore lyra (*sc. than Virgil's*) STAT.*Theb.*10.446; (*neut. pl. as sb.*) Aeneae sese..heros addiderat socium, non ~iora secutus VERG.*A.*6.170. **b** (*w. abl.*) cum omnibus rebus ~ior sis, hac una in re te mihi anteferri putas oportere, quod quaestor illius fueris CIC.*Div.Caec.*61; scelere par est illi, industria ~ior *Phil.*4.15; usu..armorum et militum robore ~iores eramus *Fam.*6.1.5; erat multo ~ior numero nauium Brutus CAES.*Civ.*1.57.1; cum..semper..~ior copiis superior omnibus proeliis discederet NEP.*Dat.*8.4; ~ior multo cum sim uel matre uel armis PROP.2.8.39; Allobroges, gens..nulla Gallica gente opibus aut fama ~ior LIV.21.31.5; amicitiae uinculum..praeualidum neque..sanguinis uiribus ~ius V.MAX.4.7.intro.; (uitis) uini sapore aliquanto ~ior COL.3.2.13; hydri..nullo serpentium ~iores ueneno PLIN.*Nat.*29.72; TAC.*Ann.*12.33; quoniam ~ior gratia esset pecuniaque polleret SUET.*Jul.*19.1; (*w. dat. of comparison*) uir grauis et nulla arte cuiquam ~ior SAL.*Hist.*2.37;—(*w.* in+*abl.*) P. Orbius..in iure..ciuili non ~ior quam magister fuit CIC.*Brut.*179; *Mur.*43; ne uideatur (Calamis) in hominum effigie ~ior PLIN.*Nat.*34.71. **c** si in causa pari discedere ~ior uideretur CIC.*Quinct.*59; in iuuenali armorum certamine pars nostra non ~ior fuerat LIV.40.14.2; (Caecina) pulsus Placentia,..etiam per concursum exploratorum..~ior TAC.*Hist.*2.24. **d** Arpinatibus honoribus iudicatus ~ior (Marius) quaesturam Romae petere ausus est V.MAX.6.9.14; absumptae uires et copia fandi nulla mihi..~ior uox omnis et omnia sordent uerba STAT.*Silv.*5.5.51.

inferius[1], *compar. adv.* [cf. prec. and INFRA] To or at a lower level, (further) down. **b** to or at a later stage in a narrative or sim.

altius egressus caelestia tecta cremabis (*sc.* Phaethon), ~ terras OV.*Met.*2.137; iaculum..~, qua (*v.l.* quam) collo pectora subsunt, Cyllare, te fixit 12.420; quia graues sunt cometae), ~ deferuntur SEN.*Nat.*7.29.3; ARA, QVAE EST ~, DEDICATA EST AB IMP CAESARE DOMITIANO *CIL* 6.826.4; (*in fig. phr.*) uirtutem non flamma, non ruina ~ adducet SEN.*Ep.*79.10;—(*transf., w. ref. to a scale of charges*) ~ numquid potuit descendere (Galla)? fecit. dat gratis MART.10.75.13; (*w. ref. to a musical scale*) attollitur (uox)..concitatis adfectibus, compositis descendit pro utriusque rei modo altius uel ~ QUINT.*Inst.*11.3.65. **b** persequar ~, modo si licet ordine ferri OV.*Tr.*2.263; qui tutor fiduciarius dicitur, sicut ~ apparebit GAIUS *Inst.*1.115.

inferius[2] ~a ~um, *a.* [app. INFERO+-IVS; for formation cf. *arferia*] N.B.: see also INFERIAE. Used in offerings, sacrificial.

Iuppiter dapalis, macte istace dape pollucenda esto, macte uino ~o esto CATO*Agr.*132.2; TREB.*iur.*9; PAUL.*Fest.*p.113M.

infernās ~ātis, *a.* [INFERNVS+-AS[1]] Belonging to the country lying towards the *mare inferum* or Tuscan Sea (as opp. to that facing the Adriatic).

(*of trees*) quae ~as (dicitur abies), egregios in aedificiis ad diuturnitatem praestat usus VITR.2.9.17; ~ates (*sc.* arbores), quod ex apricis locis adportantur, meliores sunt 2.10.2; PLIN.*Nat.*16.196;—(*of persons*) Carecini Supernates et ~ates 3.106.

inferne, *adv.* [next+-E] PROS.: final syll. short, cf. *superne*. Below, underneath.

nos ~ uidemus quam sint lata (*sc. clouds*) magis quam sursum exstructa quid exstent LUCR.6.187; metuunt ~ cauernas terrai ne dissoluat natura repente 6.597; ne..animas Acheruntis in oras ducere forte deos manis ~ (inferna *codd.*) reamur 6.764.

infernus ~a ~um, *a.* [*infer-* (see INFERVS, INFRA)+-NVS]

1 Situated further down, lower; (neut. pl. as sb.) the lower regions of the body. **b** (astron.) more southerly. **c** underground, subterranean. **d** *mare ~um*, the Tyrrhenian or Tuscan Sea (= *mare inferum*); also, the Propontis (in relation to the Euxine).

diuersis nubila uentis diuersas ire in partes ~a supernis LUCR.5.647; rupes..quot in aethera surgit molibus, ~as totidem demissa sub undas V.FL.1.581; cupidinem atque adpetitus, postremam mentis portionem, ~as abdominis sedes tenere APUL.*Pl.*1.13;—(*neut. pl. as sb.*) profluuium eius (*sc.* sanguinis)..fit..quibusdam per ~a, multis per ora PLIN.*Nat.*11.223; hysopum..purgat cum fico sumptum per ~a 25.136; 26.69; (*cf.*) (Hydra) subiens, ~a Leonis CIC.*Arat.*461(217). **b** hic sese ~is e partibus erigit Hydra CIC.*Arat.*458(214); partis..tempore nocturno quas uis ~a frequentat 517(271). **c** non ipsum (montem) exest aestus, sed in aliqua ~a ualle conceptus exaestuat SEN.*Ep.*79.2; opifices..per quorum manus sterile terrae genus et ~um perpurgatur 94.58; ardor ~us *Nat.*2.26.4. **d** mons inter geminas medius se porrigit undas ~i superique maris LUC.2.400;—Pontus in ~um mare assidue fluit rapidus SEN.*Nat.*4a.2.29.

2 Of the underworld, infernal. **b** like that of the underworld, deathlike. **c** of or belonging to the infernal deities.

deos ~os..caelestis PAC.*trag.*212; ~as animas Acherunte uagari LUCR.3.628; superi ~ique di LIV.24.38.8; Ditis..~as accede domos VERG.*A.*5.732; ~i ianua regis 6.106; ~is..tenebris HOR.*Carm.*4.7.25; cum semel ~as intrarunt funera leges PROP.4.11.3; si non ~as uiuus adisset aquas OV.*Tr.*1.5.20; ~us canis (*i.e. Cerberus*) SEN.*Her.O.*460; limen ~i Iouis (*i.e. Pluto*) *Her.F.*47; inpia..~am ruperunt arma quietem LUC.6.781; ~a Ceres (*i.e. Proserpina*) STAT.*Theb.*5.156; ~o mugit iam murmure campus 7.796; ut ~as umbras carminibus eliceret TAC.*Ann.*2.28;—(*transf. ep.*) uim..deum ~am et duri sacraria Ditis VERG.*A.*12.199;—(*masc. pl. as sb.*) PROP.2.1.37; sunt apud ~os tot milia formosarum 2.28.49;—(*neut. pl. as sb.*) ~a tetigit, posset ut supera assequi SEN.*Her.F.*423. **b** ~us somnus ac uere Stygius APUL.*Met.*6.21; in uicem humani coloris succedit pallor ~us 10.10. **c** supplex ~is Hannibal aris..libat..cruorem SIL.2.426.

inferō ~re intulī illātum (inl-), *tr.* [IN-[1]+FERO]

1 To carry or convey into a place. **b** (offerings or sim. into a temple). **c** (refl. or pass.) to come in, enter; so *pedem* (*gressus, gradus*) *~re*.

quae in fundo inlata erunt, pigneri sunto CATO *Agr.*146.2; si aqua, quae influit in agrum, ~re solet (semina) VAR.*R.*1.40.1; cum..triumphos tres in urbem intulerit *S.C.*in Macr.1.12.35; Scipio lecticula in aciem inlatus LIV.24.42.5; moti uoce ministri intulerant lumen OV.*Met.*11.680; Cleopatra frustratis custodibus inlata aspide..spiritum reddidit VELL.2.87.1; quae domum..~untur COL.12.1.5; ~ri mensam secundam iussit PLIN.*Nat.*9.120; fontis..aquarum..collibus deductos urbi intulit TAC.*Ann.*11.13; prandente eo quondam canis..manum humanam intulit SUET.*Ves.*5.4;—(*spec., of taking things in by hand*) quae in praedia urbana inducta illata sunt NERAT.*dig.*20.2.4; (*neut. pl. of pple. as sb.*) ~buntur ULP.*dig.*13.7.11.5. **b** me ~re Veneri uoui iaientaculum Pl.*Cur.*72; numquam ad ciuitatem uenio nisi quom ~tur peplum fr.inc.3; ~imus tepido spumantia cymbia lacte Verg.*A.*3.66; falsis..piacula manibus ~t Ov.*Met.*6.569; V.Fl.3.456. **c** imperator in urbem se intulit Cic.*Pis.*55; (Aeneas) ~t se saeptus nebula..per medios Verg.*A.*1.439; cum se frequenti concilio intulissent Liv.33.16.8; mediis sese arduus ~t ipse deis Stat.*Theb.* 1.201; auem..cum laureo ramulo..curiae se ~entem Suet.*Jul.*81.3; (*w. acc. of place whither*) me nescius forum cupidinis intuli Apul.*Met.*2.2; (*w. pred.*) tu in templum Castoris te..funestum intulisti Cic.*Vat.*31; (*of things*) Epicurus..simulacra..sese in oculos ~re..putat Gel. 5.16.3;—(*pass.*) tandem..reclusis ~tur portis Stat.*Theb.* 1.386; (*w. acc. of place whither*) ut unus..domum..Demochoris inlatus..nobis..praestaret aditus Apul.*Met.*4.14; (*of a river*) quod (*sc.* flumen)..mari Hadriatico ~tur Liv. 44.31.4;—neque meum pedem huc intuli etiam in aedis Pl.*Am.*733; *Men.*819; pedem cum intulero atque in possessione uestigium fecero Cic.*Caec.*39; iubet discedere.. flumina, qua iuuenis gressus ~ret Verg.*G.*4.360; thalamis ~re gradus [Sen.]*Oct.*74.

2 To bring forward (esp. with hostile intent); (mil.) *signa ~re*, to advance, march forward (usu. to the attack). **b** (refl.) to step forward, advance (esp. in a slow or stately manner). **c** (refl. or pass.) to move forward to the attack, charge, or sim.; also *pedem ~re*, *gradum ~re*.

Hirtius ipse aquilam quartae legionis cum ~ret Cic.*Phil.* 14.27; cetera, qua iusso, mecum manus ~at arma Verg.*A.* 11.467; subito aduenere Samnitium legiones tanta ferocia ut uallum usque ad stationem Romanam ~rent Liv.8.38.2; quidam..scalas..~re propugnaculis Tac.*Ann.*4.51;—Catilinam signa patriae ~entem Cic.*Flac.*5; constituerat signa ~entibus resistere, prior proelio non lacessere Caes.*Civ.* 1.82.5; xxx legio signa Cordubam ~t ad auxilium ferendum imperatori suo *B.Alex.*54.2; Nep.*Dat.*6.5; signa ~entem Volscum munimentis uidit Liv.2.59.2; milites ad ~enda in hostes signa..hortabantur 30.18.2; aduersus laeuum cornu ..cum maiore fiducia intulerunt signa 40.32.4; Sen.*Suas.* 1.14. **b** uiden tu ignauom ut sese ~t? Pl.*Mil.*1045; subnixis alis me ~am atque amicibor gloriose *Per.*307; ut magnufice ~t sese! *Ps.*911; qua sese..Scorpios ~t Cic.*Arat.* 452(208);—(*w. pred.*) ~t se socium Aeneas atque agmina iungit Verg.*A.*4.142; (Iris) fit Beroe..ac sic Dardanidum mediam se matribus ~t 5.622. **c** (*refl.*) in eis regionibus quo se Catilina ~ebat Cic.*Sul.*53; cum in ipsos armatos se intulissent Liv.7.17.5; (taurus) bis fulmineis se flatibus ~t V.Fl.7.583; barbari perfringere stationes seque ~re munitoribus nisi lacessunt, circumgrediuntur Tac.*Ann.*1.64;—(*pass.*) duae (naues)..cum ~rentur Liv.36.44.8; pedestris acies ~tur Tac.*Ann.*2.17; (*in fig. phr.*) infestis prope signis ~untur Galli in M. Fonteium Cic.*Font.*44; (*transf., of a river*) Tiberis infestiore..impetu illatus urbi Liv.35.21.5; (*of a blight*) rubigo ~tur aratris Catul.64.62;—~unt pedem et primum gradu mouerunt hostem Liv.7.8.3; cum..legiones Romanae redintegrato clamore intulissent gradum 9.40.13; 10.33.4; 35.1.9; tutissimum est ~re, cum timeas, gradum Sen.*Phaed.*722;—(*cf.*) leo..aduersis ~t sua pectora telis Ov.*Hal.*54; faciem pugnae uoltusque ~te minaces Luc. 4.164.

3 To cause to go rapidly, impel; also, to urge to the attack. **b** (refl. or pass.) to rush in or on.

~t pauidos fuga in mediam caedem Liv.4.33.11; incensis ..nauibus hostium, quas trepidatio in uada intulerat 10.2.13; in arborem inlatus impetu equi 27.33.2; ne aut inter se concurrerent naues aut terrae ~rentur 29.27.11; (spiritus) eam..partem terrae mouet, in quam coactas aquas intulit Sen.*Nat.*6.20.4; Scipio, qua medius pugnae uorat agmina uertex, ~t cornipedem Sil.4.231; rapidis illatus aquis.. equus 4.596;—Arcadas insuetos acies ~re pedestris Verg. *A.*10.364; Luc.3.498; ratus..sua posci proelia, falcatos ~t Ariasmenus axes V.Fl.6.387; Seruilius..Picentes Vmbrosque ~re iubetur Sil.9.273; simul utrumque exercitum ..Frisiis intulit Tac.*Ann.*4.73. **b** Sabinae mulieres.. scissa..ueste..ausae se inter tela uolantia ~re Liv.1.13.1; in insidias temere inlati 22.31.4; (legati) per Apuliam petentes Capuam media in praesidia Romana inlati sunt 23.33.5; transfixum se gladio flammae intulit Vell.2.74.4; —(*fig.*) si..fortuna..praecidet agendi facultatem,..parcius se ~at officiis Sen.*Dial.*9.4.2.

4 To put, throw, thrust, etc., in or on, insert, etc. **b** *manus ~re* (w. dat.), to lay hands (on); *ignem* (*faces*, etc.) *~re* (w. dat.), to set fire (to).

ante lucem ad aedem..uenimus, primae ut ~remus ignem in aram Pl.*Poen.*319; si iam perfecto corpore nobis ~ri solitast animi uiuata potestas Lucr.3.680; omnia.. quae uiuis cordi fuisse arbitrantur in ignem ~unt Caes.*Gal.* 6.19.4; ~t (*sc. a lump of dough*) inde foco *Mor.*50; tela.. quae inlata corporibus intus haeserunt Cels.7.5.1.a; insignia Magni..funesto..intulit igni Luc.9.178; lacum.. omnia inlata pondera sustinentem Plin.*Nat.*6.127; calciamenta inlata mortuis lapidea fieri 36.131; prima Hecate.. harpen intulit et ualidas scopulis effodit aristas V.Fl.7.365; semina aruis intulerant Tac.*Ann.*13.54; totum caput ~ens salutares..illas aquas hauriebam Apul.*Met.*9.4; (*poet.*) (Auster) inlato confregit litore pontum Luc.9.323. **b** Icarus, in quem intulit armatas ebria turba manus Ov.*Ib.*610; V.Max.3.6.1; ipsum sibi manus intulisse nuntio pugnae perterritum Suet.*Cal.*51.3; Ulp.*dig.*3.2.11.3;—ignes..aggeri et turribus ~ebantur Caes.*Civ.*2.2.6; uicis..inlatus ignis Liv.10.12.8; Sen.*Ep.*94.61; Tarpeis ~s incendia tectis Sil.4.784; classi..faces intulit Tac.*Hist.*3.47.

5 To bury (a corpse), inter.

ex testamento in hoc monvmento neminem ~ri neqve condi licet *CIL* 1.1212.6; 1.1813.6; uti..pedes xxx quoquo uersus adsignet quo Ser. Sulpicius ~atur Cic.*Phil.* 9.17; *Leg.*2.55; cuius mortui corpus cum eodem nonnulli dicerent ~ri oportere Nep.*Paus.*5.5; dies quo reliquiae tumulo Augusti ~ebantur Tac.*Ann.*3.4; Iulias filiam neptemque..uetuit sepulcro suo ~ri Suet.*Aug.*101.3; religiosum..facimus mortuum ~entes in locum nostrum Gaius *Inst.*2.6; Ulp.*dig.*47.12.3.3; *CIL* 5.1345.

6 To bring in as a new feature, introduce; (esp.) to bring in from abroad, import.

nonne fuit..adhibenda medicina quae et illud natiuum et hoc inlatum malum sanare posset? Cic.*Dom.*12; ignem fraude mala gentibus intulit Hor.*Carm.*1.3.28; Volusio uetus familia neque tamen praeturam egressa: ipse (*sc.* L. Volusius) consultum intulit Tac.*Ann.*3.30;—(Neruios) nihil pati uini..~ri Caes.*Gal.*2.15.4; dum conderet urbem ~retque deos Latio Verg.*A.*1.6; 8.12; (Cyrenis) mutae fuere ranae; inlatis e continente uocalibus durat genus earum Plin.*Nat.*8.227; haec (*sc.* pistacia)..idem Vitellius in Italiam primus intulit 15.91; scientiam..haruspicum accitam et Cilicem Tamiram intulisse Tac.*Hist.*2.3; prima peregrinos..pecunia mores intulit Juv.6.299; Suet.*Gram.*2(p. 100Re); (*cf.*) aurum et opes suas ~ant potius quam separati habeant (Galli) Tac.*Ann.*11.24.

7 a To pay (money, esp. to some central fund). **b** to enter (a name, figure, etc., in a document); (w. dat. of person) to charge as an expense (to).

a cum maiores nostri..si difficilior possessor in parte uendunda fuerat, pro toto agro pecuniam intulerint Fron. *Aq.*128; ne remotioris quidem..adfinitatis gradus..uicesimam ut prius ~re cogentur Plin.*Pan.*39.5; qvi primvs pretivm pvteo fecerit et sestertia qvatvor milia nvmmvm fisco intvlerit *Lex Vip.*7(*Font.iur.*p.294); qui.. pecuniam ob decurionatum intulerit Fro.*Amic.*2.p.178 (194N); non prius, quam emptori pretium esset illatum Scaev.*dig.*18.5.9; (*in fig. phr.*) nec minore fide..tributum nobis intulerunt Lysimachus et Eubulus (*i.e. as sources*) Col.1.1.11. **b** falsas rationes ~re et in tabulas quodcumque commodum est referre Cic.*Flac.*20; cum (nepos).. nomen testatas intulit (*i.e. has had his name entered*) in tabulas Catul.68.122; nec conditum (frumentum) cum fide rationibus ~unt Col.1.7.7; quicunque mihi fundi empti fuerint..in rationes meas ~ri uetuo Petr.53.8; Julian. *dig.*34.3.12;—pecuniam..celauit suos ciuis ultroque eis sumptum intulit Cic.*Flac.*45.

8 To bring forward (a statement, argument, topic, etc.), advance, adduce, or sim.; to prefer (an accusation or charge). **b** to bring in afterwards, append, subjoin.

firmam..oportet ~re argumentationem *Rhet.Her.*3.18; casus..~etur in concessionem Cic.*Inv.*2.96; in re seuera.. delicatum..inferre sermonem *Off.*1.144; alius alia causa inlata..petebat ut..discedere liceret Caes.*Gal.*1.39.3; cum de loco..controuersia ~retur *Civ.*1.86.2; mentio inlata apud senatum est rem..suo proprio magistratu egere Liv. 4.8.4; tribuni plebi certamen intulerunt ut pars quaestorum ..ex plebe fieret 4.43.4; cum aliquot res aduersario concedimus, deinde aliquid ~imus, quod..omnia quae posuimus infirmet Rut.Lup.1.19; ~enda est alia quaestio Quint. *Inst.*6.4.20; cum..initio res, de qua agitur,..designetur, deinde ~atur iuris intentio his uerbis Gaius *Inst.*4.60; uersum..~t Homeri, in quo id uerbum est Gel.16.12.2;—accusatoris officium est ~re crimina *Rhet.Her.*4.47; cum.. aliis proditionis crimen ~ret Cic.*Ver.*5.106; si qua in eum lis capitis inlata est *Clu.*116; si..poenarias actiones ~emus Quint.*Inst.*4.3.9; (*cf.*) eius intentio facti, quod ab aduersario ~tur, in alium..demouetur Cic.*Inv.*2.86. **b** eiusmodi licentia (*i.e. frank speaking*)..multis mitigationibus lenietur; nam continuo aliquid huiusmodi licebit ~re: 'hic ego uirtutem uestram quaero..' *Rhet.Her.*4.49; id accidit aut praeposito uerbo, ad quod reliqua respiciant..aut inlato, quo plura cluduntur Quint.*Inst.*9.3.62.

9 (usu. w. dat.) To impose, cause, inflict (injury, death, disgrace, delay, etc.); (of things) to bring on, induce (some condition, usu. unpleasant). **b** to inspire (fear or other emotions). **c** *bellum ~re*, to make war (on); so *arma ~re*. **d** to bestow (care, attention).

Romanos ~endae pernicii causa uenisse Sis.*hist.*128; iniuriis in socios nostros ~endis Cic.*Sest.*58; cum ui uis inlata defenditur *Mil.*9; reginae stuprum intulit *Off.*3.38; insignem calamitatem populo Romano intulerat Caes.*Gal.* 1.12.6; multis et inlatis et acceptis uulneribus 1.50.3; neque..Pompeius cognito consilio eius moram ullam ad insequendum intulit *Civ.*3.75.3; plurima mala..in domum tuam intuli Nep.*Them.*9.2; ulciscentem inlatam, non nouam ~entem ignominiam Liv.9.15.6; ~endae fraudis causa Liv. 24.38.8; morsus..inferre Ov.*Met.*11.58; uitae suae uim intulit Vell.2.45.5; ut..saepe contumelia, nonnumquam etiam periculum Romano ~retur imperio 2.90.2; antistes templi..religionem hospiti intulit, ne.. V.Max.7.3.1; plagas ferro inlatas (curat) glutinum taurinum Plin.*Nat.*28.243; mortem nepoti..inlatam Tac.*Ann.*1.6;—equestris..proeli ratio et cedentibus et insequentibus par atque idem periculum ~ebat Caes.*Gal.*5.16.3; frigus..rigorem ~t Cels. 2.1.12; uitia tabem ~entia 4.32.2; hic (*sc.* argestes) et grandines ~t Plin.*Nat.*18.339; spuma argentea pota.. uentris ~t grauitatem Larg.183; nebula..cui serenitas obolitionem ~t Apul.*Mun.*8. **b** qui..terrorem intulerit ei cuius senectutem tueri..debebat Cic.*Deiot.*2; *Fam.* 15.15.2; ut..hostibus terrorem ~ant Caes.*Gal.*7.8.3; Hor. *Carm.*3.4.49; maiorem ~ens metum Liv.26.20.5; terribilem tumultum intulit 27.40.10; ne..subitam formidinem ~ret Tac.*Hist.*2.15;—(*other emotions*) flebilibus modis, qui totis theatris maestitiam ~ant Cic.*Tusc.*1.106; spe consequendi inlata Caes.*Gal.*6.43.5; ex fremitu equorum inlata suspicione *Civ.*3.38.3; admirationem (Antonio) intulit (mango) Plin. *Nat.*7.56. **c** ut quo tempore uelit bellum possit ~re Cato *orat.*185; ~ patriae bellum Cic.*Catil.*1.23; Caes.*Gal.*2.14.2; Getis ~re manu lacrimabile bellum Verg.*A.*7.604; consules..in agros atque urbes Ausonum bellum intulerunt Liv.9.25.1; Vell.2.82.4; Tac.*Hist.*3.55;—Romanis indignantibus quod uictoribus uicti ultro ~rent arma Liv. 21.1.3; 42.30.10; tum primum generis intulit arma socer Ov.*Fast.*3.202; Plin.*Nat.*19.26. **d** (si maritus) spernit.. infelicitatem uxoris..nullamque ei competentem curam ~re manifestissimus est Ulp.*dig.*24.3.22.8.

10 (w. *in*+acc.) To bring (into a state or condition), reduce (to).

haec meretrix meum erum miserum sua blanditia intulit in pauperiem Pl.*Truc.*573; ne quis se..in uitae discrimen ~ret Cic.*Balb.*25; cuncta in cineres grauis intulit hora Stat. *Silv.*2.1.54.

infertus ~a ~um, *a.* [in-²+pple. of farcio] (dub.) Not stuffed, unfilled.

cum aduenis (*i.e. to dinner*) ~is (infestis *cj.*) malis, expedito bracchio Enn.*Sat.*15.

inferuefaciō ~facere ~fēcī ~factum, *tr.* [in-¹+fervefacio] Forms: pass. *inferuefio*, etc. To bring to the boil.

eam (*sc.* materiem) ~facito cum congio uini ueteris Cato *Agr.*123; 156.7; omnia..fictili uaso cum Aminneo uino ~facta Col.9.13.5; mustum..~facere 12.20.8; Larg.133; haec omnia inferuescunt super carbones..posteroque die iterum ~fiunt 271.

inferueō ~uēre ~uuī (~buī), *intr.* [in-¹+ferveo] To come to or be at the boil.

facito bis aut ter ~ueat Cato *Agr.*108.1; hoc ubi confusum sectis ~buit herbis Hor.*S.*2.4.67; siue ex oleo ~uerunt (fungi), siue piri surculus cum his ~uit, omni noxa uacant Cels.5.27.12.c; mel Atticum ter ~uere facito Col.12.38.5.

inferuescō ~ere, *intr.* [in-¹+fervesco] To become intensely hot; (spec.) to come to the boil.

obtendens..manum solem ~ere fronti arcet Sil.13.341; —fabae tertia pars ut ~at Cato *Agr.*90; ne ~at aqua sole Plin.*Nat.*19.183; Larg.37; 209.

inferus ~a ~um, *a.* [<**ṇdheros* (Skt. *ádharaḥ*, Eng. *under*)] Forms: nom. sg. masc. *infer* Cato *Agr.*149.1; gen. pl. masc. *inferum* *CIL* 1.1596, Var.in Macr.1.16.18; for compar. see inferior.

1 Situated below, lower; (astron.) more southerly. **b** *mare ~um*, the Tuscan or Tyrrhenian Sea (opp. *mare superum*, the Adriatic). **c** (in augury, of a bird, app.) that flies low (a sign of ill omen). **d** proceeding from below.

limen superum ~umque (*i.e. lintel and door-sill*) Pl.*Mer.* 830; super ~que uicinus Cato *Agr.*149.1; caeli dicuntur loca supera..terrae loca ~a et ea hominum Var.*L.*5.16; ut alter (uentus) superiorem aera agitet, alter ~um Sen.*Nat.*6. 12.3; ~as partes (*i.e. of the body*) Plin.*Nat.*2.189; (*prol.*) nubes..aquam uomentes ~am mortalibus Var.*Men.*270; (*neut. pl. as sb.*) ~a lumborum numquam conuestiet umbra (Cepheus) Cic.*Arat.*692(440);—loca conuisit..~a Piscis 598 (352); (*neut. pl. as sb.*) sal albus recessit in ~a noctis Enn. *Ann.*89. **b** a supero mari (uia) Flaminia, ab ~o Aurelia Cic.*Phil.*12.22; *Att.*8.3.5; inde Apuliam ac mare ~um petierunt Liv.7.26.9; per agrum Campanum mare ~um petit 23.1.5; Sen.*Dial.*12.7.2; Plin.*Nat.*3.44; Tuscum, Tyrrhenum, idem ~um, quod dextrum Italiae latus circuit Amp.7.3; (*ellipt.*) sunt ista..difficillima, iter ad superum, nauigatio ~o Cic.*Att.*9.5.1. **c** (aues) 'praepetes' appellatas, quae altius..uolitent, cum differre a 'praepetibus' Nigidius '~as' dixerit Gel.7(6).6.10. **d** Etruria (fulmina) erumpere terra..arbitratur, quae ~a appellat Plin.*Nat.*2. 138.

2 Of or inhabiting the underworld, infernal; (esp. of deities).

deis ~vm (*i.e. dead*) parentvm sacrvm *CIL* 1.1596; Acherusia templa alta Orci saluete ~a Enn.*scen.*108; flumina..~a sub terras Stygio labentia luco Ov.*Met.*11.189; ~a monstra Luc.7.783; ~a..taxus Stat.*Theb.*11.93;—(*of deities*) di deaeque, superi atque ~i et medioxumi Pl.*Cist.* 512; Ter.*Ph.*687; deorum tristium atque ~um quasi ianua patet Var.in Macr.1.16.18; Liv.28.22.9; ~a Iuno (*i.e. Proserpina*) Stat.*Silv.*2.1.147; Apul.*Met.*11.23.

infestātiō ~ōnis, *f.* [infesto+-tio] Vexatious or harmful activity.

de alluuione fit controuersia fluminum ~one Fron.*agrim.* p.6.

infestātor ~ōris, *m.* [infesto+-tor] A molester, marauder.

Nomadas ~oresque Chaldaeorum Scenitae..cludunt Plin.*Nat.*6.143.

infestē, *adv.* *compar.* ~ius, *superl.* ~issimē. [infestvs+-e] Hostilely, bitterly, savagely.

qua me causa, Fortuna, ~e premis? Pompil.*trag.*1; sin ..inimicissime atque ~issime contendere perseueret Cic. *Quinct.*66; ~ius perpopulato agro Fregellano Liv.26.9.11; 28.29.8; cuius domus..~e a Clodio disiecta erat Vell. 2.45.3; interrogandus quam ~issime ac premendus (litigator) Quint.*Inst.*12.8.11; Suet.*Tib.*51.1; ut (spinae).. funestis aculeis ~e me conuulnerarent Apul.*Met.*7.18.

infestīuiter, *adv.* [next+-ter²] Not gracefully, inelegantly.

cetera uertit non ~ (Vergilius) Gel.9.9.9.

infestīuus ~a ~um, *a.* [in-²+festivvs] Destitute of charm.

L. Torquatus, subagresti homo ingenio et ~o Gel.1.5.3.

infestō ~āre ~āuī ~ātum, *tr.* [infestvs+-o³]

1 To vex (persons, etc.) by repeated attacks, harass, molest. **b** (of diseases, pests, physical agencies, or sim.). **c** (of Fortune, circumstances).

nostras munitiones ~abant et suas defendebant *B.Alex.* 3.1; se frequenter inuicem ~ant (Britanni) Mela 3.52; commercia ipsa ~ant ex insulis Arabes Plin.*Nat.*6.176; aesalon ..cuius pulli ~antur a uolpibus 10.205; ille (*sc.* Apollo) ..acerbis luctibus ~at Danaos *Ilias* 45; ductorem ~ans odiis gentilibus Hannon Sil.2.277; innumeris ~at caedibus hostem 4.624; Athenienses..classem, quae Peloponensum ~aret, miserunt Fron.*Str.*1.3.9; 1.5.3; medio foro a turba conuiciisque et simul fragminibus panis..~atus Suet.*Cl.*

18.2; (*cf., of a runner*) modo postremus, nunc..Hesperon ~at sua per uestigia pressum Sɪʟ.16.504;—(*transf.*) tantis ..angustiis ~atur Asia Pʟɪɴ.*Nat*.6.31. **b** si ulcera stomachum ~ant Cᴇʟs.4.12.5; si tussis ~abit 8.9.1.ᴇ; uites ..a soricibus aut muribus ~antur Cᴏʟ.*Arb*.15; ~antur..et arbores morbis Pʟɪɴ.*Nat*.17.216; ferream catenam..cuius anulos..robigine ~ari (ferunt) 34.150; ~antur (crystalla) plurimis uitiis 37.28; solent gingiuae quorundam fluore ~ari Lᴀʀɢ.61; fructus nostros, nisi succurris, ~ant (aues) Qᴜɪɴᴛ.*Decl*.298(p.179,l.10); (*pple. as sb.*) ~antium quattuor genera: teredines.. Pʟɪɴ.*Nat*.16.220. **c** mens.. sedem suam etiam irata et ~ante fortuna uindicatura Sᴇɴ.*Dial*.7.5.3; (uirtutem) incitat quicquid ~at *Ep*.71.18; nec quemquam saepius quam Verginium omnis seditio ~auit Tᴀᴄ.*Hist*.2.68.

2 To make (a place) unsafe by repeated attacks, infest. **b** to make unsettled, disturb (peace, repose).

quas Scylla ~et, quasue Charybdis aquas Ov.*Am*.2.11.18; praedationibus ~ato mari Vᴇʟʟ.2.73.3; uasta..loca beluae ~ant Mᴇʟᴀ 3.60; ~atur (ora) et serpentibus, quos flumina deportant Pʟɪɴ.*Nat*.6.136; tu ignoras latronibus ~ari uias ..? Aᴘᴜʟ.*Met*.1.15; (*ellipt.*) nauigatur sagittariorum cohortibus inpositis; etenim piratae maxime ~abant Pʟɪɴ.*Nat*. 6.101;—(*transf.*) mediam (zonam) aestus ~at, frigus ultimas Mᴇʟᴀ 1.4. **b** quae causa somnum piscium in mari ..~are existimatur Pʟɪɴ.*Nat*.9.154; uesana factio..iuuenum pacem publicam ~at Aᴘᴜʟ.*Met*.2.18.

3 To have a bad effect on, damage, impair.

aliud curationis genus..mortem tantum differt, uitam interim ~at Cᴇʟs.3.27.1.ʙ; uulnera et nimius calor et nimium frigus ~ant 5.26.6; adsiduis deuertentium hospitiis ~at rem familiarem uia militaris Cᴏʟ.1.5.7; cum sola haec res (*sc. lupin*) adeo non ~etur herbis, ut ipsa herbas peremat 2.11.5; uini saporem ~at (salix) 5.7.1; uana superstitione rudes animos ~ant 11.1.22; (fluminibus) ~atum (oppidum) Spaosines..oppositis molibus restituit Pʟɪɴ.*Nat*.6.139; bubus..largior (glans) ualetudinem ~at 18.232; minus ~at neruos (uinum) quod..dulcescit 23.39; eodem (*sc.* sanguine) tactis postibus ubicumque Magorum ~ari artes 28.104.

infestor ~ārī ~ātus, *intr.* [as prec.] (w. dat.) To infest (a place).

eos..qui itineri ~abantur omnis occidit (Theseus) Hʏɢ. *Fab*.37.3.

infestus ~a ~um, *a.* *compar.* ~ior, *superl.* ~issimus. [second element app. same as in *manifestus*, but of obscure origin] Fᴏʀᴍs: *infistus CIL* 1.1214.15.

1 (esp. w. dat.) Hostile (to a person, policy, etc., specified or implied), antagonistic. **b** (of conditions, etc.) marked by strife, troubled.

num quid mihi minatur?—tibi ~a solist plus quam quoiquam Pʟ.*Cas*.676; idcirco ~us..populus Romanus fuit C. Iunio, quod illud iudicium corruptum per eum putabatur Cɪᴄ.*Clu*.92; *Sul*.15; habet inimicissimam Galliam..Italia omnis ~a est *Phil*.10.10; clauderetur in regionibus alienis sibique ~is *B.Alex*.61.2; nequiquam deos inplores: irati ~ique sunt Sᴀʟ.*Cat*.52.29; ex familia ~issima patribus tres in eum annum tribunos plebis creatos Lɪᴠ.4.54.4; cum feroci responso ~iores factos uideret consul eos 8.21.3; nullum ~iorem populum nomini Romano 26.27.12; Iouis ~i telo feriare trisulco Ov.*Ib*.467; Iulianis partibus ~us erat (Milo) Vᴇʟʟ.2.68.2; uereris fratris ~i dolos? Sᴇɴ.*Phoen*.492; tam saeua et ~a uirtutibus tempora Tᴀᴄ.*Ag*.1.4; *Ann*.11.12; (*w.* aduersus) nec quisquam tam duri ~ique aduersus diligenda animi est, ut.. Sᴇɴ.*Ben*.7.31.1; (*quasi-advl.*) patria excussos ~a per undas ausa sequi Vᴇʀɢ.*A*.7.299; (*poet.*) ademit una dies ~a tibi tot praemia uitae Lᴜᴄʀ.3.899;—(*of passions*) excitatum esse..in aratores tam ~um odium Cɪᴄ.*Ver*.3.157; quae est ista tam ~a ira..? Lɪᴠ.7.30.15; pugnatum ~issimis animis 10.31.6; ~am malignitatem Aᴘᴜʟ.*Apol*.70;—(*of speech, actions, etc.*) ~is omnium oculis conspici Cɪᴄ.*Catil*. 1.17; sententiae optimo cuique ~issimae *Flac*.94; ~is.. saeuire querelis Lᴜᴄʀ.6.16; aut Philippi hostis aduentum aut ~iorem etiam..Romanorum expectabant Lɪᴠ.36.33.3. **b** et foris pacem peperere, et domi, etsi non concors, minus tamen quam alias ~a ciuitas fuit Lɪᴠ.3.24.11; fuit annus domi forisque ~us 4.1.1.

2 Entertaining violent feelings, aggressive, warlike, furious, or sim. **b** (of actions, etc.) savage, violent.

ubi intellegit..hostem ~um, auxili spem nullam Sᴀʟ. *Jug*.23.2; Medus ~us sibi..dissidet Hᴏʀ.*Carm*.3.8.19; non alio ante bello ~ior Romanus Lɪᴠ.2.46.2; ~ior..in erumpentes incessit 9.21.5; reliquisse se Romanos, sed ita ~os, ut facile appareret non dilaturos 42.15.2; ~a contio uix inhiberi potuit, quin..saxa in eum iaceret Cᴜʀᴛ.7.2.1; ceteri (Antonium) ut ~um tumidumque insectabantur Tᴀᴄ.*Hist*.4.80; ad puniendum paullo..pronior et ~ior Fʀᴏ. *Amic*.2.p.186(198N); (*w.* ad) quae res, cum ~iorem hostem ad oppugnandum fecisset Lɪᴠ.42.54.2; (*poet.*) (Iuppiter) suas..discutit ~o praeclaras fulmine sedis Lᴜᴄʀ.6.418;—(*of expression, demeanour, or sim.*) ut profugus urbem liquit ~o gradu Sᴇɴ.*Phaed*.1000; ~o..ducem deposcere uoltu Lᴜᴄ.5.296; (*neut. as adv.*) ~um..tonat pater et mala fulgura lucent Sᴛᴀᴛ.*Theb*.7.406;—(*of natural forces*) ~ae sunt.. tempestates et saeuiunt maria Sᴇɴ.*Suas*.3.2. **b** tam ~um scelus et immane Cɪᴄ.*Clu*.188; ad moenia urbis ~a populatione uenit Lɪᴠ.3.26.1; circa consulem..acrior ~iorque pugna est 22.6.1; non sustinuissent tam ~um impetum barbari 29.2.14; quo minus ~o decertent sidera bello Mᴀɴ. 2.431; tot simul ~o iuuenes occumbere leto Lᴜᴄ.2.198.

3 (of armies, etc.) Taking the offensive, threatening attack. **b** (w. *signa*, as indicating attack). **c** (of weapons or sim.) poised to strike, raised threateningly; (transf.) pointed towards.

si..pila uiribus contorta in Numidas ~os coniecissent *B.Afr*.70.4; intento atque ~o exercitu in Numidiam procedit Sᴀʟ.*Jug*.46.5; quem (*sc.* ensem) cur destringere coner tutus ab ~is latronibus? Hᴏʀ.*S*.2.1.42; quos Seruilius consul ~o exercitu insecutus Lɪᴠ.2.64.4; conuolsis signis ~o agmine ad lapidem octauum uiae..perueniunt 7.39.16; ~is equis concurrerant 25.18.13; cum equitatu Numidarum.. adsidue dies noctesque ~us aderat 25.34.3; quae fugit ~os territa cerua canes Ov.*Pont*.2.2.38; Achilles ~a classe mare Ponticum ingressus Mᴇʟᴀ 2.5; si per ignes ire (iubeas) et ~a agmina Sᴇɴ.*Phaed*.615; qui Marte subactum non intrare suos ~o Caesare portus..uetent Lᴜᴄ.8.145; parte alia ~is.. in armis Styrus adest V.Fʟ.6.265; (*cf., w. abl.*) ~a..uallo arma Jᴜᴠ.15.120; (*of activities*) ~a hostilis exercitus itinera timebantur Tᴀᴄ.*Ag*.25.1; (*of a competitor in a race*) (crinis) simul ipsum (Parthenopaeum) impedit ~oque uolans ostenditur Idae Sᴛᴀᴛ.*Theb*.6.613. **b** ~a..patriae signa a Brundisio inferebat Cɪᴄ.*Phil*.5.23; legiones..~is contra hostis signis constiterunt Cᴀᴇs.*Gal*.7.51.3; maxumo clamore cum ~is signis concurrunt Sᴀʟ.*Cat*.60.2; ad ipsam urbem Romam ~a signa ferri iussit Lɪᴠ.26.13.11; aquilas ~aque signa relinquas urbe procul Lᴜᴄ.3.330. **c** cum ~is pilis procucurrissent Cᴀᴇs.*Civ*.3.93.1; conuertere uias ~aque tela tulere Vᴇʀɢ.*A*.5.582; (Cynthiam) crudelem ~a..uocare manu Pʀᴏᴘ.1.8.16; eques..~is cuspidibus in medium agmen hostium ruit Lɪᴠ.10.41.9; circa ea omnia templa Philippum ~os circumtulisse ignes 31.30.7; ~is taurus mox confodit cornibus hostile corpus Pʜᴀᴇᴅ.1.21.7; Giton ad uirilia sua admouit nouaculam ~am Pᴇᴛʀ.108.10; Vitellium ~is mucronibus coactum..erigere os et offerre contumeliis Tᴀᴄ.*Hist*.3.85; ut ~is digitis..oculos simul ludentium infantium incesseret Sᴜᴇᴛ.*Cal*.25.4. (*cf.*) illum ardens ~o uulnere Pyrrhus insequitur, iam iamque manu tenet et premit hasta Vᴇʀɢ.*A*.2.529; (*poet.*) saxa..~o uoluebant pondere 9.512;—conuoluta (cornua)..arietum generi,..~a tauris..tribuit (naturae lasciuia) Pʟɪɴ.*Nat*.11.124; plurimum refert..supina (sint) an ~a (*sc. mirrors*) 33.129.

4 (of things, often w. dat.) Harmful, troublesome, inimical. **b** (of places) dangerous, unsafe; (w. abl.) infested (with). **c** (of circumstances) adverse.

Charybdim..~am..nautis Cɪᴄ.*Ver*.5.146; nec aequitati quicquam tam ~um est quam conuocati homines et armati *Caec*.33; quam multae sint homini res acriter ~o sensu Lᴜᴄʀ.6.782; haud facile alia ~ior classi statio est Lɪᴠ.28.6.9; balneum.., dum parum uulnus purum est, inter res ~issimas est Cᴇʟs.5.26.28.ᴅ; quam ~a (subtilitas) ueritati sit Sᴇɴ.*Ep*.88.43; ~a pestis bubulo pecori Cᴏʟ.6.13.2; (arbor) interaneorum ualetudini ~a Pʟɪɴ.*Nat*.12.24; inflectunt ramos..ne subrecti umorem ~um excipiant 16.109; nihil hac plaga ~ius Fʟᴏʀ.*Epit*.1.37(3.2.1); uirus ~um Aᴘᴜʟ. *Met*.10.28;—(*neut. as sb.*) implicitus..possis inque peditus effugere ~um, nisi.. Lᴜᴄʀ.4.1150; (*w. gen.*) domus munimentum sit aduersus ~a corporis Sᴇɴ.*Ep*.8.5. **b** qui.. excursionibus et latrociniis ~am prouinciam redderent Cɪᴄ.*Inv*.2.111; (mare) scopulosum atque ~um *de Orat*.3.69; abduxi exercitum ad ~issimam Ciliciae partem *Fam*.2.10.3; ubi hic curiam circumsederitis et forum ~um feceritis Lɪᴠ. 3.68.1; ne interclusus exercitus tam ~o saltu..opprimeretur 9.37.11; plus habet ~a terra timoris aqua Ov.*Tr*.1.11.26; sinus..ob alternos motus pelagi..~us Mᴇʟᴀ 1.35; insulas.. per occulta uada ~as Tᴀᴄ.*Ann*.2.23; (*in fig. phr.*) ad summum succedere honorem certantes iter ~um fecere uiai Lᴜᴄʀ.5.1124;—propinqua alia omnia uasta..~a serpentibus Sᴀʟ.*Jug*.89.5; omnem oram..praedatoriis nauibus ~am Lɪᴠ.34.36.3; itinera..angusta, ~a insidiis 39.1.6; tellus ~a frigoribus Mᴇʟᴀ 3.44; horrendis ~a cubilia monstris Sᴛᴀᴛ. *Theb*.12.236;—(*cf.*) ramosa et nodis ~a altera (cedrus) Pʟɪɴ.*Nat*.13.52. **c** quoniam ita tulit casus ~us ut.. Cɪᴄ.*Sul*.1; sperat ~is, metuit secundis alteram sortem Hᴏʀ. *Carm*.2.10.13; cum..principes non pugnandum cum ~o tempore anni censerent Lɪᴠ.43.22.9; tristes thalamos ~aque cerno omnia V.Fʟ.7.249.

5 Exposed to danger, threatened, insecure.

fili uita ~a, saepe ferro atque insidiis appetita Cɪᴄ.*S.Rosc*. 30; si huius salus ob eam ipsam causam esset ~ior *Planc*.1; saecla ferarum ~am miseris faciebant saepe quietem Lᴜᴄʀ. 5.983; in dies ~ior Tulli senectus, ~ius coepit regnum esse Lɪᴠ.1.47.1; equi maxime ~um agmen faciebant, qui.. territi trepidabant 21.33.6;—(*w. abl.*) noque bellis ~um nec fructibus uarium (uectigal) Cɪᴄ.*Agr*.2.81; illud tempus aetatis..aliorum..libidine ~um est *Cael*.10; statiua nostra munimento satis tuta sunt sed inopia eadem ~a Lɪᴠ.9.23.10; ~a uariis casibus uita est Sᴇɴ.*Dial*.6.16.5;—(*w.* ab) eum ~iorem agrum ab nobilitate esse quam a Volscis fuerit Lɪᴠ. 6.5.3.

infībulō ~āre ~āuī ~ātum, *tr.* [ɪɴ-¹+ꜰɪʙᴠʟᴏ]

1 To adorn or clasp with a brooch.

toga duplex, qua ~ati (inflabulati *codd.*) flamines sacrificant Sᴜᴇᴛ.fr.167(p.267Re); ~ati sacrificabant flamines propter usum aeris antiquissimum aereis fibulis Pᴀᴜʟ.*Fest*. p.113M.

2 (med.) To infibulate.

~are..adulescentulos..uocis..causa Cᴇʟs.7.25.3.

inficētē, *adv.* **-fac-**. *superl.* ~issimē. [ɪɴꜰɪᴄᴇᴛᴠs+-ᴇ] Without good manners, boorishly; not smartly, inappositely.

~issime Gallum exerentem linguam Pʟɪɴ.*Nat*.35.25;—(Lucullum) haud ~e Magnus Pompeius Xerxen togatum uocare adsueuerat Vᴇʟʟ.2.33.4; non ~e Graeci (suber) corticis arborem appellant Pʟɪɴ.*Nat*.16.34; Sᴜᴇᴛ.*Ves*.20.1; non ~e conficta mendacia Fʀᴏ.*Aur*.1.p.42(214N).

inficētiae ~ārum, *f. pl.* [next+-ɪᴀ] Instances of clumsiness, gaucheries.

pleni ruris et ~arum annales Volusi Cᴀᴛᴜʟ.36.19.

inficētus ~a ~um, *a.* **-fac-**. *compar.* ~ior. [ɪɴ-²+ꜰᴀᴄᴇᴛᴠs] (of persons) Boorish, insensitive; lacking the wit to see the absurdity of a situation, humourless or sim. **b** (transf., of sayings, etc.) not witty or smart; (also of music).

quid tam ~u's..qui tuae non des amicae..sauium? Pʟ. *Truc*.355; comis an ~us (sit) Cɪᴄ.*Inv*.1.35;—~o est (Suffenus) ~ior rure, simul poemata attigit Cᴀᴛᴜʟ.22.14; tecum Lesbia..comparatur? o saeclum insapiens et ~um! 43.8. **b** non ~um mendacium Cɪᴄ.*Cael*.69; non ~o lepore Pʟɪɴ. *Nat*.37.10; dicto..non ~o notatum (Q. Remmium) ferunt Sᴜᴇᴛ.*Gram*.23(p.118Re);—quod nec graue sit nec ~um, parui tibia Condyli sonabit Mᴀʀᴛ.5.78.29.

inficiens ~ntis, *a.* [ɪɴ-²+pple. of ꜰᴀᴄɪᴏ] Inactive, idle.

qui dicit, facere uerba dicimus et qui aliquid agit, non esse ~ntem Vᴀʀ.*L*.6.78; neque ipsae (apes) sunt ~ntes nec non oderunt inertes R.3.16.8.

inficiō ~icere ~ēcī ~ectum, *tr.* [ɪɴ-¹+ꜰᴀᴄɪᴏ] Fᴏʀᴍs: pass. formed regularly (*inficior*, etc.).

1 (esp. w. abl.) To immerse in a pigment, dye. **b** (of natural agencies) to impart a colour to, tint, etc.

tibi suaso ~ecisti..pallulam Pʟ.*Truc*.271; ~ecta uago suspendam lintea malo Cᴀᴛᴜʟ.64.225; se Britanni uitro ~iciunt Cᴀᴇs.*Gal*.5.14.3; fiunt..purpurei colores ~ecta creta rubiae radice Vɪᴛʀ.7.14.1; femina canitiem Germanis ~icit herbis Ov.*Ars* 3.163; palpebrae..mulieribus fuco.. ~ectae cotidiano Pʟɪɴ.*Nat*.11.154; anchusa ~iciendo ligno cerisque radicis aptae 21.99; (*pass., w. ret. acc.*) (Britanni) uitro corpora ~ecti Mᴇʟᴀ 3.5.1; (*of the dye-stuff*) callithrix.. capillos ~icit oleo trita Pʟɪɴ.*Nat*.26.160; (*of a natural pigment*) cortice contactas ~iciente manus *Nux* 156;—(*in fig. phrs.*) nisi (uirtus) alte descendit..et animum non colorauit sed ~ecit Sᴇɴ.*Ep*.71.31; si illa (notitia) se non perfuderit, sed ~ecerit 110.8;—(*cf. sense 2*) faces in fossa sanguinis atra tingit et ~ectas..accendit Ov.*Met*.7.260. **b** cum uetus ~ecit cana senecta caput Tɪʙ.1.8.42; 2.2.20; qualis..solet ..arcus ~icere ingenti longum curuamine caelum Ov.*Met*. 6.64; cum..tradendum Phoebo Pallantias (*i.e. Aurora*) ~icit orbem 15.191; (smaragdi) ~icientes circa se repercussum aera Pʟɪɴ.*Nat*.37.63;—(*of blushes, pallor, or sim.*) ora pallor ~icit Hᴏʀ.*Epod*.7.15; uirgo..~icitur teneras ore rubente genas [Tɪʙ.]3.4.32; rubor igneus ~icit ora liuentisque genas Lᴜᴄ.5.214;—(*of the sun, esp. in ref. to dark-skinned races*) Phoebus..flamma propiore nudos ~icit Indos Sᴇɴ.*Oed*. 123; tinguuntur sole populi, iam quidem ~ecti, nondum tamen Aethiopum modo exusti Pʟɪɴ.*Nat*.6.70; Apula coniunx..sole ~ecta Sabino Sᴛᴀᴛ.*Silv*.5.1.123.

2 (in bad sense) To discolour, darken; (esp., often in hyperb. use) to stain (with blood).

nigri..uolumine fumi ~ecere diem Ov.*Met*.13.603; fortasse..tura..in igne sonent ~iciantque diem *Tr*.4.2.4; ~iciens aequor nigrum uomit illa (*sc.* sepia) cruorem *Hal*.21; niger ~icit horror terga maris Lᴜᴄ.5.564; sordescens et obuio terrae halitu ~ectus (*honey dew*) Pʟɪɴ.*Nat*.11.31; argentum medicatis aquis ~icitur atque adflatu salso 33.158; uerbum uelut rubigine ~ectum Tᴀᴄ.*Dial*.22.5; (*poet.*) adsueta..~ecit nube penatis (Tisiphone) Sᴛᴀᴛ.*Theb*.1.124;—(*with blood*) (arma) sanguine cernis adhuc sparsoque ~ecta cerebro Vᴇʀɢ.*A*.5.413; ~ectas sanguine habere manus Pʀᴏᴘ. 2.17.2; uictima Tarpeios ~icit icta focos Ov.*Pont*.4.8.42; mare Actiacum Romano cruore ~ectum Sᴇɴ.*Cl*.1.11.1; gladius.. cuius ~ecti semel uecors libido est *Tro*.284; plenum exiliis mare, ~ecti caedibus scopuli Tᴀᴄ.*Hist*.1.2; contecti caedibus campi et ~ecta uictoriis maria Pʟɪɴ.*Pan*.12.1; (*of the blood itself*) terras cruor ~ecit omnis fusus et rubuit mare Sᴇɴ. *Phaed*.552; (*pass., w. ret. acc.*) ferum longos ~ectum sanguine uillos Ov.*Met*.11.396.

3 To impregnate (with some substance, flavour, smell, etc.). **b** to charge with some power or influence. **c** to imbue (with feelings, opinions).

hoc (*i.e. dittany*)..amnem (*i.e. water*) ~icit, occulte medicans Vᴇʀɢ.*A*.12.418; odoribus uariis ~icitur locus ipse, in quo luxuriae parentatur Sᴇɴ.*Dial*.7.11.4; mirum..dulcem sucum oliuas bibere et alieno sapore ~ici Pʟ.*Nat*.15.16; semine (raphani) ~ectis manibus impune tractaueris (scorpiones) 20.25; uelleribus..uapore eiusdem ~ectis 28.110; carnes lasere ~ectas Aᴘᴜʟ.*Met*.10.16;—(*w. gen. of source*) pinnas (*sc. of Cupid*), quas..nectarei fontis ~eci 5.30. **b** si..aer aquas ~icit similesque regionibus reddit, per quas ..ueniunt Sᴇɴ.*Nat*.3.21.2; (magnes lapis) ferrum..~icit eadem ui Pʟɪɴ.*Nat*.34.148;—(*astrol.*) (omne signum) partibus ~icitur mundi; locus imperat astris et dotes noxamque facit Mᴀɴ.2.857. **c** ~ici debet (puer) iis artibus, quas si, dum est tener, conbiberit, ad maiora ueniet paratior Cɪᴄ.*Fin*. 3.9; luctum, ambitionem alius aliter sentit, prout illum consuetudo ~ecit Sᴇɴ.*Dial*.6.7.4.

4 To taint, poison, infect. **b** to infect with pernicious habits or opinions, corrupt.

miseranda coorta est tempestas..corrupitque lacus, ~ecit pabula tabo Vᴇʀɢ.*G*.3.481; Gorgoneis Allecto ~ecta uenenis *A*.7.341; nec mea mortiferis ~ecit pocula sucis dextera [Tɪʙ.] 3.5.9; fontes ~ectae..aquae *Aetna* 395; qui..halitus exit ore niger Stygio, uitiatas ~icit auras Ov.*Met*.3.76; (serpens) fontes sputu ~icit Sᴇɴ.*Cl*.1.25.4; homini tantum ~ici (animam) natura uoluit pluribus modis..dentium uitiis Pʟɪɴ.*Nat*.11.277; (polypum) secari harundine, ferro enim ~ici uitiumque trahere 32.121; halitu lacus ~ici terram.. reor Tᴀᴄ.*Hist*.5.7; accusatores..in conuiuio Germanici.. ~ectos manibus eius cibos arguentes *Ann*.3.14; (*cf.*) (manes) tristi..corona ~ecere diem et uinci sua crimina gaudent Sᴛᴀᴛ.*Theb*.11.422;—(*living creatures*) legiones uelut tabe ~ectae Tᴀᴄ.*Hist*.3.11; rati..me etiam eadem peste (*i.e. from the bite of a mad dog*) ~ectum ferocire Aᴘᴜʟ.*Met*.9. 2; (*transf.*) Germaniae populos nullis..aliarum nationum conubiis ~ectos Tᴀᴄ.*Ger*.4.1. **b** cupiditatibus principum et uitiis ~ici solet tota ciuitas Cɪᴄ.*Leg*.3.30; nos umbris deliciis otio..animum ~ecimus *Tusc*.5.78; qui hinc integri ..Romam eunt..~ecti Romanis delenimentis redeunt Lɪᴠ. 40.11.3; Apicius..disciplina sua saeculum ~ecit Sᴇɴ.*Dial*. 12.10.8; ~ecta..semper Punica bella dolis Lᴜᴄ.4.736; Osthanes..semina artis portentosae sparsit obiter ~ecto, quacumque commeauerat, mundo Pʟɪɴ.*Nat*.30.8; mentem praecipue in aetate prima teneram..~iciunt (uitia) Qᴜɪɴᴛ. *Inst*.1.11.2; quattuor milia libertini generis ea superstitione ~ecta Tᴀᴄ.*Ann*.2.85; tempora..~ecta et adulatione sordida 3.65; Gᴇʟ.12.2.14.

5 To make (a stain) engrained (in quots., fig.).

uereor ne hoc quod ~ectum est serpat longius Cɪᴄ.*Att*. 1.13.3; aliis sub gurgite uasto ~ectum eluitur scelus Vᴇʀɢ. *A*.6.742.

inficior: see ɪɴꜰɪᴛɪᴏʀ.

inficiscō ~ere, *tr.* [INFICIO+-SCO] (w. abl., app.) To imbue (with).
par illis idemque iudicium est; aeque uero ~itur SEN.*Ep.* 102.12.

infidēlis ~is ~e, *a. superl.* ~issimus. [IN-²+FIDELIS] Not keeping faith, treacherous, disloyal.
Iouem..testem laudo..me ~em non futurum Philocrati PL.*Capt.*427; *Trin.*528; multi iniqui atque ~es regno Acc. *trag.*651; cum me in res turbulentissimas ~issimis sociis demisissem CIC.*Fam.*9.1.2; 15.4.14; qua mente esset Antonius demonstrauit, pessima scilicet et ~issima D.BRUT. *Fam.*11.1.1; (prouincia) partim erat exinanita partim ~is *B.Alex.*43; non ~es arbitrae, Nox et Diana HOR.*Epod.*5.50; ~is recti magister est metus. melius homines exemplis docentur PLIN.*Pan.*45.6; (*masc. as sb.*) pertuli crudelitatem inimicorum, scelus ~ium, fraudem inuidorum CIC.*Sest.*145; —(*of actions, relationships*) quinquaginta annis..expertam amicitiam..~i praeferendam LIV.24.28.6; nec ~em nec segnem operam polliceor 36.7.21;—(*of things, w. dat. of purpose*) (silex) contra iniurias fortis, sed structurae ~is PLIN.*Nat.*36.169.

infidēlitās ~ātis, *f.* [prec.+-TAS] Faithlessness, inconstancy.
(Gallis) neque propter iracundiam fidem neque propter ~atem honorem habere debetis CIC.*Font.*15; amicitias..quarum ~atem extimescebat *Tusc.*5.63; uarietatem atque ~atem exercitus eius PLANC.*Fam.*10.18.2; CAES.*Civ.*2.33.1;—(*pl.*) quam sit uaria uitae commutabilisque ratio..quantae ~ates in amicitiis CIC.*Mil.*69.

infidēliter, *adv.* [INFIDELIS+-TER²] Treacherously, disloyally.
nec me..minus putarim reprehendendum si inutiliter aliquid senatui suaserim quam si ~ CIC.*ad Brut.*2.1.2.

infidibulum: see INFVNDIBVLVM.

infīdus ~a ~um, *a. superl.* ~issimus. [IN-²+FIDVS] FORMS: superl. only in PAC.*trag.* 194 (cj.).

1 (of persons) Faithless, treacherous. **b** (of actions, etc.) marked by bad faith.
ubi sciens fideli ~us fueris PL.*As.*568; ~os celas (*i.e. keep secrets from*): ego sum tibi firme fidus *Mil.*1015; ceterae partes a gentibus aut inimicis huic imperio aut ~is..tenebantur CIC.*Prov.*33; bello Macedonico..Rhodiorum ciuitas..~a et aduorsa nobis fuit SAL.*Cat.*51.5; ~os agitans discordia fratres VERG.*G.*2.496; uulgus ~um HOR.*Carm.* 1.35.25; non ~o manserunt (boues) hospite Caco incolumes PROP.4.9.7; quod in obsidione et fame seruitia ~a transfugerent LIV.2.11.5; ~us socius 24.45.3; miles..~us..nouis ducibus dubiusque priori LUC.4.698; quamuis ~a leuisque (Fortuna) STAT.*Silv.*5.1.143; genus hominum potentibus ~um, sperantibus fallax TAC.*Hist.*1.22; gentem, ut segnem ad pericula ita ~am ad occasiones *Ann.*14.23; —(*poet.*) si forte alios..suspirat amores, tum precor ~os, sancte (Geni), relinque focos [TIB.]3.11.12; segetes tellus ~a negabit LUC.1.647; ~um..caput feriendaque tendite colla 5.361. **b** suspecta..ei gens erat..ob ~a multa facinora LIV.21.52.7; omnia tradantur..et sit in ~a proditione fides OV.*Ars* 3.578; inter bella..et ~a hospitia PLIN. *Nat.*2.117; incertus animi et ~is consiliis obnoxius TAC. *Hist.*3.55; aut facta puniuntur..aut dicta, ut conuicia et ~ae aduocationes SAT.*dig.*48.19.16.

2 (of things) Not to be relied on, treacherous, undependable. **b** (of a peace, alliance, or sim.).
~i maris insidias LUCR.2.557; Strophadum..receptos portubus ~is OV.*Met.*13.710; nec minus ~a terra timetur aqua *Tr.*4.4.60; sedere..tam ~a instabilique sede (*i.e. in a revolving theatre*) PLIN.*Nat.*36.118; corpora tellus ~a..soli ..uoragine sorbet SIL.4.576; ~a..litora nautis 5.246;—(*cf.*) ~o (*i.e. staggering*) gressu 13.586. **b** Latinorum ~um iam diu foedus LIV.7.42.8; haec ciuitas..Samnitium ~ae aduersus Romanos societati freta 8.22.7; cum omnia ~a Romanis essent 9.26.5; per annos CXV aut bellum..aut belli praeparatio aut ~a pax fuit VELL.1.12.6.

infīgō ~gere ~xī ~xum, *tr.* [IN-¹+FIGO]

1 To drive (weapons or other sharp objects) in, imbed; to implant (wounds). **b** to transfix (upon), impale.
scutam ligneolam in cerebro ~xit LUCIL.224; cum..(Africanus) gladium..hosti in pectus ~xerit CIC.*Tusc.*4.50; portae..~gitur hasta VERG.*A.*9.746; in quorum tergis ~xa stetere pila LIV.27.14.9; nec ualuere manus ~xum educere telum OV.*Met.*13.393; ubi surculus corpori ~xus est CELS. 5.26.35A; (canis) in uulnere ferae dentes..~xerat CURT. 9.1.33; (eryngе) extrahit ~xa corpori cum melle PLIN.*Nat.* 22.22; TAC.*Ann.*1.43; (*w. abl.*) uenit aduersique ~gitur arbore mali (sagitta) VERG.*A.*5.504;—~xum stridit sub pectore uulnus 4.689; uulnera, alia armis, alia pectori ~xa SEN.*Dial.*2.19.3. **b** illum (*sc.* Aiacem)..scopulo..~xit acuto (Pallas) VERG.*A.*1.45; pectoribus equorum suspensa gestantes capita et lanceis ~xa LIV.10.26.11.

2 To fix or fasten on, attach.
taleae pedem longae ferreis hamis ~xis totae..infodiebantur CAES.*Gal.*7.73.9; armillas in materia ad cnodacas circumdandos ~xit VITR.10.2.11; bipalme spiculum hastili semicubitali ~xum erat LIV.42.65.9; ~xae cautibus anchorae MELA 1.32; anthias..~xo hamo inuertere se PLIN. *Nat.*32.13; quaecumque ~xa inaedificataque sunt fundo legato continentur POMPON.*dig.*33.7.21;—(*in fig. phr.*) ista praecepta, si sola sunt, marcent; ~gi uolunt sectae SEN.*Ep.* 95.59.

3 To set firmly in a place, plant; (pass.) to take root. **b** to implant, impress (kisses).
quo modo..deus iste..aut ~xus aut infusus esset in mundo? CIC.*N.D.*1.28; ex omnibus sideribus quae ~xa caelo sint 1.34; astra..quae sunt ~xa certis locis *Tusc.*1.62; 5.69; (signum) timide..signifer euellebat, quod fidenter ~xerat *Div.*2.67; pecudes..molli solo ~gunt ungulas COL. 2.17.6; uestris ~xum moenibus hostem deiecere manu SIL. 11.173;—(rami) in terram adeo curuantur ut annuo spatio ~gantur PLIN.*Nat.*12.22. **b** extrema natis mater ~go oscula SEN.*Med.*289; SIL.12.592.

4 To fix in the mind or memory, impress, implant (ideas or sim.); ~*xum est* (*mihi*)+inf., it is my determination (to). **b** (pf. pple., of habits, feelings, etc.) rooted, engrained.
haec cura..erit ~xa animo meo sempiterna CIC.*Red.Pop.* 25; rem se uetustate oblitteratam, ceterum suae memoriae ~xam adferre LIV.3.71.7; religio ~xa animis 29.18.1; haec mihi semper erunt imis ~xa medullis OV.*Tr.*1.5.9; unde..ista uulgo ~xa sit fama in tantum, ut.. PLIN.*Nat.*8.80; haec monstrare artes et uerba ~gere quae nunc plangimus STAT. *Silv.*2.1.123; (uerbum) in clausula positum adsignatur auditori et ~gitur QUINT.*Inst.*9.4.29; praeuaricatio est..cursim..attingere, quae sint inculcanda, ~genda PLIN.*Ep.* 1.20.2; (*w. abl.*) haerent ~xi pectore uultus uerbaque VERG. *A.*4.4; (*absol.*) illa transcurrimus,..festinamus, hac instamus,..~gimus QUINT.*Inst.*11.3.111;—nec leti cura decori sed fugere ~xum est SIL.4.330; 10.643. **b** quod in communibus hominum sensibus atque in ipsa natura positum atque ~xum est CIC.*Clu.*17; ~xus animo haeret dolor *Phil.* 2.64; ~xa nobis eius rei auersatio est, quam natura damnauit SEN.*Ep.*97.16; repugnat precibus ~xus timor *Med.*294; apud quos..penitus ~xus in Caesares amor praeualeret TAC.*Ann.*2.76.

5 To concentrate or fix (the mind, gaze, etc., on some object).
animus..semper ~xus in patriae caritate discessum ab eius periculis ferre non potuit CIC.*ad Brut.*1.15.5; in eas imagines mentem intentam ~xamque nostram intellegentiam *N.D.*1.49; oculos..inmersos et in cupiditatem ~xos premunt (uitia) SEN.*Dial.*10.2.3; quem non in se conuertet et abducet ~xum cogitationibus illa..garrulitas? 12.18.5.

infimātis ~is (~e), *a.* **infum-.** [INFIMVS+-*atis* (-AS¹)] Of the lowest rank.
oratores populi, summates uiri, summi accubent, ego ~is infumus PL.*St.*493.

infimō ~āre ~āuī ~ātum, *tr.* [next+-O³] To bring down to the lowest level.
saga..potens..manes sublimare, deos ~are (infirmare *codd.*) APUL.*Met.*1.8; (*in fig. phr.*) cum..ingenia illa (*sc.* dei) ad beatitudinem sublimata sint, haec ad miserias ~ata *Soc.*4.

infimus ~a ~um, *superl. a.* **infumus.** [superl. of INFERVS]

1 Lowest in position; (usu.) the bottommost (of a number of things). **b** the lowest part of, the base of. **c** (neut. sg. as sb., usu. in prep. phrs.) the lowest part, base, or sim.; (also pl. in sim. sense, often foll. by gen.).
in infinito inani, in quo nihil nec summum nec ~um..sit CIC.*Fin.*1.17; esse..pueros in utero Varro dicit capite ~o nixos GEL.16.16.2; (*pred.*) ~us hydrochoos..qua uestigia figit GERM.*Arat.*382;—symbolarum conlatores (erunt) apud forum piscarium. in foro ~o boni homines..ambulant PL. *Cur.*475; ~i lapides cocti cadent CATO *Agr.*38.4; ~a saxa turris..quibus fundamenta continebantur CAES.*Civ.*2.11.3; Pompeius..ad ~as radices montis aciem instruebat 3.85.1; Scylla latrans ~a inguinum parte CATUL.60.2; ~a urbis loca circa forum LIV.1.38.6; cum..habitacula summa ab ~is tanta intercapedo fastigii dispescat APUL.*Soc.*4; (*pred.*) sors data caelo prima, secuta maris deseditque ~a tellus *Aetna* 104. **b** adhaesit homini ad ~um uentrem fames PL.*St.* 236; facito fortax totam fornacem ~am conplectatur CATO *Agr.*38.1; amphoras nolito inplere nimium, ansarum ~arum fini 113.2; (me) fore oricula ~a scito molliorem CIC.*Q.fr.* 2.13.4; flumen ~am uallem diuidebat HIRT.*Gal.*8.40.2; Ianum ad ~um Argiletum indicem pacis bellique fecit LIV. 1.19.2; (*pred.*) collis..passus circiter ducentos ~us apertus, ab superiore parte siluestris CAES.*Gal.*2.18.2;—(*cf.*) ~a..Aegypti..litora (*furthest from Italy, i.e. easternmost*) LUC.8.464. **c** ambo (postes) ab ~o tarmes secat PL.*Mos.* 825; collis erat leniter ab ~o accliuis CAES.*Gal.*7.19.1; (*in fig. phr.*) quo modo in ~um non agatur e fastigio suo deiecta uirtus SEN.*Ep.*92.26;—circumuecti..quidam per ~a cliui ab tergo se..obiecerunt LIV.28.33.6; 38.20.9; superna..dii superi sedes habent, ~a..animantium terrena possident genera APUL.*Mun.*5; (*in fig. phr.*) (animos) nunc in sublime adleuatos nunc in ~a adlisos SEN.*Dial.*7.28.

2 (in various special uses): **a** Furthest from the surface, deepest; also, the depths of. **b** furthest down on a page, in a list, or sim. **c** (of position at table) furthest to the right (from the point of view of those eating). **d** (of fingers) furthest from the thumb.
a qua omnia delata grauitate medium mundi locum..expetant, qui est idem ~us in rutundo CIC.*Tusc.*5.69; (*neut. as sb.*) quaeramus.., quid sit, quod terram ab ~o moueat SEN.*Nat.*6.4.1;—anhelans ex ~o pectore crudelitatem *Rhet.Her.*4.68; Tyndaridae..ab ~is quassas eripiunt aequoribus ratis HOR.*Carm.*4.8.31; ex ~o specu uocem redditam ferunt LIV.1.56.10; peruenisse eum..ad ~am terram (*i.e. the centre of the earth*) PLIN.*Nat.*2.248. **b** in codicis extrema cera nomen ~um in flagitiosa litura fecit CIC.*Ver.*1.92; cum scripsissem haec ~a quae sunt *Q.fr.*3.1.19; lege..illud ~um caput ipsius Balbi optimi *Att.*9.13.8. **c** summates uiri, summi accubent, ego infumatis ~us PL. *St.*493; (*neut. as sb.*) da (uinum), puere, ab summo. age tu (*sc.* Philaenium) interibi ab ~o da sauium *As.*891. **d** duobus..~is conclusis digitis ceteros eminens APUL.*Met.*2.21.

3 (of rank or circumstances) Most undistinguished, humblest, lowest. **b** (of persons) lowest in rank or status.
seruos..quorum ius, fortuna, condicio ~a est CIC.*Balb.*24; senatum fortem sed ~o quemque honore fortissimum *Fam.* 12.4.1; homines ~a fortuna..delectantur historia *Fin.*5.52; Fabius Paelignus quidam ex ~is ordinibus CAES.*Civ.*2.35.1; pauper et ~a de gente HOR.*Carm.*2.3.22; ab ~o militiae loco..ad summos castrensis honores perductus V.MAX. 7.8.6; ~ae sortis homines FLOR.*Epit.*2.8(3.20.2); ut nonnulli ex ~a fortuna in ordinem senatorium..processerint SUET.*Rhet.*25(p.121Re);—(*neut. as sb.*) urbes quoque, ut cetera, ex ~o nasci LIV.1.9.3; regibus aequa, nedum ~a insolita sunt TAC.*Ann.*2.42. **b** me..seruom fecit, e summo ~um PL.*Capt.*305; an..cum ~o ciue Romano quisquam amplissimus Galliae comparandus est? CIC.*Font.*27; aduersus ~os iustitiam esse seruandam *Off.*1.41; famul ~us LUCR. 3.1035; omnia inter ~os militum..munia obeundo LIV. 7.33.1; salua ~arum quoque personarum reuerentia MART. 1.pr.; hominis..tam..~i, ut per totum orbem non inueniat miseriae suae comparem APUL.*Met.*4.31;—(*masc. as sb.*) multiplicatus..terror non ~is solum sed primoribus patrum LIV.3.36.5; 4.10.8; ut equestria ab ~o quoque occuparentur SUET.*Cal.*26.4;—(*transf.*) te miseri extremique hominis deuinctam cupidine ~o matrimonio addici iusserat (Venus) APUL.*Met.*5.24.

4 (of persons, etc.) Most despicable or worthless, vilest; (of the populace) the meanest part of. **b** (of actions or sim.) most abject or degrading.
te ego esse infra ~os omnis puto homines TER.*Eu.*489; non fecissem hominis paene ~i mentionem CIC.*Brut.*131; tu emersus e caeno, omnium facile omnibus rebus ~us *Vat.* 17; apud perditissimam illam atque ~am faecem populi *Q.fr.* 2.4.5; quod..uelut ~am nationum Italiam luxuria saeuitiaque adflictauisset TAC.*Ann.*13.30; (*neut. pl. as sb., w. gen.*) ~a dum uulgi fouet (Varro) SIL.8.249;—(*of the populace*) gradus templorum ab ~a plebe completi erant CIC.*Att.* 4.1.5; apud ~ae plebis homines crimina serebant in senatum LIV.24.23.10; TAC.*Hist.*2.38. **b** precibus ~is petiere ut satis ducerent Romani uictoriam LIV.8.2.10; 29.30.2; senatu ad ~as obtestationes procumbente TAC.*Ann.*1.12; cum primores senatus ~as etiam delationes exercerent 6.7; extremae auaritiae et sordis ~ae infamis homo APUL.*Met.*1.21.

5 (of prices) Smallest, lowest.
uectigalia summis pretiis, ultro tributa (*i.e. public works*) ~is locauerunt LIV.39.44.7.

infindō ~indere ~idī ~issum, *tr.* [IN-¹+FINDO]

1 To cleave (furrows in the ground or sim.); also, to plough a path into.
telluri ~indere sulcos VERG.*Ecl.*4.33; ita sequentem sulcum ~indunt (*v.l.* infodiunt) COL.3.13.5; (*of ships*) ~indunt pariter sulcos, totumque dehiscit conuulsum remis ..aequor VERG.*A.*5.142;—pinus..~indit..salum V.FL. 1.688;—(*cf., as pass. in middle sense, app.*) fraxinus..~inditur ossis ACC.*poet.*4.

2 To split, cleave (timber).
qui siluam ~indunt TARR.PAT.*dig.*50.6.7(6).

infīnībilis ~is ~e, *a.* [IN-²+FINIO+-BILIS] Incapable of limitation.
cum (materia) uiduata sit fine, ~is recte uideri potest APUL.*Pl.*1.5.

infīnītārius ~a ~um, *a.* [INFINITVS+-ARIVS] (of a magistrate, app.) Having unlimited powers.
C FABRICIO FELICI..PRAETORI ~O *A.Epig.*31.61.

infīnītās ~ātis, *f.* [IN-²+FINIS+-TAS] Limitless extent, infinity; (phil.) the Infinite (as the first principle of Anaximander).
~atem locorum innumerabilitatemque mundorum CIC. *N.D.*1.73; litteris, quibus ~atem rerum atque naturae..cognoscimus *Tusc.*5.105; cum alii saepe, quod ante pedes esset, non uiderent, ille in ~atem omnem peregrinabatur 5.114; si haec ~as naturae omnium artifici possit adsignari PLIN.*Nat.*2.3;—(Anaximander) ~atem naturae dixit esse e qua omnia gignerentur CIC.*Luc.*118.

infīnītē, *adv.* [INFINITVS+-E]

1 In general terms, without being specific.
si..est oratoris, quaecumque res ~ posita sit, de ea posse dicere CIC.*de Orat.*2.66; ~ de uniuerso genere quaerentis 3.109; referri oportere aut ~ de republica aut de singulis rebus finite GEL.14.7.9.

2 (sts. hyperb.) To an infinite extent in time, sequence, or sim., without limit. **b** in an infinite or very high degree.
ne ~ feratur ut flumen oratio CIC.*Orat.*228; partes, quae ~ secari ac diuidi possint *Ac.*1.27; superiora repetentem regredi ~ licet *Fat.*35; ~ tribuere potentibus quae cupitiantur..incendere possint BRUT.*ad Brut.*1.4.2; hoc ~ similiter susum uersum accidet PAUL.*dig.*22.3.28. **b** illi..supellectilem et uestem ~ concupiscenti CIC.*Parad.*49; (*w. compar.*) ut nos ~ (*v.l.* infinito) magis eadem illa audita quam lecta delectent QUINT.*Inst.*11.3.4.

infīnītiō¹ ~ōnis, *f.* [IN-¹+FINIO+-TIO] (dub.) A limiting rule.
cum antiqui..illam quasi ~onem (*s.v.l.*)..sanxerint, eos tantum surculos posse coalescere, qui sint..consimiles iis arboribus, quibus inseruntur COL.*Arb.*27.1.

infīnītiō² ~ōnis, *f.* [IN-²+FINITIO] Infinitude, boundlessness.
~o ipsa, quam ἀπειρίαν uocant CIC.*Fin.*1.21.

infīnītō, *adv.* [abl. of INFINITVS] To an infinite degree, indefinitely; very much, vastly.
quam et ipsam partem (assis) ~ separare possis MAECIAN. *iur.*39;—ex tempore coactus dicere ~ se antecedebat SEN. *Con.*3.pr.6; flammae ~ acrior uis est SEN.*Ben.*2.27.3; ~ plus QUINT.*Inst.*8.4.25.

infīnītus ~a ~um, *a. compar.* ~ior. [IN-²+pple. of FINIO] FORMS: compar. app. only in CIC.*Top.*33, 34.

1 Not specified, indefinite. **b** (rhet.) *quaestio ~a* (or sim.), a general question (Gk. θέσις) opp. a special case (Gk. ὑπόθεσις). **c** (gram.) indefinite; also, infinitive.
si esset 'denarii' in recto casu atque ~am multitudinem significaret VAR.*L.*9.85; sin cupiam nimis ~um uidetur, quod ita posui 'quacumque de re' CIC.*de Orat.*1.65; qua in lege est: 'qui coierit', quod quam late pateat uidetis. 'conuenerit'; aeque incertum et ~um est *Clu.*157; *Agr.*1.10; spem ~am persequi noluit *Deiot.*13;—(*log.*) si Chaldaei ita loquentur ut negationes ~arum coniunctionum potius quam ~a conexa ponant *Fat.*15. **b** altera quaestio ~a et quasi proposita consultatio nominatur CIC.*de Orat.*3.109; alterum (genus quaestionis) finitum temporibus et personis causam appello, alterum ~um nullis neque personis neque temporibus notatum propositum uoco *Part.*61; *Top.*79; QUINT.*Inst.*3.5.5; 10.5.11;—(*cf.*) de ~ae rei quaestione sine designatione personarum et temporum CIC.*de Orat.*1.138; quaestionem (appellant)..rem positam in ~a dubitatione 2.78. **c** multitudinis uocabula sunt unum ~um, ut Musae, alterum finitum, ut duae, tres, quattuor VAR.*L.* 9.64; partim sunt finita (articula), ut hic haec, partim ~a, ut quis quae 10.30;—'nostrum istud uiuere..'..cum ~o uerbo sit usus pro appellatione (Persius) QUINT.*Inst.*9.3.9; (*neut. as sb.*) omnia, quae e et o litteris fatendi modo terminantur, eadem, si in ~is e litteram media syllaba acceperunt,..productam habent 1.6.7.

2 Having no artificially imposed limit, unrestricted in scope, duration, etc.; *in* (*ad*) *~um, in ~o*, without restriction, to an unlimited extent. **b** (of power) unlimited, absolute; *iuridicus de ~o*, (app.) a magistrate with overriding authority.
agri Campani ~a possessio CIC.*Phil.*10.22; laudaturum me, si qui suo sumptu functus esset officio, concessurum, si legitimo, non permissurum, si ~o *Fam.*3.8.3; quod erat ~um, annuum feci *Leg.*3.18; in ~um ius..me obligas, cum dicis: 'et nostris'; itaque pone aliquem finem SEN.*Ben.*5.18; est..una (condemnatio) cum aliqua praefinitione..uel incerta est et ~a GAIUS *Inst.*4.51; si non sit adiectum (tempus) uidendum, ne ~am custodiam non debeat uenditor ULP. *dig.*18.6.4.2; (*of a speaker*) ut (senator) loco dicat, id est rogatus; ut modo, ne sit ~us CIC.*Leg.*3.40;—iurare..in ~um licet. sed an iudex modum iuriiurando statuere possit ..quaero ULP.*dig.*12.3.4.2; 44.4.4.17;—in ~o, uidelicet per quamlibet eius (*sc.* fundi) partem, ire agere licebit CELS.*dig.* 8.1.9;—siue proximi siue ulterioris gradus sint usque ad ~um GAIUS *dig.*23.2.53. **b** M. Antoni ~um illud imperium CIC.*Ver.*2.8; permittitur ~a potestas innumerabilis pecuniae *Agr.*2.33; ut uolitaretis..per regna omnia cum imperio summo, cum iudicio ~o 2.99; LIV.3.9.4; nec regibus ~a aut libera potestas TAC.*Ger.*7.1; PLIN.*Pan.*55.9;—M AELIO AVRELIO THEONI V C IVRID DE ~O PER FLAM ET VMBRIAM *CIL* 11.376.

3 Having no limit in space, infinite in size or extent. **b** (hyperb.) very large or extensive.
(Democritus) atomos..censet..in ~o inani..ferri CIC. *Fin.*1.17; nihil igitur cum habeat extremum, ~um sit necesse est *Div.*2.103; quod inane autem est finiri corpore cogit (natura), ut sic alternis ~a omnia (*i.e. the universe*) reddat LUCR.1.1011; (terra) fertur..semper: sed non apparet an cadat, quia ~um est, in quod cadit SEN.*Nat.*7.14. 4; APUL.*Pl.*1.5;—(*neut. sg. as sb.*) lineae..quae..eiectae in utramque partem in ~um non concurrunt BALB.*grom.* p.99La;—(*transf.*) non est uitiosum in re ~a praetermittere aliquid..formarum enim certus est numerus quae cuique generi subiciantur; partium distributio saepe est ~ior CIC. *Top.*33; ut..ab illa ~a (societate) discedatur, proprior est eiusdem gentis, nationis, linguae *Off.*1.53. **b** interualla ~a et immensa CIC.*Div.*2.91; uillarum..~a spatia TAC. *Ann.*3.53; (*cf.*) domusti gentis..multitudine innumerabilis, locis ~as CIC.*Marc.*8;—(*neut. sg. as sb.*) hinc camporum in ~um patentium fusa planities SEN.*Dial.*6.18.4; sunt specula, quae faciem prospicientium..in ~um augeant *Nat.* 1.15.8; abrupti in ~um hiatus 3.16.4.

4 Having no limit in time, of infinite duration. **b** (hyperb.) endlessly long, interminable; (neut. as pred.), (it is) an endless task.
an..ab iis et a principio omnia facta..sint et ad ~um tempus regantur CIC.*N.D.*1.2; omnia..debet, mortali corpore quae sunt, ~a aetas consumpse anteacta LUCR.1. 233; primordia rerum ex ~o iam tempore percita plagis 5.188; (indiuidua corpora) perpetuo ~am retinent in se soliditatem VITR.2.2.1;—(*neut. sg. as sb.*) multa..ex ~o uexantur percita plagis LUCR.1.1025; durat prope in ~um (memoria) QUINT.*Inst.*11.2.8. **b** illae ~ae crudelissimaeque de morte Oppianici quaestiones CIC.*Clu.*191; ne mea oratio..~a esse uideatur *Sest.*108; ~o labore suscepto CAES.*Gal.*6.43.5; persuasit homini se ~um aduersus regem suscepisse bellum NEP.*Dat.*10; singultus ~os PLIN. *Nat.*25.56; non..communes locos tradere destinamus, quod esset operis ~i QUINT.*Inst.*5.1.3; GEL.4.9.13; (*neut. sg. as sb.*) ne in ~um procedat disputatio nostra COL.5.3.9; siccatus (nucleus) durescit ad ~um PLIN.*Nat.*13.62;—itinera ipsa ita putaui esse demonstranda, non ut ipse dux essem quod et ~um est CIC.*de Orat.*1.203; *Ver.*41; *Fin.*5.5; ~um est, si singulos (uentos) uelim persequi SEN.*Nat.*5.17.5; (*w. inf.*) singillatim..de unius cuiusque incommodo dicere ~um est CIC.*Ver.*3.53; *N.D.*1.2.

5 Infinite in quantity or amount; (usu., hyperb.) very large in quantity or amount, considerable. **b** (w. plural sbs.) an infinite number of; (hyperb.) very many, innumerable. **c** (w. words denoting amount, size, or sim.) very large, immense.
ut, si cui sit ~us spiritus datus, tamen eum perpetuare uerba nolimus CIC.*de Orat.*3.181; semina quaedam esse ~o debebunt corporis auctu LUCR.2.482;—immensum atque ~um lucrum CIC.*Ver.*3.149; immensum quiddam et ~um est quod uobis debeamus *Red.Sen.*2; pecuniam ~am *Phil.* 5.5; in his immanibus iacturis ~isque sumptibus *Off.*2.56; equitatus ~us *B.Afr.*1.4; ~is..uectigalibus erat fartus (Mausolus), quod imperabat Cariae toti VITR.2.8.10; iuuentus ~a numero VELL.2.106.1;—(*neut. as sb.*) ut ab re p. potius moderata quam ab uno ~o sperarct PLANC.*Fam.*10.8.3; SEN.*Ben.*7.1.7; cum ad ~um operum pretia creuerint PLIN. *Nat.*34.5; (*w. gen.*) infra lunam haec sedes..~um ex superiore natura aeris, ~um terreni halitus miscens 2.102. **b** nisi erit minimum, paruissima quaeque corpora constabunt ex partibus ~is LUCR.1.616;—facta istius in his generibus ~a sunt CIC.*Ver.*2.118; qui sonos uocis, qui ~i uidebantur, paucis litterarum notis terminauit *Tusc.*1.62; pecunia..ex ~is rapinis confecta *B.Alex.*64.2; (uox) mouetur circulorum rotundationibus ~is VITR.5.3.6; pietatis exempla ~a..extitere PLIN.*Nat.*7.121; cum ~ae litium formae fuerint QUINT.*Inst.*7.pr.4. **c** spelunca quaedam.. ~a altitudine CIC.*Ver.*4.107; ~a uis lacrimarum et dolorum *Q.fr.*1.3.2; Xerxes..non ~o pondere auri contentus *Tusc.* 5.20; siluam esse..~a magnitudine CAES.*Gal.*6.10.5; uti ex ~a hominum multitudine pauci in oppidum se reciperent *B.Hisp.*4.2; ~um numerum annorum orbatus luminibus exegit (Appius) V.MAX.8.13.5; quibus modis ad hanc multitudinem ~am..legum peruentum sit TAC.*Ann.*3.25.

6 (of emotions, qualities, activities, etc.) Very great in degree, intense, extreme, boundless, etc.
~a causarum uarietate CIC.*de Orat.*1.16; ~am caedem fore, si restitissem *Pis.*78; cum serperet in urbe ~um malum *Phil.*1.5; sum in meo ~o maerore sollicitus *Att.*3.17.1; ~um odium tyranni *Tusc.*4.50; cum animum ~a quadam laude anteponerent corpori *Fin.*4.16; semper ~a et insatiabilis est (auaritia pecuniae) SAL.*Cat.*11.3; maximas ~asque parentibus ago..gratias VITR.6.pr.4; est ~a dulcedine (*sc. a river*) 8.3.7; Seleuci regis filius..nouercae..~o amore correptus V.MAX.5.7.ext.1; ~a est uelocitas temporis SEN.*Ep.*49.2; praecordiorum ~os habet dolores LARG.198; (emplastrum) dolorem..~a celeritate persanat 221; me..sermo iste ~a uoluptate adfecisset TAC.*Dial.*14.3; ut causas huius ~ae differentiae scrutetur 15.2;—(*w. cl.*) ~um quantum illo tempore cadentes pruinas congelat (luna) PLIN.*Nat.*18.277; —(*advl. acc.*) ~um interest, utrum excusso lacerto torqueantur an remissa manu effluant (tela) SEN.*Ben.*2.6.1; 2.34.4; ~um refert et lunaris ratio PLIN.*Nat.*16.190.

infīō: see INFIT.

infirmātiō ~ōnis, *f.* [INFIRMO+-TIO] Invalidation, rebuttal (of arguments); annulment (of laws, etc.).
iudicatio est, quae ex ~one rationis nascitur controuersia CIC.*Inv.*1.18; 2.64; defensionis..primum ~o causarum *Part.*119;—neque uero illa popularia sunt existimanda, iudiciorum perturbationes, rerum iudicatarum ~ones *Agr.* 2.10; (*transf.*) non potest..subsequi illa mutata ratio sine praecedentium ~one APUL.*Soc.*12.

infirmē, *adv.* *compar.* ~ius. [INFIRMVS+-E]

1 Not powerfully or effectively.
usus (myosotidis)..ad collectiones..item eadem omnia quae helxines, sed ~ius PLIN.*Nat.*27.24;—(*w. ref. to oratorical skill*) audis frequenter ut illud 'immodice et redundanter', ita hoc 'ieiune et ~e' PLIN.*Ep.*1.20.21.

2 Faint-heartedly, cravenly.
fulgura paulo ~ius expauescebat SUET.*Aug.*90.

3 Not soundly or dependably.
intellegebam socios ~e animatos esse et nouarum rerum exspectatione suspensos CIC.*Fam.*15.1.3.

infirmitās ~ātis, *f.* [INFIRMVS+-TAS]

1 Lack of strength, weakness. **b** (of men, etc., their limbs) want of robustness, frailness; (also of health, physique). **c** (spec.) ill health or an instance of it, sickness. **d** defencelessness; (esp.) lack of military strength or resources.
sarmentum propter ~atem sterile VAR.*R.*1.31.3; si uitio aedificii et ~ate factum esset ALF.*dig.*39.2.43; contra tempestates candido (grano) maxima ~as 18.87. **b** ad ~atem laterum perscienter contentionem omnem remiserat CIC.*Brut.*202; animi uiris corporis ~as non retardauit *Phil.* 7.12; tardior ei nauigatio propter ~atem corporis fuit LIV. 42.56.2; omnibus morbis obnoxia maxime ~as est CELS. 1.3.26; rostro..innititur leuioremque ita se pedum ~ati facit (psittacus) PLIN.*Nat.*10.117; Valentem e graui corporis morbo tum primum adsurgentem ~as tardabat TAC.*Hist.* 2.99;—(*meton.*) patiendum huic ~ati (*i.e. women*) est, quodcunque uos censueritis LIV.34.7.15; ~as (*i.e. young children*) a robustioribus separanda est QUINT.*Inst.*2.2.14;—propter ~atem ualetudinis non..potuit patris similis esse CIC.*Off.* 1.121; quos ad capiendam fugam naturae et uirium ~as impediret CAES.*Gal.*7.26.3; CURT.7.7.27. **c** proxima ~as mea..obligauit me..medico PLIN.*Ep.Tra.*10.11(6).1; SUET. *Tib.*72.2; me..~as..matris quiescere non sinit AUR.*Fro.*1. p.246(90N); ULP.*dig.*4.6.38.1;—(*pl.*) confecerunt me ~ates meorum, mortes etiam PLIN.*Ep.*8.16.1; OMIDIA BALISSA.. POST LONGAS ET VARIAS ~ATES HOMINIBVS EXEMPTA EST *CIL* 6.23457;—(*cf., of a part of the body*) ~ati oculorum, ut iubes, consulo PLIN.*Ep.*7.21.1. **d** fortunae uis in omnes et hominum ~as ostenditur CIC.*Inv.*1.106; LIV.30.31.6; —nobis..hac ~ate exercitus, inopia sociorum..certissimum subsidium est hiems CIC.*Att.*5.18.1; laborem insolitum propter ~atem suam reputabant TAC.*Hist.*2.16; CVM MVLTIS DIFFICVLTATIBVS ~ATEM VESTRAM PREMI INDICETIS *CIL* 2.1423.6.

2 Weakness in operation, lack of capacity, ineffectiveness, inadequacy, or sim.
(*of persons*) furentes (*sc.* milites) ~ate retinentis ultro accendebantur TAC.*Hist.*1.9;—(*of intellectual powers*) est et in ipsis rebus obscuritas et in iudiciis nostris ~as CIC.*Luc.*7; de quo quicquid detrahas, necesse est aut ~ati aut iniquitati adsignetur CAECIN.*Fam.*6.7.3; quantum nostra ualebit ~as, disseremus QUINT.*Inst.*1.pr.22; (Cassium) non ~ate ingenii nec inscitia litterarum transtulisse se ad aliud dicendi genus TAC.*Dial.*19.1;—(*of arguments*) uitiosa ratio est, quae ad expositionem non est adcommodata..propter ~atem *Rhet. Her.*2.35.

3 Weakness of character, want of steadfastness.
alterum (*sc.* parum cognosse) communi hominum ~ati.. est adtributum CIC.*Inv.*2.9; mulieres..propter ~atem consili maiores in tutorum potestate esse uoluerunt *Mur.*27; si quae minus antea propter ~atem aetatis constanter ab eo fieri uidebantur *Att.*16.5.2; ubi per socordiam uires.. diffluxere, naturae ~as accusatur SAL.*Jug.*1.4; in dolore ferundo ~as QUINT.*Inst.*7.3.34; inuidere et liuere et ceteris humanae ~atis uitiis adfici TAC.*Dial.*25.6; GEL.19.1.21.

4 (of abst. or concr. things) Weakness in resisting change, instability. **b** immaturity (of intellect). **c** unsoundness of character, unreliability.
quid adhuc habent ~atis nuptiae? TER.*Hec.*176;—propter nimiam ~atem uini eiusmodi, quod uix triginta diebus integrum permanebat COL.12.20.7. **b** non statim onerare ~atem discentium QUINT.*Inst.*1.2.27. **c** id quod mihi cum fide semel impositum est..propter ~atem animi deponere CIC.*S.Rosc.*10; Clodi absolutione leuitatem ~atemque iudiciorum perspexi *Att.*1.19.6; Caesar..~atem Gallorum ueritus, quod sunt in consiliis capiendis mobiles CAES. *Gal.*4.5.1.

infirmō ~āre ~āuī ~ātum, *tr.* [next+-O[3]]

1 To weaken physically (persons or things). **b** to deprive of military strength.
ingens terror erat, ne ex latere noua munimenta madore ~arentur SAL.*Hist.*4.16; aeris..in corpore naturalis compositio augendo aut minuendo ~at cetera VITR.1.4.6; aluus si uehementius fluit..hominem ~at CELS.2.12.1.B; finis.. eius fomenti est, donec ~ando offendat 7.26.5.C; longa.. diminutio..eo ~at illa (*sc.* saxa)..ut desinant esse oneri ferendo SEN.*Nat.*6.22.3; ~atis faucibus praeconis uoce ad populum contionatus est SUET.*Aug.*84.2. **b** qui..moras interponas quibus ~etur Brutus, melior fiat Antonius CIC. *Phil.*8.17; reliquas (legiones) promiscis militum commeatibus ~auerat TAC.*Ann.*15.9; Armeniam abscessu Vologesis ~atam 15.17.

2 To make faint-hearted, unnerve.
numquam ulla humilitas ingenium ~at bonum ACC.*trag.* 99; ne..animi suorum ~arentur FRON.*Str.*2.7.5.

3 To lessen the authority or effectiveness of. **b** to lessen or destroy the force of (an argument, contention, or sim.), refute, deny, etc.
(*persons*) numquam ille me opprimet consilio..numquam ingenio me suo labefactare atque ~are conabitur CIC.*Div. Caec.*44;—(*things*) si ulla ex parte sententia huius interdicti ..~ata sit *Caec.*38; tormenta gubernat dolor..corrumpit spes, ~at metus *Sul.*78; dubitans utrum morem gerat Leptae an fidem ~et filio *Att.*15.26.1; non hostiarum causam confirmas sortium similitudine, sed ~as sortes conlatione hostiarum *Div.*2.38; quid causam ~o dicendo? QUINT. *Decl.*281(p.146,l.1). **b** sententia quae ab aduersariis sit excogitata..contemnetur et ~abitur *Rhet.Her.*2.13; exemplum est, quod rem..confirmat aut ~at CIC.*Inv.*1.49; confirmare aut ~are testis, tabulas *de Orat.*2.119; suasori utrumque decendum est, dissuasori alterum ~are sat est *Part.*85; nec ea dico, quae si dicam tamen ~are non possis, te..in gratiam redisse cum Verre *Div.Caec.*29; quod in Gabinio fateris..id in me ~as..? *Dom.*126; hoc cum ~at tollitque Philo, iudicium tollit incogniti et cogniti *Luc.*18; sed nihil ~o; faueo quoque laudibus istis OV.*Ep.*16.127; dicendo tacere sese non tacet et ipsa professione quod profitetur ~at APUL.*Apol.*80.

4 To make void, annul, invalidate (actions, laws, etc.).
tu CN. Pompei beneficium..~are conaris..? CIC.*Balb.*51; Clodium sanxisse ut uix..posset..~ari sua lex *Att.*3.23.2; ut unam tollendo legem ceteras ~etis LIV.34.3.4; grauiter ferens aliquid a se factum ~ari VELL.2.2.2; cui ille fidem suam ~are noluit HYG.*Fab.*123.2; potest, ut iure facta testamenta contraria uoluntate ~entur GAIUS *Inst.*2.151; (furor) postea interueniens sponsalia non ~at *dig.*23.1.8. donationes..~antur per aes alienum ULP.*dig.*35.2.66.

infirmus ~a ~um, *a.* *compar.* ~ior, *superl.* ~issimus. [IN-[2]+FIRMVS]

1 (of things) Not strong, weak, fragile. **b** (of persons or animals, their limbs, etc.) not robust, frail; (also of a person's powers, time of life).
quo quaeque altiores, eo ~iores erant (scalae) LIV.26.45.2; quoniam is (*sc.* scalpellus) ~ior est CELS.7.26.2.N; ex duobus ramis ~ior amputandus est COL.5.9.6; (capitis ossa) ~issima esse ursis, durissima psittacis PLIN.*Nat.*11.132; sanguis.. cum ~am uerecundia cutem accipit, effunditur in roborem QUINT.*Inst.*11.3.78; si ~iora horum temporum templa credas, quia..marmore nitent TAC.*Dial.*20.7; (*w.* ad) ad sustinenda quae incidunt..~us (lacus) MELA 3.88; (*neut. pl. as sb.*) uulpes marinae..gluttiunt amplius usque ad ~a lineae, qua facile praerodant PLIN.*Nat.*9.145. **b** quod corpus facat ~ius (senectus) CIC.*Sen.*15; noua proles artubus ~is..ludit LUCR.1.260; erudit ~as ut sua mater aues OV.*Ars* 2.66; in luce habendus aeger, nisi ~us,..est CELS.3.4.4; ualidior (*sc.* anser) enecat ~um COL.8.14.9; facibus atris armat (umbra) ~as manus [SEN.]*Oct.*118; (*masc. as sb.*) facilius sanescit..ualens quam ~us CELS. 5.26.6; delegata..agrorum cura feminis senibusque et ~issimo cuique ex familia TAC.*Ger.*15.1; (*transf.*) ~o quatientes corpora motu..Parcae CATUL.64.305; si quod uerbum absurdius..aut ~ior littera istic erit, id tempori apponas AUR.*Fro.*1.p.78(61N); (*in fig. phr.*) duo corpora esse rei publicae, unum debile ~o capite, alterum firmum sine capite CIC.*Mur.*51;—(*of a person's powers, years, etc.*) nemo ..neque aetate tam adfecta neque uiribus tam ~is fuit *Ver.* 4.95; ~ae..fata senectae TIB.1.4.31; quod in alimenta ~ae aetatis, puta senioribus uel pueris puellisque, relictum fuerit PAUL.*dig.*30.122.

2 (of things) That is (are) in poor physical condition, in a bad state of repair, or sim. **b** (of persons) in poor physique; (esp.) in feeble health, unwell. **c** (of health) feeble, unsound.
~is nauibus hiemi nauigationem subiciendam non existimabat CAES.*Gal.*4.36.2; (uenatores) subruunt aut accidunt

arbores..huc cum se..reclinauerunt (*sc. elks*), ~as arbores pondere adfligunt 6.27.5. **b** ~us ex graui diuturnoque morbo CIC.*Phil.*8.5; 'adsidamus' inquam..'sane istuc quidem' inquit, 'sum enim admodum ~us' *Ac.*1.14; ~a.. corpora tecta et umbrae recreauerant LIV.25.26.15; Caesar, etiamsi ~issimus ualetudine erat, obibat munia ducis VELL. 2.70.1; (*cf. of plants*) arbores..quasdam ~as uitio loci nutriunt SEN.*Cl.*2.7.4;—hominem ~um in uillam apertam ..inuitare nolui CIC.*Q.fr.*2.8.2; ante ipse sufficiebam scribendis epistolis.., nunc occupatissimus et ~us.. AUG.in Suet.*Poet.*fr.40(p.45Re); ut tales esse sani perseueremus, quales nos futuros profitemur ~i PLIN.*Ep.*7.26.4; 9.13.22; sum..adhuc a cubito et ceruice ~us FRO.*Aur.*1.p.21(84N); sin (seruum)..neglegat ~um PAUL.*dig.*45.1.91;—(*of parts of the body*) (fons) ~o capiti..utilis, utilis aluo HOR.*Ep.* 1.16.14; Neapolim traiecit quanquam etiam tum ~is intestinis morbo uariante SUET.*Aug.*98.5. **c** processisset honoribus longius, nisi..~a..ualetudine fuisset CIC.*Brut.* 180; *Clu.*47; quom esset ~a ualetudine..aetatem egit in litteris *Leg.*2.3; SUET.*Jul.*81.4.

3 Deficient in military power, resources, or sim., weak.

(*of armies or sim.*) classis..~a propter dimissionem propugnatorum atque remigum CIC.*Ver.*5.86; eos qui restitissent ~os sine illo (*sc.* Catilina) ac debilis fore putabam *Catil.* 3.3; cornu sinisterius, quod erat ~ius GALBA *Fam.*10.30.4; si distrahemur, ~i erimus POMP.*Att.*8.12C.3; ~as legiones hostibus committere HIRT.*Gal.*8.26.2; Cassius, quo bono ualebat Marcellumque ~um esse sciebat, aggressus equitatu *B.Alex.*60.4; ~am et uix cohaerentem mediam aciem LIV. 5.38.2;—(*of cities, states*) alteri non magnis facultatibus, quod ciuitas erat exigua et ~a, celeriter quod habuerunt consumpserunt CAES.*Gal.*7.17.2; (Lacedaemonii) eos (*sc.* Athenienses) quam ~issimos esse uolebant NEP.*Them.*6.4.

4 Mild in operation, not drastic, intense, or sim.

(*of food*) opus est cibo ~o maximeque sorbitione CELS. 3.18.16; (cibus) esse debet ex ~issima materia et stomacho aptus 3.19.3; (*neut. pl. as sb.*) ex auibus colla..recte ~is adnumerantur 2.18.9;—(*of things affecting the senses*) ~i saporis uinum COL.*Arb.*3.7; spectantis oculos ~o lumine passus (sol) LUC.5.545;—(*of a passion*) si uehementior (furor) erit..si ~ior SEN.*Dial.*5.39.4.

5 Lacking in authority, effectiveness, or sim., powerless, ineffectual, etc. **b** (of a writer, his words, etc.) not forceful, feeble. **c** (of arguments) weak, inconclusive. **d** not binding in law, invalid.

(*of persons*) hominem e ciuitate, praesertim non inopem neque ~um, exturbare CIC.*Mur.*45; quid censes..facturum esse ipsum (*sc.* Caesarem)..cum haec quaestor eius ~us et inops audeat dicere? *Att.*7.8.5; ~issimi saepe potentissimis irascuntur SEN.*Dial.*3.3.2; QUINT.*Inst.*11.1.21;—(*leg.*) necesse est ~am esse personam, cui restitui oportet (hereditatem) *Decl.*325 (p.279,l.22); (*in respect of a claim*) ab eo, qui tempore prior fuit, ut ~iore dimittendus est (creditor) TRYPH.*dig.*49.15.12.12;—(*of abilities, resources, etc.*) ut ~a facultas oratoris uideatur *Rhet.Her.*4.27; me pro mea tenui ~aque parte..id maxime defendisse CIC.*S.Rosc.*136; haec.. apud Iunium parua et ~a et ipsius labore quaesita *Clu.*94; ut ~ae nequeant subsistere uires, incipiam tamen [TIB.] 3.7.2; famam..~issimum aduersus fortes uiros telum, contemnite CURT.4.14.13; gloria patris, in qua magnum ornamentum, gratia ~a PLIN.*Ep.*6.6.4;—(*of a remedy or its effects*) ad omnia ~ius album (mustum) PLIN.*Nat.*23.30; acini eius (*sc.* sabuci) ~iores quam reliqua; tingunt capillum .. 24.52; effectus eius (*sc.* pnigitidis) idem qui Cimoliae ~ior tantum 35.194; 36.145. **b** (affectus) tepet, quem melius ~us actor tacitis iudicum cogitationibus reliquisset QUINT.*Inst.*6.1.44; cauendum est ne decrescat oratio et fortiori subiungatur aliquid ~ius, ut 'sacrilego' 'fur' 9.4.23; imitator Thucydidi et ut multo ~ior, ita aliquatenus lucidior 10.1.74. **c** quae (*sc.* argumentationes) si separatim ac singulae dicantur, ~ae sint *Rhet.Her.*3.18; deprecatio, quod est ~um, sed non numquam utile CIC.*de Orat.*2.339; his de causis..condemnatus est..leuissimis et ~issimis *Clu.*91; ut hoc sit argumentum dementiae, ~um est QUINT.*Decl.*367 (p.402,l.7); firmam probationem..~am refutationem *Inst.* 5.10.57; quanam uerborum industria causa ~ior fieret fortior GEL.5.3.7. **d** uestrae cautiones ~ae sunt CIC.*Fam.* 7.18.1; id senatus consultum..prout potens uel inops reus inciderat, ~um aut ualidum TAC.*Hist.*2.10.

6 Lacking strength of purpose or will, not steadfast or resolute.

animus, qui dubiis rebus forsitan fuerit ~ior, desperatis confirmatus est CIC.*Fam.*5.21.3; *Amic.*75; uocibus et concursu terrentur ~iores CAES.*Civ.*1.3.5; quanto uos attentius ea agetis, tanto illis animus ~ior erit SAL.*Cat.*52.18; 'nulla mihi', inquam, 'religio est'. 'at mi: sum paulo ~ior, unus multorum: ignosces: alias loquor' HOR.*S.*1.9.71; ingenia natura ~a et muliebria SEN.*Dial.*2.10.3;—(*of an emotion*) ~o desiderio et muliebribus lamentis TAC.*Ag.*46.1.

7 Not resistant to change, unstable. **b** (of powers of judgement or sim.) not settled or mature; (of a time of life) not marked by stability of judgement. **c** of unsound character, untrustworthy.

(*of abstract things*) quom scirem ~as nuptias hasce esse TER.*Ph.*733; ne uideretur ~ior fides reconciliatae gratiae CIC.*Mil.*21; in re publica ~a misera commutabilique uersamur *Att.*1.17.8; non stabili sed ~a conflictari uita VITR.6. pr.2;—(*of material things*) quod ad permutationem seminum attinet, quibusdam ex his firmitas maior est..~iora autem sunt atriplici, ocimo PLIN.*Nat.*19.181. **b** qui eos gubernat animum eum ~um gerunt (pueri) TER.*Hec.*311; quod uitium (*i.e. irascibility*)..leuis esse animi atque ~i uidetur CIC.*Q.fr.* 1.1.37; nec de femina loquor, cuius ~ior sexus est QUINT. *Decl.*327(p.285,l.24); minuti semper et ~i est animi exiguique uoluptas ultio JUV.13.190; pupilli..ut ~um iudicium tutore auctore regitur GAIUS *dig.*40.2.25;—illud tempus aetatis quod ipsum sua sponte ~um, aliorum autem libidine infestum est CIC.*Cael.*10; *Luc.*8; in ~a aetate inbecillaque mente uis naturae quasi per caliginem cernitur *Fin.*5.43. **c** non uidit illud, satius esse ilium in infamia relinqui ac sordibus quam ~o iudicio committi CIC.*Att.*1.16.2; si.. utraque persona suspecta est aut tamquam ~a aut tamquam turpis ULP.*dig.*43.30.3.4.

infit, *intr.* [IN-[1]+FIO] PROS.: second syll. long in ENN.*Ann.*394. FORMS: *infio* cited from Varro (*G.L.*2.420); otherwise *infit* the only form attested.

1 (w. inf.) To begin (to do something).

~it ibi postulare plorans, eiulans PL.*Aul.*318; laudare ~it formam uirginis *Rud.*51; commutare animum quicumque adoritur et ~it LUCR.3.515; Venulus..ita farier ~it VERG.*A.* 11.242; SIL.12.67; APUL.*Apol.*77.

2 To begin to speak.

(*w. dir. sp.*) ~it 'o ciues..' ENN.*Ann.*394; adloquitur maerentem et talibus ~it: 'Rhaebe..' VERG.*A.*10.860; solio rex ~it ab alto: 'ante equidem..' 11.301; 12.10; tum ita Tullus ~it.. LIV.1.28.4; longis praefata ululatibus ~it.. STAT.*Theb.*6.137; ~it ad eum: 'quam olim..' APUL.*Met.* 2.13;—(*w. acc. and inf.*) ibi ~it se tertium et octogensimum agere LIV.3.71.6.

infiteor ~ērī. [IN-[2]+FATEOR; perh. coined to explain *infitias*] (See quot.)

~eri non fateri PAUL.p.112M.

infitiālis ~is ~e, *a.* [next+-ALIS] Consisting in denial, negatory.

aut ~is aut coniecturalis prima (quaestio) appelletur CIC.*Top.*92; quidam eundem (statum, *sc.* coniecturalem) a reo ~em esse dixerunt QUINT.*Inst.*3.6.15; 9.1.8.

infitiās, *f. acc. pl.* [IN-[2]+*fătos 'said' (Gk. φατός)+-IA] (only in phr. *~as ire*, w. acc., etc.): **a** To refuse to acknowledge as true, deny **b** to disown, repudiate; (esp. obligations or claims).

a (*w. acc.*) ire ~ mihi facta quae sunt PL.*Men.*396; hoc unum adiunxero, quod nemo ibit ~ NEP.*Ep.*10.4;—(*w. acc. and inf.*) neque ego ~ eo..tam sponsiones quam foedera sancta esse LIV.9.9.4; 10.10.8; SEN.*Dial.*2.3.1; neque ~ eo quasdam esse..materias ad solam compositas ostentationem QUINT.*Inst.*3.7.3; GEL.12.2.1;—(*w.* quin) nec eo ~ quin ea ..non sint proprie horum fontium FRON.*Aq.*72; GEL.2.26.7;—(*w. dir. sp.*) non ibo ~: aequitate quam sanguine..retinere parta maioribus malueram TAC.*Ann.*15.2;—(*ellipt.*) siquidem centiens hic uisa sit, tamen ~ eat PL.*Mil.*188; si hoc palam proferimus ille ~ ibit TER.*Ad.*339. **b** amicitiam, quae nobis cum Philota fuit,..non eo ~ CURT.7.1.26;—~ ire coepit filio, negare se debere tibi triobulum PL.*Bac.*259; si debes, cedo. fides seruanda est. ne ire ~ postules *Mos.* 1023; permittit praetor iusiurandum exigere 'non calumniae causa ~ ire' GAIUS *Inst.*4.172.

infitiātiō ~ōnis, *f.* [INFITIOR+-TIO] Denial (of a charge); repudiation (of a claim or liability).

intentio: 'occidisti Aiacem'. ~o: 'non occidi' *Rhet.Her.* 1.27; nostrae fere causae..plerumque ~one defenduntur CIC.*de Orat.*2.105; negationem ~onemque facti *Part.*102; qui accusatorem coniectura, reum ~one uti putauerunt QUINT.*Inst.*3.6.32; 8.pr.9;—praecludendae sunt excusationes ingratis, ad quas refugere non possint et sub quibus ~onem suam tegere SEN.*Ben.*7.16.2; *Dial.*4.9.4; nec..furtum est ipsa ~o (depositi), licet prope furtum est CELS.*dig.* 47.2.68(67).

infitiātor ~ōris, *m.* [next+-TOR] One who disavows a liability.

si ille ~or probasset iudici ante petitam esse pecuniam, quam esset coepta deberi CIC.*de Orat.*1.168; hosce..non tam milites acris quam ~ores lentos esse arbitror *Catil.*2.21; sollicitus, qualis esse ~or ac fraudulentus solet SEN.*Ben.* 3.17.4; MART.1.103.11; QUINT.*Inst.*7.2.50.

infitior ~ārī ~ātus, *tr.* Sts. written **inficior.** [INFITIAE+-O[3]]

1 To refuse to acknowledge as true, deny.

tu qui quae facta ~are PL.*Am.*779; non in crimine aliquo, quod ille posset ~ari CIC.*de Orat.*1.182; quod ~ari nullo modo potuerunt..id..confessi sunt *Tul.*1; concubitu prior est ~anda Venus OV.*Ars* 2.414; si adulescens..~atus est raptum, ut nuptias effugeret SEN.*Con.*7.8.9; rem manifestam ~ari augentis erat crimen PLIN.*Ep.*4.9.7;—(*w. acc. and inf.*) num aut scriptum neget aut contra factum ~etur CIC.*Part.*133; exercitatio dicendi, in qua me non ~or mediocriter esse uersatum *Arch.*1; LUCR.3.796; non est ~andum Hannibalem..praestitisse ceteros imperatores prudentia NEP.*Han.*1.1; id..consul laudare, quod initiatam se non ~aretur (Hispala) LIV.39.12.7; neque..~antur experimenta..esse necessaria CELS.1.pr.16; COL.4.28.2; QUINT.*Inst.*12.10.74;—(*ellipt. or absol.*) de pecuniis repetundis..neganda fere sunt omnia..; de sicariis..~ari necesse est CIC.*de Orat.*2.105; si, qui ~antem Lucium condemnarunt, Catilinam absoluerint confitentem *Tog.Cand.* fr.21; alii tormenta etiam ~antem perpessum adfirmant (Philoclem) LIV.40.55.7.

2 To disclaim knowledge of or responsibility for, disown, repudiate. (esp.) **b** (obligations or claims).

quae (*sc. defects in a commodity*) qui ~atus esset, dupli (*sc.* poenam) subiret CIC.*Off.*3.65; fama..decolor et factis ~anda tuis OV.*Ep.*9.4; progenies..haud ~anda parenti *Met.*2.34; magna meorum notitiam pars est ~ata mei *Pont.*4.6.42; Varro, Sophocleo non ~ande cothurno MART.5.30.1; ueterem non ~atus amicum dixisti 'meus est iste poeta..!' 9.84.7;—(*w. pred.*) nec tuus est genitor nos ~atus amicos, hortator studii..mei OV.*Pont.*1.7.27;—(*cf.*) uos quoque, Thespiadae, cur ~atus honora arcuerim fama? STAT.*Theb.*2.629. **b** qualis Q. Pompeius in foedere Numantino ~ando fuit CIC.*Fin.* 2.54; stabat opus: pretium rex (*i.e. Laomedon*) ~atur OV. *Met.*11.205; utrum turpius sit ~ari an repetere beneficium SEN.*Ben.*1.1.3; imperatorem ~antem quas promiserat praedas FLOR.*Epit.*1.17(1.22.2); si depositum non ~etur amicus si reddat..cum tota aerugine follem JUV.13.60; si legatum per damnationem relictum heres ~atur GAIUS *Inst.*2.282;—(*ellipt. or absol.*) qui petebat et qui ~abatur,..uterque quingenos aeris..deponebant VAR.*L.*5.180; quid, si ~atur (heres)? quid, si omnino non debet? CIC.*Q.fr.*1.2.10; quidam furtiue gratias agunt..; non est ista uerecundia, sed ~andi genus SEN.*Ben.*2.23.2; ~ari est depositum nolle soluere QUINT.*Decl.*245(p.4,l.10); cauetur, ut aduersus ~antem in duplum actio esset GAIUS *dig.*9.2.2.1.

3 (w. dat., in general) To withhold (from), deny (to).

nos te..~amur Auerno (*i.e. by deifying you*) STAT.*Theb.* 7.98; non ~amur honorem mortis..ego (*i.e. Capaneus*) uulneris auctor 9.557; eripere uis uitam quam dedisti: non ~abor CALP.*Decl.*24;—(*in pass. sense*) Capitolia (*i.e. the prize in the Capitoline games*) nostrae ~ata lyrae STAT.*Silv.* 3.5.32.

inflammanter, *adv.* [pple. of INFLAMMO+-TER[2]] In an inflammatory manner.

odium in Verrem..inpense atque acriter atque ~ facit (Cicero) GEL.10.3.13.

inflammātiō ~ōnis, *f.* [next+-TIO]

1 The action of setting ablaze. **b** (fig.) the kindling (of a person's mind).

excisionem, ~onem, euersionem, depopulationem CIC. *Har.*3; Caesaris furor atque Pompei..imperium quodam quasi diluuio et ~one corripuit FLOR.*Epit.*2.13(4.2.3). **b** poetam bonum neminem..sine ~one animorum exsistere posse CIC.*de Orat.*2.194.

2 (med.) Inflammation.

~o iocineris aut praecordiorum CELS.2.8.30; cum..~o se remisit 4.13.3; haec (*sc.* enhaema)..reprimunt ~onem 5.19.1.A; contra ~ones inlinuntur stomacho (purpureae uiolae) PLIN.*Nat.*21.130; 26.86; LARG.183.

inflammō ~āre ~āuī ~ātum, *tr.* [IN-[1]+FLAMMO]

1 To set on fire, ignite, kindle; (pass.) to be in flames. **b** to make fiery hot; (med.) to inflame.

Ceres..dicitur ~asse taedas iis ignibus qui ex Aetnae uertice erumpunt CIC.*Ver.*4.106; faces ad ~andam urbem comparare *Catil.*1.32; cum eadem lucerna hanc epistulam scripsissem qua ~aram tuam *Att.*8.2.4; ~asse templa *Leg.* 2.26; LUCR.1.477; uicos expugnant, ~ant tecta LIV.10.2.8; SEN.*Nat.*2.16; TAC.*Ann.*15.41; SUET.*Nero* 38.1; (*in fig. phr.*) non modo non restinctum bellum sed etiam ~atum uidetur CIC.*Fam.*11.12.1;—haec omnia uidi ~ari ENN.*scen.*97; iam diu ~ari Atridae nauis uidissent suas ACC.*trag.*14. **b** is.. animus..ex ~ata anima constat CIC.*Tusc.*1.42; cum sol nimiis caloribus ~arit uterum (*sc.* asini) APUL.*Met.*6.32;—ne linamentum quidem..relinquendum est: nam id quoque ~at CELS.5.26.23.C; adstringitur uesica, ideoque minus ~atur 7.26.5.B; folia tenera (lentisci) oculis ~atis illinuntur PLIN.*Nat.*24.43; 28.223.

2 (fig., esp. w. abl.) To set on fire with a passion, desire, or sim. (usu. expressed or implied), excite, inflame (a person or his mind). **b** to kindle, rouse (a feeling).

quo amore..~ati esse debemus in eius modi patriam CIC. *de Orat.*1.196; ~are animos audientium *Brut.*279; procedit iste..~atus scelere furore crudelitate *Ver.*5.106; in quos propter..crudelitatem ~atae mentes nostrae fuerunt *Dom.* 61; gloriam, ad quam a pueritia ~atus fuisti *Fam.*1.7.9; ~antur atque incitantur hostium animi secundo proelio HIRT.*Gal.*8.12.6; ~atus ira LIV.2.6.7; libertate ~atus animus V.MAX.6.2.10; non illum auarae mentis ~at furor SEN.*Phaed.*486; Alexandro..~ato cupidine animalium naturas noscendi PLIN.*Nat.*8.44; uirgo..petit ~ata (*i.e. with anger*) Saguntum SIL.2.514; qui..animas..eorum ~ent aut odii studio aut lucri GEL.2.12.6. **b** ab iratis si..beniuolentia petitur..augetur atque ~atur odium CIC.*Inv.*1.21; contionibus..inuidiam senatus ~are *Ver.*2; ~ato atque indomito furore *Dom.*141; quas (cupiditates)..praeda.. improbe parta..~at *Fin.*1.51; fortuna amorem peior ~at magis SEN.*Her.O.*358; scincos, contra uenena praecipuus antidotis, item ad ~andam uirorum uenerem PLIN.*Nat.*8.91.

inflātē, *adv. compar.* ~ius. [INFLATVS[1]+-E] In an inflated or exaggerated manner, bombastically.

haec ad eum latius atque ~ius Afranius perscribebat CAES.*Civ.*2.17.4; haec..ab ipsis ~ius commemorabantur 2.39.4; 3.79.4.

inflātiō ~ōnis, *f.* [INFLO+-TIO]

1 (med.) Distention of the stomach or intestines with gas, flatulence.

Pythagoricis interdictum..ne faba uescerentur, quod habet ~onem magnam is cibus tranquillitati mentis quaerenti uera contrariam CIC.*Div.*1.62; minima ~o fit ex uenatione, aucupio, piscibus CELS.2.26.2; SEN.*Nat.*5.4.2; si neglecta cruditas est..~o uentris..insequitur COL.6.6.3; ~onem..et profluuium alui..sentiunt (elephanti) PLIN. *Nat.*8.28; 27.135; ad coli ~onem bene facit cumini siluatici semen LARG.119; 173;—(*pl.*) ubi uenter suppressus parum reddit, ex eoque ~ones..increscunt CELS.1.3.25; Heraclides ad ~ones stomachi semen (anesi)..dedit PLIN.*Nat.*20.193; 26.55.

2 Expansion, swelling. **b** a convexity, bulge; a swelling (on the body).

(aqua) propter naturalem raritatem in se recipiens feruoris ualidam ~onem..spiritibus extollens operculum.. abundat VITR.8.3.3; artus..durat inflando (*sc.* aqua). igitur nerui ~one turgentes e longitudine contrahuntur 8.3.5; 10.7.2. **b** necesse est..(aquam) in medio ~onem curuaturamque habere, sed capita dextra ac sinistra inter se librata esse VITR.8.5.3;—(*on the body*) ~onibus in ea parte (*i.e. the anus*) sebum uituli (medetur) PLIN.*Nat.*28.216.

inflātus[1] ~a ~um, *a. compar.* ~ior. [pple. of INFLO]

1 Puffed out, swollen.
uxorem Fuluiam, cui altera bucca ~ior erat, acumen stili tentare dixit SUET.*Rhet.*29(p.125Re).

2 (transf.) Puffed up, conceited. **b** (of style) turgid, bombastic; (also, of speakers or writers).
~us et tumens animus in uitio est CIC.*Tusc.*3.19; iuuenis haud dubie ~ior redierat, subnisus erga se iudiciis senatus LIV.39.53.8; ponite ~os tumidosque uultus SEN.*Thy.*609; erit. .arbiter ~is non credulus, improbe, uerbis CALP.*Ecl.* 6.29. **b** grauis oratio saepe inperitis uidetur ea quae turget et ~a est *Rhet.Her.*4.15; cauendum est. .oratori . .amplo. .~um. .orationis genus CIC.*Brut.*202; SEN.*Suas.* 1.12;—~i somnia Callimachi PROP.2.34.32; QUINT.*Inst.* 12.10.16; quibus (Cicero) ~us et tumens nec satis pressus. . uideretur TAC.*Dial.*18.4; SUET.*Rhet.*26(p.123Re).

inflātus[2] ~ūs, *m.* [INFLO+-TVS[3]]

1 The action of blowing on (a musical instrument).
primo ~u tibicinis CIC.*Luc.*20; (*transf.*) oratori populi aures tamquam tibiae sunt; eae si ~um non recipiunt. . agitandi finis faciendus est *Brut.*192.

2 The inbreathing (of a deity), inspiration.
uis et natura quaedam quae. .aliquo instinctu ~uque diuino futura praenuntiat CIC.*Div.*1.12.

3 Expansion, swelling.
cum. .adesum ~u renouatumst iecur (*sc. of Prometheus*) CIC.*Tusc.*2.24(transl. Aeschylus).

inflectō ~ctere ~xī ~xum, *tr.* [IN-[1]+FLECTO]

1 To bend, curve (inwards). **b** (pass. or refl.) to become bent, curve; (often applied to topog. features). **c** to tilt, slant. **d** to bend or twist round.
bacillum aliud est ~xum. .de industria, aliud ita natum CIC.*Fin.*2.33; euhoe bacchantes, euhoe capita ~ctentes CATUL.64.255; cadit ~xo lapsa puella genu PROP.3.15.34; remis agere (ratem) et lentas ~ctere tonsas MAN.4.284; ~ctunt ramos. .ne subrecti umorem infestum excipiant PLIN.*Nat.*16.109; Licinio. .scimus accidisse mordenti tuber, ut deprehensus intus denarius primos dentes ~cteret 19.35; digitis leuiter ~xis QUINT.*Inst.*11.3.142; (*cf.*) agite equi. . cursu celeri facite ~xa (inflexu *codd.*) sit pedum pernicitas PL.*Men.*867;—(*transf.*) apud ipsum (*sc.* Philemonem). . argumenta lepide ~xa APUL.*Fl.*16. **b** cum ferrum se ~xisset (inflixisset *codd.*) CAES.*Gal.*1.25.3; mirum. .in eo flore ~cti cacumen PLIN.*Nat.*21.49;—ubi primum ex alto sinus ab litore ad urbem ~ctitur CIC.*Ver.*5.30; dein rursus ~xa (Ionia) cingit urbem Prienen MELA 1.87; (Pontus) donec angustos utrimque angulos faciat ~ctitur 1.102; quattuor atque triginta (montes). .theatrali modo ~xi PLIN.*Nat.*4.30; hic spatiosissimo xysto leuiter ~ctitur (gestatio) PLIN.*Ep.*9.7.4; (*cf.*) quas ripas ~xerat bis inrumpit (Rubrum mare) duosque. .sinus facit MELA 3.72. **c** ~xa defundit Aquarius urna Piscibus adsuetas. .undas MAN.1.272; per tris gyros ~xus ducitur orbis 1.675. **d** aurum in gemmis et in tunicis, ibi ~xam, hic intextum APUL.*Met.*2.2.

2 To cause to go in a different direction, turn (aside); to alter (a course). **b** (pass. or refl.) to change course; also, to turn round.
frater erat unus qui suo squalore uestros oculos ~cteret CIC.*Red.Pop.*8; uastae insidens beluae. .leui admonitu aut tactu ~ctit illam feram *Rep.*2.67; iaculum. .duro ~ctitur auro (*i.e. of a shield*) dissiluitque mucro *Ilias* 962; conuertit Varro manuque cornipedem. .~ctens. .inquit. . SIL.9.646; (*w. dat. of direction*) castris turmas ~xit ouantes 12. 572; (*in fig. phr.*) non placebat illi orationem ~ctere nec umquam recta uia decedere SEN.*Con.*1.pr.23;—(*a course*) duo genera siderum, quorum alterum. .nullum umquam cursus sui uestigium ~ctat CIC.*N.D.*2.49; ab his in Eoum mare cursus ~ctitur MELA 3.59; paulatim ~xit iter, tamquam circuitu maiore hostem adgressurus FRON.*Str.*1.5.13. **b** (*of a river*) aliquamdiu ad occasum ab oriente occurrens iuxta Dahas primum ~ctitur (Oxos) MELA 3.42; (*in fig. phr.*) argumentandi. .duo sunt genera, quorum alterum ad fidem derecto spectat, alterum se ~ctit motum CIC.*Part.*46; —(Pan) interdum ~xus medio nascentia tergo respicit. . ludibria caudae SIL.13.339.

3 To cause to turn from one's purpose, principles, mode of life, or sim., bend, change.
quod (*sc.* ius ciuile) neque ~cti gratia neque perfringi potentia. .possit CIC.*Caec.*73; ut corrigendus potius quam leuiter ~ctendus esse uideare *Mur.*60; magnitudinem. . animi tui. .ne umquam ~ctas cuiusquam iniuria *Fam.* 1.7.9; non luctus. .mulierum immanem eorum animum ~xit SAL.*Rep.*2.4.2; post fata Sychaei coniugis. .solus hic (*sc.* Aeneas) ~xit sensus VERG.*A.*4.22; desine iam tandem, precibusque ~ctere nostris 12.800; potuit. .fili obitu patris ~cti rigor V.MAX.5.8.3; lacrimis ~ctere patrem STAT.*Theb.* 8.715;—(*refl.*) simul atque. .se ~xit. .rex in dominatum iniustiorem, fit continuo tyrannus CIC.*Rep.*2.48.

4 To adapt, modify, alter.
cum ~xo immutatoque uerbo res eadem enuntiatur ornatius CIC.*de Orat.*3.168; primus ~xit orationem et eam mollem teneramque reddidit *Brut.*38; rex est creatus L. Tarquinius; sic enim suum nomen ex Graeco nomine ~xerat *Rep.*2.35; Triarius hoc (dictum) ex aliqua parte, cum subriperet, ~xit SEN.*Con.*10.5.20; medicus. .temptat non multum ex cotidiana consuetudine ~ctere SEN.*Dial.*3.6.2; datur Homero. .uocabula. .ad leuitatem uersus contrahere, extendere, ~ctere PLIN.*Ep.*8.4.4.

5 To modulate, inflect (the voice).
~xa ad miserabilem sonum uoce CIC.*de Orat.*2.193; uoces ~ctere cantu TIB.1.7.37; sonus. .nunc continuo spiritu trahitur in longum, nunc uariatur ~xo PLIN.*Nat.*10.81.

inflētus ~a ~um, *a.* [IN-[2]+pple. of FLEO] Not wept for, unmourned.
nos animae uiles, inhumata ~aque turba VERG.*A.*11.372; (saxum) quod regia Iuno flexit ad ignotum caput ~umque Monesi V.FL.6.651.

inflexibilis ~is ~e, *a.* [IN-[2]+FLEXIBILIS]

1 Impossible to bend, rigid.
cortex. .crassior ac detractus ~is PLIN.*Nat.*16.65; (*cf.*) dolorem (ceruicium) ~em (*i.e. cramp*) 28.192.

2 Unbending in temper or purpose, stubborn, inflexible.
dolorum ~em patientiam SEN.*Ep.*66.14; decreta, quae dant animis ~e iudicium 95.62; rigorem. .toruitatemque naturae duram et ~em PLIN.*Nat.*7.79; ~em obstinationem PLIN.*Ep.Tra.*10.96(97).3.

inflexiō ~ōnis, *f.* [INFLECTO+-TIO]

1 The action of bending or curving.
laterum ~one hac forti ac uirili CIC.*de Orat.*3.220; omnis . .orbis eorum (*sc.* siderum) quasi helicae ~one uertebat *Tim.*31.

2 Modification, adaptation.
reperta (uerba), quae. .facta sunt. .aut imitatione aut ~one aut adiunctione uerborum CIC.*Part.*16; (oratoris ipsius mores) exprimuntur. .~one sermonis si. .minuendi sui causa alia dici ab oratore alia existimari uidentur 22.

inflexus[1] ~a ~um, *a.* [pple. of INFLECTO]

1 Bent, rounded, curved; (of hair) wavy.
~i. .graue robur aratri VERG.*G.*1.162; ~o Berecyntia tibia cornu OV.*Fast.*4.181; Himantopodes ~i lentis cruribus MELA 3.103; nares paululum ~ae PETR.126.16; ferit et obliquo ictu et ~o (scorpio) PLIN.*Nat.*11.87; mammae (candidae hederae) rigentes, quae sunt ceteris ~ae 16.151; —habuit. .capillum leuiter ~um et subflauum SUET.*Aug.* 79.2.

2 (of a sound) Having a rise and fall in pitch, modulated.
natura uocis, cuius quidem e tribus omnino sonis, ~o acuto graui, tanta sit. .uarietas CIC.*Orat.*57.

inflexus[2] ~ūs, *m.* [INFLECTO+-TVS[3]] The winding or bending (of roads, rivers, etc.).
sic quasi amnis celeris rapit sed tamen ~u (*s.v.l.*) flectitur NAEV.*trag.*39;—(*dub.*) raedarum transitus arto uicorum ~u (in flexu *edd.*) et. .conuicia mandrae eripient somnum JUV.3.237.

inflīgō ~gere ~xī ~ctum, *tr.* [IN-[1]+FLIGO]

1 (w. dat., etc.) To knock or dash (against).
puppis. .~cta uadi dorso dum pendet iniquo VERG.*A.* 10.303; ingentem manibus tollit cratera duabus ~gitque uiro OV.*Met.*5.83; Gallo scipionem uehementi ictu capiti ~xit V.MAX.3.2.7; axibus axes ~cti STAT.*Theb.*6.456; mater. . imprudens angulo parietis costam ~xit AUR.*Fro.*1.p.196 (79N);—(*in fig. phrs.*) arripitur ab aduersario uerbum et. . in eum ipsum aliquid, qui lacessiuit, ~gitur CIC.*de Orat.* 2.255; quam. .grauiorem potuerunt rei publicae ~gere securim. .? *Planc.*70;—(*w.* in+*acc.*) ~cto in terram pede V.MAX.9.3.ext.3.

2 To inflict (wounds). **b** (penalties, misfortunes, or sim.). **c** (app. w. abl.) to afflict (with).
non. .centaurus ictus corpori ~xit meo CIC.*Tusc.*2.20 (transl. Sophocles);—(*in fig. phrs.*) quae meus discessus rei publicae uolnera ~xit *Pis.*32; *Phil.*2.101; (*cf.*) quod aut dignitati eius aut patrimonio aut corpori uulnus ~gas SEN. *Dial.*5.28.2. **b** ut mihi illa omnia. .gloriam dederint, tibi sempiternam turpitudinem ~xerint CIC.*Pis.*63; Alcibiaden quasi duae fortunae partitae sunt, altera, quae ei nobilitatem eximiam. .adsignaret, altera quae damnationem, exilium,. .uiolentam mortem ~geret V.MAX.6.9.ext. 4; eam (*sc.* fortunam) aduersas res cupido animo ~gere 7.1. intro.; seni septuaginta annos egresso insignem maculam ~gis FRO.*Amic.*2.p.184(197N); fuit. .consuetudo, ut intra certa tempora non inlatis usuris grauiores ~gerentur PAUL. *dig.*22.1.1. **c** qui patitur uxorem suam delinquere. . poena adulterum non ~gitur ULP.*dig.*48.5.2.3.

inflō ~āre ~āuī ~ātum, *tr.* [IN-[1]+FLO]

1 (of the wind, etc.) To blow on. **b** to introduce by blowing.
simul ac paulo uehementius aura ~arit, fluctus erexerit extuleritque LUCIL.999; noctilucam tollo, ad focum fero, ~o, anima reuiuiscit VAR.*Men.*292; optima siluarum,. . tonderis uiridis umbras nec. .iactabis mollis ramos ~antibus auris *Dirae* 29. **b** ei fabam coctam. .ex ore in eius (*sc.* palumbi) os ~ato CATO *Agr.*90; labris foramini aditus (*i.e. in a beehive*) admotis et ~ato spiritu COL.9.8.2.

2 To fill with air or wind, inflate, puff out, or sim. **b** (med.) to make flatulent.
age, iam ~a buccas PL.*St.*767; puleium aridum florescere brumali ipso die, et ~atas rumpi uesiculas CIC.*Div.*2.33; tumido. .~atur carbasus austro VERG.*A.*3.357; quin illis Iuppiter ambas iratus buccas ~et HOR.*S.*1.1.21; ita ~ati ui uenti coacti bullientes crebre per fontes egrediuntur (*sc. springs*) VITR.8.3.2; ~antur irritatis colla serpentibus SEN. *Dial.*3.1.6; uela secundis ~ata notis *Ag.*90; (Fortunata) ~at se tanquam rana PETR.74.13; nando traiciens uel innixus ~atis utribus SUET.*Jul.*57; (*in fig. phr.*) crescentem tumidis ~a sermonibus utrem HOR.*S.*2.5.98; (*neut. pl. of pple. as sb.*) intentionem aeris ostendent tibi ~ata nec ad ictum cedentia SEN.*Nat.*2.6.3;—(*pass. in middle sense, of the sea*) (mare) intumescit ~atumque altius solito iam intra se esse uentos fatetur PLIN.*Nat.*18.359. **b** qui tarde concocunt, et quorum ideo praecordia ~antur CELS.1.8.3; stomacho. . inutile est (anesum) praeterquam ~ato PLIN.*Nat.*20.195; ~antur intestina et uenti plurimum emittunt, qui biberunt (aconitum) LARG.188; (*cf.*) faba. .Pythagorei. .abstinere (iubent), quasi uero eo cibo mens, non uenter ~etur CIC. *Div.*2.119;—(*absol.*) cibi. .~antes et acres utiliores sunt CELS.4.19.3; COL.2.10.28; (*neut. pl. of pple. as sb.*) diu post has inflationes abstinendum est ab omnibus ~antibus CELS. 3.21.10.

3 To blow into, sound (a wind instrument); to produce (a note) by blowing. **b** to utter (words) with excessive breath. **c** (of a deity, etc.) to inspire.
prius quam in orchestra pythaules ~et tibias VAR.*Men.* 561; CIC.*Brut.*192; zephyri. .sibila. .agrestis docuere cauas ~are cicutas LUCR.5.1383; calamos ~are leuis VERG.*Ecl.*5.2; necdum etiam audierant ~ari classica *G.*2.539; inscienter a Graeco ~ata (tuba) LIV.25.10.4; (bucina) cecinit iussos ~ata receptus OV.*Met.*1.340; (*ellipt.*) simul ~auit tibicen, a perito carmen adnoscitur CIC.*Luc.*86; (*in fig. phr.*) oratores ueteres, quorum aut pauci aut. .nemo tubam ~at FRO. *Aur.*1.p.106(54N);—peritum hominem, qui ~aret celeriter eum sonum, quo illum (*sc.* C. Gracchum). .remissum excitaret CIC.*de Orat.*3.225. **b** nolo uerba exiliter exanimata exire, nolo ~ata et quasi anhelata grauius CIC.*de Orat.*3.41. **c** poetam natura ipsa. .quasi diuino quodam spiritu ~ari CIC.*Arch.*18; anhelitus quosdam fuisse terrarum quibus ~atae mentes oracla funderent *Div.*1.115.

4 To cause to swell, distend, bloat; (pass., of a river) to become swollen. **b** to swell, amplify (a sound). **c** to inflate (a price).
Silenum. .~atum hesterno uenas. .Iaccho VERG.*Ecl.*6.15; simul ac uenas ~auit taetra libido HOR.*S.*1.2.33; habent. . faecem, quae. .cum. .neruos attingit et artus, eos durat ~ando VITR.8.3.5; circa eum (locum) ~atae uenae quasi recuruantur CELS.5.28.2.A; (bupestris) ~at totum corpus in speciem hydropici LARG.190; corpora non robore sed ualetudine ~antur QUINT.*Inst.*2.3.9;—Volturnus amnis ~atus aquis LIV.23.19.4; 40.33.2. **b** summittitur aliquid, deinde augetur, extenuatur, ~atur, uariatur, distinguitur CIC.*de Orat.*3.102; illa sunt. .plura genera, leue asperum, contractum diffusum. .flexo sono extenuatum ~atum 3. 216. **c** locatio uectigalium, quae calor licitantis ultra modum solitae conductionis ~auit PAUL.*dig.*39.4.9.

5 To fill with conceit, puff up, elate.
animos eorum habentia ~arat QUAD.*hist.*61; Mithridatem insolita ~atum uictoria continuit CIC.*Man.*45; unguentis adfluens. .puteali et faeneratorum gregibus ~atus *Sest.*18; homines ~ati opinionibus *Off.*1.91; *B.Alex.*65.3; exanimat lentus spectator, sedulus ~at HOR.*Ep.*2.1.178; hic euentus. .~auit ad intolerabilem superbiam animos LIV.45.31.3; ille, qui se laetis rebus non ~auit SEN.*Dial.* 12.5.5; res Graiae ductorque parens. .~abant ueteri praecordia fama SIL.4.360; iracundus (testis) concitari, ambitiosus ~ari. .potest QUINT.*Inst.*5.7.26; SUET.*Nero* 37.3; APUL. *Apol.*18.

influō ~uere ~uxī ~uxum, *intr.* [IN-[1]+FLVO]

1 To flow in; (esp. of rivers, the sea, or sim.).
uentriculum cordis. .in quem sanguis a iecore per uenam illam cauam ~uit CIC.*N.D.*2.138; uti. .quantum aquae caldae exierit, ~uat de frigidario in tepidarium VITR.5.10.1; stabula sic ordinentur, ne quis umor ~uere possit COL.1.6.5; uascula. .sensim. .~uentibus uel etiam instillatis complentur QUINT.*Inst.*1.2.28; (*cf.*) aether. .leuissimus aerias super ~uit auras, nec liquidum corpus turbantibus aeris auris commiscet LUCR.5.501; (*in fig. phr.*) ex illa lenitate, qua conciliamur eis, qui audiunt, ad hanc uim acerrimam, qua eosdem excitamus, ~uat oportet aliquid CIC.*de Orat.*2.212; —(*of rivers, etc.*) qua Anio ~uit in Tiberim VAR.*L.*5.28; ut non adluantur mari moenia extrema, sed ipse ~uat in urbis sinum portus CIC.*Ver.*5.96; in flumine Ligere, quod ~uit in Oceanum CAES.*Gal.*3.9.1; 4.10.2; huc Lycus. .~uit et crebro uertice tortus Halys OV.*Pont.*4.10.48; aut sterilis annus aut fertilis est, prout ille (*sc.* Nilus) magnus ~uxit aut parcior SEN.*Nat.*4a.2.2; Colapis in Saum ~uens PLIN.*Nat.*3.148; ab ea parte, qua faucibus angustissimis ~uit mare FRON. *Str.*1.5.7; (*w. dat.*) Maeander. .antequam sibi ~uat, flectitur SEN.*Ep.*104.15.

2 (of persons) To enter in great numbers, stream in. **b** (of wealth, gifts) to pour in.
Marius. .~uentis in Italiam Gallorum maximas copias repressit CIC.*Prov.*32; Phryges qui sub Aenea, Arcades qui sub Euandro duce ~uxerant FLOR.*Epit.*1.1(1.1.9); tunc ~uunt turbae sacris diuinis initiatae APUL.*Met.*11.10; (*w. dat.*) ~uxit Italiae inaudita multitudo (*sc. the Cimbri*) [QUINT.]*Decl.*3.13; (*in fig. phr.*) quodsi quando cum ~uentibus negotiis paria fecisti PLIN.*Pan.*81.1. **b** quibus ex possessionibus rusticis ~uunt fructus VITR.1.2.9; desperandum est, posse nobis casu tantum bonum ~uere SEN.*Ep.* 50.5; quis ~uentis dona fortunae abnuit? *Thy.*536.

3 (of words, ideas, etc.) To sink in, penetrate; (also, of a speaker).
nihil tam facile in animos teneros. .~uere quam uarios canendi sonos CIC.*Leg.*2.38; qui dolor. .menti lenissimus ~uit aegrae *Epic.Drusi* 395; (eloquentia) hoc primum habitu (*i.e. poetry*). .in illa casta. .pectora ~uxit TAC.*Dial.* 12.2; doctrinas philosophiae, cum in hominem falsum. . ~uxissent. .corrumpi GEL.17.19.4;—quibus blanditiis C. Papirius nuper ~uebat in auris contionis CIC.*Amic.*96; *Off.*2.31.

infodiō ~odere ~ōdī ~ossum, *tr.* [IN-[1]+FODIO]

1 To place in the earth, bury, inter. **b** to cause (weapons or sim.) to sink in.
sarmenta. .concidito minute et ibidem. .~odito CATO *Agr.*37.3; taleae pedem longae ferreis hamis infixis totae in terram ~odiebantur CAES.*Gal.*7.73.9; corpus. .procul ab eo loco ~oderunt, quo erat mortuus NEP.*Paus.*5.5; ipsis unguibus ~odiunt fruges VERG.*G.*3.535; corpora. .multa uirum terrae ~odiunt *A.*11.205; uiuentis animas. .~odit busto LUC.6.530; maiore. .miraculo, quod ~ossi durauerint (libri) PLIN.*Nat.*13.85; STAT.*Theb.*4.458; (*hyperb.*) quos in imo, ubi illud malum uirus (*i.e. gold*) latitat, ~odit (auaritia) SEN.*Nat.*5.15.4. **b** excogitata sunt aurium uulnera, nimirum quoniam parum erat. .manibus gestari (*sc. jewels*), nisi ~oderentur etiam corpori PLIN.*Nat.*12.2; aper, penitus cui non ~ossa cerebro uulnera STAT.*Theb.*8.533; saxum. . perfractae cassidis aera ossibus ~odiens SIL.10.237.

2 To produce (a cavity) by digging; to dig a hole in, excavate (a site).
(canis) ipsa ~odiens uncis uestigia plantis mandit humum

GRAT.238; ~ossi lacus Signino consternuntur, qui receptam pluuiatilem contineant COL.9.1.2;—campestris locus alte duos pedes et semissem ~odiendus est 3.13.8.

informātiō ~ōnis, *f.* [INFORMO+-TIO[1]] Formation (of an idea), conception.
unius uerbi imagine totius sententiae ~o CIC.*de Orat.* 2.358; πρόληψιν..id est anteceptam animo rei quandam ~onem *N.D.*1.43; habebam..in animo insitam ~onem quandam dei 1.100.

informīdātus ~a ~um, *a.* [IN-[2]+pple. of FORMIDO[1]] Not apprehended, not feared.
hinc tacite nitens ~us adire ductor Dardanius SIL.15.241.

informis ~is ~e, *a. compar.* ~ior. [IN-[2]+FORMA+-IS]

1 Having no definite or regular shape, formless, featureless, or sim. **b** (of an abstract idea, institution, or sim.) not having a material form. **c** bodiless, disembodied.
iacet aggeribus niueis ~is..terra VERG.*G.*3.354; alueos ~es, nihil dummodo innare aquae..possent curantes, raptim..faciebant LIV.21.26.9; cum in hunc habitum ex ~i unitate discederet (mundus) SEN.*Nat.*3.30.1; simulacra..deorum arte carent caesisque extant ~ia truncis LUC.3.413; hi (*i.e. bear-cubs*) sunt candida ~isque caro PLIN.*Nat.*8.126; (templa) non rudi caemento et ~ibus tegulis exstruuntur TAC.*Dial.*20.7; effigies..Neronis ad ~e aes liquefacta *Ann.*15.22; APUL.*Pl.*1.5; (*poet.*) speciosa uocabula..quae..nunc situs ~is premit et deserta uetustas HOR.*Ep.*2.2.118; —(*w. ref. to landscape*) quis..Germaniam peteret, ~em terris..tristem cultu aspectuque, nisi si patria sit? TAC.*Ger.*2.2;—(*w. ref. to oratorical style*) sunt..horridi et inpoliti et rudes et ~es *Dial.*18.1. **b** conformatio est..cum res muta aut ~is fit eloquens *Rhet.Her.*4.66. **c** sensit Psyche diuinae prouidentiae beatitudinem monitusque, uoces ~es audiens APUL.*Met.*5.3.

2 Ugly, unsightly. **b** (esp. w. abl.) made ugly, disfigured.
nec sum adeo ~is: nuper me in litore uidi, cum placidum uentis staret mare VERG.*Ecl.*2.25; timor ~em ducet in ore notam PROP.1.5.16; genus (canis) exiguom et pudeat, quam ~e, fateri GRAT.258; capillorum natura uel arte iacentium non ~is habitus SEN.*Dial.*4.35.3; nihil est illis (*sc.* metallis), dum fiunt et a faece sua separantur, ~ius *Ep.*94.58; CALP. *Ecl.*2.84;—(*cf.*) (serpens) ~i dape..repletus SIL.6.160. **b** ~es uoltus sparsamque cruore nefando canitiem (*i.e. of the murdered Cicero*) CORN.SEV.*poet.*13.16; albis ~em spectabant ossibus agrum HOR.*S.*1.8.16; ~em multa Patroclon harena PROP.2.8.33; ~es dominarum sanguine peltae STAT. *Theb.*12.528.

3 Unseemly, degrading.
nodum ~is leti trabe nectit ab alta VERG.*A.*12.603; Sex. Papinius..~em exitum delegit, iacto in praeceps corpore TAC.*Ann.*6.49; sors mea ut mihi ~is, sic tibi magnifica est 12.37.

infōrmō ~āre ~āuī ~ātum, *tr.* [IN-[1]+FORMO]

1 To give a shape to, fashion, form.
quarta hebdomade..caput et spina (*sc. of a foetus*)..~atur VAR.in Gel.3.10.7; his ~atum manibus iam parte polita fulmen erat VERG.*A.*8.426; 8.447; sarmentis conexus uelut funis ~abitur COL.2.2.10; (areae) sic ~andae sunt, ut..11.3.13; (Iuno) effigiem (*i.e. a phantom Scipio*) ~at Latiam SIL.17.524; (*of the material*) si..nunc ~et Martem castamque Mineruam (cera) PLIN.*Ep.*7.9.11(*poet.*2.3);—(*w.* in+*acc.*) caput Gorgonis eis ostendi omnesque ab humana specie sunt ~ati in saxum HYG.*Fab.*64.3.

2 To give an outline or plan of, sketch (in words).
quid uideretur analogia in oratione.., ut breui potui ~aui VAR.*L.*10.79; in summo oratore fingendo talem ~abo qualis fortasse nemo fuit CIC.*Orat.*7; 85; neque..multa uerba faciam, propterea quod..ab illo qui tum dixit iam ~ata causa est *Quinct.*34; tanta erat in illis crudelitas..ut non nominatim sed generatim proscriptio esset ~ata *Att.*11.6.2; neque..sapientem ~amus neque Stoicorum comitem TAC. *Dial.*31.7; QUINT.*Inst.*1.pr.22.

3 To form in the mind (ideas, esp. rough ones); to form an idea of (something), imagine.
petitorum haec est adhuc ~ata cogitatio CIC.*Att.*1.1.2; quattuor modis ~atas in animis hominum putat deorum esse notiones *N.D.*3.16; (*cf. sense 4*) haec (*sc. virtues*) disciplinis ~ata alia moribus confirmarunt, sanxerunt autem alia legibus *Rep.*1.2;—omnium..inanium uisorum una depulsio est, siue illa cogitatione ~antur..siue per insaniam *Luc.*51; turbam congregat..deorum..ita ignotorum ut eos ne coniectura quidem ~are possimus *N.D.*1.39; *Div.*2.138.

4 To mould (a person, his mind) by instruction.
ad eum quem uolumus incohandum et ea demum eloquentia ~andum CIC.*Orat.*33; eis artibus quibus aetas puerilis ad humanitatem ~ari solet *Arch.*4; animus bene ~atus a natura *Off.*1.13.

inforō ~āre ~āuī ~ātum, *tr.* [IN-[1]+FORO] To bore into.
timebant prisci truncum findere, mox ~are ausi medio ipsique in eo medullae calamum imprimebant PLIN.*Nat.* 17.102;—(*obsc., in punning allusion to* forum) licetne ~are, si incomitiare non licet?—non ~abis me quidem PL.*Cur.* 401.

infortūnātus ~a ~um, *a. superl.* ~issimus. [IN-[2]+FORTVNATVS] Unfortunate.
homo miser atque ~us PL.*Bac.*1106; CAECIL.*com.*169; o ~um senem! TER.*Eu.*298; ~issimae filiae miserrimus pater APUL.*Met.*4.32.

infortūnitās ~ātis, *f.* [IN-[2]+FORTVNA+-TAS] Unluckiness, misfortune.
itidem sunt bona et mala, felicitas et ~as, dolor et uoluptas GEL.7(6).1.5.

infortūnium ~(i)ī, *n.* [IN-[2]+FORTVNA+-IVM] Misfortune, trouble; (often euphem. applied to blows, punishment).
quid istuc est mali?—ne rogites, maxumum ~ium est PL.*Mer.*165; tua me ~ia laedent HOR.*Ars* 103; saeuissimo somnio..cumulatur ~ium meum APUL.*Met.*4.27; 5.12;—ne tibi hercle hau longe est os ab ~io PL.*Bac.*595; dignus hercle es ~io *Cist.*239; *Mil.*865; si nec recte dicis nobis diues de summo loco, diuitem audacter solemus mactare ~io *Poen.* 517; istic ~ium, qui praefestinet, ubi erus adsit, praeloqui *Rud.*118; tetigin tui quicquam?—si attigisses, ferres ~ium TER.*Ad.*178; NOV.*com.*39; ni pareat patri, habiturum ~ium esse LIV.1.50.9.

infrā[1], *adv.* [contr. form of abl. fem. sg. of INFERVS] FORMS: *infera CIL* 1.1529; for compar. see INFERIVS[1].

1 To or at a lower position, below. **b** further along a coast or towards the mouth of a river, downstream or down channel; (also, of what is conventionally considered as below) southwards. **c** lower down on a page, in a list, or sim. **d** below the surface. **e** (of position at table) to the right.
ramum tenerum ~ praecidito CATO *Agr.*133.3; sub pedibus quaecumque ~ per inane geruntur LUCR.3.27; ut..dilapsa est (nix), per nudam ~ glaciem..ingrediebantur LIV.21.36.6; haec uiscera proxuma sed ~..posita..sunt CELS.4.1.4; ornamentum abaci nec non et paruulus ~ cantharus JUV.3.204;—(*w.* quam) ipsius (*sc.* stomachi)..partes eae quae sunt ~ quam id quod deuoratur dilatantur CIC.*N.D.*2.135; Tellus..paulum subsedit et ~, quam solet esse, fuit OV.*Met.*2.277; si ~ quam rami fuere praecidatur (abies) PLIN.*Nat.*16.123;—(*w. ref. to a southerly quarter of the heavens*) (Libra) animo complexa est Scorpion ~ MAN.2.502;—(*w. ref. to the underworld*) non seges est ~, non uinea culta, sed audax Cerberus TIB.1.10.35. **b** onerariae duae..portus capere non potuerunt et paulo ~ delatae sunt CAES.*Gal.*4.36.4; magno..numero iumentorum in flumine supra atque ~ constituto *Civ.*1.64.5; alium ~ nauibus accessum petere LIV.29.27.9; Anien..~que superque saxeus hic tumidam rabiem..ponit STAT.*Silv.*1.3.20; PLIN.*Ep.*8. 8.6;—an mare quod supra memorem, quodque adluit ~? VERG.*G.*2.158; gentis..quas Doricus alligat intus Isthmos et alterno quas margine submouet ~ STAT.*Theb.*2.183. **c** ut ~ apparebit, is locus maxime lubricus est VAR.*L.* 10.7; deinde paulo ~: 'saepe quaesiui' inquit CIC.*Tusc.*3. 42; exemplum ~ scriptum est SAL.*Cat.*34.3; LARG.269; MILITES ~ SCRIPTI *CIL* 6.3559;—(*cf., in a table of affinity*) primo gradu (cognationis) sunt supra pater mater. ~ filius filia GAIUS *dig.*38.10.1.3. **d** flumina natas exhalant nebulas, nec sol admittitur ~ OV.*Met.*13.603; fere..fit, ut ea tunica..tota exeat, ~que ulcus purum sit CELS.5.28. 12.N; effodere riuos, quaeque in aperto grauia, humum ~ moliri (legiones) TAC.*Ann.*11.20. **e** discubuere:..in summo Antonius et ~ scriba Sertorii Versius SAL.*Hist.*3.83.

2 Later, afterwards.
Ciceronis temporibus paulumque ~ QUINT.*Inst.*1.7.20; 'frunisci' rarius quidem fuit in aetate M. Tulli ac deinceps ~ rarissimum GEL.17.2.5.

3 Beneath the reach (of the senses).
omnis enim longe nostris ab sensibus ~ primorum natura iacet LUCR.2.312; prorsum latet haec natura..nec magis hac ~ quicquam est in corpore nostro 3.274.

4 Lower in degree, size, etc.; inferior in quality.
alter (crocodilus) illi similis, multum ~ magnitudine PLIN.*Nat.*28.108; (amplificatio) augendo.., quod est ~, necesse est extollat id, quod superpositum est QUINT.*Inst.* 8.4.9;—celsior ille gradu..; sed non et uiribus ~ Tydea fert animus STAT.*Theb.*1.415; uix Tiberio concedere, liberos eius ut multum ~ despectare TAC.*Ann.*2.43.

infrā[2], *prep.* [prec.] CONST.: w. acc.

1 To or at a lower level than, below. **b** downstream from. **c** below the surface of, within. **d** (of position at table) to the right of (from the point of view of those eating). **e** (of what is conventionally considered below, app.) south of.
oppidum..inter duas fluuias ~ Vessuuium conlocatum SIS.*hist.*53; is non modo ex numero uiuorum exturbatur, sed, si fieri potest, ~ etiam mortuos amandatur CIC.*Quinct.* 49; *Red.Pop.*10; ~ arcem caesi captique multi mortales LIV. 4.61.7; ~ solis surgentia cursus..sidera MAN.1.373; nec..sinus uestis..~ genua descendit CURT.6.5.27; ut luna ~ terram sit PLIN.*Nat.*15.62; manum..demitti ~ pectus uetant QUINT.*Inst.*11.3.112; se traiecit..~ laeuam papillam SUET. *Otho* 11.2;—(*transf.*) res humanas despicere atque ~ se positas arbitrari CIC.*Tusc.*3.15; haec (*sc. arguments*) ut ~ fiduciam posui (*i.e. to prop it up*) fraudauique animum dissidentem PETR.100.2. **b** transeunt Rhenum..triginta milibus passuum ~ eum locum CAES.*Gal.*6.35.6; LIV. 32.30.5; (Tiberis) ~ Arretinum Clanim..quadraginta fluuiis auctus PLIN.*Nat.*3.54. **c** ut hamo summa tunica adprehendatur, ~ id scalpellus incidat CELS.6.6.9.c; coercebat..~ (*v.l.* intra) sese uiolentias effrenati doloris GEL. 12.5.3. **d** illam ~ eum accubantem negasse umquam uidisse quemquam securi ferientem LIV.39.43.3; CURT. 8.1.28; SUET.*Cal.*24.1. **e** ut una pars (classis) supra Ephesum, altera ~ Ephesum nauigaret CIC.*Flac.*32.

2 After, later than.
si quidem non ~ superiorem Lycurgum fuit (Homerus) CIC.*Brut.*40.

3 Lower than (in number, size, degree, or sim.). **b** too small for the grasp of (the senses). **c** falling short of (a target).
(uri) sunt magnitudine paulo ~ elephantos CAES.*Gal.* 6.28.1; erant quinqueremes..decem, reliquae (naues) ~ hanc magnitudinem *B.Alex.*13.5; senem se perfunctumque et me ~ aetatem filii etiam sui posuit LIV.28.43.5; paeninsulae..latitudo nusquam ~ duo iugera PLIN.*Nat.*6.18; quae hunc numerum pedum excessere terrestria..non ~ duodenos habent 11.259; (datur) prout cuiusque uires postulabunt, dummodo ~ hoc pondus LARG.121; VENAM ~ QVINOS DENOS PEDES EX VTROQVE LATERE A CVNICVLO QVAERERE..NE LICETO *Lex Vip.*40(*Font.iur.*p.295); si res ~ mille asses erat GAIUS *Inst.*4.16;—(*transf.*) quid dicam..non inuenio: omnia ~ indignationem uerba sunt SEN.*Apoc.*10.2. **b** quoniam primordia tantum sunt ~ nostros sensus LUCR.4.112. **c** non minus non seruat modum, qui ~ rem quam qui supra, qui adstrictius quam qui effusius dicit PLIN.*Ep.* 1.20.20.

4 Inferior to (in rank, quality, or sim.). **b** submissive or subject to.
te ego esse ~ infimos omnis puto homines TER.*Eu.*489; horum (poetarum) uel secundis uel etiam ~ secundos CIC. *Orat.*4; quamuis ~ Lucili censum ingeniumque HOR.*S.*2.1.75; est tibi non ~ speciem..Theiodamanteo proximus ardor Hylae PROP.1.20.5; humillimus adsentator reginae et ~ seruos cliens VELL.2.83.1; non tantum ~ se cum declamaret sed infra multos erat SEN.*Con.*3.pr.7; in..Armenia nascitur large (laser), sed multo ~ Cyrenaicum PLIN.*Nat.*19.40; multum ~ hunc sucum est qui in Gallia fit ex herba chamelaea 25.79; (*cf.*) conferant se..Sullae, Pompei..~ Pallantis laudes iacebunt PLIN.*Ep.*8.6.2. **b** neque Neroni ~ seruos ingenium, et Pallas tristi adrogantia..taedium sui mouerat TAC.*Ann.*13.2.

5 Beneath the dignity or notice of, degrading to, etc.
uir..magno animo..~ se omnia humana ducens CIC.*Fin.* 3.29; id quidem ~ grammatici officium est QUINT.*Inst.*1.7.1; sunt..humilia (uerba) ~ dignitatem rerum 8.2.2; quae quidem (*sc.* inuidia), ut omnia mortalia, ~ tuam magnitudinem iacet TAC.*Ann.*14.54; nihil ~ se putabat, nisi quod ~ consulem esset PLIN.*Pan.*76.7; abstulit uirtus parricidium, et facinus ~ gloriam fuit FLOR.*Epit.*1.1(1.3.6).

infractiō ~ōnis, *f.* [INFRINGO+-TIO] Breaking, subduing (of a person's spirits).
cadere in eundem timorem et ~onem quidem animi et demissionem CIC.*Tusc.*3.14.

infractus ~a ~um, *a. compar.* ~ior. [pple. of INFRINGO] In senses of vb., esp.:

1 (of speech) Broken, disjointed.
almae nutricis blanda atque ~a loquela LUCR.5.230; (*neut. pl. as sb.*) ~a et amputata loquuntur et eos uituperant qui apta et finita pronuntiant CIC.*Orat.*170.

2 (of expression) Lacking in manly vigour, mincing, effeminate.
solebat dulces sententias dicere, frequentius tamen praedulces et ~as SEN.*Suas.*7.12; ut aliquando inflata explicatio uigeret, aliquando ~a et in morem cantici ducta SEN.*Ep.* 114.1; cum uocem eius (*sc.* nimis delicati diuitis) ~am capillumque arte compositum..uideret GEL.3.5.2.

3 Humble or subdued in tone.
oratio (tyranni) fuit summissa et ~a LIV.38.14.9; duobus..filiis spoliatus..oratione nulla ex parte ~iore contionatus est V.MAX.5.10.ext.1; in locis ac descriptionibus fusi ac fluentes, in epilogis plerumque deiecti et ~i (sumus) QUINT. *Inst.*9.4.138.

infrāforānus ~a ~um, *a.* [INFRA+FORVM+-ANVS] Situated or dwelling below the forum.
COLLEGIVM MARTENSIVM ~VM *CIL* 9.1685.

infragilis ~is ~e, *a.* [IN-[2]+FRAGILIS]

1 Unbreakable, indestructible.
si uox ~is, pectus mihi firmius aere OV.*Tr.*1.5.53; adamanta, rarum opum gaudium, ~em omni cetera ui et inuictum PLIN.*Nat.*20.2.

2 (of the spirit) Unbreakable, inflexible, unyielding.
~em..animum, quod potes, usque tene *Epic.Drusi* 354; ~is animi rigor SEN.*Dial.*7.9.4.

infremō ~ere ~uī, *intr.* [IN-[1]+FREMO] To set up an angry cry, roar, bellow.
substitit ~uitque ferox (aper) VERG.*A.*10.711; Minoia frustra ~uit manus V.FL.1.707; Aeacides..~uit STAT.*Ach.* 1.855; immane sub ira ~uit leo SIL.11.245;—(*poet.*) ense uelut stricto quotiens Lucilius ardens ~uit, rubet auditor JUV.1.166; (*of war*) nec bellum raptis tam dirum mille carinis acrius ~uit SIL.3.230;—(*w. cogn. acc.*) uasto graue murmur hiatu ~uit (leo) LUC.1.210.

infrēnātus ~a ~um, *a.* [IN-[2]+FRENATVS] Not using a bridle.
equites frenatos ~osque LIV.21.44.1; SIL.4.314.

infrendō ~ere, *intr.* [IN-[1]+FRENDO] To gnash the teeth (usu. in anger).
lauit inde cruorem dentibus ~ens gemitu VERG.*A.*3.664; —(*in anger*) impauidus partis cunctatur in omnis dentibus ~ens 10.718; linquit Calydonius heros concilium ~ens STAT.*Theb.*2.477; ac simul ~ens: 'siste hunc, uesane, furorem..' 5.663; 9.446; murmure anhelo ~ens (leo), laceros inter spatiatur aceruos SIL.2.688; 12.636; (*w. dat. of person*) Tydea..lacessere telo saepius ~entem aliis aliosque sequentem ausus erat STAT.*Theb.*8.579.

infrēnis ~is ~e, *a.* ~**us** ~a ~um. [IN-[2]+FRENVM+-IS, -VS]

1 (of a horse) Not reined.
α illum ~is equi lapsu tellure iacentem (obtruncat) VERG. *A.*10.750.

2 (transf., of persons, activities, etc.) Unrestrained.
α quorum lingua tam prodiga ~isque sit, ut fluat semper GEL.1.15.17. β hinc Gaetulae urbes, genus insuperabile

bello, et Numidae ~i cingunt VERG.*A*.4.41; ~o uolitare per aethera cursu passus equos COL.10.215; te..~os componere legibus Argos STAT.*Theb*.2.180.

infrēnō ~āre ~āuī ~ātum, *tr.* [IN-¹+FRENVM+-O³]

1 To put a bridle or harness on (a horse); (transf.) to moor (a boat).

non stratos, non ~atos magna pars habebant equos LIV. 37.20.4; [QUINT.]*Decl*.13.8; (*cf.*) ~ant alii currus VERG.*A*. 12.287;—pluribus ancoris nauigia ~ant PLIN.*Nat*.9.100.

2 To curb, restrain (a person, his passions, etc.).

iram ~es ACC.*trag*.15; horum alterum sic fuisse ~atum conscientia..fraudum suarum ut..nullam sit ad senatum litteram mittere ausus CIC.*Pis*.44; (echenais) ~at impetus et domat mundi rabiem nullo suo labore PLIN.*Nat*.32.2.

infrēnus: see INFRENIS.

infrequens ~ntis, *a. compar.* ~ntior, *superl.* ~ntissimus. [IN-²+FREQVENS]

1 (of places, meetings, etc.) In or at which few people are present, not busy or crowded; (of districts) thinly populated. **b** (of a body of men) not having its full complement of members, below strength; (of military posts or sim.) not properly manned. **c** (of persons) present only in small numbers, not in force.

in paruis atque ~ntibus causis ab ipsa re est exordiri saepe commodius CIC.*de Orat*.2.320; ~nti uia per desertam partem urbis LIV.24.46.3; in iis aluis, quae paucitate plebis ~ntes sunt COL.9.14.13;—(*of districts*) Auentinus..quae pars non longinqua nec ~ns est GEL.13.14.4; (*neut. pl. as sb.*) peruectus Chalcidem, paulo ante lucem, qua ~ntissima urbis sunt, paucis militibus turrim proximam..cepit LIV. 31.23.4; (*cf.*, *w. abl.*) altera pars (urbis) ~ns aedificiis erat 37.32.2. **b** pridie Idus, cum Appius senatum ~ntem coegisset CIC.*Q.fr*.2.10.1; copiae hoc ~ntiores.., quod multi Galliae tot bellis defecerant CAES.*Civ*.3.2.3; plebem..~ntem in foro propter aedificandi curam LIV.6.5.5; ~nti agmine porta egressus 33.15.8; ~ntibus infidisque legionibus TAC. *Hist*.4.56; apud ~ntem senatum *Ann*.6.12; (*of a slave-owner*) de mancipiis quod mihi polliceris, ualde te amo et sum quidem, ut scribis, et Romae et in praediis ~ns CIC. *Q.fr*.3.9.4;—(*of military posts, etc.*) palatos per agros cum uidisset hostes, stationes ~ntes relictas LIV.7.37.12; cum.. ~ntia deserantur signa 8.34.10; 27.47.9. **c** Samnites praeda impediti, ~ntes armati LIV.10.20.10; ad sinistram portam ~ntis uidet; ea secundae legionis..hastatos..induct 34.15.6; 43.10.4.

2 (of persons) Not regular or assiduous (in attendance, etc.); (mil.) absent without leave.

parcus deorum cultor et ~ns HOR.*Carm*.1.34.1; seniores amicos duos..~ntes iam in regia..arcessit LIV.40.8.4; potius..~ns amicus esse quam frequens adsentator FRO. *Aur*.2.p.230(235N); non ~ns Plauti lector GEL.3.3.4;—decreuit senatus, uti ea legio,..tota ~ns referretur FRON. *Str*.4.1.46; miles cum die, qui prodictus est, aberat neque excusatus erat, ~ns notabatur GEL.16.4.5; PAUL.*Fest*. p.112M; (*w. gen. of respect*) te tribuni rei militaris ~ntem tradiderunt *Rhet.Her*.4.37; (*cf.*, *in fig. phr.*) numquam amatoris meretricem oportet caussam noscere, quin, ubi nil det, pro ~nte eum mittat militia domum PL.*Truc*.230.

3 (of words, etc.) Of uncommon occurrence, unusual, infrequent. **b** (of a person, w. gen.) not conversant (with).

~ns uerbum proferre uelut spinam calcare deuito VAR. fr.125(GS); quae tam ~ntis uocabuli ratio esset GEL.2.22.2; 'necessitas'..pro iure officioque obseruantiae adfinitatisue ~ns est 13.3.4; ~ns est hoc interdictum ULP.*dig*.43.32.1.2;—(*cf.*) laudabo..deos ~ntes quidem a laudibus, uerum in usu..humano frequentissimos, Fumum et Puluerem FRO. *Aur*.1.p.44(213N). **b** non usque eo..~ns sum uocum Latinarum..ut hanc ignorem..interpretationem GEL.13. 25.4.

infrequentia ~ae, *f.* [prec.+-IA] Insufficient numbers, paucity (of persons); depopulated condition (of a place).

inrepsit (*sc.* in senatum) summa ~a CIC.*Q.fr*.3.2.2; nec agi quicquam per ~am poterat senatus LIV.2.23.12; consules relicti a parte populi per ~am comitia nihilo segnius perficiunt 7.18.10; circumspecta ~a militis TAC.*Ann*.14.33;—cum..~a eius (*sc.* aluearis) alio examine replenda est COL. 9.11.1; ueterani Tarentum et Antium adscripti non tamen ~ae locorum subuenere TAC.*Ann*.14.27.

infricō ~āre ~uī ~ātum, *tr.* [IN-¹+FRICO] To rub (medicaments) in or on. **b** to subject (an affected part) to rubbing.

si quando..sanguis eruperit, ~anda medicamenta esse CELS.7.7.15.K; ad ultimum cum iam cicatricem ducunt, fuligo ~atur COL.6.16.2; (sucus) coxendicum dolores (tollit), cum oleo si ~etur PLIN.*Nat*.20.15; panace poto et ~ato 26.89; 30.108;—(*w. dat.*) pondo quadrantem amphoris singulis ~ato COL.12.30.2; gingiuarum tumori ~atus (sal) PLIN.*Nat*.31.100. **b** dentes mobiles confirmat cerebri cornus cinis..siue ~entur siue colluantur PLIN.*Nat*.28.178.

infrīgescō ~īgescere ~ixī, *intr.* [IN-¹+FRIGESCO] To grow cold, cool down.

cum ~ixit (*sc. a mixture*), catapotia ex eo fiunt CELS.5. 25.4.B.

infringō ~ingere ~ēgī ~actum, *tr.* [IN-¹+FRANGO]

1 To break, crush, shatter, or sim. (in or on). **b** to snap (the fingers). **c** to bend, refract. **d** (w. internal acc.) to deal (a shattering blow). **e** (transf.) to break up, make disjointed (sentences or sim.).

apri tela ~acta suo tingentes sanguine LUCR.5.1328; ~acta luctatur harundine telum eripere VERG.*A*.12.387; ~actis omnibus hastis LIV.40.40.7; ~ingere uestes OV.*Met*. 9.208; (uinum) uel polenta adiecta uel ~acto pane CELS. 4.18.4; uinea cum accipit..uuarum pondus ~ingitur COL. 4.26.4; siluas Arabum pastu caprarum ~ingi PLIN.*Nat*. 12.74; ~acta est uulnere ceruix V.FL.6.199; (*in fig. phr.*) est..haec saeculi quaedam..labes, uirtuti inuidere, uelle ipsum florem dignitatis ~ingere CIC.*Balb*.15;—(*w.* in+*acc.*) optumo iure ~ingatur aula cineris in caput PL.*Am*.fr.4;—(*w. dat.*) limina dura, quibus lumbos..~egi HOR.*Epod*.11.22; genibus (*sc. of Atlas*)..tumens ~ingitur unda V.FL.5.411. **b** ~actis manibus congemuit (cinaedus) PETR.23.2; ~ingere articulos QUINT.*Inst*.11.3.158. **c** te negas ~acto remo neque columbae collo commoueri CIC.*Luc*.79; remi, cum sint sub aqua directi, tamen oculis ~acti uidentur VITR. 6.2.2; Scipio..corpus mouebat ad numeros, non molliter se ~ingens SEN.*Dial*.9.17.4; radii..terram in medium undique inpellunt, iidem ~acti resiliunt PLIN.*Nat*.2.103; (folia) pinguia et ad terram ~acta 27.133;—(*w. dat.*) carmina monstrat Chironis ducitque manum digitosque sonanti ~ingit citharae (Achilles) STAT.*Ach*.1.575. **d** plus quingentos colaphos ~egit mihi TER.*Ad*.200; PLIN.*Nat*.8.130. **e** si in extremo breuiora sunt (membra), ~ingitur ille quasi uerborum ambitus CIC.*de Orat*.3.186; sunt..qui..~ingendis concidendisque numeris in quoddam genus abiectum incidant uersiculorum simillimum *Orat*.230; Argentarius in quae solebat schemata minuta tractationem uiolentissime ~egit SEN.*Con*.9.2.22.

2 To deprive of vigour, weaken, impair. **b** to temper, mitigate (something extreme). **c** to make subdued (the voice). **d** to reduce, diminish (value, price, etc.).

illa (*sc.* Venus) potest magnas heroum ~ingere uires PROP.1.14.17; nec nocet auctori, mollem qui fecit Achillem, ~egisse suis fortia facta modis OV.*Tr*.2.412; iam reliquias aetatis ~actae contemnebam SEN.*Ep*.102.2; poena et latebris ~acto Liuius aeuo SIL.15.648; perfidiam meditanti ~ingere exercitus uirtutem inter artis erat TAC.*Hist*.2.99; ceterorum fides metu ~acta 3.42; auras..non..acres et immodicas, sed spatio ipso lassas et ~actas PLIN.*Ep*.5.6.14; nec aut spatio ualetudinis aut metu mortis ~actus est (uigor animi) 5.16.5. **b** post ~actum calorem plenus somnus uenit CELS.3.7.2.C; nondum me committo frigidae uerae, adhuc rigorem eius ~ingo SEN.*Ep*.67.1; quare..uere iam frigore ~acto grando cadat *Nat*.4b.4.1; hac ratione difficultas adcliuitatis ~ingitur COL.2.4.10; per gradus (*i.e. successive generations*) ~acta feritate 6.37.4. **c** uidemus.. pallorem..exsistere toto corpore et ~ingi linguam uocemque aboriri LUCR.3.155; in epilogis nos..uocem..~ingere et uoltum deicere SEN.*Con*.7.4.6. **d** Galbam et ~acta tributa hostilis spiritus induisse TAC.*Hist*.4.57; cum..agri pretium necessitas uectigalis ~egerit PLIN.*Ep*.7.18.4.

3 To break, crush (a person's power, influence, etc.). **b** to break the power of.

cum..Drusi..tribunatus pro senatus auctoritate susceptus ~ingi iam debilitarique uideretur CIC.*de Orat*.1.24; non..integra re sed certe minus ~acta *Att*.9.10.8; ne noster honos ~actae cedat fama loco VERG.*A*.7.332; hoc.. proelium Samnitium res ita ~egit LIV.8.39.10; ~acto rei publicae statu V.MAX.1.1.10; cupientibus cunctis ~ingi potentiam matris TAC.*Ann*.14.1; 14.52; FORTVNA ~ACTA TER ME FESSVM RECREASTI *CIL* 9.60. **b** Turnus ut ~actos aduerso Marte Latinos defecisse uidet VERG.*A*.12.1; Tigranen..regem eius temporis, nisi qua Luculli armis erat ~actus, potentissimum VELL.2.37.2; resistentis..Germanico aut Druso posse a se mitigari uel ~ingi TAC.*Ann*.1.47.

4 To force (a person) to modify his attitude, cause to relent, etc; to relax (one's mood, expression). **b** to weaken or break (the spirits or resolution); also, to weaken the resolution of.

nec Iouis imperio fatisque ~acta quiescit (*sc.* Iuno) VERG.*A*.5.784; humili..deos ~inge precatu STAT.*Ach*.1.144; in statua diu..mens ~ingenda est, ut similitudo ueritatis animam habere uideatur AGEN.*agrim*.p.37;—mota quidem est genetrix ~actaque constitit ira OV.*Met*.6.627; durior.. chalybe uoltus..rictus meos ~egit et lacrimam expulit SEN. *Her.O*.1274; nos uirtutem auximus, barbari ferociam ~egere TAC.*Ann*.11.19. **b** ~acto animo propter magnitudinem calamitatis CIC.*Red.Pop*.19; quibus nihil ~actus ferox Appi animus cum insuper saeuire uellet LIV.2.59.4; 38.16.14; triginta..tyranni Socraten circumsteterunt nec potuerunt animum eius ~ingere SEN.*Ep*.28.8; TAC.*Ann*.4.28;—(Regulus) par tantae calamitati fuit; nam nec Punico carcere ~actus est nec legatione suscepta FLOR.*Epit*.1.18(2.2.23).

5 To make (an action, etc.) ineffective, foil. **b** to invalidate, render null and void. **c** to dash (hopes).

~actus furor tuus inanis faciebat impetus CIC.*Dom*.64; quod conatus aduersariorum ~egissent CAES.*Civ*.2.21.1; ut primus excursus uisque militum ~ingeretur 3.92.2; ~actas.. minas dilato Marte fatigat SIL.7.125; metu repetundarum ~acta auaritia est TAC.*Ann*.15.21; ~egit..impetum iam manum ad capulum referentis 15.58. **b** neque fas Tiberio ~ingere dicta eius (*sc.* Augusti) TAC.*Ann*.1.77; nec ~ingendum consulis ius 4.19; tametsi neque liberatio tutoris neque uoluntas patris..tutoris officium ~ingat ULP.*dig*.26.7.5.8; utrum datio in utriusque persona ~ingitur 34.5.10(11); testimonio suo ~ingere..testamentum PAUL.*dig*.34.9.5.15. **c** non est cur..spes ~ingatur aut languescat industria CIC. *Orat*.6; cui spes ~ingere dulce inimicis, Fortuna uenit STAT.*Theb*.6.691.

infriō ~āre ~āuī ~ātum, *tr.* [IN-¹+FRIO] To crumble (ingredients) in or on. **b** (w. abl.) to powder (with).

eos (*sc.* globos) melle unguito, papauer ~ato, ita ponito CATO *Agr*.79; VAR.in Non.p.220M; superfuso..aceto uel aeris rubigine ~ata COL.7.5.12;—(*w.* in+*acc.*) ~ato quam minutissime in amurcam caldam CATO *Agr*.95.2; CELS.4.7.5; —(*w. dat.*) (rutam) dederunt et cum bitumine ~atam potioni PLIN.*Nat*.20.140. **b** cinere facto e ficulneis lignis ~andum (apes) paulo plus caldo quam tepidiore VAR.*R*.3.16.37.

infrons ~ndis, *a.* [IN-²+FRONS¹] Leafless, having no trees or foliage.

agri ~ndes OV.*Pont*.4.10.31.

infructuōsus ~a ~um, *a.* [IN-²+FRVCTVOSVS]

1 (of plants) Unfruitful, barren; (also, of land).

mali generis et ~a uinea COL.*Arb*.6.5; fiunt uero quaedam (*sc. trees*) loci uitio ~a PLIN.*Nat*.16.111; FRO.*Aur*.2.p.84 (154N);—praedium hereditarium uxor ~um rationi suae existimans uendidit SCAEV.*dig*.31.89.7.

2 Fruitless, unprofitable; (app. also) having evil results.

post quam diem sera et ~a fit eiusmodi rerum cultura COL.11.2.32; laudem inanem et ~am consequuntur TAC. *Dial*.9.1; diu ~am et asperam militiam tolerauerant *Hist*. 1.51; ~ae preces PLIN.*Ep*.8.23.6; tua..tempora meis quoque orationibus legendis occupare non inutile tibi arbitraris neque ~um FRO.*Aur*.1.p.302(105N);—mitte istam epistulam ~am..haec est quae matrem tuam excaecauit SEN. *Con*.7.4.9.

infrūnītus ~a ~um, *a.* [IN-²+pple. of FRVNISCOR] Stupid, silly.

~a et antiqua est (femina), quae nesciat matrimonium uocari unum adulterium SEN.*Ben*.3.16.3; nec iactabit illas (*sc.* magnas opes) nec abscondet—alterum ~i animi est, alterum timidi *Dial*.7.23.3; PAUL.*Fest*.p.92M.

infūcō ~āre ~āuī ~ātum, *tr.* [IN-¹+FVCVS+-O³] To smear with paint (in quot., transf.).

in dictis non aurium solum, sed animi iudicio etiam magis ~ata uitia noscuntur CIC.*de Orat*.3.100.

infula ~ae, *f.* [dub.] N.B.: normally pl. in prose; sg. regular in verse *metri gratia*, also in FRON.*Str*.1.12.5.

1 A woollen headband knotted at intervals with ribands (*uittae*): **a** (worn as a sign of priesthood). **b** (worn by sacrificial victims). **c** (worn or otherwise displayed as a sign of supplication or submission). **d** (hung in doorways, etc., to mark a religious ceremony).

a praesto mihi sacerdotes Cereris cum ~is ac uerbenis fuerunt CIC.*Ver*.4.110; nec te..labentem pietas nec Apollinis ~a texit VERG.*A*.2.430; 10.538; collegium..fratrum arualium..cuius sacerdotii insigne est spicea corona et albae ~ae SAB.*iur*.14; qui..ea mala, quibus alii opprimuntur, euertit, ipsas miserias ~arum loco habet SEN.*Dial*.12.13.6; *Ep*. 14.11; crines..candida Phocaica conplectitur ~a lauro LUC.5.144; STAT.*Theb*.6.331;—(*in fig. phrs.*) his insignibus atque ~is imperi uenditis (*sc.* agris) quibus ornatam nobis maiores nostri rem publicam tradiderunt CIC.*Agr*.1.6; (Thebais) uotifera..meos suspendit ab arbore uittas. nunc uacuos crinis alio subit ~a nexu (*i.e. the Achilleid*) STAT.*Silv*. 4.4.93. **b** ~a uirgineos circumdata comptus LUCR.1.86; stans hostia ad aram, lanea dum niuea circumdatur ~a uitta VERG.*G*.3.487; claris insignibus uelut ~is uelatos ad mortem destinari LIV.2.54.5; OV.*Pont*.3.2.74; *CIL* 11.1420. **c** inermes cum ~is se porta foras uniuersi proripiunt CAES. *Civ*.2.11.4; uelata ~is ramisque oleae Carthaginiensium occurrit nauis LIV.30.36.4; 44.26.3; mox uelamenta et ~as pro muris ostentant TAC.*Hist*.3.31; (*fig.*) quo secessu quosdam fugeris aut quibus ~is misericordiae permulseris, ne alienis malis..laetentur..? V.MAX.4.7.ext.2. **d** non.. ~a..in geminos discurrit candida postes (*i.e. at a wedding*) LUC.2.355.

2 (transf., app.) Some kind of coloured strip.

Pamphilum..nescio quem sinamus in ~is tantam rem (*i.e. the divisions of rhetoric*) tamquam puerilis delicias aliquas depingere CIC.*de Orat*.3.81.

infulātus ~a ~um, *a.* [prec.+-ATVS²] Adorned with a woollen headband.

'~as hostias', quod uelamenta his e lana quae adduntur, infulae VAR.*L*.7.24; alterum..pueris tradidit, uerbenatum ~umque..per uicos agerent, quoad praecipitaretur ex aggere SUET.*Cal*.27.2; BOS..ET OVIS ATRI INFVLIS CAERVLIS ~I DIIS MANIBVS EIVS MACTENTVR *CIL* 11.1420.

infulciō ~cīre ~sī ~tum, *tr.* [IN-¹+FVLCIO] To push or cram in; (esp. transf.).

mori inedia destinanti per uim ore diducto ~ciri cibum iussit SUET.*Tib*.53.2;—quaeris quid huic epistulae ~serim SEN.*Ep*.24.22; ut aliud quoque, de quo non quaeris, ~ciam 106.5; non desinit omnibus locis hoc uerbum ~cire 114.19.

infumās: see INFIMAS.

infūmō ~āre ~āuī ~ātum, *tr.* [IN-¹+FVMO] To expose to smoke, smoke-dry.

non ~are taleas aut siccare prius, quam serantur, utilius compertum PLIN.*Nat*.17.130; ~ata pilis oculorum (axungia medetur) 28.139; 28.176; 28.225.

infumus: see INFIMVS.

infundibulum ~ī, *n.* **infid-.** [next+-BVLVM] FORMS: *infidibulum* regular in CATO *Agr*. A funnel for pouring liquids. **b** (in a mill) a hopper.

uasa olearia instructa iuga V..urceos aquarios III, ~a II CATO *Agr*.10.2; 11.2; supra catinum paenula ut ~um inuersum est attemperata VITR.10.7.2; raram (terram) supra modum uelut per ~um transmittere imbres COL.3.12.3; is nidor per ~um bibitur inueteratae tussi PLIN.*Nat*.24.135. **b** in qua machina inpendens ~um subministrat molis frumentum VITR.10.5.2.

infundō ~undere ~ūdī ~ūsum, *tr.* [IN-¹+FVNDO]

1 To pour in (liquids or free-running solids); to cast (statues, etc.). **b** to pour (food, drink, etc.) into the mouth. **c** to instil (life, breath, or sim.) **d** to pour on or over.
cummim..in aquam ~undito CATO *Agr.*69.2; id (*sc.*alicam) ~undito in alueum purum 85.1; sincerum est nisi uas, quodcumque ~undis acescit HOR.*Ep.*1.2.54; colitur..non taurorum opimis corporibus contrucidatis..nec in thesauro stipe ~usa, set pia et recta uoluntate SEN.*Ep.*115.5; lucernis occidentibus oleum ~uderat PETR.22.6; (dentes) tenui fistula perforati, ut scorpioni aculei, uenenum ~undentes PLIN.*Nat.*11.163; sextantes, Calliste, duos ~unde Falerni MART.5.64.1; ~usum delectabili boleto uenenum TAC.*Ann.* 12.67; (*cf.*) e refrigerationibus umoris uentorum et aurarum ~unduntur uitia corporibus VITR.1.4.6;—(*medicaments*) si uetustior morbus est, ex inferioribus partibus tepidum ~undere CELS.4.22.3; rufa (hypocisthis)..dysinterias (emendat) pota et ~usa PLIN.*Nat.*26.49; allece scabies pecoris sanatur ~usa per cutem incisam 31.96; haec in unum mixta naribus per cornu ~unduntur LARG.8;—quod luto fictum uel aere ~usum uel lapide incussum APUL.*Apol.*14. **b** profuit inserto latices ~undere cornu Lenaeos VERG.*G.* 3.509; cum ipsi (aquam) sine modo ~usam uomitu cogerentur egerere CURT.7.5.8; infantium fletum ~uso lacte compescimus SEN.*Ep.*99.27; ~undet iumentis hordea lassis IUV.8.154; si uenenum per uim ~usum sit, senatus consultum locum habet ULP.*dig.*29.5.1.19. **c** quo modo ..deus iste, si nihil esset nisi animus, aut infixus aut ~usus esset in mundo? CIC.*N.D.*1.28; totam..~usa per artus mens agitat molem VERG.*A.*6.726; animas formatae ~undere terrae OV.*Met.*1.364; ut..glaebis etiam ~undat animas (Nilus) MELA 1.52. **d** ne tu postules matulam unam tibi aquai ~undi in caput PL.*Am.*fr.5; canitiem terra atque ~uso puluere foedans CATUL.64.224; resinam et nardum identidem sibi ~undit *B.Hisp.*33.4; (uolucres) certatim largos umeris ~undere rores..uideas VERG.*G.*1.385; cera..rasis ~usa tabellis OV.*Ars* 1.437; tum multa aqua per caput ~undenda CELS.1.3.10; madenti ~udere comae ..cinnamon LUC.10.166; ut mero ~uso enutriatur (platanus) PLIN.*Nat.*12.8; ~uso super altaria mero SUET.*Aug.*94.5.

2 (w. abl.) To fill or moisten (with something poured in or on).
fiunt..aeoli pilae aereae cauae..quae aqua ~unduntur VITR.1.6.2; quidam..amphoram..replent oliuis: deinde aceto..~undunt COL.12.49.6; 12.56.4;—(*cf.*) septentrionales.. gentes ~usae crassitudine caeli..stupentes habent mentes VITR.6.1.9.

3 To cause (rain, missiles, etc.) to fall, pour down (on); to shower (money, gifts, or sim.). **b** to cause (light, darkness, etc.) to extend (over); to pour out, impart (a quality, influence).
his ego nigrantem commixta grandine nimbum..desuper ~undam VERG.*A.*4.122; nix umeros ~usa tegit 4.250; barbari..ingentem uim sagittarum ~udere ratibus CURT.7.9.8; —hoc non potuere diuitiae in domum ~usae, quod opportune dati mille denarii SEN.*Ep.*81.14; par et fratri eius merces a Claudio Caesare ~usa est PLIN.*Nat.*29.8; ~usum sibi nuper a patrono..centiens MART.5.70.1;—(*cf.*) (Fortuna) ita se in eius (*sc.* Varronis) sinum ~udit ut..in urbem incolumem reduceret V.MAX.3.4.4. **b** calor ~uso decedit frigore mortis *Lydia* 23; iam sole ~uso, iam rebus luce retectis VERG.*A.*9.461; ista toto pelago ~usa caligo SEN. *Suas.*1.4; dies illi (*sc.* cubiculo) lucem ~undit, nox eripit SEN.*Ep.*82.13; rebus lumen ~undens suum (Phoebus) *Phaed.*154; caeruleam terris ~uderat umbram (nox) STAT. *Theb.*2.528; tectis urbis Vulcania pestis cum sese ~udit SIL. 17.505;—inclitae..uictoriae decus modo abiectae urbis ruinis ~undi V.MAX.1.5.1; mira senectae maiestas ~usa; uigor nouus auxerat artus V.FL.4.552; sensim ~usa tranquilla per aequora pace SIL.7.258.

4 To cause (rivers, the sea, etc.) to stream in; (esp. pass. in middle sense). **b** (air, vapours, or sim.). **c** (large bodies of people).
semianimes..multum..cruorem ~udere mari LUC.4.568; inundationes maris, eodem uidelicet spiritu ~usi PLIN. *Nat.*2.200; fit tamen (sal) et in Creta..mare in salinas ~undentibus 31.81; (*cf.*) gemmas margaritasque mare litoribus ~undit CURT.8.9.19;—portus (*i.e. at Syracuse*) usque in sinus oppidi..~usi CIC.*Rep.*3.43; amnem..Peloponnesiaco litori ~usum MELA 2.117; Atraces, a quibus Atrax amnis Ionio mari ~unditur PLIN.*Nat.*4.6; ex oceano hoc (mare)..~unditur 6.28; (mare) Ligusticum, quod Liguribus ~unditur AMP.7.3. **b** uenti..~undentes..umidos spiritus ..uolumina corrumpunt VITR.6.4.1; ~undente se a tergo aere SEN.*Nat.*6.14.3; PLIN.*Nat.*34.165. **c** in urbem nostram est ~usa peregrinitas CIC.*Fam.*9.15.2; ipse omnem longo discedere circo ~usum populum..iubet VERG.*A.*5.552; et Libyam Latias ~udit (Hannibal) in urbes MAN.4.661; Esquilina Collinaque porta geminum urbi agmen ~udit (Sylla) FLOR.*Epit.*2.9(3.21.6);—(*cf.*) cum homines humiliores in alienum eiusdem nominis ~underentur genus CIC.*Brut.*62.

5 To stretch out or relax (the body upon). **b** to let (the hair) stream (upon)
petiuit coniugis ~usus gremio per membra soporem VERG.*A.*8.406; collo..~usus amantis OV.*Ep.*2.93; huc uos ferte et ~usos mihi coniungite artus SEN.*Med.*946; puer ~usus sociis in deuia campi tollitur STAT.*Theb.*9.877. **b** solemne Phoebus carmen ~usis humero capillis cantat SEN.*Oed.*499; (*pass., w. ret. acc.*) nudos umeris ~usa capillos OV.*Met.*7.183.

6 a To pour (words or sim. into a person's ear). **b** to instil (ideas, feelings, or sim.).
a ut illi non ~undere in auris tuas orationem, sed in animo uideantur inscribere CIC.*de Orat.*2.355; hos pueris monitus patres ~undere lippos cum uideas PERS.1.79; per aures..~undit Teuthras..cantum SIL.11.433;—(*w. double acc., s.v.l.*) si minus haec, Neptune, tuas (tuis *codd.*) ~undimus auris *Dirae* 63. **b** nihil ex illius animo, quod semel esset ~usum, umquam effluere potuisse CIC.*de Orat.* 2.300; non solum uitia concipiunt ipsi (*sc.* principes), sed ea ~undunt in ciuitatem *Leg.*3.32; sensibus ~usum culicis de morte dolorem *Culex* 387; caritatem parentium liberorum pectoribus ~undit (natura) V.MAX.5.4.ext.5; teneris ~usa cupiditas altius sedit SEN.*Ep.*115.11.

infuscō ~āre ~āuī ~ātum, *tr.* [IN-[1]+FVSCO]

1 To darken, discolour.
barba..intonsa ~at pectus *Inc.trag.*192; ne maculis ~et uellera pullis nascentum VERG.*G.*3.389; sanie ~atur harena 3.493; tellus..Aegyptia..lenius..~at corpora MAN.4.727; si..uinacea..iam ~ata et nonnulla..nigra fuerint COL. 11.2.69; columba..aquam umbra capitis ~ans PLIN.*Nat.* 36.184; alte ~atam cutem CALP.*Decl.*2.

2 To contaminate, corrupt; (esp. fig.). **b** to make a mess of, spoil.
raro nimium dabat quod biberem, id merum ~abat PL. *Cist.*19; regionis nostrae aera ~at (spiritus) SEN.*Nat.*6.28.2; nec..quidquam permiscendum quo naturalis sapor eius (*sc.* uini) ~etur COL.12.19.2;—neque eos aliqua barbaries domestica ~auerat, recte loquebantur CIC.*Brut.*258; uicinitas retinens ueterem illum offici morem, non ~ata malivolentia, non adsueta mendaciis *Planc.*22; ne per manum uilem ius pietatis ~et CALP.*Decl.*24. **b** nunc pol ego metuo ne quid ~auerit (*sc.* mulier) PL.*Mil.*526.

3 To make (the voice) dull or husky.
uox robusta, sed surda, lucubrationibus et neglegentia, non natura ~ata SEN.*Con.*1.pr.16; (sonus) ~atur ex inopinato, interdum et secum ipse murmurat PLIN.*Nat.*10.82.

infuscus ~a ~um, *a.* [app. back-formation from prec.] (dub.) Dark-coloured, dusky.
quidam (*sc.* apes) etiam ~i (*s.v.l.*) atque hirsuti reperiuntur COL.9.10.1.

infūsiō ~ōnis, *f.* [INFVNDO+-TIO] The pouring in or on (of medicaments).
uuluas et cibo et ~one emollit PLIN.*Nat.*20.228; napy.. utile ischiadicorum ~oni 27.140; tollit dolorem adiutum oui ~one et aquae calidae uapore (*sc.* medicamentum) LARG.20.

infūsus ~ūs, *m.* [INFVNDO+-TVS[3]] = prec.
sonitus aurium emendat ~u (styrax), strumas illitu neruorumque nodos PLIN.*Nat.*24.24.

ingemescō ~escere ~uī, *intr.*, (*tr.*). **ingemiscō.** [INGEMO+-SCO] To (begin to) groan or moan (in pain, sorrow, etc.). **b** (of an inanim. obj.) to creak, groan. **c** (tr.) to groan at or over.
quis tum non ~uit, quis non arsit dolore..? CIC.*Mil.*16; id..saepe ~iscens sum recordatus *Att.*8.12.5; ~escere non numquam uiro concessum est, idque raro, eiulatus ne mulieri quidem *Tusc.*2.55; pueri Spartiatae non ~escunt uerberum dolore laniati 5.77; ~uit miserans grauiter VERG. *A.*10.823; (regem) ~iscere..desiderio sensit LIV.40.54.7; OV.*Ep.*13.89; ~uit corui deceptus stupor PHAED.1.13.12; ~uisse putem campos LUC.7.768; ~uit Dirce maestusque Cithaeron STAT.*Theb.*4.447; ad omnem et eius et Iuliarum mentionem ~iscens SUET.*Aug.*65.4; APUL.*Met.*2.15;—(*w.* in+*abl.*) puto te in hoc aut risisse aut ~uisse CIC.*Att.*1.1.1; —(*w.* pro) quis pro indignitate rei ~escat..? FLOR.*Epit.* 2.16(4.6.4);—(*w. dat.*) quem uidit nemo ulli ~escentem malo CIC.*Tusc.*2.21 (transl. Sophocles); num fletu ~uit nostro? VERG.*A.*4.369; ~uerunt..principes condicioni suae LIV.36. 28.9; ut uos potius meo casu doleatis quam ego uestro ~escerem V.MAX.5.10.2; SEN.*Dial.*10.1.1; profugo quos ipse notarat ~uisse sibi STAT.*Theb.*2.318;—(*w. acc. and inf.*) uideri cariorem rei publicae filium scurrae quam C. Caesarem..~iscendum est CIC.*Phil.*13.23; sibi iam seri uitam ~uere relictam PERS.5.61;—(*w. inf.*) sero ~uit stabulis exire paternis SIL.15.710. **b** quo simul intrauit sacroque a corpore pressum ~uit limen OV.*Met.*4.450. **c** ut..eius uicem..tacitus frequenter ~escerem APUL.*Met.*9.14.

ingeminō ~āre ~āuī ~ātum, *tr.*, *intr.* [IN-[1]+GEMINO]

1 (tr.) To do, bring about, etc., two or more times, repeat, or redouble. (esp.) **b** to utter for a second time or repeatedly, (re-)echo. **c** to double in number, degree, etc.
multa uiri nequiquam inter se uulnera iactant, multa cauo lateri ~ant VERG.*A.*5.434; nunc dextra ~ans ictus, nunc ille sinistra 5.457; oscula postibus ipsis ~ant V.FL. 2.169; STAT.*Theb.*5.594; memor interim nostri..latentem barbiton ~a sub antro *Silv.*4.5.60;—(*ellipt., w. abl.*) ~ant hastis et Troes et ipse fulmineus Mnestheus VERG.*A.*9.811. **b** liquidas corui presso ter gutture uoces aut quater ~ant VERG.*G.*1.411; uox adsensu nemorum ~ata remugit 3.45; Turnus adest medioque in crimine caedis et igni terrorem ~at: Teucros in regna uocari.. *A.*7.578; (Echo) in fine loquendi ~at uoces auditaque uerba reportat OV.*Met.*3.369; torosa iuuentus ~at tremulos naso crispante cachinnos PERS.3.87;—(*w. dir. sp.*) 'me miserum' (Inachus) ~at OV. *Met.*1.653; 'salue uera Iouis, uera o Iouis' undique 'proles' ~ant V.FL.4.328; STAT.*Theb.*2.453; (*cf.*) maestus..Creusam nequiquam ~ans iterumque iterumque uocaui VERG.*A.* 2.770;—(*w. acc. and inf.*) ipsum iam prope, iam medios operire cohortibus agros ~ans STAT.*Theb.*12.686;—(*w. abl.*) ~ant plausu Tyrii VERG.*A.*1.747. **c** Pallantide caesus eadem Didius hostiles ~auit opes OV.*Fast.*6.568; maternos Cottas cui Messallasque paternos, Maxime, nobilitas ~ata dedit *Pont.*4.16.44; quae (pars)..decem trisque ~at (*i.e. the 26th*) MAN.4.452.

2 (intr., of natural forces, passions, etc.) To be redoubled, increase in intensity.
~ant Austri et densissimus imber VERG.*G.*1.333; ~ant curae *A.*4.531; ~at clamor 5.227; ~ant fluctus et primos ultimus urget *Aetna* 323; ~ant commotis questibus aestus (*i.e. passions*) V.FL.7.195.

ingemiscō: see INGEMESCO.

ingemō ~ere, *intr.*, (*tr.*). [IN-[1]+GEMO] N.B.: all exx. of pf. stem have been referred to INGEMESCO. To utter a cry of pain, anguish, or sim., groan, moan. **b** (of inanim. objs.) to creak, groan. **c** (tr.) to groan at or over.
concidit (*sc. an epileptic*) et spumas agit, ~it et tremit artus LUCR.3.489; ~it et duplicis tendens ad sidera palmas talia uoce refert VERG.*A.*1.93; OV.*Met.*1.164; qui..~it 'hoc bene sit'..cum sale mordens caepe PERS.4.30; STAT.*Theb.* 5.28; 11.726; medullitus ~ebam APUL.*Met.*7.2;—(*w. dat. or abl.*) uis humana..ualido consueta bidenti ~ere LUCR.5. 209; aratro ~ere VERG.*G.*1.46; humum exhauriebat ~ens laboribus HOR.*Epod.*5.31; ~it aduersis SIL.12.106; ~ere agris, inlaborare domibus TAC.*Ger.*46.5; (*poet.*) ~it et nostris ipsa carina malis OV.*Tr.*1.4.10;—(*w. acc. and inf.*) uiris.. solutas ~it et campis alios regnare leones STAT.*Theb.*11.747; —(*w. inf.*) quis luce suprema dimisisse..sero non ~it horas? SIL.15.67. **b** omne dei (*sc.* Boreae) rapidis nemus ~it alis V.FL.1.577. **c** hic dulcis primaeuae coniugis annos ~it STAT.*Theb.*4.355; *Silv.*3.3.137; illum non alias rediturum ad Thessala Tempe..nubilus ~it Othrys *Ach.* 1.238.

ingenerō ~āre ~āuī ~ātum, *tr.* [IN-[1]+GENERO] To engender, produce (children) in (a family); also, to put in, plant (vegetables). **b** (transf.) to implant, engender (qualities, feelings, etc.).
non decet tam uetus sine liberis nomen esse, sed indidem semper ~ari CATUL.61.208;—dum cupit (lactuca)..~a: nunc sunt genitalia tempora mundi COL.10.196. **b** ~ata familiae frugalitas CIC.*Sest.*21; homini ut soli cupiditas ~aretur..scientiae *Ac.*3.fr.1; si haec (*sc. physical defects*) astro ~ata et tradita essent nulla res ea mutare posset *Div.* 2.96; societas..quam ~auit natura LIV.5.27.6; aruorum ~at (Virgo) studium MAN.5.272; qui aeternum Romano imperio spiritum ~auerat V.MAX.5.3.1; amaritudine poenae..puellae sensibus castitatis disciplinam ~ari 6.1.4; 8.9.ext.3; tantam in illis animalibus ad uenandum cupiditatem ~asse naturam CURT.9.1.33; ubi (natura)..truculentam illam.. uocem ~auit (*i.e. in a gnat*)? PLIN.*Nat.*11.2.

ingeniātus ~a ~um, *a.* [INGENIVM+-ATVS[2]] Endowed by nature with a (specified) character or disposition.
qui lepide ~us esset PL.*Mil.*731; animum bene ~is primordiis inchoatum GEL.12.1.17; uersutus alioqui et ~us ad astutiam APUL.*Fl.*18.

ingeniculātus ~ī, *m.* [IN-[1]+GENICVLATVS] The Kneeler, the constellation Hercules (= Gk. ὁ ἐν γόνασιν).
pes ~i adit fulcitue capitis tempus serpentis VITR.9.4.5.

ingeniculō ~āre ~āuī ~ātum, *tr.* [IN-[1]+GENICVLVM+-O[3]] (refl.) To kneel.
postquam Herculi tela defecerint, multitudine barbarorum..defessum, se ~asse HYG.*Astr.*2.6.

ingeniōsē, *adv. compar.* ~ius, *superl.* ~issimē. [next+-E] Cleverly, ingeniously.
ex antiquis artibus ~e et diligenter electas res CIC.*Inv.*1.8; excogitat—quid? nihil ~e *Ver.*1.141; homo ~issime nequam et facundus malo publico VELL.2.48.3; nec aliud pomum ~ius geminatum est PLIN.*Nat.*15.42; QUINT.*Inst.*1.6.36.

ingeniōsus ~a ~um, *a.* *compar.* ~ior, *superl.* ~issimus. [INGENIVM+-OSVS]

1 (of persons) Having good natural abilities or talents, clever, gifted, etc. **b** (w. field of ability expressed). **c** (of actions, writings, etc.) displaying ability or cleverness.
quo quisque est sollertior et ~ior, hoc docet..laboriosius CIC.*Q.Rosc.*31; ~us poeta *Mur.*30; Aristoteles..ait omnis ~os melancholicos esse *Tusc.*1.80; homines ~i atque acutissimi *B.Alex.*3.1; eum..~um oportet esse et ad disciplinam docilem VITR.1.1.3; ~a dea est (Minerua) OV.*Fast.* 3.840; ~issimus saeculi nostri medicus CELS.1.pr.69; ualde ~us est: idem sutor est, idem cocus, idem pistor PETR.68. 7; PLIN.*Ep.*7.6.11; APUL.*Apol.*43; (*cf.*) aquam potare recentem de niue commenta est ~a sitis MART.14.117.2. **b** (*w.* ad) quod alius alio..sit..~ior ad eminiscendum *Rhet.Her.*2.10; Autolycus, furtum ~us ad omne OV.*Met.*11. 313; SEN.*Nat.*1.16.1;—(*w.* in+*acc.*) loquax et in contumelias praefectorum ~a prouincia *Dial.*12.19.6;—(*w.* in+*abl.*) quanto..in potu ~ior fuerit (homo) PLIN.*Nat.*14.150;—(*w. dat. of gdve.*) uox (psittaci) mutandis ~a sonis OV.*Am.*2.6.18. **c** ~a..defensio CIC.*Ver.*3.188; alterum (iocandi genus) elegans, urbanum, ~um, facetum *Off.*1.104; res est ~a dare OV.*Am.*1.8.62; haec..ludibria sibi, nobis miracula ~a fecit natura PLIN.*Nat.*7.32; ~a..scripta MART.6.61.5; QUINT. *Inst.*8.2.21.

2 (w. dat. or *ad*, of things) Naturally suited (to).
dos tibi Lemnos erit, terra ~a colenti OV.*Ep.*6.117; ad segetes ~us ager *Fast.*4.684; materia est propriis ~a malis *Tr.*5.1.28.

ingenitus ~a ~um, *a.* [pple. of INGIGNO] (of material substances, formations, etc.) Implanted by nature, natural. **b** (of qualities, feelings, etc.) inherent in a person, inborn; (also, in a thing).
terra..~o umore egens LIV.4.30.7; ~um terra spirante uaporem MAN.1.817; neruis insita uerba ~umque sonum 4.155; horum corpori ~um fuit uirus exitiale serpentibus PLIN.*Nat.*7.14; arma his (*sc.* animalibus) ~a quaedam QUINT.*Inst.*2.16.14. **b** cum sic hominis natura generata sit, ut habeat quiddam ~um quasi ciuile atque populare CIC.*Fin.*5.66; adeo illis ~a est sanctitas regii nominis SAL. *Hist.*5.3; superbiam ~am Campanis LIV.9.6.5; feritatis ~ae 41.18.3; uetera et ~a odia SEN.*Ben.*5.16.1; animi quaedam ~a natura QUINT.*Inst.*5.10.123; adfectata aliis castitas, tibi ~a PLIN.*Pan.*20.2; uitia..quasi tradita et ~a SUET. *Nero* 1.2; VIRVM..A VERECVNDIA ORNATVM *CIL* 11.970;— cum ei singulariter dicto (*i.e.* 'harena') ~a sit naturalis sui multitudo GEL.19.8.12.

ingenium ~(i)ī, *n.* [IN-[1]+*gen*-(GIGNO)+-IVM]

1 (of persons) Natural disposition, temperament. **b** (meton.) one having a specified disposition. **c** temporary disposition, mood.

mulierem lepidam et pudico ~io PL.*Mos*.206; illi sunt alio ~io atque tu *Ps*.1134; minus perhibemur malae quam sumus ~io *Truc*.452; non adeo inhumano ~io sum TER.*Eu*. 880; ad ~ium redis *Hec*.113; (liberi) propter excellens eorum ~ium uita sunt cariores CIC.*Red.Pop*.2; Graecorum..~ia ad fallendum parata *Q.fr*.1.2.4; pueri..parentum blanditiis..~ium fregere superbum LUCR.5.1018; ~ium docile, come, aptum ad artes optimas NEP.*Di*.1.2; Hispanorum inquieta auidaque in nouas res sunt ~ia LIV.22.21.2; praeceps ~io in iram erat 23.7.12; si scelus ~io scitis abesse meo OV.*Fast*.3.310; gens..asperioris..~ii MELA 3.33; sanabilia ~ia distinguere a deploratis SEN.*Cl*.1.2.2; Tarracinam.. moenibus situque magis quam ipsorum ~io tutam TAC. *Hist*.3.57; promptum in adulationes ~ium *Ann*.15.61; saeuitiam ~ii per haec..ostendit SUET.*Cal*.27.1;—(*of animals*) naturaliter sopitum pecudis ~ium modica exercitatione concuti COL.6.37.2; ULP.*dig*.21.1.38.9;—(*w.* animi, mentis, *or sim.*) uos lepide temptaui uostrumque ~ium ingeni PL.*St*.126; sin inuerecundum animi ~ium possidet CIC.*Inv*.1.83; ~ia..ipsa mentium nostrarum proinde sunt fato obnoxia GEL.7(6).2.7. **b** incredibili sum dolore adfectus tale ~ium in tam misera fortuna uersari CIC.*Att*. 11.17.1; adsueram militaribus ~iis LIV.28.27.2; quo non metuentius ullum numinis ~ium terra Sabina tulit OV. *Fast*.6.260; leuia ~ia, quia nihil habent, nihil sibi detrahunt CELS.8.4.4; id omni modo seruilia ~ia corrumpebant TAC.*Hist*.2.92; (*cf.*) Chrysippus non dicet idem nec mite Thaletis ~ium JUV.13.185;—(*collect.*) corruptius iter immixtis histrionibus et spadonum gregibus et cetero Neronianae aulae ~io TAC.*Hist*.2.71. **c** ubi sum, ibi non sum, ubi non sum, ibi est animus, ita mi omnia sunt ~ia PL.*Cist*. 213; ubi nos hilari ~io et lepide accipient *Mos*.318.

2 Inherent quality or character (of things).

~io arbusta ubi nata sunt, non obsita NAEV.*trag*.23; ~ium uelox illi (*sc.* flammae) motusque perennis *Aetna* 215; nunc locus aruorum ~iis, quae robora cuique, quis color.. sit VERG.*G*.2.176; tumulus defenditur ipse moenibus exiguis ~ioque loci OV.*Tr*.5.10.18; *Pont*.2.1.52; Syrtis (altera) nomine atque ~io par priori MELA 1.37; specus est nomine Corycius singulari ~io 1.72; degeneres (uineae) etiam renouatae pristinum seruabunt ~ium COL.4.22.7; explorare.. collis..propinqui ~ium SIL.4.91; asperam militiam tolerauerant ~io loci caelique TAC.*Hist*.1.51; latitudo camporum suopte ~io umentium 5.14; ita undique..uallata est (Hispania) ut ~io situs ne adiri quidem potuerit FLOR.*Epit*. 1.33(2.17.3); ~ium ligni eiusmodi est, ut urgentibus opprimentibusque non cedat GEL.3.6.3; sphaerarum..~ium ex igni..fabricatum (esse) APUL.*Pl*.1.11.

3 Natural inclination or desire.

qui nequeam ~io moderari meo PL.*Bac*.91; ego te compluris aduorsum ~ium meum mensis tuli pollicitantem et nil ferentem TER.*Ph*.520; neque accusatoris ~io res iudicatur CIC.*S.Rosc*.62; suo iam inde uiuere ~io coepit LIV. 3.36.1; dum facit ~ium, petite hinc praecepta, puellae OV. *Ars* 3.57; miles urbanus..ad destituendum Neronem arte magis et impulsu quam suo ~io traductus TAC.*Hist*.1.5; ac tamen ferenda regum ~ia neque usui crebras mutationes *Ann*.12.11;—(*w. gen. of gd.*) cum ~ium bene faciendi habeas GEL.5.3.6;—(*w. inf. as complement*) hominisne istud ~ium est..redintegrare laetitiam..? PLIN.*Pan*.61.9.

4 Mental powers, natural abilities, talent, intellect, etc. (esp. w. implication of excellence). **b** (meton.) one having (good) mental powers, abilities, or sim. **c** the mind (as the seat of thoughts, ideas).

ut saepe summa ~ia in occulto latent! PL.*Capt*.165; non insulsum huic ~ium *Mil*.1071; quod ~io minus possum, subsidium mihi diligentia comparaui CIC.*Quinct*.4; hoc Pansa..non uidet—hebeti enim ~io est *Phil*.10.17; ~ium tuum..confer ad te..conseruandum *Fam*.16.15.1; Chaldaei cognitione astrorum sollertiaque ~iorum antecellunt *Div*. 1.91; claudicat ~ium, delirat lingua LUCR.3.453; quia sit diuinitus illis (*sc.* coruis) ~ium aut rerum fato prudentia maior VERG.*G*.1.416; medium erat in Anco ~ium LIV.1.32.4; ornata eo genere operum..terra Attica et..~iis artificum 31.26.11; pingue sed ~ium mansit OV.*Met*.11.148; cuius in ~io est patriae facundia linguae *Tr*.4.4.5; Ti. Gracchi liberi .., uiri optimis ~iis male usi VELL.2.7.1; cocos et ceteros uoluptatibus nostris ~ia accommodantes sua SEN.*Ep*.88.18; indulgentiam principis ~io mereri TAC.*Dial*.9.5; ~ium uelox JUV.3.73; fuisse dicitur ~ii magni, memoriae singularis SUET.*Gram*.7(p.105Re). **b** etiam is, qui omnia tenet, fauet ~iis CIC.*Fam*.4.8.2; 6.6.8; praemia..~iis..posuere VERG.*G*.2.382; ~ium sibi quod uacuas desumpsit Athenas HOR.*Ep*.2.2.81; eminentissima cuiusque professionis ~ia VELL.1.16.2; nullum magnum ~ium sine mixtura dementiae fuit SEN.*Dial*.9.17.10; (cura) destituta infirmioribus ~iis uelut praedae fuit QUINT.*Inst*.1.pr.14; punitis ~iis gliscit auctoritas TAC.*Ann*.4.35; ~ia saeculi sui omnibus modis fouit SUET.*Aug*.89.3. **c** excidit ~io Iuppiter ipse meo OV.*Am*.2.1.18; de tanta rerum turba..sedit in ~io Cressa relicta tuo *Ep*.2.76; multa..pudor est mihi dicere, sed tu ~io uerbis concipe plura meis *Rem*.360.

5 (spec.) Literary or poetic talent, inspiration, etc. **b** (meton.) a man of literary abilities, a gifted writer, or sim.

amicum ~io fretum, haud natura sua (*sc.* poetam) TER. *Hau*.24; ut cum ~ium amici nostri probaretur, ὑπόθεσις uituperandi Catonis irrideretur CIC.*Att*.12.45.2(3); Cassi rapido feruentius amni ~ium HOR.*S*.1.10.63; sine te nostrum non ualet ~ium PROP.2.30.40; Ennius ~io maximus, arte rudis OV.*Tr*.2.424; ~ium fregere meum mala 3.14.33; clarissimum deinde Homeri inluxit ~um VELL. 1.5.1; qui primus bibliothecam dicando ~ia hominum rem publicam fecit PLIN.*Nat*.35.10; da uocem magno, pater, ~iumque dolori STAT.*Silv*.5.3.28; uelles eum (*sc.* Senecam) suo ~io dixisse, alieno iudicio QUINT.*Inst*.10.1.130; quis locus ~io, nisi cum se carmine solo uexant..pectora uestra..? JUV.7.63;—(*poet.*) ~ium Galli pulchra Lycoris erat MART.8.73.6. **b** relinquere..uirtutum nostrarum effigiem..summis ~iis expressam et politam CIC.*Arch*.30; quantum eam uerbis potuere extollere praeclara ~ia SAL. *Cat*.8.4; tunc ego Romanis praeferar ~iis PROP.1.7.22; grammaticorum..calumnia ab omnibus magnis ~iis summouenda SEN.*Suas*.2.13; postquam bellatum apud Actium ..magna illa ~ia cessere TAC.*Hist*.1.1.

6 Cleverness, skill, ingenuity. **b** (quasi-concr.) a clever device, contrivance.

horum ~io senes ad coemptiones faciendas..reperti sunt CIC.*Mur*.27; uidet sine lege curiata nihil agi per xuiros posse. quid postea, si ea lata non erit? attendite ~ium *Agr*. 2.29; nec locus ~io est, oculi te iudice uincent *Aetna* 549; ~ium mala saepe mouent OV.*Ars* 2.43; Daedalus ~io fabrae celeberrimus artis *Met*.8.159; (saeuitia) ~ium aduocat, ut instrumenta excogitet, per quae uarietur..dolor SEN.*Cl*. 1.25.2; quid non ~io uoluit natura licere? MART.8.68.9; eius mulieris (*sc.* Locustae) ~io paratum uirus TAC.*Ann*. 12.66;—(*of nature, chance, or sim.*) simulauerat artem ~io natura suo OV.*Met*.3.159; o quantum est subitis casibus ~ium! MART.*Sp*.14.4; sic uos..ligauit ~ium crudele necis? STAT.*Theb*.3.153;—(*pl.*) o magnam uim ueritatis, quae contra hominum ~ia, calliditatem, sollertiam..facile se per se ipsa defendat! CIC.*Cael*.63; scientiam in testibus,..~ia esse in argumentis dicitur QUINT.*Inst*.5.7.33. **b** M. Apicius, ad omne luxus ~ium natus PLIN.*Nat*.9.66; Hormine id ~ium, ut Messala tradit, an prior auctor sit C. Plinius, qui Antonium incusat, haud facile discreuerim TAC.*Hist*.3.28; donec cuncta expugnandis urbibus reperta apud ueteres aut nouis ~iis struerentur 5.13; non aurum nec argentum nec exquisita ~ia cenarum..miramur PLIN.*Pan*.49.7; SUET. *Cal*.37.1;—(*w. defining gen.*) cacumina hoc modo petuntur audaci ~io arborum aliam longe a tellure faciendi PLIN. *Nat*.17.98;—(*w. inf. as complement*) huius (*sc.* aquilae) ~ium est et testudines raptas frangere e sublimi iaciendo 10.7.

ingens ~ntis, *a. compar.* ~ntior. [dub.] FORMS: superl. unknown in our period, compar. perh. only in VERG.*A*.11.124.

1 Of very great size or dimensions, huge, vast. **b** of very great extent or area. **c** (qualifying nouns of dimension or sim.).

iube..ignem ~ntem fieri PL.*Capt*.843; ~ns specus PAC. *trag*.99; loricam..~ntem VERG.*A*.8.622; ~ntem quercum 11.5; si niger aut ~ns aut non erit ordine natus dens tibi OV.*Ars* 3.279; ~ns uulnus CELS.7.5.3.A; hastae ~ntes TAC. *Ann*.1.64; anulus ~ns JUV.7.140; ~ns stabat aceruus nummorum 8.100;—(*of men or animals, their limbs, etc.*) ardor iniectus Iunonis dextera ~nti ACC.*trag*.653; aper ~ns CIC.*Ver*.5.7; (Entellus) lacertos..exuit atque ~ns media consistit harena VERG.*A*.5.423; toto..~ns extenditur antro (Cerberus) 6.423; ~ns corpus erat et arma honestabant LIV. 26.5.16; emicuit ~ns umbra Thessalici ducis SEN.*Tro*.181; (*w. abl.*) ceruus..cornibus ~ns VERG.*A*.7.483; Caecina, decorus iuuenta, corpore ~ns TAC.*Hist*.1.53. **b** (*of expanses of land, water, etc.*) ~ntis siluas LUCR.5.1243; cras ~ns iterabimus aequor HOR.*Carm*.1.7.32; regna ~ntia OV. *Fast*.2.659; (Britannia) plana, ~ns, fecunda MELA 3.50; ~ns undique caelum V.FL.2.627; quantum ~nti terrarum sinu ambitur TAC.*Ann*.4.5; (*cf.*) loca..inania et ~nti solitudine uasta CURT.4.1.1; (*in fig. phr.*) ex ~nti quodam oratorem immensoque campo in exiguum sane gyrum compellitis CIC.*de Orat*.3.70;—(*of a stride*) ~nti..gradu contra ferrumque locumque..subis OV.*Pont*.4.7.33;—(*of writings*) diuitis orbi testamentum ~ns JUV.6.549; (*cf., of an author*) pellibus exiguis artatur Liuius ~ns MART.14.190.1. **c** ~nti magnitudine corporum Germanos..esse CAES.*Gal*. 1.39.1; saxa ~nti pondere LIV.24.34.8; hastas ~ntis longitudinis 32.17.13; ~ntis..staturae hominem FRON.*Str*.1. 11.10.

2 Very great in number or amount. **b** (w. words denoting number or amount).

pretio ~nti LUCIL.199; ~ntes diuitiae CIC.*Ver*.3; ~ntem pecuniam pendere..quotannis *Prov*.5; aes alienum per omnis terras ~ns erat SAL.*Cat*.16.4; ~ntem fumum.. euomit (Cacus) VERG.*A*.8.252; ~nti praeda..potiti sunt LIV.2.53.5; cum ~nti commeatu classem Punicam aduentare 25.27.9; donum ~ns V.FL.3.170; ut..sit in utramque partem ~ns ad dicendum materia QUINT.*Inst*.2.4.18; ~nti mercede SUET.*Jul*.29.1; (*neut. pl. as sb.*) de se ~ntia pollicendo LIV.1.47.7; (*cf.*) ~nti cum pollicitatione praemiorum VELL.2.18.2;—(*of bodies of people*) ~ntes breui copias armauit LIV.24.49.5; classem..~ntem apparari ad Siciliam repetendam 27.5.13; exercitus ~ns GRAT.370; ~ntes hostiarum greges PLIN.*Pan*.52.7. **b** ~ntem numerum perditorum hominum conlegerat CIC.*Catil*.2.8; VERG.*A*.2. 796; LIV.7.19.2; Gallorum..~ntem multitudinem 21.53.10; mala, quorum ~ns cotidie copia est SEN.*Dial*.9.11.8.

3 Very great in degree or intensity: **a** (of physical phenomena, esp. sounds). **b** (of actions, feelings, qualities, conditions).

a ~ntibus uentis ENN.*scen*.367; nox obruit ~nti caligine terras LUCR.5.650; nimbus..subito est exortus ~ns *B.Afr*. 47.1; ~nti motu stupefactus aquarum VERG.*G*.4.365; ~ns.. anhelitus oris OV.*Met*.5.616; ~ns silentium SEN.*Apoc*.14.3; ~nti..sub procella *Thy*.594; ~nti fruor..somno MART. 12.18.13;—(nubes) uritur ~nti sonitu LUCR.6.151; ~ns ualuarum strepitus HOR.*S*.2.6.111; cum ~nti clamore LIV. 42.59.2; ~nti tonitru OV.*Fast*.3.347; ~nti cum murmure MELA 3.40; clepsydras ~nti uoce petisti quattuor MART. 8.7.3; (*transf.*) lege, quanto spiritu ~ntibus intonueris uerbis SEN.*Dial*.11.11.6. **b** ~ns cura ENN.*Ann*.132; flagitia..~ntia TER.*Ad*.721; o ~ntem confidentiam! *An*. 876; illud ~ns malum CIC.*Fam*.9.6.3; Romae gaudium ~ns ortum SAL.*Jug*.55.1; consulatus ~ns cupido 63.2; ~nti percussus amore VERG.*G*.2.476; pestilentia ~ns LIV.7.1.7; cum ~nti periculo moratus ac metu 22.1.1; ~nti remigum labore 30.24.8; ~nti celeritate Gomphos peruenit 38.2.1; ~ntes acuebat iras SEN.*Tro*.834; iuuenem ~ntis eloquentiae et spei PETR.117.6; ~ns..seuaritas PLIN.*Nat*.21.7; ~ns.. horror V.FL.6.481; flagrabat ~ns bellum TAC.*Hist*.2.86; cunctos ~nti consensu precantis, ut Palfurium Suram restitueret SUET.*Dom*.13.1.

4 (of persons, families, etc.) Very great, powerful, influential, or sim. **b** (w. abl. or other const.) outstanding, remarkable (in some respect). **c** (of things) of outstanding importance, notable, momentous, etc.

illum regem, ~ntem uirum, Masinissae nepotem esse SAL. *Jug*.65.3; ~ntem cecidit Antiochum Hannibalemque dirum HOR.*Carm*.3.6.35; Fabium inde nomen ~ns post tres continuos consulatus LIV.2.42.8; ~ns inde haberi captiuus uates coeptus 5.17.1; ~ntem euertere Troiam OV.*Met*. 13.169; conueniens ~nti nupta marito *Pont*.2.8.43; Argos.., semper ~ntes alumnos educas SEN.*Ag*.810; (*of Pompey, in allusion to his surname* '*Magnus*') uadis adhuc ~ns populis comitantibus exul LUC.2.730; (*poet.*) puer..~ntem totiens contingere dextram (*i.e. Domitian's*) electus quam nosse Getae..petunt STAT.*Silv*.3.4.61. **b** o fama ingens, ~ntior armis VERG.*A*.11.124; cum Canuleius uictoria de patribus et plebis fauore ~ns esset LIV.4.5.5; qui quamquam est factis ~ns OV.*Pont*.4.10.75; clarus et ~ns eloquio STAT.*Silv*.1.4.71; ~ns uiribus opibusque Vitellius TAC.*Hist*. 1.61;—(*w. gen.*) ~ns ipse uirium atque animi SAL.*Hist*.3.91; Ciuilis..~ns rerum TAC.*Hist*.4.66; AEVI ~NS GENVS *CIL* 12.2660;—(*w. inf.*) ~ns ferre mala et Fortunae subdere colla nescius..consul SIL.10.215. **c** Laeuius pauperem ait se ~ntia munera fungi LUCIL.202; Falcidianum crimen est ~ns CIC.*Flac*.90; argumentum ~ns caritatis LIV.5.47.8; ~nti proelio VELL.1.9.4; (cometes) ~ntis rei traxit euentum SEN.*Nat*.7.16.2; ~ntia exempla PLIN.*Nat*.13.84; ~ntem.. annum (*i.e. of Nero's death*) MART.7.63.9; ~ns omen: magni ..triumphi JUV.4.124.

5 (of character) Lofty, proud, heroic, aspiring, etc.; (also of enterprises, etc.). **b** (in bad sense) haughty, overweening.

Sulla..animo ~nti, cupidus uoluptatum sed gloriae cupidior SAL.*Jug*.95.3; angebant ~ntis spiritus uirum Sicilia Sardiniaque amissae LIV.21.1.5; ~nti..animo mors prouocanda est SEN.*Nat*.6.32.3; LUC.8.28; ~ntes durate animae V.FL.1.237;—te precor, Alcide, coeptis ~ntibus adsis VERG.*A*.10.461; Romulus et Liber..post ~ntia facta deorum in templa recepti HOR.*Ep*.2.1.6; territus ipse.. atque ~ntis conscius ausi V.FL.4.295; desperanda tibi est ~ntis gloria fati MART.1.51.5. **b** (Mithridates) elatus animis ~ntibus Asiae totius..cupiditate flagrabat FLOR. *Epit*.1.40(3.5.3); (*of animals*) ante domandum ~ntis tollent animos (*sc.* equi) VERG.*G*.3.207;—(*of words, actions*) ubi sunt ~ntia magni uerba uiri? OV.*Met*.13.340; ubi nunc promissa superba ~ntesque minae..? V.FL.4.650; (*neut. pl. as sb.*) Drusos legibus inmodicos ausosque ~ntia Gracchos LUC.6.796.

ingenuē, *adv.* [INGENVVS+-E] In a manner befitting a free-born person; (esp., w. ref. to behaviour) honourably, candidly, generously, or sim.

honesta in familia institutus et educatus ~ CIC.*Fin*. 3.38;—Hortalus quam plena manu, quam ~, quam ornate nostras laudes in astra sustulit..! *Att*.2.25.1; me abs te cupisse laudari aperte atque ~ confitebar *Fam*.5.2.2; ~ fatendum est SEN.*Ben*.4.38.1; Brutum..simpliciter et ~ iudicium animi sui detexisse TAC.*Dial*.25.6; SUET.*Aug*.45.1; GEL.10.22.1.

ingenuitās ~ātis, *f.* [next+-TAS]

1 The condition or status of a free-born person.

pupillae..detrahes ornamenta non solum fortunae sed etiam ~atis? CIC.*Ver*.1.113; insignia ~atis V.MAX.5.6.8; ~atis iudicium TAC.*Ann*.13.27; asserto in ~atem (*sc.* libertino) SUET.*Aug*.74.

2 The quality befitting a free-born person; (esp.) nobility of character, modesty, candour, etc.

ut..nunc..sine apparatu, sine honore, paene dixerim sine ~ate..discatur (eloquentia) TAC.*Dial*.32.4; cum ~ate professionis suae APUL.*Mun*.pr.;—praestet (orator)..~atem et ruborem suum uerborum turpitudine..uitanda CIC. *de Orat*.2.242; ~as et magnitudo animi *Att*.1.17.5; ~atem laedas, cum indignum roges PUB.*Sent*.I.4; (adulescentem) ~atis magis quam praesentis condicionis memorem LIV. 8.28.4; (Zeuxis) eadem ~ate..dixit: 'uuas melius pinxi quam puerum..' PLIN.*Nat*.35.66.

ingenuus ~a ~um, *a.* [IN-[1]+*gen*-(GIGNO)+-VVS]

1 Native to a place, natural, indigenous.

unde mare ~i fontes externaque longe flumina suppeditant? LUCR.1.230; si margine cluderet undas herba nec ~um uiolarent marmora tofum JUV.3.20; Baiarum..~i uapores puri perpetuique sunt FRO.*Aur*.1.p.86(7N); (*cf.*) nos istic uehementer aestuamus—habes et hendecasyllabum ~um AUR.*Fro*.1.p.118(30N).

2 Born of a free father, free-born. **b** (masc. or fem. as sb.) a free-born man (boy) or woman. **c** of or belonging to a free-born person.

mercari furtiuas atque ~as uirgines PL.*Cur*.620; nata Athenis ~is parentibus *Rud*.738; id quod est homine ~o liberaliterque educato dignum CIC.*de Orat*.1.137; matres familiae, uirgines, pueri ~i abripiuntur, militibus traduntur *Phil*.3.31; nemo in fuga quisquam ciuis ~os captus est SAL. *Cat*.61.5; referre negas quali sit quisque parente natus, dum ~us HOR.*S*.1.6.8; ~a de plebe uirum OV.*Met*.9.671; ~us puer CURT.4.3.23; TAC.*Ann*.16.13; patre equite R., matre humili incertum an ~a SUET.*Otho* 1.1. **b** (*masc.*) quae maiores nostri ~is probro ducier uoluerunt SCIP.min.*orat*.20; quid est turpius ~o..quam in conuentu maximo cogi a magistratu furtum reddere? CIC.*Ver*.2.58; *Rep*.4.3; me duobus ~is ortum LIV.6.40.6; constuprant matronas, uirgines, ~os raptos ex complexu parentium 29.17.15; dedecet ~os taedia ferre sui OV.*Ars* 2.530; CURT.8.7.1; nec tutior inter seruos malos quam ~os parum modestos conuersatio est QUINT. *Inst*.1.2.4; JUV.3.131;—(*fem.*) qui ~is sati' responsare nequeas quae cupiunt tui PL.*Mil*.963; TER.*Ph*.168; MART. 3.33.1; tutela autem liberantur ~ae quidem trium liberorum iure GAIUS *Inst*.1.194. **c** ~o..semper amore peccas HOR. *Carm*.1.27.16; turpiter ~um munera corpus emunt OV.*Ep*. 5.144; sanguinis ~i mulierem V.MAX.5.4.7; uultus ~os uoluntaria poenarum lege proscriptos PETR.107.6; per gemitus nostros ~asque cruces MART.10.82.6.

3 (of occupations, studies, etc.) Typical of or befitting a free-born person, liberal, gentlemanly. **b** (w. ref. to character) honourable, generous, frank, modest, etc. **c** (of constitution, etc.) tender, delicate; (of the palate) refined.

omnibus ~is artibus instructus CIC.*de Orat.*1.73; *Fam.* 4.3.4; philosophiam et omnes ~as disciplinas *Fin.*2.68; maxume ~a delectatio et digna sapientia *Tusc.*5.72; nec.. quicquam ~um habere potest officina *Off.*1.150; artibus ~is quaesita est gloria multis OV.*Pont.*2.7.47; 2.9.47; genus liberale et ~um rei familiaris augendae COL.1.pr.10; GEL. pr.13;—(*w. ref. to a man's appearance, implying lack of effeminacy*) castigatae collecta modestia frontis, ~ique super crines STAT.*Silv.*2.1.44; est ~a totius corporis pulchritudo et quidam senatorius decor PLIN.*Ep.*1.14.8. **b** inest in hoc emussitata sua sibi ~a indoles PL.*Mil.*632; pernoui.. ingenium tuom ~om admodum *Trin.*665; nihil apparet in eo ~um, nihil moderatum, nihil pudens CIC.*Phil.*3.28; homo in primis ~us et grauis *Fin.*4.23; tardet ~us pudor (*i.e. of a bride*) CATUL.61.79; nos mente maligna id facere aut animo non satis ~o 68.38; iuuenis..~arum uirtutum laetusque animi et ingeni VELL.2.93.1; ut Zeuxis..intellecto errore concederet palmam ~o pudore PLIN.*Nat.*35.65; homo ~ae ueritatis GEL.20.2.2; (*fem. as sb.*) aut facere ~ae est, aut non promisse pudicae, Aufilena, fuit CATUL.110.5; (*of an animal*) astuta ~um uulpes imitata leonem HOR.*S.*2.3.186; —(*transf.*) suspicor ~as erubuisse genas OV.*Ep.*19.6; (*cf.*) ~i uultus puer ~ique pudoris JUV.11.154;—(*poet.*) ~o confusa rubore..rosa COL.10.260. **c** ~as ungue notare genas OV.*Am.*1.7.50; ego sustinui..~um dura ponere corpus humo? 3.11.10; illi (*i.e. Ulysses*) corpus erat durum..inualidae uires ~aeque mihi *Tr.*1.5.72; cunctos umbone repellet (libertus): inualidum est nobis ~umque latus MART. 3.46.6;—non minus ~a est et mihi, Marce, gula 6.11.6.

ingerō ~rere ~ssī ~stum, *tr.* [IN-[1]+GERO] FORMS: imp. *inger* (= *ingere*) CATUL.27.2.

1 To heap on, over, or in. **b** to pour (liquids or sim.) in or on (in large quantities). **c** to pour into the body, take in, or cause to take in (food or drink, esp. in large amounts).

stercus ouillum quam plurimum fac ~ras CATO *Agr.*161.4; ~ret ardenti grandia ligna foco TIB.2.1.22; ~sta..Olympo ..Pelion Ossa tulit OV.*Am.*2.1.13; uasta Giganteis ~sta est insula membris Trinacris *Met.*5.346; si propter te ~stae illisaeque nubes strepunt SEN.*Nat.*2.59.12; in scrobe..super quam tenerrima ~ritur terra PLIN.*Nat.*17.160; exuit ~stas fluuio sudoris harenas STAT.*Theb.*6.874; ~stis uigilant altaria flammis 10.55; amnem..~sta obrutum silua transiluere FLOR.*Epit.*1.38(3.3.12); (*pass., w. ret. acc.*) contusa..pectus uerberibus crebris cineresque ~sta sepulchri LUC.2.336;—(*transf.*) ~rebat iste Artemidorum Cornelium medicum et Tlepolemum Cornelium pictorem et eius modi recuperatores CIC.*Ver.*3.69; puerone parcit an scelus sceleri ~rit? SEN.*Thy.*731; inuenimus Eumolpum..membranae.. ingenti uersus ~rentem PETR.115.2; qui..ita litem contraxerunt ut alius alio potiora ~rerent HYG.*Fab.*257.11. **b** tu qui urnam habes aquam ~re PL.*Ps.*157; minister uetuli puer Falerni ~r mi calices amariores CATUL.27.2; tepidas super ~rit undas *Mor.*44; post quae quicquid medicamentorum ~ritur parum proficit CELS.5.26.31A; si tepido illi plus frigidi ~ssero, fiet frigidum SEN.*Ep.*92.21; COL. 2.10.2; quidam..adgrauant ictus ante conatum..saliua in manum ~sta PLIN.*Nat.*28.37; e puteis..aquam in salinas ~runt 31.82; (*refl., of a river*) cum iam se in agros Nilus ~ssit SEN.*Nat.*4A.2.11;—(*in fig. phrs.*) in pertussum ~rimus dicta dolium, operam ludimus PL.*Ps.*369; tantum festinet atque ~rat quantum aures pati possunt SEN.*Ep.*40.8. **c** plus etiam aquae frigidae ~rebat (*sc.* homini febricitanti) et tum uomere cogebat CELS.3.9.3; dic, quam turpe sit plus sibi ~rere quam capiat SEN.*Ep.*83.18; alitur..sitis latice ~sto *Oed.*196; deficientibus (*sc. patients*) cibo saepius die ~sto PLIN.*Nat.*29.23; estur ac potatur incondite, pulmentis aceruatim,..poculis agminatim ~stis APUL.*Met.*4.8; (*of the belly*) ut maiore opera omnia egerat (uenter) quam ~ssit SEN.*Ep.*47.2;—(*in fig. phrs.*) uoluptates angusto corpori ultra quam capiebat ~stae 59.17; quantas robusti carminis offas ~ris..? PERS.5.6.

2 To cause (missiles, weapons, or sim.) to fall repeatedly or in large numbers. **b** (w. immaterial obj.) to bestow lavishly or repeatedly, rain (blows, etc.); (esp.) to heap (insults or imprecations). **c** to let loose (upon); (refl.) to fling oneself, rush (into or upon).

nisi sequitur, pugnos in uentrem ~re TER.*Ph.*988; fugientibus ~rit hastas in tergus VERG.*A.*9.763; 12.330; Volscus.., saxa obiecantia pedibus ~rit in subeuntes LIV. 2.65.4; ballistis catapultisque..tela ~rentes 31.46.10; 37. 41.9; tunc capiti suo manus ~runt (*sc. the grief-stricken*) SEN.*Ep.*99.16; utinam liceret stipite ~sto impiam effringere animam *Her.O.*1449; cicer ~re large rixanti populo PERS. 5.177; ungulae..comprehendendis lapidibus utiles, quos in fuga contra sequentes ~runt pedibus PLIN.*Nat.*10.1; fulmineum..uiris..~rit ensem huc alternus et huc V.FL. 6.230; ~runt desuper Othoniani pila TAC.*Hist.*2.22; *Ann.* 1.49. **b** dira supplicia ~re: merui SEN.*Med.*461; ~ris ictus qua uotum est uicto LUC.8.645; equis..maxime uulnera ~rit TAC.*Ann.*1.65; mellitis sauiis crebriter ~stis APUL. *Met.*4.26; 5.23;—omnia mala ~rebat quemquem aspexerat PL.*Men.*717; *Ps.*359; TER.*An.*640; pueris conuicia nautae ~rere HOR.*S.*1.5.11; ~ret hic potus iuuenis maledicta puellae TIB.2.5.101; in Galbam..probra ~rere LIV.45.36.8; cuncta flagitia ~re; fatebor SEN.*Med.*236; non tibi..umbra senis maesti..~ret has uoces? LUC.8.433; ~runt contumelias TAC.*Ann.*1.39; SUET.*Tib.*66. **c** quod manes ~staque Tartara somnis Pompeio uiuente uidet LUC. 7.785;—(*refl.*) quis..dubitet se infestis ~rere mucronibus..? SEN.*Ep.*82.21; quo te ipse, senior, obuium morti ~ris? *Her.F.*1032; (papiliones) in eam flammam sese ~runt PLIN. *Nat.*21.81; in medios fert arma globos seseque periclis ~rit SIL.10.5; (*of a thing*) dextra ~ssit sacris se peritura focis MART.1.21.2.

3 To force or thrust (favours, responsibilities, etc., usu. unwelcome) on a person. **b** to obtrude on a person's notice or attention (a sight, fact, etc., usu. unwelcome).

quia soletis mihi molesti esse de Fusco..~ram uobis Fuscinas explicationes SEN.*Suas.*4.5; honor offeretur, gratia ac dignitas fortasse ~rentur tibi SEN.*Ep.*76.6; aetati non semper uoluptates recepturae..~rere frugalitatem 123.10; si ipse (*sc.* Aeetes) sibi (*sc.* Iasoni) terga (*i.e. the Golden Fleece*) ~rat ultro V.FL.7.651; nomen patris patriae Tiberius, a populo saepius ~stum, repudiauit TAC.*Ann.*1.72; cum eum in turba osculum ~rentem..deuitare non posset SUET.*Gram.* 23(p.118Re); recusanti..amicitiam suam ~rere *Poet.*fr.40 (p.45Re); cibus recusantibus spurca manu carnificis ~ritur CALP.*Decl.*4; (*refl.*) hos amat, his se ~rit (Fortuna) JUV. 6.609;—(*cf., w.* ut) unde Graecis auctoribus ut femori Iouis insitum dicerent aut materia ~ssit aut error MELA 3.66. **b** quae quidem mihi exploratiora essent, si remansissem. sed ~ro praeterita CIC.*Att.*11.6.3; horum XVI annorum opera..cum ~rantur oculis animisque omnium VELL.2.126.1; ut, etiamsi saepius ~rantur (*sc.* uerba), totiens tamen tamquam noua audiam SEN.*Con.*1.pr.3; ut.. quae..et sibi quisque fecisse se negat..in oculos suos ~reret SEN.*Nat.*1.16.3; funus ~stum patri sparsumque ponto corpus *Med.* 132; inuidet igne rogi miseris, caeloque nocenti ~rit Emathiam LUC.7.799; una (diaeta), quae tibi Parthenopen derecto limite ponti ~rit STAT.*Silv.*2.2.85; uillosa.. fului ~rit obiectans trepidantibus (equis) ora leonis SIL. 2.194; una pruinae canentis..~ritur facies 3.535;—(*refl.*) loquax est uirtus nec ostendit se tantum sed ~rit SEN.*Con.* 10.2.5; inuidiam effugies, si te non ~sseris oculis SEN.*Ep.* 105.3; harum quinque stellarum, quae se ~runt nobis *Nat.* 7.25.5; praefectum praetorio non ex ~rentibus se, sed ex subtrahentibus legere PLIN.*Pan.*86.2.

4 To din into a person's ears, say repeatedly.

~rat Aprilis Iole tibi, tundat Amycle natalem Mais Idibus esse tuum PROP.4.5.35; quanto melius..in promptu habere merita amicorum et offerre, non ~rere SEN.*Ben.* 6.41.2; quidam..beneficium, quod dederunt, omnibus circulis narrant..hoc ignotis ~runt 7.22.2; quorum nomina prius parentes liberis suis ~runt? TAC.*Dial.*7.4; imprimens oscula suasoria et ~rens uerba mulcentia APUL.*Met.*5.6;—(*w. dir. sp.*) saepe..~ssit: 'diuitias describere uolo' SEN. *Con.*2.1.26; ~rebat..Trimalchio lentissima uoce 'Carpe, Carpe' PETR.36.7;—(*w. acc. and inf.*) e curia..se proripienti quidam ~sserunt licere oportere senatoribus de re p. loqui SUET.*Aug.*54; (*cf.*) magnitudinem imperatoris identidem ~rens et rem publicam armis peti TAC.*Ann.*2.79.

ingestābilis ~is ~e, *a.* [IN-[2]+GESTO+-BILIS] Hard to carry (in quot., of an unborn child).

contraria omnia in altero sexu, ~e onus, crurum et inguinis leuis tumor PLIN.*Nat.*7.41.

ingignō ~ignere ~enuī ~enitum, *tr.* [IN-[1]+GIGNO] FORMS: usu. in pple. (see INGENITVS); forms from pres. stem app. unknown. To cause (plants) to grow (in); (transf.) to implant (qualities, feelings, etc.).

Thessala..tellus herbas..nocentes rupibus ~enuit LUC. 6.439;—natura cupiditatem ~enuit homini ueri uidendi CIC.*Fin.*2.46; maior aliqua causa..hanc uim ~enuit (*sc.* arboribus) 5.33; tantam ~enuit animantibus conseruandi sui natura custodiam *N.D.*2.124.

inglomerō ~āre ~āuī ~ātum, *tr.* [IN-[1]+GLOMERO] To collect into a mass, make dense.

plurimus Auster ~at noctem, tenebrosa uolumina torquens STAT.*Theb.*1.351.

inglōrius ~a ~um, *a.* [IN-[2]+GLORIA+-VS] Lacking renown, obscure, undistinguished.

(*of persons*) beati, qui honorati sunt, uidentur, miseri autem qui sunt ~i CIC.*Leg.*1.32; flumina amem siluasque ~us VERG.*G.*2.486; patrias remeabo ~us urbes *A.*11.793; uiue sine inuidia mollesque ~us annos exige OV.*Tr.*3.4.43; concessit cetera pubes sponte et adorato rediit ~a disco STAT.*Theb.*6.664; non ~us umbris mittitur (*sc.* psittacus) *Silv.*2.4.33; multos ueterum uelut ~os et ignobilis obliuio obruit TAC.*Ag.*46.4; *Ann.*6.37; (*w. gen.*) frustra..~us ausi pulsauit..portas SIL.12.39;—(*of life, activities, etc.*) uita inhonorata et ~a CIC.*Tusc.*3.81; nobis in arto et ~us labor TAC.*Ann.*4.32; breui et ~o imperio perfunctus est 12.13; (*pred., w. inf.*) uincere (collegas) ~um et atteri sordidum arbitrabatur *Ag.*9.5;—(*poet.*) conuulsae cuspide longe diffugere iubae patuitque ~a cassis STAT.*Theb.*9.109.

ingluuiēs (~ēī), *f.* [prob. IN-[1]+*gluo (cf. GLVTTIO)+-IES, cf. *illuuies*: *illuo*]

1 The gullet, jaws (esp. of an animal); the crop (of a bird). **b** the external throat, the hollow part of the neck.

piscibus atram improbus ~em ranisque loquacibus explet (anguis) VERG.*G.*3.431; prius quam ~e uoraci me misellam hauriret APUL.*Met.*5.26; (*cf.*) ~em immensi uentris grauidamque uenenis aluum (*sc.* serpentis) SIL.6.155;—nam nisi uacua est ~es (pulli gallinacei), cruditatem significat COL. 8.5.17. **b** margaritis collos filiarum..despoliabis ut cuius tandem ~es turgida ornetur? FRO.*Aur.*2.p.96(38N); ut ponderis deductu restis ad ~em adstricta spiritus officia discluderet APUL.*Met.*1.16.

2 Immoderate appetite, greed, gluttony.

aui cur atque parentis praeclaram ingrata stringat malus ~e rem HOR.*S.*1.2.8; GEL.6(7).16.4.

ingluuiōsus ~a ~um, *a.* [prec.+-OSVS] (See quot.)

ingluuies a gula dicta. hinc et ~us PAUL.*Fest.*p.112M.

ingrandescō ~escere ~uī, *intr.* [IN-[1]+GRANDESCO] To grow large, expand, fill out.

ne difficulter acinus ~escat COL.3.6.3; licet porrum, si iam ~uit, transferre 11.3.17.

ingrātē, *adv.* [INGRATVS+-E]

1 (subjectively): **a** Without gratitude, ungratefully. **b** without pleasure or delight.

a quamuis ~ et impie necessitudinis nomen repudiaretis CIC.*Deiot.*30; ~ nostra facilitate abutuntur *Fam.*12.1.2; ~ deorum munera intellegit PLIN.*Nat.*27.6; Valens infensus Galbae, tamquam detectam a se Verginii cunctationem..~ tulisset TAC.*Hist.*1.52. **b** sunt, quibus ~..indulgentia seruit et, si nulla subest aemula, languet amor OV.*Ars* 2.435.

2 (objectively) Unpleasingly, disagreeably.

gemma ~ uiridis atque intus sordida PLIN.*Nat.*37.74.

ingrātificus ~a ~um, *a.* [INGRATVS+-FICVS] Ungrateful, thankless.

o ~i Argiui..inmemores benefici ACC.*trag.*364.

ingrātiīs, *f. abl. pl.* **ingrātīs.** [IN-[2]+abl. pl. of GRATIA] (w. gen. or poss. adj.) Against the wishes (of), in despite (of). **b** (used alone) against one's own or another's will.

α uobis inuitis atque amborum ~iis una libella liber possum fieri PL.*Cas.*315; tueis ~ieis *Mer.*479. β animi ~is uitam uexare LUCR.6.15; quando..ea ~is nostris ui ac necessitate naturae nobis incidant GEL.17.1.7. **b** (*w. ref. to dir. or indir. obj. of sentence*) α qui hoc noctis..~iis excitauit (*sc.* me) PL.*Am.*164b; mihi ancillulam ~iis postulat *Cas.*193; simia quae..hirundines ex nido uolt eripere ~ieis *Rud.*772; TER.*Ph.*888. β extorquendum est inuito atque ~is CIC.*Quinct.*47; APUL.*Pl.*2.27.—(*w. ref. to subj. of sentence*) α nunc mihi bonae necessust esse ~iis, quamquam esse nolo PL.*Cist.*626; est eundum quo imperant ~iis *Cur.*6; ut defetiger usque, ~iis ut dormiam TER.*Eu.*220; reticebunt quae poterunt libenter, dicent quae necesse erit ~is CIC.*Ver.*4.19; ~iis..tibi purpureum pallium erit sumendum FRO.*Aur.*2. p.62(144N). β cadant ~is illa necessest semina LUCR. 6.216; NEP.*Them.*4.4; APUL.*Met.*3.9.

ingrātus ~a ~um, *a.* *compar.* ~ior, *superl.* ~issimus. [IN-[2]+GRATVS]

1 Ungrateful, thankless, unappreciative. **b** (of actions, words, etc.) marked by ingratitude; (neut. as sb.) ingratitude. **c** (transf., of things that bring no adequate return).

nihil amas quom ~um amas PL.*Per.*228; TER.*An.*278; illud..est hominis ~i tacere CIC.*Dom.*30; ~i animi crimen horreo *Att.*9.2A.2; ~i..impia facta uiri [TIB.]3.6.42; Romam ~iorem, si..uictorem Africanum expellat LIV.38.50.7; de ~is etiam ~i queruntur SEN.*Ben.*3.1.1; ~a..Phyllis amat ..post tot mea munera Mopsum CALP.*Ecl.*3.8; PLIN.*Pan.* 43.4;—(*w.* in+*acc.*) ~us in amicos *Rhet.Her.*4.52; CIC.*Att.* 7.2.7;—(*w.* aduersus, *etc.*) non..simus aduersum deos ~i SCIP.*orat.*3; uirum aduersus merita Caesaris ~issimum VELL. 2.69.1;—(*w. dat.*) qui..~i genitoribus inuenti sint LUCR. 2.615; SEN.*Ben.*6.30.1;—(*w. gen.*) respicit ignarus rerum ~usque salutis VERG.*A.*10.666;—(*poet.*) quid cineri ~o seruas bene olentia serta? *Copa* 35; ~a..ingluuie (*i.e. that is never satisfied*) HOR.*S.*1.2.8; ~ae uallantur planctibus arae STAT.*Theb.*10.564; JUV.7.169;—(*as constituting an offence in law*) mulier contra patronum suum ~a facta PAUL.*dig.*4. 2.21; ~us libertus est, qui patrono obsequium non praestat 37.14.19. **b** ne mea oratio, si minus de aliquo dixero, ~a ..esse uideatur CIC.*Sest.*108; nihil cognoui ~ius *Att.*8.4.2; ~a facta V.MAX.5.3.intro.; testamenta primipilarium..ut ~a rescidit SUET.*Cal.*38.2;—(*neut. as sb.*) nec manet ~i Capricornus crimine turpis MAN.4.350; an inter uiros et uxores data beneficia ~i lege teneantur SEN.*Con.*2.5.13; QUINT.*Inst.*7.4.37. **c** frigidus in Venerem senior (equus), frustraque laborem ~um trahit VERG.*G.*3.98; ~is offer te ..periclis *A.*7.425; non ~us ager MART.10.47.4; epistulas steriles et..~as PLIN.*Ep.*5.2.2.

2 (of services, etc.) Not received with or deserving of gratitude or appreciation.

bene quae in me fecerunt ~a ea habui atque inrita PL. *Am.*184; *As.*136; mihi dona accepta et grata habeo, tuaque ~a, quae aps te accepi *Truc.*617; difficilem te esse ostendes et ignosces tamen post, et id ~um TER.*Hau.*934; PAC.*trag.* 26; ubi seueritas periculosa est, liberalitas ~a CIC.*Flac.* 87; imperfecta tibi elapsast ~aque uita LUCR.3.958; quam miser est, cui est ~a misericordia PUB.*Sent.*Q.18; ~os in pectora fudit odores OV.*Met.*2.626; (aestimo) quam ~um (fuerit frumentum), quod non habuissem, nisi emissem SEN. *Ben.*6.14.4; mirabatur haec (*sc.* petauristarios) solus Trimalchio dicebatque ~um artificium esse PETR.53.12;—(*cf.*) ~is Phrygios umeris subiisse molaris STAT.*Theb.*1.700.

3 (esp. w. dat. of person) That does not enjoy favour with someone, unwelcome, displeasing, unpopular, etc.

(*of things*) habet aedilitas eius memoriam non ~am CIC. *Att.*4.16.6; fuit haec oratio non ~a Gallis CAES.*Gal.*7.30.1; ~am Veneri pone superbiam HOR.*Carm.*3.10.9; mihi tarda fluunt ~aque tempora *Ep.*1.1.23. ~os adimant conuiuia somnos PROP.3.10.25; Lepidus molem ad Tarracinam, ~um opus..locauit LIV.40.51.2; (Inuidia) uidet ~os intabescitque uidendo successus hominum OV.*Met.*2.780; haec ..laeti audiere iuuenes, ~a senioribus erant CURT.8.1.27; ~a uita est cuius acceptae pudet SEN.*Med.*504; ferocia subiectorum ~a imperantibus TAC.*Ag.*31.3; Tiberio haud ~um accidit turbari res Orientis *Ann.*2.5; (*w.* ad) ne ipse tam tristis ~ique ad uolgus iudicii..auctor esset LIV.1.26.5; —(*of persons*) parentes, liberi si occurrant, et ~i et inuisi sunt CURT.7.1.23; Gaetulicus..proximo..exercitui per L. Apronium socerum non ~us TAC.*Ann.*6.30; ~ae uirgini petit..maritum APUL.*Met.*4.32.

4 (objectively, w. ref. to a permanent quality) Disagreeable to the mind or senses, unattractive.

non ~am neglegentiam CIC.*Orat.*77; neu, si quid petiit (puella), ~a fronte negaris PROP.1.10.23; cantharus ~us suco OV.*Hal.*103; non ~ae amaritudinis PLIN.*Nat.*15.104; (secale) ~issimum uentri est 18.141; radices..gustu acres, odore non ~as 25.157; (gemmas) quamquam..fragiles, non ~as 37.128; ieiuna, tristis, ~a, uilis oratio est QUINT.*Inst.* 8.3.49; quae omnia ~a atque arrogantiae plena..Augustus ..excusare temptauit SUET.*Tib.*68.3.

ingrauescō ~ere, *intr.* [IN-[1]+GRAVESCO] FORMS: tm. in LUCR.4.1250, 6.570.

1 To increase in weight, grow heavy. **b** (transf., of old age, etc.). **c** (of the atmosphere) to become stuffy or oppressive.
a parte austri..unde maxime nubes ~unt Sen.*Nat.*1.13.3; quod (sal)..in lucem..prolatus uix credibili pondere ~at Plin.*Nat.*31.79;—(*w. ref. to pregnancy*) ex aliis..succipiunt aliae pondus magis inque grauescunt Lucr.4.1250; utero ~ente Hyg.*Astr.*2.1. **b** ut aetas nostra iam ~ens in amore atque in adulescentia tua conquiescat Cic.*Fam.*2.1.2; corpora..exercitationum defatigatione ~unt, animi autem se exercendo leuantur *Sen.*36; mutari..mores hominum.. aetate ~ente *Amic.*33. **c** (spiritus) ipsa ~it mora, peior quo segnior Sen.*Nat.*6.28.2; cryptoporticus..patentibus fenestris fauonios accipit..nec umquam aere pigro et manente ~it Plin.*Ep.*2.17.19.

2 To increase in force or intensity. (esp.) **b** (in bad sense, of troubles) to become serious, grow worse; (esp. of diseases). **c** (of prices or sim.) to become inflated.
(*of natural forces*) quia respirant alternis inque grauescunt (uenti) Lucr.6.570;—(*of a passion*) etsi..me omnis ars.. liberalis..delectauit, tamen hoc studium cotidie ~it Cic.*Fam.*4.4.4. **b** ~it enim in dies intestinum malum Cic.*ad Brut.*1.10.1; ~ens bellum Liv.10.21.11; famem..~entem Suet.*Aug.*16.1; (*app. of a person*) cum e contrario laeta omnia fingeret, falsis ~ebat (Vitellius) Tac.*Hist.*3.54;—non illum..morbus ~ens retardauit Cic.*Phil.*9.2; *Div.*2.16; uis morbi ~ens Liv.4.21.5; ~ente in dies ualetudine Vell. 2.123; Plin.*Ep.*1.12.5; assiduam et ~entem tussim Suet. *Cal.*23.3; (*in fig. phr.*) alter ardet furore et scelere nec remittit aliquid sed in dies ~it Cic.*Att.*10.4.2; (*of a patient*) mox ~it, clamat moriens Plin.*Ep.*2.20.5. **c** cum ~eret annona, ut iam..fames..timeretur Cic.*Dom.*11; Caes.*Civ.* 1.52.1; propior dolor plebi fenoris ~entis erat Liv.7.21.3.

ingrauō ~āre ~āuī ~ātum, *tr.* [in-[1]+gravo]

1 To weigh down.
puppem..alternus utrimque ~at Stat.*Theb.*5.402;—(*transf., of old age*) languere coepit annis ~antibus Phaed. 5.10.2.

2 To make worse, aggravate (a situation); to make (reproaches) more bitter.
illa (*sc.* coniugis imago) meos casus ~at, illa leuat Ov.*Tr.* 3.4b.60;—hic matres miseraeque nurus..exsecrantur bellum Turnique hymenaeos..~at haec saeuus Drances Verg.*A.* 11.220; (*w. dir. sp.*) ~at ad caelum sublatis Scipio palmis: 'di patrii..' Sil.4.669.

ingredior ~dī ~ssus, *tr., intr.* [in-[1]+gradior] Forms: ~*diri* (inf.) Pl.*Ps.*1299 (s.v.l.); tm. in Lucr.4.887; see also indvgredior.

1 (tr.) To go into or on to (strictly, on foot). **b** (absol., or intr., w. *in*+acc., etc.). **c** (tr. or intr.) to enter and take part in (a communal activity).
~ssus fluuium rapidum Pl.*Men.*64; o fortunate, nescis quid mali praeterieris qui numquam es ~ssus mare Ter.*Hec.* 419; pontem Muluium..~di Cic.*Catil.*3.6; acriter Numidiam ~ssus est Sal.*Jug.*28.7; nouus ~ditur tua templa sacerdos Tib.2.5.1; legiones Volscorum ~ssas fines Liv.6.31.3; inter custodias Macedonum moenia ~ssi 32.4.2; mane ~ssi cubiculum 42.28.12; ~ditur iactatis aethera pennis (Atlantiades) Ov.*Met.*2.835; nauem una cum duobus amicis.. ~ssus Vell.2.43.1; praefectum urbis..auspicandi gratia tribunal ~ssum Tac.*Ann.*4.36; carpento Capitolium ~di 12.42; littus ~ssi Suet.*Rhet.*25(p.212Re);—(*of things*) (Euphrates) primum Syros tunc Arabas ~ssus Mela 3. 78; sole primam partem leonis ~diente Plin.*Nat.*2.123. **b** non esse deiectum eum cui ui et armis ~dienti sit occursum Cic.*Caec.*64; Teucros ad sese..uocauit, atque haec ~ssis placido prior edidit ore Verg.*A.*7.194; ~ssi milites uocari eum a tribuno dixere Tac.*Ann.*15.69;—(*w.* in+*acc.*) quis hic est qui in plateam ~ditur? Pl.*Trin.*840; iam ~dientem in nauem Cic.*Ver.*5.160; in Mauretaniam regnumque Bogudis est ~ssus *B.Afr.*23.1; se..et patriciam et pudicam in Patriciae Pudicitiae templum ~ssam Liv. 10.23.5; (*cf.*) nilne te pudet..populi in conspectum ~di? Pl.*Am.*fr.17;—(*w.* intra) ~diens intra finem eius loci Cic. *Caec.*22; intra munitiones ~di Caes.*Gal.*5.9.5;—(*w. dat.*) castris ~ssus Etruscis Verg.*A.*10.148. **c** (*tr.*) non audentibus Romanis proelium ~di V.Max.1.8.6;—(*intr., w.* in+*acc.*) age nunc tu, in proelium uide ut ~diare auspicato Pl. *Per.*607; qui ~diuntur in stadium Cic.*de Orat.*1.147.

2 (tr. or intr.) To take the first steps on (a path).
(*tr.*) quod iter incipiam ~di? Enn.*scen.*276; Tib.1.3.19; Liv.37.33.4; ~diare uiam caelo licet usque sereno Mart. 14.130.1; Suet.*Vit.*9;—(*in fig. phrs.*) uiam antiquam criminandi patres ~ssus Liv.31.6.4; secum expenderet quod.. capessendae rei publicae iter ~deretur Tac.*Ann.*16.26; uitae diuersum iter ~dietur Juv.7.172;—(*w.* in+*acc.*) doleo me in uitam paulo serius tamquam in uiam ~ssum Cic. *Brut.*330; (*in fig. phrs.*) qui amans egens ~ssus est princeps in Amoris uias Pl.*Per.*1; ~dere in uiam dolose: ego hic in insidiis ero *Ps.*959; hanc unam uiam multa inter nos conlocuti consules inuenimus; ~dimini dis bene iuuantibus Liv.26.36.9.

3 (tr.) To enter upon, commence (a period of office, stage of life, etc.). **b** to be admitted, enter into (possession); (also intr.).
ubi primum magistratum ~ssus est Sal.*Jug.*43.2; Mithridates extrema pueritia regnum ~ssus *Hist.*2.75; (C. Gracchus) uindicandae fraternae mortis gratia..tribunatum ~ssus Vell.2.6.2; ille iuuentam protinus ~diens.. inuasit Araxen Stat.*Silv.*5.2.32; ~di consulatum Quint. *Inst.*6.1.35; iuuenes iam et forum ~ssuri Tac.*Dial.*33.2; nondum pubertatem ~ssus *Ann.* 6.46; nos prima imperii spatia ~dimur 14.56; ipse prospere sis ~ssus annum! Aur. *Fro.*1.p.230(85N); se..iam duodecimam annorum hebdomadam ~ssum esse Gel.3.10.17; (*cf.*) iuuat ~ssos felicia regni omina Stat.*Theb.*2.195;—(*ellipt. or absol.*) ~dere et uotis iam nunc adsuesce uocari Verg.*G.*1.42; tu..quem numina poscunt, ~dere, o Teucrum..fortissime ductor *A.*8.513. **b** ut..tunc demum tu ~diaris possessionem Labeo *dig.*18.1.78.1; Papin.*dig.*41.8.8; bona debitoris ~di Paul.*dig.*42.4.14;—(*intr., w.* in+*acc.*) clam nanciscitur possessionem, qui..furtiue in possessionem ~ditur Ulp. *dig.*41.2.6.

4 (tr. or intr.) To embark on (an activity, undertaking, or sim.), embrace, begin, etc. **b** to begin to deal with (a topic). **c** (w. inf.) to begin (to); (also w. *ut*). **d** to begin to speak. **e** (intr., of a season) to begin.
(*tr.*) est difficile, quod cum spe magna sis ~ssus, id non exsequi Cic.*Rab.Post.*5; uitam honestam ~di *Off.*3.6; ne frustra ~ssus turpem causam uideretur Caes.*Civ.*3.20.5; primo Tiberium, dein paucos post annos eadem ~dientem Gaium, tribunum alterum Sal.*Jug.*42.1; tibi res antiquae laudis et artis ~dior Verg.*G.*2.175; praetor nouo..exemplo rem ~ssus erat Liv.45.21.4; Sen.*Ben.*4.34.5; aera..turba (*i.e. of birds*) timet, tandemque ~ssa uolatus horret Stat. *Theb.*12.20; eloquendi rationem nouissime repertam..~ssi sumus Quint.*Inst.*12.pr.3; tantum periculi ~di Flor.*Epit.* 1.12(1.17.3); terra mariue ~diente se longinquam profectionem Suet.*Aug.*92.1;—(*intr., w.* in+*acc.*) ut ~diuntur docte in sycophantiam! Pl.*Poen.*654; in exsilium eiciebam quem iam ~ssum esse in bellum uideram? Cic.*Catil.*2.14; quoniam ~ssi in spem rei publicae recuperandae sumus *Phil.*5.11; ~diar in disputationem *Rep.*1.38; quem ~ssum in sermonem Pompeius interpellauit Caes.*Civ.*3.18.4; Lacedaemoniorum (populum) cunctatorem (esse) et uix in ea, quibus fidit, ~dientem Liv.45.23.15;—(*w.* ad) qui ~diar ad explicandam rationem sententiae meae Cic.*Fam.*2.3.2; timide ~dientem ad hoc genus disputandi *Fat.*4; simul ut ad fortitudinem ~diuntur Vitr.6.1.10;—(*w. advs.*) quo cum ~ssus esses, repente te quasi quidam aestus ingeni tui.. abripuit Cic.*de Orat.*3.145;—(*absol. or ellipt.*) magnum opus et arduum..; sed ~dientibus considerandum fuit quid ageremus *Orat.*75; primas dominandi spes in arduo: ub sis ~ssus, adesse studia et ministros Tac.*Ann.*4.7. **b** (*tr.*) priusquam ~diar hanc partem Quint.*Inst.*4.3.1; ut uero Latinium Latiarem ~ssus est Tac.*Ann.*6.4; horum antequam crimina ~derer Plin.*Ep.*3.9.14;—(*intr., w.* in+*acc.*) ~dior iam in Sesti tribunatum Cic.*Sest.*71; iam quoniam qua nolui ianua sum ~ssus in causam *Planc.*8; cum in locos fuerimus ~ssi Quint.*Inst.*4.1.59; (*of a speech*) incidi in id tempus quod eis rebus in quas ~ssa erat oratio praeuertendum est Cic.*Phil.*2.88. **c** maiores nos res scribere ~ssos Cic.*Top.*1; quom..~ssus essem dicere quid oportuisset *Att.*15.11.2; *Luc.*17; primus ego ~dior..Itala per Graios orgia ferre choros Prop.3.1.3; Plin.*Nat.*18.35; fuga.. Rhenum petere ~ssus est Vell.2.119.4; Quint.*Inst.*1.3.18;—(*w.* ut) postea ~ssi sunt, ut etiam aedificiorum figuras.. imitarentur Vitr.7.5.2. **d** (*w. dir. sp.*) sic contra est ~ssa Venus: 'quis talia demens abnuat..?' Verg.*A.*4.107; tum pater Anchises lacrimis ~ssus obortis.. 6.867. **e** omne caput fluuii..~sso uere tumescit Luc.10.224.

5 (intr.) To move forward on foot, walk. **b** (esp. w. manner indicated). **c** (w. dat.) to tread (in or on); (also tr.). **d** (of linear objects) to extend.
qui cum ~di uix posset..sibi tarditatem pedum..ad fugiendum impedimento fore putabat Cic.*Rab.Perd.*21; si stas ~dere, si ~deris curre, si curris aduola *Att.*2.23.3; per mare umbilici fine ~ssi terram petebant *B.Afr.*85.1; comitem Aenean iuxta natumque tenebat ~diens Verg.*A.* 8.309; iuuenes per mediam contionem agmine ~ssi Liv. 1.6.2; quacumque ~ditur, florentia proterit arua Ov. *Met.*2.791; Cels.3.27.1.c; hominem nihil scire, nihil sine doctrina, non fari, non ~di, non uesci Plin.*Nat.*7.4; illam per funes ~dientium tarditatem Quint.*Inst.*2.13.16; (*w. internal acc.*) ~di aliquid..debet Cels.1.3.3;—(*w. ref. to analogous modes of locomotion*) Himantopodes loripedes quidam, quibus serpendo ~di natura sit Plin.*Nat.*5.46; ~di est iis (*sc.* echinis) in orbem uolui 9.100;—(*in fig. phr.*) animus ferox praua uia ~ssus Sal.*Rep.*1.5.6;—(*transf.*) omnis.. aequabiliter constanterque ~diens numerosa habetur oratio Cic.*Orat.*198; bulla in horologiis ~diens per puncta Vitr. 9.8.10; per titulos ~dimur..tuos Ov.*Fast.*2.16. **b** quae istaec audaciast te sic interdius cum corolla ebrium ~diri (*v.l.* incedere)? Pl.*Ps.*1299; caute ~dimini Acc.*trag.*568; dux interea Gallorum..grandia ~diens..incedebat Quad. *hist.*12; ut si aut manibus ~diatur quis aut non ante sed retro Cic.*Fin.*5.35; pecoris generosi pullus in aruis altius ~ditur Verg.*G.*3.76; aspice, ut insignis spoliis Marcellus opimis ~ditur *A.*6.856; ut incipiebat Princeps ad baculum ~di Phaed.5.7.17; elephanti gregatim semper ~diuntur Plin.*Nat.*8.11; si uel difficulter ~di posses Aur.*Fro.*1.p.244 (89N); (*in fig. phr.*) nec comoedia ad cothurnos adsurgit, nec tragoedia socco ~ditur Quint.*Inst.*10.2.22. **c** ~ditur ..solo et caput inter nubila condit (Fama) Verg.*A.*4.177; 10.767; (*in fig. phr.*) a pueritia uestigiis ~ssus patris et tuis Cic.*Rep.*6.26; (*transf.*) recentibus proeli uestigiis ~ssus Caesar Hirt.*Gal.*8.20.1;—(*tr., in fig. phr.*) huius ego uestigia ~ssus..studio in colendis uobis adicere..nihil potui Liv. 37.53.11. **d** inter lienem et iecur positus est (uentriculus), utroque ex his paulum super eum ~diente Cels.4.1.6.

6 (intr.) To move with hostile intent, advance to the attack; (tr.) to assail.
quadrato agmine, ..uelut in aciem irent, ~di suos iubet Curt.5.1.19; angustiae loci..non patiebantur totis ~di uiribus 6.1.10; quacumque ~ssi (Graii duces) tremere ac miserescere cunctos Thebarum Stat.*Theb.*7.230; (aduersarii) cum..existimarent ignorari aduentum suum, auidius ~ssi oppressique sunt Fron.*Str.*2.5.16;—carcinus ~ssus Herculis pedes et crura lanians Amp.2.4.

ingressiō ~ōnis, *f.* [prec.+-tio]

1 The action of going in, entry. **b** (transf.) the action of entering upon (a task).
ut..ab ~one fori populum tribunosque plebis propulsari uideres Cic.*Phil.*5.9;—(*into battle*) timori cum ~one huiuscemodi minime conuenit Gel.1.11.18. **b** hanc primam ~onem meam non ex oratoriis disputationibus ductam sed e media philosophia repetitam Cic.*Orat.*11.

2 The action of walking forward or advancing.
uidemus progredientem..Aiacem..cum depugnaturus esset cum Hectore; cuius..~o..attulit..terrorem..hostibus Cic.*Tusc.*4.49;—(*transf.*) interdum..cursus est in oratione incitatior, interdum moderata ~o *Orat.*201.

ingressus ~ūs, *m.* [ingredior+-tvs[3]]

1 The action of going in, entry. **b** (concr.) a point of entry, an approach.
recordamini.., quae fuerit celeritas reditus eius, qui ~us in forum Cic.*Mil.*61; concursu..ad primum equitum ~um facto Liv.26.15.7; sub Antoni ~um in castra Vell.2.63.2; consul in portu.., quem temere intrauerat, obiecta ad ~um catena clausus Fron.*Str.*1.5.6; turba, quae limen insederat, ad ~um tuum..te consalutauit Plin.*Pan.*5.4; quod ~ui primum fuerit stabulum, prandio participabo Apul.*Met.*1.4;—(*of a magistrate into his province*) haec tibi, domine, in ipso ~u meo scripsi Plin.*Ep.Tra.*10.17a(28).4. **b** tumulum lateribus..editis,..fronte ut angusto ita harenoso ~u Sal.*Hist.*3.6; hostilis ~us praesidiis intercipit Tac.*Ann.* 15.3.

2 The action of commencing or embarking on (an activity, process); (also, a topic). **b** the initial part (of a speech, etc.), prelude, or sim.
unde noua ~us hominum experientia cepit? Verg.*G.* 4.316; operum..~us, qui manu..ad elegantiam perducuntur, ipsorum sunt, qui..una arte ad faciendum sunt instituti Vitr.1.1.16; quae..spiritus potestate adsumit ~us 10.1.2; confregit rem publicam Terentius Varro Cannensis pugnae temerario ~u V.Max.4.5.2; quae in ~u contractus facta sunt Ulp.*dig.*2.14.7.5;—opportunus maxime uidetur ~us ab eo, cuius aliquid simile apud grammaticos puer didicerit Quint.*Inst.*2.4.1; partem hanc (*sc.* exordium) esse ante ~um rei, de qua dicendum sit, ostendunt 4.1.1. **b** quod in ~u parcius..praetemptanda sit iudicis misericordia Quint.*Inst.*4.1.28; per omnem quidem causam, sed maxime tamen in ~u ac fine 8.pr.7; si pars posterior (*sc.* uersus) in clausula deprehendatur aut rursus prior in ~u 9.4.72; in ~u cuiuslibet anni si decesserit Gaius *dig.*33.1.8.

3 The action of walking (forward); (pl.) steps. **b** style of walking, gait. **c** a hostile advance. **d** the action of treading (on).
quid..pedibus opus est sine ~u? Cic.*N.D.*1.92; circummunitos prohiberi aqua, prohiberi ~u (*sc.* Afranianos) Caes.*Civ.*1.84.4; ferarum..fetibus est statim ~us et ad ubera impetus Quint.*Decl.*306(p.204,l.11); cum..non ~u modo deficeretur sed et uisu Suet.*Gram.*3(p.103Re); quas (*i.e. your villainies*)..nos non uestigiis odorantes ~us tuos sed totis uolutationibus corporis..persecuti sumus Cic.*Pis.* 83; (*transf.*) sic euolauit oratio, ut eius uim et incitationem aspexerim, uestigia ~umque uix uiderim *de Orat.*1.161;—(*pl., in fig. phrs.*) insequar ~us eorum, qui..inuentiones perquisitis scriptorum praeceptis dedicaeuerunt Vitr.2.pr.5; 4.2.6. **b** pinnae breuiores (*i.e. in a queen bee*),..~us celsior Plin.*Nat.*11.51; in fabulis iuuenum, senum, militum, matronarum grauior ~us est Quint.*Inst.*11.3.112. **c** qua ..patet campus planis ~ibus hostis Sil.10.412. **d** eadem causa ad subeundum arduum aditum instabilemque ~um praebebat Liv.24.34.15; neue..solum..exportantium ramos..~u proculcetur Col.3.13.6;—(*pl.*) quaedam..terrae ad ~us tremunt Plin.*Nat.*2.209.

ingruō ~uere ~uī, *intr.* [in-[1]+*gruo (see congrvo)] Consts.: w. dat. or *in*+acc.

1 (of armies, etc.) To advance threateningly, make an onslaught (upon).
hostes crebri cadunt, nostri contra ~uont Pl.*Am.*236; ~uit Aeneas Italis et proelia miscet Verg.*A.*12.628; ~uit, audito ductore, exercitus omnis Sil.14.140; ~uente in Italiam Annibale Tac.*Hist.*3.34; simul ~uunt, saxa iaciunt *Ann.*1.27; Syriam ~uente Vologese acriore in discrimine esse 15.3;—(*of an animal*) a pastore..sago contra ~uentis (ferae) impetum obiecto Plin.*Nat.*8.54.

2 (of things) To descend violently or threateningly, bear down (on).
(*of natural forces*) bis uitibus ~uit umbra Verg.*G.*2.410; magis magisque ~uunt nimbi Sen.*Nat.*3.27.7; luna ~uentium solis radiorum..differentias sentit Plin.*Nat.*2.80; Oceanus..torrentibus ~uit undis Sil.3.52;—(*of missiles*) ferreus ~uit imber Verg.*A.*12.284; neque ferri aduersum ~uentia tela..poterant (aquilae) Tac.*Ann.*1.65; ~uentibus hostium telis saxisque Flor.*Epit.*2.13(4.2.59).

3 (of unwelcome circumstances) To attack, fall (on). **b** to threaten, impend.
primo in agrestes ~uerant (morbi) Liv.4.30.8; ceterae belli clades, quae in nos per quattuordecim annos ~uerunt 28.44.15; pestilentia, quae priore anno in boues ~uerat 41.21.5; uidesne..quantae iniquorum temporum uices ex inopinato ~uant? Sen.*Dial.*6.22.8; per biennium hoc (*sc.* lepidio) utuntur, si non saeuitia hiemis ~uat Plin.*Nat.*19. 166; L. Piso..nullius seruilis sententiae sponte auctor et quoties necessitas ~ueret sapienter moderans Tac.*Ann.* 6.10; ut iacens facile patiar (dolorem), nisi quid amplius ~uerit Fro.*Aur.*1.p.192(79N);—(*of persons*) laudatorum principum usus..quamuis procul agentibus: saeui proximis ~uunt Tac.*Hist.*4.74;—(*cf.*) offendit..aures ~uens diuersitas naturae Fro.*Aur.*2.p.82(153N). **b** clarescunt sonitus armorumque ~uit horror Verg.*A.*2.301; si bellum ~ueret 8.535; ~uentis periculi sensus Liv.5.21.4; neque deorum modo monita ~uente fato spreta 5.32.7; si qua externa uis ~uat 7.25.9; quis resistet, gemina si bella ~uant ..? Sen.*Med.*525; si nullus ~uat metus Plin.*Nat.*9.95; si quid subitum ~uat Tac.*Ann.*4.2; si damnatio ~uit 4.35; sicubi..aliena sapientiae officiis consultatio ~uerat Apul. *Soc.*18;—(*of persons*) fama moderationis parta quod ~uentis accusatores represserat Tac.*Ann.*3.56; 6.38;—(*of seasons, weather*) cum autumno aut etiam ~uente hieme frumenta iacimus Col.2.9.2; nec ubique tarde nec celeriter aestas ~uit 7.4.7; 11.3.18; ut, si hiemps ~uerit, habeam quo me recipiam Paul.*dig.*8.3.6.1.

inguen ~inis, *n.* [prob. cf. Gk. ἀδήν]

1 A swelling on the groin, bubo; (also applied to other swellings on the body).
~en ne existat Lucil.1195; si..tu in hoc ulcere tamquam ~en exsisteres Cic.*Dom.*12; si mulieri ~en et febris orta est

..ulcus in uulua est Cels.2.7.10; Plin.*Nat.*21.143;—genum mihi..ambustum est: postea etiam ~en ex ulcere extitit Fro.*Aur.*1.p.246(89N).

2 The part of the body around the sexual organs, groin. **b** (used to denote the sexual organs themselves).

(*sg.*) hasta..laeuum perforat ~en Verg.*A.*10.589; obsceno..ruber porrectus ab ~ine palus Hor.*S.*1.8.5; hippomanes cupidae stillat ab ~ine equae Tib.2.4.58; aper insequitur totosque sub ~ine dentes abdidit Ov.*Met.*10.715; uolnere per ~en accepto conlapsus est Sen.*Dial.*10.6.2;—(*pl.*) ~ina tangere mammis Lucil.541; Scylla latrans infima ~inum parte Catul.60.2; Scyllam..succinctam latrantibus ~ina monstris Verg.*Ecl.*6.75; tumor ~inum Liv.45.39.17; Ov.*Met.*8.400; cataplasmata imo uentri ~inibusque circumdare Cels.4.28(21).2; Plin.*Nat.*15.124; colla simul dextra, pedibus simul ~ina uinxit Stat.*Theb.*5.900; frigida..uelantis ~ina panni Juv.14.300; Fro.*Aur.*2.p.156(107N). **b** (*sg.*) uasto..~ine terribilis (*sc.* Priapus) *Copa* 24; Ov.*Fast.* 2.346; nihil est..ab ~ine tutum, non matrona laris, non filia uirgo Juv.3.109; quod enim non excitet ~en uox blanda et nequam? 6.196; 9.136;—(*pl.*) tument tibi cum ~ina Hor.*S.*1.2.116; lorum in aqua, non ~ina habet Petr.134.9; ~ina..tardant hebetantque palumbi Mart.13.67.1; Suet. *Nero* 29.1.

3 The place on the stem or trunk of a plant where a branch is joined.

latera harundini..bina, super nodos alterno semper ~ine Plin.*Nat.*16.163; 17.153.

inguinālis ~is, *f.* [prec.+-alis, transl. Gk. βουβώνιον] A plant, prob. *Aster amellus.*

~is.. passim in uepribus nascens, ut prosit, in manu tantum habenda est Plin.*Nat.*26.92.

ingurgitō ~āre ~āuī ~ātum, *tr.* [in-[1]+gurges+-o[3]]

1 To pour in (a liquid, in quots. a drink) in a flood or stream.

~auit usque ad imum gutturem Naev.*com.*135; uide ut ~at inpura in se merum auariter Pl.*Cur.*126; merum saeuienti uentri tuo soles auiditer ~are Apul.*Met.*4.7;—(*fig.*) amo uitam propter te; amo litteras tecum; cum amicis tuis mihi amorem tui ~o Fro.*Aur.*1.p.74(59N).

2 To engulf or plunge in a liquid, drench, flood, or sim.; (refl., fig.) to immerse oneself (in an activity, pleasure, etc.). **b** to souse in liquor; (usu. refl. or pass.).

umor..non uniuersus ~ans diluensque, sed quomodo sititur destillans Plin.*Nat.*17.15;—numquam te in tot flagitia ~asses Cic.*Pis.*42; in eius igitur uiri copias cum se subito ~asset *Phil.*2.65. **b** crebris..poculis ingenium omne ~abat Gel.15.2.3; poculis crebris grandibusque singulos ~at Apul.*Met.*7.11;—qui de conuiuiis auferantur crudique postridie se rursus ~ent Cic.*Fin.*2.23; anus..ipsa inter deuersitores diutius ~ata ne ignem quidem admotum sensisset Petr.79.6; (*in fig. phr.*) degustandum ex philosophia censet, non in eam ~andum Gel.5.16.5; (*transf.*) toto corpore citra summam uoluptatem me ~aui Petr.86.3. uoluptatem me ~aui Petr.86.3.

ingustābilis ~is ~e, *a.* [in-[2]+gusto+-bilis] That cannot be tasted with relish, unpalatable.

bitumen temperandum fonte illo ~i Plin.*Nat.*2.237; bacas acerbas et ~es cunctis animantibus 16.105.

ingustātus ~a ~um, *a.* [in-[2]+pple. of gusto] Not previously tasted.

~a mihi porrexerat ilia rhombi Hor.*S.*2.8.30.

inhabilis ~is ~e, *a. compar.* ~ior. [in-[2]+habilis] Forms: compar. perh. only in *CIL* 2.6278.63.

1 Difficult to handle, manœuvre, or use, awkward, unwieldy, etc. **b** (of tasks) not easily dealt with. **c** (of a person) clumsy in manners or behaviour.

uelites..quorum telum ad remittendum ~e imperitis est Liv.24.34.5; ~es uastorum corporum moles (*i.e. of elephants*) Curt.9.2.21; clauda et ~ia nauigia 9.9.13; cum..hostis..innumerabilem multitudinem eoque ipso ~em (haberet) Fron.*Str.*2.1.14; arcus..madentibus neruis ~es factos 4.7.30; si arborem impendentem habeat uicinus, qua uiam uel iter inuium uel ~e facit Ulp.*dig.*8.5.4.5; (*cf.*) regiam (nauem)..~is prope magnitudinis Liv.33.30.5. **b** ad iter, quod ~e sciet, non accedet Sen.*Dial.*8.3.4; ut rem ad mucrones ac manus adducerent; quod et ipsis uetustate militiae exercitatum et hostibus ~e Tac.*Ag.*36.1. **c** haec ..accessit noua elegantia inter peruersas delicias, habere rusticum, ridiculum hoc quod durus, quod ~is Quint.*Decl.* 298(p.179,l.1).

2 Ill-adapted for a given purpose or function, not fitted or suited.

(*w.* ad) multitudinem..ad consensum ~em fore Liv. 26.16.10; tristitia ~is est ad dispiciendas res Sen.*Cl.*2.6.1; *Dial.*3.1.2; tot legatorum amicorumque comitatus ~is ad parendum Tac.*Hist.*2.87; naues..ad onera ~es Ulp.*dig.* 14.1.1.12;—(*w. dat.*) exercitationes, quarum labor spiritum ..~em..studiis acrioribus reddit Sen.*Ep.*15.3; terram.. progenerandis fetibus esse ~em Col.2.1.2; 3.10.15; Sabinus ~em labori et audaciae ualetudinem causabatur Tac. *Hist.*3.59; cruppellarios..inferendis ictibus ~is *Ann.*3.43;—(*w. gen.*) boues..laboris (*v.l.* labori)..et culturae patrii soli non ~es Col.6.1.1;—(*w. inf.*) illi quasi ~es rem publicam tueri ad tempus excusantur Call.*dig.*50.2.11.

inhabitābilis ~is ~e, *a.* [in-[2]+habitabilis] Uninhabitable.

terrae maxumas regiones ~is atque incultas uidemus Cic.*N.D.*1.24; regio ditis admodum soli, ~is tamen Mela 2.1; 3.59; ~is eius prima pars a Scythico promunturio ob niues Plin.*Nat.*6.53; Amp.1.4.

inhabitātor ~ōris, *m.* [next+-tor] One who dwells in (a place).

uel dominus fuit aedium uel ~or Ulp.*dig.*9.3.5.12; 47.5.1.6.

inhabitō ~āre ~āuī ~ātum, *tr., intr.* [in-[1]+habito] To inhabit, occupy, dwell in (a place): **a** (tr.). **b** (intr., w. dat. or preps.).

a qui proximos ~ent saltus Plin.*Nat.*5.15; nec ante dimidiam ferme longitudinem eius orae..~atur illa regio 6.53; incolere, ~are, diligere secessum Plin.*Ep.*2.17.29; Hyg.Gr. *agrim.*p.151; haec uerba..ad omnes pertinent uel inquilinos uel dominos aedium, siue ~ent siue non Ulp.*dig.*9.3.5.8;—(*pres. pple. as sb.*) inde ~antibus tristes diraeque noctes per metum uigilabantur Plin.*Ep.*7.27.6; plerumque incendia culpa fiunt ~antium Paul.*dig.*1.15.3.1; fundo..cum suis ~antibus, id est familia 32.78.1;—(*transf.*) istuc corpus ~atum diu pone Sen.*Ep.*102.27. **b** capulos..quis ~abant puluerei..mortui Apul.*Met.*4.18; veteranorvm..intra..evndem mvrvm ~antivm *CIL* 8.20834.5;—(*transf.*) ut in asini corio modestum hominem ~are credas Apul. *Met.*8.25.

inhaereō ~rēre ~sī ~sum, *intr.*, (*tr.*). [in-[1]+haereo] Consts.: commonly w. dat., other consts. noted as they occur; tr. in Apul.*Met.* 8.16.

1 To be or remain firmly attached or fixed, stick, cling, adhere (to). **b** (leg.) to be attached (to) as a fixture. **c** to haunt, dwell constantly (in). **d** to be contiguous in space, join on (to).

cum Deianira..tunicam induisset (Herculi) ~sissetque ea uisceribus Cic.*Tusc.*2.20; sidera..caelo ~rentia 5.69; lacerum..corpus, qua ~serant uinculis membra, portantes Liv.1.28.10; ~rentia corporibus gerentes tela 38.27.1; os eius (*i.e. a cupping-glass*) corpori..inprimitur.., donec ~reat Cels.2.11; potest caro (glutinari) alia parte dependens, alia ~rens 5.26.23; folia..ramum desiderant cui ~reant Sen.*Ep.*95.59; ebur, quod ~serat (*i.e. was inlaid*) auro Petr.135.8,l.1; Plin.*Nat.*16.246; sudor ~reret madida ne ueste retentus Mart.5.79.3; (*in fig. phr.*) maritum et uxorem, nisi liberis initiarentur, non fortissimis corporum uinculis ~rere [Quint.]*Decl.*1.13;—(*w.* in+*abl.*) Nisus ..cui..inter honoratos medioque in uertice canos crinis ~rebat Ov.*Met.*8.10; (*in fig. phr.*) illi loci, qui..proprii causarum et ~rentes in earum neruis esse debent Cic.*de Orat.* 3.106;—(*w.* ad) genera..disparia partim submersarum.. beluarum, partim ad saxa natiuis testis ~rentium *N.D.* 2.100. **b** si..~rent (statuae) parietibus, non licebit (legare) Ulp.*dig.*30.1.41.12. **c** Daci montibus ~rent Flor.*Epit.*2.28(4.12.18). **d** omnis Hispania, nisi quam Pyrenaei desinentis scopulis ~rentem citerior adluebat Oceanus Flor.*Epit.*2.33(4.12.46).

2 (of a person, etc.) To hold on tightly, cling (to). **b** (of an animal) to hold on (to) with its teeth. **c** (of an infection) to have or keep a grip (on).

dextram..amplexus ~sit Verg.*A.*8.124; tergo..onerosus ~sit Ov.*Met.*9.54; (Artabazum) ~rentem sibi auelli iubet Curt.5.12.8; ut illa patris ceruicibus ~rebat! Plin.*Ep.* 5.16.3; baculo..serpentem..lubricis amplexibus ~rere Apul.*Met.*1.4; illa..loro..tenaciter ~rebat, ut me procurrentem..sequeretur 6.27; (*of the hands*) hinc iam solue ~rentem manum Sen.*Phoen.*10;—(*w. local abl.*) ambas ad caelum tendit palmas et corpore ~ret Verg.*A.*10.845. **b** alter (*sc.* canis) ~suro similis iam iamque tenere (leporem) sperat Ov.*Met.*1.535; ~rentem lacerae ceruice iuuencae (lupum) 11.403; canis leoni..~rentis Curt.9.1.32; Apul. *Met.*8.17; (*in fig. phr.*) uisceribus Italiae ~rentem summouere..Hannibalem Flor.*Epit.*1.22(2.6.41). **c** potest morbus minus grauis esse quam fuerit..sed reliquiis quibusdam ~rere Cels.2.14.6; Asclepiades (alimentum offerebat) inclinata quidem febre sed etiamnum tamen ~rente 3.4.16; si praedictum uitium ~serit Col.6.13.3; φθειρίασιν cordi intus ~rentem non alio potuisse depelli Plin.*Nat.* 19.86;—(*cf., of vices*) non ex alto uenire nequitiam, sed summo..animo ~rere Sen.*Dial.*3.19.5; (*w.* in+*abl.*) permanat in uenas et ~ret in uisceribus illud malum Cic.*Tusc.* 4.24.

3 (of a person) To remain closely attached (to someone) as a companion; (in hostile sense) to press hard (on an enemy, territory). **b** to stick (to a trail); (fig.) to adhere closely (to a system, practice, etc.).

te solam norit, tibi semper ~reat uni Ov.*Ars* 3.561; (*in fig. phr.*) ut semper sensibus ~rere uideantur (uerba) atque eos ut umbra corpus sequi Quint.*Inst.*8.pr.30;—equites.. tergo ~rebant Liv.27.42.6; Maroboduum ~rentem occupati regni finibus..coegit egredi Vell.2.129.3; alter oculo amisso hostibus ~sit V.Max.3.2.23; Carthaginem urguebat obsidio ipsisque portis ~rebat Flor.*Epit.*1.18(2.2.21). **b** uestigiis prioribus ~ret (uestigator) Col.9.8.10;—~rent ..ei (*sc.* analogiae) quidam molestissima diligentiae peruersitate Quint.*Inst.*1.6.17; disertus..uerbis ~rebit, in quibus nulla exceptio est 7.1.58; si forte aliqui inter dicendum offulserit extemporalis color, non superstitiose cogitatis.. est ~rendum 10.6.5.

4 To be stuck so that one cannot move, be held fast (in); (also tr.).

ut si quid ~serit (*i.e. in their web*) conficiant (araneolae) Cic.*N.D.*2.123; quorum linguae sic ~rerent ut loqui non possent *Div.*2.96; (Calchas) in primo, quod est angustius, ~ret Cels.7.26.4; per ignota inuecti loca limo ~serunt Fron.*Str.*2.5.6;—(*tr., in fig. phr.*) nequicquam frustra timorem illum..perfuncti longe peiores ~simus laqueos Apul. *Met.*8.16.

5 (of abst. things) To be firmly attached (to); (esp.) to be inherent (in) or connected (with). **b** (of a feeling, idea, or sim.) to be or remain implanted (in the mind, memory, etc.).

scopulis nomen Scironis ~ret Ov.*Met.*7.447; ~ret ac recrudescit nefas (*i.e. my awareness of my crime*) Sen.*Phoen.* 231; (*cf.*) saxo sonus eius (*sc.* lyrae) ~sit Ov.*Met.*8.16;—quem ad modum eae (*sc.* uirtutes) semper uoluptatibus ~rerent Cic.*Fin.*1.68; quibus uerbis illa..~sit sententia:.. V.Max.4.3.ext.4; ~rent uni uoci posterioris Africani septem C. Marii consulatus 8.15.7; natis..~ret plus socordiae paternae quam uigoris materni Col.6.36.2; 7.3.2; quibus.. labor in studiis semper celebratus ~ret Maur.1289; cum dominio pignus quaesitum est et ab initio obligatio ~sit Paul.*dig.*27.9.2; (*w.* in+*abl.*) (ea) insita (appello), quae ~rent in ipsa re Cic.*Part.*6. **b** si tibi ita penitus ~sisset ista suspicio ut nullo euelli posset modo Cic.*Mil.*68; opinationem uehementem..~rentem et penitus insitam *Tusc.* 4.26; illa meis oculis species abeuntis ~ret Ov.*Ep.*2.91; pectoribus quantum tu nostris, uxor, ~res *Tr.*1.6.3; cum facilius cuiusque rei in unum contracta species quam diuisa temporibus oculis animisque ~reat Vell.1.14.1; non haec uarietas mira est, excidere (*sc.* memoriae) proxima, uetera ~rere? Quint.*Inst.*11.2.6; scio, domine, memoriae tuae ..preces nostras ~rere Plin.*Ep.*10.12(7); tristitia..~ret animo meo Fro.*Amic.*2.p.242(187N);—(*w.* in+*abl.*) nescio quo modo ~ret in mentibus quasi saeclorum quoddam augurium futurorum Cic.*Tusc.*1.33.

6 (of persons) To have one's attention fixed (on), be utterly absorbed (in an activity, spectacle, etc.).

studiis communibus ecquid ~res..? Ov.*Tr.*3.7.11; ultibus illa tuis tamquam praesentis ~ret 4.3.19; ut..cogitationibus ~rens manum ad mensam porrigere obliuisceretur V.Max.8.7.ext.5; dum mihi solem lunamque intueri liceat, dum ceteris ~rere sideribus Sen.*Dial.*12.8.6; Lysippum statuae unius lineamentis ~rentem inopia extinxit Petr. 88.5; tonsorem intempestiuo ~rentem ministerio 103.5; Polli dulcissime et hac cui tam fideliter ~res quiete dignissime Stat.*Silv.*3.pr.; rimantur me passim expositis epulis ~rentem Apul.*Met.*10.15;—(*of the eyes*) societas uitiorum lasciui uultus et nouae cupiditati ~rentium oculorum V. Max.9.2.intro.

inhaerescō ~ere, *intr.* [prec.+-sco] N.B.: all exx. of *inhaesi* have been treated as belonging to inhaereo. To begin to adhere (to something), become attached, embedded, or sim.; also, to become glued together. **b** to become stuck (and unable to move). **c** (transf.) to become fixed (in the memory).

pituita..in iis (*sc.* oculis) innatans..angulis ~it Cels. 2.6.3; cornea (cucurbitula)..aeque ~it 2.11.2; (costae) paulatim in cartilaginem uersae extremis abdominis partibus ~unt 8.1.15; id..corpori quasi gluten ~it 8.5.2;—noctu praegraui pituita ~unt (oculi) 6.6.29. **b** ut si qua minima bestiola conaretur inrumpere in sordibus aurium..~eret Cic.*N.D.*2.144; calculus..non longe ab exitu ~it Cels. 7.26.1.c. **c** poetae, qui..ediscuntur et ~unt penitus in mentibus Cic.*Tusc.*3.3.

inhālātus ~ūs, *m.* [next+-tus[3]] The action of breathing on.

patentis oris ~u cinnameo Apul.*Met.*2.10.

inhālō ~āre ~āuī ~ātum, *tr.* [in-[1]+halo]

1 (w. dat.) To emit (a vapour) over (a person).

cum isto ore foetido taeterrimam nobis popinam ~asses Cic.*Pis.*13.

2 To breathe on (in quot., for magical purposes).

maga primi nominis..creditur, quae surculis..~atis.. lucem mundi..imis Tartari..submergere nouit Apul.*Met.* 2.5.

inhibeō ~ēre ~uī ~itum, *tr.* [in-[1]+habeo]

1 (w. dat. or *in*+acc.) To bring (authority, discipline, or sim.) to bear, exert (on).

hocine hic pacto potest ~ere imperium magister, si ipsus primus uapulet? Pl.*Bac.*448; utrum Fontine an Libero imperium te ~ere mauis? *St.*700; ut ille.., eadem ipse ~eret supplicia nobis Cic.*Phil.*13.37; ~ito salubriter modo nimiae potestati Liv.3.59.1; consuli..damnum aliamque coercitionem..detractantibus militiam ~enti 4.53.7; consulibus quoque ab ea potestate (*i.e. the tribunes*) uim..~itam 4.56.10; dum..more Romano imperium ~eam in deditos 36.28.5; 37.51.4.

2 To restrain, hold back (from movement). **b** to detain (in a place).

(*persons, animals*) labor est ~ere uolentes (equos) Ov. *Met.*2.128; ~ita..comitantium turba tabernaculum cum Hephaestione intrat Curt.3.12.15; cum uentum erit ad uersuram,..boues ~eat Col.2.2.28; 6.2.10; si uentus agmen (*i.e. of birds*)..coepit ~ere Plin.*Nat.*10.69;—(*things*) uos tela ~ete, Latini Verg.*A.*12.693; restitit pauidus atque ~uit frenos is qui iumenta agebat Liv.1.48.6; uulnera saeua ligo conorque ~ere cruorem Ov.*Met.*7.849; saeuam.. ~ere bipennem 8.766; saxum..corripuit emissurus in eum.. sed rex manum eius ~uit Curt.6.9.31; mira differentia, si uera est, candidis (betis) aluum elici, nigris ~eri Plin.*Nat.* 19.135; tunc Parthus arcus ~uit Flor.*Epit.*2.20(4.10.6). **b** Pomponius..insequentium agmen in porta trigemina aliquamdiu acerrima pugna ~uit V.Max.4.7.2.

3 (naut.) *~ere* (*remis*) *nauem* (or sim.), To back water; also (*remis*) *~ere* alone, and *remos ~ere*. **b** (absol., once taken by Cicero to mean 'to stop rowing'; cf., on this incorrect use, his remarks in *Att.*13.21.3).

cum rostris concurrissent neque retro nauem ~erent Liv. 26.39.12; 30.10.17; postquam ~ent remis puppes ac rostra reducunt Luc.3.659;—iacitur anchora, ~ent leniter Afran. *com.*139; cum diuellere se ab hoste cupientes ~erent Rhodii Liv.37.30.10; Tyrii ~entes remis aegre euellere nauem Curt.4.4.9;—et iam nauita remos auersamque ratem.. ab ora praeligat Germ.*Arat.*347. **b** ut concitato nauigio cum remiges ~uerunt, retinet tamen ipsa nauis motum et cursum suum intermisso impetu pulsuque remorum CIC. *de Orat.*1.153.

4 To check or prevent (from some course of action), restrain (persons or things).
si te illius acerba imploratio..non ~ebat CIC.*Ver.*5.163; ipse suas etiam uires ~eret Achilles, missa grauis ictus Pelias hasta dabat OV.*Pont.*1.7.51; rex ~ito patre dicere Hermolaum iubet CURT.8.7.3; adfectus efferatissimos ~ere SEN.*Ep.*121.4; (matertera) urentis oculos (*i.e. the evil eye*) ~ere perita PERS.2.34; ualidius bonos ~et pudor quam metus QUINT.*Inst.*9.2.76; plaudentes ~uit data tessera, ut manus paenula continerent SUET.*Gal.*6.2;—(*w.* ab) a turpi mentem ~ere probro CATUL.91.4; V.MAX.7.3.10;—(*w. abl. of separation, s.v.l.*) quod..facere uoluerat atque eo uehementer repugnante Nerone erat ~itus VELL.2.103.3;—(*w. inf.*) ~entur rectum agere cursum (stellae) PLIN.*Nat.*2.69; AGEN.*agrim.*p.24;—(*w.* quin) infesta contio uix ~eri potuit, quin..saxa in eum iaceret CURT.7.2.1; SUET.*Cal.*48.1;—(*w.* quominus) leuia ponderibus ~eri quo minus euolent PLIN. *Nat.*2.11;—(*w.* ne) ~ere mensores, ne tales controuersias concipiant AGEN.*agrim.*p.35.

5 To put a check to (an activity, condition, etc.), repress, prevent, etc. **b** to prohibit, forbid.
nisi successor aduentu suo ~uisset impetum uictoris LIV.39.21.10; moderatius, oro, curre fugamque ~e! OV. *Met.*1.511; qui ad ~endum transitum eius cum sex milibus equitum occurrerat CURT.4.9.12; ~uit..Tryphaena tam grande facinus PETR.108.10; sesima trita in uino sumpta ~et uomitiones PLIN.*Nat.*22.132; (nitrum) sudores nimios ~et 31.116; ne glisceret inuidia crudelitatis, iubet ~eri mortem TAC.*Ann.*15.64; grassaturas dispositis per opportuna loca stationibus ~uit SUET.*Aug.*32.1; statim a funere ad negotiorum consuetudinem rediit iustitio longiore ~ito *Tib.*52.1. **b** oratio imperatorum..quae quasdam nuptias in personam senatorum ~uit ULP.*dig.*23.1.16.

inhibitiō ~ōnis, *f.* [prec.+-TIO] (naut.) The action of backing water.
~o..remigum motum habet et uehementiorem quidem remigationis nauem conuertentis ad puppim CIC.*Att.*13.21.3.

inhiō ~āre ~āuī ~ātum, *intr.*, *tr.* [IN-[1]+HIO]

1 (intr., usu. w. dat.) To open one's mouth (for food). **b** (tr., intr.) to be open-mouthed with astonishment at. **c** (tr., intr.) to gaze intently at, pore over, or sim.
adessuriuit magis, ~auit acrius lupus PL.*Trin.*169;—(*w. dat.*) Romulus, quem..uberibus lupinis ~antem fuisse meministis CIC.*Catil.*3.19; (lacertus) uelut custos uestibuli prodeuntibus ~ans apibus affert exitium COL.9.7.6; pistris adest miseraeque ~at iam proxima praedae V.FL.2.531; Mors graditur..casuroque ~at populo SIL.2.549; his (*sc.* rosis) ~ans..propius accessi..iam labiis undantibus adfecto APUL.*Met.*3.29. **b** (*tr.*) dum Africani uocem diuinam ~at (*sc.* Terentius) auidis auribus PORC.*poet.*3.2; nec uarios ~ant pulchra testudine postis VERG.*G.*2.463;—(*intr., w. dat.*) primis ~antia dictis agmina suppressumque uidet iam murmur Iason V.FL.5.468;—(*absol.*) ipsae stupuere domus atque intima Leti Tartara.., tenuitque ~ans tria Cerberus ora VERG.*G.*4.483; *A.*7.814; (*of the mouth*) illam..fugistis aues..oraque sicca ferunt trepidorum ~asse luporum STAT. *Theb.*1.626. **c** (*tr.*) ni Scylla..nimium cupidis Minoa ~asset ocellis *Ciris* 132;—(*intr., w. dat.*) reclusis pectoribus ~ans spirantia consulit exta VERG.*A.*4.64; congestis undique saccis indormis ~ans HOR.*S.*1.1.71; hic..componit opes gazis ~ans SEN.*Her.F.*167; (*w.* in+*acc.*) (Mauors) pascit amore auidos ~ans in te, dea, uisus LUCR.1.36.

2 (transf., tr.) To be avid for, cast longing eyes on, covet; (more usu. intr., w. dat.).
(*tr.*) ~at aurum ut deuoret PL.*Aul.*194; bona mea ~ant *Mil.*715; *St.*605; illum ~ant omnes, illi est animus omnibus *Truc.*339; dum eius mortem ~o CAECIL.*com.*147; fraternos ~antem obitus STAT.*Theb.*2.118;—(*intr., w. dat.*) desine..stulta futuris malorum tuorum causis quasi felicissimis rebus ~are V.MAX.7.2.ext.1; omnia quibus uulgus ~at, ultro citroque fluunt SEN.*Ep.*72.7; (Agrippinam) subnixam popularibus studiis ~are dominationi TAC.*Ann.*4.12; Statilium Taurum..hortis eius ~ans peruertit accusante Tarquitio Prisco 12.59; consilium sibi esse,..matrem suam, cui plurimi ~ent, mecum coniungere APUL.*Apol.*73; (*ellipt.*) (*Psyche's sister*) caeca spe..~ns, 'accipe me', dicens, Cupido..coniugem' *Met.*5.27.

inhonestāmentum ~ī, *n.* [INHONESTO+-MENTVM] A cause of dishonour, shame, disgrace.
pueritia tua adulescentiae tuae ~um fuit GRACCH.*orat.*60; nequid maculae aut ~i in me admittam APUL.*Apol.*3.

inhonestē, *adv.* [INHONESTVS -E] Dishonourably, shamefully.
sese ~ optauit parere hic ditias potius quam honeste in patria pauper uiueret TER.*An.*797; accusauit Nasicam ~ ac modeste tamen CIC.*Att.*2.1.9; neque ~ aliquem summitti huic, quem fortuna super omnis extulisset VELL.2.37.4; GEL. 10.19.1.

inhonestō ~āre ~āuī ~ātum, *tr.* [next+-O[3]] To bring shame on, disgrace.
ne cadat et multas palmas ~et adeptus..equus OV.*Tr.*4.8.19.

inhonestus ~a ~um, *a. compar.* ~ior, *superl.* ~issimus. [IN-[2]+HONESTVS]

1 (of persons) Not regarded with honour or respect, of ill repute. **b** (of actions, occupations, etc.). **c** shameful, degrading (in appearance).
inpure, ~e, iniure, inlex, labes popli PL.*Per.*408; hominem turpissimum atque ~issimum CIC.*S.Rosc.*50; ignota matre ~us HOR.*S.*1.6.36; Vitellius uentre et gula sibi ~us TAC.*Hist.*2.31;—(*transf.*) cum tu terga dares ~aque uela parares OV.*Met.*13.224. **b** quaestum..~um PL. *Capt.*100; multos multa admisse..~a propter amorem *Mil.*1288; docentur praestigias ~as SCIP.min.*orat.*20; si nihil malum, nisi quod turpe, ~um CIC.*Fin.*3.14; ~a et perniciosa lubido SAL.*Jug.*3.4; ignobili atque ~a morte.. occubuit LIV.29.18.6; ~a..uolnera tergo accipiunt OV. *Fast.*2.211; quid hoc ioco ~ius..? V.MAX.7.8.9; pax ~a TAC.*Ann.*15.25; in aliquem locum ~um.., puta in..lupanarium ULP.*dig.*4.8.21.11;—(*w. inf.*) iudices.., ex pecunia legi ~um (est) SAL.*Rep.*2.7.11; GEL.6(7).3.46. **c** truncas ~o uulnere naris VERG.*A.*6.497.

2 Having a mean or unprepossessing appearance.
eunuchum. — illumne obsecro ~um hominem, quem mercatus est heri..? TER.*Eu.*357; 938; si..interiora (aedificia) prospectus habuerint elegantes, aditus autem humiles et ~os VITR.1.2.6.

inhonōrābilis ~is ~e, *a.* [IN-[2]+HONORABILIS] Not conferring honour on a person.
praeter..peccatum..homini accidere nihil posse quod sit ~e aut pertimescendum CIC.*Fam.*5.21.5.

inhonōrātus ~a ~um, *a. compar.* ~ior, *superl.* ~issimus. [IN-[2]+HONORATVS]

1 Not honoured or esteemed.
postquam..uirtus peruicerit ne in ullo genere hominum ~a esset LIV.10.24.9; conquestus..statum..Aetoliae, quod omnium Graeciae gentium..~issimi..essent 35.12.4; ut imperator..sine curru et laurea priuatus ~usque urbem iniret 38.50.3; nos ~i et donis patruelibus orbi..simus? OV.*Met.*13.41; ne regias reliquias iacere ~as pateretur V.MAX.5.1.10; neque..grammaticam componere aggressi sumus, sed..~am transire noluimus QUINT.*Inst.*1.5.54; SUET.*Cl.*11.3;—(*of actions, conduct*) militiam..uictoribus inopem atque ~am futuram LIV.45.36.4; ~am Fibrenus perdere mortem et famae nudam impatiens SIL.4.605;—(*of an occasion*) loco et fama rerum gestarum..(is triumphus) ~ior fuit LIV.33.23.8.

2 (spec.) Not distinguished by public office.
de contemnendo honore (agitur): multi ~i proferuntur, et quidem propter id ipsum beatiores CIC.*Tusc.*3.57; imparem libertatem Romae diti ac pauperi, honorato atque ~o esse LIV.26.2.16;—(*cf.*) sunt enim certa,..quae de uita ~a et ingloria dici soleant CIC.*Tusc.*3.81.

inhonōrificus ~a ~um, *a.* [IN-[2]+HONORIFICVS] That does not confer honour, disrespectful.
hunc affectum mouet humilitas animi contrahentis se ob dictum..~um SEN.*Dial.*2.10.2.

inhonōrus ~a ~um, *a.* [IN-[2]+HONORVS]

1 Not held in honour or esteem. **b** bearing no marks of honour. **c** not illustrious, obscure.
pomum (unedinis) ~um, ut cui nomen ex argumento sit unum tantum edendi PLIN.*Nat.*15.98; ~us est nec in templo ullo Hercules, ad quem Poeni..humana sacrificauerant uictima 36.39; tumulos ~aque busta respiciunt SIL. 14.632. **b** abiecta..~us fronde sacerdos..redit STAT. *Theb.*3.567; ~a cohors laceris insignibus 10.8; reuulsae imperatorum imagines, ~a signa TAC.*Hist.*4.62. **c** Apollonidienses aliaeque ~ae ciuitates PLIN.*Nat.*5.126; non te series ~a parentum..tulit STAT.*Silv.*5.2.15.

2 That does not confer honour, inglorious.
~ae munera lucis (*i.e. for the sole survivor of a defeated troop*) STAT.*Theb.*3.66; non ardua regnis quaesumus aut ~a tuis SIL.16.250.

inhorreō ~ēre, *intr.* [IN-[1]+HORREO] (of hair, etc.) To stand on end; (w. abl.) to bristle (with).
aper..pilis ~entibus corio squalidus APUL.*Met.*8.4;—(*w. abl.*) hastas..in terra fixas, haud secus quam uallo saepta ~eret acies, tenentes LIV.8.8.10; ~ent scopulis enascentibus latera SEN.*Con.*1.3.3.

inhorrescō ~escere ~uī, *intr.*, (*tr.*). [IN-[1]+HORRESCO]

1 To become stiffly erect, stand on end; also, to become stiff (with cold). **b** to become thick with projecting points or sim., bristle. **c** (of a surface) to become uneven or wrinkled.
cum animo ~escunt (capilli) SEN.*Dial.*4.35.3; ut mihi pili ~uerunt PETR.63.1;—(aer) niuibus..et glacie ~escit APUL. *Mun.*3. **b** (*with bristles*) pelles (*i.e. sealskins*)..aestu maris recedente ~escere PLIN.*Nat.*9.42; frigorum inpatientia uillis ~escere (bombycas) 11.77; (*w. internal acc.*) ~uit armos (aper) VERG.*A.*10.711;—(*with ears of corn, leaves*) spicea iam campis cum messis ~uit *G.*1.314; trifolium..~escere et folia contra tempestatem subrigere certum est PLIN.*Nat.*18.365;—(*with weapons*) aduersa..late agmina ~escunt SIL.12.381. **c** num sub primo contactu aquae calidae summa cutis ~escat CELS.2.17.7; uirginis pater chartae, quae trita duro non ~uit mento MART.1.66.8.

2 (of the sea, etc.) To become restless or agitated; (of storms or sim.) to begin to rage.
occidente sole ~escit mare PAC.*trag.*411; ~uit unda tenebris VERG.*A.*3.195; seu mobilibus ueris ~uit aduentus foliis HOR.*Carm.*1.23.5; pinnis agitatus ~uit aer OV.*Pont.* 3.3.9; CURT.4.3.17;—(*of storms, etc.*) tristis hiems Aquilonis ~uit alis OV.*Ib.*199; ~uit auster PETR.123,l.233.

3 To begin to shiver or tremble (with cold).
si membra ~escunt CELS.2.2.3; antequam ~escere possit, operiatur 3.12.4; cum frigore ~uimus, tremor sequitur SEN. *Nat.*6.24.4; periculoso ~ui frigore PETR.17.7; desiluit (Mercurius), tenuique exceptus ~uit aura STAT.*Theb.*1.309.

4 (w. abl. of cause, *ad*, etc.) To begin to shake with fear, shrink back, or sim.; (tr.) to begin to shudder at.
~escet ad subita et caligabit SEN.*Ep.*57.4; mens aegra tantis..~escit malis *Ag.*418; ~escere se finxit Ascyltus PETR.9.7; turbatus ~uit altis rex odiis STAT.*Theb.*11.249; cum dicente aeque audientem ~escere QUINT.*Inst.*9.4.126; domus principis ~uerat TAC.*Ann.*11.28; (*poet.*) parcior ad ciuis Polynicis ~uit ensis STAT.*Theb.*7.689;—(*tr.*) horum seueritatem (in seu- *codd.*) dicitur ~uisse..ciuitas CIC.*Rep.* 4.6.

inhortor ~ārī ~ātus, *tr.* [IN-[1]+HORTOR] To incite to the attack.
coloni..canes..iubilationibus solitis..nobis ~antur APUL.*Met.*8.17;—(*pf. pple. in pass. sense*) canes pastoricios ..in eorum exitium ~atos immitti praecepit 9.36.

inhospitālis ~is ~e, *a.* [IN-[2]+HOSPITALIS] (of places) Not affording shelter, inhospitable. **b** (of a tree, in grafting).
late incolens Scytharum ~is campis uastitas VAR.*Men.* 426; mari..~i SAL.*Hist.*3.67; ~em Caucasum HOR.*Carm.* 1.22.6; PHAED.4.7.10; Pontus Euxinus, antea ab ~i feritate Axinus appellatus PLIN.*Nat.*6.1; ~e litus PLIN.*Pan.*34.5. **b** ne fissura in nodo fiat—repudiat quippe aduenam ~is duritia PLIN.*Nat.*17.104.

inhospitālitās ~ātis, *f.* [prec.+-TAS] Fear or hatred of strangers.
ut ~as sit opinio uehemens ualde fugiendum esse hospitem CIC.*Tusc.*4.27.

inhospitus ~a ~um, *a.* [IN-[2]+HOSPITA[2]] FORMS: in quots. only in nom. fem. sg. and nom. and acc. neut. pl. (of a home, etc.) Not offering a welcome to strangers, inhospitable. **b** (transf., of places) not providing shelter or subsistence.
~a tecta tyranni OV.*Met.*1.218; mediae quoque commoda plebi nostra patent..nec ~a regna tenemus 11.284; STAT.*Theb.*5.715;—(*poet., w. dat.*) nec ~a uitibus ulmus 6.106; nec Cereri terra indocilis nec ~a Baccho SIL.1.237. **b** cum..tot ~a saxa sideraque emensae ferimur VERG.*A.* 5.627; deserta et ~a tesqua HOR.*Ep.*1.14.19; ~a litora Ponti OV.*Tr.*3.11.7; per ~a Syrtis litora LUC.1.367; (*neut. pl. as sb.*) tanta inter ~a (*i.e. the Alps*) SIL.4.751.

inhūmānē, *adv. compar.* ~ius. [INHVMANVS+-E]

1 Rudely, discourteously.
contra sentientibus ~e conuiciantur (declamatores) QUINT.*Inst.*3.8.69.

2 Heartlessly, unfeelingly.
nimi' grauiter cruciat adulescentulum nimi'que ~e TER. *Hau.*1046; alios..dicere aiunt multo..~ius..praesidii.. causa non beniuolentiae..amicitias esse expetendas CIC. *Amic.*46; ne..omnia ~e faceret aduersus patrem SEN. *Dial.*4.33.3; QUINT.*Decl.*273(p.118,l.4).

inhūmānitās ~ātis, *f.* [INHVMANVS+-TAS]

1 Want of the politeness and graciousness proper to civilized men, churlishness, discourtesy, or sim.
me..tibi cupienti atque instanti saepissime negasse.. dixisti; quod ego non superbia neque ~ate faciebam CIC. *de Orat.*1.99; non amat (populus Romanus) profusas epulas, sordis et ~atem multo minus *Mur.*76; litteras, quas me sibi misisse diceret, recitauit homo..uitae communis ignarus.. sit hoc ~atis: stultitiam incredibilem uidete *Phil.*2.8; ~as omni aetati molesta est *Sen.*7; quam multi erunt (patroni), quorum illos (*sc.* clientes) aut somnus..aut ~as summoueat! SEN.*Dial.*10.14.4.

2 Want of human feeling, heartlessness.
clementiam mansuetudinemque nostri imperi in tantam crudelitatem ~atemque esse conuersam CIC.*Ver.*5.115; tam crudelis, tam immoderata ~as *Deiot.*32; ~as est ista, non uirtus, funera suorum isdem oculis, quibus ipsos, uidere SEN.*Ep.*99.15.

inhūmāniter, *adv.* [next+-TER[2]]

1 Not politely or considerately.
respondit illa ut meretrix non ~; libenter ait se facturam CIC.*Ver.*1.138; me miratum esse illum tam ~ fecisse ut sine meis litteris ad te proficisceretur *Q.fr.*3.1.21.

2 Heartlessly, inhumanly.
illud..~ scriptum improbitauit (populus Romanus) GEL. 20.1.11.

inhūmānus ~a ~um, *a. compar.* ~ior, *superl.* ~issimus. [IN-[2]+HVMANVS]

1 Uncultured, uncivilized. **b** not having the manners of a civilized person, discourteous, churlish, ill-bred.
si auris tam ~as tamque agrestis habent CIC.*Orat.*172; neque parum facetus scurra Sex. Naeuius neque ~us praeco umquam est existimatus *Quinct.*11; qui locus est aut tam desertus aut tam ~us qui illos, cum accesserint, nona dfari ..uideatur? *Phil.*2.33; utor neque perantiquis neque ~is ac feris testibus *Rep.*1.58; inter ~os esse poeta Getas OV. *Pont.*1.5.66; 4.13.22. **b** moderati..et nec difficiles nec ~i senes tolerabilem senectutem agunt CIC.*Sen.*7; ut si qui ..in itinere..secum ipse meditetur..non reprehendatur, at hoc idem si in conuiuio faciat, ~us uideatur inscitia temporis *Off.*1.144; (matrona) aduersus officiosum salutatorem ~a potius quam inuerecunda sit SEN.*Con.*2.7.3; quod tibi Decembri mense..nihil misi, fortasse auaras uidear aut ~us MART.5.18.5;—(*of actions, conduct, etc.*) munditia..non odiosa.., tantum quae fugiat agrestem et ~am neglegentiam

Cic.*Off.*1.130; surge et ~ae senium depone Camenae Hor. *Ep.*1.18.47; aduersus miseros. .~us est iocus Quint.*Inst.* 6.3.33; (*w. inf.*) cuius etymologiae auctorem. .nominari in ea parte, quae a me reprehenditur, ~um est 1.6.35.

2 Devoid of human feeling, heartless, brutal, inhuman, etc. **b** (of actions, conduct, etc.).

adeon me. .putas. .ingratum aut ~um aut ferum, ut. .? Ter.*An.*278; homo ~issimus *Ph.*509; ne qua in re asperior aut ~ior fuisse uideare Cic.*Ver.*3.4; *Sul.*7; tam crudeli animo tamque ~o *Planc.*102; ~um Thiodamanta Ov.*Ib.*486; obliuisci. .suorum ac memoriam cum corporibus efferre. . ~i animi est Sen.*Ep.*99.24; Calp.*Decl.*46;—(*of wild animals*) quem. .nutrit ~ae dura papilla lupae Prop.4.4.54; Mart. 10.48.14;—(*poet.*) quod ~ae cancro feruente cicadae non nouere nemus 10.58.3. **b** testamentum P. Annius fecerat . .non ~um Cic.*Ver.*1.107; ~issima lege *Rep.*2.63; crudele. . spectaculum et ~um *Tusc.*2.41; ~ae superbiae. .exemplum Liv.21.57.14; libidinem ~iorem prope quam crudelitatem 31.31.17; lector ~a liber ab inuidia Mart.7.12.12; ~a securitas (*i.e. indifference to slaughter*) Tac.*Hist.*3.83;—(*w. inf.*) utrum. .est. .~ius non sentire amisso amico dolorem Sen.*Ep.*99.26; inuitum. .creditorem cogi uendere satis ~um est Pompon.*dig.*13.7.6;—(*cf.*) nec minus ~a pars uiae quam Cremonenses lauru. .construxerant (*i.e. after fearful bloodshed*) Tac.*Hist.*2.70.

3 (in good sense) Superhuman, divine.

~ae mensae lautitiis eas opipare reficit (Psyche) Apul. *Met.*5.8; uultu geniali et hercules ~o 11.14.

inhumātus ~a ~um, *a.* [in-²+pple. of humo] Forms: gen. pl. *inhumatum* Pac.*trag.*102–3. Not interred, unburied.

Pac.*trag.*102; proici se iussit (Diogenes) ~um Cic.*Tusc.* 1.104; humi cum ~a iacerent corpora Lucr.6.1215; ~a. . corpora terrae mandemus Verg.*A.*11.22; Hor.*S.*2.3.195; ossa superstabunt uolucres ~a marinae? Ov.*Ep.*10.123; V.Max.1.7.ext.3; Sil.14.611;—(*w. emphasis on absence of funeral rites*) mortis. .genus quod esset pulcherrimum suis obtigisse eosque nec ~os esse nec desertos Cic.*Phil.*14.34; in somnis ~i uenit imago coniugis Verg.*A.*1.353; Hor. *Carm.*1.28.24; ferar ad manes ~a tuos [Sen.]*Oct.*344.

inibi, *adv.* [in-¹+ibi] Pros.: as ibi.

1 In that place, there. **b** in that number, among those. **c** in that activity; at that point in time. **d** in that connection or respect.

marsuppium habeat, ~ paullum praesidi Pl.*Per.*125; prelum longum p. xxv, ~ lingulam p. ii. s Cato *Agr.*18.2; nata ~ esse haec (*sc.* superbia) ex Campanorum fastidio uidetur Cic.*Agr.*1.20; tignum, quod ~ erat Vitr.10.13.7; uidesne. .extremas fenestras? ~ iste Milo deuersatur Apul. *Met.*1.21; 6.18; 8.23;—(*in a writing or sim.*) docet. .~ multa Gel.14.7.9. **b** cum nauiculis cuiusquemodi generis xxx, ~ paucis rostratis *B.Afr.*23.1; feci. .excerpta ex libris sexaginta. .sed quom leges sexaginta, ~ sunt et Nouianae atellaniolae Aur.*Fro.*1.p.138(34N); 2.p.32(94N). **c** respiciens praeministrantem Fotidem ~ recreabar animi Apul.*Met.*2.11;—uix ego haec dixeram. .atque ~ quispiam de sectatoribus Fauorini. .'Valerium' inquit 'Probum audiui haec dicere. .' Gel.3.1.5. **d** uentus ad praefurnium caueto ne accedat: ~ austrum caueto maxime Cato *Agr.*38.4; quanta cum animi aequitate tolerauerit Socrates uxoris ingenium intractabile; atque ~, quid M. Varro. .de officio mariti scripserit Gel.1.17; 13.23.15.

2 ~ *esse*, (of an event) To be close at hand, be on the point (of happening).

liberne es?—non sum, uerum ~ est Caecil.*com.*188; Pac.*trag.*205; postquam se uidet ~ esse, gnatam paruulam sororibus commendat Afran.*com.*208; quod sperare. . debemus. .aut ~ esse aut iam esse confectum Cic.*Phil.* 14.5; (*w.* ut) in iure stans. .oscitauit atque ~ ut plecteretur fuit Gel.4.20.8;—(*cf.*) in uitae suae postremo, cum iam ~ mors occuparet 1.3.1.

iniciō ~icere ~iēcī ~iectum, *tr.* **iniiciō** ~iicere. [in-¹+iacio] Pros.: 1st syll. usu. long; short in Sil.10.570. Forms: *iniexit* (= *iniecerit*) Pl.*Per.*70; see also endoiacio. Consts.: w. acc. and, commonly, dat., also *in*+acc., or advs.

1 To throw in or on.

commisce mulsum. .calamum ~ice Pl.*Per.*88; terram insuper ~icito Cato *Agr.*114.2; eo loco puluis non glarea ~iecta est Cic.*Q.fr.*3.1.4; cum hostes obarassent quidquid herbidi terreni extra murum erat, raporum semen ~iecerunt Liv.23.19.14; parati erunt qui magno rogo. .corpora exanima ~iciant 26.13.18; latet ~iecta splendida mensa rosa Ov.*Fast.*5.336; si terram ignoto mortuo ~ieci Sen.*Ben.* 5.20.5; ~iciuntur in eundem calicem quae supra dixi coclearia tria Larg.122; ~iectae fundamentis argenti aurique stipes Tac.*Hist.*4.53;—(*cf.*) si lolium. .in segetem alienam ~ieceris Ulp.*dig.*9.2.27.14.

2 To throw (missiles) with hostile intent, discharge (at). **b** to throw on (hooks, grappling-irons).

fulguri praeferuido ardor ~iectus Iunonis dextera ingenti incidit Acc.*trag.*653; cum in Aiacis nauim. .fulmen ~iectum est Cic.*Top.*61; cum. .multitudinem telorum ignemque nostris defendentibus ~iecissent *B.Hisp.*15.6; ~iectis sic undique telis obruitur Verg.*A.*9.807; consulem signum. . intra uallum ~iecisse ferunt Liv.4.29.3; primus rex ignem regiae ~iecit Curt.5.7.5; Tac.*Hist.*4.79; lanceam mediis ~iecit ursae praecordiis Apul.*Met.*4.21;—(*in fig. phrs.*) quid de argentost?—abi sis, belua. continuo adueniens pilum ~iecisti mihi Pl.*Mos.*570; ~iecta fax est. .luctuosa rei publicae Cic.*Har.*45;—(*transf.*) donec ~iciat radios in mea uina dies Prop.4.6.86. **b** falces ~iectas comminuunt, pluteos. .deiciunt Sis.*hist.*82; ~iecta manu ferrea et retenta utraque naue Caes.*Civ.*1.58.4; in alios lupi superne ferrei ~iecti Liv.28.3.7; asseres ferreo unco praefixi. .ex Punicis nauibus ~ici in Romanas coepti 30.10.17.

3 To cause (persons or animals) to rush in; (usu., refl. or pass.) to fling oneself, leap, or rush in or on (sts. w. added notion of hostility). **b** (fig.) to throw (into a condition).

nauibus. .celeriter. .coniunctis atque eo militibus ~iectis (*v.l.* impositis) Caes.*Gal.*7.58.4; ~iciunt eas (*sc. ferrets*) in specus, qui sunt multifores in terra Plin.*Nat.*8.218; uentos dux prae se Neptunus agit magnoque uolentis ~icit Aegaeo Stat.*Theb.*3.434;—(*refl.*) sese in ignem ~icere uoluit Ter. *An.*140; se in medios hostis. .pro salute exercitus ~iecisse Cic.*Dom.*64; Verg.*A.*2.408; cum armis medio incendio se ~iecerunt Liv.28.23.2; (draco) ab excelsa se arbore ~icit (*i.e. on the elephant*) Plin.*Nat.*8.33; (*transf.*) magnitudinem regionum. .in quam se ~iciens animus. .peregrinatur Cic.*N.D.*1.54;—(*cf., w.* corpus *or sim. as obj.*) ut. .corpora sua nuda ~icerent, obruere nos potuerunt Liv.38.46.3; magno proscissum uulnere pectus ~iecit puero Stat.*Theb.* 10.440;—(*pass. in middle sense*) arserit Euhadne flammis ~iecta mariti Mart.4.75.5. **b** in morbum ~ici Caecil. *com.*262; in hanc flammam recentem tum C. Iunium qui illi quaestioni praefuerat ~iectum esse memini Cic.*Clu.*79.

4 a To superimpose, lay on (esp. w. speed); to apply (medicaments). **b** to insert, thrust in, or sim.

a supra. .eum locum ii tigna transuersa ~iecerunt Caes. *Civ.*2.9.2; raptus ab suis atque alteri equo ~iectus fugit Liv.27.32.6; medicus super eam fasceam. .plantam ~icit Cels.8.10.2.b; trabes. .quibus ~iecta tabulata muros. . peruios fecerant Curt.8.10.26; ne ponti ~iciendo impedimentum hostiles turmae adferrent Tac.*Ann.*15.9; Plin.*Ep.* 8.4.2;—iuuat (*i.e. in cases of fever*). .panis cum papauere ~iectus Cels.3.10.2; super. .recte quaedam malagmata ~iciuntur 4.17(10).2; emplastris. .quae cruentis protinus uulneribus ~iciuntur 5.19.1.a. **b** (C. Mucius) dextram. . accenso ad sacrificium foculo ~icit Liv.2.12.13; quem ob ~iectas moles mari. .Pompeius Xerxen togatum uocare adsueuerat Vell.2.33.4; simili. .ratione ei quoque parti sutura ~icienda Cels.7.16.5; ubi ~iectus est, in utrumque latus inclinandus est (uncus) 7.26.2.k; chameleam. .~icere clystere Larg.200; pessulis ~iectis et uncino firmiter immisso Apul.*Met.*3.15;—(*transf.*) domini res ab eo ~iectas continuo efficit (retentio) Julian.*dig.*39.5.14.

5 To put (a garment, covering, or sim.) on or over (a person, etc., esp. quickly or carelessly); to clap on (fetters or sim.). **b** (pf. pple., w. abl.) clothed (in), covered (with).

inuolucre ~icere. .uestem ut ne inquinet Pl.*Capt.*267; aureum ei detraxit amiculum. .eique laneum pallium ~iecit Cic.*N.D.*3.83; ut terra tecta esset stramentis neque huc amplius quam pellis esset ~iecta Nep.*Ag.*8.2; frigidulam ~iecta circumdat ueste puellam *Ciris* 251; ~iecta tectus. . lacerna Prop.3.12.7; Ov.*Ars* 2.618; ut (fascia) semel ~iecta . .uulnus. .conprehendat Cels.5.26.24.a; ipsa manu cunctanti ~iecerat arma Stat.*Theb.*4.189; tum sinus (*sc.* togae) ~iciendus umero Qt.*Iuinnst.*11.3.140; spiranti. .adhuc. . puluinum iussit ~ici Suet.*Cal.*12.2;—~icite huic manicas Pl.*Capt.*659; iste hominibus. .innocentibus ~ici catenas imperat Cic.*Ver.*5.106; ~iecto eculei freno repente tactu exagitantur nouo *Tusc.*3.67; ~iciunt ipsis ex uincula sertis Verg.*Ecl.*6.19; ~iectae. .Turno catenae Liv.1.51.8; 24.31.4; Man.5.551; ~iecto in collum loro Vell.2.19.2; Tac.*Ann.* 14.7; ~iecto ceruicibus laqueo Suet.*Vit.*17.1; (*in fig. phr.*) rectum euaganti frena licentiae ~iecit Hor.*Carm.*4.15.11. **b** ~iectus Spartanis colla catenis Regulus Sil.4.359; iuuenem. .linteis amiculis ~iectum Apul.*Met.*2.28; carbasinis et bombycinis ~iecti 8.27; 9.12;—(*w. ret. acc.*) Philesitherus. .raptim tunicas ~iectus 9.20.

6 To lay (one's hands on, in order to grasp or hold for any purpose). **b** (leg.) *manum ~icere alicui*, to seize a person on whom one has certain types of claim; *manum ~icere alicui rei*, to seize property claimed as one's own; (for exx. see manus¹).

puella. .manus. .collo ambas ~iciens Catul.35.10; Prop. 1.13.16; ut ~iceret sperato bracchia collo Ov.*Met.*3.389; ut. .L. Crasso summae dignitatis. .uiro id in curia grauiter ferenti manum ~ici iuberet V.Max.6.2.2; (anus) extra. . uestibulum me ~iecta manu duxit Petr.133.4; ~iecta in puppem hostium dextera et abscisa Suet.*Jul.*68.4; Apul. *Met.*1.26; (*cf.*) febrim tibi esse, quia non licet hoc (= huc) ~icere ungulas Pl.*Ps.*643;—(*pass., w. ret. acc.*) illa (*i.e. a nymph*) auidas ~iecta manus. .detrahit (Hylan) V.Fl.3.562; —(*in fig. phrs.*) ~iciet. .manum formae damnosa senectus Ov.*Tr.*3.7.35; manum mihi ~iecerat (febris) Sen.*Ep.*104.1.

7 To introduce in a speech or conversation, interpose (a remark or suggestion); (ellipt.) to drop hints. **b** to insert, introduce (a proviso or sim.).

ubi desponsam nuntiasti filio, continuo ~iecisse uerba tibi Dromonem scilicet Ter.*Hau.*892; aliquid triste, nouum, horribile statim non incommodum est ~icere Cic.*Inv.*1.25; mentio si quae de Capitolini furtis ~iecta Petilli te coram fuerit Hor.*S.*1.4.94; non ultra passus et orsa ~iecit mediis sermonibus obuia Stat.*Theb.*2.452; ut. .figuram ~iceres, prisco uerbo adornares Fro.*Aur.*2.p.76(151N); (*foll. by dir. quot.*) in loco communi per amplificationem ~iciemus: 'quodsi hoc fecisset. .' *Rhet.Her.*1.24;—(*ellipt.*) id quod Hortensium, quia nuper ~iecit et quia Naeuius semper id clamitat, dicturum arbitror Cic.*Quinct.*68; Bruto cum saepe ~iecissem de ὁμονοίᾳ *Att.*16.5.3; (*w. acc. and inf.*) cum mihi in sermone ~iecisset se uelle Asiam uisere Trebon.*Fam.* 12.16.2. **b** condicionem legato ~iecisse Julian.*dig.*30.6; 40.4.17.1.

8 a To instil, inject (a feeling, idea, etc.) in the mind. **b** to thrust, inflict (a state of affairs upon).

a in horum familiam hodie frustrationem ~iciam maxumam Pl.*Am.*875; ego huic aliquem in pectus ~iciam metum *Cas.*589; ~iectast spes patri posse illam extrudi Ter.*Ph.*691; timet: ~ieci scrupulum homini *Ad.*228; meum nomen operis ediderat, imperitis ~iecerat Cic.*Dom.*14; ira deorum hanc eius satellitibus ~iecit amentiam *Mil.*86; Parthis timor ~iectus est *Att.*5.20.3; si ista nobis cogitatio de triumpho ~iecta non esset 7.3.2; studium. .pugnandi maius exercitui ~iectum est Caes.*Gal.*1.46.4; ut ipso aspectu cuiuis ~iceret admirationem sui Nep.*Iph.*3.2; ut. .suspicionem ~iciant hostibus, iis locis esse castra *Eum.*9.4; Tarchonem. .suscitat et stimulis haud mollibus ~icit iras Verg.*A.*11.728; elephantos. .induci iussit, si quem ~icere ea res tumultum ac pauorem posset Liv.27.14.6; 34.25.6; hac religione leuatis altera ~iecta 39.46.5; ~iecta est illi diuitiarum cupiditas Phaed.1.27.5; adfirmatio Pori multiplicem animo regis ~iecerat curam Curt.9.2.8; uidemus hominibus. .sensus. .~iectos ad ea discernenda, quae tactu . .indagantur Col.3.10.9; hostium potius exercitibus. . illam discordiam ~icerent Tac.*Hist.*3.10; accusata ~iecisse carminibus et ueneficiis uaecordiam marito *Ann.*4.22; petit (Iuno) a Venere ut Medeae amorem ~iceret Hyg.*Fab.*22.4. **b** cui periculum mortis sit ~iectum Cic.*Caec.*83; plaga est ~iecta petitioni tuae non tacente me maxima *Mur.*48; certamen ~iectum inter primores ciuitatis Liv.10.6.3; 26.36.11; haec mora ~iecta est paci 38.9.3; iram. .quae miseris ~iecit funera Grais *Ilias* 2; (Cn. Pompeius) ita praeparatus subitam hostibus necessitatem decernendi ~iecit Fron.*Str.*2.1.12.

inīcus: see iniquus.

iniectiō ~ōnis, *f.* [inicio+-tio] *manus ~o*, The action of laying on the hand (to seize persons on whom one has certain claims in law or property of which one claims ownership); (for exx., see manus¹).

iniectīuus ~a ~um, *a.* [inicio+-ivus] (surv., app.) Relating to enclaves of land or sim. in territory of a different ownership or category.

de iure territorii controuersia est status ~i. .inter res p. . .controuersiae eius generis mouentur, ut quaedam sui territorii iuris esse dicant, quamuis sint intra alienos fines Agen. *agrim.*p.44.

iniectō ~āre ~āuī ~ātum, *tr.* [inicio+-to] To lay on (the hands).

Romanae. .carinae ~are manum Luc.3.611; dextram ~are Sil.3.183.

iniectus ~ūs, *m.* [inicio+-tus³] The action of throwing on; the action of placing on top or laying on. **b** (transf.) the focusing (of the mind) on an object.

dimicatio ~u pulueris aut fumo tota discutitur Plin. *Nat.*11.58;—quattuor indomitis Capaneus erepta iuuencis terga superque rigens ~u molis aenae uersat onus Stat. *Theb.*4.167; nouo. .~u (*i.e. of paving-stones*) solidat grauis harenas Stat.*Silv.*4.3.23; Macro. .opprimi senem ~u multae uestis iubet Tac.*Ann.*6.50; (*of the hand or sim.*) trahebat uestem (panthera) unguium leui ~u Plin.*Nat.*8.60. **b** in quae corpora si nullus tibi forte uidetur posse animi ~us fieri. .erras Lucr.2.740.

inigō ~igere ~ēgī ~actum, *tr.* [in-¹+ago]

1 To drive (an animal, vehicle) in or on; to propel (a ship) into a place.

(Tullia) supra eum (*sc.* patrem) carpentum mulio ut ~igeret iussit Var.*L.*5.159; Athenis in arcem (capram) non ~igi *R.*1.2.20; 1.52.2; equum in oues ~igo Aur.*Fro.*1.p.150 (35N);—nauem. .Romam ~egisset Fro.*Aur.*2.p.28(221N).

2 To push or shove forward.

(Alcimum) nutantem ac pendulum. .praeceps ~egit (anicula) Apul.*Met.*4.12.

inimīcē, *adv. compar.* ~ius, *superl.* ~issimē. [inimicus+-e] In an unfriendly fashion, hostilely.

~issime atque infestissime contendere Cic.*Quinct.*66; uide quam tecum agam non ~e *Phil.*2.34; Planc.*Fam.*10.24.6; de nullis. .infestius aut ~ius consuluerunt Liv.28.29.8; uitia orationis eius. .~e. .insequuntur Quint.*Inst.*12.1.22; —(*in mil. context*) quotiens in obsidentes, quam ~e eruperimus Liv.26.13.6.

inimīciter, *adv.* [inimicus+-ter²] = prec.

hostem ferocem ~ que accensum Acc.*poet.*7; ~ tecum bellare studemus Quad.*hist.*41; Tub.*hist.*5.

inimīcitia ~ae, *f.* [inimicus+-ia] (usu. pl., often in sg. sense) Unfriendly relations, a state of enmity (between individuals). **b** (sg.) an unfriendly feeling, ill will.

(*pl.*) diiunge ~as cum inprobo Pl.*Poen.*1406; numquam tam grauis ob hanc ~as caperem in uostram familiam Ter. *Ph.*370; ceteri. .ueteres ~as saepe deponunt Cic.*Clu.*190; qui studio accusandi ad ~as descenderint *Mur.*56; multorum odia atque ~as rei publicae causa suscepimus *Att.*1.15.1; qui ueteres ~as cum Caesare gerebant Caes.*Civ.*1.3.4; uterque cum illo grauis ~as exercebat Sal.*Cat.*49.2; nullae sunt ~ae nisi amoris acerbae Prop.2.8.3; ~ae. .nobiles inter eos erant Liv.27.35.7; V.Max.4.2.3; Plin.*Nat.*17.6; suscipere. .~as seu patris seu propinqui. .necesse est Tac.*Ger.* 21.1;—(*sg.*) cum. .eo reueni ex ~a in gratiam Pl.*St.*409; set cesso ~am integrare? Pac.*trag.*111; quod. .neque gratiae neque ~ae causa fit Call.*dig.*22.5.3. **b** amicitiam atque ~am in frontem promptam gero Enn.*scen.*12; lubidini (subiecta sunt) ira,. .~a, discordia Cic.*Tusc.*4.16; ~a (est) ira ulciscendi tempus obseruans 4.21.

inimīcō ~āre ~āuī ~ātum, *tr.* [next+-o³] To make hostile, set at variance.

ira, quae procudit ensis et miseras ~at urbis Hor.*Carm.* 4.15.20; ceu. .hostilis ~ent classica turmas Stat.*Theb.*2.419.

inimīcus ~a ~um, *a. compar.* ~ior, *superl.* ~issimus. [in-²+amicus] Forms: gen. pl. masc. *inimicum* Pl.*As.*280. Consts.: commonly w. dat. or (as sb.) gen.

1 (of persons, etc.) Unfriendly, ill-disposed (to a person). **b** (to a cause, principle, or sim.). **c** (of cities or nations, their rulers, or sim.). **d** (poet., of natural agencies). **e** (w. pass. force) regarded as an enemy, hateful.

~a est tua uxor mihi PL.*Cas.*329; TER.*Hec.*309; eis candidatis quorum nummos suppressos esse putant ~issimi solent esse CIC.*Clu.*75; in ea re animum ostendere ~um *Fam.*3.10.8; populo a se prope alienato, nobilitate ~a *Q.fr.* 2.3.4; NEP.*Att.*10.4; poenas ~o a fratre recepi VERG.*A.*4.656; ~o pectore fatur 10.556; quo nemo perniciosior rei publicae neque bonis ~ior uixerat VELL.2.47.5; TAC.*Ann.*13.20; JUV.16.20; (*w.* in+*acc.*) qui iam ante ~o in nos animo fuisset CAES.*Gal.*5.4.4; (*w. advl. force*) qui legis hoc nobis non ~us opus OV.*Tr.*1.9.2; (*poet., cf. sense 3b*) Troiugenas ac tela uides ~a Latinis VERG.*A.*8.117;—(*of the gods, Fortune, or sim.*) quis magi' dis ~is natus quam tu atque iratis? PL.*Mil.* 314; ~a..Troiae numina magna deum VERG.*A.*2.622; fortuna..hoc uno non ~a mihi OV.*Pont.*2.9.8; subitas ~a leuauit Parca manus STAT.*Silv.*2.1.137; (*cf.*) aduerso augurio et ~o omine ACC.*trag.*583;—(*of animals*) lacertae, ~issimum genus cocleis PLIN.*Nat.*8.141. **b** consulem..~issimum huic coniurationi CIC.*Mur.*90; nemo est tam ~us ei causae *Fam.*6.6.10; hospitem..~um cenis sumptuosis 9.23; numina sint precibus non ~a meis OV.*Pont.*2.8.38; nec sumpsimus arma consiliis ~a tuis LUC.4.349. **c** Gallias..quas ambas habet ~issimas CIC.*Fam.*16.12.4; duabus urbibus euersis ~issimis huic imperio *Amic.*11; prouincias..a barbaris atque ~is regibus..muniuit *B.Alex.*78.2; qua spe ~a in gente moratur..? VERG.*A.*4.235; urbem praeualidam propinquam ~am LIV.26.16.7. **d** lux ~a propinquat VERG.*A.*9.355; neue ~a meas eleuet aura preces PROP. 1.8.12; uetis ~a per aequora rapti OV.*Met.*14.470; utinam me solum ~us ignis hauriret PETR.98.9; ~um pontibus amnem SIL.3.455. **e** haec libertus ut ebibat heres, dis ~e senex, custodis? HOR.*S.*2.3.123; exstinguite (me) ferro, ne tristis dominos orbamque ~a reuisam Eurydicen STAT. *Theb.*5.631.

2 (masc. or fem. as sb., often w. gen.) A personal (esp. political) enemy, opponent; (also superl.). **b** (applied to a nation collectively); also, one of a hostile army. **c** an opponent (of a policy, principle, etc.).

scin tu erum tuom meo ero esse ~um capitalem? PL. *Poen.*879; ut ~os tuos ulciscare *Trin.*618; TER.*An.*667; M. Cato, Galbae grauis atque acer ~us CIC.*de Orat.*1.227; homines bonorum ~os, hostis patriae *Catil.*1.33; reditus in gratiam cum ~is *Att.*2.3.4; ~us illi Vorenus..laboranti subuenit CAES.*Gal.*5.44.9; hoc crimine in contione ab ~is compellabatur NEP.*Alc.*4.1; o magnus posthac ~is risus! HOR.*S.*2.2.107; LIV.27.20.11; CURT.6.9.17; JUV.9.95; Pompeio..Crassum reconciliauit ueterem ~um ex consulatu SUET.*Jul.*19.2;—(*fem.*) huiius amica mammeata, mea ~a et maleuola PL.*Poen.*393; (Clodia) quam omnes..amicam omnium potius quam cuiusquam ~am putauerunt CIC.*Cael.* 32; (*w. pun on* amica, *sense 2*) tu, quod promisti, mihi quod mentita ~a es CATUL.110.3;—(*superl.*) eum..~issimi Stheni domum suam inuitant CIC.*Ver.*2.89; ubi uidit..fortissimum uirum, ~issimum suum, certissimum consulem *Mil.*25; NEP. *Han.*12.2. **b** homines bellicosos, populi Romani ~os CAES.*Gal.*1.10.2; tanto constantiorem ~um Romanum quam amicum Poenum esse LIV.26.12.13; (*cf., fem.*) Mamertina ciuitas improba antea non erat; etiam erat ~a improborum CIC.*Ver.*4.22;—interclude ~is commeatum PL.*Mil.*223. **c** hostem esse atque ~um hominum morumque malorum LUCIL.1334; ~us oti, bonorum hostis CIC.*Sul.*41; libertatis ~os *Phil.*11.36; ut..non tam memores essent uirtutis tuae quam laudis ~i *Fam.*1.7.2; ueritatis cultores, fraudis ~i *Off.*1.109; consilii..quamuis egregii, quod non ipse adferret, ~us TAC.*Hist.*1.26;—(*cf., fem.*) est..temperantia libidinum ~a, libidines autem consectatrices uoluptatis CIC.*Off.*3.117.

3 (of actions, words, etc.) Displaying hostility, unfriendly. **b** (of weapons) used to hostile effect. **c** (of fighting) bitter, deadly.

uiden..quam ~o uoltu intuitur? PL.*Capt.*557; ~issimum atque improbissimum testimonium dixit CIC.*Ver.*1.41; si cetera ~a oratione detrahitis *Cael.*57; consilia cum patriae tum sibi ~a capiebat NEP.*Paus.*3.3; clamorem omnes ~aque tollunt gaudia V.FL.8.295; iungunt discordis ~a in foedera dextras STAT.*Theb.*6.290; cuncta inter nos ~a TAC.*Hist.* 5.26. **b** tu parum castis ~a mittes fulmina lucis HOR. *Carm.*1.12.59; rimabant ~o corpora ferro *Ilias* 456; (*cf.*) scindens ~o pollice crinem OV.*Am.*3.6.71. **c** duo conuersis ~a in proelia tauri frontibus incurrunt VERG.*A.*12. 716; 12.812.

4 Belonging to an enemy or enemies; (in augury) relating to the enemy.

sepulcrum ~o nomine inscriptum CIC.*Dom.*100; noctis..per umbram castra ~a petunt VERG.*A.*9.315; poenas..~o ex sanguine sumit 11.720; Turnus..umeris ~um insigne gerebat 12.944; limina..quae numquam supra pes ~us eat PROP.2.6.38; hostiles linguas ~aque uinximus ora OV.*Fast.* 2.581; saeuit atrox Pelias ~aque uertice ab alto uela uidet V.FL.1.700;—(*in augury*) quae pars (*sc.* extorum) ~a, quae pars familiaris esset CIC.*Div.*2.28.

5 (of things) Harmful, injurious (to).

herbas..~issimas frugibus CIC.*Orat.*48; multa meant ~a per auris LUCR.6.777; litora (*i.e. Baiae*) quae fuerant castis ~a puellis PROP.1.11.29; ~ior senibus hiemps, aestas adulescentibus est CELS.2.1.17; ~us teneris artubus rigor SEN. *Con.*10.4.21; o quam ~a nobis sunt uota nostrorum! SEN. *Ep.*60.1; ~us est (oleis)..ager sabulo macer COL.5.8.6; (raphani) dentibus semper ~i, quoniam adterant PLIN.*Nat.* 19.87; 35.198;—(*w. inf.*) pila lippis ~um et ludere crudis HOR.*S.*1.5.49; equitare ei, cui genua dolent, ~issimum omnium est CELS.4.30; PLIN.*Nat.*17.203.

6 Not conducive (to an activity, etc.), opposed (to), incompatible (with).

nec iuri quicquam tam ~um quam uis CIC.*Caec.*33; sentis quae sint ~a et otio communi et dignitati tuae *Phil.*10.3; rem magni discriminis consiliis..~am LIV.31.32.2; res disciplinae ~issima, otium VELL.2.78.2; COL.11.1.13; prolationem ut ~am uictoriae suspectabant TAC.*Hist.*3.82;—(*w. gen.*) perturbationes, quae sunt..turbidi animorum..motus..~issimi mentis uitaeque tranquillae CIC.*Tusc.*4.34; docebimus, ea, quae uideantur esse utilia neque sint, quam sint uirtutis ~a *Off.*3.96; (*cf., as sb.*) est..hominum naturae ..maxima ~a crudelitas 3.46;—(*w.* inter se) natura ~a inter se esse liberam ciuitatem et regem LIV.44.24.1.

inimītābilis ~is ~e, *a.* [IN-²+IMITABILIS]

1 That cannot be reproduced or copied.

mellis illum ~em humanae rationi saporem QUINT.*Inst.* 1.10.7; 2.16.16; illam..uetustatis ~em arti auctoritatem 8.3.25.

2 That is without compare, peerless, inimitable.

morum..dulcedo ac suauitas..~is fuisse dicitur VELL. 2.97.3; PATRONO ~I *CIL* 10.1255.

inintellegens ~ntis, *a.* [IN-²+INTELLEGENS, transl. Gk. ἀνόητος] Lacking understanding, senseless.

reperiebat (deus) nihil esse eorum, quae natura cernerentur, ~ns intellegente in toto genere praestantius CIC. *Tim.*10.

iniōcundus: see INIVCVNDVS.

inipite: (see quot.).

~ inpetum facite PAUL.*Fest.*p.109M.

inīquē, *adv. compar.* ~ius, *superl.* ~issimē. [INIQVVS+-E]

1 In a manner inconsistent with symmetry or balance, unequally, unevenly.

numquam uidi ~ius certationem comparatam TER.*Ad.* 211; moneo, ne rursus ~e (*v.l.* iniquae) illius tua fata uelis committere dextrae *Ilias* 329.

2 Without regard for equity, unfairly, unreasonably, or sim.

quot ego..erga Venerem ~e fecerim PL.*Cas.*618; ~e iniuriu's *Epid.*551; eum circumuentum ~e TER.*Hec.*54; ~e a suis ciuibus damnati CIC.*Sest.*142; ~e Castorem cum Domitio comparo *Deiot.*31; eius multa ~e constituta et acta *Att.*6.1.2; stultus..locum immeritum causatur ~e HOR.*Ep.* 1.14.12; ~e an iure occidissent, quos occiderant LIV.39.48.3; de fortuna..~e queri uolumus SEN.*Ep.*99.3; cui..munus ~e eripitur LUC.6.724; QUINT.*Inst.*5.2.4; GAIUS *Inst.*4.126.

3 Without equanimity, with ill humour.

ut..caluitii..deformitatem ~issime ferret SUET.*Jul.*45.2.

inīquitās ~ātis, *f.* [INIQVVS+-TAS]

1 Unevenness or irregularity (of terrain).

quid ~as loci habeat incommodi proponit CAES.*Gal.* 7.45.9; *Civ.*3.72.2; enituntur atque exsuperant ~atem loci LIV.2.65.5; phalanx, quam inutilem uel mediocris ~as loci efficeret 44.37.11; relicta..loca sunt, quae..locorum ~ate..limites non acceperunt FRON.*agrim.*p.9; SUET.*Tib.*20;—(*pl.*) gentem in saltus inuios deductam, saeptam..locorum ~atibus LIV.9.38.5; 38.22.3.

2 Inequality in respect of size, amount, etc.; (transf.) in respect of advantage. **b** lack of balance, uneven distribution.

EX ~ATIBVS MENSVRARVM ET PONDER(um) *CIL* 11.6375.1;—in tanta rerum ~ate fortunae quoque euentus uarii sequebantur CAES.*Gal.*2.22.2; propter ~atem loci, cum ipsi ex montibus in uallem decurrerent..ne primum quidem posse impetum suum sustineri existimabant 3.2.4; qui ~atem condicionis perspiceret 7.19.3; LIV.39.36.8. **b** euenit ut..scamna fiant et boues ~ate operis maxime mulcentur COL. 2.4.6; lapidibus additis insuper..~ati ponderis medebatur APUL.*Met.*7.17.

3 Hostile prejudice, unfairness.

haec maxime uersatur deorum ~as, quod deteriores sunt incolomiores QUAD.*hist.*9; uti..per ~atem iudici totum agrum..suum facere possit CIC.*Quinct.*90; propter infirmitatem bonorum, ~atem maleuolorum *Att.*1.19.8; legis praesidium quod ~as praetoris eripuit SAL.*Cat.*33.5; trutinarum ..ponderibus examinatio reperta uindicat ab ~ate..uitam VITR.10.1.6; in iuris ~ate LIV.4.35.11; ut rei quae ex aduerso proponatur ~atem..intellegant QUINT.*Inst.*4.2.22; de ~ate exitii querens TAC.*Ann.*16.17; APUL.*Pl.*2.9; (*w.* in+*acc.*) castigare ~atem simul in se crudelitatemque ausi LIV. 33.16.10;—(*pl.*) in his ~atibus unum haesisse Apollonium CIC.*Ver.*5.23; *Rep.*1.42; contra ducum ac potestatium ~ates PLIN.*Nat.*28.106; Vespasiano..ad obtinendas ~ates haud..obstinante TAC.*Hist.*2.84; hae iuris ~ates GAIUS *Inst.*3.25;—(*of Fortune, Nature, or sim.*) exercitus..perfidia hostis, ~ate fortunae circumuentus VELL.2.119.2; loca quae aliqua ~ate naturae ita clausa sunt ut solem accipere non possint SEN.*Nat.*5.9.4; QVEM..~AS FATI PRAEMATVRA MORTE..RAPVIT *CIL* 13.1910.3.

4 Unfavourable or adverse nature.

~as temporis CURT.7.7.6; horrenda ~as caeli SEN.*Dial.* 1.4.15; PLIN.*Ep.*3.19.7.

inīquiter, *adv.* [INIQVVS+-TER²] Unfairly, harshly.

FORTVNA ~ IVDICAVIT *A.Epig.*36.67.11.

inīquō ~āre, *tr.* [next+-O³] To discompose, ruffle (the mind).

aequum animum indigna ~at contumelia LABER.*com.*65.

inīquus (~os) ~a ~um, *a.* Also **inīcus**. *compar.* ~ior, *superl.* ~issimus. [IN-²+AEQVVS] ORTHOG., FORMS: often written *inicus* (in codd. confused with *inimicus*); *inaequus* (imaginary) cited in ULP.*dig.*33.1.3.2; gen. pl. masc. *iniquom* TER.*Hau.*27.

1 (of ground) Uneven, rough.

ascendere altissimas ripas, subire ~issimum locum CAES. *Gal.*2.27.5; tradentes..arma ubi quid ~i esset LIV.5.47.2; cum utrimque ad hostem ~a uia esset 9.27.3; pro se quisque omnes per aequa atque ~a loca..peruadunt 25.14.9; iuga montis ~i OV.*Met.*10.172; defecit ~a lapsus humo STAT. *Theb.*2.646.

2 Unequal in size, length, etc. **b** immoderate in size or degree, excessive. **c** inadequate in size, unduly small.

plaga qua torrens..nec patitur noctes nec ~os crescere soles LUC.5.25; (*neut. sg. as sb.*) astrum (*sc.* Libra)..quod rerum pondera nouit, designat summas et ~um separat aequo MAN.4.771. **b** ~o pondere rastri VERG.*G.*1.164; si quem..dirimit plaga solis ~i *A.*7.227; dare..~o temperiem caelo LUC.10.230; Rhoetus ~i nube meri geminam Pholoen maioraque cernens astra V.FL.3.65; haeret Hylas lateri (*sc.* Herculis) passusque moratur ~os 3.486; acrior hoc Tydeus..nec mora, cum uinclis onerique elapsus ~o circuit errantem STAT.*Theb.*6.887; tam longa, tam ~a ualetudine conflictabatur PLIN.*Ep.*1.12.4. **c** haec ipse equidem spatiis exclusus ~is praetereo VERG.*G.*4.147; dum proram ad saxa suburget interior spatioque subit Sergestus ~o *A.*5.203; COL.10.2.

3 (of a contest) Not on equal terms, ill-matched; (also of a contestant or sim.). **b** (of agreements, etc.) not giving equal rights, one-sided.

haec est ~a certatio CIC.*Quinct.*73; ~om certamen sibi cum hostibus SAL.*Jug.*54.5; urgetur pugna congressus ~a VERG.*A.*10.889; LIV.22.47.10; cursus spectator ~i (*i.e. in which Atalanta ran*) OV.*Met.*10.575; qui diu cum Cicerone ~issimam litem de principatu eloquentiae habuit SEN.*Con.* 7.4.6; illum, ubi congressu subiit Gesander ~o, territat V.FL.6.322;—postquam..furias uirtutis ~ae consumpsit Capaneus (*who challenged Jupiter*) STAT.*Theb.*11.1; (Hannibal) multum obluctatus ~is defendentum armis SIL.12.426. **b** erat et Siculus et reus, hoc est et iure ~o et tempore aduerso CIC.*Ver.*2.70; pactiones ~issimas 3.38; cum cupiebam quamuis ~a condicione pacem *Fam.*6.4.4; cum se sub leges pacis ~ae tradiderit VERG.*A.*4.618; LIV.30.37.10; (ciuitas) foedere ~o adligata 35.46.10.

4 (of actions, laws, etc.) Not equitable, harsh, unfair, or sim.; *~um est* (w. acc. and inf., etc.) it is unreasonable (that). **b** (of weights and measures made to show more, or sts. less, than the correct figure). **c** (of demands, prices, etc.) going beyond what is fair, unconscionable. **d** (of accusations, etc.) unjustified; (of rewards, punishments, or sim.) not deserved.

lege..uiuont mulieres..~iore miserae quam uiri PL.*Mer.* 818; optio tam misera tamque ~a CIC.*Quinct.*32; credo Scaptium ~ius de me aliquid ad Brutum scripsisse *Att.* 6.1.6; ~i sermones *Fam.*1.9.20; etsi non ~um, certe triste senatus consultum LIV.25.6.2; ~o iudicio..damnatus 29. 37.4; sacri monstrator ~i OV.*Ib.*395; ~issimam uirtutum suarum apud ciues aestimationem V.MAX.5.3.2e; aequum atque ~um regis imperium feras SEN.*Med.*195; sontis ~a tyranni iussa STAT.*Theb.*3.110; ~a potentia *Silv.*2.3.66; (*neut. as sb.*) aequitas fit ex ~i contemplatione manifestior QUINT.*Inst.*12.1.35;—~omst, quia (sors) isti prius quam mihi est PL.*Cas.*378; (*w. acc. and inf.*) in dominos quaeri de seruis ~um est CIC.*S.Rosc.*120; *Har.*6; ~um esse de stipendio recusare CAES.*Gal.*1.44.4; LIV.26.29.8; est..~um..me rationem uitae reddere V.MAX.3.7.8; ULP.*dig.*17.1.19; (*w.* ut) num ~um est, aeque ut patiar pro liberis meis quod sum passus paene pro uestris? CALP.*Decl.*26. **b** pondera ab Gallis allata ~a et tribuno recusante additus ab insolente Gallo ponderi gladius LIV.5.48.9; se..aliquem credens..quod..fregerit heminas Arreti aedilis ~as PERS.1.130; seruorum uentres modio castigat ~o JUV.14.126; si..~ae fuerunt (mensurae) ULP.*dig.*19.2.13.8. **c** ~issimo faenore CIC.*Att.*16.15.5; quotiens famulam pensis onerauit ~is..! PROP.3.15.15; alia ex aliis ~iora postulando LIV.4.2.9; non est quod metuas preces ~as MART.5.6.12; certo..pretio, quod non prima facie uidetur ~um PAUL.*dig.*40.5.31.4. **d** censen me..potuisse..proloqui..ullam causam, ineptam saltem falsam ~am? obmutui TER.*An.*257; falsam atque ~am probrorum insimulationem CIC.*Font.*39; uolumen..plenum querelae ~issimae *Fam.*3.7.2; insequeris..hunc et lite moraris ~a? HOR.*Ep.*2.2.19; ~am iracundiam flagitiosa perfidia ulciscebatur TAC.*Hist.*2.100;—etsi ea non sit ~a merces periculi CIC.*de Orat.*2.210; ut idem dies..~issima me inuidia liberarit *Phil.*14.16; Turni sortem miserantur ~am VERG.*A.*12.243; uir bonus ~is rumoribus sparsus SEN.*Ep.* 91.20; fatum..sibi promisit ~um LUC.10.452.

5 (of persons, often w. dat.) Prejudiced against or (rarely) in favour of a person or his activities, not disposed to think or act fairly. **b** (masc. as sb., sts. w. gen. or poss. adj.) a prejudiced or unsympathetic person, ill-wisher.

illi ~i ius ignorant neque tenent PL.*Am.*37; uide quam ~o' sis prae studio TER.*An.*825; ~os decumanis aiebat omnis esse qui ullam agri glebam possiderent CIC.*Ver.*3.28; dignitatis ~us iudex est qui aut inuidet aut fauet *Planc.*7; ceteri sunt partim obscure ~i, partim non dissimulanter irati *Fam.*1.5b.2; te (*i.e. Augustus*) nostris uitiis ~um HOR. *Carm.*1.2.47; quae premit inuisam socrus ~a nurum OV. *Fast.*2.626; (Senecam) oblectamentis principis palam ~um ..inludere uoces, quoties caneret TAC.*Ann.*14.52; 16.21; casus etiam quouis ~issimo dolendus APUL.*Met.*7.3;—(*of deities, Fate, or sim.*) ut duros mille labores..fatis Iunonis ~ae pertulerit VERG.*A.*8.292; si Parcae prohibent ~ae HOR.*Carm.*2.6.9; si quem laedi Fortuna cernis ~a OV.*Pont.* 4.6.39; quare..deus tam ~us in distributione fati fuit, ut bonis uiris paupertatem..ascriberet? SEN.*Dial.*1.5.9; VIXIT ANNIS DVOBVS..DIS ~IS NATA *CIL* 14.2055;—(*poet.*) ille.. est oculis quamuis formosus ~is OV.*Met.*9.476; nec.., Liuor ~o ullum de nostris dente momordit opus *Tr.*4.10.123; ~ae ferus sortitor urnae SEN.*Tro.*981. **b** ne plus ~om possit quam aequum oratio TER.*Hau.*27; sermones ~orum effugere non potuit CIC.*Cael.*38; *Q.fr.*1.2.2; rumpantur ~i! uicimus PROP.1.8.27; omnes eam rogationem..aequi atque ~i..in contumeliam eius latam acceperunt LIV.22.26.5; TAC.*Ann.*

3.4;—(*w. gen. or poss. adj.*) me scio a te contra ~os meos solere defendi CIC.*Fam.*11.27.7; *ad Brut.*1.1.1; sententia ex historia Sallustii, quam ~i eius..reprehenderint GEL.4.15; (*superl.*) ego mei rationem iam offici confido esse omnibus ~issimis meis persolutam CIC.*Ver.*5.177.

6 (of a circumstance) That works against someone's interests, unfavourable, prejudicial, or sim. **b** (spec., of military position). **c** (of the wind, sea, etc.) adverse, stormy, inclement. **d** (of places) treacherous, unfriendly.

quod ~um in discrimen adducas dignitatem tuam CIC. *Planc.*8; sperans barbaros..homines..ad ~am pugnandi condicionem posse deduci CAES.*Gal.*6.10.2; neque nos agere hoc patriai tempore ~o possumus aequo animo LUCR. 1.41; seu cursum mutauit ~um frugibus amnis HOR.*Ars* 67; tributum ~o suo tempore imperatum LIV.2.23.5; obsessos.. ~a oppugnantibus hiemps tutabatur 21.61.9; ~um pugnae euentum V.MAX.3.2.11; nullus..uel ~issimus locus non maiorem quaestum reddet quam acceperit impensam COL. 3.3.12; bello..pressus ~o auxilium petit V.FL.5.554; longum impedimentorum agmen opportunum ad insidias, defensantibus ~um TAC.*Ann.*2.5; (*neut. pl. as sb.*) incertum leto tot ~a fugane exeat STAT.*Theb.*11.138;—(*of a constellation*) maxima ac minima proinde formantur, prout aequum ~umue sidus incessit SEN.*Dial.*6.18.3;—(*w.* ad) ~is ad transitum locis LIV.8.38.6; super Britanniam Iuuerna est.. caeli ad maturanda semina ~i MELA 3.53; grauis est rubrica..et ad comprehendendum radibibus ~a COL.3.11.10; —(*w. acc. and inf.*) nihil tam ~om erat quam legatos ad redemptionem mitti SEN.*Con.*7.7.16. **b** erat magni periculi res tantulis copiis ~o loco dimicare CAES.*Gal.*5.49.6; 7.49.1; *Civ.*1.45.2; circa omnia defecerunt unde subuehi commeatus poterant et, si homines iuuare uelint, ~a loca sunt LIV.9.23.10; tumulus erat..quem qui occupasset haud dubie ~iorem erat hosti locum facturus 22.28.3; asperitas locorum..haud ~a..erat Romanis stabili pugnae adsuetis 28.2.7; trudebantur..in paludem gnaram uincentibus, ~am nesciis TAC.*Ann.*1.63. **c** arbore nunc aquas culpante, nunc torrentia agros sidera, nunc hiemes ~as HOR.*Carm.*3.1.32; ~ae tempora noctis..extimuisse OV.*Am.* 2.11.51; mare semper ~um cogitet et damno litora foeda suo *Rem.*569; ~is concita uentis aequora *Tr.*1.10.11; flatus aquilonis ~i MART.10.82.3; pecoris custos, subiti torrentis ~is interceptus aquis STAT.*Theb.*9.508. **d** puppis..inflicta uadi dorso dum pendet ~o..soluitur VERG.*A.*10.303; arripuit..locum et siluis insedit ~is 11.531; nimium premendo litus ~um HOR.*Carm.*2.10.4.

7 (of the mind or feelings) Not equable, discontented, resentful.

ne istuc tam ~o patiare animo TER.*Eu.*212; multi ~o.. animo sibi mala auxere in malis ACC.*trag.*109; si mihi imposuisset aliquid..animo ~o tulissem CIC.*Att.*15.26.4; sapientissimus quisque aequissimo animo moritur, stultissimus ~issimo *Sen.*83; ~ae mentis asellus HOR.*S.*1.9.20; paupertatej..fatendo effecere leuem nec ~a mente ferendo OV.*Met.*8.634; VELL.2.30.3; non iste ~iore animo filiam amisit quam ego uxorem SEN.*Con.*9.1.3; quid damna foues et pectore ~o uulnus amas? STAT.*Silv.*2.6.94; QUINT.*Inst.* 11.1.66.

initiālis ~is ~e, *a.* [INITIVM+-ALIS] Relating to the beginning, original, primary. **b** (masc. pl. as sb.) original, foundation members (of a society).

de rigore controuersia est status ~is pertinentis ad materiam operis; nec sine prioris controuersiae comparatione AGEN.*agrim.*p.31; en rerum naturae prisca parens, en elementorum origo ~is APUL.*Met.*4.30; saeculorum progenies ~is 11.5; *Apol.*64. **b** ~ES COLLEGI SILVANI AVRELIANI *CIL* 6.631.

initiāmentum ~ī, *n.* [INITIO+-MENTVM] An initiatory rite.

haec eius (*sc.* sapientiae) ~a sunt, per quae non municipale sacrum, sed ingens deorum omnium templum, mundus ipse reseratur SEN.*Ep.*90.28.

initians ~ntis, *m.* [pres. pple. of INITIO] An initiate.

aucto uestibulo laxamentum ~ntibus..adiecit VITR.7. pr.17.

initiātiō ~ōnis, *f.* [INITIO+-TIO] Initiation (in secret rites).

Eleusinis sacris, quorum ~one impii..summouentur, interesse non ausus est SUET.*Nero* 34.4.

initiātus ~ī, *m.* [pple. of INITIO] An initiate.

sanctiora sacrorum tantum ~i sciunt SEN.*Ep.*95.64.

initiō ~āre ~āuī ~ātum, *tr.* [next+-O³] To admit (to knowledge of religious observances, to an association, etc.) with introductory rites, initiate. **b** (transf.) to introduce (to some practice, skill, etc.).

(ferietur) alio (munere) ubi erit pueri natalis dies; ubi ~abunt TER.*Ph.*49; Eleusinem..'ubi ~antur gentes orarum ultimae' CIC.*N.D.*1.119; reminiscere, quoniam es ~atus, quae tradantur mysteriis *Tusc.*1.29; duo iuuenes per initiorum dies non ~ati templum Cereris..ingressi sunt LIV.31.14.7; MELA 2.17; Olympiae templum Iouis nobile, ubi athletae ~antur AMP.8.7;—(*w. dat.*) neue quem ~anto nisi, ut adsolet, Cereri Graeco sacro CIC.*Leg.*2.21; Bacchis eum se ~aturam LIV.39.9.4; magicis..cenis eum ~auerat (Tiridates) PLIN.*Nat.*30.17; ut me noctis sacratae..arcanis ~aret APUL.*Met.*11.21;—(*cf.*) quae (*sc.* sica)..quibus abs te ~ata sacris ac deuota sit nescio CIC.*Catil.*1.16;—(*transf.*) id foedus inter omnes nobiles ictum..plebeios nobiles iam eisdem ~atos esse sacris et contemnere plebem LIV.22.34.8; gustatione mirifica ~ati uino etiam Falerno inundamur PETR.21.6. **b** cum primo cibo et potione ~arent pueros sacrificabantur ab edulibus Edusae VAR.in Non.p.108M; rationes legebam..cursim (aliis enim chartis, aliis sum litteris ~atus) PLIN.*Ep.*5.14(15).8.

initium ~(i)ī, *n.* [INEO+-IVM] N.B.: see also ENDOITIVM.

1 The fact or event of beginning, start, commencement; (of a monarch) accession; (of living creatures) birth. **b** *~ium facere* (usu. w. gen.), to make a start, embark (on some activity). **c** *ab ~io*, from the beginning; also, at the beginning, originally; from a fresh beginning, over again.

narrationis incipit mi ~ium TER.*An.*709; multis inter nostrum tuumque ~ium dicendi interpositis oratoribus CIC. *Brut.*231; ~ium repentini tumultus..ortum est ab Ambiorige CAES.*Gal.*5.26.1; haud paruo ~io minui uidebatur ius libertatis LIV.3.10.4; dis aduersis bellum inimus..: nouis ~iis et ominibus opus est CURT.5.9.4; ~ia uigiliarum per centurionem nuntiari TAC.*Ann.*15.30; (Epicharis) primores classiariorum Misenensium labefacere..conisa est tali ~io 15.51; nullum..eius (*sc.* mundi)..~ium esse ideo, quod semper fuerit APUL.*Pl.*1.8;—ad Romuli ~ium plus mille et centum annorum est VAR.in Gel.1.16.3; fine Augusti et ~iis Tiberii auditis TAC.*Ann.*1.16;—reliquis talium (*sc. insects*) ab ~io ad finem septenarii sunt numeri PLIN.*Nat.*11.120; non ~ia nostri, non finem..dis curae TAC.*Ann.*6.22; (*cf., of the formation of a fruit*) huic uindemiae (*sc.* mellis) Attici signum dedere ~ium caprifici PLIN.*Nat.*11.40. **b** cum C. Pansa..~ium cum hostibus confligendi fecerit CIC.*Phil.* 14.36; ~ium facere armorum *Att.*7.9.2; si hic qua ratione ~ium fecit eadem cetera aget 9.10.9; receptui suo timens ~ium fugae faciebat CAES.*Civ.*3.69.2; ut tandem scribendarum legum ~ium fieret LIV.3.32.6; VELL.2.74.4. **c** ab ~io ut res sit gesta enoda mihi TURP.*com.*14; CIC.*S.Rosc.*14; quem praeuaricatorem esse ab ~io iudicasses *Vat.*3; cui consuli non animus ab ~io, non fides ad extremum defuit *ad Brut.*1.10.1; CAES.*Civ.*1.41.5; QUINT.*Inst.*2.4.7;—si ab ~io quasi unum negotium gesturus accessero, deinde alio animo ad alterum accessero PAUL.*dig.*3.5.14(15); 8.1.8.1;—de reliqua parte ab ~io agi oportere GAIUS *dig.*20.6.7.3.

2 The point at which a series of events, etc., begins, a starting-point; *~ium facere* (*capere, accipere*) *ab* (*ex*), to start from, take as one's starting-point. **b** a starting-point in space, the place at which an area begins.

nequeo mearum rerum ~ium ullum inuenire idoneum TER.*Hec.*361; homo amens..caedis ~ium quaerit CIC.*Fam.* 12.2.1; (ira) quam bene Ennius '~ium' dixit 'insaniae' *Tusc.*4.52; lux pugnae ~ium fuit LIV.9.12.6; is..praecipuus illi dies magnae offensae ~ium..fuit TAC.*Hist.*4.4; ~ium.. sumpsit historiae post caedem Caesaris dictatoris SUET.*Cl.* 41.2; (*gram., of the first pers. sg. of a tense*) 'itur in antiquam siluam'..quod ~ium eius inuenias? cui simile 'fletur' QUINT.*Inst.*1.4.28;—respondit a Romilia tribu se ~ium esse facturum CIC.*Agr.*2.79; *Phil.*5.20; si ab illis ~ium transeundi fieret CAES.*Gal.*2.9.1; Romanus primo aduentu.., ab re clementi..~ium fecerat LIV.22.22.20; de quibus..dicam, ~io ab eadem caluaria accepto CELS.8.3.11; conpositiones, ..quarum ~ium ex emplastris faciemus LARG.200; maiores instituerunt..dicendi ~ium a precationibus capere PLIN. *Pan.*1.1; (*of a thing*) respondit uerba..ex die, quo stipulatio facta esset, ~ium capere SCAEV.*dig.*45.1.135.1. **b** ad quarum ~ium siluarum cum Caesar peruenisset CAES.*Gal.* 3.28.3; murus ab planitie atque ~io ascensus..mille cc passus aberat 7.46.1; cognitis..ex motu maxillarum musculorum ~iis CELS.7.7.15.E; inde ~ium Epiri, montes Acroceraunia PLIN.*Nat.*3.145; (hedera) totidem ~ia radicum habet quot bracchia 16.152; arcus Virginis ~ium habent sub hortis Lucullanis FRON.*Aq.*22; simulacrum deae..continuus orbis latiore ~io tenuem in ambitum metae modo exurgens TAC.*Hist.*2.3.

3 (esp. pl.) The initial phase, first part (of a period, activity, etc.). **b** the opening (of a book, speech, or sim.). **c** (pl.) the early part of a career or reign. **d** *inter ~ia*, during the early period, in the early days. **e** (advl.) *~io*, in the beginning, originally, at first.

qui prima illa ~ia aetatis integra atque inuiolata praestitisset CIC.*Cael.*11; ab his ~iis noster in te amor profectus auxit paternam necessitudinem *Fam.*13.29.1; magnarum ~ia rerum..celerem..exitum habuerunt CAES.*Civ.*3.22.4; ~io quaesturae suae *B.Hisp.*42.1; Cimon..duro admodum ~io usus est adulescentiae NEP.*Cim.*1.1; ~io anni cum foris otium esset LIV.3.30.2; sub ~ia stipendiorum meorum VELL.2.101.2; ~ia in potestate nostra sunt: de euentu fortuna iudicat SEN.*Ep.*14.16; circa ~ia aestatis PLIN.*Nat.* 32.59; ~ia fastigii Caesaribus erant TAC.*Ann.*3.29; mollibus adhuc ~iis prolatum..bellum..acriter sumitur 13.34;—(*of a disease*) leuia ~ia morborum serpunt et aegra corpora minima..mergit accessio SEN.*Ep.*85.12; hoc..in ~iis utuntur cum oui aquato liquore per se LARG.23; 134; (emplastrum) parotidas ~ia habentes discutit 206. **b** (libellorum) ~ia cum recitarentur CIC.*Clu.*141; ~io ille orationis suae uobis maximas..gratias egit *Fam.*15.2.5; CAES. *Gal.*1.43.4; schema..cuius et ~ia inter se et rursus inter se fines idem sunt QUINT.*Inst.*9.3.31; ~ium hexametri 9.4.78. **c** ne fulgor suus orientium iuuenum obstaret ~iis VELL. 2.99.2; bello, quod cum Oeensibus gessere ~iis Vespasiani Imperatoris PLIN.*Nat.*5.38; Ciceronis liber..in cuius extrema parte..sua ~ia..refert TAC.*Dial.*30.3; ~ia magistratuum nostrorum meliora ferme et finis inclinat *Ann.*15.21. **d** legibus..quas et ipsas inter ~ia tulere sapientes SEN.*Ep.* 90.6; PETR.43.4; Augustus inter ~ia sphinge signauit PLIN. *Nat.*37.10; TAC.*Hist.*3.18; SUET.*Tib.*26.1. **e** illa accusatio..a matre ~io est adornata CIC.*Clu.*18; idem et ~io fuerat et nunc est egregius *Att.*7.3.8; CAES.*Civ.*2.17.1; solus ~io bellum iis indixit NEP.*Thr.*1.5; *Eum.*13.3; Arcadia.. ~io Drymodes, mox Pelasgis appellata PLIN.*Nat.*4.20; LARG.257;—(*in a book, speech, etc.*) quod ~io scripsi CIC. *Fam.*2.7.2; ut ~io concessisti *Tusc.*2.31; quoniam de calce ~io est dictum VITR.7.5.8; quod ~io posuimus LARG.225; QUINT.*Inst.*11.1.42.

4 That which gives rise to (a series of events, etc.), origin, seed, occasion.

hic adeo his rebus anulus fuit ~ium inueniundis TER. *Hec.*821; Ceres et Libera..a quibus ~ia uitae atque uictus, morum, legum, mansuetudinis..hominibus..data..esse dicuntur CIC.*Ver.*5.187; ~ium mihi suspicionis et cautionis ..fuisse litteras tuas *Fam.*9.24.1; haec ~ia belli Alexandrini fuerunt CAES.*Civ.*3.112.12; ~ium erat rixae, cum discedere populum iussissent tribuni LIV.3.11.4; belli ciuilis exsarserunt ~ia VELL.2.48.1; materiam dat (fortuna) bonorum ac malorum et ~ia rerum apud nos in malum bonumue exiturarum SEN.*Ep.*98.2; ~ium id perfringendarum domuum, uel si resisteretur, causa caedis TAC.*Hist.*4.1; hinc ~ium spei *Ann.*4.39;—(*rhet.*) ut alii *αἰτίαν* causam iudicii, *αἴτιον* autem facti uocent..Latinorum quidam haec ~ium et rationem uocauerunt QUINT.*Inst.*3.11.5;—(*of a person*) ~ium fuisse secessionis dicitur Verginius quidam POMPON. *dig.*1.2.2.24.

5 The origin (of a person, people, etc.).

natus obscurissimis ~iis VELL.2.76.4; sursum illum (*sc.* animum) uocant ~ia sua SEN.*Ep.*79.12; circa terras ~ium eius (*sc.* niuis) est *Nat.*4b.3.5; clara alii Iudaeorum ~ia (tradunt), Solymos, carminibus Homeri celebratam gentem TAC.*Hist.*5.2; senator obscura ~ia impudentibus ausis propolluebat *Ann.*3.66.

6 The original form of a thing; (pl.) the elements of which something originally consisted.

nulla mansit ars qualis inuenta est, nec intra ~ium stetit QUINT.*Inst.*10.2.8;—Augustus..in sua resolutus ~ia..animam caelestem deo reddidit VELL.2.123.2; ea (*e.g. metals*), quae talis naturae sint, ut saepius in sua redigi possint ~ia PAUL.*dig.*32.78.4.

7 The fundamental source from which something proceeds, first principle; (esp.) one of the primary substances of which the world was held to consist. **b** a basic law or axiom (in a science or sim.). **c** (in Stoic philosophy) *~ia naturae* (or sim.), the basic good things held to be sought instinctively by a person at birth (= *τὰ πρῶτα κατὰ φύσιν*).

Pythagoras Samius ait omnium rerum ~ia esse bina ut.. bonum et malum, uitam et mortem VAR.*L.*5.11; illud genus 'quod est' generale, supra se nihil habet: ~ium rerum est SEN.*Ep.*58.12; ~ia rerum tria esse arbitratur Plato: deum et materiam rerumque formas APUL.*Pl.*1.5;—ut in quattuor ~iis rerum illis quintam hanc naturam..non adhiberet CIC.*Ac.*1.39; Thales..aquam dixit esse ~ium rerum *N.D.* 1.25; indagatio..~iorum et tamquam seminum, unde essent omnia orta generata concreta *Tusc.*5.69; utrumne ignis esset ~ium rerum QUINT.*Decl.*283(p.148, l.25); APUL.*Pl.*1.7. **b** ~ia..inuentionis ab arte debent proficisci, cetera facile conparabit exercitatio *Rhet.Her.*2.7; constitui necesse esse ~ium quod sapientia cum quid agere incipiat sequatur CIC. *Luc.*24; illa ~ia mathematicorum, quibus non concessis digitum progredi non possunt 116; quae..a falsis ~iis profecta uera esse non possunt *Fin.*1.71; Mineruam operum atque artificiorum ~ia tradere CAES.*Gal.*6.17.2. **c** (rationem) cum honestate ornatissimam, tum etiam ipsis ~iis naturae..locupletatam CIC.*Fin.*2.38; 3.22; dicitis ~ia proponi necesse esse apta..naturae, quorum ex selectione uirtus possit existere 4.46.

8 (pl.) Initiatory rites, mysteries; (said also of objects used in such rites).

Terra..et Caelum, ut Samothracum ~ia docent, sunt dei magni VAR.*L.*5.58; ~ia uocantur potissimum ea quae Cereri fiunt sacra *R.*3.1.5; ~ia..ut appellantur ita re uera principia uitae cognouimus CIC.*Leg.*2.36; per ~iorum dies LIV.31.14.7; magnum sibi metum deorum, quorum occulta ~ia enuntiaret 39.13.5; CURT.8.1.26; ex ~iis Eleusinis GEL.11.6.5; APUL.*Apol.*55;—typanum tuum, Cybebe, tua, mater, ~ia CATUL.63.9.

initō ~āre, *tr.* [INEO+-ITO] To enter (habitually or often).

loca horrida ~as PAC.*trag.*1b.

initus ~ūs, *m.* [INEO+-TVS³]

1 Entry, ingress; (transf.) penetration of the feelings.

AUR.OP.in Gel.1.25.17; aeriae primum uolucres te, diua, tuumque significant ~um LUCR.1.13;—iura..dat (Venus) caelo, terrae, natalibus undis perque suos ~us continet omne genus OV.*Fast.*4.94.

2 Commencement, start.

unde ~um primum capiat res quaeque mouendi LUCR. 1.383; ut uideas ~um motus a corde creari 2.269; 3.271.

3 Covering or mounting (of the female).

nec tamen quindecim ~us eiusdem anni ualet tolerare (equus) PLIN.*Nat.*8.164; quae (*sc.* equa) non primo ~u generare coeperit 8.172; 10.181.

iniūcundē, *adv.* *compar.* ~ius. [INIVCVNDVS+-E] Disagreeably, unpleasantly.

in iis rebus quae mihi asperius a nobis atque nostris et ~ius actae uidebantur CIC.*Att.*1.20.1.

iniūcunditās ~ātis, *f.* [next+-TAS] Disagreeable quality, unpleasantness.

quem ad modum..reliquiae cibi depellantur..haud sane difficile dictu est, sed tamen praetereundum est, ne quid habeat ~atis oratio CIC.*N.D.*2.138.

iniūcundus ~a ~um, *a.* Also **iniōc-.** [IN-²+IVCVNDVS] Unpleasant, disagreeable: **a** (to the mind or feelings). **b** (to the senses).

a uarietas in argumentando et non ~a distinctio CIC. *Part.*47; rumor dictatoris ~us bonis *Q.fr.*3.8.4; curiosi, quos offendit noster minime nobis ~us labor *Fin.*1.3; LIV.35. 35.10; haud ~a tot rerum, locorum, gentium, urbium recordatione perfruor VELL.2.101.3; SEN.*Dial.*10.10.2;—(*of persons*) non ~us..auctor est Catius QUINT.*Inst.*10.1.124; (*w.* aduersus) ut erat comis bonis, ita aduersus malos ~us TAC.*Ag.*22.4. **b** (cicera) hominibus non inutilis neque ~a est COL.2.10.35; odore non ~o PLIN.*Nat.*25.74; ~um..uocis sonum GEL.13.21.12.

iniūdicātus ~a ~um, *a.* [IN-²+pple. of IVDICO]

1 (of persons) Not tried in a court of law.
decem hominibus uitam eripis indicta causa, ~is, incondemnatis CATO *orat.*61.

2 (of a dispute) Not decided.
id..quoniam ad praesentem materiam nihil pertinet, ~um relinquo QUINT.*Inst.*10.1.67; GEL.5.10.15.

iniugēs, *pl. a.* [IN-²+IVGVM] (See quot.)
~es boues, qui sub iugo non fuerint PAUL.*Fest.*p.113M.

iniungō ~ngere ~nxī ~nctum, *tr.* [IN-¹+IVNGO]

1 (usu. w. dat.) To join on, fasten, or attach (to). **b** to join (one animal to another) in sexual union, pair. **c** to attach (to a body of persons) by membership.
consul muro Ardeae brachium ~nxerat, qua ex oppido sui commeare possent LIV.4.9.14; Postumius Milioniam.. opere ac uineis demum ~nctis muro cepit 10.34.2; ubi primum agger ~nctus muro est 43.19.11; fenestellis scandulae..~ngantur, quibus irrepant aues ad requiem nocturnam COL.8.3.6; insulam..~nctam domui PAPIN.*dig.*32.91.6; (*w.* in+*acc.*) in eos (*sc.* asseres) transuerso incumbente tigno asses tricenos longi pedes..~ngebantur LIV.44.5.4;—(*topog.*) fauces..Propontis aperto Euxino ~ngit ponto MAN.4.617;—(*geom.*) ad interuersuram breuioris lineae rectam lineam ~ngamus HYG.GR.*agrim.*p.156;—(*transf.*) non..ea tantum possessio testatoris heredi procedit, quae morti fuit ~ncta, uerum ea quoque, quae umquam testatoris fuerit ULP.*dig.*41.2.13.5. **b** generosis (equis) circa uernum aequinoctium mares ~ngentur COL.6.27.3; 6.37.2. **c** QVINQVE DECVRIIS ~NGI *BGU* 2.611.1.1(*FJRA* 1.p.286).

2 (w. dat.) To impose (tasks, duties, punishments, etc., upon). **b** (in good sense) to bestow (honour or sim.).
ne quod detrimentum rei p. ~ngant D.BRUT.PLANC.*Fam.*11.13a.4; his aeternam ~ngere seruitutem CAES.*Gal.*7.77.15; his grauiora onera ~ngebat *Civ.*2.18.5; iniuriam ab nobis repulsam..~ngimus aliis LIV.3.65.11; scita plebis ~ncta patribus 3.67.9; seu ~ncta seu suscepta foret militia 32.3.4; exules..suam causam legationemque Achaeis ~nxerunt 38.32.5; patrem..abdicationis ~ngentem notam V.MAX.6.9.ext.2; tibi..eadem necessitas ~ngitur SEN.*Dial.*11.7.3; epithalamium tuum quod mihi ~nxeras STAT.*Silv.*1.pr.22;quod ego et Tacitus ~ncta aduocatione diligenter ..functi essemus PLIN.*Ep.*2.11.19; quo libentius suscipio, deposco etiam, quod ~ngis 6.16.3; collegio quaestorum ..gladiatorium munus ~nxit SUET.*Cl.*24.2; si legatarius ..educationem recuset testamento sibi ~nctam ULP.*dig.*27.2.1.3; is, qui praeuaricati sunt, poena ~ngitur extraordinaria 47.15.2;—(*cf.*) cum..inimicis in gratiam redierat, quorum ipse maximam partem..~nxerat Caesari CAES.*Civ.*1.4.4; pingui terra singulis bracchiis licebit bina ~ngere flagella COL.4.21.2;—(*w.* ut+*subj.*) quid a te mihi iucundius potuit ~ngi quam ut praeceptorem..liberis quaererem? PLIN.*Ep.*2.18.1; *CIL* 2.6278.40;—(*w. subj. alone*) Bassus mihi ~nxerat, totius defensionis fundamenta iacerem PLIN.*Ep.*4.9.4. **b** quorum conubiis Venus et Virtus ~nxit honorem *Culex* 299.

iniūrātus ~a ~um, *a.* [IN-²+IVRATVS] Not having taken an oath, unsworn.
~o scio plus credet mihi quam iurato tibi PL.*Am.*437; id iurati dicunt quod ego ~us insimulo CIC.*Caec.*3; *Font.*24; scite enim Euripides: iuraui lingua mentem ~am gero *Off.*3.108; hoc iurastis,..milites, fugientes uos in castra redituros?..at ego ~us aut uictor reuertar aut..dimicans cadam LIV.2.46.6; GEL.6(7).18.9;—(*masc. as sb.*) non.. testes, sed ~orum adferre uoces QUINT.*Inst.*5.7.5.

iniūria ~ae, *f.* [IN-²+IVS²+-IA] ORTHOG.: *iniourias CIL* 1.584.43.

1 Unlawful conduct (opp. *ius*). **b** (abl. sg. as adv.) wrongfully, unlawfully (so *per ~am*); *damnum ~ā* (sc. *datum*; gen. also *damni ~ae*), damage unlawfully inflicted.
iuris et ~ae distinctione CIC.*Top.*82; LIV.2.3.3; neque se neque senatum nisi cognita causa ius et ~am discreturos TAC.*Ann.*2.65; pauperies est damnum sine ~a facientis datum ULP.*dig.*9.1.1.3; quodsi inpubes id fecerit, Labeo ait, ..teneri et Aquilia eum: et hoc puto uerum, si iam sit ~ae capax 9.2.5.2. **b** ceterarum rerum..si quis alteri damnum faxit, quod usserit fregerit ruperit ~a *Leg.pub.*(*Font.iur.*p.46)2; illud iam in iudicium uenit, non occisusne sit, quod fatemur, sed iure an ~a CIC.*Mil.*31; agrum ~a possessum a potentibus LIV.6.39.10; qui ~a cecidisset alienas (arbores), lueret in singulas aeris XXV PLIN.*Nat.*17.7; GAIUS *Inst.*3.210;—si..per ~am..ex bonis alienis quid ablatum sit MACER *dig.*48.7.3.2;—iudicio damni ~a constituto CIC.*Q.Rosc.*32; 54; damni ~a agere ULP.*dig.*9.2.29.1; —damni ~ae actio constituitur per legem Aquiliam GAIUS *Inst.*3.210; 4.37.

2 Unjust and injurious treatment or an instance of it, a wrong, injustice. **b** (w. subj. gen., poss. adj., or sim. expr. perpetrator of wrong). **c** (w. obj. gen., poss. adj., or sim. expr. victim of injustice). **d** (w. defining or descriptive gen.). **e** (applied, with a greater or less degree of personification, to the harsh or violent treatment of inanim. objs.).
maxuma..~a uinctus asto, quoius haec hodie opera inuentast filia PL.*Epid.*715; filio suo qui innocenti fecit tantam ~am *Mer.*979; patior facile ~am, si est uacua a contumelia PAC.*trag.*279; quam facile serpat ~a et peccandi consuetudo CIC.*Ver.*2.53; uiolata amicitia est, accepi ~am *Prov.*43; iustitiae primum munus est, ut ne cui quis noceat, nisi lacessitus ~a *Off.*1.20; amantem ~a talis cogit amare magis CATUL.72.7; cum fieret nostro totiens ~a lecto PROP.4.8.27; ~as et non redditas res ex foedere quae repetitae sint..causam huiusce esse belli LIV.1.23.7; passuros inultam ~eam ~am Romanos ne nouo bello se onerarent 5.16.3; nostra tueri aduersus uim atque ~am 7.31.3; uindicauit ictu ueterem ~am PHAED.1.21.6; in uxore grauissimum esse genus ~ae paelicem SEN.*Ep.*95.37; Britanni..munia impigre obeunt, si ~ae absint TAC.*Ag.*13.1; mihi Galba Otho..nec beneficio nec ~a cogniti *Hist.*1.1; ~a ei (*sc.* heredi) facta non nocebit legatariis ULP.*dig.*30.50.1;—(*w.* in+*acc.*) de tot tantisque ~is in socios, in reges, in ciuitates liberas CIC.*Sest.*64;—(*meton.*) App. Claudius, nescio religionis maior an patriae ~a V.MAX.8.1.absol.4. **b** matres omnes filiis.. auxilio in paterna ~a solent esse TER.*Hau.*992; CIC.*Phil.*2.49; ~as fortunae..ferre *Tusc.*5.118; Galliam..ab Ariouisti ~a..defendere CAES.*Gal.*1.31.16; 5.20.2; ~as inimicorum in se commemorat *Civ.*1.7.1; VERG.*A.*9.108; aduersus ~am decreti cum multi magis fremerent LIV.3.45.4; implorantibus Athenis auxilium contra regis ~as FLOR.*Epit.*1.23(2.7.4); iudicis ~a condemnari PAPIN.*dig.*15.1.50. **c** ille nostrarum ~arum ultor CIC.*Brut.*268; alienis ~is..commoueri *Ver.*3.169; sese paratos esse imperatoris sui..~as defendere CAES.*Civ.*1.7.8; illum magis honore Mari quam ~a sua excruciatum SAL.*Jug.*82.3; capitis..~a cari VERG.*A.*4.354; VELL.1.8.4; deorum ~as dis curae TAC.*Ann.*1.73. **d** ~ae retentorum equitum Romanorum CAES.*Gal.*3.10.1; VERG.*A.*1.27; Ardeatium populum ob ~am agri abiudicati descisse LIV.4.1.4; erimus sine tormentorum ~a hilares PETR.102.13. **e** qui his ~am foribus defendat PL.*Mos.*899; *Rud.*414; omnem..~am sine noxa patitur (cytisum) COL.*Arb.*28.1; (linum) textum..rursus tunditur clauis, semper ~a melius PLIN.*Nat.*19.18; aeris notam pretiosiorem ipsa opulentissimae urbis (*i.e. Corinth*) fecit ~a (*i.e. its sack*) FLOR.*Epit.*1.32(2.16.7).

3 (abl. sg. as adv.): **a** Without regard for equity, unjustly, etc.; so *per ~am*. **b** without just cause, unjustifiably; (esp. after negs.).
a ~a dispertiuisti: pinguiorem agnum isti habent PL.*Aul.*330; Flaccum ~a decreuisse in tua re dicis CIC.*Flac.*77; eam ipsam causam a qua erat reiectus ~a *Lig.*27; ut exsules ~a pulsos in patriam reduceret LIV.3.15.9; nemo potentiam eius ~a sensit SEN.*Dial.*11.3.2;—ab hac (*sc.* liberta) praefectus Antoni quidam..seruos abducebat per ~am CIC.*Div.Caec.*55; SAL.*Rep.*1.8.5; agrum..ab Romanis quondam per ~am ademptum LIV.23.6.1; 42.50.10; NVLLI GENTI BELLO PER ~AM INLATO AUG.*Anc.*5.13. **b** ne palma detur quoiquam artifici ~a PL.*Poen.*37; ~a..postulant, si qua sint singularia, oportere habere multitudinis VAR.*L.*9.65; non quaero, iure an ~a sint inimici CIC.*Ver.*2.150; si me meis ciuibus ~a suspectum..uiderem *Catil.*1.17; misericordia est aegritudo ex miseria alterius ~a laborantis *Tusc.*4.18;—amant ted omnes mulieres neque ~a PL.*Mil.*58; metuebant omnes iam me.—haud ~a TER.*Eu.*433; intellego..a uobis hanc sententiam repudiari, neque ~a CIC.*Phil.*6.3; *Fam.*2.8.1; auctore..Platone, quem non ~a Dicaearchus accusat *Tusc.*4.71; inexperta remedia haud ~a ipsis esse suspecta CURT.3.5.15; COL.7.1.1.

4 (spec., in legal use) Any act, insulting in kind and intention, calculated to injure a person's reputation or outrage his feelings (ranging from physical assault to defamation of character). **b** (in general use) an insult, affront. **c** (applied to sexual assault).
si ~am faxsit, uiginti quinque poenae sunto *Lex XII* (*Font.iur.*p.29); una ~ast (*i.e. an action for* iniuria) tecum.—lege agito ergo TER.*Ph.*983; mimus quidam nominatim Accium poetam conpellauit in scaena. cum eo Accius ~arum agit *Rhet.Her.*1.24; si quis eum pulsasset, edixit sese iudicium ~arum non daturum CIC.*Ver.*2.66; numquid carmen famosum conposui aut, ut proprium genus ~ae tuae dicam, numquid te rapui? SEN.*Con.*exc.5.6; ~am fecisti, sed quia magistratui, maiestatis actio est QUINT.*Inst.*5.10.39; praetores..~is..aestumandis recuperatores se daturos edixerunt GEL.20.1.13; atrocem ~am quasi contumeliosiorem et maiorem accipimus ULP.*dig.*47.10.7.7; ~arum (*sc.* actio), quae ex conuicio nascitur, in heredes non est reddenda 47.10.15.14;—(*defined*) ~ae sunt, quae aut pulsatione corpus aut conuicio auris aut aliqua turpitudine uitam cuiuspiam uiolant *Rhet.Her.*4.35; GAIUS *Inst.*3.220. **b** aures nobis calliscerunt ad ~as CATO *orat.*182; luctandum in turba et facienda ~a tardis HOR.*S.*2.6.28; si conferam nos cum illis, ~am nomini Romano faciam LIV.22.59.12; ego fur? ecce altera ~a SEN.*Con.*10.6.2; Cato, cum illi os percussum esset, ..non uindicauit ~am..factam negauit SEN.*Dial.*2.14.3; Ctesicles (innotuit) reginae Stratonices ~a..pinxit uolutantem cum piscatore PLIN.*Nat.*35.140; caedi..discentis.. seruile est et certe (quod conuenit, si aetatem mutes) ~a QUINT.*Inst.*1.3.14; abstinentiam in tanto uiro referre ~a uirtutum fuerit TAC.*Ag.*9.4; tantine ~a cenae..? JUV.5.9. **c** ego me ~am fecisse filiae fateor tuae PL.*Aul.*794; illa illi dicit eiius se ex ~a peperisse gnatam *Cist.*180; per hunc (*i.e. Lucretia's*)..castissimum ante regiam ~am sanguinem iuro LIV.1.59.1; ipsa iam extra periculum ~ae muliebris sum 26.49.12; usque in ~am uigilauit (Ascyltos), an contentus fuit uidua pudicaque nocte? PETR.133.1; 140.11;—*w. gen.*) ~a mulierum *Rhet.Her.*2.49; quem una nocte unius uirginis ~a non satiauerat SEN.*Con.*1.5.1.

5 (esp. w. obj. gen.) Loss or detriment inflicted on or sustained by a person in respect of his estate, rights, etc.
agnitum (ducem, *i.e. decoy fish*) in macello socio, cuius ~a erat PLIN.*Nat.*9.182; muliercula nulla cuiusquam ~a cupidines principis explente TAC.*Ann.*13.12; ne beneficium istis datum in ~am patronorum conuerteretur GAIUS *Inst.*3.56; priuilegium militum ad alienam ~am porrigi non oportet PAPIN.*dig.*26.7.40; si nouum beneficium cum alterius ~a postularetur 36.1.12; ne..mutatus alueus uicinis ~am aliquam adferat ULP.*dig.*43.13.1.1.

6 Physical injury or impairment.
rixa..in qua..sine lapide, sine telo plus clamoris atque irarum quam ~ae fuerat LIV.2.29.4; opportuniores hic eae partes ~ae sunt, quae iam male habent CELS.2.10.14; omne..os, ubi ~a accessit, aut uitiatur aut finditur 8.2.1; paucos..senectus ad mortem sine ~a pertulit SEN.*Ep.*58.34; ~as e calceatu..corii caprini cinis (sanat) PLIN.*Nat.*28.222; si ueneficio acciderit haec ~a (*i.e. baldness*) 29.107; facilius..patiuntur oculi, si modo exulcerati non fuerint, ~am LARG.23; minus ~ae subiacent subterranea nec gelicidiis nec caloribus exposita FRON.*Aq.*121; SUET.*Aug.*14;—(*w. defining gen.*) nedum in mari et uia sit facile abesse ab ~a temporis Q.CIC.*Fam.*16.8.2; agros..etiam sine belli ~a uastatos LIV.3.6.7; loca..~a temporis..excauata SEN.*Ep.*90.17; neque teredinum ~as sensisse (Serui Tulli praetextas) annis quingentis sexaginta PLIN.*Nat.*8.197;—(*w. gen. of thing harmed*) alios morbus aut ~a corporum in hoc (*sc.* iram) perduxit SEN.*Dial.*4.20.1; ea..quae sine domus ~a auferri possunt PAUL.*dig.*32.21.2; (*poet.*) cum uulnera caeli conspiciant feriatque oculos ~a mundi (*i.e. the Milky Way*) MAN.1.722.

iniūriē, *adv.* [INIVRIVS+-E] Unjustly or unlawfully.
egone an ille ~ facimus? NAEV.*trag.*37.

iniūriōsē, *adv. compar.* ~ius. [next+-E] Wrongfully, unjustly.
nequaquam ~e nobis contumeliam imponi sinatis GRACCH.*orat.*18; maiores nostri saepe pro mercatoribus ..nostris ~ius tractatis bella gesserunt CIC.*Man.*11; qui in magistratibus ~e decreuerant *Q.fr.*1.1.21; quod uelim temere atque ~e de illo suspicati sint homines BRUT.*ad Brut.*1.13.1; V.MAX.2.9.2; COL.1.8.17.

iniūriōsus ~a ~um, *a. compar.* ~ior. [INIVRIA+-OSVS]

1 Showing no respect for a person's rights, unjust, wrongful, or sim.
(*of persons*) qui benigniores uolunt esse, quam res patitur, ..~i sunt in proximos CIC.*Off.*1.44; nescio an aduersus patrem ~ior sis, quod abstulisti illi heredem an quod dedisti SEN.*Con.*2.4.5; ~us et damnosus socius ULP.*dig.*17.2.14;—(*of actions, etc.*) auaritia (est) ~a adpetitio alienorum *Rhet.Her.*4.35; ab ~a facinerosaque uita CIC.*Leg.*1.40; uis ~a damnatur; solet enim esse et salutaris SEN.*Con.*9.5.6;—(*w. inf., or acc. and inf.*) ~um et contumeliosum est iis praemiis ..exclusos esse fidelissimos..socios CIC.*Balb.*24; ~um est rapto uiuere SEN.*Ep.*70.28.

2 Showing no regard for a person's dignity, insulting, etc.
omnis sordida ~aque turba huc (*i.e. into a brothel*) influit SEN.*Con.*1.2.8;—(*poet.*) ~o ne pede proruas stantem columnam HOR.*Carm.*1.35.13; donec cinis ~is aridus uentis ferar *Epod.*17.34.

3 Causing physical harm, injurious, damaging.
cum..circumfossor ~o ictu uerberauit (uites) PLIN.*Nat.*17.227.

iniūrius ~a ~um, *a.* [INIVRIA+-(I)VS] Harsh, unjust, unfair: **a** (of persons). **b** (of actions).
a ~u's qui quod lenoni nulli est id ab eo petas PL.*Cur.*65; inique ~u's *Epid.*551; *Rud.*1152; multimodis ~us, Clitipho, es neque ferri potis es TER.*Hau.*320. **b** nihil amori ~umst PL.*Cist.*103; CIC.*Off.*3.89; FRO.*Ver.*2.p.130(120N);—(*w. inf. or acc. and inf.*) si mihi dat operam, me illi irasci ~um est PL.*Aul.*699; TER.*Hec.*71; damnari absentem consularem uirum ~um esse LIV.43.5.5; APUL.*Met.*11.6.

iniūrus ~a ~um, *a.* [IN-+IVS²+-VS] Lawless or unjust.
inpure, inhoneste, ~e, inlex, labes popli PL.*Per.*408; ~um, periurum PAUL.*Fest.*p.110M.

iniussū, *abl. m. sg.* [IN-²+IVSSVS] (usu. w. subj. gen. or poss. adj.) Without orders, without leave.
itane..uxorem duxit Antipho ~ meo? TER.*Ph.*231; (uilicus) ~ domini credat nemini CATO *Agr.*5.3; quod tua sponte ~ populi..iura prouinciae Siciliae mutaueris CIC.*Ver.*3.17; populus Romanus..qui ~ suo nullo pacto potest religione obligari *Balb.*34; neque ex hibernis ~ Caesaris discedendum existimabant CAES.*Gal.*5.28.3; conuenturos se iussu consulis nec ~ abituros LIV.3.20.3; edixerat poenam, si quis ~ in hostem pugnasset 7.12.12; SEN.*Ben.*5.15.5; HYG.*Fab.*152.3; si ~ atque inuocatu meo uenerint (uerba) FRO.*Aur.*2.p.50(114N).

iniussus ~a ~um, *a.* [IN-²+pple. of IVBEO] (of persons, animals, etc.) Not commanded or appealed to, unbidden. **b** (of things) not asked for, unordered.
ripam..~us adibis? VERG.*A.*6.375; ut..~i numquam desistant (cantare) HOR.*S.*1.3.3; ~ae ueniunt ad mulctra capellae *Epod.*16.49; te..flesset..iuuenisque senexque ~usque puer LUC.7.38;—(*of things*) ~a uirescunt gramina VERG.*G.*1.55; cum uerba uelut ~a fluerent SEN.*Con.*2.pr.2; omne honestum ~um incoactumque est SEN.*Ep.*66.17; ~a..tela uagantur LUC.6.78. **b** non ~a cano VERG.*Ecl.*6.9.

iniustē, *adv. superl.* ~issimē. [INIVSTVS+-E]

1 Unjustly, unfairly. **b** unreasonably, unjustifiably.
ne ~e aut grauiter mi imperet PL.*Capt.*308; amicis..~e loqui *Poen.*573; leges..~e rogatas CIC.*Sest.*61; cum..triginta uiri illi urbi (*i.e. Athens*) ~issime praefuerunt *Rep.*3.44; si ego ~e impieque illos homines..dedier mihi exposco LIV.1.32.7; OV.*Met.*2.378; si ~e..Socrates damnatus est SEN.*Dial.*2.7.3; TAC.*Ag.*32.4. **b** ille.., quod Puteolos persequitur, humane, quod queritur, ~e CIC.*Att.*15.27.1; VELL.2.40.5; morbus ipse..non ~e terret CELS.7.3.2; ut mihi..iniungere laborem non ~e uiderentur QUINT.*Inst.*1.pr.2.

2 Unlawfully, wrongfully.
si ~e neminem laesit CIC.*Mur.*87; *Off.*1.23; in summa possessionis non multum interest, iuste quis an ~e possideat PAUL.*dig.*41.2.3.5.

iniustitia ~ae, *f.* [next+-IA] Unjust behaviour, unfairness, injustice.
~am lenonum exprimere PL.*Mer.*47; eum ego hinc eieci miserum ~a mea TER.*Hau.*134; qui..depositum non reddidit, quod est ~ae CIC.*Tusc.*3.17; *Off.*1.23; condiciones..

agrorum..ab ~a, ut dicunt, inaequales sunt SIC.FL.*agrim.* p.101; GEL.7(6).1.4.

iniustus ~a ~um, *a. compar.* ~ior, *superl.* ~issimus. [IN-[2]+IVSTVS]

1 Not behaving justly, unfair, unjust.
proterunt hostium copias iure ~as PL.*Am.*247; matrem ob iure factum incilas, genitorem ~um adprobas ACC.*trag.* 41; ~us rerum existimator CIC.*Marc.*15; is, qui in te adhuc ~ior quam tua dignitas postulabat fuit *Fam.*6.1.2; Romanos ~os,..communis omnium hostis esse SAL.*Jug.*81.1; ~a nouerca VERG.*Ecl.*3.33; nec tu sis ~a, Venus [TIB.]3.11.13; nec ut ~us in pace rex, ita dux belli prauus fuit LIV.1.53.1; ~os rabidis pulsare querelis caelicolas STAT.*Silv.*5.1.22; QUINT.*Inst.*11.1.90;—(*transf.*) ~is auribus apta loqui OV.*Ep.*12.176;—(*poet., of inanim. things*) unast ~i caerula forma maris *Am.*2.11.12.

2 (of an action, etc.) That is not in accordance with justice, unfair, inequitable. **b** not deserved, unmerited; (of feelings, etc.) unjustified. **c** (of burdens, etc.) unreasonably great, excessive.
quam multa ~a ac praua fiunt moribus! TER.*Hau.*839; ~um impiumque bellum CIC.*Div.Caec.*62; rogationis ~issimae subitam acerbitatem *Sest.*144; (pax) uel ~a utilior est quam iustissimum bellum cum ciuibus *Att.*7.14.3; quoiusdam Transpadani supplicium ~um SAL.*Cat.*49.2; ~a imperia dominorum *Jug.*31.11; Samnites Sidicinis ~a arma ..cum intulissent LIV.7.29.4; (Tarquinius) ~i stimulis agitatur amoris OV.*Fast.*2.779; ~um rigido ius dicitur ense *Tr.*5.10.43; ~o praetorum cruore manus suas contaminare V.MAX.3.8.ext.3; fulminis ~i iaculator STAT.*Theb.*12.562; simpliciores illae (controuersiae) ~i repudii QUINT.*Inst.*7.4.38;—(*w. inf.*) respondi posse uideri non ~um postulare SCAEV.*dig.*20.4.19;—(*neut. as sb.*) iura inuenta metu ~i fateare necesse est HOR.*S.*1.3.111; ~a imperandi LIV.35.17.7. **b** ~a ab iustis impetrari non decet PL.*Am.*35; in quoddam odium ~um uocatus CIC.*Cael.*29; tuis ~issimis atque acerbissimis incommodis *Fam.*5.17.1; facti ~issima inuidia POL.*Fam.*10.31.3;—hominis alieni ~issimam iracundiam CIC.*Att.*13.49.1; cupido haud ~a quidem, ceterum intempestiua CURT.4.8.3; non ~o dolore uenerat ad accusandum (Atratinus) QUINT.*Inst.*11.1.68. **c** ut, si sustinere tantam quaestionem non potuero, ~i oneris impositi tua culpa sit CIC.*Orat.*35; Romanus in armis ~o sub fasce uiam cum carpit VERG.*G.*3.347; ~is conlatum uiribus hostem STAT.*Theb.*6.774; [QUINT.]*Decl.*3.16.

3 (of possession, marriage, etc., or the agents concerned) Not authorized or recognized by the law; (of land) unlawfully held.
si ~i domini possessione agri publici cederent LIV.4.53.6; liberos agros ab ~is possessoribus..habere 6.39.9; ~a est possessio ista, precaria uero iusta quidem, sed quae non pergat ad iudicii uigorem ULP.*dig.*10.3.7.4; si ~um fuerit matrimonium, nequaquam bonorum possessio peti poterit 38.11.1; siue iusta uxor fuit siue ~a, accusationem (*sc.* adulterii) instituere uir poterit 48.5.14(13).1;—~a..regna tenebat (Pyreneus) OV.*Met.*5.277.

inl-: see ILL-.

inm-: see IMM-.

innābilis ~is ~e, *a.* [IN-[2]+NO+-BILIS] (app.) In which swimming is impossible.
erat instabilis tellus, ~is unda, lucis egens aer OV.*Met.*1.16.

innascor ~ascī ~ātus, *intr.* [IN-[1]+NASCOR] (esp. w. abl.) To be born or formed, spring, arise (in or on): **a** (of living creatures). **b** (of plants). **c** (of various inanim. things). **d** (of feelings, qualities, circumstances, etc.).
a (*of animals*) umeros ~ato murice tectum (Tritona) OV.*Met.*1.332; animalia quoque illis (*sc. caverns, etc.*)..~ascuntur SEN.*Nat.*3.16.5; ~ata..rubris aequoribus custos pretiosae uipera conchae LUC.6.677; ita fore (fimeta) ne ~ascantur iis serpentes PLIN.*Nat.*17.57; erucae semen..bestiolas omnes ~ascentes corpori arcet 20.125; Thebanis ~ascuntur (taeniae), cum absint Atheniensibus 27.145; (*w. prep.*) mori matres (*sc. locusts*)..certum est, uermiculo..circa fauces ~ascente 11.102;—(*of persons*) ~ati triuiis ac paene forenses HOR.*Ars* 245; (*cf.*) (Germanis) quid armorum cupidius, quibus ~ascuntur innutriunturque? SEN.*Dial.*3.11.3; omnibus deliciis, quis ~ata atque innutrita sum APUL.*Met.*4.24. **b** neglectis..filix ~ascitur agris HOR.*S.*1.3.37; inter salicta ~ata ripis LIV.25.17.2; ~ata..rupibus altis robora OV.*Ep.*7.37; aquis calidis herbae uirentes ~ascuntur PLIN.*Nat.*2.227; (*w.* in+*abl.*) QVOD IN FASTIGIO AEDIS DEAE DIAE FICVS ~ATA ESSET *CIL* 6.2099.1.22. **c** quando istaec (*i.e. a tumour*) ~atast tibi? PL.*Per.*314; omentum..cui adeps..~ascitur CELS.4.1.10; uulneri ~atus tumor SEN.*Oed.*858;—(*w. preps.*) id quod in publico ~atum aut aedificatum est LABEO *dig.*41.1.65.4; crusta, qualis super ulcera ~ascitur CELS.6.7.7; si cui..lapis in renibus ~atus fuerit LARG.145;—(*cf.*) animi uis..~asci quauis in parte soleret LUCR.3.792. **d** inuidia in me numquam ~atast PL.*Poen.*300; TER.*An.*626; quibus a principio ~ascitur ratio recta CIC.*N.D.*2.34; in hac..magnitudine animi facillime pertinacia..~ascitur *Off.*1.64; hac oratione habita..cupiditas belli gerendi ~ata est CAES.*Gal.*1.41.1; circa faciem ..morbus ~ascitur, quem Graeci κυνικὸν σπασμὸν nominant CELS.4.3.1; haec (cura) animalibus inest cunctis nec inseritur, sed ~ascitur SEN.*Ep.*121.17; (pueris) adrogans de se persuasio ~ascitur QUINT.*Inst.*2.4.16; inde..ingens male interpretantibus ~atus est error 3.6.6.

innatō ~āre ~āuī, *intr.*, (*tr.*). [IN-[1]+NATO]

1 To swim (in or on). **b** (of a boat) to float (on); (also tr.). **c** to swim (into).
~auit idem (*sc.* canis), cadauere in Tiberim abiecto, sustentare conatus PLIN.*Nat.*8.145;—(*w. dat. or abl.*) hi..flumini ~ant dorsoque..inpositi..(crocodilos) in terram agunt captiuos 8.93; Tuscis gurgitibus puer ~asti STAT.*Silv.*4.5.40; haud secus Eridani stagnis..~at albus olor SIL.14.190; APUL.*Met.*5.17;—(*w.* super+*abl.*) ~at..super transtris fumantibus..Ornytos SIL.14.477. **b** (*w. dat. or abl.*) tumidis ratis ~at undis GERM.*Arat.*297; (*cf., of a passenger in a boat*) quid, oro, me..Stygiis paludibus ~antem ad momentariae uitae reducitis officia? APUL.*Met.*2.29;—torrentem undam leuis ~at alnus missa Pado VERG.*G.*2.451. **c** (*w.* in+*acc.*) cum pisciculi parui in concham hiantem ~auerunt CIC.*N.D.*2.123.

2 To lie on the surface (of a liquid), float (upon). **b** (of undigested food). **c** (of things only loosely attached).
ut folia etiam..non ~antia ferat (lacus) MELA 3.88; Syrium lapidem quamuis grandem ~are PLIN.*Nat.*2.233; ut..confluant (*two rivers*) nec tamen misceantur leuiorque Arsanias ~et 6.128; sparso aceto concretus (liquor, *i.e. bitumen*) ~at TAC.*Hist.*5.6; nulla in hoc (*sc.* lacu) nauis (sacer enim), sed ~ant insulae PLIN.*Ep.*8.20.5;—(*w. dat. or abl.*) ut summa cortex leuis ~et unda OV.*Tr.*3.4.11; ~at unda freto dulcis *Pont.*4.10.63; si ~ant uitro (poma) SEN.*Nat.*1.6.5; pars nostra terrarum..ambienti..oceano uelut ~ans PLIN.*Nat.*2.242; omnia ei (*sc. mercury*) ~ant praeter aurum 33.99;—(*w.* in+*abl.*) stagnum..in quo nihil ~et, omnia mergantur 31.21. **b** (*w. dat. or abl.*) lactuca ~at acri post uinum stomacho HOR.*S.*2.4.59; SEN.*Ep.*84.6; stomachicos..quibus ~et cibus PLIN.*Nat.*20.100; (uinum) dulce..stomacho ~at, austerum facilius concoquitur 23.28. **c** haec (*sc.* patella) super ~ans, neque ulli ossi inhaerens CELS.8.1.25; inuertere oportet palpebram atque ita pollice inpresso membranas ~antes abducere LARG.37;—(*in fig. phr.*) scribendum..numquam est magis, quam cum multa dicemus ex tempore. ita enim..~ans illa uerborum facilitas in altum reducetur QUINT.*Inst.*10.7.28.

3 (of liquids) To flow (over or on).
iam breuis unda superne ~at LUC.9.318;—(*w. dat. or abl.*) merum illud delectat, quod non ~at cibo, quod libere penetrat ad neruos SEN.*Ep.*122.6; fecundus ~at terrae (Nilus) PLIN.*Nat.*5.54; Tiberis..~at campis PLIN. *Ep.*8.17.2;—(*w.* in+*abl.*) pituita..in iis (*sc.* oculis) ~ans CELS.2.6.3;—(*transf., of hair*) tenui uagus ~at umbra crinis V.FL.3.525.

innātus ~a ~um, *a.* [pple. of INNASCOR] (of qualities, etc.) Inborn, natural, innate.
id (uitium) ~umst (*sc.* adulescentiae) TER.*Hec.*543; ut anteponantur..~a atque insita adsumptis atque aduenticiis CIC.*Top.*69; ~am cupiditatem scientiae *Fin.*4.4; insitas eorum (*sc.* deorum) uel potius ~as cognitiones habemus *N.D.*1.44; temeritas quae maxime illi hominum generi est ~a CAES.*Gal.*7.42.2; ~us apes amor urget habendi VERG.*G.*4.177; hunc ~a libido exstimulat OV.*Met.*6.458; caluitium uni tantum animalium homini praeterquam ~um PLIN.*Nat.*11.131; laudata (molochitis)..quodam ..~o contra pericula medicamine 37.114; adfectata aliis castitas, tibi ingenita et ~a PLIN. *Pan.*20.2.

innāuigābilis ~is ~e, *a.* [IN-[2]+NAVIGABILIS] Unnavigable.
insignis annus hieme gelida ac niuosa fuit, adeo ut..Tiberis ~is fuerit LIV.5.13.1.

innāuigō ~āre, *intr.* [IN-[1]+NAVIGO] To sail (into a place).
in Maeotida remeantibus ad dexteram Europa est, modo sinistro latere ~antium adposita MELA 2.1.

innectō ~ctere ~xuī ~xum, *tr.* [IN-[1]+NECTO]

1 (esp. w. dat.) To fasten (one thing to another), bind or tie on. **b** to fasten (the arms, etc., about a person in an embrace). **c** (pass., of an organ of the body). **d** (transf., pass.) to be closely associated or involved (with).
Allecto..induit albos cum uitta crinis, tum ramum ~ctit oliuae VERG.*A.*7.418; populus..uelauit..comas foliisque ~xa pependit 8.277; uincula quibus aliis ~xa erat (oneraria) LIV.30.10.18; eam partem (*sc. of a vine*)..crebris uiminibus ~xis continent COL.4.20.4; armis..~xa priores arma ferunt (*i.e. in a testudo*) LUC.3.475; huic..meritas catenas SIL.11.241;—(*hyperb.*) mixtum cruorem amicorum ~cte et uulneribus ~xa uulnera V.MAX.4.7.4. **b** certant ~ctere collo bracchia STAT.*Theb.*4.26;—(*refl. or pass.*) blandus..umeris se ~ctit Achilles *Ach.*1.196; prensare commanipularium pectora, ceruicibus ~cti TAC.*Hist.*4.46. **c** (sinus, *i.e. the scrotum*) ab ima parte mediis tunicis leuiter ~xus est CELS.7.18.2; (*cf.*) iliis feminae latera sua ~ctit (uolua) 4.1.12. **d** (*of persons*) domui Vespasiani per adfinitatem ~xum TAC.*Hist.*4.68; Tiberium..conscientiae matris ~xum esse *Ann.*3.10; Pammenem..multorum amicitiis ~xum 16.14;—(*of things*) ominum..obseruatio..religioni ~xa est V.MAX.1.5.1; motus..animi..~xos inplicatosque esse uigoribus quibusdam mentium GEL.19.12.4.

2 (also w. *inter se*) To bind or join together; (pass., transf.) to be interconnected.
inter se ~xi rami LIV.33.5.12; enses impliciti ~xaeque manus STAT.*Theb.*11.528;—(*transf.*) omnes medicinae partes ita ~xae sunt ut ex toto separari non possint CELS.5.pr.2; quid sit uirtus, una sit an plures, separatae aut ~xae SEN.*Ep.*95.55.

3 (w. abl.) To bind up, fasten (with). **b** to grip, embrace.
paribus palmas amborum ~xuit armis VERG.*A.*5.425; lactea colla auro ~ctuntur 8.661; lauro..~ctite crinem OV.*Met.*6.161; laqueo..~ctere fauces 10.378; ut sint diligenter compedibus ~xa (mancipia) COL.11.1.22; uittas, quis ligatus lapis ~xique funes erant TAC.*Hist.*4.53;—(*w. ret. acc.*) Discordia..crinem uittis ~xa cruentis VERG.*A.*6.281; Herculeo..umeros ~xus amictu 7.669; V.FL.6.111. **b** ~ctens ambobus colla lacertis OV.*Met.*11.240; ambos ~ctens manibus STAT.*Theb.*1.511.

4 To weave (plots, etc.), devise.
causas..~cte morandi VERG.*A.*4.51; fraus ~xa clienti 6.609; fraudes ~ctere ponto antiqua parat arte Cilix LUC.4.448; utinam pluris ~ctere pergas, Phoebe, moras STAT.*Theb.*5.743.

innīdificō ~āre, *intr.* [IN-[1]+NIDIFICO] (w. dat.) To build a nest (in).
sint..cubilia, quibus ~ent aues COL.8.15.5.

innītor ~tī ~xus (~sus), *intr.* [IN-[1]+NITOR[1]] FORMS: pf. pple. usu. *innixus*; *innisus* TAC.*Ann.*2.29, 15.51, PLIN.*Ep.Tra.*10.52(60). CONSTS.: most often w. dat.; unambiguous exx. w. abl., or w. *in*+acc., noted as they occur.

1 To lean (on) for support. **b** to rest, support oneself (with part of the body); *~xus genu*, 'the kneeler' (a name of the constellation Hercules).
ut nostri..scutis ~xi proelium redintegrarent CAES.*Gal.*2.27.1; LIV.28.15.5; hinc caeci ~tentes baculis uagantur SEN.*Con.*10.4.2; rostro se excipit, illi ~titur (psittacus) PLIN.*Nat.*10.117; fractae ~tens hastae SIL.6.70; ~xus liberto per Tiberianam domum..pergit TAC.*Hist.*1.27; ~tens seruolis duobus adsurrexit PLIN.*Ep.*6.16.19; (*poet.*) natam baculumque manu dimisit, et irae ~xus tumido uocem de pectore rumpit STAT.*Theb.*11.676;—(*w. abl.*) hasta ~xus se in pedes excepit LIV.4.19.4; ~xus moderamine nauis OV.*Met.*15.726;—(*w.* in+*acc.*) C. Seruilius Pansa (expirauit)..in P. fratrem ~xus PLIN.*Nat.*7.182. **b** ~xus dextro..umero PROP.1.20.44; genu dextro ~xi nutum consulis ad consurgendum exspectabant LIV.8.9.14; OV.*Met.*9.518; VELL.2.83.2; posterioribus pedibus ~xi (equi) FRON.*Str.*4.7.34; (*w.* in+*acc.*) in cubitum ~xus NEP.*Att.*21.5;—(*astron.*) ~xum..genu laeua minus aequora lincunt GERM.*Arat.*673.

2 (esp. of things) To be supported or held up (by), rest (on).
domus..Phrygiis ~xa columnis [TIB.]3.3.13; triarii sub uexillis considebant..scuta ~xa umeris..tenentes LIV.8.8.10; ~xam..nouis neptem Polypemonis alis OV.*Met.*7.401; Musa..tragicis ~xa coturnis *Pont.*4.16.29; neque..moueri posset (articulus), nisi leui ~teretur CELS.8.1.21; ~tuntur fundamentis suis templa excelsa urbis SEN.*Ben.*3.29.5; ea tempora..quibus credi posset caelum umeris unius ~ti *Dial.*2.2.2; eandem (*sc.* terram) ex omnibus necti eidemque omnia ~ti PLIN.*Nat.*2.11; singulares (radices) abieti, larici: singulis enim ~tuntur 16.127; STAT.*Silv.*4.2.38;—(*w. abl.*) in limine plantam ~xa arguta constituit solea (diua) CATUL.68.72;—(*w.* in+*acc.*) quam uim haberet (aspalathus) caelesti arcu in eum ~xo diximus PLIN.*Nat.*24.113.

3 To put one's weight, press (on).
cum..elephas..eum..genu ~xus pondere suo..premeret *B.Afr.*84.1; seu fossam fodiens palae ~xus, seu cum araret LIV.3.26.9; ~tens limosae pronus harenae..qui trahit..ratem OV.*Tr.*4.1.7; in arando stiuae paene rectus ~titur COL.1.9.3; patricium uirum ~xum aratro suo FLOR.*Epit.*1.5 (1.11.13); ut..taeniae sparteae totus ~xus discursus alacres obirem APUL.*Met.*9.11; (*absol.*) gressum reciperaui, nondum quidem ad ~tendum idonee *Fl.*16;—(*transf., w.* in+*acc.*) syllabae nostrae in b litteram et d ~tuntur..aspere QUINT.*Inst.*12.10.32.

4 To depend, rely (on).
uni uiro Messio fortuna hostium ~titur LIV.4.28.7; reges quorum ego fidei..~tar 28.44.7; qui rationi ~xus per humanos casus diuino incedit animo SEN.*Dial.*2.8.3; discamus membris nostris ~ti, cultum..non ad noua exempla componere 9.9.2; sibi iam ~tatur *Ep.*33.7; praecipuus, cui secreta imperatorum ~terentur TAC.*Ann.*3.30; Epicharis..nullis testibus ~sum facile confutauit 15.51; generi humano, cuius tutela et securitas saluti tuae ~sa est PLIN.*Ep.Tra.*10.52(60);—(*w. abl.*) salutem suam incolumitate Pisonis ~ti TAC.*Ann.*15.60; GEL.1.15.1.

innō ~āre, *intr.*, (*tr.*). [IN-[1]+NO]

1 To swim (in); (also tr.).
genera..partim submersarum partim fluitantium et ~antium beluarum CIC.*N.D.*2.100; ~abant pariter fluctusque secabant (nymphae) VERG.*A.*10.222;—(*w. dat. or abl.*) fluctuantibus aquis ~are SEN.*Dial.*6.18.7; COL.10.388; dum cete ponto ~abant SIL.7.476; exhibuit et naumachiam marina aqua ~antibus beluis SUET.*Nero* 12.1;—(*tr.*) fluuios ..~are rapacis VERG.*G.*3.142; *A.*8.651; ~are..Eurotan patrium (ardebant) SIL.4.363.

2 (of boats, etc.) To float, sail (on); (also tr.).
(*w. dat. or abl.*) miratur nemus..fluuio pictas..~are carinas VERG.*A.*8.93; pelago credas ~are reuulsas Cycladas 8.691; alueos informes, nihil dummodo ~are aquae..possent curantes,..faciebant LIV.21.26.9; Thales..totam terram subiecto iudicat umore portari et ~are SEN.*Nat.*6.1; ~abant fluctibus exta SIL.17.51; quo leuior classis uadoso mari ~aret TAC.*Ann.*1.70;—(*tr., of a passenger in a boat*) si tanta cupido est bis Stygios ~are lacus VERG.*A.*6.134; 6.369.

3 (of water) To flow (over).
(*w. dat. or abl.*) ~antem Maricae litoribus..Lirim HOR.*Carm.*3.17.7.

innocens ~ntis, *a. compar.* ~ntior, *superl.* ~ntissimus. [IN-[2]+NOCENS]

1 Not guilty of some wrong (specified or implied), blameless, innocent. **b** (w. gen., *ex*) innocent (of).
indigne exigor patria ~ns NAEV.*trag.*9; perdidit ciuem ~ntem falso testimonio PL.*Men.*839; filio suo qui ~nti fecit tantam iniuriam *Mer.*979; ut capitis hominem ~ntissimum condemnarent CIC.*de Orat.*1.233; ut, quia tu defendis, ~ns iudicetur *Sul.*84; *Off.*2.51; CAES.*Gal.*6.9.7; illic matre carentibus priuignis mulier temperat ~ns HOR.*Carm.*3.24.18; (ciuem) ~ntem absoluere LIV.2.35.5; nec miror (uxorem) ~ntem tunc fuisse: adhuc puella erat SEN.*Con.*9.6.7; quem paenitet peccasse paene est ~ns SEN.*Ag.*243; sceleris indicium per Fuluiam emersit, uilissimum scortum, sed patriciis ~ntius FLOR.*Epit.*2.12(4.1.6);—(*masc. as sb.*) ne inpiorum potior sit pollentia quam ~ntum PL.*Rud.*619; nec est plus quod pro caede principis quam quod ~ntibus datur TAC.*Hist.*1.30; poenas ~ntium impunitates noxiorum SUET.*Gal.*15.2;—(*humorously*) epistulam tuam..conscidi ~ntem CIC.*Fam.*7.18.4;—(*transf., of blood*) nos ~nti sanguine Senecio perfudit TAC.*Ag.*45.1;—(*cf.*) ex ~nti conuiuio (*i.e. free from poison*) QUINT.*Decl.*321(p.264,l.17). **b** factorum

~us sum TAC.*Ann*.4.34; quamuis ~ntes inueniantur ex eo crimine CALL.*dig*.48.3.13.

2 That does no evil, pure, upright, virtuous.

ut ea (*sc.* Sicilia)..uix..per multos annos ~ntisque praetores..recreari aliquando posse uideatur CIC.*Ver*.1.12; nisi C. Vergilius legatus, uir fortis et ~ns, interuenisset *Prov*.7; clarissimo uiro atque ~ntissimo decreuit imperium *Phil.* 11.19; M. Porcius Cato..sanctus et ~ns, asperior tamen in faenore coercendo habitus LIV.32.27.3; uir..uita ~ntissimus VELL.2.2.2; MART.3.44.18; TAC.*Hist*.4.7; beneficus aduena et ~ns HYG.*Astr*.2.14; (*w. ref. to candour on the part of authors*) uenenum..~ntissimi auctores..dorycnion appelauere ab eo, quod cuspides in proeliis tinguerentur illo..qui nequiter occultabant erythron (nominauere) PLIN.*Nat*.21.179;—(*masc. as sb.*) cum strenuo uirtute..cum ~nte abstinentia certabat (Catilina) SAL.*Cat*.54.6; honestam ~ntium paupertatem leuauit TAC.*Ann*.2.48;—(*transf.*) secedit animus in loca pura atque ~ntia fruiturque sedibus sacris *Dial*.12.1;—(*of activities, etc.*) acris ~ntisque pro re publica cum inimicis contentiones VELL.1.11.6; VITAE ~NTISSIM(A)E *CIL* 6.20307.

3 (of things) Producing no bad result, harmless, innocuous.

Idaeus rubus..rarioribus calamis ~ntioribusque (*i.e. less prickly*) PLIN.*Nat*.24.123; fastigia..templorum..sanctiora auro, certe ~ntiora 35.158; te..propter quem fuit ~ns ruina MART.1.82.11; si colonis..ut ~ntem ignem habeant denuntiatum sit ULP.*dig*.19.2.9.3;—(*for eating or drinking*) hic ~ntis pocula Lesbii duces sub umbra HOR.*Carm*.1.17.21; non utendum transmarino (cappari), ~ntius est Italicum PLIN.*Nat*.20.165; 22.99; neque alius eis pomis ~ntior cibus 23.132.

innocenter, *adv. compar.* ~ius, *superl.* ~issimē. [prec.+-TER²]

1 Blamelessly, innocently.

quam ~er me contra parricidium uindico! SEN.*Con*.1.1.23; si spes in futurum ~er uicturi QUINT.*Inst*.7.4.18; non sane aliae legiones..~ius egerunt TAC.*Hist*.1.9; opes ~er partae *Ann*.4.44.

2 Without damage, harmlessly, safely.

omnia, quae caeduntur..~ius decrescente luna quam crescente fiunt PLIN.*Nat*.18.321; 22.4.

innocentia ~ae, *f.* [INNOCENS+-IA]

1 Freedom from guilt, innocence.

~am iudiciorum poena liberare CIC.*de Orat*.1.202; causam ..obtinuisse propter ~am, quoniam ita defensus sit *Clu.* 156; haec est ~ae defensio *Cael*.55; cum multa fiducia ~ae gratiaeque tribunicios impetus tulit LIV.2.52.6; 22.49.11; magnum praesidium in periculis ~a SEN.*Con*.7.1.10; nihil pro ~a, quasi diffideret..disseruit TAC.*Ann*.13.21; APUL. *Apol*.3.

2 Uprightness, blamelessness, integrity.

ex ~a nascitur dignitas SCIP.min.*orat*.22; quanta ~a debent esse imperatores, quanta..in omnibus rebus temperantia..! CIC.*Man*.36; *Phil*.3.25; est ~a adfectio talis animi quae noceat nemini *Tusc*.3.16; paupertas probro haberi, ~a pro maleuolentia duci coepit SAL.*Cat*.12.1; *Jug*.46.1; rigidae ~ae (fuit Cato), contemptor gratiae, diuitiarum LIV.39.40.10; piratas..quibus inter tot tanto maiora scelera uirginem stuprare ~a est SEN.*Con*.1.2.8; silua diuisa certis portionibus mutua ~a tuta est..nemo furatur alteri PLIN.*Nat*.12.59; Pallantis spectatissima fides atque ~a PLIN.*Ep*.8.6.13.

3 (of animals) Harmlessness.

ferorum animalium ~a PLIN.*Nat*.37.201.

innocuē, *adv.* [next+-E]

1 Harmlessly.

sagittas tanta arte derexit, ut omnes per interualla digitorum ~ (*v.l.* innocuae) euaderent SUET.*Dom*.19.

2 Innocently, blamelessly.

~ uiuite, numen adest OV.*Ars* 1.640.

innocuus (~os) ~a ~um (~om), *a.* [IN-²+NOCVVS]

1 Harmless, innocuous.

~om..cui dedit ignis iter OV.*Fast*.4.800; unguibus ~is.. rapuit Ganymeden (aquila) GERM.*Arat*.318; ut grandine tecta ~a percussa sonant LUC.3.483; ~os..rictus torpente ueneno 9.845; thoes—luporum id genus..~um homini PLIN.*Nat*.8.123; prunum..quamuis blandiatur praedulcis suauitas, ~um 13.60; imber..leguminibus ~us praeterquam ciceri 18.152; exta ter ~os..portare per ignes (*i.e. with bare feet*) SIL.5.178;—(*cf.*) dis sedem exiguam patriis litusque rogamus ~um (*i.e. where we shall harm nobody*) VERG.*A*.7.230.

2 Free from guilt, innocent, blameless.

~os ambo, cultores numinis ambo (*i.e. Deucalion and Pyrrha*) OV.*Met*.1.327; ~i ueniant! procul hinc, procul inpius esto frater *Fast*.2.623; arma relinquens uictori miles spoliato pectore tutus ~usque suas..in urbes spargitur LUC.4.384; ~os uita 9.81; ~i custos laris STAT.*Silv*.2.2.22;—(*transf.*) discitur ~as ut agat facundia causas OV.*Tr*.2.273; ~um rigido perforat ense latus 3.9.26; quisquis..seruat ~as manus SEN.*Her.F*.740;—(*poet.*) aues..adsuetum siluis ~omque genus OV.*Fast*.1.442; ferrum omne teneat ruris ~i labor SEN.*Her.F*.930.

3 Unharmed, safe.

rostra tenent siccum et sedere carinae omnes ~ae VERG. *A*.10.302.

innōminābilis ~e, *a.* [IN-²+NOMINO+-BILIS] That cannot be named.

(deus) quem quidem caelestem pronuntiat, indictum, ~em APUL.*Pl*.1.5.

innōtescō ~escere ~uī, *intr.* [IN-¹+NOTESCO] (of facts, etc.) To become known. **b** (of persons) to become famous or celebrated; also, to become familiar.

quod ubi ~uit relatumque ad senatum est LIV.22.61.4; ubi Festo consternatio uulgi, centurionis supplicium..~uere TAC.*Hist*.4.50; MACER *dig*.48.17.4;—(*w. acc. and inf.*) ~uit, quo die equestre proelium factum esset, suo signo perisse homines XXXV *B.Hisp*.18.3; MAECIAN.*dig*.29.5.23; (*cf.*) ut ~esceret praetor curam agere reprimendae improbitatis hoc genus hominum ULP.*dig*.4.9.3.1. **b** nostris ~uit illa (*sc.* puella) libellis OV.*Am*.3.12.7; etiam sceleribus ~escere non dubitarunt V.MAX.8.14.ext.3; PHAED.1.10.1; Ctesilochus, Apellis discipulus, petulanti pictura ~uit PLIN.*Nat*.35.140; uti, qui suo nomine obscuri sunt, meo ~escant APUL.*Fl*.9;—(puer) toto illi (*sc.* auiae) corpore ~uit..nepotem suum optime facie nouit QUINT.*Decl*.388(p.434,l.18).

innōtitia: see IGNOTITIA.

innouō ~āre ~āuī ~ātum, *tr.* [IN-¹+NOVO]

1 To make an innovation in, alter.

temporaria permutatio ius prouinciae non ~at ULP.*dig.* 50.17.123.1;—(*w. internal acc.*) Labeo..plurima ~are instituit POMPON.*dig*.1.2.2.47; recepta..appellatione tamdiu nihil erit ~andum ULP.*dig*.49.7.1.1.

2 To renew, restore.

IMP CAES M AVRELLIVS ANTONINVS PIVS..MILIARIVM COMMEANTIBVS ~AVIT *CIL* 8.22427.

innoxiē, *adv.* [next+-E] Without causing damage or danger, harmlessly.

~ et taeniarum genera pellit in uino potus (sal) PLIN. *Nat*.31.102; homo munificus et ~ popularis PLIN.*Ep*.6.31.3.

innoxius ~a ~um, *a. compar.* ~iior. [IN-²+NOXIVS] FORMS: compar. *innoxiior* only in CATO *orat*.77 (v.l. *innoxior*).

1 That does, or has done, no wrong, blameless, innocent. **b** (w. abl., gen.) innocent (of an offence).

ut inopem atque ~um aps te atque aps tuis me inrideas PL.*Aul*.221; urges quasi pro noxio.—scio, ~u's *Mer*.726; quanto..suam uitam superiorem..animum inducent esse quam ~iores CATO *orat*.77; nulla sibi turpi conscius in re uoluitur in flammis ~us LUCR.6.394; populus..maluit illum ~um plecti quam se diutius esse in timore NEP.*Milt.* 8.4; bellum ~is Antiatibus indici LIV.3.10.12; nec ducibus solum..irasci sed ~os etiam milites odisse 9.7.9; ita ~us adulescens..interficitur 40.24.8; OV.*Met*.9.628; uti (Iuppiter) impunitis sacrilegis..pecudes ~as feriat SEN.*Nat.* 2.42.1; ~a proles Oedipodae STAT.*Theb*.8.608; raptis.. armis ad caedem ~ae ciuitatis TAC.*Hist*.1.63; JUV.13.156;—(*masc. as sb.*) proscriptionem ~orum SAL.*Hist*.1.55.17;—(*transf.*) utrum supplicia noxio paucorum an omnium ~o praebeant sanguine LIV.8.39.11. **b** ~am liberorum aetatem TAC.*Hist*.3.68; (*w. abl.*) uirgo Vestalis de incestu causam dixit, crimine ~a LIV.4.44.11;—(*w. gen.*) pax ~a rapti *Aetna* 358; Callisthenes..initi consilii in caput regis ~us CURT.8.8.21.

2 (of actions, etc.) Not accompanied by crime or malice, innocent, inoffensive.

securis Carthaginiensibus usque in id tempus ~ae consuetudinis FRON.*Str*.3.2.2; ea cura formae, sed ~a TAC.*Ger.* 38.4; ~um iter (*i.e. free from bloodshed*) *Hist*.4.20; ~ae remissionis genera PLIN.*Ep*.5.3.2; suspiciosos quidem, uerum ..~os iocos SUET.*Dom*.10.2.

3 (of animals, plants, etc.) Not injurious, harmless, innocuous.

miscuerunt..herbas et non ~a uerba VERG.*G*.2.129; tactu ..~a mollis lambere flamma comas (uisa) *A*.2.683; ~i dentes (serpentium) sunt, cum illos frequens morsus exhausit SEN. *Dial*.3.17.6; uredinem frigore tantum constare (arbitror) sole ~o PLIN.*Nat*.18.275; (urtica) quae ~a est, morsu carens 21.93; ~a..potio traditur Britannico; dein..frigida in aqua adfunditur uenenum TAC.*Ann*.13.16;—(*of persons*) obtrectatoribus etiam..lenis..et ~us (Caligula) SUET.*Cal.* 3.3;—(*w. inf.*) hinc uel illinc adpellere indiscretum et ~um est TAC.*Hist*.3.47;—(*pred.*) serpens..~us imo successit tumulo VERG.*A*.5.92; tela..~a ad imum labebantur LIV. 44.9.9; per centena milia quibusdam locis aestus excurrit ~us SEN.*Nat*.3.28.6.

4 Not injured, unharmed, safe; (spec.) unpunished.

ipsi ~i, florentes sine metu aetatem agere SAL.*Cat*.39.2; sacras ~a laurus uescar, et aeternum sit mihi uirginitas TIB.2.5.63; nihil immune esse et ~um sinit (fatum) SEN. *Nat*.6.1.13; quod non decoxeris poterit ~um durare biennio COL.12.38.8;—(*w.* ab) sic condita a curculionibus erit ~a (faba) 2.10.12; gens..a saeuo serpentum ~a morsu,.. Psylli LUC.9.892;—(*of an enterprise*) nec ~us ei..regressus euenit APUL.*Met*.9.39;—praetextu humanae fragilitatis delictum decipientis (medici) in periculo homines ~um esse non debet ULP.*dig*.1.18.6.7.

innuba ~ae, *f. adj.* [IN-²+NVBO+-VS] Unmarried, maiden.

per opacas ~a siluas uiuit (Atalanta) OV.*Met*.10.567; contempto munere Phoebi ~a permaneo 14.142; SEN.*Ag.* 314; Pallas..~a LUC.9.665; V.FL.1.87; ~a Manto STAT. *Theb*.4.463; (*as sb.*) ~ae fiunt communis VAR.*Men*.44;—(*of the laurel, into which Daphne was transformed*) nec (abfuit) fagus et ~a laurus OV.*Met*.10.92.

innūbilus ~a ~um, *a.* [IN-²+NVBILVS] Cloudless.

~us aether LUCR.3.21.

innūbis ~is, ~e, *a.* [IN-²+NVBES+-IS] = prec.

fulsit Iole qualis ~is dies SEN.*Her.O*.238.

innūbō ~bere ~psī, *intr.* [IN-¹+NVBO] (of a woman, w. dat., adv., etc.) To marry (into a family, position, etc.).

Tanaquil, summo loco nata et quae haud facile iis in quibus nata erat humiliora sineret ea quo ~psisset LIV. 1.34.4; supplex oro..ne thalamis Auram patiare ~bere nostris OV.*Met*.7.856; ~psit tepido paelex Cornelia busto (*i.e. of Julia*) LUC.3.23;—(*in doubtful sense and context*) LUCIL.260.

innumerābilis ~is ~e, *a.* [IN-²+NVMERABILIS] That cannot be counted, countless, numberless: **a** (w. plurals). **b** (w. nouns of multitude or sim.).

a ut omittam cetera quae sunt ~ia CIC.*Brut*.266; se.. tabulas pictas ~is habere *Ver*.1.60; clamores ~ium ciuium *Phil*.1.36; ad tua ~ia in me officia adde hoc *Fam*.16.6.1; LUCR.1.583; ~ia decreta LIV.39.16.7; ~ibus..captis hostium milibus VELL.2.46.1; ~ia sunt, in quibus consuetudo nos diuidit SEN.*Ben*.5.7.6; Fabricii, Curii, Reguli..aliique ~es QUINT.*Inst*.12.2.30. **b** ~em pecuniam CIC.*Quinct*.37; ~em frumenti numerum *Ver*.3.163; ~e pondus auri *Sest*.93; equitatum ~em *B.Afr*.10.3; ~is annorum series HOR. *Carm*.3.30.4; ~em multitudinem liberorum capitum LIV. 6.12.4; equitum..propemodum ~is turba CURT.3.2.3; cum ..hostis..~em multitudinem (haberet) FRON.*Str*.2.1.14.

innumerābilitās ~ātis, *f.* [prec.+-TAS] Countless number, infinity.

pleraque dicit eadem..infinitatem locorum ~atemque mundorum CIC.*N.D*.1.73; ~as..suppeditat atomorum 1.109.

innumerābiliter, *adv.* [INNVMERABILIS+-TER²] In countless ways, countless times.

formantur autem et uerba et sententiae paene ~ CIC. *de Orat*.3.200; *Div*.1.25; ~ priuas mutatur in horas (aer) LUCR.5.274.

innumerālis ~is ~e, *a.* [IN-²+NVMERVS+-ALIS] Innumerable, countless.

fatendumst..cetera quae sunt, non esse unica, sed numero magis ~i LUCR.2.1086.

innumerus ~a ~um, *a.* [IN-²+NVMERVS+-VS] That cannot be numbered, innumerable, countless: **a** (w. pls.; also, w. collect. sgs.). **b** (w. nouns of multitude or sim.).

a Latini ~as struxere pyras VERG.*A*.11.204; (tellus) edidit ~as species OV.*Met*.1.436; ~is effetus laniger annis 7.312; ~i montes *Tr*.4.7.21; patre Neptuno genitum.. sumere ~as solitum figuras SEN.*Med*.636; ~os..confundere mundos LUC.6.696; ~os..credere (deos) PLIN.*Nat*.2.14; etiam fimo ~i usus 28.136; turris..~os penitus quassata per ictus STAT.*Theb*.9.555; ~ae uoces 10.147; ~is spatia interstincta columnis *Silv*.3.5.90;—ut multa ~a iugera pascat oue TIB.2.3.42; cinctus ab ~o..hoste locus OV.*Tr.* 5.12.20; siue ante..sine postea..~a rusticos cura distringat PLIN.*Nat*.18.239; ~ae..Cyclados oras STAT.*Ach*.1.676;—(*cf.*) cuniculos..fecunditatis ~ae PLIN.*Nat*.8.217; (*w. abl. of respect*) (caules) capite praegrandes, folio ~i 19.141. **b** cum..semina..~o numero..multimodis uolitent LUCR. 2.1054; 3.779; ~a prope artificum multitudo PLIN.*Nat.* 34.49; ~o uenit undique bellum agmine STAT.*Theb*.4.637; impia circo ~o fratres..inierunt proelia SIL.16.535; uis ~a, Lugii aliaeque gentes, aduentabant TAC.*Ann*.12.29; ~am pecuniam 14.53; ~am turbam ceteram SUET.*Cal*.26.4;—(*cf.*) uisus sibi..~am effigiem Romanae cernere plebis LUC.7.10.

innuō ~ere ~ī, *intr.* [IN-¹+*nuo (see NVTVS)] (esp. w. dat. of person) To make signs (esp. w. the head), nod, or beckon (to).

uos.., ubi ego ~ero uobis, ni ei caput exoculassitis..ego uos uirgis circumuinciam PL.*Rud*.731; TER.*Ad*.171; quodsi iste suos hospites rogasset, immo ~isset modo *Rhet.Her.* 4.36; quid abest quin..respondeamus..Romanis nos, ubi ~erint, posituros arma? LIV.8.4.2; ~et illa: feras OV.*Ars* 2.543; ~is illo quod tibi prolatum est mane supercilio MART.9.37.5; stabat ~ebatque digito similis uocanti PLIN. *Ep*.7.27.9; JUV.6.140;—(*w. acc. and inf.*) Maecenas sibilans ~it Latroni festinare Caesarem; finiret iam declamationem SEN.*Con*.2.4.13.

innuptus ~a ~um, *a.* [IN-²+pple. of NVBO]

1 (of women) Unmarried, maiden.

~ae donum..Mineruae VERG.*A*.2.31; pueri..~aeque puellae 2.238; 6.307; ~ae..aemula Phoebes OV.*Met*.1.476; ~ae..ira Dianae STAT.*Theb*.7.258; quales..cursu..fatigant Hebrum ~a manus (*i.e. of Amazons*) SIL.2.75; APUL. *Met*.10.32; (*of an animal*) conceptus ~ae bouis SEN.*Oed*.373; (*transf., dub.*) ~o in (~am *codd.*) limine adibant Pallada STAT.*Theb*.2.251; (*cf.*) post conubia..uenatrix animumque ~a remansi 9.616;—(*fem. as sb.*) cernitis, ~ae, iuuenes? CATUL.62.6; sunt aliae ~ae Latio VERG.*A*.12.24; PROP.3. 19.25.

2 *nuptiae ~ae* (transl. γάμος ἄγαμος) A marriage that is no marriage.

qua tempestate Helenam Paris ~is iunxit nuptiis *Inc. trag*.80.

innūtriō ~īre ~īuī or ~iī ~ītum, *tr.* [IN-¹+NVTRIO] (w. abl.) To rear, bring up (in specified circumstances).

~itus caelestium praeceptorum disciplinis VELL.2.94.2; quid (Germanis) armorum cupidius, quibus innascuntur ~iunturque? SEN.*Dial*.3.11.3; ne castris ~iretur et armis exitiale caput, monui SIL.2.286; C. Caesarem..ignarum omnium aut pessimis ~itum TAC.*Ann*.6.48; homines ~itos mari PLIN.*Ep*.9.33.6; amplis..~itus opibus SUET.*Aug*.3.1; APUL.*Met*.4.24.

Inō ~ūs, *f.* FORMS: Latin declension *Inonem*, etc., in HYG.*Fab*.4.1, MAUR.1932. (mythol.) A daughter of Cadmus, wife of Athamas and stepmother of Phrixus and Helle; pursued by her maddened husband, she leapt into the sea with her son Melicertes and became a sea-goddess.

~o Cadmi filia nonne Λευκοθέα nominata a Graecis Matuta habetur a nostris? CIC.*Tusc*.1.28; OV.*Met*.4.431; SEN.*Oed*,

446; anhelam..~o STAT.*Theb*.4.562; Athamas..habuit..ex ~o..filios duos HYG.*Fab*.1.1; ~us..consilium 2.3.

inoblītus ~a ~um, *a*. [IN-²+pple. of OBLIVISCOR] Unforgetful, mindful.
semper ~a repetam tua munera mente OV.*Pont*.4.15.37.

inobrutus ~a ~um, *a*. [IN-²+pple. of OBRVO] Not overwhelmed, not drowned.
Deucalioneas effugit ~us undas (Cerambus) OV.*Met*.7.356.

inobsequens ~ntis, *a*. [IN-²+OBSEQVENS] (w. dat.) Disobedient, uncompliant.
id, in quo exercetur (ars), saepe ~ns arti est SEN.*Nat*. 1.pr.16; ~ntes..frenis equi *Phaed*.1068.

inobseruābilis ~is ~e, *a*. [IN-²+OBSERVABILIS] Difficult to trace or observe.
tecti (*i.e. the Labyrinth*)..~is error CATUL.64.115; in Martis sidere, cuius est maxime ~is cursus PLIN.*Nat*.2.77.

inobseruantia ~ae, *f*. [IN-²+OBSERVANTIA]
1 Lack of attention, inadvertence.
quae ne fecisse ~a quadam uideatur QUINT.*Inst*.4.2.107.
2 Failure to observe routine, irregularity.
uescebatur..quocumque..loco, quo stomachus desiderasset..ex hac ~a nonnumquam..ante initum..conuiuium solus cenitabat SUET.*Aug*.76.2.

inobseruātus ~a ~um, *a*. [IN-²+pple. of OBSERVO]
1 Not watched or taken notice of, unobserved.
(Coronis) placuit tibi, Delphice,..dum uel casta fuit uel ~a OV.*Met*.2.544; 4.341; libera currebant et ~a per annum sidera *Fast*.3.111; MART.8.32.3; negotiatorum specie ~i portas aperuerunt suis FRON.*Str*.3.2.8.
2 Not subject to rules, casual, haphazard.
multa ~us ille cursus (*i.e. of speech*) feret, quae reprehendere uelis SEN.*Ep*.40.13; uarietate uictus ~a PLIN.*Nat*. 28.56.

inocciduus ~a ~um, *a*. [IN-²+OCCIDVVS] (of heavenly bodies) Never setting.
arctoe, semper ~is seruantes ignibus axem GERM.*Arat*.64; qui non mergitur undis axis ~us (*i.e. the pole-star*) LUC. 8.175; firmum atque immobile mundi (*i.e. the earth*) robur ~i STAT.*Theb*.8.310;—(*transf., of eyes*) Io..spectat ~is stellatum uisibus Argum 6.277.

inoccō ~āre ~āuī ~ātum, *tr*. [IN-¹+OCCO] To harrow in (seed); also, to harrow (ground).
quod sicco solo ingestum et ~atum est COL.2.8.4; sementi facta ~are oportet, quod sparseris 11.2.82;—seritur ergo prius emundata ~ataque..pastinatione 3.15.1.

inoculātiō ~ōnis, *f*. [INOCVLO+-TIO] The name of a method of grafting, budding.
quam uocant agricolae emplastrationem, uel, ut quidam, ~onem (*sc.* genus insitionis) COL.5.11.1; hinc nata ~o sutoriae simili fistula aperiendi in arbore oculum cortice exciso PLIN.*Nat*.17.100.

inoculātor ~ōris, *m*. [next+-TOR] One who grafts by budding.
hunc (*sc.* notum) caueat insitor calamis gemmisque ~or PLIN.*Nat*.18.329.

inoculō ~āre ~āuī ~ātum, *tr*. [IN-¹+OCVLVS+-O³]
1 To graft (trees) by budding.
his quidem diebus arbores ficorum ~ant COL.11.2.59; APUL.*Fl*.6.
2 To stud, spangle.
bullis..te (*sc. a donkey*) multis aureis ~atum uelut stellis sidereis relucentem APUL.*Met*.6.28.

inodōrō ~āre ~āuī ~ātum, *tr*. [IN-¹+ODORO] To cause to smell.
bulbus croci deponitur, qui coloret ~etque mella COL. 9.4.4; mandentium halitus ~are 11.3.22.

inodōrus ~a ~um, *a*. [IN-²+ODORVS]
1 Unscented, unperfumed.
urnae ossa ~a (*v.l.* inhonora) dabit (heres) PERS.6.35.
2 Lacking a sense of smell.
quaedam animalia..aut caeca natura gignuntur aut ~a GEL.6(7).6.1.

inoffensē, *adv*. *compar*. ~ius. [next+-E] Without obstruction, smoothly.
sonus ~e ac molliter orationis elapsae SEN.*Ep*.52.11; uim, quae de fato extrinsecus ingruit, ~ius tractabiliusque transmittunt (ingenia) GEL.7(6).2.8.

inoffensus ~a ~um, *a*. [IN-²+pple. of OFFENDO]
1 (esp. of feet) Not striking against an obstacle, moving without obstruction. **b** (of a path or course) uninterrupted, smooth; (also transf.).
mare ~um crescenti adlabitur aestu VERG.*A*.10.292; cum uenerit..serus, ~um rettuleritque pedem TIB.1.7.62; OV. *Am*.1.6.8; hanc ~am uelocitatem (*sc.* mundi) procedere SEN.*Dial*.1.1.2;—(*in fig. phrs.*) nemini Fortuna currum..labi ~um per aecor candidum ad calcem siuit VAR.*Men*.288; pede ~o spatium decurrere uitae OV.*Tr*.3.4.33. **b** astra ~os agant aeterna cursus SEN.*Her.F*.928; ~a curret harundo (*i.e. pen*) uia MART.14.209.2; amnibus modicis ~um iter properauerat TAC.*Ann*.1.56;—~a..litterarum inter se coniunctio QUINT.*Inst*.1.1.31; cursu honorum ~o legioni post praeturam praepositus TAC.*Hist*.1.48.
2 Not collided with or stumbled on.
moderator equorum..cogit ~ae currus accedere metae LUC.8.201.
3 Not harmed or impaired.
detur ~o uitae tibi tangere metam OV.*Tr*.1.9.1; ut augescente flumine ~us ordo nauium attolleretur TAC.*Hist*. 2.34;—(*w. ref. to health*) ecquid..secessus uoluptates regionisque abundantiam ~a transmitteres PLIN.*Ep*.6.4.2; ut omnia..uitae suae tempora ualitudine ~a uixerit GEL.2.1.4.

inofficiōsus ~a ~um, *a*. [IN-²+OFFICIOSVS]
1 Failing in one's duty, undutiful.
fuissemus et in hos ~i et in nosmet ipsos..periculosi CIC. *Att*.13.27.1; o te, liberte, ~um! QUINT.*Decl*.388(p.441,l.19); APUL.*Apol*.99; si quidem ~us patrono..sit (libertus) ULP. *dig*.37.14.1.
2 *testamentum ~um*, A will ignoring the testator's duty to his relatives.
testamentum P. Annius fecerat non improbum, non ~um CIC.*Ver*.1.107; POL.*orat*.36; arguerent testamentum tamquam impium, tamquam ~um QUINT.*Decl*.264(p.78,l.23); APUL.*Apol*.100;—(*w. ellipsis of* testamentum) sciendum est frequentes esse ~i querellas ULP.*dig*.5.2.1; si filius patroni exheredatus in partem optinuerit de ~o 38.2.12.4.

inolens ~ntis, *a*. [IN-²+OLENS] Having no smell, odourless.
~ntis oliui naturam LUCR.2.850.

inolescō ~escere ~ēuī (~itum), *intr*., (*tr*.). [IN-¹+**olesco* (see ADOLESCO²)]
1 (intr., w. dat.) To grow or develop (in or on).
germen..udo..docent ~escere libro VERG.*G*.2.77; uastior plaga nisi habeat superpositam ualentem materiam quae possit ~escere COL.4.22.5; *Arb*.25.1; (*cf*.) Silarus..quo gurgite tradunt duritiem lapidum mersis ~escere ramis SIL. 8.581;—(*transf*.) non tamen omne malum miseris (excedit).. necesse est multa diu concreta modis ~escere miris VERG.*A*. 6.738; assidua ueterum scriptorum tractatione ~euerat linguae illius uox, quam in libris saepe offenderat GEL.5.21.3.
2 (tr.) To implant (qualities, etc.).
in moribus ~escendis magnam fere partem..natura lactis tenet GEL.12.1.20; natura..induit nobis ~euitque..amorem nostri et caritatem 12.5.7.

inōminālis ~is ~e, *a*. [IN-²+OMEN+-ALIS] Ill-omened, inauspicious.
ante diem..quartum Kalendas..tamquam ~em diem plerique uitant GEL.5.17.3.

inōminātus ~a ~um, *a*. [IN-²+OMEN+-ATVS²] Ill-starred.
~a..cubilia HOR.*Epod*.16.38.

inopācō ~āre ~āuī ~ātum, *tr*. [IN-¹+OPACO] To shade, overshadow.
ut..conseratur..familiaribus aquae uiridibus, quae ~ant auium receptacula COL.8.15.4.

inopia ~ae, *f*. [INOPS+-IA]
1 Lack of wealth, poverty, destitution.
sordido uitam oblectabas pane in pannis ~a PL.*As*.142; per flagitium ad ~am redigat patrem TER.*Hau*.929; paucis tibi ad soluendum propter ~am tuam prorogatis diebus CIC.*Phil*.2.74; nec..in summa ~a leuis esse senectus potest *Sen*.8; ~a aerarii SAL.*Rep*.2.10.7; saepe suis opibus ~am eorum publicam leuauit NEP.*Att*.2.4; malus..sutor ~a deperditus PHAED.1.14.1; adiunctis desertoribus, quos ~a uagos ingentibus promissis corruperat TAC.*Hist*.2.8; (*pl*.) diuitias multae res faciunt, non multae ~ae SEN.*Ep*.87.39; —(*personified*) hanc mihi (*sc.* Luxuriae) gnatam esse uoluit ~am PL.*Trin*.9.
2 Lack of provisions, dearth.
in tantas angustias Antonium compulissem, ut ~a potius quam ferro conficeretur D.BRUT.*Fam*.11.10.4; fame et ~a adductos clam ex castris exisse CAES.*Gal*.7.20.10; obsidentes obsessosque ~a uexauit LIV.9.13.9; Lysippum statuae unius lineamentis inhaerentem ~a extinxit PETR.88.5; ad Sibyllina..remedia confugere ~ae metu PLIN.*Nat*.11.105; TAC.*Hist*.4.58; SUET.*Aug*.42.1.
3 Lack of support, helplessness, defencelessness.
ferte opem ~ae PL.*Rud*.617; si tu iudex nullo praesidio fuisse uidebere..solitudini atque ~ae CIC.*Quinct*.5; in hac causa improbitatem et gratiam cum ~a et ueritate contendere 84; utrum propter inbecillitatem atque ~am desiderata sit amicitia..an.. *Amic*.26.
4 (cf. *copia*, senses 7, 8) Lack of the means to gratify (one's desires).
si ibi amare forte occipias atque eius sit ~a PL.*Mer*.650; haec arte tractabat uirum, ut illius animum cupidum ~a incenderet TER.*Hau*.367; dum tanti boni spectaculo percita et nimia uoluptatis copia turbata fruendi laborarem ~a APUL.*Met*.5.26.
5 (w. gen.) A shortage, scarcity (of something stated or implied): **a** (of money or other resources). **b** (of persons). **c** (of abstract things).
a amore pereo et ~a argentaria PL.*Ps*.300; eius (*sc.* chartae) ~a minus multa scribis CIC.*Att*.5.4.4; ~a rei pecuniariae *ad Brut*.1.18.5; ~a nauium CAES.*Civ*.1.25.3; ~a frumenti LIV.2.51.7; ~a rerum intolerabilis VELL. 2.120.4; ~am umoris loricatus tulit (Cato) SEN.*Ep*.104.33; ~a stipendi PLIN.*Nat*.7.149; ~a ferri TAC.*Ger*.46.1; (*pl*.) ~ae..abietis aut sappinorum uitabuntur utendo cupresso VITR.1.2.8. **b** qur (me) conducebas?—~a: alius non erat PL.*Ps*.799; ~a sociorum CIC.*Att*.5.18.1; ~am armatorum LIV.5.39.13; Sullam..cui occidendi finem fecit ~a hostium SEN.*Cl*.1.12.1; ~a aduocatorum TAC.*Ann*.11.7. **c** ~a argumentorum CIC.*S.Rosc*.80; adficior magna ~a consili *Att*.6.3.2; silentium erat ~a potioris subiciundi LIV. 23.3.10; ~a ueri TAC.*Hist*.1.35; aliis (*sc. conspirators*) per ~am occasionis cunctantibus SUET.*Cal*.56.1.
6 **a** (of language) Deficiency of vocabulary, poverty. **b** (of style) poverty, meagreness. **c** want of subject-matter.
a modus transferendi uerbi..quem necessitas genuit ~a coacta et angustiis CIC.*de Orat*.3.155; translata dico..quae per similitudinem ab alia re aut suauitatis aut ~ae causa transferuntur *Orat*.92; de ~a sermonis Latini queri SEN. *Con*.7.pr.3; SEN.*Ben*.2.27.1. **b** cauenda est presso illi oratori ~a et ieiunitas CIC.*Brut*.201; 285. **c** nunc enim ~a reticere intelleguntur, tum iudicio uiderentur *de Orat*. 3.110.

inopīnābilis ~is ~e, *a*. [IN-²+OPINOR+-BILIS] Not to be expected, extraordinary, paradoxical.
id etiam, quod magis ~e est, Sabinus dixit GEL.11.18.14; quaedam..~is latebra barbarico astu excogitata 17.9.18; infames materias, siue quis mauult dicere ~es,..Faurinus (adortus est)..sicuti cum Thersitae laudes quaesiuit 17.12.1.

inopīnans ~ntis, *a*. [IN-²+pple. of OPINOR] Not expecting something to happen, off one's guard.
inscios ~ntisque Menapios oppresserunt CAES.*Gal*.4.4.5; se stimulis ~ntes induebant 7.82.1; *Civ*.2.38.4; non hostibus modo sed etiam suis ~ntibus in sinistrum..hostium latus incurrit LIV.27.48.14; ~ns incidi in causam temporis huius alienam RUT.LUP.2.1; quos..popularis ira..~ntes securosque disiecit procellae more SEN.*Ep*.74.4; SUET.*Cal*.23.3; GEL.16.19.17.

inopīnanter, *adv*. [prec.+-TER²] Unexpectedly.
piscatori, qui sibi secretum agenti grandem mullum ~ obtulerat, perfricari..faciem iussit SUET.*Tib*.60.

inopīnātō, *adv*. [next+-O²] = prec.
cum ~ in castra Romana Numidae..inrupissent LIV. 26.6.9; 31.47.6.

inopīnātus ~a ~um, *a*. [IN-²+pple. of OPINO(R)]
1 Not expected, unforeseen. **b** *ex ~o*, contrary to expectation, unexpectedly.
suauis..narratio est quae habet..exitus ~os CIC.*Part*. 32; noua tibi haec sunt? ~a? *Ver*.2.24; (flumina) ~os referunt procul edita cursus *Aetna* 127; perculsis ~o aduentu oppidanis LIV.42.54.7; SEN.*Ep*.81.11; (finem uitae) repentinum ~umque SUET.*Jul*.87; insperatum..atque ~um uerbum FRO.*Aur*.1.p.6(63N); (*pred*.) nebulosum nanctus diem, ut hosti ~us occurreret FLOR.*Epit*.1.38(3.3.15); (*neut. sg. as sb*.) sunt qui satis putent ostendere nihil ~i accidisse CIC.*Tusc*.3.76. **b** ira, etiam si..ex ~o profuit, non ideo salutaris iudicanda est SEN.*Dial*.3.12.6; (sonus) infuscatur ex ~o PLIN.*Nat*.10.82; repente ex ~o prope cuncta turbata sunt SUET.*Gal*.10.4; APUL.*Apol*.75;—(*w. ref. to a type of humour*) iam haec magis noua sententiarum genera: ex ~o, ut dixit Vibius Crispus.. QUINT.*Inst*.8.5.15.
2 (app.) Off one's guard, unsuspecting.
Contrebiam..~am et attonitam oppressit V.MAX.7.4.5; credibilius est..occisos a pluribus pauciores,..a praeparatis ~os (*v.l.* inopinantes) QUINT.*Inst*.5.10.49; Crotonienses.. ~i et inualidi capti sunt FRON.*Str*.3.6.4.

inopīnus ~a ~um, *a*. [back-formation from prec.]
1 Unexpected, unforeseen.
uix primos ~a quies laxauerat artus VERG.*A*.5.857; quam fors ~a salutem ostentat 8.476; Odrysiis ~o Marte peremptis OV.*Pont*.1.8.15; pecus siluis ~us abegit STAT.*Theb*.3.47; satis haec ~a Pelasgis gaudia 10.330; hosti..sonus tubarum, fulgor armorum, quanto ~a tanto maiora offunduntur TAC. *Ann*.1.68; ~a siccitate usque iniuriam sterilitatis exaruit (Aegyptus) PLIN.*Pan*.30.2.
2 Off one's guard, unsuspecting.
(Hercules) alte librans ~um sponte remisit (Antaeum) STAT.*Theb*.6.898; rueret..~a sub ictu..fera incauto SIL. 2.98.

inopiōsus ~a ~um, *a*. [INOPIA+-OSVS, humorously formed after *copiosus*] (w. gen.) Destitute, bereft (of).
res multas tibi mandaui..dubias, egenas, ~as consili PL. *Poen*.130.

inop(p)ortūnus ~a ~um, *a*. [IN-²+OPPORTVNVS] Inappropriate, unseasonable.
ultro inducta serie ~arum fabularum APUL.*Met*.2.15; 8.29.

inops ~pis, *a*. [IN-²+OPS¹]
1 Lacking wealth, poor, destitute. **b** (of conditions, periods, etc.) marked by penury.
fit ipse, dum illis comis est, ~ps amator PL.*Trin*.255; inueniet ~pem (uxorem) potiu' quam te corrumpi sinat TER.*An*.396; ex aerario ~pi atque exhausto CIC.*Ver*.3.164; multi ~pes..nullo somnio ad thensaurum reperiendum admonentur *Div*.2.134; diues, ~ps..quisquis erit uitae scribam color HOR.*S*.2.1.59; praeda, ut in gente ~pi, spe maior fuit LIV.41.11.8; hanc (*sc.* filiam)..uendit ~ps (Erysichthon) OV.*Met*.8.848; V.MAX.4.4.9; uulgus ~ps TAC. *Hist*.3.31; consulares ~pes quingenis sestertiis annuis sustentauit SUET.*Ves*.17; (*pred*.) ~pem (*i.e. without bringing money*) tantum iter ingressum uix penetraturum ad Alpes fuisse (Hannibalem) LIV.23.28.6; (*masc. as sb*.) coacti ~pes ad opulentiorum auxilium confugere 7.29.4;—(*poet*.) (Alcides) passus..~ps sine pondere ramos rettulit.. fulgentia poma LUC.9.366. **b** dum ille uitam illam colet

~pem carens patria TER.*Hau.*137; CIC.*Phil.*12.15; ~pi metuens formica senectae VERG.*G.*1.186; militiam..~pem atque inhonoratam LIV.45.36.4; ~pem..famem MART.13.1.2; non ~ps exilium tolerauit TAC.*Ann.*14.62.

2 (of places) Poor in resources, ill-supplied.
pro Gereoni, castelli Apuliae ~pis..moenibus LIV.22.39.16; obsidio in loco nudo atque ~pi uix in paucos dies tolerabilis erat 28.16.8; ~ps regio, quae..praedae haud multum praeberet 39.1.6; (Fames) in..domos ~pes..reuertitur OV.*Met.*8.822.

3 (of resources, etc.) Scanty, meagre.
res ~pes Euandrus habebat VERG.*A.*8.100; illos longa domant ~pi ieiunia uictu OV.*Met.*1.312; inferias ~pes, crinem lacrimasque reliquit 13.428; tenuis Ismenos fluit et tinguit ~pi nuda uix unda uada SEN.*Oed.*43; ~pes mensas durumque cubile SIL.6.373;—(*cf.*) sturnos ~pes (*i.e. which poor men give as presents*) MART.9.54.7.

4 (of persons) Having no protection, defenceless. **b** (of military forces, positions) weak.
ferte..innocenti auxilium, subuenite ~pi TER.*Ad.*156; tum ~pes, relicti ab duce.., eundem necessario cursum tenere coeperunt CIC.*Ver.*5.89; ~ps..eram ab amicis *Dom.*58; querellas, quas ego..extremis proferre medullis cogor ~ps CATUL.64.197; tu, oro, solare ~pem et succurre relictae VERG.*A.*9.290; deficient ~pem uenae te ni.. HOR.*S.*2.3.153; si nihil cum potentiore iuris humani relinquitur ~pi LIV.9.1.8; protegente altera (ciuitate) semper ~pem ab alterius iniuria 42.30.6; solus, ~ps, exspes OV.*Met.*14.217; ~ps, potentem dum uult imitari, perit PHAED.1.24.1; id senatus consultum..prout potens uel ~ps reus inciderat, infirmum aut ualidum TAC.*Hist.*2.10. **b** praeclara classis in speciem, sed ~ps et infirma propter dimissionem propugnatorum CIC.*Ver.*5.86; tumulum a praesenti impetu tutum, ad cetera ~pem LIV.27.15.8.

5 (of persons, etc.) Powerless to act, impotent, ineffectual. **b** (of a passion) unable to fulfil itself.
ita sine iniuria potentiam leuem atque ~pem esse arbitrantur CIC.*Quinct.*34; cum haec quaestor eius infirmus et ~ps audeat dicere *Att.*7.8.5; regio propter terrae fecunditatem..~pem difficilemque habet oppugnationem *B.Hisp.*8.2; saeuit ~ps animi VERG.*A.*4.300; illum inter proceres..quaerit ~ps V.FL.3.609; haeret ~ps..Tirynthius 4.5; Odia aegra sine armis errabant Iraeque ~pes 5.146; (prora) ~pi miserabilis arte cucurrit uestibus extentis JUV.12.67;—(*w. gen. of gd.*) ~ps dicendi sapientia CIC.*Inv.*1.3; SAL.*Hist.*1.55.11;—(*w.* ad) ut omnes fere Stoici..ad dicendum ~pes reperiantur CIC.*Brut.*118; 263;—(*w. inf.*) nos..~pes laudis conscendere carmen (*v.l.* culmen) PROP.2.10.23. **b** in amore mala haec..secundo inueniuntur; in aduerso uero atque ~pi sunt..innumerabilia LUCR.4.1142; num te semper ~ps agitet uexetque cupido HOR.*Ep.*1.18.98.

6 (of persons or things, w. gen.) Destitute or devoid (of), deficient (in). **b** (w. abl.)
intellegitur quam fuerint ~pes amicorum CIC.*Amic.*53; uersus ~pes rerum nugaeque canorae HOR.*Ars* 322; ~ps consilii trepidauit LIV.33.7.8; uiae ~pis aquarum difficultatem 42.64.7; ~pem somnique cibique OV.*Met.*14.424; ~ps etiam animalium solitudo SEN.*Dial.*5.20.3; potestas iuris ~ps LUC.5.398; stat rationis ~ps STAT.*Theb.*1.373; aureum saeculum, et oratorum et criminum ~ps TAC.*Dial.*12.3; Parthos ~pes copiarum *Ann.*15.16; turba inperitorum..~ps religionis APUL.*Soc.*3. **b** non tardus sententiis, non ~ps uerbis CIC.*Brut.*247; classem..~pem milite LIV.21.50.3; te flammis (*i.e. a funeral pyre*) ~pem STAT.*Theb.*12.344; hostem ~pem commercio laborare FRON.*Str.*2.5.14.

7 (of language) Deficient in vocabulary. **b** meagre in expression, avid, jejune. **c** wanting in ideas or material.
in nostra lingua, quae dicitur esse ~ps CIC.*Caec.*51; Latinam linguam non modo non ~pem..sed locupletiorem etiam esse quam Graecam *Fin.*1.10; (*cf.*) in his..coloribus..denominandis non proinde ~pes sumus GEL.2.26.7. **b** nullo modo ~ps, sed non nimis ornatus genere uerborum CIC.*Brut.*246; non erat abundans, non ~ps tamen 238; nimis quidem est in uerbis Gaui Bassi ratio inperfecta uel magis ~ps et ieiuna GEL.2.4.4. **c** causam tenuem et ~pem nec scriptione magno opere dignam CIC.*Fam.*9.12.2; di..~pis me..finxerunt animi, raro et perpauca loquentis HOR.*S.*1.4.17.

inoptābilis ~is ~e, *a.* [IN-²+OPTABILIS] Undesirable, unpleasant.
~is officinae disciplinam cum delectatione quadam arbitrabar APUL.*Met.*9.12.

inoptātus ~a ~um, *a.* [IN-²+pple. of OPTO] Not desired, unwelcome.
lacrima semper indicium est ~ae rei SEN.*Con.*exc.8.6.

Īnōpus ~ī, *m.* The name of a fountain and river in Delos.
in Delo insula ~us fons eodem quo Nilus modo ac pariter cum eo decrescit augeturue PLIN.*Nat.*2.229; V.FL.5.104.

inōrātus ~a ~um, *a.* [IN-²+pple. of ORO] (of a case) Not pleaded.
incerta re atque ~a gradum regredere ENN.*scen.*13; CIC.*S.Rosc.*26.

inordinātē, *adv.* [next+-E]
1 At irregular intervals.
febres..~ redire CELS.3.3.6.
2 Without regard for rules, irregularly.
periculose uitae genus subito mutabit, et ~ aget CELS.4.32.2.

inordinātus ~a ~um, *a.* *superl.* ~issimus. [IN-²+pple. of ORDINO]
1 Not regularly arranged, disordered. **b** (of troops) not drawn up in formation.
(folia) disposita myrto,..~a pomis PLIN.*Nat.*16.92; palpebrarum pilos ~issimos 22.91; non operosus, sed ~us ornatus APUL.*Met.*2.9; ~um, ut sic dixerim, ordinem seruant (stellae) *Mun.*2; (*neut. sg. as sb.*) id..ex ~o in ordinem adduxit (deus) CIC.*Tim.*9;—(*of writings*) si..(non) ~a aut indistincta dixerimus QUINT.*Inst.*8.2.23; ~a digerere 10.4.1. **b** incompositi, ~i in proelium ruunt LIV.23.27.5; 40.28.2; aciem..inconditam ~amque 44.39.1; ~os adgressus (hostes) FRON.*Str.*2.5.3;—(*cf., of military actions*) ~um pluribus simul locis proelium conseritur LIV.38.40.11.
2 Occurring irregularly.
neque uerum est..nullam febrem ~am esse CELS.3.3.5; si ~i horrores accedunt 7.27.1.
3 Not conforming to law or rule, disorderly.
ad ea, quae uidentur secundum naturam, magnos esse mutis animalibus impetus..sed ~os ac turbidos SEN.*Ep.*124.18; iniuriam ~am passionem et aegritudinem mentis esse APUL.*Pl.*2.17.

inornātē, *adv.* *compar.* ~ius. [next+-E] With a lack of (stylistic) ornament, plainly.
non ~e poterimus..dicere, sic uti cognomen quod pro certo nomine collocemus *Rhet.Her.*4.42; FRO.*Amic.*2.p.100 (183N); si quod..respondit ~ius *Ver.*2.p.144(126N).

inornātus ~a ~um, *a.* [IN-²+pple. of ORNO]
1 Not decked, plain, unadorned; (transf., of language and style). **b** not properly arrayed, dishevelled.
mulieres esse dicuntur non nullae ~ae, quas id ipsum deceat CIC.*Orat.*78; spectat ~os collo pendere capillos OV.*Met.*1.497; (*in fig. phr.*) illa quantum habet uoluptatis sincera et per se ~a (*v.l.* ornata) simplicitas, nihil obtendens moribus suis! SEN.*Dial.*9.17.2;—(*transf., of language, etc.*) nostrae laudationes..testimoni breuitatem habent nudam atque ~am CIC.*de Orat.*2.341; quod tenuis sit atque ~us (Lysias) *Orat.*29; ~a..nomina HOR.*Ars* 234; non ~a debet esse breuitas QUINT.*Inst.*4.2.46; (ἔλλειψις) obscurae potius quam ~ae orationis est uitium 8.3.50. **b** quisquis ~umque caput crinesque solutos aspiceret, Phoebi quaereret ille comam TIB.2.3.25; clamantem nomen Orestis traxit ~is in sua tecta comis OV.*Ep.*8.10; ~os laniauit diua capillos *Met.*5.472.
2 Unhonoured, uncelebrated.
non ego te meis chartis ~um sileri..patiar HOR.*Carm.*4.9.31.

inōrus ~a ~um, *a.* [IN-²+OS¹+-VS] FORMS: nom. masc. pl. *inores* PAUL.*Fest.*p.114M. (app.) Having no mouth.
~as ostreas TURP.*com.*23.

? **inostentus** ~a ~um, *a.* [IN-²+pple. of OSTENDO] (app.) Not displayed.
quod unum nobis ~um, ipsis inusum adportatur (*also printed in* ~um..in usum) GRACCH.*orat.*49(FEST.p.201M).

? **inouans** ~ntis, *a.* [IN-¹+OVANS] Cheering.
APUL.*Met.*11.15 (*s.v.l.*).

Īnōus ~a ~um, *a.* Of or belonging to Ino. **b** born of Ino.
Phrixon..~is eripuisse dolis OV.*Ars* 3.176; ~o lacerata est altera (manus, *i.e. of Pentheus*) raptu *Met.*3.722; ~a rupes (*i.e. whence Ino leapt into the sea*) SEN.*Phoen.*23; ~as..aras (*i.e. where Ino tried to sacrifice Phrixus*) V.FL.1.521; te..~o reptantem pectore, Bacche STAT.*Silv.*2.1.98; ~us..Isthmos 4.3.60. **b** ~o Melicertae VERG.*G.*1.437; ~us..Palaemon *A.*5.823; ~o..Learcho V.FL.1.280.

inp-: see IMP-.

inquaesītus: see INQVISITVS.

inquam, *intr.* [IN-¹+*squam, cf. INSECO², Gk. ἔννεπε (= ἐν-σεπε), Lith. *sekù*, etc.; the form *inquam* prob. subj. in origin] FORMS: the foll. are found: pres. ind. *inquam, inquis, inquit, inquimus* HOR.*S.*1.3.66, *inquiunt*; impf. *inquiebat* CIC.*Top.*51, *Luc.*145; fut. simple *inquies, inquiet*; pf. *inquii* CATUL.10.27, *inquisti* CIC.*de Orat.*2.259; pres. subj. *inquiat Rhet.Her.*4.5; imp. *inque* PL,*Ps.*538, etc., TER.*Hau.*829, etc., or *inquito* PL.*Aul.*788, *Rud.*1342, etc.

1 (w. dir. speech) To say (usu. placed inside or after quot.). **b** (used in presenting a real or imaginary objection or opposing view). **c** (in a book, document, etc.). **d** (w. acc. and inf.).
'hicine Achilles est?' ~it mihi PL.*Mil.*61; 'quid ais' ~am homini 'inpudens?' TER.*Eu.*425; postquam aspexi, 'o facinus indignum' ~am *Hec.*376; 'equidem probo ista' Crassus ~it CIC.*de Orat.*1.148; 'ubi sunt, Pamphile', ~iunt, 'scyphi?' *Ver.*4.32; 'quasi uero', ~it ille, 'consili sit res..' CAES.*Gal.*7.38.7; ille Diomedonti coram 'nihil' ~it 'opus pecunia est..' NEP.*Ep.*4.2; 'nonne uides', aliquis..~iet, 'ut patiens, ut amicis aptus..?' HOR.*S.*2.5.43; 'facinus' ~it 'memorabile fecistis..' LIV.24.22.16; PHAED.1.1.5; mane piger stertis. 'surge' ~it Auaritia PERS.5.132; (*picking up a previous vb. of saying*) suscipit Stolo, tu, ~it, inuides tanto scriptori VAR.*R.*1.2.24; (Hannibal) hoc adiunxit: 'pater meus' ~it 'Hamilcar..' NEP.*Han.*2.3; clamauit: 'non taces' ~it 'gladiator obscene..' PETR.9.8; MART.6.51.4;—(*app. preceding quot.*) Varus ~it: 'quid dicis? iam nox est?..' SEN.*Ep.*122.13;—(*cf.*) ipsos induxi loquentes, ne '~am' et '~it' saepius interponeretur CIC.*Amic.*3. **b** 'at non' ~iet aduersarius, 'abs te matrem necari oportuit' CIC.*Inv.*1.18; non consulare ~ies dictum. fateor *Att.*2.1.5; 'at saepe in magnis fit montibus' ~is 'ut..' LUCR.1.897; dissimiles, ~is, causae sunt LIV.34.5.11; SEN.*Apoc.*2.3; quid enim, ~iunt, attinet circumitu res ostendere et tralationibus..? QUINT.*Inst.*12.10.41;—(*w. indef. subj.*) uolo..uidere quid inuenerint. 'non solemus' ~it 'ostendere' CIC.*Luc.*60; HOR.*S.*1.3.126; SEN.*Ben.*2.34.1. **c** hominem mortuum, ~it lex in XII, in urbe ne sepelito CIC.*Leg.*2.58; *Tusc.*5.118; 'multi..infideles regno, pauci beniuoli' ~it Accius *Off.*3.84; 'honesta', ~it (Epicurus), 'res est laeta paupertas' SEN.*Ep.*2.5; Laberius in Gemellis 'non putaui', ~it, 'hoc eam facturum' GEL.1.7.12;—(*w. subj. unexpressed*) exire aueo 'ubi nec Pelopidarum', ~it CIC.*Att.*14.12.2. **d** Sisenna ~it eum qui diceret pater familiae, patrum familiarum oportere dicere PLIN.in Char.p.120K; PAUL.*dig.*47.2.21.

2 (in 1st pers. sg., used parenth.): **a** (emphasizing a word, phr., or sentence). **b** (resuming after a digression). **c** (explaining a word or phr.).
a diuitias nimias..quadrilibram, ~am, aulam auri plenam PL.*Aul.*821; quo abis Antipho? mane ~am TER.*Ph.*217; in hanc rem te, te ~am, testem, Naeui, citabo CIC.*Quinct.*37; per mihi, per ~am gratum feceris *Att.*1.20.7; non nostrum est tantas, non, ~am, attingere laudes VERG.*Cat.*9.55; non iudicabam me..mori. putabam, ~am, me uicturum SEN.*Ep.*78.4; audiui uesperi, meis his, ~am, auribus audiui, quod.. APUL.*Met.*3.16;—(*in answers*) quis istic Sosia est? — ego, ~am PL.*Am.*619; me hinc abire ueis.—uolo ~am *Mer.*776; fac amabo.—non possum, ~am TER.*Eu.*534; itanest factum?—ita, ~am *Hec.*847; ego sum Orestes.—immo enim uero ego sum, ~am, Orestes PAC.*trag.*365[1]; uocem ueritatis..omittam? non, ~am, nec reticebo RUT.LUP.2.18. **b** non reprehendo Metellum,—pepercit homini amico..: non reprehendo, ~am, Metellum, sed.. CIC.*Ver.*3.153; cuius ut omittam innumerabilia scelera..ut haec, ~am, omittam.. *Phil.*7.15; SEN.*Con.*1.6.3; cum dixisset uerba haec..composita..esse, cum haec, ~am, ita dixisset, tum.. GEL.15.3.3. **c** has compedes, fascis, ~am, hos laureatos ecferre ex Italia quam molestum est! CIC.*Att.*8.3.5; cetera turba, nos, ~am, cenamus..conchylia, piscis HOR.*S.*2.8.27.

inquiēs¹ (~ētis), *f.* [IN-²+QVIES¹] Restlessness.
furiales somni et ~es nocturna PLIN.*Nat.*14.142; labor hic uigiliarum et ~es GEL.19.9.5.

inquiēs² ~ētis, *a.* [cf. INQVIETVS]
1 (of persons) Restless in character, unsettled, impatient, or sim.
~es, haec atque illa temptans (Lepidus) SAL.*Hist.*1.77.11; 2.25; uir ~es et ultra fortem temerarius VELL.2.68.3; animus..agendi..cupidus et natura ~es SEN.*Dial.*9.2.9; is moribus ~es haec et huiusce modi a se factitari praetendebat TAC.*Ann.*6.18; 16.14; (*transf.*) curiosus..et ~eti procacitate praeditus asinus APUL.*Met.*9.42.
2 (of circumstances) Full of tumult or unrest.
nox per diuersa ~es TAC.*Ann.*1.65; dies..modo per silentium uastus, modo ploratibus ~es 3.4.

inquiētō ~āre ~āuī ~ātum, *tr.* [INQVIETVS+-O³]
1 To disturb the peace and quiet of (a person), trouble, molest, harass, or sim. **b** to fidget with, twiddle.
coepit conuiuas suos ~are SEN.*Ep.*27.6; (admissarius) uinculis adruptis grauidas (equas) ~at COL.6.37.1; Epaminondas..paucorum opera leuis armaturae tota nocte ~auit hostem FRON.*Str.*2.5.26; tam multis..rusticorum libellis et tam querulis ~or PLIN.*Ep.*9.15.1; ~atus fremitu..in circo loca de media nocte occupantium SUET.*Cal.*26.4; femina..inuerecunde postulans et magistratum ~ans ULP.*dig.*3.1.1.5;—(*of things*) uesicae te dolor ~auit SEN.*Ep.*96.3; pusulas liuentes ac noctibus ~antes PLIN.*Nat.*20.44;—(*cf.*) quid exercitus scribimus directuros aciem in mediis fluctibus? quid maria ~amus? SEN.*Nat.*5.18.8; exequias..magno..semper ~amus ululatu [QUINT.]*Decl.*8.10. **b** et 'corrugare nares', ut Horatius ait, et inflare et mouere et digito ~are..indecorum est QUINT.*Inst.*11.3.80.
2 To trouble with legal proceedings, press claims against, or sim.
in sortem ~ari debitores non debent ULP.*dig.*22.1.33; dum a conreo meo petitur, ego ~or 34.3.3.3; 38.5.1.14; 42.3.4.1.
3 To disturb the peace of mind of, agitate, disquiet.
inuidia, quae nos ~at, dum conparat SEN.*Ben.*2.28.1; qui malignos sermones, etiam si secreto habiti sunt, eruit, se ipse ~at *Dial.*5.11.1; non discurris nec locorum mutationibus ~aris *Ep.*2.1; nullo timore sollicitor, nullis rumoribus ~or PLIN.*Ep.*1.9.5.
4 To interfere with, disturb (a state of affairs, process, etc.).
~are uictoriam, morari pacem TAC.*Hist.*3.84; si..uiuus in eum filius quantum satis est contulit, ne iudicia eius ~et ULP.*dig.*37.12.1.3; accusari mulier adulterii non potest..quiescens matrimonium non debet alius..~are 48.5.27(26); si id taedio uitae..admisit, non ~abuntur (eius bona) PAUL.*dig.*49.14.45.2.

inquiētūdō ~inis, *f.* [next+-TVDO] An outbreak of disorder, disturbance.
taetri rudoris ~o terrena (*i.e. an earthquake*) APUL.*Mun.*18.

inquiētus ~a ~um, *a.* *compar.* ~ior, *superl.* ~issimus. [IN-²+QVIETVS]
1 That is constantly in motion, restless, never still.
Auster, dux ~i turbidus Hadriae HOR.*Carm.*3.3.5; artus trepidi, ~ae manus SEN.*Dial.*4.35.3; ~us ac turbidus est (aer) *Nat.*2.11.1; ~a lassi marmora Sisyphi MART.5.80.10; (dies) uentis ~us PLIN.*Ep.*2.17.16; ut grabattulus..succussu meo ~us super dorsum meum palpitando saltaret APUL.*Met.*1.13;—(*neut. pl. as adv.*) extimae plumulae..~a lasciuiunt 5.22.

2 Finding no rest, sleepless; taking no rest, constantly active. **b** (of periods) allowing no rest or relaxation.
~is adsidens praecordiis pauore somnos auferam HOR.Epod.5.95; ~i monte Sisyphi pressus MART.10.5.15; quidam ..strepitu scilicet uel diuinitus ~us proserpit APUL.Met.4.19;—regnum canis ~i (i.e. Cerberus) SEN.Her.O.1526; caprinum fimum ~os infantes..cohibet PLIN.Nat.28.259; (pred.) ~us erras clamosa, Iuuenalis, in Subura MART.12.18.1; (cf.) ~us inguina arrigat tumor Priap.83.43. **b** lux deinde noctem ~a insecuta est LIV.5.42.6; noctes ~as V.MAX.8.14.ext.1; somnus ~us et breuis PLIN.Ep.6.20.2; aestatem ~am..exercitamque transcurrere 7.2.2.

3 (of places, circumstances, etc.) Full of tumult or unrest, turbulent, or sim.
si quis..fecerit siluas aper ~as SEN.Her.O.1537; necesse est nulla mors ~ior sit quam quae statim tota est [QUINT.] Decl.2.18; nos de ea re loqui, quae facilius turbidis et ~is temporibus existit TAC.Dial.37.6; Comatam Galliam..barbarorum incursionibus et principum discordia ~am SUET.Tib.9.1; matrona..procurrens in cubiculum clamoribus ~is cuncta miscuit APUL.Met.7.7; triclinium comisatoribus ~um Apol.75.

4 Restless in character, unsettled, impatient, etc.
Hispanorum ~a auidaque in nouas res sunt ingenia LIV.22.21.2; uir ~i animi et minime otium..patientis 25.7.11; ne gens ~a aduentu Romanorum fidem mutaret 31.28.6; VELL.2.11.1; ut ~am uirginem carcer domet SEN.Ag.1000; homo ~us, qui publicis utilitatibus ter obstiterit QUINT.Decl.263(p.74,l.22);—(of feelings, etc.) inter adfectus ~issimos rem quietissimam, fidem, quaeris? SEN.Ben.7.26.5; ~a rapitur (turba)..audacia [SEN.]Oct.837; ~as..curas MART.10.30.3.

5 Deprived of one's peace of mind, worried, uneasy; (also, of activities, etc.).
anxium me et ~um habet petitio Sexti Eruci mei PLIN.Ep.2.9.1;—ne ~a agenda sit uita omnium risus, omnium linguas timenti SEN.Dial.2.19.2; ultimam illam horam..cuius metus omnes alias ~as facit Ep.4.9; ~a et anxia oratorum uita TAC.Dial.13.1.

inquilīna ~ae, *f.* [next] Fem. of next.
(in fig. phr.) in quarum locum subierunt ~ae impietas perfidia impudicitia VAR.Men.495.

inquilīnus ~ī, *m.* [IN-¹+*quil- (cf. COLO¹)+-INVS]

1 An inmate of the same house, tenant, lodger.
te ~o—non enim domino—personabant omnia uocibus ebriorum CIC.Phil.2.105; Att.14.9.1; pauper ~us Priap.70.1; in his, quae me..circumstrepunt,..pono..fabrum ~um et serrarium uicinum SEN.Ep.56.4; MART.1.86.12; ~os priuatarum aedium SUET.Nero 44.2; GAIUS Inst.4.153;—(transf., of a nouus homo) M. Tullius, ~us ciuis urbis Romae SAL.Cat.31.7; M. Catonem, nouum etiam Tusculo, urbis ~um VELL.2.128.2;—(fig.) quos (i.e. superficial students) ego non discipulos philosophorum, sed ~os uoco SEN.Ep.108.5.

2 (in general) An inhabitant, denizen.
huius (sc. Hostiliae uici) ~i..inponunt nauibus aluos PLIN.Nat.21.73; saeuum..illum..locorum ~um (sc. draconem) APUL.Met.8.21.

3 A type of serf, perh. orig. a barbarian settled on Roman territory.
~i castrorum a tutelis excusari solent CALL.dig.27.1.17.7.

inquināmentum ~ī, *n.* [INQVINO+-MENTVM] That which makes foul, filth, impurity.
inquinatus ab aliquo ~o..locus VITR.8.4.2; GEL.2.6.25.

inquinātē, *adv.* [next+-E] In a debased or corrupt style (of speech).
diligenter loquendi laude caruit neque tamen est admodum ~ locutus CIC.Brut.140; 258.

inquinātus ~a ~um, *a. compar.* ~ior, *superl.* ~issimus. [ppl. of next] In senses of vb., esp.:

1 Dirty, discoloured.
cur sal aliud perlucidius, aliud ~ius aut nigrius? PAPIRIUS FABIANUS in Char.p.106K.

2 (of diction) Debased, corrupt.
(est uitiosum) in uerbis si ~um, si abiectum, si non aptum (est) CIC.Opt.Gen.7.

3 (of persons, their activities, etc.) Stained with guilt, morally impure.
sermo ~issimus et blanditiae flagitiosae CIC.Ver.3.65; quis in uoluptatibus ~ior..? Cael.13; sordidissima..ratio et ~issima Off.2.21; dextra pater ~iore..est CATUL.33.3; ~issimae uitae V.MAX.8.1.damn.2; APUL.Apol.74; (fem. as sb.) nobilissimas uirgines ad sacra facienda noctibus excitari, altissimo somno ~as (i.e. prostitutes) frui SEN.Dial.1.5.3; (transf.) ne obscena Genucii (i.e. a eunuch) praesentia ~aque uoce tribunalia..polluerentur V.MAX.7.7.6.

inquinō ~āre ~āuī ~ātum, *tr.* [IN-¹+*quino (app. cf. caenum, cunio)] FORMS: incun- VAR.R.3.16.34.

1 To make dirty, befoul, soil, stain, etc. **b** to make unwholesome, taint. **c** (in non-pejorative sense) to smear, daub.
tum mihi sunt manus ~atae.—quidum?—quia ludo luto PL.Mil.325; si ~ata erit (olea), lauito CATO Agr.65.1; pellibus integuntur, ne lana ~etur VAR.R.2.2.18; aquam turbidam et cadaueribus ~atam CIC.Tusc.5.97; dum modo..noua pressantis ~et uua pedes PROP.3.17.18; ~et arma situs OV.Fast.4.928; nubes sordido crescens globo..~at Phoebi iubar SEN.Ag.463; LARG.80; HYG.Fab.88.4; (transf.) ciuili sanguine non ~atas solum manus sed infectas SEN.Con.10.1.8; (in fig. phr.) PECVNIA..NVLLIS SORDIBVS FOEDI QVAESTVS ~ATA CIL 2.6278.8. **b** hunc (sc. gurgitem) dea praeuitiat portentificisque uenenis ~at OV.Met.14.56; fastidientis stomachi est multa degustare, quae ubi uaria sunt.., ~ant, non alunt SEN.Ep.2.4. **c** cum paries totus luto ~atus fuerit VITR.7.3.11; bis murice uellus ~atum MART.4.4.6;—(transf.) litteris satis ~atus est (i.e. he has a smattering) PETR.46.7.

2 (transf.) To debase, contaminate.
Iuppiter..~auit aere tempus aureum HOR.Epod.16.64; senatum primus libertinorum filiis lectis ~auerat LIV.9.46.10; si lolium..in segetem alienam inieceris, quo eam tu ~ares ULP.dig.9.2.27.14;—(w. ref. to style or diction) splendidis nominibus inluminatus est uersus, sed proximus ~atus insuauissima littera CIC.Orat.162; multa..licebit eligere, sed curandum erit, ne iis, quibus permixta sunt, ~entur QUINT.Inst.2.5.24; poeticus decor, non Accii..ueterno ~atus, sed ex Horatii..sacrario prolatus TAC.Dial.20.5.

3 To pollute or defile (a person, activity, etc.) with crime or immorality; also, to make ceremonially unclean.
saepe..unus puer petulans..~at gregem puerorum VAR. in Non.p.168M; ut..domestica..immanitate nostrae ciuitatis humanitatem ~ares CIC.Deiot.32; homines sceleribus et parricidiis ~atos Fin.4.63; qui..domesticis uitiis atque flagitiis se ~auissent Tusc.1.72; comitia..~ata largitione Q.CIC.Pet.56; fecunda culpae saecula nuptias primum ~auere HOR.Carm.3.6.18; facinus quos ~at aequat LUC.5.290; nullius est tam uilis hominis sanguis, ut non manus ~et QUINT.Decl.291(p.160,l.28); utinam non ~asset argumenta puerorum foedis amoribus (Afranius) Inst.10.1.100; (cf.) magis ~ant animos quam corpora (sc. metals) SEN.Ep.94.59;—(Indi) ~ari putant ignem (i.e. a pyre), nisi qui spirantes recipit CURT.8.9.32; nec aras impias quisquam ~at (i.e. with human sacrifice) SEN.Her.O.1702.

4 To blemish, besmirch (a person's honour, reputation, or sim.); also, to defame, 'smear' (a person).
quos tu si sodalis uocas, officiosam amicitiam nomine ~as criminoso CIC.Planc.46; queror..eorum (sc. exiles) reditus ~atos quorum causam Caesar dissimilem iudicarit Phil.2.98; foedum certamen ~andi famam alterius LIV.29.37.11; amplissimi honoris maiestatem tam taetro facinore ~auerat V.MAX.2.9.3; morum..uitiis nomen Augustum ~at (Nero) [SEN.]Oct.251;—Macedones Philotan ~are innoxios uelle suspicabantur CURT.6.11.37; qui pupillum falso crimine adulterii ~arent QUINT.Decl.355(p.387,l.4).

inquīrō ~rere ~sīuī or ~siī ~sītus, *tr., intr.* [IN-¹+QVAERO]

1 (tr.) To search out (a person or thing).
te, Sol, inuoco, ut mihi potestatem duis ~rendi mei parentis PAC.trag.220; Flamini..corpus..magna cum cura ~situm non inuenit LIV.22.7.5; propinquis (i.e. of Archimedes) etiam ~sitis honori..memoriam eius fuisse 25.31.10; (homo) ad sidera mittit sidereos oculos..~ritque Iouem MAN.4.908; non desinam ~rere percussorem, et fortasse iam inueni SEN.Con.10.1.2; per agros corporis partes uagas ~rite SEN.Phaed.1279; quatenus latrones placeret ~ri APUL.Met.7.1; uenas..lapidicinarum et huiusmodi metallorum ~rere ULP.dig.7.1.13.5; officium sit magistratuum ~rere ex uicinis ciuitatibus honestissimum quemque PAUL.dig.26.5.24.

2 (tr.) To inquire into, investigate. **b** (w. indir. qu.).
omnia possis protrahere in lucem atque omnis ~rere risus LUCR.4.1189; ~rant uitia ut tua rursus et illi HOR.S.1.3.28; quam (rem) ipse pro ~sita ac sibi comperta affert LIV.27.27.13; commentarium..quod de apparatibus belli omnia ~rens fecerat 42.6.3; Iuppiter (uaccam) e terra genitam mentitur, ut auctor desinat ~ri OV.Met.1.616; annos Patrocli et Achillis ~rere SEN.Ep.88.6; etymologia, quae uerborum originem ~rit QUINT.Inst.1.6.28; mihi..prouentum huius peregrinationis ~renti multa respondit APUL.Met.2.12; ut ueritas ~ratur PAUL.dig.2.11.10. **b** ~ram quid sit furere HOR.S.2.3.41; circumspiciebat omnia, ~rens oculis ubinam bellum fuisset LIV.6.25.10; siue uelis qui sint mores ~rere nostri OV.Pont.4.8.19; V.MAX.2.6.4; TRA.Plin.Ep.10.38(47).2.

3 (absol. or intr.) To make inquiries (judicial or otherwise). **b** (w. in+acc.) to inquire, look into (a matter), make inquiries about (a person).
cum istius in ~rendo multa furta ac flagitia cognosset CIC.Ver.1.97; posteaquam ego ~rendi causa in Siciliam ueni 2.138; ut apud magistratus ~ri liceret Att.1.16.12; pergeret porro ire (Hannibal) nec ultra ~reret LIV.21.22.9; sicut accusatoribus ~rendi..potestas ex ea lege esset PLIN.Ep.6.5.2;—(w. de) de capitalibus rebus..~rebat rex, iudicabat exercitus CURT.6.8.25; ~ro de te et ab omnibus sciscitor..quid agas SEN.Ep.32.1; Iuba de Fortunatis (insulis) ita ~siuit PLIN.Nat.6.203;—(w. internal acc.) nec quicquam ultra..postea ~siit SUET.Aug.51.2. **b** ~rere in competitores CIC.Mur.45; in eum, quid agat, quemadmodum uiuat, ~ritur Off.2.44; ~rendo in utriusque uitam ac mores LIV.40.16.2; ~ramus..in rem diligenter SEN.Ep.13.10; quod in secreta nostra non ~rant principes PLIN.Pan.68.6; peragrantis gulae et in sucos ~rentis industriam GEL.6(7).16.6.

inquīsītē, *adv. compar.* ~ius. [pple. of next+-E] Searchingly, penetratingly.
philosophiae sectatores..satis ~e satisque sollicite quaesiuerunt GEL.1.3.9; Theophrastus..~ius..super hac ipsa re..disserit 1.3.21.

inquīsītiō ~ōnis, *f.* [INQVIRO+-TIO]

1 The action of hunting out, search.
ueri ~o atque inuestigatio CIC.Off.1.13; ut documenta sumere uolentibus longae ~onis labor absit V.MAX.1.intro; longa ~one (sc. calculorum) uesica laeditur CELS.7.26.3.B; sepulcra erui ~one corporum PLIN.Nat.8.106;—(of missing persons) PLIN.Ep.6.25.1; Venus terrenis remediis ~onis (i.e. for Psyche) abnuens caelum petit APUL.Met.6.6.

2 Investigation, inquiry, scrutiny. **b** examination into a person's character or conduct; (spec.) the process of collecting evidence (by the prosecution in a criminal case). **c** (in bad sense) officious investigation, spying, or sim.
cum..acerba ~one aperiret..inopiam (praefectus annonae) LIV.4.12.10; ut me in ~one paternae mortis adiuuent SEN.Con.10.1.1; causarum ~onem SEN.Ep.95.65; ~o et electio malleolorum COL.3.5.4; (miror) omnino nihil addisci noua ~one PLIN.Nat.2.117; opus..~one opinionum..difficillimum QUINT.Inst.3.1.2; ponam..quem (modum, sc. aquarum) ipsi scrupulosa ~one inuenerimus FRON.Aq.64; ~o uerborum..M. Tullii curiosior GEL.13.1; (w. in+acc.) sera ~o in praeterita est QUINT.Decl.313(p.229,l.6). **b** non placet mihi ~o candidati (i.e. by a rival),..non testium potius quam suffragatorum comparatio CIC.Mur.44; lecti (i.e. as recruits) si sunt (serui), ~o peccauit TRA.Plin.Ep.10.30(39).2; M CORNELIO FRONTONI..EQ(uite) R(omano) EX ~ONE ALLECTO A.Epig.19.37;—certus est ~oni comitum numerus constitutus CIC.Flac.13; omnis ista..festinatio, quod ~onem, quod priorem actionem totam sustulisti Scaur.30; ASC.Scaur.17; quia ~onem annuam impetrauerant (accusatores) TAC.Ann.13.43; censuit Acilius Rufus..~onem Bithynis dandam PLIN.Ep.5.20.6; 6.29.8. **c** adempto per ~ones etiam loquendi audiendique commercio TAC.Ag.2.3; crebrius quam ex more..libertorum primi..uenere, siue cura illud siue ~o erat 43.2.

inquīsītor ~ōris, *m.* [INQVIRO+-TOR]

1 One who searches out.
comitantem ad feram ~orem loro trahens (canis) PLIN.Nat.8.147;—ut..per singulas noctes commutare latebras cogeretur seque ab ~oris pecunia redimeret SUET.Jul.1.2.

2 One who makes inquiry or research, an investigator. **b** one who examines a person's character or conduct; (spec.) one appointed to collect evidence in a prosecution. **c** one who searches or inspects (goods).
rerum ~orem decet esse sapientem CIC.Ac.2.11; rerum naturae ~or SEN.Nat.6.13.2; 7.3.3. **b** ~orem habebat ueterem amicum SEN.Ben.5.25.2; eundem conscium et ~orem non tolerabant TAC.Ann.15.66; seditiosorum et ~or et punitor acerrimus SUET.Jul.67.1; plures notare conatus, magna ~orum neglegentia.., innoxios fere repperit Cl.16.3;—ille Achaicus ~or ne Brundisium quidem peruenit, ego Siciliam totam quinquaginta diebus sic obii ut omnium populorum..iniurias..cognoscerem CIC.Ver.6; PLIN.Ep.3.9.29. **c** algae ~ores..non dubitaturi fugitiuum dicere piscem JUV.4.49.

inquīsītus (-quaes-) ~a ~um, *a.* [IN-²+pple. of QVAERO] Not inquired into, unexamined.
cur re ~a colligor? NAEV.com.13; PL.Am.847; illam quaestionem ~am..amittere 1017.

insaepiō ~īre ~iuī ~tum, *tr.* [IN-¹+SAEPIO] To hedge in, enclose; (see also next).
(deum) ~tum (s.v.l.) ingenti quidem et inexplicabili muro SEN.Ben.4.19.2.

insaeptus ~a ~um, *a.* **inseptus.** [IN-²+pple. of SAEPIO] Not hedged in.
~um non septum; ponitur tamen et pro non aedificatum PAUL.Fest.p.111M.

insalūbris ~bris ~bre, *a.* Also **~ber.** *compar.* ~brior, *superl.* ~berrimus. [IN-²+SALVBRIS] Bad for health, unhealthy, unwholesome.
domum ~brem ac pestilentem CIC.Rep.3.29; ~brium ciborum noxii suci CURT.9.10.13; grauis et ~bris aestas SEN.Dial.6.17.5; uinum diutino fumo inueteratum ~berrimum PLIN.Nat.23.40; QUINT.Inst.3.2.3; manet..quod est grauius et sordidius et ~brius GEL.19.5.7;—(w. dat.) hic (sc. Oxus)..~bris est potui CURT.7.10.13; in Africa meridiem uineas spectare et uiti inutile et colono ~bre PLIN.Nat.17.20;—(w. sup. in -u) Belus amnis..~ber potu 36.190.

insalūtātus ~a ~um, *a.* (in quot., tm.) [IN-²+pple. of SALVTO] Ungreeted.
hanc ego nunc ignaram huius quodcumque pericli est inque ~am linquo VERG.A.9.288.

insānābilis ~is ~e, *a. compar.* ~ior. [IN-²+SANABILIS]

1 (of diseases, wounds, etc.) That cannot be cured, incurable. **b** (of faults of character or mind).
morbus ~is CIC.Tusc.5.3; cuius (sc. aestatis) ~i perniciei..nec causa nec finis inueniebatur LIV.5.13.5; etiam leues plagae ~es CURT.9.8.20; CELS.5.26.1.C; senectus..~is morbus est SEN.Ep.108.28; ~is clauus PLIN.Ep.3.7.2;—(of poison) ~i ueneno morsus (canis rabidi) inficitur PLIN.Nat.7.64;—(of a patient) ille uester ~is..ille moriturus [QUINT.]Decl.8.5. **b** si tribus Anticyris caput ~e..commiserit HOR.Ars 300; quoniam tuum ~e ingenium est LIV.1.28.9; tibi ~is animus SEN.Dial.3.16.3; tenet ~e multos scribendi cacoethes JUV.7.51.

2 (of harm, grief, etc.) Irreparable, irremediable.
uitabit ~is contumelias CIC.Orat.89; laetari quod nihil tristius nec ~is esset LIV.28.25.7; ~em attulit marito dolorem QUINT.Inst.6.pr.5; PLIN.Ep.1.12.2.

insānē, *adv. compar.* ~ius. [INSANVS+-E] Insanely, madly; wildly, extravagantly.
in siluam non ligna feras ~ius HOR.S.1.10.34;—nam bonum est pauxillum amare sane, ~e non bonum est PL.Cur.176; amissum..luget ~e PLIN.Ep.4.2.3; (cf. INSANVM) apud Plautum (Mil. 24): '..estur ~e (insanum codd. Plaut.) bene'..id uehementer cum uellet dicere ⟨edi⟩, dixit ~e VAR.L.7.86.

insānia ~ae, *f.* [INSANVS + -IA]

1 Unsoundness of mind, dementia, madness, delusion; *ad ~am*, to the point of madness.
me ~am neque tenere neque mi esse ullum morbum PL.*Capt.*620; adigis me ad ~am! TER.*Ad.*111; Aiax..postquam resciit quae fecisset per ~am *Rhet.Her.*1.18; mihi..numquam uenerat in mentem furorem et ~am optare uobis in quam incidistis CIC.*Pis.*46; quae mentem ~a mutat? VERG.*A.*4.595; auditis an me ludit amabilis ~a? HOR.*Carm.*3.4.6; mota ~a uino OV.*Met.*3.536; ~a febricitantium, quam phrenesin appellant CELS.2.1.15; ~ae melancholicae PLIN.*Nat.*22.133; nudus agas: minus est ~a turpis JUV.2.71; APUL.*Pl.*1.18; (*pl.*) laruae hunc atque intemperiae ~aeque agitant senem PL.*Aul.*642; (*dist. from* furor) cum maius esse uideatur (furor) quam ~a, tamen eius modi est, ut furor in sapientem cadere possit, non possit ~a CIC.*Tusc.*3.11; (*personified*) Terror trepidoque ~a uultu OV.*Met.*4.485;—haec iste ad ~am concupiuerat CIC.*Ver.*2.87.

2 (hyperb.) Imprudence bordering on madness, folly, frenzy. **b** mad extravagance. **c** the frenzy, rage, violence (of passions).
composite et apte sine sententiis dicere ~a est CIC.*Orat.*236; quod uelle efficere non mediocris ~a est *Luc.*54; bellorum..ciuilium ~am SEN.*Ben.*1.10.2; aliena ~a frui PLIN.*Nat.*18.31;—(*pl.*) dederas..quam contemneres popularis ~as iam..documenta maxima CIC.*Mil.*22; incideram in hominum pugnandi cupidorum ~as *Fam.*4.1.1. **b** ut appareret quam ab sano initio res in haec uix opulentis regnis tolerabilem ~am uenerit LIV.7.2.13; ut uestium ~am acciperet (linum) PLIN.*Nat.*19.22; nostrae aetatis ~am in pictura 35.51; (*cf.*) ea uilla..tamquam philosopha uidetur esse quae obiurget ceterarum uillarum ~am CIC.*Q.fr.*3.1.5. **c** ~am libidinum CIC.*Sul.*70; tanta est ~a luctus STAT.*Silv.*5.5.23.

3 A mad desire, mania.
istius cupiditates et ~as quis ignorat? CIC.*Ver.*2.35; ut non unius libidinem..sed omnium cupidissimorum ~as..expleret 4.47; desiderat..aes paucorum ~a pretiosum SEN.*Dial.*12.11.3;—(*w. gen.*) amor ferri et scelerata ~a belli VERG.*A.*7.461; mensarum ~a PLIN.*Nat.*13.91; foedi..~a lucri MART.8.48.7; inde omnis huiusce accusationis obeundae ira et rabies et denique ~a exorta est APUL.*Apol.*28;—(*w.* ad) ad pugnas Martemque ~a concors SIL.4.100.

4 The rage, fury (of natural forces).
tanta conuulsi funditus maris ~a est SEN.*Suas.*1.4; inter rapidam ~am Nili SEN.*Nat.*4a.2.6; nec Marrucinos agat haec ~a montis STAT.*Silv.*4.4.86.

insāniō ~īre ~iuī or ~iī ~ītum, *intr.* [INSANVS + -IO²]

1 To be out of one's mind, be mad. **b** (from supernatural possession or sim.).
i, curre, equom adfer.—peri, hercle hic ~it miser PL.*Cist.*286; socer et medicus me ~ire aiebant *Men.*1046; sanu' sim anne ~iam TER.*Eu.*556; usque eo commotus est ut sine ulla dubitatione ~ire omnibus ac furere uideretur CIC.*Ver.*4.39; si gladium quis apud te sana mente deposuerit, repetat ~iens *Off.*3.95; fatalem rabiem temporis eius accusat cum uelut contagione quadam..castra quoque Romana ~ierint LIV.28.34.4; ~ire omnes dicimus, nec omnes curamus elleboro SEN.*Ben.*2.35.2; ~ire enim solent (boues) PLIN.*Nat.*27.101; (*poet.*) ~ientis dum sapientiae consultus erro HOR.*Carm.*1.34.2;—(*w. internal acc.*) *Ep.*1.1.101; hilarem insaniam ~ire ac per risum furere SEN.*Dial.*7.12.1;—(*w. abl.*) qua me stultitia..~ire putas? HOR.*S.*2.3.302;—(*pple. as sb.*) is dolus ~ientis est CELS.3.18.4; PLIN.*Nat.*20.106. **b** ~ire iuuat HOR.*Carm.*3.19.18; cum iam recepto maenas ~it deo SEN.*Med.*383; ~ientes Bacchae TAC.*Ann.*11.31; (*cf.*) eos..uaticinari atque ~ire dicebat CIC.*Sest.*23.

2 To behave like a madman, act crazily, rave. **b** (w. *in*+acc.) to have a mad longing for.
tu homo ~is PL.*Epid.*575; TER.*Ad.*147; quid tumultuaris, soror? quid ~is? CIC.*Cael.*36; nec tamen ~iturum illum puto *Att.*13.29.1(2); ecquando desinet familia nostra ~ire? CORNELIA *Nep.*fr.2; VERG.*Ecl.*3.36; hinc iam non, quod factum est, ⟨sum⟩ defensurus—non adeo ~io LIV.45.23.7; libidine ~it SEN.*Ben.*7.26.4; MART.3.38.9; mecum quicumque parati ~ire manu STAT.*Theb.*3.669; neque..pluris consternatione proxima ~isse crediderim TAC.*Hist.*1.83; (*impers. pass.*) ~itur a patre SEN.*Con.*2.1.15; (*in oratory*) ex quo homines diserti ~ire coeperunt *Suas.*1.12; uitiosum et corruptum dicendi genus, quod..specie libertatis ~it QUINT.*Inst.*12.10.73;—(*w.* in+*acc.*) in alienos insanus ~isti CIC.*Scaur.*45m; cum in caelum ~itis SEN.*Dial.*7.27.1; non si ipse..in me ~iret Apollo STAT.*Theb.*10.726; (*cf.*) muliebris ambitio..usque in publica damna priuatis ~it SEN.*Con.*2.5.7;—(*w.* circa) nos circa tabulas et statuas ~imus carius inepti SEN.*Ep.*115.8;—(*w. internal acc.*) Lynceus ipse meus seros ~it amores! PROP.2.34.25. **b** libertinarum..in quas non minus ~it HOR.*S.*1.2.49; irritamentum est omnium in quae ~imus admirator SEN.*Ep.*94.71; inuenit luxuria aliquid noui in quod ~iat *Nat.*7.31.1.

3 (of sea, wind) To be stormy or furious, rage.
libens ~ientem nauita Bosphorum temptabo HOR.*Carm.*3.4.30; cum offenditur (aer) et retinetur, ~it SEN.*Nat.*6.17.1.

insānitās ~ātis, *f.* [INSANVS + -TAS] Unsoundness (of the mind).
nomen insaniae significat mentis aegrotationem et morbum, id est ~atem et aegrotum animum CIC.*Tusc.*3.8; 3.10.

insāniter, *adv.* [INSANVS + -TER²] = INSANE.
iocari nescit, ludit nimium ~ POMPON.*com.*17.

insānum, *adv.* [next] (colloq.) Immensely, enormously, exceedingly; (cf. PAUL.*Fest.* p.113M).
~ magnum molior negotium PL.*Bac.*761; quid porticum?—~ bonam *Mos.*908; (aedes) exaedificatas ~ bene 761; *Trin.*673.

insānus ~a ~um, *a.* *compar.* ~ior, *superl.* ~issimus. [IN-² + SANVS]

1 Of unsound mind, demented, frenzied, mad. **b** (from supernatural possession or sim.).
certo haec mulier aut ~a aut ebria est PL.*Men.*373; fortunam ~am esse et caecam et brutam perhibent philosophi PAC.*trag.*366; ~um hominem et cerebrosum LUCIL.514; homo ridicule ~us CIC.*Ver.*4.148; Stoici, qui omnes insipientes ~os esse dicunt *Tusc.*4.54; pudor..te malus angit, ~os qui inter uereare ~us haberi HOR.*S.*2.3.40; ~us medio flumine quaeris aquam PROP.1.9.16; JUV.6.620; (*masc. pl. as sb.*) qui..more ~orum deridenda loquantur ULP.*dig.*21.1.4.1. **b** superstitiosi uates..aut inertes aut ~i ENN.*scen.*320; Bacchae bacchanti si uelis aduorsarier, ex ~a ~iorem facies PL.*Am.*704; ~am uatem VERG.*A.*3.443; cur aliquis..Phrygis ~os caeditur ad numeros? PROP.2.22.16; Pentheia..mater ad ~i scandebat culmina montis STAT.*Theb.*11.319; (*of parts of the body*) stant tristes horrore comae, uittasque prementis caesaries ~a leuat 10.607.

2 (hyperb.) Affected as if with madness, crazy. **b** (of actions, conduct; of emotions). **c** (of parts of the body, faculties; of weapons).
numquam..fuit..ille senex ~ior ex amore quam ille adulescens PL.*Mer.*446; ego stulta..quae cum hoc ~o fabuler *Mil.*371; in hostis uictos ~i edictum..tyranni CIC.*Ver.*3.25; meretrice nepos ~us amica filius HOR.*S.*1.4.49; sciet haec ~a (*i.e. with jealousy*) puella PROP.1.4.17; labor ~os arcere parentes STAT.*Theb.*6.203;—(*of animals*) ~i leonis uim HOR.*Carm.*1.16.15; dominum ~i nihil agnouere Molossi STAT.*Theb.*3.203; ~i..domum rediere iuuenci 4.442;—(*w.* mens, *etc.*) ~a mente nefanda loqui TIB.2.6.18; [TIB.]3.5.13; pectus ~um uapor amorque torret SEN.*Phaed.*640;—(*as a term of abuse*) quid tu ergo, ~e, rogitas ualeatne ostium? PL.*Cur.*19; homo ~issume *Men.*517; abin hinc, ~a? TER.*Eu.*861; quid tibi uis..~e? CIC.*de Orat.*2.269; HOR.*S.*2.7.95. **b** ~issima contio ab ipsius mercennario tribuno plebis concitata CIC.*Mil.*45; si..~o iuuat indulgere labori VERG.*A.*6.135; conuiua solutus legibus ~is HOR.*S.*2.6.69; ~is ululatibus STAT.*Theb.*12.274;—cupiditas..acrior atque ~ior CIC.*Ver.*4.39; ~o Cassandrae incensus amore VERG.*A.*2.343; accendam..animos ~i Martis amore 7.550; ~ae Veneris..fastus PROP.3.17.3; lacrimas..~a resorbet ira patris STAT.*Theb.*5.654. **c** ut..~is ora notet manibus PROP.1.6.16; uocis et ~ae tot maledicta tuae 3.8.2; OV.*Ep.*11.74; ~is unguibus *Ib.*597; ~ae plus iam permittere linguae STAT.*Theb.*4.578; tautus..~o..ferens altaria cornu 11.230;—~os Clementia contudit enses CALP.*Ecl.*1.59; ~is Capaneus metuendus in armis STAT.*Theb.*10.32.

3 (of things) Exceeding reasonable limits, extravagant, absurd, wild.
quo in fundo propter ~as illas substructiones facile hominum mille uersabatur ualentium CIC.*Mil.*53; substructionum ~is molibus 85; cum stupet ~is acies fulgoribus HOR.*S.*2.2.5; non si ipse..Apollo mugiat ~o penitus seclusus in antro STAT.*Theb.*3.613; (*applied to a prolific vine*) uites..et triferae sunt, quas ob id ~as uocant PLIN.*Nat.*16.115.

4 (poet., of natural forces) Raging, tempestuous, furious. **b** (of other things) agitated, in a turmoil, frenzied. **c** (in prop. name) *~i montes*, a range of mountains in Sardinia.
~i feriant sine litora fluctus VERG.*Ecl.*9.43; post ~ae Caprae sidera HOR.*Carm.*3.7.6; ~is cautes obnoxia uentis TIB.2.4.9; ~um mare SEN.*Ag.*540; tonitrus ~aque fulmina STAT.*Theb.*12.655; ~i solatur damna Veseui *Silv.*4.8.5; uertice nudo excipere ~os imbres caelique ruinam SIL.1.251; (*of famine*) morbos..fluentis ~amque famem..hi possunt explere uiri LUC.7.413. **b** ~um..forum VERG.*G.*2.502; omnis et ~a semita nocte sonat PROP.4.8.60; puppem..~a flagellat arbor STAT.*Theb.*5.373; TAC.*Dial.*13.5. **c** superantem ~os montes..tempestas adorta disiecit classem LIV.30.39.2; FLOR.*Epit.*1.22(2.6.35).

5 Causing madness, maddening.
amnis it ~a nomine Gallus aqua. qui bibit inde, furit OV.*Fast.*4.364; lauro..quam ~am uocant, quoniam si quid ex ea decerptum inferatur nauibus, iurgia fiunt, donec abiciatur PLIN.*Nat.*16.239.

insapiens ~ntis, *a.*: var. of INSIPIENS (rejected by CIC.*Orat.*159).

insatiābilis ~is ~e, *a.* *compar.* ~ior. [IN-² + SATIO¹ + -BILIS]

1 That cannot be satisfied, insatiable. **b** (spec.) that cannot be sated with food, ravenous, voracious.
(*of desires, etc.*) ut suam ~em crudelitatem exercuerit CIC.*Phil.*11.8; cupiditates..sunt ~es *Fin.*1.43; ob ~em auiditatem praedae LIV.33.11.8; adquirendi..~e uotum JUV.14.125;—(*of persons, etc.*) inmodicus gloriae, ~is, inpotens VELL.2.11.1; milia hominum ~ia SEN.*Ben.*4.37.2; nullum caput tam ~ibus oculis perlustrasse dicitur TAC.*Hist.*1.44;—(*w. gen.*) duces sicut belli ita ~is supplicii futuros fuisse LIV.9.14.14; Alexandri pectus ~e laudis V.MAX.8.14.ext.2; (*w. abl.*) ut est humanus animus ~is eo quod fortuna spondet LIV.4.13.4; Fortuna meis cruciatibus ~is APUL.*Met.*7.17. **b** de..tuo fiet..~ibus corpore rixa lupis OV.*Ib.*170; profunda et ~is gula SEN.*Ep.*89.22; PLIN.*Nat.*11.202; ~em profundumque uentrem APUL.*Met.*7.27.

2 With which one cannot be sated, never cloying.
terra..uestita floribus herbis arboribus frugibus, quorum omnium incredibilis multitudo ~i uarietate distinguitur CIC.*N.D.*2.98; ex quo ~i gaudio compleatur (mens) *Tusc.*5.70; ~em..pulchritudinem *Hort.*fr.53.

insatiābiliter, *adv.* [prec. + -TER²] Without satiety, insatiably.
at nos..cinefactum te..~ defleuimus LUCR.3.907; 6.978; [QUINT.]*Decl.*18.10; unum ~ parandum, prosperam sui memoriam TAC.*Ann.*4.38; PLIN.*Ep.*9.6.3.

insatiātus ~a ~um, *a.* [IN-² + pple. of SATIO¹] Unsatisfied, unsated.
~us eundi ardor STAT.*Theb.*6.305; arma tubasque ~us obit 7.12.

insatietās ~ātis, *f.* [IN-² + SATIETAS] Insatiate desire, greediness.
quorum animis auidis atque ~atibus neque lex neque sutor capere est qui possit modum PL.*Aul.*487.

insaturābilis ~is ~e, *a.* [IN-² + SATVRO + -BILIS] That cannot be sated (with food).
manebat ~e abdomen, copiae deficiebant CIC.*Sest.*110.

insaturābiliter, *adv.* [prec. + -TER²] Insatiably.
consumit aetas temporum spatia annisque praeteritis ~ expletur CIC.*N.D.*2.64.

inscendō ~dere ~dī ~sum, *intr.*, *tr.* [IN-¹ + SCANDO]

1 To climb up on or into.
(*w.* in+*acc.*) ~dam aliquam in arborem PL.*Aul.*678; cum ~deret in rogum ardentem CIC.*Div.*1.47;—(*w.* supra) supra pilam ~dat et saliat decies CATO *Agr.*127.2;—(*w.* ad) habeant..haec daemonum corpora..ne ad superna ~dant APUL.*Soc.*9;—(*w. acc.*) ~so grabattulo *Met.*2.17; ignobilis maritus..torum ~derat 5.4; 8.17.

2 To mount (a horse, chariot, etc.); to go on board (a ship).
(*w.* in+*acc.*) in currum ~dere PL.*Men.*863;—(*w. acc.*) quadrigas si nunc ~das Iouis *Am.*450; postquam uehiculum ~di AUR.*Fro.*1.p.174(66N); equo..amisso alteroque ~so SUET.*Tit.*4.3; quin equos ~dimus? APUL.*Met.*8.5;—(*absol.*) si uerum quidem et decorum erum uehere seruom, ~de PL.*As.*702;—~do in lembum *Mer.*259; (*absol.*) nauem paro, ~do *Mil.*116.

3 (of male animals) To mount, cover.
(*w. acc.*) festiuus hic amasio..mulierem..gestiebat ~dere APUL.*Met.*7.21; 10.22.

inscensiō ~ōnis, *f.* [prec. + -TIO] The action of going on board (a ship), embarking.
quidue hinc abitio? quidue in nauem ~o? PL.*Rud.*503.

inscensus ~ūs, *m.* [INSCENDO + -TVS³] (of male animals) The act of mounting, covering.
daturus dominis equarum ~u generoso multas mulas alumnas APUL.*Met.*7.14.

insciē, *adv.* [INSCIVS + -E] Ignorantly, unskilfully, foolishly.
ea..temere existimare et ~ contrectare FRO.*Aur.*1.p.4(62N); omnes..~ metuunt APUL.*Soc.*3.

insciens ~ntis, *a.* [IN-² + *sciens* (SCIO)]

1 Not knowing, in ignorance, unaware.
peccaui ~ns PL.*Ps.*843; iocularium in malum ~ns paene incidi TER.*An.*782; ~ntem Cn. Pompeium fecisse significat CIC.*Balb.*14; si quis rumpet occidetue ~ns, ne fraus esto *formula* in LIV.22.10.5;—(*in abl. absol.*) me apsente atque ~nte PL.*Trin.*167; nequid emisse uelit ~nte domino CATO *Agr.*5.4; CIC.*Pis.*89; CAES.*Gal.*5.7.5; LIV.7.5.3.

2 Ignorant, stupid.
abi sis, ~ns TER.*Ph.*59; nulla..tam sit..~ns lanifica, quae herili togae solidum..subtemen neuerit FRO.*Ant.*2.p.224(233N).

inscienter, *adv.* *superl.* ~tissimē. [prec. + -TER²] Without proper knowledge, ignorantly.
eos, qui trium temporum uerba pronuntiare uelint, ~ter id facere VAR.*L.*9.96; si partiri uelis tutelas, ~ter facias, si ullam praetermittas CIC.*Top.*33; *Luc.*17; tuba..~ter a Graeco inflata LIV.25.10.4; ut quidam ~tissime interpretantur HYG.*Astr.*2.12.

inscientia ~ae, *f.* [INSCIENS + -IA] Lack of knowledge, ignorance.
incolumi ~a CAECIL.*com.*282; implicata ~a impudentia est CIC.*Phil.*2.81; id..si ita erat comprensum ut conuelli ratione non posset, scientiam, sin aliter, ~am nominabat *Ac.*1.41; interpretum ~am *Div.*1.118; QUINT.*Inst.*9.4.39; neglegentia parentum et ~a praecipientium TAC.*Dial.*28.2;—(*w. obj. gen.*) ~am CIC.*de Orat.*1.233; ~am locorum CAES.*Gal.*3.9.5; ex ~a seminum eligendorum COL.3.10.6.

inscītē, *adv.* *superl.* ~issimē. [INSCITVS + -E] Ignorantly, unskilfully.
si quid scis me fecisse ~e aut inprobe PL.*Trin.*95; sed turpem putat ~e metuitque lituram HOR.*Ep.*2.1.167; Romanas naues..ipsas ~e factas immobiles esse LIV.36.43.6; si ~e recipiatur (spiritus) QUINT.*Inst.*11.3.39; ~issime..petit, ut Aeneas portum Velinum requirat HYG.*gram.*7;—(*in litotes*) ut non ~e illud dictum uideatur CIC.*Fin.*5.38; Democritus..non ~e nugatur, ut physicus *Div.*2.30; GEL.1.15.15.

inscītia ~ae, *f.* [INSCITVS + -IA]

1 Ignorance (in practical matters).
quid opsecras me?—~ae meae et stultitiae ignoscas PL.*Mil.*542; *Truc.*845; si idem uobis prodest, uos non facere ~ast TER.*Eu.*1071; ~am pransi, poti, oscitantis ducis CIC.*Mil.*56; nihil..putare esse praeter uoluptatem..summae mihi uidetur ~ae *Fin.*2.34; qui temeritate atque ~a exercitus amisissent LIV.8.33.17; ne qua (sit) in proferendis pedibus ~a QUINT.*Inst.*1.11.16; TAC.*Ann.*15.25; (*pl.*) Panniorum ~as FRO.*Ver.*2.p.210(207N);—(*w. obj. gen.*) negoti gerendi ~a CIC.*Prov.*11; ~a temporis *Off.*1.144; ~am..belli NEP.*Ep.*7.4; ~a aedificandi TAC.*Ger.*16.2.

2 Lack of knowledge, unawareness.
ut acerrimi militum..per tenebras et ~am ceterorum occiderentur TAC.*Hist.*1.54; quo fidem ~ae pararet, atrox aduersus socios *Ann.*15.58; (*w.* erga) is..illi finis ~ae erga domum suam fuit 11.25; (*w. indir. qu.*) multorum ~a, qui aut unde hostes aduenissent LIV.7.12.2.

? **inscītulus** ~a ~um, *a.* [next+-VLVS] Dim. of next.
non ~am (*cj.*) ancillulam AFRAN.*com.*386.

inscītus ~a ~um, *a.* *compar.* ~ior, *superl.* ~issimus. [IN-²+SCITVS] Ignorant, uninformed. **b** (of actions, conduct) characterized by ignorance.
mulier haec stulta atque ~a est PL.*Men.*440; ego ~us qui domino me postulem moderarier 443; ~issimus adueniens perterruit me *Mos.*1135; TER.*Hec.*740; sin uero (ingenia) sunt aspera et ~a et rudia GEL.7(6).2.8; ne ~iores audiant 19.10.14; APUL.*Soc.*pr.4. **b** mirum atque ~um somniaui somnium PL.*Rud.*597; quid..est ~ius quam eam naturam..non optumam dici.. CIC.*N.D.*2.36; ἄρρυθμον, quod esset ~um atque agreste QUINT.*Inst.*9.4.56; non ~us iocus SUET.*Nero* 28.1; nescio quid aliud indictum ~umque dicit GEL.1.22.12; ~ae consuetudinis 12.13.29.

inscius ~a ~um, *a.* [IN-²+SCIO+-VS]
1 Not knowing, in ignorance, unaware, unwitting.
me ignaro, nec opinante, ~o CIC.*Planc.*40; quem uos ~i ad mortem misistis *Phil.*9.10; facile ~is noscitetur ab omnibus CATUL.61.215; ~os inopinantisque Menapios oppresserunt CAES.*Gal.*4.4.5; iugulo..haud ~us accipit ensem VERG.*A.*10.907; LIV.21.18.12; OV.*Tr.*3.5.49; generis..leges ~us seruat pudor SEN.*Phaed.*914; si ~o domino fecit ULP.*dig.*2.13.4.3;—(*w. gen.*) ~us insidiarum *B.Afr.*50.3; haud uatum ignarus uenturique ~us aeui VERG.*A.*8.627; haud ~um eius dimicationis LIV.3.48.2; OV.*Fast.*2.789; deus...casus eius non ~us APUL.*Met.*5.25;—(*w. indir. qu.*) ~i quid in Aeduis gereretur CAES.*Gal.*7.77.1; non ~us neque inprudens sum..quae..tempestates hominum nobilium futurae sint SAL.*Rep.*2.6.1; ~a Dido insidat quantus miserae deus VERG.*A.*1.718; unde uitam sumeret ~us HOR.*Carm.*3.5.37; LIV.1.54.3.
2 Ignorant, unskilled, inexperienced.
qui distingues artificem ab ~o? CIC.*Luc.*22; stupet ~a supra impubesque manus mirata uolubile buxum VERG.*A.*7.381; expertus qualis sub ~o duce exercitus esset LIV.25.20.7; multae res id difficile ~o faciunt, quod perito facillimum est CELS.2.10.16;—(*of actions, etc.*) qui eam (*sc.* naturam) usu ~o deprauabit VAR.*L.*10.60; non ~a suasit religio STAT.*Theb.*1.559;—(*w. gen.*) qui non ~i sunt eius artificii *Rhet.Her.*3.20; se autem omnium rerum ~um fingit et rudem CIC.*Brut.*292; ~us aeui (equus) VERG.*G.*3.189; alitem..laborum..~um HOR.*Carm.*4.4.6; prouinciam..~am legum TAC.*Hist.*1.11; haedulus..~us herbae JUV.11.66; (*poet.*) ~a somni lumina V.FL.4.367; felix..domus fraudumque malarum ~a STAT.*Silv.*3.1.33;—(*w. inf.*) sutrinas facere ~us VAR.*Men.*211; imperii..haud flectere molem ~us STAT.*Theb.*3.388.
3 Unknown, unfamiliar.
~o quodam tramite..accedit quandam ciuitatem APUL.*Met.*5.26.

inscrībō ~bere ~psī ~ptum, *tr.* [IN-¹+SCRIBO] FORMS: *iscr- CIL* 8.2438, 11.1780.
1 To put an inscription or notice on, inscribe. **b** *uenalem, mercede ~bere,* to advertise for sale. **c** to sign, inscribe (with the name of the author, artist, etc.). **d** to brand; also, to tattoo.
statuae illae..quas..poni ~bique iussisti CIC.*Ver.*2.167; glans missa est ~pta: quo die.. *B.Hisp.*13.3; ~pta..deus qui nauigat almo (*i.e. the ship inscribed with his name*) STAT.*Theb.*8.270; intrasti quotiens ~ptae limina cellae (*i.e. a brothel*) MART.11.45.1; ~psit medicamento haruspicis manum FRON.*Str.*1.11.14; monimentum Pallantis ita ~ptum PLIN.*Ep.*7.29.2; (*poet.*) uersa puluis ~bitur hasta VERG.*A.*1.478;—(*w. abl.*) sepulcrum inimico nomine ~ptum CIC.*Dom.*100; litteris Latinis Graecisque utraque arca ~pta erat LIV.40.29.4; PLIN.*Pan.*47.4; QVISQVIS HOC MONVMENTVM..ALIO..QVO NOMINE ~PSERIT *CIL* 6.24799;—(*w. ret. acc.*) ~pti nomina regum..flores VERG.*Ecl.*3.106. **b** aedis uenalis hasce ~bit litteris PL.*Trin.*168; ~psi ilico aedis mercede TER.*Hau.*144. **c** oratio ~pta P. Africani LIV.39.52.3; non ~ptus auctorem reddere signis STAT.*Silv.*4.6.24; (comoediae) falsae nomine eius ~ptae feruntur GEL.3.3; (*poet.*) sua quemque deorum ~bit facies OV.*Met.*6.74. **d** damnatae manus, ~ptique uultus PLIN.*Nat.*18.21; (*pple. as sb.*) quattuor ~pti portabant uile cadauer MART.8.75.9;—mares..etiam apud Dacos et Sarmatas corpora sua ~bunt PLIN.*Nat.*22.2.
2 (w. dat.) To address (a letter to); to inscribe with a dedication (to).
puer legit..epistulam ~ptam patri suo CIC.*Att.*6.3.8; tu fasciculum, qui est M'. Curio ~ptus, uelim cures ad eum perferendum 8.5.2;—aram Diti patri Proserpinaeque ~ptam V.MAX.2.4.5; pugionem apud Capitolium sacrauit ~psitque Ioui Vindici TAC.*Ann.*15.74.
3 To write, inscribe (a notice, title, etc., on). **b** to print, inscribe (characters, symbols, etc.).
lapis ~ptis..notis TIB.1.3.54; si scr⟨i⟩bes mihi epistulam ~bas in liburna N⟨e⟩ptuni *P.Mich.*467.25;—(*w.* in+*abl.*) ~bat aliquis 'arse uerse' in ostio AFRAN.*com.*415; ipsi illi philosophi etiam in eis libellis quos de contemnenda gloria scribunt nomen suum ~bunt CIC.*Arch.*26; in statua..~psit 'parenti optime merito' *Fam.*12.3.1; ut Cn. Pompei nomen in scutis ~ptum haberent *B.Alex.*58.3; ut nostrum tantis ~bam nomen in actis [TIB.]3.7.38; (*fig.*) non infundere in auris tuas orationem, sed in animo..~bere CIC.*de Orat.*2.355;—(*w. dat.*) maceriae..quibus ~pta insculptaue essent..curatorum nomina *Leg.pub.*(*Font.iur.*p.115)22; titulus ipse spoliis ~ptus LIV.4.20.6; foribus nomen suum ~bere 25.10.9; SUET.*Ves.*6.3;—(*impers. pass. w. acc. and inf.*) ~ptum esse uideo quandam ex his statuis aratores dedisse CIC.*Ver.*2.150. **b** ut..naufrago stigmata ~beret ingratum hominem testantia SEN.*Ben.*4.37.3; puluinus, cui bestiarum effigies..buxus ~psit PLIN.*Ep.*5.6.16; GAIUS *Inst.*1.13; (*poet.*) Pan..imo uix ulla ~bens terrae uestigia cornu SIL.13.328.
4 To entitle, name (books, etc.). **b** to apply as a name (to).
in libro qui ~bitur νόμιμα βαρβαρικά VAR.*L.*7.70; ceteros libros artis suae nomine, hos rhetoricos et appellant CIC.*de Orat.*1.55; 'oratorem' meum—sic enim ~psi—Sabino tuo commendaui *Fam.*15.20.1; in fabula, quam Aululariam ~psit (Plautus) PLIN.*Nat.*18.107; hic (libellus).., qui operis nostri octauus ~bitur MART.8.pr.5; accusationes quae in Vatinium ~buntur TAC.*Dial.*21.2;—nec consumpta rogis ~bar Elissa Sychaei OV.*Ep.*7.193. **b** sibi ipse hoc nomen ~psit CIC.*Tusc.*5.73; uitiis suis sapientiam ~bit SEN.*Dial.*7.12.3.
5 (w. pred.) To record as; *dominus ~bi* (w. dat.), to be recorded as the legal owner of, hold the title-deeds of. **b** (w. dat.) to record as responsible for, regard as the author of. **c** (w. dat.) to assign, attribute, set down (to).
illum..dea..auctorem..operi digna⟨ta⟩ ~bere magno iussit adire suas..artes GRAT.106; auctores illis (*sc.* uitiis nostris) ~bere deos SEN.*Dial.*10.16.5; templis ~ptus..sacerdos paruus adhuc STAT.*Silv.*3.1.46;—ex iis, quibus dominus ~ptus est SEN.*Ben.*7.7.4; quicquid est cui dominus ~beris, apud te est, tuum non est *Ep.*98.10. **b** mea dextera leto ~benda tuo est OV.*Met.*10.199; ipsos ~psere deos sceleri 15.128; uirorum qui Martem ~bant genti SIL.10.618. **c** quod ostentare libet et ~bere sibi SEN.*Ben.*1.15.3; non est quod ~bas tibi philosophiam ac quietem *Ep.*68.3.

inscrīptiō ~ōnis, *f.* [prec.+-TIO]
1 The action of writing on or inscribing; the branding (of slaves).
nominis ~o tibi num aliud uidetur esse ac meorum bonorum direptio? CIC.*Dom.*51; CAPITOLIVM..REFECI SINE VLLA ~ONE NOMINIS MEI AUG.*Anc.*4.10; ULP.*dig.*50.10.2;—lacerationes membrorum, ~ones frontium SEN.*Dial.*5.3.6; sequar ego frontes notans ~one sollerti, ut uideamini stigmate esse puniti PETR.103.2; 106.1.
2 An inscribed legend, inscription. **b** the title (of a book). **c** a label worn by slaves when exposed for sale (= TITVLVS).
cum spolia generis detraxeritis quam ~onem dabitis? ENN.*scen.*371; statuam in rostris cum ~one praeclara CIC.*Phil.*13.9; odi falsas ~ones statuarum alienarum *Att.*6.1.26; ~o templi adfixa posti VELL.2.25.4; arcus..cum ~one rerum gestarum TAC.*Ann.*2.83; (*funerary*) hinc illa infelicis monumenti ~o; turba se medicorum perisse PLIN.*Nat.*29.11; (*in a picture*) omnia diligenter curiosus pictor cum ~one reddiderat PETR.29.4;—(*cf.*) non oportet hunc casum sine ~one (*i.e. unrecorded*) transire 55.2. **b** qua ~one commotus..librorum eorum sententiam requisisti CIC.*Top.*1; ~o plenior 'de officiis' *Att.*16.11.4; PLIN.*Nat.*pr.24; QUINT.*Inst.*2.17.15. **c** ars quidem eius et quasi ~o comoedus, in qua plurimum facit PLIN.*Ep.*5.19.3.
3 (leg.) The laying of an accusation; an accusation, charge.
qui post ~onem ante litem contestatam anno..agere non potuerint MACER *dig.*48.16.15.5;—si..libellos ~onum deposuerit ULP.*dig.*48.5.2.8.

inscrīptor ~ōris, *m.* [INSCRIBO+-TOR] One who inscribes.
~OR ROGO TE VT TRANSEAS HOC MONVMENTVM *CIL* 6.29942.1.

inscrīptum ~ī, *n.* [pple. of INSCRIBO]
1 An inscription, advertisement; a branded mark.
cum adieris..hortulos (Epicuri) et ~um 'hospes, hic bene manebis, hic summum bonum uoluptas est' SEN.*Ep.*21.10;—quem mire adficiunt ~a, ergastula, carcer JUV.14.24.
2 The title (of a book).
qui indices libris suis fecerint..epistularum moralium..et quaedam alia ~a nimis lepida GEL.pr.9.

inscrīptūra ~ae, *f.* [INSCRIBO+-VRA] An inscription.
sic erit ~a sursum uersus, ut ad septentrionem spectanti sit K.K.I. HYG.*agrim.*p.71; NIPS.*grom.*p.293La.

inscrīptus ~a ~um, *a.* [IN-²+pple. of SCRIBO] Unwritten. **b** not recorded for taxation, unregistered, contraband. **c** *~um maleficium,* a crime not specifically recognized by law.
alia esse scripta, alia ~a QUINT.*Inst.*3.6.37. **b** illi qui ~um e portu exportant clanculum, ne portorium dent LUCIL.722; si ~um pecus pauerint VAR.*R.*2.1.16. **c** postulaui ut praetor nomen eius reciperet ~i maleficii SEN.*Con.*3.pr.17; QUINT.*Decl.*252(p.29,l.8); *Inst.*7.4.36.

insculpō ~pere ~psī ~ptum, *tr.* [IN-¹+SCALPO] FORMS: *inscalp- CIL* 12.4393.
1 To carve, engrave (a stone, gem, etc.).
eius anuli..gemmam ~pserat APUL.*Fl.*9; ULP.*dig.*19.2.13.5;—(*w. abl.*) sortes..~ptas priscarum litterarum notis CIC.*Div.*2.85; dentes eburneos..~ptos gentis suae litteris V.MAX.1.1.ext.2.
2 (w. dat.) To carve (letters or designs on); to carve a representation of.
eas (*sc.* litteras) tabellae quam optime ~pi QUINT.*Inst.*1.1.27; signaturas pretiosis gemmis..~pere CAP.*iur.*10; (*opp. to* inscribo) dignus..fuit, cui non inscriberentur illae litterae, sed ~perentur SEN.*Ben.*4.37.4;—cornua..aeratis miram referentia formam postibus ~punt OV.*Met.*15.621; ut anulo..~ptam illam traditionem haberet V.MAX.8.14.4.
3 To record in an inscription, engrave (on). **b** (transf.) to record indelibly, 'engrave' (on the mind).
(*w. dat.*) cum summam patrimoni ~pere saxo heredes uoluit HOR.*S.*2.3.90; titulo Punicis Graecisque litteris ~pto LIV.28.46.16; maceriae..quibus inscripta ~ptaue essent..curatorum nomina *Leg.pub.*(*Font.iur.*p.115)22; sepulcro patris quae retuli ~pendo V.MAX.8.7.ext.12; LUC.10.180; TAC.*Ann.*2.69; incisa et ~pta sunt publicis..monumentis praetoria ornamenta Pallantis PLIN.*Ep.*8.6.14;—(*w.* in+*abl.*) foedus..⟨in⟩ columna aenea ~ptum LIV.2.33.9. **b** ille in animo res ~ptas habebat CIC.*Luc.*2; eadem (*sc.* natura) ~psit in mentibus ut eos (*sc.* deos) aeternos et beatos haberemus *N.D.*1.45.

insecābilis ~is ~e, *a.* [IN-²+SECO+-BILIS] Indivisible; *corpora ~ia,* atoms.
aliquid difficulter secari cogitauimus: nouissime crescente hac difficultate ~e inuentum est SEN.*Ep.*118.17;—atomos, quas nostri ~ia corpora, nonnulli indiuidua uocitauerunt VITR.2.2.1; QUINT.*Inst.*2.17.38.

insecendus ~a ~um, *a.*: wd. of dub. sense quoted from CATO by GEL.18.9.2; perh. gdve. of INSECO² or IN-²+*secendus* (as in INSECO²; = unspeakable).

insecō¹ ~āre ~uī ~tum, *tr.* [IN-¹+SECO]
1 To make an incision in, cut.
duos surculos uitigineos..~tos obliquos CATO *Agr.*41.3; ut eos omnis gurgulionibus ~tis relinquerent CIC.*Tul.*21; ~ta cute LIV.38.21.10; COL.9.15.9; oliuam..acuta harundine ~ant 12.49.3; auro ~tis alarum articulis PLIN.*Nat.*10.109; regibus corpora mortuorum ad scrutandos morbos ~antibus 19.86.
2 To make by cutting, incise.
per media..spatia tignorum ~antur ⟨et⟩ exciduntur formae VITR.10.12.1; ~ti pectine dentes OV.*Met.*6.58;—(*fig.*) eas res..inserere atque ~are uideamur in animis auditorum *Rhet.Her.*3.24; cui aliquid mali faucibus adflare..dentibus ~are..possit 4.62.

insecō² ~cere ~xī, *intr., tr.* [cf. *inquam,* Gk. ἔννεπε] FORMS: *~que* (= *~ce*), *~xit* (= *~xerit*) ENN.acc.Paul.*Fest.*p.111M. To tell, tell of.
uirum mihi, Camena, ~ce uersutum ANDR.*poet.*1; ~ce Musa manu Romanorum induperator quod quisque in bello gessit ENN.*Ann.*326.

insectanter, *adv.* [*insectans* (INSECTOR)+-TER²] With strong attacks, aggressively.
turpius esse..exigue atque frigide laudari quam ~ et grauiter uituperari GEL.19.3.1.

insectātiō ~ōnis, *f.* [INSECTOR+-TIO]
1 Hostile pursuit.
ut..sine tumultu atque ~one hostis copias traiceret LIV.21.47.2.
2 The action of pursuing with hostile policy, words, etc.; a vbl. attack, criticism.
quid opus est maledictis?..quid ~one? SEN.*Ben.*7.30.1;—(*w. obj. gen.*) tanta est hominum insolentia et nostri ~o D.BRUT.*Fam.*11.1.2; hominem plebi ~one principum..conciliatum LIV.22.34.2; fortunae ~o QUINT.*Inst.*6.3.28; temporum..Claudianorum obliqua ~one TAC.*Ann.*14.11;—(*w.* in+*acc.*) nec sine occulta in Mucianum ~one *Hist.*3.53; 4.4;—haec ipsa ~o alacritatem militum accendit CURT.4.2.20; haud nescium quibus ~onibus petitus foret TAC.*Ann.*2.55; quamquam per ~ones et nuntios ad proelium uocaretur 12.14; SUET.*Cal.*23.1.

insectātor ~ōris, *m.* [INSECTOR+-TOR] One who pursues with hostility.
ut plebicola repente..euaderet pro truci saeuoque ~ore plebis LIV.3.33.7; egregius..uitiorum ~or QUINT.*Inst.*10.1.129; M. Cato atrocissimus huiusce uitii ~or est GEL.1.15.8.

insectiō ~ōnis, *f.* [INSECO²+-TIO] (See quots.)
a ueteribus, quas 'narrationes' dicimus, '~ones' esse appellatas GEL.18.9.4; 18.9.11.

insector ~ārī ~ātus, *tr.* Also **~ō** ~āre. [IN-¹+SECTOR²] FORMS: act. forms PL.*Capt.*593; *Poen.*528; pple. in pass. sense *B.Afr.*71.2.
1 To pursue with hostile intent, chase.
hastis ~atus est domi matrem et patrem PL.*Capt.*549; hic nos ~abit lapidibus 593; ~atur omnis domi per aedis *Cas.*662; eos agitant ~anturque furiae non ardentibus taedis..sed angore conscientiae CIC.*Leg.*1.40; (aquila) ~ans alias aues *Div.*2.144; miles simul atque ab eis ~atus constiterat in eosque impetum fecerat *B.Afr.*71.2; haud procul ~ans Argum V.FL.4.388; centuriones..uerberibus ~antur TAC.*Ann.*1.20; (*fig.*) nisi..adsiduis herbam ~abere rastris VERG.*G.*1.155.
2 (transf.) To pursue with hostile policies, speech, etc., harry.
o uirtutis comes inuidia, quae bonos sequeris plerumque atque adeo ~aris! *Rhet.Her.*4.36; ~atur totam hanc legationem CIC.*Mur.*21; insto atque urgeo, ~or, posco atque adeo flagito crimen *Planc.*48; qui admonent amice docendi sunt, qui inimice ~antur repellendi *N.D.*1.5; non equidem ~or delendaue carmina Liui esse reor HOR.*Ep.*2.1.69; furente Appio et ~ante ambitionem collegae LIV.2.27.10; dum opificem quendam Batauus ut fraudatorem ~atur TAC.*Hist.*2.66;—(*w. abl.*) non ficto crimine ~ari, non expetere uitam CIC.*Deiot.*30; qui maledictis ~antur eos *Fin.*2.80; Paetum..facetiis ~ari satis habuit Caesar TAC.*Ann.*15.25; ioco..quali..Euripides Aeschylum ~atus est GEL.13.25.7;—(*w. gen. of charge*) eum tu magiae maleficii criminis ~abere? APUL.*Apol.*96.

insectum ~ī, *n.* [next] An insect.
iure omnia ~a appellata ab incisuris, quae nunc ceruicium loco, nunc pectorum atque alui, praecincta separant membra, tenui modo fistula cohaerentia PLIN.*Nat.*11.1; plurima ~orum uermiculum gignunt 11.108.

insectus[1] ~a ~um, *a.* [pple. of INSECO[1]] (in senses of vb., esp.) Indented.
(folia) ~a pectinum modo piceae, abieti PLIN.*Nat.*16.90.

insectus[2] ~a ~um, *a.* [IN-[2]+pple. of SECO] Uncut.
~a non secta PAUL.*Fest.*p.111M.

? **insecundus** ~a ~um, *a.* [app. fr. INSEQVOR; cf. *secundus*] Next in order.
primum prima salua sis, et secunda tu ~o (*cj.* secundo) salue in pretio PL.*Poen.*331.

insecūtiō ~ōnis, *f.* [INSEQVOR+-TIO] Pursuit.
metu incertae ~onis APUL.*Met.*8.16.

insecūtor ~ōris, *m.* [INSEQVOR+-TOR] A pursuer.
frustratis ~oribus APUL.*Met.*7.2.

insēdābiliter, *adv.* [IN-[2]+SEDO+-BILIS+-TER[2]] Unassuageably.
~ sitis arida LUCR.6.1176.

insegestus ~a ~um, *a.* [app. humorous formation from IN-[2]+SEGES+-TVS[2]] Unsown, unplanted.
haec facta narrabo seni; neque istuc ~i tergo coget examen mali PL.*Truc.*314.

insemel, *adv.* [IN-[1]+SEMEL] At one time, together.
orbem, qua melior seueriorque est, et gentes alis ~ togatas STAT.*Silv.*1.6.36; si pariter atque ~ uniuersam magnitudinem eius ostendero FLOR.*Epit.*1.1(1.pr.3); tota ~ regna ueniebant 1.35(2.20.1); ~ FILI(i)S SVMPTIBVS s(uis) F(ecit) *CIL* 8.17791.

insēminō ~āre ~āuī ~ātum, *tr.* [IN-[1]+SEMINO] To implant; (in quots., transf. and fig.); also, to impregnate, fertilize.
nisi propagationibus ~ando curaret augendam (bybliothecam) VITR.7.pr.4; qui aquam niualem..diceret..tabem..et morbos sensim..uisceribus ~are GEL.19.5.3;—(terram) e caelestium imbrium conceptionibus ~atam fetus..procreauisse VITR.8.pr.1.

insenescō ~escere ~uī, *intr.* Also **~iscō.** [IN-[1]+SENESCO] (w. dat.) To grow old in; (of the moon) to grow old, wane.
studiis annos septem dedit ~uitque libris et curis HOR.*Ep.*2.2.82; te..credibile est nostris ~uisse malis OV.*Pont.*1.4.48; cum plerique isdem negotiis ~escerent TAC.*Ann.*4.6; (*hyperb.*) quo modo sufficere officiis ciuilibus possit qui singulis actionum partibus ~escat? QUINT.*Inst.*10.3.11;—lunae..nascentis et ~iscentis..cornua CIC.*Ac.*2.fr.2.

insensibilis ~is ~e, *a.* [IN-[2]+SENSIBILIS] Unintelligible, incomprehensible.
id quoque inenarrabile esse ait et propemodum ~e, quod 'nubem atram fumare' dixit (Vergilius) 'turbine piceo' GEL.17.10.17.

insensilis ~is ~e, *a.* [IN-[2]+SENSILIS] Not possessing the power of sensation.
necessest ex ~ibus tamen omnia confiteare principiis constare LUCR.2.866; 2.870; 2.888.

insēparābilis ~is ~e, *a.* [IN-[2]+SEPARABILIS] That cannot be separated or divided, inseparable.
iuncta est priuata et publica utilitas, tam mehercules quam ~e est laudandum petendumque SEN.*Ep.*66.10; aliquid inter se mixtum habent et ~e 118.10; coibatur societas ~is GEL.1.9.12;—(*of companions, attendants*) anus quaedam..de die cotidie ~is aderat APUL.*Met.*9.15; numinis magni cultor ~is 11.19; *Soc.*16.

inseptus ~a ~um: see INSAEPTVS.

insepultus ~a ~um, *a.* [IN-[2]+pple. of SEPELIO] Not buried, unburied. **b** not buried with proper funeral rites; (of death, burial) unattended by such rites.
hostili in terra turpiter iacuit ~us CIC.*Inv.*1.108; cerno animo sepulta in patria miseros atque ~os aceruos ciuium *Catil.*4.11; ~a membra different lupi HOR.*Epod.*5.99; nec satiatus uiuorum poena ~os proiecit LIV.29.9.10; SEN.*Ep.*92.35; (dentem) ~o exemptum PLIN.*Nat.*28.45; TAC.*Ann.*1.60. **b** hospes me hic necauit isque me defodit ~um clam in hisce aedibus PL.*Mos.*502; Romulum quoque ~um perisse dictitans LIV.1.49.1;—qui illam ~am sepulturam effecerant CIC.*Phil.*1.5; minabatur..mortem et quidem ~am SEN.*Dial.*9.14.3.

insequens ~ntis, *a.* [pple. of INSEQVOR] FORMS: abl. usu. *~nti*; *~nte B.Hisp.*42.2, LIV.4.12.1, 6.21.1.

1 Following in time, subsequent.
~ntibus..diebus CAES.*Civ.*3.112.9; ~nte praetura *B.Hisp.*42.2; comitia in ~ntem annum..habere LIV.6.1.5; ~ntes consules 9.28.8; per quadriduum ~ns 37.38.8; cur numquam ante hunc ~ntem Thessalum ea gens id nominis usurpauerit VELL.1.3.2; praesagium ~ntis casus SUET.*Gal.*6.1; (*neut. pl. as sb.*) haec consequentia dico, ἀκόλουθα..illa ~ntia, παρεπόμενα, quae postea facta sunt QUINT.*Inst.*5.10.75.

2 Following in order, next.
non comparantibus superioribus atque ~ntibus eius scriptis HIRT.*Gal.*8.pr.2; ei primum praemium, ~nti secundum tribuerunt VITR.7.pr.6; prior (morbus) acutus est, ~ns esse longus potest CELS.4.20.1; narratione ~nti V.MAX.3.8.3;—(*neut. pl. as sb.*) haec eo anno in Africa gesta; ~ntia excedunt in eum annum quo.. LIV.30.26.1; ex prioribus geometria probat ~ntia, et certis incerta QUINT.*Inst.*1.10.37.

insequenter, *adv.* [IN-[2]+sequens (SEQVOR)+-TER[2]] Without proper connection, unconnectedly.
existimatur obscure et ~ particula ista (*sc.* 'atque') posita esse GEL.10.29.4.

insequō ~ere: see INSECO[2].

insequor ~quī ~cūtus, *tr., intr.* [IN-[1]+SEQVOR] ORTHOG.: 3rd pers. pl. pres. ind. also written *~cuntur.*

1 To follow closely or in the track of, pursue. **b** (fig.) to attach to, attend.
(*w. acc.*) adulescentes in cursu a tergo ~quens *Inc.pall.*43; uocalem temere ~cutae Orphea siluae HOR.*Carm.*1.12.7; incipit (Veneris stella)..solem ~qui a statione matutina PLIN.*Nat.*2.75; (*in fig. phr.*) te uero, mea quem spatiis propioribus aetas ~quitur VERG.*A.*9.276; (*with the eyes*) ~quitur fugientem lumine pinum OV.*Met.*11.468;—(*intr.*) proximus huic, longo sed proximus interuallo, ~quitur Salius VERG.*A.*5.321; uidisse post sese serpentem mira magnitudine..ferri ac post ~qui cum fragore caeli nimbum LIV.21.22.8. **b** ~quitur miranda tamen sua fabula montem *Aetna* 604.

2 To pursue in hostile fashion, chase; also, to catch up with. **b** (of death or misfortune) to pursue.
(*w. acc.*) hostem..classibus ~cuti sunt CIC.*Balb.*39; cum tu illum in foro..gladio ~cutus es *Phil.*2.21; eos cedentis ab oppido Cassius ~cutus rem bene gessit *Att.*5.20.3; transire conantis ~cuti gladiis CAES.*Gal.*2.23.1; eum longius progressum ~qui decreuerat *B.Alex.*45.1; nec pede congressos aequo nec tela ferentis ~quitur VERG.*A.*12.466; Romani..haud cunctanter ~cuti trepidam hostium classem LIV.22.20.2; me..familiares..raptis cuiusque modi telis ~cuntur APUL.*Met.*2.26; (*fig.*) comminus arua ~quitur cumulosque ruit male pinguis harenae VERG.*G.*1.105;—(*intr.*) celeritate ~quentium tardata CAES.*Civ.*3.70.2; ~cuti etiam equites sunt, si quo casu..aestus..deferre naues in terram posset LIV.24.1.11; (*w.* uestigiis) cum Agricola..uestigiis ~cutus (*following close on their tracks*), uelocissimos equitum..adsultare tergis pugnantium iubet TAC.*Ag.*26.2;—si Alexander ipsos ~cutus foret..sin autem eum effugere potuissent CURT.5.9.2. **b** nunc eadem fortuna uiros..~quitur VERG.*A.*1.241; quis te..per tanta pericula casus ~quitur? 1.616.

3 To make a physical attack on, go for.
(*w. acc.*) uindicis ora proteruis ~quitur manibus OV.*Met.*12.234; *Ib.*142;—(*intr.*) deiectis auribus iam furentes infestis calcibus ~cuntur APUL.*Met.*3.26.

4 To pursue with verbal or other attacks, persecute, hound.
(*w. acc.*) uitae eius turpitudinem..non ~quebantur CIC.*Sul.*81; improborum facta primo suspicio ~quitur, dein sermo atque fama *Fin.*1.50; inimici..Antonii familiares ~quebantur NEP.*Att.*9.2; cineres atque ossa peremptae (Troiae) ~quitur (Iuno) VERG.*A.*5.788 ~queris tamen hunc et lite moraris iniqua? HOR.*Ep.*2.2.19; cur..~queris crimen? OV.*Met.*8.130; nolo Coruinum ~qui TAC.*Dial.*21.9;—(*w. abl.*) ut eos etiam libertus..tam irato animo ac litteris ~quatur CIC.*Ver.*3.157; inridendo amplissimum quemque..~quebantur *Sest.*25; homines beneuolos..~qui contumelia *Att.*14.14.5; (*cf.*) nec..te..rhetoricis nunc quibusdam libris..~quor ut erudiam *de Orat.*2.10.

5 To come after in time, follow, succeed. **b** to follow as a consequence.
(*w. acc.*) hunc (*sc.* Pisistratum) proximo saeculo Themistocles ~cutus est CIC.*Brut.*41; quem (*sc.* ardorem) grauis ~quitur sonitus LUCR.6.285; QUINT.*Inst.*3.1.8; pruinam pridianam dies apricus..fuerat ~cutus APUL.*Met.*11.7;—(*intr.*) graue bellum Octauianum ~cutum est CIC.*Phil.*14.23; magno misceri murmure caelum incipit, ~quitur commixta grandine nimbus VERG.*A.*4.161; nox ~cuta quietis Romanis perfecit bellum LIV.6.8.8; pestilentia ~cuta est 8.17.4; ~cutis in mensibus geminos enixa est PLIN.*Nat.*7.49; seri iubent..fruges ~cuturo imbre 18.341; paucis post diebus deditio ~cuta est TAC.*Hist.*5.24; ~cuti..principes SUET.*Aug.*50. **b** cicutam..potam caligo mentisque alienatio..~quitur LARG.179;—(*intr.*) quo (*sc.* malo) uiso atque persuaso aegritudo ~quitur necessario CIC.*Tusc.*3.72; at tamen ~quitur languor LUCR.3.172.

6 To come next in order, follow.
(*w. acc.*) Corona..quam..~quitur Piscis CIC.*Arat.*601 (355); post ~qui Licinium facio Atilium VOLC.*poet.*1.9;—(*intr.*) postremam litteram detrahebant, nisi uocalis ~quebatur CIC.*Orat.*161; (*w. inf.*) ~quitur nunc de Ctesibica machina..monstrare VITR.10.7.1.

7 To follow up, pursue (a line of inquiry, course of action). **b** (intr.) to pursue the subject, press the point, go on; (w. inf.) to proceed (to).
nil equidem inquiram: nec, quae celare parabis, ~quar OV.*Am.*3.14.42; quod potissimum existimaueris, ~quere TRA.Plin.*Ep.Tra.*10.76(80); (*cf.*) uado equidem exsultans ereptaque fata ~quor STAT.*Theb.*3.86. **b** pergam atque ~quar longius CIC.*Ver.*3.51; reprimam (me) iam et non ~quar longius *Leg.*2.44; ~quere, et uoti postmodo compos eris! OV.*Ars* 1.486;—conuellere uimen ~quor VERG.*A.*3.32.

inserēnus ~a ~um, *a.* [IN-[2]+SERENVS] Not accompanied by fine weather, stormy.
non tantis Hyas ~a nimbis terras obruit STAT.*Silv.*1.6.21.

inserinuntur: var. of *inseruntur,* see INSERO[2].

inserō[1] ~erere ~ēuī ~itum, *tr.* [IN-[1]+SERO[1]]

1 To sow or plant. **b** to plant (a piece of ground).
quas (*sc.* taleas oleaginas) in seminario saturus eris..eas sic ~erito CATO *Agr.*45.1; cupressos uiuas pro ridicis quas ~erunt VAR.*R.*1.26; neu ferro laede retunso semina, neue oleae siluestris ~ere truncos VERG.*G.*2.302; arboribus rumpotinis, si frumentum non ~eritur..uiginti pedum spatia interueniunt COL.5.7.3. **b** his (*sc.* floribus) tumulus super ~eritur *Culex* 411; ut separatim surculis cuiusque generis singulos hortos ~eramus COL.3.21.1; (*fig.*) cultor enim iuuenum purgatas ~eris aures fruge Cleanthea PERS.5.63.

2 To graft on (a scion; some exx. in the pres. stem may belong to INSERO[2] 1). **b** to graft a scion on to (a tree); to propagate by grafting.
capito tibi surculum, quod genus ~erere uoles CATO *Agr.*40.3; semina..quae ~eruntur ex arboribus in arbores VAR.*R.*1.39.3; inutilis..falce ramos amputans feliciores ~erit HOR.*Epod.*2.14; fisso modo cortice lignum ~erit OV.*Met.*14.631; (*cf.*) uidemus..mutatam..~ita mala ferre pirum VERG.*G.*2.33;—(*fig.*) tamquam in unam arborem plura genera, sic in istam domum multorum ~itam sapientiam! CIC.*Brut.*213; imperio quod ~itus et adoptiuus..exerceret TAC.*Ann.*13.14;—(*transf.*) ut..generis alieni (*sc.* asini) stirpem ~itam facile recipiat (equa) COL.6.36.2. **b** haec quoque, si quis ~erat..exuerint siluestrem animum VERG.*G.*2.50; peculiaris impudentia est (prunorum) nucibus ~itorum PLIN.*Nat.*15.41; 15.57;—(*in fig. phr.*) cum..animis corpora necessitate ~euisset CIC.*Tim.*44; confusam eam..eloquentiam..partim pineis nucibus Catonis partim Senecae mollibus..prunulis ~itam FRO.*Aur.*2.p.102(155N);—ficos, oleas, mala, pira, uites ~eri oportet luna silenti CATO *Agr.*40.1; ~ere nunc, Meliboee, piros, pone ordine uitis VERG.*Ecl.*1.73; arbos ~ita fructuosior est, quam quae ~ita non est, id est, quam quae ramis aut plantis ponitur COL.*Arb.*20.2; ex iis (generibus) inter se ~itis PLIN.*Nat.*14.36; QUINT.*Inst.*6.3.88.

3 (transf. and fig.) To implant, root, fix (in).
(eloquentia) ~erit nouas opiniones, euellit ~itas CIC.*Orat.*97; (haec) ~eri quidem et donari ab arte non possunt *de Orat.*1.114; quin ~itas inimicitias istae gentes..habeant *Font.*33; doctrina sed uim promouet ~itam HOR.*Carm.*4.4.33; suspicionem ~itam regni LIV.2.41.9;—(*w.* in+*abl.*) ut..eas res..~erere..uideamur in animis auditorum *Rhet.Her.*3.24; argumentis..in re ipsa ~itis aut adsumptis CIC.*Part.*5; causa..in animo sensuque meo penitus adfixa atque ~ita est *Ver.*5.139;—(*w. dat.*) unum illud erat ~itum priscis illis..esse in morte sensum *Tusc.*1.27; notities diuis hominum unde est ~ita primum..? LUCR.5.182; num qua tibi uitiorum ~euerit olim natura HOR.*S.*1.3.35; superbia ~ita ingenio LIV.1.54.7; ~itum mortalitati uitium se suaque mirandi SEN.*Ben.*2.26.1; scimus, et hoc nobis non altius ~eret Hammon LUC.9.572; ~ita adhuc oculis exercituum Romanorum caedes aut obsidio TAC.*Ann.*15.29.

4 (perh. influenced by confusion w. INSERO[2] and SITVS[1]) To place on or in; to attach, associate.
in eo lapide insuper libros ~itos (III sitos *cj.*) fuisse HEM.*hist.*37; quo tot facta uirum totiens cecidere neque usquam aeternis famae monumentis ~ita florent? LUCR.5.329; partibus aeriis mundi quibus ~ita uiuit (terra) 5.538; (*cf.*) ~itum ab serendo tractum, sed aliquotiens significat inpositum PAUL.*Fest.*p.111M;—neruis ~ita uerba MAN.4.154; quae (signa) sint ~ita cuique (signo) 4.410; si condicio etiam legato ~ita sit CALL.*dig.*35.1.82.

inserō[2] ~ere ~uī ~tum, *tr.* [IN-[1]+SERO[2]] FORMS: *~inuntur* (= *~untur*) ANDR.*poet.*26(28).3.

1 To put or thrust in, insert, introduce. **b** *~tus,* situated inside, surrounded, shut in. **c** *oculos ~ere,* to intrude one's gaze (on), look (into). **d** (app.) to plant.
cuneos..~ens perrupit artus CIC.*Tusc.*2.23(transl. Aeschylus); cum solis lumina cumque ~ti fundunt radii per opaca domorum LUCR.2.115; ~to latices infundere cornu VERG.*G.*3.509; rami locum ad ~endam manum non relincunt LIV.33.5.11; impellit..minis atque ~it ensem (*i.e. into his hand*) STAT.*Theb.*5.230; TAC.*Ann.*2.31;—(*w.* in+*acc.*) manum in sinum..~ere TER.*Hau.*564; qui..tenuissimas particulas..ut nutrices infantibus pueris in os ~ant CIC.*de Orat.*2.162; collum in laqueum ~enti *Ver.*4.37;—(*w. dat.*) falces praeacutae ~tae adfixaeque longuriis CAES.*Gal.*3.14.5; ~itur medium radiis subtemen acutis OV.*Met.*6.56; uenena..per cibos aut potiones nostris corporibus ~ta CELS.5.23.1.A; umeri caput..uertici lati scapularum ossis ~itur 8.1.19; aureis soleis ~uerat gemmas CURT.9.1.29; diuina ratio toti mundo..~ta SEN.*Ben.*4.7.1; pestis nigris ~ta medullis LUC.9.930; pectori ferrum ~am SEN.*Phaed.*1177; dextrae uirgam ~uit STAT.*Theb.*1.306; (*fig., cf.* INSERO[1]) imagine audientium pectoribus ~ta V.MAX.8.9.ext.3; (*pass. in middle sense*) mare..influere penitus atque ambire, et iugis etiam ac montibus ~i uelut in suo TAC.*Ag.*10.7;—(*scions*) si in pirum siluaticam ~ueris pirum quamuis bonam VAR.*R.*1.40.5; quicquid ~ueris..uimine ligato COL.*Arb.*8.2; surculos ~tos 8.3. **b** Tisiphone trepidis ~ta ministris STAT.*Theb.*11.208; ~to geminos Aniene penates *Silv.*1.3.2; praedia agris meis uicina atque etiam ~ta PLIN.*Ep.*3.19.1; CELS.*dig.*19.1.38.2. **c** utinam..oculos in pectore posses ~ere OV.*Met.*2.94; si huic miraculo Dareus ~uisset oculos V.MAX.3.3.ext.1. **d** QVI ~VERIT OLEASTRA *CIL* 8.25902.3.10.

2 To attach, affix, join. **b** *manus ~ere* (w. dat.), to lay hands (on), grasp, seize.
et semel ~tas non mutaturus habenas STAT.*Silv.*3.5.27;—(*w. dat.*) arae.. Herculis..~ere uinculum, quasi illo deo Apollinem retenturo CURT.4.3.22; Spitamenes eum tenebat collo ~ta catena 7.5.36; huic (*sc.* quercui)..~it arma STAT.*Theb.*2.711. **b** uota paene ~entium caelo manus VELL.2.103.4; Briareus..caelo..~uit uipereas manus SEN.*Her.O.*

169; Luc.8.552; ~uitque manus terrae 9.483; (*w. ret. acc.*) citharae..manus ~tus Apollo Stat.*Theb.*6.356.

3 To put (among), introduce (into), include (in). **b** to insert, include (in a book, speech, etc.). **c** to insert (in a class or category), class (among). **d** to insert, add (in a list or calculation); (also, w. pl. dat.) to interpose (between).
(*w. dat.*) quem si puellarum ~eres choro Hor.*Carm.* 2.5.21; Caesaris..aeternum meditans decus stellis ~ere et consilio Iouis 3.25.6; nihil patricium magistratum ~am concilio plebis Liv.6.38.7; consul..nulli fugientium ~tus agmini 22.49.14; rerum natura, quam..docebimus..inuisis quoque herbis ~uisse remedia Plin.*Nat.*22.15; plurima.. quae rebus nihil secum cohaerentibus ~untur Quint.*Inst.* 4.3.16; (*poet.*) poscentem..nouas..auras ~ui uitae Stat. *Silv.*5.5.72;—(*refl.*) patres circumire plebem ~entesque se in circulos sermones tempori aptos serere Liv.3.17.10; ~e te turbae Ov.*Ars* 1.605; Antonius ~ens se manipulis Tac. *Hist.*3.20. **b** nunc querellas, nunc postulationes ~it Liv.35.17.2; cuius (carminis) uerba ~ere non..ausim Plin. *Nat.*17.267; ~endo saepius querelas Tac.*Hist.*1.23;—(*w. dat.*) ~itur huic loco fabula Liv.5.21.8; historiae turpis ~uisse iocos Ov.*Tr.*2.444; uolo te chartis ~uisse meis Mart. 4.31.4; si quis..locum aliquem orationi suae ~eret Tac. *Dial.*19.3;—(*cf.*) ~o..spondeo medium atque consequenti hoc nomen Maur.2841. **c** quodsi me lyricis uatibus ~es Hor.*Carm.*1.1.35; quid..~is Aeacidis alienae nomina gentis? Ov.*Met.*13.33; iste..per adoptionem nobilitati ~itur Sen. *Con.*2.4.13; ~itur smaragdis et quae uocatur tanos..gemma Plin.*Nat.*37.74; (*refl.*) ~ere se dubitantibus Tac.*Ann.*5.4. **d** adde sonos totidem uocum, totidem ~e linguas Man. 4.731;—(*w. dat.*) tantorum uirorum laudibus non inpudenter se persona histrionis ~uit V.Max.8.7.7; dum ignobilitatem suam magnis nominibus ~it Tac.*Ann.*6.2; paene impie his nominibus ~i publicanum Plin.*Pan.*37.7; iniquum eum numerum ~i censui Ulp.*dig.*50.15.4.1;—hvic (*sc.* Tarquinio Prisco) qvoqve et filio nepotive eivs..~tvs servivs tvllivs *CIL* 13.1668.1.17; (*cf.*) anuli plane tertium ordinem mediumque plebei et patribus ~uere Plin.*Nat.* 33.29.

4 To involve or introduce (in an activity or situation).
minimis etiam rebus praua religio ~it deos Liv.27.23.2; quid..necesse est liberos sceleri meos ~ere? Sen.*Thy.*323; secreta quid arma mouit et ~uit nostro sua tela labori? Luc.9.1072;—(*refl.*) nec te ciuilibus ~e bellis! Ov.*Met.*3.117; cum se..nihil ad se pertinentibus bonis ~eret V.Max.9.15. ext.1; nil erit quod uirtuti nostrae se apponat, quod se ~at Sen.*Suas.*2.7; bellicis..se rebus ~uit (myrtus) Plin.*Nat.* 15.125; ~it se et beneficiis certat [Quint.]*Decl.*9.14; ~ere sese fortunae et prouocare arma Romana simulatione numinum ausus est Tac.*Hist.*2.61.

inserpō ~ere, *intr.* [in-[1]+serpo] (w. dat.) To creep over.
commodum lanugo malis ~ebat Apul.*Met.*7.5.

insertīuus ~a ~um, *a.* [insero[2]+-ivvs] Intrusive.
nemo..sacra gentilicia ~a stirpe corrupit Calp.*Decl.*24.

insertō ~āre ~āuī ~ātum, *tr.* [insero[2]+-to] To thrust in, introduce, insert.
(*w. dat.*) clipeo..sinistram ~abam aptans Verg.*A.*2. 672; leonibus magister manum ~at Sen.*Ep.*85.41; lateri dextram ~are parantem Stat.*Theb.*6.891; aesculus..nubibus ~ans altis caput Sil.5.482; (*transf.*) piget inrupisse uolantum concilia et caelo mentem ~asse uetanti Stat. *Theb.*3.550.

inseruiō ~īre ~iuī or ~iī ~ītum, *tr.*, *intr.* [in-[1]+servio]

1 To serve the interests of, devote or attach oneself to. **b** to look after, take care of (animals).
(*w. acc.*) non meretricium est unum ~ire amantem Pl. *Mos.*190; si illum ~ibis solum 216;—(*w. dat.*) filium meum amico atque aequali suo uideo ~ire Ter.*Hau.*418; rapaces magistratus..~iebant publicanis Cic.*Ver.*3.94; optimatibus ..tuis nihil confido, nihil iam ne ~io quidem *Att.*9.5.3; praecipua laus erat tueri domum et ~ire liberis Tac.*Dial.*28.4;—(*impers. pass.*) nihil est a me ~itum temporis causa Cic.*Fam.* 6.12.2; plebi, cui ad eam diem summa ope ~itum erat Liv.2.21.6;—(*absol.*) si fortvna procedere esset passa sollemnis ~iens *CIL* 6.1527.2.27. **b** (*w. dat.*) matri suppositiciae (*sc.* equae) quoque ~iunt Var.*R.*2.8.2; feroci peruigil ~ibat equo Sil.7.341.

2 To pay attention to, take care of (things).
(*w. acc.*) illud autem ~iendumst consilium uernaculum Pl.*Poen.*927;—(*w. dat.*) uocibus magis quam rebus ~iunt Cic.*Orat.*68; tam ~ientem communi dignitati *Q.fr.*2.13.1; posteaquam honoribus ~ire coepi *Off.*2.4; omnibus rebus ~iendum statuit quo celerius hostis..prodiret in aciem Hirt.*Gal.*8.8.1; Hor.*Ars* 167; litterarum..quibus praecipue ~ierat, oblitus est V.Max.1.8.ext.2; cum plerique.. hortorum potius amoenitati ~irent Tac.*Ann.*16.27; Lucretius..auribus ~iens Gel.13.21.21; (*w. gdve.*) dum magister meus lectulo probe coaptando destrictus ~it Apul. *Met.*10.35.

inseruō ~āre ~āuī ~ātum, *tr.* [in-[1]+servo] To observe, notice.
Elysias..~are uolucres Stat.*Theb.*8.194;—(*ellipt.*) fata patent homini, piget ~are 6.935; gemit ~ante nouerca Liber 10.886.

insessor ~ōris, *m.* [insideo+-tor] (See quot.)
~ores latrones, quod circa uias insidientur sedentes Paul.*Fest.*p.111M.

insessus ~a ~um: pple. of insideo and insido.

insexī: pf. of inseco[2].

insībilō ~āre ~āuī ~ātum, *intr.*, *tr.* [in-[1]+sibilo]

1 (intr.) To whistle, hiss (in or on).
qualia succinctis, ubi trux ~at Eurus, murmura pinetis fiunt Ov.*Met.*15.603; densis ~at aer uerberibus Stat.*Theb.* 6.421; Sil.9.517; (*w. dat.*) membris..~at ignis 12.616.

2 (tr.) To instil with hissing.
uerbera Erinnys incutit atque atros ~at ore tumores Sil. 2.626.

insiccātus ~a ~um, *a.* [in-[1]+siccatvs] Dried up (on a surface).
uulnera..putri ~a cruore Stat.*Theb.*3.364; ~um..cruorem deiecisse genis 8.246.

insiciātus ~a ~um, *a.* [next+-atvs[2]] Stuffed with forcemeat; (in quot., facet.).
~um (*cj.*, *cod.* insiticium) et fartilem asinum Apul.*Met.* 6.31.

insicium ~(i)ī, *n.* [in-[1]+*sic*-(seco)+-ivm] A rissole.
~ia ab eo quod insecta caro Var.*L.*5.110.

insideō ~idēre ~ēdī ~essum, *intr.*, *tr.* [in-[1]+sedeo] Forms: freq. not dist. from insido; exx. w. punctual sense are placed under that word, but the allocation is sometimes necessarily arbitrary.

1 To sit, be seated (at or on). **b** (on a horse, etc.).
(*w. dat.*) ~ideo..toro Ov.*Ep.*19.134; muscis, quae ubi ulceribus ~ederunt, uermes creant Col.6.16.3; (*med.*) cui et ~idere expedit Plin.*Nat.*24.13;—(*w. acc.*) hoc saxum ~idens Sen.*Phoen.*122. **b** immani et uastae ~idens beluae Cic.*Rep.*2.67; licet..~ideat celeri conspiciendus equo Tib.1.2.70; ~identes mulis calones Liv.10.41.6; equestri ~idens statuae Sen.*Dial.*6.16.2; elephanto ~idens Tac. *Ann.*15.15; dorsum ~idens meum Apul.*Met.*9.32.

2 (of things) To rest or lie upon.
quibus..~identes sunt paludes et non habent exitus profluentes..per flumina Vitr.1.4.12;—(*w. dat.*) quod (*sc.* iecur) prominens leuiter uentriculo ~idet Cels.4.1.5; ~idet hic (*sc.* ros) raphani folio Plin.*Nat.*11.112; suci..~identes seminibus Col.9.15.2; ~idens capulo manus Tac.*Ann.*2.21.

3 To be situated on or in. **b** (of peoples) to live (in a district). **c** to lie in ambush (in).
di Penates..ab eo quod penitus ~ident Cic.*N.D.*2.68; (*w. dat.*) dolor non pedibus solis..~idebat Plin.*Ep.*1.12.6; —(*w. acc.*) Iope Phoenicum..~idet collem Plin.*Nat.*5.69. **b** (*w. dat.*) Scythae Nomades freti litoribus ~ident Mela 3.38;—(*w. acc.*) ~ident uerticem Pisidae Plin.*Nat.*5.94. **c** (*w. dat.*) siluis ~edit iniquis Verg.*A.*11.531; siluestribus locis cohortibus ~idere iussis Liv.9.24.5.

4 (transf.) To be present (in or with).
(*w.* in+*abl.*) ~idet quaedam in optimo quoque uirtus Cic. *Arch.*29; quae penitus in omni sensu inplicata ~idet.. uoluptas *Leg.*1.47;—(*w. dat.*) cum domesticis non ~ideat (pax) [Cic.]*Exil.*9; nec tibi earum iam desiderium rerum super ~idet una Lucr.3.901; ~idet..animo tuo maiestatis publicae cura Plin.*Ep.*2.11.1; quis adeo dissolutus, cuius non occupationibus aliqua species seueritatis ~ideat? *Pan.* 82.9.

5 To be troublesome (to), lie heavy (on).
hi (*i.e. worries*)..non sunt permolesti, sed tamen ~ident et urgent Cic.*Att.*1.18.2; ~ident febres, tussis increscit Plin.*Ep.*7.19.3;—(*w. dat.*) nec tantus umquam siderum ~edit uapor siticulosae Apuliae Hor.*Epod.*3.15; siue bilis ~ederat faucibus Sen.*Ep.*55.2;—(*w.* in+*abl.*) in urbe ~identem labem crescentis..fenoris Liv.7.38.7.

insidiae ~ārum, *f. pl.* [prec.+-ia]

1 The action or fact of lying in wait (in order to attack, surprise, etc.), an ambush. **b** (in advl. phrs. w. notion of place predominant). **c** (in fig. phrs., w. *dare*, *facere*, etc.).
is nostrae naui lembus ~as dabat Pl.*Bac.*286; sinite me priu' perspectare, ne uspiam ~ae sient *Mil.*597; cum illum ex occultis ~is in apertum latrocinium coniecimus Cic. *Catil.*2.1; ut nihil iam quaerere aliud debeatis nisi uter utri ~as fecerit *Mil.*23; ne si ~is quidem ille interfectus esset *Att.*13.10.3; ut nostrum ~is caput lacessas Catul.15.16; consulibus ~as tendere Sal.*Cat.*27.2; te uidi..caprum excipere ~is Verg.*Ecl.*3.18; nec lupus ~as pecori, nec retia ceruis ulla dolum meditantur 5.60; ipsi regi ~ae parantur Liv.1.40.4; cum mihi..struxerit ~as Ov.*Met.*1.198; repentina uis dictatorem Caesarem oppresserat, occultae Gaium ~ae Tac.*Hist.*3.68; (*poet.*) ~ae sunt pudor ille meae Ov.*Am.*2.4.12;—(*w. obj. gen.*) ad ~as Eumenis regis Liv. 42.59.8. **b** aucupemus ex ~is clanculum quam rem gerant Pl.*As.*881; *Cist.*187; ego hic in ~is ero *Ps.*959; Ter.*Ph.*229; ab illo in speculis atque ~is relicti Cic.*Mur.*79; (*fig.*) de industria..non ex ~is sed aperte ac palam elaboratur Cic. *Orat.*38. **c** eadem illi ~as dabo Pl.*Mil.*303; *Ps.*593;— suis qui filiis fecere ~as *Bac.*1206; ~as nostrae fecit adulescentiae Ter.*Ph.*274; ~as quae ipsi populo Romano a popularibus tribunis plebis fiant Cic.*Agr.*1.25;—num tu pudicae quoipiam ~as locas? Pl.*Cur.*25; perii! in ~as deueni *Men.* 136; *Rud.*474.

2 (mil.) A disposition of troops in concealment so as to effect a surprise attack, ambush, ambuscade. **b** (w. notion of place predominant). **c** (w. notion of troops in ambush predominant).
de oppidorum oppugnationibus, de commeatu, de ~is faciendis atque uitandis Cic.*de Orat.*1.210; ne per ~as ab eo circumueniretur Caes.*Gal.*1.42.4; ex ~is ibi uulneratus *B.Alex.*48.1; Numidae ~as tendit Sal.*Jug.*113.4; non bello aperto sed suis artibus, fraude et ~is, est prope circumuentus Liv.21.34.1; piratarum ~as Gaius *dig.*13.6.18;—(*personified*) Iraeque ~aeque, dei comitatus Verg.*A.*12.336; Petr.124,l.257; occultis..ensibus astant ~ae Stat.*Theb.* 7.50. **b** si forte in ~as deuenero Pl.*As.*105; quinque cohortis in ~is reliquit Sis.*hist.*24; ex ~is exercitum (euasurum) Cic.*Div.*2.13; copias, quas in conualle in ~is collocauerant Caes.*Gal.*3.20.4; non lupus ~as explorat ouilia circum Verg.*G.*3.537; mons..equitum ~as texit Liv.28.33.4; (*fig.*) in eis ipsis intellegendere ~is quas mihi conaris opponere Cic. *Caec.*84. **c** collocatis ~is bipertito in siluis Caes.*Gal.* 5.32.1; siluestribus locis ~as disponunt Hirt.*Gal.*8.12.2; a tergo ~ae clamore sublato circumueniunt *B.Hisp.*40.5; Liv.27.16.15; donec ~ae coorerentur Tac.*Hist.*2.24.

3 A trap set for a wild animal, snare.
(pantheras) ualde aiunt queri, quod nihil cuiquam ~arum in mea prouincia nisi sibi fiat Cic.*Fam.*2.11.2; ~as auibus moliri Verg.*G.*1.271; num quae fossae aut ~ae elephantis.. factae essent *B.Afr.*35.4; uelit ~is altas si claudere ualles Tib.1.4.49; ~is ferarum Liv.24.3.5; mugil..~as..non ignorat Plin.*Nat.*32.12; (*applied to a fish-hook*) is, ut haesit in hamo..laxat uolnera, donec excidant ~ae 32.13.

4 (in general) A treacherous attack, plot. **b** (applied to the action of natural forces).
nullae sunt occultiores ~ae quam eae quae latent in simulatione offici Cic.*Ver.*1.39; Sassia moliri statim, nefaria mulier, coepit ~as filio *Clu.*176; Danaum..patescunt ~ae Verg.*A.*2.310; postquam ~is opportunum animaduertit, aurem eius morsu corripuit V.Max.3.3.ext.3; circumueniant illum domesticae ~ae Sen.*Ben.*6.39.2; sentire eum (*i.e. a marine plant*) se capi..et hebetare aciem ferri. quod si fefellerint ~ae, in lapidem transfigurari Plin.*Nat.*13.142; tamquam crimen ac mox ~as Fonteio Capitoni struxisset Tac.*Hist.*1.58;—(*poet.*) cum ~is pallida uina bibi Prop. 4.7.36; opposito procul ~is..corpore praeripuit letum calamumque uolantem Sil.2.117;—(*w. obj. gen.*) propositum uitae periculum et cotidianas capitis ~as Cic.*Clu.*20; qui consul ~as rei publicae..inuestigasset *Sul.*14; ~as uitae suae fieri *Q.fr.*2.3.4; si compererit eum..~as uitae prioris domini struxisse Julian.*dig.*17.1.30; (*cf.*) quid..uenenorum fertilius aut unde plures testamentorum ~ae? Plin.*Nat.* 29.20. **b** infidi maris ~as uirisque dolumque ut uitare uelint Lucr.2.557; neque ~is noctis capiere serenae Verg. *G.*1.426; dicitur ~is flagrasse Aenaria quondam *Aetna* 430.

5 A treacherous device, snare.
nimis..~arum ad capiendas auris adhiberi uidetur Cic. *Orat.*170; singulare genus fraudis et nouam rationem ~arum *Quinct.*22; uenditorem..dicere uitia oportere, cetera sine ~is agere *Off.*3.51; fraudis atque ~arum et perfidiae plena sunt omnia Q.Cic.*Pet.*39; pelago Danaum ~as (*i.e. the Wooden Horse*) suspectaque dona praecipitare iubent Verg.*A.*2.36; semper ab ~is, Cynthia, flere soles Prop.3.25.6; Luc.9.99; fraudem ~asque putant et Punica corda Sil.12.737; Stat. *Ach.*1.568; orbitate et pecunia ~is obnoxius Tac.*Ann.*14.40.

insidiātor ~ōris, *m.* [next+-tor]

1 One who lies in wait (to attack, rob, etc.).
nullus est portis custos, nullus ~or uiae Cic.*Catil.*2.27; ~ori..et latroni quae potest inferri iniusta nex? *Mil.*10; circa repugnantem aliquot ~ores cecidere Liv.3.43.4; ~ores ab Othone in Germaniam..missi Tac.*Hist.*1.75;—(*w. gen.*) nullius pepercit uitae, quem eius ~orem putaret Nep.*Reg.* 2.2; exclusus..ab ~oribus Gai Suet.*Cl.*10.1; (*of predatory animals*) ne obsidiis hominum aut ~orum animalium diripiantur (aues) Col.8.2.7.

2 (mil.) One who lies in ambush.
incursum sustinent ~orum Hirt.*Gal.*8.18.4; *B.Afr.*66.1; uersus extemplo est terror in ~ores Liv.9.31.15; circumducto exercitu elusit ~ores Fron.*Str.*1.2.8.

3 One who plots against or sets traps for, a deceiver.
si uafer unus et alter ~orem praeroso fugerit hamo Hor. *S.*2.5.25;—(*w. gen.*) bonorum ~ores *Rhet.Her.*4.22; suae pudicitiae proditor est, ~or alienae 4.52; quod ~oribus eius ἀπρόσιτον me..praebui Cic.*Att.*5.20.6; cum inter liberatores patriae ~or ipse libertatis creatus esset praetor Liv.24.25.5.

insidior ~ārī ~ātus, *intr.* Also **~ō** ~āre ~āuī. [insidiae+-o[3]] Forms: *~auerint* Call.*dig.* 48.19.28.11. Const.: absol. or w. dat.; gdve. in pass. sense Cic.*Cael.*51.

1 To lie in wait (in order to assault, rob, etc.).
ubi cum stimulis aut flagris ~antur Pl.*Ps.*1241; tempus ad ~andum..idoneum eligunt Cic.*Tul.*34; Tac.*Hist.*3.59; (*gdve.*) in legatis ~andis Cic.*Cael.*51;—(*w. dat.*) desinant ~ari domi suae consuli *Catil.*1.32; profectus..ut ~aretur in uia Clodio *Mil.*47; huic deditis ludicro..~atos Liv.1.5.3; (*cf.*) haec (sica) intenta nobis est..haec ~ata Pompeio est Cic.*Mil.*37; (*fig.*) ~abitur solitudini tuae dolor Sen.*Dial.* 11.8.1;—(*of predatory animals*) ~antur (apibus) aquantibus ranae Plin.*Nat.*11.61; crocodilum ~antem ei (*sc.* asello) 35.142;—(*of hunters*) (tigris fetus) ab ~ante rapitur equo 8.66; puberem Apollinem subrepenti lacertae comminus sagitta ~antem 34.70; ~emur apris Mart.12.14.10;—(*pple. as sb.*) error ut ante oculos ~antis eat Ov.*Fast.*3.382; nihil habeamus quod cum magno emolumento ~antis eripi possit Sen.*Ep.*14.9; Col.7.12.3; cvi fallere ~antes fas est *CIL* 8.2297.

2 (mil.) To lie in ambush.
hic ~antes uigilant Enn.*Ann.*436; neque ex occulto ~andi et dispersos circumueniendi singulis deerat audacia Caes.*Gal.*6.34.6; ne in aduersariorum ut ~andi gratia ibi commorantium classem inciderent imprudentes *B.Afr.*53; ne latebras quidem ad ~andum praebent Liv.38.41.5;—(*w. dat.*) expeditis nauigiis..in statione dispositis nauibus ~abantur nostris *B.Alex.*25.2; Numidae..~ati sunt ei Nep.*Han.* 6.4.

3 To make a treacherous attack (on), plot (against).
~atum eum et tempore capto adortum rem publicam Liv.3.9.7; solum incolumitati principis aduersus ~antem matrem subuenisse Tac.*Ann.*14.62;—(*w. dat.*) non solum ~antem somno maritorum uerum etiam bonis otiosorum Cic.*Catil.*1.26; Adherbalem dolis uitae suae ~atum Sal. *Jug.*22.4; cum..Nicanorem..~ari Piraeo..moneretur Nep. *Phoc.*2.4; pleno lupus ~atus ouili Verg.*A.*9.59; ad ~andum

ibertati ciuium suorum Liv.34.33.8; per quod facilius.. corruptor ~etur nuptae Plin.*Nat.*22.3; ~atus cuidam ciuitati Fron.*Str.*3.2.5;—(*act. form*) serui, qui saluti dominorum suorum ~auerint Call.*dig.*48.19.28.11.

4 (transf.) To lay traps, act so as to catch a person out.

in colloquiis ~ari et captare Liv.32.33.11; illud uero ~antis..fortunae fuit Quint.*Inst.*6.pr.8;—(*w. dat.*) hiscin tu amabo non contra ~abere? Ter.*Hec.*70; natura ~ans pontum substrauit auaris Prop.3.7.37; nullis..magis quam audientibus ~antes susurros Plin.*Pan.*62.9; hic et sibi ~atus est Ulp.*dig.*37.6.1.23.

5 To wait and watch, be on the look-out (for opportunities, etc.).

quod..neque precibus umquam nec ~ando nec speculando adsequi potui Cic.*de Orat.*1.136; non..id agit ut ~etur et obseruet *Orat.*210; de hieme augurantur quibus est cura ~andi, negotiatores auari Plin.*Nat.*18.225;—(*w. dat.*) huic Gracchus ~andum tempori ratus Liv.23.35.16; Vell.2.21.2; Plin.*Nat.*9.29; auaritia ~antium caritati 18.320.

insidiōsē, *adv. superl.* ~issimē. [next+-e] Treacherously, deceitfully.

hisce ~e spem falsam ostendere Cic.*S.Rosc.*110; me summa simulatione amoris..sceleratissime ~issimeque tractauit *Q.fr.*1.3.8; *Off.*3.68; ~issime nocet, cui gratiae aguntur pro iniuria Sen.*Ben.*5.20.3.

insidiōsus ~a ~um, *a. compar.* ~ior, *superl.* ~issimus. [insidiae+-osvs]

1 (of places) Liable to contain ambushes; full of hidden dangers. **b** (of other things) containing unexpected dangers, hazardous.

~o et pleno latronum in loco occidisset Cic.*Mil.*50; per ~a itinera Suet.*Jul.*58.1; Gaius *dig.*6.1.36.1; (*cf.*) in expeditionem asperam et ~am Fron.*Str.*4.1.43; (*in fig. phr.*) per ~um iter uitae Sen.*Ep.*44.7;—~a..limina fugit Ov.*Met.* 7.744; mare..~is excipitur angustiis uirque minimo aditus nauigio est Sen.*Suas.*2.1; Capraria ~a naufragiis Plin.*Nat.* 3.78; Stat.*Theb.*6.322;—(*w. dat.*) theatra..formosis ~a manent Ov.*Ars* 1.134. **b** ad ~a uocatus pocula Ov. *Met.*14.294; res est agrestis ~issima cunctanti Col.11.1.29;—(*of abst. things*) nihil est tam fallax quam uita, nihil tam ~um Sen.*Dial.*6.22.3; ~a blandimenta aurium *Ep.*88.7.

2 (of persons, animals; also, of conduct) Treacherous, deceitful. **b** (of conditions) proceeding stealthily, insidious.

quis acerbior, quis ~ior, quis crudelior umquam fuit? Cic.*Ver.*2.192; ut ~is amicis non crederem *Dom.*29; homines apertos minimeque ~os *B.Afr.*73.2; Hor.*Ep.*2.1.172; ~us Amor Ov.*Rem.*148; fodere terram quod uides cotidie aprum ~um Phaed.2.4.9; fert humana natura ~os animos Sen. *Dial.*4.31.5; prouectus ab ~issimo principe Plin.*Pan.*95.3;—sermo ~us Cic.*Flac.*87; ~as non nullorum simulationes *Agr.*2.7; ne interrogatione ~a capiamur Sen.*Ben.*4.26.1; oscula securae dabat ~a sorori Stat.*Ach.*1.589; nocturni grassatoris ~am uiolentiam Gel.20.1.8. **b** res quanto est maior, tanto est ~ior Pub.*Sent.*R.10; hinc fessos penitus subrepsit in artus ~a quies et pigra obliuio uitae Stat. *Silv.*1.4.57; est uitium ~um et sub falsa laudis specie latens Gel.9.16.7.

insīdō ~īdere ~ēdī ~essum, *tr., intr.* Forms: freq. not dist. from insideo; pf. *insīdī* Tac. *Ann.*3.61.

1 To sit or settle upon. **b** (of flying creatures). **c** (of inanim. things).

(*w. acc.*) dictator, ubi currum ~idit, peruehitur usque ad oppidum Naev.*com.*107; iam summas arces Tritonia..Pallas ~edit Verg.*A.*2.616; patrias..~edisse curulis Stat.*Silv.* 5.2.167; supplicibus Amazonum quae aram ~iderant Tac. *Ann.*3.61; omnis turba, quae limen ~ederat Plin.*Pan.*5.4; (*pass.*) ab ~essis maestae Pelopeides aris promouere gradum Stat.*Theb.*12.540; ~essum diris auibus Capitolium Tac. *Ann.*12.43;—(*w. dat.*) inscia Dido ~idat quantus miserae deus Verg.*A.*1.719; duobus sedilibus iunctis duo ualentes ~idunt Cels.7.26.2.d. **b** (*w. dat.*) apes..floribus ~idunt uariis Verg.*A.*6.708; Plin.*Nat.*11.18; montibus ~idunt (manes) patriis Stat.*Theb.*11.422; fastigio Capitolii examen apium ~edit Tac.*Ann.*12.64;—(*w.* in+*abl.*) cum ei ius dicenti picus in capite ~edisset Fron.*Str.*4.5.14;—(*w. adv.*) in eundem locum reuertitur atque ibi..~edit Nep.*Dat.*11.3; Plin.*Nat.*36.204. **c** (*w. acc.*) uapor..~idens corporis artus Vitr.8.6.11; (*pass.*) apex..tantum fessis ~iditur astris Stat.*Theb.*2.36; ~essa..pondere tanto subter anhelat humus *Silv.*1.1.56;—(*intr.*) sidera, quae quasi ~idunt Var. *L.*7.14;—(*w.* in+*abl.*) cum..in locis semen ~edit Cic.*N.D.* 2.128;—(*w. dat.*) inferiora ossa superioribus leniter ~idunt Cels.8.1.3; quo..iugum..melius aptum ceruicibus ~idat Col.2.2.22; aliquando (salsus sapor) extra ~idit pulueris modo, et cicerculis tantum Plin.*Nat.*19.186; (*cf.*) quo aegris iucundius ~idat (cibus) Cels.3.4.18.

2 (mil., w. acc.) To occupy with armed forces, seize, hold (a position, road, etc.).

Pomponius cum uelite superiorem locum ~edit Sis.*hist.* 78; copiae Gallorum ingentes agrum Pomptinum ~ederant ? Quad.*hist.*12; paucos saltum ~identis Sal.*Hist.*1.97; eunt agmine ad urbem et Auentinum ~idunt Liv.3.50.13; ~essis omnibus uiis 9.15.3; immitis iis qui latebras ~ederant Tac. *Ann.*14.23; ~esso etiam mari et amne 15.58;—(*w. abl. of force employed*) quingentis militibus arcem ~idit Liv.26. 44.2; Pannonicae Alpes praesidiis ~essae Tac.*Hist.*2.98; (*cf.*) ut non bellum, sed uanam imaginem belli..Capitolium ~edisse contenderent Liv.3.16.5.

3 To make one's home in, settle in.

(*w. acc.*) non satius cineres patriae ~edisse supremos atque solum quo Troia fuit? Verg.*A.*10.59; hi populi.. saltus et uertices montium..~ederunt Tac.*Ger.*43.2; agros ..uacuos et militum usui sepositos ~edere *Ann.*13.54; (*pass.*) $\overline{\text{XV}}$ p laxitate ~essa ad effigiem Macedonicae chlamydis Plin.*Nat.*5.62;—(*w. dat.*) ubi Lydia quondam gens.. iugis ~edit Etruscis Verg.*A.*8.480.

4 (intr.) To sink in, penetrate; (also, of vowels) to coalesce, merge into. **b** (of wounds) to penetrate; (of diseases, etc.) to become deep-seated.

eadem (*sc.* sagitta)..altissime ~idit Cels.7.5.2.a; ut attingat leuiter, non ~idat (ferramentum) 7.12.1; non satis (uidebantur) ~idere uerbera Sen.*Con.*9.6.4;—(*w.* in+*acc.*) uenas, in quas ~idunt aurarum flatus Vitr.5.3.1;—(*w.* in+*abl.*) animaduertit, quantum corporis sui in eo (*sc.* solio) ~ideret, tantum aquae..effluere 9.pr.10;—(*w. dat.*) credit tactis digitos ~idere membris Ov.*Met.*10.257; nec habent (pluuiae) terram, cui ~idant? Sen.*Nat.*3.7.3;—littera i sibi ~idit, 'coniicit' enim est ab illo 'iacit' Quint.*Inst.*1.4.11. **b** ubi tenue sed altum uulnus ~edit Cels.5.26.35.a;—longus..morbus cum penitus ~edit 3.1.5; torpor ~edit per artus Sen.*Oed.*224; Larg.112.

5 (intr., transf., of non-material or abstract things) To sink in, penetrate, become embedded; (also w. acc.).

intellegebatur..~edisse quasdam odiosas suspiciones Cic.*Att.*1.17.1; omnia uitia penitus ~idunt, nisi, dum surgunt, oppressa sunt Sen.*Dial.*6.1.7;—(*w.* in+*abl.*) quod non in memoria mea penitus ~ederit Cic.*de Orat.*2.122; illa macula..quae penitus iam ~edit ac nimis inueterauit in populi Romani nomine *Man.*7;—(*w.* in+*acc.*) quod is numerus uersuum, uti cybus, in quemcumque sensum ~ederit, inmotam efficiat ibi memoriae stabilitatem Vitr. 5.pr.4;—(*w. dat.*) alius metus ~idens pectoribus Liv. 10.41.2; non animo sanguis et pallor et gemitus..~idet? Quint.*Inst.*6.2.31; dum illa uerba fabricentur et memoriae ~idant 10.7.2; sollemnis ille lictorum..clamor auribus ~ederat Plin.*Pan.*61.7;—(*w. acc.*) cogitationes omnium hominum penitus ~edit deum esse Apul.*Mun.*24.

insigne ~is, *n.* [insignis]

1 Something worn or carried as an indication of rank, status, identity, etc. **b** (carried by things other than human beings).

(*of royalty*) sedens cum purpura et sceptro et illis ~ibus regiis Cic.*Sest.*57; regni..coronam cum sceptro misit mandatque ~ia Tarcho Verg.*A.*8.506; omnia ~ia primi consules tenuere Liv.2.1.8; imponendo capiti eius..~e regium (*i.e. crown*) Vell.2.56.4; Suet.*Aug.*60; (*cf.*) plerique sic iram quasi ~e regium exercuerunt Sen.*Dial.*5.16.3;—(*of civil rank or office*) fascibus ceterisque ~ibus summi honoris Cic.*Sest.*17; ~ia magistratuum ab Tuscis pleraque sumpserunt Sal.*Cat.* 51.38; ~ia ordinis eius (*sc.* libertorum) gerere Liv. 45.44.19; Pallanti..praetoria ~ia..censuit Tac.*Ann.*12.53;—(*of birth*) ~ibus raptis puer Hor.*Epod.*5.12; pueri ~ia ingenuitatis..contulerunt V.Max.5.6.8; auri tantum quantum puer nobilitatis ~e in auricula gestauit Apul.*Pl.*1.4;—(*of family*) clipeo..~e paternum centum anguis cinctamque gerit serpentibus Hydram Verg.*A.*7.657; uetera familiarum ~ia nobilissimo cuique ademit, Torquato torquem.. Suet.*Cal.* 35.1;—(*of mil. rank, etc.*) induuolans secum abstulit hasta ~e Enn.*Ann.*417; haec (*sc.* paludamenta) ~ia atque ornamenta militaria Var.*L.*7.37; ut non modo ad ~ia accommodanda sed etiam ad galeas induendas..tempus defuerit Caes.*Gal.*2.21.5; detractis ~ibus imperatoris *Civ.*3.96.3; adiecit..neminem nisi equitem, atque eorum ipsorum primores, id gerere ~e Liv.23.12.2; Tac.*Hist.*1.82;—(*of priesthood*) qvei apice ~e dialis flaminis gesistei *CIL* 1.10; sacerdos..totus conlucens ueste atque ~ibus albis Verg.*A.*10.539; pontificalia atque auguralia ~ia Liv. 10.7.9; spicea corona..sacerdotio ei pro religiosissimo ~i data Plin.*Nat.*18.6;—(*as the distinctive attributes of a god*) eorum ~ia deorum (*sc.* Castoris et Pollucis), stellae aureae Cic.*Div.*1.75; sua..ante ~ia sumat (Iuppiter) Ov.*Met.* 3.286; bos in Aegypto..numinis uice colitur..~e ei in dextro latere candicans macula Plin.*Nat.*8.184. **b** nauem D. Bruti, quae ex ~i facile agnosci poterat Caes.*Civ.*2.6.4; in praetoria naue ~e nocturnum trium luminum fore Liv. 29.15.11;—bellator equus positis ~ibus Aethon it lacrimans Verg.*A.*11.89; Curt.8.12.16.

2 A personal decoration or other concrete mark of honour. **b** a non-physical mark of honour, distinction.

(*commemorating mil. success, etc.*) neque in fascibus ~ia laureae praetulit Caes.*Civ.*3.71.3; exornatis aedibus per aulaea et ~ia Sal.*Hist.*2.70.2; cui, belli ~e superbum, tempora nauali fulgent rostrata corona Verg.*A.*8.683; rapiam suspensa sacris ~ia fanis Tib.2.4.23; his decoratus ~ibus (*sc.* coronis) Liv.7.37.3; ~e coronae classicae..hoc bello Agrippa singulari uirtute meruit Vell.2.81.3; emeriti ..gerens ~ia doni Luc.1.357; (*cf.*) ob rem publicam hoc intus mihi quod ~e (*i.e. wound*) habeo Pl.*Cur.*400;—(*triumphal*) clara..sumpturum pictas ~ia uestes Ov.*Pont.*2.1.31; Vell. 2.10.2; decreta..triumphalia ~ia A. Caecinae Tac.*Ann.* 1.72;—munditiae et ornatus et cultus, haec feminarum ~ia sunt Liv.34.7.9; cape hoc decorum ludicri certaminis, ~e frontis Sen.*Ag.*936; finiti cursus, operumque ~ia praesto Stat.*Theb.*6.643; ~ia uocis Juv.8.227;—(*poet., of the heavenly bodies*) longa uetustas..stinguens praeclara ~ia caeli Cic.*Arat.*inc.fr.1; cum..horum ~ia solem lunam stellasque uidissent *N.D.*1.100; dum ueniat radiatum ~e diei Lucr.5.700;—(*fig.*) orationem..distinguere quasi quibusdam uerborum sententiarumque ~ibus Cic.*de Orat.*2.36; his ~ibus atque infulis imperi uenditis *Agr.*1.6. **b** nullum ego a uobis praemium uirtutis, nullum ~e honoris..postulabo Cic.*Catil.*3.26; pro triumpho ceterisque laudis ~ibus quae sunt a me propter urbis uestraeque salutis custodiam repudiata 4.23; ~ia..uirtutis multi etiam sine uirtute adsecuti sunt *Fam.*3.13.1; perspexeram te magis iudicio bonorum quam ~ibus gloriae delectari 10.13.2; Caesari proprium et peculiare sit..clementiae ~e Plin.*Nat.*7.93; manet honos et antiquae societatis ~e; nam nec tributis contemnuntur nec publicanus atterit Tac.*Ger.*29.2.

3 A visible distinguishing mark, characteristic; (also transf.).

festinatis senectutis ~ibus Plin.*Pan.*4.7; ut, si pingeres, ~ia animaduerteres eius rei cuius imaginem pingeres Fro. *Aur.*1.p.36(46N); (*cf. sense 1*) spectatissimum ~e gallinaceis Plin.*Nat.*11.122;—notum iis esse debebit ~e ueri Cic. *Luc.*36.

4 An outward or visible token, emblem, symbol. **b** the outward trappings (as opp. to the reality). **c** a symbolic representation.

eam..ex bello gloriam uirtute peperimus, ut eius aeterna ~ia posteris nostris relinquere uellemus Cic.*Inv.*2.70; maiores nostri Capua magistratus, senatum, consilium commune, omnia denique ~ia rei publicae sustulerunt *Agr.*1.19; pacis est ~e et oti toga *Pis.*73; uexillum proponendum, quod erat ~e cum ad arma concurri oporteret Caes.*Gal.* 2.20.1; cuius olorinae surgunt de uertice pennae..formaeque ~e paternae Verg.*A.*10.188; quidam cum omnium malorum suorum ~ibus se in forum proiecit Liv.2.23.3; uittae tenues, ~e pudoris Ov.*Ars* 1.31; miserat ciuitas Lingonum..dona legionibus dextras, hospitii ~e Tac.*Hist.*1.54; quae..rerum secundarum olim, tum publicae cladis ~ia fuisse *Ann.*14.64;—(*w. acc. and inf.*) quod erat ~e eum, qui id faceret, facere ciuibus suis omnibus consili sui copiam Cic.*de Orat.*3.133. **b** ~ia uidetis potestatis, nondum ipsam potestatem Cic. *Agr.*2.32; maerorem relinquis, maeroris aufers ~ia *Pis.*18; nihil horum honor est, sed honoris ~e Sen.*Ben.*1.5.6. **c** ea corona ~e ualli habet Gel.5.6.17.

insigniārius ~iī, *m.* [prec.+-arivs] (Word of uncertain meaning; cf. prec.)

crescens ~ivs campanvs *CIL* 4.8915.

insigniō ~īre ~iuī or ~iī ~ītum, *tr.* [app. back-formation fr. insignitvs] Forms: ~*ibam,* etc. Verg.*A.*7.790, Stat.*Theb.*7.56, Apul.*Met.*11.24.

1 To mark with a characteristic feature, means of identity, etc. **b** to impress (such a mark).

clipeum sublatis cornibus Io auro ~ibat Verg.*A.*7.790; me non tralaticia deformitate esse ~itum Petr.110.4; (mulli) barba gemina ~iuntur inferiori labro Plin.*Nat.*9.64; orationem..fucatis et meretriciis uestibus ~ire Tac.*Dial.*26.1; quae..alia..qua corporis labe ~ita sit Gel.1.12.3; ea (corona) quasi nauium rostris ~ita est 5.6.18; colore uario circumnotatis ~ibar animalibus Apul.*Met.*11.24; pectoris ..primorem cutim uitiligine ~it *Apol.*50. **b** inmortalium animorum in quibus tanquam ~itae notae ueritatis appareant Cic.*Div.*1.64.

2 To mark with weals, etc.; (in quots., neut. of pple. as sb.).

oculorum uitia omnia sanari ea conuenit..item ~ita ac liuida Plin.*Nat.*27.18; 27.128.

3 To adorn with marks of honour.

passim..tropaeis ~is agros Verg.*A.*11.386; fastigia templi captae ~ibant gentes Stat.*Theb.*7.56; Sil.6.108; 14.32; (*iron.*) haec tu Sidonio potes ~itus amictu dicere? Ov.*Ep.*9.101.

4 (transf.) To make noteworthy or remarkable, mark, distinguish.

illud temperatius, non excerpere se nec ~ire Sen.*Ep.*18.4; cum..omnis annus funeribus et cladibus ~iretur Tac.*Ag.* 41.3; ceteri..duces dum peractum bellum putant, finem eius ~iuere *Hist.*3.78; quisquis ille..sileatur, quem ~ire exempli nihil..refert Plin.*Ep.*8.22.4; Suet.*Cal.*31.

insignis ~is ~e, *a. compar.* ~ior. [in-[1]+signvm+-is[1]]

1 Clearly visible or recognizable, conspicuous. **b** (see quot.).

aliquam rem ~em habuisse, uerrucam, naeuum Lucil. 545; cum illa lata ~ique lorica Cic.*Mur.*52; quam quisque poterat maxime ~is, quo notior..uirtus esset eius, telis hostium..se offerebat Hirt.*Gal.*8.42.5; nec ualli tantum ac fossarum uestigia relicta sed multo alia illis ~iora monumenta uastitatis circa regionumque depopulatarum Liv. 10.15.5; quod eiusmodi condicionis mancipia ~ia esse in uendundo deberent Gel.6(7).4.2;—(*w. abl.*) ~is uaris cruribus Lucil.583; ille..ramis ~is oliuae Verg.*A.*6.808; ~is sargusque notis Ov.*Hal.*105; longa ceruice ~ior exit stella nitens Germ.*Arat.*213; niueo..~is amictu Stat.*Silv.* 3.3.3; praetoriam nauem uexillo ~em Tac.*Hist.*5.22. **b** ~es appellantur boues, qui in femine et in pede album habent, quasi insigniti Paul.*Fest.*p.114M.

2 Easily apprehensible, manifest, plain, marked.

hancin ego ut contumeliam tam ~em in me accipiam, Gnatho? Ter.*Eu.*771; rumorem, famam flocci fecit..~ibus flagitiis Cato *orat.*62; sunt ~es percussiones eorum numerorum Cic.*de Orat.*3.182; iudicia senatoria..uera atque ~i turpitudine notata *Clu.*61; neque..habere ~em illam et propriam percipiendi notam *Luc.*101; claram satis et ~em uirtutem esse Liv.24.15.6; ~e aduersus Persea odium Romanorum fecit 42.6.2; corpora propter ~em euidentiam sui simili iudicio cognosci Apul.*Pl.*1.5.

3 Remarkable in appearance, outstanding.

cocus non curat caudam ~em esse illam Lucil.716; ensem atque ~em galeam Verg.*A.*5.367; opulentia ~ium armorum bellum adornauerant Liv.10.38.2; puerum.. forma ~i 27.19.8; ~is equos Tac.*Hist.*1.88;—(*w. abl.*) ostro ..~is et auro stat sonipes Verg.*A.*4.134; ~em tenui fronte Lycorida Hor.*Carm.*1.33.5; sit facie quamuis ~is Ov.*Ep.* 5.125.

4 Noteworthy, remarkable, memorable, signal. **b** having a special significance.

iamdiu aliquam causam quaerebat senex quam ob rem ~e aliquid faceret is Ter.*Eu.*1001; ~i cruciatu carnificatus Sis.*hist.*138; usitatae res facile e memoria elabuntur, ~es et nouae diutius manent *Rhet.Her.*3.35; cui maleficio tam ~e supplicium est constitutum Cic.*S.Rosc.*72; hanc ~em ignominiam (quoniam uni praeter se inusta est) *Prov.*16; metus in uita poenarum pro male factis est ~ibus ~is Lucr.3.1015; ~em calamitatem populo Romano intulerat Caes.*Gal.* 1.12.6; ante omnis furor est ~is equarum Verg.*G.*3.266; qui tribunatum ~em..gesserat Liv.3.54.12; ~e quod, cum fimo laetoque solo gaudeat, rigua odit (porrum) Plin.*Nat.* 19.110; picris ab ~i amaritudine cognominatur 22.66; ipsa ~i fecunditate Tac.*Ann.*1.41;—(*w.* ad) in aliquo ~i ad inridendum uitio Cic.*de Orat.*2.243; de ~ibus ad laudem uiris

*Fam.*3.11.1; haud ulla ~i ad memoriam causa Liv.7.28.9; ~i animo ad coercendam militarem licentiam Tac.*Hist.*1.35; —(*w. abl.*) annus..multiplici clade ac periculo ~is Liv. 4.12.6; ~is annus hieme gelida ac niuosa fuit 5.13.1; stellas ~es..effectu uisuue Plin.*Nat.*2.110; libellos..studio erga se aut in Vitellium contumeliis ~is abolet Tac.*Hist.*2.48; Silana..~is genere forma lasciuia *Ann.*13.19;—(*neut. pl. as sb.*) haec ~ia piscium tradit 32.153; cum multa Romanorum militum ~ia, tum illud egregium ipsius ducis Flor.*Epit.*1.45 (3.10.4). **b** quoniam momentis horarum ~ibus lunae dierum ut VII atque XV quae nocte ac die obseruantur ingens turba nascatur Plin.*Nat.*7.161.

5 Distinguished, noted. **b** (w. abl.) distinguished (by a name).

notos atque ~is latrones Cic.*Phil.*11.10; sunt..~es aliquot qui improbissime sentiunt *ad Brut.*2.2.3; ~is tota cantabitur urbe Hor.*S.*2.1.46; ~em attenuat deus, obscura promens *Carm.*1.34.13; uiximus ~es inter utramque facem Prop.4.11.46; Manlius Torquatus aut Valerius Coruus, ~es ante milites quam duces Liv.9.17.12; ~ibus rotae officinis Plin.*Nat.*35.161; ~is amicitias iuuenis ambitiose coluerat Tac.*Hist.*1.10; nusquam latrones et parricidas..saepe ut ~is uiros nominat *Ann.*4.34; ~is honorum pagina Juv. 10.57;—(*w. abl.*) qui nequaquam sunt tam genere ~es quam uitiis nobiles Q.Cic.*Pet.*12; ~em pietate uirum Verg.*A.*1.10; Apolline Delphos ~is Hor.*Carm.*1.7.4; uersibus ~em te pudet esse meis Prop.3.24.4; erat uenandi studio ~is Liv. 25.8.9; ~is nobilitate et orandis causis, uita probrosus Tac. *Ann.*6.29;—(*w.* ab) imus ad ~es urbis ab arte uiros Ov.*Tr.* 4.10.16;—(*w. inf.*) Glagus ~is uentos anteire lacerto Sil. 16.561. **b** addere alias (centurias) constituit suoque ~es relinquere nomine Liv.1.36.2; diem contactum religione ~emque nomine eius loci 6.28.6; Londinium..cognomento quidem coloniae non ~e Tac.*Ann.*14.33; indignus genere et praeclaro nomine tantum ~is Juv.8.32.

6 That is a mark of honour, honourable, glorious.

si in Capitolium inuehi uictor cum illa ~i laurea gestiret Cic.*Prov.*35; ~em..meo capiti petere inde coronam Lucr. 1.929; flaminem..creauit (Numa) ~ique eum ueste et curuli regia sella adornauit Liv.1.20.2; regni..~e uetusti gestat laeua decus Sil.16.240; tibi lauream ~em deferre Liv.7.13.10; mihi egregium erat..et tibi ~e Sulpiciae ac Lutatiae decora nobilitati tuae adiecisse Tac.*Hist.*1.15.

insignītē, *adv. compar.* ~ius. [insignitvs+-e] In a marked manner, signally, strikingly.

mihi quidem edepol ~e factast magna iniuria Pl.*Cas.* 1010; haud iniquom dicit..— immo hercle ~e inique *Rud.* 1097; nec improbum notari..sine uitiorum cognitione satis ~e atque aspere posse Cic.*de Orat.*2.349; tam ~e improbus *Quinct.*73; quo ~ius omissa res Aemilio..exprobraretur Liv.8.13.1; neque se tam ~e locuturum Gel.7(6).15.5.

insigniter, *adv. compar.* ~ius. [insignis+-ter[2]]

1 Markedly, conspicuously.

parentibus amicis hospitibus praecipue atque ~iter diligendis Cic.*Part.*80; quo studiosius armarentur ~iusque ornarentur Nep.*Ag.*3.2; pullus ~iter cristatus Suet.*Tib.* 14.2; quod non ~iter asperum absurdumque esset Gel. 11.16.4; turbae gratulantium exultans ~iter permiscuit sese Apul.*Met.*8.2.

2 In a striking manner, remarkably, notably; with distinction.

~iter Africanus apud Neronem de morte matris Quint. *Inst.*8.5.15; uerborum noue aut ~iter dictorum Gel.19.7.2; —satius unum aliquid ~iter facere quam plurima mediocriter Plin.*Ep.*9.29.1; congruentissima uoce '~iter' adclamant Apul.*Apol.*73.

insignītus ~a ~um, *a. compar.* ~ior. [in-signe+-itvs[2]]

1 Marked with distinctive features. **b** (mil.) wearing marks of identification.

~os pueros..aut uarum aut ualgum Pl.fr.115; insignes appellantur boues, qui in femine et in pede album habent, quasi ~i Paul.*Fest.*p.114M. **b** ~a fere..milia militum octo Enn.*Ann.*332; pinnae ab his quas ~i milites in galeis habere solent Var.*L.*5.142.

2 Clearly defined or characterized. **b** peculiar, distinctive.

si cruentam (imaginem)..inducamus, quo magis ~a sit forma *Rhet.Her.*3.37; imaginibus..agentibus, acribus, ~is Cic.*de Orat.*2.358; est tamen quaedam conformatio ~a et impressa intellegentia, quam notionem uoco *Top.*27. **b** popinarum institores mercem sua quadam et ~a modulatione uendentes Sen.*Ep.*56.2; non tam ~a illius uerba sunt quam cultus 114.4.

3 Noteworthy, remarkable, signal. **b** well-known, famous.

~as iniurias Cato *orat.*66; an esse ulla maior aut ~ior contumelia potest..? Liv.4.4.5; qua foeditate supplicii aliquanto ignominia populi Romani ~ior fuit 7.15.10; non est Aethiopis inter suos ~us color Sen.*Dial.*5.26.3; si cedant ~ius flagitium Tac.*Ann.*4.51. **b** lacus nomen ab hac recentiore ~ius fabula est Liv.7.6.6.

insilia ~ium, *n. pl.* [dub.] An unidentified part of a loom.

nec ratione alia possunt tam leuia gigni ~ia ac fusi radii scapique sonantes Lucr.5.1353.

insiliō ~īre ~uī, *intr., tr.* Also **insuliō.** [in-[1]+salio[2]] Forms: impf. *~ibat* ? Quad.*hist.*12 (Gel.9.11.7).

1 To jump on or into, leap on: **a** (intr.). **b** (w. acc.).

a coruus..~ibat, obturbabat et unguibus manum laniabat ? Quad.*hist.*12; ~ui mersusque uadis luctantia carpsi basia Mart.4.22.7; (*of the sea*) ~iente mari Sil.14.541;—(*w.* in+*acc.*) in scapham ~uimus Pl.*Rud.*366; adsequitur nec opinantem, in caput ~it Lucil.179; milites qui in phalangas ~irent Caes.*Gal.*1.52.5; in equum ~it Liv.6.7.3; (*facet.*) ne..maxumum in malum cruciatumque ~iamus Pl.*Mil.*279; (*of a vine-shoot*) hic (*sc.* palmes) in iugum ~it Plin.*Nat.*17.175;—(*w. dat.*) ~it undis Ov.*Met.*8.142; carinis ~uit Caesar Luc.10.507; Stat.*Theb.*9.230. **b** armatus equom ~ire Sal.*Hist.*5.5; Aetnam ~uit Hor.*Ars* 466; ~uit ..puppem Luc.3.626; qui feros tauros..~iunt Suet.*Cl.* 21.3; protinus ~iunt equos Apul.*Met.*8.5.

2 To leap on (in order to attack).

(canes) undique laterum circumfusi passim ~iunt Apul. *Met.*8.17; nec sevire potes nec ~ire *CIL* 13.488;—(*w. acc.*) Ogygias, equidem dea turbida, Thebas ~it Stat.*Theb.* 2.209; (*fig.*) irasci nvmqvam avt ~ire qvemqvam noverat *CIL* 8.647.

insimul, *adv.* [in-[1]+simvl] In company, together.

qui locus a coeundo, id est ~ ueniendo est dictus Paul. *Fest.*p.38M; p.41M; qvi ~ viximvs annis sexaginta *CIL* 9.1826.

insimulātiō ~ōnis, *f.* [insimvlo+-tio] The allegation (of a crime); a charge, accusation.

primum ~o est repentina capitalis atque inuidiosi criminis Cic.*Ver.*5.23; in falsam atque iniquam probrorum ~onem uocabatur *Font.*39;—deprecatio defensoris cum accusatoris ~one coniuncta *Rhet.Her.*1.18; nouerca filios nostros aut ~one persequitur aut ueneno Calp.*Decl.*12; cum falsis ~onibus..Palamedes proditionis damnatur Apul.*Met.*10.33; *Apol.*2.

insimulātor ~ōris, *m.* [next+-tor] (w. gen.) One who makes allegations (against).

at tu piscium ~or longe diuersa instrumenta magis attribuis Apul.*Apol.*30.

insimulō ~āre ~āuī ~ātum, *tr.* [in-[1]+simulo]

1 To accuse, charge, blame.

tu male facis quae insontem ~es Pl.*Men.*806; si falso ~as Philocomasium, hoc perieris *Mil.*297; cum..caedes esset ..~aretur que familia Cic.*Brut.*85; *Phil.*13.33; Minucia Vestalis..~ata..apud pontifices ab indice seruo Liv.8.15. 7; Vell.2.60.3;—(*w.* ut, tamquam) seruus..ut percussor Vitellii ~atur Tac.*Hist.*2.68; ~are eum tamquam ipsum minus intellegentem Gel.11.15.4;—(*w. gen. of charge*) ~abit eam probri Pl.*Am.*477; si erum ~abi' malitiae male audies Ter.*Ph.*359; Verrem ~at auaritiae et audaciae Cic.*Ver.* 1.128; peccati..se ~ant *Tusc.*3.64; Caes.*Gal.*7.38.2; Liv. 28.43.3; qui repetundarum ~abitur Quint.*Inst.*4.2.15;—(*w. crimine, etc.*) fateri facinus ~ati falso crimine senatus Liv. 16.1; utinam temeraria dicar criminibus falsis ~asse uirum! Ov.*Ep.*6.22; ~atum falsis criminationibus Vell.2.77.3;—(*w. internal acc.*) me ~are falso facinus tam malum Pl.*Am.*859; haec tu me ~as? Lucil.1017; id quod ipse ~etur *Rhet. Her.*2.6;—(*w. acc. and inf.*) ~ant hominem fraudandi causa discessisse Cic.*Ver.*2.59; *Luc.*32; quos..petere consulatum ~abant Liv.4.55.7; Marcellum ~abat sinistros de Tiberio sermones habuisse Tac.*Ann.*1.74; (*pass.*) Ilotarum..quidam ..transfugere uoluisse ~ati Liv.34.27.9; 36.35.8.

2 To bring forward as a charge, allege.

istuc facinus quod tu ~as nostro generi non decet Pl.*Am.* 820; *Aul.*288; malo..id quod tu defendis..quam id quod ego ~o probari Cic.*Ver.*5.153; Liv.29.20.3; quin ostenditis quod ~auistis..? Apul.*Apol.*25;—(*w. acc. and inf.*) ~at priuigni ueneno filium suum interceptum *Met.*10.5.

insincērus ~a ~um, *a.* [in-[2]+sincervs] Impure, corrupt, foul; (transf.) not genuine, dishonest, insincere.

quoque modo caesis iam saepe iuuencis ~us apes tulerit cruor Verg.*G.*4.285;—haec..quae tu putes obliqua et ~a Fro.*Aur.*1.p.100(52N); Protagoras ~us quidem philosophus, sed acerrimus sophistarum fuit Gel.5.3.7.

insinuātiō ~ōnis, *f.* [next+-tio] (rhet.) A method of beginning a speech in which the favour of the judges is obtained by indirect means.

exordiorum duo sunt genera: principium..et..~o, quae (Graece) epodos nominatur *Rhet.Her.*1.6; 1.11; Cic.*Inv.*1.20; ~o subrepat animis Quint.*Inst.*4.1.42.

insinuō ~āre ~āuī ~ātum, *tr., intr.* [in-[1]+sinvo]

1 (tr.) To insert by indirect or sinuous means, work in, insinuate.

cum uix possit (sol) per saepta domorum ~are suum radiis ardentibus aestum Lucr.6.860; Romani, quacumque data interualla essent, ~abant ordines suos Liv.44.41.8; sicine uacuus et otiosus ~atis manibus (*app. with arms folded*) ambulabis mihi..? Apul.*Met.*9.5; caelestis potestas ..adtactu continuo uim suae maiestatis ~at *Mun.*27; (*fig.*) tibi..omni tempore tam faciles ~entur opes Prop.3.9.28.

2 To make one's way in, get in, insinuate oneself: **a** (refl.). **b** (pass. in middle sense). **c** (intr.).

a cum res extera sese ~at Lucr.2.436; celeriter dato loco cum se ~asset *B.Alex.*52.2; eadem qua te ~aueris retro uia repetenda Liv.9.2.8; (*fig.*) futura quoque (mala) explores ne se, nisi ante sit occursum, ~ent Brut.*ad Brut.*1.16.10;—(*w.* ad, *fig.*) his nos rebus ~abimus ad causam *Rhet.Her.*1.10; (*w.* in+*acc.*) inde se in terras pelagus ~at Mela 2.91;—(*w.* inter) cum se inter equitum turmas ~auerunt Caes.*Gal.* 4.33.1; Romanus..cum..~asset se inter corpus armaque Liv.7.10.10; per ipsas angustias, quas inter ualle se flumen ~at 32.13.1;—(*w. dat.*) Persico mari se ~at (Tigris) Curt. 5.3.2; Petr.101.9. **b** (*w.* in+*acc.*) si immortalis natura animai constat et in corpus nascentibus ~atur Lucr.3.671; ceterae (uertebrae) processibus deorsum spectantibus in inferiores ~antur Cels.8.1.13;—(*w. dat.*) ⟨sorsum⟩ sapor ~atur sensibus Lucr.2.684; 3.689;—(*w. acc. of place entered*) tum quibus aetatis freta primitus ~atur semen 4.1030. **c** si durior ~arit causa Lucr.3.485;—(*w.* in+*acc.*) eccui potestas in forum ~andi fuit? Cic.*Phil.*5.8; milites Romani ..in locum ~ant fraudi..obnoxium Gel.3.7.4; (*fig.*) ut penitus ~et (animus) in causam Cic.*de Orat.*2.139;—(*w.* per) quo pacto per loca saepta ~arit (ignis) Lucr.6.89;—(*w. acc. of place entered*) agmen perturbatum peditis ~ant Sis.*hist.* 68; caecas..latebras ~are omnis et uerum protrahere inde Lucr.1.409; (*cf., pass.*) aedificatio e ligno correpta atque flammis Gel.15.1.4.

3 To introduce (into the favour, affection, etc., of a person).

miseros perge ~are parentis Stat.*Silv.*2.1.234; (*w. dat.*) hoc est, quod penitus illos animo Caesaris ~auit Plin.*Pan.* 62.2.

4 (refl., pass., or intr.) **a** To work oneself into favour, get on intimate terms (with). **b** to insinuate oneself, make one's way (into someone's acquaintance, friendship, etc.).

a callidus ille et occultus (adsentator) ne se ~et studiose cauendum est Cic.*Amic.*99; (*w.* ad) quo is homo ~auit pacto se ad te? Pl.*Cist.*89; *Mil.*105;—(*w. dat.*) iuniores patrum plebi se magis ~abant Liv.3.15.2;—(*pass.*) per hanc ~atus Neroni Suet.*Otho* 2.2; *Gram.*21(p.116Re). **b** (*refl., w.* in+*acc.*) quibus rebus ac muneribus se ~et in familiaritatem Metelli Cic.*Ver.*3.157; cum familiariter me in eorum sermonem ~arem *Agr.*2.12; Zeno..~asse se in antiquam philosophiam uidetur *Tusc.*5.34; ut per omne obsequium ~aret se in quam maxime familiarem usum Liv.40.21.11;—(*pass., w. dat.*) piissimis sacrorum arcanis ~eris Apul.*Met.*11.22;—(*intr.*) in amicitiam ~auit cum matre et mecum simul blanditiis, muneribus, donis Pl.*Cist.*92; ~auit in familiaritatem adulescentis Cic.*Att.*2.24.2; in ipsius consuetudinem ..~abo *Fam.*4.13.6.

5 (tr.) To put, instil (ideas, etc., into the mind); (of feelings, etc.) to be introduced, enter. **b** to convey, make known (information, etc.).

in is..prima fundamenta iacienda sunt et ~anda uirtus Sen.*Ep.*95.35; non alter anhelos ~are metus..aptior Stat. *Theb.*7.110; (*w. dat.*) Iuno..insignia gentis mentibus ~at 5.448;—nouus per pectora cunctis ~at pauor Verg.*A.*2.229; (*w. dat.*) fraudis quoque humanae ~auerat suspicio animis Liv.40.37.4; (*w. acc.*) quibus ille modis diuum metus ~arit pectora Lucr.5.73. **b** uoluntatem suam..heredibus ~are Ulp.*dig.*32.11.2; ancillas, quae ueritatem..possunt ~are 37.10.3.5.

insipiens ~ntis, *a.* Also **insap-**. *compar.* ~ntior, *superl.* ~ntissimus. [in-[2]+sapiens] Forms: *insap-* Catul.43.8; rejected by Cic. *Orat.*159. Unwise, foolish.

non taces, ~ns? Pl.*Bac.*627; sumne ego homo ~ns, qui haec mecum egomet loquar solus? *Ps.*908; quis homo est me ~ntior..? *Trin.*929; neque in publicis rebus infantes et ~ntes homines solitos esse uersari Cic.*Inv.*1.4; cuiusuis hominis est errare; nullius nisi ~ntis perseuerare in errore *Phil.*12.5; est in insula Cia fons, e quo qui inprudentes biberint, fiunt ~ntes Vitr.8.3.22; non tibi timidissimus omnium uidetur et ~ntissimus..? Sen.*Nat.*2.59.7;—(*masc. as sb.*) sua..uitia ~ntes..in senectutem conferunt Cic.*Sen.* 14; Quint.*Inst.*6.3.8.

insipienter, *adv.* [prec.+-ter[2]] Unwisely, foolishly, stupidly.

a me ~ factum esse arbitror quom rem cognosco; at non malitiose tamen feci Pl.*Mil.*561; *Truc.*827; rem a me non ~ excogitatam Cic.*Fam.*5.20.4; *Sen.*68.

insipientia ~ae, *f.* [insipiens+-ia] Lack of wisdom, folly, stupidity.

iusta..ab iniustis petere ~a est Pl.*Am.*36; iam istaec ~ast, iram in promptu gerere *Ps.*448; Cic.*Fin.*1.46; *Tusc.*3.10.

insipiō ~pere ~puī, *tr.* Also **insipō** ~pāre, **insupō.** [in-[1]+svpo, cf. *dissipo*] To throw in.

α ~pito in aulam nouam Cato *Agr.*85; tum far ~piat, puriter facito et coquito bene 90; Pompon.*com.*86; cum aquae feruenti ~pitur (puls) Var.*L.*5.105; Paul.*Fest.* p.105M. β ~pat, hoc est inicit Paul.*Fest.*p.311M. γ ~pare inicere Paul.*Fest.*p.111M.

insistō ~ere institī, *tr., intr.* [in-[1]+sisto] N.B. The forms of the perfect tenses are not dist. from those of insto.

1 (tr.) To stand or tread on. **b** *insistere uiam, iter*, etc., to set out on a road.

institit plantam quasi luca bos Pl.*Cas.*845; nulli fas casto sceleratum ~ere limen Verg.*A.*6.563; barbarus heu cineres ~et uictor Hor.*Epod.*16.11; si quando..Arctoae gelidum caput institit Ossae (Iuppiter) Stat.*Theb.*3.319; nec ~i madidus dat temo 7.766; ~ebat lapidem Apul.*Met.*2. 21; primum angiportum ~imus 3.2. **b** proinde ut omnes itinera ~ant sua Pl.*Capt.*794; facite indicium.. utrum hac an illac iter institerit *Cist.*679; quem perconter, quam ~am uiam incertus sum Ter.*Eu.*294; Pac.*trag.*50; canes ut montiuagae persaepe ferarum naribus inueniunt.. quietes, cum semel institerunt uestigia certa uiai Lucr. 1.406; iter, quod ~is..ego quoque approbo Liv.37.7.8;—(*fig.*) erro quam ~as uiam Pl.*Mil.*793; perge tenere istam uiam quam institisti Q.Cic.*Pet.*55; iam uitulos hortare uiamque ~e domandi Verg.*G.*3.164.

2 To set about, proceed with (often with idea of urgency: cf. sense 7): **a** (w. acc.). **b** (w. inf.). **c** (ellipt.).

a ~ite hoc negotium sapienter Pl.*Mil.*929; sic hanc rationem institi *St.*430; quonam..modo tantum munus ~emus? Cic.*de Orat.*3.176; neque satis Bruto..uel tribunis militum..constabat..quam rationem pugnae ~erent Caes. *Gal.*3.14.3. **b** uide sis ne quid tu huic temere ~as credere Pl.*Capt.*584; hanc habere orationem mecum principio institit Ter.*Hec.*381; idcirco haec agere tecum secreto institi Afran.*com.*81; flagitare senatus institit Cornutum ut referret statim Cic.*Fam.*10.16.1; qui principio sub terra quaerere uenas institit Catul.66.50; tribuni..orare dictatorem ~unt ut ueniam errori humano..daret Liv.8.35.2; Arpos primum institit oppugnare 24.46.1; 44.26.12; Gel. 1.23.12; Curt.9.1.33. **c** te pro filio facturum dixit rem esse diuinam domi..recte institit Pl.Epid.416; quid tu mihi testis? quin tu ~is fortiter? Poen.972; petam hinc unde a primo institi Ter.Ph.604; uide ne inpulsus ira praue ~as Hec.484.

3 (intr.) To take one's stand, plant oneself, stand (on). **b** (applied to the perching or settling of birds, etc.). **c** *uestigiis insistere*, to tread in the footsteps (of). **d** (transf. and fig.) to depend, be based, turn (on).

(*w. adv.*) ut subito, ut prope, ut ualide tonuit! ubi quisque institerat, concidit crepitu Pl.Am.1063;—(*w. dat. or abl.*) ut, cum primi eorum cecidissent, proximi iacentibus ~erent Caes.Gal.2.27.3; primus Erichthonius..ausus..rapidus..rotis ~ere uictor Verg.G.3.114; tum tu ~e audax hostium muris Liv.5.16.10; sensit..acies aequo se iam institisse loco 9.31.15; ~o propiori margine fontis Ov.Met.5.598; huic (*sc.* saxo) Remus institerat Fast.5.151; Capitoli summis gradibus ~ens Vell.2.3.1; contra decus imperii toro ~ens Tac. Hist.1.82; ~ere Bedriacensibus campis..concupiuit 2.70; habitu aurigae..curriculo ~ens Ann.15.44; supinato illi..draconem mandentem ~ere Apul.Met.8.21; (*of inanim. things*) uillae, quae..margini (fluminis) ~unt Plin.Ep.8.8.6; uidesne ~entem celsissimae illi rupi montis ardui uerticem Apul.Met.6.13;—(*w.* in+*abl.*) australis ille (cingulus), in quo qui ~unt aduersa uobis urgent uestigia Cic.Rep.6.21; per temonem percurrere et in iugo ~ere Caes.Gal.4.33.3. **b** (*w. dat.*) insisterant ramis..picae Ov.Met.5.299; Luc. 3.407; rarum ~ere terris Stat.Theb.3.487;—(*w.* super) coruus repente inprouisus aduolat et super galeam tribuni ~it Quad.hist.12;—(*ellipt.*) lanam imbuere..ut ~entes apes..sucum euocent Col.9.14.15;—(*cf.*) antemnis nauigantium..~unt (stellae) Plin.Nat.2.101; cryptoporticus..caret sole, cum ardentissimus culmini eius ~it Plin.Ep.2.17.19. **c** prope uestigiis abeuntium ~ebat Liv.25.33.9; Alexandri Magni uestigiis ~imus Plin.Nat.6.61; iuuabit sequi et uestigiis uincentis ~ere Tac.Hist.3.2;—(*fig.*) ~ere omnes uestigiis laudum suarum Liv.5.30.2; ut..iuuenem..suis potissimum uestigiis ~ere uellent et disciplinae, in qua eductus esset 24.4.5; nimium fraternis ~is uestigiis Sen.Con.7.5.1; (*cf.*) laetaris..quod honoribus eius ~am Plin.Ep.4.8.4. **d** (*w. dat. or abl.*) si modo..non memoriae soli sed rationi quoque ~it Cels.1.pr.62; quamuis..pars posterior participio ~at Quint.Inst.9.3.64; Germanicum..adsciri..per adoptionem a Tiberio iussit..quo pluribus munimentis ~eret Tac.Ann.1.3;—(*w.* in+*abl.*) in quo (*sc.* statu) primum ~it quasi ad repugnandum congressa defensio Cic. Top.93; in tanta gloria ~entes ut omnia humana leuiora uideri debeant Sest.141; in eo pars utraque ~it Quint.Inst. 3.6.5.

4 a (absol.) To stand on one's feet, stand; (of things) to stand firm or fixed. **b** to support oneself, stand or rest (on).

a neque ordines seruare neque firmiter ~ere..poterant Caes.Gal.4.26.1; uix..stabilem ad ~endum nanctis locum Liv.44.5.9; ac sic..homo..rectus ~it Cels.8.1.14; cetera genera (*sc.* auium) residunt et ~unt Plin.Nat.10.114; dissolutis membris ~ere nequibat Tac.Ann.15.57;—medius clauus in foramen demittitur..ut eo ~ente circumactus modiolus delabi non possit Cels.8.3.2. **b** (*w. dat. or abl.*) ubi nixari nequeunt ~ereque alis Lucr.6.836; alii elephanti pedibus ~entes, alii clunibus subsidentes prolabebantur Liv.44.5.7; super fluctus alarum ~ere remis Ov.Met.5.558; si femur fractum est, fieri breuius..summisque digitis postea cruris eius ~i Cels.8.10.5.b; uno crure ut ~erent signa Plin.Nat.34.56; Juv.6.96;—(*w.* in+*acc.*) male..in sinistrum pedem ~entium dexter..tollitur Quint.Inst.11. 3.125;—(*w.* in+*abl.*) aegre..~o dolore digitorum in sinistro pede Fro.Aur.1.p.212(83N).

5 To come to a standstill, halt; to remain stationary, stand still. **b** (in speaking or writing). **c** to stop, pause (over a topic).

si pacis..nomen audierit, ut non referat pedem, ~et certe Cic.Phil.12.8; (stellarum) motus tum incitantur tum retardantur, saepe etiam ~unt N.D.2.104; animus perturbatus..nec cohibere se potest nec, quo loco uult, ~ere Tusc.4.41; in..spatiis siluestribus crebro ~ens Leg.1.15; non certa per aequor interdum ~ens Perusinus membra ferebat Sil.10.156; nec confundent ex diuersis orationem uelut salientes huc illuc nec usquam ~entes Quint.Inst. 10.7.6;—(*fig.*) naturam..eam dico qua numquam animus ~ens agitatione..esse uacuus potest Cic.Div.2.128; in qua (*sc.* celeritate) non uideo ubinam mens constans..possit ~ere N.D.1.24;—tum..(stellae errantes) ad quoddam tempus ~unt 2.51. **b** ne fluat oratio, ne uagetur, ne ~at interius, ne excurrat longius Cic.de Orat.3.190; ut aut citius ~endum sit aut longius procedendum Orat.221; sin membratim uolumus dicere, ~imus 222; a communibus initiis progredientem uidere ubi primum ~eret Fin.4.45; quae cum dixisset paulumque institisset 5.75; historiae, quae currere debet..minus conuenissent ~entes clausulae Quint.Inst.9.4.18. **c** negas te usque ad obscura progredi: in inlustribus igitur rebus ~is Cic.Luc.94; Fin.2.3.

6 To set to work (on), press on (with). **b** to concentrate attention, dwell (on). **c** (ellipt.) to set out to say.

(*w. dat.*) magnis ~ere rebus incipe [Tib.]3.7.135; ita institit operi ut die quadragensimo quinto..naues..in aquam deductae sint Liv.28.45.21; cogitanti..Fabio, cui rei potissimum ~eret 37.60.2; recitatum..heredem minorem funeri institisse Plin.Nat.7.177; percontatus statim regredi se an perdomandae Campaniae ~ere iuberet Tac.Hist.3.77; orabat..~erent caedibus Ann.2.21; qvi operi institit CIL 3.201; mercib ~ebam 8.868; (*impers. pass.*) suadet..inquisitioni commilitonum potius ~eretur Apul.Met.7.4;—(*w.* ad) ad spolia legenda foedamque..spectandam stragem ~unt Liv.22.51.5;—(*w.* in+*acc.*) age nunciam ~e in dolos Pl.Mil.357; totus et mente et animo in bellum Treuerorum et Ambiorigis ~it Caes.Gal.6.5.1. **b** (*w. dat.*) profuit adsidue uitiis ~ere amicae Ov.Rem.315; ne solitis ~ant pectora curis Pont.1.8.53; nunc binis (signis) ~e Man.2.159; ut quisque temporum institerit notis Vell.1.17.4; non patiuntur me tenuioribus exemplis diutius ~ere fortissimi duces V.Max.3.7.ext.5; inter pauca nitidioris uitae instrumenta haec arbor est, quapropter ~endum ei quoque paululum uidetur Plin.Nat.13.100; omnium dierum noctiumque momentis sagax scrutator ~e [Quint.]Decl.18.11; (*ellipt.*) sic adeo ~it secumque ita corde uolutat: 'en, quid ago?..' Verg.A.4.533. **c** ut primum fari potuit, sic institit ore Verg.A.12.47; Ov.Fast.4.357.

7 a To be pressing or urgent (with a person, etc.). **b** (of conditions) to press.

a sacro de carcere missis ~am forti mente uehendus equis Ov.Am.3.2.10; institi gubernatori et illum..coegi peteret litus Sen.Ep.53.3; (*impers. pass.*) ut..fracto iam Maroboduo usque in exitium ~eretur Tac.Ann.2.62;—(*w.* ut+*subj.*) institisse filio ut milites scriberet Liv.4.46.4; plerosque ferociter, signum ut daret, institisse duci 25.21.2;—ere atriensibus ut supellectilem exponant Col.12.3.9;—(*absol. or ellipt.*) legati eorum institerunt, quia breuem indutiarum diem habebant, et ab T. Quinctio..adiuti sunt Liv.37.1.1; ~ens iubebat incoram sui plagas mihi..irrogari Apul.Met.9.15. **b** non uehemens modo, sed etiam pertinax uis mali ~ebat Curt.8.4.8.

insitīcius ~a ~um, *a.* [insitvs[1]+-icivs[2]] Introduced by hybridization; foreign, imported.

muli et item ⟨hinni⟩ bigeneri atque ~i Var.R.2.8.1:—. cetera multitudo pleraque ~a est Sal.Rep.2.11.3; Sen. Dial.12.7.10; quid sermone patris exprimere possis, cum hoc ~o et inducto tam praeclara opera perfeceris Plin.Ep.4. 3.5; (*facet.*) aestiuo die, si non diffinderem meo ~o somno meridie, uiuere non possum Var.R.1.2.5.

insitiō ~ōnis, *f.* [insero[1]+-tio]

1 The grafting of trees, grafting. **b** the place of grafting.

uitis ~o una est per uer Cato Agr.41.1; qui ~ones ficulnas ex uerno tempore in aestiuum contulerunt Var.R. 1.18.8; Cic.Sen.54; sationis et ~onis origo ipsa fuit rerum..natura creatrix Lucr.5.1361; uenerit ~o: fac, ramum ramus adoptet Ov.Rem.195; non quaelibet ~onem uitis patitur Sen.Ep.112.1; uitis..celerrime ~onibus ad maximum numerum perducitur Col.3.9.6; ~o..artuum..hoc tempore commode administratur 11.2.23; in Maium quoque mensem protendere ~ones Plin.Nat.17.114. **b** infra ~onem ..uitem uulnerato Col.Arb.8.3.

2 An engrafted plant, graft.

uitium inserendarum tuendarumque ~onum praecepta Col.4.29.1.

insitīuus ~a ~um, *a.* [insero[1]+-ivvs]

1 (of fruits) Produced by grafting.

~a decerpens pira Hor.Epod.2.19.

2 Introduced from elsewhere, grafted on, not native. **b** (of other than legitimate offspring, introduced to a family by adoption, adultery, false pretences, etc.).

uidetur ~a quadam disciplina doctior facta esse ciuitas Cic.Rep.2.34; animum..~o degenerique alimento lactis alieni corrumpere Gel.12.1.17. **b** cum..~um Gracchum ..censu prohibuisset Cic.Sest.101; adfirmat coniugem esse adulteram et ~os significari liberos Phaed.3.3.10; tota familia expellere ~um heredem cupiente Sen.Con.2.1.21; Nero ~us, Domitio genitus patre [Sen.]Oct.249.

insitor ~ōris, *m.* [insero[1]+-tor] One who grafts trees, a grafter.

~or hic soluit pomosa uota corona, cum pirus inuito stipite mala tulit Prop.4.2.17; Plin.Nat.18.329; (*as the name of a tutelary deity*) Fab.Pict.iur.6.

insitum ~ī, *n.* [next] A slip for grafting, graft.

terram circa arborem adaggerato usque ad ipsum ~um Col.5.11.8; Plin.Nat.17.8; semine proueniunt aut..surculo aut ~o 17.58.

insitus[1] ~a ~um: pple. of insero[1].

insitus[2] ~ūs, *m.* [insero[1]+-tvs[3]] Engrafting.

sanguineus colos origine ex mori ~u tracta Plin.Nat. 15.52.

insociābilis ~is ~e, *a.* [in-[2]+sociabilis]

1 Not admitting friendship or alliance, intractable, implacable. **b** (of things) that cannot be associated, incompatible.

tamquam indomitae et ~i genti suscensebant Liv.37.1.4; pectore ~i [Sen.]Oct.541; Tac.Ann.15.68; (*of a person's life*) inhumanam atque ~em uitam..uiuere Apul.Pl.2.16;—(*w. dat.*) omni generi humano ~es erant Liv.27.39.9; anum..~em nurui efficiebat Tac.Ann.4.12. **b** quaedam..cum aliis ~ia glutino, sicut robur Plin.Nat.16.226; 17.137.

2 That cannot be held in partnership or association.

et ~e est regnum et a pluribus expetebatur Curt.10.9.1; ~e regnum aestimantes Tac.Ann.13.17.

insōlābiliter, *adv.* [in-[2]+solor+-bilis+-ter[2]] Inconsolably.

rapto de fratre dolentis ~ Hor.Ep.1.14.8.

insōlātiō ~ōnis, *f.* [insolo+-tio] Exposure to the sun.

(cera) candidissima..fit post ~onem..recocta Plin.Nat. 21.84.

insōlātus ~a ~um, *a.* [pple. of insolo] (of days) Sunny.

tepidis diebus et ~is Col.11.3.51.

insolens ~ntis, *a.* *compar.* ~ntior, *superl.* ~ntissimus. [in-[2]+*solens* (soleo)]

1 Unaccustomed (to), unfamiliar (with).

quid tu Athenas ~ns? Ter.An.907; aspera nigris aequora uentis emirabitur ~ns Hor.Carm.1.5.8;—(*w. gen.*) ea requiruntur a me, quorum sum ignarus atque ~ns Cic.de Orat. 1.207; ~ns infamiae, semper in laude uersatus Att.2.21.3; multitudo ~ns belli Caes.Civ.2.36.1; ~ns uera accipiendi Sal.Hist.4.57; immodicus lingua et obsequii ~ns Tac.Hist. 3.53;—(*w.* in+*abl.*) non tam ~ns in dicendo Cic.Sest.119.

2 (of things) Unusual, unfamiliar.

quae aegritudo ~ns mentem attemptat tuam? Pac.trag. 60; nullum uerbum ~ns, nullum odiosum ponere audebat Cic.Orat.25; Quint.Inst.4.1.58; sic fugias inauditum atque ~ns uerbum Gel.1.10.4; (*of an author*) ~ntior hoc quidem in loco tumidiorque sit (Pindarus) 17.10.8.

3 Immoderate, excessive, unrestrained.

ne in re nota et peruulgata multus et ~ns sim Cic.de Orat. 2.358; qui in sua re fuisset egentissimus, erat, ut fit, ~ns in aliena S.Rosc.23; diuitiae..dedecoris plenae sunt et ~ntis superbiae Rep.1.51; ~nti alacritate gestire Tusc.5.42; ~nti uoluptate efferebatur B.Alex.51.2; mentem..ab ~nti temperatam laetitia Hor.Carm.2.3.3; ~ntissimae Karthaginis opes V.Max.4.4.6.

4 Haughty, overbearing, arrogant, insolent.

uictor ~ns Inc.trag.67; non tam ~ns sum, quod Iouem esse me dico Cic.Dom.92; ~ntissimi homines..postulandum me lege Scantinia curarunt Cael.Fam.8.12.3; utrum secundis minimisque rebus ~ntiores an aduerso mediocri casu timidiores essent Hirt.Gal.8.13.4; neque tamen uictoria socors aut ~ns factus Sal.Jug.100.1; Hor.Carm.1.16.21; Liv.5.48.9; adulescentem tumidum et nobilitatis suae cogitatione ~ntem Sen.Con.9.1.15;—(*of conduct*) ~ns uita Cic.Vat.8; nihil..umquam neque ~ns neque gloriosum ex ore eius exiit Nep.Timol.4.2; Fortuna..ludum ~ntem ludere pertinax Hor.Carm.3.29.50; nomen..sibi ~ntissimum adrogauerunt Quint.Inst.1.pr.14; Apul.Soc.3.

insolenter, *adv.* *compar.* ~tius, *superl.* ~tissimē. [prec.+-ter[2]]

1 Contrary to custom, unusually.

euenire uulgo soleat an ~ter et raro Cic.Inv.1.43; Div. 1.99; non..primus finxit hoc uerbum Vergilius ~ter Gel. 1.21.5; 'sobrium' ~tius quidem paulo, sed rectius per i litteram..pronuntiandum 14.5.4.

2 Immoderately, unrestrainedly.

Gorgias..his festiuitatibus..~tius abutitur Cic.Orat.176; quam ~ter statim helluo inuasit in eius uiri fortunas Phil. 2.65; iactatio est uoluptas gestiens et se efferens ~tius Tusc. 4.20; Caes.Gal.1.14.4; ~ter laetum exercitum tironum Liv. 23.36.2; ne per omnes uices ministeriorum uagetur ~ter oratio Col.3.10.9.

3 Haughtily, arrogantly, insolently.

auctorem senatus exstinctum laete atque ~ter tulit Cic. Phil.9.7; Fam.4.3.3; hostem ~ter atque acriter nostros insequentem supprimit Caes.Civ.1.45.1; adeo superbe ~terque hostis eludebat Liv.2.45.6; Celtiberum ~tissime obequitantem V.Max.3.2.21.

insolentia ~ae, *f.* [insolens+-ia]

1 The fact of being unaccustomed (to a thing), unfamiliarity.

ineptus quid mihi uellem ex ~a nescibam Turp.com.16; hi ex summa egestate in eandem rerum abundantiam traducti non solum copia uerum etiam ~a commouebuntur Cic. Agr.2.97;—(*w. gen.*) speciem amisi luminis conspiciendi ~a Acc.trag.276; istius disputationis ~a Cic.de Orat.1.99; propter fori iudiciorumque ~am S.Rosc.88; nostros asperitas et ~a loci retinebat Sal.Jug.50.6; quo auidius ex ~a in eas (*sc.* uoluptates) se merserant Liv.23.18.11; potestatem..~a parendi grauiorem Tac.Ann.6.10;—(*pl.*) grammatico ~arum et inperitiarum pleno Gel.6(7).17.

2 The fact of being unusual, unusualness, strangeness.

peregrinam ~am fugere discamus Cic.de Orat.3.44; tanta ..~a ac turba uerborum 3.50; moueor etiam loci ipsius ~a Deiot.5; cum..ei statim displicita esset ~a et insuauitas illius 'sensu torquebit amaro' Gel.1.21.4; ut nobis ~am linguae suae dulcedine carminum commendet Apul.Apol.9;—(*pl.*) cum ~as uerborum a ueteribus dictorum plerumque respueret Gel.13.21.22.

3 Lack of moderation, extravagance.

maiorum continentiam diligebat, huius saeculi ~am uituperabat Cic.Phil.9.13; nec tamen ad hanc ~am, sed ad illam tuam lautitiam Fam.9.20.1; Sal.Cat.23.4; tantum afuit ab ~a gloriae Nep.Ag.5.2; arguens ~am sententiae Tac.Ann.3.59.

4 Insolence, arrogance; an insolent action.

adrogantiam hominis ~amque cognoscite Cic.Phil.2.84; coeperat..esse tanta ~a ut neminem liberum duceret *ad Brut.*2.2.3; crudelitatem et ~am in circumscribendis tribunis plebis Caes.Civ.1.32.6; meae..terra cedet ~ae Hor.Epod. 17.75; offenderunt aures ~a sermonis Liv.37.49.2; nihil aliud est ~a quam species magnitudinis falsa Sen.Ep.87.32; —a noxiorum premitur ~is Phaed.3.epil.31.

insolescō ~ere, *intr.* [insolens+-sco] To become overbearing, grow proud.

minume posse putabant per licentiam ~ere animum humanum Sal.Cat.6.7; rebus secundis etiam egregios duces ~ere Tac.Hist.2.7; si quando ~erent Suebi Ann.2.63; ne Romani..ad superbiam ferociamque..~erent Gel.6(7). 3.15.

insolidus ~a ~um, *a.* [in-[2]+solidvs] Not firm or solid, tender.

tunc herba nitens et roboris expers turget et ~a est Ov. Met.15.203.

insolitus ~a ~um, *a.* [in-[2]+solitvs]

1 Unusual, unfamiliar, unwonted.

ex agro homines traducis in forum..ab usu rerum rusticarum ad ~am litem..? Cic.Ver.3.26; priscum aliquod aut

~um uerbum *Balb.*36; ubi ~am rem apportes auribus LUCR.5.100; belli timor ~us SAL.*Cat.*31.3; ~is tremuerunt motibus Alpes VERG.*G.*1.475; tu potes ~as, Cynthia, ferre niues? PROP.1.8.8; noua atque ~a libertas LIV.24.27.5; ~os animalium partus TAC.*Hist.*1.86;—(*w. dat.*) quae causa me nunc ad hanc ~am mihi loquacitatem impulerit CIC.*de Orat.*2.361; aestus quidam ~ae adulescentibus gloriae *Brut.*282; is labor urbano militi ~us contundit animos TAC.*Hist.*2.19; nouum sane et moribus ueterum ~um *Ann.*12.37;—(*neut. as sb.*) ob inediam ~a uescentibus SAL.*Hist.*3.38; per ~um Phoebo duce tutius itur *Aetna* 8;—(*w. noun cl. or inf.*) in principe rarum ac prope ~um est, ut se putet obligatum PLIN.*Pan.*60.6; id..~um esse fieri CALL.*dig.*48.19.27.

2 Unaccustomed (to a thing), unused, strange.

feminas in tantum uirorum conuentum ~as inuitasque prodire cogis CIC.*Ver.*1.94; ~ae fugiunt in flumina phocae VERG.*G.*3.543; cur huic genus acre leonum praebent ~as ad iuga curua iubas? OV.*Fast.*4.216;—(*w.* ad) ~um ad laborem Pompei exercitum CAES.*Civ.*3.85.2;—(*w. gen.*) genus..seruitii ~um SAL.*Hist.*1.39; pars ~a rerum bellicarum *Jug.*39.1; LIV.10.28.9;—(*w. inf.*) me..adhuc ~um alioquin prandere faenum APUL.*Met.*4.1.

insōlō ~āre ~āuī ~ātum, *tr.* [IN-[1]+SOL+-O[3]] To expose to the sun.

sic facilius ~atur humus COL.4.17.8; uuae commodius ~atae percoquuntur 4.27.3; ex aliis uuis..quas per triduum ~aueris 12.39.2.

insolūbilis ~is ~e, *a.* [IN-[2]+SOLVO+-BILIS] (of debts) That cannot be repaid; (of evidence) incontestable.

dicitis..beneficium creditum ~e esse SEN.*Ben.*4.12.1;—ubi est signum ~e (*transl. Gk.* σημεῖον ἄλυτον), ibi ne lis quidem est QUINT.*Inst.*5.9.3.

insomnia ~ae, *f.* [next+-IA] Sleeplessness.

sed amori accedunt etiam haec quae dixi minus: ~a, aerumna, error, terror et fuga PL.*Mer.*25; TER.*Eu.*219; perdita inluuie atque ~a PAC.*trag.*9; CAECIL.*com.*168; captiuos..eadem..~a cruciatos interisse GEL.7(6).4.4; accipe nunc perpaucula contra somnum pro ~a AUR.*Fro.*1.p.90 (9N).

insomnis ~is ~e, *a.* [IN-[2]+SOMNVS+-IS] Unsleeping, wakeful, sleepless; (also perh.) unable to sleep. **b** (of night; also of anxiety) unattended by sleep, sleepless.

frigidas noctes non sine multis ~is lacrimis agit HOR.*Carm.*3.7.8; poma..ab ~i concustodita dracone! OV.*Met.*9.190; ~e et experrectum est animal canis SEN.*Con.*7.5.12; uidet..~i uallum statione teneri STAT.*Theb.*10.74; oberrarent tentoriis, ~es magis quam peruigiles TAC.*Ann.*1.65; PLIN.*Pan.*63.3; hominem ferreum et ~em APUL.*Met.*2.23; (*cf.*) ~i dente (*i.e. the teeth of the unsleeping dragon*) creati terrigenae LUC.4.552;—~is (*cj.*) uel siquis est seniosus, hac eadem curatione sanum facies CATO *Agr.*157.8. **b** noctem custodia ducit ~em ludo VERG.*A.*9.167; extrahit ~is bellorum fabula noctes LUC.4.200; STAT.*Theb.*2.74; QUINT.*Decl.*258(p.54, l.16); noctem quietam, utque adfirmatur, non ~em egit TAC.*Hist.*2.49;—inuenit ~i uoluentem publica cura fata uirum LUC.2.239.

insomnium ~(i)ī, *n.* [IN-[2]+SOMNVS+-IVM; but in sense 2 regarded as IN-[1]+SOMNIVM on anal. of Gk. ἐνύπνιον]

1 (usu. pl.) Wakefulness, sleeplessness.

caret (senectus)..uinulentia et cruditate et ~iis CIC.*Sen.*44; neque ~iis neque labore fatigari SAL.*Cat.*27.2; Persen..~iis occidere *Hist.*4.69.7; cum satis una (femina) tuis ~ia portet ocellis PROP.2.25.47; Scipiones me ambo dies noctesque curis ~iisque agitant et excitant saepe somno LIV.25.38.5; OV.*Tr.*3.8.27; V.FL.2.140; 7.6;—(*sg.*) incitabatur ~io maxime; neque enim plus quam tribus nocturnis horis quiescebat SUET.*Cal.*50.3.

2 An apparition seen in a trance or dream, a vision, dream.

quae me suspensam ~ia terrent! VERG.*A.*4.9; falsa ad caelum mittunt ~ia manes 6.896; praesagiis quibusdam et ~iis hanc fortunam praenuntiantibus agitatum SEN.*Con.*7.7.15; dormientium quoque ~ia tam turbulenta sunt quam dies SEN.*Ep.*56.6; existimata (faba) ~ia..facere PLIN.*Nat.*18.118; 20.82; ~ia leuat (anesum) suspensum in puluino 20.186; 26.94; exercent rabidam truculenta ~ia mentem SIL.10.357; illud haud ambigitur, qualicumque ~io ipsi fratrique perniciem adlatam TAC.*Ann.*11.4; tum ~iis, tum signis..mala auerruncare, bona prosperare APUL.*Soc.*16.

insonō ~āre ~uī, *intr., tr.* [IN-[1]+SONO]

1 (intr.) To make a loud noise, sound, resound. **b** (w. dat. or abl.) to make a noise on or at.

utero..recusso ~uere cauae gemitumque dedere cauernae VERG.*A.*2.53; contremuit nemus et siluae ~uere profundae 7.515; unda ~uit OV.*Met.*4.689; quis hic subitus ~uit tumultus? SEN.*Con.*1.8.4; ~uere tubae LUC.1.578; ~uit contra Tyrrhenum murmur STAT.*Theb.*6.404; quasi faucibus aliquid obstiterit, ~are (*i.e. clear one's throat*) QUINT.*Inst.*11.3.121; graecus pueros ut docet ~ans magister MAUR.253;—(*w. instr. abl.*) ~uit..flagello VERG.*A.*5.579; calamis agrestibus ~at ille OV.*Met.*11.161; mox uera uolucris ~uit pennis 13.608; tuba..Agyrtes ~uit STAT.*Ach.*1.876. **b** Boreae cum spiritus alto ~at Aegaeo VERG.*A.*12.366; Lemni cum litore tandem ~uit (Vulvanus) V.FL.2.91; illa (*sc.* effigies) scribentis capiti catenis ~abat PLIN.*Ep.*7.27.9.

2 (tr.) To produce with a loud sound.

uerbera..~uit VERG.*A.*7.451;—(*songs*) tunc chorus ignotum..canticum ~uit PHAED.5.7.26; te nobile carmen ~antem STAT.*Silv.*2.7.114.

insons ~ntis, *a.* [IN-[2]+SONS]

1 Innocent, guiltless. **b** (w. gen.). **c** (w. abl.).

quam uir ~ntem probri Amphitruo acucsat PL.*Am.*869; *Bac.*474; et casum ~ntis mecum indignabar amici VERG.*A.*2.93; qui sibi letum ~ntes peperere manu 6.435; purus et ~ns HOR.*S.*1.6.69; corpus est tantum uiolatum, animus ~ns LIV.1.58.7; STAT.*Theb.*6.150; de capite famaque coniugis cognouit et ~ntem nuntiauit TAC.*Ann.*13.32; APUL.*Met.*5.11;—(*masc. as sb.*) nihilo minus ~ntis sicuti sontis circumuenire iugulare SAL.*Cat.*16.3; in multos ~ntis saeuitum VELL.2.28.4; calamitatibus ~ntium expleta auaritia TAC.*Hist.*2.13;—(*poet., of things*) cremat ~ntes hostica flamma casas OV.*Tr.*3.10.66; pharetrae ~ntes STAT.*Ach.*1.115. **b** quem unum ~ntem culpae cladis hodiernae dei respicere debent LIV.22.49.7; omnis iniuriae ~ns 41.24.11; pater est fraterni sanguinis ~ns STAT.*Theb.*8.574. **c** etiamsi regni crimine ~ns fuerit LIV.4.15.1; quam ~ntem crimine, quo accusabatur, uotum impium subuertit V.MAX.8.1.damn.4.

2 (poet.) Doing no injury, harmless.

te uidit ~ns Cerberus HOR.*Carm.*2.19.29; breuiora..tela..~ntisque sagittas STAT.*Theb.*6.75; ~ntes iuuenum sine caestibus irae *Silv.*3.1.44;—(*of the instruments of peace*) studium..~ntis aratri V.FL.1.103; ille quidem ramis ~ntis oliuae pacificus STAT.*Theb.*12.682.

insonus ~a ~um, *a.* [IN-[2]+SONVS+-VS] Noiseless, soundless, silent; *litterae ~ae*, consonants.

suspenso et ~o uestigio APUL.*Met.*3.21;—litteris, ex quibus aliae sunt ~ae, semisonantes aliae, pars sonantes *Mun.*20.

insōpītus ~a ~um, *a.* [IN-[2]+pple. of SOPIO] Unsleeping, wakeful.

~um..draconem OV.*Met.*7.36; LUC.9.357.

insopor ~ōris, *a.* [IN-[2]+SOPOR] = prec.

~or ecce uigil (*v.l.* draco) squamis crepitantibus horrens sibilat OV.*Ep.*12.101.

inspargō ~gere ~sī ~sum: see INSPERGO.

inspeciōsus ~a ~um, *a.* [IN-[2]+SPECIOSVS] Not good-looking, ill-favoured.

puer non ~us PETR.74.8.

inspectābilis ~is ~e, *a.* [INSPECTO+-BILIS] Illustrious, glorious.

uictoriam uobis peperi ~em (spectabilem, *cj.*) GEL.4.18.3.

inspectātiō ~ōnis, *f.* [INSPECTO+-TIO] An examination, inspection.

eos..abstinuisse ~one rationum suarum TRA.Plin.*Ep.*10.48(57).1.

inspectiō ~ōnis, *f.* [INSPICIO+-TIO]

1 The action of looking (at or into).

speculi non tam possessio culpatur quam ~o APUL.*Apol.*13.

2 A visual examination, inspection.

purulenti (uulneris) tractationem ~onemque SEN.*Ep.*57.5; prima ~one neque uitia neque uirtutes abditas ostendit (ager) COL.1.4.1; ~o etiam ipsa (*sc.* tabularum) saepe falsum deprehendit QUINT.*Inst.*5.5.2; FRON.*Str.*1.1.5; NECESSARIAM FVISSE ~ONEM AEDIFICIORVM..RE IPSA MANIFESTATVR *CIL* 10.3334.

3 A theoretical examination, investigation, inquiry.

ut prima esset ~o suum cuique distribuens SEN.*Ep.*89.14; et ~one et exercitatione, ut artes ceterae, constat (rhetorice) QUINT.*Inst.*2.17.42;—(*w. gen.*) in his ergo communium ~o contraria est CELS.1.pr.68; in fulminis ~one SEN.*Nat.*2.53.3.

inspectō ~āre ~āuī ~ātum, *tr., intr.* [IN-[1]+SPECTO]

1 (tr.) To look at, watch; to observe, examine. **b** to face towards.

illius ~andi mi esset maior copia PL.*Bac.*487; *Capt.*65; rara profanatas ~ant numina terras STAT.*Silv.*3.3.2;—utinam ~are possis timorem de illo meum! BRUT.*ad Brut.*1.4a.3(5); ~ata spolia Samnitium LIV.10.46.4;—(*w. acc. and inf.*) ego qui ~aui procul te hunc habere PL.*Rud.*1021;—(*w. acc. and pple.*) nescioquis ~auit..per nostrum impluuium intus apud nos Philocomasium atque hospitem osculantis PL.*Mil.*174. **b** ut ~anti meridiem scriptura sursum uersus sit HYG.*agrim.*p.72.

2 (intr.) To look on, watch. **b** esp. (pres. pple. in abl. absol.) with — looking on, under the eyes of —.

egon quom haec cum illo accubet ~em? PL.*Bac.*1191; at ego ~aui e litore *Rud.*1019; ~ant taciti expenduntque laborem Inachidae STAT.*Theb.*6.650; (*w. indir. qu.*) tamquam iubatus draco serpit..circum ~ans huc et illuc si quem reperiat *Rhet.Her.*4.62. **b** faxo probe iam hic deludetur, spectatores, uobis ~antibus PL.*Am.*998; ~antibus popularibus suis atque multis mortalibus CATO *orat.*66; qui agunt in scaena gestum ~ante Roscio CIC.*de Orat.*2.233; ~ante Sicilia paene tota *Ver.*5.75; ex castris Varronis astante et ~ante ipso signa sustulit CAES.*Civ.*2.20.4; LIV.4.42.3; STAT.*Theb.*9.97; APUL.*Met.*4.1.

inspector ~ōris, *m.* [INSPICIO+-TOR]

1 An observer, witness, onlooker.

(coniugem) uulgo admissis ~oribus uehi perspicuam undique SEN.*Ben.*1.9.3.

2 An examiner, inspector.

directum signis defossis aut terminis sequitur ~or HYG.*agrim.*p.77; si rem ~ori dedit ULP.*dig.*13.6.10.1.

inspectus ~ūs, *m.* [INSPICIO+-TVS[3]] Observation, examination.

unus in ~us rerum..educitur..hic partus (*sc.* homo) MAN.4.901; uacat animus molestia, liber ad ~um uniuersi SEN.*Ep.*92.6.

insperans ~ntis, *a.* [IN-[2]+pple. of SPERO] Not hoping or expecting.

feci hodie ut fierent (nuptiae), ~nte hoc atque inuito Pamphilo TER.*An.*603; ~nti..mihi et Cottae, sed ualde optanti utrique nostrum cecidit CIC.*de Orat.*1.96; *Marc.*21; si quicquam cupido optantique optigit umquam ~nti CATUL.107.2; SAL.*Rep.*2.4.3; TIB.1.9.43; ~NS INCIDIT AETAS *CIL* 10.5495.

insperātō, *adv. compar.* ~ius. [next] Unexpectedly.

~o abiit LUCIL.1093; quo..uehementius noceat, ~ius prodest V.MAX.3.8.ext.2; SULP.*peri.Ter.An.*11; ~o et longe contra eius opinionem resistens APUL.*Met.*9.38.

insperātus ~a ~um, *a. superl.* ~issimus. [IN-[2]+pple. of SPERO]

1 Not hoped for, unexpected.

di inmortales, spem ~am date mihi quam suspico! PL.*Men.*1081; tam ~um gaudium TER.*Hau.*414; ~um et repentinum rei publicae praesidium CIC.*Phil.*10.24; ~a tandem tellure potiti VERG.*A.*3.278; cum his quidem ~a pax erat LIV.1.14.4; adductus mira atque ~a uilitate libros..emo GEL.9.4.5; (*neut. pl. as sb.*) ~a accidunt magi' saepe quam quae speres PL.*Mos.*197;—(*of persons*) o salue, ~e, annis multis post quem conspicor *Men.*1132; o mi ere, salue, Hanno ~issume *Poen.*1127.

2 (of neutral or undesirable events) Unforeseen.

~um incommodum *Rhet.Her.*1.13; ~a commutatione rerum CIC.*Sest.*42; ~o et necopinato malo *Tusc.*3.28; VERG.*A.*8.247; nihil tam inopinatum nec tam ~um accidere potuit LIV.3.26.5;—(*pred., of persons*) ~us..prosilit Alcidamas STAT.*Theb.*6.739; parte ex alia, qua se ~a iuuentus extulerat portis SIL.1.426.

3 *ex ~o*, Unexpectedly.

quae sola alimenta ex ~o fortuna dederit LIV.2.35.1; ex ~o incolumes 9.7.10; 42.65.11; ex ~o uictoriam uindicauerunt VELL.2.112.6; PLIN.*Nat.*25.17.

inspergō ~gere ~sī ~sum, *tr.* **inspargō.** [IN-[1]+SPARGO]

1 To sprinkle or scatter on. **b** (transf.) to distribute over.

simul ac molam et uinum ~seris CIC.*Div.*2.37; intus ~genda adurentia CELS.7.13.2; reliqua aromata..paulatim ~ges COL.12.20.4; PLIN.*Nat.*18.115;—(*w. dat.*) his salis ~git micas *Mor.*98; ori..eius ~sa sanie SEN.*Suas.*6.19; folia eius ~gere potionibus Parthos tradit PLIN.*Nat.*12.78. **b** uelut si egregio ~sos reprehendas corpore naeuos HOR.*S.*1.6.67; secum sua gaudia gestat, aut ~sa uidet mundo *Lydia* 46; riguo..~sa nouali ocima comprimite COL.10.318; ~so argenteis uasis auro PLIN.*Nat.*33.49.

2 (w. abl.) To besprinkle, bestrew; (also, transf.).

~gi..ulcera debent alumine scissili CELS.6.11.1; altilia pipere ~sa APUL.*Met.*10.16;—multam..locutionum talium copiam offendimus atque his uulgo adnotamentis ~simus GEL.1.7.18.

inspersus ~ūs, *m.* [prec.+-TVS[3]] A sprinkling on.

corium adfirmatum cineris ~u APUL.*Met.*7.22; 9.30.

inspex ~icis, *m.* [INSPICIO, cf. *auspex*, etc.] An observer.

AVIVM ~EX *CIL* 2.5078.

inspiciō ~icere ~exī ~ectum, *tr., (intr.).* [IN-[1]+SPECIO]

1 To examine visually, inspect.

credo aurum ~icere uolt, ne surruptum siet PL.*Aul.*39; si qui fundus ~iciendus CIC.*de Orat.*1.249; ut eum roget ~icienda, quae non reddat *Ver.*2.36; machina..~ectura domos VERG.*A.*2.47; ~ecto ornatu quo principum coniuges..effulserant TAC.*Ann.*13.13; faciem prius ~icit JUV.1.97;—(*entrails in divination*) exta ~icere in sole ei uiuo licet PL.*Aul.*565; sapienter instituisse ueteres ut hostiarum immolatarum ~icerentur exta CIC.*Div.*1.131; VITR.1.4.9; PLIN.*Nat.*11.186;—(*goods for sale*) ~icere te aedis has uelle aiebat mihi PL.*Mos.*806; ubi equos mercantur opertos ~iciunt HOR.*S.*1.2.87; SUET.*Otho* 6.2;—(*books, documents*) libros ~exi PL.*St.*454; tabulas poscit, litteras ~icit TIT.*orat.*2; imperare decemuiris ut libros Sibyllinos ~icerent LIV.7.27.1; peregrinos ~ice fastos OV.*Fast.*3.87;—(*mil.*) ut castra omnes haberent eaque duouiri omnibus mensibus ~icerent CIC.*Att.*14.21.2; dum praefectus iuuentutem Apolloniatium armaque..~iceret LIV.24.40.10; legiones..cum ~iceret 29.1.12; fragilis aeuo circum ~ice muros STAT.*Theb.*2.700;—(*med.*) ~icere morbum tuom lubet PL.*Per.*316; ~ectum uolnus absterso cruore LIV.1.41.5; ungulam ~icito COL.6.12.1.

2 To look at, watch. **b** to look in (a mirror); (also intr., w. *in*+acc.).

uin tu facinus luculentum ~icere? PL.*Men.*141; Menandri Eunuchum..perfecit sibi ut ~iciundi esset copia TER.*Eu.*21; quasi ad ~iciendum delectationis causa comparatum est CIC.*Orat.*37; cum illa munera ~exisses *Deiot.*42; Britannia..Gallis in meridiem etiam ~icitur TAC.*Ag.*10.2; (*poet.*) collis..propinqui annosum truncant apicem, qui conscius actis noctis et ~exit gemitus STAT.*Theb.*3.176. **b** hi speculum..forte ~exerunt PHAED.3.8.5; specula ~icis APUL.*Apol.*103;—saepe in speculum ~exi PL.*Am.*442; TER.*Ad.*429; APUL.*Apol.*13; (*fig.*) ~icere, tamquam in speculum, in uitas omnium iubeo TER.*Ad.*415.

3 To observe (a thing for what it is), remark, see.

~ice hoc facinus ENN.*scen.*286; solarium..in quo horae in sole ~iciebantur VAR.*L.*6.4; unde, quod est usquam..~icitur OV.*Met.*12.42; ~ice..titulum *Tr.*1.1.67; ut aegri uires subinde adsidens medicus ~iciat CELS.3.4.8; auditi..saepius in Syria Iudaeaque Caesares quam ~ecti TAC.*Hist.*

2.6;—(*w. indir. qu.*) ~iciam quid sit scriptum Pl.*Cur.*427; non satis erat in tabulis ~exisse quantum deberetur Cic. *Quinct.*17; ~ice quid portem Ov.*Tr.*3.1.9;—(*w. pred. acc.*) numquam edepol hodie ad uesperum Gripum ~icietis uiuom Pl.*Rud.*1288; *St.*638; (*poet.*) proxima uictricem cum Romam ~exerit Eos Ov.*Fast.*4.389.

4 To inquire into, investigate, consider, look into. **b** to examine the character of, get to know (a person).

duum mensum spatium consulibus datum est ad ~iciendam legem Liv.3.25.4; ~ecto aere alieno 6.27.8; tempore sic duro est ~icienda fides Ov.*Tr.*1.5.26; uti..iudex querellam ~iceret Petr.15.2; si successu nuda remoto ~icitur uirtus Luc.9.595; in primis ~ici mores oportebit Quint.*Inst.*2.2.1;—(*w. indir. qu.*) ~ice si possum donata reponere laetus Hor.*Ep.*1.7.39; ~iciat, quid tacitus optauerit Sen.*Ben.* 6.38.5; tu tantum ~ice qui nouus paratur an possit fieri uetus sodalis Mart.1.54.6. **b** uisne igitur te ~iciamus a puero? Cic.*Phil.*2.44; aliquis, qui se ~ici, aestimari fastidiat Liv.6.41.2; multis..experimentis ~iciendus erit futurus uilicus Col.11.1.7; hunc..penitus et domi ~exi Plin.*Ep.* 1.10.2.

5 To perceive mentally, comprehend, grasp.

quoniam ~exi mulieris sententiam Pl.*Mil.*129; nisi qui ipse amauit aegre amantis ingenium ~icit 638; ne in his quidem uirtus oratoris ~icitur Quint.*Inst.*8.2.8; a quibus iustitia eius et humanitas penitus ~ecta est Plin.*Ep.Tra.* 10.86b.(18).2;—(*w. indir. qu.*) qui uir et quantus esset, altissime ~exi *Ep.*5.14(15).5.

6 To take **into** consideration, have regard to. **b** (w. adv.) to look upon, treat, regard; (also alone) to look upon with favour.

'sed ueneficae..filia est'. si parentes ~iciuntur, cur..? Sen.*Con.*9.6.6; initium..in his contractibus ~iciendum Ulp.*dig.*17.2.58.2; domini persona ad hoc tantum ~icitur Paul.*dig.*31.82.2. **b** quos parens noster familiariter ~icere dignatur Plin.*Pan.*87.3;—OMNIBVS OLIM QVAS VENVS ~EXIT PRAEFICIENDA BONIS *CIL* 10.2483.

inspīcō ~āre ~āuī ~ātum, *tr.* [IN-[1]+SPICA+-O[3]] To cut in the form of an ear of wheat.

ferro..faces ~at acuto Verg.*G.*1.292.

inspīrō ~āre ~āuī ~ātum, *intr.*, *tr.* [IN-[1]+SPIRO]

1 (intr.) To draw deep breaths, breathe deeply.

~ant pressantes dentibus ora Lucr.4.1109; surge et ~a et cliuum istum uno, si potes, spiritu exsupera Sen. *Ep.*31.4.

2 (w. dat.) To breathe, blow (on or into). **b** (gram.) to give an aspirated sound (to). **c** (w. internal acc.) to blow (a note or sound).

Tritona..conchae..sonanti ~are..iubet Ov.*Met.*1.334; quem deinde gradu premit horridus Idas ~atque umero Stat.*Theb.*6.604;—(*of winds*) nullus ~at salo uentus Sen. *Phaed.*1008; ~antes ramis arborum aurae Quint.*Inst.* 10.3.24. **b** satis notum est Atticos ἰχθὺν et ἵππον..~antis primae litterae dixisse Gel.2.3.2. **c** qui fistula breui sensim grauiusculum sonum ~aret Gel.1.11.13.

3 (w. acc.) To introduce with the breath, blow in, insufflate.

uenenum morsibus ~ant (apes) Verg.*G.*4.237; ~at..nocens uirus Ov.*Met.*2.800; omnibus quibus insedere, odorem mellis ~ant (apes) [Quint.]*Decl.*13.13;—(*med.*) (medicamenta) per scriptorium calamum ~abuntur Cels.7.27.3; trita sepiae testa et per fistulam ter die oculo ~ata Col. 6.17.7; Plin.*Nat.*34.127;—(*poet.*) uidemus hominibus ~atam uelut aurigam rectricemque membrorum animam Col. 3.10.9; si animam ~es donaci Apul.*poet.*4.11(*Apol.*9).

4 (w. acc.) To infuse (a feeling or idea into a person), inspire.

ut..cum dabit amplexus atque oscula dulcia figet, occultum ~es ignem Verg.*A.*1.688; Sibyllae,..magnam cui mentem animumque Delius ~at uates 6.12; fallit..furentem uipeream ~ans animam 7.351; ut illis..fortitudinem ~arent Curt.4.13.12; tacitae..~at honorem conubii Stat. *Silv.*1.2.194; hic iram, hic misericordiam ~abit Quint.*Inst.* 12.10.62.

5 To blow into. **b** to inspire supernaturally. **c** (rhet.) to animate (material; in quots., ellipt. or absol.).

granaria..modicis fenestellis aquilonibus ~entur Col. 1.6.10;—(*mus. instruments*) homines repertos qui sonum earum (*sc.* lusciniarum)..foramen ~antes..indiscreta redderent similitudine Plin.*Nat.*10.84; ad ~ata rotari buxa Stat.*Theb.*7.170. **b** uatibus ~andis uel fulminibus iaculandis Apul.*Soc.*6. **c** quotiens inciderat aliqua materia.. ~abat magno magis quam acri animo Sen.*Con.*2.pr.2; quibus uiribus ~et (orator), qua iucunditate permulceat Quint.*Inst.*2.5.8; 5.14.32.

inspoliātus ~a ~um, *a.* [IN-[2]+pple. of SPOLIO] Not plundered or robbed; also, not carried off as plunder.

sacro atque ~o fano Sal.*Rep.*1.2.7; Sen.*Con.*10.1; hominem occisum esse..non praedae gratia, quia ~us est Quint.*Inst.*7.1.33;—arma ~a feram tumulo Verg.*A.*11. 594.

inspuō ~uere ~uī ~ūtum, *intr.*, *tr.* [IN-[1]+SPVO]

1 (intr.) To spit (into or upon).

restiturum oculos si ~uisset Suet.*Ves.*7.2; (*impers. pass.*) si quod animal aurem intrauerit et ~uatur, exire Plin.*Nat.* 28.37;—(*w. dat.*) cui..adulescens proteruus ~uit Sen.*Dial.*5. 38.1; quibus os dirum nascentibus ~uit, herbas Luc.6.683; Plin.*Nat.*28.38;—(*w.* in+*acc.*) inuentus est tamen, qui in faciem eius ~ueret Sen.*Dial.*12.13.7; Petr.75.3.

2 (tr.) To spit (something into).

pullis primo salsiorem terram collectam gutture in ora ~uunt Plin.*Nat.*10.105; oculis iumentorum ~uitur (sal) 31.105; linguam dentibus sibi praecidit eamque regis in faciem ~uit Hyg.*Fab.*257.12.

inspurcō ~āre ~āuī ~ātum, *tr.* [IN-[1]+SPVRCO] To befoul, defile.

utrum illum pecunia inpurum effecit an ipse pecuniam ~auit? Sen.*Ep.*87.16.

inspūtō ~āre ~āuī ~ātum, *tr.* [IN-[1]+SPVTO] To spit upon.

ut qui me opus sit ~arier Pl.*Capt.*553; quibus ~ari saluti fuit 555.

instabilis ~is ~e, *a.* [IN-[2]+STABILIS]

1 (of persons or animals) Unable to stand up, tottering, slipping. **b** (of walking, steps, etc.) unsteady.

ubi pedes ~is ac uix uado fidens Liv.21.5.14; nullis.. potest consistere miles ~is, raptis etiam quas calcat, harenis Luc.9.465; equi lubrico ~es Fro.*Ver.*2.p.212(208N). **b** eadem causa..~em..ingressum praebebat Liv.24.34.15; quos ~is gradus fefellerat Curt.7.11.16; ~i gressu metitur litora cornix Luc.5.556; uomitiones ipsae ~i uolutatione commotae Plin.*Nat.*31.63; locum, qui non nisi suspensum et ~e uestigium caperet Plin.*Pan.*22.4.

2 (of things) Not firmly fixed, unsteady.

iusta pari premitur ueluti cum pondere libra..~is natat alterno depressior orbe [Tib.]3.7.44; (arbores succisae) alia in aliam, ~em per se ac male haerentem, incidentes Liv. 23.24.9; malus in circo ~is 39.7.8; ~es..imas (aures) facit Ov.*Met.*11.177; Plin.*Pan.*26.6;—(*of places liable to earthquakes*) ~em..locum Delos dedit Ov.*Met.*6.191; Tyros ~is Luc.3.217;—(*of ships*) cumbae ~es fluctu iactante Verg.*G.* 4.195; ducunt ~es sidera certa rates Tib.1.9.10; Ov.*Met.* 2.164;—(*fig.*) membrum (*i.e. of a sentence*) longius iusto tardum, breuius ~e est Quint.*Inst.*9.4.126.

3 Not remaining still or in one place.

fluctuantem..et ~em aciem Liv.9.35.6; leuem et concursatorem hostem..~em eundem ad comminus conserendas manus 27.18.14; ~is..Cyaneas Ov.*Tr.*1.10.34; Euripus undas flectit ~is uagas Sen.*Her.O.*779; fluminum ~is natura Tac.*Ann.*6.37.

4 Liable to change or variation, inconstant, fickle.

ut maritimae res postularent, ut quae celerem atque ~em motum haberent Caes.*Gal.*4.23.5; ne ista lectio auctorum multorum..habeat aliquid uagum et ~e Sen.*Ep.*2.2; nec ambitio tantum ~is est 73.3; ubi non est pudor..~e regnum est *Thy.*217; nihil rerum mortalium tam ~e ac fluxum est quam fama Tac.*Ann.*13.19; ~e ac dirimi coeptum..coniugium Juv.9.79;—(*of Fortune, success*) insanam (Fortunam)..esse aiunt, quia atrox incerta ~isque sit Pac. *trag.*369; ~is in istum plurimum fortuna ualuit *Rhet.Her.* 4.44; omnis ~is et incerta felicitas est Sen.*Con.*1.1.3; Tac. *Hist.*4.47;—(*of the mind*) ~is animus..mutabiliter auet habere et non habere Var.*Men.*78; Verg.*G.*4.105.

5 That cannot be stood upon, not offering a foothold.

sic erat ~is tellus, innabilis unda Ov.*Met.*1.16; ~i.. gelu fallit uestigia passus Germ.fr.3.17; locus uligine profunda, idem ad gradum ~is Tac.*Ann.*1.64; (*cf.*) ne in lubrico atque ~i (solo) fundamenta tantae molis locarentur Plin. *Nat.*36.95.

instans ~ntis, *a.* *compar.* ~ntior. [pple. of INSTO] N.B. exx. of compar. only are given here; for positive exx. see the verb. Pressing, urgent: **a** (of persons, etc.). **b** (of situations).

a donec eadem species terribilior iam et ~ntior exitium ipsi..denuntiaret Tac.*Hist.*4.83. **b** acriora facit et ~ntiora quae dicimus Quint.*Inst.*9.3.54; praeuerti ad Armenios ~ntior cura fuit Tac.*Ann.*2.55; duplex..conpellatio admonitionem facit ~ntiorem Gel.13.25.19.

instanter, *adv.* *compar.* ~tius, *superl.* ~tissimē. [prec.+-TER[2]] Vehemently, violently, urgently, insistently.

cum quid ~tius dicimus Quint.*Inst.*9.3.50; ubicumque acriter erit et ~ter..dicendum 9.4.126; equis concurrunt, ~tius Pharasmanes Tac.*Ann.*6.35; ~tius legitimos flagitanti Suet.*Cl.*5.1; me..lictores..quam ~tissime compellunt Apul.*Met.*3.9; me..~ter ac fortiter manducantem 4.22; desiderabant in senatu ~tissime, ut..rationem redderet Gel.4.18.7.

instantia ~ae, *f.* [INSTANS+-IA]

1 The fact of being present or impending; immediate applicability.

futura, quorum consequenti tempore uera erit ~a, ea uera dicemus Cic.*Fat.*27; infestus dicitur ab ~a atque imminentia fraudis Nigid.*gram.*29(Gel.9.12.6);—an uero salua quidem lis est, uerum ~a tantum edicti periit Ulp.*dig.*5.1. 73.2.

2 Earnestness, insistence, importunity, urgency; (mental) concentration, application.

haec (*sc.* oratio) uel maxime ui, amaritudine, ~a..placet Plin.*Ep.*5.8.10; ~a peruicaci..extorquet tandem..paene conlapsa membra lauacro, cibo denique confoueret Apul. *Met.*8.7; ~a Gaii Seii creditoris reciperati sunt (cullei) Scaev.*dig.*13.7.43.1; L FABIVS MODESTVS SIBI ET SVIS OMNIBVS ~A ET LABORIBVS SVIS FECIT *CIL* 10.2403; (*cf.*) peccata ..non..inducenda sunt ipsis uoluntatibusque eorum, sed necessitati cuidam et ~ae, quae oritur ex fato Gel.7(6).2.5;—quid est..quod non..haec ~a non posset efficere? Plin. *Ep.*3.5.18; ne quid..~am uigoremque mentis labefaceret Gel.17.15.1.

instar, *n.* [dub.] N.B. found only as nom. or acc.

1 The equivalent in measure, counterpart, equal. **b** (as pred. or in appos.).

in quae uolumina..adiecit non pauca et de Magonis dempsit ~r librorum VIII Var.*R.*1.1.10; nauis..ita magna ut..urbis ~r habere inter illos piraticos myoparones uideretur Cic.*Ver.*5.89; terram..ad uniuersi caeli complexum quasi puncti ~r optinere *Tusc.*1.40; mearum epistularum nulla est συναγωγή; sed habet Tiro ~r septuaginta *Att.*16.5.5; cohortium trium ~r in terram exposuerat *B.Alex.*19.3; uideretis uix duarum male plenarum legiuncularum ~r in castris regis Liv.35.49.9; cuius uiri magnitudo multorum uoluminum ~r exigit Vell.2.29.2; Plin.*Nat.*36.97; ~r illi (*sc.* psittaco) minimo minus quam columbarum Apul.*Fl.*12; (*in appos. to quantity*) Mentula habet ~r triginta iugera prati Catul.115.1;—(*w.* ad) cum ~r ad erui amplitudinem acini habuerunt Col.*Arb.*8.5. **b** laena, quod de lana multa, duarum etiam togarum ~r Var.*L.*5.133; nauem.. cybaeam maximam triremis ~r Cic.*Ver.*5.44; tamen ad maris omnia summam guttai uix ~r erunt unius adaugmen Lucr.6.614; cohortis quasdam, quod ~r legionis uideretur Caes.*Civ.*3.66.1; ~r montis equum..aedificant Verg.*A.* 2.15; lacrimae fluminis ~r Ov.*Ep.*8.62; rami ~r ingentium stipitum Curt.9.1.10; domos ~r urbium Sen.*Ep.*90.43; acerui stercoris ~r quinque modiorum Col.2.5.1; ~r montium eductae pyramides Tac.*Ann.*2.61; Suet.*Aug.*6.

2 The equivalent in effect, condition, moral worth, etc. **b** (as pred. or in appos.).

ut omnia ex altera parte collocata uix minimi momenti ~r habeant Cic.*Off.*3.11; qui strepitus circa comitum! quantum ~r in ipso! Verg.*A.*6.865; scelus hoc meriti pondus et ~r habet Ov.*Ep.*2.30; inprobitas muneris ~r habet *Ars* 1.676; o magni mihi numinis ~r, cara parens Sil.13.623; classem.. tempestas tam foeda strage lacerauit ut naualis belli ~r efficeret Flor.*Epit.*1.40(3.5.18); syllaba..si plenum absoluet uerbi uel nominis ~r Maur.1670; Publiciana actio ad ~r proprietatis, non ad ~r possessionis respicit Ulp.*dig.*6.2.7.6; in stipulationibus..quae ~r actionum habent 16.2.10.3; (donationes mortis causa factae) legatorum ~r optinent Julian.*dig.*39.6.17. **b** unus ille dies mihi quidem immortalitatis ~r fuit quo in patriam redii Cic.*Pis.*52; haec est ἄλη in qua nunc sumus mortis ~r *Att.*10.1.4; tum fit odor uini plagae mactabilis ~r Lucr.6.805; effecerant ut ~r muri hae saepes munimenta eis praeberent Caes.*Gal.*2.17.4; ~r ueris enim uultus ubi tuus adfulsit populo, gratior it dies Hor.*Carm.*4.5.6; armati ruinis superstantes ~r munimenti erant Liv.38.7.5; unus is (*sc.* Hector) innumeri militis ~r erit Ov.*Ep.*15.368; centum homines..~r habuit consili publici Vell.1.8.6; omnium ~r ibi sunt homo tantum et audacia Plin.*Nat.*12.87; metarum ~r erant hinc nudo robore quercus Stat.*Theb.*6.351; ~r ego perpetui congiarii reor adfluentiam annonae Plin.*Pan.*29.1; regem..exercitatione uenandi et conuictu megistanum abstinuisse, quod apud Parthos iustiti ~r est Suet.*Cal.*5; (uirtus) sola ipsa uitae beatae ~r est Gel.18.1.14; (*cf.*) paruum ~r eorum quae spe ac magnitudine animi concepisset receptas Hispanias ducebat Liv.28.17.2.

3 (w. vbl. expressions, also advs.) To the extent, degree, etc. (of).

nec sapit pueri ~r bimuli Catul.17.12; uolat atri turbinis ~r..hasta Verg.*A.*12.923; exhorruit aequoris ~r Ov.*Met.* 4.135; duces uestros reorum ~r uinctos Curt.4.14.22; crebros ictus..ingeminant, telorum aut grandinis ~r Rhipaeae Stat.*Theb.*1.419;—falce..alte ~r digiti mucrone ferito Col. *Arb.*10.3.

4 *ad ~r,* According to the standard or pattern (of).

(capillus) ad ~r speculi reddit imaginem gratiorem Apul. *Met.*2.9; subliciae turres structae..ad ~r circumforaneae domus 4.13; lactucae ueteres..quae..ad ~r scoparum..exolescunt 9.32; *Pl.*1.6; (*in compendious comparison*) ad ~r.. Protesilai dispectae disturbataeque nuptiae *Met.*4.26.

5 Something which amounts to or has the effect of (a specified object, occurrence, etc.).

aspicit atque illic ingens certaminis ~r quadriiugi Stat. *Theb.*6.369; pulcherrimo mundo ~r pulchrae et perfectae sphaerae..quaesitum est Apul.*Pl.*1.8; opus..factum accipimus non si unum uel alterum cementum fuit impositum sed si proponatur ~r quoddam operis Ulp.*dig.*39.1.21.3; (*w. ref. to a statue*) cuius (*sc.* equi) etiam ~r pro aede Veneris.. dedicauit Suet.*Jul.*61.

instaurātiō ~ōnis, *f.* [INSTAVRO+-TIO] The repetition of a religious ceremony; (see INSTAVRO sense 1). **b** the repetition, renewal (of an action, etc.).

mentes deorum immortalium ludorum ~one placantur Cic.*Har.*23; ludi forte ex ~one magni Romae parabantur Liv.2.36.1; ~o sacrorum auspiciorumque renouatio 5.52.9; 41.16.7. **b** ~one tuarum laudum..laetamur Cas.*Fam.* 12.13.1; quid..ualet haec repetitio ~oque eiusdem rei..? Gel.13.25.9; ~onem pugnae 15.18.2.

instaurātīuus ~a ~um, *a.* [INSTAVRO+-IVVS] (of ceremonies) Repeated; (see INSTAVRO sense 1).

ludis intermissis ~i constituti sunt Cic.*Div.*1.55.

instaurātor ~ōris, *m.* [next+-TOR] One who renews or restores.

~ORI MOENIVM PVBLICORVM *CIL* 8.22672.

instaurō ~āre ~āuī ~ātum, *tr.* [perh. IN-[1]+**stauro* (as in *restauro*; cf. Gk. σταυρός, ON. *staurr* 'pillar', Skt. *sthāvaraḥ* 'stationary', 'firm', etc.)]

1 To repeat, start afresh (a ceremony which has been wrongly performed or interrupted). **b** to renew (after an interval).

quorum de sententia illa eadem renouata atque ~ata celebrantur Cic.*Har.*21; id..sacrificium cum uirgines ~assent *Att.*1.13.3; etiam Latinae ~antur *Q.fr.*2.4.4; ~amus Polydoro funus Verg.*A.*3.62; inceptos genitori ~at honores 5.94; quotiens sacra ~entur, quia aliquid ex patrio ritu neglegentia casuue praetermissum est Liv.5.52.9; cum haruspicum monitu sacrificium ~aretur 25.16.3; iterum nouendiale ~atum quod in Armilustro lapidibus uisum pluere 27.37.4; ipse ~ari sacrum male fortis agique imperat Stat.*Theb.*11.232; (παρὰ προσδοκίαν) cum peruigiles placet ~are popinas Juv.8.158;—(*poet.*) ~at..diem donis Verg.*A.*4.63. **b** inuisit Apollo ~atque choros Verg.*A.*4.145; ludi et Romani et plebeii eo anno in singulos dies ~ati Liv. 27.21.9; da, parue, tuum trieteride multa ~are diem Stat. *Theb.*7.94.

2 To take up again, resume, renew (an activity).

cauete..ne noua et multo crudelior per uos proscriptio ~ata esse uideatur Cic.*S.Rosc.*153; suum scelus illud pristinum renouauit et ~auit *Ver.*11; ~atas maximi belli reliquias ac renouatas *Prov.*19; qui rapinas et incendia ~are cupiunt Sal.*Hist.*1.77.20; di, talia Grais ~ate, pio si poenas ore reposco Verg.*A.*6.530; ~ant epulas et mensae grata secundae dona ferunt 8.283; sistere fugam ac nouam de integro uelle ~are pugnam Liv.10.29.1; ut ipsis Kalendis Ianuariis auspicandi causa omne genus operis ~ent Col. 11.2.98; dulcis iter ~abat ad Argos Stat.*Theb.*2.743; ~ari epulas iubet Tac.*Ann.*6.50; missis..legatis de ~anda societate Suet.*Nero* 57.2; (*pf. pple. prol.*) sinite ~ata reuisam proelia Verg.*A.*2.669.

3 To restore (a thing) to its former condition or use. **b** to renew, restore (a practice, institution, etc.).

ut cinere apud quosdam..~entur (uina) Plin.*Nat.*14.126; fieri..papiliones paruos nudosque, mox..aduersus hiemem tunicas sibi ~are densas 11.77; 18.240; uilla..in qua.. monumenta sibi ~auerat (M. Cicero) 31.6; ~ati..ara Tarenti Stat.*Silv.*1.4.18; niueum..repostae ~ant galeae coni decus Sil.4.14;—(*strength, courage*) ~ati animi regis succurrere tectis auxilioque leuare uiros Verg.*A.*2.451; *Ilias* 742; hic (*sc.* lapis molaris)..perhaustis ignibus ~at uires *Aetna* 423; Stat.*Theb.*12.600. **b** ~abat sacrum dis loci Tac.*Hist.*2.70; nec gratulatio ullius ~atis egeat precibus *Ed.* in Plin.*Ep.Tra.*10.58(66).9; nunc omnis aquae cum possessore ~atur beneficium Fron.*Aq.*107; quod dominus..mandatum ~auerit Papin.*dig.*17.1.56.2; post abolitionem idem crimen ab eodem in eundem ~ari non potest 48.16.4.

instercorō ~āre ~āuī ~ātum, *tr.* [in-[1] +stercoro] To manure.

scrobem..cum ~ata terra..completo Col.*Arb.*4.5.

insternō ~ernere ~rāuī ~rātum, *tr.* [in-[1] +sterno]

1 To spread or lay on. **b** to lay (a floor, deck, etc.).

quicquid ~ernebant..stragulum appellabant Var.*L.*5. 167;—(*w. dat.*) illa manu ceu uiuum amplexa reportat (natum) ~ernitque toris riparum Stat.*Theb.*9.374; ~ernit totos frigentibus artus 11.600; ~ratum..humeris dimitte rigentibus hostem (*i.e. the lion's skin*) *Silv.*3.1.36; babylonica, quae equis ~erni solent Ulp.*dig.*34.2.25.3. **b** turrim.. quam eduxerat ipse..pontisque ~rauerat altos Verg.*A.*12. 675; Aeschylus..modicis ~rauit pulpita tignis Hor.*Ars* 279.

2 (w. abl.) To bestrew, spread, cover (with). **b** (without abl.) to cover with a rug, cloth, or sim.

cedebant..hospitibus saeuis ~rata cubilia fronde Lucr. 5.987; ~ratos ostro alipedes Verg.*A.*7.277; si..cauerna palea ~ernatur Plin.*Nat.*19.84; ast ego doner dum licet igne meo terraque ~ernar auita! Stat.*Theb.*3.213; iumentorum ..~ratorum centunculis Fron.*Str.*2.4.6; quasi arca quaedam magna uestimentis ~rata Gel.20.1.29; (*with a deck, flooring*) bubulos utres binos ~ernentes ponte Plin.*Nat.*6.176; (*w. ret. acc.*)sonipes..Caucasiam ~ratus uirgato corpore tigrim Sil. 5.148; (*impers. pass.*) cenam adferri quam optimam imperauit, item optimis ~ernendum uestimentis *B.Hisp.*33.3. **b** (*beds*) inter dura iacet pernix ~rato saxa cubili Verg.*G.* 3.230; ne toro quidem cubuisse aiunt nisi humili et modice ~rato Suet.*Aug.*73;—(*horses*) ut..armatus eques frenatos ~ratosque teneret equos Liv.28.14.7; 34.7.3.

instīgātiō ~ōnis, *f.* [instigo+-tio] The action of arousing or inciting.

~onis auditorum causa *Rhet.Her.*2.47; nouercalibus delenimentis ~onibus corrupti Gaius *dig.*5.2.4.

instīgātor ~ōris, *m.* [instigo+-tor] One who urges on or incites, an instigator.

sibi quisque dux et ~or Tac.*Hist.*1.38; hic est..pueruli huius ~or Apul.*Apol.*74; Papin.*dig.*3.2.20.

instīgātrix ~īcis, *f.* [instigo+-trix] (Fem. of prec.)

pars Galliarum, quae Rhenum accolit..acerrima ~ix aduersum Galbianos Tac.*Hist.*1.51.

instīgātus ~ūs, *m.* [next+-tvs[3]] Instigation, incitement.

si ~u alterius fera damnum dederit Ulp.*dig.*9.1.1.6.

instīgō ~āre ~āuī ~ātum, *tr.* [in-[1]+**stigo* (cf. *instinguo*; Gk. στίζω, Skt. *tejate* 'is sharp', OHG. *sticken*, Eng. *stick*)]

1 To incite, urge, impel, drive (to an action). **b** to urge on (in an action already being performed).

Senones..conscientia facinoris ~ari Caes.*Gal.*5.56.1; complurium studiosorum..sermonibus ~atus Col.11.1.1;—(*absol.*) cum..mea domus ardebat..ignibus iniectis ~ante te Cic.*Pis.*26; Liv.10.19.18; ~antibus amicis Tac.*Hist.* 4.39;—(*w.* ad) ipsum ad reliquias belli persequendas ~abant Liv.29.31.12; cum..me seu naturalis sollicitudo seu fides sedula..ad amorem quoque commissae rei ~ent Fron.*Aq.*1; Tac.*Hist.*4.78;—(*w.* in+*acc.*) maxime Corinthiis in arma..~antibus Vell.1.12.1; considera quae sint quae hominem in perniciem hominis ~ent Sen.*Ep.*105.1;—(*w.* *inf.*) stimuli subsunt qui ~ant laedere id ipsum Lucr.4.1082. **b** cuncti..sequentem ~ant studiis Verg.*A.*5.228; uariis.. ~at uocibus alas nomine quemque uocans 11.730; solitis hortatibus agmen..~ant Ov.*Met.*3.243; (*prov.*) ut currentem quoque ~em Plin.*Ep.*3.7.15; (*absol.*) ultro omnes laeti ~ant V.Fl.8.223.

2 To incite to anger or violence, provoke, goad.

non hercle ex re istius me ~asti, Demipho Ter.*Ph.*969; ~ando..suos quisque populos effecere ut omne Volscum nomen deficeret Liv.2.38.6; hic per se iam milites incitatos insuper ~abat eleuando..aetate auctoritatem collegae 6.23.4; nec ~aret uictricem Graeciam Sen.*Suas.*5.2; nihil posse quo ~eris accidere Sen.*Dial.*5.6.1; pudet ~are minores Stat.*Theb.*10.901; auium ~ati clangores Apul.*Fl.*17;—(*absol.*) age, si hic non insanit satis sua sponte, ~a Ter.*An.* 692;—(*w.* in+*acc.*) tribuni..plebem criminando in primores ciuitatis ~abant Liv.2.39.7; ~asset in se regem insolentem Sen.*Ben.*5.6.7;—(*w.* contra) milites populi Romani contra rem publicam ~asti *B.Afr.*54.4;—(*cf.*) canem..~at..in Eumolpon Petr.95.8; neque anguis uenenatus est nisi.. luna ~atus Plin.*Nat.*29.71.

3 To rouse (feelings, physical forces).

libidinem irritat, iracundiam ~at Sen.*Ep.*10.2; ut facilius iram iudicis uel ~et uel leniat Tac.*Dial.*31.3;—fabriles operae..folles..trementes exanimant pressoque ~ant agmine uentum *Aetna* 565; uires ~at alitque tempestiua quies Stat.*Silv.*4.4.33.

instillātiō ~ōnis, *f.* [next+-tio] The action of pouring on in drops, instillation.

suci ~o..perquam utilis aurium dolori Plin.*Nat.*23.1 1; 29.133.

instillō ~āre ~āuī ~ātum, *tr.* [in-[1]+stillo]

1 To pour in drop by drop, drop in.

guttas ~at oliui *Mor.*113; uina quoque ~at Ov.*Fast.* 2.579; lamina candente sebum..~atur Col.6.11; Quint. *Inst.*1.2.28;—(*w.* in+*acc.*) sucum..in aurem intro tepidum ~ato Cato *Agr.*157.16; merum nutrix faustos ~at in ignes Ov.*Ep.*18.153;—(*w. dat.*) nisi tamquam lumini oleum ~es Cic.*Sen.*36; (oleum) caulibus ~at Hor.*S.*2.2.62; sucus et auribus purulentis ~atur et oculorum dolori Plin.*Nat.*27. 114.

2 (transf.) To introduce little by little, instil.

attulit..tuas litteras; quae mihi quiddam quasi animulae ~arunt Cic.*Att.*9.7.1; praeceptum auriculis hoc ~are memento Hor.*Ep.*1.8.16; Sen.*Ben.*6.16.6; uirtutem ~at animis *Dial.*9.3.3.

3 To drip on to.

guttae quae saxa adsidue ~ant Caucasi Cic.*Tusc.*2.25 (transl. Aeschylus).

instimulātor ~ōris, *m.* [next+-tor] One who provokes or arouses, an inciter.

seditionis quidem ~or et concitator tu fuisti Cic.*Dom.*11.

instimulō ~āre ~āuī ~ātum, *tr.* [in-[1] +stimvlo] To goad on, urge, arouse.

Venerem..Acmon ~at uerbis stimulisque resuscitat iram Ov.*Met.*14.495; *Fast.*6.508; hinc rabidas dolor undique matres ~et V.Fl.2.134; Stat.*Theb.*1.715; Sil.2.543;—(*w. inf.*) deus..festinare fugam tortosque incidere funis ecce iterum ~at Verg.*A.*4.576.

instinctor ~ōris, *m.* [as next+-tor] One who urges, an instigator.

Ptolemaeus..sceleris ~or Tac.*Hist.*1.22; acerrimo ~ore belli 4.68.

instinctus[1] ~a ~um, *pple.* [pple. of in-[1] +**stinguo* (see distingvo)] Excited, roused, fired. **b** roused to anger, infuriated. **c** roused by divine possession, inspired.

te quoque ~um esse et magno ad pulcherrima properare impetu uideo Sen.*Ep.*71.36; ~os ruentisque ita disposuit Tac.*Ag.*35.2; (*w. ret. acc.*) ~i pectora Poeni Sil.8.242;—(*w. passion expressed*) nefario quodam furore et audacia ~us Cic.*Ver.*5.188; amorem musarum, quo nunc ~us Lucr. 1.925; belua ~a rabie Curt.8.14.33; Venere ~us Sen. *Phaed.*339;—(*w.* in+*acc.*) ~a in bellum Achaia Vell.1.12.1; —(*w. agency expressed*) adulescentes tibiarum..cantu..~i Cic.*Consil.*fr.3; qui litterarum iucunditatibus ~as habent mentes Vitr.9.pr.16; murmure incerto uelut classico ~i (oratores) Quint.*Inst.*2.11.4; his uocibus ~os exercitus Tac.*Ann.*2.46. **b** Scipio..~us strage suorum Sil.4.231; maxima iniuria ~us Suet.*Jul.*19.2. **c** quae tum cecinerit diuino spiritu ~us Liv.5.15.10; ~am sacro mentem testata furore Luc.5.150; ~as deo..sorores Sen.*Phoen.*16; quodam Delphico..oraculo dei ~us Quint.*Inst.*10.1.81; (ceruam) ~am Dianae numine Gel.15.22.5; (*without abl.*) uixdum finierat Maternus, concitatus et uelut ~us Tac.*Dial.*14.1.

instinctus[2] ~ūs, *m.* [as prec.+-tvs[3]]

1 Instigation, prompting. **b** (applied to divine instigation).

eius ~u Q. Catulus Campanam imitatus luxuriam V.Max. 2.4.6; ille Meleagri ~u se iussisse respondit Curt.10.8.6; nec opus esset in id comparari et acui in quod ~u quodam uoluntario iremus Sen.*Ep.*36.8; Tac.*Hist.*1.70; ~u uaticinantium effossa..uasa Suet.*Ves.*7.3; impulsu et ~u extraneo naturalis illa Gracchi uehementia indiguisse non.. existimanda est Gel.1.11.14. **b** cum..animus..diuino ~u concitatur Cic.*Div.*1.66; apes..Heliconios colles..dearum ~u depastae V.Max.1.6.ext.3; cum (mens)..~u..sacro surrexit excelsior Sen.*Dial.*9.17.11; deae potentis ~u Apul. *Met.*11.26; (*cf.*) primam fatalis ~us necessitatem [Quint.] *Decl.*4.3.

2 Excitement, enthusiasm, inspiration.

mulier..quia ~u uidebatur futura praedicere Curt.8. 6.16; ire in aciem..furore quodam et ~u flagrabant Tac. *Hist.*2.46; impetu quodam et ~u procurrere ad mortem Plin.*Ep.*1.22.10; (*of poet. inspiration*) quod species ipsa carminum docet, non impetu et ~u nec ore uno fluens Tac. *Ann.*14.16.

instīpō ~āre ~āuī ~ātum, *tr.* [in-[1]+stipo] To crowd together, pack closely.

post quadriennium in cuneum conponito (amphoras) et ~ato Cato *Agr.*113.2.

instipulor ~ārī ~ātus, *tr.* [in-[1]+stipvlor] (leg.) To stipulate for.

minae uiginti sanae et saluae sunt tibi, hodie quas aps te est ~atus Pseudolus Pl.*Ps.*1069; (*absol.*) cedo quicum habeam iudicem, ni dolo malo ~atus sis *Rud.*1381.

instita ~ae, *f.* [insto]

1 A band sewn on the lower edge of a matron's *stola*; (used poet. as typical of a Roman matron).

illas quarum subsuta talos tegat ~a ueste Hor.*S.*1.2.29; Ov.*Ars* 1.32; in nostris ~a nulla iocis 2.600.

2 A band, tape, ribbon.

duas ~as ancilla protulit de sinu alteraque pedes nostros alligauit, altera manus Petr.20.4; ~is quibus sponda culcitam ferebat 97.4; inuoluere..eam (*sc.* pinnam) fasciola tenui lintea quasi ~a Larg.47; 133; candida pampineo subnectitur ~a pilo Stat.*Theb.*7.654.

institiō ~ōnis, *f.* [insisto+-tio] (astron.) The apparent standing still (of a planet), a station.

errantium stellarum cursus praegressiones..~ones (*cj.*) Cic.*Tusc.*1.62.

institium ~(i)ī, *n.* [insisto+-ivm] *solis ~ium*, The solstice.

CIL 6.2305.

institor ~ōris, *m.* [insisto+-tor] A small retailer, a shopkeeper, pedlar, or sim. **b** (transf.) one who displays a thing as if for sale.

amata nautis multum et ~oribus Hor.*Epod.*17.20; seu uocat ~or seu nauis Hispanae magister *Carm.*3.6.30; Prop. 4.2.38; multitudo incolarum libertinorumque et ~orum opificumcumque retenta Liv.26.16.8; ~or ad dominam ueniet discinctus emacem Ov.*Ars* 1.421; popinarum ~ores mercem sua quadam et insignita modulatione uendentis Sen.*Ep.* 56.2; pigmentarii ~ores Larg.22; Mart.7.61.1; qui tabernae praeponitur, ~or appellatur Gaius *Inst.*4.71; svtori ~ori caligario *CIL* 9.3027;—(*w. gen.*) quorum (*sc.* chirographorum) etiam ~ores sunt qui ea tamquam gladiatorum libellos palam uenditent Cic.*Phil.*2.97; patrem lanium fuisse ferunt, ipsum ~orem mercis Liv.22.25.19; etiam ~ores libidinis V.Max.6.1.6; ~or hibernae tegetis Juv.7.221. **b** si modo non ~orem sed antistitem nancta est (philosophia) Sen.*Ep.* 52.15; ambitiosum ~orem eloquentiae Quint.*Inst.*11.1.50.

institōrium ~(i)ī, *n.* [next] The business of a shopkeeper.

tabernae..insignes ganea et matronarum ~io copas imitantium Suet.*Nero* 27.3.

institōrius ~a ~um, *a.* [institor+-ivs] (leg.) The name of a type of action by which a *dominus* could be sued for liabilities incurred by a person managing a business for him.

~a (*v.l.* institutoria)..formula tum locum habet, cum quis tabernae aut cuilibet negotiationi filium seruumue suum uel quemlibet extraneum..praeposuerit Gaius *Inst.*4.71; Afric.*dig.*4.4.4.

instituō ~uere ~uī ~ūtum, *tr.* [in-[1]+statvo]

1 To set in being or operation, organize (a process, activity, business, etc.). **b** to put up, erect (a building or other structure). **c** to set up, organize (a military force).

nunc ego hanc astutiam ~ui Pl.*Epid.*363; ita negotium ~utumst, non datur cessatio *Poen.*925; iam ~uta, ornata cuncta in ordine..certa, deformata habebam *Ps.*676; quemquamne hominem in animo ~uere aut parare quod sit carius quam ipsest sibi! Ter.*Ad.*38; ut si segetes ~uas Var.*R.*1.37.4; rem occulte ~uunt Cic.*Ver.*2.54; eo..animo, nullum ut certamen ~uam *Tusc.*3.51; rationem pontis hanc ~uit Caes.*Gal.*4.17.2; ita se ab adulescentia uitam ~uisse Sal.*Cat.*31.7; eorum..ordinationes ~ui, uti non sint quaerentibus separatim colligenda Vitr.5.pr.5; metalla..et uetera intermissa recoluit et noua multis locis ~uit Liv.39.24.2; uexandi aduersarii gratia actionem instituit Gaius *Inst.*4. 178; cum quo ~uat actionem *dig.*6.1.36; noxales actiones appellantur, quae..ex noxa..seruorum aduersus nos ~uuntur 9.4.1. **b** ut quam plurimas posset..nauis ~uat Caes. *Gal.*5.11.4; ~utas turris, testudines, munitionesque hostium admiratur 5.52.2; offendetur aspectus aliis ante ordinis consuetudinibus ~utus Vitr.1.2.6; non amissa modo restituit opera, sed noua etiam ~uit Liv.5.7.13; ipsa mihi..puppem Iouis optima proles ~uit V.Fl.4.543; uicino litore mensas ~uunt Sil.15.273; nomen hoc titvlo caelivs victor conivgi amantissime ~vit *CIL* 8.16374; (*in zeugma*) Phoebo et Triuiae solido de marmore templum ~uam festosque dies de nomine Phoebi Verg.*A.*6.70. **c** ex tertia acie singulas cohortis detraxit atque ex his quartam ~uit Caes.*Civ.* 3.89.4; Catilina ex omni copia..duas legiones ~uit, cohortis pro numero militum conplet Sal.*Cat.*56.1.

2 To set up formally, establish (an institution, ceremony, etc.). **b** to establish, fix (a standard).

ibi qui regnum magnum ~uam Pl.*Rud.*935; quas res diuinas talibus ~utas uiris..quae carmina! Cic.*Mil.*80; Lupercorum, quorum coitio illa siluestris ante est ~uta quam humanitas atque leges *Cael.*26; ut portorium uini ~ueret *Font.*19; alii..illis domi honores ~uti Sal.*Jug.* 79.10; ibi Euandrum..sollemne allatum ex Arcadia ~uisse ut nudi iuuenes..currerent Liv.1.5.2; Saturnalia ~utus festus dies 2.21.2; mercatorum collegium ~uere 2.27.5; partim renouandis societatibus partim nouis ~uendis 21.60.3;

~uit sacros celebri certamine ludos Ov.*Met.*1.446; tria.. tempora fructibus metuebant, propter quod ~uerunt ferias diesque festos, Robigalia, Floralia, Vinalia PLIN.*Nat.*18.284; dementiae quoque iudicia..~uuntur QUINT.*Inst.*7.4.29; libertatem et consulatum L. Brutus ~uit TAC.*Ann.*1.1; onera imperii pleraque uectigalia ~ui ut pro utilitate communi PLIN.*Pan.*37.1;—(*w. acc. and inf.*) hoc sibi pulchra suum ferri Proserpina munus ~uit VERG.*A.*6.143; frumentum plebi dari ~uerat VELL.2.6.3;—(*w.* ut+*subj.*) tribuni plebi, aediles, quaestores nulli erant; ~utum est ut fierent LIV.4.4.3. **b** qui summum bonum sic ~uit, ut nihil habeat cum uirtute coniunctum CIC.*Off.*1.5; perfectum.. antiqui ~uerunt numerum qui decem dicitur VITR.3.1.5.

3 (usu. w. pred. acc.) To appoint (for a particular office or function); (ellipt.) to appoint as heir.

uti..iudices quos uellent ~uerent SIS.*hist.*117; hic Aeschrio..in Herbitensibus decumis nouus ~uitur publicanus CIC.*Ver.*3.77; aliquos sibi ~uunt amicos 4.21; imperium..Lucretio, praefecto urbis iam ante ab rege ~uto, relinquit LIV.1.59.12; ut quondam Titus Tatius retinendis Sabinorum sacris sodalis Titios ~uerat TAC.*Ann.*1.54;—(*heirs*) fecit ut filiam bonis suis heredem ~ueret CIC.*Ver.* 1.104; qui me cum tutorem tum etiam secundum heredem ~uerit *Fam.*13.61; SAL.*Jug.*9.3; LIV.39.9.7; QUINT.*Inst.* 3.6.97; quid si heredem quidem ~uisset ex asse..? PLIN.*Ep.* 5.1.9; dubitari posse, tres semisses facti sint an Titius in eundem semissem cum Gaio Seio ~utus sit PAUL.*dig.* 50.16.142;—si seruus sit cum libertate ~utus ULP.*dig.* 4.4.7.5; non fuisse .filio delatam hereditatem apparet, cum deliberante ~uto decesserit 28.3.6; si ex fundo fuisset aliquis solus ~utus 28.5.1.4;—(*cf.*) QVEI ANTE HANC LEGEM ROGATAM VTEI LEGERENTVR ~VTEI SVNT *CIL* 1.587.2.37.

4 To institute, originate, establish (a custom, practice, etc.). **b** (a practice of one's own). **c** (an example, precedent).

quod dodrantarias tabulas ~uerit CIC.*Font.*2; Ceres fertur fruges Liberque liquoris uitigeni laticem mortalibus ~uisse LUCR.5.15; CAES.*Gal.*6.14.4; uestigia nuda sinistri ~uere pedis VERG.*A.*7.690; haec..ex is..originibus ~uta esse VITR.2.1.4; primus..id Hasdrubal ~uerat LIV.27.49.2; quin et uenena nostri miseritam ~uisse credi potest (terram) PLIN.*Nat.*2.156; a quibus clarissimarum ciuitatium mores sunt ~uti QUINT.*Inst.*1.2.2;—(*w. inf.*) ludorum gratia quos tum primum anniuersarios in circo facere ~uisset CIC.*Rep.* 2.12; maiores..~uerunt, per commentariorum relationes cogitata tradere posteris VITR.7.pr.1; Cadmo, qui primus prorsam orationem condere ~uit PLIN.*Nat.*5.112; nunc recentiores ~uerunt Graecis nominibus Graecas declinationes potius dare QUINT.*Inst.*1.5.63;—(*w.* ut+*subj.*) (Dionysius) ~uit..ut candentibus iuglandium putaminibus barbam sibi..adurerent CIC.*Tusc.*5.58; maiores..~uisse, ut..milites..triumpho adessent LIV.31.49.11; (*impers. pass.*) optime ~utum est ut ab Homero atque Vergilio lectio inciperet QUINT.*Inst.*1.8.5;—(*w. gdve.*) Vestorius Puteolis ~uit (caerulum) faciundum VITR.7.11.1;—(*w. rel. cl.*) maiores nostri, quae liberos suos discere et quos in ludos itare uellent, ~uerunt *Ed.*(*Font.iur.*p.239)67. **b** (*w. inf.*) ego dare me meo gnato ~ui PL.*Bac.*1082; cum ~uisset alios alio tempore producere CIC.*Ver.*5.71; me non ~uisse iis dare cibaria quorum opera non essem usus *Att.*6.3.6; ut ad Caesarem uberiores litteras mittere ~uerem 13.50.1; praeter consuetudinem omnium noctu ~uerant pabulari CAES.*Civ.* 1.59.3; primus omnium radi cotidie ~uit Africanus sequens PLIN.*Nat.*7.211;—(*ellipt.*) ut ~uerat, in Italiam..profectus est CAES.*Gal.*6.44.3. **c** eo exemplo ~uto GRACCH.*orat.*36; hoc timent homines..hoc institui atque adeo ~utum referri ac renouari moleste ferunt CIC.*Div.Caec.*68; cum primus in eam insulam quaestor ueneris, ea te ~uere quae sequantur alii *Fam.*13.48; cuius rei si exemplum non haberemus, tamen libertatis causa ~ui..pulcherrimum iudicarem CAES. *Gal.*7.77.13; uel ~uere uel reducere eiusmodi exemplum non nisi seueri (praetores)..possunt PLIN.*Ep.*4.29.3; (*w. acc. and inf.*) non..fuerat ~utum matres familiarum eorum moribus accumbere VITR.6.7.4.

5 (w. emph. on the fact of commencing) To set to work on (a task, project, or other activity), start on, set about. **b** (w. inf.).

tres libros ~ui, e quis duo scripsi VAR.*R.*3.1.9; si..maius opus ~utum putes quam effici potuerit CIC.*Orat.*238; pro nostra non ~uta, sed iam inueterata amicitia *Fam.*3.9. 4; susceptarum rerum et iam ~utarum 5.12.2; quod me ~utum ad illum poema iubes perficere *Q.fr.*3.8.3; ut Phidias potest a primo ~uere signum idque perficere *Fin.* 4.34; dilectum..~ui iubet CAES.*Civ.*1.16.1; ~uunt..dapes VERG.*A.*7.109; rumpat et serpens iter ~utum HOR.*Carm.* 3.27.5; quod putauerit eum (*sc.* librum secundum) primum ~ui oportuisse VITR.2.1.8; non recta regione iter ~uit sed ad laeuam..flexit LIV.21.31.9; cum quo ~utus regi sermo erat 42.15.8; si uelint inofficiosi querellam ~uere ULP.*dig.* 37.4.8;—(*ellipt.*) dicam equidem, quoniam ~ui, petamque a uobis CIC.*de Orat.*1.111; ad restituendam, ut ~uerat, Lysimachiam LIV.33.41.4. **b** si perget laedere ita ut facere ~uit TER.*Eu.*19; ~uenti mihi..eum sermonem referre et mandare huic tertio libro CIC.*de Orat.*3.1; exercitum ad Taurum ~ui ducere *Fam.*15.1.3; commeatibus nostros intercludere ~uunt CAES.*Gal.*3.23.6; de his rebus primus ~uit edere uolumen VITR.7.pr.14; LIV.29.13.8; nec ego abnuerim hoc me ~uisse argumentari COL.3.10.14; QUINT. *Inst.*3.2.2; TAC.*Dial.*35.2; fabulari ~uit prolixius GEL. 12.1.4.

6 To inform the mind or character of, train, instruct. **b** to teach (a subject), inculcate.

erat..cum ~utus optime tum etiam perfecte planeque eruditus CIC.*Brut.*282; ille omnia quae uoluit..dixit, ut qui illuc factus ~utusque uenisset *Att.*2.24.3; ita Heluetios a maioribus suis ~utos esse uti obsides accipere, non dare, consuerint CAES.*Gal.*1.14.7; remiges ex prouincia ~ui.. iubet 3.9.1; Masinissa nos ita ~uit..ne quem coleremus nisi populum Romanum SAL.*Jug.*14.18; perinde uxor ~uta fuerat liberique ~uebantur LIV.3.44.3; quicquid utile ad ~uendum oratorem putabamus QUINT.*Inst.*1.pr.25; ante palatum eorum quam os ~uimus 1.2.7; PLIN.*Ep.*6.32.1; plurimorum liberos et educauit simul cum suis et ~uit SUET.*Aug.*48;—(*w. abl.*) aliisne..artibus hunc Dionem ~uit Plato CIC.*de Orat.*3.139; non tam armis ~utus quam palaestra *Brut.*37; nos ~uti rebus optimis non poetarum uoce moueamur? *Arch.*19; tironem aut mala disciplina ~utum exercitum acceperunt LIV.9.18.15; pectora doctis artibus ~uet (Virgo) MAN.4.192; te, bene in antiqua et seuera ~utam domo SEN.*Dial.*12.16.3; plurimum..intererit quibus artibus et quibus hunc tu moribus ~uas JUV.14.74;—(*w.* ad) gestus et motus corporis ita uenustus ut..ad forum, non ad scaenam ~utus uideretur CIC.*Brut.*203; (boues) sic perdomiti mox ad aratrum ~uantur COL.6.2.8; qui ad lectionem ~uentur QUINT.*Inst.*1.7.17; qui ad omnes uirtutes natus es prius quam ~utus FRO.*Aur.*1.p.72(59N);—(*w.* in+*acc.*) puerum quem in hoc ~uimus QUINT.*Inst.* 1.11.1;—(*w. inf.*) prima Ceres ferro mortalis uertere terram ~uit VERG.*G.*1.148;—(*w. pred. acc.*) eos uiros bonos ~uebant, quibus tantarum rerum fidei pecuniae sine dubitatione permitterentur VITR.6.pr.6; hoc..distant a ceteris, quod ~uuntur uenatores aut pyrrhicarii ULP.*dig.*48.19.8.11;—(*ellipt. or absol.*) educat nutrix, ~uit paedagogus, docet magister VAR.*gram.*104; (philosophi) ~uunt, disputant, cauillantur SEN.*Ep.*64.3. **b** QUINT.*Inst.*2.3.1; 2.4.15; haec (*sc.* rhetorice) quam ~uere conamur 2.20.4.

institūtĭō ~ōnis, *f.* [prec.+-TIO]

1 Method of arrangement, organization, system.

ex ~one artis disponemus cum sequemur eam praeceptionem, quam..exposuimus *Rhet.Her.*3.16; neque..dici potest in ulla rerum ~one non esse aliquid extremum atque perfectum CIC.*N.D.*2.35; magis ad ~onem uitae communis spectare uidentur *Off.*1.7; corinthium genus propriam coronarum..non habuerat ~onem VITR.4.1.2; armamentario.. cuius architectum Philonem ita facunde rationem ~onis suae..reddidisse constat, ut.. V.MAX.8.12.ext.2; ~onis earum (*sc.* uinearum) praecepta dabimus COL.3.3.15.

2 The establishment (of an institution, relationship, etc.). **b** (leg.) the appointment (of an heir).

sine hoc ~onem omnino amicitiae non posse reperiri CIC. *Fin.*1.70; quae..natura suae primae ~onis oblita est? 4.32. **b** an ~o heredis sollemni more facta sit GAIUS *Inst.*2.116; uelut caput et fundamentum intellegitur totius testamenti heredis ~o 2.229; ULP.*dig.*28.2.3.2.

3 An established practice, custom; also, *morum ~o*.

~o..aequitatis tripertita est CIC.*Top.*90; conseruans rationem ~onemque nostram *Att.*1.17.10; omnis ratio atque ~o uitae adiumenta hominum desiderat *Off.*2.39; secundum ~onem principum PLIN.*Ep.Tra.*10.10(5).1;—haec quidem fuit apud eos morum ~o CIC.*Ac.*1.23; neque lex neque morum ~o id potest cogere VITR.10.pr.4.

4 The action of teaching, training, education. **b** a method or principle of instruction; the teaching of a particular school.

non plus attigisse doctrinae, quam quantum prima illa puerili ~one potuisset CIC.*de Orat.*2.1; cum ad cuiusque naturam ~o doctoris accommodaretur 3.35; libros quos.. de ~one oratoria scripseram QUINT.*Inst.*pr.1; breuis est ~o uitae honestae 12.11.12; TAC.*Dial.*2.1; GEL.13.17.1. **b** non posse ea, quae inter se discrepant, eisdem praeceptis atque una ~one formari CIC.*de Orat.*3.34; haec ~o atque haec disciplina potest sustinere..eam seueritatem *Q.fr.* 1.1.19; complures..Graecis ~onibus eruditi *N.D.*1.8; audemus ~ones nouas comparare VITR.7.pr.10; si parum nostra ~o probaretur a ceteris QUINT.*Inst.*4.pr.1;—uidetur.. errasse nec ex ~one Stoica se egisse SEN.*Ben.*2.20.2; Demetrio Cynicae ~onis doctori TAC.*Ann.*16.34.

institūtum ~ī, *n.* [pple. of INSTITVO]

1 An intended course of action, plan, programme.

quod promisi ~um principium hoc erit CATO *Agr.*pr.4; quod ut demonstretur, neque ad hoc nostrum ~um pertinet CIC.*Inv.*2.164; sed iam ad ~um reuertar meum *de Orat.*2.113; non oblitus pristini ~i CAES.*Civ.*3.57.1.

2 An established practice, habit, custom, usage; *ex ~o*, according to common practice, by established custom. **b** the practice of a particular group of people. **c** a mode of life, manners.

uti Licymnius..corrigeret hanc amentiam tectoriorumque errantia ~a! VITR.7.5.7; ex ~o C. Lucreti Hortensium quoque in tectis..naualis socios habere LIV.43.7.11; TAC. *Ann.*13.16; tuis nouis edictis et iniquissimis ~is CIC.*Ver.* 3.150; utor ~o meo *Clu.*144; non patris, aui, proaui,..sed Graeculorum ~o contionem interrogare solebat *Sest.*126; proximo die ~o suo Caesar e castris utrisque copias suas eduxit CAES.*Gal.*1.50.1; concinnaui tibi munusculum ex ~o meo TREBON.*Fam.*12.16.3;—tunicam uirilem..dicimus non eam quam habet uir..sed quam habere ex ~o debet VAR. *L.*10.27; cur per eos annos militem ex ~o non dedissent LIV. 6.10.6. **b** hi (*sc.* aequitatis loci) cernuntur bipertito, et natura et ~o CIC.*Top.*90; adductus sum..uetere consuetudine ~oque maiorum *Div.Caec.*5; maiorum ~a tueri sacris..retinendis sapientis est *Div.*2.148; neque quem usum belli haberent aut quibus ~is uterentur CAES.*Gal.*4.20.4; iure gentium ciuiumque Romanorum ~is cognitis *B.Hisp.* 42.4; SAL.*Cat.*5.9; NEP.*Ag.*4.3; Lacedaemonem..disciplina ~isque memorabilem LIV.45.28.4; ipsum cremare apud Romanos non fuit ueteris ~i PLIN.*Nat.*7.187; prisco ~o propinquis coram de capite..coniugis cognouit TAC.*Ann.* 13.32; VT ~O CONSVETVDINIS PRISCAE..SACERDOTES CREENTVR *CIL* 11.5265;—(*dist. fr. law*) hoc consilio leges Atheniensium, hoc maiorum ~a seruantur CIC.*Off.*1.75; hi omnes lingua, ~is, legibus inter se differunt CAES.*Gal.*1.1.2; QVI IBEI LEGE FOEDERE PL(ebei)VE SC(ito) S(enatus)VE C(onsulto) ~OVE IVRE DICVNDO PRAEFVIT *CIL* 1.600.11. **c** mulier..uita ~oque meretricio CIC.*Cael.*50; neque rebus externis magis laudandus quam ~is domesticis *Phil.*2.69; uestem et ~a Persica adsumpsit V.MAX.9.5.ext.1; quaedam de habitu cultuque et ~is eius iecerat TAC.*Ann.*1.10; si testator sciens eum (*sc.* aurigam) huius esse ~i et uitae reliquit ULP.*dig.*7.8.12.4.

3 (pl.) Teachings, precepts, doctrine.

cum Pythagorae disciplinam et ~a cognoscerent CIC. *Tusc.*4.3; abundare..praeceptis ~isque philosophiae *Off.*1.1; cum uero neque moribus neque ~is scriptorum praestantibus tribuantur honores VITR.9.pr.16; quod ~is liberalibus profeci SEN.*Ben.*3.34; formandam quam optimis ~is mentem infantium QUINT.*Inst.*1.1.16; grammaticorum noua ~a GEL.17.2.15.

instō ~āre ~itī, *tr., intr.* [IN-¹+STO] FORMS: *~aturus* (fut. pple.) LIV.10.36.3; the forms of the perfect tenses are indistinguishable from those of INSISTO.

1 (tr.) To set foot on; (in quot., fig.). **b** to press on with (a task or business).

rectam ~as uiam. ea res est PL.*As.*54. **b** (Cyclopes) parte alia Marti currumque rotasque uolucris ~abant VERG. *A.*8.434; ~at mercaturam NOV.*com.*61;—(*w. neut. pron.*) Libo..unum ~are de indutiis uehementissimeque contendere CAES.*Civ.*3.17.5; magis unum etiam ~are ut hodie conficiantur nuptiae TER.*Hau.*895.

2 a To assail, press (in battle). **b** to be urgent with, press (a person).

a cum acie instructa audacius ~aret hostes NEP.*Ep.*9.1; uulneratur, neque eo magis ex proelio excessit, sed acrius hostis (*v.l.* hostibus) ~itit *Eum.*4.2. **b** si magis me ~abunt, ad praetorem sufferam PL.*Cur.*376.

3 (of situations, conditions) To be upon (one).

nescis quid te ~et boni PL.*Per.*514; tantum eum ~at exiti *Poen.*918.

4 (intr.) To take up a stand (esp. in a superior or threatening position); (of inanim. things) to stand (by or over). **b** *uestigiis ~are*, to press on the tracks (of). **c** (of a driver, etc.) to stand or lean (over).

fortunam..saxo..~are in globoso..uolubilei PAC.*trag.* 367; siue ~are iugis (uelis) et grandia uoluere saxa VERG. *A.*11.529; ~abam super caput non accusator, sed tortor SEN.*Con.*9.6.18; ~ans in medio triclinio SUET.*Tib.*72.3;—summi Iouis Ales nuntius ~at CIC.*Arat.*540(294); cuius.. rei simulacrum et imago ante oculos semper nobis uersatur et ~at LUCR.2.113; Tifata insidit, propior qua moenibus ~at collis SIL.12.487; (*poet.*) nullis..aliis a montibus ~ant despectus STAT.*Theb.*7.445. **b** Marcellus uestigiis ~abat LIV.27.12.9; ~are uestigiis Caesar FLOR.*Epit.*2.21(4.11.8). **c** illi ~ant uerbere torto VERG.*G.*3.106; cum..altus equis Titan radiantibus ~at OV.*Ep.*8.105; *Pont.*2.8.50; MAN. 1.317; presso magis et magis ~at aratro CALP.*Ecl.*4.121.

5 To press in a hostile manner. **b** (of inanim. things, natural forces, etc.). **c** (applied to verbal attacks, etc.).

(*w. dat.*) ~at cui Turnus stridentemque eminus hastam conicit VERG.*A.*10.645; dictator legionibus fugatis ~at LIV.4.19.6; ita ~itit portis ut prope inferre signa uideretur 27.42.9; fatebatur..peccatum, quod pridie non ~itisset uictis 42.60.5; at lupus et turpes ~ant morientibus ursi OV.*Tr.*3.5.35; neque profugienti..fera ~iterat PLIN.*Nat.* 8.57; Antonius ~are perculsis TAC.*Hist.*3.17;—(*ellipt. or absol.*) uastarat Etruriam, multos sedibus ac fortunis eiecerat; ~abat, urgebat CIC.*Mil.*87; rursus ~are et proelium redintegrare coeperunt CAES.*Gal.*1.25.6; ut discedere.. barbari militibus ~antibus non possent HIRT.*Gal.*8.14.3; ubi uidet Numidas minus ~are SAL.*Jug.*51.3; ~at ui patria Pyrrhus VERG.*A.*2.491; nec Turnus segnior ~at exsuperatque moras 10.657; metuens ne nimis ~ando renouaret certamen LIV.2.64.7; ne ab tergo ~aret hostis 9.12.10; minus acriter Vologeses ~iterat TAC.*Ann.*15.10;—(*impers. pass.*) festinandum est, ~atur a tergo SEN.*Dial.*6.10.4; ubi ~aretur cedens TAC.*Ann.*3.21;—(*w. abl. of instrument, etc.*) ~aret curru cristatus Achilles VERG.*A.*1.468; iaculis tutisque procul clamoribus ~ant 10.713; ne Aequi quidem.. crudeli..nobis bello ~itere LIV.3.9.13; strictis unguibus ~ant STAT.*Theb.*3.535;—(*fig.*) infestis prope signis inferuntur Galli in M. Fonteium et ~ant atque urgent summo cum studio CIC.*Font.*44; ~at (superstitio)..et urguet et, quocumque uerteris, persequitur *Div.*2.149;—(*transf.*) ~ant flammis multoque soporant imbre rogum STAT.*Theb.*6.235; illidere solo superbissimos uultus (statuarum), ~are ferro, saeuire securibus PLIN.*Pan.*52.4. **b** nubis ater imberque ~at PL.*Mer.*879; ille (*i.e. a ship*) ~at aquae VERG.*A.*10.196; exanimat pauidos ~antis aquae mons GERM.*Arat.*302; qua gelidus Boreas aquilonibus ~at acutis MAN.5.70; Maeander ..cedit sibi ~atque dubius SEN.*Her.F.*685; eicitur mare ~antibus uentis SEN.*Nat.*4a.2.22; 6.20.4; ~at tempestas oculis SIL.12.614; ~antem regi Armenio..cometen JUV. 6.407;—(*of abst. things*) adeo..id bellum ipsis ~itit moenibus LIV.2.51.2. **c** ~are aduersario CIC.*Part.*133; insector ultro atque ~o accusatori *Font.*11; Marius..antea iam infestus nobilitati, tum uero multus atque ferox ~are SAL. *Jug.*84.1; illo..modo pressit atque ~itit QUINT.*Inst.*4.1.67; 9.2.7; ~abat..Seianus incusabatque diductam ciuitatem ut ciuili bello TAC.*Ann.*4.17.

6 (of events, conditions, situations, etc.) To loom, threaten, be upon one. **b** (of a task) to be at hand, be pressing. **c** (of a time or date) to be present or upon one.

cana fulix..nuntiat horribilis clamans ~are procellas CIC.*Arat.Progn.*184; quae ~ent difficultates *Inv.*1.22; ~abat iudicium *Ver.*24; tantus cum ~aret pluor LABER. *com.*59; et de ~antibus..uerissime iudicabat et de futuris callidissime coniciebat NEP.*Them.*1.4; ille (*sc.* sol)..caecos ~are tumultus saepe monet VERG.*G.*1.464; fessus..malis praeteritis ~antibusque LIV.2.36.4; quando nihil ab Antiocho ~aret 35.22.3; ~ante partu mulier actis mensibus PHAED.1.18.2; cum..febris ~et, incipiat, augeatur, consistat, decedat CELS.3.5.10; seu deus ~antis fati..in orbem signa per..caeli..incendia mittit MAN.1.874; etiam si certa mors ~abit SEN.*Ep.*70.8; ~are dilectum quo liberi a parentibus..diuidantur TAC.*Hist.*4.14; ~ante iam hieme *Ann.*15.8; quidquid subiti et magni discriminis ~at JUV. 6.520;—(*w. dat.*) tibi multa bona ~ant a me PL.*Per.*492; quod partus ~abat prope quoi miserae..uitium obtulerat TER.*Ad.*307; cum illi iter ~aret et subitum et longum CIC. *Att.*13.23.1; tibi ab iis ~are periculum D.BRUT.*Fam.*11.20.1; o quantus ~at nauitis sudor tuis HOR.*Epod.*10.15; quanta nobis ~at pernicies PHAED.1.30.3; quibus ~et fulmen ab astris STAT.*Silv.*2.1.225; cum alius insuper metus senatoribus ~aret TAC.*Hist.*2.52. **b** illud, quod ~et, id agi oportere CIC.*Inv.*2.37; sed id alias, nunc, quod ~at *Tusc.* 3.11; earum..rerum..quae nunc ~ant *Rep.*1.33; quod nunc ~at agamus VERG.*Ecl.*9.66; *A.*4.115; LIV.7.32.17. **c** tempora tria: praeteritum ~ans consequens *Rhet.Her.* 2.8; ~at hic nunc ille annus egregius. eius initium eius modi fuit CIC.*Att.*1.18.3; diem ~are, quo die frumentum militibus metiri oporteret CAES.*Gal.*1.16.5; noctem quae ~abat antecapere SAL.*Cat.*55.1; ~abat tempus ad bellum proficiscendi NEP.*Alc.*4.1; hiemps ~abat LIV.28.4.3; ~iterint Nonae OV.*Fast.*1.315; dilata..tempora taedae ~iterant *Met.*9.770; iam tempus ~abat, nec miles iniussu ducis.. arma capere poterat CURT.4.13.19; ~abat miserae, Magnum quae redderet, hora LUC.5.815; GEL.17.7.7.

7 To be urgent or insistent, press hard (on). **b** (w. refl.). **c** (w. *ut, ne*) to press urgently, be insistent (that). **d** *factum ~are*, to maintain that a thing has been done or is as stated. **e** (of circumstances, needs) to be urgent or pressing.

credo, si boni quid ad te nuntiem, ~es acriter PL.*Mer.*177; dictum oportuit.—non possum, ita ~as; urges quasi pro noxio 725; postquam acrius pater ~at fecit animi ut incertus foret TER.*Hec.*121; me..tibi cupienti atque ~anti saepissime negasse CIC.*de Orat.*1.99; etiam atque etiam ~o atque urgeo *Planc.*48; 'si uis, potes' addit et ~at HOR.*S.* 2.6.39; euincunt..~ando ut litterae sibi ad Tarquinios darentur LIV.2.4.3; ~antem turbam..procorum OV.*Met.* 10.568; 'surge' inquit Auaritia..negas, ~at, 'surge' inquit PERS.5.133;—(*w. abl. of means*) matutinis acredula uocibus ~at CIC.*Arat.Progn.*220; ~at amans hostis precibus pretioque minisque OV.*Fast.*2.805; MART.6.23.3; talibus ~antem monitis..parentem JUV.14.210;—(*w. dat.*) uir, precor, uxori, frater succurre sorori! ~ant officio nomina bina tuo OV.*Ep.* 8.30; nescio quid animo maius..tumet ~atque pigris manibus SEN.*Thy.*269; quid iam nolentibus ~as? LUC.5.315; ~at fatis SIL.1.268; non esse uerecundiae eius ~andum PLIN.*Ep.* 4.11.13. **b** iungebantur noctibus dies et sine interuallo grauius sibi ~abat SEN.*Con.*1.pr.14; desine tibi molestus ~are SEN.*Ben.*7.14.5; (*cf.*) grato cursabat studio ~abatque sibi SIL.7.178; (*in style*) densus et breuis et semper ~ans sibi Thucydides QUINT.*Inst.*10.1.73. **c** ita uxor acriter tua ~at ne mihi detur PL.*Cas.*341; numquam destitit ~are ut dicerem me ducturum patri TER.*An.*661; *Hec.*827; ego ~are ut mihi responderet quis esset CIC.*Ver.*2.188; eo magis Tarquinius ~are ut quam primum comitia regi creando fierent LIV.1.35.1; ~are rex ut dederent se 42.65.11; hoc saepe dilatum ut aliquando fieret ~abat SEN.*Cl.*2.1.2;—(*w. dat.*) publicani Cascae ~are ut concilio diem eximeret LIV.25.3.17; ~abat tribunis militum, ut maturarent instruere 44.36.4; CURT.6.7.28. **d** ~are factum simia PL. *Mer.*242; ego illud sedulo negare factum. ille ~at factum TER.*An.*147. **e** animos rursus terror ~ans reuocauit ad consultandum LIV.29.4.1; ut primum ~antibus curis laxatus est animus CURT.6.2.1; conscius sibi ~are donatiuum et deesse pecuniam *Hist.*2.94; diu quaesito quos neptibus suis maritos destinaret Caesar, postquam ~abat uirginum aetas, L. Cassium, M. Vinicium legit TAC.*Ann.*6.15; ~at et necessitas agrorum locandorum PLIN.*Ep.*7.30.3.

8 To apply oneself urgently (to a task or other activity), press on (with). **b** (w. inf.).

(*w. dat.*) si triticeam in messem..exercebis humum solisque ~abis aristis VERG.*G.*1.220; ~ans operi *A.*1.504; hic furto feruidus ~at 9.350; cum..scapos omnes ita uexerant et ~abant epistyliorum uecturae VITR.10.2.12; animus maioribus ~at OV.*Ars* 2.535; ~abam tormentis SEN.*Con.* 9.6.4; magnis conatibus ~as STAT.*Theb.*4.328; non ignarus ~andum famae ac, prout prima cessissent, terrorem ceteris fore TAC.*Ag.*18.4; quod negotio gerendo ~et ULP.*dig.*14.3.3; —(*absol. or ellipt.*) ~amus..immemores caecique furore et monstrum infelix sacrata sistimus arce VERG.*A.*2.244; ~at Mnestheus acerque Serestus 9.171; quanto est minus opera tueri facta et ~are ac perseuerare LIV.5.5.7; sed Caesar in omnia praeceps..~at atrox LUC.2.658;—(*impers. pass.*) profecto si ~etur, suo milite uinci Romam posse LIV. 2.44.12; ~andum coeptis TAC.*Hist.*3.52. **b** ~at Scandilius poscere recuperatores CIC.*Ver.*3.136; catulorum blanda propago..corpus de terra corripere ~ant LUCR.4.999; ornum cum ferro accisam crebrisque bipennibus ~ant eruere agricolae certatim VERG.*A.*2.627; gnari monitis exercitus ~at auguris aeriam..cumulare pyram STAT.*Theb.*6.84; coniunctas astringere nodis ~abat ferroque trabes SIL.13. 107; (*poet.*) lychni..tremere ignibus ~ant LUCR. 5.299.

instrāgulum ~ī, *n.* [IN-¹+STRAGVLVS] A bed-covering, coverlet.

culcitas VIII, ~a VIII, puluinos XVI CATO *Agr.*10.5; 11.5.

instrātum ~ī, *n.* [pple. of INSTERNO] A saddle-cloth or sim. covering.

~a asinis III CATO *Agr.*10.3; 11.4.

instrātus ~ūs, *m.* [INSTERNO+-TVS³] Trappings or covering for a horse.

(Bucephalas) regio ~u ornatus PLIN.*Nat.*8.154.

instrēnuus ~a ~um, *a.* [IN-²+STRENVVS] Not energetic, inactive, sluggish.

nequam homo..inmundus, ~os PL.*Mos.*106; etsi illud inceptum tamen animi inesset pudenti' signum et non ~i TER. *Hau.*120; non ~o duce SUET.*Ves.*4.5.

instrepō ~ere ~uī ~itum, *intr.*, (*tr.*). [IN-¹ +STREPO] To make a loud noise; (w. acc.) to utter loudly.

post ualido nitens sub pondere faginus axis ~at VERG. *G.*3.173;—ille senior lamentabiles questus singulis ~ebat APUL.*Met.*2.27.

instrīdō ~ere ~ī (or ~eō ~ēre), *intr.* [IN-¹ +STRID(E)O] (w. dat.) To hiss (in).

fax..ambusto ~ens pelago SIL.14.436.

instringō ~ngere ~nxī ~ctum, *tr.* [IN-¹ +STRINGO]

1 To bind, fasten.

~ctam (*s.v.l.*)..fidem gemmis OV.*Met.*11.167; iacet inter uincula quibus ~nxerat adhuc recentem pirata captiuum [QUINT.]*Decl.*5.16; adhuc feralibus amiculis ~ctus APUL. *Met.*10.12.

2 To rouse, incite.

haec admonitio..non modo non repressit, sed ~nxit etiam nos ad elegantiam..adfectandam GEL.17.20.7; quo dolore paelicatus uxor eius ~cta APUL.*Met.*8.22.

instructē, *adv. compar.* ~ius. [INSTRVCTVS+ -E] With much equipment, elaborately.

ludos opulentius ~iusque quam priores reges fecit LIV. 1.35.7.

instructiō ~ōnis, *f.* [INSTRVO+-TIO]

1 (mil.) The drawing up, marshalling (of troops); a formation, disposition.

haec dispositio locorum, tamquam ~o militum..parere poterit uictoriam *Rhet.Her.*3.18; saepe clamore ipso militum aut ~one aspectuque signorum magnas copias pulsas esse CIC.*Caec.*43; ~o exercitus *N.D.*2.85;—commutauit ~onis ordinem FRON.*Str.*2.3.4; quae..earum ~onum sint uocabula GEL.10.9.

2 The action of building, construction; the insertion (of a structure).

~o noui balinei oneratura uires Prusensium non est TRA. Plin.*Ep.*10.24(35);—propter..tubulorum in cloacas ~onem VITR.5.9.7.

3 The action of equipping, fitting out.

nec..de patris tui bonis ad ~onem istam quicquam concesssum est APUL.*Met.*5.29.

4 Training, instruction.

ad ~onem..pupillorum ULP.*dig.*27.2.3.5.

instructor ~ōris, *m.* [INSTRVO+-TOR] One who equips or arranges.

hi sunt conditores ~oresque conuiui CIC.*Red.Sen.*15.

instructus¹ ~a ~um, *a. compar.* ~ior, *superl.* ~issimus. [pple. of INSTRVO] N.B. Positive exx. are given under the vb.

1 Equipped, fitted out. **b** learned, trained, skilled.

copiae..maiores ~ioresque quam si aduersus ipsum Hannibalem iret LIV.27.45.3; ~ius deliberatiusque fore arbitramur theorematium hoc..si exemplum..apposuerimus GEL.1.13.9;—(*w. abl.*) omnibus rebus ~iores et apparatiores *Rhet.Her.*4.13; a uiro optimo et istis rebus ~issimo CIC.*de Orat.*1.256; iis artibus..quibus Ciceronem scio ~issimum esse BRUT.*ad Brut.*1.17.5; saepe decem uitiis ~ior HOR.*Ep.*1.18.25; humanitatis quoque laude ~issimus V. MAX.2.6.8; ~issima castra omnibus esculentis FRON.*Str.* 2.5.14;—(*w.* ad) ut unus ad dicendum ~issimus a natura esse uideatur CIC.*de Orat.*3.31. **b** (*w. abl.*) cuius eloquentia litteris ~ior fuisse traditur quam Pisistrati? CIC.*de Orat.* 3.137; hominis sollertia eiusmodi diuino beneficio ~ior APUL. *Pl.*1.14; (*cf.*) si..minus ~us erit magnarum artium disciplinis CIC.*Orat.*4; (*w.* ab) nisi qui a philosophia..fuisset ~ior *Brut.*161.

2 Drawn up in order, arranged.

equitum acies qualis quae esse ~issima potest inuecta in dissipatos impeditosque hostes LIV.8.39.1.

instructus² ~ūs, *m.* [INSTRVO+-TVS³] Equipment, apparatus.

eodem est ~u ornatuque comitata (eloquentia) CIC.*de Orat.*3.23; ~um teletae comparo APUL.*Met.*11.30.

instrūmentum ~ī, *n.* [next+-MENTVM]

1 (sg. collect.) Equipment, tools, apparatus (for a particular trade or other specified purpose). **b** an item of such equipment.

~i ne magni siet (praedium) CATO *Agr.*1.5; omne ~um fundi Sabini SCIP.min.*orat.*11; ~o, pecore abalienato CIC. *Ver.*3.119; ~um triumphi *Att.*7.8.5; quid ex ~o hibernorum relinquere cogeretur CAES.*Gal.*5.31.4; ut Alfenus uafer, omni abiecto ~o artis clausaque taberna, tonsor erat HOR. *S.*1.3.131; classem..impeditam suomet ipsam ~o atque apparatu LIV.22.14.13; tabernaculis..et omni alio ~o militari 42.1.9; amoto inde rustico ~o V.MAX.4.4.6; ~um balinei VELL.2.114.2; ~a itineris QUINT.*Decl.*359(p.391,l.8); OMNE ~VM MEVM QVOD AD VENANDVM ET AVCVPANDVM PARAVI *CIL* 13.5708.2.22; TAC.*Hist.*1.88; sumptus..uenatorii ~i PLIN.*Ep.*3.19.3; ~um cenatorium APUL.*Met.*5.3; cum de lanionis ~o quaeritur PAUL.*dig.*33.7.18; pistorio ~o 33.7. 18.1; (*including slaves*) multae adsolent sub praetextu ~i cauponii prostitutas mulieres habere ULP.*dig.*23.2.43.9;—(*cf.*) quamdiu unius mensae ~um (*i.e. food*) multa nauigia.. subuehent SEN.*Ep.*60.2. **b** ~a, quae pecori et pastoribus opus sunt VAR.*R.*2.10.5; aes atque ferrum duelli ~a, non fani CIC.*Leg.*2.45; arma tela equos et cetera ~a militiae SAL. *Jug.*43.3; pocula et alias res aureas, diis sacrata ~a *Hist.* 2.86; dum crudelia iussae ~a necis ferrumque ignesque parantur OV.*Met.*3.698; illud unum memento, non me sed ~a peccasse PETR.130.4; dentes etiam et ciborum ~a (*i.e. the digestive organs*) PLIN.*Nat.*7.168; ~a uitiorum TAC.*Hist.* 1.20; taedis..et ceteris nocturni luminis ~is APUL.*Met.*4.19.

2 The equipment, outfit, chattels (of a person, place, etc.) in general.

quae mulier suum ~um uestis atque auri ueteribus uocabulis appellat? VAR.*L.*9.22; hostium spolia, monumenta imperatorum..in ~o atque in supellectile Verris nominabuntur CIC.*Ver.*4.97; in fundum..uicini consulis non ~um aut ornamenta uillae, sed etiam arbores transferebantur *Dom.*62; uelim uideas..quid uiatici, quid ~i satis sit *Att.* 12.32.2; comites, pecuniam, argentum, ~um LIV.45.42.4; cum..nihil sibi praeter unum murrinum calicem ex ~o regio retinuerit SUET.*Aug.*71.1; —(*leg.*) si nauem cum ~o emisti, praestari tibi debet scapha nauis LABEO *dig.*33.7.29; supellex est domesticum patris familiae ~um POMPON.*dig.* 33.10.1; arbor aut aliud nauis ~um PAPIN.*dig.*14.2.3; haec (*sc.* uasa uinaria torcularia), ~i magis sunt, etiamsi aedificio cohaerent ULP.*dig.*19.1.17; nisi..immobiles in agro uelut ~um agri erant (cuppae) 33.6.3.1; an ~i ~um legato ~o continetur, quaeritur 33.7.12.6; scapha nauis non est ~um nauis PAUL.*dig.*33.7.29;—(*poet.*) anilia demit ~a sibi OV. *Met.*14.767; felices ornent haec ~a libellos *Tr.*1.1.9.

3 (transf.) The equipment required or used for a specified purpose; a means, instrument. **b** (applied to the physical or mental equipment of a person).

ut in augenda re non auaritiae praedam, sed ~um bonitati quaerere uideretur CIC.*Rab.Post.*3; ~um regni delatum ad Lepidum et Antonium *ad Brut.*1.15.4; Capua ~o omnium uoluptatium delenitos militum animos auertit a memoria patriae LIV.7.38.5; ~um uoco, sine quo formari materia in id quod uelimus effici opus non possit QUINT.*Inst.*2.21.24; nullum maius boni imperii ~um quam bonos amicos esse TAC.*Hist.*4.7; minus improbitas ~i haberet GEL.18.7.3;—uel ~a uel ornamenta uitae CIC.*Luc.*31; cum industriae subsidia atque ~a uirtutis in libidine..consumeret *Catil.*2.9; psallere saltare..multa alia, quae ~a luxuriae sunt SAL. *Cat.*25.2; OV.*Fast.*5.279; me ~um utilitatis suae fecit SEN. *Ben.*6.20.2; quare..pecuniam necessarium tibi ~um existimas? *Dial.*7.17.1; uetere..populi Romani consuetudine, ut haberet ~a seruitutis et reges TAC.*Ag.*14.2; (*w.* ad) contumeliarum patientia, ingens ~um ad tutelam regni SEN. *Dial.*5.23.2. **b** in oratoris..~o tam lautam supellectilem numquam uideram CIC.*de Orat.*1.165; ad quorum intellegentiam a natura minus habent ~i 3.195; ~a naturae deerant *Brut.*268; quodsi quis ad ea ~a animi, quae natura quaeque ciuilibus institutis habuit, adiungendam sibi etiam doctrinam..putauit *Rep.*3.5; nec (liberos suos) disciplinis aut ceteris corporis excolunt ~is COL.4.3.2; sunt et naturalia.. ~a, uox, latus, decor QUINT.*Inst.*12.5.5; (*w.* ad) quanta..~a habeat ad obtinendam..sapientiam CIC.*Leg.*1.59.

4 (leg.) Any circumstance, evidence, witness, etc., on which a case rests, basis, ground.

~is adiuuatur, ut P. Clodius fiducia testium QUINT.*Inst.* 4.2.88; alterius status ~um est 7.1.62; ~um excutere causae tuae uolo *Decl.*338(p.335,l.15); permitti..ex integro causam agere, si quis noua ~a se inuenisse dicat GAIUS *dig.*12.2.31; tam testimonia quam personae ~orum loco habentur PAUL.*dig.*22.4.1.

5 (leg.) A document, deed, instrument.

opus est intueri omne litis ~um: quod uidere non est satis, perlegendum erit QUINT.*Inst.*12.8.12; inuenimus saepe in publicis ~is significanter descripta territoria SIC.FL. *agrim.*p.128; publici ~i auctoritas SUET.*Cal.*8.5; ~um emptionis SCAEV.*dig.*13.7.43; EPISTVLAM PRO PERFECTO ~O RETINEBITIS *CIL* 12.4393;—(*in official titles*) LIBR(arius) AB INSTRVM(entis) CENSVALIBVS 3.7974; ADIVT(or) AD ~V(m) COMMENTARIORVM 8.12898.

instruō ~ere ~xī ~ctum, *tr.* [IN-¹+STRVO] FORMS: ~*xti* (= ~*xisti*) PL.*Mil.*981.

1 To build, construct. **b** (fig.).

aggerem ~ere coepit HIRT.*Gal.*8.41.2; postquam..audierunt muros ~i NEP.*Them.*6.4; ~ere in altum editas arces SEN.*Cl.*1.19.6; TAC.*Hist.*2.22; ULP.*dig.*8.5.8.7;—(*w.* in+*acc.*) ubi turris altitudo perducta est ad contabulationem, eam in parietes ~xerunt CAES.*Civ.*2.9.1; (*w.* in+*abl.*) dum in crassitudine perpetuae taleae oleagineae ustilatae quam creberrime ~antur VITR.1.5.3;—(*w. material specified*) humilem caementis ~ctum..murum SIS.*hist.*79; murus ~ctus latericulo coctili bitumine interlito CURT.5.1.25; congerie..cadauerum quam desiderauerat altitudinem ~xit V.MAX.7.6.5. **b** quae satis scite nobis ~cta et composita uidentur CIC.*Leg.* 1.39; (*w.* ab) definitae quaestiones a suis quaeque locis quasi propriis ~untur *Top.*92; rationalem..puto medicinam esse debere, ~i uero ab euidentibus causis CELS.1.pr.74.

2 To draw up (troops, etc.) in battle order.

nos nostras..~ximus legiones PL.*Am.*221; tu hosce ~e; ego hic ero post principia TER.*Eu.*781; exercitum suum.. eduxit foras atque ~xit CATO *hist.*101; ~ite..contra has tam praeclaras Catilinae copias uestra praesidia uestrosque exercitus CIC.*Catil.*2.24; copias ante frontem castrorum ~it CAES.*Civ.*3.36.1; profectus agmine ~cto LIV.7.37.14; si maioribus copiis ~xisset aciem TAC.*Hist.*4.34; ueterani ordinibus ac subsidiis ~cti *Ann.*2.80; (*transf.*) cari qui ~ontur deserunt PL.*Men.*107;—(*w.* proelio, *etc.*) neque se recipere aut ~ere proelio quiuere SAL.*Hist.*1.121; ~ere pugnae suos 2.66;—(*ships*) classem producunt atque ~unt *B.Alex.*14.2; Argiua phalanx ~ctis nauibus ibat VERG.*A.* 2.254;—(*poet.*) cursus..~xit equorum 5.549; totum..~cto Marte uideres feruere Leucaten 8.676;—(*fig.*) uerborum copia..omnis quae contra sensus ~cta paratast LUCR.4.512.

3 To arrange, organize, plan.

omnis sycophantias ~xi et comparaui PL.*Per.*325; magnas res hic agito in mentem ~ere *Rud.*936a; iam ~cta sunt mi in corde consilia omnia TER.*Ph.*321; ut idem accusationem et petitionem consulatus diligenter adornet atque ~at CIC.*Mur.*46; urbs quae bellum facere atque ~ere possit *Agr.*2.77; belli certamina..per campos ~cta LUCR.2.6; insidias mihi ~entem CATUL.21.7; auxilia palam ~ebantur SAL.*Hist.*1.77.13; cum terra marique ~i oppugnationem uideret LIV.26.44.1; custodias uigiliasque..intentius ~unt 27.28.8; nocturna..proelia saeuus ~it STAT.*Theb.*2.486; qui crimina et accusationem..~ebant TAC.*Ann.*2.74; fugam ~it APUL.*Met.*1.12; nouum commentum ~it 5.15.

4 To get ready for use, prepare, set up.

~xi illi aurum atque uestem PL.*Cist.*487; in corde ~ere quondam coepit pantopolium *Ps.*742; officinas ferrarias ~ere *B.Afr.*20.2; deceptos ~it hamos SEN.*Her.F.*156; ~ere similes inscio fratri cibos *Thy.*1107; copiosum ~unt ignem APUL.*Met.*7.10; canibus ~it nefariam dapem 9.37.

5 (w. abl.) To equip, fit out, furnish: **a** (with material things). **b** (with armed forces). **c** (w. abst. things).

a (domum) auro ebore ~ctam regifice ENN.*scen.*96; omnibus curat rebus ~ctum et paratum ut sit conuiuium CIC.*Ver.*4.62; hi..magno..numero pilorum, tragularum reliquorumque telorum se ~xerant CAES.*Civ.*1.57.2; socios simul ~it armis VERG.*A.*3.471; munimentis castra firmauit et omni apparatu rerum utilium ~xit LIV.9.44.9; murum..

genere omni tormentorum ~xit 24.34.4; quis acuta cuspide Phoebum ~at..? Ov.*Am*.1.1.12; quae..magos, Tellus, pollentibus ~is herbis *Met*.7.196; uiatico ~xit (eum) SEN. *Ben*.4.37.1; non ea solum ~i supellectile quae necessariis usibus sufficiat TAC.*Dial*.22.4; ut..hortos..~xerit plurimis ..statuis PLIN.*Ep*.8.18.11; SUET.*Nero* 44.1. **b** tribunus ..consularibus copiis ~ctus CIC.*Dom*.119; tu ciuem sceleratum..pecunia, peditatu, equitatu, copiis ~es? *Phil*.5.6; nauis..propugnatoribus ~xerunt *B.Alex*.10.4; homines nobiles..factione ~cti SAL.*Rep*.2.10.9; gener aduersis ~ctus Eois VERG.*A*.6.831; exiguam sociis monstri gladiisque carinam ~it LUC.8.542; Maximum..militibus ~xisti TRA. Plin.*Ep*.10.28(37). **c** pars..haec causarum..propriis praeceptis ~enda CIC.*de Orat*.2.49; uideo te Scipio testimoniis satis ~ctum *Rep*.1.59; omnibus..uirtutibus ~ctos *Tusc*.5.28; qui..eruditionibus uariis ~untur VITR.1.1.12; Aristonem..~ctum mandatis ab Hannibale LIV.34.61.7; ~cturum se eius accusationem multis..criminibus V.MAX. 6.5.5; satis nos ~xit ratione natura SEN.*Dial*.3.17.2; ut quisque uersum pedibus ~xit PETR.118.1; uox..toto, ut aiunt, organo ~cta QUINT.*Inst*.11.3.40; principem, quem uos tanta et tam libera potestate ~xistis SUET.*Tib*.29; qui.. ~it consilio ad furtum faciendum ULP.*dig*.47.2.50.3;—(*cf.*, *w.* unde, inde) haec narrare solebat, unde meum praesens ~eretur opus Ov.*Fast*.4.690; quodcumque attigerit..ad uitium mores ~et inde suos *Tr*.2.258.

6 To fit out with furniture, livestock, or other equipment, furnish, equip. **b** to fit out (a ship).

iam ubi liber ero, igitur demum ~am agrum atque aedis, mancupia PL.*Rud*.930; quo modo oletum agri iugera CCXL ~ere oporteat CATO *Agr*.10.1; non..te ~ere domum tuam uoluerunt in prouincia CIC.*Ver*.4.9; emit (hortos) ~ctos *Off*. 3.59; '~ctam'..tabernam sic accipiemus, quae et rebus et hominibus ad negotiationem paratis constat ULP.*dig*.50. 16.185;—(*with food, etc.*) ~imus mensas VERG.*A*.3.231; epulae ~ctae dicuntur fuisse ante omnium domos LIV.3.29.5; conuiuium ~ere 45.32.11; mensasque torosque ~it STAT. *Silv*.5.1.126; ~it ergo focum prouincia JUV.5.97; (*cf.*) alioqui fulgentius ~i poterat luxuria PLIN.*Nat*.22.4;—(*of things*) illa luxuriam quoque ~ens copia SEN.*Ben*.4.5.1; metalla aeris multis modis ~unt medicinam PLIN.*Nat*.34.100; suis epulis bestiarum saginas ~entes APUL.*Met*.4.13. **b** tali modo ~cta classe CAES.*Civ*.2.4.3; uniuersam classem iubet expediri atque ~i *B.Alex*.25.3; actuariae naues, ~ctae iam ante circumuectaeque ad Nassum LIV.25.30.10; bis uicenas ..Aiax ~xit puppes *Ilias* 190; TAC.*Hist*.5.23; qui in nauem exstruendam uel ~endam credidit PAUL.*dig*.42.5.26.

7 To provide (a person, etc.) with necessaries, resources, dress, etc. **b** to equip with arms, etc., for fighting.

ne cui forte neglegens nimium fuisse uideatur neque se satis..~xisse et ornasse CIC.*Ver*.4.60; Plancus..magno congiario donatus a Caesare nec beatus nec bene ~ctus est CAEL.*Fam*.8.1.4; Agrippina non his ~i cultus suos, sed ceteris arceri proclamat TAC.*Ann*.13.13; huic..quadraginta milia nummum ad ~endum se..donaueram PLIN.*Ep*.6.25.3; quibus non quidem augetur dignitas, ornatur tamen et ~itur 6.32.1; filiam..dotauit etiam et ~xit SUET.*Ves*.14.1; (*w.* ad) ad iudicium nondum se satis ~xerat CIC.*Ver*.4.41; (*poet.*) ~cta inopia est in diuitiis cupiditas PUB.*Sent*.I.8; —(*w. abst. things*) artes, alias quae uitam ~ant, alias quae ornent SEN.*Dial*.6.18.7; ut melius possint uiuere, inpendio uitae uitam ~unt! 10.9.1. **b** cum..multitudinem hominum coegerit, armarit, ~xerit CIC.*Caec*.33; ~ctam ornatamque a senatu prouinciam *Phil*.11.23; qui uero in libera ciuitate ita se ~unt, ut metuantur *Off*.2.24; altero exercitu ~cto paratoque LIV.6.6.13; (*poet.*) regina dei..ritibus ~itur furialiaque accipit arma Ov.*Met*.6.591; (*fig.*) eriget (sapiens) ipse se,..~et, armabit, ut tamquam hosti sic obsistat dolori CIC.*Tusc*.2.51;—(*of things*) apparatus belli..qui simul et uos ~et et hostes nudabit LIV.26.43.6; nouacula..~xerat thecam PETR.94.14; (*transf.*) si uis illa dicendi malitiam ~xerit QUINT.*Inst*.12.1.1.

8 To equip with knowledge or skill, instruct. **b** to provide with information. **c** to furnish with directions, instruct.

quod ab hoc, quem ~imus oratore, ualde abhorreat CIC. *de Orat*.3.65; a doctoribus atque doctrina ~cti *Off*.1.155; quod erant honesto loco nati et ~cti liberaliter CAES.*Civ*. 3.61.1; ille dolis ~ctus VERG.*A*.2.152; orientia tempora notis ~it exemplis HOR.*Ep*.2.1.131; his nos obrui, illis ~i credimus VELL.2.92.5; Romuleam stirpem..~is STAT.*Silv*. 5.3.177; si..historiae..lectione susceptos a se discipulos ~xerit QUINT.*Inst*.2.5.1; quis..potest melius uel cunctationem meam uel ignorantiam ~ere? PLIN.*Ep.Tra*.10.96 (97).1; (*w.* ad) ut adulescentes doceat, instituat, ad omne officii munus ~at CIC.*Sen*.29; (*w. dat.*) seruiendae seruituti ego seruos ~xi mihi PL.*Mil*.745;—(*of things*) exemplis ~cturis..ducem in his, quae..agenda sunt FRON.*Str*.2.pr. **b** eiusmodi scriptorum monumenta magis ~unt quam faciunt artificem COL.1.1.15; qui se ~at de fortunis pupilli ULP.*dig*.27.9.5.11; ut perinde ~ere se possint, expediet necne agnoscere hereditatem 28.8.5; si nulla probatio religionem cognoscentis ~at 48.18.1.17. **c** instituit accusatores, ~it testis CIC.*Clu*.18; a te accusatores esse ~ctos et subornatos *Vat*.3; legationes..~ctas ab Eumene LIV.35.17.1; (*pass.*, *w. ret. acc.*) talibus atque aliis ~ctum pectora dictis in patriam remeasse ferunt..Numam Ov.*Met*.15.479.

instudiōsus ~a ~um, *a*. [IN-² + STVDIOSVS] (w. gen.) Not studious (of).

medicinae neque ~us neque imperitus APUL.*Apol*.40.

insuāsum ~ī, *n*. [see SVASVM] The name of a yellowish colour.

~um appellabant colorem similem luteo PAUL.*Fest*. p.111M; (*quoted as var. reading for* suasum *in* Pl.*Truc*.271) FEST.p.302M.

insuāuis ~is ~e, *a*. *compar*. ~ior, *superl*. ~issimus. [IN-² + SVAVIS]

1 Unpleasant to the taste, not sweet, sour; also, having an unpleasant smell.

e fico mel ~e VAR.*R*.3.16.26; ea (aqua) erit limosa et ~is VITR.8.1.2; cum pleraque utilia ~ia sint CELS.4.23.2; lactucae ueteres et ~es illae APUL.*Met*.9.32; (*w.* gustu, cibo) id gustu non ~e est CELS.4.26.6; myrris..cibo non ~is PLIN.*Nat*.24.154;—oleum..non ~is odoris COL.12.53.3.

2 Unpleasing, disagreeable, harsh.

ineptae et ~es uidentur (tales disciplinae) VAR.in Gel. 16.18.6; quid ~ius quam clamor in exordio causae? *Rhet. Her*.3.22; qui uitam ~em sine his studiis putaretis CIC. *de Orat*.2.25; uersus..inquinatus ~issima littera *Orat*.163; quod nisi concedas habeare ~is HOR.*S*.1.3.85; neque humilis nec ~is (translatio) QUINT.*Inst*.8.6.5; trucem amatorem istum atque ~em APUL.*Met*.7.23; utrumque feceris sonitu ~e GEL.13.21(20).25.

insuāuitās ~ātis, *f*. [prec. + -TAS] Unpleasantness, harshness.

cum..ei..displicita esset insolentia et ~as illius 'sensu torquebit amaro' GEL.1.21.4.

Insuber ~bris, *a*.

1 Of or belonging to the Insubres.

~ber eques LIV.22.6.3.

2 (masc. pl. as sb.) A people of Cisalpine Gaul; (sg.) an Insubrian.

quaedam foedera exstant, ut Cenomanorum, ~brium CIC.*Balb*.32; cum..agrum ~brium appellari audissent LIV. 5.34.9; ~brum exsules PLIN.*Nat*.3.125;—~ber quidam fuit CIC.*Pis*.fr.11.

insubidē, *adv*. [next + -E] Dully, foolishly.

multa..intempestiue atque ~ disserebat GEL.1.2.4.

insubidus ~a ~um, *a*. *compar*. ~ior. [app. IN-¹ + SVBIDVS] Dull, silly, foolish.

nihil est prorsus istis..~ius GEL.7(6).1.2; inepti et ~ hominis ioca 12.2.11; 18.8.1; 19.9.9.

Insubrēs: see INSVBER.

insubtīlis ~is ~e, *a*. **(insup-)**. [IN-² + SVBTILIS] Not fine or tenuous, unsubtle.

Iulianus non ~i ratione motus PAPIN.*dig*.30.1.11.

insubtīliter, *adv*. **(insup-)**. [prec. + -TER²] Without subtlety.

quod non ~ dici potest ULP.*dig*.2.14.7.6.

insūcō ~āre ~āuī ~ātum, *tr*. **(insuccō)**. [IN-¹ + SVCVS + -O³] (w. dat.) To soak or steep (in a liquid).

lana..oleo ~anda COL.7.4.5; 7.5.18; uuae passae..austero uino ~atae 9.13.5.

insūdō ~āre ~āuī, *intr*. [IN-¹ + SVDO]

1 (w. dat.) To sweat on; also, to sweat at (a task).

libellos quis manus ~et uulgi HOR.*S*.1.4.72;—potes ~are labori CALP.*Ecl*.5.10; (*without dat.*) pater ipse loci..Tirynthius..~at ualidaque solum deforme bipenni..ipse fodit STAT.*Silv*.3.1.126.

2 To sweat.

in balineo..sedere, donec ~et CELS.1.3.10; si corpus dormientis..~at 2.2.2.

insuēfaciō ~facere ~fēcī ~factum, *tr*. [IN-¹ + *sue*-(SVESCO) + FACIO] To make accustomed, accustom.

cum illi..equos ~factos incitarent CAES.*Gal*.4.24.3.

insuescō ~escere ~ēuī ~ētum, *intr*., *tr*. [IN-¹ + SVESCO] FORMS: plpf. *insueram*, etc., PL. *Capt*.306, TAC.*Ann*.4.57; pf. subj. *insuerit* LUCR.4.880.

1 (intr.) To become accustomed, grow used. **b** to become familiar or ingrained.

(*w. inf.*) qui imperare ~eram, nunc alterius imperio opsequor PL.*Capt*.306; quae res tantum hoc oneris protrudere nostri corporis ~erit, dicam LUCR.4.880; ~euit exercitus populi Romani amare potare SAL.*Cat*.11.6; neu quibus largiri ~esceret *Jug*.8.2; recondere uoluptates ~erat TAC. *Ann*.4.57;—(*w.* ut) ita ~euisse ut spes..ad principum auris conferret 4.39; ~esco et exerceor, ut ceterorum..petulantiam..facilius feram GEL.1.17.3;—(*w. dat.*) cui (*sc.* asello) deinde cum..~euit equa COL.6.37.8; omisso cultu Romano, cui per tot annos ~euerat TAC.*Ann*.6.32;—(*w. abl.*) maxime tamen habetur salutaris amurga, si tantundem aquae misceas et ea pecus ~escat COL.6.4.4. **b** uti non ~escat in urbe adulescentibus..ueneria libido VITR.1.7.1.

2 (tr.) To make accustomed, accustom.

(*w. inf.*) ut facile ~escat te secum degere uitam LUCR. 4.1282; ~escere militem nostrum..uictoria frui LIV.5.6.1; —(*w.* ut) ~euit pater optimus hoc me, ut fugerem exemplis uitiorum quaeque notando HOR.*S*.1.4.105; COL.11.3.6.

insuētus ~a ~um, *a*. [IN-² + pple. of SVESCO]

1 Unaccustomed, unused.

opera ~as atteruisse manus TIB.1.4.48; ~is adeundi propius metus erat LIV.21.35.3; graue omne ~is onus PHAED.1.2.8; CELS.1.3.2; V.FL.2.330;—(*w. gen.*) uidete ne ~i rerum maiorum uideamini *Rhet.Her*.4.6; tam ~us contumeliae CIC.*Att*.2.21.4; nostros..~os huius generis pugnae CAES.*Civ*.1.44.3; ~us male audiendi NEP.*Di*.7.3;—(*w. dat.*) barbarum ~umque moribus Romanis LIV.28.18.6;—(*w.* ad) corpora ~a ad onera portanda CAES.*Civ*.1.78.1; eques..~us ad stabilem pugnam LIV.31.35.6;—(*w. inf.*) Arcadas ~os acies inferre pedestris VERG.*A*.10.364; ciuitas fuit uinci ~a LIV.4.31.4; o cunctis ~e domari solibus STAT.*Theb*.4.831.

2 To which one is not accustomed, unfamiliar, unusual.

quae me ~o nuncupasti nomine PAC.*trag*.239; ~a re permotus HIRT.*Gal*.8.23.5; ~um per iter gelidas enauit ad Arctos VERG.*A*.6.16; ~os fetus animalia edere LIV.28.27.16; ~a liberae ciuitati species 30.37.8; ut..reformidant ~um lumina solem Ov.*Pont*.3.4.49; honore..~o LUC.8.537;— (*neut. pl. as adv.*) inclusum..cauo saxo atque ~a rudentem VERG.*A*.8.248.

insufflō ~āre ~āuī ~ātum, *tr*. [IN-¹ + SVFFLO] To blow in, insufflate.

per pinnam uel calamum scriptorium naribus ~entur (medicamenta) LARG.10.

insula ~ae, *f*. [dub.]

1 A piece of land surrounded on all sides by water, an island. **b** (as a place of exile). **c** *~ae beatorum* (and sim.), the Isles of the Blest, the Happy Isles (transl. Gk. μακάρων νῆσοι). **d** a district of Syracuse.

transit Melitam Romanus exercitus, ~am integram urit NAEV.*poet*.39(37).2; an quasi mare omnis circumimus ~as? PL.*Men*.231; Sicilia..hoc est ~a quae undique exitus maritimos habeat CIC.*Ver*.2.185; si in Britanniam quoque profectus esses, profecto nemo in illa tanta ~a peritior te fuisset *Fam*.7.10.1; in ultima occidentis ~a CATUL.29.12; in ~a fluminis Sequanae CAES.*Gal*.7.57.1; quercus..suffossae.. uastas complexu radicum ~as secum auferunt PLIN.*Nat*. 16.5; summotis uelut in aliam ~am hostibus TAC.*Ag*.23.2; —(*w. prop. name in appos.*) totam Siciliam deuoraturam ~am PL.*Rud*.544; ~a..Cypros TURP.*com*.152; ~a Delus CIC.*Man*.55;—(*w.* paene; *see also* PAENINSVLA) molem.. quae paene ~am oppidum efficit CAES.*Civ*.3.40.2; arcem.. quae in paene ~a posita imminet faucibus portus LIV. 25.11.11. **b** tamquam in ~am seponeretur TAC.*Hist*. 1.46; eo tempore, quo in ~a aliquis fuit ex poena ei irrogata ULP.*dig*.4.6.40; (*cf.*) ubi fient nequam homines qui polentam pinsitant, apud fustitudinas, ferricrepinas ~as PL.*As*.34. **c** fortunatorum memorant ~as PL.*Trin*.549; ueteres quidem philosophi in beatorum ~is fingunt qualis futura sit uita sapientium CIC.*Fin*.5.53; ereptum Stygiis fluctibus Aeacum uirtus..diuitibus consecrat ~is HOR.*Carm*.4.8.27. **d** pars oppidi quae appellatur ~a CIC.*Ver*.4.117; LIV.24. 21.6.

2 A large building let out in separate dwellings, a tenement-house, block of flats.

nunc demum intellego P. Clodi ~am esse uenalem CIC. *Cael*.17; Claudius proscripsit ~am *Off*.3.66; VITR.1.6.8; parietes ~arum exesos SEN.*Dial*.5.35.5; MART.4.37.4; TAC. *Hist*.1.86; ~ae dictae proprie, quae non iunguntur communibus parietibus cum uicinis PAUL.*Fest*.p.111.M;—(*dist. from* domus) domuum et ~arum et templorum quae amissa sunt numerum TAC.*Ann*.15.41; SUET.*Nero* 16.1.

insulānus ~ī, *m*. [prec. + -ANVS] An inhabitant of an island, islander.

Achillem Astypalenses ~i sanctissume colunt CIC.*N.D*. 3.45.

insulārius ~(i)ī, *m*. [INSVLA + -ARIVS] A servant set to look after a block of dwellings, keeper of an *insula*.

ductor ferreus ~iusque lanternae uideor fricare cornu *Priap*.32.13; coctores ~iique PETR.95.8; dominus..fundum uel aedes per saltuarium uel ~ium custodire potest POMPON. *dig*.7.8.16; non multum abest a uilico ~ius 50.16.166; *CIL* 6.6217.

insulātus ~a ~um, *a*. [INSVLA + -ATVS²] Made into an island.

illas etiam (regiones) quae prius fuerint continentes, hospitibus atque aduenis fluctibus ~as APUL.*Mun*.34.

insuliō ~īre: see INSILIO.

insulsē, *adv*. *superl*. ~issimē. [INSVLSVS + -E] Unattractively, dully, stupidly.

itaque non nulli ridiculi homines hoc ipsum non ~e interpretantur CIC.*de Orat*.2.221; multa..in omni genere stulte ~e adroganter et dicuntur et tacentur cotidie *Att*.5.10.3; non ~e scribis tetrasticha MART.7.85.1; addidit ~issime GEL.12.2.6.

insulsitās ~ātis, *f*. [next + -TAS] Unattractiveness, dullness, stupidity.

sic insulsi exstiterunt, ut nihil aliud eorum nisi ipsa ~as rideatur CIC.*de Orat*.2.217; ~atem enim et insolentiam tamquam insaniam quandam orationis odit *Brut*.284; nostis ~atem Graecorum *Rab.Post*.36; in uilla cuius ~atem bene noram uideo nihil aut pauca mutata *Att*.13.29.1(2); QUINT. *Inst*.5.13.38.

insulsus ~a ~um, *a*. *compar*. ~ior, *superl*. ~issimus. [IN-² + SALSVS]

1 Unsalted.

amurga ~a COL.2.9.10; 5.9.14.

2 Unattractive, dull, boring, stupid: **a** (of persons). **b** (of actions, style, etc.).

a non ~um huic ingenium PL.*Mil*.1071; eiius seminis mulieres sunt, ~ae admodum atque inuenustae sine munditia et sumptu *Poen*.246; fatuos est, ~u' tardu', stertit noctes et dies TER.*Eu*.1079; es, ait quidam, senium atque, ~e, sophista LUCIL.1117; ab aliquo adulescente fortasse non tam ~o quam inuerecundo CIC.*Cael*.69; ἐν τοῖς ἐρωτικοῖς alienant immundae, ~ae, indecorae *Att*.9.10.2; cuius hominis, quam ~i et quam saepe pro Pompeio mentientis! 10.9.1; Epicharmi, acuti nec ~i hominis ut Siculi *Tusc*.1.15; ~issimus est homo, nec sapit pueri instar bimuli CATUL.17. 12; PETR.23.2. **b** est etiam in uerbo positum non ~um genus CIC.*de Orat*.2.259; o gulam ~am! *Att*.13.31.4; ~a cum efflagitatione PLANC.*Fam*.10.24.6; QUINT.*Inst*.6.3.19; foedam et ~am scurrilitatem TAC.*Dial*.22.5; nihil potest dici ~ius GEL.16.12.6; (*of a weapon*) quod Tyndaris illa bipennem ~am et fatuam dextra laeuaque tenebat JUV.6.658.

insultātiō ~ōnis, *f*. [next + -TIO] An insulting action or remark, insult, mockery.

Cassium..~oni hostium subtraxit V.MAX.6.8.4; addita

in clausula est. .non tam probatio quam extrema quasi ~o QUINT.*Inst.*8.5.11; nihil ~one barbarum intolerabilius FLOR. *Epit.*2.30(4.12.36).

insultō ~āre ~āuī ~ātum, *intr.*, (*tr.*). [IN-[1] +SALTO]

1 To leap, jump, dance, or trample (upon). **b** (tr., w. *calcibus*) to kick at.

(*w. dat.*) ~are. .campis V.RUF.*poet.*3; neque oues haedique petulci floribus ~ent VERG.*G.*4.11; caesis hostibus ~ans *A.*12.339; dum Priami Paridisque busto ~et armentum HOR.*Carm.*3.3.41; PROP.2.8.20; quam placidis ~et turba iuuencis MART.5.31.1; (*poet.*) poma. .desuper ~ant foliis SEN.*Thy.*164;—(*absol.*) contempsit equis ~ans murmura ponti LUCR.3.1032; STAT.*Theb.*10.877. **b** ne tu istas faxo calcibus saepe ~abi' frustra TER.*Eu.*285; palmis infestis hic latera suffodere, calcibus ~are, capillos distrahere APUL. *Met.*2.26.

2 To spring or leap in, enter with a leap. **b** (w. acc.).

(*w. dat.*) hinc tergo ~ant pedites LUC.10.538; ~ant (classes) pariter pelago SIL.14.363; dum ~ant aquis artemque nandi ostentant TAC.*Ann.*2.8;—(*absol.*) alacris Bacchico ~ans modo ENN.*scen.*127; continuo sontis. .Tisiphone quatit ~ans VERG.*A.*6.571; Terror et Metus, nudis ~antes gladiis APUL.*Met.*10.31. **b** nemora auia matres ~ant thiasis VERG.*A.*7.581.

3 To behave insultingly, mock, scoff, jeer. **b** (w. acc.) to mock at.

non ~abo uehementius nec uolitabo in hoc insolentius CIC.*Flac.*38; nimis ~ans. .saeua fors CATUL.64.169; cernis ut ~ent Rutuli ? VERG.*A.*10.20; impune se ~aturos LIV. 2.45.9; non tulit ala Picentina gaudium ~antis uulgi TAC. *Hist.*4.62;—(*w.* in+*acc.*) ~a miserum tu quoque in me LUCIL.914; inimici. .~abant in horum miserias *Rhet.Her.* 4.51; illum in hanc rem publicam ~are CIC.*Mil.*87;—(*w. dat.*) tibi ~are in calamitate *Ver.*5.132; huic capiti ~ans VERG.*A.*8.570; sibi ultro per contumelias hostem ~are LIV. 3.62.1; ~es qui casibus. .nostris OV.*Tr.*3.11.1; qui tuto ~auerat agmini tyrannorum SEN.*Dial.*9.5.3; quod. .duces contemptim tamquam ~antes Vitellio scripsissent TAC. *Hist.*3.9;—(*w. abl.*) ~et. .morte mea PROP.3.6.24; qua paulo ante ~abas uictoria LIV.8.35.6; nostro iamdudum funere reges ~ant STAT.*Theb.*1.78. **b** multos tamen ab adulescentia bonos ~auerat SAL.*Hist.*2.23; qui nunc patientiam senis et segnitiam iuuenis iuxta ~et TAC.*Ann.*4.59.

insultūra ~ae, *f.* [INSILIO+-VRA] The action of leaping on.

metuo. .ne. .maxumum in malum cruciatumque insuliamus. — tu sali solus, nam ego istam ~am et desulturam nil moror PL.*Mil.*280.

insum inesse infuī, *intr.* [IN-[1]+SVM]

1 (expr. physical position) To be in or on. **b** to be recorded in (a document, speech, picture, etc.); (of emotions) to be visible, show (on the face).

inerant signa expressa NAEV.*poet.*19(20).1; haec allata cornu copiaest, ubi inest quidquid uolo PL.*Ps.*671; omnia insunt salua *Rud.*1362; inde enascitur. .materies ubi inest cuiusque et corpora prima LUCR.1.171; multitudo conferta (stellarum) inest (*i.e. in the sky*) PLIN.*Nat.*2.80; haud ignari paucorum dierum inesse alimenta TAC.*Hist.*4.23;—(*w.* in+*abl.*) in istoc. .aurum inest marsuppio PL.*Poen.*782; homines non inerant in urbe qui malis contionibus. .rem publicam miscerent CIC.*Agr.*2.91; nec cruor in lignis neque saxis sucus inesse LUCR.5.130; (*in the mind*) inerant. .in utriusque nostrum animis uigilantium cogitationum uestigia CIC. *Div.*2.140;—(*w. dat.*) meo patri. .torulus inerit aureus sub petaso PL.*Am.*144; frustra clauis inest foribus TIB.1.6.34; iacula. .praefixa ferro quale hastis uelitaribus inest LIV. 26.4.4; inerant uestigia ripis OV.*Fast.*3.651; nec digitis anulus ullus inest 4.658; suis fetum editum cui accipitrum ungues inessent TAC.*Ann.*12.64;—(*w. abl.*) toto sentimus corpore inesse uitalem sensum LUCR.3.634. **b** iam imperatum in cera inest PL.*Bac.*733; cum. .oratio grauiter offendit, etiam si nulla inest contumelia CIC.*Phil.*1.28; litteras. .in quibus non inesset adrogans, ἀκοινονόητον aliquid *Att.*6.3.7; —ibi inerat pictura haec TER.*Eu.*584; hic (*sc. in sculptures*) crudelis amor tauri . prolesque biformis Minotaurus inest VERG.*A.*6.26;—tristi' seueritas inest in uoltu TER.*An.*857; prorsus in facie uoltuque uecordia inerat SAL.*Cat.*15.5.

2 To be contained or comprised (in a total), be among, form part of.

pauci tamen boni inerant CIC.*Att.*1.16.3; inerant feminae nobiles TAC.*Ann.*1.57;—(*w.* in+*abl.*) ecqua in istac pars inest praeda mihi? PL.*Men.*135; inest in facultate dicendi iuris ciuilis scientia CIC.*de Orat.*1.216; in quibus legibus inerat curiata illa lex *Har.*48;—(*w. dat.*) omni auro inest argentum PLIN.*Nat.*33.80; sedecim. .cohortes. .quis singula milia inessent TAC.*Hist.*2.93; *Ann.*3.33; (*cf. w. sense 3*) Caesari multos Marios inesse SUET.*Jul.*1.3.

3 (of qualities, characteristics, etc.) To be present (in), be possessed (by).

inerat. .ingenium satis acre CIC.*Brut.*282; multae facetiae multusque lepos inerat SAL.*Cat.*25.5; nulla fides inerit [TIB.]3.6.49; praecipua pedum pernicitas inerat LIV.9.16.13; arcebantur aspectu quo uenerationis plus inesset TAC.*Hist.* 4.65;—(*w.* in+*abl.*) inest lepos ludusque in hac comoedia PL.*As.*13; in amore haec omnia insunt uitia TER.*Eu.*59; nisi inest numerus in uoce CIC.*de Orat.*3.185; sese uidisse in ea uita qualis splendor inesset *Clu.*153; tantam inesse uim. .in uno illo duce censebant LIV.28.12.1;—(*w. dat.*) huic puellae praecoquis libido inest NOV.*com.*106; quo maior auctoritas sermoni inesset SAL.*Cat.*40.6; acer spiritus ac uis nec uerbis nec rebus inest HOR.*S.*1.4.47; gemmis lux maior inest STAT. *Ach.*1.298; quis flagitii conscientia inerat TAC.*Hist.*4.41;—(*w. abl.*) nec. .crediderim. .tantum crimen pectore inesse tuo [TIB.]3.4.84.

4 To be involved (in), be attached (to), be associated (with).

magna inest certatio ENN.*scen.*266; non honestum uerbum est 'diuisio'? at inest obscenum CIC.*Fam.*9.22.4; praeterea uersamur ibidem atque insumus usque LUCR.3.1080; quasi ea condicio sit expressa, quae inerat ULP.*dig.*36.2.7.5; —(*w.* in+*abl.*) inest spes nobis in hac astutia PL.*Capt.*250; si redimat magnum inesse in ea lucrum TER.*Hau.*609; inest . .infinitum in definito CIC.*Part.*61; in hac pecunia publica. . haec insunt tria genera furtorum *Ver.*3.165; cum inesset in re uis et insidiae *Mil.*14; inest. .uelle in carendo *Tusc.*1.88; causae, quae insunt in his rebus VITR.2.1.9;—(*w. dat.*) multa cura summo imperio inest SAL.*Hist.*2.47.14; omina principiis . .inesse solent OV.*Fast.*1.178; terror inest lacrimis STAT. *Theb.*3.137;—(*w.* inter) scriptorum sententiae. .cum insunt inter consilia et disputationes VITR.9.pr.17.

insūmō ~ere ~psī ~ptum, *tr.* [IN-[1]+SVMO]

1 To expend, employ (money, time, effort, etc., on anything).

nulla opera ~pta CIC.*Ver.*3.150; nullum ultra uerbum aut operam ~ebat inanem HOR.*Ars* 443; quod. .antiqui ~entes laborem et industriam probare contendebant VITR.7.5.7; uix paucis diebus ~ptis QUINT.*Inst.*9.3.73; quis nostrum idem curae, idem sudoris ~it? PLIN.*Pan.*77.6; PECVNIA. . TAM SANCTAE PARATVR QVAM ~ITVR *CIL* 2.6278.8;—(*w.* in+*acc.*) quid sumptus in eam rem aut laboris ~pserit CIC.*Inv.* 2.113; ut nullus terruncius ~atur in quemquam *Att.*5.17.2; sestertios trecenos in cenam ~ere GEL.2.24.11;—(*w.* in+*abl.*) plurimum in consiliis ac iudiciis ~ebatur operae QUINT. *Inst.*3.4.5;—(*w.* ad) omnis. .cura ad speculandum hoc malum ~itur PLIN.*Nat.*9.153;—(*w. dat.*) non tamen huic herbulae. .tantum operis ~ptum est SEN.*Dial.*7.9.2; paucos dies ~psit reficiendae classi TAC.*Ann.*2.53;—(*w.* quo) quod superat non est melius quo ~ere possis? HOR.*S.*2.2.102.

2 To take in, consume. **b** to take up (a position).

si plus umoris excernitur quam ~itur CELS.3.21.8. **b** medium caua nubila montis ~psere latus STAT.*Theb.*2.39 (*perh. interp.*).

3 To assume (a frame of mind).

modo par ~ite robur luctibus STAT.*Theb.*5.110; talia dequestus paulatim ~pserat iras 11.627; 12.643.

insuō ~uere ~uī ~ūtum, *tr.* [IN-[1]+SVO]

1 To sew up (in). **b** esp. to sew up (parricides in a sack, as a means of execution).

(*w. dat.*) patrio. .~uitur femori OV.*Met.*3.312; duobus inflatis utribus litteras ~utas FRON.*Str.*3.13.6; APUL.*Met.* 6.31; (*fig.*) qui uim herbarum. .piscium uentribus ~uatis *Apol.*31; (*w. abl.*) ~utus pelle iuuenci OV.*Ib.*317. **b** (*w.* in+*abl.*) iube hunc in culleo ~ui atque in altum deportari PL.*Vid.*fr.12;—(*w.* in+*acc.*) ~utus in culleum per summum dedecus uitam amittere CIC.*S.Rosc.*30; ~ui uoluerunt in culleum uiuos atque ita in flumen deici 70;—(*w. dat.*) ~ui culleo fratrem iubes? SEN.*Con.*7.1.1; QUINT.*Inst.*7.8.6; SUET. *Aug.*33.1; (*cf.*) quod ne ~uti quidem parricidae patiuntur SEN.*Con.*7.1.24.

2 To attach by sewing, sew (on or in). **b** to form by sewing on.

palpebras. .sursum ac deorsum diductas ~uebant TUB. *hist.*9; quae intra capita ~uitur pellis mollis VAR.*R.*2.9.15; terga boum plumbo ~uto ferroque rigebant VERG.*A.*5. 405; ~uto uestibus auro OV.*Ars* 3.131; ULP.*dig.*34.2.23.1. **b** linea. .purpura uel quolibet alio conspicuo colore ~uitur COL.3.15.1.

insuper, *adv.* and *prep.* [IN-[1]+SVPER]

A (as adv.).

1 On top, above.

concidit, et sonitum simul ~ arma dederunt ENN.*Ann.* 415; terram ~ inicito CATO *Agr.*114.1; his collocatis et coagmentatis alius ~ ordo additur CAES.*Gal.*7.23.3; *B.Hisp.* 5.1; eum (*sc.* locum) muniunt undique parietes atque ~ camera lapideis fornicibus iuncta SAL.*Cat.*55.4; ingentem. . ~ Aetnam impositam VERG.*A.*3.579; HOR.*S.*2.4.68; fons, in quo natat ~ oleum VITR.8.3.8; cumulatis in aqua sarcinis ~ incumbebant LIV.22.2.8; eam (*sc.* manum) grauis ~ ictus amputat LUC.3.611; solent et subterraneos specus aperire eosque multo ~ fimo onerant TAC.*Ger.*16.4.

2 In addition, as well, besides, over and above. **b** *insuper habere*, to overlook, neglect, pay no heed to.

sati' faciat mi ille atque adiuret ~ nolle esse dicta PL.*Am.* 889; parumne est malai rei quod amat Demipho, ni sumptuosus ~ etiam siet? *Mer.*693; etiam ~ defraudet? TER. *Ad.*246; et si uoles ~ uinum Coum mixtum bibere, licebit bibas CATO *Agr.*158.2; non modo id non fecit, sed etiam ~ ipse grandi sponsione uictus est *Rhet.Her.*4.33; uerbis haec ~ addit VERG.*A.*11.107; addidit terrorem ~ alium fortuna LIV.3.38.4; Punicum ~ Gallico bellum auctum 21.26.1; ~ accedunt. .paternae. .opes OV.*Tr.*2.129; (taurum) suscitat ipse genu saeuaque agit ~ hasta V.FL.7.603; expulsis ~ sapientiae professoribus TAC.*Ag.*2.2; nimia fortuna socors et muliebri ~ cupidine incensus *Ann.*4.39; (*w.* quam) haec pacta: illa ~ quam quae pacta erant facinora Campani ediderunt LIV.23.7.3. **b** sudorem in armis ut in ludicris ~ habere FRO.*Ver.*2.p.210(207N); eam constantiam. .non ~ habendam intelligit GEL.1.19.8; lacrimis istis. .~ habitis APUL.*Met.*4.25; PAPIN.*dig.*11.7.43; (*w. inf.*) haec. .non ~ . .habui discere GEL.4.1.18; (*absol.*) uisus etiam es mihi ~ habuisse, quom ordinem uerbi tuum immutassem FRO.*Aur.* 1.p.10(65N).

B (as prep.).

3 (w. acc.) On to the top of, upon, over.

~ arbores stipitesque trabem planam inponito CATO *Agr.* 18.5; ~ ID LIMEN ROBVSTVM. .INPONITO *CIL* 1.698.1.13; flores, quos ~ accumbebat *Lydia* 67; ~ stylobatam columnae constituuntur VITR.4.8.1; 5.3.3; ~ fluctus libant intritum lacte confectum APUL.*Met.*11.16.

4 (w. abl.) Above, over; (transf.) in addition to.

ubi. .cumulata uidebis ~ esse aliis alia (nubila) LUCR. 6.192; quibus ~ transtra. .conlocata sustineat unum culmen VITR.5.1.9; quo ~ conlocata erat. .materies 10.15.4;—captiuos. .dabit suaque omnibus arma, ~ his campi quod rex habet ipse Latinus VERG.*A.*9.274.

insuperābilis ~is ~e, *a.* [IN-[2]+SVPERABILIS]

1 That cannot be defeated, unconquerable.

genus ~e bello VERG.*A.*4.40; OV.*Met.*12.613; telum ~e dextrae V.FL.3.12; ~es sunt (cohortes) uniuersas adgredienti FRON.*Str.*1.10.1; Sertorius. .ubique aduersante fortuna ~is fuit AMP.18.17; (*cf.*) in ~i loco stat animus, qui externa deseruit, et arce se sua uindicat SEN.*Ep.*82.5.

2 (transf.) That cannot be surmounted or overcome.

ea. .uia ~is fuit LIV.21.36.5; longinquitate uiae ~ique Alpium transitu 22.23.4; incorruptus uir sit externis et ~is SEN.*Dial.*7.8.3; rogauit. .ut medicos consuleremus de summa ualetudinis, ut, si esset ~is, sponte exiret e uita PLIN.*Ep.*1.22.8;—(*of fate*) sola ~e fatum, nata, mouere paras? OV.*Met.*15.807; ~is quaedam necessitas fati GEL. 13.1.2.

3 That cannot be surpassed, unsurpassable.

quod non peruenimus ad illud bonum inmensum et ~e, ubi necesse est resistat uoluntas nostra SEN.*Ep.*74.11; geometria. .delectabilis ordine. .effectu ~is AGEN.*agrim.*p.25.

insupō ~āre: see INSIPIO.

insuprā, *adv.* [IN-[1]+SVPRA] (perh.) In addition, besides.

bello ~ undique uiri e nationibus adducti Hispaniae aderant NEP.in FRO.*Ver.*2.p.144(127N).

insuptīlis, -iter: see INSVBTIL-.

insurgō ~gere ~rexī, *intr.*, (*tr.*). [IN-[1]+SVRGO]

1 To get up, stand up, rise. **b** (of natural objects or phenomena).

teneros. .fetus mater ab excelso produxit in aera nido hortaturque sequi breuibusque ~gere pennis V.FL.7.377; non de sepulcris ~gant. .umbrae nostrorum [QUINT.]*Decl.* 12.28; si forte prolapsus est, attolli et ~gere haud licitum TAC.*Ger.*39.3;—(*w. dat.*) uela cadunt, remis ~gimus VERG. *A.*3.207; supera spatioque ~ge patenti OV.*Am.*3.2.79; ~git transtris et remo Nerea uersat V.FL.1.450; (*impers. pass.*) remis ~gitur 2.13;—(*w. hostile intent*) ostendit dextram ~gens Entellus et alte extulit VERG.*A.*5.443; serpens. . sibilat ore arduus ~gens 11.755; ferit alte ~gens gladio cristatae cassidis aera SIL.1.401. **b** prospiciunt. .tenebras ~gere campis VERG.*A.*9.34; ~gat Aquilo HOR.*Epod.* 10.7; uastius ~gens decimae ruit impetus undae OV.*Met.* 11.530; (amnis) usque eo solitus ~gere ut se ipse non capiat MELA 2.81; ibi per arduas. .rupes Nilus ~git SEN.*Nat.* 4a.2.5; aper. .setis ~gentibus spinae hispidus APUL.*Met.* 8.4; ~GENS. .SOL *CIL* 10.2311.

2 (tr.) To go up, ascend, climb (a hill).

iugi quod ~gimus aspritudinem APUL.*Met.*1.2.

3 (of motionless things) To extend upwards, rise.

hostile ualido robore ~git latus (extorum) SEN.*Oed.*363; ut primum agmen in aequo, ceteri per adcliue iugum conexi uelut ~gerent TAC.*Ag.*35.3; pone tergum ~gebat silua *Ann.* 2.16;—(*w. dat.*) stabat acuta silex. .speluncae dorso ~gens VERG.*A.*8.234; crista nitenti ~gens cono SIL.16.556; ~git speluncae. .turris ardua APUL.*Met.*4.6.

4 To increase in volume or intensity, rise, mount.

licet contumacissimum, cotidie ~gentem (dolorem). . tempus eneruat SEN.*Dial.*6.8.1; testificantur. .Romanas opes ~gere TAC.*Ann.*11.16; (*of sounds*) fremitus ~gere opertos. .sensit V.FL.2.82; acres (syllabae) quae ex breuibus ad longas ~gunt QUINT.*Inst.*9.4.92; (*cf.*) mala uel inbecilla (uox). .inhibet multa, ut ~gere et exclamare 11.3.13.

5 To rouse oneself, become active, rise up. **b** (w. dat.) to rise up in revolt, rebel (against).

coeperat ardens. .alternis Mauors ~gere dictis V.FL. 5.671; ~gunt iusto firmata pudore agmina STAT.*Theb.*8.605; inuigilare publicis utilitatibus et ~gere PLIN.*Pan.*66.2;—(*w.* ad) simul ad nocendum ~rexerunt (animalia) SEN.*Dial.* 3.1.5; animus. .ad considerandam suam. .naturam ueri auidus ~git 12.20.1; acrius ~gunt Troes ad Achaica bella *Ilias* 790; (*w. sup. in* -um) profanatum Melanippi funus. . ultum Cadmeia proles ~gunt STAT.*Theb.*9.10. **b** credens. .suis ~gere regnis OV.*Met.*9.445.

6 To rise in rank or station, become preeminent.

~gere paulatim, munia senatus magistratuum legum in se trahere TAC.*Ann.*1.2.

7 (of style or language) To become elevated, rise, soar.

uerbis omnibus altius atque altius ~gentibus QUINT.*Inst.* 8.4.27; augeri. .debent sententiae et ~gere 9.4.23; (*of an author*) ~git aliquando (Horatius) 10.1.96.

insusceptus ~a ~um, *a.* [IN-[2]+pple. of SVSCIPIO] (of vows) Not undertaken.

uota ~a reliquit *Epic.Drusi* 197.

insusurrō ~āre ~āuī ~ātum, *intr.*, *tr.* [IN-[1] +SVSVRRO]

1 (intr.) To whisper (in someone's ear).

modo ~ans ac praebens in uicem aurem SUET.*Cal.*22.4; —(*w.* ad) ad aurem familiariter. .~are CIC.*Ver.*5.107;—(*w.* in+*acc.*) a qua muliere cum erat ad eum uentum et in aurem eius ~atum 1.120; *Q.fr.*1.1.13.

2 (tr) To communicate in a whisper, whisper.

ut crebro mihi uafer ille Siculus ~et Epicharmus cantilenam illam suam CIC.*Att.*1.19.8; quam multi. .uix adleuatis labris ~atum miliens nomen oscitatione superbissima reddent SEN *Dial.*10.14.4; turpissima uota dis ~ant *Ep.*10.5; (*w. dir. quot.*) mulierculae. .~antis. .alteri: 'hic est ille Demosthenes' CIC.*Tusc.*5.103; (*w. acc. and inf.*) fauonius ipse ~at nauigandi nobis. .tempus esse *Luc.*147.

insūtus ~ūs, *m.* [INSVO+-TVS³] The process of sewing in.
expromptis mille aureum, quos ~u laciniae contexerat APUL.*Met.*7.4.

intābescō ~escere ~uī, *intr.* [IN-¹+TABESCO] To dissolve, melt, or wither away. **b** to waste away (with grief, illness, etc.).
interminato cum semel fixae cibo ~uissent pupulae HOR.*Epod.*5.40; ut ~escere flauae igne leui cerae..solent OV.*Met.*3.487; plumbea..solet medio glans ~escere caelo 14.826. **b** ~escit..uidendo successus hominum OV.*Met.*2.780; uirtutem uideant ~escantque relicta PERS.3.38; uigor pristini uultus..~uit [QUINT.]*Decl.*5.9; oratorem..perpendendis (uerbis)..~escentem QUINT.*Inst.*12.10.77; (*of a vine*) ad ultimam redigitur maciem, et sic ~escit ut nullis deinceps impensis recreari possit COL.4.3.5;—(*w. dat.*) quid itaque iuuat dolori ~escere..? SEN.*Dial.*11.5.2; 12.16.5.

intactilis ~is ~e, *a.* [IN-²+TACTILIS] That cannot be touched, intangible.
sin ~e erit..scilicet hoc id erit, uacuum quod inane uocamus LUCR.1.437.

intactus¹ ~a ~um, *a.* *compar.* ~ior. [IN-² +pple. of TANGO]

1 Not touched, untouched; intangible.
illa uel ~ae segetis per summa uolaret gramina VERG.*A.*7.808; cum super ueterem niuem ~am noua modicae altitudinis esset LIV.21.36.5; cum..uester ab ~a circulus extet humo OV.*Tr.*4.3.6;—(*w. abl.*) ~a etiam ancoris scrutatur uada PLIN.*Nat.*22.3; ~us aquis umerosque manusque STAT.*Theb.*9.457; poma..~a ore seruis tramisit TAC.*Ann.*4.54; caput ~um buxo JUV.14.194;—locus est ~us inane uacansque LUCR.1.334.

2 (of things) Physically undamaged, unharmed, uninjured; untouched as food, uneaten. **b** undiminished by plunder, exploitation, etc.
ut (arx)..incolumis atque ~a permanserit CIC.*Rep.*2.11; ut aestus peruolet ~us LUCR.6.1060; cum..gens..segnis ~is adsideret muris LIV.21.25.6; Polycratis gemma..~a inlibataque est PLIN.*Nat.*37.8;—(*w. abl.*) prope ~i bello fines Romani LIV.3.26.2; ~um uastationibus regnum TAC.*Ann.*15.27;—(*w.* ab) corpus ab omni alia uexatione ~um uno torque spoliauit LIV.7.10.11;—cadauera ~a a canibus..tabes absumebat 41.21.7; ~um uolucrum rostris..cadauer LUC.9.802; pomum..propter asperitatem ~um omnibus animalibus PLIN.*Nat.*12.38. **b** neque illic aut apotheca procis ~a est aut pecus HOR.*S.*2.5.7; ~is opulentior thesauris Arabum *Carm.*3.24.1; ~i omni aetate thesauri LIV.29.8.9; OV.*Pont.*3.4.61; roborum uastitas ~a aeuis PLIN.*Nat.*16.6.

3 (of living creatures) Uninjured, unscathed. **b** (of countries, peoples) unaffected by foreign intervention. **c** (of women) not having experienced sexual intercourse, virgin.
nemo omnium ~us profugit SAL.*Jug.*54.10; magno cum optauerit emptum ~um Pallanta VERG.*A.*10.504; ut uolitet crebras ~a per urbes..columba TIB.1.7.17; ~um ferro corpus LIV.1.25.11; lupus, integer et ~us 10.27.9; te per colla refusis ~um..comis STAT.*Theb.*5.221; senatores..~i tormentis TAC.*Ann.*15.57;—(*of parts of the body*) nondum..clementia coeperat artus ~os seruare mares STAT.*Silv.*3.4.74;—(*of armies*) adhuc ~a iuuentus VERG.*A.*11.419; ne ab altero exercitu integro ~oque fessi opprimerentur LIV.10.14.20. **b** ~us..Britannus HOR.*Epod.*7.7; domus ~ae te tremit Arabiae PROP.2.10.16; Vmbri in id tempus ~i FLOR.*Epit.*1.12(1.17.1). **c** cui pater ~am dederat VERG.*A.*1.345; ~ae Palladis urbem HOR.*Carm.*1.7.5; tu mille procos ~a fugares STAT.*Silv.*3.5.8; SUET.*Aug.*62.1; (*compar.*) ~ior omni..Sabina JUV.6.163;—(*cf., of boys*) ~um..qui temptat Alexin PROP.2.34.73; non tam ~us Alcibiades in praeceptoris sui lecto iacuit PETR.128.7;—(*cf.*) siluarum incola ille efferatus castus ~us rudis (*sc.* Hippolytus) SEN *Phaed.*923.

4 Unharmed in character or reputation.
~us ab sibilo peruenerat Hortensius ad senectutem CAEL.*Fam.*8.2.1; cum sibi quisque timet, quamquam est ~us, et odit HOR.*S.*2.1.23; fuit ~is quoque cura *Ep.*2.1.151; infamia ~um inuidia..urgent LIV.38.51.5.

5 (transf., w. abl.) Unaffected by, untouched by; (also w. gen. on anal. of *integer*). **b** (w. no abl.) unimpaired, whole.
Graecis ~i carminis HOR.*S.*1.10.66; ~os isto satius temptare ueneno PROP.2.12.19; uir haud ~i religione animi LIV.5.15.6; nullum erat genus hominum in castris ~um cupiditate pugnae 10.40.3; ~a inuidia media sunt 45.35.5; nec erat ~us tali superstitione TAC.*Hist.*2.78; haud ferme ulla ciuitas ~a seminibus eius motus fuit *Ann.*3.41; his ~a malis agerentur sacra JUV.6.336;—~um..secundae fortunae ingenium SIL.11.425. **b** nihil ~um neque quietum pati SAL.*Jug.*66.1; ~is uiribus iugum excipere CURT.9.7.13; pii inuenis nauamque quietem ~amque fidem STAT.*Silv.*5.1.77; (*cf. sense 3c*) ~am pudicitiam SEN.*Con.*1.2.20.

6 Unused, untried; (of land) uncultivated, virgin; (of oxen) never yet yoked.
Dryadum siluas saltusque sequamur ~os VERG.*G.*3.41; opus hoc de monte Sororum detulit ~a pagina nostra uia PROP.3.1.18; uestibus ~is Tarpeias itur in arces OV.*Fast.*1.79; cur ego desperem..parere ~o, dummodo casta, uiro? 5.242; noua ~aque ratione PLIN.*Nat.*34.65; ~i..ponti STAT.*Theb.*5.336; nouos..Pieridum flores ~aque carmina discens *Silv.*3.1.67; ~am Paridi nisi uendit Agauen (*i.e. his new play*) JUV.7.87;—(*pred.*) bellum ~um trahi SAL.*Jug.*83.3; quid ~um nefasti liquimus? HOR.*Carm.*1.35.35; ne hic quidem locus ~us est omittendus QUINT.*Inst.*12.10.49;—rastro..~a..tellus OV.*Met.*1.101; ~a et siluestria loca COL.2.1.5;—~a..ceruice iuuencas VERG.*G.*4.540; grege de ~o septem mactare iuuencos *A.*6.38; HOR.*Epod.*9.22.

intactus² ~ūs, *m.* [as prec.+-TVS³] Intangibility.
pondus uti saxis, calor ignist, liquo aquai, tactus corporibus cunctis, ~us inani LUCR.1.454.

intāminātus ~a ~um, *a.* [IN-²+*taminatus* (see CONTAMINO)] Undefiled, untainted.
Virtus..~is fulget honoribus HOR.*Carm.*3.2.18; VIRGO ~A *CIL* 6.5817.

intectus¹ ~a ~um: pple. of INTEGO.

intectus² ~a ~um, *a.* [IN-²+pple. of TEGO]

1 Uncovered, unroofed.
domus ~ae parietesque templorum ambusti SAL.*Hist.*2.64; si (aqua) ~a salubritati obest TRA.Plin.*Ep.*10.99(100).

2 (of persons or parts of the body) Unclothed, bare, naked.
Germani ~um renonibus corpus tegunt SAL.*Hist.*3.104; ~a corpora SEN.*Dial.*1.4.15; cetera ~i totos dies iuxta focum..agunt TAC.*Ger.*17.1; pedibus ~is *Ann.*2.59; ~o capite 3.41; APUL.*Met.*9.20.

3 Not careful, free-spoken, frank.
adeo ut obscurum (Tiberium) aduersum alios sibi uni incautum ~umque efficeret TAC.*Ann.*4.1.

integellus ~a ~um, *a.* [next+-LVS] Unharmed, uninjured, safe.
suauissimum συμβιωτὴν nostrum praestabo ~um CIC.*Fam.*9.10.2; ut..quod castum expeteres et ~um, conserues puerum mihi pudice CATUL.15.4.

integer ~gra ~grum, *a.* *compar.* ~grior, *superl.* ~gerrimus. [IN-²+TANGO; Umb. *antakres* (abl. pl.)]

1 (of concr. or abst. things) Not previously touched, tried, used, etc., fresh. **b** (of tasks, problems, etc.) not touched or entered on, unbroached.
nouam atque ~gram audaciam PL.*Cas.*626; eum Plautus locum reliquit ~grum TER.*Ad.*10; nihil..mihi noui, nihil ~gri neque M. Crassus..neque Cn. Pompeius..ad dicendum reliquit CIC.*Balb.*17; iuuat ~gros accedere fontis atque haurire LUCR.1.927; pons Ilerdae praebebat..loca trans flumen ~gra, quo omnino Caesar adire non poterat CAES.*Civ.*1.49.2; his praetoribus prouinciae decretae..ut uni sors ~gra esset, quo senatus censuisset LIV.42.28.6; ~gra quaeramus rorantis prata per herbas MAN.2.53; nec per ipsum Galbam, cuius ~gra auctoritas maioribus remediis seruabatur TAC.*Hist.*1.29; 'noualis' est terra praecisa, quae anno cessauit..'~gra' autem est, in quam nondum dominus..pecus immisit GAIUS *dig.*50.16.30.3. **b** si ~gra in senatu nostra causa ad Kal. Ianuarias manserit CIC.*Att.*5.18.3; ea..omnia testibus ~gra reseruabo *Ver.*1.86; rursus tamquam ad ~grum bellum cuncta parat SAL.*Jug.*73.1; cum..ad urbem ipsam Pedum..~ger labor restaret LIV.8.12.9; TAC.*Hist.*2.57; si adhuc ~gro mandato mors..interueniat,..soluitur mandatum GAIUS *Inst.*3.160; ~gris omnibus, in quae obligati essemus NERAT.*dig.*2.14.58.

2 (of a question or issue) Not yet decided or compromised, open; *re ~gra, rebus ~gris*, with the matter still open or undecided. **b** (of a person) open-minded, unprejudiced. **c** (neut. as pred.). **d** *in ~gro*, in a state of being undecided.
ita defessa ac refrigerata accusatione rem ~gram ad M. Metellum praetorem esse uenturam CIC.*Ver.*31; disturbaui rem totamque nobis ~gram reseruaui *Fam.*11.21.5; causa haec ~gra in proximum annum transferetur CAEL.*Fam.*8.9.2; ut quam ~gerrima essent ad pacem omnia CAES.*Civ.*1.85.2; consultatio de Macedonico bello ~gra ad consules..reiecta est LIV.31.2.2; uidebunt de isto, quibus ~gra sunt et prima consilia..tibi liberum non est SEN.*Ep.*19.3; TAC.*Ann.*3.52; ~gram cognitionem differendam existimaui, ut te..consulerem PLIN.*Ep.Tra.*10.110(111).2;—ea dicam uobis audientibus amisso iam tempore quae ipsi soli re ~gra saepe dixi CIC.*Mur.*43; re ~gra primo incendendum Auaricum, post deserendum censuerat CAES.*Gal.*7.30.2; ut..quid agendum esset, re ~gra praetorem..consulerent LIV.38.9.1; malle ~gris rebus et condicionibus finire bellum VELL.2.50.1. **b** ~grum..se ac placabilem filio praestaret TAC.*Hist.*4.52. **c** ego..si mihi esset ~grum, susciperem hoc crimen CIC.*Rab.Perd.*18; constituent quid agant quibus ~grum est *Flac.*105; at non est ~grum: constituta legatio est *Phil.*12.4;—(*w.* de) loquor de legibus promulgatis, de quibus est ~grum uobis 1.26; ut ~grum mihi de causa Campana ad suum reditum reseruarem *Fam.*1.9.10;—(*w.* ut+*subj.*) quod nisi uellem mihi esset ~grum ut..petere possem *Att.*4.2.6; *Tusc.*5.62;—(*w. inf.*) non est ~grum Cn. Pompeio consilio iam uti tuo *Pis.*58. **d** cum tibi in ~gro tota res esset CIC.*Ver.*2.98; de centurionibus..res est in ~gro *Fam.*5.20.7; ut omnia in ~gro manerent LIV.39.29.2; omnia tibi in ~gro serua SEN.*Ep.*108.21; si quando ignosceretis, in ~gro habui QUINT.*Decl.*260(p.68,l.15); omnia in ~gro sunt creditori JULIAN.*dig.*18.1.39.

3 a *ab, de,* or *ex ~gro*, Afresh, anew. **b** *in ~grum*, to (its, one's) original state; also, *ad ~grum*.
a omnia ab ~gro paranda erant CATO *orat.*29; unam columnam efficere ab ~gro nouam CIC.*Ver.*1.147; magnus ab ~gro saeclorum nascitur ordo VERG.*Ecl.*4.5; FRON.*agrim.*p.4;—ratio de ~gro ineundast mihi TER.*Hau.*674; censores dicit de ~gro sibi creari placere CIC.*Ver.*2.139; ibi de ~gro funus iam sepulto filio fecit *Clu.*28; de ~gro pugnare coeperunt *B.Hisp.*35.4; ut .auspicia de ~gro repeterentur LIV.5.17.3; cum sit efficacissimum de ~gro locum exarare COL.2.17.3; QUINT.*Inst.*2.4.13;—(*w.* ex) uelut renatum ex ~gro bellum TAC.*Hist.*3.59; si..alius in locum eius datus fuerit, tanta ex ~gro tempora in persona eius praestituta intellegemus ULP.*dig.*5.1.32. **b** a nostris magistratibus in ~grum restituta (praedia) CIC.*Flac.*79; de Caesare..quod fieri..debuit transactum est neque iam reuocari in ~grum potest BRUT.*ad Brut.*1.16.8; non nullos ambitus..damnatos..in ~grum restituit CAES.*Civ.*3.1.4; NEQVE IN ~GRVM RESTI⟨TV⟩TVS EST ERIT *CIL* 1.593.118; SEN.*Ben.*3.14.2; SUET.*Jul.*16.2; dominis eorum dabitur..in ~grum restitutio ULP.*dig.*4.1.6;—potius quam quidem redeat ad ~grum eadem oratio TER.*Hau.*1010.

4 Not exhausted by previous activity, fresh.
(bellum) quod..renouent agitatae nationes, suscipiant ~grae gentes CIC.*Man.*26; si ad quietem ~gri iremus *Div.*1.60; cum crebro ~gri defessis succederent CAES.*Gal.*7.41.2; quo ~griore exercitu decerneret NEP.*Eum.*9.6; ~gris corporibus animisque fessos adorti exsules caedunt LIV.2.20.6; ingentem Latinorum..⟨uim⟩ conciuerant ex ~gerrimis diutina pace populis 6.7.1; quam maxime recentibus et ~gris iumentis 38.40.4; ~ger est melior nitidis gladiator in armis, quam cui tela..rubent OV.*Tr.*4.6.33; STAT.*Theb.*6.872; (*cf.*) bis sex ~ger esse dies PROP.3.6.40;—(*of strength, vigour*) ut..uiribus quam ~gerrimis agere..possim CIC.*Ver.*2.2; ~gram famem ad ouum adfero *Fam.*9.20.1; ut ~gris adoriatur uiribus fessos LIV.10.5.5; quam ~gerrimas uires militi seruabat 10.28.5; nec iam ~ger illis impetus STAT.*Theb.*6.472;—(*transf., of activities*) cum..oppidanos eosdem ~gro semper certamini paucitas fessos obiceret LIV.6.4.10; ~gro bello nusquam ante libatis uiribus Italiam adgrediendam censent 21.29.6.

5 Whole, complete. **b** (of periods of time). **c** not reduced in quantity, content, etc.
tegula ~gra quae erit CATO *Agr.*14; ~grum facito deuoret (bos ouum) 71; VAR.*R.*1.7.3; IS EAM SEMITAM..LAPIDIBVS PERPETVIS ~GREIS CONTINENTEM CONSTRATAM RECTE HABETO *CIL* 1.593.54; tertium genus telorum est..quod perrupta cute ~grum intus insedit CELS.7.5.4; SEN.*Ep.*72.8; globuli..qui ut sumuntur, ita ~gri deiciuntur LARG.138; alia ~gro uerbo significatio est, alia diuiso, ut ingenua et armamentum QUINT.*Inst.*7.9.4; sine eam ~gram matrem esse filii sui GEL.12.1.5; primos duos pedes..habere singulos posse ~gras partes orationis 18.15.1. **b** hoc tempore amisso annus est ~ger uobis exspectandus CIC.*Prov.*17; ut haberet..ad praeturam gerendam, hoc est ad euertendam rem publicam, plenum annum atque ~grum *Mil.*24; 'longas o utinam..ferias praestes Hesperiae!' dicimus ~gro sicci mane die HOR.*Carm.*4.5.38; LIV.27.7.6; ~gro sibi die ad causam eam orandam opus esse 45.36.2; circuitum meatus dierum ~grorum mille quadringentorum sexaginta unius COL.3.6.4; POMPON.*dig.*45.1.15. **c** cum ipse a te discederet, ~grum militum numerum fuisse CIC.*Fam.*3.3.2; sol..sinit..~grum (Nilum) et ut est plenissimus surgere MELA 1.53; sol in ~gro est etiam inter opposita SEN.*Ep.*92.17; priuignos imperatoriis nominibus auxit, ~gra etiam tum domo sua TAC.*Ann.*1.3; nam quod est elisis aut inmutatis quibusdam litteris 'Iupiter', id plenum atque ~grum est 'Iouispater' GEL.5.12.5; (*of words, opp. dim.*) quia pro nomine ~gro positum sit deminutum QUINT.*Inst.*1.5.46

6 (of possessions, resources, etc.) Not reduced or diminished, untouched; *in ~gro*, in an undiminished state. **b** (of persons, places, etc.) not affected by war, depredation, or other losses.
datores nouos oportet quaerere, qui de thensauris ~gris..danunt PL.*Truc.*245; cum ~gram praedam..habere posset CIC.*S.Rosc.*146; an fructus ~gros..aratorum uendidisti? *Ver.*3.40; ~gras..tenere possessiones qui se debere fateantur, cuius animi aut cuius impudentiae est? CAES.*Civ.*3.20.3; cum Lucterius apud suos ciuis quondam ~gris rebus multum potuisset HIRT.*Gal.*8.32.2; Ofellum ~gris opibus..non latius usum quam nunc accisis HOR.*S.*2.2.113; nobis..et res et gloria est ~gra LIV.7.13.5; 9.19.14; ut beneficia tua..~gra ad eos..perueniant, sine ulla, quod aiunt, deductione SEN.*Ben.*2.4.3; nomina ~gra pupillo salua esse, deperdita et male contracta ad tutorem pertinere PAUL.*dig.*26.7.16;—ille, cui omnia adhuc in ~gro sunt SEN.*Dial.*8.3.4; uos, quibus fortuna in ~gro est TAC.*Hist.*3.2. **b** transit Melitam Romanus exercitus, insulam ~gram urit, populatur, uastat NAEV.*poet.*39(37).2; mirabar quod..tam diu ab isto maneret ~ger CIC.*Ver.*5.16; urbem et ciuis ~gros incolumisque seruaui *Catil.*3.25; emit agrum de C. Claudio..dimidio fere pluris incultum..quam quanti ~grum..ipse Claudius emerat *Tul.*14; ~gerrimas pacatissimasque gentis *Dom.*60; si..~gris suis finibus bellum conpositum foret SAL.*Jug.*97.2; cum ~gra loca, Tusculanum agrum opimum copiis, petere possent LIV.3.7.3; per gentis ~gras inmunisque adhuc clade belli VELL.2.115.2; Blaesis sacerdotia, ~gra eorum domo destinata, conuulsa distulerat TAC.*Ann.*6.40; triumphos de populis regnisque ~gris adquiri 12.20; (*w.* ab) oppidum..inuiolatum ~grumque ab omni clade belli LIV.6.3.10; ~gros a populatione agros seruaturum 38.14.6.

7 Not impaired by physical injury, undamaged, entire. **b** (of persons, parts of the body, etc.; also, of faculties). **c** not impaired by admixture, etc.
litterae..~gris signis praetoribus traduntur CIC.*Catil.*3.6; cum (lituus) situs esset in curia Saliorum..eaque deflagrauisset, inuentus est ~ger *Div.*1.30; (fulmen) curat..uasis ~gris uina repente diffugiant LUCR.6.231; quod superioris anni munitiones ~grae manebant CAES.*Gal.*6.32.5; non tibi sunt ~gra lintea HOR.*Carm.*1.14.9; multa alia castella uicique aut deleta hostiliter aut ~gra in potestatem uenere LIV.9.38.1; iste tuus..~ger est clipeus OV.*Met.*13.118; captam olim..urbem, sed ~gra Iouis sede mansisse imperium TAC.*Hist.*4.54. **b** (fit) ut ignauus miles..pereat non numquam etiam ~gro corpore CIC.*Tusc.*2.54; partim fugientes..interficiuntur, partim ~gri procumbunt CAES.*Civ.*2.42.2; plerique..noctis..auxilio ~gri abeunt SAL.*Jug.*53.3; tunsa per ~gram soluuntur uiscera pellem VERG.*G.*4.302; ne clamore quidem reddito ~gri intactique fugerunt LIV.5.38.6; si totus et ~ger illinc exieras PERS.5.173; ~gros (dentes) dolentes inlitus iuuat (uermium cinis) PLIN.*Nat.*30.23; manis..subiuit ~ger STAT.*Silv.*2.1.156; Britanni palantes..trahere uulneratos, uocare ~gros TAC.*Ag.*38.1; hac poena caruit ceciditque Cethegus ~ger JUV.10.288; testimonii fidem, quod ~grae frontis (*i.e. not branded*) homo dixerit, perpendere PAPIN.*dig.*22.5.13;—uox impedita..uox trunca..his contraria quaerenti tibi subuenisse certum habeo, uox expedita..uox ~gra FRO.*Aur.*2.p.72(149N). **c** (mundus) qui ~gro et libero et puro..ardore teneatur CIC.*N.D.*2.31; cum omni admixtione corporis liberatus purus et ~ger (animus) esse coepisset *Sen.*80; matronas..demissas..in aquam faces, quia uiuum sulpur cum calce insit, ~gra flamma efferre LIV.39.13.12.

8 Virgin; (also) not violated.
~grae atque imperitae huic impercito PL.*Cas*.832; filiam meam quis ~gram stuprauerit *Truc*.821; uti nos itidem ~gras raperent GEL.*hist*.15; puellae et pueri ~gri CATUL. 34.2; 61.36; ~grae temptator Orion Dianae HOR.*Carm*. 3.4.70; donec te thalamis habilem ~gramque resignem STAT.*Theb*.7.366; (*w.* ab) ut uirgo ab se ~gra etiam tum siet TER.*Hec*.145;—quibus liberos coniugesque suas ~gras ab istius petulantia conseruare non licitum est CIC.*Ver*.14.

9 (of armed forces) Having suffered no losses, unscathed. **b** (of battle-formations) unbroken.
domum redduco..~grum omnem exercitum PL.*Bac*. 1071; *Per*.754; quos ego florentis atque ~gros sine ferro uiceram? CIC.*Planc*.86; *Fam*.7.3.3; quos ~gros superauissent, ut uictos contemnerent CAES.*Civ*.2.5.2; HOR.*Carm*. 4.4.66; si ~ger quam si uictus peteret pacem aequiora impetrari posse ratus LIV.30.29.5; non inualidus, flagrantissima cohortium suarum ~gra TAC.*Hist*.4.79;—(*cf.*) cum sanguis Achiuum ~ger STAT.*Theb*.11.158; ~gro exercitus sui robore TAC.*Hist*.3.56. **b** stantibus ~gris ordinibus LIV.27.18.18; qui solutis ordinibus uage dissipati erant undique confugerunt ad ~gram aciem 22.29.5; rettulere pedem, ordines tamen seruantes haud secus quam si imperio ducis cederet ~gra acies 28.15.6; 42.59.5; TAC. *Hist*.2.42; erat et domi delectus eques, praecipuo nandi studio, arma equosque retinens ~gris turmis Rhenum perrumpere.. 4.12.

10 Unimpaired by ill health or disease, sound. **b** (spec.) free from fever. **c** (of foodstuffs) free from putrefaction, untainted.
~gris oculis VAR.*Men*.176; non ea est medicina, cum sanae parti corporis scalpellum adhibetur atque ~grae CIC. *Sest*.135; ~gris sensibus LIV.6.22.7; OV.*Tr*.3.3.35; ut corpus ~grum..fieret CELS.2.3.3; sapiens uirtutem..explicabit.. si poterit, ~ger, si minus, debilis SEN.*Ep*.85.40; similes medicis etiam ~gros secantibus QUINT.*Inst*.10.4.3; ut sint fauces ~grae 11.3.20; (*fig.*) cum hi (*sc.* Attici) pressi et~gri, contra inflati illi (*sc.* Asiani) et inanes haberentur 12.10.16; —(*of health*) color egregius, ~gra ualitudo CIC.*Fin*.2.64; ~gri habitus CELS.5.26.6; (*cf.*) uita Clutorii in ~gro est TAC.*Ann*.3.50; (*in fig. phrs.*) habeat..sucum aliquem oportet, ut..sit, ut ita dicam, ~gra ualetudine (sermo) CIC. *Orat*.76; SALVTEM PVBLICAM..REFOVERE ET ~GRAE VALETVDINI REDDERE *CIL* 2.6278.2;—(*of vegetable growth*) tres.. nodos ~gerrimos relinquito COL.*Arb*.8.1. **b** neque umquam ~grum corpus dimittant (febres eae) CELS.2.4.5; temporibus (*i.e. temples*) ~gris 2.17.7; finita..febre biduum ~grum est 3.3.1; quam ~gerrimis corporibus alimentum offerebant 3.4.16. **c** fici aridae si uoles uti ~grae sint CATO *Agr*.99; rancidum aprum antiqui laudabant..quod hospes..uitiatum commodius quam ~grum edax dominus consumeret HOR.*S*.2.2.92; illa (*sc.* Massica uina) ~grum perdunt lino uitiata saporem 2.4.54; graues (nuces)..et plenas ~gro fructu ad ima deferri PETR.137.10.

11 Unimpaired by age, youthful; (esp.) *~ger aeui* (*aeuo*) or sim. **b** (w. *aetas*, etc.).
adulescens quom sis, tum quom est sanguis ~ger PL.*Mer*. 550; ~ger et laetus laeta et iuuenalia lusi OV.*Tr*.5.1.7; corpora sana et ~gri sanguinis et exercitatione firmata QUINT. *Inst*.8.pr.19;—deos aeui ~gros ENN.*scen*.414; quibus ~ger aeui sanguis VERG.*A*.2.638; dum fuit ~ger aeui OV.*Met*. 9.441; ~ger annorum STAT.*Theb*.1.415; teneri sic ~ger aeui Elin adit *Silv*.2.6.46;—~ger aeuo *Eleg.Maec*.149. **b** quibus aetas ~gra est PL.*Ps*.203; quis uostrarum fuit ~gra aetatula quae hoc idem a uiro impetrarit suo CAECIL.*com*. 153; egregia forma atque aetate ~gra TER.*An*.72; ~gerrima aetate, optimo habitu CIC.*Cael*.59; medio in spatio ~grae aetatis ereptus TAC.*Ag*.44.3; femina expertae fecunditatis, ~gra iuuenta *Ann*.12.2; SUET.*Cal*.25.3; (*cf.*, *w. abl.*) dum rugis ~ger annus PROP.4.5.59.

12 Mentally sound; unaffected by passion.
mihi..mens ~gra est CIC.*Att*.3.13.2; animi..~gri non uitiosi est corporis diuinatio *Div*.1.81; HOR.*Carm*.1.31.18; ~gra mente et ualetudine SCAEV.*dig*.28.3.20;—(*w. gen.*) ~ger est mentis Damasippi creditor HOR.*S*.2.3.65; ~ger est animi? 2.3.220;—bracchia et uultum teretesque suras ~ger laudo *Carm*.2.4.22; scopulis surdior Icari uoces audit adhuc ~ger 3.7.22.

13 Morally unblemished, upright. **b** (w. *ab*; also, w. gen.) unsullied (by).
si eo ipso in genere, quo arguetur, ~ger ante fuisse demonstrabitur CIC.*Inv*.2.36; ~grum consilium, iudici corrupti nulla suspicio *Clu*.49; ipsi Catoni, grauissimo atque ~gerrimo uiro *Mur*.3; saepe Diespiter neglectus incesto addidit ~grum HOR.*Carm*.3.2.30; aliud ~ger populus..aliud forensis factio tenebat LIV.9.46.13; SEN.*Ben*.4.11.1; sincerus et ~ger et seruitutis oblitus populus TAC.*Hist*.4.64; corruptos saepe prauitatibus uxorum maritos: num ergo omnis caelibes ~gros? *Ann*.3.34; esto bonus miles, tutor bonus, arbiter idem ~ger JUV.8.80; (*w. gen.*) ~ger uitae scelerisque purus HOR.*Carm*.1.22.1; (*w. abl.*) castus moribus, ~ger pudore MART.6.28.6;—(*of character, conduct, etc.*) demonstrabit uitam ~gram *Rhet.Her*.2.5; qui prima illa initia aetatis ~gra atque inuiolata praestitisset CIC.*Cael*.11; pura mente atque ~gra Milonem..Romam reuertisse *Mil*.61; inter artis bonas ~grum ingenium breui adoleuit SAL.*Jug*. 63.3; quibus ~gra erat conscientia FRON.*Str*.1.9.3; ~grum.. ac fauorabilem proconsulatum Vitellius..egerat TAC.*Hist*. 2.97. **b** animus a talibus factis uacuus et ~ger esse dicetur CIC.*Inv*.2.24; uir a multis uitiis ~ger SEN.*Dial*. 3.18.3; qui a coniuratione ~gri essent TAC.*Ann*.15.52;— ipse (*sc.* Hercules) rati inuigilans atque ~ger urbis V.FL. 2.374.

14 (of abst. things) Unimpaired, undiminished, intact.
incolumitas est salutis rata atque ~gra conseruatio CIC. *Inv*.2.169; nullum esse officium, nullum ius tam sanctum atque ~grum quod non eius scelus..uiolarit *S.Rosc*.109; indemnati ciuis atque ~gri capitis bonorumque tribunicia proscriptio *Pis*.30; consulto sese omnia cum illo ~gra habere SAL.*Jug*.108.2; tui cum spes ~gra maneret *Ciris* 311; aut totum possidendum quam possessionem ~gram a patribus accepissent LIV.7.18.4; ~gra spe, ~gro metu, uelut illo tempore primum bellum inciperent 26.37.9; tantum his uigoris addiderat ~gra quies TAC.*Hist*.2.4; nec ~gram fidem attulerant 3.41; sibi..aduersus eum ~gras parentis sui offensiones (esse) *Ann*.3.24; in his (uersibus)..metrum esse ~grum potest GEL.4.17.7; si quis alius sit, qui ~grum ius aquationis habebit GAIUS *Inst*.3.27.

integimentum ~ī, *n.*: see INTEGVMENTVM.

integō ~gere ~xī ~ctum, *tr.* [IN-[1]+TEGO]

1 To cover, overlay. **b** (with a natural covering of skin, fur, etc.). **c** (app.) to use as a covering.
haec omnia..alligato ~gitoque CATO *Agr*.41.4; sucus.. ~gendus est, quoniam mire adpetitur a muscis PLIN. *Nat*.24.26;—(*w. abl.*) puppis aceto madefactis centonibus ~guntur SIS.*hist*.107; ea summa ~genda binis tabellis VAR.*R*.1.47; crates luto ~guntur CAES.*Civ*.2.15.2; sordidis pellibus uehiculum ~xerant CURT.5.12.20; auro ~gere (statuas) PLIN.*Nat*.34.15;—(*w. cover, etc., as subj.*) sedes.. quas..innubilus aether ~git LUCR.3.22; illum caesaries.. ~git SEN.*Phaed*.802; aestus in oceano maiora ~gunt spatia PLIN.*Nat*.2.217. **b** alia corio et pilo ~guntur PLIN.*Nat*. 9.40; crusta ~cta (*i.e. crustaceans*) 11.267; (*cf.*) insecta non habent genas nec ~gunt oculos 11.153. **c** si ea (*sc.* ouis) tecta solet esse, quam habuit pellem ~ctam, eam..perinungunt VAR.*R*.2.11.7.

2 To cover with a roof, to roof. **b** to shelter (a person).
uillam ~gundam intellego totam mihi PL.*Rud*.101; VIAM ~GENDAM CVRAVER(unt) *CIL* 1.1494.4; HIRT.*Gal*.8.5.2; LIV. 27.3.3; singularum (testudinum) superficie..casas ~gant PLIN.*Nat*.9.35; castra leui calamo..~cta SIL.17.88; (*with an awning*) Caesar dictator totum forum Romanum ~xit PLIN.*Nat*.19.23;—(*poet.*) canes..ferarum naribus inueniunt ~ctas fronde quietes LUCR.1.405; qua formosa suo Clitumnus flumina luco ~git PROP.2.19.26. **b** quaenam nunc porticus illam ~git? PROP.2.23.6.

integrascō ~ere, *intr.* [INTEGRO+-SCO] To begin anew, break out afresh.
uah perii: hoc malum ~it TER.*An*.688.

integrātiō ~ōnis, *f.* [INTEGRO+-TIO] A beginning again, renewal.
amantium irae amoris ~ost TER.*An*.555.

integrē, *adv. superl.* ~gerrimē. [INTEGER+-E]

1 In a manner free from moral shortcomings, irreproachably, honestly.
meus labor in priuatorum periculis caste ~greque uersatus CIC.*Man*.2; ipsa natura incorrupte atque ~gre iudicante *Fin*.1.30; gessit..se ~gerrime atque splendidissime V.MAX. 6.9.7; ~gerrime prouincia administrata QUINT.*Inst*.12.1.16; in quibus..auaritiam Fontei Capitonis ..~gre mutauerat TAC.*Hist*.1.52; PLIN.*Ep*.7.25.2; SUET.*Ves*.4.3.

2 Without adulteration of style, faultlessly.
eos solos Attice dicere, id est quasi sicce et ~gre CIC.*Opt. Gen*.12; qui ~gre..locuti sunt GEL.1.22.3; 13.6.4; nihil mendum sed recte atque ~gre scriptum esse 19.9.4.

integritās ~ātis, *f.* [INTEGER+-TAS]

1 Soundness, wholeness (of the body or mind). **b** (med.) freedom from fever, normality.
~atem oculorum CIC.*Fin*.4.20; bonum ~as corporis: misera debilitas 5.84; ~atem ualetudinis *Tusc*.5.99; '~ati testes quia desunt meae' (*eunuch speaking*) PHAED.3.11.5; membrorum ~ate SEN.*Ep*.92.14; ne quid de uirginitatis ~ate delibasse..uideretur FLOR.*Epit*.1.22(2.6.40);—non eandem esse uim neque ~atem dormientium..nec mente nec sensu CIC.*Luc*.52; ~as mentis LABEO *dig*.28.1.2; (*cf.*) sanitatem.. et ~atem quasi religionem et uerecundiam oratoris probat CIC.*Brut*.284. **b** rursus aliae (febres) sic desinunt ut ex toto sequatur ~as CELS.3.3.3; 3.3.4.

2 The quality of being unadulterated, purity; (esp. transf., of style).
propter saporis ~atem fictilibus utuntur VITR.8.6.11;— cum eadem ~ate Atticorum CIC.*Opt.Gen*.13; incorrupta quaedam Latini sermonis ~as *Brut*.132.

3 Moral uprightness, probity, integrity. **b** (spec. of women) chastity.
haec omnia uitae decorabat grauitas et ~as CIC.*Brut*.265; certet..uestra ~as cum illius pecunia *Ver*.1.3; illa ~as prouincialis *Sest*.13; homo summa ~ate atque innocentia *Phil*. (3.25; magnus habebatur Cato) ~ate uitae Cato SAL.*Cat*.54.2; LIV.25.40.1; QUINT.*Inst*.7.2.33; ~atem atque abstinentiam in tanto uiro referre iniuria uirtutum fuerit TAC.*Ag*.9.4; acuuntur isto ~atis et industriae pretio similes PLIN.*Pan*. 44.7. **b** in has seruandae ~atis custodias nulla libido inrumpet SEN.*Con*.2.7.3; nomen potius adferens puellae quam ~atem APUL.*Apol*.76.

integritūdō ~inis, *f.* [INTEGER+-TVDO] Uprightness, integrity.
secutus animi mei ~inem ULP.*dig*.29.1.1.

integrō ~āre ~āuī ~ātum, *tr.* [INTEGER+-O[3]]

1 To restore to a former condition, make as new, renew. **b** to refresh, reinvigorate (the mind).
ut mea ope opes Troiae ~em ACC.*trag*.124; efficit ut largis auidum mare fluminis undis ~ent amnes LUCR. 1.1032; omnia debet enim cibus ~are nouando 2.1146; quae minuat Phoeben quaeque ~are latentem causa queat STAT. *Silv*.5.3.22; illi elapsos in prauum artus..posse ~ari TAC. *Hist*.4.81; (*cf.*) immania uulnera..~are iubes (*i.e. by telling of them*) STAT.*Theb*.5.30; (*w.* ad) tirocinio nouae iuuentutis ad pristinae manus numerum Martiae cohortis facies ~aretur APUL.*Met*.7.4. **b** animus defessus audiendo aut admiratione ~atur aut risu nouatur CIC.*Inv*.1.25; Apollo ~at..animum *Ilias* 615; GEL.15.2.5.

2 To take up anew, resume, renew.
cesso inimicitiam ~are PAC.*trag*.111; ~ant..caedem SIS. *hist*.89; miserabile carmen ~at VERG.*G*.4.515; conspectus aliorum mutua miseratione ~abat lacrimas LIV.1.29.5; ~ant seditionem tribuni plebis 5.25.11; dolor..uim..praeteritam ~at SEN.*Med*.672; cachinnum ~ant APUL.*Met*. 2.31; (*pleon.*) nouam ~ant pugnam LIV.7.7.8.

3 To make whole, complete.
post tres pedes reperta (syllaba) nomen ~at MAUR.1684.

integumentum ~ī, *n.* **integimentum.** [INTEGO+-MENTVM]

1 A protective covering, shield, guard.
ea legio linteata ab ~o consaepti, ⟨in⟩ quo sacrata nobilitas erat, appellata est LIV.10.38.12; lanxque cum ~is.. decidit de mensa 40.59.8; supercilium..id est ~um oculi superius FEST.p.305M; (*facet.*) quis tu es?—illius sum ~um corporis PL.*Bac*.601; (*fig.*) istaec ego mi semper habui aetati ~um meae *Trin*.32;

2 A means of concealment, wrapping.
ornamenta eius ingeni per quaedam inuolucra atque ~a perspexi CIC.*de Orat*.1.161; solitudinem ac tenebras atque haec flagitiorum ~a *Cael*.47;—(*w. defining gen.*) artificem aliquando..euolutum illis ~is dissimulationis tuae nudatumque perspicio *de Orat*.2.350; uereor ne qui sit qui istius insignem nequitiam frontis inuolutam ~is nondum cernat *Pis*.12.

intellectiō ~ōnis, *f.* [INTELLEGO+-TIO] (rhet.) Synecdoche.
~o est cum res tota parua de parte cognoscitur aut de toto pars *Rhet.Her*.4.44.

intellectus ~ūs, *m.* [INTELLEGO+-TVS[3]]

1 The action of recognizing or discerning (with the senses).
grauis sopor..animum..altius mergit, quam ut in ullo ~u sui sit SEN.*Ep*.53.7; ~us saporum ceteris in prima lingua PLIN.*Nat*.11.174; neque..est ~us ullus in odore uel sapore 11.280; citra ~um acrimoniae 19.171; ut sit peculiaris ex eo (*sc.* sale) ~us inter innumera condimenta 31.87; rudis et confusus (stilus) ~u caret QUINT.*Inst*.1.1.28; sine ~u morae 11.3.39; (*pred. dat.*) uox..~ui non poterit esse audientibus VITR.5.2.2.

2 The action of understanding or comprehending, comprehension; *~ui esse*, to be intelligible. **b** (abl. w. adjs., = sup. of *intellego*).
uerbis non ultra, quam ad ~um satis est, utitur SEN.*Ben*. 1.3.8; dissimulato..~u (*i.e. pretending not to understand this*) TAC.*Ann*.13.38; (*w. gen.*) quin magis pro re publica fuerit manere adhuc rudem Corinthiorum ~um VELL.1.13.5; M. etiam Antoni animus talis humanitatis ~u non caruit V.MAX.5.1.11; quibus non est felicitatis ~us SEN.*Dial*.7.5.1; solui..rerum naturae ~um et confundi omnia PLIN.*Nat*. 2.149; quia facilior eorum (scriptorum) ~us uidebatur QUINT.*Inst*.2.5.18. **b** facile est ~u quae sint contraria CIC.*Part*.88; cuiuis facile fuit ~u Scipioni additum animum *B.Afr*.48.4; ut difficile esset ~u, utrum eum amici magis uererentur an amarent NEP.*Att*.15.1; adseuerabat..innocentem Cornutum..idque facile ~u si proderentur alii TAC. *Ann*.4.28.

3 The faculty of comprehension, understanding, intellect; (w. gen.) the ability to understand.
neque res..subici ~ui possunt VITR.2.1.9; si quis formicis det ~um hominis SEN.*Nat*.1.pr.10; nullum animal.. minoris..~us PLIN.*Nat*.29.106; nec auditu sed ~u perpendenda est (proprietas) QUINT.*Inst*.8.2.6; quibus altior ~us TAC.*Ann*.13.16; de eo..qui iam aliquem ~um habet GAIUS *Inst*.3.109; si ~u non careat (mutus) PAUL.*dig*. 29.2.93.1;—~us illis (*sc.* elephantis) sermonis patrii PLIN. *Nat*.8.1; aures lambendo dedisse ~um auium sermonis 10.137; si modo Graeci sermonis ~um habeant GAIUS *Inst*. 3.93.

4 Understanding or agreement between two persons.
si inter maritum et socerum id actum esset uel tacito ~u, ut onus..ad maritum rediret SCAEV.*dig*.17.1.60.3.

5 Signification, meaning, sense.
uento siluam uerberante et ceteris sine ~u sonantibus SEN.*Ep*.83.7; id, cuius ~us ad nos non peruenit *Nat*.2.50.1; adeo..necessarium elementum est (sal), uti transierit ~us ad uoluptates animi quoque eximias. sales appellantur PLIN.*Nat*.31.88; uerba ambigua et in plures ~us ducta sunt QUINT.*Decl*.317(p.246,l.20); in causis..pluribus uersantur (affectus), immo secundum quendam ~um (*i.e. in a sense*) in omnibus *Inst*.6.2.10; uerba..quaedam diuersos ~us habent, ut 'cerno' 7.9.2; abauus, cuius ~us in octo personas porrigitur PAUL.*dig*.38.10.10.15.

intellegens ~ntis, *a.* [pple. of INTELLEGO]

1 Endowed with intelligence.
nihil esse..inintellegens ~nte..praestantius CIC.*Tim*.10.

2 Having keen understanding, discerning.
stulto ~ns quid inter est? TER.*Eu*.232; semperne..uulgi iudicium cum ~ntium iudicio congruit? CIC.*Brut*.183; quae non modo istum hominem ingeniosum et ~ntem, uerum etiam quemuis nostrum, quos iste idiotas appellat, delectare possent *Ver*.4.4; adulescenti non acriter ~nti *Pis*.68; naturae ratio ~ntis *N.D*.2.120;—(*w.* in+*abl.*) ut putetur in hisce rebus ~ns esse *Ver*.4.33;—(*w. gen.*) eius generis ~ns et copiosus *Fin*.2.63; ~ntem humani diuinique iuris mentem TAC.*Ann*.4.38; filius imminentium ~ns 5.9; ~ns falsi 12.26; tamquam ~ns principis nostri PLIN.*Ep*. 6.27.2.

intellegenter, *adv.* [prec.+-TER[2]] Intelligently.
ut amice, ut ~, ut attente audiamur CIC.*Part*.28; legere ~ uoluptates *Off*.3.117; quam ~ lectitabat! PLIN.*Ep*.5.16.3.

intellegentia ~ae, *f.* **intellig-.** [INTELLEGENS+-IA]

1 The action or faculty of discerning or understanding, comprehension. **b** degree of understanding, intelligence.
hinc animus ad ~am tributus VAR.*Men.*32; ~a (est) per quam ea (animus) perspicit, quae sunt CIC.*Inv.*2.160; has rerum formas appellat ἰδέας..Plato, easque gigni negat et ait semper esse ac ratione et ~a contineri *Orat.*10; quod quaedam animalis ~a per omnia ea permanet et transeat *Luc.*119; quia difficilis erat animi quid aut qualis esset ~a *Tusc.*1.51; ~am in animo..inclusit (deus) *Tim.*10;—(*exercised through the senses*) in quibus (*sc.* gustatu et odoratu) ~a etsi uitiosa est quaedam tamen *Luc.*20; sensus..ad ea quae sunt sensibilia..~am cognatam tenent APUL.*Pl.*1.14. **b** ut definire rem possit..ad commune iudicium popularemque ~am accommodatius CIC.*Orat.*117; super ea re..quae cotidiana ~a..comprenderetur GEL.1.6.5; quod solum potest sine piaculo ad profanorum ~as enuntiari APUL.*Met.* 11.23.

2 Intellectual keenness, cleverness, intelligence. **b** understanding in a special field, discernment.
eam calamitatem uostra ~a sedabit TER.*Hec.*31; fretus ~a uestra dissero breuius CIC.*N.D.*1.49; neque ~am concesseris eis, qui..(uiam) peiorem sequi malent QUINT.*Inst.* 12.1.3; plurimum ~a praestat PLIN.*Ep.*3.2.3. **b** quod longissime sit ab imperitorum ~a sensuque disiunctum CIC. *de Orat.*1.12; ut intellegatis in homine ~am esse non auaritiam *Ver.*4.46; ~a ex hoc et iudicium adquiritur PLIN.*Ep.* 7.9.2;—(*w.* in+*abl.*) qua ~a esse in rusticis rebus CIC. *S.Rosc.*49;—(*w. gen.*) sapientia est pecuniae quaerendae ~a *Inv.*1.91; ~am sermonis ULP.*dig.*28.1.20.9.

3 An idea, concept, notion.
(natura) nuntios..rerum plurimarum obscuras..~as inchoauit, quasi fundamenta quaedam scientiae CIC.*Leg.*1.26 (*s.v.l.*); quoniam..rerum omnium quasi adumbratas ~as animo ac mente conceperit 1.59; simul..cepit ~am uel notionem potius, quam appellant ἔννοιαν illi *Fin.*3.21.

intellegibilis ~is ~e, *a.* [next+-BILIS] Capable of appreciation by the mind, intellectual.
quicumque uoluptatem in summo ponunt, sensibile iudicant bonum, nos contra ~e SEN.*Ep.*124.2; 124.12; alteram (naturam), quae ueniat in mentem, cogitabilem et ~em APUL.*Pl.*1.9.

intellegō ~gere ~xi ~ctum, *tr.*, (*intr.*). **intelligō.** [INTER-+LEGO²] FORMS: ~*xti* (= ~*xisti*) PL.*Rud.*1103, TER.*An.*506, *Eu.*768; ~*xes* (= ~*xisses*) PL.*Cist.*625; *intellēgit* (pf.) LUCR. 6.17.

1 To grasp mentally, understand, realize: **a** (w. acc.). **b** (w. acc. and inf.). **c** (w. indir. qu.). **d** (absol. or ellipt.).
a qui rem ipsam posset ~gere PL.*Trin.*1145; si semel tuom animum ille ~xerit TER.*Hau.*478; quod cum esset ~ctum et animaduersum CIC.*Ver.*25; superbiam, quae paucis diebus..perspici atque ~gi potuit *Agr.*2.92; uelim.. scribas si quid ~ges *Att.*2.7.2; iam pridem ~xisti uoluntatem meam 11.13.4; quem..quod facile ~gi posset, plurimi fecerat NEP.*Eum.*2.2; primo nullos ~git ignes OV.*Met.*9.457; nihil prorupit quo coniuratio ~geretur TAC.*Hist.*4.55; postquam dolum ~xerat *Ann.*2.65; obrepit non ~cta senectus JUV.9.129;—(*pass., of abst. as dist. from concrete things*) unum (genus) earum rerum quae sunt, alterum earum quae ~guntur CIC.*Top.*26; 27. **b** mihi nil relicti quicquam aliud iam esse ~go PL.*Mer.*666; omnes id faciunt, quom se amari ~gunt *Truc.*17; uereor, si clamorem ei(u)s..exaudiat, ne parturire ~gat TER.*Hec.*413; ut ea..aut recta esse confidamus aut praua ~gamus CIC.*de Orat.*2.232; ut omnes ~gant in contionibus esse inuidiae locum *Clu.*202; ~git ibi uitium uas efficere ipsum LUCR.6.17; omnem prouinciam consentire ~gebat CAES.*Civ.*1.30.3; ipsa re ~cturos nequaquam idem esse Syracusas ac Leontinos oppugnare LIV. 24.33.8; nemo damnatur nisi qui ~git non recte se agere GAIUS *Inst.*4.178;—(*impers. pass.*) ut facile ~geretur magnum uiaticum ex se atque in se ad rem publicam euertendam habere QUAD.*hist.*8; ~ctum est nostros..minus aptos esse CAES.*Gal.*5.16.1; uastatione incendiisque..uenire uictorem exercitum ~gebatur TAC.*Hist.*4.34;—(*pass. in pers. const.*) nunc..inopia reticere ~guntur CIC.*de Orat.* 3.110. **c** modo ~xi quam rem mulier gesserit PL.*Mil.* 867; ego quid agas nil ~go TER.*An.*737; qui ~gunt quae fiant, dissentiuntur CAEL.*hist.*8; ut ~gas..quem accuses CIC.*Sul.*5; ~gebat qua de causa ea dicerentur CAES.*Gal.* 5.4.1; LIV.4.32.7;—(*impers. pass.*) qualis..differentia sit.. facilius ~gi quam explanari potest CIC.*Off.*1.94; quo facilius ~gatur, quid quisque sumpserit LARG.178; ~cto in quos saeuiretur TAC.*Ann.*1.49. **d** sequestro mihi datast. — ~go PL.*Mer.*738; si parum ~xti, dicam denuo *Rud.*1103; ab Andriast haec, quantum ~go TER.*An.*756; lictor ille.. cito ~xit, Maximum proconsulem descendere iussit QUAD. *hist.*57; ego si recte ~xi CIC.*de Orat.*2.366;—(*w.* de) de istoc ipsa..reapse experta ~go PL.*Truc.*815.

2 To understand by inference, deduce. **b** to supply mentally, understand (something that is not expressed).
non fuit causa cur postularet. qui hoc ~gi potest? CIC. *Quinct.*37; ego hoc quod ~go, iudices, sic confirmo *Ver.*2.16; —(*w.* ex) omnia simul ~gere potestis, iudices, ex hoc uno crimine Scandiliano 3.141; ut thesaurus ex ouo ~gi debeat *Div.*2.142; ~gitur..dierum numerus ex eo, quod iacent aures hinnuleorum LARG.13;—(*w. acc. and inf.*) grauius.. tumultum esse quam bellum hinc ~gi potest quod bello uacationes ualent, tumultu non ualent CIC.*Phil.*8.3; Brutus ..Ciceronem exclamauit; ex quo ~gi debet eum conscium fuisse ANT.*orat.*11; implicitas medicinae partes inter se.. esse..ex eo ~gitur LARG.200;—(*w. indir. qu.*) quibus temporibus quod dicendi genus uiguerit ex Thucydidi scriptis.. ~gi maxime potest CIC.*Brut.*29;—(*absol.*) relicto cuique ~gendi arbitrio PLIN.*Nat.*6.177. **b** eum commodissime scribere, qui curet, ut quaedam ex quibusdam ~gantur CIC. *Inv.*2.152; non id quod ~gitur, sed id quod dicitur ualebit *Caec.*81; illum ego deuoueo, quem mens ~git, Ibin OV.*Ib.*93; ~go, inquit (lex), sub hoc uerbo multa SEN.*Con.*1.2.15; legentes..meminerint..cum Attica nominata fuerit, simul ~gere Cycladas insulas PLIN.*Nat.*18.214; cum..~geretur.. etiam quod silebat TAC.*Ann.*3.35.

3 To discern, recognize (form, colour, taste, or other physical characteristics). **b** to distinguish mentally, recognize as existing.
comicorum senarii..sic saepe sunt abiecti, ut non numquam uix in eis numerus et uersus ~gi possit CIC.*Orat.*184; cum frigus contra temporis consuetudinem ~xeris COL.*Arb.* 13; ut colorum proprietates oculus ~gat SEN.*Ep.*94.19; miremur..uestigia hominum ~gi a feris..? PLIN.*Nat.*8.58; differentia ~gitur lenitate gustus 27.63; (*w. pred.*) ut prodatur..uinci mare dulcemque ~gi haustum 4.79. **b** nec ..multitudo..illud quod offendit aut curat aut in quo offendit ~git CIC.*Orat.*173; quinta illa non nominata magis quam non ~cta natura *Tusc.*1.41; quae..parua uidentur esse delicta neque a multis ~gi possunt *Off.*1.145; iam coccum ~git (infans) QUINT.*Inst.*1.2.6; Iudaei mente sola unumque numen ~gunt TAC.*Hist.*5.5.

4 To understand the value of, appreciate.
tum denique homines nostra ~gimus bona, quom quae in potestate habuimus ea amisimus PL.*Capt.*142; tu uidelicet solus..operum liniamenta sollertissime perspicis! haec Scipio ille non ~gebat CIC.*Ver.*4.98; quem uirum ne qui ~xit quidem abunde miratus est VELL.2.116.4; hoc illis narro qui me non ~gunt PHAED.3.12.8; gubernatorem in tempestate, in acie militem ~gas SEN.*Dial.*1.4.5; quamdiu Catonem ciuitas ignorauit! respuit nec ~xit, nisi cum perdidit *Ep.* 79.14; ab hominibus sui temporis parum ~gebatur (Socrates) QUINT.*Inst.*11.1.10; (*w. internal acc.*) non tam multum in istis rebus ~go CIC.*Ver.*4.94; (*inf. as sb.*) meum.. ~gere nulla pecunia uendo PETR.52.3.

5 To understand the meaning of (words or languages).
isti qui linguam auium ~gunt PAC.*trag.*83; cum..propositio ex se ~gitur CIC.*Inv.*1.70; librum..ex quo..millesimam partem uix ~go *Att.*2.4.1; quae..scripta essent neque ~gerentur quid significarent ALF.*dig.*34.8.2; SEN. *Apoc.*5.2; sicut illi dicebant, qui linguam eius ~gebant PETR.73.3; nihil..potest ~gi ex uoce eorum LARG.194; murmura soli ~cta mihi STAT.*Theb.*5.615; (*pass., of a person*) barbarus hic ego sum, qui non ~gor ulli OV.*Tr.*5.10.37; haec trepido uix ~ctus anhelat STAT.*Theb.*11.241; (*poet.*) siluis chelys (*i.e. of Orpheus*) ~cta ferisque *Silv.*2.1.11.

6 (w. pred.) To understand, regard (as being). **b** to understand (a term) to mean. **c** to understand (as the meaning of a term). **d** (pass.) to be understood as existing; esp. *posse* ~*gi*, to admit of comprehension, be intelligible.
te delectum debeo ~gere, etiam si tactus non fueris CIC. *Caec.*37; nec equidem habeo, quod ~gam bonum illud *Tusc.* 3.41; quae si uobis pax et composita ~guntur SAL.*Hist.* 1.55.25; Aeminius, quem alibi quidam ~gunt PLIN.*Nat.* 4.115; lepidium inter urentia ~gitur 20.181; perfundere caput calida..saluberrimum ~gitur 28.55. **b** obtrectatio..est, ea quam ~gi ζηλοτυπίαν uolo CIC.*Tusc.*4.17; maris..tranquillitas ~gitur nulla ne minima quidem aura fluctus commouente 5.16; nec tu aliud Vestam quam uiuam ~ge flammam OV.*Fast.*6.291; quid..~gis fatum? SEN.*Nat.* 2.36; Persarum regna, quae nunc Parthorum ~gimus PLIN. *Nat.*6.41; (*w. adv.*) glandem, quae proprie (*i.e. in the strict sense*) ~gitur, ferunt robur, quercus, aesculus 16.19; cum patrui magni..persona quadrifariam ~gatur PAUL.*dig.* 38.10.10.17. **c** illa..εὐταξία, in qua ~gitur ordinis conseruatio CIC.*Off.*1.142; consuetudo omnibus his nominibus argesten ~git PLIN.*Nat.*2.121. **d** quamuis non proprie pars hereditatis in una re ~gatur GAIUS *dig.*29.4.14; nulla donatio ~gitur POMPON.*dig.*39.5.26;—cum consilium sine facto ~gi possit, factum sine consilio non possit CIC.*Tul.*32; in uiuo ~gi tamen potest regno te carere *Tusc.*1.88; nec emptio nec uenditio sine re quae ueneat potest ~gi POMPON. *dig.*18.1.8.

7 (intr.) To have or exercise powers of understanding.
faciuntne ~gendo ut nil ~gant? TER.*An.*17; ferae, quibus abest ad praecauendum ~gendi astutia PAC.*trag.*358; an alii probantur a multitudine, alii autem ab eis qui ~gunt? CIC. *Brut.*183; ille non ~gendi solum sed etiam dicendi grauissimus auctor et magister Plato *Orat.*10; hominem ad duas res..ad ~gendum et agendum, esse natum *Fin.*2.40;—(*w. adv.*) secundae res laetitia transuorsum trudere solent a recte consulendo atque ~gendo CATO *hist.*95a; qui prudenter ~git CIC.*Brut.*23; quem qui audiunt ~gere etiam et sapere plus quam ceteros arbitrantur *Off.*2.48.

Intemelii, Intemelium: see INTIMEL-.

intemerandus ~a ~um, *a.* [IN-²+gdve. of TEMERO] That may be profaned, inviolable.
an Martia templa ~a minus V.FL.5.641.

intemerātus ~a ~um, *a.* [IN-²+pple. of TEMERO]

1 Undefiled, unstained, pure. **b** (of women) pure from sexual intercourse, chaste.
munera libo ~a focis VERG.*A.*3.178; flumina demerso trahit ~a canali (Alpheus) STAT.*Silv.*1.2.205; (saxa) ~a gradu SIL.3.499; haec castra incorrupta et ~a seruari TAC. *Hist.*4.58; ~us, impollutus *Ann.*16.26. **b** aeternum.. uirginitatis amorem ~a colit VERG.*A.*11.584; Penelope mansit..inter tot iuuenes ~a procos OV.*Am.*3.4.24; pios seruabat nata penatis ~a toris STAT.*Theb.*1.573; quorum uirtute..~a coniugum et liberorum corpora retinerent TAC. *Ann.*12.34; (*poet., of mares*) ~arum..axis equarum STAT. *Theb.*2.724.

2 (transf.) Unsullied, unimpaired.
si qua est quae restet adhuc mortalibus usquam ~a fides VERG.*A.*2.143; SEN.*Suas.*6.8; quid..per hos dies inausum ~umue uobis? TAC.*Ann.*1.42; equitum alas, quarum ea seditione ~a modestia fuit 1.49; ~ae ueritatis documenta APUL.*Met.*2.30; ~um..beneficium *Fl.*16.

intemperans ~ntis, *a.* *compar.* ~ntior, *superl.* ~ntissimus. [IN-²+TEMPERANS]

1 Lacking self-control, headstrong, unrestrained.
~ntem, non modestum..exhaurire me quod quirem ab se domo PL.*Mer.*54; quae res hominem impellit ut sit tam ~ns iste nimia gloriae cupiditate? CIC.*Sest.*134; hominis impotentissimi atque ~ntissimi armis oppressa sunt omnia *Fam.* 10.1.1; in augendo eo (*sc.* numero) non alius (scriptor) ~ntior est LIV.36.38.7; qui..tamquam aegrum ~ntem (me) coercerent SEN.*Ep.*65.1; stipes quas boni necessitate, ~ntes gloria consumerent TAC.*Ann.*14.15; (*coupled w.* auidus *foll. by gen.*) qui auidos atque ~ntes suppliciorum animos ad sanguinem..inritent LIV.24.25.9; (*w.* in+*acc.*) ferae..in quasdam uoluptates ~ntiores homine sunt SEN.*Dial.*3.3.4; —(*of actions, states of mind, etc.*) propter ~ntem superbiam *Rhet.Her.*2.49; ~ns libido 4.23; sic est..~ns militaris in forti uiro gloria CIC.*Tusc.*2.39; libertate ~nti inuectus in regem LIV.42.14.8; SEN.*Dial.*2.19.2.

2 Licentious, incontinent, lewd.
si..~ntem et adulterum Ippolytum nominemus *Rhet. Her.*4.46; inter impudicas mulieres et ~ntis uiros CIC.*Ver.* 3.160; ~ntissimas perpotationes *Pis.*22; libidinosa..et ~ns adulescentia *Sen.*29; sanctissimae (rei adstruitur res) ~ns usque ad incesta SEN.*Ep.*92.10; ~ntissimos (uersus) APUL. *Apol.*9.

3 Not well-tempered, extreme.
quid ad caeli naturam (respicienti) ~ntius (quam Corsica)? SEN.*Dial.*12.6.5; illa ~ns atque inmoderata permixtio.. animal celeri exitio corrumpit APUL.*Pl.*1.17.

intemperanter, *adv.* *compar.* ~tius, *superl.* ~tissimē. [prec.+-TER²] Without self-control or restraint, immoderately, excessively, violently.
nimis iracunde hoc quidem et ualde ~ter CIC.*Phil.*1.12; ne honoribus nostris elatus ~tius suis opibus utatur 5.48; NEP.*Att.*13.4; ~tius cedentes secutus LIV.23.1.9; seditiosa ciuitas et ~ter libera SEN.*Ben.*6.37.1; ut nimia nuper coercendo filio, ita rursum ~ter demissa (Agrippina) TAC.*Ann.* 13.13; PLIN.*Pan.*68.7; id..~tissime gloriatur APUL.*Apol.*74.

intemperantia ~ae, *f.* [INTEMPERANS+IA]

1 Lack of self-control or restraint, extravagance, violence. **b** incontinence, licentiousness.
eam quam magnitudo peccati facit timidam, ~a audacem *Rhet.Her.*4.23; tanta fuisti ~a ut illius tui sceleris rationem occultare non posses CIC.*Dom.*21; alterum morbum edacitatis esse putant, alterum (*i.e. strangury*) etiam turpioris ~ae *Fam.*7.26.1; ~am, quae est tota mente a recta ratione defectio *Tusc.*4.22; ~a Pausaniae NEP.*Ar.*2.3; ~a (aegrorum) culpatur PLIN.*Nat.*29.18; QUINT.*Inst.*2.17.25; TAC. *Hist.*2.1; (*personified*) HYG.*Fab.*pr.3. **b** pueritia..tua, quam tu omnium ~ae addixisti *Rhet.Her.*4.37; quorum ~a expleta in domesticis est germanitatis stupris uolutatus CIC.*Har.*42; effusas in omni ~a libidines *N.D.*1.42; (*cf.*) multorum matrimoniorum experientiam quasi legitimae cuiusdam ~ae signum esse credentes V.MAX.2.1.3.

2 (w. gen.) Unrestrained use (of) or indulgence (in), immoderation.
sin autem etiam libidinum ~a accessit CIC.*Off.*1.123; ~a uini LIV.44.30.5; an cibi uinique abundantia an ~a libidinis (fecerit morbum) CELS.1.pr.52; regi uociferatio quoque uerborumque ~a non ex maiestate est SEN.*Cl.*1.7.4; periculosissima felicitatis ~a *Dial.*1.4.10; litterarum quoque ~a laboramus *Ep.*106.12; PLIN.*Nat.*10.100.

3 Immoderateness (of physical conditions).
uenae pulsus..coloris ~a APUL.*Met.*10.2;—(*of weather*) hiemis rigorem et ~am caeli SEN.*Dial.*2.9.1; uentorum ~am atque imbrium *Nat.*7.28.1.

intemperātē, *adv.* *compar.* ~ius. [NEXT+-E] Immoderately, intemperately.
eis est usus ~ius CIC.*Orat.*175; qui..immoderate et ~e uixerit *Tim.*45.

intemperātus ~a ~um, *a.* [IN-²+TEMPERATVS] Untempered, immoderate.
ne ~a quaedam beniuolentia..impediat magnas utilitates amicorum CIC.*Amic.*75; uitia..mera et ~a APUL.*Pl.*2.3.

intemperiēs ~ēī, *f.* Also ~**ae** ~ārum, *f. pl.* [IN-²+TEMPERIES] FORMS: pl. ~*ae*, etc., PL. *Aul.*71, 642, *Mil.*434, CATO *Agr.*141.2, GEL. pr.19; ~*es* (acc.) GEL.1.17.2.

1 Lack of temperateness, immoderateness, excessiveness (of weather, climate, etc.). **b** disordered condition (of the body).
uti tu..calamitates ~asque prohibessis defendas auerruncesque CATO *Agr.*141.2; annona propter aquarum ~em laboratum est LIV.3.31.1; Hannibal aeger oculis ex uerna primum ~e uariante calores frigoraque 22.2.10; loci beneficio aduersus ~em anni tutus est SEN.*Dial.*4.12.1; ex ~e aeris turbidi *Nat.*7.6.1; propter ~em solis aut anni COL. 11.2.67; caeli ~e TAC.*Ann.*16.13; (*fig.*) clades calamitasque, ~es modo in nostram aduenit domum PL.*Capt.*911. **b** ~es caeli corporisque SEN.*Dial.*6.18.8.

2 Intemperate state (of the mind).
nescio pol quae illunc hominem ~ae tenent PL.*Aul.*71; laruae hunc atque ~ae insaniaeque agitant senem 642; *Mil.*434; hoc oritur ab ~e animi SEN.*Dial.*9.2.7; eadem..~e animi aduersarum rerum ictus ferebat 11.17.5; ~em istam, quae μελαγχολία dicitur GEL.18.7.4.

3 Outrageous behaviour, immoderateness, excess.
ne qui uideor stulte illius amici ~em non tuiisse CIC.*Att.* 4.6.3; propter unius ex illis xuiris ~em *Rep.*2.63; breuis laetitia fuit cohortium ~e TAC.*Hist.*1.64; qui..~arum negotiorumque pleni sunt GEL.pr.19; illa mulierum ~es

1.23.11; (*w.* in+*acc.*) has eius (*sc.* Xanthippes) ~es in maritum..demiratus 1.17.2.

intempestīuē, *adv.* [INTEMPESTIVVS+-E] At the wrong time, out of season.
qui ad nos ~ adeunt Cic.*Fam.*11.16.1; loquendo et ~ consultando Liv.44.37.13; Ov.*Pont.*4.11.20; propter ~ liberos sales Sen.*Suas.*1.5; dum turbat nautas uel ~ iuuat Tac.*Ann.*2.23; ne ~ inuicem succedant (t et d litterae) Vel.gram.in *G.L.*7.69.

intempestīuitās ~ātis, *f.* [INTEMPESTIWS+-TAS] Unseasonableness.
cum abortio quibusdam, non partus, uideretur mensis octaui ~as Gel.3.16.21.

intempestīuiter, *adv.* [next+-TER²] = INTEMPESTIVE.
qui..dixerant ioca quaedam ~ Gel.4.20.

intempestīuus ~a ~um, *a. compar.* ~ius. [IN-²+TEMPESTIVVS]

1 Not appropriate to the occasion, ill-timed, untimely, unseasonable. **b** (of weather) not suited to the time of year. **c** (quasi-advl.) at the wrong time.
numquam..mihi tua epistula aut ~a aut loquax uisa est Cic.*Att.*4.14.2; numquam ~a..est (amicitia) *Amic.*22; qui (risus) tamen nequaquam adeo est ~us quam uestrae istae absurdae atque abhorrentes lacrimae sunt Liv.30.44.6; ~a turbantes festa Minerua (*i.e. spinning*) Ov.*Met.*4.33; quid hoc ioco inhonestius aut quid ~ius? V.Max.7.8.9; Sen.*Dial.*11.17.6; Tac.*Hist.*2.92; ut opera rustica suo quoque tempore faciat, ne ~a cultura deteriorem fundum faceret Gaius *dig.*19.2.25.3. **b** putorem cum sibi nacta est ~is ex imbribus umida tellus Lucr.2.873; ~is pluuiis..et solibus 6.1102. **c** (postes) ~os excissos credo Pl.*Mos.*826; membra quae nunc, ecce, uigent ~a ualentque Ov.*Am.*3.7.67.

2 Having no sense of the fitness of the occasion, untimely.
quis non..in capita..ipsius ~i monitoris abire illa iubeat? Sen.*Dial.*6.9.4; ista liberalium artium consectatio molestos, uerbosos, ~os, sibi placentes facit *Ep.*88.37; anseres continuo clangore ~i Plin.*Nat.*18.363; homo non profundae modo sed ~ae quoque ac sordidae gulae Suet.*Vit.*13.3; aduersus quendam ~um de ambiguitate uerborum disserentem Gel.8.14.

intempestus ~a ~um, *a.* [IN-²+TEMPVS+-TVS²]

1 *nox* ~*a*, The dead of night.
cum superum lumen nox ~a teneret Enn.*Ann.*102; 167; nocte ~a nostram deuenit domum Acc.*praet.*41; inter uesperuginem et iubar dicta nox ~a Var.*L.*6.7; repente nocte ~a seruorum armatorum fit concursus Cic.*Ver.*4.94; cum..~a nox esset *Phil.*1.8; Lucr.5.986; Sal.*Cat.*27.3; Liv.40.9.7; Tac.*Hist.*1.83; Apul.*Met.*2.25; (*poet.*) quas et Tartareum Nox ~a Megaeram uno eodemque tulit partu Verg.*A.*12.846.

2 Unseasonable. **b** (of weather) inclement, stormy; (of a place, app.) unhealthy.
~a somni dulcedine captos Stat.*Theb.*10.79; ~a cano *Silv.*2.1.8. **b** per imbris fulminibus mixtos ~umque Tonantem Stat.*Theb.*2.154;—et Pyrgi ueteres ~aeque Grauiscae Verg.*A.*10.184.

intemporālis ~is ~e, *a.* [IN-²+TEMPORALIS] Not subject to time, timeless.
hunc (*sc.* hominem) repente praeteriti futurique aeui ultimas partes adtingere et esse quodam modo ~em Apul.*Pl.*2.20.

intemptātus ~a ~um, *a.* [IN-²+pple. of TEMPTO]

1 (of enterprises or actions) Unattempted, unessayed, untried. **b** (of territory, roads, etc.) not tried as a route, not penetrated. **c** not used experimentally, untried.
haec ~a manebat sors rerum Verg.*A.*10.39; nil ~um nostri liquere poetae Hor.*Ars* 285; cur certaminis huius ~a mihi fortuna relinquitur? Ov.*Met.*10.585; Sen.*Ben.*7.15.3; uota tamen Danaum non ~a relinquam Stat.*Ach.*1.550;—(*w. dat.*) Aesopeos logos, ~um Romanis ingeniis opus Sen.*Dial.*11.8.3; notaui mirabilia et scriptoribus fere nostris ~a Gel.9.4.5;—(*poet.*) miseri quibus ~a nites (Pyrrha) Hor.*Carm.*1.5.13; femina (*sc.* bos)..~a iugo Sen.*Med.*62. **b** humanae ~um experientiae pelagus Sen.*Suas.*1.2; ex duobus itineribus breue et solitum sequatur an inpeditius et ~um Tac.*Ann.*1.50; siluam, ~am ante militi nostro Front.*Str.*1.2.2. **c** ne faece quidem rerum..~a Plin.*Nat.*34.171; adeo nihil ~um uitae fuit 14.114; 25.1.

2 Not attacked, unassailed.
ne diui quidem Augusti..numen ~um ab hoc iniuriae genere V.Max.9.15.2; hoc bonum quidni..maius putem quam illa secura et ~a fortunae Sen.*Ep.*66.52; dum integer, dum ~us, honestum finem uoluisse Tac.*Ann.*6.26.

intendō ~dere ~dī ~tum, *tr., intr.* [IN-¹+TENDO]

1 To tighten by stretching. **b** to stretch, tense (the body or its parts). **c** (pros.) to lengthen.
pendebit hodie pulchre, ita ~di tenus Pl.*Bac.*793; uela secundi ~dunt Zephyri Verg.*A.*5.33; ille qui meditatus est per ~tos funes ire Sen.*Dial.*4.12.5; eorum more quae ~ta dissiliunt *Ep.*72.3; (linea) sic denotata per repastinatum ~ditur Col.3.15.1; membrana spiritu ~ta Plin.*Nat.*2.113; (*cf.*) uoces ut chordae sunt ~tae Cic.*de Orat.*3.216. **b** profundenda uoce omne corpus ~ditur..latera fauces linguam ~dere Cic.*Tusc.*2.56; rursus ~dit cutem maiore nisu Phaed.1.24.6; num praecordia ~ta sint Cels.3.10.1; uentre uehementer ~to 3.21.1; nerui musculique ~ti per ossa contrahuntur 8.10.1.c; ~ta ceruix uulnus expectat tuum Sen.*Ag.*975; uos nunc ~dite (*sc.* neruum) *Priap.*68.35; nec scloppo tumidas ~dis rumpere buccas Pers.5.13; radix in lacte ouis..data neruos ~dit Plin.*Nat.*26.96; (*ellipt.*) sic ~dite, sic caedite Sen.*Con.*10.5.3. **c** quaeritur..in 'obicibus' o littera qua ratione ~datur Gel.4.17.10; si..numerum seruauit, primam syllabam ~dit, tertiam corripuit (*sc. of* Nerienem) 13.23.18.

2 To bring into a state of tension: **a** (a bow, in stringing it, or preparing to shoot; sim., a *ballista*). **b** (a lyre); (transf.) to set to music. **c** (other things).
a ~dit..Apollo arcum auratum Enn.*scen.*31; Actius..arcum ~debat Apollo desuper Verg.*A.*8.704; ~tos..imitatur sideris..arcus Man.4.786; armatae manus ~dere arcum tela missurum ualent? Sen.*Her.O.*974; Armenios..arcus Geticis ~dite neruis Luc.7.221; ingentes arcus ~tas defigunt humi Plin.*Nat.*8.26; 11.261; Stat.*Theb.*1.658; quis arcus perpetuo ~ditur? Fro.*Aur.*2.p.8(225N); (*cf.*) arcus interdiu..super aedem Saturni..~tus Liv.41.21.12;—de ducentis nummis primum ~dam ballistam in senem Pl.*Bac.*709; *Poen.*201. **b** primum huic neruis septem est ~ta fides V.Ruf.*trag.*4; cunctantem..~de chelyn Stat.*Silv.*1.5.11;—numeros..~dere neruis Verg.*A.*9.776; opifex numeris ueterum primordia uocum..~disse Pers.6.4; (*fig.*) huiusmodi praeceptis debet..aptata esse et citharae modo ~ta ratio doctrinae Quint.*Inst.*5.10.124. **c** ipse ad ~dum eculeum manus admouebam Sen.*Con.*9.6.18; alteram (sellam) posuit loris ~tam Quint.*Inst.*6.3.25.

3 To lay or stretch across, spread out, extend (over). **b** (w. abl.) to cover (with).
furcas circum offigito, eo perticas ~dito Cato *Agr.*48.2; animum esse per naturam rerum omnem ~tum et commeantem Cic.*N.D.*1.27; uulgo faciunt id lutea russaque uela..cum magnis ~ta theatris per malos..trementia flutant Lucr.4.76; stuppea uincula collo ~dunt Verg.*A.*2.237; nemus omne satas ~dat uertice siluas Prop.1.14.5; coronas postibus ~dit Ov.*Met.*14.709; mali cuiusdam iudicis e corpore pellem detrectam sellae ~di..iussit V.Max.6.3.ext.3; solis (nauibus Alexandrinis)..licet siparum ~dere Sen.*Ep.*77.1; ut cuncta in se ~ta sustineat (terra) *Nat.*6.1.4; Tac.*Ann.*2.24; (*sensations*) dolores..usque ad iugulum ..~ti Cels.5.26.10;—(*refl.*) si inmensam..magnitudinem regionum uideretis, in quam se iniciens animus et ~dens ita late longeque peregrinatur Cic.*N.D.*1.54; primis se ~dentibus tenebris Liv.1.57.8; malum, quod apud Graecos aliud aliudque nomen habet, prout se ~dit Cels.4.8.1; cum subito spissae nubes ~dere se caelo Curt.4.3.16; (*pass. in middle sense*) nox interdiu uisa ~di Liv.7.28.7. **b** tabernacula carbaseis ~ta uelis Cic.*Ver.*5.30; ~dit..locum sertis Verg.*A.*4.506; duro..~dere bracchia tergo 5.403; iubet ocius omnis attolli malos, ~di bracchia uelis 5.829.

4 a To strain, exert (one's strength, etc.; also, one's voice). **b** to concentrate (the mind or attention). **c** (refl., or pass. in middle sense) to exert oneself.
a si adeo digna rest ubi tu neruos ~das tuos Ter.*Eu.*312; iamque acrius omnes ~dunt uires Sil.1.334; cum me uehementius putaret ~di Plin.*Ep.*2.11.15; (*cf.*) acris ubi me natura ~dit Hor.*S.*2.7.48; (*applied to overstrain*) labor ~dens animique in membra uigentis imperium Stat.*Silv.*1.4.54;—cornu..recuruo Tartaream ~dit uocem Verg.*A.*7.514; musicus fistula..modos, quibus deberet ~di, ministrabat Quint.*Inst.*1.10.27; in certamine..uelut omnibus neruis ~ditur (uox) 11.3.63. **b** quaero..non quibus ~dam rebus animum, sed quibus relaxem Cic.*Hort.*fr.31; in ea re omnium nostrorum ~tis animis Caes.*Gal.*3.22.1; ubi ~deris ingenium, ualet Sal.*Cat.*51.3; si non ~des animum studiis Hor.*Ep.*1.2.36; mihi conanti..~dere curas Ov.*Pont.*3.9.29; illic inter fremitum consonantis turbae ~dendus animus est Sen.*Con.*9.pr.5; audax, callidus, promptus et, prout animum ~disset, prauus aut industrius Tac.*Hist.*1.48; quo magis ~dam limam tuam Plin.*Ep.*1.2.5; difficile est hucusque ~dere animum in dolore 3.10.6; eruditionem tuam ~das 7.27.15; Suet.*Aug.*35.4. **c** ut se ~dat ad firmitatem Cic.*Tusc.*2.56; uincet, si se contra dolorem suum ~derit Sen.*Ep.*78.15; ut quis se alienis negotiis ~dat Tac.*Ann.*11.7;—ut sollicitudine ~dar Plin.*Ep.*5.12(13).1.

5 To make stronger or more severe, intensify. **b** to exaggerate.
nouum nouicium dicimus..augere atque ~dere uolentes noui..significationem Alf.*iur.*1; ~ditur..uis eius (*sc.* panis) etiam si bis coquitur Cels.2.30.1; dolor..modo finitur, modo ~ditur 4.15.1; si..sub prima curatione febris ~ditur 8.4.12; (ira) uim suam magis ac magis ~dit Sen.*Dial.*5.1.4; non est..maius bonum honesta uita quam mors honesta, quoniam non ~ditur uirtus *Ep.*71.16; ~tis alimentorum pretiis Tac.*Hist.*1.89; ~dit ea contumelia legionum iras *Ann.*2.13; licere senatui..et mitigare leges et ~dere Plin.*Ep.*4.9.17; auxit ~ditque saeuitiam Suet.*Tib.*62.1. **b** sed amici..~dere uera, adgerere falsa Tac.*Ann.*2.57; cum omnia alia conquirerent ~derentque (scriptores) 4.11.

6 To hold out, point, stretch out (the hand, finger, arm, etc., towards or at). **b** to direct (breath, wind). **c** to direct (the eyes, sight, hearing, etc.).
bracchia..~dens Ov.*Met.*10.58; rigidas manus ~de et arcum cornibus iunctis para Sen.*Her.O.*549; ~ta..adiutum missile planta derigit V.Fl.6.540; manum ~dentis reppulisse Tac.*Ann.*1.65;—(*w.* ad) (Perseus) dextram ad sedes ~dit Cassiepiae Cic.*Arat.*257(23); ut..digitum ad fontis ~derem *de Orat.*1.203; dextram ~dit ad statuam *Att.*16.15.3;—(*w.* in+*acc.*) in hunc ~de digitum Pl.*Ps.*1144;—(*w. dat.*) Verg.*A.*5.136. **b** 'uos' cum dicimus..spiritum..ad eos, quibuscum sermocinamur, ~dimus Nigid.*gram.*23; nosse quid ~dat uentos *Aetna* 281; in sublime se ~dit (spiritus) Sen.*Nat.*6.15.1. **c** ~di acies longius non potest Cic.*Luc.*80; ut ultra ne uisum quidem ~dentium admittant Mela 2.1; non ille uultus flammeum ~dens iubar Sen.*Tro.*448; in oculis animus habitat. ardent, ~duntur, umectant, conjuent Plin.*Nat.*11.146; sidera testes ~dunt oculos Juv.8.150;—(*w. direction specified*) eum..~dere in caelum oculos cogebant Tub.*hist.*9; ita acrem in omnis partis aciem ~dit Cic.*Tusc.*4.38; ~dent aures ad tua uerba suas Ov.*Pont.*4.4.36; Geminis ~dit Aquarius aurem Man.2.511; ut is (*sc.* oculus) neque quoquam ~di possit Cels.6.6.36; quocumque oculos Romanus ~deret Tac.*Hist.*5.17; aduersum os in hostem ~dit *Ann.*3.20; huic aures, huic oculos ~de Plin.*Pan.*62.9;—(*transf.*) nemo in conspicuo mortem habet, nemo non procul spes ~dit Sen.*Dial.*10.20.5.

7 To point, direct (in a hostile manner). **b** to direct, aim (an action, policy, etc., against); to offer as a threat.
tum primum bello celerem ~disse sagittam dicitur..Ascanius Verg.*A.*9.590; cultrum stringit et super lectum stans ferro ~to..se eum..transfixurum minatur Liv.7.5.5; (phalangis) ~tis horrentis hastis 44.41.6; nunc summe toto Iuppiter caelo tona, ~de dextram Sen.*Med.*532; opem laturum te..~tae securi subiectum, praestantibus caput pollicitus es *Ep.*48.8; ~ta..tela retorquent Stat.*Theb.*9.707; Tac.*Ann.*14.61; (*poet.*) (pelagus) Zephyros ~dat an Austros incertum est Luc.5.569;—(*w. dat.*) quo te..ira, mittis, aut quae perfido ~dis hosti tela? Sen.*Med.*917; Drusus..~derat Seiano manus Tac.*Ann.*4.3; (*w.* in+*acc.*) si quod in me telum ~derit Cic.*Har.*7;—(*in fig. phr.*) in iugulum innocentis quasi telum aliquod ~dere (facultatem dicendi) Plin.*Ep.*3.9.21;—(*w. abst. obj.*) omissa pugna, quam in omnes partes parem ~derant Liv.2.50.9; nec omisit Silanus obniti et ~dere ictus Tac.*Ann.*16.9. **b** repudio quod consilium primum ~deram Ter.*An.*733; ~denda in senemst fallacia *Hau.*513; facinus in alienum hominem ~tum Cic.*Cael.*54; uita et fortunae optimi cuiusque, quo cupiditatem infinitam ..iam pridem ~dit Antonius *Phil.*7.27; cum..in se ~tam uim tanti imperii cernerent Liv.4.14.1; totum in Hispaniam Hannibalemque ~derant bellum 21.6.7; ubi Hannibal est, eo bellum ~dis? 28.41.8; ut..iniurias, quae ab aliis ~debantur, aequo animo reciperet Vell.2.13.3; (*cf.*) qui se ~derant aduersarios in eius tribunatum Cael.*Fam.*8.4.2;—minae iactentur, pericula ~dantur Cic.*Quinct.*47; stare pauentes..~ta pueros nece V.Fl.5.339; exsilium ~dis? Stat.*Theb.*11.684; discrimen capitis ~dere Tac.*Ger.*12.1; spem offerunt, metum ~dunt *Ann.*1.28; exitium domui eius ~di clamitat 5.4; quibus maius periculum ~ditur Ulp.*dig.*37.10.1.5.

8 ~*dere iter, fugam,* and sim., To direct one's course, etc.; (also refl.).
utrum castra peterent an longiorem ~derent fugam Liv.7.37.15; nec ad sequendum se iter ~disse 27.46.9; ut sidera contrarium mundo iter ~dunt Sen.*Dial.*2.14.4;—(*w. direction expr.*) iter..in Hispaniam ~debant *B.Afr.*95.1; cum ab occasu solis ad exortus ~derent iter Liv.21.30.4; quonam hostes iter ~dissent 31.33.6; Chium, quo..cursum ab Samo ~derat, nauigat 37.31.5; nec eodem omnes fugam ~derant Curt.4.1.2; altae..ad moenia..Ilerdae ~dere fugam Luc.4.262;—cum ad impetum Tolumni, quacumque se ~disset, trepidantes Romanas uideret turmas Liv.4.19.2;—(*transf.*) quae proxima uindicandae..filiae uia occurrit, hanc ~di, hanc secutus sum Quint.*Decl.*270(p.108,l.5).

9 To direct (one's mind, thoughts, or attention to). **b** to direct the attention of (a person).
(*w.* ad) ut sensus ad res percipiendas ~deremus Cic.*Luc.*30; ad bellum..animum ~dit Sal.*Jug.*43.2; ad id unum omnes cogitationes ~dit Liv.40.5.2; ipse ad scribendum animum, oculos, manum ~dit Plin.*Ep.*7.27.7;—(*w.* in+*acc.*) in alteram concessionis partem considerationem..~demus Cic.*Inv.*2.103; in hanc dimicationem..omnes reges gentesque animos ~derant Liv.23.33.1; totam curam in belli apparatum ~dit 37.36.9; (*refl., of the mind*) neque..se..in multa simul ~dere animus totum potest Quint.*Inst.*10.3.23;—(*w. dat.*) Maeoniae..animum fatis ~dit (Tritonia) Arachnes Ov.*Met.*6.5; caeca mens et tantum auaritiae ~ta Plin.*Nat.*2.118; aliis..miraculis ~dit animum Tac.*Ann.*2.61;—(*w. adv.*) quo animum ~dat facile perspicio Cic.*Ver.*10; eo curae sunt ~tae ut insidiis quaereretur locus Liv.9.31.6; huc uires tuas ~de Sen.*Phaed.*418. **b** suos ad curam custodiae ~dere Liv.21.49.7; ~derant eum ad cauendi omnia curam tot auditae proditiones 24.37.3.

10 (intr.) To direct one's steps, set out (for). **b** (of inanim. things) to incline, tend. **c** (of abst. things) to be aimed, point (to a particular object).
sed ubi quaeram? quo nunc primum ~dam? Ter.*An.*343; si iste, quo ~dit, in Manliana castra peruenerit Cic.*Catil.*1.30; quod..celerius..eo quo ~deret uenturus esset *Att.*8.11d.3; peruenit in oppidum Cirtan, quo initio profectus ~derat Sal.*Jug.*102.1; Liv.35.11.13; et Ciuilis illuc ~derat Tac.*Hist.*4.79; *Ann.*2.6; (*transf.*) animum..cui nihil non eodem, quo ~dit, momento peruium est Sen.*Ben.*2.29.5; (*fig.*) studia nihil prosunt perueniendi aliquo, nisi illud, quod eo, quo ~das, ferat deducatque, cognoris Cic.*de Orat.*1.135. **b** inde alium supra fluere atque ~dere eodem Lucr.5.513; cum iam ad cicatricem uulnus ~dit Cels.7.26.7; tum infra introrsum leniter (femina) ~dunt 8.1.24; nascitur (carbunculus)..plerumque sub lingua..in corpus ~dens Plin.*Nat.*26.6. **c** ubi Marius haruspicis dicta eodem ~dere uidet, quo cupido animi hortabatur Sal.*Jug.*64.1; cum scias hanc destinationem quietis meae tibi maxime ~dere Stat.*Silv.*3.pr.

11 (intr.) To direct one's efforts or activities, turn (to), apply oneself. **b** (w. inf.) to direct one's energies to, set about; (w. *animo*) to be bent on. **c** (w. *ut*). **d** (w. acc.) to aim at, purpose; also, to pay attention to.
(*w.* in+*acc.*) prima parte orationis in hoc ~dit, ut actionem competere..neget Quint.*Inst.*3.6.11;—(*w. dat.*) magis campis ~dere suadet V.Fl.6.600; ~de libro, quem..accipies Plin.*Ep.*8.19.2;—(*w. adv.*) quocumque ~derat, res aduorsae erant Sal.*Jug.*74.1; quo ~dit (auaritia), oppida agros fana atque domos uastat *Rep.*2.8.4; huc potius ~deret, diem aedificationibus noctem conuiuiis traheret Tac.*Ann.*3.37;—(*absol. or ellipt.*) quanto sollicitius ~do Plin.*Ep.*7.17.8 spectate denique, sed, oro, sollicitis animis ~dite, quorsum furiosae libidinis proruperint impetus Apul.*Met.*8.3. **b** pergin..~dere hanc arguere? Pl.*Mil.*380; quod facere ~dunt Lucr.5.385; fuga salutem petere ~derunt Caes.*Gal.*3.26.5; neque ullam rem..agere ~dit, nisi illei auctores fuerant Sal.*Rep.*2.6.3; profectus Apuliam petere ~dit Liv.27.42.10; sublatis dolonibus effuse fugere ~dit 36.45.1;

oppidum circumsedit et uineis oppugnare ~dit 41.11.2; etiam cum potentes..nocere ~dent SEN.*Dial.*2.4.1; ire obuiam.. haud segniter ~dit TAC.*Ann.*11.32;—Monam insulam..redigere in potestatem animo ~dit *Ag.*18.4. **c** genera..lectionum quae praecipue conuenire ~dentibus ut oratores fiant existimem QUINT.*Inst.*10.1.45. **d** manu obtinendum erat quod ~deres LIV.3.11.2; quo modo..id, quod ~dimus, efficere possimus QUINT.*Inst.*8.3.41; obtinui..quod ~deram PLIN.*Ep.*9.13.22;—(*w.* animo) si..quod animo ~derat perficere potuisset CIC.*Phil.*10.9;—diligenter ~dat mensurarum quas supra diximus modum FRON.*Aq.*105.

12 To bring or put forward a claim or plea, submit, plead, claim, maintain, premise.
uerum esse id, quod ~dimus *Rhet.Her.*2.28; id, quod ~deremus, confirmare CIC.*de Orat.*1.90; LIV.33.38.3; a cura docendi quod ~derint recedunt QUINT.*Inst.*2.12.6; in qua (*sc.* forma) idem concluditur, quod ~ditur 5.14.10; in petitione hereditatis, quam filius ~dit ULP.*dig.*25.3.3.5;—(*w. acc. and inf.*) nisi si illa forte..hanc se ~dit esse TER.*Eu.* 525; ~dere coepit ante se oportere discessionem facere quam consules CIC.*Fam.*1.2.2; uindicare debet id est ~dere suam rem ex iure Quiritium esse GAIUS *Inst.*2.194; inutiliter ~do 'dari mihi oportere' 3.181;—(*ellipt. or absol.*) sibi eum nuper edidit socium quem, quo modo nunc ~dit, ne in uiuorum quidem numero tum demonstrat fuisse CIC.*Quinct.*88; in syllogismo tota ratiocinatio ab eo est, qui ~dit QUINT.*Inst.* 3.6.15.

13 To bring (a charge or legal action) against a person.
cum hoc nouae litis genus tam malitiose ~deret CIC.*Caec.* 20; iustam ~dere litem naturam LUCR.3.950; ut non uideatur iure actio ~di QUINT.*Inst.*3.6.83; se in puero et muliere caducis uanas et prorsus caducas calumnias ~disse APUL.*Apol.*51; in his actionibus, quas ex persona eius ~do ULP.*dig.*2.2.3.4; (*impers. pass.*) ~ditur enim recte, etiamsi nihil sit in peculio 15.1.30;—(*w. dat.*) diem mihi..dixerat, multam inrogarat, actionem perduellionis ~derat CIC.*Mil.* 36; noua lis fortasse ut feminae ~ditur PLIN.*Ep.*4.17.11; cum libertino cuidam..iniuriarum formulam..~disset SUET.*Vit.*7.2; SI QVIS ALICVI MAIESTATIS CRIMEN ~DERIT *CIL* 5.2781;—(*w.* aduersus) eum..actiones posse aduersus curatorem ~dere ULP.*dig.*37.10.5.1;—(*w.* in+*acc.*) in quos crimen ~debatur LIV.9.26.11; (*impers. pass.*) neque..dubitabatur in Neronem et Agrippinam ~di TAC.*Ann.*4.70.

intensē, intensiō: see INTENT-.

intentātiō ~ōnis, *f.* [INTENTO+-TIO] The action of stretching out (towards).
ne oculi ad ~onem subitam digitorum conprimantur SEN. *Dial.*4.4.2.

intentē, *adv. compar.* ~ius. [INTENTVS+-E] FORMS: *intens-* FRO.*Aur.*2.p.10(227N). With concentrated attention, attentively, intently.
alia sunt meliora quae multo ~ius petimus in uita *Rhet. Her.*4.69; dum opera interdiu fiunt ~ius quam nocte custodiuntur LIV.5.7.2; in trepidatione..duces parum ~e adseruati 27.47.9; scripsi..~ius quam soleo SEN.*Ep.*65.1; se quoque praeceptores ~e ac modeste audiri uelint QUINT. *Inst.*2.2.13; ~ius excusante se Lepido TAC.*Ann.*3.35; quod sollicitius et ~ius tui me quam mei excipiunt PLIN.*Ep.* 1.4.2; orationem Graecam..clare et ~e lego 9.36.3.

intentiō ~ōnis, *f.* Also **-siō.** [INTENDO+-TIO] FORMS: *-sio* SEN.*Nat.*7.1.3, LARG.255.

1 The action of stretching, extension; spasm. **b** a state of physical tension, tautness.
sine ~one..os in suam sedem reuertitur CELS.8.18;—cum ~one oculorum et maxillarum LARG.255. **b** Aristoxenus ..ipsius corporis ~onem quandam (animum esse dicit) CIC. *Tusc.*1.19; ~onem aeris ostendent tibi inflata nec ad ictum cedentia SEN.*Nat.*2.6.3; nihil sui ~one uehementius est 2.8; quicquid..~one quadam proximum quoque locum male habet CELS.5.26.34.B; neruorum ~o COL.6.6.1; GEL.5.16.2.

2 a Concentrated attention (of the eyes), gaze. **b** the forcing or straining (of the voice).
a oculi..quorum tum ~one, tum remissione..motus animorum significemus CIC.*de Orat.*3.222; non uides.. quantam (oculis det) ~onem prudentia? SEN.*Ep.*106.7; tanta oculorum ~one opus est, ut indolescant PLIN.*Nat.* 31.46; ~one uultus TAC.*Ann.*16.34. **b** exercitatio, ~o uocis PLIN.*Nat.*28.53; ~o uocis, remissio, flexus pertinet ad mouendos audientium affectus QUINT.*Inst.*1.10.25; uox.. habens omnes in se qui desiderantur sinus ~onesque 11.3.40; μονοτονία..una quaedam spiritus ac soni ~o 11.3.45.

3 The state of being intense or severe, intensity; intensification.
cum..~o febris somnum impediat CELS.3.18.7; summi doloris ~o inuenit finem, nemo potest ualde dolere et diu SEN.*Ep.*78.7;—(sol) terras..calorem suum ~onibus ac remissionibus temperando fouet *Nat.*7.1.3; (*gram.*) ἐπίτασιν, quam '~onem' nos dicimus GEL.6(7).7.5; 'ue' particula.. tum ~onem significat, tum minutionem 16.5.5.

4 Mental effort, attention, concentration.
cum animus hac ~one omnes totius negotii partes considerabit CIC.*Inv.*2.46; patientia dolorum, quam saepe iam animi ~one dixi esse firmandam *Tusc.*2.65; a cogitationum ~one 4.3; interdum etiam elicienda ipsius ~o CELS.3.18.11; si quicquam ex studio et fideli ~one laxauerint SEN.*Ep.* 71.35; hoc acri ~one seruandum est PLIN.*Nat.*18.238; in uerbo, quod..transire ~onem..solet QUINT.*Inst.*9.4.29; (*pl.*) ad ~ones rursum capiendas fieri habiliores (animos) GEL. 15.2.5;—(*w. gen.*) non auersum ab ~one lusus animum LIV. 4.17.4; magna et assidua ~one studii SEN.*Ep.*75.15.

5 Aim, purpose, intention.
cum ~onem effectumque muneris nostri uellemus intellegi PLIN.*Ep.*1.8.13; cuius (*sc.* Caesaris) haec ~o est, ut nobiles et conseruet et efficiat *Pan.*69.6; ~o tua, ut libertatem reuoces ac reducas 78.3; quorsus noua haec..se caelestium porrigeret ~o APUL.*Met.*11.29; quis..sine pietatis ~one alienum cadauer funerat? ULP.*dig.*11.7.14.7.

6 (leg.) The statement of the charge, accusation; the part of the formula containing this. **b** (in log.) the major premiss (of a syllogism).
ex ~one et infitiatione iudicatio constituitur *Rhet.Her.* 1.27; ~o simplex: 'occidit Saturninum Rabirius' QUINT. *Inst.*7.1.9; (*w. gen.*) ~o est criminis: 'occidisti.' depulsio: non occidi' CIC.*Inv.*2.15; cum eis ~o facti..in alium..demouetur 2.86;—~o est ea pars formulae, qua actor desiderium suum concludit GAIUS *Inst.*4.41; si quis ~one ambigua.. usus sit ULP.*dig.*5.1.66. **b** ita erit prima ~o, secunda assumptio, tertia conexio QUINT.*Inst.*5.14.6.

intentō ~āre ~āuī ~ātum, *tr.* [INTENDO+-TO]

1 To hold out (towards), point (at); *oculos ~are*, to fix one's gaze (upon). **b** to point (weapons, etc.) in a threatening manner; *manus ~are*, to shake one's fist (at), use threatening gestures.
(*w. dat.*) quod (uolumen) aiunt illum Sex. Roscio ~asse CIC.*S.Rosc.*101; manum rogo ~ans V.MAX.6.8.7; ensibus ~ant iugulos STAT.*Theb.*12.680; (*w.* ad) ambas ~ans cum uoce manus ad sidera dixit PETR.122,l.155;—~auimus oculos in proeliantes 70.6. **b** is ardentis faces ~at CIC. *Tusc.*5.76; Tisiphone..~ans anguis VERG.*A.*6.572;—(*w. dat.*) gladii etiam plerisque ~ati, et uolnerati quidam LIV. 9.6.2; si ferrum ~atur ceruicibus uiri fortis SEN.*Ep.*85.29; retinenti duci tela ~are TAC.*Hist.*2.18;—eum..lapidare et ei manus ~are coeperunt *B.Hisp.*22.4; philosopho manus auditor ~at SEN.*Ep.*52.13;—(*w.* in+*acc.*) Verginius ~ans in Appium manus LIV.3.47.7; in oculos nunc mihi manus ~at ille SEN.*Ep.*71.22; tela ac manus in ora legatorum ~ant TAC.*Hist.*1.69.

2 To make threats of, threaten.
paucos Romanum imperium ~antis LIV.42.12.6; nihil habent quod ~ent SEN.*Ep.*14.6; litigatores idem crimen inuicem ~ant QUINT.*Inst.*3.10.4; primo ingerebant probra, ~abant ictus TAC.*Hist.*3.31;—(*w. dat.*) praesentem..uiris ~ant omnia mortem VERG.*A.*1.91; Praenestinis iam ~ari arma ciuium LIV.6.27.7;—(*w.* in+*acc.*) dictatorium fulmen in se ~atum 6.39.7; TAC.*Ann.*2.69.

intentus[1] ~a ~um, *a. compar.* ~ior, *superl.* ~issimus. [pple. of INTENDO] FORMS: *intens-* STAT.*Ach.*1.761.

1 Having the mind keenly occupied, intent. **b** (of the eyes, ears) closely attentive.
sic pater Aeneas ~is omnibus unus fata renarrabat VERG. *A.*3.716; per multas horas ~i utrimque uelut iam futurum impetum expectauere LIV.37.21.2; detinet ~as (Parcas) cantu SEN.*Apoc.*4.1; si ~i pisant PLIN.*Nat.*18.97; nec in ulla parte (orationis) ~ior est iudex QUINT.*Inst.*4.2.119; TAC.*Ann.*16.8; ~us..obibam culturae sacrorum ministerium APUL.*Met.*11.22; (*cf.*) quo (*sc.* silentio) ego..non minus quam clamore delector, sit modo silentium acre et ~um PLIN.*Ep.*2.10.7;—(*w. dat.*) somnus..aufert ~um Veneri HOR.*S.*1.5.84; classi maxume reparandae..~us fuerat LIV. 37.8.1; Caesaris ~us iugulo LUC.7.593; at ille..celerandae uictoriae ~ior TAC.*Ann.*2.5; Psyche quaesitioni Cupidinis ~a APUL*Met.*5.28; (*poet.*) dextra est ~a labori *Mor.*25;—(*w.* ad) omnium animi ~i esse ad pacem uidebantur CAES. *Civ.*3.19.5; ut ~iores essent ad dicto parendum LIV.2.18.8; nisi illum fecerimus ad ea, quae dicemus, docilem et ~um QUINT.*Inst.*4.1.38; ipse ad occasiones ~us TAC.*Ann.*11.29; —(*w.* aduersus) ~us aduersus omnes motus Philippi Macedonum regis LIV.24.10.4; mulieris..aduersus insidias ~ae TAC.*Ann.*14.3;—(*w.* in+*acc.*) in unum iam consilium, ut acie dimicaret, ~us LIV.37.31.4; (nobis) in id, quod adpetitur, ~is SEN.*Ben.*3.3.1; ipse mundus..quem non ~um in se tenet? 4.23.2; in Italiam resque urbis ~us TAC.*Hist.*4.51; nihilo segnius ego ~us in librum PLIN.*Ep.*6.20.5;—(*w. indir. qu.*) corpora curant, ~i quam mox signum daretur LIV.5.45.1; quieti ~ique..quando hostis imprudentia rueret TAC.*Hist.*2.34; apud turbatos et quid pararet ~os *Ann.*1.22; —(*w.* ne) in id omni cura ~us necubi hosti aequo se committeret loco LIV.25.33.9; militem instructum tenuit ~us, ne qua transcenderet hostis munimenta 36.38.2. **b** ut totam causam quam maxime ~is oculis, ut aiunt, acerrime contemplemini CIC.*Flac.*26; defixa Latinus obtutu tenet ora soloque immobilis haeret, ~os uoluens oculos VERG.*A.*7.251; Iuppiter ipse..~a..tuis precibus se praebuit aure [TIB.] 3.7.132; oculi..suam ~i manum ultro insecuntur SEN.*Oed.* 963.

2 Intensely serious, earnest. **b** (of actions, conduct) strict, rigorous, earnest.
prorsus ~us omni modo plebis animum incendebat SAL. *Jug.*30.3; plebes incredibile memoratu est quam ~a fuerit quantaque ui rogationem iusserit 40.3; paucioribus Drusum et finem Illyrici motus laudauit, sed ~ior et fida oratione TAC.*Ann.*1.52; sermone ac uultu ~us 6.50; ~um..et magnis delictis inexorabilem 11.18; lacrimas eorum modo sermone, modo ~ior in modum coercentis ad firmitudinem reuocat 15.62; iam uoce atque uultu ~iore GEL.19.10.10;— (*of facial expression*) uidet ~um tyranni uultum SEN.*Con.* 2.5.4; quae cum dixisset Aper acrius, ut solebat, et ~o ore TAC.*Dial.*11.1. **b** qui omnia sermone conficerent paulo ~iore CIC.*de Orat.*1.255; ~ior..quam unquam ante muniendi..cura ducibus erat LIV.4.26.4; inde ~iores utrimque custodiae esse 5.47.11; ~iore dilectu habito 8.38.1; haec omnia ~issima cura acta 25.22.4; ~issima conquisitione 29.35.10; nimis ~i causa laboris abest OV.*Pont.*1.5.60; quanto illi..~ior impetus! SEN.*Dial.*5.34.4; mentis..~us uigor [SEN.]*Oct.*740; quae uix singula quisquam ~issima cura consequi posset QUINT.*Inst.*10.1.111; minus ~a apud nos militia fuit TAC.*Ann.*12.38; quae quantaeque sint huius curae seriae et ~ae PLIN.*Pan.*82.8.

3 (of conditions) Intense; (of action) strenuous.
febre ~a CELS.3.18.6; duobus coloribus hanc uarietatem ..efficientibus, remisso et ~o SEN.*Nat.*1.3.12; fulmen est fulgur ~um 2.57.3; hoc medio frigore non nimis ~o niues fiunt 4.6.12; eum..~iore macie atque pallore buxeo deficientem uideo APUL.*Met.*1.19;—in ~a ambulatione..dolor et quaedam difficultas est CELS.4.16.1.

intentus[2] ~ūs, *m.* [INTENDO+-TVS[3]] The action of stretching out or extending.
uoces..et palmarum ~us et maledictorum clamorem omnes profuderunt CIC.*Sest.*117; radii nostri (*i.e. from our eyes*)..~u aeris acti (*cod.* facti) APUL.*Apol.*15.

intepeō ~ēre, *intr.* [IN-[1] + TEPEO] To be moderately warm.
lacus aestiuis ~et Vmber aquis PROP.4.1.124; mihi nunc Ligus ora ~et hibernatque meum mare PERS.6.7; qua Lernaea palus ambustaque sontibus alte ~et hydra uadis STAT.*Theb.*2.377.

intepescō ~escere ~uī, *intr.* [prec.+-SCO]

1 To become warm, warm up. **b** (transf.) to grow warm (with love).
ut semel ~uit mucro VERG.*A.*10.570; strata..quae membris ~uere tuis OV.*Ep.*10.54; *Fast.*5.216; ~escente pristino frigore COL.1.1.5. **b** cui coniuge pectus ~uit STAT.*Theb.* 5.114.

2 (of hot things) To become lukewarm, cool down. **b** (transf., of passions) to become less intense, cool.
quo tempore calere debebat, ~uit (uer) SEN.*Ep.*67.1; ne quis ~escat cibus, ne quid palato iam calloso parum ferueat 78.23; nisi..mixtura frigidae ~uerunt (aquae feruentes) *Nat.*3.24.1; semen psyllii deferuefactum in aqua, cum ~uit, epiphoras..lenit PLIN.*Nat.*26.161. **b** ~escente saeuitia PETR.94.5; etsi crudus amor necdum post flammea toti ~uere tori STAT.*Theb.*2.342.

inter[1], *prep.* [Osc. *anter*, Skt. *antár*, Corn. *ynter*; IE. *en-ter compar. of *en (Lat. *in*)] CONST.: w. acc. *inter* not infrequently follows the sb., or the first of two sbs., with which it is used. It is occasionally separated from its sb., e.g. LUCIL.32, LUCR.6.1004, HOR.*Carm.* 3.15.5, SAL.*Jug.*19.3, SEN.*Dial.*6.18.6. It is also repeated before each of two sbs. which it connects in sense (see senses 9 and 14).

1 (indicating surroundings or environment) Among, amid. **b** in (or into) the presence of, among (persons, etc.).
ubi uidet auenam lolium crescere ~ triticum ENN.*var.*31; cum ~ media hostium tela uersaretur CIC.*Phil.*14.36; necessest aeris ~ eum (*sc.* calorem) primordia multa moueri LUCR.3.236; saxa ~ et alia loca periculosa quietam nactus stationem CAES.*Civ.*3.6.3; aliquot turmae..loco sunt deiecti et..~ turmas aduersariorum protriti *B.Hisp.*14.2; erat ~ ingentis solitudines oppidum magnum SAL.*Jug.*89.4; cum uitam in siluis ~ deserta ferarum lustra..traho VERG.*A.* 3.646; ipse..~ agros interque armenta Cupido natus et indomitas dicitur ~ equas TIB.2.1.67; armorum magna uis cum ~ caesa hostium corpora tum in castris inuenta est LIV.8.1.6; Sarmaticas ~ Geticasque sagittas his precor ut uiuas..locis OV.*Ib.*635; quid mihi cum Siculis ~ Scythiamque Getasque? *Tr.*3.11.55; iacebis ~ arua pallidus situ *Priap.*83.16; ille ego semihomines ~ Nasamonas et ~ saeuum..Garamanta..ponam tentoria? SIL.11.180; ~.. caedem et praedam repperit undeuicesimae legionis aquilam TAC.*Ann.*1.60;—(*w. vbs. of entering, leaving, etc.*) cum se ~ equitum turmas insinuauerunt CAES.*Gal.*4.33.1; se..~ tela et gladios patris elapsum LIV.1.53.7; glaebas ~ deprendere gazam MAN.5.525; duabus loricis onustus ~ undas..enasti V.MAX.3.2.23. **b** ~ mortalis ambulo interdius PL. *Rud.*7; eunt..in ludum saltatorium ~ cinaedos uirgines SCIP.min.*orat.*20; qui in epulis cotidianis..per triennium ~ impudicas mulieres..uersatus sit CIC.*Ver.*3.160; Gallus ~ Gallos sine ulla suspicione uersatus ad Caesarem peruenit CAES.*Gal.*5.45.4; exierat portis equitatus apertis Aeneas ~ primos VERG.*A.*8.586; quos ~ Augustus recumbens purpureo bibit ore nectar HOR.*Carm.*3.3.11; utinam ~ errem nuda leones! 3.27.51; ipse medius ~ tribunicios, Duillios Iciliosque, in foro uolitare LIV.3.35.4; illum acies ~..uenator raptabat equus STAT.*Theb.*9.683.

2 Among, along with (other objects or persons of a similar kind). **b** ~ *sicarios*, among the assassins, i.e. in the court dealing with them: see SICARIVS.
~ mulieres..forte unam aspicio adulescentulam TER.*An.* 117; eum..~ mortuos..cognouere CATO *hist.*83; statua ~ reges posita CIC.*Deiot.*33; desine..~ ludere uirgines HOR. *Carm.*3.15.5; qui..quantum umeris ~ arma geri posset frumenti secum attulisset LIV.7.37.11; boum, quos..multos ~ ceteram agrestem praedam agebat 22.16.7; ~ aues albas uetuit consistere coruum OV.*Met.*2.632; quandoque is..~ uiuos..esse desisset *S.C.*(*Font.iur.*p.195)51; uenerat hos ~ ..Calydonius Hopleus STAT.*Theb.*10.347; erant ~ duces qui necterent moras TAC.*Hist.*3.52; cum fisci de imperatore rapti ~ signa ~que aquilas ueherentur *Ann.*1.37; (*w. temporal significance*) tu..qui ~ illos florebas CIC.*Quinct.*80;—(*w. abst. nouns*) quod..~ media argumenta faciendum est *Orat.*127; ~ multas magnasque res..ne Tarentinae quidem arcis excidit memoria LIV.27.3.8.

3 In the number or class of, among; *inter paucos*, etc., as few others (are, were, etc.).
haud aequomst te ~ oratores accipi PL.*St.*494; ~ hos agros captos ueteribus bellis..adiungit regios agros Mithridatis CIC.*Agr.*2.51; numquam puer aut adulescens ~ cocos fueras? *Vat.*32; hic (dies) mihi sanctus atque ~ festos semper habendus erit [TIB.]3.11.2; nescires utrum ~ decemuiros an ~ candidatos numerares LIV.3.35.3; si locus est aliquis tanta ~ nomina paruis OV.*Pont.*3.1.55; qui bello Pyrrhi ~ celeberrimos fuerat duces VELL.2.17.2; ~.. Statores ac Tonantes et Feretrios Elicium quoque accepimus Iouem PLIN.*Nat.*2.140; est..ἐλεός periculosissimum et ideo ~ praecipua refertur LARG.118; hunc Capito Ateius.. ~ grammaticos rhetorem, ~ rhetores grammaticum fuisse ait SUET.*Gram.*10(p.108Re);—haec est nobilis ad Trasumennum pugna atque ~ paucas memorata populi Romani clades LIV.22.7.1; 23.44.4; alioqui ~ paucos disertus QUINT. *Inst.*10.3.13.

4 Among (indicating a group in which **a** a common attitude, opinion, practice, etc., exists. **b** a person or thing is in some way outstanding).

a ipse honestissimus ~ suos numerabatur Cic.*S.Rosc.*16; cum ipsi ~ nos uiles neglectique simus *Fin.*3.66; eius auctoritatem ~ suos quam plurimum ualere Caes.*Gal.*5.4.3; sanctitas regum, qui plurimum ~ homines pollent *orat.*28; et nunc agrestis ~ Picumnus habetur Macer*poet.*1; adesse finem regnis, rei ~ deos hominesque pulcherrimae Liv.2.9.3; quantum ualerent ~ homines litterae Phaed.4.25(26).1;—(*w.* constare) ut saepe ~ homines sapientissimos constare uidi Cic.*de Orat.*3.3; Liv.10.6.7; Larg.171; Gel.2.28.1. **b** nos hodie ~ alias praestitimus pulchritudine Pl.*Poen.*1194; ut erat in primis ~ suos copiosus Cic.*Ver.*1.65; plurimum ~ eos Bellouacos..ualere Caes.*Gal.*2.4.5; qui summum imperium tum ~ praefectos habebat regios Nep.*Ag.*2.3; micat ~ omnis Iulium sidus uelut ~ ignis luna minores Hor.*Carm.*1.12.47; priuata quoque ~ publicos honores studia eminebant Liv.2.10.13; ~ Sauromatas ingeniosus eram Ov.*Tr.*5.1.74; Africana (iris) amplissima ~ omnes gustuque amarissima Plin.*Nat.*21.41; Minyas numquam magis eminet ~ V.Fl.8.227; unam omnis ~ miratur amatque Stat.*Silv.*1.2.171; Valerius Probus grammaticus ~ suam aetatem praestanti scientia fuit Gel.4.7.1.

5 (w. vbs of dividing, distributing, etc.) Among, between.

an ~ se sortiunt urbem atque agros Enn.*scen.*128; mea bona..cognatis didam, ~ eos partiam Pl.*Mil.*707; ut eo me priuent atque ~ se diuidant *Poen.*775; pecuniam atque equos ~ se partiti sunt Caes.*Gal.*7.55.5; officia ~ se partiuntur *Civ.*1.38.2; ut..pari ~ se numero sacerdotes multiplicent Liv.10.6.8; ~ consules ita copiae diuisae 21.17.5; item ipsi fratres ~ se ex hac parte bonorum possessionem petere possunt Gaius *dig.*38.8.2.

6 During the course of (a period of time). **b** during (actions, events). **c** ~ *haec*, during these occurrences, in the meantime; so ~ *quae*.

~ tot dies..aliquid actum oportuit Pl.*Truc.*510; summa uini in homines singulos ~ annum Q. vii Cato *Agr.*57; qui ~ tot annos unus inuentus est quem socii..uenisse gauderent Cic.*Man.*68; rege..per dies festos licentius quam ~ belli tempora remittente animum Liv.27.31.1; Frusinone ~ noctem lux orta 32.29.2; partem copiarum suarum ~ ipsum proelii tempus..fugere iussit V.Max.7.4.ext.2; prisca ~ tempora Sil.4.45; leaenas ~ omnem uitam semel parere Gel.13.7.1. **b** ~ eas moras repente sese Metellus cum exercitu ostendit Sal.*Jug.*74.2; Aeneas opera ~ talia primus hortatur socios Verg.*A.*6.183; has inter uoces, media ~ talia uerba ecce uiro stridens alis adlapsa sagitta est 12.318; mox iuniores quaerit adulteros ~ mariti uina Hor.*Carm.*3.6.26; ~ traditionem imperii nouitatemque successoris..saepe..occasiones intercidere Liv.41.15.8; ~ hunc apparatum belli Plancus..transfugit ad Caesarem Vell.2.83.1; ~ ruentis Graeciae stragem ultimam sine hoste uictus marcet Sen.*Ag.*182; satum celerrime erumpere putant ~ initia feruenti aqua aspersum Plin.*Nat.*19.183; tantum ~ extrema superbiae gerebat Tac.*Ann.*11.37; Ulp.*dig.*44.4.2.5. **c** quis non malarum, quas amor curas habet, haec ~ obliuiscitur? Hor.*Epod.*2.38; haec ~ grauibus cogor deflere querelis Prop.1.16.13; ~ haec Satricani ad Samnites defecerunt Liv.9.12.5; 10.35.12; Phaed.2.8.20;—~ quae maxima erat cura duci..ne..Liv.23.35.7; ~ quae unus hostium..uoce magna coniuges et agros..Arminii nomine pollicetur Tac.*Ann.*2.13; 6.4.

7 (w. nouns expr. or implying action) In the middle of, while occupied with.

quid lenonem uis ~ negotium? Pl.*Poen.*1498; unguentis et ~ pocula pulpamentis *Ps.*947; coepi egomet mecum ~ uias..aliam rem ex alia cogitare Ter.*Eu.*629; hoc ~ cenam Tironi dictaui Cic.*Q.fr.*3.1.19; ut supremam falsa ~ gaudia noctem egerimus Verg.*A.*6.513; cur facunda parum decoro ~ uerba cadit lingua silentio? Hor.*Carm.*4.1.36; habere accolas Gallos, ~ ferrum et arma natos Liv.10.16.6; eo usque uirgis..caesus erat ut ~ uerbera exspiraret 22.57.3; concidere..ualidos..~ opus tauros Ov.*Met.*7.539; femina ~ quietem opinione sua caelum conscendit V.Max.1.7.ext.6; liberius..~ aliena iudicium est Sen.*Ep.*98.4; inlustribus uiris perniciem ~ ganeam ac stupra meditabatur Tac.*Ann.*6.4; his nos ~ uiam uerborum..adnotatiunculis oblectabamus Gel.19.7.12;—(*w. gd. or gdve.*) ~ rem agendam istam erae huic respondi Pl.*Cist.*721; ~ agendum occursare capro..caueto Verg.*Ecl.*9.24; ipse ~ spoliandum corpus hostis ueruto percussus Liv.2.20.9; mores..se ~ ludendum simplicius detegunt Quint.*Inst.*1.3.12.

8 (indicating accompanying conditions or circumstances) Amid. **b** (circumstances particularly favourable, or unfavourable, to the action). **c** (circumstances considered as partly causal). **d** (w. persons implying circumstances).

~ tonitra et turbines Acc.*trag.*480; quantam eius (*sc.* iustitiae) uim ~ leges et iudicia..fore putamus? Cic.*Off.*2.40; ~ tanta uitia imbecilla aetas ambitione corrupta tenebatur Sal.*Cat.*3.4; ~ tam suspensos sociorum animos incertamque fidem id iactum Liv.23.22.8; cum..multiplicis scientiae maximam ~ totius Graeciae admirationem specimen exhibuisset V.Max.8.7.ext.2; ~ tubarum saepe terribilem sonum..genetrix..quatiebat facem [Sen.]*Oct.*721; ubi ~ sacra et uota..uincla et laqueus inducantur Tac.*Ann.*4.70. **b** C. Memmius..~ dubitationem et moras senatus ..populum ad uindicandum hortari Sal.*Jug.*30.3; ut ne morte quidem Aeneae nec deinde ~ muliebrem tutelam..mouere arma..ausi sint Liv.1.3.4; ~ hunc tumultum Tullia domo profugit 1.59.13; sex Liburnicae ~ primum tumultum euasere Tac.*Hist.*3.77;—ea agere ~ inuidos occursantis factiosos opinione..asperius est Sal.*Jug.*85.3; magnas ~ opes inops Hor.*Carm.*3.16.28; quod facerem uersus ~ fera murmura ponti Ov.*Tr.*1.11.7; quis mihi tot coetus ~..sit curae uotique locus? Stat.*Silv.*1.4.115; quamquam ~ aduersa, salua uirtutis fama Tac.*Hist.*4.2. **c** satis ~ uilia fortis Hor.*Ep.*1.15.43; nec paenitet ~ proelia Volsinios deseruisse focos Prop.4.2.3; destituti ~ patrum et plebis odia Liv.3.38.4; pecora quae ~ festinationem abigi nequierant 28.8.10; dilapsis ~ noua gaudia curis Ov.*Pont.*4.4.21; ~ tumultum cum forte paropsis excidisset Petr.34.2. **d** hoc ~ Pompeium et Caesarem, ~ Ciceronem Catonemque commissum est Sen.*Ep.*97.8; ~ tot Metellos tam sceleratam C. Atini audaciam semper fuisse inultam Plin.*Nat.*7.146; magna et misera ciuitas..~ Vinios Fabios Icelos Asiaticos uaria et pudenda sorte agebat Tac.*Hist.*2.95.

9 (indicating an intermediate position) Between; (for senses of the phr. *inter manus* see manvs). **b** (expr. the continuous space from one point to another). **c** (expr. distance apart). **d** (w. only one point of ref.) on the inner side of.

~ uolturios duos cornix astat Pl.*Mos.*833; pontes Tiberinus duo ~ captus catillo Lucil.1176; (epistulam) ~ tuniculam ac strofium conlocaueram Turp.*com.*197; is queretur Brundisium me non uenisse cum ~ me et Brundisium Caesar esset? Cic.*Att.*9.2a.2; in Eburones, quorum pars maxima est ~ Mosam ac Rhenum Caes.*Gal.*5.24.4; unda dehiscens terram ~ fluctus aperit Verg.*A.*1.107; Buten auersum cuspide fixit loricam galeamque ~ 11.692; qui locus erit ~ (*i.e. between the two sides of*) murum, ruderatione..compleatur Vitr.5.12.6; Euganeis..qui ~ mare Alpesque incolebant Liv.1.1.3; Etrusci campi, qui Faesulas ~ Arretiumque iacent 22.3.3; minimum quos ~ et hostem discrimen murus..facit Ov.*Pont.*1.8.61; est Iudaeam ~ Syriamque Carmelus Tac.*Hist.*2.78; (*in fig. phr.*) ut mors ~ facinus hominemque ponatur [Quint.]*Decl.*4.18;—(*repeated w. each of two sbs.*) deinde ~ matrem deus ipse ~que sororem Pythius..carmina..sonat Prop.2.31.15;—(*w. vbs. of entering, leaving, etc.*) non ego..paruulo nauigio ~ fugitiuorum ac praedonum ac tua tela uenissem Cic.*Ver.*2.99; nec quae saxosas ~ decurrunt flumina uallis Verg.*Ecl.*5.84; si qui..fontes dulcis aquae nascuntur..efferuescunt ~ uenas Vitr.8.3.1; per ipsas angustias, quas ~ ualle se flumen insinuat Liv.32.13.1; hasta subit uelox equitis femur ~ equique ilia Stat.*Theb.*11.509. **b** ~ canalis et parietes extremos..trabeculam pedum xxiii s inponito sesquipedalem Cato *Agr.*18.5; qvae via ~ aedem sacram et aedificivm locvmve pvblicvm et ~ aedificivm privatvm est erit *CIL* 1.593.29; aequalibus ~ eos interuallis interiectis *B.Afr.*59.3; aestum qui discutit aera plagis, ~ qui lapidem ferrumque est cumque locatus Lucr.6.1004; dum longus ~ saeuiat Ilion Romamque pontus Hor.*Carm.*3.3.37; (*in fig. phr.*) ~ ingenium quidem et diligentiam perpaulum loci reliquum est arti Cic.*de Orat.*2.150. **c** ~ miliarium et labrum pes unus digitus unus Cato *Agr.*135.6; iam cum non amplius passus md ~ hostium aciem suasque munitiones esse animaduertisset *B.Afr.*39.2;—(inter se) loca ~ se maxime diuersa Cic.*Ver.*3.192; turris toto opere circumdedit quae pedes lxxx ~ se distarent Caes.*Gal.*7.72.4; duobus locis haud longe ~ se castra faciebant Sal.*Jug.*55.6; funes..habentes ~ se palmipedalia spatia Vitr.10.15.6. **d** aqua ~ cutem Cels.2.1.8; hoc in prominentibus membris, id est, ~ ungues et alas uel inguina 5.26.31.c.

10 Between (two points of time or events). **b** (indicating the points of time between which a period extends). **c** (prov.) ~ *os atque offam* 'between the cup and the lip'; ~ *sacrum saxumque*, on the point of being sacrificed, i.e., in a desperate situation.

interiectus ~ duas aetates Hortensi et Sulpici Cic.*Brut.*228; si non tanta quies iret frigusque caloremque ~ Verg.*G.*2.345; Sardinia ~ primum et secundum bellum Punicum..recepit imperi iugum Vell.2.38.2; ~ Compitalia ac Saturnalia Plin.*Nat.*19.114; ~ horam sextam septimamque Suet.*Nero* 8; (*cf.*) medius Hasdrubal ~ patrem ac filium octo ferme annos imperium obtinuit Liv.21.2.3. **b** cuius ~ primum et sextum consulatum sex et quadraginta anni interfuerunt Cic.*Sen.*60; miraris, si transit quinquennium ~ uxorem tortam et occupatum uirum Sen.*Con.*2.5.4; ~ quaesturam ac tribunatum plebis atque ipsum etiam tribunatus annum quiete..transiit Tac.*Ag.*6.3. **c** ~ os atque offam multa interuenire posse Cato *orat.*214;—nunc ego ~ sacrum saxumque sto, nec quid faciam scio Pl.*Capt.*617; nunc ego ~ sacrum saxumque sum *Cas.*970; ~ sacrum et saxum positus cruciabar Apul.*Met.*11.28.

11 Between (two courses, conditions, etc.). **b** (indicating the extremes between which an uncertain state wavers).

cum ~ bellum et pacem medium nihil sit Cic.*Phil.*8.4; mediocritatem illam..quae est ~ nimium et parum *Off.*1.89; tanta temperantia ~ ambitionem saeuitiamque moderatum Sal.*Jug.*45.1; interiecti ~ philosophos et eos, qui rem publicam administrarent Cic.*Off.*1.92; est ~ Tanain quiddam socerumque Viselli Hor.*S.*1.1.105; omnibus ~ uictoriam mortemue certa desperatione abruptis Liv.21.44.8; ut ~ oportunam abstinentiam cibosque oportunos..nutriatur Cels.3.7.1.c; auium aliae digitatae, aliae palmipedes aliae ~ utrumque Plin.*Nat.*11.256; idem ~ bona malaque mixtus incolumi matre Tac.*Ann.*6.51. **b** ceteris ~ metum pudoremque ambiguis ?Quad.*hist.*12; spemque metumque ~ dubii Verg.*A.*1.218; uelut ~ pugnae fugaeque consilium trepidante equitatu Liv.1.14.8; ~ confessum dubie dubieque negantem haerebam Ov.*Pont.*2.3.87; dum ~ ducem et supplicem tumultuatur Vell.2.79.5; uota pios ..metus ~ laetumque pudorem! Stat.*Silv.*5.3.218; iuuentus Tarsam ~ et Turesim distrahebatur Tac.*Ann.*4.50.

12 (indicating frequency) Between (spaces or intervals).

~ actus ducentos non est inutile castella conlocari Vitr.8.6.7; cautium quae ~ exigua spatia ut gradus subinde consurgunt Mela 2.89; quod si ~ quinos pedes consitio fuerit Col.5.3.7;—(*in time*) si quis ter in mense ~ denos dies usus fuerit Larg.159; lvdi saecvlares qvi soliti svnt ~ centvm et decem annos fieri *CIL* 6.32326.

13 Between: **a** (w. vbs. expr. difference or distinction). **b** (w. vbs. expr. judgement, etc.). **c** (~ *se*, w. *similis, dissimilis*, etc.; also, w. vbs. of comparing).

a ~ eos qui annales relinquere uoluissent, et eos, qui res gestas..perscribere conati essent..hoc interfuit Asel.*hist.*1; uide quid differat ~ meam opinionem ac tuam Cic.*Div.Caec.*61; ut nihil ~ te atque ~ quadripedem aliquam putes interesse *Parad.*14; rerum ~ summam minimamque quid escit? Lucr.1.619; ~ utramque uiam leti discrimine paruo Verg.*A.*3.685; eo disconuenit ~ meque et te Hor.*Ep.*1.14.18; largiter ~ eos sonitus discrepabit Vitr.6.1.8; ~ quas dubium, quae prior esset, erat Ov.*Pont.*1.3.72; parum ~ hanc speciem interest et cum alias creditor debitori suo exstitit heres Marcel.*dig.*30.123;—(inter se) ea, quae ~ se discrepant Cic.*de Orat.*3.34; legibus ~ se differunt Caes.*Gal.*1.1.2. **b** praetor urbanus..ius..~ ciues dicito *Leg.pub.*(*Font.iur.*p.45)1; iudicauit inclitum iudicium ~ deas tris aliquis Enn.*scen.*70; quos ~ iudex datu's Pl.*Mer.*752; pr(aetor), qvei ~ peregrinos iovs deicet *CIL* 1.583.12; reuocabat eos ~ quos iam decreuerat Cic.*Ver.*1.120; quem ad modum iudices ~ Siculos dares 2.40; ~ has duas res quaestio est Quint.*Decl.*297(p.174,l.12). **c** omnia posse ~ se uel similia uel dissimilia demonstrari Cic.*Inv.*2.152; quam sunt ~ sese Ennius, Pacuuius Acciusque dissimiles *de Orat.*3.27; cum sint ipsi dissimillimi ~ se *Brut.*285; omnes..tantam habent similitudinem ~ se *Phil.*13.28; pessuma ac diuorsa ~ se mala, luxuria atque auaritia Sal.*Cat.*5.8;—uitam ~ se utriusque conferte Cic.*Q.Rosc.*20; non..causae sunt ~ se, sed uictoriae comparandae *Marc.*16.

14 (indicating the participants, animate or inanimate, in mutual actions, relationships, etc.) Between, among. **b** (indicating parties to an agreement, etc.; also w. only one of two parties specified). **c** (w. vbs. of talking, discussing, etc.).

iam tum occeperat turba ~ eos Ter.*Eu.*726; quod difficillumum ~ mortalis est, gloria inuidiam uicisti Sal.*Jug.*10.2; sed haec ~ bonos amicitia, ~ malos factio est 31.15; nullam breuiorem esse cognitionem quam ~ patrem et filium Liv.1.50.9; ~ ipsos plus belli ac periculi erat 25.29.8; quos ~ belli causa esset 28.14.5; magno ~ barbaros proelio Tac.*Ann.*11.17;—(*w. refl.*) eis omnibus ~ se donare capere liceto *Leg.pub.*(*Font.iur.*p.47)5; bis tanto amici sunt ~ se quam prius Pl.*Am.*943; ut ciues ~ sese legibus suis agerent Cic.*Ver.*2.90; quae..sunt..~ se uehementer repugnantia *N.D.*130; ut..omnia sint apta ~ se et conuenientia *Off.*1.144; quos ~ se dent motus accipiantque Lucr.1.819; quascumque postea controuersias ~ se milites habuerunt Caes.*Civ.*1.87.2; bellum ~ se gesserunt Nep.*Reg.*3.2; ipsi ~ se tres populi communiter bellum parant Liv.1.10.3; ~ nos non idem prosperarum aduersarumque rerum ordo erit Tac.*Hist.*2.77;—(*repeated w. each noun*) ~ eos..et ~ agnatos de hereditate controuersia est Cic.*Inv.*2.149; ~ Hectora..atque ~ Achillem ira fuit capitalis Hor.*S.*1.7.11; certatum ..~ Ap. Claudium..et ~ P. Decium Murem Liv.10.7.1. **b** si possum hoc ~ uos componere Pl.*Cur.*701; quod ~ eos sciebant maxima concordia conuenire Quad.*hist.*57; quid erat aliud quod ~ Antonium et Dolabellam..foedere et fide sanciretur? Cic.*Phil.*13.42; is ~ Thrasybulum et eos..fecit pacem his condicionibus Nep.*Thr.*31; faciliore ~ malos consensu ad bellum quam in pace ad concordiam Tac.*Hist.*1.54; (*w. refl.*) neve posthac ~ sed coniovra⟨se nev⟩e comvovise..velet *CIL* 1.581.13; ne nos ~ nos congruere sentiant Ter.*Hau.*511;—non crediderunt ueteres ~ talem personam locationem et conductionem esse Ulp.*dig.*11.6.1. **c** sententiarum ~ personas distinctas pronuntiatio Vitr.5.pr.1; prompsisse ~ proximos ferebatur certam sibi perniciem, seu Britannicus rerum seu Nero poteretur Tac.*Ann.*12.65;—(*w. refl.*) quid illi locuti sunt ~ se? Pl.*Poen.*1143; equae hinnibundae ~ se Quad.*hist.*78; sic..~ se et mecum loquebantur Cic.*Ver.*20; si Cottam et Varronem fecissem ~ se disputantis *Att.*13.19.3; corui..~ se in foliis strepitant Verg.*G.*1.413; cum ~ se agitarent uti alter Samnites hostes, alter Etruscos deligeret Liv.10.14.1; (*ellipt.*) sed quid hoc loco uos ~ uos, Catule? Cic.*de Orat.*2.295.

15 (w. refl.) With or to each other: **a** (expr. mutual contact). **b** (expr. reciprocal action or position).

a ~ se omnia commisceto pariter Cato *Agr.*96.1; necessest uentus et aer et calor ~ se uigeant commixta per artus Lucr.3.283; concurrunt equites ~ se Caes.*Civ.*2.25.4; trepidae ~ se coeunt Verg.*G.*4.73; incerta..caementa alia super alia sedentia ~ seque imbricata Vitr.2.8.1; disparibus calamis compagine cerae ~ se iunctis Ov.*Met.*1.712; curato ne ~ se contingant Col.5.10.7; iungi ~ se plumbum nigrum sine albo non potest Plin.*Nat.*34.158;—(*referring to non-physical connections*) miscent ~ sese inimicitiam agitantes Enn.*Ann.*271; conlocabuntur..uerba..ut ~ se quam aptissime conhaereant extrema cum primis Cic.*Orat.*149; non comisantium in uicem animis iam diu uiuimus ~ nos Liv.40.9.8; qvi vixervnt ~ se annis lxviii d x *CIL* 10.4273; 6.29736. **b** sic alias quoque res ~ se posse moueri Lucr.1.375; illi ~ sese multa ui bracchia tollunt in numerum Verg.*A.*8.452; (folia adianti) densa ex aduerso ~ se Plin.*Nat.*22.63; uisi..~ sese ordine fandi cedere Stat.*Theb.*2.174.

inter², *adv.* [prec.] In between.

stetit arduus ~ pontus V.Fl.5.336; 6.220; 8.303; ad columnam auersi alter ab altero serpentibus sunt deligati; est styx ~ Hyg.*Fab.*28.4.

inter-, *prefix.* [prec.] *inter-* is combined usu. w. vbs. or vbl. derivatives, and adds one or other of the senses of the preposition.

interaestimātiō ~ōnis, *f.* [inter-+aestimatio] (app.) A comparative valuation.

si uno pretio plures seruos emisti et de uno agere uelis ~onem seruorum proinde fieri debere Pompon.*dig.*21.1.64.'

? **interaestuō** ~āre, *intr.* [inter-+aestvo] (app.) To be periodically inflamed.

clauso..stomacho, qui illi natura inualidus et angustus et frequenter ~ans (*v.l.* aestuans) erat Plin.*Ep.*6.16.19.

interalbicō ~āre, *intr.* [inter-+albico] To show white patches in between.

leucochrysos fit e chrysolitho ~ante Plin.*Nat.*37.172.

? **interāmenta** ~ōrum, *n. pl.* [cf. next] (app.) Inside fittings.

~a (*s.v.l.*) nauium Liv.28.45.15.

?**interāmina** ~um, *n. pl.* [app. *intera-* (cf. INTERANEVS)+-MEN] Intestines, guts.
nulla prodest medicina, sequiturque ~um (*cj.*) uitium COL.6.7.1.

Interamna ~ae, *f.* The name of var. towns, esp. **b** on the river Nar in Umbria. **c** on the Liris in Latium.
oppidum ~a dictum, quod inter amnis est constitutum VAR.*L.*5.28. **b** TAC.*Hist.*3.63. **c** CIC.*Att.*2.1.5; praeter ~am Aquinumque..ad Lirim fluuium uentum LIV.26.9.3.

Interamnānus ~a ~um, *a.* Of or belonging to Interamna.
C. Causinius Schola, ~us CIC.*Mil.*46.

Interamnās ~ātis, *a.* Of or belonging to Interamna; (pl. as sb.) its people.
in agro ~ati LIV.10.39.1; MVNICIPII ~ATIS *CIL* 10.5338; —CIC.*Att.*4.15.5; ~ates cognomine Nartes PLIN.*Nat.*3.113.

Interamnium ~(i)ī, *n.* = Interamna (in Umbria).
FLOR.2.9(3.21.27).

interānea ~ōrum, *n. pl.* [next] The intestines, guts.
exemptis ~is COL.9.14.15; scolopendrae..hamo deuorato omnia ~a euomunt PLIN.*Nat.*9.145; ~orum uesicarumque exulcerationibus 20.17; animalia ~orum 20.54; dolores ~orum LARG.176.

interāneus ~a ~um, *a.* [INTER+-ANEVS] Intestinal.
~as uomicas LARG.96.

interārescō ~ere, *intr.* [INTER-+ARESCO] To become exsiccated.
glaebae..coiciuntur in fornacem, ut ~ant VITR.7.8.2;—animalia..si fuerint sine umoris potestate, exsanguinata et exsucata ~ent 8.pr.3; (*fig.*) nihil..~ere, nihil extingui, nihil cadere debet eorum, in quibus uita beata consistit CIC. *Tusc.*5.40.

interātim, *adv.* = INTERIM.
id quoque ~ (*cj.*) furtim nomen commemorabitur PL. *Truc.*882; interduatim et ~ dicebant antiqui, quod nunc interdum et interim PAUL.*Fest.*p.111M.

interbibō ~ere, *tr.* [INTER-+BIBO] To drink dry, drain.
mare ~ere NAEV.*trag.*52; tibicinam, quae mi ~ere sola, si uino scatat, Corinthiensem fontem Pirenam potest PL. *Aul.*558.

interbītō ~ere, *intr.* [INTER-+BITO; cf. *intereo*] To fail, come to nothing.
hic ego tibi praesidebo, ne ~at quaestio PL.*Mos.*1096.

intercalāris ~is ~e, *a.* **interkal-**. [INTERCALO+-ARIS] (of days or months) Inserted in the calendar for purposes of adjustment, intercalary; also, of the intercalary month.
mensem ~em CELS.*dig.*50.16.98.1; ~i die MARCEL.*dig.* 44.3.2; A.D. VII EID INTERK *CIL* 1.1172; ante diem v Kalend. ~is CIC. *Quinct.*79; a. d. v K. ~is priores *Fam.* 6.14.2.

intercalārius ~a ~um, *a.* [INTERCALO+-ARIVS] (of days or months) Inserted in the calendar for purposes of adjustment, intercalary; (of dates) of the intercalary month; (of leap years, in the Julian calendar) containing an intercalary day.
Cephaloeditani fecerunt mensem) ~um xxxxv dies longum CIC.*Ver.*2.130; ~is mensibus interponendis LIV. 1.19.6; quinto anno unus ~us dies additur PLIN.*Nat.*2.35; SUET.*Jul.*40.1;—tertio die post Terminalia kalendae ~ae fuere LIV.43.11.13;—~o anno PLIN.*Nat.*2.130; 18.207.

intercalātiō ~ōnis, *f.* [INTERCALO+-TIO] The insertion of an intercalary day.
omnibus (uentis)..per singulas ~ones uno die anticipantibus PLIN.*Nat.*2.122.

intercalcō ~āre ~āuī ~ātum, *tr.* [INTER-+CALCO] To tread down between.
ollae componuntur, ita distantes, ut ~ari possint uinacea COL.12.45.2.

intercalō ~āre ~āuī ~ātum, *tr,* **interkalō.** [INTER-+CALO[1]]

1 To insert (a day or month) into the calendar, intercalate.
posterior dies kalendarum ~atur ULP.*dig.*4.4.3.3;—(*impers. pass.*) si ~atum erit CATO *Agr.*150.2; cum ~atur inferiores quinque dies duodecimo demuntur mense VAR.*L.* 6.13; ut pugnes ne ~etur CIC.*Att.*5.9.2; diligenter habenda ratio ~andi est *Leg.*2.29; LIV.43.11.13; PLIN.*Nat.*18.211; fastos..per ~andi licentiam..turbatos SUET.*Jul.*40.1.

2 (transf.) To postpone, defer.
ut ~atae poenae usuram habeant LIV.9.9.2; nisi cum ludi ~antur, cum aliquis pluuius interuenit dies SEN.*Nat.* 7.32.1.

intercapēdō ~inis, *f.* [INTER-+CAPIO+-EDO]

1 A break in continuity, intermission, interruption. **b** an interval, delay.
~o quorum amicitias leuat TURP.*com.*20; ~inibus leuant actorum pronuntiationes VITR.5.pr.4; si (morbus) longus est, habet ~inem SEN.*Ep.*78.17; hoc..intermissum..et post longam ~inem tunc reductum PLIN.*Ep.*3.9.6;—(*w. gen.*) ~o sumpti faciundi TURP.*com.*184; nulla est ~o molestiae CIC.*Fin.*1.61; ~inem scribendi fecisse CIC.fil.*Fam.*16.21.1; ~ine iuris dictionis SUET.*Ves.*10.10. **b** ~ine interficior, desiderio differor TURP.*com.*109; ~o tempus interceptum, cum scilicet mora est ad capiendum PAUL.*Fest.*p.111M;—(*w.* temporis) post ~inem temporis PLIN.*Ep.*9.15.2; APUL. *Apol.*14; ULP.*dig.*35.3.3.3.

2 An interval of space, gap.
cum..habitacula summa ab infimis tanta ~o APUL.*Soc.*4.

intercardinātus ~a ~um, *a.* [INTER-+CARDO+-ATVS[2]] Joined by a mortise-and-tenon joint, mortised together.
ea concludantur superne ~is trabibus VITR.10.14.2.

intercēdō ~dere ~ssī ~ssum, *intr.* [INTER-+CEDO[1]]

1 To be situated between, intervene: **a** (in space). **b** (in time). **c** (in an order or series).
a siluae paludesque ~debant CAES.*Gal.*5.52.1; ob ardorem ~dentis plagae MELA 1.4; non posset quippe totus sol adimi terris ~dente luna PLIN.*Nat.*2.49; uiae plures ~dentibus buxis diuiduntur PLIN.*Ep.*5.6.34;—(*w.* inter) magnitudinem siluarum quae ~derent inter ipsos atque Ariouistum CAES.*Gal.*1.39.6; 2.17.2; planities inter utraque castra ~debat *B.Hisp.*29.1; si inter meas et Titii aedes tuae aedes ~dant PAUL.*dig.*8.5.5. **b** si statu', condictus cum hoste ~dit dies, tamen est eundum PL.*Cur.*5; si intermiseris aut feriae publicae aut familiares ~sserint CATO *Agr.*140; ut appareret noctem et nocturnam deprecationem ~ssisse CIC. *Att.*2.24.3; tumultus ~ssit Bruto et Mamerco consulibus SAL.*Hist.*3.48.10;—(*of an interval*) uix annus ~sserat ab hoc sermone..cum iste accusauit C. Norbanum CIC.*de Orat.* 2.89; nox nulla ~ssit *Catil.*1.4; ut spatium ~dere posset dum milites..conuenirent CAES.*Gal.*1.7.5; nullus dies temere ~ssit, quo non ad eum scriberet NEP.*Att.*20.2; haud multum temporis ~ssit, cum..agmen..conspexit LIV.40.48.4;—(*w.* inter) inter primum et sextum consulatum XL et VI anni ~sserunt V.MAX.8.13.1; ubi paululum temporis inter duos conceptus ~ssit PLIN.*Nat.*7.48. **c** eum, etsi nemo ~debat qui se illi anteferret, neque secundum tamen neque tertium dixerim CIC.*Brut.*173; tres mancipationes et duae ~dentes manumissiones proinde fiunt GAIUS *Inst.*1.134; (*w.* inter) inter uirtutes et uitia ~dere dicebat tertium quiddam APUL.*Pl.*2.3.

2 (of bonds, obligations, friendship, enmity, etc.) To be contracted or exist between. **b** (of money, transactions, etc.).
tacebit dum ~det familiaritas TER.*Ph.*583; in horum (*sc.* seruorum) emptione solet..stipulatio ~dere, sanum esse VAR.*R.*2.10.5; quia non creandorum liberorum causa coniugium ~sserat V.MAX.7.7.4; confessa est, adulterium cum illo iuuene matris ~ssisse CALP.*Decl.*40;—(*w.* inter) unde ira inter eas ~ssit TER.*Hec.*305; magna inter nos officia paria et mutua ~dunt CIC.*Fam.*13.65.1; nullam..inter eos querimoniam ~ssisse NEP.*Att.*17.2; inter creditricem et debitorem pactum ~sserat SCAEV.*dig.*46.1.63;—(*w.* cum) is quicum tibi adfinitas, societas..et necessitudines ueteres ~debant CIC.*Quinct.*48; nisi ~derent mihi inimicitiae cum istius mulieris uiro *Cael.*32; huic..cum reliquis ciuitatibus continentia bella ~sserant CAES.*Gal.*5.11.9. **b** quod.. alterius fuit, id ut fiat meum, necesse est aliquid ~dere VAR. *R.*2.1.15; quae..locatio est, cum merces non ~sserit? ULP. *dig.*10.3.23.

3 To occur or be present among, be interposed.
huc si quis ~dat tertius, pereat fame PL.*Mos.*1106; cum causa, quare peccaret, non ~ssit CIC.*Inv.*2.32; de his rebus ..senatus auctoritas grauissima ~ssit *Fam.*1.2.4; sin..in reipublicae partibus dissensio ~sserit *Amic.*77; quod.. paruis momentis magni casus ~derent CAES.*Civ.*1.21.2; si dolus ~dit ULP.*dig.*4.6.5;—(*w. dat.*) si nulla aegritudo huic gaudio ~sserit TER.*An.*961;—(*w.* inter) inter bellorum magnorum..curas ~ssit res parua dictu LIV.34.1.1; repudium inter uxorem et uirum..nullum ~ssit V.MAX.2.1.4.

4 To take a hand, intervene, interfere (in an affair). **b** to intervene as guarantor, stand surety.
si tui ex cohorte recuperatores non ~derent CIC.*Ver.*3.111; tum ego ~ssi et: 'uade' inquam GEL.15.9.10; ad leniendam inuidiam ~ssit his uerbis SUET.*Dom.*11.3;—(*w.* in+*abl.*) earum rerum in quibus ita ~ssit CIC.*Ver.*1.119;—(*w. dat.*) cum..Oceanus ~dere bello uideretur FLOR.*Epit.*1.45(3. 10.5);—(*w.* pro) nec quae pro timidis ~ssere tenebrae semper erunt STAT.*Theb.*10.22. **b** arcessiuit ad se, promisit, ~ssit, dedit CIC.*Att.*1.16.5;—(*w.* pro) si..mulier pro alio ~sserit GAIUS *dig.*4.4.12; (*w. dat.*) mutui dationes pro aliis, quibus ~sserint feminae *S.C.*(*Font.iur.*p.194)50; si mulier..pro me ~ssisset Titio JULIAN *dig.*16.1.16;—(*w. acc. of sum guaranteed*) tantum..se pro te ~ssisse dicebat CIC. *Phil.*2.45; adscribit..~ssisse se pro iis magnam pecuniam *Att.*6.1.5.

5 To intervene against, obstruct, hinder, oppose. **b** (of magistrates, esp. tribunes of the plebs) to interpose a veto, intercede.
qui ne nostrorum quidem finium nobis per nos tuendorum ius antea dabant, nihil ~sserunt LIV.8.4.8; duritia paupertatis ~dente APUL.*Met.*11.28;—(*w. dat.*) quod..remigum obsequio contra se ~deret (echenais) PLIN.*Nat.*32.4; non quia ~dendum putem imaginibus TAC.*Ag.*46.3; is consilio ~ssit *Hist.*1.19; ~dere casibus, occursare fortunae PLIN. *Pan.*25.5;—(*w.* quominus) nihil ~di quo minus Samniti populo pacis bellique liberum arbitrium sit LIV.8.2.3; qui.. quo minus uxor..codicillos faceret, ~sserat PAPIN.*dig.* 29.6.3. **b** tribunus ~dere poterit CIC.*Prov.*17; paratos habemus qui ~dant; paratos qui rem publicam religione defendant *Phil.*1.25; qui potestatem habent ~dendi *S.C.*in Cael.*Fam.*8.8.6; cum per senatum ~dentibus tribunis nihil agi posset LIV.4.6.6; ~ssit Haterius Agrippa tribunus plebei TAC.*Ann.*1.77; (*impers. pass.*) cum lex feratur de caelo seruari, obnuntiari, ~di licere CIC.*Prov.*46;—(*w. dat.*) cum ~dere uellent rogationi *de Orat.*2.197; si ~ssisset conlega Fabricio *Sest.*78; se comitiis ~ssuros LIV.27.6.5; TAC.*Hist.* 1.77;—(*w.* contra) quod..~ssisset contra legem Corneliam CIC.*Ver.*1.155;—(*w.* ne) Sulpicius qui ~sserat ne exules.. reducerentur *Rhet.Her.*2.45; TAC.*Hist.*4.9;—(*w.* quominus) NEIVE QVIS..~DITO..QVO MINVS DE EA RE ITA IVDICIVM DETVR IVDICETVRQVE *CIL* 1.592.1.51.

interceptiō ~ōnis, *f.* [INTERCIPIO+-TIO] The cutting off (of a thing from its destination), interception.
quae deinde ~o poculi? CIC.*Clu.*167; NE SIMILIS ~O (aquae) ITERVM FIERI POSSIT *CIL* 3.568.

interceptor ~ōris, *m.* [INTERCIPIO+-TOR] One who takes what is destined for another, an embezzler, usurper.
populum Romanum quadruplatoris et ~oris litis alienae personam laturum LIV.3.72.4; praedae..~orem 4.50.1; diuini beneficii ~or V.MAX.9.11.4; ~orem donatiui TAC. *Hist.*3.10.

intercessiō ~ōnis, *f.* [INTERCEDO+-TIO]

1 The veto, intercession (of a magistrate).
quoniam neque mea nex neque ~o posse uidetur illorum dementem reprimere audaciam SIS.*hist.*114; cum ~o stultitiam intercessoris significatura sit, non rem impeditura CIC.*Agr.*2.30; refertur confestim de ~one tribunorum CAES. *Civ.*1.2.7; pauentibus..tribunis sine ~one ulla consules rem peragunt LIV.2.55.1; ut condemnatum a senatu ~one tribunicia morti eximeret TAC.*Ann.*14.48; GEL.6(7).19.8;—(*as a right or practice*) censuram exstinxit, ~onem remouit CIC. *Har.*58; cum auspicia augur, ~onem consul sustulisses *Phil.*2.6; ~onem quoque consensu sustulerant LIV.3.36.6.

2 The action of standing surety, guarantee. **b** intervention in affairs (for other purposes).
mea ~o parata et est et fuit CIC.*Att.*1.4.1; rem..pignori datam per ~onem POMPON.*dig.*16.1.32.1; per ~onem aes alienum suscipiens PAPIN.*dig.*14.3.19.3. **b** clamitabat probari..debere pecuniam datam..testium ~one uel GEL. 14.2.7; tametsi neque liberatio tutoris..aut ~o matris tutoris officium infringat ULP.*dig.*26.75.8.

intercessor ~ōris, *m.* [INTERCEDO+-TOR]

1 One who interposes a veto. **b** one who intervenes to prevent.
cum intercessio stultitiam ~oris significatura sit, non rem impeditura CIC.*Agr.*2.30; *Vat.*5; Galliae, quae habent ~orem CAEL.*Fam.*8.9.2; TAC.*Ann.*16.26; SUET.*Jul.*29.1;—~orem dictaturae si iuuerit CIC.*Q.fr.*3.8.6; dissuasor et ~or legis agrariae LIV.2.41.7. **b** ~or rei malae salutaris ciuis esto CIC.*Leg.*3.11; 3.42.

2 An intermediary, agent; a mediator (in a dispute).
isto hortatore, auctore, ~ore ad Sullam legati non adierunt CIC.*S.Rosc.*110; nolo per ~orem mutueris SEN.*Ep.* 119.1; ~oribus et deprecatoribus ipso Rufino et Calpurniano APUL.*Apol.*60;—uidebamini mihi quaerere ~orem QUINT. *Decl.*300(p.184,l.7); (*w. pun on sense 1*) utinam semper esses tribunus! ~orem non quaereres CIC.*Fam.*7.27.1.

intercessus ~ūs, *m.* [INTERCEDO+-TVS[3]] Intervention.
consulem..grauiter saucium ~u suo seruauit V.MAX.5. 4.2.

intercidō[1] ~dere ~dī, *intr.* [INTER-+CADO]

1 To fall between.
carne pluit, quem imbrem ingens numerus auium interuolitando rapuisse fertur; quod ~dit, sparsum..iacuisse LIV. 3.10.6; 26.39.13; 38.22.7; turbata repente omnia cernebam, subitusque ~dit ignis STAT.*Theb.*8.631; (*w.* inter) nullo inter arma corporaque uano ~dente telo LIV.21.8.9.

2 To be lost or wasted, go astray; (of sounds) to be lost in pronunciation.
sibi..quod rapuerant acceptum referebant, quod ~derat aut erat interpellatum Cassio assignabant *B.Alex.*50.2; fraude amotas (claues) magis ratus quam neglegentia ~disse LIV.27.24.8; ~dit tamen aliquantum e ductus uitio FRON. *Aq.*65; quantus..triumphus tempestate ~dit FLOR.*Epit.* 1.18(2.2.31);—ne extremae syllabae ~dant QUINT.*Inst.*1. 11.8.

3 To be lost from memory, fall into oblivion, be forgotten.
quod si ~derit tibi nunc aliquid, repetes mox HOR.*S.*2.4.6; credo, quia nulla gesta res insignem fecerit consulatum, memoria ~disse LIV.2.8.5; augur erat, nomen longis ~dit annis OV.*Fast.*2.443; seu uera ~dit aeuo ortus fama tui GERM.*Arat.*106; SEN.*Ben.*3.5.1; PLIN.*Nat.*35.11; statim confossi sunt eoque ~dere nomina TAC.*Hist.*3.23.

4 **a** To perish incidentally or in the course of an action, become a casualty. **b** (of material things) to be destroyed during an action or process, perish.
a pereant amici, dum inimici ~dant! *Inc.trag.*159; quamuis ~dit alter OV.*Fast.*2.485; nihil aliud ~det quam corpus fragilitatis caducae morbis obnoxium SEN.*Suas.*6.6; multi fortuitis casibus, promptissimus quisque saeuitia principis ~derunt TAC.*Ag.*3.2; GEL.10.6.2;—(*of plants*) defossis cacuminibus, quibus restituatur quicquid ~dit COL.4.30.7. **b** litterarum..habita cura ne ~derent LIV.2.4.7; fuit hic Bizone, motu terrae ~dit MELA 2.22; quaedam (flumina) consumuntur paulatim et ~dunt (*i.e. dry up*) SEN.*Nat.*3. 26.3; Zminthium templum durat. intus Colone ~dit PLIN. *Nat.*5.123; siue exstant siue ~dere (opera) 35.53; muta ista et inanima ~dere ac reparari promisca sunt TAC.*Hist.*1.84; VIAM..QVAE VETVSTATE ~DERAT..RESTITVIT *CIL* 5.8102.

5 (of abst. things) To cease to exist (in the course of an action, process, etc.), be lost, lapse, fail. **b** (of names, words) to become obsolete, drop out of use.
inter traditionem imperii nouitatemque successoris..saepe bene gerendae rei occasiones ~dere LIV.41.15.8; apud quem gratia beneficii ~dit SEN.*Ben.*3.1.4; pereunte obsequio etiam imperium ~dit TAC.*Hist.*1.83; utrum ~dat actio an

quiescat GAIUS *Inst.*4.78; obligatio..~dit PAPIN.*dig.*46. 1.50; ~dit legatum, si ea persona decesserit, cui legatum est sub condicione ULP.*dig.*35.1.59;—(*of faculties*) sensus ~dit CELS.5.26.17; nihil aeque (ac memoria)..neglegentia ~dit QUINT.*Inst.*11.2.40. **b** in seruis iam ~dit illud genus, quod ducebatur a domino, unde 'Marcipores Publiporesque' QUINT.*Inst.*1.4.26; cum et uerba ~dant inualescantque temporibus 10.2.13.

intercīdō² ~dere ~dī ~sum, *tr.* [INTER-+CAEDO]

1 To cut through, sever; to thin by cutting. **b** to separate off.

lacus Velinus..~so monte in Nar defluit CIC.*Att.*4.15.5; ~si uallibus colles *B.Alex.*72.2; ubi ~sum pontem..inuenit LIV.26.9.3; SEN.*Nat.*6.14.4; ~di planitiem eam iusserat PLIN.*Nat.*5.116; pluribus locis ~sa uiuit tamen (hedera) 16.152; an Isthmus ~di..possit QUINT.*Inst.*3.8.16; ~sis uenis mortem adproperauit TAC.*Ann.*16.14; qui incendii arcendi gratia uicinas aedes ~dit ULP.*dig.*9.2.49.1;—hoc (harundinetum) potest ~di et dirarari COL.4.32.4. **b** cum ..id iugum..mediocri ualle a castris eorum ~sum animum aduerteret HIRT.*Gal.*8.14.4; cum spatio non amplius passuum mille ~sa uallis castra hostium diuideret ab opere *B.Alex.*73.3.

2 To interrupt the course of, cut off, cut short.

cuniculis uenae fontis ~sae sunt atque auersae HIRT.*Gal.* 8.43.4; non fugeret diras lux ~sa Mycenas STAT.*Theb.*2.184; aeque decimanus maximus..~ditur HYG.GR.*agrim.*p.145; —(*abst. things*) quidquid erat, quo mihi cohaereret, ~sa iuris humani societas abscidit SEN.*Ben.*7.19.8;—(*words*) ~sus uersus SEN.*Con.*7.1.27; plura rogantis uerba ~damus SEN. *Ben.*2.2.2; quotiens ~so..tumultu conticuit..domus STAT. *Theb.*6.45; sententias ~debat et uerba corrupte pronuntiabat GEL.13.31.9.

3 To cut the seals of, tamper with (a document).

interceperat commentarios ~deratque PLIN.*Ep.*6.22.4; ut rationes dominicas ~deret adulteraret ULP.*dig.*11.3.1.5; cum quidam..codicillos ~disset 48.10.4.

Intercīdōna ~ae, *f.* [prec.] A functional deity involved in rites to avert evil spirits after childbirth.

VAR.*gram.*162.

intercinō ~ere, *tr.* [INTER-+CANO] To sing between or in the interval of.

neu quid medios ~at actus HOR.*Ars* 194.

intercipiō ~ipere ~ēpī ~eptum, *tr.* [INTER-+CAPIO] FORMS: *intercap-* FRON.*Aq.*87.

1 To seize or catch in transit, cut off from from its destination, intercept. **b** to trap, catch (wild animals, etc.). **c** to intercept in motion; to catch (missiles, etc.) in flight; (poet.) to be struck by (a missile intended for another). **d** to divert (water) from its course; to draw (water) illicitly from the public supply.

(*persons, mil. forces*) tun redimes me, si me hostes ~eperint? PL.*As.*106; ut..non miles ullus, non eques, non quicquam impedimentorum amitteretur aut ab illis feruentibus latronibus ~iperetur PLANC.*Fam.*10.23.3; obsessis omnibus uiis missi ~ipiuntur CAES.*Gal.*5.40.1; has (*sc.* triremis) cum audacius progressas Libo uidisset, sperans ~ipi posse quadriremis v ad eas misit *Civ.*3.24.2; ~eptis tabellariis *B.Alex.*38.1; consul circumuentus ab insciis quem ~episset LIV.7.6.9; incensae coloniae, ~epti exercitus TAC.*Ag.*5.3; uexillum tironum in Syriam euntium ~ipit *Ann.*2.78; ~eptusne sit a suis an cum suis, dubium PLIN.*Ep.*6.25.4;—(*letters, documents*) epistulam modo hanc ~epi et sumbolum PL.*Ps.*716; ne cuiusquam animum meae litterae ~eptae offendant CIC.*Q.fr.*3.9.3; ne ~epta epistola nostra ab hostibus consilia cognoscantur CAES.*Gal.*5.48.4; ~eperat commentarios PLIN.*Ep.*6.22.4; (*cf.*) de iis rebus quas ~ipi periculosum esset CIC.*Att.*10.8.1;—(*supplies*) commeatus Romanorum ~eperat HIRT.*Gal.*8.30.1; LIV.30.3.4; TAC. *Hist.*5.23. **b** ubi ille ~eptos earum (*sc.* tigrium) catulos citus coepit auehere MELA 3.43; ~ipiuntur uariis aucupum insidiis (palumbi) COL.8.8.2; ne apes ~ipiantur uiolentia crabronum 9.14.10; (*cf.*) nec ferro dimicant, sed quos laqueis ~epere trahendo conficiunt MELA 1.114. **c** id (*sc.* uenenum) cum daretur in mulso, Balbutium quendam ..~episse, bibisse CIC.*Clu.*166;—ut..tela in nostros coicerent et pila ~epta remitterent CAES.*Gal.*2.27.4; id (*sc.* urinum) dicunt in sublime iactari sagoque oportere ~ipi, ne tellurem attingat PLIN.*Nat.*29.52;—hastam, quam medius Rhoeteus ~ipit VERG.*A.*10.402. **d** quid refert, an aqua decurrens ~ipiatur..? SEN.*Ep.*74.25;—~ipiuntur in centenaria quinariae uiginti septem FRON.*Aq.*33; aqua priuatorum licentia ~epta TAC.*Ann.*15.43.

2 To separate off, take away.

ipsum ab suis ~eptum et seclusum hostiliter lacerant LIV.29.9.7; turpe caput tendunt (ranae), colla ~epta uidentur OV.*Met.*6.379; lina secat fixumque ~ipit hamum *Hal.*48; (*in time*) tum breuis occasus ortusque ~ipit hora GERM.*Arat.* 288;—(*w. dat.*) Myrrha fugit tenebrisque et caecae munere noctis ~epta neci est OV.*Met.*10.477.

3 To occupy with military forces, capture, seize (a town, land, or position).

omnia opportuna loca hostes inter consulum castra ~eperunt LIV.9.43.3; Sardiniam inter motum Africae fraude Romanorum..~eptam 21.1.5; prope furto unius diei urbem unam Hispaniae ~eptam 26.51.12; ferus ~eperat illam (*sc.* urbem) hostis OV.*Pont.*4.7.25; V.MAX.7.4.2.

4 To take what belongs to another, steal, purloin. **b** to usurp, appropriate (rights, privileges, honours, etc.).

quod nos capere oportet haec ~ipit TER.*Eu.*80; mirari se quonam ore Ardeates..eum (*sc.* agrum) se a populo Romano ..~epturos sperent LIV.3.71.7; cum..~eptum a liberto paludamentum conperisset V.MAX.5.1.11; etiam si multa (uasa) ~ipiuntur COL.9.8.14; ad ~ipiendos eius quaestus PLIN.*Nat.*9.28; pecunias e publico ~eptas TAC.*Ann.*4.45; JUV.13.71; cum quis ~ipiendi causa rem alienam amouet GAIUS *Inst.*3.195. **b** honos..petitus, non ad alienae petitionis occasionem ~eptus CIC.*Agr.*2.3; nec suum munus ~ipi ab alio patiantur LIV.39.27.2; nec titulos ~ipe.. nostros! OV.*Met.*8.433; urit illum et angit ~epti beneficii conscientia SEN.*Ben.*3.17.3; nec Agricola umquam per alios gesta auidus ~epit TAC.*Ag.*22.4; (*cf.*) alterum (sermonem).. quantum notando consequi potuerant, ~eptum boni iuuenes..uulgauerant QUINT.*Inst.*1.pr.7.

5 To break the continuity of, interrupt. **b** to cut short, prevent, end (esp. prematurely); to cut short the memory of.

non illam (*sc.* nubem) uidet Aetna nec ullo ~ipit aestu *Aetna* 338; sublapsum est ~epto spiritu corpus SEN.*Con.* 7.1.18; praeceps..murus pedestre ~eperat iter CURT.4.2.9; defectio, quae..~ipit lucem SEN.*Nat.*1.12.1; uocis..repens singultus apertum ~epit iter STAT.*Theb.*7.361; tam longa per auras erigitur tellus et caelum ~ipit umbra SIL.3.486; Tepulae riuum ~epit FRON.*Aq.*9; hostilis ingressus praesidiis ~ipit TAC.*Ann.*15.3;—(*a speech*) ut..medios sermones ~ipiant QUINT.*Inst.*6.4.11; (*absol.*) medio sermone ~ipit ille STAT.*Ach.*1.737. **b** ubi iam Venerem grauis ~eperit aetas PROP.3.5.23; Cererem in spicis ~ipit OV.*Met.*8.292; quia semina pando eruerit rostro spemque ~eperit anni 15.113; libertatem, cum restitui uideretur ~eptam LIV.35.36.7; diues arca ueram laudem ~ipit PHAED.4.12.2; usum aurium ~ipiente fremitu CURT.4.13.38; ~eptam inter prima incrementa indolem SEN.*Dial.*11.3.1;—quae uos..ne qua ~iperet obliuio..incidenda in aere censuistis PLIN.*Pan.*75.1.

6 To cut short the life of, carry off.

saepe morbis ~ipiuntur (apes) COL.9.3.4; Parcarum Iulia saeua ~epta manu LUC.1.114; si non esset ~eptus (artifex) PLIN.*Nat.*pr.26; ceu pecoris custos, subiti torrentis iniquis ~eptus aquis STAT.*Theb.*9.509; si me..fata ~episset QUINT.*Inst.*6.pr.1; ueneno ~eptum TAC.*Ag.*43.2; scelere Pisonis..~eptus *Ann.*2.71; SORORI..ACERBA MORTE ~ETAE *CIL* 10.1784.

intercīsē, *adv.* [next+-E] Discontinuously, with interruptions; (gram.) by syncope.

ut..idem quasi sursum uersum retroque dicatur, deinde idem ~ atque permixte CIC.*Part.*24; ex eodem libro Catonis haec etiam sparsim et ~ commeminimus GEL.11.2.5;—dictum..~ 'autumo' quasi 'ab aestumo' 15.3.4.

intercīsus ~a ~um, *a.* [pple. of INTERCIDO¹] (in calendars, of days) On which business could be conducted only at certain times; (designated in *fasti* EN, perh. = *endotercisus*).

~i dies sunt per quos mane et uesperi est nefas, medio tempore inter hostiam caesam et exta proiecta fas VAR.*L.* 6.31.

interclūdō ~dere ~sī ~sum, *tr.* [INTER-+CLAVDO]

1 To make impassable, block, cut (roads, the sea, etc.); to fill up, block (an opening). **b** to cut off, block (means of access or escape).

quod flumina uias ~sissent *Rhet.Her.*1.24; haec deserta uia et inculta atque ~sa iam frondibus et uirgultis relinquatur CIC.*Cael.*42; ~so mari tempestatibus *B.Alex.*43.1; Thermopylarum saltum..fossa ualloque ~di ab Aetolis nuntiabant LIV.28.5.8; 44.14.10;—intercolumnia tria.. pluteis marmoreis..~dantur VITR.4.4.1; pelagus..Helles ~dere ponte non natanti STAT.*Silv.*4.3.58. **b** omnis aditus ad Sullam ~dere CIC.*S.Rosc.*110; illi meum reditum..flumine sanguinis ~dendum putauerunt *Red.Sen.*6; Carthaginiensium aduentum corporibus suis ~dendum putauerunt *Parad.*12; quod pontis atque itinerum angustiae multitudinis fugam ~serant CAES.*Gal.*7.11.8; exitum Romano ad opem ferendam sociis ~surum LIV.22.13.5; ante.. quam circumiere qui ab tergo ~derent uiam 27.27.4; ~sum aliud iter TAC.*Hist.*3.68;—(*fig.*) ~dere perfugia fortunae CIC.*Ver.*5.132; ~dere omnis seditionum uias *Rab.Perd.*3; uirtus uoluptatis aditus ~dat necesse est *Fin.*2.118; ubi mors ~sit omnia SEN.*Ben.*4.11.5; ~di illi uiam prouocandi ULP.*dig.*49.4.1.

2 To stop, choke, stifle (the breath or voice).

ut quibusdam sit ~sa anima VAR.*R.*1.63.1; me dolor debilitat ~ditque uocem CIC.*Rab.Post.*48; ~sa anima nimia ab dulcedine aquarum LUCR.6.1266; quos..obruentes..ora superiecta humo ~sisse spiritum apparebat LIV.22.51.8; dicenti haec lacrimae simul spiritum et uocem ~serunt 40.16.1; CELS.4.7.1; TAC.*Ann.*6.50; ea..offensione ~deretur animae uia GEL.17.11.4.

3 To separate or cut off (from).

(*w. abl.*) ille commeatu et reliquis copiis ~dendus CIC.*Att.* 7.9.2; Pompeius ~sus Dyrrachio CAES.*Civ.*3.42.1; est admonitus..posse nostros aqua ~di *B.Alex.*5.3; FLOR.*Epit.* 2.7(3.19.11);—(*w.* ab) ipsum..circumsederi ~sum ab reliquo exercitu CAEL.*Fam.*8.1.4; ut Caesar ab exercitu ~datur CAES.*Gal.*7.1.6; ab oppido et ponte et commeatu..se ~surum aduersarios confidebat *Civ.*1.43.2; ut tribunos a plebe ~deret LIV.25.4.4; neque ~di ab Agrigento..poterat 26. 40.4;—(*poet.*) uellet Amazonia latus ~dere pelta STAT. *Silv.*5.1.131;—(*neut. of pple. as sb.*) animo, quo etiam remota et solitudinibus ~sa penetrantur SEN.*Ben.*7.3.3.

4 To interrupt the advance or passage of, cut off. **b** to cut off (supplies). **c** to hem in, cut off (a position).

cum a tergo hostem ~sum reliquisset CIC.*Mil.*56; ita nos gessimus ut plane ~si captique simus *Att.*9.6.2; cum fratri ~so ab hostibus auxilium ferret CAES.*Gal.*4.12.5; saepe illos aspera ponti ~sit hiems VERG.*A.*2.111; si..aquae uis occupauerit et ~serit hominum multitudinem VITR.3.3.9; si praesidia maritima ~sisset LIV.35.26.2; eam classem..~di, ne Polyxenidae coniungatur 37.15.8;—(*w. abl. of instr.*) Caesarem duobus exercitibus et locorum angustiis facile ~di posse CAES.*Civ.*1.17.1; cum neque in castra reditus esset flumine ~sis LIV.21.56.3;—(*w. place indicated*) ne ~sus exercitus tam infesto saltu..opprimeretur 9.37.11; (*fig.*) me..in eis ipsis ~dere insidiis CIC.*Caec.*84. **b** ~de inimicis commeatum PL.*Mil.*223; ad ~dendos commeatus Italiae CIC.*Att.*9.9.2; LIV.40.41.2; ob ~sos commeatus famemque ingrauescentem SUET.*Aug.*16.1. **c** ita coangustabantur ut eques spatio ~so uix se defendere posset *B.Hisp.*23.7.

5 To prevent, stop (a person from an action).

(*w. abl.*) qui occisi captique sunt ~si fuga CIC.*Fam.*15.4.8; reditu ~sis CAES.*Gal.*4.30.2; omni exitu et pabulatione ~si 7.44.4; ne itinere aut traiectu ~deretur *Civ.*2.20.1; (*cf.*) obtentis eminus armis prospectu usus ~sere nefasto STAT. *Theb.*6.205;—(*w.* quominus) ~dor dolore quo ⟨minus⟩ ad te plura scribam CIC.*Att.*8.8.2.

6 To hinder, obstruct (an action or state of affairs).

idem uestram libertatem suis praesidiis..~sam tenebunt CIC.*Agr.*2.75; mihi meae pristinae uitae consuetudinem.. ~sam aperuisti *Marc.*2; confectum bellum licentiam temporum ~debat *B.Alex.*56.2; ut neque usus necessarii lapidis ~datur ULP.*dig.*8.4.13.1; (*cf. sense 2*) innocentiae defensio ~sa respirat CIC.*Clu.*183.

interclūsiō ~ōnis, *f.* [prec.+-TIO]

1 The action of cutting off or blocking the movement (of).

clausulas..atque interpuncta uerborum animae ~o atque angustiae spiritus attulerunt CIC.*de Orat.*3.181.

2 An interpolated clause, parenthesis.

unum quod interpositionem uel ~onem dicimus, Graeci παρένθεσιν uocant QUINT.*Inst.*9.3.23.

intercolumnium ~(i)ī, *n.* [INTER-+COLVMNA+-IVM] The space between two adjacent columns, intercolumniation.

aedes, ~ium, angulum, fornicem *Rhet.Her.*3.29; signa.. quae..ad omnis columnas, omnibus etiam ~iis..disposita ..uidimus CIC.*Ver.*1.51; VITR.3.2.5; proximo ~io..salutatus est V.MAX.9.15.1; *CIL* 6.33860.

intercurrō ~rrere ~rrī ~rsum, *intr.* [INTER-+CVRRO]

1 To run or hasten (from one place to another); to act as intermediary, mediate. **b** to extend between.

ipse interim Veios ad confirmandos militum animos ~rrit LIV.5.19.4;—pugnatur acerrime. qui ~rrerent, misimus tris principes ciuitatis. hos contempsit..Antonius CIC.*Phil.* 8.17. **b** ea saepta distinguuntur uelut clatris ~rrentibus calamis COL.8.11.3; latitudine ~rrentis freti PLIN.*Nat.*3.100.

2 To occur during the course (of), be interposed or mingled (in), intervene.

alterum genus..narrationis, quod ~rrit nonnumquam *Rhet.Her.*1.12; quoduis frumentum non tamen omne..inter se simile esse uidebis, quin ~rrat quaedam distantia formis LUCR.2.373; VITR.5.6.7; ~rrunt quaedam stellae..nobis nouae SEN.*Nat.*7.13.1; folium eius est unedonis ~rrentibus spinis PLIN.*Nat.*12.15; galaxiam..similem proxime dictis, sed ~rrentibus sanguineis aut candidis uenis 37.162;—(*w. dat.*) his laboriosis exercitationibus et dolor ~rrit non numquam CIC.*Tusc.*2.36.

intercursō ~āre ~āuī ~ātum, *intr.*, *tr.* [INTER-+CVRSO] FORMS: tm. LUCR.3.262.

1 (intr.) To run in between.

segnius ~antibus barbaris LIV.21.35.1; stabat pro litore diuersa acies, densa armis uirisque, ~antibus feminis TAC. *Ann.*14.30; (*of atoms in the Epicurean theory*) inter enim cursant primordia principiorum motibus inter se LUCR.3.262.

2 To extend or run between.

aestuariis..tenui alueo ~antibus PLIN.*Nat.*3.151; lignea ~ante membrana 15.88;—(*tr.*) ~ant cinguntque has urbes tetrarchiae 5.74; acinos foliis ~antibus 14.42.

intercursus ~ūs, *m.* [INTERCVRRO+-TVS³] (usu. in abl.) The action of running between, interposition.

consulum ~u rixa sedata est LIV.2.29.4; ~u matronarum inter acies duas proelium sedatum est 34.5.8; impeditus ~u suorum usus praelongarum hastarum 37.42.4; ~u tribunorum centurionumque protegitur TAC.*Hist.*2.36;—(*of inanim. things*) dies..quibus sol ~u lunae uetetur omnes radios effundere SEN.*Ben.*5.6.5; *Nat.*3.27.10.

intercus ~utis, *a.* [back-formation from *inter cutem* (see INTER, CVTIS)] (med.) Subcutaneous; *aqua ~us*, a morbid collection of fluid in the body, dropsy. **b** (fig., of moral faults).

num eum ueternus aut aqua ~us tenet? PL.*Men.*891; CIC. *Off.*3.92; decessit..morbo aquae ~utis SUET.*Nero* 5.2; GEL. 19.8.3; (*facet.*) aquam te in animo habere ~utem LUCIL.764. **b** famam flocci fecit ~utibus stupris obstinatus, insignibus flagitiis CATO *orat.*62(Fest.p.193M); ~utibus ipsi uitiis madentes GEL.13.8.5.

intercutītus ~a ~um, *a.*: (see quot. and cf. prec.).

~us uehementer cutitus, hoc est ualde stupratus PAUL. *Fest.*p.113M.

interdiānus ~a ~um, *a.* [INTERDIV+-ANVS] Occurring by day, day-time.

PATIATVR..SVDORES OBBRIPILATION⟨E⟩S MERIDIANAS ~AS SERVTINAS NOCTVRNAS *CIL* 6.33899.

interdīcō ~cere ~xī ~ctum, *tr.*, *intr.* [INTER-+DICO²] FORMS: *interdeicet* *CIL* 1.592.1.2; *interdixem* (= ~*xissem*) LUTAT.*poet.*1.3.

1 To forbid, veto (an action). **b** (w. *ne*, also *ut*, *ut..ne*, or subj. alone). **c** (w. inf.). **d** (absol.).

QVODQVE QVISQVE..DECERNET INTERDEICET *CIL* 1.592.1.2; non modo nullo proposito praemio, sed etiam ~cto Cic.*Balb*.26; omnia fecerit oportet quae ~cta et denuntiata sunt *Phil*.7.26;—(*w. dat.*) quotiens hoc tibi, uerbero, ego ~xi, meam ne sic uolgo pollicitere operam? Pl.*Mil*.1056; ille tibi ~xit rem capitalem Cato *orat*.80; ut huic furiae..uox ~ceretur Cic.*Har*.11; cui quondam regia coniunx orbem ~xit Ov.*Met*.6.333; quando illi (*sc.* aeri) cursus ~ctus est Sen.*Nat*.6.17.1; uehiculorum usum omnibus ~xit Fron.*Str*.4.1.6; prodigis ~citur bonorum suorum administratio Gaius *Inst*.1.53. **b** ne pugnetur ~cit *B.Alex*.63.3; seruitus mea mi ~xit ne quid mirer meum malum Pl.*Per*.621; ~co ne extulisse extra aedis puerum usquam uelis Ter.*Hec*.563; ~cit atque imperat Cassiuellauno ne Mandubracio..noceat Caes.*Gal*.5.22.5; flentibus..~xit, ne fortunam accusarent Sen.*Dial*.12.16.6; (*cf.*) praecipit atque ~cit..unum omnes peterent Indutiomarum, neu quis quem prius uulneret quam illum interfectum uiderit Caes.*Gal*.5.58.4; (*impers. pass.*) ex qua nobis ~ctum sit ne quem adsciscere ciuem..possimus Cic.*Balb*.30; Pythagoricis ~ctum putatur ne faba uescerentur *Div*.1.62;—(*w.* ut) neque..~ctum est, ut quis omittat hereditatem Ulp.*dig*.29.4.6.8; (*w.* ut..ne) neque..est ~ctum aut a rerum natura aut a lege aliqua..ut singulis hominibus ne amplius quam singulas artis nosse liceat Cic.*de Orat*.1.215;—(*w. subj. alone*) dum pereas, nihil ~co aiant uiuere Pl.*Capt*.694. **c** cum sibi ~xerint habere, ~xit et poscere Sen.*Dial*.7.18.3; *Ep*.116.1; ~xit commeatus peti Suet.*Gal*.6.2. **d** ~xit hariolus; haruspex uetuit Ter.*Ph*.708; ~xi tibi de medicis Cato *Fil*.1(J)

2 (w. *ut*, app.) To enjoin (on).

animum aduerti..te familiae ualde ~cere, ut uni dicto audiens esset Cic.*Rep*.1.61.

3 (w. dat. of person and abl.) To prohibit, debar (from an action; from a place, etc.; w. *bonis*, from the control of one's property). **b** *aqua et igni ~cere* (w. dat.) to prohibit from receiving water and fire (the customary formula o 1outlawry at Rome).

si quis est qui etiam meretriciis amoribus ~ctum iuuentuti putet Cic.*Cael*.48; feminis..purpurae usu ~cemus? Liv.34.7.3; uino quidam, alii uenere, quidam omni umore ~xere corporibus Sen.*Dial*.4.12.4; is ~cendum ei aduocationibus in quinquennium censuit Plin.*Ep*.5.13(14).5; (*pass. pers.*) diues ille cibo ~citur Apul.*Fl*.23;—qua arrogantia in colloquio Ariouistus usus omni Gallia Romanis ~xisset Caes.*Gal*.1.46.4; non poterat ~ci socero genero Nep.*Ham*.3.2; istos..abire..iussi et in perpetuum ~xi finibus meis Liv.42.41.8; Manlio Italia atque Africa ~ctum est Tac.*Ann*.2.50; spectaculis eis ~citur Call.*dig*.48.19.28.3;—male rem gerentibus patribus bonis ~ci solet Cic.*Sen*.22; ei..praetor urbanus paternis bonis ~xit V.Max.3.5.2; Gaius *dig*.4.4.27. **b** ἀρχαῖς hominem et stoechiis simul priuabit, igni cum et aqua ~xerit Lucil.787; quasi non omnes, quibus aqua et igni ~ctum est, exules appellentur *Rhet.Her*.2.45; Cic.*Phil*.6.10; Caes.*Gal*.6.44.3; in insulas ~cto igni atque aqua demoti sunt Tac.*Ann*.6.30; Gaius *Inst*.1.90;—(*ellipt.*) quibus damnatis ~ctum est Cic.*Dom*.82; senatus Mario..~xit Amp.42.1.

4 (intr., leg., of the praetor) To issue a prohibition, make an order or injunction, interdict. **b** (of the plaintiff) to proceed by interdict.

uidetis praetores per hos annos ~cere hoc modo Cic.*Tul*.29; praetor ~xit..de ui hominibus armatis *Caec*.23; qui de fossis, de cloacis..~cit 36; (*w.* inter) inter heredes emptores et bonorum possessores ~cam Ulp.*dig*.43.20.1.29;—(*impers. pass.*) ubi ita ~ctum est et sponsio facta Cic.*Tul*.29; cum de ui ~citur *Caec*.86; Gaius *Inst*.4.150; si..neque socero..neque ei..~ctum est Ulp.*dig*.24.1.3.6. **b** non debuisti ~cere, sed petere Quint.*Inst*.3.6.71; uidebimus tamen an ~cere quis possit, hoc est ad interdictum prouocare, de eius modi possessione Agen.*agrim*.p.24; (*w.* aduersus) si aduersus eum uelis ~cere Ulp.*dig*.43.19.1.11.

interdictiō ~ōnis, *f.* [prec.+-TIO] The action of prohibiting or debarring (from).

~one finium nostrorum Liv.41.24.16; propter matrimonii ~onem Ulp.*dig*.23.3.9; (*cf. prec., sense 3b*) tecti et aquae et ignis ~one Cic.*Dom*.78; Afric.*dig*.37.1.13.

interdictum ~ī, *n.* [next]

1 A command, decree, esp. a prohibition.

nequeon ego ted ~is facere mansuetem meis? Pl.*As*.504; legem illam esse nullam, atque esse potius flammam temporis, ~um sceleris Cic.*Dom*.69; numen ~umque deorum immortalium *Pis*.48; illud uulgare incursionis hostium signum..Caesaris erat ~o sublatum Hirt.*Gal*.8.3.2; XII tabularum ~o Plin.*Nat*.11.157; Italiae parci uetere ~o patrum diximus 33.78; Rut.Lup.2.7.

2 (leg.) A provisional order or injunction issued by a praetor or pro-magistrate, interdict.

IN ID DECRETVM ~VM SPONSIONEM IVDICIVM EXCEPTIONEM ADDITO *CIL* 1.592.1.4; qui..~o tecum contenderent Cic.*de Orat*.1.41; tyrannicis ~is tuis *Ver*.5.21; hac lege ius ciuile..praetorum ~a tollentur *Agr*.3.11; ~o huic omne adimat ius praetor Hor.*S*.2.3.217; ut si nollent alienam rem domino reddere, ad ~um uenirent Petr.13.4; Quint.*Inst*.2.10.5; Tac.*Dial*.37.4; Gaius *Inst*.4.138; (*cf.*) nisi forte Manilius ~um aliquod inter duos soles putat esse componendum, ut ita caelum possideant ut uterque possederit Cic.*Rep*.1.20.

interdictus ~a ~um, *a.* [pple. of INTERDICO] Forbidden, prohibited.

cui potior patria fuit ~a uoluptas Hor.*Ep*.1.6.64; ~a uiris..ara Prop.4.9.55; ~a mihi cernitur Italia Ov.*Tr*.1.4.20; (*neut. pl. as sb.*) si ~a petes Hor.*S*.1.2.96.

interdiū, *adv.* [INTER-+DIV[1]] During daylight, in the day-time, by day.

canes ~ clausos esse oportet Cato *Agr*.124; NE QVIS..PLOSTRVM ~ POST SOLEM ORTVM, NEVE ANTE HORAM X DIEI DVCITO AGITO *CIL* 1.593.57; qua hora noctu an ~ *Rhet.Her*.2.7; non numquam ~, saepius noctu Caes.*Gal*.1.8.4; cum Athenis ~ exissent Nep.*Pel*.2.5; Liv.1.47.1; ~ satis, noctu nihil cernunt Cels.6.6.38; capere somnum ~ Phaed.3.16.5; Sen.*Ben*.4.6.2; Plin.*Nat*.21.8; neque temere ~ (*i.e. before the* cena) bibit Suet.*Aug*.77.

interdius, *adv.*: var. of prec.

noctu neruo uinctus custodibitur, ~ sub terra lapides eximet Pl.*Capt*.731; occlusa ianua est ~ *Mos*.444; *Ps*.1298; Ter.*Ad*.531; in silua ~..uotum facito Cato *Agr*.83; Var.*R*.3.12.3; Gel.17.10.11.

interdō ~dare ~dedī ~datum, *tr.* [INTER-+DO] Forms: *interduo*, *~duim* Pl.*Rud*.580, *Trin*.994, fr.inc.119.

1 To place between, interpose.

(*in space*) cibus ut suffulciat artus et recreet uiris ~datus Lucr.4.868; (*in time*) nec mora nec requies ~datur ulla fluendi 4.227.

2 *ciccum* (*floccum*) *non ~duim*, I would not give a straw, it makes no difference to me.

eluas tu anne exunguare ciccum non ~duim Pl.*Rud*.580; qui sis, qui non sis, floccum non ~duim *Trin*.994; quod uolt densum, ciccum non ~duo fr.inc.119.

interduātim, *adv.*: var. of INTERDVM.

~ et interatim dicebant antiqui, quod nunc interdum et interim Paul.*Fest*.p.111M.

interductus ~ūs, *m.* [*interduco* (INTER-+DVCO)+-TVS[3]] The insertion of a mark of punctuation.

oratio, quae non aut spiritu pronuntiantis aut ~u librari, sed numero coacta debet insistere Cic.*Orat*.228.

interdum, *adv.* [INTER-+DVM[1]]

1 At times, from time to time, now and then. **b** (w. emphasis on circumstance) occasionally (the situation arises when), in some instances.

ego sum ille Amphitruo..qui ~ fio Iuppiter quando lubet Pl.*Am*.864; quin suom ipse ~ ignorat nomen *Capt*.560; praeterea cantat, ubi collibuit, ~ Graecos uersus agit Cato *orat*.125; tamen, si modo homines sunt, ~ animis relaxantur Cic.*Phil*.2.39; neque ~ lacrimas tenere poterant Caes.*Gal*.1.39.4; iuxta tonat Aetna..~que atram prorumpit ad aethera nubem Verg.*A*.3.572; plurimum remis, ~ et leni adiuuante uento, in Africam traiecit Liv.28.17.13; pax tamen ~ est, pacis fiducia numquam Ov.*Tr*.5.2.71; laeti..~ nuntii uulgabantur Tac.*Ann*.1.5;—(*repeated*) ~..cursus est in oratione incitatior, ~ moderata ingressio Cic.*Orat*.201; ~ uouet, ~..dicit..aspera uerba [Tib.]3.10.13; Quint.*Inst*.4.2.14;—(*in conjunction w.* modo) modo per socios..~ per equites Romanos..Gracchorum actionibus obuiam ierat Sal.*Jug*.42.1; modo rustica carmina cantat..~ clamat Scybalen *Mor*.31; Hor.*S*.1.9.9; puer..modo Bromium ~ Lyaeum..confessus Petr.41.6; Suet.*Nero* 49.3. **b** pecuniam in loco neglegere maxumum ~st lucrum Ter.*Ad*.216; est ~ praestare mercaturis rem quaerere Cato *Agr*.pr.1; uulgus ~ non probandum oratorem probat Cic.*Brut*.193; o uerborum inops ~..Graecia! *Tusc*.2.35; fit quoque ut ~ similes exsistere auorum possint Lucr.4.1218; piceae tantum taxique nocentes ~ aut hederae pandunt uestigia nigrae Verg.*G*.2.258; medicos quoque plus ~ quiete..proficere Liv.22.18.9; fulminis adflatos ~ uiuere telis uidimus Ov.*Pont*.3.6.17; aduectis frondibus et ~ stramentis fructus muniatur Col.5.5.14;—(*w.* interim) ~ ergo culpa in hominem relegatur..interim deriuatur in rem Quint.*Inst*.7.4.13.

2 In the meantime, meanwhile; for the time being.

dum..uada..petit..rapta ~..alno flumineam texit..classem Sil.4.491; fortunas meas heiulabam. quati fores ~ Apul.*Met*.3.1; 4.14; ~ Philestherus..procurrit cubiculo 9.20; 9.24;—occulere ~ et terrae mandare parabat (aquilam) Sil.6.30.

interduō: see INTERDO.

intereā, *adv.* [INTER-+*ea* (abl. fem. sg. of IS)] In the meantime, meanwhile. **b** (in sentences with adversative force). **c** (in narrative, in passing to a new subject or topic).

ego puerum ~ ancillae subdam Andr.*trag*.26; dum haec aguntur, ~ uxorem tuam neque gementem neque plorantem..audiuimus Pl.*Am*.1098; ego..dicam tum quando usus poscet; ~ tace *Mil*.810; quid ~? ibatne ad Bacchidem? Ter.*Hec*.157; uos ~ lumen auferte Lucil.817; haec dum Romae geruntur, Quinctius ~ contra ius..ui detruditur Cic.*Quinct*.28; anni sunt octo..cum ~ Cluentianae pecuniae uestigium nullum inuenitis *Clu*.82; ludi ~ Praeneste *Att*.12.2.1; ipse ~, quoad legiones collocatas..cognouisset, in Gallia morari constituit Caes.*Gal*.5.24.8; uiros bonos..mittere..qui rem explorarent: ~ se obsidem retinerent Nep.*Them*.7.2; Ov.*Tr*.3.8.21; Stat.*Theb*.10.441; Juv.2.137; uersiculis..quos equidem scripsi ut ~ labor hic uigiliarum..suauitate paulisper uocum atque modulorum adquiesceret Gel.19.9.5;—(*w.* loci) plus triginta annis natus sum, quom ~ loci numquam quicquam facinus feci peius Pl.*Men*.446; te ~ loci cognoui Ter.*Eu*.126; Pac.*trag*.76. **b** etenim te inquirere uidebant, tristem ipsum, maestos amicos..Catilinam ~ alacrem atque laetum Cic.*Mur*.49; te tam mobili in me..esse animo non sperabam. me ~ nec domesticus dolor..ab re p. abducet Met.Cel.*Fam*.5.1.2; si, pes cum dolet aegri, in nullo caput ~ sit forte dolore Lucr.3.111; quid moror ~ crudelia uulnera lymphis abluere..? Ov.*Met*.13.531;—(*w.* tamen) bona tamen ~ nihilo minus..auferri Cic.*Ver*.3.66; quandoquidem fortuna mihi tete abstulit ipsum..nunc tamen ~ haec..accipe Catul.101.7; si tamen ~ mirantur qua ratione quaeque geri possint Lucr.5.83. **c** ~ comitia nostra..haberi coepta sunt Cic.*Ver*.25; ita illi ianua prohibiti tantum facinus frustra susceperant. ~ Manlius in Etruria.. Sal.*Cat*.28.4; Oceanum ~ surgens Aurora reliquit Verg.*A*.4.129; panditur ~ domus omnipotentis Olympi 10.1; dixit, et abreptum comites in tecta ferebant. flebilis ~..comitatus..ruebant Inachides Stat.*Theb*.12.105; atque ibi defunctus fatale praesagium impleuit. ~ Romae.. Tac.*Ann*.11.22.

interemō ~ere: see INTERIMO.

interemptor ~ōris, *m.* [INTERIMO+-TOR] One who kills, a killer, murderer.

Rhascupolim, ~orem fratris sui fili Cotyis Vell.2.129.1; pudicae..~or quam corruptae pater esse maluit V.Max.6.1.2; ~orem sui fieri Sen.*Ep*.70.14.

intereō ~īre ~iī ~itum, *intr.* [INTER-+EO[1]] Forms: pf. *~ieisti* *CIL* 1.1603.5; *~isse* (etc.) Cic.*de Orat*.2.353, etc.; *~iuit* Apul.*Met*.7.7; pf. pple. in act. sense, Quad.*hist*.96.

1 (of living things) To die, perish, be killed. **b** (of races, species, breeds, etc.) to die out, become extinct. **c** (hyperb.) to be ruined or 'done for'.

ut ego hanc familiam ~ire cupio Pl.*Poen*.870; quom prius quam ~eo spatium ulciscendi danunt Pac.*trag*.207; SED CVM TE DECVIT FLORERI AETATE IVENTA ~IEISTI *CIL* 1.1603.5; exercitus noster ille..omnis ~iit Cic.*Prov*.5; ut membrum aliquod potius quam totum corpus ~eat *Phil*.8.15; qui pugnantes non ~ierint Brut.*ad Brut*.1.4.2; milia hominum delecta LXXX una secum ~itura demonstrat Caes.*Gal*.7.71.3; (*pf. pple.*) pugna acriter commissa, multis utrimque ~itis Quad.*hist*.96;—(*w. abl. of cause*) uulnus accepit eoque ~iit paucis post diebus Cic.*Att*.5.20.3; neque eum ferro nec frigore..~iisse Lucr.6.709; qui ferro aut bestiis ~iere Sal.*Jug*.17.6; suis plerique telis ~iere Tac.*Hist*.4.20;—(*of the mind or soul*) si cor..aut cerebrum est animus, certe..~ibit cum reliquo corpore Cic.*Tusc*.1.24; non ~ire animas sed..transire ad alios Caes.*Gal*.6.14.5;—(*of plants*) ~eunt segetes Verg.*G*.1.152; ita uermibus ~ibunt (arbusculae) Col.5.10.7; Plin.*Nat*.16.241. **b** ne a stirpe genus nostrum ~iret Gracch.*orat*.44; multa..tum ~iisse animantum saecla necessest Lucr.5.855; suadeo..non patiaris genus tuum ~ire Petr.74.15; ex antiquo Latio LIII populi ~iere sine uestigiis Plin.*Nat*.3.70; hoc (*sc.* ophion) ~isse arbitror et ideo medicinas ex eo omitto 28.151; (*cf.*) Carthago..ab stirpe ~iit Sal.*Cat*.10.1. **c** heu me miseram, ~ii Enn.*scen*.202; Amphitruo. — perii. — surge. — ~ii Pl.*Am*.1076; si non peream, plane ~ierim *Truc*.707; ~ii; quor mihi id non dixti? Ter.*Hec*.322.

2 (of material things) To be destroyed, disappear, perish.

innumerabiles mundi, qui et oriantur et ~eant cotidie Cic.*Fin*.1.21; quare putes..subito id (*sc.* cor) in ipsa immolatione ~isse? *Div*.2.37; naues Massiliensium cum eis quae sunt captae ~eunt VIIII Caes.*Civ*.1.58.5; nouae..pergunt ~ire lunae Hor.*Carm*.2.18.16;—(*w. abl. of cause*) statuae ~eunt tempestate, uetustate Cic.*Phil*.9.14; multi..commeatus ~ierant insidiis latronum Sal.*Hist*.2.96; si quae in commentariis pontificum..erant..incensa urbe pleraeque ~iere Liv.6.1.2; ~it adsidua uomer aduncus humo Ov.*Ars* 1.474.

3 To be lost or wasted, go for nothing.

malo si quid bene facias, beneficium ~it Pl.*Poen*.635; sementi prohibita..fructus annuus ~ibat Cic.*Ver*.3.125; cum..id quod dabatur non esset ~iturum sed in ornamentis templi futurum *Q.fr*.1.1.26; ut ~it ⟨in⟩ magnitudine maris Aegaei stilla mellis *Fin*.3.45; ita multorum mensum labor..ui tempestatis puncto temporis ~iit Caes.*Civ*.2.14.4; cum pecunia publica..largitione magistratuum quotannis ~iret Nep.*Them*.2.2.

4 (of non-material things) To cease to exist, fail, disappear. **b** (of words, customs) to fall into disuse, become obsolete. **c** to be lost from memory, be forgotten.

tu meam beniuolentiam ~isse es ratus? Acc.*trag*.97; Athenis iam diu doctrina ipsorum Atheniensium ~iit Cic.*de Orat*.3.43; num ~ire uirtus in homine..possit 3.114; rem publicam funditus ~ituram fuisse *Red.Pop*.17; aestas ~itura simul pomifer Autumnus fruges effuderit Hor.*Carm*.4.7.10; ~it ira mora Ov.*Ars* 1.374; ne uis omnis ~eat Cels.7.26.5A; in magnis sceleribus iura naturae ~eunt Sen.*Con*.1.7.2; qui fortem uetat ~ire sexum Stat.*Silv*.4.3.13; ne seruitus ~eat Pompon.*dig*.8.4.11; dicemus ~ire legatum Gaius *dig*.30.65.2. **b** cum tantus numerus uocabulorum in eo genere ~ierit Var.*L*.8.59; uerborum uetus ~it aetas Hor.*Ars* 61; puto intellegi istud uerbum (*sc.* asilus) ~isse Sen.*Ep*.58.3;—sacra ~ire illi noluerunt Cic.*Mur*.27; *Dom*.35. **c** qui per uirtutem periit, at non ~it Pl.*Capt*.690; ne forte credas ~itura, quae..uerba loquor Hor.*Carm*.4.9.1.

interequitō ~āre ~āuī ~ātum, *tr.* [INTER-+EQVITO] To ride between or among.

ante signa obuersus in aciem ordines ~ans Liv.6.7.3; sollicitudo praetorum agmina sua ~antium Curt.4.13.1;—(*absol.*) si quis extra ordinem auidius procurrit,..ipse ~ans sparo percutit Liv.34.15.4; ~antes alarii non patiebantur 35.5.10.

interest: see INTERSVM.

interfātiō ~ōnis, *f.* [INTERFOR+-TIO] An interruption in speaking; a parenthetical remark.

cum se..contra uerba atque ~onem legibus sacratis esse armatum putaret Cic.*Sest*.79;—interim expediet expositionem breui ~one distinguere Quint.*Inst*.4.2.50.

interfectiō ~ōnis, *f.* [INTERFICIO+-TIO] The action of killing, slaughter.

ut iam non uideatur crudelissimum eius facinus ~o Treboni Brut.*ad Brut*.2.3.5; Asc.*Mil*.29.

interfector ~ōris, *m.* [INTERFICIO+-TOR] One who kills, a killer, murderer, assassin.

L. Opimium, Gracchi ~orem Cic.*Brut*.128; qui ea lege uiuit ut..cum summa ~oris gloria interfici possit *Phil*.1.35;

~ores tyranni Liv.24.22.16; ex ~oribus Caesaris Vell. 2.87.3; Sen.*Apoc.*13.6; 'parricida' matris quoque aut fratris ~or Quint.*Inst.*8.6.35; neque praemia caedis apud ~orem mansura Tac.*Ann.*2.70; (*fig.*) cum hostes atque ~ores rei publicae reuixissent Cic.*Red.Sen.*4.

interfectrix ~īcis, *f.* [INTERFICIO+-TRIX] A murderess.
fas auiae ~icem nepotis adspicere Tac.*Ann.*3.17; Hyg. *Fab.*122.2.

interfeminium ~(i)ī, *n.* [INTER-+FEMVR+-IVM] The part of the body between the thighs.
~ium tegat..femoris obiectu Apul.*Apol.*33; 34; (*pl.*) gnatus artiuit suae matri ~ia fortiter Nov.*com.*41 (*cj.*).

interficiō ~ficere ~fēcī ~fectum, *tr.* [INTER-+FACIO]

1 To do away with, put to death, kill.
sublustri noctu ~fecit Naev.*com.*4; di deaeque omnes me pessumis exemplis ~ficiant, nisi ego illam anum ~fecero siti fameque atque algu Pl.*Mos.*192; DVCE HOSTIVM ~FECTO *Elog.*4(*CIL* 1.p.189); decem capita libera ~ficis Cato *orat.* 61; uoluit ille senatum ~ficere Cic.*Pis.*15; siue feras ~ficere (uolebant) Lucr.5.1249; cuius pater..ab ciuitate erat ~fectus Caes.*Gal.*7.4.1; ~fecto Punico praesidio Liv.23.7.6; quae composita credebantur de Crispino, quia interfectus erat de Ceriale, ut ~ficeretur Tac.*Ann.*16.17; (*hyperb.*) intercapedine ~ficior, desiderio differor Turp.*com.*109;—(*refl.*) Magium se ipsum ~fecisse postea Sulp.Ruf.*Fam.* 4.12.2; pyram construxerat ut..se ipse insuper ~ficeret *B.Afr.*91.2; Tac.*Hist.*2.49;—(*plants*) nullo modo facilius arbitror posse neque herbas arescere et ~fici neque terram.. percoqui Cic.*Oecon.*fr.12; fer stabulis inimicum ignem atque ~fice messis Verg.*G.*4.330;—(*w. abl. of separation*) qui me ~fecisti paene uita et lumine Pl.*Truc.*518.

2 To destroy, consume (material things).
nam uita humana prope uti ferrum est. si exerceas, conteritur; si non exerceas, tamen rubigo ~ficit Cato *Mor.*3(J); fragmenta ~ficis panis Lucil.1157; ubi torrus esset ~fectus flammeus Acc.*trag.*452; cum exsuperat e principiis calor, tunc ~ficit dissoluitque cetera feruore Vitr.1.4.6; omnis (libellos)..conquiri et ~fici iussit Tac.*Hist.*1.44.

3 To bring to an end, put a stop to (non-material things).
usus, fructus, uictus, cultus iam mihi harunc aedium interemptust, ~fectust, alienatust Pl.*Mer.*833; an illa, quae ..in Cn. Pompeium..increpabantur, obliuio ~fecit..? Sal. *Rep.*1.4.1; nouam nuptam ~fectae uirginitatis curant Apul. *Met.*5.4; singultu crebro sermonem ~ficiens 11.24; ~fectis sapientiae officiis *Soc.*17.

interfīō ~fierī, *intr.* [INTER-+FIO] (used as pass. of prec.) To be destroyed.
em istic oportet opseri mores malos, si in opserendo possint ~fieri Pl.*Trin.*532; fore ut (homo)..flammis ~fiat malisue ferarum Lucr.3.872.

interflō ~āre ~āuī ~ātum, *tr.* [INTER-+FLO] (of winds) To blow between.
hos quattuor uentos alii plures ~ant (*codd.* -fluant, *etc.*) Apul. *Mun.*11.

interfluō ~ere ~xī, *intr.*, *tr.* [INTER-+FLVO]

1 (of rivers or straits) To flow between or through **a** (intr.). **b** (w. acc.).
a super ripam, qui tenui tum aqua ~ebat, torrentis Liv. 33.18.12; quantum enim ~it fretum 41.23.16; angusto freto ~ente Plin.*Nat.*3.76; fracto ~entis riui ponte Tac.*Hist.* 3.17;—(*w. dat.*) quamuis..piscosa et amoena pinguibus aruis ~ant (flumina) Sen.*Ben.*6.7.3; ~entem urbi Tiberinum Flor.*Epit.*1.1(1.4.2). **b** fretum quod Naupactum et Patras ~it Liv.27.29.9; media..moenia ~ebat Marsyas Curt.3.1.2; V.Max.3.8.ext.6; aquarum a cuniculis cubicula ~entium Sen.*Ep.*100.6; flumine medium oppidum ~ente Plin.*Nat.*36.94; flumen Visurgis Romanos Cheruscosque ~ebat Tac.*Ann.*2.9; (*pass.*) sicut hae insulae ~untur quae sunt in nostro mari Apul.*Mun.*4.

2 (intr.) To float in among.
iumenta, sarcinae, corpora exanima ~unt, occursant Tac. *Ann.*1.70.

interfluus ~a ~um, *a.* [prec.+-vs] Flowing between.
Babylon..~o Euphrate Plin.*Nat.*6.121; Styx discretis ~a manibus obstat Stat.*Theb.*4.524.

interfodiō ~fodere ~fōdī ~fossum, *tr.* [INTER-+FODIO] To pierce, penetrate.
sunt gallorum in corpore quaedam semina, quae cum sunt oculis immissa leonum, pupillas ~fodiunt acremque dolorem praebent Lucr.4.716.

interfor ~ārī ~ātus, *intr.*, *tr.* [INTER-+FOR] **a** (intr.) To speak in between or while another is speaking, interrupt, interpose. **b** (w. acc.) to interrupt (a speaker).
a priusquam..ille postulatum perageret..Appius ~atur Liv.3.47.4; orsus..meritas Deci laudes ~ante ipso Decio distulit continens 7.36.9; hic ~atus et alter subicit Stat. *Theb.*2.188;—(*w. dat.*) dixerat, et paulum uirgo ~ata loquenti 7.290. **b** nec plura querentem passa Venus medio sic ~ata dolore est Verg.*A.*1.386; orsum eum dicere.. Phaeneas ~atus Liv.32.34.2; 36.28.4; quia ~ari se continuantem ausus fuerat V.Max.9.5.2; Plin.*Ep.*1.23.2.

interfringō ~ingere ~ēgī ~actum, *tr.* [INTER-+FRANGO] To break (here and there).
quae arida erunt, et siquid uentus ~egerit, ea omnia eximito Cato *Agr.*44.

interfugiō ~fugere ~fūgī, *intr.* [INTER-+FVGIO] To run away or escape in between; (in quot., tm.).
adde quod e paruis..est elementis, nec facilest tali naturae obsistere quicquam. inter enim fugit ac penetrat per rara uiarum Lucr.6.332.

interfulgeō ~gēre ~sī, *intr.* [INTER-+FVLGEO] To shine or glitter (amid).
aurum argentumque cumulo rerum aliarum ~gens Liv. 28.23.4.

interfurō ~ere, *tr.* [INTER-+FVRO] To rage amid or through.
dum..alternum Mauors ~it orbem Stat.*Ach.*1.395.

interfūsus ~a ~um, *pple.* [INTER-+FVNDO[1]] Poured or spread out between. **b** suffused here and there.
(*of water*) quos..nouies Styx ~a coercet Verg.*G.*4.480; non illos ~a maria discludunt Sen.*Dial.*6.25.3; (*w. acc.*) ~a nitentis uites aequora Cycladas Hor.*Carm.*1.14.19; (*w. dat.*) stagna..Cirrhaea bicorni ~a iugo Stat.*Theb.*1.63;—(*of other things*) multa tamen ~a opacitate Plin.*Nat.*6.93; nox ~a Stat.*Theb.*3.677; peditum..acies..inopinato ~a proelio Fron.*Str.*2.3.14. **b** Dido..maculis..trementis ~a genas et pallida morte futura Verg.*A.*4.644.

intergarriō ~īre ~īuī ~ītum, *tr.* [INTER-+GARRIO] To insert (words) inconsequentially.
pauculis uerbis ~itis Apul.*Apol.*17.

intergerīuus ~ī, *m.* [INTER-+GERO+-IVVS] A common wall between two properties, a party-wall; (transf., see quot.).
quia sesquipedalis paries non plus quam unam contignationem tolerat..nec ~orum ratio patitur Plin.*Nat.*35.173; ~i parietes dicuntur, qui inter confines struuntur et quasi intergeruntur Paul.*Fest.*p.110M; HIC PARIES COMMVNIS EST ~OS CVM ILISSO *CIL* 6.29960; (*in a beehive*) pilarum ~is a solo fornicatis Plin.*Nat.*11.23;—(*applied to the paste between two layers of papyrus*) minimum hoc modo ~i 13.82.

intergerō ~ere, *tr.*: (app. formed to explain prec.).
Paul.*Fest.*p.110M.

interiaceō ~ēre ~uī, *intr.*, *tr.* [INTER-+IACEO]

1 To lie or extend between: **a** (intr.). **b** (w. acc.).
a spatio, quod uacui ~ebat campi Liv.8.7.9; quamuis aliquid ~et quod nos prohibeat eius (*sc.* solis) aspectu Sen. *Ep.*92.17; ea pars, quae ~et, puluini Plin.*Nat.*17.159; Tac. *Ann.*15.38;—(*w. dat.*) campum ~entem Tiberi ac moenibus Romanis Liv.21.30.11; solitudines ~entes Maedicae atque Haemo Liv.40.22.1;—(*w.* inter) haec inter eam et Rhodum ~et Plin.*Nat.*4.60; Balb.*grom.*p.102La;—(*w.* ab *and* ad) tanta uis aeris, quae ab humillimis lunae anfractibus usque ad summum Olympi uerticem ~et Apul.*Soc.*8. **b** in planitiem quae Capuam Tifataque ~et Liv.7.29.6; Stat. *Theb.*3.337; has (*sc.* platanos) buxus ~et Plin.*Ep.*5.6.32.

2 (intr.) To be between, intervene: **a** (in time). **b** (in a series or order).
a quod ~et omne tempus graue est Sen.*Dial.*10.16.3. **b** sed his ipsis media ~ent multa Quint.*Inst.*11.3.18.

interiaciō ~ere: see INTERICIO.

interibi, *adv.* [INTER-+IBI] In the meantime, meanwhile.
abi et istuc cura. ~ ego puerum uolo mittere ad amicam meam Pl.*Per.*165; exibo, non ero uobis morae; tibicen uos ~ hic delectauerit *Ps.*573a; *St.*371; ~ reualesco Apul. *Apol.*73; (*w.* loci) tum ~ loci conscendo cumbam piscatoriam Afran.*com.*138.

interibilis ~is ~e, *a.* [INTEREO+-BILIS] Perishable, impermanent.
euenit..ut eius modi demonstrationes, nisi ratione defendantur, ~es fiant Agen.*agrim.*p.28; p.29

intericiō ~icere ~iēcī ~iectum, *tr.* **interiaciō.** [INTER-+IACIO] Forms: tm. Lucr. 3.860.

1 To throw or place between, insert, introduce. **b** to add, intersperse, insert (words, remarks).
cum..ad eam rem pauca laurea folia ~iciant Var.*R.* 3.14.3; non ita lato ~iecto mari Cic.*Orat.*25; ~iecta..sunt terrarum milia multa Lucr.4.412; in magno impetu maris atque aperto paucis portibus ~iectis Caes.*Gal.*3.8.1; quam angustissimam partem oppidi palus a meridie ~iecta efficiebat *B.Alex.*1.4; ~iectus exercitus Raetiam Iuliasque Alpis.. obsaepserat Tac.*Hist.*3.8; inde certis spatiis ~iecti lapides per ima montis Palatini ad aram Consi *Ann.*12.24; cum arma militum ~iecissent 12.54;—(*w.* inter) aer..~iectus inter mare et caelum Cic.*N.D.*2.66; Galli inter equites raros sagittarios..~iecerant Caes.*Gal.*7.80.3; *Civ.*3.88.4; (*transf.*) inter has personas me ~iectum amici Antoni moleste ferunt Cic.*Phil.*12.18;—(*w. dat.*) nasus..quasi murus oculis ~iectus *N.D.*2.143; insula est ~iecta Elaeae et Chio Liv.44.28.6; numerosior ratio quattuor (uentos) his ~iecerat Plin.*Nat.* 2.120; ~iectus equiti pedes Tac.*Hist.*3.79. **b** licet nulla sit ~iecta particula Var.*gram.*40; narratio accusatoris suspiciones ~iectas et dispersas habere debet *Rhet.Her.*2.3; ni miles..minas ~iecisset Tac.*Ann.*1.23; pleraque Latino sermone ~iaciebat 2.10.

2 To introduce, insert (in time).
breui tempore doloris ~iecto Cic.*Sest.*52; inter enim iectast uitai pausa Lucr.3.860; ~iectis..aliquot diebus Caes.*Civ.*2.14; nouem..~iectis annis Vell.1.14.2; si moram ~iecissent Tac.*Hist.*3.81;—(*w.* inter) Sisenna..~iectus.. inter duas aetates Hortensi et Sulpici Cic.*Brut.*228; *Parad.* 12;—(*w. dat.*) duorum fratrum aetatibus medius ~iectus *Phil.*10.10;—(*refl.*) non est interrupta eius uita nec umquam se annis casus ~icit Sen.*Dial.*6.21.6.

3 To insert (in a group or series); to make intermediate (between).
mediis ~iectis ordinibus Cic.*Rep.*2.69; ~iectus est etiam nuper liber is quem ad nostrum Atticum de senectute misimus *Div.*2.3; crebris singultibus ~iecta uoce acuta Col. 8.5.3; his tam adsiduis tamque maestis modica laetitia ~icitur Tac.*Ann.*4.31;—(*w.* inter) ~iecti inter philosophos et eos, qui rem publicam administrarent Cic.*Off.*1.92;—(*w. dat.*) alios (oratores) grandis..alios tenuis..alios eis ~iectos et tamquam medios *Opt.Gen.*2;—id..~iecit inter indiuiduum atque id quod diuiduum esset in corpore *Tim.*21.

interiectiō ~ōnis, *f.* [prec.+-TIO]

1 The action of inserting, introduction.
si..de aduersariis occulte dicemus ~one uerborum *Rhet. Her.*1.9; custoditis temporum uicibus nec ullius erroris ~one confusis Apul.*Mun.*22.

2 a (rhet.) An interpolated phrase or remark, a parenthesis. **b** (gram.) an interjection.
a stomachum iudicis reficere..maxime..breui ~one Quint.*Inst.*4.2.121; ~one, qua et oratores et historici frequenter utuntur, ut medio sermone aliquem inserant sensum 8.2.15; ~o est 'fato profugus' 11.3.37. **b** accedit superioribus (partibus orationis) ~o Quint.*Inst.*1.4.19.

3 An interval of time.
si uero ~onibus capere cuiusque generis fructum aueat Col.3.21.6.

interiectīuus ~a ~um, *a.* [INTERICIO+-IVVS] Placed between, intermediate.
desideratur aut subrunciui aut linearis aut ~i rigoris incessus Agen.*agrim.*p.31.

interiectus ~ūs, *m.* [INTERICIO+-TVS[3]]

1 The action of placing between, interposition.
(luna) interpositu ~uque terrae repente deficit Cic.*N.D.* 2.103.

2 The insertion, interposition (of an interval of time).
neque Tiberius ~u temporis mitigabatur Tac.*Ann.*3.51; petito paucorum dierum ~u 3.67; 6.39.

interim, *adv.* [INTER-+*im* (cf. *inde*)]

1 Within or during the time indicated, meanwhile. **b** (w. time indicated by temporal cl.).
CVM..ROMAM REDISSET ATQVE ~ Q. FABIVS..PROELIO CONFLIXISSET *Elog.*8(*CIL* 1.p.192); ibo igitur intro. tu hic ante aedis ~ speculare Pl.*Mil.*1121; hoc euenit in labore atque in dolore, ut mors obrepat ~ *Ps.*686; primo dies complusculos bene conuenibat sane inter eas. ~..odisse coepit Sostratam Ter.*Hec.*178; ~ aliquot pauca castra feci Cato *hist.*128; ~ satis longo interuallo..uenit Heracleam Cic.*Arch.*6; uerum haec propediem et multa alia coram; ~ uelim sic tibi persuadeas *Fam.*12.1.2; cum Caesar.. castra..munire instituisset neque hostis ~ uisus esset Caes. *Gal.*3.28.3; libet iacere modo sub antiqua ilice..labuntur altis ~ riuis aquae Hor.*Epod.*2.25; quid futurum deinde si quod externum ~ bellum exsistat? Liv.2.32.6; crescebat ~ in dies Sullae exercitus Vell.2.25.2; uulnus..uel curandum protinus, uel, si curatio differri potest, ~ deligandum Quint.*Inst.*4.2.84; ignarus ~ Galba..fatigabat..deos Tac. *Hist.*1.29; VIXI ~ ANNIS LXVII *CIL* 8.11592. **b** (*w.* antequam) antequam is ratum haberet ~ alteri solutum est Ulp. *dig.*46.3.58.2;—(*w.* cum) si cum potestas praetoris adeundi non esset damnum ~ datum est 43.4.4.3;—(*w.* donec) se fidem ~, donec uita suppeditet, retenturos Tac.*Ann.*15.11; —(*w.* dum) dum te optuetur, ~ linguam oculi praeciderunt Pl.*Mil.*1271; ~ dum ante ostium sto, notu' mihi quidam obuiam uenit Ter.*Eu.*842; dum elephanti traiciuntur, ~ Hannibal Numidas..ad castra Romana miserat Liv.21. 29.1;—(*w.* ut) ad eum ut conquexi, ~ mulieres conspiciunt Pompon.*com.*171.

2 For the time being, for the present, for a while.
hoc ponam ~ Pl.*Men.*349; illud utique credas ~ uelim mihi, dum..persuadeam Larg.107; uno ~ contenti simus exemplo C. Gracchi Quint.*Inst.*1.10.27; ~ admonere illud sat est 2.4.3; occultato ~ altiore consilio Tac.*Hist.*4.14; ~ specie legum, mox praeuaricando ultionem elusurus *Ann.* 14.41; 'sed' inquit '..efflictim te amabat.' concedo ~ Apul.*Apol.*79; sibi..confirmat necessarios esse milites sex. tris ~ (milites)..in ministerio eius relinquendos existimaui Plin.*Ep.Tra.*10.27(36); ~ tamen quamdiu..suppleantur capita quae demortua sunt cuius sit fetus quaeritur Ulp. *dig.*7.1.70.1.

3 (w. concessive or adversative force, esp. *cum interim*) All the while, at the same time, meanwhile.
et quod (loquendi genus) alias uitiosum, ~ alias rectum est Quint.*Inst.*1.5.29;—ut..nemo se iudicet quicquam debere, qui tempus accepit, cum ~ hoc unum est, quod ne gratus quidem potest reddere Sen.*Ep.*1.3; *Nat.*4.a.pr.11; cum ~ haec..conposita mirificos effectus habeat Larg.97; gladiator..fortior ab his uocatur, cum ~..frequenter suis uiribus ipse prosternitur Quint.*Inst.*2.12.2; 10.1.111.

4 From time to time (during an action or process), occasionally.
in longo tenore felicitatis magnis ~ ictus uulneribus Sen.*Suas.*6.22; lapidibus pluere ~ Plin.*Nat.*2.104; transposito ~..ferramento Fron.*agrim.*p.16;—uolumus ~ illum (*sc.* dolorem) obruere..ludis ~ aut gladiatoribus animum occupamus Sen.*Dial.*12.17.1.

5 In some instances, sometimes.
aurum et argentum..quae ~ cum ipsis dominis ueneunt

SEN.*Con*.2.1.1; ~ optimum misericordiae genus est occidere SEN.*Dial*.3.16.3; ~ poena est mori, sed saepe donum *Her.O.* 930; ut praeceptoribus eloquentiae, Latinis quidem semper, sed etiam Graecis ~, discipuli serius..traderentur QUINT. *Inst*.2.1.1;—(*repeated*) simulacra..~ simplicia, ~ et mixta 3.6.88; id..~ scit accusator, ~ nescit 5.7.15;—(*foll. by* interdum) πάθος atque ἦθος esse ~ ex eadem natura..interdum diuersa inter se 6.2.12.

interimō ~imere ~ēmī ~emptum, *tr.* **interemō.** [INTER-+EMO]

1 To cut off from life, kill. **b** to kill (a plant); to extinguish (a light). **c** to do away with, destroy (a material thing). **d** (hyperb.) to distress greatly.

~imam hercle ego ⟨te⟩ si uiuo PL.*Mos*.1168; TER.*Hau.* 635; Lars Tolumnius..quattuor legatos populi Romani Fidenis ~emit CIC.*Phil*.9.4; plures..eo proelio..~empti SAL.*Jug*.99.3; stirpem fratris uirilem ~emit LIV.1.3.11; in Scythia (scorpiones) ~emunt etiam sues PLIN.*Nat*.11.90; (*fig.*) uoluit ille..~imere patriam, uos adflixistis CIC.*Pis.* 15; (*absol.*) si quae ~imant innumerabilia sint *N.D*.1.50;—(*w. cause or instr. as subj.*) gladium Casinam intus habere ait, qui me ac te ~imat PL.*Cas*.752; Priamum..hostilis manus ~emit CIC.*Tusc*.1.85; ne sanguinis profusio..~emat CELS.5.26.21; quae fors ~emit poetam Aeschylum PLIN. *Nat*.10.7;—(*w. abl. of instr.*) tertius..ferro ~emptus est NEP.*Reg*.1.5; cum laqueo uxorem ~imis matremque ueneno incolumi capite es HOR.*S*.2.3.131; PLIN.*Nat*.11.187; —(*w. abl. of separation*) ne se uita ~emeret PL.*Cist*.711;—(*refl.*) accurrite, ne se ~emat 644; si se ~emissent CIC.*Off.* 1.112; *B.Afr*.88.4; VELL.2.6.6; ut..serpentes ipsae sese ~imant flagellando PLIN.*Nat*.25.101. **b** constat felicem sationibus et stercoratione facilius ~emi COL.2.2.13; hunc ueprem manifestum est ~imi non posse 11.3.7; PLIN.*Nat.* 17.236;—ne uentus lucernam ~imat FRO.*Aur*.1.p.222(51N). **c** huc accedit uti quidque in sua corpora rursum dissoluat natura neque ad nilum ~imat res LUCR.1.216. **d** illaec ~emit me modo oratio PL.*Mer*.607; me quidem..exanimant et ~imunt hae uoces Milonis CIC.*Mil*.93.

2 To put an end to, destroy (a state, condition, practice, etc.).

~emere—ait uelle uitam PL.*Cas*.659; uitam tuam ego ~imam *Epid*.594; usus, fructus, uictus, cultus iam mihi harunc aedium ~emptust, interfectust, alienatust *Mer*.833; senes ad coemptiones faciendas ~imendorum sacrorum causa reperti sunt CIC.*Mur*.27; ni calor ac uentus sorsum sorsumque potestas aeris ~imant sensum LUCR.3.287; dilatione ~empta ULP.*dig*.40.7.3.14; mutata forma prope ~emit substantiam rei 10.4.9.3.

interior ~or ~us, *a.* [compar. adj. formed from INTER]

1 Further from the outside or nearer the centre, interior, inner. **b** the inner part of. **c** (w. abl. or *quam*) closer in (than); (also transf.) more moderate.

in ~ore parti ut maneam TER.*Eu*.579; cursu ~ore breui conuertitur (Helice) orbe CIC.*Arat*.44; ex ~ore aedium parte *Caec*.89; ignes ~orem edunt medullam CATUL.35.15; duas fossas..quarum ~orem..aqua..compleuit CAES.*Gal.* 7.72.3; nauis..~orem in portum..reduxit *Civ*.3.39.2; radit iter laeuum ~or VERG.*A*.5.170; seu bruma niualem ~ore diem gyro trahit HOR.*S*.2.6.26; murum ~orem LIV.21.11.10; ibat (senior) et ~or, si comes unus erat OV.*Fast*.5.68; ~or cycni..lana MART.14.161.2; (*in fig. phr.*) ~or curru meta terenda meost OV.*Ars* 2.426;—(*neut. pl. as sb.*) penetrare in ~ora urbis LIV.10.41.14; cui sint scripta rogas ~ora (*i.e. of a papyrus roll*)? MART.3.68.2. **b** domus ~or regali splendida luxu instruitur VERG.*A*.1.637; pyram tecto ~ore sub auras erige 4.494; efficit (sol) ut uideatur aridum, ~or autem (later) sit non siccus VITR.2.3.2; cur pressus prior est ~orque torus? OV.*Am*.3.14.32; lectus concilio diuum conuenerat ordo ~ore polo STAT.*Theb*.1.199. **c** ~or periculo uolneris factus LIV.7.10.10; propius quaedam subibant naues quo ~ores ictibus tormentorum essent 24.34.10;—est quiddam contentionis extremum, quod tamen ~ius est, quam acutissimus clamor CIC.*de Orat*.3.227.

2 Situated on the inside, internal. **b** the inside of, the interior of.

iis..tabulis ~ores templi parietes uestiebantur CIC.*Ver.* 4.122; ut itinera sint ~oribus partibus turrium contignata VITR.1.5.4; cum recessum fuerit ab ~ore angulo spatio altitudinis 6.8.7; ab ~ore hoste proelio coepto LIV.3.28.7; iunctae aliae binae quinqueremes demptis ~oribus remis 24.34.6; nunc stringam metas ~ore rota OV.*Am*.3.2.12; inrumpens oceanus Atlanticus in maria ~ora diffunditur PLIN.*Nat*.3.3; ficus..sine granis ~oribus 13.56; (*masc. pl. as sb.*) ~ores..priores fossas explent CAES.*Gal*.7.82.3;—(*neut. pl. as sb.*) si..~ora prospectus habuerint elegantes VITR.1.2.6; hae duae tunicae, cum ~ora oculi cingant, rursus sub his coeunt CELS.7.7.13B; quo tempore frigent ~ora terrarum SEN.*Nat*.4a.2.26; nucleorum persicorum ~ora LARG.184. **b** cum aedificiis ~oribus magnificis item uestibula conuenientia..erunt facta VITR.1.2.6; solent ..carbunculi..nasci..in palpebris..modo ab ~ore modo ab exteriore CELS.6.6.10.

3 (of places, peoples) More remote, esp. further from the coast; the more remote parts of, the interior or hinterland of.

haec temperatior pars quam ~or VAR.*R*.1.2.4; in Asia, Cilicia, Syria regnisque ~orum nationum CIC.*Man*.64; si te ~oribus uicinis tuis, Ciliciensi et Syriaco, anteponis *Q.fr.* 1.2.7; Britanniae pars ~or CAES.*Gal*.5.12.1; Boeoti..et ~ores Graeciae populi LIV.28.5.8; ~ores (*sc.* Germani).. permutatione mercium utuntur TAC.*Ger*.5.4;—in ~orem Galliam CAES.*Gal*.2.2.1; Othoniani Albinganum ~oris Liguriae reuertere TAC.*Hist*.2.15;—(*neut. pl. as sb.*) Perseus in ~ora regni recepit se LIV.42.39.1; VELL.2.108.1; si statim ~ora ceterasque nationes petiuisset TAC.*Ann*.6.43.

4 Situated or occurring inside the body, internal. **b** (of faculties, energy, etc.) internal; (of emotions) inward, private.

gladiatorem..sic uulnerari, ut eius ~or aliqua pars aperiatur CELS.1.pr.43; sanguinem sistit (ruta) ~orem PLIN. *Nat*.20.137; ~ores dolores 20.153; ~oribus feminarum morbis 26.160; sanguinis eruptionem ex ~oribus partibus LARG. 77; non ora modo angustisque perusti faucibus, ~or sed uis quatit STAT.*Theb*.4.727;—(*neut. pl. as sb.*) conpertis ~orum et sedibus et figuris CELS.1.pr.26; quaedam (aquae) ~ora potu fouent SEN.*Nat*.3.1.2; PLIN.*Nat*.20.101. **b** quod autem est animal, id motu cietur ~ore et suo CIC.*Rep.* 6.28; quid de tactu et eo (sensu) quidem quem philosophi ~orem uocant aut doloris aut uoluptatis..? *Luc*.20; si mentem istam quasi animal aliquod uoluit esse, erit aliquid ~us ex quo illud animal nominetur *N.D*.1.26;—~or (timor) est ille proprius *de Orat*.2.209; ~ore gaudio PLIN.*Nat*.2.94.

5 (of personal ties) More intimate, closer; (also, of friends, etc.).

gradus..plures sunt societatis hominum..proprior est eiusdem gentis..~us etiam est eiusdem esse ciuitatis CIC. *Off*.1.53; 3.69; spem amicitiae ~oris LIV.42.17.4;—causam operis ab ~oribus aulicis proditam SUET.*Cal*.19.3.

6 **a** Remote from the commonplace or superficial, deeper. **b** not known to the public, private, intimate, secret.

a erant in eo plurimae litterae nec eae uulgares, sed ~ores quaedam et reconditae CIC.*Brut*.265; sed haec quoque in promptu fuerit: nunc ~ora uideamus *Div*.2.124; quis ~or cura SIL.16.338. **b** sermonis secreta, litterae ~ores CIC. *Fam*.3.10.9; 7.33.2; cum..se..ab ~oribus consiliis segregari uidisset NEP.*Ham*.2.2; ~ORA ⟨NO⟩STRA ET RECONDITA CONSILIA *CIL* 6.1527.2.14; cum alii sacerdotia et consulatus ut spolia adepti, procurationes alii et ~orem potentiam TAC. *Hist*.1.2; ~orem ac familiarem eius uitam SUET.*Aug*.61.1; patefacta ~ore animi sui nota *Tib*.54.2;—(*neut. pl. as sb.*) illa ~ora iam uestra sunt, quid dici, quid praeiri..ius fuerit CIC.*Dom*.138; nos..illa externa cum multis haec ~ora cum paucis ex ipso saepe cognouimus *Luc*.4; pars maxima rerum offendat, si non ~ora tegas OV.*Ars* 3.230.

interitiō ~ōnis, *f.* [INTEREO+-TIO] Violent or untimely death; dissolution, destruction.

aratorum ~o facta nulla est CIC.*Ver*.3.125; duorum centurionum ~o hac aduersariorum poena est litata *B.Hisp.* 24.6;—(indiuidua corpora) nec laeduntur nec ~onem recipiunt VITR.2.2.1; 8.pr.1.

interitus ~ūs, *m.* [INTEREO+-TVS³]

1 Violent or untimely death. **b** the extinction (of a family, race, etc.).

illius immaturo ~u CIC.*Brut*.125; erepti..estis ex crudelissimo ac miserrimo ~u *Catil*.3.23; centesima lux est haec ab ~u P. Clodi et..altera *Mil*.98; iusto ~u tyranni *Att.* 14.14.4; propter equorum ~um *B.Afr*.70.1; tuum Poenos etiam gemuisse leones ~um..loquuntur VERG.*Ecl*.5.28; post ~um Neronis TAC.*Ann*.15.73. **b** familiam iam ad paucos redactam paene ab ~u uindicati CIC.*Marc*.10; donec ad ~um genus id natura redegit LUCR.5.877; ~u caret, cum procreetur semper humanum genus [SEN.]*Oct*.567.

2 The fact or process of being destroyed, dissolution: **a** (of material things). **b** (of institutions, societies, etc.). **c** (of conditions, qualities).

a Catilinam caedem senatus, ~um urbis..molientem CIC. *Pis*.5; mortem non ~um esse omnia tollentem atque delentem *Tusc*.1.27; repentina eius (*sc.* arcus) facies et repentinus ~us SEN.*Nat*.1.6.4; ~u fluuiorum STAT.*Theb*.5.737; ingentia opera..ab ~u uindicare PLIN.*Pan*.50.4. **b** ad occasum ~umque rei publicae CIC.*Sul*.33; legum ~um *Catil*.3.19; Aetoliae repentinus ~us *Pis*.91; caedem ciuium atque ~um ciuitatis *Phil*.3.6; naturae ~us uidetur sequi *Leg*.1.31; Thebas ab ~u retraxit NEP.*Ep*.8.4;—(*of an army*) exercitus nostri ~us ferro, fame, frigore, pestilentia CIC. *Pis*.40; *Div*.1.68. **c** qualis ista philosophia est, quae non ~um afferat prauitatis..? CIC.*Fin*.2.27; uirtutum ~us *Tusc*.5.51; ut..intermissionem eloquentiae, ne dicam ~um deplorarem *Off*.2.67; ~um usus fructus POMPON.*dig*.7.4.14.

3 (poet., app.) The setting (of the sun).

SOLIS AD ~VM *CIL* 6.30109.

interiungō ~gere ~xī ~ctum, *tr.* [INTER-+IVNGO]

1 To join together; (w. dat.) to yoke or harness (to).

dextrae ~ctae LIV.22.30.6; (*tm.*) tantum inter niuei iungantur uellera cycni GRAT.77;—saepe per Ionium Libycumque natantibus ire ~ctus equis..assuerat (*sc. a horse*) STAT.*Theb*.6.308.

2 To unyoke or unharness (oxen or horses) for a rest; (also absol.).

hora lassos ~git equos meridiana MART.3.67.7;—breuissimo somno utor et quasi ~go SEN.*Ep*.83.6; cum currere debeas Bouillas, ~gere quaeris ad Camenas? MART.2.6.16; (*fig.*) quidam medio die ~xerunt SEN.*Dial*.9.17.7.

interius, *adv.* [INTERIOR]

1 Nearer the centre, further in; nearer the inside (of a bend). **b** to a more intimate condition or status.

orbem..reuoluunt ~ uersum naturae foedere rupto MAN. 2.88; quod aurum argentumque non ~ absconderit SEN. *Ben*.7.10.4; (mare) Ionium in prima parte, ~ Hadriaticum PLIN.*Nat*.3.150; ~ tecti in penetralibus altis STAT.*Theb.* 10.104; ipse auidae trux nauita cumbae ~ sterilis ripas et adusta subibit litora *Silv*.2.1.187; ut in prima parte (siluae) leues Hispanos..ponerent, paulo ~ scutatos FRON.*Str.* 2.5.31; (*transf.*) ~ premunt omne secretum SEN.*Ep*.3.4;—(*in the body*) rapiat sitiens Venerem ~que recondat VERG.*G.* 3.137; a summa costa paulo ~ quam ubi ⟨ea⟩ media est os excrescit CELS.8.1.16;—non in cursu tantum..sed in his spatiis uitae ~ flectendum est SEN.*Dial*.9.9.3; speraiut flexae circa compendia metae ~ ductis Phoebeius augur habenis anticipasse uiam STAT.*Theb*.6.441; (*fig.*) ne fluat oratio, ne uagetur, ne insistat ~, ne excurrat longius CIC.*de Orat*.3.190. **b** hoc scire qui potest nisi ~ admissus? SEN.*Dial*.7.13.3; ~ noua saepe adscitaque serpunt pignora conexis STAT.*Silv.* 2.1.86.

2 Inside, within; inwardly. **b** in or to the interior (of a country).

ipsa quoque ~ cum duro lingua palato congelat OV.*Met.* 6.306; agmina ..~ muro breuiore recepit LUC.6.288; pinna ..nares ~ perfricantur LARG.8; uomere..sulcare terram, laesa quae fruges suas ~ alte condidit [SEN.]*Oct*.416;—~ grauiter regementem *Culex* 386. **b** penetrat ~ VELL. 2.120.2; ~ et longe satis a litore MELA 1.32; 1.97.

3 More deeply or profoundly.

quem primum ~ licuit cognoscere terris MAN.1.25; ~ mentes inspicit ille deus MART.9.28.8; ~ si attendas JUV. 11.15.

interkalāris, interkalō: see INTERCAL-.

interlābor ~bī ~psus, *intr.* [INTER-+LABOR¹]

1 To glide or flow between.

(*tm.*) inter enim labentur aquae VERG.*G*.2.349; per has stellis ~bentibus umbras STAT.*Theb*.2.649.

2 To slip or give way at intervals.

trahebat..neruis ~bentibus, artus SIL.6.18.

interlegō ~gere ~xī ~ctum, *tr.* [INTER-+LEGO;² cf. *intellego*] To pick off here and there; (in quot., tm.).

uncis carpendae manibus frondes interque legendae VERG. *G*.2.366.

interlīdō ~dere ~sī ~sum, *tr.* [INTER-+LAEDO] To strike out, expunge (letters from the middle of a word).

hunc fructum..Iouis glandem appellauerunt, quae nunc litteris ~sis iuglans nominatur BAS.*gram*.5.

interligō ~āre ~āuī ~ātum, *tr.* [INTER-+LIGO¹] To join together, interconnect.

(tigris) uariis..ornare corymbis curat et alterno maculas ~at ostro STAT.*Theb*.7.571.

interlinō ~inere ~ēuī ~itum, *tr.* [INTER-+LINO]

1 To daub in between or in the gaps (of a structure, in order to bind together).

caementa non calce durata erant sed ~ita luto LIV.21. 11.8; Babylonios muros..bitumine ~itos esse CURT.5.1.16.

2 (w. dat.) To smear on alternately (with).

maculis in balineo inlitus oleo ~initur (caseus) PLIN.*Nat.* 28.132.

3 To make a blot on (a document, in order to falsify it).

tabulae..quae se corruptas atque ~itas esse clamant CIC. *Ver*.2.104; in eo codice..qui tum ~itus proferebatur *Clu*.91; qui testamentum ~euerit 125; GAIUS *dig*.30.67.

interlocūtiō ~ōnis, *f.* [next+-TIO]

1 A parenthetical remark or interruption.

constans (testis)..non interrogatione, sed breui ~one patroni refutandus est QUINT.*Inst*.5.7.26; rem causamque.. ~onibus suis..exprimere consignareque GEL.14.2.17.

2 (leg.) An interlocutory decree.

seuera ~one comminatus fustium castigationem remittit PAUL.*dig*.1.15.3.1.

interloquor ~quī ~cūtus, *intr.* [INTER-+LOQVOR]

1 To speak between, intersperse remarks, interrupt.

sicin mi ~quere? TER.*Hau*.691; SEN.*Cl*.1.9.9; raro et breuiter ~cutus multum me intra silentium tenui PLIN.*Ep.* 7.6.6; GEL.14.2.19; lege, usque dum ego ~quar APUL.*Apol.* 80; (*w. internal acc.*) permitte mihi aliquid ~qui SEN.*Ben.* 4.26.1.

2 (leg.) To issue an interlocutory decree.

quodcumque..imperator..uel cognoscens decreuit uel de plano ~cutus est..legem esse constat ULP.*dig*.1.4.1; si praeses uel iudex ita ~cutus sit 'uim fecisti' 48.19.32; (*w. acc. and inf.*) si quaestionem in ciuili negotio habendam iudex ~cutus sit SCAEV.*dig*.49.5.2.

interlūcātiō ~ōnis, *f.* [INTERLVCO+-TIO] The thinning out (of a tree by pruning).

~o arboribus prodest PLIN.*Nat*.17.257.

interlūceō ~cēre ~xī, *intr.* [INTER-+LVCEO]

1 To be visible within or between something darker, show through. **b** (perh. fr. **interlucesco*) to become temporarily light; (in quot., impers.).

rari per uias ~cent [QUINT.]*Decl*.12.2; sucum..arborum esse (sucinum) intellegas, quia..animalia plerumque ~cent TAC.*Ger*.45.6; pone coma prolixior ~centem ceruicem.. obumbrat APUL.*Fl*.15;—(*w. dat.*) piscibus ~cet equi latus GERM.*Arat*.284; me..Acherontis tenebris ~centem APUL. *Met*.11.6. **b** duos soles uisos, et nocte ~xisse LIV.29.14.3.

2 To show light through, have gaps.

qua rara est acies ~cetque corona non tam spissa uiris VERG.*A*.9.508; ne ~ceret acies FRON.*Str*.2.3.16.

3 (of differences) To be manifest.

dissimilis forma atque natura loci comparandi sunt, ut distincti ~cere possint *Rhet.Her*.3.31; conditorem..ordinum..quibus inter gradus dignitatis fortunaeque aliquid ~cet LIV.1.42.4.

interlūcō ~āre ~āuī ~ātum, *tr.* [INTER-+LVCVS+-O[3]] To thin (trees, foliage).
adultas (arbores) ~are iusto plus PLIN.*Nat.*17.94; ~ata densitate ramorum 17.214.

interlūnium ~(i)ī, *n.* [INTER-+LVNA+-IVM] The period between the old moon and the new.
Thracio bacchante magis sub ~ia uento HOR.*Carm.* 1.25.11; formicam sentire uires sideris ~io semper cessantem PLIN.*Nat.*2.109; si ~io serantur (semina) 18.158; quem diem alii ~ii, alii silentis lunae appellant 16.190.

interluō ~ere ~ī, *tr.* [INTER-+LVO[1]]

1 To wash (the hands) in the course of a ceremony.
manus ~ito, postea uinum sumito CATO *Agr.*132.1.

2 (of straits or rivers) To flow between, wash.
PL.fr.voc.; pontus..Hesperium Siculo latus abscidit, aruaque et urbes litore diductas angusto ~it aestu VERG.*A.* 3.419; quos..secans..~it Allia 7.717; quodcumque ex illo mare terras ~it SEN.*Nat.*3.22; tramisso quod Capreas et Surrentum ~it freto TAC.*Ann.*6.1.

intermaneō ~ēre ~sī, *intr.* [INTER-+MANEO] (w. dat.) To remain amid.
Caesar mediis ~et agris LUC.6.46.

intermenstruum ~ī, *n.* [next] The period between two lunar months, the time of the new moon.
quaad ueniat ad ~um, quo die dicitur luna esse extrema et prima VAR.*R.*1.37.1.

intermenstruus ~a ~um, *a.* [INTER-+MENSTRVVS] Occurring between two lunar months, interlunar; *luna ~a*, the moon in the interlunar period.
etsi non omni intermenstruo tamen id (*i.e. an eclipse of the sun*) fieri non posse nisi ~o tempore CIC.*Rep.*1.25;—stercus nisi decrescente luna ne tangito, maxime autem ~a dimidiaque stercorato PLIN.*Nat.*18.322.

intermeō ~āre ~āuī ~ātum, *tr.* [INTER-+MEO] (of a river) To flow through the middle of.
Pergamum, quod ~at Selinus PLIN.*Nat.*5.126.

intermestris ~is ~e, *a.* [INTER-+MENSIS] = INTERMENSTRVVS.
nisi ~i lunaque dimidiata tum ne tangas materiem CATO *Agr.*37.3; a mensibus ~is dictum VAR.*L.*6.10.

intermicō ~āre ~āuī, *intr., tr.* [INTER-+MICO] To shine or gleam fitfully; (w. acc.) to shine among.
cernis ut..e speculis moriens ~et ignis? STAT.*Theb.*12. 252; in artissimis tenebris rapidissimo coruscamine lumen candidum ~are APUL.*Soc.*3;—tenebras nimbosque ~at ignis V.FL.4.662.

intermīnātus ~a ~um, *a.* [IN-[2]+ pple. of TERMINO] Having no limits, boundless, infinite.
inmensam et ~am..magnitudinem regionum CIC.*N.D.* 1.54; ~am cupiditatem..imperi VELL.2.33.2; nec sit in hoc mundo aliquid ~um APUL.*Mun.*38; *Pl.*1.5.

interminor ~ārī ~ātus, *intr.* [INTER-+MINOR[1]] To utter threats (in order to check or alter a person's course of action); *~atus*, forbidden with threats.
(*w. dat.*) uiro quae suo ~atur PL.*Cas.*658; (*w. internal acc.*) istucine ~ata sum hinc abiens tibi? TER.*Eu.*830; quae illi saepe ~ati sitis, omittam RUT.LUP.2.11;—(*w. acc. and inf.*) mihi tibique ~atust nos futuros ulmeos PL.*As.*363; ~atust ..eum cras cruciatu maxumo perbitere *Ps.*776;—(*w.* ne) eminor ~orque, ne mi opstiterit obuiam *Capt.*791; ~atu' sum ne faceres? TER.*An.*496; quaestoribus ~atus sum ne sumptum stipendio praeberent RUT.LUP.1.7; GEL.15.22.8;—~ato cum semel fixae cibo intabuissent pupulae HOR.*Epod.* 5.39.

interminus ~a ~um, *a.* [IN-[2]+TERMINVS] Endless, infinite.
stellarum choros ~o lapsu finem nulla aeui defectione factura APUL.*Mun.*1; ~um ad finem tempus 37.

intermisceō ~scēre ~scuī ~xtum, *tr.* [INTER-+MISCEO] To intermingle, intersperse, mix; (w. abl.) to fill (with an admixture of).
turbabant equos pedites ~xti LIV.21.46.6; si illam (*sc.* aquam) spiritus ~xtus eiecit SEN.*Nat.*3.15.8; his adiectis et ~xtis LARG.207;—(*w. dat.*) sic tibi..Doris amara suam non ~sceat undam VERG.*Ecl.*10.5; patriis ~scere petita uerba foris HOR.*S.*1.10.29; turbam indignorum candidatorum ~scendo dignis LIV.4.56.3; COL.11.3.57; puella..uotis crebros ~scet suspiritus APUL.*Met.*6.29;—cum clamor esset ~xtus gemitu *B.Hisp.*31.6.

intermissiō ~ōnis, *f.* [INTERMITTO+-TIO] A break in continuity, temporary cessation, intermission, pause; an adjournment (in a law court). **b** (med.) an intermission (of a fever or disease); a lucid interval (in madness). **c** an interval (of time). **d** a break in spatial continuity, gap.
effusa sine ~one contentio CIC.*de Orat.*3.224; neque alia ulla fuit causa ~onis epistularum *Fam.*7.13.1; propter ~onem forensis operae *Div.*2.142; breuis..res est, si uno tenore peragitur nec ipsi per ~ones has interuallaque lentiorem spem nostram facimus LIV.5.5.7; oratio..sine ~one in morem niuis superueniens SEN.*Ep.*40.2; septenis diebus noctibusque sine ~one PLIN.*Nat.*37.194; hinc..accidit dubitatio, ~o, repetitio QUINT.*Inst.*1.1.32;—nulli tamen ~o manifestius proderat SEN.*Con.*1.pr.15. **b** qui uel ex toto carent febre uel certe satis liberales ~ones habent CELS.3.21.16; 6.6.17;—dicet id genus furoris fuisse, ut ~onem haberet QUINT.*Decl.*295(p.167,l.26); ULP.*dig.*28.1.20.4. **c** sine ulla minimi temporis ~one CIC.*Hort.*fr.81; cuius seruitus ~one temporis diuisa est ULP.*dig.*43.20.1.3. **d** interdum etiam latius et cum quibusdam ~onibus serpit (uitiligo) CELS.5.28.19.A.

intermissus ~ūs, *m.* [next+-TVS[3]] = prec.
garrulus sine ~u cantus PLIN.*Nat.*10.81.

intermittō ~ittere ~īsī ~issum, *tr., intr.* [INTER-+MITTO]

1 To cause or allow to cease temporarily, discontinue, interrupt (an action or practice). **b** (w. inf.). **c** (pass. in middle sense) to leave off temporarily; (of a series) to be discontinuous.
RITVS SOLLEMNES NE ~ITTERENTVR CVRAI SIBI HABUIT *Elog.*6(*CIL* 1.p.191); ignem caueto ne ~ittas quin semper siet CATO *Agr.*38.2; retinet..nauis..cursum suum ~isso impetu pulsuque remorum CIC.*de Orat.*1.153; iuris dictionem ~itti, claudi aerarium *Har.*55; nec uero ~ittunt..admirationem earum rerum *Fin.*5.57; cum iter non ~itteret CAES.*Gal.*1.41.5; paulisper ~itterent proelium 3.5.3; ~issa, Venus, diu rursus bella moues? HOR.*Carm.*4.1.1; decreuit..~issa castra silere tuba PROP.4.4.80; quia ~iserant iam diu morem consulendi senatus LIV.3.38.8; nihil ~issa nauigatione hiberni maris TAC.*Ann.*3.1;—(*as opposed to permanent cessation*) commemoratio illius tui sceleris ~issa est, non memoria deleta CIC.*Phil.*2.51; in pace, etiam si non finiuntur odia, ~ittantur LIV.41.24.18; non multum refert, utrum omittas philosophiam an ~ittas SEN.*Ep.*72.3; qui ~ittere in agendo dolorem potest, uidetur posse etiam deponere QUINT. *Inst.*11.1.56. **b** te rogo ut ne ~ittas scribere CIC.*Att.* 11.10.2; quod dolere ~iserint *Tusc.*3.64; obsides dare ~iserant CAES.*Gal.*4.31.1; *B.Alex.*6.1; TAC.*Dial.*4.1. **c** uento ~isso CAES.*Gal.*5.8.2; non ~issis ut fluat imber aquis OV. *Pont.*4.4.2; nullus non ~ittitur dolor aut certe remittitur SEN.*Ep.*78.12; quotiens ~issus est somnus QUINT.*Inst.*10. 6.1;—tres, ~isso ordine, obducto membrana oculo genitos accepimus PLIN.*Nat.*7.51.

2 (intr.) To leave off temporarily; (of a fever) to intermit.
si ~iseris aut feriae publicae..intercesserint CATO *Agr.* 140; si in refectione quoque manserit tussis, ~ittere oportebit uno die CELS.4.13(5).6; bibunt aues..~ittentes PLIN. *Nat.*10.129; 16.100;—(*impers. pass., w.* quominus) SI.. ~ISSVM ESSET QVOMINVS PRAESTARETVR IT QVOD ORDO DECREVISSET *CIL* 14.2795;—(*w. advl. acc.*) quicquid erit.. scribes. equidem nihil ~ittam CIC.*Att.*14.1.2; gallos..sic adsidue canere coepisse ut nihil ~itterent *Div.*1.74;—tertiana, quae ex toto ~ittit CELS.3.14.1.

3 To allow to elapse, leave (an interval of time). **b** to leave unused (a period of time).
non tantulum umquam ~ittit tempus quin eum nominet PL.*Bac.*210; numquam unum ~ittit diem quin semper ueniat TER.*Ad.*293; dies ~issus aut nox interposita saepe perturbat omnia CIC.*Mur.*35; nullum adhuc ~isi diem quin aliquid ad te litterarum darem *Att.*7.15.1; triduo ~isso CAES.*Gal.*1.26.6; inungui ter oportet ~issis diebus PLIN. *Nat.*32.70. **b** (*w.* ad) nulla pars nocturni temporis ad laborem ~ittitur CAES.*Gal.*5.40.5;—(*w.* ab) ne quid omnino tempus ab opere ~itteretur 7.24.2; ut reliquum tempus a labore ~itteretur *Civ.*1.32.1.

4 To leave in between (an interval of space); to leave (part of a space) unoccupied. **b** to space at intervals. **c** (intr.) to leave a gap.
mille passuum ~isso spatio castra communit CAES.*Gal.* 6.7.4; 7.73.9; duobus digitis..~issis COL.7.10.2; ab..arboris crure pedale spatium ~ittito *Arb.*16.3; Umbri et Marsi ad uicenos (*sc.* pedes) ~ittunt arationis gratia PLIN.*Nat.*17.171;—ad eam partem oppidi..quae ~issa a flumine et a paludibus aditum..angustum habebat CAES.*Gal.*7.17.1; in ea planitie quam ~issam collibus tria milia passuum in longitudinem patere supra demonstrauimus 7.70.1. **b** trabes.. paribus ~issae spatiis CAES.*Gal.*7.23.3; incipit facies (arcus) esse non multarum imaginum et ~issarum, sed unius longae atque continuae SEN.*Nat.*1.3.8; nunc continua nunc ~issa tecta uillarum PLIN.*Ep.*2.17.27. **c** qua flumen ~ittit CAES.*Gal.*1.38.5.

5 To interrupt the use, occupation, etc., of, temporarily desert or abandon.
ager..qui ~ittitur a nouando, noualis ager VAR.*L.*5.39; uadentem..per ~issa custodiis loca Decium secuti sunt LIV.7.36.1; per ~issa munimenta neglectasque custodias 23.17.5; metalla etiam et uetera ~issa recoluit et noua multis locis instituit 39.24.2; PVTEVM..CONTINVIS SEX MENSIBVS ~ISSVM ALII OCCVPANDI IVS ESTO *Lex Vip.*11 (*Font.iur.*p.294); ausa est daedala nectareos apis ~ittere flores CALP.*Ecl.*2.20;—(*vocabulary*) inusitata (uerba) sunt prisca fere ac uetustate ab usu cotidiani sermonis iam diu ~issa CIC.*de Orat.*3.153; QUINT.*Inst.*1.6.39.

6 To pass over, omit.
ea, quae Hyginus fabulose tradita de originibus apum non ~isit COL.9.2.2.

intermorior ~rī ~rtuus, *intr.* [INTER-+MORIOR]

1 To become extinct, perish. **b** (of a road) to come to a dead end.
nam hic nimium morbus mores inuasit bonos; ita plerique omnes iam sunt ~rtui PL.*Trin.*29; memoriam prope ~rtuam generis CIC.*Mur.*16; si nullum officium tuum apud me ~riturum existimas BITH.*Fam.*6.16; ~ri uehementioribus, quam quae pati posset, remediis ciuitatem sinere LIV.34. 49.3; candor, in hoc aeuo res ~rtua paene OV.*Pont.*2.5.5; ~rtua iam et sepulta uerba FEST.p.218M. **b** pars (uicinalium uiarum) sine ullo exitu ~riuntur ULP.*dig.*43.7.3.1.

2 To fall unconscious, collapse, pass out. **b** (of plants or their parts) to die off (between periods of growth). **c** (of fire) to die down temporarily; also, so as to form a gap.
in ipsa contione ~rtuus haud multo post exspirauit LIV. 37.53.10; multi..ex profluuio sanguinis ~rientes CELS. 5.26.25.B; PLIN.*Nat.*32.130; prope ~rtuus iacuit SUET. *Nero* 42.1;—(*fig.*) ex ~rtuis Catilinae reliquiis CIC.*Pis.*16; *Att.*1.14.4; huius ambusti tribuni plebis illae ~rtuae contiones *Mil.*12. **b** si defringes, stirpes fient et ~rientur CATO *Agr.*161.3; mirum..de ea (arbore) accepimus, cum phoenice aue..~ri ac renasci ex se ipsa PLIN.*Nat.*13.42; 21.114. **c** harum (*sc.* anthracitidum) igneus color ut superiorum, sed peculiare quod tactu uelut ~rtuae extinguntur PLIN.*Nat.*37.99;—barbari suppliciorum ultimum, si qua ~reretur ignis, effugere temptabant CURT.6.6.31.

intermundia ~ōrum, *n. pl.* [INTER-+MVNDVS[2]+-IVM] (in the Epicurean philosophy) The spaces between worlds (transl. of Gk. *μετακόσμια*).
indiuidua cum dicitis et ~a CIC.*Fin.*2.75; tamquam modo ..ex Epicuri ~is descendisset *N.D.*1.18.

intermūrālis ~is ~e, *a.* [INTER-+MVRALIS] Situated between two walls.
diuisa est (arx) ~i amni et eadem ponte iuncta LIV. 44.46.7.

internascor ~ascī ~ātus, *intr.* [INTER-+NASCOR] To grow, spring up, between or among.
fallentia cursus uada altioribus ~ata SEN.*Suas.*2.1; dilatatae cicatrices et ~ato corpore expletae PLIN.*Nat.*17.251;—(*of plants*) angustiae et ~ata uirgulta ordines dirimebant LIV.28.2.8; trunci..circumspiciendi sunt, ne..pampinarius palmes ~atus..relinquatur COL.4.24.5; in aruo, quod segeti proscissum est, aliqui flores ~ascuntur SEN.*Dial.*7.9.2; PLIN.*Nat.*18.146; (*w. dat.*) ~atas saxis herbas TAC.*Hist.*4.60.

internatium ~iī, *n.* [INTER-+NATIS+-IVM] The lowest bone of the spinal column, the os sacrum.
dolor..~ii..: ~ium Graeci ἱερὸν ὀστοῦν, Suetonius Tranquillus spinam sacram appellat FRO.*Amic.*2.p.174(182N).

internecīnus ~a ~um, *a.*: var. of INTERNECIVVS.
inustae belli ~i notae CIC.*Phil.*14.7.

interneciō ~ōnis, *f.* **interniciō.** [INTER-+NEX+-IO[1]]

1 Total destruction of life, extermination, slaughter, massacre. **b** *ad ~onem*, (w. vbs. of killing, etc.) to the point of extermination.
illud ad incita cum redit atque ~onem LUCIL.101; quinam Tantalidarum ~oni modus paretur? ACC.*trag.*657; iter in Hispaniam Gallorum ~one patefactum est CIC.*Man.* 30; ~one exercitus CAES.*Gal.*1.13.7; gens..prope ~one sublata est PLIN.*Nat.*7.14; nil opus captiuis, solam ~onem gentis finem bello fore TAC.*Ann.*2.21; ~one amplissimi ordinis SUET.*Otho* 8.1;—(*of plants*) uitia..quae fere ad ~onem uineta perducunt COL.4.22.8;—(*transf., of records*) desidia rerum ~one memoriae indicta PLIN.*Nat.*14.3. **b** equitatus..funditus ad ~onem deletus esset *B.Afr.*52.4; Hispaniam..ad ~onem uastauimus SAL.*Hist.*2.98.9; bella quae ad ~onem..gesta sunt NEP.*Eum.*3.1; ad ~onem omnes perierunt LIV.25.26.14; ad ~onem..gens uniuersa totius aluei consumitur COL.9.3.3; multi..armis inter se ad ~onem concurrerunt SUET.*Otho* 12.2.

2 (meton.) A cause of extermination.
eum suae uitae finem ac fatis ~onem fore Meleagro, ubi torrus esset interfectus flammeus ACC.*trag.*451; catoblepas.. ~o humani generis PLIN.*Nat.*8.77.

interneciuus ~a ~um, *a.* **interniciuus.** [INTER-+NEX+-IVVS] (of war) Fought to the death; (of disease) devastating. **b** (transf., of quarrels, etc.) murderous. **c** (see quot.).
quibuscum acerbum bellum ~umque suscepimus CIC. *Dom.*61; LIV.9.25.9; ~um bellum cum ichneumone PLIN. *Nat.*8.87; SI QVIS PERICVLVM EI..INFERT..BELLO ~O TERRA MARIQVE PERSEQVI NON DESINAM *CIL* 2.172.8;—(pestilentia) quae..ciuitatem ~o genere morbi depopulata est GEL.2. 1.5. **b** sicubi graeculum et indoctum dixero, non erit ~um FRO.*Aur.*1.p.66(43N); inuidia perniciosum..malum maximeque ~om 1.p.72(59N); post ~um odium APUL.*Met.* 5.12. **c** ~um testamentum est, propter quod dominus eius necatus est PAUL.*Fest.*p.114M.

internecō ~āre ~āuī ~ātum, *tr.* [INTER-+NECO] To kill without exception, exterminate, massacre.
duello exstincto maxumo atque ~atis hostibus PL.*Am.* 189.

internectō ~ere, *tr.* [INTER-+NECTO] To bind together, bind up.
ut fibula crinem auro ~at VERG.*A.*7.816; uix magna lauare uulnera et efflantis libet ~ere plagas STAT.*Theb.* 8.168; (*tm.*) inter opus nectunt aliae (rupes) mediumque coercent *Aetna* 184.

interniciō, interniciuus: see INTERNEC-.

internīdificō ~āre ~āuī, *intr.* [INTER-+NIDIFICO] To build nests among.
excauant ripas atque ita ~ant (hirundines) PLIN.*Nat.* 10.95.

internigrans ~ntis, *a.* [INTER-+NIGRANS] Interspersed with black.
maculis ~ntibus albae (equae) STAT.*Theb.*6.336.

interniteō ~ēre, *intr.* [INTER-+NITEO] To shine or gleam at intervals.
distinguebant ~entes gemmae iugum CURT.3.3.16; armorum ~entium fulgor 4.13.2; nunc ~ente lucis fulgore, nunc condito 7.11.21; tellure deoperta ~ent (smaragdi) PLIN.*Nat.* 37.65.

internōdium ~(i)ī, *n.* [INTER-+NODVS+-IVM]
a The space or limb between two joints in the body of an animal, internode. **b** the space between two knots of a plant, internode.
a (canes) ~is articulorum longis VAR.*R.*2.9.4; *Ciris* 491; qua mollia neruosus facit ~ia poples OV.*Met.*6.256; longa ~ia crurum 11.793; CALP.*Ecl.*1.26; omnibus (araneis) ~ia terna in cruribus PLIN.*Nat.*11.79. **b** harundinum fissa ~ia MELA 3.62; medio fere ~io ea plaga..fit COL.4.9.1; caulem..nullis distinctum ~iis PLIN.*Nat.*18.57; quod e graminum genere VII ~ia habet 24.181.

internoscō ~noscere ~nōuī ~nōtum, *tr.* [INTER-+NOSCO] FORMS: pf. inf. *~nosse* PL.*Am.*142, FRO.*Aur.*1.p.4(62N).
1 To recognize the difference between, distinguish, know apart (two or more things).
~nosse ut nos possitis facilius PL.*Am.*142; ita forma simili puerei uti mater sua non ~nosse posset *Men.*20; quos cum humare uellent sui neque possent obtritos ~noscere CIC.*de Orat.*2.353; *Div.*2.128; si sciet ~noscere mendacem uerumque beatus amicum HOR.*Ars* 424–5; ut finem atque initium lucis exiguo discrimine ~noscas TAC.*Ag.*12.3.
2 To distinguish, pick out (from others).
fures ~noscere non possunt (canes), significant tamen si qui noctu in Capitolium uenerint CIC.*S.Rosc.*56; sonitum ut possis sentire neque illam (*sc.* uocem) ~noscere, uerborum sententia quae sit LUCR.4.561;—(*w.* ab) quae..~nosci a falsis non possunt CIC.*Luc.*22; secerni..blandus amicus a uero et ~nosci..potest *Amic.*95;—(*impers. pass., w. indir. qu.*) ita ut ~nosci posset quid cuiusque esset ALF.*dig.*19.2.31.

?**internundinum** ~ī, *n.* [INTER+NVNDINAE] The period from one market-day to the next, i.e. nine days in Roman reckoning (see also NVNDINVM, sense 1).
si nil gustat ~o (*s.v.l.*; inter nundinum *edd.*) LUCIL.637.

internuntia ~ae, *f.* fem. of INTERNVNTIVS.
haec celox illiust, quae hinc egreditur, ~a PL.*Mil.*986; haec sunt aues ~ae Iouis CIC.*Div.*2.72; PLIN.*Nat.*10.110; Iudaea..magna sacerdos arboris ac summi fida ~a caeli JUV.6.545; anus..adulterorum ~a APUL.*Met.*9.15.

internuntiō ~āre, *intr.* [INTERNVNTIVS+-O³] To send messengers to and fro.
paulisper ~ando cunctatio fuit, utri transgrederentur LIV.42.39.4.

internuntium ~(i)ī, *n.* neut. of next.
ea (*i.e. parts of the body*), quae sunt ~ia sentiendi, ..sunt operta uisceribus APUL.*Pl.*1.16.

internuntius ~(i)ī, *m.* [INTER-+NVNTIVS] One who carries messages between two parties, a messenger, intermediary; (also of priests as intermediaries between god and man).
seu per scriptas litteras..seu per ~ium PL.*Am.*71; *Mil.* 962; nequis forte ~ius clam a milite ad istam curset TER.*Eu.*287; CIC.*Ver.*5.14; ~iis ultro citroque missis CAES.*Civ.* 1.20.4; LIV.37.10.5; ULP.*dig.*29.2.25.4; (*w. gen.*) ne a militibus ~ius inuisae pacis interficeretur TAC.*Hist.*3.70;—Iuppiter Optimus Maximus cuius interpretes ~iique constituti sumus CIC.*Phil.*13.12; consulta responsaque ut ~ius numinis portabat TAC.*Hist.*4.65.

internus ~a ~um, *a.* [INTER+-NVS]
1 Situated inside, internal; (neut. pl. as sb.) the interior parts. **b** within one's house, private.
uenas ~o calore siccari SEN.*Nat.*4a.2.26; terris ~o motu diuulsis 6.24.6; ~orum ignium 6.27.2;—(*in the body*) ne..rigor..~o uastet pecuaria morbo CALP.*Ecl.*5.118; ~is ulceribus SEN.*Ep.*95.17; ~is..uisceribus PLIN.*Nat.*11.37;—tamquam ~a eius (*sc.* mundi) cuncta plane iam nota sint 2.4. **b** occidit ~as coniunx mactatus ad aras OV.*Ep.*7.113.
2 (of seas) Situated within the mass of land, land-locked; (esp. as prop. name) *mare ~um*, the Mediterranean.
siquidem oceanus infusus in multos..sinus..~a maria adlatrat PLIN.*Nat.*2.173;—2.205; limen ~i maris multi eum locum appellauere 3.4; (*cf.*) litore ~o (*i.e. on the Mediterranean coast*) oppida Barbelusa cum fluuio.. 3.8.
3 Taking place within a country or state, civil, domestic, internal; (neut. pl. as sb.) internal affairs.
ob ipsorum ~a mala SAL.*Hist.*4.69.13; principium ~o simul externoque bello parantibus fatis TAC.*Hist.*2.69; ob ~as caedis *Ann.*2.2; ~is discordiis 2.26; pauor ~us occupauerat animos 4.74;—si quando ad ~a praeuerterent 4.32.

interō¹ ~ere intrīuī intrītum, *tr.* [IN-¹+TERO] FORMS: *intristi* (= *intriuisti*) TER.*Ph.*318.
1 To powder or crumble (on or into). **b** to rub into fragments, crumble up.
eo ~ito quod uolet cibi CATO *Agr.*156.6; dictas super ~it herbas *Mor.*99; intrito cibo plenam lagonam PHAED.1.26.7; nuces iuglandes..~ito COL.12.59.2; ut potioni ~i possint PLIN.*Nat.*28.261. **b** panem..in lacte..intritum VAR.*R.* 2.9.10; semen intritum cum oleo PLIN.*Nat.*24.145; (*fig.*) tute hoc intristi: tibi omnest exedendum TER.*Ph.*318.
2 To rub on.
acetum intritum consumatur ad omnia, quae teri debent LARG.201.

interō² ~āre: see INTRO².

interordinium ~(i)ī, *n.* [INTER-+ORDO+-IVM] The space between rows (of plants).
minimum est quinque pedum ~ium COL.3.13.3; per totidem pedes, quot destinaueris ~iorum spatiis 3.15.1; 4.14.2.

interoscitans ~ntis, *a.* [INTER-+OSCITO] Yawning from time to time, half-asleep, nodding.
id uoluit nos..~ntis opprimi TER.*An.*181.

interpellātiō ~ōnis, *f.* [INTERPELLO+-TIO]
1 The action of interrupting a speech, discussion, business, etc.
quid tibi ~o aut in consilium huc accessio est? PL.*Trin.* 709; minime impediendus est ~one iste cursus orationis tuae CIC.*de Orat.*2.39; si quando..interuentus alicuius aut ~o..dederit occasionem *Part.*30; putabam..commodius te idem istud domi agere posse ~one sublata *Att.*12.43.1(42.3); tribunos ipsos cetera pati sine ~one concilia habere LIV.3.14.5; QUINT.*Inst.*9.2.2; decem amplius uersus hac tua ~one perdidimus PLIN.*Ep.*3.5.12;—(*w. subj. gen.*) in his uiri sine ~onibus mulierum uersantur VITR.6.7.4; propter ~onem reipublicae incepta reliquerunt 7.pr.15.
2 An appeal to law, suit, process.
alia ~one opus est PAUL.*dig.*5.1.23; optinere sine ~one id quod quis emerit 50.16.188.

interpellātor ~ōris, *m.* [next+-TOR] One who interrupts or intrudes. **b** (app.) a petitioner.
alieni sermonis molesti ~ores *Rhet.Her.*2.16; ut ~orem coerceat CIC.*Orat.*138; sine ~ore secretum SEN.*Ep.*80.2; QUINT.*Inst* 6.3.65. **b** cum ~ores aliis atque aliis causis in iure dicendo detinerent SUET.*Aug.*97.3.

interpellō ~āre ~āuī ~ātum, *tr.* [INTER-+PELLO (for change of conj. cf. *appello, compello*)]
1 To interrupt (a person while speaking), break in on; (also absol.). **b** to say by way of interruption, interpose.
te ne laudandi quidem causa ~au ıCIC.*de Orat.*3.189; nihil te ~abo; continentem orationem audire malo *Tusc.*1.16; quem ingressum in sermonem Pompeius ~auit CAES.*Civ.* 3.18.4; peccatum fateor, cum te sic tempore laeuo ~arim HOR.*S.*2.4.5; LIV.32.33.10;—si ~as, ego tacebo PL.*Men.* 1121; ~andi locus hic erat HOR.*S.*1.9.26; uincam..silentium et..gemitu ~abo CURT.4.6.28; SUET.*Jul.*20.4. **b** nisi uero illud dicet, quod et in Tetti testimonio priore actione ~auit Hortensius CIC.*Ver.*1.71; (*w. acc. and inf.*) ilico occucurri atque ~o matri te ancillam tuae emisse illam PL.*Mer.*201.
2 To interrupt (a person in any activity).
ut..nemo esset qui auderet..~are uigilantem CIC.*Ver.* 5.93; manus..sibi adferre conatus est; in quo casu tamen ~atus et adhuc uiuit PLANC.*Fam.*10.23.4; reperiebat T. Ampium conatum esse pecunias tollere..sed ~atum aduentu Caesaris profugisse CAES.*Civ.*3.105.1; si quis..te..exta spectantem sic ~et CURT.9.4.28; ne quis se ~aret edixerat SUET.*Tib.*40; imperiis deum rursus ~or APUL.*Met.* 11.29; (*absol.*) loca..~antium..multitudine paene fugienda CIC.*Att.*14.16.1; (*cf.*) fame..et iterum siti ~ante panem.. aspernatus est, aquae autem tepidae aliquantum bibit SUET.*Nero* 48.4.
3 To interrupt, break in on (an action, process, etc.). **b** to interrupt spatially, intersperse.
(*speech*) mihi omnis sermo est cum litteris. eum tamen ~at fletus CIC.*Att.*12.15; cuius orationem Caesar ~at CAES.*Civ.*1.22.5; uniuersorum uoces..orationem ~arunt LIV. 40.46.13;—(*other actions, etc.*) haec tota res ~ata bello refrixerat CIC.*Att.*1.19.4; *Lydia* 36; somnus ~atur CELS.4.22. 1; MAN.3.559; magno malo ulla uoce ~atum silentium luitur SEN.*Ep.*47.3; usucapio tua ~abitur JULIAN *dig.*13.7.29. **b** fulgoris ~ati nubilo macularum PLIN.*Nat.*37.126; purpuram nigris ~antibus maculis 37.155.
4 To obstruct, get in the way of, impede: **a** (persons). **b** (actions, etc.). **c** (absol.). **d** (in a physical sense).
a quae res, si a Rhodiis non essem ~atus, fortasse tota sublata esset LENT.*Fam.*12.14.2; nos esse iniquos quod in suo iure se ~aremus CAES.*Gal.*1.44.8; ~atus tempestatibus [QUINT.]*Decl.*12.25;—(*w.* quominus) ~ent me quo minus honoratus sim, dum ne ~ent quo minus res p. a me commode adminstrari possit D.BRUT.*Fam.*11.10.1; V.MAX. 5.4.2; (*w.* quin) Caesar numquam ~auit quin quibus uellem ..iis uterer MAT.*Fam.*11.28.7; (*w.* ne) neutra ~are ualuit ne non animo et uideret et uigeret V.MAX.8.7.4; (*w. inf.*) pransus non auide, quantum ~et inani uentre diem durare HOR.*S.*1.6.127. **b** munitiones..ad flumen perductae.. propriam expeditamque Caesaris uictoriam ~auerunt CAES.*Civ.*3.70.2; stupro ~ato LIV.3.57.4; SEN.*Ben.*2.14.1; ut neque spiratio ~etur neque.. LARG.47; nihil facit ad ~andam iurisdictionem eius MAECIAN.*dig.*40.5.36.2; si procurator iustam causam habuit ~andi manumissionem serui JULIAN.*dig.*17.1.30. **c** ~antibus..his inimicitiis animus tuus mihi magis patuit quam domus CIC.*Att.* 14.13b.5; sin casus aliquis ~arit MAT.*Fam.*11.28.8; sin.. loci natura ~auerit VITR.4.5.2; quod militum corpora saeuitia maris ~ante sepulturae mandare non potuissent V.MAX.9.8.ext.2; FRON.*Str.*1.1.10. **d** nec saxa cotesque, quae ~ent specus, obstant CURT.4.6.8; saxo, quod alueolum ~at 6.4.4.
5 To accost (esp. w. a request). **b** (spec.) to solicit (a woman).
uerum tu quid agis? ~a me, ut sciam LUCIL.757;—iterum deinde ac saepius ~atus in proposito perstitit V.MAX. 3.1.2; 8.10.ext.1; statim promittamus facturosque nos, etiam antequam ~emur..adprobemus SEN.*Ben.*2.2.2;—(*w.* ut, ne) ut aliquid esset morae, multi ~ant CIC.*Ver.*4.142; interregem ~antibus ne senatus consultum..faceret LIV. 4.43.8; (*w.* ad+*gdve.*) ~ATO RECTORE PROVINCIAE AD INDEMNITATEM SVI CONSERVANDAM *CIL* 3.13569. **b** qui.. mulierem puellamue ~auerit PAUL.*dig.*47.11.1.2.
6 (leg.) To institute proceedings against, sue.
alium ~atum ab aduersariis de propria lite SUET.*Cl.*15.1; si ~auero uenditorem et non dederit id quod emeram POMPON.*dig.*18.6.18(17); si pars heredum me ~et 46.3.81; si quis..me ~auerit uexandi mei causa ULP.*dig.*47.10.13.3; (*w. gen. of grounds of action*) qui a parte promissoris ~ari traiecticiae pecuniae possit POMPON.*dig.*22.2.2.

interpensīua ~ōrum, *n. pl.* [INTER-+PENSVS+-IVVS] (archit.) Cross-beams, trimmers.
in quibus trabes..traiectae habeant ~a VITR.6.3.1.

interplicō ~āre *tr.* [INTER-+PLICO] To thread or weave between.
tum uarias pestis raptumque ~at atro Tisiphones de crine ducem STAT.*Theb.*2.282; (*of things*) alba..~at infula cristas 4.218.

interpolātiō ~ōnis, *f.* [INTERPOLO+-TIO] The action of processing or touching up.
hanc (chartam)..tenuatam..curiosa ~one principalem fecit e plebeia PLIN.*Nat.*13.75.

interpolis ~is ~e, *a.* Also **~us** ~a ~um. [cf. next] Made as new, refurbished, touched up; also, capable of being remade.
nam istae ueteres, quae se unguentis unctitant, ~es,.. quae uitia corporis fuco occulunt PL.*Mos.*274; uestem ~em FRO.*Aur.*2.p.112(161N); (*transf.*) mutatur ars (*sc.* medicina) cottidie totiens ~is PLIN.*Nat.*29.11;—est quidem eius (*sc.* sparti) natura ~is, rursusque quam libeat uetustum nouo miscetur 19.29. **β** si uestimenta ~a quis pro nouis emerit LABEO *dig.*18.1.45.

interpolō ~āre ~āuī ~ātum, *tr.* [INTER-+*polo (perh. connected w. POLIO)]
1 To make as new, refurbish, touch up, improve; to process, work up (raw materials), **b** (w. non-material objs.). **c** to produce by touching up.
noua pictura ~are uis opus lepidissumum? PL.*Mos.*262; quo minus togam praetextam quotannis ~et CIC.*Q.fr.*2.10.5; ~ant ueteratores et pro nouiciis uendunt ULP.*dig.*21.1.37; (*facet.*) illic homo me ~abit meumque os finget denuo PL.*Am.*317;—Alexandriae, ubi tura ~antur PLIN.*Nat.*12.59; eadem lacte diluta tectoriorum albaria ~antur 35.194; **b** multa..uerba litteris commutatis sunt ~ata VAR.*L.*5.3; referendo in tabulas..quod gestum non esset, tollendo quod esset, et semper aliquid demendo, mutando, ~ando CIC.*Ver.*1.158; asperum quia uox sonorem leuiore ~at MAUR. 895. **c** ex qua apparet antiquior materiae origo, nunc uitri similitudine ~ata PLIN.*Nat.*36.197.
2 (dub., perh.) To alter.
duorum siderum (*sc.* solis et lunae) occursum, quo ~ari dies solet SEN.*Nat.*1.17.3.

interpolus ~a ~um, *a.*: var. of INTERPOLIS.

interpōnō ~pōnere ~posuī ~positum, *tr.* [INTER-+PONO]
1 To place between or among, intersperse, interpose, insert. **b** (pass.) to lie between, intervene.
si uinea a uite calua erit, sulcos ~ponito CATO *Agr.*33.3; turrim..quam ille ~posuit QUAD.*hist.*81; quia..concurrerent litterae, ut etiam modo, nisi 'autem' ~posuissem, concurrissent CIC.*Orat.*154; ubi..spatium inter muros.. postulare uideretur, pilae ~ponuntur CAES.*Civ.*2.15.2; ~ponunt singulos (lapides)..utraque parte frontatos VITR. 2.8.7; ne ~positi quidem elephanti militem Romanum deterrebant LIV.37.42.5; (lilium) ~positum..rosas decet PLIN.*Nat.*21.22;—(*w. dat.*) ut equitibus ~positi proeliarentur HIRT.*Gal.*8.13.2; ut..~ponerentur his medii Galli atque Hispani LIV.22.46.3; adiectione i litterae, quam..quibusdam etiam ~ponunt ut in ΛΗΙΣΤΗΙ QUINT.*Inst.*1.7.17; (*geog.*) quidam solitudinibus ~posuerunt Atlantas PLIN.*Nat.* 5.44; (*refl.*) inconditis Galliae populis se ~posuerunt SEN.*Dial.*12.7.8;—(*w.* inter) leuem..armaturam inter equites ~posuerat *B.Afr.*60.4; (*refl.*) inter quae uariis clausulis ~ponit se raro numerosa comprehensio CIC.*Orat.*226. **b** bonis uiris subauscultantibus pariete ~posito CIC.*Top.*75; si ~positum spatium sit longius aequo LUCR.4.557; magna ..fluminis mora ~posita CAES.*Civ.*1.64.7; aquam..emitti.. sub umbilico, fere quattuor ~positis digitis CELS.7.15.1; unum da gentibus ignem, non ~positis urantur corpora flammis LUC.7.805; opera eius (*sc.* uuae) gemina duabus ~positae fistulis PLIN.*Nat.*11.175; ~positis..alienis aedibus imponi potest (seruitus) PAUL.*dig.*8.4.7.1.
2 To insert into a group or number, put among. **b** to insert as an ingredient or constituent part.
aliqua (uox) illic acuta est, aliqua grauis..accedunt uiris feminae, ~ponuntur tibiae SEN.*Ep.*84.9;—(*w. dat.*) ut eorum equitum..faceret statuas et ipsius quoque iis ~poneret VELL.1.11.4; uidet puerum uenalibus ~positum QUINT.*Decl.*388(p.435,l.3). **b** ~ponis aquam subinde MART.1.106.1;—(*w. dat.*) unam syllabam expetendo ~ponere

Sen.*Ep.*117.5; condimentis ~ponitur (ami) Plin.*Nat.*20.163.

3 To introduce, insert, include (in a speech, book, etc.). **b** (pass.) to contain insertions. **c** to mention in connection, bring in.
ne..cum obsit narratio..tamen ~ponatur Cic.*Inv.*1.30; saepe etiam uersus facete ~ponitur *de Orat.*2.257; haec ~posui..non tam ut pro me dixerim..*Phil.*14.17; ~posuerat et querellas de iniquitate decretorum Liv.39.47.6; usus poetae ut moris est licentia, atque ~posuit gemina Ledae sidera Phaed.4.25(26).9; (*w. indir. qu.*) hoc loco libet ~ponere..nimia fiducia quantae calamitati soleat esse Nep.*Pel.*3.1. **b** omnia..rationibus populorum non ~positis neque perturbatis neque repentinis, sed certis, institutis, ordine relata..sunt Cic.*Ver.*3.175. **c** ~ponatur nomen ciuitatis? Cic.*Ver.*2.43; totum Sempronium usque eo perago ut Vestorium quoque ~ponam Cael.*Fam.*8.8.1; —(*w.* in+*abl.*) cum..tuum..nomen in re tam turpi nefariaque ~ponerent Cic.*Ver.*3.131;—(*w. dat.*) honoribus etiam militiaeque ~ponitur (sal) salariis inde dictis Plin.*Nat.*31.89; eandem (gemmam) litibus iudiciisque ~posuit 37.169.

4 To insert (in a temporal or other series); to deal with or take in between. **b** (pass.) to come between (in time or order), intervene.
intercalariis mensibus ~ponendis Liv.1.19.6; (musici) his (sonis), quos ~posuerunt, inserunt alios Quint.*Inst.*12.10.68; quamuis..inediam..unius diei per singulos menses ~poneret Suet.*Ves.*20.1;—~posita Smyrnaeorum breuis legatio est Liv.37.54.2; saluberrimum intellegitur..praesumere cibis et ~ponere frigidam (aquam) Plin.*Nat.*28.55; (*w. dat.*) rei tantae parum ad notitiam pertinens ~ponetur Vell.2.7.4. **b** quis..umquam..litteras ad se ab amico missas offensione aliqua ~posita in medium protulit? Cic.*Phil.*2.7; paucis ~positis uersibus *Div.*1.131; bellis ~positis..posse in obliuionem tribunorum plebem adduci Liv.3.41.6; duo interreges..~positi obtinuere quod dictator frustra tetenderat 7.22.2;—(*w. dat.*) triumphus meus..duobus funeribus liberorum meorum est ~positus 45.41.9;—(*w.* inter) tam multis inter nostrum tuumque initium dicendi ~positis oratoribus Cic.*Brut.*231.

5 To interpose (delay). **b** (pass., of time) to elapse in the meanwhile, intervene.
qui omnis moras ~ponas quibus infirmetur Brutus Cic.*Phil.*8.17; 10.1; nullam moram ~ponendam putauimus quin uideremus hominem *Ac.*1.1; eius rei causa moram ~poni arbitrabatur Caes.*Gal.*4.9.3; Liv.39.35.2. **b** paucis ~positis diebus Cic.*Brut.*86; dies intermissus aut nox ~posita saepe perturbat omnia *Mur.*35; ~positus annus alios induxit ut uictoriam sperarent *Fam.*15.15.2; Caes.*Gal.*6.38.4; cum id..mutari spatio ~posito possit Liv.5.5.10; ~posito tempore Cels.5.28.17; Afric.*dig.*44.7.23.

6 To introduce, bring into play, resort to, employ; *auctoritatem ~ponere*, to exert one's influence. **b** to introduce, proffer (a promise, guarantee, etc.); *fidem ~ponere*, to pledge one's word. **c** (leg.) to issue (a decree, verdict); (in general) to advance (an opinion, judgement).
maiores uoluisse certis in rebus ~poni quaestiones *Rhet.Her.*2.10; pro sociis..operam, studium, laborem ~ponere Cic.*Div.Caec.*63; uos reiectione ~posita..repentini in nos iudices consedistis *Sul.*92; fictus testis subornari solet et ~poni falsae tabulae *Caec.*71; largitione ~posita uirtutis..obliuisci solet (ciuitas) Q.Cic.*Pet.*55; in iis emptionibus, quae mancipi sunt, etiam nunc libra ~ponitur Plin.*Nat.*33.43; societas..quae donationis causa ~ponitur Ulp.*dig.*24.1.32.24;—XL annis ante me consulem ~positam senatus auctoritatem sustinui Cic.*Pis.*4; si auctoritatem ~ponis sine armis, magis equidem laudo *Phil.*13.15; Hirt.*Gal.*8.52.3; in quibusdam causis dicis gratia tutor ~ponit auctoritatem suam Gaius *Inst.*1.190. **b** cur..in societate dissoluta noua haec restipulatio ~ponitur? Cic.*Q.Rosc.*38; iste poenis compromissisque ~positis HS ↀↀ extorquenda curauit *Ver.*2.66; ut..sponsio ~poneretur quae neminem praeter sponsorem obligaret Liv.9.9.15; iureiurando ~posito 34.25.7; captiuos..~posita pactione nummorum receperat V.Max.4.8.1; quae solent stipulationes inter heredem et partiarium legatarium ~poni Gaius *Inst.*2.254;—Lusitanis..contra ~positam..fidem interfectis Cic.*Brut.*89; neque omni ~posita fide firmum esse posse Caes.*Civ.*1.86.2; Sal.*Jug.*32.1; fide indutiarum ~posita Liv.42.43.4; (*w.* in+*acc.* ut..in..eam rem fidem suam..~poneret Cic.*S.Rosc.*114. **c** iudicatum est id, de quo sententia lata est aut decretum ~positum *Rhet.Her.*2.19; ostendere non oportuisse ante supplicium quam iudicium ~ponere Cic.*Inv.*2.80; quin is ab Siculis ob decreta ~ponenda pecunias ceperit *Ver.*2.119; Caes.*Gal.*7.34.1; ius eo die se non dicturum neque decretum ~positurum Liv.3.46.3;—potuit certius ~ponere iudicium uoluntatis suae? Cic.*Balb.*42; nullum meum iudicium ~ponens sed exquirens tuum *Att.*8.3.7; quo facilius nostra quoque opinio ~poni possit Cels.1.pr.12; neque..meam ~pono sententiam Quint.*Inst.*5.pr.3.

7 To introduce as a hindrance or interference, use as a bar or pretext, interpose.
quam prouinciam..~posita religione..deposuisset Cic.*Pis.*50; neque colloquium ~posita causa tolli uolebat Caes.*Gal.*1.42.5; causa ~posita, quod is in aequum non descenderet *B.Alex.*60.3; causam ~ponens se collegas exspectare Nep.*Them.*7.1; illo tantum ~posito discrimine, quod unum diem praestat integrum, tertio redit Cels.3.3.2; tribuni..intercessionem suam ~ponere noluerunt V.Max.6.1.10; ~posito uenerabili principis nomine tot aerumnis me liberare Apul.*Met.*3.29; curator iuuenis..appellationem ~posuit Scaev.*dig.*49.1.24.1;—(*w. dat.*) tuas rationes communibus ~ponis Cic.*Phil.*8.12; qui..suum consilium meo ~ponet Liv.35.35.17; dixit..deos rebus humanis non ~ponere arbitrium suum Sen.*Suas.*3.3; nec Claudius..arma certantibus barbaris ~posuit Tac.*Ann.*12.29;—(*w.* quominus) postulata..haec ab eo ~posita esse quo minus quod opus esset ad bellum a nobis pararetur Cic.*Att.*7.15.3.

8 To make (a person) a party (to an event), introduce as witness or participant.
pro eo homine..alium hominem..~poni oportet Cic.*Inv.*1.24; ~posuistis accusatorem qui..dies..c et VIII sibi..postularet *Ver.*1.30; quom intellegat..quam..sancta sit societas ciuium inter ipsos diis immortalibus ~positis tum iudicibus, tum testibus *Leg.*2.16; minus insigne certamen humanum numine ~posito deorum factum Liv.7.26.4; nomina ~positis parariis facit Sen.*Ben.*3.15.2; per ~positam personam donatio consummari potest Pompon.*dig.*39.5.4;—(*w. dat.*) optimum esse dicunt, non ~poni uos bello Liv.35.49.13; nuptiis etiam nunc auspices ~ponuntur V.Max.2.1.1; conuiuium..cui praeter cognatos..nemo ~ponebatur 2.1.8.

9 (refl.) To take a hand, intervene, interfere. **b** to intervene in order to forbid, veto.
cur te ~ponis inuitissimis iis quibus maxime lex consultum esse uult? Cic.*Div.Caec.*21; me nihil ~pono *Q.fr.*3.4.5; cum..uersuram facere publice necesse esset..semper se ~posuit Nep.*Att.*2.4;—(*w.* in+*acc.*) si te in istam pacificationem non ~pones Cic.*Fam.*10.27.2;—(*w.* in+*abl.*) iudex omnino ~ponere se in his non debet Ulp.*dig.*10.2.4.1; —(*w. dat.*) quid..me ~ponerem audaciae tuae? Cic.*Phil.*2.9; qui me mediis ~posuerim Caesaris scriptis Hirt.*Gal.*8.pr.3; bello se non ~ponant Liv.35.48.9; non oportere patres conscriptos se rei publicae Karthaginiensium ~ponere V.Max.4.1.6;—(*w. inf.*) dico illi: ueni ~pone te si potes aiutare..patri meo *P.Mich.*471.28. **b** leges sinunt, tamen te ~ponis! Cic.*Ver.*1.114; ni se tribuni plebis..~posuissent Liv.27.6.3;—(*w.* quominus) tribunum plebis posse reperiri qui se ~ponat quo minus reus mea lege fias Cic.*Vat.*37; nec se ~ponerent, quo minus, qui posset, teneret Liv.34.62.14; (*w.* ne) Alcinous se inter eos ~posuit, ne bellarent Hyg.*Fab.*23.2.

interpositiō ~ōnis, *f.* [prec.+-tio]

1 The action of placing between, insertion; introduction, inclusion.
coniunctio est cum ~one uerbi et superiores partes orationis comprehenduntur et inferiores *Rhet.Her.*4.38; propter columnarum ~ones spatiosiores constituantur (oeci corinthii) Vitr.6.3.8; angustiae..nouorum ~one priora confundant Quint.*Inst.*10.3.32;—qui..causam esse dicat rem, quae habeat in se controuersiam..cum personarum certarum ~one Cic.*Inv.*1.8.

2 An insertion; a parenthesis.
una omnino ~o difficilior est Cic.*Fam.*16.22.1;—quod ~onem uel interclusionem dicimus, Graeci παρένθεσιν..uocant Quint.*Inst.*9.3.23.

interpositus ~ūs, *m.* [interpono+-tvs[3]] The action of placing between, interposition.
(luna) ~u interiectuque terrae repente deficit Cic.*N.D.*2.103; Plin.*Nat.*2.47.

interpres ~etis, *m.*, *f.* [inter-+*pret- (etym. dub., perh. connected w. *pretium*)]

1 An intermediary, agent, go-between.
quod te praesente isti egi teque ~ete Pl.*Cur.*434; quasi..ea res per me ~etem..curetur *Mil.*910; qui..non occulte, non per amicos atque ~etes, sed palam..ageret Cic.*Ver.*4.49; improbissimis litteris quidam fallacibusque ~etibus ac nuntiis impulerunt in spem certissimam consulatus *ad Brut.*1.10.3; non tamen ~es tantundem iuueris Hor.*S.*2.4.91; (*of a letter*) per ceram et linum litterasque ~etes salutem impertit Pl.*Ps.*42;—(*w. gen.*) quasi..ego rei sim ~es *Mil.*798; sequestres aut ~etes corrumpendi iudici Cic.*Ver.*36; tu..harum ~es curarum et conscia Iuno Verg.*A.*4.608; se pacis eius ~etem fore pollicetur Liv.21.12.6; (*of the senses*) sensus..~etes ac nuntii rerum Cic.*N.D.*2.140.

2 A spokesman, ambassador; (esp. of priests) a spokesman or messenger of a god.
regius..~es V.Fl.6.690;—Iuppiter Optimus Maximus cuius ~etes internuntiique constituti sumus Cic.*Phil.*13.12; auis illa uideri posset ~es et satelles Iouis *Div.*2.73; ~es diuum (*sc.* Mercurius) Ioue missus ab ipso Verg.*A.*4.356; hominum diuumque ~es Asilas 10.175; Hor.*Ars* 391; ueridica ~es deum Liv.1.7.10; Stat.*Theb.*8.336.

3 One who explains or expounds, an interpreter. **b** an interpreter (of omens, oracles, dreams, etc.). **c** an expositor (of laws, etc.).
Oedipo opust coniectore, qui Sphingi ~es fuit Pl.*Poen.*444; neque..uos scripti sui recitatores, sed uoluntatis ~etes fore putauit (legis scriptor) Cic.*Inv.*2.139; mali uerborum ~etes Cas.*Fam.*15.19.2; malus ~es populi mihi concitat iram Ov.*Pont.*4.14.41; uolgo, ueritatis pessimo ~eti Sen.*Dial.*7.2.2; caeli ~etes (*i.e. astronomers*) Plin.*Nat.*2.55; (*w. indir. qu.*) alia..an sint honesta, ~ete egent Sen.*Ben.*4.16.3;—(*of speech, expressions of feeling, etc.*) ~es..mentis oratio Cic.*Leg.*1.30; animi ~es..lingua Lucr.6.1149; Hor.*Ars* 111; metu ~ete semper in deteriora inclinato Liv.27.44.10; mala ~es opinio Sen.*Ben.*4.21.5. **b** augurium atque extum ~etes Pac.*trag.*81; auspiciorum nos fortasse erimus ~etes Cic.*Phil.*5.9; somniis uaticinationibus oraclis..explanationes adhibitae sunt ~etum *Div.*1.116; ~etes istos caeli (*i.e. astrologers*) 2.92; carminum Sibyllae ac fatorum populi huius ~etes Liv.10.8.2; Tac.*Ann.*2.27; (*cf.*) Chrysippus, qui Stoicorum somniorum uaferrumus habetur ~es Cic.*N.D.*1.39; (*poet., w. indir. qu.*) sit sors et nobis talorum ~ete iactu, quem grauibus pennis uerberet ille puer Prop.3.10.27. **c** ne ipsi iuris ~eti fieri uideretur iniuria Cic.*Top.*4; foederum ~etes *Ver.*5.55; ~etes iuris *Caec.*70; ista lex..censorem quaerit ~etem *Leg.*3.28; Liv.3.55.8; ~es legum Juv.4.79; (*cf.*) an uos Tusci..~etes esse comitiorum potestis? Cic.*N.D.*2.11.

4 An interpreter of foreign languages, translator.
nostri ~etes ὀμφαλὸν umbilicum dixerunt Var.*L.*7.17; nec conuerti (orationes) ut ~es, sed ut orator Cic.*Opt.Gen.*14; nec tamen exprimi uerbum e uerbo necesse erit, ut ~etes indiserti solent *Fin.*3.15; cotidianis ~etibus remotis Caes.*Gal.*1.19.3; litterae..lectae per ~etem sunt Liv.27.43.5.

interpretāmentum ~ī, *n.* [interpretor+-mentvm] An interpretation (of dreams); a translation.
somniorum ~a Petr.10.1;—cuius Latinum ~um scriptum est Gel.5.18.7; si cui meum istud ~um uidebitur esse obscurius 7(6).2.2; 13.9.4.

interpretātiō ~ōnis, *f.* [next+-tio]

1 The action of expounding, explaining. **b** an explanatory account, exposition.
cum..neque ea ~one mea aut ornatius explicari aut planius exprimi possint Cic.*de Orat.*1.23; ~one disertorum scripta simplicium hominum peruertere *Brut.*196; Lix.2.8.8; suscipiendas esse causas..amicorum..cur amicorum, non eget ~one Plin.*Ep.*6.29.2; naturae ~onem Apul.*Mun.*pr.; —(*of omens, etc.*) illa auspicia non egent ~one augurum Cic.*Phil.*5.7; artificiosa somniorum ~o *Div.*1.1;—(*of law*) legum ~onem *Opt.Gen.*20; iuris ciuilis..in honore fuit cognitio atque ~o *Off.*2.65. **b** Aelii..~onem carminum Saliorum uidebis..exili littera expeditam Var.*L.*7.2; ~onibus non nisi necessariis additis Plin.*Nat.*14.102; inscripti ambo (obelisci) rerum naturae ~onem Aegyptiorum philosophia continent 36.71.

2 (rhet.) The explanation of one word by another, the use of synonyms.
~o est quae non iterans idem redintegrat uerbum sed id commutat quod positum est alio uerbo, quod idem ualeat *Rhet.Her.*4.38; Quint.*Inst.*9.3.98; neque ego paraphrasin esse ~onem tantum uolo 10.5.5.

3 A construction put upon an act or utterance, a way of understanding, interpretation.
erat accusatoris ~o indigna responsione, qui ita dicebat, 'comiter' esse 'communiter' Cic.*Balb.*36; quae refellitur ~o, quod iis temporibus nondum consulem iudicem..appellari mos fuerit Liv.3.55.12; quaedam ~o eo perducit, ut uideantur iniuriae Sen.*Dial.*5.11.1; haec est uera ~o Plin.*Nat.*18.227; uterque suam ~onem confirmat, aduersarii subuertit Quint.*Inst.*7.6.2; si qua prauae ~oni materiam dederunt Tac.*Dial.*3.2;—(*of an omen*) secuta..haruspicum ~o, parari rerum humanarum aliud caput *Ann.*15.47; auxit rumorem pari uanitate orta ~o fulguris 14.22.

4 The signification, meaning (of a word or expression).
mihi ad huius uerbi uim et ~onem uehementer opus est uestra sapientia Cic.*Agr.*2.7; singula (uerba) magnas ~ones habent nec dubias Plin.*Nat.*18.26; erat sane ~o legis huius ambigua Hyg.Gr.*agrim.*p.139.

5 A translation, rendering.
ut inde appellati quoque ~one Graeca possint Druidae uideri Plin.*Nat.*16.249; et haec ~o (*i.e.* oratrix *for* ῥητορική) non minus dura est Quint.*Inst.*2.14.1; deos ~one Romana Castorem Pollucemque memorant Tac.*Ger.*43.4; ut ne quidem in Graecum sermonem per ~onem proprie transferri possit Gaius *Inst.*3.93.

interpretor ~ārī ~ātus, *tr.* [interpres+-o[3]] Forms: tm. Lucr.4.832. Const.: pf. pple. in pass. sense (1b, 1c, 4, 6); pres. inf. app. in pass. sense (5).

1 To give an account of, expound, explain, interpret. **b** (dreams, omens, etc.). **c** (laws, agreements, etc.).
has quidem (litteras) pol credo nisi Sibulla legerit, ~ari alium potesse neminem Pl.*Ps.*26; rem..obscuram explanare ~ando Cic.*Brut.*152; rectene ~or sententiam tuam? *Tusc.*3.37; causas faciendi uarie ~antur Plin.*Nat.*36.84; uersus primo soluere, mox mutatis uerbis ~ari Quint.*Inst.*1.9.2; miles alacer, qui tamen iussa ducum ~ari quam exequi mallet Tac.*Hist.*2.39;—(*w. indir. qu.*) quis ~ari potest, impudentiorne qui in senatu, an improbior qui in Dolabellam..tam impie dixeris? Cic.*Phil.*2.99; Liv.1.23.8;—(*absol.*) inique iniuriu's.—quid iam?—quia tuae memoriae ~ari me aequom censes Pl.*Epid.*552. **b** ut..religiones sapienter ~ando rem publicam conseruarent Cic.*Dom.*1; monstra aut fulgora ~antium *Div.*1.12; Caes.*Gal.*6.13.4; cur penitus magnoque ~or omine quercum? Stat.*Theb.*9.630; sublatos (surculos) secundum impressam ante notam ~atur Tac.*Ger.*10.2; (*pple. in pass. sense*) ita illud somnium esse ~atum, ut cum animus Eudemi e corpore excesserit tum domum reuertisse uideatur Cic.*Div.*1.53. **c** leges..ex utilitate communi, non ex scriptione..~ari Cic.*Inv.*1.68; paene diuina eius in legibus ~andis, aequitate explicanda scientia *Phil.*9.10; id senatus consultum tu ~abere pro tua sapientia *Fam.*13.72.2; ambiguum pactum contra uenditorem ~andum est Paul.*dig.*50.17.172;—(*pf. pple. in pass. sense*) haec quae nunc ex Etruscis libris in te conuersa atque ~ata dicuntur Cic.*Har.*37.

2 To comprehend, understand, make out.
quom ego huius uerba ~or, mihi cautiost ne nucifrangibula excussit ex malis meis Pl.*Bac.*597; *Cist.*316; cuius epistulae quam ~ari ipse uix poteram exemplum pridie tibi miseram Cic.*Att.*15.28; bene ~aris uoluntatem meam 12.28.3; Liv.10.19.11; ut plerique..quaererent famam, pauci ~arentur Tac.*Ag.*40.4;—(*w. indir. qu.*) caput esse ~ari quae uoluntas deorum immortalium esse uideatur Cic.*Dom.*107; hoc uos..quale sit non ~amini? *Phil.*1.38.

3 To take as an interpretation, understand to be meant; (w. acc. and inf.) to take the view (that). **b** to prophesy (from dreams, omens, etc.).
si quid..ad id appositum sit, quod nos ~emur Cic.*Inv.*2.117; quid eos ~ari putas, cum hoc faciunt? *Fam.*12.3.2; cetera de genere hoc inter quaecumque pretantur omnia peruersa praepostera sunt ratione Lucr.4.832; quotiens fractus uento fluctus incanuit, uela ~amur [Quint.]*Decl.*12.17;—sic ~or sensisse maiores nostros Cic.*Phil.*9.3; reditu enim in castra liberatum se esse iure iurando ~abatur *Off.*3.113; cum..plebs, quia priuatis ius non esset uocandi senatum, non conuenire patres ~arentur Liv.3.38.10; proscindi ab se obiter agrum ~antur, cum extrahant sucum Plin.*Nat.*18.296; Tac.*Hist.*4.58. **b** quid ego quae magi Cyro illi principi ~ati sint ex Dinonis Persicis libris proferam? Cic.*Div.*1.46;—(*w. acc. and inf.*) Chaldaeos ~atos, imperium Persarum ad eos transiturum

Curt.3.3.6; fuerunt qui ~arentur, non aliud significare, quam ut is ordo. .ei subiceretur Suet.*Aug*.94.10; *Gal*.8.2.

4 (w. adv., advl. phr., etc.) To regard, construe, interpret (in a specified manner).
summam eius felicitatem non satis grato animo ~amur Cic.*Brut*.5; si. .uere quod accidit ~ari uelis *Planc*.52; qui bene dicta male ~arentur *N.D*.3.77; quarum (*sc.* uindemiarum) maturitatem alii aliter ~ati sunt Col.11.2.67; Piso . .aestimatione recta seuerus, deterius ~antibus tristior habebatur Tac.*Hist*.1.14; cuius disparem mitioremque naturam contra ~abatur 4.86; (*w. internal acc.*) quantum ego ~or Plin.*Ep*.2.7.5; (*pple. in pass. sense*) de. .epistulis mulieris. .nequius ~atis Apul.*Apol*.28; (*w. adj.*) ut quis misericordia in Germanicum. .aut fauore in Pisonem pronior, diuersi ~abantur Tac.*Ann*.2.73;—(*w.* ad) nos tamen id (*sc.* omen). .non ad perniciem, uerum ad salutem ~amur Cic.*Scaur*.30; medio responso spem ad uoluntatem ~antibus fecerat cessurum patrum auctoritati esse Liv.39.39.8;—(*w.* ex) nec consilium ex necessitate nec uoluntatem ex ui ~ari Cic.*Rab.Post*.29; uirtutem ex consuetudine uitae. .~emur *Amic*.21;—(*w.* pro) clementiam uictoris pro sua uirtute ~abatur Vell.2.83.2; ipsa uitia pro uirtutibus ~abantur Tac.*Hist*.1.52;—(*w.* ut) ut. .totam uictoriam ut suam ~aretur Vell.2.80.2; quod alii modestiam. .quidam ut degeneris animi ~abantur Tac.*Ann*.4.38;—(*w. pred.*) ~abatur quaedam ex orationibus eius contumeliosa in Vitellium et pro se ipso popularia *Hist*.2.65.

5 To put one's own construction on, interpret to suit oneself; (also, w. *sibi*).
iudicem legi parere, non ~ari legem oportere Cic.*Inv*.2.127; (*absol.*) ut quaestioni Campanae materia decessit, uersa Romam ~ando res Liv.9.26.8; conferre iniurias et ~ando accendere Tac.*Ag*.15.1; (*in pass. sense*) quod perniciosum sit ~ari legem et ad ingenia utriusque conuerti Quint.*Decl*.313(p.229,l.24);—nec ~ando sibi quisque ius iurandum et leges aptas faciebat Liv.3.20.5; Tac.*Hist*.5.13.

6 To expound in another language, translate.
in illis ueteribus nostris, quae Menippum imitati non ~ati quadam hilaritate conspersimus Cic.*Ac*.1.8; haec cum legato Caerites quidam ~arentur Liv.10.4.9; Berosos, qui Belum ~atus est Sen.*Nat*.3.29.1; iussus. .patrium sermonem ~ari Tac.*Ann*.2.60;—(*w. pred.*) scientia. .ea, quam Graeci εὐταξίαν nominant, non hanc, quam ~amur modestiam Cic.*Off*.1.142; ἀλληγορία, quam inuersionem ~antur Quint.*Inst*.8.6.44;—(*absol.*) Graece hoc melius; tu, si uoles, ~abere Cic.*Fam*.9.26.2; *Leg*.2.45; (*impers. pass.*) uti ex libris Punicis. .~atum nobis est Sal.*Jug*.17.7;—(*pple. in pass. sense*) idem Graecum, non ~atum nomen Cic.*Leg*.2.29; haec ubi ex Graeco carmine ~ata recitauit Liv.23.11.4; Suet.*Nero* 13.2.

interprimō ~imere ~essī ~essum, *tr*. [inter- +premo] To obstruct by pressing; *fauces ~imere*, to choke.
qui sacerdoti scelestus faucis ~esserit Pl.*Rud*.655.

interpunctiō ~ōnis, *f*. [interpungo+tio] The separation of words by points, interpunctuation.
res. .sunt paruae, prope in singulis litteris atque ~onibus uerborum occupatae Cic.*Mur*.25.

interpunctum ~ī, *n*. [pple. of next] A pause or break between words or sentences.
~a argumentorum plerumque occulas, ne quis ea numerare possit Cic.*de Orat*.2.177; clausulas. .atque ~a uerborum animae interclusio atque angustiae spiritus attulerunt 3.181; Quint.*Inst*.9.4.108.

interpungō ~gere ~xī ~ctum, *tr*. [inter- +pvngo]
1 To divide (words) by punctuation. **b** to make a pause between (in speaking); to interpose (a pause).
nos etiam cum scribimus, ~gere adsueuimus Sen.*Ep*.40.11. **b** uerborum et sententiarum modo ~ctas clausulas in orationibus esse uoluerunt Cic.*de Orat*.3.173;—~cta interualla *Orat*.53.

2 To break up, intersperse (with).
narratio distincta personis et ~cta sermonibus Cic.*de Orat*.2.328.

interputō ~āre ~āuī ~ātum, *tr*. [inter- +pvto] To prune here and there, thin out.
ficos ~ato Cato *Agr*.50.2; oleam seri ~arique oportet Var.*R*.1.30; Col.*Arb*.30.2.

interquiescō ~escere ~ēuī, *intr*. [inter- +qviesco]
1 To rest between periods of activity.
adde uini Coi cyatum unum, bibe, ~esce, deinde iterum eodem modo, deinde tertium Cato *Agr*.158; quibus (*sc.* praecordiis) nullum interuallum umquam, quo ~escerent, datum est Sen.*Nat*.4b.13.6; Padi fons mediis diebus aestiuis uelut ~escens semper aret Plin.*Nat*.2.229; segetes, quae ~euere 18.111; cum ~escere, si liberet, depositaque epistula quasi residere saepius posses Plin.*Ep*.5.6.41.

2 To pause, cease temporarily. **b** (of activities, states).
(*in speaking, singing, etc.*) cum haec dixissem et paulum ~euissem Cic.*Brut*.91; cum uox in cantico ~euit Apul.*Fl*.15; (*cf.*) quid ingenii iste (liber) habuit, quid animi! dicerem, quid impetus, si ~euisset, si ex interuallo surrexisset Sen.*Ep*.46.2;—(*in other activities*) dum ~escit, dum emendato similis est 25.3. **b** dolor. .~escit Sen.*Ep*.78.9; Iulio mense, quo maxime lites ~escunt Plin.*Ep*.8.21.2; patrum iura. .~escere paululum et coniuere Gel.2.2.9.

interrādō ~ādere ~āsī ~āsum, *tr*. [inter- +rado]
1 To break up the ground between (plants) by raking.
et tondentur. .atque etiam ~adi gaudent (oleae) Plin.*Nat*.15.4; uetus oliuetum. .~adi alternis annis melius inuentum 17.130; 18.254.

2 To decorate with incised carving or intaglio.
~adimus alia (uasa), ut quam plurimum lima perdiderit Plin.*Nat*.33.140; ~aso marmore 35.2.

interrāsilis ~is ~e, *a*. [prec.+-ilis[1]] Carved in intaglio.
coronas ex cinnamo ~i auro inclusas Plin.*Nat*.12.94.

interregnum ~ī, *n*. [inter-+regnvm] The intervening period between the death of one king and the creation of another, and, under the republic, a period when there was no consul or other supreme magistrate; also, the period of office (five days) of an individual *interrex*.
(*under the monarchy*) ~i ineundi rationem excogitauerunt Cic.*Rep*.2.23; quinque dierum spatio finiebatur imperium ac per omnes in orbem ibat, annuumque interuallum regni fuit. id ab re quod nunc quoque tenet nomen ~um appellatum Liv.1.17.6; Numae morte ad ~um res rediit 1.22.1; Paul.*Fest*.p.110M;—(*under the republic*) dict(ator) ~i cavsa *Fast.Cos.Cap*.16b(*CIL* 1.p.23); res fluit ad ~um, et est non nullus odor dictaturae Cic.*Att*.4.18.3(16.11); quis enim tot ~is iure consultum desiderat? *Fam*.7.11.1; contentio consulesne an tribuni militum crearentur in ~o rem dies complures tenuit Liv.4.7.7; res publica a consulibus ad ~um. .redit 4.43.7; ~um initum 8.3.4.

interrex ~ēgis, *m*. [inter-+rex] A magistrate appointed by, and from, the senate to exercise provisional power between the death of one king and the creation of another, and under the republic, in the absence of a consul or other supreme magistrate. **b** (app.) an official with similar powers in a *collegium*.
(*under the monarchy*) mortuo rege Pompilio Tullum Hostilium populus regem ~ege rogante comitiis curiatis creauit Cic.*Rep*.2.31; Liv.1.17.10; 1.32.1;—(*under the republic*) censor cos bis dict ~ex iii *Elog*.10(*CIL* 1.p.192); ~ege Appio Caeco. .comitia contra leges habente Cic.*Brut*.55; si Sulla potuit efficere ab ~ege ut dictator diceretur *Att*.9.15.2; Sal.*Hist*.1.77.22; patricios coire ad prodendum ~egem iubebat Liv.3.40.7; quartus decimus demum ~ex L. Aemilius consules creat 8.23.17. **b** l fvfivs. .magisster qvinqveannalis ~exs *CIL* 10.6071.

interritus ~a ~um, *a*. [in-[2]+pple. of terreo] Not terrified, fearless.
classis promissis. .patris Neptuni ~a fertur Verg.*A*.5.863; illa quidem tristis neque adhuc ~a uultu Ov.*Met*.5.506; corda pauent comitum, mihi mens ~a mansit 15.514; extentam. .ceruicem ~us liberto praebuit Vell.2.70.2; (sapiens) ~us et contra illa ibit et inter illa Sen.*Ep*.59.8; Luc.2.521; haec uultu ~o. .proferunt Quint.*Inst*.1.3.4; ea quies ~ae alitis fuit Tac.*Hist*.1.62; (*w. gen.*) mens ~a leti Ov.*Met*.10.616; (*w. abl.*) hominem. .~um periculis Sen.*Ep*.41.4.

interrogātiō ~ōnis, *f*. [interrogo+-tio]
1 The putting of a question (to), questioning; (esp.) the examination (of witnesses). **b** a question, inquiry. **c** (rhet.) the use of rhetorical questions.
crebris ~onibus notum pugnae signum Tac.*Hist*.3.22;—haec. .ad ~onem testium pertinebunt *Rhet.Her*.2.9; concludam iam ~onem meam teque in extremo pauca de ipsa causa rogabo Cic.*Vat*.40; duplici. .acie confligitur actionum et ~onum Quint.*Inst*.5.7.3; Tac.*Ann*.6.47. **b** cum is publicanorum causam stultissimis ~onibus impediret Cic.*Har*.1; fallacibus et captiosis ~onibus circumscripti *Luc*.46; rem suapte natura facilem difficilem ~o facit Liv.6.15.12; perculsus inprouisa ~one paulum reticuit Tac.*Ann*.1.12;—(*w. indir. qu.*) quibus longiorem exorsis orationem breuis ~o, cessurusne iis tribus urbibus esset, sermonem incidit Liv.32.37.5; 42.28.3. **c** adicit his (figuris). .Cornificius ~onem, ratiocinationem Quint.*Inst*.9.3.98.

2 (phil.) Argument by reasoning, esp. conducted by question and answer, dialectic.
nihil apta ~one concludunt Cic.*Ac*.1.5; recte genus hoc ~onis ignauum atque iners nominatum est *Fat*.29; Sen.*Ep*.85.24; (philosophi) altercationibus atque ~onibus oratorem futurum optime praeparant Quint.*Inst*.10.1.35.

interrogātiuncula ~ae, *f*. [prec.+-cvla] An insignificant question or argument.
neque dilatat argumentum, minutis ~is quasi punctis, quod proposuit, efficit Cic.*Parad*.2; *Fin*.4.7; uerba mihi captiosa componis et ~as nectis? Sen.*Ep*.82.23.

interrogātor ~ōris, *m*. [interrogo+-tor] One who puts a question, interrogator.
an obscure respondeat, ut incertum dimittat ~orem Ulp.*dig*.11.1.11.7.

interrogātōrius ~a ~um, *a*. [prec.+-ivs] (of legal actions) Proceeding by questioning of the parties.
~is. .actionibus hodie non utimur, quia nemo cogitur ante iudicium de suo iure aliquid respondere Call.*dig*.11.1.1.1; Scaev.*dig*.11.1.22.

interrogātum ~ī, *n*. [next] A question.
constitui senatores qui omnia indicum dicta, ~a, responsa perscriberent Cic.*Sul*.41; ita responderunt ad ~a Liv.3.4.6; ad ~um te respondere Gaius *dig*.45.1.141.3.

interrogō ~āre ~āuī ~ātum, *tr*., (*intr*.). [inter-+rogo]
1 To put a question to, ask. **b** (w. dir. qu.). **c** (w. indir. qu.). **d** (gram.) *casus ~andi*, the gen. case.
quis ego sum saltem, si non sum Sosia? te ~o Pl.*Am*.438; cum ~amus nosmet ipsos Cic.*Part*.47; nunc armenta mouet uacuosque ~at agros Stat.*Theb*.6.190;—(*w.* de) ~atus de successione C. Caesaris Cael.*Fam*.8.4.4;—(*w. internal acc.*) quom id me ~as Pl.*Am*.753; quod cum ~atus Socrates esset Cic.*de Orat*.1.232; M. Aebutium. .nihil ~as. .? *Flac*.93; pusionem quendam Socrates ~at quaedam geometrica de dimensione quadrati *Tusc*.1.57; Liv.8.32.4; si te ~aret omnia maritus [Quint.]*Decl*.19.7;—(*absol.*) recte sane ~asti Ter.*Eu*.981; uti oratione perpetua malo quam ~are Cic.*Fin*.1.29. **b** ubi elocuta est, ego continuo ~o; 'ubi habitat?' inquam Pl.*Cist*.577; *Epid*.250; ut. .a quibusdam ~entur 'ergo istuc quidem percipis?' Cic.*Luc*.35. **c** ibi me ~at, ecquem. .Lyconem tarpezitam nouerim Pl.*Cur*.340; cum ~aretur cur nullum supplicium constituisset Cic.*S.Rosc*.70; magna uerborum contumelia ~ans, solerentne ueterani milites fugere Caes.*Civ*.3.71.4; ~antibus Romanus ciuis sis an Latinus socius Liv.22.50.6; ~are animum meum coepi, an uera uoluptate fraudatus essem Petr.128.5; quo die, qua hora nata esset, ~auit Plin.*Ep*.2.20.3. **d** si non sciemus in nominibus, ut Valeri, utrum ~andi sint an uocandi? Nigid.*gram*.9; 'casum ~andi' eum dicit (Nigidius), quem nunc nos genetiuum dicimus Gel.13.26.3; 20.6.8.

2 To question judicially, examine, interrogate.
in testibus ~andis Cic.*Ver*.1.29; cum laudator ~atus laedat necesse est 4.19; bene testem ~auit *Flac*.22; edocti quae ~ati pronuntiarent Caes.*Gal*.7.20.10; seruos per tormenta ~ari placuit Tac.*Ann*.2.30; solebant testes in reos. .~ari Plin.*Ep*.1.5.6; si sine interrogatione quis responderit se heredem, pro ~ato habetur Ulp.*dig*.11.1.9;—(*w. internal acc.*) nihil ~atur Cic.*Ver*.2.75; militem. .Graece testimonium ~atum Suet.*Tib*.71;—(*w.* de) Volturcius ~atus de itinere. .primo fingere alia Sal.*Cat*.47.1;—(*absol.*) praetor vtei ~et *CIL* 1.583.35; ubi id ~ando argumentis atque oratione firmauero Cic.*Ver*.55.

3 (in the senate) To ask (a senator for his opinion); (esp. w. *sententiam*).
quem primum dixisse a filio ~atum ferunt Liv.5.20.4; ceteris forsitan in rebus. .magis expediat me coram ~ari et dicere quid e re publica censeam Tac.*Ann*.3.53;—Vibius Virrius. .~atus sententiam Liv.26.13.3; 26.33.6; paene inter ultimos ~atus sententiam Vell.2.35.3; primus ~atur sententiam Ianus pater Sen.*Apoc*.9.2;—(*w.* sententia *as dir. obj.*) tunc sententiae ~ari coeptae Liv.45.25.1; ordinem ~andi sententias Suet.*Jul*.21.

4 *lege* (*legibus*) *~are*, To call to account in a court of law, arraign, indict; (also without *lege*).
quis me umquam ulla lege ~auit? Cic.*Dom*.77; designati consules legibus ambitus ~ati Sal.*Cat*.18.2; ipse lege Plautia ~atus erat ab L. Paulo 31.4; Liv.38.50.8; ~atum lege repetundarum Vell.2.13.2;—damnatus. .Tarquitius Priscus repetundarum Bithynis ~antibus Tac.*Ann*.14.46; (*w. gen. of charge*) pepigerat Pallas ne cuius facti in praeteritum ~aretur 13.14.

5 (transf.) To seek information from, consult.
auium uoces uolatusque ~are Tac.*Ger*.10.3; uestra decora recensete, uestros oculos ~ate *Ag*.34.1; ~atum. .Apollinis Clarii simulacrum super nuptiis imperatoris *Ann*.12.22; (*w.* de) de se per ambages ~at casis compluribus hostiis *Hist*.2.4;—(*w. indir. qu.*) quemadmodum. .perierit, ~ate rumorem Sen.*Con*.2.7.2; quo. .sit animo senis factum, potestis ~are testamentum [Quint.]*Decl*.1.2; aurem tuam ~a, quo quid loco conueniat dicere Gel.13.21(20).1.

6 (intr.) To argue, reason (esp. by the dialectic method).
sic enim ~ant 'si fatum tibi est ex hoc morbo conualescere . .conualesces. .' Cic.*Fat*.28; Posidonius sic ~andum ait Sen.*Ep*.87.35.

7 (leg.) To put the formal question to, in making a stipulation.
pro magistratu fideiussor ~atus pignora quoque specialiter dedit Ulp.*dig*.50.8.5.3;—(*absol.*) qui praesens ~auit, si antequam sibi responderetur discessit inutilem efficit stipulationem 45.1.1.1; si hoc modo emptor ~auerit Julian.*dig*.18.1.41; Paul.*dig*.46.1.34.

interrumpō ~rumpere ~rūpī ~ruptum, *tr*. [inter-+rvmpo] Forms: tm. Lucr.5.287, 299.
1 To make discontinuous, drive a gap in, break up (something having extension in space).
dum ~ruptum credas nimbum uoluier Acc.*trag*.395; qua murus erat ~ruptus Sis.*hist*.87; eos. .qui incolunt terram non modo ~ruptos ita esse ut. . Cic.*Rep*.6.20; non numquam sustineri extremum agmen atque ~rumpi Caes.*Civ*.1.64.1; si ~rupto nudaret gurgite pontum [Tib.]3.7.75; ~rupta acies Liv.26.5.14; Luc.2.213; montibus ~ruptis repente Plin.*Nat*.6.30; uenae. .~ruptae Tac.*Ann*.16.15; propter vetvstatem libelli ~rvpti *CIL* 9.2827.24;—(*a bridge*) pontem ~rupit Pl.*Cas*.66; pontis. .quos feceram ~rupi Planc.*Fam*.10.23.3; ~ruptis eius fluminis pontibus Caes.*Gal*.7.34.3; Liv.2.10.4; Tac.*Hist*.1.70.

2 To break in on, interrupt, cut short (an action, process, state of affairs). **b** to cause a temporary break in.
dum sermonem uereor ~rumpere Pl.*Trin*.1149; ~ruptis ac morientibus uocibus Cic.*Cael*.59; ~rupta semel cum sit repetentia nostri Lucr.3.851; mediam orationem ~rumpunt subito undique tela immissa Caes.*Civ*.3.19.7; ~rupit hos sermones. .incendium ortum Liv.26.27.1; eam (*sc.* amicitiam) se inuitos. .~rupisse 44.14.9; non est ~rupta eius uita Sen.*Dial*.6.21.6; ~rupta silentio dictio Quint.

*Inst.*9.2.71; tandem ~rupto tumultu litteras patris recitat TAC.*Ann.*1.25; si ~ruptum somnum reciperare..non posset SUET.*Aug.*78.2; (*pple. as sb.*) neque tam facile ~rupta contexo quam absoluo instituta CIC.*Leg.*1.9. **b** aliud miseratio ac maeror, flexibile, plenum, ~ruptum, flebili uoce CIC.*de Orat.*3.217; illam interpellationem..qua paulo ante ~rupta est oratio mea *Prov.*18; longis interuallis temporum ~ruptam consuetudinem *Fam.*15.14.2; pendent opera ~rupta VERG.*A.*4.88; ~rumpendae sunt res Asiae (*i.e. the narrative*) CURT.5.1.1; nec cogitationem meam excutiunt (circenses), ne ~rumpunt quidem SEN.*Ep.*38.7; (aquae) potu somnos..~rumpere PLIN.*Nat.*28.55; fragosa atque ~rupta..oratio QUINT.*Inst.*9.4.7.

interruptē, *adv.* [pple. of prec.+-E] With breaks in continuity.
si non ~ narrabitur CIC.*de Orat.*2.329.

interruptiō ~ōnis, *f.* [INTERRVMPO+-TIO] An interruption, discontinuance; (rhet.) aposiopesis.
usurpatio est usucapionis ~o PAUL.*dig.*41.3.2;—ἀποσιώπησις, quam..nonnulli ~onem appellant QUINT.*Inst.*9.2.54.

intersaepiō ~pīre ~psī ~ptum, *tr.* **intersēpiō.** [INTER-+SAEPIO] FORMS: tm. LUCR. 4.948.

1 To block, stop up (a road, aperture, etc.); to cut off (a view).
foramina illa, quae patent ad animum a corpore..terrenis ..corporibus sunt ~pta quodam modo CIC.*Tusc.*1.47; ~ptis ..specubus *B.Alex.*6.1; ~ptis itineribus LIV.6.9.7; ~piendo quaedam, ne exitus ad fugam esset 34.40.1;—id factum magnae parti peditum Romanorum conspectum abeuntis Albani exercitus ~psit 1.27.9.

2 To make a barrier between, separate, divide, cut off.
muro ~pta urbs est LIV.31.46.9; uitium surculis..geniculati scaporum nodi ~piunt medullam PLIN.*Nat.*17.152; laqueis..artis ~ptam animam pressis effundere uenis *Carm. Bell.Aeg.*50; tertia (legio) densis arbustis ~pta TAC.*Hist.* 3.21; (*cf. sense 1*) inter enim saepit coetus natura uiasque LUCR.4.948;—(*w.* ab) muri..ea pars quae ab cetera urbe.. ~piebat Insulam LIV.24.23.4; incendio ~pti ab hoste 42. 63.7.

interscalmium ~(i)ī, *n.* [INTER-+SCALMVS+-IVM] (naut.) The space between two tholepins.
~io, quae διπηχυαῖα dicitur VITR.1.2.4.

interscapilium ~(i)ī, *n.* [as next+-IVM] = next.
in sinistro genu priore habet stellam I..et in ~io III HYG. *Astr.*3.20.

interscapulum ~ī, *n.* [INTER-+SCAPVLAE] The part of the body between the shoulder-blades.
cum..~um Crates retexisset, quod erat aucto gibbere APUL.*Fl.*14.

interscindō ~indere ~idī ~issum, *tr.* [INTER-+SCINDO]

1 To cut through, sever. **b** (transf.) to cut short, interrupt.
ut..pontem ~indi iuberet CIC.*Leg.*2.10; ut..alii turris reducerent aggeremque ~inderent CAES.*Gal.*7.24.5; siue haustus ignis cursum animae remeantis ~idit SEN.*Dial.* 1.6.9; ruina ~indit cursum aquis *Nat.*3.11.1; brachiorum uenas Torquatus ~idit TAC.*Ann.*15.35; (*fig.*) uinculum illud coagulumque animi atque amoris..~indunt GEL.12.1.21. **b** inperfectis adhuc ~indit laetitia, sapientis uero contexitur gaudium SEN.*Ep.*72.4.

2 To separate, divide, cut off.
Chalcis..arto ~inditur freto LIV.28.7.2; insulam ab Italia angusto ~issam freto SEN.*Dial.*6.17.2.

interscrībō ~bere ~psī ~ptum, *tr.* [INTER-+SCRIBO] To insert in writing, write in.
poteris..plura transire, alia ~bere, alia rescribere PLIN. *Ep.*7.9.5.

intersecō ~āre ~uī ~tum, *tr.* [INTER-+SECO] To cut through or between, sever.
picturae excisae ~tis lateribus VITR.2.8.9; ~tas..retexere telas STAT.*Silv.*3.5.9.

intersectiō ~ōnis, *f.* [prec.+-TIO] (archit.) The space between two dentils.
~o, quae graece μετόπη dicitur, sic est diuidenda VITR. 3.5.11.

intersēminō ~āre ~āuī ~ātum, *tr.* [INTER-+SEMINO] To sow or implant here and there.
sunt plurima (remedia) cum in aliis omnibus rebus.. interspersa atque ~ata, tum etiam nonnulla in piscibus APUL.*Apol.*40.

intersēpiō ~īre: see INTERSAEPIO.

interserō[1] ~serere ~sēuī ~situm, *tr.* [INTER-+SERO[1]] To plant between or among.
omnia, quae pomis ~sita dulcibus ornant LUCR.5.1377; segetem..~seret uuis MAN.5.242; malleolus ordinariis uitibus ~serendus COL.3.16.1.

interserō[2] ~ere ~uī ~tum, *tr.* [INTER-+SERO[2]] To thrust between; to interpose, insert.
manibus necopinum ~it ictum STAT.*Theb.*6.781;—si raro ~emus has exornationes *Rhet.Her.*4.32; causam ~ens se hostem esse Athieniensibus NEP.*Milt.*4.1; astra nouant formas caelumque ~serit ora MAN.4.105; (*w. dat.*) mediis ~it oscula uerbis OV.*Met.*10.559.

intersistō ~sistere ~stitī, *intr.* [INTER-+SISTO] To pause in speaking, make a break between two words; (also, of speech).
ultima..littera..~sistere nos indecentissime cogit QUINT.*Inst.*8.3.45; 10.7.10; 12.11.2; (*impers. pass.*) longae.. syllabae aliquid etiam medii temporis inter uocales, quasi ~sistatur, adsumunt 9.4.36; 9.4.106;—hiat et ~sistit et quasi laborat oratio 9.4.33.

intersitus ~a ~um, *pple.* [pple. of INTERSERO[1], but influenced by SITVS[1]] Situated or placed between, interposed.
ianua procul a uia est area uacanti ~a GAL.*gram.*7(Gel. 16.5.3); nullis ossibus spinisue ~is PLIN.*Nat.*9.46; secundi quattuor (uenti) ~i sunt inter primores duos GEL.2.22.18; inter deos atque homines natura et loco medias quasdam diuorum potestates ~as APUL.*Apol.*43; non hic erit extrinsecus ~us illis MAUR.2027.

intersonō ~āre ~uī, *intr.* [INTER-+SONO] To sing or play among.
(*w. dat.*) mediis ~at Orpheus remigiis STAT.*Theb.*5.344.

interspergō ~gere ~sī ~sum, *tr.* [INTER-+SPARGO] To sprinkle or strew here and there.
plurima (remedia)..in aliis omnibus rebus..~sa atque interseminata APUL.*Apol.*40; (*w. abl.*) medium cursum aetatis agere, ~sum rara canitie *Met.*5.15.

interspīrātiō ~ōnis, *f.* [next+-TIO] A pause for breath.
~onis..non defetigationis nostrae..clausulas in orationibus esse uoluerunt CIC.*de Orat.*3.173; aequalibus ~onibus uterentur 3.198; raptim et sine ~one potum necat (mustum) PLIN.*Nat.*23.29.

interspirō ~āre, *intr.* [INTER-+SPIRO] To emit vapour, 'breathe' (between).
operculum inponito, relinquito qua ~et CATO *Agr.*112.1; 113.1.

intersternō ~sternere ~strāuī ~strātum, *tr.* [INTER-+STERNO] To strew between or among.
astulis taedae subiectis et subinde ~stratis PLIN.*Nat.* 29.34.

interstinguō ~guere ~xī ~ctum, *tr.* [INTER-+*stinguo (see DISTINGVO)]

1 To mark with dividing bands, patches, etc.
Thebaicus lapis ~ctus aureis guttis PLIN.*Nat.*36.63; candore ~cto uariis coloribus 37.143; innumeris spatia ~cta columnis STAT.*Silv.*3.5.90; ulcerosa facies ac plerumque medicaminibus ~cta TAC.*Ann.*4.57.

2 To extinguish temporarily; to cut short by extinguishing; (transf.) to cut short the life of.
loca..quae faciunt ignis ~gui atque perire LUCR.5.761;—ignis Vestae si quando ~ctus esset PAUL.*Fest.*p.106M; —cum..iam..protinus oblisis faucibus ~guere eam (*sc.* anum) debuisset APUL.*Met.*4.12.

interstitiō ~ōnis, *f.* [INTERSISTO+-TIO]

1 An interval of space, gap; the difference in length.
~one limitari mensuras per strigas et scamna agemus HYG.*agrim.*p.169;—ut ~o duarum rectarum inueniatur, facies hypotenusae numerum in se NIPS.*grom.*p.298La.

2 An intermission, respite.
quando animus eorum ~one aliqua negotiorum data laxari indulgerique potuisset GEL.pr.1; 20.1.43.

interstitium ~(i)ī, *n.* [as prec.+-IVM] An intervening space.
cum..uictos aut praesidium collis aut riui ~ium aut fossae munimen resistere pateretur HYG.*agrim.*p.78.

interstringō ~ngere ~nxī ~ctum, *tr.* [INTER-+STRINGO] To obstruct by squeezing, throttle.
illi socienno tuo iam ~ngam gulam PL.*Aul.*659.

interstruō ~uere ~uxī ~uctum, *tr.* [INTER-+STRVO] To join in a structure.
qua spina ~uit artus SIL.10.149.

intersum ~esse ~fuī, *intr.* [INTER-+SVM] FORMS: *~siet* (= *~sit*) TER.*Eu.*685, LUCIL.338. CONST.: person or thing concerned or interested (senses 6–9) expr. by gen., abl. fem. sg. of poss. pron. (*meā*, *tuā*, etc., on anal. of REFERT), or *ad*.

1 (of space) To lie between, intervene. **b** (w. abl. of distance) to be separated, be apart.
maria, montes, regionum magnitudines ~essent CIC.*Phil.* 13.5; id morari uictoriam rati quod ~esset amnis LIV. 21.5.12; 22.4.2; quod ~est spatii, Cepheni tenent PLIN.*Nat.* 6.28;—(*w.* inter) inter orbem et miliarium unum digitum ~esse oportet CATO *Agr.*22.1; modo inter me atque te murus ~sit CIC.*Catil.*1.10; inter bina castra..unum flumen tantum ~erat CAES.*Civ.*3.19.1. **b** clatros ~esse oportet pede CATO *Agr.*4.1.

2 (of time) To elapse between, intervene.
eumdem magistratum, ni ~fuerint decem anni, ne quis capito CIC.*Leg.*3.9;—(*w.* inter) ut ne unam quidem horam ~esse paterere inter meam pestem et tuam praedam *Red. Sen.*17; cuius inter primum et sextum consulatum sex et quadraginta anni ~fuerunt *Sen.*60; inter Lauinium et Albam Longam coloniam deductam triginta ferme ~fuere anni LIV.1.3.4; TAC.*Dial.*16.6.

3 To be present, attend as an onlooker.
uti testes non ~essent CATO *orat.*198; res occultari satis non potuit; per quendam eorum qui ~fuerant fit Epicrates certior CIC.*Ver.*2.55; ~fuere quidam Vbiorum TAC.*Hist.* 4.55;—(*w.* in+*abl.*) neque hic in testamento faciendo ~fuit CIC.*Clu.*162; saepe numero..in hoc ordine ~fui TAC.*Ann.* 14.43;—(*w. dat.*) saepe..~fui querelis aequalium meorum CIC.*Sen.*7; mille uiros qui..~sint..patris lacrimis VERG.*A.* 11.62; si ~simus spectaculo LIV.2.38.4; grandinem..fieri ex nube aquosa iam..sic affirmabit, tamquam ~fuerit SEN.*Nat.*4b.3.2; funeri non ~fuerat TAC.*Ann.*16.21; liberis senatorum..curiae ~esse permisit SUET.*Aug.*38.2; (*at a time*) alieno ~sumus aeuo *Aetna* 576; (*cf.*) qui omnibus negotiis horisque ~esse credebant deos PLIN.*Nat.*28.27.

4 To attend as a participant, take part (in), be concerned (in). **b** (of things) to be concerned, play a part.
(*w.* in+*abl.*) cum is..in foedere et in tanta religione ~fuerit CIC.*Inv.*2.92; in candidatorum consularium coitione me ~fuisse *Q.fr.*3.1.16;—(*w. dat.*) bellum..cui Coriolanus exsul ~fuit *Brut.*41; hic tuis..consiliis omnibus ~fuit; hic tibi grauissimus auctor *Dom.*30; foederis, cui feriendo.. ~fuerat *Har.*43; non placet..auium cantibus ~esse deum *Div.*1.118; illi rebus diuinis ~sunt CAES.*Gal.*6.13.4; sic Iouis ~est optatis epulis impiger Hercules HOR.*Carm.* 4.8.29; irata plebs ~esse consularibus comitiis noluit LIV. 2.64.2; ~futurus athletarum certaminis ludicro VELL. 2.123.1; TAC.*Hist.*2.85. **b** quibus in rebus tabulae aut alicuius firma auctoritas uidebitur ~fuisse *Rhet.Her.*1.16; ea (*sc.* ratiocinatio) dicitur ~fuisse tum, cum aliquid certa de causa uitasse aut secutus animus uidebitur CIC.*Inv.*2.18; absentis collegae consilia omnibus gerendis ~erant rebus LIV.10.39.7.

5 To be in the company (of), be among; to be a member (of a group).
(*w. dat.*) Lacedaemonii..senibus (*sc.* γερουσίᾳ)..augurem ~esse uoluerunt CIC.*Div.*1.95; serus in caelum redeas diuque laetus ~sis populo Quirini HOR.*Carm.*1.2.46; matrona.. ~erit Satyris paulum pudibunda proteruis *Ars* 233; (*cf.*) cum pateant nobis sidera et ~esse numinibus (*i.e. by divination*) liceat SEN.*Suas.*4.1; legit scripta de se carmina, legit historias et posteritati suae ~fuit PLIN.*Ep.*2.1.2;—exercitu..cui ciues socii externi ~essent TAC.*Hist.*3.33.

6 To constitute a difference. **b** (w. neut. pron. as subj. or impers.) there is (this, no, etc.) difference.
(*w. indir. qu.*) triduom non ~est aetatis uter maior siet PL.*Bac.*461; pluma haud ~est patronus an cliens probior siet *Mos.*407. **b** quasi uero paullum ~siet TER.*Eu.*685; nimium inter uos..ac..pernimium ~est *Ad.*393; idem benefactum, quo in loco ponas, nimium ~est CATO *hist.*83; cum idemne sit an aliquid ~sit quaeritur CIC.*de Orat.*3.117; multum ~est inter hoc dicendi genus et superiora *Orat.*98; hoc quid ~sit, si tuos digitos noui, certe habes subductum *Att.*5.21.13; nisi statuerit nihil esse, quod ~sit aut differat aliud ab alio, praeter honesta et turpia *Fin.*3.25; quantumlibet ~sit inter Romanos et Achaeos LIV.39.37.15; multum..apparatus ~est apud inuitatum hospitem et oblatum PLIN.*Nat.*pr.8; ut nihil significationis, quo potius utaris, ~sit QUINT.*Inst.*10.1.11;—(*w. pron. explained by* quod, ut) hoc ~est, quod ceterae (supplicationes) bene gesta, haec una conseruata re publica constituta est CIC.*Catil.* 3.15; sunt hi et metrici pedes, sed hoc ~est, quod rhythmo indifferens QUINT.*Inst.*9.4.48; hoc..~erit, ut 'die quarto' quidem de praeterito dicamus, 'diequarte' autem de futuro GEL.10.24.10;—(*w.* inter) inter eos, qui annales relinquere uoluissent, et eos, qui res gestas a Romanis perscribere conati essent, omnium rerum hoc ~fuit ASEL.*hist.*1; quid ~est inter periurum et mendacem? CIC.*Q.Rosc.*46; inter hanc uitam perpolitam humanitate et illam immanem nihil tam ~est quam ius atque uis *Sest.*92; (*w.* inter *repeated*) contio..iudicare solet quid ~sit inter popularem..et inter constantem *Amic.*95;—(*w. dat.*) quid illis (*sc.* formicis) et nobis ~est nisi exigui mensura corpusculi? SEN.*Nat.*1.pr.10; —(*w. gen.*) si nihil ~est mortis, nihil ~est criminis QUINT. *Decl.*350(p.379,l.6); nec ~est rigoris, quaedam patiaris an temptes [QUINT.]*Decl.*17.19;—(*w. inf.*) quid secus est aut quid ~est dare te in manus argentum amanti homini adulescenti..? PL.*Trin.*130; ne quis ignoret quantum ~fuerit cecinisse deorum laudes et numen obtrectasse V. MAX.1.8.ext.8.

7 To be different, differ.
hoc patriumst, potiu' consuefacere filium sua sponte recte facere quam alieno metu: hoc pater ac dominus ~est TER.*Ad.*76; NEP.*Eum.*8.3; (*w.* ab) qui illa uisa..negant quicquam a falsis ~esse CIC.*Luc.*27; quid hoc ~sit ab ipso audieris melius HOR.*S.*2.8.32;—(*w. abl.*) non..quid..hoc ~siet illud cognoscis LUCIL.338 (*s.v.l.*); diuidit subtilissime, quid 'dimidium' 'dimidiato' ~sit GEL.3.14.4; (*w. gen. on anal. of Gk.* διαφέρω) τὸ νεμεσᾶν ~est τοῦ φθονεῖν CIC.*Att.* 5.19.3.

8 To make a difference, be significant or important. **b** (impers.) it makes a difference, it is of importance, it matters.
leges..sunt ueteres neque eae consulares, si quid ~esse hoc arbitramini CIC.*Agr.*2.21; tantum id ~est ueneritne.. ad urbem an..in Campaniam redierit LIV.26.11.13;—(*w. gen. of person or thing concerned*) non sentientis..nihil est ullam in partem quod ~sit CIC.*Tusc.*1.24;—(*w.* meā, *etc.*) non quo mea ~esset loci natura qui lucem omnino fugerem *Att.*3.19.1. **b** (*w. advl. acc.*) quo plus ~erat, eo plus aberat a me CIC.*Planc.*13; si laxius uolent proferre diem, poterunt uel biduum uel triduum..nihil enim ~est *Att.* 13.13.4(14.1); quidam..facilius ea quam potionem sumunt, uerum non multum ~est LARG.90;—(*w. indir. qu.*) paullum ~esse censes ex animo omnia..facias an de industria? TER. *An.*794; si in philosophia tantum ~est quem ad modum dicas CIC.*Orat.*51; CAES.*Gal.*7.14.8; diuesne..nil ~est an pauper..moreris HOR.*Carm.*2.3.22; plurimum..~erit.. quibus hunc tu moribus instituas JUV.14.73;—(*w.* magni *and sim.*) tribuni pl. permagni ~est qui sint CIC.*Planc.*13; magni..~erit qui fuerit uictoris animus *Fam.*9.2.4;—(*w.*

quod) neque..multum ~est, quod nondum per numeros distributi sunt TRA.Plin.*Ep*.10.30.2; (*w. acc. and inf.*) magni existimans ~esse ad decus..ciuitatis res tam grauis.. Latinis etiam litteris contineri CIC.*N.D*.1.7; CAES.*Gal*.5.4.3; (*w. gen. of person or thing concerned*) neque illud umquam aratoris ~fuit, quanti decumae uenirent CIC.*Ver*.3.147; si nihil..~est regis, peto ut, dum dico, uinculis liberer CURT.7.1.18; non ~fuit occidentium quid diceret TAC.*Hist*. 1.41;—(*w.* meā, tuā, *etc.*) si iam tua plane nihil ~est CIC. *Fam*.13.1.4; nihil nostra ~est utrum sub illo legato.. Locros esse sinatis an irato Hannibali..dedatis LIV.29.18.19; cum..crederet populus Romanus sua ~esse quid iudicaretur TAC.*Dial*.39.4.

9 To be of advantage, be expedient. **b** (impers.) it is of advantage, it is expedient.
(*w. gen. of person, etc.*) haec..examinabo..quid cuiusque ~sit CIC.*Planc*.79; puto id..faciendum quod maxime ~esse rei publicae iudicaro *Phil*.12.30; cum ceterorum id ~esse, tum praecipue Rhodiorum LIV.42.46.4; ex his solis causis quae ipsius ~sint ULP.*dig*.4.4.3.4;—(*w.* meā, tuā, *etc.*) quia tua id ~esse arbitrarer CIC.*Top*.2; cum tua quid ~est, nulla auspicia sunt *Phil*.2.99; quod ego et mea et rei publicae et maxime tua ~esse arbitror *Fam*.2.19.2;—(*w.* ad) quod.. plurimum ad accendendos militum animos ~erat LIV. 26.44.8; 37.13.7. **b** (*w. gen.*) qui et sui quaestus causa, et fortasse quod sociorum ~esse arbitrabatur CIC.*Ver*.2.169; non modo ii quorum ~est sed etiam ii qui illa non probant *Att*.16.16c.12; aiunt et si teratur gurges ~esse capturae PLIN.*Nat*.9.56;—(*w.* meā, tuā, *etc.*) imperarem mihi, si mea quicquam ~esse putarem CIC.*Att*.11.24.5;—(*w. inf.*) nostra nihil ~est iterum aut alio modo narrare *Inv*.1.30; ad properationem meam quiddam ~est non te exspectare *Fam*. 5.12.2;—(*w. acc. and inf.*) quantum salutis communis ~sit duos consules in re publica..esse *Mur*.4; ad facinoris disquisitionem ~est adesse quam plurimos *Har*.13; ~esse rei publicae et communis salutis se cum Pompeio colloqui CAES. *Civ*.1.24.5; ad disciplinam certe militiae plurimum ~erat, insuescere militem..uictoria frui LIV.5.6.1; omnem potentiam ad unum conferri pacis ~fuit TAC.*Hist*.1.1;—(*w.* ut, ne) quid mea ~sit ut eorum odium subeam non intellego CIC.*Att*.11.17a.2; illius ~esse ne faciat moram PHAED.4.25 (26).26; non tam sua quam rei publicae ~esse, uti saluus esset SUET.*Jul*.86.2.

intertextus ~a ~um, *a.* [INTER-+pple. of TEXO] Interwoven, intertwined.
chlamydem..auro..~am VERG.*A*.8.167; OV.*Met*.6.128; medio Linus ~us acantho STAT.*Theb*.6.64; ~a pluribus notis uestis QUINT.*Inst*.8.5.28.

intertignium ~(i)ī, *n.* [INTER-+TIGNVM+-IVM] FORMS: gen. pl. *~ium* VITR.4.2.2 (s.v.l.). The space between two beams or rafters.
quod inter duas opas est ~ium, id μετόπη est apud eos nominata VITR.4.2.4.

intertrahō ~here ~xī ~ctum, *tr.* [INTER-+TRAHO] To draw away, exhaust.
si situlam cepero..ni ego illi puteo, si occepso, animam omnem ~xero PL.*Am*.673.

intertrīgō ~inis, *f.* [INTER-+TERO+-GO] A sore place caused by rubbing, chafing, galling.
~ini remedium, in uiam cum ibis, apsinthi Pontici surculum sub anulo habeto CATO *Agr*.159; VAR.*L*.5.176; ~o bis die subluitur aqua calida COL.6.32.1; PLIN.*Nat*.21.116; LARG.222.

intertrīmentum ~ī, *n.* [INTER-+TERO+-MENTVM] Damage due to wear and tear.
~um ab eo, quod duo quae inter se trita, et deminuta VAR.*L*.5.176; ~um argenti explеuerunt LIV.32.2.2; 34.7.4; SCAEV.*dig*.13.7.43.1;—(*transf.*) quom sine magno ~o non potest haberi TER.*Hau*.448; cum eo sine ullo ~o conuenerat iam quem ad modum traderetur (aedes) CIC.*Ver*.1.132; nullum in eis nominibus ~i aut deminutionis uestigium reperietur *Font*.3.

intertrītūra ~ae, *f.* [as prec.+-VRA] = prec.
~am (culleorum), quae ex operis facta est SCAEV.*dig*.13. 7.43.1.

interturbō ~āre ~āuī, *intr.* [INTER-+TVRBO[1]] To cause trouble by interrupting.
quid scribam?—salutem tuo patri uerbis tuis.—quid si potius morbum, mortem scribat? id erit rectius.—ne ~a PL.*Bac*.733; TER.*An*.663.

interuacō ~āre ~āuī, *intr.* [INTER-+VACO] To lie vacant between.
tripedaneis ~antibus spatiis COL.4.32.2.

interuādō ~dere ~sī, *intr.* [INTER-+VADO] ?To slip through one's grasp (dub.).
nisi si qua Vlixes ~sit (lintre euasit *edd.*) Lartius *Inc.trag*. 90(Quint.*Inst*.6.3.96).

interuallātus ~a ~um, *a.* [next+-ATVS[2]] Separated by gaps; (of a fever) intermittent.
quae spica ~a semina habebit, abicietur PLIN.*Nat*.18.195; —haec biduo medio ~a febris quanto est fortunatior..? GEL.17.12.5.

interuallum ~ī, *n.* [INTER-+VALLVM] FORMS: gen. pl. *~um* VITR.10.11.7.

1 The extent of space between two things, distance. **b** distance across, width; (geom.) dimension. **c** *ex ~o*, from or at a distance; further on.
~um facito inter areas semipedem latum in omnes partes CATO *Agr*.161.1; tempus esse dicunt ~um mundi motus VAR.*L*.6.3; nec magnis ~is primordia possunt libera dissultare LUCR.3.568; tigna..~o pedum duorum inter se iungebat CAES.*Gal*.4.17.3; proximus huic, longo sed proximus ~o VERG.*A*.5.320; cornicines in uia paribus ~is dispositos LIV.24.46.6; modicis ~is sequebantur TAC.*Hist*.2.11; puncto A et ~o E circulum scribamus HYG.GR.*agrim*.p.153; APUL.*Mun*.25;—(*w. gen. of things separated*) ~a locorum mediocria placet esse *Rhet.Her*.3.32; siderum magnitudines ~a cursus CIC.*Tusc*.5.10; (*cf. sense 3*) quoniam ~o locorum et temporum diiuncti sumus *Fam*.1.7.1;—(*w.* ab) legio duodecima et non magno ab ea ~o septima CAES.*Gal*.2.23.4; ~a..siderum a terra PLIN.*Nat*.2.83. **b** quam magnum est ~um striae VITR.4.3.9; habuerat..~um cubitorum XXX 10.13.6;—in geometria lineamenta, formae, ~a, magnitudines CIC.*de Orat*.1.187; GEL.16.18.2. **c** res..obscuras uelut quae magno ex ~o loci uix cernuntur LIV.6.1.2; iam non ex ~o nec missilibus sed comminus gerebatur res 10.43.6; melius ex ~o Numidae iaculabantur 30.18.7; Athamanes primo ex ~o quieti sequebantur 38.2.8; (*cf.*) circino conlocato in dextra ab ~o sinistro circumagitur circinatio VITR.5.7.1;—eadem (flumina) ex ~o reuertuntur SEN.*Nat*.3.26.3.

2 An intervening space, gap, opening, interstice. **b** an intervening depression in the ground. **c** *per ~a, ex ~is*, at intervals.
quadruplicis stellas..quas ~um binas disterminat unum CIC.*Arat*.335(94); per..aeris ~um non dubitant transire LUCR.4.187; ~um, ubi sagitta conlocatur in media parastade VITR.10.10.3;—(*w. gen. of things separated*) ~a ..montium 8.1.7; eos retro cedentes in ~a ordinum principes recipiebant LIV.8.8.9; in medio ~o huius et alterius caeli SEN.*Ben*.4.19.2; columnarum nouissime ~a iungantur 7.1.5. **b** sin..~a erunt lacunosa, substructionibus erit succurrendum VITR.8.5.3; conualles et ~a substructis canalibus iunguntur PLIN.*Nat*.33.74. **c** foliis.. per ~a adsidue geminatis PLIN.*Nat*.27.105;—(myrtidan) ramosam ex ~is 26.108.

3 The length of time between two events or occurrences; an intervening period of time, interval. **b** *ex ~o*, after a while; also *~o* alone; *longo* (*tanto*, etc.) *~o*, after a long while, much later. **c** *per ~a* (*~um*), *ex ~is* (*~o*), at intervals.
syllabis..metiendos pedes, non ~is existimat CIC.*Orat*. 194; natiuos esse deos longis ~is orientis occidentisque *N.D*.1.25; diebus alternis aut, si maiora ~a placerent, partitis temporibus LIV.22.27.6; si uenae non aequalibus ~is mouentur CELS.3.6.7; (*w.* temporis) si..memoriae diffidas eorum apud quos agas, uel ~o temporis uel longitudine orationis CIC.*Part*.59;—si..statim sine ~o cibum..dederis VAR.*R*.2.1.22; exspectemus legitimum illud quinquennium; si hoc ~o non consumpserit.. CIC.*Ver*.2.142; LARG.100; si, ut exspectares nec urgueres debitorem ad solutionem, mandauero tibi ut ei des ~um (*i.e. period of grace*) ULP.*dig*. 17.1.12.14. **b** cetera quae factum aliquid similiter confestim aut ex ~o solent consequi CIC.*Inv*.1.43; num..ille Latinus ἀττικισμὸς ex ~o regustandus? *Att*.4.19.1; ex tanto ~o auditus LIV.27.34.8; adicitur ei resina, deinde cera et secundum hanc ex ~o magma LARG.157;—quae gestum negotium confestim aut ~o consequuntur CIC.*Inv*.2.42;—cum longo ~o ueterem consuetudinem rettuli *Ver*.1.15; cum uero ego tanto ~o claustra ista nobilitatis refregissem *Mur*.17; Deciorum..multo ~o..memoria renouata est *Phil*.13.27; has ego tibi litteras eo maiore misi ~o CAEL. *Fam*.8.4.3; magno post ~o VELL.1.4.2; SUET.*Dom*.8.4. **c** per ~a temporis sat est cyathos binos..sumere CELS. 4.19.3; Domitianus non iam per ~a ac spiramenta temporum, sed continuo et uelut uno ictu rem publicam exhausit TAC.*Ag*.44.5;—per ~um aduentantes *Ann*.4.73;—ignem, non continuum sed ex ~is emicantem fulminum more SEN. *Nat*.2.26.4;—nec est mirum ex ~o magna generari *Ep*.42.1; quater quinquiesue ex ~o inunguere (oculos) LARG.20.

4 A break in continuity, intermission, respite. **b** (in speaking) a pause.
sed mi ~um iam hos dies multos fuit PL.*Men*.104; *Rud*. 137; CIC.*Fam*.5.17.1; ~um deinde haud magnum populationibus fuit LIV.2.49.10; paruo ~o ad respirandum debitoribus dato 6.32.1; minuitur cotidie impetus uitiorum.. ~aque maiora accipit LARG.99; si quidem ~um furor habeat ULP.*dig*.24.3.22.7;—(*w. gen.*) si ~um longius erit mearum litterarum CIC.*Fam*.7.18.3; annuum..~um regni fuit LIV. 1.17.6; elegantius ~a negotiorum otio dispunxit VELL. 1.13.3; ~a scelerum TAC.*Ann*.4.3. **b** ~is longioribus uti conuenit *Rhet.Her*.3.21; nisi ~o dixisset ipsi prodeant, sensisset profecto se fudisse senarium CIC.*Orat*.222; QUINT. *Inst*.9.4.51.

5 An interval in the musical scale.
hic est..(sonus) ille qui ~is disiunctus inparibus..motu ipsorum orbium efficitur CIC.*Rep*.6.18; *N.D*.2.146; harmonian..ex ~is sonorum nosse possumus *Tusc*.1.41; VITR. 5.4.9; SEN.*Con*.1.pr.16.

6 A difference in degree, quality, etc.
inter offam atque herbam, ibi uero longum ~um est CATO *orat*.214; uidete quantum ~um sit interiectum inter maiorum nostrorum consilia et inter istorum hominum dementiam CIC.*Agr*.2.89; *Rab.Perd*.15; alia (beneficia) diuersa sunt, dissimilia, infinitis inter se ~is distantia SEN. *Ben*.3.11.3; minus..~i a beato ad beatissimum restat quam a misero ad beatum *Ep*.92.15; ab his Statana (uina) non longo ~o afuerint PLIN.*Nat*.23.36.

interuellō ~ellere ~ulsī (~ellī) ~ulsum, *tr.* [INTER-+VELLO] FORMS: pf. *~elli* PL.*Am*.326. To pluck out here and there, thin; (also transf.).
uox mi ad auris aduolauit.—ne ego homo infelix fui qui non alas ~elli: uolucrem uocem gestito PL.*Am*.326; qui aut uellunt barbam aut ~ellunt SEN.*Ep*.114.21; semina.. ~elluntur COL.4.33.3; 5.10.5; PLIN.*Nat*.17.260;—quae ita sunt natura copulata ut mutari aut ~elli sine confusione non possint QUINT.*Inst*.10.7.5; 12.9.17.

interueniō ~enīre ~ēnī ~entum, *intr.*, (*tr.*). [INTER-+VENIO]

1 To arrive during the course of an activity, etc., come on the scene. **b** to drop in or break in (on a person).
pro Iuppiter!—quid est?—sponsae pater ~enit TER. *An*.732; interea dum sedemus illi, ~enit adulescens quidam lacrumans *Ph*.91; multi uiri boni cum ex occulto ~enissent CIC.*Clu*.47; quam orationem cum ingressus essem, Cassius ~enit *Att*.15.11.1; hoc ipso tempore et casu Germani equites ~eniunt CAES.*Gal*.6.37.1; priusquam infanda merces perficeretur..dictator ~enit LIV.5.49.1; (*impers. pass.*) si ~entum est casu CIC.*Top*.76;—(*w. dat.*) huic orationi Seruius cum ~enisset LIV.1.48.1; nisi frequens operibus ~enerit COL.1.1.18; num parum tempestiuus..~eni.. causae alicuius meditationem tractantibus? TAC.*Dial*.14.1; —(*transf.*) in Italia uiolis succedit rosa, huic ~enit lilium PLIN.*Nat*.21.68. **b** ~eniunt amici ex proximis oppidis PLIN.*Ep*.6.36.5;—(*w. dat.*) neminem..curiosum ~enire nunc mihi qui me sequatur TER.*Eu*.553; magni interest Ciceronis ..me ~enire discenti CIC.*Att*.14.16.3; si..mihi quiritanti ~enisses LIV.40.9.7; (*w. pred. adj.*) ne molesti uobis ~eniremus CIC.*de Orat*.2.14; (*impers. pass.*) ubi de inprouisost ~entum mulieri TER.*Hau*.281.

2 To take a hand, intervene (in affairs). **b** to intervene as a guarantor, stand surety.
ne ~eneris, quaeso, dum resipiscit PL.*Mil*.1333; ut, nisi C. Vergilius legatus..~enisset, unum signum Byzantii ex maximo numero nullum haberent CIC.*Prov*.7; pro sociis.. Romanus ~enit FLOR.*Epit*.1.7(1.13.6); senatu ~eniente SUET.*Jul*.30.1; quod..uilicum..~enientem flagellasset *Cl*. 38.2; rettulimus..senatum ~enire et emendare uitium matrimonii GAIUS *Inst*.1.87;—(*w. dat.*) (deus) cogitationibus mediis ~enit SEN.*Ep*.83.1; alienis ~enire secretis PETR.20.3; Nerthum..colunt eamque ~enire rebus hominum..arbitrantur TAC.*Ger*.40.2; post magnarum rerum experimenta, quibus ~eni BALB.*grom*.p.93La; ne..quis extraneus ~eniat colligendis eis (*sc.* naufragiis) CALL.*dig*.47.9.7; (*fig.*) 'eurus' iam ciuitate donatus est et nostro sermoni non tamquam alienus ~enit SEN.*Nat*.5.16.4;—(*w.* apud) si mulier ~enerit apud tutores filii sui, ne hi praedia eius distraherent ULP. *dig*.16.1.8.1;—(*w.* ne, quominus) eatenus ~eniebat, ne quid perperam fieret SUET.*Tib*.33; mori prohibes et ~enis, quominus spiritum..patriae profundam CALP.*Decl*.19;— (*w.* ad+*gdve.*) ni propere consules..ad comprimendam seditionem ~enissent LIV.2.23.10; ad crimen iudicii publici persequendum frustra procurator ~enit PAPIN.*dig*.48.1.13. **b** si filius familias uel seruus pro aliquo fideiusserint uel alias ~enerint ULP.*dig*.15.1.3.5; si proxeneta ~enerit faciendi nominis 50.14.2.

3 (of events, situations) To come about (during), occur, crop up. **b** (of things) to occur, be found.
irae ~eniunt, redeunt rusum in gratiam PL.*Am*.940; casus uero mirificus quidam ~enit CIC.*Fam*.7.5.2; parua.. rem ingentem moliundi causa ~enit LIV.6.34.5; uitium de caelo, quod comitia turbaret, ~enit 40.42.10; quotiens imber ~eniat PLIN.*Nat*.17.267; cum totiens bella ~eniant QUINT.*Decl*.266(p.87,l.23); si uero nullus error ~enerit GAIUS *Inst*.1.75; (*w.* inter) omnem rem narrabit..quae inter uos ~enerit TER.*Hec*.351. **b** ~eniunt salsae amaraeque aut medicatae (aquae) SEN.*Nat*.3.2.1; hic (*i.e. in the production of nitre*) quoque olei natura ~enit PLIN.*Nat*.31. 109.

4 To be brought into play, come into it.
pecuniam dicimur reddidisse..quamuis non ~enerint nummi SEN.*Ben*.6.5.2; quotiens mentio sacrarum litterarum ~enerit *Dial*.7.26.7; quotiens lascivum ~enit illud ζωὴ καὶ ψυχή JUV.6.194; dolo ~eniente JULIAN.*dig*.14.4.8; nisi merus ~enit ULP.*dig*.19.5.19.

5 To occur by way of a hindrance or interruption.
saepe audiui inter os atque offam multa ~enire posse CATO *orat*.214; qui praesentibus uoluptatibus frueretur.. dolore non ~eniente CIC.*Tusc*.3.38; rex primo negitare: cognationem, adfinitatem, praeterea foedus ~enisse SAL. *Jug*.111.2; nisi ea mora ~enisset LIV.24.42.3; si neque lapis neque tophus aut alia materia difficilior ~enit COL.*Arb*.1.6; (*of med. complications*) seu quidam alii adfectus ~eniunt CELS.3.5.11;—(*w. dat.*) nocti ni ~eniat (sol), fructus per pruinam obriguerint PAC.*trag*.14; exiguam dixit (Epicurus) fortunam ~enire sapienti CIC.*Fam*.1.63; ni scelus intestinum liberandae patriae consilia agitanti ~enisset LIV.1. 48.9; hiemem etiam insuper rebus gerendis ~enisse 44.20.4; talia dicenti..nox ~enit OV.*Met*.8.82; uerbo..~enit omni plangor 11.708; cum continuationi sermonis medius aliqui sensus ~enit QUINT.*Inst*.9.3.23; Domitianum confecto prope bello alienae gloriae ~enturum TAC.*Hist*.4.85;—(*w. acc.*) ludorum diebus qui cognitionem ~enerant *Ann*.3.23.

6 To come or lie between, be interposed. **b** to come between in time, intervene. **c** to be intermediate, intervene (in a series, etc.).
nec quicquam inane ~enire poterat SEN.*Nat*.6.26.1; quoniam terra centralis ~eniat PLIN.*Nat*.2.86; uitia opalis sunt..si sal ~eniat aut scabritia 37.83; flumine ~eniente FRON.*Str*.1.6.2;—(*w. dat.*) sterilis tellus laetis ~enit aruis MAN.4.419; arboribus rumpotinis..in utramque partem uiginti pedum spatia ~eniunt COL.5.7.3; si et nigrae (nubes) rubentibus ~enerint PLIN.*Nat*.18.342; exilis plantis ~enit aer STAT.*Theb*.6.639;—(*of non-material things*) ~enit ..acribus illis et erectis frequens necessitas computandi PLIN.*Ep*.6.33.9. **b** nisi aliae nuptiae mediae ~enissent CELS.*dig*.23.3.58; ULP.*dig*.13.5.14.2. **c** ~enit sententia quamuis indocili probabilis turbae PLIN.*Nat*.2.161;—(*w. dat.*) quamquam illi (*sc.* iambo) epodos ~enit QUINT.*Inst*. 10.1.96.

interuēnium ~(i)ī, *n.* [INTER-+VENA+-IVM] A vein-like crack or fissure.
(*in rocks*) flammae uapor per ~ia permanans VITR.2.6.1; 2.7.2; cum graues (spiritus aeris) per ~ia fistulosa perueniunt ad fossionem puteorum 8.6.12;—(*in trees*) (arbores) non habentes ~iorum raritates siccitatibus exsucatae solidantur 2.10.2.

interuentiō ~ōnis, *f.* [INTERVENIO+-TIO] (leg.) An intervention as a surety.
ei succurritur..in ~onibus, ut puta si fideiussorio nomine se uel rem suam obligauit ULP.*dig*.4.4.7.3.

interuentor ~ōris, *m.* [INTERVENIO+-TOR]

1 A person who interrupts or breaks in on one.
quodam liberiore quam solebat et magis uacuo ab ~oribus die CIC.*Fat.*2.

2 (leg.) A guarantor, surety.
si filius fideiussor uel quasi ~or acceptus sit ULP.*dig.* 15.1.3.9; 37.15.7.5.

interuentus ~ūs, *m.* [INTERVENIO+-TVS³]

1 The action of coming on the scene, arrival.
num sermonem uestrum aliquem diremit noster ~us? CIC.*Rep.*1.17; ~u collegae ipse exercitusque est seruatus LIV.2.51.8; ~us ferae latronem uiatoremque diducit SEN.*Dial.*5.43.3; si quando ~us aliquorum..iterare declamationis partem coegisset QUINT.*Inst.*11.2.39; TAC.*Hist.*4.50.

2 Active interference in a situation, intervention. **b** (leg.) the intervention of a third party, e.g. as surety; also, mediation.
~u Pomptini atque Flacci pugna quae erat commissa sedatur CIC.*Catul.*3.6; cum multitudo Icili maxime ~u resisti posse Appio crederet LIV.3.45.5; (deorum beneficia) ingentes minas ~u suo soluentia SEN.*Ben.*4.4.2; TAC.*Hist.* 3.12; TRA.Plin.*Ep.*10.60(68).1. **b** ~u nouae personae noua nascitur obligatio GAIUS *Inst.*3.176; quae aere alieno suo ~u uiri liberata est JAVOL.*dig.*24.1.50;—arbitrum..praetor debebit dare, cuius ~u tribuantur merces peculiares ULP.*dig.*14.4.7.1.

3 The occurrence of an event, situation, etc., affecting the course of an affair. **b** the interposition (of legal conditions).
proelium id tandem diremit nox ~u suo PL.*Am.*255; CAES.*Gal.*3.15.4; omnia ista propitiae fortunae ~u dispulsa sunt V.MAX.8.1.3.absol.; hiemes aestatesque ~u lenioris spiritus molliunt (dei) SEN.*Ben.*7.31.4; uidebis..nullum diem sine ~u solis *Dial.*6.17.4; quicquid alia portendunt ~us fulminis tollit *Nat.*2.34.1; ~us ciuilium armorum praebuit iustam segnitiae excusationem TAC.*Ag.*16.4; PLIN.*Ep.*2.11.16; ut mortis meae..~u liber futurus esset JULIAN.*dig.*7.1.35.1. **b** si..pecuniae (legatum) propter ~um Falcidiae non adgnouerit PAPIN.*dig.*40.5.22; ~V BENIGNISSIMI DECRETI *CIL* 5.2117.

4 The fact or action of coming in between, intervention. **b** the fact of occurring in between (in time).
insulae, quae ~u suo maria distinguunt SEN.*Dial.*6.18.5; (alii circuli) alios ~u suo scindunt *Nat.*5.17.3; solem ~u lunae occultari PLIN.*Nat.*2.47; serpentes..insequi, donec arceantur amnis alicuius ~u 29.52. **b** neque haec continua et meliorum ~u pensantur (uitia) TAC.*Hist.*4.74.

interuersor ~ārī ~ātus, *intr.* [INTER-+VERSO] To move about among.
nisi editis ouis ~ando mares (*sc.* pisces) uitale adsperserint uirus PLIN.*Nat.*9.157.

interuersūra ~ae, *f.* [next+-VRA] (surv.) A bend or turn (in a boundary).
coeptum rigorem ad ~am aut ad finem perducere FRON.*agrim.*p.16; ferramento nisi ad ~am non utuntur HYG.GR.*agrim.*p.155; p.169.

interuertō ~tere ~sī ~sum, *tr.* **interuortō.** [INTER-+VERTO]

1 To defraud, swindle, cheat.
unde sumam? quem ~tam? PL.*As.*258;—(*w. abl.*) quo modo argento ~tam..aduentorem 359; *Ps.*900; *Rud.*1400; qui fundo..uendito possessione eius dominum ~tisset GEL.11.18.13.

2 To misappropriate, embezzle, purloin; to tamper with, embezzle (accounts). **b** to misuse, misapply.
~so hoc regali dono CIC.*Ver.*4.68; PETR.107.6; ~sis patroni rebus TAC.*Ann.*16.10; quorum publica uectigalia ~terat SUET.*Vit.*7.2; qui instrumenta status mei ~surus est PAUL.*dig.*4.2.8.1;—tamquam rationibus ~sis transfugisset FRON.*Str.*3.16.3. **b** nouiens miliens sestertium paucissimis mensibus ~tisse creditur (Vitellius) TAC.*Hist.*2.95.

3 To set aside, cancel, revoke.
promissum et receptum (consulatum) ~tit ad seque transtulit CIC.*Phil.*2.79; postea quam intellexit posse se ~sa aedilitate..praetorem renuntiari *Dom.*112; ueritas olim ~sa nunc se fert APUL.*Apol.*83; quemadmodum aliarum rerum possessionem ~tere non potest GAIUS *dig.*41.2.15; de ea capitis deminutione..per quam publica iura non ~ti constat PAUL.*dig.*4.5.5.2.

4 To change the direction or course of.
in extremis partibus semicanaliculi ~tantur VITR.4.3.5; aestus..potest ~ti FRO.*Aur.*1.p.12(66N); dum ne aquae ductum ~teret Q.SCAEV.*dig.*43.20.8; (*absol.*) ex quacumque eius lineae parte normaliter ~terimus, decimanum recte constituemus HYG.GR.*agrim.*p.152;—(*transf.*) neque..recta ingenia..usque in senectutem pertulerunt, sed ~sa plerumque sunt SEN.*Dial.*6.22.2.

interuiās, *adv.* [INTER, VIA] On the way.
egomet mecum cogitare ~ occepi PL.*Aul.*379; ne ~ praeterbitamus metuo *Poen.*1162.

interuireō ~ēre, *intr.* [INTER-+VIREO] To be green among.
anguis..laetis..minax ~et herbis STAT.*Theb.*4.98.

interuīsō ~ere ~ī ~um, *tr.* [INTER-+VISO] To go and see, pay a visit to. **b** (absol., or w. indir. qu.) to go and see, go and have a look.
quod..nos minus ~is CIC.*Fam.*7.1.5; ubi femina manipulos ~at TAC.*Ann.*1.69; ne legatorum quidem cuiquam, nisi grauate..permisit uxorem ~ere SUET.*Aug.*24.1; aegros ~ere FRO.*Ver.*2.p.210(207N); sat pol diu est quod ~imus te APUL.*Met.*1.24; an tu..parentes tuos ~ere properas? 6.30. **b** ~am domum PL.*Aul.*202; *St.*147; etiam ipse crebro ~o CIC.*Q.fr.*3.1.6;—ego ~am quid faciant coqui PL.*Aul.*363; nunc ~o iamne a portu aduenerit *St.*456.

interulus ~a ~um, *a.* [INTER-+-VLVS] *tunica ~a*, or *~a* alone, A kind of undergarment worn by both sexes.
discissa..~a decora bracchia saeuientibus palmulis conuerberat APUL.*Met.*8.9; habebat indutui ad corpus tunicam ~am tenuissimo textu *Fl.*9.

interuōcāliter, *adv.* [INTER-+VOCALIS+-TER²] With cries at intervals.
illis saepicule et ~ clamantibus nullus respondit dominus APUL.*Met.*9.30.

interuolitō ~āre ~āuī, *intr.* [INTER-+VOLITO] To fly about among.
carne pluit, quem imbrem ingens numerus auium ~ando rapuisse fertur LIV.3.10.6.

interuolō ~āre ~āuī ~ātum, *intr., tr.* [INTER-+VOLO²]

1 (intr.) To fly among.
ueterani (turdi) debent intermisceri, qui..maestitiam..eorum mitigent ~ando COL.8.10.1; (*of a mental vision*) mors frigida contra urguet, et ille recens oculis ~at Idmon V.FL.5.27.

2 (w. acc.) To fly through or between.
fuscas ~at auras hasta STAT.*Theb.*2.539; (*transf.*) immittitque ratem mediasque ~at urbes V.FL.2.613.

interuomō ~ere ~uī ~itum, *tr.* [INTER-+VOMO] To emit or discharge among.
quod dulcis inter salsas ~it undas (aequor) LUCR.6.894.

interuortō ~ere: see INTERVERTO.

interūsūrium ~(i)ī, *n.* [INTER-+VSVRA+-IVM] Interest accruing in the meanwhile.
ut medii temporis ~ium magis creditor consequatur ULP.*dig.*15.1.9.8; 35.2.66.

interutrasque, *adv.* [INTER-+VTERQVE; for formation cf. *alias, foras*, etc.] In between two extremes, midway, intermediately.
omnis..calor ac frigus, mediique tepores ~ iacent explentes ordine summam LUCR.2.518; natura boum..~ sitast, ceruos saeuosque leones 3.306; 5.472; androgynum, ~ nec utrum 5.839; 6.362; 6.1062.

intestābilis ~is ~e, *a. compar.* ~ior. [IN-²+TESTOR+-BILIS]

1 (leg., app.) Disqualified from calling witnesses (and so debarred from legal processes).
qui se sierit testarier libripensue fuerit, ni testimonium fatiatur, inprobus ~isque esto *Lex XII*(*Font.iur.*p.33); is ~is et sacer esto HOR.*S.*2.3.181; cum lege quis ~is iubetur esse, eo pertinet, ne eius testimonium recipiatur..neue ipsi dicatur testimonium GAIUS *dig.*28.1.26; ut ~is sit: ergo nec testamentum facere poterit nec ad testamentum adhiberi ULP.*dig.*28.1.18.1;—(*w. pun on* TESTIS²) semper curato ne sis ~is PL.*Cur.*30; *Mil.*1417.

2 Infamous, shameful, detestable.
quia illi..turpis uita integra fama potior fuit, inprobus ~isque uidetur SAL.*Jug.*67.3; si peior atque ~ior metu uestro fuerit *Hist.*1.55.1; cum interim ~ior et saeuior (dominus) exortus est TAC.*Hist.*4.42; incusat ultro ~em et consceleratum *Ann.*15.55; eos..usque adeo ~es inuisosque fuisse GEL.6(7).18.11;—(*of actions*) ~i periurio LIV.37.57.15; ~em, inritam, inanem esse (artem magicam) PLIN.*Nat.*30.17.

intestātō, *adv.* [next]

1 Without being witnessed.
ipsus cum uno seruo senex ~ proficiscitur POMPON.*com.*113.

2 Without having made a will.
si ~ moritur *Lex XII*(*Font.iur.*p.23); CIC.*de Orat.*1.177; *Flac.*84; si libertus ~ decesserit JULIAN.*dig.*38.2.23.1.

intestātus ~a ~um, *a.* [IN-²+TESTOR]

1 Without having called witnesses. **b** unattested.
hocine pacto indemnatum atque ~um me abripi? PL.*Cur.*695;—(*w. pun on* TESTIS²) Iuppiter te..perdat, ~us uiuito 622; *Mil.*1416. **b** hinc subitae mortes atque ~a senectus JUV.1.144.

2 Intestate; *ab ~o*, (w. ref. to an estate) from an intestate person.
si ~us mortuus esset *Ed.pr.*(*Font.iur.*p.225)25.B.2; CIC.*Ver.*2.53; ~orum parentium liberi heredes sint QUINT.*Inst.*3.6.96; TAC.*Ann.*2.48;—(*as sb.*) filius an frater debeat esse ~ae heres QUINT.*Inst.*4.2.5; uter sit ~o propior 4.4.8;—is, ad quem ab ~o legitimo iure pertinet hereditas GAIUS *Inst.*2.35; qui potuit ab ~o hereditatem uindicare ULP.*dig.*23.3.5.5; an testamento an ab ~o filius suus heres existat PAUL.*dig.*29.2.93.

intestīna ~ae, *f.*: colloq. form of INTESTINVM.
~as meas nouerat PETR.76.11; *CIL* 10.8249.

intestīnārius ~a ~um, *a.* [INTESTINVS+-ARIVS] Concerned with interior woodwork or joinery.
FABER ~VS *CIL* 10.1922; REDEMPTOR ~VS *A.Epig.*25.87.

intestīnum ~ī, *n.* [next] FORMS: masc. in VAR.*Men.*290(acc.Non.p.209M); see also INTESTINA.

1 (sg.) The alimentary canal or part of it.
horum (animalium) ~um quoduis quale esse putandumst? LUCR.4.118; ~um..ab ore incipiens quibusdam eodem reflectitur PLIN.*Nat.*11.199; extremam fistulam ~i 28.106; JUV.6.429;—(*w. def. adj.*) a medio ~o CIC.*N.D.*2.137; (*of the small intestine*) tenuioris ~i morbus CELS.2.1.8;—(*of the rectum*) tanta uis morbi in imum ~um prorupit NEP.*Att.*21.3; ultimae partis directi ~i LARG.142; ~um extremum 232.

2 (pl.) The intestines, guts.
mihi iaiunitate iam dudum ~a murmurant PL.*Cas.*803; strigibus..~a quae exedint *Ps.*821; cum..grauiter ex ~is laborarem CIC.*Fam.*7.26.1; quin..oculos uoret..coruus, ~a canes CATUL.108.6; a uisceribus ad ~a ueniendum est CELS.4.18.1; ~is piscium PLIN.*Nat.*31.93; capiunt plus ~a poetae JUV.7.78; cum..creberrimo frigidae aquae usus etiam ~a uitiasset SUET.*Ves.*24.1.

intestīnus¹ ~a ~um, *a.* [INTVS+-TINVS²]

1 Occurring or existing within a country or state, civil, domestic, internal. **b** peculiar to the individual, personal, private, internal.
tumultus domesticos et ~os *Rhet.Her.*4.38; imperatorem..~am aliquam cotidie perniciem rei publicae molientem CIC.*Catil.*1.5; ~um urbis malum *Fam.*11.25.2; bella ~a SAL.*Cat.*5.2; ciuitas secum ipsa discors ~o inter patres plebemque flagrabat odio LIV.2.23.1; ~us hostis SEN.*Suas.*6.5; ~um scelus TAC.*Ann.*16.23. **b** neque ut quicquam interesset inter ~um et oblatum (uisum) CIC.*Luc.*48; tuus dolor ~us SULP.RUF.*Fam.*4.5.2; ne mens ipsa necessum ~um habeat cunctis in rebus agendis LUCR.2.290.

2 Of or affecting the internal organs, internal.
~um malum et luxu corrupta praecordia SEN.*Nat.*4b.13.6; ~um tumorem COL.7.10.8; ad omnia ~a uitia 12.32.

3 *mare ~um*, The Mediterranean Sea.
mare ~um et externum FLOR.*Epit.*2.13(4.2.76); AGEN.*agrim.*p.22.

4 *opus ~um*, Interior woodwork, joinery; also *~um* alone.
uillam..opere tectorio et ~o..spectandam VAR.*R.*3.1.10; materies earum (*sc.* arborum) prolixa, tractabilis ad ~um opus VITR.2.9.17; 6.7.3; abies..ad quaecumque libeat ~a opera aptissima PLIN.*Nat.*16.225; *CIL* 8.26518;—stillicidia..~um et parietes..corrumpunt VITR.6.3.2.

intestīnus² ~ī, *m.*: see INTESTINVM.

intexō ~ere ~uī ~tum, *tr.* [IN-¹+TEXO] CONST.: w. acc. and dat., also *in*+abl., 1, 4; w. acc. and abl. 1b, 3.

1 To weave (into), embroider (on). **b** to embroider (with).
cum..in ueste ~tum est aurum VITR.7.8.4; pictis ~tum uestibus aurum OV.*Met.*3.556; aurum ~ere..inuenit Attalus rex PLIN.*Nat.*8.196; (*poet.*) mollis uarios ~ens pluma colores *Ciris* 502;—(*a design*) purpurea ~ti tollant aulaea Britanni VERG.*G.*3.25; ~tus..puer *A.*5.252; purpureas..notas filis ~uit albis OV.*Met.*6.577; ~tus Iason STAT.*Theb.*5.726;—(*written characters*) adhuc malunt Parthi uestibus litteras ~ere PLIN.*Nat.*13.73; nitens carbasus litteras ~tas progerebat APUL.*Met.*11.16;—(*fig.*) laeta tristibus incredibilia probabilibus ~imus CIC.*Part.*12. **b** cum clamyde purpurea uariis coloribus ~ta *Rhet.Her.*4.60; purpuram ~tam auro SEN.*Dial.*12.11.2; APUL.*Met.*4.8; per ~tam extremitatem..stellae..coruscabant 11.4.

2 To plait or weave together; to connect closely. **b** to make by plaiting, weaving together, etc.
utraeque (*sc.* uenae et arteriae)..toto corpore ~tae CIC.*N.D.*2.138; scutis ex cortice factis aut uiminibus ~tis CAES.*Gal.*2.33.2;—calamos ~ere cera CALP.*Ecl.*3.26. **b** per linea terga tribusque (hasta) transiit ~tum tauris opus VERG.*A.*10.785; domus..iunco cannaque ~ta palustri LUC.5.517; acanthyllis..(nidum) ex lino ~ens PLIN.*Nat.*10.96.

3 To cover by plaiting, twining, etc. **b** to variegate by intertwining.
illa tibi laetis ~et uitibus ulmos VERG.*G.*2.221; mollibus ~ens ornabat cornua sertis *A.*7.488; cameris dispositis et ~tis VITR.7.3.3; quae..solent canis frondes ~ere filis agrestes tineae OV.*Met.*15.372; aranei quoque uel maxime hostiles: cum praeualuere, ut ~ant, enecant aluos PLIN.*Nat.*11.65; latera ~tus stellatis axibus agger SIL.13.109; restim, qua erat ~tus (grabattulus) APUL.*Met.*1.16;—(*w. material as subj.*) ut..solent hederae longos ~ere truncos OV.*Met.*4.365; alta..uictricis ~unt limina palmae *Laus Pis.*31. **b** aliis ~ens suauibus herbis mollia luteola pingit uaccinia calta VERG.*Ecl.*2.49; coronam, quae rosis amoenis ~ta fulgurabat APUL.*Met.*11.13.

4 (transf.) To weave into the fabric (of), incorporate (in). **b** to work or bring in, insert (into a book, speech, etc.).
nec deseramus hunc pulcherrimi operis cursum, cui quidquid patiemur, ~tum est SEN.*Ep.*107.10; dico illos (*sc.* cometas) non fortuitos esse ignes, sed ~tos mundo *Nat.*7.30.2. **b** scis me antea orationes..solitum scribere ut Varronem nusquam possem ~ere CIC.*Att.*13.12.3; tali te uellem..ritu..naturae rerum magnis ~ere chartis *Ciris* 39; [TIB.]3.7.5; ridicula ~ta uersibus iactitare LIV.7.2.11; ipsa, quae praecipiuntur..si..carmini ~ta sunt SEN.*Ep.*94.27; ut quisque uersum pedibus instruxit sensumque teneriorem uerborum ambitu ~uit PETR.118.1.

intextus ~ūs, *m.* [prec.+-TVS³] A weft, fabric; (in quot. fig.).
caelestibus..intexentibus mundum ~uque (*s.v.l.*) concretis PLIN.*Nat.*2.30.

intibum ~ī, *n.*, **intibus** ~ī, *m.*: see INTVB-.

intimē, *adv.* [INTIMVS+-E]

1 In a most familiar fashion, intimately.
quem scribis certissimum matricidam tibi a me ~ commendari CIC.*Q.fr.*1.2.4; utebatur. . ~ Q. Hortensio NEP.*Att.* 5.4; arto postea contubernio ~ iunctus APUL.*Apol.*72.

2 Deeply, profoundly.
si te. .meus igniculus afflauerit, ureris ~ APUL.*Met.*2.7; cum summus deorum. .prima, media, ultima obeat conpertaque ~. .regat *Pl.*2.23.

intimidus ~a ~um, *a.* (dub.). [IN-²+TIMIDVS] Fearless.
dicacitas ~a (*cj.*) APUL.*Met.*1.7.

Intimiliī ~ōrum, *m.pl.* **Intemeliī.** A people of Liguria.
~i in armis sunt CAEL.*Fam.*8.15.2; LIV.40.41.6.

Intimilium ~iī, *n.* The chief town of the Intimilii in Liguria; sts. *Album ~ium.*
VAR.*R.*3.9.17; TAC.*Ag.*7.2;—PLIN.*Nat.*3.48.

intimō ~āre ~āuī ~ātum, *tr.* [next+-O³] (w. dat.) To impress deeply (upon); to make familiar (with).
cui fuerit fideliter ~ata (uirtus) APUL.*Pl.*2.5;—ut. . inmensitati. .eius (*sc.* mundi). .cogitationum nostrarum nos pernicitas ~aret *Mun.*pr.

intimus ~a ~um, *a.* **intumus.** [IN-+-TIMVS; used as superl. of INTERIOR]

1 Furthest from the outside, most remote, inmost. **b** the inmost part of. **c** (neut. as sb.) the inmost part; (esp. in pl.).
nosque ab signo ~o ui deripuit sua PL.*Rud.*673; in urbis ~am partem uenisse piratas CIC.*Ver.*5.96; latentis proditor ~o gratus puellae risus ab angulo HOR.*Carm.*1.9.21; in ~um maris Hadriatici sinum LIV.1.1.2; saxis, quibus ~us umor ducitur LUC.6.538; primis munimentis urbs, dein regia, templum ~is clausum TAC.*Hist.*5.8; tunica ~a GEL. 10.15.20; (*cf.*) dum ipse. .uiris ~as molemque belli ciet TAC.*Ann.*15.2; (*in fig. phr.*) in hoc urbis otio et ~o sinu pacis PLIN.*Pan.*56.4;—(*in the body*) ~i (dentes). .conficiunt (escas) qui genuini uocantur CIC.*N.D.*2.134; cum. .uultures ~a protrahent uiscera APUL.*Met.*6.32. **b** traxit ex ~o uentre suspiritum PL.*Truc.*600; in eo sacrario ~o signum fuit Cereris CIC.*Ver.*4.99; ipsae (apes) ~a more suo sese in cunabula condent VERG.*G.*4.66; auditus Philippi aduentus regredit etiam in ~os coegit fines LIV.26.25.16; ranis prima (lingua) cohaeret, ~a absoluta a gutture PLIN.*Nat.*11.173; conceptam. .saniem uolnere ~o GEL.5.14.22; (*fig.*) paene ex ~a defensione deprompta CIC.*de Orat.*2.319. **c** si essent in uestibulo balnearum, non laterent; sin se in ~um conicere uellent. .fortasse non reciperentur CIC.*Cael.*62; fons, qui. . foeda quaedam turbidus ex ~o fundat SEN.*Nat.*3.26.6;—ad ~a. .regni LIV.26.28.2; ~a Ponti incolunt VELL.2.40.1; ~is aedium MELA 1.57; (*of the body*) tremulo scalpuntur ubi ~a uersu PERS.1.21; scrutatur et ~a uultus unca manus STAT.*Theb.*1.426; sanguis et caldor in ~a coactus GEL.19. 4.5.

2 The inmost part of (the mind, or the breast, etc., as seat of the feelings). **b** (of sensations, emotions) inmost, deepest.
omnem eorum importunitatem ex ~is mentibus euellisset uis orationis tuae CIC.*de Orat.*1.230; ira acerbior ~o animo et corde concepta *Tusc.*4.21; pectore uritur ~o flamma CATUL.61.170; praecordia ad ~a VERG.*A.*7.347; QVOD VNIVERSI DE PECTORE ~O CLAMANT *CIL* 2.6278.22. **b** ea se sola percipere quae tactu ~o sentiant, ut dolorem ut uoluptatem CIC.*Luc.*76; permotiones ~as 142; nec alia tam ~a Tiberio causa cur Rhodum abscederet TAC.*Ann.*1.53; quod. .gaudium gaudeat genuinum et ~um GEL.9.9.15; (*cf.*) sic ~us arsi, ut nihil ulterius tulerim CALP.*Ecl.*3.28.

3 Remotest from public knowledge, most secret or private.
ex ~is uestris cogitationibus CIC.*Sul.*64; si ~os sensus ciuitatis expressero *Sest.*119; sermo. .~us (*i.e. soliloquy*) *Tusc.*2.51; ~a secum consilia et uarias sociabant pectore curas V.FL.5.280; exim promptum quod multorum ~is questibus tegebatur TAC.*Ann.*3.36; (*neut. pl. as sb.*) post nudata utriusque ~a et secreta negotii aperta ULP.*dig.* 4.8.3.1.

4 Most abstruse, recondite, or profound.
cum illa uerba grauissima ex ~o artificio deprompsisset CIC.*Clu.*58; quae disputatio non huius instituti sermonis est, sed artis ~ae *Orat.*179; penitus ex ~a philosophia hauriendam iuris disciplinam putas *Leg.*1.17; locos ex ~a naturalium quaestionum subtilitate repetitos QUINT.*Inst.*1.4.4; ex ~is sapientiae fontibus 12.2.6.

5 (of friends) Most intimate, closest; (also, of friendship).
~um ibi se miles apud lenam facit PL.*Mil.*108; tute scis postilla quam ~um habeam te et mea consilia ut tibi credam omnia TER.*Eu.*127; pro homine ~o ac mihi pernecessario CIC.*Fam.*13.69.1; medicorum ~i TAC.*Ag.*43.2; ex ~is Dolabellae amicis *Hist.*2.63;—(*w. dat.*) me fuisse huic fateor summum atque ~um PL.*Truc.*79; qui ~ust eorum consiliis TER.*An.*576; ~us erat in tribunatu Clodio CIC.*Phil.*2.48; ut quisque Seiano ~us TAC.*Ann.*6.8;—(*masc. as sb.*) ex ~is regis NEP.*Con.*2.2; ab ~is Augusti monitus TAC.*Ann.*2.42;—~a familiaritate coniunctus NEP.*Att.*12.1; ex ~a Libonis amicitia TAC.*Ann.*2.27; ex ~a sodalitate 15.68.

intinctus ~ūs, *m.* [next+-TVS³] A sauce in which food is dipped before being eaten.
plerumque ad ~us additis myrtis PLIN.*Nat.*15.118; 20. 65; ex hoc ~u sumendam (brassicam) 20.81.

intinguō ~guere ~xī ~ctum, *tr.* **intingō.** [IN-¹+TINGVO] FORMS: *intinxti* (= *~nxisti*) PL.*Truc.*294.

1 To dip or plunge in. **b** to colour (with cosmetics).
penicillum ~ctum et non nimis expressum LARG.142; quoad ~guntur calami (*in writing*) QUINT.*Inst.*10.3.31;—(*w.* in+*acc.*) turundas faciat, eas in aquam ~guat CATO *Agr.* 89.1; 156.1;—(*w.* in+*abl.*) ~ctus (lapis) in aqua VITR.2.5.3;—(*w. adv.*) beatus cui permiseris illuc digitum ~gere APUL. *Met.*2.7;—(*food*) quae condiuntur quaeque ~guntur PLIN. *Nat.*20.185; (*w. dat.*) oleae albae. .aceto ~ctae CELS.2.24.3. **b** buccas rubrica, creta omne corpus ~xti tibi PL.*Truc.*294.

2 To saturate, steep; to cause to soak in.
ex durissimis et spissioribus rigidissimisque rebus ~ctas habent uenarum raritates VITR.8.3.5; egredientes uenae ~guntur acritudine 8.3.18;—sapor. .eius (*sc.* aquae) non restituitur, quod ~ctus et commixtus est propter naturae raritatem 8.2.9; proprietas liquoris. .proseminat ~ctam sui cuiusque generis qualitatem 8.3.14.

intolerābilis ~is ~e, *a. compar.* ~ior. [IN-²+TOLERABILIS]

1 Physically or mentally unendurable, insupportable. **b** irresistible.
~i frigore CIC.*S.Rosc.*131; ad effugiendos ~is dolores *Q.fr.* 1.4.4; odoris ~i foeditate *N.D.*2.127; ~is tempestas LIV. 40.45.2; inopia rerum ~is VELL.2.120.4; frigus ~e est corpori nudo SEN.*Ep.*90.16; (*in fig. phr.*) ne ut ~i sarcina pressi deficiamus animo *Ben.*2.35.3. **b** ut semel inclinauit pugna, iam ~is Romana uis erat LIV.6.32.8; fortuitus impetus atque ~is uis (elephantorum) 30.35.6; 44.41.6.

2 That cannot be tolerated, insufferable, unbearable. **b** (of persons).
sumptus. .~es PL.*Aul.*533; ~i adrogantia *Rhet.Her.*4.2; immensos atque ~is quaestus CIC.*Agr.*2.63; ~e est seruire impuro *Phil.*3.12; nec quicquam insipiente fortunato ~ius fieri potest *Amic.*54; patris in se saeuitiam ~em conquerens LIV.1.53.5; SEN.*Ep.*83.25; ~ius nihil est quam femina diues JUV.6.460;—(*w.* ad) mihi cum omnia sint ~ia ad dolorem CIC.*Att.*11.13.1; cui nihil. .~e ad demittendum animum. . uideri potest *Tusc.*4.37. **b** in omnes ~is *Rhet.Her.*4.52; uides ~em Antonium CIC.*Att.*16.14.1; dictatori magistrum equitum ~em fuisse LIV.22.40.2; mulier. .tam ~is[fuit ut repudiaretur APUL.*Apol.*92.

3 (app.) Unable to endure.
didicisset ferre et non esse ~is AFRAN.*com.*255.

intolerābiliter, *adv.* [prec.+-TER²] Unendurably, insupportably.
frigoribus hiemis ~ horrent (quaedam loca) COL.1.4.9.

intolerandus ~a ~um, *a.* [IN-²+gdve. of TOLERO]

1 Physically unendurable, insupportable.
frigoribus ~is HIRT.*Gal.*8.4.1; ~am hiemem LIV.5.14.3; cum omnibus ~is patientiae humanae cruciatibus laceraretur 24.5.11; ~us tam longi itineris labor TAC.*Hist.*3.26; (*neut. sg. as adv.*) aula. .oleo indiget et. .~um feruit GEL. 17.8.8.

2 That cannot be tolerated, insufferable, unbearable.
~a anxitudine PAC.*trag.*164; perniciosam atque ~am potentiam CIC.*S Rosc.*36; nihil quod homini accidere possit ~um putare *Off.*3.100; ~a audacia scelere atque superbia sese efferens SAL.*Jug.*14.11; audita. .~a Romanis uox, uae uictis LIV.5.48.9; dominationem Gotarzis nobilitati plebique iuxta ~am TAC.*Ann.*12.10;—(*of persons*) te omnes. .commemorant spurcificum, inmanem, ~um, uesanum PL.*Trin.* 826; ~us. .nescio qui. .tyrannus CIC.*Vat.*23.

intolerans ~ntis, *a. compar.* ~ntior, *superl.* ~ntissimus. [IN-²+pple. of TOLERO]

1 (w. gen.) Unable to endure, impatient (of): **a** (physical hardship). **b** (non-physical conditions).
a quorum ~ntissima gens umorique ac frigori adsueta cum aestu et angore uexati. .morerentur LIV.5.48.3; corpora ~ntissima laboris 10.28.4; TAC.*Ann.*1.31. **b** secundis rebus, quarum nemo ~ntior fuit LIV.9.18.1; superbia uiri. . superiorum ~ntis TAC.*Hist.*4.80; Claudio, caelibis uitae ~nti *Ann.*12.1.

2 Insufferable, unbearable.
quanto ~ntior seruitus iterum uictis TAC.*Ann.*3.45; 11.10; nihil. .fieri posse indignius neque ~ntius dicebat GEL.13.8.5; 'curis ~ntibus' pro intolerandis (*sc.* Laeuius inquit) 19.7.10.

intoleranter, *adv. compar.* ~tius, *superl.* ~tissimē. [prec.+-TER²]

1 Unbearably, intolerably.
si ~tius se iactant CIC.*de Orat.*2.209; de tuis diuitiis ~tissime gloriaris *Vat.*29; cum ipsum Herculem tam ~ter dolere uideamus *Tusc.*2.23.

2 Impatiently.
~tius Gallos insequentis legio decima tardauit CAES.*Gal.* 7.51.1; eam. .rem tam ~ter tulisse populum Romanum GEL.15.4.3.

intolerantia ~ae, *f.* [INTOLERANS+-IA] Lack of tolerance, impatience.
quis eum cum illa superbia atque ~a ferre potuisset? CIC. *Clu.*112; non priuatorum insaniam, sed ~am regum esse dicetis *Agr.*2.33; quae (*sc.* pax) uel incuria uel ~a priorum haud minus quam bellum timebatur TAC.*Ag.*20.1; de acerbitate et ~a morum eius SUET.*Tib.*51.1; ~am et incontinentiam GEL.17.19.5.

intollō ~ere, *tr.* [IN-¹+TOLLO] To raise (a shout).
rauca et effeminata uoce clamores absonos ~unt APUL. *Met.*8.26.

intondeō ~dēre ~dī ~sum, *tr.* [IN-¹+TONDEO] To clip off, shear.
ut. .(porri) fibrarum summas partes ~deas COL.11.3.31.

intonō ~āre ~uī, *intr.*, (*tr.*). [IN-¹+TONO]

1 To thunder: **a** (impers.). **b** (of Jupiter; also of other gods). **c** (of the sky, atmosphere); *~atus*, having thundered (on).
a subito. .fragore ~uit laeuum VERG.*A.*2.693; quater axe sereno ~uit STAT.*Theb.*5.87; (*fig.*) at simul ~uit, fugiunt OV.*Tr.*1.5.29; *Pont.*2.3.24. **b** partibus ~uit caeli pater ipse sinistris CIC.*Mar.*fr.2; hic pater omnipotens ter caelo clarus ab alto ~uit VERG.*A.*7.142; OV.*Met.*2.311;—ter nigris auidus regnator ab oris ~uit STAT.*Theb.*11.411; FRATRE C⟨ADENTE⟩ ~AS (*sc.* Iuno) *CIL* 8.4635. **c** ~uere poli VERG.*A.*1.90; 8.239; ~at emissis uiolentior ignibus aether GERM.fr.3.5; (aer) eruptionem facit eoque uehementius ~at SEN.*Nat.*2.54.2; nisi caelum ~uerit 6.2.4; APUL.*Mun.*12;—Eois ~ata fluctibus hiems HOR.*Epod.*2.51.

2 To make a noise like thunder.
clipeum super ~at ingens VERG.*A.*9.709; hic uastis ~at armis *Ilias* 952; SIL.14.298; βορέαν uero ἀπὸ τῆς βοῆς, quod non sine clamore soleat ~are APUL.*Mun.*13; (*on a trumpet*) seruus. .tam ualde ~uit, ut totam concitaret uiciniam PETR.78.6; (*on a lyre*) stetit ostro clarus et auro ~uitque manu (*sc.* Apollo) *Buc.Eins.*1.29.

3 To utter in thunderous tones, thunder; (also of utterances) to thunder forth. **b** (w. acc.; also, w. dir. sp.).
furiarum maxima. .~at ore VERG.*A.*6.607; lege, quanto spiritu ingentibus ~ueris uerbis SEN.*Dial.*11.11.6; (*of a dog*) ingenti. .latratu ~uit (canis) PLIN.*Nat.*8.150;—in hesterna contione ~uit uox perniciosa designati tribuni CIC.*Mur.*81; rursus fragor ~at ingens hortantum STAT.*Theb.*3.669. **b** neque Phlegraeos Iouis Enceladique tumultus ~et angusto pectore Callimachus PROP.2.1.40; cum haec ~uisset plenus irae LIV.3.48.3; rigidas ~uisse minas OV.*Am.*1.7.46; qui. .barbarum murmur ~uit [QUINT.]*Decl.*10.15;—furibundum ~at: 'superasse cuncta, pelagus atque ignes iuuat' SEN.*Ag.*544; STAT.*Theb.*12.771; donec. .'exi' ~et horrendum JUV.6.485.

4 (tr.) To cause to thunder.
(*poet.*) occupat os barbamque uiri clauamque superne ~at (*sc.* Hercules) V.FL.3.169.

intonsus ~a ~um, *a.* [IN-²+ pple. of TONDEO]

1 (of the hair or beard) Uncut.
(*as a sign of youth*) ~i crines longa ceruice fluebant [TIB.] 3.4.27; ut. .meum ~is caput est iuuenale capillis OV.*Met.* 1.564; (*of Apollo or Bacchus*) ~os. .agitaret Apollinis aura capillos HOR.*Epod.*15.9; decet ~us crinis utrumque deum TIB.1.4.38;—(*as a sign of grief or mourning*) barba pedore horrida atque ~a *Inc.trag.*192; scindens dolore identidem ~am comam ACC.*trag.*672; barba inmissa et ~o capillo SIS. *hist.*47; ~os multo deturpat puluere crinis *Ciris* 284;—(*as a sign of barbarism*) hirta illis ora et ~as comas esse CURT. 4.13.5; Arabes mitrati degunt aut ~o crine PLIN.*Nat.*6.162.

2 Having the hair uncut, unshorn. **b** unshaven. **c** (of sheep) unshorn.
flauus ab ~o pendebat uertice crinis STAT.*Theb.*6.607; Rhodani. .comas ~a iuuentus SIL.15.671; ~um caput QUINT.*Inst.*12.10.47;—(*of Apollo or Bacchus*) ~um. .Cynthium HOR.*Carm.*1.21.2; PROP.3.13.52; ~o. .Baccho OV. *Pont.*2.9.31; STAT.*Silv.*3.4.8;—(*as a sign of barbarism or rusticity*) quem simul aspexit scabrum ~umque HOR.*Ep.* 1.7.90; ~os. .Cilicas TIB.1.7.16; homines ~i et inculti LIV. 21.32.7; ~is. .Getis OV.*Pont.*4.2.2. **b** (*as a sign of youth*) ora puer prima signans ~a iuuenta VERG.*A.*9.181; ~um. . Damasichthona OV.*Met.*6.254; *Fast.*3.409;—(*typical of the early Romans*) ~i Catonis HOR.*Carm.*2.15.11; et magna ~is gloria uictor auis TIB.2.1.34; ~i. .Numae OV.*Fast.*6.264; (*cf.*) in Italiam. .uenere (tonsores) post Romam conditam anno CCCCLIIII. .antea ~i fuere PLIN.*Nat.*7.211. **c** ~am . .bidentem VERG.*A.*12.170; oues ~as COL.7.3.7.

3 (of trees) Not stripped of foliage; (sim., of foliage); (of terrain) not denuded of trees, etc.
quercus ~a. .caelo attollunt capita VERG.*A.*9.681; nunc ab ~a capienda myrto serta STAT.*Silv.*4.7.10; ~as aestate frondes FRO.*Aur.*1.p.48(216N);—silua. .aeternum ~ae frondis STAT. *Theb.*4.420;—ipsi laetitia uoces ad sidera iactant ~i montes VERG.*Ecl.*5.63.

intorqueō ~quēre ~sī ~tum, *tr.* [IN-¹+TORQVEO]

1 To bend back (on itself), bend round in a circle.
imitatur nequam bestiam. .inuoluolum, quae in pampini folio ~ta implicat se PL.*Cist.*729; quem (*sc.* anguem) se ~quentem CIC.*Mar.*fr.2; hanc. .omnem coniunctionem. .in orbem ~sit *Tim.*24; ramos manu flectunt, quos ~tos rursus inserunt terrae CURT.6.5.14; palmitem ~queat COL. 5.6.34; sues ~quent (caudas) PLIN.*Nat.*11.265; puppis ~ta chenisco APUL.*Met.*11.16.

2 To turn or spin round; to turn towards. **b** to churn up, stir.
cum. .uenti collecta procella nubibus ~sit sese LUCR. 6.125; contra enitentes uertice ~ti adfligebantur LIV. 21.58.3; nauem. .uertice retro ~tam 28.30.9; uertices. . quibus ~ta nauis obliqua. .agebatur CURT.9.4.11; turbine quodam aeris concitati et ~ti SEN.*Nat.*7.4.1; niger ~to ceu turbine nimbus V.FL.4.452; quo citat orbe Lacaenas Delia plaudentisque suis ~quet Amyclis STAT.*Ach.*1.834; Notus. . piceam cum grandine multa ~quens nubem SIL.12.662;—uereor ne Pompeio quid oneris imponam, μή μοι γοργείην κεφαλὴν δεινοῖο πελώρου ~queat CIC.*Att.*9.7.3; at haec uates ui diuinae multa ardentis oculos ~sit lumine glauco VERG. *G.*4.451. **b** ~quent truncis frondentibus undam V.FL. 8.287; ~tis adsurgens arduus undis 3.476; pulchre. .ollulam istam. .~ques APUL.*Met.*2.7.

3 To twist in a spiral; to make (threads

ropes, etc.) by twisting. **b** to wind round; to entwine (with).

papyrum ~tum CELS.5.28.12.K; rubi alligant et ~ta corylus PLIN.*Nat.*16.176; LARG.43; ubi ~to signauit uellere crinem STAT.*Theb.*8.294;—~ti..rudentes CATUL.64.235; stamen ~quens SEN.*Her.O.*373; licium..uarii coloris filis ~tum PETR.131.4. **b** ~to uerbere terga seca TIB.1.9.22; ~tos de more astrictus amictus SIL.5.367;—(*w.* circa) paludamento circa laeuum bracchium ~to LIV.25.16.21; PETR.80.2;—(*w. dat.*) ~ti capillis Eumenidum..angues HOR.*Carm.*2.13.35;—faucium reste ~tarum PLIN.*Nat.*7.144.

4 To twist round; to wrench, sprain. **b** to contort, twist (the face or body). **c** (transf.) to pervert, warp, twist.

PLIN.*Nat.*36.73; illa ceruicem ~sit APUL.*Met.*2.10;—huc accedebat ut etiam talum ~sisset *B.Hisp.*38.2; 39.1. **b** Tito Pinario mentum in dicendo ~quenti CIC.*de Orat.*2.266; cum homo uoltum ~queret GEL.15.9.10. **c** uerbo ac littera ius omne intorqueri CIC.*Caec.*77; adposita ~tos extendit regula mores PERS.5.38.

5 To hurl or launch (a missile) at. **b** (transf.) to hurl (insults, etc.).

~quet..hastam VERG.*A.*9.744; OV.*Met.*5.90; quod habuit telum nocentissimum ui maxima ~sit SEN.*Ep.*45.9; missile, ceu totis ~tum uiribus STAT.*Theb.*8.586; TAC.*Ann.*14.36;—(*w.* in+*acc.*) dixit, telumque ~sit in hostem VERG.*A.*10.882; ~quet letalem in moenia cornum SIL.2.124;—(*w. dat.*) tergo sceleratam ~serit hastam VERG.*A.*2.231; hastam ~sit equo 11.637;—(*cf.*) ~tis socio cum milite remis prosilit V.FL. 8.356. **b** ~quentur inter fratres grauissimae contumeliae CIC.*Tusc.*4.77; si uiso ~serit ense diram..uocem SIL.11.340; PAUL.*Fest.*p.111M.

intortē, *adv. compar.* ~ius. [next+-E] In a twisted manner, crookedly.

bruscum ~ius crispum PLIN.*Nat.*16.68.

intortus ~a ~um, *a.* [pple. of INTORQVEO] In senses of vb., esp.:

1 Twisted, crooked; (of hair) curly.

(aries) ~is cornibus COL.7.3.3; ~us cucumis 10.380; ~a folia PLIN.*Nat.*21.49;—~os demissus uertice crines Bocchus SIL.3.284.

2 (of sounds, perh.) Indrawn.

sonus (lusciniae)..nunc continuo spiritu trahitur in longum..nunc distinguitur conciso, copulatur ~o PLIN.*Nat.*10.82; haec anima..uario modo occinunt et occipiunt carmine..ululae querulo, noctuae ~o APUL.*Fl.*13.

3 Involved, complicated.

itidem haec exorditur sibi ~am orationem PL.*Cist.*730; citato et ~o genere gesticulationis APUL.*Met.*10.31.

intrā, *prep.* and *adv.* [IN-+-TER¹+-A²]

A. Prep., w. acc.

1 (denoting position) Within, inside; *intra parietes*, privately, at home; *intra se*, in one's own country, at home. **b** (w. vbs. denoting or implying motion).

occumbunt multi letum..aut ~ muros aut extra ENN.*Ann.*399; ubi eam uidit?—intus ~ nauim PL.*Mer.*187; QVEI AGER ~ FINIS POPVLORVM LEIBER⟨O⟩RVM..FVIT *CIL* 1.585.79; Catilinam exitium rei publicae ~ moenia molientem CIC.*Mur.*6; si quid ~ cutem subest uulneris PLANC.*Fam.*10.18.3; Labienus suos ~ munitionem continebat CAES.*Gal.*5.57.4; cum et ~ uallum et foris caederentur NEP.*Dat.*6.4; quin ~ portas..proelia miscent VERG.*A.*10.23; LIV.29.5.6; argentum quod in domo uel ~ horreum..fuit PAUL.*dig.*34.2.32.4; (*after the noun*) muros ~ JUV.8.240; (*in fig. phr.*) finis dum uitae uertitur ~ (anima) LUCR.3.592;—si quid in controuersiam ueniret, aut ~ parietes aut summo iure experiretur CIC.*Quinct.*38; tantam causam quanta nulla umquam in disceptatione uersata est dico ~ domesticos parietes, dico extra conuentum *Deiot.*5; LIV.25.1.7;—quae ~ se consumunt Arabes PLIN.*Nat.*12.99. **b** neque huc umquam..~ portam penetraui pedem PL.*Men.*400; si..ea..~ pectus se penetrauit potio *Truc.*44; ~ fines..peruenire SIS.*hist.*51; quos (*sc.* praedones) etiam ~ Syracusanam insulam recepisset CIC.*Ver.*4.144; aquilam ~ uallum proiecit CAES.*Gal.*5.37.5; ~ tecta uocat Menelaum VERG.*A.*6.525; restituat legiones ~ saltum quo saeptae fuerunt LIV.9.11.3; ne quid ~ oculum fluat LARG.30; FLOR.*Epit.*1.42(3.7.4).

2 Within (the mind or thoughts); *intra se*, to oneself, privately.

concipit ~ pectora..spemque metumque OV.*Fast.*1.485; ~ mea pectora quemque alloquar *Tr.*3.4b.69; haberet illud ~ conscientiam suam QUINT.*Decl.*345(p.364,l.9); quid ~ animum uolutauerim TAC.*Ann.*4.40;—deos..tacite malumus et ~ nosmet ipsos precari SEN.*Ben.*2.1.4; PLIN.*Nat.*10.118; hanc..tragoediam disposui iam et ~ me ipse formaui TAC.*Dial.*3.3; scelus ~ se tacitum qui cogitat ullum JUV.13.209.

3 Within the space of, inside (a period of time). **b** within the period terminated by, before, by. **c** *intra..quam*, within (a specified period or point of time)..from the time that.

dimidiam partem nationum usque omnium subegit solus ~ uiginti dies PL.*Cur.*448; quod ~ legitumos dies profiteri nequiuerat SAL.*Cat.*18.3; creatus Sp. Lucretius consul..~ paucos dies moritur LIV.2.8.4; ne quis eundem magistratum ~ decem annos caperet 7.42.2; ~ XII ferme annos..consules fuere Metelli aut censores aut triumpharunt amplius duodeciens VELL.2.11.3; ~ breue tempus SEN.*Ben.*1.14.3; ~ hos dies (*i.e. within the last few days*) PETR.38.4; primus C. Matius..inuenit nemora tonsilia ~ hos LXXX annos PLIN.*Nat.*12.13; Marcellum..~ iuuentam ereptum TAC.*Ann.*2.41; etiamsi heres..~ pubertatem decesserit GAIUS *Inst.*2.181; (*after the noun*) dum populatio lucem ~ sisteretur TAC.*Ann.*4.48; noctem..~ unam 11.36. **b** apparuisse numen deorum ~ finem anni uertentis ANT.in CIC.*Phil.*13.22; ~ annum..uicesimum feminae notitiam habuisse in turpissimis habent rebus CAES.*Gal.*6.21.5; nisi ~ sextum mensem sciero PETR.53.8; ~ quadragensimum pugnae diem TAC.*Hist.*2.70; quin..quintum..~ diem epulari Hannibal in Capitolio potuerit FLOR.*Epit.*1.22(2.6.19); si ~ kalendas digito caelum non tetigerit PAUL.*dig.*45.1.8. **c** ~ decimum diem, quam Pheras uenerat LIV.36.10.1; ~ dies sexaginta, quam in prouinciam uenit 43.9.2; ~ biennium, quam uerba recte formare potuerunt..omnia fere loquuntur (pueri) QUINT.*Inst.*1.12.9; SUET.*Jul.*35.2.

4 Without passing beyond, on this side of, short of (a point or line). **b** short of (in degree or quality).

extremum ~ camterem ipsum praegradat Parthenopaeum PAC.*trag.*48; locus ~ Oceanum iam nullus est CIC.*Ver.*3.207; Antiochum..maiores nostri..~ montem Taurum regnare iusserunt *Sest.*58; proxumos nostro mari locos occupauere, sed Persae ~ Oceanum magis SAL.*Jug.*18.5; ~ iactum teli progressus VERG.*A.*11.608; nos ~ uicesimum lapidem..annuam oppugnationem perferre piget LIV.5.4.12; quod aquatio ~ teli coniectum erat 30.29.9; omnis..fecundus pampinus ~ quintam aut sextam gemmam fructu exuberat COL.3.17.3. **b** interdum omne malum ~ dolorem est CELS.4.13(6).1; dum res ~ caedem hominum stetit QUINT.*Decl.*323(p.270,l.24); quod eius scripta tantum ~ famam sunt *Inst.*11.3.8.

5 Without exceeding, within (a limit or restriction).

modice hoc faciam aut etiam ~ modum CIC.*Fam.*4.4.4; epulamur una non modo non contra legem..sed etiam ~ legem 9.26.3; ~ finis hos quaecumque acciderint uertentur CAEL.*Fam.*8.10.4; ~ naturae finis uiuenti HOR.*S.*1.1.49; ~ fortunam qui cupis esse tuam PROP.3.9.2; secunda classis ~ centum usque ad quinque et septuaginta milium censum instituta LIV.1.43.4; idem effectus ~ paucas compositiones sunt CELS.5.17.1.B; sententiae eorum ~ causarum demum terminos ualent FRO.in Aur.*Fro.*1.p.156(14N); tantum tibi praestatur quanti interest tua, dummodo ~ id pretium JAVOL.*dig.*17.1.36.1; ~ (legem) Falcidiam PAPIN.*dig.*34.1.9; (*after the noun*) illi quod praeturam ~ stetit commendatio ex iniuria TAC.*Ann.*3.75.

6 Confined or restricted to, within (a class, sphere of activity, etc.); *intra silentium se tenere*, to keep silence. **b** confined to the knowledge of (a limited group), between. **c** *intra se*, by oneself or itself, alone.

morbi cognitio extra artem, medicina ~ usum est CELS.1.pr.64; eos, qui ~ uerba desipiunt 3.18.4; ~ aquam manere (*i.e. to drink nothing stronger than water*) 3.24.4; in quo libido omnis ~ meretricem esset SEN.*Con.*9.2.19; ea (*sc.* pusula) nisi compescitur ~ primam pecudem, quae tali malo correpta est COL.7.5.16; quanto maiora parauit ~ pastorem sibi nomina! SIL.14.466; nulla mansit ars qualis inuenta est nec ~ initium stetit QUINT.*Inst.*10.2.8; nec Plancina se ~ decora feminis tenebat TAC.*Ann.*2.55;—paulisper se ~ silentium tenuit PLIN.*Ep.*4.17.8; 7.6.6. **b** quod ~ nos sit, ego illas (*sc.* arbores) posueram SEN.*Ep.*12.2; praecipue cum adfirmetis ~ uos futura, donec placeat emittere PLIN.*Ep.*3.10.4. **c** ne qua posset erumpere inopsque copiarum et ~ se furens uiribus hostis elanguesceret VELL.2.111.4; omnis denique uirtus ~ se perfecta sit SEN.*Ben.*2.31.1; qui omne bonum honesto circumscripsit, ~ se felix est *Ep.*74.1.

B. Adv.

7 Inside, within. **b** *intra (et) extra*, inside and out, on both sides. **c** inside (a building), indoors; in the interior (of a country). **d** nearer the centre, inside.

argentum (uiuum)..extra labitur..aurum ~ purum inuenitur VITR.7.8.4; uasa et opercula extrinsecus et ~ diligenter picata COL.12.44.7; montes duo inter se concurrerunt..animalia permulta, quae ~ fuerant, exanimata sunt PLIN.*Nat.*2.199; deni in quadram pedes quadraginta per oram, ~ centum erunt QUINT.*Inst.*1.10.43; quidquid..minus quam ~ clusum est fuerit adsignatum FRON.*agrim.*p.2. **b** oras omnium et litora ut ~ extraque sunt MELA 1.2; si opus suum et ~ et extra tenet (deus) SEN.*Nat.*1.pr.13; (aqua) permeante totam (terram) ~ extra PLIN.*Nat.*2.166; abunde orbe terrae extra ~ indicato 6.205. **c** tota ~ forisque familia PETR.22.2; pro rostris aurata aedes..collocata; ~que lectus eburneus SUET.*Jul.*84.1;—~..uix iam homines magisque semiferi Aegipanes MELA 1.23. **d** laeuum cornu extremi equites sociorum, ~ pedites, ad medium iuncti legionibus Romanis, tenuerunt LIV.22.45.7.

8 (w. exprs. denoting motion or direction) To the inside, inwards.

relictis..aperturis ad aquam ~ concipiendam VITR.10.4.2; qua regione aduersarii specus agentes ~ penetrare cogitabant 10.16.10; (digitis) inferioribus ~ spectantibus QUINT.*Inst.*11.3.98.

intrābilis ~is ~e, *a.* [INTRO²+-BILIS] That can be entered.

cum aduersi amnis os lato agmini et tam multis (nauibus) simul uenientibus haud sane ~e esset LIV.22.19.12.

intractābilis ~is ~e, *a. compar.* ~ior. [IN-²+TRACTABILIS] That cannot be dealt with, unmanageable, intractable. **b** (transf., of physical objects or conditions).

Libyci, genus ~e bello VERG.*A.*1.339; non enim humani uim ingenii, sed feri et ~is habent SEN.*Dial.*4.15.4; respice aetatem eius iam duram et ~em *Ep.*25.1; quis huius animum flectet ~em? *Phaed.*229; quanta cum animi aequitate tolerauerit Socrates uxoris ingenium ~e GEL.1.17; erat natura ~ior et morosior 18.7.1; (*of attitudes*) genus (canum) ~is irae GRAT.159. **b** usque sub extremum brumae ~is imbrem VERG.*G.*1.211; ut dura cautes undique ~is resistit undis SEN.*Phaed.*580; uirus ~e illi (*sc.* pastinacae) est PLIN.*Nat.*19.89.

intractātus ~a ~um, *a.* [IN-²+pple. of TRACTO]

1 Not previously used or attempted, untried.

nemo est quin eo (equo) quo consueuit, libentius utatur quam ~o et nouo CIC.*Amic.*68; ne quid inausum aut ~um scelerisue doliue fuisset VERG.*A.*8.206.

2 Not improved by art.

illa (uirga) suos usus ~umque decorem..natalibus hausit arbitriis GRAT.134.

intractiō ~ōnis, *f.* [next+-TIO] The action of drawing back.

Surae..proconsulis..rictum in loquendo ~onemque linguae..piscator quidam..reddidit PLIN.*Nat.*7.55.

intrahō ~here ~xī ~ctum, *tr.* [IN-¹+TRAHO]

1 To drag along, trail.

(coluber) sulcatos ~hens gressus APUL.*Met.*5.20; sol curuatus ~hebat uesperam 11.23.

2 (See quot.)

~here est contumeliam intorquere PAUL.*Fest.*p.111M.

intrāmūrānus ~a ~um, *a.* [INTRA¹+MVRVS+-ANVS] Dwelling within the walls (of a town).

MVNICIPES MVNICIPI AVGVSTI VEIENTIS ~I PATRONO *CIL* 11.3797.

intremescō ~ere, *intr.* **intremiscō.** [next+-SCO] To tremble, quake, shake.

manu..stabili, nec unquam ~ente CELS.7.pr.4; ego scindo uestes, tu ~is [QUINT.]*Decl.*7.11;—(*of inanim. things*) omnia, antequam feriantur, ~unt uibrata uento SEN.*Nat.*2.20.3; neque..umquam ~unt terrae nisi sopito mari PLIN.*Nat.*2.192; 33.1.

intremō ~ere ~uī, *intr.*, (*tr.*). [IN-¹+TREMO]

1 To tremble, quake, shake. **b** to make a vibrating sound.

subito genua ~uere timore OV.*Met.*2.180; ubi corpus totum ~it CELS.3.3.3; stupuit Cadmeia uirgo ~uitque simul STAT.*Theb.*12.381;—(*of inanim. things*) ~ere omnem murmure Trinacriam VERG.*A.*3.581; ~uit malus 5.505; hastam, quae laterum cratem perrupit et ossibus haerens ~uit OV.*Met.*12.371; longo uehiculorum ordine uicis ~entibus SEN.*Ep.*90.9. **b** ~uere tubae ac scisso Discordia crine extulit ad superos Stygium caput PETR.124,l.271.

2 (w. acc. or dat.) To tremble at.

~uit regum euentus SIL.8.60;—Hannibali ecce senectus ~it 16.666.

intrepidans ~ntis, *a.* [IN-²+pple. of TREPIDO] = INTREPIDVS.

~NTIS AETATIS *CIL* 3.1898.

intrepidē, *adv.* [next+-E] Fearlessly; without anxiety.

progreditur ~ modesteque obuiam [QUAD.]*hist.*12; ~ Xenophanes..a Philippo rege se missum ait LIV.23.33.6; PLIN.*Nat.*15.136; ut cum omnibus hominibus secure et ~ fabularer APUL.*Soc.*pr.2;—efficere uolo, ut illas (*sc.* opes) ~ possideas SEN.*Ep.*18.13.

intrepidus ~a ~um, *a.* [IN-²+TREPIDVS]

1 Fearless, undaunted, brave. **b** (of expression, words, or actions) showing no fear.

stabit super illam uoraginem ~us SEN.*Nat.*6.32.4; ~us tanti sedit securus ab alto spectator sceleris LUC.2.207; (*w. abl. of respect*) esse..chirurgus debet..animo ~us CELS.7.pr.4; ~us uoltu LUC.5.317; placidus ore, ~us uerbis TAC.*Hist.*2.48;—(*of animals*) paucae..bestiarum ~ae in hostem actae..ingentem stragem edebant LIV.30.33.14; (*w. gen.*) ad lituos hilarem ~umque tubarum prospiciebat equum STAT.*Theb.*11.325. **b** pertulit ~os ad fata nouissima uultus OV.*Met.*13.478; ~a constent uerba SEN.*Phaed.*593; cunctis ~um uultum eius spectantibus TAC.*Ann.*5.7; maesti atque formidantes ab hac tam ~a ac tam decora incedendi modulatione alieni sunt GEL.1.11.18; (*neut. as adv.*) ~um tuens SEN.*Her.O.*1737.

2 Free from anxiety, untroubled. **b** (of conditions).

~os nox conscia iungit amantis STAT.*Ach.*1.926; ~ae mitis custodia Romae *Silv.*1.4.16; ~i quaecumque altaria tangunt JUV.13.89; APUL.*Apol.*76; (*poet.*) lenis..aura..ducat ~am ratem SEN.*Oed.*889;—(*w.* pro) ~um pro se, curam de coniuge agentem OV.*Met.*9.107;—(*w. abl.*) genitor discrimine nati ~us V.FL.1.504; Cerialis turbidis rebus ~us TAC.*Hist.*4.77. **b** perpetua eius (*sc.* exacti temporis) et ~a possessio est SEN.*Dial.*10.10.4; ~a ibi hiems TAC.*Ag.*22.3.

intribuō ~uere ~uī ~ūtum, *tr.* [IN-¹+TRIBVO] To pay (a tax or contribution).

ne quid ideo..~uatur TRA.Plin.*Ep.*10.24(35); (*absol.*) ipse..auctor doli est, qui id egit, ne ~ueret ULP.*dig.*14.4.9.2.

intribūtiō ~ōnis, *f.* [prec.+-TIO] A payment of tax, contribution.

nec ab ~onibus, quae possessionibus fiunt, ueteranos esse excusatos palam est ULP.*dig.*49.18.4; omnibus patrimonii ~onibus fungi debent PAUL.*dig.*50.1.22.7.

intrīcō ~āre ~āuī ~ātum, *tr.* [IN-+TRICAE+-O³] To entangle in a snare, involve (in difficulties), embarrass; to entangle (affairs).

nunc ego lenonem ita hodie ~atum dabo, ut ipsus sese qua se expediat nesciat PL.*Per.*457; Chrysippus aestuans laboransque, quonam hoc modo explicet..~atur CIC.*Fat.*fr.1;—ita ~auit huius hanc rem temeritas AFRAN.*com.*113; qui seruo persuadet..ut peculium ~aret ULP.*dig.*11.3.1.5; si eum ~are peculium in necem creditorum passus est 15.1.21.

intrīmentum ~ī, *n.* [INTERO¹+-MENTVM] app. = INTRITA.

cocus, qui sapidissimis ~is sucuum pulmenta condita uapore mollibat APUL.*Met.*10.13.

intrinsecus, *adv.* [**intrim* (INTER)+-SECVS; cf. *extrinsecus*] In the inside, internally. **b** from within. **c** to the inside, inwards.

ne cupa et clauus conterantur ~ CATO *Agr.*21.4; agger.. ~ iunctus fossa VAR.*R.*1.14.3; sudabant etiam fauces ~ atrae sanguine LUCR.6.1147; id ~ oleo ungatur VITR.8.1.4; iecur..~ cauum, extrinsecus gibbum CELS.4.1.5; COL. 12.44.5; APUL.*Fl.*23. **b** coronam hostium..mediam diuidit et unam partem ab altera exclusam equitibus ~ adortus *B.Afr.*17.1; si per domum quoque ~ adirentur (balneae) PAPIN.*dig.*32.91.4. **c** iuxta decumanum.. palmites ~ flectendi sunt COL.4.20.5; iocinera replicata ~ ab ima fibra PLIN.*Nat.*11.190; SUET.*Aug.*95.

intrīta ~ae, *f.* Also **~um** ~ī, *n.* [INTERO[1]] A paste, mash; esp. one made with flour as a food.

resoluta ~a folliculorum COL.12.45.2; totam ~am ad medium mortarium contrahito 12.57.1; ~am ipsam eorum (*sc.* laterum) priusquam fingantur, macerari oportet PLIN. *Nat.*35.170;—incipiendum erit a pulticula uel ~a bene madida CELS.4.6.6; multi senectam longam mulsi tantum ~a tolerauere PLIN.*Nat.*22.114;—insuper fluctus libant ~um lacte confectum APUL.*Met.*11.16.

intrītus ~a ~um, *a.* [IN-[2]+ pple. of TERO] Not crushed, unbroken, whole; (transf.) unwearied.

~a oliua nouo fisco includitur COL.12.51.1;—eductis eis cohortibus quae praesidio castris relictae ~ae (*s.v.l.*) ab labore erant CAES.*Gal.*3.26.2.

intrō[1], *adv.* [IN-[1]+-TER[1]+-O[2]] N.B. When *intro* occurs immediately in front of a simple vb. the two words are frequently treated as one comp. vb. For convenience, all such cases are dealt with below under the comp. forms.

1 (w. vbs. denoting or implying motion) Inside, indoors, in.

duc hos ~ PL.*Am.*854; curre ~ atque ecferto aquam *Mil.* 1332; ~ deuortor domum *St.*534; condidi ~ quod dedisti *Truc.*920; ait esse uetitum ~ ad eram accedere TER.*Ph.*864; quo simul atque ~ est itum CAES.*Civ.*3.26.5; cum sic apis euadit uestibulum ut nulla ~ reuolet COL.9.12.1;—(*w. vbs. of looking, facing, etc.*) accessi; ~ aspexi TER.*An.*365; cruribus..~ uersis potius figuratis VAR.*R.*2.7.5; (*cf.*) CANCELLI AENEI CVM HERMVLIS N VIII ~ ET FORAS *CIL* 14.2215;—(*contrasted w.* intus) redi nunciam ~ atque intus serua PL. *Aul.*81; '~' nos uocat, at sese tenet 'intus' LUCIL.1217;—(*w. ellipsis of vb.*) aquam foras, uinum ~ PETR.52.7.

2 On the inside, within, internally.

uno uerbo omnia sana faciet ~ quae dolitabunt CATO *Agr.*157.7; si polypus in naso ~ erit 157.15; uti pila, cum mittatur, non possit ~ resistere VITR.5.10.2; (*cf.*) 'eo.. intus' et '~ sum' soloecismi sunt QUINT.*Inst.*1.5.50.

intrō[2] ~āre ~āuī ~ātum, *tr.*, *intr.* [INTRA+-O[3]] FORMS: *interantibus CIL* 3.944.2.

1 To go into, enter (a closed or defined space): **a** (w. acc.). **b** (intr. or ellipt.).

a quod regnum ~arit CIC.*Rab.Post.*22; hos montis ~are cupiebant CAES.*Civ.*1.65.4; equites cum ~are fumum et flammam densissimam timerent HIRT.*Gal.*8.16.2; ego flumen Muluccham..non egrediar neque id ~are Iugurtham sinam SAL.*Jug.*110.8; portum ~are NEP.*Cha.*4.2; si quando Thybrim uicinaque Thybridis arua ~aro VERG.*A.*3.501; ut ouans urbem ~aret LIV.4.43.2; ut semel ~auit Colchos Pagasaeus Iason OV.*Ep.*18.175; nationem..cum exercitu ~auit CURT.7.3.5; tristior has iterum tamen ~ature tenebras STAT.*Theb.*2.25; Ostiensem uiam ~at TAC.*Ann.*11.32; (*w.* mente) aeternas ~arat mente tenebras SIL.7.586; (*w.* oculis) celsis adstans in collibus ~at urbem oculis 12.567; (*poet.*) uultu galeas ~are (*i.e. put on*) soluto non pudet STAT. *Theb.*5.355;—(*pass.*) ut huius rei causa nullius philosophi schola ~anda sit SEN.*Nat.*4b.7.3; si mare ~etur TAC. *Ann.*2.5;—(*entrances, boundaries, etc.*) simul limen ~abo AFRAN.*com.*5; ianuam ~auit PHAED.3.10.21; necdum templorum ~ati postes SIL.11.253;—(*fig.*) in domo quam nec honos nec gratia ~are posset LIV.6.34.9. **b** ~abo, nam meretricem astare in uia solam prostibuli sanest PL. *Cist.*330; Lacetanos..haud procul iam urbe, cum ~are uellent, excepit insidiis LIV.21.61.8; clam tamen ~ato, ne te mea carmina laedant OV.*Tr.*1.1.63; hinc ~anti dextera Africa est, laeua Europa PLIN.*Nat.*3.3; cuius uoltum ~antes tristem, abeuntes exhilaratum putant 36.13; (*impers. pass.*) quo non modo non ~ari sed ne perspici quidem posset CAES. *Gal.*2.17.4;—(*w.* ad) hostes ne ~are ad se ac loca interiora capere possent *B.Afr.*79.1; cum uix ~are posset (taurus) ad praesepia PHAED.5.9.2;—(*w.* in+*acc.*) ante quam in corpus ~auisset (animus) CIC.*Tusc.*1.57; cultos..~auit in hortos OV.*Met.*14.656; CURT.3.12.10; SEN.*Ep.*91.15; TAC.*Dial.* 35.3;—(*w.* intra) si ~assis intra limen PL.*Men.*416; CAES. *Gal.*7.8.1;—(*w.* sub) C MEMMIVS PVDENS SACERDOS ~AVIT SVB IVGV(m) *CIL* 8.24034;—(*w. dat.*) cum..mediis ~arent montibus undae V.FL.1.590; ut uidit puppi properantem ~are SIL.6.498; ~ANTIBVS MONVMENTO *CIL* 14.1214;—(*fig.*) quo..ne imprudentia quidem possit ~are CIC.*Har.*37.

2 (leg.) To appear in court.

alio senatu Vicetini sine aduocato ~auerunt PLIN.*Ep.* 5.4.2; a parte heredum ~auerunt duo omnino 6.31.10; eo (modo) quo tu orationem habiturus ~aueris AUR.*Fro.*1. p.154(14N); (*w.* apud) officium est curatoris apud eundem ~are iudicem CLEM.*dig.*23.3.61.1.

3 (of inanim. things) To enter, penetrate; (also poet., of persons, w. abl. of instr.) **b** (of abst. or non-physical things).

(*w. acc.*) medullas ~aui tcalor VERG.*A.*8.390; bifores ~abat luna fenestras OV.*Pont.*3.3.5; plenas aures adulationibus aliquando uera uox ~et SEN.*Ben.*6.33.1; (uenabula) ~abunt ursos MART.14.30.2; ~antem..Amyron (*i.e. a river*)..aequora V.FL.2.11; SIL.5.447; quosdam moechos et mugilis ~at JUV.10.317; (*of sight*) ut nulla acies humani ingenii tanta sit, quae penetrare in caelum, terram ~are possit CIC.*Luc.*122;—(*intr.*) huius (*sc.* fistulae) ea pars, quae ~at CELS.7.15.2; non ~ante suco aut non proueniente PLIN.*Nat.*17.225; STAT.*Theb.*11.640; (*w. dat.*) uulneribus patulis ~at mare SIL.14.550;—aper..quem meus ~auit splendenti cuspide Dexter MART.7.27.3; hanc hasta totiens ~antem moenia Mopsus non tulit SIL.2.89. **b** (*w. acc.*) protinus ~auit mentes suspectus honorum OV.*Fast.*5.31; ~at sensus clamosi turba theatri STAT.*Silv.*3.5.16; quanto maiora..facta eadem ~arent hoc..teste nepotes SIL.13.795; ~auit..animum militaris gloriae cupido TAC.*Ag.*5.4; pauidos et conscientia uaecordes ~at metus *Ann.*1.39; (*pass.*) et mugiret Phoebo iam ~ata sacerdos SIL.12.323;—(*intr.*) si certus ~arit dolor HOR.*Epod.*15.16; ~et amicitiae nomine tectus amor OV.*Ars* 1.720; ~antem..deum STAT.*Ach.*1.515;—(*w.* ad) desinet..malus esse, si ad illum uirtus ~auerit SEN.*Ben.*4.12.5;—(*w.* in+*acc.*) in sensum et in mentem iudicis ~are non potest (definitio) CIC.*de Orat.*2.109; ex quo pectore metum mortis eieceris, in id nullius rei timor audebit ~are SEN.*Dial.*12.13.2;—(*w.* per) ut ~auit leuior per corpora somnus *Culex* 206.

4 To enter upon (a state). **b** to take possession of. **c** to become a member of, enter (a body or class).

(*w. acc.*) exibit gaudium, quod ~auit SEN.*Ep.*98.1; populi fauorem..~aui [QUINT.]*Decl.*4.7;—(*intr.*, *w.* in+*acc.*) iste in possessionem bonorum mulieris ~at CIC.*Div.Caec.*56; qui in tuam familiaritatem penitus ~arit *Q.fr.*1.1.15; PAUL.*dig.* 41.2.1.19. **b** (*w.* in+*acc.*) si in rem debitoris sui ~auerint CALL.*dig.*48.7.7. **c** (*w. acc.*) equestris ordinis uiris..et senatum inde ~antibus PLIN.*Nat.*5.12.

5 To enter into with the mind, study, look into.

(*w. acc.*) cum secretiora eius ~aui SEN.*Nat.*1.pr.3; quotiens in illius facundiae tuae penetrali seductus altius litteras ~o STAT.*Silv.*3.pr.; ubi..~auit mentes superum SIL.1.124;—(*intr.*) ~abo etiam magis CIC.*Flac.*23;—(*w.* in+*acc.*) si in haec, quae patefecit oratione sua Crassus, ~are uolueritis *de Orat.*1.204; ~andum est..in rerum naturam et penitus quid ea postulet peruidendum *Fin.*5.44.

6 **a** To enter upon (a period of time). **b** (intr., of periods) to begin.

a laurigeris annum qui fascibus ~as MART.10.10.1. **b** sic tempora nasci, sic annos ~are decet STAT.*Silv.*4.1.20.

introabeō: see INTRO[1], ABEO.

intrōcēdō ~cēdere ~cessī, *intr.* [INTRO[1]+CEDO[1]] To come in, enter.

post opimas dapes quidam ~cessit APUL.*Met.*5.3; 10.31.

intrōcurrō ~ere ~ī, *intr.* **intrō currō.** [INTRO[1]+CVRRO] To run or speed inside.

per fretum ~imus NAEV.*trag.*53; ecce quidem ~ens famulus APUL.*Met.*3.12; (*of inanim. things*) quidam aiunt radios solis ~entis..ignem excitare SEN.*Nat.*2.12.3.

intrōdō ~dare, *tr.* **intrō dō.** [INTRO[1]+DO] To introduce, insinuate.

se ipse inferebat et ~ dabat CIC.*Caec.*13.

intrōdūcō ~cere ~xī ~ctum, *tr.* **intrō dūcō.** [INTRO[1]+DVCO]

1 To lead or bring in, introduce (into a place). **b** to bring, usher (into someone's presence). **c** to introduce (on to the stage, into the arena). **d** (leg.) to put (in possession).

foras educite quam ~xistis fidicinam PL.*Epid.*473; qui uideret equum Troianum ~ctum CIC.*Ver.*4.52; quod oppidum Attius cohortibus ~ctis tenebat CAES.*Civ.*1.12.3; noctu Iugurthae milites ~cit SAL.*Jug.*12.4;—(*w.* in+*acc.*) NEIVE QVIS ALIVS MEILITES IN OPPIDVM THERMESVM..~CITO *CIL* 1.589.2.9; in cubiculum ~ctus est CIC.*Ver.*3.56; si suas copias Aedui in finis Bellouacorum ~xerint CAES.*Gal.*2.5.3; LIV.24.24.5; praesidio in urbem Chium ~cto CURT.4.1.37; (*fig.*) Socrates..philosophiam..in urbibus conlocauit et in domus etiam ~xit CIC.*Tusc.*5.10;—(*w. adv.*) nacti portum.. eo nauis ~xerunt CAES.*Civ.*3.26.4; (*as a wife*) uillam..quo ~catur..dotata Aquilia CIC.*Att.*14.13.5. **b** ~cuntur legati Minturnenses ENN.*Ann.*623; mane ut Chremem ~cas TER.*Eu.*908; hic solus ~citur; ceteri..excluduntur CIC. *Ver.*3.8; senatum aduocat magnaque frequentia eius ordinis Volturcium..~cit SAL.*Cat.*46.6; rex..(Roxanen) ~ctam inter conuiuales ludos matrimonio sibi adiunxit CURT. 8.4.29;—(*w.* ad) ~cti a consulibus ad senatum LIV.3.4.6; a quo ~ceretur ad regem CURT.6.7.17;—(*w.* in+*acc.*) gladiatores..in senatum ~cti CIC.*Sest.*85; LIV.7.30.1. **c** ut.. retiarius cum murmillone ~ceretur V.MAX.1.7.8; ~ctus erat inter compluris ceteros ad pugnam bestiarum GEL. 5.14.10; (*facet.*) non, ut olim solebat, Atellanam sed, ut nunc fit, mimum ~xisti CIC.*Fam.*9.16.7. **d** per magistratus ~cendus est in possessionem ULP.*dig.*36.4.5.27; PAUL.*dig.*25.5.2.

2 To insert, introduce (into a speech, book, etc.). **b** to bring (persons) into a case.

deinde ~cta rei similitudo CIC.*Part.*40; iam enim ipse tecum nulla persona ~cta loquor *Cael.*35; sic animas ~xerunt sensibus auctas LUCR.3.630; iudicii illius tempestiua mentio ~cetur V.MAX.2.8.2; Fuscus illum colorem ~xit ..religionis SEN.*Con.*1.1.16; cum ~xisset excusantem se exercitum Macedonum *Suas.*1.13; ficta interim narratio ~ci solet QUINT.*Inst.*4.2.19; 9.2.30. **b** possumus..procuratorem ~cere CIC.*Att.*16.15.2; quempiam testem ~ctum pro testimonio dixisse GEL.11.3.2.

3 To bring forward for discussion or decision, raise (a subject). **b** to put forward, propose (a theory).

quae igitur haec comitia, aut quam ambitionem..L. Caesar in senatum ~xit? CIC.*Phil.*11.19; non uidetur debuisse eiusmodi deliberationem ~cere *Off.*3.12. **b** qui ~cunt causarum seriem sempiternam CIC.*Fat.*20; qui ita fatum ~cunt ut necessitatem adiungant 42;—(*w. pred. acc.*) prudentiam ~cunt scientiam suppeditantem uoluptates *Off.*3.118;—(*w. acc. and inf.*) ~cebat..Carneades..summum bonum esse frui rebus is *Luc.*131; *N.D.*1.19.

4 To establish, bring in, introduce (a practice, custom, etc.). **b** to start (an action at law).

ex huiusce modi principio..consuetudo aestimationis ~cta est CIC.*Ver.*3.189; ~ci..uirtus nullo modo potest, nisi.. *Fin.*4.40; nouum in rem publicam ~ctum exemplum queritur CAES.*Civ.*1.7.2; lex Licinia ~citur LAEV.*poet.*23; LIV.4.16.4; eadem bonos ciues corona decorandi prima consuetudinem ~xit V.MAX.2.6.5; NE QVASI NOVAM ISTAM REM ~CI EXHORRESCATIS *CIL* 13.1668.1.4; quod..nouas superstitiones ~ceret QUINT.*Inst.*4.4.5; CLEM.*dig.*35.1.62.1; (*impers. pass. w.* ut) quidam..putauerunt ~cendum, ut.. locet hunc usum fructum mulieri maritus POMPON.*dig.* 23.3.66. **b** officium praetoris est ~cere utilem actionem AFRIC.*dig.*4.6.43; GAIUS *dig.*14.5.1; rerum amotarum iudicium singulare ~ctum est aduersus eam PAUL.*dig.*25.2.1.

intrōductiō ~ōnis, *f.* [prec.+-TIO] An introduction, bringing in.

noctes certarum mulierum atque adulescentulorum nobilium ~ones non nullis iudicibus pro mercedis cumulo fuerunt CIC.*Att.*1.16.5.

introeō ~īre ~īuī *or* ~iī ~itum, *intr.*, (*tr.*). **intrō eō.** [INTRO[1]+EO[1]]

1 To go inside, enter. **b** (of inanim. things). **c** to come on to the stage.

tempus non est ~ eundi PL.*Mer.*916; seruom ilico ~isse dicent TER.*Hec.*332; si qui ~ire prohibuisset CIC.*Caec.*34; CAES.*Gal.*5.43.6; ad ~euntium dextram MELA 3.38; TAC. *Ann.*6.15; (*impers. pass.*) cum periculo ~itur VAR.*R.*1.63;—(*w.* ad) cum armatis hominibus sicuti salutatum ~ire ad Ciceronem SAL.*Cat.*28.1;—(*w.* in+*acc.*) qur non ~ eo in nostram domum? PL.*Am.*409; eo in conclaue postquam ~iit CALP.*hist.*27; cum..neque in senatum ~ire dubitasset CIC. *de Orat.*1.181; (*impers. pass.*) caueat quam minimum in torcularium et in cellam ~eatur CATO *Agr.*66.1; nisi saeptis reuolsis ~iri in forum nullo modo posset CIC.*Phil.*5.9;—(*w. acc.*) si ulla meretrix domum meam ~iuit GRACCH.*orat.*26; passurumne censetis Antonium ~ire Mutinam legatos? CIC.*Phil.*6.6; urbem ~ierat TAC.*Hist.*2.63; triennio non ~isse curiam *Ann.*16.22; (*pass.*) quod..domum..suam ui ~itam esse dicat ULP.*dig.*47.10.5;—(*w. advs.*) si illo ~ieris PL.*Mer.*570; sed ea huc quid ~ierit *Trin.*10; uti eo ~eas et circumspicias CATO *Agr.*1.2; quo cum..~isset *B.Afr.*89.2. **b** diluito (brassicam), indito in uesicam..ita premito, in fistulam ~eat CATO *Agr.*157.14; picata opercula diligenter gypso linunt ne possit spiritus ~ire COL.12.16.5. **c** (*w. acc.*) ut solus uideatur dignus esse qui scaenam ~eat QUINT. *Inst.*9.3.86; (*fig.*) eadem actio de prouinciis ~ibit CAEL.*Fam.* 8.5.3.

2 (w. special destinations implied) **a** To enter Rome. **b** to appear in court.

a quis triumphans ~ierit ex eo bello ASEL.*hist.*2; cum ..noctu se ~isse dixisset CIC.*Att.*2.1.5; *ad Brut.*1.15.9. **b** quia..Libo sine patrono ~isset TAC.*Ann.*2.30; ubi dicendam ad causam ~issent 15.58; qui..prohibuit testamentarium ~ire ULP.*dig.*29.6.1.

3 To enter as an enemy, occupy, invade.

se ad urbem futurum cum exercitu, ~iturum quotienscumque uellet CIC.*Phil.*5.21; ea parte oppidi uictor ~iit quae praesidio hostium tenebatur *B.Alex.*32.1;—(*w.* in+*acc.*) primus Graecae ciuitatis in Threciam ~iit NEP.*Alc.* 7.4;—(*w. acc.*) cum..hostilem agrum ~ituri erant VAR.in Serv.*A.*9.52; ut post diem tertium, quam Siciliam attigerat, Syracusas ~ierit NEP.*Di.*5.3; TAC.*Hist.*3.78; (*impers. pass.*) castra sine uolnere ~itum SAL.*Hist.*4.10; LIV.26.21.10.

4 To assume, enter upon (a position or condition); to become a member of (a family).

quem fuerat aequius, ut prius ~ieram, sic prius exire de uita CIC.*Amic.*15; dum post signa ordines ~eunt LIV. 2.49.11;—ubi domum Augusti priuignus ~iit TAC.*Ann.*6.51.

5 (of a period of time) To begin.

NONO (anno) ~ EVNTE FELIC(iter) *CIL* 6.30975.

intrōferō ~ferre ~tulī ~lātum, *tr.* **intrō ferō.** [INTRO[1]+FERO] To carry in; *pedem ~ferre*, to set foot (in).

lectica in urbem ~ferri solitus est CIC.*Ver.*5.34; ut cibum tibi ~ ferre liceat 5.118; ut in oppidum ~ferretur (mortuus) *Flac.*75; LIV.43.7.5;—ut in ludum tuum pedem ~feram AUR.*Fro.*1.p.130(28N).

intrōgredior ~dī ~ssus, *intr.*, (*tr.*). [INTRO[1]+GRADIOR] To go in, enter.

postquam ~ssi et coram data copia fandi VERG.*A.*1.520; 11.248; APUL.*Met.*7.5;—(*w.* in+*acc.*) ~ssus..leo..in habitaculum GEL.5.14.21;—(*w. acc.*) ~ssus portas STAT.*Theb.* 3.345; ~SSI CASTRA *CIL* 8.2532.

introitus ~ūs, *m.* [INTROEO+-TVS[3]] FORMS: abl. sg. ~*o*, pl. ~*is*, *CIL* 3.2119; 4441; 6.12737.

1 A going in, entrance. **b** a hostile entry, invasion.

qui..non ~u, sed omnino aditu quempiam prohibuerit CIC.*Caec.*39; ne militum ~u..oppidum diriperetur CAES. *Civ.*1.21.2; ianitor egressus ~usque uidet OV.*Fast.*1.138; ne notabilis celebritate et frequentia occurrentium ~us esset TAC.*Ag.*40.3; (*w.* in+*acc.*) aduentus meus atque ~us in urbem qui fuit? CIC.*Dom.*75; (*w. acc.*) nocturnus ~us Zmyrnam quasi in hostium urbem *Phil.*11.5;—(*of inanim. things*) solere uias rescindere nostris sensibus ~uque suo perrumpere corpus LUCR.2.407; sol ~um Cancro facit COL. 11.2.49; per ~um solis in leonem PLIN.*Nat.*5.56; scillam ..contra malorum medicamentorum ~um pollere tradit 20.101. **b** forum..quod ~u Marcelli purum a caede seruatum est CIC.*Ver.*4.116; clandestino ~u urbe est potitus *Off.*2.81; VELL.2.102.2; tot..uno ~u capiuntur militis arces SIL.14.640.

2 A means or possibility of entry. **b** the right of admittance.

~um ipsi sibi ui manuque patefaciunt CIC.*Tul.*21; non

potest esse propter angustias nauibus ~us in portum Caes. *Civ.*3.112.4; et quasi per magni circum spiracula mundi exitus ~usque elementis redditus exstat Lucr.6.494; quoniam limina ~us exitusque locis praestant Sic.Fl. *agrim.*p.117; (*w.* ad) dum clandestinus ad uillam ~us pararetur Suet.*Nero* 48.3; (*w.* in+*acc.*) NEQVE ADITV(m) NEQVE ~V(m) HABEANT IN HOC MONIM(entum) *CIL* 14.1271. **b** peto a te ut habeat ~um at te *P.Oxy.*1.32.

3 A way in, entrance; (geog.) the mouth (of a river, etc.).
EISDEM OSTIVM, ~V IN AREA QVOD NVNC EST *CIL* 1.698.2.13; propter ipsum ~um atque ostium portus Cic.*Ver.*5.80; duros et quasi corneolos habent (aures) ~us *N.D.*2.144; omnes ~us erant praeclusi Caes.*Gal.*5.9.4; ad ~um aedis Nep.*Paus.*5.3; ubi signat Auerni squalentem ~um stagnans Acherusius umor Sil.13.398; Juv.11.10;—ad ~um Ponti Cic.*Ver.*4.130; in ipso Bospori ~u Plin.*Nat.*4.87; primo statim ~u amnis Indi 12.41.

4 Entrance (into a college, priesthood, etc.); an entrance-fee.
pecunia, quam buleutae..obtulerunt ob ~um Plin.*Ep.Tra.*10.39(48).5; 10.112(113).3; pro ~u noui sacerdotii Suet.*Cl.*9.2;—an onera omnia et ~us militiae ab herede sint danda Scaev.*dig.*32.102.3.

5 The action of entering upon, beginning, inception. **b** the first part, beginning, introduction.
aperto suspicionis ~u Cic.*Ver.*17; post profectionem tuam primus..~us fuit in causam fabulae Clodianae *Att.*1.18.2; habebit philosophus amplas opes,..quarum tam honestus sit exitus quam ~us Sen.*Dial.*7.23.1; unum ~um nobis ad uitam dedit (aeterna lex), exitus multos *Ep.*70.14; non exitu iudicii constare actionem, sed ~u Quint.*Decl.*249 (p.21,l.18). **b** mihi..uidetur..hic ~us defensionis adulescentiae M. Caeli maxime conuenire Cic.*Cael.*3; ~u operis Plin.*Nat.*6.141.

intrōiugus ~a ~um, *a.* [INTRO[1]+IVGVM+-VS] (of horses) Under the yoke, yoked (as opp. to trace-horses).
DIOCLES AGITATOR..VNO ANNO..DVOBVS ~IS COTYNO ET POMPEIANO VICIT LXXXXVIIII *CIL* 6.10048; ~IS VICIT 6.37834.

intrōmittō ~ittere ~īsī ~issum, *tr.* **intrō mittō.** [INTRO[1]+MITTO] ORTHOG.: *intro mitat CIL* 1.584.31.

1 To allow to come in, let in, admit. **b** (transf.).
alienum hominem ~ittat neminem Pl.*As.*756; neque..eum uolo ~itti *Men.*424; DVM NE ALIVM ~ITAT NISI GENVATEM AVT VEITVRIVM COLENDI CAVSA *CIL* 1.584.31; ut..~issus..me in meo lectulo trucidaret Cic.*Sul.*52; hi propter notitiam sunt ~issi Nep.*Di.*9.3; legati deinde regis ~issi Liv.32.37.5; fores reserari eosque ~itti iussit V.Max.2.10.2;—(*w.* ad) uolgo ad se omnis ~itit Pl.*Truc.*944;—(*w.* in+*acc.*) is ~issus in castra Liv.2.32.8; seruus..pro transfuga ~issus in urbem 25.23.6; Gel.16.5.10;—(*w. adv.*) quasi non habeam quo ~ittar alium meliorem locum Pl.*Men.*669; huc..nemo ~ittit 964;—(*cf.*) non ianua receptis sed pseudothyro ~issis uoluptatibus! Cic.*Red.Sen.*14. **b** quae (uerba) a Laberio ignobilia nimis..in usum linguae Latinae ~issa sunt Gel.19.13.3; exemplum..~issum uideretur, quo bene consulta consilia..corrumperentur 1.13.4.

2 To send or put in, introduce.
paucos si lepores..~iserit Var.*R.*3.12.4; quem ille..in uincla coniecit, et medicum ~isit suum qui..uenas incideret Cic.*Har.*35; ut sibi legiones subsidio ~itteret *B. Hisp.*34.4; Liv.9.13.10;—(*w.* ad) ~isit..ad Senecam unum ex centurionibus Tac.*Ann.*15.61;—(*w.* in+*acc.*) qui mi ~isti in aedis quingentos coquos Pl.*Aul.*553; si..in..harenam depugnandi causa ad bestias ~issus fuerit *Ed. aed.cur.*(*Font.iur.*p.238)66.1;—(*w. acc.*) equites trecentos..Nolam ~isit Liv.24.13.10; 38.5.6;—(*inanim. things*) Hirtius Mutinensibus obsessis..salem..cupis conditum per amnem Scultennam ~isit Fron.*Str.*3.14.3.

intrōrēpō ~pere ~psī, *intr.* [INTRO[1]+REPO] To creep in.
repente ~pens mustela contra me constitit Apul.*Met.* 2.25; cum..absconditus ~pere..posset 9.18.

introrsum (-ōsum) or **introrsus (-ōsus),** *adv.* [INTRO[1]+VERSVS[2]; cf. *introuersus*]

1 To within, inwards. **b** (transf.).
α ut ~orsum in fundum se reclinent (arbores) Var.*R.* 1.16.6; fit uti pars inde animai eiciatur et ~orsum pars abdita cedat Lucr.4.945; a munientibus ad pugnantes ~orsum uersi Liv.3.28.7; hostem ~orsum in media castra accipiunt 10.33.3. β specus ingens rupe cauique ~osum reditus Grat.431; Sen.*Dial.*7.8.4. γ collis..siluestris, ut non facile ~orsus perspici posset Caes.*Gal.*2.18.2; hanc (*sc.* siluam) longe ~orsus pertinere 6.10.5; ~orsus porrectis ordinibus Liv.33.8.14; macie retractos ~orsus oculos Sen. *Con.*1.6.2; mare agetis ~orsus Sen.*Ep.*89.21; a Britannia ~orsus sex dierum nauigatione abesse dicit insulam Ictim Plin.*Nat.*4.104; muri..~orsus sinuati Tac.*Hist.*5.11. δ LOCVM..LONG(um) P(edes) LXVII..ET A VIA ~OSVS..LAT(um) P(edes) X *CIL* 14.2466.17. **b** γ ~orsus abde (dolorem) et contine, ne appareat Sen.*Dial.*11.5.5; ~orsus bona tua spectent *Ep.*7.12; ~orsus dolor femineus abeat *Her.O.*1674. δ ubi causas fateri pudet et tormenta ~osus egit uerecundia Sen.*Dial.*9.2.10

2 On the inside, within; internally. **b** (transf.).
α aciem, quam..parum apte ~orsum ordinibus firmauerant Liv.2.31.2. γ ~orsus prima Asiae Bithynia est Sal.*Hist.*3.70; Vitr.6.8.7; clamantibus tribunis nihil ~orsus roboris ac uirium esse Liv.25.21.7. **b** α detrahere et pellem, nitidus qua quisque per ora cederet, ~orsum turpis Hor.*S.*2.1.65; *Ep.*1.16.45; beatus ~orsum est Sen.*Ep.* 119.11; illa sibi ~orsum et sub lingua murmurat Pers.2.9; γ uocem lacrimasque ~orsus obortas deuorat ipse dolor Ov. *Met.*13.539; *Fast.*4.845.

intrōrumpō ~rumpere ~rūpī, *intr.* [INTRO[1]+RVMPO] To burst or break in.
obstructis..portis..quod ea non posse ~rumpere uidebantur Caes.*Gal.*5.51.3; ianitor ~rumpit Apul.*Met.*1.17;—(*w.* in+*acc.*) cerua emissa in cubiculum Sertorii ~rupit Gel.15.22.9; Parthos..in Syriam ~rumpentis 15.4.4.

introspectō ~āre, *intr.* **intrō spectō.** [INTRO[2]+SPECTO] To look or gaze in.
quid ~ant? Pl.*Mos.*936.

?**introspectus** ~ūs, *m.* [next+-TVS[3]] An opening allowing a view within.
qua liberrimus Aetnae ~us (*cj.*) hiat *Aetna* 342.

introspiciō ~icere ~exī ~ectum, *tr.*, *intr.* [INTRO[1]+SPECIO]

1 To look into, peer in; (pass.) to be seen within.
ne quis meorum imprudens ~icere tuam domum possit Cic.*Har.*33; casas omnium ~icere *Div.*2.105;—ut bracchio exerto ~iciatur latus Quint.*Inst.*11.3.118.

2 To look upon, regard.
(*w. acc.*) aliorum felicitatem acribus oculis ~icere Tac. *Hist.*2.20; (*intr.*) positus siderum ac spatia dimensus..quantum ~iceret magis ac magis trepidus *Ann.*6.21.

3 To examine mentally, inspect, look into.
(*w. acc.*) penitus ~icite Catilinae..ceterorumque mentis Cic.*Sul.*76; non ~ectis penitus uirtutibus Quint.*Inst.* 10.2.16; quoniam adrogantiam saeuitiamque eius ~exerit Tac.*Ann.*1.10; tunc primum fortunam suam ~exit ferrumque accepit 11.38; ~iciat..uitam Plin.*Pan.*74.3;—(*intr.*) si ~icere altius uelis Tac.*Dial.*12.4; (*w.* in+*acc.*) inferte oculos in curiam, ~icite penitus in omnis rei publicae partis Cic.*Font.*43; tute ~ice in mentem tuam ipse *Fin.*2.118; Sen.*Ep.*83.1.

intrōsum, intrōsus: see INTRORSVM.

intrōuocō ~āre ~āuī ~ātum, *tr.* **intrō uocō.** [INTRO[1]+VOCO] To call in, summon.
QVOM..TRIBVS ~ABVNTVR *CIL* 1.583.72; cur ad nos filiam tuam non ~ari iubes? Cic.*Ver.*1.66; priusquam ~arentur ad suffragium tribus Liv.10.24.18; ~ata Charite..inuadit ac supersistit sicarium Apul.*Met.*8.11.

intrōuorsus (-uers-), *adv.* **intrō uorsus.** See also INTRORSVM. To within, inside.
quare fit ut intro uorsus et ad te spectent..uestigia? Lucil.988; cruribus rectis aequalibus intro uersus potius figuratis Var.*R.*2.7.5; introuersus se proiecit in lectum Petr. 63.7.

intubāceus ~a ~um, *a.* [next+-ACEVS] Resembling endive.
herba..foliis longis, ~is Plin.*Nat.*27.106.

intubum (-tib-) ~ī, *n.* **~us** ~ī, *m.* [dub.; cf. Gk. ἔντυβον, ἴντυβος, which may be borrowed from Latin] The plant chicory or endive, both wild and cultivated.
(*neut.*) ~a..et Venerem reuocans eruca morantem *Mor.* 86; amaris ~a fibris Verg.*G.*1.120; Ov.*Met.*8.666; torpenti grata palato ~a Col.10.111; nascuntur..etiam non sata mentastrum..~um Plin.*Nat.*19.123;—(*w.* erraticum) est et erraticum ~um, quod in Aegypto cichorium uocant 19.129; 20.65; 22.144;—(*masc.*) ~us praeterea pedibus praetensus equinis Lucil.193; 1076; rustici edunt libenter tristis atros ~os Pompon.*com.*128; Macer *poet.*12; acria sunt..alium, cepa..~us, ocimum Cels.2.22.2; Plin.*Nat.* 19.129.

intueor ~ērī ~itus, *tr.*, (*intr.*). Also **~or** ~ī. [IN-[1]+TVEOR] FORMS: tm. *inque tueri* Lucr. 4.713. 3rd conj. forms: Pl.*Capt.*557 (cj.); *Most.*836; Ter.*Hau.*403; Acc.*trag.*614; Turp. *com.*159; Nep.*Cha.*3.3; Sen.*Ag.*917; *Her.O.* 1357, etc.; Stat.*Theb.*3.533.

1 To fix one's gaze upon, look at, watch; *terram ~eri*, to look down at the ground; w. *animo* or sim., to gaze at with the mind's eye. **b** (absol. or intr.).
me ~etur gemens Pl.*Truc.*599; quisnam hic adulescens est qui ~itur nos? Ter.*Hau.*403; uidete, quo uultu nos ~eatur *Rhet.Her.*4.63; sed tu, inquit me ~ens, orationes nobis ueteres explicabis? Cic.*Brut.*300; negant ~eri lucem esse fas ei qui a se hominem occisum esse fateatur *Mil.*7; cupio istorum naufragia ex terra ~eri *Att.*2.7.4; gallum..noenu queunt rabidi contra constare leones inque tueri Lucr.4.713; quom maiorum imagines ~erentur Sal.*Jug.* 4.5; quid ut nouerca me ~eris..? Hor.*Epod.*5.9; uniuersum senatum ~eri uideor, cum te, M. Marcelle, ~eor Liv.25.6.5; Tac.*Ann.*2.37; caput capillumque sedulo..~eri Apul.*Met.* 2.8;—(*w.* oculis) timeo ubi oculis ~eor mare Pl.*Rud.*441; nec..minus nostra sunt quae animo complectimur quam quae oculis ~emur Cic.*Fam.*5.17.4; qui acriter oculis deficientem solem ~erentur *Tusc.*1.73;—adnuo terram ~ens modeste Ter.*Eu.*580; sic..obstupuerant, sic terram ~ebantur Cic.*Catil.*3.13; Caes.*Gal.*1.32.2; Liv.45.8.2;—uultum atque incessum animis ~emini Cic.*Sest.*17; *Planc.*101; te tamen ~eor quo solo pectore possum Ov.*Pont.*2.10.47; (*cf.*) liberae sunt..nostrae cogitationes et quae uolunt sic ~entur ut ea cernimus quae uidemus Cic.*Mil.*79. **b** uiden limulis..ut ~entur? Pl.*Bac.*1130; ~entem te, admirantem..uideo Cic.*Parad.*37; augebat ~entium uisus eximia ipsius species Tac.*Ann.*2.41;—(*w. adv. of place or direction*) quaqua ~iti erant oculi Var.*L.*7.7; huc atque illuc ~entem Cic.*de Orat.*1.184; quos undique ~entis..uidetis *Mil.*3; petens..ut contra ~eri fas esset Liv.1.16.6;—(*w.* in+*acc.*) mihi, Brute, in te ~enti Cic.*Brut.*22; 331.

2 To examine visually, inspect.
Assyrii..cum caelum..~erentur Cic.*Div.*1.2; adhuc Porus Ptolomaeum tantum ~ebatur Curt.8.13.27; uulnera ~ens Tac.*Ann.*1.71; (*cf.*) in quibus (uersibus), si qui uelit, possit istius tamquam in speculo uitam ~eri Cic.*Pis.*71.

3 To watch (for action, guidance, assistance, etc.).
ipsius (artificis) in mente insidebat species pulchritudinis eximia quaedam, quam ~ens..manum dirigebat Cic.*Orat.*9; qui etiam me ~etur, me uoltu appellat *Flac.*106; uestram misericordiam implorat, uestram potestatem ac uestras opes ~etur *Mur.*86; tot ciuitates unius hominis nutum ~entur *Q.fr.*1.1.22; hinc senatus, hinc plebs, suum quisque ~entes ducem..constiterant Liv.6.15.3; diu silentium aliorum alios ~entium fuit 32.20.1; modo constantiam simulare, modo formidine detegi, simul Othonis uultum ~eri Tac.*Hist.*1.81.

4 To be a witness of, observe, see (an object or situation).
nullam..illic cornicem ~or Pl.*Mos.*836; de eo cuius praesentis..consceleratum uoltum ~ebantur Cic.*Clu.*29; ~eor coram haec lumina atque ornamenta rei publicae *Prov.* 22; inclusas eius libidines qui paulo propius accesserant ~ebantur *Sest.*22; omnis te exempli documenta in inlustri posita monumento ~eri Liv.pr.10; ~eri potestis sollicitudinem et lacrimas in uestibulo curiae stantium cognatorum nostrorum 22.59.16; ut a Lilybaeo portum Karthaginiensium egredientes classes ~eretur V.Max.1.8.ext.14; amici fida praesidia ~or Sen.*Ag.*917; *Phaed.*425; septem..armigeras summi Iouis..~or Stat.*Theb.*3.533; ~eri debitorem populum Quint.*Decl.*367(p.402,l.18).

5 (of things) To be turned towards, face; (of a room, etc.) to have a view of.
heliotropium abeuntem solem ~eri semper Plin.*Nat.* 2.109;—(*geog.*) quod Italia..tribus lateribus exteras gentes ~eatur Sic.Fl.*agrim.*p.99; p.103;—(cubiculum) mare longius quidem, sed securius ~etur Plin.*Ep.*2.17.6; 5.6.28.

6 To reflect upon, consider, contemplate. **b** to look to as a model or example. **c** to look upon, regard (as).
aspicite nunc eos homines atque ~emini, quorum de facultate quaerimus Cic.*de Orat.*3.28; mihi..naturam animi ~enti *Tusc.*1.51; uetat..ratio ~eri molestias 3.33; ~emini..horum deinceps annorum uel secundas res uel aduersas Liv.5.51.5; diligenter ~ere has nenias Phaed.4.2.3; quotiens causas belli et necessitatem nostram ~eor Tac.*Ag.*30.1;—(*w.* in+*acc.*) mihi..in summos homines ac summis ingeniis praeditos ~enti Cic.*de Orat.*1.6; quicumque ~eatur in aliquod maius malum *Tusc.*3.28. **b** ut tota mente Crassum atque omni animo ~eretur Cic.*de Orat.*2.89; quid est..propositum his rei publicae gubernatoribus ~eri? *Sest.*98; rustici probatam experimento culturam in exemplum ~entur Quint.*Inst.*10.2.2;—(*w.* quo) quo quidque referat et quo ~ens ab eo, quodcumque sibi proposuerit, minus aberret Cic.*de Orat.*1.145. **c** Cn. Pompeium sicut aliquem..de caelo delapsum ~entur Cic.*Man.*41; quasi uictos nos ~entur *Fam.*9.2.2; arma tantum ferrumque in dextris uelut solas reliquias spei suae ~entes Liv.5.42.8; hunc..ut bonum patrem familiae..~ebar Plin.*Ep.*7.25.3.

7 To take into consideration, have regard to, bear in mind.
omnes..uoluntatem eorum qui audiunt ~entur Cic. *Orat.*24; omnis uoluntas M. Bruti..omnis cogitatio, tota mens auctoritatem senatus, libertatem populi Romani ~etur *Phil.*10.23; Lacedaemonios..iniuste facere, qui id potius ~erentur, quod ipsorum dominationi..utile esset Nep.*Them.*7.6; pomerium uerbi uim solam ~entes postmoerium interpretantur esse Liv.1.44.4; IN QVA (CAVSA) SI QVIS HOC ~ETVR, QVOD BELLO PER DECEM ANNOS EXERCVERVNT DIVOM IVLIVM *CIL* 13.1668.2.32; si una dandi causa est se ~eri ac suum commodum Sen.*Ben.*4.3.2; neque..ego negauerim id ~itos esse nos Quint.*Decl.*236(p.324,l.12);—(*w. indir. qu.*) potius quid se facere par esset ~ebatur quam quid alii laudaturi forent Nep.*Att.*9.7; facta..qua mente fierent ~enda erant Liv.6.14.2; Quint.*Inst.*10.3.15.

intuitus ~ūs, *m.* [prec.+-TVS[3]]

1 A look, gaze.
furtiuos et oblicos ~us [Quint.]*Decl.*3b.5.

2 Consideration; *~u* (w. gen.), in consideration of.
humanitatis ~u ualebit legatum Pompon.*dig.*40.4.4.2; Papin.*dig.*46.1.47.1; pietatis ~u Ulp.*dig.*34.1.14.1.

intumescō ~escere ~uī, *intr.* [IN-[1]+TVMESCO]

1 To become swollen or inflated, swell up, rise. **b** (of morbid swellings). **c** (of the sea) to become swollen with waves, become rough; (of rivers, tides, etc.) to flood, rise.
neque ~escit alta uiperis humus Hor.*Epod.*16.52; paludes ~uere aestu Ov.*Met.*1.419; calido conplentur sanguine uenae, ~uere tori Luc.4.631; cum ~escit (terra) adsurgens alternoque motu residit Plin.*Nat.*2.198; acinos..madefactos uino..donec ~escant 14.82; priusquam oculi harundinum ~escant 17.145; ut quisque ramus ~uit Tac.*Hist.*5.6; (*w. advl. acc.*) Hyrcanae ad signa iugales ~uere iubas Stat. *Theb.*4.679. **b** quibus ~uit suffusa uenter ab unda Ov. *Fast.*1.215; uena, quae ~escens in uaricem conuertitur Cels.5.26.1; ~escens corpus ulceribus Curt.6.11.17; uulneribus ipsis ~escentibus Sen.*Ep.*78.19; ~escentibus digitis Plin.*Nat.*26.7. **c** ~uerat subitis tempestatibus mare Sen.*Con.*7.1.4; uentis cessantibus aequor ~uit Luc.6.470; Plin.*Nat.*2.196;—cum hibernis imbribus ~uit (Atax) Mela 2.81; Sen.*Nat.*3.1.1; octogenis cubitis supra Britanniam ~escere aestus Pytheas Massiliensis auctor est Plin.*Nat.* 2.217; fons largus horis singulis semper ~escit ac residit 2.232.

2 To have a projection resembling a swelling, rise.
haec..est medii collis optima positio, loco tamen ipso paulum ~escente Col.1.4.10; nullo..uertice tellus altius ~uit propiusque accessit Olympo Luc.2.398; ~escente ambitu (scuti) Plin.*Nat.*36.18; illos (smaragdos) ~escentes pinguiter 37.69.

3 (of sound) To increase in volume, swell.
quo plenior et grauior uox repercussu ~escat TAC.*Ger.*3.2.

4 (transf.) To become swollen or puffed up (with various emotions). **b** (of emotions, disorders) to increase, swell.
(*with pride*) ~uit numero..turba sororum Ov.*Met.*5.305; secundarum elatus euentu super humanum ~escebat modum SEN.*Dial.*11.17.6; QUINT.*Inst.*1.1.8; ~uere statim superbia ferociaque TAC.*Hist.*4.19; PLIN.*Ep.*7.31.3; (*poet.*) nec tamen hic mutata quies probitasue secundis ~uit STAT. *Silv.*5.1.118;—(*w. anger*) ~uit Iuno, postquam inter sidera paelex fulsit Ov.*Met.*2.508; horrenda facies deprauantium se atque ~escentium SEN.*Dial.*3.1.4; (*w. dat.*) ~uit uati nec tamen Ascra suo Ov.*Pont.*4.14.34; (*w. acc. and inf.*) hoc licuisse nefas placidi ~uere leones STAT.*Silv.*2.5.13;—(*with love*) praecordia..sensi..curis ~uisse nouis Ov.*Ep.*15.136. **b** calido sub pectore mascula bilis ~uit PERS.5.145; mox ut iactis sermonibus irae ~uere satis STAT.*Theb.*1.412; deinde ~escente motu profugus TAC.*Ann.*1.38.

intumulātus ~a ~um, *a.* [IN-² + pple. of TVMVLO] Unburied.
occurram.. oculis ~a tuis Ov.*Ep.*2.136.

intumus ~a ~um: see INTIMVS.

inturbātus ~a ~um, *a.* [IN-² + pple. of TVRBO¹] Undisturbed, unworried.
sedit ~us, interritus PLIN.*Pan.*64.2.

inturbidus ~a ~um, *a.* [IN-² + TVRBIDVS] Undisturbed, quite; peaceable.
~us externis rebus annus TAC.*Ann.*3.52; esse illi..agros in quibus tuta et ~a iuuenta frueretur 14.22;—(Blaesus) sanctus, ~us, nullius repentini honoris..adpetens *Hist.*3.39

intus, *adv., prep.* [IN-¹ + -*tus* (see -ITVS¹); cf. Gk. ἐντός]

1 (to denote position) Inside, within. **b** in the house, at home; within the city or town; within the country. **c** (geog.) in the interior of the country. **d** inside the body, internally.
late specus ~ patebat ENN.*Ann.*440; multo uacui minus ~ habere LUCR.1.367; cum extra et ~ hostem haberent CAES.*Civ.*3.69.4; furit ~ aquai..amnis VERG.*A.*7.464; nec minore ~ ui quam foris portae effringebantur LIV.24.32.6; nos tamen adductos ~ (*i.e. by a shorter course*) agemus equos Ov.*Fast.*6.586; pars maris ~ erat *Met.*11.534; elephanto ~ ad mandendum IIII (dentes) PLIN.*Nat.*11.165; (*fig., cf. sense 4*) ~ etiam in animis inclusae (cupiditates) CIC.*Fin.* 1.44;—(*coupled w. another advl. phr.*) se aulam onustam auri apstrusisse hic ~ in fano Fidi PL.*Aul.*617; ubi eam uidit? — ~ intra nauim *Mer.*187; nondum omne animal in mundo ~ incluserat CIC.*Tim.*34; tali ~ templo..Latinus..sedens VERG.*A.*7.192; Lanuui in aede ~ Sospitae Iunonis coruos nidum fecisse LIV.24.10.6;—(*dist. fr.* intro) 'intro' nos uocat, at sese tenet '~' LUCIL.1217; (*cf.*) 'eo..~' et 'intro sum' soloecismi sunt QUINT.*Inst.*1.5.50. **b** ecquis alius Sosia ~t qui mei similis siet? PL.*Am.*856; quid istas pultas ubi nemo ~ est? *Mos.*988; neque ~ nummus ullus est *Ps.*81; sequere me: ~ cetera TER.*Ph.*765; cum..Ennium ancilla dixisset domi non esse, Nasica sensit illam domini iussu dixisse et illum ~ esse CIC.*de Orat.*2.276; nec uero ille in luce modo atque in oculis ciuium magnus, sed ~ domique praestantior *Sen.*12; non tamen ~ digna geri promes in scaenam HOR.*Ars* 182;—domesticum bellum manet, ~ insidiae sunt, ~ inclusum periculum est, ~ est hostis CIC.*Catil.*2.11; ~, ~, inquam, est equus Troianus *Mur.*78; erat unus ~ Neruius, nomine Vertico CAES.*Gal.*5.45.2; VERG.*A.*9.677; LIV.32.23.4;—scire quantum ~ discordiarum TAC.*Ann.* 15.27. **c** ~ paene sempiternae hiemes VAR.*R.*1.2.4; in Gallia transalpina ~ 1.7.8; Cappadocia ~ habet coloniam.. Archelaidem PLIN.*Nat.*6.8. **d** siquid antea mali ~ erit CATO *Agr.*157.6; nam sua cuique cibis ex omnibus ~ in artus corpora discedunt LUCR.2.711; si..et animus ~ cerni posset LIV.30.44.6; medicamenta..~ quidem lenia danda sunt CELS.6.6.15B; neruis ~ nocet, iisdem neruis adhibita foris prodest PLIN.*Nat.*24.75; uocalis at ~ locus exitum ministrat MAUR.189; (*cf.*) procul ora genaeque ~ (*i.e. sunk deep*) STAT.*Theb.*11.585.

2 From within.
~ pateram proferto foras PL.*Am.*770; quin tu fidicinam produci ~ iubes? *Epid.*477; euocate ~ Culindrum mihi coquom actutum foras *Men.*218; *Ps.*604.

3 To within, inwards.
uis..quae..~ penetret per inania dissoluatque LUCR. 1.223; iam ducitur ~ Ov.*Met.*10.457; aliae (fistulae) rectae ~ feruntur CELS.5.28.12; poplites ~ flectit hominis modo PLIN.*Nat.*11.248; non..patitur..~ uulnus conuerti LARG. 121; gerit..~ in oppidum anhelos Panopae greges SEPT. *poet.*9.1; pollice ~ inclinato QUINT.*Inst.*11.3.99; ruere ~ TAC.*Hist.*1.35.

4 Within the mind, mentally, privately; also, by instinct. **b** ~ *canere*, to sing to oneself (i.e. inaudibly); (perh. prov. for self-interest).
neque mei neque te tui ~ puditumst factis PL.*Bac.*379; format..natura prius nos ~ ad omnem fortunarum habitum HOR.*Ars* 108; congelat interdum lacrimas..suspensasque, oculis fortior, ~ agit *Epic.Drusi* 114; ~ omnia dissimilia sint, frons populo nostra conueniat SEN.*Ep.*5.2; ego te ~ et in cute noui PERS.3.30; pars maior lacrimas ridet et ~ habet MART.10.80.6; palam compositus pudor, ~ summa apiscendi libido TAC.*Ann.*4.1;—dente lupus, cornu taurus petit: unde nisi ~ monstratum? HOR.*S.*2.1.52. **b** illum Aspendium citharistam..quem omnia '~ canere' dicebant CIC.*Ver.*1.53; hoc carmen hic tribunus plebis non uobis, sed sibi ~ canit *Agr.*2.68; (*cf.*) secum..inmurmurat ~ MAN. 5.382.

5 (prep. w. gen., on anal. of Gk. ἐντός) Inside, within.
~ aedium audito ruditu meo APUL.*Met.*8.29.

intusiātus, intusium: see IND-.

intūtus ~a ~um, *a.* [IN-² + TVTVS]

1 Unguarded, unprotected, defenceless.
quo usque cunctando rem publicam ~am patiemini? SAL. *Hist.*1.77.17; castra Gallorum ~a neglectaque ab omni parte nacti LIV.5.45.2; castra fossa ualloque circumdedit, quis temere antea ~is consederat TAC.*Hist.*4.75; municipio Verulamio..quod uberrimum spolianti et defendentibus ~um *An.*14.33; (*neut. pl. as sb.*) ~a moenium firmare *Hist.* 3.76.

2 Unsafe, unsure, dangerous.
proinde ~a quae indecora TAC.*Hist.*1.33; ~a obsidio dilapsis uetustate moenibus 1.68; postquam ~ae latebrae *Ann.*1.38; ~a Tiberii amicitia credebatur 2.42; FRO.*Aur.*1. p.46(214N).

inuādō ~dere ~sī ~sum, *intr., tr.* [IN-¹ + VADO] FORMS: ~*sse* (= ~*sisse*) LUCIL.57.

1 To enter in hostile fashion, assault, attack, invade.
(*w.* in + *acc.*) si in eas (*sc.* urbis) ui cum exercitu imperioque ~sisses CIC.*Ver.*1.54; in prouinciam..conatur ~dere *Phil.*3.11; (*in fig. phr.*) recta porta ~dam extemplo in oppidum antiquom et uetus PL.*Bac.*711; num potui magis in arcem illius causae ~dere? CIC.*Fam.*1.9.8; (*iron.*) cum.. Gabinius noctu in urbem hostium plenam ~sisset*Q.fr.*3.2.2; —(*w. acc.*) castra hostium ~dunt SAL.*Jug.*21.2; an expectatis dum..ferro atque flamma urbem ~dat? *Hist.*1.77.10; classem..~dit VERG.*A.*9.71; egreditur castris Romanus, uallum ~surus ni copia pugnae fieret LIV.3.60.8; Aequi Latinum agrum ~serant 2.30.8; CURT.4.5.13;—(*poet.*) hic thalamum ~sit natae uetitosque hymenaeos VERG.*A.*6.623.

2 To make an attack on, set on.
cum subito manus illa Clodiana..exclamat, incitatur, ~dit CIC.*Sest.*79; tum Danai..undique collecti ~dunt VERG.*A.*2.414;—(*w.* in + *acc.*) hunc in fauces ~sse animamque elisisse illi LUCIL.57; ut in Caecinam aduenientem cum ferro ~deret CIC.*Caec.*25; in transuersa latera ~serant cohortes LIV.27.42.6; (*cf.*) neque quemquam offendet oratio mea nisi qui se ita obtulerit ut in eum non ~sisse sed incucurrisse uideamur CIC.*Sest.*14; (*impers. pass.*) in oculos ~di optumum est PL.*As.*908;—(*w. acc.*) ~dunt..Dumnaci agmen HIRT.*Gal.*8.27.5; primus turmas ~sit agrestis Aeneas VERG.*A.*10.310; nostros audax ~de capillos PROP.3.8.5; ut Fidenatium nuda terga ~dant LIV.1.27.8; leones ~dunt.. greges Ov.*Fast.*2.210; adpropinquantem uiolenter ~dunt (canes) COL.7.12.7; me solum ~dite ferro LUC.2.315; ipsum ~dunt, saxa iaciunt TAC.*Hist.*2.29; (*pass.*) speranti mox effusos hostis ~di posse SAL.*Jug.*87.4.

3 To make a non-physical attack on.
(*w.* in + *acc.*) si ~serit in haec quae satis scite instructa..uidentur CIC.*Leg.*1.39; si in eam (*sc.* philosophiam) ..conetur ~dere *Tusc.*2.4;—(*w. acc.*) desertam rem publicam ~di LIV.3.9.12; siue aduersarios ~dimus QUINT.*Inst.* 9.2.38; Licinius Caecina Marcellum Eprium ut ambigua disserentem ~sit TAC.*Hist.*2.53; *Ann.*6.4; adfectione simulata paulatim sororis ~dunt animum APUL.*Met.*5.15;—(*foll. by dir. sp.*) continuo ~dit: 'tu nunc Karthaginis altae fundamenta locas?' VERG.*A.*4.265; (*w. internal acc.*) primum hoc ~dere libet: unde tibi uenenum? QUINT.*Decl.*307 (p.208, l.27).

4 To attack, come on: **a** (of diseases, deleterious conditions, etc.). **b** (of non-physical conditions, emotions, etc.).
a an dolor repente ~sit? TER.*Hec.*356; cum semel ~sit senectus COL.2.1.4; si umor ~sit uermes gignit 2.10.3; prius quam frigora ~dat 4.8.1; (*poet.*) ~de, mors, non trepida SEN.*Her.O.*1373;—(*w.* in + *acc.*) lassitudine ~serunt misero in genua flemina PL.*Epid.*670; saepe dolor dentis, oculos ~dit in ipsos LUCR.6.659; nec maior in corpus meum uis morbi quam in uestras mentes ~sit LIV.28.29.3;—(*w. dat.*) quae uastitudo haec aut unde ~sit mihi? ACC.*trag.*455;—(*w. adv.*) ignis..quocumque ~sit cuncta disturbat ac dissipat CIC.*N.D.*2.41;—(*w. acc.*) eum morbus ~sit grauis PL.*As.*55; uentus ubi ~sit nubem LUCR.6.175; ni Volscos..pestilentia ingens ~sisset LIV.2.34.5; si quando autem ulcera oris cancer ~sit CELS.6.15.1; faciem..~dunt ignes sacri PLIN. *Nat.*13.124; grauis scholasticos morbus ~sit SEN.*Con.*7.5.12; (*fig.*) hic nimium morbus mores ~sit bonos PL.*Trin.*28. **b** tantus repente terror ~sit ut..CAES.*Civ.*1.14.1; ubi pro labore desidia, pro continentia et aequitate lubido atque superbia ~sere SAL.*Cat.*2.5; ~sit dein singulorum piscium amor PLIN.*Nat.*9.172; posteaquam iure gentium seruitus ~sit ULP.*dig.*1.1.1.4;—(*w.* in + *acc.*) negat..ullam pestem maiorem in uitam hominum ~sisse quam eorum opinionem CIC.*Off.*3.34; tanta uis auaritiae in animos eorum..~serat SAL.*Jug.*32.4;—(*w. dat.*) mirus ~serat furor non solum improbis CIC.*Fam.*16.12.2; quibus ~sit repentinus rei magnae timor GEL.19.4.2;—(*w. acc.*) hunc..lubido maxuma ~serat rei publicae capiundae SAL.*Cat.*5.6; ne furor ille tuos ~serit artus *Ciris* 237; incerti quod malum..urbem ~sisset LIV.3.15.7; nondum perfunctos cura Priuernatis belli tumultus Gallici fama atrox ~sit 8.20.2; iam notitia te ~sit SEN.*Ep.*19.3; quamlibet haec ~serint ciuitatem, non erit consuetudo QUINT.*Inst.*1.6.44; tantus..cachinnus cunctos ~serat APUL.*Met.*10.15.

5 To set on, go for (in order to seize, etc.). **b** to rush on (in order to embrace).
(*w.* in + *acc.*) in eum ~dunt et hominem ante pedes Q. Manli..constituunt CIC.*Clu.*38; si in offam pultis ~dit (auis) *Div.*2.73;—(*w. acc.*) Valerium Horatiumque lictor.. ~dit LIV.3.49.4; cibum meum ~si SEN.*Ep.*104.6; ~serat pallium PETR.15.4; decidisse simulans genua Mithridatis ~dit ipsumque prosternit TAC.*Ann.*12.47; ut Iubae regis filio in altercatione barbam ~serit SUET.*Jul.*71. **b** (*w.* in + *acc.*) caput aperuit, in collum ~sit CIC.*Phil.*2.77;— (*w. acc.*) uix bene uirgineos Peleus ~serat artus Ov.*Met.* 11.260; uirguncula ceruicem eius ~sit PETR.20.8; aggressus simulantem aliquot basiolis ~si 85.6; SIL.9.144; APUL.*Met.* 1.24.

6 To seize possession of, lay hands on. **b** to seize control of. **c** to usurp (a name, title, or right).
(*w.* in + *acc.*) quoniam in alienam pecuniam..nullo iure ~serit CIC.*S.Rosc.*6; in praedia huius ~dit 23; aras, focos, larem suum familiarem, in quae tu ~seras *Phil.*2.75;—(*w. acc.*) suam..⟨rem⟩ ~dere LUCIL.260; iste quod argenti placuit ~sit CIC.*Ver.*1.91; ~sit Cleopatra domum LUC. 10.355; si nihil ~sit MART.8.59.13; haec pascua multi.. ~serunt AGEN.*agrim.*p.39; necdum defunctae bona ~sit SUET.*Nero* 34.5. **b** (*w. acc.*) ubi imperium Vespasianus ~serit TAC.*Hist.*3.66; si exercitum ~sisset 4.68; de ~denda re publica FLOR.*Epit.*2.13(4.2.11); qui ~sisset negotia eius GAIUS *dig.*44.7.5. **c** (*w.* in + *acc.*) fugitiuo illi qui in Mari nomen ~serat CIC.*Phil.*1.5; ut homines libertini ordinis ..in iura ingenuorum ~dant GEL.5.19.12;—(*w. acc.*) Simo quidam regium nomen ~serat TAC.*Hist.*5.9; AMP.44.

7 To go in, enter (precipitately or boldly). **b** to enter boldly on, plunge into (a course of action). **c** to seize upon, grasp (an idea or emotion).
(*w.* in + *acc.*) hostem ut profugiens inimici ~dam in manus? ACC.*trag.*192;—(*w. acc.*) uicinos..paras ~dere portus VERG.*A.*3.382; unusquisque felicem domum ~deret SEN.*Con.*1.6.3; laetus adeone ultimos ~sit ignes (*sc.* Hercules)? SEN.*Her.O.*1610; ~dunt alacres inimicum, pontibus amnem SIL.3.455; lutum nimis frigidum gelusque praeacuta frusta nudis ~dens pedibus enicabar APUL.*Met.* 9.32;—(*w. acc. of distance*) biduo tria milia stadiorum ~dit TAC.*Ann.*11.8. **b** (*w.* in + *acc.*) ut semel in pugnas, Caeli, te ~dere uidi LUCIL.1079;—(*w. acc.*) ~de uiam VERG.*A.* 6.260; aut pugnam aut aliquid iamdudum ~dere magnum mens agitat mihi 9.186; ~dunt Martem 12.712; ~sit ferrum, sed ponere norat LUC.9.198; ut ~dat proelia MART.9.56.6; ~sere nefas STAT.*Theb.*5.202; SIL.12.199. **c** (*w. acc.*) leti..~sit amorem STAT.*Theb.*10.677; praecipit illud quoque (Aristoteles), quod mox Cornelius Celsus prope supra modum ~sit QUINT.*Inst.*3.7.25; hic illi eloquentes..~dent personas fauorabiles 7.1.43.

8 To push one's way into (a position, office, etc.).
(*w. acc.*) continuo praeturae insignia ~sit V.MAX.7.3.9; pro tot honoribus quos..inmaturus ~serat SEN.*Ben.*5.16.4; si praeturam ~sisset QUINT.*Inst.*9.2.41; ubi..ius praetoris ~serit TAC.*Ann.*1.10; ut..dictaturam Crassus ~deret SUET.*Jul.*9.1; *Aug.*26.1.

inualentia ~ae, *f.* [IN-² + VALENS + -IA] Ill health, infirmity.
uitium aliquod inbecillitatis atque ~ae GEL.20.1.27; aegritudinem atque ~am APUL.*Pl.*1.18.

inualescō ~escere ~uī, *intr.* [IN-¹ + VALESCO]

1 To become physically strong, gain strength. **b** (transf.) to increase in power or effectiveness.
si..reliquum corpus ~uit CELS.2.7.36; ex quocumque autem morbo quis ~escit 4.32.1; (*of plants*) antequam (uitis) ~uerit COL.*Arb.*16.4. **b** ut est longe uehementissimus hic, cum ~uit, affectus QUINT.*Inst.*6.1.44; haec illaue defensurus, prout ~uissent TAC.*Hist.*2.98; coniurationes.. priusquam ~escerent..detectas SUET.*Aug.*19.1.

2 (of physical or abstract conditions) To increase in intensity, grow strong.
nec refrixit iudicio, sed ~uit (amor) PLIN.*Ep.*6.8.2; tremor terrae..ita ~uit, ut non moueri omnia, sed uerti crederentur 6.20.3; paulatim..~escentibus uitiis SUET. *Nero* 27.1; libido atque luxuria..~uerat *Ves.*11.1.

3 To increase in frequency or use, predominate.
consuetudo, quae cotidie magis ~escit QUINT.*Inst.*2.1.1; cum..uerba intercidant ~escantque temporibus 10.2.13; ~uit consuetudo binas..clepsydras..et dandi et petendi PLIN.*Ep.*6.2.5; prout alterutrum frequentiae genus ~uisset *Pan.*23.3; quam sententiam cottidie increscere et ~escere uidemus ULP.*dig.*33.7.12.27.

inualidus ~a ~um, *a.* *superl.* ~issimus. [IN-² + VALIDVS]

1 (of men, animals, their bodies, etc.) Weak, feeble, infirm. **b** (of physical powers, actions). **c** (w. additional idea of moral weakness).
(equus) ~us etiamque tremens, etiam inscius aeui VERG.*G.* 3.189; ~as..auis *A.*12.262; multos..imperitos nandi aut ~os..hausere gurgites LIV.5.38.8; ~issimum urso caput PLIN.*Nat.*8.130; STAT.*Theb.*12.238; VIXIT TRIS VSQVE PER ANNOS INQVE NOVEM MENSES ~OSQ(ue) DIES *CIL* 6.14786;— (*from old age*) ~i..senes VERG.*A.*12.132; iam respice canos ~asque manus LUC.5.275; primores senatus aetate ~i TAC. *Hist.*1.88;—(*from illness or wounds*) iussit calones lixasque et ~os milites uallum ferre LIV.23.16.8; inuentae..quaedam (feminae) defluuio capitis ~ae PLIN.*Nat.*11.230; Gaium.. uulnere ~um TAC.*Ann.*1.3; 13.35;—(*of a ghost*) ~as..tibi tendens..palmas VERG.*G.*4.498;—(*w.* ad) ad munera corporis senecta ~um LIV.6.8.2; si..morbo aut aetate aeger ad ingrediendum ~us est GEL.20.1.11. **b** ~ae uires Ov.*Tr.* 1.5.72; ~os Aetolus ad ictus forte refert oculos STAT.*Theb.* 8.580; quamquam ~o, repentino tamen et inopinato pulsu APUL.*Met.*4.12. **c** sexum natura ~um deseri et exponi suo luxu, cupidinibus alienis TAC.*Ann.*3.34.

2 (of things) Lacking strength or firmness, weak. **b** (of fires, lights) feeble, dim.
~a cum puppe LUC.5.673; ~ae..Amphionis arces STAT. *Theb.*7.456; moenia..aduersum inrumpentis ~a erant TAC. *Ann.*12.16. **b** excitat ~as admoto fomite flammas LUC. 8.776; PLIN.*Nat.*2.240; tenuis, qui circuit aulam, ~usque nitor STAT.*Theb.*10.116; apud Romanos ~i ignes TAC.*Ann.* 1.65.

3 Weak in military strength.
cum haud ~o praesidio LIV.21.17.7; cum ~o exercitu 27.39.2; stationes ~as 41.2.3; destituti..propugnatoribus inopinati et ~i capti sunt FRON.*Str.*3.6.4; Ciuilis..non ~us, flagrantissima cohortium suarum integra TAC.*Hist.*4.79; *Ann.*2.80.

4 (transf.) Powerless, impotent, ineffectual, weak.
defensionis praesidia ~a fide nitebantur V.MAX.8.1.3; addidit ~ae robur facundia causae LUC.7.67; antequam cresceret ~a adhuc coniuratio paucorum TAC.*Hist.*1.33; ~o legum auxilio *Ann.*1.2; ~um argumentum ULP.*dig.*48.18. 1.26; (*w.* ad) ~ae ad hoc monstrum suggillandum litterae V.MAX.5.3.4.

inūber ~eris, *a.* [IN-²+VBER²] Not fat or rich, lean.
(ostreae) ~eres macraeque GEL.20.8.3.

inuectīcius ~a ~um, *a.* [INVEHO+-ICIVS²] Introduced from elsewhere, not indigenous, imported.
cum Theophrastus tradat ~as esse in Asia etiam columbas PLIN.*Nat.*10.79; (*fig.*) quodcumque ~um gaudium est, fundamento caret SEN.*Ep.*23.5.

inuectiō ~ōnis, *f.* [INVEHO+-TIO]
1 Importation.
earum rerum quibus abundaremus exportatio et earum quibus egeremus ~o certe nulla esset CIC.*Off.*2.13; quo non est facilis aquae marinae ~o COL.12.25.1.
2 The action of riding, sailing, etc., into; (app.) the controlled movement (of heavenly bodies).
quem Tiberina descensio..tanto gaudio affecit, quanto L. Paulum..eodem flumine ~o? CIC.*Fin.*5.70;—APUL.*Mun.*2.

inuectum ~ī, *n.* [pple. of INVEHO] That which is brought in; (esp. pl. as leg. term) movable property belonging to a tenant.
ut arcis praesidium etiam sine ~o quia pauci erant ex ante praeparato sustentari posset LIV.26.20.10;—cum colono tibi conuenit, ut ~a importata pignori essent LABEO *dig.*20.6.14; ex ~is illatis eum funerandum Pomponius scribit ULP.*dig.*11.7.14.1.

inuectus ~ūs, *m.* [next+-TVS³] FORMS: ~*os* acc. pl. VAR.*R.*1.16.2 (twice, *s.vv.ll.*) The action of carrying in; a means of transportation.
nascuntur..(terrae), nec fluminum tantum ~u PLIN. *Nat.*2.201; amnis Achelous..Artemitam insulam adsiduo terrae ~u continenti adnectens 4.5;—quae (praedia) uicinitatis ~os habent idoneos, quae ibi nascuntur ubi uendant VAR.*R.*1.16.2.

inuehō ~here ~xī ~ctum, *tr.* [IN-¹+VEHO]
1 To carry or bring in. **b** (of water) to carry floating or in suspension.
commeatus ex montibus Samnitium ~cti erant LIV.9. 13.10; series antiqua parentum ~hitur STAT.*Theb.*6.269; APUL.*Met.*4.8; (*cf.*) quamuis non sint (insectis) membra quae uelut carina sensus ~hant PLIN.*Nat.*11.7;—(*w.* in+*acc.*) stercus diuidito sic. partem dimidiam in segetem..~hito CATO *Agr.*29; tantum in aerarium pecuniae ~xit CIC.*Off.* 2.76;—(*w. dat.*) motum terrae qui..mare fluminibus ~xit LIV.22.5.8; pluris (legiones) Caesar classi inpositas per flumen Amisiam Oceano ~xit TAC.*Ann.*2.23; ~cta urbi Alexandrino triumpho regia gaza SUET.*Aug.*41.1; (*poet.*) Lampsacus.. quam nec trieterica Bacchi sacra neque arcanis Phrygius furor ~hit antris V.FL.2.624;—(*w. acc.*) primus..Romam ~xit (marmor Luculleum) PLIN.*Nat.*36.48. **b** insulam inde paulatim, et aliis quae fert temere flumen eodem ~ctis, factam LIV.2.5.4; dulces (aquae) mari ~huntur PLIN.*Nat.*2.224; eiusdem..ponderis alia sidere, alia ~hi 2.233; terrae fluminibus ~ctae 6.140; limum..non ~hunt Euphrates Tigrisque 18.162.
2 To bring from abroad, import.
nondum..~cti erant cultelli ἐμπαιστοί e Bithynia VAR. *Men.*197; sale ~cto uti uetuit LIV.45.29.11; merces alii suas euehunt, externas ~hunt PLIN.*Nat.*6.66; uolunt (sphingem) ~ctam uideri; est autem saxo naturali elaborata 36.77; (*w.* in+*acc.*) ~xisse in Galliam unum LIV.5.33.3; (*cf.*) cum tam multa ex illo mari bella emerserint, tam multa porro in Pontum ~cta sint CIC.*Ver.*4.130; (*w. acc.*) ex his generibus (frumenti), quae Romam ~huntur PLIN.*Nat.*18.66;—(*of the means of transport*) quae nubilus Auster ~hit STAT.*Silv.* 3.3.97; (*w. dat.*) opes, quas illud mare litoribus ~hit CURT. 9.2.27.
3 (transf.) To introduce, bring in.
non minimam uideo per disertissimos homines ~ctam partem incommodorum CIC.*Inv.*1.1; quos ~hunt metus *Rep.*4.9; nec tantum ~xit tristis Eurystheus mali *Tusc.*2.20 (transl. Sophocles); diuitiae auaritiam et abundantes uoluptates desiderium..pereundi perdendique omnia ~xere LIV.pr.12; noua haec caelestium obseruatio est et nuper in Graeciam ~cta SEN.*Nat.*7.3.1; commercia uictus gratia ~cta PLIN.*Nat.*33.6; turpitudinem existimationi ~here APUL.*Pl.*2.11.
4 (pass.) To ride, drive, sail, etc., in. **b** (w. vehicle, mount, etc., expr.).
(*w.* in+*acc.*) ei qui iam in portum ex alto ~huntur CIC. *Mur.*4; si in Capitolium ~hi uictor cum illa insigni laurea gestiret *Prov.*35; Artemisia..eduxit classem ex portu minore et ita ~cta est in maiorem VITR.2.8.14; ipsa (*sc.* Cybele) sedens plaustro porta est ~cta Capena OV.*Fast.* 4.345;—(*w.* per) magnas ~cta per urbis munificat tacita mortalis muta salute LUCR.2.624;—(*cf.*, *w.* ad) cum sol..ad idem signum fuerit ~ctus APUL.*Pl.*1.10;—(*w. adv.*) eo ~ctam classem subire flumine aduerso iussit LIV.10.2.6;—(*w. dat.*) patenti hostium portae ~ctum per alteram..intactum euasisse 32.47.8; Nerthum..colunt eamque interuenire rebus hominum, ~hi populis arbitrantur TAC.*Ger.* 40.2; (*cf.*, *act.*) puppis..molem..profundo ~hit LUC.3.537; —(*w. acc.*) classis ~ctas Thybridis undam VERG.*A.*7.436; dictator triumphans urbem ~hitur LIV.2.31.3; Hasdrubal.. septem triremibus portum ~ctus 28.17.13; ipse quoque aetherias meritis ~ctus es arces OV.*Tr.*5.3.19. **b** ~ctus equis VERG.*G.*3.358; puniceis ~cta rotis Aurora *A.*12.77; carpento..in forum ~cta LIV.1.48.5; ~cta corpori patris nefando uehiculo filia 1.59.10; ut..C. Claudius equo sine militibus ~heretur 28.9.10; OV.*Met.*3.150;—(*pres. pple. in pass. sense*) illo Pacuuiano '~hens alitum anguium curru' CIC.*Rep.*3.14; natantibus ~hens beluis *N.D.*1.78.
5 To ride, sail, etc. in to attack: **a** (pass.). **b** (refl.).
a exsules ferociter citato agmine ~hi..animaduertit LIV. 2.20.4; plebs ~ctis equitibus fusa TAC.*Hist.*3.82;—(*w.* in+ *acc.*) Laelius et ipse in quinqueremi..in Adherbalem ac triremes ~hitur LIV.28.30.6; equites in medios ~cti hostes 29.2.12; ~cta in terga pugnantium classe TAC.*Hist.*2.14; (*cf.*) quem (*sc.* Mithridatem) L. Sulla..cum bello ~ctum totam in Asiam cum pace dimisit CIC.*Mur.*32;—(*w. dat.*) Muttines..stationibus hostium cum ingenti terrore ac tumultu ~ctus LIV.25.40.10;—(*w. acc.*) ita uictores latus hostium ~cti TAC.*Hist.*2.43. **b** quantum..Romana se ~xit acies LIV.6.32.8; cum eo ipso acrius..uictores se undique ~herent 28.15.7; 31.35.3; 40.39.10; (*cf.*) donec Nox.. nigrantes ~xit equos SIL.15.285.
6 (pass.) To attack with words, inveigh (against).
heia! superbe ~here PL.*Mer.*998; urgent aduocati, ut ~hamur, ut male dicamus CIC.*de Orat.*2.301; tristibus ~ctus uerbis..ultus es offensas..tuas OV.*Tr.*2.133; Tiberius etsi infense ~ctus cetera ambigua reliquerat TAC.*Ann.*5.3;— (*w.* in+*acc.*) si in homines caros..contumeliosius ~hare CIC.*de Orat.*2.304; contumelias..quibus ~ctus est in Sidicinos *Phil.*2.107; uehementius..~ctus es in eam Stoicorum rationem *N.D.*3.94; in consulare imperium.. ~hebatur LIV.3.9.2; TAC.*Ann.*1.13; (*pres. pple.*) de quo Caesar in senatu aperte in te ~hens questus est CIC.*Phil.* 2.74; 3.33;—(*w. internal acc.*) cum..nonnulla ~heretur in Timoleonta, dixit nunc demum se uoti esse damnatum NEP. *Timol.*5.3; cum..multa ~ctus esset in Thebanos *Ep.*6.1;— (*w. dat.*) uehementer eorum uitiis ~hi non licebat RUT.LUP. 2.20.
7 To support, carry.
trabes, in quibus ~huntur porticuum contignationes VITR.5.1.6; 6.7.1; mediae..partes phalangarum, quibus ora tetraphororum ~huntur 10.3.7.

inuendibilis ~is ~e, *a.* [IN-²+VENDIBILIS] That cannot be sold, unsaleable.
~i merci oportet ultro emptorem adducere PL.*Poen.*341.

inuenditus ~a ~um, *a.* [IN-²+pple. of VENDO] Unsold.
ut, si..uenditor ea praedia uenisse nollet, ~a essent SCAEV.*dig.*18.5.10.1.

inueniō ~enīre ~ēnī ~entum, *tr.* [IN-¹+VENIO] FORMS: ~*enibit* (= ~*eniet*) POMPON. *com.*25.
1 To encounter, come upon, meet, find (a person or thing). **b** (w. pred.) to find (in a specified condition); (also transf., of events).
neque in urbe ~enio quemquam qui illum uiderit PL.*Am.* 1010; ~enit neminem eorum qui possunt (causam dicere) CIC.*S.Rosc.*59; radices palmarum..quas in nostris nauibus ~enerant *Ver.*5.99; ibi..consules Pompeiumque ~enit CAES.*Civ.*1.10.1; interfectis sacerdotibus, quos in arce ~enerat NEP.*Them.*4.1; Volcano genitum..~entumque focis omnis quem credidit aetas VERG.*A.*7.680; hostes nec hic nec illic ~enti LIV.8.37.6; magno..~enit in aggere ripas (torrens) STAT.*Theb.*3.676; (*in fig. phr.*) latebis facile, ne ~eniat te Honor PL.*Trin.*663. **b** posterior lapidis uenit aestus et omnia plena ~enit in ferro LUCR.6.1052; nauis..longas XXVIII ~enit instructas CAES.*Gal.*5.2.2; cum uasta desertaque omnia..~enisset LIV.4.39.9; ne..clausas ..~eniret portas 25.24.10; abeunt..quasi ~enturi (pantheram) mortuam postridie PHAED.3.2.8;—nos denique bellum ~enit ciuile duces LUC.4.350; serentem ~enerunt dati honores Serranum PLIN.*Nat.*18.20; te uictoria Graium ~eniat tumulis etiamnum haec fata gementem STAT.*Theb.* 5.679; quem..iacentem septimus interdum sol ~enit JUV. 15.44.
2 (transf.) To meet with, find, come across.
facile ~enies et peiorem et peius moratam (uxorem) PL. *St.*109; fidelem haud ferme mulieri ~enias uirum TER.*An.* 460; iste in hoc genere peculatus non nunc primum ~enitur CIC.*Ver.*3.177; cum hominem ~enire nequam neminem posses *Font.*39; discentium studiis ~eniuntur magistri *Off.* 1.132; scis meam fortunam..facile obtrectatores ~enire VAT.*Fam.*5.9.1; hanc modestiam..ubi nunc in uno ~eneris? LIV.4.6.12; maluit uideri ~enisse bonos quam fecisse TAC. *Ag.*7.6; quis adeo hebes ~eniretur ut crederet? *Ann.*14.11; non tamen istae omnes partes simul ~eniuntur GAIUS *Inst.* 4.44;—(*obj. modified by rel. final cl.*) tu ~entu's uero meam qui furcilles fidem PL.*Ps.*631; non usque quaque idoneum ~enias locum, ubi..facias lutum AFRAN.*com.*198; ego ~enio in interdicto uerbum unum ubi delitiscam CIC.*Caec.* 66; ego autem qui intellegeret quid dicere uellet adhuc neminem ~eni *Phil.*3.21; cum..nihil ubi in sicco fessa sternerent corpora ~eniri posset LIV.22.2.8; ~enies aliquas, quae, quod es, esse uelint OV.*Tr.*5.14.8; ea est natura (aconitum), ut hominem occidat, nisi ~enerit quod in homine perimat PLIN.*Nat.*27.5.
3 To discover the whereabouts of, locate, find (something lost, hidden, etc.). **b** (fig.) *se ~enire*, to 'know where one is', 'find one's bearings'.
non metuo ne quisquam ~eniat, ita probe in latebris situmst (aurum) PL.*Aul.*609; quod quaeritabam, filiam ~eni meam *Cist.*759; ~entum tibi curabo..Pamphilum TER.*An.* 684; ex Aproni tabulis, quas ego cum conquirerem non ~eni CIC.*Ver.*3.112; canes..ferarum naribus ~enient intectas fronde quietes LUCR.1.405; membra per agros dissipat in multis ~enienda locis OV.*Tr.*3.9.28; totos ~enimus artus STAT.*Theb.*12.339; (*in fig. phr.*) sic quoque me latentem ~enit inuidia [QUINT.]*Decl.*13.2. **b** non imbrem ferre, non solem sciunt, uix se ~eniunt SEN.*Con.*3 pr.13; minus.. se ~eniunt, quo in maiorem materiam inciderunt SEN.*Ben.* 5.12.6; nec medici se ~eniunt PETR.47.2; (*cf.*) postquam se dolor ~enit, nec pectora plangi..puduit [OV.]*Ep.Sapph.*113.
4 To discover the existence of, find through searching. **b** to find (in a document, book, etc.).
orationes amplius centum quinquaginta, quas quidem adhuc ~enerim CIC.*Brut.*65; Cluentianae pecuniae uestigium nullum ~enitis *Clu.*82; uado..per equites ~ento CAES.*Gal.*7.56.4; ~enta sunt in eo (*sc.* scuto) foramina CXX *Civ.*3.53.4; defosso cadauere..~ento prolatoque in contionem LIV.3.33.10; litterae quoque ab Hannibale ad Philippum ~entae 23.34.7; spelunca..uix ipsis ~enienda feris OV.*Fast.*1.556; ~entus in ipsa Britannia terminus TAC.*Ag.* 23.1;—(*territories*) (Nilus) quaesitus sine bellis, quae ceteras omnes terras ~enere PLIN.*Nat.*5.51; ~enta Britannia et subacta TAC.*Ag.*33.3. **b** quorum nihil in ceteris artibus ~eniebamus CIC.*Inv.*1.33; in quibus tabellis de furto nulla littera ~enitur *Clu.*184; ~enies toto carmine dulce nihil OV.*Tr.*5.1.4;—(*w. acc. and inf.*) annis XXX post quam eum fabulam docuisse et Atticus scribit et nos in antiquis commentariis ~enimus CIC.*Brut.*72; apud quosdam ueteres auctores non ~enio Lucretium consulem LIV.2.8.5; (*pers. pass.*) apud antiquissimos scriptores una haec pugna ~enitur 8.30.7; (*impers. pass.*) ~entum in libris Aesculapium ab Epidauro Romam arcessendum 10.47.7.
5 To find out, discover, learn (a fact); to discover the identity or character of. **b** (w. indir. qu.). **c** (w. acc. and inf.; also pass. in pers. const.). **d** (w. pred.) to discover to be.
timeo ne male facta antiqua mea sint ~enta omnia PL. *Truc.*774; tandem ~entast causa TER.*An.*643; ueri ~eniendi causa *Rhet.Her.*2.10; aptae orationis..origo ~enta est CIC. *Orat.*177; quaeram decretumne sit. cum id ~enero, quaeram remotaene sint litterae *Ver.*2.180;—(*by mathematical calculation*) quod opus fuerit genere numeri, quod multiplicationibus non ~enitur VITR.9.pr.4; ut sedecies semissem semunciam sicilicum si multiplicaueris, nonus ~enias MAECIAN.*iur.*56;—illum quidem quasi parentem huius uniuersitatis ~enire difficile CIC.*Tim.*6; priusquam..Albani ..prodigii piacula ~enirentur LIV.5.16.1; (*poet.*) Herculem hic, genitor, dies ~eniet aut damnabit SEN.*Her.O.*1715. **b** ~eni, opino, Orestes uter esset tamen PAC.*trag.*101; ut, ubi quidque esset, aliqua ratione ~enirent CIC.*Ver.*4.31; neque certum ~eniri poterat obtinendine Brundisi causa mendacem ~eneris PL.*As.*855; ~enisse Myrrinam Bacchidem anulum suom habere TER.*Hec.*845; neminem nostrum ~enietis sine pretio huc prodire GRACCH.*orat.*41; ex quibus (libris) ~entum est Cererem antiquissimam placari oportere CIC.*Ver.*4.108; LUCR.4.478; CAES.*Gal.*2.16.1; ~enietis omnia prospera euenisse LIV.5.51.5;—ut haec ~eniantur hodie esse huius filiae PL.*Poen.*1171; ~enitur ea serrula ad Stratonem peruenisse CIC.*Clu.*180. **d** eam nunc esse ~entam probris compotem scis NAEV.*trag.*5; tua quae fuit Palaestra, ea filia ~entast mea PL.*Rud.*1364; scis Pamphilam meam ~entam ciuem? TER.*Eu.*1036; multa, quae.. bona uidentur, post mala ~enta FAN.*Hist.*1; qui..ingrati genitoribus ~enti sint LUCR.2.615; HOR.*Ep.*2.1.112; inferioris loci ~enietur (aqua) VITR.8.1.2; PAPIN.*dig.*39.1.18.1.
6 To devise, contrive, plan. **b** to find (a way). **c** (rhet.) to devise (arguments, topics, etc.); (also absol.). **d** *non ~enio*, I am at a loss to know, I cannot imagine.
nunc audacia usust nobis ~enta et dolis PL.*As.*312; ~eni lepidam sycophantiam *Mil.*767; multi et graues dolores ~enti parentibus CIC.*Ver.*5.119; nec ullum..consilium periculo uacuum ~eniri potest *Att.*10.8.5; quibus ego si quam medicinam ~enirem, tibi quoque eandem traderem *Fam.*6.12.5; nam tibi praeterea quod machiner ~eniamque, quod placeat, nil est LUCR.3.944; uix ita compos mei essem ut aliqua solacia ~enire aegro animo possem LIV.25.38.3; diem, solem..pro uniuersis ~enerunt (di) SEN.*Ben.*4.28.1; quae alia exactionibus inlicitis nomina publicani ~enerant TAC.*Ann.*13.51;—(*w. indir. qu.*) ut fallatur pater..~eni PL.*Epid.*355; dum ~eniretur qua ratione res ab usitata consuetudine recederet CIC.*Quinct.*67; ~enit quo modo necessitatem effugeret *N.D.*1.69;—(*w. inf.*) tum laqueis captare feras..~entum VERG.*G.*1.140; TIB.1.8.35; nos carrucas argento caelare ~enimus PLIN.*Nat.*33.140;—(*w.* ut) ~entum est ut cum pisce..sumerentur (grana lathyridis) 27.95. **b** fata uiam ~enient VERG.*A.*3.395; se qua tollat in auras..~enit herba uias OV.*Fast.*3.240; cunctis iter ~enit una *Hal.*30; ferro uiam ~enturos TAC.*Hist.*4.20. **c** ~eniri..omnis ex his locis argumentatio poterit CIC.*Inv.* 1.50; in superiore genere de tractandis argumentis, in hoc autem etiam de ~eniendis cogitandum est *de Orat.*2.117; habetis de ~eniendis rebus disponendisque quid sentiam 2.350; (*w. indir. qu.*) ~enire quid dicas 2.79;—~eniendi artem quae τοπική dicitur *Top.*6; ~eniebat..acute Cotta *Brut.*202; QUINT.*Inst.*3.3.11; PLIN.*Ep.*3.13.3. **d** (*w. indir. qu.*) neque praeterea quid possis dicere ~enio CIC. *Quinct.*41; nec hercule ~enio, quo nomine alio possit appellari *Tusc.*4.68; quemadmodum ad quattuor augurum numerum..id redigi collegium potuerit, non ~enio LIV. 10.6.7; SEN.*Apoc.*10.2.
7 To devise for the first time, originate, discover, invent.
quid istae quae uestei quotannis nomina ~eniunt noua PL.*Epid.*229; palaestram..Graecos exercitationis..causa non disputationis ~enisse arbitror CIC.*de Orat.*2.21; in insula Cereris..ubi primum fruges ~entae esse dicuntur *Ver.*5.99; ab is ~enta et perfecta uirtus est *Tusc.*5.2; posterius res ~entast aurumque repertum LUCR.5.1113; ~entas aut qui uitam excoluere per artis VERG.*A.*6.663; nouum genus teli ~entum est LIV.42.65.9; Pilumni, qui pilum pistrinis ~enerat PLIN.*Nat.*18.10; TAC.*Ann.*6.42.
8 To acquire by seeking, find for oneself, manage to get.
quinque ~enis opus est argenti minis PL.*Ps.*732; unde ego..huic argentum ~eniam miser? TER.*Ph.*534; quem mi amicum ~eniam misera? 728; tu aliquem patronum ~enies CIC.*Quinct.*72; ceteri Siculi ultorem suarum iniuriarum ~enerunt *Div.Caec.*53; magno numero frumenti ~ento Ruspinam redit *B.Afr.*9.2; ferrum..mediis ~enit uolnus in undis LUC.3.582; quamuis protinus magna cura hyaenam ~enerim LARG.172; non forma, non aetate, non opibus maritum ~enerit TAC.*Ger.*19.2; si pignora, quae capta sunt, emptorem non ~eniant ULP.*dig.*42.1.15.3; (*time*) cur igitur tu..non uincas negotia et ~enias tibimet tempora FRO.

*Parth.*2.p.28(221N); (*poet.*) ~enerat hasta cruorem STAT. *Theb.*9.283;—(*of a country or people*) ischaemonem Thracia ~enit PLIN.*Nat.*25.83; Aegyptus ~enit (florem salis), uideturque Nilo deferri 31.90; de marmore..quod Carystos ~enit MART.9.75.7;—(*conditions*) hic is homo est qui libertatem malitia ~enit sua PL.*Epid.*732; ut aliam condicionem filio ~eniat suo *Truc.*849; si perspicue pax et beniuolentia petitur..ea non ~enitur CIC.*Inv.*1.21; memoria per me ~entae salutis *Sul.*83; ipse manu mortem ~eniam VERG.*A.*2.645; perniciem aliis ac postremum sibi ~enere TAC.*Ann.*1.74.

9 To acquire (otherwise than by one's own efforts or intention), meet with, come by. **b** *finem* (*exitum*) *~enire*, to come to an end, stop.

aurum, id fortuna ~enitur, natura ingenium bonum PL. *Poen.*302; ne tu illud uerbum (*i.e. an answer*) actutum ~eneris *Trin.*760; facile sibi facunditatem uirtus argutam ~enit *Truc.*494; maiorem laudem quam laborem ~enero AFRAN.*com.*334; qui iure iurando fraude culpam ~enerat CIC.*Off.*1.40; dignum moribus factisque suis exitium uitae ~enit SAL.*Cat.*55.6; reputans quibus quisque rebus clari uiri magnitudinem ~enissent *Rep.*1.7.4; (plumbum) quos non habuit, sub nubibus ~enit ignes OV.*Met.*2.729; auxilia dum requirit, exitium ~enit PHAED.1.31.2; ut primam honestam occasionem ~enerit discedendi SEN.*Con.*1.6.11; fructus..qui scilicet maius aeris ~enit pretium COL.11.3.50; oculorum acies uel maxime fidem excedentia ~enit exempla PLIN.*Nat.*7.85; pluribus modis..gratiam ~enit (inula) 19.91;—(*a name*) ab eo (*sc.* Curtio) lacum ~enisse nomen VAR.*L.*5.149; si quidem..Theophrastus a diuinitate loquendi nomen ~enit CIC.*Orat.*62; hesperis noctu magis olet, inde nomine ~ento PLIN.*Nat.*21.39. **b** neque..umquam finem ~eniet libido CIC.*Tusc.*5.20; LIV.5.29.1; arce..in caeli, qua summa accliuia finem ~eniunt MAN.2.919; quem tamen ~eniet tam longa potentia finem? LUC.1.333;—longis sermonibus et de industria non ~enientibus exitum SEN. *Ben.*1.1.5.

inuentārium ~(i)ī, *n.* [INVENTVM+-ARIVM] A list, catalogue, inventory.

repertorium..quod uulgo ~ium appellatur ULP.*dig.*26. 7.7; instrumentorum..ἀναγραφὴν facere, non ut describant ipsa corpora instrumentorum, sed quot sint..subnotent sibi et quasi ~ium faciant 42.5.15.

inuentiō ~ōnis, *f.* [INVENIO+-TIO]

1 The action of finding, discovery. **b** the finding out, discovery (of facts).

earum rerum quae absconditae sunt demonstrato et notato loco facilis ~o est CIC.*Top.*7; thesauri ~one *Div.* 2.33; haec..~o eius (*sc.* auri) naturalis est PLIN.*Nat.*33.62; (*pl.*) de ~onibus aquae VITR.8.pr.4; APUL.*Met.*6.2. **b** ~o ueri CIC.*Off.*1.15; ~o..est quaestionum obscurarum explicatio VITR.1.2.2; Chrysippus, ut ad ~onem sufficeret, ter elleboro animum detersit PETR.88.4; (*pl.*) ~onum acumine QUINT.*Inst.*10.1.83.

2 The action of devising or planning, invention. **b** (rhet.) the devising (of arguments, etc.); (esp. absol.) the devising of the subject-matter of a speech.

clarissumarum sortium quae tradatur ~o CIC.*Div.*2.85; eius utilitas deorum inmortalium ~oni consecrata *Tusc.*3.1; ipsa gens Phoenicum in magna gloria litterarum ~onis PLIN.*Nat.*5.67; si humani operis esset ~o 27.1; (*pl.*) de antiquis ~onibus aedificiorum VITR.2.1.5. **b** ad ~onem argumentandi CIC.*Inv.*1.50; rerum optimarum..~o QUINT. *Inst.*12.1.30;—~o est excogitatio rerum uerarum aut ueri similium, quae causam probabilem reddant *Rhet.Her.*1.3; ut eos ille (*sc.* Isocrates) moderatione, non ~one uicerit CIC. *Orat.*176; QUINT.*Inst.*2.5.7; TAC.*Dial.*23.6; alia tristium ~o, alia gaudentium PLIN.*Pan.*72.7.

3 A thing discovered or devised, invention; a plan, stratagem.

qui denique auctoritatis eius et ~onis comprobatores CIC.*Inv.*1.43;—ne de euentu trepidet ~onis suae FRON.*Str.* 1.pr.

inuentiuncula ~ae, *f.* [prec.+-CVLA] A petty device.

plerique minimis etiam ~is gaudent QUINT.*Inst.*8.5.22.

inuentor ~ōris, *m.* [INVENIO+-TOR]

1 A discoverer, finder.

tu pater es, rerum ~or (*i.e. Epicurus*) LUCR.3.9; cochlidis ~or GERM.*Arat.*554; herbam..euphorbeam nomine, ab ~ore medico suo appellatam PLIN.*Nat.*5.16; primos ~ores auri..septimo uolumine diximus 33.58; adquisitae aquae ab ~ore nomen Iuliae datum est FRON.*Aq.*9.

2 An originator, inventor, discoverer.

Lyaeus uitis ~or sacrae ENN.*scen.*124; a Corace..et Tisia, quos artis illius ~ores et principes fuisse constaret CIC. *de Orat.*1.91; Aristaeus, qui..~or olei esse dicitur *Ver.*4.128; Zeno..qui ~or et princeps Stoicorum fuit *Ac.*131; hunc (*sc.* Mercurium) omnium ~orem artium ferunt CAES.*Gal.* 6.17.1; Archimedes..mirabilior..~or ac machinator bellicorum tormentorum LIV.24.34.2; ~or hic fuit sideralis scientiae PLIN.*Nat.*6.121; Aegyptii..litterarum semet ~ores perhibent TAC.*Ann.*11.14.

3 One who devises or plans, a contriver, author.

o mearum uoluptatum omnium ~or inceptor perfector TER.*Eu.*1035; facti qui sint principes et ~ores CIC.*Inv.*1.43; ille (*sc.* deus) legis huius ~or, disceptator, lator *Rep.*3.33; scelerum..~or Vlixes VERG.*A.*2.164; ~or legis Volero LIV. 2.56.6; auctor ego ~orque salutis Romuleae STAT.*Silv.*1.1. 78; ~ORI LVCIS SOLI *CIL* 6.31035.

inuentrix ~īcis, *f.* [INVENIO+-TRIX] A (female) discoverer; an inventor or deviser.

oleae..Minerua ~ix VERG.*G.*1.19;—illas omnium doctrinarum ~ices Athenas CIC.*de Orat.*1.13; tu (*sc.* philosophia) ~ix legum *Tusc.*5.5; OV.*Fast.*6.709; PLIN.*Nat.*35.125; ars ~ix QUINT.*Inst.*2.15.21.

inuentum ~ī, *n.* [pple. of INVENIO]

1 A discovery, invention.

philosophorum ~a CIC.*de Orat.*1.84; Zeno, cuius ~orum aemuli Stoici nominantur *Mur.*61; philosophia..~um deorum *Tusc.*1.64; callidum fuit eius ~um, quem ad modum stans iumentum concalfieri exercerique posset NEP.*Eum.* 5.4; PROP.2.27.3; quia numenus Mineruae ~um sit LIV. 7.3.6; Neronis principis ~um est decoquere aquam uitroque demissam in niues refrigerare PLIN.*Nat.*31.40.

2 A thing devised, plan; (esp. rhet.) a subject or argument for a speech, a topic.

ut te..di..cum istoc ~o cumque incepto perduint! TER. *Hau.*811;—argumentatio uidetur esse ~um..rem aliquam ..probabiliter ostendens CIC.*Inv.*1.44; ~a..dispensare atque componere *de Orat.*1.142; illum qui alterius bene ~is obtemperet *Clu.*84.

inuentus ~ūs, *m.* [INVENIO+-TVS[3]] The action of finding or discovering; invention.

eorum ~u res simitu pessumas pessum dedi PL.*Mer.*847; facilest ~u *Trin.*679; quaesiui, quod erat ~u facillimum, qui..magistri..fuissent CIC.*Ver.*2.182; sed quanto plura restant quantoque mirabiliora ~u PLIN.*Nat.*22.1; pleraque ~u rara ac difficilia 28.1; GEL.pr.2;—nihil..dignum ~u iudicasset SEN.*Ep.*90.30.

inuenustē, *adv.* [next+-E] Without charm, unattractively, inelegantly.

mihi non ~ dici uidetur, aliud esse Latine, aliud grammatice loqui QUINT.*Inst.*1.6.27; PLIN.*Ep.*5.20.5; historiam ..scripsere Sallustius structe..Antias ~ FRO.*Aur.*2.p.48 (114N); GEL.17.12.3; APUL.*Mun.*27.

inuenustus ~a ~um, *a.* [IN-[2]+VENVSTVS]

1 Lacking in charm or beauty, unlovely, unattractive.

item nos sumus..insulsae admodum atque ~ae sine munditia et sumptu PL.*Poen.*246; non ~us actor, sed iners et inimicus fori CIC.*Brut.*237; scortillum..non sane illepidum neque ~um CATUL.10.4; quamuis sordida res et ~a est 12.5; arbustum..ubi uetustate rarescit, pariter inutile et ~um est COL.5.6.37; seueritatem grauitatemque non ~am GEL.12.2.1.

2 Unlucky in love, lovelorn.

adeon hominem esse ~um aut infelicem quemquam ut ego sum! TER.*An.*245.

?**inuērē,** *adv.* [IN-[2]+VERE] Untruly.

immo hercle ~ (*cj.*) negas PL.*Men.*821.

inuerēcundē, *adv.* [INVERECVNDVS+-E] Without shame, shamelessly, immodestly.

aetas..quae translationis iure uteretur ~ SEN.*Ep.*114.1; pater..non ~ dicet multum sua interfuisse QUINT.*Inst.* 7.4.10; transitum ~ denegat FRON.*agrim.*p.10.

inuerēcundia ~ae, *f.* [next+-IA] Shamelessness, impudence; (in quot. perh. interp.).

nihil magis..laudare se..dicebat quam ut ipsius uerbo utar ἀδιατρεψίαν, hoc est ~am SUET.*Cal.*29.1.

inuerēcundus ~a ~um, *a. compar.* ~ior, *superl.* ~issimus. [IN-[2]+VERECVNDVS] Shameless, immodest, impudent.

legerupa inpudens, inpurus, ~issumus PL.*Rud.*652; ab aliquo adulescente..non tam insulso quam ~o CIC.*Cael.*69; animo ~o SAL.*Hist.*2.16; fronte ~a V.MAX.8.2.2; QUINT. *Inst.*2.4.16;—(*of actions*) quod ~um sit tale desiderium PAUL.*dig.*5.3.22; 32.23;—(*poet.*) simul..~us deus feruidiore mero arcana promorat loco HOR.*Epod.*11.13.

inuergō ~ere, *tr.* [IN-[1]+VERGO] To tip (liquids) upon.

super ~ens liquidi carchesia uini alteraque ~ens tepidi carchesia lactis OV.*Met.*7.246; (*w.* in+*acc.*) ~ere in me liquores tuos PL.*Cur.*108; (*w. dat.*) fronti..~it uina sacerdos VERG.*A.*6.244; pelago uina ~ens V.FL.2.610.

inuersiō ~ōnis, *f.* [INVERTO+-TIO]

1 A reversal of order, transposition.

~onis (uitium) ἀναστροφὴν uocant QUINT.*Inst.*1.5.40.

2 The use of words to convey something other than their overt meaning.

(*by irony*) ab..~one, ambiguo, suspicione (exordiemur) *Rhet.Her.*1.10; quae ducuntur..ex ~one uerborum CIC. *de Orat.*2.261;—(*by allegory*) ἀλληγορία, quam ~onem interpretantur QUINT.*Inst.*8.6.44.

inuersūra ~ae, *f.* [next+-VRA] A bend, turning.

aditus..directos sine ~is faciendos VITR.5.3.5.

inuertō ~tere ~tī ~sum, *tr.* **inuortō.** [IN-[1]+VERTO]

1 To turn upside down or inside out, reverse, invert; *manus ~sa*, the back of the hand; *in ~sum*, face downwards, upside down. **b** to turn over (the ground by ploughing or digging). **c** to turn over violently, upset. **d** to reverse the direction of, turn round.

cum in locum anulum ~terat CIC.*Off.*3.38; alueos nauium ~sos pro tuguriis habuere SAL.*Jug.*18.5; nox umida donec ~tit caelum stellis ardentibus aptum VERG.*A.*11.202; ~tunt Allifanis uinaria tota HOR.*S.*2.8.39; animalia quaedam.. ~sa tam diu se torquent..donec ad locum reponantur SEN. *Ep.*121.8; anthias tradit idem infixo hamo ~tere se PLIN. *Nat.*32.13; ~tere palpebram LARG.36; ~sa pueris arande charta MART.4.86.11; ~sa..hasta SIL.7.328; c littera.. quae ~sa mulierem declarat QUINT.*Inst.*1.7.28; perone tegi, qui summouet euros pellibus ~sis JUV.14.187; (*poet.*) simul ~sum contristat Aquarius annum HOR.*S.*1.1.36;—arescit, in manu ~sa PLIN.*Nat.*12.121; 13.19;—grabatulus..recidens in ~sum APUL.*Met.*1.11. **b** pingue solum..~tant tauri VERG.*G.*1.65; campum horrentem fractis ~tere glaebis 3.161; MAN.4.524; orbem..~tere praedae inperat 5. 524. **c** niger rudentis Eurus ~so mari fractosque remos differat HOR.*Epod.*10.5; quas uix Boreas ~teret ornos LUC. 6.390. **d** ungues quoque earum ~tuntur diebus his PLIN. *Nat.*10.13; uehementer talum ~ti (*i.e. twisted*) APUL.*Fl.* 16; (*w.* in+*acc.*) oculos trucis in te ~tisset *Apol.*44.

2 To turn (a thing) into its opposite, pervert; (refl.) to change one's behaviour, 'face about'. **b** to reverse (an order). **c** *uerba ~tere*, to cause words to convey (by irony, etc.) the opposite sense.

at nos uirtutes ipsas ~timus HOR.*S.*1.3.55; pro curia ~sique mores *Carm.*3.5.7; (*pple. as sb.*) potioribus ille deteriora fouens semperque ~sa tueri durus V.FL.3.647;— uideant..quam se cito ~terit CIC.*Har.*52. **b** ut..~tatur ordo et idem quasi sursum uersum retroque dicatur CIC. *Part.*24; annus et ~sas duxerit ante uices PROP.1.15.30. **c** ~sa uerba TER.*Hau.*372; CIC.*de Orat.*2.262; ~sis quae sub uerbis latitantia cernunt LUCR.1.642; SEN.*Ep.*100.5; (*cf.*) ~sa oratio..quam Graeci εἰρωνείαν appellant FRO.*Aur.*1. p.102 (52N).

3 To change, alter (into something else). **b** to paraphrase; to translate.

si tormina..~sa sunt uel in aquam inter cutem, uel intestinorum leuitatem CELS.2.8.34; uos mihi nunc primum in flammas ~tite, tauri, aequora V.FL.7.547; serua albentes ~tere (*i.e. dye*) lanas murice Gaetulo docta SIL.16.568. **b** quae in uulgus edita eius uerbis ~tere supersedeo TAC. *Ann.*15.63;—Daimonien memorant Grai, Romana per ora quaeritur ~sus titulus MAN.2.898.

inuesperascō ~ere, *intr.* [IN-[1]+VESPERASCO] (impers.) Evening approaches, darkness falls.

cum primum ~eret CIC.*Ver.*5.91; iam ~ebat LIV.39.50.1.

inuestīgātiō ~ōnis, *f.* [INVESTIGO+-TIO]

1 A search.

patre et sorore amissis..petit an eorum foret ~o HYG. *Fab.*190.3; praemium ~onis publicitus edicere APUL.*Met.* 6.7.

2 An inquiry, investigation (into).

(*w. obj. gen.*) cum..totum..se ad ~onem naturae contulisset CIC.*Ac.*1.34; ~o rerum occultissimarum *Fin.*5.10; in ueri ~one *Off.*1.19; super ~one facti cuius modi consilium caperetur APUL.*Met.*7.1.

inuestīgātor ~ōris, *m.* [next+-TOR] One who inquires into, an investigator.

(*w. obj. gen.*) Varro noster diligentissimus ~or antiquitatis CIC.*Brut.*60; ego ille coniurationis ~or *Sul.*85; *Tim.*1.

inuestīgō ~āre ~āuī ~ātum, *tr.* [IN[1]-+VESTIGO]

1 To find by following a trail, track down (game). **b** (in general) to search out (persons or things).

ad ~andas feras VAR.*gram.*103; canum..incredibilis ad ~andum sagacitas narium CIC.*N.D.*2.158; in cane sagacitas prima est, si ~are debet feras SEN.*Ep.*76.8; (*fig.*) immittebantur illi continuo Cibyratici canes, qui ~abant et perscrutabantur omnia CIC.*Ver.*4.47. **b** certumst praeconum iubere iam quantum est conducier, qui illam ~ent, qui inueniant PL.*Mer.*664; ubi ubi erit, iam ~abo *Rud.*1210; si uidulum..cum auro atque argento saluom ~auero 1340; TER.*Ph.*736; quam (*sc.* Proserpinam) cum ~are et conquirere Ceres uellet CIC.*Ver.*4.106; Atti Naui lituus ille, quo ad ~andum suem regiones uineae terminauit *N.D.*2.9; argenti ..inmane pondus..cuius ~andi tibi facultatem dedit (deus) SEN.*Ben.*4.6.1; ad ~andum furtiuum ULP.*dig.*11.4.1.2; (*w. indir. qu.*) quod olet non tam facile esse uidebis ~are in qua sit regione locatum LUCR.4.702.

2 (transf.) To search out, track down (mentally).

nihil ~o quicquam de illa muliere PL.*Mer.*806; qui consul insidias rei publicae consilio ~asset CIC.*Sul.*14; id quod Graecorum ~arat annalibus *Rep.*2.18; ad ~andam ueritatem studio incitato *Tusc.*5.68; quod eam rem..sine ullo tumultu ~asset LIV.39.14.5; magna nec ingeniis ~ata priorum..canam OV.*Met.*15.146; quae (*sc. letters written in cipher*) si qui ~are et persequi uelit SUET.*Jul.*56.6; (*w.* de) de Lentulo ~abo diligentius CIC.*Att.*9.7.6;—(*w. indir. qu.*) ubi sim aut qui sim nequeo cum animo certum ~are PL.*Aul.* 715; uti uideant et ~ent ecqua uirgo sit..digna CIC.*Ver.*1.63; illud molestum me adhuc ~are non posse ubi P. Lentulus noster sit *Att.*9.1.2.

inuestiō ~īre ~iuī *or* ~iī ~ītum, *tr.* [IN-[1]+VESTIO] To clothe, cover, deck, adorn.

scrupeo ~ita saxo atque ostreis squamae scabrent ENN. *scen.*115; focum mater aut uxor ~iunt MAEC.in Sen.*Ep.* 114.5; siluas..quas nemore nudo primus ~it tepor SEN. *Her.O.*381.

inuestis ~is ~e, *a.* [perh. IN-[2]+**uestis* (cf. Skt. *vṛṣaḥ* 'male', *vṛṣaṇau* 'testicles', Lat. *uerres*)] Below the age of puberty, youthful.

prome..nomen eius, quae puerum ingenuum et ~em sollicitauit APUL.*Met.*5.28; ~em a nobis accepisti: uesticipem ilico reddidisti *Apol.*98; uesticeps puer, qui iam uestitus est pubertate; econtra ~is, qui necdum pubertate uestitus est PAUL.*Fest.*p.368M.

inueterascō ~ascere ~āuī, *intr.* **inueterescō.** [INVETERO+-SCO(-ESCO)]

1 To become old, age; esp. to improve with age, mature.

dicemus quae uetustate deteriora fiunt uetustiscere, ~ascere quae meliora NIGID.*gram*.3; merum..album ~ascens PLIN.*Nat*.23.44; nardo colos, si ~auit, nigriori melior 12.44.

2 To become of long standing, become established or customary; (of diseases) to become chronic.

nouas qui exactas (fabulas) feci ut ~ascerent TER.*Hec.* 12; ~auit..iam opinio perniciosa CIC.*Ver*.1; spes reliqua est in nouis tr. pl. et in primis quidem diebus; nam si ~arit, actum est *Fam*.14.3.3; ut..hanc ~ascere consuetudinem nolint CAES.*Gal*.5.41.5; ~auerant hi omnes compluribus Alexandriae bellis *Civ*.3.110.6; ~ascet hoc quoque, et quod hodie exemplis tuemur, inter exempla erit TAC.*Ann*.11.24; BENE CONFERENDO VNIVERSI CONSENTIRE DEBEMVS, VT LONGO TEMPORE ~ESCERE POSSIMVS *CIL* 14.2112.1.17; (*impers.*, *w.* ut) intellego in nostra ciuitate ~asse iam bonis. temporibus, ut splendor aedilitatum ab optimis uiris postuletur CIC.*Off*.2.57;—ulcus enim uiuescit et ~ascit alendo LUCR.4.1068; cum ~auerunt (febres) CELS.3.12.2; ad capitis dolorem, cum ~auerit, bene facit haec conpositio LARG.5.

inueterātiō ~ōnis, *f.* [INVETERO+-TIO] A long-standing ill.

~o..ut in corporibus, aegrius depellitur quam perturbatio CIC.*Tusc*.4.81.

inueterātus ~a ~um, *a.* [pple. of next]

1 Allowed to grow old, preserved, matured, aged.

mulsum..~um innocuum esse constat PLIN.*Nat*.21.76; uentriculus ~us cum coriandro 30.90; claritatem excitari melius ~o medicamento 28.95; mulli ~i 32.91.

2 Long-standing, inveterate, chronic. **b** (of persons) experienced, practised.

~am quandam barbariam..deleri CIC.*Balb*.43; nolite committere ut in re tam ~a quicquam noui sentiatis 64; odium (est) ira ~a *Tusc*.4.21; ut..iam ~am seruitutem depelleret NEP.*Timol*.1; ~ae prudentiae fama LIV.28.43.1; Tiberio ~um erga matrem obsequium TAC.*Ann*.5.3; mos ~us FRO.*Amic*.1.p.284(173N);—(*of diseases, etc.*) uitia mentis humanae ~a et dura SEN.*Ep*.85.10; nidor..bibitur ~ae tussi PLIN.*Nat*.24.135; scabritias oculorum ~as 34.121; (*neut. pl. as sb.*) uehementius contra ~a pugnandum est SEN.*Dial*.6.1.8. **b** animum esse ~um diutina arte atque usu belli LIV.42.11.6.

inueterō ~āre ~āuī ~ātum, *tr.* [IN-[1]+VETVS+-O[3]]

1 To allow to become old, keep, preserve, mature; (pass.) to become old or mature. **b** to allow to become established.

quibus non fuit curae caelestem ~are aquam COL.12.12.3; ~ari uina PLIN.*Nat*.19.53; si diutius alium cepamque ~are libeat 19.115; oxymeli..coquebant deciens..atque ita diffundebant ~abantque 23.60;—nec tam celeriter radiculae ~ato iam codice enascuntur COL.4.8.4. **b** morbus et aegrotatio, quae euelli ~ata non possunt CIC.*Tusc*.4.24; ~ata cum gloria tum etiam licentia NEP.*Eum*.8.2.

2 To take away the novelty of, make customary or familiar; (also, app., intr.) to become customary.

~aui peregrinam nouitatem CURT.10.3.13;—non tam stabilis opinio permaneret..nec una cum saeclis aetatibusque hominum ~are (*v.l.* ~ari) potuisset CIC.*N.D*.2.5.

inuetitus ~a ~um, *a.* [IN-[2]+pple. of VETO] Not forbidden, unrestrained.

~um saltus penetrat pecus SIL.2.442.

inuicem, *adv.* **in uicem.** [IN+VICEM] FORMS: tm. *inque uicem* VERG.*G*.3.188, HOR. *S*.1.3.141, PROP.3.25.15, OV.*Ars* 2.154, LUC. 1.61, STAT.*Theb*.7.195, etc.

1 (w. gen.) In place (of); to serve (as).

peditum..~ prolapsorum equitum uacuos capientium.. equos LIV.44.26.3; praesedit..spectaculis in Gai uicem SUET.*Cl*.7.1; ~ certae religionis mentita..praesumptione dei quem praedicaret unicum APUL.*Met*.9.14; qui ex his masculi nati fuerint, ~ patrui sunt PAUL.*dig*.38.10.10.14;—nec satis ~ speculi nitent (*the sides of the glass*) SEN.*Nat.* 1.7.3; in tributi uicem regibus Persidis e materia eius (hebeni) centenas phalangas..pensitasse Aethiopas PLIN. *Nat*.12.17; uasculo quodam ~ coli..fistulato APUL.*Met*.3.3.

2 In one's turn; (each) in turn.

hi rursus ~ anno post in armis sunt, illi domi remanent CAES.*Gal*.4.1.5; defatigatis ~ integri succedunt 7.85.5; haec iam primo depulsus ab ubere matris audeat, inque uicem det mollibus ora capistris VERG.*G*.3.188; ignoscent, si quid peccaro stultus, amici, inque uicem illorum patiar delicta libenter HOR.*S*.1.3.141; cum decreta senatus..exposuisset atque edoctus fuisset ipse ~ quemadmodum tractandum bellum..foret LIV.23.28.4; OV.*Met*.9.36; quidquid asperatum aestu est, quidquid nimio diffluxit imbre, ~ temperatur altero SEN.*Suas*.3.1; mea res agitur; deinde tu si quid uolueris, ~ faciam; manus manum lauat SEN.*Apoc*.9.6; inque uicem placida orsa refert STAT.*Theb*.7.195; in haec munera uxor accipitur, atque ~ ipsa armorum aliquid uiro adfert TAC.*Ger*.18.2; periculum ~ metuens SUET.*Aug*.10.3; ~ cauillatus..inquam APUL.*Met*.3.19;—increpare singuli se quisque et alios, et adhortatio ~ totam..peruasit aciem LIV.6.24.7.

3 Each for or against the other, mutually, reciprocally.

neu in tantis mutuis beneficiis ~ animi sollicitarentur LIV.2.15.2; inque uicem credant res sibi semper agi OV.*Ars* 2.154; salutati ~ PHAED.3.7.3; multum..sanguinem ~ hausimus CURT.4.14.17; facilior est ~ transitus SEN.*Nat.* 3.10.4; inque uicem gens omnis amet LUC.1.61; inque uicem timuerunt sidera et umbrae STAT.*Theb*.7.817; o atque u permutata ~ QUINT.*Inst*.1.4.16; experti ~ sumus ego ac fortuna TAC.*Hist*.2.47; antequam ~ hostilia coeptarent 3.70; gratias agimus, ego quod illam mihi, illa quod me sibi dederis, quasi ~ elegeris PLIN.*Ep*.4.19.8; bestiarum effigies ~ aduersas 5.6.16.

4 By turns, turn and turn about, alternately.

perpetuo suo labore ~ legionibus expeditionum onus iniungebat HIRT.*Gal*.8.6.4; cum dispositis turmis ~ rari proeliarentur 8.19.1; ~ tracto pede SAL.*Hist*.3.37; quos aequore toto inque uicem nunc Turnus agit, nunc Troius heros VERG.*A*.12.502; cum timor atque ira ~ sententias uariassent LIV.2.57.2; seruitum..aut Carthaginiensibus aut Romanis, nec ~ his aut illis sed interdum utrisque simul 29.1.23; inque uicem spectans ambos OV.*Met*.6.631; bibenda aqua..deinde ~ alternis diebus modo aqua modo uinum CELS.3.2.5; in regione..~ a suis atque hoste uexata CURT. 3.8.8; nulla sors longa est: dolor ac uoluptas ~ cedunt SEN. *Thy*.597; carmen..Christo quasi deo dicere secum ~ PLIN. *Ep.Tra*.10.96(97).7.

inuictus ~a ~um, *a. superl.* ~issimus. [IN-[2]+pple. of VINCO]

1 Not overcome in war, unconquered, undefeated. **b** undefeated in games or contests.

populus Romanus, cuius usque ad nostram memoriam nomen ~um in naualibus pugnis permanserit CIC.*Man*.54; unus ~us es a quo etiam ipsius uictoriae condicio uisque deuicta est *Marc*.12; ~i Germani CAES.*Gal*.1.36.7; hinc ~us patriam defensum reuocatus NEP.*Han*.6.1; VERG.*A*.12.191; ~os per octo annos in his terris milites LIV.25.38.6; (*w.* ab) ~i ab hostibus SAL.*Jug*.31.20;—(*w. abl.*) luxuries quae ipsum Hannibalem armis etiam tum ~um uoluptate uicit CIC.*Agr*.2.95; ~us Romano marte Britannus [TIB.]3.7.149; ~us bello, in pace ab ingratis ciuibus pulsus sum LIV.5.44.2; —(*cf.*) populi Romani ~a ante te praetorem gloria illa naualis CIC.*Ver*.5.97; ut..adnitantur ut ordinis eius gloriam ~am praestent LIV.10.14.11. **b** ~i membra Glyconis HOR.*Ep*.1.1.30; Broteas..et caestibus Ammon ~i OV.*Met.* 5.108; ~os ambo certamine cursus 7.792; luctando pungandoque..~um QUINT.*Inst*.2.8.14.

2 That cannot be defeated, invincible. **b** (as a title of deities; also of the *princeps*). **c** (poet., of weapons).

Scipio ~e ENN.*var*.3; cui ciui..non illa dextera ~a fidem porrexit? CIC.*Ver*.5.153; deos..immortalis huic ~o populo ..auxilium esse laturos *Catil*.2.19; ~e, mortalis dea nate puer Thetide HOR.*Epod*.13.12; ~a acies si aequo dimicaretur campo LIV.21.5.11; qui..nihil arduum aut ~um crediderint sic ad bellum uenientibus TAC.*Ag*.18.5; ~os et nullis casibus superabilis Romanos praedicabant *Ann*.2.25;—(*w.* uiribus, bello, *etc.*) dis quamquam geniti atque ~i uiribus essent VERG.*A*.6.394; bello paene ~us VELL.2.33.1; ~us robore cunctis..erat LUC.4.608;—(*superl.*) haec urbs ~issima *Rhet.Her*.4.66; Cn. Pompei, clarissimi atque ~issimi ciuis CIC.*Pis*.34. **b** te sancte uenerans precibus, ~e, inuoco ACC.*praet*.5; ~us Apollo HOST.*poet*.4(6); tu nubigenas, ~e, bimembris..mactas VERG.*A*.8.293; uxor ~i Iouis HOR.*Carm*.3.27.73; OV.*Fast*.5.560; deum ~um (*sc.* Cupidinem) SEN.*Her.O*.539; (*cf., w. ref. to the altar of* Hercules inuictus) uenit (Hercules) ad ~os pecorosa Palatia montis PROP.4.9.3;—Caesaris ~i res dicere HOR.*S*.2.1.11; OV.*Tr*.5.1.41; ~us..tua, Caesar, in urbe sonas MART.7.6.8; (*superl.*) in commentariis ~issimi et piissimi principis FRON. *Aq*.31; DOMINORVM NOSTRORVM ~ISSIMORVM AVGVSTOR *A.Epig*.22.93. **c** non arma ignauo ~a es fabricatus manu ACC.*trag*.559; clipeum..~um VERG.*A*.10.243; ~a gerit tela Cupido [SEN.]*Oct*.807.

3 Not overcome by physical hardship, wounds, etc. **b** (of materials) resistant to damage or decay, indestructible.

durus uindemiator et ~us HOR.*S*.1.7.30;—(*w.* ab) qui ~um se a labore praestiterit CIC.*Off*.1.68; corpus..~um.. a uulnere OV.*Met*.12.167;—(*w.* ad) quia ipse ~i ad laborem corporis essent LIV.9.16.14;—(*w. abl.*) labore, uigilia, periculo ~us VELL.2.79.1;—(*w. gen., w. inf.*) Cantaber..hiemisque aestusque famisque ~us palmamque ex omni ferre labore SIL.3.327. **b** docui solidissima materiai corpora perpetuo uolitare ~a per aeuum LUCR.1.952; ~o..adamante OV.*Pont*.4.12.32; (spartum) praecipue in aquis marique ~um PLIN.*Nat*.19.29; (*w. abl.*) dentes..~i sunt ignibus 7.70; (*w.* contra) contra omnes ictus cute ~a 8.89.

4 Unshaken in resolve, firm of purpose, resolute. **b** (of forces, emotions, etc.) that cannot be overcome, insuperable, immutable.

necesse est..qui ~us sit, eum res humanas despicere CIC.*Tusc*.3.15; in animi excelsi atque ~i magnitudine *Off.* 1.15; sit Medea ferox ~aque HOR.*Ars* 123; ~us..uoltus et numquam..lacrimas..praebere consuetus SEN.*Her.O*.1266; ~i..Catonis LUC.9.18;—(*w.* ab) ~o a ciuibus hostibusque animo LIV.22.26.7; ~i ab ea cupiditate animi 33.11.7;—(*w.* aduersus, aduersum) aduorsum diuitias ~um animum gerebat SAL.*Jug*.43.5; aduersus utrumque statum ~um animum tenet SEN.*Dial*.12.5.5; TAC.*Ann*.15.21;—(*w. abl.*) ~us ille odio plebeio animus LIV.2.58.8; ~us..mora Fabius MAN.1.790;—(*of actions*) constans perpetua fortis ~a defensio salutis meae CIC.*Red.Sen*.30; ~a pugna V.MAX. 4.1.ext.2. **b** numquam naturam mos uinceret; est enim ea semper ~a CIC.*Tusc*.5.78; ~a sibi quaedam patientissima iusti imperii ciuitas fecerat LIV.6.16.3; ~ae leges necessitudinis V.MAX.1.6.12; ~ae fatorum necessitatis.. argumentum 1.7.ext.5; omnes..motus, qui non uoluntate nostra fiunt, ~i et ineuitabiles sunt, ut horror frigida aspersis SEN.*Dial*.4.2.1; ~us error et publicus PLIN.*Nat.* 15.15.

5 Unsurpassed, matchless, peerless.

~us canis ENN.*Ann*.533; ~ae praemium ut esse sciam pietati PL.*Poen*.1190; ~a miracula PLIN.*Nat*.36.121; (*superl.*) te unum in terra uiuere uirtute et forma et factis ~issumis PL.*Mil*.57.

inuidendus ~a ~um, *a.* [gdve. of INVIDEO] Arousing jealousy, to be envied, enviable.

caret ~a sobrius aula HOR.*Carm*.2.10.7; cur ~is postibus ..moliar atrium? 3.1.45; scit statum eius non..habere quicquam ~um SEN.*Dial*.2.13.3.

inuidens ~ntis, *a.* [pple. of INVIDEO] Jealous.

in alio libro, quem de ~ntibus animalibus conscribsit APUL.*Apol*.51.

inuidentia ~ae, *f.* [prec.+-IA] Envy, jealousy.

ab inuidendo..~a recte dici potest, ut effugiamus ambiguum nomen inuidiae CIC.*Tusc*.3.20; ~a aegritudo est ex alterius rebus secundis 3.21; crimine ~ae flagrant LARG. pr.p.2,l.15; GEL.pr.20; APUL.*Pl*.2.16; (*personified*) CIC.*N.D*. 3.44.

inuideō ~idēre ~īdī ~īsum, *intr., tr.* [IN-[1]+VIDEO] ORTHOG.: *-uei-* (= *-ui-*) *CIL* 1. 1570.3, 1837.4, etc.

1 To look at askance, regard with ill will or envy, be jealous of: **a** (w. dat. expr. possession, attribute, etc.). **b** (w. dat. of person, etc.). **c** (w. acc. of thing; also w. dat. of person). **d** (absol. or ellipt.; also, w. *quod*). **e** (pass., of persons).

a ne..quisquam ~ideat prosus commodis PL.*Mos*.307; huius igitur Habitus uitae ~idebat? CIC.*Clu*.171; illi qui honori ~iderunt meo *Agr*.2.103; haud equidem ullius ciuis ..fortunae aut condicioni ~ideo LIV.22.59.10; quid enim maioribus actis ~ideam? STAT.*Theb*.2.432; nemo tum nouitati ~idebat CIC.*Phil*.9.4. **b** est miserorum ut maleuolentes sint atque ~ideant bonis PL.*Capt*.583; ~idere omnes mihi TER.*Eu*.410; Reginis, quorum ciuitati ~idetis CIC.*Ver*.4.26; etiam si mihi nemo ~ideret, si omnes..fauerent *Att*.2.1.7; imitari quam ~idere bonis malebant SAL. *Cat*.51.38; cum..uni ~ideret eximio simul honoribus atque uirtutibus, M. Furio LIV.6.11.3; ambos perdidit ille oculos et luscis ~idet JUV.10.228; (*w.* in+*abl.*) nisi interdum in hoc Crasso paulum ~iderem CIC.*de Orat*.2.228; *Flac*.70; (*impers. pass.*) quid ~idendum Murenae..sit..non uideo *Mur*.88; *Off*.2.45;—(*poet.*)Aulon..minimum Falernis ~idet uuis HOR. *Carm*.2.6.20; Arctos..fugientibus ~idet astris STAT.*Theb.* 3.685. **c** nolite..id dare mihi, quod multi ~ideant NEP. *Thr*.4.2; quae nec deus ~idet ipse MAN.4.874; quod mirer ego ~ideantque Sorores STAT.*Theb*.8.68;—quasi ~idere mihi hoc uidere PL.*Mos*.51; hoc tibi non ~ideo, caruisse te pulcherrimo spectaculo CAEL.*Fam*.8.4.1; ut forsit honorem iure mihi ~ideat quiuis HOR.*S*.1.6.50; V.FL.5.507;—(*w. inf. as obj.*) nullus est quoi non ~ideant rem secundam optingere PL.*Bac*.543; *Truc*.745;—(*cf.*) 'quisnam florem liberum ~idit meum?' male Latine uidetur, sed praeclare Accius; ut enim 'uidere', sic '~idere florem' rectius quam 'flori' CIC.*Tusc*.3.20. **d** quoniam aemulari non licet, nunc ~ides PL.*Mil*.840; semper dignitatis iniquus iudex est qui aut ~idet aut fauet CIC.*Planc*.7; ne quis malus ~idere possit, cum tantum sciat esse basiorum CATUL.5.12; dixit Damoetas, ~idit stultus Amyntas VERG.*Ecl*.2.39; TAC.*Dial*.25.6; (*w.* in+*abl.*) nimium indulgens rebus Fortuna secundis ~idet in facie MAN.4.565;—uenio solumque quod ante uocasti ~ideo STAT.*Theb*.11.390. **e** BONEIS PROBATA ~EISA SVM A NVLLA PROBA *CIL* 1.1570.3; ego cur.. ~ideor? HOR.*Ars* 56.

2 To be unwilling to give or allow, begrudge, refuse: **a** (w. dat. of thing). **b** (w. acc. of thing; also w. dat. of recipient). **c** (w. abl. of thing, dat. of recipient). **d** (w. gen., perh. on anal. of Gk. φθονεῖν). **e** (w. cl., inf., etc.). **f** (absol. or ellipt.).

a nec bonus Eurytion praelato ~idit honori VERG.*A*. 5.541; Apollo concedit laudem et paribus non ~idet armis 9.655; ~idet ipsa sibi uitatque, quod expedit ili OV.*Fast.* 2.591; dirarum alitum modo..ipsarum noctium quieti ~identium gemitu PLIN.*Nat*.18.4; si..~idebis otio tuo MART. 1.113.4; ~idit operi Aelius..deterrendo Veterem ne legiones alienae prouinciae inferret TAC.*Ann*.13.53. **b** Cereri id (*sc.* solum Africae) totum natura concessit, oleum ac uinum non ~idit tantum PLIN.*Nat*.15.8; nec famam ~idit Apollo SIL.4.400;—Liber pampineas ~idit collibus umbras VERG.*Ecl*.7.58; mihi..senectus ~idet imperium *A*.8.509; tene..~dit Fortuna mihi..? 11.43; ne eiusdem laudis commemorationem externis ~ideamus V.MAX.4.3.ext.1; CURT. 9.4.21; homini tamen misero non ~ideo medicinam PETR. 129.8; quia mihi fortuna diuitias ~idit APUL.*Apol*.21. **c** non ~iderunt laude sua mulieribus uiri Romani LIV. 2.40.11; ut tibi rationem reddam, qua nulli mortalium ~ideo SEN.*Dial*.7.24.5; *Nat*.4.a.pr.7; ~idet igne rogi miseris LUC.7.798; neque..~ideo aliis bono, quo ipse careo PLIN. *Ep*.1.10.12; (*w. no dat.*) ne hostes quidem sepultura ~ident TAC.*Ann*.1.22;—(*cf.*) paene iam quidquid loquimur, figura est, ut 'hac re ~idere', non ut omnes ueteres..'hanc rem' QUINT.*Inst*.9.3.1. **d** neque ille sepositi ciceris nec longae ~idit auenae HOR.*S*.2.6.84; (*cf.*) QUINT.*Inst*.9.3.17. **e** (*w.* ut, ne) QVAM NEI ESSET (LICITVM) CREDO NESCIO QVI ~EIDIT DEVS *CIL* 1.1837.4; ~idisse deos, patriis ut redditus aris coniugium optatum..uiderem? VERG.*A*.11.269;—(*w. inf.*) scilicet ~idens priuata deduci superbo non humilis mulier triumpho HOR.*Carm*.1.37.30; ut..conponi tumulo non ~ideatis eodem OV.*Met*.4.157; his te quoque iungere, Caesar, ~ideo LUC.2.551; (*w. acc. and inf.*) plurima, quae ~ideant pure apparere tibi rem HOR.*S*.1.2.100. **f** hoc.. saepius imbecillitate eorum quae transferantur euenit, alias caelo ~idente, alias solo repugnante PLIN.*Nat*.16.134; Apelles inchoauerat et aliam Venerem..~idit mors peracta parte 35.92.

inuidia ~ae, *f.* [INVIDVS+-IA]

1 Ill will, spite, indignation; jealousy, envy. **b** (personified).

~a in me numquam innatast neque malitia PL.*Poen*.300; ~a concitatur in iudicum et in accusatorum factionem CIC *Brut*.164; incitatus iracundia aut ~a *Dom*.88; ~a uolgi quod tribus militibus fortuna publica commissa fuerit LIV.1.27.1; non effugit ciuium suorum ~am NEP.*Them*.8.1; redintegrata in C. Flaminium ~a est LIV.22.1.5; ipsa..leti frons caret ~a nec quicquam plaga minatur LUC.9.740; si ducem amota ~a egregium..deligeret TAC.*Ann*.13.6; fortunae ~a JUV.15.95;—qui saepe propter ~am adimunt diuiti TER. *Ph*.276; ut effugiamus ambiguum nomen ~ae. quod uerbum ductum est a nimis intuendo fortunam alterius Cic.*Tusc.* 3.20; Lucr.3.75; ~a rumpantur ut ilia Codro Verg.*Ecl.* 7.26; anxios ~a inimicos spectauit Liv.9.46.9; nec haec ~a, uerum est aemulatio Phaed.2.9.7; (*w. obj. gen.*) deprauatum Pompeium queritur ~a atque obtrectatione laudis suae Caes.*Civ.*1.7.1; rana..tacta ~a tantae magnitudinis Phaed. 1.24.3. **b** ~a infelix furias..metuet Verg.*G.*3.37; me cum magnis uixisse inuita fatebitur usque ~a Hor.*S.*2.1.77; quem modo felicem ~a admirante ferebant Prop.2.17.11; ~ae..tecta petit Ov.*Met.*2.760; gremio puerum complexa fouebat ~a Stat.*Silv.*2.1.122; nec ille tam clarus..apparatus ~ae noxios effugit oculos Apul.*Met.*4.14.

2 (particularly as affecting the object of the feeling) Odium, dislike. **b** *quae ~a est?* (w. acc. and inf.), what harm is there (in)? **c** *absit ~a uerbo*, if I may be forgiven for saying so.

uiuimus cum ~a summa Pl.*Cist.*28; ut facillume sine ~a laudem inuenias Ter.*An.*66; ut maior ~a Lepido glisceretur Asel.*hist.*4; pro amico periculum aut ~am subire Cic.*Part.* 66; editus in altum ut ab omnibus uentis ~ae circumflari posse uideatur *Ver.*3.98; res ardet ~a *Q.fr.*2.14.4; res in ~a erat Sal.*Jug.*25.5; pulsus ob ~am solio Verg.*A.*10.852; iam militum praeda erat nec nisi per ~am adimi poterat Liv.6.4.11; quo molliret ~am, intercessit Tac.*Ann.*4.30; (*pl.*) uitam..remotam a procellis ~arum Cic.*Clu.*153; Vat. *Fam.*5.9.1;—(*w.* apud) istam apud populos prouinciae totius ~am Cic.*Ver.*2.137; ne..~am apud patres ex prodiga largitione caperet Liv.5.20.2;—(*w. gen.*) propter ~am Numantini foederis Cic.*de Orat.*1.181; qui sibi omnem dignitatem ex Caesaris ~a quaerebat Hirt.*Gal.*8.53.1; de ~a facti sui Sal.*Jug.*29.5; ~am caedis, pacis amator, habes Ov.*Rem.*20; magna cum ~a noui principatus Tac.*Hist.*2.64;—(*pred. dat.*) illud memorare non audeo, ne ~ae siet Cato *orat.*171; cum..idem homines illi et ~ae et exitio fuerint Mat.*Fam.*11.28.3; ~ae tamen res ad exercitum fuit Liv. 3.31.4; non erit ~ae uictoria nostra ferendae Ov.*Met.*10.628;—(*regarded as inevitably following success*) meminisse post gloriam ~am sequi Sal.*Jug.*55.3; ut ~a gloriae comes sit Nep.*Cha.*3.3; omne propinquo frangitur ~ae telo decus *Culex* 342; Vell.1.9.6. **b** hunc superesse patri quae fuit ~a? Verg.*Cat.*11.8; quae tandem Ausonia Teucros considere terra ~a est? *A.*4.350; me Tantaleis consistere tectis quae tandem ~a est? Stat.*Theb.*1.280. **c** absit ~a uerbo et ciuilia bella sileant: nunquam ab equite hoste, nunquam a pedite..nunquam nostris locis laborauimus Liv.9.19.15; Turdetaniam..ita bello adflixit ut non modo nobis sed—absit uerbo ~a—ne posteris quidem timenda nostris esset 28.39.11; 36.7.7.

3 (aroused against an opponent, as a way of contributing to his defeat). **b** the use of words or actions to arouse this feeling.

qui..hanc ~am senatus inflammare conentur Cic.*Ver.*2; aliquam ~am Caelio uelle conflare *Cael.*29; infamia intactum ~a..urgent Liv.38.51.5; amolitur Ascyltos ~am Petr. 97.10; ut ~am sibi quaeri ab aduersario dicat Quint.*Inst.* 5.6.5; serendae in alios ~ae artifex Tac.*Hist.*2.86;—(*w.* facere) ad ~am ei faciundam legatos..subornatos criminibus introduxit Liv.38.43.2; Ov.*Met.*4.548; quod ~am facis nobis ingenuos honestosque clamando Petr.107.10; Luc. 2.36; quid mihi hanc ~am facis ut, cum habeas patrem, cibum ab aliis petas? Quint.*Decl.*283 (p.148,l.13); anne..~am facerent nolenti surgere Nilo? Juv.15.123. **b** poterisne eius orationis subire ~am? Cic.*Div.Caec.*46; ille rogari ~am iudicat, hic non rogari contumeliam Sen.*Dial.* 5.10.4; eadem ~a proclamare nostra esse spolia quae illi possiderent Petr.14.6; Plin.*Nat.*28.148; Mart.3.21.2; Quint.*Inst.*4.3.15; ioco et ~a et inuocatione intendere crimen 9.2.104; ea..~a redegit eos ad modestiam Fron.*Str.* 4.5.1; culpam ~a uelauisse Tac.*Ann.*6.29; quanta maxima ~a potest, conqueritur Gel.10.3.2.

inuidiōsē, *adv. compar.* ~ius. [next+-E]

1 So as to arouse dislike or hostility. **b** so as to bring odium on an opponent.

uiuis ~e, delinquis studiose *Rhet.Her.*4.28; Cic.*Luc.*146; neque..quisquam aut expulsus ~ius aut receptus est laetius Vell.2.45.3. **b** cotidie meam potentiam ~e criminabatur Cic.*Mil.*12; atrocia ~e et tristia miserabiliter dicere licebit Quint.*Inst.*4.2.120; Suet.*Aug.*43.2.

2 So as to excite envy, enviably.

diuitem illum putas..quia tantum suburbani agri possidet quantum ~e in desertis Apuliae possideret? Sen.*Ep.*87.7.

3 Jealousy, with ill will.

omnes ~e eripuit bene uiuendi casus facultates *Rhet.Her.* 4.44; his agendae gratiae quod non ~e silentes praetermiserunt Vitr.7.pr.1.

inuidiōsus ~a ~um, *a. compar.* ~ior, *superl.* ~issimus. [INVIDIA+-OSVS]

1 Arousing hatred, unpopular, odious, invidious. **b** (spec. of words, etc., employed to discredit an opponent).

quaestus..minime..~us Cato *Agr.*pr.4; totam uitam periculosam, ~am, infestamque reddemus Cic.*Ver.*1.38; quid erat..in illo puero populare, quid ~um? 1.151; putabant absentis damnationem..multo ~iorem fore 2.42; etiam si is ~us aut multis offensus esse uideatur, etiam si eum oderitis *Clu.*158; est ~a lex, sicuti dixi, uerum tamen habet excusationem *Agr.*3.5; haec eadem..Lesbia fecit: quae sequitur, certe est ~a minus Prop.2.32.46; ~um uobis est, desertam rem publicam inuadi Liv.3.9.12; ~is nominibus utebatur modo consul 34.7.14; arma ~a tulisti Ov.*Ep.*8.49; ~is opibus Tac.*Ann.*14.47;—(*w. dat.*) hoc ipsis iudicibus ~issimum futurum Cic.*Inv.*2.134; timeo ne mihi sit ~um aliquando quod illum emiserim potius quam quod eiecerim *Catil.*2.15; magna peto, sed non tamen ~a roganti Ov.*Pont.*3.1.87; id Othoni ~ius et ipsis honestum Tac.*Hist.*1.33;—(*w.* in+*acc.*) cur..facis ut reuerentia talis fiat in Augustos ~a deos? Ov.*Pont.*3.6.16;—(*w.* apud) sunt..illi apud bonos ~i Cic.*Att.*2.19.4. **b** genus eius modi calliditatis..trahatur in odium iudicis cum quadam ~a querella Cic.*Part.*137; cognoscite nunc de crimine uinario, quod illi ~issimum et maximum esse uoluerunt *Font.*19; pulsata..est eximii ciuis potentia hinc ~a querella hinc lamentatione miserabili V.Max.6.2.6; tam inimico iudice tam ~o crimine Sen.*Dial.*6.1.1; iocis..~is aut petulantibus lacessitus Suet.*Aug.*56.1; Adherbalis..~ae litterae Fro. *Ver.*2.p.142(126N); ~issima criminatio de dote fuit Apul. *Apol.*67.

2 Arousing envy, enviable.

neque inimicis ~am, neque amico exoptabilem Lucil.598; Maecenas, nostrae spes ~a iuuentae Prop.2.1.73; multorumque fuit spes ~a procorum illa Ov.*Met.*4.795; moenia finitimis ~a locis *Ep.*7.120; ~a omnibus..fortuna tua uidebatur Sen.*Con.*10.2.12; uilia busta, ~a tamen Crasso quaerente sepulchrum Luc.8.394; inuentor muneris etiam dis ~i Plin.*Nat.*35.11; Apul.*Soc.*23;—(*of things withheld through envy*) est illi nostri non ~a cruoris copia Ov.*Tr.* 1.2.67; ~usne erat aut tibi tertius consulatus aut principi primus? Plin.*Pan.*57.3.

3 Jealous, envious.

illa peraeque prae se formosis ~a dea est Prop.2.28.10; tuque, ~a uetustas, omnia destruitis Ov.*Met.*15.234; (*cf.*) '~us' (dici potest) et qui inuidet et cui inuidetur Gel.9.12.1.

inuidus ~a ~um, *a.* [INVIDEO+-VS] FORMS: gen. pl. *~um* Var.*Men.*373 (acc. Non.p.495M).

1 Bearing ill will, ill-disposed, malevolent, hostile.

pecuniai accipiter auide atque ~e Pl.*Per.*409; quorum animos iam ante habueris inimicos et ~os Cic.*Ver.*5.182; beniuolos obiurgatores placare et ~os uituperatores confutare *N.D.*1.5; ut superbas ~ae Carthaginis Romanus arces ureret Hor.*Epod.*7.5;—(*masc. as sb.*) at istos ~os di perdant qui haec lubenter nuntiant Ter.*Hec.*469; in quod inuadi solere ab improbis et ~is audio Cic.*Off.*1.77; ~e, tu tandem uoces compesce molestas Prop.1.5.1; multos eum ~os inter populares habere Liv.23.15.11; ex ~is et fauentibus Tac.*Dial.*34.5.

2 Envious, jealous, grudging.

audiat ~us dementem strepitum Lycus Hor.*Carm.*3.19. 22; uirtutem incolumem odimus, sublatam ex oculis quaerimus ~i 3.24.32; dente minus mordeor ~o 4.3.16; mihi quod uiuo detraxerit ~a turba Prop.3.1.21; thalamos..nostros ~o uoto nurus optabat omnis Sen.*Her.O.*398; (*w. dat.*) uicus..~us aegris Hor.*Ep.*1.15.7; alienis..uirtutibus tunc quoque ~us imperator Plin.*Pan.*14.5; (*w. gen.*) magis aemuli bonorum quam ~i essent Sal.*Rep.*2.8.7; tantae..haud ~us artis Stat.*Theb.*8.281;—(*of inanim. things regarded as persons*) ~a praeclusit speciem natura Lucr. 1.321; dum loquimur, fugerit ~a aetas Hor.*Carm.*1.11.7; ~a uestis eras, quae tam bona crura tegebas Ov.*Am.*3.2.27; detulit aura preces ad me non ~a blandas *Met.*10.642; ~a fata Stat.*Theb.*10.384; (*w. dat.*) nox..coeptis ~a nostris Ov.*Met.*9.486; o Fortuna uiris ~a fortibus Sen.*Her.F.*524;—(*masc. as sb.*) uirtutis hostis aut laudis ~us Cic.*Flac.*2; (*dist. fr.* inimicus) scelus non tam inimicorum meorum quam ~orum Cic.*Att.*3.7.2; artem, qua..~is..et inimicis metum et terrorem ultro feras Tac.*Dial.*5.4.

inuigilō ~āre ~āuī ~ātum, *intr.* [IN-[1] +VIGILO]

1 To stay awake; (w. dat.) stay up late to work or ponder (on), stay awake (over). **b** *~atus*, produced by lucubration.

tum paulisper ~at, deinde bene dormit Cels.1.2.10; non ego alicuius matrimonii corruptor ~o [Quint.]*Decl.*14.8;—aliae (apes) uictu ~ant Verg.*G.*4.158; Iuppiter unus decreuit poenis ~are suis Prop.4.4.86; nec capiat somnos ~etque malis Ov.*Fast.*4.530; quae..docet..porticus, insomnis quibus et detonsa iuuentus ~at Pers.3.55; pars arcu ~ant Sil.4.18; Stat.*Theb.*8.263;—(*poet., of thoughts*) ~at cunctis saeuum scelus, armaque tota mente agitant Luc.7.766; ~ant animo scelerisque parati supplicium exercent curae Stat.*Theb.*3.4; curam ~are quieti claraque per somnos animi simulacra reuerti? 8.623. **b** Arateis multum ~ata lucernis carmina Cinna *poet.*11.1.

2 (transf.) To watch (over) diligently, be watchful (for).

(*w. dat.*) me..~asse rei publicae Cic.*Phil.*14.20; ipse (*sc.* Hercules) rati ~ans V.Fl.2.374; ~are publicis utilitatibus Plin.*Pan.*66.2; ~abis hereditati delatae tibi Ulp.*dig.*29. 2.25.8;—(*w.* pro) ~es..nostris pro casibus Ov.*Tr.*1.5.43;—(*w. inf.*) omnes prohibere minas..~at V.Fl.5.257.

inuincibiliter, *adv.* [IN[2]+VINCIBILIS+-TER[2]] Irrefutably.

ratio conclusa iudicibus acriter et ~ uidebatur Apul.*Fl.* 18.

inuinctus ~a ~um, *a.* (dub.). [IN-[1]+pple. of VINCIO] Chained, fettered.

qui hominem ingenuum..inuitum celauerit ~um (*s.v.l.*) habuerit Call.*dig.*48.15.6.2.

inuīnius ~a ~um, *a.* [IN-[2]+VINVM+-IVS] Abstaining from wine.

neque ullum animal essem et ~us essem Apul.*Met.*11.23.

inuiō, *adv.* [INVIVS] Without a road.

per uiam potius ad inuestigandum quam ~ progrediamur Fro.*Aur.*2.p.54(140N).

inuiolābilis ~is ~e, *a.* [IN-[2]+VIOLABILIS]

1 That cannot be destroyed or damaged, indestructible, imperishable; (of persons) invulnerable.

~ia haec ne credas forte uigere Lucr.5.305; plenos (deos) ..et tutos et ~es praestat (natura sua) Sen.*Ben.*4.3.2; si in materiam incidit (ignis) ~em flammis 5.5.1; elementum ..quintum..genere diuinum et ~e Apul.*Mun.*1;—serua caput ~e Teucris Sil.3.127; feris obiectus quia non laniabatur, stolidum uulgus ~em credebat Tac.*Hist.*2.61.

2 (transf.) That cannot be infringed or violated, inviolable.

pacis solum ~e pignus Verg.*A.*11.363; (uirtus) libera est, ~is, immota, inconcussa Sen.*Dial.*2.5.4; os fletu paene ~e tinctus Stat.*Theb.*6.384; uti Dianae Leucophrynae perfugium ~e foret Tac.*Ann.*3.62; debere esse uisa est Romanae disciplinae dignitas ~is Gel.10.6.1.

inuiolātē, *adv.* [next+-E] Without diminution or infringement, inviolately.

memoriam nostri pie ~que seruabitis Cic.*Sen.*81; iusiurandum..~ sancteque habitum Gel.6(7).18.1.

inuiolātus ~a ~um, *a.* [IN-[2]+pple. of VIOLO]

1 Undamaged, unharmed. **b** (of persons) unhurt, uninjured.

quae ~a ultro ferret terra Var.*R.*2.1.4; membra tamen Stygias tulit ~a sub umbras Corn.Sev.*poet.*13.25; oppidum ..redditum Sutrinis ~um integrumque ab omni clade belli Liv.6.3.10; ~um ab hoste agrum..uendidit 22.23.8; ipsa tunica ~a seruanda est Cels.7.6.3; pastinatum..uestigio quoque ~um Col.3.13.7; accipere se quae liberis ~a ac digna reddat Tac.*Ger.*18.4; quando..sola Tiberii effigies..~a mansisset *Ann.*4.64. **b** ~um corpus omnium ciuium Romanorum..seruari Cic.*Rab.Perd.*11; confisi deditione facta..~os sese fore Sal.*Jug.*26.1; uisam..Scythicum ~us amnem Hor.*Carm.*3.4.36; iure belli liberum te, intactum ~umque hinc dimitto Liv.2.12.14; ~a..senectus 38.53.4; donec omnes ~i digrederentur Tac.*Hist.*2.49.

2 a Not sexually violated. **b** (of temples, sanctuaries, etc.) unprofaned.

a (Cloeliam) ⟨intactam⟩ ~amque ad suos remissurum Liv.2.13.8; 26.50.11; uirginem..arcessitis parentibus et sponso ~am tradidit V.Max.4.3.1; Sil.6.440; Gel.7.8.3. **b** fanum..quod tanta religione semper fuit ut..etiam hac praedonum multitudine semper ~um sanctumque fuerit Cic.*Ver.*4.103; (signum) usque ad hanc diem integrum ~umque seruatum est 4.130; cur nihil diuinarum humanarumue rerum ~um uobis esset? Liv.28.29.2; 30.20.6; polluisti sanguine domicilium meum ante hunc diem ~um Petr.137.3; (*cf.*) ~I SINT CINERES *CIL* 5.3143.

3 (of promises, friendships, etc.) Not infringed, unbroken, unimpaired.

~a uestra amicitia Cic.*Sul.*49; confirmare fidem publicam per sese ~am fore Sal.*Jug.*33.3; ut fidem erga populum Romanum quinquaginta annos ab se cultam ~am seruarent Liv.24.4.5; foedus..~um esse 30.22.3; consortium..quod aliquamdiu ~um mansit Sen.*Ep.*90.3.

4 Inviolable, sacrosanct.

legatos, quod nomen ad omnis nationes sanctum ~umque semper fuisset Caes.*Gal.*3.9.3; sub tutela ~i templi Liv. 2.1.4; cum religione ~os eos, tum lege etiam fecerunt 3.55.7; sacram hanc insulam et augusti totam atque ~i soli esse 45.5.3.

5 Morally unstained, pure, untarnished.

qui prima illa initia aetatis integra atque ~a praestitisset Cic.*Cael.*11; acri uiro..fama tamen aequabili et ~a Sal. *Jug.*43.1; Iustitia ~a malis Germ.*Arat.*104; (bonum) ~um esse oportet Sen.*Ep.*87.37.

6 Undisturbed, untroubled, serene.

Alcestis ab omni ~a manet cura *Culex* 263; non uita sequetur ~a uirum Sil.13.875; oculos..a contactu dominationis ~os habebamus Tac.*Ag.*30.3; ~a ualitudo Apul.*Pl.* 1.8.

inuiolō ~āre ~āuī ~ātum, *tr.* [IN-[1]+VIOLO] To harm, damage.

QVISQVIS MIHI..~AVIT MINVSVE FECIT EAS RES *CIL* 2.462.

inuīsibilis ~is ~e, *a.* [IN-[2]+VISIBILIS] Invisible.

manantia corpuscula per ~ia foramina Cels.1.pr.16.

inuīsitātus ~a ~um, *a.* [IN-[2]+pple. of VISITO]

1 Unseen, unvisited.

omnia (signa)..uisitata et ~a temporum necessitate sunt constituta Vitr.9.1.4; deum potestates, quas licet sentire, non datur cernere, ut Amoris ceterorumque id genus, quorum forma ~a, uis cognita Apul.*Fl.*10;—(*w.* ante; *cf. sense 2*) acies, inaudita ante id tempus ~aque Liv.4. 33.1; ~i..antea alienigenis nec uidere ipsi aduenam in sua terra adsueti 27.39.8;—nulla celebris ciuitas ~a transitur [Quint.]*Decl.*12.18.

2 Not previously seen, unfamiliar, strange, novel.

forma tam ~a Cic.*Div.*2.138; ~is atque incognitis rebus magis confidamus Caes.*Civ.*2.4.4; oppressae ab hoste ~o, inaudito Liv.5.45.4; ~a genera alitum Plin.*Nat.*10.132; auem ~a specie Tac.*Hist.*2.50; (*neut. pl. as sb.*) multa ~a partim e caelo alia ex terra oriebantur Cic.*Div.*1.93.

inuīsō ~ere ~ī ~um, *tr.*, (*intr.*). [IN-[1]+VISO]

1 To go to see, visit.

nam est quod ~am domum Pl.*Aul.*203; res rusticas.. ~ere Cic.*de Orat.*1.249; omnes..di qui uehiculis tensarum sollemnis coetus ludorum ~itis *Ver.*5.186; quid tibi necesse fuit..sacrificium..~ere? *Dom.*105; quod Lentulum ~is ualde gratum *Att.*12.30.1; domos ~ere castas heroum.. caelicolae..solebant Catul.64.384; Delum maternam ~it Apollo Verg.*A.*4.144; si quis uestrum suos ~ere uolt, commeatum do Liv.21.21.5; ualidissimas praefecturas ~it Tac. *Ann.*11.10;—(*poet.*) haec tamen aeterno ~ens loca curriculo nox signa dedit nautis Cic.*Arat.*433(189); 653(405);—(*w.* ad) nunc ad eum ~o Pl.*Men.*108; interea ad med huc ~am domum *Mer.*555; *St.*66.

2 To see by visiting, have visual experience of.

natos Geminos ~es sub caput Arcti Cic.*Arat.*151; quam te libenter quamque laetus ~o Catul.31.4.

3 (of deities) To watch over.

mihi..constat omnium mortalium uitam diuino numine ~ier Sal.*Rep.*2.12.7; urbesne ~ere, Caesar, terrarumque uelis curam Verg.*G.*1.25.

4 To look in (a mirror).

quid, quod nec ob haec debet tantummodo philosophus speculum ~ere Apul.*Apol.*15; 16.

inuīsor ~ōris, *m.* [INVIDEO+-TOR] One who is jealous of or hates.

siquis..ex illis ~oribus meis malignus sedet Apul.*Fl.*9.

inuīsus[1] ~a ~um, *a.* *compar.* ~ior, *superl.* ~issimus. [pple. of INVIDEO] Hateful, odious, disliked, unpopular.

hic uideo me esse ~am inmerito Ter.*Hec.*597; persona illa lutulenta, impura, ~a Cic.*Q.Rosc.*20; M. Cato ~us.. Cyprum relegatur *Dom.*65; ~um hoc detrude caput sub Tartara Verg.*A.*9.496; quod uitam moror ~am 11.177; ~as cupressos Hor.*Carm.*2.14.23; at nunc ~ae magno cum crimine Baiae Prop.3.18.7; tribuniciam potestatem ~am intolerandamque facere Liv.3.9.10; ubi uita tuos ~a reliquerit artus Ov.*Ib.*335; gentibus ~is Latium praebere cruorem Luc.1.9; fluctibus ~is iam Nereis imperat Helle Stat.*Ach.*1.24; nec minus praemia delatorum ~a quam scelera Tac.*Hist.*1.2;—(*w. dat.*) ego me ubi ~um meo patri esse intellego Pl.*Mer.*79; si ob eam rem uobis mea uita ~a.. est Ter.*Ad.*989; promissa..scelerata, dis hominibusque ~a Cic.*Phil.*8.10; ~a Mineruae..aranea Verg.*G.*4.246; ~i plebi consules Liv.2.27.13; POSTQVAM TARQVINI SVPERBI MORES ~I CIVITATI NOSTRAE ESSE COEPERVNT *CIL* 13.1668. 1.24; Trebellius..contemptus exercitui ~usque Tac.*Hist.* 1.60;—(*w.* ad, apud) ad militare genus omne..~um esse nomen Romanum Liv.24.32.2; regis nomen ~um apud popularis Tac.*Ann.*2.44;—(*compar.*) quo enim quis uersutior et callidior, hoc ~ior Cic.*Off.*2.34; quae..inimicum ~iorem factura uidebantur V.Max.3.8.ext.1; urtica quid esse ~ius potest? Plin.*Nat.*22.31; Tac.*Hist.*1.12;—(*superl.*) ab ~issimis circumiri V.Max.5.2.ext.2; uoluptates..~issimas habe Sen.*Ep.*51.13; aequum est esse eos carissimos bono principi, qui ~issimi malo fuerint Plin.*Pan.*45.3.

inuīsus[2] ~a ~um, *a.* [IN-[2]+pple. of VIDEO] Unseen.

uti tu morbos uisos ~osque..prohibessis defendas auerruncesque Cato *Agr.*141.2; occulta et maribus non ~a solum, sed etiam inaudita sacra Cic.*Har.*57; Flor.*Epit.*2.30 (4.12.27); quidam introcessit et cantauit ~us Apul.*Met.*5.3.

inuītābilis ~is ~e, *a.* [INVITO+-BILIS] Attractive, entertaining.

sermones..non super rebus anxiis..sed iucundos atque ~es Gel.13.11.4.

inuītāmentum ~ī, *n.* [INVITO+-MENTVM] An inducement, incitement; the action of inducing, invitation.

is..honos, non ~um ad tempus sed perpetuae uirtutis est praemium Cic.*Fam.*10.10.2; fons reperiendus est, in quo sint prima ~a naturae *Fin.*5.17; ad prolem populi frequentandam praemiis atque ~is usus fuit Gel.2.15.3; eundem ~o exiguae stipis..lanceam..in ima uiscera condidisse Apul.*Met.*1.4;—(*w. obj. gen.*) largitiones temeritatisque ~a horrebant Liv.2.42.6; ~um..sceleris Vell.2.67.3; Curt.4.10.24; ~a pacis ostentare Tac.*Ag.*20.2;—(*w.* ad) multa..ad luxuriam ~a Cic.*Rep.*2.8; nulla ad res necessarias ~a *Hort.*fr.80; ad maleficiundum ~a Apul.*Apol.*90; —filia per adulescentulos ditiores ~o matris suae nequiquam circumlata 76.

inuītātiō ~ōnis, *f.* [INVITO+-TIO]

1 The action of doing the honours at a meal, esp. the invitation to drink.

fit sermo inter eos, et ~o ut Graeco more biberetur Cic. *Ver.*1.66; unus nec dominorum ~one..perlici ad uinum potuit Liv.23.8.7; festo die benigna ~o et hilaritas iuuenalis utrosque in uinum traxit 40.7.2; V.Max.5.1.ext.2; benigna ~o et liberales ioci Plin.*Pan.*49.8; Gel.15.2.4.

2 An invitation to a meal or other hospitality. **b** an invitation (to other activities).

quae..comparat, non tam suae delectationis causa quam ad ~ones aduentusque nostrorum hominum Cic.*Ver.* 2.83; ~onem crebram *Att.*6.1.16; in Epirum uero ~o quam suauis..! 9.12.1; ~o benigna et hospitalis fuit Liv.33.39.3; arbitror..concedendum ius istud ~onis Plin.*Ep.Tra.* 10.116(117).2. **b** quod non natura exoriatur..sed quadam ~one ad dolendum, cum id decreuerimus ita fieri oportere Cic.*Tusc.*3.82.

inuītātiuncula ~ae, *f.* [prec.+-CVLA] An invitation (to drink).

quod Plato..largiores laetioresque in conuiuiis ~as uini non inutiles esse existimauit Gel.15.2.

inuītātor ~ōris, *m.* [INVITO+-TOR] An officer of the imperial household who delivered invitations.

ad cenam si me diuersa uocaret in astra hinc ~or Caesaris, inde Iouis Mart.9.91.2; *CIL* 6.8862.4; EVNOMO AVG LIB ~ORI *A.Epig.*52.31.

inuītātus ~ūs, *m.* [INVITO+-TVS[3]] Invitation.

mitto..ad te Trebatium atque ita mitto ut initio mea sponte, post autem ~u tuo mittendum duxerim Cic.*Fam.* 7.5.2.

inuītē, *adv.* *compar.* ~ius. [INVITVS+-E] Unwillingly.

quem..sciebam uel pudentius uel ~ius..ad hoc genus sermonis accedere Cic.*de Orat.*2.364; ~e cepi Capuam *Att.* 8.3.4.

inuītō ~āre ~āuī ~ātum, *tr.* [perh. IN-[1] +**uito*; cf. *uis* (2nd sg. of VOLO[1]), *inuitus*, Skt. *veti* 'seek eagerly', Gk. ἵεμαι] Forms: *~assitis* (= *~aueritis*) Pl.*Rud.*811.

1 To entertain, treat, regale.

(*w. abl.*) ipsum auide uino ~ari poclis Var.*Men.*461; nos ad sese uocabat et olusculis pomisque satis comiter copioseque ~abat Gel.19.7.1;—(*facet.*) periit potando, opinor: Neptunus magnis poculis hac nocte eum ~auit Pl.*Rud.*362; 590; nei istunc istis (clauis) ~assitis usque adeo donec qua domum abeat nesciat 811;—(*refl.*) nisi ~auit sese in cena plusculum *Am.*283; ubi qui ~auit dapsilius se Lucil.1074; cum se ibi uino ciboque laeti ~arent Sal.*Hist.*4.11; quotiens largissime se ~aret Suet.*Aug.*77.

2 To provide with hospitality, accommodation, shelter, etc., entertain.

pulchre ~ati acceptique benigne Lucil.1269; is Quintum filium Ephesi uidit..eumque studiose..~auit Cic.*Att.*11. 10.1; alii suos in castra ~andi causa adducunt Caes.*Civ.* 1.74.4; ~ati hospitaliter per domos Liv.1.9.9;—(*w. abl.*) quibus rebus uita amantum ~ari solet Turp.*com.*202; rex denique ecquis est qui senatorem populi Romani tecto ac domo non ~et? Cic.*Ver.*4.25; tota familia occurret; hospitio ~abit *Phil.*12.23; praecipuum..toro..accipit Aenean solioque ~at acerno Verg.*A.*8.178; ultro..~ant moenibus hostem 9.676; rector aquarum ~at curru Stat.*Ach.*1.79; dignis ~at Pallada templis *Silv.*3.1.138.

3 To offer shelter or hospitality to, invite to entertainment. **b** (w. place specified).

instare ut hominem ~et Ter.*Eu.*619; Mamertini me publice non ~arunt Cic.*Ver.*4.25; uenit..salutandi causa sed mansit ~atus *Att.*13.9.1; ~at genialis hiems curasque resoluit Verg.*G.*1.302; in ea (loca) non est potestas omnibus intro eundi nisi ~atis Vitr.6.5.1; maritus comiter ~at regios iuuenes Liv.1.57.10; proximam domum non ~ati adeunt Tac.*Ger.*21.2;—(*w.* ad) is me..crebro ad cenam ~at Cic.*Fam.*7.9.3; ad cenam uulpes dicitur ciconiam prior ~asse Phaed.1.26.4; ad subitam condictamque cenulam ~are se populum Suet.*Cl.*21.4;—(*w.* in+*acc.*) utrumque in hospitium ~at Liv.28.18.2; V.Max.2.10.ext.1;—(*w.* ut) quam uellem Menedemum ~atum ut nobiscum esset Ter. *Hau.*185; ~o eum per litteras ut apud me deuersetur Cic. *Att.*13.2a.2(2.2); ut cenem ~or..? Mart.4.68.2. **b** (*w. acc.*) hau maligne uos ~assem domum ad me Pl.*St.*590; eum..inimicissimi Stheni domum suam ~ant Cic.*Ver.*2.89; nam Arpinum quid ego te ~em? *Att.*2.11.2; alius alium domos suas ~ant Sal.*Jug.*66.3;—(*w.* in+*acc.*) tuos amicos in prouinciam quasi in praedam ~abas Cic.*Ver.*2.29; ad cenam hominem in hortos ~auit *Off.*3.58;—(*w. adv.*) hortulos..quo ~are amicos..posset 3.58.

4 (of places, conditions) To invite to come, attract. **b** to attract the attention or interest of, be attractive to, tempt.

reptant pecudes quo..~ant herbae gemmantes rore recenti Lucr.2.319; ~ent croceis halantes floribus horti Verg.*G.*4.109; puluere simul ac sudore perfusum regem ~auit liquor fluminis Curt.3.5.2; sol me ~abat Sen.*Ep.* 46.1; orca..~ata naufragiis Plin.*Nat.*9.14; Armenii ambigua fide utraque arma ~abant Tac.*Ann.*13.34; ~ata Psyche talium locorum oblectatione propius accessit Apul. *Met.*5.2; (*poet.*) uerno tepore ~atis et erumpere audentibus satis Plin.*Nat.*17.222. **b** librorum, per quos ~er alarque Ov.*Tr.*3.14.37; uisu..ipso animos ~auerat (natura) Plin. *Nat.*22.16; ~auerat spes Gaium principem 33.79;—(*absol.*) quae (herbae) satu blandiuntur aut cibo ~ant 25.3; (sal) excitans auiditatem ~ansque in omnibus cibis 31.87.

5 To request, urge, invite (to take a course of action). **b** to attempt to win the loyalty or friendship of.

nihil est quod me hortere, nihil est quod ~es; admoneri me satis est Cic.*Pis.*94; ipse iubebat occidi nullo postulante, praemiis ~abat *Lig.*12; quod me non tecum, praesertim cum abs te honorificentissime ~arer, coniungerem *Fam.* 13.15.1;—(*w.* ad) si ad eam (consuetudinem) ~ant quae est deprauata Var.*L.*9.18; multis rebus a nobis est ~atus ad pacem Antonius: bellum tamen maluit Cic.*Phil.*12.11; ad exeundum Cassium ~at *B.Alex.*63.4; hic, qui forte uelint rapido contendere cursu, ~at pretiis animos Verg.*A.*5.292; ~at..patris claudenda ad lumina dextram Luc.3.740; parua auis..~at (crocodilum) ad hiandum pabuli sui gratia Plin.*Nat.*8.90; (*leg.*) ad bonorum possessionem contra tabulas ~atur patronus Ulp.*dig.*38.2.3.10; debitores rerum publicarum ad honores ~ari non posse certum est 50.4.6.1; —(*w.* in+*acc.*) a Caesare ualde liberaliter ~or in legationem illam Cic.*Att.*2.18.3;—(*w.* ut) ~atos..eos uti ab Rheno discederent Caes.*Gal.*4.6.3; Liv.27.45.10; V.Max.4.3.5;— (*w. inf.*) ut in colloquium uenire ~atus grauaretur Caes. *Gal.*1.35.2; Verg.*A.*5.486. **b** ad te improbos ~abis Cic. *Phil.*14.18; ut praetorianos Vitellio infensos reciperandae militiae praemio ~arent Tac.*Hist.*2.82; (*cf.*) hominesadiungere atque ~are ad amicitiam Q.Cic.*Pet.*28.

6 (of things) To present an inducement, attract, incite (to an action).

ingenia quae gloria ~antur Cic.*ad Brut.*1.15.9; ~ati praeda longius procedunt Caes.*Gal.*6.35.7; si ~auerit facilis occasio Sen.*Ben.*3.1.4; coronarii..quos ~at hederae foliorum similitudo Plin.*Nat.*21.177; nisi aut cursu argumentorum aut colore sententiarum..~atus et corruptus est Tac.*Dial.*20.2;—(*w.* ad) cum te et uita et fortuna tua ad otium, ad dignitatem ~et Cic.*Phil.*10.3; ~at..uera ratio bene sanos ad iustitiam *Fin.*1.52; ad haec repetenda ~ati propinquitate superiorum castrorum Caes.*Civ.*3.76.3; quicumque ad bene faciendum bonitate ~atus est et ipsa pulchritudine rei Sen.*Ben.*3.13.2; —(*w.* ut) ni id me ~et ut faciam fides Pl.*Trin.*27; uoltus.. uestri..me ~ant ut quae reticenda putaram libeat iam libere dicere Cic.*Clu.*89;—(*w. inf.*) ut..uicina ~et decedere ripa calori Verg.*G.*4.23;—(*w. adv.*) quocumque eos libido ~auit Var.*L.*10.60.

7 To give occasion for, provoke, invite.

qui ipsi illam (*sc.* adsentationem) adlectant et ~ant Cic. *Amic.*99; somnos quod ~et leuis Hor.*Epod.*2.28; et peream, si non ~ant omnia culpam Ov.*Ep.*16.183; ueterem ferendo iniuriam ~es nouam Pub.*Sent.*V.16; coepimus ~are conuiuarum sermones Petr.41.9; aqua mulsa..calefacta ~at uomitiones Plin.*Nat.*22.112; Larg.10.

inuītus ~a ~um, *a.* *compar.* ~ior, *superl.* ~issimus. [IN-[2]+**uitus*, cf. *uis* (2nd sg. of VOLO[1]), Skt. *veti*, Gk. ἵεμαι] Orthog.: *inueitus CIL* 1.593.93.

1 (used quasi-advl.) Not wishing, unwilling, reluctant. **b** (abl. absol.) *me* (etc.) *~o*, against my (etc.) wishes; *~a* Minerva, against one's natural bent.

neque me Apollo..dementem ~am ciet Enn.*scen.*58; ~us do hanc ueniam tibi, nisi necessitate cogar Pl.*Epid.*730; stultitiast..uenatum ducere ~as canes *St.*139; dic me hic oppido esse ~am atque adseruari Ter.*Hau.*734; ut ~us et coactus facere uideare Cic.*de Orat.*2.182; ~us dico, sed dicendum est *Phil.*8.9; rationem reddere auentem abstrahit ~um patrii sermonis egestas Lucr.3.260; neu quis ~us sacramentum dicere cogatur Caes.*Civ.*1.86.4; QVOCIRCA EVM INVEITVM MERERE NON OPORTEAT *CIL* 1.593.93; rupimus ~ae tua uincula Verg.*A.*10.233; id quod ~us eloquar Liv.29.17.6; Tac.*Hist.*1.82; (*in imitation of Gk. const.*) ut quibusque bellum ~is aut cupientibus erat *Ann.*1.59; —(*compar.*) nam sola nulla ~ior solet esse Pl.*Cist.*310;— (*superl.*) gratiam quam ego meae matri refero—~issumus *St.*157[a]; sese ad statuas tuas pecuniam..~issimos contulisse Cic.*Ver.*2.148; eum ego a me ~issimus dimisi *Fam.* 13.63.1; Nep.*Att.*7.2;—(*masc. as sb.*) cauet..ne emat ab ~o Cic.*Agr.*1.14; dilectus..~orum *Att.*7.13.2; Musa..ad ~os officiosa uenit Ov.*Pont.*1.1.20. **b** meas mihi ancillas ~o me eripis Pl.*Rud.*712; insperante hoc atque ~o Pamphilo Ter.*An.*603; ~O EO QVEI DABIT *CIL* 1.585.84; istum absolutum dis hominibusque ~is Cic.*Ver.*1.9; necesse est ~o Epicuro alterum uerum esse *Fat.*37; haec omnia ut ~is, ita non aduersantibus patriciis transacta Liv.3.55.15; Ov.*Fast.* 4.720; Juv.6.212; Gaius *Inst.*1.91; (*cf.*) ardorem animi ~a ratione excitatum Cic.*Tusc.*4.78.

2 (poet., of things regarded as possessing will). **b** (of parts of the body).

~o processit Vesper Olympo Verg.*Ecl.*6.86; audebit.. uerba mouere loco, quamuis ~a recedant Hor.*Ep.*2.2.113; ~o gurgite fecit iter! Prop.1.17.14; ~is ire paratis aquis Ov.*Ep.*13.126; cum manum ~us sequeretur ensis Sen.*Thy.* 565; fatis debentibus annos mors ~a subit Luc.6.531; ~is hoc accidisse terris indicio sunt tot angustiae Plin.*Nat.*6.2. **b** Tityos..uultu risit ~o Hor.*Carm.*3.11.22; fletum ~is ducere luminibus Prop.1.15.40; ~is ipse redit pedibus 2.25.20; ~a..pectora tangit Ov.*Met.*4.359; tres aut quattuor denarios non ~a manu domum rettulit Sen.*Ben.*7.21.2; ~a peragam tamen omnia dextra Luc.1.378.

3 (of actions or things) Unwillingly done or used.

surget et ~is spiritus in lacrimis Prop.1.16.32; ~um.. praestitit officium 2.18.14; poscis ab ~a uerba pigenda lyra 4.1.74; Ov.*Am.*3.9.24; ~a saepe iuuamur ope *Pont.*2.1.16; quibus ~o maduerunt sanguine dextrae V.Fl.3.391.

inuius ~a ~um, *a.* [IN-[2]+VIA+-VS]

1 (of country, etc.) Not affording a passage, impassable. **b** (of paths, roads). **c** (neut. as sb.).

postquam altos uentum in montis atque ~a lustra Verg. *A.*4.151; silua erat Ciminia magis tum ~a atque horrenda quam nuper fuere Germanici saltus Liv.9.36.1; nuntiatur rupem ~am esse 21.36.3; nisi aequora saeui ~a fecissent uenti Ov.*Met.*12.9; (*cf.*) DVM NE..DOMINVS EORVM CVIVS AGRI LOCIVE, PER QVEM AGRVM LOCVMVE EA AQVA IRE.. SOLET, ~VS FIAT *CIL* 10.4842.32;—(*w. dat.*) maria ~a Teucris Verg.*A.*9.130; freta..~a Grais Stat.*Ach.*2.80; planitiem..arboribus prostratis inpediit et ~am fecit equiti Fron.*Str.*2.2.9; nihil uirtuti suae ~um Tac.*Ag.*27.1;—(*w. abl. of cause*) omni Gallia..nisi qua paludibus ~a fuit, perdomita Sal.*Hist.*1.11; Mela 3.29; ~us saxis Eryx Sen. *Med.*707;—(*w. adv.*) per altas ~i retro lacus..tenebras *Phaed.*93. **b** longa procul longis uia diuidit ~a terris Verg.*A.*3.383; prope ~is callibus Liv.22.15.10; Ov.*Met.* 14.113; si arborem impendentem habeat uicinus qua uiam uel iter ~um uel inhabile facit Ulp.*dig.*8.5.4.5;—(*w. inf.*) Acheron ~us renauigari Sen.*Her.F.*715. **c** milites.. per ardua ac prope ~a in arcem ducit Liv.9.24.5; per uias ~aque 23.17.6; prima tantum pars saxa rupesque habet et ~i speciem Sen.*Dial.*2.1.2; Luc.9.386; (*fig.*) quorum beneficio illis ~is exit Sen.*Ep.*73.4.

2 That cannot be reached or entered, inaccessible.

templa profanus ~a..faciebat..Phorbas Ov.*Met.*11.414; circumfusis ~a fluminibus *Fast.*5.582; ~o..specu Sen.*Med.* 781; Sariba..undique rupibus ~a et a dextera mari scopulis inaccesso Plin.*Nat.*12.52; urbs ~a Sil.14.283; tot bellis ~a tecta 14.639;—(*w. dat.*) regna ~a uiuis Verg.*A.*6.154; altera pars orbis..~a nobis Man.1.377.

3 (of things) Not allowing penetration, impenetrable, impregnable.

exitum manibus negant caputque laxi et ~i claudunt sinus Sen.*Ag.*889; ferro ~us..Cycnus *Her.F.*485; ~a Sarmaticis..lorica sagittis Mart.7.2.1.

inula ~ae, *f.* [ad. Gk. ἑλένιον] The plant elecampane, *Inula helenium*; *~a rustica*, comfrey, *Symphytum officinale*.

~ae..sapores Lucr.2.430; *Mor.*73; acidas mauult ~as Hor.*S.*2.2.44; 2.8.51; ~ae..radix contusa Cels.4.29.2; Col.10.118; ~a per se stomacho inimicissima Plin.*Nat.* 19.91; ~a arida Campana Larg.128;—symphyti radix, quam quidam ~am rusticam uocant 83.

īnuleus ~ī, *m.*: see HINNVLEVS.

inulīnus ~a ~um, *a.* (dub.). [*inulus* (see HINNVLEVS)+-INVS] (app.) Of a fawn.

Grat.339.

inultus ~a ~um, *a.* [IN-[2]+pple. of VLCISCOR]

1 Acting with impunity, scot-free, unpunished; not meeting with consequent injury.

numquam edepol me ~us istic ludificabit Pl.*Am.*1041; faxo haud ~us prandium comederis *Men.*521; uos eum regem ~um esse patiemini qui legatum..necauit? Cic.*Man.* 11; *Clu.*172; neue hostis ~os abire sinat Sal.*Jug.*58.5; ~o dicere quod sentit permitto Hor.*S.*2.3.189; neu sinas Medos equitare ~os *Carm.*1.2.51; late..populati cum..~i praedas egissent Liv.3.38.3; hostis Medeae nullus ~us erit

Ov.*Ep.*12.182; Tac.*Ann.*13.25;—ad catulos accedere ~um Lucil.287; catulos ferae celent ~ae Hor.*Carm.*3.3.42; clausus rete lupus..dolos saltu deludit ~us Ov.*Hal.*26; sic..corpus induruit, ut saxa reuerberet ~um Sen.*Con.* 1.3.11.

2 Having no recompense for injury, unavenged. **b** (poet., of prayers, hatred) unanswered or unappeased by vengeance.

~i iacent Gracci *Rhet.Her.*4.67; ille uitam suam, ne ~us esset, ad incertissimam spem..reseruauit Cic.*Sest.*50; quam foede quamque ~i perierint uostri defensores Sal.*Jug.*31.2; numquam omnes hodie moriemur ~i Verg.*A.*2.670; deorum quisquis amicior Afris ~a cesserat impotens tellure Hor.*Carm.*2.1.26; nec uiui nec post mortem ~i fuere Liv.4.58.5; Luc.10.529; Stat.*Theb.*3.389; legiones quae neque me ~um neque uos impunitos patiantur Tac.*Hist.*4.77. **b** precibus non linquar ~is Hor.*Carm.*1.28.33; dum poenas odio per uim festinat ~o *Ep.*1.2.61.

3 (of crimes, injuries) For which no vengeance is taken, performed with impunity, unavenged.

~um numquam id auferet Ter.*An.*610; *Hau.*918; id agis ut ceterorum quoque iniuriae sint impunitae atque ~ae Cic.*Div.Caec.*53; possemus hanc iniuriam ignominiamque..~am impunitamque dimittere? *Ver.*5.149; neque..tantum scelus ~um relinquendum Sal.*Jug.*106.6; ne ~am mortem soceri..esse sinat Liv.1.41.2; nil poterit Iuno nisi ~os flere dolores? Ov.*Met.*4.426; quidquid multis peccatur ~um est Luc.5.260; nec..conspirationes ~as patietur Quint.*Inst.* 12.7.2; ubi uidet mortem Drusi ~am interfectoribus Tac.*Ann.*4.12.

inumbrō ~āre ~āuī ~ātum, *tr.* [IN-^{1}+VMBRO]

1 To cast a shadow on, shade.

tenent..pocula saepe homines et ~ant ora coronis Lucr.3.913; terra..~atur qua nimbi cumque feruntur 5.289; uestibulum..oleaster ~et Verg.*G.*4.20; toros obtentu frondis ~ant *A.*11.66; (amnis) multa riparum amoenitate ~atus Curt.3.4.9; Luc.4.456; uelis forum ~auit Plin.*Nat.* 19.24; iuuenem..lanoso barbitio genas ~antem Apul.*Met.* 5.8; (*absol.*) ~ante uespera Tac.*Hist.*3.19.

2 (fig.) To overshadow, put in the shade.

imperatoris aduentu legatorum dignitas ~atur Plin.*Pan.*19.1.

inūmigō ~āre, *tr.* [IN-^{1}+**umigo* (cf. VMEO)] To make wet, flood.

confluges ubi conuentu campum totum ~ant Andr.*trag.*18.

inuncō ~āre ~āuī ~ātum, *tr.* [IN-^{1}+VNCVS^{1}+-O^{3}] To catch on a hook, hook up; (of an eagle) to fasten its talons upon; (also fig.).

rubis, quibus uelut hamis ~ata pascentium tergoribus auellitur (lana) Col.7.3.10; longe diuersa instrumenta magis attribuis, non frontibus teneris detergenda..nec falcibus metenda, sed hamis ~anda Apul.*Apol.*30;—aquila..cernens..unde unguibus ~et uel agnum incuriosum uel leporem meticulosum *Fl.*2;—qui nummos tristis ~at Lucil.492.

inunctiō ~ōnis, *f.* [INVNGVO+-TIO] The application (of ointments).

opus est..lenium medicamentorum ~onibus Cels.7.7.14F; felle glaucomata..corrigi prope creditur tridui ~one Plin.*Nat.*28.117; qui non sufferunt ~onem Larg.29.

inundātiō ~ōnis, *f.* [next+-TIO] **a** The overflowing, flooding (of a river or the sea). **b** the inundation, flooding (of land).

a omnes hos fertiles campos repentina maris ~o abscondet Sen.*Ep.*71.15; ualles quae fluminum alluuie et ~onibus concreuerint Col.3.11.8; Nili ~o Plin.*Nat.*9.179; subita ~one Tiberis Tac.*Hist.*1.86; (*fig.*) ut omnia incendiorum uestigia Gallici sanguinis ~one deleret Flor.*Epit.*1.7 (1.13.17). **b** (uetustas) ~onibus quicquid habitatur obducet Sen.*Dial.*6.26.6; quod in ~one terrarum imbribus superfuissent Plin.*Nat.*3.112; Parthos..~one arceri 6.146; urbem..~onibus obnoxiam Suet.*Aug.*28.3; ~one, id est ubertate, regio (*sc.* Aegyptus) fraudata Plin.*Pan.*30.5; ~o camporum Agen.*agrim.*p.38.

inundō ~āre ~āuī ~ātum, *tr.*, (*intr.*). [IN-^{1}+VNDO]

1 (of rivers or the sea) To inundate, flood (land); (also absol.) to overflow. **b** (fig.).

ut..hanc (*sc.* terram) ~et aqua Cic.*N.D.*1.103; campis omnibus ~atis Liv.8.24.7; Tiberis..agros ~auit 24.9.6; Curt.9.9.18; Luc.4.116; Plin.*Nat.*5.3;—qua fluuius Arnus ..~auerat Liv.22.2.2; ~antes (aestus) Plin.*Nat.*2.212. **b** ~atus hac Eumolpus inuidia Petr.101.3; mens..ingenti flumine litterarum ~ata 118.3.

2 To drench, flood (with a liquid); (also, of liquids). **b** (intr.) to be flooded or drenched.

~ant sanguine fossas Verg.*A.*10.24; sanguine Henna ~abitur Liv.24.38.5; uino etiam Falerno ~amur Petr.21.6;—cuius mihi sanguis ~et guttur Ov.*Met.*14.195; V.Max.1.7. ext.5; ~auere pectus lacrimae Petr.113.9; non cruor largus pias ~at aras Sen.*Phaed.*499. **b** dum distinet hostem agger murorum nec ~ant sanguine fossae Verg.*A.*11.382.

3 To crowd or swarm over. **b** (intr.) to crowd in, swarm.

classem et exercitus, quibus Europa ~ata est Curt.5.7.8; gens..Italiam ~auit [Quint.]*Decl.*3.4; fulgentibus armis Poenus ~auit campos Sil.15.552. **b** hinc densi rursus ~ant Troes Verg.*A.*12.280; (*cf.*) postquam..ager locupletis latius ~auit [Quint.]*Decl.*13.2.

inunguō ~guere ~xī ~ctum, *tr.* **inungō.** [IN-^{1}+VNGVO] **a** To anoint (with medicaments); (transf.) to cover (food) with dressing. **b** to rub in (medicaments).

a quibus oculi parum clari sunt, eo lotio ~guito, plus uidebunt Cato *Agr.*157.10; Var.*L.*6.82; cum tua peruideas oculis mala lippus ~ctis Hor.*S.*1.3.25; *Ep.*1.1.29; Cels. 6.6.16C; oculorum albugines..~xere eo Plin.*Nat.*24.19;—cum..ponatur..conchis ~cta tibi Mart.7.78.2. **b** plumbum elotum cum uino ~guetur Cels.7.27.3; Plin.*Nat.* 31.117; collyrium..quod semel ~ctum plurium dierum effectum praestat Larg.35.

inuocātiō ~ōnis, *f.* [INVOCO+-TIO] Invocation of the gods (as a rhet. device).

per ~onem deorum Quint.*Inst.*6.1.3; 6.1.33; 9.2.38; uersibus et ioco et inuidia et ~one intendere crimen 9.2.104.

inuocātū, *abl. sg. masc.* [IN-^{2}+VOCATVS] Without being summoned.

si ultro, si iniussu atque ~ meo uenerint Fro.*Aur.*2.p.50 (114N).

inuocātus ~a ~um, *a.* [IN-^{2}+pple. of voco] Not called, unsummoned; not invited to entertainment, uninvited.

quid quod etiam ad dormientem (imagines) ueniunt ~ae? Cic.*N.D.*1.108; ego, simul atque audiui, ~us ad subsellia rei occurro Cael.*Fam.*8.8.1;—ut mihi tua domus..pateat, ~o ut sit locus semper Ter.*Eu.*1059; cotidie sic cena ei coquebatur, ut, quos ~os uidisset in foro, omnis deuocaret Nep.*Cim.*4.3; Vitr.6.5.1; (*in a pun on* INVOCO *sense 1c*) iuuentus nomen indidit 'Scorto' mihi, eo quia ~us soleo esse in conuiuio Pl.*Capt.*70.

inuocō ~āre ~āuī ~ātum, *tr.* [IN-^{1}+VOCO]

1 To call to one's side, summon (for assistance, etc.). **b** to call upon, invoke (deities; also, the dead). **c** to call out (the name of one's mistress in making a throw at dice). **d** to invoke (promises, laws, etc.).

anulum dat alii spectandum, a labris alium ~at Naev.*com.* 78; excitare Antonium conabantur..blandius alia ad aurem ~abat Cael.*orat.*15; quem potius adoptem aut ~em quam illum? Vat.*Fam.*5.9.1; in turba multorum ~antium (medicum) Sen.*Ben.*6.16.5; Adrastus raptatur, teque ante alios..~at Stat.*Theb.*9.162; Tac.*Hist.*4.73; 4.79;—(*w.* ad) ipsum aduocatum ad communem imperatorum fortunam defendendam ~arem Cic.*de Orat.*2.196; neque quisquam te ad crudelis poenas..~at Sal.*Rep.*1.6.4;—(*w.* aduersus) responsum est non iure eum aduersus Cheruscos arma Romana ~are Tac.*Ann.*2.46. **b** Iouem ~arunt Pl.*Am.*92; ubi parturit, deos ~at 1061; ~et Antiope quem nisi uincta Iouem? Prop.3.15.22; Iouem patrem..aliosque iratos ~at deos Liv.2.45.14; ~ato numine maximi imperatoris Stat. *Silv.*4.pr.;—(*w. pred.*) deum quos testes foederum saepius ~abant consules Liv.8.6.1; 39.51.12;—(*w.* ad) cum..deos omnes ~aret ad gratiam illi pro se referendam 26.50.9;—(*w.* ut) ~o nos, Lares uiales, ut me bene tutetis Pl.*Mer.*864; te, Sol, ~o, ut mihi potestatem duis inquirendi mei parentis Pac.*trag.*219;—(*w.* contra) ~ant et Aegyptii ibis suas contra serpentium aduentum Plin.*Nat.*10.75;—~antibus.. parentum furias uiris mulieribusque Liv.1.59.13. **c** amator, talos quom iacit, scortum ~at Pl.*Capt.*73; ille suom anulum opposiuit, ~at Planesium *Cur.*356. **d** suorum ~at fidem Hirt.*Gal.*8.48.3; fidem pastorum nequiquam ~ans Liv.1.7.7; hospitium flaminum Vestaliumque ab se caste ac religiose cultum ~abant 7.20.4; erit uobis locus querendi apud senatum, ~andi leges Tac.*Ann.*2.71; cum potuerit ius publicum ~are Ulp.*dig.*4.2.23; (*cf.*) inopi lingua desertas ~at artes Petr.83.10,l.6.

2 To ask or pray for.

tu istaec hodie cum tuo magno malo ~asti Pl.*As.*910; sociorum saepius nostram quam deorum ~antium opem Liv.22.14.8; tot fortissimi uiri proditoris opem ~antes Tac. *Hist.*3.31; auxilium patrum ~abat *Ann.*1.75; (*cf.*) nullos.. impios deos..nec aliud infelicibus precibus ~aui quam ut hunc optimum patrem..seruaretis incolumem 16.31.

3 (w. pred.) To address (with an honorific title).

reginas dominasque ueris quondam, tunc alienis nominibus ~antes Curt.3.11.25; Macedones optimum ac fortissimum regem ~antes 10.5.9.

inuolātus ~ūs, *m.* [INVOLO+-TVS^{3}] The action of flying into (in quot., the *templum* of an augur).

non..ex alitis ~u..tibi auguror Cic.*Fam.*6.6.7.

inuolitō ~āre ~āuī, *intr.* [IN-^{2}+VOLITO] To fly or float (on).

(*poet., of hair*) cum..quae nunc umeris ~ant deciderint comae Hor.*Carm.*4.10.3.

inuolnerābilis ~is ~e, *a.*: see INVVLNERABILIS.

inuolō ~āre ~āuī ~ātum, *intr.*, *tr.* See also INDVVOLO. [IN-^{1}+VOLO^{2}]

1 To fly (into or at).

(*w.* in+*acc.*) in uillam intro ~ant columbae Var.*R.*3.7.1; animalia, quae in nos densissimis examinibus ~ant Col. 1.5.6;—(*w. dat.*) neque..debent (gallinae) ipsis nidis ~are 8.3.5;—(*w. acc.*) deus..~auit proximam cupressum Apul.*Met.*5.24; nec utique cellulam suam tam immanes ~are muscas 10.15;—(*absol.*) illos teretes et lacteos puellos diceres tu Cupidines ueros de caelo..commodum ~asse 10.32.

2 To rush (in, upon, or at, esp. to attack). **b** (transf., of emotions).

maxumo cum clamore ~ant (equites) impetu alacri Pl. *Am.*245;—(*w.* ad) ad ipsum Longinum L. Licinius Squillus ~at iacentemque..sauciat *B.Alex.*52.4;—(*w.* in+*acc.*) iamne ⟨ego⟩ in hominem ~o? Pl.*Mil.*1400; quin ~em illi in oculos *Mos.*203; uix me contineo quin ~em in capillum Ter.*Eu.*859; mulier ~at in collum, plorat orat Afran.*com.*245;—(*w. acc.*) adeo..improuisi castra ~auere Tac.*Hist.*4.33; nec cunctatus medios latrones ~o Apul. *Met.*2.32. **b** truces etiam tum animos cupido ~at eundi in hostem Tac.*Ann.*1.49.

3 To swoop on (in order to steal), seize on.

(*w.* in+*acc.*) nostra est..omnis ista prudentiae doctrinaeque possessio, in quam homines..~auerunt Cic.*de Orat.* 3.122;—(*w. acc.*) remitte pallium mihi meum, quod ~asti Catul.25.6; Luc.6.588; hereditatem accepit ex qua plus ~auit, quam illi relictum est Petr.43.4; 58.10; iaculatus hamum singulos (pisces) ~at uerius quam capit Plin.*Nat.* 9.181; cum Sisyphi pecus assidue ~aret Hyg.*Fab.*201.2.

inuolucer ~cris ~cre, *a.* [IN-^{2}+VOLVCER] Unable to fly, unfledged.

pulli etiam tunc ~cres erant Gel.2.29.5.

inuolūcre ~is, *n.*: see next.

inuolūcrum ~ī, *n.* Also **-cre.** [INVOLVO+-CRVM] Forms: *-cre* Pl.*Capt.*267 (s.v.l.); *imboluclum* *P.Mich.*468.9. A wrapper, cover, case, envelope. **b** (transf. and fig.).

quo posteaquam (candelabrum) attulerunt, ~isque reiectis constituerunt Cic.*Ver.*4.65; ut clipei causa ~um uaginam autem gladii, sic..cetera omnia aliorum causa esse generata *N.D.*2.37; (charta) emporitica inutilis scribendo ~is chartarum segestriumque mercibus usum praebet Plin.*Nat.*13.76; Apul.*Apol.*53; Paul.*dig.*47.2.21.8; (*as a garment*) Cynicis ~um et pallium luteum non est Var.*Men.* 314; (*anatomically*) cor..praemolli firmoque opertum membranae ~o Plin.*Nat.*11.181. **b** in oratione Crassi diuitias atque ornamenta eius ingeni per quaedam ~a atque integumenta perspexi Cic.*de Orat.*1.161; multis..simulationum ~is tegitur et quasi uelis quibusdam obtenditur unius cuiusque natura *Q.fr.*1.1.15; intricatis sermonum ~is [Quint.]*Decl.*3b.1; ~a sensuum uerborumque uolumina Gel. 9.15.9.

inuoluō ~uere ~uī ~ūtum, *tr.* [IN-^{1}+VOLVO]

1 To move by rolling, roll along; (w. dat.) to roll (on to). **b** to roll or bowl over.

~utae (cupae) labuntur Caes.*Civ.*2.11.2; fertur in abruptum magno mons improbus actu..siluas armenta uirosque ~uens secum Verg.*A.*12.689; saxa trabesque super totosque ~uite montes Ov.*Met.*12.507; qui (*sc.* Auster) super ingentis cumulos ~uit harenae atque operit tellure uiros Luc.9.485; (*fig.*) turbo quidam animos uestros rotat et ~uit Sen.*Dial.*7.28;—Ossae frondosum ~ere Olympum Verg.*G.*1.282. **b** ruit ille recedens et miser oppositis a tergo ~uitur aris in caput inque umeros Verg.*A.*12.292; (achlis) retrograditur in pascendo, ne in priora tendens ~uatur Plin.*Nat.*8.39; corpora turba ~ui prolapsa sua Stat.*Theb.* 2.593.

2 To roll back on itself, coil up, curl; to wind (a rope or chain on a drum, or sim.).

uti ad circinum sint (uolutae) recte ~utae Vitr.3.5.8; pluresque (uenae) inter se ~uuntur Cels.7.31.1; Lethe.. flexibus multis grauem ~uit amnem Sen.*Her.F.*683; (nubes) uetitae transcurrere densos ~uere globos Luc.4.74; exiguum ~uunt frustratis gressibus orbem Sil.15.624;—in eiusdem rotae axe ~uta..catena Vitr.10.4.4; (ansae rudentum) in suculas coiciuntur ⟨et⟩ ~uuntur 10.12.2.

3 To move in a circle, rotate, revolve.

uicinum ~uens contorto uertice pontum Luc.3.631; circum ⟨polum⟩ caput eius ~uitur Vitr.9.4.6; pinnae.. ~uendo se agent axem 10.9.7; (*transf.*) menses uicissim annorum orbes ~uunt Apul.*Pl.*1.10.

4 To enclose in a covering, wrap up, cover. **b** (w. wrapping as subj.). **c** to include (in a book, etc.).

imperat suis ut id (*sc.* candelabrum) in praetorium ~utum ..deferrent Cic.*Ver.*4.65; capitibus ~utis 5.156; manu..ad digitos usque ~uta Liv.1.21.4; hominem ~utum aestimas? Sen.*Ep.*80.9; ~uit uoltus (Pompeius) Luc.8.614; quod.. ore ~uto iter faceret, ne cognosceretur Gel.6(7).11.4;—(*w. abl.*) circum se foliis ac frondibus ~uentes Lucr.5.972; fit quoque ut ~uat uenti se nubibus ipse uertex 6.443; sinistras sagis ~uunt Caes.*Civ.*1.75.3; duo fasces candelis ~uti Liv.40.29.6; brachium domini contusum alba..~uerat lana Petr.54.4; hos fouet (Fortuna) omni ~uitque sinu Juv.6.607; (*in fig. phr.*) nec me laqueis tam insidiosae interrogationis ~ueram Plin.*Ep.*1.5.7;—(*w.* in+*abl.*) (sal) in linteolo ~utus Plin.*Nat.*31.100. **b** lutea sed niueum ~uat membrana libellum [Tib.]3.1.9; cum ueluti telae ~uunt fructum Plin.*Nat.*17.229; nec densae trepidis apium se ~uere nubes cessarunt aquilis Sil.8.635. **c** Epicurus, cuius aliquam uocem huic epistulae ~uam Sen. *Ep.*25.4; quae possint..doctiores..in historiae specimen chartis ~uere Apul.*Met.*8.1.

5 To envelop, cover (with a surrounding medium; also, w. medium as subj.). **b** to overwhelm, engulf (in a condition).

adest..fax ~uta incendio Var.*Men.*486; (ignis) totum ~uit flammis nemus Verg.*G.*2.308; ~uere diem nimbi *A.*3.198; Auster aqua ~uens nauemque uirosque 6.336; lucem..caliginosis ~utam tenebris V.Max.1.7.ext.1; quamdiu (aurum et argentum) mersa et ~uta caeno suo iacent Sen.*Ep.*94.58; ~utus est dies puluere *Nat.*2.30.1; ~uit.. orbem tenebris Luc.1.542; cum fractas ~uunt aequora puppes V.Fl.6.412; Mauors..clipeo campum ~uens Sil.9.448; agmen aquarum..omnes circa campos spumantibus undis ~uit 12.622. **b** ~uat populos una fortuna ruina Luc. 7.89; quae singula inprouidam mortalitatem ~uunt Plin. *Nat.*2.25; praecipites uocem ~uere procellae Stat.*Theb.* 5.419; atro ~ues bello Italiam Sil.3.212; cuncta pari uiolentia ~uebantur Tac.*Ann.*1.70; inferunt signa sternuntque obuios et igni suo ~uunt 14.30.

6 (fig.) To clothe, wrap (in); (refl.) to wrap oneself up (in an occupation). **b** to cover, veil.

mea uirtute me ~uo Hor.*Carm.*3.29.55; fraudibus ~utos aut flagitiis commaculatos Tac.*Ann.*16.32;—litteris me ~uo, aut scribo aut lego Cic.*Fam.*8.20.3; ut te magis ac magis otio ~uas Plin.*Ep.*7.3.4. **b** pacis nomine bellum

~utum reformido Cic.*Phil.*7.19; Sibylla horrendas canit ambages..obscuris uera ~uens Verg.*A.*6.100; historiis ~uam carmina caecis Ov.*Ib.*55; ne illud quidem ~uendum silentio V.Max.1.7.5; non est tibi frons ficta..nec cor ~utum Sen.*Nat.*1.pr.6; sunt..neque obscura neque ad percipiendum difficilia, quae scriptores..~uerunt Quint.*Inst.*8.pr.4; ut..si qua iniquitas ~ueretur, rem integram rursum ad senatum referrent Tac.*Ann.*3.63.

inuolūtiō ~ōnis, *f.* [prec.+-tio] A spiral, screw.
figuntur tabulae, quae pertegant eam ~onem Vitr.10.6.3.

inuolūtus ~a ~um, *a.* *superl.* ~issimus. [pple. of involvo] In senses of vb., esp.: Not manifest, obscure, concealed, hidden; (of deities) not known, veiled.
~a rei notitia definiendo aperienda est Cic.*Orat.*116; notionem..quam habemus omnes de fortitudine tectam atque ~am Cic.*Tusc.*4.53; cum ea quae quasi ~a ante fuerunt aperta sunt, tum inuenta dicuntur *Luc.*26; in tam obscura et ~a ueritate Sen.*Dial.*11.9.9; (*superl.*) in hac tantum re omnium maxima atque ~issima *Nat.*6.5.3;—adhibitis in consilium diis, quos superiores et ~os uocant 2.41.2.

inuoluulus ~ī, *m.* **(-olus).** [involvo+-vlvs] A caterpillar which rolls up the leaves of plants it infests, the leaf-roller (= convolvvlvs).
imitatur nequam bestiam et damnificam. — quemnam, amabo? — ~um, quae in pampini folio intorta implicat se Pl.*Cist.*729.

inuorsus, inuortō: see inverto.

inurbānē, *adv.* [next+-e] Without refinement or wit, inelegantly.
non ~ Stratonicus..'ergo' inquit 'mihi Alabandus tibi Hercules sit iratus' Cic.*N.D.*3.50; Sen.*Con.* 10.pr.10; non ~ Σοφοκλεῖς uocantur Plin.*Ep.*2.14.5.

inurbānus ~a ~um, *a.* [in-²+vrbanvs] Not refined or clever, boorish, rustic, dull.
seruolus non ~us *Rhet.Her.*4.64; qui et plane indocti et ~i aut rustici etiam fuerunt Cic.*Brut.*180; erat eius quidam tamquam habitus non ~us 227; scimus ~um lepido seponere dicto Hor.*Ars* 273; Quint.*Inst.*6.3.26.

inurgeō ~ēre, *tr.* **inurgueō.** [in-¹+vrgeo] To push, thrust (against).
(*absol.*) illis (*sc.* cornubus) iratus petit atque infestus ~et (uitulus) Lucr.5.1035; (*w. acc.*, *transf.*) pergit lingua aestuanti susurros improbos ~uere Apul.*Met.*8.10.

inūrīnōr ~ārī, *intr.* [in-¹+vrinor] To plunge or dive in.
lacus..quibus ~ari possint aues Col.8.14.2.

inūrō ~rere ~ssī ~stum, *tr.* [in-¹+vro]

1 To burn, scorch; to cauterize; (transf.) to tinge (with a colour; cf. 2b). **b** to curl (hair) with hot tongs.
extenuat corpus..~rens sol Cels.1.3.16; (terebra) sic excauat truncum, ne foramen ~rat Col.4.29.16; uetus hominis urina testis candentibus ~sta 7.5.9; axis ~stus solis equis Luc.9.852; Plin.*Nat.*18.297; ~sta temporibus nuda aera sedent Stat.*Theb.*8.708; Apul.*Met.*5.23; (*incense*) hominum..quae dis intellexerant genita ~rentium defunctis Plin.*Nat.*12.82;—(*of the effect of frost*) frigus..quod possit..plagam ~rere Col.4.29.4; 11.3.13;—ferro candente calcaribus ~stis Col.8.2.3; Plin.*Nat.*23.148;—'rubidus'..est rufus atrior et nigrore multo ~stus Gel.2.26.14. **b** uulsis leuatisque et ~stas comas acu comentibus Quint.*Inst.*2.5.12; (*in fig. phr.*) dum uoluit alios habere parata, unde sumerent qui uellent scribere historiam, ineptis gratum fortasse fecit, qui illa uolent calamistris ~rere Cic.*Brut.*262.

2 To make or imprint by burning. **b** to paint by the encaustic method; (also transf.) to apply (colour).
~sta uaporis signa Lucr.6.220; ulceribus quasi ~stis 6.1166; notas et nomina gentis ~runt Verg.*G.*3.158; ~stis ..barbararum litterarum notis Curt.5.5.6; (*cf.*) ne..latusculum..~sta turpiter tibi flagella conscribillent Catul.25.11. **b** Nicias scripsit se ~ssisse Plin.*Nat.*35.27; ad eas picturas, quae ~runtur 35.49; uel lapide incussum uel cera ~stum Apul.*Apol.*14;—non dicitur tibi colorem illum ~stum esse uelut duro corpori Sen.*Nat.*1.5.12.

3 To impress indelibly, brand on (a mark); (transf.) to impose unalterably, stamp (pain, injury, disgrace, hatred, etc. on). **b** to impress or brand (with).
quae nota domesticae turpitudinis non ~sta uitae tuae est? Cic.*Catil.*1.13; non ~stae belli internecini notae *Phil.*14.7; M. Tullius..aeternas Antoni memoriae ~ssit notas Vell.2.64.3; haud umquam tantam maculam memoriae suae ~ssisset Fro.*Ant.*1.p.256(166N);—omnes illi motus..in ipso oratore impressi esse atque ~sti uidebuntur Cic.*de Orat.*2.189; ~stum nefariis mentibus bonorum odium *Dom.*92; scelera uulneraque ~sta rei publicae *Sest.* 17; quas ille leges..fuerit impositurus nobis omnibus atque ~sturus *Mil.*33; haec cura et cineri spirat ~sta meo Prop.4.11.74; uiuet semper in pectoribus illorum quidquid istuc praesens necessitas ~sserit Liv.9.3.13; si quid nostrae tibi bilis ~sserit ardor, uiuet Mart.6.64.24. **b** is censoriae seueritatis nota non ~retur? Cic.*Clu.*129; signa probitatis..domesticis ~sta notis ueritatis *Planc.*29; monumentum..senatus hostili nomine et cruentis ~stum litteris esse passi sunt *Fam.* 1.9.15; Transimennum lacum dira ~stum memoria V.Max.3.7.ext.6; nota..quasi censoria ~ratur Plin.*Ep.*9.13.16.

-īnus -īnī, *m. and* -īna -īnum, *adjl. suff.* Enlargement of -nvs; formed from sbs. (*diuinus, uicinus*); often from personal or place names (*Plautinus; Latinus*); enlargement *-tinus* (*uespertinus*).

inūsitātē, *adv.* *compar.* ~ius. [next+-e] In an unusual manner, strangely.
recte loqui putabat esse ~ e loqui Cic.*Brut.*260; idem poeta qui ~ius contraxerat *Orat.*155; *Q.fr.*1.2.9; uerbo ~ius ficto amorabundam dixit Gel.11.15.1.

inūsitātus ~a ~um, *a.* *compar.* ~ior. [in-²+vsitatvs] Unusual, unwonted, unfamiliar, strange.
siquod uerbum ~um..offenderam Lucil.650; (malificium) spurcum, nefarium, ~um *Rhet.Her.*2.49; ~um nostris quidem oratoribus leporem Cic.*de Orat.*2.98; sic nemo umquam interdixit; nouum est, non dico ~um, uerum omnino inauditum *Caec.*36; est ita ~um, regem reum capitis esse, ut ante hoc tempus non sit auditum *Deiot.*1; nauis longas, quarum..species erat barbaris ~ior Caes.*Gal.*4.25.1; noua et ~a belli ratio *Civ.*3.47.1; Sen.*Phoen.*265; Plin.*Nat.*8.149; Quint.*Inst.*8.4.16; Apul.*Apol.*38.

inūtilis ~is ~e, *a.* *compar.* ~ior, *superl.* ~issimus. [in-²+vtilis]

1 Unfit for use or action, unserviceable, incapacitated, disabled.
~is annos demoror Verg.*A.*2.647; ~is inque ligatus cedebat clipeoque inimicum hastile trahebat 10.794; dum meliorem ex ducibus ~em uolnus faceret Liv.21.53.9; ter ~is haesit lingua Ov.*Ep.*4.7; obtritas catenis et ~es manus Sen.*Con.*1.6.2; non me longa dies nec ~is abstulit aetas Mart.11.69.7; (*w. dat.*) qvi bello ~es facti ante emerita stipendia *CIL* 16.10;—(*w.* ad) (naues) ad nauigandum ~es Caes.*Gal.*4.29.3; manibus ad capiendum telum ~ibus Liv.22.51.9.

2 Serving no good purpose, profitless, fruitless, unsuitable, useless. **b** (in litotes). **c** (of legal documents, contracts, etc.) invalid, void. **d** (of persons) worthless, useless.
si qua ~is pictura sit, eam uendat Pl.*As.*763; discidium..quasi linguae atque cordis, absurdum sane et ~e et reprehendendum Cic.*de Orat.*3.61; bella ~ia suscipiebant *Flac.*16; cunctari illum diutius in uita..~e putabat ipsi *Tusc.*1.111; ~e ferrum cingitur Verg.*A.*2.510; quamuis..iactes et genus et nomen ~e Hor.*Carm.*1.14.12; gemmas et lapides, aurum et ~e, summi materiem mali 3.24.48; quod in muliebres et ~es se proiecissent fletus Liv.25.37.10; studium quid ~e temptus? Ov.*Tr.*4.10.21; ~i cunctatione Tac.*Hist.*3.40;—(*w.* ad, *dat.*) huiu' formam atque aetatem uides, nec clam te est quam illi nunc utraeque ~es et ad pudicitiam..sient Ter.*An.*287; ager..prima specie ~is insidiatori Liv.22.28.5; (sappiri) ~es scalpturis Plin.*Nat.*37.120. **b** haec fuerit..ἐκβολὴ λόγου non ~is Cic.*Att.*7.1.6; non ~i rerum notitia in artum contracta Vell.1.14.1;—(*w. dat.*) multas me..simultates..mihi non necessarias, uobis non ~is suscepisse Cic.*Man.*71; pacis opus..nec ~e bellis subsidium Stat.*Theb.*6.552; Quint.*Inst.*1.pr.6;—(*w.* ad) quod et acutum genus est et ad usus ciuium non ~e Cic.*Fin.*1.12; Caes.*Gal.*7.27.1. **c** non tamen per omnia ~ia sunt ea testamenta Gaius *Inst.*2.147; quaeritur, an ~e sit legatum 2.212; ~e est pactum *dig.*2.14.28.2; ~is stipulatio quibusdam uidetur Ulp.*dig.*21.2.31. **d** coquom..gloriosum, insulsum, ~em Pl.*Ps.*794; non boni poetae sed tamen non ~is Cic.*Att.*2.22.7; seditiosum et ~em ciuem *Off.*2.49; quin alter consul pro superuacaneo atque ~i habeatur Liv.10.24.12; ~is in aliena uictoria comes Vell.2.80.2;—(*w. dat.*) ei qui ualetudine aut aetate ~es sunt bello Caes.*Gal.*7.78.1; matrimonio ~is eram Quint.*Decl.*335(p.318,l.9);—(*w.* ad) qui aetate ad bellum ~es uidebantur Caes.*Gal.*7.77.12; uti..equitatum..ad rem gerendam ~em efficeret *Civ.*3.43.3;—(*superl.*) ~issimus quisque..huic officio applicatur Col.3.10.6; lex occidi..desertorem uoluit, tamquam ~issimum Quint.*Decl.*315(p.241,l.1).

3 Disadvantageous, inexpedient. **b** (as a term of moral philosophy). **c** (of persons) doing harm, injurious.
ut multos ~es comitiatus probabiles inpedirent morae Cic.*Leg.*3.27; ne ~i pudore suam ipse causam damnaret Liv.3.71.8; ut rogationes..seu utiles seu ~es sunt, omnes..accipiatis 6.40.9; huic deus optandi gratum, sed ~e fecit muneris arbitrium Ov.*Met.*11.100; signum ~is balinei est Cels.2.17.7; ~ior..uictoria illa hereditas Attalo rege mortuo fuit Plin.*Nat.*33.148;—(*w. dat.*) dicam cur ~e rei publicae Cic.*Phil.*11.21; nihil contra ~ius ei, qui id iniuste consecutus sit *Off.*3.84; qui consensus priuatis interdum ~is est Liv.3.33.8. **b** quid ~e, turpe, inhonestum Lucil.1330; de rebus bonis aut malis..utilibus aut ~ibus Cic.*de Orat.*2.67; qui mores aut utiles aut ~es *Div.*2.11; an hoc inhonestum et ~e factu necne sit addubites..? Hor.*S.*1.4.124. **c** (*w. dat.*) is ~is sibi, perniciosus patriae ciuis alitur Cic.*Inv.*1.1; quod..mihi reique publicae ~is fuisti *B.Afr.*54.4; donec sollertior isto et sibi ~ior timidi commenta retexit Ov.*Met.*13.38; Quint.*Decl.*328(p.288,l.25).

4 (of things) Undesirable, harmful, bad.
si fungos ~es quis adsumpsit Cels.5.27.12.c; aquae..~es pestilentesque Sen.*Nat.*6.27.3; sanguinem..~em extrahunt Plin.*Nat.*20.26; cinis eius in palpebris pilos ~es euolsos cohibet 32.70;—(*w. dat.*) ocimum..~e stomacho Plin.*Nat.*20.119; 22.112.

inūtilitās ~ātis, *f.* [prec.+-tas] Unserviceability, uselessness; inexpediency.
aurum..iacebat propter ~atem hebeti mucrone retusum Lucr.5.1274;—ut petendarum rerum partes sint honestas et utilitas, uitandarum turpitudo et ~as Cic.*Inv.*2.158.

inūtiliter, *adv.* *compar.* ~ius. [invtilis+-ter²]

1 (esp. w. neg.) Uselessly, unprofitably. **b** (leg.) invalidly.
formae, quas Graeci εἴδη uocant, nostri..species appellant, non pessime id quidem sed ~iter ad mutandos casus in dicendo Cic.*Top.*30;—responsum..quamquam non ~iter, fortuito tamen magis consensu quam communi consilio esse Liv.3.51.1; circumcisas (arbores)..in medullam aliqui non ~iter relinquunt Plin.*Nat.*16.192; id minus fauorabile aliquando tamen non ~iter adsumimus Quint.*Inst.*4.1.71. **b** si eum (*sc.* filium) silentio praeterierit, ~iter testabitur Gaius *Inst.*2.123; ~iter esset stipulatus Afric.*dig.*12.1.41.

2 Inexpediently, badly; harmfully.
nec me..minus putarim reprehendendum si ~iter aliquid senatui suaserim quam si infideliter Cic.*ad Brut.*2.1.2; multa Romae male et ~iter administrari *B.Alex.*65.1; homo ~iter uerecundus Sen.*Ben.*2.10.1; viam..lapide albo ~iter stratam *CIL* 10.6854;—late..diffusa aqua..bibitur ~ius Var.*R.*3.5.2.

inuulgō ~āre ~āuī ~ātum, *tr.* **inuolgō.** [in-¹+vvlgo] To make public, publish, spread abroad.
templa..ac delubra secundum hanc..interpretationem..reuerenda et reformidanda sunt magis quam ~anda Gel.4.9.9; molestius..uerba noua, incognita, inaudita dicere quam ~ata et sordentia 11.7.1; quod disciplinas..libris foras editis ~asset 20.5.7.

inuulnerābilis ~is ~e, *a.* **inuol-.** [in-²+vvlnero+-bilis] That cannot be injured, invulnerable; (also transf.).
neque..minus fortis sum, si cum ~i me hoste conmittis Sen.*Ben.*5.5.1; ~e est non quod non feritur, sed quod non laeditur *Dial.*2.3.3;—cum semel animum uirtus indurauit, undique ~em praestat 12.13.2; *Ep.*9.2.

inuulnerātus ~a ~um, *a.* [in-²+pple. of vvlnero] Unwounded, uninjured.
omnino ~i inuiolatique uixerunt Cic.*Sest.*140.

Inuus ~ī, *m.* [derived by the ancients from ineo] A god of herdsmen identified with Pan or Faunus.
instituisse ut nudi iuuenes Lycaeum Pana uenerantes..currerent, quem Romani deinde uocarunt ~um Liv.1.5.2; (*in place name*) Pometios Castrumque ~i Verg.*A.*6.775.

ĭō¹, *interj.* [Gk. ἰώ] Pros.: final syllable shortened in Mart.7.6.7, unless monosyllabic with consonantal i, as perh. also in Catul.61.117 ff. A more or less ritual exclamation uttered under the stress of strong emotion, and invoking a god or divine power. **b** used by the followers of Bacchus. **c** addressed to human beings.
labor, ~! cara lumina conde manu! Ov.*Ars* 3.742; 'ctquis, ~ siluae, crudelius' inquit 'amauit?' *Met.*3.442; ~ patria..nunc certe uictoris eris! Stat.*Theb.*11.391; estis, ~, superi *Silv.*1.4.1;—milites redeuntes clamitant per urbem in Capitolium eunti '~ triumphe' Var.*L.*6.68; ~ Triumphe, tu moraris aureos currus Hor.*Epod.*9.21; Tib.2.5.118; Liv.24.10.10; Mart.7.6.7;—~ Hymen Hymenaee ~ Catul.61.117;—clamant ecce mei '~ Saturnalia' uersus Mart.11.2.5. **b** ~ matres, audite, ubi quaeque, Latinae Verg.*A.*7.400; ~ Bacche! Hor.*S.*1.3.7; Agaue..clamat '~ comites, opus hoc uictoria nostra est!' Ov.*Met.*3.728; Sil.4.779; — (*in jokes*) ~ bucco! — quis me iubilat? — uicinus tuus Apris.*Com.*1; ~ ~, liber ad te uenio.. *in* Plin.*Ep.*3.9.13. **c** ~! ~ te, te, turanne, te, te ego, qui imperitas Pseudolo quaero Pl.*Ps.*702; licet 'succurrite' longum clamet '~ ciues!' Hor.*Ars* 460; uror, ~, remoue, saeua puella, faces Tib.2.4.6.

Īō², *f.* Forms: acc. *Īō* *Met.*1.584; *Īōn* *Am.*2.2.45; *Ars* 1.323; dat. *Īōnī* Pl.*Aul.*556; Acc.*trag.*386; abl. *Īō* Prop.2.30.29. The daughter of Inachus who was loved by Zeus and subsequently metamorphosed into a cow.
Argus..quem quondam Ioni Iuno custodem addidit Pl.*Aul.*556; exterrita cornibus Io Ov.*Am.*1.3.21; Hyg.*Fab.*145.2.

-iō¹ -iōnis, *f.* (*m.*) *suff.* Fem. from vbl. stems, in the class. period only surviving in a small group, the vbl. derivative being formed with -tio (*condicio, internecio, legio, regio*); also masc., usu. from nouns, when denoting a man (*mulio*).

-iō² -īre -īuī *or* -iī -ītum, *vbl. suff.* The regular ending of the 4th conjug.; as a productive suff. forms denominatives (*custodio, finio, mentior*).

ioca ~ōrum, *n.pl.*: heter. pl. of iocvs.

iocābundus ~a ~um, *a.* [iocor+-bvndvs] Making jokes, jesting.
inde cum ~us quasi delusa sacrarum sortium fide reuerteretur V.Max.1.8.ext.8; ~a gestus adiecit 2.4.4; 3.2.ext.6.

Iocasta ~ae, *f.* Also ~ē ~ēs. The wife of Laïus and mother of Oedipus.
Stat.*Theb.*1.681; Hyg.*Fab.*66; 67.5.

iocātiō ~ōnis, f. [iocor+-tio] A jest, jesting.
~o est oratio quae ex aliqua re risum..potest comparare *Rhet.Her.*3.23; Cic.*Att.*2.8.1; nunc uenio ad ~ones tuas *Fam.*9.16.7; Fescennina ~o Catul.61.120.

iocineris: gen. sg. of iecvr.

iocor ~āri ~ātus, *intr.* [IOCVS+-O³] To jest, joke.
sati' ~atu's. nunc hanc rem gere PL.*Men.*925; atqui tu hanc ~ari credis? faciet nisi caueo TER.*Hau.*729; ~ari nescit, ludet nimium insaniter POMPON.*com.*17; bella materies ad ~andum CIC.*de Orat.*2.239; nec ~ari prae cura poteram *Att.*6.5.4; noctiuago strepitu ludoque ~anti LUCR. 4.582; interdum ~ans eius uerbosiores eliceret epistulas NEP.*Att.*20.2; quod..magis uita Musa ~ata mea est OV. *Tr.*3.2.6; tum sic ~ata est tanta maiestas ducis PHAED. 2.5.23; quotiens uoluit Fortuna ~ari JUV.3.40;—(*w.* cum) solet ~ari saepe mecum illoc modo PL.*Men.*317; familiariter cum ipso cauillor ac ~or CIC.*Att.*2.1.5; cum poeta meo ~or SEN.*Nat.*4a.2.2;—(*w. internal acc.*) haec ~ati sumus CIC. *Fam.*7.14.2; 9.15.4; carum nescio quid libet ~ari CATUL.2.6; mimos obscena ~antes OV.*Tr.*2.497; qualia ueteres illi ~abantur QUINT.*Inst.*6.3.57;—(*w.* in+*acc.*) in faciem permulta ~atus HOR.*S.*1.5.62; ~atus in ualetudinem oculorum Phaeneae LIV.32.34.3; SEN.*Ep.*29.5;—(*w. acc. and inf.*) morari eum desisse inter homines..~abatur SUET.*Nero* 33.1.

iocōsē, *adv. compar.* ~ius. [next+-E] In jest, humorously, playfully.
qui ~e uolet dicere CIC.*de Orat.*2.289; caue..existimes me, quod ~ius scribam, abiecisse curam rei p. *Fam.*9.24.4; hoc..se..uidit ~e lepide uouere diuis CATUL.36.10; HOR. *S.*1.4.104; NEP.*Alc.*2.3.

iocōsus ~a ~um, *a.* [IOCVS+-OSVS]
1 Fond of jokes or jesting.
homo quamuis humanus ac ~us VAR.*R.*2.5.1; cuius recinet ~a nomen imago HOR.*Carm.*1.12.3; arcanum ~o consilium retegis Lyaeo 3.21.15; turba ~a obstrepit TIB. 2.1.85; uita uerecunda est, Musa ~a mea OV.*Tr.*2.354; ~ae ..sacrum Florae MART.1.pr.
2 (of speech, writings, conduct) Full of fun or jesting.
epistularum genera duo..unum familiare et ~um, alterum seuerum et graue CIC.*Fam.*2.4.1; sermone..modo tristi, saepe ~o HOR.*S.*1.10.11; ~a dicta in aduersarios.. iactabantur LIV.40.7.3; dum mihi uenus ~a molle ruperit latus *Priap.*83.45; QUINT.*Inst.*6.3.106.
3 Laughable, funny.
uideat..quibus de rebus loquatur, si seriis, seueritatem adhibeat, si ~is leporem CIC.*Off.*1.134; o rem ridiculam..et ~am CATUL.56.1; quidquid placuit ~o condere furto HOR. *Carm.*1.10.7; arbiter..sumptus de lite ~a OV.*Met.*3.332; MART.*Sp.*20.3.

ioculāris ~is ~e, *a.* [IOCVLVS+-ARIS] Laughable, facetious, humorous; (neut. pl. as sb.) jokes, pleasantries.
~em audaciam! TER.*Ph.*134; ~e istuc quidem..et a multis saepe derisum CIC.*Leg.*1.53; rem ab amico dictam maledictum uocare, a seruulo ~e conuicium! SEN.*Dial.* 2.11.3; in quodam ~i libello QUINT.*Inst.*8.6.73; PLIN.*Ep.* 4.25.1;—ut qui ~ia ridens percurram HOR.*S.*1.1.23; inter se ~ia fundentes LIV.7.2.5; SUET.*Nero* 27.1; AUR.*Fro.*1. p.176(67N).

ioculāriter, *adv.* [prec.+-TER²] In fun, jestingly.
haec est quam Aristophanes Euripidi poetae obicit ~ PLIN.*Nat.*22.80; carmina qualia currum prosequentes ~ canunt SUET.*Jul.*49.4; *Aug.*75.

ioculārius ~a ~um, *a.*: var. of IOCVLARIS.
~um in malum insciens paene incidi TER.*An.*782.

ioculātor ~ōris, *m.* [next+-TOR] A jester, humorist.
huic ~orem senem illum, ut noras, interesse sane nolui CIC.*Att.*4.16.3.

ioculor ~ārī ~ātus, *intr.* [next+-O³] FORMS: ~*are* (inf.) PHAED.4.2.1 (cj.). To jest, joke.
incondita quaedam militariter ~antes LIV.7.10.13.

ioculus ~ī, *m.* [IOCVS+-VLVS] A jest, joke; (esp. abl.) as a joke, in fun.
qui custodem oblectent per ~um et ludum PL.*Truc.*104; —siue adeo ~o dixisset mihi se illam amare *Mer.*993; egone te ~o modo ausim dicto aut facto fallere? *Mos.*923; *Rud.*729; *St.*23.

iōcundus ~a ~um, *a*: see IVCVNDVS.

iocur: see IECVR.

iocus ~ī, *m.* Also heter. pl. **~a** ~ōrum, *n.* [cf. Umb. *iuka, iuku* 'prayers'; OHG. *jĕhan, gehan* 'say', 'speak'; Welsh *iaith* 'speech', etc.]
1 A joke, jest, sport. **b** (personified). **c** ~*o*, *per* ~*um*, *inter* ~*um*, in fun, in jest, jokingly. **d** *extra* ~*um*, joking apart, seriously; also *remoto* ~*o*.
sex sodalis repperi, uitam, amicitiam, ciuitatem, laetitiam, ludum, ~um PL.*Mer.*846; ludum ~umque dices fuisse illum alterum TER.*Eu.*300; omnia ludus ~usque LUCIL.111; saepe utilis ~us et facetiae CIC.*de Orat.*2.216; non multi cibi hospitem accipies, multi ~i *Fam.*9.26.3; manu sinistra non belle uteris in ~o atque uino CATUL.12.2; ~um mouere SAL. *Cat.*25.5; qui ~i causa conuiuio celebri interfuerant LIV. 33.28.3; antiqui fabula plena ~i OV.*Fast.*2.304; et fingere et terrere et promittere interim ~us est QUINT.*Inst.*6.3.21;— (*pl.*) quot risiones, quot ~os, quot sauia PL.*St.*658; ~os dicit CATO *orat.*125; seu tu querelas siue geris ~os HOR. *Carm.*3.21.2; ~os militares LIV.5.49.7; mille facesse ~os! OV.*Ars* 3.367; SEN.*Con.*2.6.11; (*in the title of a book*) libellos Ineptiarum, qui nunc ~orum inscribuntur SUET.*Gram.*21 (p.116Re);—(*neut. form*) cachinnos ~a dicta risitantes LAEV.*poet.*14; quam multa ~a solent esse in epistulis quae.. inepta uideantur CIC.*Phil.*2.7; *Fin.*2.85; tum ~a, tum sermo, tum dulces esse cachinni consuerant LUCR.5.1397; SAL.*Jug.*96.2; GEL.12.2.11; APUL.*Fl.*16. **b** ~u', Ludus, Sermo, Suauisauiatio PL.*Bac.*116; dein Risus Ludus ~usque. ..omnes conlacrimarunt *Epigr.Plaut.*2(*poet.*p.32); quam ~us circum uolat et Cupido HOR.*Carm.*1.2.34; STAT.*Silv.* 1.6.6. **c** cum ea tu sermonem nec ~o nec serio tibi habeas PL.*Am.*906; TER.*Hau.*541; ut me ~o quidem mentiretur NEP.*Ep.*3.1; LIV.7.41.3;—si quid per ~um dixi, nolito in serium conuortere PL.*Poen.*1320; per ~um..rogauit num mortuum ferrent GRACCH.*orat.*46; CIC.*Agr.*2.96; LIV.30.19.1; SUET.*Nero* 16.2;—supplicio, quod saepe illis minatus inter ~um fuerat SUET.*Jul.*4.2. **d** sed me hercules extra ~um homo bellus est CIC.*Fam.*7.16.2; 7.32.3; extra ~um moneo te..ut cum uiris bonis..uiuas 9.24.3;—remoto ~o tibi hoc ..praecipio 7.11.3.
2 An object of derision, laughing-stock.
~um me putat esse moecha turpis CATUL.42.3; ne quid tu perdas neu sis ~us HOR.*S.*2.5.37; si me fallaci dominae iam pudet esse ~um! PROP.2.24.16; PHAED.1.21.2; PETR.57.5.
3 A thing of no importance, a trifle, child's play.
quibus ius iurandum ~us est, testimonium ludus CIC. *Flac.*12; ne tibi..ludus et ~us fuisse Hispaniae tuae uidebuntur LIV.28.42.2; ista, quae tibi relata sunt, prae eis quae de te locuturi eramus, lusus ac ~us fuissent V.MAX.5.1.ext.3.

iocusculum: see IECVSCVLVM.

Iolāus ~ī, *m.* The son of Iphiclus and companion of his uncle Hercules.
OV.*Met.*9.399; SIL.12.364; HYG.*Fab.*103.1.

Iolciacus ~a ~um, *a.* Of or belonging to Iolcus.
regis ~is animum defigere uotis *Ciris* 377; siue Colchis ~is urat aena focis PROP.2.1.54; ~os..portus OV.*Met.*7.158.

Iolcos (~us) ~ī, *f.* A seaport in Thessaly at the head of the Pagasaean gulf, from which the Argonauts began their voyage.
LIV.44.13.5; HOR.*Epod.*5.21; MELA 2.40; COL.10.368; LUC.3.192; SEN.*Med.*457.

Iolē ~ēs, *f.* A daughter of Eurytus, king of Oechalia, taken prisoner by Hercules.
Amphitryoniaden ~es ardore teneri OV.*Met.*9.140; 9.278; SEN.*Her.O.*206; HYG.*Fab.*35.

ion¹, *n.* (pl. ia). [Gk. ἴον] PROS.: *ia CIL* 6. 9118.
1 The violet, *Viola odorata.*
(uiolae) purpureae..solae..Graeco nomine a ceteris discernuntur, appellatae ia PLIN.*Nat.*21.27; 21.64; IA TIBI CYBELES SINT ET RODA GRATA DIONES *CIL* 6.9118; 9.3184.
2 A precious stone of violet colour.
ion apud Indos uiolacea est PLIN.*Nat.*37.170.

Iōn² Iōnos (-is), *n.* The eponymous ancestor of the Ionians.
(Athenienses) summam imperii potestatem Ioni, Xuthi et Creusae filio, dederunt VITR.4.1.4; STAT.*Theb.*.8.453.

iōn³ iōnos (-is), *m.* [prec.] An Ionic metrical foot (consisting of a spondee and a pyrrhic; – – ⏑ ⏑ '*a maiore*' or ⏑ ⏑ – – '*a minore*').
MAUR.2047; quod metron soleant pedes iones, nunc longas breuibus breuesque contra alterna uice commodando longis, uersum claudere saepe ditrochaeis 2878; uersus..ex ione natos 2883.

Iōn⁴: see next.

Iōnes ~um, *m.pl.* FORMS: nom. sg. *Ion* OV.*Ib.* 620. The inhabitants of Ionia, the Ionians.
Athenienses, quae gens ~um habebatur CIC.*Flac.*64; inter ~as VITR.4.1.4; regio omnibus ~ibus sacra PLIN.*Nat.* 5.113; MART.*Sp.*1.3.

Iōnia ~ae, *f.* The coastal region of Asia Minor between Caria and Aeolis, Ionia.
Alcibiades..receperat ~am NEP.*Alc.*5.6; mollis..~a PROP.1.6.31; VITR.4.1.5; LIV.33.38.3.

Iōniacus ~a ~um, *a.* Ionian.
inter Ioniacas..puellas OV.*Ep.*9.73; *Ars* 2.219.

Iōnicus ~a ~um, *a.* Also **~os** ~ē ~on. Of or belonging to Ionia, Ionian. **b** (as the name of a lascivious kind of dance). **c** (as the name of an order of architecture) Ionic. **d** (as the name of a Greek dialect; also of a literary style). **e** (as the name of a metrical foot (see ION³)).
attagen ~us HOR.*Epod.*2.54; tres..gentes Graecas.. Doricam, ~am, Aeolicam PLIN.*Nat.*6.7. **b** motus doceri gaudet ~os matura uirgo HOR.*Carm.*3.6.21; (*masc. as sb.*) qui ~us aut cinaedicust, qui hoc tale facere possiet? PL.*St.* 769; (*neut. pl. as sb.*) probe ~a perdidici PL.*Ps.*1275. **c** aedes ~ae VITR.1.2.5; de aede Dianae, ~e quae est Magnesia pseudodipteros 7.pr.12; (columnae) ~ae PLIN.*Nat.* 36.178. **d** si Atticis Dorica, ~a, Aeolica etiam dicta confundas QUINT.*Inst.*8.3.60;—modo dulce illud incorruptum sit et pudicum, Tusculanum et ~um, id est Catonis et Herodoti FRO.*Aur.*1.p.42(213N). **e** fiet ~on hoc ἀπὸ μείζονος MAUR.2011;—(*masc. as sb.*) ἀπὸ μείζονος illum memorant ~orum..ἀπ' ἐλάσσονος hunc iubent uocari 1502; 1571.

Iōnis ~idis, *f. adj.* Ionian.
~idesue uel Mycenaeae nurus SEN.*Tro.*363.

Iōnius ~a ~um, *a. mare* ~*um* (also neut. as sb.), the sea to the west of Greece, the Ionian sea; of or proper to the Ionian sea; also app. = IONICVS.
~o mari Dyrrhachium traicit LIV.42.48.7; Isthmon..qui ..~a iungi maria Phrixeis uetat SEN.*Ag.*565; PLIN.*Nat.* 12.6;—in toto..~o PROP.3.11.72; iactari quos cernis in ~o inmenso OV.*Met.*4.535; LUC.6.27;—~os fluctus..iam non ~os esse sed Hionios CATUL.84.11.12; VERG.*G.*2.108; ~o ..rore PROP.2.26.2; ~as..procellas STAT.*Theb.*2.729; ratis nondum ~is credenda periclis *Silv.*4.4.100;—~ae quoque sunt urbes et Dorica rura MAN.4.767.

-ior -ior -ius, *adjl. suff.* From *-*yŏs* (cf. Skt. *sán-yas-* = Lat. *senior*); the regular comparative suff.

Iordānēs ~is, *m.* The chief river of Palestine, the Jordan.
PLIN.*Nat.*5.71; amnem ~en TAC.*Hist.*5.6.

Īos (Īus) Iī, *f.* An island of the Sporades in the Aegean sea, famous as the reputed burial-place of Homer.
MELA 2.111; Ios..Homeri sepulchro ueneranda PLIN. *Nat.*4.69; GEL.3.11.6.

iōta, *n. indecl.* [Gk. ἰῶτα] The tenth letter of the Greek alphabet, iota, I.
ut ~ litteram tollas et E plenissimum dicas CIC.*de Orat.* 3.46; (*as a numeral symbol*) unum de titulo tollere ~ potes MART.2.93.4.

Iouigena ~ae, *m.* [next+-GENVS] One begotten by Jupiter.
~A LIBER PATER *A.Epig.*42-3.2.1.

Iouis: see IVPPITER.

Iouispater: reconstructed form to explain IVPPITER.
GEL.5.12.5.

iouistē, *adv.*: perh. = IVSTE (cf. *iouestod*, perh. = *iusto*, in *CIL* 1.1).
~ compositum a Ioue et iuste PAUL.*Fest.*p.105M.

Iouius ~a ~um, *a.* A cult title of Venus and Hercules.
AVILLIAE..SACERDOTI ~AE VENERIAE *CIL* 10.1207;— HERCLO ~O (*Vestinian dialect*) 1.394; HERCVLI ~O SACRVM 6.30906.

iouxmenta, *n. pl.*: alleged to be an archaic form of *iumenta*: see IVMENTVM.
CIL 1.1.

Īphianassa ~ae, *f.* = IPHIGENIA.
aram ~ai turparunt sanguine LUCR.1.85.

Īphias ~adis, *f.* The daugher of Iphis, Evadne.
OV.*Ars* 3.22; *Tr.*5.14.38.

Īphiclus ~ī, *m.* One of the Argonauts, father of Protesilaus.
PROP.2.3.52; OV.*Her.*13.25; V.FL.1.370.

Īphicratensis ~is ~e, *a.* Of or belonging to Iphicrates.
quem ad modum quondam Fabiani milites Romani appellati sunt, sic ~es apud Graecos in summa laude fuerint NEP.*Iph.*2.4.

Īphicratēs ~is, *m.* An Athenian general of the 4th cent. B.C.
NEP.*Iph.*1.1, etc.; QUINT.*Decl.*386(p.432,l.7).

Īphigenīa ~ae, *f.* FORMS: acc. ~*an* OV.*Pont.* 3.2.62; *Eph- Rhet.Her.*3.34. The daughter of Agamemnon, sacrificed at Aulis to secure fair winds for the Greek expedition against Troy; the title of a play of Ennius.
eo Orestem cum ~a atque Pylade dicunt..uenisse CATO *hist.*71; CIC.*Tusc.*1.116; OV.*Met.*12.31; (*cf.*) siqua est nubilis illi ~a domi, dabit hanc altaribus JUV.12.119;—ille de ~a Achilles CIC.*Rep.*1.30; GEL.19.10.11.

Īphitidēs ~ae, *m.* The son of the Argonaut Iphitus.
OV.*Met.*13.257.

Ippolytus ~ī, *m.*: see HIPPOLYTVS.

ipse ~a ~um, *pron. adj.* [IS+-*pse* of disputed origin] FORMS: nom. sg. masc. *ipsos Lex Reg.* (*Font.iur.*p.10 = PAUL.*Fest.*p.6M); *ipsus* ANDR.*trag.*12; PL.*Am.*252; *Mos.* 634; TER.*Eu.* 546; *Hec.*344; CATO *Agr.*70.2; ACC.*trag.*229; FRO.*Aur.*1.p.204(84N); fem. *eapse* (*eampse, eāpse*) PL.*Aul.*814; *Bac.*312; *Cas.*163, 602; *Epid.*254; *Mil.*141; *Truc.*496; SCIP.min.*orat.*9; PAUL.*Fest.*9.77M; fem. pl. *eaepsae* PL.*Ps.*833; masc. acc. *eumpse* PL.*Mos.*346; *Truc.*114; CAECIL.*com.*29; PAC.*trag.*29; abl. *eopse* PL. *Bac.*815; *Cur.*538; LIV.40.52.6; gen. pl. masc. *ipsum* VITR.10.10.2; nom. sg. neut. *ipsud* SIC. FL.*agrim.* pp.104, 114. Combined w. -MET PL. *Am.*102; CIC.*Ver.*3.3; SEN.*Ep.*117.21. See also IPSISSIMVS, IPSIMVS, IPSIMA. PROSODY: gen. sg. usu. *ipsius*; *ipsīus* CATUL.64.43; VERG.*A.* 1.114, 2.772.

1 Himself (herself, itself, oneself, etc., as opp. to others).
tute ~e cunctato ENN.*scen.*368; ~e merum condidicit bibere, foribus dat aquam quam bibant PL.*Cur.*161; nimis multa uideor de me, ~e praesertim CIC.*Brut.*318; ut ceteros omittamus, de ~is Syracusanis cognoscite *Ver.*4.136; ut omnia facta..Caesaris plus ualerent quam si ~e uiueret *Att.*14.10.1; uas factus est alter eius sistendi, ut si ille non reuertisset, moriendum esset ~i *Off.*3.45; reliquos atque ~um Octavium in nauis confugere coegerunt CAES.*Civ.* 3.9.7; ibi..legionem relinquit; ~e Oricum reuertitur 3.16.2; ~um armis ipsumque iubent decernere ferro VERG.*A.*11.218; alii nuntiant..et ~e cernit LIV.10.5.4; nobilium turba, quos ~os liberosque patriae Galba reddiderat TAC.*Hist.*2.92.

2 a (employed for emphasis in connexion w. a refl. pron. or pron. adj.). **b** (used to reinforce a refl. or poss. pron.).
a qui ~e sibi sapiens prodesse non quit ENN.*scen.*273; pro praefica, quae alios conlaudat, eapse sese uero non potest PL.*Truc.*496; non modo superiores sed etiam se ~e correxerat CIC.*Orat.*176; senator uoluntarius, lectus ~e a se *Phil.* 13.28; ego tui Bruti rem sic ago ut suam ~e non ageret *Att.* 5.18.4; ne se quidem ~i cum illis..comparant CAES.*Gal.* 6.24.6; multitudine semet ~a impediente LIV.8.26.3; haec ego..~e mea posui..in igne manu OV.*Tr.*1.7.16; fecitque ~e se compotem uoti SUET.*Aug.*28.2. **b** quod tibi deerit, a te ~o mutuare CATO *Fil.*13(J); P. Crassum..se ~um interemisse CIC.*Scaur.*11; ut nobismet ~is..placeamus *Att.* 1.6.2; LIV.9.4.11; quo modo duabus denum uocalibus in se ~as coeundi natura sit QUINT.*Inst.*1.4.11;—ad tuam ~ius amicitiam CIC.*Ver.*3.7; contentus ero nostra ~orum amicitia BITH.*Fam.*6.16; in se quoque ac suum ~ius caput LIV. 30.20.7; expertas uires libero caelo suaeque ~orum fiduciae permittunt QUINT.*Inst.*2.6.7; meam..~ius fortunam memorabilem narrauerat passim APUL.*Met.*11.18.

3 (esp. in transitions) For his (her, etc.) own part.
uiuit gnata. matrem ~am..mors consecutast TER.*Ph.* 750; ego ~e..non gratis prodeo GRACCH.*orat.*41; ego hic cesso, quia ~e nihil scribo, lego autem libentissime CIC.*Fam.* 16.22.1; exercitus..praedator ex sociis et ~e praeda hostium SAL.*Jug.*44.1; A. Cornelius dictatorem Mam. Aemilium dixit et ~e ab eo magister equitum est dictus LIV.4.31.5; hac cum spe dimissi Tarentini. ~um ingens cupido incesserat Tarenti potiundi 24.13.5; disponit crinem laceratis ~a capillis..Psecas JUV.6.490.

4 In person (as opp. to through intermediaries, letters, and sim.).
sic audiuisse ex eapse atque epistula PL.*Epid.*254; has tabellas..~i Lemniseleni fac des *Per.*196; ancillae tuae credidi..tu mihi non credis ~i? CIC.*de Orat.*2.276; lippitudo haec, propter quam non ~e ad te scribo *Att.*10.14.1; CAES. *Civ.*1.73.4; foliis..ne carmina manda..~a canas oro VERG. *A.*6.76; felices illi, qui non simulacra, sed ~os..uident OV. *Pont.*2.8.57; neque ab ~o periculum abfuit VELL.2.79.4; TAC.*Ann.*1.11.

5 The actual, himself (herself, etc., as opp. to persons or things more remotely connected); *res ~a*, the real state of affairs, the fact, the reality.
oua parire solet genus (*i.e. birds*)..non animam: et post inde uenit..~a anima ENN.*Ann.*12; nosce signum. — noui. ubi ~e est? PL.*Bac.*789; LOCVS ~I POSTERISQVE..DATVS EST *Elog.*5(*CIL* 1.p.189); ciuitas..dedit ~i statuam..et patri CIC.*Ver.*2.145; ad ~as uenio prouincias *Prov.*4; rami.. uirescunt arboribus, crescunt ~ae LUCR.1.253; mancipia atque impedimenta..relinquerent, ~i expediti nauis conscenderent CAES.*Civ.*3.6.1; ea quae apportarat abstulerunt, ~um capere non potuerunt NEP.*Alc.*9.2; ingens portus.. ~e: sed horrificis iuxta tonat Aetna ruinis VERG.*A.*3.571; ceteram multitudinem oppidumque ~um ui cepit LIV. 10.46.11; arma..et alipedem..uidebat, numquam ~um STAT.*Theb.*9.580;—ludis fortasse me? — ~a re experibere TER.*Hau.*824; si ~am rem ut siet resciuerit *Hec.*567; opera, factis, consiliis, reque eapse bene meritus siem SCIP.min. *orat.*9; dulce..nomen est pacis, res uero ~a..salutaris CIC. *Phil.*13.1; LIV.24.12.4.

6 Himself (herself, etc.) in addition to others; (esp.) *et ~e, ~e quoque*, he (she, etc.) too.
Timotheum..praestantissimi imperatoris filium, summum ~um imperatorem CIC.*de Orat.*3.139; ego ~a sum.. hic hospita *Att.*5.1.3; omnes..cum ~o imperatore occisos LIV.25.36.13; Vipstanus Messala..claris maioribus, egregius ~e TAC.*Hist.*3.9;—alius..Achilles, natus et ~e dea VERG. *A.*6.90; Romulus et ~e turba fugientium actus LIV.1.12.3; in Aequos transiit et ~os bellum molientes 6.2.14; SEN.*Suas.* 6.18; QUINT.*Inst.*1.10.36; Theseus diuina et ~e stirpe TAC. *Ann.*4.56;—consul, quia collegae decretum triumphum audiuit, ~e quoque triumphi..flagitator..rediit LIV.8.12.9; si..~e quoque (*sc.* rhetor)..discipulos instruxerit QUINT. *Inst.*2.5.1; punito..alio..~um quoque paria meruisse dixit SUET.*Cal.*30.1;—(*cf.*) Maharbal..nec ~e eruptionem cohortium sustinuit LIV.23.18.4.

7 Acting or considered alone or without the intervention of others, of his own accord, by himself.
quin eapse ultro mihi negauit PL.*Cas.*602; eaepsae se patinae feruefaciunt ilico *Ps.*833; illo oculi deducunt ~i LUCIL.706; exercitus..fugatos..terrore ~o impetuque hostium sine cuiusquam..etiam uolnere CIC.*Caec.*41; L. Catilinam..uel eiecimus uel emisimus uel ~um egredientem uerbis prosecuti sumus *Catil.*2.1; Helorum atque Herbesum dedentibus ~is recipit LIV.24.35.1; TAC.*Hist.*4.70;—(*w.* per se) ~a (*sc.* cognitio) per sese quantum adferat CIC.*de Orat.* 1.198; cum ~a per se res anceps esset LIV.8.21.1; hostes.. fuimus primum per nos ~i quod nostra arma..nos tutari poterant 23.42.2;—(*w.* sua sponte) Galliam..hortatur ad bellum, ~am sua sponte..excitatam CIC.*Phil.*4.8; natura uidetur..~a sua per se sponte omnia dis agere expers LUCR.2.1092; LIV.3.48.3; (*cf.*) Regulum..qui redire ~e Carthaginem sua uoluntate..maluerit CIC.*Sest.*127.

8 (to emphasize identity) Himself and no other, this or that very. **b** (freq. w. *hic, ille, is, iste, qui*). **c** (w. expressions of quantity, duration, etc.) just; *in ~o tempore*, at exactly the right time; *tum* (*nunc*) *~um*, at that (this) very time.
terra‹que› corpus quae dedit ~a capit ENN.*Ann.*14; credo ego illum..eampse anum adiisse, huius nutricem uirginis PL.*Aul.*814; te ~um quaero TER.*Ad.*266; HS ↀↀ Q. Roscius fraudauit Fannium. qua de causa?..ait propter ~a HS ↀↀ CIC.*Q.Rosc.*22; ~ius tribuni plebis..fratrem praefecerat *Sest.*41; aduersus Pyrrhum ~um pugnantes LIV.25.6.3; NEP.*Pel.*2.5. **b** in hunc ~um locum CIC.*Man.*55; ut hoc ~um eum delectaret peccare *Off.*2.84; LIV.4.4.5;—illa ~a est nimium lepida..femina PL.*Mil.*1003; tabulae illae ~ae ..proferuntur CIC.*Flac.*40; LIV.29.26.1;—~e ego is sum.. quem tu quaeritas PL.*Ps.*978; an quia pudet? — id ~um TER.*Eu.*907; CAES.*Civ.*3.101.3; duumuir ad id ~um creatus LIV.2.42.5; (*strengthened by* -met) is priu' quam hinc abiit ~emet in exercitum PL.*Am.*102;—rem tenes. — istuc ~um TER.*An.*350; ista ~a lege quae de proscriptione est CIC. *S.Rosc.*125;—quod ~um fortuna eripuerat *Rab.Post.*48; LIV.32.7.5. **c** triennio ~o minor quam Antonius CIC. *Brut.*161; *Att.*3.21; recte non credis de numero militum; ~o dimidio plus scripsit Clodia 9.9.2; cum Athenis decem ~os dies fuissem *Fam.*2.8.3;—aduenisti hodie in ~o tempore PL.*Poen.*1138; TER.*An.*974;—tum ~um cum immolare uelis CIC.*Div.*1.118; *Off.*2.60; nunc..~um sine te esse non possum *Att.*12.16.

9 (to emphasize something regarded as exceptional or extreme) The very, himself. **b** (emphasizing the sentence, etc., as a whole rather than the single word with which it is placed, giving the sense of 'actually' or sim.).
neque tu..mihi uiro ~i credis? PL.*Am.*756; in eopse astas lapide, ut praeco praedicat *Bac.*815; ne Athenas quidem ~as magis credo fuisse Atticas CIC.*Orat.*23; pacem ~am.. quoniam sub nomine pacis bellum lateret, repudiandam *Phil.*12.17; in ~o negotio consilium capere coguntur CAES. *Gal.*5.33.1; ~ae te, Tityre, pinus..uocabant VERG.*Ecl.*1.38; profundo limo cum ~is equis hausti sunt LIV.31.37.8; in ~a acie TAC.*Hist.*4.18. **b** eas non modo nihil adiuuare arbitror..sed ~am deprauare naturam CIC.*Fin.*3.11; LUCR. 6.1175; hinc amor hinc timor est; ~um timor auget amorem OV.*Ep.*12.61; ab ~o cibo statim ad declamandum ueniebat SEN.*Con.*1.pr.17; ~ae in socios errare manus STAT.*Theb.* 2.591; JUV.7.238; currum..limae tenuantis detrimento conspicuum et ~ius auri damno pretiosum APUL.*Met.*6.6.

10 (as pron., serving as refl. where *se* is impossible or ambiguous) Himself (herself, etc.), oneself; (esp. in gen.) his (her, etc.) own. **b** (used for emphasis in place of the refl. pron.; in later authors sts. w. little emphasis).
hoc deputo miserrimum, sentire..eumpse esse odiosum alteri CAECIL.*com.*29; cum..id, quod ~um adiuuat, obscure dicitur CIC.*Inv.*1.30; quod ais illum..scribere me sibi nullas litteras remittere, semel ab ~o accepi *Att.*11.16.4; deorum et hominum communitas et societas inter ~os *Off.*1.153; diuersum est, ~i quid uideri et ut alii uideatur efficere QUINT.*Inst.*2.17.19;—uolo ~iu' quoque uoluntate haec fieri TER.*Ph.*725; his..nuntiatur ~orum copias adesse QUAD. *hist.*38; de quibus nulla monumenta loquuntur nec aliorum nec ~orum CIC.*Brut.*181; quis umquam consul senatum ~ius decretis parere prohibuit? *Sest.*32; certior factus hostis..consedisse milia passuum ab ~ius castris octo CAES. *Gal.*1.21.1; nec in eum consules acrius quam ~ius collegae coorti sunt LIV.2.43.4. **b** quae in ~um ualebant crimina contulit in illum CIC.*Ver.*1.41; rex..Piraeum pergit, ut, dum Philocles..contineret urbe Athenienses, ~i..expugnandi facultas esset LIV.31.26.6; hic imperator edixit ne quis ~um alius..pingeret PLIN.*Nat.*7.125; linquit Calydonius heros concilium..~i ceu regna negentur STAT.*Theb.* 2.477; consulit..an sit uicturus adulter post ~am JUV. 6.568;—(*gen.*) scripsit..earum rerum historiam quae erant Athenis ~ius aetate gestae CIC.*Brut.*286; *Q.fr.*1.1.2; intellegebant omnes tam celeriter copias ~orum contrahi non posse NEP.*Eum.*9.1; coloniam..deduci impetrat, cui nomen inditum e uocabulo ~ius TAC.*Ann.*12.27;—(*w. little emphasis*) (Libra) uictas usque ad se uincere noctes ex ~a iubet MAN.3.661; suspicari ~os aiunt SEN.*Nat.*4b.7.1; dum tamen quasi dicat intra ~um QUINT.*Inst.*10.7.25; paucos necessarii ~orum sepeliuere TAC.*Hist.*2.45.

11 (nom. retained in phrs. w. abl. of gd., or abl. absol., to emphasize the logical subj.).
causa ~e pro se dicta..damnatur LIV.4.44.10; unus.. numerando lapides aestimandoque ~e secum quid in fronte paterent singuli..rem defert 25.23.11; imperatores..iunctis et ~i exercitibus..ad sedem hostium peruenere 29.2.2; 40.23.1; quid..aliud nobis quam caedem Crassi, amisso et ~e Pacoro..deiectus Oriens obiecerit? TAC.*Ger.*37.4; an ~e subripiendo rem emptor furti teneatur ULP.*dig.*47.2.14.1.

12 (as sb., cf. IPSIMVS) The master, esp. the master of the house, 'himself'; (fem.) the mistress.
quos (Pythagoreos) ferunt..respondere solitos '~e dixit': ~e autem erat Pythagoras CIC.*N.D.*1.10; Nomentanus erat super ~um HOR.*S.*2.8.23; quod superest illis, tertius ~e (*sc.* Augustus) tenet OV.*Fast.*4.952; PETR.29.8; potaui..consulare uinum..~o (*s.v.l.*) consule conditum MART.7.79.3; JUV. 5.114;—(passer) suam..norat ~am tam bene quam puella matrem CATUL.3.7; APUL.*Met.*2.11.

ipsemet: see IPSE (forms), -MET.

? **ipsillēs.** [dub.] (See quots.)
subsilles sunt quas alii ~es (ipsi iles *cod.*) uocant, lamellae in sacris FEST.p.306M; ~es (*codd.* ipsulices, *etc.*) bratteae in uirilem muliebremque speciem expressae PAUL.*Fest.*p.105M.

ipsima ~ae, *f.* **ipsuma.** [as next] (colloq.) The mistress of a household.
ego sic solebam ~am meam debattuere PETR.69.3; 75.11.

ipsimus ~ī, *m.* [quasi-superl. of IPSE] (colloq.) The master of a household.
~i nostri delicatus decessit PETR.63.3; 75.11.

ipsippe: (see quot.).
~ (*codd.* ipsipse, *etc.*) ipsi, neque alii PAUL.*Fest.*p.105M.

ipsissimus ~a ~um, *a.* [facet. superl. of IPSE; cf. Gk. αὐτότατος] The very same.
ergo ipsusne es? — ~us PL.*Trin.*988; AFRAN.*com.*432.

ipsus: see IPSE.

īra ~ae, *f.* [< **eisā*; cf. Av. *aēšma-* 'anger' Gk. οἶμα (= *οἶσμα) 'swoop', ON *eisa* 'inrush'] FORMS: *eira* PL.*Truc.*262 (in pun with *era*).

1 Anger, rage, indignation. **b** (of the gods). **c** (of animals). **d** (poet., of weapons or sim.). **e** (applied to inspired frenzy). **f** (applied to fierceness in conflict or sim.).
ne quid (ista) in te mali faxit ~a percita PL.*Cas.*628; ad patrem ibo, ut matris ~am sibi esse sedatam sciat PL.*Mer.* 962; incendor ~a esse ausam facere haec te TER.*Hec.*562; iis ardet dolore et ~a..Pompeius CIC.*Att.*2.19.5; quomodo ..quemquam paeniteret, quod fecisset per ~am? *Tusc.* 4.79; *B.Afr.*85.6; subit ~a (*i.e. he feels an angry desire*).. ulcisci patriam VERG.*A.*2.575; puer..~am colligit ac ponit temere HOR.*Ars* 159; ~ae indulgere LIV.23.3.4; ~a..carminibus publica mota meis OV.*Pont.*4.14.16; SEN.*Dial.* 3.3.3; JUV.6.647; SUET.*Cl.*38.1;—(*pl.*) quibus ~is pulsu' nunc in illam iniquo' sim TER.*Hec.*485; tristis Amaryllidis ~as..pati VERG.*Ecl.*2.14; Manlius.., plenior..animorum ~arumque quam antea fuerat LIV.6.18.3; extemplo omnibus memoria patriae ~as permulsit 7.40.1; Othonis miles uertit ~as in municipium Albintimilium TAC.*Hist.*2.13;—(*w.* in + *acc.*) mouit eos non Tarentinorum magis defectio..quam ~a in Romanos LIV.25.15.7;—(*w.* aduersus) ne..~am populi aduersus superbiam..matris aperiat TAC.*Ann.*14.1; —(*w. gen.*) Danai..ereptae uirginis ~a..inuadunt VERG.*A.* 2.413; LIV.8.12.5; Alexandrum..Thebe paelicatus ~a mota interemit V.MAX.9.13.ext.3; TAC.*Ann.*13.57;—(*pred. dat.*) iustae quibus est Mezentius ~ae VERG.*A.*10.714; SIL.11.604; —(*phil., app. transl.* τὸ θυμοειδές) trisne partes habeat (animus) ut Platoni placuit, rationis ~ae cupiditatis CIC. *Luc.*124;—(*person.*) Bellipotens, cui sola..~a comes STAT. *Theb.*9.833; HYG.*Fab.*pr.3(18+12). **b** grauiores deorum immortalium ~as subire CIC.*Har.*39; uenerare Napaeas; namque dabunt ueniam uotis, ~asque remittent VERG.*G.* 4.536; LIV.8.33.7; ~a illa numinum in res Romanas fuit TAC.*Ann.*16.16;—(*meton.*) Harpyiae.., ~a Tonantis V.FL. 4.428. **c** nec capere ~arum fluctus in pectore possunt (leones) LUCR.3.298; anguem..attollentem ~as et caerula colla tumentem VERG.*A.*2.381; aper saetis ~am denuntiat hirtis OV.*Hal.*60. **d** nec reprimi potest stricti ensis ~a SEN.*Her.F.*405; ipsum horrisoni quatit ~a flagelli V.FL. 7.149; pigris addunt mucronibus ~as STAT.*Ach.*1.435; SIL 7.344. **e** non ille euhantis Massylae palluit ~as SIL.1.101. **f** insontes iuuenum sine caestibus ~ae annua..peragunt certamina STAT.*Silv.*3.1.44; *Theb.*6.745.

2 (mostly in phrs. w. *inter*) Feelings of mutual displeasure, bad blood.
~ae sunt inter Glycerium et gnatum TER.*An.*552; ~a inter eas intercessit quae tam permansit diu *Hec.*305; nostrae nobis sunt inter nos ~ae discordiaeque placandae CIC.*Har.*63; duces Romani plus inter se ~arum quam aduersus hostes animi habuerunt LIV.5.8.4; 8.20.12; magna libido his (*sc.* leonibus) coitus et ob hoc maribus ~a PLIN. *Nat.*8.42.

3 (of natural forces, etc.) Violence, rage.
~am caelique marisque perpetimur OV.*Met.*14.471; ~a coercita morbi GRAT.418; uiolenti gurgitis ~as LUC.10.316; uentorum..~a minor STAT.*Theb.*12.728; grandinis ~as SIL. 12.610.

īrācundē, *adv.* *compar.* ~ius. [IRACVNDVS + -E] With anger or proneness to anger, irately or irritably.
abscede hinc..—nimis ~e. non decet superbum esse hominem seruom PL.*As.*470; *Bac.*594; quo quisque est.. ingeniosior, hoc docet ~ius CIC.*Q.Rosc.*31; quas (*sc.* litteras) ..~ius scripseram et reuocare cupiebam *Q.fr.*1.2.12; *Tusc.* 3.51; diligentius spectari eos (*sc.* oculos) ~e ferebat (Augustus) PLIN.*Nat.*11.143; QUINT.*Inst.*6.3.7.

īrācundia ~ae, *f.* [IRACVNDVS + -IA]

1 Proneness to anger, hot temper, irascibility.
omitte, Demea, tuam istanc ~am atque ita uti decet hilarum..fac te gnati in nuptiis TER.*Ad.*755; propositis tot exemplis ~ae leuitatisque popularis CIC.*Sest.*141; *Att.*2.21.1; orationis acerbitatem et ~am *Q.fr.*1.2.7; ~a summa erat inimicitiasque habebat etiam priuatas cum Caesare (Bibulus) CAES.*Civ.*3.16.3; SAL.*Cat.*51.14; breuis altercatio inde ex ~a muliebri in contentionem animorum exarsit LIV.10.23.4; quo distat (ira) ab ~a apparet: quo ebrius ab ebrioso et timens a timido SEN.*Dial.*3.4.1; ~a perpetuum uitium mentis est SUET.fr.176(p.274Re);—(*of bees*) ~a..apium facile delinitur adsiduo interuentu eorum qui curant COL.9.3.3.

2 Anger, passion, resentment.
non..nunc mediocri incedo iratus ~a PL.*Cur.*533; prae ~a, Menedeme, non sum apud me TER.*Hau.*920; in hac sententia dicenda non parebo dolori meo, non ~ae seruiam CIC.*Prov.*2; exarsi non solum praesenti, credo, ~a *Fam.* 1.9.20; Caesarem..debere..~am suam rei publicae dimittere CAES.*Civ.*1.8.3; numquam..~a admittenda est, aliquando simulanda SEN.*Dial.*4.14.1; exarserat in eum ~a exercitus TAC.*Hist.*1.58; Poppaea mortem obiit, fortuita mariti ~a *Ann.*16.6;—(*pl.*) quot illic (*i.e. in a love-affair*) blanditiae, quot illic ~ae PL.*Truc.*28; ~ae occultae, blanditiae apertae, uenientis praetores exspectant CIC.*Flac.* 87; accepimus..speciem cupiditates aegritudines ~as *N.D.* 2.70; APUL.*Pl.*2.5;—(*w. gen. expr. object of anger*) ~as.. harum rerum recentis habebant PLANC.*Fam.*10.23.5;—(*of animals*) inmota (cauda)..placido (leoni)..., quod rarum est: crebrior enim ~a PLIN.*Nat.*8.49.

īrācunditer, *adv.* [next + -TER²] In a quick-tempered manner.
quaeso, ne temere hanc rem agas, ne ~ [C]AECIL.*com* 78.

īrācundus ~a ~um, *a. compar.* ~ior, *superl.* ~issimus. [IRA+-CVNDVS.]

1 Prone to anger, hot-tempered, irascible. homo ~us, animi perditi PL.*Men.*269; *Mer.*141; tu quoque proterue ~us es TER.*Hec.*504; allud ~um esse, aliud iratum CIC.*Tusc.*4.27; *Fat.*8; ~a..mens facile efferuescit in ira LUCR.3.295; CAES.*Gal.*1.31.13; tu..improbo ~ior Hadria HOR.*Carm.*3.9.23; ~issimus, si totiens excanduerit quotiens iram scelera meruerint SEN.*Dial.*4.6.4; (*cf.*) in ea.. parte (animae) quae ~ior habeatur, fortitudinis sedes esse APUL.*Pl.*2.6;—(*of animals*) apes sunt et rusticae siluestresque..multo ~iores PLIN.*Nat.*11.59; ~i..leones..dapibus cum sanguine gaudent OV.*Met.*15.86;—(*transf. ep.*) neque.. patimur..~a Iouem ponere fulmina HOR.*Carm.*1.3.40.

2 Angry, enraged. **b** (of actions, etc.) marked by anger. hau uostrumst ~os esse quod dixi ioco PL.*Poen.*572; ~a diem proferet Ilio..classis Achillei HOR.*Carm.*1.15.33;—(*transf. ep.*) haec..stigmata..non ~is fecit grauis unguibus uxor MART.11.84.15. **b** dico..nimis ~am futuram fuisse uictoriam CIC.*Marc.*17; legi non nullas (epistulas) ~as *Q.fr.* 1.2.9; uox ~a minaxque (*sc.* ursae) OV.*Met.*2.483; tumultuosa, ~a actio QUINT.*Inst.*11.1.29.

īrascentia ~ae, *f.* [pple. of next+-IA] Proneness to anger (in quots., transl. Plato's τὸ θυμοειδές). ~am uero procul a ratione ad domicilium cordis deductam esse APUL.*Pl.*1.13; 1.18; 2.15.

īrascor ~ī (īrātus), *intr.* [back-formation from IRATVS] FORMS: act. conjug. *irasco, ~ere* in POMPON.*com.*30; all exx. of pf. pple. referred to IRATVS. CONST.: commonly foll. by dat. of person. To feel resentment, be angry. **b** (w. clear inceptive force) to become angry, fly into a rage. si mihi dat operam, me illi ~i iniurium est PL.*Aul.*699; uos mi ~i ob multiloquium non decet *Mer.*37; di immortales hominibus ~i..consuerunt CIC.*Q.Rosc.*46; ne ~i possum quidem iis quos ualde amo *Att.*2.19.1; CATUL.38.6; Caesarem grauiter ~i inimicis CAES.*Civ.*1.8.3; patriae ~i NEP.*Ep.*7.1; LIV.9.7.9; CURT.6.9.2; Scaurum, cui inplacabilius ~ebatur, silentio tramisit TAC.*Ann.*1.13; GEL.1.26.1;—(*w. dat. of thing*) non modo improbitati ~untur candidatorum sed etiam in recte factis saepe fastidiunt CIC.*Mil.*42; ~i plebs tribunorum magis silentio quam consulum imperio LIV. 2.55.2; iocis temperatis delectamur, inmodicis ~imur SEN. *Dial.*2.16.4;—(*w. internal acc.*) idne ~imini, si quis superbior est, quam nos? CATO *hist.*95g(Gel.6.3.50); Arabioni de Sittio nihil ~or CIC.*Att.*15.17.1;—(*w.* pro) meam contumeliam iudicabo, sed non tamquam pro mea..~ar PLIN. *Ep.*6.8.9;—(*w. acc. and inf.*) non ~etur aliquem sibi comparari SEN.*Dial.*4.21.11;—(*app. w. indefinite subj.*) in hac materia diutius laborandum est ut factum credatur, quam ut ~atur AUR.*Fro.*1.p.210(82N);—(*poet., of natural forces*) nunc ratibus tutis fera non ~itur unda *Buc.Eins.*2.36. **b** militem rogat ut illum admitti iubeat: ill' continuo ~i TER.*Eu.*618; qui facile et cito ~itur CIC.*Top.*62; pueri.. aiunt eum (*i.e. a tutor*) furenter ~i *Att.* 6.1.12; maiore multo uoce sibi quam Cinnae ~ebatur: 'quid uiuis..?' SEN.*Cl.* 1.9.5; quis ferat..pariter cadentibus (uerbis)..(oratorem) ~entem, flentem..? QUINT.*Inst.*9.3.102;—(*of an animal*) ~i in cornua discit arboris obnixus trunco (taurus) VERG. *G.*3.232;—(*poet., w. abst. subj.*) (aper) infremuit..ferox et inhorruit armos, nec cuiquam ~i propiusque accedere uirtus *A.*10.712.

īrātē *adv. compar.* ~ius. [foll.+-E.] Angrily, indignantly. ut ne ~e (*v.l.* sine ira) te dimissum sentiant PHAED. 4.25(26).14; ut (canes) conseruos ~ius intuantur COL. 7.12.5; ~e dicet hic accusator QUINT.*Decl.*294 (p.166,l.24),

īrātus ~a ~um, *a. compar.* ~ior, *superl.* ~issimus. [IRA+-ATVS², later regarded as a pple., whence IRASCOR] (esp. w. dat. of person) Angry, enraged, furious. **b** (of actions, speech, expression). **c** (of the gods). **d** (esp. poet., of natural forces; also, of an appetite or sim.). mater ~a est patri uehementer PL.*Mer.*923; si quid dixi ~us aduorsum animi tui sententiam *Poen.*1411; an tu ob peccatum hoc esse illum ~um putas? TER.*Hau.*990; animum ~um conprime ACC.*trag.*623; tribunum plebis rei publicae ~um coercere CIC.*Agr.*1.26; Antonio est enim fortasse ~ior, causae uero amicissimus (Hirtius) *Att.*15.6.1; *Fam.*7.24.2; porrigis ~o puero cum poma, recusat HOR.*S.*2.3.258; cum.. uictores morantibus uictoriam ~i trucidarent quos pellere non poterant LIV.22.49.4; 42.9.2; ut..fecerit ~os rapta puella duces OV.*Tr.*2.374; iracundus potest aliquando ~us non esse SEN.*Dial.*3.4.1; ab hostibus ~issimis *Ep.* 104.32; accenditur audacia mea ~ior Lichas PETR.108.6; SUET.*Cal.* 53.1;—(*w. dat. of thing*) Africanae causae ~ior CIC.*Fam.* 6.13.3; ~um uirtuti alienae felicitatique LIV.8.31.2; (*cf.*) non uoco ego 'liberalem' pecuniae suae ~um SEN.*Ep.*120.8;—(*w. abl. of cause*) patres..ueniunt amissis filiis ~i CIC. *Ver.*5.120;—(*w.* quod) eo se auerterant Romani..~i quod auctoritate sua..pacem fecissent LIV.29.12.4; PERS.6.34;—(*of animals*) (uitulus) illis (*sc.* cornibus) ~us petit atque infestus inurget LUCR.5.1035; ~ae..anguis iter TIB.1.8.20;—(*transf. ep.*) nec..~a ianua fracta manu PROP.3.25.10; ~o feriat mea lumina sistro (Isis) JUV.13.93;—(*cf., w. ref. to Plato's* τὸ θυμοειδές) illam consiliariam et illam alteram ~iorem animam APUL.*Pl.*2.15. **b** ~a et plena iusti doloris oratio CIC.*Brut.*158; ~is precibus HOR.*S.*2.6.30; cuncta uastans saeuit ~o impetu PHAED.3.2.14; interemant..quos diutius intueantur, ~is praecipue oculis PLIN.*Nat.*7.16. **c** dis meis ~issumis PL.*Poen.*452; TER. *Ph.*74; num ~um timemus Iouem? CIC.*Off.*3.102; LIV. 23.42.4; ~a et infestante fortuna SEN.*Dial.*7.5.3; ego si mentior, genios uestros ~os habeam PETR.62.14;—(*cf., of omens*) caput ~is rediens quassabat ab extis STAT.*Theb.* 5.642. **d** neque (miles) horret ~um mare HOR.*Epod.*2.6; SEN.*Con.*exc.8.6; aequora..in scopulos ~a ruunt V.FL. 7.582; PLIN.*Pan.*35.1;—(*of an appetite*) da, si graue non est, quae prima ~um uentrem placauerit esca HOR.*S.*2.8.5.

irceus ~ī, *m.* [prob. HIRCVS+-EVS] (See quots.) PAUL.*Fest.*p.105M; ~i genus farciminis in sacrificiis p.114M.

ircus: old form of HIRCVS.

īrēnāceus ~ī, *m.* [metath. of *erinaceus*, cf. *ericius, iris²*, Gk. χήρ] A hedgehog. praeparant hiemi et ~i cibos PLIN.*Nat.*8.133; Aegypti muribus durus pilus sicut ~is 10.186; 29.107.

īrēnarchēs ~ae, *m.* [Gk. εἰρηνάρχης] A police magistrate in Greek-speaking provinces. M VLPIO POMPONIO..IRENARCH SEBASTOPHANT *Inscr. Dessau* 9414.

īrinus ~a ~um, *a.* [Gk. ἴρινος] Of or derived from the plant iris; (neut. as sb.) extract of iris root. ~o unguento CELS.4.8(4.2).3; 5.19.16; ~o suco PLIN.*Nat.* 30.127; oleum ~um LARG.189;—(*neut. as sb.*) caput..~o uel cyprino calido madefacere CELS.4.6(3).5; ~um Corinthi diu maxime placuit, postea Cyzici PLIN.*Nat.*13.5; 21.42.

Īriō ~ōnis, ? *f.* [dub.] The name of a plant, prob. hedge-mustard (*Sisymbrium officinale* and its allies). huic (*sc.* sesamae) simile est..erysimum, idemque erat, nisi pinguius esset, quod apud nos uocant ~onem PLIN. *Nat.*18.96; 22.158; 26.40.

Īris¹ ~idis or ~is, *f.* [Gk. Ἶρις] FORMS: voc. sg. *~i* VERG.*A.*9.18; OV.*Met.*11.585. Acc. sg. most often *~im*, also *~in* OV.*Met.*14.830, STAT. *Theb.*10.81, etc.; *~ida* APUL.*Mun.*16. Gen. sg. *~idis* CELS.5.18.3, etc., PLIN.*Nat.*23.63, etc., LARG.220; *~is* CATO *Agr.*107.1, LARG. 89,126, etc. Abl. sg. *~ide* CELS.5.16, PLIN. *Nat.*20.244, 31.116, etc.; *~i* CATO *Agr.*107.1, PLIN.*Nat.*14.135, 15.30. Nom. pl. *~ides* APUL. *Mun.*16.

1 (mythol.) Iris, the messenger of the gods, and goddess of the rainbow. **b** a rainbow. ~im de caelo misit Saturnia Iuno VERG.*A.*5.606; 9.803; Iuno ~in ad Hersilien descendere..imperat OV.*Met.*14.830; V.FL.4.77; HYG.*Fab.*pr.35;—(*as a personification of the rainbow*) suos arcus per nubila circinat ~is MAN.1.713; imbrifera qualis implicat uarios sibi ~is colores SEN.*Oed.* 316; neue grauis subita te premat ~is aqua MART.4.19.10. **b** ~is multicolora est et semicirculo figurata APUL.*Mun.*16.

2 A plant of the genus *Iris*, esp. *I. pallida* and *florentina*; (esp.) a preparation of its fragrant root, orris (used as a perfume, in medicine, etc.). ~is..floret uersicolori specie, sicut arcus caelestis, unde et nomen PLIN.*Nat.*21.41; 21.67; acoron ~idis folia habet 25.157;—infundito in aheneum..~is aridae contusae heminam CATO *Agr.*107.1; OV.*Med.*74; inponenda..cataplasmata..quibus recte ~is..adicitur CELS.4.15(8).2; cum deferbuerit (uinum)..~im bene pinsitam..addito COL. 12.27; suci nobilia unguenta faciunt: in primis malobathrum, postea ~is Illyrica PLIN.*Nat.*13.14; (marrubium) stomachum..purgat cum ~ide et melle 20.244; bene discutit parotidas ~is Illyrica LARG.44.

3 An iridescent stone, perh. prismatic rock-crystal. ex argumento uocatur ~is, nam sub tecto percussa sole species et colores arcus caelestis in proximos parietes eiaculatur PLIN.*Nat.*37. 136.

? **īris²** ~is, *m.* [cf. *ericius, irenaceus*, Gk. χήρ] N.B.: perh. better written *ēr-* (the form of the word extant in later Latin). A hedgehog. i modo, uenare leporem: nunc ~im tenes PL.*Capt.*184.

īrītis, *f.* [Gk.] An unidentified stone. est et alia ~is, cetera similis, sed praedura PLIN.*Nat.* 37.138.

irnea: see HIRNEA².

irnela ~ae, *f.* [cf. HIRNEA²] (See quot.) ~a uasis genus in sacris PAUL.*Fest.*p.105M.

īrōnīa ~ae, *f.* Also **īrōnēa.** [Gk. εἰρωνεία] **a** A form of wit in which one says the opposite of what one means, irony. **b** simulated ignorance, Socratic irony. **a** sine ulla..~a loquor: tibi istius generis in scribendo priores partis tribuo quam mihi CIC.*Q.fr.*3.4.4; Blandus hunc sensum..in ~am uertit SEN.*Con.*1.7.13; quid..agebat aliud ~a illa, quam ut Caesar minus se in rem tamquam non nouam intenderet? QUINT.*Inst.*4.1.39; 6.3.68; 9.2.45. **b** Socratem opinor in hac ~a dissimulantiaque..omnibus praestitisse CIC.*de Orat.*2.270; *Brut.*292; *Luc.*74.

irpex ~icis, *m.* [app. from IRPVS, in allusion to a wolf's teeth] A kind of harrow. CATO *Agr.*10.3; ~ices genus rastrorum ferreorum PAUL. *Fest.*p.105M;—(*app. pl. in sg. sense*) ~ices regula compluribus dentibus, quam..boues trahunt, ut eruant quae in terra serpunt VAR.*L.*5.136.

Irpīnī: see HIRPINI.

irpus ~ī, *m.* [perh. cogn. w. HIRCVS] (in the Samnite lang.) A wolf. PAUL.*Fest.*p.106M.

irquitallus: see HIRQVITALLVS.

irradiō ~āre ~āuī ~ātum, *tr.* [IN¹-+RADIO] To shed rays of light upon, illumine. attollitur ostro molle supercilium, teretes hoc undique gemmae ~ant STAT.*Theb.*6.64; (*in fig. phr.*) nemo, si degeneret a uirtute, patrum potest ~ari fulgoribus [QUINT.] *Decl.*3ᵇ.8.

irrādō ~dere ~sī ~sum, *tr.* **inr-.** [IN-¹ +RADO] To scrape or grate (onto a thing). eodem silpium ~dito, bonum est..si edes coriandrum concisam siccam et sirpicium ~sum.. CATO *Agr.*157.7.

irrāsus ~a ~um, *a.* **inr-.** [IN-²+pple. of RADO]

1 Unshaved, uncropped. di te ament cum ~o capite PL.*Rud.*1303.

2 Unpolished, rough. ~ae robora clauae SIL.8.584.

irratiōnābilis ~is ~e, *a.* **inr-.** [IN-²+ RATIONABILIS] Unreasoning, irrational. ~es impetus animorum QUINT.*Decl.*325(p.281,l.10); ~is casus [QUINT.]*Decl.*9.16; (essentia) altera opinione sensibili et ~i aestimanda est APUL.*Pl.*1.6; 2.16.

irratiōnālis ~is ~e, *a.* [IN-²+RATIONALIS] = prec. **b** machine-like, mechanical. neque..~e animal hanc artem posse praestare CELS. 1.pr.38; SEN.*Ep.*113.17; ille (*sc.* infans) ~is est, hic (*sc.* pubes) rationalis 118.14; QUINT.*Inst.*2.16.16;—(*neut. pl. as sb.*) quid turpius..quam bonum rationalis animi ex ~ibus nectere? SEN.*Ep.*92.4. **b** est..usus..~is (irrationabilis *codd.*) quam Graeci ἄλογον τριβήν uocant..qua oculi ante sequentia uident quam priora dixerunt QUINT. *Inst.*10.7.11.

(? **irraucescō** ~cescere) ~sī, *intr.* **inr-.** [IN-¹ +RAVCVS+-ESCO] To become hoarse. nos raucos saepe attentissime audiri..at Aesopum, si paulum ~serit, explodi CIC.*de Orat.*1.259.

irredux ~ucis, *a.* [IN-²+REDVX] (of a journey) From which there is no return. (Cato) ~ucem..uiam deserto limite carpit LUC.9.408.

irreligātus ~a ~um, *a.* **inr-.** [IN-²+pple. of RELIGO] Not fastened, unbound; (of ships) unmoored. (Ariadne) nuda pedem, croceas ~a comas OV.*Ars* 1.530;—~a ratis, numquam defessa carina (*i.e. of Charon*) *Eleg. Maec.*5.

irreligiōsē, *adv.* **inr-.** [next+-E] Impiously, blasphemously. si qua de Augusto ~ dixisset TAC.*Ann.*2.50.

irreligiōsus ~a ~um, *a.* **inr~.** [IN-² +RELIGIOSVS] Irreligious, impious. uideant ~i, uideant et errorem suum recognoscant APUL.*Met.*11.15; ut..qui corporum causas meras et simplicis rimantur ~os putent *Apol.*27; *Pl.*2.8;—(*of actions*) (templi) dedicationem..differre longius ~um est PLIN.*Ep.* 4.1.5; eam reuerentiam..scriptis tuis debeo, ut sumere illa nisi uacuo animo ~um putem 9.35.1.

irremeābilis ~is ~e, *a.* **inr-.** [IN-² +REMEO+-BILIS] Along, or across, which one cannot return. ~is error (*i.e. of the Labyrinth*) VERG.*A.*5.591; ripam ~is undae (*i.e. the Styx*) 6.425; audax ire uias ~es SEN.*Her.F.* 548; Taenariae limen petit ~e portae STAT.*Theb.*1.96.

irremediābilis ~is ~e, *a.* **inr-.** [IN-² +REMEDIO+-BILIS] Against which there is no remedy, fatal. in uino pota ~is existit (cicuta) PLIN.*Nat.*25.152; 28.77; (*cf.*) Scythae sagittas tingunt uiperina sanie et humano sanguine; ~e id scelus PLIN.*Nat.*11.279;—(*app. of persons*) ~is factio MAEC.in Sen.*Ep.*114.5.

irremūnerābilis ~is ~e, *a.* **inr-.** [IN-² +REMVNERОR+-BILIS] That cannot be repaid. ~i beneficio APUL.*Met.*3.22; 11.24.

irreparābilis ~is ~e, *a.* **inr-.** [IN-²+REPARABILIS] (of something lost) That cannot be recovered, irretrievable; (of loss or damage) irreparable. fugit ~e tempus VERG.*G.*3.284; *A.*10.467; ~is uita decurrit SEN.*Ep.*123.10; COL.11.1.29;—ut Romanae reipublicae simul intulerit ~e detrimentum [QUINT.]*Decl.*3ᵇ.10.

irrepertus ~a ~um, *a.* **inr-.** [IN-²+pple. of REPERIO] Not found, undiscovered. aurum ~um et sic melius situm HOR.*Carm.*3.3.49; Herculi ..puer ~us (*i.e. Hylas*) SEN.*Med.*648.

irrēpō ~pere ~psī, *intr.*, (*tr.*). **inr-.** [IN-¹ +REPO] CONSTS.: commonly w. *in*+acc., or absol.; more rarely w. dat., or dir. obj.

1 (of a person, etc.) To come in or advance slowly or cautiously, creep in or along; (also tr.). **b** (of reptiles or sim.) to crawl (into or over). (Gabinius) ~psit (*sc.* in senatum) summa infrequentia

Cic.*Q.fr*.3.2.2; scandulae..quibus ~pant aues ad requiem nocturnam Col.8.3.6; Petr.87.3; mouet et caelestia quondam corda dolor lentoque ~punt agmine Poenae Stat.*Theb.* 5.60; soleas..quibus inductus Philesitherus ~pserat Apul. *Met*.9.21; placido..gradu cunctabundus paulatim obliquato corpore..sensim ~o 11.12;—(*tr.*) (Fotis) summa cum trepidatione ~pit cubiculum Apul.*Met*.3.24; socium..immittimus caueae..quam constanti uigore..~psit ipse 4.15. **b** serpens ~pserit Fest.p.351M; draconem repente ~psisse ad eam pauloque post egressum Suet.*Aug*.94.4; (*w. dat.*) si arbori ~psit (salamandra) Plin.*Nat*.29.74.

2 (of things) To penetrate, spread (into or over) by imperceptible degrees.

cum..~pat (spiritus) quamuis in obstructa Sen.*Nat.* 6.14.4; terra, quae non..duritie sua repellat nouas ~pentes radiculas Col.4.1.2; uenenum quo paulatim ~pente fortuitus morbus adsimularetur Tac.*Ann*.4.8;—(*w. dat.*) nondum ualidae tibi signa iuuentae ~psere genis Stat.*Silv*.5.2.63; funestam..hederis ~pere taxum sustinui 5.3.8;—(*of sleep*) iam Somnus auaris ~psit curis *Theb*.1.340; 8.217.

3 To worm one's way, insinuate oneself (into a position, a person's confidence, etc.); (also tr.). **b** (of conditions, etc.) to be introduced gradually, creep in.

cum ceteri..in eorum municipiorum tabulas ~pserunt Cic.*Arch*.10; qui tam libenter in opinionem gratiae ~pat *Har*.52; non..furatus esse ciuitatem..non ~psisse in censum dicitur *Balb*.5; Vitellius..~pentibus dominationis magistris superbior Tac.*Hist*.2.63; ut uocatus electusque potius a re publica uideretur (Tiberius) quam..senili adoptione ~psisse *Ann*.1.7;—(*w. dat.*) Saluittones..Africanorum dedecori ~pentes Scipionum nomini Plin.*Nat.* 35.8; ne qua nobis isti sycophantae ad faciendam fidem ~perent Gel.14.1.32; (*transf., of a thing*) coepit ~pere satiuis (lactucis)..quae Cilicia uocatur Plin.*Nat*.19.128;—(*tr.*) (Seianus) ~pere paulatim militaris animos adeundo, appellando Tac.*Ann*.4.2; Apul.*Met*.7.1. **b** haec (*sc.* scabies) ubi coepit ~pere, sic intellegitur Col.7.5.6; necessaria ~psit uillicae cura 12.pr.10; haec lues..primum Ti. Claudi Caesaris principatu medio ~psit in Italiam Plin. *Nat*.26.3; specie salutari ~psisse (artem magicam) uelut altiorem..medicinam 30.2; quanta Tiberii arte grauissimum exitium (*i.e. state trials*) ~pserit Tac.*Ann*.1.73; cum utilitas pignorum ~pserit Ulp.*dig*.13.5.14.1.

4 (of a feeling, idea, or sim.) To instil itself gradually, steal (into the mind); (also tr.).

quot laetitias insperatas modo mi ~psere in sinum! Pompon.*com*.141; haec (eloquentia) modo perfringit, modo ~pit in sensus Cic.*Orat*.97; credulitas..in optimi cuiusque mentem facillime ~pit Planc.*Fam*.10.23.1; est quaedam dulcedo sermonis quae ~pit et eblanditur Sen.*Ep*.105.6; Quint.*Inst*.9.1.19; parentes..paruulos adsuefaciunt..lasciuiae et dicacitati, per quae..impudentia ~pit Tac.*Dial.* 29.2;—(*w. dat.*) iracundiam etiam eruditis hominibus et in alia sanis ~pere Sen.*Dial*.5.4.5; dolor..requiescenti animo tuo paulatim ~pet 11.8.1;—possint mouendos hominum animos qualicumque astu ~pere (sententiae) Gel.1.6.4.

irreposcibilis ~is ~e, *a.* **inr-.** [in-²+reposco+-bilis] That cannot be demanded back.

uidua..qualis nuptiis uenit, talis diuortio digreditur; nihil affert ~e Apul.*Apol*.92.

irreprehensus ~a ~um, *a.* **inr-.** [in-²+pple. of reprehendo] Not censured or deserving of censure, blameless.

~a dabat populo responsa petenti (Tiresias) Ov.*Met.* 3.340; tua..probitas ~a fuit *Tr*.5.14.22; (*perh.*) ~us (*most codd.* inrequietus) eques Ov.*Tr*.2.542.

irreptō ~āre ~āuī, *intr.* **inr-.** [in-¹+repto] (w. dat., etc.) To crawl or creep (into or over); (of plants) to spread or creep (over).

donec..suboles noua grexque proterius nunc umeris ~et aui Stat.*Silv*.3.1.178; (*w. acc. of destination*) uis Argos eat hostilisque Mycenas squalidus ~et? *Theb*.11.732;—(*of plants*) pampineum..iubes nemu ~are Lycurgo 4.386.

irrequiēbilis ~is ~e, *a.* **inr-.** [in-²+requiesco+-bilis] That cannot be set at rest.

stomachi uitium, quod cum siccitate..et ~i, ut ita dicam, et inextinguibili siti consistit Larg.105.

irrequiētus ~a ~um, *a.* **inr-.** [in-²+pple. of requiesco]

1 Taking no rest, tireless. **b** (of activities, etc.) not interrupted, unceasing.

~us Enipeus Ov.*Met*.1.579; ~a Charybdis 13.730; Calaici coniux..~a mariti Sil.3.353;—(*w. advl. force*) nec ulla cathedra est cui non mane feras ~us haue Mart.4.78.4; genium..potentem ~us ama Stat.*Silv*.5.1.188. **b** ab aeui sors mea principiis fuit ~a, pigetque actorum sine fine mihi Ov.*Met*.2.386; bella..cum multis ~a geris *Tr*.2.236; ~a..agitatio (*sc.* siderum) Sen.*Dial*.10.10.6; hanc..formam eius (*sc.* mundi) aeterno et ~o ambitu..circumagi Plin.*Nat*.2.6; ~as..lacrimas [Quint.]*Decl*.6.6.

2 Deprived of repose, unrested.

insomnem..hostem detinuit..ut postero die ~um facilius debellaret Fron.*Str*.2.9.1.

irresectus ~a ~um, *a.* **inr-.** [in-²+pple. of reseco] Uncut, unpared.

~um..Canidia rodens pollicem Hor.*Epod*.5.47.

irresolūbilis ~is ~e, *a.* **inr-.** [in-²+resolvo+-bilis] That cannot be loosened, indissoluble.

ut pares paribus ~i nexu iunguntur Apul.*Pl*.2.13.

irresolūtus ~a ~um, *a.* **inr-.** [in-²+pple. of resolvo] Not loosened, unrelaxed.

semel intentus..arcus..uincula semper habens inresoluta manet Ov.*Pont*.1.2.20.

irrestinctus ~a ~um, *a.* **inr-.** [in-²+pple. of restinguo] Not extinguished.

~a focis seruant altaria flammae Sil.3.29.

irrētiō ~īre ~iuī or ~iī ~ītum, *tr.* **inr-.** [in-¹+rete+-io²] To catch in or as in a net, entangle. (esp.) **b** (in fig. context) to ensnare, entangle (in temptations, difficulties, etc.).

cum paenula ~itus,..uxore paene constrictus esset Cic.*Mil*.54; haec (*sc.* Deianira) me ~iuit ueste furiali *Tusc.* 2.20; appellatas..esse (retas) a retibus, quod praetereuntes naues impedirent et quasi ~irent Bas. *gram*.2; inferius solum pluribus radicibus fit impeditum ac uelut ~itur Col.3.11.2; niueo frons (*sc.* cerui) ~ita capistro Calp.*Ecl*.6.39. **b** sic laqueis (*sc.* amoris)..mens ~ita est Lucil.990; quem corruptelarum inlecebris ~isses Cic.*Catil*.1.13; inlaqueatus..legum periculis, ~itus odio bonorum *Har*.7; ut..tuam..loquacitatem paucis meis interrogationibus ~itam retardarem *Vat*.2; si cantiunculis tantus ~itus uir (*i.e. Ulysses*) teneretur *Fin*.5.49; is..se adulescens inprouida aetate ~ierat erratis Cic.*Tusc*.5.62; quibus ille (*sc.* Socrates) modis..sophistas..~ire solitus? Fro.*Aur*.1.p.102(52N).

irretortus ~a ~um, *a.* **inr-.** [in-²+pple. of retorqueo] (of the eye) Not turned back.

quisquis ingentis oculo ~o spectat aceruos Hor.*Carm.* 2.2.23.

irretūsus ~a ~um, *a.* **inr-.** [in-²+pple. of retundo] Not blunted or dulled; (in quot. transf., of an acatalectic verse-ending).

~os exitus (*sc. of a verse*) Maur.307.

irreuerens ~ntis, *a.* **inr-.** [in-²+reverens] Not showing due regard, disrespectful.

~ns miles..a principali coercendus est Macer *dig*.49. 16.13.4; ~ntis ingenium peruicax oratoris [Quint.]*Decl.* 3ᵇ.6;—(*w. gen.*) ne quis (me) ut ~ntem operis argueret, quod recitaturus..negotiis non abstinuissem Plin.*Ep*.8.21.3.

irreuerenter, *adv.* **inr-.** [prec.+-ter²] Disrespectfully, insolently.

adulescentuli obscuri ad declamandum huc transierunt tam ~ et temere, ut.. Plin.*Ep*.2.14.2; maiores tuos ~ pulsasti totiens Apul.*Met*.5.30; *Apol*.86.

irreuerentia ~ae, *f.* **inr-.** [irreverens+-ia] Want of due regard, disrespect.

tantam uictoribus aduersus fas nefasque ~am fuisse ut gregarius..praemium a ducibus petierit Tac.*Hist*.3.51; qui iuuentutis ~am grauibus decretis notauissent *Ann*.3.31; 13.26;—(*w. obj. gen.*) tanta desidia, tanta..~a studiorum..est Plin.*Ep*.6.2.5.

irreuocābilis ~is ~e, *a.* **inr-.** [in-²+revoco+-bilis]

1 That cannot be summoned back.

(*of time*) quando ea saecla hominum..~is abstulerit iam praeterita aetas Lucr.1.468;—(*of missiles or sim.*) fulmina procellaeque et si qua alia ~ia sunt Sen.*Dial*.5.1.4; (Gradiuus) monstrum ~e belli (*i.e. his spear*) concutiens V.Fl.6.6;—(*in fig. phr.*) semel emissum uolat ~e uerbum Hor.*Ep.* 1.18.71; (*cf.*) dicendi uelocitatem ~em ac sine lege uadentem Sen.*Ep*.40.8.

2 (of a person) That cannot be held back from his purpose.

ruit ~e uolgus Luc.1.509; caecum rotat ~is ensem Stat. *Theb*.9.198; Domitiani..natura praeceps in iram, et quo obscurior, eo ~ior Tac.*Ag*.42.4; (*cf.*) ad mortem ~i constantia decucurrit Plin.*Ep*.3.7.2.

3 (of actions, events, etc.) That cannot be reversed or undone, irrevocable, unalterable.

potius quam spe uana euectus in cassum ~em se daret Liv.42.62.3; paenitentiam ~is praecipitatio abscidit Sen. *Dial*.3.7.4; nulli..tam ~es quam lymphatici metus sunt *Ep*.13.9; (fata) cursum ~em ingressa ex destinato fluunt *Nat*.2.35.2; Stygia aequora..obtestor, mansurum atque ~e uerbum Stat.*Theb*.1.291; donatio ~is Paul.*dig*.39.5.34.1.

4 (of things) That cannot be drawn back, irremovable.

calamis..spicula addunt ~i hamo noxia Plin.*Nat*.16.159; ancorae pondere ~i iactae 32.2.

irreuocātus ~a ~um, *a.* **inr-.** [in-²+pple. of revoco]

1 (of a performer) Not called back, not encored.

cum loca iam recitata reuoluimus ~i Hor.*Ep*.2.1.223.

2 That is not or cannot be held back from a purpose.

tradunt arma patres, rapit ~a iuuentus Stat.*Ach*.1.791; (*poet.*) dum tibi me uinctum mors ~a ueretur *Theb*.7.773.

irrīdenter, *adv.* **inr-.** [pple. of next+-ter²] Mockingly, scoffingly.

Laber.*com*.93.

irrīdeō ~dēre ~sī ~sum, *tr.* **inr-.** [in-¹+rideo] Forms: pres. inf. pass. *inridier* Caecil.*com*.74 (s.v.l.).

1 To laugh at, mock, make fun of (persons). **b** (things). **c** (w. *quod*-cl.). **d** (ellipt. or absol.).

per urbem ~debor Pl.*Capt*.785; *Per*.807; coepit ad id adludere et me ~dere Ter.*Eu*.425; legatos..ab Antonio despectos et ~sos Cic.*Phil*.8.32; *Att*.6.1.18; ~deamus haruspices, uanos..esse dicamus *Div*.1.36; Nep.*Han*.11.3; ~det credentes Ov.*Met*.8.612; Caecina ut..maculosum, ille ut tumidum..~debant Tac.*Hist*.2.30; *Ann*.2.2; Fro. *Aur*.2.p.58(142N). **b** laudari multo malo quam..meam speciem alios ~dere Pl.*Mos*.180; ut..senatus auctoritatem ~derent Cic.*Dom*.55; nomina..quae ~deri ab imperitis solent *Fin*.3.75; Caesar ~debat inanem ostentationem *B.Alex*.74.4; ~sam sine honore ratem Sergestus agebat Verg.*A*.5.272; ~dere Poeteli triumphum Tiburtes Liv.7.11.10; ~det..pia uota Lycaon Ov.*Met*.1.221; qui..securus nostra ~debas mala Phaed.1.9.9; socordiam eorum ~dere Tac.*Ann*.4.35; Apul.*Apol*.19. **c** Stoici..qui..~dent, quod ea..flagitiosa ducamus Cic.*Off*.1.128; Tac. *Ann*.12.8. **d** uerbero, etiam ~des? Pl.*Mos*.1132; ~des in re tanta neque me consilio quicquam adiuuas? Ter. *Hau*.982; qui illic eius modi est ut..omnes cum loqui coepit ~deant Cic.*Ver*.4.148; Liv.41.10.10; Sen.*Phoen*.521; 'mastrucam'..~dens Cicero ex industria dixit Quint.*Inst.* 1.5.8.

2 To have the laugh on, make a fool of.

hicquidem me numquam ~debit Pl.*Capt*.657; perdam potius quam sinam me inpune ~sum esse *Epid*.520; Ter. *Eu*.710; nec semel ~sus triuiis attollere curat fracto crure planum Hor.*Ep*.1.17.58.

irrīdiculē, *adv.* **inr-.** [in-²+ridicvle] Unwittily, unamusingly.

non ~ quidam ex militibus..dixit Caes.*Gal*.1.42.6.

irrīdiculum ~ī, *n.* **inr-.** [irrideo+-cvlvm] A laughing-stock.

ita ~o sumus ambo Pl.*Cas*.877; neque ab iuuentute inibi ~o habitae *Poen*.1183.

irrīdiculus ~a ~um, *a.* **inr-.** [as prec.+-cvlvs] Laughable, ludicrous.

uerba..~a uideri cogit animus semper aliquid inmensum exspectans Plin.*Nat*.28.20.

irrigātiō ~ōnis, *f.* **inr-.** [irrigo+-tio] The action of flooding, drenching, or sim.; (spec.) irrigation.

nitro ac sale adaggeratis..et peracto (opere) fluminis ~one dilutis Plin.*Nat*.36.81; cataclysmus, quod nos diluuium uel ~onem dicimus Hyg.*Fab*.153.1;—puluinos..quos ~ones et pluuiae tempestates abluunt Var.*R*.1.35.1; ~ones ..quibus fit multo terra fecundior Cic.*Sen*.53; agrorum ~ones *Off*.2.14; Ulp.*dig*.39.3.3.2.

irrigīuus ~a ~um, *a.* **inr-.** [next+-ivvs] (of land) Well-watered, irrigated.

pratum..~um Cato *Agr*.8.1; 50.1.

irrigō ~āre ~āuī ~ātum, *tr.* **inr-.** [in-¹+rigo]

1 To make wet with a flowing liquid, flood, drench, etc. (esp.) **b** to supply (land, plants) with water, irrigate. **c** (of rivers) to water (the adjoining country). **d** (transf.) to refresh or nourish (as with a supply of water).

Aonios specus, nympha quos super ~at frigerans Aganippe Catul.61.29; cum medios forte ludos circus Tiberi superfuso ~atus impedisset Liv.7.3.2; apparet per eas uenas, quae sub cute sunt, ~ari (oculos) Cels.7.7.15.d; etesiae..Aethiopiam continuis per id tempus aquis ~ant Sen.*Nat.* 5.18.2; effusus omnis ~et terras cruor Sen.*Thy*.44; mater..~at fletu genas *Phoen*.441; Circus Maximus ne diebus quidem ludorum..nisi aedilium..permissu ~abatur (*i.e. in order to lay the dust*) Fron.*Aq*.97;—(*poet.*) (sol) ~at assidue caelum candore recenti Lucr.5.282. **b** iugera l prati Caesius ~aturum facile te arbitrabatur Cic.*Q.fr*.3.1.3; Vitr. 10.4.2; siquis has (*sc.* platanos) circumfoderet, si ~aret Sen. *Ep*.12.2; (faenum) quod ~atum aquis elicitur Col.2.16.3; reclude canalem et sine iam dudum sitientes ~et hortos Calp.*Ecl*.2.97; Apul.*Met*.9.32; (*in fig. phr.*) (Democritus) cuius fontibus Epicurus hortulos suos ~auit Cic.*N.D*.1.120; (*humorously*) quem..ego hominem ~atum plagis pistori dabo Pl.*Epid*.121. **c** Aegyptum Nilus ~at Cic.*N.D.* 2.130; Laestrygonas..nobilis Artacie gelida quos ~at unda [Tib.]3.7.60; (Corsica) non magnis..fluminum alueis ~atur Sen.*Dial*.12.9.1; Luc.6.368; (*cf.*) ubi pinguia culta..Pactolus..~at auro Verg.*A*.10.142. **d** (*of food or drink*) ubi tu Leucadio..uino..aetatem ~es Pl.*Poen*.700; ~atus multo uenas nectare sero domum est reuersus titubanti pede Phaed.4.15(16).9; quod eius (*sc.* uentris) opera redactis in sanguinem cibis ~arentur (artus) Flor.*Epit*.1.17 (1.23.2);—(*of sleep*) fessos sopor ~at artus Verg.*A*.3.511; —(*of other things*) cum spiritus unus..~et orbem omnia peruolitans Man.2.65; ut studiosi iuuenes lectione seuera ~arentur Petr.4.3.

2 To cause (liquids) to flow (over land, etc.); (transf.) to diffuse, shed (a sensation).

amurcam spargas uel ~es ad arbores Cato *Agr*.36; aquam ~ato leniter in areas 151.4; ipse (*i.e. a gardener*)..figat humo plantas et amicos ~et imbris Verg.*G*.4.115; amnes undique ~auit (Iuppiter) Hyg.*Fab*.152.2; Neptunus iratus in eam terram mare coepit ~are uelle 164.2;—(*transf.*) quibus ille modis somnus per membra quietem ~et Lucr. 4.908; Verg.*A*.1.692; hoc..suco soporem hominibus per oculorum repagula ~a Fro.*Aur*.p.16(229N).

irriguus ~a ~um, *a.* **inr-.** [prec.+-vvs]

1 (w. pass. force) Provided with a constant supply of moisture, flooded, drenched, or sim.; (esp., of land, crops) well-watered, irrigated. **b** (poet., applied to the music of a water-organ). **c** (transf.) soused (in drink).

stagna..~a aestibus maritimis Liv.10.2.5; sanguine Dircen ~am Stat.*Theb*.4.375;—mores mali quasi herba ~a succreuere uberrume Pl.*Trin*.31; hortus ~us Cato *Agr*.1.7; prata ~a Var.*R*.1.31.5; Hor.*S*.2.4.16; Prop.1.20.37; ~os ruris campos Man.5.237; ~as perennibus aquis ualles Sen.*Ep*.104.15; Luc.4.296; Fron.*Aq*.76. **b** carmine..~o..cortina..imparibus numerosa modis canit *Aetna* 297. **c** ~um..mero sub noctem corpus habento Hor.*S*.2.1.9.

2 (w. act. force) Supplying with moisture, watering, irrigating; (also transf., of sleep).

~um. .bibant uiolaria fontem VERG.G.4.32; ~as. .aquas TIB.2.1.44; OV.Am.2.16.2; CALP.Ecl.2.49; (poet.) quae causa . .proxima quaeque ignibus ~is urat Aetna 28;—(transf.) hic satur ~o mauult turgescere somno PERS.5.56.

irrimō: see IRRVMO.

irrīsiō ~ōnis, *f.* **inr-.** [IRRIDEO+-TIO] Mockery, derision.
ne aut ~one aut odio digni putemur CIC.de Orat.2.205; tam grauem ciuitatem subiectam esse. .~oni tuae Vat.31; cum ~one audientium imitari militem gloriosum Off.1.137; PLIN.Nat.11.158; (in a speech) (exordiemur) ab aliqua re, quae risum mouere possit, ab apologo,. .ambiguo. .~one Rhet.Her.1.10.

irrīsor ~ōris, *m.* **inr-.** [IRRIDEO+-TOR] A mocker, scoffer.
~ores huius orationis CIC.Parad.13; dicebam tibi uenturos, ~or, amores PROP.1.9.1.

irrīsus ~ūs, *m.* **inr-.** [IRRIDEO+-TVS³] Mockery, ridicule; *~ui esse* (or sim.), to be a laughing-stock.
Gallum. .linguam. .ab inrisu exerentem producunt LIV. 7.10.5; reliqua. .quae dicit (Democritus),. .omittemus, praeterquam ubi ~u coarguent eum PLIN.Nat.28.114; QUINT. Inst.8.6.56;—(w. obj. gen.) quae. .scripsisse eos non sine. . ~u generis humani arbitror PLIN.Nat.37.124; nec defuit qui unum consulatus diem. .magno cum ~u tribuentis accipientisque eblandiretur TAC.Hist.3.37; Ann.13.15—(pred. dat.) suam uirtutem ~ui fore perdoluerunt CAES.Civ.2.15.1; TAC.Ann.14.39; sed nunc ~ui habita quid agam? APUL. Met.5.30.

irrītābilis ~is ~e, *a.* **inr-.** [IRRITO+-BILIS] Easily provoked, sensitive.
~is animos esse optimorum saepe hominum CIC.Att.1.17.4; ut placem genus ~e uatum HOR.Ep.2.2.102.

irrītābilitās ~ātis, *f.* **inr-.** [prec.+-TAS] Proneness to anger, irritability.
aliam (partem animae) excandescentiam uel ~atem APUL. Pl.1.18.

irrītāmen ~minis, *n.* **inr-.** [IRRITO+-MEN] = next.
dat munus raptae uelut ~en amoris OV.Met.9.133; taurus . .sua terribili petit ~ina cornu, Poeniceas uestes 12.103; opes, animi ~en auari 13.434.

irrītāmentum ~ī, *n.* **inr-.** [IRRITO+-MENTVM.] That which provokes, an incentive, stimulus, spur.
quibuscumque ~is poterat, iras militum acuebat LIV. 40.27.8; suspicio et coniectura, fallacissima ~a (i.e. to anger) SEN.Dial.4.24.1; subinde insulis impactus (Nilus), totidem incitatus ~is PLIN.Nat.5.54; alia ~a excogitantur ac bibendi causa etiam uenena concipiuntur 14.138; talibus ~is non longa cunctatio interponitur TAC.Ann.13.46;—(w. obj. gen.) neque salem neque alia ~a gulae quaerebant SAL.Jug.89.7; effodiuntur opes, ~a malorum OV.Met.1.140; ~um alienae libidinis V.MAX.4.5.ext.1; ut ~a uitiorum. .profugiamus SEN.Ep.51.5; fuit inter ~a inuidiae domus foro imminens TAC.Ann.3.9; ~um ueneris languentis JUV.11.167;—(w. ad) ad sollicitandam matronam. .~um SEN.Con.2.7.3.

irrītātiō ~ōnis, *f.* **inr-.** [IRRITO+-TIO]

1 Incitement (of a person) to some feeling or action, stimulation. **b** incitement to anger, provocation.
conspectus (sc. of a woman) superuacua ~one arcessitus V.MAX.6.3.10; inesse naturalem quandam ~onem animis commutandi sedes SEN.Dial.12.6.6; ad amicitiam fert illum (sc. sapientem). .naturalis ~o Ep.9.17; (feminae) nullis conuiuiorum ~onibus corruptae TAC.Ger.19.1;—(transf.) ~onem umoris obsceni (i.e. semen) SEN.Dial.4.3.2. **b** exercitus. .terram Atticam. .depopulatus cum omnis generis praeda. .rediit. et ~o quidem animorum ea prima fuit LIV.31.14.10.

2 (med.) Irritation, excitement (of a sensitive part).
tenesmos est ~o ultimae partis directi intestini LARG.142.

irrītātor ~ōris, *m.* **inr-.** [IRRITO+-TOR] An instigator, prompter.
cum ~or accessit, tunc illa animi bona ueluti sopita excitantur SEN.Ep.108.8.

irrītātus ~a ~um, *a.* *compar.* ~ior. **inr-.** [pple. of IRRITO] N.B.: possible exx. of the positive have been referred to IRRITO. Stimulated, aroused; (esp.) moved to anger, provoked, or sim.
quo sit quorundam male doctorum hominum. .inuidentia ~ior GEL.pr.20;—Taurus isto ipso defensionis genere ~ior 10.19.2; 15.9.7; (canes pastoricii) eo magis ~iores secuntur APUL.Met.9.36.

irrītō ~āre ~āuī ~ātum, *tr.* **inr-.** [IN-¹ +*rito (cf. perh. *orior*, Gk. ὀρίνω)] FORMS: *~assis* (= *~aueris*) PL.Am.454, Per.828, St. 345; *~āt* (= *~auit*) LUCR.1.70.

1 To move to anger, provoke, vex, annoy, etc.
si me ~assis, hodie lumbifragium hinc auferes PL.Am.454; St.345; ita sum ~atus animum ut nequeam ad cogitandum instituere TER.Ph.240; ui ~are ferroque lacessere fortissimum uirum CIC.Mil.84; VERG.A.10.644; nec plebem ~andam censuit (senatus) LIV.3.49.8; ferocissimum ex iis (sc. elephants) ~atum ab rectore suo 21.28.5; atrocitas poenae. .Graecarum ciuitatium animos ~auit 25.8.1; ~atus . .repulsa OV.Met.13.967; praecoqui gaudio uerita ~are fortunam CURT.4.15.11; ne peruicacia quorundam ~aretur animus nouo principatu suspensus TAC.Hist.4.8; is non ~ato hoste. .honestum pacis nomen segni otio imposuit Ann. 14.39; (w. aduersus) seruitii onus. .homines expertos aduersus notum malum ~atos esse LIV.24.22.1;—(prov.) ~abis crabrones PL.Am.707;—(cf.) ~ata canum cum. . mollia ricta fremunt LUCR.5.1063;—(poet.) cum fera diluuies quietos ~at amnis HOR.Carm.3.29.41;—(transf.) (sol) lacessit (aera) et ~at luce praemissa SEN.Nat.5.8.2.

2 To excite to some action or feeling, rouse, stimulate. **b** (esp. w. *ad* or *in*+acc.). **c** (transf.) to kindle (a flame); to stimulate (an organ).
neque magis ~atus esset Antonius regno Caesaris quam ob eiusdem mortem deterritus BRUT.ad Brut.1.16.3; poeta meum qui pectus inaniter angit, ~at, mulcet HOR.Ep. 2.1.212; hinc spes, hinc desperatio animos ~at LIV.21.8.8; his ~ati adhortationibus. .acriter proelium ineunt 27.12.13; naturam per se pronam ad misericordiam. .~et. .turba gratorum SEN.Ben.6.29.1; inuisum memoria delationum. . Marcelli nomen ~auerat Caecinam, ut. .magnis inimicitiis claresceret TAC.Hist.2.53; princeps qui delatores non castigat, ~at SUET.Dom.9.3;—(cf.) ~ant illos (sc. hominum oculos) et in se aduertunt, uolunt. .conspici SEN.Ep.114.21. **b** (w. ad) locum insignem memoria cladis ~aturum se potius ad delendam memoriam dedecoris LIV.6.28.8; ~ato ad bellum Syphace 29.32.14; hostem. .~at ad iram OV.Met. 8.418; non est ~andus animus ad auaritiam SEN.Ben. 3.14.4; ~andae ad discendum infantiae gratia QUINT.Inst. 1.1.26; SUET.Gal.20.2;—(w. in+acc.) ~are inimicum in mortem tuam cupies SEN.Suas.7.1; adulterio, in quod ~atus est ipsa difficultate SEN.Ep.97.11. **c** modis quibus ~ata repente flamma. .Aetnae fornacibus efflet LUCR.6. 680; sicco primas ~at cortice flammas OV.Fast.2.649;— ~ata tument loca (i.e. the genitals) semine LUCR.4.1045.

3 **a** To awaken, stimulate (a state of mind, feeling, etc.). **b** to provoke, bring on (an event).
a pueri. .licentiam potius esse ~atam quam repressam a Cicerone BRUT.ad Brut.1.17.1; (Epicurus) acrem ~at animi uirtutem LUCR.1.70; ingenium. .~et Musa poetis. . PROP.4.6.75; ad ~andam feritatem barbarorum LIV.28.33.2; uitia ~are uetando OV.Am.3.4.11; fugere. .debebit omnis quos ~aturos iracundiam sciet SEN.Dial.5.8.3; cetera quae cupiditates nostras ~ant Ep.76.17; pocula. .Eoa luxum ~antia gemma SIL.13.355; suspiciones militum ~abat TAC. Hist.3.4. **b** ~are est calamitatem, cum te felicem uoces PUB.Sent.I.12; remedio ~atur seditio LIV.6.16.7; 32.3.2; equites. .~ato proelio sponte refugi festinationem sequentium elicere TAC.Hist.2.24; ingenii uiolentia exitium ~auerat Ann.13.1.

4 To aggravate, make worse (a feeling, condition).
~atur. .retenta et crescit rabies OV.Met.3.566; hiemps. . quicquid in faucibus. .mali contrahitur, ~at CELS.2.1.9; tolli nihil nisi cacoethes potest: reliqua curationibus ~antur 5.28.2.C; multi, quos auxerant morbos et ~auerant . .non potuerunt discutere SEN.Ben.6.36.2; cum famem exiguo possint sedare, magno ~ant Dial.12.10.5; ne ~et et exasperet tussim Ep.78.5.

5 (med.) To irritate (something sensitive).
(cibo) molli. .utendum, ne. .dentes ~et CELS.6.9.1; cutis . .leui tactu ~atur 7.7.7.A; uulnus ~ant (cataplasmata) 7.26.5.D.

irritus ~a ~um, *a.* **inr-.** [IN-²+*ratus* (pple. of REOR)]

1 (leg.) Not ratified or valid, (made) null and void. **b** (in genl., of a deed, utterance, etc.) (treated) as if it had not been, cancelled, reversed, or sim.
id (iudicium) ~um iussit esse eumque iudicem falsum iudicasse iudicauit CIC.Ver.2.66; condemnatus est Polemocrates. .; ~ae uenditiones, ~ae proscriptiones Flac.74; testamentum ~um fecit Phil.2.109; omnia ab iis facta fecerat ~a (Sulla) VELL.2.43.1; uenisse patrum iussu qui ~a facerent quae per seditionem expresserant TAC.Ann. 1.39; 5.1; multa. .decreta (Claudii), ut insipientis. ., pro ~is habuit SUET.Nero 33.1; cum. .(testamenta) quae rumpuntur ~a fiant GAIUS Inst.2.146;—(neut. sg. as sb.) placet mihi in ~um reuocari quae gesta sunt SEN.Con. 9.3.11; largitiones. .factas. .in ~um uindicari non oportet TRA.Plin.Ep.10.111(112); possessio. .ad ~um reccidit PAPIN.dig.5.2.16.1. **b** istaec feci uerba (i.e. charges of adultery) uirtute ~a PL.Am.925; quod dictum indictumst; quod modo erat ratum ~umst TER.Ph.951; quae se. .dedit adulterio, illius. .dona leuis bibat ~a puluis CATUL.66.85; sceleris uestigia. .~a perpetua soluent formidine terras VERG.Ecl.4.14; foedus. .quod in arce Athenis sacratum fuisset, ~um per illos esse LIV.38.33.9; recte factum, quod ~um nulla uis efficit SEN.Ben.1.5.3.

2 (of promises, vows, hopes, or sim.) Not brought to fulfilment, empty, unrealized.
~a uentosae linquens promissa procellae CATUL.64.59; maledicta. .postmodo quae uotis ~a facta uelit TIB.2.5.102; nec ~am conditoris templi uocem esse qua laturos eo spolia posteros nuncupauit LIV.1.10.7; haud ~ae cecidere minae 6.35.10; si mea nota fides, ~a nulla (praemia) petes OV.Fast.3.386; haec. .signa dabunt non ~a pisces GERM.fr. 4.163; uotum tuum. .iniuriosum (est), etiam si ~um SEN. Ben.6.27.7; fuit spes ~a mundi posse duces. .damnare nefas LUC.5.469; STAT.Theb.10.45; pax et concordia speciosis et ~is nominibus iactata sunt TAC.Hist.2.20; prodigia. . crebra et ~a intercessere Ann.14.12; (w. dat.) (Pothinus) struit audax ~a fatis LUC.10.344; (cf., of a prophetess) quamuis decepto uates non ~a Phoebo STAT.Silv.5.3.175; —(neut. sg. as sb.) incensus Tarquinius. .dolore. .tantae ad ~um cadentis spei LIV.2.6.1; spem ad ~um redactam 28. 31.2.

3 (of efforts, activities, etc.) Leading to no result, ineffectual, unprofitable, etc.; *in ~um*, to no effect. **b** (of material things, esp. weapons); (of eggs) infertile. **c** (often w. advl. force).
me. .~a. .expertum fallacis praemia uulgi Ciris 2; ~a causa quae trepidat Aetna 519; Anxur. .postquam uis ~a erat uallo. .obsideri coeptum LIV.5.12.6; si ~o incepto abscederet obsidione 36.35.1; 37.17.1; 44.12.8; ~a Neptuno cur ego tura feram? OV.Pont.2.9.28; ~us labor uidebatur obstante natura CURT.6.6.26; illum. .~o dolore lugebis SEN. Dial.11.18.2; longa atque ~a militia fessis TAC.Hist.4.20; Albucilla ~o ictu ab semet uulnerata Ann.6.48; triduo. . per ~as altercationes absumpto SUET.Jul.23.1; (cf., transf. ep.) (Hannibal) respectans. .~a tecta (i.e. the town he had attacked in vain) SIL.12.106; (neut. pl. as adv.) ille. .~a frendit insurgens STAT.Theb.6.768;—demus, etiam si multa in ~um data sunt SEN.Ben.7.31.5; cecidisse in ~um labores TAC.Hist.3.53; Ann.15.39. **b** tela manu miseri iaetabant ~a Teucri VERG.A.2.459; fronte. .Rhoeti non ~a cuspis adhaesit OV.Met.5.38; has (sc. sagittas) numquam ~as mittes in hostem SEN.Her.O.1652; LUC.3.722; adamas. . uenena uincit atque ~a facit PLIN.Nat.37.61; manus frigore ~ae FRO.Ver.2.p.212(208N); (w. ad) numquam ad uastas ~a tela (sc. of Hercules) feras PROP.4.9.40; (w. dat.) ager. . aratro ~us, fecundior olivueto APUL.Fl.15;—tertium (ouum) ~um est; urinum uocant PLIN.Nat.10.158. **c** omnem. . locum. .uariis adsultibus ~us urget VERG.A.5.442; ~us ingenti scopulo fluctus adsultat SEN.Dial.5.25.3; ~a feritas (i.e. of a tiger) saeuit in litore PLIN.Nat.8.66; (auis) ~a concitat alas V.FL.6.264; di quos. .non ~us. .rogauit Oedipodes STAT.Theb.11.504.

4 (of a person) Disappointed in one's purpose, baffled; (often w. gen.).
uenit et a templis ~a turba domum TIB.2.3.22; debilibus pinnis ~us exit Amor OV.Rem.198; alter (puer). .domum non minus lassus quam ~us rediit SEN.Ben.6.11.1; ~is hostibus eoque desperantibus TAC.Ag.22.3; (legati) ~i remittuntur, cum donis tamen Ann.15.25; AMP.13.2;—~us consili gladio se ipse transfixit VELL.2.63.2; (Phrynen) propositi ~am dimist V.MAX.4.3.ext.3; ~us incepti SIL.12.51; ille ut ~us legationis redit TAC.Hist.4.32; (cf.) hasta. . emissae cui peruia semper. .corpora. .et numquam manus inrita uoti STAT.Theb.7.314.

irrōborascō ~ascere ~āuī, *intr.* **inr-.** [IN-¹ +ROBORASCO] To grow strong, take root.
~auit inueterauitque falsa. .uerbi significatio GEL.1.22.1.

irrōborō ~āre ~āuī ~ātum, *tr.* **inr-.** [IN-¹ +ROBORO] To strengthen, confirm.
mala enim consuetudo, diu ~ata, est inextinguibilis VAR. in Non.p.131M.

irrogātiō ~ōnis, *f.* **inr-.** [next+-TIO]

1 Demand (for someone's punishment).
quid ego ad id longam orationem comparem quod est in eadem multae ~one praescriptum. .? CIC.Rab.Perd.8.

2 Infliction (of a penalty or burden).
tarditatem. .soluendi dupli uel etiam quadrupli ~one multaret PLIN.Pan.40.5.

irrogō ~āre ~āuī ~ātum, *tr.* **inr-.** [IN-¹ +ROGO]

1 (esp. of the presiding magistrate at a *iudicium populi*) To demand, propose, call for (penalties, esp. fines, or sim.).
is diem dicam, ~abo multam PL.Capt.494; CIL 1.582.12; uetant XII tabulae leges priuatis hominibus (individuals) ~ari CIC.Dom.43; ut ne cui priuilegium ~ari liceret Sest.65; Leg.3.11; centum milium multa ~ata erat; bis de ea certatum est LIV.37.58.1; poenae. .mandatis principum ~atae FRON.Aq.3; CALP.Decl.34; (absol.) quom magistratus iudicassit ~assitue, per populum multae poenae certatio esto CIC.Leg.3.6.

2 To impose, inflict (punishments, injuries, burdens, etc.).
apparebit. .mala esse, si tantum malis ~auerit (deus) SEN.Dial.1.5.1; nemo nocens sibi ipse poenas ~at Her.O. 899; mitior solet poena ~ari uerecundiae QUINT.Inst.6.4.16; cui (sc. labori). .non plus ~andum est quam quod somno supererit 10.3.26; tamquam. .pudore sibimet ~aret mortem quam patri struxerat TAC.Ann.4.10; exilium. .accusatori ~atum 13.23; (tributum) illis ~atum est, his remissum PLIN.Pan.37.2; iubebat. .plagas mihi quam plurimas ~ari APUL.Met.9.15; si debitori deportatio ~ata est PAPIN.dig. 46.1.47; cuius fundo iniuria ~ata est PAUL.dig.43.11.3;— (w. in+acc.) imperia dira in ipsos. .~ant PLIN.Nat.2.21; placitum eandem poenam ~ari quam in Aruseium TAC.Ann. 6.7;—(of things) furti poena per legem XII tabularum dupli ~atur GAIUS Inst.3.190; crimen stellionatus infamiam ~at damnato ULP.dig.3.2.13.8.

irrōrō ~āre ~āuī ~ātum, *tr.*, (*intr.*). **inr-.** [IN-¹+RORO]

1 To moisten with dew, bedew. **b** (transf.) to moisten, besprinkle, water.
cum sole nouo terras ~at Eous VERG.G.1.288; sudores. . tamquam ~ato corpore oriuntur CELS.5.26.8; cum ~atis floribus thymi et cunilae. .apes mella conficiunt COL.9.14. 10; noctibus. .labrum operire conueniet, ne ~etur 12.22.2. **b** ter sumptis flumine crinem ~auit aquis OV.Met.7.190; ter caput ~at Fast.4.315; aceto ~anda. .spongia CELS.7.19.9; primitiis plantae. .praebeat imbres sedulus ~ans holitor COL.10.148; oculos. .natantes (sc. of someone dying) ~at lacrimis SIL.2.123; fluctus. .~at summas aspergine cristas 4.654.

2 (w. acc. and dat.) To pour or sprinkle like dew (upon).
inde ubi libatos ~auere liquores uestibus et capiti OV. Met.1.371; ipse sacrum ~ans patinae piper PERS.6.21; Bacchi. .liquorem ~at mensis turba SIL.11.302; (poet.) oculis. .quietem ~at (Somnus) 10.356.

3 (intr.) To drop moisture, rain (on).
extremo. .~at Aquarius anno VERG.G.3.304; saepe. .~at

(Iuppiter) pestifer COL.10.331;—(*of tears*) lacrimae..~ant foliis OV.*Met*.9.369.

irrubescō ~escere ~uī, *intr.* **inr-.** [IN-¹+RVBESCO] To become red, shine with a red light.

nondum ira calet, nec sanguine ferrum ~uit STAT.*Theb.* 6.231; ~uit caeli plaga sidere mixto 9.647; (*w. dat.*) tuus ut mihi uultibus ignis ~uit *Silv*.5.3.32.

irructō ~āre, *intr.* **inr-.** [IN-¹+RVCTO] To belch (into).

quid tu, malum, in os igitur mi ebrius ~as? PL.*Ps*.1295.

irrūgō ~āre ~āuī ~ātum, *tr.* **inr-.** [IN-¹+RVGO] To draw into folds or wrinkles.

undantem..sinum nodis ~at Hiberis STAT.*Theb*.4.266; ne aequor illud uentris ~etur GEL.12.1.8.

irrumābiliter, *adv.* **inr-.** [IRRVMO+BILIS+-TER²] Facet. adv. from IRRVMO.

CIL 4.1931.

irrumātiō ~ōnis, *f.* [IRRVMO+-TIO] The action of an *irrumator.*

pedicare cupis meos amores..frustra: nam..tangam te prior ~one CATUL.21.8.

irrumātor ~ōris, *m.* **inr-.** [IRRVMO+-TOR] One who submits to *fellatio.*

CATUL.10.12; *CIL* 4.1529.

irrumō ~āre ~āuī ~ātum, *tr.* **inr-.** [dub.] FORMS: *irrim-* *A.Epig*.39.162. To practise *irrumatio* on.

pedicabo ego uos et irrumabo CATUL.16.1; 74.5; *Priap.* 35.2; MART.2.47.4; 4.17.3;—(*transf.*) non ius in solio prius lauari quemquam..undis ne fouearis ~atis 2.70.3.

irrumpō ~umpere ~ūpī ~uptum, *intr., tr.* **inr-.** [IN-¹+RVMPO] CONSTS.: either intr. (commonly w. *in*+acc., less often w. dat. or other preps. as named) or tr.

1 To force one's way into, burst into (buildings, etc.). **b** (military objectives). **c** (more mildly) to rush suddenly or impetuously into; (also refl.).

(*intr., w.* in+*acc.*) uenit iste cum sago, gladio succinctus.. ~upit in aedes subito *Rhet.Her*.4.65; cum ille in saepta ~upisset..lapides iaciendos curasset CIC.*Mil*.41; SAL.*Jug.* 12.5; (*cf.*) aera et imagines, quae etiam me nolente in domum meam ~uperunt TAC.*Dial*.11.3; (*in fig. phr.*) cum regum sanguine implerint..adhibeant manus uectigalibus uestris, ~umpant in aerarium CIC.*Agr*.2.47;—(*w. dat.*) ~umpunt thalamo, comes additus una hortator scelerum Aeolides VERG.*A*.6.528; fit fragor ~umpunt foribus qui saeua ferebant imperia V.FL.1.819;—(*w.* ad) Cethegus.. libertos suos..orabat ut grege facto cum telis ad sese ~umperent SAL.*Cat*.50.2;—(*tr.*) moror ipsa ~umpere Thebas STAT.*Theb*.11.108; domum proconsulis ~umpunt destrictis gladiis TAC.*Hist*.4.50; *Ann*.1.48; bos arator decusso iugo triclinium ~upit SUET.*Ves*.5.4. **b** (*intr., w.* in+*acc.*) cum sensissent Syracusani improuiso eos in castra ~upisse CIC. *Div*.1.50; CAES.*Gal*.6.37.1; non posse milites contineri quin spe praedae in urbem ~umperent *Civ*.2.12.4; LIV.2.30.14;—(*w. dat.*) nec..sacris ~umpere muris, Poene,..dabitur SIL. 10.368;—(*absol.*) locum hostibus introeundi dedit, eaque Numidae cuncti ~upere SAL.*Jug*.38.6; per uallum, per fossas ~uperunt LIV.10.19.21; nonam legionem..adgressi.. caesis uigilibus ~upere TAC.*Ag*.26.1;—(*tr.*) Leptim oppidum oppugnare ac ui ~umpere conabatur *B.Afr*.29.2; SAL.*Jug.* 58.1; qui cursu portas primi ~upere patentis VERG.*A.* 11.879; *Ilias* 762. **c** (*intr., w.* in+*acc.*) uis..innumerabilis..repente e fornicibus ostiisque omnibus in scaenam.. ~upit CIC.*Har*.22; non nulli perterriti in oppidum ~umpunt CAES.*Gal*.7.70.6;—(*w.* intra) ~upit intra tecta cum trepidus mea..Nero [SEN.]*Oct*.732;—(*tr.*) coeptis immanibus effera Dido..interiora domus ~umpit limina VERG.*A*.4.645; pulsatae sonuere fores, quas..~upit Marcia LUC.2.328; (biremes) pontum ~umpere fretae longius STAT.*Theb*.6.23; ~umpit cubiculum meum mater PLIN.*Ep*.6.20.4; APUL.*Met.* 9.2;—(*refl.*) nauicularius semustilatus ~umpit se in curiam VAR.*Men*.411.

2 (of troops) To rush (in) on (an enemy). **b** to make an incursion into, invade.

(*intr., w.* in+*acc.*) cum..legio effrenatius in aciem hostium ~upisset CIC.*Phil*.14.26; in medios hostis ~upit CAES.*Gal*.7.50.5; CURT.3.11.9; (*transf.*) magna uis accusatorum in eos ~upit qui pecunias faenore auctitabant TAC. *Ann*.6.16;—(*w.* ad) Caesarem ad castellum..auide ~umpentem exterior ipse circumfusus corona obligauit FRON.*Str.* 3.17.4;—(*w. dat.*) laxati cunei, perque interualla..~upit trepidis hostis SIL.9.365;—(*absol.*) qui Rutulum in medio non agmine regem uiderit ~umpentem VERG.*A*.9.729; ita repente ~uperunt, ut sustinere impetum eorum Celtiberi nequirent LIV.41.26.4; cognoscit hostis pluribus agminibus ~upturos TAC.*Ag*.25.3;—(*tr.*) quae..pars hostium confertissima est uisa ~umpit CAES.*Gal*.5.44.4; (Chariouualda) hortatus suos ut ingruentis cateruas globo perfringerent, atque ipse densissimos ~umpens TAC.*Ann*.2.11. **b** (*intr., w.* in+*acc.*) si (Parthi)..~umpere in meam prouinciam conarentur CIC.*Fam*.15.2.1; Satibarzanem..cum equitum manu ~upisse rursus in Arios CURT.7.3.2;—(*absol.*) si Dacus Germanusque diuersi ~upissent TAC.*Hist*.3.46; Mardi.. contra..~umpentem montibus defensi *Ann*.14.23;—(*tr.*) ipse maioribus copiis Marsos ~umpit 2.25; Hiberi magnis copiis Armeniam ~umpunt 6.33.

3 To burst into (a place) without leave, trespass or intrude into. **b** to break in upon, interrupt (an activity).

(*intr., w.* in+*acc.*) iuuenes solitos..in hortos..~umpere ficosque deligere FEST.p.302M; (*transf. or fig.*) qui (*sc.* philosophi) in nostrum (*sc.* oratorum) patrimonium ~uperunt CIC.*de Orat*.3.108; in secreta ~umpere cupit (inperitissimus quisque) SEN.*Ep*.68.4;—(*w.* ad, *transf.*) ad prosopopoeias usque et ad suasorias..~umpunt (grammatici) QUINT.*Inst.* 2.1.2; non..~upisse ad inuitos sed accitum.., quando nobilitate ceteros anteiret TAC.*Ann*.11.17;—(*w. adv.*) nemus quo nulla ~umpit Erinys STAT.*Silv*.5.3.286;—(*absol.*) uir intrabo non adeunda uiro..dixit et ~upit OV.*Fast*.6.453; nemo ~umpet, nemo cogitationem meam impediet SEN.*Ep.* 80.1;—(*tr.*) sacrum amnem..~umpis STAT.*Theb*.9.343; (*transf.*) ~umpe deos et fata latentia uexa (*i.e. in prophesying*) *Ach*.1.508; an parum quod Veneti et Insubres curiam ~uperint..? TAC.*Ann*.11.23. **b** (*w.* in+*acc.*) in nostrum fletum ~umpes CIC.*Lig*.13;—(*tr.*) ne quis quietem eius ~umperet TAC.*Ann*.4.67.

4 (of things) To force a passage into, penetrate, or sim. **b** (of topographical features). **c** (of ideas, feelings, or sim.). **d** (of habits, qualities, etc.).

(*intr., w.* in+*acc.*) imagines extrinsecus in animos nostros per corpus ~umpere CIC.*Luc*.125; in omne (*i.e. the universe*) unde coorta queat noua uis ~umpere LUCR.2.306; in pedes, hoc est radices, ~umpit uis morbi PLIN.*Nat*.17.224;—(*w. adv.*) intestinum eo (*i.e. into the navel*) ~umpere CELS.7.14.1; —(*absol.*) non adhaerere ancoris, non exhaurire ~umpentis undas poterant TAC.*Ann*.2.23; (*cf.*) totidem..uidentur, quot ueniant fluctus, ruere atque ~umpere mortes OV.*Met.* 11.538;—(*tr.*) ignem..~umpere posse nubes et non exilire SEN.*Nat*.2.20.2; fragor conuexa ~umpit Olympi LUC.7. 478; iaculum, quod tegmine nudas ~upit costas SIL.5.450. **b** (*intr., w.* in+*acc.*) per Babyloniorum fines in Rubrum mare ~umpunt (Tigris et Euphrates) CURT.5.1.15; Singilis fluuius, in Baetim..~umpens PLIN.*Nat*.3.12; 6.36; quattuor regionibus ~umpit in terras (Oceanus) AMP.7.1;—(*tr.*) Pyrenaeus..in Britannicum procurrit oceanum; tum.. Hispaniam ~umpit MELA 2.85; (Rubrum mare) quas ripas inflexerat bis ~umpit 3.72. **c** (*intr.,* w. in+*acc.*) ut.. dominetur in adfectibus atque in pectora ~umpat QUINT. *Inst*.2.5.8;—(*w. adv.*) (adfectus) quocumque ~uperunt, plurimum ualent 3.5.2;—(*absol.*) nolumus..animum tabescere curis, quae tamen ~umpunt OV.*Tr*.5.1.78; ~umpunt ..optimi nonnunquam sensus quos neque inserere oportet neque differre tutum est QUINT.*Inst*.10.3.33;—(*tr.*) deinde ~umpit animum aliorum admiratio SEN.*Ben*.3.3.2; uana.. fama..~upit..animos populi LUC.1.470. **d** (*intr., w.* in+*acc.*) luxuries quam in domum ~upit CIC.*de Orat*.3.168; atrocitas..ista tua quo modo in ueterem Academiam ~uperit nescio *Luc*.136; ~upit uenae peioris in aeuum omne nefas OV.*Met*.1.128; hinc ambitum et largitiones.. in urbem sanctissimam..~upisse SEN.*Ep*.87.41; in ipsa capitis..pericula ~upit uoluptas (*i.e. from piquant speeches*) QUINT.*Inst*.4.2.122;—(*absol.*) fidem..amicitiam..alii per obsequium imminuent: ~umpet adulatio TAC.*Hist*.1.15;—(*tr.*) sic Eriphylaeos aurum fatale penatis ~upit STAT.*Theb.* 4.212.

irruō ~uere ~uī, *intr.,* (*tr.*). **inr-.** [IN-¹+RVO]

1 To rush or dash in; (also refl.). **b** (esp. fig.) to run headlong (into obstacles). **c** to intrude (into), encroach (upon); (also tr.).

fores effregit atque in aedis ~uit alienas TER.*Ad*.88; ui in tectum ~uunt CIC.*Tul*.34; si..tu repente ~uisses et clamare coepisses 'C. Caesar, caue credas..' *Lig*.14; VERG. *A*.2.757; patefactis..portis cum alii agmine ~uerent, alii..scanderent muros LIV.5.21.12; Galba ~uenti turbae neque aetate neque corpore resistens TAC.*Hist*.1.35; (*cf.*) ut ea (*sc.* uerba) non ~uisse in alienum locum sed immigrasse in suum diceres CIC.*Brut*.274;—(*refl.*) obsecro uide ne ille (*sc.* frater) huc..se ~uat TER.*Ad*.550. **b** ut..uiam qua ~uerent in ancipitia tela beluis darent LIV.30.33.3; unus ex his (*sc.* equitibus) ~uit in equum teque deiecit JAVOL.*dig.* 9.2.57;—(*in fig. context*) permulta sunt..in omni parte orationis circumspicienda, ne quid offendas, ne quo ~uas CIC.*de Orat*.2.301; quasi de industria in odium..populi Romani ~uere *Ver*.35; quem..iste in scopulum non incidit, quod in telum non ~uit? *Pis*.fr.4; in praeualidum imperii nostri mucronem..amens ~uisti V.MAX.2.2.5; alius (laborat) caeca ambitione et in gladios ~uente SEN.*Ben*.7.26.4; —(*w. dat.*) cladibus ~uimus nocituraque poscimus arma LUC.7.60. **c** quod in alienas possessiones tam temere ~uisses CIC.*de Orat*.1.41;—(*tr.*) duo cubicula ~uisti, duobus maritis iniuriam fecisti QUINT.*Decl*.310(p.222,l.8).

2 To throw oneself (on) with hostile intent, charge (at); (also tr.). **b** (transf.) to make an attack (with words or actions). **c** (of things) to topple down (on).

cum in aciem eorum ~uebant CIC.*Tusc*.2.59; armenta uidemus..~uimus ferro VERG.*A*.3.222;~uentibus..incaute in medium Romanis circumdedere alas LIV.22.47.8; tum optimates..~uere in Gracchum VELL.2.3.2; si adulescens.. ~uentem feram uenabulo excepit SEN.*Dial*.1.2.8; V.FL. 4.299; (Caesarem) Marco Bruto ~uenti dixisse: καὶ σὺ τέκνον SUET.*Jul*.82.2; (*poet.*) undique in me saeua Fortuna ~uit SEN.*Oed*.786; (*w. ref. to sexual assault*) iam magis adpropero, magi' iam lubet in Casinam ~uere PL.*Cas*.890;—(*w. dat.*) ille..hostilis saltu maiore per undas ~uit attonitis STAT.*Theb*.9.233;—(*tr.*) tres quidam uegetes..fores nostras ex summis uiribus ~uentes APUL.*Met*.2.32. **b** Torquatus rursus in me ~uit, me accusat CIC.*Sul*.40; tribunus plebis qui..omni impetu furoris in eum ciuem ~uerit *Dom*.119; aequabiliter in rem publicam, in priuatos..~uebat *Mil*.76; in..appellationem et tribunicium auxilium patricii confugerunt; postremo repulsi inde..in nos ~uerunt LIV.9. 26.17. **c** (*in fig. phr.*) non potes supsistere: itaque in te ~uont montes mali PL.*Epid*.84.

irruptiō ~ōnis, *f.* **inr-.** [IRRVMPO+-TIO]

1 The action of bursting in, violent or forcible entry. **b** (of natural forces).

in popinam, pedisequi, ~onem facite PL.*Poen*.42; ~onem armatorum in Treboni domum CIC.*Phil*.11.7; caedes ..omnium circa portam primo, deinde ~one facta etiam in urbe fieri coepta est LIV.24.19.9; V.MAX.4.7.6; APUL.*Met.* 3.2. **b** statim undique..aquarum fiet ~o SEN.*Nat.* 3.30.5; 6.2.6; si ~one fluminis fines agri confudit inundatio ULP.*dig*.10.1.8.

2 (mil.): **a** Assault (on a city or fortified position). **b** incursion, inroad.

a triarii Romani qui primam ~onem sustinere non potuerant LIV.2.47.5; de ~one ex diuersa parte quam exspectabimur FRON.*Str*.3.9; non scalis nec ~one, sed.. subterraneis dolis peractum urbis excidium FLOR.*Epit*.1.6 (1.12.9). **b** cum hostium copiae non longe absunt, etiam si ~o nulla facta est CIC.*Man*.15; quod Parthorum ~onem nihil mutata..constantia pertulissent TAC.*Ann*.3.62; (*cf.*) regem..nihil tale metuentem subita belli ~one deprehendit (populus R.) FLOR.*Epit*.1.28(2.12.5);—(*of wild beasts*) decus habebatur submota campis ~o ferarum PLIN.*Pan*.81.2.

irruptus ~a ~um, *a.* **inr-.** [IN-²+pple. of RVMPO] Unbroken, unsevered.

quos ~a tenet copula nec malis diuulsus querimoniis.. soluet amor HOR.*Carm*.1.13.18.

irtiolus ~a ~um, *a.* **itriolus.** [perh. from gentile name *Hirtius*, if first form is the correct one] The name of a kind of vine.

α has (uites) nuper mihi cognitas, Pergulanam dico et ~am (*v.l.* hirtiolam) COL.3.2.28. β ~a Vmbriae Meuanatique et Piceno agro peculiaris est PLIN.*Nat*.14.37.

irundō: see HIRVNDO.

Īrus (~os) ~ī, *m.* The name of a beggar in the Odyssey.

Dulichio non distat Croesus ab ~o PROP.3.5.17; OV.*Ib.* 415; miserabilis ~os MART.6.77.1;—(*as the embodiment of poverty*) ~us et est subito, qui modo Croesus erat OV.*Tr.* 3.7.42; tu..pallidus magis buxo ~us tuorum temporum MART.12.32.9.

is ea id, *pron. and pron. adj.* [cf. Osc. *iz-ic*, Goth. *is*] FORMS, ORTHOG.: nom. sg. masc. *eis CIL* 1.593.9. Nom. or acc. neut. *it CIL* 1.594.1.3.3, etc. Acc. masc. *im Lex XII* (*Font. iur*.pp.31,37); *em Lex XII* (*Font.iur*.p.17), CATO *orat*.127; *ium CIL* 1.401. Gen. *eiius* PL.*Am*.198, *Cas*.603, *CIL* 2.1964.1.41, etc. Dat. *eiei CIL* 1.583.12; *eei CIL* 10.1453.10; *iei CIL* 1.592.2.12; also fem. *eae* PL.*Mil*.348, CATO *Agr*.46.1,142. Abl. *eod CIL* 1.366; fem. *ead CIL* 1.581.24. Nom. pl. masc. usu. *ei* or *ii*, also *i* PL.*Mil*.385, QUAD.*hist*.15, CIC.*Tusc.* 5.104, etc.; *eei CIL* 10.1453.8; *iei CIL* 1.401, VAR.*L*.9.2; *eis CIL* 1.582.16; *eeis CIL* 1.581.4; *is* PAC.*trag*.221; *ieis CIL* 1.698.3.12. Gen. pl. *eum CIL* 1.593.52, PAUL.*Fest*.p.77M. Dat., abl. pl. usu. *eis* or *iis*, also *is* PL.*Mil*.732, PAC. *trag*.24, CIC.*Tusc*.1.5, etc.; *eeis CIL* 1.581.5; *eieis CIL* 1.586.11; *ibus* PL.*Mil*.74, TITIN. *com*.59; fem. *eabus* CATO *Agr*.152, HEM.*hist*.32. PROS.: gen. sg. reg. *ēius*, *ĕius* (as iambic) PL. *Poen*.882. Dat. sg. *ēī* freq. in PL. and TER., also LUCR.2.1136; *ĕī* OV.*Hal*.34, GERM.*Arat.* 457, MAUR.695, etc.; *ei͡* PL.*Capt*.428, CATUL. 82.3, *CIL* 3.10501; *ībus* LUCR.2.88.

A (as adj.).

1 (ref. back to a person or thing previously mentioned or implied) This, that. **b** (resuming after rel. or other cl.).

dic bona fide: tu id aurum non surrupuisti? PL.*Aul*.772; quis is est homo? *Cur*.581; moritur..senex..ea ad hos redibat lege hereditas TER.*Hec*.172; Aetolos pacem uelle: de ea re oratores Romam profectos CATO *orat*.71; domus.. est euersa atque in eo loco aedis posita Telluris CIC.*Dom.* 101; in Rutenos missus eam ciuitatem Aruernis conciliat CAES.*Gal*.7.7.1; causam capitis semel dixit..eoque iudicio est absolutus NEP.*Iph*.3.3; fama erat magnum naualem apparatum eo anno Carthagine esse LIV.27.22.8; TAC.*Hist.* 4.79; GEL.5.6.17;—(*w. a proper name*) Agathinus..et Dorotheus, qui habebat in matrimonio Callidamam, Agathini eius filiam CIC.*Ver*.2.89; SAL.*Cat*.19.3; GEL.1.4.2. **b** imperium quod plebes..dederat, id abrogatum est ANNIUS *orat*.5; ut oratio, quae lumen adhibere rebus debet, ea obscuritatem..adferat CIC.*de Orat*.3.50; hoc quaero, num P. Sestium, qua lege accusandum..fuisse negas, ea lege condemnari putes oportere? *Vat*.41; ut scires eum a me.. amari, ob eam rem tibi haec scribo *Fam*.13.47; recentes.. fossiciae cum in structuris tantas habeant uirtutes, eae in tectoriis ideo non sunt utiles VITR.2.4.3; LIV.24.46.1; nec, quo..deiecerat igne Typhoea, nunc armatur eo OV.*Met.* 3.304; VELL.2.90.4.

2 (foll. by various defining cls., etc.) The particular, that: **a** (w. relative cls.). **b** (w. sb. or advl. cls.). **c** (w. direct statement) the following.

a hasce epistulas..ab eo homine me accepisse quem ego qui sit homo nescio PL.*Trin*.849; ea res quam ego dico CIC.*Ver*.3.203; ut eo tempore acciperem litteras quo non exspectarem *Att*.13.43; nec audiendus..Strato is qui physicus appellatur *N.D*.1.35; is collis ubi castra posita erant CAES.*Gal*.2.8.2; ea quae secuta est hieme..Germani.. Rhenum transierunt 4.1.1; P. Scipioni..cum ea classe quam habebat prorogatum..imperium est LIV.29.13.3; QUINT. *Inst*.6.3.47; GEL.1.4.2. **b** in eum haec reuenit res locum, ut quid consili dem meo sodali..nesciam PL.*Bac*.606; ea gratia simulaui uos ut pertemptarem TER.*An*.587; ei rei dant operam ut mihi falso maledicatur CATO *orat*.25; in eo statu ciuitas est ut..omnes idem..sensuri esse uideantur CIC.*Sest*.106; Germani..eo consilio Rhenum transierant ut Ambiorigis finis depopularentur CAES.*Gal*.6.42.3; pacem.. iis legibus constituerunt, ut Athenienses mari duces essent NEP.*Timoth*.2.2; id..eo nomine opus est, ne..calculus intus effugiat CELS.7.26.2.L. **c** (da mihi) uiginti minas; atque ea lege: si alius ad me prius attulerit, tu uale PL.*As*.231; idem significat Graecus ille in eam sententiam uersus: 'quod fore paratum est..' CIC.*Div*.2.25; in ipsis..moenibus ea erunt principia. primum electio loci saluberrimi.. VITR.1.4.1; uti consules..rem diuinam facerent..cum precatione ea: 'quod senatus..' LIV.31.5.3.

3 (expr. nature or sim. rather than identity) Of that kind or degree, such.

Hilurica facies uidetur hominis, eo ornatu aduenit PL. *Trin.*852; non sum..ego is consul qui..nefas esse arbitrer Gracchos laudare CIC.*Agr.*2.10; Pompeius, eo robore uir, iis radicibus, Q. Cassium sine sorte delegit *Att.*6.6.4; ea tempora nostra sunt ut ego iis mederi non possim 10.11.1; in ea loca erat deductus, ut inuito Eumene elabi non posset NEP.*Eum.* 4.3; ita Dinocrates..ad eam nobilitatem peruenit VITR. 2.pr.4; uix spatium instruendi fuit; eo cursu hostes in proelium uenerunt LIV.31.21.6; OV.*Tr.*3.13.19; si ea uis fuerit epiphorae, ut non cedat uno die LARG.20; QUINT. *Inst.*10.1.114.

4 *id genus, eius modi,* Of that kind (see GENVS[1], MODVS).

B (as pron.).

5 (ref. back to a person or thing previously mentioned or implied) He, she, it. **b** (neut.) that fact, event, action, statement, etc. **c** (used instead of refl. pron.).

ego et Menaechmus et parasitus eiius PL.*Men.*222; tun es Ballio? — ego enim uero is sum *Ps.*979–80; Samia mihi mater fuit: ea habitabat Rhodi TER.*Eu.*107; facito scopas uirgeas..eabus latera doliis..perfricato CATO *Agr.*152; (simulacrum) fuit..perantiquum.., id sustulit CIC.*Ver.* 4.109; ut hominum studia complectamur eaque teneamus *Off.*2.19; in Aeduorum finis peruenerant eorumque agros populabantur CAES.*Gal.*1.11.1; classem..comparauit eique Datim praefecit NEP.*Milt.*4.5; quae sit natura boni summumque quid eius HOR.*S.*2.6.76; si..exesus est dens, festinare ad eximendum eum..non est necesse CELS.6.9.5; qui cum Aristophontem..interrogasset, an is..rem publicam proditurus esset, isque id negasset QUINT.*Inst.*5.12.10; gregarius miles..caput ei amputauit SUET.*Gal.*20.2; GEL. 17.8.5;—(*oblique cases rare in elevated poetry*) inueni, germana, uiam..quae mihi reddat eum (*sc. Aeneas*) uel eo me soluat amantem VERG.*A.*4.479; 5.239;—(*w. the antecedent implied, but not expressed*) erile scelus me sollicitat, eiius me inpietas male habet PL.*Rud.*198; Massiliam peruenit atque ab eis receptus urbi praeficitur CAES.*Civ.*1.36.1; haec.. difficulter medicantur,..quod defatigatis morbo uiribus eorum aer..est molestus VITR.1.6.3;—(*attracted into gender of pred.*) Lutetiam proficiscitur. id est oppidum Parisiorum CAES.*Gal.*7.57.1; consulatum superesse plebeiis; eam esse arcem libertatis, id columen LIV.6.37.10; neque credendum est, si..miserabiliter loquitur, quoniam is dolus insanientis est CELS.3.18.4; TAC.*Hist.*2.84;—(*w. ref. to first person*) egomet credidi homini docto rem mandare, is lapidi mando maxumo PL.*Mer.*632. **b** quid nunc es facturus? id mihi dice PL.*Bac.*716; exegit uirum ab se.— qui id facere potuit? *Mil.*1277; dies triginta aut plus eo in naui fui TER.*Hec.*421; census es mancipia Amynta neque huic ullam in eo fecisti iniuriam CIC.*Flac.*80; in Graecia musici floruerunt, discebantque id omnes *Tusc.*1.4; ne soli relinquerentur atque ex eo quid sensissent iudicaretur *B.Alex.*54.3; nox iam appetebat; id prohibuit munimenta adoriri LIV.8.38.3; frangit se (Araxes)..ad opposita cautium, atque ob id ingenti cum murmure..deuoluitur MELA 3.40; TAC.*Ann.*2.42;—(*pl.*) dum ea geruntur CAES.*Gal.*4.32.1; VERG.*A.*7.540; obticuit, tamquam si ea omnia..in eum ipsum dicta essent GEL.1.2.13. **c** hoc ipsum mercede faciunt, ut fides iis sit CATO *Fil.*1(J); factum Solonis, qui, quo..tutior eius uita esset.., furere se simulauit CIC.*Off.*1.108; persuadent..finitimis suis uti.. una cum eis proficiscantur CAES.*Gal.*1.5.4; nequid nouum in eas rogetur recusant (mulieres) LIV.34.3.3; HYG.*Fab.*74.2.

6 (picking up the subj. or obj. of a sent. after an intervening cl.). **b** (for emphasis, colloq., immediately foll. the sb. to which it refers). **c** (resuming after a rel., sb., or advl. cl., etc.). **d** (used to avoid repeating a rel. pron. when the antecedent is the same). **e** (w. adjs.) one, such.

homo si fulmine occisus est, ei iusta nulla fieri oportet *Lex Reg.*(*Font.iur.*p.8); omnia illa, quae dicebas tua esse, ea memorares mea PL.*Poen.*391; Publiusne Clodius, qui ex pontificis maximi domo religionem eripuit, is in meam intulit? CIC.*Dom.*104; *Tusc.*3.71; arma..quae fixa in parietibus fuerant ea sunt humi inuenta *Div.*1.74; urbem nouam conditam ui et armis, iure eam legibusque..condere parat (Numa) LIV.1.19.1; H litteram siue illam spiritum magis quam litteram dici oportet, inserebant eam ueteres GEL.2.3.1. **b** pater tuos, is erat frater patruelis meus PL. *Poen.*1069; amicos domini, eos habeat sibi amicos CATO *Agr.* 5.3; ager si nebulosus est..raphanos, milium..id maxime seri oportet 6.1; tuus..dolor humanus is quidem sed.. moderandus CIC.*Att.*12.10; urbana plebes, ea uero praeceps erat SAL.*Cat.*37.4; docuit unum ex his eum esse poetam VITR.7.pr.7. **c** bonine an mali sint, id hau quaeritant PL.*Men.*575; ego me non tam astutum..esse id scio TER. *Hau.*874; qui multa simul incipit neque perficit, is festinat CATO *orat.*72; quando utendum sit..narratione, id est consili CIC.*de Orat.*2.330; ne hostis appelletur..id laborat, id metuit *Sul.*88; quod ad perniciem suam fuerat cogitatum, id ad salutem conuertit NEP.*Dat.*6.8; LIV.26.33.14; GEL. 5.18.5;—(*w. ref. to first pers.*) nos quorum maiores..uicerunt, ei nullo in loco..pares esse poteramus CIC.*Man.*55; ut qui primus bellum intuli populo Romano..is ultro ad pacem petendam uenirem LIV.30.30.3. **d** omnes..qui nec extra urbem..uixerant neque eos aliqua barbaries..infuscauerat CIC.*Brut.*258; species..quaedam, quam intuens in eaque defixus..manum dirigebat *Orat.*9; QVI PLVRIBVS IN MVNICIPIEIS..DOMICILIVM HABEBIT ET IS ROMAE CENSVS ERIT *CIL* 1.593.157; qui..aut ipsi aut parentes eorum apud hostes essent LIV.26.34.6. **e** caseus, qui uehementior.. fit..ea mutatione, quam in eo transmarino uidemus CELS. 2.30.2; ciuica (corona) iligna primo fuit..XIIII eas accepit Siccius Dentatus PLIN.*Nat.*16.14; libris Sibyllinis..dominatio dari tribus Corneliis dicebatur, seque eum tertium esse credebat (Lentulus) post Sullam Cinnamque QUINT.*Inst.* 5.10.30.

7 (w. *et*, *-que* or other conjs., used in introducing a qualification or amplification of a previous sb. or phr.) And that.., and he.., or sim.

leges..sunt ueteres neque eae consulares CIC.*Agr.*2.21; cum hoc..decertandum est, idque confestim *Phil.*5.33; seueritatem..probo, sed eam..modicam *Sen.*65; non satis copiarum habebat et eas tironum *B.Afr.*5; nec recito..nisi amicis, idque coactus HOR.*S.*1.4.73; se hominis res gestas, et eius iuuenis, cum populi iam octingentesimum bellantis annum rebus conferre LIV.9.18.9; CELS.2.28.2; est et alius ex historiis usus et is quidem maximus QUINT.*Inst.*10.1.34; SUET.*Gal.*22; GEL.17.8.7

8 (neut. sg. foll. by an explanatory sb. cl., etc.). The particular fact, circumstance, etc. (that). **b** (foll. by direct statement) the following.

audes mihi praedicare id, domi te esse..? PL.*Am.*561; nunc id est quom (*i.e. now is the time when*)..praesidi uiduitas nos tenet *Rud.*664; id subito perdolitum est cuidam Tito Manlio..tantum flagitium ciuitati accidere QUAD.*hist.* 10b; omnes id fore putabunt ut miser..uirgis caederetur CIC.*Ver.*4.86; Graecos in eo reprendit quod mare tantum secuti sint *Att.*6.2.3; cum id agerent ne ciues..decertarent CAES.*Civ.*3.19.2; callidus id..festinabat, Bocchi pacem imminuere SAL.*Jug.*81.4; cum..dextram amplectens in id ne cui Romano traderetur fidem exposceret LIV.30.12.17; 32.30.7; uiri in eo culpam si femina modum excedat TAC. *Ann.*3.34; id..ait quaeri dignum, cur..mare omne incongelabile sit GEL.17.8.16. **b** credo, id cogitasti: 'quiduis satis est dum uiuat modo' TER.*Hau.*641; atque id etiam de Cicerone dicit: 'non miror', inquit.. GEL.12.2.5;—(*attracted into gender of pred.*) ea stultitiast, facinus magnum timido cordi credere PL.*Ps.*576.

9 (foll. by a rel. cl.) The one, he, that. **b** *id quod..*, often introd. a parenthetic remark; *id quod est* (*erat*), as is (was) the case.

ut id quod quaerant inueniant PL.*Rud.*874; haec east quam miles..ereptum uenit TER.*Eu.*752; ea dicimus, quae nescimus ipsi CIC.*de Orat.*2.30; depelli de loco necesse est eum qui deiciatur *Caec.*49; ut redeam ad id unde coepi *Fam.* 13.15.3; fortasse mirabuntur i, qui multa uentorum nomina nouerunt VITR.1.6.9; CELS.3.18.4; eorum, quos uiderim, longe princeps Pomponius Secundus QUINT.*Inst.*10.1.98; GEL.5.19.3; (*cf. sense 7*) adfectus..praecipueque eos, qui sunt dulciores,..nemo historicorum commodauit magis QUINT.*Inst.*10.1.101;—(*w. ref. to first person*) haec omnia is feci qui sodalis..Dolabellae eram CIC.*Fam.*12.14.7; SEN.*Ep.* 63.14;—(*foll. by part. gen.*) eos..sumptuum societati imputabit qui in eam rem impensi sunt ULP.*dig.*17.2.52.15;—(id quod est, *introd. a word wh. is itself made the object of thought*) sic ab eo, quod est 'robur', 'roboris' fieri, quo modo ab eo, quod est 'miles'..'militis' QUINT.*Inst.*1.6.24; GEL.2.17.10; ama, id quod decet, rem tuam PL.*Truc.*712; TER.*Hec.*457; alter, id quod meminero, semper..mihi amicus fuit CIC. *Pis.*80; senatus haberi ante K. Februarias, id quod scis, non potest *Fam.*1.4.1; belli peritus fuit et, id quod in tyranno non facile reperitur, minime libidinosus NEP.*Reg.* 2.2; QUINT.*Inst.*10.1.84;—tribunis..ratis, id quod erat,.. deposita causa leuiorem futurum apud patres reum LIV. 4.44.7; SEN.*Suas.*6.17.

10 (expr. nature or sim. rather than identity) The sort (or degree of person or thing, such a one.

neque..is es, Catilina, ut te aut pudor..aut ratio a furore reuocarit CIC.*Catil.*1.22; cur..ea probas..quae sint inimica..dignitati tuae? *Phil.*10.3; ego is in illum sum quem tu me esse uis *Att.*7.8.1; 11.12.3; CAES.*Gal.*5.30.2; P... Volumnio ea tribuit, ut plura a parente proficisci non potuerint NEP.*Att.*9.4; LIV.44.22.11.

11 *id est,* That is, that is to say.

heminas (uini) in dies (bibant), id est in mense congios IIS CATO *Agr.*57; ASEL.*hist.*1; si..hanc Latinis, id est foederatis, uiam ad ciuitatem..patere passi sunt CIC.*Balb.*54; dum ero Laodiceae, id est ad Idus Maias *Att.*6.1.24; membra omnia, id est epistylia, zophora, coronae.. VITR.3.5.13; orabant ut ..saluti suae id est publicae parceret CURT.9.6.15; PLIN. *Nat.*2.32; quidam haec..uocant ἐκβάσεις, id est exitus QUINT.*Inst.*5.10.86; SUET.*Gal.*3.1.

12 (neut. foll. by gen.): **a** That amount or degree (of); *id aetatis* (usu. as attrib. phr.), of or at that time of life. **b** that point or detail (of, sts. as a mere periphrasis); (esp.) *id temporis* (*diei*), that time of day; (advl.) at that time of day: also, at that time or season.

a id quod in praesentia uestimentorum fuit arripit NEP. *Alc.*10.5; Flaminius..id tantum hostium quod ex aduerso erat conspexit LIV.22.4.4; ad id uentum inopiae est, ut.. 23.19.13; in id furoris processerat, ut.. VELL.2.80.2; nec id nobis uirium erat quod..diuideretur TAC.*Ann.*13.41; (*in attributive phr.*) Romanorum nemo id auctoritatis aderat ut.. 12.18;—neque puduit eum id aetatis sycophantias struere PL.*As.*71; se in balneis cum id aetatis filio fuisse CIC.*Clu.*141; id aetatis iam sumus ut omnia..fortiter ferre debeamus *Fam.*6.20.3; LIV.10.24.6; TAC.*Ann.*5.9. **b** quibus id consili fuisse cognouerint ut..se circumsisterent CAES.*Gal.*7.5.5; qui sibi id muneris depoposcerant *Civ.* 1.57.1; postquam ad id loci..uenerunt SAL.*Cat.*45.3; *Jug.* 75.7; id negotii datum..ut iuuentus tribuniciam potestatem ..tolleret LIV.3.15.3; cum ad id moris eius insueta expauisset..Fabia 6.34.6; cur..ea gens id nominis usurpauerit VELL.1.3.2; legatis id honoris datum TAC.*Ann.*13.54;—nunc ..quoniam est id temporis, surgendum censeo CIC.*de Orat.* 2.367; *Ver.*2.96; ad id diei, ubi iam uesperauerat GEL.17.8.1; —quae necessitas eum tanta premebat ut..id temporis Roma proficisceretur..? CIC.*S.Rosc.*97; *Mil.*54; LIV.1.50.8; —ubi classis P. Sitti id temporis erat *B.Afr.*96.1; Armeniam petiuit, id temporis importunam, quia hiems occipiebat TAC. *Ann.*12.12; 16.15.

13 a *id* (internal acc.) For that reason, on that account; (also, w. final cls.) for that purpose. **b** (in part. gen.) *nihil eius* (and sim.), none (any, etc.) of that; *quod eius fieri potest* (and sim.), as far as possible. **c** *eā*, by that way (see EA[2]); *eo*, for that reason, by that degree (see EO[3]); also, thither (see EO[2]).

a id misera maestast sibi eorum euenisse inopiam PL. *Rud.*397; idne irascimini, si quis superbior est quam nos? CATO *orat.*168; cum..id..me gaudere dixissem CIC.*Fam.* 15.2.5; id furere..quod se Q. Fabius magistrum equitum duxerit LIV.8.31.4; (*w.* quod) omnes simul laetae exclamant 'uenit', id quod me repente aspexerant TER.*Hec.*368;— id nos ad te, si quid uelles, uenimus PL.*Mil.*1158; TER.*An.* 414; (*w.* ut) id huc reuorti uti me purgarem tibi PL.*Am.* 909; quem ego credo..obnixe omnia facturum, magis id adeo mihi ut incommodet quam.. TER.*An.*162; *Eu.*1005. **b** QVO MINVS EA..FIANT, EIVS HAC LEGE NIHILVM ROGATVR *CIL* 1.589.2.30; me, si quid eius facere uellem, non domi meae potius facturum fuisse APUL.*Apol.*58;—ut, quod eius fieri possit, idonea quam maxime causa..uideatur CIC.*Inv.* 2.20; uelim ne intermittas, quod eius facere poteris, scribere ad me *Att.*11.12.4; *Fam.*3.2.2; Q.CIC.*Pet.*36.

14 (in various phrs. w. preps.): **a** *ab eo abesse* (impers.) *quin, ut*, to be distant (from a condition, event, etc.). **b** *ad id*, up to that time; for that purpose. **c** *aduersus ea* (the *ea* app. to be taken in some cases as the abl. fem. sg.), in opposition to that law or sim.; *contra ea*, in contradistinction, on the other hand. **d** *cum eo quod* (*ut*, etc.), with the proviso that; not to mention the fact that. **e** *ex eo*, since then. **f** *in eo ut* (*ne, si*), (to consist, rest one's hopes, etc.) in the fact, possibility, circumstance, etc., that; *in eo esse ut*, to be at the point, to be in such a position that. **g** *post id locorum*, afterwards, subsequently; also, *post ea loci*; see also POSTEA. **h** *pro eo ac*, in proportion as; *pro eo ac si*, just as if; *pro eo ut*, instead of its being the case that.

a neque multum abesse ab eo quin paucis diebus deduci possint (naues) CAES.*Gal.*5.2.2; tantum afuit ab eo ut ulla ignominia iis exercitibus quaereretur, ut.. LIV.25.6.11. **b** gens dubiae ad id uoluntatis LIV.9.15.1; prosperis ad id rebus eius, mox ambiguis TAC.*Ann.*12.38; (*w.* locorum) temeritatem..infelicem etiam ad id locorum fuisse LIV. 22.38.12; 25.32.2;—cum tectum uillae qui ad id missi erant intrassent 7.39.14; aurum..omne..in ignem ad id raptim factum conicientes 21.14.1; TAC.*Ag.*38.4. **c** QVEI ARVORSVM EAD FECISSENT QVAM SVPRAD SCRIPTVM EST *CIL* 1.581. 24; si quis aduersus ea fecisset LIV.10.9.5;—pater..Threcem me genuit, contra ea mater Atheniensem NEP.*Iph.*3.4; *Ep.*5.6; *Ag.*2.4; superbe ab Samnitibus..legati prohibiti commercio sunt, contra ea benigne ab Siculorum tyrannis adiuti LIV.4.52.6. **d** sit sane, quoniam ita tu uis, sed tamen cum eo..quod sine peccato meo fiat CIC.*Att.*6.1.7; Lanuuinis..sacra..sua reddita, cum eo ut aedes..Sospitae Iunonis communis..esset LIV.8.14.2; (ferramenta) ipsis uenis infigantur, cum eo ne amplius quam has urant CELS. 7.22.1;—(dentifricium) cum eo quod candidos facit dentes, tum etiam confirmat LARG.60; QUINT.*Inst.*10.7.13. **e** LARG.172; equitibus..qui ex eo praefuere ibi PLIN.*Nat.*5.11. **f** cum amicitiae uis sit in eo ut unus quasi animus fiat ex pluribus CIC.*Amic.*92; qui plus in eo ne posset decipi quam in fide Siculorum reponeret LIV.24.37.3; in eo..uictoriam uerti, si..loca opportuna..praeoccuparentur 35.18.8; qui spem omnem in eo, ut improuiso opprimerent, habuissent 35.38.11; totum..in eo est, ut ab omni parte saturentur (haemorrhoidae) LARG.227; finis sermonis in eo ut quina milia nummum..numerarentur TAC.*Hist.*1.82;—cum iam in eo esset, ut oppido potiretur NEP.*Milt.*7.3; cum..iam in eo esset ut in muros euaderet miles LIV.2.17.5; non in eo esse Carthaginiensium res ut Galliam atque Italiam armis obtineant 30.19.3; 33.41.9; cum in eo esset pupillus ut ab hereditate patris abstineretur SCAEV.*dig.*2.14.44. **g** eradicarest certum cumprimis patrem, post id locorum matrem PL.*Truc.*661; SAL.*Jug.*72.2;—post ea loci consul..peruenit in oppidum 102.1. **h** deos..pro eo mihi ac mereor relaturos esse gratiam CIC.*Catil.*4.3; SULP.RUF.*Fam.*4.5.1;— pro eo est, ac si omnes idem sentiant SEN.*Ep.*102.12; pro eo habendus sum, ac si manumisissem ULP.*dig.*40.9.30.1;— postquam (Galli) pro eo ut ipsi ex alieno agro raperent.., suas terras sedem belli esse uidere LIV.22.1.2.

-is -is -e, *adjl. suff.* Forms compound adj. from sbs. (*enormis, insomnis, procliuis, triennis*).

īsagōga ~ae, *f.* [Gk. εἰσαγωγή] An introduction (to a subject), elementary treatise.

iuuenes..theorematis tantum nugalibus et puerilium ~arum commentationibus deblaterantes GEL.1.2.6.

īsagōgeūs (*dat.* ~ī), *m.* [Gk. εἰσαγωγεύς] An official at public games, subordinate to the *agonotheta.*

C RVTILIO..FVSCO ~I TIBEREON CLAVDIEON *A.Epig.*32.88.

Isara ~ae, *m.* A river of Gaul, now the Isère.

PLANC.*Fam.*10.15.3; LUC.1.399; PLIN.*Nat.*3.33.

isatis ~is, *f.* [Gk. ἰσάτις, of obscure origin] The plant woad, *Isatis tinctoria.*

PLIN.*Nat.*26.39; 27.84;—(*written as Gk.*) 20.59.

Isaurī ~ōrum, *m. pl.* The inhabitants of Isauria, a district of Asia Minor between Pisidia and Lycaonia.

CIC.*Fam.*15.2.1; MELA 1.13; FLOR.*Epit.*1.41(3.6.5).

Isauricus ~a ~um, *a.*

1 Of or belonging to the Isauri.

forum institueram agere..Cibyraticum,..~um CIC.*Att.* 5.21.9; gente ~a PLIN.*Nat.*5.94.

2 The cognomen of P. Servilius Vatia, who conquered the Isauri in 76–75 B.C.

V.MAX.8.5.6; TAC.*Ann.*3.62; AMP.23.

Isaurus ~a ~um, *a.* Of or belonging to the Isauri.
alter ~as..domitas testificatur opes Ov.*Fast*.1.593.

ischaemōn ~onis, *f.* [cf. Gk. ἴσχαιμος] The name of a styptic plant, perh. the grass *Andropogon ischaemum.*
Plin.*Nat*.25.83; 26.131.

ischas ~ados, *f.* [Gk. ἰσχάς]
a A kind of thistle, = LEVCACANTHA. **b** *apios ischas,* a kind of spurge, *Euphorbia apios.*
a Plin.*Nat*.22.40. **b** Plin.*Nat*.26.72.

ischia ~ōrum, *n. pl.* [Gk. ἰσχία] The hips.
creditum..ischia cum maxime doleant..si modulis lenibus tibicen incinat, minui dolores Gel.4.13.1.

ischiacus ~a ~um, *a.* Also **isci-**. [Gk. ἰσχιακός] Affected with sciatica or hip-gout (in quots., masc. as sb.).
uinum ad ~os sic facito Cato *Agr*.123; quod incentiones quaedam tibiarum certo modo factae ~is mederi possunt Gel.4.13.

ischiadicus ~a ~um, *a.* [Gk. ἰσχιαδικός] Of or relating to sciatica; (masc. as sb.) one who suffers from sciatica.
~os dolores Plin.*Nat*.26.42;—~i..foliis erythrodani tritis sanantur Plin.*Nat*.26.89; 28.21; 31.104.

ischias ~ados, *f.* [Gk. ἰσχιάς] Pain in the hips, sciatica.
(androsaemon) prodest ~adi maxime Plin.*Nat*.27.27; decoctum (arction) bibitur propter ~ada 27.33; 27.118.

ischnos ~ē ~on, *a.* [Gk. ἰσχνός] Slender.
~on eromenion tum fit (*i.e. a girl in her lover's eyes*), cum uiuere non quit prae macie Lucr.4.1166.

Ischomachē ~ēs, *f.* (app.) The bride of Pirithous (elsewhere usu. Hippodamia).
Prop.2.2.9.

isciacus: see ISCHIACVS.

īselasticus ~a ~um, *a.* [Gk. εἰσελαστικός] (of an athletic contest, esp. one of the four great festivals of Greece) In which a victor was entitled to enter his city in triumph in a chariot of state; (neut. as sb.) a public allowance paid to a victor in such a contest.
athletae..ea, quae pro ~is certaminibus constituisti, deberi sibi putant ex eo die, quo sunt coronati Plin.*Ep.Tra*.10.118(119).1; *CIL* 10.515;—~um..mihi uidetur incipere deberi, cum quis in ciuitatem suam ipse εἰσήλασεν Tra. Plin.*Ep*.10.119(120).

Īsēon ~ī, *n.* [Gk. Ἰσεῖον] A temple of Isis.
crocodilus..in ~o dicatus ab eo spectatur hodie Plin.*Nat*.5.51; Plin.*Ep.Tra*.10.33(42).1.

Īsiacus ~a ~um, *a.* Of or connected with Isis or her cult; (masc. as sb.) a worshipper of Isis.
~os coniectores Cic.*Div*.1.132; ~os ante sedere focos Ov.*Pont*.1.1.52; ~o..sistro Man.1.918; ~ae..sacraria lenae (*i.e. the priestess of Isis, in whose temple assignations were made*) Juv.6.489;—adsumpto ~i..habitu V.Max.7.3.8; Plin.*Nat*.27.53; Suet.*Dom*.1.2.

Isindius ~a ~um, *a.* (app.) Of Isindos or Isinda, one of several towns of that name in Asia Minor.
Aethalon ut uita spoliauit ~us hospes Ov.*Ib*.619.

Īsis ~idis or ~is, *f.* Forms: voc. *~i* Ov.*Am*.2.13.7, etc., Stat.*Silv*.3.2.101; acc. usu. *~im*, also *~idem* Apul.*Met*.11.5; gen. usu. *~idis*, also *~is* Var., Cic., and Cinc. in Char.p.132K, Larg.206; dat. usu. *~idi*, also *~i CIL* 9.3144, 10.1; abl. *~ide*. An Egyptian goddess, Isis. **b** *crinis ~idis,* (app.) a kind of coral, mistaken for a shrub. **c** *sidus ~idis,* a name given to the planet Venus. **d** (med.) *emplastrum ~idis* (*~is*), the name of a special plaster.
cur non eodem in genere (*sc.* deorum) Serapim ~imque numeremus? Cic.*N.D*.3.47; ~i, Paraetonium Mareoticaque arua Pharonque quae colis Ov.*Met*.9.773; in templa..Romana accepimus ~im..et..Osirim Luc.8.831;-sacellum..~idi antiquitus sacratum Tac.*Hist*.4.84; Juv.12.28; sacra..~idis Suet.*Otho* 12.1;—(*transf.*) lingeram fieri quid possit ad ~im (*i.e. her temple*) Ov.*Am*.2.2.25. **b** Iuba tradit circa Trogodytarum insulas fruticem in alto uocari ~idis crinem Plin.*Nat*.13.142. **c** alii ~idis, alii Matris Deum appellauere (sidus Veneris) Plin.*Nat*.2.37. **d** emplastrum uiride Glyconis chirurgi, quod sui generis meo iudicio superat omnia, uocatur ~is Larg.206.

Ismara ~ōrum, *n. pl.* **Ismarus** ~ī, *f.* A mountain of southern Thrace, Mount Ismarus.
α Bistonias..plagas atque ~a propter Lucr.5.31; Verg.*G*.2.37; Stat.*Theb*.7.685. β nec tantum Rhodope miratur et ~us Orphea Verg.*Ecl*.6.30.

Ismarius ~a ~um, *a.* Of or belonging to Mt. Ismarus (poet. often applied to anything Thracian).
~a ducere ualle feras (*i.e. like Orpheus*) Prop.2.13.6; scelus ~i..tyranni (*i.e. Tereus*) Ov.*Am*.2.6.7; ~o..Orpheo 3.9.21; ~ae..bacchae *Met*.9.642; ~a..sub umbra Sen.*Her.O*.193; ~is..collibus Stat.*Silv*.5.3.6.

Ismarus[1] ~ī, *f.*: see ISMARA.

Ismarus[2] ~a ~um, *a.* = ISMARIVS.
tris quos Idas pater et patria ~a mittit Verg.*A*.10.351.

Ismēnē ~ēs, *f.* A daughter of Oedipus.
Stat.*Theb*.8.642; Hyg.*Fab*.67.6.

Ismēniās ~ae, *m. adj.* Of or pertaining to the river Ismenos.
~as hic..fluit scaturrex Var.*Men*.112.

Ismēnis ~idos, *f.* A Theban woman.
sanctas..colunt ~ides aras Ov.*Met*.3.783; 4.562; 6.159;—(*attrib.*) Dircen ~ida Sen.*Oed*.234.

Ismēnius ~a ~um, *a.* Of or associated with the river Ismenos (used poet. for 'Theban').
Therses ~us Ov.*Met*.13.682; ~us heros (*i.e. Polynices*) Stat.*Theb*.1.673; num ~us ultro (*sc.* uenit) miles? 7.124;—(*app. in allusion to the Bacchic rites of Thebes*) thiasis..~a buxus signa dedit *Ach*.1.827.

Ismēnos (~us) ~ī, *m.* A Boeotian river flowing near Thebes.
Ov.*Met*.2.244; Sen.*Ag*.321; Plin.*Nat*.4.25.

isochrȳsum ~ī, *n.* [Gk. ἰσόχρυσος] The name of a type of eye-salve.
~VM AD INCIPIENTES SVFFVSIONES *CIL* 13.1002.1(5); 13.10021(85).

isocinnamon ~ī, *n.* [Gk.] A fragrant shrub, perh. mezereon.
(casiam) quam Daphnidis uocant, cognominatam ~on Plin.*Nat*.12.98.

Isocratēs ~is or ~ī, *m.* A celebrated Athenian orator, 436–338 B.C.
ex multis ~i libris Cic.*Orat*.190; *Sen*.23; V.Max.8.13.ext.2; panegyricum ~is Quint.*Inst*.10.4.4; Gel.10.18.6.

Isocratēus ~a ~um, *a.* **Isocratīus.** Pros., Orthog.: *Eissocr-* Lucil.186. Of or belonging to Isocrates; (masc. as sb.) a disciple of Isocrates.
placet omnia dici ~o Theopompeoque more.. Cic.*Orat*.207; Aristoteliam et ~am rationem oratoriam complectuntur *Fam*.1.9.23;—isti apirocali, qui se ~os uideri uolunt Gel.18.8.1.

isodomus ~a ~um, *a.* **~os** ~os ~on. [Gk.] *genus* (*structurae*) *~um* (*~on*), A style of building in which the courses are of uniform thickness.
~um (genus) dicitur, cum omnia coria aequa crassitudine fuerint structa Vitr.2.8.6; ~on..genus structurae Plin.*Nat*.36.171.

isoëtes, *n.* [Gk.] A succulent plant, = SEDVM.
Plin.*Nat*.25.160.

isopsēphus ~a ~um, *a.* [Gk. ἰσόψηφος] Having an equal numerical value (ref. to adding up the numerical values of letters in two words or sim.).
istic scriptum fuit, qui sint apud Homerum uersus ~i Gel.14.6.4.

isopȳron ~ī, *n.* [Gk. ἰσόπυρον] A plant, perh. climbing fumitory, *Corydalis claviculata.*
Plin.*Nat*.27.94.

isotheon ~ī, *n.* [Gk. ἰσόθεος] The name of an eye-salve.
CIL 13.10021(124).

isox (~ocis), *m.* [cf. Welsh *eog,* Basque *isokin*] A large fish, prob. the salmon.
praecipua magnitudine thynni..fiunt et in quibusdam amnium haut minores, silurus in Nilo, isox (*codd.* ixox, exos) in Rheno Plin.*Nat*.9.44.

isse (issus) ~a ~um, *a.* [softening of IPSE, cf. the form *ixi* = *ipsi* condemned by Augustus in Suet.*Aug*.88] Colloq. form of IPSE, used esp. as a term of endearment.
(*masc.*) PARIS ~E, ~E PARIS AVG(ustiane?) VA(le) *CIL* 4.148; *CIL* 4.1085;—(*fem.*) GELLIVS VALENS ET FVLVIVS SECVNDVS FECERVN(t)..~AE SVAE B(ene) M(erenti) *CIL* 6.15639; CENSORINAE ~AE ET CONIVGI *CIL* 13.3288; (*the name of a pet dog*) Mart.1.109.1.

-issimus ~a ~um, *adjl. suff.* Enlargement of -MVS, forming the regular superl. suffix.

Issos: see ISSVS[2].

issulus ~a ~um, *a.* [ISSE+-VLVS] Dim. of ISSE.
(*masc.*) FLAVIVS ANICETVS ET APONIA SYRILLA ~O ET DELICIO SVO FECERVNT *CIL* 6.12156;—(*fem.*) meae ~a sua aedes egent Pl.*Cist*.450.

issus[1]: see ISSE.

Issus[2] (**~os**) ~ī, *f.* A town on the coast of Cilicia, where Alexander the Great defeated Darius (333 B.C.).
Cic.*Fam*.2.10.3; Curt.3.7.6; Plin.*Nat*.5.91; Amp.16.2.

istāc, *adv.* [abl. of ISTIC[1]]
1 By that route, that way.
exi ~ per hortum Pl.*Epid*.660; abi ~ trauorsis angiportis ad forum Pl.*Per*.444; Ter.*Hau*.588.
2 By those means; in the manner which you suggest.
nequaquam istuc ~ ibit (*sc.* res): magna inest certatio Enn.*scen*.266;—etsi aduorsatus tibi fui, ~ iudico, tibi permitto Pl.*Trin*.383.

istactenus, *adv,* [prec.+TENVS[2]] To the extent you have reached, thus far.
~ tibi, Lyde, libertas datast orationis. satis est Pl.*Bac*.168.

iste ~a ~ud, *pron. and pron. adj.* [prob. IS+ *-te,* w. decl. remodelled on *ille*; cf. Umb. *estu*] Forms: neut. sg. *istut* Apul.*Apol*.100; gen. sg. masc. *isti* (in phr. *~i modi*) Pl.*Truc*.930, Cato *orat*.101; dat. sg. masc. or neut. *isto* Apul.*Met*.5.31, 6.17, 7.26, fem. *istae* Pl.*Truc*.790; sts. combined w. *quidem* to form one word; see also ISTIC[1]. Pros.: gen. reg. *istius* (e.g. Pl.*Bac*.252); *istĭus* Ov.*Pont*.4.6.38.

A (as adj.).

1 (in direct address) That which you have, use, feel, see, etc., that of yours. **b** such as you possess, use, or sim.
ne uerere, multos ~e morbus homines macerat Pl.*Capt*.554; ~e quidem gradus succretust cribro pollinario *Poen*.513; di te infelicent! — ~i capiti (*i.e. yourself*) dicito *Rud*.885; ~am quam habes unde habes uestem? Ter.*Eu*.695; opto ut ab ~is Orientis partibus uirtutis tuae lumen eluceat Cic.*Fam*.12.5.3; uidete quid aliae faciant ~o loco (*i.e. status*) feminae 14.18.2; forsan ~o uterer beneficio, si non ei summum scelus adiungeretur *B.Afr*.45.2; ego..uobis..rationem ostendam, qua tanta ~a mala effugiatis Sal.*Cat*.40.3; nil moueor lacrimis: ~a sum captus ab arte Prop.3.25.5; 'hospes, tutus eas! lapis iste prius tua furta loquetur' et lapidem ostendit Ov.*Met*.2.696; quis te..instigat furor? quid (uult) ensis ~e..? Sen.*Phaed*.1157; uirtutes ~ae tuusque in me animus Tac.*Ann*.4.40; Apul.*Apol*.100;—(*w.* tuus *or* uester, *often contempt.*) quis ~e est tuos ornatus? Pl.*Trin*.1009; quid ait uester ~e auctor? Cic.*Caec*.79; quid ~e tuus praeter noua carmina uates donat? Ov.*Am*.1.8.57; Petr.9.4. **b** cum ~a sis auctoritate, non debes, M. Cato, adripere maledictum ex triuio Cic.*Mur*.13; te ~a uirtute, fide, probitate..in tantas aerumnas propter me incidisse..! *Fam*.14.1.1; ~a ego praeterita iactaui uerba iuuenta Prop.3.11.7.

2 (in echoing a word, phr. or idea used by another speaker, sts. w. iron. emphasis) That which you mention or refer to. **b** such as you speak of.
si me arbitrabare ~o pacto ut praedicas, qur conducebas? Pl.*Ps*.798; bonum animum habete. — nam, opsecro, unde ~e animus mi inuenitur? *Rud*.687; se mihi Pindenissitae dediderunt..'qui malum! isti Pindenissitae qui sunt?' inquies Cic.*Att*.5.20.1; ubi est igitur ~a diuinatio Stoicorum? *Div*.2.21; siue..simulatio..dolus malus est, perpaucae res sunt, in quibus non dolus malus iste uersetur *Off*.3.64; ~e deus qui sit, da..nobis Verg.*Ecl*.1.18; (dies) qui me Stygiis mittet ad undas. — omina quaeso sint ~a procul [Sen.] *Oct*.80; caue..a malis artibus..Panphiles illius, quae cum Milone ~o, quem dicis hospitem, nupta est Apul.*Met*.2.5;—(*w.* idem) Sen.*Tro*.325. **b** tuo' pater bellissumus amicam adduxit intro in aedis.. — pol hau censebam ~arum esse operarum patrem Pl.*Mer*.815.

3 (of persons or things merely presented to the mind of the hearer) That which you have heard of or know to be such, the well-known, etc.; (esp. w. implication of contempt or dislike).
quis fuit igitur? — ~e Chaerea. — qui Chaerea? — ~e ephebu' frater Phaedriae Ter.*Eu*.823,824; Ameana puella..milia me decem poposcit, ~a turpiculo puella naso Catul.41.3; plumbei nummi..in ~is recentibus nummis saepius inueniuntur quam in uetustis Fro.*Aur*.2.p.112 (161N); carissimis nostris..caremus. ~um statum uocem formam..quaerimus Fro.*Aur*.2.p.226(234N);—(*contempt.*) ita sunt..~i nostri diuites: si quid bene facias, leuior pluma est gratia Pl.*Poen*.811; quid mihi negotii est cum ~is nugatoribus..? Tit.*orat*.2; cum..~e sacerdos Bonae deae cuius modi futurus sit scierimus Cic.*Att*.2.4.2; non tamen ~a meos mutabunt saecula mores Prop.2.25.37; sciat ~e insolens barbarus nihil esse difficilius quam Laconis armati latus fodere Sen.*Suas*.2.7; conluuiem ~am non nisi metu coercueris Tac.*Ann*.14.44; Gel.6(7).16.2; (*repeated*) Corinthiorum amator iste uerborum, ~e ~e rhetor! Verg.*Cat*.2.2.

4 (w. little or no reference to second pers.) This.
conlocetur aeneus gnomon..obseruanda postmeridiana ~ius gnomonis crescens umbra Vitr.1.6.6; reposito osse, si cum dolore oculorum..~e casus incidit,..sanguis mittendus est Cels.8.12.4; ego iam tremulus et..~a factus in urbe senex stupeo tamen omnia Calp.*Ecl*.7.43; de iustis, honestis..iisque quae sint ~is contraria..dicunt Quint.*Inst*.10.1.35; Juv.11.168; uelim ~am noctem, quae sequitur, quam breuissimam esse Aur.*Fro*.1.p.154(37N); frater meus sub ~is (*i.e. my*) oculis..iugulatus est Apul.*Met*.2.14; ante ~am uesperam 6.10;—(*w.* meus, noster) quomodo ~am necessitatem meam..incendisse incusauero Aur.*Fro*.1.p.80 (3N); ne..sermones ~os nostros anus illa cognoscat Apul.*Met*.1.11;—(*contrasted w.* ille) auribus ~a tam praeclara

exempla Romana ciuitas accepit, illa (*i.e. the following*) uidit oculis V.MAX.5.4.3.

B (as pron.).

5 That person or thing (that you mention, have, know of, and sim.); (abl. neut. sg.) on account of what you say. **b** (often w. contemptuous or derogatory connotation; esp. applied by a prosecutor to the defendant). **c** (without much ref. to second pers.) this person or thing.

ecquis hasce (*sc.* fores) aperit? — quid ~as pultas ubi nemo intus est? PL.*Mos.*988; furcifer satin magnuficus tibi uidetur? — pol ~e atque etiam malificus *Ps.*194; noli scribere..~ud: nolunt audire CATO *orat.*171; necesse est eam..timere multos. quos ~os? uirum, parentes.. *Rhet. Her.*4.23; perge reliqua. gestio scire ~a omnia CIC.*Att.*4.11.1; 5.15.3; Platonem..dicis. — ~um ipsum, Attice *Leg.*3.1; simul atque captiuus..litteras..Considio porrigere coepisset, prius quam acciperet ille, 'unde', inquit, '~as?' *B.Afr.*4.3; si quid nouisti rectius ~is (*i.e. the advice I give you*), candidus imperti HOR.*Ep.*1.6.67; TAC.*Hist.*1.84;—(*w. rel.*) ~um quem quaeris ego sum PL.*Cur.*419;—(*attracted into gender of pred.*) clamantem '~a quidem uis est!' alter e Cascis..uulnerat SUET.*Jul.*82.1;—(*part. gen.*) at mihi fides apud hunc est nil me ~ius (*i.e. nothing of that kind*) facturum, pater TER.*Hau.*571;—tuom esse nihilo magis oportet uidulum. — ~o tu pauper es quam nimi' sancte piu's PL.*Rud.*1234. **b** ~i..disputant contaminari non decere fabulas TER.*An.*15; malle quod dixerim me cum Pompeio uinci quam cum ~is uincere CIC.*Att.*8.7.2; nostri proditor, ~is infidus, hostis omnium bonorum SAL.*Hist.* 1.77.15; non..possum, cum prouocet ~e, tacere CALP.*Ecl.* 6.78; STAT.*Theb.*1.455;—(*attracted into gender of pred.*) animi est ~a mollitia, non uirtus, paulisper inopiam ferre non posse CAES.*Gal.*7.77.5;—(*foll. by rel. cl.*) ~i qui linguam auium intellegunt plusque ex alieno iecore sapiunt quam ex suo PAC.*trag.*83; totus..~e, qui uolgo appellatur amor.. tantae leuitatis est, ut.. CIC.*Tusc.*4.68; ~a quae modo Mago iactauit..Hannibalis satellitibus iam laeta sunt LIV. 23.12.11; QUINT.*Inst.*11.1.35;—(*of the defendant*) si..commodum ad ~um ex illius morte ueniebat *Rhet.Her.*4.53; neminem ~o praetore senatorem fieri potuisse nisi qui ~i pecuniam dedisset CIC.*Ver.*2.125; 4.38; CALP.*Decl.*7. **c** urget sitis, anima deficit..ubi ~a coeperunt, aquae tepidae quam plurimum bibere oportet CELS.4.18(11).2; numquid.. uidisti forte iuuencam..meam? solet ~a tuis occurrere tauris CALP.*Ecl.*3.2; JUV.2.136; uoluntatem..tuam..probaui..post ~a monui quibus studiis..te..praeparares FRO.*Aur.*1.p.12(66N);—(*contrasted w.* ille) laudant illa sed ~a (*i.e. Martial's epigrams*) legunt MART.4.49.10.

Ister: see HISTER².

Isthmia ~ōrum, *n. pl.* The Isthmian Games.

nobilibus athletis, qui Olympia, Pythia, ~a, Nemea uicissent VITR.9.pr.1; ~orum tempus LIV.33.30.2; CURT. 4.5.11; SUET.*Nero* 24.2.

Isthmiacus ~a ~um, *a.* Belonging to, or situated in, the Isthmus (of Corinth), Isthmian. **b** (poet., applied to anything Corinthian; hence, to anything Syracusan, Syracuse being orig. a colony of Corinth).

bis in ~a uictor clamatus harena Phaedimus STAT.*Theb.* 6.557; ~o..sepulcro 12.131. **b** aera..ab ~is auro potiora fauillis STAT.*Silv.*2.2.68;—uir fuit (*sc.* Archimedes) ~is decus immortale colonis SIL.14.341; 14.642.

Isthmicus ~a ~um, *a.* = prec.

~um spectaculum V.MAX.4.8.5; ludi quos ~os uocant MELA 2.48.

Isthmius ~a ~um, *a.* = ISTHMIACVS.

labor ~us (*i.e. at the Isthmian Games*) HOR.*Carm.*4.3.3; collibus ~ae Diones (*i.e. of Aphrodite, much worshipped at Corinth*) STAT.*Silv.*2.7.2.

isthmos (~us) ~ī, *m.*, (*f.*). [Gk. ἰσθμός] GENDER: fem. in PROP.3.22.2, APUL.*Met.*1.1. A neck of land, isthmus; esp. **b** the Isthmus of Corinth, the site of the Isthmian Games. **c** the isthmus joining the Chersonese to the mainland.

Cyzicus..Propontiaca quae fluit ~os aqua PROP.3.22.2. **b** ut Nemea potius quam ~o uictoriam petat CIC.*Fat.*7;postquam bimarem cursu superauimus ~on OV.*Tr.*1.11.5; PLIN. *Nat.*4.9; STAT.*Theb.*6.14; in Achaia ~um perfodere adgressus SUET.*Nero* 19.2. **c** angustias ~on, frontem eius Mastusiam, totam Chersonessum adpellant MELA 2.25.

istī, *adv.* [loc. sg. of ISTE] N.B.: doubtfully read by editors in one or two other passages. In that place (where you are, live, etc.); (also, without ref. to second pers.) here.

intro abi..et, si ~ est mulier, eam iube cito domum transire PL.*Mil.*255;—gladiatores ~ famosae manus, uenatores illi probatae pernicitatis, alibi noxii..suis epulis bestiarum saginas instruentes APUL.*Met.*4.13.

istic¹ ~aec ~uc, *pron. and pron. adj.* [ISTE + -CE] FORMS: acc. sg. *~unc, ~anc*; abl. *~oc, ~ac*, also *~ace* CATO *Agr.*132.1; pl., nom. fem. *~aec*; nom. and acc. neut. *~aec*; acc. masc. *~oscin* (interr.) PL.*As.*932; abl. *~isce* PL.*Rud.* 745. Before the suffix *-ne* an *i* is inserted, e.g. *istocin(e)*.

1 (as adj.) That which you have, use, practise, etc., that of yours. **b** that which you mention or refer to. **c** (without ref. to second pers., contrasted w. *illi*) this (sort of).

cum ~acin te oratione huc ad me adire ausum, inpudens! PL.*Aul.*746; tu qui pius, ~oc genere gnatus, nummum non habes *Ps.*356; abin hinc in malam rem cum suspicione ~ac, scelus? TER.*An.*317; qui ~ic mos est, Clitipho? itane fieri oportet? *Hau.*562; quor non aut ~aec mihi..formast aut tibi haec sententia? *Hec.*74; sin..ille circum ~aec loca commoraretur, te ei..resistere uelle POMP.*Att.*8.12C.1;—(*w.* tuus) ex te exquiro atque ex ~ac tua sorore PL.*St.*111; cede ~uc tuom consilium TER.*Hau.*332;—(*w. contempt. overtones*) nuper uentosa ~aec et enormis loquacitas Athenas ex Asia commigrauit PETR.2.7. **b** Stilponem inquam noueras. — neque ego illum noram nec mihi cognatus fuit quisquam ~oc nomine TER.*Ph.*392; illinc huc transferetur uirgo. — o Iuppiter, ~ocin pacto oportet? *Ad.*732; ais esse uadimonium desertum. quaesiuit..Quinctius..quo die uadimonium ~uc factum esse diceres CIC.*Quinct.*57. **c** ille sapiens..τὰς τοιαύτας φαντασίας, id est uisa ~aec animi sui terrifica, non adprobat GEL.19.1.18.

2 (as pron.) That person or thing (that you speak of, see, etc.). **b** (neut. sg. foll. by gen.); (phr.) *~uc aetatis*, at your time of life. **c** (abl. neut. sg.) for the reason that you state.

isne ~ic fuit, quem uendidisti meo patri..? PL.*Capt.*987; quid ~uc est? quicum litigas, Olympio? *Cas.*317; amat mulier quaedam quendam. — pol ~uc quidem multae *Mil.* 1017; iam aderunt. — quando ~us erit? TER.*Hau.*238; ut ..~aec eadem quae mihi dixti tute dicas mulieri *Ad.*599; CATO *orat.*171; uiden tu Phrugis incessum? quam est confidens! di ~unc perduint TURP.*com.*102; EST EQVOS PERPVLCER SED TV VEHI NON POTES ~OC *CIL* 1.2177; argumentationem quaerere uideris.. — plane ipsum ~uc requiro CIC.*Part.*45; uideo te bona perdidisse; spero idem ~uc familiaris tuos *Fam.*9.18.4; *Off.*3.75; quid? tu ~aec, ianua, nosti..? CATUL.67.37; LIV.34.24.2; SUET.*Jul.*49.3;—(*attracted into gender of pred.*) pernegabo atque obdurabo, peiierabo denique.— em ~aec uirtus est PL.*As.*323; ~aec quidem contumeliast, hominem amicum recipere ad te atque eius amicam subigitare TER.*Hau.*565. **b** cena dubia apponitur.— quid ~uc uerbist? TER.*Ph.*343; quid ~uc negotist? 816;—ego ~uc aetati' non amori operam dabam *Hau.*110; *B.Afr.*22.1; (*attrib.*) me tibi ~uc aetatis homini facinora puerilia obicere PL.*Mil.*618. **c** quoius es? — Amphitruonis, inquam, Sosia. — ergo ~oc magis, quia uaniloquo's, uapulabis PL.*Am.*378; *Rud.*398; — em ~oc pol tu otiosu's, quom et illic et hic peruorsus es *Truc.* 152.

istīc², *adv.* [old loc. of prec., cf. *qui²*, *hic²*, etc.] FORMS: w. *-ne*, *isticin* PL.*Rud.*110.

1 There by you, over there. **b** (in letters) where you (the recipient) are. **c** (without ref. to second pers.) in this place, here.

tu modo caue quoiquam indicassis aurum meum esse ~ PL.*Aul.*608; ea quae olim parua gestauit crepundia ~ in ista cistula insunt *Rud.*1082; tu ~ mane TER.*Eu.*909; *Ad.* 644; quoniam ~ (*i.e. with the prosecution*) sedes ac te palam aduersarium esse profiteris CIC.*S.Rosc.*84; ~ nunc, metuende, iace VERG.*A.*10.557; quocumque ~ loco seu uolens seu inuitus constitisti LIV.7.40.13; LUC.7.592;—(*cf.*) uidetisne totum hoc nomen..esse in litura? quid fuit ~ antea scriptum? CIC.*Ver.*2.104. **b** ~ quid agatur magno opere timeo CIC.*Att.*3.8.2; uos nunc ~ satis calere audio *Fam.* 7.10.2; nos, si quid erit ~ opus, defendes VAT.*Fam.*5.10A.3; HOR.*Ep.*1.14.37; siquis adhuc ~ meminit Nasonis adempti OV.*Tr.*3.10.1; SEN.*Ep.*51.1. **c** ego..te uel inuitum ~ lego AUR.*Fro.*1.p.18(253N); his meis addidit alius: 'immo uero ~ nec uiuentibus quidem ullis parcitur..' APUL.*Met.*2.20.

2 In that matter of yours; *quid ~?* (sc. *dicendum* or sim.), very well then! as you like! **b** *istic sum*, I am with you, all attention. **c** (without ref. to second pers.) in this matter or case.

quid ~ uerba facimus? huic homini opust quadraginta minis PL.*Epid.*141; neque ~ neque alibi tibi erit usquam in me mora TER.*An.*420;—proin tu uel aias uel neges. — quid ~? necessum est, uideo PL.*Rud.*1331; *Trin.*573; TER.*An.* 572. **b** auscita. — ~ sum TER.*Hec.*114; ~ sum, inquit, expectoque quid ad id..respondeas CIC.*Fin.*5.78. **c** quid ..~ (*i.e. in a rainbow*) duo colores faciunt lucis atque umbrae..? SEN.*Nat.*1.3.4; nos ~ uehementer aestuamus AUR.*Fro.*1.p.118(30N); amo illos (*sc.* hexametros), ego ~ noctibus studeo 1.p.138(34N).

3 On your side (in a dispute or sim.).

me iniuriam ferre, uos facere uult..ut hic conquestio, ~ uituperatio relinquatur MET.NUM.*orat.*4.

istim, *adv.* [ISTE + -IM] From there (where you are).

ualde ego te ~ excitarem CIC.*Att.*2.1.4; cura ut..te ~ ne temere commoueas *Fam.*6.20.3; erant omnia quae ~ adferebantur incerta 10.20.1.

istinc, *adv.* [prec. + -CE]

1 From the place you are in, mention, etc., from over there; (also transf.). **b** (in letters, referring to the address of the recipient). **c** (without ref. to second pers.) from this place, from here.

serua istas fores, ne tibi clam se supterducat ~ atque huc transeat PL.*Mil.*343; ite ~, serui, foras *Poen.*1319; omnia insunt salua; una ~ cistella excepta est modo *Rud.*1362; iterum ~ excludere TER.*Hec.*339; fare age quid uenias iam ~, et comprime gressum VERG.*A.*6.389; HOR.*Ep.*1.7.32; SEN.*Con.*1.2.10;—(*transf.*) cum ex eo quidam..quaereret utereturne rebus ueneriis: 'di meliora!' inquit; 'libenter uero ~..profugi' CIC.*Sen.*47; quin tu..~ (*i.e. from a hopeless passion*) te..reducis..? CATUL.76.11; V.MAX.4.3.ext.2. **b** quando te proficisci ~ putes fac ut sciam CIC.*Att.*2.6.2; quod exspectem ~ magis habeo quam quod ipse scribam 3.10.3; *Fam.*7.16.3; altera (res) potest abs te expediri ut aliqua pars militum ~ mittatur nobis BRUT.*ad Brut.*2.3.5; PLIN.*Ep.*9.39.5. **c** aufugiamus ~ quam pote longissime APUL.*Met.*1.11.

2 (indicating direction or position in relation to a centrally placed person or thing) From or on your side.

age, alter ~, alter hinc adsistite PL.*Rud.*808; uos prius in me strinxeritis ferrum quam in uos ego; ~ signa canent.. si dimicandum est LIV.7.40.10;—(*w. ref. to the opposing side in a trial*) si ~ causa corrumpendi iudici, si istinc pecunia.. est, hinc pudor, honesta uita CIC.*Clu.*83.

3 (indicating source) From what you have, see, etc.; (part.) of what you have.

mediocribus et quis ignoscas uitiis teneor. fortassis et ~ largiter abstulerit longa aetas, liber amicus HOR.*S.*1.4.131; —memento..dimidium ~ mihi de praeda dare PL.*Ps.*1164; neque partem posco mihi ~ de istoc uidulo *Rud.*1077.

istiusmodī: see MODVS.

istō, *adv.* [ISTE; cf. *eo²*, *quo*]

1 To the place where you are, that you mention, etc.; (esp. referring to the address of the recipient of a letter).

do fidem..~ me intro ituram quo iubes PL.*Mil.*455; at tu ~ ad uos optuere *Mos.*837; (*transf.*) hoc est summum bonum..'quo modo, inquis, ~ peruenitur?' SEN.*Ep.*31.9; —(*in letters*) ego ualeo recte..neque ~ redire his octo possum mensibus PL.*Per.*504; quid haec loquimur? liceat modo ~ uenire CIC.*Fam.*9.16.9; PLANC.*Fam.*10.17.2; OV. *Ep.*17.205; signum ipsum..mittam tibi uel ipse..adferam mecum. destino enim..excurrere ~ PLIN.*Ep.*3.6.6; 4.12.7.

2 (w. vbs. of adding, mixing) To that category or sum (that you speak of).

Trebatium meum quod ~ admisceas nihil est CIC.*Q. fr.*3.1.9; adice ~ naufragia motusque terrarum SEN.*Ep.* 117.31.

istōc, *adv.* [ISTIC¹, cf. prec. and *hoc*; perh. orig. an old instrumental] To where you are, in your direction. **b** (without ref. to second pers.) to this place, here.

nec quemquam interim ~ ad uos qui sit odio intro mittam PL.*Truc.*717; accede illuc, Parmeno (nimium ~ abisti) TER. *Ad.*169; (*transf.*) ego.., ut ~ reuertar (*i.e. to return to what you said*), is sum qui..non supplicem BRUT.*ad Brut.*1.16.8; —(*in letters*) inuideo tibi; tam multa cotidie quae mirere ~ perferuntur CAEL.*Fam.*8.4.1; 8.8.10; CALIGULA in Suet.*Cal.* 55.1. **b** ingenuum nasci tam facile est quam 'accede ~' PETR.57.11.

istorsum, *adv.* [ISTO + *uorsum* (VERSVS)] In your direction, that way.

abi sane istac, ~, quouis TER.*Hau.*588; concede hinc a foribu' paullum ~ sodes *Ph.*741.

istūc, *adv.* [perh. < *istoic, old loc. of direction from ISTIC¹ (cf. Gk. ποῖ)]

1 To or towards the place where you are, which you mention, etc. (esp.) **b** (in letters) to where you are, to you.

i hac mecum, ut uideas..tuam..paelicem.. — ecastor uero ~ eo quantum potest PL.*Mer.*691; iam ego ~ reuortar, miles *Poen.*615; concede ~ paullulum TER.*Eu.*706; TURP. *com.*79. **b** ne quem ~ euntem sine litteris dimittamus CIC.*Att.*7.6.1; 12.34.1; dabo operam ut ~ ueniam ante quam plane ex animo tuo effluo *Fam.*7.14.1; HOR.*Ep.*1.14.8; si tamen haec audis et uox mea peruenit ~ OV.*Pont.*2.2.95.

2 (transf.) To the point in a narrative, course of action, argument, etc., which you have reached or mentioned.

mane: hoc quod coepi primum enarrem, Clitipho: post ~ ueniam TER.*Hau.*274; mitto rem: consuetudinem ambotum..—mane: scio; ~ ibam *Ad.*821; uidentur plerique initio multo hoc (*i.e. oratory*) maluisse, post..~ (*i.e. to jurisprudence*)..sunt delapsi CIC.*Mur.*29; Gnaeus..quid cogitet nescio;..qui quidem etiam ~ adduci potuerit *Att.*2.16.2; si..ita esset, quid opus erat te gradatim ~ (*i.e. to that conclusion*) peruenire? *N.D.* 1.89.

ita, *adv.* [prob. < *itā, w. final syll. shortened as in *bene*, cf. Av. *iϑā*; ultimately from root **i-* as in *ibi*, *is*]

1 (in comparisons) ~..*ut* (*quomodo*, *sicut*, etc., rarely *ac*) In the same way..as (in weakened sense sts. = not only..but also). **b** (w. *esse*) in the same state or position..as. **c** ~..*quasi* (*tamquam*, *ac si*)+subj., in the same manner..as if.

quam ego postquam aspexi, non ~ amo ut sanei solent homines PL.*Mer.*262; coquos, quasi in mari solet hortator remiges hortarier, ~ hortabatur 697; me..consulem..~ fecistis quo modo pauci..consules facti sunt CIC.*Agr.*2.3; ut hedera serpens uires arboreas necat, ~ me uetustas.. annorum enecat LABER.*com.*123; sicut nunc uidetis nos stantes in uestibulo curiae uestrae, ~ armati..processimus LIV.6.26.4; 28.38.9; QUINT.*Inst.*2.8.4;—(*w. ellipsis of vb. in dependent cl.*) spaeritam sic facito ~ uti spiram CATO *Agr.*82; numquam animaduersionibus censoriis hanc ciuitatem ~ contentam ut rebus iudicatis fuisse CIC.*Clu.*119; si regum.. uirtus in pace ~ ut in bello ualeret SAL.*Cat.*2.3; ut appareat, quemadmodum urbium.., ~ gentium nunc florere fortunam, nunc senescere VELL.2.11.3; numina Romae non ~ cantari debent, ut ouile Menalcae CALP.*Ecl.*4.11; (*w.* ac) turdorum (stercus)..non solum ad agrum utile, sed etiam ad cibum ~ bubus ac subus VAR.*R.*1.38.2. **b** ~ uitast hominum quasi quom ludas tesseris TER.*Ad.*739; (*foll. by gen.*) sicut..per damnationem legata res non statim.. legatarii efficitur.., ~ et in sinendi modo legato iuris est GAIUS *Inst.*2.213. **c** ~ adsimulatote quasi ego sim peregrinus PL.*Poen.*600; coepit..educere (puellam), ~ uti si esset filia TER.*Eu.*117; tamquam coniuratio aliqua Agyri contra rem publicam facta..esset, ~ Agyrio magistratus..

euocantur Cic.Ver.3.68; ita Brutos Cassiumque defendis quasi eos ego reprehendam Att.14.14.2; castra..incuriose ~ posita tamquam procul abesset hostis Liv.8.38.2;—(w. ac si) PRAETOR..IN EVM..~ IVS DEICITO..AC SI IS..CONFESSVS ESSET CIL 1.592.2.46; Paul.dig.5.3.36.3;—(cf. w. abl. absol.) ut exercitu deleto ~ iustitium indictum Liv.10.4.4;—(w. ellipsis of vb. in ut cl.) Hercules..ut Eurysthei filios ~ suos configebat sagittis Cic.Luc.89.

2 (expr. conformity) ~..*ut* (*quemadmodum*, etc.), According as..so. **b** (w. *esse*, etc.) in such a state, position, or sim...as.

ut iusseris, mi gnate, ~ fiet Pl.As.829; ut ille me exornauit, ~ sum ornatus Trin.857; ~..ut precamini eueniat..! Cic.Phil.4.10; de Terentia ~ cura ut scribis Att.12.23.2; ne si nauigare quidem uelim, ~ gubernem ut somniauerim Div.2.122; si solida..corpora prima sunt ~ uti docui, sint haec aeterna necessest Lucr.1.539; aliquam personam..tamquam praesentem appellamus, ~ uti fecit Myron Rut. Lup.2.1; si..alter..ut manducandi ius fasque est ~ dentibus subiciat (oleas) Fro.Aur.2.p.102(156N). **b** ut loquor res ~ est Pl.Am.569; ut serui uolunt esse erum ~ solet Mos.812; si cetera ~ sunt ut uis Ter.Hec.604; facies ut ~ sit in libro quem ad modum fuit Cic.Att.13.21.3; de Sicca ~ est ut scribis 16.11.1; Tigris ut natus est ~ descendens usque in litora permeat Mela 3.77; medicamentum, quod non diluitur, sed ~ ut est deuoratur Larg.87; ~ ut uestitus calciatusque erat..conquiescebat Suet.Aug.78.1; (*repeated*) scalae ~ uti datae erunt, ~ reddito Cato Agr. 144.2; (w. qualis) sane ~ se habet sacrum, quale apud Homerum quoque est Quint.Inst.1.5.67.

3 (expr. commensurateness) *ut* (*sicut*)..~, In proportion as..so (esp. in connection w. *quisque* or superlatives).

uti quaeque..aquosissima erunt, ~ postremo arato Cato Agr.131; Turp.com.143; ut..quisque contra uoluntatem eius dixerat, ~ in eum iudicium de professione iugerum postulabatur Cic.Ver.3.39; quodcumque magis uis multas possidet in se..~ plurima principiorum in sese genera..docet esse Lucr.2.587; quorum uti quoiusque ingenium erat, ~ rem difficilem aut facilem nuntiauere Sal.Jug.93.7; diu sicut illud (*sc.* pelagus) incedit ~ sua litora porrigit (Asia) Mela 1.10; fons..ut sol surgit ~ subinde frigidior per meridiem maxime riget 1.39; gens..Parthicae proxima, uerum ut caeli asperioris ~ ingenii 3.33; legendos Demosthenen atque Ciceronem, tum ~, ut quisque esset Demostheni et Ciceroni simillimus Quint.Inst.10.1.39.

4 (introd. a contrast) *ut* (*sicut*, *quemadmodum*)..~, While..it is (was) no less true that, whereas..at the same time.

ut quies certaminum erat ~ ab apparatu operum..nihil cessatum Liv.21.8.1; fuga..sicut urbem prodidit, ~ exercitum seruauit 22.50.3; quemadmodum nemo priuato consilio ad hostem transibat, ~ nihil salutare in medium consulebatur 26.12.7; 32.26.4; Quint.Inst.11.3.33; Corsica..ut fecunda ~ paene pestilens Mela 2.123; Tac.Hist.1.7;—(*after a neg.*) nec ut iniustus in pace rex, ~ dux belli prauus fuit Liv.1.53.1.

5 In the manner described or referred to, thus. **b** (summing up a narrative, argument, or sim.) thus it comes (came) about that. **c** (in impassioned questions, often implying the actions referred to are surprising in the light of something just said) in this way (i.e. the way we see you behaving in, or sim.).

me..homines octo ualidi caedant: ~ peregre aduenienS hospitio..accipiar Pl.Am.161; haec ~ gesta esse, iudices, cognoscite..ex litteris publicis ciuitatum Cic.Ver.3.175; uetabat..Auli lex ius dici de ~ sumpta pecunia Att.6.2.7; Hannibal haudquaquam similis dux neque simili exercitu neque ~ instructo aderat Liv.25.21.8; ~ adfectis remedium est ex altero (fonte) bibere Mela 3.102; uisum..remigibus unum in latus inclinare atque ~ nauem submergere Tac. Ann.14.5; quae melius uisum est particulatim scribere, ~ enim facilius perpendes singula Fro.Aur.2.p.80(153N);—(*pleon.*) id genus quid ~ populo Romano in urbe fieri non oporteat, exponam Vitr.2.8.16;—(*resumptive*) duae (columnae) mediae e regione parietum, qui inter antas et mediam aedem fuerint, ~ distribuantur 4.7.2. **b** homines defoderunt in terram dimidiatos ignemque circumposuerunt: ~ interfecerunt Cato orat.183; Liv.1.5.7; V.Max.6.3.6; Britanni..circumire terga uincentium coeperant, ni id ipsum ueritus Agricola quattuor equitum alas..uenientibus opposuisset..~consilium Britannorum in ipsos uersum Tac.Ag. 37.2; Fro.Aur.2.p.222(232N). **c** si uirum bonum ducerent, quid ita pro malo..damnassent? Liv.27.34.13; 32. 21.13; (M. Cicero) C. Marium..putauit obuiam factum, interrogantem eum quid ~ tam tristi uultu incerto itinere ferretur V.Max.1.7.5; 9.3.1; Tac.Hist.4.7.

6 In those circumstances, after that has (had) been done, or sim. (esp. in continuing a sequence of events, operations, etc., often after *atque*). **b** on those terms. **c** (after a conditional cl.) in that case, then; (after a cl. w. concessive *si*) even so.

cesso magnufice patriceque amicirier atque ~ ero meo ire aduorsum Pl.Cas.723; omnia una permisceto bene. ~ insipito in aulam nouam Cato Agr.85; Artorius Taureae dextrum umerum sauciat atque ~ resiluit Quad.hist.56; dico illum..aliquot dies aegrotasse et ~ esse mortuum Cic. Clu.168; de Formiano Tarracinam..inde Pomptinam summam..~ ad urbem III Nonas Att.7.5.3; Catul.63.44; ueniebat..uectus iumentis iunctis, atque ~ de uehiculo quae uidebantur dicebat Nep.Timol.4.2; unguibus.., dein fustibus, atque ~ porro pugnabant armis quae post fabricauerat usus Hor.S.1.3.101; 'eodem iure imperii quo bella gessi..triumphabo'. ~ (*i.e. with these words*) senatum reliquit Liv.10.37.8; Phaed.1.1.13; expectare oportebit, donec inpetus sedetur, et ~ in balneum deducere Larg.20; si emancipatus filius nepotem procreauerit et ~ decesserit Paul.dig.37.4.6. **b** tu frustra pius heu non ~ creditum poscis Quintilium deos Hor.Carm.1.24.11; quos..iussit..reddere..aeris alieni causas, et ~ illis certas summas dedit Sen.Ben.2.8.1; cum Ciceroni dabimus consilium..ut Philippicas, ~ uitam pollicente eo (*sc.* Antonio), exurat Quint. Inst.3.8.46. **c** quaeratur solum si sit perpetuo solidum, et ~ exaequetur Vitr.7.1.1; si fuit hic animus nobis, ~ parcite diui Ov.Tr.1.2.105;—in cauea si forent conclusi..~ non potuere uno anno circumirier Pl.Cur.451; Epid.611.

7 (w. inferential force) Since that is so, accordingly, therefore.

tuas (tabulas)..flagitamus..; quid ~ non profers? Cic. Q.Rosc.3; sin autem, id potest flecti, nullum est fatum, ~ ne diuinatio quidem Cic.Div.2.21; Off.3.35; Lucr.2.224; quam in praecipiti res humanae essent,..garrimus. '~' inquit Trimalchio 'non oportet hunc casum sine inscriptione transire' Petr.55.2; rarus duabus..ciuitatibus ad propulsandum commune periculum conuentus: ~ singuli pugnant, uniuersi uincuntur Tac.Ag.12.2; per noctem..uexatus sum tussi..~ Castricium nostrum detinui Fro. Amic.1.p.308(190N).

8 (w. vbs. of doing, saying, thinking, etc., standing for a neut. pron. or obj. cl., etc.) As has been mentioned or suggested, to that effect, so. **b** (w. vbs. of naming or sim.). **c** (standing for inf. as the subj. of a vb.). **d** *ut* ~ *dicam* (*dixerim*), if I may put it that way, so to speak (used in apologizing for ideas wh. might seem novel, bold, etc.). **e** (app.) as we understand the term.

serua istas fores..—consilium est ~ facere Pl.Mil.344; dicas uxorem tibi necessum ducere..—~n tu censes? 1120; mihi lubet.—lubet?—~dico Poen.1309; acceptam seruabo.—~spero quidem Ter.An.298; adprobat consilium, dicit ~ fieri oportere Cic.Ver.5.105; 'id quidem' inquis 'di approbent!' ~ uelim teque ~ cupere certo scio Att.6.6.1; gratulabor tibi prius; ~ enim rerum ordo postulat Fam.3.12.1; ~ tulisset fortuna Nep.Eum.6.5; nouo exercitu—~ enim decretum erat—scripto Duronium urbem expugnauit Liv.10.39.4; natus es infelix, ~ di uoluere Ov.Ib. 207; (insula) aurei soli, ~ ueteres tradidere Mela 3.70; (Seneca) sine ullo funeris sollemni crematur. ~ codicillis praescripserat Tac.Ann.15.64. **b** illa calamitas, si ~ est appellanda, exussit hoc genus totum maledicti Cic.Dom.76; hoc nomen (*i.e. of* imperator) obtinuit atque ~ se postea salutari passus est Caes.Civ.3.71.3; locus, quem ~ uocant, est in Triphylia Liv.32.13.2; Vell.2.58.2; alius (suasit), ut..tempus..saeculum Augustum appellaretur et ~ in fastos referretur Suet.Aug.100.3. **c** quia mi ~ lubet Pl.Bac. 751; post meridiem, si ~ uobis est commodum, loquemur aliquid Cic.de Orat.2.367; senatus Romae decreuit ut..alter eorum, si ~ uideretur, ad magistratus subrogandos Romam ueniret Liv.25.41.9; Ov.Pont.4.9.39; heroum effigies, quales ab eo sunt traditae, ceteri, tamquam ~ necesse sit, secuntur Quint.Inst.12.10.5. **d** in hoc uno opere, ut ~ dicam, noctes et dies urgeatur Cic.de Orat.1.260; qui si ex habitu nouae fortunae nouique, ut ~ dicam, ingenii quod sibi uictor induerat spectetur Liv.9.18.2; Sen.Dial.7.8.5; Larg.38; natura humani ingenii..in omnem partem, ut ~ dixerim, spectat Qvint.Inst.1.12.2. **e** olim..non ~ erat nummus neque aliud merx, aliud pretium uocabatur Paul. dig.18.1.1.

9 *quid* ~? **a** Why do you say that? how do you make that out? (also, *nam quid* ~? *quid* ~ *istuc?*). **b** why should I (you) do that? also, why do (did) you do that? so, *quid* ~ *non?* why have you not (done so)?

a minus iam furtificus sum quam antehac. —quid ~? —rapio propalam Pl.Epid.12; periimus. —quid ~? —pater adest Mos.365; Ter.Eu.366; et causam dicit Sestius de ui? quid ~? quia uiuit Cic.Sest.80; Tusc.1.87;—dum tibi ego placeam..meum tergum flocci facio. —nam quid ~? —quia ego tuom patrem faciam parenticidam Pl.Epid.349; Ter.Eu.897;—nunc habeam (filium) necne incertumst. —quid ~ istuc?—scies Hau.95. **b** exterge tibi manus. —quid ~, opsecro? Pl.Mos.267;—accusatis Sex. Roscium. quid ~? quia de manibus uestris effugit Cic. S.Rosc.34; Clu.61;—adduxtin tecum filiam?—non.—quid ~ non? Ter.Ph.568.

10 (esp. as pred. of *esse*, often w. neut. pron. as subj., or impers.) In the state or position described, so.

uidi ego..te neminem deteriorem.—~ sum Pl.Bac. 1180; non ~ res est Cur.143; pessuma haec est meretrix. —~ uidetur Ter.Hau.599; utinam sciam ~ esse istuc! Hec.536; uelim des operam ut inuestiges ex consponsorum tabulis sitne ~ Cic.Att.12.17; terra ipsa dea est (et ~ habetur) N.D.3.52; cum ea ~ sint Caes.Gal.1.14.6; pulsus ego?..haud ~ me experti Bitias et Pandarus ingens Verg. A.11.396; nec abnuitur ~ fuisse Liv.3.72.7; Vell.1.7.4; Marcus dixit, ~ est Pers.5.81; quaedam secundum naturam iudicantium dicta sunt: non ~ posteris tradentur Quint. Inst.12.10.55; orientem solem (~ in Syria mos est) tertiani salutauere Tac.Hist.3.24; (classiarios) iussit..excalciatos cursitare; et ex eo ~ cursitant Suet.Ves.8.3.

11 (in answering questions or confirming statements) Quite so, true, yes (so ~ *uero* and sim.); *non* ~, you are wrong, no; also, it shall not be, not so. **b** (sim. ~ *est* or *est* ~, *non* ~ *est* or *non est* ~). **c** ~ *enimuero* (sc. *sit*), by all means!

id tu me rogas?—~, rogo Pl.Am.1026; (Philolaches) tibicinam liberauit.—Philolachesne ergo?—~, Philematium quidem Mos.972; et pro te huc deductust?—~ Ter.Eu.708; Cic.de Orat.2.44; Dauusne? '~, Dauus, amicum mancipium domino..' Hor.S.2.7.2; Sen.Con.10.5.13; (*repeated*) ad aurem eius Psyche ridens accessit, et cum dixisset nescio quid, '~, ~' inquit Quartilla 'bene admonuisti' Petr.25.1;—(w. uero, enimuero, *etc.*) iam deuorandum (hominem) censes, si conspexeris?—~ enim uero Pl.As.339; Cas.402; gladiatores emptos esse Fausti simulatione ad caedem ac tumultum? '~ prorsus; interpositi sunt gladiatores' Cic.Sul.54; non dicis igitur 'miser est M. Crassus', sed tantum: 'miser M. Crassus'?—~ plane Tusc.1.13; Plin.Ep.7.13.1; (*cf.*) tanta multitudine hostium interfecta—~, inquam, hostium Cic.Phil.14.12;—(*after a negatively phrased question*) neque partem tibi ab eo quoiumst indipisces neque furem excipies?—~ Pl.Aul.775;—'tamen illa est potior quae te peperit.' 'non ~' Phaed.3.15.9;—Troia arserit igni? Dardanium totiens sudarit sanguine litus? non ~ Verg.A.2.583; Sil.11.185. **b** me ut quisquam norit nisi ille qui praebet cibum?—~ est Pl.Per. 133; Rud.152; actio igitur sequitur ut opinor.—est ~ Cic. Part.25; Fabius..conspecta procul turbata acie, '~ est' inquit; 'non celerius quam timui deprendit fortuna temeritatem' Liv.22.29.1; Fro.Aur.2.p.102(156N);—'non..mihi minus operis uidetur de uniuersis generibus rerum quam de singulorum causis..dicere.' 'non est ~,' inquit Antonius Cic.de Orat.2.71; Off.1.158; an confutabunt nares oculiue reuincent? non, ut opinor, ~ est Lucr.4.489; Sal.Cat.51.11. **c** hodie accipiat.—~ enim uero, ne qua caussa supsiet Pl. Mos.920.

12 ~*ne* (*uero*)? ~ (*uero*)? (in surprised or incredulous, often indignant or ironical questions). Indeed? really? is that a fact? (either alone or introd. a second question; often w. some inferential force, cf. 7).

opus hoc facto existumo, ut illo intro eam.—~ne uero, ueruex? intro eas? Pl.Mer.567; aedes dotalis huiiu' sunt. —~ne?—ita pol Mil.1278; ~ne? nuntiat Brutus illum ad bonos uiros? εὐαγγέλια Cic.Att.13.40.1; 14.10.1; 16.11.5; haruspices..responderunt non fuisse iustum comitiorum rogatorem. tum Gracchus..incensus ira: '~ne uero, ego non iustus, qui et consul rogaui et augur..?' N.D.2.11; Sen.Oed.936; Pers.3.7;—si falsa dices, Lurcio, excruciabere —~ uero? Pl.Mil.844; non equidem istas (pepuli fores), quod sciam.—~? nam mirabar quid hic negoti esset tibi Ter.Ad.642; mihi..libuit deae nomen quaerere. '~' inquit 'non dixit tibi ancilla mea me Circen uocari?' Petr.127.6; Juv.6.222.

13 (expr. degree, with vbs., adjs., etc.) To that extent, so (much); ~ *magnus*, ~ *multi* = *tantus*, *tot*. **b** *non* (*haud*, etc.) ~ (*sane*) (w. adjs., etc.), not so much as all that, not (so) very (much).

qur ~ fastidit?—tantas diuitias habet Pl.Bac.333; haec illaec est ab illa quam dudum dixi.—qua ab illarum? nam ~ me occursant multae Mil.1047; quem perisse ~ de re publica merentem consulem doleo Cic.Ep.fr.5(4).22; quid ~ Nilus aestiuis mensibus abundet Sen.Nat.4a.1.1; qui quid ~ placuerit his, non uideo Quint.Inst.9.4.110; istam necessitatem..quae me..~ animo anxio tantaque sollicitudine praepedito adligatum adtinet Aur.Fro.1.p.80(3N);—(w. quam) Brutus et Cassius utinam quam facile a te de me impetrare possunt ~ per te exorentur..! Hirt. in Cic.Att. 15.6.2; non ~ certandi cupidus quam propter amorem quod te imitari aueo Lucr.3.5; 4.1147;—(w. quantus) non ~ Dardanio gauisus Atrida triumpho est..quanta ego praeterita collegi gaudia nocte Prop.2.14.1. **b** Themistocles ..ut apud nos, perantiquus, ut apud Atheniensis, non ~ sane uetus Cic.Brut.41; neque ~ multo post A. Caecinae nupsit Caec.17; plura me scribere..non ~ necesse arbitrabar Fam.10.25.3; progressus haud ~ longe a Caesaris castris constitit B.Afr.30.2; magnae saepe res non ~ magnis copiis sunt gestae Nep.Pel.2.3; haud ~ multos moratus dies Liv. 7.32.5; est locus in Scythia..qui Getica longe non ~ distat humo Ov.Pont.3.2.46; insulas non ~ multas complectuntur haec maria Plin.Nat.5.41; non ~ difficilis..quaestio Quint.Inst.2.5.18.

14 (introd. a paratactic remark wh. justifies a previous one) To such an extent is (was) it the case that, so true is (was) it that, or sim.

neque gementem (Alcumenam) neque plorantem nostrum quisquam audiuimus; ~ profecto sine dolore peperit Pl. Am.1100; ossa ac pellis totust, ~ cura macet Aul.564; Mer.725; si cessassem,..domi non offendissem, ~ iam ornarat fugam Ter.Eu.673; Ph.284; numquam quiuerunt incendere (turrim); ~ Archelaus omnem materiam obleuerat alumine Quad.hist.81; nec iocandi locus est; ~ me multa sollicitant Cic.Att.5.5.1; Tusc.1.59; Lucr.3.331; tibi di quaecumque preceris commoda dent! ~ uir bonus es Hor.S. 2.8.76; Afros Romanam crederes aciem; ~ armati erant armis..ad Trasumennum captis Liv.22.46.4; spiritum uix habeo, ~ sum defessus Aur.Fro.1.p.154(37N);—(*foll. by* tantus) quid agam nescio. ~ tanta mira in aedibus sunt facta Pl.Am.1057.

15 (w. ref. to what follows) In the manner about to be described, thus. **b** (w. vbs. of saying or sim.) in the following terms; (pointing forward to an indir. statement or command) to the effect (that), namely (that). **c** (as pred. of *esse*, etc.) in such a state, postion, etc., as I shall describe.

nam ~ euenit: cum saucius multifariam ibi factus esset, tamen.. Cato hist.83; inter consules ~ copiae diuisae: Sempronio datae legiones duae.. Liv.21.17.5; 27.7.9;—(*foll. by* ut *or* ne) ~ di te faciant, ut..ego te..uerberem Pl. Am.380; uerebar ne ~ caderet..ne, ante quam tu in prouinciam uenisses, ego de prouincia decederem Cic.Fam. 2.19.1; forte ~ eo anno euenit ut..hostes in Samnio mouerentur Liv.8.35.10; quod uitium Demosthenes ~ dicitur emendasse, ut..hasta umero dependens immineret Quint. Inst.11.3.130;—(*pointing forward to a pred.*) uirom bonum quom laudabant ~ laudabant, bonum agricolam bonumque colonum Cato Agr.pr.2. **b** (*foll. by dir. sp.*) DE BACHANALIBVS..~ EXDEICENDVM CENSVERE: NEIQVIS EORVM <B>ACANAL HABVISE VELET CIL 1.581.3; multi..~ dicent, 'de illo nihil dixit in quo ego interfui' Cic.Ver.1.103; utrum ~ scripserit, 'si uter uolet' an 'si decumanus uolet,' nihil interest 3.35; Fam.5.2.3; tribuni ~ decreuerunt: 'si consul senatui de prouinciis permittit, stari eo quod senatus censuerit placet' Liv.28.45.7; Curt.5.5.10; Ciuilis ~ coepit: 'si..' Tac.Hist.5.26;—(*foll. by acc. and inf.*) ille mihi abiens ~ respondit, 'se sectari simiam' Pl.Mil.179; maiores nostri ..~ in legibus posiuerunt, furem dupli condemnari Cato Agr.pr.1; eum sibi ~ dixisse narrabat, se mihi esse inimicissimum Cic.Att.11.10.1; ex parente meo..~ accepi, munditias mulieribus..conuenire Sal.Jug.85.40; nam ~ promiseram, me de arte..dicturum Quint.Inst.12.10.1;—(*foll. by* ut+*subj.*) ~ animatus fui ~que nunc sum ut ea te patera donem PL.*Am.*762; mi auctores ~ sunt amici, ut uos hinc abducam domum *St.*128; senatus ~ decreuit, ut cum legionibus iret CIC.*Fam.*2.17.5; *B.Hisp.*20.2. **c** nam ~ sunt hic meretrices: omnes elecebrae argentiariae PL.*Men.* 377; ~ sunt res nostrae, 'ut in secundis fluxae, ut in aduorsis bonae' CIC.*Att.*4.1.8; uerum, ut opinor, ~st: sunt quaedam corpora quorum concursus. . efficiunt ignis LUCR.1.684; haec uerba 'quod ui aut clam factum est' ait Mucius ~ esse 'quod tu aut tuorum quis aut tuo iussu factum est' ULP.*dig.*43.24. 5.8;—(*foll. by* ut+*subj.*) si ~ est, ut tu sis Iahonis filius PL. *Poen.*1072.

16 (introd. a limiting cl., often after *sed*) ~. .*ut* (neg. *ne, ut ne*) In such a way as to make sure that, so long as, etc. **b** (introd. a conditional cl.) (only) on condition (that); (sts. qualifying a prayer, cf. 17). **c** (before a temporal cl.) at the moment (when).

si quis quid uestrum Epidamnum curari sibi uelit, audacter imperato. .sed ~ ut det unde curari id possit sibi PL.*Men.*53; paret senatui? 'credo,' inquit Calenus 'sed ~ ut teneat dignitatem' CIC.*Phil.*12.4; accepimus condiciones, sed ~, ut remoueat praesidia ex iis locis quae occupauit *Fam.*16.12.3; Sabatinos. .liberos esse iusserunt, ~ ut nemo eorum ciuis Romanus. .esset LIV.26.34.7; VELL.2.20.2; PLIN.*Nat.*31.104;—(*foll. by* ne, ut ne) ~ tu istaec tua misceto ne me admisceas TER.*Hau.*783; ~ possideto ut tecum simul possideat Quinctius, ~ possideto ut Quinctio uis ne adferatur CIC.*Quinct.*85; *Att.*12.32.1; ~ admissos esse ne tamen iis senatus daretur LIV.22.61.5; modos. .secare oportet ~ ne profluat medulla PLIN.*Nat.*17.154; QUINT. *Inst.*7.10.16. **b** scribas ad me uelim de gladiatoribus, sed ~ bene si rem gerunt; non quaero, male si se gesserunt CIC. *Att.*4.8.2; ~ demum liberam ciuitatem fore. .si sua quisque iura ordo. .teneat LIV.3.63.10; V.MAX.4.1.11; ~. .magnae uires decori. .sunt, si illis salutaris potentia est SEN.*Cl.*1.3.3; QUINT.*Inst.*4.3.6; (*foll. by* quod = *as long as*) ~. .IEIS OMNIBVS SVEIS LEGIBVS. .VTEI LICETO, QVOD ADVORSVS HANC LEGEM NON FIAT *CIL* 1.589.1.8; (*cf., foll. by abl. absol.*) qui heres insitutus esset ~: 'mortuo Postumo filio' CIC.*Caec.* 53;—uos, Ceres mater ac Proserpina, precor. .ut ~ nobis. . propitii adsitis, si uitandae, non inferendae fraudis causa hoc consilii capimus LIV.24.38.8; (*cf., ellipt.*) uenerata Ceres, ~ culmo surgeret alto, explicuit uino contractae seria frontis HOR.*S.*2.2.124. **c** grauem oratorem ~ dumtaxat cum de re publica diceret CIC.*Brut.*222; de quibus (*sc.* beneficiis) non redditis sero querimur; ~ enim perierunt, cum darentur SEN.*Ben.*1.1.1.

17 (qualifying a wish, whose fulfilment depends on the truth of a statement) ~. . *ut* (+ind.), So (help me God, or sim.). .as it is true that; (often w. omission of *ut*, in parenthetical oaths).

~ me di amabunt ut ego hunc ausculto lubens PL.*Aul.* 496; *Poen.*1219; ~ me seruet Iuppiter, ut proprior illi quam ego sum ac tu homo nemost TER.*Ph.*807; de Tirone, mi Marce, ~ te. .uideam, ut mihi gratissimum fecisti Q.CIC. *Fam.*16.16.1; OV.*Pont.*3.9.27; SEN.*Tro.*599;—~ me di deaeque ament, aequom fuit deos parauisse uno exemplo ne omnes uitam uiuerent PL.*Mil.*725; TER.*Ph.*883; sollicitat, ~ uiuam, me tua. .ualetudo CIC.*Fam.*16.20; non (~ Caecilio placeam. .) culpa mea est CATUL.67.9; PROP.1.19.16; ~ genium meum propitium habeam, curabo, domata sit Cassandra caligaria PETR.74.14; FRO.*Amic.*1.p.278(175N).

18 (introd. consec. cls.) ~. .*ut* (neg. *ut non*), In such a way, in such terms, circumstances, etc.,. .that. **b** to such an extent. .that. **c** (w. *esse*, etc.) in such a state, position, etc.,. .that.

~ uersatus sum in prouincia, uti nemo posset. .dicere assem. .in muneribus me accepisse GRACCH.*orat.*26; teneo (furem) inquam, ~ ut negare non possit CIC.*Ver.*3.137; Tiro ~ scripsit ut uerear quid agat *Att.*9.17.2; aciem. .~ collocauerat uti sinistrum suum cornu esset triplex *B.Afr.*60.3; non ~ ciuitatem aegram esse ut consuetis remediis sisti possit LIV.3.20.8; nocte, ~ ut nemo hostium sentiret, urbem est ingressus 24.40.9; repertus est mortuus, ~ ut quaedam elisarum faucium in ceruice reperirentur notae VELL.2.4.5; LARG.122; TAC.*Hist.*1.83;—(*pleon.*) sic est forma facienda, ~ uti. .tam magnis. .lateribus quadratum describatur VITR.4.3.9. **b** ~ forma simili puerei uti mater sua non internosse posset PL.*Men.*19; belli genus esse ~ necessarium ut sit gerendum CIC.*Man.*20; tibi eum ~ commendo, ut maiore studio neminem commendarim *Fam.*13.36.2; PROP. 1.18.14; ~ superbe. .habiti Locrenses ab Carthaginiensibus . .fuerant ut modicas iniurias. .prope libenti (animo pati) possent LIV.29.8.6; CELS.7.25.2; STAT.*Theb.*11.303;—(*w.* magnus, multus) irae sunt inter Glycerium et gnatum. — audio. — ~ magnae ut sperem posse auelli TER.*An.*553; sunt ~ multi ut eos carcer capere non possit CIC.*Catil.*2.22; *Att.*6.2.8; *Tusc.*1.5;—(*cf., foll. by* quin) nihil est. .~ iniurium, quod me facere aduersum. .possis, quin ego ex te gaudiis amplissimis abundem FRO.*Ver.*2.p.130(120N). **c** ~ . .natus, ~ educatus. .es,. .ut tibi id faciendum sit CIC. *Fam.*6.5.4; ~ ad hoc aetatis. .fui, ut omnis labores et pericula consueta habeam SAL.*Jug.*85.7; TAC.*Ann.*4.8.

19 (in consec. sents. where the *ita* represents a concession to wh. the *ut* cl. is contrasted) In such a way (as not to exclude some other action, situation, etc.; often w. neg. in either the main or the subord. cl.).

cuius ego ingenium ~ laudo ut non pertimescam CIC. *Div.Caec.*44; qui ~ Romae debuit ut in prouinciis. .ei maximae pecuniae deberentur *Sul.*58; *Off.*3.53; ceteris ~ oppidum. .ademimus ut. .locum. .ad habitandum daremus LIV.31.31.15; VELL.2.112.3; in adulescentia ~ patiens laborum erat, ut tamen nonnumquam subita defectione. . stare. .uix posset SUET.*Cal.*50.2; *Nero* 1.2; FRO.*Aur.*1.p.192 (79N).

itaeomelis ~in (*acc.*), ? *f.* [unkn.] A kind of herbal wine.

uocarunt et scyzinum et ~in. .quorum iam oblitterata ratio est PLIN.*Nat.*14.111.

Italia ~ae, *f.* PROS.: first syll. naturally short (cf. Quint.*Inst.*1.5.18), and so scanned in LUCIL.825, but in dactylic verse lengthened *metri gratia*. Italy (by the Greeks orig. restricted to parts of southern Italy; not officially including Cisalpine Gaul till the time of Augustus). **b** *ius ~ae = ius Italicum* (see ITALICVS[1]).

in ~a atras capras lacte album habere CATO *hist.*134; CAES.*Civ.*1.6.3; VERG.*G.*2.138; qua mons Appenninus regiones ~ae Etruriaeque circa cingit VITR.2.6.5; MELA 2.72; SIL.8.268;—(*w.* terra) cum. .Hannibal terram ~am laceraret CATO *orat.*177; LIV.25.7.4;—(*meton.*) quo (*sc.* cibo) frequentius Sicilia quam ~a usa VAR.*L.*7.86; uniuersa ~a. . arma aduersus Romanos cepit VELL.2.15.1. **b** quibus duabus (urbibus) ius ~ae datum PLIN.*Nat.*3.25.

Italica ~ae, *f.*

1 The confederate name for Corfinium during the Social War.

caput imperi sui Corfinium legerant quod appellarent ~am VELL.2.16.4.

2 A Roman settlement in *Hispania Baetica*, the birthplace of Trajan and Hadrian.

CAES.*Civ.*2.20.6; PLIN.*Nat.*3.11.

Italicensis ~is, *m.* An inhabitant of Italica in Spain.

*B.Alex.*52.4; *B.Hisp.*25.4; Hadrianus in oratione, quam de ~ibus, unde ipse ortus fuit, in senatu habuit. . GEL. 16.13.4.

Italicum ~ī, *n.* A kind of eye-salve.

M IVLI SABINI ~VM AD CICATRICES *CIL* 13.10021(105); *A.Epig.*01.31.

Italicus[1] ~a ~um, *a.* PROS.: as in ITALIA. Of or belonging to Italy or its people, Italian (sts. as contrasted w. Roman); (masc. as sb.) an Italian. **b** (ref. to Italy in the old sense, i.e. Magna Graecia). **c** *bellum ~um* (and sim. phrs.), the Social War, i.e. the war of 91–88 B.C. between Rome and her Italian allies. **d** *legio* (*prima*) *~a*, the name of a legion raised in Italy (see Suet. *Nero* 19.2); (masc. pl. as sb.) the men of this legion. **e** *ius ~um*, privileges granted to certain provincial cities, incl. quiritarian ownership of land and immunity from land-tax; *colonia ~a*, a colony possessing such privileges.

oras. .~as PL.*Men.*237; ~i generis. .mortales SAL.*Jug.* 47.1; litore in ~o OV.*Met.*14.17; raptores ~ae libertatis VELL.2.27.2; frumentum ~um PLIN.*Nat.*18.65; omnia (uerba) ~a QUINT.*Inst.*1.5.56; (*cf.*) Catonis ~a (*i.e. for Italy*) sententia est in XXV pedibus. .seri (oleam) PLIN.*Nat.*17.93; —(*masc. as sb.*) quam ob noxiam Romanorum. .~i aduersus ueteres socios Romanos bellum gererent LIV.24.47.5; VELL. 2.16.1; ~us es an prouincialis? PLIN.*Ep.*9.23.2. **b** audibam Pythagoram Pythagoreosque incolas paene nostros, qui essent ~i philosophi quondam nominati CIC.*Sen.*78; uita illa beata. .plena ~arum Syracusiarumque mensarum *Tusc.*5.100; quaesitis. .per Africam etiam ac Siciliam et ~as colonias carminibus Sibullae TAC.*Ann.*6.12. **c** tumultum ~um CIC.*Phil.*8.3; ~i belli. .historiam *Fam.* 5.12.2; VELL.2.15.1; TAC.*Ann.*3.27. **d** TAC.*Hist.*2.100; *CIL* 11.4787;—TAC.*Hist.*3.22. **e** ius ~um habent ex eo conuentu Alutae, Flanates. . PLIN.*Nat.*3.139;—(colonia) quae a diuo Seuero. .~ae coloniae rem publicam accepit ULP.*dig.*50.15.1.2.

Italicus[2] ~ī, *m.* A cognomen, esp. of the epic poet Silius Italicus, *c.* A.D. 26–101.

TAC.*Hist.*3.65; PLIN.*Ep.*3.7.1.

Italis ~idis or ~idos, *f.* PROS.: first syll. lengthened in quots. An Italian woman.

~ides, quas ipsa decus sibi dia Camilla delegit VERG.*A.* 11.657; STAT.*Silv.*1.2.273;—(*attrib.*) matres ~ides MART. 11.53.4; Cymodoce, Nympharum maxima natu ~um SIL. 7.429.

Italus[1] ~a ~um, *a.* PROS.: first syll. often lengthened *metri gratia*. FORMS: gen. pl. masc. *Italum* VERG.*A.*6.92. Of Italy or its people, Italian; *mare ~um*, the Tuscan Sea. **b** (masc. as sb.) an Italian.

per gentis ~as LUCR.1.119; ~a cornus (*i.e. javelin*) VERG. *A.*9.698; turbauit mentes ~as (signum) 12.246; ~a. .tellus OV.*Fast.*4.64; ~us. .hostis *Carm.Bell.Aeg.*8; STAT.*Silv.*2. 7.65;—(Tiberis) quamlibet magnarum nauium ex ~o mari capax PLIN.*Nat.*3.54. **b** nec. .natiuo. .sensu ~o8 ipsos ac Latinos. .superauimus CIC.*Har.*19; VERG.*A.*8.678; PLIN. *Nat.*3.71; non sermo Poenus, non habitus tibi. .: ~us, ~us STAT.*Silv.*4.5.46; *CIL* 10.1967.

Italus[2] ~ī, *m.* A legendary king, the eponym of Italy.

VERG.*A.*7.178; HYG.*Fab.*127.3.

italus[3] ~ī, *m.* [app. dial. form of VITVLVS, cf. Gk. ἔταλον] (See quots.)

Graecia enim antiqua, ut scribit Timaeus, tauros uocabat ~os, a quorum multitudine. .Italiam dixerunt VAR.*R.*2.5.3; COL.6.pr.7; PAUL.*Fest.*p.106M.

itaque, *adv.* [ITA+-QVE] PROS.: second syll. app. lengthened in *Arg.Pl.Cist.*10. POSITION: before Livy usu. placed first, exc. for metrical reasons; after Livy usu. second (sts. third or fourth) in its sentence. N.B.: see ITA for meanings where *-que* is used normally as connecting particle.

1 (expr. result or inference) Since that is (was) the case, accordingly, in consequence, (and) so: **a** (in first position). **b** (postponed). **c** (in the middle of a sentence, after a participial phr.).

a praesagibat mi animus frustra me ire, quom exibam domo; ~ abibam inuitus PL.*Aul.*179; CATO *hist.*39; his ut. . Heraclium condemnent imperat; ~ condemnant CIC.*Ver.* 2.42; eodem die. .loquebantur Antonium mansurum esse Casilini. ~ mutaui consilium *Att.*16.10.1; principes sunt. . simplices. .~ aer. .et ignis et aqua et terra prima sunt *Ac.* 1.26; Athenis tenue caelum, ex quo. .acutiores putantur Attici, crassum Thebis, ~ pingues Thebani *Fat.*7; omnem exercitum inopia premi. .~ statuisse imperatorem. .triduo exercitum deducere CAES.*Gal.*7.20.11; NEP.*Dat.*4.3; Sabinis . .metum incussit. ~ legatos de pace mittunt LIV.2.18.9; 30.14.9; LARG.200;—(*strengthened by particles, etc., of sim. meaning*) (matres) reddunt (uirgines) curatura iunceas: ~ ergo amantur TER.*Eu.*317; uinum. .solem. ~ ideo . .in arbores escendit uitis VAR.*R.*1.8.7; ~ ob eam rem 2.4.5. **b** (*in second position*) castra propinqua turbatos ac terga dantes accepere; plus ~ ignominiae quam cladis est acceptum LIV.4.31.4; 7.28.3; qui declamationem parat, scribit. .ut placeat. omnia ~ lenocinia conquirit SEN.*Con.* 9.pr.1; SEN.*Nat.*7.9.3; (aquae) remediant uesicae uitia, appellantur ~ uesicariae LARG.146; QUINT.*Inst.*8.4.12; SUET.*Tib.*11.3;—(*in third or fourth position*) quod olet non tam facile esse uidebis inuestigare in qua sit regione locatum . .errant saepe canes ~ LUCR.4.705; non tulere ~ dimicationem LIV.31.35.7; postea dixit. .omnium sententiis absolutus ~ est PLIN.*Nat.*18.43; QUINT.*Inst.*8.3.20; ULP. *dig.*19.5.14.3. **c** Theseus. ., cogitans si Ariadnen in patriam portasset, sibi opprobrium futurum, ~ in insula Dia dormientem reliquit HYG.*Fab.*43.1.

2 (resuming after a parenthesis or digression) Well, then.

(*in first position*) memini. .in eum sermonem illum incidere qui tum fere multis erat in ore. meministi enim. ., cum (P. Sulpicius). .a Q. Pompeio. .dissideret,. .quanta esset hominum. .admiratio. ~ tum Scaeuola cum in eam ipsam mentionem incidisset, exposuit. . CIC.*Amic.*3; LIV.2.12.3;— (*in second position*) constitutiones ~, ut ante diximus, tres sunt *Rhet.Her.*1.18.

3 (app. used for simple *ita*) In that manner, condition, etc.

totius corporis morbus est puta. .febris, partis ueluti caecitas, licet homo ~ (*s.v.l.*) natus sit ULP.*dig.*21.1.1.7.

item, *adv.* [cf. *ita*, Skt. *itthám*, Lett. *itin*, etc.]

1 In the same manner or according to the same principle, similarly. **b** *non ~*, not so, far otherwise. **c** *quid ~*, anything of that sort.

nec me ille sirit Iuppiter! — ego ~ uolo PL.*Cur.*27; id peccatum primum sane magnum, at humanum tamen: fecere alii saepe ~ boni TER.*Ad.*688; eodem modo conspicito (spaeritam) atque spiram ~que coquito CATO *Agr.*82; 'in eo agro. .in singula iugera dena cullea uini fiunt.' nonne ~ in agro Fauentino. .? VAR.*R.*1.2.7; mirari mitte, quod aestus non ualet e lapide hoc alias impellere ~ res LUCR. 6.1057; ipse cum telo esse, ~ alios iubere SAL.*Cat.*27.2; *Jug.*100.4; deinde semel mane et in nocte semel inferuefacere oportet, ~ et postero die LARG.271;—(*pleon. after* ita) pro. .ea re ita uti s(upra) s(criptum) e(st) ~ pignori sunto CATO *Agr.*146.3. **b** rex. .maxumas (gratias) mihi agebat quidquid feceram: aliis non ~ TER.*Eu.*398; o spectaculum uni Crasso iucundum, ceteris non ~! CIC.*Att.*2.21.4; corporum offensiones sine culpa accidere possunt, animorum non ~ *Tusc.*4.31; *Div.*2.62; *Off.*1.118. **c** argenteum enim si (argentum est) pocillum aut quid ~ VAR.*L.*9.66; *R.*2.5.16; substernitur eis acus aut quid ~ aliut 2.9.12.

2 (as correlative) ~. .*ut*, In the same way that. .so, according as. .so; (also w. *quemadmodum, quasi, quam si*, rarely *atque*).

proinde eri ut sint, ipse ~ sit (seruus) PL.*Am.*960; *Ps.*810; si ex capite sis meo natus, ~ ut aiunt Mineruam esse ex Ioue TER.*Hau.*1036; CATO *Agr.*134.4; ut adhuc me attente audistis, ~ quae reliqua sunt audiatis CIC.*Clu.*66; *Att.* 10.8.10; uetustas oleo taedium adfert, non ~ ut uino PLIN. *Nat.*15.7; QUINT.*Inst.*3.11.27;—(*w.* quemadmodum) ut ~ palaestritae Bidini peterent ab Epicrate hereditatem, quem ad modum palaestritae Syracusani ab Heraclio petiuissent CIC.*Ver.*2.54;—(*w.* quasi) quasi murteta iunci, ~ ego uos uirgis circumuinciam PL.*Rud.*732;—(*w.* quam si) ~ nos perhiberi quam si salsa muriatica esse autumantur PL. *Poen.*240;—(*w.* atque) analogia non ~ ea definienda quae derigitur ad naturam uerborum atque illa quae ad usum loquendi VAR.*L.*10.74.

3 For your (his, etc.) part, correspondingly, in turn.

aequo animo patitor. — patitor tu ~ quom ego te referiam PL.*As.*375; hunc amaui. .ille ut ~ contra me habeat facio sedulo TER.*Ad.*50; magna pax Antonio cum eis, his ~ cum illo CIC.*Phil.*7.23; pro tua incredibili in me beneuolentia meaque ~ in te *Fam.*2.7.4; *Leg.*1.51; res. .non posse creari de nilo neque ~ genitas ad nil reuocari LUCR.1.266; 4.543; legionem Caesar. .passibus ducentis ab eo tumulo constituit. ~ equites Ariouisti pari interuallo constiterunt CAES.*Gal.* 1.43.2.

4 In addition, as well, likewise. **b** (esp. introd. single words or phrs.).

multa. .et in senatu contra uirum fortem, A. Gabinium, grauiter. .dixisti. .et ex hoc ipso loco permulta ~ contra eam legem uerba fecisti CIC.*Man.*52; Postumi enim causa. . seiuncta a senatu est. quod si ~ a Gabinio seiunctam ostendero, certe quod dicas nihil habebis *Rab.Post.*8; non nullos interfecerunt, ~ alios uiuos abduxerunt *B.Hisp.*21.2; hoc ~ uobis prouidendum est, patres conscipti SAL.*Cat.*51.7; equitum ex primoribus ciuitatis duocim scripsit centurias; sex ~ alias centurias. .fecit LIV.1.43.9; 42.35.7; e prioribus cruribus sanguis mittendus est. .si (bos). .utrumque (armum) uitiauit, ~ in posterioribus cruribus uenae soluentur COL.6.16.1; sunt etiam, qui *λύχνους* inscripserint, sunt ~, qui *στρωματεῖς* GEL.pr.7;—(*introd. new clauses in a document*) ~ senatui placere de militibus..~que senatui placere in Ciliciam prouinciam.. *S.C.*in Cael.*Fam.*8.8.7,8. **b** tulissent satellites tui me miserum foede bonaque omnia ~ una mecum passim PL.*Trin.*834; (stercus) ouillum, bubulum, ~ ceterum stercus omne..conseruato CATO *Agr.*36; Chio per uim signa pulcherrima dico abstulisse, ~ Erythris et Halicarnasso CIC.*Ver.*1.49; *Balb.*32; Varroni me iubes agere gratias. faciam; ~ Hypsaeo *Att.*3.8.3; *Fam.*14.20; solis defectiones ~que lunae praedicuntur *Div.*2.17; exercitum..in Aulercis Lexouiisque, reliquis ~ ciuitatibus quae proxime bellum fecerant, in hibernis collocauit CAES.*Gal.* 3.29.3; saepe antea uineis Romanorum subuorsis ~ incensis SAL.*Jug.*94.4; caudae..pilos ut equinae paulatim uello et demo unum, demo et ~ unum HOR.*Ep.*2.1.46; PLIN.*Nat.* 5.148; decretum Calui.., ~ decretum Bassi his litteris subieci PLIN.*Ep.Tra.*10.56(64).5; SUET.*Jul.*9.1.

iter ~ineris, *n.* [EO[1]; cf. Hittite *itar*] FORMS: nom. and acc. sg. *itiner* ENN.*scen.*336, PL. *Mer.*913, 929, PAC.*trag.*45, 121, 226, TURP. *com.*207, ACC.*trag.*457, 500, VAR.*Men.*421, LUCR.6.339, HYG.*gram.*2; gen. *iteris* NAEV. *trag.*33, PAC.*trag.*fr.inc.57, ACC.*trag.*627, HYG. *gram.*1; abl. *itere* ACC.*trag.*499, VAR.*Men.*79, LUCR.5.653.

1 The act of travelling, a journey. **b** (in many verbal phrs. denoting to travel or sim.; esp. *~er facere*). **c** (by sea, through the air, etc.). **d** (of inanim. things; esp. of heavenly bodies, also of periods of time or sim.).

mea facta et ~inera ego faxo scias PL.*Trin.*882; euenit senibus ambobus simul ~er illi in Lemnum ut esset, nostro in Ciliciam TER.*Ph.*66; illi ne causa quidem ~ineris, etiam causa manendi CIC.*Mil.*45; omnium ~inerum..meorum socius *Fam.*13.71; cantus..iratae detinet anguis ~er TIB. 1.8.20; utrum Hannibal..sit aemulus ~inerum Herculis LIV.21.41.7; fragmentis panis, quem ob ~er ferebat PLIN. *Nat.*9.25; agmina retro..praecipitant: sed torpet ~er STAT. *Theb.*8.155; Mercurius..assiduo ~inere (ab inferis rediit) HYG.*Fab.*251.4; (*in fig. phr.*) ut interrumpat ~er amoris nostri CIC.*Att.*4.2.1;—(*w. place whence expr.*) iter a porta *Sest.*131;—(*w. place whither expr.*) cuius ~er in prouinciam fuit eius modi ut.. *Prov.*9; fingit ~er Lemnum OV.*Ars* 2.579; tutum in urbem ~er concessum est TAC.*Ann.*2.81; (*expr. by gen.*) caeli meditatus ~er (*i.e. on a tightrope*) MAN. 5.654. **b** ut..inceptum hoc ~iner perficere exsequar PL. *Mer.*913; TER.*Hec.*194; Cn. Pompeius..~er ad legiones habebat CAES.*Civ.*1.14.3; cum ille esset in Phrygia ~erque ad regem compararet NEP.*Alc.*10.3; legati ~er adcelerarunt LIV.31.29.1; ad gentes alias hinc dea uertit ~er OV.*Pont.* 4.4.20; dulcis ~er instaurabat ad Argos STAT.*Theb.*2.743; (*w. gen. expr. destination*) mediae..tenemus urbis ~er VERG. *A.*2.360; (*poet.*) supremum carpere ~er (*i.e. the journey of death*) comites parati HOR.*Carm.*2.17.12; (*in fig. phr.*) natalis ..tui sic peragamus ~er PROP.3.10.32;—certumnest celare quo ~er facias, pessuma? PL.*Per.*221; eorum alter..~er per Siciliam facere uoluit CIC.*Ver.*4.61; *Att.*8.11d.1; HOR.*S.* 2.6.43; SUET.*Aug.*64.3; (*in fig. phr.*) hoc ~er uitae.., quod uigilantes dormientesque eodem gradu facimus SEN.*Dial.* 10.9.5. **c** Aeneas..tendit ~er uelis portumque relinquit VERG.*A.*7.7; liquidum nautis aura secundat ~er PROP. 3.21.14; SEN.*Con.*7.1.4; (*of a ship*) amisso medium cum praeside puppis fregit ~er STAT.*Theb.*10.183;—quam (*sc.* speluncam) super haud ullae poterant impune uolantes tendere ~er pennis VERG.*A.*6.240. **d** ut (fulmen).. obuia discutiat plagis ~inerque sequatur LUCR.6.339; hac quondam Tiberinus ~er faciebat PROP.4.2.7; peragit soliti uena (*i.e. pulse*) tenoris ~er OV.*Pont.*1.10.6;—tu cursu, dea, menstruo metiens ~er annuum CATUL.34.18; Phoebe, moraturae contrahe lucis ~er PROP.3.20.12; peragat coeptum dulcis ut annus ~er OV.*Fast.*1.188; stella Saturni..ex omnibus ~er suum lentissime efficit SEN.*Nat.*7.29.1; ut temporum ratio solis ~ineri congruat PLIN.*Nat.*2.35.

2 (in mil. contexts) A march. **b** (a day's march used as a measure of distance).

quam maximis potest ~ineribus in Galliam ulteriorem contendit CAES.*Gal.*1.7.1; cum sibi quisque primum ~ineris locum peteret 2.11.1; Vercingetorix copias..reduxit protinusque Alesiam..~er facere coepit 7.68.1; ut..fugae simile ~er uideretur *Civ.*3.13.2; reliquos Catilina..magnis ~ineribus in agrum Pistoriensem abducit SAL.*Cat.*57.1; ~er in insequentem diem pronuntiari cum iussisset LIV.2.59.6; Laelium cum peditibus subsequi modicis ~ineribus posse 30.12.7; CURT.7.9.20; ut neque ~ineris neque proelii tempus denuntiaret SUET.*Jul.*65. **b** Hercyniae siluae..latitudo nouem dierum ~er expedito patet CAES.*Gal.*6.25.1; Hannonem aduerso flumine ire ~er unius diei iubet LIV.21.27.2; duos consules ad Beneuentum esse, diei ~er a Capua 25.15.1; quadraginta dierum ~er alueo stringit (Borysthenes) MELA 2.6; 3.29.

3 *in ~inere*, En route, (while) travelling or marching; so *ex ~inere*.

hoc ipsa in ~inere alterae dum narrat forte audiui TER. *Hau.*271; de sermonibus quos ab illo et Romae apud amicos tuos et in ~inere habitos putas CIC.*Att.*1.17.4; in ~inere est Antonius, ad Lepidum proficiscitur D.BRUT.*Fam.*11.11.1; cum Antigono conflixit, non acie instructa, sed in ~inere NEP.*Eum.*8.1; *Paus.*5.1;—id ex itinere..Belgae oppugnare coeperunt CAES.*Gal.*2.6.1; 3.21.2; epistulam, quam mihi ex itinere misisti SEN.*Ep.*48.1.

4 A means of advance or access; usu. in phrs. *~er facere, patefacere*, or sim., to clear a way; *~er dare*, to grant passage. **b** (for things). **c** (leg.) right of way (spec. for walking, opp. *actus* = right of way for driving).

neque commeatus supportari interclusis ~ineribus possent CAES.*Gal.*3.3.2; neque in castra retro neque in montes..~er fugae esset LIV.4.33.10; omnia ~inera obsaepserant hostes 9.43.8; nec reor hinc istuc (*i.e. to Rome*) nostris ~er esse libellis OV.*Pont.*1.5.71; patuit..nobis ~er usque in Aegyptum CURT.7.8.18; (*w. gen. expr. destination*) quod..Othoni campus Martius et uia Flaminia ~er belli esset obstructum TAC.*Hist.*1.86; (*in fig. phrs.*) cum..nostris ciuibus pateat ad ceteras ~er ciuitates CIC.*Balb.*29; haec (*sc.* familia) plebi ad curules magistratus ~er obsaepsit LIV.9.34.5;—donec a consule lictores missi sunt, qui summoto ~er ad praetorium facerent LIV.45.7.4; CURT.5.6.14; (*in fig. phr.*) ad spes alterius quis tibi fecit ~er? OV.*Ep.*19.144;—Gallia per quam legionibus nostris ~er in Hispaniam Gallorum internicione patefactum est CIC.*Man.*30; LIV.31.34.6; (*in fig. phr.*) exoptatae uictoriae ~er miro prodigio di inmortales patefecerunt V.MAX.1.6.3;—(~er pandere, *in fig. phr.*) sublimior ibo, si famae mihi pandis ~er *Laus Pis.*224;—non ~er tantum per regnum nostrum dedi, sed uias etiam muniui LIV.39.28.8; (*poet.*) nec se tibi praebeat aer, nec tibi det tellus nec tibi pontus ~er OV.*Ib.*110; (*w. gen. expr. destination*) da placidae mihi sedis ~er (*i.e. to the Underworld*) V.FL. 1.793. **b** (sagitta) udae uocis ~er tenuemque inclusit sanguine uitam VERG.*A.*7.534; nec conata loqui est nec, si conata fuisset, uocis habebat ~er OV.*Met.*2.830; 9.370; cum scalpro factum fuerit ~er surculo COL.4.29.9; pertunditur (aluus), et ~er digestis cibis praebetur 8.5.20; tandem laxata dolori uox inuenit iter STAT.*Theb.*5.607. **c** lignis, aqua, ~inere, actu domini usioni recipitur CATO *Agr.*149.2; cui de tanto patrimonio praedo iste nefarius ne ~er quidem ad sepulcrum patrium reliquisset CIC.*S.Rosc.*24; *Caec.*74; is cuius aedificium esset daret ~er populo per agrum suum HYG.*agrim.*p.84; ~er est ius eundi ambulandi homini, non etiam iumentum agendi ULP.*dig.*8.3.1; *CIL* 9.4792.

5 A course followed by a person in reaching a place, line of travel, route. **b** (often in fig. context). **c** (of things, esp. natural forces) a course, path; (of water) a channel.

Plautus.pontem interrupit, qui erat ei in ~inere PL.*Cas.* 66; quem scias..legatum Hispaniensem istis ~ineribus in illam prouinciam peruenisse? CIC.*Vat.*12; erant omnino ~inera duo, quibus ~ineribus domo exire possent CAES. *Gal.*1.6.1; pauci ex proelio elapsi incertis ~ineribus per siluas..in hiberna perueniunt 5.37.7; erat haud longe ab eo ~inere, quo Metellus pergebat, oppidum..nomine Vaga SAL.*Jug.*47.1; si caecus ~er monstrare uelit HOR.*Ep.*1.17. 4; omnia ad senatum ~inere terrestri misit LIV.23.38.4; breuius aliud esse ~er ad Baetim fluuium 28.16.2; a Corcura rectum ~iner ad Leucatam (ire) HYG.*gram.*2; ignotum ~er sine duce non audebat ingredi CURT.3.13.4; ~er L. Lucullo quondam penetratum, apertis quae uetustas obsaepserat, pergit TAC.*Ann.*15.27;—(*w. gen. expr. destination*) qua prima..fortuna salutis monstrat ~er..sequamur VERG.*A.*2.388;—(*in fig. phr.*) uidemus naturam suo quodam ~inere ad ultimam peruenire CIC.*N.D.*2.35. **b** huic misero notiora sunt ~inera iudiciorum et fori quam campi CIC.*Sul.*89; ~er huius sermonis quod sit, uides *Leg.*1.37; nec tibi caeca nox ~er eripiet quin ultima naturai peruideas LUCR.1.1116; in magna copia rerum aliud alii natura ~er ostendit SAL.*Cat.*2.9; unum ad potentiam ~er, prodigis epulis..satiare..Vitellii libidines TAC.*Hist.*2.95; uitae diuersum ~er ingredietur JUV.7.172;—(*w. gen. of gd. or gdve.*) me potius peperisse iam honores quam ~er demonstrasse adipiscendorum CIC.*Planc.*59; OV.*Fast.*2.702; adquirendae pecuniae breuius ~er credebat per procurationes TAC.*Ann.* 16.17. **c** (uenti) pugnant in faucibus, arte pugnantis suffocat ~er *Aetna* 321; est..illi (*i.e. fire*) aeque sursum ~er quam deorsum SEN.*Nat.*2.24.1; (*of heavenly bodies*) pars inferior Delphini fusa uidetur inter solis ~er CIC.*Arat.*341 (100); (*cf., poet.*) quid..sidera mundo cedere festinant noxque coartat ~er? OV.*Fast.*5.546;—(*of water*) pars..Nili deriuata duobus ~ineribus paulatim medium inter se spatium relinquens *B.Alex.*27.1; QVO MINVS SVO ~INERE AQVA..FLVERE POSSIT *CIL* 1.594.3.5.16; qua Saturae iacet atra palus gelidusque per imas quaerit ~er uallis..Vfens VERG.*A.*7.802; interruptum Tigrin in medio ~inere siccari SEN.*Nat.*6.8.2; ~inera..omni lateri piscinae dari conuenit COL.8.17.3; limo concrescente..~er aquae coartatur FRON.*Aq.*122; PAUL. *dig.*10.3.19.4.

6 (concr.) A road, thoroughfare, or sim.; (spec.) a foot-way (opp. a carriage-way). **b** a gangway or passage. **c** a duct or passage in the body.

quae fuit eius peragratio ~inerum, lustratio municipiorum! CIC.*Phil.*2.57; pontis atque ~inerum angustiae multitudinis fugam intercluserant CAES.*Gal.*7.11.8; ~inera quam maxime frequentia occupari iubet LIV.25.9.16; stat.. incertus.. cum uidet ex omni parte uiator ~er OV.*Fast.*5.4; est clara (platanus)..~ineri adposita PLIN.*Nat.*12.9; omnes ..limites..~ineri publico seruire debent FRON.*agrim.*p.10; plurima per Italiam ~inera..incuria magistratuum interrupta TAC.*Ann.*3.31; domus corporibus exanimis, ~inera funeribus complebantur 16.13; (*in fig. phr.*) ne auaritiae, quae antehac occultis ~ineribus atque angustis uti solebat, auctoritate uestra uiam patefaciatis CIC.*Ver.*3.219;—(*w. gen. expr. direction whither*) uti portarum ~inera non sint directa, sed scaeua VITR.1.5.2; (*poet.*) uidi ipse profundae noctis ~er STAT.*Theb.*8.144;—uia constitui uel latior octo pedibus uel angustior potest, ut tamen eam latitudinem habeat qua uehiculum ire potest: aliquin ~er erit, non uia PAUL.*dig.*8.3.23. **b** ut ~inera sint interioribus partibus turrium contignata VITR.1.5.4; ab ianua introeuntibus ~inera faciunt latitudinibus non spatiosis 6.7.1; (*in a theatre*) alternis ~ineribus superiores cunei medii dirigantur 5.6.2; —(*w. gen. expr. place whither or whence*) cella..cui commune et promiscuum plurium cellarum ~er est ULP.*dig.*21.1.17. 15. **c** deinde duo ~inera incipiunt: alterum asperam arteriam nominant, alterum stomachum CELS.4.1.3; ~er urinae (*i.e. the urethra*) 4.1.12; in aure quoque primum rectum et simplex ~er; procedendo flexuosum fit 8.1.6; ut legas clarius et spiritum, cuius ~er ac receptaculum laborat, exerceas SEN.*Ep.*78.5; ~inera ex utero manantia APUL.*Pl.* 1.16.

iterātiō ~ōnis, *f.* [ITERO+-TIO]

1 Repetition (of an action, situation, etc.). **b** reiteration (of a word, statement, or sim.).

non oportet tibi amplius quam semel licere optare..aut, si qua ~o recipi potest,.. SEN.*Con.*7.8.1; ~o..arationis COL.11.2.64; non fuit contentus ~one (*sc.* coitus) ephebus PETR.87.7; lectio non cruda, sed multa ~one mollita QUINT. *Inst.*10.1.19. **b** conduplicatio est..unius aut plurium uerborum ~o *Rhet.Her.*4.38; reditus ad propositum et ~o et rationis apta conclusio CIC.*de Orat.*3.203; *Orat.*85; in orationibus..minus earundem rerum adnotatur ~o SEN.*Con.* 9.5.15; *ταυτολογία*, id est eiusdem uerbi aut sermonis ~o QUINT.*Inst.*8.3.50; 9.2.63.

2 (agr.) A second or additional ploughing, harrowing, or sim.; (also, concr.) the material obtained from a second pressing (of olives).

conpluribus ~onibus sic resoluatur ueruactum in puluerem COL.2.4.2; subactum solum pluribus ~onibus aratri uel rastri 2.10.23; 2.11.9;—refert non miscere ~onem..cum prima pressura 12.52.11.

3 (leg.) A second manumission (see quot.).

possunt maiores triginta annorum manumissi et Latini facti ~one (*cj.*) ius Quiritium consequi GAIUS *Inst.*1.35.

iterātō, *adv.* [pple. of ITERO+-O[2]] For the second time, again.

non oportere..bona eius ~ uenundari ULP.*dig.*42.3.6.

iterātus[1] ~ī, *m.* [pple. of ITERO] A soldier recalled to service after being discharged.

MIL ANN XXVIII ~ VIXIT ANN LXXX *CIL* 6.2534.

iterātus[2] ~ūs, *m.* [next+-TVS[3]] (dub.) A second ploughing or harrowing.

uinearum (*v.l.* uinearum..cultus)..~us esse debet ante solstitium COL.11.2.47.

iterō ~āre ~āuī ~ātum, *tr.* [next+-O[3]]

1 To perform again, repeat (an action).

(clamor) ab Romanis..segnius saepe ~atus LIV.4.37.9; cum prior ad ~andum ictum Manlius consurrexisset LIV. 8.7.10; mane ubi bis fuerit Phoebusque ~auerit ortus OV. *Fast.*6.199; sartura..frumentorum ~atur egregie COL. 11.2.26; ~asti pectore planctus STAT.*Silv.*3.5.53; uerebar, ne me corporis uires ~ato labore desererent PLIN.*Ep.*4.9.10; (Charite) ferinos mugitus ~ans APUL.*Met.*8.8.

2 To say again, repeat, reiterate. **b** (w. acc. and inf.) to repeat, say again and again (that).

is erit..eloquens, ut idem illud ~emus, qui poterit parua summisse..dicere CIC.*Orat.*101; cum aut duplicantur ~anturque uerba aut leuiter commutata ponuntur 135; LIV. 39.33.3; canticum repeti iubet. ~atur illud PHAED.5.7.32; ~are declamationis partem QUINT.*Inst.*11.2.39; neque coniunctiones saepius ~are dubitauit SUET.*Aug.*86.1;—(*w.* bis, iterum) nolo bis ~ari, sat sic longae fiunt fabulae PL. *Ps.*388; *Rud.*1265;—(*introd. a direct quot.*) sternit crinis ~atque precando: 'reddite..' STAT.*Theb.*6.173; 12.93; (*cf.*) inter singula matrem, matrem ~at 7.495;—(*emclitic dum attached to imp.*) ~adum eadem istaec mi! PAC.*trag.*202. **b** fidu' fuisti: infidum esse ~ant PL.*Trin.*832; sacra, quae Cronia esse ~antur ab illis ACC.*poet.*3.2; STAT.*Theb.*5.694; APUL.*Met.*5.5.

3 To repeat (another's words).

haec ubi Telobois ordine ~arunt quos praefecerat Amphitruo PL.*Am.*211; ~at uoces et uerba cadentia tollit HOR. *Ep.*1.18.12; ~at..quod audit (Fama) OV.*Met.*12.47;—(*of Echo*) quotiens..puer miserabilis 'eheu!' dixerat, haec resonis ~abat uocibus 'eheu!' OV.*Met.*3.496; (*cf.*) colles collibus ipsi uerba repulsantes ~abant LUCR.4.579.

4 To recount, rehearse, go over.

tua quoque malefacta ~ari multa et uero possunt PL.*As.* 567; fas..est mihi..truncis lapsa cauis ~are mella HOR. *Carm.*2.19.12; STAT.*Theb.*5.499;—(*sup.*) ita ridicula auditu, ~atu ea sunt quae ego intus turbaui PL.*Cas.*880;—(*w. indir. qu.*) ~a, in quibus partibus..et quo captus modo ACC.*trag.*179; ASEL.*hist.*2.

5 To renew, revive (an event, situation, etc.) **b** to bring into existence again.

Troiae..fortuna tristi clade ~abitur HOR.*Carm.*3.3.62; postero die ~ata pugna LIV.6.32.7; Volscis..haudquaquam idem animus ad ~andum periculum fuit 8.1.5; quae, malum, ista dementia est ~ari uitam morte? PLIN.*Nat.*7.190; saepe coronatis ~es quinquennia lustris! STAT.*Silv.*4.2.62; M. Crassus Frugi (secutus est)..in ueste palmata, quod eum honorem ~auerat SUET.*Cl.*17.3; quibusdam (*sc. athletic contests*) etiam ~atis (*i.e. held twice in one year*) *Nero* 23.1; sarcinas ~are APUL.*Met.*4.18;—(*poet.*) immitis quotiens ~abitur ensis! STAT.*Ach.*1.909. **b** unde meos ~asset Thybris Iulos? STAT.*Silv.*1.2.190.

6 (in various special contexts): **a** (agr.) To work (land) a second time, esp. to plough or hoe again. **b** to treat a second time (with tinctures, etc); also, to apply again or repeatedly. **c** to remake, re-form. **d** to traverse again; to revisit. **e** (app.) to manumit a second time.

a si prosciderís (terram), offringi oportet, id est ~are, ut frangantur glaebae VAR.*R.*1.32.1; agro non semel arato, sed ~ato CIC.*de Orat.*2.131; SEN.*Ep.*90.21; COL.2.4.4; milium et panicum occatur et saritur, non ~atur PLIN.*Nat.*18.185; 19.60. **b** muricibus Tyriis ~atae uellera lanae HOR. *Epod.*12.21; quo purpura fuco Sidoniis ~ata cadis STAT. *Silv.*3.2.140;—rapit ipsa cadentem (crinem) mater et arcanos ~at Cytherea liquores (*i.e. perfumes*) 3.4.92. **c** super ~atam testudinem scandentes TAC.*Hist.*3.28; restituit aram ..; tumulum ~are haud uisum *Ann.*2.7. **d** cras ingens ~abimus aequor HOR.*Carm.*1.7.32; nunc retrorsum uela dare atque ~are cursus cogor relictos 1.34.4;—nullis ~ata priorum ianua (*i.e. of the Labyrinth*) OV.*Met.*8.172. **e** manumissus..et ciuis Romanus et eius libertus fit, qui eum (*s.v.l.*) ~auerit GAIUS *Inst.*1.35.

7 To make many times as numerous, multiply. **b** to arrange in two or more layers; to make twice or many times as thick.

(nymphae) semina..ex illis (*sc.* uirgis) ~ant iactata per undas OV.*Met.*4.749. **b** chalybs ~ataque muris saxa domant Euros V.FL.1.593;—qua subtemine duro multiplicem tenues ~ant thoraca catenae STAT.*Theb.*12.775.

iterum, *adv.* [neut. of *iteros (IS+-TER[1]), cf. Skt. *itarah,* Umb. *etram-a.*]

1 Another time, again, once more. **b** ~(*que*) ..~*que,* ~ *atque* ~, again and again, repeatedly; so *rursus et* ~. **c** back to (in) one's (etc.) original position, state, etc., again.

~ mihi gnatus uideor quom te repperi Pl.*Poen.*1077; numquam hercle ~ defrudabis me *Rud.*1416; ulmus, cum folia cadunt, tum ~ tempestiua est Cato *Agr.*17.2; me posse rem publicam ~ seruare, si cessissem Cic.*Pis.*78; *Att.*8.11b.2; si iterum experiri uelint, se ~ paratum esse decertare Caes. *Gal.*1.44.4; non tibi (*sc.* naui) sunt..di quos ~ pressa uoces malo Hor.*Carm.*1.14.10; si hoc..omnibus destinatum in animo est, ~ dicam, uicistis Liv.21.44.9; 29.18.20; Curt. 10.5.22; rubuit flammis ~ Neptunia cuspis Luc.7.147; Stat. *Theb.*5.478; ecce ~ Crispinus Juv.4.1. **b** Creusam nequiquam ingeminans ~que ~que uocaui Verg.*A.*2.770; uix oculos tollens ~que ~que relabens Ov.*Met.*11.619;te.. ~ saeuis ~que remittere bellis Stat.*Theb.*10.717; Flor. *Epit.*1.23(2.7.15); (*cf., in a spatial sequence*) (Asia) ~ ~que ad Ponticum latus curua, aditum Maeotidos..adtingit Mela 1.10;—~ atque ~ fragor increpat ingens Verg.*A.* 8.527; Plin.*Pan.*28.6;—rursus et hoc ~ repetamus, Battare, carmen *Dirae* 14. **c** cum is ~ sinu effuso bellum dare dixisset, accipere se omnes responderunt Liv.21.18.14; (fons) per meridiem maxime riget, sumit dein teporem ~ Mela 1.39; statum singulis tempus est, quo..in lupos, ~que in eos qui fuere mutentur 2.14; attolli iubet ~que poni corpus Sen.*Phaed.*371;—(*pleon.*) priu' nox oppressisset illi quam huc reuorti posset ~ Ter.*Ad.*525; nec quae praeteriit, ~ reuocabitur unda Ov.*Ars* 3.63; mox ~ campos, iterum Centaurica reddam lustra tibi Stat.*Ach.*1.266; Apul.*Met.* 6.9.

2 (in a definite sequence of events) For the second time (contextually, almost = twice); (esp. in ref. to the holding of magistracies). **b** (in enumerations) secondly, next. **c** *iterum et saepius,* etc., two or more times. **d** *semel atque* ~, *semel* ~*que,* time and again, repeatedly; *semel aut* ~, once or (at the most) twice.

ueniunt ~ atque tertium tumultuosius Cato *orat.*46; terram cum primum arant, proscindere appellant, cum ~, offringere dicunt Var.*R.*1.29.2; fabulae non satis dignae quae ~ legantur Cic.*Brut.*71; quid tam incredibile quam ut ~ eques Romanus ex senatus consulto triumpharet? *Man.* 62; (Acis) pulcher et octonis ~ natalibus actis Ov.*Met.* 13.753; accidit..nonnumquam..ut ea de causa, de qua pronuntiauit, cognoscat ~ (iudex) Quint.*Inst.*11.1.77; quanto intolerantior seruitus ~ uictis Tac.*Ann.*3.45;—qui..C. Gracchum conlegam ~ tribunum fregit Cic.*Brut.* 109; M. Lepidus, imperator ~, pontifex maximus *Phil.*13.7; Nep.*Han.*5.3; inde P. Valerius ~ T. Lucretius consules facti Liv.2.9.1; 24.43.5; Lentulus consularis et praetor ~ Vell. 2.34.4; Tac.*Hist.*1.1; (*w. office omitted*) uina bibes ~ Tauro (*sc.* consule) diffusa (*i.e. bottled*) Hor.*Ep.*1.5.4. **b** in Sicilia, ubi rex Agathocles regnator fuit et ~ Phintia, tertium Liparo Pl.*Men.*409–10; quem..primo apud Rhodanum, ~ apud Padum, tertio apud Trebiam fugarat Nep. *Han.*6.1; Liv.23.9.11; prosperrime semper..praeterquam bis dimicauit; semel ad Dyracchium,..~ in Hispania ultimo proelio Suet.*Jul.*36; *Aug.*16.3;—(*in an argument*) primumdum, si falso insimulas Philocomasium, hoc perieris; ~, si id uerumst, tu ei custos additus perieris Pl.*Mil.*298; primo..decipi incommodum est; ~. stultum; tertio, turpe Cic.*Inv.*1.71. **c** testis ~ ei saepius Italia Cic.*Man.*30; id ut re experiatur ~ et saepius te rogo *Fam.* 13.42.2; ut ille ~ ac saepius prouocet, sic se ~ ac saepius iudicem illi ferre Liv.3.57.5; Plin.*Nat.*10.30; eadem ~ ac saepius dicere Quint.*Inst.*12.8.8;—(*as a multiplier*) uehementer, ~ac saepius beatos illos, qui super gemmas.. calcant! Apul.*Met.*5.1. **d** cum his Aeduos..semel atque ~ armis contendisse Caes.*Gal.*1.31.6; Liv.27.16.15; hanc (*sc.* laruam) cum super mensam semel ~que abiecisset Petr. 34.9; Flor.*Epit.*2.13(4.2.71);—raro (dicebat) Carbo, semel aut ~ Philippus Cic.*Brut.*308; Sen.*Suas.*6.21.

3 (w. contrasting force) On the other hand, contrariwise; for his (etc.) part.

dextrae uirgam inseruit, qua pellere dulcis aut suadere ~ somnos Stat.*Theb.*1.307; neque sic artandus sit, ut..: neque ~ permittendum ei..causari tempestatem Ulp.*dig.* 2.11.2.8;—et unus: 'quo usque', inquit, '..?' et alius: 'quid quod..?' alius ~: 'certe ego..' Apul.*Met.*6.26.

Ithaca ~ae, *f.* Also **Ithacē** ~ēs. An island in the Ionian Sea, the home of Ulysses.

Cic.*de Orat.*1.196; Ov.*Met.*13.711; Mela 2.110; Plin.*Nat.* 4.54. **β** [Tib.]3.7.48; Sen.*Tro.*857.

Ithacensis ~is ~e, *a.* Of Ithaca, Ithacan.

~i exule (*i.e. Ulysses*) Acc.*trag.*131; remigium..~is Vlixei Hor.*Ep.*1.6.63.

Ithacēsius ~a ~um, *a.* = prec.

~a carbasus Stat.*Ach.*1.558; sedes ~a Bai (*i.e. Baiae, named after Baius, the steersman of Odysseus*) Sil.8.539.

Ithacus ~a ~um, *a.* Of Ithaca, Ithacan; (esp. applied to things connected w. Ulysses). **b** (masc. as sb.) a native of Ithaca (in quots., alluding to Ulysses).

matribus..~is Ov.*Met.*13.512;—Lampeties ~is ueribus mugisse iuuencos Prop.3.12.29; Aeolios ~is inclusimus utribus Euros Ov.*Am.*3.12.29; non ~ae puppi saeuior unda fuit *Pont.*2.7.60. **b** hoc ~us uelit et magno mercentur Atridae Verg.*A.*2.104; Prop.1.15.9; ~i prudentia Ov.*Pont.* 1.3.33; *Ilias* 204; Juv.14.287.

īthyphallicus (~os) ~a ~um (~on), *a.* [Gk. ἰθυφαλλικός] *metrum* ~*um,* A metre consisting in trochaic brachycatalectic dimeters (– ᴗ – ᴗ – ᴗ̲); (neut. pl. as sb.) verses in this metre.

Maur.1840;—(*as sb.*) 1845.

itidem, *adv.* [ITA+-*dem,* cf. IDEM]

1 In the same way, just so. **b** (w. *ut*). **c** (w. *quasi*). **d** (w. rel. cl.).

nimi' similest mei; ~ habet petasum ac uestitum Pl.*Am.* 443; ecastor faxim, si ~ plectantur uiri *Mer.*826; ~ est, amator sei quod oratur dedit *Truc.*40; ~ tu face Ter.*Ph.* 397; ea quae mouent sensus, ~ mouent omnium Cic.*Leg.* 1.30; hominum mentes, magnis quae motibus edunt magna, ~ saepe in somnis faciunt Lucr.4.1012. **b** ut filium bonum patri esse oportet, ~ ego sum patri Pl.*Am.* 992; ita te neruo torquebo, ~ ut catapultae solent *Cur.*690; celabitur, ~ ut celata adhuc est Ter.*Hau.*698; *Eu.*385; ut aurum igni, ~ innocentiam iudicio spectari solere Calp. *Decl.*32; Apul.*Apol.*10. **c** quasi piscis ~st amator lenae: nequam est nisi recens Pl.*As.*178; ~ olent quasi quom una multa iura confudit coquos *Mos.*27.7; proripite hominem pedibus huc ~ quasi occisam suem *Rud.*660. **d** NON.. TENVERVNT IN MANV SCEPTRVM..~ QVOD TV FACTITAS COTTIDIE *CIL* 4.1939.

2 Likewise, similarly, also.

coquom alterum ~que alteram tibicinam Pl.*Aul.*292; Moschum tibi patrem fuisse dixti: huic ~ fuit *Men.*1098; haec uobis dixi per iocum.—per iocum ~ dictum habeto quae nos tibi respondimus *Poen.*542; temperantia..in suas ~ res et in communes distributa est Cic.*Part.*77; *N.D.*3.29; inseritur smaragdis et quae uocatur tanos..gemma,.. ~ chalcosmaragdos Plin.*Nat.*37.74; si id dicere absurdum est..~ absurdum est una sola uirtute uitam fieri beatam dicere Gel.18.1.11.

itiner: see ITER.

itiō ~ōnis, *f.* [EO[1]+-TIO] The action of going or an instance of it; (see also DOMVITIO).

haecin erant ~ones crebrae et mansiones diutinae Lemni? Ter.*Ph.*1012; de obuiam ~one ita faciam ut suades Cic. *Att.*11.16.1; 13.50.4; Rhodiorum classi..reditum ac domum ~onem dari *Div.*1.68.

-itium ~(i)ī, *n. suff.* Enlargement of -IVM (cf. *-itia* from -IA); denotes collectives or abstracts (*seruitium; caluitium, lanitium*).

itō ~āre ~āuī, *intr.* [EO[1]+-TO] To be in the habit of going (to).

te ad cenas ~are desisse moleste fero Cic.*Fam.*9.24.2; puerum ex Baiano Puteolos in ludum litterarium ~antem Plin.*Nat.*9.25; Suet.*Rhet.*25(p.129Re); senatores, qui magistratum curulem nondum ceperant, pedibus ~auisse in curiam (dicit Gauius Bassus) Gel.3.18.4; cum a nobis regeretur, ad magistros ~abat Apul.*Apol.*98.

-itō -itāre -itāuī -itātum, *vbl. suff.* Enlargement of -TO, w. iterative force, formed either from vbl. bases (*agito, clamito, rogito*) or from pf. pples. pass. (*ductito, factito*); also occas. denominative (*nobilito*).

iton ~ī, *n.* [Gk. ἴτον] A Thracian truffle.

Plin.*Nat.*19.36.

Itōnaeī ~ōrum, *m. pl.* The people of Itonus.

Stat.*Theb.*7.330.

Itōnida ~ae, *f. adj.*: (see quot.).

~a Minerua a loco sic appellato Paul.*Fest.*p.105M.

Itōnius ~a ~um, *a.* Of or belonging to Itonus.

in templo Mineruae ~ae Liv.36.20.3.

Itōnus ~ōnī, *f.* Also **Itōn** ~ōnis (or **Itōnē** ~ōnēs?), *f.* The name of a Thessalian town famous for its cult of Athene, and also of a Boeotian town having similar associations.

quod tibi si sancti concesserit incola ~i (*i.e. Athena*) Catul.64.228. **β** siue Aonia deuertis ~e laeta choris Stat.*Theb.*2.721.

itriola: see IRTIOLA.

Itūraeī ~ōrum, *m. pl.* **Itȳr-**. A people of north-eastern Palestine.

Cic.*Phil.*2.19; Luc.7.514; Plin.*Nat.*5.81; Tac.*Ann.*12.23.

Itūraeus ~a ~um, *a.* **Itȳr-**. Of or belonging to the Ituraei.

~os..arcus Verg.*G.*2.448; ~is..sagittis Luc.7.230.

itus ~ūs, *m.* [EO[1]+-TVS[3]]

1 The action of going, movement. **b** style of walking, gait.

nec repentis ~um cuiusuiscumque animantis sentimus Lucr.3.388. **b** ~um gestum amictum qui uidebant eius Titin.*com.*117.

2 Going (as opp. to coming), departure.

quis porro noster ~us, reditus, uultus, incessus inter istos? Cic.*Att.*15.5.3; Plin.*Nat.*8.103; ad extremum uota pro ~u et reditu suo suscipi passus Suet.*Tib.*38.

3 (leg.) Right of walking (= *iter,* sense 4c).

AD EOS RIVOS FONTES LACVS AQVASQVE STAGNA PALVDES ~VS ACTVS AQVAE HAVSTVS IIS ITEM ESTO *CIL* 1.594.2.3.2; ~VS ACTVSQVE EST IN HOCE DELVBRVM FERONIAI 1.1847.1; 6.12133; 14.583.

-itus[1], *advl. suff.* Enlargement of *-tus* (as *intus, penitus*), to denote origin (*diuinitus, funditus, radicitus*).

-ītus[2] -īta -ītum, *adjl. suff.* Modelled on pf. pples. in *-ītus* (cf. *-atus[2]*); formed from sbs. to denote possession or wearing (*auritus, pellitus, turritus*).

Itylus ~ī, *m.* The son of Zethus, killed in error by his mother Aedon (in quot., confused with Itys).

Daulias, absumpti fata gemens ~i Catul.65.14.

Itȳr-: see ITVR-.

Itys ~yos, *m.* FORMS: acc. usu. ~*yn,* ~*ym* Prop.3.10.10; dat. ~*y* Hyg.*Fab.*45.3. The son of Tereus and Procne, killed by Procne as revenge on her husband.

puellas, quarum uox ~yn edit ~yn *Culex* 252; ~yos.. caput Ov.*Met.*6.658; suum luget nunc..mater ~yn *Tr.* 2.390; Sen.*Ag.*672; Mart.10.51.4.

iuba ~ae, *f.* [dub.]

1 The flowing hair on an animal's neck, the mane. **b** (poet., of the part where the mane grows).

equus..saepe ~am quassat Enn.*Ann.*517; equum.. cuius in ~a examen apium consederat Cic.*Div.*1.73; Caes. *Gal.*1.48.7; ludunt..~ae per colla, per armos Verg.*A.* 11.497; (Europa) ~am (tauri) dextra retinebat Ov.*Fast.* 5.607; leo aurata ~a mittitur Sen.*Ep.*41.6; Luc.1.209; hircorum..~as Calp.*Ecl.*5.68; draconum lucentis a fronte ~as Stat.*Theb.*2.280; Apul.*Met.*6.28;—(*of a constellation*) huic (*sc.* Andromachae) Equus ille ~am quatiens..contingit Cic.*Arat.*209; cum..feruens ~a saeuiet leonis Mart. 9.90.12;—(*poet. or contempt. of human hair*) quomodo excandescunt, si quid ex ~a sua decisum est! Sen.*Dial.* 10.12.3; dum..decent fusae lactea colla ~ae (*i.e. of a* puer capillatus) Mart.1.31.6;—(*cf.*) hanc (*sc.* orationem) saepius ossa, musculi, nerui, illam (*sc.* historiam) tori quidam et quasi ~ae decent Plin.*Ep.*5.8.10. **b** cur..praebent insolitas ad iuga curua ~as (*sc.* leones)? Ov.*Fast.*4.216.

2 A crest, plume (usu. made of horsehair).

oritur..miserrima caedes armorum facie et Graiarum errore ~arum Verg.*A.*2.412; 7.785; 10.638; galea hirsuta compta lupina ~a Prop.4.10.20; direptum..decus nutantum in caede ~arum Sil.1.525.

3 (of various things analogous to or resembling manes): **a** The neck-feathers of a bird, hackle. **b** the beard, barbel (of a fish). **c** (applied to the foliage of trees). **d** (perh. applied to the inflorescence of certain cereal grasses). **e** the train, tail (of a comet).

a ~ae..ex auro flauae, per colla..in humeros diffusae Col.8.2.9. **b** tollere dulcem cogitat heredem, cariturus turture magno mullorumque ~is (*i.e. bearded mullets*) Juv. 6.40. **c** mare..fruticosum arboribus ~as earum gubernaculis deterentibus Plin.*Nat.*6.87. **d** (milium ex India) adolescit ad pedes altitudine VII, praegrandibus comis—~as (*most codd.* lobas) uocant Plin.*Nat.*18.55. **e** iidem (uocant) pogonias (cometas) quibus inferiore ex parte in speciem barbae longae promittitur ~a Plin.*Nat.*2.89.

Iuba[2] ~ae, *m.*

1 A Numidian king who supported Pompey in the Civil War.

Caes.*Civ.*2.25.4; ~ae tellus..leonum arida nutrix Hor. *Carm.*1.22.15; Sen.*Dial.*1.2.10; Suet.*Jul.*35.2.

2 The son of the above, made king of Mauretania by Augustus and celebrated for his learning.

~a rex..tradit (turis arborem) contorti esse caudicis Plin.*Nat.*12.56; 25.14; Tac.*Ann.*4.5; Suet.*Cal.*26.1.

iubar ~aris, *n.,* (*m.*). [dub.] GENDER: masc. in Enn.*Ann.*557, *Aetna* 334.

1 (spec.) The first light of day.

aliquod lumen, ~arne? in caelo cerno Enn.*scen.*19; exorto ~are, noctis decurso ~itinere Pac.*trag.*347; iamque rubrum tremulis ~ar ignibus erigere alte cum coeptat natura Lucr.4.404; it portis ~are exorto delecta iuuentus Verg.*A.*4.130; sic nitidum ~ar pastor luce noua roscidus aspicit Sen.*Med.*100; uicerat astra ~ar Luc.7.45; puniceo rediturum nubila caelo promisere ~ar Stat.*Theb.*1.343; ante ~aris exortum Apul.*Met.*8.30;—(*explained by Varro and Festus as 'morning star'*) ante solem ortum..eadem stella uocatur ~ar, quod iubata Var.*L.*6.6 (*citing* Pac.*trag.* 347); 7.76; Paul.*Fest.*p.104M.

2 (in general) Radiance, brightness (of heavenly bodies, fire, etc.). **b** (concr.) a source of light.

sub terris..tremulum ~ar haesitat ignis (*i.e. of the sun*) Lucr.5.697; flamma..tremulum summa spargit in aede ~ar Ov.*Fast.*1.78; quintus ab aequoreis nitidum ~ar extulit undis Lucifer 2.149; nulla nube respersus ~ar,.. ardens..Titan Sen.*Her.O.*722; fiunt (*sc.* cometae)..et in austrino polo, sed ibi citra ullum ~ar Plin.*Nat.*2.91; excedit..Iris et obtunsum multo ~ar excitat imbri Stat. *Theb.*10.136; nimbosum languet ~ar (*i.e. of the moon*) 12.305; —(*applied to reflected light*) glaciale ~ar (*i.e. of the arctic snows*) Sen.*Her.O.*1289; pictum gemmis galeae ~ar Stat. *Theb.*9.699;—(*poet., of the countenance*) non ille uoltus flammeum intendens ~ar, sed fessus Sen.*Tro.*448; Mart. 8.65.4. **b** hanc animam interea caeso de corpore raptam fac ~ar Ov.*Met.*15.841; horret stelligeri ~ar omne poli Stat.*Theb.*12.565.

iubātus ~a ~um, *a.* [IVBA+-ATVS[2]] Having a mane or crest.

angues ~ae Pl.*Am.*1108; ~us draco *Rhet.Her.*4.62; Liv. 43.13.4; ~us..leo Sen.*Thy.*732; ~os bisontes Plin.*Nat.* 8.38; (*cf., w. ref. to a constellation*) ceruice ~a cedit Equus Cic.*Arat.*727(474).

iubeō ~bēre ~ssī ~ssum, *tr.* [Skt. *yōdháyati* 'cause to fight', Gk. ὑσμίνη] FORMS: *ioub-, ious-* in early inscrs., as *CIL* 1.581.27, 1.584.4; *iusi, iusus*, etc. (without double s), *CIL* 1.593.63, 1.2501 (cf. Quint.*Inst*.1.7.21); *iusti* (= *iussisti*) TER.*Eu*.831; *iusse* (= *iussisse*) TER.*Hau*.1001; *iusso* (= *iussero*) VERG.*A*. 11.467, SIL.12.175 (cf. SEN.*Ep*.58.4); *iussitur* (for *iussus erit*) CATO *Agr*.14.1.

1 (w. acc. of person and inf.) To order, tell (someone to do something); (also w. ellipsis of acc.). **b** (w. adv. as pred.). **c** (w. complete ellipsis of inf.). **d** (impers. pass.). **e** (w. acc. of person only) to order about, dictate to.

dormitum ~bet me ire PL.*Mos*.693; *Truc*.641; ~be hunc abire TER.*Hau*.585; Aebutius restituere (fundum) ~bebatur CIC.*Caec*.83; *Att*.5.21.10; ~ssus arma abicere CAES.*Gal*. 5.37.1; HOR.*Carm*.1.19.2; lictores ad eum accedere consul ~ssit LIV.24.9.1; 26.48.9; ceterae (naues) uelo ~bentur esse contentae SEN.*Ep*.77.2; (Narcissus) uxorem (Claudii) occidere ~ssus JUV.14.331; (*imp. foll. by enclitic* dum) ~bedum recedere istos ambo PL.*Rud*.786; (*cf*.) qui (*i.e. a poet*) Penelopae rescribere ~ssit Vlixem OV.*Pont*.4.16.13;—cocta sunt, ~be ire accubitum PL.*Men*.225; in conuentu poscere quaestionem, id est ~bere dicere CIC.*Fin*.2.1; munera..erepta ruinis ferre ~bet VERG.*A*.1.648; legati..nuntiare ~bent regi, uelle ipsos ad eum mandata perferre CURT.7.8.8. **b** Numidae, ..sicuti ~ssi erant, in proximos collis discedunt SAL.*Jug*.54.10; haud secus ac ~ssi faciunt VERG.*A*. 3.236;—(*w. ellipsis of acc.*) ut ~ssisti, eram meam eduxi foras PL.*Mil*.1267; haud ita ~ssi TER.*An*.955; hoc uolo, sic ~beo JUV.6.223. **c** egomet iam ad eam deferam.— immo filium ~be potius TER.*Hau*.800; cui ~ssus siet, auscultet (uilicus) CATO *Agr*.5.3; ut nihil facias nisi ~ssus CIC.*Fam*. 11.7.3; OV.*Fast*.3.579; Capitonem..interfecerant antequam ~berentur TAC.*Hist*.1.7; (*poet.*) gutta..ex oculis non nisi ~ssa cadet PROP.4.1.144;—(*w. ellipsis of acc.*) si tu ~bes, em ibitur tecum PL.*Cas*.758; consilium ceperunt..profugere, hortante et ~bente Vercingetorige CAES.*Gal*.7.26.1; ite deae pelagi: genetrix ~bet VERG.*A*.9.117; JUV.6.98. **d** eorum magna pars, uti ~ssum erat, adducti SAL.*Jug*.62.7; plures quam ~ssum erat profecti TAC.*Hist*.4.35; *Ann*.14.62. **e** Argolico famulum non te (*i.e. Hercules*) seruire tyranno uidissent gentes..sed tu ~ssisses Eurysthea MART.9.65.7.

2 (w. acc. and inf. pass.) To order (something) to be done).

~be sis actutum aperiri fores PL.*Bac*.1118; *Ps*.494; ~bent puerum uocari TIT.*orat*.2; ~bet agros emi CIC.*Agr*.2.66; *Fam*.16.14.1; Caesar receptui cani ~ssit CAES.*Gal*.7.47.1; templa ~bet fieri Veneri OV.*Fast*.4.159; SEN.*Suas*.1.6; mihi ~bent (*sc.* medici) saepe anatinam parari PETR.56.3; APUL.*Apol*.70;—(*in pass. form*) adseruari transfuga ~sso duces conuocat CURT.4.13.37; PLIN.*Nat*.32.92; ~ssi..sunt omnes aegri..per ualitudinum genera disponi SUET.*Tib*.11.2.

3 (w. *ut*+subj., with or without acc. of person) To order (to), direct (that). **b** (w. subj. alone). **c** (w. dat. of person, on anal. of *impero*).

hic tibi in mentem non uenit ~ere, ut haec quoque referret..? CIC.*Ver*.4.28; tu..~beto ut certet Amyntas VERG.*Ecl*.5.15; LIV.28.36.1; CURT.5.13.19; APUL.*Met*.1.23; —(*w. acc. of person*) Pan ~ssit eos ut in feras bestias se conuerterent HYG.*Fab*.196.1; lectis codicillis, quibus ut id faceret ~bebatur SUET.*Tib*.22. **b** sicin ~ssi ad me ires? PL.*Epid*.627; ~be maneat TER.*Hau*.737; POMPON.*com*.58; haec (*sc.* hordea)..~be scabra frangat asella mola OV.*Med*. 58; STAT.*Theb*.11.291; edictum..quo iubebat intra Kal. Oct. urbe..mathematici excederent SUET.*Vit*.14.4; APUL. *Apol*.63;—(*w. acc. of person*) ~be famulos rem diuinam mi apparent PL.*St*.396. **c** (*w.* ut) equites..quibus ~sserat ut instantibus comminus resisterent TAC.*Ann*.13.40; HYG. *Fab*.55;—(*w. subj. alone*) ubi Britannico ~ssit exsurgeret TAC.*Ann*.13.15.

4 (w. acc. of thing, prob. orig. internal, later a true obj., sts. w. dat. of person) To enjoin or prescribe (tasks, etc.), demand (services or sim.). **b** to designate in a command, appoint.

uolo ut quod ~beo facias PL.*Bac*.988ª;TER.*Ad*.958; cui (mulier) leges imponit,..~bet, uetat, quod uidetur CIC. *Parad*.36; renuis tu, quod ~bet alter HOR.*Ep*.2.2.63; quicquid est ~ssum, leue est SEN.*Her.O*.59; tumultum conposuit uoltu dextraque silentia ~ssit LUC.1.298; Nero..~ssit.. scelera, non spectauit TAC.*Ag*.45.2; Nero..~bere supplicium ueneficae *Ann*.13.15;—(*w. dat. of person*) pacem.. ~bebo omnibus STAT.*Theb*.7.32; tributum iis Drusus ~sserat modicum pro angustia rerum TAC.*Ann*.4.72;— (*w. double acc.*) se..sic rigor disciplinae habet, ut multa etiam centuriones..tantum ~beri expediat TAC.*Hist*.1.83. **b** huc tu ~sos asperge sapores VERG.*G*.4.62; loca ~ssa tenet..Arcas eques *A*.10.238; ~sso uomere findis humum OV.*Ep*.12.94; (Iris) tecta petit ~ssi..regis *Met*.11.591; ~ssas petit ocius oras V.FL.3.508.

5 (of legislative assemblies) To decree, enact (esp. in the formula *uelitis ~beatis*, used in introducing a *rogatio*). **b** to appoint (a magistrate, etc.) by decree.

(*w. acc. of person and inf.*) nec populus ~ssit me imperium in Sicilia habere CIC.*Att*.7.7.4; LIV.23.30.14; (*cf., ellipt.*) populus a tribuno plebis..rogatus, quem uellet cum Iugurtha bellum gerere, frequens Marium ~ssit SAL.*Jug*. 73.7;—(*w.* ut+*subj.*) Centurionum senatus decreuit populusque ~ssit ut..eas (*sc.* statuas) quaestores demoliendas locarent CIC.*Ver*.2.161; uelitis ~beatis ut M. Tullio aqua et igni interdicatur? *formula* in Cic.*Dom*.47;—(*w. acc. and pass. inf.*) rogationem promulgauit, uellent ~berent Philippo regi..bellum indici LIV.31.6.1; 33.25.6; (*in pass.*) scribi praeterea duae urbanae legiones ~ssae LIV.24.44.6;— (*w. dir. speech*) omnes..tribus 'uti rogas' ~sserunt LIV. 33.25.7;—(*w. adv.*) ita..populus ~ssit; sed populi scita.. sapientes abrogant SEN.*Dial*.12.5.6;—(*absol.*) ut comitium eat percontatum..quot tribus ~sserint, quot uetuerint TIT. *orat*.2;—(*w. acc. of thing*) quia uos foedus non ~sseritis CIC. *Agr*.2.58; legem populum Romanum ~ssisse de ciuitate tribuenda *Balb*.38; plebes incredibile..est..quanta..ui rogationem ~sserit SAL.*Jug*.40.3; nequiquam dissuadentibus tribunis plebis omnes tribus bellum ~sserunt LIV. 6.21.5; se in eam diem quam ~ssissent comitia edicturum 22.33.9; referente Caesare de restituendis Galbae honoribus censuit Curtius Montanus ut Pisonis quoque memoria celebraretur. patres utrumque ~ssere TAC.*Hist*.4.40; (*w. dat. of person*) ei prouinciam Numidiam populus ~ssit SAL. *Jug*.84.1. **b** cum populus regem ~ssisset LIV.1.17.9; ut duumuiros nauales classis ornandae..causa idem populus ~beret 9.30.4; 10.11.4; si duce te ~sso..bella geruntur LUC.7.79;—(*w. pred.*) Tullum Hostilium..regem populus ~ssit LIV.1.22.1.

6 (of laws, etc.) to prescribe, direct. **b** (of fate, circumstances, etc.).

(*w. acc. of person and inf.*) illos ducere eadem haec lex ~bet TER.*Ph*.126; CIC.*Parad*.31; ubi nos praecepta ~bent deponere dona VERG.*A*.6.632;—(*w. acc. and pass. inf.*) tertio (die)..lex ~bebat decretum fieri LIV.32.22.4;—(*w. adv.*) ut..eam..uxorem mihi des, ut leges ~bent PL.*Aul*. 793; LIV.2.18.5;—(*w. acc. of thing*) id quod lex ~bet TER. *Ph*.409; TAC.*Ann*.2.51. **b** (*w. inf.*) matris ferre iniurias me..pietas ~bet TER.*Hec*.301; fortitudo dimicare ~bet CIC. *Phil*.13.6; tellus Aegypti ~ssa natare MAN.4.752; ipsa quam sexus ~bet maerere SEN.*Her.O*.1688; CALP.*Ecl*.6.88;—(*w. acc. and pass. inf.*) cauet hunc, quem coccina laena uitari ~bet et comitum longissimus ordo JUV.3.284;—(*w. adv.*) fatorum terminus sic ~sserat ACC.*trag*.481; sic natura ~bet JUV.14.31;—(*ellipt.*) stellae sponte sua ~ssaene uagentur HOR.*Ep*.1.12.17; separor a domina nocte ~bente mea OV. *Am*.1.4.60;—(*w. acc. of thing*) ea, quae ~beat ars *Rhet.Her*. 4.3; sistra ~bentia luctus LUC.8.832; (*w. double acc.*) litteras ..quae te aliquid ~berent CIC.*Fam*.13.26.3.

7 (w. acc. of person and inf., in weakened sense) To ask, bid, invite; (app. also w. dat. of person). (esp.) **b** *~bere saluere*, to greet, welcome; *~bere ualere*, to say goodbye to.

quam ob rem ualde ~beo gaudere te CIC.*Fam*.7.2.3; uniuersos bonum animum habere ~ssit LIV.26.49.7; feros (*i.e. the Centaurs*) positis ex ordine mensis..discumbere ~sserat OV.*Met*.12.212;—(*w. dat.*) RVSTIAE RVSTIVS ~SIT CAPERE *CIL* 1.478; non haec..promissa dedisti..mihi, non haec miserae (*s.v.l.*) sperare ~bebas CATUL.64.140. **b** saluere ~beo spectatores optumos PL.*Cas*.1; *Rud*.263; LUCIL. 230; Dionysium ~be saluere CIC.*Att*.4.14.2; 12.17; HOR.*Ep*. 1.10.1;—illum..salutaui, post etiam ~ssi ualere CIC.*Att*. 5.2.2.

iūbilātiō ~ōnis, *f.* [IVBILO+-TIO] Wild shouting, whooping.

(coloni) canes ~onibus solitis..nobis inhortantur APUL. *Met*.8.17.

iūbilātus ~ūs, *m.* [next+-TVS³] = prec. (in quot. transf., of writing).

Asinius ~us 'Consiliorum' suorum si in formam epistulae contulisset necessario breuius..et densius FRO.*Ver*.2.p.142 (126N).

iūbilō ~āre ~āuī ~ātum, *tr., intr.* [cf. IO¹; for term. cf. *sibilo*] (intr.) To let out whoops; (tr.) to invoke with shouts, halloo.

uuis metendis operam dedimus et consudauimus et ~auimus AUR.*Fro*.1.p.182(69N);—io bucco!— quis me ~at? — uicinus tuus antiquus APRIS.*com*.1(Var.*L*.6.68); ~are est rustica uoce inclamare PAUL.*Fest*.p.104M.

iūbilum ~ī, *n.* [prec.] A wild shout, whoop, halloo.

nec montana sacros distinguunt ~a uersus CALP.*Ecl*.1.30; 7.3; uenatoris..aut uindemiatoris studiolum, qui ~is suis cubiculum meum perstrepunt AUR.*Fro*.1.p.180(68N); —(*applied to rustic singing*) laetus scopulis audiuit ~a (*sc. of Daphnis*) Cyclops SIL.14.475.

iūcundē, *adv. compar.* ~ius, *superl.* ~issimē. [IVCVNDVS+-E] Pleasantly, agreeably, delightfully.

reliqua peruarie ~eque narrantur CIC.*de Orat*.2.327; cum tuo Seruio ~issime et coniunctissime uiuo *Fam*.13.27.4; Darius..negauit umquam se bibisse ~ius *Tusc*.5.97; ~e cenam producimus illam HOR.*S*.1.5.70; Asclepiades officium esse medici dicit..ut ~e curet CELS.3.4.1; nec dubium quin ..caseus ~issime sapiat COL.7.8.2; odore ~e graui PLIN. *Nat*.21.60; nescio, an ullum ~ius tempus exegerim PLIN.*Ep*. 3.1.1.

iūcunditās ~ātis, *f.* Also **iōc-.** [next+-TAS]

1 Pleasing quality, charm, agreeableness. **b** (of literary or rhetorical style). **c** (of things affecting the senses).

o consuetudo peccandi, quantam habes ~atem improbis et audacibus..! CIC.*Ver*.3.176; quibus ista agri spes et ~as ostenditur *Agr*.2.79; ~atis plena epistula *Q.fr*.2.8.2; omnis est e uita sublata ~as *Amic*.102; relinquenda conuersatio amicorum et ~as urbis TAC.*Dial*.9.6; cum relaxare animos et dare se ~ati uolent (adulescentes) CIC.*Off*.1.122; (*pl.*) litterarum ~atibus instinctas..mentes VITR.9.pr.16; (*pred. dat.*) ille unus dies..tantae mihi ~ati fuit ut.. CIC.*Dom*.76. **b** ~ate quadam ad legendum inuitati CIC.*Ac*.1.8; Xenophontis illam ~atem inadfectatam QUINT.*Inst*.10.1.82; 10.2.23; Homerus breuem quidem cum ~ate..eloquentiam Menelao dedit 12.10.64; lyricorum..~atem TAC.*Dial*.10.4. **c** duo sunt quae condiant orationem, uerborum numerorumque ~as CIC.*Orat*.185; tibiarum..~as PHAED.4.20(21) 21; uocis ~as QUINT.*Inst*.6.pr.11;—(*w. ref. to flavour*) herba ruscida meridianam, quae est aridior, ~ate praestat VAR.*R*. 2.2.10.

2 (of persons) Pleasantness of disposition or manners, amiability or sim.; (pl.) instances of pleasantness, favours.

quem uos supplicem..uel recordatione parentum uel liberorum ~ate sustentate CIC.*Cael*.79; is qui neque elabi ex iudicio ~ate sua neque emitti gratia potest *Sest*.134; quanta sit in Quinto fratre meo comitas, quanta ~as *Att*. 1.17.2; PLIN.*Pan*.49.7; (*cf. sense* 1c) ~atis plus inest in te.. quam commercatis conquisite edulibus AFRAN.*com*.258; —(*pl.*) nihil mihi umquam ex plurimis tuis ~atibus gratius accidisse quam quod meam Tulliam..coluisti CIC.*Att*. 10.8.9.

iūcundus ~a ~um, *a.* Also **iōc-.** *compar.* ~ior, *superl.* ~issimus. [IVVO+-CVNDVS]

1 (of experiences, etc.) Pleasant, agreeable, delightful. **b** (of an author or his work). **c** (of facts, events, or sim.).

ludos ~issumos PL.*Poen*.206; patriam, qua nihil potest esse ~ius CIC.*Red.Sen*.1; ~iorem..faciet libertatem seruitutis recordatio *Phil*.3.36; ~issimas litteras *Att*.7.1.7; *Tusc*. 1.94; spurcities..subus..~a uidetur LUCR.6.977; sine amore iocisque nil est ~um HOR.*Ep*.1.6.66; haec sunt ~i causa cibusque mali OV.*Rem*.138; sermo..sine adulatione ~us SEN.*Ben*.6.29.2; uindicta bonum uita ~ius ipsa JUV. 13.180;—(*neut., w. inf.*) amari ~um est QUINT.*Inst*.9.3.70; —(*neut. pl. as sb.*) ut necessitates uoluptatibus, seria ~is anteferrem PL.*Ep*.8.21.3. **b** fabula ~i..Menandri OV. *Tr*.2.369; (Homerus) laetus ac pressus, ~us et grauis QUINT.*Inst*.10.1.46; Pacuuius..cuius uersus..sunt ~issimi GEL.2.26.13. **c** etiamsi mihi ~issimus est honos populi CIC.*Ver*.5.37; ista ueritas, etiam si ~a non est, mihi tamen grata est *Att*.3.24.2; Bruto ~us noster aduentus *Att*.15.11.1; id uero militibus fuit pergratum et ~um CAES.*Civ*.1.86.1; perquam ~um nobis erit, si..precibus meis tu potissimum adiutor accesseris PLIN.*Ep*.4.15.13.

2 (of persons) Delightful to be with, congenial or sim.

mihi nemo est amicior nec ~ior nec carior Attico CIC.*Att*. 16.16A.7; *Fam*.2.10.1; nate mihi longa ~ior unice uita CATUL.64.215; adulescens idem seni Sullae fuit ~issimus NEP.*Att*.16.1; ~um et carum sterilis facit uxor amicum JUV.5.140; (*cf.*) applicans..collum ~um os oculosque suauiabor CATUL.9.9;—(*in address*) hei te plus oculis meis amarem, ~issime Calue CATUL.14.2; o ~e sodalis OV.*Pont*. 1.8.25; ~issime Imperator PLIN.*Nat*.pr.1; MART.10.47.2; (*alone*) hoc, ~e, tibi poema feci CATUL.50.16.

3 Agreeable to the senses, delicious, etc.

(*of flavours*) ~as..placentas LUCIL.585; non attagen Ionicus ~ior, quam..herba lapathi HOR.*Epod*.2.55; uiridis (satureia) esui est ~a COL.11.3.57; pecora..pinguescere, carne mirabilem in modum ~a PLIN.*Nat*.19.43; (*neut. pl. as sb.*) ~iora eligens abligurribam dulcia APUL.*Met*.10.14;— (*of smells*) odorem..~um PHAED.3.1.3; oris halitum ~iorem facit (anesum) PLIN.*Nat*.20.186; quorundam flos tantum ~us, reliquae partes ignauae 21.37;—(*of sounds*) uocem ~am (*i.e. of Statius*) JUV.7.82; ~ius..uerbum est 'fruniscor' quam 'fruor' GEL.17.2.6;—(*of other sensations*) ~is Zephyri ..auris CATUL.46.3; ~o..somno *Culex* 93; (aqua) sic temperanda est, ut manu contingenti ~a sit CELS.5.26.27.B; ~a (umbra) et platani PLIN.*Nat*.17.90.

Iūdaea¹ ~ae, *f.* The south-western part of Palestine, the country of the Jews.

Syria..aliis aliisque nuncupata nominibus; nam et Coele dicitur et..~a et Commagene MELA 1.62; IVDEA CAPTA *BMCI* 2.p.117,No.546(Vespasian); TAC.*Ann*.2.42; SUET.*Gal*.23.

Iūdaea²: see IVDAEVS.

Iūdaeus ~a ~um, *a.* Of or belonging to Judaea or its people, Jewish. **b** (masc. or fem. as sb.) a Jew or Jewess.

~ae gentis hominem COL.3.8.2; sacris..~is PLIN.*Nat*. 31.95; MART.7.35.4. **b** (*masc.*) credat ~us Apella, non ego HOR.*S*.1.5.100; MART.12.57.13; TAC.*Hist*.5.2; SUET. *Cl*.25.4;—(*fem.*) ~a tremens..interpres legum Solymarum JUV.6.543.

Iūdaicus ~a ~um, *a.*

1 Of or originating in Judaea; (of troops) stationed in Judaea.

bituminis ~i p. ✱ c LARG.209; ~o mari TAC.*Hist*.5.7;— ~um exercitum Vespasianus, Syriae legiones Mucianus sacramento Othonis adegere TAC.*Hist*.1.79; SUET.*Vit*.15.1.

2 Of or relating to the Jews, Jewish.

auri illa inuidia ~i CIC.*Flac*.66; ~ae superstitionis QUINT. *Inst*.3.7.21; bellum ~um TAC.*Hist*.2.4; panis ~us (*i.e. unleavened*) TAC.*Hist*.5.4; ~um..ius JUV.14.101; qui..inprofessi ~am uiuerent uitam SUET.*Dom*.12.2.

iūdex ~icis, *m., (f.).* [IVS²+-*dex* (see DICO²)] FORMS: *ioud-* in early inscrs., as *CIL* 1.582, 1.2106. GENDER: fem. in LUC.10.368.

1 An individual appointed to decide a case at law (in civil cases, more fully *~ex* COMPROMISSARIVS, a private person agreed on between the litigants at a preliminary hearing before a magistrate; sts. dist. from an *arbiter*, who had wider discretionary powers; in a *cognitio extraordinaria*, a person deputed by the magistrate without ref. to the parties concerned, also called *~ex* PEDANEVS). **b** *~ex quaestionis* (and sim.), one assisting the praetor at a *quaestio*, as a member of his consilium, or presiding over it in his name when the *quaestiones perpetuae* increased in number. **c** (anciently applied to a consul in his civil capacity; app. also to a praetor). **d** (in the

Digest, but app. usu. in interpolated passages, applied to any official having jurisdictional power). **e** (w. ref. to the settlement of national disputes). **f** (applied to the judges of the Underworld and sim.).

tanto apud ~icem hunc argenti condemnabo facilius PL. *Mos.*1099; cedo quicum habeam ~icem, ni dolo malo instipulatus sis *Rud.*1380; cum illo sponsionem feci, facta sponsione ad ~icem adduxi SCIP.min.*orat.*23; petit Heraclides a C. Plotio..mancipia quaedam quae se..per uim uendidisse dicebat. Q. Naso, uir ornatissimus..~ex sumitur CIC.*Flac.*50; BRUT.*ad Brut.*1.6.4; quo..magnae..secantur ~ice lites HOR.*Ep.*1.16.42; cum..quereretur eundem accusatorem capitis sui ac ~icem esse LIV.8.32.9; V.MAX.8.2.2; alia apud centumuiros, alia apud priuatum ~icem in isdem quaestionibus ratio QUINT.*Inst.*5.10.115; Annia Rufilla, quam fraudis sub ~ice damnauisset TAC.*Ann.*3.36; a consulibus ~ex extra ordinem datus GEL.12.13.1;—(~ex esse, *etc.*, inter) me inter Niciam nostrum et Vidium ~icem esse CIC.*Fam.*9.10.1; ~ex inter illos sedit simius PHAED.1.10.6; PAUL.*dig.*39.3.11.3;—(*w. gen. expr. subj. of dispute*) unius..criminis nisi ~icem dices, te ab libertate in seruitutem contra leges uindicias non dedisse, in uincla te duci iubebo LIV. 3.56.4; QUINT.*Inst.*4.1.19; hereditatis ~ex ULP.*dig.*30. 50.1;—(*dist. from* arbiter) CIC.*Q.Rosc.*13; melior uidetur condicio causae bonae, si ad ~icem quam si ad arbitrum mittitur, quia illum formula includit..huius..nullis adstricta uinculis religio et detrahere aliquid potest et adicere SEN.*Ben.*3.7.5. **b** iubet lex ea..~icem quaestionis, hoc est Q. Voconium, cum eis ~icibus qui ei obuenerint—uos appellat, ~ices—quaerere de ueneno CIC.*Clu.*148; *Brut.*264; C OCTAVIVS..CVM C TORABIO ~EX QVAESTIONVM *CIL* 6.1311; (*cf.*) cum huic eidem quaestioni ~ex praeesses CIC.*S.Rosc.*11. **c** accensus dicit sic: 'omnes Quirites, ite ad conuentionem huc ad ~ices' *in* VAR.*L.*6.88; regio imperio duo sunto, iique a praeeundo, iudicando, consulendo praetores, ~ices, consules appellamino CIC.*Leg.*3.8; ~icem enim consulem appellari LIV.3.55.11;—(IS EVM)..AD ~ICEM, IN EVM ANNVM QVEI EX H(ac) L(ege) (FACTVS) ERIT, IN IOVS EDVXITO *CIL* 1.583.19. **d** (praefectus uigilum) aduersus capsarios.., qui mercede seruanda in balineis uestimenta suscipiunt, ~ex est constitutus PAUL.*dig.*1.15.3.5. **e** ut arbitrium penes Romanos maneret, quid darent quid adimerent, neque alios ~ices quam se ipsos paterentur TAC.*Ann.*13.56;—(*w. gen.*) neque..se debuisse ~icem esse controuersiarum populi Romani *B.Alex.*67.2; respondit consul se, utrum eos hostium an pacatorum numero haberet, nondum scire; senatum eius rei ~icem fore LIV.36.35.10. **f** inexorabiles ~ices, Minos et Rhadamanthus CIC.*Tusc.*1.10; causam..dicere uitae uerberibus saeuae cogunt sub ~ice Poenae *Culex* 377; illud (crimen)..inter ea reliquimus, quae ad ~ices deos mittimus SEN.*Ben.*3.6.2.

2 A member of a panel of persons appointed to hear a case, 'juror' (esp. at a *quaestio*); *~ex* EDITICIVS, a 'juror' nominated by the accuser and not challengeable by the defendant. **b** (in phrs. such as *~ices dare*) one of a commission appointed by the Senate to assess damage in cases of extortion or sim. (= *recuperator*).

ad ~ices ueniemu'; qui fuerit pater, quae mater..omnia haec confingam TER.*Ph.*129; (QVOIVS)QVE ~ICIS IS PRAETOR SORTICOLAM VNAM BVXEAM..IN MANV PALAM DATO *CIL* 1.593.51; cum ~ices L. Scribonio tribuno plebis ferret familiaris suos CIC.*de Orat.*2.263; quis in meum locum ~icem subdidit? *Dom.*85; conseruate..rei publicae, ~ices, ciuem bonarum artium *Cael.*77; ut ipse ~ices per praetorem urbanum sortiretur *Q.fr.*2.1.2; ~icum..absolutus sententiis NEP.*Lys.*3.4; unum ex ~icibus selectis HOR.*S.*1.4.123; sedissem forsitan unus de centum ~ex..uiris OV.*Pont.* 3.5.24; V.MAX.2.10.1; PLIN.*Nat.*33.30. **b** Priscus accusantibus Afris..omissa defensione ~ices petiit..notum senatui (fecimus) excessisse Priscum immanitate..crimina quibus dari ~ices possent, cum ob innocentes condemnandos ..pecunias accepisset PLIN.*Ep.*2.11.2; 4.9.16; 6.29.10; auctor..fuit aedilem sordidum repetundarum accusandi ~icesque in eum a senatu petendi SUET.*Dom.*8.2.

3 One appointed to adjudicate in a contest, a judge, umpire.

uenit ad Phrygium Venus ~icem (*i.e. Paris*) CATUL.61. 19; cum ludi adessent, ~ices litterati, qui ea probarent, erant legendi VITR.7.pr.5; ~ices dedit praemiaque proposuit de uirtute militari certantibus noua CURT.5.2.2; Nyctilus et.. Alcon certauere sub his alterno carmine ramis, ~ice me CALP. *Ecl.*6.3; coronam..citharae..a ~icibus ad se delatam adorauit SUET.*Nero* 12.3; 23.3.

4 (transf.) One who estimates qualities, etc., a critic, judge, assessor. **b** *me ~ice* (and sim. phrs.), if I am called on to give an opinion, in my estimation. **c** one who decides an issue, a disposer or sim. **d** one who decides questions of fact.

tu in magistratibus dignitatis ~icem putas esse populum? CIC.*Planc.*7; respondit religionis ~ices pontifices fuisse, legis esse senatum *Att.*4.2.4; subtilis ueterum (*i.e. early artists*) ~ex HOR.*S.*2.7.101; neminem..acriorem uirtutis spectatorem ac ~icem fuisse sciunt LIV.42.34.7; si ~ex meriti cogerer esse mei OV.*Pont.*3.6.10; imperator, optimus eorum quae agebat ~ex VELL.2.113.2; iniqui ~ices aduersus nos sumus ideoque paupertate sermonis laboramus QUINT. *Inst.*8.3.33; alter si fecisset idem, caderet sub ~ice morum (*i.e. the censor*) JUV.4.12; fore..omnium poetarum ac poematum Palaemonem ~icem SUET.*Gram.*23(p.117Re);—(*of things*) uocum..et numerorum aures sunt ~ices CIC.*Orat.* 162; mentem uolebant rerum esse ~icem *Ac.*1.30; sensibus, id est ~icibus boni ac mali SEN.*Ep.*124.3; ante parem nocti Libra sub ~ice Phoebum LUC.10.227; nitidum..orbem (*i.e. a mirror*), quo felix facies ~ice tuta fuit MART.9.17.6. **b** ea..purgando uobis corrigemus te ~ice ipso TER.*Hec.* 255; bona (carmina) si quis ~ice condiderit laudatus Caesare HOR.*S.*2.1.84; ~ice te non sordidus auctor naturae uerique *Carm.*1.28.14; se..lecturum..Q. Fabium Maximum quem tum principem Romanae ciuitatis esse uel Hannibale ~ice uicturus esset LIV.27.11.11; salue numen, me ~ice..maius Ioue! OV.*Met.*2.428; hac (*sc.* Scylla) ~ice Minos..in galea formosus erat 8.24. **c** Martem se ~icem habituros esse LIV.28.21.8; nulla manus, belli mutato ~ice (*i.e. the commander-in-chief*), pura est LUC.7.263; ~ice Fortuna cadat alea PETR.122,l.174; belli ~ex..curia..(*i.e. because they forbade Carthage to attack Saguntum*) SIL.2.456. **d** uos eritis ~ices laudin an uitio duci factum oporteat TER. *Ad.*4; quis..elegos emiserit auctor, grammatici certant et adhuc sub ~ice lis est HOR.*Ars* 78.

iūdicātiō ~ōnis, *f.* [IVDICO+-TIO] FORMS: *ioud-* *CIL* 1.583.4.

1 The action or power of deciding a case at law. **b** (rhet.) any authoritative assertion (see quot.). **c** the process of reaching a settlement (in a dispute).

IOVDICIVM ~O LEITISQVE AESTIMATIO, QVEI QVOMQVE IOVDICIVM EX H(ac) L(ege) ERVNT, EORVM H(ac) L(ege) ESTO *CIL* 1.583.6; 1.594.1.3.10; multam is dicere potest, cui ~o data est ULP.*dig.*50.16.131.1. **b** adhibebitur..in causam et auctoritas. haec..iudicia aut ~ones uocant, non de quibus ex causa dicta sententia est..sed si quid ita uisum gentibus, populis, sapientibus uiris QUINT.*Inst.*5.11.36. **c** 'longi subselli' (*i.e. Caesarians in the Senate*)..~o et mora si quem tibi..unum alterumue diem (*i.e. of a triumph*) abstulerit CIC.*Fam.*3.9.2.

2 (rhet.) The ultimate question for the *iudex* to decide, the point at issue.

ex intentione et infitiatione ~o constituitur, hoc modo: intentio 'occidisti Aiacem'. infitiatio 'non occidi'. ~o 'occideritne?' *Rhet.Her.*1.27; quid controuersiae sit, ponendum est in ~onis expositione CIC.*Inv.*1.31; 1.97; ~o est: 'minuatne is maiestatem, qui in tribuniciam potestatem patria potestate utatur?' 2.52; QUINT.*Inst.*3.6.71.

3 (transf.) The forming an opinion (that something is the case); the action or faculty of appraising or criticizing.

haec..opinatio est ~o se scire, quod nesciat CIC.*Tusc.* 4.26;—consilium..ratio est quaedam..plura perpendens et comparans habensque in se et inuentionem et ~onem QUINT.*Inst.*6.5.3; adsolet apud prudentes uiros esse in operibus elaboratis ~o restrictior, in rebus subitariis uenia prolixior APUL.*Soc.*pr.1.

iūdicātō, *adv.* [pple. of IVDICO+-O²] In one's considered opinion.

quod ita serio ~que existimaret GEL.14.1.2.

iūdicātrix ~īcis, *f.* [IVDICO+-TRIX] One who judges or assesses.

ars inuentrix et ~ix QUINT.*Inst.*2.15.21.

iūdicātum ~ī, *n.* [pple. of IVDICO]

1 A judicial decision, judgement; (esp.) an accepted judgement, precedent.

~um est id de quo sententia lata est *Rhet.Her.*2.19;—~um est res assensione aut auctoritate..comprobata CIC. *Inv.*1.48; constitutio est in lege, more, ~o, pacto QUINT. *Inst.*7.4.6; illa..priora aut testimoniorum aut etiam ~orum obtinent locum 12.4.2.

2 A debt payment of which is ordered by a court of law, judgement debt.

ni ~um facit (*sc. a debtor*) *Lex XII*(*Font.iur.*p.21); postulat ut sibi Quinctius ~um solui satis det CIC.*Quinct.*30; cum ~um non faceret, addictus Hermippo..est *Flac.*48; is, cum quo ~i depensiue agitur GAIUS *Inst.*4.25; ULP.*dig.* 40.5.30.6.

iūdicātus[1] ~ī, *m.* [pple. of IVDICO] A debtor who has been ordered to pay by a court, judgement debtor.

~I IVRE MANVS INIECTIO ESTO *CIL* 1.594.1.3.2; siue..~us uel auctoratus meus subreptus fuerit GAIUS *Inst.*3.199; 4.25.

iūdicātus[2] ~ūs, *m.* [IVDEX+-ATVS²] The office of *iudex* (sense 1 or 2).

isti ordini ~us lege Iulia..non patebat? CIC.*Phil.*1.20; quae scribis approbo, maxime quod de ~u meo *Att.*12.19.2; (*in fig. phr.*) iurauі mihi non liquere atque ita ~u illo solutus sum GEL.14.2.25.

iūdiciālis ~is ~e, *a.* [IVDICIVM+-ALIS] Of or relating to the law-courts or the administration of justice, judicial, forensic. **b** resulting from a judgement in court. **c** of or connected with service on a 'jury'. **d** typical of forensic pleading.

~is tabella CIC.*Ver.*2.79; quem legibus aut ~i iure persequor? 4.104; a foro aliena ~ique consuetudine *Arch.*32; ~es controuersias SEN.*Con.*3.pr.11; laudatione..~i data (*i.e. on behalf of a defendant*) SUET.*Aug.*56.3; stipulationum aliae ~es sunt, aliae praetoriae POMPON.*dig.*45.1.5;—(*w.ref. to Pompey's reforms in legal procedure, 52 B.C.*) (Q. Arrius) illius ~is anni seueritatem..non tulit CIC.*Brut.*243;—(*w.ref. to Aristotle's threefold classification of oratory*) tria genera sunt causarum..: demonstratiuum, deliberatiuum, ~e.. ~e est, quod positum est in controuersia et quod habet accusationem..cum defensione *Rhet.Her.*1.2; CIC.*Inv.*1.7; forma deliberatiuae magis materiae quam ~is utemur QUINT.*Inst.*5.13.6; 9.4.130. **b** cum propter ~em ignominiam relictis Athenis Rhodum petisset V.MAX.8.10.ext.1. **c** ~i molestia ut caream uidebis CIC.*Att.*13.6.4. **d** genus orationis..aequabiliter profluens sine hac ~i asperitate CIC. *de Orat.*2.64.

iūdiciārius ~a ~um, *a.* [next+-ARIVS] Of or relating to the law-courts or 'juries'.

quaestu ~o pastus CIC.*Clu.*72; ecquid sentis, lege ~a lata, quos posthac iudices simus habituri? *Pis.*94; uacationis ~ae causa *Att.*5.7; ~is legibus diuulsus a senatu eques FLOR.*Epit.*1.47(3.12.9); 2.5(3.17.3); AMP.26.1; ut..rem ~am ..cognoscerem GEL.14.2.1.

iūdicium ~(i)ī, *n.* [IVDEX+-IVM] FORMS: *ioud-* in early inscrs., as *CIL* 1.582.2.

1 Legal proceedings before a *iudex* or *iudices*, an action or trial (often, by implication, of the whole process of a trial or suit). **b** (w. nature of proceedings specified); *~ium priuatum*, a civil action; *~ium publicum*, a criminal action, spec. one in which the defendant was tried under a special law (Macer *dig.*48.1.1); *~ium populi*, a trial held before the *comitia*. **c** (w. subj. of proceedings stated, esp. in gen.). **d** (app. spec.) a civil (and not a criminal) case.

cras est mihi ~ium TER.*Eu.*339; in adulterio uxorem tuam si prehendisses, sine ~o impune necares CATO *orat.* 219; ante ~ium de constituendo ipso ~io solet esse contio, cum aut sitne acto illi qui agit aut iamne sit..quaeritur CIC.*Part.*99; exspectare huius exitum ~i *Flac.*105; noli pati litigare fratres et ~iis turpibus conflictari *Fam.*9.25.3; non nulli ~ium ueriti profugerunt CAES.*Gal.*6.44.3; causam capitis semel dixit..eoque ~io est absolutus NEP.*Iph.*3.3; ante ~ii diem finem ibi uitae fecit LIV.3.58.9; 29.36.10; ad priscam seueritatem ~iis exactis SEN.*Suas.*6.24; in ~iis fere de aequitate, in deliberationibus de utilitate..disserimus TAC.*Dial.*31.2; testem se in ~iis..interrogari..patiebatur SUET.*Aug.*56.1; omnia..~ia aut legitimo iure consistunt aut imperio continentur GAIUS *Inst.*4.103;—(*w. gen. of person tried*) haud parum motum duo ~ia eorum qui paulo ante consulari potestate fuerant exciuere LIV.5.10.3; (*cf.*) in ~io Cluentiano QUINT.*Inst.*11.1.74;—(*dist. from* arbitrium) ~ium est pecuniae certae, arbitrium incertae CIC.*Q.Rosc.*10. **b** quid tandem postulat arator? nihil nisi ex edicto ~ium in octuplum CIC.*Ver.*3.28; cum ceteris subscripsit centumuirale ~ium PLIN.*Ep.*5.1.6; redhibitorio aut aestimatorio..~o agere GAIUS *dig.*21.1.18;—priuata..~ia maximarum..rerum iuris consultorum milli uidentur esse prudentia CIC.*Top.* 65; GEL.14.2.1;—alii ~iis publicis alii priuatis..negotiis inplicati SAL.*Rep.*2.11.6; nec eodem sono publica ~ia et arbitrorum disceptationes aguntur QUINT.*Inst.*11.1.43;—cum tam moderata ~ia populi sint a maioribus constituta.. ut ne poena capitis cum pecunia coniungatur CIC.*Dom.*45; *Sest.*40; *Div.*2.74; mortuus..prius in uinclis est quam ~ium de eo populi perficeretur LIV.29.22.9. **c** (*w.* de) causam Siculorum quam suscepi relinquo, ~ium de pecuniis repetundis ne sit CIC.*Ver.*4.82; cum ~ium de ui sit *Caec.*104;—(*w.* inter) ~ium inter sicarios hoc primum committitur *S.Rosc.*11;—(*w. gen.*) circumuenire ~io capitis atque opprimere filium *Clu.*192; uehementer gratulor de ~io ambitus *Fam.*3.12.1; oppugnatus in ~o pecuniarum repetundarum SAL.*Cat.*49.2; quae..~ium maiestatis apud populum mulier subiit SUET.*Tib.*2.3; (tutores) eis post pubertatem tutelae ~io rationem reddunt GAIUS *Inst.*1.191; 3.205. **d** omnis eiusdem aetatis patronos in plurimis et causis et ~iis cognoscebant TAC.*Dial.*34.4.

2 (in various verbal phrs.): **a** *in ~ium uocare, deducere*, or sim., to bring (a person, his actions, etc.) under judicial examination. **b** *in ~ium uenire*, (of a person, question, etc.) to be subjected to judicial scrutiny; also, *ad ~ium ire*, (of a person) to resort to legal action. **c** *in ~io esse*, (of a question) to be under judicial investigation. **d** *~ium reddere, dare*, (of a magistrate) to allow legal proceedings (before a *iudex* or *iudices*) to be brought against someone. **e** *~ium agere*, to conduct a trial. **f** *~ium uincere, tenere*, to win a suit.

a quae causae sunt eius modi..omnino in ~ium uocari non solent CIC.*de Orat.*1.241; ut ante facta in ~ium non uocentur *Ver.*1.108; cum se nullius rei tam paenitere diceret quam quod C. Carbonem..in ~ium uocauisset 3.3; (*cf.*, *in fig. phr.*) sub ~ium singula uerba uocem? OV.*Pont.*1.5.20;—si prius exposuerimus quae causa in ~ium deducta sit CIC. *Opt.Gen.*19; ductus odio properauit rem deducere in ~ium *Att.*1.16.2; GAIUS *Inst.*3.181;—quem adductum in ~ium.. dimitti non oportuerat CIC.*Q.fr.*1.2.5. **b** uenerat, ut opinor, haec res in ~ium CIC.*Q.Rosc.*42; ut hoc solum in ~ium ueniret, uideretürne..damnum dolo malo familiae datum *Tul.*12; *Caec.*104; pars qualitatis..raro in ~ium uenit QUINT.*Inst.*3.6.41; (*in fig. phr.*) quotienscumque dico, totiens mihi uideor in ~ium uenire..uirtutis atque offici CIC.*Clu.*51;—cum ad ~ium ire non auderet LIV.3.24.6. **c** nam testis et quaestio..de ipsa re, quae in ~io est, pronuntiant QUINT.*Inst.*5.11.44; POMPON.*dig.*10.2.47. **d** at tu..magistratus adi ~ium de eadem causa iterum ut reddant tibi TER.*Ph.*404; M. Drusus pr. urbanus, quod..~ium reddidit, Sex. Iulius non reddidit *Rhet.Her.*2.19; CAES.*Civ.* 2.18.5; SEN.*Nat.*4b.7.2;—sese ~ium iniuriarum non daturum CIC.*Ver.*2.66; in Lurconis libertum ~ium ex edicto dedit (Flaccus) *Flac.*88; GAIUS *Inst.*1.191. **e** M..Cato.. reorum ~ia..tantum modo praetexta amictus egit V.MAX. 3.6.7; iam reus factus dispensator et ~ium inter cubicularios actum PETR.53.10. **f** ~ium..me uno defendente uicit CIC.*Ver.*1.139; (*transf.*) cur in Phrygiis Iunonem et Pallada siluis..~ium non tenuisse pudet? OV.*Ars* 1.626.

3 A body or panel of *iudices*, court, tribunal. **b** a meeting of *iudices*, judicial assembly. **c** (pl., in generalized sense) the administration of justice, the courts.

cuius..de illo incesto stupro ~ium decernendi senatui potestas esset erepta CIC.*Mil.*13; gladii..~ium insolita trepidum cinxere corona LUC.1.321; cum in basilica Iulia diceret (Trachalus) primo tribunali, quattuor autem ~ia.. cogerentur QUINT.*Inst.*12.5.6;—(*w. name of court added*) quod (*sc.* testamentum) Ti. Longus..hastae ~io subuertere frustra conatus est V.MAX.7.8.1; cum apud centumuiros in quadruplici ~io dixissem PLIN.*Ep.*4.24.1. **b** tu eadem ista dic in ~io aut..dic in senatu CIC.*Fin.*2.74; at ille in ~ium uenit, nihil eorum negauit, quae aduersarii crimini dabant NEP.*Ep.*8.2; QUINT.*Inst.*12.6.5; ea relicto ~io domum se abripuit ferroque transegit SUET.*Tib.*45; cum ~io frequenti testimonium diceret *Gram.*9(p.107Re). **c** commutata tota ratio est senatus, ~iorum, rei totius publicae Cic.Fam.1.8.4; sic ego sublatis ~iis, amisso regno forensi ludum quasi habere coeperim 9.18.1; ~ia a senatu transferebat ad equites (C. Gracchus) Vell.2.6.3; Tac.Ann.11.22; ut uectigalia rei p. atque ipsa ~ia in quaestu haberentur Flor.Epit.1.47(3.12.9).

4 The exercise of judgement, the judging or deciding of a question (judicial or otherwise). **b** the assessing or appraising (of qualities, etc.); (rhet.) the action of judging the merits of an argument. **c** the exercise of inferential judgement.

tum uestrum difficilius ~ium, mea facilis defensio fore uidebatur Cic.Tul.2; quid de hac re sentias, tui ~i est ad Brut.1.3.3; multi..faciunt multa temeritate quadam sine ~io Off.1.49; ubi..~ium emptoris est, ibi fraus uenditoris quae potest esse? 3.55; ille autem, sui ~ii, potius quid se facere par esset intuebatur quam quid alii laudaturi forent Nep.Att.9.7; ut callidum eius ingenium, ita anxium ~ium Tac.Ann.1.80;—(w. gen.) ut tuum ~ium liberum esset cum Dolabella belli gerendi Cic.ad Brut.1.2a.1(4); cuius rei ~ium princeps senatui..permisit Tac.Ann.14.17;—(w. indir. qu.) quantum in utroque profecerimus, aliorum sit ~ium Cic.Off.1.3; haud paruae rei ~ium senatum tenebat qui uir optimus in ciuitate esset Liv.29.14.6; Gel.1.18.6. **b** quia rerum uerborumque ~ium in prudentia est Cic.Orat.162; ~io formae noxque merumque nocent Ov.Ars 1.246; uir..in ~io litterarum..tersissime Stat.Silv.2.pr.; (of the senses) oculi in his artibus, quarum ~ium est oculorum..multa cernunt subtilius Cic.N.D.2.145; (poet., applied to measurement) ut..ruant..prodita ~iis fallacibus omnia primis Lucr.4.519;—(rhet.) his adiecerunt quidam sextam partem, ita ut inuentioni ~ium subnecterent, quia primum esset inuenire, deinde iudicare Quint.Inst.3.3.5; 6.5.1. **c** si..uitiosa (iocinera) inueniebant, ~io transferebant item humanis corporibus pestilentem futuram..aquae..copiam Vitr.1.4.9.

5 Power to make judicial or other decisions, authority, jurisdiction.

nihil hoc Iouis ad ~ium attinet Pl.Ps.14; SEI IS PRAETOR..EO MAGISTRATV ~IOVE INPERIOVE ABIERIT..ANTE QVAM EA OMNIA IOVDICA⟨TA..ERVNT⟩ CIL 1.583.72; nec..Epaminondae permitteremus, ne si extra ~ium quidem esset, ut is nobis sententiam legis interpretaretur Cic.Inv.1.70; tibi..negotium datum esse a C. Caesare, non ~ium Fam.13.7.1; iudices solent, cum sententiam pronuntiant, addere: 'si quid mei ~ii est' Fin.2.36; quorum ad arbitrium ~iumque summa omnium rerum consiliorumque redeat Caes.Gal.6.11.3; sub ius ~iumque suum totam coegit gentem Liv.41.22.4; Pomponia Graecina..superstitionis externae rea, mariti ~io permissa Tac.Ann.13.32;—(w. gen. expr. sphere of jurisdiction) eos agros quorum adhuc penes Cn. Pompeium omne ~ium et potestas..debet esse Cic.Agr.2.52; Amphictyonum..quis praecipuum fuit rerum omnium ~ium Tac.Ann.4.14;—(w. de) ne penes unum hominem ~ium arbitriumque de fama ac moribus senatoriis fuerit Liv.23.23.4;—(of a law) legem maiestatis reduxerat, cui nomen apud ueteres idem, sed alia in ~ium ueniebant Tac.Ann.1.72.

6 A decision given in a court of law, judgement, verdict, or sim. **b** *~ium facere*, to pass judgement (on an accused person, his actions, etc.); also, *~ium ferre*. **c** (of decisions given in non-legal disputes).

potestis dubitare quin istum fortuna..uoluerit..ad uestrum ~ium reseruare? Cic.Ver.1.71; (iudices) in Oppianico sibi constare et superioribus consentire ~iis debuerunt Clu.60; in tabulas absolutum non rettulit, ordinum ~ia perscripsit Cael.Fam.8.8.3; huius post mortem cum populum ~ii sui paeniteret Nep.Timoth.4.1; haud sane quicquam bono causae lauatur dedecus ~ii Liv.3.72.7; multos postea principes ciuitatis ~ium de se populi passos 25.4.3; si lex obstat, nulla lis est, inane ~ium est Quint.Inst.7.1.48; Juv.1.48; reuocatas liberalitates eius, ~ia rescissa Suet.Cl.29.1; Flauiam Domitillam..ingenuam et ciuem R. reciperatorio ~io pronuntiatam Ves.3;—(w. gen. expr. subj. of verdict) cuius iussu perpetratum ingenuitatis ~ium erat Tac.Ann.13.27. **b** ut..nomine Ctesiphontis ~ium fieret de factis famaque Demosthenis Cic.Opt.Gen.21; ut..de suo capite ~ium fieri patiatur Ver.3.135; Scamandro condemnato..~ium de Oppianico factum esse Clu. 55; Nep.Phoc. 3.4; ~ia eo anno populi tristia in feneratores facta Liv.7.28.9; 35.41.9; (poet.) SVPREMVS FECIT ~IVM DIES, MORS ANIMAM ERIPVIT CIL 1.1570.7;—praeclara dicentur ~ia tulisse, si, qui infitiantem Luscium condemnarunt, Catilinam absoluerint confitentem Cic.Tog.21. **c** iudicauit inclitum ~ium inter deas tris aliquis Enn.scen.70; Verg.A.1.27; placuit (statuam) eligi probatissimam ipsorum artificum, qui praesentes erant, ~io Plin.Nat.34.53; 35.65;—(w. gen.) nihil ne ad te de ~io armum accidit? Pac.trag.34; Plin.Nat.35.72.

7 Any decision (esp. of a formal or authoritative kind), pronouncement or expression of opinion.

haec mihi nubet; tu huic argentum redde. hoc ~ium meum est Pl.Cur.717; censores..saepe numero superiorum censorum ~iis..non steterunt Cic.Clu.122; quae (domus)..sola in hac urbe omni religione omnibus ~iis liberata est Har.11; clementiae tuae ~io conseruati sumus Marc.12; magna..ex parte iam me una uobiscum de re ~ium facturum confido Caes.Civ.2.31.8; ab senatu responsum est ~ium populi rescindi ab senatu non posse Liv.4.7.5; cum Baucide pauca locutus ~ium superis aperit commune Philemon Ov.Met.8.706; tertius consulatus soli Cn. Pompeio etiam aduersantium antea dignitati eius ~io delatus est Vell.2.47.3; urbi Flauium Sabinum praefecere, ~ium Neronis secuti Tac.Hist.1.46; ~io populi receptae sunt (leges) Julian.dig.1.3.32.1;—(transf., of the judgements of the senses) ordiamur igitur a sensibus quorum..clara ~ia et certa sunt Cic.Luc.19; Fin.1.64.

8 An inward resolve, determination, conviction. **b** (*suo*) *~io*, from deliberate policy, intentionally.

inuenti sunt qui..a re..ciuili et a negotiis animi quodam ~io abhorrerent Cic.de Orat.3.59; me magis merito quam ignauia ~ium animi mei mutauisse Sal.Jug.4.4; otia, ~io semper amata meo Ov.Tr.4.10.40; ut quod nunc natura et inpetus est, fiat ~ium Sen.Cl.2.2.2; ne uiolarent manus, sed..~io suo, scelere alieno uterentur Flor.2.17(4.7.15); si perseuerantia apparuit ~ium animi fuisse Paul.dig.50.17.48;—(w. gen.) Plancus, non ~io recta legendi neque amore rei publicae..sed morbo proditor,..transfugit ad Caesarem Vell.2.83.1. **b** te quae facias tuo ~io et tua sponte facere Cic.Fam.9.14.2; uoluntate..et ~io suscipi aegritudinem confitendum est Tusc.3.66; 4.76; Ambiorix copias suas ~ione non conduxerit..an tempore exclusus..dubium est Caes.Gal.6.31.1; non inertia, sed ~io fugisse rei publicae procurationem Nep.Att.15.3.

9 A considered opinion, view, belief, judgement. **b** *meo* (etc.) *~io*, in my (etc.) considered judgement, if I am asked for my verdict.

meum ~ium..confirmo testimonio et iudicio tuo Cic.Brut.156; aliud ~ium Protagorae est qui putet id cuique uerum esse quod cuique uideatur Luc.142; quodsi me populus Romanus forte roget cur non..~iis fruar isdem Hor.Ep.1.1.71; iam mihi prima deast..Delia: ~ium subsequor ipsa tuum Ov.Ep.4.40; Sen.Suas.1.16; nec constat auctoribus, quod cuique generi adtribuant. nos ista Romano discernimus ~io Plin.Nat.16.48; nec dissentire ceteros ab hoc meo ~io uideo Tac.Dial.21.2; quo integrum (*unprejudiced*) ~ium ostentaret Ann.3.8.—(w. de) habes meum de oratore, Brute, ~ium Cic.Orat.237; ei gratias egit quod de se optimum ~ium fecisset Caes.Gal.1.41.2; Hor.Ep.2.1.245;—(w. acc. and inf.) meum..~ium fuit omnia nostros aut inuenisse per se..aut accepta..fecisse meliora Cic.Tusc.1.1. **b** homo extra nostrum ordinem meo ~io disertissimus Brut.205; Orat.92; Theodorus, homo..Cn. Pompei..~io..probatissimus Ver.2.102; Caes.Civ.1.47.2; magnus omnium ~io hic uir exstitit Nep.Timol.1.1; demens ~io uulgi, sanus fortasse tuo Hor.S.1.6.98; Larg.206;—(pl.) ~iis ista uenena meis Ov.Ars 2.416; Ep.3.104.

10 (pregn.) Favourable opinion, esteem; (pl.) marks or instances of it. **b** *suprema* (*extrema*) *~ia*, the last token of one's esteem, i.e. a will.

me bonorum ~ium non funditus perdidisse Cic.Att.11.7.3; quicquid in eum ~i officique contuleris Fam.10.1.4; si bonitas tua responderit ~io meo quod semper habui de te Ant.Att.14.13a.1; Sen.Con.10.2.2; ipse, qui dicit..in ceteris ~ium doctorum petit Quint.Inst.8.3.2; in animo principis, cui non ~ium, non odium erat nisi indita et iussa Tac.Ann.12.3;—de quo homine uos..tam praeclara ~ia fecistis? Cic.Man.43; neque dedecorant tua de se ~ia atque munera..dilecti tibi Vergilius Variusque poetae Hor.Ep.2.1.245; iuuenis..inflatior redierat, subnisus erga se ~iis senatus Liv.39.53.8; Plin.Ep.Tra.10.4(3).6; Suet.Cal.5. **b** Augustus et nuptias mulieris et suprema ~ia improbauit V.Max.7.7.4; consulens eum, an primipilari seni iam testato rursus suaderet ordinare suprema ~ia Quint.Inst.6.3.92; Plin.Ep.7.20.7; Suet.Aug.66.4; Papin.dig.35.1.70;—Maecenas quantopere eum dilexerit..testatur..extremis ~iis tali ad Augustum elogio; 'Horati Flacci ut mei esto memor!' Suet.Poet.fr.40(p.45Re);—(cf.) huic ius trium liberorum necessarium faciunt duae causae: nam et ~ia amicorum promeretur et parum felix matrimonium expertus est Plin.Ep.Tra.10.94(95).2.

11 Faculty of judging or deciding, judgement, taste, discernment. **b** (pregn.) sound judgement, discretion. **c** an instrument or standard of judgement, criterion.

eos studio optimo ~io minus firmo praeditos docere Cic.Orat.24; adulescens grauis, senili ~io Sest.111; Caesar habet peracre ~ium Fam.9.16.4; magni ~ii est opera, quid tandem sit faciundum Vitr.6.2.2; ~ium..hic nostrum non decipit error Ov.Pont.3.9.11; rex..subtilis ~ii V.Max.7.2.ext.5; uelles eum suo ingenio dixisse, alieno ~io Quint.10.1.130; honestas rerum causas, ni ~ium adhibeas, perniciosi exitus consequuntur Tac.Hist.1.83;—(w. gen.) qui pulchritudinis habere uerissimum ~ium debuisset Cic.Inv.2.3;—(of the senses) res caecas et ab aspectus ~io remotas de Orat.2.357; dilectus (uerborum) est habendus quidam atque is aurium quodam ~io ponderandus est 3.150; aurium..est admirabile quoddam artificiosumque ~ium N.D.2.146. **b** his ~ium in eloquendo ac modus, illis uires defuerunt Quint.Inst.8.pr.17; hoc ipsum (sc. imitatio)..nisi caute et cum ~io adprehenditur, nocet 10.2.3; nec refrixit ~io (*with the coming of maturity*), sed inualuit (amor) Plin.Ep.6.8.2; qui carpere amicos suos ~ium uocant 7.28.3. **c** non esse ~ium ueritatis in sensibus Cic.Ac.1.30; hoc cum infirmat tollitque Philo, ~ium tollit incogniti et cogniti Luc.18; 33; ex illo caelesti Epicuri de regula et ~io uolumine N.D.1.43; dum corruptum..dicendi genus reuocare ad seueriora ~ia contendo Quint.Inst.10.1.125.

iūdicō ~āre ~āuī ~ātum, *tr.*, *intr.* [IVDEX+-O³] Forms: *ioud-* in some early inscrs., as CIL 1.528.10.

1 To judge, try, or decide (a case); *res ~ata*, a previous judgement having a bearing on the case in question (= *praeiudicium*). **b** (absol.) to act as a *iudex*, preside at a trial.

mihi tris hodie litis ~andas Pl.Mer.281; de rebus ab isto cognitis ~atisque..dicere Cic.Ver.2.118; sapientissimi homines qui tum rem illam ~abant Mur.58; Cael.Fam.8.14.3; si..secundum alterum petitorem res ~aretur Alf.dig.6.1.57; Tac.Ann.4.31; publicae utilitatis est omnium reorum ~ari causas Calp.Decl.32; Gel.14.2.1; (cf.) quorum (philosophorum) controuersiam solebat tamquam honorarius arbiter ~are Carneades Cic.Tusc.5.120;—senatus consulta, res ~atae, decreta de Orat.2.116; Part.126; cuius accusatio rebus ~atis nitebatur Clu.114; Gaius Inst.3.181. **b** cum equester ordo ~aret Cic.Ver.38; ~antem uidimus Aeacum Hor.Carm.2.13.22; ~andi munus..C. Gracchus ereptum senatui ad equites..transtulerat Vell.2.32.3; accidit..interim hoc,..ut..aduersariis sit amicus qui ~at Quint.Inst.4.1.18; Plin.Ep.4.29.1; Gel.1.3.6; (masc. of pres. pple. as sb.) ut leuior labor ~antibus foret,..quintam decuriam addidit Suet.Cal.16.2;—(w. de) ne Scaurus..ante quam de eo ~ari posset, magistratum iniret Asc.Sc.17; quartam (decuriam) addidit..quae..~aret..de leuioribus summis Suet.Aug.32.3; iudex, qui usque ad certam summam ~are iussus est, etiam de re maiori ~are potest Julian.dig.5.1.74.1;—(w. inter) iudicem, qui inter eum et argentarium ~at Gaius dig.2.13.10.3;—(w. internal acc.) PR(aetor) VRB(is) DE SEN(atus) SENT(entia) POPLIC(um) IOVDIC(auit) CIL 14.4072.

2 To impose or award judicially, adjudge; *in sacrum ~are*, to consecrate (confiscated property) by judicial decree. **b** to sentence or condemn (a person).

ante..quam multam inroget aut ~et Cic.Dom.45; ni referatur pecunia in publicum, quae ~ata sit Liv.38.60.2; V.Max.4.1.8;—(*a recalcitrant debtor to his creditor*) ego ad Menaechmum hunc nunc eo, quo iam diu sum ~atus Pl.Men.97; nisi dissoluerant (pecuniam), ad praetorem uocabantur et ab eo, quibus erant ~ati, addicebantur Gel.20.1.44;—siue quis in sacrum ~are uoluerit, liceto Leg.pub.(Font.iur.p.46)3. **b** is quem ~atum hic duxit Hermippus Cic.Flac.45; cum iam ex re nihil dari posset, fama et corpore ~ati atque addicti creditoribus satisfaciebant Liv.6.34.2; confessus pro ~ato est Paul.dig.42.2.1; (in fig. phr.) male cubandum est: ~atum me uxor abducit domum Pl.As.937;—(w. gen. of crime or punishment) tribuni plebis..negarunt se in mora esse quo minus..anquireret quoad uel capitis uel pecuniae ~asset priuato Liv.26.3.8; confessi..aeris ac debiti ~atis triginta dies sunt dati conquirendae pecuniae causa Gel.20.1.42.

3 (w. acc and inf. or pred. acc.) To pronounce judicially, give judgement (that); (also w. indir. qu.). **b** (of a judge or accuser) to pronounce (a crime) committed; (w. gen.) to declare (someone) guilty (of). **c** (absol.) to pronounce sentence, pass judgement.

(w. acc. and inf.) totum facinus sine dolo malo factum ~abitis? Cic.Tul.34; Caec.72; patre proclamante se filiam iure caesam ~are Liv.1.26.9; Gaius Inst.3.123; (pass.) ~atus est parentem occidisse Cic.Inv.2.149;—(w. pred. noun or adj.) utrum fur an sacrilegus sit ~andus 1.11; ut, quia tu defendis, innocens ~etur Sul.84; tribunis sontibus ~atis Liv.29.9.8; V.Max.5.8.3; Tac.Ann.4.22;—(w. indir. qu.) tres recuperatores..se daturum..qui cognita causa..~arent uter prior in oppidum transcendisset Liv.26.48.8. **b** cum condemnassent (duumuiri), tum alter ex iis 'Publi Horati, tibi perduellionem ~o' inquit Liv.1.26.7; 43.16.11;—(w. gen.) Sempronius perduellionis se ~are Cn. Fuluio dixit, diemque comitiis ab..praetore urbano petit 26.3.9. **c** dum..ita ~es, ne quisquam a me argentum auferat Pl.Cur.704; iudex est is quem..secundum nos ~are uelimus Cic.Q.Rosc.15; sine odio et sine inuidia ~abunt Marc.29; ternas tabellas dari ad ~andum eis qui ordinis essent senatorii Caes.Civ.3.83.3; ~asti pater qui..uxorem non defendendo damnasti Calp.Decl.35;—(impers. pass.) neque intellegeret contra suas tabulas esse ~atum Cic.de Orat.2.281; Quint.Inst.5.2.3;—(w. de) de mea causa..omnes di atque homines ~auerunt Cic.Dom.44; tam de se iudex ~at quam de reo Pub.Sent.T.7; ut..de absente eo C. Licinius statueret ac ~aret Liv.42.22.3; (poet.) HVIVS DE AETA⟨TE⟩ MORS INIQVE ~AVIT CIL 13.2036;—(w. internal acc.) recuperatores ui Flacci coactos et metu falsum inuitos ~auisse Cic.Flac.49; cum in plerisque iudiciis crederet populus Romanus sua interesse quid ~aretur Tac.Dial.39.4;—(w. cogn. acc.) ~auit inclitum iudicium inter deas tris aliquis (sc. Paris) Enn.scen.70.

4 To decide formally or officially, decree; (esp., w. pred. acc.) to declare (a public enemy, etc.).

(w. acc. and inf.) cum Centuripinorum..ciuitas..publico consilio..~arit C. Verris statuas esse in urbe sua non oportere Cic.Ver.2.163; exportari aurum non oportere..senatus..grauissime ~auit Flac.67; Caes.Civ.3.12.2;—(w. de) a consulibus..quibus..senatus consulto permissum erat ut de Caesaris actis cognoscerent, statuerent, ~arent Cic.Att.16.16b.8;—Treboni (mortem) satis persecuti sumus hoste ~ato Dolabella Phil.13.39; Fam.11.7.2; Caes.Gal.5.56.3; domum..disiecerunt, ipsum exulem ~arunt Nep.Han.7.7; quo maturius hostis Perseus ~aretur Liv.42.18.1; Socrates..Apollinis oraculo sapientissimus ~atus V.Max.3.4.ext.1; cum apparuit eam (statuam) esse, quam omnes secundam a sua quisque ~assent Plin.Nat.34.53; Suet.Aug.17.2.

5 To make up one's mind about (a course of action), decide on; (w. inf.) to determine (to). **b** (of events, etc.) to settle, decide.

id habent ratum quod ab eo quem probant ~atum uident Cic.N.D.1.10; hanc (sc. beatam uitam) dabit..constantia bene ~ati tenax Sen.Ep.92.3; occultato interim altiore consilio, cetera ex euentu ~atus Tac.Hist.4.14;—(w. inf.) mihi enim ~atum est..deponere illam iam personam, in qua me saepe illi ipsi probaui Cic.Fam.7.33.2; Caes.Att.10.8b.1; breuibus uoluminibus ~aui scribere Vitr.5.pr.5. **b** casus consilium nostri itineris ~abit Cic.Att.15.25; discordias, quas ferrum et uis ~abit Cael.Fam.8.14.4; inter Vespasianum ac Vitellium proeliis legionum..~atur Tac.Hist.3.70;—(w. adv.) cum contra ac Deiotarus sensit uictoria belli ~arit Cic.Phil.11.34; (w. de) hic dies de nostris controuersiis ~abit Caes.Gal.5.44.3.

6 (w. indir. qu.) To make up one's mind, judge (whether, etc.).

qua ratione uerum falsumne sit ~etur Cic.Orat.115; non queo uetera illa populi Romani gaudia quanta fuerint ~are Mil.77; Att.6.1.7; (flumen Arar) influit, incredibili lenitate, ita ut oculis in utram partem fluat ~ari non possit Caes.Gal.1.12.1; ut ~are difficile sit, cui aetati fuerit aptissimus (Atticus) Nep.Att.16.1; Quint.Inst.10.1.45; (of the senses) qui..negent satis esse quid bonum sit..sensu ~ari Cic.Fin.1.31.

7 To judge of, estimate, appraise. **b** (w. *de*). **c** (absol., rhet.) to judge the validity of an argument.

tu hoc facilius multo pro tua singulari prudentia ~abis Cic.Fam.13.16.4; Clodi animum perspectum habeo, cognitum, ~atum ad Brut.1.1.1; oculorum fallacissimo sensu ~ant ea quae ratione..uidere debebant Div.2.91; in officiis capiendis, censendis ~andisque..quaeri solet, an..Gel.

1.13.1; (*of the senses*) quid ~ant sensus? dulce amarum, leue asperum Cic.*Fin.*2.36;—(*w. standard of judgement expr.*) nisi illos ex tuo ingenio ~as Ter.*Hau.*880; Turp.*com.*19; uoluptate aurium ~atur (oratio) Cic.*Orat.*198; *Off.*2.79; usus est familia, si utilitate ~andum est, optima Nep.*Att.* 13.3;—(*absol.*) (uulgus) mecum facit (*in reading my poems*) et Ioue ~at aequo Hor.*Ep.*2.1.68. **b** de re nihil possum ~are Cic.*Fam.*13.73.2; non recte ~as de Catone *Amic.*9; Pompeius . de Caesaris consilio coniectura ~ans Caes.*Civ.* 3.78.5; Larg.pr.p.4; 1.10; amantes de forma ~are non possunt Quint.*Inst.*6.2.6; (*of the senses*) apud quem de summo, bono malo, ~at tactus Sen.*Ep.*124.5; (*cf., of a criterion*) de terra odor optime ~abit Plin.*Nat.*17.39. **c** cum omnis ratio diligens disserendi duas habeat partis, unam inueniendi alteram ~andi Cic.*Top.*6; Quint.*Inst.*5.14.28.

8 (w. acc. and inf.) To form the opinion (that), consider (that); (w. pred. acc.) to judge or consider (to be). **b** (w. internal acc.) to form a specified opinion. **c** (w. advs.).

optumum atque aequissumum istuc esse iure ~o Pl.*Cas.* 375; ita ~o, nihil illo regno spoliatius, nihil rege egentius Cic.*Att.*6.1.4; oppidum, quod a se teneri non posse ~abant Caes.*Gal.*7.55.7; Vitr.9.1.11; Sen.*Ep.*78.4; Quint.*Inst.* 10.5.2; (*pass.*) hic consummasse hanc scientiam ~atur Plin.*Nat.*34.56;—uirum te ~o Ter.*Ad.*564; id. . quaerere. . quod genus ipsius orationis optimum ~arem Cic.*Orat.*52; hanc. . perfectam philosophiam semper ~aui *Tusc.*1.7; Liv. 23.42.13; ad uindicandum honorem non ~ari parem Vell. 2.121.2; spississima ex omni materie. . ~atur hebenus Plin. *Nat.*15.204; Quint.*Inst.*9.3.100. **b** quod ipsum haec eadem mulier ~arat Cic.*Clu.*184; Liv.9.9.8;—(*w.* de) quaerebant ab Hannibale, quidnam ipse de illo philosopho ~aret Cic.*de Orat.*2.75; Hor.*Ep.*2.2.191. **c** ita ~abam et fiebam crebro. . certior Cic.*Fam.*3.9.2; excellentissimi fuerunt, ut nos ~amus, Persarum Cyrus et Darius Nep.*Reg.*1.2.

9 To express an opinion about. **b** (pregn.) to express a favourable opinion of, approve.

haec in philosophia ratio. . nullam. . rem aperte ~andi Cic.*N.D.*1.11;—(*absol., w.* de) naturam ipsam de inmortalitate animorum tacitam ~are *Tusc.*1.31; (*w. internal acc.*) tu. . ausus es Varroni dare (*sc.* librum)! exspecto quid ~et *Att.*13.44.2;—(*cf.*) nec. . de his (*sc.* picturis) statim debet 'recte' ~ari, nisi argumentationis certas rationes habuerint Vitr.7.5.4. **b** haec. . et a dis significata et a nostris maioribus ~ata contemnimus? Cic.*Div.*1.101.

10 To deduce, infer, conclude.

quis hoc non ex eo statim ~auit, quod ostendi istum decumas noua lege. . uendidisse? Cic.*Ver.*3.142; multis. . indiciis possumus ~are, nos Caesari. . iucundissimos esse *Att.* 4.15.10; id ex ipsis rebus ac temporibus ~ari potest Nep. *Att.*11.4;—(*ellipt. or absol.*) T. Albucius. . plane Graecus. loquor ut opinor; sed licet ex orationibus ~are Cic.*Brut.*131; *Att.*7.1.7; ita. . ~are licet e paruo. . spectaculo de magnis. . caeli. . rationibus Vitr.1.6.2.

11 (absol.) To exercise judgement, show discernment.

quam raro fortuna ~at? cottidie querimur malos esse felices Sen.*Ben.*2.28.2; uos numquam (heredes esse uoluit), neque eo tempore, quo ~abat neque eo tempore, quo errabat Quint.*Decl.*308(p.214,l.12); Plin.*Ep.*6.26.2; 9.38.

Iuga ~ae, *f. adj.* An attribute of Juno (see quot.).

ara Iunonis ~ae, quam putabant matrimonia iungere Paul.*Fest.*p.104M.

iugālis ~is ~e, *a.* [iugum+-alis]

1 (of beasts of burden) Bearing or suited to the yoke; (masc. pl. as sb.) a team (of draught animals).

equorum iumentorumque ~ium uim ingentem Curt. 9.10.22;—currum geminosque ~is Verg.*A.*7.280; spumantem proni mandunt adamanta ~es Stat.*Theb.*3.268; 6.481; *Ach.*1.633; ~es ad concordiam copulat (miles) Apul.*Mun.*30; (*poet.*) (Ceres) per aera iussit. . iuuenem sacros agitare ~es (*sc. dragons*) Ov.*Met.*5.661.

2 *os ~e*, The malar bone, cheek-bone.

(os) ~e appellari potest, ab eadem similitudine, a qua id Graeci zygodes appellant Cels.8.1.7.

3 Of or belonging to marriage, matrimonial. **b** belonging to the celebration of marriage, nuptial.

ne cui me uinclo uellem sociare ~i Verg.*A.*4.16; ne iura ~ia coniunx non bene seruasset Ov.*Met.*7.715; amor ~is Sen.*Ag.*239; Iuno. . cura. . accensa ~i V.Fl.4.354; pacto ~i Apul.*Met.*4.26. **b** taedas. . ~is Catul.64.302; sub nocte ~i Verg.*A.*10.497; donis. . ~ibus Ov.*Met.*3.309; sacra ~ia 7.700; ~es. . faces Sen.*Her.O.*339; thalamos. . ~es V.Fl. 1.226.

iugārius[1] ~a ~um, *a.* [iugum+-arius]

1 Bearing the yoke.

hi (*sc.* equi solis) funales sunt mares. . feminae ~ae, Bronte . . Sterope Hyg.*Fab.*183.2.

2 *Vicus ~ius*, the name of a thoroughfare in Rome.

ARAE OPIS ET CERERIS IN VICO ~O CONSTITVTAE SVNT *Fast.Val.*(*CIL* 1.p.240); Liv.35.21.6; ~us uicus dictus Romae, quia ibi fuerat ara Iunonis Iugae Paul.*Fest.*p.104M.

iugārius[2] ~(i)ī, *m.* [prec.] A man who looks after oxen, cowman.

quae mensura (bubilium). . ~o ad circumeundum laxa ministeria praebeat Col.1.6.6.

iugātiō ~ōnis, *f.* [iugo[1]+-tio] The training (of vines) along cross-beams, trellising.

~onis species duae Var.*R.*1.8.2; cultura et natura ipsa (uitium me) delectat, adminiculorum ordines capitum ~o Cic.*Sen.*53.

iugātus ~a ~um, *a.* [pple. of iugo[1]]

1 (of vines) Supported on horizontal bars, trellised.

aliae (uineae). . humiles,. . aliae sublimes, quae appellantur ~ae Var.*R.*1.8.1; nam nisi harundines transuersas in modum ~ae uineae crebre disposueris . . Col.11.3.58; *Arb.* 4.1; Plin.*Nat.*17.186.

2 (neut. pl. as sb.) Words derived from the same root.

genere, specie, propriis, differentibus, ~is. . similis materia praebetur Quint.*Inst.*6.3.66.

iūgerātim, *adv.* [iugerum+-im] To the *iugerum*, per *iugerum*.

ut primae uineae centenas amphoras ~ praeberent Col. 3.3.3.

iūgerātiō ~ōnis, *f.* [**iugero* (next+-o[3])+-tio] (in land-distribution) The process of dividing ground into *iugera* (in quot. app. concr., of land so divided).

si in agro adsignato aliquis modus ~onis uacauerit Nips. *grom.*p.295La.

iūgerum ~ī or ~is, *n.* [cf. *iugum*, Gk. ζεῦγος, OHG *jūhhart*] Forms: gen. sg. usu. *~i*, *~is* Mela 3.40; abl. sg. always *~o*; gen. pl. always *~um*; dat. and abl. pl. usu. *~ibus*; *~is*, Cato *hist.*135, Var.*R.*1.10.1; *iugra* (= *iugera*) *CIL* 1.585.14. A measure of land, 240×120 Roman feet, or approx. two-thirds of an acre. **b** (pl., loosely) a broad expanse of ground; (esp.) an expanse of farmland, fields, 'acres'. **c** (as a linear measure, perh.) the length of a *iugerum*, 240 Roman feet.

in ~a oleti cxx uasa bina esse oportet Cato *Agr.*3.5; in ~o Leontini agri medimnum fere tritici seritur Cic.*Ver.* 3.112; ~a L prati Caesius inrigaturum facile te arbitrabatur *Q.fr.*3.1.3; Caes.*Civ.*1.17.4; Verg.*A.*6.596; L. Quinctius. . quattuor ~um colebat agrum Liv.3.26.8; Tityos. . nouem. . ~ibus distractus erat Ov.*Met.*4.458; colligere subtiliter pedes ~i Sen.*Ep.*88.11; Quint.*Inst.*1.10.42;—(*defined*) ~um (dicunt), quod quadratos duos actus habeat Var.*R.*1.10.2; Col.5.1.5. **b** Romulei. . per ~a circi cum. . exspectatur equus Stat.*Silv.*5.2.21; cede seueri ~ibus campi (*i.e. the Campus Martius*) Juv.2.132;—auita ~a Stat.*Theb.*6.917; tumulo quo molle quiescis ~a nostra tenens *Silv.*5.3.37; lumbos donare clientis ~ibus paucis Juv.9.60. **c** Araxes plus ~is spatio sublimis et aquis pendentibus Mela 3.40; ipsius paeninsulae inter Pontum et Maestium lacum excurrentis. . latitudo nusquam infra duo ~a Plin.*Nat.*6.18.

iuges[1] (~etis), *a.* [iungo; for term. cf. *hebes*, *teres*] (of omens) Relating to yoked animals (see Paulus quot.).

nos augures praecipimus ne ~es auspicium obueniat ut iumenta iubeant diiungere Cic.*Div.*2.77; ~es auspicium est, cum iunctum iumentum stercus fecit Paul.*Fest.*p.104M.

iugēs[2], *m. pl.* [iungo] (See quot.)

~es eiusdem iugi pares. unde et coniuges et seiuges Paul. *Fest.*p.104M.

iūgiō: see iugo[2].

iūgis ~is ~e, *a.* [*iug-* (iungo)+-is] Continuing without intermission, constant, continual. (esp.) **b** (of liquids) ever-flowing, running. **c** (of items in a series) continuous, unbroken.

nam is mihi thensaurus ~is in nostra domost Pl.*Ps.*84; amor. . ~is Fro.*Aur.*1 p.86(7N); ~i concordia fidissime. . uixerunt Gel.12.8.6; istum asinum ~i furore iactari credimus? Apul.*Met.*9.3. **b** uidemus. . etiam ex puteis ~ibus aquam calidam trahi Cic.*N.D.*2.25; *Div.*1.112; Capsenses una. . ~i aqua, cetera pluuia utebantur Sal.*Jug.* 89.6; ~is aquae fons Hor.*S.*2.6.2;—(*cf.*) imagines (*Epicurus'* εἴδωλα). . ~i fluore a corporibus manantes Apul. *Apol.*15. **c** locis. . quinque frequenter ~em uidemus inueniri dactylum Maur.1629; ~i trimetro Flaccus usus est semel 2265; 2488.

iūgiter, *adv.* [prec.+-ter[2]] Continually, unendingly; (w. ref. to items in a series) in unbroken succession, continuously.

illis altissimae ut in septemtrionibus ~ sunt niues Sen. *Nat.*4a.2.20; machinam omnem ~ per circuitum suis legibus terminatam Apul.*Mun.*30;—namque et ~ usa (hendecasyllabo) saepe Sappho dispersosque dedit subinde plures inter carmina disparis figurae Maur.2548.

iūglans ~ndis, *f.* [< *Iouis* (iuppiter)+ glans, cf. Gk. Διὸς βάλανος 'chestnut'] Forms: *iugulans* Var.*R.*1.16.6, 1.59.3, Fest.p.166M; also *iugulanda* Verr.in Fest.p.166M. A walnut (i.e. the fruit); often *nux ~ns*. **b** a walnut-tree.

(Dionysius) instituit. . ut candentibus ~ndium putaminibus barbam sibi. . adurerent Cic.*Tusc.*5.58; Cels.2.25.2;—seruare. . nuces ~ndis in harena Var.*R.*1.59.3; resinae terebenthinae ad nucis ~ndis magnitudinem Cels.5.24.2; Col. 12.5.1; ~ndes nuces porrectae seruntur commissuris iacentibus Plin.*Nat.*17.64; Larg.143. **b** ~ndes. . finitimae fundi oram faciunt sterilem Var.*R.*1.16.6; Plin.*Nat.*16.74; ~ndum (umbra) grauis et noxia 17.89.

iugmentum: see iugumentum.

iugō[1] ~āre ~āuī ~ātum, *tr.* [iugum+-o[3]]

1 To fasten, bind, join (to). **b** (spec.) to attach (a vine) to horizontal bars, trellis.

qua Sol. . igneas habenas immittit propius ~atque terrae ?Laev.*poet.*32; pali. . quattuor pedibus inter se distantes figuntur, et perticis ~antur Col.12.15.1; 12.39.1;—(*fig.*) omnes (uirtutes). . inter se nexae et ~atae sunt Cic.*Tusc.* 3.17; sicut ignis aeri cognatione coniungitur, umor adfinitati terrenae ~atur Apul.*Pl.*1.8;—(*transf.*) seu loco prior locetur (littera M), seu ~etur alteri Maur.875. **b** sequitur. . adminiculandae ~andaeque uineae cura Col.4.26.1; *Arb.* 5.6; quando flagella ~as Annian.*poet.*3.1.

2 To join in marriage, marry, couple.

tum Thetidi pater ipse ~andum Pelea sensit Catul. 64.21; cui pater intactam dederat primisque ~arat ominibus Verg.*A.*1.345; Hor.*Saec.*18; uirgines nondum thalamis ~atae Sen.*Her.F.*852; (*of animals, etc.*) qua pace feras uolucresque ~ari mos datus Stat.*Theb.*5.116; (*cf.*) cara ~auit corpora corporibus Calv.*poet.*6.

iūgō[2] (? or **iūgiō**) ~ere, *intr.* [onomat.] (of the kite) To utter its natural cry.

~ere milui dicuntur, cum uocem emittunt Paul.*Fest.* p.104M.

iugōsus ~a ~um, *a.* [iugum+-osus] Hilly, mountainous.

siluis. . ~is Ov.*Am.*1.1.9; *Ep.*4.85.

Iugulae ~ārum, *f. pl.* Also **~a** ~ae. [cf. iugulum] A name given to part of the constellation Orion (prob. the shoulders), and app. also to the whole constellation.

nec ~ae neque Vesperugo neque Vergiliae occidunt Pl. *Am.*275; nunc Cancro uicina canam, cui parte sinistra consurgunt ~ae Man.5.175; Col.11.2.76;—(*sg.*) ~a signum, quod Accius appellat Oriona. . huius signi caput dicitur ex tribus stellis, quas infra duae clarae, quas appellant umeros; inter quas quod uidetur iugulum, ~a dicta Var.*L.*7.50; ~a stella Orion, quod amplior sit ceteris Paul.*Fest.*p.104M.

iūgulanda, iūgulans: see iuglans.

iugulātiō ~ōnis, *f.* [next+-tio] Massacre, slaughter.

~one oppidanorum facta *B.Hisp.*16.4; 18.9; 22.6.

iugulō ~āre ~āuī ~ātum, *tr.* [next+-o[3]]

1 To kill by cutting the throat (esp. defeated gladiators and sacrificial victims). **b** (in general) to shed the blood of, kill by violent means, slaughter. **c** (of diseases) to prove fatal to.

(ne) grunditum (quidem), cum ~atur, suis (audiunt) Cic. *Tusc.*5.116; in flammam ~ant pecudes Verg.*A.*11.199; ~ati gladiatoris calido sanguine epoto Cels.3.23.7; Larg. 17; fetum ~are capellae Juv.15.12; Suet.*Cl.*34.1; qui per uim aut caedem sunt interfecti, ut puta ~atum Ulp.*dig.* 29.5.1.17;—(*in fig. context*) pulchre mehercle dictum et sapienter. papae ~aras hominem Ter.*Eu.*417; ego lanista? et quidem non insipiens: deteriores enim ~ari cupio, meliores uincere Cic.*Phil.*13.40. **b** ~are ciuem ne iure quidem quisquam bonus uolt Cic.*Quinct.*51; patrem meum, cum proscriptus non esset, ~astis *S.Rosc.*32; *Phil.*3.30; propugnatores Octauiani. . in nauibus ~antur *B.Alex.*46.5; alios. . qui malo rei publicae creuerant, ~ari iussit (Sulla) Sal.*Cat.*51.32; Icare, Cecropiis merito ~ate colonis Prop. 2.33.29; solamen habeto mortis, ab Haemonio quod sis ~atus Achille Ov.*Met.*12.81; Clodius a Milone. . ex occursu rixa ~atus est Vell.2.47.4; 2.112.6; gladius. . quo noxii ~antur V.Max.2.6.7; Luc.7.630; Iulianus ad L. Vitellium perductus. . in ore eius ~atur Tac.*Hist.*3.77; Suet.*Cal.*35.2; (*hyperb.*) in ipso impetu eius (febris) sanguinem mittere hominem ~are est Cels.2.10.11; (*humorously*) ut egomet me hodie ~arem—fame Pl.*St.*581; (*in fig. phr.*) suo sibi gladio hunc ~o Ter.*Ad.*957; (*poet.*) scelus est ~are Falernum et dare Campano toxica saeua (*i.e. inferior wine*) mero Mart.1.18.5; (*cf.*) turgidus Alpinus ~at dum Memnona (*sc. in a poem*) Hor.*S.*1.10.36. **c** quartana neminem ~at Cels.3.15.6; nisi succurritur, celeriter ~at (lethargus) 3.20. 1; 4.25.1.

2 (fig.) To ruin, destroy (a person, cause); to put an end to, kill (a feeling).

sua confessione. . ~etur necesse est Cic.*Ver.*5.166; cum Oppianicum iam. . duobus ~atum praeiudiciis uideret *Clu.* 68; quo facilius reuiuiscat Pompeianorum causa totiens ~ata *Phil.*13.38; ~assem reum, quem ita deliquisse concederem, ut seruari nisi uenia non posset Plin.*Ep.*4.9.8;—licet. . durum ~es mero dolorem Mart.1.106.9; ut ~em curas 8.50(51).26.

iugulum ~ī, *n.* Also **~us** ~ī, *m.* [next+ -vlvm] Gender and Forms: as a masc. sb. in Luc.2.317, 4.562, etc. (frequent), Plin.*Nat.* 11.243, Plin.*Ep.*1.20.14, Juv.4.110, and elsewhere.

1 The clavicle, collar-bone.

pectus atque umeri circaque ~um utrumque extenuatur Cels.4.15.2; 5.26.10; pinge Philippum crure debili, . . ~o fracto Sen.*Con.*10.5.6; uni (homini) ~i, umeri, ceteris armi Plin.*Nat.*11.243.

2 The front of the neck above the collar-bone, the throat. (esp.) **b** (as the part exposed to weapons); *~um dare* (and sim.), to present one's throat (to be cut).

ab ~o pectus. . pampino. . obtegunt Acc.*trag.*257; Zopyrus physiognomon. . stupidum esse Socraten dixit. ., quod ~a concaua non haberet Cic.*Fat.*10; animam. . ad ~um et supera succedere fauces Lucr.3.609; operiri. . umerum cum toto ~o non oportet Quint.*Inst.*11.3.141. **b** sacrum ~is demitte cruorem Verg.*G.*4.542; ~o. . haud inscius accipit ensem *A.*10.907; in matris ~o ferrum tepefecit Hor.*S.* 2.3.136; nudantes ceruicem ~umque Liv.22.51.7; per ~um . . acta sagitta est Ov.*Met.*6.258; dicebas intrepidum fore, etiam si. . mucro tangeret ~um Sen.*Ep.*109.18; ~i uitalia Stat.*Theb.*8.525; perfosso ~o Tac.*Ann.*3.15; ferrum. .

frustra ~o..per trepidationem admouens 11.38; (*in fig. phrs.*) demisisti gladium in ~um: iam cadam Pl.*Mer*.613; tela..intenta ~is ciuitatis Cic.*Pis*.5; illa in agendis causis iam detrita 'pedem conferre' et '~um petere' Quint.*Inst*. 8.6.51; tu omnia, quae sunt in causa, putas exsequenda; ego ~um statim uideo, hunc premo Plin.*Ep*.1.20.14;—certe optabilius Miloni fuit dare ~um P. Clodio Cic.*Mil*.31; Ov.*Pont*.2.9.31; (*in fig. phr.*) fodiat sane (dolor): si nudus es, da ~um Cic.*Tusc*.2.33;—plures obtulisse ultro percussoribus ~um Tac.*Hist*.1.41; Suet.*Gal*.20.1;—eo magis..confodieris, quia nescis praebere ~um Sen.*Dial*.9.11.5;—(*cf.*) hunc, germane, tibi ~um..debeo Stat.*Theb*.3.380. **c** (*of a country*) cum..hostis in ~o per Campaniam Apuliamque uolitaret Flor.*Epit*.1.22(2.6.32).

3 The cutting of a person's throat, slaughter, sacrifice.
hic dabit hic pacem ~us finemque malorum Luc.2.317; luitis ~o sic arma 4.806; Mart.7.37.4; nec Electrae ~o se polluit Juv.8.218.

iugum ~ī, *n.* [Skt. *yugám*, Gk. ζυγόν, Eng. *yoke*; cf. IVNGO]

1 A yoke by which a plough, chariot, or sim. is drawn. **b** a frame on which baskets were carried.
~um plostrarium 1 Cato *Agr*.11.2; angues..alites iuncti ~o Pac.*trag*.397; bestiis nos ~a inponimus Cic.*N.D*.2.151; Caes.*Gal*.4.33.3; sub ~a..cogit lorata iuuencos *Mor*.123; esseda caelatis siste Britanna ~is Prop.2.1.76; Vitr.10.3.8; consternantur equi et..colla ~o eripiunt Ov.*Met*.2.315; Curt.3.11.11; illud, quod in quibusdam prouinciis usurpatur, ut cornibus inligetur ~um Col.2.2.22; Plin.*Nat*.17.41; Suet.*Ves*.5.4; (*pl. in sg. sense*) hunc lora et ~a subter prouoluere rotae Verg.*A*.12.532. **b** ut ~um continet sirpiculos Var.*R*.2.2.10.

2 (in fig. context): **a** A yoke of bondage, subjection or sim.; esp. in phrs. *~um ferre, accipere*, etc., to submit to authority. **b** (of friendship, partnership, marriage).
a patriae liberatores urbe carebant ea cuius a ceruicibus ~um seruile deiecerant Cic.*Phil*.1.6; sic tibi sint dominae ..dempta ~a Prop.3.6.2; datum..sub ~um tribuniciae potestati consulatum memorantes Liv.4.26.10; inponet.. ~um terris legesque rogabit Man.4.550; rex obibat urbes adhuc ~um imperii recusantes Curt.4.5.13; illae feroces sentiunt Veneris ~um Sen.*Phaed*.576; iam pectora uulgi adsueuere ~o Stat.*Theb*.2.443;—Cantabrum indoctum ~a ferre nostra Hor.*Carm*.2.6.2; nisi..caueant ne possessione urbis pellantur, ne ~um accipiant Liv.3.10.13; Sardinia.. recepit imperi ~um Vell.2.38.2; Sen.*Ep*.51.8; pulsi Hiberi, urbesque..Artaxata et Tigranocerta ~um accepere Tac. *Ann*.12.50; ministerii ~um subi uoluntarium Apul.*Met*. 11.15; (*cf.*) iamne ea (*i.e. a virgin*) fert ~um? Pl.*Cur*.50. **b** in pari ~o caritatis V.Max.2.1.6; saeculum nostrum..cui contigit fraternum ~um Claudiae..gentis intueri 5.5.3; thalami..~a ferre secundi Stat.*Silv*.1.2.138; nobis..nulla contentio, cum uterque pari ~o non pro se, sed pro causa niteretur Plin.*Ep*.3.9.8; si testator de primo nuptiali ~o sensit Ulp.*dig*.35.1.10.

3 A pair of draught animals, yoke, team; (in general) a couple, pair (of persons, animals, etc.). **b** a chariot (with or without the team drawing it).
bubus cibaria annua in ~a singula lupini modios centum uiginti Cato *Agr*.60; Lucil.435; qui singulis ~is arant Cic. *Ver*.3.27; Prop.3.5.5; uix ~a mouissent quinque bis illud opus Ov.*Fast*.1.564; Plin.*Nat*.9.44; errabant geminae Dircaea ad flumina tigres, mite ~um Stat.*Theb*.7.565; ~a pauca boum..eripiuntur Juv.8.108;—bellum..contra hoc ~um impiorum nefarium Cic.*Phil*.11.6; sospes..Phaedra stirpis et geminae ~um? Sen.*Phaed*.434; notatum, non fere legionis umquam hiberna esse castra ubi aquilarum non sit ~um Plin.*Nat*.10.16; ~um sororium consponsae factionis Apul.*Met*.5.14. **b** clarum..septem uerterant stellae ~um Sen.*Tro*.439; quo flammea numquam Sol ~a..mittit V.Fl.3.401; horrida Parrhasio quem tegit ursa ~o (*i.e. Charles's Wain*) Mart.6.25.2; hinc ~a cornipedes erecti bellica raptant Sil.1.223.

4 A day's ploughing; also, a measure of land equivalent to one day's ploughing.
sesami sextarii sex tribus ~is a proscissione tolluntur, occantur operis quattuor Col.2.12.5;—in Hispania ulteriore metiuntur ~is..~um uocant, quod iuncti boues uno die exarare possint Var.*R*.1.10.1.

5 An arrangement of two vertical and one transverse spear under which a conquered army was made to pass, 'yoke'; usu. in phrs. *sub ~um mittere, sub ~um ire*, and sim.
tribus hastis ~um fit, humi fixis duabus superque eas transuersa una deligata Liv.3.28.11; Paul.*Fest*.p.104M;— exercitum..eius ab Heluetiis pulsum et sub ~um missum Caes.*Gal*.1.7.4; Sal.*Jug*.49.2; inermes cum singulis uestimentis sub ~um missurum Liv.9.4.3; 23.42.7; Curt.8.7.11; Samnitium ~um subiimus Tac.*Ann*.11.24; legionibus in Armenia sub ~um missis Suet.*Nero* 39.1; (*transf.*) nihil afore credunt quin omnem Hesperiam penitus sua sub ~a mittant Verg.*A*.8.148; sub ~a iam Seres, iam barbarus isset Araxes Luc.1.19; (*in fig. phr.*) calamitates terroresque mortalium sub ~um mittere proprium magni uiri est Sen. *Dial*.1.4.1.

6 (of various things resembling or analogous to a yoke): **a** A transverse beam, cross-piece; (spec.) a horizontal bar for training vines. **b** a bench for rowers, thwart. **c** (app.) a sail-yard.
a basim subiectis rotis fecit supraque compegit arrectariis et ~is uaras Vitr.10.13.2; (*in a loom*) tela ~o uincta est Ov.*Met*.6.55;—quibus stat rectis uinea, dicuntur pedamenta; quae transuersa iunguntur, ~a Var.*R*.1.8.1; Man. 5.239; ut sequentis anni ~um exsuperent (uites) Col.4.6.3; 11.2.38; per se uite subrecta uel cum amminiculo sine ~o Plin.*Nat*.17.164; picta..pampineis..arua ~is Mart.10. 93.2. **b** animas, quae per ~a longa sedebant Verg.*A*. 6.411; V.Fl.4.647. **c** dum ~a curuantur mali dumque ardua pinus erigitur Luc.2.695.

7 (astron.): **a** The constellation Libra (the 'arms' of Scorpio). **b** an equinox.
a in ~o cum esset luna Cic.*Div*.2.98; (*pl., w. defining gen.*) ~a Chelarum medio uolitantia gyro Man.1.611. **b** ueris ~a temperat ille (*sc.* Aries), haec (*sc.* Libra) autumnalis conponit lucibus umbras Man.4.340.

8 A long narrow stretch of rising ground, ridge, cliff, scaur, or sim. **b** (considered as part of a larger unit) the upper slopes or ridge (of a hill or mountain specified or implied).
quemcumque institeram grummum aut praecisum ~um Acc.*trag*.506; omnibus eius ~i collibus occupatis Caes.*Gal*. 7.36.2; uti ipse..mutato itinere ~is Octogesam perueniret *Civ*.1.70.4; ex Ponto a Comanis ~um editum siluestre est *B.Alex*.35.3; non iuuat e facili lecta corona ~o Prop.4.10.4; continenti urbem ~um..coniungit Liv.26.42.9; Auentino Luna colenda ~o Ov.*Fast*.3.884; Quirinali..~o 6.218; ~um ..opportune itineri imminens Curt.3.4.4; Cyaneae ~a praecipites inlisa remittunt V.Fl.4.658; plectro..mouebis.. septem ~a (*i.e. of Rome*) Stat.*Silv*.2.7.45; pars equitum aequioribus ~is circumuecta Tac.*Hist*.4.71; (*poet.*) flagret et exciso festa culina ~o (*i.e. wood from a whole hillside*) Mart.7.27.6. **b** summum ~um montis ascendere Caes. *Gal*.1.21.2; 2.24.2; per ~a Cynthi exercet Diana choros Verg.*A*.1.498; ~a coepta moueri siluarum 6.256; per Alpium ~a Hor.*Epod*.1.11; prima ~a Ciminii montis tenebat Liv.9.36.11; in ipsis ~is ad diuortia aquarum (*i.e. at the watershed*) castra posuisse 38.45.3; Danuuius non iam radices nec media montium stringit sed ~a ipsa sollicitat Sen.*Nat*.3.27.9; Tac.*Hist*.3.52; (*cf.*) ut ex Appennino fluminum, sic ex communi sapientiae ~o sunt doctrinarum facta diuortia Cic.*de Orat*.3.69.

iugumentō ~āre ~āuī ~ātum, *tr.* [next+-o[3]] To join together, fasten with a joint.
luteas glaebas arefacientes struebant parietes, materia eos ~antes Vitr.2.1.3; alternis trabibus ex quattuor partibus angulos ~antes 2.1.4.

iugumentum ~ī, *n.* **iugmentum.** [*iug*-(IVNGO)+-MENTVM] (app.) A lintel.
limina, postes, ~a Cato *Agr*.14.1; 14.4. **β** Var.in *G.L.* 1.135; ~VM ET PARIES..PRIVATVS AEDIVM *CIL* 6.24710.

Iugurtha ~ae, *m.* A Numidian king whose war with Rome ended with surrender to Marius and execution (104 B.C.).
Sal.*Jug*.5.7; Vell.2.12.1; Flor.*Epit*.1.36(3.1.2).

Iugurthīnus (-urtīn-) ~a ~um, *a.* Of or relating to Jugurtha; (masc. as sb.) an adherent of Jugurtha.
coniurationis ~ae Cic.*N.D*.3.74; milites ~i Sal.*Jug*.56.6; ille ~o clarus..triumpho Ov.*Pont*.4.3.45; ~o bello V.Max. 2.7.2; Quint.*Inst*.3.8.9; historia ~a Gel.16.10.16;—Quintus Opimicus ille, ~i pater huius Lucil.418.

iugus ~a ~um, *a.* [*iug*-(IVNGO)+-VS] (perh.) Combined together (to form a set).
uasa olearia instructa ~a v Cato *Agr*.10.2; si sex ~is uasis opus erit 145.1; Var.*R*.1.22.3.

Ĭūlēus ~a ~um, *a.*

1 Of, descended from, or associated with Iulus.
~os..auos Ov.*Fast*.4.124; ~o iuuenis cognomine dignus *Pont*.2.5.49;—(*w. ref. to Alba, founded by Iulus*) ~o..monte Mart.13.109.2; (*cf.*) ~ae..oliuae (*i.e. won at Domitian's festival of Minerva on the Alban Mount*) 9.35.9.

2 Belonging to the Julian *gens*, Julian. **b** of July.
Actia ~ae pelagus monumenta carinae Prop.4.6.17; ~as ..habenas (*i.e. imperial power*) Mart.9.101.15. **b** ~is.. Kalendis Ov.*Fast*.6.797.

Iūliānus ~a ~um, *a.* Of or belonging to a Julius (in quots., Julius Caesar); (masc. as sb.) a partisan of Julius Caesar (in the Civil War).
uectigalia ~a Ant.in Cic.*Phil*.13.31; equites ~i *B.Afr*. 15.2; ~arum partium..uictoria Vell.2.84.1; Tac.*Ann*.1.2; —(*as sb.*) cum..proficiscentis ~os insequerentur *B.Afr*.69.5; Suet.*Jul*.75.2.

Iūliensis ~is ~e, *a.* Belonging to a town, or colony named after Julius Caesar or Augustus.
Teari qui ~es (cognominantur) Plin.*Nat*.3.23; Arretini Veteres..Arretini ~es 3.52.

ĭūlis ~idis, *f.* [Gk. ἰουλίς] A sea-fish, the wrasse.
optimum (ius) e scorpionibus et ~ide et saxatilibus Plin. *Nat*.32.94; 32.149.

Iūlius ~ia ~ium, *a.*

1 The name of a Roman *gens*.
~iae gentis..decus V.Max.5.5.3; Tac.*Ann*.2.41; Flor. *Epit*.2.15(4.4.2); (*cf.*) fratre maiore in ~iam familiam adoptato Suet.*Cl*.2.1.

2 The name of various members of the Julian *gens*; esp. C. Julius Caesar, founder of the imperial dynasty, *c.* 102–44 B.C. **b** (pl.) members of the Julian *gens*.
Cn. ~ius Mento Liv.4.26.2; Montanus ~ius ..egregius poeta Sen.*Con*.7.1.27; colice..~ii Bassi Larg.121;—C ~IVS ..CAESAR VI DICT(ATOR) IV OVANS *Act.Triumph*.36(*CIL* 1. p.50); Ov.*Pont*.2.2.84; Sen.*Con*.7.3.9; gladiatorio munere diui ~i Plin.*Nat*.15.78; Suet.*Cl*.17.1. **b** nobilissima ~iorum genitus familia Vell.2.41.1; (Poppaea) tumulo.. ~iorum infertur Tac.*Ann*.16.6.

3 (fem.) A woman of the Julian *gens*, esp.: **a** the daughter of Julius Caesar, Pompey's first wife. **b** the daughter of Augustus, exiled by him for adultery.
a Vell.2.47.2; Luc.1.113. **b** Vell.2.100.3; Tac.*Ann*. 1.53; Suet.*Aug*.63.1.

4 Of or belonging to the Julian *gens* or one of its members. **b** (of towns, buildings, etc.) built or founded by or named after one of the Julian *gens*, usu. Julius Caesar or Augustus. **c** *lex ~ia*, any of numerous laws introduced by members of the Julian *gens*, esp. Julius Caesar and Augustus.
micat inter omnis ~ium sidus Hor.*Carm*.1.12.47; edicta ..~ia 4.15.22; ~ia rostra (*i.e. of Augustus' ship*) Prop. 4.6.54; (*cf.*) Olisipo, Felicitas ~ia cognominata Plin.*Nat*. 4.117. **b** FORVM ~IVM..PERFECI Aug.*Anc*.4.12; Scarabantia ~ia Plin.*Nat*.3.146; (aqua) ~ia Fron.*Aq*.4; basilicam ~iam Plin.*Ep*.5.9(21).1; portum ~ium apud Baias.. effecit Suet.*Aug*.16.1; in curia..~ia Gel.14.7.7. **c** (lex) ~ia, qua lege ciuitas est sociis et Latinis data Cic.*Balb*.21; candidatorum ambitus ~ias leges (peperit) Tac.*Ann*.15.20; sane, inquit (Lucusta), legem ~iam timeo Suet.*Nero* 33.2; e lege ~ia iudiciaria Gaius *Inst*.4.104; ~ia lex de ui Papin. *dig*.22.5.13; (*ellipt.*) cum..castum uibraret ~ia fulmen (*i.e. Augustus' law on adultery*) Stat.*Silv*.5.2.102.

5 *mensis ~ius* (also *~ius* alone), The month of July, named in honour of Julius Caesar (previously called *mensis Quin(c)tilis*). **b** belonging to the month of July.
~io..mense..pauca iacent adhuc sub niue Sen.*Nat*. 5.11.2; Paul.*Fest*.p.103M;—tostam..feruens ~ius coquit messem Mart.10.62.7; Juv.2.70. **b** nonis Quintilibus ueni in Puteolanum..cenanti Eros tuas litteras. itane? 'nonis ~iis?' Cic.*Att*.16.1.1; idibus ~iis V.Max.2.2.9; Petr. 38.10; Mart.12.32.1; Afric.*dig*.20.4.9;—(*abbrev.*) PRIDIE K IVL *Act.Triumph*.37(*CIL* 1.p.50); Plin.*Nat*.18.256.

ĭūlus[1] **(~os)** ~ī, *m.* [Gk. ἴουλος]

1 A catkin.
ferunt et abellanae ~os compactili callo Plin.*Nat*.16.120.

2 A creature like the centipede, perh. the wood-louse.
milipeda..oniscon Graeci uocant, alii ~on Plin.*Nat*.29. 136.

3 A sea-creature, prob. = IVLIS.
Plin.*Nat*.32.152.

Ĭūlus[2] ~ī, *m.* A son of Aeneas, usu. equated with Ascanius; regarded as the founder of the Julian *gens*. **b** (pl., app.) the people of Ilium or their descendants.
puer Ascanius, cui nunc cognomen ~o additur Verg.*A*. 1.267; 7.116; Ov.*Fast*.4.39; Flor.*Epit*.1.1(1.1.4);—(*by some distinguished from Ascanius*) Liv.1.3.2. **b** iuuenem.. maternis causam qui uicit ~is Calp.*Ecl*.1.45; V.Fl.1.9.

-ium -(i)ī, *n. suff.* Neut. to -IVS (*capitium, confluuium*).

iūmentārius ~ia ~ium, *a.* [next+-ARIVS] Of or relating to beasts of burden; (masc. as sb.) a dealer in such animals.
molas manuarias..~ias Javol.*dig*.33.7.26.1; meo ~io contubernio Apul.*Met*.9.13; MEDICVS ~IVS *CIL* 10.6493;— COLLEGIVS ~IORVM *CIL* 11.4749; 6136.

iūmentum ~ī, *n.* [prob. < **iug*- (IVNGO)+ *-s-*+-MENTVM (for formation, cf. *examen* beside *agmen*); see also IOVXMENTA] (esp. pl.) An animal used for pulling or carrying, beast of burden (usu. of mules, horses, etc., as opposed to cattle). **b** (according to Gellius) a vehicle drawn by a team of horses or sim.
arma referunt et ~a ducunt Pl.*Epid*.209; scabiem pecori et ~is caueto Cato *Agr*.5.7; si uia sit immunita, (lex) iubet qua uelit agere ~um Cic.*Caec*.54; ~a..diiungere *Div*.2.77; sarcinaria ~a Caes.*Civ*.1.81.7; PLOSTRA..BVBVS ~EISVE IVNCTA *CIL* 1.593.67; propter ualetudinem uectus ~is iunctis Nep.*Timol*.4.2; ut omnes..equos ~aque alia producerent Liv.27.43.10; ~a, quae Dareum uehebant, nullo regente decesserant..uia Curt.5.13.23; Col.6.19.1; absumptis ~is equisque et ceteris animalibus Tac.*Hist*.4.60; Juv.14.77; boues magis 'armentorum' quam '~orum' generis appellantur Pompon.*dig*.50.16.89; (*sg. in pl. sense*) ualli praegrandes..per segetem inpelluntur, ~o in contrarium iuncto Plin.*Nat*.18.296. **b** ~um..non id solum significat, quod nunc dicitur; sed uectabulum etiam, quod a iunctis pecoribus trahebatur, ueteres nostri '~um' a iungendo dixerunt Gel.20.1.28.

iuncētum ~ī, *n.* [IVNCVS+-ETVM] A place where rushes grow, bed of rushes.
primum genus (*sc. of trellis-work*)..maxime quaerit salicta..tertium ~a Var.*R*.1.8.3.

iunceus ~a ~um, *a.* [IVNCVS+-EVS]

1 Made of rushes.
mihi iam intus potione ~a (*i.e. a noose*) onerabo gulam Pl.*St*.639; ~a fiscina *Copa* 17; uillulam..tectam uimine ~o *Priap*.86.2; sportam ~am Col.12.6.1; ~a crate Plin.*Nat*. 21.84.

2 Resembling rushes.
(Cantabrica, *sc.* herba) nascitur..caule ~o Plin.*Nat*. 25.85; (equisaetum) dependere comis ~is multis, nigris 26.133;—(*of persons*) etsi (uirgo) bonast natura, (matres) reddunt curatura ~as Ter.*Eu*.316.

iuncinus ~a ~um, *a.* [IVNCVS; term. on anal. of *faginus*, etc.] Obtained from rushes.
sic et rhodinum (oleum) e rosis, ~um e iunco PLIN.*Nat.* 15.30.

iuncōsus ~a ~um, *a.* [IVNCVS+-OSVS.] Abounding in rushes, rushy.
~a..litora Boebes OV.*Met.*7.231; ~us ager PLIN.*Nat.* 18.46.

iunctē, *adv.* [IVNCTVS[1]+-E] In the manner of a compound, as one word.
'pignoriscapio' ~ et producte dicebatur GEL.6(7).10.1.

iunctim, *adv.* [pple. of IVNGO+-IM]
1 Together, side by side.
hos aliquis senior ~ freta lata uolantes spectat OV.*Met.* 11.749; fors fuit ut aput eandem mensam duo illi ~ locarentur GEL.12.8.2; APUL.*Met.*2.32.
2 In succession, consecutively.
magistratus..paene ~ percucurrit SUET.*Tib.*9.3; *Cl.*14.1.

iunctiō ~ōnis, *f.* [IVNGO+-TIO] A combination, union.
uerborum ~o CIC.*de Orat.*3.191; diremptus earum partium quae ante interitum ~one aliqua tenebantur *Tusc.*1.71.

iunctor ~ōris, *m.* [IVNGO+-TOR] (perh.) A harnesser.
~ORES IVMENTARII *CIL* 6.31338a.

iunctūra ~ae, *f.* [IVNGO+-VRA]
1 The point at which one part (of a structure, etc.) is attached to another, a joint. **b** (in the body). **c** (transf., in speech or writing).
quantum eorum tignorum ~a distabat CAES.*Gal.*4.17.6; qua summa labantis ~as tabulata dabant VERG.*A.*2.464; murus ducatur ~is quam longissimis VITR.5.12.6; nauis.. ~is aquam excludentibus spissa SEN.*Ep.*76.13; omnes.. parietum et soli ~ae COL.1.6.13; PLIN.*Nat.*36.98; enatam inter ~as lapidum..palmam SUET.*Aug.*92.1; APUL.*Met.* 4.15; (*in fig. phr.*) carmina molli..numero fluere, ut per leue seueros effundat ~a unguis PERS.1.65. **b** genuum ~a riget OV.*Met.*2.823; graui ~as uerticis ictu rupit 12. 288; hanc ~am πυλωρόν Graeci uocant CELS.4.1.7; 8.1.25. **c** siue ~a deformiter sonat QUINT.*Inst.*8.3.45; optime inter ~as sermonis reuocabitur (spiritus) 11.3.53.
2 (abst.) The action of putting together or combining, or the fact of being combined; the yoking (of oxen). **b** the collocation or juxtaposition (of words or syllables). **c** the association (of persons).
nauem, domum, omnia..quorum diuersae partes ~a in unum coactae sunt SEN.*Ep.*102.6; si numero argenti habita non est (supellex argentea), ut in ~a argentea scio me dixisse ULP.*dig.*34.2.19.8; (*of immaterial things*) quae inuenietur tam discors inter se ~a corporum? fortissimae rei inertissima adstruitur SEN.*Ep.*92.10;—boues arte iunctos habere conuenit..hoc enim genus ~ae maxime probatum est COL.2.2.22. **b** notum si callida uerbum reddiderit ~a nouum HOR.*Ars* 48; 242; quidant praefractam et asperam probant (compositionem)..; nolunt sine salebra esse ~am SEN.*Ep.*114.15; numeris decor est et ~a addita crudis PERS. 1.92; μετρική, per quam syllabarum..~a..examinatur GEL.16.18.5. **c** illa coit firma generis ~a catena, imposuit nodos cui Venus ipsa suos OV.*Ep.*4.135.
3 Something that unites, a connecting link.
digitos..ligat ~a rubentes OV.*Met.*2.375.

iunctus[1] ~a ~um, *a. compar.* ~ior, *superl.* ~issimus. [pple. of IVNGO] In senses of vb., esp.:
1 Connected in space, adjoining, contiguous.
per ~a caelo iuga LIV.5.34.7; ~ior Haemonia est Ponto, quam Roma OV.*Pont.*1.4.31; nux ego ~a uiae cum sim *Nux* 1; sanies..quae ipsum ulcus et ~am ei cutem erodit CELS.5.26.20.D; ~um erat flumini nemus CURT.9.1.13; mihi tum senior, lateri qui forte sinistro ~us erat,..dixit CALP. *Ecl.*7.40; ~um mare Lycium est PLIN.*Nat.*5.97.
2 (of persons) Connected by friendship, kinship, or sim.
Lycabas, ~issimus illi..comes OV.*Met.*5.60; cum tibi sit ~issima, ~ior esse expetit (Byblis) 9.549; *Tr.*3.6.19; defunctos..patres et ~i sanguinis umbras LUC.7.179; principibus, quorum..aduersa ad ~issimos pertineant TAC.*Hist.* 4.52; factitatum..hoc..est ab his, qui erant philosopho Tauro ~iores GEL.7(6).13.1.
3 (of things) Closely associated or related.
causa fuit propior et cum exitu ~ior CIC.*Fat.*36; gaudio.. ~um est non desinere nec in contrarium uerti SEN.*Ep.*59.2.
4 (of horses) Driven as a pair.
iter..~is..longius, equo breue PLIN.*Ep.*2.17.2; habebat puer mannulos multos et ~os et solutos 4.2.3.
5 Composed of several parts, complex; (of words) compound.
utrum causa sit simplex an ~a CIC.*Inv.*1.17; 2.159; multi ..philosophi haec ultima bonorum ~a fecerunt *Fin.*2.19;—'auarus' non simplex uocabulum, sed ~um..esse P. Nigidius dicit GEL.10.5.1.

iunctus[2] ~ūs, *m.* [IVNGO+-TVS[3]] The action of joining or combining.
VAR.*L.*5.47.

iuncus ~ī, *m.* [cf. MIr. *āin*] A rush or similar plant, esp. as used for plaiting. **b** (transf.) a rush-like stem or shoot.
quasi murteta ~i, item ego uos uirgis circumuinciam PL. *Rud.*732; quae fiunt de cannabi, lino, ~o VAR.*R.*1.22.1; palus obducat pascua ~o VERG.*Ecl.*1.48; ~o brassica uincta leui PROP.4.2.44; acuta cuspide ~i OV.*Met.*4.299; domus.. sterili ~o..intexta LUC.5.517; ex ~o factum..colum LARG.271;—(*w. distinguishing epithets*) ~i quadrati et rotundi semen (*prob. kinds of galingale*, Cyperus *spp.*) CELS. 3.21.7; ~um odoratum (*prob. camel-grass*, Andropogon schoenanthus) PLIN.*Nat.*12.106. **b** polythrix distat a callitriche, quod ~os albos habet PLIN.*Nat.*25.132; 26.36.

iungō ~gere ~xī ~ctum, *tr.* [cf. *iugum*; Skt. *yunákti*, Lith. *jungiu*, Gk. ζεύγνυμι] CONSTS.: w. acc. often foll. by dat., *cum*, or *inter se*; less usual consts. noted as they occur.
1 To put (animals) in the yoke, harness (to a vehicle or plough). **b** to furnish (a vehicle) with a yoke of draught animals.
equos ~ctos iubes capere me indomitos PL.*Men.*862; angues..alites ~cti iugo PAC.*trag.*397; ~ctum domitumque iuuencum CIC.*N.D.*2.159; uectus iumentis ~ctis NEP.*Timol.* 4.2; curru ~git..equos VERG.*A.*7.724; TIB.2.1.87; SEN. *Phaed.*536; Alpinis (bubus)..capite, non ceruice ~nctis PLIN.*Nat.*8.179; TAC.*Ger.*18.3;—(*w.* ad) primus..Romae ad currum iunxit (*sc.* leones) M. Antonius PLIN.*Nat.*8.55; SUET.*Jul.*31.2;—(*w.* sub+*abl.*) Cleops et Bitias pro bubus sub iugo se ~xerunt HYG.*Fab.*254.6. **b** raeda equis ~cta CIC.*Att.*6.1.25; PLOSTRA..BVBVS IVMENTEISVE ~CTA *CIL* 1.593.67; curru equis albis ~cto LIV.5.23.5; 34.1.3; VELL. 2.114.2;—(*cf.*) ~cta iuga resoluens Cybele leonibus CATUL. 63.76.
2 To join physically (one thing to another or two things together), fasten, attach, etc. **b** (of natural formations) to form a link (between two points). **c** to join the edges of, close up; (esp. wounds or sim.). **d** to join the sides of, span (a river or sim.). **e** to join the ends of (a circle). **f** to combine in a mixture. **g** to connect (words) by conjunctions.
ad eum locum fluminis nauibus ~ctis pontem imperant fieri CAES.*Civ.*1.61.6; apta ~gitur arte silex TIB.1.7.60; non bene ~ctarum discordia semina rerum OV.*Met.*1.9; acies.. ~xerat in seriem nexis umbonibus arma LUC.7.493;—(*w. dat.*) parietes extruito ~gitoque materiae CATO *Agr.*18.6; ~gite..lintea malo PROP.3.21.13; continenti insulam ~gere parabant CURT.4.2.8; (*cf.*) humano capiti ceruicem pictor equinam ~gere si uelit HOR.*Ars* 2;—(*w.* inter se) tigna bina ..interuallo pedum duorum inter se ~gebat CAES.*Gal.* 4.17.3; digitis inter se..~ctis OV.*Met.*9.299; diducta ossa numquam..inter se ~guntur CELS.8.11.2;—(*w. abl. of instrument*) istas (catenas)..quibu' sunt ~cti, demito PL. *Capt.*113; glutine materies taurino ~gitur LUCR.6.1069; calamus cera ~gitur usque minor TIB.2.5.32. **b** saltus duo alti..montibus..perpetuis inter se ~cti LIV.9.2.7; fauces quae Hispanias Galliis ~gunt 21.23.2; in compage qua ~gitur capiti ceruix 27.49.1. **c** ~ctas quatiunt fenestras..iuuenes proterui HOR.*Carm.*1.25.1; (*the ghost of Achilles*) specum (*i.e. a chasm*) coeunte terra ~xit SEN.*Tro.* 199; ~ge ostia JUV.9.105;—uulnera..~gunt (mora, *i.e. blackberries*) PLIN.*Nat.*24.117; sinus ueteres et fistulas ~git (*a plaster*) LARG.208; 212; STAT.*Theb.*10.733. **d** Hellesponto ~cto CIC.*Fin.*2.112; Romani ponte Ticinum ~gunt LIV.21.45.1; FLOR.*Epit.*1.40(3.5.25); (*of a bridge or sim.*) demersa..in undam ~xerunt..cadauera ripas SIL.15. 768; (*poet.*) ingentis saltu..~gere fossas STAT.*Ach.*2.138. **e** quare ille circulus ~gitur, in arcu numquam? SEN.*Nat.* 1.8.5. **f** quae separatim contusa postea ~guntur CELS. 5.25.9. **g** diuiditur oratio..in quattuor partis..has uocant quidam appellandi, dicendi, adminiculandi, ~gendi VAR.*L.*8.44; (*of conjunctions*) in his rebus quae copulae sunt ac ~gunt uerba 8.10.
3 To join or clasp (hands, esp. in token of friendship). **b** (w. abl., etc.) to hold fast, lock (in an embrace); (usu. pass.) to unite sexually. **c** *~gere oscula, complexus*, or sim., to exchange kisses, embraces.
dextrae ~gere dextram VERG.*A.*1.408; 6.697; dextras ~gere ac complecti inter se lacrimantes milites coepisse LIV.7.42.6; ~ge tuis humiles (*i.e. a slave's*) ambitiose manus OV.*Ars* 2.254; poteras..armatas..manus excusso ~gere ferro LUC.1.117; (*cf.*) quae modo pugnarunt, ~gunt sua rostra columbae OV.*Ars* 2.465. **b** praecipitat castris ~ctosque amplexibus ense separat LUC.4.209; ceruicem meum ~xit amplexu PETR.86.7; inter Neronis ~cta complexus mei somno resoluor [SEN.]*Oct.*716;—cum in somnis complexu Venerio ~geretur CIC.*Div.*2.143; Venus in siluis ~gebat corpora amantum LUCR.5.962; (ancilla) detinet (custodem) et longa ~gitur ipsa mora OV.*Ars* 3.650; pone, precor fastus et amanti ~gere, nymphe! *Met.*14.762; (*cf.*) (Byblis) uisa est..~gere fratri corpus 9.470; *Fast.*2.592. **c** ausus es..oscula per longas ~gere pressa moras OV.*Ep.* 2.94; *Met.*9.560; ~ge complexus prior SEN.*Phoen.*464; Alcides Theseusque..pallentia ~gunt oscula V.FL.4.701; STAT.*Theb.*12.708.
4 To bring close together, juxtapose; (refl.) to draw up (to or with). **b** (pass., esp. topog.) to be contiguous, adjoin (see also IVNCTVS[1]). **c** to put together in order or sequence (words, phrases, or sim.).
una ambae (*sc.* naues) ~ctisque feruntur frontibus VERG. *A.*5.157; ut coeat par ~gaturque pari (*i.e. at table*) HOR.*Ep.* 1.5.26; castra Albanos Romanis castris ~gere iubet LIV. 1.28.1; densari ordines iussit, ut uir uiro, arma armis ~gerentur 33.8.14; ~gere dignata est (Ceres) os puerile suo OV.*Fast.*4.540; cum suos ignes coeunte cornu ~xit..Phoebe SEN.*Phaed.*746; Neptunus muros cum ~geret astris V.FL. 2.491; Eumachus et Critias..~xere gradus (*i.e. marched side by side*) SIL.4.372;—(*refl.*) e peditibus lectos..ueloci saltu ~gere se equitantibus et rursus celeri motu delabi instituit V.MAX.2.3.3; iam se peditum ~xere cateruae moenibus STAT.*Theb.*10.520. **b** Pannoniae ~gitur prouincia quae Moesia appellatur PLIN.*Nat.*3.149; ora uentribus ~guntur 11.180;—(*act., of geographers*) Ciliciae Pamphyliam omnes ~xere neglecta gente Isaurica 5.94; 6.134. **c** si uerba extrema cum consequentibus primis ita ~gentur, ut..CIC. *de Orat.*3.172; uersibus impariter ~ctis (*i.e. elegiac couplets*) HOR.*Ars* 75; quo modo istum disertum nescio: tria uerba non potest ~gere SEN.*Ep.*40.9; si..eodem modo declinata multa ~guntur QUINT.*Inst.*9.4.42; ~cta oratione (*i.e. by periphrasis*), quid uellet Graecum id uerbum, pararam dicere GEL.11.16.6.
5 To make by joining or combining; to form (a word, name) by composition or sim.
~ctis ex anima tenui et ex ardore solis temperato ignibus CIC.*Tusc.*1.43; (animus caeli) ex eadem ~ctus alteraque natura *Tim.*27; camera lapideis fornicibus ~cta SAL.*Cat.* 55.4; pontes nauibus ~git SEN.*Dial.*10.18.5; (ceruix) e multis..ossibus..~gitur PLIN.*Nat.*11.177; ~xisse ratem SIL.5.553;—(*words, names*) est ex me et ex te (*i.e. from your name and mine*) ~ctus Dionysius M. Pomponius CIC.*Att.* 4.15.1; ~guntur (*sc.* uerba)..aut ex duobus Latinis integris ut 'superfui'..aut integro et corrupto, ut 'maleuolus' QUINT.*Inst.*1.5.68; 8.6.33.
6 To cause to accompany, associate (persons); (esp.) to unite (troops, etc.) in a body; (refl. or pass.) to join forces.
mas quodcumque est, illi sua femina ~cta interpellatos numquam plorauit amores *Lydia* 35; Gratia nudis ~cta sororibus HOR.*Carm.*3.19.17;—(*troops or sim.*) infert se socium Aeneas atque agmina ~git VERG.*A.*4.142; 11.145; haud contemnendum exercitum fecerat ~xeratque cum Ti. Fonteio LIV.25.37.4; cum Antonius..denuntiaret..se cum Bruto Cassioque..~cturum uires suas VELL.2.65.1; Aiacem naues suas Atheniensibus ~xisse QUINT.*Inst.*5. 11.40;—(*refl.*) ea occasio Hampsicorae data est Poeno se ~gendi LIV.23.40.7; 27.5.12; cum..in Umbria occultatis itineribus collegae se ~xisset FRON.*Str.*1.1.9;—(*pass.*) siue ~cti unum premant siue diuersi gerant bellum LIV.10.25.14; culpabant Cerialem passum ~gi quos discretos intercipere licuisset TAC.*Hist.*4.75.
7 To unite or attach (persons) as friends, allies, or sim. **b** to unite in marriage or sim., wed. **c** to unite by kinship.
una..nos sibi opera amicos ~get TER.*Hec.*798; qui et sermonis et iuris..societate ~cti sunt CIC.*Ver.*5.167; te.. Latino ~gemus regi VERG.*A.*11.129; externus timor..infensos..inter se ~gebat animos LIV.2.39.7; Samnites nobiscum foedere ~cti sunt 7.31.2; sibi ~git..promissis Anaphen, regna Astypaleia bello OV.*Met.*7.461; tu comes antiquus, tu primis ~ctus ab annis *Pont.*2.5.43; in amicitiam quae similes ~git, non descendam SEN.*Ben.*2.21.2;—(*pass. or refl.*) qui se tecum omni scelere parricidioque ~xerunt CIC.*Catil.*1.33; quo minus optimis se partibus, id est rei publicae, ~geret QUINT.*Inst.*12.1.16; (*w.* ad) perditi ciuis erat non se ad eos ~gere quibus incolumibus..domi dignitas ..retineretur CIC.*S.Rosc.*136. **b** Helenam Paris innuptis ~xit nuptiis *Inc.trag.*80; ut..nuptiis ~gerentur CIC.*Scaur.*9; ille meos, primus qui me sibi ~xit, amores abstulit VERG.*A.* 4.28; prius Apulis ~gentur capreae lupis, quam..HOR. *Carm.*1.33.8; ne duo uiolenta ingenia matrimonio ~gerentur LIV.1.46.5; pater hanc mihi ~xit Erechtheus OV.*Met.*7.697; [SEN.]*Oct.*142; ut plebei cum patriciis ~erentur FLOR.*Epit.* 1.17(1.25.1); JUV.6.41; APUL.*Met.*5.20;—(*refl.*) inter se steriles, ubi cum aliis ~xere se, gignunt, sicut Augustus et Liuia PLIN.*Nat.*7.57; SUET.*Ves.*11.1. **c** Mago..cognatione Hannibali ~ctus LIV.23.41.2; sanguine ~ctus erat OV.*Fast.*2.788; nec tamen abnuerit genero se ~gere tali STAT.*Ach.*1.917; SUET.*Nero* 3.1.
8 To enter into, form (a friendship, marriage, etc.) by joining; *uenerem ~gere*, to have sexual intercourse.
ut amicitiam..~ctam bene habent inter se PL.*Cist.*26; ut..caritas..inter paucos ~geretur CIC.*Amic.*20; in amicitiam coeant et foedera ~gant VERG.*A.*7.546; 12.822; dum fata sinunt, ~gamus amores TIB.1.1.69; Latinum pacem cum Aenea, deinde adfinitatem ~xisse tradunt LIV.1.1.6; gratias agunt liberaliter habiti..in calamitate sua; inde hospitia ~gunt 2.22.7; semel ~cti rumpere uincla tori OV. *Fast.*4.602; quid, quod et matrimonia..deorum ~gimus? SEN.fr.(Haase p.426); ~gere..colloquium (*i.e. converse*) SIL. 13.734; (*cf.*) paria fere fratrum..~gens ferro decernere cogebat V.MAX.9.1.ext.2;—hoc primum ~cta est foedere nostra uenus [TIB.]3.19.2; OV.*Rem.*407; Venerem ~gunt per mille figuras *Ars* 2.679.
9 To perform, experience, etc., in common, share or sim.
si cantica iactat, i comes et uoces ebria ~ge tuas PROP. 4.5.46; nouos hostes Labicanos consilia cum ueteribus ~gere LIV.4.45.3; Faliscos quoque, qui per multos annos in amicitia fuerant..arma Etruscis ~xisse 10.45.6; seu..illi.. teretur porticus, hic socias tu quoque ~ge moras OV.*Ars* 1.492; stant simul ante aras ~ctaque fata gemunt *Fast.* 3.862; casus pariter timuisse marinos, ~ctaque ad aequoreos uota tulisse deos *Pont.*2.10.40; ira amorque causam ~xere SEN.*Med.*869; flagrant comitari et ~gere casus STAT.*Theb.* 10.221.
10 To cause (events, etc.) to succeed without a break, make consecutive (in time or sequence); also, to say in answer, rejoin. **b** to make (an activity) continuous; to pronounce (a phrase) without a break.
per bis quinque dies et ~ctas ordine noctes OV.*Met.*11.86; consulatum praeturae se ~cturum VELL.2.92.4; decretis facta ~git 2.118.3; si duo febres paene ~guntur CELS. 3.16.1; ~ge, puer, cyathos—set ne numerare labora STAT. *Silv.*1.5.10; nec mora quin adulterio matrimonium ~geretur TAC.*Ann.*13.45; (*metrical feet*) non optime est sibi ~ctus ἀνάπαιστος, ut qui sit pentametri finis QUINT.*Inst.*9.4.109; (*cf., app. w. abl.*) uidit hic annus Ventidium..consulatem praetextam ~gentem praetoria VELL.2.65.3;—uix ea fatus erat, ~git cum talia ductor Aesonius..V.FL.1.240. **b** quem (*sc.* laborem) difficilius est repetere quam ~gere PLIN.*Ep.*4.9.10;—illud 'ore excipere liceret' si ~gas, lasciui carminis est, sed interpunctis quibusdam..fit plenum auctoritatis QUINT.*Inst.*9.4.108.
11 To join as an additional part or item; to say in addition.

neu sola palato sit non grata Ceres, quas ~gat comparat escas *Mor.*55; uictis Hyperenora ~git Stat.*Theb.*8.493; memento..clipeum..his ~gere donis *Ach.*1.722; praedia agris meis uicina..uenalia sunt..sollicitat (me)..pulchritudo ~gendi (*i.e. as a possession*) Plin.*Ep.*3.19.2; (*immaterial things*) effudit lacrimas, ~xit questus Tac.*Ann.*4.68; commoda..~gentur multa caducis Juv.9.89;—incepto paulum ex sermone remittit, pauca tamen ~gens: 'at tu..' Stat.*Ach.*1.807.

12 To possess, practise, deal with, etc., at the same time, combine (distinct qualities, activities, etc.). **b** to make simultaneous; (pass.) to coincide.

erat cum grauitate ~ctus..lepos Cic.*Brut.*143; *Fam.*12.27; popularem laetitiam..cum diuum honore ~gunto *Leg.*2.22; Aristoteles..dicere docere coepit adulescentes et prudentiam cum eloquentia ~gere *Tusc.*1.7; laudabat uirgo ~ctam cum uiribus artem Ov.*Met.*8.29; iuuenes..senibus ~git..pestis (*i.e. kills them alike*) Sen.*Oed.*54; plura crimina ~guntur, ut cum Socrates accusatus est Quint.*Inst.*4.4.5;—(*w. abl., s.v.l.*) insignis improbitas et scelere ~cta Cic. *de Orat.*2.237. **b** ~xit fera tempora leti Sidonius..miles Sil.10.35;—litterae..fere cum tuo reditu ~gentur Cic.*Q.fr.*2.10.5; (*neut. pl. of pple. as sb.*) ex antecedentibus et ~ctis et insequentibus trahenda esse argumenta Quint.*Inst.*5.10.102.

13 To connect in thought or idea, classify (with); to compare. **b** to cause to correspond, match. **c** to reconcile (a diversity).

omnium rerum..scientiam cum dicendi ratione ~gebant Cic.*de Orat.*3.72; qui conduplicant primordia rerum aera ~gentes igni terramque liquori Lucr.1.713; ut Romanis externa ~gamus V.Max.3.4.ext.1; 4.7.6; araneorum his (*sc.* bombycibus) non absurde ~gatur natura Plin.*Nat.*11.79; 28.112; non idem sentientes non potes ~gere (*i.e. count together*) Quint.*Decl.*365(p.398,l.19);—~ge nunc cum fortuna tua condicionem mulieris adamatae [Quint.]*Decl.*15.10; si ~gere montes forte velint ocvli vincvntvr in ordine colles *CIL* 8.212. **b** ~gere nescisti nobis (*sc.* cucullis), o stulte, lacernas Mart.14.140(139).1; quibus quaeque uox fidibus ~genda sit Quint.*Inst.*5.10.124. **c** nec potest ~gi tanta diuersitas [Quint.]*Decl.*2.18.

14 (pass., of things) To be in natural or logical connection (usu. in pple.).

de iudiciis arbitror..; id est enim ~ctum magistratibus Cic.*Leg.*3.47; insaniam, quae ~cta stultitiae patet latius *Tusc.*3.11; sensus ~gitur omnis uisceribus neruis uenis Lucr.2.904; ad res transeo, in quibus maxime sunt personis ~cta quae agimus Quint.*Inst.*5.10.32.

iungus ~eris, *n.* [app. from prec., cf. Gk. ζεῦγος] (dub.) A waggon-load.

non potest haec res ellebori ~ere (iugere *most edd.*) optinerier Pl.*Men.*913.

Iūniānus ~a ~um, *a.* Of or named after a Junius, Junian; *Latini ~i*, a class of freedmen manumitted under the *Lex Iunia Norbana* (17 B.C. or A.D. 19).

inuidia..iudici ~i Cic.*Clu.*1; ~is (cerasis) gratus sapor Plin.*Nat.*15.103; Gaius *Inst.*1.22.

iūnior: see iuvenis.

iūniōrēs ~um, *m. pl.* [prec.] The younger men, esp. those of military age (between 17 and 46 years).

comoediam quam uos probastis qui estis in senioribus; nam ~um qui sunt non norunt Pl.*Cas.*15; te totiens seniorum ~umque centuriis illo honore adfici Cic.*Ver.*5.38; ut omnes ~es Italiae coniurarent Caes.*Gal.*7.1.1; octoginta confecit centurias, quadragenas seniorum ac ~um Liv.1.43.1; 7.9.6; 27.38.5; nisi hic Atarrhias senex ~es pugnam detrectantes reuocasset Curt.8.1.36; Tac.*Ann.*1.3; Seruium Tullium..ab anno septimo decimo..milites scripsisse, eosque ad annum quadragesimum sextum ~es..appellasse Gel.10.28.1.

iūniperus ~ī, *f.* **iūnipirus.** [dub.] The juniper-tree; also, its wood. **b** a juniper-berry.

~i grauis umbra Verg.*Ecl.*10.76; Vitr.2.9.13; id..ut ~us respuitur a pecore propter aculeos Col.6.3.7; Plin.*Nat.*8.99;—pedamen..maxime probatur ex ~o Col.4.26.1. **b** ~um contundito in pila Cato *Agr.*122; Plin.*Nat.*24.27; bene faciunt ~i tritae Larg.186.

Iūnius[1] ~ia ~ium, *a.*

1 The name of a Roman *gens.*

consulatum ortum ex domo ~ia Liv.2.5.7; ~iae familiae claritudinem Tac.*Ann.*15.35.

2 A member of the Junian *gens.*

L. ~ius Brutus (*traditional founder of the Republic*) Liv.1.60.3; ~io Silano Plin.*Nat.*2.202;—(*fem.*) ~ia..M. Bruti soror Tac.*Ann.*3.76.

3 (esp. of laws) Of or named after the Junian *gens* or one of its members.

lege ~ia et Licinia scis absolutum (C. Catonem) Cic.*Att.*4.16.5; Gaius *Inst.*2.275.

Iūnius[2] ~ia ~ium, *a.* [ivno+-ivs] *mensis ~ius*, The month of June; (also as sb., without *mensis*). **b** of the month of June.

fanum..dedicauit ~io mense Var.*L.*6.17; Cic.*Att.*6.2.6; Tac.*Ann.*16.12;—ut ibi ~ius consumatur Cic.*Att.*5.21.9; ~ius a iuuenum nomine dictus habet Ov.*Fast.*5.78; 6.774. **b** nonis ~is Enn.*Ann.*163; a.d. xv Kal. ~ias Cic.*Att.*5.6.1; Col.11.2.48;—(*abbrev.*) xv Kal. Iun. Aug.in Suet.*Cal.*8.4.

iūnix ~īcis, *f.* [cf. ivvenis and Skt. *yūnī*; see also ivvenix] A young cow, heifer.

~icum omenta Pers.2.47.

Iūnō ~ōnis, *f.*

1 The goddess Juno, wife and sister of Jupiter, commonly identified with Hera. **b** (w. various cult-titles; for fuller details see these names). **c** *~onis auis*, the peacock; *~onis stella*, a name for the planet Venus. **d** (humorously applied to a wife; also poet., to the Emperor's wife).

respondit ~o Saturnia sancta dearum Enn.*Ann.*64; Iouem optimum maximum ~onemque reginam..precatus sum Paul.*orat.*2; Cic.*N.D.*2.66; Verg.*A.*1.4; Tellus et pronuba ~o dant signum 4.166; Liv.27.37.7; V.Fl.3.509;—(*applied to a statue of Juno*) ~o labor, Polyclite, tuus Mart.10.89.1. **b** ~o Couella Var.*L.*6.27; ~onis Matutae Liv.34.53.3; ~oni Monetae 42.7.1; Sospita ~o Sil.13.364. **c** nunc ~onis auis, sed prius Argus erat Mart.14.85.2; Juv.7.32;—alii enim ~onis, alii Isidis..appellauere (sidus Veneris) Plin.*Nat.*2.37. **d** heia, mea ~o, non decet esse te tam tristem tuo Ioui Pl.*Cas.*230;—(*poet.*) cum tibi contigerit uultum ~onis adire Ov.*Pont.*3.1.145; Iuppiter Ausonius..Romanaque ~o Stat.*Silv.*3.4.18.

2 *~o Lucina*, The goddess of childbirth (applied both to Juno and Diana).

uidetur (Diana) ab Latinis ~o Lucina dicta..quod ab luce eius, qua quis conceptus est, usque ad eam, qua partus quis in lucem, luna iuuat Var.*L.*5.69; Cic.*N.D.*2.68; Catul.34.14; (*cf.*) cum Cinarae traheret Lucina dolores, ..'~onis facito uotum impetrabile' dixi: illa parit Prop.4.1.101.

3 *~o inferna* (or sim.), A name for Proserpine (as chief goddess of the underworld).

ramus, ~oni infernae dictus sacer Verg.*A.*6.138; Stygiae ..seueros ~onis thalamos Stat.*Theb.*4.527; infera ~o *Silv.*2.1.147; coniux ~onis Auernae Sil.13.601.

4 A woman's tutelary deity, corresponding to a man's *genius* (often pl. in this sense).

natalis ~o..cape turis aceruos [Tib.]3.12.1; singulis..Genium et ~onem dederunt (maiores nostri) Sen.*Ep.*110.1; ~onem meam iratam habeam, si unquam me meminerim uirginem fuisse Petr.25.4; cum singuli..deos faciant ~ones Geniosque adoptando Plin.*Nat.*2.16; aninia..~onibvs hanc aram locvmqve his legibvs dedicavit *CIL* 11.944; matronis ~onibvs..sacrvm 11.8082.

Iūnōnālis ~is ~e, *a.* [prec.+-alis] Of or belonging to Juno.

~e..tempus (*i.e. June*) Ov.*Fast.*6.63; Paul.*Fest.*p.103M.

Iūnōnārium ~(i)ī, *n.* [ivno+-arivm] A shrine or chapel of Juno.

CIL 14.2867.

Iūnōnicola ~ae, *m.* [ivno+-cola] A worshipper of Juno.

adde senem Tatium ~asque Faliscos Ov.*Fast.*6.49.

Iūnōnigena ~ae, *m.* [ivno+-gena] A descendant of Juno.

~ae..marito Ov.*Met.*4.173.

Iūnōnius ~a ~um, *a.* [ivno+-ivs] Of, belonging to, or connected with Juno. **b** descended from Juno.

~a sacra Ov.*Am.*3.13.35; auis ~a (*i.e. the peacock*) *Ars* 1.627; ~a..ira *Ep.*14.85; custos ~us..Argus *Met.*1.678; mensis ~us (*i.e. June*) *Fast.*6.61; ~a sedes, Lanuuium Sil.8.360; ~a immo Veneris stella (*i.e. the planet Venus*) Apul. *Mun.*2; in deos singulos uersus ficti a nominibus eorum appellabantur, ut Ianuli, ~i, Mineruii Paul.*Fest.*p.3M. **b** ~a..Hebe Ov.*Met.*9.400; V.Fl.8.231.

Iuppiter (Iūpiter) Iouis, *m.* [< **d(i)i̯eu-*; Skt. *dyaúh*, Gk. Ζεύς, cf. L. *dies, deus*; nom. prob. orig. a voc. phr., **Di̯eu*+pater, cf. Gk. Ζεῦ πάτερ] Orthog.: spelling *Iupiter* rare, but printed in e.g. Var.*L.* Forms: nom. sg. *Iouis* Enn.*Ann.*63, Acc.*trag.*332, Petr.47.4, etc., Hyg.*Fab.*63.1, etc., Amp.2.6, and elsewhere; archaic forms *Diouis, Diouem*, etc. *CIL* 1.20, 1.558, Var.*L.*5.66, Gel.5.12.2 (also *Diiou-* Liv.31.21.12, *Deiou-* cited in Quint. *Inst.*1.4.17), gen. *Diouos* *CIL* 1.360; see also diespiter.

1 Jupiter, the Italian sky-god, commonly identified with Zeus. **b** (w. various cult-titles; for fuller details see these names). **c** (identified with foreign deities). **d** (applied generally by philosophers to the supreme being). **e** (*per*) *Iouem lapidem iurare*, a solemn form of oath (described in Polybius iii. 25).

Ioue prognatus..Apollo Naev.*poet.*30(32).2; Acc.*trag.*535; ut Ioui bibere ministraret (Ganymedes) Cic.*Tusc.*1.65; Iuppiter Alcmenae geminas requieuerat Arctos Prop.2.22a.25; Ov.*Met.*3.256; telum deposuit Iuppiter igneum Sen.*Oed.*502; Plin.*Nat.*12.3; (*cf., pl.*) Ioues tres numerant i qui theologi nominantur Cic.*N.D.*3.53;—(*of a temple of Jupiter*) anseris..tutum uoce fuisse Iouem Prop.3.3.12; ueterem prospicis inde Iouem Mart.7.73.4;—(*of a statue*) nisi forte Iouem quidem Phidias optime fecit Quint.*Inst.*2.3.6;—(*humorously applied to a person*) o mi Iuppiter terrestris, coepulonus compellat tuos Pl.*Per.*99. **b** prodigiali Ioui (*who averts ill omens*) Pl.*Am.*739; Iuppiter Dapalis Cato *Agr.*132.1; in cella Iouis Optimi Maximi Cic. *Ver.*4.64; Iouem..dicimus..Salutarem, Hospitalem, Statorem *Fin.*3.66; aedes..iovis feretri et iovis tonantis..iovis libertatis Aug.*Anc.*4.5; Ioui Conseruatori Tac.*Hist.*3.74. **c** deum maxime Mercurium colunt (Galli)..post hunc..Iouem et Mineruam Caes.*Gal.*6.17.2;—(*of Ammon*) Iouis Hammonis oraculum Curt.4.7.5; Amp.2.1;—(*of Osiris*) scis quotiens Phario madeat Ioue (*i.e. the Nile*) fusca Syene Mart.9.35.7. **d** sic adloquamur Iouem, cuius gubernaculo moles ista derigitur Sen.*Ep.*107.10; 110.20; superos quid quaerimus ultra? Iuppiter est quodcumque uides Luc.9.580. **e** quo modo..tibi placebit 'Iouem iratum iurare', cum scias Iouem iratum esse nemini posse? Cic.*Fam.*7.12.2; Iouem lapidem..quod sanctissimum iusiurandum habitum est, paratus ego iurare sum Vergilium hoc numquam scripsisse Gel.1.21.4; iurabo per Iouem lapidem Romano uetustissimo ritu? Apul.*Soc.*5.

2 (poet., the weather-god being identified to a greater or lesser degree of completeness with his manifestations) The heavens, sky, air, etc.; *sub Ioue*, in the open air. **b** (w. ref. to the wind, cf. Ζεὺς οὔριος).

aspice hoc sublime candens, quem uocant omnes Iouem Enn.*scen.*345; maturis metuendus Iuppiter uuis Verg.*G.*2.419; quod latus mundi nebulae malusque Iuppiter urget Hor.*Carm.*1.22.20; quamuis caeruleo siccus Ioue fulgeat aether *Aetna* 333; Cretam tenuere locique ferre diu nequiere Iouem Ov.*Met.*13.707; pluuias madidumque Iouem perferre Mart.7.36.1; fremeret saeua cum grandine uernus Iuppiter Juv.5.79;—manet sub Ioue frigido uenator Hor.*Carm.*1.1.25; sub Ioue pars durat, pauci tentoria ponunt Ov.*Fast.*3.527; 4.505; Stat.*Theb.*2.404. **b** laeua siue dextera uocaret aura, siue utrumque Iuppiter simul secundus incidisset in pedem Catul.4.20.

3 (in the names of various plants, stones, etc.); *Iouis ales*, (poet.) the eagle. **b** *stella* or *sidus Iouis*, the planet Jupiter; also *Iuppiter* alone.

odit (aquas) et (arbor) quae appellatur Iouis barba Plin. *Nat.*16.76; folio coronant Iouis flos, amaracum 21.59; flos quam Iouis flammam appellamus 27.44; Iouis gemma candida est, non ponderosa, tenera 37.170; (*in place-names*) mons Iouis Mela 2.89;—Iouis in multos deuolat ales aues Ov.*Ars* 3.420; (*astron.*) tota Iouis mersa est pennis stellantibus ales Germ.*Arat.*607. **b** propius a terra Iouis stella fertur, quae Φαέθων dicitur Cic.*N.D.*2.52; Vitr.6.1.11; sidera..Iouis et Martis Man.1.807;—an blanda adnuerit nascenti Venus an ex humili in sublime Iupiter tulerit Sen. *Suas.*4.2; sub Ioue temperies et numquam turbidus aer Luc.10.207; multum..ex eo (*sc. Saturn*) inferiorem Iouis circulum Plin.*Nat.*2.34.

4 (as, or forming part of, an exclamation).

Iuppiter! estne illic Charinus? Pl.*Mer.*865; Iuppiter magne, o scelestum atque audacem hominem! Ter.*Eu.*709; pro Iuppiter! *Inc.trag.*230; cartis doctis, Iuppiter, et laboriosis Catul.1.7.

5 (applied to various analogous deities or sim.): **a** *Iuppiter Stygius, niger*, etc., Pluto, Dis. **d** *Iuppiter noster* (and other phrs.), applied by way of flattery to the Emperor. **c** *Iuppiter indiges*, a title under which Aeneas was worshipped. **d** *Iuppiter antiquus*, (app.) Saturn.

Ioui Stygio Verg.*A.*4.638; nigri regna..Iouis Sen.*Her.O.*1705; Tartareo..Ioui V.Fl.1.730; Sil.2.674. **b** magno consociata Ioui (Liuia) *Epic.Drusi* 380; Roma sui famulum dum sciat esse Iouis Mart.9.28.10; dum..decent nostrum pillea sumpta Iouem 14.1.2; Iuppiter Ausonius Stat.*Silv.*3.4.18; (*cf.*) ausa nefas Lachesis laesit utrumque Iouem Mart.9.86.8. **c** Liv.1.2.6. **d** saecula compara, Vetustas, antiqui Iouis aureumque tempus Stat.*Silv.*1.6.39.

iūrāmentum ~ī, *n.* [ivro+-mentvm] N.B.: passages quoted may have been interp. by Justinian. An oath.

si de qualitate ~i fuerit inter partes dubitatum Ulp.*dig.*12.2.34.5; Paul.*dig.*22.3.25.3.

iūrārius ~a ~um, *a.* [ivro+-arivs] (of a deity) Presiding over oaths.

iovi ~o *CIL* 1.990.

iūrātō, *adv.* [ivratvs+-o[2]] With the swearing of an oath.

qui ~ promisit iudicio sisti Paul.*dig.*2.8.16.

iūrātor ~ōris, *m.* [ivro+-tor]

1 An official who received the sworn declarations of tax-payers.

heus senex, census quom sum, ~ori recte rationem dedi Pl.*Trin.*872; ornamenta..dicendo tanto pluris quam quanti essent in censum referre ~ores iussi Liv.39.44.2; (*in fig. phr.*) argumentum hoc hic (*i.e. in this theatre*) censebitur..uos (*i.e. the audience*) ~ores estis Pl.*Poen.*58.

2 One who testifies to the truth of a statement, a sworn witness.

quis umquam ab historico ~ores exegit? Sen.*Apoc.*1.2.

iūrātus ~a ~um, *a. superl.* ~issimus. [pple. of ivro, used in middle sense]

1 Being under oath (to be truthful, impartial, or sim.). **b** having given one's word (to do something), pledged (to a course of action).

~o mihi uideo necesse esse eloqui quidquid roges Pl.*As.*23; qvod eorvm viginti ~i probaverint, probvm esto *CIL* 1.698.3.11; eum uos ~i capite damnastis *Rhet.Her.*4.33; quid aequi et ~i iudices iudicarint Cic.*Rab.Perd.*7; ~us tibi possum dicere nihil esse tanti *Att.*2.13.2; *Off.*3.44; illa quidem ~a negat, sed credere durum est Tib.1.6.7; cum more patrum ~i repeterent res Liv.4.30.14; uir optimus..iudicatus est Scipio Nasica ab ~o senatu Plin.*Nat.*7.120; Tac.*Ann.*4.21; Juv.5.5; Suet.*Cl.*22.1;—(*transf.*) a ~issimis ex proximis (auctoribus) ueteres transcriptos..neque nominatos Plin.*Nat.*pr.22. **b** si ~us peiorem hominem quaererem coquom, non potui quam hunc quem duco ducere Pl.*Ps.*792; hic erit! hic ~a manet! Prop.1.8.27; quos (*sc. deities*) reditus testes ~a mente uocaui Sil.6.469.

2 Sworn to loyalty or obedience.
audaci Theseus ~us amico STAT.*Theb.*8.54; sole sub omni permeruit ~a manus *Silv.*1.4.74.

3 Entered into a conspiracy.
redeunt animis..~ae..manus (*sc. the Catilinarians*) deprensaque foedera noxae CORN.SEV.*poet.*13.5; iuuenem.. quos ira metusque coquebat, ~i obtruncant SIL.14.104.

iūre, *adv.* [abl. sg. of IVS[2]]

1 According to the law, with legal sanction, rightfully.
si im occisit, ~ caesus esto *Lex XII*(*Font.iur.*p.31); nihil esse ~ scriptum aut posse ualere CIC.*Dom.*68; leges..illo consule rogatas ~ latas negant *Prov.*45; Cinna recte, immo ~ fortasse *Att.*9.10.3; utrum ~ an iniuria (Saguntum oppugnatum sit) LIV.21.18.7; 27.21.10; VELL.2.4.4; quis castra uocet tot strictas ~ securis..? LUC.5.12; repeteret prouinciam non ~ ablatam TAC.*Ann.*2.76; (operae) quae modo probe ~ licito inponuntur ULP.*dig.*38.1.7.3.

2 With good reason, justly, deservedly, etc. **b** with propriety of language or reasoning, correctly.
~ factum iudico PL.*Mil.*1435; ut..tibi ~ irasci non queat TER.*An.*394; quis..non ~ beatam L. Crassi mortem.. dixerit..? CIC.*de Orat.*3.9; consilium..~ ac merito laudare *Dom.*2; *Phil.*2.9; Dionysius noster grauiter queritur et tamen ~ *Att.*13.2b.(2.3); ~..alter populi iudicio damnatus est *Div.*2.71; dum Carthaginienses incolumes fuere, ~ omnia saeua patiebamur SAL.*Jug.*14.10; sis ~ superba licet PROP.3.8.36; ~ uenis, Gradiue: locum tua tempora poscunt OV.*Fast.*2.861; Dionysius maior ~ meritoque praeferri multis regibus potest SEN.*Cl.*1.12.1; TAC.*Dial.*25.3; JUV. 11.23. **b** sunt..quae iam nec leuia ~ putantur esse neque..flexis mucronibus unca LUCR.2.426; ex reliquo numero non ciuitates tantum, sed plerique etiam nationes ~ dici possunt PLIN.*Nat.*5.30; 6.7; quae ~ cornua intellegantur quadripedum tantum generi (data sunt) 11.123.

iurgātiō ~ōnis, *f.* [IVRGO+-TIO] (See quot.)
~o, iuris actio PAUL.*Fest.*p.103M.

iurgiōsus ~a ~um, *a.* [next+-OSVS] Quarrelsome, contentious.
accipe aliud (argumentum) rixatorium iam hoc et ~um FRO.*Aur.*1 p.206(74N); (uxor) morosa..et ~a GEL.1.17.1; facundia rabida ~aque 19.9.7; APUL.*Apol.*16.

iurgium ~(i)ī, *n.* [next+-IVM]

1 A quarrel, dispute.
nec..filia umquam patrem accersit..nisi..~i est caussa PL.*Men.*771; porto hoc ~ium ad uxorem quoius haec fiunt consilio omnia TER.*Hec.*513; maledicta, ~i petulantis magis quam publicae quaestionis CIC.*Cael.*30; ~ium inde et clamor, pugna postremo orta LIV.29.9.3; ~ia..uino stimulata caueto OV.*Ars* 1.59; magnis..certatum inter imperatores ~iis VELL.2.33.2; censuram..gessere..frequentem ~iis propter dissimilitudinem morum PLIN.*Nat.*17.3; quierant ~ia STAT.*Theb.*10.898; ne quis in certamine ~ioue seditionem ..commilitoni obiectaret TAC.*Hist.*4.72; uixit cum hac (uxore) triginta nouem annis sine ~io PLIN.*Ep.*8.5.1.

2 Abuse, vituperation, invective.
~io hercle tandem uxorem abegi ab ianua PL.*Men.*127; AFRAN.*com.*101; si quos..Alconis habes laudes aut ~ia Codri VERG.*Ecl.*5.11; expertae metuens ~ia saeuitiae PROP. 1.3.18; cum laceratus ~iis multorum esset LIV.42.22.5; linguam ad ~ia soluit OV.*Met.*3.261; concesso, iuuenes, ludite ~io SEN.*Med.*107; A. Vitellius, optimum quemque ~io lacessens TAC.*Ann.*14.49; FRO.*Aur.*2 p.222(232N).

3 Legal proceedings (in quot., a divisory action).
quam (diuisionem) reuocari non oportet, licet arbiter sententiam ~io perempto non dixerit PAPIN.*dig.*10.2.57.

iurgō ~āre ~āuī ~ātum, *intr.*, (*tr.*). Also **iūrigō.** [IVS[2]+-IGO[1], cf. *litigo*] FORMS: *iurig-* PL.*Mer.*119.

1 To quarrel, dispute, wrangle.
currendum et pugnandum et autem ~andum est in uia PL.*Mer.*119; cum Dauo egomet uidi ~antem ancillam TER. *An.*838; aliud ~andi suscensendique tempus erit LIV. 22.29.2; ~antium ira perueniebat etiam ad manus CURT. 9.9.17; fortuiti sermonis contextum..quem ~antibus etiam mulierculis uideamus superfluere QUINT.*Inst.*10.7.13; PLIN. *Ep.*6.5.7; (*w. internal acc.*) tu 'ducam (*sc.* uxorem)' inquies: cedo quid ~abit tecum? TER.*An.*389.

2 To utter reproaches; (tr.) to scold, upbraid.
illum..iniectis manibus ~antes monentesque conabantur abducere CURT.8.1.40; PLIN.*Nat.*17.6; cuidam..liberius ~anti oculum eruit SUET.*Nero* 5.1; (*w. internal acc.*) haec ~anti increpantique respondebant confectos se pugna.. esse LIV.10.35.11; (*w.* quod) ne mea saeuus ~ares ad te quod epistula nulla rediret HOR.*Ep.*2.2.22;— iure..Trausius istis ~atur uerbis *S.*2.2.100.

iūridicālis: var. of IVRIDICIALIS.

iūridicātus ~ūs, *m.* [IVRIDICVS[2]+-ATVS[1]] The office or sphere of office of a *iuridicus*.
LEG(ato) LEG(ionis) XIIII..CVM IVRISDICATV PANNONIAE INFERIORIS *A.Epig.*20.45.12; COLLEG(ia)..VRB(ium) ~VS EIVS *CIL* 11.377.11.

iūridiciālis ~is ~e, *a.* [next+-ALIS] FORMS: *iuridicalis* QUINT.*Inst.*3.6.57 (s.v.l.). **a** (rhet.) Dealing with the legality of an action. **b** relating to the administration of justice, judicial.
a ~is constitutio est cum factum conuenit sed iure an iniuria factum sit quaeritur *Rhet.Her.*1.24; CIC.*Inv.*1.14; 2.69; *Top.*92; ~is (status) est qui Graece dicitur δικαιολογικός QUINT.*Inst.*3.6.33. **b** sophistice imitata ~em statum dat opinionem stultis, quasi iustitiae studeat APUL. *Pl.*2.9.

iūridicus[1] ~a ~um, *a.* [IVS[2]+-DICVS] Concerned with the administration of justice.
~i conuentus ei (*sc.* Baeticae) IIII PLIN.*Nat.*3.7.

iūridicus[2] ~ī, *m.* [as prec.] A judge; (spec.) **b** a judicial functionary in Italy (outside Rome), empowered by the Emperor (from *c.* 163 A.D.) to hear civil cases; also, a similar official in the provinces.
qui fronte nimis crimina tetrica quaerunt..flentes Eurydicen ~i sedent SEN.*Her.F.*581. **b** adoptare quis apud ~um potest, quia data est ei legis actio ULP.*dig.*1.20.1; P AELIO COERANO..~O PER FLAMINIAM ET VMBRIAM *CIL* 14.3586;—~O PR(O) PR(aetore) VTRIVSQVE PANNONIAE *CIL* 3.10336 (A.D. 136–7); 2.6278.50 (A.D. 176–7); liberis tuis tutores ~i prouincialis decreto dati APUL.*Met.*1.6.

iūrigō: see IVRGO.

iūrisconsultus: see CONSVLTVS[2].

iūrisdictiō ~ōnis, *f.* Often as two words. [*iuris* (gen. sg. of IVS[2])+DICTIO]

1 The administration of justice.
an hoc dubitabit quisquam.., quin is uenalem in Sicilia ~onem habuerit..? CIC.*Ver.*2.119; praeturae ~o, res uaria et multiplex ad suspiciones *Flac.*6; paruo interuallo ad respirandum debitoribus dato..celebrari de integro ~o LIV. 6.32.1; ~onibus agendoque pro tribunali..trahebat aestiua VELL.2.117.4; quia castrensis ~o..calliditatem fori non exerceat TAC.*Ag.*9.2; manentibus (litibus) antiquis intercapedine ~onis SUET.*Ves.*10.

2 Authority to administer justice, jurisdiction; (transf.) power to decide, discretion. **b** a sphere of jurisdiction. **c** the territory included in one man's jurisdiction.
appellatus Mamercus a Surdino..praetoriam ~onem abrogauit V.MAX.7.7.6; magistratibus liberam ~onem et sine sui appellatione concessit SUET.*Cal.*16.2; eas (actiones) ..quae ex propria ipsius (praetoris) ~one pendent GAIUS *Inst.*4.110; ea, quae magis imperii sunt quam ~onis, magistratus municipalis facere non potest PAUL.*dig.*50.1.26; —quae ruant urbes, quae oriantur, mea ~o est SEN.*Cl.*1.1.2. **b** Asiaticae ~oni urbana iuris dictio respondebit CIC.*Flac.* 100; LIV.27.36.11; peregrina ~o Minucio obtigit 32.28.2; 36.2.6; praetorem, cuius inter ciues et peregrinos ~o erat 42.18.2; id..morum Tiberii fuit..plerosque ad finem uitae in isdem exercitibus aut ~onibus habere TAC.*Ann.*1.80. **c** sed prius terga et mediterraneas ~ones indicasse conueniat PLIN.*Nat.*5.105; Pergamena uocatur eius tractus ~o; ad eam conueniunt Thyatireni 5.106.

iūrisperītus: see PERITVS.

iūrisprūdentia: see PRVDENTIA.

iūrō ~āre ~āuī ~ātum, *intr.*, (*tr.*). [IVS[2]+-O[3]] FORMS: *iour-* in early inscrs., as *CIL* 1.582.16; *~assit* (= *~auerit*) *CIL* 6.10298.19.

1 To take an oath, swear. **b** (w. *per*) to swear (by a deity, his rites, altar, etc.); (also w. abl., or tr.).
ut ~at! seruat me ille suis periuriis PL.*Bac.*898; is cui, si aram tenens ~aret, crederet nemo CIC.*Flac.*90; qui adduci non potuerit ut ~aret aut liberos suos obsides daret CAES. *Gal.*1.31.8; qui non ~auerit in se hunc gladium strictum esse sciat LIV.22.53.12; OV.*Tr.*2.447; ~auere qui aderant pro imperio Galliarum TAC.*Hist.*4.59; GAIUS *Inst.*4.172;—(*pf. pple. in middle sense*) non tu ~atus mihi es? PL.*Rud.*1372; TURP.*com.*33;—(*w. advs.*) qui eorum non ita ~auerit CATO *Agr.*144.2; ait se non potuisse adesse ita, ut ~atus fuerat *Rhet.Her.*2.41;—(*w. internal acc.*) iudici demonstrandum est, quid ~atus sit CIC.*Inv.*2.126; quidquid ~arunt, uentus et unda rapit PROP.2.28.8;—(*w. cogn. acc.*) magna uoce ~aui uerissimum..ius iurandum CIC.*Fam.*5.2.7; APUL.*Soc.*5. **b** ναὶ τὸν Ἀλάτριον. — quid tu per barbaricas urbis ~as? PL.*Capt.*884; etiam si per pluris deos ~et CIC.*Rab.Post.*36; per caput hoc ~o VERG.*A.*9.300; per sacra triformis ille deae..~at OV.*Met.*7.97; per sepulchra nostra ~abitur SEN. *Suas.*2.14; SEN.*Dial.*12.10.7; JUV.6.16; (*pf. pple. in middle sense*) ~atus per numina matris aquosae..dicebas.. OV. *Ep.*3.53;—(*w. abl.*) mensa frugibusque ~ato significat per mensam et fruges PAUL.*Fest.*p.124M;—(*tr.*) Iouem lapidem ~are *formula* in CIC.*Fam.*7.12.2; terram, mare, sidera, ~o VERG.*A.*12.197; Stygias ~auimus undas OV.*Met.*2.101; quos..~auit mihi deos Iason SEN.*Med.*7; STAT.*Silv.*2.1.53; ~es licet et Samothracum et nostrorum aras JUV.3.144; GEL.11.6.2; (*w. internal acc.*) hoc tibi sancta tuae Iunonis numina ~o [TIB.]3.19.15; (*cf.*) ~andas..tuum per numen ponimus aras HOR.*Ep.*2.1.16.

2 (w. acc. and inf., often hyperb.) To affirm or declare with an oath (that); (also w. nom. and inf.). **b** (tr.) to swear to (a fact).
~auistin te illam nulli uenditurum nisi mihi? PL.*Ps.*352; qui sine hac ~abat se unum numquam uicturum diem? TER.*Ad.*333; omnes ~anto ad dominum..sese oleam non subripuisse CATO *Agr.*144.1; cur non ~et se Gadibus fuisse, cum tu te fuisse Interamnae probaueris? CIC.*Dom.*80; publice ~are..nihil se contra Sequanos consili inituros CAES.*Gal.*6.12.4; ~antem me scire nihil mirantur HOR.*S.* 2.6.57; ~aui quotiens rediturum ad limina numquam! TIB. 2.6.13; LIV.2.45.13; PERS.3.118; ~ant ita Ciceronem locuturum fuisse QUINT.*Inst.*10.2.17; ULP.*dig.*12.2.13.2; (*pf. pple. in middle sense*) ~atus se eum sua manu interempturum LIV.32.22.7; (*w. acc. of deity, etc., invoked*) maria aspera ~o non ullum pro me tantum cepisse timorem, quam.. VERG. *A.*6.351; (*pass., w. ellipsis of inf.*) laetae ~antur aues bubone sinistro LUC.5.396;—(*w. nom. and inf.*) ~abo bis sex integer esse dies PROP.3.6.40. **b** qui denegauit et ~auit morbum CIC.*Att.*1.1.1; 12.13.2; catulum dedit ille Lacaenae, ~auitque genus CALP.*Ecl.*6.4.

3 To promise or undertake on oath, vow: **a** (w. inf.). **b** (w. *ut*). **c** (w. *in*+acc.). **d** (tr., sts. foll. by dat. of person).
a non ego cum Danais Troianam exscindere gentem Aulide ~aui VERG.*A.*4.426; SEN.*Con.*2.2.3. **b** uir et uxor ~auerunt, ut si quid alteri obtigisset, alter moreretur SEN. *Con.*2.2; (*w. acc. of deity invoked*) hos (*sc.* ocellos) tu ~abas, si quid mentita fuisses, ut tibi..exciderent PROP.1.15.35. **c** ~emus in haec; simul imis saxa renarint uadis leuata, ne redire sit nefas HOR.*Epod.*16.25; patimur cur segnia fata in gladios ~ata manus? LUC.9.850; certae ~ant in uota Sorores STAT.*Silv.*5.1.262. **d** alium tibi, Bacche, furorem ~aui STAT.*Theb.*4.397; ~at..fidem ~ataque fletu spondet *Ach.*1.957; ~atum..Ioui foedus..fregere SIL.1.9; cineri ~et patrio..bella 3.83; 11.24; (*w.* per) foedera..mihi per Latium ~ata Tonantem LUC.8.219;—(*cf.*) bella et lituos ac flammis urere gentem ~abat Phrygiam SIL.2.352.

4 (w. pl. or collect. subj.) To enter into a conspiracy; *~are in*+acc., to conspire against.
(w. *in*+acc.) qua terra patet, fera regnat Erinys! in facinus ~asse putes OV.*Met.*1.242; (*w. inf.*) ~arunt inter se (Graeci) barbaros necare omnis medicina CATO *Fil.*1(J);—in me ~arunt somnus uentusque OV.*Ep.*10.117; (*pf. pple. in middle sense*) exit in unum plebs ferro ~ata caput STAT. *Theb.*2.491.

5 *in uerba* (*quaedam*) *~are,* To swear according to a given formula; (esp.) *in uerba alicuius* (or sim.) *~are,* (of soldiers, etc.) to swear at someone's dictation, i.e. take an oath of obedience or allegiance; also simply *in uerba ~are.* **b** *~are in*+acc., to swear obedience (to laws or sim.); to swear allegiance (to a person, cause, etc.); (sim. w. dat.).
(Camillo) ~are parato in uerba excusandae ualetudini solita LIV.6.22.7; in haec uerba, L. Caecili, ~es postulo 22.53.12; (*ellipt., w. acc. and inf.*) cum..omnes in uerba ~auerint conuenturos se iussu consulis 3.20.3;—nullius addictus ~are in uerba magistri HOR.*Ep.*1.1.14; quoniam in consulum uerba ~assent sacramento teneri militem rati LIV. 2.32.1; ~abant omnes in laesi uerba mariti OV.*Ars* 1.687; ~AVIT IN MEA VERBA TOTA ITALIA AUG.*Anc.*5.3; VELL. 2.20.4; ut..Romanus exercitus in externa uerba ~arent (*i.e. swear allegiance to foreigners*) TAC.*Hist.*4.57; SUET.*Gal.* 11.1; (*pf. pple. in middle sense*) ut seniores quoque..in uerba sua iuratos centuriaret LIV.6.2.6; (*w. ellipsis of gen.*) magna uis hominum conscripta Romae erat; libertini etiam..in uerba ~auerant LIV.22.11.8. **b** unus in legem per uim latam ~are noluerat CIC.*Sest.*37; quia flamen Dialis erat, ~are in leges non poterat LIV.31.50.7; VELL.2.15.4; QUINT. *Inst.*12.2.26; Merulam quod in acta diui Augusti non ~auerat albo senatorio erasit TAC.*Ann.*4.42; SUET.*Tib.*26.2; (*pf. pple. in middle sense*) uos..non ex lege, in quam ~ati sitis, rem iudicare CIC.*Inv.*2.131;—liber in arma impetus, et meritas ultro ~astis in iras STAT.*Theb.*7.378; *Ach.*1.788; Othoni fiduciam addidit..nuntius ~asse in eum Dalmatiae ac Pannoniae..legiones TAC.*Hist.*1.76; armatos..~are in nomen suum passus est SUET.*Cl.*10.4; (*pf. pple. in middle sense*) ~atam se uni, cui sit data deque dicata LUCIL.997; ille eadem nobis ~atus in arma OV.*Met.*13.50; ~ata.. pectora Marti STAT.*Theb.*4.305.

6 **a** *in litem ~are,* (of a plaintiff) To appraise under oath (his interest). **b** (w. *intra, in*+acc., etc.) to value property on oath (at so much). **c** *calumniam ~are,* to take an oath that an action is brought in good faith. **d** *bonam copiam ~are,* to declare on oath that one is insolvent.
a qui..quod in codicem iniuratus referre noluerit, id ~are in litem non dubitet CIC.*Q.Rosc.*4; si mulier res quas amouerit non reddat, aestimari debere quanti in litem uir ~asset POMPON.*dig.*25.2.8.1; ULP.*dig.*16.3.1.26; 27.7.4. **b** ~are ..in infinitum licet. sed an iudex modum iuriiurando statuere possit, ut intra certam quantitatem ~etur, ne arrepta occasione in immensum ~etur, quaero ULP.*dig.*12.3. 4.2. **c** de diuinatione Appius, cum calumniam ~asset, contendere ausus non est CAEL.*Fam.*8.8.3. **d** omnes qui bonam copiam ~arunt, ne essent nexi, dissoluti VAR.*L.* 7.105; NEVE QVOI IBI..SENTENTIAM..FERRE LICETO, QVEI ..BONAM..COPIAM ~AVIT *CIL* 1.593.113.

iūrulentus ~a ~um, *a.* [next+-VLENTVS] Containing juice or gravy, stewed.
res eadem magis alit ~a quam assa CELS.2.18.10; caro.. ~a 2.27; (hordeum) diutina coquitatione ~um APUL. *Met.*4.22; *Apol.*39; (*neut. as sb.*) ubi pultem aut ~i quid ponebant VAR.*L.*5.120.

iūs[1] iūris, *n.* [Skt. *yūs-*; cf. also OSl. *jucha,* Gk. ζύμη] A liquid obtained by boiling meat, fish, vegetables, etc., broth, sauce, or sim. **b** (applied to other liquids prepared by boiling or decoction).
quom una multa iura confudit coquos PL.*Mos.*277; haec omnia decoquito usque ad sextarios III iuris CATO *Agr.*158; ius maenarum LUCIL.1077; ius ex ossibus VAR.*R.*2.9.10; male conditum ius HOR.*S.*2.8.69; ius in quo porrus cum pullo..coctus sit CELS.4.13.4; ius pingue agninum LARG. 189; pisces exotico iure perfusos APUL.*Met.*10.16;—(*in pun w.* ius[2]) negabant mirandum esse ius tam nequam esse uerrinum CIC.*Ver.*1.121. **b** oliuam premito, ut infra ius (*i.e. brine*) mersa sit COL.12.49.4; addita creta in ius idem (*i.e. a dye*) PLIN.*Nat.*35.44;—(*of fruit-juice*) cum fuerint decocta (poma), ut non multum iuris supersit COL.12.42.2.

iūs[2] iūris, *n.* [cf. Skt. *yoḥ* 'health', Av. *yaož-dadaiti* 'purifies'] FORMS: *ious* in archaic inscrs., as *CIL* 1.593.6; *iusa* (= *iura*) cited in PAUL.*Fest.*p.103M; gen., dat. and abl., pl. app. very rare (*iurum* PL.*Epid.*523, CATO *hist.*116; *iuribus* ULP.13.5.3.1).

1 That which is sanctioned or ordained, law. **b** (abl.) with legal sanction, according to the law (see IVRE). **c** *ius summum*, the strict enforcement or interpretation of the law. **d** legality, validity (of enactments, etc.).

naturane sit ius inter homines an in opinionibus Cic. *de Orat*.3.114; *Part*.62; quia (uis) contra ius moremque facta sit *Caec*.2; transcendere finis iuris Lucr.3.61; Cephallania insula ut extra ius foederis esset Liv.38.9.10; euersor iuris humani Plin.*Nat*.28.6; defunctorum uoluntatem, quam bonis heredibus intellexisse pro iure est Plin.*Ep*.4.10.3; ius facit haec pronuntiatio Ulp.*dig*.30.50.1;—(*as pred.*) cum nexum faciet.., uti lingua nuncupassit, ita ius esto *Lex XII* (*Font.iur*.p.25); uolet augurum decretum..uel ut consules roget praetor uel dictatorem dicat; quorum neutrum ius est Cic.*Att*.9.15.2; quia..quod iussisset (populus) id ius ratumque esset Liv.9.33.9; ignem e..flaminis Dialis domo..efferri ius non est Gel.10.15.7;—(*coupled w.* fas, *of man-made opp. divine law*) nummulis acceptis ius ac fas omne delere Cic. *Att*.1.16.6; legatos, sicut fas iusque est, ad socios..mittemus Liv.7.31.2; Curt.10.10.13; Larg.199; (*cf.*) Pyrrhus..inclusam (*sc.* Hermionen) contra iusque piumque tenet Ov. *Ep*.8.4;—(*dist. from equity*) multa pro aequitate contra ius dicere Cic.*de Orat*.1.240; *Off*.3.67. **c** si..uerbis et litteris et, ut dici solet, summo iure contenditur Cic.*Caec*.65; *Ver*. 5.4; dubitassem..utrum remissior essem an summo iure contenderem *Att*.16.15.1;—(*prov.*) ius summum saepe summast malitia Ter.*Hau*.796; Cic.*Off*.1.33; Col.1.7.2. **d** nondum de iure possessionis nostrae loquor Cic.*Caec*.34; de iure legum quas per uim Sulla latas esse dicebat *Phil*.8.7; semper aliquam fraudi speciem iuris imponitis Liv.9.11.7; ne..de iure imperii dimicaret 22.25.16.

2 A legal system or code (with all its technicalities); *iuris* CONSVLTVS, PERITVS, skilled in the law, (as sb.) a lawyer; *iuris* PRVDENTIA, jurisprudence. **b** (w. adjs., etc., of particular branches of law or legal systems); *ius ciuile* (*Quiritium*), the law of and for Roman citizens (consisting of *leges, senatus consulta*, etc.); *ius gentium*, the law available to aliens as well as citizens (see also 8a); *ius praetorium, honorarium*, the law introduced by the edicts of praetors and other magistrates; *ius priuatum*, the law dealing with the interest of individuals; *ius publicum*, the law relating to the constitution and other matters of state concern. **c** (spec.) = *ius ciuile* (opp. praetorian law).

iure peritus Lucil.81; de iure consulentibus respondere Cic.*Mur*.9; o praeclarum interpretem iuris..! *Balb*.20; Suessiones..qui eodem iure et isdem legibus utantur Caes. *Gal*.2.3.5; ius anceps noui, causas defendere possum Hor.*S*. 2.5.34; iuris cauillationes Quint.*Inst*.7.4.37; iuris nodos et legum aenigmata Juv.8.50; inter liberales disciplinas attendit et iuri Suet.*Gal*.5.1;—(*in titles of legal treatises*) Sextus Aelius..librum populo dedit, qui appellatur ius Aelianum Pompon.*dig*.1.2.2.7;—(*cf.*) docendi ratio, quae..ut sic dixerim, ius ipsum rhetorices interpretetur Quint.*Inst*. 1.pr.23. **b** IVS FETIALE *Elog*.41(*CIL* 1.p.202); ius pontificium Cato *orat*.187; cum de iure praediatorio consuleretur Cic.*Balb*.45; ius augurium *Div*.2.70; Scaeuolam..diuini humanique iuris auctorem celeberrimum Vell.2.26.2; genera sunt tria sacri, publici, priuati iuris Quint.*Inst*. 2.4.34; (*w. gen. expr. field covered*) quid..scire Etrusci haruspices..de pomerii iure potuerunt? Cic.*Div*.2.75;—qui..potest iure Quiritium liber esse is qui in numero Quiritium nôn est? *Caec*.96; domi ius ciuile cognouerat *Brut*.98; Liv.9.46.4;—maiores aliud ius gentium, aliud ius ciuile esse uoluerunt Cic.*Off*.3.69; haec..uerborum obligatio 'dari spondes? spondeo' propria ciuium Romanorum est; ceterae uero iuris gentium sunt Gaius *Inst*.3.93;—iniuriam quam iste intercessoris iniquissimi beneficio obtinuit, non iure praetorio Cic.*Phil*.2.3; quae edicta praetorum ius honorarium constituerunt Pompon.*dig*.1.2.2.10;—ciuibus cum sunt ereptae pecuniae, ciuili fere actione et priuato iure repetuntur Cic.*Div.Caec*.18;—publici iuris auctoritas et regendae rei publicae ratio..eis oratoribus, qui uersantur in re publica, subiecta esse debet *de Orat*.1.201; Liv.41.18.16; publicum ius in sacris..in magistratibus consistit Ulp.*dig*. 1.1.1.2. **c** quos..praetor uocat ad hereditatem, hi heredes ipso quidem iure non fiunt: nam praetor heredes facere non potest Gaius *Inst*.3.32.

3 A particular provision of the legal code, a law, rule, or ordinance (in pl. often little more than a synonym of 2). **b** *dare iura*, to prescribe laws or rules (esp. as a symbol of sovereignty); *petere iura*, to look (to a country) for one's laws, i.e. submit to its jurisdiction (cf. also 4).

omnium legum atque iurum fictor Pl.*Epid*.523; ius institutum a Pompilio..ut (porta) sit aperta Var.*L*.5.165; sunt iura, sunt formulae de omnibus rebus constitutae Cic. *Q.Rosc*.24; ius semper hoc fuisse ut, quae tyranni eripuissent, ea tyrannis interfectis ei quibus erepta essent recuperarent *Phil*.2.96; omnia diuina humanaque iura permiscentur Caes.*Civ*.1.6.8; muliebria iura, quibus licentiam earum adligauerint maiores uestri Liv.34.3.1; arma..in armatos sumere iura sinunt Ov.*Ars* 3.492; ut ius per continuos XX annos seruatum aboleretur V.Max.9.1.3; argumenta duci ex iure simili Quint.*Inst*.5.11.32; cetera..iura eius legis ad peregrinos non pertinere Gaius *Inst*.1.47; 2.63;—(*w. gen. expr. field of a law*) descripta a maioribus iura finium Cic. *Caec*.74; uariorum iura dierum Ov.*Fast*.1.45; comitiorum.. pristinum ius reduxit Suet.*Aug*.40.2;—(*applied to laws of Fate, Nature, etc.*) uices..signorum et tradita iura *Aetna* 235; sunt et sub terra minus nota nobis iura naturae Sen. *Nat*.3.16.4; ferrea iura fatorum [Quint.]*Decl*.10.8;—(*transf.*) qui..uniuersas prouincias..uno calamitatis iure comprehenderet Cic.*Off*.2.27. **b** concubitu prohibere uago, dare iura maritis Hor.*Ars* 298;—(*transf.*) Caesar..per populos dat iura Verg.*G*.4.562; Hor.*Carm*.3.3.44; Roma an Carthago iura gentibus daret Liv.30.32.2; undis iura dabat Ov. *Met*.1.576;—caput Italiae omni Capuam fore iuraque inde.. Romanum etiam petiturum Liv.23.10.2; Ov.*Fast*.1.516.

4 The binding decision(s) of a magistrate, judicial pronouncement(s); (esp.) *iura* (*ius*) *reddere* (*dare*), to give decisions on points of law, administer justice; *ius* or *iura petere*, to apply to have one's case heard. **b** *ius dicere* = *iura reddere*; (see also IVRISDICTIO). **c** legal procedure (opp. force, etc.).

iste, qui omnia iura pretio exaequasset Cic.*Ver*.2.123; Minos..iura..meliora monet regemque cruentum temperat Stat.*Theb*.8.28;—Aeacus..qui iura silentibus illic reddit Ov. *Met*.13.25; Phaed.4.13.8; ut..iura aduersus publicanos extra ordinem redderent Tac.*Ann*.13.51; (*sg.*) in tempus deligebatur qui ius redderet 6.11;—det Pater (*i.e. Pluto*) hic umbrae mollia iura meae Prop.4.11.18;—neque his petentibus ius redditur Caes.*Gal*.6.13.7; cum ius asperius petitur a iudice Quint.*Inst*.9.2.90; (*pl.*) qui Lusitaniam..accolunt, iura Cordubam petunt Plin.*Nat*.3.13. **b** qui summa aequitate..ius dixit Cic.*Tul*.8; Caes.*Civ*.3.20.2; eum ius dicere Romae..inter ciues et peregrinos patres censuerant Liv.45.12.13; ius et furi dicitur; pace et homicidae fruuntur Sen.*Ben*.4.28.5; Suet.*Jul*.7.1; Gaius *Inst*.2.279; (*pl.*) tectis ac parietibus iura dicturi estis? Liv.3.52.6; (*transf.*) uter demutassit, poculo multabitur.—bonum ius dicis Pl.*St*. 726. **c** de controuersiis iure apud se potius quam inter se armis disceptare Caes.*Civ*.3.107.2; Nep.*Ca*.2.2; si mala condiderit in quem quis carmina, ius est iudiciumque Hor.*S*. 2.1.82; ubi in iure parum praesidii esset Liv.1.56.7; Vell. 2.91.2; ubi Pisonem..si iure ageretur potiorem, si armis, non inualidum uidissent Tac.*Ann*.2.80; negantem..cognitionis rem sed ordinari iuris esse Suet.*Cl*.15.1.

5 *ius iurandum* (usu. treated as one word), A binding formula to be sworn to, an oath (whether or not in legal contexts); hence, by analogy. **b** *ius peierare*, to break one's oath.

si parua iuri iurandost fides Pl.*Capt*.893; iusiurandum dabo me malitiose nihil fecisse *Poen*.1394; dixit iureiurando meo se fidem habuisse Ter.*Hec*.870; Cato *orat*.63; cum habeas..integerrimi municipi ius iurandum fidemque Cic. *Arch*.8; qui ius igitur iurandum uiolat *Off*.3.104; contra religionem iuris iurandi Caes.*Civ*.3.28.4; iusiurandum seruabat Nep.*Ag*.2.5; Hor.*S*.2.3.179; singulos iure iurando adigam Liv.24.16.12; iurandi formula iuris Ov.*Ep*.20.133; Phaed.1.8.7; cum iureiurando adfirmauerunt Larg.271; principio anni uitare Thraseam sollemne ius iurandum Tac.*Ann*.16.22; Gaius *Inst*.3.96;—(*pl., s.v.l.*) sancta iura iuranda Pac.*trag*.380;—(*personified*) ex Aethere et Terra.. Iusiurandum Hyg.*Fab*.pr.3(18+12). **b** ulla si iuris tibi peierati poena..nocuisset Hor.*Carm*.2.8.1.

6 The place or milieu in which justice is administered, court (mostly in such phrs. as *in ius ire, uocare*, and sim.).

ambula in ius Pl.*Cur*.621; qui..in iure abiurant pecuniam *Rud*.14; in ius ducito hominem Ter.*Eu*.768; ut statim de iure aliquis cucurrerit Cic.*Quinct*.79; de suis controuersiis in ius adeuntem *Att*.11.24.4; Caes.*Civ*.1.87.2; uocat puellam in ius Liv.3.44.9; Sen.*Con*.10.1; eamus in ius Mart.12.97.10; ius dicitur locus in quo ius redditur Paul.*dig*.1.1.11.

7 (in wider sense) That which is good and just, the principles of law, equity, the right. **b** (abl.) rightly, justifiably (see IVRE); so *optimo iure*. **c** justice (of an action or plea).

sine modo et modestia sum, sine bono iure atque honore Pl.*Bac*.614; *Mos*.658; ius petis, fateor *Ps*.1313; causam ceperit quo iure quaque iniuria praecipitem in pistrinum dabit Ter.*An*.214; ius bonumque apud eos non legibus magis quam natura ualebat Sal.*Cat*.9.1; euentus belli uelut aequus iudex, unde ius stabat, ei uictoriam dedit Liv. 21.10.9; quonam usque debuerit contra legem contraque ius pro amico progredi, dubitauit Gel.1.3.8;—(*as pred.*) si istuc ius est, senecta aetate scortari senes Pl.*Mer*.985; sibi quemque petere, quod pertineat ad usum, non iniquum est, alteri deripere ius non est Cic.*Off*.3.42. **b** te ipse iure optumo merito incuses licet Pl.*Mos*.713; quod..merito atque optimo iure contigit Cic.*Marc*.4; *Off*.1.111. **c** in confessione facti iuris tamen defensionem suscipi posse Cic.*Mil*.15; (Horatium) absoluerunt..admiratione magis uirtutis quam iure causae Liv.1.26.12; 36.32.3; sentit..ad ius querelae suae, nec quod torserim, nec quod occiderim, pertinere [Quint.] *Decl*.19.10.

8 (of various unwritten laws): **a** *ius gentium*, A universally recognized code or rule of behaviour between nations or individuals (cf. also 2b). **b** *ius belli* (*bellicum*), the conventions (or one of them) regulating the conduct of war, esp. the treatment of the vanquished; sim. *ius uictoriae*. **c** *ius naturae, ius naturale*, the ideal law implanted in man by Nature (usu., but not always, coinciding with *ius gentium*).

a eis ipsis diebus hostem persequi cum..omnia bella iure gentium conquiescant Cic.*Rab.Post*.42; *B.Hisp*.42.4; scelus legatorum contra ius gentium interfectorum Liv.4.32.5; Curt.4.2.15; quoniam, quae emeris, uendere gentium ius est Sen.*Ben*.1.9.5; pater intestatus duos nos filios reliquit, partem iure gentium peto Quint.*Inst*.7.1.46; Gaius *dig*. 1.1.9; (*cf.*) iniquum est conlapsis manum non porrigere: commune hoc ius generis humani est Sen.*Con*.1.1.14. **b** est..ius etiam bellicum fidesque iuris iurandi..cum hoste seruanda Cic.*Off*.3.107; Massiliensibus iure belli adempta reddituros uos pollicemini Ant.in Cic.*Phil*.13.32; *B.Afr*. 45.2; facinus contra ius belli non auaritia..admissum Sal. *Jug*.91.7; quidquid in hostibus feci ius belli defendit Liv. 26.31.2; seruus..quem ego belli iure possideo Sen.*Con*. 10.5.15; Suet.*Nero* 40.4;—(*pl.*) omnia iura belli perdiscere Cic.*Balb*.47; (*cf.*) eos neque colloqui neque indutiarum iura seruasse Caes.*Civ*.1.85.3;—iure uictoriae id solum uobis addidimus, quo pacem tueremur Tac.*Hist*.4.74; 5.9; cum ille ultra ius uictoriae in templa..saeuiret Flor.*Epit*.1.23(2.7.4). **c** naturae..ius esse, quod nobis..non opinio, sed quaedam innata uis adferat, ut..pietatem, gratiam Cic.*Inv*.2.65; Gel.6(7).3.45;—ut nostros mores legesque tueamur, quodam modo naturali iure praescriptum est Cic.*Part*.130; Ulp.*dig*.1.1.1.3; libertas naturali iure continetur et dominatio ex gentium iure introducta est Tryph.*dig*.12.6.64.

9 (esp. w. gen.) The obligations, bonds, or claims (or one of them) arising out of a given (social, etc.) relationship.

(*sg.*) ius illud matrimoni castum..damnatione uiri sublatum Cic.*Clu*.175; ius..amicitiae deserere *Amic*.35; quod aduersus ius hospitii esset Nep.*Han*.12.3; manente memoria etiam in discidio publicorum foederum priuati iuris Liv.25.18.5; ius aliquod tecum fratris amicus habet Ov.*Pont*.1.7.60; ne cum finitimis quidem ullo commercii iure miscentur Curt.9.10.8; Septimium Seuerum..tuum.. condiscipulum, sed mihi citra hoc quoque ius artissime carum Stat.*Silv*.4.pr.;—(*pl.*) omnia mihi cum eo intercedunt iura summae necessitudinis Cic.*Fam*.13.14.1; quaecumque iura liberos iungunt parentibus Liv.23.9.2; iam inde a puero in omnia familiaria iura adsuetum 24.5.9; coniugialia iura Ov.*Met*.6.536; sunt mihi et cum marito eius..uetera iura Plin.*Ep*.7.11.4; Fro.*Ver*.2.p.152(134N).

10 (esp. w. poss. adj. or pron.) What one is entitled to (esp. by law), one's right, due, prerogative, etc. **b** ground of right, title. **c** (*pro*) *suo iure*, without exceeding one's rights, legitimately or sim. (esp. transf.); also, to the full extent of one's rights, freely, at will; in one's own right. **d** *quo* (*nullo*) *iure*, by what (no) authority or right.

certumst ius meum omne persequi Pl.*Capt*.492; ius meum ereptum est mihi *Rud*.711; eodem ut iure uti senem liceat quo iure sum usus adulescentior Ter.*Hec*.11; suom ius postulat *Ad*.201; hoc uos, equites Romani, ius a patribus acceptum amittetis? Cic.*Rab.Post*.18; si ius suum defenderet *Dom*.20; non oportere sese a populo Romano in suo iure impediri Caes.*Gal*.1.36.2; iuris materni cura Verg.*A*.7.402; decessit..iure suo Liv.3.33.10; 'Fufetioeo' dicens Ennius poetico iure defenditur Quint.*Inst*.1.5.12; id..fas armorum et ius hostium est Tac.*Hist*.4.58; Gaius *Inst*.2.30;—(*pl.*) euerte..testamenta, uoluntates mortuorum, iura uiuorum Cic.*Ver*.2.46; quo per contumeliam consulum iura plebis labefactata essent Liv.3.64.2; inice non timidas in tua iura manus Ov.*Ep*.8.16; omnia..Caesar mihi iura reliquit *Tr*. 4.9.11; ut..senatorum filii et onera ordinis sustinerent et iura perderent Vell.2.28.4; iura parentis habes, propter me scriberis heres Juv.9.87;—(*w. defining gen.*) natorum mihi ius trium..dedit Mart.2.92.1; Plin.*Ep*.2.13.8;—(*cf.*) ut mitterent ciuitates iura (*i.e. the charters granting them rights*) Tac.*Ann*.3.60. **b** qui optimo iure eam prouinciam obtinuerit Cic.*Phil*.11.30; florem aetatis..quem ipse patri.. praebuit, iusto iure eum a filio repeti censet Liv.21.3.4; ius in uiribus habent (*sc.* Germani) Mela 3.28; Lysimachiam urbem..Antiochus ut hereditario iure repetebat Flor.*Epit*. 1.24(2.8.7); (*in fig. phr.*) se..corroborat cotidie luctus et iam sibi ius mora facit Sen.*Dial*.6.1.7. **c** in quem animaduertere ipse et more maiorum et suo iure possit Cic.*Mil*.71; ut ad te familiariter et quasi pro meo iure scriberem *Fam*. 13.50.1; Pomponius..iocari uidetur, et fortasse suo iure *Fin*.5.4; iure suo nonnulla ab imperatore miles..uindicat Nep.*Thr*.1.4; (loca) quibus etiam inuocati suo iure de populo possunt uenire Vitr.6.5.1; Mart.8.58.2;—do praetermitto, non necesse habeo omnia pro meo iure agere Ter. *Ad*.52; suo ueniat iure, luxuria est (uoluptas) Sen.*Ep*.116.3; equites R...interceptis uectigalibus peculabantur suo iure rem p. Flor.*Epit*.2.5(3.17.3);—id bonum est suo iure Sen. *Ep*.44.6. **d** quoniam in alienam pecuniam..nullo iure inuaserit Cic.*S.Rosc*.6; quis tibi id permisit? quo iure fecisti? *Ver*.5.151; *Caec*.98; ut quo quisque iure uacationem haberet ad senatum deferret Liv.27.38.3.

11 (w. obj. gen., esp. of gd. or gdve.) The right (to do or have something); (also w. inf., or *ut*).

quod est huiusce rei ius, quae consuetudo..? Cic.*Ver*.5.76; quibus ius sit cum populo agendi *Leg*.3.40; materiae.. caedendae unde quisque uellet ius factum Liv.5.55.3; ius triste sepulcri Ov.*Met*.13.472; Vell.2.28.4; habeo ius actionis Quint.*Inst*.3.6.73; ius necis uitaeque Tac.*Hist*.3.68; Suet.*Cl*.6.2; ius eundi agendi aquamue ducendi Gaius *Inst*.2.31; ius ciuicae coronae Gel.5.6.13;—(*w. inf.*) mihi ius concurrere soli Verg.*A*.12.315; Suet.*Nero* 16.2;—(*w.* ut) meum ius esse ut te cogam quae ego imperem facere Ter. *Hec*.243; Amp.42.3.

12 Position or standing in respect of the law (esp. as regards the enjoyment or exercise of rights): **a** (of individuals). **b** (of cities, communities); *ius Italicum* (*Italiae*), privileges granted to certain provincial cities (see ITALICVS[1], ITALIA); *ius Latinum* (*Latii*), a restricted form of citizenship (see LATINVS, LATIVM). **c** (of things).

adhuc ei propter uim aduersariorum non ius par, non agendi potestas eadem Cic.*Quinct*.10; P. Lentulus..non modo praetoris ius uerum etiam ciuis amiserat *Catil*.3.15; Ov.*Tr*.5.2.56; ei (*sc.* Archagatho)..ius Quiritium datum Plin.*Nat*.29.12; PEREGRINI IVRIS FEMINAS *Priv.mil.vet*. (*CIL* 3.p.853); primi Aedui senatorum in urbe ius adepti sunt Tac.*Ann*.11.25; ut..iure ac dignitate matronali exoluerentur (feminae) Suet.*Tib*.35.2; ut in eo (iudicio) singulae personae duplex ius habeant agentis et eius quocum agitur Julian.*dig*.10.1.10; Ulp.*dig*.5.2.24;—(*pl.*) auctoratos in tertia iura ministros (*i.e. assistants of the third grade*) Man. 5.345. **b** hoc iure sunt socii ut iis ne deplorare quidem de suis incommodis liceat Cic.*Ver*.2.65; *Caec*.102; neque.. aliud ius esse Cappadociae atque Armeniae *B.Alex*.35.2; Pedani eodem iure quo Lanuuini in ciuitatem accepti Liv. 8.14.3; 39.37.14; oppidum..Caesarea..a Diuo Claudio coloniae iure donata Plin.*Nat*.5.20; Caesar nationes Alpium maritimarum in ius Latii transtulit Tac.*Ann*.15.32; colonias iuris Italici Ulp.*dig*.50.15.1. **c** libera (praedia) meliore iure sunt quam serua Cic.*Agr*.3.9; eandem domum populus Romanus..eodem iure esse iussit quo fuisset *Har*. 11; *Off*.3.67; haec..ad coniecturam frequentius pertinent, sed interim ad ius quoque: priuatus (locus) an publicus, sacer an profanus Quint.*Inst*.5.10.38; loca..iuris ambigui possessoribus adiudicauit SUET.*Aug*.32.2; ius fundi deterius factum PROC.*dig*.50.16.126.

13 Rights over others, authority, jurisdiction (conferred by law). **b** (outside the legal sphere, esp. transf. or fig.). **c** *mei* (etc.) *iuris*, subject to my (etc.) control, belonging to me; *sui iuris* (also *suo iure*, *pro suo iure*), one's own master, independent.

omnes..in consulis iure et imperio debent esse prouinciae CIC.*Phil*.4.9; postquam res publica in paucorum..ius atque dicionem concessit SAL.*Cat*.20.7; ni ita esset, (se) patrio iure in filium animaduersurum fuisse LIV.1.26.9; rogationem..de aequando magistri equitum et dictatoris iure 22.25.10; haec est Ausonio sub iure nouissima..terra OV.*Tr*.2.199; perit..quondam ueneranda potestas iuris inops LUC.5.398; ubi prima dies iuris SIL.4.711; ius regium seruili ingenio exercuit TAC.*Hist*.5.9; proconsulare ius *Ann*.13.21; si ab eo stipuler, qui iuri meo subiectus est GAIUS *Inst*.3.104; (*pl.*) capit annua consul iura OV.*Fast*.2.852; LUC.9.238;—(*w. field of authority expr.*) quibus in hos eadem omnia sunt iura quae dominis in seruos CAES.*Gal*.6.13.2; ius de tergo uitaque sua penes..unum..esse LIV.2.29.12; (*w. obj. gen.*) si ius militum..in aliquem libertorum transferret TAC.*Ann*.11.33. **b** nullis ut terminis circumscribat..ius suum (orator) CIC. *de Orat*.1.70; lunae proximum ius est SEN.*Nat*.2.11.2; non aliter..censum haberi..tutius ac minore fortunae iure PLIN.*Nat*.19.56; (uerba) frequenter ius ab auctoribus sumunt QUINT.*Inst*.1.4.4;—(*pl.*) femina..trahit addictum sub sua iura uirum PROP.3.11.2; (*c*) diuersae..nouem sortitae iura (*i.e. provinces*) Puellae (*i.e. the Muses*) PROP.3.3.33;—(*w.* in+*acc.*) nil animis in corpora iuris natura indulget JUV.2.139;—(*w. gen.*) Pisces..pedum sibi iura reposcunt MAN.2.465; ius hoc animi morientis habebat (Magnus) LUC.8.636. **c** (Carthaginienses) his (moenibus) inclusos, non..quicquam sui iuris cernere LIV.30.42.19; rem..mei iuris malim tenuisse precando OV.*Fast*.6.71; (Maroboduus) finitimos omnis..iuris sui fecit VELL.2.108.2; Iason.., alieni arbitri iurisque factus SEN.*Med*.138; iuris..tui natura relinquet quis deus esse uelis LUC.1.51;—Halaesini pro multis..meritis atque beneficiis suo iure CIC.*Ver*.2.122; non habebam locum ubi pro meo iure diutius esse possem *Att*.3.2.1; fore..liberam et sui iuris ciuitatem HIRT.*Gal*.8.52.4; Mithridates, ultimus omnium iuris sui regum praeter Parthicos VELL.2.40.1; PLIN.*Nat*.6.47; mortuo patre..filii..sui iuris efficiuntur GAIUS *Inst*.1.127; (*fig.*) non sum mei iuris, cum ile proelii clamor exortus est SEN.*Con*.1.8.5.

Ĭus³: see Ios.

-ius -(i)ī, *m.* and -ia -ium, *adjl. suff.* Common suff., sts. in primary adjs. (*socius, eximius*); freq. in derivs. from sbs. (*augurius, patrius*) and proper names (*Martius, Octauius*).

iūsa: see IVS².

iusculum ~ī, *n.* [IVS¹+-CVLVM] Broth, soup.

~um frigidum sorbere CATO *Agr*.156.7.

iusiūrandum: see IVS².

iussiō ~ōnis, *f.* [IVBEO+-TIO] A (magistrate's) order, requisition.

si debitis satisfecit simplici ~one et non cognitione habita ULP.*dig*.4.2.23.2(interp.?).

iussum ~ī, *n.* [neut. of pf. pple. of IVBEO]

1 A command, order (mostly in pl.).

cum praesertim deorum..~is atque oraculis id fecisse dicantur CIC.*S.Rosc*.66; ~is uostris oboediens erit SAL.*Jug*.31.19; iam ~a facit VERG.*A*.1.302; diuum ducunt qua ~a sequamur 3.114; 12.877; OV.*Met*.9.15; oppidum..Sibyllinis a populo Romano conditum ~is PLIN.*Nat*.3.123; regem..mille ciere manus et iam dare ~a uocatis V.FL.1.754; iret propere duceretque promptissimos ad ~a TAC.*Ann*.14.7; quia..abnuerat..~a ducis 14.37; GEL.12.13.5;—(*of public decrees*) scita ac ~a nostra sua sententia comprobat (populus Gaditanus) CIC.*Balb*.42; qui..iniusta populis ~a descripserint *Leg*.2.11;—(*sg.*) si populus iusserit me tuum..seruum esse, id ~um ratum..futurum *Caec*.96.

2 What one is ordered to provide.

non medicorum ~a ministro OV.*Ep*.19.133.

iussus ~ūs, *m.* [IVBEO+-TVS³] Bidding, command; (only in abl. sg., usu. w. poss. adj. or gen.).

quoiius ~u uenio PL.*Am*.17; tuo ~u profectus sum *Cur*.329; CATO *Agr*.139; concurrunt ~u meo..librarii CIC.*Agr*.2.13; domus..inflammata ~u Clodi *Att*.4.3.2; qui ~u Pompei oppido praeerat CAES.*Civ*.3.11.3; NEP.*Dat*.2.1; dictator senatus consulto ~uque populi triumphans in urbem rediit LIV.4.20.1; 24.1.13; non legis ~u lectum uenistis in unum OV.*Ars* 157; VELL.2.87.2; STAT.*Theb*.4.716; quod..~u iudicis satis accipiatur GAIUS *Inst*.3.125;—(*w.* de, ex) lictores duo de ~u magistratuum..trahere me..occipiunt APUL.*Met*.3.2; ex ~u domini in solidum aduersus eum iudicium datur ULP.*dig*.15.4.1;—(*without gen. or poss. adj.*) crebra hinc proelia.., ob iram ob praedam, ~u et aliquando ignaris ducibus TAC.*Ann*.12.39; ULP.*dig*.15.4.1.6.

iustē, *adv.* *compar.* ~ius, *superl.* ~issimē. [IVSTVS+-E]

1 In accordance with the law, legitimately.

ut..~e pieque accusaret CIC.*Clu*.42; ego sum publicus nuntius populi Romani; ~e pieque legatus uenio LIV.1.32.6; siue ~e sint procreati uel uulgo quaesiti ULP.*dig*.38.17.2.1.

2 In accordance with justice, rightfully. **b** deservedly.

nec ~e eum postulare ut in Caesaris aduentum res integra differretur *B.Alex*.35.2; ~ius aeuum exul agam, quam me uideant Capitolia regem OV.*Met*.15.588; quanto innocenti ~ius debet dari (uenia)? PHAED.3.epil.23; quis eam (quaestionem) ~ius explicabit quam tu..? TAC.*Dial*.16.1. **b** ornari hunc ~issime posse intellegebant CIC.*Agr*.2.23.

3 With good reason, justifiably.

ea, quae a nobis facta sint, ~issime facta *Rhet.Her*.2.14; reprehendi ~ius HOR.*S*.2.4.86; LIV.36.33.3; genitor..et una mater adest, ambo miseri sed ~ius illa OV.*Met*.4.692; Felicis nomen..usurpasset ~issime, si eundem..uiuendi finem habuisset VELL.2.27.5; quod ~ius timetur SEN.*Ep*.99.12.

4 In a spirit of justice, uprightly, justly, honourably.

~e uiuere sitne utile CIC.*Part*.62; ~e..ea (*sc.* bella) non minus quam fortiter..gerere LIV.5.27.6; AMP.12.1.

5 To the extent prescribed, fully.

hi, qui ~issime in utero sunt, post ducentos septuaginta tres dies, postquam sunt concepti,..nascuntur GEL.3.10.8.

iustificus ~a ~um, *a.* [IVSTVS+-FICVS] Dealing justly, righteous.

~am nobis mentem auertere deorum CATUL.64.406.

iustitia ~ae, *f.* [IVSTVS+-IA]

1 Justice, fairness, equity. **b** (personified).

ut meae stultitiae in ~a tua sit aliquid praesidi TER.*Hau*.646; hominis.., in singulos municipes benignitas, in omnis homines ~a CIC.*Clu*.196; in administranda prouincia ~am..mihi tuam exposuit *Fam*.10.3.1; ~ae primum munus est, ut ne cui quis noceat 1.20; sperare pro eius ~a quae petierint impetraturos CAES.*Gal*.5.41.8; NEP.*Ar*.2.2; si quid usquam ~a est et mens sibi conscia recti VERG.*A*.1.604; specimen ~ae temperantiaeque Romanae LIV.25.36.16; VELL.2.32.2; populus..qui..magnitudinem suam malit ~ia tueri TAC.*Ger*.35.2; ordinata..erat in duodecim tabulis tota ~a FLOR.*Epit*.1.17(1.24.1); ~a est constans..uoluntas ius suum cuique tribuendi ULP.*dig*.1.1.10. **b** ~ae soror, incorrupta Fides HOR.*Carm*.1.24.6; GERM.*Arat*.104; *BMCI* 3.p.2,No.13(Nerva); Erigone signum Virginis, quam nos ~am appellamus HYG.*Fab*.130.5.

2 Validity, adequacy (of reasons),

ut (praetor ~am earum causarum examinet MOD.*dig*.4.1.3.

iustitiāle ~is, *n.* [app. next+-ALIS, sc. *certamen*] (app.) A contest held during a *iustitium* (in quot., prob. one marking the funeral of one of the imperial household).

QVADR(iga) VIC(it) VII..SEC(undas) XXXIX TER(tias) LX ET ~E I SEIVGES II *CIL* 6.10051.17(*c.* A.D. 25).

iustitium ~(i)ī, *n.* [IVS²+SISTO+-IVM, cf. *solstitium*] A cessation of judicial and all other public business, in the event of national calamities, riots, etc. (latterly, perh. only on the death of an emperor or one of his family). **b** (transf., of any suspension of activity).

qui in contione ausus est dicere ~ium edici oportere, iuris dictionem intermitti, claudi aerarium, iudicia tolli CIC.*Har*.55; tumultum decerni, ~ium edici *Phil*.5.31; dilectus simul edicitur et ~ium LIV.4.26.12; consul senatum dimisit, ac prope ~ium omnium rerum futurum uidebatur 26.26.9; clausa..~io tristi fora LUC.5.32; exuto ~io reditum ad munia TAC.*Ann*.3.7; APUL.*Met*.4.33. **b** nec uoce negata Cirrhaeae maerent uates, templique fruuntur ~io LUC.5.116.

iustum ~ī, *n.* [neut. of next]

1 What is just, justice, equity. **b** (pl.) what one is entitled to, one's dues.

(aequitatis) altera (uis) derecta ueri et ~i CIC.*Part*.130; ~o secernere iniquum HOR.*S*.1.3.113; me..fides sanctique potentia ~i huc tulit V.FL.5.498; ~i..species non simpliciter exculti solent QUINT.*Inst*.2.4.38; (*pl.*) sceptrorum uis tota perit, si pendere ~a incipit LUC.8.489. **b** an quisquam iudex est qui possit noscere tua ~a..? TER.*Ph*.280; (seruis) operam exigendam, ~a praebenda CIC.*Off*.1.41; si ~a peto OV.*Met*.13.466; (dominus) quaerit, an (serui) ex sua constitutione ~a percipiant COL.1.8.18.

2 (usu. in abl. of compar.) What is prescribed or correct.

ille..plus ~o uehit PL.*Bac*.349; semine..liquido praeter ~um LUCR.4.1241; tibi ne uicinus..plus ~o placeat caue HOR.*Carm*.3.7.24; Minucia Vestalis, suspecta..propter mundiorem ~o cultum LIV.8.15.7; cum alter consulum ~o esset ferocior VELL.2.49.3; quisquis plus ~o non sapit MART.14.210.2; QUINT.*Inst*.9.4.126.

3 (*pl.*) Due observances, ceremonies; esp. **b** things which are due to the dead, obsequies, funeral offerings, etc.

uenientibus Capuam cunctus senatus..obuiam egressus ~is omnibus hospitalibus..fungitur LIV.9.6.7; omnia sollemnia ac ~a ludorum..summa cum caerimonia esse seruata CIC.*Har*.21. **b** homo si fulmine occisus est, ei ~a nulla fieri oportet *Lex Reg*.(*Font.iur*.p.8); postquam ille uxori ~a fecit PL.*Cist*.176; qui nondum etiam omnia paterno funeri ~a soluisset CIC.*S.Rosc*.23; SAL.*Jug*.11.2; hanc, quia ~a ferunt, dixere Feralia lucem OV.*Fast*.2.569; corpori uxoris eius ~is persolutis CURT.4.12.2;—~a sorori non praestitit SEN.*Dial*.11.17.4; manibus exiguis annua ~a dato MART.10.61.4; FRO.*Fer*.2.p.152(134N).

4 a (pl.) Regular tasks. **b** (sg. or pl.) the full or correct amount. **c** (pl.) exact calculations.

a pedites..operi aliisque ~is militaribus..adsuefecit LIV.24.48.11; ~a..fieri nequeunt, cum induruit ager COL.2.4.7. **b** (*sg.*) quod..a ~o (*i.e. the amount at the equinox*) superauerit umbris, perdiderint luces MAN.3.450;—(*pl.*) iumentis ~a operum reddentibus COL.6.3.3; ut per exiguas portiones cibi ad ~a perducatur (equus) 6.30.5; quo facilius ~a lanificio..exigere possit (uillica) 12.3.6. **c** uinearum fossio..peragenda est arborumque..adligatio finienda, quorum ~a certa esse non possunt COL.11.2.16; inaequalitas arborum non patitur operis ~a comprehendi *Arb*.5.6.

iustus ~a ~um, *a.* *compar.* ~ior, *superl.* ~issimus. [IVS²+-TVS²] FORMS: *iouestod* (abl. sg.) *CIL* 1.1.

1 (of actions, states, etc.) Recognized or sanctioned by law, lawful, legitimate; *dies ~i*, the period of time allowed for complying with an official command. **b** (of persons) legally constituted or appointed.

per hos (*sc.* fetiales) fiebat ut ~um conciperetur bellum VAR.*L*.5.86; ei qui in seruitute ~a fuerunt CIC.*Caec*.99; discriptio..sacerdotum nullum ~ae religionis genus praetermittit *Leg*.2.30; cum apparitor..laxe uinciret, 'quin tu' inquit 'adduces lorum, ut ~a fiat deditio?' LIV.9.10.7; duos se consules creasse, unum habere; quod enim illi ~um imperium..? 22.1.5; rara est in dominos ~a licentia SEN.*Med*.109; ~o (*i.e. married*) quoque robur (*sc. of Cato*) amori restitit LUC.2.379; non ~um testamentum est QUINT.*Inst*.5.14.16; decretum postulat quo ~ae inter patruos fratrumque filias nuptiae..statuerentur TAC.*Ann*.12.7; GEL.14.7.7;—aeris confessi rebusque iure iudicatis XXX dies ~i sunto *Lex XII*(*Font.iur*.p.20); GEL.20.1.43; ~i dies dicebantur triginta, cum exercitus esset imperatus et uexillum in arce positum PAUL.*Fest*.p.103M. **b** NEPOTES..TVM EIEI FILIO GNATEIS CEIVEIS ROMANEI IVSTEI SVNTO *CIL* 1.583.77; haruspices..responderunt non fuisse ~um comitiorum rogatorem CIC.*N.D*.2.10; pecuniarum translatio ~is dominis ad alienas *Off*.1.43; hunc ~a matre familiae, illum paelice ortum esse LIV.39.53.3; OV.*Ars* 2.598; ~o regi tibi fiduciarium restituet imperium (Bessus) CURT.5.9.8; nondum..~us eques MART.1.103.2; ~us..possessor ULP.*dig*.5.3.31.2.

2 To which one is entitled, rightful, due. **b** (of rewards, punishments, etc.) deserved, merited.

~am rem et facilem esse oratam a uobis uolo PL.*Am*.33; commemini..meam orationis ~am partem persequi *Mil*.645; habet..uenerationem ~am quicquid excellit CIC.*N.D*.1.45; tempora..data sunt studiis ubi ~a paternis OV.*Pont*.2.9.59; coniunx socerque ~a iam functis habent, a me sepulti SEN.*Med*.999; STAT.*Silv*.3.3.125. **b** ~ae..et debitae poenae solutae sunt CIC.*Mil*.85; ad caelum..tollimus (te)..~issimis laudibus *Fam*.15.9.1; illi ~a cheragra contudit articulos HOR.*S*.2.7.15; nec alius post M. Furium..~iorem de Gallis egit triumphum LIV.7.15.8; id ei ~um exsilium esse sciuit plebs 26.3.12; VELL.2.47.1; liberos Germanici..~is solaciis adficite TAC.*Ann*.3.12; Bruttiano ~issimum integritatis testimonium redditum PLIN.*Ep*.6.22.5; quam fulmine ~o et Capito et Numitor ruerint JUV.8.92; (*cf.*) foci bibere ~um sanguinem Busiridis SEN.*Her.F*.484.

3 (of persons) Just, fair, impartial. **b** (of terrain) fair, i.e. not giving the enemy an advantage.

aequi et ~i..arbitri PL.*Am*.16; ~issimus iudex CIC.*Planc*.32; acerbum habuimus Curionem, Bibulum multo ~iorem *Fam*.1.4.1; tyrannus..fuerat appellatus, sed ~us NEP.*Milt*.8.3; Aeneas.., quo ~ior alter nec pietate fuit, nec bello maior VERG.*A*.1.544; ~um et tenacem propositi uirum HOR.*Carm*.3.3.1; adspiciunt oculis superi mortalia ~is OV.*Met*.13.70; condiciones pacis quas..Caesar ~issimo animo postulabat VELL.2.48.5; STAT.*Theb*.1.250; (*w.* in+*acc.*) liberalem in publicanos, ~um in socios fuisse CIC.*Planc*.63;—(*of personified things*) ~a pari premitur..cum pondere libra [TIB.]3.7.41; respuet inuisum ~a cadauer humus OV.*Ib*.166;—(*as a sobriquet*) adeo excellebat Aristides abstinentia, ut..cognomine ~us sit appellatus NEP.*Ar*.1.2. **b** fundi Germanos acie et ~is locis, iuuari siluis, paludibus TAC.*Ann*.2.5.

4 (of activities, etc.) Performed, exercised, etc., in accordance with justice, just, equitable. **b** (of a claim, case, etc.) based on equity.

augete auxilia uostris ~is legibus PL.*Cist*.200; ut semper tibi apud me ~a et clemens fuerit seruitus scis TER.*An*.36; honestis consiliis ~isque factis, non fraude et malitia CIC.*Off*.2.10; laborem partibus aequabat ~is VERG.*A*.1.508; ~o et moderato regebantur imperio LIV.22.13.11; ~is legibus et aequis condicionibus bellum componere VELL.2.25.1; prodigia..~a aestimatione perpendere V.MAX.1.6.12; ~i patientia Martis (*i.e. war without looting*) LUC.9.293; quidam sicut Menander ~iora posterorum quam suae aetatis iudicia sunt consecuti QUINT.*Inst*.3.7.18; ~a interpretatione PAUL.*dig*.13.5.17;—(*w. noun cl. or inf.*) ~umst ut tuos tibi seruos tuo arbitratu seruiat PL.*Bac*.994; ~issimum uisum est (pecuniam) inde repeti ubi inopiae causa erat TAC.*Hist*.1.20; GEL.6(7).3.41; (*cf.*) tua ~ior aetas, ultra me improperae ducant cui fila sorores SIL.3.95. **b** causam hanc ~am esse animum inducite TER.*Hau*.41; nonne haec ~a tibi uidentur postea? *Ad*.660; etsi omnes semper molestae seditiones fuissent, ~as tamen fuisse non nullas CIC.*de Orat*.2.199; foedissimum hostem ~issimo bello persequi *Phil*.13.35; si antiquissimum quodque tempus spectari oporteret, populi Romani ~issimum esse in Gallia imperium CAES.*Gal*.1.45.3; discernere, utra pars ~iorem habeat causam *Civ*.1.35.3; ~um est bellum, Samnites, quibus necessarium LIV.9.1.10; ulcisci ~a per arma patrem OV.*Fast*.3.710.

5 (of actions, feelings, etc.) Having good cause, justified. **b** (of reasons, excuses) sound, valid.

plena ~i doloris oratio CIC.*Brut*.158; si ~as inimicitias putabas *Flac*.77; cuius postulationem..cum iudicaret ab ~o nosci timore HIRT.*Gal*.8.48.9; nunc sera querelis haud ~is adsurgis VERG.*A*.10.95; (pueri) causam ~i semper amoris habent TIB.1.4.10; nostra tueri aduersus..iniuriam ~a ui non ultis LIV.7.31.3; ob iram ~issimam pugnaturos 21.44.2; ~a mora est OV.*Tr*.1.3.62; tam ~o dabitur quando calere mero? MART.8.45.6; dispersos in domibus Germanos trucidauerant; unde metus et ~ae preces inocantium TAC.*Hist*.4.79; ~a et probabilis ignorantia GAIUS *Inst*.3.160; (*neut. pl. as sb.*) ~a queror STAT.*Silv*.3.2.78. **b** an..non ~a caussa est ut uos seruem sedulo..? PL.*Capt*.257; TER.*Ph*.710; Sappho quae sublata de prytanio est dat tibi ~am excusationem Cic.*Ver*.4.126; *Sest*.112; numquam id sine aliqua ~a causa existimarem te fecisse *Fam*.11.27.7; Liv. 8.15.2; fructus adest, ~issima causa laborum Ov.*Pont.* 1.5.25; Sen.*Ben*.2.22; Luc.5.580; ~a pericli si ratio est et honesta Juv.6.94; uani timoris ~a excusatio non est Cels. *dig*.50.17.184.

6 Prescribed or appointed, proper, correct. **b** of the prescribed or ideal size, amount, degrees, etc., full, complete, perfect, or sim.; also, of the amount, etc., requisite for some purpose.

funem loreum in plostrum ~um P. LX Cato *Agr*.135.5; ~is precibus deorum mentis, non contaminata superstitione ..posse placari Cic.*Clu*.194; Caes.*Gal*.6.19.5; uersus mihi nullus..potest ~os..reperire pedes Tib.2.5.112; non ~o dilectu..sed prope uoluntariorum..coacta manu Liv.5.16.5; ut non..lacrimis ~oque comploratu prosequerentur mortuos 25.26.10; labant..~o sine pondere naues Ov.*Met*.2.163; ~um praeterit ira modum *Fast*.5.304; extollere se, quae ~am magnitudinem impleuere, non possunt Sen.*Ep*.79.9; cum..sarmenta ~am maturitatem ceperint Col.4.23.1; ~us ordo Plin.*Nat*.18.126; retentis ultra ~um tempus insignibus Suet.*Tib*.4.2. **b** uictoria ~a imperator appellatus apud Issum Cic.*Fam*.2.10.3; eo die castra mouet ~umque iter conficit (*i.e. a full day's march*) Caes.*Civ*.1.23.5; 3.76.1; (anule) digitum ~o commodus orbe teras Ov.*Am.* 2.15.6; ne in operis quidem ~i materia, nedum huius tam recisi digne exprimi potest Vell.2.89.1; quis fuerit eo tempore ciuitatis habitus..~o seruemus operi 2.99.3; alium nihil praeter iaculum habere, alium funda saxa librare, paucis ~a arma esse Curt.4.14.5; quibus aetas et ~a stipendia, dimissi cum honore Tac.*Hist*.4.46; triginta ducibus ~os triumphos et aliquanto pluribus triumphalia ornamenta decernenda curauit Suet.*Aug*.38.1; seruos non contentus multis difficultatibus a libertate et multo pluribus a libertate ~a remouisse 40.4; cuius aetatis sit is..utrum ~ae (*i.e. adult*) an pupillaris Ulp.*dig*.49.14.16;—licet..contigentem undique repleri ~a iuris ciuilis scientia Cic.*de Orat.* 1.191; uix ~um pastinationi praebet regestum Col.3.13.8; nondum suppetente ad hauriendum ultra ~a ui (lunae) Plin.*Nat*.2.46.

7 (mil.): **a** (of military units, etc.) At full strength and/or fully equipped. **b** (of fighting) regular, formal (opp. skirmishing or sim.). **c** (of soldiers) in regular service; constituting a regular or organized force.

a nec quicquam ad ~i exercitus formam praeter ducem deerat Liv.7.39.8; duae Romanae legiones cum suo ~o equitatu 21.17.8; exploratum habeo non..stationes ~as esse 25.38.16; Vell.2.61.2; mare ~is quoque nauigiis horrendum Sen.*Con*.7.1.4; Ciuilis aduentu ueteranarum cohortium ~i iam exercitus ductor Tac.*Hist*.4.21; edidit naualis pugnas paene ~arum classium Suet.*Dom*.4.2. **b** bellum nobis prope ~um intulerunt Cic.*Prov*.4; ~iore altero..proelio..uincuntur Liv.5.49.6; Samnites desperato improuiso tumultu..acie ~a maluerunt concurrere 10.14.8; cum prope ~a obsidio esset 25.34.6; latrociniis magis quam ~o bello in Bruttiis gerebantur res 29.6.2; putes ~um..in gurgite Martem perfurere Stat.*Theb*.4.823; Flor.*Epit*.1.47 (3.12.14). **c** neque ad exemplum ~i militis quicquam eis (*sc. slave volunteers*) praeter libertatem deesse Liv.24.14.4; praefectus socium..in agro Bruttio ~i ducis speciem nactus 25.1.3; extra hanc uelut ~am aciem..consul..auxiliares Eumenis..instruxit 37.39.9; classiarios, quos Nero ex remigibus ~os milites fecerat Suet.*Gal*.12.2; (*cf.*) ut..~ae.. militiae commoda pollicaretur *Vit*.15.1;—(*of a foe*) ab Liguribus, latronibus uerius quam hostibus ~is, Romanum exercitum obsideri Liv.40.27.10; Gel.5.6.21.

8 Justifying the name, properly so called.

non est ~us quisquam amator nisi qui perpetuat data Pl.*Ps*.306; rem publicam ~am et iam suis nitentem uiribus Brut.*ad Brut*.1.4a.4(6); alias (quaeram) ~um sit necne poema Hor.*S*.1.4.63; super ripas Tiberis effusus lenibus stagnis nec adiri usquam ad ~i cursum poterat amnis Liv. 1.4.4; neque enim ista uocari proelia ~a decet, patriae sed uindicis iram Luc.2.540; manibus sustineri, nisi ~a fatigatione, delicatum Quint.*Inst*.11.3.132.

9 Such as one may reasonably expect to encounter, normal, ordinary.

~um incrementum (Nili) est cubitorum XVI Plin.*Nat.* 5.57; dum ne (uitis) excedat hominis longitudinem ~am 17.184; spina siluestris..candida, magnitudine arboris ~ae 24.111; statura fuit prope ~a Suet.*Nero* 51.1;—(*w. inf.*) ~um est..e modio redire sextarios IV siliginis Plin.*Nat.* 19.86.

iūtor ~ōris, *m.* [IVVO+-TOR] A helper.
IOVE ~ORI *CIL* 9.5531.1.

iūtrix ~īcis, *f.* [IVVO+-TRIX] Fem. of prec.
VENVS ~IX *BMCI* 4.p.516 (Marcus Aurelius).

Iūturna ~ae, *f.* FORMS: *Diuturn- CIL* 6.30951. A nymph, orig. goddess of a spring near Lavinium, later associated with a fountain in the Forum at Rome; by Virgil treated as the sister of Turnus.
Cic.*Clu*.101; fratribus illa (*sc.* templa) deis..circa ~ae composuere lacus Ov.*Fast*.1.708; 2.585; Stat.*Silv*.4.5.35; (fontes) salubritatem aegris corporibus adferre creduntur, sicut Camenarum et..~ae Fron.*Aq*.4; (*applied to the spring itself*) lympha ~a quae iuuaret Var.*L*.5.71;—Verg. *A*.12.146; Apul.*Soc*.11.

? **Iuuenae** ~ārum, *f. pl.* [cf. IVVENIS] (app.) The name of a *collegium* of young women at Mediolanum.
CIL 5.5907.

iuuenālis[1] ~is ~e, *a.* [IVVENIS[2]+-ALIS] N.B.: there has been much confusion in MSS. between this and *iuuenilis*.

1 of parts of the body, physical powers, or sim.) Of or worthy of a young man or woman (see IVVENIS[2]), youthful. **b** (of persons) in one's youth or prime. **c** (of works of art) representing a young man or woman.
cognoscite..mihi quae fuerint ~i in corpore uires Verg. *A*.5.475; quale latus! quam ~e femur! Ov.*Am*.1.5.22; ut repleam uacuas ~i sanguine uenas *Met*.7.334; uis ~is 12.465; ~is..uoltus *Fast*.3.437; ~e decus (*i.e. hair*) serua Mart.9.17.7; ualida ac ~ia membra Juv.11.5; (*transf.*) hic.. mundus..ualenti habitudine, pubertate ~i Apul.*Mun*.22. **b** ut faciunt..tui, sidus ~e, nepotes Ov.*Tr*.2.167;—(*of the zodiacal sign Aquarius, also called* Iuuenis) ~is Aquarius Man.4.260; summas Centaurus retinet ~e per astrum 4.357. **c** factum de marmore signum..~e Ov.*Met*.14.314; ~ia.. Dianae simulacra Paul.*Fest*.p.104M.

2 (of activities, emotions, etc.) Characteristic of, practised, felt, etc., by young men. **b** *ludi ~es* (also *lusus ~is*, or *~ia* alone), games in which young men performed, esp. those instituted by Nero; *dies ~is* (see quot.).
mihi mens ~i ardebat amore compellare uirum Verg.*A*. 8.163; ab nocturno ~i ludo in castra redeunt Liv.1.57.11; hilaritas ~is 40.7.2; obstitit inceptis..~ibus aequor Ov.*Ep*. 17.35; opus nitidae ~e palaestrae *Met*.6.241; concessis aetati iocis utor et ~i lege defungor Sen.*Con*.2.6.11; ductum ~i cupiditate gloriae Quint.*Inst*.7.2.24; caloris ~is impetu lapsus Apul.*Met*.10.23. **b** (Nero) adhuc per domum..cecinerat ~ibus ludis, quos ut parum celebris.. spernebat Tac.*Ann*.15.33; Suet.*Nero* 11.1; SODALES LVSVS ~IS *CIL* 14.2640; (*neut. pl. as sb.*) quod..~ium ludicro parum spectabilem operam praebuerat Tac.*Ann*.16.21;— adiecit diem Saturnalibus appellauitque ~em Suet.*Cal*.17.2.

3 (of age) Young, not advanced; (of actions, etc.) belonging to one's youth or prime.
cum ~ibus annis luxuriant animi Ov.*Fast*.5.273; Stat. *Theb*.1.486;—ipsum..sumptis Priamum ~ibus armis ut uidit Verg.*A*.2.518; tu mihi dictasti ~ia carmina primus Ov.*Pont*.3.3.29; ~em famam apud principem..aucupatus Plin.*Nat*.33.32; Cynthia—facundi carmen ~e Properti Mart.14.189.1.

Iuuenālis[2] ~is, *m.* A Roman cognomen; esp. D. Iunius Iuuenalis (Juvenal), the satirist.
Mart.7.24.1; 12.18.2.

iuuenāliter, *adv.* [IVVENALIS[1]+-TER[2]] In a youthful manner, with a young man's strength, impulsiveness, frivolity, etc.
ille..~ artus corripit Ov.*Ars* 3.733; (Hippomenes) iecit obliquo..~ aurum *Met*.10.675; ingenio..nimium ~ usus *Tr*.2.117.

? **Iuuenātēs** ~ium, *m. pl.* [IVVENIS[1]+-AS[1]] (app.) The name of a *collegium* at Bergamum, 'the Young Men'.
CIL 5.5134.

iuuenca ~ae, *f.* [IVVENCVS[1]] A young cow, heifer. **b** (poet.) *~a Pharia, Inachia*, etc., Io; also, Isis (with whom Io was identified).
discernuntur in prima (aetate) uitulus et uitula, in secunda iuuencus et ~a Var.*R*.2.5.6; ~a uitans onus indomita iugi Catul.63.33; intacta totidem ceruice ~as Verg.*G*. 4.540; Admeti niueas..~as [Tib.]3.4.67; Sen.*Oed*.341; Calp. *Ecl*.3.1; (*poet.*) possidet en saltus Graia ~a (*i.e. Helen*) meos Ov.*Ep*.5.124. **b** Inachiae Iuno pestem meditata ~ae Verg.*G*.3.153; custodem Phariae..~ae (*i.e. Argus*) Stat. *Theb*.1.254;—linigerae Memphitica templa ~ae Ov.*Ars* 1.77; per Niliacae bouem ~ae (*i.e. Osiris*) Mart.8.81.2; nuntiat octauam Phariae sua turba ~ae 10.48.1.

iuuencus[1] ~a ~um, *a.* [Umb. *iveka*, Skt. *yuvakaḥ*, Eng. *young*; cf. IVVENIS[1]] (of animals) Young.
equus florenti aetate ~us Lucr.5.1074; ex iis (*sc.* gallinis) ~ae plura (oua pariunt) quam ueteres Plin.*Nat*.10.146.

iuuencus[2] ~ī, *m.* [prec.] FORMS: gen. pl. *iuuencum* in Verg.*A*.9.609, Stat.*Theb*.4.409. A young bull or ox, bullock, bull-calf, or sim. **b** *~us aequoreus*, (prob.) a sea-calf, seal. **c** (transf., of a young man).
crebra reuisit (mater) ad stabulum desiderio perfixa ~i Lucr.2.360; sarmenta in cornibus ~orum deligata incendit Nep.*Han*.5.2; Pasiphaen niuei solatur amore ~i Verg.*Ecl*. 6.46; Hor.*Carm*.3.27.45; teneros laedunt iuga prima ~os Ov.*Ep*.4.21; Phaed.2.1.1; neque ante tertium nec post quintum annum ~os domari placet Col.6.2.1; primo fraudatum lacte ~um cui trepidae uires Stat.*Theb*.6.186;—(*poet., w. ref. to ox-hide*) emerito clipeum uestisse ~o Stat.*Theb*. 3.591. **b** ere atque aequorei tergo flauente ~i cassis erat munita Sil.5.132. **c** te suis matres metuunt ~is Hor. *Carm*.2.8.21.

iuuenescō ~ere, *intr.* [IVVENIS[1]+-ESCO]

1 To grow to maturity, grow up.
uitulus,..largis ~it herbis in mea uota Hor.*Carm*.4.2.55; fatis ~ere debent Callirhoe geniti Ov.*Met*.9.431; alia arbore ex eadem ~ente Plin.*Nat*.17.129.

2 To regain one's youth, become young; (of plants) to put out fresh shoots.
illius ad tactum Pylius ~ere possit Ov.*Am*.3.7.41; *Eleg. Maec*.111; senium finitur hiberna quiete..rursus aestate ~unt (glires) Plin.*Nat*.8.224; (*poet.*) gladios..attrito cogunt ~ere saxo Stat.*Theb*.3.584;—rosa..recisa..~it Plin.*Nat.* 21.69; 34.138.

iuuenīlis ~is ~e, *a. compar.* ~ior. [IVVENIS[1]+-ILIS[2]] N.B.: see also under IVVENALIS[1].

1 Of or belonging to a young man (or woman).
mensae sacra ~is Sen.*Thy*.981; ~em aetatem Col.4.21.1; ~ia fingere corda Stat.*Silv*.5.3.191; uisis ~ibus armis (*i.e. Hannibal's*) subsident Alpes Sil.2.312; neque abhorrebat a Berenice ~is animus (*i.e. Titus'*) Tac.*Hist*.2.2.

2 Typical of or appropriate to a young man (or woman), youthful. **b** having the freshness or vigour of a young man. **c** (transf.) violent, vehement (cf. Gk. νεανικός).
~i quadam dicendi impunitate et licentia Cic.*Brut*.316; si ~e, si firmum est (corpus) Cels.5.28.12.B; ~is inpetus Sen.*Cl*.1.1.3; ~e uitium *Tro*.250; ~is gratia Pollae Stat. *Silv*.2.2.10; Polus ~i calore inconsideratior Quint.*Inst.* 2.15.28; (Procris) capillis demptis ~i habitu..ad Cephalum uenit Hyg.*Fab*.189.6;—(*neut. sg. as adv.*) ~e calens plectrique errore superbus Stat.*Silv*.2.2.137; 3.5.25. **b** Silenus ..suis semper ~ior annis Ov.*Met*.14.639; Cato sextum et octogesimum annum agens in re publica tuenda ~i animo perstat V.Max.8.7.1. **c** cunctos..terruit..subiti praeceps ~e pericli (*i.e. an illness*) Stat.*Silv*.1.4.51.

iuuenīlitās ~ātis, *f.* [prec.+-TAS] The state of being young, youth.
quam dereliquit..~as (*one MS.* iuuenitas) Var.in Non. p.123M(= *Men*.545).

iuuenīliter, *adv.* [IVVENILIS+-TER[2]] In the manner of the young: **a** with youthful impetuosity, assurance, or sim. **b** with youthful vigour.
a Hannibalem ~ exultantem Cic.*Sen*.10; si qua sunt dicta ~ Quint.*Inst*.12.6.3; illo (*sc.* Druso)..~ hauriente (*sc.* poculum) Tac.*Ann*.4.10. **b** mares ~ usque in annos decem progenerant Col.7.12.11.

iuuenis[1] ~is (~e), *a. compar.* ~ior or iūnior [cf. Skt. *yúvan-* (*yūn-*), Let. *jaûns*, Welsh *ieuaf*]

1 (of persons or animals) Young; (of age, disposition, etc.) belonging to someone young. **b** (compar.) younger or somewhat young; (see also IVNIORES).
iuueni primum uirgo deducta marito [Tib.]3.4.31; filium ~em adduxit Liv.23.8.3; ~is deus (*sc.* Apollo) Ov.*Met.* 1.531; femina (*sc.* ouis) post bimatum maritari debet, ~isque habetur quinquennis Col.7.3.6; Cornelia..~is est et parere adhuc potest Plin.*Nat*.7.122; (*applied to the younger of two persons bearing the same name in a family*) Agrippa ~e interempto Suet.*Tib*.22.1; (*in fig. phr.*) populus R...cum bona fide adoleuisset,..tum..uere robustus et ~is Flor.*Epit*.1.18(2.1.1);—~es exegimus annos *Ciris* 45; Ov.*Met*.14.139; ~em..mentem Sil.5.18. **b** (*form* iunior) dis, ut ita dicam, iunioribus Cic.*Tim*.46; qui uel mense breui uel toto est iunior anno Hor.*Ep*.2.1.44; ut nubere uellet mulier uiro..maior iuniori Apul.*Apol*.27; (*transf.*) neque..modo ex siluestri habitu in aruum transducta fecundior haberi terra debet, quod sit requietior et iunior Col.2.1.5;—(*form* iuuenior) memini..illum..apud..philosophum tanto ~iorem, quam ipse erat,..sedere Sen.*Con.* 7.pr.4; meditantur aliae (lusciniae) ~iores Plin.*Nat*.10.83; quamuis ~ior, quamuis robustior, adligari se..patitur Tac. *Ger*.24.4; Plin.*Ep*.4.8.5; Apul.*Met*.8.21.

2 Young in appearance.
uultum iuniorem praestat (anesum) Plin.*Nat*.20.186.

3 (of plants) In a youthful condition, fresh, vigorous.
lotoe..durauerunt..ad Neronis principis incendia cultu uirides ~esque Plin.*Nat*.17.5.

iuuenis[2] ~is, *m.*, (*f.*). [prec.]

1 A young man, youth (technically, any adult male up to the age of 45). **b** (esp. used of warriors or sim.). **c** (w. gen. or poss. pron., applied to a son). **d** *~is marinus*, a merman. **e** the zodiacal sign Aquarius.
uos..~es animum geritis muliebrem, illa uirgo uiri *Inc. trag*.210; concursabant barbatuli ~es Cic.*Att*.1.14.5; infirmitas puerorum et ferocitas ~um et grauitas iam constantis aetatis *Sen*.33; ~i ardenti..donare puellam Catul. 62.23; imberbus ~is Hor.*Ars* 161; duas filias ~ibus regiis.. iungit Liv.1.42.1; Man.3.610; nolo..uos, ~es mei, contristari Sen.*Suas*.6.16; ~es nondum scholam egressi Quint. *Inst*.5.10.96; Juv.13.55;—(*pred. or in appos.*) me ~e uiolacea purpura uigebat Nep.in Plin.*Nat*.9.137; nec, ~is lusus qui placuere (mihi), iuuant Ov.*Pont*.1.4.4; quod.. hanc quaestionem pertractantis ~is admodum audiui Tac. *Dial*.1.2. **b** lecti ~es, Argiuae robora pubis Catul.64.4; sic animis ~um furor additus Verg.*A*.2.355; ex omnibus legionibus electi sunt ~es maxime uigore ac leuitate corporum ueloces Liv.26.4.5; Liuius..Issaeos auxiliares et Zmyrnaeorum expeditos ~es misit 37.16.8; non ultro ~es classemque dedissem? V.Fl.1.720; ubi turbantem.. cateruas agnouit ~em (*i.e. the consular Minucius*) Sil.9.562; —(*collect. sg.*) trahit undique lectum..Ausoniae ~em 4.220. **c** ~em nostrum non possum non amare Cic.*Att*.10.10.6; domitos..Herculea manu Telluris ~es Hor.*Carm*.2.12.7; ~es..consulis Juv.8.262. **d** Oceani monstra et ~es uidisse marinos Juv.14.283. **e** crura..defendit Iuuenis, uestigia Pisces Man.4.709; 4.797.

2 A young person of either sex; (fem.) a young woman.
~es utriusque sexus prohibuit ullum nocturnum spectaculum frequentare Suet.*Aug*.31.4;—seu caperis..adhuc crescentibus annis..siue cupis ~em Ov.*Ars* 1.63; animos.. eiusdem pulchra ~is ceperat Phaed.2.2.5; Apul.*Met*.7.21.

3 (pl., as or forming part of the name of various local *collegia* of young people).
CVRATORES ~VM LAVRENSIVM *CIL* 2.2008; IVENES A FANO IOVIS SIBI ET SVIS 13.913; PLVTIAE..OLYMPIADI SODALI ~VM 14.2635; (*cf.*) solent quidam, qui uolgo se ~es appellant,

in quibusdam ciuitatibus turbulentis se adclamationibus popularium accommodare CALL.*dig*.48.19.28.3.

iuuenitās: see IVVENILITAS.

iuuenix ~īcis, *f*. [cf. IVNIX, IVVENIS[1]] (conjectural form of *iunix*) A heifer.

quam mox horsum ad stabulum ~ix (iuuenis *codd.*) recipiat se e pabulo PL.*Mil*.304.

iuuenor ~ārī, *intr*. [IVVENIS[1]+-O[3]] To behave like a young man, act irresponsibly or without discretion.

ne..nimium teneris ~entur uersibus HOR.*Ars* 246.

iuuenta ~ae, *f*. [perh. ellipt. for *iuuenta aetas* (see IVVENTVS[1]), cf. *senecta*]

1 The period of youth.

quem..uis nulla..mouere potuit in ~a de statu LABER.*com*.103; si quicquam tota commisi stulta ~a [TIB.]3.18.3; qui rure..~am egisset LIV.7.5.9; longa statura..in ~a decora est CELS.2.1.5; ~a eorum (*sc. elephants*) a sexagesimo (anno) incipit PLIN.*Nat*.8.28; narratum ab iis qui nostram ad ~am durauerunt TAC.*Ann*.3.16; a ~a usque ad supremum uitae diem SUET.*Aug*.61.1;—(*of plants*) huic (populo)..in ~a circinatae rotunditatis sunt (folia) PLIN.*Nat*.16.86; 16.117.

2 The state or fact of being young, youth. **b** (concr.) young men collectively. **c** (app.) youthful qualities, vigour or sim.

primo iam a flore ~ae CIC.*Cons*.fr.2.75; (anguis) nouus..nitidusque ~a VERG.*G*.3.437; Euryalus forma insignis uiridique ~a *A*.5.295; non ego hoc ferrem calidus ~a HOR.*Carm*.3.14.27; Masinissam..~a incautiorem LIV.30.13.14; ille mihi dabat aeternam..~am OV.*Met*.14.140; iracundiam (*sc. of Alexander*)..~a inritauerat CURT.10.5.34; pro ~a et errore filii ueniam precor TAC.*Ann*.1.58;—(*meton.*) popularis amor coeptantis magna ~ae (*i.e. of young Hannibal*) SIL.2.275; rectores imperatoriae ~ae TAC.*Ann*.13.2. **b** utinam Graiae rueret non omne ~ae in noua fata decus V.FL.1.113. **c** raptim delecta ~a seruitia armantur SIL.10.641.

3 (personified) The goddess of youth, Hebe.

aras..binas, dexteriore Hecates, ast laeua parte ~ae OV.*Met*.7.241; nectar..det mihi formosa naua ~a manu *Pont*.1.10.12; SUET.fr.176(p.274Re).

iuuentās ~ātis, *f*. [IVVENIS[1]+-TAS]

1 The period or condition of early manhood, youth.

~as..molli uestit lanugine malas LUCR.5.888; VERG.*A*.8.160; fugit retro leuis ~as et decor HOR.*Carm*.2.11.6; solis aeterna est Baccho Phoeboque ~as TIB.1.4.37; (*transf.*) ei (*sc.* mundo) adtributa est perpetua ~as APUL.*Pl*.1.8.

2 (personified) The goddess of youth, identified with Hebe.

deos..~ate pocula ministrante laetari CIC.*Tusc*.1.65; parum comis sine te ~as HOR.*Carm*.1.30.7; lectisternium ~ati et supplicatio ad aedem Herculis..indicta LIV.21.62.9; 36.36.5; AUG.*Anc*.4.8.

iuuentus[1] ~a ~um, *a*. [IVVENIS[1]+-TVS[2], cf. *senectus*[1]] *~a aetas*, youth.

CVM TE DECVIT FLORERI AETATE ~A INTERIEISTI *CIL* 1.1603.5.

iuuentūs[2] ~ūtis, *f*. [IVVENIS[1]+-TVS[1]]

1 Young men collectively, the youth. **b** (spec.) the men of military age (esp. those serving, the soldiery). **c** *princeps ~utis*, a title given in republican times to leaders of the *equites*, later to the sons of the imperial house; see PRINCEPS[2]. **d** (applied to other creatures).

~us nomen fecit Peniculo mihi PL.*Men*.77; neque ab ~ute inibi inridiculo habitae (fuimus) *Poen*.1183; legendus est hic orator..~uti CIC.*Brut*.126; studiis militaribus apud ~utem obsoletis *Font*.42; ~us pleraque..Catilinae inceptis fauebat SAL.*Cat*.17.6; Satyri, saltatibus apta ~us OV.*Met*.14.637; sub eodem pueritia fato est, eadem ~us causa cadit SEN.*Suas*.2.2; QUINT.*Inst*.2.2.14; alios (magistros) caedit sua quemque ~us (*i.e. his pupils*) JUV.7.213; SUET.*Aug*.43.2. **b** accedit muros Romana ~us ENN.*Ann*.537; ut omnis ~us quae in oppido remanserat omnesque superioris aetatis..ad caelum manus tenderent CAES.*Civ*.2.5.3; summae spei delectaeque ~utis (legionem) XI (habebat) HIRT.*Gal*.8.8.2; locus..capitur ab ~ute quae praesidio eius loci attributa erat LIV.24.21.12; armare ~utem Celtiberos audierat 40.30.2; magna uis Graecae ~utis..in Asiam se effudit VELL.1.4.3; LUC.2.46; is concita gente (nec deest ~us) arcere prouinciae finibus Othonianos intendit TAC.*Hist*.2.12; Cannis consumpta ~us JUV.2.155. **d** ludet..fauis emissa ~us (*i.e. bees*) VERG.*G*.4.22; siluas domitura ~us (*i. hounds*) GRAT.330; COL.9.12.2.

2 The period or qualities of early manhood, youth.

iis (rebus) quae ~ute geruntur et uiribus CIC.*Sen*.15; ibi..~utem suam exercuit SAL.*Cat*.5.2; EX LONGO TEMPORE PRIMAE IVBENTVTIS *CIL* 6.2120.

3 (personified) The goddess of youth; also, a cult-title of Jupiter.

ex Ioue rursus et Iunone, ~us HYG.*Fab*.pr.24;—IOVI ~VTI SACRVM *CIL* 11.3245.

Iūuerna ~ae, *f*. Ireland.

MELA 3.53; JUV.2.160.

iuuō ~āre iūuī iūtum, *tr*. [dub.] FORMS: *iouent* (= *iuuent*) *CIL* 1.364; pf. pple. perh. only in TAC.*Ann*.14.4 in our period; fut. pple. *iuuaturus* SAL.*Jug*.47.2, PLIN.*Ep*.4.15.13, but *iuturus* COL.10.121; pf. subj. *iū(u)erint* CATUL.66.18, app. also PROP.2.23.22 (s.v.l.).

1 To help, assist (persons). **b** (esp. w. instrum. abl.). **c** (of terrain) to give one an advantage, help.

ut me bene ~es operamque des PL.*Mos*.1036; bene nos, Iuppiter, ~isti *Per*.755; legem..quae proscriptum ~ari uetaret CIC.*Ver*.1.123; si..Lamiam in petitione ~eris *Fam*.11.17.2; neutrum eorum contra alterum ~are CAES.*Civ*.1.35.5; audentis Fortuna ~at VERG.*A*.10.284; ut Poenus Locrensem..pace ac bello ~aret LIV.24.1.13; fata si miseros ~ant SEN.*Tro*.510;—(*in oaths, invocations*) saepe, ita me di ~ent! te..desideraui CIC.*Att*.1.16.1; non, ita me diui, uera gemunt, ~erint CATUL.66.18;—(*ellipt. or absol.*) dis ~antibus..erimus profecto liberi breui tempore CIC.*Phil*.3.36; LIV.29.24.7; plurima ~andi nocendiue potentia TAC.*Ann*.6.8;—(*w.* ut+*subj.*) hae..artes, ut sit consummatus (orator), ~abunt QUINT.*Inst*.1.10.6. **b** ut me opera et consilio ~es PL.*Trin*.189; sua laudatione ~are L. Lucullum CIC.*Ver*.4.147; eum..armis, militibus, pecunia ~erant B.*Afr*.97.3; LIV.22.52.7; petit, urbe uel agro se ~et OV.*Met*.11.282; QVATER PECVNIA MEA ~I AERARIVM AUG.*Anc*.3.34; CURT.7.3.1; TAC.*Ger*.42.2. **c** spreto hoste, quem..haud ita loco ~ari ut non plus suis in uirtute foret TAC.*Hist*.4.71; turres, ubi mons ~isset, in sexagenos pedes..attollebantur 5.11.

2 To help forward, promote (an activity, cause, etc.); to back up (an opinion).

roges, tuum labore quid ~em meo..? HOR.*Epod*.1.15; dum..duces adsueti militibus ~are possent incepta LIV.24.24.2; Romanis orbem terrarum reliquum quo bellum ~arent TAC.*Ann*.15.13; delectum remigium ~andae festinationi 16.2; (*of things*) quae (eruditio) beatae uitae eruditionem ~aret CIC.*Fin*.1.71; ubi..~it facundia causam OV.*Met*.7.505;—quae sententia rescripto imperatoris nostri..~atur ULP.*dig*.30.1.37.

3 (usu. of things) To do good to (persons, etc.), benefit, be of use to (esp. in neg. or quasi-neg. contexts, w. internal acc.); (often absol.). **b** (of medicaments or sim.) to benefit in health (a patient, part of the body, etc.); to relieve (a wound, sickness, or sim.). **c** (w. inf.) to profit, avail; (also w. *quod*).

sin ea (*sc.* eloquentia)..~at uniuersam rem publicam CIC.*Orat*.142; nihil se ~are illud senatus consultum *Att*.5.21.12; quid uota furentem, quid delubra ~ant? VERG.*A*.4.66; omnia, quae in longo itinere exercitus alunt ~antque LIV.37.7.9; hos ~ant scelera, illos sacra sua poenis agunt PLIN.*Nat*.2.21;—artem sine adsiduitate dicendi non multum ~are *Rhet.Her*.1.1; consilio grassandum, si nihil uires ~arent LIV.10.14.13; ne simulata adoptio in ulla parte muneris publici ~aret TAC.*Ann*.15.19;—(*w.* quominus) nec defensa ~ant Capitolia, quo minus anser det iecur in lances OV.*Fast*.1.453. **b** temperie caeli corpusque animusque ~atur OV.*Pont*.2.7.71; ut uenter ipse mediocriter calentibus (fomentis) ~etur CELS.4.18(11).3; (folia) phthisicos ~ant cum melle PLIN.*Nat*.24.140; (*ellipt. or absol.*) quae..~et, monstrat, quaeque sit herba nocens OV.*Tr*.2.270; si pluribus diebus nihil remedia alia ~erunt CELS.4.22(15).4; mites (arbores), quae fructu aut aliqua dote..~ant PLIN.*Nat*.16.78;—leuis plaga ~atur..si..spongia inponitur CELS.5.26.23.E; graueolentiam halitus butyrum efficacissime ~at PLIN.*Nat*.28.194; (*transf.*) quis meas miserae deus..~are..flammas queat? SEN.*Phaed*.120. **c** quid tantum insano ~at indulgere dolori..? VERG.*A*.2.776; 10.56; cura nocet, cessare ~at MAN.4.75; LUC.5.268;—quid..me ~at quod ante initum tribunatum ueni..? CIC.*Att*.11.9.1.

4 To enhance the qualities of (things), strengthen, improve, etc.

multum adeo, rastris glaebas qui frangit.., ..~at arua VERG.*G*.1.95; aspriora..loca..fimo ~anda sunt COL.2.17.2; ruta..Palladiae bacae ~ura saporem 10.121; hasta ~atur ammento SIL.4.14; quaecumque aetas operam ~andae studio memoriae dabit QUINT.*Inst*.11.2.41; naturalia ..quae..cura ~antur, instrumenta, uox, latus, decor 12.4.5; luntres sagulis uersicoloribus haud indecore pro uelis ~abantur TAC.*Hist*.5.23.

5 (usu. of things) To give pleasure to, delight, gratify.

nec (hoc anno fuit) quod una esca me ~erit magis PL.*Mos*.691; carmina cantu concelebrare..aurisque ~are LUCR.5.1381; sunt quos genus hoc (*sc.* carminis) minime ~at HOR.*S*.1.4.24; multos castra ~ant *Carm*.1.1.23; nec me uita ~aret inuisa ciuibus LIV.28.27.10; nec ~at ora cibus OV.*Tr*.3.8.28; scribentem ~at ipse labor *Pont*.3.9.21; STAT.*Theb*.2.235; QUINT.*Inst*.1.3.6; si damnosa senem ~at alea *Silv*.4.9.51; (*ellipt.*) qua ~at reges eant SEN.*Thy*.218;—(*w. inf.*) ~at integros accedere fontis atque haurire LUCR.1.927; 4.2; haec olim meminisse ~abit VERG.*A*.1.203; prole mea Paullum sic ~et esse senem PROP.4.11.96; LIV.pr.3; te..plaudere ~abit SEN.*Nat*.4b.8; LUC.4.253; TAC.*Hist*.3.2;—(*w. acc. and inf.*) ~it..me tibi..tuas litteras profuisse CIC.*Fam*.5.21.3;—(*w.* quod) quam ~at, quod in tempora illa non incidi..! PLIN.*Ep*.8.6.17.

-īuus -īua -īuum, *adjl. suff.* Freq. from pf. pples. pass. (*captiuus, natiuus, uotiuus*); also from other words (*nociuus, rediuiuus*), esp. denoting times (*aestiuus, festiuus*).

iuxtā, *adv.* and *prep.* [Perh. from **iugistā*, superl. of adj. **iug-* (IVGVM, IVNGO)]

A as adv.

1 In close proximity, near by, by one's side; (in ref. to a pair) close together, side by side. **b** in the not-distant past; not long after. **c** (w. compars.) by a narrow margin, only just.

legionem, quae ~ constiterat CAES.*Gal*.2.26.1; (statua) ~ posita NEP.*Timoth*.2.3; est..tumulus..~que antiqua cupressus VERG.*A*.2.714; rex..comitem Aenean ~..tenebat 8.308; (uermes) si ~ (*i.e. near the surface*) sunt, protrahendi ..sunt CELS.6.7.5; PLIN.*Nat*.31.42; STAT.*Theb*.3.452;—(*w. vbs. of motion*) ubi ~ uenit QUAD.*hist*.57; accedere ~ OV.*Met*.8.809; STAT.*Ach*.1.695;—(*cf.*) (Caligula) tanti..in auum et qui ~ erant (*i.e. his entourage*) obsequii (erat), ut..SUET.*Cal*.10.2;—(*transf., w. dat., cf. 2*) amicos inimicis ~ ponere V.MAX.3.8.ext.5;—(*in ref. to a pair*) theatra ~ duo fecit PLIN.*Nat*.36.117. **b** nec mala quae ~, sed longa ab origine fati STAT.*Theb*.8.610; adhuc infantia ~ *Silv*.2.1.125;—quae deinde Cato ~ dicit TIRO in Gel.6(7).3.15. **c** nec multum segnior Idas cursibus atque aeuo ~ prior STAT.*Theb*.6.584; gaudebat dici (Thiodamanta) similem ~que secundum 8.282.

2 Alike, equally, as much.

eorum ego uitam mortemque ~ aestumo SAL.*Cat*.2.8; ~ bonos et malos lubidinose interficere 51.30; ~ obsidentes obsessosque inopia uexauit LIV.9.13.9; die ac nocte ~ intentus 24.20.13; MELA 1.115; uisu..et auditu ~ uenerabilis TAC.*Ann*.2.72; 6.4;—(*w.* cum) ~..eam curo cum mea PL.*Trin*.197; quo loco res nostrae sint, ~ mecum..intellegitis SAL.*Cat*.58.5; FRO.*Amic*.2.p.172(182N);—(*w. dat.*) rem paruam ac ~ magnis difficilem LIV.24.19.6;—(*w.* atque) qui me..~ ac si meus frater esset sustentauit CIC.*Red.Sen*.20; LIV.1.54.9; te ~ ac memet ipsum amo AUR.*Fro*.1.p.50(47N);—(*w.* quam) ~ eam rem aegre passi patres quam cum consulatum uolgari uiderent LIV.10.6.9; FRO.*Amic*.2.p.176(192N).

3 (app.) Almost, nearly (cf. sense 6).

(spartum) euellitur..in hiemem ~ PLIN.*Nat*.19.27.

B as prep. (w. acc.).

4 In the vicinity of, next to, beside. **b** (app.) in the presence of (a person). **c** (transf.) in association with.

qui ~ Oceanum colunt CAEL.*hist*.55; ~..murum castra posuit CAES.*Civ*.1.16.4; sepultus est ~ uiam Appiam NEP.*Att*.22.4; Phryne..~ eum..accubuit V.MAX.4.3.ext.3; (lepidium) ~ terram praeciditur PLIN.*Nat*.19.166; ceteri..totos dies ~ focum..agunt TAC.*Ger*.17.1; SUET.*Dom*.4.2;—(*postponed*) hanc (*sc.* aram) ~ locum fecerunt sub terra NEP.*Paus*.4.4; humilis uolat aequora ~ VERG.*A*.4.255; TAC.*Ann*.4.5;—(*w. vbs. of motion*) prouehimur pelago..Ceraunia ~ VERG.*A*.3.506. **b** GRATIAS EI ~ OPTIMVM PRINCIPEM AGERE *CIL* 5.532.2.20(A.D. 138–61). **c** periculosiores sunt inimicitiae ~ libertatem TAC.*Ger*.21.1.

5 Immediately after (in time or sequence). **b** next to (in order of precedence), second to.

neque..conuenit ~ inediam protinus satietatem esse CELS.2.16.1; rebellio Illyrici,..fames Italiae,..~ haec Variana clades PLIN.*Nat*.7.150; ~ ea tempora GEL.17.21.14. **b** apud quos ~ diuinas religiones fides humana colitur LIV.9.9.4; (imperium) quam tibi magnificum (futurum sit), ~ deos in tua manu positum est TAC.*Hist*.2.76; homo..~ M. Varronem doctissimus GEL.4.9.1; primum ~ parentes locum tenere pupillos debere 5.13.2.

6 Close upon, almost at (a point of time, condition). **b** close to (in point of similarity), as good as.

~ seditionem erant SAL.*Hist*.3.96.D; senior iam et ~ finem uitae TAC.*Dial*.22.2;—(*w. vb. of motion*) ~ seditionem uentum *Ann*.6.13. **b** sapor ~ fontis dulcissimos SAL.*Hist*.4.38; nec ideo..genitum hominem ut utilitate ~ beluas esset PLIN.*Nat*.2.26; peditum uelocitas ~ formidinem, cunctatio propior constantiae est TAC.*Ger*.30.3; *Ann*.6.42; aurum ~ plumbum..nulli aestimare APUL.*Fl*.9.

7 In conformity with, in proportion to, or sim.; according to (a person).

~ necessitatem summas..scientias habere disciplinarum VITR.1.1.18; huic consuetudo ~ uicinitatem cum Aebutio fuit LIV.39.9.6; ~ naturam praesentium rerum..facere ciuitatem APUL.*Pl*.2.26; corpus mensurarum frumenti ~ annonam urbis habet uacationem PAUL.*dig*.50.5.10.1;—unum..ex omnibus et ex uno omnia ~ Heraclitum constituit (*sc.* natura) APUL.*Mun*.21.

8 With respect to, towards.

OB IMMVNEM ~ SE LIBERALITATEM EIVS *A.Epig*.51.222 (A.D. 198?).

iuxtim, *adv., prep.* [IVXTA+-IM]

1 (adv.) In close proximity, next to one. **b** close together, side by side.

in sedes conlocat se regias: Clytemnestra ~, tertias natae occupant ANDR.*trag*.11; cur ea quae fuerint ~ quadrata, procul sint uisa rotunda LUCR.4.501; assidebat..~ SUET.*Tib*.33; APUL.*Fl*.23. **b** quos utriusque figurae esse uides, ~ miscentis uulta parentum LUCR.4.1213.

2 (prep., w. acc.) Next to, beside.

~ Numicium flumen obtruncatur SIS.*hist*.3; ~ se ut adsidat effecit APUL.*Met*.2.13.

ixia ~ae, *f*. [Gk. ἰξία] A name given to certain varieties of thistle, = CHAMAELEON.

PLIN.*Nat*.22.45; LARG.192.

Ixīōn ~onis (or ~onos), *m*. (mythol.) A king of the Lapiths, bound to a perpetually revolving wheel in the underworld for his attempted seduction of Juno.

Lapithas, ~ona Pirithoumque VERG.*A*.6.601; ~onis orbis OV.*Met*.10.42; HYG.*Fab*.62.

Ixīonidēs ~ae, *m*. A son of Ixion; (applied esp. to Pirithous).

~as Centauros LUC.6.386;—Theseus..testatur..~en PROP.2.1.38; OV.*Met*.8.567.

Ixīonius ~a ~um, *a*. FORMS: gen. fem. sg. *~es* LUCIL.25 (echoing Homer). Of or perpertaining to Ixion.

~i..rota constitit orbis VERG.*G*.4.484.

īynx ~ngis, *f*. [Gk. ἴυγξ] A climbing bird, the wryneck.

~nx sola utrimque binos (digitos) habet PLIN.*Nat*.11.256.

K

K, k. The tenth letter of the Roman alphabet, used occas. in place of C; (for wds. not found here see under C). As an abbreviation stands for *Kaeso, kalendae, calumnia, caput, carus*, etc.
K..in nullis uerbis utendum puto nisi quae significat ita, ut sola ponatur..quidam eam, quotiens A sequatur, necessariam credunt QUINT.*Inst*.1.7.10; MAUR.204;—(*in abbrevs.*) ID..NON K. K. (= calumniae causa) SE FACERE *CIL* 1.592.1.9; IN K. (= capita) SING(ula) 2.5181.17; K.K.I. (= citra cardinem primum) HYG.*agrim*.p.71.

kadamitās: see CALAMITAS.

Kaesō: see CAESO.

kalātor: see CALATOR.

kalendae ~ārum, *f. pl.* **cal-.** [app. gdve. of **caleo* (cf. CALO[1]), sc. the day on which the date of the Nones was officially announced (see VAR.*L*.6.27)] The first day of the month, the Calends (abbrev. *Kal., K., Kalend.*). **b** (as the date on which interest became due); *~ae Graecae*, an imaginary date (see quot.). **c** (as dedicated to Juno); esp. *Martiae ~ae* (or sim.), i.e. the day of the Matronalia, when presents were given to women. **d** (as standing for the month which it introduces).
Septembris heri ~ae AFRAN.*com*.163; ~is Ianuariis SAL.*Jug*.114.3; ante ~as Apriles LIV.25.1.12; exit et in Maias sacrum Florale ~as OV.*Fast*.4.947; intra ~as et idus Ianuarii mensis FLOR.*Epit*.2.9(3.21.17);—(*as one of the days on which the Lares were honoured*) raris..assueta ~is uix aperit clausos una puella Lares PROP.4.3.53;—(*abbrev.*) ad K. Octob. primas CATO *Agr*.147; VI Kalend. accepi a Dolabella litteras CIC.*Att*.15.14.1; ante Kal. Sextiles primas LIV.42.21.5. **b** cum tristes misero uenere ~ae HOR.*S*.1.3.87; qui Puteal Ianumque timet celeresque ~as OV.*Rem*.561; densis arca palleat nummis, centum explicentur paginae ~arum MART.8.44.11;—(Augustus) cum aliquos numquam soluturos significare uult, ad ~as Graecas soluturos ait SUET.*Aug*.87.1. **c** uindicat..Iunonis cura ~as OV.*Fast*.1.55;—Martiis caelebs quid agam ~is? HOR.*Carm*.3.8.1; Martis Romani festae uenere ~ae [TIB.]3.1.1; MART.5.84.11; POMPON.*dig*.24.1.31.8; (*ellipt.*) da, mi uir, ~is meam qui matrem moenerem PL.*Mil*.691; (*cf.*) strata positus..cathedra munera femineis tractat secreta ~is JUV.9.53. **d** nec totidem ueteres, quot nunc, habuere ~as: ille minor geminis mensibus annus erat OV.*Fast*.3.99; post septem..12.1.41; SCAEV.*dig*.31.88; CVRATORI ~IOR(um) REI P(ublicae) *CIL* 5.7468.

kalendārium ~(i)ī, *n.* **cal-.** [prec.+-ARIVM] A book in which monthly interest on loans was recorded, an account-book, ledger.
nemo benificia in ~io scribit SEN.*Ben*.1.2.3; rationes accipit, forum conterit, ~ium uersat *Ep*.14.18; magnus ~ii liber uoluitur 87.7; seruum ~io praeposuerat AFRIC.*dig*.12.1.41; SCAEV.*dig*.31.88; CVRATORI ~IOR(um) REI P(ublicae) *CIL* 5.7468.

kalō: see CALO[1].

kaput: see CAPVT.

Kart(h)āgō: see CARTHAGO.

kārus: see CARVS.

koppa: see COPPA.

L

L, l. The eleventh letter of the Roman alphabet. **b** As an abbreviation stands for *Lucius, legio, lex, libens, libertus, locus*, etc., and the numeral 50.
pelliciendu, quod est inducendus, geminat L LUCIL.381. **b** L AIMILIVS L F IMPERATOR *CIL* 1.622; L. Genucio Ser. Cornelio consulibus LIV.10.1.1; Lepida..cui L. Sulla et Cn. Pompeius proaui erant TAC.*Ann*.3.22;—TR MIL L(egionibus) IIII PRIMIS ALIQVA EARVM *CIL* 1.583.16;—⟨QVE⟩I NVMERVS PECVDVM IN H(ac) L(ege) SCRIPTVS EST 1.585.26;—FAVSTA VEIDIA VOTVM SOLVIT L(ibens) M(erito) IOVI 1.1816;—C PATRONI(us) C L(ibertus) 1.1450;—L(ocus) D(atus) INGENVIS QVI AD SVBFRAGIA DESCENDVNT *CIL* 1.2388; manu fustiue si os fregit..seruo, CL poenam subito *Lex XII* (*Font.iur*.p.29); CDL VIREIS QVEI IN EVM ANNVM..LECTEI ERVNT *CIL* 1.583.20; se HS L emere de Canuleio deuersorium illud posse CIC.*Att*.10.5.3.

-la -lae, *f. suff.* Fem. to -LVS (*puella, stella*).

labascō ~ere, *intr.* Also **~or** ~ī. [LABO+-SCO]
1 To fall to pieces, break up, dissolve.
LUCR.1.537; nam leuiter quamuis quod crebro tunditur ictu, uincitur in longo spatio tamen atque ~it 4.1285.
2 To become uncertain in purpose, waver.
saluos sum, leno ~it, libertas portenditur PL.*Rud*.1394; ~it uictus uno uerbo quam cito! TER.*Eu*.178; *Ad*.239; ACC.*trag*.684; neque mentem animumque eius consistere, sed ui quadam noua ictum ~ere GEL.15.2.7;—(*dep.*) postquam uidit misericordia ~i mentem infirmam populi VAR. in NON.p.473M.

labda, *n. indecl.* [Gk. λάβδα] The Greek letter λ. **b** (app. used as a symbol for *fellatio*, fr. Gk. λαικάζειν).
quippe et rho litterae, qua Demosthenes quoque laborauit, ~ succedit QUINT.*Inst*.1.11.5. **b** psephistis dicite labdeae (*edd.* labda, labdae) VAR.*Men*.48.

Labdacidēs ~ae, *m.* A descendant of Labdacus; (pl.) the house of Labdacus; the Thebans.
nec lora regit..~es (*i.e. Polynices*) STAT.*Theb*.6.451;—non hinc ~as petunt fata SEN.*Oed*.710;—STAT.*Theb*.9.223.

Labdacius ~a ~um, *a.* Of or belonging to Labdacus; Theban.
~um..ducem (*i.e. Eteocles*) STAT.*Theb*.2.210; ~os..nepotes 7.207;—~as..cohortis 9.650.

Labdacus ~ī, *m.* A king of Thebes, father of Laïus.
penates ~i SEN.*Her.F*.495; *Phoen*.53; HYG.*Fab*.9.1.

labea ~ae, *f.*: see LABIVM.

Labeātēs ~ium, *m. pl.* Also **Labeātae** ~ārum. An Illyrian tribe.
~ium gentis LIV.44.31.2; PLIN.*Nat*.3.144.

Labeātis ~idis, *f. adj.* Of or belonging to the Labeates.
~idis terrae LIV.44.23.3.

lābēcula ~ae, *f.* [LABES+-CVLA] A stain, blemish; (in quot., fig.).
cum..clarissimo uiro non nullam laudatione tua ~am adspergas CIC.*Vat*.41.

labefaciō ~facere ~fēcī ~factum, *tr.* [LABO+FACIO] For pass. voice *labefīō* (*~fieri*) is used.
1 To make unsteady, cause to totter, loosen, shake.
omnis dentis ~fecit mihi TER.*Ad*.244; saepe..~facta uidetur ire anima LUCR.3.593; 5.653; CAES.*Civ*.2.22.1; ~facta mouens robustus iugera fossor VERG.*G*.2.264; ne quid ~factum uiribus ignis corruat OV.*Met*.2.402; *Pont*.3.7.6; munimenta incussu arietis ~fieri SEN.*Dial*.2.6.4; teneram et ~factam (niuem) *Nat*.4b.5.3; TAC.*Ann*.1.75; SUET.*Nero* 38.1;—(*poet.*) membra uoluptatis dum ui ~facta liquescunt LUCR.4.1114; VERG.*A*.8.390;—(*transf.*) obnoxia morbis corpora fluminis auditas et aestus impatientia ~fecit TAC.*Hist*.2.93.
2 (fig.) **a** To undermine the power, force, authority, etc., of. **b** to weaken in resolve or loyalty, cause to waver; to shake (a resolution).
a ruere illa non possunt ut haec non eodem ~facta motu concidant CIC.*Man*.19; etsi hesterno sermone ~facta est (causa) *Luc*.10; si undique fulciamus iam ~facta *Har*.60; quibus (*sc.* secundis rebus) ~factis SAL.*Hist*.1.55.24; si priorem aetate et iam ~factum demouisset TAC.*Ann*.4.60. **b** quem numquam ulla uis, ullae minae, ulla inuidia ~fecit CIC.*Sest*.101; LABER.*com*.104; sic animis uario ~factus uulnere nutat huc leuis atque illuc OV.*Met*.10.375; SEN.*Ep*.76.17; *Tro*.950; TAC.*Ann*.15.51; (*pass., w. retained acc.*) multa gemens magnoque animum ~factus amore VERG.*A*.4.395;—Phryne..nulla parte constantissimam eius abstinentiam ~fecit V.MAX.4.3.ext.3.

labefactātiō ~ōnis, *f.* [next+-TIO] The action of making unsteady, loosening.
inhibet (acetum)..dentium ~onem PLIN.*Nat*.23.56; (*fig.*) hic..mediocris ~io caedi et incendiis et uastationi..comparatur QUINT.*Inst*.8.4.14.

labefactō ~āre ~āuī ~ātum, *tr.* [LABEFACIO+-TO]
1 To make unsteady, loosen.
demoliri signum ac uectibus ~are conantur CIC.*Ver*.4.94; tum ~atus rigor auri soluitur aestu LUCR.1.492; multa..animam ~ant sedibus intus 6.798; saxum..imbribus..~atum LIV.35.21.6; QVI PVTEVM VITIASSE ~ASSE..CONVICTVS ERIT *Lex Vip*.33(*Font.iur*.p.295); quo..minus colla eorum (*sc.* boum) ~entur COL.2.2.22; huius morsus genua ~at PLIN.*Nat*.29.86; (*cf.*) dum ~at onus grauidi temeraria uentris OV.*Am*.2.13.1; (*hyperb.*) licet..nates ~ent forcipe adunca PERS.4.40.
2 (fig.) **a** To weaken or undermine the integrity or authority of (states, institutions, etc.). **b** to undermine, shake (a decision, argument, case, etc.). **c** to shake in resolve or loyalty, cause to waver; to shake, undermine (loyalty, resolution).
a eorum commoda a me ~ari CIC.*Ver*.3.182; non homines laedit, sed leges ac iura ~at *Caec*.70; Ti. Gracchum mediocriter ~antem statum rei publicae *Catil*.1.3; *Rep*.2.7; *Fam*.5.2.1; hunc morem..~are conatus LIV.38.30.3; ut qui prope ~ata iam fide omnia praedia fratri obligaret SUET.*Ves*.4.3; Bithyni senatus consultum..carpere ac ~are sunt ausi PLIN.*Ep*.6.13.2;—(*persons*) desinant..isdem machinis sperare me restitutum posse ~ari quibus antea stantem perculerunt CIC.*Dom*.27; *Fam*.12.25.2; (*cf.*) ne quis interueniat, qui contagione ceteros (*sc. pigs*) ~et COL.6.5.1; (*financially*) ~arat..aratores iam superior annus, prorsus uero funditus euerterat CIC.*Ver*.3.47;—(*life*) malitia..uitas hominum ~are assueuit *Inv*.1.3; si ita erumpunt (cupiditates) ut nullius uitam ~ent *Cael*.28. **b** aduersariorum argumentationes..~are *Rhet.Her*.2.31; cum ad iudicem causam ~ari animaduertunt CIC.*Q.Rosc*.13; nemo ~are iudicium est conatus *Sul*.64; dum huius definitiones ~are uolt *Luc*.16; disputatio Cottae quamquam ~auit sententiam meam, non funditus tamen sustulit *Div*.1.8; ne leuiter credas ~ari undique sensus LUCR.4.435. **c** ~o paullatim PL.*Mer*.403; me ab ea astute uideo ~arier TER.*Eu*.509; numquam ingenio me suo ~are atque infirmare conabitur CIC.*Div.Caec*.44; *Amic*.34; si illam rarae ~es munere uestis CATUL.69.3;—uirtus est una..quae numquam ui ulla ~ari potest CIC.*Phil*.4.13; quorum fidem pretio ~are conata sit *Clu*.194; LIV.24.20.15; TAC.*Ann*.13.21; ad iustitiam iudicis ~andam FRO.*Amic*.1.p.284(173N).

labefīō ~fierī, *intr.*: see LABEFACIO.

labellum[1] ~ī, *n.* [LABRVM[1]+-LVM] A lip.
compara ~a cum labellis PL.*As*.668; labra ab ~is aufer, nauta, caue malum *Mil*.1335; ~is morsicatim lusitant SUEIUS *poet*.2; CIC.*Div*.1.78; dulce rideat ad patrem semihiante ~o CATUL.61.213; LUCR.4.1080; VERG.*Ecl*.2.34; PROP.2.13.29; OV.*Am*.1.7.41; digito compesce ~um JUV.1.160; si rugam trahit extenditque ~um (*i.e. pouts*) 14.325; APUL.*Met*.2.16; (*as a term of endearment*) meus ocellus, meum ~um, mea salus, meum sauium PL.*Poen*.366.

lābellum[2] ~ī, *n.* [LABRVM[2]+-LVM] A bowl, basin.
~um pollulum I CATO *Agr*.10.2; 88.2; gypsum et medicamentum in ~o permisceto COL.12.28.3; 12.38.3; cinerem..~is aqua addita confricant manu PLIN.*Nat*.29.34;—(*on a tomb*) super terrae tumulum noluit quicquam statui nisi columellam..aut mensam aut ~um CIC.*Leg*.2.66; ~VM MARMOREVM CVM COLVMELLA *CIL* 14.2215.

Labeō ~ōnis, *m.* A Roman cognomen.
Fast.Cos.Cap.18b(*CIL* 1.p.25); PERS.1.4; labra, a quibus Brocchi, ~ones dicti PLIN.*Nat*.11.159; GEL.1.12.1.

labeōsus ~a ~um, *a.* [cf. prec.; *labea* (see LABIVM)+-OSVS] Thick-lipped.
tumida et mammosa Ceres est..~a philema LUCR.4.1169.

Laberiānus ~a ~um, *a.* Of Laberius (in quots., the writer of mimes D. Laberius).
~us ille uersus SEN.*Dial*.4.11.3; GEL.10.17.4.

Laberius ~ia ~ium, *a.* A Roman gentile name; esp. D. Laberius, a writer of mimes in the 1st cent. B.C.
~i et Publili poemata CIC.*Fam*.12.18.2; ~i mimos HOR.*S*.1.10.6; ludis Decimus ~ius eques Romanus mimum suum egit SUET.*Jul*.39.2.

lābēs ~is, *f.* (cf. LABO, LABOR[1]] FORMS: abl. sg. *~i* LUCR.5.930.
1 A fall or subsidence (of earth, etc.), landslip; *~em dare*, to fall in ruins, collapse.
~ibus aut repentinis terrarum hiatibus CIC.*N.D*.2.14; tantos terrae motus..ut..multis locis ~es factae sint *Div*.1.78; ~es agri Priuernatis, cum ad infinitam altitudinem terra desedisset 1.97; dextra pars ~e terrae in aliquantum altitudinis derupta erat LIV.42.15.5; si riuum..~es corrumpit LABEO *dig*.19.2.62; PALVDIBVS SICCATIS ~IBVS CONFIRMATIS *A.Epig*.04.21; (*cf.*) quae superum ~es inimicum impegit Auerno aethera? STAT.*Theb*.8.34; (*fig.*) idcirco tu ad illam ~em atque eluuiem ciuitatis sine summa ui peruenire potuisti? CIC.*Dom*.53;—sic igitur magni quoque

circum moenia mundi expugnata dabunt ~em putris⟨que⟩ ruinas LUCR.2.1145.

2 A disaster, débâcle. **b** a cause of disaster, ruin.
metuo legionibus ~em ENN.Ann.279; quanta pernis pestis ueniet, quanta ~es larido PL.Capt.903; naufragia, ~es generis ignoras? Inc.trag.84; ~is imperi tui stragisque prouinciae? CIC.Pis.83; uidetis in tabella (i.e. in the ballot) iam ante quanta sit facta ~es Amic.41; hinc mihi prima mali ~es VERG.A.2.97; huius mali ~es ex Etruria Romam..penetrauit LIV.39.9.1; regnorum ~es V.FL.5.236; non..uulgaris illa ~es frumenti fuit [QUINT.]Decl.12.4; (transf.) innocentiae ~em aliquam aut ruinam CIC.Flac.24. **b** id unum uenenum, eam ~em ciuitatibus opulentis repertam ut magna imperia mortalia essent LIV.2.44.9;—(applied to persons) praedonem iuris urbani, ~em atque perniciem prouinciae Siciliae CIC.Ver.1.2; si illa ~es ac flamma rei publicae suum ..tribunatum..defenderit Dom.2; publicae religionis.. acerba ~es V.MAX.9.11.4; (as a term of abuse) ~es popli, pecuniai accipiter PL.Per.408.

3 A physical defect.
genus humanum..nec facile ex aestu nec frigore quod caperetur nec nouitate cibi nec ~i corporis ulla LUCR.5.930; senio uel aliqua corporis ~e insignibus SUET.Aug.38.3; quae lingua debili sensuue aurium deminuta aliaue qua corporis ~e insignita sit GEL.1.12.3.

4 A defect in the uniform colouring of an animal, esp. as making it unsuitable for a sacrificial victim. **b** a dirty mark, blot, stain.
signatus (taurus) tenui media inter cornua nigro: una fuit ~es, cetera lactis erant OV.Ars 1.292; totas sine ~e columbas Met.2.537; uictima ~e carens 15.130. **b** tractata notam ~emque remittunt atramenta HOR.Ep.2.1.235; sit.. sine ~e toga OV.Ars 1.514; purum et sine ~e salinum PERS. 3.25; ne qua uisatur tetra ~es sordium APUL.poet.2.7 (Apol.6); (fig.) donec longa dies..concretam exemit ~em VERG.A.6.746.

5 (transf.) A stain upon honour or reputation, disgrace, dishonour. **b** (applied to persons).
est..haec saeculi quaedam macula atque ~es, uirtuti inuidere CIC.Balb.15; ne qua ex tua summa indignitate ~es illius dignitati adspersa uideatur Vat.15; hunc tu quas conscientiae ~es in animo censes habuisse, quae uulnera? Off.3.85; neque ulla ~e mea uestros erubuisse focos PROP. 4.11.42; qui..~em secundae dictaturae suae imposuerint LIV.4.32.7; uitae ~e carentis OV.Tr.1.9.43; mentis ab omni ~e purae et splendidae SEN.Ep.4.1; abolere ~em prioris ignominiae TAC.Hist.3.24. **b** habeo quem opponam ~i illi atque caeno CIC.Sest.20; 26; hunc (sc. Varronem)..fastis ~em suffragia caeca addiderant SIL.8.255; 12.404.

labia ~ae, f.: see LABIVM.

Labīcānus ~a ~um, a. Also **Lau-, Lāu-**. Of or belonging to Labici; uia ~a, one of the roads entering Rome from the SE.; (neut. as sb.) the territory of Labici; (masc. pl. as sb.)
~a..uicinitas CIC.Planc.23; per Frusinatem..agrum in ~um uenit LIV.26.9.11; MART.1.88.2;—iam consul uia ~a ad fanum Quietis erat LIV.4.41.8; FRON.Aq.21; CIL 6.37852; fundum in ~o CIC.Parad.50;—nouos hostes ~os LIV.4.45.3.

Labīcī ~ōrum, m. pl. A small town about 15 miles SE. of Rome; (also poet.) its people.
~os, Pedum cepit LIV.2.39.4;—picti scuta ~i VERG.A. 7.796; SIL.8.366.

Labīcum ~ī, n.: var. of prec.
arua ~i SIL.12.534.

lābidus ~a ~um, a. [LABOR¹+-IDVS] Slippery; (in quot. in fig. phr.).
~is itineribus uadentem VITR.6.pr.2.

Labiēnus ~a ~um, a. A Roman gentile name; esp. T. Labienus, (d. 45 B.C.) a legate of Julius Caesar in Gaul.
CIC.Fam.16.12.4; CAES.Gal.1.10.3.

lābilis ~is ~e, a. [LABOR¹+-ILIS¹] (of metre) Smooth-flowing.
~i uersu ministret inretusos exitus MAUR.307; 2396.

labiō ~ōnis, m. [next+-o¹] A person with thick lips.
labra et labia..Verrius Flaccus sic distinxit, modica esse labra, labia inmodica, et inde ~ones dici VER.FL.gram.26 (Char.p.103).

labium ~iī, n. Also **~ia (~ea)** ~iae, f. [cf. labrum, AS. lippa, Eng. lip]

1 A lip; primoribus ~iis (fig.) with the tips of the lips (i.e. very slightly).
meretrices, ~iis dum nictant ei PL.Mil.93; age, tibicen.. refer ad ~eas tibias St.723ᵃ; incuruos tremulus ~iis demissis gemens TER.Eu.336; rostrum ~easque LUCIL.336; ~ium..insigne reuellit SEPT.poet.12; rictu oris ~earumque ductu GEL.18.4.6; inlibatae ~iae APUL.Met.2.24; postrema deiecta ~ia 3.25; CIL 8.434;—philosophiae..disciplinas aiunt satius esse numquam adtigisse quam leuiter et primoribus, ut dicitur, ~iis delibasse FRO.Aur.1.p.2(62N);—(cf.) labra et ~ia..Verrius Flaccus sic distinxit, modica esse labra, ~ia immodica VER.FL.gram.26(Char.p.103).

2 A flange.
~eam bifariam faciat habeant (cunicae) CATO Agr.20.2.

labō ~āre ~āuī, intr. [cf. LABOR¹]

1 To stand unsteadily, be shaky, totter, give way. **b** (of persons, parts of the body, esp. from faintness, approaching death, etc.). **c** (of troops in battle) to falter, waver.
ENN.scen.383; caueat ni ~et columella CATO Agr.20; ut..~ant curuae iusto sine pondere naues OV.Met.2.163; Hyades..nostris cantibus motae ~ant SEN.Med.769; ut assiduo iactatis aequore tellus prima ~at STAT.Theb.12.13. **b** egressis..~ant uestigia prima VERG.A.10.283; tremens dubia ~at seruice SEN.Ag.787; (cf.) inde ~ant populi (i.e. from an epidemic) LUC.6.93;—(of the limbs, etc.) sed tarda trementi genua ~ant VERG.A.5.432; fluunt sudore et lassitudine membra, ~ant arma LIV.38.17.7; dubii stantque ~antque pedes OV.Fast.6.678; nec sole aut puluere fessa membra ~ant STAT.Theb.6.871; malas ~antes corrigi praecepit SUET.Aug.99.1; (transf.) piger his ~ante languore oculos sopor operit CATUL.63.37; (cf.) littera..articulo pressa tremente ~at OV.Ep.10.140. **c** postquam ~antem una parte uidit aciem LIV.7.15.4; metuens ne frons sibi prima ~aret incursu LUC.7.521; instant undaeque sequiturque ~antem amnis ouans STAT.Theb.9.487; memoriae proditur quasdam acies inclinatas iam et ~antis a feminis restitutas TAC.Ger. 8.1; fluitantem ~antemque militem Hist.5.18.

2 To be ready to fall or come apart, be loose.
illud (sc. signum) interea nulla ~abat ex parte CIC.Ver. 4.95; haec neque dissolui plagis extrinsecus icta possunt.. nec ratione queunt alia temptata ~are LUCR.1.530; qua summa ~antis iuncturas tabulata dabant VERG.A.2.463; uincla ~ant OV.Ars 2.85; si ~at (suffusio) et hac atque illac mouetur CELS.7.7.14A; donec ~ans ossis testa recipiatur 7.12.1D; si ex ictu..~ant dentes 7.12.1E; damnatur (cinnamum)..cui ~et cortex PLIN.Nat.12.92; (in fig. phr.) omnia..uitai claustra ~abant LUCR.6.1153; (cf.) conpages humana ~at LUC.5.119.

3 (of light, fire) To be unsteady.
uiso ~antem Cerbero uidi diem SEN.Her.F.60; (ignis) fluctuante turbidus fumo ~at Oed.313.

4 (of faculties) To be unsteady, be on the point of failing. **b** to be unsteady (in speech).
memoria ~at, uigor animi obtunsus LIV.5.18.4; quibus causa doloris neque sensus eius est, his mens ~at CELS. 2.7.21; quicquid in nobis fuit olim petitum cecidit aut pariter ~at SEN.Her.O.388; uitae..~antis reliquias tenuis odio suppleuit STAT.Theb.11.565; GEL.19.13.3; ~anti spiritu APUL.Met.8.6. **b** ei mihi! lingua ~at OV.Ep. 20.205; STAT.Theb.4.767; (from drunkenness) non ~asse sermone PLIN.Nat.14.146.

5 (fig.) To be on the point of collapse, become defective, break down, totter: **a** (of situations, states). **b** (of systems, arguments). **c** (w. ref. to standards of conduct, performance, etc.).
a si res firma, ⟨item⟩ firmi amici sunt, sin res laxe ~at, itidem amici conlabascunt PL.St.521; rei publicae partis aegras et ~antis CIC.Mil.68; ~antem fortunam populi Romani LIV.26.41.17; cum res Troiana ~aret OV.Met. 15.437; ~ant humana ac fluunt SEN.Dial.6.22.1; TAC.Hist. 2.86;—(of persons) ~ante iam Agrippina..uel mitigata Ann.14.12; quo obsequio florentem Soranum celebrauerat, ~antem non deseruit 16.33. **b** ut, si ullam litteram moueris, ~ent omnia CIC.Fin.3.74; 4.53; tum.. ~are defensio TAC.Ann.13.43; incusat ultro intestabilem et consceleratum tanta uocis ac uultus securitate ut ~aret indicium 15.55. **c** stipis adice causam, pars mihi de festo ne ~et ulla tuo OV.Fast.1.190; quid pleni numeroso consule fasti profuerint, cui uita ~at? Laus Pis.10; cum uentum est in forum..deficiunt (declamatores) aut ~ant SEN.Con.9.pr.2; nemo..quicquam ex patrio more ~are sustinuit CURT.8.5.7; quorum (sc. parentum) alter si non est idoneus, ~at etiam quod ex duobus fingitur COL.3.36.1; ~at incerto mihi limite cursus te sine STAT.Silv.5.3.237; si quid in moribus ~aret TAC.Ann.2.33; SUET.Tib.33; MAUR. 2363.

6 a To waver in opinion or resolve, hesitate, falter; (also of opinions). **b** to waver in loyalty; (also, of loyalty).
a cum ei ~are M. Antonius uideretur CIC.Phil.6.10; ~amus mutamusque sententiam Tusc.1.78; animum.. ~antem impulit VERG.A.4.22; ~antis consilio patres HOR. Carm.3.5.45; LIV.2.39.10; in dubio pectora nostra ~ant OV.Ep.16.178; tu mente ~antem derige me LUC.2.244; TAC. Ann.2.26;—scito ~are meum consilium illud quod satis iam fixum uidebatur CIC.Att.8.14.2; cuius iudicium ~at etiamnunc et incertum est SEN.Ep.92.28; dum incerta ~at sententia SIL.14.192. **b** eae (cohortes) quoque quae in his locis sunt ~are dicuntur CIC.Att.10.15.1; cum..~ent aliqui..tu lacerae remanes ancora sola rati OV.Pont.3.2.5;— ~are iis aduersus Poenum fidem senserat LIV.27.1.5; 32.30.9; quis aegra ~abat ambiguo sub Marte fides SIL. 2.392; TAC.Hist.1.26.

lābor¹ ~bī ~psus, intr. [dub.; cf. labo] ORTHOG.: ~bsus, etc. SEN.Cl.2.7.2; CIL 12. 481.

1 To move with a smooth or effortless motion, glide, slip, slide (N.B. the notion of downward movement is inherent in many of the exx.): **a** (over or through the water). **b** (through the air). **c** (over a solid surface).
a ~bitur uncta carina ENN.Ann.386; rumore secundo ~bitur uncta uadis abies VERG.A.8.91; Argon..~bentem.. Mysorum scopulis applicuisse ratem PROP.1.20.19; tota rate in secundam aquam ~bente LIV.21.47.3; caput..medio dum ~bitur amne OV.Met.11.51; missa ratis prono defertur ~psa profundo LUC.4.430;—(of sailors) Austrum, quem si.. uitaueris..tuto ~bere per undas CIC.Arat.441(197); OV. Fast.3.565;—(of a swimmer) mille modis ~bens Met. 5.596. **b** aetheria..~psa plaga Iouis ales VERG.A.1.394; ~bere pennis 4.223; age..~bere, nympha, polo finisque inuise Latinos 11.588; ~psa per inmensas est mea pinna uias OV.Pont.3.3.78; 4.4.16; illum Arctoae ~bentem cardine portae STAT.Theb.7.35; APUL.Fl.2. **c** ibi..si ~bitur specillum, nondum caries est CELS.5.28.12D; ridebant.. truncas uiri fortis manus, circa sua arma ~bentis SEN.Con. 1.4.3; (poet.) exercent patrias oleo ~bente palaestras VERG. A.3.281;—(of snakes) lubricus anguis..amplexus placide tumulum ~psusque per aras 5.86; qua taeter ~bitur anguis MACER poet.8; orbe uago ~bens STAT.Theb.5.514.

2 (of heavenly bodies, etc.) To move smoothly or imperceptibly (across or down the sky). **b** (of the sun) to sink down (to the horizon); (of day) to decline.
quae per bis sex signorum ~bier orbem quinque solent stellae CIC.Arat.470(226); caeli subter labentia signa LUCR. 1.2; quod neque clara suo percurrere fulmina cursu perpetuo possint aeui ~bentia tractu 1.1004; quanto propius iam solis ad ignem ~bitur (luna) 5.712; sidera..tacito ~bentia caelo VERG.A.3.515; faces..plures per caelum ~psae sunt LIV.41.21.12; LUC.6.454; (cf., of the ether) ipse suos ignis certo fert impete ~bens LUCR.5.505. **b** quodcumque Titan ortus et ~bens uidet SEN.Her.F.443; Phoebo ~bente sub undas LUC.5.424;—nunc eadem ~bente die conuiuia quaerit VERG.A.4.77; nascentem ~psumque diem MAN.4.588; iam die ~bente APUL.Met.5.26.

3 (of liquids) To run, flow. esp. **b** (of rivers, etc.). **c** (of small particles, physical sensations or states). **d** (fig.) to flow on (in speaking or writing); (also, of style) to flow or run smoothly.
truncis ~psa cauis..mella HOR.Carm.2.19.12; lacrimae.. genis ~buntur obortae OV.Met.2.656; ~bitur ex oculis.. gutta meis Tr.1.3.4; cum quosdam strangulauerit potio male ~psa per fauces SEN.Nat.6.2.5; pressus pauore sanguis tardius ~bebatur TAC.Ann.14.64; ut..sudor ex ea (sc. strigilecula) riuulo ~beretur APUL.Fl.9; (cf.) lactes..per quas ~bitur cibus PLIN.Nat.11.200. **b** sic Tiberis implacidus in maria ~bitur BAS.poet.6; flumina..summis ~bentia ripis LUCR.2.362; omnia sub magna ~bentia flumina terra VERG.A.4.366; litus..uado ~abente relinquit (pontus) A. 11.628; HOR.Ep.1.2.43; OV.Met.2.406; altissima..flumina minimo sono ~bi CURT.7.4.13; Araxes..~bitur placidus et silens MELA 3.40; amnis Thermodon..praeter..radices Amazoni montis ~psus PLIN.Nat.6.10; (in fig. phr.) ut.. oratores..in inferum hoc (mare)..scopulosum atque infestum ~berentur CIC.de Orat.3.69. **c** si quae penitus corpuscula rerum ex altoque foras mittuntur, solis uti lux ac uapor, haec puncto cernuntur ~psa diei per totum caeli spatium diffundere sese LUCR.4.201; ima dolor balantum ~psus ad ossa VERG.G.3.457; ~bi..ut somnum sensit in artus OV.Met.11.631; frigus..per ungues ~bitur 2.824; APUL.Pl.1.6. **d** quin ~behar longius, nisi me retinuissem CIC.Leg.1.52; Div.2.79;—circuitus ille..incitatior numero ipso fertur et ~bitur, quoad perueniat ad finem et insistat CIC.Orat.187; breuitate et celeritate syllabarum ~bi putat uerba procliuius 191; est decor proprius orationis leniter ~psae SEN.Ep.100.1.

4 (poet., of time) To flow on, pass.
ueniet lustris ~bentibus aetas VERG.A.1.283; eheu fugaces, ..~untur anni HOR.Carm.2.14.2; non tardo ~bitur illa (sc. aetas) pede TIB.1.8.48; adsiduo ~buntur tempora motu OV.Met.15.179; tacito passu ~bentibus annis Tr.4.10.27; PERS.2.2; STAT.Silv.4.1.31; (cf. sense 2) uos, o clarissima mundi lumina, ~bentem caelo quae ducitis annum VERG. G.1.6.

5 To drop or slip from an elevated position, fall, tumble. **b** to slip (from the grasp); to slip out of position. **c** (of words) to slip out, be uttered carelessly.
labat, ~buntur saxa, caementae cadunt ENN.scen.383; effigiem Cereris..de caelo ~psam CIC.Ver.5.187; inuolutae ~buntur (cupae) CAES.Civ.2.11.2; folia haud ullis ~bentia uentis VERG.G.2.133; demissum ~psi per funem A.2.262; aurigam Turni..excutit et longe ~psum temone relinquit 12.470; ~psus per gradus..impactus imo..est saxo LIV. 8.6.2; multis ~bentibus ex equis aut desilientibus 21.46.6; ~psas ubi perdidit alas Icarus OV.Fast.4.283; ~psas.. lacertis sponte sua..catenas Met.3.699; e caelo uolucres subito cum pondere ~psae LUC.9.649; cum..superiacta tela testudine ~berentur TAC.Hist.3.29; eius (sc. specus) os ~psis repente saxis obruit quosdam ministros Ann.4.59; (poet.) mille cauet ~psas circum caua tempora mortis STAT. Theb.6.793;—(in fig. phr.) sunt (uitia) in lubrico incitataque semel procliui ~buntur CIC.Tusc.4.42; honesta primum est uelle nec ~bi uia SEN.Phaed.140. **b** inter ipsas pensa ~buntur manus SEN.Phaed.104; ~psas..manu..habenas STAT.Theb.8.540; Silv.2.5.21;—gaudebam ~psos formare capillos PROP.1.3.23; uiscera ~psa LUC.4.566; comae numquam ~bentis (i.e. falling out) honorem praemetet STAT. Silv.3.4.10; lacrimis ~psoque inhonorus amictu Theb.7.151. **c** ~psa..sunt nimio uerba profana mero OV.Tr.3.5.48; seu forte ~psa uox in praesagium uertit TAC.Ann.11.31.

6 To slip (so as to lose one's footing). **b** (of a building, etc.) to collapse, fall. **c** (of armies) to give way.
CIC.Fat.5; quem congressus agit campo, ~psumque superstans immolat VERG.A.10.540; si patinam pede ~psus frangat agaso HOR.S.2.8.72; defecit iniqua ~psus humo STAT.Theb.2.647; (in fig. phr.) quibus uitiis orator aut non adsequatur haec aut etiam in his ~batur et cadat CIC.Brut. 185. **b** donec templa refeceris aedesque ~bentis deorum HOR.Carm.3.6.3; ~psuram..domum subeas OV.Ib.509; RIVOS AQVARVM..VETVSTATE ~BENTES AUG.Anc.4.11; resoluto robore ~bens (ratis) [SEN.]Oct.318;—(fig.) ~bentem et prope cadentem rem publicam fulcire CIC.Phil.2.51. **c** uidi ego ~bentis acies PROP.4.2.53; sustinuit ~bentem aciem Antonius TAC.Hist.3.23; (fig.) ad grammaticum iam ~bentem GEL.19.10.13.

7 To sink down, collapse (from fatigue, at the onset of death, etc.). **b** (of the eyes, limbs, etc.) to drop, sink. **c** to pass away, die; (of the spirits) to sink, fail. **d** (fig.) to fall, come to grief.
~bitur infelix studiorum atque immemor herbae uictor equus VERG.G.3.498; calor ossa reliquit; ~bitur A.3.309; cum iam aetate deficiente..in lectulo ~beretur V.MAX. 5.2.ext.4; (sonipes) moribundus ~bitur LUC.6.86; STAT. Theb.2.628; congestis telis et suffosso equo ~bitur TAC. Ann.2.11; (fig.) languentem ~bentemque populum..ad

decus excitare Cic.*de Orat*.1.202. **b** labitur exsanguis, ~buntur frigida leto lumina Verg.*A*.11.818; quamuis ~bentis premeret mihi somnus ocellos Prop.1.10.7; pondere ~psa catenae est manus Ov.*Ep*.14.131; ~bente manu misit habenas Sen.*Med*.347; ille caput ~bens..uiso patre leuat Luc.3.737; deficiens penna ~bente uolucris Sil.14.595; Quint.*Inst*.6.pr.12. **c** ~beris..prima fraudate iuuenta Ov.*Met*.10.196; ~bimur saeuo rapiente fato Sen.*Oed*.125; non ~bente Numa timuit sic curia felix Stat.*Silv*.1.4.41; ACERVO FVNERE ~PSVS *CIL* 5.2013;—(*cf.*) ingentis..animos extremo frigore ~bi sensit Stat.*Theb*.8.734; ~bi spiritum nec ultra biduum duraturum Tac.*Ann*.6.50;—ecce meum timido iam frigore pectus ~bitur Stat.*Silv*.3.2.52. **d** ~bentem..belli fortunam diuino animi ardore restituit V.Max.3.2.19; multos, fortunae iniuria ~psos, sustentat Quint.*Decl*.260(p.63,l.24); inter parentum manus gremiumque nutricis saepius ~bitur (infans) 306(p.204,l.14); ea necessitas seu fortuna ~psas iam partis restituit Tac.*Hist*. 3.17.

8 (of material things, physical forces, etc.) To flow away, be dissipated, disappear; (also, of wealth, resources). **b** (of abst. things) to pass away, fail, perish.

cetera nasci occidere fluere ~bi Cic.*Orat*.10; extra..eminent quae appellantur aures..ne adiectae uoces ~berentur atque errarent *N.D*.2.144; pereunt ~psae sole tepente niues Ov.*Fast*.3.236; sola uirum flammis uidit ~bentibus ossa V.Fl.5.55; Juv.6.203; (*of time*) ~bantur toti cum mihi saepe dies Mart.10.70.4;—res foras ~bitur, liquitur Pl.*Trin*.243; ~bitur interea res et Babylonica fiunt Lucr.4.1123; ~bentur opes Tib.1.6.53; ~benti..annonae subsidia oriebantur V.Max.4.8.ext.2; si..subito hereditas ~psa sit Ulp.*dig*.4.4.11.5. **b** ~bente..paulatim disciplina Liv.pr.9; eo citius ~psa res est 3.33.2; ~bente iam causa decemuirorum 3.40.8; redeas modo serus amanti, ut tua sit solo tempore ~psa fides! Ov.*Ep*.2.102; iam mente eius ~bente Sen.*Con*.2.6.10; memoriae ~bentis Sen.*Ben*.5.25.6; prior extingui ~bique uidetur gloria Sil.4.745.

9 To fall, lapse, sink (into an inferior state or condition). **b** to sink, descend (to a less worthy course of action, etc.); also, to slip (into an easier course of action). **c** *mente ~bi*, to go out of one's mind; *memoria ~bi*, to have a lapse of memory; *facultatibus ~bi*, to go bankrupt.

magno opere a uera ~psi ratione uidentur Lucr.1.637; ut primum..Graecia..coepit..in uitium..~bier Hor.*Ep*.2.1.94; misericordia se in speciem crudelitatis ~psum Liv.3.50.6; Roma pudicitia proauorum tempore ~psa est Ov.*Fast*.4.157; ut mores puellae in uitia..~bi pateretur Sen.*Con*.9.1.15; in deterius res humanas et omne nefas ~bi Sen.*Ben*.1.10.1; ego ab hoc archetypo ~bor et decido Plin.*Ep*.5.15.1;—(*physical states*) fessus..~bitur in somnos Stat.*Theb*.5.504; se quoque in somnum ~psos Tac.*Hist*.5.22. **b** ne qua mihi liceret ~bi ad illos Cic.*Att*.4.5.2; ne ~bar ad opinionem *Luc*.138; inde ~bi coepit (quaestio) ad uiliora capita Liv.9.26.22; consules..in necopinatam fraudem ~psos esse 27.33.10; inde prauis ingeniis ad foedissima usque ludibria ~buntur Quint.*Inst*.1.6.32; in adulationem ~psos cohibebat ipse Tac.*Ann*.4.6;—ne qua leuitate me ductum ad insolitum genus dicendi ~bi putetis Cic.*Sest*.119; dispositione ad elocutionis praecepta ~bor Quint.*Inst*.7.10.17. **c** quaedam (mulieres) mente ~buntur Cels.5.26.13; Sen.*Con*.7.6.16; nec infantes pueros nec mente ~psos timere mortem Sen.*Ep*.36.12; Suet.*Aug*.48;—nisi memoria in hoc uersu ~bor Gel.10.29.2;—cum scires eum facultatibus ~bi Gaius *dig*.4.3.8; Ulp.*dig*.26.7.9.1.

10 To fall into error, be mistaken, go wrong.

ignoscite, iudices; errauit, ~psus est, non putauit Cic.*Lig*.30; talis..uir et ciuis opinione ~bi potest *Phil*.13.8; Epicurus..in quibus sequitur Democritum, non fere ~bitur *Fin*.1.18; in quo uerbo ~psa consuetudo deflexit de uia *Off*.2.9; errasse regem et Iugurthae scelere ~psum deprecati sunt Sal.*Jug*.104.4; ut solet amoto ~bi custode puella Prop.1.11.15; consilio id magis quam furore ~psos fecisse Liv.7.20.5; te imprudentia ~bi 38.26.4; num uerbo ~psus in ullo..signa dedi? Ov.*Am*.2.8.7; (eum sapiens) iubebit incolumem esse, quia deceptus est, quia per uinum ~bsus Sen.*Cl*.2.7.2; eum, qui in uno ~psus est Quint.*Decl*.248(p.17,l.16); ne uerbo quidem ~bitur Plin.*Ep*.2.3.3; qui ob aetatem uel rusticitatem..~psi non ediderunt Ulp.*dig*.2.13.1.5; Papin.*dig*.17.1.57.

labor[2] **(~ōs)** ~ōris, *m*. [cf. prec.] Forms: nom. *~os* more usual in Pl.; also in Ter.*Hec*.286; Pac.*trag*.290; Lucil.215; Var.*Men*.247; Catul.55.13; Verg.*A*.6.277 (s.v.l.); cf. Quint.*Inst*. 1.4.13.

1 Work, labour, toil (whether mental or physical). **b** (w. defining gen. or adj.). **c** (w. inf., as pred.). **d** (personified).

uno ut ~ore apsoluat aerumnas duas Pl.*Am*.488; ut sine ~ore hanc extraxi! *Rud*.461; tantum ~orem capere ob talem filium! Ter.*An*.870; si rotas uoles facere, tardius ducetur, sed minore ~ore Cato *Agr*.3.6; fructum..eum..quem ~ore peperisset Cic.*S.Rosc*.88; non frustra ~orem suscepisti *Att*.10.4.1; defessa ~ore membra Catul.50.14; confecto iam ~ore exercitu Caes.*Civ*.2.41.1; iuuentus..urbanum otium ingrato ~ori praetulerat Sal.*Cat*.37.7; lecta diu et multo spectata ~ore Verg.*G*.1.197; nihil remissum ab ulla parte curae aut ~oris Liv.3.5.4; cum populus (*i.e. bees*) in ~ore est Plin.*Nat*.11.53; suadere principi quod oporteat multi ~oris Tac.*Hist*.1.15; nullus..magni sceleris ~or Juv.14.224; 'laboriosus' (dici potest) et qui laborat et qui ~ori est Gel.9.12.1;—(*w. pron. adj. or sim.*) sine tuo ~ore quod uelis actumst tamen Pl.*Epid*.426; ~ore alieno magno partam gloriam Ter.*Eu*.399; meo ~ori non parsi Cato *orat*.120; inanis omnis noster esse ~or Cic.*de Orat*.2.1; alterius ~ore ac periculo finiti belli famam Liv.30.36.11; quis ~or in phiala? docti Myos anne Myronos? Mart.8.50(51).1;—(*coupled w.* opera) plus ego..~oris et operae consumo in poscendis testibus Cic.*Font*.11; etsi res erat multae operae ac ~oris Caes.*Gal*.5.11.5;—(*pl.*) omnes mihi ~ores fuere quos cepi leues Ter.*Hau*.399; qui urbem suis ~oribus ac periculis conseruasset Cic.*Dom*.137; quod non dispereunt tui ~ores Catul.14.11.; Verg.*A*.2.284; Liv.10.31.11; Luc.9.1016. **b** duorum ~ori ego hominum parsissem lubens, mei te rogandi et tis respondendi mihi Pl.*Ps*.5; nauigationis ~or Cic.*Att*.16.3.4; ne..itineris ~ore permoueantur Caes.*Gal*.7.40.4; longum..fugae ne linque ~orem Verg.*A*.3.160; ~or..standi sub armis Liv.28.15.4; somni maestus ~or V.Fl.4.50; eadem (*sc.* corpora)..foedissima sint ipso formae ~ore Quint.*Inst*.8 pr.19;—capitis corona..faciem ~ore flatili (*i.e. of the bellows*) uiridis premit Var.*Men*.307; meus hic forensis ~or uitaeque ratio Cic.*Cael*.6; illum non ~or Isthmius clarabit pugilem Hor.*Carm*.4.3.3. **c** nec magnus prohibere ~or: tu regibus alas eripe Verg.*G*.4.106; nec bene cantantes ~or est audire puellas Ov.*Pont*.4.10.17; tollere haec aranea quantum est ~oris? Phaed.2.8.14; Plin.*Nat*.33.25; Stat.*Theb*.6.203; (*cf.*) sed reuocare gradum..hoc opus, hic ~or est Verg.*A*.6.129. **d** Caeli quoque parentes dii habendi sunt..eorumque fratres et sorores, ..Amor Dolus..~or Cic.*N.D*.3.44; pallentesque habitant Morbi tristisque Senectus..Letumque ~osque Verg.*A*.6.277.

2 Application to work, industry.

Atheniensem Demosthenem, in quo tantum studium fuisse tantusque ~or dicitur Cic.*de Orat*.1.260; me non ingeni praedicatorem esse uis sed ~oris mei *Brut*.233; hominum summi ~oris summaeque industriae *Ver*.3.103; *Mur*.34; apes sunt et rusticae..multo iracundiores, sed opere ac ~ore praestantes Plin.*Nat*.11.59.

3 A specific piece of work, task, undertaking. **b** *Herculis ~or*, (any) one of the labours of Hercules; (transf.) a very difficult, or Herculean, task; (meton.) one of the subjects of the labours of Hercules. **c** a preoccupation, concern.

unum superesse ~orem Enn.*Ann*.158; ut onus huius ~oris atque offici..mihi suscipiendum putarem Cic.*Div.Caec*.5; quod hunc ~orem alteri delegaui Cael.*Fam*.8.1.1; ut..sibi quisque..poenae loco grauiores imponeret ~ores Caes.*Civ*.3.74.2; extremum hunc..mihi concede ~orem Verg.*Ecl*.10.1; immensus ~or est, sed fertilis idem *Aetna* 222; exiguum uati concede, Tragoedia, tempus: tu ~or aeternus; quod petit illa (*sc.* Elegeia), breuest Ov.*Am*.3.1.68; proximus in muros et moenia Cyrenarum est ~or Luc.9.298; nos Alcidae..sudatus ~or et, bellis ~or acrior, Alpes (manent) Sil.3.92. **b** quos memoriae proditum est ab ipso Hercule perfuncto iam ~oribus sacra didicisse Cic.*Dom*.134; *Balb*.39; (*cf.*) putauit sibi tertium decimum ~orem uenisse (Hercules) Sen.*Apoc*.5.3;—te iam ferre Herculei ~os est Catul.55.13; (*cf.*) ubi pertuleris, quos dicit fama ~ores Herculis Prop.2.23.7;—te (*sc.* Herculem)..labores..timent Sen.*Her.O*.1929; fecunda mergit capita Lernaeus ~or (*i.e. Hydra*) *Her.F*.781. **c** scilicet is superis ~or est Verg.*A*.4.379; hic ardor solusque ~or, quid corpore Magni proiecto rapiat Luc.6.587.

4 A result or product of work, production.

sata laeta boumque ~ores Verg.*G*.1.325; Iliadum..~or uestes *A*.7.248; ponitur..noster in igne ~or (*i.e. poems*) Ov.*Tr*.5.12.64; abstulit arboribus pretium nemorique ~orem Alcides Luc.9.365; pars quota Parrhasiae ~or est Mareoticus aulae? Mart.8.36.3; solus Phidiaci toreuma caeli, solus Mentoreos habes ~ores 4.39.5; Polycliti multus ubique ~or Juv.8.104.

5 (astrol.) Any one of twelve divisions of an imaginary circle superimposed on the zodiac and representing a facet of human life or activity.

ultimus et totam concludens ordine summam rebus apiscendis ~or est Man.3.146; digestos orbe ~ores..(athla uocant Grai) 3.160.

6 A struggle with difficulties, toil, hardship. **b** physical pain, distress; the labour of childbirth. **c** *solis, lunae*, etc., *~ores*, eclipse of the sun or moon. **d** (applied to persons, etc.) a cause of pain or distress.

propter meum caput ~ores homini euenisse optumo! Pl.*Capt*.946; maledicta famam meum ~orem et peccatum in se transtulit Ter.*Ad*.263; quoniam in tantum luctum ~oremque detrusus es quantum nemo umquam Cic.*Q.fr*.1.4.4; suaue..e terra magnum alterius spectare ~orem Lucr.2.2; si..uacet annalis nostrorum audire ~orum Verg.*A*.1.373; usitata res est in oppugnanda hostium urbe ~ores ac pericula pati Liv.26.13.9; durat, opus uatum, Troiani fama ~oris Ov.*Am*.3.9.29; quod uiuo durisque ~oribus obsto *Tr*.4.10.115; Mart.3.44.9; Stat.*Theb*.5.47; si adrogatus sit, nullus ~or Ulp.*dig*.4.5.22;—(*poet.*) caeli iste fretique, non puppis nostrae ~or est Luc.5.585; sensus..audiri montis ~or V.Fl.5.169; pelagi..~ores (*i.e. tides*) Luna mouet Sil.3.58. **b** sulphurosi fontes neruorum ~ores reficiunt Vitr.8.3.4; hoc medicamentum sine magno ~ore..cadere cogit haemorrhoidas Larg.227; uexatus sum..nocte diffuso ~ore per umerum et cubitum Fro.*Aur*.1.p.186 (92N);—per decem mensum graues uteri ~ores..precor Sen.*Phoen*.536; cuius uidit Lucina ~ores Stat.*Theb*.5.114; *Silv*.3.3.123; puellam..defessam ~ore Gel.12.1.4. **c** defectus solis uarios lunaeque ~ores Verg.*G*.2.478; solis..~ores *A*.1.742; defectus..pati uoluit (*sc.* Titan) ruptaeque ~ores lucis Luc.7.4; statos siderum..~ores Plin.*Nat*.2.55; defectiones siderum ~oresque narrantur [Quint.]*Decl*.4.14. **d** tu fueras ~or et tu causa morae Sen.*Phaed*.792; Hermes cura ~orque ludiarum Mart.5.24.10; (*cf.*) is..famae ~or est ad quemcumque eorum pertinens Plin.*Nat*.28.27.

7 Physical stress, wear and tear.

quoad moenia mundi solliciti motus hunc possint ferre ~orem Lucr.5.1214; nec poterant..durum sufferre ~orem (*sc.* argentum aurumque) 5.1272; nec res hunc tenerae possent perferre ~orem Verg.*G*.2.343; haec omnia..si sunt in locis tectis, sustineant ~orem Vitr.2.7.2.

labōrifer ~era ~erum, *a*. [prec.+-FER] Enduring toil, labouring, toiling; also, bringing toil.

~eri..Herculis Ov.*Met*.9.285; ~eri..iuuenci 15.129; Stat.*Silv*.4.6.26;—clara ~eros caelo Tithonia currus extulerat *Theb*.6.25.

labōriōsē, *adv. compar.* ~ius, *superl.* ~issimē. [next+-E]

1 With the expenditure of much labour, laboriously.

quo quisque est sollertior et ingeniosior, hoc docet iracundius et ~ius Cic.*Q.Rosc*.31; semper ii diligentissime ~issimeque accusarunt qui se ipsos in discrimen existimationis uenire arbitrati sunt *Div.Caec*.71; ~e..conteruntur ea, ex quibus emplastra..fiunt Cels.5.17.2.A; carmina..scripsi non nimium ~e *Priap*.2.3; plumbo..~ius in Hispania eruto Plin.*Nat*.34.164; Suet.*Jul*.43.1; Apul.*Fl*.16.

2 With hardship or suffering, painfully.

malest..tuo Catullo, malest..et ~e Catul.38.2; dure, aspere, ~e Sen.*Ep*.82.2; Theophrastus senes ~ius sternuere dicit Plin.*Nat*.28.57.

labōriōsus ~a ~um, *a*. **labōriossus.** *compar*. ~ior, *superl*. ~issimus. [LABOR[2]+-OSVS]

1 Involving much work or effort, toilsome, hard, laborious.

~si nil tibi quicquam operis imperabo Pl.*Mer*.507; ~a..uita est rustica *Vid*.31; Ter.*Hau*.44; nihil erit iis..~ius molestiusque prouincia Cic.*Leg*.3.19; omne aeuum tribus explicare cartis doctis..et ~is Catul.1.7; operum fuit omnium longe maximum ac ~issimum cuniculus in arcem hostium agi coeptus Liv.5.19.10; perquam ~o itinere Vell.2.113.3; quid (est) ira ~ius? Sen.*Dial*.4.13.2;—(*neut. as sb.*) ut anteponantur..procliuia ~is Cic.*Top*.69; facile tam ~a sedentem imperare Fron.*Str*.4.6.2.

2 Hard-working, industrious, diligent.

aratoribus ~issimis frugalissimisque hominibus Cic.*Ver*.3.86; industrios homines illi (*sc.* Graeci) studiosos uel potius amantis doloris (*sc.* φιλοπόνους) appellant, nos commodius ~os *Tusc*.2.35; fuit..disertus, impiger, ~us Nep.*Timoth*.1.1; ~a..cohors Vlixei Hor.*Epod*.16.60; (bos) ~issimus adhuc hominis socius in agri cultura Col.6.pr.7; Petr.56.4; [Quint.]*Decl*.13.16.

3 Involving hardship or suffering, painful, distressing. **b** suffering pain or hardship, harassed, distressed.

aerumna (est) aegritudo ~a Cic.*Tusc*.4.18; incedit..gradu ~o Mart.7.39.7; pueritiam..habuit ~am et exercitatam Suet.*Tib*.6.1; ubi percontatus est..quam ~i nixus fuissent Gel.12.1.4. **b** multi ex morbi grauitate maiores (dolores pertulerunt), quos tamen non miseros, sed ~os solemus dicere Cic.*Phil*.11.8; *Fin*.2.93; homo ~us et aduersis suis clarus Plin.*Ep*.4.9.1; quid miseros homines et ~os uiatores..inuaditis? Apul.*Met*.8.18.

labōrō ~āre ~āuī ~ātum, *intr., tr.* [LABOR[2]+-O[3]]

1 To perform physical work, toil, labour.

multo primum sese familiarium ~auisse Pl.*Mer*.70; istos rastros interea tamen adpone, ne ~a Ter.*Hau*.89; si non ~abunt (boues), pascantur satius erit Cato *Agr*.54.1; ut M. Lepidus, cum..in herba recubuisset, 'uellem hoc esset', inquit '~are' Cic.*de Orat*.2.287; Sal.*Jug*.44.3; Verg.*G*.3.193; opera..militari ~andum..erat Liv.5.10.5; ~o nil atque optimis rebus fruor (*sc.* musca) Phaed.4.24(25).9; licet ipsa..Iuno suos collis templumque amplexa ~et Stat.*Theb*.3.252; (*of things*) ubi non omnis pars brachii pari uice ~at Col.4.24.9;—(*w. dat.*) ab aratoribus populi Romani, ab eis qui uobis ~ant, uobis seruiunt Cic.*Ver*.3.102; umbrae scilicet non uindemiae ~auerimus Col.3.10.12; nigro..Ioui, cui tertia regna ~ant Sil.8.116.

2 To exert oneself in any way, take pains, work (freq. w. internal acc.).

nihil esse iam quod ~aretur Cic.*Att*.1.5.6; quanto..opere eius municipi causa ~arem *Fam*.13.7.1; penitus quae tota mente ~ant Catul.62.14; Caesar in animum induxerat ~are, uigilare Sal.*Cat*.54.4; hic sua conpleuit, pro quo, Cytherea, ~as, tempora Ov.*Met*.15.816; perisse..praeteritum laborem cui semper idem ~andum est Quint.*Inst*.10.7.4;—(*w. dat.*) cui nunc haec cura ~at? Ov.*Tr*.4.1.93; supellectili ~atur Sen.*Ep*.114.9;—(*w.* de) quae de parietinis in Melita ~aui ea tibi grata esse gaudeo Cic.*Att*.5.19.3; prius ~andum uisum est de summa consilii Sal.*Rep*.2.12.2; sic de principatu ~abant, tamquam duos tanti imperii fortuna non caperet Flor.*Epit*.2.13(4.2.14);—(*w.* in+*abl.*) multo plus sit in reliqua causa ~andum Cic.*de Orat*.2.313; qui (*sc. artists*) in eo genere ~arunt *Fam*.5.12.7; frustra in reliquis ~abimus Quint.*Inst*.4.2.35;—(*w.* in+*acc.*) adeo in quae ~amus sola creuimus Liv.7.25.9; nil in famam ~emus Sen.*Dial*.5.41.1; quod non in regna ~as Luc.9.258;—(*w.* ut, ne+*subj.*) nemo..ut defenderet contrariam partem ~abat Cic.*Clu*.130; non minus se id contendere et ~are ne ea..enuntiarentur Caes.*Gal*.1.31.2; Hor.*S*.1.10.73; mihi ~andum est ne..praemia perfidiae habeant Liv.30.31.3; quanta cura ~atur ne cuius pantomimi nomen intercidat? Sen.*Nat*.7.32.3; in his..debet ~are, ut uideantur quam euidentissima Quint.*Inst*.4.2.65;—(*w. inf.*) ~a discere Lucil.349; Cic.*Att*.5.2.2; nemo quaerit nec scire ~at Catul.67.17; breuis esse ~o Hor.*Ars* 25; Ov.*Met*.3.565; Pers.2.17; Stat.*Theb*.8.316; Plin.*Ep*.1.10.2; (*acc. and inf.*) iustos Fortuna ~at esse ducis motus Luc.1.264; (*cf.*) eum, quem deportandum ~abat Ulp.*dig*.49.4.1.

3 To be distressed physically, suffer from strain. **b** (of troops in battle). **c** (of ships). **d** (of the moon in eclipse). **e** (of trees, plants, etc.). **f** (of inanim. things).

aliud..est dolere, aliud ~are. cum uarices secabantur C. Mario dolebat; cum aestu magno ducebat agmen ~abat Cic.*Tusc*.2.35;—(*w. abl.*) multos aestu ~antes Sen.*Ben*.6.7.3; fame ~atur *Nat*.3.27.5; colloque comisque diuitias Cleopatra gerit cultuque ~at Luc.10.140; simul bello pelagoque ~ant Stat.*Theb*.5.381; si..mors ipsa (*i.e. the dead*) ~at Sil.13.870; Quint.*Inst*.11.3.55;—(*of parts of the body*) artus nullo in motu ~at Cic.*N.D*.2.150; pulmonibus ~antibus Cels.2.4.1; si..iecur uomica ~at 4.15.4. **b** tertiam aciem ~antibus nostris subsidio misit Caes.*Gal*.1.52.7; maxime ad superiores munitiones ~atur 7.85.4; quacumque in parte premi ac ~are senserat suos Liv.22.6.2; ut quisque maxime ~aret locus..ipse occurrebat 34.38.6;

V.Max.1.7.3; Tac.Ann.13.39. **c** ostendit eis..multas alias (sc. nauis) ~antis Cic.N.D.3.89; illae (sc. naues) adeo grauiter inter se incitatae conflixerunt ut uehementissime utraque concursu ~arent Caes.Civ.2.6.5; turpe ~antem deseruisse ratem Ov.Pont.2.6.22; Paul.dig.14.2.2. **d** eclipsis quando fit, cur luna ~et? Var.Men.231; num igitur eum (sc. Endymionem) curare censes, cum Luna ~et Cic.Tusc.1.92; cur fraternis Luna ~et equis Prop.2.34.52; Ov.Am.2.5.38; Sen.Nat.7.1.2; quae (sc. luna) mensis exitu latet, tum ~are non creditur Plin.Nat.2.43; Juv.6.443. **e** si ~arent altius demersa semina Col.4.1.6;—(*w. abl.*) ne siccitate..~ent (arbusta) Sen.Ben.4.14.2; ita neque aqua neque sole ~abit (cicatrix) Col.Arb.10.3; morus..fructu minime ~ans Plin.Nat.16.119; ~ant (arbores) et fame et cruditate 17.219. **f** rutundum (stagnum) facillime continet, anguli maxime ~ant Var.L.5.26; si primordia sunt, simili quae praedita constant natura atque ipsae res sunt aequeque ~ant et pereunt Lucr.1.849; fundamentis ~antibus Sen.Nat.3.27.9; uela ~anti..subnectere malo Stat.Theb.5.408; referta tecta ac ~antia Plin.Pan.22.4;—(*w. abl.*) ut putares detectum parietem nimbo ~are Petr.23.5; rigidis..~at uitta comis Stat.Ach.1.522;—(*w.* ab) uti..materies ab gelicidiis ne ~et Vitr.7.1.6.

4 To be in trouble or difficulties (other than purely physical), be distressed.
uos me florentem semper ornastis, ~antem mutatione uestis..defendistis Cic.Red.Sen.31; ex miseria alterius iniuria ~antis Tusc.4.18; humiles ~ant ubi potentes dissident Phaed.1.30.1; auxilium Romanorum terrae ob nimiam cultorum fidem in Romanos ~anti orant Liv.21.52.6; est enim naturalis fauor pro ~antibus Quint.Inst.4.1.9;—(*w. abl.*) nec externis hostibus magis quam domesticis ~amus Cic.ad Brut.1.10.1; pestilentia ~atum est Liv.1.31.5; ciuitas faenore ~abat 35.7.2; simul insidiis hominum pelagique ~o Ov.Tr.1.11.27; quotiens incendio ~at pars ciuitatis Sen.Nat.6.9.3; ut..antehac flagitiis ita tunc legibus ~abatur Tac.Ann.3.25; alias (urbes)..aere alieno ~antis leuauit Suet.Aug.47; cum hoc facto pudicitia ~etur Papin.dig.48.5.12(11).12;—(*w.* ab) ne ab re frumentaria..~aret Caes.Gal.7.10.1;—(*w.* ex) non ignoro quantum ex desiderio ~es Cic.Fam.16.11.1; quos ex aere alieno ~rare arbitrabatur Caes.Civ.3.22.1;—(*w.* in+*abl.*) in re..familiari..ualde ~amus Cic.Att.4.1.3; quonam fato nostram ciuitatem ~asse in illo homine crediderim? Quint.Decl.274(p.122,l.27);—(*transf. and fig.*) ecquid iudiciorum status..~et Cic.Att.5.13.3; totam domum amore mutuo ~antem Sen.Con.2.2.4; ~at carmen in fine Petr.1.15.

5 To be adversely affected (by), suffer (from a defect, disadvantage, etc.).
(*w. abl.*) hac incuria ~are..M. Lucullum Var.R.3.17.8; diuersis..duobus uitiis, auaritia et luxuria, ciuitatem ~are Liv.34.4.2; (oratores) qui abundantia ~ant Sen.Con.9.2.26; monstrabo tibi, cuius rei inopia ~ent magna fastigia Sen.Ben.6.30.3; pinguissimam (humum)..luxuria, macram..ieiunio ~are Col.3.12.3; cum..regionis uitio..mustum ~abit 12.19.2; hoc uitio ~auere proximi..herbarii nostri Plin.Nat.27.67; non ~at infamia Ulp.dig.3.2.6.2;—(*w.* ex) aliquanto leuius ex inscientia ~arent Cic.Inv.2.5.

6 To suffer from pain or disease, be ill. **b** (of parts of the body).
utpote cum sine febri ~assem Cic.Att.5.8.1; significant..tuae litterae te prorsus ~are Cic.Att.7.2.2; si puer fuerit qui ~at Larg.16;—(*w. abl. of disease*) nec..quisquam stultus non horum morborum aliquo ~at Cic.Fin.1.59; non ~ant inmutatione loci ualetudinibus Vitr.1.4.4; hominibus..scabie ~antibus Cels.5.28.16.c; Mart.6.37.4; ut quasi abundantia ~anti..subueniretur Suet.Cl.44.3; (*w.* ab) qui ab eo ~ant Larg.197;—(*w. abl. of part affected*) ~antis utero puellas Hor.Carm.3.22.2; Ov.Am.2.13.19; aut capite aut uisceribus aut aluo ~ant Cels.2.7.3; 2.8.16; (*w.* ex) cum decimum iam diem grauiter ex intestinis ~arem Cic.Fam.7.26.1; te in lecto esse, quod ex pedibus ~ares 9.23;—(*poet.*) ~antis in uno Penelopen uitreamque Circen Hor.Carm.1.17.19;—(*pres. pple. as sb.*) alium dandum cibum ~antibus Cels.1.pr.21; (antidotos danda erit) oculis ~antibus Larg.170. **b** quod uehementes eius artus ~arent Cic.Tusc.2.61; nec pedes ~are (feminis dixit) Sen.Ep.95.20; (*w. abl. of disease*) si rheumatismo ~et os Plin.Nat.25.174;—(*cf.*) non sunt (primordia) ex ullis principiorum corporibus, quorum motus nouitate ~rent Lucr.2.970; corporeis..telis ictuque ~rat (animus) 2.176.

7 To be anxious or worried.
concrepuit digitis: ~at; crebro commutat status Pl.Mil.206; difficile dictu est quam sint solliciti, quam ~ent Cic.Clu.198; quis paria esse fere placuit peccata, ~ant cum uentum ad uerum est Hor.S.1.3.96; non..potest esse delectus, ubi numero ~atur Quint.Inst.8.5.30;—(*w. internal acc.*) hoc timent homines, hoc ~ant Cic.Div.Caec.68; tu effice id quod uideo te non minus quam me ~are Att.12.38a.2(4); hoc uehementius ~o nunc, quod seorsus a conlega puto mihi omnia paranda Cael.Fam.8.9.3;—(*w.* de) non..~at de pecunia Cic.S.Rosc.128; multo magis est nobis ~andum de Africa Att.11.12.3; sed de remedio non tam ualde ~o Petr.17.8; nec illa de uita..sed de parte regni ~abat Flor.Epit.2.21(4.11.10);—(*w.* ne) non..minus ~at A. Caecina ne summo iure egisse quam ne certum ius non obtinuisse uideatur Cic.Caec.10;—(*w. indir. qu.*) ubi corpus hoc sit non..~o Mil.98; nos..quando coeperit huius rei doctrina, non ~amus Quint.Inst.2.17.8; ea res uerane an falsa sit, non ~o Gel.6(7).20.2; Apul.Apol.17;—(*w.* si) ut..non ~aret si aratorem nullum in Sicilia omnino esset relicturus Cic.Ver.3.104;—(*w. acc. and inf.*) non ~o..hoc loco discessisse Merulam Var.R.3.17.1.

8 (tr.) To spend labour on, work or toil at. **b** to spend (time) in work.
onerant..canistris dona ~atae Cereris Verg.A.8.181; nardo..quale non perfectius meae ~arint manus Hor.Epod.5.60; noctibus hibernis castrensia pensa ~o Prop.4.3.33; in nihil ~atum locum uenitis Priap.51.25; arte ~atae..naues Ov.Ep.18.183; haec..auctores prodidere praeter Herculi et Perseo ~ata ibi Plin.Nat.5.7; curua ~atas antlia tollit aquas Mart.9.18.4; ipsi..~et arma tibi Stat.Theb.3.279; ~atas..Thebas Silv.3.2.143; sed mortalis honos, agilis quem dextra ~at 5.1.10; et nobis et equis letum commune ~as Sil.16.410; Quint.Inst.9.4.144; frumenta ceterosque fructus..~ant Tac.Ger.45.4; igniculum..manibus humanis ~atum Apul.Met.2.12. **b** senior iam..fata ~ati Phrixus compleuerat aeui V.Fl.5.225; iam Somnus auaris inrepsit curis..grata ~atae referens obliuia uitae Stat.Theb.1.341.

labōs ~ōris, *m.*: see labor².

lābōsus ~a ~um, *a.* [labes+-osus] Slippery; (or perh.) liable to landslips.
omne iter est hoc ~um atque lutosum Lucil.109.

labrōsus ~a ~um, *a.* [next+-osus] Forming a rim or lip.
ferramentum..in summa parte ~um, in ima semicirculatum acutumque Cels.7.26.2.n.

labrum¹ ~ī, *n.* [cf. *labium*; AS. *lippa*, Eng. *lip*]
1 The lip; *in primis ~is*, on one's lips (i.e. only just within the body); *~a linere* (= *os sublinere*), to deceive, bamboozle. **b** (as the part used in kissing). **c** (as one of the organs of speech); *in ~is primoribus*, on the tip of the tongue. **d** (as used in drinking); *primoribus* (*primis*) *~is*, (fig.) with a touch of the lips, i.e. lightly, summarily. **e** (as used in playing pipes).
oculi, nasum uel ~a Pl.Am.444; Mos.1118; Ter.Ad.559; omni parte corporis rasa, praeter caput et ~um superius Caes.Gal.5.14.3; unica custos Afra genus..torta comam ~oque tumens Mor.33; quid opus est..tua prius ~a mordere? Sen.Dial.3.19.3; demisso ~o Petr.52.5; elixi ueruecis ~a comedit? Juv.3.294; quae ~a, quis illi uultus erat 10.67;—quin senilis anima in primis ~is esset Sen.Ep.30.14; Nat.3.pr.16;—tibi uentrem, non mihi ~a linis Mart.3.42.2. **b** ~a ab labellis aufer, nauta, caue malum Pl.Mil.1335; ubi ad ~a labella adiungit Ps.1259; Lucil.303; ~a conserens labris Mat.poet.12; assuctis umectans oscula ~is Lucr.4.1194; Prop.2.15.10. **c** uerba ~is abeunt Aed.poet.1.2; cuius in ~is ueteres comici..leporem habitasse dixerunt Cic.de Orat.3.138; apes quas dixisti in ~is Platonis consedisse pueri Div.2.66; Lucr.4.552; ~a mouet metuens audiri Hor.Ep.1.16.60; Sen.Ep.47.3; uerba in ~is nascentia Quint.Inst.10.3.2; (*cf.*) haec ego mecum compressis agito ~is Hor.S.1.4.138;—deuoraui nomen inprudens modo..atque etiam modo uorsabatur mihi in ~is primoribus Pl.Trin.910; Cic.Hort.fr.93; (*cf.*) non a summis ~is ista ueneunt, habent hae uoces fundamentum Sen.Ep.10.3. **d** Lucr.1.940; necdum illis (sc. poculis) ~a admoui Verg.Ecl.3.43; Hor.S.1.1.68; neu subeant ~is pocula nigra tuis Prop.2.27.10;—quae isti rhetores ne primoribus quidem ~is attigissent Cic.de Orat.1.87; hunc censes primis ut dicitur ~is gustasse physiologiam? N.D.1.20; Quint.Inst.12.2.4. **e** Pan..unco saepe ~o calamos percurrit hiantis Lucr.4.58; 5.1407.

2 A rim, brim, lip (on a vessel, etc.).
quo ~a doliorum circumlinas Cato Agr.107.1; Caes.Gal.6.28.6; ~a pnigeos Vitr.10.8.2; fistula..recuruatis in exteriorem partem ~is Cels.7.15.2;—(*of a flower, etc.*) (lilium) effigie calathi, resupinis per ambitum ~is Plin.Nat.21.23; 22.92.

3 The brink, edge (of a ditch, river, etc.).
in ~o summo fluminis Sis.hist.103; ut eius fossae solum tantundem pateret quantum summae fossae ~a distarent Caes.Gal.7.72.1; si aequaliter aqua canalis summa ~a tanget Vitr.8.5.2; Liv.37.37.11; Plin.Nat.31.28; (*of the world*) ab ~o, quod est in regione septentrionali, linea traiecta Vitr.6.1.5; (*of a wound*) circum ~a (sc. uolneris) Grat.358.

lābrum² ~ī, *n.* [contr. from lavabrum]
1 A large basin, bowl, vat. **b** (poet.) a bathing-place.
oleum in ~um primum indito, inde in alterum dolium indito Cato Agr.66.2; spumat plenis uindemia ~is Verg.G.2.6; A.12.417; ~a fictilia Col.12.15.3;—(*as a fixture in baths or other buildings*) ~um si in balineo non est Cic.Fam.14.20; Vitr.5.10.4; marmorea duo ~a ante fornicem posuit Liv.37.3.7; marmoreo ~o aqua exundat Plin.Ep.5.6.20; AQVAM..IN ~VM..PROFLVENTEM CIL 2.5181.22. **b** numquid, in umbroso cum uelles fonte lauari, inprudens uultus ad tua ~a tuli? Ov.Ep.20.178; Fast.4.761; Ib.477.

2 The plant teazel.
~um Venerium uocant in flumine nascentem Plin.Nat.25.171; 30.24.

labrusca ~ae, *f. sb. and adj.* [unkn.] Pros.: 1st syll. long Verg.Ecl.5.7, cf. next. **a** (sb.) The wild vine, *Vitis labrusca*. **b** (adj. w. *uitis*, *uua*).
a aspice, ut antrum siluestris raris sparsit ~a racemis Verg.Ecl.5.7; fit e ~a, hoc est uite siluestri, quod uocatur oenanthinum Plin.Nat.14.98; 16.208; 23.19. **b** uua ~a de uepribus inmatura lecta Col.8.5.23; Plin.Nat.12.48; (oenanthe) est..uitis ~ae uua 12.132.

labruscum ~ī, *n.* [prec.] Pros.: 1st syll. long in quot. The fruit of the wild vine.
densa..uirgultis auide ~a petuntur Culex 53.

lābundus ~a ~um, *a.* [gdve. of labor¹] Gliding, slipping.
unda sub undis ~a sonit Acc.trag.570.

laburnum ~ī, *n.* [unkn.] (app.) The laburnum-tree.
aquas odere cupressi, iuglandes, castaneae, ~um Plin.Nat.16.76; 17.174.

labyrinthēus ~a ~um, *a.* [Gk., cf. labyrinthus] Of a labyrinth, labyrinthine.
~is e flexibus egredientem Catul.64.114.

labyrinthum ~ī, *n.*: var. of next.
~um inextricabile, quo si quis introierit sine glomere lini, exitum inuenire nequeat Var.in Plin.Nat.36.91.

labyrinthus ~ī, *m.* [Gk. λαβύρινθος] A maze, labyrinth; esp. that built in Crete by Daedalus; (also transf.) as place from which one cannot escape.
Psammitici opus ~us Mela 1.56; Sen.44.7; homines..noui generis ~o inclusi Petr.73.1; Theodorus, qui ~um fecit Sami Plin.Nat.34.83;—ut quondam Creta fertur ~us in alta parietibus textum caecis iter ancipitemque mille uiis habuisse dolum Verg.A.5.588; Juv.1.53;—(*transf.*) quando apud Baias agimus in hoc diuturno Vlixi ~o Aur.Fro.1.p.92 (9N).

lac lactis, *n.* Also **lact, lacte.** (cf. Gk. γάλα) Forms: nom. acc. *lacte* Enn.Ann.352; Pl.Bac.6; Men.1089; Cato Agr. 86; 150.1; Var.R.2.1.4; Petr.38.1; Plin.Nat.23.126; etc.; *lact* Var.Men.26; L.5.104; Plin.Nat.11.232; 22.116; acc. *lactem* Petr.71.1; Apul.Met.8.19; 8.28; Gel.12.1.17; no pl.
1 Milk. **b** (as a type of whiteness).
opus est matri autem quae puerum lauit, opu' nutrici, lact' ut habeat Pl.Truc.903; ubi coctum erit, lacte addat paulatim usque adeo, donec cremor crassus erit factus Cato Agr.86; lacte atque pecore uiuunt Caes.Gal.4.1.8; pressi copia lactis Verg.Ecl.1.81; lacte depulsum (*i.e. weaned*) leonem Hor.Carm.4.4.15; placidam soleo spargere lacte Palem Tib.1.1.36; hominum..carne ac lacte uescentium Liv.29.31.9; lacte fieri debet (caseus) sincero et quam recentissimo Col.7.8.1; cameli lact habent, donec iterum grauescant Plin.Nat.11.236; cibi simplices..recens fera aut lac concretum (*i.e. curdled*) Tac.Ger.23.1;—(*w. variety indicated*) natam..lacte ferino nutribat Verg.A.11.571; cum asinino lacte poto sese eluissent Cels.4.31.2; ouillo lacte 4.31.6; bubulum lac caseo fertilius quam caprinum Plin.Nat.11.238; opium lacte muliebri dilutum Larg.158;—(*typifying infancy*) ut paene cum lacte nutricis errorem suxisse uideamur Cic.Tusc.3.2; educatio a lacte cunisque initium ducit Quint.Inst.1.1.21. **b** erubuit ceu lacte et purpura mixta Enn.Ann.352; pectora, lacte et non calcata candidiora niue Ov.Pont.2.5.37; (*cf.*) taurus..signatus tenui media inter cornua nigro: una fuit labes, cetera lactis erant Ars 1.292.

2 (in prov. exprs.) *tam similis quam lacte lactist* (and sim.), 'as like as two peas'; *lac gallinaceum*, (as a type of the imaginary, cf. ὀρνίθων γάλα) 'pigeon's milk'; *lac humanum fellasse* (and sim.), to be a fellow human-being.
neque aqua aquae nec lacte est lactis..usquam similius quam hic tui est Pl.Men.1089; tam similem quam lacte lactist Mil.240;—lacte gallinaceum si quaesieris inuenies Petr.38.1; ut uel lactis gallinacei sperare possis in uolumine haustum Plin.Nat.pr.24;—tam eum..lac humanum fellasse Var.Men.261; et serui homines sunt et aeque unum lactem biberunt Petr.71.1.

3 a The milky juice of certain plants. **b** the spat or spawn (of an oyster).
a de fici ramo lac Var.R.2.11.4; pubentes herbae nigri cum lacte ueneni Verg.A.4.514; herbae, quarum de lacte soporem nox legit Ov.Met.11.606; ficulneo lacte Col.7.8.1; Plin.Nat.22.88. **b** (ostrea) circa initia aestatis multo lacte praegnatia Plin.Nat.32.59.

Lacaena ~ae, *f. adj.* and *sb.*
1 (adj.) Laconian, Spartan.
nihil horum similest apud ~as uirgines Inc.trag.206; Verg.G.2.487; Tyndaridis facies inuisa ~ae A.2.601; ~ae..adulterae (*i.e. Helen*) Hor.Carm.3.3.25.
2 (sb.) **a** A Laconian or Spartan woman; esp. Helen or Clytemnestra. **b** a Laconian bitch.
a Cic.Tusc.1.102; ~a cultu Sen.Ag.736; Mart.9.103.2;—ipse Paris nuda fertur periisse ~a Prop.2.15.13; Ov.Ep.5.99; Sen.Ag.704;—(Orestes) infestae se feruere caede ~ae credit V.Fl.7.150. **b** catulum dedit ille ~ae Calp.Ecl.6.4.

laccātus ~a ~um, *a.* [next+-atus²] (of wine) Matured by storing in a pit.
LACCAT(um) ET TINC(tum) VET(us) (*i.e. wine*) CIL 4.5642.

laccus ~ī, *m.* [var. of lacus (prob. influenced by Gk. λάκκος)] A storage pit; a cistern, tank.
~um uino plenum Ulp.dig.9.2.27.35;—~I AEDIFICATI ET DEDICATI SVNT CIL 3.6627.

lace, *sb.* [foreign] A name given to coral in the Persian gulf.
(curalium) gignitur et in Rubro quidem mari..item in Persico—uocatur lace Plin.Nat.32.21.

Lacedaemō ~onis, *f.* Forms: nom. *~on* Hor.Carm.1.7.10, Mela 2.41; acc. *~ona* Verg.A.7.363, Sen.Ep.94.62; loc. *~oni* (usu. *~one*) Nep.pr.4; Plin.Nat.32.19. The city or state of Lacedaemon, Sparta.
illa seuera ~o neruos iussit..in Timothei fidibus incidi Cic.Leg.2.39; patiens ~on Hor.Carm.1.7.10; minus ~one studia litterarum quam Athenis honoris merebuntur Quint.Inst.3.7.24.

Lacedaemonius ~a ~um, *a.*
1 Of or belonging to Lacedaemon, Spartan. **b** (the name of a variety of marble); also, made of Laconian marble.
~a mulier Enn.scen.71; Verg.A.3.328; ~o..ceromate

(*i.e. used by wrestlers*) MART.11.47.5; nos ~ae pastor donauit amicae (*i.e. Helen*) 14.156.1;—(*of colonies*) ~um Tarentum HOR.*Carm*.3.5.56; ~i..Heniochi LUC.3.269; (*cf.*) ~i..Galesi STAT.*Silv*.3.3.93. **b** ~um (marmor) uiride cunctisque hilarius PLIN.*Nat*.36.55;—qui ~um pytismate lubricat orbem JUV.11.175.

2 (masc. pl. as sb.) The people of Lacedaemon, Spartans.
pari animo ~i in Thermopylis occiderunt CIC.*Tusc*.1.101; MELA 2.26; PLIN.*Nat*.11.185.

lacer ~era ~erum, *a.* [cf. Gk. λακίς]

1 (of bodies or limbs) Mutilated, mangled, lacerated. **b** (of hair) torn. **c** (fig., of families, armies, etc.).
quamuis est circum caesis ~er undique membris truncus LUCR.3.403; interdum ~erum corpus semianimum omittentes SAL.*Hist*.3.98.c; serpens..quem..seminecem liquit saxo ~erumque uiator VERG.*A*.5.275; LIV.1.28.10; OV.*Fast*.6.744; ~erum..caput LUC.8.667; ~era..umbra V.FL.1.49; manant ~era ora cruentis unguibus STAT.*Theb*.12.109; ~ero uerberibus tergo [QUINT.]*Decl*.3.17; ~era corpora, trunci artus TAC.*Hist*.2.70; (*poet.*) ipse suos artus ~ero diuellere morsu coepit OV.*Met*.8.877;—(*w. acc. of respect*) Deiphobum ..~erum crudeliter ora VERG.*A*.6.495; ~erum cornu..caput abdidit OV.*Met*.9.97;—(*spec.*) ~er, quod auribus curtatis est, et ~erum, quodcumque est in corpore inminutum PAUL.*Fest*.p.118M. **b** ~erae conciae SEN.*Phaed*.731; soluimus omnes ~erum multo funere crinem *Tro*.99; ~eris pridem turpata capillis et fletu signata gena STAT.*Theb*.3.680; *Silv*.3.3.133. **c** ~erae domus componit artus SEN.*Thy*.432; deserit..sedem Caesar et Emathias ~ero petit agmine terras LUC.6.315; qui ~eris ausit ductor succedere castris SIL.15.9; ~eras gentilitates colligere atque conectere PLIN.*Pan*.39.3.

2 (of things) Badly damaged, shattered, broken; (of garments) torn, rent.
~erae naufraga membra ratis OV.*Ars* 1.412; ~eri uestigia currus *Met*.2.318; puppis ~erae fragmina SEN.*Her.O*.115; ~ero diademate STAT.*Theb*.9.163; pauca tectorum uestigia supererant, ~era et semusta TAC.*Ann*.15.40;—~eras ..uestis STAT.*Theb*.5.254; TAC.*Hist*.3.10.

lacerātiō ~ōnis, *f.* [LACERO+-TIO] Mutilation, tearing, mangling.
an ego..maior adficerer laetitia ex corporis uestri ~one quam adficior ex famae? CIC.*Pis*.42; foeda ~o corporis facta LIV.8.24.14; 41.18.3; aues, quae ~one corporum aluntur SEN.*Ben*.4.20.3; *Dial*.5.3.6; (*applied to dissection*) ne mortuorum quidem ~onem necessariam esse CELS.1.pr.44; (*as a sign of grief*) muliebris ~ones genarum CIC.*Tusc*.3.62.

lacerna ~ae, *f.* [prob. fr. LACER, cf. *lacinia*] A kind of open mantle or cloak fastened at the shoulder.
cum calceis et toga, nullis nec Gallicis nec ~a CIC.*Phil*.2.76; caput obscurante ~a HOR.*S*.2.7.55; ~a caput circumdedit VELL.2.70.2; PERS.1.54; pluuiosam hiemem denuntiat (*sc.* sidus) statimque augent ~arum pretia PLIN.*Nat*.18.225; spectabat modo solus inter omnes nigris munus Horatius ~is MART.4.2.2; 5.8.5; pingues..~as, munimenta togae JUV.9.28; iam facundo ponente ~as Caedicio 16.45; ne quem posthac paterentur in foro circaue nisi positis ~is togatum consistere SUET.*Aug*.40.5; (*worn by soldiers*) iniecta tectus..~a potabis galea fessus Araxis aquam PROP.3.12.7; 4.3.18.

lacernātus ~a ~um, *a.* [prec.+-ATVS²] Dressed in a *lacerna*.
cum inermis et ~us esset VELL.2.80.3; modo ~us cum flagello mulionum fata egit PETR.69.5; JUV.1.62.

lacerō ~āre ~āuī ~ātus, *tr.* [LACER+-O³]

1 To tear, rend, mangle, lacerate (bodies or limbs). **b** (as a sign of grief); esp. to tear (the hair).
quid ita cum tuo ~ato corpore miser es ENN.*scen*.73; ut tua iam uirgis latera ~entur probe PL.*Bac*.779; TER.*Ad*.315; Pythagoras..non uidit distractione humanorum animorum discerpi et ~ari deum CIC.*N.D*.1.27; ~ato oculo circum si pupula mansit incolumis LUCR.3.408; nautas canibus ~asse marinis VERG.*Ecl*.6.77; tergum ~atum uirgis LIV.3.58.8; naso auribusque ~atis 22.51.9; quid..interest..leoni Lysimachum obicias an ipse ~es dentibus tuis? SEN.*Cl*.1.25.1; scissor..ita ~auit obsonium, ut putares essedarium..pugnare PETR.36.6; MART.11.31.3; JUV.15.102;—(*fig.*) tu..uenis ad eum ~andum quem interemisti CIC.*Sul*.50; coalescentibus..rei publicae membris, etiam coaluerunt quae tam longa armorum series ~auerat VELL.2.90.1; nouissime Pompei et Caesaris manibus..semet ipse ~auit (populus Romanus) FLOR.*Epit*.1.34(2.19.4). **b** parce tamen ~are genas, nec scinde capillos OV.*Tr*.3.3.51; ~asset crine soluto pectora femineum..uolgus LUC.7.38; QVID MATER VENTREM ~AS..? *CIL* 6.35126; (*w. ret. acc.*) nudum pectus ~ata PROP.2.13.27;—~atis crinibus CURT.3.11.25; crine ~ato SEN.*Phaed*.826; (*w. ret. acc.*) albentes ~ata comas OV.*Met*.13.534.

2 To damage severely, shatter, batter (inanimate things); to tear, rend (clothes).
da..loricam..~are reuulsam VERG.*A*.12.98; naues ~atae naufragiis LIV.29.8.10; ~ati..pontes 30.10.19; Neptunus nauem ~arat Vlixis OV.*Pont*.3.6.19; obnixi ~ant caua nubila uenti STAT.*Theb*.5.366; lectica..confossa atque ~ata est SUET.*Aug*.91.1; (*cf.*) Peloponnesi oram..sinus et promunturia ~ant MELA 2.49;—~antibus uestem lictoribus LIV.8.32.11.

3 a To torment, torture, rack (with pain). **b** to cause mental anguish to, vex, harass, torment.
a te..~abo fame PAC.*trag*.158; intolerabili dolore ~ari CIC.*Luc*.23; OV.*Met*.8.784. **b** uxor mea..quam uexauistis, raptauistis, omni crudelitate ~astis CIC.*Dom*.59; meus me maeror cotidianus ~at et conficit *Att*.3.8.2; agitur..ac ~atur animi cupidine et noxarum metu SAL.*Hist*.1.77.11;

idem furor et Cretenses ~abat LIV.41.25.7; quid ~as pectora nostra mora? [OV.]*Ep.Sapph*.212; ~at animum..frequens meritorum commemoratio SEN.*Ben*.2.11.1; QUINT.*Inst*.12.1.7.

4 (fig.) To mangle, ravage (persons, countries, possessions, etc.). **b** to spoil (a day). **c** to spoil, 'murder' (a song or speech).
~ari ualide suam rem, illius augerier PL.*Mer*.48; hortor ne quoiusquam misereat, quin spolies mutiles ~es quemque nacta sis TER.*Hec*.65; cum..Hannibal terram Italiam ~aret atque uexaret CATO *orat*.177; Achaia exhausta, Thessalia uexata, ~atae Athenae CIC.*Pis*.96; qui ~arunt omni scelere patriam *Off*.1.57; quicumque inpudicus adulter..bona patria ~auerat SAL.*Cat*.14.2; distractam ~atamque rem publicam LIV.2.57.3; cum..exercitum..~aret pestilentia VELL.2.21.4; ~andas praebuit urbes LUC.10.45; nulla in posterum cura ~are imperium TAC.*Hist*.3.55. **b** quin ego hanc iubeo tacere, quae loquens ~at diem? PL.*As*.291; ego hunc ~o diem *St*.453. **c** coepit Menecratis cantica ~are PETR.73.3; haec ipsa fiducia..~at et deformat orationem QUINT.*Inst*.10.7.32.

5 To attack with abuse or accusations, 'lash'; to tear to shreds (reputation and sim.).
inuidia, quae solet ~are plerosque CIC.*Brut*.156; cum uerborum contumeliis optimum uirum incesto ore ~asset *Phil*.11.5; quom..meque uosque maledictis ~ent SAL.*Jug*.85.26; ~atus..probris LIV.31.6.5; Aetoli..eam rem omnibus conciliis ~are 34.41.5; inuide, quid ~as Nasonis carmina rapti? OV.*Pont*.4.16.1; M. Bruti..eum eloquentia ~at SEN.*Con*.10.1.8; crebro uulgi rumore ~abatur TAC.*Ann*.15.73;—ne morte quidem..exsatiari, nisi et ipsius fama sepulti ~etur LIV.38.54.10; crebra damna famam uictoriae nuper partae ~abant TAC.*Hist*.4.79; cum fidem suam coram ~ari uideret APUL.*Met*.10.10.

lacerta ~ae, *f.* ~**us** ~ī, *m.* [cf. LACERTVS¹]

1 A lizard.
(*fem. or ambig.*) magis anguibus quam ~is CIC.*Div*.2.62; nunc uepris in gelida sede ~a latet *Copa* 28; seu uirides rubum dimouere ~ae HOR.*Carm*.1.23.7; ~arum reliquarumque serpentium ossa VITR.8.3.17; OV.*Met*.5.458; quaerit ..ciconia ~am SEN.*Ep*.108.29; PLIN.*Nat*.8.141; JUV.14.75;—(*masc.*) nunc uiridis etiam occultant spineta ~os VERG.*Ecl*.2.9; *G*.4.13; CELS.5.5.1; PLIN.*Nat*.8.141.

2 The fish Spanish mackerel, *Scomber colias*.
(*fem.*) ad ~as captandas tempestates non sunt idoneae CIC.*Att*.2.6.1; ULP.*dig*.33.9.3.3;—(*masc.*) piscium..ex quibus salsamenta quoque fieri possunt, qualis ~us est CELS.2.18.7; COL.8.17.12; ~orum genera PLIN.*Nat*.32.149; Saxetani..coda ~i MART.7.78.1; Byzantiacos..~os STAT.*Silv*.4.9.13.

lacertōsus ~a ~um, *a.* [LACERTVS¹+-OSVS] Muscular, brawny.
tum..maxime crescere ac ~um fieri (eculum) VAR.*R*.2.7.13; si sunt ~i (galli), rubenti crista 3.9.5; centuriones pugnacis et ~os CIC.*Phil*.8.26; OV.*Met*.11.33; Hercules ~us *Priap*.36.2; SEN.*Ep*.66.24; COL.6.37.6.

lacertulus ~ī, *m.* [LACERTVS² (?)+-VLVS] A kind of cake or sweetmeat, perh. in the shape of a lizard.
panes, crustula, lucunculos, hamos, ~os et plura scitamenta mellita APUL.*Met*.10.13.

lacertus¹ ~ī, *m.* Also ~**um** ~ī, *n.* [cf. Gk. λικερτίζειν, Skt. *lakuṭaḥ* 'cudgel'; and ultimately Gk. λάξ, λακτίζω, ON. *leggr* (whence Eng. *leg*)] FORMS: neut. Acc.*trag*.222.

1 The arm from shoulder to elbow, upper arm. **b** (as used in embraces). **c** (used in throwing weapons or other violent actions).
bulga haec deuincta ~o est LUCIL.246; scutum gladium galeam in onere nostri milites non plus numerant quam umeros ~os manus CIC.*Tusc*.2.37; num teneros urit lorica ~os? PROP.4.3.23; in uillos abeunt uestes, in crura ~i OV.*Met*.1.236; uinctis post tergum..~is *Tr*.3.10.61; inerant ~is mollibus fortes tori SEN.*Phaed*.653; STAT.*Silv*.2.6.83; (*dist. from* bracchium) bracchia..ualidis ex apta ~is LUCR.4.829; CURT.8.9.21;—(*well developed in the strong or athletic*) magna ossa ~ique adparent homini LUCIL.547; non sunt contenti quasi bona ualetudine, sed uiris ~os sanguinem quaerunt CIC.*Opt.Gen*.8; *Sen*.27; pulcher aspectu sit athleta, cuius ~os exercitatio expressit QUINT.*Inst*.8.3.10. **b** possum ego in alterius positam spectare ~o? PROP.2.8.5; in..patris blandis haerens ceruice ~is OV.*Met*.1.485; *Fast*.6.497. **c** an tum bracchia consuescunt firmantque ~os? LUCR.6.397; lenta ~is spicula contorquent VERG.*A*.7.164; arma..maiores exspectatura ~os STAT.*Theb*.6.78; (*poet.*) idem ..famam letalis amare ~i SIL.1.262; insignis uentos anteire ~o 16.561;—(*in rowing*) adductis spumant freta uersa ~is VERG.*A*.5.141; LUC.3.525.

2 (transf. and fig.) Strength, 'sinews', 'muscle'; ~*os mouere*, to exert oneself.
a quo cum amentatas hastas acceperit, ipse eas oratoris ~is uiribusque torquebit CIC.*de Orat*.1.242; quamquam in Lysia sunt saepe etiam ~i, sic uti fieri nihil possit ualentius *Brut*.64; *Fam*.4.7.2; arma Caesaris Augusti non responsura ~is HOR.*Ep*.2.2.48; cuius ponderosissima uis et efficacissimi ~i in fortitudine consistunt V.MAX.3.2;—nisi quod sub Traiano principe mouit ~os (populus Romanus) FLOR.*Epit*.1.1(1.pr.8).

3 A branch, arm (of a river).
scinditur..amnis..laterumque a parte duorum porrigit aequales media tellure ~os OV.*Met*.15.741.

lacertus² ~ī, *m.*: see LACERTA.

lacessō ~ere ~īuī or ~iī ~ītum, *tr.* [LACIO+-ESSO] FORMS: pf. inf. *lacessisse* LUCIL.478; LIV.30.31.5; pres. inf. pass. *-iri* COL.9.8.3; 9.15.4; pres. subj. act. *~iant* SIC.FL.*agrim*.p.109.

1 To challenge to a contest. **b** to challenge (to provide an answer, proof, etc.). **c** (poet.) to chance the hazards of, challenge (natural forces, etc.).
meo me ~is ludo et delicias facis PL.*Poen*.296; age nunc, Phormionem qui uolet ~ito TER.*Ph*.1027; Aristoteles Isocratem ipsum ~iuit CIC.*Orat*.62; a quo non modo impulsi sumus ad philosophiae scriptiones, uerum etiam ~iti *Tusc*.5.121; efficiam posthac ne quemquam uoce ~as VERG.*Ecl*.3.51; Aesoniden magno cratere ~it V.FL.5.571. **b** uetu' si poeta non ~isset prior, nullum inuenire prologum posset nouos quem diceret TER.*Ph*.14; hic respondere uoluit, non ~ere 20; probabiliora sunt, quae ~iti dicimus quam quae priores CIC.*de Orat*.2.230; cum..L. Rubrius Q. Apronium sponsione ~iuit *Ver*.3.132; ~o uos, in contionem uoco, populo Romano disceptatore uti uolo *Agr*.1.23. **c** quicumque Bithyna ~it Carpathium pelagus carina HOR.*Carm*.1.35.7; inde ~itum primo mare LUC.3.193; nunc tantas ille ~et..uictoris opes 8.360; seu stagna Aegaea ~ant STAT.*Theb*.6.20; letum..~unt SIL.2.321; uario..~ere motu fortunam 12.61.

2 To rouse to hostile, retaliatory, etc. action, provoke. **b** to stimulate, rouse (the senses). **c** to stir up, activate (inanim. things).
uirum..iniuria ~itum, ira exsuscitatum *Rhet.Her*.2.29; ut non modo armati damnum nemini darent uerum etiam ~iti iure se potius quam armis defenderent CIC.*Tul*.8; laesi dolent, irati efferuntur, pugnant ~iti *Cael*.21; iracundus non semper iratus est; ~e: iam uidebis furentem *Tusc*.4.54; Germanos neque priores populo Romano bellum inferre neque tamen recusare, si ~antur, quin armis contendant CAES.*Gal*.4.7.3; ne rudis agminum..~at..leonem HOR.*Carm*.3.2.10; qui per populationem Romanos ~ierant LIV.7.20.1; ille nisi ~eretur modestiae retinens TAC.*Ann*.5.11; FLOR.*Epit*.2.13(4.2.38); (*w. abst. subj.*) dimicatum est..non continuo..sed prout causae ~ierant 1.33(2.17.5);—(*w. abl.*) ui inritare ferroque ~ere fortissimum uirum CIC.*Mil*.84; nouissimo agmine proelio nostros ~ere coeperunt CAES.*Gal*.1.15.3; missilibus longe et uasto clamore ~unt VERG.*A*.10.716; quam causat adsiduis rudibus scutoque ~it JUV.6.248; (*in fig. phr.*) his se stimulis dolor ipse ~it LUC.2.42;—(*w.* ad) ~ere ad pugnam primo obequitando castris prouocandoque LIV.2.45.3. **b** corpora quae feriant oculos uisumque ~ant LUCR.4.217; haec loca per uoces ueniant aurisque ~ant 4.597; odor..naris quicumque ~it 4.687; unde ista palatum tuum saporibus exquisitis..~entia? SEN.*Ben*.4.6.3; (*cf.*) mollibus lenibusque fomentis totum ~itur eorum corpus SEN.*Dial*.7.11.4. **c** prima mouentur ..primordia rerum; inde ea quae paruo sunt corpora conciliatu..ictibus illorum caecis impulsa cientur, ipsaque proporro paulo maiora ~unt LUCR.2.137; 4.1039; donec ~ita pituita profluat COL.6.8.1.

3 To provoke, arouse (an action or feeling, etc.).
hos ego sermones..~iui numquam, sed non ualde repressi CIC.*Fam*.3.8.7; pugnam..~unt VERG.*A*.5.429; ignota ~ere bella 11.254; ad ~endam Caesonis temeritatem LIV.3.11.10; ~endo etiam mentionem rei temere actae 40.54.8; promptissimum genus ad ~endum certamen 44.4.2; inconstantiam..~it..ipsa iactatio SEN.*Ep*.104.14; nihil ~as, ipsa se fata explicent *Oed*.832;—(*w.* ut) continuo rerum simulacra sequuntur..~untque ut uideamus LUCR.4.347; certatim haec omnis imitatio ~iuit, ut de augmento pretii ..gloriarentur CAP.in Macr.7.13.13.

4 To assail repeatedly, harass, worry, vex. **b** (verbally). **c** to disturb, trouble (the peace). **d** to importune; (w. two accs.) to importune (for).
nemo..illorum inimicus mihi fuit uoluntarius: omnes a me rei publicae causa ~iti CIC.*Phil*.2.1; ne agrum Etruscum uastarent armisque ~erent cultores LIV.10.10.9; Illyrios ~isse magis quam exercuisse Romana arma 21.16.4; ne sola furor mea regna ~at STAT.*Theb*.8.75; non auso hoste terga abeuntium ~ere TAC.*Ann*.1.56; (*poet.*) qui rura ~unt Munychia et trepidis stabilem Piraeea nautis STAT.*Theb*.12.615;—(*w. abl.*) pacati atque socii nefario bello ~iti CIC.*Pis*.85; ut nostrum insidiis caput ~as CATUL.15.16; isdem de causis Caesar..proelio non ~it CAES.*Civ*.1.81.2; nec socios populi Romani ultro ~ituri bello LIV.28.28.6; (*poet.*) ambiguo uisus errore ~unt Oebalidae gemini STAT.*Theb*.5.437. **b** utrum ego perplexim ~am oratione ad hunc modum PL.*St*.76; is ne erret moneo, et desinat ~ere TER.*Eu*.16; ioco..~itam matris suae pudicitiam V.MAX.9.14.ext.3; reminiscebatur, quam capitaliter ipsum me apud centumuiros ~isset PLIN.*Ep*.1.5.4; qui se dictis aut carminibus ~issent SUET.*Nero* 39.1; APUL.*Apol*.2; si fama eius ..~atur ULP.*dig*.47.10.1.4. **c** pax..numquam ~ita SEN.*Ep*.66.40; immota quippe aut modice ~ita pax TAC.*Ann*.4.32; 15.2. **d** quamquam mihi ~itus a me saepius numquam tamen rescripsisses VER.*Fro*.2.p.118(130N);—nihil supra deos ~o HOR.*Carm*.2.18.12.

5 To assail (with repeated blows). **b** to disturb (physically), upset.
uentos..~it (taurus) ictibus VERG.*G*.3.233; manibus..~unt pectora *A*.12.85; fores nondum reserati carceris acer nunc pede, nunc ipsa fronte ~it equus OV.*Tr*.5.9.30; philosophia.., inexpugnabilis murus, quem fortuna multis machinis ~itum non transit SEN.*Ep*.82.5; ut dura cautes..~entes aquas longe remittit *Phaed*.581; spuma tunc astra ~is LUC.10.320; terga ~it habenis STAT.*Theb*.6.523; (*cf.*) uuam..gingiuis ~ere ac ludificari FRO.*Amic*.2.p.172(182N);—(*poet.*) aera..fulgent sole ~ita VERG.*A*.7.527; inuadunt acies pugnam et clamore ~unt sidera SIL.17.386. **b** si illa (*sc.* inflammatio) occupauit, dum conquiescat, non ~endum CELS.8.11.6; uindemiam.., quae plerumque populationibus uolucrum pluuiisque aut uentis ~ita dilabitur COL.3.21.5; solent (apes) caeli nouitate ~iri 9.8.3.

Lacētānia, -ānus: see LAEET-.

lachanizō ~āre, *intr.* [Gk. λαχανίζω] (colloq.) To wilt, droop.

ponit assidue..betizare pro languere, quod uulgo ~are dicitur SUET.*Aug.*87.2.

Lachesis ~is, *f.* FORMS: acc. *~in* Ov.*Tr.* 5.10.45. One of the three Fates, supposed to spin the thread of life.
at ~is Clymenusque dolent, haec fila teneri Ov.*Fast.*6.757; SEN.*Apoc.*4.1; seruat..suae decreta colus ~is *Oed.*986; MART.9.86.9; STAT.*Theb.*2.249; dum superest ~i quod torqueat Juv.3.27.

lachryma ~ae, *f.*: see LACRIMA.

laciculus ~ī, *m.* [LACVS+-CVLVS] (app.) A small basin.
SANGVIS ~IS IVXTA SVPERFV⟨NDI⟩TVR *A.Epig.*56.257 (*CIL* 2.2395).

lacinia ~ae, *f.* [cf. *lacer, lancino*]

1 The edge of a garment, fringe, hem.
lacrumantem ~a tenet lacrumans PL.*As.*587; sume ~am atque apsterge sudorem tibi *Mer.*126; in ~a seruantem ex mensa secunda semina CIC.fil.*Fam.*16.21.7; circumdata laeuo brachio togae ~ia VELL.2.3.1; ~a togae retenta SUET. *Cl.*15.3;—(*in fig. phr.*) illud alterum genus..obtinent, atque ..id ipsum ~a CIC.*de Orat.*3.110; ut praecedens sententia in sequentem ~am aliquam porrigat et oram praetendat FRO. *Aur.*1.p.42(212N).

2 A strip of cloth, rag. **b** (pl.) garments, dress.
porrum et apium serunt in ~is colligatum PLIN.*Nat.* 19.120; supposita tantum calici ~a tali 28.84. **b** ~as omnes exuunt APUL.*Met.*2.8; omnibus ~is se deuestit 3.21; 8.5.

3 A fringe, appendage, protuberance; (also transf.). **b** a border, edge.
feminarum (caprarum) generositatis insigne ~ae corporibus e ceruice binae dependentes PLIN.*Nat.*8.202; excrescente in medio folio paruola ueluti ~a folii 15.130;—ut ipsum hominem ~am fascini crederes PETR.92.9. **b** Craspedites sinus uocabatur, quoniam id oppidum uelut in ~a erat PLIN.*Nat.*5.148; breui ~a milia passuum plura ambulationis continentem 36.85.

4 A small group.
grex..in ~as colonis distribuatur COL.7.5.3; nec in pastione separatim ~ae deducantur 7.6.5; TI CLAVDIO CELERI PRECONI EX ~A CL SATVRNINI *CIL* 9.5906.

laciniātim, *adv.* [prec.+-ATVS²+-IM] In small groups.
non ~ disperso, sed cuneatim stipato commeatu APUL. *Met.*8.15.

laciniōsus ~a ~um, *a.* [LACINIA+-OSVS]

1 Having jagged edges; fringed.
ad effigiem Macedonicae chlamydis orbe gyrato ~am PLIN.*Nat.*5.62; folia..magis ~a 25.124; (ostrea) nec fibris ~a ac tota in aluo 32.60.

2 Well-clothed, wrapped up.
animi ita ut corporis sanitas expedita, imbecillitas ~a est APUL.*Apol.*21.

Lacīnium ~iī, *n.* A promontory in the south of Italy near Crotona.
LIV.27.25.12; 36.42.2.

Lacīnius ~a ~um, *a.* Of Lacinium; (esp. as a cult-title of Juno).
litora..~a Ov.*Met.*15.13; 15.701;—in fano Iunonis ~ae CIC.*Div.*1.48; LIV.42.3.1; V.MAX.1.1.20; attollit se diua ~a (*i.e. Juno's temple*) VERG.*A.*3.552.

laciō ~ere, *tr.* [dub.; cf. *laqueus, lacesso*] To entice, inveigle.
~it, id est decipit PAUL.*Fest.*p.27M; ~it decipiendo inducit p.116M; ~it inducit in fraudem p.117M.

Lacō(n) ~ōnis, *m.*

1 A Laconian, Spartan. **b** (spec., in pl.) Castor and Pollux; (also in sg.) Pollux. **c** (pl.) the people of Laconia, the Spartans; (also transf., of men of great endurance).
Leonides ~o CATO *hist.*83; ~onis illa uox CIC.*Tusc.*1.111; non latebit in turba ~o: quocumque Xerses aspexerit Spartanos uidebit SEN.*Suas.*2.7; SEN.*Ep.*77.14. **b** sidus ..~onum MART.*Sp.*26.5; Ledaei..~ones 1.36.2; 9.3.11;—taurea..portat celer..terga ~on V.FL.1.421; 4.254. **c** CIC.*Tusc.*5.49; praefectus praesidii ~onum LIV.34.25.5; VITR.1.1.6; (*w. ref. to Laconian marble*) hic dura ~onum saxa uirent STAT.*Silv.*1.2.148;—nil morantur iam ~ones unisubselli uiros (*i.e. parasites*) PL.*Capt.*471.

2 A dog of the Laconian breed.
qualis aut Molossus aut fuluus ~on HOR.*Epod.*6.5; cum densa uagis latratibus implet uenator dumeta ~on SIL. 3.295.

Lacōnia ~ae, *f.* = next.
PLIN.*Nat.*17.133.

Lacōnica ~ae, *f.* ~ē ~ēs. The south-eastern part of the Peloponnese, Laconia.
Achaei ex ~a pulsi VELL.1.3.1; PLIN.*Nat.*6.214;—~en populatus NEP.*Timoth.*2.1; MELA 2.39.

Lacōnicum ~ī, *n.*

1 A special apartment in baths fitted as a vapour-bath.
~VM ET DESTRICTARIVM FACIVND..LOCARVNT *CIL* 1. 1635.2; ~um sudationesque sunt coniungendae tepidario VITR.5.10.5; siccus calor est et harenae calidae et ~i CELS. 2.17.1.

2 A kind of women's garment.
cani quoque etiam ademptumst nomen. — qui? — uocant ~um PL.*Epid.*234.

Lacōnicus ~a ~um, *a.* Of or belonging to Laconia, Laconian; *sinus ~us*, the gulf of Laconia. **b** (as the name of a breed of dog). **c** (as the name of varieties of plants). **d** (as the name of a kind of key operated from outside the door).
~as..purpuras HOR.*Carm.*2.18.7; Tripolim ~i agri LIV. 35.27.9; PLIN.*Nat.*4.16; ~ae classis..excidio MELA 2.26;—inter Malean et Taenaron ~us (sinus) 2.50. **b** canes ~i PETR.40.2; PLIN.*Nat.*10.177. **c** in ~o genere (ficorum) PLIN.*Nat.*16.113; siligo excepta quae ~a appellatur 18.93; cucumerum Graeci tria genera fecere, ~ium, Scytalicum, Boeotium 19.68. **d** clauem mi harunc aedium ~am iam iube ecferri intus: hasce ego aedis occludam hinc foris PL. *Mos.*404.

Lacōnis ~idis, *f. adj.* and *sb.*

1 (adj.) Laconian.
matre ~ide nati Ov.*Met.*3.223.

2 (sb.) Laconia.
in ~ide Therapnae MELA 2.41.

lacrima ~ae, *f.* **lacruma,** also DACRIMA. [prob. from Gk. δάκρυμα (earlier δάκρυ, cf. Welsh *deigr*, Goth. *tagr*, Eng. *tear*)] FORMS: *lachryma CIL* 1.1222.2 (cf. CIC.*Orat.*160, GEL. 2.3.3).

1 A tear (usu. in pl.). **b** (prov.) *nihil ~a citius arescit* (and sim.), nothing dries faster than tears, tears are soon over.
NEC PARVEIS FLERE QVEAD ~IS *CIL* 1.1222.2; ~ae guttatim cadunt ENN.*scen.*206; ut ~as excutiunt mihi! PL. *Capt.*419; uix uidetur continere ~as *Mos.*822; ~ae confictae dolis TER.*An.*558; absterge ~as LUCIL.206; ~as profudisse CIC.*Font.*48; conscriptum hoc ~is mittis epistolium CATUL. 68.2; neque..~as tenere poterant CAES.*Gal.*1.39.4; ~is.. obortis VERG.*A.*6.867; ~as uidimus ire deo PROP.4.11.60; omnes, manus ad consules tendentes, pleni ~arum LIV. 7.31.5; ~as iam soluit STAT.*Ach.*1.930; Messalinae quoque ~as exciuit TAC.*Ann.*11.2; ~is semper..paratis in statione sua JUV.6.273;—(*sg.*) non queo ~am exorare ut exspuant unam modo PL.*Ps.*76; si in nostro omnium fletu nullam ~am aspexistis Milonis CIC.*Mil.*92; cum tenuis abundansque fluit ~a LARG.24;—(*of joy*) ut prae laetitia ~ae prosiliunt mihi! PL.*St.*466; homini ilico ~ae cadunt quasi puero gaudio TER.*Ad.*536; ut ~as..gaudio uideretur profudisse *B.Alex.*24.5; VELL.2.104.4. **b** conmiserationem breuem esse oportet. nihil enim ~a citius arescit *Rhet.Her.* 2.50; CIC.*Inv.*1.109; cito..exarescit ~a, praesertim in alienis malis *Part.*57; QUINT.*Inst.*6.1.27.

2 (pl.) The shedding of tears, weeping. **b** (poet.) a lament, dirge.
ad ~as hominem coegi castigando PL.*Bac.*981; ~as mitte TER.*Ad.*335; hinc illae ~ae nimirum et haec causa est omnium horum scelerum atque criminum CIC.*Cael.*61; neque..prae ~is iam loqui possumus *Mil.*105; quas ~as peperere minoribu' nostris! LUCR.5.1117; sunt hic etiam.. ~ae rerum et mentem mortalia tangunt VERG.*A.*1.462; etiam sine hoc ~arum satis luctusque est LIV.22.49.8; ~is comitata sororum STAT.*Ach.*2.23; lamenta ac ~as cito.. ponunt TAC.*Ger.*27.2; inde irae et ~ae JUV.1.168. **b** paulum quid lubet allocutionis, maestius ~is (*i.e.* θρήνοις) Simonideis CATUL.38.8; incipe tu ~is aequus adesse nouis PROP.4.1.120.

3 An exudation of juice or gum from plants; also, of quicksilver from mineral ore.
narcissi ~am et lentum de cortice gluten prima fauis ponunt fundamina VERG.*G.*4.160; turis ~is Ov.*Met.*15.394; papaueris ~ae CELS.5.18.29; COL.10.103; e ~is arborum quae glutinum pariunt PLIN.*Nat.*11.14; e ~a caulis sui nascitur (hipposelinum) 19.162;—cum id foditur, ex plagis ferramentorum crebras emittit ~as argenti uiui VITR.7.8.1.

lacrimābilis ~is ~e, *a.* [LACRIMO+-BILIS]

1 Deserving tears, mournful, pitiful.
~e bellum VERG.*A.*7.604; Ov.*Met.*2.796; ut oblectem studio ~e tempus *Tr.*5.12.1; ipsis..nefas ~e Thebis STAT. *Theb.*9.882; 10.357; Latio ~e nomen Hannibal SIL.4.729.

2 Tearful, weeping; accompanied by tears.
hic uicta genitor ~is ira congemit STAT.*Theb.*10.791; *Silv.* 3.1.142;—gemitus ~is imo auditur tumulo VERG.*A.*3.39.

lacrimābundus ~a ~um, *a.* [LACRIMO+-BVNDVS] Weeping, in tears.
ille ~us 'gratum est' inquit LIV.3.46.8.

lacrimātiō ~ōnis, *f.* [next+-TIO] (med.) The secretion of water from the eyes, weeping, lachrymation.
quas (membranas) subinde purificat ~onum saliuis PLIN. *Nat.*11.147; oculorum..~ones (emendat) 23.9; 23.70.

lacrimō ~āre ~āuī ~ātum, *intr.*, *tr.* **lacrumō.** Also **~or** ~ārī. [LACRIMA+-O³] FORMS: *lachrumo CIL* 6.21200; dep. HYG. *Fab.*126.5.

1 (intr.) To shed tears, weep. **b** (of statues, as a portent). **c** (of the eyes).
licet ~are plebi, regi honeste non licet ENN.*scen.*229; ~o quia diiungimur PL.*Mil.*1328; oh ~o gaudio! TER.*Ad.* 409; ecquis fuit quin ~aret? CIC.*Ver.*5.121; te..~asse moleste ferebam *Att.*15.27.2; desistas ~are, puer TIB.1.8.67; neque enim ~are deorum est Ov.*Fast.*4.521; ~andum est, non plorandum SEN.*Ep.*63.1;—(*pres. pple.*) ~antem lacinia tenet ~ans PL.*As.*587; uirgo conscissa ueste ~ans opticet TER.*Eu.*820; cum ~ans..mater..adsideret CIC.*Ver.*5.112; litora cum patriae ~ans portusque relinquo VERG.*A.*3.10; it toruum ~ans STAT.*Theb.*12.128; eam etiam nunc ~antem complexus APUL.*Met.*5.6;—(*dep.*) ~ari coepit prae gaudio HYG.*Fab.*126.5. **b** Cumis in arce Apollo triduum ac tris noctes ~auit LIV.43.13.4; mille locis ~auit ebur Ov.*Met.* 15.792. **c** quia oculi sunt tibi ~antes PL.*As.*620; ibi maria uasta uisens ~antibus oculis CATUL.63.48; LUCR. 2.420; saepe manu summa ~antia lumina terget *Mor.*109; PLIN.*Nat.*29.131; (*w. internal acc.*) oculi uinum ~antes caligant RUT.LUP.2.7.

2 (w. acc.) To weep for, bewail; (also in gdve.).
num id ~at uirgo? TER.*Eu.*829; ut nemo tam ferus fuerit, quin eius casum ~arit NEP.*Alc.*6.4;—mors optima est perire ~andum suis SEN.*Phaed.*881; ne non maerentibus Argos exsequiis ~andus eat STAT.*Theb.*9.100; *Silv.*5.2.93.

3 (of plants) To exude drops of juice; (pf. pple. pass.) exuded, shed.
~antes calamos inseri non oportet PLIN.*Nat.*17.107;—~atas cortice murras Ov.*Fast.*1.339.

lacrimōsē, *adv.* [next+-E] With tears, tearfully.
ecquid est, quod..aut ~ atque miseranter..dixerit GEL. 10.3.4.

lacrimōsus ~a ~um, *a.* [LACRIMA+-OSVS]

1 Accompanied by weeping, tearful; weeping, in tears. **b** having the nature of tears; (in quot. poet., of amber).
scopulos ~is uocibus implent VERG.*A.*11.274; ~os..risus STAT.*Theb.*6.164; singultu ~o sermonem incertans APUL. *Met.*5.13; ~is precibus 6.3;—~a..uino lumina Ov.*Am.* 1.8.111; fricare prodest..~is oculis frontem PLIN.*Nat.*28. 64; mulier..~a et flebilis APUL.*Met.*3.8. **b** ~o electro *Ciris* 434.

2 Causing tears: **a** (of irritants). **b** (of sad things or events).
a flebile cepe simul ~aeque ordine tallae LUCIL.194; ~o ..fumo HOR.*S.*1.5.80; Ov.*Met.*10.6; COL.10.123; omnibus etiam (generibus cepae) odor ~us PLIN.*Nat.*19.101. **b** sub ~a Troiae funera HOR.*Carm.*1.8.14; bellum ~um 1.21. 13; ~a poemata Pupi *Ep.*1.1.67; quis tibi, Naso, modus ~i carminis? Ov.*Tr.*5.1.35; LUC.9.955; insomnis ~ae ianitor aulae SIL.2.552.

3 (of plants) Exuding juice.
uitium radicibus aquam salsam iubent adfundi, si sint ~ae PLIN.*Nat.*17.261; STAT.*Silv.*5.3.86.

lacrimula ~ae, *f.* [LACRIMA+-VLA] A small tear, esp. a feigned one.
haec uerba una mehercle falsa ~a..restinguet TER.*Eu.*67; non modo ~am sed multas lacrimas et fletum cum singultu uidere potuisti CIC.*Planc.*76; anne parentum frustrantur falsis gaudia ~is? CATUL.66.16.

lacruma, lacrumō: see LACRIM-.

lact ~tis, *n.*: see LAC.

lactans¹ ~ntis, *a.* [pple. of **lacto* (LAC+-O³)]

1 (of infants or young animals) Unweaned, sucking.
puerum..ancillae subdam ~ntem meae ANDR.*trag.*26; cum porci depulsi sunt a mamma..deliti appellantur neque iam ~ntes dicuntur VAR.*R.*2.4.16; CIC.*Catil.*3.19; nec lea, cum catulis ~ntibus ubera praebet Ov.*Ars* 2.375; ~ntes uitulos *Met.*10.227.

2 Full of milk; *~ns meta*, a cheese. **b** full of juice.
~nti in sumine LUCIL.176; ubera mammarum..~ntia quaeret LUCR.5.885; Ov.*Met.*6.342; quaecumque id temporis ~ns est GEL.12.1.17; se..nutricem ~ntem simulauit HYG. *Fab.*147.1;—rustica ~ntis nec misit Sassina metas MART. 1.43.7. **b** fici..~ntes ENN.*Ann.*264; dum ~ns haerebit in arbore ficus Ov.*Fast.*2.263.

Lactans² ~ntis, *m.* The name of a god who promoted the growth of young crops.
VAR.*gram.*164.

lactārius ~a ~um, *a.* [LAC+-ARIVS]

1 Giving suck, suckling; *nutrix ~a*, a wet-nurse. **b** *~a columna*, (see quot.).
dandum bubus..~is medica et cytisum VAR.*R.*2.1.17;—*CIL* 6.27262. **b** ~a columna in foro olitorio dicta, quod ibi infantes lacte alendos deferebant PAUL.*Fest.*p.118M.

2 *herba ~a*, A name given to the plant spurge, 'milk-weed'.
tithymallum nostri herbam ~am uocant PLIN.*Nat.*26.62.

lactātus ~a ~um, *a.* [LAC+-ATVS²] Containing milk, milky.
~a potione utantur FEST.p.194M.

lacte ~tis, *n.*: see LAC.

lacteārius ~iī, *m.* [as LACTARIVS] A seller of milk.
QVINTVS ~IVS QVI VIXIT ANNOS SEXAGINTA *A.Epig.*36.120.

lactens ~ntis, *a.* [pple. of next]

1 (of infants or young animals) Unweaned, sucking.
macte hisce suouitaurilibus ~ntibus inmolandis esto CATO *Agr.*141.4; porcis ~ntibus VAR.*R.*2.4.21; Romulus ~ns fulmine ictus CIC.*Div.*2.47; agna..~ns..uictima Tarpeios inficit icta focos Ov.*Pont.*4.8.41; quadrupes omne animal si ~ns est minus alimenti praestat CELS.2.18.8; catulus ~ns PLIN.*Nat.*30.42; (*transf.*) carpere dicuntur ~ntia

uiscera Ov.*Fast*.6.137;—(*as sb.*) decemuiri nocte ~ntibus rem diuinam fecerunt Liv.37.3.6.

2 Full of milk; (neut. pl. as sb.) food prepared with milk, milk-dishes. **b** (of plants, fruits, etc.) full of juice or sap, milky, juicy.

Tusculi agnum cum ubere ~nti natum Liv.27.4.11;—~ntia atque omne pistorium opus Cels.2.28.1; 2.29.2. **b** ~ntes ficos Lucil.1198; cum frumenta in uiridi stipula ~ntia turgent Verg.*G*.1.315; sata uere nouo teneris ~ntia sulcis Ov.*Fast*.1.351; in herba ~nte Sen.*Ep*.124.11; lactuca ..amara ~nsque Plin.*Nat*.20.67; (*cf.*) (annus) tener et ~ns puerique simillimus aeuo uere nouo est Ov.*Met*.15.201.

3 Milk-white.

non tereti strophio ~ntis uincta papillas Catul.64.65; Petr.86.5.

lacteō ~ēre, *intr.* [lac+-eo] To be full of milk or juice.

dum adhuc ~ent (*cj.*) uiridia pabula Col.7.9.9; quoniam tanta uis suci abundat—~ere (*cj.*) hoc uocatur Plin.*Nat*.15.53.

lacteolus ~a ~um, *a.* [lactevs+-olvs] (prob.) Milk-white.

nunc te ~ae tenent puellae? Catul.55.17.

lactēs ~ium, *f. pl.* [lac] The small intestines; (as a dish) chitterlings.

ita cibi uaciuitate uenio lassis ~ibus Pl.*Cur*.319; oro te, uaso, per ~es tuas Pompon.*com*.61; ab hoc uentriculo ~es in oue et homine per quas labitur cibus Plin.*Nat*.11.200;—~is agninas Titin.*com*.90; ~ibus unctis Pers.2.30; murenarum ~es Suet.*Vit*.13.2; (*in prov. phr.*) qua opera credam tibi una opera alligem fugitiuam canem agninis ~ibus Pl.*Ps*.319.

lactescō ~ere, *intr.* [lacteo+-sco]

1 To begin to produce milk.

asinae praegnates continuo ~unt Plin.*Nat*.11.236.

2 To turn into milk, become milky.

in is animantibus quae lacte aluntur omnis fere cibus matrum ~ere incipit Cic.*N.D*.2.128.

3 (of plants) To become full of milky juice.

(tellus) a ~entibus satis non effeta Plin.*Nat*.17.15; ~entes germinum oculos 17.222.

lacteus ~a ~um, *a.* [lac+-evs]

1 Of milk, milky; also, full of milk. **b** unweaned, sucking.

~am inmulgens opem Andr.*trag*.38; candens ~us umor uberibus manat distentis Lucr.1.258; ~us..liquor Tib.2.3.14c; Ov.*Met*.9.358; ~a Massagetes qui pocula sanguine miscet Sen.*Oed*.470; Stat.*Ach*.1.307;—ubera uaccae ~a demittunt Verg.*G*.2.525; (*cf.*) illa Liui ~a ubertas Quint.*Inst*.10.1.32. **b** nondum..uicta ~um faba porcum Mart.3.47.12; ~i..uernae Mart.3.58.22.

2 Resembling milk, milky; (also of a plant) full of milky juice. **b** (spec.) milk-white.

~um umorem (fici) Plin.*Nat*.15.80; scapo inciso ~us sucus excipitur 19.169; liquidi (aluminis) probatio ut sit limpidum ~umque 35.184; explere latice fontis ~o Apul.*Met*.1.19;—~um..papauer *Priap*.86.12. **b** nec totus uiridis, quia ~a frusta repugnant, nec de lacte nitens *Mor*.105; ~a colla auro innectuntur Verg.*A*.8.660; aut..phoenicium florem habet (anemone)..aut purpureum aut ~um Plin.*Nat*.21.164; ~a gemma Mart.8.45.2; illos teretes et ~os puellos Apul.*Met*.10.32.

3 ~*us orbis* (*circulus*, etc.), The Milky Way.

conlucens ~us orbis Cic.*Arat*.532(286); Ov.*Met*.1.169; Germ.*Arat*.458; illam plagam caeli, cui ~a nomen est Sen.*Nat*.7.15.2; est praeterea in caelo qui uocatur ~us circulus Plin.*Nat*.18.280; Stat.*Silv*.1.2.51; *CIL* 3.9631.

lacticulōsus ~a ~um, *a.* [lac+-cvlvm+-osvs] Unweaned, sucking.

tu ~us (*cod.* laet-), nec mu nec ma argutas Petr.57.8.

lactō ~āre ~āuī ~ātum, *tr.* [lacio+-to] To lead on, induce, entice.

ita me Amor lassum animi ludificat..~at, largitur Pl.*Cist*.217; nisi me ~asses amantem et falsa spe produceres? Ter.*An*.648; Pac.*trag*.211; ut astu ingenium lingua laudem et dictis ~em lenibus Acc.*trag*.414; auiditatem speribus ~et suis Var.*Men*.350; Paul.*Fest*.p.117M.

lactoris ~idis, *f.* [prob. from lac] (prob.) A kind of spurge.

~is..plena lactis quod degustatum uomitiones concitat Plin.*Nat*.24.168.

lactūca ~ae, *f.* [from lac; for termination cf. *eruca*]

1 A lettuce.

Inc.pall.102; uernacula ~a a lacte quod olus id habet lact Var.*L*.5.104; nam ~a innatat acri post uinum stomacho Hor.*S*.2.4.59; piscium ius..cum ~is tenesmum discutit Plin.*Nat*.32.101; proderunt..~ae caules Larg.104; sessiles..~as Mart.3.47.8;—(*wild*) siluestris ~ae suco Plin.*Nat*.8.99.

2 ~*a marina*, Sea-spurge, *Euphorbia paralias*; ~*a caprina*, another variety of spurge.

~ae marinae lac..abunde purgat Cels.2.12.1.a; marina ~a, quam Graeci tithymallum uocant Col.6.15.2;—tithymallum nostri herbam lactariam uocant, alii ~am caprinam Plin.*Nat*.26.62.

lactūcula ~ae, *f.* [prec.+-vla] A (small) lettuce.

teneris frondens ~a fibris Col.10.111; Suet.*Aug*.77.

lacullō ~āre ~āuī ~ātum, *tr.* [next+-la+-o^3] To hollow out, make a slight depression in.

medio mento (statua) ~atur Apul.*Fl*.15.

lacūna ~ae, *f.* [cf. lacvs]

1 A depression, hollow, pit, cavity. **b** a hollow in the surface of the body.

si uno praefurnio coques, ~am intus magnam facito Cato *Agr*.38.1; siquis est inaequabilis (locus), eo deterior, quod fit propter ~as aquosus Var.*R*.1.6.6; caecas lustrauit luce ~as Cic.*Arat*.680(428); an tenebras Orci uisat uastasque ~as Lucr.1.115; Prop.3.11.61; testacea..sunt diligenter exigenda, ut ne habeant ~as nec extantes tumulos Vitr.7.1.4; (*cf.*) num aliquando ~a secedentis retro aeris patuit? Sen.*Nat*.7.20.3. **b** cum..sint..supercilia (equorum) cana et sub ea ~ae Var.*R*.2.7.3; sint modici rictus paruaeque utrimque ~ae (*i.e. dimples*) Ov.*Ars* 3.283; Plin.*Nat*.11.169; explendis ulcerum ~is 36.145; Mart.8.59.2.

2 A pool of water, pond; (poet. and hyperb.) *salsae ~ae*, *Neptuniae ~ae*, the sea.

lacus ~a magna, ubi aqua contineri potest Var.*L*.5.26; lympha..e ~a fontium adlata *Men*.442; in magnas aquae uastasque ~as Lucr.6.552; totae solidam in glaciem uertere ~ae Verg.*G*.3.365; ~a..cuius potu mira redduntur oracula Plin.*Nat*.2.232; hi siccant bibulas manu ~as Stat.*Silv*.4.3.54;—si praeceps in Neptunias depultus erit ~as *Rhet.Her*.4.15; pedibus salsas..super ire ~as Lucr.3.1031.

3 A missing quantity, gap, deficiency.

si exigere mauis..numerum octoginta et unum, est qui expleas duplicem istam ~am Var.*R*.2.1.28; ut ita potestatem gererent ut illam ~am rei familiaris explerent Cic.*Ver*.2.138; uide, quaeso, ne quae ~a sit in auro *Att*.12.6.1; (*cf.*) minima..illa labes et quasi ~a famae Gel.1.3.23.

lacūnar ~āris, *n.* [prec.+-aris] One of the ornamental panels covering the gaps in the framework of a ceiling, (also, pl. or sg. collect.) a panelled ceiling; *spectare ~ar*, to turn a blind eye. **b** a kind of sundial.

gladium e ~ari saeta equina aptum demitti iussit Cic.*Tusc*.5.62; non ebur neque aureum mea renidet in domo ~ar Hor.*Carm*.2.18.2; mensam et ~aria sua..intueri maluerint Sen.*Con*.2.1.11; ut ~aribus pauimentorum respondeat nitor Sen.*Ep*.114.9; repente ~aria sonare coeperunt Petr.60.1; ~aria primus pingere instituit Plin.*Nat*.35.124; uitiosa..sunt illa, intueri ~aria Quint.*Inst*.11.3.160; ~aria, quae noctu super dormientem laxata machina deciderent, parauit Suet.*Nero* 34.2; (*transf.*) iste, qui mundo tam firma ~ria imposuit Sen.*Nat*.7.14.1;—doctus spectare ~ar Juv.1.56. **b** plinthium siue ~ar..Scopinas Syracusius (dicitur inuenisse) Vitr.9.8.1.

lacūnāria ~ōrum, *n. pl.*: var. of prec.

Vitr.5.2.1; 6.7.3; (*on the underside of a cornice*) inpedita est distributio..triglyphorum et ~orum Vitr.4.3.1.

lacūnō ~āre ~āuī ~ātum, *tr.* [lacvna+-o^3] To hollow out, pit; to form panels in.

intus exiles nucleos ~atis includit toris Plin.*Nat*.15.35;—summa ~abant alterno murice conchae Ov.*Met*.8.564.

lacūnōsus ~a ~um, *a.* [lacvna+-osvs]

1 Containing hollows, pitted.

(sphaera) quae..nihil asperitatis habere..potest,..nihil eminens nihil ~um Cic.*N.D*.2.47; Cic.*Tim*.17; Vitr.8.5.3; (*neut. pl. as sb.*) et crispa..glutinum abdicant Plin.*Nat*.16.226.

2 Containing pools of water, full of puddles.

in quadam auia et ~a conualli Apul.*Met*.1.7; 4.6; uiam ~is incilibus uoraginosam 9.9.

lacus ~ūs, *m.* [cf. OIr. *loch*, AS. *lagu*, OBulg. *loky*, Gk. λάκκος] Forms: gen. sg. ~*i* Sen.*Nat*.3.27.10, *CIL* 6.975; abl. ~*o* *CIL* 8.25902.1.28; see also laccvs.

1 A lake, pond, pool; ~*us siccus* (prov. for something useless). **b** (w. proper names). **c** (of the waters of the underworld).

curram igitur aliquo ad piscinam aut ad ~um, limum petam Pl.*Poen*.293; apud ipsum ~um est pistrilla Ter.*Ad*.583; ~us lacuna magna, ubi aqua contineri potest Var.*L*.5.26; Cic.*Ver*.4.107; limoso..~u Verg.*A*.2.135; di, qui..hos sacratos ~us lucosque colitis Liv.24.38.8; cum..Thybris..hiberno rumperet arua ~u Mart.10.85.4; Stat.*Silv*.1.1.83; ~us..piscatorios 50.15.4.6; (*in a river*) deinde ~u fluuius se condidit alto Verg.*A*.8.66; (*in the sea*) fugit omnis in imos turba (piscium) ~us uiridisque metu stipantur in algas Stat.*Theb*.9.245;—dicebar sicco uilior esse ~u Prop.2.14.12. **b** ~us Velinus Cic.*Att*.4.15.5; ~u Lemanno Caes.*Gal*.1.2.3; Albanos prope te ~us ponet Hor.*Carm*.4.1.9; Sirenum..~us Prop.3.12.34; Curtium ~um Liv.1.13.5; Sinuessano..~u Mart.11.7.12; (*cf.*) Trebiam Cannasque ~umque (*sc.* Trasumennum) Man.4.566. **c** nec uero Alciden me sum laetatus euntem accepisse ~u Verg.*A*.6.393; ad infernos..~us Tib.2.6.40; Cimmerios..~us [Tib.]3.5.24; Prop.2.28.40; Stygiosque ~us ripamque sonantem ignibus Luc.6.662.

2 An artificial lake, tank, cistern, reservoir. **b** an open pit or depression (as used for var. purposes).

facienda coeravit..⟨l⟩acvm balinearivm ~vm ad portam *CIL* 1.1529.9; Hor.*S*.1.4.37; ipsa petita ~u nunc mihi dulcis aqua est Prop.2.23.2; in medio (receptaculo) ponentur fistulae in omnes ~us et salientes Vitr.8.6.2; uarios fabricare ~us Man.4.264; Fron.*Aq*.3; ad spurcos..~us Juv.6.603; riuum Anienis noui..diuisit..in plurimos et ornatissimos ~us Suet.*Cl*.20.1. **b** partem de nucleis succernito et in ~um coicito (*for compost*) Cato *Agr*.37.2; puri saepe ~um propter si ac dolia curta..credunt se extollere uestem Lucr.4.1026; calx in ~u macerata ascietur Vitr.7.2.2.

3 An artificially built or manufactured trough, sink, or sim.

cortinam plumbeam in ~um ponito, quo oleum fluat Cato *Agr*.66.1; alii stridentia tingunt aera ~u Verg.*A*.4.173; gelido ceu quondam lammina candens tincta ~u Ov.*Met*.9.171; ~ibus distinguuntur granaria ut separatim quaeque legumina ponantur Col.1.6.13;—(*used in wine-pressing*) in ~um uinarium picatum Cato *Agr*.25; si qui⟨d⟩ reliqui habea⟨n⟩t musti, exprimatur in eundem ~um Var.*R*.1.54.2; pleno pinguia musta ~u Tib.1.1.10; in..cauos ierant tertia musta ~us Ov.*Fast*.3.558; Col.12.18.3; Plin.*Nat*.18.317; statim in ~ibus uindemiae adulterentur 23.33; Tac.*Ann*.11.31; (*in fig. phr.*) quasi de musto ac ~u feruidam orationem fugiendam Cic.*Brut*.288.

4 (app.) = lacvnar.

resultabant aedesque ~usque Lucil.1290.

lacusculus ~ī, *m.* [prec.+-cvlvs] A small pit or hollow; a small trough.

quae consistit in ~is ablaqueationis aqua Col.4.8.2; *Arb*.10.4;—habere (debet) ~os tam multos quam postulabit modus oliuae 12.52.3.

Lacuturnensis ~is ~e, *a.* The name of a variety of cabbage.

Plin.*Nat*.19.141.

lada ~ae, *f.* A foreign name for a kind of casia.

~am uocant talem (casiam) barbaro nomine Plin.*Nat*.12.97.

lādanum ~ī, *n.* [Gk. λάδανον, λήδανον] A gum resin which exudes from shrubs of genus *Cistus*, ladanum.

euocat et educit ~um Cels.5.12; 5.26.32; Arabia etiamnum et ~o gloriatur Plin.*Nat*.12.73; 26.47.

Lādās ~ae, *m.* A Greek runner whose speed became proverbial.

Rhet.Her.4.4; non ~as ego pinnipesue Perseus Catul.58b.3; si miretur uelocitatem suam ~as Sen.*Ep*.85.4; Mart.10.100.5; Juv.13.97.

Lādōn ~ōnis, *m.* A river of Arcadia, a tributary of the Alpheus.

qui..citis ~on in mare currit aquis Ov.*Fast*.2.274; 5.89; Mela 2.43; Sen.*Nat*.6.25.2.

laecasīn [= Gk. λαικάζειν '*fellare*'] ~ *dicere* (as a vulgar imprecation) To tell to go to hell; (written in Gk. Mart.11.58.12).

cum mulsi pultarium obduxi, frigori ~in dico Petr.42.2.

laedō ~dere ~sī ~sum, *tr.* [dub.]

1 To injure, damage, harm, hurt. **b** (poet.) to disfigure, spoil, mar. **c** to impair (qualities, etc.).

lora ~dunt bracchia Pl.*Truc*.783; ne in sariendo radices ~das Cato *Agr*.161.2; ~ditur arteria, si..acri clamore completur *Rhet.Her*.3.21; cum caput aut oculus temptante dolore ~ditur in nobis Lucr.3.148; quae (humus)..nec scabie et salsa ~dit robigine ferrum Verg.*G*.2.220; Hor.*Ep*.2.2.134; teneros ~dunt iuga prima iuuencos Ov.*Ep*.4.21; ~sit opus lacrimis ipse poeta suum *Tr*.3.1.16; qui umquam fuerint serpentium canisue dente ~si Plin.*Nat*.28.31; opio ~si similiter curentur Larg.181; qvi hoc monvmentvm ~serit *CIL* 10.4841; Gel.2.30.5; (*in meiosis*) potes hac ab orno pendulum zona bene te secuta ~dere collum (*i.e. hang yourself*) Hor.*Carm*.3.27.60; (*w. inf. as subj.*) at nos nil ~dit ueste carere purpurea Lucr.5.1427. **b** nondum cani nigros ~sere capillos [Tib.]3.5.15; ~sum nube dies iubar extulit Luc.5.456; ~ditur aduersum Phoebi iubar Stat.*Theb*.7.45; nulla ~dens..gramina ripa Tutia Sil.13.4. **c** numquam ~sa profundo cura mero Stat.*Silv*.3.3.107; adhuc nemo exstitit, cuius uirtutes nullo uitiorum confinio ~derentur Plin.*Pan*.4.5.

2 To cause pain or annoyance to, displease, offend, vex. **b** to offend (the senses; the feelings).

nulli ~dere os, adridere omnibus Ter.*Ad*.864; si quem timor armorum Caesaris ~deret Hirt.*Gal*.8.52.4; cantantes licet usque (minus uia ~dit) eamus Verg.*Ecl*.9.64; pro numine ~so effigiem statuere *A*.2.183; si te puluis strepitusque rotarum, si ~dit caupona Hor.*Ep*.1.17.8; te non ulla meae ~sit petulantia linguae Prop.1.16.37; ~si principis ira Ov.*Tr*.4.10.98. **b** nec ~dat naris uirque paterque gregis Ov.*Ars* 1.522; quis sum cuius aures ~di nefas sit? Sen.*Dial*.5.24.2; (*cf.*) acuta exclamatio..~dit auditorem *Rhet.Her*.3.22;—offensum est, quod eorum, qui audiunt, uoluntatem ~dit Cic.*Inv*.1.92; ~si dat signa rubore pudoris Ov.*Met*.2.450.

3 To damage the interests of, harm, injure, wrong. **b** to wrong in love. **c** to harm (interests, reputation, etc.); *res ~ae*, adversity.

ut defenderim multos, ~serim neminem Cic.*Div.Caec*.1; qui..ab isto ~sus inimicitias persequeretur *Ver*.1.15; ut filium testimonio ~derent *Flac*.57; qui, nec ~si nec lacessiti a nobis, castra Romana..oppugnarunt Liv.5.27.7; ~sus ab ingenio Naso poeta suo Ov.*Pont*.3.5.4; proprium humani ingenii est odisse quem ~seris Tac.*Ag*.42.4; is..in aliqua re ~sus non restituitur Paul.*dig*.4.6.44;—(*the state*) si intercessisset conlega Fabricio, ~sisset rem publicam Cic.*Sest*.78; accusatur rei publicae ~sae Sen.*Suas*.2.21; Quint.*Inst*.7.4.37. **b** non ego te ~si prudens Tib.1.6.29; cum paelice ~sa dolebit Ov.*Ars* 1.365; ~sa furit Iuno *Fast*.2.177; (*cf. sense 5*) uror enim, ~susque exaestuat acrius ignis *Met*.13.867; concitus a ~so..amore dolor *Tr*.2.388; qui tamen nullo stupro ~sere thalamos Sen.*Her.F*.489. **c** qui non neglegentia priuatum aliquod commodum ~serit Cic.*S.Rosc*.113; non ~detur causa nobilitatis 138; consulis..famam ~dere Sal.*Jug*.96.3; maiestatem ~sam dixissem Sen.*Con*.9.2.2; nihil..factum quo cuiusquam salus ~deretur Tac.

*Hist.*4.41; Papin.*dig.*48.4.8;—rebus succurrite ~sis Ov.*Tr.* 1.5.35; Sil.11.6.

4 To injure with words, lash, castigate.
quoniam incilans nos ~dis uicissim Lucil.1035; ~do interdum contumeliis Afran.*com.*374; qui Lucilium poetam in scaena nominatim ~serat *Rhet.Her.*2.19; mihi ridicule es uisus esse inconstans qui eundem et ~deres et laudares Cic. *Q.Rosc.*19; quem Hipponactis iambus ~serat *N.D.*3.91; me ..nulla oratio ~dere potest Sal.*Jug.*8.257; si..nulla.. iudicio littera ~sa meo est Ov.*Tr.*5.3.54.

5 To offend against, infringe, break (a promise, obligation, agreement, etc.).
uoltu saepe ~ditur pietas Cic.*S.Rosc.*37; ius offici ~dimus 116; cum Varus suam fidem ab eo ~di quereretur Caes.*Civ.*2.44.2; ~si testatus foederis aras Verg.*A.*12.496; Hor.*Carm.*1.33.4; Liv.35.48.8; Ov.*Met.*14.380; ~sae uulnera pacis Petr.119,l.13.

Laeētānia ~ae, *f.* Also **Lācēt-, Lālēt-.** A district in the extreme north-east of Spain.
in ~a..Hispaniae proxima parte Plin.*Nat.*25.17. **β** Sal.*Hist.*2.98.5. **γ** aprica repetes Tarraconis litora tuamque ~am Mart.1.49.22.

Laeētānus ~a ~um, *a.* Also **Lācēt-, Lālēt-.** Of Laeetania.
Hispaniarum ~a (uina) copia nobilitantur Plin.*Nat.* 14.71. **β** (*masc. pl. as sb.*) ~os, deuiam et siluestrem gentem Liv.34.20.2. **γ** faex ~a Mart.1.26.9; 7.53.6.

Laeliānus ~a ~um, *a.* Of or belonging to a Laelius.
nauis ~as Caes.*Civ.*3.100.2; in schola ~a *CIL* 11.1924.

Laelius ~(i)ī, *m.* A Roman gentile name, esp. C. Laelius, cos. 140 b.c., called Sapiens, a friend of Scipio Aemilianus (Africanus the younger). **b** (the title of Cicero's treatise on friendship).
Lucil.593;—~ius.., sophos ille Lucil.1236; in C. ~io multa hilaritas, in eius familiari Scipione ambitio maior, uita tristior Cic.*Off.*1.108; uirtus Scipiadae et mitis sapientia ~i Hor.*S.*2.1.72;—(*in pl. as a type of wisdom*) Africanos mihi et Catones et ~ios commemorabis? Cic.*Ver.*3.209; Quint.*Inst.*12.10.10. **b** Cic.*Off.*2.31; in dialogo, cui titulus est ~ius uel de amicitia Gel.17.5.1.

laena ~ae, *f.* [ad. Gk. χλαῖνα, perh. through Etr.] A woollen double cloak, mantle.
~a, quod de lana multa, duarum etiam togarum instar Var.*L.*5.133; Tyrio..ardebat murice ~a demissa ex umeris Verg.*A.*4.262; cui circum umeros hyacinthina ~a est Pers. 1.32; Mart.8.59.10; Sil.2.166; Juv.5.131; Paul.*Fest.*p. 117M;—(*worn by* flamines) qui..sacrificium publicum cum ~a faceret, quod erat flamen Carmentalis Cic.*Brut.*56; ~a.. toga duplex, qua infibulati flamines sacrificant Suet.fr.167 (p.267Re).

Lāërtēs (~a) ~ae, *m.* The father of Odysseus.
infando homine, gnato ~a, Ithacensi exsule Acc.*trag.*131; Homerus..~am..colentem agrum..facit Cic.*Sen.*54; ~aque satus Ov.*Ep.*3.29; Sen.*Tro.*700; Sil.7.693.

Lāërtiadēs ~ae, *m.* The son of Laertes, Odysseus.
grauis Dardaniis gentibus ultor, ~iade! Acc.*trag.*524; non ~iaden, exitium tuae gentis..respicis? Hor.*Carm.* 1.15.21; Ov.*Met.*13.48; Stat.*Ach.*1.693.

Lāërtius ~a ~um, *a.* Also **Lartius.**

1 Of or belonging to Laertes; (masc. as sb.) Odysseus.
proles ~a *Culex* 327; scopulos Ithacae, ~a regna Verg.*A.* 3.272; ~us heros Ov.*Met.*13.214; Stat.*Ach.*2.30;—neque tamen te oblitus sum, ~ie noster Andr.*poet.*38(4); Laev. *poet.*20; Aur.*Fro.*1.p.94(10N). **β** Vlixes ~us Pl.*Bac.*946; *Inc.trag.*90.

2 Of Odysseus.
per Aegaeos ibat ~a flexus puppis Stat.*Ach.*1.675; ipse (*sc.* Polyphemus) manu extenta ~a pocula poscit Sil.15.431.

laesiō ~ōnis, *f.* [laedo+-tio] An injury, harm, hurt; (rhet.) a part of a speech designed to injure the opponent's case.
quae non ad publicam ~onem, sed ad rem familiarem respiciunt Ulp.*dig.*2.14.7.14; coivgi carissimo qvi mecvm vixit annis xxxx sine vlla animi mei ~one *CIL* 13.1851; —digressio, purgatio, conciliatio, ~o Cic.*de Orat.*3.205; Quint.*Inst.*9.2.2.

Laestrȳgōn ~onis or ~onos, *m.* (pl.) A fabulous race of cannibal giants, traditionally located at Formiae or in Sicily; (sg.) one of these.
testes ~ones extant Ov.*Fast.*4.69; oppidum Formiae.. antiqua ~onum sedes Plin.*Nat.*3.59; gentes huius monstri (*i.e. cannibalism*), Cyclopas et ~onas 7.9; fingentem inmanes ~onas atque Cyclopas Juv.15.18; Gel.15.21;—Lami ueterem ~onis..in urbem uenimus Ov.*Met.*14.233; urbem ~onos *Pont.*4.10.21; regnatam diro quondam ~one terram Sil.14.126.

Laestrȳgonius ~ia ~ium, *a.* Of or belonging to the Laestrygones. **b** of Formiae, the reputed home of the Laestrygones.
~ias qui subiere manus Ov.*Ib.*386; (*in Sicily*) intus ~i campi Plin.*Nat.*3.89. **b** ~ia..in amphora Hor.*Carm.* 3.16.34; ~iae..rupes Sil.7.276; 7.410.

laesūra ~ae, *f.* [laedo+-vra] = laesio.
cvm qva vixit..sine vlla animi ~a *CIL* 12.2983; 12.5295; 13.1897.

laesus ~a ~um: pple. of laedo.

laetābilis ~is ~e, *a.* [laetor+-bilis] That may be rejoiced at, gladdening, welcome.
is est beatus, cui nihil..aut intolerabile ad demittendum animum aut nimis ~e ad ecferendum uideri potest Cic. *Tusc.*4.37; 5.43; cunctis..meum ~e factum dis fore confido Ov.*Met.*9.255; V.Fl.6.606; ius tibi tergeminae dederat ~e prolis Stat.*Silv.*4.8.21.

laetābundus ~a ~um, *a.* [laetor+-bvndvs] Joyful, rejoicing.
quos Aegisthus ~us hospitio recepit Hyg.*Fab.*119.2; Gel.11.15.8.

laetāmen ~inis, *n.* [laetor+-men] Manure, fertilizer.
ipsum (*sc.* secale)..pro ~ine est Plin.*Nat.*18.141.

laetātiō ~ōnis, *f.* [laetor+-tio] A rejoicing.
quod..neque hostibus diutina ~o neque ipsis longior dolor relinquatur Caes.*Gal.*5.52.6.

laetē, *adv. compar.* ~ius, *superl.* ~issimē. [laetvs+-e]

1 Luxuriantly, abundantly.
~ius..frondet Col.5.9.10; honestis manibus omnia ~ius proueniunt Plin.*Nat.*18.19; 21.47;—ab secunda origine uelut ab stirpibus ~ius feraciusque renatae urbis Liv.6.1.3.

2 In a rich or florid style.
~e an seuere (dicere) Quint.*Inst.*8.3.40; 12.9.2; si quis ..putet nos ~ius fecisse quam orationis seueritas exigat Plin.*Ep.*2.5.6.

3 Joyfully, gladly.
cum auctorem senatus exstinctum ~e atque insolenter tulit Cic.*Phil.*9.7; tranquilliora ~e feras *Fam.*6.14.3; ludi.. ~ius propter res bello bene gestas spectati Liv.33.25.1; Vell.2.45.3; cum..~issime gauderet Gel.3.15.2.

laeter ~tra ~trum, *a.* [contr. **laeuiter* (laevvs+-ter); cf. *dexter, sinister*] Left.
a laeua ~trum, sinistrum Paul.*Fest.*p.117M.

laetificans ~ntis, *a.* [pple. of next, as if dep.] Joyful, rejoicing.
unde ego omnis hilaros, ludentis, ~ntis faciam ut fiant Pl.*Per.*760.

laetificō ~āre ~āuī ~ātum, *tr.* [next+-o[3]]

1 To fertilize, make fruitful, enrich (land).
Indus..non aqua solum agros ~at et mitigat Cic.*N.D.* 2.130; qui..fertilissimum agrum colentes..terra..effossa.. ~ent Plin.*Nat.*17.47; 18.120; (*cf.* laetvs *sense 6b*) terram tum (sol) uicissim ~at ut cum caelo hilarata uideatur Cic. *N.D.*2.102.

2 To gladden, cheer; (pass.) to be pleased, rejoice.
non illum gloria pulsi ~at Magni Luc.3.49;—nunc eo alii ~antur meo malo et damno Pl.*Aul.*725[a].

laetificus ~a ~um, *a.* [laetvs+-ficvs] Gladdening, joyful, joyous; (also of plants, app.) luxuriant, fruitful.
~um gau Enn.*Ann.*574; ~os tenui captabat corde tumultus Stat.*Theb.*8.261; ~i plausus 12.521; Apul.*Met.* 2.31; per ~as messium caerimonias 6.2; (*neut. pl. as sb.*) tu..~a..refer Pelasgis Sen.*Tro.*596;—uites ~ae pampinis pubescere Enn.*scen.*152; huc accedit uti sine certis imbribus anni ~os nequeat fetus summittere tellus Lucr.1.193.

laetiscō ~ere, *intr.* [laetvs+-sco] (w. abl.) To delight (in).
utrumne diui cultu erga se mortalium ~ant an..humana neglegant Sis.*hist.*123.

laetitia ~ae, *f.* [laetvs+-ia]

1 Joy, gladness, pleasure. **b** a source of joy, a delight.
iste pariet ~am labos Pl.*Mer.*72; onustum pectus porto ~a *St.*276; Ter.*Hau.*292; secundae res ~a transuorsum trudere solent a recte consulendo atque intellegendo Cato *hist.*95a; sublatus ~a nimia Sis.*hist.*50; celebratur omnium sermone ~aque conuiuium Cic.*Ver.*1.66; ut summa in ~a illud dolerem *Sest.*131; perspexi in meis uariis temporibus et sollicitudines et ~as tuas *Att.*1.17.6; Catul.76.22; ~a uictoriae elati Hirt.*Gal.*8.29.3; ~a exsultans Verg.*A.* 12.700; luctum et ~am miscuerant Liv.26.37.2; sortem ciuilium armorum misera ~a detestantes Tac.*Hist.*2.45; —(*phil.*) est ergo..~a opinio recens boni praesentis, in quo ecferri rectum esse uideatur Cic.*Tusc.*4.14; docendi causa a gaudio ~am distinguimus 4.66; Gel.2.27.3;—(*pred. dat.*) quod mihi maximae ~ae fuit Cic.*Fam.*15.2.5; quibus Damasippi mors ~ae fuerat Sal.*Cat.*51.34; Nep.*Timoth.*2.2; —(*personified*) idem ego sum Salus, Fortuna, Lux, ~a, Gaudium Pl.*Capt.*864; ~ae pvblicae *BMCI* 4.p.159,no. 1046(Antoninus Pius). **b** quae illaec est ~a quam illic laetus largitur mihi? Pl.*Capt.*829; omnibus ~is laetus incedo Caecil.*com.*252; magna ~a nobis est, quom te talem uirum di monuere, uti.. Sal.*Jug.*102.5; sociis..mittit uiginti tauros..munera ~amque dii Verg.*A.*1.636.

2 Fertility (of land); luxuriance, fruitfulness (of vegetation). **b** fine condition (of body).
ita ut postulat soli ~a Col.2.10.35; loci ~a plures (uites), exilitas pauciores desiderat 4.21.2;—~a uitium patitur se celsius euagari 4.19.2; ubi pabuli sit ~a 6.24.4. **b** effulsere artus, membrorumque omnis aperta est ~a Stat.*Theb.* 6.572.

3 Ornamentation, floridity (of style).
uulgus..adsueuit iam exigere ~am et pulchritudinem orationis Tac.*Dial.*20.3.

laetitūdō ~inis, *f.* [laetvs+-tvdo] = prec.
me..excitasti ex luctu in ~inem Acc.*trag.*61; 259.

laetō ~āre ~āuī ~ātum, *tr.* [laetvs+-o[3]] To gladden, cheer.
iamne oculos specie ~auisti optabili? Andr.*trag.*7; et te ut triplici ~arem bono Acc.*trag.*513; deus..frontem tuam serena uenustate ~abit adsidue Apul.*Met.*3.11; 5.14.

laetor ~ārī ~ātus, *intr.* [as prec.]

1 To rejoice, be glad, be delighted. **b** (w. abl.). **c** (w. acc. and inf.). **d** (w. internal acc.; also, w. obj. cl.). **e** (w. *in*+abl., *de*). **f** (gdve.) to be rejoiced at.
post factum ut ~emini Pl.*Rud.*30; ne orbata filio ~etur Cic.*Clu.*200; nec longum ~abere Verg.*A.*10.740; crederes ~ari, ac fortasse ~abantur per incuriam publici flagitii Tac.*Ann.*16.4; (*poet.*) ~antur montes Stat.*Ach.*1.101; (*dist. from* gaudere) ut cauere decet, timere non decet, sic gaudere decet, ~ari non decet Cic.*Tusc.*4.66;—(*pres. pple.*) omnes mortales uictores, cordibus uiuis ~antes Enn.*Ann.*368; immo uein etiam te faciam ex laeto ~antem magis? Pl.*Ps.* 324; ~anti iam animo Cic.*Clu.*28; oppletur ~anti regia coetu Catul.64.33; uidi ego ~antis..Drusos Luc.6.795; (*poet.*) ~antia quae loca aquarum concelebrant Lucr.2.344. **b** neque enim est in rem nostram ut quisquam amator nuptiis ~etur Ter.*Hec.*835; ~atus sum felicitate nauigationis tuae, opportunitate Piliae Cic.*Att.*6.8.1; aspice uenturo ~entur ut omnia saeclo! Verg.*Ecl.*4.52; neue tua Medae ~entur caede sagittae Prop.3.12.11; exitu..eius ~atus esset Tac.*Ann.*3.12;—(*w. gen. in connexion w.* memini) nec ueterum memini ~orue malorum Verg.*A.* 11.280. **c** istuc tibi ex sententia tua obtigisse ~or Ter. *Hau.*683; Glabrionem id..facere ~atus sum Cic.*Ver.*5.164; itineris nostri famam ad te peruenisse ~or *Att.*5.19.2; Sal. *Jug.*110.3; Verg.*A.*6.392; Hamilcarem eo perisse ~atus sum quod..bellum iam haberemus Liv.11.10.11; (*impers. pass.*) magno opere iis esse ~andum huius L. Corneli beniuolentiam erga suos remanere Gadibus Cic.*Balb.*43. **d** etiam quod ~ere habes Cic.*Ver.*2.180; age, hoc ~aris *Phil.*13. 23; ea populus ~ari et merito dicere fieri Sal.*Cat.*51.29; id magno opere senatum ~ari Liv.45.13.7; quod toto pectore ~or Ov.*Pont.*1.8.63; quod beneficium etiam illum uectorem meum credo ~ari Apul.*Met.*1.20;—nostri ~ari.. quod in eum locum res..deducerentur ut.. *B.Hisp.*29.5. **e** ut in hoc sit semper ipse ~atus, quod.. Cic.*Phil.*11.9; epistula..quid habet..in quo magno opere ~emur? *Att.* 14.16.3;—~ari omnis non ut de unius solum sed ut de omnium salute sentio *Marc.*33; de Cassio ~or *ad Brut.*2.4.2. **f** illud in primis mihi ~andum iure esse uideo Cic.*Man.*3; ~andum magis quam dolendum puto casum tuom Sal.*Jug.* 14.22; uincula, quae patri minimum ~anda dedisti Stat. *Theb.*12.90; iis..rebus ~andis Fro.*Ver.*2.p.130(120N).

2 (w. abl.) To be fond (of), delight (in). **b** (of plants) to flourish (on); (of land) to luxuriate (with).
si talibus monumentis praeceptisque ~abere Cic.*Off.*3.121; arma, quibus ~atus, habe tua Verg.*A.*10.827; herbosa pisces ~antur harena Ov.*Hal.*118; legiones..populationibus ~antis Tac.*Ann.*11.18. **b** eiusmodi ~atur alimentis et holus et arbor Col.1.6.24; calido (caelo) potius quam frigido ~atur (uinea) 3.1.10;—(natura soli) quae..palmitibus.. feris ~atur Col.10.14.

laetrorsum, *adv.* [laeter+*uorsum* (see versvm)] To the left.
a laeua laetrum sinistrum et ~ sinistrosum Paul.*Fest.* p.117M.

laetus ~a ~um, *a. compar.* ~ior, *superl.* ~issimus [dub.] N.B. In the absence of etymological evidence it is unclear which is the basic sense; sense 3 is the principal one at all periods and assumed by Cicero (*de Orat.* 3.155) to be original.

1 (of plants, crops, fields, etc.) Flourishing, luxuriant, lush. **b** (of ground, soil) rich, fertile. **c** (of animals) in good condition, sleek. **d** (of other things) abounding, teeming.
detondit agros ~os Enn.*Ann.*495; ~a..prata 516; ~issimi flores Cic.*Ver.*4.107; fruges arbustaque ~a Lucr.2.699; quid faciat ~as segetes Verg.*G.*1.1; hiberno laetissima puluere farra, ~us ager 1.101; ut..pabulo ~o reficeret boues Liv.1.7.4; terra..~arum arborum ferax Sen.*Dial.* 12.9.1; eo ~iores erunt uberioresque fructus Col.*Arb.*19.1; Tac.*Dial.*40.4; (*neut. as sb.*) alios horrida inculta, abdita et opaca, contra alios nitida ~a conlustrata delectant Cic. *Orat.*36;—(*w. abl.*) litora myrtetis ~issima Verg.*G.*2.112; colles..frondibus ~i Curt.5.4.8;—(*w. gen.*) lucus..~issimus umbrae Verg.*A.*1.441. **b** siquis quaeret, quod tempus oleae serendae siet, agro sicco per sementim, agro ~o per uer Cato *Agr.*61.2; (tellus) umida maiores herbas alit, ipsaque iusto ~ior Verg.*G.*2.252; Arabia..illic magis ~a et ditior Mela 1.61; (solum) nec exile nec ~issimum, proximum tamen uberi Col.3.1.8; (*in fig. phr.*) quantum processeris, mollior cliuus ac ~ius solum Quint.*Inst.* 12.10.78; (*w. gen.*) frugum pabulique ~us ager Sal.*Hist.*2.83. **c** ~a armenta feraeque Lucr.2.343; Verg.*G.*2.144; glande sues ~i redeunt 2.520; si..claudens..textis cratibus ~um pecus distenta siccet ubera Hor.*Epod.*2.45. **d** hinc ~as urbis pueris florere uidemus Lucr.1.255; ~a magis pressis manabunt flumina mammis Verg.*G.*3.310; (*w. abl.*) si quod est..frequentius accolis ~iusue tectis solum Sen.*Ep.*102.21; (*w. gen.*) ~us opum Sil.13.33.

2 (of literary or oratorical style) Luxuriant, rich, florid; (also, of authors, etc.).
nitidum quoddam genus est uerborum et ~um Cic. *de Orat.*1.81; splendida oratio et magis lasciua quam ~a Sen.*Con.*2.pr.1; pueris aliquid ausis licentius aut ~ius Quint.*Inst.*2.4.14; neque illud in Lysia dicendi textum tenue atque rasum ~ioribus numeris corrumpendum erat 9.4.17; te..uideo ~issima quaeque antiquorum imitantem Tac. *Dial.*23.6;—indoles ~a generosique conatus Quint.*Inst.* 2.4.4; idem (*sc.* Homerus) ~us ac pressus, iucundus et grauis 10.1.46.

3 (of persons) Cheerful, glad, happy. **b** (of

looks, feelings, actions, etc.) expressive of joy, glad, happy. **c** (of periods, objects, events, etc.) associated with or full of joy; *~ae sedes* (poet.) the Elysian fields.
quae illaec est laetitia quam illic ~us largitur mihi? Pl.*Capt.*829; Ter.*Hau.*888; si quod erat grande uas..inuentum, ~i adferebant Cic.*Ver.*4.47; cum..me domus eadem..~issima accepisset, quae proximo anno maerens receperat Cic.*Sest.*131; quid me ~ius est beatiusue? Catul.9.11; Caes.*Gal.*3.18.8; Metellus..~issumis animis accipitur Sal.*Jug.*88.1; placitum ~i componite foedus Verg.*A.*10.15; liberatorem urbis ~a castra accepere Liv.1.60.2; quam ~ae Caesaris aures accipient tantum uenisse in proelia ciuem! Luc.2.273; uos obtestor ne memoriam nostri per maerorem quam ~i retineatis Tac.*Ann.*5.6; (*transf. ep.*) cum ~a pelago uela rediturus dares Sen.*Tro.*203;—(*w.* animi) ~us ..animi et ingeni Vell.2.93.1; Tac.*Ann.*2.26;—(*w. abl.*) omnibus laetitiis ~us incedo Caecil.*com.*252; quibus rebus ..initio ~us fuerat Sal.*Jug.*6.2; tanto ~us honore Verg.*A.*8.617; Liv.3.68.9;—(*w. gen.*) uestis..quas illi ~a laborum ipsa..Dido fecerat Verg.*A.*11.73; ~us fati Stat.*Theb.*11.567;—(*w.* in+*acc.*) nos..in funera ~ae? 5.491; (*w.* ad) ~o milite ad mutationem ducum Tac.*Hist.*2.36;—(*w. acc. and inf.*) ~us sum laudari me abs te Naev.*trag.*15; ~us sum..fratri obtigisse quod uolt Ter.*Ph.*820; (*w. inf.*) ~us uterque spectari superis Sil.9.453. **b** ~o uultu Cic.*Att.*8.9.2; frons ~a parum et deiecto lumina uultu Verg.*A.*6.862; cum populus frequens ~um theatris ter crepuit sonum Hor.*Carm.*2.17.26; consulis oratio haud sane ~a fuit Liv.22.40.1; cur ~a tuis dicuntur uerba kalendis..? Ov.*Fast.*1.175; ~o stilo V.Max.4.2; fratres alterna in uulnera ~o Marte ruant Stat.*Theb.*8.70; luctum ..tum primum ~o cultu mutauit Tac.*Ann.*2.75; (*cf.*) qui ~o fodit esse patrem [Stat.*Theb.*4.631; (*neut. as adv.*) ~um fremit..Achaea manus 3.618; ~um..rubet *Ach.*1.323. **c** ut tuum ~issimum diem cum tristissimo meo conferam Cic.*Pis.*33; qui umquam aut ludi aut dies ~iores fuerunt? *Phil.*10.8; neque..~am aut incruentam uictoriam adeptus erat Sal.*Cat.*61.7; Verg.*A.*1.732; multis rebus ~us annus Liv.10.47.6; magno apparatu ~a resonabat domus Phaed.4.25(26).21; ~a fronde ueletur caput Sen.*Ag.*583; aiunt..~iores conuictus fieri Plin.*Nat.*25.107; ~am uoluptatibus adulescentiam egit Tac.*Hist.*2.2;—tu pias ~is animas reponis sedibus Hor.*Carm.*1.10.17.

4 (w. abl., gen.; also w. inf.) Delighting or exulting (in).
~us Eois Eurus equis Verg.*A.*2.417; ~um equino sanguine Concanum Hor.*Carm.*3.4.34; rustica praecipue est hoc dea ~a cibo Ov.*Fast.*4.744; saeuis gens ~a Sil.1.170; in ciuitate..nouis sermonibus ~a Tac.*Hist.*4.11;—~am.. tumultus..plebem Sil.14.279; ~issimus irae 17.307;—gens ..~a domare labores 3.575; 16.564.

5 (of affairs, etc.) Prosperous, successful.
iis ~a et candida omnia uisa Sal.*Rep.*1.3.3; illic res ~ae regnumque et regia coniunx parta tibi Verg.*A.*2.783; ~a..principia magistratus eius nimis luxuriauere Liv.3.33.2; Ov.*Tr.*5.14.32; qui se ~is rebus non inflauit Sen.*Dial.*12.5.5; ~i libamina belli Sil.10.551; proelium..cuius initio ambiguo finis ~ior fuit Tac.*Ann.*12.40;—(*neut. pl. as sb.*) cito inproborum ~a ad perniciem cadunt Pub.*Sent.* C.18; omnium illi tristium ~orumque socius Tac.*Ann.*4.15.

6 Favourable, propitious; (esp. of omens and sim.). **b** (spec. of sunlight, rain, etc.).
ut uos..uoltis..me (*sc. Mercury*) ~um lucris adficere atque adiuuare Pl.*Am.*2; tertia te Phthiae tempestas ~a locabit Cic.*poet.*26(*Div.*1.52); iam socii ~is rapuerunt uincula uentis V.Fl.4.31; Sil.16.23;—cygnus in auspiciis semper ~issimus ales Macer *poet.*4; somnio ~iore Liv.9.9.14; ea omnia sacrificia ~a fuerunt 36.1.3; si mensis in astrum ~ius inciderit Man.3.551; numquam omine ~o Luc.8.585; ~um augurium Fabio Valenti exercituique Tac.*Hist.*1.62; (*cf.*) ~o mactasti lacte Latinas Cic.*Cons.fr.*2.14. **b** ~i uestigia Solis Cic.*Arat.*339(98); 711(458); Iuppiter et ~o descendet plurimus imbri Verg.*Ecl.*7.60; ~a..purpurea luce refulsit humus Ov.*Fast.*6.252; ipse nitor Phoebi uulgato ~ior orbe creuit Petr.122,l.181.

7 Giving pleasure, pleasing, welcome.
ut ei qui boni quid uolunt adferre adfingant aliquid quo faciant id quod nuntiant ~ius Cic.*Phil.*1.8; nec uero segetibus solum et pratis..res rusticae ~ae sunt, sed hortis etiam *Sen.*54; nec sine te quicquam..exoritur neque fit ~um neque amabile quicquam Lucr.1.23; ex bello tam tristi ~a repente pax cariores Sabinas uiris..fecit Liv.1.13.6; ne ~a furens scelerum spectacula perdat Luc.7.797; ~am Tiberio Germanici mortem Tac.*Ann.*3.2;—(*neut. pl. as sb.*) cum..~a tristibus incredibilia probabilibus intexinus Cic.*Part.*12; ~iora de ualetudine eius attulere Tac.*Ann.*2.82.

laeua ~ae, *f.* [LAEVVS, sc. *manus*]
1 The left hand.
hanc per dexteram perque hanc sororem ~am Pl.*Poen.*418; et pedibus ~a Sicyonia demit honesta Lucil.1161; ~a colum..retinebat Catul.64.311; Suet.*Jul.*64;—(*as the hand which carries the shield*) pars magna ~is clipea portant Macer *hist.*24; amissam ~am cum tegmine Lucr.3.649; Ov.*Met.*15.163; Sen.*Phoen.*481;—(*as the hand on which rings are worn*) saepe notatus cum tribus anellis, modo ~a Priscus inani Hor.*S.*2.7.9; Stat.*Silv.*3.3.144.

2 The left-hand side, the left; esp. **b** *~a* (abl.), *in ~a*, on the left. **c** *ab ~a*, on or from the left. **d** *ad ~am*, on or to the left.
~am cuncta cohors..petiuit Verg.*A.*3.563; Ov.*Met.*3.642. **b** dextra ~aque Q.Cic.*poet.*15; Lucr.4.276; Verg.*A.*1.611; dextra montibus, ~a Tiberi amne saeptus Liv.4.32.8; ~a relicto hoste 22.3.6;—ea quae..dextera pars est, in speculis fit ut in ~a uideatur Lucr.4.293; si in ~a detorserit Plin.*Nat.*29.93. **c** Diana facem iacit a ~a Enn.*scen.*33; utrum hac me feriam an ab ~a latus? Pl.*Cist.*641; cornicem a ~a, coruum ab dextera canere Cic.*Div.*1.12; Samos a ~a..erat Ov.*Ars* 2.79. **d** templum Cereris ad ~am aspice Enn.*scen.*288; ubi est? — ad ~am Pl.*Mil.*1216; et ante et pone et ad ~am et ad dextram Cic.*Tim.*48; ubi paululum ascenderis ad ~am Sal.*Cat.*55.3; ad ~am uersi Liv.1.14.5;—(*w. gen.*) statua..ad ~am curiae fuit 1.36.5; 40.6.1.

laeuē, *adv.* [LAEVVS+-E] Awkwardly, wrongly.
puer hic non ~ iussa Philippi accipiebat Hor.*Ep.*1.7.52.

Laeuī ~ōrum, *m. pl.* A Ligurian tribe.
Liv.33.37.6; Plin.*Nat.*3.124.

Laeuiānus ~a ~um, *a.* Of or belonging to Laevius.
in ~o illo carmine Gel.19.7.2.

laeuir: see LEVIR.

laeuis ~is ~e, *a.*: see LEVIS².

Laeuius ~(i)ī, *m.* A Roman poet of the early 1st cent. B.C.
legi ~i Alcestin Gel.19.7.2.

laeuorsum, *adv.* [LAEVVS+*uorsum* (see VERSVM)] To the left.
ad uillulam proximam ~ abierunt Apul.*Met.*1.21; *Fl.*2.

laeuum, *adv.* [next] On the left; (esp. as the side from which favourable portents appear).
altera ~ extendit pectitque comas Juv.6.495;—tum tonuit ~ bene tempestate serena Enn.*Ann.*527; subito.. fragore intonuit ~ Verg.*A.*2.693; audiit et caeli genitor de parte serena intonuit ~ 9.631; talia cunctanti ~ Iouis armiger aethra aduenit V.Fl.1.156.

laeuus ~a ~um, *a.* [cf. Gk. λαιός, OBulg. *lěv*]
1 Left: **a** (of parts of the body). **b** (of other paired things).
a nixus ~o in femine habet ~am manum Pl.*Mil.*203; habeo equidem hercle oculum. — at ~om dico 1307; in ~o bracchio Pac.*trag.*64; ~am manum Cic.*Luc.*145; ~um perforat inguen Verg.*A.*10.589; super ~os umeros Stat. *Theb.*2.542; (*regarded as ill-omened*) ominibusque malis pedibusque occurrite ~is Ov.*Ib.*99. **b** iuncta iuga resoluens Cybele leonibus ~umque pecoris hostem stimulans Catul.63.77; ~a..habena Hor.*Ep.*1.15.12; signa in ~um cornu confert Liv.7.15.4.

2 *~a manus*, The left-hand side (cf. LAEVA); *in ~um*, to the left.
coruos cantat mihi nunc ab ~a manu Pl.*Aul.*624; in angulo ad ~am manum *Per.*631;—fleximus in ~um cursus Ov.*Tr.*1.10.17; in ~um puppim dedit Luc.8.194; V.Fl.4.211; Juv.4.120.

3 Lying on or coming from the left-hand side. (also poet.) facing or moving to the left. **b** (in spec. contexts, implying a particular point of view). **c** (of omens or portents, regarded as favourable or unfavourable according to circumstances). **d** the left-hand side of; (neut. pl. as sb.) the parts on the left, the left.
~a siue dextera uocaret aura Catul.4.19; ~a tibi tellus et longo ~a petantur aequora circuitu Verg.*A.*3.412; ter circum astantem ~os equitauit in orbis 10.885; sita Anticyra est in Locride ~a parte sinum Corinthiacum intranti Liv.26.26.2; Euxini litora ~a peto Ov.*Tr.*4.1.60; e ~o aethere.. cucurrit..sidus Sen.*Thy.*698; qui ~um iter petiuerant.. Tac.*Ann.*12.27;—hinc celsae Iunonia templa Prosymnae ~us habens Stat.*Theb.*1.384; ~us abit 2.383. **b** (*in augury*) (augur) regiones ab oriente ad occasum determinauit, dextras ad meridiem partes, ~as ad septentrionem esse dixit Liv.1.18.7; ~a prospera existimantur, quoniam ~a parte mundi ortus est Plin.*Nat.*2.142; (*astrol.*) discrimen erit (signis) dextris ~isque; sinistra quae subeunt, quae praecedunt dextra esse feruntur Man.2.284. **c** (*favourable*) ex alto longe pulcherruma praepes ~a uolauit auis Enn.*Ann.*91; de caelo ~um dedit inclytus signum 146; toitru dedit omina ~o Iuppiter Ov.*Fast.*4.833;—(*unfavourable, cf. sense 4*) te..nec ~us netet ire picus nec uaga cornix Hor.*Carm.*3.27.15; uolturis ut primum ~o fundata uolatu Romulus..compleuit moenia Luc.7.437. **d** radit iter ~um interior Verg.*A.*5.170; pectore ~o Pers.2.53; classis ..relicta ~o amne Tac.*Ann.*2.8;—~a tenent Thetis et Melite Verg.*A.*5.825; inter ~a moenium et dexterum flumen Sal.*Hist.*2.54; in ~a Italiae ad inferum mare flexit iter Liv.32.29.6; Tac.*Hist.*2.2.

4 Unfavourable, unpropitious, adverse. **b** governed by an adverse fate.
cum te sic tempore ~o interpellarim Hor.*S.*2.4.4; sors o mea ~a nascendi *Lydia* 77; Stat.*Theb.*11.444;—(*of deities*) si quem numina ~a sinunt Verg.*G.*4.7; Mart.6.85.3; quod si promissum uertat Fortuna fauorem ~aque sit coeptis Sil.3.94;—(*of omens*) ~a cornici omina (data) Phaed.3.18.12; V.Fl.6.69. **b** si mens non laeua fuisset Verg.*Ecl.*1.16; *A.*2.54; o ego ~us, qui purgor bilem sub uerni temporis horam! Hor.*Ars* 301.

5 Baleful, harmful, pernicious.
Sirius..~o contristat lumine caelum Verg.*A.*10.275; quis ab aethere ~us ignis et in totum regnaret Sirius annum Stat.*Theb.*1.634; unus ibi ante alios, cui ~a uoluntas 2.16; ~o monitu pueros producit auaros Juv.14.228.

lagalōpex ~ecis, *f.* [Gk.] (prob.) A fennec.
aurita gaudet ~ece Flaccus Mart.7.87.1.

laganum ~ī, *n.* **~us** ~ī, *m.* [Gk. λάγανον] A thin flat cake, pancake.
domum me ad porri et ciceris refero ~ique catinum Hor.*S.*1.6.115; lenes..sunt sorbitio, pulticula, ~us Cels.2.22.1; 8.7.6.

lagēna ~ae, *f.*: see LAGONA.

lagēos ~ī, *f.* [app. Gk. λάγειος] The name of a variety of vine.
passo psithia utilior tenuisque ~os temptatura pedes Verg.*G.*2.93; (*as adj.*) dixit Vergilius Thasias et Mareotidas et ~as (uites) Plin.*Nat.*14.39.

Lāgēus ~a ~um, *a.* Of Lagus, i.e. of the Ptolemies, kings of Egypt; (poet.) Egyptian.
ultima ~ae stirpis perituraque proles Luc.8.692;—~a iuuentus Luc.10.394; ~i litoris Mart.10.26.3; amnis ~us (*i.e. the Nile*) Sil.1.196.

laginē ~ēs, *f.* [Gk.] A plant = AETITES.
Plin.*Nat.*24.139.

lagoena ~ae, *f.*: see LAGONA.

lagōis ~idis, *f.* [Gk.] A bird; perh. = LAGOPVS.
peregrina..lagois Hor.*S.*2.2.22.

lagōna ~ae, *f.* **lagēna, lagoena, lagūna.** [ad. Gk. λάγυνος] A bottle with a narrow neck, flask, flagon; esp. a wine-flask, bottle of wine; *a ~a*, cellarer.
ubi refrixerit, in ~am indito Cato *Agr.*122; plenam ~am posuit; huic rostrum inserens (ciconia).. Phaed.1.26.8; ~a niuaria Mart.14.116;—quasi tu lagoenam dicas, ubi uinum Chium solet esse Pl.*Cur.*78; matrem nostram..quae ~as etiam inanis obsignabat Q.Cic.*Fam.*16.26.2; conuiuae.. nihilum nocuere lagoenis Hor.*S.*2.8.41; Col.10.387; modice sitiente lagoena Pers.3.92; nigri Syra defruti ~a Mart.4.46.9; nec fuerat soli tota ~a satis 6.89.4; Quint.*Inst.*6.3.10;—A POTIONE ITEM A LAGVNA *CIL* 6.1884; 6.8866.

lagōnāris ~is ~e, *a.* [prec.+-ARIS] (= next, or wrongly written form of it).
NEGOTIANTI..VINARIO ~I *CIL* 6.37807.

lagōnārius ~a ~um, *a.* **lagūn-.** [LAGONA.+-ARIVS] Dealing in wine-bottles.
(*fem. as sb.*) LEONTIA..AD PORTA TRIGEMINA LAGVNARA *CIL* 6.9488.

lagophthalmus ~ī, *m.* [Gk. λαγώφθαλμος] (med.) Inability to close the eye, lagophthalmus.
uenit, ut oculus non tegatur..~us Graeci appellant Cels. 7.7.9.A.

lagōpūs ~odis, *f.* [Gk. λαγώπους]
1 A ptarmigan.
praecipua sapore ~us Plin.*Nat.*10.133.
2 A trefoil, perh. hare's foot trefoil.
~us sistit aluom e uino pota..nascitur in segetibus Plin. *Nat.*26.53.

laguncula ~ae, *f.* [LAGONA+-CVLA] A small flask or bottle.
in ~am diffusum (succum) oblinito Col.12.38.6; Plin. *Ep.*1.6.3; uinum..paruolis ~is in tria genera discripserat 2.6.2.

Lāgus ~ī, *m.* The father of Ptolemy I of Egypt; (in quots., referring to Ptolemy himself or his line).
omnia ~i arua tenere potest Luc.8.802; flumina ~i Sil. 17.591.

lagȳnus ~ī, *m.* [Gk. λάγυνος] = LAGONA.
~os uini uetusti centum quinquaginta Scaev.*dig.*32.1. 37.2.

Lāiadēs ~ae, *m.* The son of Laïus, Oedipus.
Ov.*Met.*7.759.

laina ~ae, *f.* [unkn.] A name for mastich.
transit (murra) in mastichen, quae..ex alia spina fit in India itemque in Arabia; ~am uocant Plin.*Nat.*12.72.

Lāis ~idis or ~idos, *f.* FORMS: abl. *Lai* Aur. *Fro.*1.p.32(254N). The name of two famous Greek courtesans.
ne Aristippus quidem ille Socraticus erubuit, cum esset obiectum habere eum ~ida Cic.*Fam.*8.26.2; Prop.2.6.1; multis ~is amata uiris Ov.*Am.*1.5.12; Gel.1.8.3;—(*as supreme in the profession*) tu licet ediscas totam referasque Corinthon, non tamen omnino, Laelia, ~is eris Mart.10.68. 12; 11.104.22; Aur.*Fro.*1.p.32(254N).

Lāius ~ī, *m.* A king of Thebes, father of Oepidus.
Cic.*Tusc.*4.71; *Fat.*30; Stat.*Theb.*7.245; Hyg.*Fab.*66.

Lālētānia, -ānus: see LAEET-.

lalīsiō ~ōnis, *m.* [app. African] The foal of a wild ass.
pullis eorum (*sc.* onagrorum) ceu praestantibus sapore Africa gloriatur, quos ~ones appellat Plin.*Nat.*8.174; Mart.13.97.1.

lallō ~āre, *intr.* (perh. also **lalō**) [Child's word] (app.) To sing a lullaby.
iratus mammae ~are recusas Pers.3.18; (*perh.*) quando illi apud me mecum palpas et lalas (*s.v.l.*)? Pl.*Poen.*343.

lāma ~ae, *f.* [cf. Lettish *lāma*, Lith. *lomà*, Bulg. *lam* 'depression', 'pit'] A marshy place, bog, slough.
siluarum saltus latebras ~asque lutosas Enn.*Ann.*568; salsas ~as 606; uiribus uteris per cliuos, flumina, ~as Hor. *Ep.*1.13.10; lacuna, id est aquae collectio..quam alii ~am.. dicunt Paul.*Fest.*p.117M.

lamberō ~āre, *tr.* [dub.] (meaning dub.; explanation given by Paul. prob. erroneous; prov.) *meo me ludo ~as*, you beat me at my own game.

~at scindit ac laniat PAUL.*Fest.*p.118M;—lepide, Charine, meo me ludo ~as PL.*Ps.*743.

lambiscō ~ere, *tr.* [next+-sco] (of water) To erode.
ut quidquid aqua ~endo abstulerit, id possessor amittat HYG.*agrim.*p.87.

lambō ~ere ~ī, *tr.* [cf. *labium*; AS. *lapian*, Eng. *lap*]

1 To pass the tongue over, lick. **b** to lick to obtain food, suck.
sibila ~ebant linguis uibrantibus ora VERG.*A.*2.211; Melampodi profecto aures ~endo dedisse intellectum auium sermonis PLIN.*Nat.*10.137; canem..uolnus suum ~entem 34.38;—(*as the way in which animals show affection*) catulos blande cum lingua ~ere temptant LUCR.5.1067; geminos..pueros..~ere matrem (*sc.* lupam) VERG.*A.*8.632; LIV.1.4.6; OV.*Met.*1.646; cum (leo)..uestigia ~eret adulanti similis PLIN.*Nat.*8.56; (*cf.*) horum canum quos tribunal meum uides ~ere (*i.e. fawn upon*) CIC.*Ver.*3.28;—(*obsc.*) Meuia non ~it Cluuiam JUV.2.49. **b** pisces..impasti uulnera ~ent VERG.*A.*10.560; (uulpes) cum lagonae collum frustra ~eret PHAED.1.26.10; STAT.*Theb.*11.31; neque aliud animal in cursu ~itur PLIN.*Nat.*11.235; canibus..siccae ~entibus ora lucernae JUV.8.35; (*cf.*) Sullanum solito tibi ~ere ferrum durat, Magne, sitis LUC.1.330.

2 To eat or drink by licking, lick up, lap. **b** to suck up, absorb.
puer qui ~erat ore placentas LUCIL.585; quia dentibus carent (iacentes pisces), aut ~unt cibos, aut integros hauriunt COL.8.17.11; certum est iuxta Nilum amnem currentes ~ere (canes) PLIN.*Nat.*8.148; quod Peligna solent examina ~ere nectar CALP.*Ecl.*4.151; ~ere quae turpes prohibet tua prandia muscas MART.14.67.1; cruorem eliciunt atque inuicem ~unt TAC.*Ann.*12.47; JUV.9.5. **b** inanibus et patentibus uenis in se recipiens ~endo sucum etiam solidescit (materia) VITR.2.9.1; sol..ex terra ~endo..educit umores 2.10.2.

3 (transf., of fire) To play upon, 'lick'; (of water) to wash; (of creeping plants) to surround, wreathe.
ignis..~ens multa perussit LUCR.5.396; attollit..globos flammarum et sidera ~it (Aetna) VERG.*A.*3.574; flamma..summum properabat ~ere tectum HOR.*S.*1.5.74; SEN.*Her.O.*1754; (*cf.*) lorica non patitur..solis radios ~endo eripere ex his politionibus colorem VITR.7.9.4;—quae loca fabulosus ~it Hydaspes HOR.*Carm.*1.22.8; oceanus..auido meatu terras..~it PLIN.*Nat.*3.5; STAT.*Theb.*4.52;—quorum imagines ~unt hederae sequaces PERS.pr.5.

lāmella ~ae, *f.* [LAMINA+-LA] A thin metal plate.
speculum argenteum tenui ~a ductum VITR.7.3.9; 7.12.1; illud saeculum, in quo censorium crimen erat paucae argenti ~ae SEN.*Dial.*7.21.3; 10.12.2.

lāmellula ~ae, *f.* [prec.+-VLA] (colloq., in pl.) A small sum of money.
glaebulas emi, ~as paraui PETR.57.6.

lāmenta[1] ~ōrum, *n. pl.* [**la-* (cf. *latro*, Skt. *rāyati* 'bark', Arm. *lam* 'weep', etc.)+-MENTVM] Wailing, weeping, groans, laments.
desperans rebus tuis in sordibus, ~is luctuque iacuisti CIC.*Pis.*89; *Mil.*86; LUCR.5.989; haec ~a per auras..questu uoluebat inani *Ciris* 400; urbem ~is impleuerunt LIV.5.39.4; amant miseri ~a STAT.*Theb.*12.45; ~a ac lacrimas cito, dolorem et tristitiam tarde ponunt TAC.*Ger.*27.2; APUL.*Mun.*35; (*of hens*) ~a circa piscinae stagna mergentibus se pullis PLIN.*Nat.*10.155.

lāmenta[2] ~ae, *f.*: var. of prec.
~as fletus facere PAC.*trag.*175.

lāmentābilis ~is ~e, *a.* [LAMENTOR+-BILIS]

1 Accompanied by lamentation, mournful, doleful.
sumptuosa..funera et ~ia CIC.*Leg.*2.64; ~i uoce deplorans *Tusc.*2.32; ~is..comploratio LIV.3.47.6; STAT.*Silv.*5.3.1; APUL.*Met.*2.27.

2 Deserving or arousing lamentation, deplorable, lamentable.
Troianas ut opes et ~e regnum eruerint Danai VERG.*A.*2.4; ~e Athenae pendere desierant..tributum OV.*Met.*8.262; ~e matris conubium STAT.*Theb.*1.68.

lāmentārius ~a ~um, *a.* [LAMENTA[1]+-ARIVS] (facet.) Dealing in or producing lamentation.
quae aedes ~ae mihi sunt, quas quotiensquomque conspicio fleo PL.*Capt.*96.

lāmentātiō ~ōnis, *f.* [LAMENTOR+-TIO] Wailing, lamentation.
cura, miseria, aegritudo, lacrumae, ~o PL.*Mer.*870; recentem gratulationem noua ~one obruatis CIC.*Mur.*86; dum conticisceret illa ~o et gemitus urbis *Red.Sen.*17; LIV.25.37.10; familia..~one triclinium impleuit PETR.72.1; ~one flebili maiores suos ciens TAC.*Ann.*3.23;—(*pl.*) cotidianis uirginis ~onibus CIC.*Font.*47; SEN.*Dial.*12.3.2; ~ones suas etiam in testamentum contulit TAC.*Ann.*15.68.

lāmentātor ~ōris, *m.* [next+-TOR] One who laments.
CIL 8.9519.

lāmentor ~ārī ~ātus, *intr., tr.* [LAMENTA[1]+-O[3]]

1 (intr.) To utter cries of grief, wail, lament.
sed ego hic animo ~or ENN.*Ann.*204; quid ego hic in ~ando pereo PL.*Mer.*218; ~ari ait illam miseram cruciari et lacrumantem se adflictare *Mil.*1031; TER.*An.*121; matremne ut miseram ~antem uideam et abiectam? GRACCH.*orat.*58; nec dignum uiro uidebitur gemere, eiulare, ~ari CIC.*Tusc.*2.31; LIV.22.55.3; GEL.12.5.9; (*impers. pass.*) maeretur, fletur, ~atur diebus plusculis APUL.*Met.*4.33.

2 (tr.) To lament for, bewail. **b** (w. acc. and inf.) to complain (that). **c** (pf. pple. in pass. sense).
quid ego igitur cesso infelix ~arier minas sexaginta? PL.*Per.*742; uidi uirginem..suam matrem ~ari mortuam TER.*Ph.*96; cuius caecitatem cum mulierculae ~arentur CIC.*Tusc.*5.112; si..obitum ~etur LUCR.3.953; propinquum ille, alius parentes ~ari TAC.*Ann.*4.62;—(*gdve.*) Theti' quoque etiam ~ando pausam fecit filio PL.*Truc.*731; ad ~andam tanti imperi calamitatem CIC.*Catil.*4.4; FRO.*Aur.*2.p.226(233N). **b** istuc quod nunc ~are, non esse argentum tibi, apud nouercam querere PL.*Ps.*313; HOR.*Ep.*2.1.224; sua facinora auersari deos ~antur TAC.*Ann.*1.28. **c** quam sunt tua fata per urbem ~ata diu! SIL.13.712; (*poet.*) nocte uelut Phrygia cum ~ata (*i.e. resounding with wailing*) resultant Dindyma STAT.*Theb.*12.224.

lamia[1] ~ae, *f.* [Gk. λάμια]

1 A female monster supposed to devour children, witch, bogey.
terriculas, ~as LUCIL.484; 1065; neu pransae ~ae uiuum puerum extrahat aluo HOR.*Ars* 340; APUL.*Met.*1.17; (*as a term of abuse*) si posthac pessimae illae ~ae..uenerint 5.11.

2 A kind of shark.
quos (pisces) bouis, ~ae, aquilae, ranae nominibus Graeci appellant PLIN.*Nat.*9.78.

Lamia[2] ~ae, *m.* A Roman cognomen; (sts. used as typical of persons of noble family).
CIC.*Sest.*29; *Fam.*11.16.2; Aeli uetusto nobilis ab Lamo,—quando et priores hinc ~as ferunt denominatos HOR.*Carm.*3.17.2; TAC.*Ann.*6.27;—hoc nocuit ~arum caede madenti JUV.4.154; 6.385.

lāmina ~ae, *f.* **lammina, lamna.** [dub.]

1 A thin sheet of metal, plate, strip, lead. **b** (as decorative plating). **c** (inscribed). **d** (as the blade of a tool or weapon). **e** (red-hot as an instrument of torture).
foramina ubi feceris lamnis circumplectito CATO *Agr.*21.2; tigna..laminis clauisque religant CAES.*Civ.*2.10.3; linteo ferreas laminas in modum plumae adnexuerant SAL.*Hist.*4.65; tegumenta..ex ferreis lamminis serie inter se conexis CURT.4.9.3; eboreo circulo lamina splendente conexo PETR.32.4; TAC.*Ann.*3.46; argentum..quod neque in massa neque in lamina..insit ULP.*dig.*34.2.27.6; (*in fig. phr.*) si non ab initio tenuem numium laminam duxerimus QUINT.*Inst.*2.4.7. **b** templum..parietibus totis lammina inauratum LIV.41.20.9; et leuis argenti lammina crimen erat OV.*Fast.*1.208; nunc uolo tuas opes recognoscere, lamnas utriusque materiae SEN.*Ben.*7.10.1; PLIN.*Nat.*21.5; ut..crepet in nostris aurea lamna toris MART.9.22.6; SUET.*Cal.*32.2. **c** quom lamina esset inuenta et in ea scriptum lamina 'Honoris' CIC.*Leg.*2.58; titulo lamnae aeneae inscripto LIV.23.19.18; APUL.*Met.*3.17. **d** argutae lammina serrae VERG.*G.*1.143; extrema percussae parte columnae lammina dissiluit OV.*Met.*5.173; tenues crustas et ipsa, qua secantur, lamna graciliores SEN.*Ben.*4.6.2; pinus gracili dissoluere lamna Thespiaden..uidet V.FL.1.123. **e** stimulos, lamminas crucesque compedesque PL.*As.*548; cum ignes ardentesque laminae ceterique cruciatus admouebantur CIC.*Ver.*5.163; LUCR.3.1017; PROP.4.7.35; SEN.*Con.*2.5.6; SEN.*Ep.*78.19.

2 A thin sheet of other substances.
lamina mollis adhuc tenet os in lacte *Nux* 95; ossa etiam in laminas secare coepere PLIN.*Nat.*8.7; in lamnas secta (cornua) tralucent 11.126; eadem (*sc.* fagus) sectilibus lamnis..utilis 16.229.

3 (colloq.) Money, cash, 'tin'.
numquid pater fetum emit lamna? PETR.57.4; ego et tu sponsiunculam (*sc.* faciamus): exi, defero lamnam 58.8.

lamirus (~os) ~ī, *m.* [dub., cf. perh. Gk. λαρινός or λαριμός] An unidentified fish.
ut scarus..~osque smarisque OV.*Hal.*120; PLIN.*Nat.*32.149.

lamium ~ī, *n.* [prob. Gk.] The plant, dead-nettle.
(urtica) quae innoxia est, morsu carens, ~ium uocatur PLIN.*Nat.*21.93.

lammina, lamna: see LAMINA.

lampada ~ae, *f.*: var. of LAMPAS.

lampadārius ~(i)ī, *m.* [LAMPAS+-ARIVS] A torch-bearer, link-boy.
CIL 6.8868; 8.827.

lampadiās ~ae, *m.* [Gk. λαμπαδίας] A kind of comet or meteor resembling a torch.
~as ardentes imitatur faces PLIN.*Nat.*2.90.

lampadifera ~ae, *f.* [LAMPAS+-FER] A female torch-bearer.
CONSVLARI FEMINAE LAMPADIFERAE *CIL* 8.8993.

lampadium ~(i)ī, *n.* [Gk. λαμπάδιον] A little torch; (in quot., as pet name for a woman).
at flagrans odiosa loquacula ~ium fit LUCR.4.1165.

lampas ~adis or ~ados, *f.* [Gk. λαμπάς] FORMS: Gk. decl. common in poets; *~adis* (conjectural as abl. pl. from a nom. *~ada*) PL.*Men.*841.

1 A torch, flambeau, link. **b** (used for setting fire) a fire-brand. **c** (in fig. phrs. w. ref. to the Greek torch-race).
~ades accendite PL.*fr.*58; uidi argenteum Cupidinem cum ~ade CIC.*Ver.*2.115; ~adas igniferas manibus retinentia dextris LUCR.2.25; ~ada quassans VERG.*A.*6.587; accendit geminas pro ~ade pinus OV.*Fast.*4.493; orta dies nocturnam ~ada (*of the Pharos*) texit LUC.9.1006; mystica ~as STAT.*Theb.*8.765;—(*used at weddings*) progreditur cum corona et ~ade meu' socius, compar, commaritus uilicus PL.*Cas.*796; hymenaeum turbas ~adas tibicinas TER.*Ad.*907; undique conlucent praecinctae ~ades auro OV.*Ep.*14.25; STAT.*Silv.*1.2.5; (*cf.*) ~ade prima (*i.e. at her first marriage*) 4.8.59;—(*of Love*) accendit geminas ~adas acer Amor [TIB.] 3.8.6; OV.*Rem.*552;—(*of the Furies*) dira ~ade Erinys SEN.*Her.O.*671; LUC.3.15. **b** lucifera ~ade abietem exurat Iouis ACC.*trag.*331; barbarica cum ~ade Python arsit LUC.5.134; in medias immittite ~adas urbes PETR.124,l.284; SIL.4.783;—(*for lighting the funeral pyre*) Libyca succensae ~ade Cannae LUC.7.800; STAT.*Theb.*11.142. **c** nunc cursu ~ada tibe trado VAR.*R.*3.16.9; LUCR.2.79; qui prior es, cur me in decursu ~ada poscas? PERS.6.61.

2 (poet.) **a** The lamp or light of the sun; (w. numerals) a day. **b** (of the moon; also, of stars, lightning, etc.).
a rosea sol alte ~ade lucens LUCR.5.610; Phoebeae ~adis instar VERG.*A.*3.637; postera cum prima lustrabat ~ade terras orta dies 7.148; redditur extemplo flagrantior aethere ~as SIL.12.731;—octauoque fere candenti lumine solis aut etiam nona reddebant ~ade uitam LUCR.6.1198. **b** plurima cum tota ~ade luna nitet MART.8.50(51).8; luna caua et nitida lustraret ~ade caelum *Ilias* 870; (*cf.*) ~ade Phoebes sub decima (*i.e. ten months later*) V.FL.7.366;—(Deltoton) quod terna ~ade..conspicitur MAN.1.352; totidem Oetaeae Paphiaeque recursant ~ades STAT.*Silv.*5.4.9; (*of lightning*) qui tremor elicita caeli de ~ade tactis STAT.*Theb.*10.470; (*of Iris*) nec ~ade clara nec sonitu nec uoce deae perculsus 10.121.

3 A kind of meteor.
~adas et fissas ramosos fundit in ignes MAN.1.846; horum (cometarum) genera sunt pogoniae et cuparissiae et ~ades SEN.*Nat.*1.15.4; LUC.1.532; PLIN.*Nat.*2.96; SIL.1.359.

4 A lamp, lantern.
ea (uasa)..ferreis ~adibus ardentibus calefiunt COL.12.18.5; aenea ~as JUV.3.285.

Lampetiē ~ēs, *f.* (mythol.) A daughter of Helios.
~es Ithacis ueribus mugisse iuuencos—pauerat hos Phoebo filia ~e PROP.3.12.29.30; OV.*Met.*2.349.

Lampsacēnus ~a ~um, *a.* Of Lampsacus; (m. pl. as sb.) its inhabitants.
~us Strato CIC.*Luc.*121; ~ae urbis V.MAX.7.3.ext.4;—LIV.35.16.3.

Lampsacius ~a ~um, *a.* Of Lampsacus; (in quots., w. ref. to the cult of Priapus there).
iam mea ~o lasciuit pagina uersu MART.11.6.3; 11.51.2.

Lampsacum ~ī, *n.* or **~us (~os)** ~ī, *f.* A Greek city on the Hellespont.
(*neut.*) oppidum est in Hellesponto ~um CIC.*Ver.*1.63; MELA 1.97;—(*fem.*) LIV.33.38.3; ~os hoc animal solita est mactare Priapo OV.*Fast.*6.345.

lampyris ~idis, *f.* [Gk. λαμπυρίς] A glow-worm or fire-fly.
lucent ignium modo noctu laterum et clunium colore ~ides PLIN.*Nat.*11.98; 18.250.

Lamus ~ī, *m.* (mythol.) A king of the Laestrygones.
Aeli uetusto nobilis ab ~o HOR.*Carm.*3.17.1; OV.*Met.*14.233; SIL.8.529.

lāna ~ae, *f.* [cf. Skt. *urṇā*, Goth. *wulla*, Eng. *wool*, Lith. *vìlna*]

1 The natural covering of sheep, wool; *aurea ~a*, the Golden Fleece.
quae nec lact' nec ~am ullam habent PL.*Bac.*1134; ~ae plus..habebunt (oues) CATO *Agr.*96.2; OV.*Met.*13.849; STAT.*Theb.*4.365; (*prov.*) nec mula parit nec lapis ~am fert *Praec.poet.*4.1; (*pl.*) inimicae (apibus) et oues difficile se a ~is earum explicantibus PLIN.*Nat.*11.62; (*poet., of clouds*) tenuia nec ~ae per caelum uellera ferri VERG.*G.*1.397;—iret ut Aesonias aurea ~a domos PROP.3.11.12; OV.*Ep.*12.128; *Fast.*3.876.

2 Wool as a material for cloth, etc. **b** a piece of wool or woollen material. **c** (as an occupation or industry).
~am, aurum, uestem, purpuram bene praebeo PL.*Men.*121; eme, mi uir, ~am, und' tibi pallium..conficiatur *Mil.*687; CIC.*Ver.*1.86; in ~ae glomere LUCR.1.360; ~a sucida CELS.3.20.1;—(*w. ref. to preparation, spinning, weaving, etc.*) ~am carere PL.*Men.*797; quando ad me uenis cum tua colu et ~a? CIC.*de Orat.*2.277; ducunt ~as OV.*Met.*4.34; uos ~am trahitis JUV.2.54; (*dyeing*) alba neque Assyrio fucatur ~a ueneno VERG.*G.*2.465; nec ~arum colores..elui possunt QUINT.*Inst.*1.1.5. **b** te traiectis Aeaea uenefica ~is deuouet OV.*Am.*3.7.79; Baeticarum pondus acre ~arum MART.12.65.5; ~as euehere Tarento non licet, oues euexit QUINT.*Inst.*7.8.4; (*as the material of an* infula) infulatas hostias non ~a, sed uelatas frondenti coma *Inc.trag.*221; pontifices ab rege petunt et flamine ~as OV.*Fast.*2.21;—(*med., for dressing wounds*) illic qui ob oculum habebat ~am nauta non erat PL.*Mil.*1430; ~a mollis auri subicienda est CELS.8.6.2; ~ae emolliunt, spongeae coercent rapiuntque uitia ulcerum PLIN.*Nat.*31.127; tegere ~a sulphurata totam axillam LARG.43. **c** ~a ac tela uictum quaeritans TER.*An.*75; anu' foribus obdit pessulum, ad ~am redit *Hau.*278; Lucretiam..nocte sera deditam ~ae LIV.1.57.9; OV.*Ars* 2.686.

3 Similar material from the hair, down, etc.

of other creatures; (also applied to cotton); (prov.) *de ~a caprina rixari*, to dispute about trifles. **b** the down on certain kinds of fruit.

interior cycni quam tibi ~a dedit MART.14.161.2; lana legata etiam leporinam ~am et anserinam et caprinam credo contineri et de ligno, quam ἐριόξυλον appellant ULP. *dig*.32.1.70.9;—nemora Aethiopum molli canentia ~a VERG.*G*.2.120; ut..~as siluae ferant MELA 3.62;—alter rixatur de ~a saepe caprina, propugnat nugis armatus HOR. *Ep*.1.18.15. **b** saepe notaui cerea sub tenui lucere cydonia ~a CALP.*Ecl*.2.91; Niliacum ridebis holus (*sc*. colocasiam) ~asque sequaces MART.13.57.1.

lānāria ~ae, *f*. [LANARIVS, sc. *officina*] A wool-factory.

~AS ET QVAE IN IIS SVNT *CIL* 9.2226.

lānāris ~is ~e, *a*. [LANA+-ARIS] Having fleeces, woolly.

qui pecus pascimus ~e VAR.*R*.2.9.1.

lānārius ~ia ~ium, *a*. [LANA+-ARIVS]

1 Working in wool, wool-; (masc. as sb.) a worker or dealer in wool.

~I COA(C)TORES *CIL* 5.4504; ⟨NEGOTI⟩ATORI ~IO 6.9669; 11.1031;—fullo, phyrgio, aurufex, ~ius PL.*Aul*.508.

2 *radix* or *herba ~a*, A plant of the genus *Saponaria*, soap-wort.

oues Tarentinae radice ~ia lauari debent COL.11.2.35; herba ~ia ouibus ieiunis data PLIN.*Nat*.24.168; LARG.10.

lānātus ~a ~um, *a*. *compar*. ~ior. [LANA+-ATVS²]

1 Covered in wool, woolly; (of skins or sheep) unshorn. **b** (in periphr. exprs. for sheep; also fem. pl. as sb.). **c** (prov.) *dii pedes ~os habent*, (app.) the gods are slow to aid.

capras ~as quibusdam factas LIV.22.1.13; (aries) uentre promisso atque ~o COL.7.3.3;—fundulis..pellibus..~is inuolutis VITR.10.8.1; nisi ~as oues emi non oportet COL. 7.3.2; LARG.80. **b** pecus ~um ceteraque quadripeda COL.11.2.33; stultissima animalium ~a PLIN.*Nat*.8.199; 17.188; ~is animalibus abstinet omnis mensa JUV.15.11;—dum ~as robumque iuuencum more Numae caedit 8.155. **c** itaque dii pedes ~os habent, quia nos religiosi non sumus PETR.44.18.

2 Made of wool, woollen.

soleae ~ae MART.14.65; pilleum ~um FEST.p.255M.

3 a (of plants or fruit) Covered with fine hairs, downy. **b** resembling wool in colour, texture, etc.; (in quot., of a kind of fish).

a ~am..Amineam (uitem) COL.3.2.12; (mala) quae ~a appellantur; lanugo ea obducit PLIN.*Nat*.15.48; folia.. molliora sunt et ~iore canitie 21.147. **b** luporum laudatissimi qui appellantur ~i a candore mollitiaque carnis PLIN.*Nat*.9.61.

lancea ~ae, *f*. [app. Celtic; Spanish according to VAR.in Gel.15.30.7] A long light spear, lance.

sparis ac ~is eminus peterent hostes SIS.*hist*.21; 71; ~a.. infesta..medium femur traicit Voluseni HIRT.*Gal*.8.48.5; hunc lata retectum ~a consequitur VERG.*A*.12.375; LIV. 10.26.11; SEN.*Nat*.1.1.14; neque enim solis excussa lacertis ~a, sed tenso ballistae turbine rapta LUC.3.465; STAT.*Silv*. 5.1.93; rari gladiis aut maioribus ~is utuntur: hastas uel ipsorum uocabulo frameas gerunt TAC.*Ger*.6.1; SUET.*Dom*. 10.3; (*in fig. phr.*) iniecto non scrupulo sed ~a APUL.*Met*. 1.11.

lanciola ~ae, *f*. [prec. +-OLA] A small lance.

tunicas albas, in modum ~arum quoquouersum fluente purpura depictas APUL.*Met*.8.27.

lancinātiō ~ōnis, *f*. [next+-TIO] Tearing in pieces, rending.

in caedes hominum et ~ones peruenit SEN.*Cl*.2.4.2.

lancinō ~āre ~āuī ~ātum, *tr*. [cf. *lacer, lacinia*] To tear in pieces, rend apart, mangle.

seca, uerbera, eculeo ~a SEN.*Con*.2.5.6; foeda dictu sunt, quae portentum illud (*sc*. Hostius Quadra) ore suo ~andum dixerit feceritque SEN.*Nat*.1.16.3; ~at gnatos pater *Thy*. 778; PLIN.*Nat*.10.181; ~at qui inutiliter membra discerpit SUET.fr.176(p.277Re); (*topog*.) tot sinus Peloponnesi oram ~ant PLIN.*Nat*.4.19;—(*fig*.) paterna prima ~ata sunt bona CATUL.29.17; diducimus illam (*sc*. uitam) in particulas ac ~amus SEN.*Ep*.32.2.

lancula ~ae, *f*. **langula.** [LANX+-VLA] A broad dish, plate; the pan of a steel-yard.

uasa in mensa escaria..magidam aut ~am alterum a magnitudine alterum a latitudine finxerunt VAR.*L*.5.120; —caput, unde ~a pendet VITR.10.3.4.

landīca ~ae, *f*. [dub.] The clitoris.

nunc misella ~ae uix posse iurat ambulare prae fossis *Priap*.78.5; *CIL* 11.6721(5); (*cf*.) memini in senatu disertum consularem ita eloqui: 'hanc culpam maiorem an illam dicam?' potuit obscenius? CIC.*Fam*.9.22.2.

lāneus ~a ~um, *a*. [LANA+-EVS]

1 Made of wool, woollen.

scutulam ob oculos ~am PL.*Mil*.1178; ~a ex lana facta VAR.*L*.5.130; ~um pallium CIC.*N.D*.3.83; CATUL.64.316; ~a..effigies HOR.*S*.1.8.30; thorace ~o SUET.*Aug*.82.1; ULP.*dig*.34.2.23.1;—(*of the* infula) ~a dum niuea circumdatur infula uitta VERG.*G*.3.487; ter..focum circa ~us orbis eat PROP.4.6.6; OV.*Fast*.3.30.

2 Resembling wool in appearance, texture, etc.

ne ~um latusculum..tibi flagella conscribillent CATUL. 25.10; inter summum corticem (bulborum) eamque partem, qua uescuntur, esse ~am naturam PLIN.*Nat*.19.32; (*cf*. LANATVS *sense 3b*) ~us Euganei lupus excipit ora Timaui MART.13.89.1.

langa ~ae, *f*. [unkn.] An unknown animal said to form the stone lyncurium; cf. LANGVRVS.

Zenothemis ~as uocat easdem et circa Padum iis uitam adsignat PLIN.*Nat*.37.34.

Langobardī ~ōrum, *m. pl*. A people inhabiting the region of the lower Elbe.

~i, gens etiam Germana feritate ferocior VELL.2.106.2; TAC.*Ger*.40.1.

languēfaciō ~facere ~fēcī ~factum, *tr*. [LANGVEO+FACIO] To make languid or inactive.

(uis uariorum canendi sonorum) et incitat languentes et ~facit excitatos CIC.*Leg*.2.38.

langueō ~ēre, *intr*. [cf. *laxus*; Gk. λήγω, λαγαρός, λαγώς, OIr. *lacc*, ON. *slakr*, Eng. *slack*, etc.]

1 (of persons, parts of the body, etc.) To be physically sluggish or faint, be enfeebled; (also of physical faculties, etc.). **b** (spec.) to be unwell, be sick. **c** to be languid or torpid (from sleep).

cum..e uia ~erem et mihimet displicerem CIC.*Phil*.1.12; tristi ~ebunt corpora morbo VERG.*G*.4.252; nec tamen idcirco ~ens ad fulmina uenit (Iuppiter) PROP.2.22.27; saepe per adsiduos ~ent mea bracchia motus OV.*Ep*.17.161; si..ille (*sc*. stomachus) ~et CELS.3.6.10; cui non conspecto ~ebit dextra parente? LUC.3.326; illa grauis oculos ~entiaque ora paene mouet STAT.*Theb*.1.546;—uox nec ~ens nec canora CIC.*Off*.1.133; quantos illa tulit ~enti corde timores CATUL.64.99; iam uigor et quasso ~ent in corpore uires OV.*Pont*.1.4.3; ~entis adhuc aeui dum sunt aliquae reliquiae PHAED.3.epil.15; inritamentum ueneris ~entis JUV.11.167; erat..fessus atque ~ens animus de aestu maris GEL.16.6.2. **b** saepe, ubi nox mihi promissa est, ~ere puellam nuntiat TIB.2.6.49; ~eat et tangi se uetet illa diu OV.*Ars* 2.692; MART.5.9.1; sub natalem suum plerumque ~ebat SUET. *Aug*.81.2; POMPON.*dig*.38.1.34;—(*pple. as sb*.) ut (ualetudinaria)..salubria ~entibus praebeantur COL.12.3.8; LARG. pr.p.3,l.13; fortissimis..habitu ~entium missis FRON.*Str*. 2.11.2. **c** iam..somno pectora ~ent ACC.*trag*.612; cum dormientibus ea pars animi..sopita ~eat CIC.*Div*.1.60; simulacra..quae nos horrifice ~entis saepe sopore excierunt LUCR.4.40; STAT.*Theb*.10.132.

2 a (of plants) To droop, wilt. **b** (of water, air) to be stagnant, sluggish, calm. **c** (of lights, fire, etc.) to be dim or faint. **d** (of other forces, objects, etc.) to be weak or feeble.

a ~entis hyacinthi VERG.*A*.11.69; nec flos ullus hiat pratis, quin ille decenter impositus fronti ~eat ante meae PROP.4.2.46; cum ~entes leuis erigit imber aristas V.FL. 7.24; SUET.*Aug*.92.2. **b** recursus ~entis pelagi VERG.*A*. 10.289; spiritus inflatis (uentis) nomen, ~entibus aer *Aetna* 213; SEN.*Med*.727; nec ~et aequor MART.10.30.12; stagni ~entia quaerit SIL.4.490. **c** excitat et crebris ~entem flatibus ignem *Mor*.12; haec quoque signa..~ent MAN. 4.845; plaustra Bootae in faciem puri redeunt ~entia caeli LUC.2.723; GERM.*Arat*.77; ~et Hyperboreae glacialis portitor Vrsae STAT.*Theb*.1.693. **d** aliud putrescit et aeuo debile ~et LUCR.5.832; conceptae ~ent uires *Aetna* 164; iam Epiroticis armis ~entibus V.MAX.4.3.14; nec Phoebus adhuc nec carbasa ~ent LUC.8.471.

3 To be disinclined for action, be idle or inert. **b** (transf., of conditions, occupations).

~entem labentemque populum..ad decus excitare CIC. *de Orat*.1.202; ~et iuuentus nec perinde atque debebat in laudis et gloriae cupiditate uersatur *Pis*.82; cum otio ~eremus *N.D*.1.7; se..~entibus aliis impetum in curiam facturum SAL.*Cat*.43.3; iam ponet fastus, cum te ~ere uidebit OV.*Rem*.511; haec schemata..et conuertunt in se auditorem nec ~ere patiuntur QUINT.*Inst*.9.3.27. **b** nec eam solitudinem ~ere patior CIC.*Off*.3.3; ~ent officia atque aegrotat fama uacillans LUCR.4.1124.

4 (of feelings, etc.) To want power or vigour.

et, si nulla subest aemula, ~et amor OV.*Ars* 2.436; *Met*. 7.82; quorundam..fides non cessat, sed ~et SEN.*Ben*. 5.23.1; quoniam mihi gratia ~et SIL.17.360; ~entibus omnium studiis TAC.*Hist*.1.39; (*cf. sense 2c*) fax tribunicia, quae..~entem..inflammaret V.MAX.3.8.3.

languescō ~escere ~ī, *intr*. [prec.+-SCO] PROS.: *languit* trisyll. LUC.7.246.

1 To grow physically weak or feeble. **b** to be taken ill, fall sick. **c** (of mental powers, also sensations) to become weak, fail.

non tamen ante mihi ~escent lumina morte..quam.. CATUL.64.188; unde perturbari anima et corpus ~escere possit LUCR.4.930; nec mea consueto ~escent corpora lecto OV.*Tr*.3.3.39; tandem Laconum acies ~escere..coepit CURT.6.1.11; (*poet., of wine lying in storage*) nec Laestrygonia Bacchus in amphora ~escit mihi HOR.*Carm*.3.16.35; (*cf. sense 3*) torpere militaria studia nec animos modo, sed corpora ipsa ~escere..gaudebant PLIN.*Pan*.18.3. **b** ter omnino per quattuordecim annos ~it SUET.*Nero* 51.1; Gaius Seius cum ~esceret, questus est se ueneno occidi PAUL. *dig*.29.5.22. **c** orator metuo ne ~escat senectute CIC. *Sen*.28; nec ~escens succumbebat senectuti 37; memores motus ~escere mentis LUCR.3.1040; prima ~escit senum memoria SEN.*Oed*.817;—cedet profecto uirtuti dolor et animi inductione ~escet CIC.*Tusc*.2.31.

2 a (of plants) To droop, wilt. **b** (of things in motion) to lose force, slow down. **c** to lose intensity.

a cum flos succisus aratro ~escit moriens VERG.*A*.9. 436; ~escunt..(uites), si in arbusto seratur (uicia) PLIN. *Nat*.18.138. **b** ut solet a magno fluctus ~escere flatu OV.*Fast*.2.775; alia (unda)..cursu ~escente SEN.*Ep*.23.8. **c** (*of heat*) donec..adsueto tepore ~escat (aqua) CURT. 4.7.22;—(*of light, colour*) cur nequeat certa mundi ~escere parte (luna)? LUCR.5.769; colore in luteum ~escente PLIN. *Nat*.27.133.

3 To lose one's keenness or resolve, become apathetic, calm down. **b** (of efforts, zeal, passions, etc.) to grow feeble, flag, wane, decline.

excitamur et incendimur et lenimur et ~escimus CIC. *de Orat*.3.197; ipsa illa Martia..legio hoc nuntio ~escet et mollietur *Phil*.12.8; sic deflagrare minaces in cassum et uetito passus ~escere bello LUC.4.281; ~escere paulatim Vitellianorum animi TAC.*Hist*.3.31. **b** non est cur eorum ..spes infringatur aut ~escat industria CIC.*Orat*.6; seditionem iam per se ~escentem LIV.28.25.11; illa quoque in ferrum rabies promptissima paulum ~it LUC.7.246; ~escunt ..minae STAT.*Theb*.12.272; adfectus omnes ~escant necesse est QUINT.*Inst*.11.3.2; TAC.*Ag*.39.4; PLIN.*Ep*.7.3.3.

languidē, *adv*. *compar*. ~ius. [LANGVIDVS+-E]

1 Droopingly, slackly.

cacumine ~e nutante PLIN.*Nat*.18.53.

2 Without force, feebly.

quae multo ante prouisa sunt, ~ius incurrunt SEN.*Dial*. 6.9.2; ~e dulces traduntur esse palmae PLIN.*Nat*.13.34; masculi appellantur acriores (carbunculi) et feminae ~ius refulgentes 37.92.

3 Without alacrity, sluggishly, apathetically.

negant ab ullo philosopho quicquam dictum esse ~ius CIC.*Tusc*.5.25; suos..~ius in opere uersari iussit CAES.*Gal*. 7.27.1; cum ima hostes ~e tela neglegenterque immitterent *B.Afr*.18.5; ne..familia cunctanter et ~e procedat COL. 11.1.17; PETR.98.1.

languidulus ~a ~um, *a*. [next+-VLVS] Drooping, wilting; (poet., of sleep) drowsy, languorous.

humus..coronis ~is et spinis cooperta piscium CIC.*Gal*. fr.1;—quae..~os..paret tecum coniungere somnos CATUL. 64.331.

languidus ~a ~um, *a*. *compar*. ~ior. [LANGVEO+-IDVS]

1 Enfeebled, exhausted, faint, weary. **b** (spec.) unwell, sick, ailing; (of plants) weak, wilting. **c** (poet., of sleep, night) drowsy.

sopore placans artus ~os ACC.*praet*.18; membra..deficiunt fugienti ~a uita LUCR.5.887; cum..hostes..~iorbus..nostris uallum scindere..coepissent CAES.*Gal*.3.5.1; uidere fessos uomerem inuersum boues collo trahentis ~o HOR.*Epod*.2.64; (*of strength*) uires ut refecit ~as PHAED. 3.2.9; (*poet*.) ni ~o pallore canderent genae SEN.*Phaed*.832; —(*w. abl*.) uino uigiliisque ~us CIC.*Ver*.3.31; omnibus labore et aestu ~is SAL.*Jug*.51.3; dea uenatu fraternis ~a flammis OV.*Met*.2.454; ~us aeuo..parens LUC.1.504. **b** ~ior noster si quando est Paulus MART.9.85.1; sequitur..maritum ~a uel praegnas et circumducitur uxor JUV.1.122; —quibus adfectae frondes aut ~a radix GERM.*Arat*.338; PLIN.*Nat*.20.219; (*cf*.) florida tellus..siccatis arescit ~a sucis PETR.134.12,l.2. **c** oculos ubi ~a pressit nocte quies VERG.*A*.12.908; soluerat armorum fessas nox ~a curas LUC.5.504.

2 Lacking rigidity, drooping.

quid..si..faceret scissas ~a ruga genas? PROP.2.18b.6; OV.*Fast*.3.318; ~a..carbasa LUC.5.421; quis ~a tela, quis contenta ferat 7.562; ~o semper collo (lilii) et non sufficiente capitis oneri PLIN.*Nat*.21.23; tenuioribus foliis, ~ioribus 22.50; (*cf*.) casside ~a (*i.e. with drooping plumes*) MART. 5.24.13.

3 a (of motion or moving things) Slow, sluggish. **b** (of physical properties, etc.) faint, weak, lacking in intensity.

a haesit non stabilis rota uicto ~a turbine SEN.*Her.O*. 1069; arteriarum pulsus..obseruatione..crebri aut ~i ictus gubernacula uitae temperat PLIN.*Nat*.11.219;—(*of the sea, rivers*) ater flumine ~o Cocytos errans HOR.*Carm*.2.14.17; quamuis ~a..aqua LIV.1.4.4; ~a de scopulis sidunt freta STAT.*Theb*.10.133;—(*of winds*) Notus..rarus ~iorque uenit OV.*Pont*.4.10.44; SEN.*Her.O*.711. **b** (*of heat*) acrior ardor ..conductis partibus esset, ~ior porro disiectis LUCR.1.651; —(*of light, colour*) ubi..sol..suos efflauit ~us ignis 5.562; trabes..flammam aequalem habent nec loco..~am SEN. *Nat*.7.5.5; anniculo ullo grano (cocci) ~us sucus PLIN.*Nat*. 9.141; colore ~o in candidum uergente 12.43; iam hora diei prima, et adhuc dubius et quasi ~us dies PLIN.*Ep*.6.20.6;—(*of sound*) ~a fessae uirginis in cursu moritur querimonia longo *Ciris* 461; PLIN.*Ep*.2.17.13.

4 Characterized by inactivity, idle, inert, lazy.

uidetis ut senectus non modo ~a atque iners non sit, uerum etiam sit operosa CIC.*Sen*.26; ~is..uoluptatibus *Tusc*.5.16; ~a non noster peragit labor otia [TIB.]3.7.181; quod (tempus) superest, segnius et ~ius est SEN.*Ep*.108.27; omitte..~as..moras *Phoen*.46; uita somno ~a TAC.*Ann*. 15.49; (*poet*.) promere ~iora uina HOR.*Carm*.3.21.8.

5 Lacking zeal or keenness, apathetic, supine, slack, spineless. **b** (of actions, efforts, etc.) ineffectual, feeble.

quis hoc philosophus tam mollis, tam ~us, tam eneruatus..probare posset? CIC.*de Orat*.1.226; nos etiam ~iores postea facti sumus *Phil*.8.21; tam remisso ac ~o animo CAES.*Civ*.1.21.5; SAL.*Hist*.3.48.8. **b** ~iore..studio CIC.

*Lig.*28; ~iora adhuc consilia cepi *Att.*10.11.3; dolus Numidarum nihil ~i neque remissi patiebatur SAL.*Jug.*63.6; ipsa potestas semina nequitiae ~iora facit OV.*Am.*3.4.10;—(*of speeches*) eius orationes aspiciendas..censeo. sunt illae quidem ~iores CIC.*Brut.*220; QUINT.*Inst.*4.1.67.

languificus ~a ~um, *a.* [LANGVEO+-FICVS] Making faint, exhausting.
~os..Leo proflat ferus ore calores Q.CIC.*poet.*6.

langula ~ae, *f.*: see LANCVLA.

languor ~ōris, *m* [LANGVEO+-OR[2]]

1 Faintness, exhaustion, lassitude, weariness. **b** (spec.) sickness, illness.
ubi saepe ad ~orem tua duritia dederis octo ualidos lictores PL.*As.*574; uel me haec deambulatio, quam non laboriosa, ad ~orem dedit TER.*Hau.*807; corpore uix sustineo grauitatem huius caeli quae mihi ~orem adfert in dolore CIC.*Att.*11.22.2; piger his labante ~ore oculos sopor operit CATUL.63.37; LUCR.3.172; ~ore militum et uigiliis CAES.*Gal.*5.31.5; HOR.*Epod.*11.9; COL.6.4.2; PETR.129.4; (*pl.*) multis ~oribus peresus CATUL.58b.9. **b** nisi causa morbi fugerit uenis et aquosus albo corpore ~or HOR.*Carm.* 2.2.16; nunc ficto ~ore moram trahit OV.*Met.*9.767; ~or grauis MART.6.70.9; PLIN.*Ep.*7.26.1; ipsum ~orem peperit cibus inperfectus JUV.3.233; ~or animi (*i.e. insanity*) PAPIN. 41.3.44.6.

2 a Sluggishness, stillness (of the sea). **b** faintness, dimness (of colour).
a maria pigro fixa ~ore impulit SEN.*Ag.*161; ~ore profundi LUC.5.449. **b** uitia earum (gemmarum) ~or aut.. PLIN.*Nat.*37.130.

3 Inactivity, idleness, sloth.
nos umbris deliciis otio ~ore..animum infecimus CIC. *Tusc.*5.78; ne ~ori se desidiaeque dedat (senectus) *Off.*1.123; haec non est quies..sed dissolutio et ~or SEN.*Ep.*3.5.

4 Lack of keenness, inertness, apathy. **b** feebleness (of style).
res, quae ~orem adferunt ceteris, illum acuebant CIC. *Off.*3.1; libidinum et ~oris effeminatissimi animi plenos Q.CIC.*Fam.*16.27.1; LIV.3.19.4; nequo ~ore moretur fortunam LUC.1.393; attonitas subito terrore mentis falsum gaudium in ~orem uertit TAC.*Hist.*2.42. **b** ad antiquorum ~orem et inscitiam CIC.*Leg.*1.6.

langūrium ~(i)ī, *n.*: prob. var. of LYNCVRIVM.
Demostratus lyncurium uocat et fieri ex urina lyncum bestiarum..alios id dicere ~ium et esse in Italia bestias languros PLIN.*Nat.*37.34.

langūrus ~ī, *m.* [cf. LANGA, perh. back-formation from prec.] An unknown animal (for quot. see prec.).

laniārium ~(i)ī, *n.* [LANIVS+-ARIVM] A butcher's shop.
qui succidiam in carnario suspenderit potius ab ~io quam e domestico fundo VAR.*R.*2.4.3.

laniārius ~(i)ī, *m.* [LANIVS+-ARIVS] A butcher.
CIL 12.4481.

laniātus ~ūs, *m.* [LANIO[1]+-TVS] The action of tearing flesh. **b** a wound inflicted by such action.
quid igitur mihi ferarum ~us oberit nihil sentienti? CIC. *Tusc.*1.104; ~u pecudum uiuentes V.MAX.5.4.ext.6; dispersa foede membra ~u effero SEN.*Phaed.*1246; PLIN.*Nat.* 11.159; ut..~u canum interirent TAC.*Ann.*15.44; suo ~u satiati APUL.*Met.*8.28;—(*pred. dat.*) donec..~ui sint animalibus V.MAX.9.2.ext.11; APUL.*Fl.*2. **b** si recludantur tyrannorum mentes, posse aspici ~us et ictus TAC.*Ann.*6.6.

lānicium ~(i)ī, *n.* **lānitium.** [LANA+-ICIVS[1]] Wool (as an article of produce); (also applied to cotton or silk).
si tibi ~um curae VERG.*G.*3.384; PLIN.*Nat.*8.189; gignuntur (insecta)..~io interemptarum a lupis ouium 11. 115;—Seres, ~io siluarum nobiles 6.54.

lānicutis ~is ~e, *a.* [LANA+CVTIS] Fleecy.
LABER.*com.*154 (*of a ram*).

laniēna ~ae, *f.* [next]

1 A butcher's shop.
per myropolia et ~as PL.*Epid.*199; ubi caro uenit carnaria..diceretur non ~a VAR.*L.*8.55; *Men.*456; ~as..et tabernas coniunctas in publicum emit LIV.44.16.10.

2 Butchery, mutilation. **b** (transf., app.) plundering, seizure of goods.
uicariam pro me ~am sustinuit APUL.*Met.*2.30; atrocissimam uirilitatis ~am 7.25; ~am imminentem fuga uitare statui 9.1. **b** FISCVS NON SIBI, SET QVI ~AE ALIORVM PRAETEXERETVR..AD LICENTIAM FOEDAE RAPINAE INVITATVS *CIL* 2.6278.5.

laniēnus ~a ~um, *a.* [LANIVS+-ENVS] Of or belonging to a butcher.
ex tabernis ~is argentariae factae VAR.in Non.p.532M.

lānifica ~ae, *f.* [LANIFICVS] A woman who works in wool, a spinning- or weaving-woman.
matres familiarum cum ~is VITR.6.7.2; inter ~as..suas *Eleg.Maec.*78; FRO.*Aur.*2.p.224(233N).

lānificium ~(i)ī, *n.* [next+-IVM] The working of wool, spinning, weaving, etc.
scio te uberius posse nere.—de ~io neminem metuo PL. *Mer.*520; VERNA QVOIVS AETATVLAE GRAVITATEM OFFICIO ~IO PRAESTITEI *CIL* 1.2161.5; VAR.*L.*5.105; ~IIS TVIS *CIL* 6.1527.1.30; COL.12.pr.9; SUET.*Aug.*64.2.

lānificus ~a ~um, *a.* [LANA+-FICVS] FORMS: *~um* (gen. pl.) FRO.*Aur.*2.p.224(233N). Wool-working, spinning, weaving; *~ae puellae* or *sorores*, the Fates.
non audeat ulla ~am pensis imposuisse manum TIB. 2.1.10; ~ae..artis OV.*Met.*6.6; Parcae..staminis albi ~ae JUV.12.66;—~as nulli tres exorare puellas contigit MART. 4.54.5; 6.58.7.

lānifricārius ~(i)ī, *m.* [LANA+FRICO+-ARIVS] (of unknown meaning).
CIL 4.1190.

lāniger ~era ~erum, *a.* [LANA+-GER]

1 Wool-bearing, woolly, fleecy; (esp. in periphr. exprs. for sheep). **b** (as sb.).
~erae..oues VERG.*A.*3.660; OV.*Fast.*1.334;—ubi ~erum genus piscibus pascit ENN.*Sat.*66; pecus ~erum ACC.*praet.* 20; ~erae pecudes LUCR.2.662; ~eros..greges VERG.*G.* 3.287; COL.7.4.1. **b** (*masc.*) innumeris effetus ~er annis OV.*Met.*7.312; SEN.*Oed.*134; ~er (*i.e. lamb*)..timens PHAED. 1.1.6;—(*the constellation Aries*) inter ~eri tergum et Cepheida maestam GERM.*Arat.*240; MAN.1.615;—(*fem.*) haec ~eras detonderi docuit VAR.*Men.*242; ~erae quali sunt ubere lactis LUCR.1.887; cui mille sub altis ~erae balant stabulis SIL.15.703.

2 (applied to trees, insects, etc., producing materials resembling wool).
siue est quaedam intus (*i.e. in spiders*) ~era fertilitas PLIN.*Nat.*11.80; ~erae arbores, alio modo quam Serum 12.38; Seres ~eris repetebant uellera lucis SIL.6.4; 17.596.

3 Made of wool, woolly.
~eros..apices et lapsa ancilia caelo VERG.*A.*8.664; aurea ~ero uellere..ouis OV.*Ep.*17.144; tela..superba ~era Melite SIL.14.251.

laniō[1] ~āre ~āuī ~ātum, *tr.* [prob. Etr., cf. *lanista*]

1 To wound savagely, tear, mutilate (flesh). **b** to tear (the hair, body, garments, etc.) as a sign of grief. **c** to cut up (meat, as a butcher).
unguibus manum ~abat [QUAD.]*hist.*12; corpus tractum atque ~atum abiecit in mare CIC.*Phil.*11.5; discissos nudis ~abant dentibus artus VERG.*G.*3.514; uelut feras bestias per agros uagari et ~are et trucidare quodcunque obuium detur LIV.26.27.12; ille (*sc.* Attis) etiam saxo corpus ~auit acuto OV.*Fast.*4.237; ceteri crura brachiaque..foede ~auere TAC.*Hist.*1.41;—(*fig.*) Antonio..rem publicam ~ante SEN. *Suas.*6.4; proice quaecumque cor tuum ~ant SEN.*Ep.*51.13. **b** pars ~at crines OV.*Ars* 1.122; tenues ~auit amictus *Met.* 4.104; ~ata..pectora plangens 6.248; ~atis capillis SEN. *Con.*2.4.1; ~are..os unguibus CURT.8.2.5; LUC.2.39; (*pass., w. ret. acc.*) roseas ~ata genas VERG.*A.*12.606; passos ~ata capillos OV.*Met.*6.531. **c** ~at lanius, cum membratim discerpit SUET.fr.176(p.277Re); ferramenta..~andae carnis causa praeparata PAUL.*dig.*33.7.18.

2 To damage severely, break up, pull to pieces.
ubi se ~ata naufragia fundo emergunt SAL.*Hist.*4.28; ~ata..classis OV.*Ep.*7.175; uix..obsistitur illis..quin ~ent mundum *Met.*1.60; ~ata ueste..ducebatur TAC.*Hist.* 3.84.

3 To criticize savagely, pull to pieces.
et tua sacrilegae ~arunt carmina linguae OV.*Rem.*367; ut..(Labienus), quia passim ordines hominesque ~abat, Rabienus uocaretur SEN.*Con.*10.pr.5; silentium tuum ~atur, pudor tuus carpitur APUL.*Apol.*85.

laniō[2] ~ōnis, *m.* [LANIVS+-O[1]] A butcher.
~ones et unguentarii PETR.39.10; PAUL.*dig.*33.7.18; *CIL* 8.9332; 13.941.

laniōnius ~a ~um, *a.* [prec.+-IVS] Of or belonging to a butcher, butcher's.
carnificem statim acciri cum machaera mensaque ~a flagitauit SUET.*Cl.*15.2.

lānipendia ~ae, *f.* Also **lānipenda.** [as next] A woman who weighs out wool, a spinning-mistress.
quod in ea re uxor tamquam ~ia fuerit POMPON.*dig.* 24.1.31; EPICTESIS ~A *CIL* 6.34273; 6.37721.

lānipendius ~(i)ī, *m.* Also **lānipendus.** [LANA+PENDO+-IVS] One who weighs out wool for spinning.
CIL 6.3977; 6.8870.

lanista ~ae, *m.* [Etr. according to Isid. *Orig.*10.159] One who manages a troop of gladiators, a trainer; (also transf. of one who keeps game-cocks).
num..ille ~a omnino iam a gladio recessisse uidetur? CIC.*S.Rosc.*118; *Pis.*27; ut ~a tirones gladiatores condocefacere *B.Afr.*71.1; LIV.28.21.2; testandi cum sit lenonibus atque ~is libertas JUV.6.216; SUET.*Jul.*26.3; *CIL* 2. 6278.9,10;—rixiosarum auium ~ae COL.8.2.5;—(*fig.*) ne uideret unius corporis duas acies ~a Cicerone dimicantis ANT.in Cic.*Phil.*13.40; populum Romanum cum Antiocho ~is Aetolis..dimicare? LIV.35.33.6.

lanistātūra ~ae, *f.* [prec.+-*atura* (see -VRA)] The profession of a *lanista*, the management of gladiators.
QVEIVE ~AM ARTEMVE LVDICRAM FECIT FECERIT *CIL* 1.593.123.

lanisticius ~a ~um, *a.* [LANISTA+-ICIVS[1]] (of a troop of gladiators) Managed by a *lanista*.
habituri sumus munus excellente..familia non ~a sed plurimi liberti PETR.45.4.

lānitia ~ae, *f.*: var. of LANICIVM.
mollem e ~a Attica..uestitum LABER.*com.*67.

lānitium ~(i)ī, *n.*: see LANICIVM.

lanius ~(i)ī, *m.* [cf. LANIO[1]] A butcher, slaughterer; *ad ~ium peruenire*, etc., to go, etc., for slaughter.
~ii..qui locant caedundos agnos PL.*Capt.*818; *Ps.*327; ~I DANT *CIL* 1.1449; SAL.*Hist.*1.63; ab ~io cultro arrepto LIV.3.48.5; ad ~ium (*i.e. in a butcher's shop*) PHAED. 3.4.1; MART.7.61.9;—quaad peruenit (uerris) ad ~ium VAR.*R.*2.4.8; teneros agnos..~io tradit COL.7.3.13.

lānoculus ~a ~um, *a.* [LANA+OCVLVS] Having a woollen patch over the eye.
~us, qui lana tegit oculi uitium PAUL.*Fest.*p.118M.

lānōsus ~a ~um, *a.* [LANA+-OSVS] Abounding in wool, woolly; downy.
bimam..~i et ampli uteri COL.7.3.7; contortis taenis ~i uelleris APUL.*Met.*8.28; (*cf.*) ~um aurum (*i.e. the wool of golden-fleeced sheep*) APUL.*Met.*6.12;—iuuenem..~o barbitio genas inumbrantem 5.8.

lanterna ~ae, *f.* [ad. Gk. λαμπτήρ through Etr.] A lantern; *cornu ~ae*, horn cut into thin sheets for use in lanterns.
cum ~a aduenit PL.*Am.*149; ita is pellucet quasi ~a Punica *Aul.*566; linea ~a CIC.*Att.*4.3.5; V.MAX.6.8.1; SEN.*Con.*7. pr.3; ~a corneaMART.14.6; at hic qui pallidus adfertur misero tibi caulis olebit ~am JUV.5.88;—aluis cornu ~ae tralucido factis PLIN.*Nat.*11.49.

lanternārius ~(i)ī, *m.* [prec.+-ARIVS] A lantern-bearer.
cum altero Catilinae ~io consule CIC.*Pis.*20; *CIL* 10.3970.

lānūginōsus ~a ~um, *a.* *compar.* ~ior. [next+-OSVS] Covered with fine hairs, downy, pubescent.
pseudoanchusa..~ior et minus pinguis PLIN.*Nat.*22.50; semine..~o 24.98; araneus ~us 29.85; uermiculi..~i 30. 139.

lānūgō ~inis, *f.* LANA+-GO]

1 The first hair which appears on the face, down; the age at which this appears, youth. **b** the soft hair or down of animals or insects.
nunc primum opacat flora ~o genas PAC.*trag.*362; molli uestit ~ine malas LUCR.5.889; VERG.*A.*10.324; primae ~inis annos PROP.3.7.59; OV.*Fast.*5.173; aut in totum tolluntur pili aut non excedunt ~inem PLIN.*Nat.*30.132;—prima..par adeo sacrae ~o senectae JUV.13.59; SUET.*Otho* 12.1; QVEM FATVM ERIPVIT PRIMA ~INE *CIL* 5.116. **b** raram et innocuam habent ~inem (irenacei) PLIN.*Nat.*8.133; ~ine totius corporis (*of bees*) 11.20; pelle taurina ~ine nigra adopertus HYG.*Fab.*14.10.

2 The pubescence which covers parts of some plants, down.
cana..tenera ~ine mala VERG.*Ecl.*2.51; COL.12.47.2; foliorum ~inem PLIN.*Nat.*11.77; in prima ~ine demetitur uua 12.131; acetabulis in flore purpuream ~inem fundentibus 21.92; (*pl.*) Iuba circa fruticem ~ines esse tradit 12.39.

3 (transf. and poet., of things resembling down).
herba cubile praebebat multa et molli ~ine abundans LUCR.5.817; nulla interueniente ~ine (*produced by boring for grafting*) COL.4.29.16; dempto libro habent ueluti ~inem PLIN.*Nat.*17.110; mollis natura (chalcitidis), ut uideatur ~o concreta 34.117; (*of the nap of linen cloth*) linteorum ~o, e uelis nauium maritimarum maxime 19.21; 36.153.

lānula ~ae, *f.* [LANA+-VLA] A small piece of wool.
inuolutum in ~a CELS.6.9.6; tenues..carunculae ~is similes 7.27.1.

Lānuuīnus ~a ~um, *a.* Also **Lānuīnus, Lāniuīnus.** Of Lanuvium; (neut. as sb.) a property there.
Lucius Thorius Balbus..~us CIC.*Fin.*2.63; *Fam.*9.22.4; ab agro raua decurrens lupa ~o HOR.*Carm.*3.27.3; SACERDOTI ~O *CIL* 5.7814; (*cf.*) gallicinium frigidulum, ~um (*i.e. as at Lanuvium*) AUR.FRO.1.p.142(31N); (*as the name of a variety of pear*) CLOAT.*gram.*10;—CIC.*Att.*9.9.4. **β** Praenestini et ~i hospites NAEV.*com.*21; CATUL.39.12; *CIL* 10. 6681. **γ** *CIL* 11.3014.

Lānuuium ~(i)ī, *n.* A town in the Alban Hills south of Rome.
CIC.*Mil.*27; OV.*Fast.*6.60; SIL.13.364.

lanx ~cis, *f.* [cf. Gk. λέκος, λεκάνη]

1 A metal dish, plate, tray, charger. **b** a plateful, dish.
in carnario fortasse dicis.—immo in ~cibus PL.*Cur.*324; in felicatis ~cibus..holusculis nos solis pascere CIC.*Att.* 6.1.13; ne non et cantharus et ~x ostendat tibi te HOR.*Ep.* 1.5.23; de caelata..~ce OV.*Pont.*3.5.20; factae sunt ~ces e centenis libris argenti PLIN.*Nat.*33.145;—(*in religious ceremonies*) ~cibus et pandis fumantia reddimus exta VERG.*G.* 2.194; desit odoriferis ordo mihi ~cibus PROP.2.13.23; ~x.. quae Ioui apposita fuit, decidit de mensa LIV.40.59.7; LUC. 6.710. **b** illum sumina ducebant atque altilium ~x LUCIL.1175.

2 The pan of a pair of scales; (freq. in fig. exprs.); *aequa ~ce*, impartially.
necesse est ~cem in libram ponderibus impositis deprimi

CIC.*Luc.*38; PERS.4.10; PLIN.*Nat.*33.146; dicitur..uidisse.. stateram..examine aequo, cum in altera ~ce Claudius et Nero starent, in altera ipse ac filii SUET.*Ves.*25.1;—uirtutis ..amplitudinem quasi in altera librae ~ce ponere CIC.*Fin.* 5.91; Iuppiter ipse duas aequato examine ~ces sustinet et fata imponit diuersa duorum VERG.*A.*12.725;—is..uitam aequa ~ce pensitabit PLIN.*Nat.*7.44; [QUINT.]*Decl.*3b.9.

3 (leg.) *per ~cem liciumque* (and sim.), the name of an archaic procedure of search for stolen property in which the searcher app. went naked but for a metal plate tied about the waist by a thread; (the ancient explanations are clearly guesses and erroneous).

furta, quae per ~cem liciumque concepta essent GEL. 11.18.9; 16.10.8; qui quaerere uelit, nudus quaerat, licio (*cj.*, linteo *codd.*) cinctus, ~cem habens GAIUS *Inst.*3.192.

Lāocoōn ~ontis (~ontos), *m.* A Trojan priest who opposed the reception into Troy of the Wooden Horse.

VERG.*A.*2.213; PETR.89,l.19; HYG.*Fab.*135.2.

Lāodamīa ~ae, *f.* **Lāudamīa.** The wife of Protesilaus, who committed suicide on his death at Troy.

CATUL.68.74; VERG.*A.*6.447; OV.*Ars* 2.356; HYG.*Fab.* 104.1; 243.3.

Lāodicēa ~ae, *f.* **Lāudicēa.** The name of several towns, esp.: **a** a city in Phrygia. **b** a sea-port in Syria, now Latakia.

a CIC.*Fam.*15.4.2; PLIN.*Nat.*5.105. **b** MELA 1.69; PLIN.*Nat.*5.79; 12.133.

Lāodicensis ~is ~e, *a.* **Lāu-.** Of or belonging to Laodicea in Phrygia; (masc. pl. as sb.) its inhabitants.

duas ciuitates, ~em et Apamensem CIC.*Fam.*5.20.2; 13.67.1;—in..agris Clazomeniorum..et ~ium VITR.8.3.14.

Lāodicēnus ~a ~um, *a.* **Lāu-.** Of or belonging to Laodicea in Syria, (masc. pl. as sb.) its inhabitants.

~a colonia in Syria Coele ULP.*dig.*50.15.1.3; *CIL* 16.15;—nisi quid nauibus ~orum supportarit CAS.*Fam.*12.13.4; LIV.33.18.3;—(*w. play on a pretended derivation from* laus *and* cena) non inurbane Σοφοκλεῖς uocantur;..isdem Latinum nomen impositum est '~i' PLIN.*Ep.*2.14.5.

Lāomedōn ~ontis (~ontos), *m.* **Lāu-.** A mythical king of Troy.

CIC.*Tusc.*1.65; cum caderent magnae ~ontis opes PROP. 2.14.2; moliri moenia Troiae ~onta uidet (Apollo) OV.*Met.* 11.200; HYG.*Fab.*89.1.

Lāomedontēus ~a ~um, *a.* **Lāu-.** Of or belonging to Laomedon; of Troy, Trojan.

~eae luimus periuria Troiae VERG.*G.*1.502; OV.*Met.*11. 196;—~eae..gentis VERG.*A.*4.542; ~eae, Troiana altaria, flammae SIL.1.543; ~eus..pastor (*sc.* Paris) 7.437; (*poet.*) ~eae..urbis (*i.e. Rome*) 17.4.

Lāomedontiadēs ~ae, *m.* The son of Laomedon, Priam; (pl.) the Trojans; also, the Romans.

~en Priamum VERG.*A.*8.158; iam frigidus aeuo ~es IUV. 6.326;—~ae, bellumne inferre paratis? VERG.*A.*3.248;—~um..urbi SIL.10.629.

Lāomedontius ~a ~um, *a.* Of Troy, Trojan.

~a pubes VERG.*A.*7.105; ~us heros (*i.e. Aeneas*) 8.18.

lapat(h)ium ~(i)ī, *n.*: var. of next.

~ium nullum utebatur POMPON.*com.*169; ~io et ptisana VAR.*Men.*318; *L.*5.103; holeribus qualia sunt ~ium, urtica, malua CELS.3.6.14.

lapathum ~ī, *n.* Also **~us (~os)** ~ī, *f.* (*m.* LUCIL.1235). [Gk. λάπαθον] A plant of the genus *Rumex*, sorrel.

α nec ~i suauitatem acupenseri Galloni Laelius anteponebat CIC.*Fin.*2.25; ~i breuis herba HOR.*S.*2.4.29; nec ~um dissimiles effectus habet PLIN.*Nat.*20.231; LARG.57. β o ~e, ut iactare, nec es satis cognitu' qui sis! LUCIL.1235; lubrica ~os COL.10.373; ~i satiuae PLIN.*Nat.*25.148.

lapatium ~iī *or* ~ī, *n.*: see LAPATHIVM.

lapicaedīnae ~ārum, *f. pl.* : see LAPICIDINAE.

lapicīda ~ae, *m.* [LAPIS+-CIDA] A stone-cutter or quarrier.

qui lapides caedunt ~as VAR.*L.*8.62; Romanos homines.. opifices ac ~as pro bellatoribus factos LIV.1.59.9; *CIL* 6. 33908.

lapicīdīnae ~ārum, *f. pl.* **lapicaedīnae.** See also LAPIDICINAE. [LAPIS+CAEDO+-INA] Stone-quarries.

ex ~is cum eximet CATO *Agr.*135.6; in Chiorum ~is CIC. *Div.*1.23; marmorum ~ae PLIN.*Nat.*3.30; *CIL* 2.5181.48;—(*worked by convict labour*) in ~as facite deductus siet PL. *Capt.*736; 1000.

lapidāris ~is, ~e, *a.* [LAPIS+-ARIS] Of stone.

TERMINOS ~ES *CIL* 11.4638.

lapidārius ~ia ~ium, *a.* [LAPIS+-ARIVS] Of or concerned with stone-cutting or quarrying; *litterae ~ae,* block capital letters as used in inscriptions. **b** (masc. as sb.) a stone-cutter.

in latomias ~ias PL.*Capt.*723; ~iam nauem PETR.117.12; FABER ~IVS *CIL* 11.6838; ARTIS ~IAE 13.8352;—~ias litteras scio PETR.58.7. **b** Habinnas..est..~ius, qui uidetur monumenta optime facere PETR.65.5; ULP.*dig.*13.6. 5.7; MARMORARI ET ~I *CIL* 12.3070.

lapidātiō ~ōnis, *f.* [LAPIDO+-TIO] The throwing of stones, stoning.

fit magna ~o CIC.*Ver.*4.95; caedes ~onesque fiebant *Sest.* 34; cum grauiter de Clodianis incendiis, trucidationibus, ~onibus questus esset *Q.fr.*2.1.2; non diu ~one Romanos terruere (Baleares) FLOR.*Epit.*1.43(3.8.5).

lapidator ~ōris, *m.* [LAPIDO+-TOR] One who throws stones.

quis est Sergius? armiger Catilinae..percussor, ~or, fori depopulator, obsessor curiae CIC.*Dom.*13.

lapidescō ~ere, *intr.* [LAPIS+-SCO] To turn into stone, become petrified.

in flumine Silero..folia ~unt PLIN.*Nat.*2.226; 16.21; aiunt tactu protinus ~ere (curalium) 32.22; 37.52.

lapideus ~a ~um, *a.* [LAPIS+-EVS]

1 Made or built of stone or masonry, stone. **b** stony in substance, petrified. **c** *~us imber,* a shower of (meteoric) stones, regarded as a portent. **d** *campi ~i* (and sim.), a stony plain in Gallia Narbonensis near the Rhône delta.

flumen..marginibus ~is VAR.*R.*3.5.9; ~is fornicibus SAL.*Cat.*55.4; exemplum in pila ~a incisum NEP.*Alc.*4.5; muro ~o LIV.1.38.6; pons ~us CURT.5.1.29; in labra fictilia uel ~a COL.12.15.3; THEATRVM QVOD LVPVS..LIGNEVM POSVERAT..~VM RESTITVIT *CIL* 13.1642. **b** Nioba fingitur ~a CIC.*Tusc.*3.63; in quem lacum pars.. harundinis..si demissa fuerit..inuenietur ~a VITR.8.3.9; SEN.*Nat.*3.20.4; PLIN.*Nat.*35.167; (*hyperb.*) ne tam diu mortuo, immo uero ~o asino seruientes fugam morarentur APUL.*Met.*4.5;—(*fig.*) ~us sum, commouere me miser non audeo PL.*Truc.*818. **c** fremitibus ~isque imbribus CIC. *N.D.*2.14; ~us aut sanguineus imber *Div.*2.60; pluit ~o imbri LIV.30.38.8. **d** Campi ~i, Herculis proeliorum memoria PLIN.*Nat.*3.34; 21.57; litus ignobile est, ~um ut uocant. in quo Herculem..ab inuocato Ioue adiutum imbre lapidum ferunt MELA 2.78.

2 Of a precious stone.

quo Carchedonios optas ignes ~os? PUB.*com.*15.

3 Typical of stone, stony; (fig.) hard, stony.

gerit..lapillos candore et rotunditate margaritarum.. duritia uero ~a PLIN.*Nat.*27.98; 29.112;—~o sunt corde multi quos non miseret neminis ENN.*scen.*139.

lapidicīnae ~ārum, *f. pl.* [metath. of LAPICIDINAE] Stone-quarries.

quod hic quoque in eo loco ~ae fuerunt VAR.*L.*5.151; *R.*1.2.23; VITR.2.7.1; LARG.151; JAVOL.*dig.*18.1.77; PAUL. *Fest.*p.118M.

lapidō ~āre ~āuī ~ātum, *tr., intr.* [LAPIS+-O3]

1 To throw stones at, stone. **b** to cover (a corpse) with stones, bury.

eum qui legatos iugulasset ~are et ei manus intentare coeperunt *B.Hisp.*22.4; PETR.93.3; ut ~are quid sit manifestum est, ita glaebarum testarumque iactus non habet nomen QUINT.*Inst.*8.2.5; FLOR.1.17(1.22.2); quo defunctus est die ~ata sunt templa, subuersae deum arae SUET.*Cal.*5. **b** praeteriens aliquis tralaticia humanitate (nos) ~abit PETR.114.11.

2 (impers.) There is a shower of stone, it rains stones.

Veiis de caelo ~auerat LIV.27.37.1; Reate imbri ~auit 43.13.4;—(*in pass.*) propter crebrius eo anno de caelo ~atum 29.10.4; 42.2.4; 44.18.6.

lapidōsus ~a ~um, *a.* *compar.* ~ior. [LAPIS+-OSVS] Abounding in stones, stony. **b** full of stony lumps, gritty. **c** (of fruit) containing hard stones. **d** (of gout) characterized by the formation of stones in the joints.

terra..argillosa aut ~a VAR.*R.*1.9.2; ~os..montes OV. *Met.*1.44; COL.6.22.2; PLIN.*Nat.*19.163;—(*of rivers*) ~as Aesaris undas OV.*Met.*15.22; defluit incerto ~us murmure riuos *Fast.*3.273; (*cf.*) aqua nubem ~o pondere (*i.e. hailstones*) et festinante perrumpit APUL.*Mun.*9. **b** Canusi ~us (panis) HOR.*S.*1.5.91; SEN.*Ben.*2.7.1; (nitrum) fuscum ~umque PLIN.*Nat.*31.109; (sori) contritum splendescit ut misy et est ~ius 34.120. **c** ~a..corna VERG.*G.*2.34; pruni ~is..pomis COL.10.15. **d** cum ~a cheragra fregerit articulos PERS.5.58.

lapillus ~ī, *m.* [LAPIS+-LVS]

1 A small stone, pebble. **b** (in var. spec. uses: as sling-bolts; as pieces or counters in a game; in voting; w. ref. to the custom of recording days as good with white or bad with black pebbles; in magic).

in qua aqua iaceant testae aut ~i VAR.*R.*3.16.27; saepe ~os..tollunt, his sese per inania nubila librant (apes) VERG.*G.*4.194; inuitat somnos crepitantibus unda ~is OV. *Met.*11.604; QUINT.*Inst.*11.3.21;—(*as a type of hardness*) id durius est faba et ~is CATUL.23.21. **b** (funditorum acies) quae..contra eorum frontem aduersam ~os minutos mitteret *B.Afr.*27.1;—parua tabella capit ternos utrimque ~os OV.*Ars* 3.365; *Tr.*2.481;—mos erat antiquus niueis atrisque ~is, his damnare reos, illis absoluere culpa *Met.*15.41;—hunc..diem numera meliore ~o PERS.2.1; MART.9.52.5;—me iussit..ter..~os conicere in sinum, quos ipsa praecantatos purpura inuoluerat PETR.131.5; APUL. *Met.*2.5; *Apol.*31.

2 An ornamental stone, precious or semi-precious stone, gem.

Libycis..~is (*sc. marble*) HOR.*Ep.*1.10.19; hic erat affixis uiridis spelunca ~is PROP.3.3.27; iaspios ~os MAEC.*poet.* 2(1).5; auferat hic aurum, peregrinos ille ~os *Nux* 141; ~i ex auribus pendent CURT.8.9.21;—(*pearls*) inter niueos uiridisque ~os (*i.e. pearls and emeralds*) HOR.*S.*1.2.80; Eois pectus uariare ~is PROP.1.15.7; ~os..Erythraeos MART. 5.37.4; nox..Erythraeae Thetidis signanda ~is STAT.*Silv.* 4.6.18;—(*leg., dist. from gems*) quod gemmae essent perlucidae materiae..~i autem contrariae superioribus naturae, ut obsidiani ueientani ULP.*dig.*34.2.19.17.

3 A stony lump found in animal bodies or plants; esp. a stone in the bladder, calculus.

gerit (lithospermon) iuxta folia singulas ueluti barbulas et in earum cacuminibus ~os candore et rotunditate margaritarum PLIN.*Nat.*27.98; caput (uiperae) quidam dissecant ..ad eximendum ~um 29.69; 32.102;—in uesica lupi ~us, qui syrites uocatur 11.208; eiectus ~us calculoso 28.42.

lapiō, *tr.* [perh. conn. w. Gk. λέπω] (app.) To cause pain or grief to; (explained by Nonius as to petrify).

~it cor cura, aerumna corpus conficit PAC.*trag.*276; (*cf.*) ~it dolore afficit PAUL.*Fest.*p.118M.

lapis ~idis, *m.* [cf. Gk. λέπας] FORMS: abl. sg. *lapi* ENN.*Ann.*398; *lapidi* LUCR.1.884; gen. pl. *lapiderum* GEL.*hist.*31. GENDER: fem. ENN.*Ann.*553; VAR.*R.*3.5.14.

1 A stone, pebble. **b** a stone, usu. meteoric, supposed to have divine or magical properties. **c** (as a type of insensibility; also of stupidity). **d** (in prov. phrs.).

noli, amabo, uerberare ~idem, ne perdas manum PL. *Cur.*197; ~ide excutiunt clauom *Men.*86; stilicidi casus ~idem cauat LUCR.1.313; ~idem digito cum tundimus, ipsum tangimus extremum saxi 4.265; ~idibus corbis plenos *B.Hisp.*5.1; Deucalion uacuum ~ides iactauit in orbem, unde homines nati, durum genus VERG.*G.*1.62; (*formed by petrifaction*) siue uirgam siue frondem demerseris, ~idem post paucos dies extrahis SEN.*Nat.*3.20.4; maestus.. manat in Sipylo ~is (*i.e. Niobe*) *Her.F.*391. **b** in ~ide ad meridiem uersus consedit LIV.1.18.6; sacrum..~idem quam matrem deum esse incolae dicebant 29.11.7; 41.13.1; —(*in portents*) multus ut in terras deplueretque ~is TIB. 2.5.72; nuntiatum..est in monte Albano ~idibus pluuisse LIV.1.31.1; ~ides pluere et fulmina iaci de caelo..uos portenta esse putatis 28.27.16. **c** ~idem silicem subigere ut se amet potest PL.*Poen.*290; ~ides me hercule omnis flere ac lamentari coegisses CIC.*de Orat.*1.245; a ~is est ferrumque, suam quicumque puellam uerberat TIB.1.10.59; te ~is et montes..progenuere OV.*Ep.*7.37;—neque habet plus sapientiai quam ~is PL.*Mil.*236; tu inquam, mulier, quae me omnino ~idem, non hominem putas TER.*Hec.*214; (*also as a term of abuse*) i: quid stas, ~is? *Hau.*831; 917; (*cf.*) impossibilitate ipsa mutata in ~idem Psyche APUL. *Met.*6.14. **d** 'crus ~ide' nihil est credam si te offenderit LUCIL.844; (*cf., w. ellipsis of* lapidem 'bis ad eundem' uulgari reprehensa prouerbio est CIC.*Fam.*10.20.2); ~idem a cane morsum usque in prouerbium discordiae uenisse PLIN.*Nat.*29.102; nec mula parit nec ~is lanam fert *Praec. poet.*4.1.

2 (used for spec. purposes): **a** (used as a missile). **b** (w. ref. to the custom of marking happy days with white pebbles, etc.; cf. LAPILLVS). **c** (used in religious ritual; *Iouem ~idem iurare,* (a solemn form of oath; for quots. see IVPPITER).

a illic hic nos insectabit ~idibus PL.*Capt.*593; manualis ~ides dispertit, propterea quod is ager omnis eius modi telis indigebat SIS.*hist.*23; quem iste conlegam nisi habuisset, ~idibus coopertus esset in foro CIC.*Ver.*1.119; CAES.*Gal.* 1.46.1; ~ide ictus interiit NEP.*Reg.*2.2; LIV.26.10.7; (*fig.*) ~ides loqueris (*i.e. hard words*) PL.*Aul.*152. **b** si nobis is datur unis quem ~ide illa dies candidiore notat CATUL. 68.148. **c** ut priuos ~ides silices priuasque uerbenas secum ferrent (fetiales) LIV.30.43.9; ~idem silicem tenebant iurati per Iouem PAUL.*Fest.*p.115M; p.128M.

3 Stone as a material. **b** stone of a particular kind; (see also spec. adjs.).

et ab incendio ~is et ab ariete materia defendit CAES.*Gal.* 7.23.5; quamuis ~is omnia nudus limosoque palus obducat pascua iunco VERG.*Ecl.*1.47; sic adamas, punctum ~idis, pretiosior auro est MAN.4.926; inciditur uitro, ~ide osseisue cultellis PLIN.*Nat.*12.115; nitrum sulpuri concoctum in ~idem uertitur 31.122; per ~idem aquam duci posse PAUL. *dig.*39.3.17.1;—(*for paving*) eos (*sc.* sulcos) ~ide consternito CATO *Agr.*43.1; VIAM ~IDE STER⟨NENDAM⟩ *CIL* 1.2537.4; LIV.39.44.5; ~IDE ALBO INVTILITER STRATAM *CIL* 10.6854; —(*dist. fr.* saxum *as being useful or workable*) nusquam hic utilior quam in Italia gignitur ~isque, non saxum, est PLIN.*Nat.*36.136; 36.169. **b** ~is hic ut ferrum ducere possit, quam (*v.l.* quem) Magneta uocant..Grai LUCR.6.907; ~idi Assio CELS.4.31.7; ~is scissilis 5.7; pyrites ~is aut molaris 5.11; ~idis haematitis 6.6.21; e speculari ~ide PLIN.*Nat.*21.80.

4 A piece of stone quarried and shaped, block of masonry, stone slab. **b** a mill-stone. **c** a paving-stone. **d** a tomb-stone, funeral stele; also, a stone sepulchre. **e** a milestone; (usu. w. numerals to indicate distance); (also) a boundary stone; a stone set up for these or other purposes, and treated as sacred. **f** the block or platform on which slaves were exhibited for sale.

~idem..quadratum HEM.*hist.*37; columnae..deiectae eisdemque ~idibus repositae sunt CIC.*Ver.*1.145; compluribus iam ~idibus ex illa quae suberat turri subductis CAES. *Civ.*2.11.4; numerando ~ides..altitudinem muri..permensus Liv.25.23.11; ne sit Sparta ~idibus circumdata Sen.Suas.2.3; Apollo ac Diana ex uno ~ide Plin.Nat.36.36; (*as a table top*) ~is albus pocula..sustinet Hor.S.1.6.116. **b** num me illuc ducis ubi ~is lapidem terit? Pl.As.31; cum ~idi in lapidem terimus (fruges) Lucr.1.884; ~idem.. incusum Verg.G.1.274. **c** semitam..~idibvs perpetvis integreis continentem constratam recte habeto *CIL* 1.593.53; ~ides uarios lutulenta radere palma Hor.S.2.4.83. **d** si..ultimus..posito staret amore ~is Prop.1.17.20; ne mea contempto ~is indicet ossa sepulcro 3.1.37; fac ~is inscriptis stet super ossa notis Tib.1.3.54; Mart.6.76.4; *CIL* 12.5276;—in ipso ~ide sitvs est *CIL* 10.8219; 3.3397. **e** notata inscriptis ~idibus spatia Quint.Inst.4.5.22;—ad quartum uicesimum ~idem uia Salaria a Roma Var.R. 3.2.14; sepultus est iuxta uiam Appiam ad quintum ~idem Nep.Att.22.4; sextus ab Vrbe ~is Ov.Fast.2.682; sexagesimum apud ~idem Tac.Ann.1.45; Juv.6.577; Apul.Apol.44; —fixus in agris qui regeret certis finibus arua ~is Tib. 1.3.44;—uertier ad ~idem atque omnis accedere ad aras Lucr.5.1199; anne coronato uis ~ide ista tegi? *Copa* 36. **f** o stulte, stulte, nescis nunc uenire te; atque in eopse astas ~ide, ut praeco praedicat Pl.Bac.815; duos de ~ide emptos tribunos Cic.Pis.35; Col.3.3.8.

5 A precious or semi-precious stone, gem.
perluciduli deliciis ~idis Catul.69.4; gemmas et ~ides Hor.Carm.3.24.48; cari ~ides 4.13.14; Tib.1.8.39; elapsus ..caua fingitur aure ~is Ov.Ars 1.432; ~idum causa pecuniae nostrae ad externas..gentis transferuntur Tac.Ann. 3.53;—(*pearls*) nec ~idum protio pelagus cepisse pigebit Man.4.399; ~is Eoa lectus in unda Sen.Her.O.662.

6 (med.) A stone in the bladder, calculus.
si cui..~is in renibus innatus fuerit Larg.145; 151; 153.

Lapithēs ~ae, *m.* Forms: *~um* (gen. pl.) Verg.A.7.305. (mythol., pl.) A Thessalian tribe, famous for their fight with the Centaurs; (sg.) one of the Lapithae.
quasi aliquod ~arum aut Centaurorum conuiuium Cic. Pis.22; Verg.A.6.601; Centaurea..cum ~is rixa Hor. Carm.1.18.8; Ov.Met.12.261; (*attrib.*) Stat.Ach.2.112;— Ischomache ~ae genus heroine Prop.2.2.9; Ov.Met.12.250; ~es..eques V.Fl.5.515; 7.606.

Lapithaeus (-ēus) ~a ~um, *a.* Of or belonging to the Lapithae.
~ae gloria gentis Ov.Met.12.530.

Lapithēius ~a ~um, *a.* = prec.
~a tecta Ov.Met.12.417; ~a..proelia 14.670.

lappa ~ae, *f.* [dub.]

1 The prickly head or seed-vessel of certain plants, a bur.
Plin.Nat.25.81; echion personatam..grandes ~as ferentem 25.104.

2 The name of var. plants bearing burs, incl. prob. burdock, *Arctium lappa*; goosegrass or cleavers, *Galium aparine*; burweed, *Xanthium strumarium*.
intereunt segetes, subit aspera silua, ~aeque tribolique Verg.G.1.153; 3.385; tenax..~a Ov.Pont.2.1.14; Plin. Nat.18.153;—~ae boariae radix 26.105;—21.104.

lappāceus ~a ~um, *a.* [prec.+-aceus] Having the form of a bur.
semina in capitibus ~aceis adhaerescentia uestibus Plin. Nat.22.41.

lappāgō ~inis, *f.* [lappa+-go] An unidentified plant which produces burs.
~o, similis anagallidi, nisi esset ramosior ac pluribus foliis, grauis odoris Plin.Nat.26.102.

lapsana ~ae, *f.* Also **~um** ~ī, *n.* [Gk. λαψάνη, λαμψάνη] An edible wild plant, variously identified.
uulgares ~ae Col.9.4.5; alternis quippe uersibus exprobrauere ~a se uixisse aput Dyrrachium Plin.Nat.19.144; ~a..pedalis altitudine, hirsutis foliis, sinapi similis 20.96; —(*neut.*) Var.R.3.16.25; Cels.2.25.2.

lapsiō ~ōnis, *f.* [labor¹+-tio] The action or fact of falling (into error).
haec in bonis rebus, quod alii ad alia bona sunt aptiores, facilitas nominetur, in malis procliuitas, ut significet ~onem Cic.Tusc.4.28.

lapsō ~āre, *intr.* [labor¹+-to] To lose one's footing, slip.
in multo ~antem sanguine nati Verg.A.2.551; Stat. Theb.5.223; aegrum..~antes fultum truncata cuspide gressus Sil.6.79; illi (*sc.* equi) sanguine suo et lubrico paludum ~antes Tac.Ann.1.65; Flor.Epit.1.26(2.10.3); (*fig.*) qui sunt leues..locutores quique nullo rerum pondere innixi uerbis uuidis et ~antibus diffluunt Gel.1.15.1.

lapsus ~ūs, *m.* [labor¹+-tus³]

1 The action of slipping and falling. **b** the falling (of things) from positions in which they are held. **c** the falling down, collapse (of structures, piles, etc.).
ludum ~umque petulcum Afran.com.188; illum infrenis equi ~u tellure iacentem Verg.A.10.750; ut neque sustinere se ab ~u possent Liv.21.35.12; membrorum..~um et ferientia terram corpora Luc.4.786; contra uulsa rupta ~usque et praecipitia..singularis (urceolaris est) Plin.Nat. 22.43; ~u equi prostratus Tac.Hist.4.34; Suet.Aug.43.2; (*in fig. phr.*) iam ibi sunt, unde non est retro ~us Sen.Ep. 75.9. **b** puerilium dentium ~us Sen.Ben.4.6.6; stillicidia, quamuis iam inclinent se et labantur, nondum tamen efficere ~um..dicuntur Nat.5.13.4; ast illi cuncta repente implerunt clipeum miserando uiscera ~u Sil.4.384; (*poet.*) molis praeualidae castigat puluere ~us Stat.Theb.6.700. **c** recenti ~u terrae Liv.21.36.2; motum terrae qui..montes ~u ingenti proruit 22.5.8; superioris soli ~ibus replentur (fossae) Col.2.2.9; tum quassae nutant turres ~umque minantur Luc.6.136; ~us tectorum adsiduos Juv.3.7; (*fig.*) summisque negatum stare diu nimioque graues sub pondere ~us nec se Roma ferens Luc.1.71.

2 A smooth or gliding motion: **a** flowing (of rivers, etc.). **b** creeping, slithering, etc. (over the surface of the ground). **c** gliding (through the air). **d** (transf.) the lapse, flight (of time).
a quo Castalia per struices saxeas ~u accidit Andr.trag. 37; si lacus (Albanus) emissus ~u et cursu suo ad mare profluxisset Cic.Div.1.100; rapidos morantem fluminum ~us Hor.Carm.1.12.10; Maeandrus..ambiguo ~u refluitque fluitque Ov.Met.8.163; Luc.10.315; perennes fluminum ~us Quint.Decl.298(p.179,l.14). **b** qui..occulto..~u ad molem usque penetrabant Curt.4.3.10;—(*of snakes*) gemini ~u delubra ad summa dracones effugiunt Verg.A.2.225; Sen. Dial.4.31.6; et geminum ~u sidus circumligat Anguis Sil. 3.193;—(*of plants*) (uitem) serpentem multiplici ~u et erratico Cic.Sen.52; faciles uitium ~us Apul.Mun.36;— (*poet.*) pedibus..rotarum subiciunt ~us (*i.e. rolling-wheels*) Verg.A.2.236. **c** quae (stellae)..certo ~u spatioque feruntur Cic.Cons.fr.2.9; uolucrium ~us atque cantus N.D. 2.99; celeri ferme percurrunt fulmina ~u Lucr.6.324; subitae horrifico ~u de montibus adsunt Harpyiae Verg.A. 3.225; Luc.2.268; Stat.Theb.2.349; Sil.3.169; (*fig.*) castos.. leni quodam et facili ~u ad deos..peruolare Cic.Consol. fr.12. **d** ea, quae ~u tandem cecidere uetusto, haec fore ..ipse deum genitor..canebat Cic.Consol.fr.2.30.

3 A fall from favour or high rank.
cum sint populares multi uariique ~us, uitanda est acclamatio aduersa populi Cic.de Orat.2.339; quam uelox foret ad imum ~us e summo Sen.Nat.4.pr.22.

4 The fact of falling into error or misconduct, failing, lapse.
ab omni ~u continere temeritatem Cic.Ac.1.45; paucos ..eius (*sc.* erroris) ~us referemus V.Max.9.9; haut alio fidei proniore ~u quam ubi falsae rei grauis auctor existit Plin. Nat.5.12; Stat.Silv.1.2.100.

laqueāre ~is, *n.* [lacvs+-aris, cf. *lacunar*] (pl., also collect. sg.) A panelled ceiling.
dependent lychni ~ibus aureis Verg.A.1.726; 8.25; Man.5.288; uersatilia cenationum ~ia Sen.Ep.90.15; Pers. 3.40; Plin.Nat.33.57; fessis uix culmina prendas uisibus auratique putes ~ia caeli Stat.Silv.4.2.31; tectum inter et ~ia Tac.Ann.4.69; *CIL* 8.16530;—si nitor auri sub ~e domus animum non angit auarum *Culex* 64.

laqueātus ~a ~um, *a.* [lacvs+-atvs²; cf. prec.] (of ceilings) Panelled; (of buildings) having a panelled ceiling.
tectis caelatis ~is Enn.scen.95; tectum pulcherrime ~um Cic.Ver.1.133; curas ~a circum tecta uolantis Hor.Carm. 2.16.11;—~a aurataque templa Lucr.2.28; (*w. abl.*) templum, non ~um auro tantum, sed parietibus totis lammina inauratum Liv.41.20.9; antra subit tofis ~a et pumice uiuo Ov.Fast.2.315; cenationes ~ae tabulis eburneis uersatilibus Suet.Nero 31.2.

laqueō¹ ~āre ~āuī ~ātum, *tr.* [laqvevs+-o³] To enclose in a noose, ensnare, trap.
tunc ipsum e medio cassem quo nascitur ore per senos circum usque sinus ~abis Grat.29; corpus ~atum et distentum temonibus obligatur Col.6.19.3; extentis ~are profundum retibus Man.5.659.

laqueō² ~āre, *tr.* [back-formation from laqveatvs] To adorn as with a panelled ceiling.
(sidera) ignibus in uarias caelum ~antia formas Man. 1.533.

laqueus ~ī, *m.* [cf. *lacio, lacesso*, etc.]

1 A loop of rope tied with a running knot, noose, halter. **b** (as a means of killing by strangulation); *~um mandare* (+dat.), to bid go hang. **c** (as a snare or lasso for catching wild animals). **d** (as a bond).
~is falces auertebant Caes.Gal.7.22.2; praegrediens Ligus saxa..~is uinciebat, quibus adleuati milites facilius escenderent Sal.Jug.94.2; Liv.36.23.2; Curt.7.11.15; (*med., applied as a tourniquet*) si quis super ~um percusserit uenam Larg.84. **b** proin tu te in ~um induas Pl.Cas. 113; collum in ~um inserenti Cic.Ver.4.37; qui aut ~os aut alia exitia quaerant Fin.5.28; ~o gulam fregere Sal.Cat. 55.5; ~o collum pressisse paternum Hor.Ep.1.16.37; pars animam ~o claudunt Ov.Met.7.604; carnificem et ~um pridem abolita Tac.Ann.14.48;—cum Fortunae ipse minaci mandaret ~um Juv.10.53. **c** ~is captare feras Verg.G. 1.139; aduenam ~o gruem..captat Hor.Epod.2.35; Tib. 2.6.23; mendacisque parant foueas ~osque tenaces Man. 5.186; *CIL* 13.5708; (*cf.*) graciles ex aere catenas retiaque et ~os..elimat (Vulcanus) Ov.Met.4.177. **d** 'i, lictor, colliga manus.' accesserat lictor iniciebatque ~um Liv. 1.26.8; ignaram ~is uincloque innecte tenaci Ov.Met.11.252.

2 (fig.): **a** A snare, trap. **b** a bond, tie.
a hic uidete in quot se ~os induerit Cic.Ver.2.101; eo maleficio..erant implicati ut ex nullius legis ~is eximendi uiderentur Cael.71; non mortis ~is expedies caput Hor. Carm.3.24.8; in ~os, quos posuere, cadant! Ov.Ars 1.646; Sen.Ben.7.4.1; cum in hos inexplicabiles ~os inciderunt Quint.Inst.5.10.101; dabit in ~um uestigia noster perfidus Juv.13.244; syllogismorum captionumque dialecticarum ~is strepebat Gel.1.2.4; ~os insidiarum accessit Apul. Met.10.24. **b** ut esset aliquis ~us et redimiculum, reuorsionem ut ad me faceret denuo Pl.Truc.395; ut.. illum..exsultantem ac tripudiantem legum, si posset, ~is constringeret Cic.Sest.88; tibi ignoranti uel publica fortuna uel priuata ~um impegit, quem nec soluere possis nec rumpere Sen.Dial.9.10.1; Plin.Ep.2.8.2; Juv.7.50.

Lar ~ris, *m.* [dub.; perh. Etr.] Forms: gen. pl. *Larum*; old form of pl. *Lases, Lasibus Carm.Arv.* (*CIL* 1.2 = 6.2104); cf. Var.L.6.2, Quint.Inst.1.4.13, Paul.Fest.p.264M. Pros.: nom. sg. *Lăr* Ov.Fast.5.141 (perh. due to position before caesura).

1 One of a widespread class of Roman gods, associated with the protection of certain places: **a** (as the tutelary god of the hearth or home); often *Lar familiaris*. **b** (as protector of roads or cross-roads). **c** (as a public deity, protector of the state). **d** (as a transl. of Gk. δαίμων).
a ~res tectum nostrum qui funditus curant Enn.Ann. 620; Pl.Trin.39; Cic.Leg.2.27; ante ~rem proprium uescor Hor.S.2.6.66; focus ~rum Plin.Nat.28.267; ~ribus.. paternis tura dabo Juv.12.89;—ego ~r sum familiaris ex hac familia Pl.Aul.2; Cato Agr.2.1; deos patrios, aras, focos, ~rem suum familiarem Cic.Phil.2.75; Plin.Nat. 36.204; Apul.Fl.22; (*cf.*) sus parit porcos triginta, cuius rei fanum fecerunt ~ribus Grundilibus Hem.hist.11;—(*coupled w.* di penates) di penates meum parentum, familiai ~r pater Pl.Mer.834; ista tua pulchra Libertas deos penatis et familiaris meos ~res expulit Cic.Dom.108; Liv.1.29.4. **b** pauperis agri custodes..~res Tib.1.1.20; geminos..qui compita seruant et uigilant nostra semper in Vrbe, ~res Ov.Fast.2.616; compita ~rum Plin.Nat.3.66; ~rib(us) vialibvs *CIL* 2.2417; ~res semitales 6.36810;—(*cf.*) aedem ~rum permarinum Liv.40.52.4; *CIL* 14.4547. **c** Hannibalem..~res Romana sede fugantis Prop.3.3.11; praestitibus..~ribus Ov.Fast.5.129; aedem ~rvm Aug.Anc.4.7; sacellum ~rum Tac.Ann.12.24; ~ribvs pvblicis *CIL* 5.2795; qvi colis arcem delmatiae nostri pvblice ~r popvli 8.2581. **d** reliquorum..quos Graeci δαίμονας appellant, nostri, opinor, ~res Cic.Tim.38.

2 (transf.) A dwelling, home. **b** domestic establishment.
pauper a paulo ~re Var.L.5.92; relinquent arationes, relinquent ~rem familiarem suum? Cic.Ver.3.27; e ~re egressus meo Laber.com.110; tectumque ~remque Verg.G. 3.344; auitus apto cum ~re fundus Hor.Carm.1.12.44; eum ne quis urbe tecto mensa ~re reciperet Liv.26.25.12; sedibus his profugos constituisse ~rem Ov.Tr.1.10.40; regii postes ~ris Sen.Phaed.863; Stat.Theb.10.88; aedibus conductis.. ~rem temporarium mihi constituo Apul.Met.11.19; in ~re ditis *CIL* 6.10971;—(*pl.*) paene a meis ~ribus in prouinciam est profectus Cic.Fam.1.9.20; ad primos murmura facta ~ris (*i.e. the front part of the house*) Prop.4.8.50; Ov. Rem.302; V.Max.2.10.2; ~ribus coniungere nostris tectum aliud Juv.15.153;—(*poet.*) saepe..(apes) sub terra fouere ~rem Verg.G.4.43; nunc auis in ramo tecta ~remque parat Ov.Fast.3.242; V.Fl.4.45. **b** non maria plus temerata conferre mercatori..quam sedulum ruris ~rem Plin.Nat. 14.52; matrona ~ris Juv.3.110; uxor..~rem pudice gubernabat Apul.Met.9.24; 9.31.

Lara ~ae, *f.* A nymph supposed to be the mother of the Lares.
Ov.Fast.2.599.

Larālia ~ium, *n. pl.* A Roman festival (of the Lares, or perh. var. or f.l. for Larentalia.
Labeo iur.16(Fest.p.253M).

larbasis ~is. [cf. Gk. λάρβασον] Another name for stimi.
Plin.Nat.33.101.

lardārius ~(i)ī, *m.* [next+-arivs] A dealer in bacon.
CIL 12.4483.

lardum ~ī, *n.*: contr. form of laridvm.

Lārentālia ~ium, *n. pl.* A festival in honour of Larentia.
uester honos ueniet, cum ~ia dicam Ov.Fast.3.57; Paul. Fest.p.119M.

Lārentia ~ae, *f.* The reputed foster-mother of Romulus and Remus; also called *Acca Larentia*.
maiorum..qui hunc honorem mulieri ~ae tribuerunt, cuius uos pontifices ad aram..sacrificium facere soletis Cic.ad Brut.1.15.8; Var.L.6.23; Liv.1.4.7; tantae nutrix ~a gentis Ov.Fast.3.55.

Lārentīnae ~ārum, *f. pl.* [sc. *feriae*] = larentalia.
~ae, quem diem quidam in scribendo Larentalia appellant ab Acca Larentia nominatus Var.L.6.23.

largē *adv. compar.* ~ius, *superl.* ~issimē. [largvs+-e]

1 Munificently, generously, liberally.
qui ~e blandust Pl.Aul.196; dat nemo ~ius Ter.Eu. 1078; non pauca suis adiutoribus ~e effuseque donabat Cic. S.Rosc.23; cuius mihi copiam quam ~issime factam oportebat Ver.1.158; ~e partiendo praedam..cunctis..animis in se firmatis Liv.21.5.5; non ~ius usquam indulsit natura sibi Stat.Silv.1.3.16; honores..~e decretos Tac.Ann.5.2; cives..epvlis qvam ~issime ministravit *CIL* 8.23880.

2 In large quantities or numbers, abundantly, copiously.
uictus..suppeditabatur ~e sine labore Cic.Sest.103; ~e multiplici constructae sunt dape mensae Catul.64.304; quando omnibus omnia ~e tellus ipsa parit Lucr.5.233; utrumque ~e palus praebere poterat B.Alex.1.5; milites ~ius suo usi Sal.Cat.16.4; ligna super foco ~e reponens Hor.Carm.1.9.6; uino ~ius epulis celebrari Liv.25.23.14; curandum est ut quam ~issime ueniant (riui) Col.8.17.4; caput purgat ~ius pota (hedera) Plin.Nat.24.75; ne Syracusis spectacula ~ius ederentur Tac.Ann.13.49.

3 To a great extent or degree.
Accius haec..~ius a prisca consuetudine mouere coepit VAR.L.10.70; montem Idam exoriens (sol) latitudine exsuperet..~e amplectens PLIN.Nat.2.50; capulo nam ~ius illi transabiit animam..ensis STAT.Theb.2.8; siquis uidebatur paulo ~ius in arte promouisse APUL.Fl.3; ~e interesse uidebatur PAPIN.dig.17.2.81; (cf.) i litteram..paulo uberius ~iusque pronuntiabat GEL.4.17.12.

largificō ~āre ~āuī ~ātum, tr. [next+-o[3]] (app.) To bestow liberally, be generous with.
VI ME OCVLEI POSQVAM DEDVCXSTIS IN IGNEM, ⟨NON AD⟩ VIM VESTREIS ~ATIS GENEIS CIL 1.2540a.2.

largificus ~a ~um, a. [LARGVS+-FICVS] Bountiful, lavish.
grando mixta imbri ~o PAC.trag.414; aere atque argento sternunt iter omne uiarum ~a stipe ditantes LUCR.2.627.

largifluus ~a ~um, a. [LARGVS+FLVO+-VS] Flowing copiously.
licet hinc mundi patefactum totius unum ~um fontem scatere atque erumpere lumen LUCR.5.598.

largiloquus ~a ~um, a. [LARGVS+LOQVOR+-VS] Garrulous, talkative.
ubi saburratae sumus, ~ae extemplo sumu', plus loquimur quam sat est PL.Cist.122; non tu tibi istam praetruncari linguam ~am iubes? Mil.318.

largiō ~īre, tr.: see next.

largior ~īrī ~ītus, tr. [LARGVS+-IO[2]] FORMS: ~ibar (impf.) PROP.1.3.25; ~ibere (fut.) PL.Bac.828; ~i (imp. act.) ACC.trag.292; LUCIL.475.

1 To give generously, bestow, lavish (wealth or other material gifts). **b** (w. inanim. or abst. subj.).
tu istam cenam ~ire..essurientibus PL.Am.311; ~itur peculium As.277; uiscera ~i LUCIL.475; hosti arma ~iri CIC.Phil.5.5; bona aliena ~iri liberalitas..uocatur SAL.Cat.52.11; NEVE QVIS PETITOR KANDIDATVS DONVM MVNVS ALIVDVE QVIT DET ~IATVR PETITIONIS CAVSA CIL 1.594.4.3.25; praedam munifice ~iendo LIV.1.54.4; quod..donaret sua, ~iretur aliena TAC.Hist.1.52; agros emeritis ~ientur Ann.1.28; (w. in+acc.) ~itur in seruos quantum aderat pecuniae TAC.Ann.16.11;—(absol.) de te ~itor, puer TER.Ad.940; cum..natura semper ad ~iendum ex alieno fuerim restrictior CIC.Fam.3.8.8; ~iendo de alieno popularem fieri LIV.3.1.3; (cf.) postquam erili filio ~itu's dictis dapsilis PL.Ps.396. **b** segetes ~iri fruges ENN.scen.154; Gallis..prouinciarum propinquitas..multa ad copiam atque usus ~itur CAES.Gal.6.24.5; fructum quaedam (arbores) proximo anno ab incisu ~iuntur PLIN.Nat.16.60.

2 (absol.) To give presents corruptly, engage in bribery.
sin..eorum aliquis ~itus est CIC.Mur.57; quos apertissime ~ientis..etiam sui..reppulerunt Har.56; Planc.47; facultates ad ~iendum magnas comparasse CAES.Gal.1.18.4; plebem exagitare, dein ~iundo atque pollicitando magis incendere SAL.Cat.38.1; Jug.13.6; exercitum ~iendo corrumpere QUINT.Inst.5.13.17.

3 To confer generously, grant, bestow (abstract things). **b** (of time or conditions) to allow, permit.
istoscin patrem aequom est mores liberis ~irier? PL.As.932; tu te uilem feceris, si te ultro ~iere (i.e. bestow your favours) Mil.1243; ~itus est patriae suum sanguinem (i.e. his life) CIC.Tusc.1.116; LUCR.5.166; tibi maturos ~imur honores HOR.Ep.2.1.15; disciplina militaris..Romano imperio..ualidissimarum gentium regimen ~ita est V.MAX.2.8; occasionem inpudentiae ratio ~itur PLIN.Nat.2.87; totas ~itus habenas (i.e. giving his mount full rein) SIL.15.724; sol uniuersis idem lucis calorisque ~itur QUINT.Inst.1.2.14; amicis eius tribunatus..~itur TAC.Hist.4.39;—(w. ut) hoc mihi da atque ~ire, ut M'. Curium..integrum..conserues CIC.Fam.13.50.2; si qui deus mihi ~iatur ut ex hac aetate repuerascam Sen.83. **b** si id condicio ~ita non sit PLIN.Nat.17.80; cum reditus ~iatur annuam praestationem SCAEV.dig.35.2.25.1; (absol.) melius donare tempus, ut rasilem faciant, si ~iatur crassitudo PLIN.Nat.17.211; etsi tempora ~iantur ULP.38.9.1.6.

4 To allow to be disregarded, condone, overlook; (w. dat.) to overlook in favour of, allow as a concession to.
tamen ego hoc, quod ferri nego posse,..concedo et ~ior CIC.Ver.3.194; Caesar dando subleuando ignoscundo, Cato nihil ~iundo gloriam adeptus est SAL.Cat.54.3; rei publicae iniurias ne ~iretur TAC.Ann.3.70;—ut leges..libidini tuae ~iantur Rhet.Her.4.19; duo illa relinquamus atque ~iamur inertiae nostrae CIC.de Orat.1.68; ut..amori..nostro plusculum etiam, quam concedet ueritas, ~iare Fam.5.12.3.

largitās ~ātis, f. [LARGVS+-TAS]

1 Munificence, generosity, liberality.
quae uoluptas, quae te lactat ~as? CAECIL.com.91; uehemens in utramque partem..es nimis aut ~ate nimia aut parsimonia TER.Hau.441; CIC.Rep.3.40; terra..feta frugibus et uario leguminum genere, quae cum maxima ~ate fundit N.D.2.156.

2 Abundance, lavishness.
an oblita..es..sumpti ~atem? TURP.com.172; ut impendiis etiam augere possimus ~atem tui muneris CIC.Brut.16; plurimum..~ati frugum conferre COL.3.11.1.

largiter, adv. [LARGVS+-TER[2]]

1 With generous provision, in large quantities, abundantly, profusely. **b** (quasi-substantivally w. gen.) a large amount of, plenty of.
repente ~ habere, repente nihil CATO orat.243; licet quamuis..sol umoris paruam delibet ab aequore partem; ~ in tanto spatio tamen auferet undis LUCR.6.662; sinapi..detrahit..~ pituitam LARG.9; mensas dapibus ~ instructas APUL.Met.4.7; ~ profusum cruorem 8.28. **b** credo edepol ego illic inesse argenti et auri ~ PL.Rud.1188; 1315; Truc.903; ut, cum pusillum edissent dulcedinis, ~ acerbitatis deuorarent PLANC.orat.2; omne genus..poma uolo sint..et uinearum ~ PETR.71.7; mihi..~ aquae superest APUL.Apol.28.

2 To a great extent or degree, greatly.
reor peccatum ~ PL.Epid.485; Mos.438; color et facies hominum distare uidentur ~ LUCR.6.1113; apud finitimas ciuitates ~ posse CAES.Gal.1.18.6; B.Afr.72.5; fortassis et istinc ~ abstulerit longa aetas HOR.S.1.4.132; ~..sonitus discrepabit VITR.6.1.8.

largītiō ~ōnis, f. [LARGIOR+-TIO]

1 A distribution of doles, land, or other gifts, largess. **b** the bestowal (of abst. things).
aerarium pati non posse ~onem tantam Rhet.Her.1.21; omni ~one saturati Pergameni CIC.Flac.17; omnis exspectatio ~onis agrariae in agrum Campanum uidetur esse deriuata Att.2.16.1; ~o..fontem ipsum benignitatis exhaurit Off.2.52; ~one militum uoluntates redemit CAES.Civ.1.39.4; maximas ~ones fecit 3.31.4; ~ones frumenti LIV.4.13.2; Bononiensis coloniae..subuentum centies sestertii ~one TAC.Ann.12.58; nihil se ad ~onem ulli reliquisse, nisi siquis aut caenum diuidere uellet aut caelum FLOR.Epit.2.5(3.17.6); (w. in+acc.) non..ista ~o fuit in ciuis sed in hospites liberalitas CIC.Att.6.6.2; (prov.) quod..iam in prouerbii consuetudinem uenit, ~onem fundum non habere Off.2.55. **b** numquam est intermissa a maioribus nostris ~o et communicatio ciuitatis CIC.Balb.31; conciliat..gratiam aequitatis ~io Mur.41; nullius rei, minime beneficiorum, honesta ~o est SEN.Ben.1.2.1.

2 The giving of presents corruptly, bribery.
ut possis liberalitatem atque benignitatem ab ambitu atque ~one seiungere CIC.de Orat.2.105; comitiis meis, cum iste infinita ~one contra me uteretur Ver.1.19; qui per ~onem magistratus adepti sunt 2.138; LABER.com.101; in tam effusi ambitus ~onibus NEP.Att.6.2; ~one amicorum..quaesturam..adsequitur TAC.Ann.11.21.

3 That which is freely distributed, a bribe, dole, largess.
te cum et illius ~onibus et tuis rapinis expleuisses CIC.Phil.2.50; Lentulus..~onibus mouetur CAES.Civ.1.4.2; quae res apud milites ~ones auxit 3.112.11; magnificam in publicum ~onem auxit Caesar haud minus grata liberalitate TAC.Ann.2.48.

largītor ~ōris, m. [LARGIOR+-TOR]

1 One who gives liberally, a bestower, benefactor.
ut largitionis postulat consuetudo, per causam liberalitatis speciosam plura ~ori quaerebantur B.Alex.49.1; multarum rerum ac maxume pecuniae ~or SAL.Jug.95.3; praedam militi dedit, quo minus speratam minime ~ore duce, eo militi gratiorem LIV.6.2.12; aeternae ~or corniger undae STAT.Theb.4.832; sacri ~or (Bacchus) laticis SIL.7.164; (transf.) magister artis ingenique ~or uenter PERS.pr.10; Padus..ubertate ~or PLIN.Nat.3.117.

2 One who gives money corruptly, a briber.
Lentulum, ~orem et prodigum CIC.Catil.4.10; Cael.78; ~ores et factiosi Off.1.64; raptor, ~or, pace pessimus, bello non spernendus TAC.Hist.2.86.

largitūdō ~inis, f. [LARGVS+-TVDO] = LARGITAS.
NEP.hist.inc.1(Char.p.101K).

largitus, adv. [next+-ITVS[1]] = LARGE.
quid fles? quid lacrimas ~? AFRAN.com.212.

largus ~a ~um, a. compar. ~ior, superl. ~issimus. [dub.]

1 Munificent, generous, bountiful, lavish; (freq. poet., of things). **b** (w. abl. or gen.) generous with, lavish of.
iustus iniustus, malignus ~us PL.Bac.401; si ~issimus esse uellet, cumulatiore mensura uteretur CIC.Ver.3.118; duo sunt genera ~orum, quorum alteri prodigi, alteri liberales Off.2.55; tua ~a saepe manu multisque onerauit limina donis VERG.A.10.619; beneficus ac ~us SEN.Cl.1.19.9. qua tibi cumque beato ~a redit Fortuna sinu STAT.Silv.2.6.68; ~us animo et par opibus TAC.Hist.2.59; JUV.10.302;—(w. in+acc., dat.) ~issimus..in amicos Rhet.Her.4.50; pariterque his ~us et illis STAT.Silv.2.2.136;—~us item liquidi fons luminis, aetherius sol LUCR.5.281; Ebusos (insula)..frumentis tantum non fecunda, ad alia ~ior MELA 2.125; terra ipsa fertilior erat..et in usus populorum..~a SEN.Ep.90.40; fons ~us PLIN.Nat.2.232; (w. inf.) (cadus) spes donare nouas ~us HOR.Carm.4.12.19. **b** quid ego hic properans concesso pedibus, lingua ~ior? PL.As.290; audin hunc opera ut ~us est nocturna? 598; folia..~a suco PLIN.Nat.25.161; ~us promissis TAC.Hist.3.58;—~us lacrumarum PL.As.533; ~us opum VERG.A.11.338; fons..~us aquae LUC.9.608; ~us..animae (i.e. prodigal of life), modo suaserit ira STAT.Theb.3.603; ~um..comae prosternit Adherben SIL.7.601; ~us..rapinae 8.248;—(cf.) ~us habenae (i.e. with slack reins) Ponticus ibat eques LUC.7.225; effusa ~us habena SIL.7.696.

2 Indulging liberally.
cum siccare sacram ~o Permessida posset ore MART.8.70.3; ~um atque auidum bibendi..'bibosum' dictum GEL.3.12.

3 Furnished liberally, plentiful, bounteous, unstinted, copious.
~o et liberali uiatico CIC.Flac.14; sol..cum terras ~a luce compleuerit N.D.2.49; ~os haustus LUCR.1.412; quae tibi posterius ~o sermone probabo 5.155; hinc omnis ~o pubescit uinea fetu VERG.G.2.390; ~i copia lactis 3.308; nec potentem amicum ~iora flagito HOR.Carm.2.18.13; ~ioris procellae strepitum LIV.24.46.5; ~um in foro sanguinem SEN.Dial.1.3.7; ~iores..fructus PLIN.Nat.18.41; tibi ~a..nobilitas STAT.Theb.2.436; nam Tydea ~us habebat..somnus 3.418; ~iora stipendia TAC.Ann.1.31; sationem..crebram et adsiduam et ~am PLIN.Ep.1.20.22; 'iactare' multo fusius ~iusque est quam 'iacere' GEL.2.6.5; AMOREM..~VM CIL 8.12453;—(pred.) imagine cerea ~ior arserit ignis HOR.S.1.8.44; ~a..prouenit..messis OV.Fast.4.617; Phyllis..cum..se praestitisset omnibus modis ~am MART.12.65.2.

lāridum ~ī, n. Also contr. **lardum** ~ī. [cf. Gk. λαρινός] Bacon.
α PL.Capt.847; quanta pernis pestis ueniet, quanta labes ~o 903; suis geminae..~um PLIN.Nat.28.230; SUET.fr.170 (p.272Re). β farris L. III et ~i P. IIII S CATO Agr.83; ut lurcaretur ~um LUCIL.79; uncta satis pingui ponentur holuscula ~o HOR.S.2.6.64; PETR.70.2; PLIN.Nat.28.155; pallens faba cum rubente ~o MART.5.78.10; STAT.Silv.4.9.34; natalicium cognatis ponere ~um JUV.11.84.

larifuga ~ae, f. [LAR+FVGIO+-A] A vagabond, tramp.
~a nescio quis, nocturnus PETR.57.3.

larignus ~a ~um, a. [LARIX+-NVS] Of larch wood, larch-.
ideo id castellum ~um, item materies ~a est appellata VITR.2.9.16.

Lārīnās ~ātis, a. Of or belonging to Larinum, a town in the north of Samnium; (masc. pl. as sb.) its inhabitants; (also sg.) one of these.
homo..municipi ~atis CIC.Clu.11; in agro ~ati LIV.45.2.11;—in foro ~atium CIC.Clu.38; ~atum dextris SIL.8.402;—~as quaedam fuit Dinaea CIC.Clu.21; SIL.15.565.

Lārīsa ~ae, f. **Lārissa.** The name of several Greek cities; esp. the chief city of Thessaly.
LIV.42.38.6; V.MAX.4.5.5; MELA 2.40; LUC.7.712.

Lārīsaeus ~a ~um, a. Of or belonging to Larissa; (masc. as sb.) its inhabitants.
(in Thessaly) moenia ~a CATUL.64.36; ~us Achilles VERG.A.2.197; ~us Aleuas OV.Ib.321; 330; (in Argolis) ~us apex STAT.Theb.1.383;—CAES.Civ.3.81.2; LIV.42.53.7.

Lārīsensēs ~ium, m. pl. The people of Larissa.
LIV.31.31.4.

Lārissa ~ae, f.: see LARISA.

Lārius ~a ~um, a. ~us lacus, A lake in Cisalpine Gaul, Lago di Como; (also as adj.).
VERG.G.2.159; PLIN.Nat.3.131; PLIN.Ep.9.7.1;—Comi moenia ~umque litus CATUL.35.4.

larix ~icis, f., (m.). [loan-wd.; perh. Gallic] GENDER: masc. VITR.2.9.14. The larch-tree.
~ix..qui non est notus nisi is municipalibus, qui sunt circa ripam fluminis Pado VITR.2.9.14; LUC.9.920; PLIN.Nat.13.100; 16.30.

larophorum ~ī, n. [LAR+Gk. -φόρος; cf. oenophorum, etc.] A stand for images of the Lares.
CIL 3.1952.

Lars ~tis, m. An Etruscan praenomen.
~s Tolumnius, rex Veientium CIC.Phil.9.4; LIV.4.17.1; ~tem Porsennam, Clusinum regem 2.9.1; OV.poet.3(5).

Lartidius ~(i)ī, m. [perh. ad. Gk. Λαερτιάδης] (perh.) A Ulysses (w. ref. to his deceitfulness).
merus est φυρατής, germanus ~ius CIC.Att.7.1.9.

Lartius ~a ~um, a.: var. of LAERTIVS.

larua ~ae, f., (m.). [cf. LAR] GENDER: masc. (perh.) PETR.44.5. PROS.: lārŭ- in PL. An evil spirit, demon, devil. **b** (as a term of reproach). **c** (applied to a horrific mask; also, a model skeleton).
haec quidem edepol ~arum plenast PL.Am.777; iam deliramenta loquitur, ~ae stimulant uirum Capt.598; qui contra hoc s.c. deus factus..erit, eum dedi ~is..placet SEN.Apoc.9.3; cum mortuis non nisi ~as luctari PLIN.Nat.pr.31; APUL.Soc.15. **b** uiso huc, amator si a foro rediit domum..~a PL.Cas.592; etiam loquere, ~a? Mer.981; ~as sic istos percolopabant, ut illis Iuppiter iratus esset PETR.44.5. **c** nil illi ~a aut tragicis opus esse cothurnis HOR.S.1.5.64;—~am argenteam attulit seruus PETR.34.8.

laruālis ~is ~e, a. [prec.+-ALIS] Of or resembling an evil spirit, spectre-like, deathly.
pallorem maciemque ~em Priap.32.12; ~em habitum nudis ossibus cohaerentium SEN.Ep.24.18; ~e simulacrum APUL.Met.1.6; Proserpina..~es impetus comprimens 11.2; Apol.63.

laruātus ~a ~um, a. [LARVA+-ATVS[2]] PROS.: lārŭātus PL. Possessed by evil spirits, demented.
num ~ust aut cerritus? PL.Men.890; ~u's. edepol hominem miserum! medicum quaerita Am.fr.6; quem ad modum ~us ad inferos demeasset APUL.Met.9.31; ~i furiosi et mente moti, quasi laruis exterriti PAUL.Fest.p.119M.

Lārunda ~ae, f. The name of an Italian goddess.
VAR.L.5.74.

laruō ~āre, tr. [back-formation from LARVATVS] To possess with evil spirits, bewitch.
hunc..qui laruam putat, ipse est ~ans APUL.Apol.63.

lasanum ~ī, *n.* Also **lasanus** ~ī, *m.* [Gk. λάσανον] A chamber-pot.

cum..praetorem quinque sequuntur te pueri ~um portantes oenophorumque HOR.*S.*1.6.109; ab hoc ferculo Trimalchio ad ~um surrexit PETR.41.9; aqua, ~i, et cetera minutalia 47.5.

lāsarpīcifer ~era ~erum, *a.* [*lasarpicium* (var. of LASERPICIVM)+-FER] Silphium-bearing.

~eris..Cyrenis CATUL.7.4.

lasciuē, *adv. compar.* ~ius. [LASCIVVS+-E]

1 Wantonly, licentiously.

illis (*sc.* epigrammatis) non permisi tam ~e loqui quam solent MART.8.pr.14; iocularia..carmina ~eque modulata SUET.*Nero* 42.2; APUL.*Apol.*9.

2 Without restraint.

Flauium Alfium..qui eandem rem ~ius dixerat, obiurgauit SEN.*Con.*2.6.8.

lasciuia ~ae, *f.* [LASCIVVS+-IA]

1 Frisking, play, sport.

piscium ~am PAC.*trag.*409; pars in iuuenales lusus ~amque uersi LIV.37.20.5; catulos..emitti non oportet nisi.. lusus ac ~ae causa COL.7.12.12; pecora exultantia et indecora ~a ludentia PLIN.*Nat.*18.364; TAC.*Ger.*24.2; PLIN.*Ep.*9.33.9;—(*facet.*) gymnasium flagri, salueto..—o uirgarum ~a PL.*As.*298.

2 Playfulness, fun, jollity, jesting.

non..hilaritate nec ~a nec risu aut ioco CIC.*Fin.*2.65; caput..plexis redimire coronis..~a laeta monebat LUCR. 5.1400; ex summa laetitia atque ~a..repente omnis tristitia inuasit SAL.*Cat.*31.1; cum per ludos ab Sabinorum iuuentute per ~am scorta raperentur LIV.2.18.2; per ~am ad certamen luctandi accensis TAC.*Hist.*2.68; Vettium Valentem ~a in praealtam arborem conisum *Ann.*11.31; si quid per ~am et non data opera..factum sit GAIUS *Inst.*3.202; (*cf.*) nec alibi maior naturae ~a PLIN.*Nat.*11.123.

3 Unruly or licentious behaviour. **b** sexual freedom, wantonness. **c** (of style) lack of restraint, indiscipline.

ut eius animum, qui nunc luxuria et ~a diffluit, retundam TER.*Hau.*945; militibus, quos..soluto imperio licentia atque ~a corruperat SAL.*Jug.*39.5; ne aut impunitas eorum ~a superbiaque aut bello poenae expetitae..concirent finitimos populos LIV.8.29.3; ~am a uobis prohibetote 23.11.3; hanc maledicendi ~am QUINT.*Inst.*9.2.76; theatralem populi ~am seueris edictis increpuit TAC.*Ann.*11.13. **b** adulescenti..pleno amoris ac ~ae PL.*Trin.*751; Aegipanum Satyrorumque ~a PLIN.*Nat.*5.7; feminae..non per ~am, ut Messalina, rebus Romanis inludenti TAC.*Ann.*12.7; modestiam praeferre et ~a uti 13.45;—(*in writings*) cur in nostra nimia est ~a Musa? OV.*Tr.*2.313; elegorum ~as TAC. *Dial.*10.4. **c** argumentum est luxuriae publicae orationis ~a SEN.*Ep.*114.2; recentis huius ~ae flosculis capti QUINT. *Inst.*2.5.22; 10.1.43; ~a uerborum TAC.*Dial.*26.2.

lasciuibundus ~a ~um, *a.* [next+-BVNDVS] Frisky, frolicsome.

quidnam dicam Pinacium ~um tam lubentem currere? PL.*St.*288ᵃ.

lasciuiō ~īre ~iī ~ītum, *intr.* [LASCIVVS+-IO²]

1 To frisk, frolic, gambol.

~ire pecus LUCIL.212; dum sacris operata deae ~it *Ciris* 142; angues..~ientium piscium modo exsultasse LIV.27. 4.13; agnus ~it fuga OV.*Met.*7.321; SEN.*Ag.*454; delphini ..~ientes PLIN.*Nat.*18.361; quamuis alis quiescentibus extimae plumulae..inquieta ~iunt APUL.*Met.*5.22; 6.6; (*cf.*) ~iente pyrriche conludere (elephantos) PLIN.*Nat.*8.5.

2 To indulge in frivolity or levity, play, sport.

alia ludibria regum in mari ~ientium SEN.*Ben.*7.20.3; illi ex professo ~iunt, hi agere ipsos aliquid existimant *Ep.*49.5; nulli potest facilius esse loqui quam rerum naturae pingere, ~ienti praesertim et..ludenti PLIN.*Nat.*21.1; dilecto uolo ~ire sodali STAT.*Silv.*1.5.9; censor eum, quod intempestiue ~isset, in aerarios rettulit GEL.4.20.6; APUL.*Met.*8.24.

3 To act without restraint, be lax or undisciplined, run riot. **b** (in erotic contexts). **c** (of writers or their style).

licet..~ire, dum nihil metuas CIC.*Rep.*1.63; ~ire magis plebem quam saeuire LIV.2.29.9; nepotem..inter pueriles iocos petulantius ~ientem feriet SEN.*Con.*9.5.7; numquam uacat ~ire districtis SEN.*Ep.*56.9; otiosae porro armatorum manus facile ~iunt TAC.*Ger.*44.4; ne nouus populus nimia pecunia ~iret *Ann.*16.1. **b** nec non ~it amores in uarios MAN.5.321; pecudes..~iunt in uenerem COL.6.24.2; ut eandem ciuitatem et furere crederes et ~ire TAC.*Hist.*3.83; iam mea Lampsacio ~it pagina uersu MART.11.16.3; ut.. in greges equinos ~iens discurrerem APUL.*Met.*7.14. **c** ne ..~iat (narratio) QUINT.*Inst.*2.4.3; ut Ouidius ~ire in Metamorphosesin solet 4.1.77; 11.1.56; corruptum dicendi genus, quod..puerilibus sententiolis ~it 12.10.73.

lasciuiter, *adv.* [LASCIVVS+-TER²] = LASCIVE.

~..ludunt LAEV.*poet.*5.

lasciuolus ~a ~um, *a.* [next+-OLVS] Playful, sportive.

manu ~a ac tenellula LAEV.*poet.*4.

lasciuus ~a ~um, *a. compar.* ~ior, *superl.* ~issimus. [cf. Skt. *lasati*; Gk. λιλαίομαι; OIr. *lainn* 'greedy', Goth. *lustus*, etc.]

1 Playful, frisky, frolicsome.

~um Nerei simum pecus ANDR.*trag.*5; quod caprae ~ae et quae dispargant se VAR.*R.*2.3.9; noua proles..teneras ~a per herbas ludit LUCR.1.260; florentem cytisum sequitur ~a capella VERG.*Ecl.*2.64; STAT.*Theb.*5.612; ad quod ~i ludebant ruris alumni JUV.11.98; (*cf.*) cum ~um sternet harena Forum (*i.e. for gladiatorial shows*) PROP.4.8.76.

2 Given to levity or frivolity.

ne potum largius aequo rideat et pulset ~a decentius aetas HOR.*Ep.*2.2.216; malo me Galatea petit, ~a puella VERG.*Ecl.*3.64; Siculi..ut sunt ~i atque dicaces CAEL.*orat.* 34; in uino praecipue ~a (auis, *sc.* psittacus) PLIN.*Nat.* 10.117;—(*of words*) ludentem ~a (decent) HOR.*Ars* 107; in..cotidiano sermone ~a humilibus, hilaria omnibus conuenient QUINT.*Inst.*6.3.28.

3 Unruly, mischievous, naughty.

naturale saepimentum..praetereuntis ~i non metuet facem ardentem VAR.*R.*1.14.1; et Epicratem suspicor.. ~um fuisse CIC.*Att.*2.3.1; uellunt tibi barbam ~i pueri HOR. *S.*1.3.134; quorum ~ior unus, 'arripite hunc,' inquit PROP. 2.29.7; quid..tibi, ~e puer, cum fortibus armis? OV.*Met.* 1.456; nec..meditata..uerba locutus quaesisti ~us erum STAT.*Silv.*2.1.75.

4 Free from restraint in sexual matters.

Telephum..occupauit..puella diues et ~a HOR.*Carm.* 4.11.23; *S.*2.7.50; ~i..scripta Catulli PROP.2.34.87; cum modo me spectas oculis, ~e, proteruis OV.*Ep.*16.77; ~e Properti MART.8.73.5;—(*of actions, etc.*) ~os amores HOR. *Carm.*2.11.7; hic mihi ~a gaudia nocte dedit OV.*Rem.*728; ~a..carmina *Tr.*5.1.15; ~a est nobis pagina, uita proba MART.1.4.8; ~issimis syntonorum modis saltat QUINT.*Inst.* 9.4.142; ~a oscula TAC.*Ann.*14.2; quotiens ~um interuenit illud ζωὴ καὶ ψυχή JUV.6.194; ~issimarum picturarum SUET. *Tib.*43.2.

5 (of style) Extravagant, unrestrained.

splendida oratio et magis ~a quam laeta SEN.*Con.*2.pr.1; ~us..in herois quoque Ouidius QUINT.*Inst.*10.1.88; Ouidius utroque ~ior, sicut durior Gallus 10.1.93; infamiam nimis ~ae orationis et nitidae GEL.12.2.9.

lāser ~eris, *n.* **lāsar.** [app. altered and abbreviated from *lac sirpicium* (see LAC and SIRPE) owing to wrong analysis (*piceus*) and influenced by *piper, siser*, etc.]

1 A strong-smelling resinous gum produced from the *silphium* plant, asafoetida.

nec Cyrenis in ferulis ~er nasceretur VITR.8.3.13; ~ere linguam ipsam linere CELS.4.4; Syriacum ~er COL.12.59.5; silphion..cuius sucus ~er uocatur PLIN.*Nat.*19.38; 22.101; LARG.175; carnes ~ere infectas APUL.*Met.*10.16; (*facet. applied to a person*) uale mi ebenum Medulliae..~ar Arretinum, adamas Supernas AUG.in Macr.*S.*2.4.12.

2 The plant which produces this, *silphium.*

paucas radiculas ~eris COL.12.7.4; ager..fertilis..frugibus tantum, mox..~ere modo PLIN.*Nat.*5.33; ~eris radix LARG.197.

lāserpīciārius ~a ~um, *a.* [LASERPICIVM+ -ARIVS] Dealing in asafoetida; (in quot., as title of a mime, perh.) the seller of asafoetida.

de ~o mimo canticum extorsit PETR.35.6.

lāserpīciātus ~a ~um, *a.* [next+-ATVS²] Flavoured with asafoetida.

permisceto lentim aceto ~o CATO *Agr.*116; PLIN.*Nat.* 18.308; 20.34.

lāserpīcium ~(i)ī, *n.* **lāserpītium.** [app. from *lac sirpicium*, see LASER]

1 Asafoetida.

eo ~i libram pondo diluont PL.*Ps.*816; *Rud.*630; ~ium aceto diluito CATO *Agr.*116; ~ium pro pulmentario habet *hist.*74; PLIN.*Nat.*20.141.

2 The plant which produces this, *silphium.*

radix, quam Graeci σίλφιον uocant, uulgus autem nostra consuetudine ~ium appellat COL.6.17.7; PLIN.*Nat.*16.143; 19.38.

Lasēs ~um, *m. pl.*: old form of pl. of LAR.

lassescō ~ere, *intr.* [LASSVS+-ESCO]

1 To become tired, grow weary; (of plants) to flag.

non ~ere in ullo labore qui neruos ex alis..gruis habeant PLIN.*Nat.*30.149;—fertilitate sua absumi, si non praepinguis soli ubertas ~entem (uitem) sustineat 14.33.

2 (transf.) To become exhausted, fail.

ne ~at fortuna metus est PLIN.*Nat.*7.130; ut ~eret aliquando pro me iusta miseratio [QUINT.]*Decl.*17.3; priusquam..~eret luctus APUL.*Met.*8.8.

lassitūdō ~inis, *f.* [LASSVS+-TVDO] Tiredness, weariness, fatigue. **b** mental fatigue.

~ine inuaserunt misero in genua flemina PL.*Epid.*670; *St.*336; ~o poplitum ACC.*trag.*456; postquam illos artius iam ut ex ~ine dormire sensit CIC.*Inv.*2.14; cursu ac ~ine exanimatos CAES.*Gal.*2.23.1; neque frigus neque ~inem opperiri SAL.*Cat.*13.3; cum..fluere iam ~ine uires sentirent LIV.7.33.14; ~o, quae citra fatigationem sit CELS. 1.2.7; PLIN.*Nat.*28.102; APUL.*Met.*4.24; (*w. gen. of cause*) ab armorum equitandiue ~ine PLIN.*Nat.*23.52;—(*pl.*) ~ines corporis..minuit (puleium) 20.154; 20.192; 22.32;—(*as a term of abuse*) ~o conseruum, rediuiae flagri! TITIN.*com.*131; —(*transf.*) defectiones siderum laboresque narrantur, nuntiantur origo tempestatum, ~o uentorum [QUINT.]*Decl.* 4.14. **b** nulla ~o impedire officium et fidem debet CIC. *Fam.*12.25a.6; sentire ingenii ~inem, quae non minor est quam corporis, sed occultior SEN.*Con.*1.pr.15; fallitur, quisquis illam de moribus senis ~inem uel patientiam sperat [QUINT.]*Decl.*17.2.

lassō ~āre ~āuī ~ātum, *tr.* [LASSVS+-O³]

1 To make tired, tire, weary. **b** (refl. and pass.; also w. parts of one's body as obj.).

cum furtiuo iuuenem ~auerit usu TIB.1.9.55; nec..~asset uiduas pendula tela manus OV.*Ep.*1.10; sed labor insolitus iam me ~auit *Met.*10.554; exercitationes..quae corpus.. sine mora ~ent SEN.*Ep.*15.4; donec ~auit hiantis lux oculos STAT.*Theb.*5.483; portantem ~abat Romulus Accam *Silv.* 2.1.100; ~at..quod contra consuetudinem, seu molle seu durum est CELS.1.3.9. **b** hic se diebus noctibusque ~auit SEN.*Ben.*7.14.6; (*poet.*) neuter (amnis) longo se gurgite ~at LUC.5.466;—in mare ~atis uolucris uaga decidit alis OV.*Met.*1.308; in molli nequiquam ~or harena 2.577; animus..magnitudinem eius sequendo ~atus est SEN.*Ep.* 118.17; litoreis miles ~atur harenis LUC.9.296; (*w. ret. acc.*) adsidua Tiphys uultum ~atus ab Arcto V.FL.1.419;—(*poet.*) nec magis..Magnus..quieuit, quam mare ~atur LUC.6.265; 9.453;—ubi iam nostris ~auit bracchia plagis PROP.4.8. 67; iam satis inualidos calamo ~auimus artus OV.*Ep.*20. 245; laeuam..~auerat CURT.9.5.1; sonantia ~ant ora canes STAT.*Theb.*1.550.

2 a (of an occupation) To use up all the energy of, wear out. **b** (poet.) to wear down (things) with constant use. **c** to wear down (adverse conditions).

a ~abant agiles aspera bella uiros OV.*Fast.*2.516; urbs quoque te et legum ~at tutela tuarum *Tr.*2.233; cuius patrimonium tabularios ~at SEN.*Ep.*88.10; supplicibus dominum ~are libellis desine MART.8.31.3; nec ~ata uoco totiens mihi numina Musas STAT.*Silv.*1.5.2. **b** quae ~arit arando, aequora OV.*Am.*2.10.33; cuspide fraterna ~atum in saecula fulmen adiuuit LUC.5.621; ipse grauis fluctus clauumque audire negantem ~at agens Tiphys STAT. *Theb.*5.413; surdas..foris et limina ~at 9.723; ferrum ~atur in usus innumeros *Ach.*1.420. **c** sidus Hyperborei solitus ~are Bootae MART.4.3.5; discrimina humana ~aui [QUINT.] *Decl.*17.12.

3 To tire by satiety, weary.

infelicem animum..uoluptate ~amus SEN.*Nat.*4a.pr.2; —(*pass.*) ~ata triumphis desciuit Fortuna tuis LUC.2.727; ~are et disce sine armis posse pati 5.313; ~atum fluctibus aequor ut uidere duces 5.703; (*w. inf.*) ~abar in tot oscula et tantum gregem diuidere matrem SEN.*Tro.*959.

4 a To impair the strength or power of, weaken, enfeeble (inanim. things). **b** to exhaust, tire (appetites, efforts, etc.).

a nunc breuius ~ata manent, nunc longius astra MAN. 4.855; alterum (aedificium) fundamenta ~arunt in mollem et fluuidam humum missa SEN.*Ep.*52.5; ubi ~ata cum siderum ui Ripaeorum montium iuga deficiunt PLIN.*Nat.* 6.34; Pallas aegide terrifica, quam nec dea ~at habendo nec pater V.FL.6.174. **b** tam cito ~atae preces tuae sunt? SEN.*Con.*7.7.6; haec aetas..iam uitia..~auit; non multum superest ut extinguat SEN.*Ep.*68.13; epulis Bacchoque.. ~ata uoluptas LUC.10.172; ne iudicum intentio multis nominibus..~aretur PLIN.*Ep.*3.9.9.

lassulus ~a ~um, *a.* [next+-VLVS] Tired, weary.

ut domum..tetigere ~ae CATUL.63.35.

lassus ~a ~um, *a.* [< **lad-tos*; cf. Goth. *lats*, AS. *læt*, Eng. *let*, Gk. ληδεῖν (Hesych.), etc.]

1 Tired, weary, exhausted. **b** (of parts of the body). **c** characterized or accompanied by weariness, weary.

~us sum hercle e naui, ut uectus huc sum PL.*Am.*329; uigilabis ~us TER.*Eu.*221; CATO *Agr.*5.4; HEVS TV VIATOR ~E *CIL* 1.2138.4; subiectat ~o stimulos HOR.*S.*2.7.94; uetus dictum est a ~o rixam quaeri SEN.*Dial.*5.9.5;—(*w. abl.*) operi foris faciendo ~us PL.*As.*873; lacrimis ~i luctuque LUCR.6.1248; ~os itinere ac proeliando milites *B.Alex.*30.2; (*in fig. phr.*) rectum iter, quod sero cognoui et ~us errando SEN.*Ep.*8.3;—(*w.* de) magnam cum ~us diei partem fuisset de summis rebus regundis ENN.*Ann.*236; (*w.* ab) equo..~us ab indomito HOR.*S.*2.2.10. **b** uerbis ~as onerantibus auris HOR.*S.*1.10.10; sum..stomachum 2.8.8; ~a..uersantes supremo lumina motu OV.*Met.*7.579; effugientem animam ~os collegit in artus LUC.3.623; ~o.. famelica collo iumenta JUV.14.146; (*w. inf.*) an nondum est talos mittere ~a manus? PROP.2.33.26;—(*poet.*) ~o.. papauera collo demisere caput VERG.*A.*9.436; PETR.132.11, l.3. **c** dulce uiatori ~o in sudore leuamen CATUL.68.61; senectus ~ae aetatis, non fractae nomen est SEN.*Ep.*26.1; ~o..aeuo SIL.11.323; ~a suspiria [QUINT.]*Decl.*5.14.

2 (poet., of things).

(*of soil, plants, etc.*) fructibus assiduis ~a senescit humus OV.*Pont.*1.4.14; putres robore trunci..templa deorum iam ~a radice tenent LUC.9.968; protinus a uindemia putari (uites) et ~as etiamnum fructu edito inprobatur PLIN.*Nat.* 17.210;—(*of currents, waves, etc.*) Maeandros..qui ~as in se saepe retorquet aquas OV.*Ep.*9.56; ~us tumor in litore ipso spumat SEN.*Her.O.*732; ponunt hic ~a furorem aequora STAT.*Silv.*2.2.26;—(*of fire*) parabat saeuior in ~os ire sinistra focos MART.8.30.8; STAT.*Theb.*10.926;—(*of other things*) ~o quod hesterni spirant opobalsama drauci MART. 11.8.1; qua molle sedens in plana Cithaeron porrigitur ~umque (*i.e. gently sloping*) inclinat ad aequora montem STAT.*Theb.*1.331; fecundam ~o Nioben consumpserat arcu 9.682; auras..spatio ipso ~as et infractas PLIN.*Ep.*5.6.14.

3 Mentally fatigued, sick, tired. **b** (transf., of activities, attitudes, etc.).

ita me Amor ~um animi ludificat PL.*Cist.*215; ~us cura confectus stupet TER.*An.*304; ~am deserit mentem quies SEN.*Her.O.*1430;—(*w. abl.*) ~us iam sum durando miser PL.*Truc.*327; adsiduo gaudio ~us PLIN.*Nat.*37.3; (*w. gen. construed* ἀπὸ κοινοῦ *w.* modus) sit modus ~o maris et uiarum militiaeque HOR.*Carm.*2.6.7;—(*w. inf.*) nec fueris nomen ~a uocare meum PROP.2.13.28; 2.15.46. **b** neue malis pietas sit tua ~a meis OV.*Pont.*4.8.8; clementiam non uoco ~am crudelitatem SEN.*Cl.*1.11.2; ~o iacuit deserta furore LUC. 1.695; cum sponsio fabulaeque ~ae de Scorpo fuerint et Incitato MART.11.1.15.

4 *res* ~*ae*, Misfortune, distress, trouble; (also neut. pl. as sb.).

uenimus hinc ~is quaesitum oracula rebus VERG.*G.*4.449;

respicis antiquum ~is in rebus amicum OV.*Pont.*2.3.93; SEN.*Her.F.*646;—nemo desperet meliora ~is *Thy.*616.

lastaurus ~ī, *m.* [Gk. λάσταυρος] A catamite.
Sallustium..~um et lurchonem et nebulonem popinonemque appellans SUET.*Gram.*15(p.112Re).

lāta ~ae, *f.* [LATVS¹, sc. *purpura*] The broad purple stripe on the tunic worn by men of senatorial rank; (= *latus* CLAVVS).
cum ~a candidatus noster designatus aedilis VAR.*R.*3.17.10.

latacē ~ēs, *f.* [app. Gk.] The name of a herb with supposed magical properties.
~en dari solitam a Persarum rege legatis, ut..omnium rerum copia abundarent PLIN.*Nat.*26.18.

lātē, *adv.* *compar.* ~ius, *superl.* ~issimē. [LATVS¹+-E]

1 Over a large area, widely. **b** *longe ~eque* (and sim.), far and wide. **c** (w. measurements) in extent.
~e specus intus patebat ENN.*Ann.*440; ~ius demumst operae pretium iuisse PL.*Mos.*842; tantum bellum..tam ~e diuisum atque dispersum CIC.*Man.*31; uestrum imperium, quod ~issime patet *Agr.*2.35; quam ~e paruus aquai prata riget fons LUCR.5.602; maximam putant esse laudem quam ~issime a suis finibus uacare agros CAES.*Gal.*4.3.1; Germani ~ius uagabantur 4.6.4: ~e explorare omnia SAL.*Jug.*46.6; populum ~e regem VERG.*A.*1.21; ~ius regnes HOR.*Carm.*2.2.9; dum se cornua ~ius pandunt LIV.2.31.2: ~e populati sunt tecta agrosque 4.59.3; Hadriacum..patens ~e OV.*Fast.*4.501; imponitur lana circumdatum, ne urat ~ius PLIN.*Nat.*27.77; inde ~e terror TAC.*Hist.*2.8. **b** ~e longeque transtros nostros feruere NAEV.*trag.*49; uagabitur ..tuum nomen longe atque ~e CIC.*Marc.*29; Pythagorae..doctrina cum longe ~eque flueret *Tusc.*4.2; omnibus longe ~eque aedificiis incensis CAES.*Gal.*4.35.3; longe saltus ~eque uacantis VERG.*G.*3.477; LIV.8.25.4. **c** aquam..et circa eam aquam ~e decem pedes exceperat PAUL.*dig.*8.3.30.

2 (transf.) Over a wide range, extensively, widely; *~e patere*, to cover a wide field, have a wide application. **b** (of speaking, writing, research, etc.).
meus hic forensis labor..demanauit ad existimationem hominum paulo ~ius commendatione ac iudicio meorum CIC.*Cael.*6; hanc beniuolentiam tam ~e longeque diffusam *Leg.*1.34; quo fuga atque formido ~ius cresceret SAL.*Jug.*55.7; Ofellum integris opibus noui non ~ius usum quam nunc accisis HOR.*S.*2.2.113; ne ~ius..serperet res LIV.28.15.16; nulli non initium uerecundum est et exorabile, sed ab hoc ~ius funditur SEN.*Ep.*116.2;—tertius ille modus transferendi uerbi ~e patet CIC.*de Orat.*3.155; hoc C. Caesaris iudicium..quam ~e pateat attendite *Marc.*13; ~e..patet hoc uitium et est in multis *Fam.*3.6.4; liberalitas tua..~ius in prouincia patuit 3.8.8; societas est..~issime quidem quae pateat, omnium inter omnes *Off.*3.69; Africani ..humanitas speciose ~eque patuit V.MAX.5.1.6; damni infecti stipulatio ~ius patet POMPON.*dig.*39.2.39.2. **b** facultatem..fuse ~eque dicendi CIC.*Orat.*113; haec ad eum ~ius atque inflatius Afranius perscribebat CAES.*Civ.*2.17.4; hisce tibi in rebus ~e est alteque uidendum..ut reminiscaris summam rerum esse profundam LUCR.6.647; ~ius rogandum censebat LIV.38.54.7; i nunc et Phrygiae ~e primordia gentis..refer OV.*Ep.*16.57; quia ~ius hoc opus aggressi sumus QUINT.*Inst.*6.4.3; ille (*sc.* Demosthenes) concludit adstrictius, hic (*sc.* Cicero) ~ius 10.1.106.

3 (of pronunciation) Amply, fully; (in quots., referring to the quality of semivocalic, as opposed to vocalic, *i*).
ea syllaba productius ~iusque paulo pronuntiata GEL.4.17.8; ipsa natura I litterae est ut interiecta uocalibus ~ius enuntietur VEL.gram.in *G.L.*7.55.

latebra ~ae, *f.* (esp. pl.) [LATEO; for term. cf. *palpebrae*, *tenebrae*, etc.]

1 A place chosen for concealment, hiding-place. **b** the hole, lair, etc., of an animal or other wild creature. **c** a hidden place, recess, etc., in which a thing is lodged.
non metuo ne quisquam inueniat, ita probe in ~is situmst (aurum) PL.*Aul.*609; in ~as fugerunt POMPON.*com.*192; cum ignauiae ratio te in fugam atque in ~as impelleret CIC.*Rab.Perd.*22; CAES.*Gal.*6.43.6; VERG.*G.*4.423; neque aliae ~ae quam Capua desertoribus erant LIV.23.18.16; aperta erat regio, sine ullis ad insidias ~is 27.12.8; LUC.10.28; ~is quibus abdere temptas euersorem Asiae? STAT.*Ach.*1.529; ut quis reperiebatur in publico aut per ~as TAC.*Ann.*11.32;—(*sg.*) in quibus (*sc.* balneis) non inuenio quae ~a togatis hominibus esse posset CIC.*Cael.*62; hac uelut ~a insidiarum freti LIV.10.32.7; OV.*Met.*3.443; quae ~a est, in quam non intret metus mortis? SEN.*Ep.*82.4; TAC.*Ann.*4.69. **b** ducere de ~is serpentia saecla ferarum LUCR.6.766; curuis frustra defensa ~is uipera VERG.*G.*3.544; effossis..~is sub terra fouere larem (apes) 4.42; [TIB.]3.9.9; LIV.30.13.7; petit~as fetae catulosque leaenae OV.*Fast.*5.177; LUC.2.153. **c** redit..in ~as acer corrupti corporis umor LUCR.3.503; tum ~as animae pectus mucrone recludit VERG.*A.*10.601; ulterior tamen inuenta ~a est SEN.*Her.O.*1264; imas animae mucrone corusco scrutatus ~as STAT.*Theb.*1.615; ~as tamen inguinis alte missile..hausit 8.585; intra baltei sui ~as FLOR.*Epit.*2.30(4.12.38);—(*sg.*) ense secent lato uulnus telique ~am rescindant penitus VERG.*A.*12.389;—(*fig.*) in ~as apscondas (stultitiam) pectore penitissumo PL.*Cist.*63; possum omnis ~as suspicionum peragrare dicendo CIC.*Cael.*53; cum in animis hominum tantae ~ae sint et tanti recessus *Marc.*22; occultam iam et insidiosum malum, perfidia, ~is suis extrahatur V.MAX.9.6; si iuris anfractus aut eruendae ueritatis ~as adire cogetur (oratio) QUINT.*Inst.*12.9.3.

2 A place of escape, refuge; (w. gen.) a refuge (from). **b** (transf.) a means of evasion, loop-hole, subterfuge.
hae ~ae dulces..incolumem tibi me praestant HOR.*Ep.*1.16.15; ut se non Ponti neque Cappadociae ~is occultare uelit CIC.*Man.*7; quamuis paruis Italiae ~is contentus essem *Fam.*2.16.2; TAC.*Ann.*2.45; (*sg.*) intra hortorum ~am SEN.*Ben.*4.13.1;—imbris petitam ~am..sepulcrum habuit V.MAX.9.12.ext.10; cedendum est bellis, quorum tibi tuta ~a Lesbos erit LUC.5.743. **b** ut mihi relinquam ~as VAR.*L.*10.13; ipsa..actio multas ~as habet SEN.*Con.*1.pr.21;—(*sg.*) illam ~am tollere: 'damnum iniuria' CIC.*Tul.*11; non ~a danda populo *Leg.*3.34; si 'tuam' (uillam) dicerem, ~am haberes *Fin.*2.107; te mirificam in ~am coniecisti *Div.*2.46.

3 A means of concealing an action, situation, etc.; an obscure expression, difficulty.
uideant, ne quaeratur ~a periurio CIC.*Off.*3.106; ~as uitiis nox dabit ipsa tuis OV.*Ars* 3.754; ~am rebus occultis negans SEN.*Oed.*362; fuere qui..audaciam pro ~a haberent TAC.*Hist.*3.73;—(*w. gen.*) periere ~ae scelerum LUC.4.192; qui hanc scribendi ~am (*i.e. secret code*) parabant GEL.17.9.4;—pandere docti carmina Battiadae ~asque Lycophronis arti STAT.*Silv.*5.3.157.

4 The action of hiding, concealment; the eclipse (of the moon).
fuga et triduo in palude aegroti..~a PLIN.*Nat.*7.148; tot arbores..ab emersu earum (*sc.* serpentium) ad ~am usque uernantes 22.95; iuuentus dat poenas ~ae SIL.12.301; ~a inminens exitium differebat (Piso) TAC.*Hist.*1.43; cum latere posse id peccatum putarent inpunitatemque ex ea ~a sperarent GEL.12.11.4;—solis..defectus lunaeque ~as LUCR.5.751.

latebricola ~ae, *m.* [prec.+-COLA] One who skulks in concealment.
~arum hominum corruptor blandus PL.*Trin.*240.

latebrōsē, *adv.* [next+-E] In hiding, secretly.
neque ~ me aps tuo conspectu occultabo PL.*Trin.*278.

latebrōsus ~a ~um, *a.* *compar.* ~ior. [LATEBRA+-OSVS]

1 Abounding in hiding-places, offering means of concealment, secret.
huic aetati non conducit..~us locus PL.*Bac.*56; illa uia ~ior, qua spectatum ille ueniebat CIC.*Sest.*126; dulces ~o in pumice nidi VERG.*A.*5.214; LIV.21.54.1; ~ae tempora noctis LUC.6.120.

2 Lurking in concealment, hidden.
~a..flumina (*i.e. the sources of the Nile*) VERG.*A.*8.713; perdidit pestem ~a serpens SEN.*Oed.*152; haec durae ~a cubilia nymphae STAT.*Silv.*2.3.44.

latens ~ntis, *a.* [pple. of LATEO] In senses of vb., esp.:

1 Concealed, hidden.
in promptu corpus quod cernitur aegret, cum tamen ex alia laetamur parte ~nti LUCR.3.107; in saxa ~ntia VERG.*A.*1.108; nec ~ntis classe cita reparauit oras HOR.*Carm.*1.37.23; gemitu..~nti LUC.1.257; mundi..~ntis (*i.e. the underworld*) 6.649; laeuis manibus ~ntibusque induit (anulos) PLIN.*Nat.*33.13.

2 Not revealed, secret; *in ~nti*, in secret.
cum parua re et saepe uerbo res obscura et ~ns inlustratur CIC.*de Orat.*2.268; multa licet sermone ~ntia tecto dicere OV.*Ars* 1.569; tradit..~ntia uerba *Met.*9.573; ex qualibet causa..siue ~nte et occulta siue manifesta LARG.101; numquam apta ~nti turba dolo STAT.*Theb.*10.242; est..~ns quaedam in hoc ratio et inenarrabilis QUINT.*Inst.*11.3.177;—ceteri..in ~nti ius ciuile retinere cogitabant POMPON.*dig.*1.2.2.35.

latenter, *adv.* *compar.* ~tius.

1 Without being perceived, in concealment.
cum..uersipelles..~ter adrepant APUL.*Met.*2.22; nouaculam..~ter absconde 5.20; 6.14; 9.5.

2 Secretly, privately.
obscura causa et ~ter efficitur CIC.*Top.*63; ~tius potuit abditum aliqua in parte panis (fallere uenenum) *Clu.*173; si res est anceps ista, ~ter ama OV.*Pont.*3.6.60; iis diuenditis peculium ~ter augere APUL.*Met.*10.14.

lateō ~ēre ~uī, *intr.*, (*tr.*). [prob. connected w. Gk. λήθω, λανθάνω]

1 To go into or be in hiding, hide, skulk, lurk. **b** (of inanim. things).
omnes sub arcis, sub lectis ~entes metu mussitant PL.*Cas.*664; neque quo fugiam neque ubi ~eam..scio 875; ~ere in occulto atque ignauiam suam tenebrarum ac parietum custodiis tegere CIC.*Rab.Perd.*21; nocte ~ent fures CATUL.62.34; qui in siluis abditi ~ebant CAES.*Gal.*2.19.6; ~ebat..apud P. Volumnium NEP.*Att.*10.2; ~et anguis in herba VERG.*Ecl.*3.93; Lunam..post magna ~ere sepulcra HOR.*S.*1.8.36; hostilium..nauium portu ~ent puppes *Epod.*9.19; in tentoriis ~entes LIV.22.60.22; consciorum nemo..aut ~uit aut fugit 24.5.14; pisce Venus ~uit (*i.e. was disguised as*) OV.*Met.*5.331; quae animalium ~ere certis temporibus diximus PLIN.*Nat.*11.224; pone uiros atque arma ~ens STAT.*Theb.*9.134; (*impers.*) tibi igitur hoc censeo, ~endum tantisper ibidem CIC.*Fam.*9.2.4. **b** ubi tandem istud ~et quod tu de tua pecunia dicis impensum? CIC.*Ver.*5.47; occultat pecuniam Postumus, ~ent regiae diuitiae *Rab.Post.*45; telum, quod ~ebat, protulit NEP.*Dat.*11.4; (*cf.*) aut aliquis ~et error; equo ne credite, Teucri VERG.*A.*2.248.

2 To take refuge, shelter.
his quoniam ~uisset tutus in oris VERG.*A.*8.323; classem, quae lateri castrorum adiuncta ~ebat 9.69; effusa si quando grandine nimbi praecipitant..tuta ~et arce uiator 10.805; minuta plebes facili praesidio ~et PHAED.4.6.13; (*w. ab*) tenebris a caede ~entem OV.*Ib.*621;—(*fig.*) haec forensis laus et industria ~et in tutela ac praesidio bellicae uirtutis CIC.*Mur.*22; sub umbra uestri auxilii ~ere uolunt LIV.32.21.31.

3 To be out of sight, be invisible.
portus..curuatus in arcum, obiectae salsa spumant aspergine cautes, ipse ~et VERG.*A.*3.535; lumen..ingens quod torua solum sub fronte ~ebat 3.636; luna quater ~uit OV.*Ep.*2.5; nigra sub inposito marmore terra ~et *Med.*8; siqua ~ent, meliora putat *Met.*1.502; cur Phrygii ~eat coma flaminis STAT.*Silv.*5.3.183; (*w. dat.*) hosti..propinquo Roma ~et SIL.12.615;—(*w. abl.*) crine ~ent umeri STAT.*Theb.*7.655; ~uerunt puluere ripae 9.231; fulgure claro astra ~ent 10.375; pectora palla tota ~ent 12.538.

4 To keep out of the public eye, live in obscurity, lie low; (of things) to attract little attention, remain uncelebrated.
quod adsequemur et tacendo et ~endo CIC.*Att.*13.31.3; quodam modo ~ebat, cum tamen per eum unum gererentur omnia NEP.*Eum.*7.3; tuta..cetera turba ~et OV.*Pont.*1.8.8; bene qui ~uit bene uixit *Tr.*3.4.25; Rutilius innocentiae pretium tulit in Asia ~ere SEN.*Ben.*5.17.2;—excudam aliquid Ἡρακλείδειον quod ~eat in thesauris tuis CIC.*Att.*15.27.2; non, si priores Maeonius tenet sedes Homerus, Pindaricae ~ent..Camenae HOR.*Carm.*4.9.6; nec origo ~et STAT.*Silv.*1.4.69.

5 To lie below the surface, be latent.
adest, adest fax obuoluta sanguine..multos annos ~uit ENN.*scen.*64; si ~et (memoria), euocanda est CIC.*de Orat.*2.360; quos uocas locos? — in quibus ~ent argumenta *Part.*5; ubi multa auare..facta uidebitis, ibi scelus quoque ~ere inter illa tot flagitia putatote *S.Rosc.*118; inest nescio quid et ~et in animo ac sensu meo *Leg.*2.3; tempore in uno..tempora multa ~ent LUCR.4.796; ingenium ingens inculto ~et hoc sub corpore HOR.*S.*1.3.34.

6 (of actions, facts, etc.) To be concealed, lie hidden. **b** (impers., w. acc. and inf., indir. qu.).
aliae (causae) sunt perspicuae, aliae ~ent CIC.*Top.*63; non mediocris res neque paruum sub hoc uerbo furtum..~et *Agr.*3.12; quaeratur num quae occultetur libido, num quod ~eat facinus *Sul.*78; quoniam sub nomine pacis bellum ~eret *Phil.*12.17; quae tantum accenderit ignem causa ~et VERG.*A.*5.5; sin altior istis sub precibus uenia ulla ~e 10.626; sub umbra Scipionis ciuitatem dominam orbis terrarum ~ere LIV.38.51.4; quae ~uere prius, multa reperta ferunt OV.*Fast.*4.114; extemplo ~uit mensura iacentum STAT.*Ach.*1.763; cetera non ~et hostis SIL.2.332; non ergo semper putemus optimum esse quod ~et QUINT.*Inst.*10.3.16; nec tum inminentia destinatae cladis signa ~uerunt FLOR.*Epit.*2.17(4.7.6); (*w. dat.*) licet et quomodo cumque inscripta sit, perito mensori non ~ebit HYG.GR.*agrim.*p.138;—(*w. indir. qu.*) nemo ciuis qualis sit uir potest ~ere [CIC.] *Sal.*3; locus..~ere potest, quatenus determinetur et definiatur ULP.*dig.*50.16.60.2. **b** non..~et lunam non suum propriumque habere lumen VITR.9.2.3; an..haec me Nasonem scribere uerba ~et? OV.*Pont.*1.7.4; aeque ~et non neglegendum, ne radices mora inarescant PLIN.*Nat.*17.85;—id qua ratione consecutus sit ~et NEP.*Lys.*1.2; neque diu ~uit..quid..passuri fuissemus VELL.2.125.1.

7 To escape notice or detection, be overlooked, go unobserved.
si primi..pedes sunt hac ratione seruati, medii possunt ~ere CIC.*de Orat.*3.191; quis..locus..tam fuit abditus ut ~eret? *Man.*31; ut nullum paulo fortius factum ~ere posset CAES.*Gal.*3.14.8; qui si quid forte ~eret indice monstraret digito HOR.*S.*2.8.25; uellet ~uisse manum STAT.*Theb.*8.719;—(*w. dat.*) ab aliqua coniuncta ui et potestate, quae et oculis et auribus ~ere soleant VAR.*L.*9.92; nil illi, toto quod fit in orbe, ~et OV.*Pont.*4.9.126; LUC.1.419;—(*w.* apud) quod ~ere apud nos minus quidem miror PLIN.*Nat.*22.14.

8 (tr.) To be unknown to, be hidden from.
semen..duplex, unum quod ~et nostrum sensum, alterum quod apertum VAR.*R.*1.40.1; nec ~uere doli fratrem Iunonis VERG.*A.*1.130; lumina..quorum me causa ~ebat OV.*Fast.*5.361; ~et plerosque..conpertum principibus doctrinae uiris, superiorum trium siderum ignes esse qui..fulminum nomen habeant PLIN.*Nat.*2.82; nec causae ~uere patrem STAT.*Theb.*7.154; absentibus ausint ista deis ~eantque Iouem 11.127; ne nos forte fugeret ~eretque subtilior huiuscemodi uerborum consideratio APUL.*Met.* 5.31; haec ..feralem Fortunae nutum ~ere non potuerunt 10.24; ne ..contractus eos, ad quos administratio pertineret, ~eret SCAEV.*dig.*26.7.47.2.

later ~eris, *m.* [cf. *latus²*, *lamina*]

1 A brick; *~eres ducere*, to make bricks. **b** (sg.) brickwork, bricks. **c** (prov. after Gk. πλίνθον πλύνειν) *~erem lauare*, to waste one's labour.
nihil mirum (uetus est maceria) ~eres si ueteres ruont PL.*Truc.*305; e ~eribus coctilibus..e ~eribus crudis VAR.*R.*1.14.4; quadrato ~ere *Men.*248; de strue ~erum CIC.*Att.*5.12.3; muniti parietes ~eribus exstruebant CAES.*Civ.*2.9.7; simplici ~erum ordine structos LIV.44.11.5; ~eribus coctis pluisse PLIN.*Nat.*2.147;—~erem qui ducit LUCIL.324; de ~eribus, qua de terra duci eos oporteat, dicam VITR.2.3.1; PLIN.*Nat.*35.170. **b** parietes ex ~ere CATO *Agr.*14.4; hoc in ~ere aut in caemento..patuit ualere CIC.*Div.*2.99; ~ere testaceo structum murum VITR.8.3.8; LIV.36.22.11; PLIN.*Nat.*19.178. **c** loquarne? incendam; taceam? instigem; purgem me? ~erem lauem TER.*Ph.*186; SEN.*Con.*10.pr.11.

2 A block, bar, ingot (of metal).
agere aetatem praepeditus ~ere forti ferreo PL.*Poen.*828; ~eres aureos VAR.*Men.*474; ~eres argentei atque aurei *in* NON.p.520M; PLIN.*Nat.*33.56; TAC.*Ann.*16.1.

laterālia ~ium, *n. pl.* [next] Saddle-bags.
pecuniam..in ~ibus condidit SCAEV.*dig.*32.102.

laterālis ~is ~e, *a.* [LATVS²+-ALIS] Of or on the side of the body, lateral.
~is dolor LUCIL.1314; aspicis, ut..alternat uitreas ~is cingula bullas? CALP.*Ecl.*6.41.

laterāmen ~inis, *n.* [app. LATER+-MEN] (pl.) Earthenware, pottery.
rare. .facit ~ina uasis adueniens calor eius (*sc.* fulminis) LUCR.6.233.

laterāria ~ae, *f.* [LATERARIVS, sc. *officina*] A brickworks, brick-kiln.
~as ac domos constituerunt primi Euryalus et Hyperbius PLIN.*Nat.*7.194.

laterārium ~(i)ī, *n.* [LATVS²+-ARIVS] A cross-beam, purlin, bridging.
ipsi autem (capreoli) ~iis circa fixis contineantur VITR. 10.14.3; 10.15.3.

laterārius ~a ~um, *a.* [LATER+-ARIVS] (of earth) Used for brick-making.
terra. .quam maxime ~a PLIN.*Nat.*19.156.

laterculus ~ī, *m.* **latericulus** (CAES.*Civ.* 2.9.2). [LATER+-CVLVS]

1 A small brick, tile; (also sg.) brickwork.
~is besalibus pilae struantur VITR.5.10.2; COL.8.14.1; coctilibus ~is PLIN.*Nat.*7.193;—contignationem. .~o astruxerunt CAES.*Civ.*2.9.2; murus instructus ~o coctili CURT. 5.1.25.

2 A brick-shaped mass, block; a hard cake or biscuit.
inde ~os facito, coquito in fornace CATO *Agr.*39.2; de eruo farinam facito. .postea facito ~os 109; (sal) qui in ~is adfertur PLIN.*Nat.*31.84; 36.68;—opsecro hercle, ut mulsa loquitur! — nil nisi ~os PL.*Poen.*325.

3 (surv.) A square piece of land, parcel.
quae centuriae nunc appellantur, id est plinthides, hoc est ~i HYG.*agrim.*p.78; ~i quadrati uti centuriae, per sena milia pedum limitibus inclusi p.85; SIC.FL.*agrim.*p.100.

latericium ~(i)ī, *n.* [next] Brickwork; (pl.) brick walls.
ne. .saxa ex catapultis ~ium perfringerent CAES.*Civ.* 2.9.4; utrum ~io an caementicio. .uelit aedificari VITR. 6.8.9;—uti ~ia struentes alligant eorum alternis coriis coagmenta 2.8.5; 2.8.9.

latericius ~a ~um, *a.* [LATER+-ICIVS¹] Made or constructed of brickwork, brick.
in domibus ~is VAR.*Men.*524; a turri ~a CAES.*Civ.*2.10.1; ~orum parietum structuras VITR.2.8.16; PLIN.*Nat.*35.172; marmoream se relinquere (urbem) quam ~am accepisset SUET.*Aug.*28.3.

latericulus ~ī, *m.*: see LATERCVLVS.

Lateritānus ~a ~um, *a.* Also **Lateritiānus, Lateriānus, Laterēsiānus.** The name of a prized variety of pear.
Lateritana COL.5.10.18; pira Lateritana 12.10.4; Laterиana PLIN.*Nat.*15.54; Lateresianum CLOAT.*gram.*10(Macr.*S.* 3.19.6).

latescō¹ ~ere, *intr.* [LATEO+-SCO] To become hidden, disappear.
hic Equus a capite et longa ceruice ~it CIC.*Arat.*631(385).

lātescō² ~ere, *intr.* [LATVS¹+-ESCO] To become broad, broaden out.
inde ~unt (costae) CELS.8.1.14; (ossa) paulatim. .~entia ad spinam tendunt 8.1.16; non in uentrem ~it, sed tenuem radicem deorsum agit (napus) COL.2.10.24.

latex ~icis, *m.* [Gk. λάταξ] GENDER: fem. ACC.*trag.*666.

1 Water.
(*sg.*) non calida ~ice lautus ACC.*trag.*666; ~icem pertusum congerere in uas LUCR.3.1009; excipiunt ~icem OV.*Met.* 3.171; nec tibi sunt fontes, ~icis nisi paene marini *Pont.* 3.1.17; spargere. .~icem STAT.*Silv.*2.3.48; fontem uitreo ~ice perlucidum APUL.*Met.*5.1;—(*pl.*) cedere squamigeris ~ices nitentibus aiunt LUCR.1.372; ~icum frugumque cupido 4.1093; securos ~ices et longa obliuia potant VERG. *A.*6.715; PROP.2.26.47.

2 Running water (stream, spring, etc.).
(*sg.*) Pierii ~icis decus *Culex* 18; ~ex a lapsu, profluens aqua dicitur PAUL.*Fest.*p.118M;—(*pl.*) circum ~ices gelidos CIC.*poet.*22.8(*Div.*2.63); montes. .spem faciebant. .occultos contineri ~ices LIV.44.33.2; ad ~ices deduxit Pallada sacros OV.*Met.*5.263; in ~ices mutor 5.636; occultos ~ices abstrusaque flumina quaerunt LUC.4.293; horrendos etenim ~ices, Stygia aequora STAT.*Theb.*1.290; (*fig.*) (Homeri) ex ore profusos omnis posteritas ~ices in carmina duxit MAN.2.9.

3 Liquid, juice.
(*wine*) uitigeni ~ices aquai fontibus audent misceri LUCR. 6.1072; ~ices. .Lenaeos VERG.*G.*3.509; ~icem. .Lyaeum *A.*1.686; ~icem. .meri OV.*Met.*13.653; nectar et ambrosiam, ~ices epulasque deorum *Pont.*1.10.11; Bacchi ~ices V.FL. 4.533; STAT.*Theb.*4.452;—(*oil*) Palladios. .~ices OV.*Met.* 8.725;—(*other liquids*) amarum absinthi ~icem LUCR.1.941; mellis constantior est natura et pigri ~ices magis 3.192; ~ices. .marruuii COL.10.355; sacrum ~icem (*i.e. blood*) percussa dedi SEN.*Med.*811.

lathyris ~idis, *f.* [Gk. λαθυρίς] (perh.) Caper spurge, *Euphorbia lathyris.*
~is folia habet multa lactucae similia PLIN.*Nat.*27.95.

Latiālis ~is ~e, *a.* Of Latium, Latin.
quis septemgeminae posuisset moenia Romae imperii ~e caput? STAT.*Silv.*1.2.192; altera Saturni referet ~ia regna, altera regna Numae CALP.*Ecl.*1.64.

Latiar ~āris, *n.* The festival of Jupiter Latiaris.
confectum erat ~ar (*s.v.l.*) CIC.*Q.fr.*2.4.2; (*cf.* MACR.*S.* 1.16.16).

Latiāris ~is ~e, *a.* Of Latium, Latin; (esp. as a cult title of Jupiter as worshipped on the Mons Albanus). **b** of Jupiter Latiaris; *collis* or *mons ~is*, the Mons Albanus.
accepisse Numam populi ~is habenas OV.*Met.*15.481;—ne Latinas indiceret Iouique ~i sollemne sacrum in monte faceret LIV.21.63.8; residens celsa ~is Iuppiter Alba LUC. 1.198; SUET.*Cal.*22.2; (*cf.*) amplitudo tanta est, ut conspiciatur a ~i Ioue (*i.e. his temple*) PLIN.*Nat.*34.43. **b** fulmen. .percussit ~e caput LUC.1.535;—tu. . ex tuo edito monte ~i, sancte Iuppiter CIC.*Mil.*85; collis ~is VAR.*L.*5.52.

latibulō ~āre *intr.* **~or,** ~ārī. [next+-O³] To lie in hiding, hide, lurk.
nocte ut opertus amictu ~et (~etur *codd.*) LAEV.*poet.*24; progredere et ne quis ~etur, prospice PUB.*com.*2; (*cf.* ~et et ~etur pro lateat NON.p.133M).

latibulum ~ī, *n.* [LATEO+-BVLVM]

1 A hiding-place. **b** a lair, den, hole, etc. (of wild creatures).
CIC.*Flac.*31; uolo aliquod emere ~um et perfugium doloris mei *Att.*12.13.2; illi quidem ~is suis clausi tenebantur PLIN.*Pan.*12.4; praedam absconditam ~is aedium rati APUL.*Met.*8.29; animam in corporis ~is delitiscentem *Fl.*19. **b** te tamquam serpens e ~is. .intulisti CIC.*Vat.*4; cum etiam ferae ~is se tegant *Rab.Post.*42; CATUL.63.54; ceruus nemorosis excitatus ~is PHAED.2.8.1; CURT.6.5.17; SEN. *Dial.*7.20.6.

2 (transf.) A means of concealment.
omissis tectae machinae ~is APUL.*Met.*5.19; Fortuna. . tam opportunum ~um. .praeuersa 7.25; quaerere occepit ex diffidentia ~um aliquod temeritati *Apol.*1.

lāticlāuiālis ~is ~e, *a.* [next+-ALIS] = next (sense 2).
TRIBVNO ~I *CIL* 3.3577.

lāticlāuius ~a ~um, *a.* [LATVS¹+CLAVVS+-IVS]

1 (of tunics) Bearing a broad purple stripe (one of the insignia of senators or the senatorial class).
tunica ~a V.MAX.5.1.7; (*facet.*) ~am. .mappam PETR. 32.2.

2 (of military tribunes) Wearing the broad stripe (to indicate senatorial rank); (masc. as sb.) a man of senatorial rank. **b** (colloq.) worthy of a senator, 'lordly'.
tribunum ~um SUET.*Dom.*10.5; A.*Epig.*53.83; *CIL* 5. 1874; 6.29683;—binos. .~os praeposuit singulis alis SUET. *Aug.*38.2; *Nero* 26.2. **b** accepi patrimonium ~um PETR. 76.2.

lātifolius ~a ~um, *a.* [LATVS¹+FOLIVM+-VS] Broad-leaved.
laurus. .~a PLIN.*Nat.*15.26; 16.20; 26.24.

lātifundium ~(i)ī, *n.* [LATVS¹+FVNDVS+-IVM] A large estate, domain.
~iis uestris maria cinxistis SEN.*Ep.*89.20; PETR.77.2; ~ia perdidere Italiam PLIN.*Nat.*18.35; suburbana prouincia ~is ciuium Romanorum tenebatur FLOR.*Epit.*2.7(3.19.3); (*iron.*) aeque magna ~ia L. Quinti Cincinnati fuerunt: VII enim iugera agri possedit V.MAX.4.4.7.

Latīna ~ae, *f.*

1 (sc. *lingua*) The Latin language.
hoc graecum est et in ~a cratis VAR.*L.*7.55.

2 (sc. *uia*) The Latin Way, a road from Rome to Beneventum.
spatia antiquae. .renouare ~ae STAT.*Silv.*4.4.60; JUV. 1.171.

Latīnae ~ārum, *f. pl.*

1 (sc. *feriae*) A religious ceremony celebrated annually by the peoples of Latium on the Mons Albanus.
laeto mactasti lacte ~as CIC.*Cons.*2.14; *Q.fr.*2.4.4; iam ludi ~aeque instaurata erant LIV.5.19.1; ~ae Kalendis Iuniis fuere 42.35.3; AUG.in Suet.*Cl.*4.3; FLOR.*Epit.*2.6(3.18.8); GEL.14.8.1.

2 (sc. *litterae*) Latin language or literature.
~as coepit non male appetere PETR.46.5; LITTERATVS GRAECIS ET ~IS LIBRARIVS *CIL* 11.1236.

Latīnē, *adv.*

1 In the Latin language, in Latin. **b** (w. vbs. of knowing, teaching, or learning).
Κληρούμενοι uocatur haec comoedia graece, ~ Sortientes PL.*Cas.*32; *Mer.*10; perbene ~ loqui putabatur CIC.*Brut.* 108; *Ver.*2.154; ~. .exclamat nostros frustra pugnare SAL. *Jug.*101.6; LIV.40.42.13; haec herba ~ fel terrae dicitur LARG.227; ~ formabat uertendumque alii dabat SUET.*Aug.* 89.1; (*w. ellipsis of vb. of speaking*) existimabatur bene ~, sed litteras nesciebat CIC.*Brut.*259; male ~ uidetur, sed praeclare Accius *Tusc.*3.20. **b** qui Obsce et Volsce fabulantur: nam ~ nesciunt TITIN.*com.*104; non. .tam praeclarum est scire ~ quam turpe nescire CIC.*Brut.*140; in teste, qui ~ non nouerat ULP.*dig.*28.1.20.9;—~ docere CIC.*Ep.fr.*1; quos ~ huius libelli amor docuit PLIN.*Ep.*7.4.9; ipse mihi uideor iam dedidicisse ~ OV.*Tr.*5.12.57; nec minus Graece quam ~ doctus SUET.*Gram.*7(p.105Re).

2 **a** In good Latin, correctly. **b** in plain Latin, without exaggeration or circumlocution.
a ut pure et ~ loquamur CIC.*de Orat.*1.144; *Opt.Gen.*4; siqua uidebuntur casu non dicta ~ OV.*Tr.*3.1.17; ~ atque emendate loquendi QUINT.*Inst.*8.1.2; hic. .peccatus. .recte ~que dicitur GEL.13.21(20).19. **b** ~ me scitote, non accusatorie loqui CIC.*Ver.*4.2; quem gladiatorem. .appellaui . .ut appellant ei qui plane et ~ loquuntur *Phil.*7.17; si quis . .tam ambitiose tristis est ut apud illum in nulla pagina ~ loqui fas sit MART.1.pr.

Latīnī ~ōrum, *m. pl.*

1 The peoples of Latium, the Latins; people possessing the *ius Latii.*
aquast aspersa ~is ENN.*Ann.*168; si ~is ciuitatem dederitis FAN.*orat.*3; LIV.1.2.4;—apud socios et ~os CIC.*Brut.* 169; *Balb.*21.

2 (poet.) The Romans.
turpe ~is principe te fluctus regia uela pati PROP.4.6.45; SIL.6.489.

Latīniensis ~is ~e, *a.* *ager ~is*, An unidentified territory near Rome; (masc. pl. as sb.) its inhabitants.
in agro ~si auditus est strepitus cum fremitu CIC.*Har.*20; —sonitus. .quem ~es nuntiarunt 62; PLIN.*Nat.*3.69.

Latīnitās ~ātis, *f.*

1 Correct Latin style or usage, Latinity; the Latin language.
~as est quae sermonem purum conseruat, ab omni uitio remotum *Rhet.Her.*4.17; malus. .auctor ~atis est (Caecilius) CIC.*Att.*7.3.10;—quinque contenta est figuris (*i.e. vowels*) Romuli ~as MAUR.1303

2 The privilege of Latin rights.
multa illis (*sc.* Siculis) Caesar neque me inuito, etsi ~as erat non ferenda CIC.*Att.*14.12.1; urbium. .alias. .~ate uel ciuitate donauit SUET.*Aug.*47.

Latīnum ~ī, *n.* Latin speech, Latin.
licet. .in ~um illa conuertere CIC.*Tusc.*3.29; analogia. . quam proxime ex Graeco transferentes in ~um proportionem uocauerunt QUINT.*Inst.*1.6.3; 10.5.2; PLIN.*Ep.*7.9.1; MAUR.2128.

Latīnus¹ ~a ~um, *a. compar.* ~ior.

1 Of or belonging to Latium, Latin. **b** *feriae ~ae*, the annual religious ceremony of the Latins; (see also LATINAE). **c** *uia ~a*, the Latin Way, a road from Rome to Beneventum; (see also LATINA).
populi. .~i ENN.*Ann.*24; genus. .~um VERG.*A.*1.6; conubiis natam sociare ~is 7.96; plebeii magistratus post patricios, ~i post plebeios TAC.*Ann.*11.24; (*language*) obliti sunt Romae loquier lingua ~a NAEV.*poet.*64.4; VAR.*L.*5.1; ~am linguam. .locupletiorem. .esse quam Graecam CIC. *Fin.*1.10. **b** ~AR(um) FER(iarum) CAVSSA *Fast.Cos.Cap.* 18a(*CIL* 1.p.24); ~ae feriae dies conceptiuus dictus a ~is populis, quibus ex Albano monte ex sacris carnem petere fuit ius cum Romanis VAR.*L.*6.25; CAES.*Civ.*3.2.1; LIV. 41.16.1; TAC.*Ann.*6.11. **c** coponem de uia ~a CIC.*Clu.* 163; LIV.26.8.10; SEN.*Ep.*77.18.

2 Of or in the Latin language, Latin. **b** belonging to or written in good Latin, correct. **c** in plain or unadorned Latin.
ab sexto (*i.e. abl.*) casu, qui est proprius ~us VAR.*L.*10.62; si litteras. .~as Romae. .didicisses CIC.*Div.Caec.*39; ne uerbo quidem appellantur ~o *Har.*24; in ~o sermone *Tusc.* 1.15; quorum dicuntur esse ~i sane multi libri 2.7;—(*of writers*) poetas ~os *Ac.*1.10; ~i. .auctores QUINT.*Inst.*1.8.8; —(*of the alphabet*) forma litteris ~is quae ueterrimus Graecorum TAC.*Ann.*11.14. **b** quam non facile ~a ei homini uerba succurrant SEN.*Dial.*11.18.9; siue obscura nimis siue ~a parum MART.2.8.2; (uerba) cum ~a, significantia, ornata, cum apte sunt collocata, quid amplius laboremus? QUINT.*Inst.*8.pr.31; tres libros. .subtiles et diligentes et ~os PLIN.*Ep.*5.5.3; 'cuium pecus' anne ~um? *Obtr.Verg.*(*poet.* p.104)2; (*compar.*) nihil ~ius legi AUR.*Fro.*1.p.128(28N). **c** Augusti lasciuos. .uersus sex lege, qui tristis uerba ~a legis MART.11.20.2.

3 Possessing the *ius Latii* (see LATIVM); *nomen ~um*, the peoples having this status; (also masc. as sb.); *~i Iuniani*, a class of freedmen: see IVNIANVS.
in colonias ~as CIC.*Caec.*98; priscae ~ae coloniae appellatae sunt FEST.p.241M; olim ~ae condicionis SUET.*Ves.*3.1; —NE QVIS. .CEIVIS ROMANVS NEVE NOMINVS ~I NEVE SOCIVM QVISQVAM *CIL* 1.581.7; concitatis sociis et nomine ~o CIC. *Rep.*1.31; [SAL.*Jug.*39.2;—oppida. .~orum ueterum XVIII PLIN.*Nat.*3.18; ciui uacationem legis Papiae Poppaeae, ~o ius Quiritium SUET.*Cl.*19.

4 (poet.) Roman or Italian.
quis non ~o sanguine pinguior campus. . ? HOR.*Carm.*2. 1.29; legis expertes ~ae 4.14.7; PROP.2.32.61; ~ae. .nurus STAT.*Silv.*2.6.24; SIL.6.603; (*cf.*) LVDOS ~OS ET GRAECOS *CIL* 11.3613.

Latīnus² ~ī, *m.* **a** A mythical king of Latium. **b** an actor of mimes in the 1st cent. A.D.
a LAVINIA ~I FILIA *Elog.*2(*CIL* 1.p.189); VERG.*A.*7.45; ~us rex Aboriginesque LIV.1.1.5; OV.*Fast.*4.43; HYG.*Fab.* 127.3. **b** si Panniculum spectas et, casta, ~um MART. 3.86.3; 13.2.3; JUV.1.36.

lātiō ~ōnis, *f.* [as LATVS³+-TIO]

1 The formal proposal (of a law).
quid est quod meam defensionem ~o legis impediat? CIC.*Mur.*5; *Dom.*53; mihi in animo est legum ~onem exspectare *Att.*3.26; HYG.GR.*agrim.*p.139.

2 *suffragii ~o*, The right of voting, franchise; *auxilii ~o*, the right of rendering assistance.
ciuitas sine suffragii ~one LIV.9.43.24; 38.36.7; cui suffragi ~o erat PLIN.*Nat.*35.162; EIS. .IN EA CVRIA SVF-

FRAGI ~O ESTO *CIL* 2.1964.1.50;—ut plebi sui magistratus essent sacrosancti quibus auxilii ~o aduersus consules esset LIV.2.33.1.

3 The entering (of a payment in accounts). probari..pecuniam datam consuetis modis: expensi ~one, mensae rationibus GEL.14.2.7.

latitātiō ~ōnis, *f.* [LATITO+-TIO] The action of lying in concealment. QUINT.*Inst.*7.2.46; si plures causae sint ~onis, inter quas est et fraudationis causa ULP.*dig.*42.4.7.6.

lātitia ~ae, *f.* [LATVS[1]+-IA] Width. HABET..AGELLVS CONCLVSVS ~AE P LXXV LONGITIAE P CXXXVII *CIL* 6.26259.

latitō[1] ~āre ~āuī, *intr.*, (*tr.*). [LATEO+-ITO] **1** To be or remain in hiding, lie up. **b** (tr.) to hide from. quid ergo ille ignauissumus mihi ~abat? PL.*Trin.*927; extrahitur domo ~ans Oppianicus a Manlio CIC.*Clu.*39; Dumnacus suis finibus expulsus errans ~ansque HIRT.*Gal.*8.31.5; interdiu in uillis ~ando B.*Afr.*91.1; arto ~antem fruticeto..aprum HOR.*Carm.*3.12.11; fumida..~ant per tecta sorores OV.*Met.*4.405; in Tartareo ~ntem..antro..animam LUC.6.712; ~are per popinas HADR.*poet.*1.3;—(*to avoid legal obligations or proceedings*) qui fraudationis causa ~abit *Ed.pr.*(*Font.iur.*p.228)38.4; si ~are ac diutius ludificare uideatur CIC.*Quinct.*54; GAIUS *Inst.*3.78; (*impers. pass.*) aduersus quem ~etur ULP.*dig.*42.4.7.7;—(*fig.*) uobis uoluptas est..sub densa umbra ~are SEN.*Ben.*4.13.1; qui..~ant et torpent, sic in domo sunt, quomodo in conditiuo *Ep.*60.4. **b** si ea ~ans patronum de medio discessit POMPON.*dig.*35.1.8.

2 (of things) To lie concealed, be hidden. **b** to be kept secret, be obscure. ut omnibus omnis res putet immixtas rebus ~are LUCR.1.877; 1.890; tegunt nigrae ~antia sidera nubes OV.*Met.*10.449; scimus sub illo auro foeda ligna ~are SEN.*Ep.*115.9. **b** inuersis quae sub uerbis ~antia cernunt LUCR.1.642; haec ratio retegit ~antis robora mundi MAN.4.363; exprobratio ~antis irae SEN.*Dial.*5.13.3; magna non ~ant mala *Med.*156.

lātitō[2] ~āre ~āuī ~ātum, *tr.* [LATVS[3]+-ITO] To carry frequently. ~auerunt Cato (*inc.*28(J)) posuit pro saepe tulerunt PAUL.*Fest.*p.121M.

lātitūdō ~inis, *f.* [LATVS[1]+-TVDO] **1** Transverse extent, breadth, width; angular distance along a meridian, latitude. **b** (concr.) the full transverse extent. **c** *in ~ine*, across the breadth, transversely, horizontally; also *per ~inem*. summa torcularia uasis quadrinis ~ine P. LXVI, longitudine P. LII CATO *Agr.*18.3; in hac..inmensitate ~inum longitudinum altitudinum CIC.*N.D.*1.54; angustos se finis habere arbitrabantur, qui in longitudinem milia passuum CCXL, in ~inem CLXXX patebant CAES.*Gal.*1.2.5; QVAMTVM QVOIVSQVE ANTE AEDIFICIVM VIAE IN LONGITVDINE ET IN ~INE ERIT *CIL* 1.593.39; ~ines eorum ne plus pedes duo semis..constituantur VITR.5.6.3; quantum ~o uallis patiebatur LIV.35.29.4; ~o..terrae a meridiano situ ad septentriones PLIN.*Nat.*2.245;—huic conexa ~inum signiferi obliquitatisque causa est 2.66. **b** Etruria..inter duo maria ~inem obtinens Italiae LIV.5.54.5; (*astron.*) (stella Veneris) ~inem lustrans signiferi orbis CIC.*N.D.*2.53; luna quoque per totam ~inem eius (*sc.* signiferi) uagatur PLIN.*Nat.*2.66. **c** uox et in ~ine progreditur et altitudinem gradatim scandit VITR.5.3.7; trocleae ternos ordines orbiculorum in ~ine habentes 10.2.8;—si..per ~inem uiae fundus diuisus est CELS.*dig.*8.6.6.1a.

2 Largeness of transverse extent, broadness, wideness. **b** largeness of extent in general, breadth. **c** a wide area, large extent; the broad part (of a thing). uires umerorum (boum) et ~ines ad aratra extrahenda CIC.*N.D.*2.159; propter ~inem fossae CAES.*Gal.*2.12.2; illi (*sc.* Platoni) nomen ~o pectoris fecerat SEN.*Ep.*58.30; uertex..remeando distat a turbine..procella ~ine ab utroque PLIN.*Nat.*2.134; aut..in ~inem fundi, aut in rotunditatem globari (rapos) 18.130. **b** qui ~inem possessionum tueri..non possint CIC.*Agr.*2.68; quae pars..et regionum ~ine et multitudine hominum ex tertia parte Galliae est aestimanda CAES.*Gal.*3.20.1. **c** decliuem ~inem, quem locum Catabathmon incolae appellant SAL.*Jug.*17.4;—remum Copae, ~inum eius Plataeae (inuenerunt) PLIN.*Nat.*7.209; (haemorrhoidae) tangendae sunt..specilli ~ine LARG.227.

3 a A broad pronunciation. **b** breadth or sweep of style. **a** oris prauitatem et uerborum ~inem imitatur CIC.*de Orat.*2.91. **b** Platonicam illam sublimitatem et ~inem PLIN.*Ep.*1.10.5.

Latium ~(i)ī, *n.* **1** An area of central Italy which included Rome. **b** (poet., in an extended sense) the Roman homeland, Italy. qui rem Romanam ~iumque augescere uultis ENN.*Ann.*466; omne ~ium deuicit CIC.*Rep.*2.44; MELA 2.59; (*w. ref. to orig. holders of* ius ~ii) cohortes, Etruria ferme Vmbriaque delectae aut uetere ~io et coloniis antiquitus Romanis TAC.*Ann.*4.5;—(*w. ref. to the Latin language*) profugum Aenean..quo nullum ~io clarius extat opus OV.*Ars* 3.338; ἐκτραπέλους Graeci uocant eos; in ~io non habent nomen PLIN.*Nat.*7.76. **b** Parthos ~io imminentis HOR.*Carm.*1.12.53; ~ium ferox 1.35.10; rem..Romanam ~iumque felix *Saec.*66; Eoas ~io dux meus addat opes! OV.*Ars* 1.202; bella tuus toto natus (*sc.* Hannibal)..exercet ~io SIL.13.741.

2 (leg.) *ius ~ii*, Latin rights (i.e. a restricted form of citizenship enjoyed by the inhabitants of Latium, and extended from 89 B.C. to other places); so *~ium* alone. Caesar nationes Alpium maritimarum in ius ~ii transtulit TAC.*Ann.*15.32; GAIUS *Inst.*1.95;—(oppida) ~io antiquitus donata PLIN.*Nat.*3.7; oppidani ~i ueteris 3.25; quibus per ~ium ciuitas Romana patuisset PLIN.*Pan.*39.2;—(*dist. as* maius *or* minus) maius est ~ium, cum et hi, qui decuriones leguntur..ciuitatem Romanam consecuntur.. GAIUS *Inst.*1.96; ~IVM MAIVS *CIL* 8.22737.

Latius ~a ~um, *a.* **1** Of Latium, Latin; *uia ~a*, the Latin Way (see LATINVS). **b** (w. ref. to the speech of Latium) Latin. qua regnum fuit Latini, uniuersus ager dictus ~us VAR.*L.*5.32; quid in ~os illa ueniret agros? OV.*Fast.*3.606; ~ae..Amatae 4.879; ~is..colonis STAT.*Silv.*5.3.126; in urbe ~a (*i.e. Rome*) APUL.*Met.*1.1;—Caesar..~ae dat noua templa uiae MART.9.64.2. **b** ~ae facundia linguae OV.*Pont.*2.3.75; haec ego dum ~is cogor praedicere musis GERM.*Arat.*15; ~arum..litterarum PLIN.*Nat.*7.117.

2 (poet.) Roman, Italian. Allia..uulneribus ~is sanguinulenta fuit OV.*Ars* 1.414; tempora..~um digesta per annum *Fast.*1.1; ~as acies MAN.4.43; ~a..uite (*i.e. the centurion's rod*) MART.10.26.1; Parens ~us (*i.e. the Emperor*) STAT.*Silv.*1.2.178;—(*of gods*) ~o..Tonanti MART.9.65.1; ~ae..Diones STAT.*Silv.*1.1.84.

Latmius ~a ~um, *a.* Of Mt. Latmus in Caria; (esp. in periphr. for Endymion). sub ~a saxa CATUL.66.5; ~us Endymion OV.*Ars* 3.83; MELA 1.86;—~us heros OV.*Tr.*2.299; ~us..uenator V.FL.8.28; ~us..puer STAT.*Silv.*3.4.40.

Lātō ~ūs, *f.* Leto (= LATONA). Titanis dicta, quod eam genuit, ut Plautus, ~o VAR.*L.*7.16.

Lātōis, Lātōius: see LET-.

lātomiae ~ārum, *f. pl.*: see LAVTVMIAE.

Lātōna ~ae, *f.* FORMS: gen. *~as* ANDR.*poet.*21(23). Leto, the mother of Apollo and Diana. ~a et Apollo et Diana CIC.*Ver.*5.185; ~ae..genus duplex VERG.*A.*12.198; HOR.*Carm.*1.21.3; OV.*Met.*13.635; JUV.6.176.

Lātōnia ~ae, *f.* The daugher of Leto, Diana. o ~a, maximi magna progenies Iouis CATUL.34.5; nemorum ~a custos VERG.*A.*9.405; OV.*Met.*1.696; STAT.*Theb.*4.425.

Lātōnigena ~ae, *a.* Born of Leto; (ep. of Apollo and Diana). Latonae ~isque duobus OV.*Met.*6.160; ~as..sacris celebrare deos SEN.*Ag.*324.

Lātōnius ~a ~um, *a.* Of or belonging to Latona (Leto). inuictus Apollo arquitenens ~us HOST.*poet.*4(6); ~a Delos VERG.*G.*3.6; ~a Luna [TIB.]3.4.29; ~a proles OV.*Tr.*5.1.57; ~us..Cynthus STAT.*Theb.*1.701; 7.182.

lātor ~ōris, *m.* [as LATVS[3]+-TOR] **1** The proposer or mover (of a law or other resolution). non esse ferendum a quoquam potius ~oris sensum quam a lege explicari CIC.*Part.*134; ipsum ~orem Semproniae legis *Catil.*4.10; Piso..consul ~or rogationis idem erat dissuasor *Att.*1.14.5; senatus consultum, quo nisi paene in ipso urbis incendio..~orum audacia numquam ante discessum est CAES.*Civ.*1.5.3; legum ~ores LIV.3.31.7; ~or huius plebi sciti fuit M. Decius tribunus plebis 9.30.4; QUINT.*Inst.*2.4.33; PLIN.*Ep.*3.20.1; procede legum ~or ad bellum, muta stilum gladio CALP.*Decl.*50.

2 *suffragi ~or*, A voter. neque..suffragi ~orem..quemquam nisi furem ac sicarium reperire potuisti CIC.*Dom.*48.

3 One who brings (in general). Opitulus Iuppiter et Opitulator dictus est, quasi opis ~or PAUL.*Fest.*p.184M.

Lātōus: see LETOVS.

lātrātor ~ōris, *m.* [LATRO[1]+-OR[1]] One who barks, a barker; (also transf.) one who shouts or bawls. ~ores..Molossi MART.12.1.1; ~or..Cydon SIL.2.444; (*of Anubis, who had a dog's head*) ~or Anubis VERG.*A.*8.698;—si a uiro bono in rabulam ~oremque conuertitur (orator) QUINT.*Inst.*12.9.12.

lātrātus ~ūs, *m.* [LATRO[1]+-TVS[3]] FORMS: abl. sg. *~o* VAR.*R.*2.9.4. The barking, baying (of dogs). **b** shouting or bawling; the roaring (of the sea). coactus ceruus ~u canum VAR.*Men.*422; SAL.*Hist.*4.27; apros ~u turbabis agens VERG.*G.*3.412; cursu canis et ~ibus *A.*12.751; OV.*Met.*2.491; V.MAX.8.11.ext.4; ter ~us audax Hecate dedit SEN.*Med.*840; iam terras..fuga ueris aquosi laxat et Icariis (*i.e. of the dog-star*) caelum ~ibus urit STAT.*Silv.*4.4.13; Cerbereos..~us 5.1.250; APUL.*Met.*6.20; (*cf.*) ~us edunt spasmoque uexantur (*sc. sufferers from hydrophobia*) LARG.171. **b** inusitatis foro ~ibus adsidue tribunalia exercendo V.MAX.8.3.2;—ubi curuo litore ~u unda sub undis labunda sonit ACC.*trag.*569.

lātrīna ~ae, *f.* [contr. from LAVATRINA] A latrine, privy; (also app.) a washing-place, bathroom. ancillam meam quae ~am lauat PL.*Cur.*580; tetris ~ae COL.9.5.1; in ~is publicis SUET.*Poet.*p.51Re; omnia prorsus ut in quandam caenosam ~am in eius animum flagitia confluxerant APUL.*Met.*9.14;—qui in ~a languet LUCIL.400.

lātrīnum ~ī, *n.*: var. of prec. hic tu apte credis quemquam ~a petisse? LUCIL.253; sequere ⟨me⟩ in ~um LABER.*com.*36.

lātrō[1] ~āre ~āuī ~ātum, *intr.*, (*tr.*). [cf. *lamentum*; Skt. *rāyati* 'bark'] **1** (of dogs) To bark, bay; (w. acc.) to emit in barking. **b** (pl. of pres. pple. periphr. for dogs). **c** (used to describe certain bird-cries). **d** (of waves) to roar. quasi feta canes sine dentibus ~at ENN.*Ann.*528; si luce quoque canes ~ent CIC.*S.Rosc.*56; Scylla ~ans infima inguinum parte CATUL.60.2; LUCR.5.1066; Hylax in limine ~at VERG.*Ecl.*8.107; HOR.*S.*1.2.128; ~antem..Anubim PROP.3.11.41; cincta..saeuis Scylla rapax canibus Siculo ~are profundo OV.*Met.*7.65; CURT.7.4.13; SEN.*Ag.*708; Salpe negat canes ~are, quibus in offa rana uiua data sit PLIN.*Nat.*32.140; homines caninis capitibus et ~antibus GEL.9.4.9; (*poet.*) nec calido ~auit Sirius astro STAT.*Silv.*1.3.5; (*impers. pass.*) scit, cui ~etur OV.*Tr.*2.459; (*cf., of the name Plautus, which was given to dogs*) Diphilus hanc graece scripsit, postid rusum denuo latine Plautus cum ~anti nomine PL.*Cas.*34;—~at Canicula flammas MAN.5.207. **b** ~antum..dedit rostris..trahendos..artus *Ilias* 4. **c** corui..singultu quodam ~antes..serenum diem (praesagiunt) PLIN.*Nat.*18.362. **d** rupes..quae sese multis circum ~antibus undis mole tenet VERG.*A.*7.588; SIL.3.471; 5.397.

2 (tr.) To bark at. etiam me meae ~ant canes? PL.*Poen.*1234; senem..adulterum ~ent Suburanae canes HOR.*Epod.*5.58; *Ep.*1.2.66; PLIN.*Nat.*29.99; nubila ~ant STAT.*Theb.*1.551; *Silv.*2.1.184; (*fig.*) si quis opprobriis dignum ~auerit HOR.*S.*2.1.85;—(*pass.*) hanc habentes negant ~ari a canibus PLIN.*Nat.*25.126; 28.100; 30.147; inguinibus uirginis (*sc.* Scyllae) ~atum Siciliae litus [QUINT.]*Decl.*12.26; (*poet., cf. sense 1d*) Caphereus ~atum pelago tollens caput STAT.*Ach.*1.451.

3 (transf.) To give tongue, cry out (like a dog finding the scent); (also tr.) to cry out at. **b** (applied to a bawling style in speaking); (w. acc.) to bawl (words). deinde, si uoletis..in suspicione ~atote CIC.*S.Rosc.*57; admoto ~ant praecordia tactu STAT.*Silv.*2.1.13; (*w.* ad) ad nomen magnorum..uirorum, sicut ad occursum ignotorum hominum minuti canes, ~atis SEN.*Dial.*7.19.2;—magnas ~antia pectora curas STAT.*Theb.*2.338. **b** ~ant enim iam quidam oratores, non loquuntur CIC.*Brut.*58; cum a Philippo interrogatus quid ~aret, furem se uidere respondit *de Orat.*2.220; hunc non declamator aliqui ad clepsydram ~are docuerat 3.138; rumperis et ~as HOR.*S.*1.3.136; lingua rabit ~atque loquendo MAN.5.224;—~at..in toto uerba canina foro OV.*Ib.*230.

4 To make insistent demands, clamour. **b** (tr.) to clamour for. cum sale panis ~antem stomachum bene leniet HOR.*S.*2.2.18; curis ~antibus PETR.119,l.55; (*perh.*) animus cum pectore ~at ENN.*Ann.*584; (*cf.*) ~are Ennius pro poscere posuit PAUL.*Fest.*p.121M. **b** nil aliud sibi naturam ~are LUCR.2.17; cui dat ~atos obuia turba cibos MART.4.53.6.

latrō[2] ~ōnis, *m.* [prob. Gk. *λάτρων; cf. λάτρον, λατρεύς] **1** A hired soldier, mercenary. **b** a Roman cognomen; esp. M. Porcius Latro, a teacher of rhetoric of the Augustan age. fortunas..suas coepere ~ones inter se memorare ENN.*Ann.*538; ut ~ones quos conduxi hinc ad Seleucum duceret PL.*Mil.*949; hic ~o in Sparta fuit..apud regem Attalum *Poen.*663; VAR.*L.*7.52; PAUL.*Fest.*p.118M. **b** ~onis..Porcii, carissimi mihi sodalis, memoriam saepius cogar retractare SEN.*Con.*1.pr.13; QUINT.*Inst.*10.5.18.

2 A brigand, robber, bandit. **b** (as a term of reproach); (w. gen.) a plunderer (of). **c** (of predatory animals; also, of a huntsman). furem, hoc est praedonem et ~onem, luce occidi uetant XII tabulae CIC.*Tul.*50; quis gladiator, quis ~o, quis sicarius, quis parricida..? *Catil.*2.7; non semper uiator a ~one, non numquam etiam latro a uiatore occiditur *Mil.*55; etiam leges ~onum esse dicuntur, quibus pareant, quas obseruent *Off.*2.40; multitudo..perditorum hominum ~onumque CAES.*Gal.*3.17.4; inter fures nocturnos ac ~ones LIV.3.58.2; duo cum incidissent in ~onem milites PHAED.5.2.1; ~o Tacfarinas TAC.*Ann.*3.73. **b** huius impuri ~onis feremus taeterrimum crudelissimumque dominatum? CIC.*Phil.*3.29; incredibile est omnium ciuium ~onibus exceptis odium in Antonium *Fam.*10.5.3; hos ~ones interficiamus CAES.*Gal.*7.38.8;—hostis patriae, ~ones Italiae scelerum foedere inter se ac nefaria societate coniunctos CIC.*Catil.*1.33; *Phil.*12.20; ~ones gentium SAL.*Hist.*4.69.22; omnium gentium, quas adisti, ~o es CURT.7.8.19. **c** ~o (*sc.* lupus) incitatus iurgii causam intulit PHAED.1.1.4; speculatur occultus fronde ~o (*sc.* accipiter) PLIN.*Nat.*10.108;—fixum..~onis impauidus (leo) frangit telum VERG.*A.*12.7.

3 A piece in a board-game. ~onum proelia ludat OV.*Ars* 3.357; uitreo ~one MART.7.72.8; insidiosorum si ludis bella ~onum 14.18(20).1.

latrōcinālis ~is ~e, *a.* [as LATROCINIVM+-ALIS] Of or belonging to robbers. id omne ~is inuasit manus APUL.*Met.*2.14; capto noctis ~i momento 4.18.

latrōcinātiō ~ōnis, *f.* [LATROCINOR+-TIO] Robbery. antequam praefigi prospectus omnes coegit multitudinis innumerae saeua ~o PLIN.*Nat.*19.59.

latrōcinium ~(i)ī, *n.* [LATRO+-CINIVM]

1 Robbery with violence, banditry, brigandage. **b** an act of brigandage, bandit raid.

Deli..diuinum..domicilium nocturno ~io atque impetu compilauit CIC.*Ver.*5.185; ut id quod esset a te scelerate susceptum ~ium potius quam bellum nominaretur *Catil.*1.27; ~ium in foro constitutum..non ciuitas erat *Parad.*27; qui in furto aut in ~io aut aliqua noxia sint comprehensi CAES.*Gal.*6.16.5; duorum equitum ~io per dies aliquot uixit LIV.29.32.11; 38.32.2; qui incendio aut ~io..aliena cum suis perdidit SEN.*Ben.*7.16.3; ad deferendos reos praemio duci proximum ~io est QUINT.*Inst.* 12.7.3; TAC.*Ann.*12.39; (*in a board-game*) siue ~ii sub imagine calculus ibit OV.*Ars* 2.207;—(*transf.*) cum illum ex occultis insidiis in apertum ~ium coniecimus CIC.*Catil.*2.1; quem semper omnes ad ciuile ~ium natum putauerunt *Sul.*70; re publica Antoniano..~io liberata *Fam.*12.25a.6. **b** qui tamen excursionibus et ~iis infestam prouinciam redderent CIC.*Inv.*2.111; magna in Cilicia ~ia *Att.*6.4.1; ~ia nullam habent infamiam quae extra finis cuiusque ciuitatis fiunt CAES.*Gal.*6.23.6; qui repentino ~io atque impetu.. erant oppressi HIRT.*Gal.*8.24.3; cum dicas esse pares res furta ~iis HOR.*S.*1.3.122; ~iis maritimis LIV.10.2.4; ~iis ac praedationibus infestato mari VELL.2.73.3; tuendae pacis a grassaturis ac ~iis..curam habuit SUET.*Tib.*37.1.

2 Forcible seizure, plundering, pillage; lawless action, coercion.

quae ex fanis religiosissimis per scelus et ~ium abstulisti CIC.*Ver.*1.57; hic istius scelerato nefarioque ~io bonis patriis fortunisque omnibus spoliatus 1.152; domo per scelus erepta, per ~ium occupata *Dom.*147;—lex..imposita per ~ium CIC.*Pis.*30; furtim et per ~ia potius quam bonis artibus ad imperia et honores nituntur SAL.*Jug.*4.7; SCELERATISSIMI SERVI PVBLICI INFANDO ~IO *CIL* 11.4639.

3 (meton.) A band of robbers; (also pl.) robbers.

si ex tanto ~io iste unus tolletur CIC.*Catil.*1.31; huius.. urbis quam ille ad explendas egestates ~i sui concupiuit *Phil.*14.10; occidit homines ex omni ~io Clodiano notissimos *Att.*4.3.3;—bonorum insidiatores, ~ia, uitam innocentissimi cuiusque petistis *Rhet.Her.*4.22.

latrōcinor ~ārī ~ātus, *intr.*, (*tr.*). [as prec.+-O[3]]

1 To serve as a mercenary soldier.

an quia ~amini, arbitramini quiduis licere facere uobis, uerbero? PL.*Mil.*499; *Poen.*704; ibit..~atum, aut in Asiam aut in Ciliciam *Trin.*599; qui regi ~atu's annos decem Demetrio fr.61.

2 To engage in brigandage or piracy. **b** (of predatory animals).

~antem se interfici mallet quam exsulem uiuere CIC. *Catil.*2.16; quasi Appius ille Caecus uiam munierit..ubi impune sui posteri ~arentur *Mil.*17; ut Cretes et Aetoli ~ari honestum putent *Rep.*3.15; APUL.*Met.*8.18;—(*transf., of a doctor practising dissection*) mortui..praecordia et uiscus omne in conspectum ~antis medici dari CELS.1.pr.42. **b** pastinaca ~atur ex occulto transeuntes radio, quod telum est ei, figens PLIN.*Nat.*9.144.

3 (tr.) To engage in brigandage over, harry (a stretch of land or sea).

piratas..simul terras et maria ~antes SEN.*Con.*1.2.8; sinum..Maleum..~abantur FLOR.*Epit.*1.41(3.6.3).

Latrōniānus ~a ~um, *a.* Of or belonging to Latro.

~o colore usus est SEN.*Con.*1.7.17.

latrunculārius ~ia ~ium, *a.* [next+-ARIVS] *tabula ~ia,* A board used for playing with *latrunculi*; (masc. as sb., app.) a player at this game.

nemo..tabulam ~iam prospicit, ut sciat, quomodo alligatus exeat calculus SEN.*Ep.*117.30;—L. POPIDIVM..AED MONTANVS CLIENS ROG CVM LATRVNCARIS *CIL* 4.7851.

latrunculus ~ī, *m.* [LATRO[2]+-CVLVS]

1 A robber, brigand, bandit (usu. in contemptuous sense).

res in Sardinia cum mastrucatis ~is..una cohorte auxiliaria gesta CIC.*Prov.*15; cum..in ~os Thracas incidissemus LIV.38.46.6; ~orum..et furum ista sollertia est CURT.4.13.8; si incertus quis sit, captiuus sit an a ~is obsessus ULP.*dig.*32.1.1; hostes sunt, quibus bellum publice populus Romanus decreuit..ceteri ~i uel praedones appellantur 49.15.24.

2 A piece in a battle-game played on a board divided into (usu. 8×8) squares.

ut in tabula..in qua ~is ludunt VAR.*L.*10.22; ludebat ~is SEN.*Dial.*9.14.7; *Ep.*106.11; Mucianus (tradit) et ~is (simias) lusisse PLIN.*Nat.*8.215; LVSORI ~ORVM *CIL* 13.444.

lātūra ~ae, *f.* [LATVS[3]+-VRA] The carrying of burdens, porterage.

erant qui dicerent, Sisyphum satis diu ~am fecisse SEN. *Apoc.*14.3; (*as an item of expenditure*) *P.Tebt.* 686.

lātus[1] ~a ~um, *a. compar.* ~ior, *superl.* ~issimus. [< **stlātos* (cf. STLATTA); cf. OBulg. *steljǫ* 'broaden', Arm. *lain* 'broad']

1 (w. measurements) Having a specified transverse extent, broad, wide. **b** *in ~um,* transversely, in width.

(*w. acc. of extent*) panem tris pedes ~um PL.*Bac.*580; cunicas solidas ~as digitum pollicem facito CATO *Agr.*20.2; aggerem ~um pedes CCCXXX CAES.*Gal.*7.24.1; ratem.. ducentos longam pedes, quinquaginta ~am LIV.21.28.7; PLIN.*Nat.*5.102;—(*w. abl.*) unum (genus)..longum sesquipede, ~um pede VITR.2.3.3;—(*w. gen.*) triglyphi..~i in fronte unius moduli 4.3.4; rotae..sint ~ae per medium diametrum pedum quaternum 10.9.1; COL.11.2.75. **b** obliqua tunc regio et in ~um modice patens MELA 1.112; MACERIA..CONTINET IN LONG(um) P CXL IN ~VM P LV *CIL* 6.11786.

2 Having a large transverse extent, broad, wide. **b** *in ~um,* to a great width. **c** (spec.) *~us clauus,* the broad vertical purple stripe on the tunic of men of the senatorial class.

sicilibus ~is ENN.*Ann.*507; ~as..mensas LUCIL.568; Melita..satis ~o a Sicilia mari periculosoque diiuncta CIC. *Ver.*4.103; flumine Rheno ~issimo atque altissimo CAES. *Gal.*1.2.3; paulo ~iores (naues) 5.1.2; ~o..hastilia ferro VERG.*A.*1.313; paulo ~ior patescit campus LIV.22.4.2; carceris Aeolii ianua ~a patet OV.*Fast.*2.456; ~um scapularum os CELS.5.26.10; pectus homini tantum ~um, reliquis carinatum PLIN.*Nat.*11.207; ~issima Italiae pars TAC. *Hist.*1.70; (*neut. pl. as adv.*) qua ~issima distant (ripae) STAT.*Theb.*6.676; (*in fig. phr.*) non datur ad Musas currere ~a uia PROP.3.1.14. **b** bucina..tortilis, in ~um quae turbine crescit ab imo OV.*Met.*1.336; promunturium.. angustis..ceruicibus reliqua extendit in ~ius MELA 1.89. **c** ~um demisit pectore clauum HOR.*S.*1.6.28; Galli bracas deposuerunt, ~um clauum sumpserunt *Vers.pop.*in Suet. *Jul.*80.2(*poet.*p.92); ~i claui, anuli aurei positi LIV.9.7.8; QUINT.*Inst.*11.3.138; TAC.*Dial.*7.1.

3 (of the body, or parts of it, implying strength or sturdiness) Broad; (also, as a sign of grossness). **b** (of the mouth) wide open, gaping; (also of a laugh). **c** occupying a wide space (through wearing excessively full clothing).

~us ut in Circo spatiere et aeneus ut stes HOR.*S.*2.3.183; umeros ~os VERG.*A.*5.376; natos suos interrogauit (rana) an boue esset ~ior PHAED.1.24.5; uineae non sic altos quem ad modum ~os et lacertosos uiros exigunt COL.1.9.4; Martis belligeri pectore ~ior SEN.*Phaed.*808; ~os barbarorum artus TAC.*Ann.*2.21;—ille horridus alter (apis) desidia ~amque trahens inglorius aluum VERG.*G.*4.94; MART.12. 38.4; (*cf.*) Polyphemi ~a acies JUV.9.65. **b** ora..~o fieri deformia rictu OV.*Met.*2.481; ille (*sc.* coruus) dum etiam uocem uult ostendere, ~o ore emisit caseum PHAED. 1.13.10;—risu ipse quoque ~issimo adusque intestinorum dolorem redactus APUL.*Met.*10.16. **c** cum praesente populo ~i incesserunt et coturnati, simul exierunt, excalceantur et ad staturam suam redeunt SEN.*Ep.*76.31; ille qui in scaena ~us incedit..seruus est 80.7.

4 Extending over a large area, extensive, wide. **b** (of abst. things) widespread.

litora ~a sonant ENN.*Ann.*389; quae regio oraue terrarum erat ~ior? CIC.*Sest.*66; ne ~os finis parare studeant CAES.*Gal.*6.22.3; Iuppiter aethere summo dispiciens mare ..litoraque et ~os populos VERG.*A.*1.225; ~is..aesculetis HOR.*Carm.*1.22.14; ~us..pontus OV.*Ep.*7.56; neue mali causae spatium per ~ius errent *Met.*2.802; quin..caeca sub terra spatia aer ~us obtineat SEN.*Nat.*6.16.4; ueteris.. famae ~a uestigia manent TAC.*Ger.*37.1;—(*in fig. phrs.*) nobis ~iorem locum defendendi relinquerimus *Rhet.Her.*2.33; ~ior est campus illorum CIC.*Top.*45. **b** hostis a tergo inuadunt ~ioremque quam pro numero terrorem faciunt TAC.*Hist.*4.33; ~ior ex incerto metus *Ann.*4.62; magis homines iuuat gloria ~a quam magna PLIN.*Ep.*4.12.7.

5 Having a wide scope, extensive, far-ranging. **b** (of terms) having a wide range of meaning. **c** (leg. of faults or negligence) gross; *~a fuga* (see quot.).

~iorque et re et personis quaestio fieri LIV.9.26.9; utilia, quorum uaria et ~a materia est SEN.*Ben.*1.11.5; *Ep.*66.33; NISI QVOD ~IOR EI CONTIGIT MORA TITVLVS PRAEFECTO VRBIS *CIL* 14.3608; tam recens, tam copiosa, tam ~a..materia PLIN.*Ep.*8.4.1; ~issima potestas POMPON.*dig.*50.16.120; ius dicentis officium ~issimum est ULP.*dig.*2.1.1; ~ior interpretatio PAPIN.*dig.*22.1.1.3. **b** rationes has ~iore specie non ad tenue limatas CIC.*Luc.*66; haud scio an recte ea uirtus frugalitas appellari possit, quod angustius apud Graecos ualet..at illud (*sc.* frugalitas) est ~ius *Tusc.*3.16. **c** culpam omnem accipiemus, non utique ~am ULP.*dig.* 21.1.31.12; quod Nerua diceret ~iorem culpam dolum esse CELS.*dig.*16.3.32; '~a culpa' est nimia neglegentia ULP.*dig.* 50.16.213.2; si fraus non sit admissa, sed ~a neglegentia 26.10.7.1; 26.7.7.2;—exilium triplex est..~a fuga, ut omnium locorum interdicatur praeter certum locum MARCIAN.*dig.*48.22.5.

6 (of literary or oratorical style) Widely ranging, free, broad, expansive.

ut Stoicorum astrictior est oratio..sic illorum liberior et ~ior CIC.*Brut.*120; quod haec ratio dicendi ~ior sit, illa loquendi contractior *Orat.*114; QUINT.*Inst.*11.3.50; genus.. orandi..ad implendas populi auris ~um et sonans TAC. *Hist.*1.90; ~a (oratio) et magnifica et excelsa tonat, fulgurat PLIN.*Ep.*1.20.19; (*of an orator*) nonne his ~ior et audentior et excelsior (Aeschines)? QUINT.*Inst.*12.10.23.

7 (of pronunciation) Broad.

cuius tu illa ~a..non numquam imitaris, ut iota litteram tollas et E plenissimum dicas CIC.*de Orat.*3.46; adfixum pectori mentum minus claram (uocem) et quasi ~iorem presso gutture facit QUINT.*Inst.*11.3.82; magis magisque ~ioribus sonis pedes frequentant MAUR.2207.

latus[2] ~eris, *n.* [dub.; cf. perh. prec.] GENDER: app. masc. NIPS.*grom.*p.299La.

1 The side of the upper part of the trunk in human beings, or the corresponding part in other creatures. **b** (as the part particularly involved in lying down or reclining). **c** (employed in dancing and gesture). **d** the side of the chest (esp. as affected by pleurisy).

siluestrum exuuias laeuo..~eri accommodant ACC.*trag.* 256; cecidisse de equo dicitur et..~us offendisse uehementer CIC.*Clu.*175; aeneum..equum..cuius in ~eribus fores essent *Off.*3.38; breui ~ere ac pede longo est HOR.*S.*1.2.93; contigerant (*sc.* capilli) imum, qua patet usque, ~us OV.*Am.* 1.14.4; si breue parui sortita est ~eris spatium JUV.6.505; ULP.*dig.*21.1.12.1;—(*in fish*) acipenser..quoius ego ~us in latebras reddam meis dentibus PL.fr.20; mullum dimidium ..muraenaeque ~us MART.2.37.5. **b** longa..fessum militia ~us depone sub lauru mea HOR.*Carm.*2.7.18; posuit ..in limine duro molle ~us OV.*Met.*14.710; cernis ut..uacuae molle sub hirsuta ~us explicuere genista? CALP.*Ecl.*1. 5; uersare se et mutare..~us SEN.*Dial.*9.2.12; STAT.*Silv.* 4.2.51. **c** haec mouet arte ~us OV.*Ars* 3.301; artifices ~eris..amantur 3.351; contendunt, uter det ~us mollius SEN.*Nat.*7.32.3; ~era cum gestu consentiant QUINT.*Inst.* 11.3.122. **d** cum febri domum rediit dieque septimo ~eris dolore consumptus est CIC.*de Orat.*3.6; ~erum dolor HOR.*S.*1.9.32; CELS.4.13.1; ad ~eris dolores PLIN.*Nat.* 27.118; LARG.93; ~us dolentibus 170; ~eris uigili cum febre dolorem si coepere pati JUV.13.229;—(*cf.*) ~ere petitus imo spiritus HOR.*Epod.*11.10.

2 (as the seat of physical strength or vigour). esp. **b** (w. ref. to lung-power).

non tam ~era ecfututa pandas CATUL.6.13; ima soluuntur ~era VERG.*G.*3.523; qui ~us argueret, corneus arcus erat OV.*Am.*1.8.48; ~eri ne parce tuo *Ars* 2.413; rumpis, Basse, ~us MART.12.97.4; nec queritur quod..~eri parcas JUV. 6.37. **b** ad infirmitatem ~erum perscienter contentionem omnem remiserat CIC.*Brut.*202; me dies uox ~era deficiant *Ver.*2.52; sine faucium ~erum pulmonum ui *Tusc.*1.37; ~eris..firmitate defectus V.MAX.8.7.ext.1; ~us patiens laboris QUINT.*Inst.*1.pr.27; PLIN.*Ep.*2.11.15; ut..uehementi ~ere legas FRO.*Aur.*1.p.188(77N).

3 (as the part of the body particularly vulnerable in fighting, etc.). **b** (exposed to corporal punishment).

dextra ~us perrudit hasta ENN.*Ann.*414; uide modo ulmeae catapultae tuom ne transfigant ~us PL.*Per.*31; cuius ~us ille mucro petebat? CIC.*Lig.*9; huic gladio..~us haurit apertum VERG.*A.*10.314; nihil esse difficilius quam Laconis armati ~us fodere SEN.*Suas.*2.7; in utrumque ~us transuerberatus TAC.*Hist.*1.42; quod..~us tuum crederes omnibus PLIN.*Pan.*23.2; (*fig.*) ne adulatoribus ~us praebeas SEN.*Nat.*4a.pr.3; Dacis..imperii nudare ~us LUC.8.425;—(*w. ref. to protection*) ~era tegentis alios,..amicos CIC.*Phil.* 13.4; *B.Alex.*52.2; HOR.*S.*2.5.18; tegentibus ~era Scipione filio et Athenaeo LIV.45.27.6; fidum ~eri eius custodem eripuit V.MAX.3.3.ext.5; ille sacri ~eris custos MART.6.76.1; MERVI..AD ~VS AVGVSTI ANNOS SEPTEMQVE DECEMQVE *CIL* 5.938;—(*the side of the person giving protection*) non modo..custodias sed etiam ~erum nostrorum oppositus.. pollicemur CIC.*Marc.*32; nec per meum ~us tu petaris LIV. 40.9.5; (*fig.*) Claudius Nero Liuiusque Salinator..firmissima rei publicae ~era V.MAX.2.9.6. **b** utinam nunc stimulus in manu mihi sit..qui ~era conteram tua PL.*As.*419; ut tua iam uirgis ~era lacerentur probe *Bac.*780; nisi..uos uostra crura aut ~era nihili penditis *Men.*993; cum illi..iacenti ~era tunderent CIC.*Ver.*5.142; Hibericis peruste funibus ~us HOR.*Epod.*4.3; motus ~erum, qualis esse ad uerbera solet QUINT.*Inst.*11.3.90.

4 (in phrs. expr. proximity, companionship, etc.) One's side. **b** (transf.) a companion.

eum uident sedere ad ~us praetoris CIC.*Ver.*5.107; haerens ad ~us CATUL.21.6; Pallas..sinistro adfixus ~eri VERG.*A.* 10.161; circumfusa turba ~eri meo LIV.6.15.9; filium iuuenem adduxit abstractum ab Deci Magi ~ere 23.8.3; nec..iuncta deae ~eri OV.*Met.*2.449; semper Caesareum coluisse ~us STAT.*Silv.*3.3.65; licet..fidelem libertum ~eri filii sui adiungere QUINT.*Inst.*1.2.5;—(*in fig. phrs.*) pestem adhaerentem ~eri suo LIV.6.10.8; interim ad ~us mors est SEN.*Ep.*101.6. **b** Eutychos ille, tuum, Castrice, dulce ~us MART.6.68.4.

5 The flank of an army.

apertis ~eribus SIS.*hist.*15; equitatus ~era cingebat CAES.*Civ.*1.83.2; pedites..~ere nudato..iaculis uulnerabantur *B.Afr.*15.1; in transuersa ~era hostium incurrunt LIV.9.40.12; praefectis equitum iussis ad ~us Samnitium circumducere alas 10.29.9; maxime in nuda ~era hostium pugnabat 27.18.19; in..~us belli..emittit subitum..agmen LUC.7.523; consertum cunei ~us STAT.*Theb.*7.728; posita in ~us auxilia TAC.*Hist.*3.5.

6 One or other of the vertical, or approximately vertical, surfaces of a solid object, a side. **b** the side, slope (of a mountain, etc.). **c** a vertical surface enclosing a space or hollow; the bank of a river, etc. **d** the part of a thing having a lateral aspect. **e** any of the faces of a solid geom. figure.

ardentem coniecit lampada..et flammam adfixit ~eri (*sc.* turris) VERG.*A.*9.536; circum extremum ~us rotae figentur modioli VITR.10.4.3; basis compingatur..quadrata habens quoqueuersus ~era 10.14.1; fixa fuit dextro ~eri aedis Iouis optimi maximi LIV.7.3.5; COL.3.13.11; celsum crebri arietis ictibus urbis inclinare ~us STAT.*Theb.*2.493;—(*in a ship*) quid tam in nauigio necessarium quam ~era, quam cauernae? CIC.*de Orat.*3.180; prora auertit et undis dat ~us VERG.*A.*1.105; demptis interioribus remis ut ~us ~eri applicaretur LIV.24.34.6; qui nauem mercibus implet ad summum ~us JUV.14.289. **b** ex utraque parte ~eris deiectus habebat (collis) CAES.*Gal.*2.8.2; est specus ingens exesi ~ere in montis VERG.*G.*4.419; Alpes..quarum alterum ~us Italiae sit LIV.21.30.5; qua ~us ingens dant scopuli PERS.6.7. **c** eabus (scopis) ~era doliis intrinsecus.. perfricato CATO *Agr.*152; fossam..derectis ~eribus duxit CAES.*Gal.*7.72.1; ut illa e uado exiliat uena, non e ~eribus PLIN.*Nat.*31.39;—fluminis illa ~us..adspicit OV.*Fast.*1.501; in aliquod saxum ad ~us ripae prominens SEN.*Nat.*5.13.1. **d** fit..⟨ut⟩ non tam concurrere nubes frontibus aduersis possint quam de ~ere ire LUCR.6.117; ut in ~us eius (*sc.* solis) incurreret (luna) SEN.*Nat.*1.12.1. **e** cybus..est corpus ex ~eribus aequali latitudine planitiarum perquadratum VITR.5.pr.4; κύβος dicitur, cum omne ~us eiusdem numeri aequabiliter in sese soluitur GEL.1.20.5.

7 An extremity or edge of a surface, area, region, etc., lying in a more or less horizontal plane; an extreme part or region, quarter. **b** one or other side of a road, track, etc. **c** a side of a plane geometrical figure; a square root.

quae res..~us unum castrorum ripis fluminis muniebat CAES.*Gal*.2.5.5; insula natura triquetra, cuius unum ~us est contra Galliam 5.13.1; insula portum efficit obiectu ~erum VERG.*A*.1.160; ut ueniens dextrum ~us aspiciat Sol HOR. *Ep*.1.16.6; circumacta (classis)..ad alterum insulae ~us LIV.27.6.14; cum..sit in media rerum regione locata (terra) et tangat nullum plusue minusue ~us OV.*Fast*.6.274; Libyam Aegyptique ~us MAN.4.779; alterum Italiae ~us V.MAX.7.4.4; insulam..quam mare Oceanus a fronte, Rhenus amnis tergum ac ~era circumluit TAC.*Hist*.4.12;—quod ~us mundi nebulae malusque Iuppiter urget HOR. *Carm*.1.22.19; aequaliter splendebit omne caeli ~us SEN. *Ep*.102.28; mercare atque excute sollers omne ~us mundi PERS.6.76; aut ingens Asiae ~us (est Africa), aut pars tertia terris SIL.1.195; florentissimum Italiae ~us TAC.*Hist*. 2.17. **b** ~us hoc conceditur Idae, tu diuersa tene STAT. *Theb*.6.629; quis..sonus..propinquum saxosae ~us Appiae repleuit? *Silv*.4.3.3. **c** huic (signo) spatio ductum simili ~us exstat utrumque CIC.*Arat*.241(7); ad summum cacumen facientes stellae sunt trigonum paribus ~eribus VITR.9.4.6; MAN.2.288; NIPS.*grom*.p.299La;—fiunt ped. MCCXXV. huius sumo ~us, quod fit p. XXXV p.298La; p.301La.

8 (in phrs. indicating position or direction): **a** *a ~ere, ~eribus*, At or from the side(s), on the flank(s); (w. adjs.) in, from, a particular quarter; sim. *ex ~ere*, etc. **b** *in ~us*, to one side, aside. **c** (abl. alone) on (a particular) side or flank.

a quo..non modo a ~ere sed etiam a tergo magnam partem urbis relinqueret CIC.*Ver*.5.98; ne quis inermibus..militibus ab ~ere impetus fieri posset CAES.*Gal*.3.29.1; duabus portis ab utroque ~ere turrium eruptio fiebat 7.24.3; saepe a ~ere ruentis aedificii fragor sonuit SEN.*Dial*.9.11.7; saepe talis nubes a ~ere solis est *Nat*.1.3.11;—a septemtrionali ~ere summus est aquilo 5.16.6;—tribus..ex ~eribus..munitionibus tegebatur *B.Alex*.28.3; utrimque ex ~eribus ceteros aggreditur SAL.*Cat*.60.5; et ~ere ex omni dulce queruntur aues OV.*Am*.3.1.4; ex alio ~ere cubiculum est politissimum PLIN.*Ep*.2.17.10. **b** in ~us obliquum..adstitit OV.*Met*.3.187; percussus (luce aer)..in ~us cedit SEN.*Nat*.5.9.3; STAT.*Silv*.4.4.3. **c** loco posita ambulationis uno ~ere CIC.*Q.fr*.3.1.2; Africam, eodem ~ere sitam TAC.*Hist*.3.48; alio ~ere..propriam manum Blaesus filius duxit *Ann*.3.74.

9 **a** (w. ref. to the parties in an argument or suit) *ex..~ere*, On (one or other) side; sim. *in..~ere; ex ~ere*, by one of two parties, unilaterally. **b** (w. ref. to kinship) *a, ex ~ere*, collateral(ly).

a ex altero ~ere conuersum frigidius est infirmiusque (argumentum) GEL.5.11.4; nulla ex utroque ~ere nascitur actio ULP.*dig*.3.5.5.6(4); ex uno ~ere constat contractus 19.1.13.29;—quae species est in contrario ~ere apud Marcellum agitata 39.2.11;—circa matrimonium quod ex ~ere non bene contrahitur PAUL.*dig*.23.2.68. **b** sunt et ex ~eribus cognati 38.10.10.8; gradus cognationis..alii (sunt) ex transuerso siue a ~ere GAIUS *dig*.38.10.1.

lātus[3] ~a ~um, *pple*. [< **tlātos* (cf. Gk. τλητός, see TOLLO)] (Used as pf. pple. pass. of FERO.)

latusculum ~ī, *n*. [LATVS[2]+-CVLVM] A side.

ne laneum ~um..tibi flagella conscribillent CATUL.25.10; quaecumque ~a sunt speculorum assimili lateris flexura praedita nostri LUCR.4.311.

lauābrum ~ī, *n*. Also contr. LABRVM[2]. [LAVO+-BRVM] A bath-tub.

si calidis etiam cunctere ~is LUCR.6.799.

lauācrum ~ī, *n*. [LAVO+-CRVM] A bath.

~is nitidis et abundis GEL.1.2.2; eum..ilico ~o trado APUL.*Met*.1.7; *Apol*.59; *CIL* 3.6306.

lauandāria ~ōrum, *n. pl.* [*lauandus* (LAVO)+-ARIVS] Dirty linen, washing.

~a dicit (Laberius *com*.131) quae ad lauandum sint data GEL.16.7.5.

lauātiō ~ōnis, *f*. [LAVO+-TIO]

1 The action of washing. **b** facilities for washing.

PL.*Mos*.160; a pedum ~one VAR.*L*.5.119; salientes, e quibus bibit nemo..sed ~onibus..utuntur VITR.8.3.6; calida ~o et pueris et senibus apta est CELS.1.3.32; (uasa) quae ad ~onem..pertinent COL.12.3.2; PLIN.*Nat*.8.178. **b** MVNICIPIBVS..~ONEM IN PERPETVOM DE SVA PECVNIA DANT *CIL* 1.1903.5; ante te certiorem faciam, ut ~o parata sit CIC.*Fam*.9.5.3; ex aduerso laconici caldam ~onem VITR. 5.11.2; pro portione temporis, quo ~onem non praestitisset ALF.*dig*.19.2.30.1; ~ONEM GRATVITAM *CIL* 5.6522.

2 Washing equipment.

seponit moechae uestem, mundum muliebrem, ~onem argenteam PHAED.4.5.22; ULP.*dig*.34.2.25.10.

lauātrīna ~ae, *f*. Also contr. LATRINA. [LAVO+-TRINA] A washing-place, bathroom.

POMPON.*com*.53; trua qua e culina in ~am aquam fundunt VAR.*L*.5.118; cum hoc antiqui non balneum, sed ~am appellare consuessent 9.68.

Laucōn ~ontis, *m*.: var. of LAOCOON.

gemina nati pignora ~onte PETR.89,1.43.

laudābilis ~is ~e, *a. compar.* ~ior, *superl.* ~issimus (*CIL* 11.2547).

1 Praiseworthy, laudable.

uirtus..quae est per se ipsa ~is CIC.*de Orat*.2.343; orationes..ut Asiatico in genere ~es *Brut*.325; nihil potest esse ~ius quam ea tua oratio *Fam*.15.6.1; melioremne efficit aut ~iorem uirum? *Parad*.15; natura fieret ~e carmen an arte quaesitum est HOR.*Ars* 408; carmen..illa tempestate forsitan ~e rudibus ingeniis LIV.27.37.13; mea est ~is uxor OV. *Pont*.2.11.13; V.MAX.1.1.3; exemplum egregium prorsus et ~e PHAED.2.1.11; non innocentem modo, sed etiam ~em ciuem QUINT.*Inst*.12.1.41; mors Othonis quo ~ior eo uelocius audita TAC.*Hist*.2.54; (*superl.*) CONIVGI ~ISSIM(A)E *CIL* 11.2547;—(*neut. as sb.*) tria..~ia fecisse putatur LIV. 34.16.1.

2 (of materials, commodities, etc.) Possessing praiseworthy qualities, valuable, excellent.

maxime ~e est (mel) aestiuum PLIN.*Nat*.11.38; (uitis) etesiaca fallax: quo plus tulit, hoc ~ius fundit 14.36; neque (terra) fluminibus adgesta semper ~is 17.27.

laudābiliter, *adv. compar.* ~ius. [prec.+-TER[2]] In a praiseworthy manner, laudably.

ad recte honeste ~iter, postremo ad bene uiuendum satisne est praesidi in uirtute? CIC.*Tusc*.5.12; VELL.2.31.1; quo horridiorem patrem habuit, hoc periculo eius ~ius subuenit V.MAX.5.4.3; quanto ~ius periturum TAC.*Ann*. 15.59.

Lāudamīa ~ae, *f*.: see LAODAMIA.

laudātiō ~ōnis, *f*. [LAVDO+-TIO]

1 The action of praising, commendation.

felicitatem ipsam deorum..iudicio tribui ~onis est CIC. *de Orat*.2.347; qui nunc se publice ~onis causa uenisse dicunt *Ver*.2.45; adulescentes simulata ~one recuperauit NEP.*Ag*.6.3; familias..effascinantium..quorum ~one intereant probata PLIN.*Nat*.7.16; QUINT.*Inst*.7.1.47.

2 A laudatory speech or document, eulogy, panegyric. **b** (spec.) a eulogy of the dead at funerals. **c** a testimonial of character (of the accused in a court of law).

Graeci magis legendi et delectationis aut hominis alicuius ornandi..causa ~ones scriptitauerunt CIC.*de Orat*.2.341; scripsit..~onem mortis *Tusc*.1.116; haec uel in ~one posita LIV.38.57.1; (*of songs*) captus..modulatis Alexandrinorum ~onibus SUET.*Nero* 20.3. **b** non nulla e mortuorum ~ones CIC.*Brut*.61; P. Clodi cruentum cadauer..spoliatum imaginibus, exsequiis, pompa, ~one *Mil*.33; ut earum (*sc.* matronarum) sicut uirorum post mortem sollemnis ~o esset LIV.5.50.7; 27.27.13; funebris ~o SEN.*Suas*.6.21; QUINT. *Inst*.3.7.2; TAC.*Ann*.3.5; PLIN.*Ep*.8.12.5. **c** audebit mentionem facere Mamertinae ~onis CIC.*Ver*.5.57; quae dum ~o recitatur, uos, quaeso, qui eam detulistis adsurgite *Clu*.196; *Font*.45.

laudātīuus ~a ~um, *a*. [LAVDO+-IVVS] (rhet.) Laudatory, encomiastic; (fem. as sb.) panegyric (as one of the three divisions of rhetoric).

genus, quo laus ac uituperatio continetur, sed est appellatum..~um QUINT.*Inst*.3.4.12; qui ~am materiam honestorum..quaestione contineri putant 3.4.16; 3.7.28;—~am totam, quae est rhetorices pars tertia 2.15.20; 3.3.14.

laudātor ~ōris, *m*. [LAVDO+-TOR] One who praises, a eulogist. **b** one who delivers a funeral panegyric. **c** one who bears witness to the character of the accused in a court of law.

ipsa facta omnium ~orum eloquentiam anteire *Rhet.Her*. 3.11; habet tamen (Lysias) suos ~ores CIC.*Brut*.64; auctores et ~ores uoluptatis *Sest*.23; pacis semper ~or *Phil*.7.8; ~or temporis acti HOR.*Ars* 173; OV.*Ep*.20.33; TAC.*Ger*. 7.4. **b** funera deinde duo deinceps collegae fratrisque ducit, idem in utroque ~or LIV.2.47.11; PLIN.*Ep*.2.1.6. **c** Mamertinorum legatus, istius ~or CIC.*Ver*.2.13; hisce utitur ~oribus Flaccus, his innocentiae testibus *Flac*.64; 100; ipsis etiam reis dare ~ores licet QUINT.*Inst*.3.7.2; APUL. *Apol*.95.

laudātrix ~īcis, *f*. [LAVDO+-TRIX] (fem. of prec.).

peccatorum uitiorumque ~ix, fama popularis CIC.*Tusc*. 3.4; ~ix Venus est inuidiosa mihi OV.*Ep*.16.126.

laudātus ~a ~um, *a. compar.* ~ior, *superl.* ~issimus. [pple. of LAVDO] In senses of vb., esp.: Esteemed, valued, prized.

omnium ~arum artium procreatricem quandam..φιλοσοφίαν..iudicari CIC.*de Orat*.1.9; ualidam quoque et ~am antiquitatem TAC.*Ann*.15.13;—(*compar.*) nec tamen ita ut se quisquam, si ab isto laudatus sit, ~iorem putet CIC.*Har*. 46; saccaron..fert..~ius India PLIN.*Nat*.12.32; GEL.4.9.14; —(*superl.*) ~issima forma..Tyro OV.*Ep*.18.131; (tubera) ~issima Africae PLIN.*Nat*.19.34; 28.143.

Lāudicēa ~ae, *f*., **Lāudicēnus** ~a ~um, *a*.: see LAODIC-.

laudō ~āre ~āuī ~ātum, *tr*. [LAVS+-O[3]]

1 To praise, extol, commend, approve, speak well of. **b** (w. abl. of cause; also, w. gen.; w. *in*+abl.). **c** (w. inf.). **d** (w. *quod* cl.). **e** (*w.* de). **f** (w. pred.) to commend as.

omnes mortales sese ~arier optant ENN.*Ann*.560; nunc places, nunc ego te ~o PL.*Epid*.150; ~are infit formam uirginis *Rud*.51; uereor coram in os te ~are amplius TER. *Ad*.269; Mamertina ciuitas istum publice..~at CIC.*Ver*. 4.15; istam tuam et legem et uoluntatem et sententiam ~o uehementissimeque comprobo *Man*.69; LUCR.2.1167; ~ato ingentia rura, exiguum colito VERG.*G*.2.412; maternis ~or lacrimis PROP.4.11.57; mercator..oppidi ~at rura sui HOR. *Carm*.1.1.17; eum consensum deosque consociatos ~are mire Seruius LIV.1.45.2; quibus omnia principum..~are mos est TAC.*Ann*.2.38; probitas ~atur et alget JUV.1.74; (*poet.*) Altinum tertia ~at ouis (*i.e. Altinum produces the third best quality of wool*) MART.14.155.2; (*pass. w. dat. of agent*) ~ata..ora Ioui OV.*Met*.2.480; PLIN.*Nat*.22.86; cunctis ~atum TAC.*Ann*.4.57;—(*w. dat. of audience, etc.*) nam sibi ~auisse hasce (aedes) ait architectonem PL.*Mos*. 760; hui mihi illam ~as? TER.*Eu*.1053; non tutumst, quod ames, ~are sodali! OV.*Ars* 1.741. **b** spoliis ego iam raptis ~abor opimis VERG.*A*.10.449; qui mons et aliis ~atur herbis PLIN.*Nat*.25.49;—~abat leti iuuenem SIL.4.259; ~ande laborum 5.561;—in quo tuum consilium nemo potest non maxime ~are CIC.*Fam*.4.7.2; QUINT.*Inst*.5.12.22; 10.1.9. **c** sumpsisse merentis ~abor poenas VERG.*A*. 2.586; me ~ent doctae solum placuisse puellae PROP.1.7.11; doctas posuisse figuras ~atur PERS.1.87. **d** quod uiris fortibus..honos habitus est, ~o CIC.*S.Rosc*.137; quod minuit auctionem xuiralem ~o *Agr*.2.58; ~as quod de sapientibus alter ridebat JUV.10.28. **e** de uino ~o CIC. *Att*.2.2.3; 10.15.4; *Fam*.12.30.7. **f** et uirum bonum quom ~abant, ita ~abant, bonum agricolam bonumque colonum CATO *Agr*.pr.2; auctores certissimos ~are possum..Scaeuolam..et Q. Metellum CIC.*de Orat*.3.68; quem rerum Romanarum auctorem ~are possum religiosissimum *Brut*.44; uolucrem sic ~amus equum JUV.8.58; ~atur dis aequa potestas 4.71; (*w.* ut) quod ciuis improbus ut optimus ~atus esset CIC.*Opt.Gen*.21.

2 ~*o* (colloq.) That's good, excellent, fine.

exinde me ilico protinam dedi.— ~o PL.*Cur*.364; nunc eamus ad lenonem.— ~o 670; in me omni' spes mihist. —~o TER.*Ph*.140; *Ad*.564; Hyperidae uolunt esse et Lysiae. ~o. sed cur nolunt Catones? CIC.*Brut*.67; (*parenth.*) abi, ~o, nec te equo magis est equos ullus sapiens PL.*As*. 704; *Trin*.830.

3 (spec.) To deliver a funerary eulogy of.

quem (*sc.* Africanum) cum supremo eius die Maximus ~aret CIC.*Mur*.75; in foro combustus ~atusque miserabiliter *Att*.14.10.1; *Q.fr*.3.8.5; bifariam ~atus est SUET.*Aug*. 100.3.

4 (pass., of medicaments) To be recommended as a remedy.

flos uisci cum calce subactus ~atur PLIN.*Nat*.26.22; 26.104; (*w.* contra) apri quoque cerebrum contra eas (*sc.* serpentes) ~atur 28.152.

5 To call upon, name.

Iouem supremum testem ~o PL.*Capt*.426; (*cf.*) '~are' significat prisca lingua..nominare appellareque. sic in actionibus ciuilibus auctor '~ari' dicitur, quod est nominatus GEL.2.6.16; PAUL.*Fest*.p.118M.

lauer ~eris, *f*. or *n*. [unkn.] An aquatic plant, perh. water-parsnip, *Sium angustifolium*.

~er..nascens in riuis, condita et cocta torminibus medetur PLIN.*Nat*.26.50; ~er crudum 26.87.

Lauerna ~ae, *f*. [Etr.] A goddess of thieves.

per deam sanctam ~am, quae ⟨mei⟩ cultrix quaestuist NOV.*com*.105; ita me bene amet ~a PL.*Aul*.445; mihi ~a in furtis celebrassit manus fr.63; 77; pulchra ~a, da mihi fallere HOR.*Ep*.1.16.60; SEPT.*poet*.6.3.

Lauernālis ~is ~e, *a*. Of Laverna; (the name of one of the gates of Rome).

hinc ~is (porta) ab ara Lauernae, quod ibi ara eius VAR.*L*. 5.164; PAUL.*Fest*.p.117M.

Lauerniōnēs ~um, *m. pl.*: (see quot.).

~es fures antiqui dicebant, quod sub tutela deae Lauernae essent, in cuius loco obscuro abditoque solitos furta praedamque inter se luere PAUL.*Fest*.p.117M.

lauerum ~ī, *n*.: (see quot.).

~um uestimenti genus ex lana sucida confectum PAUL. *Fest*.p.118M.

Lauīcānus ~a ~um, *a*.: see LABICANVS.

Lāuīnās ~ātis, *a*. Of or from Lavinium.

LAVRENTIVM ~ATIVM *CIL* 6.2197; 6.32267; 14.390; *A.Epig*.89.99.

Lāuīnia ~ae, *f*. The daughter of Latinus, who was married to Aeneas.

~a coniunx VERG.*A*.6.764; OV.*Met*.14.570; ~A LATINI FILIA *Elog*.2(*CIL* 1.p.189).

Lāuīniensēs ~ium, *m. pl.* The people of Lavinium.

ut ~es condiderint oppidum Albam VAR.*R*.2.4.18.

Lăuīnium ~(i)ī, *n*. PROS.: *Lă-* VERG.*A*. 1.258; 270; 6.84; *Lā-* OV.*Met*.15.728. A town in Latium said to have been founded by Aeneas.

oppidum quod primum conditum in Latio stirpis Romanae, ~ium..hoc a Latini filia..Lauinia, appellatum VAR.*L*.5.144; LIV.1.1.10.

Lāuīnius ~a ~um, *a*. Of or belonging to Lavinium.

~a..arua VERG.*A*.4.236; sceptra..~a SIL.1.44; ~a regna 10.438.

Lauīnum ~ī, *n*.: var. of LAVINIVM.

nouercali sedes praelata ~o JUV.12.71.

Lāuīnus ~a ~um, *a*. = LAVINIVS.

~a..uenit litora VERG.*A*.1.2; ~is..litoribus PROP.2. 34.64.

Lāumedōn ~ontis, *m*., **Lāumedontēus** ~a ~um, *a*.: see LAOMED-.

lauō ~āre or ~ere lāuī ~ātum or lautum (lōtum), *tr*., *intr*. [cf. Gk. λούω] FORMS: see quots.: α 1st conj.: β 3rd conj.: γ pf. system; pf. pple. pass. usu. *lautus* or *lotus*; ~atus *CIL* 2.5181.54; see also FRO.*Aur*.1. p.8(65N); *lutus* PLIN.*Nat*.29.32.

1 (tr.) To clean by washing, wash; (prov.) *laterem ~are* (see LATER), to waste one's labour. **b** to wash (parts of the body); (prov.) MANVS *manum lauat*, 'one good turn deserves another'. **c** (med.) to bathe (wounds or diseased parts). **d** to purge (the bowels).

α ancillam..quae latrinam ~at PL.*Cur.*580; manus mortariumque bene ~ato CATO *Agr.*74; uestimenta qui ~et TITIN.*com.*29; omnis (capellas) in fonte ~abo VERG.*Ecl.* 3.97; OV.*Fast.*4.136. β puerum..ut ~erent ENN.*scen.*83; PL.*Am.*1102; si inquinata (olea) erit, ~ito CATO *Agr.*65.1; 96.2; uolo lauatrinam ~i POMPON.*com.*53. γ Tarquinium bona femina ~it et unxit ENN.*Ann.*155; boues in flumine ~it Hiberas VERG.*A.*7.663; dominum ~it maerens captiua cruentum PROP.2.9.11;—hoc ~tumst parum TER.*Ad.*425; (*sup.*) ubi conuiuae abierint, tum uenias..uasa ~tum, non ad cenam dico PL.*St.*595;—aquae..in qua caro recens lota est CELS.4.11.1; uestimenta..iam semel lota PETR.30.11; MART.10.11.6. **b** α manus ~a CIC.*de Orat.*2.246; membra ~at PROP.4.9.58. β NAEV.*trag.*6; manus ~ite TITIN. *com.*86; AFRAN.*com.*187; qui puriter ~it dentes CATUL. 39.14. γ ~i iandudum manus POMPON.*com.*11;—~tis ..manibus HOR.*S.*2.3.282; pure ~tis corporibus LIV.5.22. 4; TAC.*Ann.*11.3;—caerimoniam loci corpore loto polluisse 14.22. **c** α uix magna ~are uulnera..libet STAT. *Theb.*8.167; 10.715. β si medias exedit noxia fibras, his ~e praesidiis GRAT.462. γ inferna uulnera ~it aqua PROP.2.34.92; OV.*Met.*15.283; (*w. ret. acc.*) stoicus hic aurem mordaci lotus aceto PERS.5.86. **d** α ex aluo ~ando CATO *Fil.*4(J). β (*fig.*) hymenaeus, qui primo ~ere aluum marsuppio solet VAR.*Men.*39. γ loto terram ferit intestino JUV.6.429.

2 To wash oneself: **a** (intr.). **b** (pass.).

a α nunc ~abo, ut rem diuinam faciam PL.*Aul.*612; dormit, ornatur, ~at *Mil.*251; qui poturus erit, ~et calida CATO *Agr.*156.3; HOR.*S.*1.4.75; LIV.25.17.1; nec sane ~are potui; fui enim hodie in funus PETR.42.2. β cum bulga cenat, dormit, ~it LUCIL.245. γ frigida non ~i magi' lubenter PL.*Mos.*157; ne quis in balneis ~isse uellet GRACCH. *orat.*45;—Actaeon..loturam Dianam opperiens APUL.*Met.* 2.4;—(*sup.*) eo ~atum, ut sacruficem PL.*Aul.*579; TER.*Hau.* 655; dum tu quadrante ~atum rex ibis HOR.*S.*1.3.137; ubi sol ~tum ad Oceanum profectus est AUR.*Fro.*1.p.142 (31N). **b** α numquam concessamus ~ari aut fricari PL.*Poen.*220; uxor eius dixit se in balneis uirilibus ~ari uelle GRACCH.*orat.*45; VAR.*L.*9.105; cum parentibus puberes filii..non ~antur CIC.*Off.*1.129; ~antur in fluminibus CAES. *Gal.*4.1.10; HOR.*Ep.*1.6.61; PETR.42.1; TAC.*Ger.*22.1; JUV. 2.152; (*cf.*) ait sues caeno, chortales aues puluere ~ari COL. 8.4.4. γ proin tu lauare propera.— ~tus sum PL.*St.*667; cum ~ti accubuissent CIC.*de Orat.*1.27; *Deiot.*20; nos ~ti cenam petebamus APUL.*Met.*9.24;—se..in balneis lotum cum filio CIC.*de Orat.*2.224; Neronea..modo lotus in unda STAT.*Silv.*1.5.62.

3 To wash away, wash off.

β pergunt ~ere sanguen sanguine ENN.*scen.*202; salsis cruorem guttis lacrimarum ~it ACC.*trag.*578; luminis effossi fluidum ~it inde cruorem VERG.*A.*3.663. γ (*fig.*) uenias nunc precibu' ~tum peccatum tuom? TER.*Ph.*973.

4 To extract (metals) by washing; also, to treat (ore) by washing.

α ubi ~etur aes aerarias..nominari VAR.*L.*8.62; uitium ~andi (aurum) est, si fluens amnis lutum inportet PLIN. *Nat.*33.75;—quod effossum est, tunditur, ~atur, uritur, molitur 33.69; QVI..SCAVRIAS ARGENTARIAS AERARIAS.. FRANGERE CERNERE ~ARE VOLET *CIL* 2.5181.48.

5 To wet, moisten, bathe, soak. **b** (of rivers, seas, etc) to wash. **c** (med.) to steep (in order to make a lotion, etc.).

α sanguineus ~at imber et impedit axis STAT.*Theb.*10.479;—(*w. abl.*) sanguine largo colla armosque ~ant VERG.*A.* 12.722; ut misero ~et arma cerebro V.FL.4.153. β uenit imber, ~it parietes PL.*Mos.*111; ~it ater corpora sanguis VERG.*G.*3.221;—(*w. abl.*) ~ere lacrumis uestem ENN.*scen.* 311; quod..gestas tabellas tecum, eas lacrumis ~is PL.*Ps.* 10; pater ut cruore ~eret ararum aggeres VAR.*Men.*94; LUCR.5.950; Sol..rubro ~it aequore currum VERG.*G.*3.359. γ desecta Tolumni ceruix Romanos sanguine ~it equos PROP.4.10.38;—suo sibi ~tum sanguine tepido ACC.*trag.*607; —lotus..Hesperia..Capricornus aqua PROP.4.1.86; SEN. *Phaed.*750. **b** α Epirum..~at (mare) MAN.4.611; tales sunt aquae..quales..herbarum, quas ~ant, suci PLIN.*Nat.* 31.52; PLIN.*Ep.*5.6.40; (*cf.*) ut omnes urbis montes ~arentur (*i.e supplied with water by aqueducts*) PLIN.*Nat.*36. 122. β uilla..flauus quam Tiberis ~it HOR.*Carm.*2.3.18. γ quando Padus Matina ~erit cacumina HOR.*Epod.*16.28; quas Oceani refluum mare ~it, harenas OV.*Met.*7.267. **c** α (boleti) ~antur..in oculorum medicamenta PLIN.*Nat.* 22.98. γ utiliorem..esse (axungiam) uino lotam PLIN. *Nat.*28.142; herbam urceolarem..lotam uno die siccant LARG.60; filicis radix lota et rasa 136.

laurea ~ae, *f.* **lōrea.** [LAVREVS]

1 A laurel-tree.

loream Delphicam et Cypriam et siluaticam..haec facito uti serantur CATO *Agr.*8.2; populus Alcidae gratissima..sua ~a Phoebo VERG.*Ecl.*7.62; spissa ramis ~a feruidos excludet ictus HOR.*Carm.*2.15.9; LIV.32.1.12; OV.*Met.*1.566; PHAED. 3.17.3.

2 A laurel branch or wreath: **a** (as a token of military victory, carried in triumphal procession and dedicated to Jupiter). **b** (used or worn in relig. ceremonies). **c** awarded to poets (as a symbol of Apollo).

a cedant arma togae, concedat ~a laudi CIC.*Cons.fr.*8; ~a illa magnis periculis parta amittit longo interuallo uiriditatem? *Prov.*29; neque in fascibus insignia ~ae praetulit CAES.*Civ.*3.71.3; se..publico priuatoque deformem luctu ~am non acceptorum LIV.2.47.10; ~IS POSTES AEDIVM MEARVM VESTITI AUG.*Anc.*6.16; ~am..in Capitolini Iouis gremio reposuerat SEN.*Dial.*12.10.8; hasta summo ~am ferro gerit *Ag.*410; TAC.*Ann.*2.26; de Sarmatis ~am modo Capitolino Ioui rettulit SUET.*Dom.*6.1;—(*accompanying dispatches*) tabellas Romam cum ~a mittere CIC.*Pis.*39; MART. 7.5.4; ipse ~am gestae prospere rei ad fratrem misit TAC. *Hist.*3.77; PLIN.*Pan.*8.2. **b** sequebantur decemuiri coronati ~a praetextatique LIV.27.37.13; succensa sacris crepitet bene ~a flammis, omine quo felix et sacer annus erit TIB.2.5.81; ~am in manu tenentes supplicauerunt LIV.40.37.3; uda..roratas ~a misit aquas OV.*Fast.*4.728; CURT.4.15.27. **c** Pindarus..~a donandus Apollinari HOR.*Carm.*4.2.9; pura nouum uati ~a mollit iter PROP. 4.6.10; adsit tua ~a nobis..Phoebe OV.*Rem.*75; *Pont.*2.5.67.

3 A victory, triumph.

perdite perduellis, parite laudem et ~am PL.*Cist.*201; praestat et exulibus pacem tua ~a, Caesar OV.*Pont.*2.7.67; ne..uictis cedat piratica ~a Gallis LUC.1.122;—(*transf.*) nec minor ista tuae ~a pacis erat MART.8.15.6; primus in toga triumphum linguaeque ~am merite PLIN.*Nat.*7.117.

laureātae ~ārum, *f. pl.* [next, sc. *litterae*] A laurel-wreathed dispatch (to announce a victory).

ne ~is quidem gesta prosecutus est TAC.*Ag.*18.7.

laureātus ~a ~um, *a.* [LAVREA+-ATVS²] Adorned with or wearing laurel.

imaginem..quam..~am in sua gratulatione conspexit CIC.*Mur.*88; fascis ~os *Lig.*7; cum ~is tuis lictoribus *Pis.*53; naues ~as VITR.2.8.15; legiones ex Illyrico ~ae urbem inibunt LIV.45.39.4; ~is foribus SEN.*Dial.*11.16.5; ~ae.. statuae TAC.*Ann.*4.23;—(*of dispatches announcing a victory*) tristem..nuntium..litterae a Postumio ~ae sequuntur LIV. 5.28.13; ~as tabellas populo ostendit 45.1.7; FRO.*Amic.* 2.p.190(178N).

Laurens ~ntis, *a.* FORMS: nom. sg. fem. *Laurentis* ENN.*Ann.*34

1 Of or belonging to Laurentum; (neut. as sb.) an estate there. **b** (masc. pl. as sb.) the people of Laurentum.

cum in agro ~nti essem VAR.*R.*3.13.2; ~ntem..Thybrim VERG.*A.*5.797; ~ntis..populos 6.891; ~nti..Pico OV.*Met.* 14.336; populus ~ns *Fast.*6.60; ~ntem..aprum MART. 9.48.5;—miraris, cur me..~ns meum tanto opere delectet PLIN.*Ep.*2.17.1. **b** VERG.*A.*7.63; ambas ~ntum Troumque acies 12.137; OV.*Fast.*3.93; ~NTIVM LAVINATIVM *CIL* 6.2197.

2 (poet.) Roman. **b** (masc. pl. as sb.) the Romans.

o mihi ~ntis inter dilecta puellas STAT.*Silv.*1.2.163; ultra Pyrenen ~ntia nomina duxi SIL.1.669; ~ntia bella 3.83; 8.598. **b** concipe bella latura exitium ~ntibus SIL. 1.110.

Laurentīnus ~a ~um, *a.* Of or belonging to Laurentum; (neut. as sb.) an estate there.

~a uia V.MAX.8.5.6; ~o..in litore MART.10.37.5; (*cf.*) media nox tepida, ~a (*as at Laurentum*) AUR.*Fro.*1.p.142 (31N);—~um uel, si ita mauis, Laurens meum PLIN.*Ep.* 2.17.1.

Laurentum ~ī, *n.* A coastal town in Latium.

MELA 2.71.

laureola ~ae, *f.* Also **lōreola.** [LAVREA+-OLA] A small laurel branch, sprig of bay (esp. as used to announce a victory); (prov.) *~am in mustaceo quaerere*, i.e. to look for fame where it is most easily found.

uelles..tantum modo ut haberem negoti, quod esset ad ~am satis CIC.*Fam.*2.10.2;—in eodem Amano coepit ~am in mustaceo quaerere *Att.*5.20.4.

Laureolus ~ī, *m.* A bandit whose execution was represented in a mime.

MART.*Sp.*7.4; JUV.8.187; SUET.*Cal.*57.4.

laurētum ~ī, *n.* Also **lōrētum.** [LAVRVS+-ETVM] A laurel-grove; (esp. as prop. name) a place on the Aventine Hill at Rome.

tale..~um, ut triumphaturi Caesares inde laureas decerperent SUET.*Gal.*1.1;—~um ab eo quod ibi sepultus est Tatius rex VAR.*L.*5.152; FEST.p.360M; PLIN.*Nat.*15.138; IN LORETO MAIORE *Fast.Val.*(*CIL* 1.p.240).

laureus ~a ~um, *a.* [LAVRVS+-EVS]

1 Of the laurel-tree, laurel. **b** (of garlands) made of laurel branches. **c** made of laurel-wood.

folia ~a CATO *Agr.*76.3; VAR.*R.*3.14.3; silua ~a *L.*5.152; ~um nemus MART.10.92.11; olei ~i cyathi III CELS.5.18.35; PLIN.*Nat.*20.137; ~is..ramulis APUL.*Met.*11.10. **b** coronam illam ~am CIC.*Pis.*58; 63; LIV.23.11.5; V.MAX.3.6.5; ~a serta LUC.7.42. **c** uectes iligneos, acrufolios, ~os, ulmeos facito CATO *Agr.*31.1.

2 Resembling laurel; *rosae ~ae* (see quot.); (as the name of varieties of pears or cherries).

(fraxinum) ~is foliis PLIN.*Nat.*16.63;—caliculos modice punicantes quos..uulgus indoctum rosas ~as appellant APUL.*Met.*4.2;—pira ~a..diligenter inspicito COL.12.10.4; PLIN.*Nat.*15.55; (cerasa) quae uocant ~a..insitae (*sc.* cerasi) in lauru 15.104.

laurex ~icis, *m.* [app. Balearic] The young of the rabbit.

PLIN.*Nat.*8.217.

lauricomus ~a ~um, *a.* [LAVRVS+COMA+-VS] Covered with laurel foliage.

~os..per montis LUCR.6.152.

laurifer ~era ~erum, *a.* [LAVRVS+-FER] Bearing or producing laurels; decked with laurels, laurel-wreathed.

~eram tellurem PLIN.*Nat.*15.134;—~eros..currus LUC. 5.332; ~erae..iuuentae 8.25.

lauriger ~era ~erum, *a.* [LAVRVS+-GER] = prec.

mons ~ero concussus uertice..Parnasus PROP.3.13.53;—~era..manu 4.6.54; ~ero..Phoebo OV.*Ars* 3.389; ~eros.. triumphos MART.3.66.3; ~eros..penates 8.1.1; ~eros.. ignis STAT.*Ach.*1.509; SIL.5.412.

laurinus ~a ~um, *a.* [LAVRVS+-NVS] Of laurel, laurel-.

oleum ~um PLIN.*Nat.*23.86; LARG.156.

Lauriōtis ~idis, *f. adj.* Of or belonging to Laurion in Attica; (in quot., of ashes formed in smelting silver).

fit in argenti fornacibus spodos, quam uocant ~im PLIN. *Nat.*34.132.

Laurōnensis ~is ~e, *a.* Of or belonging to Lauron in Hispania Tarraconensis.

Tarraconensia atque ~ia (uina) PLIN.*Nat.*14.71.

laurus ~ī or ~ūs, *f.* [unkn.] FORMS: 4th decl., gen. sg. *~ūs* PLIN.*Nat.*23.158; LARG.5; MART.7.6.10; abl. *~ū* HOR.*Carm.*2.7.19, OV. *Met.*14.720, TAC.*Hist.*2.55; nom. and acc. pl. *~ūs* VERG.*A.*3.91; TIB.2.5.63; OV.*Fast.*4.953; SEN.*Oed.*16; LUC.1.287; STAT.*Theb.*7.351.

1 A laurel-tree, bay. **b** the foliage or other parts used for medicinal and sim. purposes.

da sane hanc uirgam ~i PL.*Mer.*677; ~um, murtum.. haec omnia a capite propagari..oportet CATO *Agr.*51; ~um Cypriam, Delphicam 133.2; uos, o ~i, carpam VERG.*Ecl.* 2.54; PROP.2.13.33;—(*collect. sg.*) partim ~o et arbuto.. abundant SIS.*hist.*60; ~i buxique et myrti..silua CURT. 8.10.14; PLIN.*Nat.*13.139;—(*sacred to Apollo*) VERG.*A.*7.59; arborum genera numinibus suis dicata..ut..Apollini ~us PLIN.*Nat.*12.3; (*w. ref. to Apollo's oracle, cf. sense 1 b*) Pythia quae tripodi a Phoebi ~oque profatur LUCR.1.739; hoc me Delphicae ~us monent SEN.*Oed.*16; COL.10.217. **b** ~i bacae CELS.5.12; ~us excalfactoriam naturam habet et foliis et cortice et bacis PLIN.*Nat.*23.152; aqua..~um incoctam habente LARG.10; si e ~u..(fumus) fiat PLIN.*Nat.*10.157;—(*eaten to obtain inspiration*) sic usque sacras innoxia ~us uescar TIB.2.5.63; Myrtale bibit ~um MART.5.4.6; JUV.7.19.

2 A sprig or branch of laurel: **a** (used in relig. or magic ceremonies). **b** (as a festive decoration). **c** (as the sign of a victory, esp. used in triumphs). **d** (as the emblem of Apollo; also of poets).

a cum capita uiridi ~o uelare imperant prophetae sancti STRAB.*trag.*1; uittis et sacra redimitus tempora ~o VERG.*A.* 3.81; (*for purification*) cuperent lustrari..si foret umida ~us JUV.2.158;—(*in magic*) Daphnis me malus urit, ego hanc in Daphnide ~um VERG.*Ecl.*8.83; iacet exstincto ~us adusta foco PROP.2.28.36. **b** populus cum ~u ac floribus Galbae imagines circum templa tulit TAC.*Hist.*2.55; ornare ~u domum *Ann.*15.71; ornentur postes et grandi ianua ~o JUV.6.79;—(*outside the house of Augustus*) Palatinae ~us OV.*Fast.*4.953; *Tr.*3.1.39; PLIN.*Nat.*15.127. **c** incurrit haec nostra ~us non solum in oculos, sed iam etiam in uoculas maleuolorum CIC.*Fam.*2.16.2; uictricis..~os VERG. *Ecl.*8.13; cui ~us aeternos honores Delmatico peperit triumpho HOR.*Carm.*2.1.15; OV.*Met.*14.720; missa est a Caesare ~us insignem ob cladem Germanae pubis PERS. 6.43; ~um fascibus imperatoriis addi TAC.*Ann.*13.9; JUV. 8.253; (*dedicated to Jupiter in the Capitol*) sacras poscunt Capitolia ~us LUC.1.287; nondum gremio Iouis Indica ~us STAT.*Silv.*4.1.41; (*given to a victor in a contest*) uictorem.. Cloanthum declarat uiridique aduelat tempora ~o VERG.*A.* 5.246. **d** semper habebunt te coma, te citharae, te nostrae, ~e, pharetrae OV.*Met.*1.559; omnibus immixtas cono super aspice ~us STAT.*Theb.*7.351;—maluit et nostra ~um subtexere myrto *Silv.*1.2.99; 4.8.19.

3 A victory, triumph.

Sarmaticae ~us nuntius ipse ueni MART.7.6.10; cum.. Parthica ~o gloriam patris augeres PLIN.*Pan.*14.1.

laus¹ ~dis, *f.* [cf. AS. *leod* 'song', Goth. *liuþon* 'sing']

1 Praise, commendation. **b** (pl.) praises, eulogy; (phr.) *~dibus efferre, ferre,* or *tollere* (sts. *in* or *ad caelum*), to praise highly, extol; also *~des agere* or *habere* (w. dat.). **c** (pred. dat.).

non uideor meruisse ~dem, culpa caruisse arbitror PL. *Trin.*1129; sibi uero hanc ~dem relinquont 'uixit, dum uixit, bene' TER.*Hec.*461; imperator ~dem capit CATO *orat.*176; si te ~s adlicere ad recte faciendum non potest CIC.*Phil.*2.115; non modo sine contumelia sed etiam cum maxima ~de Pompei *Att.*8.2.1; ea (*sc.* gloria) est consentiens ~s bonorum *Tusc.*3.3; non minorem ~dem exercitus quam ipse imperator meritus uidebatur CAES.*Gal.*1.40.5; primam hanc tibi magnus Apollo concedit ~dem VERG.*A.*9.655; confessione..omnium..illam ~dem adeptus singulari arte aciem eo die instruxisse LIV.30.35.5; plus erat in gladio quam curuo ~dis aratro OV.*Fast.*2.517; ~dis est purum tenuisse ferrum SEN.*Her.O.*1561; hanc nostram pro antiquorum ~de concordiam TAC.*Dial.*16.3. **b** quantis ~dibus suom erum seruos conlaudauit PL.*Capt.*420; mulier ..quae ante domum mortui ~dis eius caneret VAR.*L.*7. 70; summis ornat senatum ~dibus CIC.*Clu.*140; heroum ~des..legere VERG.*Ecl.*4.26; Dianae dicere ~des HOR. *Saec.*76; uitiatam memoriam funebribus ~dibus reor LIV. 8.40.4; tisanae..~des uno uolumine condidit Hippocrates PLIN.*Nat.*22.136; uirtutem militum ~dibus cumulat TAC. *Hist.*2.57;—in caelum effert ~dibus Protagoram CIC.*Brut.* 292; eum summis ~dibus extulisti *Vat.*41; CAES.*Civ.*3.87.1; —consilium suum ~dibus ferebant 1.69.2; eum ~dibus ad caelum ferebant LIV.9.10.3;—monumentum illud quod tu tollere ~dibus solebas CIC.*Att.*4.17.7(16.14); *Fam.* 15.9.1;—asseri ~des ago NAEV.*com.*33; perfidiae ~des gratiasque habemus merito magnas PL.*As.*545; dis immortalibus ~des gratesque egit Liv.26.48.3. **c** uos eritis iudices ~din an uitio duci factum oporteat Ter.*Ad.*5; tu addis quod uitio est, demis quod ~di datur Acc.*trag.*7; ut..amicitiam..nostram utrique nostrum ~di sperem fore Cic.*Fam.*5.8.3; ~di in Graecia ducitur adulescentulis quam plurimos habuisse amatores Nep.pr.4; Hor.*S.*2.3.99.

2 Praise as enjoyed by the recipient, esteem, renown, reputation.

praestatur ~s uirtuti Andr.*trag.*16; ~dis compos Pl.*Am.*642; ambo magna ~de, lauti fr.106; breuitas..in uniuersa eloquentia ~dem non habet Cic.*Brut.*50;alia..uia ad eandem ~dem peruenerat 259; inuiderunt ~di et dignitati meae *Red.Pop.*21; in damno meae ~dis rei p. commodo laetabor Planc.*Fam.*10.8.7; quorum flagitiis commacula________retur bonorum ~s Sal.*Rep.*1.4.3; ut..Iphicratenses..in summa ~de fuerint Nep.*Iph.*2.4; quis tantam Rutulis ~dem..attulerit Verg.*A.*12.321; ambiguae ~dis ciuem V.Max.2.2.6; penes alias familias imperatoria ~s fuerat Tac.*Ann.*2.52;—(*w. gen. of cause*) liberalitatis ~dem adsequi Cic.*Flac.*89; ne ante partam rei militaris ~dem amitterent Caes.*Gal.*6.40.7; Macrochir praecipuam habet ~dem amplissimae pulcherrimaeque corporis formae Nep.*Reg.*1.4; penes quem perfecti huiusce belli ~s est Liv.21.46.8; nulli nugarum ~de secundus Mart.9.pr.5;—(*pl.*) uir abundans bellicis ~dibus Cic.*Off.*1.78; cuius funestae ~des..*B.Hisp.* 17.2; tantus amor ~dum, tantae est uictoria curae Verg.*G.* 3.112; in magnis ~dibus malua est Plin.*Nat.*20.222.

3 Praiseworthiness, excellence. **b** a cause of praise, praiseworthy thing, act, or quality, virtue, good point, merit. **c** ~*s est* (w. inf., *ut*+subj., *quod*, or *si*) it is praiseworthy.

genus, forma, uires, opes..non habent in se ueram ~dem, quae deberi uirtuti uni putatur Cic.*de Orat.*2.342; quae ad ipsius orationis ~dem splendoremque pertinent 3.147; ab eo ~s imperatoria non admodum expectabatur *Luc.*2; sunt hic..sua praemia ~di Verg.*A.*1.461; primam merui qui ~de coronam 5.355; meliis Attici in toto orbe summa ~s existimatur Plin.*Nat.*21.57. **b** Pericles, qui cum floreret omni genere uirtutis, hac tamen fuit ~de clarissimus Cic.*Brut.*28; *Off.*3.77; ut de suis homines ~dibus libenter praedicant Caes.*Civ.*2.39.4; quid tibi nunc..pro ~dibus istis ..Aeneas..dabit..? Verg.*A.*10.825; Italia..inuictas habet ~des Vitr.6.1.11; rarissimam ~dem..concupisti, innocentiam Sen.*Cl.*1.1.5; Plin.*Ep.*3.6.2; (*of a person*) Fabiae ~s, Maxime, gentis Ov.*Pont.*4.6.9;—(*w. gen. of definition*) cum duae summae sint in oratore ~des, una subtiliter disputandi ..altera grauiter agendi Cic.*Brut.*89; ~de insignis caudae melanurus Ov.*Hal.*113. **c** at illa ~s est..liberos hominem educare Pl.*Mil.*703; si cothurni ~s illa esset, ad pedem apte conuenire Cic.*Fin.*3.46; Caes.*Gal.*6.23.1; principibus placuisse uiris non ultima ~s est Hor.*Ep.*1.17.35;—est..illa ~s oratoris, ut abiecta atque obsoleta (uerba) fugiat Cic.*de Orat.*3.150; Plin.*Nat.*35.191;—~s pudoris tui, quod ea te inuitum dicere uidebamus Cic.*Cael.*8; Plin.*Nat.*22.81;—magna est ~s si superiores consilio uicisti Cic.*Ver.*3.41; Plin.*poet.*2.1(*Ep.*7.9.11).

Laus[2] ~dis, *f. Laus Pompeia*, A town in Cisalpine Gaul, near the modern Lodi.

Plin.*Nat.*3.124; *CIL* 6.29728.

lausiae ~ārum, *f. pl.* [Celtic] Stone chips.

QVIVE LAPIDES ~AE EXPEDITAE IN LAPICAEDINIS ERVNT *CIL* 2.5181.54.

Lausus ~ī, *m.* (mythol.) **a** The son of Numitor. **b** the son of Mezentius.

a Ilia cum ~o de Numitore sati Ov.*Fast.*4.54. **b** Verg.*A.*7.651.

lautē, *adv. compar.* ~ius, *superl.* ~issimē. [LAVTVS+-E]

1 Elegantly, finely.

loquitur ~e et minime sordide Pl.*Mil.*1001; militem lepide et facete, ~e ludificarier uolo 1161; ut me hodie..inlusseris ~issime Caecil.*com.*244; te curasti molliter ~eque munus administrasti tuom Ter.*Ad.*764; Laterensis existimatur ~e fecisse quod tribunatum pl. petere destitit ne iuraret Cic.*Att.*2.18.2.

2 Sumptuously, liberally.

delicias suas..parum ~e deuersari dicit Cic.*Ver.*1.64; uiuebat ~e et indulgebat sibi liberalius Nep.*Cha.*3.2; ut ego accipiar ~e Hor.*S.*2.8.67; quare hic ~ius cenat? Sen.*Dial.* 7.27.4; regias..domus, cum ~issime, praeter aes, aurum..ebore tantum adornans Plin.*Nat.*36.46; si quis re sua ~ius usus sit Ulp.*dig.*5.3.25.12.

lautia ~ōrum, *n. pl.* [prob. < DAVTIA, perh. connected w. DO] The entertainment provided for foreign guests of the state at Rome.

MVNVSQVE EIS EX FORMVLA LOCVM ~AQVE..EIS LOCARE MITTEREQVE IVBERENT *CIL* 1.588.8; locus inde ~aque legatis praeberi iussa Liv.28.39.19; 30.17.14; 33.24.5; 35.23.11; Paul.*Fest.*p.68M;—(*transf.*) hospitium ac loca ~a mihi praebiturum Apul.*Met.*3.26; 9.11.

lauticius ~a ~um, *a.* [LAVTVS+-ICIVS[1]] (See quot.)

~a farina appellabatur ex tritico aqua consperso Paul.*Fest.*p.118M.

lautitia ~ae, *f.* [LAVTVS+-TIA] Elegance of living, sumptuousness, luxury. **b** (pl.) luxurious arrangements or appointments.

ante meum aduentum fama ad te de mea noua ~a ueniet Cic.*Fam.*9.16.8; 9.20.1; ~ae locupletium maria ipsa Neptunumque clauserunt Col.8.16.3; ad cenas ~a transfertur Sen.*Ep.*114.9; Plin.*Nat.*9.119; ~a epularum magnificentia Paul.*Fest.*p.117M. **b** nobis..~as mirantibus Petr.34.8; 47.8; munditiarum ~arumque studiosissimum Suet.*Jul.*46; *Aug.*71.1; inhumanae mensae ~is eas opipare reficit Apul.*Met.*5.8.

lautiusculus ~a ~um, *a.* [*lautius* (LAVTVS)+-CVLVS] Somewhat elegant, rather fine.

uestem..~am proferunt Apul.*Met.*7.9.

Lautulae ~ārum, *f. pl.* **Lautolae.** **a** A place in Rome where there were hot springs. **b** a town in Latium near Anxur.

a ~ae ab lauando, quod ibi ad Ianum geminum aquae caldae fuerunt Var.*L.*5.156; Paul.*Fest.*p.118M. **b** Liv. 7.39.7; 9.23.4.

lautumiae ~ārum, *f. pl.* **lātomiae.** [Gk. λατομίαι] A stone-quarry, esp. used as a prison or place of confinement; a particular district in Rome on the north-east of the Capitol containing quarries.

inde ibis porro in ~as lapidarias Pl.*Capt.*723; uel in ~is uel in pistrino mauelim agere aetatem praepeditus latere forti ferreo *Poen.*827; ~as Syracusanas omnes audistis Cic.*Ver.*5.68; triumuiri carceris ~arum intentiorem custodiam habere iussi Liv.32.26.17; 37.3.8; Sen.*Con.*9.4.21; captus..per cauernam ~arum euasit angustias Plin.*Nat.*11.185; Paul.*Fest.*p.117M;—Cato atria duo..in ~is..in publicum emit Liv.39.44.6.

lautus ~a ~um, *a.* Also **lōtus.** *compar.* ~ior, *superl.* ~issimus. [pple. of LAVO] FORMS: *lotus* usu. only w. participial force, app. adjl. in Petr.40.7 (cj.).

1 Washed, clean.

(*of persons*) sine cura laetus ~us Enn.*Sat.*14; candide uestitus, ~us exornatusque ambulat Pl.*Cas.*768; uenire unctum atque ~um e balineis Ter.*Ph.*339; tibi inuideo, quod unis uestimentis tam diu ~us es Cic.*Flac.*70; Plin.*Nat.*11.44;—(*of things*) uinum condito in dolia ~a et pura et sicca Cato *Agr.*112.3; ~am (brassicam) siccam sale aceto sparsam esse 157.5; balneas..parum ~as fuisse Gracch.*orat.* 45.

2 Having an air of respectability, substance, etc., well-turned-out, fine. **b** (of conduct, etc.) splendid.

est lepida et ~a. ut sapit! Pl.*Poen.*1197[a]; ~um conuiuam Afran.*com.*368; ~issimum oppidum..municipum honestissimorum Cic.*Phil.*13.18; prope diem uideo bonorum, id est ~orum et locupletum, urbem refertam fore *Att.*8.1.3; ut in magna familia sunt alii ~iores..serui..ut atrienses *Parad.* 37; equites Romani ~issimi et plurimi *Phil.*3.16; conuiuia ~a Catul.47.5; Nep.*Att.*13.6; ~is..Carinis Verg.*A.*8.361. **b** nihil tibi erit ~ius, nihil gloriosius Cic.*Fam.*15.14.4; illa (*sc.* opera) ~ior ac splendidior *Off.*2.52; (*cf.*) Scrofa uellem haberet ubi posset; est enim ~um negotium *Att.*6.1.13;—(*of language*) in propriis ut ~issima (uerba) eligamus *Opt. Gen.*4.

3 Sumptuous, luxurious.

regionem..in qua ~issimum receptaculum casa est Sen.*Dial.*12.9.3; cocos tum panem ~ioribus coquere solitos Plin.*Nat.*18.108; hoc ~um uocat..unum ponere ferculis tot assem Mart.11.31.20; ~us erat Tuscis Porsena fictilibus 14.98.2; quippe haec merces ~issima Juv.7.175; (*w. inf.*) nec rhombos ideo libertis ponere ~us Pers.6.23.

lax: (see quot.; cf. LACIO).

lacit decipiendo inducit. ~ etenim fraus est Paul.*Fest.* p.116M.

laxāmentum ~ī, *n.* [LAXO+-MENTVM]

1 Free space, room.

digitum pollicem ~i facito Cato *Agr.*19.2; ambulationi ~um..fecit Vitr.3.3.8; stadium ita figuratum, ut possint hominum copiae cum ~o athletas certantes spectare 5.11.4; surgit aura, cum datum est ~um corporibus Sen.*Nat.*5.3.3; ut exiguum ~i habeant Col.6.2.4.

2 Free time, leisure, intermission, respite.

nactus in nauigatione nostra pusillum ~i Trebon.*Fam.* 12.16.3; legionibus nostris ad confirmandos animos salutare ~um daret V.Max.3.2.8; dabimus aliquod ~um, in desidiam uero otiumque non resoluemus Sen.*Dial.*4.21.6; (*w.* ab) si quid ~i a bello Samnitium esset Liv.9.41.12; (*w. gen.*) seriarum ~a curarum Plin.*Pan.*82.9; tempus..numerandum est..cum quodam ~o itineris Nerat.*dig.*50.5.4.

3 Relaxation of restrictions, latitude, scope, freedom, opportunity.

non modo causae sed ne legi quidem quicquam per tribunum plebis ~i datum est Cic.*Clu.*89; nihil ~i nec ueniae habere (leges)Liv.2.3.4; ut..minus..~i daretur iis ad auxilia Hannibali summittenda 22.37.9; (*w. gen.*) haec..uerba uideo admittere aliquod augendi ~um Fro.*Amic.*2.p.182(196N).

laxātiō ~ōnis, *f.* [LAXO+-TIO]

1 The action of loosening.

ut..~o earum (*sc.* metarum) aut coartatio efficiat aut uehementem aut lenem..aquae influentem cursum Vitr. 9.8.6.

2 Free space, room.

trabes..ita sint compactae..ut compactura duorum digitorum habeant ~onem Vitr.4.7.4.

laxātus ~a ~um, *a. compar.* ~ior. [pple. of LAXO] In senses of vb., esp.: Large in extent, spacious; loose, slack.

quia ~ior est materia Sen.*Con.*9.5.15;—maceratas (uirgas) indicio est membrana ~ior Plin.*Nat.*19.17.

laxē, *adv. compar.* ~ius, *superl.* ~issimē. [LAXVS+-E]

1 Over a large area, widely, spaciously; ~*e habitare*, to live in a roomy house. **b** with room to spare, roomily, loosely. **c** with large intervals, sparsely.

ubi ~ius patet (Pallene) Mela 2.33; Mercurii stella ~issime (uagatur) Plin.*Nat.*2.66; nec aliud (quam aurum) ~ius dilatatur 33.61;—habitare ~e et magnifice uoluit Cic.*Dom.*115; Sen.*Dial.*7.27.4; (*fig.*) habet ubi se..~e explicet magnus animus 9.3.2. **b** medio ~e ponere membra toro Ov.*Am.*2.10.18; uasa..quae singulas uuas ~e recipiant Col.12.44.7; lignum..~e..distans tantum cacuminis filo adhaeret Plin.*Nat.*13.33; quo ~ius dimicaretur Suet.*Jul.* 39.3. **c** ut ~ius subacto solo deponat semina Col.5.4.3; ~ius uites ponere *Arb.*4.3.

2 On a large scale, liberally, lavishly.

sin res ~e labat Pl.*St.*521; de numero pastorum alii angustius, alii ~ius constituere solent Var.*R.*2.10.10; in hostico ~ius rapto suetis uiuere Liv.28.24.6; utuntur illo (*sc.* tempore) ~ius Sen.*Dial.*10.8.2.

3 Slackly, loosely. **b** without attention, carelessly, slackly. **c** without close temporal limits.

~e suspensa cilicia Sis.*hist.*107; cum apparitor..~e uinciret (manus) Liv.9.10.7; huic decet inflatos ~e iacuisse capillos Ov.*Ars* 3.145; Cels.7.4.4.A; Luc.4.451. **b** speranti..Romanos..remoto metu ~ius licentiusque futuros Sal.*Jug.*87.4. **c** si ~ius uolent proferre diem Cic.*Att.* 13.13.4(14.1).

laxitās ~ātis, *f.* [LAXVS+-TAS]

1 Spaciousness, largeness, wideness. **b** extent, width. **c** wideness of intervals, sparseness.

ut omnium domos et ~ate et dignitate superaret Cic.*Dom.*116; Sal.*Hist.*4.76; specus..in tantam ~atem excauatus Sen.*Ep.*41.3; incumbit (uentus), quo liberior exitus inuitat et loci ~as *Nat.*5.8.1; ne spatiorum ~as..pecudi praebeat fugam Col.9.1.4; ~as mundi Plin.*Nat.*14.5; Suet.*Nero* 31.1. **b** XV p. ~ate insessa Plin.*Nat.*5.62; 6.138. **c** nec nisi spatiosa in cubitu ~as tuta Plin.*Nat.* 8.169; 17.94.

2 A wide area, expanse. **b** vacant space, room.

ubi in magna ~ate corpora pauca uersantur Sen.*Nat.*5.2; spatiosior ~as dicioni (aestus) paret Plin.*Nat.*2.218; ~as Propontis appellatur, angustiae Thracius Bosporus 4.76; Palaestines tota ~as 5.77. **b** uindemiatoribus..hae semitae..opportunam ~atem praebent Col.4.18.2.

3 Freedom of movement.

spiritus..non solita ~ate discurrens [Quint.]*Decl.*8.18; sin..aprum meum ferum in suam naturalem ~atem dimisisses Proc.*dig.*41.1.55.

4 Relaxed condition, absence of strain.

naturalis..animi remissio ac ~as Sen.*Ep.*66.14.

laxō ~āre ~āuī ~ātum, *tr.*, (*intr.*). [LAXVS+-O[3]]

1 To make larger, widen, extend; (also transf.); (refl.) to increase in size, spread out. **b** to make further apart or less dense, spread out, scatter, rarefy; (also intr.) to make room, scatter. **c** to extend (a period).

ut forum ~aremus Cic.*Att.*4.17.7; numquam..corpora uestra ~abitis Sen.*Dial.*12.10.6; in multas ~antur Tartara poenas Luc.3.17; (*w. abl.*) centena si quis mea pectora ~et uoce deus Stat.*Theb.*12.797; propera stomachum ~are sagina Juv.4.67;—spes..tuas ~a Luc.5.533;—inde se rursus..~at (mare) Mela 1.6; (lilii) ab angustiis in latitudinem paulatim sese ~antis Plin.*Nat.*21.23. **b** signa inferre et manipulos ~are iussit Caes.*Gal.*2.25.2; ~ata prima acies Liv.27.18.17; Persae cedebant et ~auerunt ordines Curt.4.15.31; Luc.6.72; qua ~ant rami nemus Stat.*Theb.*2.531; ~antur coetus resolutaque..agmina discedunt *Ach.*1.554; diffusas patulo ~abat (quercus) stipite frondes Sil.5.487; densatus et ~atus aer Quint.*Inst.*5.9.16; Tac.*Hist.*3.25; (*w.* in+*acc.*) terra..in tenuis ~ata uias *Aetna* 109;—uacat una Danais, has ego explebo uices: ~ate manes Sen.*Her.O.*949. **c** ~are certe tempus immitis fugae (*i.e. postpone exile*) genero licebat Sen.*Med.*420; longiore potius dierum spatio ~abit dicendi necessitatem Quint.*Inst.*10.5.22.

2 To lay open, open up (a cavity, passage, outlet, etc.). **b** to rid of encumbrances, clear.

uia uix tandem uocis ~ata dolore est Verg.*A.*11.151: ad ~ata magis conixa foramina retis Ov.*Hal.*28; demittendus est..digitus..ut..sinum ~et Cels.7.19.2; Siculi uerticis ~a specum Sen.*Her.F.*80; ora..~auit..Aetnae Luc.1.545; concussa..tellus ~et iter fluuiis 4.116; ad ~andas siccandasque fistulas Plin.*Nat.*24.88; cruor..tenuis uenarum ~at hiatus Stat.*Theb.*9.530; (*cf.*) aura portum ~auit melior Mart.10.104.18. **b** animas..deturbat ~atque foros Verg.*A.*6.412; qualis procumbit..quercus..ingentemque aera ~at Stat.*Theb.*9.534; ~abat ferro campum Sil.6.319; (*poet.*) innumera ~auit caede pharetras Stat.*Theb.*7.353;—(*w. dat.*) animo locum ~a Sen.*Ep.*15.2; ~abat sedem uenturis Portitor umbris Sil.9.251.

3 To undo, loose (bonds, fastenings, bolts, doors, etc.).

ut..uenae tabularum saepius hiscant quam ~are queant compages taurea uincla Lucr.6.1071; uincla epistulae ~auit Nep.*Paus.*4.1; pinea furtim ~at claustra Sinon Verg.*A.* 2.259; ~at fores Sen.*Her.F.*962; Herculeos..~auit..nodos Luc.4.632; ~are catenas 10.57; Ausonium ~are iugum (*i.e. throw off the Roman yoke*) Sil.11.17; (*refl.*) qua se commissura ~auerat Sen.*Ben.*7.21.2; (*fig.*) tantum abest ut ego ex eo (uinclo) quo astricti sumus ~ari aliquid uelim Cic.*Att.*6.2.1.

4 To free from fastenings or restraint, untie, let go; to unsheathe (a sword); to lose hold of, drop. **b** to weaken the attachment of, detach, loosen. **c** (transf.) to release, let go.

excussos..~are rudentis Verg.*A.*3.267; uela puppis ~at Sen.*Tro.*1179; sonipes rapuit ~atus habenas Sil.9.657; cum ..~arentur iumenta cetera Apul.*Met.*9.15;—(*w. abl.*) libidinum uinculis ~atos Cic.*Sen.*7; pharetra graues ~auit umeros Sen.*Her.O.*788; iam pectus amictu ~abat Stat.*Ach.*1.875; (*w.* ab) tamquam ~aret elatum pedem ab stricto nodo Liv.24.7.5;—nunc ferrum ~are cupit Stat.*Silv.*5.1.199;—lapillum..qui ~atur somno Plin.*Nat.*10.59;

fessi..humeri gestamina ~ant SIL.1.529. **b** ~atur hic (*sc.* cortex) plaga non adimitur PLIN.*Nat.*12.58; inducenda cutis, quae..~anda est CELS.7.33.2; obnixo ferrum ~auit (aper) in armo STAT.*Theb.*2.475; ~ato ceciderunt sidera caelo 10.145. **c** (*pass.*) cum ~ati curis sumus CIC.*Tusc.* 1.44; omne uitium ~atur et prodit SEN.*Ep.*83.20; ~antur adyto fata *Thy.*681; tandem ~ata dolori uox inuenit iter STAT.*Theb.*5.606; (*refl.*) ut istis te molestiis ~es LUCC.*Fam.* 5.14.3.

5 To dissolve, disintegrate, loosen (solid substances); (also transf.). **b** to cause openings or gaps in.

siue die ~atur humus OV.*Ep.*2.123; incipiet..(terra)..~ata ire in umorem SEN.*Nat.*3.29.6; tura ~antur focis *Her.O.*734; ubi lucidus..ortus..~auit sole pruinas STAT. *Theb.*3.469; Alpina corpora..quasi sole ~antur FLOR.*Epit.* 1.20(2.4.2); (*poet.*) tertius horrentem Zephyris ~auerat annum Phoebus STAT.*Theb.*4.1;—in..breues geminas longam ~are secundam MAUR.1133. **b** ubi plurimis locis ~ari coepit (nauis) SEN.*Ep.*30.2; terra..immenso sinu ~ata patuit *Oed.*583; tellus pulsu ~ata tridentis LUC.2.456; pectora..uolneribus ~ata nouis 6.668; quidquid..~at perspicuo labella risu MART.2.41.18; ceu saepta nouus iam moenia ~et fossor STAT.*Theb.*2.418.

6 To allow to go slack, release the tension of; to unstring (a bow); (intr.) to go slack. **b** to relax (the body or parts of it); (pass. and refl.) to become relaxed or slack.

~ato..eculeo V.MAX.3.3.ext.3; ~atis habenis CURT. 4.9.24; Zephyro numquam ~ante rudentes LUC.9.1004; STAT.*Theb.*1.480; nostra fatiscit ~aturque chelys *Silv.*4.4.33; TAC.*Ann.*6.14; (*fig.*) arma permittit populis frenosque furentibus ira ~at LUC.7.125;—PHAED.3.14.11; ~auit uictos arcus SEN.*Oed.*469;—scarus..uimen sub uerbere caudae ~ans subsequitur OV.*Hal.*14. **b** quies ~auerat artus VERG.*A.*5.857; CELS.2.14.3; ad..neruos ~andos PLIN.*Nat.* 23.157; ~ato..genu STAT.*Theb.*11.511; fortia ~at bracchia *Ach.*1.327; cum ille..manus ~asset GEL.15.16.4; (*cf.*) tigris..bella cupit ~atque genas et temperat unguis STAT.*Theb.* 2.130;—~antur corpora rugis OV.*Ars* 3.73; tres rugae subeant et se cutis arida ~et JUV.6.144.

7 To relax, recreate (the mind); (also pass., of a person) to take one's ease, relax.

qui..~aret iudicum animos CIC.*Brut.*322; CURT.3.6.11; animosa..pectora ~et sera quies STAT.*Theb.*3.392; Bacchi munera duram ~arunt mentem SIL.11.286; ~are animum lusu calculorum PLIN.*Ep.*7.24.5;—(*w.* ab) ab hac contentione disputationis animos nostros curamque ~emus CIC. *de Orat.*3.230; ab adsiduis laboribus itinerum pugnarumque ~auerat animum LIV.32.5.2;—et bonus aetherio ~atur nectare Caesar MART.4.8.9.

8 To reduce in intensity or severity, lessen, slacken, weaken; (also intr.) to be reduced, fall.

quanto facilius nos non ~are modos, sed totos mutare possumus? CIC.*de Orat.*1.254; ~abant curas VERG.*A.*9.225; ~andi annonam LIV.2.34.12; ut sibi..~aret aliquid laboris 9.16.15; post multa uirtus opera ~ari solet SEN.*Her.F.*476; dum aliorum necessitates et angustias ~ent *Ben.*4.13.2; temeritate ~ata PETR.82.4; hysopum suffocationes ~at (*relieves*) PLIN.*Nat.*26.160; ~abit iniquas custos excubias SIL.7.318; non quidquid meris adicietur adfectibus..miserationem securitate ~abit? QUINT.*Inst.*11.1.52; si hanc intentionem..~auero PLIN.*Ep.*4.13.2;—(*darkness*) sola..nigrantis ~abant astra tenebras STAT.*Theb.*12.254; *Silv.* 5.1.256; ~ata lucida nocte claustra nitent SIL.13.550;—(*w.* in+*acc.*) effreni ~entur in otia mores STAT.*Theb.*7.30;—annona haud multum ~auerat quia..subuehi frumentum non poterat LIV.26.20.11.

laxus ~a ~um, *a.* *compar.* ~ior, *superl.* ~issimus. [cf. *langueo*; Gk. λήγω; OIr. *lacc*; ON. *slakr*, Eng. *slack*] FORMS: *laxsus BGU* 2.611.3.14.

1 Spacious, wide, ample, roomy.

Volusi annales..~as scombris saepe dabunt tunicas CATUL.95.8; monet in ⟨l⟩axiores agros..ut egrediantur SAL.*Hist.*3.98.B; siluae ambulationesque ~iores VITR.6.5.2; reliquerat interualla..qua satis ~o spatio equi permitti possent LIV.10.5.6; ~um..per aethera ludit Perseus MAN. 5.599; contractas emptionibus complures domos..quo ~ior fieret ipsius VELL.2.81.3; ~ius intestinum..quod colum nominant CELS.1.7; fieri primum angustissimum orbem, deinde ~iorem SEN.*Nat.*1.2.2; si tam ~a rura sunt, et.. COL. 7.12.10; MART.2.30.4; PLIN.*Pan.*50.6; (*in fig. phr.*) benignitatis fines introrsus referre et illi minus ~um limitem aperire SEN.*Ben.*1.15.2.

2 Not closely packed, loose in arrangement or structure.

socordius ire miles occipere..~iore agmine SAL.*Hist.*3.25; LIV.22.50.9; quo excelsior, eo solutior ~iorque est (turbo) SEN.*Nat.*7.9.3; riguus locus spatia ~iora desiderat COL.4. 30.5; LUC.2.71.

3 Not drawn tight, slack; (of bows) unstrung.

~os..immittere funis VERG.*A.*8.708; qui iam contento, iam ~o fune laborat HOR.*S.*2.7.20; ~as canibus tacitis mittite habenas SEN.*Phaed.*31;—(*in fig. phr.*) commodissimum esse quam ~issimas habenas habere amicitiae CIC. *Amic.*45; dum se laetus ad auras palmes agit ~is per purum immissus habenis VERG.*G.*2.364;—~os referunt..arcus *A.*11.874; Scythae ~o meditantur arcu cedere campis HOR. *Carm.*3.8.23; OV.*Rem.*702; STAT.*Theb.*4.163.

4 Not tightly fitting, loose. **b** hanging loosely or in folds.

eos (*sc.* modiolos) circumplumbato, caueto ne ~i sient CATO *Agr.*20.2; ~os..circlos cerui subnecte VERG.*G.*3.166; in..sinum..~us (anulus)..cadam OV.*Am.*2.15.14; MART. 14.169.1; (*obsc.*) *Priap.*17.3; Lydia tam ~a est equitis quam culus aeni MART.11.21.1;—(*of clothing*) male ~us in pede calceus haeret HOR.*S.*1.3.31; et fluit effuso cui toga ~a sinu TIB.1.6.40; in ~a nixa pedem solea PROP.2.29.40; tunica..~a OV.*Ep.*15.249; ~is arcent mala frigora bracis *Tr.*5.7.49; ~ior..toga SEN.*Con.*2.6.2. **b** ~os..suspendit aranea cassis VERG.*G.*4.247; quodsi..(auster) turbauit lintea puppis incubuitque sinu ~o GERM.*Arat.*408; SEN.*Her.F.*154; panticibus ~is MART.6.64.19; folle minus ~ast et minus arta pila 14.45.2.

5 (of joints, doors, openings, etc.) Wide open, gaping; (of fastenings) loosed, untied. **b** having openings, breached.

~is laterum compagibus omnes accipiunt..imbrem VERG.*A.*1.122; surda sit oranti tua ianua, ~a ferenti OV. *Am.*1.8.77; uolnere ~o diffusum..dirum..uirus LUC.1.614; fodit..tonsis ora ~a lentiscis MART.6.74.3;—non..praedator..~is abiget iumenta capistris CALP.*Ecl.*1.41. **b** non bene de ~is cassibus exit aper OV.*Ars* 1.372; ~i muri [QUINT.]*Decl.*12.15.

6 (of parts of the body) Relaxed, loose. **b** (of the mind) at ease, relaxed. **c** (of vocal sounds) open, broad.

quidnam igitur tenerum et ~a ceruice legendum? PERS. 1.98; ~um..caput..oscitat 3.58; ~is..labris 3.102; ~am..cutem MART.5.79.4; [QUINT.]*Decl.*12.13; (*cf.*) ~os cui dare..rictus gaudent (leones) MART.1.104.17; ~o..morsu STAT. *Silv.*2.5.6. **b** in utroque..eadem est animi magnitudo, in altero remissa et ~a, in altero pugnax et intenta SEN.*Ep.* 66.12. **c** si ita dicas: 'quam das finem'..~iorem uocis sonum feceris GEL.13.21.12.

7 (of time) Lengthy, prolonged; long-lasting, prolix; (of a date) far ahead, distant.

si ad cogitandum uoltis sumere tempus sumite ~si spatii *BGU* 2.611.3.14; tempus sibi et quidem ~ius uindicauit PLIN.*Ep.*4.9.14;—~ioribus paulo longioribusque uerbis GEL.16.1.3;—diem statuo satis ~am, quam ante si soluerint, dico me centesimas ducturum CIC.*Att.*6.1.16; LIV.39.17.2; PROC.*dig.*45.1.113.

8 Free from impediments, unrestricted; (of discipline) slack, lax; (of prices) not stiff, easy.

ut ~ior eis agendi facultas sit PAPIN.*dig.*31.76.8;—milites..~iore imperio quam antea habere SAL.*Jug.*64.5;—cum pace ~ior etiam annona rediit LIV.2.52.1.

lea ~ae, *f.* [formed from LEO] A lioness.

panthera et ~a VAR.*L.*3.4(*gram.* 8); irritata ~ae iaciebant corpora saltu LUCR.5.1318; ~a, cum catulis lactantibus ubera praebet OV.*Ars* 2.375; *Fast.*2.88; SEN.*Ag.*740; V.FL. 3.737; STAT.*Theb.*10.414; quos Iuppiter..in leonem et ~am conuertit HYG.*Fab.*185.6.

leaena ~ae, *f.* [Gk. λέαινα] A lioness.

VAR.*L.*5.100; CIC.*Glor.*12; num te ~a..procreauit? CATUL.60.1; torua ~a lupum sequitur VERG.*Ecl.*2.63; [TIB.] 3.6.15; OV.*Am.*2.14.36; PLIN.*Nat.*10.176; STAT.*Ach.*1.168.

Lēandrius ~a ~um, *a.* Of or connected with Leander.

~us Hellespontus SIL.8.621.

Lēandrus (~os) ~ī, *m.* Leander, the lover of Hero who swam the Hellespont to visit her.

OV.*Ep.*18.1; 18.40; MART.14.181.1; quod nocturna tibi, ~e, pepercerit unda *Sp.*25.1.

Learchēus ~a ~um, *a.* Of Learchus.

maesta ~as mater tumulauerat umbras OV.*Fast.*6.491.

Learchus ~ī, *m.* The son of Athamas and Ino, who was killed by his father in a fit of madness.

OV.*Met.*4.516; *Fast.*6.490; HYG.*Fab.*1.

Lebedus (~os) ~ī, *f.* An Ionian coastal city, largely depopulated in the Augustan period.

HOR.*Ep.*1.11.6; VELL.1.4.3; MELA 1.88; PLIN.*Nat.*5.116.

Lēber: arch. form of LIBER³.

lebēs ~ētis, *m.* [Gk. λέβης] A cauldron.

Dodonaeos..~etas VERG.*A.*3.466; tertia dona facit geminos ex aere ~etas 5.266; OV.*Ep.*3.31; curui..~etes *Met.*12.243; ~etem aureum HYG.*Fab.*273.13.

Lechaeum ~ī, *n.* Also **~ae** ~ārum, *f. pl.* The port of Corinth on the Corinthian gulf.

PROP.3.21.19; LIV.32.23.11;—~ae, Corinthiorum portus PLIN.*Nat.*4.12.

Lechaeus ~a ~um, *a.* Of or belonging to Lechaeum.

spatiis..~is GRAT.227.

leciō ~ōnis, *f.*: see LEGIO.

lectārius ~(i)ī, *m.* [LECTVS²+-ARIVS] A maker of couches or beds.

CIL 6.7988.

lectē, *adv.* *superl.* ~issimē. [LECTVS¹+-E] (quoted by Varro as typical adv. formed from a pf. pple.).

ab lego ~e ac ~issime VAR.*L.*6.36.

lectīca ~ae, *f.* [LECTVS²+-*ica* (cf. -ICVS)] A litter.

is in ~a ferebatur GRACCH.*orat.*46; ~a octaphoro ferebatur CIC.*Ver.*5.27; in hortos ad Pompeium ~a latus sum *Q.fr.*2.5.3; repente aperuit ~am 2.8.2; comparasti ad ~am homines CATUL.10.16; *B.Hisp.*32.7; HOR.*S.*1.2.98; uix ~ae agitationem..patiens LIV.27.29.2; ~a militari CURT.7.6.7; QUINT.*Inst.*1.2.7; TAC.*Ann.*12.69; JUV.1.121; (*app. applied to a bird's nest*) semine..abiecto in mollibus arborum ~is PLIN.*Nat.*17.99.

lectīcāriola ~ae, *f.* [next+-OLA] (Humorous fem. dim. of next, applied to a woman committing adultery with litter-bearers).

ancillariolum tua te uocat uxor, et ipsa ~a est MART. 12.58.2.

lectīcārius ~(i)ī, *m.* [LECTICA+-ARIVS] A litter-bearer, chair-man.

coquos, pistores, ~ios CIC.*S.Rosc.*134; *B.Hisp.*32.8; e turba pedisequorum ~iorumque COL.1.pr.12; PETR.96.4; SUET.*Otho* 6.3; si idem ~ius sit et cocus PAUL.*dig.*32.99.4; *CIL* 8.20574.

lectīcula ~ae, *f.* [LECTICA+-VLA] A small litter. **b** a bier. **c** (applied to a hen's nesting-place).

ut..mecum simul ~a concursare possis CIC.*Fam.*7.1.5; *Div.*1.55; Scipio ~a in aciem inlatus LIV.24.42.5; V.MAX. 1.7.4; FRO.*Aur.*2.p.76(151N); (*used for study*) a cena in ~am se lucubratoriam recipiebat SUET.*Aug.*78.1. **b** elatus est in ~a..sine ulla pompa funeris NEP.*Att.*22.4; TAC.*Hist.*3.67. **c** gallina consuetae ~ae spreto cubili APUL.*Met.*9.33.

lecticulus ~ī, *m.* [LECTVS²+-CVLVS] A bed.

continere se in ~o debet aeger CELS.2.12.2.E.

lectiō ~ōnis, *f.* [LEGO²+-TIO]

1 The action of gathering.

saxosum (tractum) facile est expedire ~one lapidum COL. 2.2.12.

2 The action of picking, choosing, selection; esp. *~o senatus*, the revision of the membership of the senate usually undertaken by the censors.

illud os..fuisse ut hos iudices legere auderet! quorum ~one duplex imprimeretur rei publicae dedecus CIC.*Phil.* 5.16;—ob infamem atque inuidiosam senatus ~onem LIV. 9.29.7; 9.30.1; senatorum..numerum..ad modum pristinum..redegit duabus ~onibus SUET.*Aug.*35.1.

3 A reading, perusal.

ut nullius scriptum exstet dignum quidem ~one quod sit antiquius CIC.*Brut.*69; ~onem sine ulla delectatione neglego *Tusc.*2.7; ~ones rerum uetustarum SEN.*Dial.*4.2.3; in libris improbatae ~onis ULP.*dig.*10.2.4.1;—(*aloud*) neque umquam sine aliqua ~one apud eum cenatum est NEP.*Att.* 14.1; oportet..~one uti uehementi CELS.4.10.1;—(*as a training*) ~o ueterum oratorum et poetarum CIC.*de Orat.* 3.48; ut studiosi iuuenes ~one seuera irrigarentur PETR.4.3; qui..~one multa..copiosam sibi uerborum supellectilem compararit QUINT.*Inst.*8.pr.28.

4 That which is read, reading-matter; a passage in a book, text; (pl. as the title of a book) readings.

~o non cruda, sed multa iteratione mollita..memoriae..tradatur QUINT.*Inst.*10.1.19; cum soleret ex ~one cotidiana quaestiones..proponere SUET.*Tib.*56;—meministi autem tu plurimas ~ones, quibus usque adhuc uersatus es FRO. *Aur.*1.p.106(54N);—Caesellius..Vindex in ~onibus suis antiquis GEL.3.16.11; quod Pomponius libris ~onum probat ULP.*dig.*2.14.7.6.

lectisphagītēs ~is, *m.* [Gk.] A kind of wine made from herbs.

uocarunt (uinum) et scyzinum et itaeomelin et ~en (*s.v.l.*), quorum iam oblitterata ratio est PLIN.*Nat.*14.111.

lectisterniātor ~ōris, *m.* [next+-TOR] One who spreads couches.

tu esto ~or. tu argentum eluito PL.*Ps.*162.

lectisternium ~(i)ī, *n.* [LECTVS²+STERNO+-IVM] A special festival of supplication at which a banquet was offered to the gods, couches being spread for them to recline upon.

~io tunc primum in urbe Romana facto LIV.5.13.6; 7.2.2; ~ium..placandis habitum est deis 8.25.1; ~ium..imperatum—et eum lectum senatores strauerunt—et conuiuium publicum 22.1.20; V.MAX.2.4.5.

lectitō ~āre ~āuī ~ātum, *tr.* [LEGO²+-ITO]

1 To gather repeatedly, be in the habit of collecting.

constat..eos..litoribus conchulas et umbilicos ~asse V. MAX.8.8.1.

2 To read repeatedly, be in the habit of reading.

~auisse Platonem studiose..dicitur CIC.*Brut.*121; ex iis quos nunc ~o auctores *Att.*12.18.1; libros..conquisitos ~atosque TAC.*Ann.*14.50; quod non legendos libros, sed ~andos capit PLIN.*Ep.*2.17.8; SUET.*Cal.*16.1; GEL.12.15.1; litteras ter et quater aueo..~are APUL.*Apol.*94.

lectiuncula ~ae, *f.* [LECTIO+-CVLA] Short or light reading.

quin..matutina tempora ~is consumpseris CIC.*Fam.* 7.1.1.

lector ~ōris, *m.* [LEGO²+-TOR] A reader. **b** a person employed to read aloud, a professional reader.

ne uellicatim aut saltuatim scribendo ~orum animos impediremus SIS.*hist.*127; nihil est..aptius ad delectationem ~oris CIC.*Fam.*5.12.4; ne..defatigemus ~ores NEP. *Lys.*2.1; HOR.*Ep.*1.19.35; OV.*Tr.*3.1.2; adsiduo ruptae ~ore columnae JUV.1.13. **b** ex eius scriptore et ~ore Diphilo CIC.*de Orat.*1.136; 2.223; cum ~or aut lyristes..inductus est PLIN.*Ep.*9.17.3; ~oribus aut fabulatoribus arcessitis SUET.*Aug.*78.2.

lectrix ~īcis, *f.* [LEGO²+-TRIX] A female reader.

CIL 6.8786; 6.33473.

lectulus ~ī, *m.* [LECTVS²+-VLVS] A couch, bed. **b** (used for reclining at table). **c** (used for study).

~os..ilignis pedibu' faciundos dedit TER.*Ad.*585; ut.. me in meo ~o trucidaret CIC.*Sul.*52; a ducenda..uxore sic abhorret ut libero ~o neget esse quicquam iucundius *Att.* 14.13.5; membra postquam semimortua ~o iacebant CATUL.50.15; et o tu ~e deliciis facte beate meis! PROP. 2.15.2; somno sibi mederi aut ~o PLIN.*Nat.*28.54; matrimonialis ~i [QUINT.]*Decl.*1.13; TAC.*Ann.*16.11. **b** PL.*Per.* 759; ~os iube sterni nobis TER.*Ad.*285; CIC.*Mur.*75; Iouis epulo ipse in ~um, Iuno et Minerua in sellas ad cenam inuitabantur V.MAX.2.1.2. **c** in qua (exedra) Crassus posito ~o recubuisset CIC.*de Orat.*3.17; cum ~us aut me porticus excepit HOR.*S.*1.4.133; OV.*Tr.*1.11.38; PLIN.*Ep.* 5.5.5.

lectum ~ī, *n.*: var. of LECTVS².

ut ~um legatum contineat et fulcra ULP.*dig.*32.52.9; 34.2.19.8.

lectus¹ ~a ~um, *a.* *compar.* ~ior, *superl.* ~issimus. [pple. of LEGO²]

1 Carefully chosen, select, picked.

hic sunt quinque argenti ~ae numeratae minae PL.*Ps.* 1149; optimis sententiis uerbisque ~issimis dicere CIC.*Orat.* 227; centuriones, omnis ~os et euocatos SAL.*Cat.*59.3; toto ~os ex agmine mittit mille uiros VERG.*A.*11.60; ~am peditum manum LIV.33.18.10; scuta..~issimis coloribus distinguunt TAC.*Ger.*6.2.

2 Worthy of selection, excellent, choice.

quadrigentos filios..atque..omnis ~os sine probro PL. *Bac.*974; ut neque uir melior neque femina ~ior in terris sit CIC.*Inv.*1.52; pudentissimas ~issimasque feminas *Ver.*1.94; dum praediis ~is..delectantur *Catil.*2.20; CATUL.64.4; arma..~a VERG.*A.*10.542; HOR.*Saec.*6; ~ae patientiae cliens SEN.*Dial.*5.8.6; iuuenum ~issime STAT.*Silv.*5.1.247;—bello ~a iuuentus VERG.*A.*8.606; STAT.*Theb.*2.483; tot milia armatorum, ~a equis uirisque TAC.*Hist.*3.55.

lectus² ~ī, *m.* [cf. Gk. λέκτρον, λέχος; OIr. *lige*; Goth. *ligrs*, Eng. *lair*] FORMS: nom. pl. ~*ūs* CORNIF.*gram.*1; dat. sg. ~*ui* *CIL* 9.5140; see also LECTVM.

1 A bed, couch. **b** (used for reclining at meals). **c** (used for study or writing).

deduco pedes de ~o clam PL.*Cur.*361; in ~o cubat PL. *Mil.*470; TER.*Hau.*903; ~os loris subtentos CATO *Agr.*10.5; pedes ~i LUCIL.16; cum etiam tum in ~o Crassus esset CIC. *de Orat.*2.12; pater grandis natu iam diu ~o tenebatur *Ver.* 5.16; requiescere ~o TIB.1.1.43; aureos ~os SEN.*Ep.*110.12. **b** facite..ubi nunc sunt ~i strati potetis cito PL.*Bac.*756; uideo alios festinare, ~os sternere, cenam adparare TER. *Hau.*125; L tricliniorum ~os CIC.*Ver.*2.183; Graeci stipati quini in ~is *Pis.*67; imi..~i HOR.*Ep.*1.18.11; LIV.22.1.19; SEN.*Dial.*2.10.2; SUET.*Cal.*32.2. **c** quaedam ~um et otium et secretum desiderant SEN.*Ep.*72.2; quidquid..~is scribitur in citreis PERS.1.52; genus ignauum, quod ~o gaudet et umbra JUV.7.105.

2 (as typifying marriage); ~*us genialis*, etc., the symbolic marriage-bed, placed in the *atrium*.

~um..iugalem VERG.*A.*4.496; sic meriti ~um reuerere parentis OV.*Ep.*4.127; deserti..foedera ~i *Met.*7.710; maritalis ~i blanditiis V.MAX.9.5.3; (*cf.*) aucupor in ~o mendaces caelibe somnos OV.*Ep.*13.107;—~um illum genialem quem biennio ante filiae suae nubenti strauerat CIC.*Clu.*14; seu tamen aduersum mutarit ianua ~um PROP. 4.11.85.

3 A bier.

arsuro positum me..~o TIB.1.1.61; in funere..ante ~um isse LIV.38.55.2; OV.*Met.*14.753; mortui eius ~um..sustulerunt quattuor filii VELL.1.11.7; PETR.42.6; QUINT.*Inst.* 6.1.31.

lēcythus (~os) ~ī, *f.* [Gk. λήκυθος] An oil-flask.

in asparagos totam ~um euertamus VAR.*Men.*573; arca ⟨e⟩t ~oe duae *P.Mich.*434.13(*FIRA* 3.17.13).

Lēda¹ ~ae, *f.* Also ~*ē* ~ēs. (myth.) The daughter of Thestius, mother by Zeus of Castor, Pollux, Helen, and Clytemnestra; ~*ae sidera*, Castor and Pollux.

Thestiados ~ae LUCIL.25; PROP.1.13.29; pueros..~ae HOR.*Carm.*1.12.25; chironomon ~am molli saltante Bathyllo JUV.6.63; HYG.*Fab.*77;—gemina ~ae sidera PHAED. 4.25(26).9; [SEN.]*Oct.*208. β qualis erat ~e, quam..callidus in falsa lusit adulter aue OV.*Am.*1.10.3.

lēda² ~ae, *f.*: var. of LEDON.

sunt qui herbam in Cypro ex qua id (*sc.* ladanum) fiat, ~am appellent PLIN.*Nat.*12.75.

Lēdaeus ~a ~um, *a.*

1 Of or belonging to Leda. **b** of Castor and Pollux; ~*a sidera*, ~*um astrum*, the constellation Gemini.

~am Hermionen VERG.*A.*3.328; ~am..Helenam 7.364; consors ~a gemellis (*i.e. Helen*) OV.*Ep.*13.61; ~is..deis (*i.e. Castor and Pollux*) *Fast.*1.706; ~as..Amyclas STAT. *Theb.*7.163;—(*as ep. of swans*) inter ~os ridetur coruus olores MART.1.53.8. **b** ~us..Cyllarus STAT.*Silv.*1.1.53; ~o..Timauo MART.4.25.5;—sol ~a tenebat sidera LUC. 4.526; ~o poteras abducere Cyllaron astro MART.8.21.5.

2 Spartan.

~i..Phalanthi MART.8.28.3; talem ~o gurgite pubem educat Eurotas STAT.*Silv.*2.6.45; ~o..Xanthippo SIL.4.356.

3 Of a swan, swan's; made of swan's feathers.

~o..pullus in ouo MART.8.33.21;—et cono ~us apex STAT.*Theb.*4.236.

lēdanum ~ī, *n.*: var. of LADANVM.

PLIN.*Nat.*12.75.

Lēdē ~ēs, *f.*: var. of LEDA¹.

lēdon, *n.* [Gk. λῆδον] A shrub of the genus *Cistus*, from which ladanum is obtained.

~on appellatur herba, ex qua fit (ladanum) in Cypro barbis caprarum adhaerescens PLIN.*Nat.*26.47.

lēgālis ~is ~e, *a.* [LEX+-ALIS] Of or concerned with law, legal.

illud rationale, hoc ~e genus..uocant, id est νομικόν et λογικόν QUINT.*Inst.*3.5.4; apertius uoluerunt eosdem status distinguere, itaque dixerunt coniecturalem, ~em, iuridicalem 3.6.45; ~es..tractatus 3.8.4;—(*as transl. of Gk.* νομοθετικός) ut..duas (partes assignet Plato) animo, ~em atque iustitiam 2.15.25; APUL.*Pl.*2.9.

legarica ~ōrum, *n. pl.* [cf. *legumen*] Leguminous plants, pulse.

cetera..quae alii legumina, alii, ut Gallicani quidam, ~a appellant VAR.*R.*1.32.2.

lēgātāria ~ae, *f.* [next] A female legatee.

post mortem ~ae SCAEV.*dig.*32.41.10; ULP.*dig.*7.2.8.

lēgātārius ~(i)ī, *m.* [LEGATVM+-ARIVS] The recipient of a legacy, legatee.

SUET.*Gal.*5.2; qui in potestate heredis aut ~ii est GAIUS *Inst.*2.108; JAVOL.*dig.*21.2.58.

lēgātiō ~ōnis, *f.* [LEGO¹+-TIO]

1 The sending of a deputation, an embassy.

certe ista ~o moram et tarditatem adferet bello CIC.*Phil.* 5.25; Germanos crebris ~onibus sollicitari CAES.*Gal.*6.2.3; uana atque inrita ~o fuit LIV.21.10.1; (*w. gen.*) ~one pacis audita CIC.*Phil.*12.7; (*w.* ad+*gdve.*) ~onem ad res Saguntinis reddendas decerno LIV.21.10.13.

2 The office or duties of an ambassador, embassy; (also transf.) a commission. **b** the result of an embassy, a reply communicated by ambassadors.

oportueritne eos conficere..~onem? CIC.*Inv.*2.87; (oratio) contra Aeschinem falsae ~onis (*Gk.* παραπρεσβείας) *Orat.*111; cum ei ~o iam Romam a suis ciuibus esset data *Ver.*2.109; is sibi ~nem ad ciuitates suscepit CAES.*Gal.*1.3.4; ~onis.. iure..tectum NEP.*Pel.*5.1; pro ~one tam longinqua LIV. 3.33.5; ~onem quibus acceperant uerbis peregerunt V.MAX. 2.2.5; TAC.*Ann.*15.5;—Veneriam pertulit ~onem APUL. *Met.*6.20. **b** hac ~one Romam relata LIV.7.32.1; haec cum ~o renuntiaretur 9.4.6; tempus..petemus, quo hanc funestam ~onem domum referamus 45.24.11.

3 A body of persons composing an embassy, a deputation.

~ones..sumptus atque pecunias maximas praebent GRACCH.*orat.*41; omnium ciuitatum..~ones adsunt CIC. *Div.Caec.*14; quibus consulibus Carneades et ea ~o Romam uenerit *Att.*12.23.2; quas ~ones Caesar..ad se reuerti iussit CAES.*Gal.*2.35.2; quibus..~o Veientium obuia fuit LIV. 4.58.1; TAC.*Dial.*39.4.

4 ~*o libera*, The privilege of free official transport and lodging sometimes granted to senators travelling on private business; also ~*o* alone. **b** ~*o uotiua*, a similar privilege granted to facilitate payment of a vow.

qui rerum priuatarum causa ~ones liberas obeunt CIC. *Agr.*2.45; ~ones sumere liberas exigendi causa *Flac.*86; *Fam.*12.21; D.BRUT.*Fam.*11.1.2; SUET.*Tib.*31.1; qui libera ~one abest, non uidetur rei publicae causa abesse ULP.*dig.* 50.7.15(14);—hereditatum obeundarum causa quibus uos ~ones dedistis CIC.*Agr.*1.8; *Leg.*1.10. **b** uotiuam ~onem sumpsissem prope omnium fanorum, lucorum CIC.*Att.*4.2.6; 14.22.2; (*cf.*) libera ~o uoti causa datur 2.18.3.

5 The office of *legatus* to a provincial governor, lieutenantcy. **b** the office of *legatus Augusti*, the governorship of an imperial province. **c** the office of *legatus legionis*.

quae C. Verres in quaestura, quae in ~one, quae in praetura..peccarit CIC.*Div.Caec.*38; qua in ~one duxit exercitum *Mur.*20; se ~onibus bellicis eruditum *Balb.*47; LIV.10.46.14; inlustratus..in Gallia ~one sub Mario VELL. 2.17.3. **b** minus triennium in ea ~one detentus TAC.*Agr.* 9.6; PLIN.*Ep.*4.9.20. **c** reuertentem ab ~one legionis TAC.*Agr.*9.1.

lēgātīuum ~ī, *n.* [next] A payment made to ambassadors for expenses.

his, qui non gratuitam legationem susceperunt, ~um ex forma restituatur ULP.*dig.*50.7.3(3).

lēgātīuus ~a ~um, *a.* [LEGATVM+-IVVS] Relating to legacies, given in accordance with a bequest.

INPENDIVM BIGAE QVAM POPVLVS EX COLLATIONE ~I EPVLI OFFEREBAT REMISIT *CIL* 10.6090.

lēgātor ~ōris, *m.* [LEGO¹+-TOR] One who leaves a legacy.

optinere non potuit quin rata uoluntas ~oris esset SUET. *Tib.*31.1.

lēgātōrius ~a ~um, *a.* [LEGATVS+-ORIVS] Of or proper to a *legatus*.

primum ullam ab istis, dein, si aliquam, hanc ~am prouinciam! CIC.*Att.*15.9.1.

lēgātum ~ī, *n.* [as next] A legacy, bequest.

Floro ~um ex testamento infitiatum esse CIC.*Clu.*162; LARG.120; QUINT.*Inst.*4.2.6; TAC.*Ann.*1.8; poscit codicillos, ~um Regulo scribit PLIN.*Ep.*2.20.5; JUV.9.62; reliqua ~a uarie dedit SUET.*Aug.*100.3; GAIUS *Inst.*2.192.

lēgātus ~ī, *m.* [pple. of LEGO¹]

1 An ambassador, envoy, representative, delegate.

introducuntur ~i Minturnenses ENN.*Ann.*623; Ambracia ueniunt huc ~i publice PL.*St.*491; CATO *orat.*36; QVOIVS REGIS POPVLEIVE NOMINE LIS AESTVMATA ERIT, ~I ADESSINT *CIL* 1.583.63; ~us ad senatum de Rhodiorum praemiis uenerat CIC.*Brut.*312; ut undique ad me cum gratulatione ~i conuenerint *Att.*4.1.4; qui ~i de pace ad Caesarem uenerant CAES.*Gal.*2.6.4; ~os Athenas miserunt NEP.*Them.* 6.4; estisne uos ~i oratoresque missi a populo Collatino? LIV.1.38.2; LARG.172; STAT.*Theb.*2.487; TAC.*Hist.*3.80.

2 An assistant to a general or provincial governor, staff-officer, deputy, lieutenant, legate.

quom essem in prouincia ~us CATO *orat.*73; summo imperatori ~us, L. Lucullo, fuit CIC.*Mur.*20; cum P. Africano senatus egisset ut ~us fratri proficisceretur 32; Caesar me sibi uult esse ~um *Att.*2.19.4; T. Labienum, ~um pro praetore CAES.*Gal.*1.21.2; aliae enim sunt ~i partes atque imperatoris; alter omnia agere ad praescriptum, alter libere ad summam rerum consulere debet *Civ.*3.51.4; relictis ~is qui legionibus praeessent LIV.23.24.2; SUET.*Vit.*5.

3 A deputy of the emperor, esp. one appointed as governor of an imperial province; (in full) ~*us* (*Augusti*) *pro praetore*.

~O IMP NERVAE TRAIANI..AD CENSVS ACCIPIENDOS *CIL* 13.5089;—egressi, ego ueterum ~orum, uos priorum exercituum terminos TAC.*Agr.*33.3; *Ann.*12.40; Furius Camillus ..Delmatiae ~us SUET.*Cl.*13.2; JUV.8.172; ~O CONSVLARI PROVINC(iae) SYRIAE *CIL* 3.2864; C. IVLIO P. F. HOR... CORNVTO TERTVLI(O) ~O PRO PRAETORE DIVI TRAIANI.. PROVINCIAE PONTI ET BITHYN. 14.2925; SENECIONI MEMMIO.. LEG. PR. PR. PROVINC. AQVITAN. 14.3597.

4 ~*us legionis*, The commander of a legion (in the period of the Empire), legate.

Annium Bassum legionis ~um TAC.*Hist.*3.50; *Ann.*2. 36; pro ~o quintae legioni impositus 15.28; SUET.*Tib.*19; *Ves.*4.1.

lēgerupa ~ae, *m.* [LEX+RVMPO+-A¹] A law-breaker.

hominem ego hic quaero malum, ~am, inpium, peiiurum atque inprobum PL.*Ps.*975; *Rud.*652; si ~am qui damnet, det in publicum dimidium *Per.*68.

lēgerupiō ~ōnis, *f.* [as prec.+-IO¹] Law-breaking.

tun ~onem hic nobis cum dis facere postulas? PL.*Rud.* 709.

legibilis ~is ~e, *a.* [LEGO²+-BILIS] Legible.

si ~ia sint inconsulto deleta ULP.*dig.*28.4.1.

lēgifer ~era ~erum, *a.* [LEX+-FER] Law-giving.

mactant..bidentis ~erae Cereri VERG.*A.*4.58; Minos.. ~er OV.*Am.*3.10.41; ~eros Athenienses APUL.*Met.*10.33.

legiō ~ōnis, *f.* [LEGO²+-IO¹; cf. VAR.*L.*5.87] FORMS: *lecio* *CIL* 1.25; 1.791.

1 The largest unit of the Roman army, consisting of a number of infantry varying at different times between about 4200 and 6000, together with a small force of cavalry, a legion. **b** (distinguished by numerals or names).

aspectabat uirtutem ~onis suai ENN.*Ann.*343; in illius ~one miles fuisti CIC.*Flac.*77; de ~onibus quae decretae sunt in Syriam *Fam.*2.17.5; una ueterana ~o PLANC.*Fam.* 10.24.3; ~onibus in hibernacula deductis CAES.*Gal.*2.35.3; ut saepe ingenti bello cum longa cohortis explicuit ~o VERG. *G.*2.280; manipulares sui primum transcendentem fossam, dein ~o tota secuta est LIV.25.14.7; (*dist. from* socii) totidem ~ones, duplicem sociorum numerum ipse ducit TAC.*Ann.* 1.56;—(*w. ref. to its numbers and composition*) scribebantur quattuor fere ~ones quinis milibus peditum, equitibus in singulas ~ones trecenis LIV.8.8.14; Cannenses milites dati, duarum instar ~onum 26.28.11; tota ~o, milia hominum quattuor 28.28.3; ~io dicitur..certus militum numerus, id est $\bar{V}$ DC SUET.fr.176(p.277Re); in ~one sunt centuriae sexaginta manipuli triginta, cohortes decem GEL.16.4.6; (*cf.*) erant in Celtiberorum exercitu quattuor milia scutata et ducenti equites; hanc iustam ~onem..in prima acie locat LIV.28.2.4. **b** LECIONE SECVNDA *CIL* 1.791; ~onis III CATO *orat.*242; ~oni..Martiae et legioni quartae CIC.*Phil.* 5.53; cum ~one XII CAES.*Gal.*3.1.1; ~one classica—ea ~o tertia erat LIV.22.57.8; 27.14.3; duae ~ones..pro Vitellio unaetuicensima, cui cognomen Rapaci..e parte Othonis prima Adiutrix TAC.*Hist.*2.43.

2 Any large military force mainly of infantry, army, host.

is nunc Amphitruo praefectust ~onibus PL.*Am.*100; *Mil.*17; cum hostium ~onibus pugnauimus CATO *hist.*99; SAL.*Cat.*53.3; hunc ~o late comitatur agrestis VERG.*A.* 7.681; Albanos contra ~onem Fidenatium conlocat LIV. 1.27.5; Volscorum ~ones 3.22.2; 8.24.4; Carthaginiensibus ~onibus 24.49.4; horruit Argoae ~o ratis V.FL.7.573; STAT.*Theb.*10.195.

3 (w. preps., regarded as the place where military service is performed) The army, active service.

quae illi ad ~onem facta sunt PL.*Am.*133; hinc ad ~onem abiit domo *Epid.*46; ad me ab ~one epistulas mittebat 58; a ~one omnes remissi sunt domum Thebis 206; idem istuc aliis adscriptiuis fieri ad ~onem solet *Men.* 183; *Truc.*508; quantum in ~one tribuni accipiunt JUV. 3.132.

4 (transf. and fig.) A body of supporters; a vast number, 'army'.

nunc sibi uterque contra ~ones parat PL.*Cas.*50; eduxi omnem ~onem, et maris et feminas *Mos.*1047; sequimini me hac sultis ~ones omnes Lauernae [r.77;—hoc profecere mancipiorum ~ones PLIN.*Nat*.33.26.

legiōnārius ~a ~um, *a*. [prec.+-ARIVS] Of or belonging to a legion, legionary. **b** (masc. as sb.) a legionary soldier.

~am militiam poscentibus TAC.*Hist*.3.50; ~is armis *Ann*. 3.43;—(*soldiers*) militem non modo ~um sed ne auxiliarium quidem ullum quoquam misi POLL.*Fam*.10.32.5; ~os milites legionis decimae CAES.*Gal*.1.42.5; ~os equites LIV. 35.5.8; TAC.*Hist*.1.42; CENTVRIONI ~O *CIL* 8.1647;—(*cohorts*) cum cohortibus ~iis XII CAES.*Gal*.3.11.3; SAL.*Jug*. 51.3; LIV.10.43.14. **b** frumenti copiam ~i non nullam habebant. .caetrati auxiliaresque nullam CAES.*Civ*.1.78.1; subito ~i consistunt *B.Afr*.6.2; LIV.28.3.14; TAC.*Ann*.15.11; (*sg. collect.*) ~us frequens ordinibus 14.34.

lēgislātor ~ōris, *m*. [LEX+LATOR; usu. as two wds., see LATOR] A proposer of a law, law-giver, legislator.

iustum ~orem V.MAX.6.5.ext.3; ULP.*dig*.48.5.24(23).2.

lēgitimē, *adv*. [next+-E]

1 As the law prescribes, legally, in due form.

is qui ~ procurator dicitur CIC.*Caec*.57; quamquam in illa adoptatione ~ factum est nihil *Dom*.77; huic diurnae, ~ ab consule uocatae (contioni) LIV.39.16.4; liberalitatem. .nondum satis ~ peregerat PLIN.*Ep.Tra*.10.4(3).2; non nisi ~ uult nubere JUV.10.338; qui ~ concipiuntur GAIUS *Inst*. 1.89.

2 As the law allows, lawfully, legitimately.

non quaeritur, an ~ sed an ingrate dimissa sit SEN.*Con*. 2.5.17.

3 Properly, duly.

experimentum est ~ coctae (faecis) PLIN.*Nat*.23.64; ut ~ studuisse. .fateatur TAC.*Dial*.32.2.

lēgitimus ~a ~um, *a*. [LEX+-TIMVS]

1 Of or concerned with the law, legal.

~a est constitutio cum in scripto aut e scripto aliquid controuersiae nascitur *Rhet.Her*.1.19; cum de iure et ~is hominum controuersiis loquimur CIC.*Caec*.47; mitia ~o sub iudice bella mouere *Laus Pis*.29; ~is quaestionibus QUINT.*Inst*.7.3.13; non statim ad arma procurrunt, dum prius more ~o queri malunt FLOR.*Epit*.1.22(2.6.5); (*neut. pl. as sb.*) iudicio ~is quibusdam confectis damnatus NEP. *Phoc*.4.2.

2 Legally prescribed or recognized, legal, statutory. **b** (of contracts, marriages, etc.) having legal force, valid in law. **c** (of children) born in lawful wedlock, legitimate.

~o numero assum VAR.*L*.5.180; dies is erat ~us comitiis habendis CIC.*Ver*.2.129; poena ~a *Dom*.83; ante ~um tempus magistratus petere *Phil*.5.52; cum iusto. .et ~o hoste res gerebatur *Off*.3.108; cum illo simul iusta ac ~a regna occiderunt LIV.1.48.8; et ii quos hi sibi collegas cooptassint ~i. .tribuni plebei sint 3.64.10; in ~a. .uxore OV.*Ars* 2.545; ~is. .Fornacalia uerbis. .indicit *Fast*.2.527; ~o quique merebat equo 3.130; collegia praeter antiqua et ~a dissoluit SUET.*Aug*.32.1;—(*of guardians or tutelage*) nihil. .potest de tutela ~a. .deminui CIC.*Flac*.84; postea quam orba res publica consulis fidem tamquam ~i tutoris implorauit *Red.Pop*.11; GAIUS *Inst*.1.155;—(*of heirs or inheritance*) qui repudiauit hereditatem uel ~am uel testamentariam ULP.*dig*.42.8.6.2; ad quam. .~o iure pertinet hereditas GAIUS *Inst*.2.35; (*masc. as sb.*) ~is capite deminutis non datur bonorum possessio iure heredis ~i POMPON. *dig*.38.8.5. **b** nuptias. .~as CIC.*Inv*.1.2; sin ista consecratio ~a est *Dom*.125; non ~o foedere iunctus amor OV.*Tr*.2.536; *CIL* 2.1963.1; permitto seruis. .testamenta facere eaque ut ~a custodio PLIN.*Ep*.8.16.1; iusta ac ~a manumissione GAIUS *Inst*.1.17. **c** ~is liberis CIC.*Rep*. 5.7; nothus ante ~um natus legitimus filius sit QUINT.*Inst*. 3.6.96; qui ~um uel consanguineum pariturus est ULP.*dig*. 29.2.30.1.

3 (of actions) Permitted by law, lawful, legal.

qui locus non est contionis ~ae CIC.*Opt.Gen*.19; ut omnia quae rei publicae salutaria essent ~a et iusta haberentur *Phil*.11.28; nil nisi ~um concessaque furta canemus OV.*Tr*. 2.249; minime ~is sumptibus PLIN.*Ep.Tra*.10.17a(28).3.

4 (transf.) Prescribed by custom, usage, natural law, etc.; regular, proper. **b** prescribed by the rules of art. **c** *summa* ~*a*, or ~*a* alone, a fee paid on admission to a provincial senate, etc.

signa. .~o. .caelum lustrantia cursu CIC.*Arat*.469(225); in omnibus meis epistulis. .~a quaedam est accessio commendationis tuae *Fam*.7.6.1; cum ~a fraudatur littera uoce OV.*Ars* 3.293; partus (asinorum). .a trimatu ~us PLIN. *Nat*.8.168; ~um. .a bruma semen iacere 19.130; 31.58; VENATIO ~A *CIL* 4.3884; qui. .~am disciplinam non sunt perosi QUINT.*Inst*.1.10.30; spectauit. .studiosissime pugiles. .non ~os atque ordinarios modo. .sed et cateruarios oppidanos SUET.*Aug*.45.2. **b** qui ~um cupiet fecisse poema HOR.*Ep*.2.2.109; *Ars* 274; quas rationes aedium sacrarum. .oporteat fieri. .ueluti ~is moribus exposui VITR.4.6.6; 7.pr.17. **c** AD ~AM SVM⟨MAM⟩ *A.Epig*.17–18, 16;—*CIL* 8.16530; 8.22693; Q MATTIVS RVSTICVS FLA⟨VIA⟩-NVS STATVAM QVAM ⟨PR⟩O HONORE AEDIL AMPLIVS AD ~AM ⟨PRO⟩MISERAT INLATA ⟨AMPLI⟩VS HONORARIA FECIT *A.Epig*. 17–18.15.

5 Properly so called, genuine, real.

si ~um flueres, si nobile flumen OV.*Am*.3.6.89; ~i gladiatores PETR.117.5; dis. .~is *Priap*.37.5; ~am insaniam facere PLIN.*Nat*.21.178; ne olus quidem ~um uenditasse, sed scandicem 22.80; QUINT.*Inst*.4.1.2; ~os flagitanti (honores) SUET.*Cl*.5.1.

legiuncula ~ae, *f*. [LEGIO+-CVLA] Dim. of LEGIO.

uix duarum male plenarum ~arum LIV.35.49.9.

lēgō[1] ~āre ~āuī ~ātum, *tr*. [LEX+-O[3]] FORMS: ~*assit* (= ~*auerit*) *Lex XII*(*Font.iur*. p.23).

1 To send as an envoy. **b** to grant the privileges of an ambassador to.

eos ~at, Telobois iubet sententiam ut dicant suam PL. *Am*.205; praefuisse huic negotio publice ~atum Poleam CIC.*Ver*.4.92; ipsa suum Zephyritis eo famulum ~arat CATUL.66.57; mittite me, Danai! dominum ~ata rogabo OV.*Ep*.3.127;—(*w. acc. of place whither*) is publice ~atus Naupactum fuit PL.*Mil*.102; Rhodii quosdam ~arunt Athenas CIC.*Inv*.2.87;—(*w*. in+*acc*.) tres adulescentes in Africam ~antur, qui ambos reges adeant SAL.*Jug*.21.4;—(*w*. ad) cum ad uestrum iudicium ciuis amplissimos ~auit CIC.*Balb*.42; CURT.4.5.11. **b** ut priuatae rei causa ~ari putarem CIC.*Fam*.3.8.4; negotiorum suorum causa ~atus est in Africam legatione libera 12.21; nihil esse turpius quam quemquam ~ari nisi rei publicae causa *Leg*.3.18.

2 To commission as a legate to a general or provincial governor; (see LEGATVS sense 2). **b** to depute (a task).

M. Fuluio consuli ~atus sum in Aetoliam CATO *orat*.71; ne ~aretur A. Gabinius Cn. Pompeio expetenti ac postulanti CIC.*Man*.57; Ligarium senatus idem ~auerat *Lig*.20; eum Caesari ~arat Appius *Att*.4.15.9; Dolabella me sibi ~auit 15.11.4; SAL.*Jug*.28.4; L. Quinctium. .~ari ad id bellum placuit LIV.36.1.8; (*cf*.) decem mihi itaque ~ate comites APUL.*Met*.7.10. **b** quod ~atum est tibi negotium PL. *Cas*.100.

3 To dispose of by legacy, bequeath; (absol.) to make testamentary dispositions. **b** (w. *ab*) to leave as a legacy payable by.

hoc testamento Seruitus ~at tibi PL.*As*.306; ~auit quidam uxori mundum omne penumque LUCIL.519; argentum omne mulieri ~atum est CIC.*Top*.13; si plus ~arit quam ad heredem. .perueniat *Ver*.1.110; usum et fructum omnium bonorum suorum Caesenniae ~at *Caec*. 11; Numitori. .regnum. .legat LIV.1.3.10; in hortis, quos Caesar dictator populo Romano ~auerat TAC.*Ann*.2.41; GAIUS *Inst*.2.215; QVIBVS SVAM FRVGALITATEM TESTAMENTO SVO ~AVIT *CIL* 8.18800; (*cf*.) eodem quo amorem Venus mi hoc (*sc*. multiloquium) ~auit die PL.*Mer*.38; (*w. inf*.) si quis alicui ~auerit licere lapidem caedere ULP.*dig*. 30.39.4;—uti ~assit super pecunia tutelaue suae rei, ita ius esto *Lex XII*(*Font.iur*.p.23). **b** si paterfamilias uxori ancillarum usum fructum ~auit a filio CIC.*Top*.21; ei testamento ~at grandem pecuniam a filio *Clu*.33; QUINT. *Inst*.7.9.5; LABEO *dig*.18.4.24.

legō[2] ~ere lēgī lectum, *tr*. [cf. Gk. λέγω] ORTHOG.: ~*ise* (pf. inf.) *CIL* 1.583.18.

1 To gather (by picking up, plucking, etc.). **b** to collect (the bones of a cremated corpse). **c** (w. *ore*) to gather (a person's dying breath) in one's mouth.

frondem iligneam ~ito CATO *Agr*.5.7; oleam ~endam. . locare 144.1; conchas eos et umbilicos. .~ere consuesse CIC. *de Orat*.2.22; studio ~undi (cocleas) SAL.*Jug*.93.2; hippomanes, quod saepe malae ~ere nouercae VERG.*G*.3.282; ipsae (apes) e foliis natos. .ore ~unt 4.201; fractos. .~unt in gurgite remos *A*.5.209; ~isti poma sub antro PROP. 2.32.39; quicumque ~it uirides. .smaragdos TIB.2.4.27; LIV.10.24.5; ~it flores OV.*Met*.4.315; per medias ~imus noxia tela uias *Tr*.5.10.22; quod (ostrum) ~itur Ponto VITR.7.13.2; sic. .lecta (consiligo) maiorem uim creditur habere COL.6.5.3; sucinum. .in ipso litore ~unt TAC.*Ger*. 45.4; (*cf. sense* 1*b*) ossiculatim Parmenonem de uia liceat ~ant CAECIL.*com*.50;—(*spoils*) spolia placide posterius ~et TITIN.*com*.154; LIV.5.36.7; 22.51.5; (*w*. in+*acc*.) serpens. . e corpore toto uirus in ora ~it STAT.*Theb*.11.312;—(*prov*.) hoc est quod dicunt, ipsa olera olla ~it CATUL.94.2. **b** homine mortuo ossa ne ~ito, quo post funus faciat *Lex XII* (*Font.iur*.p.36); mater quae ~at in maestos ossa perusta sinus TIB.1.3.6; extremo qui ~at ossa die PROP.2.24.50; SUET.*Aug*.100.2;(*from a battlefield*) Philippum. .cum duobus milibus hominum ad ~enda ossa Macedonum. .misit LIV. 36.8.3. **c** extremus si quis super halitus errat, ore ~am VERG.*A*.4.685; spiritus fugiens meo ~atur ore SEN.*Her.O*. 1342.

2 To remove by picking, pick off, pull out. **b** (med.) to remove (fragments, etc.) surgically.

caput scabit, pedes ~it LUCIL.883; in ueste floccos ~it fimbriasue deducit CELS.2.6.6; capillos homini ~ere coepere inuicem PHAED.2.2.7. **b** ubi tenues conditaeque uenae sunt, ideoque ~i non possunt CELS.7.7.15.H; in capite lecta ossa SEN.*Ben*.5.24.3; remedii causa quibusdam et radi ossa et ~i *Dial*.1.3.2.

3 To take away, steal; (esp. sacred things, cf. *sacrilegus*).

omnia uiscatis manibus ~et LUCIL.296; maius esse maleficium stuprare ingenuum quam sacrum ~ere *Rhet.Her*. 2.49; et qui nocturnus sacra diuum ~erit HOR.*S*.1.3.117; (*transf*.) in. .uicem (Capricornus) nunc damna ~it, nunc tempora supplet MAN.3.640.

4 a To furl (sails); to haul in (ropes); to weigh (anchor). **b** to wind up (thread).

a nauita. .umida uela ~it VERG.*G*.1.373; uela ~unt socii et proras ad litora torquent *A*.3.532; [Ov.]*Ep.Sapph*. 216; V.FL.2.13;—~ere rudentes et posito remis petierunt litora malo LUC.3.44; prora funem ~it Argus ab alta V.FL. 1.314;—ancoras classis ~it SEN.*Tro*.759. **b** extrema. . Lauso Parcae fila ~unt VERG.*A*.10.815; cum patuit lecto stamine torta uia PROP.4.4.42; (*poet*.) dominae captiua colus fusosque ~am SEN.*Her.O*.219.

5 To pick out (sounds, sights).

nunc huc concedam unde horum sermonem ~am PL.*Ps*. 414;—tumulum capit unde omnis longo ordine posset aduersos ~ere VERG.*A*.6.755; ~ere ista cuncta et penetraret in omnes spectando partes SIL.12.569.

6 To choose, select, pick. **b** to revise the membership of (the senate). **c** (w. *in*+acc.) to appoint to membership of (the senate). **d** to recruit, enlist (soldiers).

si minu' cum cura aut cautela locu' loquendi lectus est PL.*Mil*.603; FACITO VTEI CDL VIROS ~AT *CIL* 1.583.12; de quaestu, quem qui fecisset ne ~eretur CIC.*Ver*.2.122; hinc licet condiciones cotidie ~as *Cael*.36; in iudicibus ~endis *Mil*.21; quod. .munus prudentiae? an ~ere intellegenter uoluptates? *Off*.3.117; corpora praecipue matrum ~at VERG.*G*.3.51; loca sorte ~unt *A*.5.132; GAIUS *Inst*. 1.112;—(*w*. ad) cetera multitudo sorte decimus quisque ad supplicium lecti LIV.2.59.11; PLIN.*Nat*.16.229; quod. . Thraseam ad exemplar uerae gloriae ~isset TAC.*Hist*.2.91; —(*w. dat*.) alia forma esse oportet quem tu pugno ~eris PL. *Am*.316; qualia tempora cibo ~untur CELS.3.6.4; lecta dolis sedes STAT.*Theb*.2.498;—(*w. inf*.) haec. .fidissima custos lecta sacrum iustae Veneri occultare pudorem 1.531;—(*w. pred*.) quem ~ere ducem VERG.*G*.3.125; Valerius, socius imperii lectus LIV.6.16. **b** DICT(ator). .SENAT(us) LEG(endi) CAVSSA *CIL* 1.p.23; hoc tu idem facies censor in senatu ~endo? CIC.*Clu*.129; neque. .post L. Aemilium et C. Flaminium censores senatus lectus fuerat LIV.23.22.3; 32.7.3; SENATVM TER ~I AUG.*Anc*.2.2; TAC. *Ann*.12.4. **c** NEIVE EVM CENSOR IN SENATVM ~ITO *CIL* 1.582.20; Popilium. .in senatum non ~it CIC.*Clu*.132; CAES.*Civ*.3.59.2; principes Albanorum in patres. .~it LIV. 1.30.2; 23.22.5;—(*cf*.) est. .Asinius quidam senator uoluntarius, lectus ipse a se CIC.*Phil*.13.28; qui senatum primus libertinorum filiis lectis inquinauerat LIV.9.46.10. **d** cum iis militibus quos Faustus ~it POMP.*Att*.8.12a.3; duabus. . legionibus scriptis supplementoque in alias lecto LIV. 24.44.7; lex a quinquagesimo anno militem non ~it SEN. *Dial*.10.20.4; FRO.*Aur*.2.p.54(140N); ueterani, qui passi sunt in ordinem ~i PAUL.*dig*.49.18.5.2; MOX CASTRIS IVVENEM DARET ~ENDVM *CIL* 9.5401.

7 To make one's way over, traverse; *uestigia* ~*ere*, to follow the track (of). **b** to sail close by, coast along, hug (the shore).

crebris ~imus freta consita terris VERG.*A*.3.127; Aeneas tortos ~it obuius orbis 12.481; siue ~es umbrosae flumina siluae PROP.1.20.7; Peliacae. .trabis totum iter ipse ~as 3.22.12; nec me studiosius altera saltus ~it OV.*Met*.5.579; caelum freno propiore ~it (Triuia) SEN.*Med*.792; opaca ~ens nemorum STAT.*Theb*.1.376;—uestigia retro obseruata ~it VERG.*A*.9.393; subsequitur pressoque ~it uestigia passu OV.*Met*.3.17; qui sparsa ducis uestigia ~it LUC.8.210; V.FL. 1.711; STAT.*Theb*.9.171. **b** oram Illyrici ~is aequoris VERG.*Ecl*.8.7; LIV.21.51.7; pinus Inarimen Prochytenque ~it OV.*Met*.14.89; LUC.5.513; ~it. .anfractus pelagi SIL. 15.173; SUET.*Aug*.16.3; (*fig*.) primi ~e litoris oram VERG.*G*. 2.44; SEN.*Ep*.19.9;—(*in a geog. description*) est commodissimum. .~ere etiam illa (litora) quae cingit oceanus MELA 1.24; PLIN.*Nat*.4.94.

8 To read, peruse. **b** to read out aloud, recite.

litteras quando ~at PL.*Bac*.730; *Ps*.31; quae neque fando neque ~endo audiuimus CATO *orat*.76; cum. .uulgo scripta nostra ~erentur CIC.*Orat*.146; ~e indicium et uide quem ad modum nominatus sit *Sul*.36; Graeca ~untur in omnibus fere gentibus, Latina suis finibus exiguis sane continentur *Arch*.23; liber tuus et lectus est et ~itur a me diligenter *Fam*.6.5.1; carmina cara ~enti PROP.3.2.15; nomen. .in marmore lectum perfudit lacrimis OV.*Met*.2. 338; carmina. .Catulli referta contumeliis Caesarum ~untur TAC.*Ann*.4.34; (*cf*.) ~or Oenone falce notata tua OV. *Ep*.5.22;—(*authors*) Persium non curo ~ere LUCIL.593; loquendi elegantia. .augetur ~endis oratoribus et poetis CIC.*de Orat*.3.39; quoniam totum ~itur (Cicero) sine fine per orbem LAUREA *poet*.9; in toto plurimus orbe ~or OV. *Tr*.4.10.128; MART.3.95.7. **b** cum conuocatis auditoribus ~eret eis magnum illud. .uolumen suum CIC.*Brut*.191; nihil . .habebat (epistula) quod non uel in contione recte ~i posset *Fam*.7.18.4; obturem patulas impune ~entibus auris HOR.*Ep*.2.2.105; *Ars* 475; quis dabit historico quantum daret acta ~enti? JUV.7.104.

9 To learn of by reading, read about; *scriptum* ~*ere*, to find in books. **b** (w. acc. and inf.; indir. qu.).

quae ego pro re publica fecissem ~untur CATO *orat*.171; Cyri uitam et disciplinam ~unt CIC.*Brut*.112; plura bella gessit quam ceteri ~erunt *Man*.28; ecquem. .Caesare. .in uictoria temperatiorem aut ~isti aut audisti? CAEL.*Fam*. 8.15.1; facta parentis. .~ere VERG.*Ecl*.4.27; cum bella ~entur LUC.7.210; si ~i laboras MART.12.61.7;—cui magnificentissima dona, ut scriptum ~imus. .misit CIC. *Deiot*.19; scriptum ~imus Gallos. .tinguere elleboro sagittas GEL.17.15.7. **b** ~eram clarissimos. .uiros se in medios hostis. .iniecisse CIC.*Dom*.64; ~i apud Clitomachum. .A. Albinum. .iocantem dixisse Carneadi *Luc*.137; (*pass. in personal const*.) in lapide hoc uni nupta fuisse ~ar PROP. 4.11.36;—nemo fere uestrum est quin quem ad modum captae sint. .Syracusae. .in annalibus ~erit CIC.*Ver*.4.115.

lēgulēius ~ī, *m*. [LEX] A specialist in legal technicalities.

ita est tibi iuris consultus ipse per se nihil nisi ~us quidam cautus et acutus CIC.*de Orat*.1.236; QUINT.*Inst*. 12.3.11.

legulus ~ī, *m*. [LEGO[2]+-VLVS] A (fruit-) picker.

~i uolunt uti olea caduca quam plurima sit CATO *Agr*. 64.1; 144.3; 146.3; ab legendo ~i (dicti), qui oleam aut qui uuas legunt VAR.*L*.6.66; extremas ~us cum sustulit uuas CALP.*Ecl*.3.49; ULP.*dig*.7.1.13.6.

legūmen ~inis, *n*. [LEGO[2]+-MEN]

1 A leguminous plant, pulse; (also extended to include various other plants with edible seeds).

hoc. .quoque ~en, ut cetera quae uelluntur e terra, non subsecantur, quae, quod ita leguntur, ~ina dicta VAR.*R*. 1.23.2; terra. .feta grugibus et uario ~inum genere CIC. *N.D*.2.156; laetum siliqua quassante ~en VERG.*G*.1.74; frumenta, ut triticum, hordeum, et ~ina, ut faba, cicer PLIN.*Nat*.18.48;—COL.2.7.1.

2 The fruit of such a plant, pulse.
non illis hordeum cum daretur, non ~ina recusabant CAES.*Civ.*3.47.6; ex ~inibus..ualentior faba uel lenticula quam pisum CELS.2.18.5; spica in cacumine nascitur, ~ina in lateribus PLIN.*Nat.*16.112; JUV.15.174;—(*sg. collect.*) partem ~inis super mensam effudit PETR.135.5; QUINT. *Inst.*2.20.3; siue..frumentum siue quid ~inis..habuit ULP. *dig.*33.9.3.8.

legūmentum ~ī, *n.*: var. of prec. (on anal. of *frumentum*).
GEL.4.11.4.

legūminārius ~a ~um, *a.* [LEGVMEN+-ARIVS] Dealing in pulse.
NEGOTIATRICI FRVMENTARIAE ET LEGVMENARIA⟨E⟩ *CIL* 6.9683.

lēgumlātor: see LATOR (sense 1).

leis ~tis, *f.*: see LIS.

leitera ~ae, *f.*: see LITTERA.

Lelegēis ~idis, *f. adj.* = next; (as sb.) an old name for Miletus.
nymphae..~ides OV.*Met.*9.652;—PLIN.*Nat.*5.112.

Lelegēius ~a ~um, *a.* Of or belonging to the Leleges.
~a moenia OV.*Met.*7.443; ~a litora 8.6.

Leleges ~um, *m. pl.* A pre-Hellenic people of Greece, the Lelegians.
hic ~as Carasque sagittiferosque Gelonos finxerat VERG.*A.*8.725; OV.*Met.*9.645; barbaros Caras et ~as eiecerunt VITR.2.8.12; 4.1.5; PLIN.*Nat.*4.27.

lelepris ~is, *f.* [Gk.] An unidentified fish.
PLIN.*Nat.*32.149.

lēma ~ae, *f.* [Gk. λήμη] A sore on the eyes, sty.
si ~ae in oculis erunt PLIN.*Nat.*23.49.

Lemannus ~ī, *m. adj. lacus ~us*, The Lake of Geneva; (also without *lacus*).
a lacu ~o, qui in flumen Rhodanum influit CAES.*Gal.*1.8.1; MELA 2.74;—deseruere cauo tentoria fixa ~o LUC.1.396.

lembus[1] ~ī, *m.* [Gk. λέμβος] A small fast-sailing boat.
~um conspicor longum PL.*Bac.*279; inscendo in ~um; atque ad nauim deuehor *Mer.*259; ACC.*trag.*129; SIS.*hist.* 38; ~um armatum ad retrahendam eam nauem miserunt LIV.40.4.11; piratici ~i CURT.4.5.18; FRO.*Aur.*2.p.38(97N);—(*under oars*) qui aduerso uix flumine ~um remigiis subigit VERG.*G.*1.201; ~is biremibus..flumine aduerso subuectum LIV.24.40.2.

lembus[2] ~ī, *m.*: var. of LIMBVS.

lemma ~atis, *n.* [Gk. λῆμμα]

1 A theme or subject; a title.
uiuida cum poscas epigrammata, mortua ponis ~ata MART.11.42.2; ~a sibi sumpsit, quod ego interdum uersibus ludo PLIN.*Ep.*4.27.3;—~ata si quaeris cur sint adscripta MART.14.2.3.

2 A short poem, epigram.
consumpta est uno si ~ate pagina MART.10.59.1; si mihi ex hoc ipso ~ate secundus uersus occurrerit PLIN.*Ep.*4.27.3.

Lemniacus ~a ~um, *a.* Of Lemnos, Lemnian (esp. w. ref. to Vulcan).
sic ~is lasciua catenis ignoscat coniunx MART.5.7.7; STAT.*Theb.*3.274; ab antris ~is *Silv.*3.1.132.

Lemnias ~adis (~ados), *f. sb.* and *adj.* FORMS: dat. pl. *~asi* OV.*Ars* 3.672. (sb.) A Lemnian woman; (as adj.) Lemnian.
~ades..uiros..uincere norunt OV.*Ep.*6.53; o uiduae..~ades STAT.*Theb.*5.106; 5.446; HYG.*Fab.*15.5;—exsul ~as STAT.*Theb.*5.500.

Lemnicola ~ae, *m.* The dweller in Lemnos, i.e. Vulcan.
~ae stirpem OV.*Met.*2.757.

lemniscātus ~a ~um, *a.* [next+-ATVS[2]] Adorned with ribbons, beribboned.
multas esse infamis eius palmas, hanc primam esse tamen ~am quae Roma ei deferatur CIC.*S.Rosc.*100.

lemniscus ~ī, *m.* [Gk. λημνίσκος]

1 A ribbon attached to a garland as a sign of great honour.
unguenta atque odores, ~os, corollas dari dapsilis PL.*Ps.* 1265; turba..coronas ~osque iacientium LIV.33.33.2; philyrae, coronarum ~is celebres antiquorum honore PLIN.*Nat.* 16.65; 21.6; SUET.*Nero* 25.2; ~i, id est fasciolae coloriae, dependentes ex coronis PAUL.*Fest.*p.115M.

2 (med.) A wad or roll of lint.
linamentum (~um Graeci uocant) in aceto tinctum demittere CELS.7.28.2.

Lemnius ~a ~um, *a.* Of or belonging to Lemnos, Lemnian. **b** (masc. as sb.) Vulcan; also, *~us pater*; (pl.) the people of Lemnos.
sponsa loculpes ~a PL.*Cist.*492; ~a..litora ACC.*trag.*525; Apollodorus ~us VAR.*R.*1.1.8; ob furtum ~um (*i.e. of fire by Prometheus*) CIC.*Tusc.*2.23; heros ~us (*i.e. Thoas*) STAT. *Theb.*6.509;—(*as the name of a kind of red ochre*) cum ~a rubrica PLIN.*Nat.*28.88; LARG.170. **b** ~us extemplo ualuas patefecit OV.*Met.*4.185; STAT.*Theb.*2.269; *Silv.* 4.6.49;—haec pater Aeoliis properat dum ~us oris VERG.*A.* 8.454;—NEP.*Milt.*1.4.

Lemnos (~us) ~ī, *f.* An island in the north of the Aegean Sea, Lemnos.
~o adueniens PL.*Truc.*355; TER.*Ph.*942; ut is (*sc.* Philoctetes) in insula ~o linqueretur CIC.*Fat.*36; VITR.7.7.2; MELA 2.106.

Lemonia ~ae, *f.* The name of one of the Roman tribes.
CIC.*Planc.*38; *Phil.*9.15; ~a tribus a pago Lemonio appellata, qui est a porta Capena uia Latina PAUL.*Fest.* p.115M.

lemurēs ~um, *m. pl.* [cf. perh. *lamia*; Gk. λαμυρός 'greedy'] The malevolent ghosts of the dead, spectres, shades.
nocturnos ~es portentaque Thessala rides? HOR.*Ep.* 2.2.209; ~es animas dixere silentum OV.*Fast.*5.483; nigri ~es PERS.5.185; APUL.*Apol.*64.

Lemūria ~ōrum, *n. pl.* A festival held in May to appease the spirits of the dead.
ritus erit ueteris, nocturna ~a, sacri OV.*Fast.*5.421.

lemuriī ~ōrum, *m. pl.* : var. of LEMVRES.
dicunt se ~os domo extra ianuam eicere VAR.in Non. p.135M.

lēna ~ae, *f.* [LENO] A procuress, brothel-keeper.
quem conscripsti syngraphum inter me et amicam et ~am PL.*As.*747; omnes sunt ~ae leuifidae *Per.*243; TRAB.*com.*1; TIB.2.6.44; PROP.4.5.1; ~a..anus OV.*Am.*3.5.40; JUV. 6.489; ~as..eas dicimus, quae mulieres quaestuarias prostituunt ULP.*dig.*23.2.43.7;—(*transf.*) non uides, quam blanda conciliatrix et quasi sui sit ~a natura? CIC.*N.D.* 1.77; pro facie multis uox sua ~a fuit OV.*Ars* 3.316; grata mora uenies; maxima ~a morast 3.752.

Lēnaeus ~a ~um, *a.* [Gk. Ληναῖος] Of Bacchus, Bacchic. **b** (masc. as sb.) Bacchus; also, *~us pater*.
latices..~os (*i.e. wine*) VERG.*G.*3.510; gens epulata toris ~um libat honorem *A.*4.207; ~a..dona STAT.*Silv.*4.6.80. **b** te libans, ~e, uocat VERG.*G.*2.529; HOR.*Carm.*3.25.19; OV.*Met.*4.14;—huc, pater o ~e VERG.*G.*2.4; [TIB.]3.6.38; OV.*Met.*11.132.

lēnīmen ~inis, *n.* [LENIO+-MEN] That which mitigates or soothes, an alleviation, solace.
o laborum dulce ~en HOR.*Carm.*1.32.15; et mihi sollicito ~en dulce senectae OV.*Met.*6.500; 11.450.

lēnīmentum ~ī, *n.* [next+-MENTVM]

1 (med.) A softening or soothing medium.
raphanos..~o dare PLIN.*Nat.*25.59; tunditur cum adipe suillo et fico, duplici ~o 36.181; (*cf.*) LENEM(entum?) AD IMP(etum) L(ippitudinis) *CIL* 13.10021(83).

2 An alleviation, solace.
cuius tanta fides..maximum solacium et iucundissimum ~um fuit V.MAX.4.6.ext.2; addito honestae missionis ~o TAC.*Hist.*2.67.

lēniō ~īre ~iuī or ~iī ~ītum, *tr.*, (*intr.*). [LENIS+-IO[2]] FORMS: fut. *~ibunt* PROP. 3.21.32; impf. *~ibat* VERG.*A.*6.468, *~ibant* [VERG.]*A.*4.528.

1 To make less violent, assuage, moderate (physical qualities, forces, conditions, etc.). **b** (pass.) to become less intense, abate; (also intr.). **c** to soften (harsh sounds).
inopiam frumenti ~ire SAL.*Jug.*91.1; Thybris..fluuium..tumentem ~iit VERG.*A.*8.87; impium ~ite clamorem HOR. *Carm.*1.27.7; ~ito medicam uulnere sensit opem OV.*Pont.* 1.3.6; famem matris..~ientem V.MAX.4.5.7; ut..~iantur..intus latentia acria CELS.6.6.8.c; epiphoras quoque arida (folia) ~iunt PLIN.*Nat.*21.123; eaedem (*sc.* nuces iuglandes)..adversantur cepis ~iuntque earum saporem 23.147; (*cf.*) nouaculam..adpulsu etiam palmulae ~ientis exasperatam APUL.*Met.*5.20. **b** ~ito feruore VAR.*R.*2.4.6; ut ~ita paulum uis uenti est LIV.36.43.13; si..~ita est (accessio febris) CELS.2.17.5;—repente uisus ~ire Tagus SAL.*Hist.* 1.115. **c** cum illi (*sc.* phonasci) omnes etiam altissimos sonos ~iant cantu oris QUINT.*Inst.*11.3.23.

2 To placate, appease, calm, comfort (persons, animals). **b** (w. dat.) to render favourably disposed (towards), conciliate.
senem illum tibi dedo ulteriorem, lepide ut ~itum reddas; ego ad hunc iratum adgrediar PL.*Bac.*1150; te ipsum..animi quodam impetu concitatum..usus flectet, dies ~iet, aetas mitigabit CIC.*Mur.*65; me scriptio et litterae non ~iunt sed obturbant *Att.*12.16; saepius fatigatus ~itur SAL.*Jug.*111.3; ~ire dolentem solando cupit VERG.*A.*4.393; ~ire tigris rabidosque leones HOR.*Ars* 393; ni..nunc plebem saeuientem precibus ~isset LIV.2.56.15; OV.*Met.*12.35; TAC.*Ann.* 5.9. **b** iam uero ipse se placabit et ~iet prouinciae Galliae? CIC.*Phil.*7.25; qui te ~irem nobis CATUL.116.3.

3 To alleviate, mitigate, mollify (emotions, desires, etc.). **b** (intr.) to be appeased, calm down.
quo illam mihi ~irent miseriam TER.*Hau.*127; amorem intercapedine ipse ~iuit dies TURP.*com.*158; is qui..odium suum..bonitate ~iret CIC.*Marc.*31; luctus aliorum exemplis ~iuntur *Tusc.*3.58; Ciceronis inuidiam..~iri credebant atrocitate sceleris SAL.*Cat.*22.3; seditio..cuius ~iendae causa coloniam..deducendam censuerant LIV.5.24.4; noua res oblata timorem ~iit VERG.*A.*1.451; quo amissi praesidii dedecus ~irent TAC.*Hist.*3.61. **b** dum haec consilescunt turbae atque irae ~iunt PL.*Mil.*583.

4 To make to appear less serious, explain away, palliate, gloze over. **b** (poet.) to pass pleasantly, beguile (time).
nullo modo uitae turpitudo aut infamia ~iri poterit oratione CIC.*Inv.*2.37; o multas et grauis offensiones! quas quidem tu das operam ut ~ias *Att.*11.7.3; ita multa sunt incommoda in uita, ut ea sapientes commodorum conpensatione ~iant *N.D.*1.23; contumeliae..tuis erga me officiis ~iuntur MET.NEP.*Fam.*5.3.1; trahundo tempus atrocitatem facti ~iebant SAL.*Jug.*27.1; neglegentia simplicitatis nomine ~ietur QUINT.*Inst.*4.2.77; ne ~ire neue asperare crimina uideretur TAC.*Ann.*2.29. **b** his ego constitui noctem ~ire uocatis PROP.4.8.33.

lēnis[1] ~is ~e, *a. compar.* ~ior, *superl.* ~issimus. [cf. Lith. *lėnas*, OSl. *len*]

1 Slowly or quietly moving, gentle, light, placid. **b** (of sleep) quiet, tranquil.
~i fluit agmine flumen ENN.*Ann.*173; auster ~is CATO *orat.*31; ~ibus auris CATUL.64.84; ~ioribus uentis CAES. *Civ.*3.25.2; campi..natantes ~ibus horrescunt flabris VERG. *G.*3.199; tecta..disiecta non ~i ruina HOR.*Carm.*2.19.15; ~ibus stagnis LIV.1.4.4; ~i..uolatu OV.*Met.*12.527; saepe istae (*sc.* uenae) ~iores celerioresue sunt CELS.3.6.5; ~ioris in mare iactus TAC.*Ann.*14.5;—(*neut. as adv.*) spirantis ~e Fauoni OV.*Met.*9.661; orni..uentis ~e percussae SEN. *Phaed.*509. **b** somno ~i placidoque reuinctus ENN.*Ann.* 5; LUCR.4.1009; somnus agrestium ~is uirorum HOR.*Carm.* 3.1.22; OV.*Fast.*4.653.

2 Lacking intensity, mild, weak. **b** (of slopes) gentle. **c** (of drugs, medicines, etc.) lacking in potency, weak, mild. **d** (of fires for cooking, etc.) moderate, gentle.
si eae (febres) sunt quae lentae ~esque iam diu male habent CELS.2.17.4; alius est..color ex igneo lumine, alius ex obtunso et ~iore SEN.*Nat.*1.3.13; ulmorum (umbra) ~is PLIN.*Nat.*17.90; inoculatio rores amat ~es 17.117; enhygros..in candore ~i est 37.190; (*w. abl.*) alterum (genus) molle, ~is odore 32.86. **b** paulo ~iore fastigio CAES.*Civ.*2.24.3; ~is ab tergo cliuus erat LIV.6.24.2; colle tumet modico ~ique excreuit in altum pingue solum tumulo LUC.4.11; PLIN.*Nat.*16.158;—(*neut. as adv.*) cliuos ~e iacentes CALP.*Ecl.*7.25. **c** ita ~ibus uti uidebantur uenenis ut posse uideremur sine dolore interire CIC.*Att.*2.21.1; (crocum) satiuum..multo ~ius PLIN.*Nat.*21.31; oculi..nullum nisi ~issimum collyrium patiuntur LARG.27; 237. **d** ~ibus lignis facito calescat CATO *Agr.*69.2; ~i pruna coctus LABER.*com.*27; OV.*Met.*2.811; sextarius in ~i igne coquitur CELS.6.10.2; PLIN.*Nat.*32.78.

3 Mild to the taste, mellow; (esp. of wine).
tertia (brassica), quae ~is uocatur CATO *Agr.*157.2; a ~ibus cibis ad acres..transire CELS.3.16.2; cibus saluber ac ~is pluribus modis PLIN.*Nat.*19.71;—asperum..hoc (uinum) est: aliud ~ius sodes uide TER.*Hau.*459; uinum asperum quod erit ~e et suaue si uoles facere CATO *Agr.*109; ~e merum HOR.*Carm.*3.29.2; uinum dulce uel ~e CELS. 2.20.2.

4 (of sounds) Striking gently on the ear, melodious, soft.
ille..~iore quodam sono est usus CIC.*de Orat.*2.58; ~is appellatio litterarum *Brut.*259; ~es..susurri HOR.*Carm.* 1.9.19; aspera mutata est in ~em..littera OV.*Fast.*5.481; si modulis ~ibus tibicen incinat GEL.4.13.1;—(*neut. as adv.*) ~e sonantis aquae OV.*Am.*3.5.6.

5 (of persons) Moderate in action or character, gentle, lenient, mild.
faciet hominem ex tristi lepidum et ~em PL.*Cas.*223; habe animum ~em et tranquillum *Epid.*562; ingenio te esse in liberos ~i puto TER.*Hau.*151; in acerrimo ingenio Theopompi et ~issimo Ephori CIC.*Brut.*204; in hostis ~issimus existimabatur *S.Rosc.*154; hominibus ~issimis ademit misericordiam 154; mactata ueniet ~ior (Venus) hostia HOR.*Carm.*1.19.16; ~em te miseris genuit natura OV.*Pont.* 4.6.27; STAT.*Theb.*11.190;—(*w. abl.*) oratione fuit quam sententia ~ior CIC.*Phil.*8.1;—(*w. gen.*) ~is belli STAT.*Theb.* 7.26;—(*w.* in+*abl.*) non..~iores in exigendis uectigalibus Graecos..publicanos CIC.*Q.fr.*1.1.33; saepe suo uictor ~is in hoste fuit OV.*Tr.*5.2.36;—(*w. inf.*) non ~is precibus fata recludere..Mercurius HOR.*Carm.*1.24.17; rite maturos aperire partus ~is, Ilithyia *Saec.*14.

6 (of actions, conditions, attitudes, etc.) Mild to bear, tolerable, moderate, lenient, easy. **b** (of words or remarks) restrained, soft, mild.
eam (*sc.* seruitutem)..ingeniis uostris ~em reddere PL. *Capt.*199; labor ~ior esset hic mi eiius opera *Rud.*203; TER. *Hau.*45; primo illo suo ~ire artificio Heraclium adgredi conatur CIC.*Ver.*2.36; placida ac ~is senectus *Sen.*13; dixerat aliquis ~iorem sententiam CAES.*Civ.*1.2.2; tu ~e tormentum ingenio admoues plerumque duro HOR.*Carm.* 3.21.13; ~ibus remediis aptior LIV.2.23.15; ~is amor OV. *Met.*7.82; hortantibus..quibusdam inediam et ~em exitum TAC.*Ann.*11.3; ~ius facere poterimus, acrius non PAUL.*dig.* 8.2.20.5. **b** ut..dictis lactem ~ibus ACC.*trag.*414; admonitio quasi ~ior obiurgatio CIC.*de Orat.*2.339; me ~issimis et amantissimis uerbis utens re grauiter accusas *Fam.*5.15.1; exspectabat..suis ~issimis postulatis responsa CAES.*Civ.*1.5.5; ut adloquio ~i perlicerent hostes LIV.25. 24.15; TAC.*Ann.*2.59.

lēnis[2] ~is, *m.*: see LINIS.

lēnitās ~ātis, *f.* [LENIS[1]+-TAS]

1 Slowness of movement, placidity.
flumen est Arar..incredibili ~ate CAES.*Gal.*1.12.1.

2 a Mildness or smoothness of sound, melodiousness. **b** mildness of taste. **c** softness of colour.
a ~as uocis CIC.*de Orat.*2.182; fr equentiorem quasi pulsum habent (iambi), quae res ~ati contraria est QUINT. *Inst.*9.4.136; GEL.15.3.8. **b** Graecia..sale aut mari (uini ~atem excitat PLIN.*Nat.*14.120; 15.107; ut ~as (betae

excitetur acrimonia sinapis 19.133. **c** in quibus (sucinis) et decocti mellis ~as placeat PLIN.*Nat*.37.47; ita uiridi ~ate (smaragdi) lassitudinem (oculorum) mulcent 37.63.

3 Mildness of character or behaviour, gentleness, clemency, leniency. **b** mildness of language, moderation.

eri semper ~as uerebar quorsum euaderet TER.*An*.175; si impendens patriae periculum me necessario de hac animi ~ate deduxerit CIC.*Catil*.2.28; libertatem..~ate legum munitam *Rab.Perd*.10; facilitas in audiendo, ~as in decernendo *Q.fr*.1.1.21; pauca..de ~ate sua locutus CAES.*Civ*. 3.98.2; LIV.39.55.1; secuta..~as in Plautium Lateranum TAC.*Ann*.13.11. **b** genus orationis fusum..et cum ~ate quadam aequabiliter profluens sine hac iudiciali asperitate CIC.*de Orat*.2.64; ut iam oratio tua non multum a philosophorum ~ate absit *Leg*.1.11; *Off*.1.37.

lēniter, *adv. compar.* ~ius, *superl.* ~issimē. [LENIS[1]+-TER[2]]

1 With a gentle movement, gently. **b** without violent exertion. **c** with a gentle incline.

testam demittito in dolium infimum ~iter CATO *Agr*.110; aquam inrigato ~iter in areas 151.4; iacitur anchora, inhibent ~iter AFRAN.*com*.139; ~ius aspirans aura CATUL.68.64; *B.Alex*.11.6; ~iter atterens caudam HOR.*Carm*.2.19.30; per excubias custodum ~iter ire OV.*Am*.1.6.7; STAT.*Theb*. 10.781; APUL.*Met*.4.35. **b** multo dicis remissius et ~ius quam solebas CIC.*de Orat*.1.255; hostes..~ius..nostros equites proelio lacessere coeperunt CAES.*Gal*.5.17.1; si cunctetur atque agat ~ius *Civ*.1.1.4; iubet..signa se ~iter consequi *B.Afr*.12.2. **c** collis erat ~iter ab infimo accliuis CAES.*Gal*.7.19.1; in editum ~iter collem LIV.2.50.10; ~iter acclini..iugo OV.*Fast*.5.154; si haec quoque iam ~ius supina..euaseris QUINT.*Inst*.12.10.79; TAC.*Hist*.4.23.

2 Without drastic action or effect, gently, lightly.

consuetudo..medicorum..qui leuiter aegrotantes ~iter curant CIC.*Off*.1.83; si cum aqua ~ius decoquatur PLIN. *Nat*.16.54; emolliunt aluum ~iter (ostrea) 32.64; lumborum ..qui ante ~iter scarifiant LARG.262; aliquo ~ius tussit AUR.*Fro*.2.p.32(94N).

3 To a slight extent, slightly, mildly.

tellus..Aegyptia..~ius..infuscat corpora MAN.4.727; umerus..~iter gibbus CELS.8.1.18; gustu ~iter amara PLIN.*Nat*.12.70; ipse (*sc.* subsolanus) ~iter pluuius..est 18.337.

4 With a smooth sound, so as not to jar on the ear.

imitatio presse loquentium et ~iter CIC.*Off*.1.133; audibant eadem haec ~iter (*i.e. without aspiration*) et leuiter CATUL.84.8; SEN.*Ep*.100.1; (Triton) concha sonaci ~iter bucinat APUL.*Met*.4.31.

5 With mildness of manner, moderately, gently; *~iter ferre*, to bear without annoyance, take easily.

hoc petere me precario a uobis iussit ~iter dictis bonis PL.*Am*.25; ego faxo hospitium hoc ~iter laudabitis *Poen*. 1154; adrisit hic Crassus ~iter CIC.*de Orat*.2.145; tecum.. agam ~ius *Cael*.7; iis adsensi, qui mihi ~issime sentire uisi sunt *Fam*.5.2.9; qua ratione queas traducere ~iter aeuum HOR.*Ep*.1.18.97; questus ~iter..quod..exercitum deportare non licuisset LIV.26.21.2;—debes istam molestiam quam ~issime ferre CIC.*Fam*.5.18.2; ~iter, ex merito quidquid patiare, ferendumst OV.*Ep*.5.7.

lēnitūdō ~inis, *f.* [LENIS[1]+-TVDO] Mildness, gentleness.

mira ~ine ac suauitate abundat TURP.*com*.189; ~o orationis PAC.*trag*.247; CIC.*Ver*.4.136.

lēnō ~ōnis, *m.* [dub.] A brothel-keeper, bawd, a procurer.

quam amabam abduxit ab ~one mulierem PL.*As*.70; qui illam mercatust de ~one uirginem *Rud*.81; ea seruiebat ~oni inpurissimo TER.*Ph*.83; nisi qui..se ~oni locauisset CATO *orat*.205; ~onum, aleatorum, perductorum nulla mentio fiat CIC.*Ver*.1.33; *Phil*.6.4; SAL.*Hist*.1.63; ~onis ut insidiosi HOR.*Ep*.2.1.172; quid mihi cum facili, quid cum ~one marito? OV.*Am*.2.19.57; me ~one placet 3.12.11; tam alieni corporis ~o male audit quam sui SEN.*Ben*.5.7.4; JUV. 6.127; (*transf*.) ~onem quendam Lentuli concursare circum tabernas CIC.*Catil*.4.17.

lēnōcināmentum ~ī, *n.* [LENOCINOR+ -MENTVM] An allurement, enticement.

nihil..quod ad ~um spectare possit lasciuiae [QUINT.] *Decl*.3[b].5.

lēnōcinium ~(i)ī, *n.* [LENO+-CINIVM]

1 The action or profession of a pander, pandering, brothel-keeping.

ego ~ium facio qui habeam alienas domi? PL.*Epid*.581; *Mer*.411; meretriciam disciplinam, domesticum ~ium uidere CIC.*Ver*.3.6; *Red.Sen*.11; QVEIVE ~IVM FACIET *CIL* 1.593.123; delatus ~ii reus QUINT.*Decl*.325(p.277,l.29); ~ium profiteri SUET.*Tib*.35.2; ULP.*dig*.23.2.43.6.

2 That which gives a specious attractiveness, an allurement, charm. **b** (applied to cosmetics or their use). **c** (rhet.) a meretricious embellishment.

si qui..se uitiorum inlecebris et cupiditatium ~iis dediderunt CIC.*Sest*.138; perspicuum est..quo corporum ~ia processerint *N.D*.2.146; hinc ~ium formae cultusque repertus corporis MAN.5.516; in puero ~ium erat ingenii aetas SEN. *Con*.1.1.22; ~ium est muneris antecedens metus SEN.*Ben*. 1.11.3; in ~io commendationis dolor est manus, cum id ageret, exstinctae PLIN.*Nat*.35.145. **b** non faciem coloribus ac ~iis polluisti SEN.*Dial*.12.16.4; mangones quicquid est quod displiceat, id aliquo ~io abscondunt *Ep*.80.9; forma ..uenustissima, quamquam et omnis ~ii neglegens SUET. *Aug*.79.1. **c** caret..ceteris ~iis expositio QUINT.*Inst*. 4.2.118; non ornamenta quaerimus sed ~ia 8.pr.26; 12.1.30.

3 An action or thing designed to win favour, flattery, blandishment.

nec ullum orationi aut ~ium addit aut pretium TAC.*Hist*. 1.18; sub Gaio..omnibus ~iis colligente honores SUET.*Cl*. 7.1; nobis turgidi uentris sui ~io commouet miserationem APUL.*Met*.6.9.

lēnōcinor ~ārī ~ātus, *intr.* [LENO+-CINOR] (w. dat.) To act to the advantage of, serve the interests of: **a** (a person, etc.). **b** (a practice, policy, quality, etc.).

a tibi seruiet, tibi ~abitur, minus aliquanto contendet quam potest CIC.*Div.Caec*.48; SEN.*Ben*.7.1.2; semper ei ~ans feminae, cuius amore flagraret PLIN.*Nat*.35.119; ut.. libro isti nouitas ~etur PLIN.*Ep*.2.19.7. **b** ~atur..gloriae meae SEN.*Con*.1.1.18; Vindicem..captationi testamenti sic ~atum PLIN.*Nat*.20.160; mancipiorum negotiatores formae puerorum..~antur QUINT.*Inst*.5.12.17; ipsa sollicitudo commendat euentum et ~atur uoluptati TAC.*Dial*.6.5; feritati arte ac tempore ~antur *Ger*.43.6.

lēnōnius ~a ~um, *a.* [LENO+-IVS] Of or belonging to a pander.

ianuae ~ae PL.*As*.241; genus..~um *Cur*.499; neque tippulae leuius pondust quam fides ~a *Per*.244; oh, lutum ~um, commixtum caeno sterculinum publicum 406; Iuppiter ~us *Ps*.335; domus eius tota ~a APUL.*Apol*.75.

lens[1] ~dis, *f.* [dub.; cf. Lith. *glìnda*] A nit.

~des et foeda capitis animalia necat PLIN.*Nat*.22.108; 31.117; 35.177.

lens[2] ~tis, *f.*, (*m.*). [cf. Gk. λάθυρος] FORMS: acc. *~tim* CATO *Agr*.35.1; COL.2.10.5; PLIN. *Nat*.18.228; abl. *~ti* TITIN.*com*.163; nom. pl. *~tis* VAR.*L*.9.34. GENDER: masc. TITIN.*com*. 163.

1 The lentil plant.

(*sg. collect.*) ~tim in rudecto et rubricoso loco..serito CATO *Agr*.35.1; VAR.*R*.1.32.2; ea (*sc.* pabula apium) sunt.. faba, ~s, pisum 3.16.13; Pelusiacae..~tis VERG.*G*.1.228; PLIN.*Nat*.18.123;—(*pl.*)flore.. laeso..pereunt ~tes OV. *Fast*.5.268.

2 Its seed, a lentil.

oxylapathi semen lotum in aqua..adiecta acacia ~tis magnitudine prodest PLIN.*Nat*.20.233; uino..in quo rosa et ~tes prius incoquuntur LARG.114;—(*sg. collect.*) ~tim quo modo seruari oporteat CATO *Agr*.116; pinsita ~te COL. 6.31.1; ~s optima quae facillime coquitur PLIN.*Nat*.22.142; aula una ~tis Aegyptiae GEL.17.8.2; APUL.*Met*.6.10.

lentē, *adv. compar.* ~ius, *superl.* ~issimē. [LENTVS+-E]

1 At a slow speed, slowly; at leisure, without haste.

~ius..dicere solebat CIC.*Hort*.fr.22; ~e atque paulatim proceditur CAES.*Civ*.1.80.1; iussisses lectum ~ius ire meum PROP.4.7.30; ~e currite, Noctis equi! OV.*Am*.1.13.40; SEN. *Nat*.7.29.1; id animal (*sc.* asinus) ~issime mandit COL. 2.14.4; corpora nostra ~e augescunt, cito extinguuntur TAC. *Ag*.3.1;—nisi eum (*sc.* librum) ~e ac fastidiose probauissem CIC.*Att*.2.1.1; ~e desine (amare) OV.*Rem*.650.

2 With procrastination, tardily.

quam ~e tractat me atque inludit! AFRAN.*com*.87; primo rem differre cotidie..coeperunt, deinde aliquanto ~ius nihil agere atque deludere CIC.*S.Rosc*.26; ~ius agere, decedendi diem postulare longiorem *B.Alex*.71.1; LIV.1.10.2.

3 Without emotion, coolly, calmly; *~e ferre*, to take calmly, tolerate.

salsum est..quaerentibus..~e respondere quod nolint CIC.*de Orat*.2.287; non ultra ~e possumus esse piae OV.*Fast*. 3.208;—CIC.*de Orat*.2.190; *Att*.2.13.2; cum publicas iniurias ~e tulisset *Hort*.fr.86.

lenteō ~ēre, *intr.* [LENTVS+-EO] To proceed slowly.

~et opus LUCIL.299.

lentescō ~ere, *intr.* [LENTVS+-ESCO]

1 To become sticky or viscous.

pinguis..tellus..picis in morem ad digitos ~it habendo VERG.*G*.2.250; si fragmenta..sub dente ~ant PLIN.*Nat*. 14.127; 17.41; (*w.* in+*acc.*) mox ut in picem resinamue ~it (sucinum) TAC.*Ger*.45.8.

2 To become pliable.

in stercore (salix) obruenda est, ut ~at COL.11.2.92; coquitur (aes Campanum)..additis plumbi..denis libris in centenas aeris. ita ~it PLIN.*Nat*.34.95.

3 (of anxieties) To become less intense, relax.

~unt tempore curae OV.*Ars* 2.357.

lentiārius ~ia ~ium, *a.* [LENS[2]+-ARIVS] Dealing in lentils.

NEGOTIATORIS ~I *CIL* 5.5932.

lenticula ~ae, *f.* [LENS[2]+-CVLA]

1 The lentil plant. **b** its seed, a lentil.

leguminum genera..faba, ~a COL.2.7.1; folia sunt ~ae PLIN.*Nat*.25.135; 27.38. **b** ad ~ae dimidiae figuram PLIN. *Nat*.27.124; 37.147;—(*sg. collect.*) ~a cum malicorio cocta CELS.4.26.8; PLIN.*Nat*.20.221; LARG.234.

2 a A convexo-convex figure, a lentil shape. **b** a small vessel, shaped like a lentil.

a figura (gemmarum) oblonga maxime probatur, deinde quae uocatur ~a PLIN.*Nat*.37.196. **b** uasa fictilia quas ~as uocant CELS.2.17.9.

3 A freckle.

paene ineptiae sunt curare uaros et ~as et ephelidas CELS. 6.5.1; PLIN.*Nat*.26.7.

lenticulāris ~is ~e, *a.* [prec.+-ARIS] Of or proper to a lentil.

ampullam..oleariam, ~i forma APUL.*Fl*.9.

lentīginōsus ~a ~um, *a.* [next+-OSVS] Freckled, freckly.

uirum flaui coloris, ~i oris V.MAX.1.7.ext.6.

lentīgō ~inis, *f.* [LENS[2]+-GO]

1 A freckly eruption on the body, freckles.

~ines et maculas e facie tollit (elaterium) PLIN.*Nat*.20.9; 23.89; inlinitur ~ini (telephion) 27.137; 31.122; *P.Mich*. 442.2.

2 A similar appearance on other things: speckles (on a newt); foxing (on paper).

est..hic (*sc.* stelio) plenus ~ine PLIN.*Nat*.29.90;—deprehenditur et ~o oculis 13.81.

lentiscifer ~era ~erum, *a.* [LENTISCVS+ -FER] Bearing mastic-trees.

~erum..Liternum OV.*Met*.15.713.

lentiscinus ~a ~um, *a.* [next+-NVS] Of the mastic-tree; *oleum ~um*, (prob.) olive oil flavoured with mastic resin.

~a (resina) PLIN.*Nat*.24.36;—23.67.

lentiscus ~ī, *f.* Also **~um** ~ī, *n.* [dub.] GENDER: neut. MART.14.22.1.

1 The mastic tree, *Pistacia lentiscus*; also, mastic wood or a piece of it (used for toothpicks).

~us triplici solita grandescere fetu CIC.*Arat.Progn*.323; CELS.2.33.4; ~i taleam COL.5.10.9; ~i bacae PLIN.*Nat*. 14.112; ~i ligno 28.151;—cuspides..~i MART.3.82.9; fodit ..tonsis ora laxa ~is 6.74.3; ~um melius 14.22.1.

2 The gum or resin of the mastic tree; (also perh.) olive oil flavoured with this.

feniculum et ~um seorsum condat in acetum CATO *Agr*. 117; decocta ~us CELS.4.27.1.E; 5.6.2; ~i glaebis PLIN. *Nat*.12.71;—eae (*sc.* oleae) optime conduntur uel uirides in muria uel in ~o contusae CATO *Agr*.7.4.

lentitia ~ae, *f.* [LENTVS+-IA]

1 Flexibility, pliancy.

uirgas sequacis ad uincturas ~ae PLIN.*Nat*.16.174; est ~a platano 16.210.

2 Viscosity, stickiness.

~am pituitae digerunt (lactucae) PLIN.*Nat*.20.65.

lentitiēs ~ēī, *f.* [LENTVS+-IES] (var. of prec., in quot., sense 1)

~em plumbi *Aetna* 544.

lentitūdō ~inis, *f.* [LENTVS+-TVDO]

1 Flexibility, pliancy.

ab ~ine firmas recipiunt catenationes (ulmus et fraxinus) VITR.2.9.11.

2 Viscosity, stickiness.

excoqui debet, donec sit ~o mellis PLIN.*Nat*.32.85.

3 Slowness in action, dilatoriness; lack of feeling, apathy.

criminatus Metelli ~inem, trahentis iam in tertium annum bellum VELL.2.11.2; TAC.*Ann*.15.51; (*of a process*) durante tractu et ~ine mortis 15.64; ~ine exitus grauis cruciatus adferente 16.35;—illud (*sc.* non irasci) est non solum grauitatis sed non numquam etiam ~inis CIC.*Q.fr*. 1.1.38; *Tusc*.4.43; ceteros..eiusdem ~inis ac teporis libros TAC.*Dial*.21.6.

lentō ~āre ~āuī ~ātum, *tr.* [LENTVS+-O[3]]

1 To bend under strain.

(*oars*) Trinacria ~andus remus in unda VERG.*A*.3.384; SEN.*Ag*.438;—(*bows*) feros ~andus in hostis arcus STAT. *Theb*.1.703; Cortynia ~ant cornua 3.587; *Ach*.1.436.

2 To prolong, draw out.

~ando feruida bella dictator..multa..egerat SIL.8.11.

lentor ~ōris, *m.* [LENTVS+-OR]

1 Tensile strength, toughness.

ad quos (*sc.* rotarum axes) ~ore fraxinus..legitur PLIN. *Nat*.16.229.

2 Viscosity, stickiness. **b** a viscous substance.

ut ~orem malagmatis habeat COL.6.17.5; 12.23.1; melleo colore atque ~ore PLIN.*Nat*.16.43; ad ~orem subigi 17.111. **b** (purpurae) ~orem cuiusdam cerae saliuae PLIN.*Nat*. 9.125; folliculos emittentes..~orem..resinosum 13.54.

Lentulitās ~ātis, *f.* [LENTVLVS[2]+-TAS] The fact of being a Lentulus (i.e. of good family).

ullam Appietatem aut ~atem ualere apud me plus quam ornamenta uirtutis existimas? CIC.*Fam*.3.7.5.

lentulus[1] ~a ~um, *a.* [LENTVS+-VLVS] Somewhat slow, tardy.

an existimas illum in isto genere ~um aut restrictum? CIC.*Att*.10.11.2.

Lentulus[2] ~ī, *m.* A cognomen in the *gens Cornelia*.

Fast.Cos.Cap.18a(*CIL* 1.p.24); CIC.*Balb*.33; *Phil*.2.51; PLIN.*Nat*.18.10.

lentus ~a ~um, *a. compar.* ~ior, *superl.* ~issimus. [cf. Danish *lind*, Lith. *leñtas*]

1 Flexible, pliant, supple, yielding. **b** (of

the body or parts of it) supple. **c** (of metals) soft, malleable. **d** (poet.) making pliant, softening.

~a sed uelut adsitas uitis implicat arbores CATUL.61.102; ut..constent molli ~a, fragosa putri, caua corpore raro LUCR.2.860; ~ae..habenae V.RUF.*poet*.3; ~a..uiburna VERG.*Ecl*.1.25; uerbera ~a pati *G*.3.208; baltea ~a PROP. 4.10.22; ~os..arcus OV.*Met*.2.419; ~o uimine *Fast*.6.262; (glycyrrhiza) melior..quae..~a quam quae fragilis PLIN. *Nat*.22.25;—(*fig*.) ut multa uerba feci, ut ~a materies fuit! PL.*Mil*.1203; compositio eius (*sc*. Ciceronis) curuat ~a et sine infamia mollis SEN.*Ep*.100.7. **b** ~a..perpetuas fuderunt bracchia pennas *Ciris* 504; Galatea..~ior et salicis uirgis et uitibus albis OV.*Met*.13.800; ~is cruribus MELA 3.103; ~a serpens SEN.*Her.O*.301. **c** ~is Cyclopes fulmina massis cum properant VERG.*G*.4.170; ~o..argento *A*.7.634; plumbum, quod est ~issimum et grauissimum VITR.8.3.18; ~um..aurum OV.*Ars* 3.123; SEN.*Her.O*.152. **d** nocte arida prata tondentur, noctes ~us non deficit umor VERG.*G*.1.290.

2 Not brittle, tough.

ulmeis..~is uirgis PL.*As*.575; ~os incuruans gurgite remos CATUL.64.183; ~a..spicula contorquent VERG.*A*. 7.164; huc impetus illam (*sc*. hastam) detulerat fixam et ~a radice tenebat 12.773; ~o..pilo [TIB.]3.7.90; punica quae ~o cortice poma tegunt OV.*Fast*.4.608; (*fig*.) ita istaec nimi' ~a uincla sunt escaria PL.*Men*.94.

3 Viscous, glutinous, sticky, clinging.

haec una bene condepsito, quam maxime uti ~um fiat CATO *Agr*.40.2; ~um destillat ab inguine uirus VERG.*G*. 3.281; ~a..pituita HOR.*S*.2.2.76; cum..mella..~is pendebrent foliis *Aetna* 13; quae tellus sit ~a gelu PROP.4.3.39; ~a (saxa plus habent) aquae, ~a sunt ab umore VITR. 2.5.2; spuma id (*sc*. butyrum) est, lacte concretior ~iorque quam quod serum uocatur PLIN.*Nat*.11.239; ~as transire paludes STAT.*Silv*.3.2.67.

4 Slow in movement or action, sluggish, leisurely; *ex ~o*, slowly. **b** (of fires) slow-burning; (of poisons) slow to take effect. **c** slow-witted, dull, obtuse.

in ~o luctantur marmore tonsae VERG.*A*.7.28; et facilis ~a pellitur unda manu [TIB.]3.5.30; haec..~a iube scabra frangat asella mola OV.*Med*.58; ~is passibus *Met*.2.572; ambulatio ~a CELS.4.8.4; qua se Bagrada ~us agit LUC. 4.588; ~is haeret nox conscia bigis V.FL.3.211; ~o itinere TAC.*Ag*.38.4; miserum populum R., qui sub tam ~is maxillis erit SUET.*Tib*.21.2;—(*of speakers, speech*) ~us in dicendo et paene frigidus CIC.*Brut*.178; promptum sit os non praeceps, moderatum non ~um QUINT.*Inst*.11.3.52; ~us est in principiis TAC.*Dial*.22.3;—illa certissima est uirtus quae se..ex ~o ac destinato prouexit SEN.*Dial*. 3.11.8. **b** ~us..carinas est uapor VERG.*A*.5.682; ~is carbonibus OV.*Tr*.3.11.47; uiscera..~is data stillant caminis SEN.*Thy*.765; ~as ignis agit uires LUC.3.503; PLIN. *Nat*.13.39; MART.5.78.15; (*fig*.) arguens quam ~is penitus macerer ignibus HOR.*Carm*.1.13.8;—ut Abdum..~o ueneno inligaret TAC.*Ann*.6.32; 12.66; uenenum..~um atque tabificum SUET.*Tib*.73.2. **c** quem tulit ad scaenam uentoso Gloria curru exanimat ~us spectator HOR.*Ep*. 2.1.178; memoriam..meam, quae iam mihi segnis ac ~a est SEN.*Ep*.74.1; LUC.2.110.

5 Long-drawn-out, slow, prolonged. **b** (of physical processes, conditions, etc.).

Teucris illa ~um sane negotium CIC.*Att*.1.12.1; optauit ~as et mihi militias TIB.1.3.82; ~ior uidebatur pedestris pugna LIV.10.28.6; ~a..mora OV.*Ep*.3.138; longa fame mors protrahatur ~a SEN.*Her.F*.420; coeperat..ciuilia bella ut ~um damnare nefas LUC.7.242; Nero ~i sceleris impatiens TAC.*Ann*.13.15; ~a supplicia PLIN.*Pan*.34.4; (*cf*.) ~a..fori pugnamus harena JUV.16.47;—(*poet*.) Aulis.. portibus ~is retinet carinas SEN.*Med*.623; uictor..~um Ilium metitur oculis *Tro*.22. **b** tubicen..cum quateret ~o murmure saxa Iouis PROP.4.4.10; imber..~ior deinde aequaliorque accidens auribus LIV.24.46.5; ubi ~i dolores ~aeue febres sunt CELS.3.2.1; bruma ~as pluuias habet SEN.*Nat*.4b.4.3; ingerebat..~issima uoce: 'carpe, carpe' PETR.36.7.

6 Enduring, persistent.

spes quoque ~a fuit OV.*Ep*.2.9; uiuacitatis adeo ~ae ut eiectis interaneis diu pugnet PLIN.*Nat*.8.100; (*w. gen*.) o argumenti ~e poeta tui OV.*Am*.3.1.16.

7 Tardy in taking action, procrastinating, delaying, slow. **b** slow to come about, tardy; slow in reaching maturity or other state.

hosce ego non tam milites acris quam infitiatores ~os esse arbitror CIC.*Catil*.2.21; tu tamen in nostro ~a timore uenis PROP.1.15.4; ~us abesto OV.*Rem*.243; sunt di inmortales ~i quidem, sed certi uindices generis humani SEN.*Con*. 10.pr.6; ~us..creditor SEN.*Ben*.7.29.2; saeua ac ~a natura ne in puero quidem latuit SUET.*Tib*.57.1;—(*w*. in+*abl*.) ~um in meditando TAC.*Ann*.4.71; (*w*. aduersum) ~ae aduersum imperia aures 1.65;—(*w. gen*.) ~us coepti SIL.3.176;—(*w. inf*.) soluere nulli ~us LUCIL.415; non ~us Achillas suadenti parere nefas LUC.10.398; SIL. 5.19. **b** laetus..animus quod ultra est oderit curare et amara ~o temperet risu HOR.*Carm*.2.16.26; si uno tenore peragitur nec ipsi per intermissiones has interuallaque ~iorem spem nostram facimus LIV.5.5.7; iniuriae illorum praecipites, ~a beneficia sunt SEN.*Ben*.2.5.1; consulit ictericae ~o de funere matris JUV.6.565; ut sit magna, tamen certe ~a ira deorum est 13.100;—~issima est pirus PLIN.*Nat*.17.95; fungorum ~ior natura est 22.96; quoniam mas (aros) durior esset et in coquendo ~ior 24.143.

8 Slow to feel emotion, not easily moved, unresponsive, cold.

nimium patiens et ~us existimor CIC.*de Orat*.2.305; nihil est illo homine ~ius *Att*.1.18.4; hostibus eueniat ~a puella meis PROP.3.8.20; ~us es et pateris nulli patienda marito OV.*Am*.2.19.51; sane ~us in suo dolore esset TAC.*Ann*.3.70; —(*of emotions and sim*.) ridiculi genus patientis ac ~i CIC. *de Orat*.2.279; ~os pone, precor, fastus OV.*Met*.14.761; ~a ..patientia LUC.1.361.

9 Unconcerned, untroubled, at ease.

tu ~us refoues iucunda membra quiete *Culex* 213; tu, Tityre, ~us in umbra formosam resonare doces Amaryllida silvas VERG.*Ecl*.1.4; ~us ut intra neglegat hibernas piscis adesse minas TIB.2.3.45; scaenica uidisti ~us adulteria OV. *Tr*.2.514; PHAED.1.15.7; securus et in tanta temporum fuga ~us SEN.*Dial*.10.9.3; SIL.2.489.

lēnullus ~ī, *m*. [LENO+-LVS] A pander.

ita ut occepi dicere, ~e PL.*Poen*.471.

lēnunculārius ~(i)ī, *m*. [LENVNCVLVS²+ -ARIVS] A ferryman or waterman.

ORDO CORPORATORVM ~IOR(um) *CIL* 14.250; 14.5320.

lēnunculus¹ ~ī, *m*. [LENO+-CVLVS] A pander.

aere militari tetigero ~um PL.*Poen*.1286.

lēnunculus² ~ī, *m*. [app. < **lembunculus*, (LEMBVS+-VNCVLVS)] A small boat, skiff.

pauci ~i ad officium imperiumque conueniebant CAES. *Civ*.2.43.3; ~um piscantis SAL.*Hist*.1.25; TAC.*Ann*.14.5; GEL.10.25.5.

leō ~ōnis, *m*. [Gk. λέων]

1 A lion. **b** (used poet. for a lion's skin). **c** (fig. and transf.) a fierce person.

~oni ⟨si⟩ obdas oreas NAEV.*com*.20; cum ~one..deluctari mauelim quam cum Amore PL.*Per*.3; esuriente ~oni ex ore exculpere praedam LUCIL.285; uis ~onis CIC.*Off*.1.41; LUCR.3.296; nec magnos metuent armenta ~ones VERG.*Ecl*. 4.22; PLIN.*Nat*.8.41; STAT.*Theb*.9.16; quando ~oni fortior eripuit uitam ~o? JUV.15.161;—(*female*) audiui feminam ego ~onem semel parire PL.*Vid*.fr.18; ceu saeptus in arto dat catulos post terga ~o V.FL.6.347;—(*exhibited in the arena*) unus ~o, ducenti bestiarii CIC.*Sest*.135; delicias, Caesar, lususque iocosque ~onum uidimus MART.1.14.1;—(*supposed to draw Cybele's chariot*) iuncti currum dominae subiere ~ones VERG.*A*.3.113; (*in effigy*) Aeneia puppis prima tenet rostro Phrygios subiuncta ~ones 10.157; (*cf*.) tu Antoni ~ones pertimescas caue CIC.*Att*.10.13.1. **b** aptans umeris capitique ~onem V.FL.8.126; porrecto saxa ~one mitigat MART.9.43.1; strato latus acclinare ~oni STAT.*Silv*.4.2.51. **c** iubes..me..in currum inscendere, ut ego hunc proteram ~onem uetulum, olentem, edentulum PL.*Men*.864; cernes Libycum huic uallo assultare ~onem (*i.e*. *Hannibal*) SIL.7.401;—o si haberemus illos ~ones, quos ego hic inueni, cum primum ex Asia ueni PETR. 44.4; nunc populus est domi ~ones, foras uulpes 44.14.

2 The constellation and sign of the zodiac Leo.

pedibus..tenetur magnus ~o CIC.*Arat*.153; *N.D*.3.40; CATUL.66.65; rabiem Canis et momenta ~onis HOR.*Ep*. 1.10.16; cum sol Herculei terga ~onis adit OV.*Ars* 1.68; PLIN.*Nat*.18.167; MART.9.90.12.

3 A kind of crab.

cancrorum genera..~ones et alia ignobiliora PLIN.*Nat*. 9.97; 32.149.

4 (used in allusions to a plant not precisely named, perh. antirrhinum or snapdragon; also, as the name of a tree).

hiantis saeua ~onis ora feri COL.10.98; oscitat et ~o 10.260;—Alexander Cornelius arborem ~onem appellauit, ex qua facta esset Argo PLIN.*Nat*.13.119.

5 A grade of initiate in Mithraism.

SENTIN IANVARIVS PATER ~ONVM *CIL* 11.5737.

Leōnidās ~ae, *m*. **Leōnidēs.** A Greek personal name; esp. a king of Sparta who fell defending Thermopylae in 480 B.C.

~es Laco quidem simile apud Thermophylas fecit CATO *hist*.83; CIC.*Tusc*.1.101.

leōnīnus ~a ~um, *a*. [LEO+-INVS]

1 Of or belonging to a lion, lion's.

concede audacter ab ~o cauo PL.*Men*.159; (canes) specie ~a VAR.*R*.2.9.4; in simis..capita ~a sunt scalpenda VITR.3.5.15; catulos ~os V.MAX.9.3.ext.2; adipe ~o PLIN. *Nat*.24.165; ~is pellibus 37.142.

2 *societas ~a*, A partnership in which one partner takes the lion's share: (see quot.).

Aristo refert Cassium respondisse societatem talem coiri non posse, ut alter lucrum tantum, alter damnum sentiret, et hanc societatem ~am solitum appellare ULP.*dig*.17.2.29.2.

leonticē ~ēs, *f*. [Gk. λεοντική] A name of the plant CACALIA.

PLIN.*Nat*.25.135.

Leontīnī ~ōrum, *m. pl*. A Greek city in eastern Sicily.

CIC.*Ver*.2.160; OV.*Fast*.4.467; MELA 2.118.

Leontīnus ~a ~um, *a*. Of or belonging to Leontini; (masc. pl. as sb.) its inhabitants.

Gorgias ~us, antiquissimus fere rhetor CIC.*Inv*.1.7; in ~o agro *Ver*.3.109; V.MAX.8.13.ext.2;—CIC.*Ver*.3.109.

leontopetalon ~ī, *n*. [Gk. λεοντοπέταλον] A plant, (perh.) *Leontice leontopetalon*.

PLIN.*Nat*.27.96.

leontophonos ~ī, *m*. [Gk. λεοντοφόνος] A fabulous animal said to be fatal to lions.

PLIN.*Nat*.8.136.

leontopodion ~iī, *n*. [Gk. λεοντοπόδιον] A plant, perh. the same as LEONTOPETALON.

PLIN.*Nat*.26.52; semen ~ii 26.128; 26.145.

leopardālis ~is, *m*. [as next+-ALIS] A leopard (believed to be a hybrid from a lion and a panther).

bigenera dicuntur animalia ex diuerso genere nata, ut ~is ex leone et panthera PAUL.*Fest*.p.33M.

leopardus ~ī, *m*. [LEO+PARDVS (perh. Gk. formation)] A leopard.

MVNIFICEN⟨TIA⟩ NOSTRA LEONES LEA⟨E⟩ ~I VRSI..ERVNT *A.Epig*.32.70; *CIL* 2.6328.

Leoprepidēs ~ae, *m*. The son of Leoprepes, Simonides.

OV.*Ib*.510.

Leparēsēs ~ium, *m. pl*.: var. of LIPARENSES.

PAUL.*Fest*.p.121M.

lepas ~ados, *f*. [Gk. λεπάς; see also LOPAS] A limpet.

emito sepiolas, ~adas, lolligunculas PL.*Cas*.493.

Lepcis, Lepcitānus: see LEPT-.

lepesta ~ae, *f*.: var. of LEPISTA.

Lepidānus ~a ~um, *a*. Of or relating to Lepidus.

belli ~i SAL.*Hist*.3.47.

lepidē, *adv*. *compar*. ~ius, *superl*. ~issimē. [LEPIDVS¹+-E] Charmingly, pleasantly, wittily, neatly. **b** (in formula of approbation) fine, excellent.

qui ~e postulat alterum frustrari ENN.*Sat*.59; erum maiorem meum ut ego hodie lusi ~e PL.*Bac*.642; ubi tibi sit ~e uictibu', uino atque unguentis 1181; nimi' ~e fabulare; eo pote fuerit ~ius pol fieri *Mil*.925; datne ab se mulier operam?—~issume et comissume 941(*cj*.); ~e lexis compostae LUCIL.84; ~e soceri mei persona lusit CIC. *de Orat*.3.171; quam ~e se furari putat! *Ver*.3.35; nunc fit ~e illa ἔκχυσις radiorum *Att*.2.3.2; CATUL.36.10; FRO.*Aur*. 2.p.48(114N); quam ~e..pinnulae emineant APUL.*Apol*.63. **b** quid si hoc potis est ut tu taceas, ego loquar?—~e, licet PL.*Bac*.35; eugae eugae, ~e, laudo commentum tuom! *Mil*. 241; hahahae.—quid est?—facete ~e laute nil supra TER.*Eu*.427.

Lepidiānus ~a ~um, *a*. Of or relating to Lepidus.

~is feriis CIC.*Att*.16.11.8; *Priv.Mil.Vet*.11(*CIL* 3.p.854).

lepidium ~iī, *n*. [Gk. λεπίδιον] Pepperwort.

post Kalendas Ianuarias..ponetur ~ium COL.11.3.16; satiui uel siluestris ~ii herbam 12.8.3; PLIN.*Nat*.19.166; LARG.174.

lepidōtis ~is, *f*. [Gk.] A kind of precious stone.

~is squamas piscium uariis coloribus imitatur PLIN.*Nat*. 37.171.

lepidus¹ ~a ~um, *a*. *compar*. ~ior, *superl*. ~issimus. [perh. from Gk. λεπτός]

1 Agreeable, charming, delightful, amusing, nice: **a** (of persons). **b** (of things).

a ut ~us cum lepida accubet PL.*Bac*.81; ~iorem uxorem nemo quisquam quam ego habeo hanc habet *Cas*.1008; dic hominem ~issumum esse me *Men*.147; quid ais, mea ~a, hilara? *Rud*.419; peperit puerum nimium ~um *Truc*.505; o capitulum ~issimum! TER.*Eu*.531; ego dum illo licitumst usa sum benigno et ~o et comi *Hec*.837; hi pueri tam ~i ac delicati..etiam sicas uibrare..didicerunt CIC.*Catil*.2.23; ~issima coniunx CATUL.78.1; ut spectatorum molle est et ~um genus PHAED.5.7.13; qui Platonem legere postulet.. ut ~ior (fiat) GEL.1.9.10; (*w. a play on* LEPIDVS²) imaguncule matronarum in quibus una sororis amici tui hominis 'bruti' qui hoc utatur et illius '~i' qui haec tam neglegenter ferat CIC.*Att*.6.1.25. **b** o ~um diem! PL.*Aul*.704; ~umst amare semper *Cist*.313; forma ~a mulierem *Mil*.782; qur inclementer dicis ~is litteris ~is tabellis ~a conscriptis manu? *Ps*.27; cum donis tuis tam ~is TER.*Eu*.652; 1018; ~o quae sunt fucata sonore LUCR.1.644.

2 (of remarks, books, etc.) Witty, amusing.

quae ~a et concinna, cito satietate adficiunt aurium sensum fastidiosissimum *Rhet.Her*.4.32; ~um nouum libellum CATUL.1.1; ~o..uersu 6.17; inurbanum ~o seponere dicto HOR.*Ars* 273; MART.11.20.9; si forent ~iora carmina argumentum impudicitiae habenda APUL.*Apol*.11; Graeca ipsa, quae fertur dixisse, ~iora sunt GEL.1.8.6.

Lepidus² ~ī, *m*. A Roman cognomen, esp. M. Aemilius Lepidus the triumvir.

M AIMILIVS M F M N ~VS *Fast.Cos.Cap*.18b(*CIL* 1. p.25); CIC.*Tusc*.1.5;—*Mil*.13; trucis ~i motus LUC.8.808; —(*pl. as a type of ancient Roman nobility*) caedunt ~os caeduntque Metellos 7.583.

lepis ~idos, *f*. [Gk. λεπίς] Copper scales, black oxide of copper.

rubent..similiter squamae aeris, quam uocant ~ida PLIN. *Nat*.34.107.

lepista ~ae, *f*. Also **lepesta.** [Gk. λεπαστή] A kind of large drinking-cup.

ferunt pulchras creterras, aureas ~as NAEV.*poet*.7; ~ae etiamnunc Sabinorum fanis..aut fictiles sunt aut aeneae VAR.in Non.p.547M; PAUL.*Fest*.p.115M. **β** dictae ~ae, quae etiam nunc in diebus sacris Sabinis uasa uinaria in mensa deorum sunt posita VAR.*L*.5.123.

leporāria ~ae, *f. adj*. [LEPVS+-ARIVS] The name of a kind of eagle (prob. the Golden or the Imperial eagle), so called from its habit of killing hares.

melanaetos a Graecis dicta, eadem ~a PLIN.*Nat*.10.6.

leporārium ~(i)ī, *n*. [LEPVS+-ARIVM] A

place in which hares and other wild animals were kept, game-preserve.
ex ornithonibus ac ~iis et piscinis Var.*R.*2.pr.5; ~ia te accipere uolo non..ubi soli lepores sint, sed omnia saepta..quae..habent inclusa animalia, quae pascantur 3.3.2; 3.12.1.

leporīnus ~a ~um, *a.* [lepvs+-invs] Of a hare, hare's; also, resembling that of a hare, hare-like.
coagulum..~um Var.*R.*2.11.4; uestes ~o pilo facere temptatum est Plin.*Nat.*8.219; ~us cinis 28.166; ~am lanam Ulp.*dig.*32.70.9;—pedes ~o uillo nomen hoc (*sc.* lagopus) dedere Plin.*Nat.*10.133.

lepos ~ōris, *m.* [cf. *lepidus*]

1 Charm, grace, attractiveness. **b** (as a term of endearment).
sine omni ~ore et sine suauitate Pl.*Poen.*242; inest ~os in nuntio tuo magnus *Rud.*352; cuiusuis ~oris Liber diademam dedit Pompon.*com.*163; homo Venerius, adfluens omni ~ore ac uenustate Cic.*Ver.*5.142; *Off.*1.98; aeternum da dictis, diua, ~orem Lucr.1.28; aurea pauonum ridenti imbuta ~ore saecla 2.502; sales appellantur, omnisque uitae ~os..non alio magis uocabulo constat Plin.*Nat.* 31.88;—(*pl.*) ad hos ~ores cum amor erga me tantus accedat Cic.*Fam.*9.15.2; annorum tempora, circum cum redeunt fetusque ferunt uariosque ~ores Lucr.3.1006. **b** respice, o mi ~os Pl.*Cas.*235; salue, anime mi, Liberi ~os *Cur.*98; (*pl.*) mea dulcis Ipsithilla, meae deliciae, mei ~ores Catul. 32.2.

2 Charm or cleverness of language, wit, humour. **b** (usu. in pl.) an instance of this, pleasantry, witticism.
inest ~os ludusque in hac comoedia Pl.*As.*13; est in his (exornationibus) ~os et festiuitas, non dignitas neque pulcritudo *Rhet.Her.*4.32; quod mutatis uerbis salem amittit, in uerbis habet omnem ~orem Cic.*de Orat.*2.252; Socratem opinor in hac ironia..longe ~ore et humanitate omnibus praestitisse 2.270; Catul.16.7; multae facetiae multusque ~os inerat Sal.*Cat.*25.5; dulces..Latini ~oris facetiae Vell. 1.17.1; Mart.3.20.9; Apul.*Apol.*94. **b** orationis pictum et expolitum genus, in quo omnes uerborum, omnes sententiarum inligantur ~ores Cic.*Orat.*96; est..~orum differtus puer ac facetiarum Catul.12.8; non inficeto ~ore accipientium, aenigmata adferre eam sphingem Plin.*Nat.*37.10; Plin.*Ep.*6.8.7.

lepra ~ae, *f.* Esp. *pl.* ~ae ~ārum. [Gk. λέπρα] Leprosy (a term incl. var. inflammatory skin diseases; in quots. psoriasis is prob. most commonly referred to).
hoc (medicamentum) etiam ~am..sanat Larg.250;—(*pl.*) ~as, lichenas, lentigines exulcerat sanatque Plin.*Nat.* 20.55; 23.55; 31.101; 32.87.

Leptis ~is, *f.* Also **Lepcis.** The name of two cities on the N. African coast: *~is Magna,* in Tripolitania; *~is Minor* in Tunisia.
duae Syrtes interque eas ~is Sal.*Jug.*19.3; Liv.34.62.3; Mela 1.37; tene in remotis Syrtibus auia ~is creauit? Stat.*Silv.*4.5.30;—(Hannibal) ad ~im adpulit classem Liv. 30.25.12; Mela 1.34.

Leptitānus ~a ~um, *a.* Also **Lepcitānus.** Of or belonging to Leptis; (masc. pl. as sb.) its inhabitants.
m sempronivs longinvs ~vs *CIL* 10.6341; per regionem ~am *A.Epig.*88.56;—Sal.*Jug.*77.2; Plin.*Ep.*2.11.23.

lepton, *n. adj.* [Gk. λεπτός] The name of a variety of centaury.
est alterum centaurium cognomine ~on Plin.*Nat.*25.68.

leptophyllon ~ī, *n.* [Gk. λεπτόφυλλος] The name of a variety of spurge.
septimum (genus tithymalli) dendroides cognominant..alii ~on Plin.*Nat.*26.71.

leptopsēphos ~ī, *m.* [Gk.] A variety of porphyry.
rubet porphyrites in..Aegypto; ex eodem candidis interuenientibus punctis ~os uocatur Plin.*Nat.*36.57.

leptorrax ~agos, *f.* [Gk.] A small grape found in a bunch of larger ones.
ut praegrandibus (acinis) adhaereant parui comites, suauitate certantes; ~agas has uocant Plin.*Nat.*14.15.

lepturga ~ōrum, *n. pl.* [Gk. λεπτουργός] (app.) Delicate or small-scale statues, miniatures.
si quis postularet ut Phidias ludicra..fingeret aut ut Calamis ~a Fro.*Aur.*2.p.48(113N).

lepus ~oris, *m.* [dub.; cf. Sicilian (acc.) λέποριν, Massiliot λεβηρίς]

1 A hare. **b** (in prov. phrs.). **c** (as a term of endearment).
i modo, uenare ~orem Pl.*Capt.*184; citius..fugiunt quam ex porta ludis quom emissust ~us *Per.*436; ~us multum somni adfert qui illum edit Cato *Fil.*3(J); ~orem et gallinam et anserem gustare fas non putant Caes.*Gal.* 5.12.6; auritos..~ores Verg.*G.*1.308; Prop.3.13.43; pauidi ~ores Ov.*Hal.*64; Cels.2.18.3; Mart.5.29.1. **b** Ter.*Eu.* 426; aliae tua gaudia carpent, et ~us hic aliis exagitatus erit Ov.*Ars* 3.662; uides, quod aliis ~orem excitaui? Petr. 131.7. **c** meu' pullus passer, mea columba, mi ~us Pl.*Cas.*138.

2 The constellation Lepus, the Hare.
subter..pedes..Orionis iacet leuipes ~us Cic.*Arat.*365 (121); Vitr.9.5.3; Man.1.412.

3 (usu. *~us marinus*) A kind of sea slug, *Aplysia depilans.*
~ores lati Ov.*Hal.*126; in ~ore, qui in Indico mari etiam tactu pestilens uomitum..creat Plin.*Nat.*9.155; 20.223; marini ~ores oleo uetere necati Larg.80; Mart.10.37.16; Apul.*Apol.*33.

lepusculus ~ī, *m.* [prec.+-cvlvs] A (small) hare.
~i timentis Var.*Men.*385; *R.*3.3.8; Cic.*Ver.*4.47; *N.D.* 1.88; cum te ad uelocitatem paraueris, par ~o non eris Sen.*Ep.*124.22; Col.9.pr.1.

lēria *n. pl.* [cf. Gk. λῆροι] (See quot.)
~a ornamenta tunicarum aurea Paul.*Fest.*p.115M.

Lerna ~ae, *f.* Also **Lernē** ~ēs. A marshy district in Argolis, the haunt of the fabulous Hydra; also, a town in this district.
haec dextra ~am taetra mactata excetra pacauit? Cic. *Tusc.*2.22 (transl. Sophocles); belua ~ae Verg.*A.*6.287; ~ae pulsa tridente palus Prop.2.26.48; saeua ~ae monstra Sen. *Her.F.*241; Stat.*Theb.*3.348;—in Argolico..notum oppidum ~e Mela 2.51.

Lernaeus ~a ~um, *a.*

1 Of or belonging to Lerna.
~a..pestis hydra Lucr.5.26; ~ae..echidnae Ov.*Met.* 9.69; ~i stagna atra uadi Stat.*Theb.*1.385; ~i..coloni 3.461.

2 Of the Lernean hydra.
femina tela tulit ~isa tra uenenis Ov.*Ep.*9.115; *Met.*9. 130; ~a..spicula Sen.*Med.*784; tincta ~a nece..tela *Her. F.*1195.

3 Argive.
caerula cum rubuit ~o sanguine Dirce Stat.*Theb.*1.38; 3.492; ~o..agmine 12.117.

leros ~ī, *f.* [Gk.] A kind of precious stone.
similis (iritidi) aspectu est..quae uocatur ~os Plin.*Nat.* 37.138.

Lesbia ~ae, *f.* The fictitious name given by Catullus to his mistress.
Catul.5.1; Prop.2.32.45; Ov.*Tr.*2.428; Mart.8.73.8; quod ~am pro Clodia nominarit Apul.*Apol.*10.

Lesbiacus ~a ~um, *a.* Lesbian.
is (*sc.* Dicaearchus)..tris libros scripsit, qui ~i uocantur Cic.*Tusc.*1.77.

Lesbias ~ados, *f.*

1 A Lesbian woman.
~adum..turba [Ov.]*Ep.Sapph.*16.

2 A precious stone.
~as glaebas (imitatur), patriae habens nomen Plin.*Nat.* 37.171.

Lesbis ~idos, *f. adj.* and *sb.* (as adj.) Lesbian; (as sb.) a Lesbian woman.
puellae ~ides Ov.*Ep.*3.36; ~ida cum domino (*sc.* Arione) seu tulit ille (*sc.* Delphin) lyram *Fast.*2.82; ~i puella, uale! [Ov.]*Ep.Sapph.*100;—det uotam Phoebo ~is (*i.e. Sappho*) amata lyram Ov.*Am.*2.18.34.

Lesbium ~(i)ī, *n.*

1 Lesbian wine.
innocentis pocula ~ii Hor.*Carm.*1.17.21; mixta odoro ~ia cum thymo Sen.*Oed.*496.

2 (See quot.)
~ium genus uasis caelati a Lesbis inuentum Paul.*Fest.* p.115M.

Lesbius ~a ~um, *a.* Of or belonging to Lesbos, Lesbian. **b** (as the name of a type of sculptured decoration; cf. Lesbivm 2).
(Arion)..~us fuit Gel.16.19.3;—(*w. ref. to its lyric poets*) ~o..plectro Hor.*Carm.*1.26.11; barbite..~o primum modulate ciui (*i.e. Alcaeus*) 1.32.5; ~um seruate pedem 4.6.35; uates ~a (*i.e. Sappho*) Ov.*Tr.*3.7.20;—(*wine*) Chia uina aut ~a Hor.*Epod.*9.34; ~a..uina Prop.1.14.2; Larg. 126; Gel.13.5.5. **b** cymatium ~um cum astragalo;..astragalum ~um Vitr.4.6.2.

Lesbos ~ī, *f.* **Lesbus.** A large island in the North Aegean, famous for lyric poetry and its wine.
Cic.*Att.*9.9.2; Vitr.1.6.1; Ov.*Fast.*4.281; Mela 2.101; Plin.*Nat.*5.136; Tac.*Ann.*2.54.

Lesbōus ~a ~um, *a.* Lesbian.
nec Polyhymnia ~um refugit tendere barbiton Hor. *Carm.*1.1.34.

lessus (*acc.* ~um). [dub.] (app.) Funeral lamentation.
mulieres genas ne radunto, neue ~um funeris ergo habento *Lex XII*(*Font.iur.*p.36); hic (*sc.* eiulatus) nimirum est '~us', quem duodecim tabulae in funeribus adhiberi uetuerunt Cic.*Tusc.*2.55; Stilo *gram.*13.

lētālis ~is ~e, *a.* [letvm+-alis]

1 Of or associated with death.
frigus ~e Ov.*Met.*2.611; ter omen funereus bubo ~i carmine fecit 10.454; Sen.*Thy.*692; signa ~ia Plin.*Nat.* 7.171; ~em ululatum Apul.*Met.*9.37.

2 Causing death, deadly, fatal, lethal.
haeret lateri ~is harundo Verg.*A.*4.73; ~i uulnere 9.580; ~em..ensem Ov.*Met.*13.392; ~is aqua Sen.*Nat.*3.21.1; homini non utique septimo (die) ~is inedia Plin.*Nat.*11.283; ferrum ~e Juv.15.165;—(*transf.*) ~is..ambitus Luc.1.179; inuidiae nefariae ~i plaga percussi Apul.*Met.*4.34;—(*neut. as adv.*) ~e furens Stat.*Theb.*12.760; rubuit ~e cometes Sil.8.637.

lētāliter, *adv.* [prec.+-ter²] In a deadly manner, fatally.
~ circum eos (*sc.* renes) concreto pingui Plin.*Nat.*11.206.

Lēthaeus ~a ~um, *a.*

1 Of or belonging to Lethe, Lethean.
~o gurgite Catul.65.5; ~i..fluminis Verg.*A.*6.714; ~a..rate [Tib.]3.3.10; ~a..ripa Stat.*Theb.*11.82;—(*w. ref. to the oblivion induced by its waters*) nec mea ~is scripta dabuntur aquis Ov.*Ars* 3.340; Sen.*Her.O.*1985.

2 Of death or the underworld, infernal.
nec ~a ualet Theseus abrumpere caro uincula Perithoo Hor.*Carm.*4.7.27; ~i..tyranni Col.10.271; ~a..sacra Stat.*Theb.*4.414; ~us ianitor *Silv.*3.2.112; cvm mea ~ae rvpervnt fila sorores *CIL* 6.30114.

3 (of sleep, night) Like that induced by the waters of Lethe, Lethean.
~o perfusa papauera somno Verg.*G.*1.78; Hor.*Epod.*14. 3; uicta..~a lumina nocte premant (medicamina) Ov.*Ars* 3.648.

4 Causing sleep or forgetfulness.
~a papauera Verg.*G.*4.545; est illic ~us Amor, qui pectora sanat Ov.*Rem.*551; ~i gramine suci *Met.*7.152; (Somnus) tangens ~a tempora uirga Sil.10.356.

lēthargia ~ae, *f.* [Gk. ληθαργία] (med.) Lethargy.
in ~a et phrenesi Plin.*Nat.*24.63.

lēthargicus ~ī, *m.* [Gk. ληθαργικός] A person suffering from lethargy.
Hor.*S.*2.3.30; ~os excitare Cels.3.23.2; alii sanguinem testudinis ~is inlinunt Plin.*Nat.*32.116.

lēthargus[1] ~a ~um, *a.* [Gk. λήθαργος] Lethargic.
morbum..~um faciunt (uuae) Plin.*Nat.*23.10; (*masc. as sb.*) ~um olfactoriis excitari 30.97.

lēthargus[2] ~ī, *m.* [prec.] (med.) Lethargy.
graui ~o fertur in altum aeternumque soporem Lucr. 3.465; 3.829; ~o grandi est oppressus Hor.*S.*2.3.145; Cels. 2.1.21; 3.20.1; Plin.*Nat.*32.116;—(*pl.*) ocimum..insaniam facere et ~os 20.119; 28.116.

Lēthē ~ēs, *f.* A place in the underworld, or its river, whose waters were believed to confer oblivion on those who drank of them; (poet.) the underworld; forgetfulness, oblivion.
riuus aquae ~es Ov.*Met.*11.603; non ego, si biberes securae pocula ~es, excidere haec credam pectore posse tuo *Pont.*2.4.23; 4.1.17;—nec ad Herculeos..raptus..intramus ~en Stat.*Theb.*8.97; *Silv.*2.7.101; ~en incolis *CIL* 6.10082;—inmisit Stygiam Paean in uiscera ~en Luc.5. 221; 6.769; in..tvo tristis versatvr pectore ~e *CIL* 8.12792.

lētifer ~era ~erum, *a.* [letvm+-fer] Bringing death, fatal, deadly.
in ~ero belli certamine Catul.64.394; ~er arcus Verg.*A.* 10.169; ~eros..ictus Ov.*Met.*8.362; rabies..~er morbus huic generi Col.7.12.14; ~eris..serpentibus Luc.9.384; Stat.*Theb.*1.707; ~era hora *CIL* 3.2964;—(*neut. as adv.*) ~erum nutant fulgentes uertice cristae Sil.1.460; 2.213.

lētificus ~a ~um, *a.* [letvm+-ficvs] Causing death, deadly.
sacra ~a appara Sen.*Med.*577; ~a dubios explorant aspide partus Luc.9.901.

lētō ~āre ~āuī ~ātum, *tr.* [letvm+-o³] To put to death, kill.
Paris hunc quod ~at *Culex* 325; ~ata..corpora Ov.*Met* 3.55; qui..Lycurgiden ~auit..aper *Ib.*501.

Lētoidēs ~ae, *m.* The son of Leto, Apollo.
ardentem tenuit reuerentia caedis ~en Stat.*Theb.*1.663; 1.695.

Lētōis ~idos, *f. adj.* **Lāt-.** Of or belonging to Leto; (as sb.) the daughter of Leto, Diana.
Calaureae ~idos Ov.*Met.*7.384;—timeo saeuae ~idos iram *Ep.*20.153; *Met.*8.278; maestam..~ida Stat.*Theb.*9. 834.

Lētōius ~a ~um, *a.* **Lāt-.** Of or belonging to Leto.
proles ~a (*i.e. Apollo*) Ov.*Met.*8.15; Laumedonteis ~us adstitit aruis 11.196; *Tr.*3.2.3.

Lētōus ~a ~um, *a.* **Lāt-.** Of or belonging to Leto; (masc. as sb.) the son of Leto, Apollo.
~is populum submouerat aris Ov.*Met.*6.274; incipit ~a uates spargere horrentes comas Sen.*Oed.*230; ~is uatum pater Stat.*Silv.*1.2.220;—ualido mihi, ~e, dones Hor.*Carm.* 1.31.18; Ov.*Met.*6.384.

lētum ~ī, *n.* [dub.]

1 Death (usu. violent). **b** *~o dare,* to put to death, kill; also *~o mittere* and sim. **c** (personified).
occumbunt multi ~um Enn.*Ann.*398; consciscam ~um Pl.*Mil.*1241; ~o occidit *CIL* 1.1761; potitur..~o Cic. *poet.*32(*Tusc.*1.115); morbus ~i fabricator Lucr.3.472; eripui..~o me et uincula rupi Verg.*A.*2.134; bella manu ~umque gero 7.455; peius..~o flagitium Hor.*Carm.*4.9.50; mala finissem ~o Tib.2.6.19; qui ~um oppetissent Liv. 45.26.8; respersos insanabili ~o perire Plin.*Nat.*24.157; ipsa..~um praedixerat Stat.*Theb.*8.550; (*poet.*) unde hic cruor? quid illa puerili madens harundo ~o? Sen.*Her.F.* 1195. **b** quorum liberi ~o dati sunt in bello Enn.*scen.* 334; Pac.*trag.*148; bonos ~o datos diuos habento Cic.*Leg.* 22.2; quos dat tua dextera ~o Verg.*A.*11.172;—socium

mittis ~o? Acc.*trag*.491; corpora..~o missa Ov.*Fast*.2.664; animam ~o demitte Stat.*Theb*.1.659;—nos..ut..~o offeres Acc.*trag*.117. **c** pallida ~i nubila tenebris loca Enn.*scen*.109; Lucr.1.852; ~umque Labosque Verg.*A*. 6.277; V.Fl.8.74; Hyg.*Fab*.pr.1.

2 A manner of dying, death.
emortuom ego me mauelim ~o malo Pl.*Aul*.661; uide quam turpi ~o pereamus Cic.*Att*.10.10.5; ~um docet hospitis Argi Verg.*A*.8.346; an fratris miseri ~um ut crudele uideres? 12.636; alii alio ~o absumpti Liv.40.4.15.

3 (poet.) Death and destruction.
haud igitur ~i praeclusa est ianua caelo nec soli terraeque Lucr.5.373; tenuis Teucrum res eripe ~o Verg.*A*.5.690.

Lētus ~ī, *m.*: var. of prec. in sense 1c.
QVAM MORTIS ACERBVS ERIPVIT ~VS *CIL* 6.19007.

leuāmen ~inis, *n.* [LEVO[1]+-MEN] That which alleviates, an alleviation, mitigation, relief; a solace, consolation, comfort.
cuius ~en mali plebes..speraret Liv.6.35.1; nec hoc ~en denique aerumnis datur Sen.*Ag*.491; Tac.*Hist*.5.3;—si esset aliquod ~en, id esset in te uno Cic.*Att*.12.16; (riuus) dulce uiatori lasso..~en Catul.68.61;—(*of persons*) Verg. *A*.3.709; tu..meum post fata ~en Prop.4.11.63; Ov.*Ep*. 3.62; fessi unicum lateris ~en, gnata Sen.*Phoen*.2; Mart. 6.68.5.

leuāmentum[1] ~ī, *n.* [LEVO[1]+-MENTVM]

1 That which alleviates, alleviation, mitigation, relief, solace.
quod honestius quam uxorium ~um? Tac.*Ann*.3.34; Gel.12.4.1;—(*w. gen.*) (cognitionem naturae) esse..uidemus ..~um miseriarum Cic.*Fin*.5.53; Germanici liberi, unica praesentium malorum ~a Tac.*Ann*.4.8; Plin.*Ep*.8.19.1;—(*pred. dat.*) illud..magno tibi erit ~o Sen.*Dial*.11.9.1.

2 The giving of relief, alleviation, lessening.
medicina..adhibetur aliis in remedium, aliis in ~um Sen.*Ep*.94.24; uermes..decocti..infusique auriculae.. praestant ~um Plin.*Nat*.30.23;—(*w. gen.*) Galliae..obligatae..tributi ~o Tac.*Hist*.1.8.

lēuāmentum[2] ~ī, *n.* [LEVO[2]+-MENTVM] A means of obtaining a smooth surface.
amussis est aequamen, ~um, id est aput fabros tabula quaedam, qua utuntur ad saxa coagmentata Var.*gram*.51 (Non.p.9M).

leuātiō ~ōnis, *f.* [LEVO[1]+-TIO]

1 The action of lifting.
onerum..facere ~ones Vitr.10.3.1.

2 Mitigation, alleviation, lessening. **b** that which alleviates, a mitigation, relief.
~o..uitiorum magna fit in iis Cic.*Fin*.4.66; ea..quae ~onem habeant aegritudinum *Tusc*.1.119; 3.33; ~one periculi Vell.2.130.5; (*pred. dat.*) non..dubito quin magnae tibi ~oni solitus sit esse cotidianus congressus Cic.*Fam*. 6.4.5. **b** mihi..~o quaedam est, si minus doloris at offici debiti Cic.*Att*.12.23.3; si maiorem aliquam ~onem reperire potuissem *N.D*.1.9.

leuātor ~ōris, *m.* [LEVO[1]+-TOR]

1 One who relieves, mitigator.
curarum operumque ~or (*sc.* Somnus) *Ilias* 123.

2 (app.) A thief, pickpocket.
unde plani autem, unde ~ores uiuerent Petr.140.15.

lēuatus ~a ~um, *a.* *compar.* ~ior. [pple. of LEVO[2]] Smoothed, polished.
faciliora..ad coeundum uidentur quae ~iora leuioraque sunt Gel.17.8.15.

leucacantha ~ae, *f.* Also **~os** ~ī, *m.* [Gk. λευκάκανθα, -ος]

a The name of one or more kinds of thistle. **b** = PHALANGITIS.
a ~am alii phyllon, alii ischada, alii polygonaton appellant Plin.*Nat*.22.40;—(*masc.*) 21.94; gallidragam uocat Xenocrates ~o similem 27.89. **b** Plin.*Nat*.27.124.

leucachātēs ~ae, *m.* [Gk.] White agate.
Plin.*Nat*.37.139.

Leucadia ~ae, *f.* One of the Ionian islands, once part of the mainland, Leucas.
~a nunc insula est Liv.33.17.6; Mela 2.110.

Leucadiensis ~is ~e, *a* Of or belonging to Leucas; (masc. pl. as sb.) its inhabitants.
e regione traductionis ~is Hyg.*gram*.2;—ad Isthmum ~ium 1.

Leucadius ~a ~um, *a.* Of or belonging to Leucas.
~o..uino Pl.*Poen*.699; ~us..Apollo Prop.3.11.69; tristia ~o sacra peracta modo Ov.*Fast*.5.630; freta ~i mittar in alta dei *Tr*.5.2.76; Luc.8.38; (*fem. as sb., in title of play*) amor..qui nihil absit..ab insania, qualis in ~a est Cic.*Tusc*.4.72.

leucanthemis ~idos, *f.*: var. of next.
Plin.*Nat*.22.53.

leucanthemum ~ī, *n.* [Gk. λευκάνθεμον] **a** A plant of the genus Anthemis with a white flower. **b** = PHALANGITIS.
a habrotono simile odore ~um est, flore albo, foliosum Plin.*Nat*.21.60; 21.163. **b** Plin.*Nat*.27.124.

leucanthes ~is, *n.* [Gk. λευκανθής] = PARTHENIVS (b).
parthenium alii ~es, alii amaracum uocant Plin.*Nat*. 21.176.

leucargillos ~ī, *f.* [Gk. λευκάργιλλος] White clay.
Plin.*Nat*.17.42.

Leucas[1] ~adis, *f.* **a** The chief town of the island of Leucas or Leucadia. **b** the promontory of Leucas, Leucata.
a Liv.33.16.2; Mela 2.53;—(*w. ref. to the battle of Actium*) et Mutina et ~as puros fecere Philippos Luc.7.872; Juv. 8.241. **b** pete protinus altam ~ada nec saxo desiluisse time [Ov.]*Ep.Sapph*.172; Sen.*Her.O*.732.

leucas[2] ~adis, *f.* [Gk. λευκάς] An unknown plant.
leuce..fortassis eadem sit quae ~as appellatur Plin.*Nat*. 27.102.

leucaspis ~idis, *f. adj.* [Gk. λεύκασπις] Armed with white shields; *phalanx ~is*, one of the picked regiments of the Macedonian army.
secundam legionem..ducere aduersus ~idem phalangem iussus Liv.44.41.2.

Leucāta ~ae, *f.* Also **~ē** ~ēs. A promontory on the south of the island of Leucas, from which criminals were hurled into the sea at a yearly ceremony.
~am campsant Enn.*Ann*.328; qui se a ~a praecipitauerit Cic.*Tusc*.4.41; ~ae nimbosa cacumina montis Verg.*A*. 3.274; Liv.26.26.1;—cana summum spuma ~en ferit Sen. *Phaed*.1014.

leucē ~ēs, *f.* [Gk. λεύκη]

1 A disease of the skin, a kind of vitiligo.
~e habet quiddam simile alpho, sed magis albida est Cels.5.28.19.b.

2 A plant, perh. dead-nettle; also, a variety of wild radish.
~e Mercuriali similis nomen ex causa accepit, per medium folium candida linea transcurrente Plin.*Nat*.27. 102;—19.82.

leucēoron ~ī, *n.* [Gk.] = LEONTOPODION.
Plin.*Nat*.26.52.

Leucesius ~(i)ī, *m.* [app. var. of LVCETIVS] A title of Jupiter.
quome tonas, ~ie *Carm.Sal*.2.1.

Leucetius ~(i)ī, *m.*: see LVCETIVS.

Leucippis ~idos, *f.* A daughter of Leucippus.
non sic ~is succendit Castora Phoebe Prop.1.2.15; te rapuit Theseus, geminas ~idas illi Ov.*Ep*.15.329.

Leucippus ~ī, *m.* A Greek personal name: **a** (myth.) the father of Phoebe and Hilaira, who were carried off by Castor and Pollux. **b** a philosopher of the 5th cent. B.C., originator with Democritus of the atomic theory.
a ~o fieri pactus uterque gener Ov.*Fast*.5.702. **b** Cic. *N.D*.1.66.

leucochrȳsos ~ī, *m.* [Gk. λευκόχρυσος] (prob.) A pale variety of corundum.
fiunt et ~i interueniente candida uena Plin.*Nat*.37.128;37. 172.

leucocomos ~os ~on, *a.* [Gk. λευκόκομος] Having white down.
Samia et Aegyptia (mala Punica) distinguntur erythrocomis et ~is Plin.*Nat*.13.113.

leucocōum ~ī, *n.* [Gk.] A kind of white Coan wine.
Plin.*Nat*.14.78.

leucogaeus ~a ~um, *a.* [Gk. λευκόγειος] Of white earth (chalk); (fem. as sb.) = GALACTITIS.
(*in prop. names*) inter Puteolos et Neapolim in colle ~o appellato Plin.*Nat*.18.114; ~i fontes 31.12; 35.174;—37. 162.

leucographis ~idis, *f.* [Gk.] (Listed as a plant by Pliny, prob. erron.; Dioscorides gives λευκογραφίς and μόροχθος as alternative names of a mineral, perh. soapstone.)
~is qualis esset, scriptum non repperi Plin.*Nat*.27.103.

leucographītis ~idis, *f.* [Gk.] = GALACTITIS.
Plin.*Nat*.37.162.

leucoium ~ī, *n.* [Gk. λευκόϊον] (prob.) A kind of sweet violet.
candida lilia, nec his sordidiora ~a Col.9.4.4; 10.97.

Leuconicus ~a ~um, *a.* Of or belonging to the Gallic tribe of Leucones; (neut. as sb.) Leuconian wool (used for stuffing pillows).
~is..tumeat tibi culcita lanis Mart.11.56.9; uellera ~is accipe rasa sagis 14.159.2;—culcita ~o..uiduata suo 11.21.8; 14.160.2.

leuconotus ~ī, *m.* [Gk. λευκόνοτος] A southerly wind unaccompanied by rain; (sts.) the south-south-west wind.
~us noto (tribuitur), cum serenior flat Amp.5.2; *CIL* 8.26652;—dextra et sinistra austrum ~us et altanus flare solet Vitr.1.6.10.

leucophaeātus ~a ~um, *a.* [next+-ATVS[2]] Dressed in light-grey clothes.
amator ille tristium lacernarum et baeticatus atque ~us Mart.1.96.5.

leucophaeus ~a ~um, *a.* [Gk. λευκόφαιος] Light-grey, ash-coloured.
quamuis sint alba (pecora), procreant aliis locis ~a, aliis locis pulla, aliis coracinoc olore Vitr.8.3.14; Plin.*Nat*.24. 110; in panno ~o 32.114.

leucophorum ~ī, *n.* [Gk. λευκοφόρος] A cement used for applying gold to wood.
Plin.*Nat*.33.64; ~um fit. hoc est glutinum auri, cum inducitur ligno 35.36.

leucophthalmus ~ī, *f.* [Gk.] A kind of precious stone, perh. eye agate.
~us, rutila alias, oculi speciem candidam nigramque continet Plin.*Nat*.37.171.

leucopoecilus ~ī, *f.* [Gk.] A kind of precious stone.
~us candorem minii guttis ex auro distinguit Plin.*Nat*. 37.171.

leucos ~ē ~on, *a.* [Gk. λευκός] White.
alba lenia (~a Graeci uocant) Cels.5.19.23; ardiolarum tria genera: ~on, asterias, pelion Plin.*Nat*.10.164; 11.140; uitis..quam Graeci ampelon ~en..appellant 23.16.

Leucosia ~ae, *f.* A small island off the coast of Lucania.
Ov.*Met*.15.708; Plin.*Nat*.2.204; Sil.8.578.

Leucotheā ~eae, *f.* Also **~eē** ~eēs, **~oē** ~oēs.

1 The name given to Ino on bearing a sea-goddess.
~eam quae fuit Ino Cic.*N.D*.3.39; Ino etiam prima terris aetate uagata est: hanc miser implorat nauita ~oen Prop. 2.28.20; Ov.*Met*.4.542; nec..~ea nanti ferre negauit opem *Pont*.3.6.20; qualiter..nondum Nereida..~een planxisse ferunt Stat.*Theb*.9.402;—(*identified w.* Matuta) ~ea Grais, Matuta uocabere nostris Ov.*Fast*.6.545; Hyg.*Fab*.2.5.

2 = LEVCOSIA.
Mela 2.121.

leucrocota ~ae, *f.* [dub.; cf. *corocottas*] An unidentified wild beast of India.
~am pernicissimam feram Plin.*Nat*.8.72.

Leuctra ~ōrum, *n. pl.* A small town in Boeotia famous for the Theban defeat of the Spartans there in 371 B.C.
Cic.*Tusc*.1.110; Gel.17.21.26.

Leuctricus ~a ~um, *a.* Of or belonging to Leuctra.
pugnae ~ae gloria Cic.*Tusc*.1.110; *Off*.2.26; Nep.*Ep*.6.4.

leuenna ~ae, *m.* [Etr., cf. LEVIS[1]] (See quot.)
appellat (Laberius *com*.80[1])..hominem ~am pro leui Gel.16.7.11.

leuga ~ae, *f.* [Celtic] A Gallic measure of distance, equal to 1500 Roman paces, a league.
AB AVG(usta) SVESS(ionum) ~(ae) VII *CIL* 13.9031.

lēuī: see LINO.

leuiculus ~a ~um, *a.* [LEVIS[1]+-CVLVS]

1 Petty-minded, vain.
~us sane noster Demosthenes Cic.*Tusc*.5.103.

2 Of small importance, trivial.
rem ~am diu et anxie quaesiuimus Gel.13.31.15.

leuidensis ~is ~e, *a.* [LEVIS[1]; association w. DENSVS perh. due to popular etym.] (app. a term of weaving; perh.) Lightly-woven, thin-spun; (in quot. fig.).
amico munusculum mittere uolui ~e crasso filo Cic.*Fam*. 9.12.2.

leuifīdus ~a ~um, *a.* [LEVIS[1]+FIDVS] Of slight trust, untrustworthy.
omnes sunt lenae ~ae Pl.*Per*.243.

lēuigātiō ~ōnis, *f.* [next+-TIO] The action of smoothing.
~onibus et polituris cum fuerint perfecta (pauimenta) Vitr.7.1.4.

lēuigō[1] ~āre ~āuī ~ātum, *tr.* [LEVIS[2]+-IGO[1]]

1 To make smooth. **b** to remove (roughness) by smoothing.
omnes parietes tectorio ~antur Var.*R*.3.11.3; locus.. expolitur marmore subtiliter et ~atur Vitr.7.10.2; Col. 8.15.2; hoc (*sc.* rapo) ad ~andam cutem in facie..utuntur Plin.*Nat*.20.20; quoniam is cibus et subduceret sensim aluum et ~aret Gel.4.11.4; (*fig.*) iugi..aspritudinem fabularum lepida iucunditas ~abit Apul.*Met*.1.2;—(*transf.*) quando quos ἱππεῖς solebant aut Ἀχαρνεῖς dicere, ~ant, ἱππῆαque potius aut Ἀχαρνῆς nominant Maur.455. **b** scabritia ~atur dente conchae Plin.*Nat*.13.81.

2 To work to a smooth consistency, pulverize.
myrti siluestris foliorum duae librae ~antur Col.6.6.4; conbusta galla cum austero uino ~ata et inlita 7.5.12; 9.13.5; 12.42.2.

leuigō[2] ~āre ~āuī ~ātum, *tr.* [LEVIS[1]] To lighten, relieve.
nos omni sarcina ~atos (*v.l.* leuatos) APUL.*Met.*4.1.

leuipēs ~edis, *a.* [LEVIS[1]+PES] Light-footed; (in quots. as etym. of *lepus*).
L. Aelius putabat ab eo dictum leporem a celeritudine, quod ~es esset VAR.*R.*3.12.6; ~es Lepus CIC.*Arat.*365(121); QUINT.*Inst.*1.6.33.

lēuir ~rī, *m.* **laeuir.** [cf. Skt. *devar-*, Gk. δαήρ, Arm. *taigr*, OSl. *děver*, Lith. *dieverìs*, AS. *tacor*] A husband's brother, brother-in-law.
~r est uxori meae frater meas PAUL.*Fest.*p.115M; NON. p.557M.

leuis[1] ~is ~e, *a.* *compar.* ~ior, *superl.* ~issimus. [cf. Skt. *laghuḥ*, Gk. ἐλαχύς, ἐλαφρός, Goth. *leihts*, Eng. *light*]

1 Light in weight. **b** (of vehicles or vessels) light in construction, (esp. as adapted for swift movement). **c** (as adapted for movement through the air). **d** *sit tibi terra ~is* (and sim. phrs.), may the earth rest lightly on you (as a wish for the dead).
cepit..~e typanum CATUL.63.8; si forte aliquis credit grauiora potesse corpora..incidere ex supero ~ioribus LUCR.2.227; haec ~ibus cratibus terraque inaequat CAES. *Civ.*1.27.4; ~es..stipulae VERG.*G.*1.289; ~is..canna OV. *Ars* 1.554; fiat Othrys pondus Encelado ~e SEN.*Her.O.*1140; ~es anulos, id est quae rem non excedit aureorum quinque ULP.*dig.*48.20.6; (*fig.*) quoniam mihi ~ius quoddam onus imponitis CIC.*de Orat.*1.135;—(*of substances or materials*) liquidissimus aether atque ~issimus LUCR.5.501; pix.. grauis et ~e oliuum 6.1073; carinae..ex ~i materia fiebant CAES.*Civ.*1.54.2; cum est ~is (terra) VITR.2.3.4; aqua ~issima pluuialis est CELS.2.18.12. **b** naue ~i CATUL. 64.84; ~es currus OV.*Ars* 1.4; in ~iora nauigia transgressa multitudo LIV.10.2.7; TAC.*Ann.*12.56. **c** flumina libant summa ~es (apes) VERG.*G.*4.55; ~ibus cornix pinnis delapsa per auras OV.*Am.*3.5.21; amator ~is (*i.e. Cupid*) in pinnas se dedit APUL.*Met.*6.21;—(*of missiles*) iaculo incedit melior ~ibusque sagittis VERG.*A.*5.68; missis ~ibus telis..gladios nudant LIV.28.33.5; LUC.6.196;—(*of persons rising on tiptoe*) praedae ~is imminet STAT.*Silv.* 2.3.20; ~is (puella) erecta consurgit ad oscula planta JUV.6.507. **d** ROGO VT DISCEDENS TERRAM MIHI DICAS ~EM *CIL* 1.1214.22; terra..securae sit super ossa ~is TIB.2.4.50; *Eleg.Maec.*141; sit tibi terra ~is mollique tegaris harena MART.9.29.11; *CIL* 13.2073.

2 Not ponderous in movement, nimble, fleet. **b** (of movements).
~es..secuntur in hastis ENN.*Ann.*506; fugit..~is ala Camillae VERG.*A.*11.868; ~i deducens pollice filum OV. *Met.*4.36; effecta ~i testatur (canis) gaudia cauda GRAT.237; equitatu ~i SEN.*Phoen.*545; Dictaeos agitare puer ~ioribus annis..saltus assuetus SIL.2.94; ~ibus gens ignea plantis 3.306;—(*w. inf.*) exultare ~is nudato corpore, Maurus 10.604; 13.171; omnes ire ~es 16.487;—(*poet., of a river*) ~es cursum sustinuistis aquae OV.*Fast.*5.662; (*of time*) neque enim consistere flumen nec ~is hora potest *Met.*15.181. **b** ~i..superabat retia saltu OV.*Met.*7.767; cursu ~i canes elusit PHAED.1.12.8.

3 Not weighed down, unburdened, (in compar.) lightened. **b** (fig.).
compedibus quaeso ut tibi sit ~ior filius atque huic grauior seruos PL.*Capt.*1025; sexaginta onerarias ~es praeter militem et necessarios nautarum ARR.*hist.*6; peltam pro parma fecit..ut ad motus concursusque essent ~iores NEP.*Iph.*1.4; fixis in terram pilis quo ~iores ardua euaderent LIV.2.65.3; iam ~is obliqua subsedit Aquarius urna OV.*Fast.*2.457; curru ~i, dominante nullo SEN.*Phaed.*1088; sensit et exhaustas umero ~iore pharetras STAT.*Theb.*9.854; nudi aut sagulo ~es (*i.e. wearing only a short cloak*) TAC.*Ger.* 6.2. **b** cum uitia disiecerit purusque ac ~is in cogitationes diuinas emicuerit SEN.*Ep.*79.12; uiuidos haustus ~is concipiat *Oed.*1056; hoc..~ior Romana iuuentus auxilio LUC. 9.938; mater iam ~ior est AUR.*Fro.*1.p.196(79N); (*w. gen.*) opum ~ior SIL.2.102.

4 (mil., of weapons or equipment) Light. **b** (of troops) equipped with light weapons, light-armed. **c** (of fortifications) lightly constructed; (of garrisons) small, slender.
~is armaturae pedites CAES.*Gal.*7.65.4; 7.80.3; aduorsum tela hostium, quod ea ~ia sunt, muniti SAL.*Jug.*105.2; transiit et parmam mucro, ~ia arma minacis VERG.*A.* 10.817; equitatu auxiliisque ~ium armorum LIV.22.3.9; 22.45.7; (*fig.*) non dubito quin ea tela..~iora atque hebetiora esse uideantur CIC.*Har.*2. **b** nostrae sunt legiones, nostra ~is armatura CIC.*Phil.*10.14; equitum ~ia improbus arma praemisit VERG.*A.*11.512; manipulus ~es uicenos milites..habebat LIV.8.8.5;i aculatorum ~ium armis 21. 21.11; ~es cohortes TAC.*Ann.*1.51; 2.8. **c** castris ~i munimento positis SAL.*Jug.*91.2; LIV.31.41.9;—~i praesidio relicto SAL.*Hist.*1.104; LIV.9.45.11; 24.40.6.

5 (of actions, movements, etc.) Lacking weight or force, gentle, slight, light; (also, of the hand, etc.).
permediocris ac potius ~is motus CIC.*de Orat.*1.220; si tactus erit quamuis ~is exiguusque LUCR.1.434; ~i..nisu 4.906; iacentem..~ibus sauciat plagis *B.Alex.*52.4; ~ia.. genera exercitationis CELS.2.15.4; hactenus fundent ~em oculi liquorem? SEN.*Oed.*954; ~i..nutu MART.6.82.7; ~i ictu cruorem eliciunt TAC.*Ann.*12.47;—scalpellus quam ~issima manu teneri debet CELS.7.19.6; figis dammas ~iore manu SEN.*Phaed.*62; (*fig.*) consules qui illud ~i bracchio egissent rem ad senatum detulerunt CIC.*Att.*4.17.3(16.6); (ueritatem) ~i manu quaerimus SEN.*Nat.*7.32.4.

6 (of physical conditions) Lacking intensity, moderate, mild, slight. **b** (of sleep) not oppressive, gentle.
(*of winds*) ~i..uolitantem flamine currum CATUL.64.9; ~is aura capillos mouerat OV.*Met.*4.673; SIL.15.162;—(*of heat, fire*) coquas..~i flamma CATO *Agr.*107.1; MART.13. 33.2; (*fig.*) ~i caluit face SEN.*Her.O.*377;—(*of light*) luna ..~ibus radiis patefecit ocellos PROP.1.3.33;—(*of pigment*) hoc (genus purpurae)..~ius atque dilutius PLIN.*Nat.*9.131; —(*of shade*) qua ~is umbra cadit TIB.2.5.96; ~is umbra rupis aut arboris SEN.*Ep.*90.43;—(*of sounds*) quanto iam ~ior est acclamatio! CIC.*Rab.Perd.*18; ~e nescio quid.. sonet OV.*Ars* 3.286; ~i murmure TAC.*Hist.*4.31;—(*of sleep*) cuius uis ~issimum esse somnum? SEN.*Con.*7.5.3;—(*of disease, injury*) quartanam ~iorem esse gaudeo CIC.*Att.* 10.9.3; ~ior..morbus esse coepit NEP.*Att.*22.3; ~ibus.. tumoribus CELS.7.14.8; ~ia tormina LARG.111; (*cf.*) ~is haec insania quantas uirtutes habeat sic collige HOR.*Ep.* 2.1.118;—(*of gradient, unevenness*) cliuo ~i SEN.*Tro.*1123; ~ioribus incisuris PLIN.*Nat.*19.110. **b** somnos quod inuitet ~is HOR.*Epod.*2.28; *Carm.*2.16.15; OV.*Fast.*4.332.

7 Unsubstantial, thin.
illius..dona ~is bibat irrita puluis CATUL.66.85; animos animasque ~is ut noscere possis LUCR.3.418; ut..~es Proteus modo se tenuabit in undas OV.*Ars* 1.761;—(*of spirits, phantoms, etc.*) species ut quaedam sit deorum.. sitque pura ~is perlucida CIC.*N.D.*1.75; ~is..imago VERG.*A.*10.661; uirga..~em coerces aurea turbam HOR. *Carm.*1.10.18; ~ibus..umbris [TIB.]3.7.68; ~es populos OV.*Met.*10.14; SEN.*Her.F.*708.

8 (of food or drink) Easily digested, weak, light.
~ia quaedam uina CIC.*Tusc.*5.13; ~es..maluae HOR. *Carm.*1.31.16; utique sumere cibum, sed adsueto ~iorem CELS.1.3.11; ~issima suilla est 2.18.7; PLIN.*Nat.*22.56.

9 (of tasks, duties) Easy to perform, light. **b** (of battles) not vigorously contested, minor.
si id facietis, ~ior labos erit PL.*Capt.*196; TER.*Hau.*399; id quoque munus ~e..remisisti CIC.*Ver.*5.52; nec ~is.. pectus coluisse..cura sit OV.*Ars* 2.121; non est ~e tot puerorum obseruare manus JUV.7.240; utrum ~issima condicio an nouissima..spectanda est? ULP.*dig.*26.2.8.3;—(*cf., w. inf.*) ademptus Hector tradidit fessis ~iora tolli Pergama Grais HOR.*Carm.*2.4.11; nec ~ior uinci Libycae telluris alumnus (*sc.* Antaeus) SIL.3.40. **b** ~i facto equestri proelio CAES.*Gal.*7.53.2; per obsidionem ~emque unam pugnam et oppidum et fines amisere LIV.4.49.5; 22.20.3; ~ibus excursionibus lacessebatur magis quam conserebatur pugna 37.16.9; TAC.*Hist.*3.9.

10 (of pain, loss, mischance, etc.) Easy to bear, tolerable, slight; *in ~i habere*, to make light of. **b** (of prices, expenses, etc.).
mortem..dedecore et infamia ~iorem esse *Rhet.Her.*3.9; quoduis..supplicium ~ius est hac permansione CIC.*Att.* 11.18.1; ~ius..tempestatis quam classis periculum aestimauerunt CAES.*Civ.*3.26.4; ~issimum malorum deditio ad Romanos uisa LIV.8.25.8; fit fuga temporibus ~ior OV. *Pont.*2.5.57; ~ius seruitium apud Romanos deditis quam captis esse TAC.*Ann.*15.1; ~i exilio punire SUET.*Aug.*51.1; —dum atrociora metuebantur, in ~i habitum (incendium) TAC.*Hist.*2.21; *Ann.*3.54. **b** ~is est inpensa OV.*Ars* 2.255; cum tot prodierint pretio ~iore colores 3.171; ~iore usura constituta PLIN.*Ep.Tra.*10.54(62).2; ULP.*dig.*26.7. 7.10.

11 Having little force or validity, weak, slight, ineffectual. **b** lacking severity, mild. **c** (of rumours, etc.) not firmly grounded, idle.
olim quidem te causae inpellebant ~es TER.*Hec.*426; ubi lubido dominatur, innocentiae ~e praesidium est CRAS. *orat.*25; ~iora beneficia quam maleficia CIC.*Inv.*2.108; ~ior esset auctoritas Cluii *Q.Rosc.*47; ~is est consolatio ex miseriis aliorum *Fam.*6.3.4; ~iore de causa auribus desectis CAES.*Gal.*7.4.10; quorum salutem..neque ciuitas ~i momento aestimare posset 7.39.3; ea necessitudo..~is ducitur SAL.*Jug.*80.6; tam ~i momento mea apud uos fama pendet? LIV.2.7.10; uis tua non ~is est OV.*Fast.*4.915; ~e admodum genus defensionis V.MAX.8.1.12; nec ~e auxilium in classe TAC.*Ann.*15.51; ~ibus admodum argumentis utitur GEL. 3.11.4;—(*w.* ad) quae duo sunt ad iudicandum ~issima CIC.*Orat.*237; id eligere ad perfidiam, quod..sit ad nocendum ~issimum? *Fam.*3.10.8. **b** eos quos qui ~iore nomine appellant percussores uocant CIC.*S.Rosc.*93; ~iore (nomine) non utar *Phil.*14.10; monet Sithoniis non ~is Euhius HOR. *Carm.*1.18.9; nec ulla commoda nascenti stella ~isue fuit OV.*Ib.*208; irae iam ~ior STAT.*Theb.*7.85; nec ~ior dextra generatus Hamilcare saeuit SIL.4.542. **c** neque ~i coniectura res penditur CIC.*S.Rosc.*62; rumorem, fabulam falsam, fictam, ~em perhorrescimus *Mil.*42; refrigerato iam ~issimo sermone hominum prouincialium *Fam.*3.8.1; ut ~em auditionem habeant pro re comperta CAES.*Gal.*7.42.2; experti..quam uana aut ~i aura mobile uolgus esset LIV. 24.31.14; SUET.*Tib.*5.

12 Lacking authority or influence, powerless.
ne te ~iorem erga me putes PL.*Trin.*1171; ita ~em habebit auctorem ut memoria dignum non putarit CIC. *Planc.*57; graue est..nomen imperi atque id etiam in ~i persona pertimescitur *Agr.*2.45; neque enim ~e nomen Amatae VERG.*A.*7.581; spondere ~i pro paupere HOR.*Ars* 423; ~iorem futurum apud patres reum LIV.4.44.7; simultas cum familia Barcina ~iorem auctorem faciebat 23.13.6; numina iam facto non ~iora deo OV.*Pont.*4.9.108; unde paulatim ~ior uiliorque haberi, manente tamen in speciem amicitia TAC.*Hist.*4.80; ~es ignobiles poenis adficiebantur *Ann.*4.36; GEL.6(7).11.2; (*cf.*) haud ~ior fama Synhalus (*i.e. no less famous*) SIL.5.363.

13 Of little consequence, unimportant, insignificant, trivial, trifling. **b** (of crimes) venial.
~ia sunt quae tu pergrauia esse in animum induxti tuom TER.*Hec.*292; ~e et tenue hoc nomen est? HS CCCIↃↃↃ sunt CIC.*Q.Rosc.*4; magistratus ~issimi et diuulgatissimi *Fam.* 10.26.2; neque enim ~ia aut ludicra petuntur praemia, sed Turni de uita..certant VERG.*A.*12.764; in bello nihil tam ~e est quod non magnae interdum rei momentum faciat LIV.25.18.3; nec quisquam fingere contentus est ~ia, cum magnitudine mendacii fidem quaerat SEN.*Ben.*7.30.2; ~ium metallorum fructus in summo est *Ep.*23.5; ~i initio atrox caedes orta TAC.*Ann.*14.17; de ~ioribus summis SUET.*Aug.*32.3. **b** in his ~ioribus peccatis CIC.*S.Rosc.*62; ~e delictum est *Mur.*62; quanto..~ius est scelus? V.MAX. 9.11.7; SEN.*Thy.*47; seruum..ex ~issima offensa uinxit MARCEL.*dig.*20.1.27.

14 Intended for amusement, not serious, light.
dictitat..fabulas tenui esse oratione et scriptura ~i TER. *Ph.*5; histrionum ~is ars CIC.*de Orat.*1.18; sunt illius (*sc.* Lucili) scripta ~iora *Fin.*1.7; ~iore plectro HOR.*Carm.* 2.1.40; nec mihi materiast numeris ~ioribus apta OV.*Am.* 1.1.19; ~i..calamo ludimus PHAED.4.2.1; iocos ~ioraque carmina MART.7.8.9; TAC.*Ann.*16.19.

15 (of persons) Unreliable, irresponsible, shallow, inconstant, fickle. **b** (of actions, emotions, etc.).
homo ~ior quam pluma PL.*Men.*488; ~is mens VAR. *Men.*427; si ego sum inconstans ac ~is CIC.*Sul.*10; ualde mihi bonus homo et non ~is et amans tui uisus est *Att.* 1.19.11; ~is in mala deditus uir adultera CATUL.61.97; ~is arbitrabatur polliceri quod praestare non posset NEP.*Att.* 15.1; tu ~ior cortice HOR.*Carm.*3.9.22; Romae rus optas, absentem rusticus urbem tollis ad astra ~is *S.*2.7.29; ut..eo transfugia impeditiora ~ibus ingeniis essent LIV.22.43.5; in nos fidelis augur, in captas ~is SEN.*Ag.*180; TAC.*Hist.* 1.88; (*w. dat.*) ~issima fidei mutandae ingenia LIV.28.44.5; (*w.* ad) Getae..haud satis fidebant, ad honesta seu praua iuxta ~i TAC.*Ann.*11.33;—(*of chance, fortune, etc.*) quam (*sc.* fortunam) existimo ~em et imbecillam ab animo firmo.. frangi oportere CIC.*Fam.*9.16.6; cum ~is magnas opes huc ferat et illuc casus SEN.*Med.*221; nec ~es metuit deos *Tro.*2; STAT.*Silv.*5.1.143. **b** ~ior pluma est gratia PL.*Poen.*812; neque aliqua ~i ambitione commotum CIC.*Fam.*13.7.4; opinio..effeminata ac ~is *Tusc.*2.52; ~es amicitias *Amic.* 100; quid esset ~ius..quam auctore hoste..capere consilium CAES.*Gal.*5.28.7; hae (*sc.* caprae)..non cura nobis ~iore tuendae VERG.*G.*3.305; OV.*Fast.*1.303; ~i..et inani fiducia GEL.2.29.17.

lēuis[2] ~is ~e, *a.* *compar.* ~ior, *superl.* ~issimus. [cf. Gk. λεῖος]

1 Free from irregularities of surface, smooth. **b** (of fluids or pastes) of an even consistency, smooth. **c** not affording a foothold, slippery. **d** smooth from polishing or burnishing. **e** (of metalware) devoid of raised ornament, plain.
bene enodato stirpesque ~is facito CATO *Agr.*44; (loci) plani an montuosi, ~es an asperi CIC.*Part.*36; ille qui asperis et ~ibus et hamatis uncinatisque corporibus concreta haec esse dicat *Luc.*121; quae prius in ~i fuerant exstantia filo CATUL.64.137; LUCR.2.471; quamuis..saepe in ~i quaesisset cornua fronte VERG.*Ecl.*6.51; ~es..plumae HOR.*Carm.* 2.20.11; candidus..~ique decentior ouo CALP.*Ecl.*6.14; quorum ~ia folia PLIN.*Nat.*19.76; ~is toga MART.7.86.8;—(*neut. as sb.*) neque..moueri posset (os), nisi ~i inniteretur CELS.8.1.21; PERS.1.64. **b** si (pus) est ~e CELS.2.8.4; aqua pluuiatili quae sunt dura tam diu terantur, donec ~issima fiant LARG.23; 30; 201. **c** ~i cum sanguine Nisus labitur infelix VERG.*A.*5.328; sicubi nimis arduum et ~e saxum occurrebat, clauos..figentes cum uelut gradus fecissent..in summum euadunt LIV.28.20.4. **d** ~i de marmore tota..stabis VERG.*Ecl.*7.31; ~ia pocula *A.*5.91; ~is..pharetras 5.558; obliuioso ~ia Massico ciboria exple HOR.*Carm.*2.7.21; MART.11.31.19. **e** hic ~e argentum, uasa aspera tergeat alter JUV.14.62; lances numero duas ~es SCAEV.*dig.*32.102.1.

2 (of the body) Free from coarse hair, smooth.
~ia..brachia CATUL.64.332; ~ia pectora VERG.*A.*7.349; fulgebit speculo ~ior illa suo OV.*Med.*68;—(*as a mark of youth*) ~is Agyieu HOR.*Carm.*4.6.28; nihil ausus ultra ~is genas QUINT.*Inst.*12.10.8; sponsus ~is adhuc JUV.3.111;—(*as a mark of effeminacy in men*) femina quid faciat, cum sit uir ~ior ipsa? OV.*Ars* 3.437; trossulus..~is PERS.1.82; sit nobis aetate puer, non pumice ~is MART.14.205.1;—(*of baldness*) canibus pigris scabieque uetusta ~ibus JUV.8.35; ~e caput (*sc. of an old man*) 10.199.

3 (of speech or style) Avoiding harsh sounds, smooth.
ut neue asper eorum (*sc.* uerborum) concursus neue hiulcus sit, sed quodam modo coagmentatus et ~is CIC. *de Orat.*3.171; uocis genera permulta..~e asperum *N.D.*2. 146; ~ia carmina LUCR.5.1380; QUINT.*Inst.*10.1.44; GEL. 18.9.7; (*of an orator*) Ephorus..~is ipse orator et profectus ex optima disciplina, paeana sequitur aut dactylum CIC. *Orat.*191.

leuisomnus ~a ~um, *a.* [LEVIS[1]+SOMNVS] Sleeping lightly, easily awakened.
~a canum fido cum pectore corda LUCR.5.864.

leuitās[1] ~ātis, *f.* [LEVIS[1]+-TAS]

1 Lack of weight, lightness. **b** desire for movement, restlessness.
haec aut pondere deorsum aut ~ate in sublime ferri CIC. *N.D.*2.44; plumas auium papposque uolantis qui nimia ~ate cadunt plerumque grauatim LUCR.3.387; ~ate armorum et cotidiana exercitatione nihil his noceri posse CAES.*Gal.*5.34.4; iuuenes maxime uigore ac ~ate corporum ueloces LIV.26.4.4; caelum ~as in loca summa tulit OV. *Fast.*5.14; queruntur, quod non..aequemus..~ate aues SEN.*Ben.*2.29.1; nec puduit has uestes usurpare..~atem propter aestiuam PLIN.*Nat.*11.78; TAC.*Hist.*5.14; PLIN.*Ep.* 8.20.5. **b** Termine, post illud ~as tibi libera non est OV.*Fast.*2.673; per inuia, per incognita uersauit se humana ~as SEN.*Dial.*12.7.3.

2 Lack of intensity (of pain), mildness.
cuius (*sc.* doloris) magnitudinem breuitate consolatur, longinquitatem ~ate CIC.*Tusc.*5.88.

3 Unreliability, inconstancy, fickleness, shallowness. **b** an instance of this, a folly.
de cuius hominis ~ate et inconstantia plura non dicam CIC.*Clu.*135; qui quondam propter ~atem populares habebantur *Phil.*7.4; nec..~atis Atheniensium..exempla deficiunt *Rep.*1.5; qui mobilitate et ~ate animi nouis imperiis studebant CAES.*Gal.*2.1.3; PROP.2.16.26; LIV.22.1.3 stultum est uenti de ~ate queri OV.*Ep.*20.76; ~as fortunae SEN.*Dial.*11.9.4; ueteres..uoluerunt feminas..propter animi ~atem in tutela esse GAIUS *Inst.*1.144;—(*of thought*) cuius opinionis ~as confutata a Cotta non desiderat orationem meam CIC.*N.D.*2.45; manet in rebus temere congestis quae fuit ~as QUINT.*Inst.*10.3.17; ~ate sententiarum TAC.*Dial.*26.2. **b** amatoriis ~atibus dediti CIC.*Fin.*1.61; ~ates comicae *N.D.*3.72; quod..leuius huic ~ati nomen inponam? *Tusc.*1.95; 5.104.

lēuitās² ~ātis, *f.* [LEVIS²+-TAS]

1 Smoothness, evenness. **b** absence of hair, baldness. **c** ~*as intestinorum*, looseness of the bowels, lubricity. **d** a smooth surface.
in ipso tactu esse modum et mollitudinis et ~atis CIC. *de Orat.*3.99; omni..totam figuram mundi ~ate circumdedit *Tim.*18; speculorum ~as 49; VITR.2.3.1; COL.8.3.7. **b** in capitis mei ~atem iocatus est SEN.*Dial.*2.16.4; reliquam oris cutem ad speciem ~atis exaequant CURT.8.9.22. **c** ~as intestinorum, qui (*sc.* morbus) lienteria uocatur CELS. 2.1.8; 2.7.28; 4.23.1. **d** omnis circumscripta ~as..speculum est SEN.*Nat.*1.3.6; in poculis..aliaque omni ~ate 4b.3.3; soli mollium (polypi) in siccum exeunt, dumtaxat asperum; ~atem odere PLIN.*Nat.*9.85.

2 Smoothness of sound, absence of harshness.
R exclusum propter ~atem VAR.*L.*5.133; cum et coniunctionis ~atem et numerorum..rationem tenuerimus CIC.*de Orat.*3.201; nil ~ate Aeschini (cedit) *Orat.*110; nec effeminatam ~atem..amet QUINT.*Inst.*8.3.6; PLIN.*Ep.*8.4.4.

leuiter¹, *adv. compar.* ~ius, *superl.* ~issimē. [LEVIS¹+-TER²]

1 With light equipment, lightly.
Thracas..~iter armatos CURT.4.13.31; quod paucioris habeo, parcius pasco, ~ius uestio APUL.*Apol.*21.

2 With little force, without violence, gently, lightly. **b** with a light touch, nimbly. **c** softly, quietly. **d** (of sleeping) not deeply, lightly.
pampinos teneros alligato ~iter CATO *Agr.*33.4; furta odore aut aliquo ~iter presso uestigio persequebantur CIC. *Ver.*4.53; ~iter quamuis quod crebro tunditur ictu, uincitur in longo spatio LUCR.4.1284; ~ius..casura pila sperabat in loco retentis militibus CAES.*Civ.*3.92.3; resolutis quibus ~iter adnexa erat (ratis) uinculis LIV.21.28.9; ~iter homo concutiendus est CELS.7.16.3; ~iter..expertas pollice chordas STAT.*Ach.*1.187; (*cf.*) ~iter..oculos ad moenia Cadmi rettulit *Theb.*9.520;—(*fig.*) impelli iudicem primo ~iter CIC.*de Orat.*2.324; ~iter unum quidque tangam *S.Rosc.*83; illo nec ~ius cecidi OV.*Tr.*5.3.29. **b** uos..fusum Penelope melius, ~ius torquetis Arachne JUV.2.56. **c** murmuratur..qui ita ~iter loquitur, ut magis e sono id facere, quam ut intellegatur uideatur VAR.*L.*6.67; scuta..offensa quo ~ius streperent SAL.*Jug.*94.1; tu puerum ~iter posce OV.*Am.*1.4.30. **d** qui ~iter dormit SEN.*Ep.*53.7.

3 To a slight degree, slightly, a little.
in re, quamuis ~iter probabili CIC.*Inv.*2.143; opinionibus ..hominum ~iter eruditorum *de Orat.*3.24; non nulla forsitan ..~iter emendare possim *Mur.*60; qui nunc ~iter inter se dissident *Att.*1.13.3; cum ~iter lippirem 7.14.1; Romuli lituus, id est incuruum et ~iter a summo inflexum bacillum *Div.*1.30; ~iter poenas frangit Venus inter amorem LUCR. 4.1084; ~iter densis..nubibus 6.248; tanto ~ius miser HOR.*S.*2.7.19; quis nostrum contentus fuit aut ~iter rogari aut semel? SEN.*Ben.*1.1.5; cauliculos..~iter rubentes PLIN. *Nat.*22.41; ~iter et sensim cliuo fallente consurgit (collis) PLIN.*Ep.*5.6.14.

4 Without offence or suffering, easily; ~*iter ferre*, to take mildly, tolerate.
audibant eadem haec leniter et ~iter CATUL.84.8; terrificum..sidus atque non ~iter piatum PLIN.*Nat.*2.92; cibum non inuitus cepi: nunc ago ~issime AUR.*Fro.*1.p.198(80N); —uos eorum iniurias ~iter laturos existimauit CIC.*Ver.*3.58; ~issime feram si forte..iis minus probaro *Prov.*47; LIV.29. 9.9.

5 Inoffensively, mildly; *ut* ~*issime dicam* (and sim.), to say the least, to put it mildly.
uideor hoc ~iter..uobis praecipere posse CIC.*Font.*42; appellarisne tribunos plebis ne causam diceres—~ius dixi *Vat.*33;—paucos homines, ut ~issime appellem, adrogantes *Ver.*1.155; tamen, ut ~issime dicam, dimicandum nobis cum illo fuisset *Catil.*3.17; etsi hanc legationem res publica, ut ~issime dicam, non desiderat *Phil.*12.30; dubium est uter nostrum sit, ~iter ut dicam, uerecundior? *Luc.*126.

6 In a fickle manner, inconstantly, thoughtlessly, lightly.
~issime..quia de intercalando non obtinuerat, transfugit ad populum CAEL.*Fam.*8.6.5; et, quia desierim, ~iter uoluisse uidebor OV.*Met.*9.622; APUL.*Met.*5.24.

7 Without good reason or authority, groundlessly.
ne ~iter credas labefactari undique sensus LUCR.4.435; adeone est fundata ~iter fides ut ubi sim quam qui sim magis referat? LIV.2.7.10; quamuis ~iter audita in alios..cumulata gaudio transferunt TAC.*Ann.*2.82.

lēuiter (laeu-)², *adv.* [LEVIS²+-TER²] In a smooth manner, evenly.
lapidem..~ extimas oras ad unguem coaequatum APUL. *Soc.*pr.3.

leuō¹ ~āre ~āuī ~ātum, *tr.* [LEVIS¹+-O³] FORMS: *leuasso* (= ~*auero*) ENN.*Ann.*335.

1 To lift or raise up. **b** to hold up, support. **c** to make higher, raise. **d** to set up, erect.
timidos..~are manu SAL.*Jug.*94.2; quo me Fama ~at terra sublimis PROP.3.1.9; LIV.1.34.9; per populi ~atus manus SEN.*Ep.*14.13; aspida somniferam tumida ceruice ~auit (tabes) LUC.9.701; dira..~at maria ardua lingua V.FL.8.352; ~auit ad caelum palmas STAT.*Theb.*11.556; QUINT.*Inst.*2.12.9;—(*refl.*) ter sese attollens cubitoque adnixa ~auit VERG.*A.*4.690; ales..~ans se alis LIV.7.26.5; se..~at saxo OV.*Fast.*4.528; cum se e lectulo ~are conantur LARG.188; JUV.14.83;—(*pass. in middle sense*) pinnis cursus auium ~atur CIC.*N.D.*2.125; (stellae) ignea ui ~antur in sublime PLIN.*Nat.*2.69. **b** baculis..~ati nituntur longo uestigia ponere cliuo OV.*Met.*8.693; rupes, latere quas scisso ~at..Sigeon SEN.*Tro.*931; dum terra fretum terramque ~abit aer LUC.1.89. **c** excelsum..caput penna nutante ~abat crista rubens SIL.17.392; per hiemem, quae altius Alpes ~at FLOR.*Epit.*1.38(3.3.11); (*poet.*) uanos alte ~at eminus ictus, adfectans errare manum STAT.*Theb.*10.396. **d** nec Caesar colle minore castra ~at LUC.4.18; neque enim de more carinas extendunt puppesque ~ant 4.418; pars..castra ~at V.FL.2.448; e..tua tumulum tellure ~abit STAT. *Silv.*3.3.214.

2 To lift off, remove (a load or burden). **b** to take off, undo (bonds, fastenings).
furca ~at illa bicorni sordida terga suis nigro pendentia tigno OV.*Met.*8.647; ~ato onere PLIN.*Nat.*16.131; (*fig.*) cuius (*sc.* paupertatis) onus disputando ~amus CIC.*Tusc.* 3.56. **b** arta ~ari uincla iubet VERG.*A.*2.146; [TIB.] 3.11.14; (*fig.*) non indignatus rerum sponsionis uinculum ~at LIV.9.9.7.

3 (w. abl.) To relieve, rid (of burdens or encumbrances); (without abl.) to relieve of burdens, lighten, disencumber.
omnia iumenta sarcinis ~ari iubet SAL.*Jug.*75.3; omne ~andum fronde nemus VERG.*G.*2.400; si uinculis ~aretur LIV.21.42.1; corpora ueste ~ant OV.*Met.*10.176; quaecumque (classes) ~atae arboribus caesis flatum effudere prementem LUC.9.331; (*fig.*) ~a me igitur hoc onere CIC.*Fam.* 3.12.3; nos..~ari uinclis arbitremur *Tusc.*1.118;—serpentum colla ~auit (*i.e. by alighting from the chariot drawn by them*) OV.*Met.*8.798; (Aries) minui defleuit onus dorsumque ~ari MAN.4.748; dentes pinna ~are potest MART.14.22.2; qui ~andae nauis gratia res aliquas proiciunt JULIAN.*dig.* 14.2.8; (*ellipt.*) iactatur rerum utilium pars maxima, sed nec damna ~ant JUV.12.53;—(*med.*) si et ~ari corpus debet et ex uena sanguinem mitti uires non patiuntur CELS.2.11.5; alius uomitu ~at stomachum SEN.*Ep.*68.7; ~ari aluum PLIN.*Nat.*23.141; (*in childbirth*) ~ata est Argolis Alcmene potiturque puerpera uoto OV.*Met.*9.312.

4 To reduce in force, potency, etc., lessen. **b** to lighten the effect of (an adverse circumstance). **c** to reduce, bring down (costs, prices, etc.). **d** to represent as insignificant, make light of, belittle.
caue lassitudo poplitum ⟨tuum⟩ cursum ~et ACC.*trag.* 456; intercapedo quorum amicitias ~at TURP.*com.*20; quo modo uis illa uitari potuerit ac ~ari *Rhet.Her.*2.23; accessi..ad inuidiam iudiciorum ~andam CIC.*Ver.*1.5; ~ata est..suspicio illa domestici mali *Att.*10.4.11; qui expectat, ut rogetur, officium ~at PUB.*Sent.*Q.39; multa fidem promissa ~ant HOR.*Ep.*2.2.10; ne praetermissa animaduersio..honorem ~et GEL.7(6).14.3. **b** Nymphas uenerabar..rite secundarent uisus omenque ~arent VERG.*A.*3.36; nisi Faunus ictum dextra ~asset HOR.*Carm.*2.17.29; pluma ~at casus OV.*Met.*11.791. **c** sperabit sumptum sibi senex ~atum esse TER.*Hau.*746; annona ~anda CIC.*Mil.*72; *B.Afr.*34.6; LIV.4.12.8; spes ueteris ~andi fenoris 6.32.1; ~atum annuum uectigal 45.30.1; ~auit..apertis horreis pretia frugum TAC.*Ann.*2.59. **d** tu laudem illorum ~as ACC.*trag.*492; ut, quod esset ab eo obiectum, lepore magis ~andum quam contentione frangendum uideretur CIC.*de Orat.*2.230; ~ant quidam regis facinus LIV.4.17.3; quicquid accidit, benigne interpretando ~at SEN.*Ep.*81.25; QUINT.*Inst.*4.1.38.

5 To make more tolerable, relieve, lessen (pain, toil, loss, grief, etc.). **b** (med.) to relieve (disease or injury).
uirgini pauperculae tuaeque matri me ~are paupertatem? PL.*Epid.*556; tu, quae curam somno suspensam ~as PAC. *trag.*197; itiner longum sermone ~are VAR.*Men.*421; ~andi laboris sui causa CIC.*de Orat.*2.23; ut ~andi cruciatus sui causa lictori pecunia daretur *Ver.*5.119; ~abat..metum nobilitas mortis *Tusc.*2.59; tristis animi ~are curas CATUL. 2.10; ad ~andas iniurias CAES.*Civ.*1.9.1; fluuio cum forte secundo defflueret ripaque aestus uiridante ~aret (ceruus) VERG.*A.*7.495; ob Sempronianae cladis ~atam ignominiam LIV.4.43.2; igne ~atur hiemps OV.*Rem.*188; illa meos casus ingrauat, illa ~at *Tr.*3.4b.60; quae (*sc.* ὁμοέθεια) nulla uarietatis gratia ~at taedium QUINT.*Inst.*8.3.52; (*cf.*) ueniet..qui foedum nemus et putris arenas celsis pontibus et uia ~abit (*i.e. make passable*) STAT.*Silv.*4.3.127;—(*hunger, thirst*) sic tibi dent nymphae..arentem quae ~et unda sitim OV.*Ep.*4.174; fronde ~as nimiam caespitibusque famem 14.96; MART.11.86.4. **b** ~andum morbum mulieri uideo PL.*Mil.*1272; aegritudines, quas ~are illa medicina nullo modo possit CIC.*Tusc.*4.61; morsus arte ~abat VERG. *A.*7.755; fomenta uulnus nil malum ~antia HOR.*Epod.* 11.17; uis morbi ~ata LIV.4.25.6; feniculum..et anetum inflationes etiam ~ant CELS.2.26.2; PLIN.*Nat.*20.152.

6 (w. abl.) To free from, rid or relieve of (toil, worry, expense, etc.); (also w. gen.).
(asinos) praegnates opere ~ant VAR.*R.*2.6.4; ut hoc sumptu remigum ciuitates ~aret CIC.*Flac.*33; ut nulla res alia ~are animum molestiis possit *Fam.*4.4.4; ~ati morbo 12.30.2; ut..errore alios ~aremus *Tusc.*5.11; haec procurata ..~auerant religione animos LIV.21.62.11; restituit multos aut poenae parte ~auit Caesar OV.*Pont.*3.6.37; terras monstris..~antem..Alciden LUC.4.610; ~ata omni sollicitudine mens TAC.*Hist.*1.44;—ut me omnium iam laborum ~as! PL. *Rud.* 247; O FATA BREVIA..QVAE ME ~ASTIS PARVOLAE VITAE MEAE *CIL* 11.117.

7 To refresh, restore, make well.
cum creuerunt uituli, ~andae matres pabulo uiridi obiciendo in praesepiis VAR.*R.*2.5.16; χολὴν ἄκρατον noctu eieci; statim ita sum ~atus, ut mihi deus aliquis medicinam fecisse uideatur CIC.*Fam.*14.7.1; animi..se exercendo ~antur *Sen.*36; lymphae..languida quae infuso lumina rore ~ant LAUREA *poet.*6; ~antes tempore festo corpus HOR.*Ep.* 2.1.140; solito membra ~are toro TIB.1.1.44; ubi paullum ~atus est (aeger) CELS.4.14.4; cinis eius uuam in faucibus ~at PLIN.*Nat.*20.196; (*pass. w. ret. acc.*) Phoebo..~atum pectora STAT.*Silv.*4.6.1.

8 To alleviate the condition, circumstances, etc., of, relieve.
~ate hunc aliquando supplicem uestrum CIC.*Clu.*200; populum Romanum, quem..frumento suppeditato ~arunt *Balb.*40; nihil εὐκαιρότερον epistula tua, quae me sollicitum..ualde ~auit *Att.*4.7.1; spes inopem, res auarum, mors miserum ~at PUB.*Sent.*S.30; auxilio..~are uiros VERG.*A.*2.452; decreto..suo neutram partem aut ~are aut onerare uoluit LIV.42.5.11; non ~at miseros dolor SEN.*Phaed.*404; me ~at quod spero.. AUR.*Fro.*1.p.244(81N).

lēuō² ~āre ~āuī ~ātum, *tr.* [LEVIS²+-O³]

1 To make smooth; to polish.
cubilia..tectorio ~ata VAR.*R.*3.6.4; subactum ~at opus (*i.e. dough*) *Mor.*48; frons ossis, quem serrula exasperauit, ~andus est CELS.7.33.2; COL.*Arb.*8.2; PLIN.*Nat.*36.52; ~are trabes STAT.*Silv.*3.1.119; CLIVOM AB IMO ~AVI *CIL* 14.4012; (*fig.*) nimis aspera sano ~abit cultu HOR.*Ep.*2.2.123;—~ato lucida ferro spicula VERG.*A.*5.306; ~ati..mensarum orbes SEN.*Dial.*12.11.6; STAT.*Theb.*1.519.

2 To free from hair, depilate.
effeminare uultum, attenuare uocem, ~are corpus CIC. *Clod.*fr.22; psilothro faciem ~as MART.3.74.1; QUINT.*Inst.* 2.5.12.

lēuor ~ōris, *m.* [LEVIS²+-OR] Smoothness, evenness.
CELS.1.pr.24; differunt (rosae)..multitudine foliorum, asperitate, ~ore, colore, odore PLIN.*Nat.*21.16; hae..candorem..et ~orem corpori adferunt 30.127; 37.26; (*cf.*) asperitas..uocis fit ab asperitate principiorum et item ~or ~ore creatur LUCR.4.543;—(*of fluids*) paraetonium, quoniam est natura pinguissimum et propter ~orem tenacissimum, atramento aspergitur PLIN.*Nat.*33.91; 35.36.

-leus, *m. suff.* Forms sbs. with orig. diminutive force (*aculeus, eculeus, nucleus*).

lex lēgis, *f.* [cf. Osc. *ligud* (= *lege*); Ved. *rājáni*] ORTHOG.: *lexs CIL* 14.2112.1.19; *leegei* (dat. sg.) 1.582.26; *leege* (abl. sg.) 1.1439; *leigibus* (abl. pl.) 1.62 (= 14.2892).

1 The legal machinery of a state, the law (regarded as an active force). **b** *lege*, in accordance with the law, lawfully. **c** *lege agere*, to take legal proceedings, go to law; also, to carry out the law.
aduorsum legem accepisti..pecuniam PL.*Truc.*760; inuitu' feci. lex coegit TER.*Ph.*236; (ius) diuiditur in duas primas partis, naturam atque legem CIC.*Part.*129; uim..tantam habui quantam mihi lex dabat *Ver.*1.16; cum lex sit ciuilis societatis uinculum *Rep.*1.49; aurea..aetas, quae..sine lege fidem rectumque colebat OV.*Met.*1.90; haec tria lex secuta est SEN.*Cl.*1.22.1. **b** non potes tu lege uendere illam PL.*Mer.*450; lege id licere facere TER.*Ph.*116; reus lege comperendinatus CIC.*Ver.*4.34; adultera lege est MART.6.7.5; quoniam quod iure dicimur fecisse, non hunc solum intellectum habet, ut lege, sed illum quoque, ut iuste fecisse uideamur QUINT.*Inst.*3.6.45. **c** TER.*Ph.*984; qui..lege agant et suum ius persequantur CIC.*Caec.*97; ut quando lege agi posset sciretur LIV.9.46.5;—(*w.* cum) lege agito mecum PL.*Aul.*458; NEP.*Timol.*5.2;—praeconi imperauit ut lictorem lege agere iuberet LIV.26.15.9.

2 An enactment of a sovereign power, law, statute. **b** (w. adj. or phr. defining the subject of the law). **c** (w. adj. or phr. denoting the proposer of the law or the method of enactment).
DECEMVIRI..LEGIBVS S⟨CRIBVNDIS⟩ *Fast.Cos.Cap.*3(*CIL* 1.p.16); cum nihil horridius umquam lex ulla iuberet ENN. *Ann.*170; neque ego istas uostras leges urbanas scio PL.*Rud.* 1024; mihi non uidetur quod sit factum legibus rescindi posse TER.*Ph.*455; maiores..ita in legibus posiuerunt CATO *Agr.*pr.1; legum..rogator LUCIL.853; eam legem in tribunatu tulisti CRAS.*orat.*17; lex statim promulgata est CIC. *Ver.*5.178; teneor patriae nec legibus ullis VERG.*A.*2.159; si cum duobus patriciis unus petierit plebeius et lege se non suffragio creatum dicat LIV.6.40.20; si..de puluino surgat equestri cuius res legi non sufficit JUV.3.155;—(*of a law not yet enacted*) istam tuam et legem et uoluntatem..laudo CIC. *Man.*69;—(*poet., of the inscriptions recording the laws*) tum..elapsae..leges, et diuom simulacra peremit fulminis ardor *de Cons.*fr.2.40. **b** (*w. adj.*) legi..aleariae PL.*Mil.*164; legem agrariam CIC.*Agr.*2.101; lex sumptuaria *Fam.*7.26.2; lege marita HOR.*Saec.*20; theatralis..legis PLIN.*Nat.*7.117; —(*w. gen.*) annorum lex me perdit quinquicenaria PL.*Ps.* 303; contra legem uectigalis ULP.*dig.*47.8.2.20;—(*w.* de) lex ..de pecuniis repetundis CIC.*Div.Caec.*65. **c** legem..Licini LUCIL.1200; Porcia lex CIC.*Rab.Perd.*12; legem Aeliam et Fufiam *Pis.*10; leges Antonias LENT.*Fam.*12.14.6; —lege curiata CIC.*Agr.*2.26; *Fam.*1.9.25; hae consulares leges fuere LIV.3.55.13;—(*cf.*) obtinuisti prouinciam..finibus eis quos lex cupiditatis tuae, non quos lex generi tui pepigerat CIC.*Pis.*37.

3 (pl.) The laws regarded as a body, the constitution.
qui nec leges neque aequom bonum usquam colunt PL. *Men.*580; LEGIBVS SVEIS ITA VTVNTO *CIL* 1.589.1.8; Athenienses, unde humanitas, doctrina..leges ortae CIC. *Flac.*62; quis Zaleucum leges Locris scripsisse non dixit? *Att.*6.1.18; LUCR.5.1448; Galliam, quam..suis legibus uti uoluisset CAES.*Gal.*1.45.3; regis..qui legibus urbem fundabit VERG.*A.*6.810; leges rem surdam, inexorabilem esse LIV. 2.3.4; abolitas leges et funditus uersas TAC.*Ann.*3.36.

4 Legal right or title; *lege*, by legal right, by law.

VTEI QVOI OPTVMA LEGE PRIVATVS (AGER) EST *CIL* 1.585.27; SIREMPS..EIS VIATORIBVS..IVVS LEXQVE ESTO 1.587.1.39; domum..priuato eodem quo quae optima lege, publico uero omni..iure munitam CIC.*Har.*14; ut..trans Tiberim lege eadem qua Veliterni habitaret LIV.8.20.9; non possum ante legem habere quam raptorem SEN.*Con.*7.8.8; 10.4.13; nihil..pertinere, quam legem habeat ipse QUINT.*Decl.*625(p.82,l.16); rata fuere..testamenta aut lex intestatis TAC.*Hist.*2.62;—ei(u)s morte ea ad me lege redierunt bona TER.*An.*799; *Hec.*172.

5 A rule made by any authority, ordinance, regulation. **b** (applied to things considered as having the force of a law). **c** (w. gen.) a rule governing the conduct (of), a regulation (for).

haec..uti ex hac nocte primum lex teneat senes PL.*Mer.* 1024; lex haec fuit..constituta ut omnes..in hostium numero ducerentur CIC.*Catil.*3.25; cur has sibi tam graues leges inposuerit *Luc.*23; si..Epicuri legibus paruisset *Tusc.* 5.108; audax cantatae leges imponere lunae PROP.4.5.13; haec in lege loci commoda circus habet OV.*Am.*3.2.20; STAT.*Silv.*1.2.41; JUV.7.229;—(*w.* dicere) dicamus senibus legem censeo PL.*Mer.*1015; non quia mihi legem dixerim nihil contra dictum Zenonis..committere SEN.*Dial.*8.3.1; STAT.*Silv.*5.5.60; num esset aliqua lex dicta templo PLIN. *Ep.Tra.*10.49(58).2. **b** salutem libertatemque patriae legem sanctissimam et morem optimum iudicauit CIC.*Phil.* 11.27; ollis salus populi suprema lex esto *Leg.*3.8; LEGEM HABVI MANDATA TVA *CIL* 6.1527.2.78; locis remotis qui latet, lex est sibi PUB.*Sent.*L.15; MAN.5.495. **c** qui disciplinam suam..legem uitae putet? CIC.*Tusc.*2.11; dominum dominus praetextae lege sequatur MAN.5.456; athletarum corpora..si ualidiora fiant..lege quadam ciborum QUINT.*Inst.*12.10.41; LEXS COLLEGI *CIL* 14.2112.1.19; —(*w.* dicere) quisquam leges audet tibi dicere flendi? *Epic. Drusi* 7; legem..sibi ipsi dicunt innocentiae CIC.*Ver.*3.1.

6 A rule or principle of any art or craft; esp. the rules of scansion or versification.

lege poetica VAR.*L.*7.18; quis nescit primam esse historiae legem, ne quid falsi dicere audeat? CIC.*de Orat.*2.62; et haec ars suis legibus constat PLIN.*Nat.*14.146; longa consuetudo aliter docendi fecerat legem QUINT.*Inst.*2.5.2; cunctis citharae legibus obtemperans TAC.*Ann.*16.4; legem..disciplinae dialecticae GEL.16.2.1; (*cf. sense 5b*) Demosthenes.. paene lex orandi fuit QUINT.*Inst.*10.1.76;—in illis (*sc.* uersibus) certa quaedam et definita lex est CIC.*Orat.*198; numeris ..lege solutis HOR.*Carm.*4.2.12; lex pedis OV.*Pont.*4.12.5; carminis legibus COL.11.1.1.

7 a A law or rule established by divine authority or universally accepted by mankind; *lex belli*, the custom of war, the right of the conqueror. **b** a rule or decree (of fate, destiny, etc.). **c** *lex naturae*, a law of nature, natural principle.

a haec..tacita lex est humanitatis CIC.*Tul.*51; est..haec ..non scripta, sed nata lex *Mil.*10; publica lex hominum naturaque continet hoc fas PERS.5.98; terrarum leges et mundi foedera STAT.*Theb.*12.642;—ornamenta ex urbe hostium ui..capta belli lege..sustulit CIC.*Ver.*1.57; coniuges liberosque sub corona lege belli uenire LIV.8.37.11. **b** crudeli fatorum lege *Ciris* 199; nulla fati quod lege tenetur VERG.*A.*12.819; fortunae leges MAN.1.56; inuictae leges necessitudinis V.MAX.1.6.12; Hecuba fatorum nouas experta leges SEN.*Ag.*707; legibus aeui LUC.2.82. **c** si minus ciuili iure perscriptum est, lege tamen naturae, communi iure gentium sanctum est CIC.*Har.*32; consensio omnium gentium lex naturae putanda est *Tusc.*1.30; uerba..praecipiet naturae lege negata MAN.5.380; nisi diligere parentis prima naturae lex esset V.MAX.5.4.7; mors naturae lex est SEN.*Nat.*6.32.12; ULP.*dig.*1.5.24.

8 A principle inherent in the nature of a thing, a condition of existence.

lege dura uiuont mulieres PL.*Mer.*817; fatum est conexio rerum..quae suo ordine et lege ⟨sua⟩ uariatur CIC.*Fat.*fr.2; animas nec leti lege solutas LUCR.3.687; aequa lege Necessitas sortitur insignis et imos HOR.*Carm.*3.1.14; luce iubent leges (umbras) Lethaea ad stagna reuerti PROP.4.7.91; polypus..sub lege loci sumit mutatque colorem OV.*Hal.*33; sunt..mediae legis communia signa MAN.2.230; cum tam forti lege mortis omnis absumpsisset V.MAX.3.2.ext.7; in morte, quam pati lex est SEN.*Ep.*94.7; legem barbae.. nondum natus infans habet *Nat.*3.29.3; exiguane uia legem conuertimus anni? LUC.9.875; turba nascatur scansili annorum lege occidua, quam climacteras appellant PLIN. *Nat.*7.161; Oetaei sine lege rogi MART.9.65.9.

9 What is allowable or right, the due measure, propriety.

ultra legem tendere opus HOR.*S.*2.1.2; concessis aetati iocis utor et iuuenali lege defungor SEN.*Con.*2.6.11; finem egressi legemque priorum JUV.6.635.

10 (pl.) Rule, control, dominion. **b** (sg., transf.); *ad legem*, neatly; *sine lege*, in disorder, wildly.

omnia sub leges Mors uocat atra suas *Epic.Drusi* 360; omnis in populi unius leges ut cesserit orbis MAN.3.25; Aeneia regna Parcarum in leges..reducere SIL.10.644; 15.384; ORBEM SVB LEGES SI HABEAS *CIL* 12.5272. **b** dari legem rudibus capillis SEN.*Phaed.*320; dispositi in turmas rursus legemque seueri ordinis STAT.*Theb.*5.7;—amictus.. compositus ad legem SEN.*Dial.*4.35.3; quod libris..edatur ..ad legem ac regulam compositum esse oportere QUINT. *Inst.*12.10.50;—non sint sine lege capilli OV.*Ars* 3.133; sine lege ruunt *Met.*2.204; effusos sine lege crines SEN.*Oed.*416.

11 A compact or agreement stipulating the terms for the performance of work, etc., contract.

cetera lex uti uilla⟨e⟩ ex calce caementis CATO *Agr.*14.5; QVAM LEGEM PORTORIEIS..CAPIVNDEIS DEIXSERINT *CIL* 1.589.2.31; lex operi faciundo *formula* in Cic.*Ver.*1.143; scribenda mihi lex in amore nouo PROP.3.20.16; cum..negaret lege foederis id cogi posse LIV.23.10.6; VITR.1.1.10; operum lex JUV.7.102.

12 (pl.) Necessary conditions for the fulfilment of a promise, contract, etc., terms. **b** (sg.) a particular condition, term. **c** *hac, ea* (etc.) *lege*, on these terms; (also pl.). **d** *sua* (*mea*, etc.) *lege, suis legibus*, on one's own terms, at one's discretion.

has (*sc.* xx minas) tibi nos pactis legibus dare iussit PL.*As.* 735; ostende..syngraphum..leges pellege 747; quibus senatus legum dicendarum in locandis uectigalibus omnem potestatem permiserat CIC.*Ver.*3.19; leges inter se et condiciones contulerunt *Phil.*12.27; urbes..deuotas..ollis legibus, quibus..sunt..hostes deuoti *formula* in Macr.*Sat.*3.9.10; scripturus leges..lanistae JUV.11.8. **b** hanc dederat Proserpina legem VERG.*G.*4.487; dicitur..tibi lex, ut..premeres uomere colla boum OV.*Ep.*12.39; haec..beneficii..lex est SEN.*Ben.*2.10.4; nubere Sila mihi nulla non lege parata est MART.11.23.1; quam..(Aristophanes) fabulae suae spectandae legem dedit GEL.pr.20. **c** semper tibi promissum habeto hac lege, dum superes datis PL.*As.*166; ea lege ut offigantur bis pedes *Mos.*360; qua lege nunc med—essurire oporteat *St.*504; istac lege filiam tuam sponden mi uxorem dari? *Trin.*1162; hac lege tibi meam adstringo fidem TER.*Eu.*102; oleam faciundam hac lege oportet locare CATO *Agr.*145.1; redeat..sed ea lege ne umquam Romam reuertatur CIC.*Phil.*8.32; fata..hac lege dico, ne..tecta uelint reparare Troiae HOR.*Carm.*3.3.58; TAC.*Ann.*2.38;—his legibu' si quam dare uis, ducam PL.*Aul.*155; estne empta mihi istis legibus? *Epid.*471. **d** meis me addicam legibus PL.*Capt.*181; uendet eos mea lege quanti uolet CIC.*Agr.*3.14; captos legibus ure tuis OV.*Am.*1.8.70; *Ep.*5.134.

13 (pl.) Terms of peace or friendship.

ut condiciones ferret, leges imponeret CIC.*Phil.*7.2; pacem ..iis legibus constituerunt, ut Athenienses mari duces essent NEP.*Timoth.*2.2; ruptis inter se legibus urbes arma ferunt VERG.*G.*1.510; cum se sub leges pacis iniquae tradiderit *A.*4.618; pacis dicere leges 12.112; foedus..atque amicitiam iungit legibus his LIV.23.33.9; me..in quaslibet accipe leges OV.*Am.*2.17.23; bis adactum legibus Histrum STAT.*Theb.*1. 19;—(*cf.*) Philippum..aegre pati sub specie pacis leges seruitutis sibi impositas LIV.36.7.12.

lexidium ~iī, *n.* [Gk. λεξίδιον] A rare or peculiar word (in quot., in derogatory sense).

glosaria namque colligitis et ~ia GEL.18.7.3.

lexis, ~eōs, *f.* [Gk. λέξις] FORMS: nom. and acc. pl. ~*is* LUCIL.84; QUINT.*Inst.*9.4.113. A word; speech, language.

quam lepide ~is compostae ut tesserulae omnes arte pauimento atque emblemate uermiculato LUCIL.84; x significat aliquid..neque tamen ideo syllaba aut ~is est VEL. gram.in *G.L.*7.47;—poema est ~is enrythmos VAR.*Men.*398.

liāculum ~ī, *n.* [*lio* (Gk. λειῶ)+-CVLVM] A tool for smoothing or polishing stone.

fluuiatica (harena)..~orum subactionibus in tectorio recipit soliditatem VITR.2.4.3; 7.3.7.

libadion ~iī, *n.* [Gk. λιβάδιον] = CENTAVREVM *minus.*

PLIN.*Nat.*25.68.

lībāmen ~inis, *n.* [LIBO¹+-MEN] A sacrificial offering esp. of wine, an oblation, libation; (usu. pl.). **b** (w. gen.) the first-fruits (of war and sim.).

summas carpens media inter cornua saetas ignibus imponit sacris, ~ina prima VERG.*A.*6.246; nomine ab auctoris (*sc.* Liberi) ducunt ~ina nomen OV.*Fast.*3.733; permixto ~ina Baccho LUC.4.198; sacri ~ina Bacchi V.FL.5.192; STAT. *Theb.*12.489;—pingui cumulat ~ine flammam V.FL.1.204; frugum ~ine puro STAT.*Theb.*4.462; caespes ~ine umigatus APUL.*Fl.*1. **b** primitias pugnae et laeti ~ina belli Hannibal..cremat SIL.10.551; exuuiae, fausti superis ~ina belli 11.376; praedae ~ina dantur 15.262; (*fig.*) tu noua seruatae carpes ~ina famae OV.*Ep.*4.27.

lībāmentum ~ī, *n.* [LIBO¹+-MENTVM]

1 A sacrificial offering; esp. of first-fruits.

cum..ex mercibus ~a porrecta sunt Herculi in aram VAR.*L.*6.54; hac (*sc.* ombria) in aras addita ~a non amburi PLIN.*Nat.*37.176;—dona magnifica quasi ~a praedarum Delphos ad Apollinem misit CIC.*Rep.*2.44; ut sacrificiorum ~a seruentur *Leg.*2.29; accipe, nate, tui noua ~a triumphi STAT.*Theb.*12.88; haec ego nascentis..ad aras ~a tuli *Silv.* 3.1.164.

2 A small portion, taste, sip.

~a legens caduca uictus VAR.*Men.*567; nos..apes debemus imitari et..in unum saporem uaria illa ~a confundere SEN.*Ep.*84.5; (*fig.*) hoc..breue ex dialectica ~um GEL.16. 8.15.

libanochrūs, *f.* [Gk. λιβανόχρους] A kind of precious stone.

~us turis similitudinem ostendit PLIN.*Nat.*37.171.

libanōdēs ~ēs ~es, *a.* [Gk. λιβανώδης] Resembling frankincense; (in quot., as name of a kind of vine).

~es (*cj.*) (uitis) turis odore, ex qua diis prolibant PLIN. *Nat.*14.117.

libanōtis ~idis, *f.* [Gk. λιβανωτίς] A name applied to various aromatic plants, incl. prob. rosemary.

~is odorem turis (reddit) PLIN.*Nat.*19.187; 20.172; 21.58; 26.82.

Libanus ~ī, *m. mons ~us*, Mount Lebanon.

materies ex ~o monte..aduehebatur CURT.4.2.18; PLIN. *Nat.*5.77; praecipuum montium ~um erigit (Iudaea) TAC. *Hist.*5.6.

lībārius ~(i)ī, *m.* [LIBVM+-ARIVS] A maker of cakes, pastry-cook, confectioner.

quae finxerunt pariter ~ius archimagiri carptores JUV. 9.109; *CIL* 4.1768.

lībātiō ~ōnis, *f.* [LIBO¹+-TIO¹] A sacrificial offering, esp. of drink, libation.

tensae, curricula, praecentio, ludi, ~ones epulaeque ludorum CIC.*Har.*21; obitis ~one profunditur APUL.*Mun.*35.

lībātor ~ōris, *m.* [LIBO¹+-TOR] One who begins or institutes, an inaugurator.

(Numa) epularum dictator, cenarum ~or, feriarum promulgator FRO.*Aur.*2.p.10(226N).

lībella ~ae, *f.* [LIBRA+-ELLA, w. dissimilation]

1 A small silver coin, one-tenth of a denarius; *ex ~a*, (in inheritances) to the extent of a tenth. **b** (as a type of small coin) 'a farthing'; *ad ~am*, to the last farthing, exactly.

parietes..si locet..~is in ped. v CATO *Agr.*15.1; nummi denarii decuma ~a VAR.*L.*5.174; 10.38; PLIN.*Nat.*33.42; MAECIAN.*iur.*65;—fecit palam te (*sc.* heredem) ex ~a, me ex terruncio CIC.*Att.*7.2.3. **b** at ob eam rem mihi ~am pro eo argenti ne duis PL.*Capt.*947; una ~a liber possum fieri *Cas.*316; *Ps.*1146; ecquis Volcatio..unam ~am dedisset? CIC.*Ver.*2.26;—hic nisi planum facit HS ↀↀ ad ~am sibi deberi, causam perdit *Q.Rosc.*11.

2 A plummet and line attached to a frame, used to determine perpendicular or horizontal direction, a plumb-line, level; *ad ~am*, perfectly upright or level.

~a aliqua si ex parti claudicat hilum LUCR.4.515; transuersae..uirgulae fabrilem ~am superposuimus COL. 3.13.12; ut in solo piscinae posita ~a septem pedibus sublimius esse maris aequor ostendat 8.17.3; PLIN.*Nat.* 7.198;—is (locus) qui est ad ~am aequos VAR.*R.*1.6.6; locus ..expoliatur ad regulam et ~am VITR.1.6.6; structuram ad normam et ~am fieri, ad perpendiculum respondere oportet PLIN.*Nat.*36.172.

libelliō ~ōnis, *m.* [next+-IO¹] A dealer in books, bookseller.

tum ad me ferunt, quod ~onem esse sciebant VAR.*Men.* 256; Bruti senis oscitationes de capsa miseri ~onis, emptum plus minus asse Gaiano STAT.*Silv.*4.9.21.

libellus ~ī, *m.* [LIBER⁴+-LVS]

1 A small work written for publication, volume, book. **b** a defamatory publication, pamphlet.

bibliothecas..omnium philosophorum unus mihi uidetur XII tabularum ~us..superare CIC.*de Orat.*1.195; illum de ratione dicendi sane exilem ~um *Brut.*163; cui dono lepidum nouum ~um? CATUL.1.1; carmina..leuis in aridulo maluae descripta ~o CINNA *poet.*11; ~is eum palaestraeque operam dare LIV.29.19.12; Getico scripsi sermone ~um OV.*Pont.* 4.13.19; hoc tempus inter pugillares ac ~os..transmisi PLIN.*Ep.*9.6.1; quidquid agunt homines..nostri farrago ~i est JUV.1.86;—(*as a section of a work in several volumes*) cum..suo finem mense ~us habet OV.*Fast.*1.724;—(*dist. from* liber) si nimius uideor..este liber, legito pauca: ~us ero MART.10.1.2;—(*of a single poem*) sequitur ~us quo ..Maecium Celerem..sic prosecutus sum STAT.*Silv.*3.pr. **b** complures contumeliosi ~i proponebantur SEN.*Suas.*1.6; ~os..studio erga se aut in Vitellium contumeliis insignis abolet TAC.*Hist.*2.48; cognitionem de famosis ~is *Ann.*1.72; TRA.Plin.*Ep.*10.97(98).2; SUET.*Aug.*55; GAIUS *Inst.*3.220.

2 A book used for notes or records, notebook, register.

inueni duos solos ~os..in quibus erat scripta ratio.. rerum exportatarum CIC.*Ver.*2.182; si quid memoriae causa rettulit in ~um *Phil.*1.19; LARG.97; TAC.*Ann.*1.11; Celsus Nepoti ex ~o respondit PLIN.*Ep.*6.5.6; epistulae..quas primum uidetur ad paginas et formam memorialis ~i conuertisse SUET.*Jul.*56.6.

3 A formal communication, document, dispatch, report, memorial; (w. gen.) a list, inventory. **b** a document containing a request, petition; *a ~is*, a secretary who dealt with petitions. **c** a document containing an accusation or complaint, an information. **d** (leg.) a statement of the facts of a case given to an advocate, brief.

in ~o hoc opsignato ad te attuli pauxillulo PL.*Ps.*706; non illi in ~is laudationem decretam miserunt CIC.*Clu.*197; mensorum longis sed nunc uacat ille ~is MART.10.18(17).5; ~o complexus esset, quid fieri placeat *S.C.*(*Font.iur.* p.204) 60; in diplomatibus ~isque et epistulis signandis SUET. *Aug.*50; (*of an imperial rescript*) ~um rescripti, quem illi redderes, misi tibi TRA.Plin.*Ep.*10.107(108); in iuris dictione postulatoribus..per ~os..respondit SUET.*Nero* 15.1;—~i nominum uestrorum..in manibus erant omnium CIC.*Ver.* 17; mandatorum..mihi ~um dedit *Att.*6.1.3; si rerum ~us marito detur ULP.*dig.*23.3.9.3. **b** ut primum Buthrotium agrum proscriptum uidimus, commotus Atticus ~um composuit CIC.*Att.*16.16a.4; *B.Alex.*52.2; tot disponendi ~i SEN.*Dial.*11.6.5; supplicibus dominum lassare ~is desine MART.8.31.3; QUINT.*Inst.*6.3.59; TAC.*Hist.*1.44; PLIN.*Ep. Tra.*10.58(66).3; uitem (*i.e. the post of centurion*) posce ~o JUV.14.193;—inter libertos habere quos ab epistulis et ~is et rationibus appellet TAC.*Ann.*15.35; Epaphrodito a ~is SUET.*Nero* 49.3; A ~IS FISCI *CIL* 6.8474; 15.7444. **c** Sulcius ..et Caprius, rauci male cumque ~is HOR.*S.*1.4.66; ~i coniurationem nuntiantes VELL.2.57.2; ~is accusatorum TAC.*Ann.*3.44; datus a Caro de me ~us PLIN.*Ep.*7.27.14; ~os inscriptionum ULP.*dig.*48.5.2.8; libertus aduersus patronum dedit ~um PAUL.*dig.*2.4.15. **d** hoc causarum ~is non continetur QUINT.*Inst.*6.2.5; ~is..quos componit..litigator 12.8.5; JUV.6.244; 7.107.

4 A notice exhibited in public, placard, poster.
in cuius (*sc.* ianuae) poste ~us erat cum hac inscriptione fixus PETR.28.6; positis propalam ~is ad libertatem uocabat agrestia..seruitia TAC.*Ann.*4.27; ut ~um proponant continentem inuenisse se et redditurum ei qui desiderauerit ULP.*dig.*47.2.43.8;—(*announcing confiscation of property*) ~os Sex. Alfenus..deicit CIC.*Quinct.*27; suspensis amici bonis ~um deicio creditoribus eius me obligaturus SEN.*Ben.* 4.12.2; est..tutius ~um ad ipsas aedes proponere ULP.*dig.* 39.2.4.6;—(*recording vows*) legitime fixis uestitur tota ~is porticus JUV.12.100.

5 A programme of an entertainment.
institores sunt qui ea tamquam gladiatorum ~os palam uenditent CIC.*Phil.*2.97; poscit..~um OV.*Ars* 1.167; subsellia conducit et ~os dispergit TAC.*Dial.*9.3;—(*sent as an invitation*) si recitaturus dedero tibi forte ~um MART. 14.137(142).1; PLIN.*Ep.*3.18.4.

libens ~ntis, *a.* **lubens.** *compar.* ~ntior, *superl.* ~ntissimus. [pple. of **libeo* (see LIBET)] FORMS: *libes* (= ~*ns*) *CIL* 4.1241; *lubetes* (= ~*ntes*) 1.1531.6.

1 (w. quasi-advl. force) Pleased, willing, glad. **b** ~*nti animo* (and sim.), willingly, gladly.
AESCOLAPIO DONOM DAT ~NS MERITO *CIL* 1.28; LEIBEREIS (*nom. pl.*) LVBETES DONV DANVNT HERCOLEI MAXSVME MERETO 1.1531.6; inimicus si es commentus nec ~ns aeque APP.*poet.* 2.2; non ego te hic ~ns relinquo PL.*Am.*531; complectere. — facio ~ns *As.*615; fugin hinc? — ego uero ac ~ns TER. *An.*337; cum totius Italiae concursus..facti illius gloriam ~ns agnouisset CIC.*Mil.*38; ~ntes cupidique condicionem acceperunt *B.Afr.*90.2; ut te..accipio agnoscoque ~ns! VERG.*A.*8.155; sicut traditum a..scriptoribus ~ns posteris traderem LIV.29.14.9; morior..~ns OV.*Met.*14.721; TAC. *Ag.*45.3;—(*in oblique cases*) haud ⟨scio⟩ an ~ntibus a uobis impetrassem GRACCH.*orat.*44;—(*abl. absol.*) me ~nte feceris PL.*Men.*272; illo me utere ~nte LUCIL.1059; illam porticum redemptores statim sunt demoliti ~ntissimis omnibus CIC. *Att.*4.2.5. **b** ~nti..animo factum PL.*Cist.*12; hoc auferen ..aps tuo ero? — ~ntissumo corde atque animo *Ps.*1321; cum Musis nos delectabimus animo aequo, immo uero etiam gaudenti ac ~nti CIC.*Att.*2.4.2; CAES.*Civ.*1.15.1; LIV.29. 8.6; ad rem musicam facili ingenio ac ~nti GEL.19.9.1.

2 (w. adjl. force) Cheerful, glad.
ut ego illos ~ntiores faciam quam Lubentiast PL.*As.*268; hilarum ac ~ntem fac te gnati in nuptiis TER.*Ad.*756; (*w. abl.*) qui semper malo muliebri sunt ~ntes PL.*Cist.*681.

libenter, *adv.* **lub-.** *compar.* ~tius, *superl.* ~tissimē. [prec.+-TER²] With pleasure, willingly, gladly.
quocum bene saepe ~ter mensam sermonesque suos.. impertit ENN.*Ann.*234; ut te ~ter uideam PL.*Men.*543; recipimus. — ac ~ter TER.*Eu.*1086; at nunc dicam quod ~ter audias *Ph.*488; si uoles..multum bibere cenareque ~ter CATO *Agr.*156.1; cupide et ~ter mentiar tua causa CIC.*Q.Rosc.*49; domi te ~ter esse facile credo *Att.*12.48; eum, quem semper ~ter dilexi MAT.*Fam.*11.28.8; quae uolumus et credimus ~ter CAES.*Civ.*2.27.2; HOR.*Ep.*1.11.24; bonum uirum facile crederes, magnum ~ter TAC.*Ag.*44.2;—(*compar.*) omnes profecto liberi ~tius sumu' quam seruimus PL. *Capt.*119; dormibit ~tius CATO *Agr.*5.5; eo ~tius 'ducem' audio quod certe ille dicit inuitus CIC.*Phil.*13.30; CATUL. 61.41; LIV.pr.13; TAC.*Hist.*1.15; nil umquam hac carne ~tius edit JUV.15.88;—(*superl.*) rex..sine ulla suspicione ~tissime dedit CIC.*Ver.*4.63; ~tissime legi tuas litteras *Fam.*12.19.1; VELL.2.33.3; ~tissime pingit PETR.46.4.

libentia ~ae, *f.* **lub-.** [LIBENS+-IA] Pleasure, delight.
onustum pectus porto laetitia ~aque PL.*St.*276; cui ~ae gratiaeque omnes conuiuiorum incognitae sint GEL.15.2. 7;—(*as a goddess, cf. next*) ut ego illos lubentiores faciam quam ~ast PL.*As.*268.

Libentīna ~ae, *f.* **Lub-.** A title of Venus, goddess of pleasure.
ab lubendo..Venus ~a et Libitina VAR.*L.*6.47; lucus Veneris ~ae *gram.*9; CIC.*N.D.*2.61.

libeō ~ēre, *intr.* **lubeō.** [see LIBET] To be willing, like, please (cf. LIBENS).
quo ~eant nubant, dum dos ne fiat comes PL.*Aul.*491.

līber¹ ~era ~erum, *a. compar.* ~erior, *superl.* ~errimus. [cf. Paelignian *loufir*, Faliscan *loferta*, Gk. ἐλεύθερος] FORMS: *leiber- CIL* 1.585.76; 589.1.7; 2.5048.4; PL.*Rud.*217; *loebesum* (= *liberum*), etc., VAR.*L.*6.2(cj.), PAUL.*Fest.*p.121M.

1 Possessing the social and legal status of a free man, free (as opp. to slave). **b** (of the body or its parts, esp. periphr. for the person). **c** characteristic of or belonging to a free man.
si qui hominem ~erum dolo sciens morti duit *Lex Reg.* (*Font.iur.*p.10); ea inuenietur et pudica et ~era, ingenua Atheniensis PL.*Cas.*81; *Mil.*961; DECREIVIT, VTEI..SERVEI ..LEIBEREI ESSENT *CIL* 2.5048.4; ne utiquam officium ~eri esse hominis puto TER.*An.*330; duo custodes ~eri CATO *Agr.*13.1; ciuis Romanus aut homo ~er quisquam CIC.*Sest.* 78; APUL.*Apol.*27; (*w. a pun on* LIBER³) 'Dionyse' inquit '~er esto' PETR.41.7;—(*as sb.*) si os fregit ~ero *Lex XII*(*Font.iur.* p.29); eam rem diuinam uel seruus uel ~er licebit facial CATO *Agr.*83; aliquot adfuerunt ~erae TER.*An.*771; aliquid quod esset ~ero dignum CIC.*Pis.*22; de seruis ~erisque omnibus CAES.*Civ.*3.14.3; LIV.41.21.6; GEL.20.1.32; ULP. *dig.*40.12.12. **b** ~erum caput tibi faciam PL.*Mer.*152; decem capita ~era interficis CATO *orat.*61; uim in corpus ~erum..adferri 205; CIC.*Ver.*2.79; uidi ego ciuium retorta tergo bracchia ~ero HOR.*Carm.*3.5.22; ~era Romanae subiecit colla catenae [TIB.]3.7.117; ~era corpora..sub corona uendidit LIV.5.22.1; TAC.*Ann.*12.17;—(*poet., of oxen*) ubi ~era colla seruitio adsuerint VERG.*G.*3.167. **c** ~erum ingenium TER.*Ad.*828; dei et serui nomina..non.. ut ~era nostra transeunt VAR.*L.*9.59; deuota morti pectora ~erae HOR.*Carm.*4.14.18; ~era sumpta toga PROP.4.1.132; OV.*Fast.*3.771; uestis..~era 3.778; ~erior..toga *Tr.*4.10. 28; cito aquam ~eram gustabunt PETR.71.1; uerba..quasi sordida et parum ~era euitant SEN.*Ben.*3.5.2.

2 Not subject to autocratic rule, politically free.
legum..idcirco omnes serui sumus ut ~eri esse possimus CIC.*Clu.*146; nondum ~era ciuitate (*i.e. under the kings*) *Mil.*7; cum seruientibus suis ciuitatibus fuerint ipsi quodam modo ~eri *Fam.*9.16.6; mihi..esse iudicabo Romam ubicumque ~erum esse licebit BRUT.*ad Brut.*1.16.8; fore eo facto ~eram et sui iuris ciuitatem HIRT.*Gal.*8.52.4; Hiero.. uoluisse dicitur ~eras Syracusas relinquere LIV.24.4.2; SUET.*Tib.*28; (*cf.*) Aborigines, genus hominum..sine imperio, ~erum atque solutum SAL.*Cat.*6.1;—(*poet.*) ~era signa (*i.e. of Octavian at Actium*) PROP.4.6.62.

3 (of states, peoples) Free from foreign rule, independent. **b** ~*era ciuitas*, a state granted local autonomy by Rome; so also, ~*er populus*.
IEI OMNES..~ERI AMICEI SOCIEIQVE POPVLI ROMANI SVNTO *CIL* 1.589.1.7; ex hac urbe..quae est una maxime et fuit semper ~era CIC.*Rab.Post.*22; *Planc.*11; Locrensibus iussu Hannibalis data pax ut ~eri suis legibus uiuerent LIV. 24.1.13; 45.26.12; TAC.*Hist.*4.64;—(*cf.*) uti ~erum spiritum ducendi nullam habeat potestatem [CIC.]*Exil.*27. **b** multi reges, multae ~erae ciuitates, multi priuati opulenti CIC. *Ver.*4.68; hoc esse..proprium ~erae ciuitatis, ut nihil de capite ciuis aut de bonis sine iudicio senatus aut populi.. detrahi possit *Dom.*33; ad oppidum Leptim, ~eram ciuitatem et immunem *B.Afr.*7.1; SUET.*Ves.*8.2;—*CIL* 1.585.76; quem prouinciae nostrae, quem ~eri populi, quem reges..sanctiorem..uiderunt..? CIC.*Balb.*9; ~eris Achaiae populis pecuniam exegerat CAES.*Civ.*3.3.2.

4 (w. *ab*, abl., or gen.) Released or free (from), unhindered (by).
(*w.* ab) filius a patre ~er esto *Lex XII*(*Font.iur.*p.22); ambitio..~erast a legibus PL.*Trin.*1033; soluti ac ~eri fuerunt ab omni sumptu, molestia, munere CIC.*Ver.*4.23; loca..ab arbitris ~era *Att.*15.16a; ut..umeri ad sustinenda arma ~eri ab aqua esse possent CAES.*Gal.*7.56.4; ~eram urbem..a creditoribus LIV.6.39.9; campum..~erum a metu insidiarum 39.30.12;—(*w. abl.*) omni perturbatione.. ~erum CIC.*Tusc.*4.58; ~er habenis (equus) VERG.*G.*3.194; ~era..cotibus Andromede PROP.1.3.4; omni ~er metu LIV. 7.34.5; scribimus..numeros ille, hic pede ~er PERS.1.13; LUC.3.522; ~erum arbitris locum QUINT.*Inst.*10.3.22;—(*w. gen.*) ~era fati..gens Lydia VERG.*A.*10.154; curarum ~er LUC.4.384; 6.301; ~era fortunae mors est 7.818; nudus et ~er omnium APUL.*Fl.*14; MAUR.2817.

5 (of things) Free from physical restraint or compulsion, loose, unconnected, free. **b** ~*era custodia*, confinement in a private house, house arrest.
animi hominum..per se ipsi ~eri incitati mouentur CIC. *Div.*1.129; nec magnis interuallis primordia possunt ~era dissultare LUCR.3.569; (uesica) soluta atque ~erior est CELS.4.1.11; inter duas oras ~erae cutis 7.9.4; ~er..aestus LUC.9.333; GEL.1.15.1;—(*of words*) non nihil est..unone uerbo sint duo pedes comprehensi an uterque ~er QUINT. *Inst.*9.4.97;—(*cf.*) quo facilius uerba ore ~ero exprimeret 11.3.54. **b** uti..ceteri in ~eris custodiis habeantur SAL. *Cat.*47.3; eum..~era custodia..placere in aliqua fida ciuitate seruari LIV.24.45.8; VELL.1.11.1; AMP.16.4;—(*cf.*) ut sacerdotes..comprehensos..~ero concluai ad quaestionem seruarent LIV.39.14.9.

6 (of places) Unoccupied, vacant, empty, free. **b** (of spaces, roads, openings, etc.) allowing free movement, open; (of views) clear.
~erae aedes ut sibi essent Casinam quo deducerent PL. *Cas.*533; *Poen.*177; ~ero aliquo loco commoraturi CIC.*Att.* 11.15.1; a ducenda autem uxore sic abhorret ut ~ero lectulo neget esse quicquam iucundius 14.13.5; ~ero spatio inter se ludificantes..pugnam extrahere LIV.23.47.4;— (*transf.*) ~era orbitas SEN.*Ben.*1.14.3. **b** cum (animus).. in ~erum caelum..uenerit CIC.*Tusc.*1.51; ~er patet exitus ingens LUCR.4.398; quam (partem) ~erum accessum habere demonstraui *B.Alex.*30.5; cui per ardentem..Troiam.. Aeneas..~erum muniuit iter HOR.*Saec.*43; fugientes eques ..~ero campo adeptus LIV.3.22.8; (piscem) ~ero mari captum COL.8.17.15;—(*fig.*) luxuriae nimium ~era facta uia est PROP.3.13.4;—qua ~errimus Aetnae introspectus hiat *Aetna* 341; collis procul aciem..~eram praebet SEN. *Tro.*1079; ULP.*dig.*8.2.15.

7 (of land or property) Free from obligations, debt, or servitudes, unencumbered. **b** not privately owned.
qui agros immunis ~erosque arant CIC.*Ver.*2.166; ~era (praedia) meliore iure sunt quam serua *Agr.*3.9; tantum abest ut meae rei familiaris ~erum sit quicquam, ut omnis.. amicos aere alieno obstrinxerim BRUT.*Fam.*11.10.5; cum iter excipere deberem, fundum ~erum per errorem tradidi POMPON.*dig.*12.6.22.1; qua primum iter determinatum est, ea seruitus constitit, ceterae partes agri ~erae sunt JAVOL. *dig.*8.3.13.1;—(*colloq.*) non puto illum capillos ~eros habere PETR.38.12. **b** Getae immetata quibus iugera ~eras fruges..ferunt HOR.*Carm.*3.24.12.

8 Having nothing to do, unoccupied, idle. **b** (of time) free, spare.
ne..uidear tibi..~er omnino fuisse, dirupi me paene in iudicio Galli Canini CIC.*Fam.*7.1.4; multa..cum remissi et ~eri sumus, futura prospiciunt (animi) *Sen.*81; qui numquam uacuo pectore ~er erit PROP.1.10.30; uaces oportet..a negotiis, ut ~er animus sentiat uim carminis PHAED.3.pr.3;— (*poet.*) sunt ~era caelo sidera non ullam specie reddentia formam GERM.*Arat.*371. **b** ex ea summa facultate uacui ac ~eri temporis CIC.*de Orat.*3.57; ~eriore..et magis uacuo ab interuentoribus die *Fat.*2; otia..~errima HOR.*Ep.*1.7.36; PLIN.*Ep.*7.3.2;—(*w.* ad) ~erum..mihi tempus ad eos deferendos existimabam dari CIC.*Fam.*5.20.7; cum..noctem ad erumpendum ~eram habuissent LIV.22.60.9;—(*w.* in+*acc.*) hiemem ~eram in apparatus 37.8.1.

9 Unrestricted (in scope, degree, etc.), unlimited.
illam..partem quaestionum..uagam et ~eram et late patentem CIC.*de Orat.*2.67; breuitas faciet ipsa ~eriores pedes *Orat.*224; quod..praefinitum fuit..id rursus ~erum infinitumque fecerunt *Agr.*1.10; equi ~ero cursu ferunt equitem in hostem LIV.4.33.7; ~ero faenore obruebantur debitores 35.7.2; legati..cum ~eris mandatis..ad consulem uenerunt 38.8.1; populi ~erae feritatis PLIN.*Nat.*6.133; non sic ~era uina tunc fluebant STAT.*Silv.*1.6.41; ~ero Marte PLIN.*Pan.*13.1.

10 Possessing freedom of action, able to take one's own decisions, free from restrictions. **b** (of faculties, choice, etc.) exercised or used at one's own discretion. **c** (of a course of action) that may be taken or not at one's discretion, subject to free choice; ~*erum est* (w. inf., indir. qu.) it is a matter of free choice. **d** ~*era* LEGATIO, the privilege of free official transport and lodging sts. granted to senators travelling on private business.
iamne apscessit uxor? — domist, ne time. — euax! nunc pol demum ego sum ~er PL.*Cas.*836; poeta..uerborum.. licentia ~erior CIC.*de Orat.*1.70; tu..eo ~erior quod ea in te admisisti quae a uerecundo inimico audire non posses *Phil.* 2.47; nec..deus..intellegi potest nisi mens soluta quaedam et ~era *Tusc.*1.66; qui melior seruo, qui ~erior sit auarus.. non uideo HOR.*Ep.*1.16.63; ut ~eras tribus in suffragium mitteret LIV.3.64.5; eo perducam seruum, ut in multa ~er sit SEN.*Ben.*3.19.2;—(*w. gen.*) reuertendi ~er OV.*Ep.*1.80; ~er terrae..hostis (*i.e. free to move*) LUC.6.106; it ~er campi pastor SIL.2.441. **b** ut..daretur..iudici ~era potestas ad credendum CIC.*Ver.*2.178; ~erum senatus iudicium propter metum non fuit *Dom.*10; de suffragiis, quae iubeo..esse.. populo ~era *Leg.*3.33; ~era..unde haec animantibus exstat, unde est haec..fatis auulsa uoluntas LUCR.2.256; Sullam.. intercessionem ~eram reliquisse CAES.*Civ.*1.7.3; ~eram nacti..colloquiorum facultatem 1.74.1; ea ~era coniectura est LIV.4.20.11; STAT.*Theb.*12.357. **c** si mihi integra omnia ac ~era fuissent CIC.*Fam.*1.9.21; haec etiam seruis semper ~era fuerunt, ut timerent, gauderent, dolerent suo potius quam alterius arbitrio MAT.*Fam.*11.28.3; neque.. Turno mora ~era mortis VERG.*A.*12.74; OV.*Met.*2.143; QVOD EXTRA MIHI ~ERVM FVERIT, PR⟨AESTABO⟩ *CIL* 6.1527. 2.78; cum..miseros ~era mors uocet SEN.*Ag.*591; ~erae comperendinationes erant TAC.*Dial.*38.1;—(*cf.*) omne illud tempus..habeat per me solutum ac ~erum (*i.e. excluded from my accusation*) CIC.*Ver.*1.33; 5.76;—(*w. inf.*) ut paene ~erum sit senatori non adesse *Phil.*1.12; parentes cum egent, illis necesse est, his ~erum est alere MELA 1.57; humili loco positis..morem irae suae gerere ~erius est SEN. *Cl.*1.7.4;—(*w. indir. qu.*) si sibi utrum uellet ~erum esset LIV.29.1.7; SEN.*Ben.*2.18.7; PLIN.*Ep.*1.8.3; (*abl. absol.*) ~ero ..quid firmaret mutaretue TAC.*Ann.*3.60.

11 Acting without fear of the consequences, outspoken, open, frank, candid. **b** not practising restraint, licentious, free. **c** (of speech, etc.) showing lack of restraint, free, bold, outspoken.
dolet dictum inprudenti adulescenti et ~ero TER.*Eu.*430; cum uirtute tum etiam ipso orationis genere ~er CIC.*Brut.* 129; siue malo poetae siue ~ero *Pis.*72; animus in consulundo ~er SAL.*Cat.*52.21; ~er amicus HOR.*S.*1.4.132; qui Fortunae te responsare..~erum et erectum..hortatur *Ep.* 1.1.69; LIV.36.5.3; OV.*Met.*15.853; ~errimum hominum genus, comici ueteres QUINT.*Inst.*12.2.22. **b** sit adulescentia ~erior CIC.*Cael.*42; sacrum ~eri Cupidinis HOR. *Epod.*17.57; ingenium..~erius quam uirginem decet LIV. 4.44.11; ut sis ~erior Thaide, finge metus OV.*Ars* 3.604; (*cf.*) ~eras et perpetes noctes CALP.*Decl.*48;—(*w. gen.*) uos nouisse credo iam ut sit pater meus, quam ~er harum rerum multarum siet PL.*Am.*105;—(*w.* ad) ludimur ab homine ..ad scribendi licentiam ~ero CIC.*N.D.*1.123;—(*w.* in+*abl.*) ne nimis ~er in ulciscendo uiderere *Fam.*12.28.1. **c** ~era lingua loquemur NAEV.*com.*113; PL.*Per.*280*; linguam..quae semper contra extraordinarias potestates ~era fuisset CIC.*Sest.*60; neque Epiroticis paulo ~eriores litteras committere audeo *Att.*1.13.1; adhibuit..(Socrates) ~eram contumaciam *Tusc.*1.71; ~ero ore SAL.*Jug.*95.2; ~errima indignatio HOR.*Epod.*4.10; qui uocem ~eram mittere aduersus regis legatum auderent LIV.35.32.6; scaena ioci morem ~erioris habet OV.*Fast.*4.946; de oratione ~era, quam Cornificius licentiam uocat, Graeci παρρησίαν QUINT. *Inst.*9.2.27;—(*cf.*) illi (*sc.* Stoici) etiam crepitus aiunt aeque ~eros ac ructus esse oportere CIC.*Fam.*9.22.5;—(*poet.*) ~era uina HOR.*Ars* 85.

līber² ~erī, *m.*: see LIBERI.

Līber³ ~erī, *m.* [LIBER¹, cf. Gk. Ἐλεύθερος (= Διόνυσος)] FORMS: *Leiber CIL* 1.562; *Lebro* 1.381, cf. QUINT.*Inst.*1.4.17.

1 An Italian god of vegetation, later identified w. Gk. Dionysus, = Bacchus, as god of wine. **b** (as a title of Jupiter; cf. Osc. *Iúveis Lúvfreis*, Gk. Ζεὺς Ἐλευθέριος). **c** *flos* ~*eri*, wine; also, ~*eri bellaria*.
~eri fanum ENN.*scen.*388; utrum Fontine an ~ero imperium te inhibere mauis? PL.*St.*699; hunc dico ~erum Semela natum, non eum quem nostri maiores auguste sancteque ~erum cum Cerere et Libera consecrauerunt CIC.*N.D.*2.62; CATUL.64.390; [TIB.]3.6.1; LIV.33.25.3;—(*w.* pater) ut ~ero patri, repertori uitis, hirci immolarentur VAR.*R.* 1.2.19; VITR.1.2.5; VELL.2.82.4; quaeret nunc aliquis, unusne Hercules fuerit et quot ~eri patres PLIN.*Nat.*11.52. **b** SEI QVEI..REM DEIVINAM FECERIT IOVI ~ERO AVT IOVIS GENIO *CIL* 1.756.16. **c** florem anculabant ~eri ex carchesiis ANDR.*trag.*30; nisi haec meraclo se uspiam percussit flore ~eri PL.*Cas.*640; *Cist.*127; PAC.*trag.*291;—uina ..dulciora est inuenire in comoediis antiquioribus hoc nomine appellata dictaque esse ea ~eri bellaria GEL.13.11.7.

2 (meton.) Wine; also, wine-drinking, tippling.
~erum..obsorbuit pariter NAEV.*com.*122; pressum Calibus ducere ~erum si gestis HOR.*Carm.*4.12.14; cultis bene ~er ab uuis prouenit OV.*Ars* 3.101; (*as an example of meton.*) ut si quis pro ~ero uinum, pro Cerere frugem appellet *Rhet. Her.*4.43; CIC.*de Orat.*3.167; QUINT.*Inst.*8.6.24; (*prov.*) sine Cerere et ~ero friget Venus TER.*Eu.*732;—Veneri iam et ~ero reliquum tempus deberi arbitrabatur CIC.*Ver.*5.27; proximus a ~ero patre intemperantiae gradus ad inconcessam uenerem esse consueuit V.MAX.2.1.5.

liber[4] ~brī, *m.* [cf. Lith. *lubà* 'board', *lúobas* 'bark', Goth. *laufs*, Eng. *leaf*] FORMS: see also LIBRVM.

1 The inner bark of a tree, rind, bast.
caueto ne ~brum conuellas CATO *Agr.*40.2; cum moriens alta ~ber aret in ulmo VERG.*Ecl.*10.67; mollia cinguntur tenui praecordia ~bro OV.*Met.*1.549; COL.4.29.1; PLIN.*Nat.* 17.110;—(*dist. from* cortex) obducuntur..~bro aut cortice trunci CIC.*N.D.*2.120; in arbore..summos cortices dissipat, interiores ~bros..rumpit ac scindit (fulmen) SEN.*Nat.* 2.52.2;—(*used for binding*) ~brum conseruato, cum opus erit in uinea..alligato CATO *Agr.*33.5; colligatas (harundines) ~bris VAR.*R.*1.8.4; COL.*Arb.*8.2;—(*as a wrapping*) natam ~bro et siluestri subere clausam implicat VERG.*A.*11.554; quam denso fascia ~bro JUV.6.263; (*as clothing*) uiri (*sc.* Germani) sagis uelantur aut ~bris arborum MELA 3.26; PLIN.*Nat.* 12.1; clausa arbutei sub cortice ~bri membra tepent STAT. *Theb.*1.584;—(*as writing material*) ~bri arborum teneri haud secus quam chartae litterarum notas capiunt CURT.8.9.15; PLIN.*Nat.*13.69.

2 A book written for publication, volume, roll. **b** a single volume of a long work.
~brorum eccillum habeo plenum soracum PL.*Per.*392; quasi in ~bro quom scribuntur calamo litterae *Ps.*544[a]; annales ~bri ASEL.*hist.*1; uoluendi..sunt ~bri CIC.*Brut.* 298; haec genera uirtutum non solum in moribus nostris sed uix iam in ~bris reperiuntur *Cael.*40; ~bris me delecto *Att.* 2.6.1; ~brum tibi celeriter mittam 'de gloria' 15.27.2; ~brum, si malus est, nequeo laudare JUV.3.41; ~brorum appellatione continentur omnia uolumina ULP.*dig.*32.52; (*cf.*) respondit..historiam magnam et incredundam fabulam et ~bros me futurum APUL.*Met.*2.12;—(*w. gen.*) ~bros colorum edidit SEN.*Con.*1.3.11; in ~bris caerimoniarum TAC.*Ann.*3.58; in ~bris rerum uerborumque ueterum GEL. 13.25(24).25. **b** sermo..in nouem..~bros distributus CIC.*Q.fr.*3.5.1; in nostris de re publica ~bris *Fin.*2.59; de ~bro Enni annali sexto QUINT.*Inst.*6.3.86.

3 (pl.) Sacred books containing prophecies which were consulted in the event of prodigies.
Etruscorum..haruspicini et fulgurales et rituales ~bri CIC.*Div.*1.72; quoties senatus decemuiros ad ~bros ire iussit 1.97; ~bri per duumuiros sacrorum aditi LIV.3.10.7; ~bros uaticinos 25.1.12; ~bros Sibyllinos 41.21.10;—(*facet.*) ibo intro ad ~bros et discam de dictis melioribus PL.*St.*400; ~bros inspexi 454.

4 Any lengthy document; esp. a record-book, ledger.
~brum grandem uerbis multis conscripsit NEP.*Lys.*4.2; ~ber principis seuerus et tamen moderatus PLIN.*Ep.*5. 13(14).8;—in litterarum adlatarum ~bris CIC.*Ver.*3.167; hic Naeuius in magistratuum ~bris est tribunus plebis LIV.39. 52.4; si quem delectat patrimonii sui ~ber magnus SEN. *Ben.*7.10.5; ~bris actorum spargere gaudes argumenta uiri JUV.9.84;—(*dist. from* tabulae) TABVLAS ~BROS LEITERASVE *CIL* 1.583.34; litterae lituraeque..expressae de tabulis in ~bros transferuntur CIC.*Ver.*2.189.

Lībera ~ae, *f.* An Italian goddess of agriculture, usu. identified with Proserpina, occ. with Ariadne.
raptam esse ~am, quam eandem Proserpinam uocant, ex Hennensium nemore CIC.*Ver.*4.106; Cerere nati nominati sunt Liber et ~a *N.D.*2.62; LIV.3.55.7; COL.12.18.4; PLIN. *Nat.*36.29;—tibi (*sc.* Ariadnae) mutatae ~a nomen erit OV. *Fast.*3.512; HYG.*Fab.*224.2.

Līberālia ~ium, *n. pl.* [LIBERALIS[2]] FORMS: gen. pl. *~iorum CIL* 8.14783. The festival of Liber, celebrated on 17 March.
VAR.*L.*6.14; CIC.*Att.*14.10.1; *Fam.*12.25.1; ~ium dies..a pontificibus agonium Martiale appellatur SAB.*iur.*9(Macr. 1.4.15); ~ia Liberi festa, quae apud Graecos dicuntur Διονύσια PAUL.*Fest.*p.116M.

līberālis[1] ~is ~e, *a. compar.* ~ior, *superl.* ~issimus. [LIBER[1]+-ALIS]

1 Of or relating to free men; (of lawsuits) concerned with establishing the free status of a person; *~i (causa) manu asserere*, to assert the freedom of.
maiore..opere ibi seruiles nuptiae quam ~es etiam curari solent PL.*Cas.*74; coniugio ~i deuinctum TER.*An.*561;—in causa ~i CIC.*Flac.*40; CAEL.*Fam.*8.9.1; iudicio ~i QUINT. *Inst.*6.3.32; *Ed.pr.*31(*Font.iur.*p.226); *CIL* 8.22721; ULP. *dig.*40.12.7.4;—si quisquam hanc ~i adseruisset manu PL. *Cur.*668; manu ~i caussa ambas adseras quasi filiae tuae sint ambae *Poen.*1102; ego ~i illam adsero causa manu TER. *Ad.*194.

2 Worthy or typical of a free man, gentlemanly or ladylike, decent. **b** (esp. of studies, education, arts, professions) liberal.
hominum ingenium ~e! PL.*Capt.*419; neque boni neque ~is functus officiumst uiri TER.*Ad.*464; risum pudentem et ~em *Rhet.Her.*3.23; domi teneamus eam saeptam ~i custodia CIC.*Brut.*330; illa cupiditas, quae uidetur esse ~ior, honoris, imperii, prouinciarum *Parad.*40; illud.. indignum..est homine ~i QUINT.*Inst.*6.3.83; minus ~is materia 12.9.7; ~es ioci PLIN.*Pan.*49.8. **b** qui in harum artium ~issimis studiis sint doctrinisque uersati CIC.*de Orat.* 1.11; has artis, quibus ~es doctrinae atque ingenuae continerentur, geometriam, musicam, litterarum cognitionem et poetarum atque illa, quae de naturis rerum, quae de hominum moribus, quae de rebus publicis dicerentur 3.127; VELL.1.13.3; institutis ~ibus SEN.*Ben.*3.34; TAC.*Ag.*21.2; SUET.*Jul.*42.1; Philippus..a ~i..Musa..numquam afuit GEL.9.3.2; *CIL* 13.1910.

3 Worthy of a free man in personal appearance, fine, noble; (of persons) possessing such qualities.
forma lepida et ~i captiuam adulescentulam..mercatust PL.*Epid.*43; em eunuchum tibi, quam ~i facie..! TER.*Eu.* 473; CIC.*Cael.*6; puer eximiae formae et ~is habitus V.MAX. 5.1.7; facies ~is PLIN.*Ep.*1.14.8; SUET.*Aug.*94.9; licere etiam philosophis esse uoltu ~i APUL.*Apol.*4;—ergo mecastor pulcher est..et ~is PL.*Mil.*64; adduxit..forma expetenda ~em uirginem *Per.*521; PAUL.*Fest.*p.121M; (*w. a play on sense 1*) te hoc triduom numquam sinam in domo esse istac, quin ego te ~em liberem PL.*Cur.*209.

4 Magnanimous, noble, obliging.
(*of persons*) perfectum..ut frequentissimo senatu et ~issimo uterentur CIC.*Att.*1.17.9; ualde..est in me ~is 4.6.4; ut in duces uehemens sis, in milites ~is *ad Brut.*2.5(7).5;—(*of actions*) minus ~i responso *Att.*3.15.4; ~issimum decretum abstulimus 16.16a.5; ~ibus uerbis permulcti sunt SAL.*Hist.*4.58; ab re clementi ~ique initium fecerat LIV.22. 22.20.

5 Free in giving, munificent, generous, liberal.
nolo..ex tua iniuria in illum tibi ~em me uideri CIC.*Q.fr.* 1.2.11; duo sunt genera largorum, quorum alteri prodigi, alteri ~es *Off.*2.55; sint sane..~es ex sociorum fortunis SAL. *Cat.*52.12; MART.5.18.10; quandoque locupletem fecisset nescio quem mors ~is QUINT.*Decl.*260(p.64,l.11); in omne hominum genus ~issimus SUET.*Ves.*17.1;—(*w.* in+*abl.*) qui tam fuerit in hereditate concedenda ~is CIC.*Flac.*89; in rapinis ~issimum SEN.*Ep.*59.11;—(*w. gen.*) laudis auidi, pecuniae ~es erant SAL.*Cat.*7.6;—(*of actions*) non nimis ~e hospitium meum dices CIC.*de Orat.*2.234; hospitum inuitatio ~is *Phil.*9.6.

6 (of things) Done or provided on a generous scale, ample, liberal, lavish.
ut eos..largo et ~i uiatico commoueret CIC.*Flac.*14; pecunia..animos ad spem ~ioris fortunae fecit LIV.22.26.1; tempora quoque remissionum modo ~ia, modo uix ulla sunt CELS.3.3.6; ~is unctio 4.15(8).4; primis diebus fames; deinde..~ius alimentum 8.10.7; obiecta est paulo ~ior uita QUINT.*Inst.*5.13.26; quaeris quam uetus atque ~e (uinum)? MART.7.79.2; ~is semper epulas struxisse TAC.*Ann.*15.55; tantus..ac tam ~is cachinnus APUL.*Met.*10.15.

Līberālis[2] ~is ~e, *a.* [LIBER[3]+-ALIS] Of or belonging to Liber: *ludi ~es* = LIBERALIA.
libera lingua loquemur ludis ~ibus NAEV.*com.*113.

līberālitās ~ātis, *f.* [prec.+-TAS]

1 Generosity, nobility, kindliness, magnanimity.
pudore et ~ate liberos retinere satius esse credo quam metu TER.*Ad.*57; homo non ~ate, ut alii, sed ipsa tristitia et seueritate popularis CIC.*Brut.*97; diuina Caesaris in me fraternque meum ~as *Fam.*1.9.18; ingenii ~ati *Fin.*1.52; si male meriti clementiam populi Romani experti essent, bene merendo ~atem experirentur LIV.42.38.4; QUINT.*Inst.* 6.pr.10.

2 Munificence, open-handedness, liberality.
largissimus fuit in amicos; quod signum ~atis est *Rhet. Her.*4.50; uoluit eum aliquid acceptum referre ~ati suae CIC.*Clu.*162; non enim ista largitio fuit in ciuis sed in hospites ~as *Att.*6.6.2; sinistra ~as CATUL.29.15; SAL.*Cat.*49.3; SUET.*Cal.*46; (*personified*) *BMCI*3.p.305,No.523(Hadrian).

3 (also in pl.) An instance of generosity, a gift, donation, contribution.
decima parte ~atis apud quemque eorum relicta TAC. *Hist.*1.20; inlectus a diuo Augusto ~ate decies sestertii ducere uxorem *Ann.*2.37; PLIN.*Ep.Tra.*10.4(3).2; reuocatas ~ates eius SUET.*Cl.*29.1; APUL.*Apol.*23; IN MVNERIS EDITIONE PROMTAS ~ATES QVAS IN CIVES SVOS EXERCVIT *CIL* 8.16556.

līberāliter, *adv. compar.* ~ius, *superl.* ~issimē. [LIBERALIS+-TER[2]]

1 Like or in a manner worthy of a free man.
propterea quod seruibas ~iter TER.*An.*38; si modo uelint aliqua ex parte ~iter uiuere CIC.*Amic.*86;—(*of education*) homine ingenuo ~iterque educato *de Orat.*1.137; ~iter eruditi *Tusc.*2.6; honesto loco nati et instructi ~iter CAES.*Civ.* 3.61.1; LIV.26.2.11; SEN.*Ben.*3.21.2.

2 Generously, nobly, obligingly; munificently, unstintingly.
ut lepide, ~iter, ut honeste..timidas, egentis..accepit ad sese PL.*Rud.*408; a Caesare ualde ~iter inuitor in legationem illam CIC.*Att.*2.18.3; locutus sum cum eo ~issime 8.10; agit ~iter, quoniam negat se quicquam facturum contra nostram uoluntatem 13.6.2; Caesar Remos cohortatus ~iterque oratione prosecutus CAES.*Gal.*2.5.1; NEP.*Lys.*4.2; LIV.1.34.12; CELS.2.16.2.;—commemorasse istum quam ~iter eos tractasset iam antea, cum ipse praeturam petisset CIC.*Ver.*23; ei..praemia..~iter tribuit 1.38.

3 On a generous scale, abundantly, amply, lavishly.
imperat..ut is uictu..quam ~issime commodissimeque adhibeatur CIC.*Ver.*5.70; uiuo paulo ~ius quam solebam *Q.fr.*2.4.3; uiuebat laute et indulgebat sibi ~ius NEP.*Cha.* 3.2; ~iter quieta tempora sunt CELS.3.5.2; SEN.*Ep.*86.20; TAC.*Hist.*2.59.

līberātiō ~ōnis, *f.* [LIBERO+-TIO]

1 (w. gen.) A setting free, release, deliverance (from).
cum a te non ~onem culpae, sed errati ueniam impetrauissent CIC *Lig.*1; ~onem molestiae *Q.fr.*1.1.35; nexi ~o GAL.*gram.*11(Fest.p.165M); malorum euitationem, ~onem QUINT.*Inst.*5.10.33; ~o obligationis CELS.*dig.*23.3.58.1.

2 Acquittal, discharge.
reorum pactiones, redemptiones, acerbissimas damnationes, libidinosissimas ~ones CIC.*Pis.*87.

3 A release from debt.
placuit rem pro pecunia solutam parere ~onem ULP.*dig.* 12.6.26.4; ~onem debitori posse legari iam certum est 34.3.3; PAUL.*dig.*50.16.47.

līberātor ~ōris, *m.* [LIBERO+-TOR] One who sets free, a deliverer, releaser.
scortorum ~or PL.*Per.*419; ut M. Manlio, ~ori suo.. gratiam referant LIV.6.14.5; (*w. gen. of thing delivered from*) opus est ~ore tantorum malorum QUINT.*Decl.*345(p.363, l.16);—(*in war*) Cincinnatus obsessi consulis et exercitus ~or COL.1.pr.13;—(*politically*) patriae ~ores CIC.*Phil.*1.6; NEP. *Di.*10.2; caput obnube ~oris urbis huius LIV.1.26.11; ~or ..Germaniae TAC.*Ann.*2.88;—(*in appos.*) ~or ille populi Romani animus LIV.1.56.8; alias ciuitates..ad ~orem populum defecturas 35.17.8;—Iuppiter ~or *BMCI*1.p.214, No.110(Nero); libare se liquorem illum Ioui ~ori TAC.*Ann.* 15.64; 16.35.

līberātrix ~īcis, *f.* [as prec.+-TRIX] (fem. of prec.).
L CLODI MACRI ~IX SC *BMCI* 1.p.286, footnote (Nero).

līberē, *adv. compar.* ~ius, *superl.* ~rimē. [LIBER[1]+-E]

1 Like a free man, like a gentleman.
homines adulescentulos inperitos rerum, eductos ~e TER. *An.*911.

2 Without restriction, at will, freely.
ut..agitarem inter uos ~e conuiuium TER.*Hec.*93; ~e ciui iudicare non licebat CIC.*Ver.*2.33; *Agr.*1.25; iniuriae, quae te suspirare ~e non sinunt *Parad.*18; quo minus ~e hostes insequerentur CAES.*Gal.*7.49.1; turrim..~e incendunt *Civ.*2.14.4; ~ius aquabantur Romani LIV.22.44.3; ibi intemperantius amamus bonos principes, ubi ~ius malos odimus PLIN.*Pan.*68.7; (*poet.*) ipsa..tellus omnia ~ius nullo poscente ferebat VERG.*G.*1.128.

3 Without concealment, openly, frankly, boldly. **b** wantonly, shamelessly.
~e hercle hoc quidem (*sc.* dicis) PL.*Ps.*1288; licet audacius quae uelis ~e proloqui *Cas.*873; CIC.*de Orat.*2.75; *Ver.* 5.141; dicit ~ius atque audacius CAES.*Gal.*1.18.2; apud eos ~rime professus est NEP.*Them.*7.4; LIV.29.17.11; quod ante tegebant, ~ius faciunt, ut pudor omnis abest OV.*Ars* 2.590; ante finem recedunt, alii dissimulanter et furtim, alii simpliciter et ~e PLIN.*Ep.*1.13.2. **b** adulterum ego putarem si quis hanc paulo ~ius salutasset? CIC.*Cael.*38; quos (seruos) intellegebat..licentius ~ius familiariusque cum domina uiuere? 57; quis umquam..tam ~e est cum scortis..uolutatus? *Har.*59; NEP.*Them.*1.2.

līberī ~um *or* ~ōrum, *m. pl.* [same wd. as LIBER[1]; development of sense variously explained] FORMS and ORTHOG.: *leibereis* (nom.) *CIL* 1.1531.6; *leibereis* (dat.) 1.588.9; gen. usu. *~um*; *~orum* ENN.*scen.*129; 165; 299; PL.*Am.*258; *Capt.*889; *Men.*59; Acc. *trag.*421; CIC.*Ver.*1.76; LIV.45.41.12; TAC. *Ann.*2.51; PLIN.*Ep.*2.13.8; etc.; sg. [QUINT.] *Decl.*2.8. Sons and daughters, children (in connection w. their parents). **b** *ius trium ~orum*, a privileged status granted by the *Lex Papia Poppaea* of A.D. 9 to fathers of three children, occ. extended to others. **c** (leg., including more remote relationships; see quots.). **d** sons (as dist. from daughters).
QVOD..PARENS..VOVIT..~EIS LVBETES DONV DANVNT HERCOLEI MAXSVME MERETO *CIL* 1.1531.6; ~orum quaerundorum caussa ei, credo, uxor datast PL.*Capt.*889; quom tu es aucta ~is..gaudeo *Truc.*384; Aesculapi ~orum saucii opplent porticus ENN.*scen.*165; si ex me illa ~os uellet sibi TER.*Hec.*655; mihi et ~is meis CATO *orat.*168; qui ex Fadia sustulerit ~os CIC.*Phil.*13.23; CAES.*Civ.*1.51.2; ~os tollere LIV.5.30.8; TAC.*Ann.*2.51; filii masculino genere ponuntur, ~i in utroque sexu SUET.fr.176(p.277Re); APUL.*Met.*5.28; (*applied to animals*) lanii..qui concinnant ~is orbas ouis PL.*Capt.*818; (*facet.*) quaerunt litterae hae sibi ~os: alia aliam scandit *Ps.*23;—(*used in pl. even when there is only one child*) domus uxor ~i inuenti inuito patre TER.*An.*891; CIC. *S.Rosc.*96; *Phil.*1.2; GAIUS *dig.*50.16.148;—(*sg.*) ~i ac parentis..adfectus [QUINT.]*Decl.*2.8. **b** nuper ab optimo principe trium ~orum ius impetraui PLIN.*Ep.*2.13.8; *Ep. Tra.*10.2.1; (*cf.*) magna commoda constituit..feminis ius IIII ~orum SUET.*Cl.*19. **c** '~orum' appellatione nepotes et pronepotes ceterique qui ex his descendunt continentur CALL.*dig.*50.16.220; postumis filiis uel nepotibus uel ceteris ~is GAIUS *dig.*26.2.1.1; ~os..ut in parentibus, et ultra trinepotem accipimus ULP.*dig.*2.4.10.9; 26.2.6. **d** ex qua procreauit ~os septem totidemque filias HYG.*Fab.*9.2.

līberō ~āre ~āuī ~ātum, *tr.* [LIBER[1]+-O[3]] FORMS and ORTHOG.: *leiberarei* (pres. inf. pass.) *CIL* 1.584.44; *~asso* (= *~auero*) PL. *Mos.*223.

1 To give free status to, manumit, free (a slave).
ubi amans adulescens scortum ~et PL.*Capt.*1032; eho an libera illa est? quis eam ~auerit uolo scire, si scis *Epid.*506; si quis apud nos seruisset..seseque ~asset CIC.*de Orat.* 1.182; seruos..omnis puberes ~aurunt CAES.*Civ.*3.9.3; si uoles unidecta ~are, quos proxime inter amicos manumisisti PLIN.*Ep.*7.16.4; GAIUS *Inst.*1.17;—(*w.* ab) qui a Venere se ~aurunt CIC.*Div.Caec.*55; hunc ego a Caesare ~aui *Fam.* 13.52.